Hausmann
Internationales und Europäisches Familienrecht

Beck'sche Kurz-Kommentare

Internationales und Europäisches Familienrecht

EU-Verordnungen
(EuEheVO, EuGüVO, EuPartVO, EuSchutzMVO,
EuUntVO, Rom III-VO)

und Staatsverträge
(ErwSÜ, EuSorgeRÜ, HAdoptÜ, HKÜ, HKUntÜ,
HKUntVÜ, HUntÜ, HUntVÜ, HUP, HUÜ 2007, KSÜ,
LugÜ 2007, MSA, UNUntGÜ)

mit
AdÜbAG, AdVermiG, AdWirkG, AUG, EGBGB,
ErwSÜAG, EuGewSchVG, FamFG, IntFamRVG,
VFGüterstG, ZPO

Von
Prof. Dr. Rainer Hausmann
em. o. Professor an der Universität Konstanz
Rechtsanwalt in München

2., neu bearbeitete und erweiterte Auflage 2018

C.H.BECK

Zitiervorschlag:
Hausmann, IntEuFamR, [Gliederungsbuchstabe] … Rn. …

www.beck.de

ISBN 978 3 406 71027 8

© 2018 Verlag C. H. Beck oHG
Wilhelmstraße 9, 80801 München
Satz, Druck und Bindung: Druckerei C. H. Beck
(Adresse wie Verlag)

Gedruckt auf säurefreiem, alterungsbeständigem Papier
(hergestellt aus chlorfrei gebleichtem Zellstoff)

Vorwort zur 2. Auflage

I.

Im Zuge der Erweiterung der Europäischen Union auf derzeit (noch) 28 Mitgliedstaaten hat die Mobilität der Menschen in diesem Rechtsraum aus beruflichen wie persönlichen Gründen erheblich zugenommen. Parallel dazu ist die Bedeutung des internationalen Privat- und Verfahrensrechts in Familiensachen vor deutschen Gerichten seit der Jahrtausendwende stark gestiegen. Dieser Entwicklung hat vor allem der europäische Gesetzgeber durch die Verabschiedung zahlreicher neuer Verordnungen auf diesem Rechtsgebiet Rechnung getragen. Ferner hat sich auch die Haager Konferenz an der Modernisierung des internationalen Familienrechts mit der Überarbeitung von Staatsverträgen zum internationalen Unterhalts- und Kindschaftsrecht beteiligt. Der deutsche Gesetzgeber hat das autonome Verfahrens- und Kollisionsrechts der Ehescheidung und der Scheidungsfolgen in erheblichem Umfang an die heute im Vordergrund stehenden europäischen und staatsvertraglichen Rechtsinstrumente angepasst.

Der **Europäische Gesetzgeber** hat von seinen erweiterten Kompetenzen zur Regelung des internationalen Privat- und Verfahrensrechts der Mitgliedstaaten auf dem Gebiet des internationalen Familienrechts bisher durch Erlass folgender Verordnungen Gebrauch gemacht:

– Verordnung (EG) Nr 2201/2003 über die Zuständigkeit und die Anerkennung und Vollstreckung von Entscheidungen in Ehesachen und in Verfahren betreffend die elterliche Verantwortung v 27.11.2003 **(Eheverordnung – EuEheVO),** in Geltung seit 1.3.2005
– Verordnung (EG) Nr 4/2009 über die Zuständigkeit, das anwendbare Recht, die Anerkennung und Vollstreckung von Entscheidungen und die Zusammenarbeit in Unterhaltssachen v 18.12.2008 **(Unterhaltsverordnung – EuUntVO),** in Geltung seit 18.6.2011
– Verordnung (EU) Nr 1259/2010 zur Durchführung einer Verstärkten Zusammenarbeit im Bereich des auf die Ehescheidung und Trennung ohne Auflösung des Ehebandes anzuwendenden Rechts v 20.12.2010 **(Ehescheidungsverordnung – Rom III-VO),** in Geltung seit 21.6.2012
– Verordnung (EU) Nr 606/2013 über die gegenseitige Anerkennung von Schutzmaßnahmen in Zivilsachen v 12.6.2013 **(EU-Schutzmaßnahmenverordnung – EuSchutzMVO),** in Geltung seit 15.1.2015
– Verordnung (EU) 2016/1103 zur Durchführung einer Verstärkten Zusammenarbeit im Bereich der Zuständigkeit, des anzuwendenden Rechts und der Anerkennung und Vollstreckung von Entscheidungen in Fragen des ehelichen Güterstands v 24.6.2016 **(EU-Güterrechtsverordnung – EuGüVO),** in Geltung ab 29.1.2019
– Verordnung (EU) 2016/1104 zur Durchführung einer Verstärkten Zusammenarbeit im Bereich der Zuständigkeit, des anzuwendenden Rechts und der Anerkennung und Vollstreckung von Entscheidungen in Fragen güterrechtlicher Wirkungen eingetragener Partnerschaften v 24.6.2016 **(EU-Partnerschaftsverordnung – EuPartVO),** in Geltung ab 29.1.2019.

Die **Haager Konferenz** hat ergänzend bzw parallel hierzu in den letzten 25 Jahren vor allem folgende Übereinkommen verabschiedet, die erst seit jüngerer Zeit für die Bundesrepublik Deutschland gelten:

– Haager Übereinkommen über den Schutz von Kindern und die Zusammenarbeit auf dem Gebiet der internationalen Adoption v 29.5.1993 **(Haager Adoptionsübereinkommen – HAdoptÜ),** in Kraft seit 1.3.2002
– Haager Übereinkommen über die Zuständigkeit, das anwendbare Recht, die Anerkennung, Vollstreckung und Zusammenarbeit auf dem Gebiet der elterlichen Verantwortung und der Maßnahmen zum Schutz von Kindern v 19.10.1996 **(Haager Kinderschutzübereinkommen – KSÜ),** in Kraft seit 1.1.2011
– Haager Übereinkommen über den internationalen Schutz von Erwachsenen v 13.1.2000 **(Haager Erwachsenenschutzübereinkommen – ErwSÜ),** in Kraft seit 1.1.2009
– Haager Protokoll über das auf Unterhaltspflichten anzuwendende Recht v. 23.11.2007 **(Haager Unterhaltsprotokoll – HUP),** in Kraft seit 18.6.2011
– Haager Übereinkommen über die internationale Geltendmachung der Unterhaltsansprüche von Kindern und anderen Familienangehörigen v 23.11.2007 **(Haager Unterhaltsdurchsetzungsübereinkommen – HUÜ 2007),** in Kraft für die EU seit 1.8.2014.

V

Vorwort

Im Zusammenhang mit der Eheverordnung hat ferner das schon länger geltende Haager Übereinkommen über die zivilrechtlichen Aspekte internationaler Kindesentführung v 25.10.1980 **(Haager Kindesentführungsübereinkomen – HKÜ)** im Verhältnis der Mitgliedstaaten zueinander noch größere praktische Bedeutung erlangt.

Zur Ausführung der genannten EU-Verordnungen und Staatsverträge hat der **deutsche Gesetzgeber** zahlreiche Gesetze verabschiedet:

- Gesetz zur Aus- und Durchführung bestimmter Rechtsinstrumente auf dem Gebiet des internationalen Familienrechts idF v 26.5.2005 **(Internationales Familienrechtsverfahrensgesetz – IntFamRVG),** in Kraft seit 1.3.2005
- Gesetz zur Geltendmachung von Unterhaltsansprüchen im Verkehr mit ausländischen Staaten v 23.5.2011 **(Auslandsunterhaltsgesetz – AUG),** in Kraft seit 18.6.2011
- Gesetz zur Anpassung der Vorschriften des deutschen internationalen Privatrechts an die Verordnung (EU) Nr 1259/2010 und zur Änderung anderer Vorschriften des internationalen Privatrechts v 23.1.2013 **(Rom III-VO-Anpassungsgesetz),** in Kraft seit 29.1.2013
- Gesetz zum Europäischen Gewaltschutzverfahren v 5.12.2014 **(EU–Gewaltschutzverfahrensgesetz – EuGewSchVG),** in Kraft seit 11.1.2015
- Gesetz zu Ausführung des Haager Adoptionsübereinkommens v 29.5.2001 **(Adoptionsübereinkommens-Ausführungsgesetz – AdÜbAG),** in Kraft seit 1.1.2002
- Gesetz zur Ausführung des Haager Übereinkommens v 13.1.2000 über den internationalen Schutz Erwachsener v 17.3.2007 (**Erwachsenenschutzübereinkommens-Ausführungsgesetz – ErwSÜAG**), in Kraft seit 1.1.2009

Ferner wurde das autonome internationale Verfahrensrecht der Ehescheidung und der Scheidungsfolgen bereits im Gesetz über das Verfahren in Familiensachen und in den Angelegenheiten der freiwilligen Gerichtsbarkeit v 17.12.2008 **(Familienrechtsverfahrensgesetz – FamFG),** in Kraft seit 1.9.2009, völlig neu geregelt.

II.

Vor diesem Hintergrund war es an der Zeit, die Vielzahl der geltenden Rechtsinstrumente zum internationalen Familienrecht in einer Weise zu bündeln, die dem Familienrichter oder Rechtsanwalt in einer Familiensache mit Auslandsberührung den Weg durch den immer dichter werdenden Dschungel von EU-Verordnungen, Staatsverträgen und autonomen deutschen Kollisionsnormen und Verfahrensvorschriften weist. Hierzu fehlte es bisher an einer **kompakten Kommentierung aller für die Bearbeitung einer internationalen Familiensache maßgeblichen Rechtsquellen** in einem Band. Diese Lücke soll durch den vorliegenden Kurzkommentar geschlossen werden.

Die **Praxisnähe** der Kommentierung wird insbesondere durch deren Aufbau gewährleistet. Denn die einzelnen EU-Verordnungen, Staatsverträge und Gesetze werden nicht – wie bisher weithin üblich – jeweils insgesamt abgehandelt. Die Kommentierung setzt vielmehr an der jeweiligen **prozessualen Situation** an, in der sich für den Praktiker Fragen des internationalen Privat- und Verfahrensrechts stellen. Dies hat zur Folge, dass die Kommentierung zunächst in zwei Hauptteile zerfällt, von denen sich der erste mit dem **Erkenntnisverfahren,** der zweite mit der **Anerkennung und Vollstreckung** ausländischer Entscheidungen befasst. Ergänzend wird in einem dritten Hauptteil die **grenzüberschreitende Zusammenarbeit** zwischen den Behörden behandelt, die insbesondere auf den Gebieten der internationalen Kindesentführung, der Unterhaltsdurchsetzung und der Adoption eine immer wichtigere Rolle spielt. Abgerundet wird der Kommentar durch einen **Textanhang,** der die Erwägungsgründe zu den kommentierten EU-Verordnungen enthält.

Abweichend vom Aufbau der behandelten Verordnungen, Staatsverträge und Gesetze, die sich häufig entweder auf verfahrensrechtliche oder auf kollisionsrechtliche Aspekte beschränken, werden auch in den drei Hauptteilen die für jede Familiensache einschlägigen Rechtsquellen **in sich geschlossen** dargestellt. Im Interesse der Übersichtlichkeit der jeweiligen Kommentierung wird dabei in Kauf genommen, dass manche Vorschriften in unterschiedlichem Kontext mehrfach behandelt werden. Ferner wird im ersten Teil (Erkenntnisverfahren) für die in den Abschnitten A-J behandelten Familiensachen jeweils strikt zwischen Fragen der **internationalen Zuständigkeit** (Unterabschnitt I) und Fragen des **anwendbaren Rechts** (Unterabschnitt II) getrennt.

Jedem Abschnitt ist eine **Einführung** vorangestellt, in der ein Überblick über die einschlägigen Rechtsquellen des EU-Rechts, des staatsvertraglichen und des nationalen Rechts sowie über

Vorwort

das Verhältnis dieser Rechtsinstrumente zueinander gegeben wird. Wo nötig, wird diese Darstellung durch **Prüfungsschemata** ergänzt, in denen aufgezeigt wird, in welcher Reihenfolge mehrere einschlägige Rechtsinstrumente zu prüfen sind (vgl zB → C Rn 13 ff, F Rn 7 ff, → M Rn 16 ff oder → N Rn 13 ff). Ferner wird die Kommentierung zu jedem einzelnen Rechtsinstrument mit ausführlichen **Vorbemerkungen** eingeleitet, in denen der sachliche, räumliche und zeitliche Anwendungsbereich der Verordnung bzw des Staatsvertrags beschrieben und das Verhältnis zu konkurrierenden Instrumenten erläutert wird. Soweit zweckmäßig, werden auch der Kommentierung einzelner Verordnungen oder Staatsverträge Prüfungsschemata vorangestellt (vgl zB zum IPR des Ehegatten- und Kindesunterhalts nach dem Haager Unterhaltsprotokoll → C Rn 481 ff; zur internationalen Kindesentführung nach dem HKÜ → U Rn 80 ff).

Eine weitere Besonderheit des Werks besteht darin, dass im Rahmen der Kommentierung laufend auf **Parallelen und Unterschiede** zwischen den einzelnen Verordnungen (zB zwischen der EuEheVO, der EuUntVO und der EuGüVO) sowie zwischen konkurrierenden Verordnungen und Staatsverträgen (zB zwischen der EuEheVO und dem KSÜ) hingewiesen wird. Diese zahlreichen **Querverweisungen** werden dadurch erleichtert, dass die Randnummern nicht für jeden Artikel oder jedes Rechtsinstrument neu beginnen, sondern innerhalb jedes Hauptabschnitts durchlaufen, so dass der Verweisung allein anhand der Angaben im Kolumnentitel nachgegangen werden kann. Ferner sind auch die kommentierten EU-Verordnungen und Staatsverträge einerseits und die deutschen **Ausführungsgesetze** andererseits – namentlich auf dem Gebiet der Anerkennung und Vollstreckung ausländischer Entscheidungen im zweiten Teil – durch ausführliche Querverweisungen eng miteinander verzahnt. Die deutschen Ausführungsgesetze – wie zB das IntFamRVG und das AUG – werden im Übrigen nicht nur im Wortlaut abgedruckt, sondern ganz überwiegend auch kommentiert.

Das Werk enthält die vollständige bzw auszugsweise Kommentierung von insgesamt sechs EU-Verordnungen, sechzehn multilateralen und fünf bilateralen Staatsverträgen sowie von elf deutschen Gesetzen auf dem Gebiet des internationalen Familienrechts (vgl das Register II). Einbezogen sind ferner das internationale Privat- und Verfahrensrecht der **gleichgeschlechtlichen Ehe** und der **eingetragenen Lebenspartnerschaft**.

III.

In der Darstellung wird – den Vorgaben in der Reihe der Kurzkommentare entsprechend – auf eine gut strukturierte und auf das Wesentliche beschränkte Kommentierung besonderer Wert gelegt. Bei den Nachweisen, die in den Text integriert (und nicht in Fußnoten ausgegliedert) sind, steht die **Rechtsprechung** im Vordergrund. Insbesondere die einschlägigen Entscheidungen des EuGH zum sekundären EU-Recht sind vollständig ausgewertet. Neben der neueren deutschen Rechtsprechung wird auch die Gerichtspraxis anderer Mitgliedstaaten zu den kommentierten EU-Verordnungen und Staatsverträgen berücksichtigt. Demgegenüber sind **Literaturhinweise** im Text vor allem auf Stellungnahmen zu Fragen beschränkt, die in der Rechtsprechung noch nicht entschieden worden sind. Jedoch ist jedem Abschnitt und jedem Rechtsinstrument eine knappe Übersicht über neuere in- und ausländische Spezialliteratur zur Vertiefung vorangestellt.

Gesetzgebung, Rechtsprechung und Schrifttum sind bis zum **1. Mai 2018** eingearbeitet. Anregungen und Vorschläge der Benutzer zur Verbesserung des Kommentars sind jederzeit willkommen.

München, im Mai 2018   Rainer Hausmann

Inhaltsverzeichnis

Vorwort zur 2. Auflage	V
Schnellübersicht	XXXI
Benutzerhinweise	XXXIII
Abkürzungsverzeichnis	XXXV
Allgemeines Literaturverzeichnis	XLVII

1. Teil. Internationale Familiensachen im Erkenntnisverfahren

A. Ehesachen

I. Internationale Zuständigkeit

1. Einführung	1
2. EU-Recht	3

010. Verordnung (EG) Nr 2201/2003 des Rates über die Zuständigkeit und die Anerkennung und Vollstreckung von Entscheidungen in Ehesachen und in Verfahren betreffend die elterliche Verantwortung und zur Aufhebung der Verordnung (EG) Nr 1347/2000 (EuEheVO) ... 3

Vorbemerkung	4
Kapitel I. Anwendungsbereich und Begriffsbestimmungen	6
Kapitel II. Zuständigkeit	11
Kapitel III. Anerkennung und Vollstreckung	51
Kapitel IV. Zusammenarbeit zwischen den zentralen Behörden bei Verfahren betreffend die elterliche Verantwortung	51
Kapitel V. Verhältnis zu anderen Rechtsinstrumenten	51
Kapitel VI. Übergangsvorschriften	53
Kapitel VII. Schlussbestimmungen	54
Anhänge I–IV	55

3. Autonomes Zivilverfahrensrecht ... 55

20. Gesetz zur Aus- und Durchführung bestimmter Rechtsinstrumente auf dem Gebiet des internationalen Familienrechts (Internationales Familienrechtsverfahrensgesetz – IntFamRVG) ... 55

Abschnitt 1. Anwendungsbereich; Begriffsbestimmungen ... 55

30. Gesetz über das Verfahren in Familiensachen und in den Angelegenheiten der freiwilligen Gerichtsbarkeit (FamFG) ... 56

Buch 1. Allgemeiner Teil ... 56

II. Internationales Privatrecht

1. Einführung	64
2. EU-Recht	65

40. Verordnung (EU) Nr 1259/2010 des Rates zur Durchführung einer Verstärkten Zusammenarbeit im Bereich des auf die Ehescheidung und Trennung ohne Auflösung des Ehebandes anzuwendenden Rechts (Rom III-VO) ... 65

Vorbemerkung	66
Kapitel I. Anwendungsbereich, Verhältnis zur Verordnung (EG) Nr 2201/2003, Begriffsbestimmungen und universelle Anwendung	70
Kapitel II. Einheitliche Vorschriften zur Bestimmung des auf die Ehescheidung und Trennung ohne Auflösung des Ehebandes anzuwendenden Rechts	83

Inhaltsverzeichnis

Kapitel III. Sonstige Bestimmungen	127
Kapitel IV. Schlussbestimmungen	129

3. Staatsverträge ... 130
Überblick ... 130

50. Niederlassungsabkommen zwischen dem Deutschen Reich und dem Kaiserreich Persien ... 130

4. Autonomes Kollisionsrecht ... 132
Überblick ... 132

60. Einführungsgesetz zum Bürgerlichen Gesetzbuch (EGBGB) ... 132
a) Ehescheidung und Ehetrennung ... 132
b) Eheaufhebung ... 142

B. Güterrechtssachen

I. Internationale Zuständigkeit

1. Einführung ... 156

2. EU-Recht ... 157

70. Verordnung (EU) 2016/1103 zur Durchführung der Verstärkten Zusammenarbeit im Bereich der Zuständigkeit, des anzuwendenden Rechts und der Anerkennung und Vollstreckung von Entscheidungen in Fragen des ehelichen Güterstands (EuGüVO) ... 157
Vorbemerkung ... 158
Kapitel I. Anwendungsbereich und Begriffsbestimmungen ... 161
Kapitel II. Gerichtliche Zuständigkeit ... 166
Kapitel III. Anwendbares Recht ... 208
Kapitel IV. Anerkennung, Vollstreckbarkeit und Vollstreckung von Entscheidungen ... 208
Kapitel V. Öffentliche Urkunden und gerichtliche Vergleiche ... 208
Kapitel VI. Allgemeine und Schlussbestimmungen ... 208

3. Autonomes Zivilverfahrensrecht ... 212

80. Gesetz über das Verfahren in Familiensachen und in den Angelegenheiten der freiwilligen Gerichtsbarkeit (FamFG) ... 212
Buch 1. Allgemeiner Teil ... 212

90. Zivilprozessordnung (ZPO) ... 215

II. Internationales Privatrecht

1. Einführung ... 216

2. EU-Recht ... 218

100. Verordnung (EU) 2016/1103 zur Durchführung der Verstärkten Zusammenarbeit im Bereich der Zuständigkeit, des anzuwendenden Rechts und der Anerkennung und Vollstreckung von Entscheidungen in Fragen des ehelichen Güterstands (EuGüVO) ... 218
Vorbemerkung ... 218
Kapitel I. Anwendungsbereich und Begriffsbestimmungen ... 220
Kapitel II. Gerichtliche Zuständigkeit ... 226
Kapitel III. Anzuwendendes Recht ... 226
Kapitel IV. Anerkennung, Vollstreckbarkeit und Vollstreckung von Entscheidungen ... 243
Kapitel V. Öffentliche Urkunden und gerichtliche Vergleiche ... 243
Kapitel VI. Allgemeine und Schlussbestimmungen ... 243

3. Staatsverträge ... 245

110. Niederlassungsabkommen zwischen dem Deutschen Reich und dem Kaiserreich Persien ... 245

120. Deutsch-französisches Abkommen über den Güterstand der Wahl-Zugewinngemeinschaft ... 247

Inhaltsverzeichnis

4. Autonomes Kollisionsrecht 249
Überblick 249

130. Einführungsgesetz zum Bürgerlichen Gesetzbuch (EGBGB) 249
Kapitel II. Internationales Privatrecht 249

140. Gesetz über den ehelichen Güterstand von Vertriebenen und Flüchtlingen (VFGüterstG) . 292
Vorbemerkung 292

III. Anhang: Allgemeine Ehewirkungen

1. Einführung 298

2. Autonomes Kollisionsrecht 301

150. Einführungsgesetz zum Bürgerlichen Gesetzbuch (EGBGB) 301

C. Unterhaltssachen

I. Internationale Zuständigkeit

1. Einführung 319

2. EU-Recht 322

160. Verordnung (EG) Nr 4/2009 des Rates über die Zuständigkeit, das anwendbare Recht,
die Anerkennung und Vollstreckung von Entscheidungen und die Zusammenarbeit in
Unterhaltssachen (EuUntVO) 322
Vorbemerkung 322
Kapitel I. Geltungsbereich und Begriffsbestimmungen 325
Kapitel II. Zuständigkeit 334
Kapitel III. Anwendbares Recht 384
Kapitel IV. Anerkennung, Vollstreckbarkeit und Vollstreckung von Entscheidungen ... 384
Kapitel V. Zugang zum Recht 384
Kapitel VI. Gerichtliche Vergleiche und öffentliche Urkunden 384
Kapitel VII. Zusammenarbeit der Zentralen Behörden 385
Kapitel VIII. Öffentliche Aufgaben wahrnehmende Einrichtungen 385
Kapitel IX. Allgemeine Bestimmungen und Schlussbestimmungen 385

3. Staatsverträge 391
Überblick 391

170. Luganer Übereinkommen über die gerichtliche Zuständigkeit und die Anerkennung und
Vollstreckung von Entscheidungen in Zivil- und Handelssachen (LugÜ) 392
Vorbemerkung 392
Titel I. Anwendungsbereich 394
Titel II. Zuständigkeit 395
Titel III. Anerkennung und Vollstreckung 406
Titel IV. Öffentliche Urkunden und Prozessvergleiche 406
Titel V. Allgemeine Vorschriften 406
Titel VI. Übergangsvorschriften 408
Titel VII. Verhältnis zu der Verordnung (EG) Nr 44/2001 des Rates und zu anderen
Rechtsinstrumenten 409
Titel VIII. Schlussvorschriften 410

180. Haager Übereinkommen über die internationale Geltendmachung der Unterhaltsansprüche
von Kindern und anderen Familienangehörigen (HUÜ 2007) 413
Vorbemerkung 413
Kapitel IV. Einschränkungen bei der Verfahrenseinleitung 414

4. Autonomes Zivilverfahrensrecht 414
Überblick 414

XI

Inhaltsverzeichnis

190. *Gesetz zur Geltendmachung von Unterhaltsansprüchen im Verkehr mit ausländischen*
Staaten (Auslandsunterhaltsgesetz – AUG) 414
Kapitel 1. Allgemeiner Teil 415
Kapitel 2. Anerkennung und Vollstreckung von Entscheidungen 421
Kapitel 3. Vollstreckung, Vollstreckungsabwehrantrag, besonderes Verfahren,
Schadensersatz 421
Kapitel 4. Entscheidungen deutscher Gerichte; Mahnverfahren 421
Kapitel 5. Kosten; Übergangsvorschriften 426

200. *Gesetz über das Verfahren in Familiensachen und in den Angelegenheiten der freiwilligen*
Gerichtsbarkeit (FamFG) 426
Vorbemerkung 426
Buch 1. Allgemeiner Teil 427

II. Internationales Privatrecht

1. Einführung 430

2. EU-Recht 432

210. *Verordnung (EG) Nr 4/2009 über die Zuständigkeit, das anwendbare Recht, die*
Anerkennung und Vollstreckung von Entscheidungen und die Zusammenarbeit in
Unterhaltssachen (EuUntVO) 432
Vorbemerkung 432
Kapitel III. Anwendbares Recht 432

3. Staatsverträge 433
Überblick 433
220. *Haager Protokoll über das auf Unterhaltspflichten anzuwendende Recht (HUP)* 433
Vorbemerkung 433
Vorbemerkungen zur Rechtswahl nach Art 7 und 8 460

230. *Haager Übereinkommen über das auf Unterhaltspflichten anzuwendende*
Recht (HUntÜ) 496
Vorbemerkung 496
Kapitel I. Anwendungsbereich 496
Kapitel II. Anzuwendendes Recht 497
Kapitel III. Verschiedene Bestimmungen 498
Kapitel IV. Schlussbestimmungen 499

240. *Haager Übereinkommen über das auf Unterhaltsverpflichtungen gegenüber Kindern*
anzuwendende Recht (HKUntÜ) 501
Vorbemerkung 501

250. *Niederlassungsabkommen zwischen dem Deutschen Reich und dem Kaiserreich Persien* ... 504

4. Autonomes Kollisionsrecht 506
260. *Einführungsgesetz zum Bürgerlichen Gesetzbuch (EGBGB)* 506

III. Zugang zum Recht

1. Einführung 507

2. EU-Recht 508

270. *Verordnung (EG) Nr 4/2009 des Rates über die Zuständigkeit, das anwendbare Recht,*
die Anerkennung und Vollstreckung von Entscheidungen und die Zusammenarbeit in
Unterhaltssachen (EuUntVO) 508
Kapitel V. Zugang zum Recht 508

Inhaltsverzeichnis

3. Autonomes Zivilverfahrensrecht 512

*280. Gesetz zur Geltendmachung von Unterhaltsansprüchen im Verkehr mit ausländischen
Staaten (Auslandsunterhaltsgesetz – AUG)* 512
Vorbemerkung 512
Kapitel I. Allgemeiner Teil 512

D. Versorgungsausgleichssachen

I. Internationale Zuständigkeit

1. Einführung 515

2. Autonomes Zivilverfahrensrecht 516

*290. Gesetz über das Verfahren in Familiensachen und in den Angelegenheiten der freiwilligen
Gerichtsbarkeit (FamFG)* 516
Buch 1. Allgemeiner Teil 516

II. Internationales Privatrecht

1. Einführung 520

2. Autonomes Kollisionsrecht 522

300. Einführungsgesetz zum Bürgerlichen Gesetzbuch (EGBGB) 522

E. Ehewohnungs-, Haushalts- und Gewaltschutzsachen

I. Internationale Zuständigkeit

1. Einführung 537

2. Autonomes Zivilverfahrensrecht 539

*310. Gesetz über das Verfahren in Familiensachen und in den Angelegenheiten der freiwilligen
Gerichtsbarkeit (FamFG)* 539
Buch 1. Allgemeiner Teil 539

II. Internationales Privatrecht

1. Einführung 542

2. Autonomes Kollisionsrecht 544

320. Einführungsgesetz zum Bürgerlichen Gesetzbuch (EGBGB) 544

F. Kindschaftssachen

I. Internationale Zuständigkeit

1. Einführung 550

2. EU-Recht 552

*330. Verordnung Nr 2201/2003 des Rates über die Zuständigkeit und die Anerkennung und
Vollstreckung von Entscheidungen in Ehesachen und Verfahren betreffend die elterliche
Verantwortung und zur Aufhebung der Verordnung (EG) Nr 1347/2000 (EuEheVO)* . 552
Vorbemerkung 553
Kapitel I. Anwendungsbereich und Begriffsbestimmungen 556
Kapitel II. Zuständigkeit 566
Kapitel III. Anerkennung und Vollstreckung 629
Kapitel IV. Zusammenarbeit zwischen den zentralen Behörden bei Verfahren betreffend
die elterliche Verantwortung 629

Inhaltsverzeichnis

Kapitel V. Verhältnis zu anderen Rechtsinstrumenten	629
Kapitel VI. Übergangsvorschriften	634
Kapitel VII. Schlussbestimmungen	635

3. Staatsverträge ... 636
Überblick ... 636

340. Haager Übereinkommen über die Zuständigkeit, das anzuwendende Recht, die Anerkennung, Vollstreckung und Zusammenarbeit auf dem Gebiet der elterlichen Verantwortung und der Maßnahmen zum Schutz von Kindern (KSÜ) ... 636

Vorbemerkung	636
Kapitel I. Anwendungsbereich	639
Kapitel II. Zuständigkeit	646
Kapitel III. Anzuwendendes Recht	670
Kapitel IV. Anerkennung und Vollstreckung	670
Kapitel V. Zusammenarbeit	670
Kapitel VI. Allgemeine Bestimmungen	670
Kapitel VII. Schlussbestimmungen	676

350. Haager Übereinkommen über die Zuständigkeit der Behörden und das anzuwendende Recht auf dem Gebiet des Schutzes vom Minderjährigen (MSA) ... 677

Vorbemerkung	678
a) Zuständigkeit	679
b) Anwendungsbereich	681
c) Allgemeine Bestimmungen	681
d) Übergangsrecht	681
e) Schlussvorschriften	682

4. Autonomes Zivilverfahrensrecht ... 683

360. Gesetz zur Aus- und Durchführung bestimmter Rechtsinstrumente auf dem Gebiet des internationalen Familienrechts (Internationales Familienrechtsverfahrensgesetz – IntFamRVG) ... 683

Abschnitt 1. Anwendungsbereich; Begriffsbestimmungen	684
Abschnitt 2. Gerichtliche Zuständigkeit und Zuständigkeitskonzentration	684

370. Gesetz über das Verfahren in Familiensachen und in den Angelegenheiten der freiwilligen Gerichtsbarkeit (FamFG) ... 686
Buch 1. Allgemeiner Teil ... 686

II. Internationales Privatrecht

1. Einführung ... 693

2. Staatsverträge ... 694

380. Haager Übereinkommen über die Zuständigkeit, das anzuwendende Recht, die Anerkennung, Vollstreckung und Zusammenarbeit auf dem Gebiet der elterlichen Verantwortung und der Maßnahmen zum Schutz von Kindern (KSÜ) ... 694

Vorbemerkung	695
Kapitel I. Anwendungsbereich	698
Kapitel II. Zuständigkeit	699
Kapitel III. Anzuwendendes Recht	699
Kapitel IV. Anerkennung und Vollstreckung	715
Kapitel V. Zusammenarbeit	715
Kapitel VI. Allgemeine Bestimmungen	715
Kapitel VII. Schlussbestimmungen	717

390. Haager Übereinkommen über die Zuständigkeit der Behörden und das anzuwendende Recht auf dem Gebiet des Schutzes von Minderjährigen (MSA) ... 718

Vorbemerkung	718
Textauszug	719

Inhaltsverzeichnis

400. Niederlassungsabkommen zwischen dem Deutschen Reich und dem Kaiserreich Persien 720

3. Autonomes Kollisionsrecht 722
Überblick 722

410. Einführungsgesetz zum Bürgerlichen Gesetzbuch (EGBGB) 722

G. Abstammungssachen

I. Internationale Zuständigkeit

1. Einführung 727

2. Autonomes Zivilverfahrensrecht 728

420. Gesetz über das Verfahren in Familiensachen und in den Angelegenheiten der freiwilligen Gerichtsbarkeit (FamFG) 728
Buch 1. Allgemeiner Teil 728

II. Internationales Privatrecht

1. Einführung 732

2. Staatsverträge 733

430. Römisches CIEC-Übereinkommen über die Erweiterung der Zuständigkeit der Behörden, vor denen nichteheliche Kinder anerkannt werden können 733
Vorbemerkung 733

440. Brüsseler CIEC-Übereinkommen über die Feststellung der mütterlichen Abstammung nichtehelicher Kinder 734
Vorbemerkung 734

450. Niederlassungsabkommen zwischen dem Deutschen Reich und dem Kaiserreich Persien 736

3. Autonomes Kollisionsrecht 736

460. Einführungsgesetz zum Bürgerlichen Gesetzbuch (EGBGB) 736
a) Abstammung 736
b) Anfechtung der Abstammung 748
c) Zustimmung des Kindes 750

H. Adoptionssachen

I. Internationale Zuständigkeit

1. Einführung 753

2. Autonomes Zivilverfahrensrecht 754

470. Gesetz über das Verfahren in Familiensachen und in den Angelegenheiten der freiwilligen Gerichtsbarkeit (FamFG) 754
Buch 1. Allgemeiner Teil 754

II. Internationales Privatrecht

1. Einführung 758

2. Autonomes Kollisionsrecht 758

480. Einführungsgesetz zum Bürgerlichen Gesetzbuch (EGBGB) 758

XV

Inhaltsverzeichnis

I. Lebenspartnerschaftssachen

I. Internationale Zuständigkeit

1. Einführung 775

2. EU-Recht 777

490. Verordnung (EU) 2016/1104 des Rates zur Durchführung der Verstärkten Zusammenarbeit im Bereich der Zuständigkeit, des anzuwendenden Rechts und der Anerkennung und Vollstreckung von Entscheidungen in Fragen güterrechtlicher Wirkungen eingetragener Partnerschaften (EuPartVO) 777

Vorbemerkung 778
Kapitel I. Anwendungsbereich und Begriffsbestimmungen 780
Kapitel II. Gerichtliche Zuständigkeit 784
Kapitel III. Anzuwendendes Recht 794
Kapitel IV. Anerkennung, Vollstreckbarkeit und Vollstreckung von Entscheidungen ... 794
Kapitel V. Öffentliche Urkunden und gerichtliche Vergleiche 794
Kapitel VI. Allgemeine und Schlussbestimmungen 794

3. Autonomes Zivilverfahrensrecht 796

500. Gesetz über das Verfahren in Familiensachen und in den Angelegenheiten der freiwilligen Gerichtsbarkeit (FamFG) 796
Buch 2. Verfahren in Familiensachen 796

II. Internationales Privatrecht

1. Einführung 803

2. EU-Recht 804

510. Verordnung (EU) 2016/1104 des Rates zur Durchführung der Verstärkten Zusammenarbeit im Bereich der Zuständigkeit, des anzuwendenden Rechts und der Anerkennung und Vollstreckung von Entscheidungen in Fragen güterrechtlicher Wirkungen eingetragener Partnerschaften (EuPartVO) 804

Vorbemerkung 804
Kapitel I. Anwendungsbereich und Begriffsbestimmungen 806
Kapitel II. Gerichtliche Zuständigkeit 810
Kapitel III. Anzuwendendes Recht 810
Kapitel IV. Anerkennung, Vollstreckbarkeit und Vollstreckung von Entscheidungen ... 819
Kapitel V. Öffentliche Urkunden und gerichtliche Vergleiche 819
Kapitel VI. Allgemeine und Schlussbestimmungen 819

3. Autonomes Kollisionsrecht 820

520. Einführungsgesetz zum Bürgerlichen Gesetzbuch (EGBGB) 820

J. Betreuungssachen

I. Internationale Zuständigkeit

1. Einführung 843

2. Staatsverträge 844

530. Haager Übereinkommen über den internationalen Schutz von Erwachsenen (ErwSÜ) 844

Vorbemerkung 844
Kapitel I. Anwendungsbereich des Übereinkommens 846
Kapitel II. Zuständigkeit 854
Kapitel III. Anzuwendendes Recht 872
Kapitel IV. Anerkennung und Vollstreckung 872
Kapitel V. Zusammenarbeit 872

XVI

Inhaltsverzeichnis

Kapitel VI. Allgemeine Bestimmungen 872
Kapitel VII. Schlussbestimmungen 875

3. Autonomes Zivilverfahrensrecht 877

540. Gesetz über das Verfahren in Familiensachen und in den Angelegenheiten der freiwilligen Gerichtsbarkeit (FamFG) 877
Buch 1 Allgemeiner Teil 877

II. Internationales Privatrecht

1. Einführung 879

2. Staatsverträge 881

550. Haager Übereinkommen über den internationalen Schutz von Erwachsenen (ErwSÜ) 881
Vorbemerkung 881
Kapitel I. Anwendungsbereich des Übereinkommens 882
Kapitel II. Zuständigkeit 882
Kapitel III. Anzuwendendes Recht 882
Kapitel IV. Anerkennung und Vollstreckung 897
Kapitel V. Zusammenarbeit 897
Kapitel VI. Allgemeine Bestimmungen 897
Kapitel VII. Schlussbestimmungen 902

3. Autonomes Kollisionsrecht 902

560. Einführungsgesetz zum Bürgerlichen Gesetzbuch (EGBGB) 902

2. Teil. Anerkennung und Vollstreckung ausländischer Entscheidungen

K. Ehesachen

I. Einführung

II. EU-Recht

570. Verordnung Nr 2201/2003 des Rates über die Zuständigkeit und die Anerkennung und Vollstreckung von Entscheidungen in Ehesachen und Verfahren betreffend die elterliche Verantwortung und zur Aufhebung der Verordnung (EG) Nr 1347/2000 (EuEheVO) . 907
Vorbemerkung 907
Kapitel I. Anwendungsbereich und Begriffsbestimmungen 908
Kapitel II. Zuständigkeit 913
Kapitel III. Anerkennung und Vollstreckung 913
Abschnitt 1. Anerkennung 913
Abschnitt 2. Antrag auf Vollstreckbarerklärung 930
Abschnitt 3. Gemeinsame Bestimmungen für die Abschnitte 1 und 2 930
Abschnitt 4. Vollstreckbarkeit bestimmter Entscheidungen über das Umgangsrecht und bestimmter Entscheidungen, mit denen die Rückgabe des Kindes angeordnet wird 933
Abschnitt 5. Öffentliche Urkunden und Vereinbarungen 933
Abschnitt 6. Sonstige Bestimmungen 933
Kapitel IV. Zusammenarbeit zwischen den zentralen Behörden betreffend die elterliche Verantwortung 935
Kapitel V. Verhältnis zu anderen Rechtsinstrumenten 935
Kapitel VI. Übergangsvorschriften 939
Kapitel VII. Schlussbestimmungen 941

III. Staatsverträge

Überblick 942

XVII

Inhaltsverzeichnis

580. Abkommen zwischen dem Deutschen Reich und der Schweizerischen Eidgenossenschaft über gegenseitige Anerkennung und Vollstreckung von gerichtlichen Entscheidungen und Schiedsgerichte 942

Vorbemerkung 942

590. Vertrag zwischen der Bundesrepublik Deutschland und der Tunesischen Republik über Rechtsschutz und Rechtshilfe, die Anerkennung und Vollstreckung gerichtlicher Entscheidungen in Zivil- und Handelssachen sowie über die Handelsschiedsgerichtsbarkeit . 944

Vorbemerkung 944

IV. Autonomes Zivilverfahrensrecht

600. Gesetz zur Aus- und Durchführung bestimmter Rechtsinstrumente auf dem Gebiet des internationalen Familienrechts (Internationales Familienrechtsverfahrensgesetz – IntFamRVG) 947

Vorbemerkung 947
Abschnitt 1. Anwendungsbereich; Begriffsbestimmungen 947
Abschnitt 2. Zentrale Behörde; Jugendamt 948
Abschnitt 3. Gerichtliche Zuständigkeit und Zuständigkeitskonzentration 948
Abschnitt 4. Allgemeine gerichtliche Verfahrensvorschriften 949
Abschnitt 5. Zulassung der Zwangsvollstreckung, Anerkennungsfeststellung 950
Unterabschnitt 4. Feststellung der Anerkennung 950
Abschnitt 6. Verfahren nach dem Haager Kindesentführungsübereinkommen 950
Abschnitt 7. Vollstreckung 950
Abschnitt 8. Grenzüberschreitende Unterbringung 950
Abschnitt 9. Bescheinigungen zu inländischen Entscheidungen nach der Verordnung (EG) Nr 2201/2003 950
Abschnitt 10. Kosten 951
Abschnitt 11. Übergangsvorschriften 951

610. Gesetz über das Verfahren in Familiensachen und in den Angelegenheiten der freiwilligen Gerichtsbarkeit (FamFG) 951

Buch 1. Allgemeiner Teil 951
Abschnitt 9. Verfahren mit Auslandsbezug 951
Anhang: Anerkennung von Privatscheidungen 974

L. Güterrechtssachen

I. Einführung

1. EU-Recht 977

2. Staatsverträge 978

3. Autonomes Zivilverfahrensrecht 979

II. EU-Recht

620. Verordnung (EU) 2016/1103 zur Durchführung der Verstärkten Zusammenarbeit im Bereich der Zuständigkeit, des anzuwendenden Rechts und der Anerkennung und Vollstreckung von Entscheidungen in Fragen des ehelichen Güterstands (EuGüVO) 979

Vorbemerkung 980
Kapitel I. Geltungsbereich und Begriffsbestimmungen 981
Kapitel II. Gerichtliche Zuständigkeit 984
Kapitel III. Anwendbares Recht 984
Kapitel IV. Anerkennung, Vollstreckbarkeit und Vollstreckung von Entscheidungen ... 984
Kapitel V. Öffentliche Urkunden und gerichtliche Vergleiche 1006
Kapitel VI. Allgemeine und Schlussbestimmungen 1009

XVIII

Inhaltsverzeichnis

III. Autonomes Zivilverfahrensrecht

630. Gesetz über das Verfahren in Familiensachen und in den Angelegenheiten der freiwilligen Gerichtsbarkeit (FamFG) 1012

Buch 1. Allgemeiner Teil 1012
Abschnitt 9. Verfahren mit Auslandsbezug 1012

M. Unterhaltssachen
I. Einführung

1. EU-Recht 1019

2. Staatsverträge 1020

3. Autonomes deutsches Zivilverfahrensrecht 1021

4. Prüfungsreihenfolge 1021

II. EU-Recht

640. Verordnung (EG) Nr 4/2009 über die Zuständigkeit, das anwendbare Recht, die Anerkennung und Vollstreckung von Entscheidungen und die Zusammenarbeit in Unterhaltssachen (EuUntVO) 1023

Vorbemerkung 1023
Kapitel I. Geltungsbereich und Begriffsbestimmungen 1025
Kapitel II. Zuständigkeit 1028
Kapitel III. Anwendbares Recht 1028
Kapitel IV. Anerkennung, Vollstreckbarkeit und Vollstreckung von Entscheidungen ... 1028
Abschnitt 1. In einem Mitgliedstaat, der durch das Haager Protokoll von 2007 gebunden ist, ergangene Entscheidungen 1030
Abschnitt 2. In einem Mitgliedstaat, der nicht durch das Haager Protokoll von 2007 gebunden ist, ergangene Entscheidungen 1046
Abschnitt 3. Gemeinsame Bestimmungen 1079
Kapitel V. Zugang zum Recht 1083
Kapitel VI. Gerichtliche Vergleiche und öffentliche Urkunden 1083
Kapitel VII. Zusammenarbeit der Zentralen Behörden 1086
Kapitel VIII. Öffentliche Aufgaben wahrnehmende Einrichtungen 1086
Kapitel IX. Allgemeine Bestimmungen und Schlussbestimmungen 1088

III. Staatsverträge

Überblick 1096

1. Multilaterale Staatsverträge 1096

650. Luganer Übereinkommen über die gerichtliche Zuständigkeit und die Anerkennung und Vollstreckung von Entscheidungen in Zivil- und Handelssachen (LugÜ) 1096

Vorbemerkung 1096
Titel I. Anwendungsbereich 1097
Titel II. Zuständigkeit 1098
Titel III. Anerkennung und Vollstreckung 1098
Titel IV. Öffentliche Urkunden und Prozessvergleiche 1108
Titel V. Allgemeine Vorschriften 1109
Titel VI. Übergangsvorschriften 1110
Titel VII. Verhältnis zu der Verordnung (EG) Nr 44/2001 des Rates und zu anderen Rechtsinstrumenten 1111
Titel VIII. Schlussvorschriften 1115

660. Haager Übereinkommen über die internationale Geltendmachung der Unterhaltsansprüche von Kindern und anderen Familienangehörigen (HUÜ 2007) 1115

Vorbemerkung 1115
Kapitel I. Ziel, Anwendungsbereich und Begriffsbestimmungen 1117

XIX

Inhaltsverzeichnis

Kapitel II. Zusammenarbeit auf Verwaltungsebene 1123
Kapitel III. Anträge über die Zentralen Behörden 1123
Kapitel IV. Einschränkungen bei der Verfahrenseinleitung 1123
Kapitel V. Anerkennung und Vollstreckung 1123
Kapitel VI. Vollstreckung durch den Vollstreckungsstaat 1141
Kapitel VII. Öffentliche Aufgaben wahrnehmende Einrichtungen 1143
Kapitel VIII. Allgemeine Bestimmungen 1143
Kapitel IX. Schlussbestimmungen 1153

670. Haager Übereinkommen über die Anerkennung und Vollstreckung von
Unterhaltsentscheidungen (HUntVÜ) 1156
Vorbemerkung 1156
Titel I. Anwendungsbereich des Übereinkommens 1158

680. Haager Übereinkommen über die Anerkennung und Vollstreckung von Entscheidungen auf
dem Gebiet der Unterhaltspflicht gegenüber Kindern (HKUntVÜ) 1172
Vorbemerkung 1172
a) Anwendungsbereich 1173
b) Anerkennung, Vollstreckbarerklärung und Vollstreckung 1173
c) Allgemeine Bestimmungen 1174
d) Schlussbestimmungen 1175

2. Bilaterale Anerkennungs- und Vollstreckungsverträge 1175
Überblick 1175

690. Vertrag zwischen der Bundesrepublik Deutschland und dem Staat Israel über die gegenseitige
Anerkennung und Vollstreckung gerichtlicher Entscheidungen in Zivil- und Handelssachen 1175
Vorbemerkung 1176
1. Abschnitt. Grundsatz 1176
2. Abschnitt. Anerkennung gerichtlicher Entscheidungen 1176
3. Abschnitt 1179
4. Abschnitt. Sonstige Bestimmungen 1181
5. Abschnitt. Schlussvorschriften 1181

700. Vertrag zwischen der Bundesrepublik Deutschland und der Tunesischen Republik über
Rechtsschutz und Rechtshilfe, die Anerkennung und Vollstreckung gerichtlicher
Entscheidungen in Zivil- und Handelssachen sowie über die Handelsschiedsgerichtsbarkeit . 1182
Vorbemerkung 1182
1. Sachlicher Anwendungsbereich 1182
2. Voraussetzungen der Anerkennung 1182

IV. Autonomes Zivilverfahrensrecht

710. Gesetz zur Geltendmachung von Unterhaltsansprüchen im Verkehr mit ausländischen
Staaten (Auslandsunterhaltsgesetz – AUG) 1186
Vorbemerkung 1186
Kapitel 1. Allgemeiner Teil 1187
Abschnitt 1. Anwendungsbereich; Begriffsbestimmungen 1187
Abschnitte 2–4 1190
Abschnitt 5. Verfahrenskostenhilfe 1190
Abschnitt 6. Ergänzende Zuständigkeitsregelungen; Zuständigkeitskonzentration 1190
Kapitel 2. Anerkennung und Vollstreckung von Entscheidungen 1190
Abschnitt 1. Verfahren ohne Exequatur nach der Verordnung (EG) Nr 4/2009 1190
Abschnitt 2. Gerichtliche Zuständigkeit für Verfahren zur Anerkennung und
Vollstreckbarerklärung ausländischer Entscheidungen 1195
Abschnitt 3. Verfahren mit Exequatur nach der Verordnung (EG) Nr 4/2009 und den
Abkommen der Europäischen Union 1197
Abschnitt 4. Anerkennung und Vollstreckung von Unterhaltstiteln nach
völkerrechtlichen Verträgen 1210
Abschnitt 5. Verfahren bei förmlicher Gegenseitigkeit 1214

Inhaltsverzeichnis

Kapitel 3. Vollstreckung, Vollstreckungsabwehrantrag, besonderes Verfahren;
Schadensersatz 1214
Abschnitt 1. Vollstreckung, Vollstreckungsabwehrantrag, besonderes Verfahren 1214
Abschnitt 2. Schadensersatz wegen ungerechtfertigter Vollstreckung 1217
Kapitel 4. Entscheidungen deutscher Gerichte; Mahnverfahren 1218
Kapitel 5. Kosten; Übergangsvorschriften 1218
Abschnitt 1. Kosten 1218
Abschnitt 2. Übergangsvorschriften 1218

*720. Gesetz über das Verfahren in Familiensachen und in den Angelegenheiten der freiwilligen
Gerichtsbarkeit (FamFG)* 1219
Buch 1. Allgemeiner Teil 1219
Abschnitt 9. Verfahren mit Auslandsbezug 1219

N. Kindschaftssachen

I. Einführung

1. EU-Recht 1234

2. Staatsverträge 1234

3. Autonomes Zivilverfahrensrecht 1235

4. Prüfungsreihenfolge 1235

II. EU-Recht

*730. Verordnung Nr 2201/2003 über die Zuständigkeit und die Anerkennung und
Vollstreckung von Entscheidungen in Ehesachen und Verfahren betreffend die elterliche
Verantwortung und zur Aufhebung der Verordnung (EG) Nr 1347/2000 (EuEheVO)* . 1236
Vorbemerkung 1237
Kapitel I. Anwendungsbereich und Begriffsbestimmungen 1239
Kapitel II. Zuständigkeit 1243
Kapitel III. Anerkennung und Vollstreckung 1243
Abschnitt 1. Anerkennung 1243
Abschnitt 2. Antrag auf Vollstreckbarerklärung 1259
Abschnitt 3. Gemeinsame Bestimmungen für die Abschnitte 1 und 2 1276
Abschnitt 4. Vollstreckbarkeit bestimmter Entscheidungen über das Umgangsrecht und
bestimmter Entscheidungen, mit denen die Rückgabe des Kindes
angeordnet wird 1279
Abschnitt 5. Öffentliche Urkunden und Vereinbarungen 1291
Abschnitt 6. Sonstige Bestimmungen 1294
Kapitel IV. Zusammenarbeit zwischen den Zentralen Behörden bei Verfahren
betreffend die elterliche Verantwortung 1300
Kapitel V. Verhältnis zu anderen Rechtsinstrumenten 1300
Kapitel VI. Übergangsvorschriften 1304
Kapitel VII. Schlussbestimmungen 1306

III. Staatsverträge
Überblick 1307

*740. Haager Übereinkommen über die Zuständigkeit, das anzuwendende Recht, die
Anerkennung, Vollstreckung und Zusammenarbeit auf dem Gebiet der elterlichen
Verantwortung und der Maßnahmen zum Schutz von Kindern (KSÜ)* 1307
Vorbemerkung 1307
Kapitel I. Anwendungsbereich 1309
Kapitel II. Zuständigkeit 1309
Kapitel III. Anzuwendendes Recht 1309
Kapitel IV. Anerkennung und Vollstreckung 1309

Inhaltsverzeichnis

Kapitel V. Zusammenarbeit 1317
Kapitel VI. Allgemeine Bestimmungen 1317
Kapitel VII. Schlussbestimmungen 1319

750. Luxemburger Europäisches Übereinkommen über die Anerkennung und Vollstreckung von
Entscheidungen über das Sorgerecht für Kinder und die Wiederherstellung des
Sorgeverhältnisses (EuSorgeRÜ) 1319

Vorbemerkung 1319
Teil I. Zentrale Behörden 1324
Teil II. Anerkennung und Vollstreckung von Entscheidungen und Wiederherstellung
 des Sorgeverhältnisses 1324
Teil III. Verfahren 1336
Teil IV.Vorbehalte 1338
Teil V. Andere Übereinkünfte 1339
Teil VI. Schlussbestimmungen 1340

760. Haager Übereinkommen über die Zuständigkeit der Behörden und das anzuwendende Recht
auf dem Gebiet des Schutzes von Minderjährigen (MSA) 1342

Vorbemerkung 1342

IV. Autonomes Zivilverfahrensrecht

770. Gesetz zur Aus- und Durchführung bestimmter Rechtsinstrumente auf dem Gebiet des
internationalen Familienrechts (Internationales Familienrechtsverfahrensgesetz –
IntFamRVG) 1343

Vorbemerkung 1343
Abschnitt 1. Anwendungsbereich; Begriffsbestimmungen 1343
Abschnitt 2. Zentrale Behörde; Jugendamt 1344
Abschnitt 3. Gerichtliche Zuständigkeit und Zuständigkeitskonzentration 1345
Abschnitt 4. Allgemeine gerichtliche Verfahrensvorschriften 1348
Abschnitt 5. Zulassung der Zwangsvollstreckung, Anerkennungsfeststellung und
 Wiederherstellung des Sorgeverhältnisses 1349
Unterabschnitt 1. Zulassung der Zwangsvollstreckung im ersten Rechtszug 1349
Unterabschnitt 2. Beschwerde 1355
Unterabschnitt 3. Rechtsbeschwerde 1358
Unterabschnitt 4. Feststellung der Anerkennung 1360
Unterabschnitt 5. Wiederherstellung des Sorgeverhältnisses 1361
Unterabschnitt 6. Aufhebung oder Änderung von Beschlüssen 1361
Unterabschnitt 7. Vollstreckungsabwehrklage 1363
Abschnitt 6. Verfahren nach dem Haager Kindesentführungsübereinkommen 1363
Abschnitt 7. Vollstreckung 1363
Abschnitt 8. Grenzüberschreitende Unterbringung 1365
Abschnitt 9. Bescheinigungen zu inländischen Entscheidungen nach der Verordnung
 (EG) Nr 2201/2003 1365
Abschnitt 10. Kosten 1366
Abschnitt 11. Übergangsvorschriften 1366

780. Gesetz über das Verfahren in Familiensachen und in den Angelegenheiten der freiwilligen
Gerichtsbarkeit (FamFG) 1367

Buch 1. Allgemeiner Teil 1367
Abschnitt 9. Verfahren mit Auslandsbezug 1367

O. Abstammungssachen

I. Einführung

3. Autonomes Zivilverfahrensrecht 1380

XXII

Inhaltsverzeichnis

II. Autonomes Zivilverfahrensrecht

790. Gesetz über das Verfahren in Familiensachen und in den Angelegenheiten der freiwilligen Gerichtsbarkeit (FamFG) 1380

Buch 1. Allgemeiner Teil 1380
Abschnitt 9. Verfahren mit Auslandsbezug 1380

P. Adoptionssachen

I. Einführung

II. Staatsverträge

800. Haager Übereinkommen über den Schutz von Kindern und die Zusammenarbeit auf dem Gebiet der internationalen Adoption (HAdoptÜ) 1390

Vorbemerkung 1390
Kapitel I. Anwendungsbereich des Übereinkommens 1394
Kapitel II. Voraussetzungen internationaler Adoptionen 1395
Kapitel III. Zentrale Behörden und zugelassene Organisationen 1395
Kapitel IV. Verfahrensrechtliche Voraussetzungen der internationalen Adoption 1395
Kapitel V. Anerkennung und Wirkungen der Adoption 1395
Kapitel VI. Allgemeine Bestimmungen 1400
Kapitel VII. Schlussbestimmungen 1403

III. Autonomes Zivilverfahrensrecht

810. Gesetz zur Ausführung des Haager Übereinkommens vom 29. Mai 1993 über den Schutz von Kindern und die Zusammenarbeit auf dem Gebiet der internationalen Adoption (Adoptionsübereinkommens-Ausführungsgesetz – AdÜbAG) 1404

Vorbemerkung 1404
Abschnitt 1. Begriffsbestimmungen, Zuständigkeiten und Verfahren 1404
Abschnitt 2. Internationale Adoptionsvermittlung im Verhältnis zu anderen Vertragsstaaten 1404
Abschnitt 3. Bescheinigungen über das Zustandekommen oder die Umwandlung eines Annahmeverhältnisses 1404
Abschnitt 4. Zeitlicher Anwendungsbereich 1405

820. Gesetz über Wirkungen der Annahme als Kind nach ausländischem Recht (Adoptionswirkungsgesetz – AdWirkG) 1405

Vorbemerkung 1405

830. Gesetz über das Verfahren in Familiensachen und in den Angelegenheiten der freiwilligen Gerichtsbarkeit (FamFG) 1414

Buch 1. Allgemeiner Teil 1414
Abschnitt 9. Verfahren mit Auslandsbezug 1414

Q. Lebenspartnerschaftssachen

I. Einführung

1. EU-Recht 1425

2. Staatsverträge 1426

3. Autonomes Zivilverfahrensrecht 1428

II. EU-Recht

840. Verordnung (EU) Nr 2016/1104 des Rates zur Durchführung der Verstärkten Zusammenarbeit im Bereich der Zuständigkeit, des anzuwendenden Rechts und der Anerkennung und Vollstreckung von Entscheidungen in Fragen güterrechtlicher Wirkungen eingetragener Partnerschaften (EuPartVO) 1428

XXIII

Inhaltsverzeichnis

Vorbemerkung 1428
Kapitel I. Geltungsbereich und Begriffsbestimmungen 1430
Kapitel II. Gerichtliche Zuständigkeit 1430
Kapitel III. Anzuwendendes Recht 1430
Kapitel IV. Anerkennung, Vollstreckbarkeit und Vollstreckung von Entscheidungen ... 1431
Kapitel V. Öffentliche Urkunden und gerichtliche Vergleiche 1435
Kapitel VI. Allgemeine und Schlussbestimmungen 1436

III. Autonomes Zivilverfahrensrecht

850. Gesetz über das Verfahren in Familiensachen und in den Angelegenheiten der freiwilligen
Gerichtsbarkeit (FamFG) 1438
Buch 1. Allgemeiner Teil 1438
Abschnitt 9. Verfahren mit Auslandsbezug 1438

R. Sonstige Familiensachen

I. Versorgungsausgleichssachen

1. Einführung 1445

2. Autonomes Zivilverfahrensrecht 1447

860. Gesetz über das Verfahren in Familiensachen und in den Angelegenheiten der freiwilligen
Gerichtsbarkeit (FamFG) 1447
Buch I. Allgemeiner Teil 1447

II. Ehewohnungs- und Haushaltssachen

1. Einführung 1450

2. Autonomes Zivilverfahrensrecht 1452

870. Gesetz über das Verfahren in Familiensachen und in den Angelegenheiten der freiwilligen
Gerichtsbarkeit (FamFG) 1452
Buch I. Allgemeiner Teil 1452

III. Gewaltschutzsachen

1. Einführung 1455

2. EU-Recht 1456

880. Verordnung (EU) Nr 606/2013 des Europäischen Parlaments und des Rates über die
gegenseitige Anerkennung von Schutzmaßnahmen in Zivilsachen (EuSchutzMVO) 1456
Vorbemerkung 1456
Kapitel I. Gegenstand, Anwendungsbereich und Begriffsbestimmungen 1458
Kapitel II. Anerkennung und Vollstreckung von Schutzmaßnahmen 1461
Kapitel III. Allgemeine und Schlussbestimmungen 1472

3. Autonomes Zivilverfahrensrecht 1475

890. Gesetz zum Europäischen Gewaltschutzverfahren (EU-Gewaltschutzverfahrensgesetz –
EuGewSchVG) 1475
Abschnitt 1. Allgemeine Verfahrensvorschrift 1475
Abschnitt 2. Anerkennung und Vollstreckung nach der Richtlinie 2011/99/EU 1475
Abschnitt 3. Anerkennung und Vollstreckung nach der Verordnung (EU) Nr. 606/
2013 1475
Abschnitt. 4. Strafvorschriften 1477

Inhaltsverzeichnis

900. Gesetz über das Verfahren in Familiensachen und in den Angelegenheiten der freiwilligen Gerichtsbarkeit (FamFG) 1477
Buch I. Allgemeiner Teil 1477

S. Betreuungssachen

I. Einführung

II. Staatsverträge

910. Haager Übereinkommen über den internationalen Schutz von Erwachsenen (ErwSÜ) 1482
Vorbemerkung 1482
Kapitel I. Anwendungsbereich des Übereinkommens 1483
Kapitel II. Zuständigkeit 1483
Kapitel III. Anzuwendendes Recht 1483
Kapitel IV. Anerkennung und Vollstreckung 1483
Kapitel V. Zusammenarbeit 1490
Kapitel VI. Allgemeine Bestimmungen 1490
Kapitel VII. Schlussbestimmungen 1491

920. Gesetz zur Ausführung des Haager Übereinkommens vom 13. Januar 2000 über den internationalen Schutz von Erwachsenen (Erwachsenenschutzübereinkommens-Ausführungsgesetz – ErwSÜAG) 1491
Abschnitt 1. Zentrale Behörde 1491
Abschnitt 2. Gerichtliche Zuständigkeit und Zuständigkeitskonzentration 1492
Abschnitt 3. Anerkennungsfeststellung, Vollstreckbarerklärung, Konsultationsverfahren und Bescheinigungen 1494

930. Gesetz über das Verfahren in Familiensachen und in den Angelegenheiten der freiwilligen Gerichtsbarkeit (FamFG) 1498
Buch 1. Allgemeiner Teil 1498
Abschnitt 9. Verfahren mit Auslandsbezug 1498

3. Teil. Internationale Zusammenarbeit der Gerichte und Behörden in Familiensachen

T. Unterhaltssachen

I. Einführung

II. EU-Recht

940. Verordnung (EG) Nr 4/2009 des Rates über die Zuständigkeit, das anwendbare Recht, die Anerkennung und Vollstreckung von Entscheidungen und die Zusammenarbeit in Unterhaltssachen (EuUntVO) 1501
Vorbemerkung 1501
Kapitel I. Geltungsbereich und Begriffsbestimmungen 1502
Kapitel II. Zuständigkeit 1502
Kapitel III. Anwendbares Recht 1502
Kapitel IV. Anerkennung, Vollstreckbarkeit und Vollstreckung von Entscheidungen ... 1503
Kapitel V. Zugang zum Recht 1503
Kapitel VI. Gerichtliche Vergleiche und öffentliche Urkunden 1503
Kapitel VII. Zusammenarbeit der Zentralen Behörden 1503
Kapitel VIII. Öffentliche Aufgaben wahrnehmende Einrichtungen 1520
Kapitel IX. Allgemeine Bestimmungen und Schlussbestimmungen 1520

XXV

Inhaltsverzeichnis

III. Staatsverträge

950. Haager Übereinkommen über die internationale Geltendmachung der Unterhaltsansprüche von Kindern und anderen Familienangehörigen (HUÜ 2007) 1521

Vorbemerkung 1521
Kapitel II. Zusammenarbeit auf Verwaltungsebene 1521
Kapitel III. Anträge über die Zentralen Behörden 1523

960. New Yorker UN-Übereinkommen über die Geltendmachung von Unterhaltsansprüchen im Ausland (UN-UntGÜ) 1528

Vorbemerkung 1528

IV. Autonomes Zivilverfahrensrecht

970. Gesetz zur Geltendmachung von Unterhaltsansprüchen im Verkehr mit ausländischen Staaten (Auslandsunterhaltsgesetz – AUG) 1531

Vorbemerkung 1531
Kapitel 1. Allgemeiner Teil 1532
Abschnitt 1. Anwendungsbereich; Begriffsbestimmungen 1532
Abschnitt 2. Zentrale Behörde 1533
Abschnitt 3. Ersuchen um Unterstützung in Unterhaltssachen 1534
Abschnitt 4. Datenerhebung durch die zentrale Behörde 1538

U. Kindschaftssachen

I. Einführung

1. EU-Recht 1541

2. Staatsverträge 1542

3. Autonomes Zivilverfahrensrecht 1542

II. EU-Recht

980. Verordnung (EG) Nr 2201/2003 des Rates über die Zuständigkeit und die Anerkennung und Vollstreckung von Entscheidungen in Ehesachen und in Verfahren betreffend die elterliche Verantwortung und zur Aufhebung der Verordnung (EG) Nr 1347/2000 (EuEheVO) 1542

Vorbemerkung 1542
Kapitel IV. Zusammenarbeit zwischen den zentralen Behörden bei Verfahren betreffend die elterliche Verantwortung 1543

III. Staatsverträge

Überblick 1548

990. Haager Übereinkommen über die Zuständigkeit, das anzuwendende Recht, die Anerkennung, Vollstreckung und Zusammenarbeit auf dem Gebiet der elterlichen Verantwortung und der Maßnahmen zum Schutz von Kindern (KSÜ) 1548

Vorbemerkungen 1548
Kapitel V. Zusammenarbeit 1549

1000. Haager Übereinkommen über die zivilrechtlichen Aspekte internationaler Kindesentführung (HKÜ) 1555

Vorbemerkung 1555
Kapitel I. Anwendungsbereich des Übereinkommens 1559
Kapitel II. Zentrale Behörden 1572
Kapitel III. Rückgabe von Kindern 1574
Kapitel IV. Recht zum persönlichen Umgang 1598
Kapitel V. Allgemeine Bestimmungen 1600
Kapitel VI. Schlussbestimmungen 1606

Inhaltsverzeichnis

1010. Luxemburger Europäisches Übereinkommen über die Anerkennung und Vollstreckung von Entscheidungen über das Sorgerecht für Kinder und die Wiederherstellung des Sorgeverhältnisses (EuSorgeRÜ) 1608

Vorbemerkung 1608
Teil I. Zentrale Behörden 1608

IV. Autonomes Zivilverfahrensrecht

1020. Gesetz zur Aus- und Durchführung bestimmter Rechtsinstrumente auf dem Gebiet des internationalen Familienrechts (Internationales Familienrechtsverfahrensgesetz – IntFamRVG) 1612

Vorbemerkung 1612
Abschnitt 1. Anwendungsbereich; Begriffsbestimmungen 1613
Abschnitt 2. Zentrale Behörde; Jugendamt 1613
Abschnitt 3. Gerichtliche Zuständigkeit und Zuständigkeitskonzentration 1617
Abschnitt 4. Allgemeine gerichtliche Verfahrensvorschriften 1618
Abschnitt 5. Zulassung der Zwangsvollstreckung, Anerkennungsfeststellung und
         Wiederherstellung des Sorgeverhältnisses 1619
Abschnitt 6. Verfahren nach dem Haager Kindesentführungsübereinkommen 1619
Abschnitt 7. Vollstreckung 1623
Abschnitt 8. Grenzüberschreitende Unterbringung 1623
Abschnitt 9. Bescheinigung zu inländischen Entscheidungen nach der Verordnung (EG)
         Nr 2201/2003 1625
Abschnitt 10. Kosten 1626
Abschnitt 11. Übergangsvorschriften 1626

V. Adoptionssachen

I. Einführung

1. EU–Recht 1627

2. Staatsverträge 1628

3. Autonomes Zivilverfahrensrecht 1628

II. Staatsverträge

1020. Haager Übereinkommen über den Schutz von Kindern und die Zusammenarbeit auf dem Gebiet der internationalen Adoption (HAdoptÜ) 1628

Vorbemerkung 1628
Kapitel I. Anwendungsbereich des Übereinkommens 1630
Kapitel II. Voraussetzungen internationaler Adoptionen 1631
Kapitel III. Zentrale Behörden und zugelassene Organisationen 1633
Kapitel IV. Verfahrensrechtliche Voraussetzungen der internationalen Adoption 1634
Kapitel V. Anerkennung und Wirkungen der Adoption 1639
Kapitel VI. Allgemeine Bestimmungen 1639
Kapitel VII. Schlussbestimmungen 1639

III. Autonomes Zivilverfahrensrecht

1030. Gesetz zur Ausführung des Haager Übereinkommens vom 29. Mai 1993 über den Schutz von Kindern und die Zusammenarbeit auf dem Gebiet der internationalen Adoption (Adoptionsübereinkommens-Ausführungsgesetz – AdÜbAG) 1639

Vorbemerkung 1639
Abschnitt 1. Begriffsbestimmungen, Zuständigkeiten und Verfahren 1640
Abschnitt 2. Internationale Adoptionsvermittlung im Verhältnis zu anderen
         Vertragsstaaten 1641

XXVII

Inhaltsverzeichnis

Abschnitt 3. Bescheinigungen über das Zustandekommen oder die Umwandlung eines Annahmeverhältnisses 1643
Abschnitt 4. Zeitlicher Anwendungsbereich 1643

1050. Gesetz über die Vermittlung der Annahme als Kind und über das Verbot der Vermittlung von Ersatzmüttern (Adoptionsvermittlungsgesetz – AdVermiG) 1643
Erster Abschnitt. Adoptionsvermittlung 1643
Zweiter Abschnitt. Ersatzmutterschaft 1645
Dritter Abschnitt. Straf- und Bußgeldvorschriften 1645
Vierter Abschnitt. Übergangsvorschriften 1645

W. Betreuungssachen

I. Einführung

1. EU-Recht 1647

2. Staatsverträge 1647

3. Autonomes deutsches Zivilverfahrensrecht 1647

II. Staatsverträge

1060. Haager Übereinkommen über den internationalen Schutz von Erwachsenen (ErwSÜ) ... 1647
Vorbemerkung 1647
Kapitel I. Anwendungsbereich des Übereinkommens 1648
Kapitel II. Zuständigkeit 1648
Kapitel III. Anzuwendendes Recht 1649
Kapitel IV. Anerkennung und Vollstreckung 1649
Kapitel V. Zusammenarbeit 1649
Kapitel VI. Allgemeine Bestimmungen 1654
Kapitel VII. Schlussbestimmungen 1654

III. Autonomes Zivilverfahrensrecht

1070. Gesetz zur Ausführung des Haager Übereinkommens vom 13. Januar 2000 über den internationalen Schutz von Erwachsenen (Erwachsenenschutzübereinkommens-Ausführungsgesetz- ErwSÜAG) 1655
Abschnitt 1. Zentrale Behörde 1655

4. Teil. Textanhang

Erwägungsgründe zu den kommentierten EU-Verordnungen

I. 1659

1060. Verordnung (EG) Nr 2201/2003 über die Zuständigkeit und die Anerkennung und Vollstreckung von Entscheidungen in Ehesachen und in Verfahren betreffend die elterliche Verantwortung und zur Aufhebung der Verordnung (EG) Nr. 1347/2000 (EuEheVO) 1659

II. 1661

1070. Verordnung (EU) Nr 1259/2010 zur Durchführung einer Verstärkten Zusammenarbeit im Bereich des auf die Ehescheidung und Trennung ohne Auflösung des Ehebandes anzuwendenden Rechts (Rom III-VO) 1661

III. 1665

1080. Verordnung (EG) Nr 4/2009 über die Zuständigkeit, das anwendbare Recht, die Anerkennung und Vollstreckung von Entscheidungen und die Zusammenarbeit in Unterhaltssachen (EuUntVO) 1665

Inhaltsverzeichnis

IV. 1671

1090. *Verordnung (EU) 2016/1103 des Rates zur Durchführung einer Verstärkten
Zusammenarbeit im Bereich der Zuständigkeit, des anzuwendenden Rechts und der
Anerkennung und Vollstreckung von Entscheidungen in Fragen des ehelichen Güterstands
(EuGüVO)* 1671

V. 1680

1100. *Verordnung (EU) 2016/1104 des Rates zur Durchführung der Verstärkten
Zusammenarbeit im Bereich der Zuständigkeit, des anzuwendenden Rechts und der
Anerkennung und Vollstreckung von Entscheidungen in Fragen güterrechtlicher
Wirkungen eingetragener Partnerschaften (EuPartVO)* 1680

VI. 1689

2010. *Verordnung (EU) Nr 606/2013 des Europäischen Parlaments und des Rates über die
gegenseitige Anerkennung von Schutzmaßnahmen in Zivilsachen (EUSchutzMVO)* ... 1689

Schnellübersicht

der kommentierten EU-Verordnungen, Staatsverträge und deutschen Gesetze[1]

Kurzbezeichnung	Gliederungsnummer/n im Kommentar
AdÜbAG	810, 1040
AdVermiG	1050
AdWirkG	820
AUG	190, 280, 710, 970
Brüssel IIa–VO	s EuEheVO
CIEC-Übk Anerk ne. Kinder	430
CIEC-Übk mütterl. Abstammung	440
Dt.-frz. Abk zur Wahl-Zugewinngemeinschaft	120
Dt.-iran. Niederl-Abk	050, 110, 250, 400
Dt.-israel. Anerk-Vertrag	690
Dt.-schweiz. Anerk-Abk	580
Dt.-tunes. Anerk-Vertrag	590, 700
EGBGB	060, 130, 150, 260, 300, 320, 410, 450, 480, 520, 560
ErwSÜ	530, 550, 910, 1060
ErwSÜAG	920, 1070
EuEheVO	010, 330, 570, 730, 980, 1080
EuGewSchVG	890
EuGüVO	70, 100, 620, 1110
EuPartVO	490, 510, 840, 1130
EuSchutzMVO	880, 1130
EuSorgeRÜ	750, 1010
EuUntVO	160, 210, 270, 640, 940, 1100
FamFG	030, 080, 200, 290, 310, 370, 420, 470, 500, 540, 610, 630, 720, 780, 790, 830, 850, 860, 870, 900, 930
HAdoptÜ	800, 1030
HKÜ	1000
HKUntÜ	240
HKUntVÜ	680
HUntGÜ	s HUÜ 2007
HUntÜ	230
HUntVÜ	670
HUP	220
HUÜ 2007	180, 660, 950
IntFamRVG	020, 360, 600, 770, 1020
KSÜ	340, 380, 740, 990
LugÜ 2007	170, 650
MSA	350, 390, 760
Rom III-VO	040, 1090
UNUntGÜ	960
VFGüterstG	140
ZPO	090

---

[1] Ein chronologisches Verzeichnis der kommentierten EU-Verordnungen, Staatsverträge und deutschen Gesetze findet sich als → **Register A** am Ende des Werkes.

Benutzerhinweise

1. Querverweisungen

Verweisungen im Kommentar erfolgen grundsätzlich mit Hilfe des Pfeilzeichens → nur auf Randnummern, nicht auf die Gliederungsnummern der Anmerkungen.

Verweisungen ohne Hinzufügung eines Großbuchstabens (zB → Rn 14) beziehen sich auf Randnummern innerhalb des gleichen Abschnitts.

Verweisungen auf Randnummern in einem anderen Abschnitt erfolgen durch Hinzufügung des für den jeweiligen Abschnitt maßgebenden Großbuchstabens (zB → C Rn 38).

2. Literaturzitate

Literatur wird grundsätzlich nach dem allgemeinen Literaturverzeichnis unter Verwendung der dort angegebenen Abkürzungen zitiert.

Literaturzitate nur mit Randnummer und Ziffer (zB ThP/*Hüßtege* Rn 3) beziehen sich auf die jeweils kommentierte Vorschrift.

Beziehen sich Literaturzitate auf ein anderes als das kommentierte Gesetz oder Rechtsinstrument, so wird dieses unter Verwendung der Abkürzung gemäß Abkürzungsverzeichnis mitzitiert (zB unalexK/*Hausmann* Art 1 EuGVVO aF Rn 5).

3. Rechtsprechungszitate

Gerichtsentscheidungen werden regelmäßig mit der Seite zitiert, an welcher der Abdruck beginnt; hinter dem Schrägstrich steht die Seite, auf die an der betreffenden Stelle Bezug genommen wird. Ist die Entscheidung mit Randnummern versehen, so wird nur die erste Seite des Abdrucks und die Randnummer zitiert.

Entscheidungen des EuGH werden mit Aktenzeichen, Parteinamen und der Fundstelle, deutsche Entscheidungen nur mit der Gerichtsbezeichnung und der Fundstelle zitiert.

Ausländische Entscheidungen werden idR zusätzlich mit dem Entscheidungsdatum zitiert. Zitate mit der Fundstelle *unalex* beziehen sich auf die unalex-Datenbank, die im Internet unter www.unalex.eu zugänglich ist.

Abkürzungsverzeichnis

aA	anderer Ansicht
aaO	am angegebenen Ort
ABGB	Allgemeines Bürgerliches Gesetzbuch v 1.6.1811 (Österreich)
Abk	Abkommen
abl	ablehnend
ABl	Amtsblatt
ABl EG	Amtsblatt der Europäischen Gemeinschaften
ABl EU	Amtsblatt der Europäischen Union
Abs	Absatz
abw	abweichend
AC	The Law Reports, Appeal Cases (Zeitschrift/Großbritannien)
AcP	Archiv für die civilistische Praxis (Zeitschrift)
Actes	Actes et documents de la Conférence de la Haye de droit international privé
AdÜbAG	Adoptionsübereinkommens-Ausführungsgesetz v 5.11.2001
AdVermiG	Adoptionsvermittlungsgesetz v 22.12.2001
AdWirkG	Adoptionswirkungsgesetz v 5.11.2001
aE	am Ende
AEUV	Vertrag über die Arbeitsweise der Europäischen Union v 13.12.2007
aF	alte Fassung
AG	Amtsgericht, Aktiengesellschaft
AGB	Allgemeine Geschäftsbedingungen
AGG	Allgemeines Gleichbehandlungsgesetz v 14.8.2006
All E. R.	The All England Law Reports (Zeitschrift/Großbritannien)
allg	allgemein
allgM	allgemeine Meinung
Alt	Alternative
aM	anderer Meinung
AmJCompL	The American Journal of Comparative Law (Zeitschrift/USA)
Amtl Begr	Amtliche B egründung
An Der Int	Anuario de Derecho Internacional (Jahrbuch/Spanien)
ÄndG	Änderungsgesetz
An Esp Der Int Priv	Anuario Español de Derecho Interncional Privado (Jahrbuch/Spanien)
Anh	Anhang
Anl	Anlage
Anm	Anmerkung
AnwBl	Anwaltsblatt
Anz	Anzeiger
App	Cour d'appel; Corte d'appello
ArbG	Arbeitsgericht
arg	argumentum
Art	Artikel
AsylG	Asylgesetz v 2.9.2008
AT	Allgemeiner Teil
Aud Prov	Audiencia Provincial (Berufungsgericht/Spanien)
Aufl	Auflage
Aufs	Aufsatz
ausf	ausführlich
AusfG	Ausführungsgesetz
AUG	Auslandsunterhaltsgesetz v 23.5.2011
AVAG	Anerkennungs- und Vollstreckungsausführungsgesetz idF v 30.11.2015
AWD	Außenwirtschaftsdienst des Betriebs-Beraters
Az	Aktenzeichen
BAG	Bundesarbeitsgericht

XXXV

Abkürzungsverzeichnis

BAGE	Entscheidungen des Bundesarbeitsgerichts
BAnz	Bundesanzeiger
BayObLG	Bayerisches Oberstes Landesgericht
BayObLGZ	Entscheidungen des Bayerischen Obersten Landesgerichts in Zivilsachen
BB	Der Betriebs-Berater (Zeitschrift)
Bd	Band
Bearb, bearb	Bearbeiter, bearbeitet
BeckRS	Beck-Rechtsprechungssammlung
Begr	Begründung
Beil	Beilage
Bek	Bekanntmachung
Bekl	Beklagte(r)
belg	belgisch
Bem	Bemerkung
ber	berichtigt, bereinigt
bes	besonders
Beschl	Beschluss
bespr	besprochen
bestr	bestritten
betr	betreffend, betreffs
BeurkG	Beurkundungsgesetz v 28.8.1969
BezG	Bezirksgericht
BFH	Bundesfinanzhof
BG	Bundesgericht (Schweiz)
BGB	Bürgerliches Gesetzbuch idF v. 2.1.2002
BGBl	Bundesgesetzblatt
BGE	Entscheidungen des Schweizerischen Bundesgerichts
BGH	Bundesgerichtshof
BGHZ	Entscheidungen des Bundesgerichtshofs in Zivilsachen
Bl	Blatt
BMJ	Bundesministerium der Justiz und für Verbraucherschutz
BNotO	Bundesnotarordnung v 24.2.1961
BR	Bundesrat
BRD	Bundesrepublik Deutschland
BR-Drs	Bundesrats-Drucksache
BReg	Bundesregierung
Brüssel I-VO	s EuGVVO aF
Brüssel Ia-VO	s EuGVVO
Brüssel II-VO	s EheVO 2000
Brüssel IIa-VO	s EuEheVO
BSG	Bundessozialgericht
BSGE	Entscheidungen des Bundessozialgerichts
Bsp	Beispiel
BT	Bundestag
BT-Drs	Bundestags-Drucksache
BTPrax	Betreuungsrechtliche Praxis (Zeitschrift)
BVerfG	Bundesverfassungsgericht
BVerfGE	Entscheidungen des Bundesverfassungsgerichts
BVerwG	Bundesverwaltungsgericht
BVerwGE	Entscheidungen des Bundesverwaltungsgerichts
BVFG	Bundesvertriebenengesetz v 19.5.1953 idF v 10.8.2007
BW	Bugerlijk Wetboek (Niederlande); Baden-Württemberg
BWNotZ	Zeitschrift für das Notariat in Baden-Württemberg
bzgl	bezüglich
bzw	beziehungsweise
ca	circa
CA	Court of Appeal (England)
Cah dr eur	Cahiers de droit européen (Zeitschrift/Frankreich)

XXXVI

Abkürzungsverzeichnis

Cass	Cour de cassation; Corte di cassazione
Cass civ	Cour de cassation, chambre civile
Cc	Code civil (Frankreich); Codice civile (Italien); Código civil (Spanien/Portugal)
ch	Chapter
Ch	The Law Reports, Chancery Division (Zeitschrift/Großbritannien)
Child and Family LQ	Child and Family Law Quarterly
CIEC	Commission Internationale de l'Etat civil
Clunet	Journal du droit international (Zeitschrift/Frankreich)
Cpc	Code de procédure civile (Frankreich); Codice di procedura civile (Italien)
D	Recueil Dalloz (Frankreich)
DAVorm	Der Amtsvormund (Zeitschrift bis 2000; seit 1.1.2001 JAmt)
DB	Der Betrieb (Zeitschrift)
ders	derselbe
DEuFamR	Deutsches und Europäisches Familienrecht (Zeitschrift)
dh	das heißt
dies	dieselbe
DIP	Droit International Privé
Dir. fam.	Il diritto di famiglia e delle persone (Zeitschrift/Italien)
Dir. int.	Diritto internazionale (Zeitschrift/Italien)
Diss	Dissertation
DIZPR	Deutsches Internationales Zivilprozessrecht
DJ	Deutsche Justiz (Zeitschrift)
DNotZ	Deutsche Notar-Zeitschrift
Dok	Dokument
DR	Deutsches Recht (Zeitschrift)
DRiZ	Deutsche Richterzeitung
DS	Recueil Dalloz Sirey (Zeitschrift/Frankreich)
DStR	Deutsches Steuerrecht (Zeitschrift)
DVBl	Deutsche Verwaltungsblätter (Zeitschrift)
DVO	Durchführungsverordnung
EF-Z	Zeitschrift für Familien und Erbrecht (Österreich)
EG	Einführungsgesetz; Europäische Gemeinschaft
EGBGB	Einführungsgesetz zum Bürgerlichen Gesetzbuch idF v 21.9.1994
EGMR	Europäischer Gerichtshof für Menschenrechte
EG-PKHG	Gesetz zur Umsetzung gemeinschaftsrechtlicher Vorschriften über die grenzüberschreitende Prozesskostenhilfe in Zivil- und Handelssachen in den Mitgliedstaaten v 15.12.2004
EGV	Vertrag zur Gründung der Europäischen Gemeinschaft v 25.3.1957 idF v 26.2.2001
EheVO 2000	Verordnung (EG) Nr 1347/2000 über die Zuständigkeit und Vollstreckung von Entscheidungen in Ehesachen und in Verfahren betreffend die elterliche Verantwortung für die gemeinsamen Kinder der Ehegatten v 29.5.2000
Einf	Einführung
Einl	Einleitung
einstw	einstweilig
EMRK	Europäische Konvention zum Schutz der Menschenrechte und Grundfreiheiten v 4.11.1950
engl	englisch
entspr	entsprechend
Entw	Entwurf
EO	Exekutionsordnung (Österreich)
ERA-Forum	Forum der Europäischen Rechtsakademie (Zeitschrift)
Erg	Ergebnis
ErgLfg	Ergänzungslieferung
ErwSÜ	Haager Übk zum internationalen Schutz Erwachsener v 13.1.2000
ErwSÜAG	Erwachsenenschutzübereinkommens-Ausführungsgesetz v 17.3.2007

Abkürzungsverzeichnis

EU .... Europäische Union

EuBVO .... Verordnung (EG) Nr 1206/2001 über die Zusammenarbeit zwischen den Gerichten der Mitgliedstaaten auf dem Gebiet der Beweisaufnahme in Zivil- oder Handelssachen v 28.5.2001

EuEheVO .... Verordnung (EG) Nr 2201/2003 über die Zuständigkeit und die Anerkennung und Vollstreckung von Entscheidungen in Ehesachen und in Verfahren betreffend die elterliche Verantwortung v 27.11.2003

EuErbVO .... Verordnung (EU) Nr 650/2012 über die Zuständigkeit, das anzuwendende Recht, die Anerkennung und Vollstreckung von Entscheidungen und die Annahme und Vollstreckung öffentlicher Urkunden in Erbsachen sowie zur Einführung eines Europäischen Nachlasszeugnisses v 4.7.2012

EuGFVO .... Verordnung (EG) Nr 861/2007 zur Einführung eines europäischen Verfahrens für geringfügige Forderungen v 11.7.2007 idF der Verordnung (EU) 2015/2042 v 16.12.2015

EuGH .... Gerichtshof der Europäischen Gemeinschaften

EuGüVO .... Verordnung (EU) 2016/1103 zur Durchführung einer Verstärkten Zusammenarbeit im Bereich der Zuständigkeit, des anzuwendenden Rechts, der Anerkennung und der Vollstreckung von Entscheidungen in Fragen des ehelichen Güterrechts v 24.6.2016

EuGVÜ .... Brüsseler EWG-Übereinkommen über die gerichtliche Zuständigkeit und die Vollstreckung gerichtlicher Entscheidungen in Zivil- und Handelssachen v 27.9.1968

EuGVVO .... Verordnung (EU) Nr 1215/2012 über die gerichtliche Zuständigkeit und die Anerkennung und Vollstreckung gerichtlicher Entscheidungen in Zivil- und Handelssachen v 12.12.2012

EuGVVO aF .... Verordnung (EG) Nr 44/2001 über die gerichtliche Zuständigkeit und die Anerkennung und Vollstreckung gerichtlicher Entscheidungen in Zivil- und Handelssachen v 22.12.2000

EuLF .... The European Legal Forum (Zeitschrift)

EuMVVO .... Verordnung (EG) Nr 1896/2006 zur Einführung eines europäischen Mahnverfahrens v 12.12.2006 idF der Verordnung (EU) 2015/2042 v 16.12.2015

EuPartVO .... Verordnung (EU) 2016/1104 zur Durchführung einer Verstärkten Zusammenarbeit im Bereich der Zuständigkeit, des anzuwendenden Rechts, der Anerkennung und der Vollstreckung von Entscheidungen in Fragen güterrechtlicher Wirkungen eingetragener Partnerschaften v 24.6.2016

EuR .... Europarecht (Zeitschrift)

Eur L Rev .... European Law Review (Zeitschrift/Großbritannien)

Eur Rev Priv L .... European Review of Private Law (Zeitschrift/Niederlande)

EuSchutzMVO .... Verordnung (EU) Nr 606/2013 über die gegenseitige Anerkennung von Schutzmaßnahmen in Zivilsachen v 12.6.2013

EuSorgeRÜ .... Europäisches Übk über die Anerkennung und Vollstreckung von Entscheidungen über das Sorgerecht für Kinder und die Wiederherstellung des Sorgerechts v 20.5.1980

EuUntVO .... Verordnung (EG) Nr 4/2009 über die Zuständigkeit, das anwendbare Recht, die Anerkennung und Vollstreckung von Entscheidungen und die Zusammenarbeit in Unterhaltssachen v 18.12.2008

EUV .... Vertrag über die Europäische Union v 7.2.1992 idF des Vertrages von Lissabon v 13.12.2007

EuVTVO .... Verordnung (EG) Nr 805/2004 zur Einführung eines europäischen Vollstreckungstitels für unbestrittene Forderungen v 21.4.2004

EuZVO .... Verordnung (EG) Nr 1393/2007 über die Zustellung gerichtlicher und außergerichtlicher Schriftstücke in Zivil- oder Handelssachen in den Mitgliedstaaten v 13.11.2007

EuZVO 2000 .... Verordnung (EG) Nr 1348/2000 über die Zustellung gerichtlicher und außergerichtlicher Schriftstücke in Zivil- oder Handelssachen v 29.5.2000

Abkürzungsverzeichnis

EuZW	Europäische Zeitschrift für Wirtschaftsrecht
evtl	eventuell
EVÜ	EG-Übk über das auf vertragliche Schuldverhältnisse anzuwendende Recht v 19.6.1980
EWG	Europäische Wirtschaftsgemeinschaft
EWiR	Entscheidungen zum Wirtschaftsrecht (Zeitschrift)
EWR	Europäischer Wirtschaftsraum
f	für; folgende
FamFG	Gesetz über das Verfahren in Familiensachen und in den Angelegenheiten der freiwilligen Gerichtsbarkeit v 17.12.2008
FamFR	Familienrecht und Familienverfahrensrecht (Zeitschrift)
FamG	Familiengericht
FamGB	Familiengesetzbuch
FamGKG	Gesetz über Gerichtskosten in Familiensachen v 17.12.2008
Familia	Rivista di diritto della famiglia e delle sucessioni in Europa (Zeitschrift/Italien)
Fam L Q	Family Law Quarterly (Zeitschrift/Großbritannien)
FamPrax	Familienrechtliche Praxis (Zeitschrift/Schweiz)
FamR	Familienrecht
FamRÄndG	Familienrechtsänderungsgesetz v 11.8.1961
FamRB	Der Familienrechtsberater (Zeitschrift)
FamRBint	Der Familienrechtsberater International (Zeitschrift)
FamRZ	Zeitschrift für das gesamte Familienrecht
ff	fortfolgende
FFE	Forum Familien- und Erbrecht (Zeitschrift)
FG	Finanzgericht; Freiwillige Gerichtsbarkeit; Festgabe
FGG	Gesetz über die Angelegenheiten der freiwilligen Gerichtsbarkeit v 17.5.1898 (aufgehoben)
FGPrax	Praxis der Freiwilligen Gerichtsbarkeit (Zeitschrift)
Fn	Fußnote
Foro it.	Foro italiano (Zeitschrift/Italien)
Forum	s u FFE
FPR	Familie, Partnerschaft, Recht (Zeitschrift)
frz	französisch
FS	Festschrift
FuR	Familie und Recht (Zeitschrift)
G	Gesetz
Gaz Pal	La Gazette du Palais (Zeitschrift/Frankreich)
GBl	Gesetzblatt
GBO	Grundbuchordnung
GbR	Gesellschaft bürgerlichen Rechts
geänd	geändert
gem	gemäß
Ger	Gericht
ges	gesetzlich
gewA	gewöhnlicher Aufenthalt
GewSchG	Gesetz zur Verbesserung des zivilrechtlichen Schutzes vor Gewalttaten und Nachstellungen sowie zur Erleichterung der Überlassung der Ehewohnung bei Trennung v 11.12.2001
GFK	Gener Abkommen über die Rechtsstellung der Flüchtlinge v 28.7.1951
GG	Grundgesetz für die Bundesrepublik Deutschland v 23.5.1949
ggf	gegebenenfalls
Ggs	Gegensatz
Giur.it.	Giurisprudenza italiana (Zeitschrift/Italien)
GKG	Gerichtskostengesetz v 5.5.2004
GmbH	Gesellschaft mit beschränkter Haftung
GNotKG	Gerichts- und Notarkostengesetz v 23.7.2013
GPR	Zeitschrift für Gemeinschaftsprivatrecht

Abkürzungsverzeichnis

grdl	grundlegend
grds	grundsätzlich
griech	griechisch
GS	Gedächtnisschrift; Großer Senat
GVBl	Gesetz- und Verordnungsblatt
GVG	Gerichtsverfassungsgesetz idF v 9.5.1975
hA	herrschende Ansicht
HAdoptÜ	Haager Übk über den Schutz von Kindern und die Zusammenarbeit auf dem Gebiet der internationalen Adoption v 29.5.1993
HBÜ	Haager Übk über die Beweisaufnahme im Ausland in Zivil- oder Handelssachen v 18.3.1970
HdB	Handbuch
HGB	Handelsgesetzbuch v 10.5.1897
HKÜ	Haager Übk über die zivilrechtlichen Aspekte internationaler Kindesentführung v 25.10.1980
HKUntÜ	Haager Übk über das auf Unterhaltsverpflichtungen gegenüber Kindern anzuwendende Recht v 24.10.1956
HKUntVÜ	Haager Übereinkommen über die Anerkennung und Vollstreckung von Entscheidungen auf dem Gebiet der Unterhaltspflicht gegenüber Kindern v 15.4.1958
hL	herrschende Lehre
HL	House of Lords (England)
hM	herrschende Meinung
HR	Hoge Raad (Niederlande)
HRR	Höchstrichterliche Rechtsprechung (Zeitschrift)
Hrsg, hrsg	Herausgeber, herausgegeben
Hs	Halbsatz
HUntÜ	Haager Übk über das auf Unterhaltspflichten anzuwendende Recht v 2.10.1973
HUntVÜ	Haager Übk über die Anerkennung und Vollstreckung von Unterhaltsentscheidungen v 2.10.1973
HUP	Haager Protokoll über das auf Unterhaltspflichten anzuwendende Recht v 23.11.2007
HUÜ 2007	Haager Übk über die internationale Geltendmachung der Unterhaltsansprüche von Kindern und anderen Familienangehörigen v 23.11.2007
HZPÜ	Haager Übk über den Zivilprozess v 1.3.1954
HZÜ	Haager Übk über die Zustellung gerichtlicher und außergerichtlicher Schriftstücke im Ausland in Zivil- oder Handelssachen v 15.11.1965
ICLQ	The International and Comparative Law Quarterly (Zeitschrift/Großbritannien)
idF	in der Fassung
idR	in der Regel
idS	in diesem Sinne
iE	im Einzelnen
ieS	im engeren Sinne
iFamZ	Interdisziplinäre Zeitschrift für Familienrecht (Österreich)
iHv	in Höhe von
ILPr	International Litigation Practice (Zeitschrift/Großbritannien)
im Erg	im Ergebnis
insb	insbesondere
InsO	Insolvenzordnung v 5.10.1994
int	international
Int.Enc.Comp.L.	International Encyclopedia of Comparative Law
IntErbRVG	Gesetz zum internationalen Erbrecht usw v 29.6.2015
Int.Fam.L.	International Family Law
IntFamRVG	Internationales Familienrechtsverfahrensgesetz v 26.1.2005
IPG	Gutachten zum internationalen und ausländischen Privatrecht

Abkürzungsverzeichnis

IPR	Internationales Privatrecht
IPRax	Praxis des Internationalen Privat- und Verfahrensrechts (Zeitschrift)
IPRG	Gesetz über das Internationale Privatrecht (Deutschland, Österreich, Schweiz)
IPRspr	Die deutsche Rechtsprechung auf dem Gebiet des Internationalen Privatrechts
iran.	iranisch
iS	im Sinne
iSv	im Sinne von
ital	italienisch
iü	im Übrigen
iVm	in Verbindung mit
iwS	im weiteren Sinne
IZPR	Internationales Zivilprozessrecht
IZVR	Internationales Zivilverfahrensrecht
iZw	im Zweifel
JA	Juristische Arbeitsblätter (Zeitschrift)
JAmt	Das Jugendamt (Zeitschrift)
Jb	Jahrbuch
JbIntR	Jahrbuch für Internationales Recht
JbItalR	Jahrbuch für italienisches Recht
JBl	Juristische Blätter (Zeitschrift/Österreich)
JbOstR	Jahrbuch für Ostrecht
JCP	Juris Classeur Périodique (Zeitschrift/Frankreich)
J Fam L	Journal of Family Law
JFG	Jahrbuch für Entscheidungen in Angelegenheiten der Freiwilligen Gerichtsbarkeit und des Grundbuchrechts
JN	Jurisdiktionsnorm v 1.8.1895 (Österreich)
J Priv Int L	Journal of Private International Law (Zeitschrift/Großbritannien)
JR	Juristische Rundschau (Zeitschrift)
JT	Journal des Tribunaux (Zeitschrift/Belgien)
Jura	Juristische Ausbildung (Zeitschrift)
JurBüro	Das juristische Büro (Zeitschrift)
JurRev	Juridical Review (Zeitschrift/Schottland)
JuS	Juristische Schulung (Zeitschrift)
JW	Juristische Wochenschrift
JZ	Juristenzeitung
KantG	Kantonsgericht
Kap	Kapitel
KB	The Law Reports, King's Bench Division (Zeitschrift/England)
Kfb	Kostenfestsetzungsbeschluss
KG	Kammergericht Berlin; Kommanditgesellschaft
KindEntfÜ	s u HKÜ
KindRG	Kindschaftsrechtsreformgesetz v 16.12.1997
KJHG	Kinder- und Jugendhilfegesetz (Sozialgesetzbuch VIII) v 26.6.1990
Kl	Kläger
Komm	Kommentar
KonsG	Konsulargesetz v 11.9.1974
KostO	Kostenordnung (Gesetz über die Kosten in Angelegenheiten der freiwilligen Gerichtsbarkeit) idF v 26.1957 (aufgehoben); s a GNotKG
krit	kritisch
KSÜ	Haager Übereinkommen über die Zuständigkeit, das anzuwendende Recht, die Anerkennung, Vollstreckung und Zusammenarbeit auf dem Gebiet der elterlichen Verantwortung und der Maßnahmen zum Schutz von Kindern v 19.10.1996
LAG	Landesarbeitsgericht
LES	Liechtensteinische Entscheidungssammlung (Zeitschrift)
Lfg	Lieferung

XLI

Abkürzungsverzeichnis

LG	Landgericht
liecht	liechtensteinisch
Lit	Literatur
lit	litera (Buchstabe)
LJZ	Liechtensteinische Juristen-Zeitung
LM	Nachschlagewerk des Bundesgerichtshofs in Zivilsachen, hrsg v *Lindenmaier* und *Möhring*
LMK	Kommentierte BGH-Rechtsprechung, hrsg v *Lindenmaier* und *Möhring*
LPartG	Lebenspartnerschaftsgesetz v. 16.12.2001
L Q Rev	Law Quarterly Review (Zeitschrift/England)
LS	Leitsatz
LSG	Landessozialgericht
LugÜ1988/2007	Luganer Übk über die gerichtliche Zuständigkeit und die Vollstreckung gerichtlicher Entscheidungen in Zivil- und Handelssachen v 16.9.1988/30.10.2007
lux	luxemburgisch
m	mit
mE	meines Erachtens
MDR	Monatszeitschrift für Deutsches Recht
Mitt	Mitteilungen
MittBayNotV	Mitteilungen des Bayerischen Notarvereins (Zeitschrift)
MittRhNotK	Mitteilungen der Rheinischen Notarkammer (Zeitschrift)
Mod L Rev	The Modern Law Review (Zeitschrift/Großbritannien)
MSA	Haager Übk über die Zuständigkeit und das anzuwendende Recht auf dem Gebiet des Schutzes von Minderjährigen v 5.10.1961
MüKoBGB	Münchener Kommentar zum BGB
MüKoZPO	Münchener Kommentar zur ZPO
mwN	mit weiteren Nachweisen
MwSt	Mehrwertsteuer
mWv	mit Wirkung vom
Nachw	Nachweis(e)
NCPC	Nouveau Code de procédure civile v 15.9.2003 (Frankreich)
NdsRpfl	Niedersächsische Rechtspflege (Zeitschrift)
nF	neue Fassung
niederl	niederländisch
NILR	Netherlands International Law Review (Zeitschrift/Niederlande)
NIPR	Nederlands internationaal privaatrecht (Zeitschrift/Niederlande)
NJ	Neue Justiz (Zeitschrift); Nederlandse Jurisprudentie (Zeitschrift/Niederlande)
NJOZ	Neue Online-Zeitschrift
NJW	Neue Juristische Wochenschrift
NJWE-FER	NJW-Entscheidungsreport Familien und Erbrecht (bis 2002; seither vereinigt mit FPR)
NJW-RR	Neue Juristische Wochenschrift, Rechtsprechungsreport
NotBZ	Zeitschrift für die notarielle Beratungs- und Beurkundungspraxis
Nr	Nummer
NZFam	Neue Zeitschrift für Familienrecht
o	oben
OG	Obergericht; Oberstes Gericht (DDR)
OGH	Oberster Gerichtshof (Österreich)
OHG	Offene Handelsgesellschaft
oJ	ohne Jahr
ÖJZ	Österreichische Juristen-Zeitung
OLG	Oberlandesgericht
OLGE	Die Rechtsprechung der Oberlandesgerichte auf dem Gebiete des Zivilrechts
OLG-NL	OLG-Rechtsprechung Neue Länder
OLGR	OLG-Report, Zivilrechtsprechung der Oberlandesgerichte

Abkürzungsverzeichnis

OLGZ	Entscheidungen der Oberlandesgerichte in Zivilsachen (1965–1994)
ÖNotZ	Österreichische Notarzeitung
OR	Bundesgesetz über das Obligationsrecht (Schweiz)
ÖRiZ	Österreichische Richterzeitung
öst	österreichisch
öst IPRG	österreichisches Bundesgesetz über das internationale Privatrecht v. 15.6.1978
OVG	Oberverwaltungsgericht
P.	Probate, Divorce and Admiralty Law Reports (Zeitschrift/Großbritannien)
Parra-Aranguren	Bericht zum Haager Adoptionsübk v 29.5.1993, BT-Drs 14/5437, 26 (zit: Bericht *Parra-Aranguren*)
Pas	Pasicrisie belge (Zeitschrift)
PKH	Prozesskostenhilfe
poln	polnisch
port	portugiesisch
PKH-RL	Richtlinie 2003/8/EG zur Verbesserung des Zugangs zum Recht bei Streitsachen mit grenzüberschreitendem Bezug durch Festlegung gemeinsamer Mindestvorschriften für die Prozesskostenhilfe in derartigen Streitsachen v 27.1.20032
PStG	Personenstandsgesetz v 19.2.2007
QB	The Law Reports, Queen's Bench Division (Zeitschrift/Großbritannien)
RA	Rechtsanwalt
RabelsZ	Zeitschrift für ausländisches und internationales Privatrecht
RAG	Reichsarbeitsgericht
RAGE	Entscheidungen des Reichsarbeitsgerichts
RAnwG	Gesetz über die Anwendung des Rechts auf internationale zivil-, familien- und arbeitsrechtliche Beziehungen sowie auf internationale Wirtschaftverträge (Rechtsanwendungsgesetz/DDR) v 5.12.1975
Rb	Rechtbank (Niederlande)
RdA	Recht der Arbeit (Zeitschrift)
RdC	Recueil des Cours de L'Académie de droit international de La Haye (Niederlande)
Rec	Recueil
RefE	Referentenentwurf
RegBegr	Begründung des Regierungsentwurfs
RegE	Regierungsentwurf
Rep Fam L	Reports of Family Law
Rev belge dr int	Revue belge de droit international (Zeitschrift/Belgien)
Rev crit	Revue critique de droit international privé (Zeitschrift/Frankreich)
Rev dr int dr comp	Revue de droit international et de droit comparé (Zeitschrift/Belgien)
Rev dr priv	Revista de derecho privado (Zeitschrift/Spanien)
Rev esp der int	Revista española de derecho internacional (Zeitschrift/Spanien)
Rev hell dr int	Revue hellénique de droit international (Zeitschrift/Griechenland)
Rev int dr comp	Revue internationale de droit comparé (Zeitschrift/Frankreich)
Rev trim dr civ	Revue trimestrielle de droit civil (Zeitschrift/Frankreich)
Rev trim dr eur	Revue trimestrielle de droit européen (Zeitschrift/Frankreich)
Rev trim dr fam	Revue trimestrielle de droit familial (Zeitschrift/Frankreich)
RG	Reichsgericht
RGBl	Reichsgesetzblatt
RGZ	Entscheidungen des Reichsgerichts in Zivilsachen
RheinZ	Rheinische Zeitschrift für Zivil- und Prozessrecht des In- und Auslands
Riv dir civ	Rivista di diritto civile (Zeitschrift/Italien)
Riv dir eur	Rivista di diritto europeo (Zeitschrift/Italien)
Riv dir int	Rivista di diritto internazionale (Zeitschrift/Italien)
Riv dir int priv proc	Rivista di diritto internazionale privato e processuale (Zeitschrift/Italien)

XLIII

Abkürzungsverzeichnis

Riv dir proc	Rivista di diritto processuale (Zeitschrift/Italien)
Riv trim dir proc civ	Rivista trimestrale di diritto e procedura civile (Zeitschrift/Italien)
RIW	Recht der internationalen Wirtschaft (Zeitschrift)
Rl	Richtlinie der Europäischen Union
Rn	Randnummer
RNotZ	Rheinische Notarzeitung
Rom I-VO	Verordnung (EG) Nr 593/2008 über das auf vertragliche Schuldverhältnisse anzuwendende Recht v 17.6.2008
Rom II-VO	Verordnung (EG) Nr 864/2007 des Europäischen Parlaments und des Rates über das auf außervertragliche Schuldverhältnisse anzuwendende Recht v 11.7.2007
Rom III-VO	Verordnung (EU) Nr 1259/2010 des Rates zur Durchführung einer Verstärkten Zusammenarbeit im Bereich des auf die Ehescheidung und Trennung ohne Auflösung des Ehebandes anzuwendenden Rechts v 20.12.2010
Rom III-AnpassungsG	Gesetz zur Anpassung der Vorschriften des Internationalen Privatrechts an die Verordnung (EU) Nr. 1259/2010 und zur Änderung anderer Vorschriften des Internationalen Privatrechts v 23.1.2013
ROW	Recht in Ost und West (Zeitschrift)
Rpfl	Rechtspfleger
Rpfleger	Der deutsche Rechtspfleger (Zeitschrift)
RpflG	Rechtspflegergesetz v 5.11.1969
Rs	Rechtssache
Rspr	Rechtsprechung
RVG	Rechtsanwaltsvergütungsgesetz v 5.5.2004
Rz	Randziffer
S	Satz, Seite
s.	siehe, section
s. a.	siehe auch
SA	Seufferts Archiv für Entscheidungen der obersten Gerichte in den deutschen Staaten
SchlHA	Schleswig-Holsteinische Anzeigen (Zeitschrift)
SchwJbIntR	Schweizerisches Jahrbuch für internationales Recht
SchwJZ	Schweizerische Juristenzeitung
schwz	schweizerisch
sec	Section
SGB	Sozialgesetzbuch (I–XII)
SGG	Sozialgerichtsgesetz idF v 23.9.1975
Slg	Sammlung der Rechtsprechung des Gerichtshofs der Europäischen Gemeinschaften (jetzt: ... der Europäischen Union)
s o	siehe oben
sog	sogenannte
Sp	Spalte
span	spanisch
st	ständige
str	streitig
stRspr	ständige Rechtsprechung
StAG	Staatsangehörigkeitsgesetz v 22.7.1913
StAZ	Das Standesamt (Zeitschrift)
s u	siehe unten
SZ	Entscheidungen des Obersten Gerichtshofs in Zivil- und Justizverwaltungssachen (Österreich)
SZIER	Schweizerische Zeitschrift für Internationales und Europäisches Recht
SZR	Zeitschrift für Schweizerisches Recht
Trav.Com. fr. d. i. p.	Travaux du Comité français de droit international privé
Trib	Tribunal, Tribunale
Trib gr inst	Tribunal de grande instance

XLIV

Abkürzungsverzeichnis

tschech	tschechisch
türk	türkisch
u	unten; unter
ua	und andere(s); unter anderem
UAbs	Unterabsatz
uÄ	und Ähnliche(s)
Übk	Übereinkommen
umf	umfassend
UN	Vereinte Nationen
ungar	ungarisch
unstr	unstreitg
unveröff	unveröffentlicht
Urt	Urteil
usw	und so weiter
uU	unter Umständen
v	von; vom; versus
va	vor allem
VA	Versorgungsausgleich
VersAusglG	Versorgungsausgleichsgesetz v 3.4.2009
vAw	von Amts wegen
Verf	Verfahren, Verfassung
VersAusglG	Versorgungsausgleichsgesetz v 3.4.2009
VerschG	Verschollenheitsgesetz v 15.1.1951
VersR	Versicherungsrecht
Vfg	Verfügung
VFGüterstG	Gesetz über den ehelichen Güterstand von Vertriebenen und Flücht-lingen v 4.8.1969
VGH	Verwaltungsgerichtshof
vgl	vergleiche
vH	vom Hundert
VO	Verordnung
Vorbem	Vorbemerkung
vorl	vorläufig
WarnRspr	Rechtsprechung des Reichsgerichts, hrsg. v. Warneyer
WiRO	Wirtschaft und Recht in Osteuropa (Zeitschrift)
WLR	The Weekly Law Reports (Zeitschrift/Großbritannien)
WM	Wertpapier-Mitteilungen (Zeitschrift)
WPNR	Weekblad voor Privaatrecht, Notariaat en Registratie (Zeitschrift/Nie-derlande)
Yb Priv Int L	Yearbook of Private International Law (Jahrbuch Schweiz)
zB	zum Beispiel
ZBernJV	Zeitschrift des Bernischen Juristenvereins (Schweiz)
ZBl	Zentralblatt für die juristische Praxis (Österreich)
ZBlJR	Zentralblatt für Jugendrecht und Jugendwohlfahrt
ZErb	Zeitschrift für Steuer- und Erbrechtspraxis
ZEuP	Zeitschrift für Europäisches Privatrecht
ZEUS	Zeitschrift güt europarechtliche Studien
ZEV	Zeitschrift für Erbrecht und Vermögensnachfolge
ZfA	Zeitschrift für Arbeitsrecht
ZFE	Zeitschrift für Familien- und Erbrecht
ZfPW	Zeitschrift für Privatrechtswissenschaft
ZfRV	Zeitschrift für Rechtsvergleichung (Österreich)
ZGB	Zivilgesetzbuch (DDR; Schweiz)
Ziff.	Ziffer
ZIP	Zeitschrift für Wirtschaftsrecht
ZJJ	Zentralblatt für Jugendrecht und Jugendwohlfahrt
ZKJ	Zeitschrift für Kinder- und Jugendrecht
ZMR	Zeitschrift für Miet- und Raumrecht

XLV

Abkürzungsverzeichnis

ZNotP	....	Zeitschrift für die Notar-Praxis
ZPO	....	Zivilprozessordnung idF v 12.9.1950
ZRP	....	Zeitschrift für Rechtspolitik
ZSR	....	Zeitschrift für Schweizerisches Recht
zT	....	zum Teil
zust	....	zustimmend
ZustG	....	Zustimmungsgesetz
ZVG	....	Gesetz über die Zwangsversteigerung und die Zwangsverwaltung v 24.3.1897
ZVglRWiss	....	Zeitschrift für vergleichende Rechtswissenschaft
ZVormW	....	Zeitschrift für Vormundschaftswesen (Schweiz)
ZZP	....	Zeitschrift für Zivilprozess
ZZP Int.	....	Zeitschrift für Zivilprozess International

Allgemeines Literaturverzeichnis

Althammer Rom II und Brüssel IIa, 2014

Andrae Internationales Familienrecht, 3. Aufl 2014 (zit: *Andrae,* IntFamR)

Audit/d'Avout Droit international privé, 7. Aufl 2013 (zit: *Audit/d'Avout,* DIP)

Baetge Der gewöhnliche Aufenthalt im IPR, 1994

Bamberger/Roth (Hrsg) Beck'scher Online-Kommentar zum BGB, Stand: 2018 (zit: BeckOK-BGB/*Bearbeiter*)

von Bar Internationales Privatrecht, Bd. II, Besonderer Teil, 1991

von Bar/Mankowski Internationales Privatrecht, Bd. I, Allgemeine Lehren, 2. Aufl 2003

Bassenge/Roth (Hrsg) FamFG/RpflG, 12. Aufl 2009 (zit: Bassenge/Roth/*Bearbeiter*)

Baumbach/Lauterbach/Albers/Hartmann (Hrsg) ZPO, 76. Aufl 2018 (zit: BLAA/*Bearbeiter*)

Behrentin (Hrsg) Handbuch Adoptionsrecht (2017)

Bergmann/Ferid/Henrich/Cieslar Internationales Ehe- und Kindschaftsrecht, 7 Bde, Loseblattausgabe, Stand: Jan. 2018 (zit: Bergmann/F/H/*Bearbeiter*)

Bork/Jacoby/Schwab (Hrsg) FamFG, 2. Aufl 2013 (zit: B/J/S/*Bearbeiter*)

Borràs Erläuternder Bericht zu dem Übk über die Zuständigkeit und die Anerkennung und Vollstreckung von Entscheidungen in Ehesachen, ABl EG 1998 C-221, 77 (zit: *Borràs*-Bericht),

Borràs/Degeling Bericht zum Haager Unterhaltsübk von 2007 (zit: *Borràs/Degeling*-Bericht)

Breuer Ehe- und Familienrecht in Europa, 2008

Bumiller/Harders/Schwamb (Hrsg) FamFG, 11. Aufl 2015 (zit: Bu/Ha/*Bearbeiter*)

Cheshire, North &Fawcett Private International Law, 16. Aufl 2017 (zit: *Cheshire/North,* PIL)

Dasser/Oberhammer (Hrsg) Lugano-Übereinkommen, 2. Aufl 2011(zit: Dasser/Oberhammer/*Bearbeiter*)

Dutta/Weber Internationales Erbrecht, Kommentar 2016 (zit: *Dutta/Weber,* IntErbR)

Erman Handkommentar zum BGB, Bd. II, 15. Aufl 2017 (zit.: Erman/*Bearbeiter*)

Finger Das gesamte Familienrecht – Das internationale Recht (Loseblatt) (zit: Finger/*Bearbeiter*)

Gebauer/Wiedmann (Hrsg) Zivilrecht unter europäischem Einfluss, 2. Aufl 2010 (zit: G/W/*Bearbeiter*)

Geimer Internationales Zivilprozessrecht, 7. Aufl 2015 (zit: *Geimer,* IZPR)

Geimer/Schütze (Hrsg) Europäisches Zivilprozessrecht, 3. Aufl 2010 (zit: G/Sch/*Bearbeiter*)

Geimer/Schütze (Hrsg) Internationaler Rechtsverkehr in Zivil- und Handelssachen, Loseblatt (zit: G/Sch/*Bearbeiter* IRV)

Hahne/Schlögel/Schlünder (Hrsg) Beck'scher Online-Kommentar zum FamFG, Stand: 1.1.2018 (zit: BeckOK-FamFG/*Bearbeiter*)

Hausmann Kollisionsrechtliche Schranken von Scheidungsurteilen (1980)

Hausmann/Odersky (Hrsg) Das internationale Privatrecht in der Notar- und Gestaltungspraxis, 3. Aufl 2016 (zit:H/O/*Bearbeiter*)

Haußleiter (Hrsg) FamFG, 2. Aufl. 2017 (zit: Haußleiter/*Bearbeiter*)

Henrich Internationales Familienrecht, 2. Aufl 2000 (zit: Henrich, IntFamR)

ders Internationales Scheidungsrecht, 3. Aufl 2012 (zit: Henrich, IntSchR)

Herberger ua (Hrsg) Juris-Praxiskommentar BGB, 7. Aufl 2015 (zit: jurisPK–BGB/*Bearbeiter*)

v Hoffmann/Thorn Internationales Privatrecht, 9. Aufl 2007

Horndasch/Viefhues (Hrsg) Kommentar zum Familienverfahrensrecht (ZAP Praxiskommentar), 3. Aufl 2014 (zit: Ho/Vi/*Bearbeiter*)

Hoppenz (Hrsg) Familiensachen, 9. Aufl 2009 (zit: Hoppenz/*Bearbeiter*)

Jayme/Hausmann Internationales Privat- und Verfahrensrecht, 18. Aufl 2016

Johannsen/Henrich (Hrsg) Familienrecht, 6. Aufl 2015 (zit: J/H/*Bearbeiter*)

Keidel FamFG (Hrsg. Engelhardt/Sternal), 19. Aufl 2017 (zit: Keidel/*Bearbeiter*)

Kegel/Schurig Internationales Privatrecht, 9. Aufl 2004

Kemper/Schreiber (Hrsg) Familienverfahrensrecht, 3 Aufl 2015 (zit: Kemper/Schreiber/*Bearbeiter*)

Kropholler Internationales Privatrecht, 6. Aufl 2006

Kropholler/von Hein Europäisches Zivilprozessrecht, 9. Aufl 2011

Lagarde Bericht zum Haager Erwachsenenschutz-Übk v 13.1.2000, dt. Übersetzung in BT-Drs 16, 3250, 28 (zit: *Lagarde*-Bericht)

XLVII

Literaturverzeichnis

Leible (Hrsg) General Principles of European Private International Law, 2016 (zit. Leible/*Bearbeiter,* General Principles)

Linke/Hau Internationales Zivilprozessrecht, 7. Aufl 2018

Looschelders Internationales Privatrecht – Art 3–46 EGBGB, 2004

Magnus/Mankowski (Hrsg) Brussels Ibis Regulation (2016)

Münchener Kommentar zum BGB Bd 10 (Hrsg: v Hein), 7. Aufl 2018 (zit: MüKoBGB/*Bearbeiter*)

Münchener Kommentar zum FamFG (Hrsg. Rauscher), 4. Aufl 2013 (zit: MüKoFamFG/*Bearbeiter*)

Münchener Kommentar zur ZPO (Hrsg: *Krüger/Rauscher*), 3 Bde, 5. Aufl. 2016/2017

Musielak/Borth (Hrsg) Familiengerichtliches Verfahren, 5. Aufl 2017 (zit: Mu/Borth/*Bearbeiter*)

Musielak/Voit (Hrsg) ZPO, 14. Aufl 2017 (zit: Mu/V/*Bearbeiter*)

Nagel/Gottwald Internationales Zivilprozessrecht, 7. Aufl 2013

Nomos-Kommentar zum BGB

Bd. 1 (Hrsg: Heidel, Hüßtege, Mansel, Noack) Allgemeiner Teil/EGBGB, 3. Aufl. 2016 (zit: NK–BGB/*Bearbeiter*)

Bd 6 (Hrsg: Hüßtege, Mansel) Rom-Verordnungen, 2. Aufl 2015 (zit: NK–BGB/*Bearbeiter*)

Palandt BGB, 77. Aufl 2018 (zit: Pal/*Bearbeiter*)

Prütting/Gehrlein (Hrsg) ZPO, 7. Aufl 2015 (zit: P/G/*Bearbeiter*)

Prütting/Helms/Hau (Hrsg) FamFG, 4. Aufl 2018 (zit: P/H/*Bearbeiter*)

Prütting/Wegen/Weinreich (Hrsg) BGB-Kommentar, 12. Aufl 2017 (zit: PWW/*Bearbeiter*)

Rahm/Künkel (Hrsg) Handbuch des Familiengerichtsverfahrens, Loseblatt (zit: R/K/*Bearbeiter*)

Rauscher (Hrsg) Europäisches Zivilprozess- und Kollisionsrecht, Bde I, IV und V, 4. Aufl. 2016 (zit: Rauscher/*Bearbeiter*)

Reithmann/Martiny (Hrsg) Internationales Vertragsrecht, 8. Aufl. 2015 (zit: Reithmann/Martiny/*Bearbeiter* IVR)

Rieck Ausländisches Familienrecht (Loseblattausgabe; zit: Rieck/*Bearbeiter*)

Saenger (Hrsg) Handkommentar zur ZPO, 7. Aufl 2017 (zit: HK-ZPO/*Bearbeiter*)

Schack Internationales Zivilverfahrensrecht, 6. Aufl 2014

Schlosser/Hess Europäisches Zivilprozessrecht, 4. Aufl 2015

Schulte-Bunert/Weinreich (Hrsg) FamFG, 5. Aufl. 2016 (zit: Schu/W/*Bearbeiter*)

Schulz/Hauß (Hrsg) Handkommentar zum Familienrecht, 2. Aufl 2012 (zit: HK-FamR/*Bearbeiter*)

Schulze ua (Hrsg) Handkommentar zum BGB, 7. Aufl 2012 (zit: HK-BGB/*Bearbeiter*)

Schütze Das internationale Zivilprozessrecht in der ZPO (2008)

Schwab (Hrsg) Handbuch des Scheidungsrechts, 7. Aufl. 2013 (zit: Schwab/*Bearbeiter*)

Siehr Internationales Privatrecht (2001)

Simons/Hausmann (Hrsg) unalex-Kommentar zur Brüssel I-VO, 2012 (zit: unalexK/*Bearbeiter*)

Soergel (Hrsg) EGBGB mit Einführungsgesetz und Nebengesetzen, Bd 10, 12. Aufl 1996 (zit: Soe/Bearbeiter)

Staudinger/Hausmann Art 3–4 EGBGB, Bearb 2013 (zit: Staud/*Hausmann*)

Staudinger/Mankowski Art 13–17 EGBGB, Bearb 2011 (zit: Staud/*Mankowski*)

Staudinger/Mankowski HUP, Bearb 2016 (zit: Staud/*Mankowski*)

Staudinger/Henrich Art 19–21 EGBGB, Bearb 2014 (zit: Staud/*Henrich*)

Staudinger/Pirrung Brüssel IIa-VO, Internationales Kindschaftsrecht, Bearb 2009 (zit: Staud/*Pirrung*)

Staudinger/Spellenberg IntVerfR/Ehesachen 1 (Europäisches Recht), Bearb 2015 (zit: Staud/*Spellenberg*)

Staudinger/Spellenberg IntVerfR/Ehesachen 2 (Deutsches Recht), Bearb 2016 (zit: Staud/*Spellenberg*)

Staudinger/v Hein ErwSÜ, Art 24 EGBGB, Bearb 2014 (zit: Staud/*v Hein*)

Stein/Jonas(Hrsg) Kommentar zur ZPO, 22. Aufl 2003–2013, 23. Aufl 2013 ff (zit: St/J/*Bearbeiter*)

Süß/Ring (Hrsg) Eherecht in Europa (2006) (zit: Süß/Ring/*Bearbeiter*)

Thomas/Putzo (Hrsg) ZPO, 39. Aufl 2018 (zit: ThP/*Bearbeiter*)

Weller Europäisches Kollisionsrecht (2016)

Wieczorek/Schütze (Hrsg) ZPO, 3. Aufl 1994–2011, 4. Aufl 2013 ff (zit: W/Sch/*Bearbeiter*)

Zimmermann Kommentar zur ZPO, 10. Aufl 2015

Zöller (Hrsg) Kommentar zur ZPO, 32. Aufl 2018 (zit: Zö/*Bearbeiter*)

1. Teil. Internationale Familiensachen im Erkenntnisverfahren

A. Ehesachen

Übersicht

	Rn.
I. Internationale Zuständigkeit	1
1. Einführung	9
2. EU-Recht	9
EuEheVO (Text-Nr 10)	9
Vorbemerkung	9
Kap. I: Anwendungsbereich und Begriffsbestimmungen (Art 1–2)	20
Kap. II: Zuständigkeit (Art 3–7, 16–20)	44
Kap. V: Verhältnis zu anderen Rechtsinstrumenten (Art 59)	221
Kap. VI: Übergangsvorschriften (Art 64)	226
Kap. VII: Schlussbestimmungen (Art 65–72)	231
3. Autonomes Zivilverfahrensrecht	237
a) IntFamRVG (Text-Nr 20)	237
Abschnitt 1: Anwendungsbereich; Begriffsbestimmungen (§ 1)	237
b) FamFG (Text-Nr 30)	238
Buch 1. Abschnitt 4: Einstweilige Anordnung (§ 50)	238
Buch 1. Abschnitt 9: Verfahren mit Auslandsbezug (§§ 97, 98 I)	239
II. Internationales Privatrecht	277
1. Einführung	277
2. EU-Recht	287
Rom III-VO (Text-Nr 40)	287
Vorbemerkung	287
Kap. I: Anwendungsbereich (Art 1–4)	302
Kap. II: Anzuwendendes Recht (Art 5–16)	352
Kap. III: Sonstige Bestimmungen (Art 17–20)	522
Kap. IV: Schlussbestimmungen (Art 21)	532
3. Staatsverträge	533
Überblick	533
Deutsch-iranisches Niederlassungsabkommen (Text-Nr 50)	534
Art 8 III	
4. Autonomes Kollisionsrecht	545
Überblick	545
EGBGB (Text-Nr 60)	546
a) Ehescheidung und Ehetrennung (Art 3–6, 17 I, II)	546
b) Eheaufhebung (Art 4–6, 11, 13)	584

Der Abschnitt A beschränkt sich auf die Behandlung von Ehesachen im **Erkenntnisverfahren,** nämlich auf Fragen der internationalen Zuständigkeit (→ Rn 1 ff) und des anwendbaren Rechts (→ Rn 277 ff). Die **Anerkennung** ausländischer Entscheidungen in Ehesachen wird im **Abschnitt K** dargestellt.

I. Internationale Zuständigkeit

1. Einführung

Schrifttum: *Dutta/Schwab/Henrich/Gottwald/Löhnig* (Hrsg), Scheidung ohne Gericht? – Neue Entwicklungen im europäischen Scheidungsrecht (2017); *Finger,* Ehescheidung türkischer Staatsangehöriger in Deutschland – verfahrensrechtliche Einzelheiten, FamRBInt 10, 61; *Ganz,* Internationales Scheidungsrecht – Eine praktische Einführung, FUR 11, 69 und 569; *Gärtner,* Die Privatscheidung im deutschen und gemeinschaftsrechtlichen internationalen Privat- und Verfahrensrecht (2008); *Hajnczyk,* Die Zuständigkeit für Entscheidungen in Ehesachen und in anderen Familiensachen aus Anlass von Ehesachen sowie deren Anerkennung und Vollstreckung in der EG und in der Schweiz (2003); *Herfarth,* Die Scheidung nach jüdischem Recht im internationalen Zivilverfahrensrecht (2000); *Niethammer,* Ehescheidung und Folgesachen mit Auslandsbezug, FPR 11, 440.

A 1–8   1. Teil. Erkenntnisverfahren A. Ehesachen

1   **a) EU-Recht.** Die internationale Zuständigkeit in Ehesachen richtet sich in Verfahren, die ab dem 1.3.2005 vor einem deutschen Familiengericht eingeleitet wurden (Art 64 Abs 1 iVm Art 72 EuEheVO; → Rn 226 ff), vorrangig nach dem II. Kapitel (Art 3–7) der EG-Verordnung Nr 2201/2003 **(EuEheVO).** Diese Zuständigkeitsregelung wurde im Wesentlichen unverändert aus der bereits seit dem 1.3.2001 geltenden EG-Verordnung Nr 1347/2000 (EheVO 2000) übernommen. Die EuEheVO gilt in allen Mitgliedstaaten unmittelbar und genießt als Teil des sekundären Unionsrechts **Anwendungsvorrang** vor dem jeweiligen autonomen Zuständigkeitsrecht.

2   In *Deutschland* wird demgemäß die Regelung der internationalen Zuständigkeit in Ehesachen nach **§ 98 Abs 1 FamFG** durch die Art 3–5 EuEheVO verdrängt. Danach kommt das europäische Zuständigkeitsrecht stets zur Anwendung, wenn der Antragsgegner seinen gewöhnlichen Aufenthalt im Inland hat (Art 3 Abs 1 lit a, Spiegelstriche 1 und 3; → Rn 55 ff); darüber hinaus reicht auch der gewöhnliche Aufenthalt des Antragstellers im Inland für die Begründung der internationalen Zuständigkeit der deutschen Gerichte aus, sofern dieser für eine gewisse Mindestdauer vor der Antragstellung bestanden hat (Art 3 Abs 1 lit a, Spiegelstriche 5 und 6; → Rn 77 ff). Schließlich begründet auch die gemeinsame deutsche Staatsangehörigkeit der Ehegatten nach Art 3 Abs 1 lit b EuEheVO die internationale Zuständigkeit der deutschen Gerichte (→ Rn 91 ff).

3   Die Zuständigkeitsregelung in Art 3–5 EuEheVO ist freilich **nicht abschließend.** Anders als zB in Unterhalts- und Güterrechtssachen, für die das Recht der internationalen Zuständigkeit in Art 3–7 EuUntVO (→ C Rn 72 ff) bzw Art 4–11 EuGüVO (→ B Rn 46 ff) voll harmonisiert ist, behält das staatsvertragliche oder nationale Zuständigkeitsrecht der Mitgliedstaaten in Ehesachen vielmehr eine gewisse Bedeutung. Sind nämlich weder die deutschen Gerichte noch die Gerichte eines anderen EU-Mitgliedstaats nach Art 3–5 EuEheVO international zuständig, so verweist Art 7 Abs 1 EuEheVO auf das autonome Zuständigkeitsrecht des Mitgliedstaats, dessen Gerichte angerufen worden sind. Dies gilt allerdings nur unter dem Vorbehalt des Art 6 (→ Rn 109 ff).

4   **b) Staatsverträge.** Die Bundesrepublik Deutschland ist bisher an **keinem Staatsvertrag** beteiligt, der die internationale Entscheidungszuständigkeit in Ehesachen regelt. Staatsverträge gelten lediglich auf dem Gebiet der Anerkennung und Vollstreckung ausländischer Entscheidungen in Ehesachen (→ K Rn 156 ff).

5   **c) Autonomes Zivilverfahrensrecht.** In dem von Art 6 und 7 EuEheVO dem nationalen Recht überlassenen Bereich bestimmt sich die internationale Zuständigkeit deutscher Gerichte in Ehesachen nach **§ 98 Abs 1 FamFG,** der mit Wirkung vom 1.10.2009 ohne inhaltliche Änderung an die Stelle von § 606a ZPO aF getreten ist. Praktische Bedeutung hat vor allem § 98 Abs 1 Nr 1 FamFG, der – anders als Art 3 Abs 1 lit b EuEheVO – bereits die deutsche Staatsangehörigkeit nur eines Ehegatten als Anknüpfung ausreichen lässt (näher → Rn 261 ff).

6   Deutsche Gerichte dürfen freilich auf § 98 Abs 1 FamFG nur zurückgreifen, wenn die folgenden beiden **Voraussetzungen** kumulativ erfüllt sind:

7   (1) Die Zuständigkeiten nach Art 3–5 EuEheVO dürfen **nicht ausschließlich** iSv Art 6 EuEheVO sein, dh der Antragsgegner darf weder seinen gewöhnlichen Aufenthalt im Hoheitsgebiet eines Mitgliedstaats haben, noch die Staatsangehörigkeit eines Mitgliedstaats besitzen (bzw sein *domicile* im *Vereinigten Königreich* oder in *Irland* haben);

und

(2) es darf **kein Gericht eines anderen Mitgliedstaats** nach Art 3, 4 oder 5 EuEheVO international zuständig sein (näher → Rn 109 ff).

Diese Voraussetzungen sind idR nur bei Angehörigen von Drittstaaten ohne gewöhnlichen Aufenthalt in einem Mitgliedstaat erfüllt (Althammer/*Althammer* Vorbem Rn 13).

8   Darüber hinaus steht Art 6 lit b EuEheVO einer Anwendung von § 98 Abs 1 FamFG durch deutsche Gerichte auch dann nicht entgegen, wenn der **Antragsgegner die deutsche Staatsangehörigkeit** besitzt und eine internationale Zuständigkeit der Gerichte eines anderen Mitgliedstaats nach Art 3–5 EuEheVO nicht begründet ist (vgl NK-BGB/*Gruber* § 98 FamFG Rn 4). Besitzt nur der **Antragsteller die deutsche Staatsangehörigkeit,** so besteht eine (Rest-) Zuständigkeit der deutschen Gerichte nach § 98 Abs 1 Nr 1 FamFG nur dann, wenn beide Ehegatten keinen gewöhnlichen Aufenthalt iSv Art 3 Abs 1 lit a im Inland oder in einem anderen EU-Mitgliedstaat haben (näher → Rn 267).

I. Internationale Zuständigkeit   **A**

2. EU-Recht

010. Verordnung (EG) Nr 2201/2003 des Rates über die Zuständigkeit und die Anerkennung und Vollstreckung von Entscheidungen in Ehesachen und in Verfahren betreffend die elterliche Verantwortung und zur Aufhebung der Verordnung (EG) Nr 1347/2000 (EuEheVO)

Vom 27. November 2003 (ABl L 338, 1)

geänd durch VO (EG) Nr 2116/2004 des Rates v 2.12.2004 (ABl L 367, 1)

Schrifttum: 1. EheVO 2000: *Ancel/Muir-Watt,* La désunion européenne: le Règlement dit „Bruxelles II", Rev.crit. 01, 403; *Beaumont/Moir,* Brussels Convention II: A New Private International Law Instrument in Family Matters for the European Community?, Eur. L. Rev. 95, 268; *Boele-Woelki,* Brüssel II: Die Verordnung über die Zuständigkeit und die Anerkennung von Entscheidungen in Ehesachen, ZfRV 01, 12; *Bonomi,* Il regolamento comunitario sulla competenza e sul riconoscimento in materia matrimoniale e di potestà dei genitori, Riv.dir.int. 01, 299; *Carlier/Francq/van Boxstael,* Le règlement de Bruxelles II. Compétence, reconnaissance et exécution en matière matrimoniale et en matière de responsabilité parentale, J.trim. dr. eur. 01, 210; *Finger,* Die Verordnung (EG) Nr 1347/2000 des Rates v 29.5.2000 (EheGVO), JR 01, 177; *Gaudemet-Tallon,* Le Règlement no 1347/2000 du Conseil du 29 mai 2000: „Compétence, reconnaissance et exécution des décisions en matière matrimoniale et en matière de responsabilité parentale des enfants communs", Clunet 01, 381; *Hau,* Internationales Eheverfahrensrecht in der Europäischen Union, FamRZ 99, 484; *ders,* Das System der internationalen Entscheidungszuständigkeit im europäischen Eheverfahrensrecht, FamRZ 00, 1333; *ders,* Intertemporale Anwendungsprobleme der Brüssel II-VO, IPRax 03, 461; *Hausmann,* Neues Internationales Eheverfahrensrecht in der Europäischen Union, Teil I, EuLF 00/01, 271; *Helms,* Internationales Verfahrensrecht für Familiensachen in der Europäischen Union, FamRZ 02, 1593; *Hohloch,* Internationales Verfahrensrecht in Ehe- und Familiensachen, FF 01, 45; *Kohler,* Status als Ware: Bemerkungen zur europäischen Verordnung über das internationale Verfahrensrecht für Ehesachen, in: Mansel (Hrsg), Vergemeinschaftung des Europäischen Kollisionsrechts (2001), 41; *ders,* Internationales Verfahrensrecht für Ehesachen in der Europäischen Union: Die Verordnung „Brüssel II", NJW 01, 10; *Jänterä-Jareborg,* Marriage Dissolution in an Integrated Europe: The 1998 European Union Convention on Jurisdiction and the Recognition and Enforcement of Judgements in Matrimonial Matters (Brussels II Convention), in: Šarčević/ Volken (Hrsg), Yb.Priv.Int. L. Vol. I (1999), 1; *McEleavy,* The Brussels II Regulation: How the European Community has Moved into Family Law, ICLQ 02, 883; *Meyer-Götz,* Verordnung (EG) Nr 1347/2000 des Rates vom 29.5.2000 über die Zuständigkeit und die Anerkennung und Vollstreckung von Entscheidungen in Ehesachen und in Verfahren betreffend die elterliche Verantwortung für die gemeinsamen Kinder der Ehegatten, FF 01, 17; *Mosconi,* Giurisdizione e riconoscimento delle decisioni in materia matrimoniale secondo il regolamento comunitario del 29 maggio 2000, Riv dir proc. 01, 376; *Niklas,* Die europäische Zuständigkeitsordnung in Ehe- und Kindschaftsverfahren (2003); *Polyzogopoulos,* Internationale Zuständigkeit und Anerkennung von Entscheidungen in Ehesachen in der Europäischen Union, in: Gottwald (Hrsg), Aktuelle Entwicklungen des europäischen und internationalen Zivilverfahrensrechts (2002), 133; *Rauscher,* Leidet der Schutz der Ehescheidungsfreiheit unter der VO Brüssel II?, FS Geimer (2002), 883; *Schack,* Das neue internationale Eheverfahrensrecht in Europa, RabelsZ 01, 615; *Siehr,* Die Europäische Verordnung über das Verfahren in Ehesachen, in: Reichelt/Rechberger (Hrsg), Europäisches Kollisionsrecht (2004), 113; *Sturlèse,* L'extension du système de la convention de Bruxelles au droit de la famille, in: Trav.Com. fr. d. i. p. 1995–1998 (2000), 49; *Vogel,* Internationales Familienrecht – Änderungen und Auswirkungen durch die neue EU-Verordnung, MDR 00, 1045; *Watté/Boularbah,* Le règlement communautaire en matière matrimoniale et de responsabilité parentale (Règlement dit „Bruxelles II"), Rev trim of fam (20)00, 539; *dies,* Les nouvelles règles de conflits de juridictions en matière de désunion des époux, J Trib 01, 369.

2. EuEheVO: *Boele-Woelki/González Beilfuss,* Brussels IIbis – Its Impact and Application in the Member States (2007); *Borrás/Kerameus,* Brussels IIbis Regulation (2007); *Coester-Waltjen,* Aktuelle Entwicklungen im Europäischen internationalen Familienverfahrensrecht, Jura 04, 839; *Frank,* Europäische Gerichtsstands- und Vollstreckungsverordnung in Ehesachen und Verfahren betreffend die elterliche Verantwortung (EuEheVO – Brüssel IIa), in: Gebauer/Wiedmann (Hrsg), Zivilrecht unter europäischem Einfluss^2 (2011), 1591; *Ganz,* Internationales Scheidungsrecht – Eine praktische Einführung, FuR 1, 69 und 369; *Gottwald,* Scheidungen im neuen „Raum der Freiheit, der Sicherheit und des Rechts", FS Simotta (2012) 187; *Gruber,* Die neue EheVO und die deutschen Ausführungsgesetze, IPRax 05, 293; *Helms,* Internationales Verfahrensrecht für Familiensachen in der Europäischen Union, FamRZ 02, 1593; *Hilbig-Lugani,* EuEheVO und posthume Eheungültigkeitserklärungsverfahren Dritter, IPRax 17, 556; *Looschelders,* Scheidungsfreiheit und Schutz des Antragsgegners im internationalen Privat- und Prozessrecht, FS Kropholler (2008) 329; *Meyer-Götz/Noltemeier,* Internationales Verfahrensrecht für Familiensachen in der Europäischen Union, FPR 04, 296; *Rausch,* Ehesachen mit Auslandsbezug vor und nach „Brüssel IIa", FuR 04, 154; *Schulz,* Die Verordnung (EG) Nr 2201/2003 (Brüssel IIa) – eine Einführung, NJW 04, Beil zu Heft 18 = FPR 04, Beil zu Heft 6; *Winkler v Mohrenfels,* Die Rom III und Brüssel IIa-Verordnungen in der deutschen Rechtspraxis, ZVglRWiss 16, 650.

3

A 9–13   1. Teil. Erkenntnisverfahren A. Ehesachen

Vgl auch die speziellen Schrifttumsnachweise zum Anwendungsbereich → vor Rn 20, zur Zuständigkeit → vor Rn 44, zum gewöhnlichen Aufenthalt → vor Rn 45, zur Umwandlung → vor Rn 104, zur Restzuständigkeit → vor Rn 109, zur Rechtshängigkeit → vor Rn 133 und → vor Rn 169 und zum einstweiligen Rechtsschutz → vor Rn 203.

Vorbemerkung

1. Entstehungsgeschichte

9   Bereits auf der Grundlage von Art K.3 des Vertrages von Maastricht hatte die EG am 28.5.1998 das „Übereinkommen über die Zuständigkeit und die Anerkennung und Vollstreckung von Entscheidungen in Ehesachen" gezeichnet (ABl EG C 221 v 16.7.1998, 1; dazu den *Borrás*-Bericht, Rn 27; ferner *Pirrung* ZEuP 99, 834 ff). Wegen des Übergangs der Gesetzgebungskompetenz auf dem Gebiet des internationalen Privat- und Verfahrensrecht auf die EG im Zuge des Reformvertrags von Amsterdam kam es jedoch nicht mehr zu einer Ratifikation dieses Übk durch die Mitgliedstaaten. Stattdessen erließ die EG am 29.5.2000 die „Verordnung Nr 1347/2000 über die Zuständigkeit und die Anerkennung und Vollstreckung von Entscheidungen in Verfahren betreffend die elterliche Verantwortung für die gemeinsamen Kinder der Ehegatten" (**EheVO 2000;** ABl EG L 160 v 30.6.2000, 19), die am 1.3.2001 in Kraft trat und den wesentlichen Inhalt des Übk von 1998 übernahm (vgl zur Entstehungsgeschichte und zum Inhalt der EheVO 2000 näher Staud/*Spellenberg* Einl Rn 7 ff).

10   Bereits kurze Zeit nach Inkrafttreten der EheVO 2000 hat die EG-Kommission am 17.5.2002 auf entsprechende Vorschläge Frankreichs hin einen ergänzten Entwurf der Verordnung vorgelegt, der sich auf dem Gebiet der elterlichen Verantwortung an die verfahrensrechtlichen Teile des Haager Kinderschutzübereinkommens v 19.10.1996 (→ F Rn 366 ff) anlehnte, das parallel dazu mit Ermächtigung der EG durch alle Mitgliedstaaten gezeichnet wurde, die dies bis dahin noch nicht getan hatten. Die neue Verordnung wurde bereits am 27.11.2003 verabschiedet und ist am 1.3.2005 für die Mitgliedstaaten in Kraft getreten. Sie bringt auf dem Gebiet der internationalen Zuständigkeit in Ehesachen keine Änderungen gegenüber der Vorläufer-Verordnung. Kompetenzrechtliche Grundlage ist Art 61 lit c iVm Art 65 lit b EG (heute ersetzt durch Art 81 Abs 1 und Abs 2 lit c AEUV).

2. Ziele

11   Auf dem Gebiet des internationalen Eherechts strebt die EuEheVO im Interesse einer Erleichterung des freien Personenverkehrs in der EU (ErwG 1; → Anh I) eine Harmonisierung der Regeln über die internationale Zuständigkeit sowie über die Anerkennung von Entscheidungen im Verhältnis der Mitgliedstaaten an.

3. Anwendungsbereich

12   **a) Sachlicher Anwendungsbereich.** Die EuEheVO bestimmt ihren sachlichen Anwendungsbereich in Ehesachen näher in Art 1 Abs 1 lit a; danach gilt sie für die Ehescheidung, die Trennung ohne Auflösung des Ehebandes und die Ungültigerklärung einer Ehe (näher → Rn 26 ff). Sie regelt auch insoweit nur die nachfolgend behandelte internationale Zuständigkeit der mitgliedstaatlichen Gerichte einschließlich der Rechtshängigkeit einerseits, sowie die Anerkennung der von diesen Gerichten getroffenen eherechtlichen Entscheidungen in anderen Mitgliedstaaten andererseits (→ K Rn 36 ff). Sie bestimmt hingegen nicht das in Ehesachen mit Auslandsbezug anwendbare Recht. Dieses richtet sich seit dem 20.6.2012 nach der Rom III-VO, soweit der Gerichtsstaat – wie die *Bundesrepublik Deutschland* – an der Verstärkten Zusammenarbeit auf diesem Gebiet teilnimmt (→ Rn 287 ff), ansonsten nach dem autonomen IPR im Mitgliedstaat des angerufenen Gerichts.

13   **b) Räumlich-persönlicher Anwendungsbereich.** Ihren persönlichen Anwendungsbereich bestimmt die EuEheVO nicht ausdrücklich. Er ergibt sich in Ehesachen nur mittelbar aus den Zuständigkeitsvorschriften der Art 3–7. Nach Art 3 Abs 1 lit a wird primär an den gewöhnlichen Aufenthalt des Antragsgegners oder des Antragstellers angeknüpft, ohne dass es insoweit auf die Staatsangehörigkeit der Ehegatten ankäme. Die Verordnung regelt die internationale Zuständigkeit in Ehesachen daher auch für die Angehörigen von Drittstaaten (OLG Stuttgart FamRZ 04, 1382; Rauscher/*Rauscher* Einl Rn 28; Althammer/*Althammer* Vorbem Rn 5). Andererseits setzt die internationale Zuständigkeit in Ehesachen aber auch den gewöhnlichen Auf-

4

I. Internationale Zuständigkeit   **14–19 A**

enthalt zumindest eines Ehegatten in einem Mitgliedstaat der Verordnung nicht voraus, wenn die
Parteien gemeinsam die Staatsangehörigkeit eines Mitgliedstaats innehaben, Art 3 Abs 1 lit b.
Die internationale Zuständigkeit der deutschen Gerichte nach Art 3 ff EuEheVO erfordert auch
im Übrigen keinen kompetenzrechtlichen Bezug zu einem weiteren Mitgliedstaat der Verord-
nung (BGHZ 176, 365 Rn 14 = NJW-RR 08, 1169 Rn 14; *Dilger* IPRax 06, 617/618; Zö/
Geimer Art 1 Rn 14; **aA** *Hohloch* JuS 2006, 1134).

Da das *Vereinigte Königreich* und *Irland* sich an der Anwendung der EuEheVO beteiligen **14**
(ErwG 30; → Anh I), gilt diese in **räumlicher** Hinsicht gem Art 288 Abs 2 AEUV **in allen
Mitgliedstaaten der EU** – seit dem 1.7.2013 also auch in *Kroatien* – mit Ausnahme von *Dänemark*
(vgl Art 2 Nr 3 und ErwG 31) unmittelbar. Anders als in allgemeinen Zivil- und Handelssachen,
für die *Dänemark* am 19.10.2005 ein Parallelübereinkommen zur EuGVVO aF mit der Europäischen
Gemeinschaft abgeschlossen hat (ABl L 299, 62), fehlt es an einer entsprechenden Regelung für den
Anwendungsbereich der EuEheVO; auf dem Gebiet der internationalen Zuständigkeit in Ehesachen wird *Dänemark* daher wie ein Drittstaat behandelt (*Dilger* Rn 50; NK-BGB/*Gruber* Rn 7).

Das **Hoheitsgebiet der Mitgliedstaaten** ergibt sich aus Art 52 EUV iVm Art 355 AEUV; es **15**
umfasst neben dem jeweiligen Mutterland zT auch weitere Territorien, zB die überseeischen
Départements Frankreichs (Guadeloupe, Frz.-Guayana, Martinique, Réunion, Saint-Barthélemy,
Saint-Martin), Madeira, die Azoren und die Kanarischen Inseln (vgl Art 355 Abs 1 AEUV), ferner
die europäischen Hoheitsgebiete, deren auswärtige Beziehungen ein Mitgliedstaat wahrnimmt (zB
die Balearen und Gibraltar, Art 355 Abs 3 AEUV). Für die britischen Kanalinseln, die Isle of Man
und die Hoheitszonen des Vereinigten Königreichs auf Zypern gilt sie hingegen nicht (Art 355
Abs 5 lit b und c AEUV; zu Einzelheiten unalexK/*Hausmann* Einl Rn 39 f). Zu den Auswirkungen des **Brexit** vgl *Dutta* FamRZ 17, 1830; *Perleberg-Koebel* FuR 16, 549; *Rieck* NZFam 16, 878.

c) **Zeitlicher Anwendungsbereich.** In zeitlicher Hinsicht gilt die EuEheVO auf dem Gebiet **16**
der internationalen Zuständigkeit für gerichtliche (und diesen gleichgestellte behördliche, Art 2
Nr 1, → Rn 41) Verfahren, die zwischen den Parteien nach dem 1. März 2005 eingeleitet
wurden (vgl zur EheVO 2000 EuGH Rs C-312/09 – *Michalias,* Slg 10 I-82 = FamRZ 10, 2049),
ferner für ab diesem Zeitpunkt aufgenommene öffentliche Urkunden oder getroffene Vereinbarungen (Art 64 Abs 1 iVm Art 72 S 2; → Rn 226 ff).

4. Verhältnis zu anderen Rechtsinstrumenten

Mit der EuEheVO konkurrierende Rechtsinstrumente gibt es auf dem Gebiet der interna- **17**
tionalen Zuständigkeit in Ehesachen nicht. Insbesondere ist die *Bundesrepublik Deutschland* an
Staatsverträgen auf diesem Gebiet nicht beteiligt.

5. Auslegung

Für die Auslegung der EuEheVO gelten die vom EuGH zu anderen Rechtsakten des sekundä- **18**
ren Gemeinschafts- und Unionsrechts auf dem Gebiet der justiziellen Zusammenarbeit – ins-
besondere zur EuGVVO aF – entwickelten Grundsätze entsprechend. Danach sind auch die
Begriffe dieser Verordnung **autonom** unter Berücksichtigung ihrer – in den Erwägungsgründen
(→ Anh I) erläuterten – Ziele und ihrer Systematik auszulegen, weil nur so die einheitliche
Auslegung in allen Mitgliedstaaten gewährleistet ist (EuGH C-435/06 – *C,* Slg 07 I-10141
Rn 45 ff = IPRax 08, 509m Anm *Gruber* 490; EuGH C-523/07 – *A,* Slg 09 I-2805 Rn 27 =
FamRZ 09, 843/844 ff; EuGH C-168/08 – *Hadadi/Mesko,* Slg 09 I-1571 Rn 38 = FamRZ 09,
1571/1522; Althammer/*Althammer* Vorbem Rn 11; Staud/*Spellenberg* Einl Rn 65 ff; Zö/*Geimer*
Art 1 Rn 6). Im Rahmen der historischen Auslegung kann auch auf die Rechtsprechung und
Literatur zur Vorgänger-Verordnung (EG) Nr 1347/2000 zurückgegriffen werden, weil deren
Regelung in Ehesachen weitgehend unverändert in die EuEheVO übernommen wurde. Ferner
kann der erläuternde Bericht von A. *Borrás* zum Brüssel II-Übk von 1998 (ABl EG C 221, 27 ff)
zur Auslegung derjenigen Vorschriften ergänzend herangezogen werden, die durch die EuEhe-
VO keine wesentliche Änderung erfahren haben.

Zweifelsfragen zur Auslegung der Verordnung können von den mitgliedstaatlichen Gerichten **19**
nach Art 267 Abs 1 lit b AEUV dem EuGH zur **Vorabentscheidung** vorgelegt werden. Das
Recht zur Vorlage steht in Deutschland nicht nur dem BGH und den Oberlandesgerichten,
sondern auch den Familiengerichten zu. Für Gerichte, deren Entscheidung nicht mehr mit
ordentlichen Rechtsmitteln angegriffen werden können, besteht bei Auslegungszweifeln eine
Vorlagepflicht nach Art 267 Abs 3 AEUV.

A 20–22   1. Teil. Erkenntnisverfahren A. Ehesachen

Kapitel I. Anwendungsbereich und Begriffsbestimmungen

EuEheVO Art 1. Anwendungsbereich

(1) **Diese Verordnung gilt ungeachtet der Art der Gerichtsbarkeit für Zivilsachen mit folgendem Gegenstand:**

a) die Ehescheidung, die Trennung ohne Auflösung des Ehebandes und die Ungültigerklärung einer Ehe,

b) *(betrifft die elterliche Verantwortung; abgedruckt und kommentiert → F Rn 28 ff)*

(2) *(betrifft die elterliche Verantwortung; abgedruckt und kommentiert → F Rn 40 ff)*

(3) **Diese Verordnung gilt nicht für**

a)–d) *(betrifft die elterliche Verantwortung; abgedruckt und kommentiert → F Rn 48 ff),*

e) Unterhaltspflichten,

f) Trusts und Erbschaften,

g) *(betrifft die elterliche Verantwortung; abgedruckt und kommentiert → F Rn 55)*

Schrifttum: *Garber,* Zum Begriff der Ehe iSd Art 1 Abs 1 lit a EuEheKindVO, FS Simotta (2012), 145; *Hammje,* Le divorce par consentement mutuel extrajudiciaire et le droit international privé. Les aléas d'un divorce sans for, Rev crit 17, 143; *Helms,* Neubewertung von Privatscheidungen nach ausländischem Recht vor dem Hintergrund der Entwicklungen im deutschen Sach-, Kollisions- und Verfahrensrecht, FS Coester-Waltjen (2015) 431; *Pintens,* Marriage and Partnership in the Brussels IIa Regulation, LM Šarčević (2006), *Spellenberg,* Der Anwendungsbereich der EheGVO („Brüssel II“) in Statussachen, FS Schumann (2002) 423; *Spernat,* Die gleichgeschlechtliche Ehe im internationalen Privatrecht (2011); *Spickhoff,* Zur Qualifikation der nichtehelichen Lebensgemeinschaft im Europäischen Zivilprozess- und Kollisionsrecht, FS Schurig (2012) 285; *Winkler v Mohrenfels,* Die gleichgeschlechtliche Ehe im deutschen IPR und im europäischen Verfahrensrecht, FS Ansay (2006) 527.

1. Allgemeines

20   **a) Zivilsachen.** Art 1 regelt den sachlichen Anwendungsbereich der Verordnung und grenzt diesen von anderen EU-Verordnungen ab. Die EuEheVO umfasst nach Abs 1 lit a alle Zivilsachen, die eine Ehescheidung, eine Trennung ohne Auflösung des Ehebandes oder die Ungültigerklärung einer Ehe betreffen. Ebenso wie nach Art 1 Abs 1 Brüssel Ia-VO kommt es dabei auf die Art der Gerichtsbarkeit nicht an. Neben zivilgerichtlichen Verfahren werden auch außergerichtliche Verfahren erfasst, die in den Mitgliedstaaten in Ehesachen amtlich anerkannt sind. So erstreckt sich die EuEheVO insbesondere auch auf **Verwaltungsverfahren,** die in ihren sachlichen Anwendungsbereich fallen (*Andrae,* IntFamR § 2 Rn 18 unter Hinweis auf Art 1778a port Cc). Denn alle nach dem Recht der Mitgliedstaaten in Ehesachen zuständigen Behörden werden in Art 2 Nr 1 EuEheVO vereinfacht als „Gericht“ bezeichnet.

21   Die in Art 1 lit a verwendeten Begriffe sind **autonom** unter Berücksichtigung der in den Erwägungsgründen (→ Anh I) genannten Ziele und der Systematik der Verordnung auszulegen (EuGH C-435/06 – *C,* Slg 07 I-10141 Rn 46 ff = FamRZ 08, 125/127; dazu schon → Rn 18). Der Begriff „Zivilsache“ ist für die Zwecke der Verordnung weit zu fassen; er kann daher auch Maßnahmen umfassen, die nach dem nationalen Recht eines Mitgliedstaats **öffentlich-rechtlich** eingeordnet werden (EuGH aaO, Rn 51 f; dazu *Gruber* IPRax 08, 490; *Dutta* FamRZ 08, 835; Althammer/*Arnold* Rn 3; ferner EuGH C 523/07 – *A,* Slg 09 I-2805 Rn 27 f = FamRZ 09, 843/844; zust *Pirrung* IPRax 11, 50; *Dutta* StAZ 10, 193/196).

22   **b) Privatscheidungen.** Die EuEheVO erfasst nur Verfahren vor staatlichen Gerichten. Dabei kommt es nicht darauf an, ob die zu scheidende Ehe vor einer staatlichen Behörde oder nur kirchlich geschlossen wurde (vgl zur Eheschließung vor einem Mufti nach religiösem islamischen Ritus OLG Hamm IPRax 08, 353). Reine Privatscheidungen **ohne gerichtliche bzw behördliche Beteiligung,** die von Drittstaatsangehörigen nach ihrem Heimatrecht in einem Mitgliedstaat durchgeführt werden, werden hingegen von der EuEheVO nicht geregelt (*Borrás*-Bericht Rn 20; EuGH C-372/16 – *Sahyouni,* FamRZ 18, 169 Rn 40 ff m Anm *Mayer* = NZFam 18, 126 m Anm *Rieck;* OLG Frankfurt IPRspr 06 Nr 146; *Hausmann* EuLF 00/01, 271/274; *Gärtner* 323; Staud/*Spellenberg* Art 21 Rn 16; *Pika/Weller* IPRax 17, 65/71). Denn die Anerkennung solcher Privatscheidungen kann nicht auf das gegenseitige Vertrauen gestützt werden, das die Mitgliedstaaten ihren Rechtspflegeorganen entgegenbringen. Auch handelt es sich nicht um „Entscheidungen“ iSv Art 2 Nr 4.

6

I. Internationale Zuständigkeit: EuEheVO Art 1   23–26 **A**

Umstritten ist hingegen, ob bereits die **deklaratorische Beteiligung** einer Behörde an der **23**
Privatscheidung dazu führt, dass diese in den Anwendungsbereich der Verordnung fällt (bejahend
Hau FamRZ 99, 484/485; ThP/*Hüßtege* Rn 8; differenzierend Rauscher/*Rauscher* Art 2 Rn 9).
Dagegen spricht, dass die in Art 22 normierten Anerkennungsversagungsgründe eine „Entschei-
dung", dh eine rechtsgestaltende Mitwirkung eines Gerichts oder einer Behörde iSv Art 2 Nr 4,
voraussetzen und für die Anerkennung einer Privatscheidung auch dann nicht passen, wenn diese
anschließend von einer Standesbehörde registriert worden ist (so im Erg auch Zö/*Geimer* Rn 3;
Staud/*Spellenberg* Art 21 Rn 20; **aA** *Pika/Weller* IPRax 17, 65/70 f; P/H/*Hau* § 98 FamFG
Rn 7). Davon geht ersichtlich auch der EuGH aus, wenn er verlangt, dass die Scheidung „von
einem staatlichen Gericht oder von einer öffentlichen Behörde bzw unter deren Kontrolle"
ausgesprochen werden muss (EuGH C-372/16 aaO, Rn 39).

Daran fehlt es auch bei der mit Art 12 des Gesetzesdekrets Nr 132 v 12.9.2014 in *Italien* **23a**
eingeführten Privatscheidung; denn konstituiv für diese Art der Scheidung ist trotz der vorgeschriebenen Mitwirkung des Standesbeamten – allein die Vereinbarung der Ehegatten über die
Beendigung der zivilrechtlichen Wirkungen der Ehe (näher → K Rn 18 ff; ferner Bergmann/
Ferid/*Henrich*, Italien, S 40; *Cubeddu-Wiedemann/Henrich* FamRZ 15, 1253 ff; ThP/*Hüßtege*
§ 107 FamFG Rn 4; für Einbeziehung der italienischen Privatscheidung in den Anwendungs-
bereich der EuEheVO aber NK-BGB/*Gruber* Rn 14). Entsprechendes gilt für die durch Gesetz
Nr 2016-1547 v 18.11.2016 eingeführte Privatscheidung in *Frankreich* nach Art 229-1 Cc, bei
der nur die Erfüllung der in Art 229-3 Cc normierten formellen Voraussetzungen durch einen
Notar kontrolliert wird und die zu ihrer Wirksamkeit der Hinterlegung bei einem Notar bedarf,
Art 229-1 Abs 2 und 3 Cc (→ K Rn 21; dazu *Hammje* Rev crit 17, 143 ff), sowie für die
Privatscheidung in *Spanien,* der zufolge kinderlose Ehegatten eine Ehetrennungs- oder Eheschei-
dungsvereinbarung vor dem Urkundsbeamten des Gerichts oder vor dem Notar schließen
können (Art 87 iVm Art 82 Cc; vgl *Henrich* FamRZ 15, 1572 f; *Ferrer I Riba,* FamRZ 16, 1557
ff; → K Rn 22). Für die Einbeziehung dieser mitgliedstaatlichen Privatscheidungen in den
Anwendungsbereich der EuEheVO sind daher Änderungen erforderlich, für die allein der
Unionsgesetzgeber zuständig ist (EuGH C-372/16 aaO, Rn 47).

Auch wenn das vom deutschen Kollisionsrecht zur Anwendung berufene – zB *französische* oder **24**
italienische – Recht eine rechtsgeschäftliche Scheidung zulässt, kann diese allerdings in *Deutschland*
wegen Art 17 Abs 2 EGBGB (→ Rn 562 ff) nicht mit eheauflösender Wirkung vollzogen
werden. Die Problematik der Einbeziehung von Privatscheidungen in den sachlichen Anwendungsbereich der EuEheVO stellt sich daher nur im Rahmen der **Anerkennung
ausländischer Privatscheidungen** (Althammer/*Arnold* Rn 10; dazu näher → K Rn 17 ff).

c) Kirchengerichtliche Scheidungen. Auch auf kirchengerichtliche Scheidungsverfahren **25**
ist die Verordnung nicht anwendbar (OLG Frankfurt IPRax 08, 352: Scheidung griechischer
Muslime vor dem Mufti; NK-BGB/*Gruber* Rn 15; Rauscher/*Rauscher* Rn 11 mwN), wohl aber
auf staatliche Rechtsakte, durch die einer kirchengerichtlichen Entscheidung Wirkungen auch
für den staatlichen Bereich verliehen werden (*Jayme* IPRax 08, 165/170; *Helms* FamRZ 01, 257/
260; *Spellenberg* FS Schumann [2001] 423/435 f; *Gärtner* 322 ff; **aA** OLG Frankfurt IPRspr 06
Nr 146). Für *Portugal, Spanien, Malta* und *Italien* gilt insoweit die Sonderregelung für **Konkordate mit dem Heiligen Stuhl,** in denen die staatliche Scheidungsbefugnis auf Kirchengerichte
übertragen wurde; vgl dazu Art 63 (→ K Rn 149 ff).

2. Ehesachen

Die EuEheVO erfasst gem Art 1 Abs 1 lit a alle Verfahren, die den **ehelichen Status ändern.** **26**
Ehescheidung bedeutet die nachträgliche Auflösung des Ehebandes mit Wirkung *ex nunc* (NK-
BGB/*Gruber* Rn 3), aus deutscher Sicht also insbesondere das Verfahren der Ehescheidung nach
§§ 1564 ff BGB. Soweit nach dem zur Anwendung berufenen Recht die Ehe nur aufgrund von
Verschulden geschieden werden kann (→ Rn 312), beurteilt sich die internationale Zuständigkeit
für den **Verschuldensausspruch** zumindest dann, wenn dieser in den Tenor aufzunehmen ist,
ebenfalls nach der EuEheVO (Trib Parma 30.6.16, unalex IT–818; Staud/*Spellenberg* Rn 17;
MüKoFamFG/*Gottwald* Rn 11; **aA** G/Sch/*Dilger,* IRV Rn 21). Die Bemerkung im *Borrás-*
Bericht (Rn 22), wonach Aspekte des Verschuldens der Ehegatten nicht einbezogen werden
sollen, kann sinnvollerweise nur die Fälle betreffen, in denen das Scheidungsurteil über die
Feststellung des Verschuldens hinaus weitere Rechtsfolgen ausspricht (etwa Unterhalt), die tatbestandlich von der Verschuldensfrage abhängen (so auch Rauscher/*Rauscher* Rn 18 f; NK-

7

A 27–31 1. Teil. Erkenntnisverfahren A. Ehesachen

BGB/*Gruber* Rn 17). Auch der Ausschluss der „Scheidungsgründe" aus dem Anwendungsbereich der Verordnung in ErwG 8 dürfte nur diese Funktion haben.

27   Die in Art 1 Abs 1 lit a weiter genannte **Trennung ohne Auflösung des Ehebandes** betrifft formalisierte Trennungsverfahren **unter Mitwirkung eines Gerichts** oder einer Behörde, die nur zu einer Lockerung, nicht zur Beseitigung des ehelichen Status führen. Solche Trennungsverfahren sind insbesondere den romanischen Rechten bekannt (zB die *„separazione giudiziale"* nach italienischem Recht, Art 151 Cc; vgl AG Leverkusen FamRZ 07, 565; *Hausmann* EuLF 00/01, 271/273). Sie dienen zumeist der Vorbereitung einer Scheidung, können aber auch scheidungsersetzend sein (Rauscher/*Rauscher* Rn 2). Ein konstitutiver gerichtlicher Trennungsbeschluss ist hierfür nicht erforderlich; vielmehr werden auch Verfahren erfasst, die auf eine gerichtliche Bestätigung einer zwischen den Parteien vorgenommenen Trennungsvereinbarung abzielen (zB die *„omologazione"* einer *„separazione consensuale"* nach italienischem Recht, Art 158 Cc, vgl OLG Karlsruhe FamRZ 91, 1308; *Hausmann* EuLF 00/01, 271/274). Das deutsche Eherecht kennt Trennungsverfahren iSv Art 1 Abs 1 lit a nicht; vor deutschen Gerichten sind sie daher nur dann durchzuführen, wenn das von der Rom III-VO zur Anwendung berufene ausländische Recht eine formalisierte Ehetrennung vorsieht (→ Rn 307 f; vgl zu Art 17 Abs 1 EGBGB aF BGHZ 47, 324/333 ff = NJW 67, 2109; BGH FamRZ 87, 793; OLG Stuttgart FamRZ 97, 879 und NJW-RR 89, 261 f; OLG Hamm NJW-RR 89, 1346; AG Leverkusen FamRZ 07, 565).

28   Unter einer **Ungültigerklärung der Ehe** sind Verfahren zu verstehen, die eine Ehe infolge von Mängeln aufheben, die schon im Zeitpunkt ihrer Eingehung vorlagen (AG Pankow/Weißensee FamRZ 09, 1325; Rauscher/*Rauscher* Rn 3). Unerheblich ist hierbei, ob die Ungültigerklärung der Ehe – wie ihre Aufhebung gem § 1313 S 2 BGB – nur für die Zukunft (*ex nunc*) wirkt oder ob sie die Ehe rückwirkend auf den Zeitpunkt ihrer Eingehung (*ex tunc*) vernichtet (G/Sch/*Dilger*, IRV Rn 11; vgl Hof van beroep Gent 21.9.06, unalex BE-193). Zu beachten ist ferner, dass die Ungültigerklärung der Ehe zwar im Rahmen der EuEheVO für die Zwecke der internationalen Zuständigkeit und der Anerkennung von Entscheidungen der Scheidung gleichgestellt wird; dies gilt hingegen nicht auf dem Gebiet des internationalen Privatrechts, wo die Ungültigerklärung der Ehe aus dem Anwendungsbereich der Rom III-VO ausgeklammert bleibt (näher → Rn 302, 584 ff).

29   Auch ein **von einem Dritten nach dem Tod eines Ehegatten** eingeleitetes Verfahren auf Ungültigerklärung einer Ehe fällt in den Anwendungsbereich von Art 1 Abs 1 lit a (EuGH C-294/15 – *Mikolajczyk*, NJW 17, 375 Rn 22 ff, 37 = NZFam 17, 128 m Anm *Kemper;* dazu auch *Hilbig-Lugani* IPRax 17, 556/557 f; **aA** noch der *Borrás*-Bericht Rn 27 sowie die bisher hL, vgl Staud/*Spellenberg* Rn 27; Zö/*Geimer* Rn 22; NK-BGB/*Gruber* Rn 6 mwN). Zur Begründung beruft sich der EuGH auf den Wortlaut von Abs 1 lit a und den Umstand, dass solche Verfahren nach der abschließenden Aufzählung in Abs 3 nicht aus dem Anwendungsbereich der EuEheVO ausgeschlossen seien. Es bestehe auch kein sachlicher Grund, einem Dritten, der eine Ehe nach dem Tod eines der Ehegatten für ungültig erklären lassen wolle, die Berufung auf die einheitlichen Zuständigkeitsvorschriften der EuEheVO zu versagen.

30   Da die Verordnung darauf abzielt, das Recht der internationalen Zuständigkeit und der Anerkennung umfassend für solche Entscheidungen zu harmonisieren, die auf eine Änderung des ehelichen Status abzielen, sollte man ihren sachlichen Anwendungsbereich auch auf die nach dem Recht einiger Mitgliedstaaten mögliche **Umwandlung einer Ehe in eine registrierte Partnerschaft** – als Minus zu einer Ehescheidung – erstrecken, sofern sie – wie zB im früheren niederländischen Recht unter gerichtlicher oder behördlicher Mitwirkung vorgenommen wird (Rauscher/*Rauscher* Rn 1; offenlassend OLG Celle NdsRPfl 05, 318 = OLGR 06, 13; **aA** Rechtbank Mechelen 12.1.06, unalex BE-191). Demgegenüber dürfte die EuEheVO auf die Umwandlung einer eingetragenen Lebenspartnerschaft in eine (gleichgeschlechtliche) Ehe, wie sie seit dem 1.10.2017 in § 20a LPartG vorgesehen ist, keine Anwendung finden, da hierdurch die Statuswirkungen nicht – wie bei einer Ehescheidung oder Ehetrennung – beendet oder abgeschwächt, sondern verstärkt werden.

3. Der Ehebegriff der EuEheVO

31   Auch der Begriff der „Ehe" ist für die Zwecke der EuEheVO **autonom** auszulegen (*Pabst* Rn 222 ff). Er umfasst jedenfalls die in den Mitgliedstaaten traditionell anerkannte Ehe iS einer monogamen Verbindung von Mann und Frau. Es besteht aber auch kein Anlass, die nach dem Recht des angerufenen Gerichts wirksam geschlossene **polygame Ehe** aus dem sachlichen

I. Internationale Zuständigkeit: EuEheVO Art 1   **32–35 A**

Anwendungsbereich der Verordnung auszuklammern (G/Sch/*Dilger,* IRV Rn 6 ff; MüKo-FamFG/*Gottwald* Rn 5; Staud/Spellenberg Rn 11; **aA** Rauscher/*Rauscher* Rn 6). Möchte sich daher ein in Deutschland lebender algerischer Muslim von seiner in *Frankreich* lebenden zweiten Ehefrau scheiden lassen, so beurteilt sich die internationale Zuständigkeit der deutschen Gerichte für diese Scheidung nach Art 3 ff EuEheVO.

Demgegenüber geht die bisher noch hM zur EuEheVO davon aus, dass **gleichgeschlecht-** **32** **liche Ehen,** obwohl sie inzwischen in einer stetig wachsenden Zahl von Mitgliedstaaten *(Belgien, Dänemark, Finnland, Frankreich, Niederlande, Portugal, Schweden, Spanien* und *Vereinigtes Königreich)* zugelassen sind und seit dem 1.10.2017 auch in *Deutschland* geschlossen werden können (vgl Gesetz v 20.7.2017, BGBl I, 2787), nicht in den sachlichen Anwendungsbereich der Verordnung fallen. Die gebotene rechtsvergleichend-europäische Auslegung der Verordnung habe vielmehr das traditionelle Bild der heterosexuellen Ehe zugrundezulegen (*Garber* FS Simotta [2012] 145/155 ff; *Helms* FamRZ 02, 1593/1594; *Dilger* 98 f; *Gröschl* 76 ff; Althammer/*Arnold* Rn 6; HK-ZPO/*Dörner* Rn 7; Rauscher/*Rauscher* Rn 6 f). Insoweit ist jedoch zu berücksichtigen, dass der europäische Gesetzgeber bei der Ausarbeitung der **Rom III-VO** offenbar von einer Einbeziehung gleichgeschlechtlicher Ehen nicht nur in diese Verordnung, sondern auch in die EuEheVO ausgegangen ist (NK-BGB/*Gruber* Rn 3 mit Hinweisen auf die Materialien zur Rom III-VO; näher → Rn 314 ff). Insbesondere Art 13, 2. Fall Rom III-VO zielt vor allem auf die gleichgeschlechtliche Ehe ab, wenn er Mitgliedstaaten, die eine Ehe nicht als „gültig" erachten, nicht dazu verpflichtet, die Scheidung einer solchen Ehe auszusprechen (näher → Rn 500 ff).

Im Lichte dieser neueren Entwicklung dürfte der Anwendungsbereich der EuEheVO daher **33** **auf gleichgeschlechtliche Ehen auszudehnen** sein (dynamisches Verständnis des Ehebegriffs; vgl *Boele-Woelki* ZfRV 01, 121/127; *Dornblüth* 42 f; *Gruber* IPRax 12, 381/382; G/W/*Frank* Kap 29 Rn 13; BeckOGK/*Gössl* Art 1 Rom I-VO Rn 65 f; ThP/*Hüßtege* Vorbem Art 1 Rn 5; *Winkler v Mohrenfels* FS Ansay [2006] 527/538 f; *Mankowski* IPRax 17, 541/546 mwN; vgl auch Staud/*Spellenberg* Rn 3 ff). Dies muss jedenfalls dann gelten, wenn eine solche Ehe nach dem Recht des Gerichtsstaates – wie nunmehr auch in *Deutschland* – der traditionellen Ehe zwischen Mann und Frau im Sachrecht völlig gleichgestellt ist. Zwar haben deutsche Gerichte ihre internationale Zuständigkeit für die Auflösung gleichgeschlechtlicher Ehen bisher nicht auf Art 3 ff EuEheVO gestützt, sondern § 103 FamFG analog angewandt (→ I Rn 96). Daran kann jedoch nach Einführung der gleichgeschlechtlichen Ehe im deutschen Recht nicht länger festgehalten werden, auch wenn diese Ehe für die Zwecke des autonomen Kollisionsrechts in Art 17b Abs 4 EGBGB nF als eingetragene Lebenspartnerschaft behandelt wird. Denn diese Einordnung ist für den Ehebegriff der EuEheVO nicht maßgebend. Vorzuziehen ist vielmehr eine einheitliche Qualifikation gleichgeschlechtlicher Ehen als „Ehen" sowohl für die Zwecke der EuEheVO wie der Rom III-VO zumindest in allen Mitgliedstaaten, die dieses Rechtsinstitut inzwischen eingeführt haben, auch wenn sie an der Rom III-VO nicht teilnehmen (so auch NK-BGB/*Gruber* Rn 3; näher Rn → 314 ff). Für die Anwendung von § 98 FamFG ist daher nur noch unter den Voraussetzungen der Art 6, 7 EuEheVO Raum.

Sonstige Lebensformen zweier Personen verschiedenen oder auch gleichen Geschlechts, wie **34** **faktische Lebensgemeinschaften, registrierte Lebenspartnerschaften** (zB iSd deutschen LPartG) oder der französische PACS (zu den verschiedenen Partnerschaftsmodellen in Europa *Hausmann* FS Henrich [2000] 242 ff; *Winkler v Mohrenfels* FS Ansay [2006] 527 ff), werden hingegen *de lege lata* nicht von der EuEheVO erfasst (*Garber* FS Simotta [2012] 145/150 ff; Rauscher/*Rauscher* Rn 5, 8; ThP/*Hüßtege* Vorbem Art 1 Rn 5; M/M/*Pintens* Rn 26 ff; krit *Kohler* NJW 01, 10/15). Für ihre Aufhebung beurteilt sich die internationale Zuständigkeit weiterhin nach dem autonomen Verfahrensrecht der Mitgliedstaaten; in Deutschland gilt daher § 103 FamFG (→ I Rn 92 ff).

4. Ausgeschlossene Fragen

a) Feststellungsanträge. In der Literatur höchst streitig und vom EuGH bisher nicht geklärt **35** ist die Frage, ob auch positive bzw negative Feststellungsverfahren in den sachlichen Anwendungsbereich der Verordnung fallen. Nach ihrem eindeutigen Wortlaut erfasst die Verordnung **nur statusändernde, dh gestaltende Gerichtsentscheidungen** und ist daher auf Anträge auf Feststellung des Bestehens oder Nichtbestehens einer Ehe iSv § 121 Nr 3 FamFG sowie für vergleichbare Feststellungsklagen nach ausländischem Recht nicht anwendbar (*Hausmann* EuLF

A 1. Teil. Erkenntnisverfahren A. Ehesachen

00/01, 271/273 f; *Helms* FamRZ 01, 257/259; *Heiderhoff* StAZ 09, 328/330; *Simotta* FS Geimer [2002] 1115/1145 ff; *Gröschl* 83 ff; G/Sch/*Dilger*, IRV Rn 15; MüKoFamFG/*Gottwald* Rn 8; *Andrae*, IntFamR § 2 Rn 15; Althammer/*Arnold* Rn 13; Staud/*Spellenberg* Rn 23 mwN mwN; **aA** ThP/*Hüßtege* Rn 2; NK-BGB/*Gruber* Rn 8 ff; Rauscher/*Rauscher* Rn 13 ff; P/H/*Hau* § 98 FamFG Rn 6; für Einbeziehung nur von negativen Feststellungsklagen *Vogel* MDR 00, 1045/ 1046; *Hau* FamRZ 00, 1333/1337; *Dornblüth* 60 ff; *Pabst* 135 ff). De lege ferenda wäre eine Erstreckung zumindest auf negative Feststellungsklagen freilich wegen des engen Sachzusammenhangs mit den in Art 1 Abs 1 lit a genannten Gestaltungsklagen wünschenswert.

36   Die EuEheVO gilt auch **nicht für Klagen auf Herstellung des ehelichen Lebens** (NK-BGB/*Gruber* Rn 13) oder auf Feststellung des Rechts zum Getrenntleben (Althammer/*Arnold* Rn 13).

37   **b) Scheidungsfolgen.** Die EuEheVO bezieht sich ferner – wie ErwG 8 (→ Anh I) klarstellt – nur **auf das Statusverfahren als solches.** Von ihr nicht erfasst werden – abgesehen von den ausdrücklich geregelten Fragen der elterlichen Verantwortung – insbesondere die vermögensrechtlichen Scheidungsfolgen (App Paris 27.5.04, unalex FR–542), auch wenn sie im Scheidungsverbund geltend gemacht werden. Die Beschränkung der Verordnung auf Regeln für die Ehesache als solche hindert freilich die nationalen Gesetzgeber nicht, für die aus ihrem Anwendungsbereich ausgeschlossenen Folgesachen eine Verbundszuständigkeit vorzusehen, die an die Zuständigkeit nach Art 3 ff EuEheVO anknüpft (vgl zum Versorgungsausgleich OLG Karlsruhe FamRZ 10, 147; Zö/*Geimer* Rn 5; vgl zu § 98 Abs 2 FamFG zB → B Rn 265 f). Auch das **EU-Recht** sieht solche Annexzuständigkeiten zB in Unterhaltsachen (Art 3 lit c EuUntVO) und in Güterrechtssachen (Art 5 EuGüVO) vor.

38   Der Ausschluss gilt nach der ausdrücklichen Regelung in Art 1 Abs 3 lit e insbesondere für die Auswirkungen der Scheidung auf **Unterhaltspflichten** der Ehegatten (ErwG 11 [→ Anh 1]; dazu Aud Prov Madrid 26.9.08, unalex ES–427; näher → C Rn 72 ff; **aA** zu Unrecht für die Abänderung eines Unterhaltstitels aus Anlass der Ehetrennung Trib Firenze 20.5.03, unalex IT–293). Nichts anderes gilt aber auch für die Folgen der Scheidung für das Vermögen der Ehegatten (vgl ErwG 11; → Anh I), zB für die Familiensachen **Versorgungsausgleich** (BGH FamRZ 09, 677/678 Rn 9; → D Rn 1 ff), **Ehewohnung und Hausrat** (→ E Rn 1 ff) und **Ehegüterrecht** (ErwG 8 [→ Anh I]; → B Rn 1 ff; EuGH C-67/17 – *Iliev/Ilieva*, FamRZ 17, 1913 Rn 31 m Anm *Musseva* 2009; öst OGH 17.2.10, unalex AT-660; öst OGH 28.4.11, unalex AT-729; OLG Nürnberg NJOZ 17, 1307 Rn 25; Aud Prov Málaga 9.6.08, unalex ES-526 [einstweiliges Verfügungsverbot]; App Paris 13.3.08, unalex FR–1091 [Verzugszinsen für eine *„prestation compensatoire"*]; näher → C Rn 50 ff). Aus dem Anwendungsbereich der Verordnung ausgeschlossen sind auch Verfahren nach dem **Gewaltschutzgesetz** (NK-BGB/*Gruber* Rn 18; näher → E Rn 19 f) sowie nicht-vermögensrechtliche Scheidungsfolgen, wie zB die **Namensführung** der geschiedenen Ehegatten (ErwG 10 S 2: „sonstige Fragen im Zusammenhang mit dem Personenstand"; → Anh I). Dem nationalen Verfahrensrecht bleibt es unbenommen, bei dem in der Ehesache nach Art 3 ff zuständigen Gericht eine **Verbundszuständigkeit** für vermögensrechtliche Scheidungsfolgen vorzusehen, soweit nicht die vorrangigen Regeln der EuUntVO bzw der EuGüVO eingreifen, vgl im deutschen Recht § 98 Abs 3 FamFG.

39   **c) Trusts und Erbschaften.** Art 1 Abs 3 lit f schließt auch Auswirkungen einer Ehescheidung oder Ehetrennung sowie einer Ungültigerklärung der Ehe auf das Erbrecht aus dem sachlichen Anwendungsbereich der Verordnung aus. Dies gilt insbesondere für die gesetzliche Anordnung einer Ungültigkeit von Verfügungen von Todes wegen, die ein Ehegatte zugunsten des anderen während der Ehe errichtet hatte (vgl im deutschen Recht § 2077 BGB). Anwendbar auf diesbezügliche Streitigkeiten ist seit dem 17.8.2015 die EuErbVO Nr 650/2012.

EuEheVO Art 2. Begriffsbestimmungen

Für die Zwecke dieser Verordnung bezeichnet der Ausdruck

1. „Gericht" alle Behörden der Mitgliedstaaten, die für Rechtssachen zuständig sind, die gemäß Artikel 1 in den Anwendungsbereich dieser Verordnung fallen;
2. „Richter" einen Richter oder Amtsträger, dessen Zuständigkeiten denen eines Richters in Rechtssachen entsprechen, die in den Anwendungsbereich dieser Verordnung fallen;
3. „Mitgliedstaat" jeden Mitgliedstaat mit Ausnahme Dänemarks;

I. Internationale Zuständigkeit   40–43 **A**

4. „Entscheidung" jede von einem Gericht eines Mitgliedstaats erlassene Entscheidung über die Ehescheidung, die Trennung ohne Auflösung des Ehebandes oder
die Ungültigerklärung einer Ehe sowie jede Entscheidung über die elterliche
Verantwortung, ohne Rücksicht auf die Bezeichnung der jeweiligen Entscheidung, wie Urteil oder Beschluss;

5. „Ursprungsmitgliedstaat" den Mitgliedstaat, in dem die zu vollstreckende Entscheidung ergangen ist;

6. „Vollstreckungsmitgliedstaat" den Mitgliedstaat, in dem die Entscheidung vollstreckt werden soll;

7.–11. *(betrifft die elterliche Verantwortung; abgedruckt und kommentiert → F Rn 60 ff)*

1. Allgemeines

Art 2 enthält Definitionen von wichtigen in der EuEheVO verwendeten Begriffen, die eine **40**
einheitliche und gleichmäßige Anwendung der Verordnung in allen Mitgliedstaaten sicherstellen
sollen. Bei der Auslegung ist nicht streng am Wortlaut der einzelnen Bezeichnungen festzuhalten,
sondern ein Verständnis entsprechend der Funktion der jeweiligen Regelungsmaterie zugrunde
zu legen. Für die internationale Zuständigkeit in Ehesachen sind nur die Begriffsbestimmungen
in Nr 1–3 relevant.

2. Gericht, Richter, Nr 1 und Nr 2

Der Verordnung liegt ein sehr weites Verständnis der Begriffe „Gericht" und „Richter" **41**
zugrunde. Gemäß Art 2 Nr 1 und Nr 2 fallen daher nicht nur gerichtliche Verfahren im engeren
Sinne, sondern auch **behördliche Verfahren** in Ehesachen in den sachlichen Anwendungsbereich der Verordnung (→ Rn 20 f; vgl zur Scheidung durch das dänische „Staatsamt" Staud/
Spellenberg Art 21 Rn 14).

3. Mitgliedstaat, Nr 3

Nr 3 weist darauf hin, dass die EuEheVO **nicht für Dänemark** gilt. Während die EU mit **42**
Dänemark auf dem Gebiet der allgemeinen Zivilsachen am 19.10.2005 ein Parallel-Übk zur
EuGVVO aF abgeschlossen hat (ABl EU L 299, 62), das am 1.7.2007 in Kraft getreten ist (ABl
EU L 94, 70), fehlt bisher eine entsprechende staatsvertragliche Regelung auf dem Gebiet des
Eheverfahrensrechts. *Dänemark* ist daher insoweit wie ein sonstiger Nichtmitgliedstaat zu behan-
deln. Die internationale Zuständigkeit dänischer Gerichte in Ehesachen richtet sich daher nach
dem autonomen dänischen Zivilprozessrecht und die Anerkennung dänischer Eheurteile im
Inland bestimmt sich nach den Regeln des autonomen deutschen Anerkennungsrechts
(§§ 107–109 FamFG; → K Rn 189 ff).

4. Entscheidung, Nr 4

Der in Nr 4 definierte Begriff der Entscheidung hat Bedeutung weniger für das Erkennt- **43**
nisverfahren vor dem Erstgericht als vielmehr im Rahmen der **Anerkennung und Vollstreckung** von Entscheidungen aus anderen Mitgliedstaaten und wird deshalb in diesem Zusammenhang kommentiert (→ K Rn 17 ff). Durch die Beschränkung auf „von einem Gericht eines
Mitgliedstaats erlassene Entscheidungen" werden reine **Privatscheidungen** ohne konstitutive
gerichtliche oder behördliche Mitwirkung aus dem Anwendungsbereich der Verordnung ausgeklammert (näher → Rn 22 ff).

Kapitel II. Zuständigkeit

Abschnitt 1. Ehescheidung, Trennung ohne Auflösung des Ehebandes und Ungültigerklärung einer Ehe

Schrifttum: 1. EheVO 2000: *Becker-Eberhard,* Die Sinnhaftigkeit der Zuständigkeitsordnung der EG-VO
Nr 1347/2000 („Brüssel II"), FS Beys (2003), 93; *Bergerfurth,* Die internationale Scheidungszuständigkeit im
EU-Bereich, FF 01, 15; *Hau,* Das System der internationalen Entscheidungszuständigkeit im europäischen
Eheverfahrensrecht, FamRZ 00, 1333; *ders,* Europäische und autonome Zuständigkeitsgründe in Ehesachen
mit Auslandsbezug, FPR 02, 616 = ERA-Forum 03, 9; *Motzer,* Gerichtliche Zuständigkeit und anzuwenden-
des Recht bei grenzüberschreitenden Familienkonflikten, FamRZ 02, 149; *Niklas,* Die europäische Zustän-

A

1. Teil. Erkenntnisverfahren A. Ehesachen

digkeitsordnung in Ehe- und Kindschaftsverfahren (2003); *Rausch,* Neue internationale Zuständigkeiten in Familiensachen – VO (EG) Nr 1347/2000, FuR 01, 151; *Simotta,* Die internationale Zuständigkeit Österreichs in eherechtlichen Angelegenheiten – Ein Vergleich zwischen der EheVO und dem autonomen österreichischen Recht, FS Geimer (2002), 1115; *Spellenberg,* Die Zuständigkeiten für Eheklagen nach der EheGVO („Brüssel II"), FS Geimer (2002), 1257.

2. EuEheVO: *Borrás,* „Exclusive" and „Residual" Grounds of Jurisdiction on Divorce in the Brussels II-bis Regulation, IPRax 08, 233; *Dilger,* Die Regelungen zur internationalen Zuständigkeit in Ehesachen in der Verordnung (EG) Nr 2201/2003 (2004); *Dörner,* Internationale Scheidungszuständigkeit und Anerkennung von Scheidungsurteilen nach der EG-Verordnung Nr 2201/2003, in: Großfeld u. a. (Hrsg), Probleme des deutschen, europäischen und japanischen Rechts (2006), 17; *Dötsch,* Internationale Zuständigkeit in Familiensachen, NJW-Spezial 05, 247; *Finger,* Internationale Zuständigkeit nach der Brüssel IIa-Verordnung – Eine Übersicht an Hand von Fallbeispielen, FamRBint 08, 90; *Gröschl,* Internationale Zuständigkeit im europäischen Eheverfahrensrecht (2007); *Looschelders,* Scheidungsfreiheit und Schutz des Antragsgegners im internationalen Privat- und Prozessrecht, FS Kropholler (2008) 329; *Meyer-Götz/Noltemeier,* Internationale Scheidungszuständigkeit im europäischen Eheverfahrensrecht, FPR 04, 282; *Pabst,* Entscheidungszuständigkeit und Beachtung ausländischer Rechtshängigkeit in Ehesachen mit Europabezug (2009); *Salerno,* I criteri di giurisdizione comunitari in materia matrimoniale, Riv dir int priv proc 07, 63; *Sauer,* Internationale Zuständigkeit für die Auflösung und Lockerung des Ehebandes nach deutschem, französischem und europäischem Recht (2003).

Vorbemerkung

44 Die Verordnung regelt die internationale Zuständigkeit in Ehesachen im 1. Abschnitt des II. Kapitels (Art 3–7). Diese internationale Zuständigkeit ist **ausschließlich,** soweit der Antragsgner seinen gewöhnlichen Aufenthalt in einem Mitgliedstaat hat oder Staatsangehöriger eines Mitgliedstaats ist. (Art 6; → Rn 109 ff). Der 2. Abschnitt (Art 8–15) betrifft die internationale Zuständigkeit auf dem Gebiet der elterlichen Verantwortung und ist dort kommentiert (→ F Rn 78 ff). Die EG-Kommission hatte bereits am 17.7.2006 einen Vorschlag für eine **Änderung der Verordnung** im Hinblick auf die Zuständigkeit in Ehesachen vorgelegt (KOM [2006] 399 endg.). Danach sollte in Art 3a eine Regelung über die Zulässigkeit von Gerichtsstandsvereinbarungen bei Ehescheidungen und Trennungen ohne Auflösung des Ehebandes eingefügt werden. Ferner sollte Art 6 gestrichen und die Regelung der Restzuständigkeiten in Art 7 neu gefasst werden. Der jüngste Vorschlag vom 30.6.2016 (KOM [2016] 411) lässt die Zuständigkeitsregelung in Ehesachen demgegenüber weitgehend unberührt und beschränkt sich diesbezüglich auf eine Klarstellung in der Formulierung von Art 6 und 7 (vgl auch Rauscher/*Rauscher* Einl Rn 53 ff).

EuEheVO Art 3. Allgemeine Zuständigkeit

(1) **Für Entscheidungen über die Ehescheidung, die Trennung ohne Auflösung des Ehebandes oder die Ungültigerklärung einer Ehe, sind die Gerichte des Mitgliedstaats zuständig,**

a) in dessen Hoheitsgebiet
  – beide Ehegatten ihren gewöhnlichen Aufenthalt haben oder
  – die Ehegatten zuletzt beide ihren gewöhnlichen Aufenthalt hatten, sofern einer von ihnen dort noch seinen gewöhnlichen Aufenthalt hat, oder
  – der Antragsgegner seinen gewöhnlichen Aufenthalt hat oder
  – im Fall eines gemeinsamen Antrags einer der Ehegatten seinen gewöhnlichen Aufenthalt hat oder
  – der Antragsteller seinen gewöhnlichen Aufenthalt hat, wenn er sich dort seit mindestens einem Jahr unmittelbar vor der Antragstellung aufgehalten hat, oder
  – der Antragsteller seinen gewöhnlichen Aufenthalt hat, wenn er sich dort seit mindestens sechs Monaten unmittelbar vor der Antragstellung aufgehalten hat und entweder Staatsangehöriger des betreffenden Mitgliedstaats ist oder, im Fall des Vereinigten Königreichs und Irlands, dort sein „domicile" hat;
  b) dessen Staatsangehörigkeit beide Ehegatten besitzen, oder, im Fall des Vereinigten Königreichs und Irlands, in dem sie ihr gemeinsames „domicile" haben.

(2) **Der Begriff „domicile" im Sinne dieser Verordnung bestimmt sich nach dem Recht des Vereinigten Königreichs und Irlands.**

Schrifttum: *Baetge,* Auf dem Weg zu einem gemeinsamen europäischen Verständnis des gewöhnlichen Aufenthalts, FS Kropholler [2008] 77; *Dilger,* Identische Doppelstaater und *forum patriae,* IPRax 10, 54; *Dutta,*

I. Internationale Zuständigkeit: EuEheVO Art 3   **45–48 A**

Der gewöhnliche Aufenthalt – Bewährung und Perspektiven eines Anknüpfungsmoments im Lichte der Europäisierung des Kollisionsrechts, IPRax 17, 139; *Hau,* Doppelte Staatsangehörigkeit im europäischen Eheverfahrensrecht, IPRax 10, 50; *Hilbig-Lugani,* Neue Herausforderungen des Begiffs des gewöhnlichen Aufenthalts im europäischen Familienrecht, FS Brudermüller [2014] 323; *Kränzle,* Heimat als Rechtsbegriff? (2014); *Weller,* Plädoyer für einen willenszentrierten Aufenthaltsbegriff, in: Leible/Unberath (Hrsg), Brauchen wir eine Rom 0-Verordnung (2013) 293.

1. Allgemeines

a) Internationale und örtliche Zuständigkeit. Art 3 regelt die **internationale** Zuständig- **45** keit des in einer Ehesache iSv Art 1 Abs 1 lit a angerufenen Gerichts und verdrängt das autonome Zuständigkeitsrecht der Mitgliedstaaten (in Deutschland § 98 Abs 1 FamFG), soweit einer seiner Anknüpfungspunkte in einem Mitgliedstaat gegeben ist (KG FamRZ 16, 384 Rn 9 m Anm *Geimer*). Dies ist von dem angerufenen Gericht gem Art 17 **von Amts wegen** zu prüfen (→ Rn 147 ff), und zwar in jedem Stadium des Verfahrens, mithin in *Deutschland* auch vom Beschwerde- und Rechtsbeschwerdegericht (ThP/*Hüßtege* Rn 1; vgl zur EheVO 2000 BGHZ 160, 332/334 = NJW-RR 05, 81; BGHZ 169, 240 Rn 7 = FamRZ 07, 109). Art 3 beschränkt sich allerdings auf die Regelung der internationalen Zuständigkeit. Welches Gericht innerhalb des nach Art 3 zuständigen Mitgliedstaats **örtlich zuständig** ist, richtet sich weiterhin nach nationalem Recht (Aud Prov Madrid 13.3.06, unalex ES-18; AG Leverkusen FamRZ 06, 1384; *Hausmann* EuLF 00/01, 271/276; Zö/*Geimer* Rn 13; Rauscher/*Rauscher* Rn 18), in Deutschland also nach § 122 FamFG, der in jedem Fall der internationalen Zuständigkeit deutscher Gerichte eine örtliche Zuständigkeit bereitstellt (MüKoFamFG/*Gottwald* Rn 1).

b) Die maßgebenden Anknüpfungskriterien. Die Anknüpfungskriterien in Art 3 sind **46** **objektiver Natur** (EuGH C-294/15 – *Mikolajczyk,* NJW 17, 375 Rn 40). Auf den Parteiwillen kommt es nicht an, so dass eine Zuständigkeitsbegründung kraft **rügeloser Einlassung** nicht möglich ist (HK-ZPO/*Dörner* Rn 2). Auch **Gerichtsstandsvereinbarungen** können zwischen den Ehegatten in Ehesachen – anders als in Verfahren betreffend die elterliche Verantwortung nach Art 12 (→ F Rn 194 ff) – nicht wirksam getroffen werden (G/Sch/*Geimer* Rn 5 ff; zur (begrenzten) Bedeutung des Parteiwillens im Rahmen von Art 3 Abs 1 lit a, 4. Spiegelstrich aber → Rn 73 ff). Dies vermag im Hinblick auf die im Scheidungskollisionsrecht (Art 5 ff Rom III-VO) heute bestehende Rechtswahlfreiheit sowie nach Einführung von Prorogationsmöglichkeiten in anderen EU-Verordnungen auf dem Gebiet des internationalen Familien- und Erbrechts (vgl in Unterhaltssachen Art 4 EuUntVO [→ C Rn 126 ff], in Güterrechtssachen Art 7 EuGüVO/EuPartVO [→ B Rn 91 ff], in Erbsachen Art 5 EuErbVO) nicht mehr zu überzeugen. Die in Art 3a des gescheiterten Vorschlags der EG-Kommission zur Änderung der EuEheVO v 17.6.2006 (KOM [2006] 399 endg) vorgesehene Zulassung von Gerichtsstandsvereinbarung auch in Ehesachen sollte daher weiter verfolgt werden (so auch MüKoFamFG/*Gottwald* Rn 31).

Als Anknüpfungsmerkmal steht dabei nach Art 3 Abs 1 lit a der **gewöhnliche Aufenthalt** **47** der Ehegatten im Vordergrund (NK-BGB/*Gruber* Rn 1 ff). Er begründet die internationale Zuständigkeit auch dann, wenn er nur einseitig in der Person des Antragsgegners oder – nach Erfüllung gewisser Mindestaufenthaltsfristen – in der Person des Antragstellers gegeben ist. Auf die Staatsangehörigkeit der Beteiligten oder auf einen sonstigen Bezug zu einem weiteren Mitgliedstaat der Verordnung kommt es dabei nicht an (OLG Koblenz FamRZ 09, 611/612; Zö/*Geimer* Art 1 Rn 14). Art 3 Abs 1 lit a begründet die internationale Zuständigkeit daher auch für die Scheidung der **Angehörigen von Drittstaaten,** die ihren gewöhnlichen Aufenthalt in einem teilnehmenden Mitgliedstaat haben ((EuGH C-68/07 – *Sundelind Lopez,* Slg 07 I-10403 Rn 24 ff = NJW 08, 207 Rn 26; vgl frz Cass 14.2.16, unalex FR-2468 [*Aserbaidschani*]; KG FamRZ 14, 664 [*Vietnamesen*]; OLG Hamm FamRZ 12, 1498 [*Iraner*]; App Lyon 21.11.11, unalex FR-2314 [*Marokkaner*]; OLG Stuttgart 23.2.04, unalex DE-997 [*Serben*]). Dies gilt auch dann, wenn die Ehegatten ihre Ehe in Anwendung ausländischen religiösen (zB islamischen) Rechts geschlossen haben (OLG Hamm NZFam 16, 1035 Rn 18 f). Mit der – zeitlich vorrangigen – Anknüpfung an den gewöhnlichen Aufenthalt des Antragsgegners einerseits, den von der Erfüllung gewisser Wartefristen abhängigen Anknüpfung an den gewöhnlichen Aufenthalt des Antragstellers andererseits strebt die EuEheVO einen Kompromiss zwischen dem Grundsatz *actor sequitur forum rei* und dem Schutz des Antragstellers durch die Eröffnung von „Kläger"-Gerichtsständen an.

Demgegenüber wird die Anknüpfung an die **Staatsangehörigkeit** in Art 3 Abs 1 lit b im **48** Vergleich zur Regelung im autonomen Recht vieler Mitgliedstaaten zurückgedrängt, weil in

13

A 49–51 1. Teil. Erkenntnisverfahren A. Ehesachen

einer gemischt-nationalen Ehe dem Antragsteller, der seinen gewöhnlichen Aufenthalt im Ausland hat, das allein an seine Staatsangehörigkeit anknüpfende Forum in seinem Heimatstaat genommen wird. Damit entfällt auch für einen deutschen Ehegatten die bisherige Möglichkeit, vor dem nach § 98 Abs 1 Nr 1 FamFG international zuständigen deutschen Gericht eine rasche Scheidung seiner Ehe mit einem ausländischen Partner zu erreichen (NK-BGB/*Gruber* Rn 3; krit dazu Rauscher/*Rauscher* Rn 3 ff; Staud/*Spellenberg* Rn 18 ff). Der Staatsangehörigkeit steht in *Irland* und im *Vereinigten Königreich* das „domicile" gleich (näher → Rn 97 ff).

49 **c) Das Verhältnis der Anknüpfungskriterien zueinander.** Zwischen den einzelnen Zuständigkeitsanknüpfungen in Art 3 besteht – anders als zB nach Art 4 ff EuGüVO (→ B Rn 51 ff) – **keine Rangordnung.** Vielmehr stehen diese gleichwertig nebeneinander und begründen nicht selten **alternative Zuständigkeiten** in mehreren Mitgliedstaaten zugleich (EuGH C-294/15 – *Mikolajczyk,* NJW 17, 375 Rn 40, 46; OLG Zweibrücken FamRZ 15, 2063 Rn 28 = NZFam 15, 784m Anm *Hilbig-Lugani;* OLG München 2.6.03, unalex DE-1013; öst OGH 13.10.09, unalex AT-677; *Borrás*-Bericht Rn 28; *Hausmann* EuLF 00/01, 271/276; *Becker-Eberhard* FS Beys [2003] 93/99 ff; Zö/*Geimer* Rn 1; NK-BGB/*Gruber* Rn 4; **aA** [Vorrang des gewöhnlichen Aufenthalts] zu Unrecht OLG Colmar 24.10.06, unalex FR-439). Auf diese Weise wird dem Antragsteller ein **Wahlrecht** eingeräumt, das Verfahren entweder im Inland oder auch in einem anderen Mitgliedstaat einzuleiten (EuGH C-168/08 – *Hadadi/Mesko,* Slg 09 I-1571 Rn 48 = FamRZ 09, 1571; frz Cass 24.9.08, unalex FR-1015; frz Cass 25.4.07, unalex FR-551; öst OGH 13.10.09, unalex AT-677; App Craiova 10.7.09, unalex RO-25; Trib civ Bruxelles 8.11.06, unalex BE-194; Trib da Relação Lisboa 20.9.11, unalex PT-166; *Hau* FamRZ 00, 1333/1334; MüKoFamFG/*Gottwald* Rn 2; Staud/*Spellenberg* Rn 6 ff mwN). Die damit einhergehende Gefahr des *forum shopping* (dazu *Simotta* FS Geimer [2002] 1151/1152; *Rieck* FPR 07, 251/253; Rauscher/*Rauscher* Rn 15) besteht nach Inkrafttreten der Rom III-VO (→ Rn 287 ff), der Geltung des Haager Unterhaltsprotokolls (→ C Rn 489 ff) in Unterhaltsachen und künftig der EuGüVO in Güterrechtssachen nur noch in einem deutlich abgeschwächten Umfang. Die deutschen Gerichte sind somit schon dann international zuständig, wenn nur eine der verschiedenen Anknüpfungen des Art 3 Abs 1 im Inland verwirklicht ist. Die hierdurch entstehenden positiven Kompetenzkonflikte sind mit Hilfe der Regeln über die doppelte Rechtshängigkeit in Art 19 zu lösen; danach entscheidet grundsätzlich die zeitliche Priorität (*Andrae,* IntFamR § 2 Rn 21; näher → Rn 169 ff). Für die Beurteilung der Zuständigkeitsvoraussetzungen nach Art 3 Abs 1 kommt es in diesem Zusammenhang auf den in Art 16 bestimmten Zeitpunkt an (*Wagner* FPR 04, 286).

50 **d) Abschließende Regelung.** Der Zuständigkeitskatalog in Art 3 ist ferner abschließend in dem Sinne, dass nur die dort (oder die in Art 4 und Art 5) genannten Kriterien herangezogen werden dürfen (EuGH C-294/15 – *Mikolajczyk,* NJW 17, 375 Rn 40). Ist das angerufene Gericht danach nicht international zuständig, so kann es seine Zuständigkeit nur noch unter den Voraussetzungen der Art 6, 7 auf Vorschriften seines nationalen Prozessrechts stützen (frz Cass 25.3.15, unalex FR-2462; *Borrás*-Bericht Rn 29); dies setzt insbesondere voraus, dass der Antragsgegner seinen gewöhnlichen Aufenthalt (bzw sein *domicile*) nicht in einem Mitgliedstaat hat und auch kein Gericht in eines anderen Mitgliedstaats nach dem Art 3–5 international zuständig ist (näher → Rn 117 ff). Besteht auch nach Art 7 Abs 1 iVm dem nationalen Verfahrensrecht keine internationale Zuständigkeit des angerufenen Gerichts, so hat sich dieses **von Amts wegen für unzuständig** zu erklären und den Antrag als unzulässig abzuweisen; zu einer Abweisung durch Sachurteil ist es nicht berechtigt (frz Cass. 11.5.16, unalex FR-2487). Die Möglichkeit einer grenzüberschreitenden Verweisung des Rechtsstreits sieht die EuEheVO nicht vor.

51 Ist das Gericht nach Art 3–6 international zuständig, so ist es umgekehrt – vorbehaltlich einer entgegenstehenden Rechtshängigkeit in einem anderen Mitgliedstaat nach Art 19 Abs 1 (frz Cass 17.6.09, unalex FR-1061) – auch verpflichtet, in der Sache zu entscheiden. Eine Berufung auf die *forum non conveniens*-**Lehre** des Common Law ist im Rahmen der EuEheVO nur in Verfahren der elterlichen Verantwortung in den engen Grenzen des Art 15 (→ F Rn 233 ff) erlaubt; in Ehesachen ist sie ebenso ausgeschlossen wie in sonstigen Zivilsachen nach der EuGVVO (High Court Ireland 1.7.08, unalex IE-53 unter Berufung auf EuGH C-281/02 – *Owusu/Jackson,* Slg 05 I-1383; G/Sch/*Dilger,* IRV vor Art 3 Rn 53; Althammer/*Arnold* Vorbem Art 3–7 Rn 7; **aA** für Unzuständigkeitserklärung zugunsten eines früher angerufenen drittstaatlichen Gerichts [New York] Court of Appeal 18.10.13 – *Mittal,* unalex UK-506). Gleiches gilt für „anti-suit injunctions" oder sonstige Anträge, mit denen dem Gericht eines anderen

14

I. Internationale Zuständigkeit: EuEheVO Art 3   **52–57 A**

Mitgliedstaats die Fortsetzung eines dort anhängigen Eheverfahrens untersagt werden soll (Aud Prov Madrid 20.7.10, unalex ES–541).

Der Begründung einer **Notzuständigkeit,** weil das Recht eines EU-Mitgliedstaats, dessen **52** Gerichte nach der Verordnung international zuständig sind, keine Ehescheidung kennt, bedarf es nach Einführung der Ehescheidung in *Malta* nicht mehr (BGH FamRZ 13, 687).

e) Der maßgebende Zeitpunkt. Zur Frage, in welchem Zeitpunkt die Anknüpfungskrite- **53** rien für die internationale Zuständigkeit nach Art 3 vorliegen müssen, enthält die EuEheVO keine ausdrückliche Regelung. Maßgeblicher Zeitpunkt ist grundsätzlich der Eintritt der Rechtshängigkeit des Verfahrens (Rauscher/*Rauscher* Rn 17; G/Sch/*Dilger,* IRV vor Art 3 Rn 58). Wann Rechtshängigkeit eintritt, sollte aus Gründen der prozessualen Fairness nicht nach der jeweiligen *lex fori* beurteilt werden; vielmehr sollte die autonome Legaldefinition in Art 16 auch insoweit entsprechend herangezogen werden (NK-BGB/*Gruber* Rn 7). Entscheidend ist damit grundsätzlich der **Zeitpunkt der Antragstellung** (→ Rn 136 ff). Dieser Grundsatz wird jedoch nach Maßgabe von → Rn 72, 82 modifiziert.

Ferner besteht weithin Einigkeit darüber, dass – nicht anders als in der EuGVVO (dazu BGH **54** NJW 11, 2515 Rn 23 ff mwN; unalexK/*Hausmann* vor Art 2 Rn 19 mwN) – auch im Rahmen der EuEheVO der **Grundsatz der** *perpetuatio fori* gilt, wonach die einmal gegebene Zuständigkeit durch den nachträglichen Wegfall der sie begründenden Umstände – zB den Aufenthaltswechsel eines oder beider Ehegatten nach Antragstellung – nicht berührt wird. Dies ist zwar nur für Verfahren der elterlichen Verantwortung ausdrücklich bestimmt (Art 8 Abs 1; → F Rn 102 ff), gilt aber auch in Ehesachen (BGH FamRZ 07, 109 Rn 7; OLG Koblenz FamRZ 09, 611/612; *Wagner* FPR 04, 286/287; *Andrae,* IntFamR § 2 Rn 22; Staud/*Spellenberg* Rn 158; NK-BGB/*Gruber* Rn 7; Rauscher/*Rauscher* Rn 17; **aA** G/W/*Frank* Kap 29 Rn 25; vgl auch BGH FamRZ 13, 687m Anm *Hau,* wo die Frage offengelassen wird). Die nach Art 3 Abs 1 wirksam begründete Zuständigkeit besteht auch dann fort, wenn mit einer Anerkennung des Urteils im Staat des neuen gewöhnlichen Aufenthalts der Ehegatten nicht gerechnet werden kann (OLG Koblenz FamRZ 09, 611/612 f).

2. Aufenthaltszuständigkeiten, Abs 1 lit a

a) Begriff des gewöhnlichen Aufenthalts. aa) Autonome Auslegung. Art 3 Abs 1 lit a **55** knüpft in unterschiedlichen Varianten an den gewöhnlichen Aufenthalt eines oder beider Ehegatten an. Anders als manche kollisionsrechtlichen EU-Verordnungen (vgl zB Art 19 Abs 1 S 2 Rom I-VO; Art 23 Abs 2 Rom II-VO) enthält die EuEheVO selbst allerdings keine Definition des gewöhnlichen Aufenthalts natürlicher Personen. Der Begriff ist unstreitig **autonom** auszulegen (EuGH C-497/10 – *Mercredi/Chaffe,* Slg 10 I-14309 Rn 45 = FamRZ 11, 617 m Anm *Henrich;* High Court Ireland 27.7.09, unalex IE-51; *Hau* FamRZ 00, 1333/1334; MüKoFamFG/*Gottwald* Rn 7; ausf Staud/*Spellenberg* Rn 54 ff; *Pabst* Rn 334 ff; vgl zu Art 8 auch EuGH Rs C-523/07 – *A,* Slg 09 I-2805 Rn 34 f = FamRZ 09, 843/845).

Lange Zeit war unklar, ob der europäische Begriff des gewöhnlichen Aufenthaltes von dem **56** der **Haager Übereinkommen** nennenswert abweicht. Die Zweifel entstanden, weil die Materialien auf die vom EuGH entwickelte Definition des Wohnsitzes verwiesen als den Ort, „den der Betroffene als ständigen oder gewöhnlichen Mittelpunkt seiner Lebensinteressen in der Absicht gewählt hat, ihm Dauerhaftigkeit zu verleihen, wobei für die Feststellung dieses Wohnsitzes alle hierfür wesentlichen tatsächlichen Gesichtspunkte zu berücksichtigen sind" („ständiger Wohnsitz", vgl *Borrás*-Bericht Rn 32; EuGH C-452/93 – *Fernández/Kommission,* Slg 94 I-4295 Rn 22; dazu auch öst OGH 6.7.09, unalex AT-673; High Court Ireland 1.7.08, unalex IE-53). Diese stark vom Willenselement geprägte Wohnsitz-Definition unterscheidet sich jedoch deutlich von dem Aufenthaltsbegriff der Haager Übereinkommen, bei dem es um die Feststellung des tatsächlichen Lebensmittelpunkts geht, der nicht notwendig einen subjektiven Willen zur Aufenthaltsbegründung voraussetzt. Die Entscheidung des Verordnungsgebers für die Verwendung des Begriffs „Aufenthalt" sowie ein Vergleich mit den Haager Übereinkommen sprechen daher für eine Bestimmung des gewöhnlichen Aufenthalts primär an Hand **objektiver Kriterien** (OLG Koblenz FamRZ 16, 995 m Anm *Oeley*). Dies schließt freilich eine Einbeziehung des Willensmoments nicht aus (*Hau* FamRZ 00, 1333/1334; ausf *Weller,* in: Leible/Unberath, Brauchen wir eine Rom 0-VO [2013] 293 ff; **aA** NK-BGB/*Gruber* Rn 13; *Baetge* FS Kropholler [2008] 77 f; im Erg auch Rauscher/*Rauscher* Rn 21 ff).

Allerdings gibt es – wie der EuGH ebenfalls zu Art 8 EuEheVO klargestellt hat (EuGH C- **57** 523/07 aaO, FamRZ 09, 843 Rn 35 ff; EuGH C-497/10 aaO, FamRZ 11, 617 Rn 45 ff; *Pirrung*

15

A 58–60   1. Teil. Erkenntnisverfahren A. Ehesachen

IPRax 11, 50/53) – **keinen einheitlichen europäischen Begriff des gewöhnlichen Aufenthalts,** der für alle Rechtsinstrumente auf dem Gebiet der justiziellen Zusammenarbeit in Zivilsachen gleichermaßen gilt. Vielmehr kann der gewöhnliche Aufenthalt im Hinblick auf den jeweiligen rechtlichen Zusammenhang, in dem er verwendet wird, unterschiedlich verstanden werden (vgl auch ErwG 23 zur EuErbVO Nr 650/2012: „Berücksichtigung der spezifischen Ziele dieser Verordnung"). Deshalb ist insbesondere der vornehmlich am Kindeswohl und der Notwendigkeit des raschen Ergreifens von Schutzmaßnahmen für Kinder ausgerichtete Begriff des gewöhnlichen Aufenthalts in Art 8 ff EuEheVO und in den Haager Übereinkommen zum Kinderschutz nicht ohne weiteres auf die internationale Zuständigkeit in Ehesachen übertragbar. Denn Erwachsene sind weit weniger als Kinder auf ihre unmittelbaren Bezugspersonen fixiert und weit besser in der Lage, soziale Kontakte auch über große Entfernungen, nicht zuletzt aufgrund der im Internet zur Verfügung stehenden sozialen Netzwerke, für lange Zeit aufrechtzuerhalten (vgl zur Rom III-VO *Helms* FamRZ 11, 1765/1769 f). Dies spricht dafür, dass Ehegatten, die – wie Entwicklungshelfer, Lehrer an Auslandsschulen oder Diplomaten – auch für längere Zeit im Ausland leben, uU ihren gewöhnlichen Aufenthalt in ihrem Heimatstaat beibehalten. Dennoch lassen sich der Rechtsprechung des EuGH zu Art 8 auch gewisse Leitlinien für die Auslegung des Begriffs „gewöhnlicher Aufenthalt" in Art 3 Abs 1 lit a entnehmen.

58   **bb) Soziale Integration.** Dies gilt insbesondere für die Aussage, dass unter gewöhnlichem Aufenthalt der Ort zu verstehen sei, der „Ausdruck einer gewissen Integration in ein soziales und familiäres Umfeld" sei, und dass dieser Ort unter **Berücksichtigung aller tatsächlichen Umstände des Einzelfalls,** insbesondere der Dauer, der Regelmäßigkeit und der Umstände des Aufenthalts in einem Mitgliedstaat und der Gründe für diesen Aufenthalt festzustellen sei (EuGH C-523/07 – *A,* Slg 09 I-2805 Rn 38 = FamRZ 09, 843; EuGH C-497/10 aaO, FamRZ 11, 617 Rn 47 m Anm *Henrich;* näher → F Rn 89 ff; ebenso für Ehesachen High Court Ireland 2.7.07, unalex IE-55; App Luxembourg 6.6.07, unalex LU-26). Maßgebend ist daher der tatsächliche **Schwerpunkt der ehelichen Lebensverhältnisse** in familiärer und beruflicher Hinsicht (vgl öst OGH 6.7.09, unalex AT-673; G/Sch/*Dilger,* IRV vor Art 3 Rn 13 ff; Staud/ *Spellenberg* Rn 77 ff). Dieser ist vom nationalen Gericht unter Einbeziehung der vorgenannten Kriterien im Rahmen einer **Gesamtbetrachtung** zu bestimmen. In diese Wertung können auch die Staatsangehörigkeit der Ehegatten, deren Sprachkenntnisse und deren soziale Kontakte (Freundes- und Bekanntenkreis) einbezogen werden. Eine lediglich meldebehördlich oder steuerrechtlich motivierte Wohnsitzbegründung begründet noch keinen gewöhnlichen Aufenthalt (frz Cass 8.7.15, unalex FR-2459).

59   **cc) Aufenthaltserfordernisse.** Die Begründung eines gewöhnlichen Aufenthalts setzt notwendig die **physische Präsenz** in einem bestimmten Staat voraus (EuGH C-523/07 aaO, Rn 38; EuGH C-497/10 aaO, Rn 49). Ein nur vorübergehender Aufenthaltswechsel (zB an einen Zweitwohnsitz in einem anderen Mitgliedstaat) ist auf den Fortbestand des bisherigen gewöhnlichen Aufenthalts daher ohne Einfluss (frz Cass 14.12.05, unalex FR-403). Der Aufenthalt muss zwar objektiv von **gewisser Dauer** sein, jedoch ist eine bestimmte Mindestverweildauer nicht erforderlich (EuGH C-497/10 aaO, Rn 51). Dies ist insbesondere in Fällen eines **Umzugs** von einem Staat in einen anderen von Bedeutung. Hier wird ein gewöhnlicher Aufenthalt in dem neuen Aufenthaltsstaat trotz sehr kurzer Verweildauer schon dann begründet, wenn er nach dem Willen des betreffenden Ehegatten auf längere Zeit (dh auf mehr als zwei Jahre, vgl *Henrich,* IntSchR Rn 6) angelegt ist und keine Rückkehrabsicht besteht (ThP/*Hüßtege* Rn 2; NK-BGB/*Gruber* Rn 11). Andererseits reicht auch ein längerer Aufenthalt im Gerichtsstaat dann nicht aus, wenn er nur durch einen **zeitlich befristeten beruflichen Auftrag** des Ehemannes bedingt ist, nach dessen Erfüllung die Rückkehr der Ehegatten in ihren gemeinsamen Heimatstaat geplant ist (App Aix-en-Provence 5.12.07, unalex FR-1092; Aud Prov Madrid 27.5.09, unalex ES-536). Anders kann es liegen, wenn der aus einem Drittstaat in einen Mitgliedstaat entsandte Arbeitnehmer dort eine Wohnimmobilie erwirbt (frz Cass 14.2.2016, unalex FR-2468). Beruflich bedingte – auch längere – Auslandsaufenthalte eines Ehegatten ändern den gewöhnlichen Aufenthalt nicht, wenn dieser danach jeweils an den Ort seines früheren gewöhnlichen Aufenthalts zurückkehrt (öst OGH 6.7.09, unalex AT-673 [Opernsänger]). Gleiches gilt im Falle eines von vornherein zeitlich begrenzten Studiums an einer ausländischen Universität (OLG Karlsruhe NJW-RR 15, 1415).

60   **dd) Willensmoment.** Auch dem subjektiven Willen von Ehegatten zur Aufenthaltsbegründung kann jedenfalls mittelbar Gewicht bei der Feststellung des Daseinsmittelpunktes zukom-

I. Internationale Zuständigkeit: EuEheVO Art 3 **61–65 A**

men, wenn er sich in äußeren Umständen manifestiert (EuGH C-523/07 aaO, Rn 40). Bei einer Verlegung des gewöhnlichen Aufenthalts in einen anderen Staat ist nach Ansicht des EuGH sogar „vor allem der Wille des Betreffenden, dort den ständigen oder gewöhnlichen Mittelpunkt seiner Interessen in der Absicht zu begründen, ihm Beständigkeit zu verleihen", maßgebend (EuGH C-497/10 aaO, Rn 51; zust *Weller*, in: Leible/Unberath, Brauchen wir eine Rom 0-VO [2013] 293 ff/311 ff). Die Dauer des Aufenthalts könne daher nur als Indiz im Rahmen der Beurteilung seiner Beständigkeit dienen, die im Licht der besonderen tatsächlichen Umstände des Einzelfalls vorzunehmen sei. In solchen Umzugsfällen wird daher ein gewöhnlicher Aufenthalt in dem neuen Aufenthaltsstaat trotz sehr kurzer Verweildauer schon dann begründet, wenn er nach dem Willen der Ehegatten auf längere Zeit angelegt ist und keine Rückkehrabsicht besteht.

Der Wille zur Begründung eines gewöhnlichen Aufenthalts ist jedoch auch **kein zwingendes** **61** **Erfordernis.** Auch ein unfreiwilliger Aufenthalt kann aufgrund der objektiven Verfestigung der Lebensverhältnisse des Betroffenen an diesem Ort zu einem gewöhnlichen Aufenthalt werden. Dies gilt insbesondere dann, wenn ein Ehegatte, der sich im Inland bereits gewöhnlich aufhält, hier gegen seinen Willen – zB in Straf- oder Abschiebehaft – festgehalten wird (NK-BGB/ *Gruber* Rn 12). Wird ein Ehegatte jedoch durch **staatliche Zwangsmaßnahmen** – zB Abschiebung – gegen seinen Willen aus dem Land des bisherigen gemeinsamen gewöhnlichen Aufenthalts entfernt, so liegt darin keine Aufgabe dieses Aufenthalts (BGH FamRZ 07, 109 Rn 7).

ee) Rechtmäßigkeit des Aufenthalts. Auf die Rechtmäßigkeit des gewöhnlichen Aufent- **62** halts kommt es hingegen nicht an. Auch ein langjähriger illegaler Aufenthalt in einem Mitgliedstaat kann daher einen gewöhnlichen Aufenthalt iSv Art 3 Abs 1 lit a begründen, so dass auch abgelehnte **Asylbewerber** bei hinreichender Integration einen gewöhnlichen Aufenthalt im Inland haben können (OLG Koblenz FamRZ 16, 995 Rn 7 m Anm *Oeley* = IPRax 17, 40 m Anm *Mankowski;* Court of Appeal 19.2.04, unalex UK-281; Staud/*Spellenberg* Rn 105 ff mwN; vgl aber auch OLG Koblenz FamRZ 16, 995).

ff) Mehrfacher gewöhnlicher Aufenthalt. Ein solcher ist aus Gründen der Rechtssicherheit **63** im Rahmen von Art 3 Abs 1 lit a ausgeschlossen (Court of Appeal [Civ Div] 21.08.12, unalex UK-597; High Court Ireland 27.7.09, unalex IE-51; High Court [Fam Div] 3.9.07 – *Marinos/ Marinos,* unalex UK-585; aA Staud/*Spellenberg* Rn 59; G/Sch/*Dilger*, IRV vor Art 3 Rn 22). Hält sich das Kind abwechselnd für jeweils zwei Monate beim Vater und bei der Mutter auf, so wird hierdurch nicht jeweils ein neuer gewöhnlicher Aufenthalt begründet (Court of Appeal aaO). Möglich ist jedoch, dass ein Ehegatte überhaupt **keinen gewöhnlichen Aufenthalt** hat. Demgegenüber kommt es auf die **Staatsangehörigkeit** der Ehegatten im Rahmen von lit a grundsätzlich nicht an; eine Ausnahme gilt nur für die Zuständigkeit nach Spiegelstrich 6 (dazu → Rn 84 ff). Art 3 lit a gilt daher auch für die Scheidung von **Drittstaatsangehörigen** mit gewöhnlichem Aufenthalt in einem Mitgliedstaat (→ Rn 47; ferner OLG Koblenz FamRZ 09, 611/612; App Lyon 21.3.11, unalex FR-2253; App Versailles 3.6.10, unalex FR-2184; AG Leverkusen FamRZ 05, 1684/1685 und FamRZ 08, 1758 [LS]; AG Chemnitz 27.9.05, unalex DE-995; Rauscher/*Rauscher* Rn 19).

gg) Fehlender gewöhnlicher Aufenthalt. Die EuEheVO schließt hingegen nicht aus, dass **64** eine Person überhaupt keinen gewöhnlichen Aufenthalt hat, weil sie in keinem Staat sozial integriert ist (Staud/*Spellenberg* Rn 61 f). In diesem Fall kann nur auf die Zuständigkeitsanknüpfung nach Art 3 Abs 1 lit b oder auf die nationalen Restzuständigkeiten nach Art 7 ausgewichen werden.

b) Die einzelnen Zuständigkeiten. aa) Gemeinsamer gewöhnlicher Aufenthalt, 65 **1. Spiegelstrich.** In Übereinstimmung mit den nationalen Rechten der meisten Mitgliedstaaten knüpft Spiegelstrich 1 an den gemeinsamen gewöhnlichen Aufenthalt der Ehegatten in einem Mitgliedstaat an. Es handelt sich um die in der Praxis am häufigsten zugrundegelegte Anknüpfung für die internationale Zuständigkeit in Ehesachen (vgl zB BGHZ 169, 240 = FamRZ 07, 109; OLG Jena NJW 15, 2270 Rn 11 m Anm *Finger* NZFam 15, 687; OLG Hamm IPRax 14, 349; OLG Hamm FamRZ 12, 1498; OLG Stuttgart FamRZ 12, 1497; OLG Hamm FamRZ 11, 220; OLG Koblenz FamRZ 09, 611/612; App Lyon 31.1.11, unalex FR-2254 und 4.4.11, unalex FR-2199). Vorausgesetzt wird ein gewöhnlicher Aufenthalt beider Ehegatten in einem Mitgliedstaat. Der Aufenthalt muss nicht „gemeinsam" im eherechtlichen Sinne sein; die Zuständigkeit ist auch bei **Getrenntleben** beider Ehegatten in demselben Mitgliedstaat eröffnet (BGH FamRZ 07, 109; OLG Jena NJW 15, 2270; OLG Hamm FamRZ 11, 1056; App Lyon

17

A 66–70   1. Teil. Erkenntnisverfahren A. Ehesachen

31.1.11, unalex FR-2254; Rauscher/*Rauscher* Rn 23; Staud/*Spellenberg* Rn 25). Eine Mindestdauer des Aufenthalts ist nicht erforderlich (G/Sch/*Dilger*, IRV vor Art 3 Rn 9; Rauscher/*Rauscher* Rn 24).

66 Ein nachträglicher **Wegfall des gemeinsamen gewöhnlichen Aufenthaltes** ist nach dem Grundsatz der *perpetuatio fori* unbeachtlich (BGHZ 169, 240 = FamRZ 07, 109; NK-BGB/*Gruber* Rn 7). Ausreichend ist auch, dass die Ehegatten den gemeinsamen gewöhnlichen Aufenthalt erst nach der Trennung in einem (anderen) Mitgliedstaat begründet haben (Staud/*Spellenberg* Rn 27). Klagt ein Ehegatte erst nach dem Tod des anderen Ehegatten auf Ungültigerklärung der Ehe (zur Zulässigkeit einer solchen Klage unter der EuEheVO → Rn 29), so ist auf den gemeinsamen gewöhnlichen Aufenthalt zum Zeitpunkt des Todes des verstorbenen Ehegatten abzustellen (*Hilbig-Lugani* IPRax 17, 556/559 f).

67 Bei gewöhnlichem Aufenthalt der Ehegatten in einem **Mehrrechtsstaat** ist Art 66 lit a zu beachten. Haben die Ehegatten ihren jeweiligen gewöhnlichen Aufenthalt daher in unterschiedlichen Teilrechtsordnungen (zB die Ehefrau in *England* und der Ehemann in *Schottland*), so ist die Zuständigkeitsregelung in Spiegelstrich 1 nicht anzuwenden (Staud/*Spellenberg* Rn 26; Zö/*Geimer* Rn 2). Dieser kommt freilich gegenüber der in Spiegelstrich 3 eröffneten Zuständigkeit des Mitgliedstaats, in dem der Antragsgegner seinen gewöhnlichen Aufenthalt hat, ohnehin keine eigenständige Bedeutung zu (so auch G/Sch/*Dilger*, IRV Rn 7; NK-BGB/*Gruber* Rn 10; **aA** aber Rauscher/*Rauscher* Rn 20, der die Zuständigkeit nach Spiegelstrich 1 wegen der Signalwirkung der Parteistellung im Prozess für sinnvoll hält).

68 **bb) Letzter gemeinsamer gewöhnlicher Aufenthalt, 2. Spiegelstrich.** Spiegelstrich 2 eröffnet einen Gerichtsstand am letzten gemeinsamen gewöhnlichen Aufenthalt der Ehegatten, soweit einer der Ehegatten – gemeint ist wegen Spiegelstrich 3 der Antragsteller (MüKoFamFG/*Gottwald* Rn 10) – in diesem Staat noch seinen gewöhnlichen Aufenthalt hat (OLG Zweibrücken FamRZ 06, 1043; OLG Koblenz FamRZ 09, 611/612 f; AG Pankow/Weißensee FamRZ 09, 1325). Auf die Staatsangehörigkeit der Ehegatten kommt es auch insoweit nicht an (frz Cass 28.11.07, unalex FR-550). Der letzte gemeinsame gewöhnliche Aufenthalt muss nicht während noch intakter ehelicher Lebensgemeinschaft bestanden haben; es genügt vielmehr, wenn die Eheleute im Gerichtsstaat zuletzt **getrennt gelebt** haben und ein Ehegatte diesen Staat danach verlassen hat (→ Rn 65 aE; ferner öst OGH 6.7.2009, unalex AT-673; Zö/*Geimer* Rn 3).

69 Die Zuständigkeit nach Spiegelstrich 2 entfällt, wenn beide Ehegatten ihren gewöhnlichen Aufenthalt in dem betreffenden Mitgliedstaat aufgeben. Sie lebt auch nicht wieder auf, wenn der Ehegatte, der zwischenzeitlich in einen anderen Mitgliedstaat verzogen war, nach einiger Zeit wieder in den früheren gemeinsamen Aufenthaltsstaat zurückkehrt (NK-BGB/*Gruber* Rn 18; Rauscher/*Rauscher* Rn 26; ThP/*Hüßtege* Rn 5). Praktisch bedeutsam ist die Zuständigkeitsanknüpfung nach Spiegelstrich 2 vor allem für den im letzten gemeinsamen Aufenthaltsstaat verbleibenden Ehegatten, der durch eine rechtzeitige Antragstellung einem Scheidungsantrag des ausgewanderten Ehegatten in dessen neuem Aufenthaltsstaat zuvorkommen kann, solange dort die Mindestfristen des 5. oder 6. Spiegelstrichs noch nicht erfüllt sind (vgl näher Rauscher/*Rauscher* Rn 28 ff; NK-BGB/*Gruber* Rn 19; Staud/*Spellenberg* Rn 28). Diese Möglichkeit wird bei Geltung deutschen materiellen Scheidungsrechts allerdings durch das einzuhaltende Trennungsjahr nach §§ 1565 Abs 2, 1566 Abs 1 BGB begrenzt. Der Zuständigkeit nach dem 2. Spiegelstrich korrespondiert die Kollisionsregel des Art 8 lit b Rom III-VO, mit deren Hilfe idR ein Gleichlauf vom Forum und anwendbarem Recht erzielt wird.

70 **cc) Gewöhnlicher Aufenthalt des Antragsgegners, 3. Spiegelstrich.** Zuständig sind nach Spiegelstrich 3 weiter die Gerichte am gewöhnlichen Aufenthalt des Antragsgegners (vgl AG Groß-Gerau FamRZ 04, 203). Die EuEheVO übernimmt damit in gewissem Umfang den die Zuständigkeitsregelung der Brüssel Ia-VO prägenden Grundsatz *„actor sequitur forum rei"* in das Eheverfahrensrecht. Dem gewöhnlichen Aufenthalt des Antragsgegners wird als Anknüpfungskriterium für die internationale Zuständigkeit mithin eine stärkere Legitimität zugesprochen als dem gewöhnlichen Aufenthalt des Antragstellers, der nur eingeschränkt nach Maßgabe der Spiegelstriche 5 und 6 die internationale Zuständigkeit begründet (*Hausmann* EuLF 00/01, 271/276; *Hau* FamRZ 00, 1333/1334; krit dazu Rauscher/*Rauscher* Rn 31 ff). Der gewöhnliche Aufenthalt des Antragsgegners wird in gleicher Weise bestimmt wie der gemeinsame gewöhnliche Aufenthalt nach Spiegelstrich 1 (→ Rn 55 ff). Eine bestimmte Dauer des Aufenthalts oder weitere zuständigkeitstypische Kriterien (zB Staatsangehörigkeit oder Anerkennungsprognose) werden also nicht vorausgesetzt (vgl Rauscher/*Rauscher* Rn 34).

I. Internationale Zuständigkeit: EuEheVO Art 3   **71–76 A**

Haben Ehegatten mit unterschiedlicher Staatsangehörigkeit nach der Trennung ihren bisheri- **71** gen gemeinsamen Aufenthaltsstaat verlassen, und hat der Antragsgegner noch keinen neuen gewöhnlichen Aufenthalt in einem anderen Mitgliedstaat begründet, so steht vorübergehend nach der Verordnung **überhaupt kein Gerichtsstand** zur Verfügung (Zö/*Geimer* Rn 4). Der Antragsteller muss daher entweder die Fristen nach dem 5. oder 6. Spiegelstrich in seinem eigenen neuen Aufenthaltsstaat abwarten oder er kann sich über Art 7 Abs 1 auf nationales Zuständigkeitsrecht (in Deutschland zB auf § 98 Abs 1 FamFG) stützen, sofern der Antragsgegner auch nicht Staatsangehöriger eines Mitgliedstaats ist (Art 6; vgl Staud/*Spellenberg* Rn 30).

Maßgeblicher Zeitpunkt ist auch hier grundsätzlich die Antragstellung; eine Verlegung des **72** gewöhnlichen Aufenthalts durch den Antragsgegner in einen anderen Mitgliedstaat während des anhängigen Verfahrens bleibt nach dem Grundsatz der *perpetuatio fori* unberücksichtigt (NK-BGB/*Gruber* Rn 20;→ Rn 54). Umgekehrt genügt es jedoch auch, wenn der Antragsgegner den gewöhnlichen Aufenthalt erst während des laufenden Verfahrens im Gerichtsstaat begründet. Denn es wäre aus Gründen der Prozessökonomie nicht angezeigt, den Antrag als unzulässig abzuweisen, wenn der Antragsteller sofort danach die Möglichkeit hätte, einen nunmehr zulässigen Antrag zu stellen (NK-BGB/*Gruber* Rn 21; Staud/*Spellenberg* Rn 153 ff; MüKoFamFG/*Gottwald* Rn 12). Dies gilt allerdings dann nicht, wenn zwischen der Antragstellung und der Begründung des gewöhnlichen Aufenthalts im Gerichtsstaat ein Gericht eines anderen Mitgliedstaats international zuständig geworden ist. Denn im Rahmen der Zuständigkeitsprüfung nach Art 19 Abs 1 und 3 kommt es stets auf die Verhältnisse zum Zeitpunkt der Rechtshängigkeit des Zweitverfahrens an (vgl NK-BGB/*Gruber* aaO; G/Sch/*Dilger*, IRV vor Art 3 Rn 63 ff; Staud/*Spellenberg* Rn 157; näher → Rn 82).

dd) Gemeinsamer Antrag, 4. Spiegelstrich. Gemäß Spiegelstrich 4 ist eine Zuständigkeit **73** für den Fall eröffnet, dass ein gemeinsamer Antrag beider Ehegatten vorliegt und einer der Ehegatten seinen gewöhnlichen Aufenthalt im Gerichtsstaat hat (vgl AG Leverkusen 8.12.05, unalex DE-1006). Auf die Dauer dieses gewöhnlichen Aufenthalts kommt es nicht an. Wegen der Zuständigkeitsanknüpfungen nach dem 3., 5. und 6. Spiegelstrich wird durch den 4. Spiegelstrich eine eigenständige Zuständigkeit nur begründet, wenn der gemeinsame Scheidungsantrag im gewöhnlichen Aufenthaltsstaat des *Antragstellers* vor Ablauf der Wartefristen des 5. und 6. Spiegelstrichs eingereicht wird (Althammer/*Großerichter* Rn 20). Leben die Ehegatten in verschiedenen Mitgliedstaaten, eröffnet die Vorschrift eine begrenzte Wahlmöglichkeit (MüKoFamFG/*Gottwald* Rn 14).

Als „gemeinsam" gilt die Antragstellung auch dann, wenn sie – wie nach § 1566 Abs 1, 1. Alt **74** BGB – in zwei **getrennten Antragsschriften** erfolgt (HK-ZPO/*Dörner* Rn 7; NK-BGB/*Gruber* Rn 24). Ferner ist es ausreichend, dass nur ein Ehegatte die Scheidung (bzw Trennung oder Ungültigerklärung) der Ehe beantragt und der andere (zB im deutschen Recht gem §§ 114 Abs 4 Nr 3, 134 FamFG und § 1566 Abs 1, 2. Alt BGB) vorher oder nachher zustimmt (*Hausmann* EuLF 00/01, 271/277; NK-BGB/*Gruber* Rn 24; Rauscher/*Rauscher* Rn 36; MüKoFamFG/*Gottwald* Rn 15; Zö/*Geimer* Rn 5; vgl AG Leverkusen 8.12.05, unalex DE-1006). Die einmal erklärte Zustimmung kann nicht widerrufen werden (NK-BGB/*Gruber* aaO). Eine bloße **rügelose Einlassung** kann hingegen nicht als Zustimmung gewertet werden (ThP/*Hüßtege* Rn 7; NK-BGB/*Gruber* Rn 27, Staud/*Spellenberg* Rn 33).

Entgegen verbreiteter Ansicht ist die Frage nach der **Zulässigkeit, Form und materiellen** **75** **Wirksamkeit** einer solchen Zustimmung weder nach dem Scheidungsstatut als *lex causae* (so *Spellenberg* FS Geimer [2002] 1257/1267; Staud/*Spellenberg* Rn 35; Zö/*Geimer* Rn 5), noch nach der jeweiligen *lex fori* des angerufenen Gerichts (dafür MüKoFamFG/*Gottwald* Rn 15; *Rausch* FuR 01, 151/153), sondern **autonom** unter Berücksichtigung des Zwecks dieser Zuständigkeitsregelung zu beantworten. Danach ist die Einhaltung einer bestimmten Form nicht erforderlich. Für diese Lesart spricht, dass die internationale Gerichtszuständigkeit nach der EuEheVO nicht von materiell- oder verfahrensrechtlichen Voraussetzungen einer Scheidung nach nationalem Recht abhängig gemacht werden sollte (zutr NK-BGB/*Gruber* Rn 26; Rauscher/*Rauscher* Rn 37; Althammer/*Großerichter* Rn 22; wohl auch G/Sch/*Dilger,* IRV Rn 21).

Verschiedenartige Anträge, zB einerseits ein Antrag auf Scheidung und andererseits ein **76** Antrag auf Eheaufhebung oder Ehetrennung, genügen für die Begründung der Zuständigkeit nach Spiegelstrich 4 nicht (G/Sch/*Dilger* Rn 23; NK-BGB/*Gruber* Rn 27; *Andrae*, IntFamR § 2 Rn 26). Begehren hingegen beide Ehegatten die Ehescheidung, so ist es unschädlich, dass sie sich auf **unterschiedliche Scheidungsgründe** stützen (Althammer/*Großerichter* Rn 21; **aA** Staud/*Spellenberg* Rn 34; G/Sch/*Geimer* Rn 25). Besteht daher für einen dieser Anträge eine

19

A 77–81   1. Teil. Erkenntnisverfahren A. Ehesachen

Zuständigkeit nach Spiegelstrich 3 *(forum rei)*, so folgt die Zuständigkeit für den anderen (Gegen-) Antrag aus Art 4. In Rechtsordnungen, die nur einen Scheidungsgrund kennen, wird die Widerklage auf Scheidung hingegen wie ein gemeinsamer Antrag nach Spiegelstrich 4 behandelt (vgl für das schweizerische Recht Staud/*Spellenberg* Rn 37).

77   **ee) Gewöhnlicher Aufenthalt des Antragstellers, 5. Spiegelstrich.** Nach Spiegelstrich 5 ist eine Zuständigkeit der Gerichte im gewöhnlichen Aufenthaltsstaat des Antragstellers gegeben, wenn er sich dort seit mindestens einem Jahr unmittelbar vor der Antragstellung aufgehalten hat. Da die Vorschrift ein *forum actoris* begründet, wird sie teilweise als Ausnahmeregelung zum *forum rei* im gewöhnlichen Aufenthaltsstaat des Antragsgegners (Spiegelstrich 3) gewertet (*Borrás*-Bericht Rn 32; *Hau* FamRZ 00, 1333/1334), die als solche eng auszulegen sei (*Spellenberg* FS Geimer [2002] 1257/1268). Dagegen ist zu Recht eingewandt worden, dass der Parteirolle im Eheverfahren, in dem es nach modernem Verständnis um eine verursachungs- und rollenneutrale Bewältigung des Scheiterns der Ehe geht, nicht die gleiche Bedeutung zukommt wie im traditionellen Zivilprozess (Rauscher/*Rauscher* Rn 39 f). Daraus folgt aber, dass Antragsteller und Antragsgegner grundsätzlich ein gleichermaßen berechtigtes Interesse haben, ein Eheverfahren in ihrem jeweiligen Aufenthaltsstaat zu führen. Deshalb ist für eine einschränkende Auslegung der Zuständigkeitsregelung in Spiegelstrich 5, die den Antragsteller ohnehin schon stärker benachteiligt als die autonomen Rechte der meisten Mitgliedstaaten (vgl im deutschen Recht § 98 Abs 1 Nr 4 FamFG), kein Raum.

78   Eine andere Beurteilung hat allerdings für die **Auslegung des Begriffs „Antragsteller"** zu gelten, die *autonom* unter Berücksichtigung des mit der Zuständigkeitsregelung verfolgten Zwecks vorzunehmen ist. Dieser geht aber dahin, nur die Zuständigkeitsinteressen der Ehegatten zu wahren und insbesondere auch denjenigen Ehegatten zu schützen, der den Staat des bisherigen gemeinsamen gewöhnlichen Aufenthalts verlassen hat. Daraus folgt aber, dass eine andere Person als einer der Ehegatten, die **nach dem Tod eines Ehegatten** ein Verfahren auf Ungültigerklärung der Ehe in Gang setzt (zur Zulässigkeit eines solchen Verfahrens → Rn 29), sich nicht auf die Zuständigkeit nach Spiegelstrich 5 (und 6) stützen kann, sondern an die zugunsten der Ehegatten festgelegten Zuständigkeitsregeln gebunden bleibt (EuGH C-294/15 – *Mikolajczyk*, NJW 17, 375 Rn 38 ff, 53 m Anm *Dimmler* FamRB 17, 83). Dies sollte allerdings nicht für den Ehegatten der ersten (gültigen) Ehe gelten, der die Ungültigkeit der von seinem Partner geschlossenen bigamischen Ehe begehrt (zutr *Hilbig-Lugani* IPRax 17, 556/558 f).

79   Anknüpfungskriterium nach Spiegelstrich 5 ist allein der **gewöhnliche Aufenthalt** des Antragstellers; auf dessen Staatsangehörigkeit kommt es – anders als nach Spiegelstrich 6 (zum *forum actoris* im Heimatstaat des Antragstellers → Rn 84 ff) – nicht an (OLG Stuttgart FamRZ 04, 1382 [*Serben*]; Aud Prov Barcelona 1.10.09, unalex ES-534 [*Peruaner*]; AG Duisburg IPRspr 10 Nr 93 [*Chinesen*]). Ferner hängt die internationale Zuständigkeit auch nicht von der Staatsangehörigkeit oder dem gewöhnlichen Aufenthalt des Antragsgegners ab (AG Leverkusen FamRZ 06, 1384). Sie ist daher auch dann begründet, wenn letzterer seinen gewöhnlichen Aufenthalt in einem Drittstaat hat (BGH FamRZ 08, 1409/1410 [Israel]; Aud Prov Barcelona 18.7.12, unalex ES-770 [*Bolivien*]; G/Sch/*Geimer* Art 1 Rn 52). Anders als die EuGVVO nF (vgl Art 6) begründet die EuEheVO also eine einheitliche Zuständigkeitsordnung auch im Verhältnis zu Drittstaaten (*Henrich*, IntSchR Rn 12).

80   Der Aufenthalt muss vor der Antragstellung **mindestens ein Jahr ununterbrochen** bestanden haben. Umstritten ist, ob es sich hierbei um einen gewöhnlichen Aufenthalt handeln muss oder ob auch ein schlichter einjähriger Aufenthalt zur Begründung der Zuständigkeit nach Spiegelstrich 5 genügt. Während englische Gerichte – dem Wortlaut entsprechend – im letzteren Sinne entschieden haben (High Court [Fam Div] 20.5.11, unalex UK-440; ebenso *Andrae*, IntFamR § 2 Rn 29; G/Sch/*Dilger* IRV Rn 29), wird in der deutschen Literatur zu Recht überwiegend der gegenteilige Standpunkt eingenommen (*Hausmann* EuLF 00/01, 271/276; NK-BGB/*Gruber* Rn 29 f; Zö/*Geimer* Rn 7; Rauscher/*Rauscher* Rn 43; Althammer/*Großerichter* Rn 23; Staud/*Spellenberg* Rn 41 mwN). Die Zeit bis zur Verfestigung des schlichten zum gewöhnlichen Aufenthalt wird in die Berechnung der Jahresfrist also nicht mit einbezogen (NK-BGB/*Gruber* Rn 31 f; MüKoFamFG/*Gottwald* Rn 20). In der Praxis wird sich freilich häufig nur schwer nachweisen lassen, dass ein Antragsteller, der sich seit mehr als einem Jahr im Inland aufhält, nicht von Anfang an die Absicht hatte, hier seinen gewöhnlichen Aufenthalt zu begründen (Rauscher/*Rauscher* Rn 43).

81   Die Frist muss jedoch – entgegen dem Wortlaut der Vorschrift – nicht bereits im Zeitpunkt der Antragstellung gewahrt sein; es genügt vielmehr, wenn sie erst **im Laufe des Verfahrens**

I. Internationale Zuständigkeit: EuEheVO Art 3   **82–86 A**

vollendet wird. Denn es erscheint aus Gründen der Prozessökonomie wenig sinnvoll, einen Antrag als unzulässig abzuweisen, der sofort danach als inzwischen zulässig neu gestellt werden könnte (*Gruber* IPRax 05, 293/294; Zö/*Geimer* Rn 8; Staud/*Spellenberg* Rn 153; G/Sch/*Dilger*, IRV vor Art 3 Rn 66 f; **aA** [Abweisung als unzulässig] ThP/*Hüßtege* Rn 8; HK-ZPO/*Dörner* Rn 8; Althammer/*Großerichter* Rn 25). Ohne Bedeutung ist hierbei, ob das Gericht den Mangel der internationalen Zuständigkeit vor oder nach Ablauf der Jahresfrist feststellt (NK-BGB/*Gruber* Rn 36 f; **aA** Rauscher/*Rauscher* Rn 42, der eine Abweisung des Antrags verlangt, wenn das Fehlen der internationalen Zuständigkeit festgestellt wird, bevor die Frist abgelaufen ist). Bis zum Ablauf der Frist ist das Verfahren dann auszusetzen (*Andrae*, IntFamR § 2 Rn 30).

Eine Ausnahme von dieser Auslegung der Regelung in Spiegelstrich 5 muss allerdings **82** wiederum dann gelten, wenn zwischenzeitlich ein weiteres **Verfahren in einem anderen Mitgliedstaat rechtshängig** gemacht worden ist. Denn der Antragsgegner muss die Möglichkeit haben, einen Scheidungsantrag bei einem anderen international zuständigen Gericht zu stellen, ohne daran durch einen in diesem Moment noch unzulässigen Antrag des anderen Ehegatten gehindert zu sein (*Hau* FamRZ 00, 1333/1339; NK-BGB/*Gruber* Rn 38; ThP/*Hüßtege* Rn 8 aE). Bei der Prüfung nach Art 19 Abs 1 und 3 durch das zuerst angerufene Gericht kommt es somit darauf an, ob im Zeitpunkt der Rechtshängigkeit des Zweitverfahrens alle Voraussetzungen für die Zuständigkeit des zuerst angerufenen Gerichts – und damit auch der Ablauf der Jahresfrist – erfüllt waren. Wurde die Frist erst vollendet, nachdem das Zweitverfahren rechtshängig wurde, so muss das zuerst angerufene Gericht den bei ihm gestellten Antrag als unzulässig abweisen (NK-BGB/*Gruber* Rn 38; Rauscher/*Rauscher* Rn 42; G/Sch/*Dilger*, IRV vor Art 3 Rn 63 ff; Zö/*Geimer* Rn 11).

Beispiel: Stellt zB ein Ehegatte zwei Wochen vor Ablauf der Jahresfrist einen Antrag nach **83** Spiegelstrich 5 in Deutschland und der andere Ehegatte zwei Wochen nach Ablauf der Jahresfrist einen Antrag nach Spiegelstrich 2 in Frankreich, so hat das Verfahren vor dem deutschen Gericht Vorrang mit der Folge, dass sich das französische Gericht nach Art 19 Abs 3 für unzuständig zu erklären hat. Wird die Jahresfrist hingegen erst nach Anrufung des französischen Gerichts vollendet, so ist dieses vorrangig zuständig und das deutsche Gericht hat den bei ihm gestellten Antrag als unzulässig abzuweisen.

Maßgebend sind also stets die Verhältnisse im **Zeitpunkt der Antragstellung vor dem später angerufenen Gericht,** weil bis dahin schutzwürdige Zuständigkeitsinteressen desjenigen Ehegatten, der erst später tätig geworden ist, nicht verletzt sein können (Zö/*Geimer* Rn 12; Staud/*Spellenberg* Rn 157; NK-BGB/*Gruber* Rn 39).

ff) Gewöhnlicher Aufenthalt des Antragstellers in seinem Heimatstaat, 6. Spiegel– 84 strich. Spiegelstrich 6 verkürzt schließlich die Mindestdauer des gewöhnlichen Aufenthaltes auf **sechs Monate,** wenn der Antragsteller entweder **Staatsangehöriger** des betreffenden Mitgliedstaats ist, oder – im Fall des *Vereinigten Königreichs* und *Irlands* – dort sein *„domicile"* hat. Durch die Regelung soll einem Ehegatten (idR der Ehefrau), der aus Anlass der Ehekrise in sein Heimatland zurückkehrt, dort zeitnah ein Gerichtsstand eröffnet werden. Wie bei Spiegelstrich 5 ist auch hier ein ununterbrochener gewöhnlicher Aufenthalt notwendig. Dieser muss für mindestens sechs Monate unmittelbar vor der Antragstellung bestanden haben und ist **vom Antragsteller nachzuweisen** (frz Cass 19.11.14, unalex FR-2397). Im Fall der Antragstellung vor Ablauf der Mindestfrist gelten die in → Rn 81 ff erläuterten Regeln entsprechend. Der Umstand, dass ein Ehegatte in einem anderen Mitgliedstaat ein Verfahren auf Ehetrennung eingeleitet hatte, steht der Inanspruchnahme der Zuständigkeit nach Spiegelstrich 6 für die Ehescheidung nicht entgegen (App Lyon 17.1.08, unalex FR-544).

Die Staatsangehörigkeit muss grundsätzlich im **Zeitpunkt der Antragstellung** gegeben sein; **85** ebenso wie bezüglich des gewöhnlichen Aufenthalts muss es jedoch genügen, dass sie zumindest im Laufe des Verfahrens erworben wurde (NK-BGB/*Gruber* Rn 41; Zö/*Geimer* Rn 8; **aA** ThP/ *Hüßtege* Rn 10). Eine bestimmte Dauer, während derer der Antragsteller die Staatsangehörigkeit innegehabt haben muss, wird nicht vorausgesetzt. Eine frühere Staatsangehörigkeit – zB diejenige zum Zeitpunkt der Eheschließung (sog „Antrittszuständigkeit", vgl § 98 Abs 1 Nr 1 FamFG; dazu → Rn 266) – ist jedoch nicht ausreichend (vgl Wortlaut: „ist"; Rauscher/*Rauscher* Rn 48). Für die Auslegung des Begriffs „Antragsteller" gilt auch hier das in → Rn 78 Gesagte entsprechend, so dass die Zuständigkeit nach dem 6. Spiegelstrich nur den Ehegatten persönlich, nicht aber ein an seine Stelle eines verstorbenen Ehegatten getretenen Dritten zur Verfügungsteht.

Bei **Doppel- oder Mehrstaatern** ist die internationale Zuständigkeit nach dem 6. Spiegel– **86** strich im Heimatstaat des Antragstellers ohne Rücksicht darauf begründet, ob diese Staatsange-

21

A 87–90   1. Teil. Erkenntnisverfahren A. Ehesachen

hörigkeit sich als effektiv erweist oder nicht. Dies hat der EuGH inzwischen zu Art 3 Abs 1 lit b klargestellt (EuGH C-168/08 – *Hadadi/Mesko,* Slg 09 I-1571 Rn 51 ff = FamRZ 09, 1571 m krit Anm *Kohler* 1574; dazu *Hau* IPRax 10, 50/52 ff und *Dilger* IPRax 10, 54). Die hierfür angeführten Argumente beanspruchen auch für die Auslegung des 6. Spiegelstrichs Geltung (*Hau* IPRax 10, 50/52 f; NK-BGB/*Gruber* Rn 43; Rauscher/*Rauscher* Rn 58; MüKoFamFG/*Gottwald* Rn 23; ebenso schon früher *Hausmann* EuLF 00/01, 271/277). Auch wenn nicht zu leugnen ist, dass diese Auslegung dem *forum shopping* Vorschub leistet (EuGH aaO, Rn 57; *Kohler* aaO), entspricht sie dem Wortlaut der Vorschrift und trägt zur Rechtssicherheit bei, mit der sich eine Effektivitätskontrolle nur schwer vereinbaren ließe (*Hausmann* EuLF 00/01, 271/277). Die Bedeutung dieser Frage ist freilich im Rahmen von Spiegelstrich 6 ohnehin gering, weil die Staatsangehörigkeit des Forumstaats nach dem vorgeschriebenen sechsmonatigen gewöhnlichen Aufenthalt des Antragstellers in diesem Staat fast immer seine „effektive" Staatsangehörigkeit sein wird (NK-BGB/*Gruber* Rn 44).

87   Auf **Staatenlose** und **internationale Flüchtlinge** ist Spiegelstrich 6 eigentlich nicht anzuwenden, da es hier an einer den gewöhnlichen Aufenthalt verstärkenden Wirkung durch die Staatsangehörigkeit fehlt. Ob dieser Personenkreis daher nur das *forum actoris* nach Spiegelstrich 5 in Anspruch nehmen kann (so Rauscher/*Rauscher* Rn 50; Zö/*Geimer* Rn 19; NK-BGB/*Gruber* Rn 45) ist allerdings deshalb fraglich, weil Staatenlose und Flüchtlinge nach Art 16 Abs 2 des New Yorker UN-Übereinkommens über die Rechtsstellung der Staatenlosen v 28.9.1954 (BGBl 76 II, 474) bzw nach Art 16 Abs 2 der Genfer Flüchtlingskonvention v 28.7.1951 (BGBl 53 II, 560) hinsichtlich des Zugangs zu deutschen Gerichten die gleiche Behandlung wie deutschen Staatsangehörigen zu gewähren ist (zutr Staud/*Spellenberg* Rn 46).

88   Im Fall des **Vereinigten Königreichs oder Irlands** wird die Staatsangehörigkeit durch das *domicile* ersetzt. Ob ein *domicile* vorliegt, bestimmt sich gemäß Art 3 Abs 2 nach dem Recht des *Vereinigten Königreichs* bzw *Irlands* (→ Rn 97). Der neben dem *domicile* erforderliche sechsmonatige gewöhnliche Aufenthalt des Antragstellers im Gerichtsstaat ist gesondert zu prüfen (*Borrás*-Bericht Rn 34; Rauscher/*Rauscher* Rn 51). Für das *Vereinigte Königreich* ist dabei Art 66 lit b und lit d zu beachten, wonach das *domicile* und der sechsmonatige gewöhnliche Aufenthalt **in derselben Teilrechtsordnung** liegen müssen (Althammer/*Großerichter* Rn 3). Das *domicile* eines britischen oder irischen Antragstellers kann nur vor den Gerichten des *Vereinigten Königreichs* bzw *Irlands* die Zuständigkeit begründen. Hat daher ein Brite sein *domicile* iSv Abs 2 und seinen gewöhnlichen Aufenthalt seit sechs Monaten in Deutschland, so ist die Zuständigkeit nach Spiegelstrich 6 in Deutschland nicht gegeben, weil nur die *deutsche* Staatsangehörigkeit – nicht aber ein deutsches *domicile* – die von der Vorschrift vorgesehene qualifizierte Bindung an Deutschland darstellt (vgl auch NK-BGB/*Gruber* Rn 46; Rauscher/*Rauscher* Rn 61).

89   Die Vorschrift in Spiegelstrich 6 dürfte gegen das **Diskriminierungsverbot des Art 18 AEUV** verstoßen, weil sie einem Staatsangehörigen des Gerichtsstaates ein *forum actoris* doppelt so schnell als anderen Unionsbürgern eröffnet, die sich im Gerichtsstaat gewöhnlich aufhalten (*Hausmann* EuLF 00/01, 345/352; *ders* FS Hailbronner [2013] 429/435; *Hau* FamRZ 13, 689/690; *Gruber* IPRax 05, 293/295; *Dilger* IPRax 06, 617/619; ThP/*Hüßtege* Rn 9; Zö/*Geimer* Rn 14; MüKoFamFG/*Gottwald* Rn 24; HK-ZPO/*Dörner* Rn 8; G/Sch/*Dilger,* IRV Rn 43; Staud/*Spellenberg* Rn 43; **aA** *Basedow* IPRax 11, 109/114; Rauscher/*Rauscher* Rn 47; Althammer/*Großerichter* Rn 30 unter Hinweis auf die neuere EuGH-Rechtsprechung, die eine Rechtfertigung der Ungleichbehandlung durch einen sachlichen Grund anerkennt). So wird zB die deutsche Ehefrau nach dem Scheitern ihrer in Italien gelebten Ehe zuständigkeitsrechtlich benachteiligt, wenn sie ihren gewöhnlichen Aufenthalt statt nach Deutschland nach *Österreich* verlegt, weil sie dort ein halbes Jahr länger warten muss, um den Scheidungsantrag gegen ihren italienischen Ehemann stellen zu können (vgl auch die Entscheidung des EFTA-Gerichtshofs v 12.4.12 – *Granville Establishment/Anhalt:* § 53a liecht JN, der eine Derogation der liechtensteinischen Gerichte nur zugunsten liechtensteinischer Staatsangehöriger erschwert, verstößt gegen das Diskriminierungsverbot des Art 36 EWR-Abkommen; ferner *Hausmann* FS Hailbronner [2013] 429/435).

90   Bis zur Klärung durch den EuGH bleibt jedoch dieser Aspekt ohne Konsequenzen. Insbesondere kommt eine primärrechtskonforme Auslegung dahingehend, dass auch die Angehörigen anderer Mitgliedstaaten vor deutschen Gerichten stets als Inländer zu behandeln sind, nicht in Betracht (Corneloup/*Hausmann* Rn 27; NK-BGB/*Gruber* Rn 50). Eine solche Betrachtungsweise würde der Intention des Verordnungsgebers widersprechen, der für ein *forum actoris* grundsätzlich eine einjährige Aufenthaltsdauer verlangt und eine Verkürzung dieser Frist nur bei Hinzutreten der Staatsangehörigkeit des Aufenthaltsstaates vorgesehen hat (*Hau* FamRZ 00,

I. Internationale Zuständigkeit: EuEheVO Art 3   **91–95 A**

1333/1337; NK-BGB/*Gruber* Rn 50; G/Sch/*Dilger,* IRV Rn 45A; **aA** *Spellenberg* FS Sonnenberger [2004] 677/681). Seit der Aufhebung der Beschränkung in Art 68 EGV durch den Vertrag von Lissabon kann freilich jedes deutsche Familiengericht, bei dem sich der Antragsteller auf die Zuständigkeit nach Spiegelstrich 6 beruft, die Frage nach der Vereinbarkeit dieser Vorschrift mit Art 18 AEUV dem EuGH zur Vorabentscheidung nach Art 267 AEUV vorlegen.

3. Staatsangehörigkeitszuständigkeit, Abs 1 lit b

a) Grundsatz. Art 3 Abs 1 lit b bestimmt die internationale Zuständigkeit der Gerichte des **91** Heimatstaates unabhängig vom Aufenthaltsort der Ehegatten, wenn beide Ehegatten eine **gemeinsame Staatsangehörigkeit** besitzen. Denn die gemeinsame Staatsangehörigkeit in einem Mitgliedstat vermittelt auch dann, wenn die Ehegatten ihren gewöhnlichen Aufenthalt in einem oder in verschiedenen anderen Mitglied- oder Drittstaaten haben, und außer der Staatsangehörigkeit kein sonstiger Bezug mehr zu dem gemeinsamen Heimatstaat besteht, eine ausreichende Verknüpfung mit letzterem (vgl im Verhältnis zur Schweiz KG FamRZ 16, 384 Rn 9 m Anm *Geimer;* KG FamRZ 16, 1588/1589; ferner frz Cass 3.12.14, unalex FR-2401; 24.10.12, unalex FR-2330; 17.2.10, unalex FR-1108; App Lyon 11.4.11, unalex FR-2252; Rechtbank Roermond 25.2.09, unalex NL-785; *Hau* FamRZ 00, 1333/1335; Rauscher/*Rauscher* Rn 54, 57). Die Staatsangehörigkeit des Antragstellers allein begründet die Zuständigkeit nach lit b hingegen selbst dann nicht, wenn der Aufenthalt des Antragsgegners unbekannt ist.

b) Verhältnis zu Aufenthaltsanknüpfung nach lit a. Die Ehegatten können also zwischen **92** den Zuständigkeiten nach lit a und der Zuständigkeit nach lit b frei wählen (→ Rn 49; ferner Trib Bukarest 9.10.08, unalex RO-6). Dies gilt, wenn die Ehegatten die gemeinsame Staatsangehörigkeit eines kontinentalen Mitgliedstats haben, auch dann, wenn sie ihr gemeinsames *domicile* in England haben (Aud Prov Barcelona 20.12.10, unalex ES-484; **aA** zu Unrecht App Craiova 9.10.09, unalex RO-23). Es besteht **keine Rangordnung** zwischen der Aufenthaltsanknüpfung nach lit a und der Staatsangehörigkeitsanknüpfung nach lit b; vielmehr stehen beide Zuständigkeiten den Ehegatten alternativ und gleichrangig zur Verfügung (OLG Oldenburg FamRZ 13, 481; frz Cass 3.12.14, unalex FR-2401; 24.9.08, D. 2008.2438 = unalex FR-1015; öst OGH 13.10.09, unalex AT-677; App Lyon 11.4.11, unalex FR-2252; App Craiova 10.7.09, unalex RO-25; *Borrás*-Bericht Rn 33). Maßgebend ist der Zeitpunkt der Rechtshängigkeit oder bei einem Staatsangehörigkeitserwerb nach Antragstellung der Zeitpunkt der letzten mündlichen Verhandlung; insoweit gilt das zu Abs 1 lit a, 6. Spiegelstrich Gesagte entsprechend (→ Rn 85). Eine gemeinsame Staatsangehörigkeit im Zeitpunkt der Eheschließung („Antrittszuständigkeit") ist auch für lit b nicht ausreichend (*Hausmann* EuLF 00/01, 271/277; ThP/*Hüßtege* Rn 11; HK-ZPO/*Dörner* Rn 16).

c) Mehrstaater. Bei Doppel- oder Mehrstaatern genügt auch im Rahmen von lit b eine nicht **93** effektive gemeinsame Staatsangehörigkeit (EuGH C-168/08 – *Hadadi/Mesko,* Slg 09 I-1571 Rn 51 ff = FamRZ 09, 1571 m krit Anm *Kohler* 1574 auf Vorlage von frz Cass 16.4.08, unalex FR-546; dazu *Hau* IPRax 10, 50; *Dilger* IPRax 10, 54; ferner frz Cass.17.2.10, unalex FR-1108; Krajský soud Ceské Budejov 14.8.08, unalex CZ-41; vgl schon zu lit a, 6. Spiegelstrich → Rn 86); dies gilt auch dann, wenn die Ehegatten im Staat ihrer gemeinsamen effektiven Staatsangehörigkeit ihren Wohnsitz und gewöhnlichen Aufenthalt haben (Rechtbank Roermond 25.2.09, unalex NL-785).

Staatenlose und internationale **Flüchtlinge** können sich auf lit b auch dann nicht berufen, **94** wenn sie ihren gewöhnlichen Aufenthalt im Heimatstaat des anderen Ehegatten haben (G/Sch/ *Geimer* Rn 40; MüKoFamFG/*Gottwald* Rn 25; G/Sch/*Dilger,* IRV Rn 39 ff, 45; Rauscher/ *Rauscher* Rn 60).

d) Domicile statt Staatsangehörigkeit. Für die Gerichte des *Vereinigten Königreichs* und **95** *Irlands* tritt wiederum das **gemeinsame** *domicile* an die Stelle der gemeinsamen Staatsangehörigkeit (App Craiova 9.10.09, unalex RO-23). Haben die Ehegatten ihr gemeinsames *domicile* zB in England und besitzen sie beide die deutsche Staatsangehörigkeit, so sind nach lit b sowohl die Gerichte in England als auch in Deutschland für eine Ehescheidung international zuständig; der Antragsteller hat insoweit ein **Wahlrecht** (Rauscher/*Rauscher* Rn 61; Zö/*Geimer* Rn 22 f; ebenso Aud Prov Barcelona 20.12.10, unalex ES-484; **aA** Staud/*Spellenberg* Rn 49). Ein positiver Zuständigkeitskonflikt ist dann nach Art 19 Abs 1 zu lösen. Für das *Vereinigte Königreich* gilt wiederum Art 66 lit b und d (→ Rn 88). Zur Definition des *domicile* → Rn 97.

23

A 98, 99

1. Teil. Erkenntnisverfahren A. Ehesachen

96   **e) Verstoß gegen Art 18 AEUV?** Auch die Zuständigkeitsanknüpfung in Abs 1 lit b dürfte zu einer nach Art 18 AEUV verbotenen **Diskriminierung aufgrund der Staatsangehörigkeit** führen (vgl bereits → Rn 89). Denn während der Scheidungsantrag im gemeinsamen Heimatstaat nach lit b jederzeit gestellt werden kann, sind die Partner einer gemischt-nationalen Ehe darauf angewiesen, eines der Kriterien von lit a zu erfüllen (*Hausmann* EuLF 00/01, 345/ 352; *Hau* FamRZ 00, 1333/1336 f; *Simotta* FS Geimer [2002] 1115/1154; *Zö/Geimer* Rn 18). Der BGH hält die Schlechterstellung von gemischt-nationalen Ehen im Rahmen von lit b hingegen für sachlich gerechtfertigt (BGH FamRZ 13, 687 Rn 14 ff m Anm *Hau;* im Erg ebenso die hL, vgl *Dilger* IPRax 06, 617/620; MüKoFamFG/*Gottwald* Rn 26; ThP/*Hüßtege* Rn 11; Rauscher/*Rauscher* Rn 54; Althammer/*Großerichter* Rn 34; Staud/*Spellenberg* Rn 48).

4. Begriff des domicile, Abs 2

97   Nach Art 3 Abs 2 bestimmt sich der Begriff des *domicile* nach dem Recht des *Vereinigten Königreichs* bzw *Irlands.* Es handelt sich hier um eine **Qualifikationsverweisung** auf das nationale Recht, so dass eine autonome Auslegung insofern ausscheidet (Rauscher/*Rauscher* Rn 62). Unter dem *domicile* wird eine Beziehung einer Person zu einem bestimmten Rechtsterritorium und daher – anders als beim Wohnsitz – nicht zu einem bestimmtem Ort verstanden (Dicey/Morris/*Collins,* Conflict I Rn 6–007; Cheshire/North/*Fawcett,* PIL 156). Die Beziehung muss nicht zwingend faktischer Natur sein, wenngleich dies meistens der Fall sein wird. Im Unterschied zur Staatsangehörigkeit kann das *domicile* nie zu zwei verschiedenen Staaten gleichzeitig bestehen (Cheshire/North/*Fawcett,* PIL 155). Es entsteht grundsätzlich mit der Geburt als *domicile of origin* und kann als *domicile of choice* von Erwachsenen neu begründet werden (zum Ganzen näher KG EuLF 07 II, 120/121; G/Sch/*Dilger,* IRV Rn 55 ff).

EuEheVO Art 4. Gegenantrag

Das Gericht, bei dem ein Antrag gemäß Artikel 3 anhängig ist, ist auch für einen Gegenantrag zuständig, sofern dieser in den Anwendungsbereich dieser Verordnung fällt.

1. Normzweck

98   Durch Art 4 wird die Zuständigkeit des nach Art 3 international zuständigen Gerichts nach dem Vorbild des Widerklagegerichtsstands in Art 8 Nr 3 Brüssel Ia-VO auf den Gegenantrag des Antragsgegners ausgedehnt (*Borrás*-Bericht, Rn 42), auch wenn für diesen als selbständigen Antrag keine Zuständigkeit nach der Verordnung begründet wäre. Der Vorschrift kommt Bedeutung vor allem im Zusammenhang mit der in Art 19 Abs 1 enthaltenen **Rechtshängigkeitsregelung** zu. Hat die italienische Ehefrau nämlich vor einem deutschen Gericht die Trennung von ihrem italienischen Ehemann beantragt, so kann während der Anhängigkeit des deutschen Trennungsverfahrens wegen Art 19 Abs 1 über ein Scheidungsbegehren des Ehemannes durch die *italienischen* Gerichte nicht entschieden werden (→ Rn 179 ff). Der Ehemann ist aber nicht gehindert, den Gegenantrag auf Ehescheidung nach Art 4 vor dem *deutschen* Gericht zu stellen (vgl ThP/*Hüßtege* Rn 1; Rauscher/*Rauscher* Rn 1; Staud/*Spellenberg* Rn 6). Eigenständige Bedeutung erlangt Art 4 allerdings nur dann, wenn die Anträge der Parteien nicht als „gemeinsamer Antrag" iSv Art 3 lit a, 4. Spiegelstrich gewertet werden können.

2. Voraussetzungen und Regelungsgehalt

99   **a) Sachlicher Inhalt des Gegenantrags.** Der Gegenantrag muss in den sachlichen Anwendungsbereich der EuEheVO (→ Rn 26 ff) fallen. Es muss sich also um einen konkurrierenden Scheidungsantrag oder um einen Antrag auf Ehetrennung bzw Ungültigerklärung der Ehe handeln (*Borrás*-Bericht, Rn 42; *Andrae,* IntFamR § 2 Rn 38). Demgegenüber ist ein Antrag auf Feststellung des Nichtbestehens einer Ehe nach hier vertretener Ansicht kein zulässiger Gegenantrag iSv Art 4 (→ Rn 35; **aA** Rauscher/*Rauscher* Rn 5). Art 4 begründet also keine internationale Zuständigkeit für Gegenanträge, die keine Ehesache iSv Art 1 Abs 1 lit a zum Gegenstand haben (ThP/*Hüßtege* Rn 2; Staud/*Spellenberg* Rn 7). Dies gilt insbesondere für Gegenanträge, die lediglich die vermögensrechtlichen Scheidungs- oder Trennungsfolgen betreffen (Staud/*Spellenberg* Rn 8 mwN). Die internationale Zuständigkeit für solche Gegenanträge richtet sich nach der EuUntVO, soweit es um die Leistung von Unterhalt geht (→ C Rn 72 ff); für

24

I. Internationale Zuständigkeit: EuEheVO Art 5 104 **A**

güterrechtliche Gegenanträge gilt künftig die EuGüVO. Darüber hinaus können aber auch die von der Verordnung nach Art 1 Abs 1 lit b erfassten Anträge auf Regelung der elterlichen Verantwortung für Kinder der Ehegatten nicht Inhalt eines Gegenantrags iSv Art 4 sein (Rauscher/*Rauscher* Rn 7 f; NK-BGB/*Gruber* Rn 3). Soweit kein EU-Recht eingreift, beurteilt sich die internationale Zuständigkeit für Gegenanträge zu Scheidungsfolgen nach dem nationalen Prozessrecht der *lex fori*.

Schließlich ist Art 4 auch für **gleichartige Gegenanträge,** namentlich für Scheidungsanträge, **100** die auf demselben Scheidungsgrund beruhen, bedeutungslos, weil diese als „gemeinsamer Antrag" iSv Art 3 Abs 1 lit a, Spiegelstrich 4 anzusehen und damit zuständigkeitsrechtlich privilegiert sind (Rauscher/*Rauscher* Rn 2; bereits → Rn 73 f).

b) Prozessuale Zulässigkeit. Art 4 setzt voraus, dass sich die internationale Zustgändigkeit **101** für den Hauptantrag **aus Art 3** ergibt. Folgt sie nur aus Art 7 iVm nationalem Recht, so schließt Art 4 zwar einen Gegenantrag nicht aus; über seine Zulässigkeit entscheidet aber das nationale Recht (MüKoFamFG/*Gottwald* Rn 4; Staud/*Spellenberg* Rn 9). In zeitlicher Hinsicht muss der Gegenantrag nach Maßgabe von Art 16 anhängig gemacht worden sein, bevor der Hauptantrag zurückgenommen wurde; eine spätere Rücknahme hat hingegen auf die Zulässigkeit des Gegenantrags keinen Einfluss mehr (*perpetuatio fori;* G/Sch/*Geimer* Rn 6; Staud/*Spellenberg* Rn 15; Althammer/*Großerichter* Rn 3). Über die prozessuale Zulässigkeit des Gegenantrags im Übrigen ist nach der *lex fori* **des angerufenen Gerichts** zu entscheiden, in Deutschland also nach §§ 121 ff, 126 FamFG (ThP/*Hüßtege* Rn 2; G/Sch/*Dilger* IRV Rn 4; Rauscher/*Rauscher* Rn 10; Staud/*Spellenberg* Rn 3 mwN). Allerdings ist in diesem Zusammenhang die vorrangige Bestimmung in Art 19 Abs 3 UAbs 2 zu beachten (→ Rn 196 ff).

c) Wirkung. Das vom Antragsteller angerufene Gericht ist auch für den Gegenantrag zu- **102** ständig, selbt wenn für diesen als Hauptantrag eine Zuständigkeit der Verordnung nicht gegeben wäre (Staud/*Spellenberg* Rn 11; Zö/*Geimer* Rn 2). Nach seinem eindeutigen Wortlaut regelt Art 4 nicht nur die internationale, sondern auch die **örtliche Zuständigkeit** (NK-BGB/*Gruber* Rn 4; Rauscher/*Rauscher* Rn 9; Staud/*Spellenberg* Rn 12; Zö/*Geimer* Rn 1).

d) Gegenantrag beim zuerst angerufenen Gericht eines anderen Mitgliedstaats. Ein **103** Antragsgegner, der seinen Gegenantrag bei dem vom Antragsteller später angerufenen Gericht gestellt hat, kann diesen jedoch in jedem Falle nach Art 19 Abs 3 UAbs 2 dem zuerst angerufenen Gericht vorlegen, nachdem sich das später angerufene Gericht für unzuständig erklärt hat. Insoweit werden der Zulässigkeit des Antrags entgegenstehende Vorschriften der *lex fori* des zuerst angerufenen Gerichts verdrängt (*Hausmann* EuLF 00/01, 345/347; näher → Rn 196 ff).

EuEheVO Art 5. Umwandlung einer Trennung ohne Auflösung des Ehebandes in eine Ehescheidung

Unbeschadet des Artikels 3 ist das Gericht eines Mitgliedstaats, das eine Entscheidung über eine Trennung ohne Auflösung des Ehebandes erlassen hat, auch für die Umwandlung dieser Entscheidung in eine Ehescheidung zuständig, sofern dies im Recht dieses Mitgliedstaats vorgesehen ist.

Schrifttum: Henrich, Die Umwandlung einer gerichtlichen Trennung in eine Scheidung: Internationale Zuständigkeit und anwendbares Recht, FS Gottwald (2014) 267; *Pabst,* Kollisionsrechtliche Absicherung der Umwandlung einer Trennung in eine Ehescheidung, FPR 08, 230; *Rieck,* Die Umwandlungskompetenz nach Art 5 EheEuGVVO 2003 und ihre Bedeutung im Verhältnis zu den weiteren Zuständigkeiten für Ehesachen, FPR 07, 427.

1. Normzweck

Art 5 begründet eine **Folgezuständigkeit** (NK-BGB/*Gruber* Rn 1; Rauscher/*Rauscher* **104** Rn 1). Das Gericht, das rechtskräftig über die Trennung der Eheleute von Tisch und Bett entschieden hat, soll auch für deren nachfolgendes Scheidungsverfahren noch zuständig sein, und zwar auch und gerade dann, wenn für den Scheidungsantrag im Gerichtsstaat keine Zuständigkeit nach Art 3 (mehr) gegeben ist (*Rieck* FPR 07, 427; ThP/*Hüßtege* Rn 1). Allerdings wird die allgemeine Zuständigkeit nach Art 3 durch Art 5 nicht verdrängt. Vielmehr kann die Umwandlung **auch vor jedem anderen nach Art 3 Abs 1 zuständigen Gericht** begehrt werden (arg: „unbeschadet des Artikels 3"; vgl Rauscher/*Rauscher* Rn 11; HK-ZPO/*Dörner* Rn 1; Staud/*Spellenberg* Rn 14; MüKoFamFG/*Gottwald* Rn 1). Ein Ehegatte, der die Ehetrennung im Mit-

25

A 105–108   1. Teil. Erkenntnisverfahren A. Ehesachen

gliedstaat A beantragt hatte, kann den Scheidungsantrag daher auch im Mitgliedstaat B stellen, wenn dort eine Zuständigkeit nach Art 3 Abs 1 begründet ist (App Lyon 17.1.08, unalex FR-544). Positive Kompetenzkonflikte sind wiederum nach Art 19 Abs 1 und 3 zu lösen. Der Zuständigkeit nach Art 5 korrespondiert die Kollisionsregel in Art 9 Abs 1 Rom III-VO, die sicherstellt, dass die Umwandlung nach dem gleichen Recht erfolgen kann, nach dem die Ehe gerichtlich getrennt wurde (→ Rn 441 ff).

2. Voraussetzungen

105   **a) Prozessualer oder materieller Zusammenhang.** Die Vorschrift setzt einen hinreichenden Zusammenhang zwischen der vorausgegangenen Trennungsentscheidung und dem nachfolgenden Scheidungsverfahren voraus. Ein solcher Zusammenhang ist nur dann gegeben, wenn die Trennungsentscheidung eine notwendige Voraussetzung für die anschließende Scheidung darstellt. Isolierte Scheidungsverfahren, die nach einer gerichtlichen Ehetrennung ohne Zusammenhang mit dieser eingeleitet werden, werden von Art 5 hingegen nicht erfasst (Rauscher/ *Rauscher* Rn 4). Rein tatsächliches Getrenntleben ohne eine gerichtliche oder behördliche Entscheidung genügt nach dem eindeutigen Wortlaut der Vorschrift für die Begründung der internationalen Zuständigkeit nach Art 5 erst recht nicht (Althammer/ *Großerichter* Rn 2).

106   **b) Zulässigkeit der Umwandlung nach der *lex causae*.** Eine Umwandlung der Ehetrennung in eine Ehescheidung ist nach Art 5 ferner nur dann möglich, wenn das angerufene Gericht eine solche vornehmen kann. Dies bedeutet freilich nicht, dass eine Umwandlung nur durch Gerichte von Staaten vorgenommen werden kann, deren *materielles* Scheidungsrecht – wie das der meisten romanischen Rechte – diese Möglichkeit vorsieht. Ausreichend ist es vielmehr auch, dass lediglich das **Kollisionsrecht** desjenigen Mitgliedstaats, dessen Gerichte angerufen wurden, auf ein Scheidungsrecht verweist, das die Umwandlung einer Ehetrennung in eine Ehescheidung kennt (Rauscher/ *Rauscher* Rn 5; Staud/ *Spellenberg* Rn 8). Auch ein *deutsches* Gericht ist daher für die Umwandlung einer im Inland ausgesprochenen gerichtlichen Ehetrennung (zur Zulässigkeit einer Ehetrennung durch deutsche Gerichte vgl BGH FamRZ 87, 793 f) in eine Scheidung nach Art 5 international zuständig, wenn das nach Art 5 oder Art 9 Rom III-VO zur Anwendung berufene Scheidungsstatut eine solche Gestaltung kennt (→ Rn 441 ff; ferner *Rieck* FPR 07, 427/430; Zö/ *Geimer* Rn 3; G/Sch/ *Dilger,* IRV Rn 7; NK-BGB/ *Gruber* Rn 5).

107   Aufgrund der Maßgeblichkeit des Zeitpunkts der Anrufung des Gerichts für die objektive Anknüpfung des Scheidungsstatuts nach Art 8 Rom III-VO (→ Rn 425, 430) und wegen der Zulässigkeit einer Rechtswahl nach Art 5 Rom III-VO (→ Rn 352 ff) unterliegt die Ehescheidung nicht selten einem **anderen Recht** als die mitunter Jahre zuvor ausgesprochene gerichtliche Ehetrennung. In einem solchen Fall ist Art 5 nur dann anwendbar, wenn die Ehescheidung an die Ehetrennung anknüpft. Ist nach dem Scheidungsstatut – wie zB nach deutschem Recht – eine gerichtliche Ehetrennung für die Scheidung tatbestandlich nicht notwendig, so handelt es sich um keine „Umwandlung" iSv Art 5. In diesen Fällen richtet sich die internationale Scheidungszuständigkeit daher allein nach Art 3 Abs 1 oder Art 7 Abs 1 (Rauscher/ *Rauscher* Rn 9; G/Sch/ *Dilger,* IRV Rn 9; Staud/ *Spellenberg* Rn 10; Althammer/ *Großerichter* Rn 3; **aA** NK-BGB/ *Gruber* Rn 7). Daher können *italienische* Eheleute, die in Deutschland eine gerichtliche Ehetrennung erreicht haben und sich im Inland gewöhnlich aufhalten, seit dem 21.6.2012 die Ehescheidung nach Maßgabe ihres deutschen Aufenthaltsrechts (Art 8 lit a Rom III-VO) beantragen, ohne die Trennungsfrist des italienischen Rechts abwarten zu müssen; denn es handelt sich insoweit nicht um eine – dem italienischen Recht unbekannte – „Umwandlung" der Trennung in eine Scheidung.

3. Rechtsfolge

108   Liegen die Voraussetzungen für die Umwandlung einer Ehetrennung in eine Ehescheidung vor, so ist nach Art 5 dasjenige Gericht international (und örtlich, vgl Staud/ *Spellenberg* Rn 1, 15; Zö/ *Geimer* Rn 2) zuständig, das die Ehetrennung ausgesprochen oder bestätigt hat. Dabei kommt es nicht darauf an, ob dieses Gericht seine internationale Zuständigkeit auch für die Ehetrennung bereits auf die Art 3 ff EuEheVO gestützt hat. Die Zuständigkeit nach Art 5 besteht vielmehr auch dann, wenn das Gericht seine Zuständigkeit für das Ehetrennungsverfahren – zu Recht oder zu Unrecht – noch auf der Grundlage seines nationalen Zuständigkeitsrechts bejaht hatte (Rauscher/ *Rauscher* Rn 10); dies gilt jedenfalls dann, wenn das Gericht auch nach Art 3 zuständig gewesen wäre (Rauscher/ *Rauscher* Rn 6; NK-BGB/ *Gruber* Rn 1; **aA** Staud/ *Spellenberg* Rn 12).

26

I. Internationale Zuständigkeit: EuEheVO Art 6   **109–112 A**

EuEheVO Art 6. Ausschließliche Zuständigkeit nach den Artikeln 3, 4 und 5

Gegen einen Ehegatten, der

a) seinen gewöhnlichen Aufenthalt im Hoheitsgebiet eines Mitgliedstaats hat oder

b) Staatsangehöriger eines Mitgliedstaats ist oder im Fall des Vereinigten Königreichs und Irlands sein „domicile" im Hoheitsgebiet eines dieser Mitgliedstaaten hat,

darf ein Verfahren vor den Gerichten eines anderen Mitgliedstaats nur nach Maßgabe der Artikel 3, 4 und 5 geführt werden.

Schrifttum: *Andrae/Schreiber,* Zum Ausschluss der Restzuständigkeit nach Art 7 EuEheVO über Art 6 EuEheVO, IPRax 10, 79.

1. Normzweck

Art 6 muss im Zusammenhang mit Art 7 gelesen werden, um die Tragweite der Regelung zu **109** verstehen (vgl *Andrae/Schreiber* IPRax 10, 79 ff; ThP/*Hüßtege* Rn 1; Staud/*Spellenberg* Rn 1). Beide Vorschriften regeln das Verhältnis der Art 3–5 EuEheVO zu den Zuständigkeitsvorschriften im nationalen Prozessrecht der Mitgliedstaaten. Art 7 Abs 1 lässt einen Rückgriff auf die nationalen Zuständigkeitsregeln (zB in Deutschland auf § 98 Abs 1 FamFG) nur dann zu, wenn sich aus den Art 3–5 keine Zuständigkeit eines mitgliedstaatlichen Gerichts ergibt. Dieser Grundsatz wird durch Art 6 jedoch insoweit weiter eingeschränkt, als gegen einen Ehegatten, der seinen gewöhnlichen Aufenthalt im Hoheitsgebiet eines Mitgliedstaats hat oder der die Staatsangehörigkeit eines Mitgliedstaates (bzw ein *domicile* im *Vereinigten Königreich* oder in *Irland*) besitzt, ein Verfahren in einem anderen Mitgliedstaat nur auf der Grundlage von Art 3 bis 5 geführt werden kann. Die Vorschrift schützt daher einen solchermaßen mit einem Mitgliedstaat verbundenen Antragsgegner vor **exorbitanten nationalen Gerichtsständen** eines anderen Mitgliedstaats, zu dem er keine solche Verbindung hat (öst OGH 6.7.09, unalex AT-673; *Andrae/Schreiber* IPRax 10, 79/80; Staud/*Spellenberg* Rn 2). Insbesondere können EU-Bürger mit gewöhnlichem Aufenthalt in einem Drittstaat nach Art 6 lit b nur vor den Gerichten ihres Heimatstaats verklagt werden (*Spellenberg* ZZP Int 12 [2007] 233/241).

Nach dem Vorschlag der EU-Kommission für eine **Neufassung der EuEheVO** v 30.6.2016 (KOM [2016] 411) sollen die Art 6 und 7 in einem einzigen neuen Art 6 ohne nennenswerte Änderung in der Sache zusammengefasst werden.

2. Voraussetzungen für die Anwendung von Art 6

a) Enger Bezug des Antragsgegners zu einem Mitgliedstaat. Der Antragsgegner kann **110** den Schutz nach Art 6 nur in Anspruch nehmen, wenn er einen hinreichend engen Bezug zu einem Mitgliedstaat der Verordnung aufweist. Dieser Bezug wird sowohl durch den gewöhnlichen Aufenthalt als auch durch die Staatsangehörigkeit begründet. Im Fall eines **gemeinsamen Antrags** beider Ehegatten gem Art 3 Abs 1 lit a, Spiegelstrich 4 – also wenn kein „Antragsgegner" existiert – ist eine Sperrwirkung durch Art 6 nach hM bereits dann anzunehmen, wenn nur einer der Ehegatten seinen gewöhnlichen Aufenthalt in einem Mitgliedstaat oder die Staatsangehörigkeit eines Mitgliedstaats (bzw das *domicile* im *Vereinigten Königreich* oder in *Irland*) hat (vgl *Simotta* FS Geimer [2002] 1115/1119 f; NK-BGB/*Gruber* Art 6, 7 Rn 8).

aa) Gewöhnlicher Aufenthalt, lit a. Das autonome Zuständigkeitsrecht im Mitgliedstaat des **111** angerufenen Gerichts wird nach lit a insbesondere verdrängt, wenn der Antragsgegner seinen gewöhnlichen Aufenthalt in einem (anderen) EU-Mitgliedstaat (mit Ausnahme *Dänemarks*) hat. Der Begriff des gewöhnlichen Aufenthalts ist in lit a ebenso auszulegen wie in Art 3 (→ Rn 55 ff).

bb) Staatsangehörigkeit, lit b. Ausreichend für die Ausschließlichkeit der Zuständigkeiten **112** nach Art 3–5 ist es aber nach lit b auch, wenn der sich in einem Drittstaat gewöhnlich aufhaltende Antragsgegner nur die Staatsangehörigkeit eines Mitgliedstaats (frz Cass 15.11.17 unalex FR-2540) bzw sein *domicile* im *Vereinigten Königreich* oder in *Irland* (vgl KG EuLF 07 II, 120/121) besitzt. Bei **Mehrstaatern** genügt auch im Rahmen von Art 6 die nicht effektive Staatsangehörigkeit eines Mitgliedstaats, um die Sperrwirkung der Vorschrift zu begründen und die Anwendung nationalen Zuständigkeitsrechts auszuschließen (*Hau* IPRax 10, 50/53; NK-BGB/*Gruber* Art 6, 7 Rn 7; HK-ZPO/*Dörner* Rn 3; Staud/*Spellenberg* Rn 20).

A 113–116 1. Teil. Erkenntnisverfahren A. Ehesachen

113 **b) Maßgeblicher Zeitpunkt.** Für das Vorliegen der Anknüpfungskriterien des Art 6 ist der Zeitpunkt der Antragstellung maßgebend, so dass der in diesem Zeitpunkt bestehende Vorrang der Art 3–5 vor dem autonomen Zuständigkeitsrecht der Mitgliedstaaten auch dann erhalten bleibt, wenn die Voraussetzungen des Art 6 im Laufe des Verfahrens entfallen (*Hausmann* EuLF 00/01, 271/ 279; *Hau* FamRZ 00, 1333/1340; G/Sch/*Dilger,* IRV Rn 5; Staud/*Spellenberg* Rn 29; **aA** Rauscher/*Rauscher* Rn 18). Umgekehrt gilt der Grundsatz der *perpetuatio fori* aber auch dann, wenn die Voraussetzungen des Art 6 bei Verfahrenseinleitung (noch) nicht vorlagen und das angerufene Gericht seine internationale Zuständigkeit deshalb nach Art 7 Abs 1 zu Recht auf nationales Recht gestützt hat. Diese bleibt also erhalten, auch wenn der Antragsgegner nachträglich seinen gewöhnlichen Aufenthalt in einem Mitgliedstaat begründet oder die Staatsangehörigkeit eines Mitgliedstaats erwirbt (Rauscher/*Rauscher* Rn 19; Althammer/*Großerichter* Rn 6). Wird jedoch eine Klage vor einem wegen der Sperrwirkung des Art 6 unzuständigen Gericht erhoben und fällt diese Sperrwirkung im Laufe des Verfahrens weg, so ist ein Rückgriff auf nationales Prozessrecht aus Gründen der Prozessökonomie möglich, wenn zugleich die Voraussetzungen des Art 7 Abs 1 vorliegen. Andernfalls müsste der Antrag abgewiesen werden, obwohl ein neuer nunmehr zulässiger Antrag sofort erneut gestellt werden könnte (vgl Rauscher/*Rauscher* Rn 20; NK-BGB/*Gruber* Art 6, 7 Rn 9).

3. Rechtsfolgen der Anwendbarkeit von Art 6

114 Sind die vorgenannten Voraussetzungen des Art 6 erfüllt, so darf ein Verfahren vor den Gerichten eines anderen Mitgliedstaats nur nach Maßgabe der Art 3–5 geführt werden. Daran ändert auch der Umstand nichts, dass der Antragsteller die Staatsangehörigkeit des Gerichtsstaats besitzt (öst OGH IPRax 10, 74/76 m zust Anm *Andrae*/*Schreiber* 79/80; HK-ZPO/*Dörner* Rn 1; ThP/*Hüßtege* Rn 1). Die Sperrwirkung des Art 6 hängt auch nicht davon ab, dass nach den Art 3–5 tatsächlich die Zuständigkeit eines anderen Mitgliedstaats begründet ist, sondern greift auch dann ein, wenn die Anwendung des nationalen Zuständigkeitsrechts nach Art 7 Abs 1 eigentlich eröffnet wäre (OGH aaO; *Andrae*/*Schreiber* aaO).

115 Die Ausschließlichkeit der Zuständigkeitsanknüpfungen nach Art 3–5 soll den Antragsgegner allerdings nur vor einer weitergehenden Gerichtspflichtigkeit nach nationalem Prozessrecht **in einem anderen Mitgliedstaat** als seinem Aufenthalts- oder Heimatstaat schützen (Rauscher/*Rauscher* Rn 3). Hingegen steht Art 6 der Inanspruchnahme einer nur auf nationales Recht gestützten Zuständigkeit durch die Gerichte des Aufenthalts- bzw Heimatstaats des Antragsgegners nicht entgegen (*Hausmann* EuLF 00/01, 271/279; *Andrae*/*Schreiber* IPRax 10, 79/81; Zö/*Geimer* Rn 7; NK-BGB/*Gruber* Art 6, 7 Rn 15 f; Rauscher/*Rauscher* Rn 15, 23). Voraussetzung hierfür ist allerdings nach Art 7 Abs 1, dass eine Zuständigkeit nach Art 3–5 weder im Aufenthalts- bzw Heimatstaat des Antragsgegners, noch in einem anderen Mitgliedstaat eröffnet ist. Da die EuEheVO aber nach Art 3 Abs 1 lit a, Spiegelstrich 3 stets eine Zuständigkeit im Aufenthaltsstaat des Antragsgegners begründet, ist ein Rückgriff auf nationale Zuständigkeitsvorschriften **nur im Heimatstaat des Antragsgegners** (Art 6 lit b) möglich, sofern der Antragsgegner seinen gewöhnlichen Aufenthalt in einem Drittstaat hat (sonst: Art 3 Abs 1 lit a, Spiegelstrich 3) und der Antragsteller weder einen qualifizierten gewöhnlichen Aufenthalt in einem Mitgliedstaat hat (sonst: Art 3 Abs 1 lit a, Spiegelstriche 5 bzw 6), noch die gleiche Staatsangehörigkeit wie der Antragsgegner besitzt (sonst: Art 3 Abs 1 lit b; vgl *Hausmann* EuLF 00/01, 271/279; Staud/*Spellenberg* Rn 14 ff; NK-BGB/*Gruber* Art 6, 7 Rn 18; HK-ZPO/*Dörner* Rn 2).

116 **Beispiel:** Hat also ein Italiener die Ehe mit seiner deutschen Frau in der *Schweiz* geführt, so steht der Durchführung einer von ihr in Deutschland beantragten und auf die Staatsangehörigkeitsanknüpfung nach Art 7 iVm § 98 Abs 1 Nr 1 FamFG gestützten Scheidung Art 6 lit b entgegen. Denn als Angehöriger eines EU-Mitgliedstaats kann der italienische Ehemann in Deutschland nur nach Maßgabe der Art 3–5 auf Scheidung in Anspruch genommen werden. Die deutsche Ehefrau kann daher das Scheidungsverfahren in ihrem Heimatstaat erst nach Ablauf der Sechsmonatsfrist des Art 3 Abs 1 lit a, Spiegelstrich 6 beantragen. Hingegen könnte sie ein Trennungs- oder Scheidungsverfahren in Italien sofort einleiten, weil Art 6 der internationalen Zuständigkeit der italienischen Gerichte nach Art 7 iVm Art 32 ital IPRG nicht entgegensteht. Umgekehrt wären auch die deutschen Gerichte gem Art 7 Abs 1 iVm § 98 Abs 1 Nr 1 FamFG für die Scheidung ohne Einhaltung der Wartefrist nach Art 3 Abs 1 lit a, Spiegelstrich 6 für die Scheidung international zuständig, wenn diese nicht von der deutschen Ehefrau, sondern vom italienischen Ehemann beantragt würde und beide Ehegatten ihren gewöhnlichen Aufenthalt in der Schweiz beibehielten (*Hausmann* EuLF 00/01, 271/279; *Finger* FamRBint 08, 90/92; *Andrae*/*Schreiber* IPRax 10, 79).

I. Internationale Zuständigkeit: EuEheVO Art 6 **117–121 A**

4. Kombinierte Anwendung von Art 6 und 7

Hat der Antragsgegner seinen gewöhnlichen Aufenthalt in einem Drittstaat und besitzt er auch **117** nicht die Staatsangehörigkeit eines Mitgliedstaats (bzw ein *domicile* im *Vereinigten Königreich* oder in *Irland*), so kann er sich nach dem Wortlaut von Art 6 auf dessen Schutz nicht berufen. Er wäre daher grundsätzlich vor den Gerichten sämtlicher Mitgliedstaaten nach dem dort geltenden autonomen Verfahrensrecht gerichtspflichtig. Darüber hinaus würde er durch Art 7 Abs 2 noch weiter benachteiligt, wenn der Antragsteller die Staatsangehörigkeit eines Mitgliedstaates besitzt (→ Rn 128 ff).

Beispiel: Ein seit einem Jahr in *Frankreich* lebender deutscher Staatsangehörige kann dort nach Art 3 Abs 1 lit a, 5. Spiegelstrich Scheidungsantrag gegen seine nach Kanada zurückgekehrte kanadische Ehefrau stellen. Er könnte diesen Antrag aber auch vor deutschen Gerichten nach § 98 Abs 1 Nr 1 FamFG einreichen; die kanadische Antragsgegnerin könnte sich auch hiergegen nicht auf Art 6 berufen (vgl Rauscher/*Rauscher* Rn 8).

Richtigerweise lässt Art 6 aber **keinen Umkehrschluss** dahin zu, dass in Verfahren gegen **118** einen Antragsgegner, der seinen gewöhnlichen Aufenthalt nicht in einem Mitgliedstaat hat und der auch nicht Staatsangehöriger eines Mitgliedstaats ist, die internationale Zuständigkeit stets auch auf nationales Recht gestützt werden kann. Vielmehr beschränkt sich Art 6 lediglich darauf, die Anwendung des nationalen Zuständigkeitsrechts unter den dort genannten Voraussetzungen auszuschließen; die Vorschrift steht aber einer vorrangigen Anwendung der Art 3–5 auf weitere Fälle nicht entgegen.

Nach der vom **EuGH** zu Recht vorgenommenen **erweiternden Auslegung der Art 6 und 119 7** können die Gerichte eines Mitgliedstaats ihre internationale Zuständigkeit daher auch dann nicht aus ihrem nationalen Recht herleiten, wenn der Antragsgegner zwar nicht zu dem von Art 6 geschützten Personenkreis gehört, aber die Gerichte eines anderen Mitgliedstaates nach Art 3–5 international zuständig sind. Der in Art 7 Abs 1 normierte Grundsatz, dass ein mitgliedstaatliches Gericht sich erst dann auf sein nationales Zuständigkeitsrecht stützen darf, wenn sich aus den Art 3–5 keine Zuständigkeit eines anderen Mitgliedstaats ergibt, gilt daher auch zugunsten von Antragsgegnern, die nicht den Schutz des Art 6 genießen, dh weder Angehörige eines Mitgliedstaats sind noch sich in einem solchen gewöhnlich aufhalten (EuGH C-68/07 – *Sundelind Lopez,* Slg 07 I-10403 Rn 24 ff = NJW 08, 207m krit Anm *Borrás* IPRax 08, 233; zust *Spellenberg* ZZP Int 07, 228/233; NK-BGB/*Gruber* Art 6, 7 Rn 2 ff; Zö/*Geimer* Rn 6; vgl idS schon öst OGH IPRax 10, 74 m Anm *Andrae/Schreiber* 79; *Hausmann* EuLF 00/01, 271/279). Denn die von der Verordnung angestrebte einheitliche Zuständigkeitsordnung würde im Falle einer jeweils isolierten Anwendung von Art 6 oder Art 7 verfehlt (EuGH aaO, Rn 26). Die Gerichte der Mitgliedstaaten sollen sich also nicht auf nationales Zuständigkeitsrecht stützen können, solange eine Zuständigkeit nach der Verordnung in irgendeinem Mitgliedstaat begründet ist.

In dem Beispiel zu → Rn 117 schließt also die in *Frankreich* eröffnete Zuständigkeit nach Art 3 Abs 1 lit a, 6. Spiegelstrich die Berufung des deutschen Ehemannes auf § 98 Abs 1 Nr 1 FamFG vor deutschen Gerichten auch gegenüber seiner in Kanada lebenden kanadischen Ehefrau aus.

Ein auf Art 7 Abs 1 gestützter Rückgriff auf nationales Zuständigkeitsrecht ist also einerseits **120** immer dann ausgeschlossen ist, wenn der Antragsgegner zu dem nach Art 6 lit a oder lit b geschützten Personenkreis gehört; andererseits aber auch dann, wenn der Antragsgegner den Schutz nach Art 6 nicht genießt, aber eine Zuständigkeit nach Art 3, 4 oder 5 in einem anderen Mitgliedstaat der Verordnung begründet ist (Zö/*Geimer* Rn 3). **Maßgebender Zeitpunkt** ist auch im letzten Fall der Eintritt der Rechtshängigkeit des Eheverfahrens. Waren also zu diesem Zeitpunkt die Voraussetzungen für die Annahme einer internationalen Restzuständigkeit gem Art 7 Abs 1 nach dem nationalen Prozessrecht des angerufenen Gerichts gegeben, so bleibt diese Zuständigkeit auch dann erhalten, wenn im weiteren Verlauf des Verfahrens die Gerichte eines anderen Mitgliedstaats – zB durch Erfüllung der Fristen für einen dortigen gewöhnlichen Aufenthalt des Antragstellers nach Art 3 Abs 1 lit a, 5. oder 6. Spiegelstrich – international zuständig werden (NK-BGB/*Gruber* Art 6, 7 Rn 4).

Beispiel: Eine deutsche Ehefrau hat mit ihrem kubanischen Ehemann in *Spanien* gelebt. Nach **121** der Trennung kehrt der Ehemann in sein Heimatland *Kuba* zurück, während die Ehefrau ihren gewöhnlichen Aufenthalt in *Spanien* beibehält. In diesem Fall kann die deutsche Ehefrau keinen Scheidungsantrag vor deutschen Gerichten stellen, obwohl Art 7 Abs 1 iVm § 98 Abs 1 Nr 1 FamFG eine internationale Zuständigkeit in *Deutschland* eröffnen würde und der kubanische

29

A 123, 124   1. Teil. Erkenntnisverfahren A. Ehesachen

Ehemann nach der Aufgabe seines gewöhnlichen Aufenthalts in *Spanien* nicht mehr den Schutz des Art 6 genießt. Einer internationalen Zuständigkeit der deutschen Gerichte steht aber Art 7 Abs 1 entgegen, solange die Ehefrau ihren gewöhnlichen Aufenthalt in *Spanien* beibehält; denn für diesen Fall sind nur die spanischen Gerichte nach Art 3 Abs 1 lit a, Spiegelstrich 2 international zuständig. Verlegt die Ehefrau hingegen ihren gewöhnlichen Aufenthalt zurück nach Deutschland, so kann sie hier ohne Einhaltung der Sechsmonatsfrist nach Art 3 Abs 1 lit a, Spiegelstrich 6 sofort die Scheidung einreichen, weil es dann an der Zuständigkeit eines anderen Mitgliedstaats iSv Art 7 Abs 1 iVm Art 3–5 fehlt.

122 Dementsprechend kann der deutsche Ehemann die Scheidung von seiner schweizerischen Ehefrau, mit der er die Ehe in der *Schweiz* geführt hat, ohne Einhaltung einer Wartefrist vor deutschen Gerichten nach Art 7 Abs 1 iVm § 98 Abs 1 Nr 1 FamFG beantragen, solange er sich weiter in der *Schweiz* gewöhnlich aufhält. Verlegt er hingegen seinen gewöhnlichen Aufenthalt in einen anderen Mitgliedstaat als Deutschland – etwa nach *Frankreich, Italien* oder *Österreich* – und hält er sich dort bereits länger als ein Jahr auf, so sind nunmehr die Gerichte dieses Staates gem Art 3 Abs 1 lit a, Spiegelstrich 5 für den Scheidungsantrag international zuständig. Eine auf § 98 Abs 1 Nr 1 FamFG gestützte Anrufung der deutschen Gerichte kommt dann wegen Art 7 Abs 1 nicht mehr in Betracht (*Hausmann* EuLF 00/01, 271/279).

EuEheVO Art 7. Restzuständigkeit

(1) **Soweit sich aus den Artikeln 3, 4 und 5 keine Zuständigkeit eines Gerichts eines Mitgliedstaats ergibt, bestimmt sich die Zuständigkeit in jedem Mitgliedstaat nach dem Recht dieses Staates.**

(2) **Jeder Staatsangehörige eines Mitgliedstaats, der seinen gewöhnlichen Aufenthalt im Hoheitsgebiet eines anderen Mitgliedstaats hat, kann die in diesem Staat geltenden Zuständigkeitsvorschriften wie ein Inländer gegenüber einem Antragsgegner geltend machen, der seinen gewöhnlichen Aufenthalt nicht im Hoheitsgebiet eines Mitgliedstaats hat oder die Staatsangehörigkeit eines Mitgliedstaats besitzt oder im Fall des Vereinigten Königreichs und Irlands sein „domicile" nicht im Hoheitsgebiet eines dieser Mitgliedstaaten hat.**

1. Normzweck

123 Art 7 Abs 1 eröffnet eine Auffang- oder Restzuständigkeit nach nationalem Recht, soweit sich für eine Ehesache iSv Art 1 Abs 1 lit a aus der Verordnung selbst eine Zuständigkeit nicht ergibt. Die Vorschrift muss im Zusammenhang mit Art 6 gelesen werden, der den von Art 7 Abs 1 zugelassenen Rückgriff auf nationales Zuständigkeitsrecht noch weiter einschränkt (näher → Rn 117 ff). Art 7 Abs 2 stellt EU-Ausländer unter bestimmten Voraussetzungen in zuständigkeitsrechtlicher Hinsicht Inländern gleich (vgl *Meyer-Götz/Noltemeier* FPR 04, 282/285).

2. Nationale Restzuständigkeit, Abs 1

124 **a) Fehlende Zuständigkeit nach der Verordnung.** Art 7 Abs 1 eröffnet die Möglichkeit zur Anwendung des nationalen Zuständigkeitsrechts nicht schon dann, wenn im Gerichtsstat keine Zuständigkeit nach Art 3–5 EuEheVO eröffnet ist; vielmehr kann das angerufene Gericht sein nationales Zuständigkeitsrecht erst anwenden, wenn es festgestellt hat, dass auch keine internationale Zuständigkeit des Gerichts **eines anderen Mitgliedstaats** nach der Verordnung gegeben ist (Staud/*Spellenberg* Rn 5 ff). Dies ist nur dann der Fall, wenn weder eine durch den gewöhnlichen Aufenthalt des Antragsgegners oder des Antragstellers in einem Mitgliedstaat begründete Zuständigkeit nach Art 3 Abs 1 lit a besteht, noch die Ehegatten gemeinsam die Staatsangehörigkeit eines Mitgliedstaats (bzw ein gemeinsames *domicile* in Irland oder dem *Vereinigten Königreich*) iSv Art 3 Abs 1 lit b besitzen (EuGH C-68/07 – *Sundelind Lopez*, Slg 07 I-10403 Rn 24 ff = NJW 08, 207; frz Cass 25.3.15, unalex FR-2462; HK-ZPO/*Dörner* Rn 6). Auch wenn beide Ehegatten einem **Drittstaat** angehören, ist der Rückgriff auf nationales Zuständigkeitsrecht erst erlaubt, wenn in keinem Mitgliedstaat eine Zuständigkeit nach Art 3–5 eröffnet ist (Trib Parma 30.6.16, unalex IT-818). Dies ist auch dann der Fall, wenn die Gerichte anderer – an sich zuständiger – Mitgliedstaaten die Scheidung einer **gleichgeschlechtlichen Ehe** unter Hinweis auf Art 13, 2. Fall Rom III-VO (→ Rn 500 ff) verweigern (*Gruber* IPRax 12, 381/390).

30

I. Internationale Zuständigkeit: EuEheVO Art 7   **125–130**   **A**

In **Deutschland** kommt in diesem Fall **§ 98 Abs 1 FamFG** (→ Rn 261 ff) zur Anwendung, **125** und zwar auch für die Scheidung einer gleichgeschlechtlichen Ehe (→ Rn 253). Nach § 98 Abs 1 Nr 1 FamFG ist die Zuständigkeit deutscher Gerichte schon dann begründet, wenn nur ein Ehegatte Deutscher ist oder bei der Eheschließung war. Entsprechend kann ein *französisches* Gericht seine Zuständigkeit in diesem Fall aufgrund von Art 15 Cc annehmen, wenn der Antragsgegner die französische Staatsangehörigkeit besitzt (frz Cass 25.3.15, unalex FR-2462). Ausreichend ist aber nach Art 14 Cc auch, dass nur der Antragsteller Franzose ist (frz Cass 30.9.09, unalex FR-2089 und 12.1.11, unalex FR-2179). Dieser kann also die Scheidung von seinem Ehegatten, der Angehöriger eines Drittstaats ist und in diesem auch seinen gewöhnlichen Aufenthalt hat, vor französischen Gerichten verlangen, ohne die Wartefrist nach Art 3 Abs 1 lit a, 6. Spiegelstrich einhalten zu müssen (frz Cass 25.9.13, unalex FR-1480).

b) Keine ausschließliche Zuständigkeit nach Art 6. Nationales Zuständigkeitsrecht kann **126** freilich auch über Art 7 Abs 1 nur dann herangezogen werden, wenn außerdem Art 6 nicht entgegensteht (EuGH C-68/07 – *Sundelind Lopez* = NJW 08, 207 Rn 24 ff; öst OGH IPRax 10, 74 m Anm *Andrae/Schreiber* 79; näher → Rn 117 ff). Ein Verfahren gegen einen Ehegatten, der die Staatsangehörigkeit eines Mitgliedstaats (bzw ein *domicile* im *Vereinigten Königreich* oder in *Irland*) besitzt, kann daher wegen Art 6 lit b nach nationalen Zuständigkeitsvorschriften nur im Heimatstaat dieser Personen eingeleitet werden (NK-BGB/*Gruber* Art 6, 7 Rn 6; zum autonomen deutschen Recht näher → Rn 261 ff).

c) Maßgebender Zeitpunkt. Für die Beurteilung kommt es wiederum auf die Einleitung des **127** Verfahrens an (Rauscher/*Rauscher* Rn 11). War für das Scheidungsverfahren in Deutschland im Zeitpunkt der Rechtshängigkeit gem Art 7 Abs 1 iVm § 98 Abs 1 FamFG eine internationale (Rest-) Zuständigkeit gegeben, so bleibt diese wegen des Grundsatzes der *perpetuatio fori* auch dann erhalten, wenn erst während des schon laufenden Verfahrens die internationale Zuständigkeit der Gerichte eines anderen Mitgliedstaats nach Art 3–5 zur Entstehung gelangt. Wird die Scheidung hingegen erst nach Begründung einer solchen internationalen Verordnungszuständigkeit – zB nach Art 3 Abs 1 lit a, 5. oder 6. Spiegelstrich – bei dem zuvor nach § 98 Abs 1 FamFG zuständigen deutschen Gericht eingereicht, so ist der Scheidungsantrag nunmehr als unzulässig abzuweisen (*Hausmann* EuLF 00/001, 271/279; *Hau* FamRZ 00, 1333/1340 f; HK-ZPO/*Dörner* Rn 9).

3. Gleichstellung von EU-Ausländern, Abs 2

Art 7 Abs 2 knüpft an die Konstellation an, in der nach Abs 1 die nationalen Zuständigkeits- **128** vorschriften zur Anwendung gelangen (→ Rn 124 f) und stellt die Angehörigen anderer Mitgliedstaaten, die ihren gewöhnlichen Aufenthalt im Inland haben, für diesen Fall Inländern gleich (Staud/*Spellenberg* Rn 16 ff). Diese Gleichstellung ist von der Erfüllung folgender Voraussetzungen abhängig:

(1) der **Antragsteller** muss seinen gewöhnlichen Aufenthalt im Gerichtsstaat haben und Staatsangehöriger eines anderen Mitgliedstaats sein;

(2) der **Antragsgegner** muss sich gewöhnlich außerhalb der Mitgliedstaaten aufhalten und darf auch nicht die Staatsangehörigkeit eines Mitgliedstaats bzw ein *domicile* im *Vereinigten Königreich* oder in *Irland* besitzen.

Als Rechtsfolge sieht Abs 2 vor, dass der Antragsteller im Rahmen der Anwendung des **129** nationalen Zuständigkeitsrechts **wie ein Inländer** behandelt wird.

Beispiel: So kann etwa ein italienischer Ehemann, der seinen gewöhnlichen Aufenthalt nach der Trennung von seiner in der *Schweiz* lebenden schweizerischen Ehefrau nach Deutschland verlegt hat, sofort die internationale Zuständigkeit nach § 98 Abs 1 Nr 1 FamFG wie ein Deutscher in Anspruch nehmen, ohne die Jahresfrist nach Art 3 Abs 1 lit a, Spiegelstrich 5 abwarten zu müssen. Auf die Anerkennungsfähigkeit des deutschen Scheidungsurteils in *Italien* und der *Schweiz* (vgl § 98 Abs 1 Nr 4 FamFG) kommt es wegen des Gleichstellungsgebots nach Art 7 Abs 2 nicht an (vgl *Hausmann* EuLF 00/01, 271/279).

Die Gleichstellung nach Abs 2 bezieht sich vor deutschen Gerichten allerdings nur auf die **130** deutsche Staatsangehörigkeit nach § 98 Abs 1 Nr 1, 1. Fall FamFG; sie erfasst hingegen nicht die sog **Antrittszuständigkeit** nach 98 Abs 1 Nr 1, 2. Fall FamFG. Der Umstand, dass der Antragsteller lediglich zur Zeit der Eheschließung seinen gewöhnlichen Aufenthalt in Deutschland hatte, diesen aber vor Einreichung des Scheidungsantrags aufgegeben hat, begründet also keine Gerichtspflichtigkeit des einem Drittstaat angehörenden Antragsgegners in Deutschland (Zö/ *Geimer* Rn 2).

A 133–135 1. Teil. Erkenntnisverfahren A. Ehesachen

131 Bei der Anwendung von Art 7 Abs 2 ist zu beachten, dass nach Art 2 Nr 3 **Dänemark** nicht als Mitgliedstaat iS der Verordnung anzusehen ist. Das Gleichstellungsgebot gilt daher nicht für Dänen. Darin ist kein Verstoß gegen das Diskriminierungsverbot des Art 18 AEUV zu sehen, da *Dänemark* aus eigenem Entschluss an der EuEheVO nicht teilnimmt (so auch Staud/*Spellenberg* Rn 18; Zö/*Geimer* Rn 2; Althammer/*Großerichter* Rn 3; **aA** [analoge Anwendung von Art 7 Abs 2] NK-BGB/*Gruber* Art 6, 7 Rn 14; Rauscher/*Rauscher* Rn 16).

132 Ist der Antragsteller **Mehrstaater,** so genügt für die Begünstigung nach Abs 2 auch eine nicht-effektive Staatsangehörigkeit eines Mitgliedstaats (G/Sch/*Geimer* Rn 10).

Abschnitt 2. Elterliche Verantwortung

EuEheVO Art 8–15

(abgedruckt und kommentiert → F Rn 78 ff)

Abschnitt 3. Gemeinsame Bestimmungen

EuEheVO Art 16. Anrufung eines Gerichts

Ein Gericht gilt als angerufen

a) zu dem Zeitpunkt, zu dem das verfahrenseinleitende Schriftstück oder ein gleichwertiges Schriftstück bei Gericht eingereicht wurde, vorausgesetzt, dass der Antragsteller es in der Folge nicht versäumt hat, die ihm obliegenden Maßnahmen zu treffen, um die Zustellung des Schriftstücks an den Antragsgegner zu bewirken,

oder

b) falls die Zustellung an den Antragsgegner vor Einreichung des Schriftstücks bei Gericht zu bewirken ist, zu dem Zeitpunkt, zu dem die für die Zustellung verantwortliche Stelle das Schriftstück erhalten hat, vorausgesetzt, dass der Antragsteller es in der Folge nicht versäumt hat, die ihm obliegenden Maßnahmen zu treffen, um das Schriftstück bei Gericht einzureichen.

Schrifttum: *Nordmeier,* Eintritt und Fortbestand der Rechtshängigkeit nach Art 16 EuEheVO und Art 32 EuGVVO – insbesondere bei Verfahrensaussetzung, IPRax 16, 329.

1. Normzweck

133 Art 16 enthält eine **Legaldefinition** des Zeitpunkts, zu dem in einer Ehesache Rechtshängigkeit bei dem Gericht eines Mitgliedstaats eintritt. Zur Vermeidung einer uneinheitlichen Handhabung in den Mitgliedstaaten ist der Begriff der „Anrufung des Gerichts" in dieser Vorschrift **autonom** auszulegen (High Court Ireland 2.12.15, unalex IE-117). Maßgebend sind also allein die Kriterien nach lit a bzw lit b; auf Zustellungsvoraussetzungen nach nationalem Recht kommt es nicht an (Zö/*Geimer* Rn 7).Vorbild für die Vorschrift war Art 30 EuGVVO aF. Die zu dieser Vorschrift ergangene und künftig zu Art 32 EuGVVO nF ergehende Rechtsprechung und Literatur ist daher auch für die Auslegung von Art 16 relevant (Rauscher/*Rauscher* Rn 3; ThP/*Hüßtege* Rn 1). Entsprechende Regelungen finden sich heute auch in anderen EU-Verordnungen auf dem Gebiet des internationalen Familien- und Erbrechts (Art 9 EuUntVO, Art 14 EuGüVO/EuPartVO, Art 14 EuErbVO).

134 Die Vorschrift harmonisiert allerdings nicht das nationale Verfahrensrecht in dieser Frage, sondern strebt lediglich einen Ausgleich zwischen den unterschiedlichen nationalen Modellen zur Bestimmung des Beginns der Rechtshängigkeit an (Zö/*Geimer* Rn 1). Danach wird durch eine **Rückwirkungsfiktion** ein möglichst früher Zeitpunkt der Rechtshängigkeit festgelegt, um dem Antragsteller, der zeitlich früher tätig geworden ist, Schutz gegen einen Missbrauch des Verfahrensrechts durch den Antragsgegner zu gewähren. Daher sind bei der Prüfung ihrer Voraussetzungen keine Verzögerungen zu berücksichtigen, die auf das betreffende Gerichtssystem zurückzuführen sind, sondern nur ein etwaiger Mangel an Sorgfalt des Antragstellers (EuGH C-173/16 – *M H/M H,* unalex EU-701 Rn 27).

135 Art 16 hat insbesondere Bedeutung im Rahmen der Bestimmung des zuerst angerufenen Gerichts im Falle **doppelter Rechtshängigkeit** nach Art 19 Abs 1 (näher → Rn 174 ff). Durch die Regelung wird der häufige Wettlauf der Parteien um die frühere Rechtshängigkeit („*race to the courthouse!"*) entschärft, weil diese nicht mehr – wie nach der früheren EuGH-Rechtsprechung zum EuGVÜ (EuGH Rs 128/83 – *Zelger/Salinitri,* Slg 84, 2397/2414 =IPRax 85, 336 m

32

I. Internationale Zuständigkeit: EuEheVO Art 16

Anm *Rauscher* 317) – davon abhängt, ob die jeweilige *lex fori* sie schon mit Einreichung des Antrags bei Gericht oder – wie in Deutschland (§ 113 Abs 1 S 2 FamFG iVm §§ 253 Abs 1, 261 Abs 1 ZPO) – erst mit Zustellung an den Antragsgegner eintreten lässt. Der Vorschrift kommt darüber hinaus Bedeutung auch bei der Bestimmung der internationalen Zuständigkeit nach Art 3–7 (insbesondere bei Anwendung des *perpetuatio fori*-Grundsatzes) und des zeitlichen Anwendungsbereichs der Verordnung nach Art 64 zu (G/Sch/*Dilger*, IRV Rn 3; NK-BGB/ *Gruber* Rn 2; → Rn 53 und 227). Ferner sollte man sie als Ausdruck des harmonisierten europäischen Verfahrensrechts sowie im Interesse der Vorhersehbarkeit und der Waffengleichheit der Parteien auch in Drittstaatensachverhalten zugrunde legen, soweit es um die Bestimmung des für die Rechtshängigkeit maßgebenden Zeitpunkts geht, zumal Wortlaut und Systematik der Vorschrift nicht entgegenstehen (*Geimer* FamRZ 16, 840/841; *Haidmayer* IPRax 18, 35/38 f; ThP/*Hüßtege* Rn 1; **aA** KG FamRZ 16, 384).

2. Maßgeblicher Zeitpunkt

In Anbetracht der unterschiedlichen Voraussetzungen für den Eintritt der Rechtshängigkeit in **136** den nationalen Prozessrechten der Mitgliedstaaten stellt Art 16 für die Anrufung des Gerichts **alternativ** auf den Zeitpunkt ab, zu dem
– entweder das **verfahrenseinleitende Schriftstück** (oder ein gleichwertiges Schriftstück) **bei Gericht eingereicht** worden ist (lit a)
– oder **die für die Zustellung verantwortliche Stelle das Schriftstück erhalten hat,** falls die Zustellung an den Antragsgegner nach der *lex fori* vor Einreichung des Schriftstücks bei Gericht zu bewirken ist (lit b).

Maßgebend ist also die **Übergabe des Schriftstücks an das erste nach der *lex fori* zu 137 beteiligende Rechtspflegeorgan.** Damit wird der Eintritt der Rechtshängigkeit von der Dauer und der Ordnungsmäßigkeit der Zustellung durch die zuerst beteiligte Behörde gelöst und Waffengleichheit zwischen den Parteien hergestellt. Daraus folgt, dass nach der Klärung, für welche der beiden in der Verordnung vorgesehenen Optionen sich der betreffende Mitgliedstaat entschieden hat, der Zeitpunkt, zu dem ein Gericht angerufen wurde, im Rahmen der in lit a geregelten ersten Option allein auf der objektiven Feststellung beruht, zu welchem Zeitpunkt das verfahrenseinleitende Schriftstück oder ein gleichwertiges Schriftstück bei diesem Gericht eingereicht wurde. Dies gilt unabhängig von jeder nationalen Verfahrensvorschrift, die bestimmt, wann und unter welchen Umständen das Verfahren eröffnet ist oder als anhängig gilt, sofern der Antragsteller in der Folge das Erfordernis der Zustellung dieses Schriftstücks an den Antragsgegner erfüllt hat (EuGH C-173/16 – *M H/M H,* unalex EU-701 Rn 28). Der Zeitpunkt der Einreichung ist also auch dann maßgeblich, wenn damit nach der *lex fori* des angerufenen Gerichts das Verfahren noch nicht rechtshängig geworden ist (vgl die Abschlussentscheidung des Irish Court of Appeal 24.1.17, unalex IE-123). Entsprechendes gilt auch für die Übergabe des Schriftstücks an die für die Zustellung zuständige Stelle. Eine **Zeitverschiebung** zwischen zwei Mitgliedstaaten bleibt bei der Feststellung des für die Rechtshängigkeit maßgeblichen Zeitpunkts außer Betracht (EuGH C-489/14 – *A/B,* NJW 15, 3776 Rn 44).

Vor den **deutschen Gerichten** bestimmt sich der Rechtshängigkeitszeitpunkt nach **lit a. 138** Maßgeblich ist also der Zeitpunkt der Einreichung des verfahrenseinleitenden (oder eines gleichwertigen) Schriftstücks bei Gericht, weil diese vor der Zustellung zu erfolgen hat. Rechtshängigkeit tritt durch Einreichung des verfahrenseinleitenden Schriftstücks bei dem Gericht eines Mitgliedstaats auch dann ein, wenn dieses nach seiner *lex fori* **örtlich unzuständig** ist und das Verfahren deshalb an die örtlich zuständige Gericht verweist (Trib d'arrondissement Luxembourg 22.5.08, unalex LU-201; Althammer/*Schäuble* Rn 5).

Verfahrenseinleitendes Schriftstück ist nach der gebotenen autonomen Auslegung der **139** Vorschrift jedes Schriftstück, durch das der Antragsgegner von der Einleitung des Verfahrens Kenntnis erhält. Er muss hierdurch über „die wesentlichen Elemente des Rechtsstreits" in Kenntnis gesetzt werden (vgl zum EuGVÜ EuGH C-474/93 – *Hengst Import,* Slg 95 I-2113 Rn 19; EuGH C-172/91 – *Sonntag,* Slg 93 I-1963 Rn 39 = NJW 93, 2091). Es genügt, wenn das Schriftstück diejenigen Angaben enthält, die dem Antragsgegner die sachgerechte Entscheidung darüber ermöglichen, ob er sich auf das Verfahren einlassen soll (BGHZ 141, 286 = IPRax 01, 230/231). Das Schriftstück muss daher zumindest den Antragsteller, das angerufene Gericht, den Gegenstand der Klage und deren wesentlichen Klagegrund enthalten, ferner den Hinweis, dass es sich um ein gerichtliches Verfahren handelt und der Adressat sich verteidigen könne

A 140–144 1. Teil. Erkenntnisverfahren A. Ehesachen

(EuGH C-14/07 – *Weiss,* IPRax 08, 419 m zust Anm *Hess;* Staud/*Spellenberg* Rn 6). Welches Schriftstück das konkrete Verfahren einleitet, sagt das nationale Verfahrensrecht.

140 Der Antrag auf Gewährung von **Verfahrenskostenhilfe** ist zwar kein verfahrenseinleitendes Schriftstück. Er sollte aber zum Schutz des Antragstellers vor einem sonst vorrangigen Antrag des Gegners zum Gericht eines anderen Mitgliedstaats als „gleichwertiges" Schriftstück angesehen werden (Staud/*Spellenberg* Rn 11; NK-BGB/*Gruber* Rn 3; **aA** OLG Stuttgart NJW 13, 398; Aud Prov Teruel 25.11.10, unalex ES-518; *Dimmler/Bißmaier* FamRBint 12, 66 ff.). Zum Begriff des „gleichwertigen Schriftstücks" vgl auch → F Rn 284.

3. Erforderliche Maßnahmen des Antragstellers

141 Weitere Voraussetzung ist in beiden Fällen, dass der Antragsteller es in der Folge nicht versäumt, die ihm obliegenden Maßnahmen zu treffen, um entweder die nachträgliche Zustellung des Schriftstücks an den Antragsgegner zu bewirken (lit a) oder das Schriftstück bei Gericht einzureichen (lit b; vgl EuGH C-507/14 – *P/M,* FamRZ 15, 1865 Rn 32 = IPRax 16, 371 m Anm *Nordmeier* 329). Welche Maßnahmen dem Antragsteller obliegen, richtet sich nach der jeweiligen **lex fori** des angerufenen Gerichts (*Hausmann* EuLF 00/01, 345/346; *Gruber* FamRZ 00, 1129/1133; ThP/*Hüßtege* Rn 2; Staud/*Spellenberg* Rn 23). Diese entscheidet auch über die Frage, bis zu welchem **Zeitpunkt** die Maßnahmen zu treffen sind (NK-BGB/*Gruber* Rn 3). Sieht das nationale Recht – wie das englische Verfahrensrecht in Familiensachen – **keine Frist** für die nach Einreichung des Schriftstücks zu bewirkende Zustellung vor, so hat der Antragsteller diese Maßnahmen innerhalb vertretbarer Zeit einzuleiten (High Court [Fam Div] 21.10.16, unalex UK-1474: vier Monate sind ausreichend).

142 Ob eine Verzögerung der Zustellung nach Abs 1 lit a den Eintritt der Rechtshängigkeit hindert, hängt nach der insoweit gebotenen europäisch-autonomen Auslegung davon ab, ob sie auf einer Obliegenheitsverletzung beruht, die dem Antragsteller **zugerechnet** werden kann. Die Zurechnung setzt nicht notwendig ein Verschulden voraus. Ein **Antrag auf Verfahrensaussetzung** für einen begrenzten Zeitraum zum Zweck der außergerichtlichen Streitschlichtung hat auf die Rechtshängigkeit keinen Einfluss, wenn die Verhandlungen ernsthaft geführt werden. Art 16 bestimmt den maßgebenden Zeitpunkt für die Rechtshängigkeit sowohl nach lit a wie nach lit b im Falle einer Verfahrensaussetzung auf Initiative des Antragstellers selbst dann, wenn das verfahrenseinleitende Schriftstück dem Antragsgegner nicht zugestellt wurde und dieser auch sonst keine Kenntnis von dem Verfahren erlangt hat, sofern der Antragsteller es in der Folge nicht versäumt, die ihm obliegenden Maßnahmen zu treffen, um die Zustellung an den Antragsgegner zu bewirken (EuGH C-507/14 – *P/M,* FamRZ 15, 1865 Rn 43 m Anm *Mankowski* 1895 = IPRax 16, 371 m Anm *Nordmeier* 329). Durch das Gericht oder das anwendbare nationale Prozessrecht verursachte Verzögerungen sind dem Antragsteller grundsätzlich nicht zurechenbar (EuGH C-173/16 – *MH/MH,* unalex EU-701 Rn 27).

143 Nach **deutschem Recht** hat der Antragsteller die ihm obliegenden Maßnahmen zu treffen, um die Zustellung des Schriftstücks an den Antragsgegner zu bewirken. Hinweise für die erforderlichen Maßnahmen und die für ihre Vornahme einzuhaltenden Fristen können aus der Rechtsprechung zu § 167 ZPO („demnächst")gewonnen werden (*Gruber* FamRZ 00, 1129/1133; Staud/*Spellenberg* Rn 25). Danach hat der Antragsteller zB die richtige Zustelladresse des Antragsgegners anzugeben (NK-BGB/*Gruber* Rn 4; Zö/*Geimer* Rn 4) oder dessen Zustellungsbevollmächtigten zu benennen (vgl KG NJW-RR 05, 881). Ferner hat er den Verfahrenskostenvorschuss nach § 14 FamGKG einzubezahlen, ggf nach Aufforderung durch das Gericht gem §§ 9 Abs 2, 55 FamGKG (*Wagner* FPR 04, 286/289; ThP/*Hüßtege* Rn 3). Dazu gehört aber nicht die Vorlage der für die Zustellung erforderlichen **Abschriften** der Antragsschrift, da diese auf Kosten des Antragstellers von der Geschäftsstelle angefertigt werden können (vgl § 124 S 2 FamFG iVm § 253 Abs 5 ZPO, FamGKG-Kostenverzeichnis Teil 2 Nr 2000; so auch MüKo-FamFG/*Gottwald* Rn 4; Staud/*Spellenberg* Rn 23; *Wagner* FPR 04, 286/289; **aA** NK-BGB/*Gruber* Rn 4; ThP/*Hüßtege* Rn 3; Althammer/*Schäuble* Rn 7). Wird ein Antrag auf Gewährung von **Verfahrenskostenhilfe** gestellt, so hat der Antragsteller alle zur Entscheidung notwendigen Angaben, insbesondere zu seinen Einkommens- und Vermögensverhältnissen, zu machen (*Gruber* FamRZ 00, 1129/1133; Zö/*Geimer* Rn 3; MüKoFamFG/*Gottwald* Rn 2).

144 Hat der Antragsteller seinem Antrag eine für die Zustellung erforderliche **Übersetzung** nicht beigefügt, aber kurze Zeit später nachgereicht, so wird die Zustellung dadurch geheilt und der Zeitpunkt der Rechtshängigkeit nach Art 16 lit b bleibt erhalten (EuGH C-14/07 aaO, Rn 71, 73; Rauscher/*Rauscher* Rn 6 ff). Ergreift der Antragsteller die ihm obliegenden Maßnahmen

I. Internationale Zuständigkeit: EuEheVO Art 17   147, 148   **A**

nicht, so tritt keine Rechtshängigkeit ein; ein Rückgriff auf das nationale Recht der *lex fori* ist auch insoweit ausgeschlossen. Werden die erforderlichen **Maßnahmen später nachgeholt,** aber erst nach Ablauf der hierfür von der *lex fori* vorgeschriebenen Frist oder sonst schuldhaft zu spät, so wird das Verfahren zu dem Zeitpunkt rechtshängig, zu dem der Mangel behoben wurde (ThP/*Hüßtege* Rn 3; NK-BGB/*Gruber* Rn 6; G/Sch/*Dilger,* IRV Rn 7). Ein zwischenzeitlich in einem anderen Mitgliedstaat anhängig gemachtes Verfahren hat daher Vorrang.

4. Vorgeschaltetes Versöhnungsverfahren

Sieht die anwendbare ausländische *lex fori* ein dem Scheidungsverfahren vorgeschaltetes Ver- **145** söhnungsverfahren vor, so gilt das mit der Scheidung befasste ausländische Gericht bereits mit Einleitung dieses Versöhnungsverfahrens als angerufen iSv Art 16, wenn es sich bei dem Vorverfahren um einen **integrierten Bestandteil** eines einheitlichen Scheidungsverfahrens handelt (*Gruber* FamRZ 00, 1129/1132; MüKoFamFG/*Gottwald* Rn 3; Staud/*Spellenberg* Rn 14). Ein solches Versöhnungsverfahren ist in der EU insbesondere dem *französischen* (LG Tübingen IPRax 92, 50), *belgischen* (Trib civ Bruxelles 8.11.06, unalex BE-194), *italienischen* und *portugiesischen* Recht bekannt. Im Falle eines vom Scheidungsverfahren losgelösten eigenständigen Versöhnungsverfahrens wird der Scheidungsantrag hingegen erst mit der (späteren) Anrufung des Gerichts zum Zwecke der Einleitung des eigentlichen streitigen Scheidungsprozesses rechtshängig (NK-BGB/*Gruber* Rn 7; Rauscher/*Rauscher* Rn 11).

5. Einstweiliger Rechtsschutz

In gleicher Weise kann der Zeitpunkt der Anhängigkeit eines Ehescheidungsverfahrens gemäß **146** Abs 1 lit a auch auf den Zeitpunkt der Anhängigkeit zuvor beantragter **einstweiliger Anordnungen** vorverlegt werden, wenn diese beiden Verfahren als einheitliches Verfahren angesehen werden können. Das ist jedoch nicht der Fall, wenn die einstweiligen Anordnungen bei Einreichung des Scheidungsantrags bereits ihre Wirkung verloren haben (Rb Roermond 25.2.09, unalex NL-785).

EuEheVO Art 17. Prüfung der Zuständigkeit

Das Gericht eines Mitgliedstaats hat sich von Amts wegen für unzuständig zu erklären, wenn es in einer Sache angerufen wird, für die es nach dieser Verordnung keine Zuständigkeit hat und für die das Gericht eines anderen Mitgliedstaats aufgrund dieser Verordnung zuständig ist.

1. Prüfung von Amts wegen

Art 17 enthält eine Parallelvorschrift zu Art 27, 28 Abs 1 EuGVVO nF und bestimmt, dass das **147** angerufene Gericht eines Mitgliedstaats in Ehesachen seine Zuständigkeit von Amts wegen zu prüfen hat. Dies bedeutet in erster Linie, dass das Gericht seine internationale Unzuständigkeit nach der Verordnung auch dann festzustellen hat, wenn sich der Antragsgegner hierauf nicht berufen hat (NK-BGB/*Gruber* Rn 1; Zö/*Geimer* Rn 2). Eine Begründung der Zuständigkeit kraft **rügeloser Einlassung** scheidet damit in Ehesachen aus (HK-ZPO/*Dörner* Rn 1; Rauscher/*Rauscher* Rn 6; schon → Rn 46).

2. Prüfungsumfang

Prüfung von Amts wegen meint **keine Amtsermittlung von Tatsachen,** sondern nur die **148** Prüfung von Zweifeln am Vorliegen der Zuständigkeitsvoraussetzungen (MüKoFamFG/*Gottwald* Rn 1; HK-ZPO/*Dörner* Rn 2). Ob das Gericht Tatsachen von Amts wegen ermitteln muss, beurteilt sich nach der jeweiligen *lex fori* (Althammer/*Schäuble* Rn 2; Staud/*Spellenberg* Rn 9). Nach deutschem Recht hat das Gericht in Ehesachen nur vorgetragene Tatsachen, aus denen sich seine Unzuständigkeit ergibt, von sich aus zu berücksichtigen (Rauscher/*Rauscher* Rn 15). Die amtswegige Prüfung hat nicht nur zu erfolgen, wenn das Gericht seine Zuständigkeit aus Art 3–5 herzuleiten beabsichtigt, sondern auch dann, wenn es sich auf Art 7 Abs 1 iVm Vorschriften seines nationalen Zuständigkeitsrechts stützen möchte. Im letzteren Fall erstreckt sich diese Prüfung allerdings nur darauf, ob nicht Art 6 der Inanspruchnahme einer solchen Zuständigkeit entgegensteht oder ob iSv Art 7 Abs 1 ein Gericht eines anderen Mitgliedstaats nach Art 3–5 international zuständig ist (→ Rn 117 ff). Auf die Frage, ob eine **(Rest-)Zuständigkeit**

35

A   1. Teil. Erkenntnisverfahren A. Ehesachen

nach nationalem Recht begründet ist, bezieht sich die Prüfung nach Art 17 hingegen nicht; insoweit gilt für den Umfang der Prüfungspflicht vielmehr die jeweilige *lex fori* (Zö/*Geimer* Rn 2).

149   Ein deutsches Gericht hat wegen Art 7 Abs 1 daher nicht nur von Amts wegen zu prüfen, ob es selbst nach Art 3 ff international zuständig ist, sondern auch, ob nicht die **Gerichte eines anderen Mitgliedstaats** nach der Verordnung international zuständig sind. Ist letzteres der Fall, darf das deutsche Gericht seine Zuständigkeit nicht auf § 98 FamFG stützen, sondern hat die Klage als unzulässig abzuweisen (Zö/*Geimer* Rn 5). Von einer Anerkennungsprognose – wie sie § 98 Abs 1 Nr 4 FamFG kennt – ist die Annahme der internationalen Zuständigkeit nach der Verordnung hingegen nicht abhängig (Althammer/*Arnold* Vorbem vor Art 3–7 Rn 6).

150   Die amtswegige Prüfung hat in jedem Verfahrensabschnitt, also **auch in der Rechtsmittel-instanz** – in Deutschland also im Beschwerde- und Rechtsbeschwerdeverfahren – zu erfolgen (Rauscher/*Rauscher* Rn 18; Staud/*Spellenberg* Rn 14; vgl zum EuGVÜ BGHZ 169, 240 = FamRZ 07, 109). Eine Verpflichtung dazu besteht für das angerufene Gericht freilich nur, wenn es über die sachlich unter Art 1 Abs 1 lit a fallenden Anträge in der **Hauptsache** entscheidet; bei der Entscheidung über bloße Vorfragen findet keine Prüfung von Amts wegen nach Art 17 statt (Rauscher/*Rauscher* Rn 14; HK-ZPO/*Dörner* Rn 1; MüKoFamFG/*Gottwald* Rn 1). Für die Prüfung der örtlichen und sachlichen Zuständigkeit bleibt es bei der Maßgeblichkeit des nationalen Rechts (Zö/*Geimer* Art 1 Rn 10); in Deutschland beurteilt sich die örtliche Zuständigkeit in Ehesachen nach § 152 FamFG.

3. Entscheidung

151   Das Gericht weist den Antrag als **unzulässig** zurück, wenn es nach Art 3–5 nicht zuständig ist *und* gleichzeitig die **Zuständigkeit des Gerichts eines anderen Mitgliedstaats** nach einer dieser Vorschriften gegeben ist, so dass auch ein Rückgriff auf nationales Zuständigkeitsrecht nach Art 7 Abs 1 ausscheidet (EuGH C-68/07 – *Sundelind Lopez,* Slg 07 I-10403 Rn 19 f = FamRZ 08, 1287; öst OGH IPRax 10, 74/77; HK-ZPO/*Dörner* Rn 1). Hingegen darf es den Antrag nicht durch *Sach*urteil abweisen, weil ein unzuständiges Gericht zu einer Entscheidung in der Sache nicht befugt ist (frz Cass 11.5.16, unalex FR-2487). Auch eine **Verweisung** an das zuständige Gericht in einem anderen Mitgliedstaat ist nicht vorgesehen; jedoch besteht uU eine Verpflichtung, das zuständige Gericht von der Unzuständigkeitserklärung in Kenntnis zu setzen (vgl zu Verfahren der elterlichen Verantwortung EuGH C-523/07 – *A,* Slg 09 I-2805 Rn 69 = FamRZ 09, 843; Zö/*Geimer* Rn 5). Ebensowenig kann das Gericht eines Mitgliedstaats verlangen, dass das Gericht eines anderen Mitgliedstaats sich für unzuständig erklären solle (Aud Prov Madrid 20.7.10, unalex ES-541).

152   Fehlt es hingegen an der Zuständigkeit der Gerichte eines anderen Mitgliedstaats nach Art 3–5, so hat das Gericht gem Art 7 Abs 1 iVm Art 6 zu prüfen, ob es nach seinem **autonomen Prozessrecht** – in Deutschland zB nach § 98 Abs 1 FamFG – international zuständig ist. Nur wenn auch dies nicht der Fall ist, weist es den Antrag nach Maßgabe seines nationalen Prozessrechts als unzulässig ab (Zö/*Geimer* Rn 6; Staud/*Spellenberg* Rn 7); dies gilt unabhängig davon, ob Gerichte eines anderen Mitgliedstaats nach ihrem autonomen Recht zuständig sind.

EuEheVO Art 18. Prüfung der Zulässigkeit

(1) Lässt sich ein Antragsgegner, der seinen gewöhnlichen Aufenthalt nicht in dem Mitgliedstaat hat, in dem das Verfahren eingeleitet wurde, auf das Verfahren nicht ein, so hat das zuständige Gericht das Verfahren so lange auszusetzen, bis festgestellt ist, dass es dem Antragsgegner möglich war, das verfahrenseinleitende Schriftstück oder ein gleichwertiges Schriftstück so rechtzeitig zu empfangen, dass er sich verteidigen konnte, oder dass alle hierzu erforderlichen Maßnahmen getroffen wurden.

(2) Artikel 19 der Verordnung (EG) Nr 1348/2000 findet statt Absatz 1 Anwendung, wenn das verfahrenseinleitende Schriftstück oder ein gleichwertiges Schriftstück nach Maßgabe jener Verordnung von einem Mitgliedstaat in einen anderen zu übermitteln war.

(3) Sind die Bestimmungen der Verordnung (EG) Nr 1348/2000 nicht anwendbar, so gilt Artikel 15 des Haager Übereinkommens vom 15. November 1965 über die Zustellung gerichtlicher und außergerichtlicher Schriftstücke im Ausland in Zivil- und Handelssachen, wenn das verfahrenseinleitende Schriftstück oder ein gleichwertiges Schriftstück nach Maßgabe des genannten Übereinkommens ins Ausland zu übermitteln war.

I. Internationale Zuständigkeit: EuEheVO Art 18 153–158 **A**

1. Normzweck

Art 18 orientiert sich an Art 26 Abs 2–4 EuGVVO aF. Parallelvorschriften finden sich in **153** Art 11 EuUntVO, Art 17 EuGüVO/EuPartVO und Art 16 EuErbVO. Die Vorschrift soll einerseits das Recht des Antragsgegners auf **rechtliches Gehör** bei der Verfahrenseinleitung gewährleisten und andererseits sicherstellen, dass die Anerkennung der späteren Entscheidung nicht an Art 22 lit b scheitert (HK-ZPO/*Dörner* Rn 1; Rauscher/*Rauscher* Rn 1; Staud/*Spellenberg* Rn 3 f). Hierfür enthält Abs 1 eine eigenständige Regelung, die jedoch **nur subsidiär** zur Anwendung kommt, soweit nicht die unionsrechtlichen bzw staatsvertraglichen Vorschriften betreffend die Zustellung verfahrenseinleitender Schriftstücke eingreifen, auf die in den Absätzen 2 und 3 verwiesen wird.

Bei der Prüfung des Art 18 ist daher im ersten Schritt zu klären, ob auf die Zustellung gem **154** Abs 2 die Verordnung (EG) Nr 1393/2007 über die Zustellung gerichtlicher und außergerichtlicher Schriftstücke in Zivil- oder Handelssachen in den Mitgliedstaaten v 13.11.2007 (ABl EU L 324, 79 = *Jayme/Hausmann* Nr 224; **EuZVO**) anwendbar ist (→ Rn 161 ff). Ist dies zu verneinen, ist im nächsten Schritt gem Abs 3 zu prüfen, ob auf die Zustellung das Haager Übereinkommen über die Zustellung gerichtlicher und außergerichtlicher Schriftstücke im Ausland in Zivil- oder Handelssachen v 15.11.1965 (BGBl 77 II, 1453 = *Jayme/Hausmann* Nr 211; **HZÜ**) anwendbar ist (→ Rn 164 ff). Nur wenn auch dies nicht der Fall ist, findet hilfsweise Abs 1 Anwendung. Auch im Rahmen der Anerkennung von Entscheidungen in Ehesachen darf das Zweitgericht die Ordnungsmäßigkeit der Zustellung nur nach Maßgabe von Art 18 prüfen (vgl zum EuGVÜ EuGH C-522/03 – *Scania/Rockinger,* Slg 05 I-8639 Rn 26 ff = NJW 05, 3627).

2. Prüfung der Zulässigkeit, Abs 1

a) Nichteinlassung. Eine Nichteinlassung iSv Abs 1 liegt dann vor, wenn sich der Antrags- **155** gegner weder selbst noch durch einen von ihm beauftragten Bevollmächtigten (vgl zur EuGVVO aF EuGH C-78/95 – *Hendrikman/Magenta,* Slg 96 I-4943 Rn 18 ff = IPRax 97, 333 m Anm *Rauscher* 314) am Verfahren beteiligt (näher zum Begriff der Einlassung in Ehesachen → K Rn 81 zu Art 22 lit b). Eine Verfahrensbeteiligung liegt noch nicht in der bloßen Rüge der fehlenden Zuständigkeit des Gerichts (EuGH C-39/02 – *Maersk Olie & Gas,* Slg 04-I, 9657 Rn 57; Corneloup/*Simons* Rn 8). Auch der Hinweis des Antragsgegners darauf, dass er von dem Verfahren zu spät Kenntnis erlangt habe und sich daher nicht rechtzeitig verteidigen konnte, stellt keine Einlassung dar (NK-BGB/*Gruber* Rn 2; Rauscher/*Rauscher* Rn 8).

Die Vorschrift ist nach ihrem Wortlaut nur dann anwendbar, wenn der Antragsgegner seinen **156** **gewöhnlichen Aufenthalt** (→ Rn 55 ff) **nicht im Gerichtsstaat** hat. Nicht erforderlich ist – abweichend von Art 28 Abs 1 EuGVVO nF – ein gewöhnlicher Aufenthalt in einem anderen *Mitgliedstaat,* vielmehr reicht auch ein solcher in einem Drittstaat aus (G/Sch/*Dilger,* IRV Rn 3; Zö/*Geimer* Rn 1; HK-ZPO/*Dörner* Rn 2; ebenso jetzt auch NK-BGB/*Gruber* Rn 3). Teilweise wird die Vorschrift – weitergehend – ganz unabhängig vom gewöhnlichen Aufenthalt des Antragsgegners angewandt (vgl Staud/*Spellenberg* Rn 96; M/M/*Mankowski* Rn 17).

b) Aussetzung des Verfahrens. Liegen die Voraussetzungen nach Abs 1 vor, so hat das nach **157** Art 3–7 zuständige Gericht das Verfahren von Amts wegen auszusetzen, um Feststellungen darüber treffen zu können,

– dass es dem Antragsgegner möglich war, das verfahrenseinleitende Schriftstück oder ein gleichwertiges Schriftstück so rechtzeitig zu empfangen, dass er sich verteidigen konnte, oder
– dass zumindest alle hierzu erforderlichen Maßnahmen getroffen wurden.

Verfahrenseinleitende Schriftstücke sind Urkunden, die alle wesentlichen Elemente des **158** Rechtsstreits charakterisieren und durch deren Zustellung der Antragsgegner erstmals von dem Verfahren Kenntnis erlangt. Hierzu gehören insbesondere die Antragsschrift und die Terminsladung, wenn sie die wesentlichen Informationen über den Gegenstand des Rechtsstreits enthalten. Eine Antragsbegründung ist zwar nicht zwingend erforderlich; das Schriftstück muss dem Antragsgegner aber erlauben, eine Entscheidung zu treffen, ob er sich auf das Verfahren einlassen möchte oder nicht (BGHZ 141, 286/295 f; Kropholler/*v Hein* Art 34 EuGVVO aF Rn 30). Gleichwertige Schriftstücke sind insbesondere solche, durch die der Antragsteller während des schon laufenden Verfahrens von wesentlichen Änderungen des Verfahrensgegenstandes Kenntnis erlangt (Rauscher/*Rauscher* Rn 16; G/Sch/*Dilger,* IRV Rn 6).

A 159–163   1. Teil. Erkenntnisverfahren A. Ehesachen

159   Bei der Prüfung der **Rechtzeitigkeit** des Empfangs kommt es maßgeblich darauf an, ob der
Antragsgegner von dem Schriftstück zu einem Zeitpunkt Kenntnis erlangte, der ihm noch eine
ausreichende Vorbereitung seiner Verteidigung ermöglichte (G/Sch/*Dilger,* IRV Rn 7; Rau-
scher/*Rauscher* Rn 17; näher → K Rn 84 ff). Dies ist eine Tatsachenfrage, über die das Gericht
nach pflichtgemäßem Ermessen im Wege autonomer Auslegung zu entscheiden hat. Dabei spielt
insbesondere eine Rolle, ob das Schriftstück in einer für den Antragsgegner **verständlichen
Sprache** abgefasst war und ob ihm genügend Zeit zur Kontaktaufnahme mit einem Rechtsanwalt verblieben ist. Bei ordnungsgemäßer Zustellung ist auf den Zeitpunkt abzustellen, in dem
das Schriftstück an den Antragsgegner zugestellt wurde und er deshalb Kenntnis erlangen konnte;
auf eine tatsächliche Kenntnisnahme kommt es in diesem Fall nicht an (Rauscher/*Rauscher*
Rn 17). Ist die Zustellung hingegen fehlerhaft, so ist der Zeitpunkt der tatsächlichen Kenntnisnahme maßgeblich (G/Sch/*Dilger* aaO; Rauscher/*Rauscher* aaO).

160   Auch wenn das Gericht keine sicheren Feststellungen darüber treffen kann, ob dem Antragsgegner die Kenntnisnahme tatsächlich möglich war, kann es dem Verfahren seinen Fortgang
geben, wenn es jedenfalls festgestellt hat, dass **alle erforderlichen Maßnahmen** ergriffen
wurden, um dieses Ziel zu erreichen. Dies setzt zumindest voraus, dass die Zustellung des
einleitenden Schriftstücks **ordnungsgemäß** erfolgt ist (Rauscher/*Rauscher* Rn 18).

3. Vorrang der EU-Zustellungsverordnung, Abs 2

161   Die Regelung in Abs 1 wird gem Abs 2 durch das vorrangige sekundäre EU-Recht verdrängt, wenn die Zustellung von einem in einen anderen Mitgliedstaat zu bewirken ist. Abs 2
verweist insoweit auf Art 19 der Verordnung (EG) Nr 1348/2000 v 29.5.2000 (ABl L 160, 37;
EuZVO 2000; vgl dazu ErwG 15; → Anh I). Die EuZVO 2000 ist mit Wirkung v 13.11.2008
durch die Verordnung (EG) Nr 1393/2007 über die Zustellung gerichtlicher und außergerichtlicher Schriftstücke in Zivil- oder Handelssachen in den Mitgliedstaaten v 13.11.2007 (ABl L
324, 79; **EuZVO**) ersetzt worden. Nach Art 25 Abs 2 EuZVO gelten Verweisungen auf die
EuZVO 2000 als Bezugnahmen auf die EuZVO nach Maßgabe der Entsprechungstabelle in
Anh III.

EuZVO Art 1. Anwendungsbereich.

*(1) ¹Diese Verordnung ist in Zivil- oder Handelssachen anzuwenden, in denen ein gerichtliches
oder außergerichtliches Schriftstück von einem in einen anderen Mitgliedstaat zum Zwecke der
Zustellung zu übermitteln ist. ²Sie erfasst insbesondere nicht Steuer- und Zollsachen, verwaltungsrechtliche Angelegenheiten sowie die Haftung des Staates für Handlungen oder Unterlas-
sungen im Rahmen der Ausübung hoheitlicher Rechte („acta iure imperii").*

*(2) Diese Verordnung findet keine Anwendung, wenn die Anschrift des Empfängers des Schrift-
stücks unbekannt ist.*

*(3) Im Sinne dieser Verordnung bezeichnet der Begriff „Mitgliedstaat" alle Mitgliedstaaten mit
Ausnahme Dänemarks.*

162   Die EuZVO gilt in allen EU-Mitgliedstaaten, seit dem 1.7.2013 also auch für *Kroatien.* Gemäß
dem Abk zwischen der Europäischen Union und *Dänemark* über die Zustellung gerichtlicher
und außergerichtlicher Schriftstücke in Zivil- oder Handelssachen v 19.10.2005 (ABl L 300, 55)
hat auch *Dänemark* den Inhalt der Zustellungsverordnung umgesetzt (ABl 2007 L 94, 70; ABl
2008 L 331, 21). Dieses Abk ist nach seinem Art 1 bei Zustellungen nach *Dänemark* in allen
Zivilsachen anzuwenden, damit auch in Ehesachen, obwohl *Dänemark* an der EuEheVO nicht
teilnimmt (Althammer/*Schäuble* Rn 5).

163   **Art 19 EuZVO** sieht ebenfalls eine Aussetzung im Fall der Nichteinlassung des Antragsgegners vor; allerdings darf unter bestimmten Voraussetzungen nach Ablauf von wenigstens sechs
Monaten auch ohne Zustellungsnachweis sachlich entschieden werden (vgl zu Einzelheiten
Staud/*Spellenberg* Rn 24 ff). Die in ihrem Wortlaut unverändert aus der EuZVO 2000 übernommene Vorschrift lautet:

EuZVO Art 19. Nichteinlassung des Beklagten.

*(1) War ein verfahrenseinleitendes Schriftstück oder ein gleichwertiges Schriftstück nach dieser
Verordnung zum Zweck der Zustellung in einen anderen Mitgliedstaat zu übermitteln und hat sich
der Beklagte nicht auf das Verfahren eingelassen, so hat das Gericht das Verfahren auszusetzen,
bis festgestellt ist,*

38

I. Internationale Zuständigkeit: EuEheVO Art 18   **164–166**   **A**

a) *dass das Schriftstück in einer Form zugestellt worden ist, die das Recht des Empfangsmitgliedstaats für die Zustellung der in seinem Hoheitsgebiet ausgestellten Schriftstücke an dort befindliche Personen vorschreibt, oder*
b) *dass das Schriftstück tatsächlich entweder dem Beklagten persönlich ausgehändigt oder nach einem anderen in dieser Verordnung vorgesehenen Verfahren in seiner Wohnung abgegeben worden ist,*

und dass in jedem dieser Fälle das Schriftstück so rechtzeitig ausgehändigt bzw. abgegeben worden ist, dass der Beklagte sich hätte verteidigen können.

(2) Jeder Mitgliedstaat kann nach Artikel 23 Absatz 1 mitteilen, daß seine Gerichte ungeachtet des Absatzes 1 den Rechtsstreit entscheiden können, auch wenn keine Bescheinigung über die Zustellung oder die Aushändigung bzw. Abgabe eingegangen ist, sofern folgende Voraussetzungen gegeben sind:

a) *Das Schriftstück ist nach einem in dieser Verordnung vorgesehenen Verfahren übermittelt worden.*
b) *Seit der Absendung des Schriftstücks ist eine Frist von mindestens sechs Monaten verstrichen, die das Gericht nach den Umständen des Falles als angemessen erachtet.*
c) *Trotz aller zumutbaren Schritte bei den zuständigen Behörden oder Stellen des Empfangsmitgliedstaats war eine Bescheinigung nicht zu erlangen.*

(3) Unbeschadet der Absätze 1 und 2 kann das Gericht in dringenden Fällen einstweilige Maßnahmen oder Sicherungsmaßnahmen anordnen.

(4) War ein verfahrenseinleitendes Schriftstück oder ein gleichwertiges Schriftstück nach dieser Verordnung zum Zweck der Zustellung in einen anderen Mitgliedstaat zu übermitteln und ist eine Entscheidung gegen einen Beklagten ergangen, der sich nicht auf das Verfahren eingelassen hat, so kann ihm das Gericht in bezug auf Rechtsmittelfristen die Wiedereinsetzung in den vorigen Stand bewilligen, sofern

a) *der Beklagte ohne sein Verschulden nicht so rechtzeitig Kenntnis von dem Schriftstück erlangt hat, dass er sich hätte verteidigen können, und nicht so rechtzeitig Kenntnis von der Entscheidung erlangt hat, dass er sie hätte anfechten können, und*
b) *die Verteidigung des Beklagten nicht von vornherein aussichtslos scheint.*

¹ *Ein Antrag auf Wiedereinsetzung in den vorigen Stand kann nur innerhalb einer angemessenen Frist, nachdem der Beklagte von der Entscheidung Kenntnis erhalten hat, gestellt werden.* ² *Jeder Mitgliedstaat kann nach Artikel 23 Absatz 1 erklären, dass dieser Antrag nach Ablauf einer in seiner Mitteilung anzugebenden Frist unzulässig ist; diese Frist muss jedoch mindestens ein Jahr ab Erlass der Entscheidung betragen.*

(5) Absatz 4 gilt nicht für Entscheidungen, die den Personenstand betreffen.

4. Vorrang des Haager Zustellungsübereinkommens, Abs 3

Ist die EuZVO nicht anwendbar, verweist Abs 3 auf Art 15 des Haager Übereinkommens über **164** die Zustellung gerichtlicher und außergerichtlicher Schriftstücke im Ausland in Zivil- oder Handelssachen v 15.11.1965 (BGBl 77 II, 1453 = *Jayme/Hausmann* Nr 211; **HZÜ**), wenn das Schriftstück nach Maßgabe dieses Übereinkommens ins Ausland zu übermitteln war (vgl auch dazu näher Staud/*Spellenberg* Rn 24 ff).:

HZÜ Art 1

(1) Dieses Übereinkommen ist in Zivil- oder Handelssachen in allen Fällen anzuwenden, in denen ein gerichtliches oder außergerichtliches Schriftstück zum Zweck der Zustellung in das Ausland zu übermitteln ist.
(2) Das Übereinkommen gilt nicht, wenn die Anschrift des Empfängers des Schriftstücks unbekannt ist.

Das Übk gilt für die **Bundesrepublik Deutschland** derzeit im Verhältnis zu folgenden **165** Staaten, die nicht Mitgliedstaaten der vorrangig anzuwendenden EuZVO sind: *Ägypten, Albanien, Andorra, Antigua* und *Barbuda, Argentinien, Armenien, Australien, Bahamas, Barbados, Belarus, Belize, Bosnien* und *Herzegowina, Botsuana, China, Costa Rica, Indien, Island, Israel, Japan, Kanada, Kasachstan, Kolumbien,* der *Republik Korea, Kuwait, Malawi, Marokko, Mazedonien, Mexiko,* der *Republik Moldau, Monaco, Montenegro, Norwegen, Pakistan,* der *Russischen Föderation, San Marino,* der *Schweiz, Serbien,* den *Seychellen, Sri Lanka, St. Vincent* und den *Grenadinen, Tunesien,* der *Türkei,* der *Ukraine, Venezuela,* den *Vereinigten Staaten* und *Vietnam.* Vgl die Nachw bei *Jayme/ Hausmann* Nr 211 Fn 1.

Das Übk gilt auch nach dem Übergang der Souveränitätsrechte für *Hongkong* und *Macau* vom **166** *Vereinigten Königreich* bzw *Portugal* auf *China* im Verhältnis zu den chinesischen Sonderverwaltungsregionen *Hongkong* und *Macau* fort. Für die **anderen EU-Mitgliedstaaten** findet sich eine

39

A

1. Teil. Erkenntnisverfahren A. Ehesachen

Liste des Geltungsbereichs des Übereinkommens auf der Homepage der Haager Konferenz für Internationales Privatrecht (www.hcch.net).

Art 15 HZÜ hat folgenden Wortlaut:

HZÜ Art 15

(1) War zur Einleitung eines gerichtlichen Verfahrens eine Ladung oder ein entsprechendes Schriftstück nach diesem Übereinkommen zum Zweck der Zustellung in das Ausland zu übermitteln und hat sich der Beklagte nicht auf das Verfahren eingelassen, so hat der Richter das Verfahren auszusetzen, bis festgestellt ist,

a) dass das Schriftstück in einer der Formen zugestellt worden ist, die das Recht des ersuchten Staates für die Zustellung der in seinem Hoheitsgebiet ausgestellten Schriftstücke an dort befindliche Personen vorschreibt, oder

b) dass das Schriftstück entweder dem Beklagten selbst oder aber in seiner Wohnung nach einem anderen in diesem Übereinkommen vorgesehenen Verfahren übergeben worden ist

und dass in jedem dieser Fälle das Schriftstück so rechtzeitig zugestellt oder übergeben worden ist, dass der Beklagte sich hätte verteidigen können.

(2) Jedem Vertragsstaat steht es frei zu erklären, dass seine Richter ungeachtet des Absatzes 1 den Rechtsstreit entscheiden können, auch wenn ein Zeugnis über die Zustellung oder die Übergabe nicht eingegangen ist, vorausgesetzt,

a) dass das Schriftstück nach einem in diesem Übereinkommen vorgesehenen Verfahren übermittelt worden ist,

b) dass seit der Absendung des Schriftstücks eine Frist verstrichen ist, die der Richter nach den Umständen des Falles als angemessen erachtet und die mindestens sechs Monate betragen muss, und

c) dass trotz aller zumutbaren Schritte bei den zuständigen Behörden des ersuchten Staates ein Zeugnis nicht zu erlangen war.

(3) Dieser Artikel hindert nicht, dass der Richter in dringenden Fällen vorläufige Maßnahmen einschließlich solcher, die auf eine Sicherung gerichtet sind, anordnet.

167 Die Erklärung gem Art 15 Abs 2 HZÜ haben die *Bundesrepublik Deutschland* sowie folgende Staaten, die nicht Mitgliedstaaten der EuZVO sind, abgegeben: *Antigua* und *Barbuda, Argentinien, Australien, Botsuana, China, Indien, Island, Japan, Kanada,* die *Republik Korea, Kuwait, Mazedonien, Mexiko,* die *Republik Moldau, Monaco, Montenegro, Norwegen, Pakistan, San Marino, Serbien, Sri Lanka, St. Vincent* und die *Grenadinen, Tunesien,* die *Türkei,* die *Ukraine, Venezuela,* die *Vereinigten Staaten und Vietnam.*

168 Werden bei einer Auslandszustellung die Vorschriften des HZÜ verletzt, scheidet eine **Heilung** des Zustellungsmangels nach nationalen Vorschriften aus. Werden die Anforderungen des HZÜ hingegen gewahrt und nur Formvorschriften des Verfahrensrechts des Zustellungsstaates verletzt, besteht die Möglichkeit einer Heilung nach Maßgabe des nationalen Zustellungsrechts, wenn das Schriftstück dem Zustellungsempfänger tatsächlich zugegangen ist. Dies gilt sogar dann, wenn das Recht des Zustellungsstaates eine Heilung nicht vorsieht, solange eine solche Möglichkeit nach der *lex fori* besteht (BGHZ 191, 59 = NJW 11, 3581 m Anm *Rauscher*).

EuEheVO Art 19. Rechtshängigkeit und abhängige Verfahren

(1) Werden bei Gerichten verschiedener Mitgliedstaaten Anträge auf Ehescheidung, Trennung ohne Auflösung des Ehebandes oder Ungültigerklärung einer Ehe zwischen denselben Parteien gestellt, so setzt das später angerufene Gericht das Verfahren von Amts wegen aus, bis die Zuständigkeit des zuerst angerufenen Gerichts geklärt ist.

(2) *(betrifft Verfahren der elterlichen Verantwortung; abgedruckt und kommentiert → F Rn 289ff)*

(3) Sobald die Zuständigkeit des zuerst angerufenen Gerichts feststeht, erklärt sich das später angerufene Gericht zugunsten dieses Gerichts für unzuständig. In diesem Fall kann der Antragsteller, der den Antrag bei dem später angerufenen Gericht gestellt hat, diesen Antrag dem zuerst angerufenen Gericht vorlegen.

Schrifttum: *Amos/Dutta,* Europäische Zuständigkeiten in Ehesachen bei drittstaatlicher Rechtshängigkeit, FamRZ 14, 444; *Burkhardt,* Internationale Rechtshängigkeit und Verfahrensstruktur bei Eheauflösungen (1997); *Finger,* Ausländische Rechtshängigkeit und inländisches Scheidungsverfahren (einschließl. Scheidungsfolgen), FuR 99, 310; *Geimer,* Lis pendens in der Europäischen Union, FS Sonnenberger (2004), 357; *Gruber,* Die „europäische Rechtshängigkeit" bei Scheidungsverfahren, FamRZ 99, 1563; *ders,* Die neue „europäische" Rechtshängigkeit bei Scheidungsverfahren, FamRZ 00, 1129; *Haidmayer,* Parallel anhängige Scheidungsverfahren in Deutschland und der Schweiz, IPRax 18, 35; *Heiderhoff,* Die Berücksichtigung ausländischer Rechtshängigkeit in Ehescheidungsverfahren (1998); *Pabst,* Entscheidungszuständigkeit und Beach-

I. Internationale Zuständigkeit: EuEheVO Art 19   **169–172** **A**

tung ausländischer Rechtshängigkeit in Ehesachen mit Europabezug (2009); *Philippi,* Doppelte Scheidungs-prozesse im In- und Ausland, FamRZ 00, 525; R. *Wagner,* Ausländische Rechtshängigkeit in Ehesachen unter besonderer Berücksichtigung der EG-Verordnungen Brüssel II und Brüssel IIa, FPR 04, 286.

1. Allgemeines

a) Normzweck. Art 19 regelt das Verfahren in Fällen doppelter Rechtshängigkeit vor Ge- **169** richten verschiedener Mitgliedstaaten mit dem Ziel, positive Kompetenzkonflikte zu vermeiden und damit der Gefahr vorzubeugen, dass in diesen Mitgliedstaaten widersprechende Entschei-dungen in der nämlichen Ehesache gesprochen werden (EuGH C-489/14 – *A/B,* NJW 15, 3776 Rn 29; Althammer/*Althammer* Rn 2; vgl zu Sorgerechtsverfahren auch EuGH C-296/10 – *Purrucker,* Slg 10 I-11163 Rn 64 = NJW 11, 364 f). Diese Gefahr besteht in Ehesachen in besonderem Maße, weil Art 3 – wie gezeigt (→ Rn 49) – eine Vielzahl alternativer Gerichts-stände vorsieht. Art 19 überträgt in Abs 1 und Abs 3 S 1 die diesbezüglichen Regeln des Art 27 EuGVVO aF auf Ehesachen, verzichtet diesbezüglich allerdings – anders als Abs 2 in Verfahren betreffend die elterliche Verantwortung (→ F Rn 297 ff) – auf das Erfordernis einer Identität des Streitgegenstands. Stattdessen wird dem Gericht Vorrang eingeräumt, bei dem zuerst eines der in Art 1 Abs 1 lit a genannten **„abhängigen" Verfahren** (Scheidung, Trennung ohne Auflösung des Ehebandes, Ungültigerklärung einer Ehe) anhängig gemacht wird.

Die zur Umschreibung der Rechtshängigkeit in Art 19 Abs 1 verwendeten Begriffe sind nicht **170** nach Maßgabe der jeweiligen *lex fori,* sondern *autonom* auszulegen (vgl EuGH C-296/10 – *Purrucker,* Slg 10 I-11163 Rn 66 = NJW 11, 363 [Sorgerecht]). Insoweit geht die Vorschrift zur Erreichung ihres Zwecks von einem **weiten Streitgegenstandsbegriff** aus (→ Rn 171 ff) und verzichtet gänzlich auf eine positive Anerkennungsprognose. Das später angerufene deutsche Gericht hat also nicht zu prüfen, ob mit einer Anerkennung der Entscheidung in dem früher in einem anderen Mitgliedstaat eingeleiteten Verfahren nach Art 22 voraussichtlich zu rechnen ist (allgM, vgl *Hau* FamRZ 00, 1333/1339; NK-BGB/*Gruber* Rn 15; ThP/*Hüßtege* Rn 1; Zö/ *Geimer* Rn 2; MüKoFamFG/*Gottwald* Rn 5; Rauscher/*Rauscher* Rn 6).

b) Konkurrierende mitgliedstaatliche Verfahren. Art 19 Abs 1 erfasst nur konkurrieren- **171** de Verfahren, die **in verschiedenen Mitgliedstaaten** (mit Ausnahme *Dänemarks*) eingeleitet werden, und hat insoweit Anwendungsvorrang vor dem nationalen Verfahrensrecht. Die Anwen-dung des Art 19 ist für die mitgliedstaatlichen Gerichte **zwingend,** kann also durch eine abweichende Vereinbarung der Parteien zugunsten der Fortsetzung des Verfahrens vor dem später angerufenen Gericht nicht abbedungen werden (Court of Appeal [Civ Div] 28.1.14, unalex UK-612). Unerheblich ist hingegen, worauf das zuerst angerufene Gericht seine internationale Zuständigkeit stützt. Art 19 Abs 1 ist daher auch dann anzuwenden, wenn dieses Gericht seine Zuständigkeit nicht aus Art 3–5, sondern aus Art 7 Abs 1 iVm mit den autonomen Zuständig-keitsvorschriften der *lex fori* ableitet (NK-BGB/*Gruber* Rn 5; Althammer/*Althammer* Rn 3; Staud/*Spellenberg* Rn 7; ebenso zur EuGVVO aF EuGH C-351/89 – *Overseas Union,* Slg 91 I-3317 Rn 13 = NJW 92, 3221).

Ob und unter welchen Voraussetzungen auch die Rechtshängigkeit eines Eheverfahrens vor **172** einem **drittstaatlichen Gericht** zu beachten ist, haben die Gerichte der Mitgliedstaaten hin-gegen weiterhin nach ihrem autonomen Prozessrecht bzw nach vorrangigen Staatsverträgen zu beurteilen (frz Cass 9.9.15, unalex FR-2458; 10.10.12, unalex FR-2324; öst OGH 22.11.11, unalex AT-799; OLG Hamm FamRZ 18, 51/52 f m krit Anm *Dutta* 131; KG FamRZ 16, 384 Rn 9 ff m krit Anm *Geimer* 840; OLG München NZFam 14, 272; *Amos/Dutta* FamRZ 14, 444/446; Rauscher/*Rauscher* Rn 15; krit *Jayme* IPRax 08, 444; **aA** zuletzt aber *Haidmayer* IPRax 18, 35/38 [Reflexwirkung]). In *Deutschland* wird darüber in entsprechender Anwendung von § 261 Abs 3 Nr 1 ZPO entschieden (Staud/*Spellenberg* Rn 6; → Rn 257 ff; zur Beachtung einer drittstaatlichen Rechtshängigkeit in *Frankreich* vgl frz Cass 9.9.15 aaO; ferner frz Cass 17.6.09, D 10, 121 und 22.2.05, IPRax 06, 611 m Anm *Dilger* 617). Auch auf konkurrierende *inländische* Verfahren ist Art 19 nicht anwendbar, so dass ein hier früher rechtshängiges Ehetrennungsver-fahren ein später eingeleitetes Scheidungsverfahren nicht blockiert (OLG München NJW 14, 1893 m Anm *Heiderhoff* 863). Das in einem Mitgliedstaat später anhängig gemachte Scheidungs-verfahren kann daher auch nach den Grundsätzen des *forum non conveniens* zugunsten eines in einem Drittstaat früher anhängigen Parallelverfahrens ausgesetzt werden (Court of Appeal [Civ Div] 18.10.13 – *Mittal/Mittal,* unalex UK-506; dazu *Amos/Dutta* IPRax 14, 444 ff).

A 173–180

173 **c) Zeitliche Geltung.** In zeitlicher Hinsicht ist Art 19 von dem später angerufenen Gericht zur Vermeidung widersprüchlicher Entscheidungen auch dann anzuwenden, wenn das Verfahren vor dem zuerst angerufenen Gericht eines anderen Mitgliedstaats zu einer Zeit anhängig gemacht wurde, als die Verordnung dort noch nicht anwendbar war (zB vor dem 1.7.2013 in *Kroatien*). Dies muss jedenfalls dann gelten, wenn das zuerst angerufene Gericht seine Zuständigkeit auf Vorschriften seines nationalen Rechts gestützt hat, die mit Art 3 ff übereinstimmen (vgl – jeweils zu Art 11 EuEheVO 2000 – öst OGH 9.9.02, unalex AT-392; App Bruxelles 8.12.05, unalex BE-198; **aA** Areios Pagos 14.12.05, unalex GR-110; s a → Rn 229).

174 **d) Prioritätsprinzip.** Die Regelung beruht auf dem Prioritätsprinzip, wonach dem zuerst vor einem zuständigen Gericht eines Mitgliedstaats rechtshängig gewordenen Verfahren Vorrang gebührt. Dementsprechend stellt Abs 1 für Ehesachen klar, dass es auf die chronologische Reihenfolge ankommt, in der die Gerichte angerufen wurden. Der Zeitpunkt, zu dem die konkurrierenden Verfahren jeweils rechtshängig geworden sind, wird **autonom in Art 16** definiert (EuGH C-489/14 – *A/B,* NJW 15, 3776 Rn 31 f; OLG Zweibrücken FamRZ 15, 2063 Rn 14 = NZFam 15, 784m Anm *Hilbig-Lugani;* frz Cass 26.6.13, unalex FR-1471; → Rn 133 ff). Hierüber entscheiden die konkurrierenden Gerichte **von Amts wegen** selbständig und ohne Bindung an die Entscheidung der Gerichte anderer Mitgliedstaaten. Zur Priorität im Falle von am gleichen Tag eingeleiteten Verfahren → Rn 188.

175 Eine **Zeitverschiebung** zwischen zwei Mitgliedstaaten bleibt bei der Feststellung der chronologischen Priorität außer Betracht (EuGH C-489/14 aaO, Rn 44). Die frühere Rechthängigkeit des Verfahrens bei einem international zuständigen Gericht eines Mitgliedstaats bleibt auch dann erhalten, wenn dieses Gericht *örtlich* unzuständig ist und das Verfahren daher an ein anderes Gericht desselben Mitgliedstaats verweist (Trib d'arrondissement Luxembourg 22.5.08, unalex LU-201).

176 Entfällt eines der beiden konkurrierenden Verfahren durch **Erledigung,** so kommt automatisch dem anderen – bis dahin unzulässigen – Verfahren Priorität zu, auch wenn dieses als das später eingeleitete Verfahren bis zur Erledigung des früheren Verfahrens keine Wirkungen entfalten konnte (EuGH C-489/14, FamRZ 15, 2036 Rn 37 ff m Anm *Althammer;* krit *Rieck* NJW 15, 3779). Ist das ausländische Parallelverfahren im Zeitpunkt der Entscheidung des inländischen Gerichts über die Zulässigkeit einer Fortsetzung seines Verfahrens bereits **beendet,** so findet Art 19 keine Anwendung mehr; vielmehr kommt es dann darauf an, ob die ausländische Entscheidung anzuerkennen ist und ihre Rechtskraft dem inländischen Verfahren entgegensteht (frz Cass 3.12.14, unalex FR-2401; High Court Ireland 22.6.06, unalex IE-63).

177 **e) Rechtsfolge.** Als Rechtsfolge sieht Art 19 Abs 1 eine **Aussetzung des Verfahrens** durch das später angerufene Gericht bis zur Klärung der internationalen Zuständigkeit des zuerst angerufenen Gerichts vor. Erst wenn das zuerst angerufene Gericht seine internationale Zuständigkeit festgestellt hat, erklärt sich das später angerufene Gericht für unzuständig (Abs 3 S 1).

2. Konkurrierende Eheverfahren

178 **a) Parteienidentität.** Art 19 Abs 1 setzt die Identität der Parteien und damit zugleich voraus, dass es in dem inländischen und dem ausländischen Verfahren um die **gleiche Ehe** geht; hingegen kommt es auf die Parteirollen in beiden Verfahren nicht an.

179 **b) Abhängige Verfahren.** Eine Identität des „Anspruchs" wird – anders als nach Art 29 Abs 1 EuGVVO nF, Art 12 Abs 1 EuUntVO, Art 17 Abs 1 EuGüVO/EuPartVO, aber auch nach Abs 2 für Verfahren bezüglich der elterlichen Verantwortung (→ F Rn 289 ff) – hingegen in Ehesachen nicht verlangt (EuGH C-489/14 – *A/B,* NJW 15, 3776 Rn 33 m Anm *Rieck* und *Althammer* FamRZ 15, 2036; *Rauscher/Rauscher* Rn 18; HK-ZPO/*Dörner* Rn 3; zu den Gründen Althammer/*Althammer* Rn 6). Die sog „Kernpunkttheorie" des EuGH findet daher auf dem Gebiet der Rechtshängigkeit in Ehesachen keine Anwendung (Staud/*Spellenberg* Rn 15 f). Die beiden konkurrierenden Verfahren müssen jedoch in dem Sinne von einander *abhängig* sein, dass der Ausgang des einen das andere Verfahren beeinflusst.

180 Hat zB die italienische Ehefrau vor dem nach Art 3 Abs 1 hierfür zuständigen italienischen Gericht das Verfahren auf gerichtliche **Ehetrennung** eingeleitet, so ist der deutsche Ehemann solange daran gehindert, vor einem deutschen Gericht Antrag auf **Ehescheidung** zu stellen, bis das Trennungsverfahren rechtskräftig abgeschlossen ist (*Hausmann* EuLF 00/01, 345/346; *Gruber* FamRZ 00, 1129/1131 f; *Hau* FamRZ 00, 1333/1339; *Wagner* FPR 04, 286/289; NK-BGB/ *Gruber* Rn 7 f; ebenso im Verhältnis zu *Polen* OLG Zweibrücken FamRZ 06, 1043/1044; im

I. Internationale Zuständigkeit: EuEheVO Art 19   **181–185** **A**

Verhältnis *Italien-Belgien* App Bruxelles 8.12.05, unalex BE-198; im Verhältnis *Frankreich / Vereinigtes Königreich* EuGH C-489/14 aaO, NJW 15, 3776 Rn 37). Entsprechendes gilt für einen Antrag auf **Aufhebung oder Nichtigerklärung einer Ehe** im Inland, wenn in einem anderen Mitgliedstaat bereits ein Trennungs- oder Scheidungsverfahren anhängig ist (*Henrich,* IntSchR Rn 17 f). Im Erg sperrt daher jedes in einem Mitgliedstaat eingeleitete Verfahren, das auf die Änderung des ehelichen Status gerichtet ist, ein später mit der gleichen Zielrichtung in einem anderen Mitgliedstaat eingeleitetes Verfahren (Staud/*Spellenberg* Rn 16).

Durch diese Regelung werden demjenigen Ehegatten, der – und sei es auch nur aus finanziel- **181** len Gründen – an der Ehe festhalten möchte, weitreichende Möglichkeiten eingeräumt, eine Auflösung der Ehe hinauszuzögern. Beabsichtigt etwa die seit langem in Deutschland mit ihrem Ehemann lebende italienische Ehefrau, vor dem nach Art 3 Abs 1 lit a, 1. Spiegelstrich international zuständigen deutschen Familiengericht Scheidungsantrag einzureichen, so kann der italienische Ehemann das deutsche Scheidungsverfahren uU auf Jahre blockieren, wenn er ihr dadurch zuvorkommt, dass er vor den nach Art 3 Abs 1 lit b ebenfalls zuständigen italienischen Gerichten ein Ehetrennungsverfahren einleitet (krit dazu Rauscher/*Rauscher* Rn 12; NK-BGB/*Gruber* Rn 8). Ist das Ehetrennungsverfahren rechtskräftig beendet, so kann die Scheidung aber in Deutschland beantragt werden. Wie schon aus Art 5 hervorgeht, besteht dann keine Verpflichtung, das Scheidungsverfahren ebenfalls in Italien durchzuführen (vgl Aud Prov Madrid 24.11.09, unalex ES-531).

Da sich der sachliche Anwendungsbereich der EuEheVO in Ehesachen nach der hier ver- **182** tretenen Auffassung nur auf statusändernde Gestaltungsklagen erstreckt (→ Rn 35), kommt dem vor einem deutschen Gericht gestellten **Antrag auf Feststellung des Nichtbestehens einer Ehe** (§ 121 Nr 3 FamFG) jedoch keine Sperrwirkung gegenüber der in einem anderen Mitgliedstaat erhobenen Ehescheidungs- bzw Eheaufhebungsklage zu (*Hausmann* EuLF 00/01, 274 f; *Helms* FamRZ 01, 257/259; Althammer/*Althammer* Rn 5; Zö/*Geimer* Rn 4; Staud/*Spellenberg* Rn 11; **aA** *Hau* FamRZ 00, 1333/1339; Rauscher/*Rauscher* Rn 20; NK-BGB/*Gruber* Rn 10). Gleiches gilt für einen konkurrierenden Antrag auf Schutz der Ehe („*mesures de protection de l'union conjugale*", vgl App Lyon 11.4.11, unalex FR-2252).

Ferner gilt Art 19 Abs 1 gem Art 1 Abs 1 lit a nur für **konkurrierende Verfahren in der** **183** **Ehesache** selbst. Demgegenüber entfalten inländische Verfahren über vermögensrechtliche Scheidungsfolgen (öst OGH 28.4.11, unalex AT-729 [Güterrecht]) oder über die elterliche Verantwortung (Szegedi Városi Bíróság 4.5.06, unalex HU-46) keine Blockadewirkung für die Einreichung eines Scheidungs- oder Trennungsantrags in einem anderen Mitgliedstaat (Althammer/*Althammer* Rn 7; Staud/*Spellenberg* Rn 13). Stellt ein Ehegatte, der zunächst nur auf Unterhalt geklagt hatte, später vor dem Unterhaltsgericht auch Scheidungsantrag, so steht diesem Antrag deshalb die Rechtshängigkeit des von dem anderen Ehegatten inzwischen vor dem Gericht eines anderen Mitgliedstaats erhobenen Scheidungsantrags entgegen (frz Cass 5.12.12, unalex FR-1458). Andererseits kann ein Gericht eine Unterhaltsentscheidung auch dann treffen, wenn das Gericht eines anderen Mitgliedstaates das Scheidungsverfahren nach Art 19 ausgesetzt hat und eine Rechtsmittelentscheidung über diese Aussetzung erwartet wird (High Court [Fam Div] 10.2.06, unalex UK-437).

Ein dem eigentlichen Eheverfahren nach ausländischem Recht vorgeschaltetes **Versöhnungs-** **184** **verfahren** kann nur dann eine entgegenstehende Rechtshängigkeit begründen, wenn es einen integrierten Teil eines einheitlichen Scheidungsverfahrens bildet. Ob dies der Fall ist, beurteilt sich nach der ausländischen *lex fori* (Staud/*Spellenberg* Rn 33). Es wird bei der einer Verschuldensscheidung nach französischem Recht vorgeschalteten „requête" bejaht (frz Cass 11.7.06, unalex FR-545 und 548; Court of Appeal [Civ Div] 12.1.05, unalex UK-276; → Rn 145; ferner HK-ZPO/*Dörner* Rn 3; ThP/*Hüßtege* Rn 3; Zö/*Geimer* Rn 6).

c) Einstweiliger Rechtsschutz. Ein Verfahren des einstweiligen Rechtsschutzes nach Art 20 **185** und ein Hauptsacheverfahren haben in Ehesachen – anders als in Verfahren betreffend die elterliche Verantwortung (→ F Rn 303 ff) – **nicht denselben Streitgegenstand** und entfalten deshalb gegenseitig keine Sperrwirkung (App Lyon 11.4.11, unalex FR-2252; Aud Prov Barcelona 11.11.10, unalex ES-519; Trib d'arrondissement Luxembourg 14.7.10, unalex LU-239; ThP/*Hüßtege* Rn 3; Althammer/*Althammer* Rn 5; Staud/*Spellenberg* Rn 14; **aA** Rechtbank Roermond 25.2.09, unalex NL-785 für den Fall, dass beiden Verfahren als einheitliches Verfahren angesehen werden können). Gleiches gilt für die Konkurrenz mehrerer Verfahren des einstweiligen Rechtsschutzes (Zö/*Geimer* Rn 7). Anders ist hingegen für den Antrag auf Gewährung von **Verfahrenskostenhilfe** in einer Ehesache zu entscheiden (dazu → Rn 140).

43

A 186–192   1. Teil. Erkenntnisverfahren A. Ehesachen

186   **d) Privatscheidung.** Nach Einführung rechtsgeschäftlicher Ehescheidungen ohne Mitwirkung eines Gerichts in *Frankreich, Italien* und *Spanien* (→ Rn 23 ff) stellt sich die Frage, ob – und
ggfs ab wann – auch solche Privatscheidungen Sperrwirkung für ein später im Inland vor dem
staatlichen Gericht eingeleitetes Eheverfahren haben. Dies sollte anlässlich der Reform der
EuEheVO möglichst gesetzlich geregelt werden.

3. Rechtsfolgen

187   **a) Aussetzung des späteren Verfahrens, Abs 1.** Liegen die Voraussetzungen nach Abs 1
vor, so weist das später angerufene Gericht den gestellten Antrag nicht – wie nach autonomem
deutschen Verfahrensrecht – sofort als unzulässig ab, sondern setzt das bei ihm anhängige Verfahren
im ersten Schritt nur **von Amts wegen** solange aus, bis das zuerst angerufene Gericht über seine
internationale Zuständigkeit entschieden hat (OLG Karlsruhe FamRZ 11, 1528; *Althammer/
Althammer* Rn 24). Auf diese Weise soll vermieden werden, dass die Klage erneut erhoben
werden muss, wenn dieses Gericht sich für nicht zuständig hält (*Gruber* FamRZ 00, 1129/1133;
Wagner FPR 04, 286/288). Für die Aussetzung selbst gelten die Vorschriften des nationalen
Prozessrechts, in Deutschland also § 113 Abs 1 S 2 FamFG iVm § 148 ZPO analog. Zu den
Rechtsfolgen eines **Verstoßes gegen die Aussetzungspflicht** für das zuerst anhängige Ver-
fahren → F Rn 318.

188   Ob eine zeitlich frühere Rechtshängigkeit des Gerichts eines anderen Mitgliedstaats vorliegt,
ist als Zulässigkeitsvoraussetzung des Antrags im Verfahren vor einem deutschen Gericht **von
Amts wegen** zu prüfen (Staud/*Spellenberg* Rn 26). Hierzu muss diejenige Partei, die sich auf
Art 19 Abs 1 beruft, die früher im Ausland eingetretene Rechtshängigkeit substantiiert vortragen
(NK-BGB/*Gruber* Rn 9; ThP/*Hüßtege* Rn 1). Wurden beide Verfahren **am gleichen Tag**
anhängig gemacht und weist der Antragsgegner nach, zu welcher Uhrzeit sein Antrag zum
Gericht eines anderen Mitgliedstaats zugestellt wurde, so ist es Sache des Antragstellers nachzuweisen, dass sein Antrag zum inländischen Gericht früher rechtshängig geworden ist (frz Cass
11.6.08, unalex FR-1014; krit zu dieser Lösung aber G/Sch/*Dilger,* IRV Rn 33; Staud/*Spellenberg* Rn 27 f; NK-BGB/*Gruber* Rn 1).

189   Art 19 Abs 1 verpflichtet allerdings nur zur Aussetzung des Statusverfahrens. Abs 2 ordnet die
gleiche Rechtsfolge für konkurrierende Verfahren der elterlichen Verantwortung an. Ob die
Aussetzung auch weitere anhängige **Folgesachen** erfasst, beurteilt sich hingegen nach der
jeweiligen *lex fori;* nach deutschem Recht ist dies im Hinblick auf das Verbundprinzip des § 137
Abs 1 FamFG zu bejahen (OLG Brandenburg FamRZ 14, 860 m zust Anm *Heiter;* Zö/*Geimer*
Rn 11). Ein für das später anhängig gemachte Verfahren gestellter Antrag auf **Verfahrenskostenhilfe** kann nicht allein wegen entgegenstehender Rechtshängigkeit des früheren Verfahrens
abgewiesen werden, solange das spätere Verfahren nur ausgesetzt ist und das zuerst angerufene
Gericht noch nicht über seine Zuständigkeit entschieden hat (OLG Stuttgart FamRZ 16, 1601/
1603 m Anm *Finger* FamRB 16, 376; OLG Karlsruhe FamRZ 11, 1528; ThP/*Hüßtege* Rn 5; **aA**
OLG Zweibrücken FamRZ 06, 1043; *Heiter* FamRZ 14, 861; HK-ZPO/*Dörner* Rn 5).

190   Grundsätzlich kann das später angerufene Gericht das Verfahren auch bei **unangemessen
langer Hinauszögerung** der Entscheidung des Erstgerichts über seine Zuständigkeit nicht
fortsetzen (vgl zum EuGVÜ EuGH C-116/02 – *Gasser,* Slg 04 I-9686 Rn 70 ff = EuLF 04, 50/
54). Davon kann nur in „krassen" Ausnahmefällen, dh bei einer Verletzung von Art 6 Abs 1
EMRK, abgewichen werden (EGMR NJW 97, 280 Rauscher/*Rauscher* Rn 49; ThP/*Hüßtege*
Rn 6; Staud/*Spellenberg* Rn 47 f; HK-ZPO/*Dörner* Rn 5; **aA** *Thiele* RIW 04, 285 f). Eine Pflicht
zur Aussetzung besteht nicht mehr, wenn das Verfahren vor dem zuerst befassten Gericht
inzwischen – zB durch Antragsrücknahme – beendet worden ist (Aud Prov Barcelona 26.7.06,
unalex ES-194).

191   **b) Fortsetzung des früheren Verfahrens.** Stellt das angerufene Gericht hingegen fest, dass
es früher angerufen wurde als das Gericht in dem anderen Mitgliedstaat und dass der Scheidungsantrag dem anderen Ehegatten zugestellt wurde, kann es sein Verfahren fortführen und zur
Entscheidung bringen (frz Cass 26.6.13, unalex FR-1471).

192   **c) Abweisung des späteren Verfahrens, Abs 3 UAbs 1.** Erst nachdem das zuerst angerufe-
ne Gericht seine Zuständigkeit positiv festgestellt hat, wird der vor dem später angerufenen
Gericht gestellte Antrag nach Abs 3 UAbs 1 wegen entgegenstehender Rechtshängigkeit von
Amts wegen als unzulässig abgewiesen (NK-BGB/*Gruber* Rn 18; ThP/*Hüßtege* Rn 6; vgl auch
High Court [Fam Div] 4.12.15, unalex UK-1491; App Craiova 24.2.10, unalex RO-27). Dies

44

I. Internationale Zuständigkeit: EuEheVO Art 19   193–197 **A**

gilt freilich nur, wenn das zweitbefasste Gericht ebenfalls nach Art 3–7 international zuständig ist; fehlt es hieran, so hat dieses Gericht die Klage sofort nach Art 17 abzuweisen (OLG Stuttgart FamRZ 16, 1601/1602; HK-ZPO/*Dörner* Rn 1; Staud/*Spellenberg* Rn 37).

Die Prüfung, ob das erstbefasste Gericht nach Art 3–5 bzw nach Art 7 iVm nationalem Recht **193** international zuständig ist, obliegt allein diesem (bzw dem ihm übergeordneten) Gericht (unstreitig, vgl Staud/*Spellenberg* Rn 36m ausf Nachw). Das zweitbefasste Gericht kann auf diese Entscheidung keinen Einfluss nehmen; insbesondere kann es nicht verlangen, dass das zuerst angerufene Gericht sich für unzuständig erklären möge (Aud Prov Madrid 20.7.10, unalex ES-541; vgl auch Court of Appeal [Civ Div] 9.12.04, unalex UK-279; öst OGH 9.9.02, unalex AT-392 [jeweils zu Art 11 EheVO 2000]). Für die Zuständigkeit des erstbefassten Gerichts kommt es auf den Zeitpunkt der Verfahrenseinleitung nach Art 16 an. Bejaht das erstbefasste Gericht einen gewöhnlichen Aufenthalt der Ehegatten in seinem Staatsgebiet, so ist das zweitbefasste Gericht hieran gebunden und kann nicht etwa deshalb sein eigenes Verfahren fortsetzen, weil es die Frage des gewöhnlichen Aufenthalts anders beurteilt (High Court [Ireland] 27.7.10, unalex IE-56).

Das zuerst angerufene Gericht wird über die Frage seiner internationalen Zuständigkeit idR **194** durch eine **Zwischenentscheidung** befinden, soweit eine solche nach der *lex fori* vorgesehen ist. In Deutschland ist diese Zwischenentscheidung über die internationale Zuständigkeit nach § 113 Abs 1 S 2 FamFG iVm § 280 Abs. 2 ZPO selbständig anfechtbar (OLG Oldenburg FamRZ 13, 481). Wird die internationale Zuständigkeit des erstbefassten Gerichts hingegen erst **im Endurteil** rechtskräftig festgestellt, so ist Abs 3 nicht anwendbar. Denn hier steht einer Entscheidung durch das zweitbefasste Gericht nicht mehr der Einwand der Rechtshängigkeit, sondern die Rechtskraft einer Entscheidung in derselben Sache entgegen (NK-BGB/*Gruber* Rn 18). Zur Möglichkeit der Fortführung des Zweitverfahrens in diesem Fall → Rn 196 ff.

Zur Vermeidung eines Kompetenzkonflikts wurde bisher überwiegend eine formell **rechts-** **195** **kräftige Entscheidung** des Erstgerichts verlangt (öst OGH iFamZ 10, 118; OLG Karlsruhe FamRZ 11, 1528; *Wagner* FPR 04, 286/288; *Heiter* FamRZ 14, 861; Rauscher/*Rauscher* Rn 46; Althammer/*Althammer* Rn 21; Staud/*Spellenberg* Rn 43). Dem ist der EuGH unter Hinweis auf seine Rechtsprechung zu Art 27 EuGVVO aF (EuGH C-109/14 – *Cartier parfums-lunettes,* EuZW 14, 340 Rn 44 m abl Anm *Thormeyer* = IPRax 14, 428 m Anm *Koechel* 394) entgegengetreten. Danach ist die Zuständigkeit iSv Art 19 Abs 1 bereits dann geklärt, wenn sich das zuerst angerufene Gericht nicht von Amts wegen für unzuständig erklärt hat und keine der Parteien den Mangel seiner Zuständigkeit vor oder mit der Stellungnahme geltend gemacht hat, die nach dem innerstaatlichen Recht als das erste Verteidigungsvorbringen vor diesem Gericht anzusehen ist (EuGH C-489/14 – *A/B,* NJW 15, 3776 Rn 34 m Anm *Rieck* und Anm *Althammer* FamRZ 15, 2036; **aA** NK-BGB/*Gruber* Rn 19 unter Hinweis auf die fehlende Möglichkeit einer rügelosen Einlassung nach der EuEheVO).

d) Vorlage an das zuerst angerufene Gericht, Abs 3 UAbs 2. Hat das erstbefasste Gericht **196** seine internationale Zuständigkeit bejaht und hat sich daraufhin das später angerufene Gericht rechtskräftig für unzuständig erklärt, so kann der Antragsteller des späteren Verfahrens seinen Antrag gem Abs 3 UAbs 2 dem zuerst angerufenen Gericht vorlegen (vgl OLG Zweibrücken FamRZ 06, 1043; *Borrás*-Bericht, Rn 55; NK-BGB/*Gruber* Rn 21; ThP/*Hüßtege* Rn 7). Die Möglichkeit zur Antragsvorlage endet, sobald das erstbefasste Gericht eine rechtskräftige Sachentscheidung getroffen hat. Die Vorschrift schafft allerdings keinen weiteren Gerichtsstand; die internationale Zuständigkeit zur Entscheidung über den (Gegen-)Antrag folgt vielmehr idR aus Art 4 (*Hausmann* EuLF 00/01, 345/347; NK-BGB/*Gruber* Rn 23; *Wagner* FPR 04, 286/288; HK-ZPO/*Dörner* Rn 8).

Die genaue Bedeutung der Vorschrift ist unklar. Nach hM verdrängt die Regelung in ihrem **197** Anwendungsbereich die *lex fori* des zuerst angerufenen Gerichts; insbesondere können aus dieser keine Einwendungen (zB Verfristung) gegen den Antrag hergeleitet werden (*Hausmann* EuLF 00/01, 345/347; *Borrás*-Bericht, Rn 55; *Gruber* FamRZ 00, 1130/1134; HK-ZPO/*Dörner* Rn 7; **aA** *Vogel* MDR 00, 1045/1049, wonach das Erstgericht frei nach der *lex fori* entscheiden kann, inwieweit der Antrag einer Sachentscheidung zugänglich ist). Praktische Bedeutung kommt der Regelung in Abs 3 UAbs 2 vor allem dann zu, wenn der Gegenantrag über den beim zuerst angerufenen Gericht gestellten Antrag hinausgeht, zB auf Scheidung oder auf Aufhebung der Ehe gerichtet ist, während beim zuerst angerufenen Gericht lediglich ein Ehetrennungsverfahren anhängig ist. Denn damit gewinnt der Antragsteller des später anhängig gewordenen (blockierten) Verfahrens vor allem Zeit, weil er nicht den Ausgang des Ehetrennungsverfahrens vor dem erstbefassten Gericht abzuwarten braucht (NK-BGB/*Gruber* Rn 25).

45

A 198–202   1. Teil. Erkenntnisverfahren A. Ehesachen

198   Diese Vorgehensweise ist freilich nur dann ratsam, wenn der in dem späteren Verfahren gestellte Antrag auch nach dem vom erstbefassten Gericht zugrunde zu legenden materiellen Recht erfolgversprechend ist. Gilt in diesem Verfahren nämlich ein Recht, das – wie zB das italienische Recht – eine Scheidung der Ehe erst nach Durchführung eines gerichtlichen Ehetrennungsverfahrens ermöglicht, so macht es für den Ehegatten, der vor einem deutschen Gericht nachträglich die Scheidung eingereicht hatte, wenig Sinn, diesen Scheidungsantrag bei dem zuerst mit dem Ehetrennungsantrag befassten italienischen Gericht einzureichen (vgl *Hausmann* EuLF 00/01, 345/347; NK-BGB/*Gruber* Rn 25 f). Handelt es sich um einen Antrag auf Eheaufhebung oder auf Feststellung des Nichtbestehens einer Ehe, so sind die Erfolgsaussichten auch nach dem Inkrafttreten der Rom III-VO nach Maßgabe des vom Erstgericht anzuwendenden autonomen Kollisionsrechts zu prüfen (→ Rn 302, 554 ff); gleiches gilt, wenn das vorrangige Scheidungs- oder Trennungsverfahren vor den Gerichten eines Mitgliedstaats der EuEheVO anhängig gemacht wurde, der nicht an der Verstärkten Zusammenarbeit auf dem Gebiet des Scheidungskollisionsrechts teilnimmt.

199   **e) Rechtskraftwirkung und Fortsetzung des Zweitverfahrens.** Das nach Art 19 Abs 1 von dem zweitbefassten Gericht ausgesetzte Verfahren kann wieder aufgenommen werden, wenn das zuerst angerufene Gericht seine internationale Unzuständigkeit rechtskräftig festgestellt hat (OLG Stuttgart FamRZ 16, 1601/1602; OLG Karlsruhe FamRZ 11, 1528; Rauscher/*Rauscher* Rn 56; ThP/*Hüßtege* aaO). In dem ausgesetzten Verfahren kann das Begehren dann unmittelbar weiterverfolgt werden, ohne dass hierzu ein erneuter Antrag gestellt werden müsste. Gleiches gilt, wenn das erstbefasste Gericht in der Sache entschieden hat, diese Entscheidung aber im Mitgliedstaat des zweitbefassten Gerichts nicht anerkannt wird (Aud Prov San Sebastián 15.1.10, unalex ES-546).

200   Ferner kann ein Zweitverfahren vor dem Gericht eines anderen Mitgliedstaats auch dann fortgeführt werden, wenn der vor dem zuerst angerufenen Gericht gestellte **Antrag** von diesem als **unbegründet** abgewiesen wird, da eine Pflicht zur Anerkennung von *negativen* Entscheidungen nach Art 21, 22 nicht besteht (NK-BGB/*Gruber* Rn 29; ThP/*Hüßtege* Rn 9; Rauscher/*Rauscher* Rn 57). Diese sind allenfalls nach dem autonomen Verfahrensrecht des zweitbefassten Gerichts anzuerkennen (→ K Rn 29 f).

201   Schließlich kommt eine Fortsetzung des ausgesetzten Verfahrens vor dem zweitbefassten Gericht auch dann in Betracht, wenn das zuerst angerufene Gericht seine internationale Zuständigkeit zwar erst in seinem rechtskräftigen Endurteil positiv feststellt, die Rechtskraftwirkung der von diesem Gericht erlassenen Entscheidung aber in ihrer **sachlichen Reichweite** hinter der von Art 19 angeordneten Rechtshängigkeitswirkung zurückbleibt (ThP/*Hüßtege* Rn 8). Denn während letztere stets autonom nach Abs 1 zu bestimmen ist, beurteilt sich die Rechtskraftwirkung der im Verfahren vor dem zuerst angerufenen Gericht ergangenen Entscheidung nach der *lex fori* des Erststaates (*Hausmann* EuLF 00/01, 345/347; Rauscher/*Rauscher* Rn 27). Daraus folgt, dass nach Abschluss des Verfahrens vor dem erstbefassten Gericht durch rechtskräftige Entscheidung ein während der Rechtshängigkeit dieses Verfahrens gesperrter Antrag auf Durchführung eines Eheverfahrens **mit einem weiterreichenden Ziel** vor den Gerichten eines anderen Mitgliedstaats wieder aufgenommen werden kann. Ist daher eine deutsch-italienische Ehe auf Antrag der Ehefrau durch das zuerst angerufene italienische Gericht rechtskräftig getrennt worden *(„separazione giudiziale")*, so ist der deutsche Ehemann nicht gehindert, nunmehr den während der Rechtshängigkeit des Trennungsverfahrens blockierten Antrag auf Scheidung vor einem deutschen Gericht zu stellen (OLG Zweibrücken FamRZ 06, 1043/1044; vgl auch Aud Prov Madrid 24.11.09, unalex ES-531; *Borrás*-Bericht Rn 57; *Hausmann* EuLF 00/01, 345/347; NK-BGB/*Gruber* Rn 28; Rauscher/*Rauscher* Rn 27; Althammer/*Althammer* Rn 12; Staud/*Spellenberg* Rn 23 f, 45 f).

202   Ferner ist die Stellung eines solchen weitergehenden Antrags auch schon **während der Anhängigkeit** des italienischen Ehetrennungsverfahrens nicht unzulässig, sondern sogar ratsam. Das mit einem solchen Antrag des Ehemannes eingeleitete deutsche Scheidungsverfahren ist dann zwar bis zum Abschluss des italienischen Ehetrennungsverfahrens nach Abs 1 auszusetzen; es kann danach jedoch sofort wieder aufgenommen werden und steht einem nunmehr gestellten Scheidungsantrag der italienischen Ehefrau zu den italienischen Gerichten seinerseits nach Abs 1 entgegen (vgl NK-BGB/*Gruber* Rn 30: Scheidungsantrag „auf Vorrat"). Wurde der Antrag von dem später angerufenen Gericht hingegen nach Maßgabe von Abs 3 UAbs 1 bereits als unzulässig abgewiesen, so ist zur Weiterbetreibung dieses Verfahrens ein erneuter Antrag notwendig.

46

I. Internationale Zuständigkeit: EuEheVO Art 20   **203–205**   **A**

EuEheVO Art 20. Einstweilige Maßnahmen einschließlich Schutzmaßnahmen

(1) **Die Gerichte eines Mitgliedstaats können in dringenden Fällen ungeachtet der Bestimmungen dieser Verordnung die nach dem Recht dieses Mitgliedstaats vorgesehenen einstweiligen Maßnahmen einschließlich Schutzmaßnahmen in Bezug auf in diesem Staat befindliche Personen oder Vermögensgegenstände auch dann anordnen, wenn für die Entscheidung in der Hauptsache gemäß dieser Verordnung ein Gericht eines anderen Mitgliedstaats zuständig ist.**

(2) **Die zur Durchführung des Absatzes 1 ergriffenen Maßnahmen treten außer Kraft, wenn das Gericht des Mitgliedstaats, das gemäß dieser Verordnung für die Entscheidung in der Hauptsache zuständig ist, die Maßnahmen getroffen hat, die es für angemessen hält.**

Schrifttum: *Fuchs/Tölg,* Die einstweiligen Maßnahmen nach der EuEheVO, ZfRV 02, 95; *Pauly,* Einstweilige Maßnahmen im Lichte der Verordnung (EG) Nr. 2201/2203, Diss. Konstanz (2009); *Spellenberg,* Einstweilige Maßnahmen nach Art 12 EheGVO, FS Beys, Bd II (2003) 1583; *Stadler,* Erlass und Freizügigkeit einstweiliger Maßnahmen im Anwendungsbereich des EuGVÜ, JZ 99, 1089.

1. Allgemeines

Art 20 lehnt sich an das Vorbild in Art 31 EuGVVO aF an. Danach können die Gerichte der **203** Mitgliedstaaten einstweilige Maßnahmen einschließlich von Sicherungsmaßnahmen in Ehesachen nicht nur dann erlassen, wenn sie auch die Entscheidungskompetenz für ein Hauptsacheverfahren nach Art 3–7 besitzen. Das gleiche Recht steht ihnen vielmehr nach Art 20 auch dann zu, wenn sie für den Erlass der einstweiligen Maßnahme lediglich **nach ihrem jeweiligen nationalen Prozessrecht zuständig** sind. Die internationale Zuständigkeit der mitgliedstaatlichen Gerichte nach Art 20 reicht daher wesentlich weiter als die Zuständigkeit für das Eheverfahren, in dessen Rahmen die Maßnahmen getroffen werden. Insbesondere können solche Maßnahmen auch dann auf nationales Zuständigkeitsrecht gestützt werden, wenn eine Zuständigkeit für das Hauptsacheverfahren nach Art 7 Abs 1 an Art 6 oder daran scheitert, dass die Gerichte eines anderen Mitgliedstaats nach Art 3–5 zuständig sind (Althammer/*Schäuble* Rn 1; → Rn 117 ff). Voraussetzung hierfür ist allerdings, dass es sich um einen **„dringenden Fall"** (→ Rn 201) handelt und dass sich die von der Maßnahme betroffene Person bzw ihr Vermögen in dem Staat befindet, dessen Gerichte die Zuständigkeit nach Art 20 Abs 1 in Anspruch nehmen (ErwG 16; → Anh I). Für diesen Fall ist es Sache des anwendbaren nationalen Verfahrensrechts, die Maßnahmen zu bezeichnen, die die nationalen Behörden treffen dürfen, und die verfahrensrechtlichen Modalitäten ihrer Durchführung festzulegen (EuGH C-523/07 – *A,* Slg 09 I-2805 Rn 51 = FamRZ 09, 843). Die auf Abs 1 gestützten Maßnahmen treten gem Abs 2 außer Kraft, sobald das Hauptsachegericht die ihm angemessen erscheinenden Maßnahmen getroffen hat.

Im Vorschlag der EU-Kommission für eine **Neufassung der EuEheVO** v 30.6.2016 (KOM [2016] 411) wird die internationale Zuständigkeit zum Erlass von einstweiligen Maßnahmen in Ehesachen aufgrund von deren geringer praktischen Bedeutung nicht mehr geregelt. Die bisherige Regelung in Art 20 wird nur für Kindschaftssachen in Art 12 nF in abgewandelter Form aufrechterhalten (dazu → F Rn 319).

2. Anwendungsbereich

a) **Einstweilige Maßnahmen.** Der Begriff der einstweiligen Maßnahme ist *autonom* aus- **204** zulegen, wobei die Rechtsprechung des EuGH zu Art 24 EuGVÜ/Art 31 EuGVVO aF entsprechend herangezogen werden kann (Rauscher/*Rauscher* Rn 5; Staud/*Spellenberg* Rn 3; vgl insbesondere EuGH C-391/95 – *van Uden,* Slg 98 I-7091 Rn 37 = JZ 1999, 1103; EuGH C-99/96 – *Mietz,* Slg 99 I-2277 Rn 34 ff = IPRax 00, 411 m Anm *Hess* 370). Hiernach werden grundsätzlich alle Maßnahmen erfasst, die dem Antragsteller einen nur **vorläufigen Rechtschutz** gewähren sollen (EuGH Rs C-256/09 – *Purrucker,* Slg 10 I-7353 Rn 77 = NJW 10, 2861 m Anm *Huter;* Rauscher/*Rauscher* Rn 6 ff; unalexK/*Tsikrikas/Hausmann* Art 31 EuGVVO Rn 7; *Stadler* JZ 99, 1089/1095).

Art 20 schafft allerdings **keine eigenständigen Typen** von einstweiligen Maßnahmen, son- **205** dern verweist für die Art der zu treffenden Maßnahmen auf die *lex fori* des anordnenden Gerichts (Rauscher/*Rauscher* Rn 8). Allein das jeweilige nationale Recht bestimmt daher über Art, Inhalt

47

A 206–210　　　　　　　　　　　　　　　　　　1. Teil. Erkenntnisverfahren A. Ehesachen

und Bindungswirkung solcher Maßnahmen (vgl auch EuGH C-523/07 – *A*, FamRZ 09, 843 Rn 51 f). Klargestellt wird lediglich, dass zu diesen Maßnahmen auch Schutz- und Sicherungsmaßnahmen gehören. Nach deutschem Recht kommen in Ehesachen vor allem **einstweilige Anordnungen** gem §§ 49 ff FamFG in Betracht; daneben kann auch ein Arrest angeordnet werden (§§ 112, 119 Abs 2 FamFG). Einstweilige Verfügungen sind hingegen in Ehesachen ausgeschlossen (ThP/*Reichold* vor § 49 FamFG Rn 8).

206　　**b) Beschränkung auf Maßnahmen im sachlichen Anwendungsbereich der EuEheVO?** Art 20 bezieht sich zunächst nur auf Maßnahmen, die im Zusammenhang mit einem Hauptsacheverfahren getroffen werden, das in den sachlichen Anwendungsbereich der EuEheVO fällt. Ein solches Verfahren muss aber nicht bereits anhängig sein (Rauscher/*Rauscher* Rn 9; MüKo-FamFG/*Gottwald* Rn 3). Vielmehr genügt es für den erforderlichen Zusammenhang, dass in der Hauptsache ein Antrag auf Verfahrenskostenhilfe gestellt wurde. Einstweilige Maßnahmen nach Art 20 können aber auch ganz unabhängig von der Einleitung eines Hauptsachverfahrens beantragt werden, sofern sie nur eine Ehesache zum Gegenstand haben.

207　　Umstritten ist hingegen, ob der **Gegenstand der einstweiligen Maßnahme** selbst in den sachlichen Anwendungsbereich der EuEheVO (Art 1; → Rn 20 ff) fallen muss (dafür Rauscher/*Rauscher* Rn 11 ff; G/Sch/*Dilger,* IRV Rn 15 ff; Zö/*Geimer* Rn 2). Dagegen spricht, dass Art 20 bei einem solchen Verständnis in Ehesachen praktisch leerliefe, denn auf eine eherechtliche Gestaltung gerichtete einstweilige Maßnahmen kommen – sieht man von der Gestattung des Getrenntlebens ab (vgl Trib d'arrondissement Luxembourg 3.10.07, unalex LU-194; *Spellenberg* FS Beys [2003] 1583/1593) – in der Praxis der Mitgliedstaaten so gut wie nicht vor (Staud/ *Spellenberg* Rn 34). Auch der Umstand, dass Art 20 ausdrücklich einstweilige Maßnahmen in Bezug auf „Vermögensgegenstände" regelt, die im Gerichtsstaat belegen sind, legt es nahe, den sachlichen Anwendungsbereich der Vorschrift in Ehesachen über Art 1 Abs 1 lit a hinaus zu erweitern (so auch die hM, vgl schon den *Borrás*-Bericht Rn 59; ferner *Fuchs/Tölg* ZfRV 02, 95/ 98 f; ThP/*Hüßtege* Rn 4a; Althammer/*Schäuble* Rn 9; Staud/*Spellenberg* Rn 6; NK-BGB/*Gruber* Rn 10 f, jeweils mwN).

208　　Der Streit hat freilich nur geringe praktische Bedeutung; denn nach beiden Ansichten ist die Vorschrift nicht auf Maßnahmen anzuwenden, die bereits von spezielleren Verordnungen auf dem Gebiet des Scheidungsfolgenrechts erfasst werden. Danach gilt Art 20 insbesondere nicht für den Erlass von **einstweiligen Unterhaltsanordnungen;** deren Voraussetzungen beurteilen sich vielmehr nach Art 14 EuUntVO (NK-BGB/*Gruber* Rn 11; Rauscher/*Rauscher* Rn 14; Staud/*Spellenberg* Rn 31; → C Rn 299 ff; ebenso zur früheren Geltung von Art 31 EuGVVO aF in Unterhaltssachen *Fuchs/Tölg* ZfRV 2002, 95/98). In gleicher Weise sind einstweilige Maßnahmen auf dem Gebiet des **ehelichen Güterrechts** (zB die vorläufige Sicherung des künftigen Anspruchs auf Zugewinnausgleich) aus der EuEheVO ausgeschlossen (Staud/*Spellenberg* Rn 32; MüKoFamFG/*Gottwald* Rn 6; NK-BGB/*Gruber* Rn 11); diese werden ab dem 29.1.2019 von der spezielleren EU-Verordnung auf diesem Gebiet geregelt (vgl Art 19 EuGüVO; → B Rn 236 ff).

209　　Von Art 20 erfasst werden hingegen auch einstweilige Maßnahmen auf dem Gebiet des **Gewaltschutzes** (zB nach §§ 1, 2 GewSchG; Zö/*Geimer* Rn 3; Staud/*Spellenberg* Rn 37). Für deren Anerkennung und Vollstreckung in anderen Mitgliedstaaten ist zwar heute auch die Verordnung Nr 606/2013 über die gegenseitige Anerkennung von Schutzmaßnahmen in Zivilsachen v 12.6.2013 (**EuSchutzMVO,** ABl L 181, 4; näher → R Rn 55 ff) zu beachten; denn diese Verordnung ermöglicht speziell die Anerkennung von Maßnahmen zum Schutz von Personen, deren körperliche und/oder seelische Unversehrtheit gefährdet ist (vgl Art 3 Nr 1 EuSchutzMVO). Die seit dem 15.1.2015 in den Mitgliedstaaten (mit Ausnahme *Dänemarks*) geltende Verordnung soll allerdings ausdrücklich nicht für die Anerkennung von Schutzmaßnahmen gelten, die bereits in den Anwendungsbereich der EuEheVO fallen (Art 1 Abs 3), so dass der Streit über die sachliche Reichweite des Art 20 in Ehesachen auch durch diese neue Verordnung nicht gelöst worden ist. Anders als Art 20 regelt die EuSchutzMVO jedoch nicht die internationale Zuständigkeit für die Anordnung von Gewaltschutzmaßnahmen. Auch auf dem Gebiet der Anerkennung und Vollstreckung kommt der in Art 1 Abs 3 EuSchutzMVO angeordnete Vorrang der EuEheVO nur für solche Schutzmaßnahmen in Betracht, die einen hinreichenden Bezug zur Ehe der Parteien aufweisen.

210　　In den Anwendungsbereich des Art 20 einzubeziehen ist auch die vorläufige **Hausratsverteilung oder Wohnungszuweisung** (zB nach §§ 1361a, 1361b BGB; *Spellenberg* FS Beys [2003] 1583/1588 ff; MüKoFamFG/*Gottwald* Rn 6; NK-BGB/*Gruber* Rn 12; Staud/*Spellenberg*

48

I. Internationale Zuständigkeit: EuEheVO Art 20 **211–214 A**

Rn 38 ff, 41; **aA** hinsichtlich § 1361a BGB Rauscher/*Rauscher* Rn 13; G/Sch/*Dilger,* IRV Rn 16). Daran kann allerdings ab dem 29.1.2019 nicht mehr festgehalten werden. Da nämlich der weite Begriff des „ehelichen Güterrechts" in Art 1 EuGüVO auch die Hausratsverteilung und die Zuweisung der Ehewohnung umfasst (→ B Rn 313), kommt ab diesem Zeitpunkt insoweit Art 19 EuGüVO Vorrang vor Art 20 EuEheVO zu, vgl Art 69 Abs 1 EuGüVO.

c) Dringende Fälle. Der Rückgriff auf nationales Zuständigkeitsrecht ist nach Art 20 nur „in **211** dringenden Fällen" möglich. Insoweit handelt es sich um ein zusätzliches *autonom* auszulegendes Tatbestandsmerkmal, das insbesondere dann Bedeutung erlangt, wenn die vom nationalen Recht vorgesehene Maßnahme keine Dringlichkeit voraussetzt (*Fuchs/Tölg* ZfRV 02, 95/99; Rauscher/ *Rauscher* Rn 15; NK-BGB/*Gruber* Rn 3). Ein dringender Fall ist dann anzunehmen, wenn das Abwarten der Entscheidung eines nach Art 3–7 zuständigen Gerichts in der Hauptsache keinen ausreichenden Rechtsschutz bietet (HK-ZPO/*Dörner* Rn 3). Auf die Dringlichkeit kommt es zwar nach dem Wortlaut des Art 20 dann nicht an, wenn die einstweilige Maßnahme durch ein nach Art 3 ff zuständiges Gericht getroffen werden soll; sie ist jedoch auch in diesem Fall grundsätzlich zu fordern (G/Sch/*Dilger,* IRV Rn 27; ThP/*Hüßtege* Rn 2; Staud/*Spellenberg* Rn 21 ff).

d) Reale Verknüpfung. Im Anschluss an die EuGH Rechtsprechung zu Art 31 EuGVVO aF **212** beschränkt Art 20 die Zulässigkeit von Maßnahmen des einstweiligen Rechtsschutzes, die lediglich auf nationales Zuständigkeitsrecht gestützt werden, ferner auf Personen oder Vermögensgegenstände, die sich in dem Mitgliedstaat befinden, in dem das mit der Sache befasste Gericht seinen Sitz hat (vgl idS zur elterlichen Verantwortung EuGH C-256/09 – *Purrucker,* Slg 10 I-7535 Rn 77 = NJW 10, 2861; EuGH C-523/07 – *A,* FamRZ 09, 843 Rn 47, 65). Begehrt die Ehefrau daher eine einstweilige Anordnung, die es ihr gestattet, in dem bisher von den Ehegatten gemeinsam bewohnten Haus getrennt von ihrem Mann zu leben, so findet Art 20 dann keine Anwendung, wenn dieses Haus nicht im Gerichtsstaat liegt (Trib d'arrondissement Luxembourg 4.10.07, unalex LU-195 und 13.7.07, unalex LU-193).

3. Internationale Zuständigkeit

a) Zuständigkeit des Hauptsachegerichts. Art 20 Abs 1 beeinflusst das Zuständigkeits- **213** system der EuEheVO nicht. Alle nach der Verordnung für die Hauptsacheklage zuständigen Gerichte können daher Eilmaßnahmen anordnen, und zwar auch dann, wenn ein Hauptsacheverfahren noch nicht anhängig ist. Ist ein solches bereits anhängig, so kann nicht nur das angerufene Gericht, sondern auch jedes andere für die Hauptsache alternativ gemäß Art 3 ff ebenfalls zuständige Gericht eines anderen Mitgliedstaates einstweiligen Rechtsschutz gewähren (Staud/*Spellenberg* Rn 47; zur elterlichen Verantwortung EuGH Rs C-256/09 – *Purrucker,* Slg 10 I-7353 Rn 62 ff = NJW 10, 2861; BGHZ 188, 270 Rn 15 = NJW 11, 855/856; zum EuGVÜ *Stadler* JZ 99, 1089/1094 f). Ferner ist die Zuständigkeit der für die Hauptsache zuständigen Gerichte zur Gewährung von einstweiligem Rechtsschutz nicht davon abhängig, dass die Maßnahmen im Gerichtsstaat befindliche Personen oder Vermögensgegenstände betreffen (Rauscher/*Rauscher* Rn 25; NK-BGB/*Gruber* Rn 1). Aus diesem Grunde (und wegen der Auswirkung auf die Anerkennung und Vollstreckung; → Rn 218 ff) hat das angerufene Gericht in einem ersten Schritt stets zu prüfen, ob es nach der Verordnung international zuständig ist (öst OGH 15.5.12, unalex AT-821; Althammer/*Schäuble* Rn 15). Als Grundlage für die Zuständigkeit in der Hauptsache kommen für Ehesachen nicht nur die Art 3–5 in Betracht, sondern unter den Voraussetzungen der Art 6, 7 Abs 1 (→ Rn 117 ff) auch Zuständigkeiten nach dem nationalen Verfahrensrecht einschließlich von Staatsverträgen (**aA** Staud/*Spellenberg* Rn 46).

b) Zuständigkeit nach nationalem Recht. Die Bedeutung des Art 20 liegt darin, dass die **214** Gerichte der Mitgliedstaaten auf dem Gebiet des einstweiligen Rechtsschutzes in Ehesachen auf ihr nationales Zuständigkeitsrecht nicht nur insoweit zurückgreifen können, als die Verordnung diese Möglichkeit nach Art 6, 7 Abs 1 auch für das Hauptsacheverfahren eröffnet, sondern auch in Fällen, in denen für die Hauptsache die Zuständigkeit der Gerichte eines anderen Mitgliedstaats nach Art 3–5 begründet ist (vgl zur elterlichen Verantwortung EuGH C-256/09 aaO; BGHZ 188, 270 Rn 15 = FamRZ 11, 542; *Helms* FamRZ 09, 1400/1401). Die Gerichte können also in dringenden Fällen einstweilige Maßnahmen ohne Beschränkung durch die Art 3–7 nach ihrem – staatsvertraglichen oder innerstaatlichen – Recht treffen. Da Art 20 Abs 1 damit von der durch die Verordnung geschaffenen Zuständigkeitsordnung abweicht, ist die Vorschrift **restriktiv auszulegen.**

A 215–220

215 Art 20 begründet allerdings **keine eigene Zuständigkeit im Sinne der Verordnung;** diese muss sich vielmehr aus der jeweiligen *lex fori* ergeben (Staud/*Spellenberg* Rn 50; Rauscher/ *Rauscher* Rn 17; G/Sch/*Dilger,* IRV Rn 1; NK-BGB/*Gruber* Rn 8; **aA** noch *Andrae* IPRax 06, 82/85 f; Staud/*Pirrung* Rn C 113). Die Vorschrift hat also die Funktion einer **Öffnungsklausel** (BGH NJW 16, 1445 Rn 18; BGH FamRZ 11, 542 Rn 18), die unter den dort genannten Voraussetzungen den Rückgriff auf Staatsverträge oder nationale Rechtsvorschriften zulässt, die für Streitigkeiten in der Hauptsache durch die Verordnung verdrängt werden. Vor deutschen Gerichten kann die Eilzuständigkeit insbesondere auf § 98 FamFG gestützt werden. Zu den Voraussetzungen des Art 20 näher → F Rn 327 ff)

4. Spätere Entscheidung in der Hauptsache, Abs 2

216 Nach Abs 2 tritt die von einem nur nach Abs 1, dh **nach nationalem Recht,** zuständigen Gericht getroffene einstweilige Maßnahme außer Kraft, wenn das nach der Verordnung in der Hauptsache zuständige Gericht die von ihm für angemessen erachteten Maßnahmen angeordnet hat (Rauscher/*Rauscher* Rn 28). Insoweit kommt es nicht darauf an, ob die Maßnahmen von dem in der Hauptsache zuständigen Gericht im Hauptsacheverfahren oder in einem (weiteren) Verfahren des einstweiligen Rechtsschutzes getroffen wurden (EuGH Rs C-256/09 – *Purrucker,* Slg 10 I-7353 Rn 71 = NJW 10, 2861; Althammer/*Schäuble* Rn 18). Maßnahmen, die nicht in den sachlichen Anwendungsbereich der Verordnung fallen, treten nach dem jeweiligen nationalen Recht außer Kraft (EuGH C-523/07 aaO, FamRZ 09, 843 Rn 51).

217 Für einstweilige Maßnahmen, die von einem Gericht auf der Grundlage des **Zuständigkeitsrechts der Verordnung** (Art 3–5) getroffen wurden, findet Abs 2 keine Anwendung. Deren Wirkung endet erst mit Rechtskraft der Entscheidung in der Hauptsache (G/Sch/*Dilger,* IRV Rn 27; Zö/*Geimer* Rn 12).

5. Anerkennung und Vollstreckung

218 Die Frage, ob nach Art 20 getroffene einstweilige Maßnahmen auch in anderen Mitgliedstaaten nach Maßgabe der Art 21 ff anzuerkennen und zu vollstrecken sind, war lange Zeit umstritten (abl *Fuchs/Tölg* ZfRV 2002, 95/101 f unter Hinweis darauf, dass einstweilige Maßnahmen von der Definition der „Entscheidung" in Art 2 Nr 4 nicht erfasst seien). Auf Vorlage des BGH (FamRZ 09, 1297m Anm *Helms* 1401) hat der EuGH in einem die elterliche Verantwortung betreffenden Verfahren entschieden, dass insoweit danach zu differenzieren ist, ob die Maßnahme von einem nach der Verordnung oder nur nach nationalem Verfahrensrecht zuständigen Gericht getroffen wurde (EuGH C-296/10 – *Purrucker,* Slg 10 I-7353 Rn 83 ff = NJW 10, 2861; BGHZ 188, 270 Rn 17 = FamRZ 11, 542 aaO, Rn 73; zust BGH NJW 15, 1603 Rn 19 m Anm *Hau* FamRZ 15, 1101; BGHZ 188, 270 Rn 16 = FamRZ 11, 542; BGH NJW-RR 11, 865 Rn 9; OLG Stuttgart FamRZ 14, 1567/1568):

219 Danach kommt einstweiligen Anordnungen, die auf die durch Art 20 erweiterten **Zuständigkeiten nach nationalem Recht** gestützt werden, grundsätzlich nur eine auf den Anordnungsstaat beschränkte territoriale Wirkung zu. Sie können daher in anderen Mitgliedstaaten nicht nach den Art 21 ff anerkannt und vollstreckt werden (EuGH C-256/09 aaO, Rn 83 ff; BGHZ 188, 270 Rn 17), sondern nur nach Maßgabe der im Zweitstaat geltenden Staatsverträge oder nach dortigem nationalen Recht (EuGH C-256/09 aaO, Rn 92; Staud/*Spellenberg* Rn 44).

220 Demgegenüber ist die von einem **nach der Verordnung zuständigen Hauptsachegericht** erlassene einstweilige Anordnung eine „Entscheidung" iSv Art 21 und entfaltet daher unter den Voraussetzungen des Art 22 grundsätzlich auch grenzüberschreitende Wirkung in den anderen Mitgliedstaaten (EuGH C-256/09 aaO Rn 73; BGHZ 188, 270 Rn 16 = FamRZ 11, 542; Staud/*Spellenberg* Rn 43 mwN). Voraussetzung hierfür ist freilich, dass die einstweilige Maßnahme in einem Verfahren nach Gewährung rechtlichen Gehörs für beide Parteien ergangen ist (*Schulz* FamRBint 10, 82; Rauscher/*Rauscher* Rn 24; Staud/*Spellenberg* Rn 62; vgl zum EuGVÜ EuGH Rs C-125/79 – *Denilauler,* Slg 80 I 1553 Rn 17 f m Anm *Hausmann* IPRax 1981, 5). Die praktischen Konsequenzen dieser Differenzierung werden wegen ihrer vornehmlichen Bedeutung für den einstweiligen Rechtsschutz auf dem Gebiet der **elterlichen Verantwortung** im dortigen Kontext diskutiert (→ F Rn 335 ff und → N Rn 39 ff).

I. Internationale Zuständigkeit: EuEheVO Art 59 222 **A**

Kapitel III. Anerkennung und Vollstreckung
EuEheVO Art 21–52
(abgedruckt und kommentiert → K Rn 8 ff [Ehesachen] und → N Rn 19 ff [Sorge- und Umgangsrecht])

Kapitel IV. Zusammenarbeit zwischen den zentralen Behörden bei Verfahren betreffend die elterliche Verantwortung
EuEheVO Art 53–58
(abgedruckt und kommentiert → U Rn 3 ff)

Kapitel V. Verhältnis zu anderen Rechtsinstrumenten

Die Art 59–63 regeln das Verhältnis zwischen der EuEheVO und Staatsverträgen auf den von 221 der Verordnung betroffenen Gebieten. Da die *Bundesrepublik Deutschland* auf dem Gebiet der internationalen Entscheidungszuständigkeit in Ehesachen bisher keine Staatsverträge abgeschlossen hat, stellt sich das Problem aus deutscher Sicht nicht. Bedeutung erlangen die Art 59–63 in *Deutschland* nur im Rahmen der Anerkennung ausländischer Entscheidungen in Ehesachen (→ K Rn 139 ff) sowie auf dem Gebiet der elterlichen Verantwortung (→ F Rn 344 ff und → N Rn 322 ff).

EuEheVO Art 59. Verhältnis zu anderen Rechtsinstrumenten

(1) **Unbeschadet der Artikel 60, 61, 62 und des Absatzes 2 des vorliegenden Artikels ersetzt diese Verordnung die zum Zeitpunkt des Inkrafttretens dieser Verordnung bestehenden, zwischen zwei oder mehr Mitgliedstaaten geschlossenen Übereinkünfte, die in dieser Verordnung geregelte Bereiche betreffen.**

(2)

a) **¹Finnland und Schweden können erklären, dass das Übereinkommen vom 6. Februar 1931 zwischen Dänemark, Finnland, Island, Norwegen und Schweden mit Bestimmungen des internationalen Verfahrensrechts über Ehe, Adoption und Vormundschaft einschließlich des Schlussprotokolls anstelle dieser Verordnung ganz oder teilweise auf ihre gegenseitigen Beziehungen anwendbar ist. ²Diese Erklärungen werden dieser Verordnung als Anhang beigefügt und im Amtsblatt der Europäischen Union veröffentlicht. ³Die betreffenden Mitgliedstaaten können ihre Erklärung jederzeit ganz oder teilweise widerrufen.**

b) **Der Grundsatz der Nichtdiskriminierung von Bürgern der Union aus Gründen der Staatsangehörigkeit wird eingehalten.**

c) **Die Zuständigkeitskriterien in künftigen Übereinkünften zwischen den in Buchstabe a) genannten Mitgliedstaaten, die in dieser Verordnung geregelte Bereiche betreffen, müssen mit den Kriterien dieser Verordnung im Einklang stehen.**

d) *(abgedruckt und kommentiert → K Rn 143 f)*

(3) **Die Mitgliedstaaten übermitteln der Kommission**

a) **eine Abschrift der Übereinkünfte sowie der einheitlichen Gesetze zur Durchführung dieser Übereinkünfte gemäß Absatz 2 Buchstaben a) und c),**

b) **jede Kündigung oder Änderung dieser Übereinkünfte oder dieser einheitlichen Gesetze.**

1. Vorrang der Verordnung, Abs 1

Gemäß Abs 1 ersetzt die EuEheVO die zum Zeitpunkt ihres Inkrafttretens (→ Art 72) 222 zwischen zwei oder mehreren Mitgliedstaaten bestehenden Staatsverträge, soweit sie die in Art 1 Abs 1 geregelten Bereiche betreffen (→ Art 62). Der Vorrang der Verordnung vor den Übereinkommen nach Abs 1 gilt allerdings nur, soweit der zeitliche Anwendungsbereich der EuEheVO für das konkrete Verfahren eröffnet ist (→ Art 64; vgl Rauscher/*Rauscher* Rn 3 f). Er besteht dann allerdings auch, wenn der konkurrierende Staatsvertrag anerkennungsfreundlicher ist (Rauscher/*Rauscher* Rn 2; Staud/*Spellenberg* Rn 4). Schließlich können solche Übereinkommen von

51

A

den Mitgliedstaaten wegen der diesbezüglich bestehenden Außenkompetenz der EU auch künftig nicht mehr geschlossen werden.

223   Aus deutscher Sicht verdrängt die EuEheVO auf dem Gebiet des Eheverfahrensrechts daher insbesondere die **bilateralen Anerkennungs- und Vollstreckungsabkommen** mit *Italien* (Abk v 9.3.1936, RGBl 37 II, 145), *Belgien* (Abk v 30.6.1958, BGBl 59 II 766), *Österreich* (Vertrag v 6.6.1959, BGBl 60 II, 1246), dem *Vereinigten Königreich* (Abk v 14.6.1960, BGBl 61 II, 302), *Griechenland* (Vertrag v 4.11.1961, BGBl 63 II, 110), den *Niederlanden* (Vertrag v 30.8.1962, BGBl 65 II 27) und *Spanien* (Vertrag v 14.11.1983, BGBl 87 II, 35). Diese betreffen freilich die internationale Entscheidungszuständigkeit nicht.

2. Sonderregelung für Finnland und Schweden, Abs 2, 3

224   Die Absätze 2 und 3 enthalten eine Sonderregelung für die Mitgliedstaaten *Finnland* und *Schweden*. Diese haben von der ihnen in Abs 2 lit a eingeräumten Möglichkeit Gebrauch gemacht, auf ihre gegenseitigen Beziehungen anstelle der Verordnung das Übk zwischen zwischen den skandinavischen Staaten mit Bestimmungen des internationalen Verfahrensrechts über Ehe, Adoption und Vormundschaft vom 6.2.1931 anzuwenden, das auch die internationale Zuständigkeit in Ehesachen regelt (vgl Anh VI zur EuEheVO). Da es sich um die einzige Ausnahme von dem in Abs 1 normierten Grundsatz des Vorrangs der EuEheVO vor den zwischen Mitgliedstaaten geschlossenen Staatsverträgen handelt, ist die Vorschrift eng auszulegen. Ferner haben die an der nordischen Zusammenarbeit beteiligten Mitgliedstaaten bei der Anwendung dieses Übereinkommens die **Grundsätze des EU-Rechts** zu beachten (EuGH C-435/06, Slg 07 I-10141 Rn 60 ff = FamRZ 08, 125m Anm *Dutta* 835; vgl auch *Gruber* IPRax 08, 490). Danach ist insbesondere der Grundsatz der **Nichtdiskriminierung von EU-Bürgern** einzuhalten (lit b). Die Unterschiede sind freilich gering, weil die Zuständigkeitsregeln des Art 3 EuEheVO im Jahr 2001 in Art 7 des nordischen Übk übernommen wurden (Staud/*Spellenberg* Rn 10).

EuEheVO Art 60

(abgedruckt und kommentiert → F Rn 347 ff, → K Rn 145 f und → N Rn 326 ff)

225   Die EuEheVO hat Vorrang vor den in Art 60 aufgeführten, zwischen den Mitgliedstaaten abgeschlossenen multilateralen Staatsverträgen, soweit diese den sachlichen Anwendungsbereich der Verordnung (→ Art 1, 62) betreffen. Diese Staatsverträge gelten weiter für die von der Verordnung nicht geregelten Bereiche sowie für Sachverhalte, die nicht in ihren zeitlichen Anwendungsbereich fallen. Keines der in Art 60 aufgeführten Übereinkommen regelt allerdings die internationale (Entscheidungs-) Zuständigkeit **in Ehesachen.** Die in Art 60 lit a, d und e genannten Übereinkommen betreffen vielmehr das Sorgerecht und den Kinderschutz; insoweit ist Art 60 unter → F Rn 347 ff und → N Rn 326 ff abgedruckt und kommentiert. Die in lit b und c genannten Übereinkommen betreffen die Anerkennung und Vollstreckung von Eheurteilen; insoweit ist Art 60 unter → K Rn 145 abgedruckt und kommentiert.

EuEheVO Art 61

(betrifft die elterliche Verantwortung; abgedruckt und kommentiert → F Rn 352 ff und → N Rn 330 f)

EuEheVO Art 62

(abgedruckt und kommentiert → K Rn 332)

EuEheVO Art 63

(abgedruckt und kommentiert → K Rn 149 ff)

I. Internationale Zuständigkeit: EuEheVO Art 64

Kapitel VI. Übergangsvorschriften

EuEheVO Art 64

(1) **Diese Verordnung gilt nur für gerichtliche Verfahren, öffentliche Urkunden und Vereinbarungen zwischen den Parteien, die nach Beginn der Anwendung dieser Verordnung gemäß Artikel 72 eingeleitet, aufgenommen oder getroffen wurden.**

(2)–(4) *(abgedruckt und kommentiert → K Rn 153 ff)*

1. Internationale Zuständigkeit

Art 64 regelt den zeitlichen Anwendungsbereich der Verordnung. Diese gilt auf dem Gebiet **226** der internationalen Zuständigkeit in Ehesachen nach ihrem Abs 1 nur für gerichtliche Verfahren, die ab der Geltung der Verordnung, dh am **1.3.2005** oder später (→ Art 72 S 2), eingeleitet wurden. Ein zuvor eingeleitetes Verfahren wird auf der Grundlage des früheren Rechts weitergeführt, auch wenn dass Gericht sich auf eine Zuständigkeit stützt, die nach der Verordnung nicht mehr anerkannt wird (vgl zur EheVO 2000 EuGH Rs C-312/09 – *Michalias,* Slg 10 I-82 = FamRZ 10, 2049; Staud/*Spellenberg* Rn 4).

Wie im Rahmen von Art 66 Abs 1 EuGVVO ist auch für Art 64 Abs 1 umstritten, ob der **227** **Zeitpunkt der Verfahrenseinleitung** nach der jeweiligen nationalen *lex fori* zu bestimmen ist (so noch *Hausmann* EuLF 00/01, 271/275; *Wagner* IPRax 01, 73/80; ebenso zum EuGVÜ BGHZ 132, 105/107 = NJW 96, 1411 und zur EuGVVO nF Rauscher/*Staudinger* Art 66 Rn 2), oder autonom unter entsprechender Heranziehung des unmittelbar nur für die Anwendung von Art 19 geltenden Art 16 (so zu Art 66 EuGVVO aF BGH NJW 04, 1652/1653; BGH IPRax 06, 602; öst OGH ZfRV 04, 32; G/Sch/*Geimer* Rn 2; Kropholler/*v Hein* Rn 2). Im Interesse einer einheitlichen Bestimmung des zeitlichen Anwendungsbereichs der Verordnung ist der letzteren Ansicht der Vorzug zu geben (ebenso *Dilger* Rn 170 ff; HK-ZPO/*Dörner* Rn 3; MüKoFamFG/*Gottwald* Rn 3; ThP/*Hüßtege* Rn 2; NK-BGB/*Gruber* Rn 1).

Auf **öffentliche Urkunden** oder Vereinbarungen zwischen den Parteien ist die Verordnung **228** anwendbar, wenn diese am oder nach dem 1.3.2005 errichtet bzw geschlossen wurden. Für die Einleitung von Verfahren, die Errichtung von Urkunden und den Abschluss von Vereinbarungen vor Gerichten oder Behörden von Mitgliedstaaten, die erst nach dem 1.3.2005 der EG/EU beigetreten sind, ist auf den Zeitpunkt des späteren Beitritts abzustellen (vgl MüKoFamFG/ *Gottwald* Rn 2; Rauscher/*Rauscher* Rn 3). Für Verfahren, die vor dem 1.3.2005, aber nach dem 1.3.2001 eingeleitet wurden, verbleibt es aus deutscher Sicht bei der Geltung der EheVO 2000, die auf dem Gebiet der internationalen Zuständigkeit in Ehesachen eine mit Art 3–7 EuEheVO weithin übereinstimmende Regelung enthält.

2. Rechtshängigkeit

Für die Beurteilung der anderweitigen Rechtshängigkeit gilt die Verordnung in jedem Falle, **229** wenn beide Verfahren vor Gerichten verschiedener Mitgliedstaaten ab Geltung der Verordnung eingeleitet wurden. Wurde ein Verfahren vor dem 1.3.2005 im Mitgliedstaat A, das zweite Verfahren nach dem 1.3.2005 im Mitgliedstaat B eingeleitet, so ist Art 19 von dem später angerufenen Gericht im Mitgliedstaat B dann anzuwenden, wenn sich die Zuständigkeit des zuerst angerufenen Gerichts im Mitgliedstaat A aus Vorschriften ergibt, die mit den Art 3 ff EuEheVO übereinstimmen (vgl zum EuGVÜ EuGH C-163/95 – v *Horn/Cinnamond* – Slg 97 I-5467 Rn 18 ff = IPRax 99, 100 m Anm *Rauscher* 80; ebenso zur EheVO 2000 öst OGH IPRax 03, 456/457 m zust Anm *Hau* 461; Staud/*Spellenberg* Rn 13; **aA** Areios Pagos 14.12.05, unalex GR-110). Dies trifft insbesondere dann zu, wenn im Mitgliedstaat A vor dem 1.3.2005 die EheVO 2000 gegolten hat. Hat das zuerst angerufene Gericht über seine Zuständigkeit noch nicht entschieden, so erfolgt die in Art 19 Abs 1 vorgeschriebene Aussetzung durch das später angerufene Gericht zunächst nur vorläufig (MüKoFamFG/*Gottwald* Rn 4; NK-BGB/*Gruber* Rn 4; G/Sch/*Dilger* IRV Rn 5).

3. Anerkennung und Vollstreckung

Sonderregeln zur intertemporalen Geltung der Verordnung auf dem Gebiet der Anerkennung **230** und Vollstreckung von Entscheidungen in Ehesachen enthält Art 64 in den Absätzen 2–4. Sie werden im dortigen Zusammenhang kommentiert (→ K Rn 153 ff).

53

A 234   1. Teil. Erkenntnisverfahren A. Ehesachen

Kapitel VII. Schlussbestimmungen

EuEheVO Art 65. Überprüfung

Die Kommission unterbreitet dem Europäischen Parlament, dem Rat und dem Europäischen Wirtschafts- und Sozialausschuss spätestens am 1. Januar 2012 und anschließend alle fünf Jahre auf der Grundlage der von den Mitgliedstaaten vorgelegten Informationen einen Bericht über die Anwendung dieser Verordnung, dem sie gegebenenfalls Vorschläge zu deren Anpassung beifügt.

231   Den Bericht hat die EU-Kommission am 15.4.2014 (KOM [2014] 225 endg) vorgelegt. Auf der Grundlage dieses Berichts hat sie am 30.6.2016 (KOM [2016] 411) einen Vorschlag zu einer Neufassung der Verordnung vorgelegt, der allerdings in Ehesachen nur geringfügige Änderungen enthält.

EuEheVO Art 66. Mitgliedstaaten mit zwei oder mehr Rechtssystemen

Für einen Mitgliedstaat, in dem die in dieser Verordnung behandelten Fragen in verschiedenen Gebietseinheiten durch zwei oder mehr Rechtssysteme oder Regelwerke geregelt werden, gilt Folgendes:

a) Jede Bezugnahme auf den gewöhnlichen Aufenthalt in diesem Mitgliedstaat betrifft den gewöhnlichen Aufenthalt in einer Gebietseinheit.

b) Jede Bezugnahme auf die Staatsangehörigkeit oder, im Fall des Vereinigten Königreichs, auf das „domicile" betrifft die durch die Rechtsvorschriften dieses Staates bezeichnete Gebietseinheit.

c) Jede Bezugnahme auf die Behörde eines Mitgliedstaats betrifft die zuständige Behörde der Gebietseinheit innerhalb dieses Staates.

d) Jede Bezugnahme auf die Vorschriften des ersuchten Mitgliedstaats betrifft die Vorschriften der Gebietseinheit, in der die Zuständigkeit geltend gemacht oder die Anerkennung oder Vollstreckung beantragt wird.

232   Die Vorschrift enthält Regeln zur Unteranknüpfung für Mitgliedstaaten mit verfahrensrechtlicher Rechtsspaltung, dh für Mitgliedstaaten, in denen auf dem Gebiet der internationalen Zuständigkeit und/oder auf dem Gebiet der Anerkennung und Vollstreckung von Entscheidungen unterschiedliche Teilrechtsordnungen bestehen (vgl *Borrás*-Bericht Rn 126). Praktisch bedeutsam ist Art 66 derzeit nur (noch) in Bezug auf das **Vereinigte Königreich,** das aus den Rechtseinheiten England, Wales, Schottland und Nordirland besteht. Zur Parallelvorschrift auf dem Gebiet des Scheidungskollisionsrechts in Art 14 Rom III-VO → Rn 505 ff.

EuEheVO Art 67

(abgedruckt und kommentiert → N Rn 340 f)

EuEheVO Art 68. Angaben zu den Gerichten und den Rechtsbehelfen

Die Mitgliedstaaten teilen der Kommission die in den Artikeln 21, 29, 33 und 34 genannten Listen mit den zuständigen Gerichten und den Rechtsbehelfen sowie die Änderungen dieser Listen mit. Die Kommission aktualisiert diese Angaben und gibt sie durch Veröffentlichung im *Amtsblatt der Europäischen Union* und auf andere geeignete Weise bekannt.

233   Die von den Mitgliedstaaten mitgeteilten Listen zu den in Art 68 genannten Artikeln sind im Internet veröffentlicht im Europäischen Gerichtsatlas für Zivilsachen (https//e-justice.europa.eu/content_matrimonial_matters_and_matters_of_parental_responsibility).

EuEheVO Art 69. Änderungen der Anhänge

Änderungen der in den Anhängen II bis IV wiedergegebenen Formblätter werden nach dem in Artikel 70 Absatz 2 genannten Verfahren beschlossen.

234   Art 69 ermächtigt die Kommission zur Änderung der in den Anhängen II-IV abgedruckten Formblätter im Verfahren nach Art 70 Abs 2 (Bedenken zur Rechtsstaatlichkeit dieser Ermächtigung bei Rauscher/*Rauscher* Rn 1).

54

I. Internationale Zuständigkeit: IntFamRVG § 1   **237** **A**

EuEheVO Art 70. Ausschuss

(1) **Die Kommission wird von einem Ausschuss (nachstehend „Ausschuss" genannt) unterstützt.**

(2) **Wird auf diesen Absatz Bezug genommen, so gelten die Artikel 3 und 7 des Beschlusses 1999/468/EG.**

(3) **Der Ausschuss gibt sich eine Geschäftsordnung.**

EuEheVO Art 71. Aufhebung der Verordnung (EG) Nr 1347/2000

(1) **Die Verordnung (EG) Nr 1347/2000 wird mit Beginn der Geltung dieser Verordnung aufgehoben.**

(2) **Jede Bezugnahme auf die Verordnung (EG) Nr 1347/2000 gilt als Bezugnahme auf diese Verordnung nach Maßgabe der Entsprechungstabelle in Anhang VI.**

Mit Geltungsbeginn der Verordnung (→ Art 72 S 2) ist die Vorgänger-Verordnung (EG) **235** Nr 1347/2000 (EheVO 2000 bzw Brüssel II-VO) außer Kraft getreten. Soweit andere Regelungswerke auf die EheVO 2000 verweisen, ist auf die Vorschriften der hier kommentierten Verordnung (EG) Nr 2201/2003 nach Maßgabe der Entsprechungstabelle in Anh IV abzustellen.

EuEheVO Art 72. In-Kraft-Treten

Diese Verordnung tritt am 1. August 2004 in Kraft.

Sie gilt ab 1. März 2005 mit Ausnahme der Artikel 67, 68, 69 und 70, die ab dem 1. August 2004 gelten.

Diese Verordnung ist in allen ihren Teilen verbindlich und gilt gemäß dem Vertrag zur Gründung der Europäischen Gemeinschaft unmittelbar in den Mitgliedstaaten.

Anhänge I–IV

Die Formulare für die Bescheinigungen gemäß den Anhängen I–IV zur EuEheVO sind auf der **236** Internetseite des Europäischen Justizportals unter „Dynamische Formulare" abrufbar:
    https://e-justice.europa.eu/content_matrimonial_matters_and_matters_of_parental_responsibility_forms-271-de.do

3. Autonomes Zivilverfahrensrecht

20. Gesetz zur Aus- und Durchführung bestimmter Rechtsinstrumente auf dem Gebiet des internationalen Familienrechts (Internationales Familienrechtsverfahrensgesetz – IntFamRVG)

Vom 26. Januar 2005 (BGBl I, 162)

Schrifttum: *Wagner,* Kommentar zum IntFamRVG (2011).

Abschnitt 1. Anwendungsbereich; Begriffsbestimmungen

IntFamRVG § 1. Anwendungsbereich

Dieses Gesetz dient

1. der Durchführung der Verordnung (EG) Nr. 2201/2003 des Rates vom 27. November 2003 über die Zuständigkeit und die Anerkennung und Vollstreckung von Entscheidungen in Ehesachen und in Verfahren betreffend die elterliche Verantwortung und zur Aufhebung der Verordnung (EG) Nr. 1347/2000 (ABl. EU Nr. L 338 S. 1);

2.–4. *(betrifft elterliche Verantwortung; abgedruckt und kommentiert → N Rn 521)*

Das IntFamRVG dient in Ehesachen nur zur Ausführung der EuEheVO, und auch dies im **237** Wesentlichen nur auf dem Gebiet der **Anerkennung und Vollstreckung** von Entscheidungen der Mitgliedstaaten. Es ist daher insoweit unter → K Rn 175 ff abgedruckt und kommentiert.

55

A 239   1. Teil. Erkenntnisverfahren A. Ehesachen

30. Gesetz über das Verfahren in Familiensachen und in den Angelegenheiten der freiwilligen Gerichtsbarkeit (FamFG)

idF vom 17. Dezember 2008 (BGBl I, 2586)

Buch 1. Allgemeiner Teil

Abschnitt 4. Einstweilige Anordnung

FamFG § 50. Zuständigkeit

(1) [1]Zuständig ist das Gericht, das für die Hauptsache im ersten Rechtszug zuständig wäre. [2]Ist eine Hauptsache anhängig, ist das Gericht des ersten Rechtszugs, während der Anhängigkeit beim Beschwerdegericht das Beschwerdegericht zuständig.

(2) [1]In besonders dringenden Fällen kann auch das Amtsgericht entscheiden, in dessen Bezirk das Bedürfnis für ein gerichtliches Tätig werden bekannt wird oder sich die Person oder die Sache befindet, auf die sich die einstweilige Anordnung bezieht. [2]Es hat das Verfahren unverzüglich von Amts wegen an das nach Absatz 1 zuständige Gericht abzugeben.

238   Nach Maßgabe von Art 20 Abs 1 EuEheVO können in dringenden Fällen die im Recht eines Mitgliedstaats vorgesehenen einstweiligen Maßnahmen in Ehesachen bei den nur nach nationalem Recht zuständigen Gerichten dieses Staates beantragt werden, auch wenn in der Hauptsache nach Art 3 ff EuEheVO ein Gericht eines anderen Mitgliedstaates zuständig ist. In *Deutschland* sind dann für einstweilige Anordnungen in Ehesachen insbesondere die Amtsgerichte nach Maßgabe von § 50 Abs 2 FamFG zuständig. Die Vorschrift enthält eine Regelung zur örtlichen, sachlichen und funktionellen Zuständigkeit. Sie regelt hingegen **nicht die internationale Zuständigkeit**. Diese folgt in Ehesachen vielmehr aus § 98 FamFG (OLG Karlsruhe FamRZ 14, 1565; Mu/*Borth*/*Grandel* Rn 11; Keidel/*Giers* Rn 2; MüKoFamFG/*Soyka* Rn 15).

Abschnitt 9. Verfahren mit Auslandsbezug

Schrifttum: *Althammer*, Verfahren mit Auslandsbezug nach dem neuen FamFG, IPRax 09, 381; *Beller*, Die Vorschriften des FamFG zur internationalen Zuständigkeit, ZFE 10, 52; *Dötsch*, Verfahren mit Auslandsbezug nach dem neuen FamFG, NJW-Spezial 09, 724; *Finger*, Familienrechtliche Verfahren mit Auslandsbezug, FuR 09, 601; *Haidmayer*, Parallel rechtshängige Verfahren in Deutschland und der Schweiz, IPRax 18, 35; *Hau*, Das Internationale Zivilverfahrensrecht im FamFG, FamRZ 09, 821; *Niethammer-Jürgens*, Die Verfahren mit Auslandsbezug nach dem FamFG, FamRBInt 09, 80; *Rathjen*, Die Fortdauer der internationalen Zuständigkeit *(perpetuatio foris internationalis)* im Familienrecht – Überlegungen aus Anlass einer Ergänzung des FamFG-E, FF 07, 27; *Rausch*, Familiensachen mit Auslandsbezug, vor und nach dem FamG, FPR 06, 441; *Streicher*/*Köblitz*, Familiensachen mit Auslandsberührung (2008).

Unterabschnitt 1. *Verhältnis zu völkerrechtlichen Vereinbarungen und Rechtsakten der Europäischen Gemeinschaft*

FamFG § 97. Vorrang und Unberührtheit

(1) [1]Regelungen in völkerrechtlichen Vereinbarungen gehen, soweit sie unmittelbar anwendbares innerstaatliches Recht geworden sind, den Vorschriften dieses Gesetzes vor. [2]Regelungen in Rechtsakten der Europäischen Gemeinschaft bleiben unberührt.

(2) Die zur Umsetzung und Ausführung von Vereinbarungen und Rechtsakten im Sinne des Absatzes 1 erlassenen Bestimmungen bleiben unberührt.

1. Allgemeines

239   § 97 erfüllt für das Familienverfahrensrecht den gleichen Zweck wie Art 3 EGBGB für das IPR. Die Vorschrift weist auf die vorrangige Geltung von Staatsverträgen und Rechtsakten der EG (seit dem 1.12.2009: EU) sowie der hierzu ergangenen Umsetzungs- und Ausführungsbestimmungen hin. Insoweit kommt ihr nur eine **deklaratorische Funktion** zu. Denn Rechtsakte des sekundären EU-Rechts haben auch ohne eine solche Klarstellung Anwendungsvorrang vor dem nationalen Recht der Mitgliedstaaten. Der Grundsatz *lex posterior derogat lege anteriori* gilt daher im Verhältnis zwischen EU-Recht und nationalem Recht gerade nicht. Das Verhältnis zwischen dem

56

I. Internationale Zuständigkeit: FamFG § 97   **240–247 A**

EU-Recht und den von den Mitgliedstaaten bereits vorher abgeschlossenen Staatsverträgen bestimmt sich nach den hierfür in dem jeweiligen Rechtsinstrument der EU vorgesehenen Vorschriften. Auf dem Gebiet der internationalen Zuständigkeit in Ehesachen stellt sich das Problem aus deutscher Sicht nicht, weil die *Bundesrepublik Deutschland* auf diesem Gebiet keine Staatsverträge abgeschlossen hat.

Der vom Gesetzgeber beabsichtigten **Warnfunktion** (BT-Drs 16/6308, 220) wird § 97 al- **240** lerdings wesentlich weniger gerecht als Art 3 EGBGB. Denn die Vorschrift macht nicht hinreichend deutlich, dass der Regelung in § 98 Abs 1 auf dem Gebiet der internationalen Zuständigkeit in Ehesachen nur noch eine Lückenfunktion im Rahmen von Art 7 EuEheVO zukommt (Bassenge/Roth/*Althammer* Rn 1). Vorzuziehen wäre daher eine Konkretisierung in Anlehnung an Art 3 EGBGB, durch die klargestellt wird, welche EG/EU-Verordnung Vorrang vor welchen Vorschriften des FamFG hat.

a) Anwendungsvorrang der EuEheVO. Für Ehescheidungs-, Ehetrennungs- oder Eheauf- **241** hebungsverfahren, die nach dem 1.3.2005 eingeleitet worden sind, wird § 98 Abs 1 durch die vorrangig geltenden Art 3–5 EuEheVO verdrängt (EuGH C-68/07 – *Sundelind Lopez,* Slg 07 I-10403 Rn 18 = FamRZ 08, 128; OLG Zweibrücken FamRZ 06, 1043; ThP/*Hüßtege* Rn 1; NK-BGB/*Gruber* § 98 Rn 3 f). Die Vorschrift bestimmt die internationale Zuständigkeit der deutschen Gerichte in Ehesachen daher nur noch in den (seltenen) Fällen, in denen die Verordnung dem nationalen Recht als **Restzuständigkeit** nach Art 6, 7 Abs 1 Raum gibt.

Daran fehlt es ist immer dann, wenn   **242**

(1) der **Antragsgegner** seinen **gewöhnlichen Aufenthalt in Deutschland** oder in einem anderen EU-Mitgliedstaat (mit Ausnahme *Dänemarks,* Art 2 Nr 3 EuEheVO) hat (vgl Art 3 Abs 1 lit a, 1. und 3. Spiegelstrich und Art 6 lit a EuEheVO),

(2) der **Antragsgegner** die **Staatsangehörigkeit eines anderen EU-Mitgliedstaats** (mit Ausnahme *Dänemarks*) oder im Falle des *Vereinigten Königreichs* oder *Irlands* sein „*domicile"* (dazu KG EuLF 07 II, 120/121) im Hoheitsgebiet eines dieser Mitgliedstaaten hat (Art 6 lit b EuEheVO) oder wenn

(3) beide **Ehegatten Deutsche** sind (Art 3 Abs 1 lit b EuEheVO; dazu näher *Hau* FamRZ 00, 1333/1340; *Kohler* NJW 01, 10/11 f; *Helms* FamRZ 02, 1593/1595 f).

Darüber hinaus ist die Anwendung von § 98 Abs 1 aber häufig auch schon dann ausgeschlossen, wenn nur der Antragsteller seinen gewöhnlichen Aufenthalt im Inland oder in einem anderen Mitgliedstaat der Verordnung hat (vgl Art 3 Abs 1 lit a, 2. und 4.–6. Spiegelstrich EuEheVO; näher → Rn 68 f, 73 ff), denn der Rückgriff auf das nationale Recht hat nach Art 7 Abs 1 EuEheVO schon immer dann auszuscheiden, wenn ein Gericht eines Mitgliedstaats nach Art 3–5 EuEheVO international zuständig ist.

Etwas anderes ergibt sich auch nicht aus Art 6 EuEheVO. Sind also die Gerichte eines anderen **243** Mitgliedstaats nach Art 3–5 EuEheVO international zuständig, so ist kein deutsches Gericht berechtigt, seine internationale Zuständigkeit auf § 98 Abs 1 FamFG zu stützen, und zwar auch dann nicht, wenn der Antragsgegner nicht durch Art 6 geschützt wird, dh weder seinen gewöhnlichen Aufenthalt in einem anderen Mitgliedstaat hat, noch die Staatsangehörigkeit eines anderen Mitgliedstaats innehat (→ Rn 117 ff).

Außerdem bleibt § 98 Abs 1 auf diejenigen Ehesachen anwendbar, die vom sachlichen **244** Anwendungsbereich der EuEheVO nicht erfasst werden; dies sind insbesondere **Verfahren auf Feststellung des Bestehens oder Nichtbestehens einer Ehe** iSv § 121 Nr 3 (str, wie hier Bassenge/Roth/*Althammer* § 98 Rn 5; MüKoFamFG/*Gottwald* Art 1 EuEheVO Rn 8; Keidel/ *Engelhardt* § 98 Rn 15; näher → Rn 35 mwN).)

Schließlich ist § 98 Abs 1 FamFG auch im Rahmen der spiegelbildlichen Prüfung der interna- **245** tionalen Zuständigkeit der Gerichte eines Drittstaats als Voraussetzung für die **Anerkennung** der dort getroffenen Entscheidung in einer Ehesache nach § 109 Abs 1 Nr 1 FamFG heranzuziehen (→ K Rn 257 ff).

Im Zuge der bevorstehenden **Reform der EuEheVO** sollen die nationalen Restzuständig- **246** keiten – abweichend vom ersten Vorschlag der EU-Kommission v 17.7.2006, KOM [2006] 399 endg) – beibehalten werden (vgl Art 7 des Vorschlags v 30.6.2016, KOM [2016] 411 endg).

b) Staatsverträge. Da die *Bundesrepublik Deutschland* an vorrangigen Staatsverträgen iSv Abs 1 **247** S 1 auf dem Gebiet der internationalen Zuständigkeit in Ehesachen nicht beteiligt ist, kommt dann § 98 Abs 1 FamFG zur Anwendung. Auch deutsche Umsetzungs- oder Ausführungsbestimmungen iSv § 97 Abs 2 bestehen auf dem Gebiet der internationalen Zuständigkeit in Ehesachen nicht (vgl zum IntFamRVG → Rn 237 f).

A 248–252   1. Teil. Erkenntnisverfahren A. Ehesachen

Unterabschnitt 2. *Internationale Zuständigkeit*

FamFG § 98. Ehesachen; [...]

(1) **Die deutschen Gerichte sind für Ehesachen zuständig, wenn**

1. **ein Ehegatte Deutscher ist oder bei der Eheschließung war;**
2. **beide Ehegatten ihren gewöhnlichen Aufenthalt im Inland haben,**
3. **ein Ehegatte Staatenloser mit gewöhnlichem Aufenthalt im Inland ist;**
4. **ein Ehegatte seinen gewöhnlichen Aufenthalt im Inland hat, es sei denn, dass die zu fällende Entscheidung offensichtlich nach dem Recht keines der Staaten anerkannt würde, denen einer der Ehegatten angehört.**

(2) **Für Verfahren auf Aufhebung der Ehe nach Artikel 13 Absatz 3 Nummer 2 des Einführungsgesetzes zum Bürgerlichen Gesetzbuche sind die deutschen Gerichte auch dann international zuständig, wenn der Ehegatte, der im Zeitpunkt der Eheschließung das 16., aber nicht das 18. Lebensjahr vollendet hatte, seinen Aufenthalt im Inland hat.**

(3) *(betrifft die internationale Verbundszuständigkeit; abgedruckt und kommentiert in den Abschnitten B–F).*

1. Allgemeines

248 § 98 Abs 1 übernimmt für Ehesachen im Wesentlichen unverändert die bis zum Inkrafttreten des FamFG geltende Regelung in § 606b ZPO. Rechtsprechung und Literatur zu dieser Vorschrift können daher weiterhin herangezogen werden. Die Vorschrift regelt nur die **internationale Zuständigkeit;** die örtliche Zuständigkeit ergibt sich aus § 122 FamFG. Die Zuständigkeiten nach dieser Vorschrift sind **nicht disponibel,** so dass Gerichtsstandsvereinbarungen und rügelose Einlassung ausgeschlossen sind. Sie sind ferner gem § 106 **nicht ausschließlich,** hindern also die Anerkennung der Entscheidung eines ausländischen Gerichts nicht, wenn dieses nach § 109 Abs 1 Nr 1 iVm § 98 Abs 1 ebenfalls international zuständig ist.

249 **a) Anwendungsvorrang der EuEheVO.** Vgl die vorstehende Kommentierung zu § 97 (→ Rn 239 ff).

250 **b) Ehesachen.** Der Begriff der Ehesachen in § 98 Abs 1 bestimmt sich nach der deutschen *lex fori* (BGH FamRZ 83, 155/156; *Althammer* IPRax 09, 381/383: Maßgebend ist daher die Begriffsbestimmung in § 121 (näher Hoppenz/*Hohloch* Rn 5 ff).

FamFG § 121. Ehesachen

Ehesachen sind Verfahren

1. **auf Scheidung der Ehe (Scheidungssachen),**
2. **auf Aufhebung der Ehe und**
3. **auf Feststellung des Bestehens oder Nichtbestehens einer Ehe zwischen den Beteiligten.**

251 Danach sind Ehesachen – in Übereinstimmung mit Art 1 Abs 1 lit a EuEheVO – insbesondere Verfahren auf Scheidung (Nr 1) und Aufhebung der Ehe (Nr 2), wobei es keine Rolle spielt, ob nach Maßgabe der Rom III-VO (→ Rn 287 ff) bzw des nationalen Kollisionsrechts (zB Art 13 EGBGB) deutsches Recht (§§ 1564 ff, 1313 ff BGB) oder ausländisches Recht zur Anwendung kommt. Der Begriff der Scheidung in § 121 Nr 1 schließt auch andere nach dem anwendbaren ausländischen Recht vorgesehene eheliche Gestaltungsklagen, wie insbesondere eine **gerichtliche Trennung** ohne Auflösung des Ehebandes, ein (BT-Drs 16/6308, 226; Rauscher/*Helms* Art 1 Rom III-VO Rn 17; Mu/*Borth/Grandel* Rn 8). Gleiches gilt für von der Eheaufhebung nach §§ 1314 ff BGB abweichende Verfahren auf Ungültigerklärung einer Ehe, wie insbesondere die – seit dem 1.7.1998 im deutschen Recht nicht mehr vorgesehene – **Ehenichtigkeitsklage** nach ausländischem Recht (ThP/*Hüßtege* § 121 Rn 5).

252 Abweichend von der EuEheVO (→ Rn 35) werden aber nach § 121 Nr 3 FamFG auch auf das Bestehen oder Nichtbestehen einer Ehe gerichtete **Feststellungsklagen** erfasst (Staud/*Spellenberg* Rn 23 ff). Nicht mehr als Ehesache anzusehen sind hingegen unter Geltung des FamFG Anträge auf Herstellung des ehelichen Lebens nach § 1353 BGB (Bassenge/Roth/*Walter* § 121 Rn 1) und Anträge auf Feststellung des Rechts zum Getrenntleben (BR-Drs 16/6308, 226).

58

I. Internationale Zuständigkeit: FamFG § 98

253–257 **A**

Über die Frage, welcher **Ehebegriff** im FamFG zugrunde zu legen ist, besteht seit Inkraft- **253** treten des Gesetzes zur Einführung der „Ehe für alle" am 1.10.2017 Unsicherheit. Denn der deutsche Gesetzgeber hat die **gleichgeschlechtliche Ehe** nur im Sachrecht (§ 1353 Abs 1 S 1 BGB) der traditionellen heterosexuellen Ehe gleichgestellt, während sie im Kollisionsrecht nach dem neu gefassten Art 17b Abs 4 EGBGB als eingetragene Lebenspartnerschaft behandelt wird. Zur Einordnung der gleichgeschechtlichen Ehe im nationalen und internationalen Verfahrens- recht schweigt das Gesetz vollständig. Zwar könnte die enge Wechselbeziehung zwischen dem internationalen Privat- und Verfahrensrecht dafür sprechen, gleichgeschlechtliche Ehen auch für die Zwecke der internationalen Zuständigkeit als eingetragene Lebenspartnerschaften zu quali- zieren. Der Gesetzgeber wollte jedoch die Anwendung von Lebenspartnerschaftsrecht ersichtlich auf das Kollisionsrecht beschränken. Für Anträge auf Scheidung einer gleichgeschlechtlichen Ehe gilt daher nicht – wie für die Aufhebung einer eingetragenen Lebenspartnerschaft – § 103, sondern § 98 (P/H/*Hau* Rn 33), sofern man nicht mit der hier vertretenen Ansicht (→ Rn 32 f) die Art 3 ff EuEheVO anwendet.

c) Prüfung. Die internationale Zuständigkeit in Ehesachen ist in jeder Lage des Verfahrens, **254** dh auch in der Beschwerde- und der Rechtsbeschwerdeinstanz, **von Amts wegen** zu prüfen (BGHZ 169, 328 = FamRZ 07, 113; BGHZ 160, 332/334 = FamRZ 04, 1952 m Anm *Henrich;* BGH FamRZ 07, 109; Staud/*Spellenberg* Rn 76 ff mwN). § 65 Abs 4 gilt insoweit nicht (Mu/ *Borth/Grandel* Rn 1). Dabei ist auf den Tag abzustellen, an dem Rechtshängigkeit erstmals eingetreten ist (§ 113 Abs 1 S 2 FamFG iVm § 261 Abs 2 Nr 3 ZPO; vgl BGH NJW 84, 1305). Grundsätzlich ist die internationale dabei vor der örtlichen Zuständigkeit zu prüfen (Bassenge/ Roth/*Althammer* vor §§ 97 ff Rn 3).

d) *Perpetuatio fori.* Für Ehesachen gelten über § 113 Abs 1 S 2 FamFG die Vorschriften der **255** ZPO über das Verfahren vor dem Landgericht entsprechend. Nach § 261 Abs 3 Nr 2 ZPO wird die Zuständigkeit des Prozessgerichts durch eine Veränderung der sie begründenen Umstände nicht berührt. Soweit nicht die Art 3 ff EuEheVO Anwendung finden, gilt diese Vorschrift und damit der Grundsatz der *perpetuatio fori* auch für die internationale Zuständigkeit nach § 98 Abs 1 FamFG entsprechend (Bassenge/Roth/*Althammer* Rn 1; BeckOK-FamFG/*Sieghörtner* Rn 14, 17; ebenso schon zu § 606b Nr 1 ZPO BGH NJW 84, 1305). Diese bleibt daher auch dann enthalten, wenn nachträglich eine Zuständigkeit nach Art 3, 4 oder 5 EuEheVO oder die Sperrwirkung nach Art 6 EuEheVO zur Entstehung gelangt (NK-BGB/*Gruber* Rn 7). Eine Ausnahme gilt jedoch für § 98 Abs 1 Nr 4, wenn infolge der nachträglichen Verlegung des gewöhnlichen Aufenthalts eines Ehegatten ins Ausland mit einer Anerkennung des deutschen Urteils im Heimatstaat dieses Ehegatten nicht mehr gerechnet werden kann (BGH FamRZ 83, 1215; Staud/*Spellenberg* Rn 64).

e) Ausländische Rechtshängigkeit. Auf dem Gebiet der Rechtshängigkeit hat Art 19 Abs 1 **256** EuEheVO Anwendungsvorrang, wenn das konkurrierende Verfahren vor dem Gericht eines anderen **EU-Mitgliedstaats** (mit Ausnahme *Dänemarks*) eingeleitet worden ist (→ Rn 169 ff).

Ist das parallele Eheverfahren früher vor dem Gericht eines **Drittstaats** eingeleitet worden, so **257** ist die dortige Rechtshängigkeit gemäß § 113 Abs 1 S 2 FamFG iVm § 261 Abs 1 Nr 1 ZPO analog von dem später befassten deutschen Familiengericht als negative Prozessvoraussetzung – **von Amts wegen** in jeder Lage des Verfahrens zu beachten (BGHZ 176, 365 Rn 19 = FamRZ 08, 1409 m Anm *Henrich;* OLG Hamm FamRZ 18, 51/53 [*Libanon*]; KG FamRZ 16, 384 Rn 9 [*Schweiz*]; *Gruber* FamRZ 99, 1563 f; **aA** [analoge Anwendung von Art 19 EuEheVO] *Haidmayer* IPRax 18, 35/37 f). Über die Frage, ob und wann Rechtshängigkeit im Ausland eingetreten ist, entscheidet nach bisher hM die *lex fori* des ausländischen Gerichts (BGH NJW 86, 662/663; BGH NJW 87, 3083 m Anm *Geimer* = FamRZ 87, 580 m Anm *Gottwald;* BGH FamRZ 92, 1058/1059 m Anm *Linke* IPRax 94, 17; KG FamRZ 16, 384 Rn 9; OLG München FamRZ 09, 2104 Rn 11; OLG Frankfurt FamRZ 09, 1586; *Henrich,* IntSchR Rn 24 mwN; **aA** [Art 16 EuEheVO] zu Recht *Geimer* FamRZ 16, 840/841; *Haidmayer* IPRax 18, 35/38 f). Der für die Rechtshängigkeit erforderliche **Verfahrensstand** muss jedoch in etwa **vergleichbar** sein (OLG Hamm NJW 88, 3102/3103; *Haidmayer* IPRax 18, 35/38 f; BeckOK-BGB/*Heiderhoff* Art 17 EGBGB Rn 183; Zö/*Geimer* Rn 62; Staud/*Spellenberg* Anh § 106 Rn 38). Zumindest *de lege ferenda* sollte die Lösung in Art 16 EuEheVO zur Bestimmung des maßgebenden Zeitpunkts für die Rechtshängigkeit auch in das deutsche autonome Verfahrensrecht übernommen werden (*Geimer* FamRZ 16, 840 f).

A 258–262   1. Teil. Erkenntnisverfahren A. Ehesachen

258   Voraussetzung ist freilich eine **positive Anerkennungsprognose,** dh es muss mit einer Anerkennung der in dem drittstaatlichen Eheverfahren ergehenden Entscheidung im Inland gerechnet werden können (BGHZ 176, 365 Rn 29; ferner OLG München FamRZ 09, 2104; OLG Oldenburg FamRZ 06, 950; OLG Celle NJW-RR 93, 1413; OLG München FamRZ 92, 73/74 m Anm *Linke* IPRax 92, 159; OLG Karlsruhe IPRax 92, 171/172 m Anm *Sonnenberger* 154; *Hau* FamRZ 09, 821/824; Staud/*Spellenberg* Anh § 106 Rn 60 ff mwN). Ist dies der Fall, so steht die ausländische Rechtshängigkeit einem nachfolgenden Scheidungsantrag im Inland in gleicher Weise entgegen wie die anderweitige Rechtshängigkeit eines inländischen Verfahrens (BGH FamRZ 94, 434; BGH FamRZ 92, 1058/1059; AG Hamburg FamRZ 05, 284). Anders als in reinen Inlandsfällen ist der spätere Antrag zum deutschen Gericht jedoch nicht zwingend abzuweisen; vielmehr kommt auch eine Aussetzung des Verfahrens analog § 148 ZPO in Betracht, insbesondere wenn Zweifel an der Anerkennungsfähigkeit der zu erwartenden ausländischen Entscheidung bestehen (*Linke/Hau* Rn 259; *Henrich,* IntSchR Rn 26; ThP/*Reichold* § 261 Rn 15; Staud/*Spellenberg* Anh § 106 Rn 67 mwN).

259   Darüber hinaus muss der **Streitgegenstand** in dem drittstaatlichen Eheverfahren **identisch** mit demjenigen in dem deutschen Verfahren sein (OLG Köln FamRZ 92, 75; AG Hamburg FamRZ 05, 284 m Anm *Gottwald*). Bloße Abhängigkeit – zB im Verhältnis zwischen einem inländischen Scheidungs- und einem drittstaatlichen gerichtlichen Trennungsverfahren – reicht abweichend von Art 19 EuEheVO nicht aus (OLG München NZFam 14, 272; OLG Karlsruhe IPRax 85, 36; KG NJW 83, 2326; *Henrich,* IntSchR Rn 23; ThP/*Hüßtege* Rn 5; Staud/*Spellenberg* Anh § 106 Rn 44); ebensowenig die Konkurrenz des inländischen Scheidungs- mit einem ausländischen Ehenichtigkeits- oder -aufhebungsverfahren (*Andrae,* IntFamR § 2 Rn 91). Eine Identität des Streitgegenstands besteht jedoch auch dann, wenn der in dem Drittstaat gestellte Scheidungsantrag auf einen **anderen Scheidungsgrund** als der inländische Scheidungsantrag gestützt wird (so – im Verhältnis zwischen einer im Inland anhängigen Zerrüttungsscheidung nach deutschem Recht und einer im *Libanon* anhängigen Verschuldensscheidung nach libanesischem Recht – unter Hinweis auf die insoweit im deutschen autonomen Verfahrensrecht entsprechend heranzuziehende „Kernpunkttheorie" des EuGH OLG Hamm FamRZ 18, 51/53 m krit Anm *Dutta* 131 = NZFam 17, 211 Rn 14 f m Anm *Leipold;* Staud/*Spellenberg* Anh § 106 Rn 52 ff; zweifelnd BGHZ 176, 365/371 = FamRZ 08, 1409).

260   Erst recht hat der Rechtshängigkeitseinwand auszuscheiden, wenn es sich bei dem ausländischen Verfahren nicht um ein Verfahren vor staatlichen Gerichten, sondern um eine **Privatscheidung** handelt (BGHZ 176, 365 Rn 34 ff = IPRax 09, 347 m Anm *Siehr* 332; Staud/*Spellenberg* Anh § 106 Rn 30). Auch hindert die Rechtshängigkeit eines Scheidungsverfahrens im Ausland die Ehegatten nicht, dort nicht anhängige **Folgesachen** vor einem inländischen Gericht anhängig zu machen (OLG Köln FamRZ 03, 544; *Andrae,* IntFamR § 2 Rn 96). Als **Rechtsfolge** der früheren Rechtshängigkeit der Ehesache in einem Drittstaat hat das deutsche Gericht den bei ihm später anhängig gemachten Scheidungsantrag allerdings nicht sofort als unzulässig abzuweisen, sondern das Verfahren zunächst auszusetzen, bis das ausländische Gericht über seine internationale Zuständigkeit entschieden hat (OLG Hamm NZFam 17, 211 Rn 15).

2. Die einzelnen Zuständigkeitsanknüpfungen in § 98 Abs 1

261   **a) Heimatzuständigkeit, Nr 1. aa) Voraussetzungen.** Für die Annahme der internationalen Zuständigkeit deutscher Gerichte genügt es, dass einer der Ehegatten die deutsche Staatsangehörigkeit besitzt oder Deutscher iSv Art 116 GG ist. Auf den Wohnsitz oder gewöhnlichen Aufenthalt der Ehegatten kommt es insoweit nicht an (*Dörr* NJW 89, 488/494; Zö/*Geimer* Rn 76); die Zuständigkeit nach Nr 1 besteht daher auch dann, wenn beide Ehegatten im Ausland leben (KG IPRax 88, 234/235). Wird die Aufhebung einer bigamischen Ehe beantragt, so genügt es, wenn einer der Ehegatten der zweiten Ehe Deutscher ist (BGH FamRZ 01, 991; Keidel/*Engelhardt* Rn 19).

262   Bei **Mehrstaatern** reicht es aus, dass sie neben einer oder mehreren ausländischen Staatsangehörigkeit(en) jedenfalls auch die deutsche besitzen. Dies gilt auch dann, wenn sie mit dem Land ihrer ausländischen Staatsangehörigkeit wesentlich enger verbunden sind; die deutsche Staatsangehörigkeit muss also nicht effektiv sein (OLG Stuttgart FamRZ 89, 760; OLG Celle FamRZ 87, 159 f; Bassenge/Roth/*Althammer* Rn 8; BeckOK-FamFG/*Sieghörtner* Rn 13; **aA** *Hau* FamRZ 00, 1333/1337; Staud/*Spellenberg* Rn 105 ff). Die Staatsangehörigkeit der Parteien hat das Gericht für die Zwecke der Nr 1 von Amts wegen zu ermitteln.

60

I. Internationale Zuständigkeit: FamFG § 98　　　　　　　　　　　　　263–267 **A**

Den deutschen Staatsangehörigen stehen **Statusdeutsche** iSv Art 116 Abs 1, 2. Alt GG **263** gleich (Art 9 Abs 2 Nr 5 FamRÄndG). Das gleiche gilt – ebenso wie nach Art 5 Abs 1 EGBGB – für heimatlose Ausländer iSd Gesetzes v 25.4.1951 (BGBl I 269; vgl BGH NJW 85, 1283) sowie für Vertriebene und Spätaussiedler (§ 4 BVFG; MüKoFamFG/*Rauscher* Rn 46; NK-BGB/*Gruber* Rn 11). Auf internationale **Flüchtlinge** iS des Genfer UN-Abkommens über die Rechtsstellung der Flüchtlinge v 28.7.1951 (BGBl 53 II, 560; vgl Art 16 Abs 2 des Abkommens) und Asylberechtigte iSv §§ 1–3 AsylVerfG v 2.9.2008 (BGBl I, 1798) ist Nr 1 jedenfalls dann anzuwenden, wenn diese ihren gewöhnlichen Aufenthalt noch im Inland haben (BGH NJW 82, 2732; OLG Celle FamRZ 89, 623/624; ausf Staud/*Spellenberg* Rn 119 ff mwN; **aA** [Anwendung von Nr 3] OLG München IPRax 89, 238/239). Gleiches gilt für **Staatenlose** gemäß Art 16 des UN-Übereinkommens über die Rechtsstellung der Staatenlosen v 28.9.1954 (BGBl 76 II, 474; → Rn 272).

Schließlich können sich auch **Angehörige der übrigen EU-Mitgliedstaaten** (außer *Däne-* **264** *mark*), die sich in Deutschland gewöhnlich aufhalten, gem Art 7 Abs 2 EuEheVO wie deutsche Staatsangehörige auf Nr 1 berufen, wenn der Antragsgegner seinen gewöhnlichen Aufenthalt nicht im Hoheitsgebiet eines Mitgliedstaats hat und auch nicht Staatsangehöriger eines Mitgliedstaats ist (vgl Art 6 EuEheVO; *Andrae,* IntFamR § 2 Rn 48; NK-BGB/*Gruber* Rn 10; Keidel/ *Engelhardt* Rn 21); dies gilt freilich nur, wenn der Antragsteller sich weniger als zwölf Monate im Inland gewöhnlich aufhält (→ Rn 77 ff, 267).

Maßgebender Zeitpunkt ist grundsätzlich der Eintritt der Rechtshängigkeit des Eheverfah- **265** rens (§ 113 Abs 1 S 2 FamFG iVm § 261 Abs 1 ZPO). Es genügt aber auch, wenn ein Ehegatte die deutsche Staatsangehörigkeit erst im Laufe des Verfahrens bis zum Schluss der letzten mündlichen Verhandlung erwirbt (BGH NJW 82, 1940; Staud/*Spellenberg* Rn 55; zur Berücksichtigung in der Rechtsbeschwerdeinstanz BGHZ 53, 128/132 = BGH NJW 70, 1007). Andererseits bleibt die Zuständigkeit auch dann erhalten, wenn der Ehegatte die deutsche Staatsangehörigkeit im Laufe des Verfahrens verliert (MüKoFamFG/*Rauscher* Rn 58; NK-BGB/*Gruber* Rn 9; **aA** Staud/*Spellenberg* Rn 56).

Alternativ reicht es nach Nr 1 – in Übereinstimmung mit Art 17 Abs 1 S 2 EGBGB aF – aus, **266** wenn ein Ehegatte lediglich zum Zeitpunkt der Eheschließung – zumindest auch (vgl OLG Zweibrücken FamRZ 88, 623) – Deutscher war und diese Staatsangehörigkeit im Laufe der Ehe (zB durch Einbürgerung) in ein anderes Land verloren hat (sog **Antrittszuständigkeit,** vgl BGH FamRZ 94, 434). Demgegenüber begründet eine nur vor der Eheschließung gegebene oder eine erst nach Eheschließung erworbene deutsche Staatsangehörigkeit die internationale Zuständigkeit nach Nr 1 nicht, wenn der Ehegatte im Zeitpunkt der Rechtshängigkeit des Scheidungsverfahrens kein Deutscher mehr ist (Zö/*Geimer* Rn 80).

bb) Verhältnis zur EuEheVO. Wegen des Vorrangs der EuEheVO können deutsche Ge- **267** richte ihre internationale Zuständigkeit nur dann noch auf Nr 1 stützen, wenn

(1) der **sachliche Anwendungsbereich** der Verordnung nicht eröffnet ist (zB für Feststellungsklagen, → Rn 35), oder

(2) der **Antragsgegner Deutscher** ist, sofern dieser seinen gewöhnlichen Aufenthalt weder in Deutschland (sonst Art 3 Abs 1 lit a, 3. Spiegelstrich EuEheVO), noch in einem anderen Mitgliedstaat der Verordnung hat (sonst: Art 6 lit a iVm Art 3 lit a, 3. Spiegelstrich EuEheVO), und der Antragsteller weder die deutsche Staatsangehörigkeit besitzt (sonst Art 3 Abs 1 lit b EuEheVO), noch sich seit mindestens einem Jahr in Deutschland oder in einem anderen Mitgliedstaat der Verordnung gewöhnlich aufhält (sonst: Art 3 Abs 1 lit a, 5. Spiegelstrich EuEheVO), noch sich seit mindestens sechs Monaten in dem Mitgliedstaat gewöhnlich aufhält, dessen Staatsangehörigkeit er besitzt bzw im Fall des *Vereinigten Königreichs* oder *Irlands* dort sein „*domicile*" hat (sonst: Art 3 Abs 1 lit a, 6. Spiegelstrich EuEheVO).

(3) der **Antragsteller Deutscher** ist, sofern er sich nicht seit mindestens sechs Monaten in Deutschland oder seit mindestens einem Jahr in einem anderen Mitgliedstaat der Verordnung gewöhnlich aufhält (sonst: Art 3 Abs 1 lit a, 5. und 6. Spiegelstrich EuEheVO), und der Antragsgegner seinen gewöhnlichen Aufenthalt weder in Deutschland (sonst: Art 3 Abs 1 lit a, 3. Spiegelstrich EuEheVO), noch in einem anderen Mitgliedstaat der Verordnung (sonst Art 6 lit a iVm Art 3 Abs 1 lit a, 3. Spiegelstrich EuEheVO) hat und außerdem weder Deutscher ist (sonst Art 3 Abs 1 lit b EuEheVO), noch die Staatsangehörigkeit eines anderen Mitgliedstaats besitzt bzw im Fall des *Vereinigten Königreichs* und *Irlands* dort sein „*domicile*" hat (Art 6 lit b EuEheVO).

A 268–273   1. Teil. Erkenntnisverfahren A. Ehesachen

268   **b) Aufenthaltszuständigkeiten. aa) Gewöhnlicher Inlandsaufenthalt beider Ehegatten, Nr 2.** Erforderlich ist, dass beide Ehegatten ihren gewöhnlichen Aufenthalt im Zeitpunkt der Antragstellung im Inland haben. Auf die Anerkennungsfähigkeit der deutschen Entscheidung im Heimatstaat zumindest eines Ehegatten kommt es in diesem Fall nicht an (BGHZ 160, 332/ 334 = FamRZ 04, 1952 m Anm *Henrich* = IPRax 05, 346 m Anm *Rauscher* 313; OLG Frankfurt FamRZ 09, 1504; KG FamRZ 02, 166/167; unrichtig OLG Hamm FamRZ 10, 1563). Der Begriff des gewöhnlichen Aufenthalts bestimmt sich zwar nach der deutschen *lex fori* (BGH FamRZ 92, 794/795; BayObLG NJW 90, 3099); in der Sache ergibt sich aber zur Auslegung des in Art 3 ff EuEheVO verwendeten Begriffs (ausführlich → Rn 55 ff m Nachw) kein Unterschied. Maßgebend ist daher auch hier eine auf Dauer angelegte soziale Eingliederung der Ehegatten in Deutschland, die an Hand objektiver Kriterien (Dauer, Regelmäßigkeit und Umstände des Aufenthalts) festzustellen ist. Dem auf die Begründung eines gewöhnlichen Aufenthalts gerichteten Willen kommt grundsätzlich keine ausschlaggebende Bedeutung zu; anders kann es vor allem bei einem Umzug aus dem Ausland nach Deutschland liegen, wenn die Ehegatten sich im Zeitpunkt der Antragstellung erst seit kurzem hier aufhalten (näher dazu Staud/*Spellenberg* Rn 139 ff).

269   Als Faustregel geht die deutsche Praxis von einer sechsmonatigen Aufenthaltsdauer aus. Bei **Asylbewerbern**, über deren Asylantrag noch nicht entschieden ist, wird allerdings ein längerer Zeitraum zugrunde gelegt (OLG Hamm NJW 90, 651; OLG Karlsruhe FamRZ 90, 1351/1352; OLG Koblenz FamRZ 90, 536). Nicht erforderlich ist jedoch ein gesicherter Aufenthaltsstatus, so dass ein hier begründeter gewöhnlicher Aufenthalt durch die bloße Ablehnung des Asylantrags oder die Anordnung der Abschiebung nicht zwingend entfällt (OLG Nürnberg FamRZ 02, 324; ThP/*Hüßtege* Rn 8; **aA** OLG Bremen FamRZ 92, 962).

270   Haben beide Ehegatten ihren gewöhnlichen Aufenthalt im Inland, so ergibt sich die internationale Zuständigkeit in Ehesachen freilich im Regelfall bereits aus **Art 3 Abs 1 lit a, 1. Spiegelstrich EuEheVO**. Für eine Anwendung von § 98 Abs 1 Nr 2 ist daher nur Raum, wenn der Gegenstand des Rechtsstreits nicht in den sachlichen Anwendungsbereich der EuEheVO fällt (Bassenge/Roth/*Althammer* § 98 Rn 9), wie dies insbesondere auf Anträge betreffend die Feststellung des Bestehens oder Nichtbestehens einer Ehe zutrifft (→ Rn 35).

271   **Maßgebender Zeitpunkt** ist auch hier die Anhängigkeit des Scheidungsantrags (§ 124). Die Verlegung des Aufenthalts während des Verfahrens ins Ausland berührt die Zuständigkeit des deutschen Gerichts daher nicht (*perpetuatio fori,* vgl BGH NJW 88, 636; OLG Nürnberg FamRZ 01, 837; Zö/*Geimer* Rn 90).

272   **bb) Gewöhnlicher Inlandsaufenthalt eines staatenlosen Ehegatten, Nr 3.** Für die internationale Zuständigkeit der deutschen Gerichte in Ehesachen genügt es auch, dass einer der Ehegatten staatenlos ist und seinen gewöhnlichen Aufenthalt im Inland hat. Der gewöhnliche Inlandsaufenthalt des staatenlosen Ehegatten steht daher der deutschen Staatsangehörigkeit gleich. Auf die Staatsangehörigkeit des anderen Ehegatten oder dessen gewöhnlichen Aufenthalt kommt es nicht an. Ist der andere Ehegatte allerdings *Deutscher,* ergibt sich die Zuständigkeit bereits aus Nr 1. Auch im Übrigen wird § 98 Abs 1 Nr 3 idR durch § 98 Abs 1 Nr 1 verdrängt, weil der staatenlose Ehegatte mit inländischem gewöhnlichen Aufenthalt gem Art 16 Abs 2 des **UN-Übereinkommens über die Rechtsstellung der Staatenlosen** v 28.9.1954 (BGBl 76 II, 474) hinsichtlich des Zugangs zu den deutschen Gerichten die gleiche Behandlung wie ein deutscher Staatsangehöriger genießt (Keidel/*Engelhardt* Rn 26, 28).

273   In Bezug auf das Verhältnis von § 98 Abs 1 Nr 3 zu Art 3 ff EuEheVO ist zu unterscheiden: Ist der **Antragsgegner** staatenlos, so findet die Vorschrift nur außerhalb des sachlichen Anwendungsbereichs der EuEheVO Anwendung; im Übrigen wird sie durch Art 3 Abs 1 lit a, 3. Spiegelstrich EuEheVO vollständig verdrängt, weil es danach nicht darauf ankommt, ob der Antragsgegner überhaupt eine Staatsangehörigkeit besitzt. Ist hingegen der **Antragsteller** staatenlos, so kann die Vorschrift über Art 7 Abs 1 EuEheVO Bedeutung erlangen, wenn der Antragsteller sich seit weniger als einem Jahr im Inland gewöhnlich aufhält (sonst: Art 3 Abs 1 lit a, 5. Spiegelstrich EuEheVO). Weitere Voraussetzung ist dann allerdings, dass der Antragsgegner seinen gewöhnlichen Aufenthalt weder in Deutschland (sonst: Art 3 Abs 1 lit a, 3. Spiegelstrich EuEheVO), noch in einem anderen Mitgliedstaat der Verordnung (sonst Art 6 lit a iVm Art 3 Abs 1 lit a, 3. Spiegelstrich EuEheVO) hat und außerdem auch nicht die Staatsangehörigkeit eines anderen Mitgliedstaats besitzt bzw im Fall des *Vereinigten Königreichs* und *Irlands* dort sein „*domicile*" hat (vgl Art 6 lit b EuEheVO).

I. Internationale Zuständigkeit: FamFG § 98   **274–276 A**

cc) Gewöhnlicher Inlandsaufenthalt nur eines Ehegatten, Nr 4. Schließlich kann auch **274** der gewöhnliche Inlandsaufenthalt nur eines – ausländischen (sonst: Nr 1) – Ehegatten die internationale Zuständigkeit der deutschen Gerichte begründen. Um hinkende Ehen zu vermeiden, ist freilich zusätzlich erforderlich, dass die zu fällende Entscheidung offensichtlich nach dem Recht eines der Staaten anerkannt wird, denen die Ehegatten angehören. Die Entscheidung des deutschen Gerichts muss also entweder im gemeinsamen Heimatstaat der ausländischen Ehegatten oder – im Fall der Scheidung einer gemischt-nationalen Ausländerehe – zumindest im Heimatstaat eines der Ehegatten anerkennungsfähig sein. Im Falle der **Mehrstaatigkeit** dieses Ehegatten kommt es auf die Anerkennung durch den Staat seiner effektiven Staatsangehörigkeit an (*Kilian* IPRax 95, 9/11 f; NK-BGB/*Gruber* Rn 15; MüKoFamFG/*Rauscher* Rn 83; **aA** P/H/ *Hau* Rn 36).

Die Anerkennungsfähigkeit der deutschen Entscheidung ist in den Heimatstaaten der Ehegat- **275** ten immer dann gewährleistet, wenn diese einem EU-Mitgliedstaat (außer *Dänemark*) angehören (Art 21 ff EuEheVO; → K Rn 36 ff); im Übrigen ist sie unter Zugrundelegung einschlägiger Staatsverträge (vgl OLG Frankfurt FamRZ 97, 96/97; → K Rn 156 ff) oder des autonomen Anerkennungsrechts des Heimatstaats zu prüfen. Durch das Wort „offensichtlich" macht der Gesetzgeber allerdings deutlich, dass an die **Anerkennungsprognose** keine allzu strengen Anforderungen zu stellen sind (vgl OLG Nürnberg FamRZ 01, 837/838; OLG Celle NJW-RR 93, 1413/1414; MüKoFamFG/*Rauscher* Rn 88; vgl aber Mu/*Borth*/*Grandel* Rn 17 ff). Zu prüfen ist insbesondere, ob das deutsche Gericht aus der Sicht des ausländischen Heimatstaats der Ehegatten international zuständig ist. Insoweit hat der für das deutsche Verfahren geltende Grundsatz der *perpetuatio fori* (→ Rn 255) außer Betracht zu bleiben, dh die Anerkennungsprognose fällt negativ aus, wenn der Wegzug des ausländischen Antragsgegners während des laufenden Verfahrens aus der Sicht seines Heimatstaates die internationale (Anerkennungs-) Zuständigkeit der deutschen Gerichte hat entfallen lassen (BGH NJW 84, 1305/1306; BeckOK-FamFG/ *Sieghörtner* Rn 21).

Für das Verhältnis von § 98 Abs 1 Nr 4 zu Art 3 ff EuEheVO gilt das zu Nr 3 Gesagte **275a** (→ Rn 273) im Wesentlichen entsprechend. Hat der **Antragsgegner** seinen gewöhnlichen Aufenthalt im Inland, wird die Vorschrift im sachlichen Anwendungsbereich der EuEheVO durch deren Art 3 Abs 1 lit a, 3. Spiegelstrich verdrängt. Hält sich hingegen der **Antragsteller** noch weniger als ein Jahr gewöhnlich im Inland auf (sonst: Art 3 Abs 1 lit a, 5. Spiegelstrich EuEhe-VO), kann § 98 Abs 1 Nr 4 im Rahmen von Art 7 Abs 1 EuEheVO die internationale Zuständigkeit deutscher Gerichte begründen. Weitere Voraussetzung ist allerdings wiederum, dass der Antragsgegner seinen gewöhnlichen Aufenthalt weder in Deutschland (sonst: Art 3 Abs 1 lit a, 3. Spiegelstrich EuEheVO), noch in einem anderen Mitgliedstaat der Verordnung (sonst: Art 6 lit a iVm Art 3 Abs 1 lit a, 3. Spiegelstrich EuEheVO) hat und außerdem auch nicht die Staatsangehörigkeit eines anderen Mitgliedstaats besitzt bzw im Fall des *Vereinigten Königreichs* und *Irlands* dort sein „*domicile*" hat (vgl Art 6 lit b EuEheVO).

3. Aufhebung von Kinderehen, Abs 2

Durch das Gesetz zur Bekämpfung von Kinderehen v 17.7.2017 (BGBl I, 2429) hat der **276** Gesetzgeber für deren Aufhebung in § 98 Abs 2 eine neue Regelung der internationalen Zuständigkeit eingeführt. Danach sind die deutschen Gerichte für die Aufhebung der Ehe nach Art 13 Abs 3 Nr 2 EGBGB (dazu → Rn 635 ff) auch dann international zuständig, wenn der Ehegatte, der im Zeitpunkt der Eheschließung das 16., aber nicht das 18. Lebensjahr vollendet hatte, seinen Aufenthalt im Inland hat. Abweichend von § 98 Abs 1 Nr 2–Nr 4 ist also ein *gewöhnlicher* Aufenthalt des bei Eheschließung noch minderjährigen Ehegatten im Inland nicht erforderlich; vielmehr reicht ein schlichter Aufenthalt aus. Die praktische Bedeutung der Neuregelung wird allerdings dadurch stark eingeschränkt, dass sie im Geltungsbereich der EuEheVO nur als „Restzuständigkeit" unter den Voraussetzungen der Art 6 und 7 Abs 1 EuEheVO zur Anwendung kommt.

63

A 277–283

1. Teil. Erkenntnisverfahren A. Ehesachen

II. Internationales Privatrecht

1. Einführung

277 **a) EU-Recht.** Am 20.12.2010 haben die Bundesrepublik Deutschland und 13 weitere EU-Mitgliedstaaten – nämlich Belgien, Bulgarien, Frankreich, Italien, Lettland, Luxemburg, Malta, Österreich, Portugal, Rumänien, Slowenien, Spanien und Ungarn – die Verordnung (EU) Nr 1259/2010 des Rates zur Durchführung einer Verstärkten Zusammenarbeit im Bereich des auf die Ehescheidung und Trennung ohne Auflösung des Ehebandes anzuwendenden Rechts (Rom III-VO) angenommen. Die Verordnung ist für diese Staaten nach Art 21 am 30.12.2010 in Kraft getreten; sie gilt aber erst seit dem 21.6.2012. Sie ist daher nach Art 18 in den an der Verordnung teilnehmenden Staaten auf alle Scheidungsverfahren anzuwenden, die ab dem 21.6.2012 eingeleitet wurden.

278 Mit Schreiben v 25.5.2012 hat **Litauen** seine Absicht bekundet an der Verstärkten Zusammenarbeit teilzunehmen. Diesem Wunsch hat die EU-Kommission mit Beschluss v 21.11.2012 (ABl L 233, 18) entsprochen; danach gilt die Rom III-VO seit dem 22.5.2014 auch für Litauen. Am 27.1.2014 hat die Kommission mitgeteilt, dass auch **Griechenland** der Verstärkten Zusammenarbeit beigetreten ist; dort gilt die Rom III-VO gem Beschluss v 27.1.2014 (ABl L 23, 41) seit dem 29.7.2015. Schließlich gilt die Verordnung aufgrund des Beschlusses der Kommission v 21.8.2016 (ABl L 216, 23) seit dem 1.2.2018 auch für **Estland.**

279 Die Verordnung lässt nach ihrem Art 2 die Verordnung (EG) Nr 2201/2003 (EuEheVO) unberührt. Beide Verordnungen sind vielmehr in dem Sinne **komplementär,** dass die EuEheVO nur die verfahrensrechtlichen Aspekte internationaler Ehescheidungs- und Ehetrennungsverfahren regelt, während die Rom III-VO den in der EuEheVO ausgeklammerten Bereich des Kollisionsrechts beinhaltet. Auf diese Weise soll in den teilnehmenden Mitgliedstaaten vor allem der durch die Vielzahl alternativer Gerichtstände gem Art 3 ff EuEheVO begründeten Gefahr des *forum shopping* vorgebeugt werden (vgl ErwG 21 zur Rom III-VO; → Anh II; *Gruber* IPRax 12, 381).

280 Die Rom III-VO ist in den teilnehmenden Mitgliedstaaten nach ihrem Art 4 **universell** anzuwenden, gilt also auch dann, wenn ihre Kollisionsnormen auf das Recht eines nicht teilnehmenden Mitgliedstaats oder auf das Recht eines nicht der EU angehörenden Drittstaats verweisen (→ Rn 262 ff). Aufgrund des **Anwendungsvorrangs** des sekundären EU-Rechts verdrängt die Verordnung daher das autonome Kollisionsrecht der an ihr teilnehmenden Mitgliedstaaten vollständig. Deutsche Gerichte haben daher auf alle ab dem 21.6.2012 eingeleiteten Ehescheidungs- oder Ehetrennungsverfahren nur noch die europäischen Kollisionsregeln der Rom III-VO anzuwenden. Art 17 Abs 1 EGBGB aF ist nur noch in Verfahren zugrunde zu legen, die vor diesem Zeitpunkt eingeleitet worden sind.

281 Inhaltlich unterscheiden sich die Kollisionsnormen in Kapitel II der Rom III-VO erheblich von der in Deutschland bis zum 21.6.2012 geltenden Regelung in Art 17 Abs 1 EGBGB aF. Wesentlich gestärkt wird vor allem die **Parteiautonomie.** Denn Primäranknüpfung ist nach Art 5–7 (→ Rn 352 ff) die Rechtswahl der Parteien, der im bisherigen deutschen Scheidungskollisionsrecht nur eine untergeordnete Bedeutung in den seltenen Fällen zukam, in denen die Parteien für ihre persönlichen Ehewirkungen eine Rechtswahl treffen konnten und von dieser Möglichkeit auch Gebrauch gemacht hatten (Art 17 Abs 1 S 1 iVm Art 14 Abs 2, 3 EGBGB).

282 In Ermangelung einer Rechtswahl gilt zwar nach Art 8 Rom III-VO auch künftig eine **Anknüpfungsleiter.** Die Reihenfolge der Anknüpfungen weicht freilich von Art 17 Abs 1 S 1 iVm Art 14 Abs 1 EGBGB deutlich ab. Vorrangig wird nicht mehr – wie bisher (Art 17 Abs 1 S 1 iVm Art 14 Abs 1 Nr 1 EGBGB) – an das gemeinsame Heimatrecht der Ehegatten, sondern an deren **gemeinsamen gewöhnlichen Aufenthalt** angeknüpft (Art 8 lit a). Selbst ein früherer gemeinsamer gewöhnlicher Aufenthalt der Ehegatten hat noch Vorrang vor der gemeinsamen Staatsangehörigkeit, wenn er nicht länger als ein Jahr vor Anrufung des Gerichts endete und ein Ehegatte dort noch seinen gewöhnlichen Aufenthalt hat (Art 8 lit b). Erst auf der dritten Stufe der Leiter erlangt die gemeinsame Staatsangehörigkeit der Ehegatten Bedeutung (Art 8 lit c).

283 Auf eine **allgemeine Auffangklausel** nach dem Vorbild von Art 17 Abs 1 S 1 iVm Art 14 Abs 1 Nr 3 EGBGB („engste Verbindung") wird in der Verordnung verzichtet. Stattdessen kommt hilfsweise die *lex fori* zur Anwendung (Art 8 lit d).

64

II. Internationales Privatrecht
284–286 **A**

Hervorzuheben ist schließlich, dass die Verordnung nach Art 11 **nur Sachnormverweisun-** 284
gen ausspricht; eine Rück- oder Weiterverweisung bleibt – anders als bisher nach Art 17 Abs 1
iVm Art 4 Abs 1 EGBGB (dazu Staud/*Hausmann* Art 4 EGBGB Rn 235 ff) – außer Betracht
(näher → Rn 463 ff).

b) Staatsverträge. An mehrseitigen Staatsverträgen auf dem Gebiet des internationalen 285
Ehescheidungs- und Ehetrennungsrechts ist die *Bundesrepublik Deutschland* nicht beteiligt. Die
Rom III-VO lässt allerdings nach ihrem Art 19 Abs 1 auch zweiseitige Übereinkommen zwischen einem Mitgliedstaat und einem Drittstaat unberührt. Aus deutscher Sicht hat daher das
deutsch-iranische Niederlassungsabkommen von 1929 (→ Rn 534 ff) auch künftig Vorrang
vor den Kollisionsregeln der Rom III-VO.

c) Autonomes deutsches Kollisionsrecht. Das autonome deutsche Scheidungskollisions- 286
recht (Art 17 Abs 1 iVm Art 14 EGBGB) behält Bedeutung für alle Scheidungsverfahren, die
vor dem 12.6.2012 eingeleitet worden sind; dies gilt auch dann, wenn gegen die Entscheidung
des Familiengerichts Beschwerde erst nach Inkrafttreten der Rom III-VO eingelegt worden ist.
Das autonome Kollisionsrecht der Mitgliedstaaten bleibt ferner relevant für die von der
Rom III-VO ausdrücklich ausgeschlossenen Regelungsgegenstände. Dies betrifft insbesondere
Verfahren betreffend die Feststellung des Bestehens oder Nichtbestehens einer Ehe sowie Ver-
fahren der Ungültigerklärung einer Ehe, in Deutschland also das Eheaufhebungsverfahren
(→ Rn 584 ff).

2. EU-Recht

40. Verordnung (EU) Nr 1259/2010 des Rates zur Durchführung einer Verstärkten Zusammenarbeit im Bereich des auf die Ehescheidung und Trennung ohne Auflösung des Ehebandes anzuwendenden Rechts (Rom III-VO)

Vom 20. Dezember 2010 (ABl L 343, 10)

Schrifttum: *Althammer,* Das europäische Scheidungskollisionsrecht der Rom III-VO unter Berücksichti-
gung aktueller deutscher Judikatur, NZFam 15, 9; *Baarsma,* The Europeanisation of International Familiy
Law (2011); *dies,* European Choice of Law on Divorce (Rome III) – Where did it go wrong?, NIPR 09, 9;
Basedow, European Divorce Law –Comments on the Rome III Regulation, FS Pintens (2012) 135; *ders,* Das
internationale Scheidungsrecht der EU – Anmerkungen zur Rom III-VO, FS Posch (2011) 17; *Becker,* Die
Vereinheitlichung von Kollisionsnormen im europäischen Familienrecht – Rom III, NJW 11, 1543; *Corne-
loup* (Hrsg.), Droit Européen du divorce (2013); *Dimmler,* Anwendbarkeit der Rom III-VO auf Privatschei-
dungen (hier; syrische talaq-Scheidung), FamRB 15, 368; *Dimmler/Bißmeier,* „Rom III" in der Praxis,
FamRBint 2012, 66; *Finger,* Neues Kollisionsrecht der der Ehescheidung dund der Trennung ohne Auflösung
des Ehebandes, FuR 2013, 305; *Fallon,* Le nouveau droit du divorce international selon le règlement Rome
III: une évolution tranquille, Rev.trim. dr. fam. 12, 291; *Finger,* Verstärkte Zusammenarbeit in Europa für das
Kollisionsrecht der Ehescheidung und der Trennung ohne Auflösung des Ehebandes, FamFR 11, 43;
Franzina, The Law Applicable to Divorce and Legal Separation under Regulation (EU) No. 1259/2010,
CDT 11, 85; *Gade,* Schwerpunktbereich IPR: Die Rom III-VO, JuS 13, 779; *Ganz,* Internationales
Scheidungsrecht – eine praktische Einführung, FuR 11, 69 und 369; *Gärtner,* Die Rom III-Verordnung unter
besonderer Berücksichtigung von Privatscheidungen, StAZ 12, 357; *Gruber,* Scheidung auf Europäisch – die
Rom III-VO, IPRax 12, 381; *Hammje,* Le nouveau règlement (EU) n. 1259/21010 du Conseil du 20
décembre 2010 metttant en oeuvre une coopération renforcée dans le domaine de la loi appplicable au divorce
et à la séparation de corps, Rev crit 11, 291; *Hau,* Zur Durchführung der Rom III-Verordnung in Deutschland, FamRZ 13, 249; *ders,* Zur Maßgeblichkeit der lex fori in internationalen Ehesachen; FS Stürner (2013)
1237; *Helms,* Reform des internationalen Scheidungsrechts durch die Rom III-VO, FamRZ 11, 1765; *ders,*
Neues Europäisches Familienkollisionsrecht, FS Pintens (2012) 681; *ders,* Anwendbarkeit der Rom III-VO auf
Privatscheidungen?, FamRZ 16, 1134; *Henrich,* Internationales Scheidungsrecht – einschließlich Scheidungs-
folgen, 2012; *Huter,* Die kollisionsrechtliche Behandlung der einvernehmlichen Scheidung, ZfRV 14, 167;
Kemper, Das neue internationale Scheidungsrecht – eine Übersicht über die Regelungen der Rom III-VO,
FamRBint 12, 63; *ders,* Die Umsetzung des neuen Internationalen Scheidungsrechts in Deutschland – Rom
III und die Folgen, FamRBint 13, 12; *Kohler,* Zur Gestaltung des Europäischen Kollisionsrechts für Ehesa-
chen, FamRZ 08, 1673; *ders,* Einheitliche Kollisionsnormen für Ehesachen in der Europäischen Union:
Vorschläge und Vorbehalte, FPR 08, 193; *Looschelders,* Scheidungsfreiheit und Schutz des Antragsgegners im
internationalen Privat- und Verfahrensrecht, FS Kropholler (2008) 329; *Makowsky,* Europäisierung des
Internationalen Ehescheidungsrechts durch die Rom III-VO, GPR 12, 266; *Mörsdorf-Schulte,* European
Private International Law of Divorce (Rome III), RabelsZ 77 (2013) 786; *Nascimbene,* Jurisdiction and
applicable law in matrimonial matters: Rome III Regulation, EuLF 09 I, 1; *ders,* Divorzio, Diritto internazio-

65

A 287–289   1. Teil. Erkenntnisverfahren A. Ehesachen

nale privato e dell'unione europea (2011); *Nitsch,* Scheidungsrecht – International: Die Rom III-VO, ZfRV 12, 264; *Raupach,* Ehescheidung mit Auslandsbezug in der Europäischen Union – Die Rom III-VO als Kernstück eines einheitlichen europäischen Scheidungskollisionsrechts (2015); *Rauscher,* Anpassung des IPR an die Rom III-VO, FPR 13, 257; *Rüberg,* Auf dem Weg zu einem europäischen Scheidungskollisionsrecht (2005); *Schurig,* Eine hinkende Vereinheitlichung des internationalen Ehescheidungsrechts in Europa, FS v Hoffmann (2011) 405; *Spernat,* Die gleichgeschlechtliche Ehe im internationalen Privatrecht (2011); J. *Stürner,* Die Rom III-VO – ein neues Scheidungskollisionsrecht, Jura 12, 708; *Toscano,* Ehescheidungen mit grenzüberschreitendem Bezug – von divergierenden nationalen Scheidungsvoraussetzungen zu einem einheitlichen europäischen Scheidungsrecht? (2012); *Traar,* Rom III-VO – EU-Verordnung zum Kollisionsrecht für Ehescheidungen, ÖJZ 11, 805; *Viarengo,* Il regolamento UE sulla legge applicabile alla separazione e al divorzio e il ruolo della volontà delle parti, Riv dir int priv proc 11, 601; *dies,* Die Verordnung (EU) Nr. 1259/2010 zur Ehescheidung und ihre Auswirkungen auf deutsch-italienische Rechtsbeziehungen, JbItalR 13, 3; R. *Wagner,* Überlegungen zur Vereinheitlichung des Internationalen Privatrechts in Ehesachen in der Europäischen Union, FamRZ 03, 803; *ders,* EG-Kompetenz für das Internationale Privatrecht in Ehesachen?, RabelsZ 04, 119; *ders,* Aktuelle Entwicklungen in der europäischen justiziellen Zusammenarbeit in Zivilsachen, NJW 10, 1707; *Winkler v Mohrenfels,* Die Rom III-VO: Teilvereinheitlichung des europäischen internationalen Scheidungsrechts, ZEuP 13, 699; *ders,* Die Rom III- und Brüssel IIa-Verordnungen in der deutschen Rechtspraxis, ZVglRWiss 115 (2016) 650.

Vgl auch die speziellen Schrifttumsnachweise zum sachlichen Anwendungsbereich → vor Rn 302, zur Rechtswahl → vor Rn 352, zur Umwandlung → vor Rn 441, zum ordre public → vor Rn 467 und zur Anwendung religiösen Scheidungsrechts → vor Rn 518.

Vorbemerkung

1. Entstehungsgeschichte

287   Durch die EuEheVO wurde das Recht der internationalen Zuständigkeit und der Anerkennung von Entscheidungen in Ehesachen harmonisiert mit der Folge, dass die in einem Mitgliedstaat ausgesprochene Ehescheidung ohne Rücksicht auf das in der Sache angewandte Scheidungsrecht in allen anderen Mitgliedstaaten anzuerkennen ist (Art 25 EuEheVO; → K Rn 109 f). Die großen Unterschiede im nationalen IPR der Mitgliedstaaten auf dem Gebiet des Scheidungsrechts boten daher einen erheblichen Anreiz zum *forum shopping* (*Kohler* FamRZ 08, 803/ 805). Dem konnte nur durch eine Vereinheitlichung auch des Kollisionsrechts der Ehescheidung auf europäischer Ebene begegnet werden (zur Entstehungsgeschichte der Rom III-VO näher NK-BGB/*Gruber* Vor Art 1 Rn 8 ff; Rauscher/*Helms* Einl Rn 1 ff).

288   Die Kommission nahm daher am 14.3.2005 ein **Grünbuch** über das anzuwendende Recht und die gerichtliche Zuständigkeit in Scheidungssachen an (vgl *Pintens* FamRZ 05, 1597/1600 f). Auf der Grundlage dieses Grünbuchs fand eine umfassende öffentliche Konsultation zu möglichen Lösungen der bestehenden Probleme statt. Am 17.7.2006 legte die Kommission dann einen Vorschlag für eine Verordnung zur Änderung der Verordnung (EG) Nr 2201/2003 des Rates im Hinblick auf die Zuständigkeit in Ehesachen und zur Einführung von Vorschriften betreffend das anwendbare Recht in diesem Bereich vor (KOM [2006] 399 endg). Dieser Vorschlag enthielt sowohl Modifikationen zur internationalen Zuständigkeit in Ehesachen als auch ergänzende Bestimmungen zum Kollisionsrecht der Ehescheidung. Dadurch sollte ein umfassender und einheitlicher Rechtsrahmen für die Durchführung grenzüberschreitender Ehescheidungen und Ehetrennungen in der EU geschaffen werden. Bei den Verhandlungen zur Angleichung des Kollisionsrechts traten jedoch in der Arbeitsgruppe des Rates unüberwindbare Schwierigkeiten auf, so dass der Rat auf seiner Tagung vom 5.6.2008 in *Luxemburg* feststellen musste, dass die für Harmonisierungsmaßnahmen auf dem Gebiet des Familienrechts erforderliche Einstimmigkeit in Bezug auf den Kommissionsvorschlag nicht erzielt werden konnte und dass die bestehenden Meinungsunterschiede eine einstimmige Annahme auch in absehbarer Zukunft unmöglich machten, weil insbesondere *Finnland* und *Schweden* nicht bereit waren, eine Regelung zu akzeptieren, der zufolge finnische oder schwedische Gerichte gezwungen wären, auf eine Scheidung ein restriktives ausländisches Recht anzuwenden (vgl *Kohler* FamRZ 08, 1673/ 1678; Althammer/*Althammer* Vorbem Rom III-VO Rn 3 mwN). Die Ziele der Verordnung könnten daher unter Anwendung der einschlägigen Bestimmungen der Verträge nicht in einem vertretbaren Zeitraum verwirklicht werden.

289   Um den Verordnungsvorschlag nicht vollständig scheitern zu lassen und damit eine Vereinheitlichung des Scheidungskollisionsrechts in Europa auf Dauer zu verhindern, teilten 15 Mitgliedstaaten (*Belgien, Bulgarien, Deutschland, Griechenland, Spanien, Frankreich, Italien, Lettland, Luxemburg, Ungarn, Malta, Österreich, Portugal, Rumänien* und *Slowenien*) der Kommission mit, dass sie die Absicht hätten, untereinander im Bereich des anzuwendenden Rechts in Ehesachen

II. Internationales Privatrecht   **290–293** **A**

erstmals eine **Verstärkte Zusammenarbeit** auf der Grundlage der neu geschaffenen Vorschriften in Art 20 EUV iVm Art 326 –334 AEUV zu beschließen (allg zur rechtspolitischen Bewertung der verstärkten Zusammenarbeit auf derm Gebiet des Kollisionsrechts MüKoBGB/*v Hein* Art 3 EGBGB Rn 51 ff). Die EU-Kommission bejahte das Vorliegen der Voraussetzungen für eine solche Verstärkte Zusammenarbeit und legte daraufhin am 30.3.2010 einen neuen Verordnungsvorschlag vor, der nur noch Vorschriften zur Harmonisierung des Kollisionsrechts enthielt (KOM [2010] 105 endg). Denn zu einer Änderung der zum *acquis communautaire* gehörenden Verordnung (EG) Nr 2201/2003 (EuEheVO) hätte es der Zustimmung aller Mitgliedstaaten bedurft. Der Vorschlag orientierte sich stark an dem im Juni 2008 unter slowenischer Präsidentschaft erzielten Verhandlungsergebnis. Am 3.3.2010 zog *Griechenland* seinen Antrag auf Beteiligung an der Verstärkten Zusammenarbeit zurück.

Der Rat hat die antragstellenden Mitgliedstaaten mit Beschluss 2010/405/EU v 12.7.2010 **290** (ABl L 189 v 22.7.2010, 12) ermächtigt, die Rom III-VO im Wege der Verstärkten Zusammenarbeit zu beschließen. Dieser Aufforderung sind die genannten 14 Mitgliedstaaten nach Anhörung des Europäischen Parlaments am 20.12.2010 nachgekommen. Die Rom III-VO gilt für diese 14 Mitgliedstaaten **ab dem 21.6.2012.** Gemäß Art 328 Abs 1 AEUV steht die Teilnahme an der Verstärkten Zusammenarbeit auch weiteren Mitgliedstaaten offen, sofern sie die in dem genannten Beschluss festgelegten Teilnahmevoraussetzungen erfüllen. Die Kommission und die an der Verstärkten Zusammenarbeit teilnehmenden Mitgliedstaaten stellen sicher, dass die Teilnahme möglichst vieler Mitgliedstaaten gefördert wird (vgl auch Erwägungsgründe 3–8; → Anh II). Seit dem 22.5.2014 gilt die Verordnung daher auch in *Litauen* (ABl EU 2012 L 323, 18) und seit dem 29.7.2015 auch in *Griechenland* (ABl EU 2014 L 23, 41); seit dem 11.2.2018 gilt sie auch für *Estland* (→ Rn 278).

2. Ziele

Ziel der Verordnung ist es, einen klaren, umfassenden Rechtsrahmen im Bereich des auf die **291** Ehescheidung und Trennung ohne Auflösung des Ehebandes anzuwendenden Rechts in den teilnehmenden Mitgliedstaaten vorzugeben, den Bürgern in Bezug auf Rechtssicherheit, Berechenbarkeit und Flexibilität sachgerechte Lösungen zu garantieren und Fälle zu verhindern, in denen ein Ehegatte alles daran setzt, die Scheidung zuerst einzureichen, um sicherzugehen, dass sich das Verfahren nach einer Rechtsordnung richtet, die seine Interessen seiner Ansicht nach besser schützt (vgl ErwG 9; → Anh II). Ein wesentliches Anliegen der Verordnung ist es daher, dem durch die alternativen Zuständigkeiten nach Art 3 ff EuEheVO geschaffenen Anreiz zum *„forum shopping"* entgegenzuwirken (Erman/*Hohloch* vor Art 1 Rn 9). Dementsprechend wird in ErwG 13 (→ Anh II) ausdrücklich betont, dass die Kollisionsnormen der Verordnung unabhängig davon gelten, welches Gericht angerufen wird. Dieses Ziel wird wegen der begrenzten Zahl der teilnehmenden Mitgliedstaaten freilich nur zum Teil erreicht. Der Anreiz, Gerichte in einem nicht an der Rom III-VO beteiligten Mitgliedstaat mit einem den Antragsteller begünstigenden Kollisions- und Sachrecht anzurufen, ist vielmehr sogar noch erhöht worden (*Gruber* IPRax 12, 381/382; Pal/*Thorn* Vorbem Rom III-VO Rn 2).

3. Anwendungsbereich

a) Sachlicher Anwendungsbereich. Die Rom III-VO bestimmt ihren sachlichen Anwen- **292** dungsbereich in Ehesachen in Art 1 Abs 1 und stellt durch die Ausschlusstatbestände in Art 1 Abs 2 klar, dass sich ihre Kollisionsnormen nur auf die Ehescheidung und die Trennung ohne Auflösung des Ehebandes als solche, also nicht auf damit zusammenhängende weitere Fragen erstreckt. Sie gilt in Übereinstimmung mit der EuEheVO insbesondere nicht für vermögensrechtliche Scheidungsfolgen (→ Rn 332 ff), aber abweichend von der EuEheVO auch nicht für die Ungültigerklärung der Ehe (→ Rn 302). Sie regelt nur das in den beiden genannten Ehesachen anwendbare Recht, sofern diese eine Verbindung zum Recht verschiedener Staaten aufweisen. Sie gilt hingegen nicht für die internationale Zuständigkeit der Gerichte der teilnehmenden Mitgliedstaaten einschließlich der Rechtshängigkeit, ferner nicht für die Anerkennung und Vollstreckung der von diesen Gerichten getroffenen Entscheidungen; insoweit findet vielmehr weiterhin die EuEheVO Anwendung.

b) Räumlich-persönlicher Anwendungsbereich. Aus der zuvor geschilderten Entste- **293** hungsgeschichte folgt, dass die Rom III-VO in räumlicher Hinsicht nicht in allen 28 EU-Mitgliedstaaten gilt, sondern nur in den inzwischen 17 Mitgliedstaaten, die an der Verstärkten

67

A 294–297 1. Teil. Erkenntnisverfahren A. Ehesachen

Zusammenarbeit auf diesem Gebiet derzeit teilnehmen. Dies sind – außer der *Bundesrepublik Deutschland – Belgien, Bulgarien, Estland, Frankreich, Griechenland, Italien, Lettland, Litauen, Luxemburg, Malta, Österreich, Portugal, Rumänien, Slowenien, Spanien* und *Ungarn*. Das Hoheitsgebiet der Mitgliedstaaten ergibt sich aus Art 355 AEUV; es umfasst neben dem jeweiligen Mutterland zT auch weitere Territorien, zB die überseeischen Départements *Frankreichs* (Guadeloupe, Frz-Guayana, Martinique, Réunion, Saint-Barthélemy, Saint-Martin), *Madeira,* die *Azoren* und die *Kanarischen Inseln* (vgl Art 355 Abs 1 AEUV), ferner die europäischen Hoheitsgebiete, deren auswärtige Beziehungen ein Mitgliedstaat wahrnimmt (zB die Balearen und Gibraltar, Art 355 Abs 3 AEUV). Für die britischen Kanalinseln, die Isle of Man und die Hoheitszonen des *Vereinigten Königreichs* auf Zypern gilt sie hingegen nicht (Art 355 Abs 5 lit b und c AEUV; zu Einzelheiten unalexK/*Hausmann* Einl Rn 39 f).

294 Ihren **persönlichen Anwendungsbereich** bestimmt die Rom III-VO nicht ausdrücklich. Sie stellt allerdings in ihrem Art 4 klar, dass sie einen universellen Anwendungsbereich beansprucht. Aus der Sicht der teilnehmenden Mitgliedstaaten setzt die Anwendung der Verordnung daher zwar nach Art 1 Abs 1 „eine Verbindung zum Recht verschiedener Staaten", nicht aber einen Bezug zu einem anderen teilnehmenden Mitgliedstaat voraus. Aus deutscher Sicht enthält die Verordnung daher eine abschließende Regelung des internationalen Privatrechts der Ehescheidung und der Ehetrennung und lässt für eine Anwendung von Art 17 Abs 1 EGBGB aF keinen Raum mehr. Denn sie ist nach Art 4 auch dann anzuwenden, wenn ihre Kollisionsnormen auf das Recht eines nicht teilnehmenden Mitgliedstaats oder eines nicht der EU angehörenden Drittstaats verweisen. Ihr persönlicher Anwendungsbereich hängt ferner auch nicht davon ab, dass die Parteien die *Staatsangehörigkeit* eines teilnehmenden Mitgliedstaats besitzen oder in einem solchen ihren gewöhnlichen Aufenthalt haben (OLG Hamm FamRZ 13, 217; *Helms* FamRZ 11, 1765; Althammer/*Althammer* Vorbem Rom III-VO Rn 8). Im Verhältnis zu Drittstaaten ist allerdings die **Schranke des Art 10** zu beachten (→ Rn 447 ff).

295 Deutsche Gerichte haben daher auf alle ab dem 21.6.2012 eingeleiteten Ehescheidungs- oder Ehetrennungsverfahren **nur noch die europäischen Kollisionsregeln der Rom III-VO** anzuwenden. Art 17 Abs 1 EGBGB aF ist nur noch in Verfahren zugrunde zu legen, die vor diesem Zeitpunkt eingeleitet worden sind. Die an der Verordnung nicht teilnehmenden Mitgliedstaaten wenden hingegen weiterhin ihr autonomes Kollisionsrecht an. Da dieses zT von der Rom III-VO erheblich abweicht, die vielfältigen alternativen Gerichtsstände nach Art 3 EuEheVO aber auch in den nicht teilnehmenden Mitgliedstaaten (mit Ausnahme *Dänemarks*) eröffnet sind, wurden die Anreize zum *forum shopping* durch die eingeschränkte Geltung der Rom III-VO innerhalb der EU sogar noch verstärkt (*Gruber* IPRax 12, 381; *Winkler v Mohrenfels,* FS v Hoffmann [2011] 527/536; Pal/*Thorn* Vorbem Rom III-VO Rn 2).

296 **c) Zeitlicher Anwendungsbereich.** In zeitlicher Hinsicht gilt die Rom III-VO für gerichtliche Verfahren, die ab dem 21. Juni 2012 eingeleitet wurden (Art 18 Abs 1 iVm Art 21; → Rn 523 ff). Besondere Übergangsvorschriften gelten allerdings für die Wirksamkeit von Rechtswahlvereinbarungen (→ Rn 526 ff).

4. Verhältnis zu anderen Rechtsinstrumenten

297 Die Rom III-VO lässt nicht nur nach ihrem Art 2 die EuEheVO unberührt (dazu → Rn 343 f), sondern nach ihrem Art 19 Abs 1 auch die Anwendung von internationalen Übereinkommen, denen ein oder mehrere teilnehmende Mitgliedstaaten am 21.6.2012 auf dem Gebiet des internationalen Ehescheidungs- oder Ehetrennungsrechts angehört haben. Vorrang haben also nur Staatsverträge, welche die teilnehmenden Mitgliedstaaten schon **vor Inkrafttreten der Verordnung** abgeschlossen hatten. Zum Abschluss neuer Übereinkommen im sachlichen Anwendungsbereich der Verordnung sind sie im Hinblick auf die von der EU in Anspruch genommene Außenkompetenz nicht mehr berechtigt. Aus deutscher Sicht hat nach Abs 1 allein das **deutsch-iranische Niederlassungsabkommen** v 17.2.1929 (RGBl 30 II, 1006), das in seinem Art 8 Abs 3 auf dem Gebiet des Familienrechts an die gemeinsame Staatsangehörigkeit der Beteiligten anknüpft (näher → Rn 534 ff), Vorrang vor der Rom III-VO (*Helms* FamRZ 11, 1765/1767). Das **autonome Kollisionsrecht** der an der verstärkten Zusammenarbeit beteiligten Mitgliedstaaten wird durch die Verordnung hingegen vollständig verdrängt (Althammer/*Althammer* Vorbem Rom III-VO Rn 9; → Rn 348 ff).

II. Internationales Privatrecht   298–301 **A**

5. Auslegung

Für die Auslegung der Rom III-VO gelten die vom EuGH zu anderen Rechtsakten des **298**
sekundären Gemeinschafts- und Unionsrechts auf dem Gebiet der justiziellen Zusammenarbeit –
insbesondere zur EuEheVO – entwickelten Grundsätze entsprechend. Danach sind auch die
Begriffe dieser Verordnung **autonom** unter Berücksichtigung ihrer Ziele und ihrer Systematik
auszulegen (*Andrae* IntFamR § 4 Rn 7; vgl zur EuEheVO EuGH C-435/06 – *C,* Slg 07 I-10141
= IPRax 08, 509 m Anm *Gruber* 490; EuGH C-523/07 – *A,* Slg 09 I-2905 Rn 27 = FamRZ
09, 843/844; EuGH C-168/08 – *Hadadi/Mesko,* Slg 09 I-1571 Rn 38 = FamRZ 09, 1571;
Rauscher/*Helms* Einl Rn 17 ff). Dabei sollte angestrebt werden, die in der **EuEheVO** und der
Rom III-VO gleichermaßen verwendeten Begriffe möglichst einheitlich auszulegen (EuGH C-
372/16 – *Sahyouni,* FamRZ 18, 169 Rn 40 ff = NZFam 18, 126 m Anm *Rieck*). Andererseits
können die Gerichte bei der Auslegung von Vorschriften der Rom III-VO, die sich eng an
Kollisionsnormen der Vorgänger-Verordnungen zum internationalen Vertragsrecht (Verordnung
(EG) Nr 593/2008 v 17.6.2008 – **Rom I-VO,** ABl EU L 177, 6) oder zum IPR der außervertraglichen Schuldverhältnisse (Verordnung (EG) Nr 864/2007 v 11.7.2007 – **Rom II-VO,**
ABl EU L 199, 40) anlehnen, auch die hierzu ergangene Rechtsprechung und Literatur
ergänzend heranziehen. Dies trifft insbesondere auf die Kollisionsnormen zur Rechtswahl
(Art 5–7) und auf die allgemeinen Vorschriften (Ausschluss des *renvoi, ordre public,* Mehrrechtsstaaten, vgl Art 11–12, 14–16) zu.

Als Leitlinie für die Auslegung der Rom III-VO dienen ferner die ihr vorangestellten **Erwä-** **299**
gungsgründe (→ Anh II; vgl Rauscher/*Helms* Einl Rn 20). Danach will die Verordnung einen
klaren und umfassenden Rechtsrahmen im Bereich des auf die Ehescheidung und Trennung
ohne Auflösung des Ehebandes anzuwendenden Rechts in den teilnehmenden Mitgliedstaaten
vorgeben. Auf diese Weise soll den Unionsbürgern einerseits **mehr Rechtssicherheit** und eine
bessere Berechenbarkeit des in Ehesachen mit internationalem Bezug anwendbaren Rechts
gewährleistet werden; andererseits wird ihnen – insbesondere durch die Rechtswahlmöglichkeiten nach Art 5 ff eine **größere Flexibilität** eingeräumt, beides mit dem Ziel, die Freizügigkeit in der Europäischen Union zu stärken (*Helms* FamRZ 2011, 1765; Althammer/*Althammer*
Vorbem zur Rom III-VO Rn 2). Ein weiteres wesentliches Anliegen ist die Eindämmung des
forum shopping im internationalen Scheidungsrecht, nämlich „Fälle zu verhindern, in denen ein
Ehegatte alles daran setzt, die Scheidung zuerst zu erreichen, um sicherzugehen, dass sich das
Verfahren nach einer Rechtsordnung richtet, die seine Interessen seiner Ansicht nach besser
schützt" (ErwG 9; → Anh II). Schließlich soll ein möglichst weitreichender „Einklang" der
Bestimmungen der Rom III-VO und mit jenen der EuEheVO erreicht werden (ErwG 10
Abs 1; → Anh II).

Zweifelsfragen zur Auslegung der Verordnung können die Gerichten der teilnehmenden **300**
Mitgliedstaaten nach Art 267 Abs 1 lit b AEUV dem EuGH zur **Vorabentscheidung** vorlegen.
Das Recht zur Vorlage steht nach Art 267 Abs 2 AEUV in Deutschland nicht nur dem BGH
und den Oberlandesgerichten, sondern auch den Familiengerichten zu. Zur Vorlage *verpflichtet*
sind nach Art 267 Abs 3 AEUV alle nationalen Gerichte, deren Entscheidung mit einem Rechtsmittel nicht mehr angegriffen werden kann.

6. Deutsches Ausführungsgesetz

Der deutsche Gesetzgeber hat die erforderlichen Anpassungen an die Rom III-VO durch das **301**
„Gesetz zur Anpassung der Vorschriften des Internationalen Privatrechts an die Verordnung (EU)
Nr 1259/2010 und zur Änderung anderer Vorschriften des Internationalen Privatrechts" **(Rom**
III-AnpassungsG) v 23.1.2013 (BGBl I, 101) vorgenommen, das **am 29.1.2013 in Kraft**
getreten ist. Die Begründung der Bundesregierung v 17.10.2012 zu diesem Gesetz ist abgedruckt
in der BT-Drs 17/11049, 7 ff. Das Gesetz fasst insbesondere den Art 17 Abs 1 EGBGB neu, der
nur noch das IPR vermögensrechtlicher Scheidungsfolgen regelt (→ Rn 551 ff), und enthält in
Art 46e EGBGB eine Formvorschrift für Rechtswahlvereinbarungen nach Art 5 Rom III-VO
(→ Rn 575 ff).

69

A 302–304   1. Teil. Erkenntnisverfahren A. Ehesachen

Kapitel I. Anwendungsbereich, Verhältnis zur Verordnung (EG) Nr 2201/2003, Begriffsbestimmungen und universelle Anwendung

Rom III-VO Art 1. Anwendungsbereich

(1) Diese Verordnung gilt für die Ehescheidung und die Trennung ohne Auflösung des Ehebandes in Fällen, die eine Verbindung zum Recht verschiedener Staaten aufweisen.

(2) Diese Verordnung gilt nicht für die folgenden Regelungsgegenstände, auch wenn diese sich nur als Vorfragen im Zusammenhang mit einem Verfahren betreffend die Ehescheidung oder Trennung ohne Auflösung des Ehebandes stellen:

a) die Rechts- und Handlungsfähigkeit natürlicher Personen,
b) das Bestehen, die Gültigkeit oder die Anerkennung einer Ehe,
c) die Ungültigerklärung einer Ehe,
d) die Namen der Ehegatten,
e) die vermögensrechtlichen Folgen der Ehe,
f) die elterliche Verantwortung,
g) Unterhaltspflichten,
h) Trusts und Erbschaften.

Schrifttum: *Gärtner,* Die Privatscheidung im deutschen und gemeinschaftsrechtlichen Internationalen Privat- und Verfahrensrecht (2008); *ders,* Die Rom III-Verordnung unter besonderer Berücksichtigung vom Privatscheidungen, StAZ 12, 357; *Helms,* Neubewertung von Privatscheidungen nach ausländischem Recht vor dem Hintergrund der Entwicklungen im deutschen Sach-, Kollisions- und Verfahrensrecht, FS Coester-Waltjen (2015) 431; *ders,* Anwendbarkeit der Rom III-VO auf Privatscheidungen?, FamRZ 16, 1134; *Henrich,* Privatscheidung in Spanien, FamRZ 15, 1572; *ders,* Scheidung auf Italienisch, JbItalR 28 [2016] 3; *Herfarth,* Scheidung nach religiösem Recht durch deutsche Gerichte, IPRax 00,101; *Huter,* Die kollisionsrechtliche Behandlung der einvernehmlichen Scheidung, ZfRV 14, 167; *Pika/Weller,* Privatscheidungen zwischen europäischem Kollisions- und Zivilprozessrecht, IPRax 17, 65; *Spernat,* Die gleichgeschlechtliche Ehe im internationalen Privatrecht (2011); *Spickhoff,* Zur Qualifikation der nichtehelichen Lebensgemeinschaft im Europäischen Zivilprozess- und Kollisionsrecht, FS Schurig (2012) 285; *Winkler v Mohrenfels,* Die gleichgeschlechtliche Ehe im deutschen IPR und im europäischen Verfahrensrecht, FS Ansay (2006) 527.

1. Allgemeines

302   Art 1 regelt den **sachlichen Anwendungsbereich** der Rom III-VO. Er stellt in Abs 1 klar, dass dieser auf die Ehescheidung und die Trennung ohne Auflösung des Ehebandes beschränkt ist. Anders als die EuEheVO (vgl Art 1 Abs 1 lit a EuEheVO; → Rn 28 f) erstreckt sich die Verordnung also **nicht auf die Ungültigerklärung einer Ehe** (ErwG 10 Abs 1 S 2; → Anh II; ferner öst OGH BeckRS 16, 81201; *Helms* FamRZ 11, 1765/1766; *Hau* FamRZ 13, 249 f; Pal/*Thorn* Rn 2). Das hierauf anzuwendende Recht wird also weiterhin durch das autonome Kollisionsrecht der Mitgliedstaaten, in Deutschland durch Art 13 EGBGB bestimmt (näher → Rn 584 ff). Gleiches gilt für Verfahren zur Feststellung des Bestehens oder Nichtbestehens einer Ehe. Während deren Einbeziehung in den sachlichen Anwendungsbereich der EuEheVO umstritten ist (→ Rn 35), sind sie aus dem Anwendungsbereich der Rom III-VO eindeutig ausgeschlossen (Erman/*Hohloch* Rn 1).

303   Weiterhin ist die Verordnung – in Übereinstimmung mit der EuEheVO – auf die Auflösung der **Statusbeziehung als solche** beschränkt und klammert wichtige Scheidungsfolgen, vor allem solche vermögensrechtlicher Art, aus ihrem sachlichen Anwendungsbereich aus (vgl Art 1 Abs 2 lit e und lit g; dazu → Rn 332 ff). Aus diesem Grunde hat der deutsche Gesetzgeber für solche vermögensrechtlichen Scheidungsfolgen, die – anders als zB die güterechtliche Auseinandersetzung oder der nacheheliche Unterhalt – nicht gesondert angeknüpft werden, in Art 17 Abs 1 EGBGB nF eine ergänzende Kollisionsnorm geschaffen (näher → Rn 551 ff).

304   Die Rom III-VO beschränkt sich außerdem auf die Bestimmung des in den genannten Ehesachen **anwendbaren Rechts,** weil die internationale Zuständigkeit der Gerichte der teilnehmenden Mitgliedstaaten und die gegenseitige Anerkennung und Vollstreckung der von diesen Gerichten getroffenen Entscheidungen in Ehesachen bereits zuvor durch die EuEheVO mit Wirkung für sämtliche EU-Mitgliedstaaten vereinheitlicht worden war (vgl Art 2; → Rn 343 f).

70

II. Internationales Privatrecht: Rom III-VO Art 1   305–310 **A**

Schließlich erfasst die Rom III-VO nach Art 1 Abs 1 nur Sachverhalte, die eine **Verbindung** 305 **zum Recht verschiedener Staaten** aufweisen. Dies entspricht der allgemeinen Schranke der Gesetzgebungskompetenz der EU auf dem Gebiet der justiziellen Zusammenarbeit, die nach Art 81 Abs 1 AEUV auf „Zivilsachen mit grenzüberschreitendem Bezug" beschränkt ist. Allerdings ist hierfür ein Bezug zu einem anderen an der Verordnung teilnehmenden Mitgliedstaat nicht erforderlich; ausreichend ist vielmehr auch ein Bezug zu einem Drittstaat (*Hau* FamRZ 13, 249; *Althammer/Arnold* Rn 5).

2. Ehescheidung und Ehetrennung

Die Begriffe der Ehescheidung und der Trennung ohne Auflösung des Ehebandes sind – wie **306** ErwG 10 Abs 1 S 1 (→ Anh II) klarstellt – im gleichen Sinne zu verstehen wie in Art 1 Abs 1 lit a EuEheVO; insoweit kann daher in vollem Umfang auf die Erläuterungen zu dieser Vorschrift (→ Rn 26 f) verwiesen werden. Die Rom III-VO beherrscht auch die Scheidung einer **„hinkenden" Ehe**, deren Wirkungen auf das Inland beschränkt sind (Pal/*Thorn* Rn 8 aE).

Da die Ehescheidung inzwischen in allen Mitgliedstaaten der EU bekannt ist (vgl zu ihrer **307** Einführung in *Malta* als letztem scheidungsfeindlichen Mitgliedstaat mit Wirkung v 1.10.2011: Art 66 B Cc; dazu *Pietsch,* FamRZ 12, 426), ist die **gerichtliche Ehetrennung** zumeist nur eine notwendige Vorstufe zu der angestrebten Ehescheidung. Sie betrifft formalisierte Trennungsverfahren unter Mitwirkung eines Gerichts oder einer Behörde, die nur zu einer Lockerung, nicht zur Beseitigung des ehelichen Status führen (Rauscher/*Rauscher* Rn 2; Pal/*Thorn* Rn 2). Als solche wurde sie schon bisher von Art 17 Abs 1 EGBGB aF erfasst (vgl BGHZ 47, 324/333 ff = NJW 67, 2109; BGH FamRZ 87, 793; OLG Stuttgart FamRZ 97, 879 und NJW-RR 89, 261 f; OLG Hamm NJW-RR 89, 1346).

Solche Trennungsverfahren sind insbesondere den **romanischen Rechten** bekannt (zB die **308** *„separazione giudiziale"* nach italienischem Recht, Art 151 Cc; vgl AG Leverkusen FamRZ 07, 565; *Hausmann* EuLF 2000/01, 271/273). Die Rom III-VO ist aber auch in Verfahren anzuwenden, die lediglich auf eine gerichtliche Bestätigung einer zwischen den Parteien vorgenommenen Trennungsvereinbarung abzielen (zB die *„omologazione"* einer *„separazione consensuale"* nach italienischem Recht, Art 158 Cc; vgl *Hausmann* EuLF 2000/01, 271/274; Pal/*Thorn* Rn 2; s a OLG Karlsruhe FamRZ 91, 1308). Das deutsche Recht kennt Trennungsverfahren iSv Art 1 Abs 1 Rom III-VO nicht; vor deutschen Gerichten sind sie daher nur dann durchzuführen, wenn das von der Verordnung zur Anwendung berufene ausländische Recht eine formalisierte Ehetrennung vorsieht (AG Leverkusen FamRZ 07, 565). Die Rom III-VO gilt freilich auch für eine scheidungsersetzende Ehetrennung nach drittstaatlichem Recht (Erman/*Hohloch* Rn 1). Demgegenüber richtet sich die Zulässigkeit eines nur **faktischen Getrenntlebens** nach nationalem Kollisionsrecht, in Deutschland nach Art 14 EGBGB (NK-BGB/*Gruber* Rn 8).

a) Voraussetzungen. Nach dem von der Rom III-VO zur Anwendung berufenen Recht **309** beurteilen sich insbesondere die Zulässigkeit und die *materiellen* Voraussetzungen der Ehescheidung bzw Ehetrennung. Dies betrifft etwa die Frage, ob die Scheidung das **Verschulden** eines Ehegatten oder nur die **Zerrüttung** der ehelichen Beziehung erfordert (*Gruber* IPRax 12, 381/383; NK-BGB/*Gruber* Rn 42m ausf Nachw) und welche **Trennungsfristen** im letzteren Falle einzuhalten sind (vgl OLG Hamm NJW 91, 3099). Das nach der Verordnung bestimmte Scheidungsstatut entscheidet auch, ob eine **einverständliche Ehescheidung** möglich ist und ob sie voraussetzt, dass die Ehegatten sich über bestimmte Scheidungsfolgen verständigt haben (Rauscher/*Helms* Rn 14), sowie darüber, welche Bedeutung dem **Widerspruch** eines Ehegatten zukommt (Pal/*Thorn* Rn 6; *Althammer/Arnold* Rn 8; vgl zum *türkischen* Recht OLG Stuttgart FamRZ 12, 1497/1498; OLG Hamm FamRZ 11, 220/221; OLG Frankfurt FamRZ 94, 1112; OLG Düsseldorf FamRZ 92, 946/947 f; NK-BGB/*Gruber* Rn 43). Hat das Gericht die Ehegatten vor der Scheidung zunächst aufzufordern, in die eheliche Lebensgemeinschaft zurückzukehren, so entscheidet auch über das Erfordernis einer solchen „Rückkehraufforderung" das Scheidungsstatut nach Art 5 ff (vgl zum *türkischen* Recht OLG Stuttgart IPRax 07, 131m Anm *Heiderhoff* 118). Demgegenüber wird das Erfordernis eines **Sühneversuchs** bisher überwiegend prozessual qualifiziert und der *lex fori* des angerufenen Gerichts unterworfen (Erman/*Hohloch* Rn 5; Rn 342).

b) Wirkungen. Bezüglich der Wirkungen der Ehescheidung bzw Ehetrennung ist zu unter- **310** scheiden: Die Rom III-VO regelt unmittelbar nur deren **nicht-vermögensrechtliche** Wirkungen. Demgegenüber sind die vermögensrechtlichen Wirkungen einer Ehescheidung oder Ehe-

71

A 311–315 1. Teil. Erkenntnisverfahren A. Ehesachen

trennung aus dem unmittelbaren sachlichen Anwendungsbereich der Verordnung ausgeschlossen (Art 1 Abs 2 lit e und lit g; → Rn 332 ff). Auf sie findet das nach Art 5 ff bestimmte Scheidungsstatut nur Anwendung, wenn und soweit das nationale Kollisionsrecht der Mitgliedstaaten dies ausdrücklich anordnet. Von dieser Möglichkeit hat der deutsche Gesetzgeber in ergänzenden Kollisionsnormen zur Rom III-VO für den Versorgungsausgleich in Art 17 Abs 3 EGBGB (→ D Rn 29 ff) und für sonstige vermögensrechtliche Scheidungsfolgen, insbesondere Schadensersatzpflichten, in Art 17 Abs 1 EGBGB nF (→ Rn 551 ff) Gebrauch gemacht. Zur Anordnung solcher scheidungsakzessorischen Anknüpfungen sind die teilnehmenden Mitgliedstaaten kraft ihrer fortbestehenden Gesetzgebungskompetenz für die von der Verordnung nicht erfassten Scheidungsfolgen ohne weiteres berechtigt (*Basedow* FS Posch [2011] 17/19 f; *Hau* FamRZ 13, 249/251; → Rn 548).

311 Das Scheidungsstatut gilt insbesondere für die Frage, ob das Eheband durch die gerichtliche Entscheidung nur gelockert oder endgültig durchschnitten worden ist (Pal/*Thorn* Rn 6). Demgegenüber unterliegt die Frage, ob die Ehegatten infolge der Ehescheidung das Recht zur **Wiederheirat** erlangt haben, dem Eheschließungsstatut, in Deutschland also dem von Art 13 EGBGB bezeichneten Recht (Erman/*Hohloch* Rn 6; BeckOK-BGB/*Heiderhoff* Rn 11).

312 Dem von der Rom III-VO bestimmten Scheidungsstatut ist auch zu entnehmen, ob ein **Schuldausspruch** zu erfolgen hat, da es sich insoweit nicht um eine verfahrens-, sondern um eine materiell-rechtliche Frage handelt (*Gruber* IPRax 12, 381/383; Pal/*Thorn* Rn 6; Althammer/*Arnold* Rn 8; *Andrae*, IntFamR § 4 Rn 60 ff; ebenso zu Art 17 Abs 1 EGBGB aF BGH NJW 88, 636/637 f; OLG Zweibrücken FamRZ 97, 430/431; OLG Düsseldorf FamRZ 94, 1261/1262; OLG Hamm FamRZ 89, 625 f). Die nach dem ausländischen Scheidungsstatut vorgesehene Schuldfeststellung sollte trotz Beseitigung der Verschuldensscheidung im deutschen Recht auch weiterhin in den **Tenor** (und nicht nur in die Gründe) eines deutschen Scheidungsurteils aufgenommen werden, wenn sie – wie zB im *italienischen* Recht – für die Rechtsfolgen der Scheidung von Bedeutung ist (NK-BGB/*Gruber* Rn 57; Rauscher/*Helms* Rn 14; vgl zu Art 17 EGBGB BGH NJW 88, 636/638; OLG Hamm FamRZ 00, 308 m Anm *Roth* 292; OLG Karlsruhe FamRZ 95, 738; mwN). Ist sie unterblieben, so kommt eine Ergänzung nach § 113 Abs 1 S 2 FamFG iVm § 321 ZPO nicht in Betracht; vielmehr muss das Urteil mit Rechtsmitteln angegriffen werden (OLG Hamm aaO; *Roth* IPRax 00, 292/294).

3. Der Ehebegriff der Rom III-VO

313 Welche Art von „Ehen" nach der Rom III-VO geschieden werden können, ist bisher nicht geklärt. Der Begriff der „Ehe" wird für die Zwecke der Rom III-VO nicht autonom definiert (*Mankowski* IPRax 17, 541/547; BeckOGK/*Gössl* Rn 63). Vielmehr wird die Vorfrage nach dem Bestehen und der Gültigkeit einer Ehe ausdrücklich aus dem Anwendungsbereich der Verordnung ausgeklammert und ihre Beantwortung dem nationalen Recht der Mitgliedstaaten überlassen (Art 1 Abs 2 lit b; dazu → Rn 328 f. Der Begriff umfasst jedenfalls die in den Mitgliedstaaten traditionell anerkannte Ehe iS einer *monogamen* Verbindung von Mann und Frau. Es besteht aber kein Anlass, eine aus der Sicht des angerufenen Gerichts wirksam geschlossene **polygame Ehe** aus dem sachlichen Anwendungsbereich der Verordnung auszuschließen (*Pietsch* NJW 12, 1768; MüKoBGB/*Winkler v Mohrenfels* Rn 5). Möchte sich daher ein in Deutschland lebender algerischer Muslim von seiner zweiten Ehefrau, die er aus deutscher Sicht (Art 13 EGBGB) wirksam in Algerien geheiratet hatte, scheiden lassen, so beurteilt sich das auf diese Scheidung anzuwendende Recht nach Art 5 ff Rom III-VO.

314 Demgegenüber ging die bisher hM zur EuEheVO davon aus, dass **gleichgeschlechtliche Ehen,** die in einer stetig wachsenden Zahl von EU-Mitgliedstaaten (zB in *Belgien, Dänemark, Frankreich, Irland, Luxemburg, der Niederlande, Portugal, Schweden, Spanien und im Vereinigten Königreich;* vgl *Mankowski/Höffmann* IPRax 11, 247/248 ff) zugelassen sind, nicht in den sachlichen Anwendungsbereich jener Verordnung fallen (*Helms* FamRZ 02, 1593/1594; *Gruber* FamRZ 05, 293; *Gröschl* 76 ff; Staud/*Spellenberg* Rn 4; HK-ZPO/*Dörner* Rn 7; Rauscher/*Rauscher* Rn 6 f, jeweils zu Art 1 EuEheVO; dazu → Rn 32 f mwN). Daraus wurde wegen der grundsätzlich gebotenen einheitlichen Auslegung von Begriffen in der EuEheVO und in der Rom III-VO der Schluss gezogen, dass der Ehebegriff für die Rom III-VO ähnlich eng zu ziehen sei (so *Hau* FamRZ 13, 249/251; *Pietsch* NJW 12, 1768; *Mörsdorf-Schulte* RabelsZ 77 [2013] 786/801; Pal/*Thorn* Rn 4).

315 Zum gleichen Ergebnis gelangte bisher, wer wegen des diesbezüglichen Schweigens der Rom III-VO den **Ehebegriff der jeweiligen *lex fori*** zugrundelegte. Im deutschen Recht wurden

72

II. Internationales Privatrecht: Rom III-VO Art 1 **316, 317 A**

gleichgeschlechtliche Ehen, die im Ausland als solche wirksam geschlossen worden waren, nämlich bisher überwiegend als eingetragene Lebenspartnerschaften qualifiziert (BGHZ 210, 77 = FamRZ 16, 1251 m Anm *Dutta;* BGH FamRZ 16, 1761; KG FamRZ 11, 1525; OLG Zweibrücken FamRZ 11, 1526; OLG München FamRZ 11, 1526 = FamFR 11, 382 m Anm *Rieck;* LG Kaiserslautern StAZ 11, 114; VG Berlin IPRax 11, 270; vgl auch BFH IPRax 06, 287; zust *Andrae/Abbas* StAZ 11, 97/102 f; *Bruns,* StAZ 10, 187/188). Auf ihre Auflösung fand daher bis zur Geltung der Rom III-VO nicht Art 17 Abs 1 EGBGB aF, sondern Art 17b EGBGB Anwendung (AG Münster IPRax 11, 269; *Mankowski/Höffmann* IPRax 11, 247/250 f; abl auch zur Anwendung der Rom III-VO *Schurig* FS v Hoffmann [2011] 405/411; *Helms* FamRZ 11, 1765/1766; *Wiggerich* FamRZ 12, 1116/1118 f; *Pietsch* NJW 12, 1768; *Rauscher* FPR 13, 257/ 259; *Hau* FamRZ 13, 249/250 f; *Andrae,* IntFamR § 4 Rn 11; *Althammer/Arnold* Rn 13; *Erman/Hohloch* Rn 18; MüKoBGB/*Coester* Art 17b EGBGB Rn 146 f; näher → I Rn 95 f).

Die Materialien zur Rom III-VO deuten allerdings darauf hin, dass der europäische Gesetz- **316** geber durchaus von einer möglichen **Einbeziehung gleichgeschlechtlicher Ehen in diese Verordnung** ausgegangen ist (*Gruber* IPRax 12, 381/382 f; *Makowsky* GPR 12, 266/267; *Traar* ÖJZ 11, 805/807 f; NK-BGB/*Gruber* Rn 21 ff mwN). Insbesondere Art 13, 2. Fall Rom III-VO zielt vor allem auf die gleichgeschlechtliche Ehe ab, wenn er die Gerichte eines teilnehmenden Mitgliedstaats, die eine Ehe „nicht als gültig" erachten, nicht dazu zwingt, die Scheidung einer solchen Ehe auszusprechen. Der ErwG 26 zur Rom III-VO (→ Anh II) bekräftigt in seinem Abs 2 diese Sichtweise, wenn er davon spricht, die Gerichte eines teilnehmenden Mitgliedstaats seien zur Scheidung oder Trennung einer Ehe nicht verpflichtet, wenn „im Recht dieses teilnehmenden Mitgliedstaats eine solche Ehe nicht vorgesehen ist". Da alle teilnehmenden Mitgliedstaaten die traditionelle Ehe zwischen Mann und Frau kennen, kann mit einer „solchen Ehe", die im Recht einiger Mitgliedstaaten nicht vorgesehen ist, nur die gleichgeschlechtliche Ehe gemeint sein. Daraus folgt, dass jedenfalls die Gerichte derjenigen teilnehmenden Mitgliedstaaten, die gleichgeschlechtliche Ehen zulassen und sie in jeder Hinsicht einer Ehe zwischen Partnern verschiedenen Geschlechts gleichstellen, solche Ehen in Fällen mit Auslandsberührung unter Zugrundelegung der Kollisionsnormen der Rom III-VO auch schei- den können (*Rauscher/Helms* Rn 7). Dies gilt auch dann, wenn die Rom III-VO für die Scheidung auf das Recht eines Mitglied- oder Drittstaats verweist, das die gleichgeschlechtliche Ehe nicht kennt. Anzuwenden sind dann die Vorschriften dieses Rechts über die Scheidung heterosexueller Ehen (*Gruber* IPRax 12, 381/382; NK-BGB/*Gruber* Rn 28 ff). Demgegenüber können die Gerichte der übrigen Mitgliedstaaten die Scheidung einer gleichgeschlechtlichen Ehe grundsätzlich unter Berufung auf Art 13, 2. Fall ablehnen (*Martiny* IPRax 11, 437/441; *Althammer/Althammer* Vorbem Rn 11), müssen also zu diesem Zweck nicht auf den Vorbehalt des *ordre public* nach Art 12 zurückgreifen (zur Ausnahme im Falle der Justizverweigerung → Rn 501).

Auch *deutsche* Gerichte sind daher seit Einführung der „Ehe für alle" durch Gesetz v 20.7.2017 **317** (BGBl I, 2787) berechtigt, gleichgeschlechtliche Ehen nach Maßgabe der Rom III-VO zu scheiden (so auch *Rauscher/Helms* Rn 7). Daran ändert auch der Umstand, dass der deutsche Gesetzgeber die gleichgeschlechtliche Ehe für die Zwecke des autonomen Kollisionsrecht in Art 17b Abs 4 EGBGB nF ausdrücklich einer eingetragenen Lebenspartnerschaft gleichgestellt hat, nichts. Denn diese Qualifikation hat nur für solche Fragen Bedeutung, die dem nationalen deutschen IPR unterliegen. Sie gilt daher etwa für die Vorfrage des wirksamen *Zustandekommens* einer gleichgeschlechtlichen Ehe, weil nur die von Art 17b Abs 1 EGBGB angeordnete Anwen- dung des Rechts des Registrierungsstaates die Anerkennung der Gültigkeit der Eheschließung durch Partner sicherstellt, deren Heimatrechte eine solche Ehe nicht zulassen (zutr insoweit AG Münster aaO; ferner *Gruber* IPRax 12, 381/389; *Mankowski* IPRax 17, 541/547). Dagegen hat Art 17b Abs 4 EGBGB nF keine Auswirkung auf die Frage, welche Ehen nach der Rom III-VO geschieden werden können (**aA** Erman/*Hohloch* Rn 18). Diesbezüglich sind aber keine über- zeugenden Argumente ersichtlich, warum eine wirksam im In- oder Ausland geschlossene gleichgeschlechtliche Ehen nicht auch in *Deutschland* – wie in *Belgien, Frankreich,* der *Niederlande* oder *Spanien* – unter Zugrundelegung der Verordnung geschieden werden sollte (*Gruber* IPRax 12, 281/282 f; *Spernat* 62 ff; MüKoBGB/*Winkler v Mohrenfels* Rn 6a; NK-BGB/*Gruber* Rn 23 ff; Corneloup/*Corneloup* Rn 20; PWW/*Martiny* Art 17 EGBGB Anh I Rn 4; *Mankowski* IPRax 17, 541/547 mwN). Dies folgt nicht zuletzt aus dem insoweit klaren Wortlaut des Art 13, 2. Fall, der eine Nichtanwendung der Verordnung auf die Scheidung gleichgeschlechtlicher Ehen nur erlaubt, wenn diese im Gerichtsstaat „nicht als gültig angesehen" werden, was in Deutschland seit dem 1.10.2017 nicht mehr der Fall ist (*Löhnig* NZFam 17, 1785/1786; → Rn 500 ff). Zudem

A 318–321   1. Teil. Erkenntnisverfahren A. Ehesachen

ist zweifelhaft, ob ein deutsches Urteil, das eine gleichgeschlechtliche Ehe lediglich als eingetragene Lebenspartnerschaft auflöst, als „Scheidungsurteil" im Eheschließungsstaat anerkannt
werden kann (für Tenorierung als „Scheidung" – trotz Anwendung von Art 17b EGBGB –
daher *Wiggerich* FamRZ 12, 1116/1118 f).

318   Das Europäische Parlament hatte im Gesetzgebungsverfahren vorgeschlagen, auch **eingetragene Lebenspartnerschaften** in den sachlichen Anwendungsbereich der Rom III-VO ein-
zubeziehen (vgl den Entwurf einer Legislativen Entschließung des Parlaments zum Vorschlag der
EU-Kommission, C7–0315/2010 – 2010/0067 [CNS]). Der europäische Gesetzgeber hat diesen
Vorschlag indes nicht aufgegriffen. Daher werden sonstige Lebensformen zweier Personen
verschiedenen oder auch gleichen Geschlechts (zu den verschiedenen Partnerschaftsmodellen in
Europa *Hausmann* FS Henrich [2000] 242 ff; *Winkler v Mohrenfels* FS Ansay [2006] 527 ff; näher
→ Rn 203 ff), *de lege lata* nicht von der Rom III-VO erfasst (*Andrae* FPR 10, 505/506; *Gruber*
IPRax 12, 381/383; *Pietsch* NJW 12, 1768; *Mankowski* IPRax 17, 541/547; Pal/*Thorn* Rn 4;
NK-BGB/*Gruber* Rn 37 ff; vgl dazu auch ErwG 10 Abs 2, S 1; → Anh II; ebenso zur EuEheVO
Rauscher/*Rauscher* Art 1 Rn 5, 8; ThP/*Hüßtege* vor Art 1 Rn 5; krit *Kohler* NJW 01, 10/15).
Dies gilt gleichermaßen für registrierte Lebenspartnerschaften –zB die eingetragene Lebenspartnerschaft nach deutschem Recht oder den französischen PACS – wie für nicht formalisierte
nichteheliche Lebensgemeinschaften. Gleichgeschlechtliche Partnerschaften sind also nur
dann als „Ehen" iS der Rom III-VO zu qualifizieren, wenn sie nach dem als Eheschließungsstatut zur Anwendung berufenen nationalen Recht des Registrierungsstaates der traditionellen
heterosexuellen Ehe in jeder Hinsicht gleichgestellt sind (NK-BGB/*Gruber* aaO).

4. Einbeziehung von Privatscheidungen?

319   Zur Frage, ob auch Privatscheidungen in den Anwendungsbereich der Rom III-VO fallen,
äußert sich der europäische Gesetzgeber weder im Text der Verordnung noch in den Erwägungsgründen ausdrücklich. Unter „Privatscheidung" ist dabei eine rechtsgeschäftliche Scheidung zu
verstehen, an der kein Gericht und keine Behörde *konstitutiv* mitgewirkt hat. Die lediglich
deklaratorische Registrierung oder gerichtliche Beurkundung der auf einem ein- oder zweiseitigen
Rechtsgeschäft beruhenden Scheidung ändert hingegen an deren Rechtsnatur als Privatscheidung nichts (vgl BGH NJW 82, 517/518; OLG München FamRZ 12, 1142 = MittBayNot 12,
306 m Anm *Süß;* KG FamRZ 13, 1484 m Anm *Henrich* = FamFR 2013, 238 m Anm *Rauscher;*
→ Rn 23 f).

320   Gegen eine Einbeziehung von Privatscheidungen spricht vor allem die im ErwG 10 Abs 1
(→ Anh II) ausdrücklich betonte Vorgabe, dass der sachliche Anwendungsbereich der Rom III-
VO mit demjenigen der EuEheVO übereinstimmen soll. Denn die EuEheVO erfasst nach bisher
überwiegender Meinung Privatscheidungen, an denen weder ein Gericht noch eine Behörde
konstitutiv mitwirkt, nicht (→ Rn 22 ff). Darüber hinaus geht auch die Rom III-VO selbst in
mehreren Vorschriften (zB in Art 5 Abs 1 lit d und Abs 2, 3; Art 8 lit a – lit d; Art 10) davon
aus, dass nicht lediglich ein Rechtsgeschäft zwischen den Ehegatten abgeschlossen, sondern ein
staatliches Gericht angerufen und ein „Verfahren" durchgeführt wird, das mit einer „Entscheidung" endet. Daraus wurde zT abgeleitet, dass die Verordnung auf die Vornahme von
Privatscheidungen in den teilnehmenden Mitgliedstaaten keine Anwendung finde (*Gruber* IPRax
12, 381/383; NK-BGB/*Gruber* Rn 65 ff; *Schurig* FS v Hoffmann [2011] 405/411 f; differenzierend jurisPK-BGB/*Ludwig* Rn 11 ff).

321   Der Verordnungstext orientiert sich indes möglicherweise nur deshalb am „Normalfall" der
Ehescheidung durch ein Gericht, weil Privatscheidungen in den Rechten der teilnehmenden
Mitgliedstaaten bis zur Verabschiedung der Verordnung nicht bekannt waren. Auch nehmen die
Kollisionsnormen der Verordnung nach Art 4 einen **universellen Anwendungsbereich** für
sich in Anspruch und verweisen damit auch auf das Scheidungsrecht von Staaten, die (nur) eine
Privatscheidung kennen, ohne diesbezüglich eine Einschränkung vorzunehmen. Auch in den
Katalog der von der Verordnung nicht erfassten Regelungsgegenstände nach Art 1 Abs 2 ist die
Privatscheidung – anders als die Ungültigerklärung der Ehe – nicht aufgenommen worden.
Daraus wurde verbreitet entnommen, dass die Rom III-VO grundsätzlich auch auf Privatschei-
dungen Anwendung finden solle (so die RegBegr zum Rom III-AnpassungsG v 23.1.2013, BT-
Drs 17/11049, S 8 unter A I, 1. Spiegelstrich; ferner *Helms* FamRZ 11, 1765/1766 f; *Gärtner*
StAZ 12, 357/358 f; *Hau* FamRZ 13, 249/250; *Winkler v Mohrenfels* ZEuP 13, 699/704;
Althammer/*Althammer* Vorbem Rom III-VO Rn 12; Pal/*Thorn* Rn 3; Erman/*Hohloch* Rn 3;
Henrich, IntSchR Rn 77).

74

II. Internationales Privatrecht: Rom III-VO Art 1   **322–325**   **A**

Zu dieser Ansicht tendierte auch das OLG München in seinem Vorlagebeschluss v 2.6.2015 **322** (FamRZ 15, 1613/1615 Rn 20 = IPRax 16, 158 m Anm *Weller/Hauber/Schulz* 123). Der EuGH hat die Beantwortung der Vorlagefrage indessen aus verfahrensrechtlichen Erwägungen abgelehnt (EuGH C-281/15 – *Sahyouni,* FamRZ 16, 1137 m Anm *Helms* und *Gössl,* StAZ 16, 232 = IPRax 17, 90 m Anm *Pika/Weller* 65). Das OLG München hat die Frage unter Beibehaltung seiner Auffassung dem EuGH am 29.6.2016 erneut vorgelegt (FamRZ 16, 1363). Der Generalanwalt *Henrik Saugmandsgaard* hat daraufhin in seinen Schlussanträgen v 14.9.2017 vorgeschlagen, die Rom III-VO dahin auszulegen, dass sie auf Privatscheidungen, die ohne Mitwirkung konstitutiver Art eines Gerichts oder einer staatlichen Behörde zustandegekommen sind, *nicht* anzuwenden sei. Zur Begründung hat er insbesondere auf das bereits erwähnte Erfordernis einer einheitlichen Auslegung von Rom III-VO und EuEheVO verwiesen. Ferner ergebe sich aus den Gesetzesmaterialien keinerlei Hinweis darauf, dass der Verordnungsgeber auch Privatscheidungen in den sachlichen Anwendungsbereich der Rom III-VO habe einbeziehen wollen. Es sei Sache des Unionsgesetzgebers, dies ggfs durch eine entsprechende Ergänzung der Verordnung nachzuholen (Schlussanträge Rn 52–67). Dieser Auffassung hat sich nunmehr der EuGH in vollem Umfang angeschlossen (EuGH C-372/16 – *Sahyouni,* FamRZ 18, 169 Rn 40 ff m Anm *Mayer* = NZFam 18, 126 m Anm *Rieck*).

Da der deutsche Gesetzgeber die bisher auf Privatscheidungen angewandte Kollisionsnorm in **323** Art 17 Abs 1 EGBGB aF in der Erwartung aufgehoben hat, dass die Kollisionsnormen der Rom III-VO auch auf Privatscheidungen anwendbar sein würden, liegt eine planwidrige Regelungslücke vor, wenn man der vorgenannten EuGH-Entscheidung folgt und Privatscheidungen aus der Rom III-VO ausschließt. Für diesen Fall bietet sich aus deutscher Sicht indessen eine **analoge Anwendung der Verordnung auf Privatscheidungen** im Wege richterlicher Rechtsfortbildung an (so auch *Antomo* NJW 18, 435/436 f *dies,* NZFam 18, 243/245; *Gössl* StAZ 16, 232/235; *Mayer* FamRZ 18, 171/172; *Pika/Weller* IPRax 17, 65/71; NK-BGB/*Gruber* Rn 69; Erman/ *Hohloch* Rn 3 aE; **aA** [Weitergeltung von Art 17 EGBGB aF] OLG München NZFam 18, 376 mAnm *Rieck*). Zu einer solchen Ausweitung des sachlichen Anwendungsbereichs der Verordnung durch Schaffung einer hierauf gerichteten ergänzenden deutschen Kollisionsnorm sind die deutschen Gerichte ohne weiteres berechtigt. Diesen Weg einer akzessorischen Anknüpfung an die Rom III-VO hatte der deutsche Gesetzgeber bereits in Art 17 Abs 1 und Abs 3 EGBGB nF für bestimmte aus dem Anwendungsbereich der Verordnung ausgeschlossene vermögensrechtliche Scheidungsfolgen beschritten. Dem Schweigen des deutschen Gesetzgebers im Rom III-AnpassungsG zur Anknüpfung von Privatscheidungen ist daher zumindest eine stillschweigende Verweisung auf die Verordnung zu entnehmen (*Gruber* IPRax 12, 381/383 f mit Fn 33).

Der Wirksamkeit einer **in Deutschland vollzogenen Privatscheidung** steht freilich wei- **324** terhin Art 17 Abs 2 EGBGB nF entgegen (→ Rn 562 ff). Die Fortgeltung dieser verfahrensrechtlichen deutschen Vorschrift wird durch das Inkrafttreten der Rom III-VO nicht berührt (*Helms* FamRZ 11, 1765/1766; *Makowsky* GPR 2012, 266/268; Althammer/*Mayer* Art 5 Rn 33). Art 17 Abs 2 EGBGB schließt freilich nicht aus, dass ein in Deutschland angerufenes Gericht die Kollisionsnormen der Rom III-VO auch dann zugrunde zu legen hat, wenn sie zu einem Recht führen, das nur eine Privatscheidung kennt. Denn auch wenn das Gericht die im Inland vorgenommene rechtsgeschäftliche Scheidung nach dem gemäß Art 5 oder Art 8 der Verordnung maßgeblichen Recht als Grundlage für die von ihm ausgesprochene Auflösung der Ehe ausreichen lässt, liegt darin kein Verstoß gegen das Scheidungsmonopol der deutschen Gerichte (OLG Hamm IPRax 14, 349; NK-BGB/*Gruber* Rn 63, 79).

Darüber hinaus ist die Rom III-VO vor allem – wie bisher Art 17 Abs 1 EGBGB aF (BGHZ **325** 110, 267/273 = FamRZ 90, 607; BGH FamRZ 08, 1409/1412; KG FamRZ 13, 1484 m Anm *Henrich*) – auf die Anerkennung von **im Ausland vollzogenen Privatscheidungen** entsprechend anzuwenden. Da solche Privatscheidungen in den Mitgliedstaaten weder nach Art 21 Abs 1 EuEheVO (→ K Rn 17 ff) noch nach dem autonomen Verfahrensrecht (vgl zu § 109 FamFG → K Rn 239, 292 ff) verfahrensrechtlich anerkannt werden können, kommt nur eine kollisionsrechtliche Anerkennung auf der Grundlage der Rom III-VO in Betracht, auch wenn diese Verordnung unmittelbar nur auf gerichtliche Ehescheidungen anwendbar ist (OLG München FamRZ 16, 1613 Rn 16 = NZFam 16, 703 m Anm *Arnold; Helms* FamRZ 11, 1765/1766; *Hau* FamRZ 13, 249/250; Pal/*Thorn* Rn 3; **aA** *Gärtner* 306 ff; *Gruber* IPRax 12, 381/383). Dementsprechend ist der Begriff der „Ehescheidung" in Art 1 Abs 1 kraft richterlicherlicher Rechtsfortbildung **für die Zwecke des deutschen Kollisionsrechts** erweiternd in dem Sinne auszulegen, dass er auch funktionsäquivalente Rechtsinstitute des ausländischen Rechts erfasst. Die im Ausland vollzogene Privatscheidung entfaltet ihre rechtsgestaltende Wirkung im Inland

A 326–329 1. Teil. Erkenntnisverfahren A. Ehesachen

daher immer (aber auch nur) dann, wenn sie nach dem von den Parteien gewählten (Art 5 ff) oder kraft objektiver Anknüpfung (Art 8) maßgebenden Recht wirksam ist (*Gärtner* StAZ 12, 357/363; BeckOK-BGB/*Heiderhoff* Art 17 EGBGB Rn 3; Althammer/*Mayer* Rn 35). Dies ist dann nicht der Fall, wenn Scheidungsstatut das *deutsche* Recht ist; denn nach § 1564 S 1 BGB kann die Ehe nur durch gerichtliches Urteil geschieden werden (vgl BGHZ 110, 267/276 = FamRZ 90, 607 [*Thailand*]; OLG München FamRZ 16, 1613 Rn 16 = NZFam 16, 703 m Anm *Arnold* [Vorlagebeschluss; *Syrien*]; OLG München FamRZ 12, 1142 = MittBayNot 12, 306 m Anm *Süß* [*Ägypten*]; OLG München FamRZ 15, 1611 Rn 17 [*Bangladesh*]). Soweit einzelne Vorschriften der Rom III-VO ein anhängiges Gerichtsverfahren voraussetzen, indem sie zB an die „Anrufung des Gerichts" anknüpfen, um den maßgeblichen Zeitpunkt für das Vorliegen der Anknüpfungskriterien zu bestimmen (vgl Art 8 lit a–lit c und Art 18), muss stattdessen auf die Abgabe der auf die Privatscheidung gerichteten Willenserklärung(en) abgestellt werden (*Helms* FamRZ 11, 1765/1766; → K Rn 293 f). Die Anknüpfung an die *lex fori* nach Art 5 Abs 1 lit d bzw Art 8 lit d Rom III-VO hat allerdings bei der Privatscheidung auszuscheiden.

5. Ausgeschlossene Regelungsgegenstände, Abs 2

326 Die Beschränkung des sachlichen Anwendungsbereichs der Rom III-VO auf die Ehescheidung und die Ehetrennung als solche wird bestätigt durch den in Art 1 Abs 2 enthaltenen Katalog der von der Verordnung nicht erfassten. Dieser Ausnahmekatalog betrifft – wie die Rom III-VO selbst – nur das **Kollisionsrecht.** Die internationale Zuständigkeit der Gerichte und die Anerkennung und Vollstreckung von Entscheidungen auf den ausgeschlossenen Rechtsgebieten folgen ihren eigenen Regeln; in den Mitgliedstaaten gilt insoweit vorrangig die EuEheVO (vgl Art 2). Ferner beschränkt sich die Rom III-VO auf die Anknüpfung der Ehescheidung und Ehetrennung als **Hauptfrage;** demgegenüber überlässt sie die Anknüpfung von Vorfragen dem nationalen IPR der teilnehmenden Mitgliedstaaten (dazu auch ErwG 10 Abs 3; → Anh II; krit dazu Althammer/*Arnold* Rn 12).

327 **a) Rechts- und Handlungsfähigkeit, lit a.** Ausgenommen sind nach lit a zunächst die Rechts- und Handlungsfähigkeit natürlicher Personen, also insbesondere diejenige der Parteien des Ehescheidungs- oder Ehetrennungsverfahrens. Das hierauf anzuwendende Recht ist auf EU-Ebene bisher nicht vereinheitlicht; maßgebend bleibt daher das nationale Kollisionsrecht der *lex fori*. In Deutschland gelten die Art 7 und 12 EGBGB (dazu näher Staud/*Hausmann* Art 7 Rn 15 ff; H/O/*Hausmann* § 4 Rn 4 ff). Für die gesetzliche Vertretung geschäftsunfähiger Ehegatten kommt insbesondere das Haager ErwSÜ in Betracht (dazu → J Rn 4 ff).

328 **b) Ehegültigkeit.** Keine Anwendung findet die Verordnung ferner gemäß Abs 2 lit b auf das Bestehen, die Gültigkeit oder die Anerkennung einer Ehe. Obwohl eine Anwendung der Kollisionsnormen der Rom III-VO den Bestand der zu scheidenden Ehe notwendig voraussetzt, regelt die Verordnung das auf die Beantwortung dieser Erstfrage anzuwendende Recht nicht selbst, sondern überlässt dies weiterhin dem nationalen Kollisionsrecht im Staat des angerufenen Gerichts (ErwG 10 Abs 1 S 3; → Anh II; Rauscher/*Helms* Rn 32). Deutsche Gerichte haben über die Ehegültigkeit daher – vorbehaltlich der vorrangigen Anwendung von Staatsverträgen (zB des deutsch-iranischen Niederlassungsabkommens von 1929 oder des Haager Eheschließungsabkommens v 12.6.1902 im Verhältnis zu *Italien*) – im Wege der **selbständigen Erstfragenanknüpfung** nach dem von Art 11 und 13 EGBGB zur Anwendung berufenen Recht (dazu näher → Rn 585 ff) zu entscheiden (*Hau* FamRZ 13, 249/250; *Schurig* FS v Hoffmann [2011] 405/410 f; *Helms* FamRZ 11, 1765 f; Althammer/*Althammer* Vorbem Rn 14; Erman/*Hohloch* Rn 10; *Andrae,* IntFamR § 4 Rn 41 f; MüKoBGB/*v Hein,* Einl IPR Rn 164; NK-BGB/*Gruber* vor Art 1 Rn 67 ff, 73; ebenso schon zu Art 17 EGBGB aF BGHZ 169, 240/243 = JZ 07, 738 m Anm *Rauscher;* aA [unselbständige Anknüpfung] Pal/*Thorn* Rn 8). Liegt danach aus deutscher Sicht eine **Nichtehe** vor, so bedarf es ihrer Scheidung im Inland nicht (BGH NJW-RR 03, 850).

329 Hängt das (Fort-) Bestehen einer Ehe von der **Wirksamkeit einer Ehescheidung** ab, die in einem im Inland vor dem 21.6.2012 eingeleiteten Verfahren ausgesprochen wurde, so ist diese Vorfrage weiterhin nach Art 17 EGBGB aF selbständig anzuknüpfen. Für das (Fort-)Bestehen einer im Ausland geschiedenen Ehe ist aus deutscher Sicht zu differenzieren: Wurde die Entscheidung von einem Gericht eines EU-Mitgliedstaats (außer *Dänemark*) im zeitlichen Geltungsbereich der EuEheVO (Art 64 EuEheVO; → Rn 226 ff) getroffen, so kann das deutsche Gericht über die Anerkennung als Vorfrage inzident nach Art 21, 22 EuEheVO befinden (→ K Rn 58 ff).

II. Internationales Privatrecht: Rom III-VO Art 1   **330–333 A**

Im Falle einer Drittstaatsscheidung hat es hingegen das Verfahren auszusetzen und die Entscheidung der zuständigen Landesjustizverwaltung nach § 107 FamFG abzuwarten (OLG Köln FamRZ 98, 1303/1304; näher → K Rn 214 ff). Dieser Ausschluss umfasst auch Verfahren, die auf die Feststellung des Bestehens/Nichtbestehens oder die Anerkennung/Nichtanerkennung einer Ehe gerichtet sind.

c) Eheaufhebung. Ausgeschlossen aus dem sachlichen Anwendungsbereich der Rom III-VO **330** sind nach lit c auch Verfahren zur Ungültigerklärung einer Ehe (ErwG 10 Abs 1 S 2; → Anh II; *Hau* FamRZ 13, 249 f; *Helms* FamRZ 11, 1765/1766; *Andrae*, IntFamR § 4 Rn 13; MüKoBGB/*Winkler v Mohrenfels* Rn 47 ff), obwohl diese Verfahren von der EuEheVO erfasst werden, soweit es um die internationale Gerichtszuständigkeit und die Anerkennung der Entscheidungen geht (vgl Art 1 Abs 1 lit a EuEheVO; → Rn 28 f). Die Bestimmung des auf die Aufhebung oder Nichtigerklärung einer Ehe anwendbaren Rechts bleibt daher ebenfalls dem autonomen IPR der Mitgliedstaaten überlassen. Vor deutschen Gerichten sind auch insoweit wiederum die Art 11 und 13 EGBGB maßgebend (Erman/*Hohloch* Rn 11; näher → Rn 585 ff). Für die Abgrenzung zwischen einem Eheaufhebungs- und einem Scheidungsverfahren ist allein auf das Ziel des gestellten Antrags, nicht auf die angeführten Gründe abzustellen (MüKoBGB/*Winkler v Mohrenfels* Rn 48). Die Ausnahmen nach lit b und lit c müssen vor dem Hintergrund gesehen werden, dass Fragen des Bestehens/Nichtbestehens oder der Ungültigerklärung einer Ehe auch im IPR anderer Mitgliedstaaten traditionell dem Eheschließungsstatut unterliegen, eine Einbeziehung auch des internationalen Eheschließungsrechts in die Rom III-VO aber zu einer weiteren erheblichen Verzögerung der praktisch weit wichtigeren Vereinheitlichung des Kollisionsrechts der Ehescheidung geführt hätte (NK-BGB/*Gruber* Rn 12).

d) Namensrecht. Aus dem Anwendungsbereich der Rom III-VO ausgenommen bleiben **331** nach Abs 2 lit d ferner Verfahren, die den Namen der Ehegatten zum Gegenstand haben. Dies gilt insbesondere für die namensrechtlichen Konsequenzen einer Ehescheidung oder Ehetrennung. Auch insoweit bleibt es bei der Anwendung des autonomen Kollisionsrechts der Mitgliedstaaten. Vor deutschen Gerichten beurteilen sich namensrechtliche Fragen daher – wie bisher – nach Art 10 und Art 47, 48 EGBGB. Maßgebend für die Namensführung nach einer Ehescheidung ist danach in Ermangelung einer Rechtswahl nach Art 10 Abs 2 EGBGB das jeweilige Personalstatut der geschiedenen Ehegatten (BGH StAZ 07, 344/345; Staud/*Hepting/Hausmann* Art 10 EGBGB Rn 242 mwN).

e) Vermögensrechtliche Folgen der Ehe. Praktisch besonders wichtig ist die Einschrän- **332** kung des sachlichen Anwendungsbereichs der Rom III-VO durch Abs 2 lit e, wonach die vereinheitlichten Kollisionsnormen der Verordnung auch auf die vermögensrechtlichen Folgen der Ehe keine Anwendung finden. Die sehr weit gefasste Ausnahme soll sich ersichtlich nicht auf die vermögensrechtlichen Folgen einer *intakten* Ehe beziehen, für die eine Anwendung der auf die Ehescheidung und die Trennung ohne Auflösung des Ehebandes zugeschnittenen Kollisionsnormen der Verordnung von vorneherein nicht in Betracht kommt. So gilt etwa für vermögensrechtliche Folgen der Ehe, die im deutschen Recht als allgemeine Ehewirkungen qualifiziert werden, wie zB die Schlüsselgewalt (vgl § 1357 BGB) oder die Eigentumsvermutungen (vgl § 1362 BGB), auch nach Inkrafttreten der Rom III-VO vor deutschen Gerichten weiterhin das von Art 14 EGBGB bestimmte Recht. Für ab dem 29.1.2019 geschlossene Ehen kommen allerdings stattdessen die Art 20 ff EuGüVO zur Anwendung (→ B Rn 312). Gemeint sind also in lit e nur solche vermögensrechtlichen Folgen der Ehe, über die aus Anlass einer Ehescheidung oder Ehetrennung mitentschieden wird.

Der Ausschluss bezieht sich daher – wie in ErwG 10 Abs 3 (→ Anh II) betont wird – vor allem **333** auf die **güterrechtlichen Folgen** einer Ehescheidung oder Ehetrennung. Deren kollisionsrechtliche Regelung sollte der inzwischen verabschiedeten Verordnung (EU) 2016/1103 auf dem Gebiet des internationalen Ehegüterrechts (EuGüVO) vorbehalten bleiben (näher → B Rn 283 ff). Bis zur Geltung dieser Verordnung am 29.1.2019 unterliegen die güterrechtlichen Scheidungs- und Trennungsfolgen dem nationalen Kollisionsrecht (Althammer/*Althammer* Vorbem zur Rom III-VO Rn 13; Erman/*Hohloch* Rn 13); dies gilt auch danach für die Bestimmung des Güterrechtsstatuts in vor dem 29.1.2019 geschlossenen Ehen fort (Art 69 Abs 3 EuGüVO; → B Rn 393). Die Liquidation des Güterstands aus Anlass der Ehescheidung, insbesondere die Frage, ob ein Zugewinnausgleich nach deutschem Recht durchzuführen ist, beurteilt sich daher vor deutschen Gerichten nach dem von Art 15 Abs 1 und 2, Art 220 Abs 3 EGBGB zur Anwendung berufenen Recht (→ B Rn 409 ff).

77

A 334–337   1. Teil. Erkenntnisverfahren A. Ehesachen

334   Der Ausschlusstatbestand nach lit e ist allerdings – wie die umfassende Formulierung des
ErwGs 10 Abs 3 („sonstige mögliche Nebenaspekte"; → Anh II) belegt – **weit auszulegen** und
erfasst über das Ehegüterrecht hinaus sämtliche vermögensrechtlichen Konsequenzen einer
Ehescheidung oder Ehetrennung. Aus dem Anwendungsbereich der Rom III-VO ausgeschlossen und damit dem nationalen Kollisionsrecht der teilnehmenden Mitgliedstaaten unterworfen
sind daher auch die **Zuweisung der Ehewohnung** und die **Verteilung der Haushaltsgegenstände** (*Hau* FamRZ 13, 249/251; *Rauscher* FPR 13, 257/258). Sind diese *im Inland* belegen, so
haben deutsche Gerichte hierüber derzeit noch gemäß Art 17a EGBGB nach deutschem Recht
zu befinden (näher → E Rn 29 ff). Befindet sich die Ehewohnung oder der Hausrat hingegen *im
Ausland,* so ist aus deutscher Sicht zu unterscheiden: Wird über die Zuweisung aus Anlass einer
Ehetrennung ohne Auflösung des Ehebandes entschieden, so ist wiederum das Ehewirkungsstatut des Art 14 EGBGB maßgebend. Schwieriger ist das anzuwendende Recht für die Zuweisung der Ehewohnung und des Hausrats aus Anlass der Ehescheidung zu bestimmen. Nach
der Vorgabe des europäischen Gesetzgebers in ErwG 10 Abs 3 sollen auch solche „Nebenaspekte" der Scheidung nach dem autonomen Kollisionsrecht der Mitgliedstaaten geregelt
werden.

335   Dies könnte deshalb problematisch erscheinen, weil für die Zuweisung einer im Ausland
belegenen Ehewohnung bzw die Verteilung ausländischen Hausrats aus deutscher Sicht bisher
das **Scheidungsstatut** des Art 17 Abs 1 EGBGB aF maßgebend war (näher → E Rn 41).
Gleiches galt für andere vermögensrechtliche Folgen einer Ehescheidung, die weder güter- noch
unterhaltsrechtlich einzuordnen waren, wie zB die nach manchen Rechten auch heute noch
mögliche Verurteilung des an der Scheidung „schuldigen" Ehegatten zur Leistung von –
materiellem oder immateriellem – **Schadensersatz** oder der scheidungsbedingte **Widerruf von
Schenkungen.** Die Aufrechterhaltung des autonomen deutschen Scheidungskollisionsrechts
(Art 17 Abs 1 EGBGB aF) nur für die Anknüpfung von vermögensrechtlichen Folgen der
Scheidung hätte freilich wenig Sinn gemacht. Da es insoweit vor allem darum geht, die mit der
Ehescheidung besonders eng verknüpften Nebenfolgen dem gleichen Recht zu unterwerfen wie
die Scheidung selbst, ist vielmehr eine Verweisung des nationalen Kollisionsrechts auf die Art 5 ff
Rom III-VO vorzuziehen. Eine solche akzessorische Anknüpfung hat der deutsche Gesetzgeber
daher zu Recht in **Art 17 Abs 1 EGBGB nF** – allerdings nur für nach dem 29.1.2013 eingeleitete Verfahren (§ 28 Abs 1 Rom III-AnpassungsG v 23.1.2013, → Rn 301) – angeordnet
(näher → Rn 551 ff). Da einzelne nationale Gesetzgeber den sachlichen Anwendungsbereich der
Verordnung nicht ausdehnen können, handelt es sich freilich bei der Verweisung in Art 17 Abs 1
EGBGB nF um eine **innerstaatliche Kollisionsnorm;** dies hat insbesondere für die Auslegung
der Vorschrift und die Vorlagemöglichkeit nach Art 267 AEUV Bedeutung. Den Vorschlag, für
die Zuweisung der Ehewohnung und die Verteilung des Hausrats Art 17a EGBGB zu einer
allseitigen Kollisionsnorm auszubauen und die jeweilige *lex rei sitae* anzuwenden (vgl idS Erman/
Hohloch,[13] Art 17 EGBGB Rn 6), hat der Gesetzgeber nicht aufgegriffen. Da es sich bei der
Nutzungsbefugnis an der Ehewohnung und der Verteilung von Haushaltsgegenständen um **güterrechtliche Ehewirkungen im weiten Sinne von Art 3 lit a EuGüVO** handelt (→ B
Rn 313), werden die Art 17 Abs 1 und 17a EGBGB allerdings insoweit ab dem 29.1.2019 durch
die Kollisionsnormen jener Verordnung verdrängt, soweit diese nach Art 69 Abs 3 EuGüVO
Anwendung finden.

336   Als vermögensrechtliche Folge der Ehe iSv lit e ist schließlich auch der nur in wenigen
Mitgliedstaaten bekannte **Versorgungsausgleich** zu qualifizieren. Auch insoweit verbleibt es
daher bei der Anwendung des nationalen Kollisionsrechts, vor deutschen Gerichten also bei
Art 17 Abs 3 EGBGB, den der deutsche Gesetzgeber im Anpassungsgesetz an die Rom III-VO
v 23.1.2013 (→ Rn 301) mit geringen Modifikationen ausdrücklich aufrechterhalten hat. Auch
die dortige Verweisung bezieht sich allerdings in ab dem 29.1.2013 eingeleiteten Verfahren (§ 28
Abs 2 Rom III-AnpassungsG) nicht mehr auf Art 17 Abs 1 S 1 EGBGB aF, sondern auf Art 5 ff
Rom III-VO (näher → D Rn 31 ff). Daran wird sich auch unter Geltung der EuGüVO ab dem
29.1.2019 nichts ändern.

337   **f) Elterliche Verantwortung.** Sind aus der Ehe minderjährige Kinder hervorgegangen, so
sind im Zusammenhang mit einer Ehescheidung oder Ehetrennung regelmäßig Fragen der
elterlichen Verantwortung entweder durch Vereinbarung der Eltern oder durch gerichtliche/
behördliche Maßnahmen zu regeln. Nach den Rechten mancher Mitgliedstaaten treten Änderungen der elterlichen Verantwortung aus diesem Anlass auch kraft Gesetzes ein. Während im
bisherigen autonomen deutschen Kollisionsrecht zT eine akzessorische Anknüpfung auch dieser

78

II. Internationales Privatrecht: Rom III-VO Art 1   **338–340 A**

Fragen an das Scheidungsstatut befürwortet wurde (vgl BT-Drs 10/504, 60; OLG Frankfurt FamRZ 90, 783; OLG Karlsruhe FamRZ 92, 1465/1466; vgl auch OLG Hamm FamRZ 90, 781 f), erstreckt sich die Rom III-VO gemäß Abs 2 lit f nicht auf die Auswirkungen der Ehescheidung auf die elterliche Verantwortung. Der Begriff der elterlichen Verantwortung ist in diesem Zusammenhang ebenso auszulegen wie in Art 1 Abs 1 lit b, 8 ff EuEheVO (→ F Rn 32 ff). Maßgebend ist auch insoweit das nationale oder staatsvertragliche Kollisionsrecht der jeweiligen *lex fori*. Aus deutscher Sicht gelten hierfür insbesondere die Art 15–22 KSÜ (*Gärtner* StAZ 11, 65; Pal/*Thorn* Rn 7; Erman/*Hohloch* Rn 14; näher → F Rn 624 ff), teilweise auch noch Art 2 ff MSA (→ F Rn 705 f). Beide Übereinkommen werden im Verhältnis zum *Iran* verdrängt durch das deutsch-iranische Niederlassungsabkommen von 1929 (→ F Rn 708 ff). Nur subsidiär greifen die Art 21, 24 EGBGB ein (→ F Rn 717 ff).

g) Unterhalt. Eine praktisch besonders wichtige Folge der Ehescheidung bzw Ehetrennung **338** sind deren Auswirkungen auf Unterhaltspflichten im Verhältnis der Ehegatten zueinander sowie gegenüber den aus der Ehe hervorgegangenen Kindern. Auch die Frage, welchem Recht diese Unterhaltspflichten unterliegen, wird gemäß Abs 2 lit g von der Rom III-VO nicht geregelt, sondern bleibt dem IPR desjenigen an der Verordnung teilnehmenden Mitgliedstaats überlassen, dessen Gerichte mit dem Ehescheidungs- oder Ehetrennungsverfahren befasst sind. Deutsche Gerichte haben diesbezüglich – wie die Gerichte der übrigen EU-Mitgliedstaaten mit Ausnahme von *Dänemark* und dem *Vereinigten Königreich* – seit dem 18.6.2011 die Kollisionsregeln des Haager Unterhaltsprotokolls v 23.11.2007 (HUP; ABl 2009 L 331, 19) anzuwenden (Art 15 EuUntVO; → C Rn 489 ff). Diese sind gem Art 2 dieses Protokolls auch dann maßgebend, wenn auf das Recht eines Staates verwiesen wird, der dem Protokoll nicht beigetreten ist. Abweichend von dem zuvor geltenden Kollisionsrecht (Art 8 HUntÜ, Art 18 Abs 4 EGBGB aF) verzichtet das HUP für den Geschiedenenunterhalt auf eine akzessorische objektive Anknüpfung an das Scheidungsstatut, sodass die Rom III-VO auf dem Gebiet des Unterhaltsrechts auch mittelbar keine Wirkung entfaltet. Das Statut des Geschiedenenunterhalts wird vielmehr in Art 3, 5 HUP losgelöst vom Scheidungsstatut angeknüpft (→ C Rn 605 f); allerdings kann ein Gleichlauf mit dem Scheidungsstatut durch Rechtswahl nach Art 8 Abs 1 lit d HUP erreicht werden (→ C Rn 674 f).

h) Erbrecht. Schließlich findet die Rom III-VO gemäß lit h auf Trusts und Erbschaften keine **339** Anwendung. Für Erbschaften gilt seit dem 17.8.2015 die Verordnung (EU) Nr 650/2012 über die Zuständigkeit, das anzuwendende Recht, die Anerkennung und Vollstreckung von Entscheidungen und die Annahme und Vollstreckung öffentlicher Urkunden in Erbsachen sowie zur Einführung eines Europäischen Nachlasszeugnisses v 4.7.2012 (**EuErbVO**; ABl L 201, 107= *Jayme/Hausmann* Nr 61). Für das IPR des Trusts fehlt es bisher an kodifizierten deutschen Kollisionsregeln.

6. Vorfragen

Abs 2 stellt klar, dass die in diesem Absatz unter lit a–lit h genannten Regelungsgegenstände **340** auch dann aus dem sachlichen Anwendungsbereich der Rom III-VO ausgeschlossen sind, wenn sie sich lediglich als Vorfragen im Rahmen eines Ehescheidungs- oder Ehetrennungsverfahrens stellen. Ergeben sich also zB in einem von der Rom III-VO erfassten (→ Rn 292 ff) Ehescheidungsverfahren Zweifel, ob die Parteien überhaupt wirksam miteinander die Ehe eingegangen sind, so hat das angerufene deutsche Gericht über diese Vorfrage gemäß lit b nach dem **autonomen deutschen Kollisionsrecht** zu entscheiden (ErwG 10 Abs 3; → Anh II; *Gruber* IPRax 12, 381/389). Die Verordnung enthält sich dabei einer Stellungnahme zu der Frage, ob Vorfragen grundsätzlich „selbständig" oder „unselbständig" anzuknüpfen sind, sondern überlässt auch diese Entscheidung dem IPR der jeweiligen *lex fori* (Erman/*Hohloch* Rn 10). Demgemäß ist vor deutschen Gerichten die von den Art 5 ff Rom III-VO aufgeworfene Vorfrage der Ehegültigkeit nach hM selbständig gem Art 11, 13 EGBGB anzuknüpfen (*Hau* FamRZ 13, 249/250; *Gössl* ZfRV 11, 65 ff; NK-BGB/*Gruber* Rn 72; vgl zu Art 17 Abs 1 EGBGB aF BGHZ 169, 240/243 = FamRZ 07, 109 m Anm *Henrich;* BGH FamRZ 03, 838/840; OLG Zweibrücken FamRZ 98, 1115; Staud/*Mankowski* Rn 73; **aA** zur Rom III-VO Pal/*Thorn* Rn 8). Ferner ist in Fällen, in denen ein Mitgliedstaat eine Ehe als ungültig ansieht, die Sonderregelung in Art 13, 2. Fall zu beachten (→ Rn 500 ff). Der Ausschluss von Vorfragen aus dem sachlichen Anwendungsbereich der Verordnung schränkt die mit ihr angestrebte Rechtsharmonisierung in den Mitgliedstaaten erheblich ein (*Althammer/Arnold* Rn 12).

A 343   1. Teil. Erkenntnisverfahren A. Ehesachen

7. Verfahren

341   Die Rom III-VO regelt nur das auf die materiellen Voraussetzungen und Wirkungen der Ehescheidung und Ehetrennung anzuwendende Recht. Demgegenüber richtet sich das Verfahren nach der *lex fori* **des angerufenen Gerichts** in dem betreffenden teilnehmenden Mitgliedstaat. Vor deutschen Gerichten gelten daher – wie bisher – die Vorschriften der §§ 121 ff FamFG über Eheverfahren, die lediglich hinsichtlich der internationalen Zuständigkeit und der Anerkennung ausländischer Eheurteile durch die EuEheVO und Staatsverträge überlagert bzw verdrängt werden. Für ein Verfahren der **Trennung von Tisch und Bett** nach ausländischem Recht gelten vor deutschen Gerichten die Verfahrensvorschriften für die Ehescheidung entsprechend (ThP/*Hüßtege* § 121 FamFG Rn 6), und zwar einschließlich der Vorschriften über den Scheidungsverbund (§ 137 FamFG; vgl BGHZ 47, 324/339 = NJW 67, 2109; BGH NJW 88, 636/637; OLG Frankfurt FamRZ 94, 715; J/H/*Henrich* Art 17 EGBGB Rn 44).

342   Als verfahrensrechtlich zu qualifizieren ist insbesondere die Notwendigkeit eines der Scheidung oder Trennung vorgeschalteten **Versöhnungsverfahrens.** Deshalb wurde ein solches Verfahren vor deutschen Gerichten nach ausländischem Recht schon bisher grundsätzlich nicht durchgeführt (OLG Frankfurt FamRZ 01, 293; OLG Hamm IPRax 95, 174/176; OLG München IPRax 89, 238/241; AG Leverkusen FamRZ 04, 1493/1494 und FamRZ 09, 1330; AG Lüdenscheid FamRZ 02, 1486/1487 f). Daran ist auch unter Geltung der Rom III-VO festzuhalten (Pal/*Thorn* Rn 6; Erman/*Hohloch* Rn 5; NK-BGB/*Gruber* Rn 50 f; MüKoBGB/ *Winkler v Mohrenfels* vor Art 1 Rn 19). Allerdings kann das deutsche Gericht solche ausländischen Verfahrensregeln berücksichtigen, die eng mit dem materiellen Recht verwoben sind, sofern sie mit dem deutschen Verfahrensrecht vereinbar sind und durch ihre Beachtung die Anerkennung des deutschen Scheidungsurteils im Heimat- oder Aufenthaltsstaat der Ehegatten gesichert und eine hinkende Ehescheidung vermieden werden kann (*Hau* FamRZ 13, 249/250; *Andrae* IntFamR § 4 Rn 63; vgl zum früheren Recht OLG Hamburg FamRZ 01, 1007; OLG Karlsruhe FamRZ 90, 168 und IPRax 82, 75/76; OLG Bremen IPRax 85, 47 [LS]; OLG Frankfurt IPRax 83, 193). Dem Erfordernis eines Versöhnungsversuchs nach dem ausländischen Scheidungsrecht kann daher vor deutschen Gerichten durch eine **persönliche Anhörung** der Parteien gem § 128 FamFG sowie ggfs durch eine Aussetzung des Verfahrens nach § 136 FamFG Rechnung getragen werden (AG Lüdenscheid FamRZ 02, 1486/1488; NK-BGB/*Gruber* Rn 52). Im Verhältnis der Mitgliedstaaten der EuEheVO zueinander ist die Problematik freilich entschärft, weil die Anerkennung eines Eheurteils nur noch aus den in Art 22 genannten Gründen versagt werden darf; der Verzicht auf einen Versöhnungsversuch oder auf die Beteiligung der Staatsanwaltschaft im erststaatlichen Verfahren reicht aber für einen *ordre public*-Verstoß nach Art 22 lit a EuEheVO nicht aus.

Rom III-VO Art 2. Verhältnis zur Verordnung (EG) Nr 2201/2003

Diese Verordnung lässt die Anwendung der Verordnung (EG) Nr 2201/2003 unberührt.

343   Da die EuEheVO lediglich bestimmte verfahrensrechtliche Aspekte internationaler Ehescheidungs- und Ehetrennungsverfahren regelt, nämlich die internationale Zuständigkeit (Art 3 ff; → Rn 44 ff), die Beachtung der früheren Rechtshängigkeit vor den Gerichten eines anderen Mitgliedstaats (→ Rn 169 ff) und die Anerkennung von Entscheidungen in Ehesachen (→ K Rn 36 ff), während sich die Rom III-VO auf die Regelung des anwendbaren Rechts beschränkt, überschneiden sich die Anwendungsbereiche beider Verordnungen nicht. Vielmehr ergänzt die Rom III-VO die EuEheVO auf dem dort ausgeklammerten Gebiet des Kollisionsrechts (OLG Hamm IPRax 14, 349 m Anm *Helms* 334). Durch die Rom III-VO wird in den teilnehmenden Mitgliedstaaten sichergestellt, dass die dort nach Maßgabe der EuEheVO international zuständigen Gerichte jeweils das gleiche Recht auf die Ehescheidung bzw Ehetrennung anwenden. Die nach Art 3 Abs 1 lit a EuEheVO häufig bestehende Möglichkeit der Ehegatten, Gerichte in verschiedenen Mitgliedstaaten anzurufen, hat somit keinen Einfluss mehr auf das Scheidungs- bzw Trennungsstatut, soweit diese Mitgliedstaaten an der Rom III-VO teilnehmen. Damit wird den Ehegatten ein wesentlicher Anreiz zum *forum shopping* genommen; genau dies war ein wichtiges Anliegen der Rom III-VO (vgl Erwägungsgründe 9 und 21; → Anh II; *Gruber* IPRax 12, 381).

II. Internationales Privatrecht: Rom III-VO Art 3

345–347 A

Gleichwohl wird die EuEheVO die Rom III-VO insoweit beeinflussen, als es um die **Aus-** **344** **legung** der in der Rom III-VO verwendeten Begriffe geht. Denn soweit diese in der EuEheVO eine Entsprechung haben, ist nach Möglichkeit eine Auslegung zu wählen, die der bisherigen Rechtsprechung des EuGH zur Auslegung der EuEheVO gebührend Rechnung trägt (vgl idS ausdrücklich ErwG 10 Abs 1 S 1; → Anh II; Althammer/*Arnold* Rn 2).

Rom III-VO Art 3. Begriffsbestimmungen

Für die Zwecke dieser Verordnung bezeichnet der Begriff:

1. **„teilnehmender Mitgliedstaat" einen Mitgliedstaat, der auf der Grundlage des Be-schlusses 2010/405/EU des Rates vom 12. Juli 2010 oder auf der Grundlage eines gemäß Artikel 331 Absatz 1 Unterabsatz 2 oder 3 des Vertrags über die Arbeitsweise der Europäischen Union angenommenen Beschlusses an der Verstärkten Zusam-menarbeit im Bereich des auf die Ehescheidung und Trennung ohne Auflösung des Ehebandes anzuwendenden Rechts teilnimmt;**
2. **„Gericht" alle Behörden der teilnehmenden Mitgliedstaaten, die für Rechtssachen zuständig sind, die in den Anwendungsbereich dieser Verordnung fallen.**

1. Teilnehmender Mitgliedstaat

Während alle anderen bisher auf dem Gebiet der justiziellen Zusammenarbeit in Zivilsachen **345** verabschiedeten EG-/EU-Verordnungen für sämtliche Mitgliedstaaten mit Ausnahme *Dänemarks* gelten, beschränkt sich die Rom III-VO auf diejenigen – in → Rn 289 aufgezählten – **14 Mit-gliedstaaten,** die gemäß dem Ratsbeschluss 2010/405/EU v 12.6.2010 an der Verstärkten Zusammenarbeit im Bereich des auf die Ehescheidung und Trennung ohne Auflösung des Ehebandes anzuwendenden Rechts von Anfang an teilgenommen haben. Dies stellt Art 3 Nr 1 durch die Definition des in der Verordnung durchgehend verwendeten Begriffs des „teilnehmen-den Mitgliedstaats" noch einmal klar. Ferner wird mit dieser Definition verdeutlicht, dass die Teilnahme an der Verstärkten Zusammenarbeit auch den übrigen Mitgliedstaaten offensteht. Zu ihrer Erstreckung auf weitere Mitgliedstaaten bedarf es allerdings eines Ratsbeschlusses auf der Grundlage von Art 331 Abs 1 UAbs 2 oder 3 AEUV, wie er bisher zum Beitritt von *Litauen, Griechenland* und *Estland* gefasst wurde.

Die Gerichte der nicht an der Rom III-VO teilnehmenden Mitgliedstaaten wenden auch **346** nach dem 21.6.2012 weiterhin ihr nationales Kollisionsrecht zur Bestimmung des Scheidungs-oder Trennungsstatuts an. Ganz ohne Einfluss ist die Rom III-VO indes auch auf in diesen Staaten durchgeführte Ehescheidungs- oder Ehetrennungsverfahren nicht. Verweist nämlich das nationale Kollisionsrecht eines solchen Staates im Wege der Gesamtverweisung auf das Recht eines an der Verstärkten Zusammenarbeit teilnehmenden Mitgliedstaats, so hat das angerufene Gericht die vereinheitlichten Kollisionsnormen der Rom III-VO zugrunde zu legen, um zu entscheiden, ob die Verweisung durch das Kollisionsrecht dieses teilnehmenden Mitgliedstaats angenommen wird oder ob es zu einer **Rück- oder Weiterverweisung** kommt. Der Beachtung eines solchen Renvoi steht es nicht entgegen, dass die Rom III-VO nach ihrem Art 11 nur Sachnormverweisungen ausspricht (Erman/*Hohloch* Rn 1; → Rn 466).

2. Gericht

Die Verordnung geht in Art 3 Nr 2 – wie in Art 2 Nr 1 EuEheVO – von einer weiten **347** Definition des Begriffs „Gericht" aus, die auch staatliche **Verwaltungsbehörden** umfasst, die in den Mitgliedstaaten zur Vornahme von Ehescheidungen oder Ehetrennungen befugt sind. Praktische Bedeutung kam dieser Erweiterung des Gerichtsbegriffs bisher nicht zu, da Eheschei-dungen und Ehetrennungen in sämtlichen 17 teilnehmenden Mitgliedstaaten weitegehend den Gerichten vorbehalten waren. Dies ändert sich freilich, in dem Maße, in dem einzelne teilneh-mende Mitgliedstaaten Konventionalscheidungen den **Notaren** übertragen, wie dies auch in der deutschen Reformdiskussion erwogen wurde (vgl in *Rumänien* Art 375 ff Cc; dazu NK-BGB/ *Gruber* Rn 7). In *Portugal* ist die einverständliche Scheidung den **Standesbeamten** übertragen (Art 1773 Abs 2, 1775 ff CC; vgl Rauscher/*Helms* Rn 3). Relevanz erlangt der weite Gerichts-begriff in Nr 2 auch insoweit, als einzelne teilnehmende Mitgliedstaaten – wie zB *Italien, Frank-reich oder Spanien* – sich inzwischen mit einer bloßen behördlichen Registrierung von einver-ständlichen Ehescheidungen oder Ehetrennungen begnügen (dazu näher → K Rn 18 ff).

A 348–351   1. Teil. Erkenntnisverfahren A. Ehesachen

Rom III-VO Art 4. Universelle Anwendung

Das nach dieser Verordnung bezeichnete Recht ist auch dann anzuwenden, wenn es nicht das Recht eines teilnehmenden Mitgliedstaats ist.

348   Die in Art 4 angeordnete universelle Anwendung der Kollisionsnormen der Rom III-VO ist von erheblicher praktischer Bedeutung. Damit wird klargestellt, dass die Verordnung das IPR der Ehescheidung und der Ehetrennung nicht nur im Verhältnis der an der Verstärkten Zusammenarbeit teilnehmenden Mitgliedstaaten vereinheitlicht, sondern **in jeder Hinsicht** an die Stelle des bisherigen nationalen Kollisionsrechts dieser Staaten tritt. Aus der Sicht der teilnehmenden Mitgliedstaaten setzt die Anwendung der Verordnung zwar nach Art 1 Abs 1 „eine Verbindung zum Recht verschiedener Staaten", nicht aber einen Bezug zu einem anderen teilnehmenden Mitgliedstaat voraus. Die Art 5 ff Rom III-VO kommen mithin auch dann zur Anwendung, wenn sie auf das Recht eines (bisher) nicht „teilnehmenden Mitgliedstaats" (zB auf *englisches, niederländisches, polnisches* oder *schwedisches* Recht) verweisen; sie gelten darüber hinaus aber auch dann, wenn das Recht eines nicht der EU angehörenden „Drittstaats" (zB *türkisches, russisches* oder *US-amerikanisches Recht*) als Ehescheidungs- oder Ehetrennungsstatut berufen ist (Erwägungsgründe 12 und 14 S 1; → Anh II; vgl OLG Hamm IPRax 14, 349 m Anm *Helms* 344 [*Iran*]; AG Schöneberg NZFam 14, 576 [*Thailand*]). Dies gilt nicht nur im Fall der objektiven Anknüpfung des Scheidungsstatuts nach Art 8, sondern auch bei einer Rechtswahl nach Art 5 (NK-BGB/*Gruber* Rn 2). Durch die Allseitigkeit der Kollisionsnormen der Rom III-VO wird der im Kollisionsrecht sehr fragwürdigen Zweispurigkeit der Anknüpfung nach vereinheitlichten und autonomen Verweisungsnormen in den Rechten der teilnehmenden Mitgliedstaaten eine klare Absage erteilt.

349   Der persönliche Anwendungsbereich der Verordnung hängt ferner auch nicht davon ab, dass die Parteien die **Staatsangehörigkeit eines teilnehmenden Mitgliedstaats** besitzen oder in inem solchen ihren gewöhnlichen Aufenthalt haben (Althammer/*Althammer,* Vorbem zur Rom III-VO Rn 8). Im Verhältnis zu Drittstaaten ist allerdings die **Schranke des Art 10** zu beachten, die ein Scheidungsrecht von der Anwendung durch die Gerichte der teilnehmenden Vertragsstaaten ausschließt, wenn es keine Ehescheidung zulässt oder gegen die Gleichbehandlung von Mann und Frau verstößt (→ Rn 447 ff).

350   Zweck der universellen Anwendung der Rom III-VO ist es, eine **Spaltung des Kollisionsrechts** der Ehescheidung und der Ehetrennung in den teilnehmenden Mitgliedstaaten **zu vermeiden,** weil eine solche die Rechtsanwendung erheblich verkomplizieren würde. Zu einer solchen Spaltung kann es daher in den teilnehmenden Mitgliedstaaten nur noch kommen, soweit die Verordnung nach Art 19 Abs 1 gegenüber bestehenden Staatsverträgen zurücktritt. In Deutschland ist dies nur **im Verhältnis zum Iran** der Fall, wo das deutsch-iranische Niederlassungsabkommen von 1929 gegenüber den Art 5 ff der Verordnung Vorrang genießt (→ Rn 534 ff). Ansonsten bleibt aufgrund des Anwendungsvorrangs des sekundären EU-Rechts für nationales Kollisionsrecht in den teilnehmenden Mitgliedstaaten im sachlichen Anwendungsgebiet der Verordnung keinerlei Raum mehr. Aus diesem Grunde hat der deutsche Gesetzgeber den bisherigen Art 17 Abs 1 EGBGB im Anpassungsgesetz zur Rom III-VO zu Recht aufgehoben (näher → Rn 548).

351   Das „nach dieser Verordnung bezeichnete Recht" iSv Art 4 ist gemäß Art 11 stets das **Sachrecht** des Staates, auf das die Art 5 ff verweisen. Dies bedeutet, dass Rück- und Weiterverweisung auch dann nicht zu beachten sind, wenn auf das Recht eines nicht teilnehmenden Mitgliedstaats oder eines Drittstaats verwiesen wird. Dies gilt auch dann, wenn umgekehrt die Gerichte jenes Staates einen Renvoi durch die Kollisionsnormen der Verordnung akzeptieren und dementsprechend auf ihr eigenes oder das Recht eines dritten Staates anwenden würden. Die Befolgung des Grundsatzes der Sachnormverweisung nach Art 11 auch im Verhältnis zu Staaten, in denen die Verordnung nicht gilt, kann daher den internationalen Entscheidungseinklang empfindlich stören (Erman/*Hohloch* Rn 1). Diese Konsequenz ist freilich angesichts der unmissverständlichen Regelung in Art 11 unvermeidlich und hinzunehmen (näher → Rn 465).

82

II. Internationales Privatrecht: Rom III-VO Art 5

Kapitel II. Einheitliche Vorschriften zur Bestimmung des auf die Ehescheidung und Trennung ohne Auflösung des Ehebandes anzuwendenden Rechts

Rom III-VO Art 5. Rechtswahl der Parteien

(1) Die Ehegatten können das auf die Ehescheidung oder die Trennung ohne Auflösung des Ehebandes anzuwendende Recht durch Vereinbarung bestimmen, sofern es sich dabei um das Recht eines der folgenden Staaten handelt:

a) das Recht des Staates, in dem die Ehegatten zum Zeitpunkt der Rechtswahl ihren gewöhnlichen Aufenthalt haben, oder

b) das Recht des Staates, in dem die Ehegatten zuletzt ihren gewöhnlichen Aufenthalt hatten, sofern einer von ihnen zum Zeitpunkt der Rechtswahl dort noch seinen gewöhnlichen Aufenthalt hat, oder

c) das Recht des Staates, dessen Staatsangehörigkeit einer der Ehegatten zum Zeitpunkt der Rechtswahl besitzt, oder

d) das Recht des Staates des angerufenen Gerichts.

(2) Unbeschadet des Absatzes 3 kann eine Rechtswahlvereinbarung jederzeit, spätestens jedoch zum Zeitpunkt der Anrufung des Gerichts, geschlossen oder geändert werden.

(3) [1] Sieht das Recht des Staates des angerufenen Gerichts dies vor, so können die Ehegatten die Rechtswahl vor Gericht auch im Laufe des Verfahrens vornehmen. [2] In diesem Fall nimmt das Gericht die Rechtswahl im Einklang mit dem Recht des Staates des angerufenen Gerichts zu Protokoll.

Schrifttum: *Andrae,* Zur Form der Rechtswahl für eheliche Beziehungen, FS Martiny (2014) 3; *Baarsma,* European Choice of Law on Divorce (Rome III) – Where did it go wrong?, NIPR 09, 9; *Basedow,* Theorie der Rechtswahl oder Parteiautonomie als Grundlage des Internationalen Privatrechts, RabelsZ 11, 32; *Carruthers,* Party Autonomy in the Legal Regulation of Adult Relationships: What Place for Party Choice in Private International Law, ICLQ 12, 881; *Coester/Waltjen/Coester,* Rechtswahlmöglichkeiten im Europäischen Kollisionsrecht, FS Schurig (2012) 33; *Finger,* Neues Kollisionsrecht der Ehescheidung und der Trennung ohne Auflösung des Ehebandes, VO Nr 1259/2010 (Rom III) – vorrangige Rechtswahl der Beteiligten, FuR 2013, 305; *Fiorini,* Rome III – Choice of Law in Divorce: Is the Europeanization of Family Law going too far?, Int.J. of Law, Policy and the Family 08, 178; *Franzina,* L'autonomia della volontà nel regolamento sui conflitti di legge in materia di separazione e divorzio, Riv dir int priv proc 11, 488; *Helms,* Konkludente Wahl des auf die Ehescheidung anwendbaren Rechts, IPRax 14, 334; *Henrich,* Zur Parteiautonomie im europäisierten internationalen Familienrecht, Lieber amicorum W. Pintens (2012) I, 701; *Hilbig-Lugani,* Rechtswahl zugunsten iranischen Rechts in iranischen Heiratsbedingungen, FamRBint 2013, 83; *Kohler,* Le choix de la loi applicable au divorce, FS v Hoffmann (2011) 208; *Kroll-Ludwigs,* Die Rolle der Parteiautonomie im europäischen Kollisionsrecht (2013); *Pfütze,* Die Inhaltskontrolle von Rechtswahlvereinbarungen im Rahmen der Verordnungen Rom I-III, ZEUS 11, 35; *Pietsch,* Rechtswahl für Ehesachen nach „Rom III", NJW 12, 1768; *Queirolo/Carpaneto,* Considerazioni critiche sull' estensione dell'autonomia privata a separazione e divorzio nel regolamento „Roma III", Riv dir int priv proc 12, 59; *Rieck,* Möglichkeiten und Risiken der Rechtswahl nach supranationalem Recht bei der Gestaltung von Eheverenbarungen NJW 14, 257; *Rösler,* Rechtswahlfreiheit im Internationalen Scheidungsrecht der Rom III-VO, RabelsZ 14, 155; *Schall/Weber,* Die vorsorgende Rechtswahl des Scheidungsstatuts nach der Rom III-VO, IPRax 14, 381; *Spickhoff,* Internationales Scheidungsrecht und Rechtswahl, in: *ders,* Symposium Parteiautonomie im Europäischen IPR (2014) 93; *Winkler v Mohrenfels,* Die Rom III-VO und die Parteiautonomie, FS v Hoffmann (2011) 527.

1. Allgemeines

a) Rechtswahl als Primäranknüpfung. Das Statut der Ehescheidung und der Ehetrennung **352** wurde bisher in den nationalen Kollisionsrechten der teilnehmenden Mitgliedstaaten überwiegend nur objektiv angeknüpft (vgl *Winkler v Mohrenfels* FS v Hoffmann [2011] 527/530 ff). Nach deutschem Recht wurde einer Rechtswahl der Ehegatten nur dann, wenn sie in den engen Grenzen des Art 14 Abs 2–4 EGBGB vor Rechtshängigkeit des Scheidungsantrags für die allgemeinen Ehewirkungen getroffen worden war, Bedeutung auch für das Scheidungsstatut beigemessen; demgegenüber wurde eine auf das Scheidungsstatut beschränkte Rechtswahl als unzulässig und damit unwirksam erachtet (KG IPRax 00, 544; BayObLG NJW-RR 94, 1263; Staud/*Mankowski* Art 17 EGBGB Rn 139). Abweichend davon stellt die Verordnung in Art 5–7 die Rechtswahl der Parteien als Primäranknüpfung in den Vordergrund; diese Vorschriften sind daher zu Recht als **Kernstück der Rom III-VO** bezeichnet worden (Erman/*Hohloch* Rn 1; Althammer/*Mayer* Rn 1). Es ist daher zu erwarten, dass von den Möglichkeiten einer Rechts-

A 353–357   1. Teil. Erkenntnisverfahren A. Ehesachen

wahl sowohl in Eheverträgen und Scheidungsvereinbarungen, zB kombiniert mit einer güter-
rechtlichen Rechtswahl nach Art 15 Abs 2 EGBGB (→ B Rn 459 ff) bzw Art 22 EuGüVO (→ B
Rn 324 ff) und/oder einer unterhaltsrechtlichen Rechtswahl nach Art 8 Abs 1 lit c, d HUP
(→ C Rn 668 ff), als auch im Laufe von bereits anhängigen Scheidungsverfahren künftig deutlich
häufiger Gebrauch gemacht werden wird (**aA** *Henrich,* IntSchR Rn 74: „seltene Ausnahme";
Schurig FS v Hoffmann [2011] 405/407).

353   **aa) Auslandsbezug.** Der nach Art 1 Abs 1 von der Verordnung vorausgesetzte Auslandsbezug
muss nicht bereits im Zeitpunkt der Rechtswahl vorliegen. Die Ehegatten können vielmehr – zB
im Hinblick auf einen später geplanten Umzug in ein anderes Land – eine Rechtswahl bereits zu
einer Zeit wirksam treffen, in der es an einem solchen Auslandsbezug noch fehlt. Dafür spricht
nicht nur der im ErwG 15 (→ Anh II) beschriebene Zweck der Rechtswahl, sondern auch die
Übergangsregelung in Art 18 Abs 2, die sogar vor Inkrafttreten der Verordnung getroffene
Rechtswahlvereinbarungen als wirksam aufrechterhält, wenn sie nur im Zeitpunkt der Anrufung
des Gerichts den Anforderungen der Art 6, 7 genügen (*Gruber* IPRax 12, 381/384; *Gade* JuS 13,
779/780; *Mörsdorf-Schulte* RabelsZ 77 [2013] 786/812; *Schall/Weber* IPRax 14, 381/382 f;
PWW/*Martiny* Art 17 EGBGB Anh I Rn 12; **aA** MüKoBGB/*Winkler v Mohrenfels* Rn 12).
Bestand der erforderliche Auslandsbezug zur Zeit der Rechtswahl, so ist es umgekehrt unschädlich, wenn im Zeitpunkt der Scheidung ein „reiner Inlandsfall" vorliegt (*Gruber* aaO). Art 5 setzt
auch nicht voraus, dass mehrere Rechte zur Auswahl stehen; wirksam ist vielmehr auch die Wahl
des einzigen in Betracht kommenden Rechts (OLG Hamm IPRax 14, 349 m Anm *Helms* 344).
Insgesamt schränkt das Erfordernis einer „Verbindung zum Recht verschiedener Staaten" den
Anwendungsbereich von Art 5 praktisch nicht ein (ausf Rauscher/*Helms* Rn 12 ff mwN).

354   **bb) Beschränkung der Wahl auf staatliches Recht.** Gegenstand der Rechtswahl kann
jedoch stets nur ein staatliches Eherecht sein; die unmittelbare Wahl religiösen (zB islamischen)
Eherechts wird durch die Verordnung nicht eröffnet (*Coester Waltjen/Coester* FS Schurig [2012]
33/37; *Pfütze* ZEuS 11, 35/51). Bei der Wahl des Rechts eines territorial oder personal
gespaltenen Staates sind die Unteranknüpfungen nach Art 14, 15 zu beachten (→ Rn 505 ff).

355   **cc) Normzweck.** Die Einführung der Rechtswahl wird vor allem mit der **erhöhten Mobilität der Bevölkerung** begründet, die zur Folge habe, dass Ehegatten in der Lage sein müssten,
auch das auf eine Ehescheidung oder Ehetrennung anwendbare Recht ihrem jeweiligen neuen
Lebensumfeld anzupassen. Denn die zwangsläufig typisierenden objektiven Anknüpfungen in
Art 8 führen nicht immer zu einem Recht, das den legitimen Erwartungen der Ehegatten
entspricht (*Helms* FamRZ 11, 1765/1767; Althammer/*Mayer* Rn 3). Damit dient die großzügige
Gewährung von Parteiautonomie einerseits der gebotenen Flexibilität, andererseits schafft sie aber
auch größere **Rechtssicherheit,** weil die Unsicherheit darüber, wie ein später angerufenes
Gericht die Ehescheidung objektiv anknüpfen wird, beseitigt wird (vgl ErwG 15; → Anh II;
NK-BGB/*Hilbig-Lugani* Rn 5). Dies gilt insbesondere auch deshalb, weil die objektive Anknüpfung nach Art 8 erst bei Einleitung des Scheidungsverfahrens feststeht (*Schall/Weber* IPRax 14,
381/382). Darüber hinaus mildert die Einräumung von Rechtswahlmöglichkeiten den Konflikt
zwischen Mitgliedstaaten, die traditionell dem Staatsangehörigkeitsprinzip verpflichtet sind, und
denjenigen, die eine Anknüpfung an den gewöhnlichen Aufenthalt oder das *„domicile"* vor-
ziehen, stark ab (Rauscher/*Helms* Rn 6; *Andrae,* IntFamR § 4 Rn 15).

356   Schließlich entlastet eine Rechtswahl die Gerichte der Mitgliedstaaten, weil sie im Interesse
der Verfahrensbeschleunigung und der Kostenreduzierung vor allem im Vorfeld eines Scheidungsverfahrens häufig **zugunsten der jeweiligen** *lex fori* getroffen werden wird (RegBegr
zum Rom III-AnpassungsG v 23.1.2013 [→ Rn 301], BT-Drs 17/11049, S 9 unter A IV 3).
Aus diesen Gründen hat der europäische Gesetzgeber auch in anderen Verordnungen auf dem
Gebiet des internationalen Familien- und Erbrechts einer Rechtswahl der Betroffenen entweder
den Vorrang vor einer objektiven Anknüpfung (so in Art 22 EuGüVO/EuPartVO v 24.6.2016,
ABl L 183, 1 und 30; dazu → B Rn 324 ff und → I Rn 165 ff) oder zumindest eine wichtige
Rolle neben der objektiven Anknüpfung eingeräumt (so in Art 22 EuErbVO v 4.7.2012, ABl
L 201, 107 = *Jayme/Hausmann* Nr 61).

357   Durch die Einführung der Rechtswahl im internationalen Scheidungsrecht eröffnet die Verordnung insbesondere Ehegatten, die bei Zugrundelegung der objektiven Anknüpfung nach
Art 8 derzeit – zB wegen Nichterfüllung von Wartefristen – eine Scheidung ihrer Ehe nicht
erreichen könnten, die Möglichkeit, sich für ein scheidungsfreundlicheres Recht zu entscheiden
und auf diese Weise früher geschieden zu werden (Althammer/*Althammer* Vorbem Rom III-VO

84

II. Internationales Privatrecht: Rom III-VO Art 5   **358–360 A**

Rn 15; Pal/*Thorn* Rn 2; *Gruber* IPRax 16, 539/542 f). Ein *forum shopping* unter diesem Gesichtspunkt wird vom europäischen Gesetzgeber durch die in Art 5 Abs 1 lit d zugelassene Wahl der *lex fori,* kombiniert mit den alternativen Zuständigkeiten der Art 3 ff EuEheVO (→ Rn 44 ff), bewusst in Kauf genommen, wenn nicht gefördert. Damit weist die Verordnung eine betont **scheidungsfreundliche Grundtendenz** auf (NK-BGB/*Hilbig-Lugani* Rn 8). Die mit der großzügigen Zulassung der Rechtswahl verfolgten Ziele werden freilich nur erreicht, wenn der Scheidungsantrag später auch in einem der 17 Mitgliedstaaten der Rom III-VO eingereicht wird, Wird der Antrag bei einem nach Art 3 EuEheVO zuständigen Gericht eines nicht durch die Rom III-VO gebundenen Mitgliedstaats gestellt, wird die Rechtswahl hingegen häufig ohne Wirkung bleiben (*Finger* FPR 433/435; *Gruber* IPRax 12, 381/384 f; Pal/*Thorn* Rn 2). Dem könnte nur durch Einführung einer Prorogationsmöglichkeit in der EuEheVO begegnet werden; auf eine solche wird leider auch im Vorschlag der EU-Kommission zur Neufassung der EuEheVO v 30.6.2016 (KOM [2016] 411) verzichtet.

dd) Anwendungsbereich. Auch die Rechtswahl nach Art 5 ist allerdings – wie die Verordnung ingesamt (→ Rn 302 ff) auf die Bestimmung des Scheidungs- bzw Trennungsstatuts beschränkt; sie erstreckt sich also **nicht auf vermögensrechtliche Scheidungsfolgen.** Bezüglich letzterer wird die Zulässigkeit einer Rechtswahl für Unterhaltsansprüche in Art 7, 8 HUP (→ C Rn 628 ff) und für die güterrechtliche Abwicklung der Ehe in Art 15 Abs 2 EGBGB (→ B Rn 459 ff) bzw Art 22–24 EuGüVO (→ B Rn 324 ff) geregelt. Allerdings hat eine nach Art 5–7 Rom III-VO getroffene Wahl des Scheidungsstatuts aufgrund der akzessorischen Anknüpfung durch das deutsche autonome Kollisionsrecht in Art 17 Abs 1 EGBGB nF (→ Rn 551 ff) mittelbar Auswirkungen auf solche vermögensrechtlichen Scheidungsfolgen, die nicht gesondert angeknüpft werden. Gleiches gilt nach Art 17 Abs 3 S 1 EGBGB für den **Versorgungsausgleich** (→ D Rn 36, 63 ff). Dies müssen die Parteien, wenn sie eine Rechtswahl nach Art 5 treffen, mitberücksichtigen. Allerdings sollte man ihnen gestatten, ihre Rechtswahl – zB im Interesse einer raschen Eheauflösung – auf die Scheidung selbst zu beschränken und es bezüglich der von Art 17 Abs 1 und 3 EGBGB erfassten vermögensrechtlichen Scheidungsfolgen bei der objektiven Anknüpfung nach Art 8 zu belassen (*Schall*/*Weber* IPRax 14, 381/384 f; näher H/O/*Hausmann* § 11 Rn 117 ff und § 12 Rn 44 ff).

ee) Schutz der Ehegatten durch Information. Die Verordnung sieht es in ihrem ErwG 18 **359** (→ Anh II) als „wesentlichen Grundsatz" der Vorschriften über die Rechtswahl an, dass beide Ehegatten ihre Wahl **in voller Sachkenntnis** treffen. Die Rechte und die Chancengleichheit der beiden Ehegatten dürfen durch die Möglichkeit einer einvernehmlichen Rechtswahl daher nicht beeinträchtigt werden. Die Richter in den teilnehmenden Mitgliedstaaten sollten daher darauf achten, dass die Ehegatten ihre Rechtswahlvereinbarung in voller Kenntnis der Rechtsfolgen schließen (J *Stürner* Jura 12, 708/709; NK-BGB/*Hilbig-Lugani* Rn 16 ff). Diese Folgeneinschätzung setzt insbesondere voraus, dass die Ehegatten vor der Rechtswahl auf aktuelle Informationen über die wesentlichen Aspekte sowohl des innerstaatlichen Rechts als auch des Unionsrechts und der Verfahren der Ehescheidung und Trennung ohne Auflösung des Ehebandes zugreifen können. Um den Zugang zu entsprechenden sachdienlichen, qualitativ hochwertigen Informationen zu gewährleisten, ist es Aufgabe der Kommission, diese Informationen auf der durch die Entscheidung 2001/470/EG des Rates (ABl EG L 174, 25) eingerichteten Website (https://e-justice.europa.eu/content_divorce-45-at-de.do?member=1) regelmäßig zu aktualisieren (vgl ErwG 17; → Anh II sowie Art 17).

Nach Ansicht des deutschen Gesetzgebers ermöglichen das (beschränkte) **Amtsermittlungs-** **360** **prinzip nach § 27 FamFG** und die breitgefächerte Prozessleitungsfunktion des Richters im deutschen Scheidungsverfahren auch in Bezug auf Rechtswahlvereinbarungen der Parteien eine flexible Verhandlungsführung, die der Appellfunktion des 18. Erwägungsgrundes genügt. Dieser beschränkt sich freilich auf einen Appell an die nationalen Gesetzgeber; unmittelbare Schranken für die Gültigkeit einer Rechtswahl können ihm nicht entnommen werden (*Gruber* IPRax 12, 381/386 f; Pal/*Thorn* Art 6 Rn 1). Aus diesem Grunde wurde auf eine Ausführungsbestimmung zur gerichtlichen **Inhaltskontrolle von Rechtswahlvereinbarungen** verzichtet (RegBegr zum Rom III-AnpassungsG v 23.1.2013 [→ Rn 301], BT-Drs 17/11049, S 8). Eine Inhaltskontrolle nach dem gewählten nationalen Recht wird durch die Verordnung freilich auch nicht ausgeschlossen (*Rösler* RabelsZ 78 [2014] 155/180 f; Althammer/*Mayer* Art 6 Rn 4; **aA** *Hau* FamRZ 13, 249/252; *Pfütze* ZEuS 11, 35/57 ff, 68 ff); sie betrifft vielmehr die „materielle Wirksamkeit" der Rechtswahl iSv Art 6 Abs 1 und beurteilt sich daher nach dem gewählten Recht (Rauscher/*Helms* Art 6 Rn 9; → Rn 394; für Einführung einer an Art 8 Abs 5 HUP

A 361–364 1. Teil. Erkenntnisverfahren A. Ehesachen

[→ C Rn 689 ff] orientierten europäischen Inhaltskontrolle *de lege ferenda Kohler* FS v Hoffmann [2012] 208/216 f). Die in der deutschen Rechtsprechung entwickelten Grundsätze zur Inhaltskontrolle von Eheverträgen (grundlegend BGH NJW 04, 930 m Anm *Rakete-Dombeck;* dazu Pal/*Brudermüller* § 1408 BGB Rn 7 ff mwN) lassen sich allerdings auf die Rechtswahl gem Art 5 nur eingeschränkt übertragen, da mit dieser Rechtwahl nur über das auf die Voraussetzungen einer Ehescheidung anzuwendende Recht entschieden wird; während die vornehmlich der Inhaltskontrolle unterliegenden vermögensrechtlichen Scheidungsfolgen (Unterhalt, Güterrecht, Versorgungsausgleich) gesondert angeknüpft werden (dazu näher *Hausmann* FS Geimer [2017] 199 ff; ähnlich Rauscher/*Helms* Art 6 Rn 11).

361 **b) Schranken der Rechtswahl. aa) Allgemeine Schranken.** Außer dem allgemeinen *ordre public*-Vorbehalt nach Art 12 gelten auch die in Art 10 normierten Schranken für die Anwendung ausländischen Scheidungsrechts nicht nur im Fall der objektiven Anknüpfung des Scheidungsstatuts nach Art 8, sondern auch im Falle der Rechtswahl nach Art 5. Zwar werden Ehegatten, namentlich wenn sie rechtlich beraten sind, in einer Scheidungsvereinbarung nur höchst selten ein Recht wählen, das die Scheidung nicht zulässt. Haben sie jedoch – bewusst oder unbewusst – ein **scheidungsfeindliches Recht gewählt,** so scheitert diese Rechtswahl an Art 10, 1. Fall und es ist die *lex fori* des in einem teilnehmenden Mitgliedstaat angerufenen Gerichts anzuwenden. Die grundsätzliche Scheidbarkeit der Ehe ist also nach der Verordnung Bestandteil des europäischen *ordre public,* der sich auch gegen einen abweichenden Parteiwillen durchsetzt (*Gruber* IPRax 12, 381/391).

362 Entsprechendes gilt nach Art 10, 2. Fall, wenn die Parteien ein Recht gewählt haben, das einem der Ehegatten – idR der Ehefrau – **aus Gründen der Geschlechtszugehörigkeit den Zugang zu einer Ehescheidung oder Ehetrennung erschwert,** weil auch dies mit der Charta der Grundrechte der Europäischen Union nicht vereinbar ist (vgl ErwG 16; → Anh II). Die vom Ehemann beantragte Scheidung von in Deutschland lebenden *ägyptischen* Ehegatten islamischen Glaubens kann von einem deutschen Gericht jedenfalls dann nicht allein auf dessen einseitige Verstoßungserklärung gestützt werden, wenn sich die Ehefrau der Scheidung widersetzt (näher → Rn 447 ff). Die Scheidung ist in diesem Falle selbst dann nach deutschem Recht durchzuführen, wenn die Ehegatten nach Art 5 Abs 1 lit c eine ausdrückliche Rechtswahl zugunsten ihres gemeinsamen Heimatrechts getroffen haben (*Weller/Hauber/Schulz* IPRax 16, 123 ff). Dies muss auch dann gelten, wenn das deutsche Scheidungsurteil aus diesem Grunde im gemeinsamen Heimatstaat der Ehegatten nicht anerkannt werden kann.

363 **bb) Beschränkung der wählbaren Rechte.** Den Ehegatten wird in Art 5 auch **keine freie Rechtswahl** nach dem Vorbild von Art 3 Rom I-VO eingeräumt. Sie sollen vielmehr – wie in ErwG 16 S 1 (→ Anh II) betont wird – als das auf die Scheidung oder Trennung ihrer Ehe anzuwendende Recht nur „das Recht eines Landes wählen können, zu dem sie einen **besonderen Bezug** haben, oder das Recht des angerufenen Gerichts." Dementsprechend können die Ehegatten nach Art 5 Abs 1 nur zwischen dem Recht ihres gemeinsamen gewöhnlichen Aufenthalts zur Zeit der Rechtswahl (lit a), dem Recht ihres letzten gemeinsamen gewöhnlichen Aufenthalts, sofern ein Ehegatte ihn zur Zeit der Rechtswahl noch innehatte (lit b), dem Recht der Staatsangehörigkeit eines der Ehegatten (lit c) und der *lex fori* (lit d) wählen. Innerhalb der durch Art 5 Abs 1 gezogenen Schranken ist die Rechtswahl allerdings frei; anders als im Rahmen der objektiven Anknüpfung nach Art 8 besteht zwischen den vier Varianten der zulässigen Rechtswahl also **kein Stufenverhältnis** (NK-BGB/*Hilbig-Lugani* Rn 26; Althammer/*Mayer* Rn 9; Erman/*Hohloch* Rn 1). Damit wird insbesondere Ehegatten, die möglichst schnell einvernehmlich geschieden werden wollen, die Möglichkeit eingeräumt, die Anwendung eines bei objektiver Anknüpfung nach Art 8 anzuwendenden scheidungsfeindlichen Rechts zu vermeiden und von den nach Abs 1 zur Wahl stehenden Rechten das scheidungsfreundlichste zu wählen (vgl NK-BGB/*Hilbig-Lugani* Rn 8). Zulässig ist auch die Wahl unterschiedlicher Rechte für die Ehescheidung und die ihr vorangehende Ehetrennung, zB im Fall eines dazwischen liegenden Umzugs der Ehegatten in ein anderes Land (Althammer/*Mayer* Rn 9). Ferner ist die Rechtswahl nicht auf die Rechte der teilnehmenden Mitgliedstaaten beschränkt; vielmehr ist – wie Art 4 klarstellt – auch die Wahl des Eherechts eines nicht teilnehmenden Mitgliedstaats oder eines Drittstaats nach Art 5 wirksam.

364 **c) Zeitpunkt der Rechtswahl.** Eingeschränkt ist die Rechtswahl wie auch die Abänderung einer früheren Rechtswahl allerdings in zeitlicher Hinsicht nach Maßgabe von Art 5 Abs 2 und 3. Um den Ehegatten im Falle des Umzugs in einen anderen Staat eine Anpassung des

86

II. Internationales Privatrecht: Rom III-VO Art 5   **365–368 A**

Scheidungs- bzw Trennungsstatuts an ihr neues Lebensumfeld zu ermöglichen, kann eine Rechtswahl zwar grundsätzlich jederzeit getroffen, abgeändert oder aufgehoben werden. Dies ist – vorbehaltlich des Abs 3 – jedoch nur **bis zur Anrufung des Gerichts** möglich (ErwG 20; → Anh II). In diesem Zeitpunkt muss das auf die Ehescheidung oder Ehetrennung anzuwendende Recht feststehen und sollte schon aus Gründen der Prozessökonomie nicht mehr abgeändert werden können (näher → Rn 384 ff).

Übergangsrechtlich ist zu beachten, dass die Verordnung nicht nur für Rechtswahlverein-   **365** barungen gilt, die nach dem 21.6.2012 geschlossen wurden (Art 18 Abs 1 S 1). Vielmehr sind auch Rechtswahlvereinbarungen, die bereits vor diesem Zeitpunkt – im Hinblick auf die künftige Geltung der Verordnung oder nach nationalem Recht – getroffen wurden, gem Art 18 Abs 1 S 2 wirksam, sofern sie die materiellen und formellen Voraussetzungen nach Art 6 und 7 erfüllen (näher → Rn 526 ff).

d) Modalitäten der Rechtswahl. Art 5 schreibt nicht vor, dass die Rechtswahl ausdrücklich   **366** getroffen werden muss. Im Gegensatz etwa zu Art 3 Abs 1 Rom I-VO oder Art 14 Abs 1 S 2 Rom II-VO wird aber auch nicht klargestellt, dass eine stillschweigende Rechtswahl genügt, wenn sie sich nur eindeutig aus dem Inhalt der getroffenen Vereinbarung oder den Umständen des Falles ergibt. Unter der letztgenannten Voraussetzung sollte man indes auch eine **stillschweigende Rechtswahl** des Scheidungsstatuts zulassen, sofern die Form nach Art 7 gewahrt ist (*Martiny* IPRax 11, 437/449 Fn 203; *Gruber* IPRax 12, 381/387 und IPRax 14, 53/56; NK-BGB/*Hilbig-Lugani* Rn 11a; *Andrae,* IntFamR § 4 Rn 21; MüKoBGB/*Winkler v Mohrenfels* Art 6 Rn 6; **aA** *Helms* FamRZ 11, 1765/1768; *Basedow* FS Posch [2011] 17/24; *Pfütze* ZEuS 11, 35/52; Althammer/*Mayer* Art 7 Rn 5; Pal/*Thorn* Art 6 Rn 2; *Henrich,* IntSchR Rn 80). Allerdings sind insoweit **strenge Anforderungen** zu stellen (*Helms* IPRax 14, 334 f; NK-BGB/ *Hilbig-Lugani* Rn 11b; vgl das Beipiel bei H/O/*Hausmann* § 11 Rn 65).

Die Eingehung einer Ehe „nach islamischen Grundsätzen" oder in einer „Scharia-Heirats-   **367** urkunde" reicht für eine stillschweigende Wahl islamischen Scheidungsrechts zwar schon deshalb nicht aus, weil der hinreichende Bezug zu einer bestimmten *staatlichen* Rechtsordnung fehlt (vgl OLG Hamm FamRZ 18, 51/52; BayObLG FamRZ 98, 1594/1596). Wird dieser Bezug jedoch dadurch hergestellt, dass Ehegatten ehevertraglich die Scheidungsgründe eines ganz bestimmten islamischen Eherechts vereinbart haben, so kann darin eine stillschweigende Wahl des gemeinsamen Heimatrechts liegen, deren Wirksamkeit nach Art 5 Abs 1 lit c auch durch die nachträgliche Einbürgerung eines oder beider Ehegatten in Deutschland nicht mehr in Frage gestellt wird. Auch der Umstand, dass die Ehegatten im Zeitpunkt des Abschlusses des Ehevertrags noch gar keine Wahlmöglichkeit zwischen mindestens zwei Rechten hatten, steht der Wirksamkeit der Rechtswahl dann nicht entgegen (OLG Hamm IPRax 14, 349 Rn 47 ff [*Iran*] m Anm *Henrich* FamRZ 13, 1498; *Hilbig-Lugani* FamRBint 13, 83; **aA** *Helms* IPRax 14, 334/335; Rauscher/*Helms* Rn 67 f). Hingegen kann aus der ausdrücklichen **Rechtswahl für bestimmte Scheidungsfolgen** (zB Unterhalt, Güterrecht, Versorgungsausgleich) nicht auf eine stillschweigende Wahl des Scheidungsstatuts geschlossen werden (*Hau* FamRZ 13, 249/253; Althammer/ *Mayer* Rn 31). Auch die Vereinbarung einer Morgengabe bzw Abendgabe nach islamischem Recht reicht für eine stillschweigende Rechtswahl nach Art 5 jedenfalls dann nicht aus, wenn ein Ehegatte zur Zeit der Eheschließung (auch) Deutscher war und seinen gewöhnlichen Aufenthalt im Inland hatte (OLG Hamm FamRZ 16, 1926/1927 f [*Libanon*]). Eine nachträgliche **Rechtswahl im Prozess** kann schon im Hinblick auf Art 46e Abs 2 S 2 EGBGB (→ Rn 581) nicht stillschweigend getroffen werden.

e) Gründe für eine Rechtswahl im Scheidungsrecht. Für eine Rechtswahl nach Art 5   **368** lassen sich insbesondere folgende Gründe anführen:

- Wahl eines Rechts, das die **Scheidung** gegenüber dem objektiv nach Art. 8 Rom-VO zur Anwendung berufenen Recht **erleichtert;**
- **Anpassung** des – objektiv maßgeblichen oder früher gewählten – Scheidungsstatuts **an die neuen Lebensverhältnisse** der Ehegatten (zB nach einem Umzug in ein anderes Land)
- **Absicherung** des auf die Ehescheidung anwendbaren Rechts **gegen künftige Veränderungen** der tatsächlichen Lebensumstände der Ehegatten (insbesondere gegen eine Verlegung des gewöhnlichen Aufenthalts eines Ehegatten ins Ausland und den damit uU verbundenen Statutenwechsel);
- **Einheitliche Anknüpfung von Scheidungs- und Ehegüterrecht** durch eine übereinstimmende Rechtswahl nach Art 5 Abs 1 Rom III-VO und nach Art 15 Abs 2 EGBGB (bzw ab

A 369–372   1. Teil. Erkenntnisverfahren A. Ehesachen

dem 29.1.2019 nach Art 22–24 EuGüVO), um schwierige Qualifikationsfragen im Grenzbereich zwischen beiden Statuten zu vermeiden;

- **Einheitliche Anknüpfung von Scheidungs- und Unterhaltsrecht** durch eine übereinstimmende Rechtswahl nach Art 5 Abs 1 Rom III-VO und Art 8 Abs 1 lit d HUP, um die Durchsetzung von nachehelichen Unterhaltsansprüchen zu erleichtern, insbesondere wenn die *lex fori* des für die Scheidung zuständigen Gerichts gewählt wird.
- Schließlich sollten Ehegatten in Fällen, in denen kraft objektiver Anknüpfung nach Art 8 ein Recht zur Awendung käme, das – wie zB die meisten *islamischen* Rechte – der Ehefrau **keinen gleichberechtigten Zugang zur Ehescheidung** gewährt, hilfsweise ein anderes nach Art 5 mögliches Recht wählen, weil nicht vorsehbar ist, wie das angerufene Gericht die Schranke des Art 10, 2. Fall Rom III-VO auslegen wird.

2. Die Rechtswahlmöglichkeiten nach Abs 1

369   Art 5 Abs 1 eröffnet den Parteien die Rechtswahl nicht unbegrenzt, sondern erfordert einen besonderen Bezug der Ehescheidung oder Ehetrennung zu dem gewählten Recht. Aus diesem Grunde haben die Parteien nur die Möglichkeit, zwischen insgesamt **vier Rechten** zu wählen (zu Formulierungsvorschlägen für die Rechtsawahl nach Art 5 Abs 1 lit a – lit c H/O/*Hausmann* § 11 Rn 72, 75, 80, 87):

370   **a) Gewöhnlicher Aufenthalt der Ehegatten, lit a.** Zunächst können die Ehegatten gem lit a das Recht des Staates wählen, in dem sie zum Zeitpunkt der Rechtswahl ihren gewöhnlichen Aufenthalt haben. Der Begriff des gewöhnlichen Aufenthalts ist für die Zwecke der Rom III-VO *autonom* zu qualifizieren. Aus der Vorgabe in ErwG 10 Abs 1 (→ Anh II), möglichst zu einer einheitlichen Auslegung der Rom III-VO und der EuEheVO zu kommen, folgt, dass der Begriff grundsätzlich im gleichen Sinne zu verstehen ist wie in Art 3 Abs 1 lit a EuEheVO (*Gruber* IPRax 12, 381/385; Pal/*Thorn* Rn 3; Althammer/*Mayer* Rn 12; *Andrae*, IntFamR § 4 Rn 97; **aA** *Helms* FamRZ 11, 1765/1769; *Rösler* RabelsZ 14, 155/165 f; jurisPK/*Ludwig* Rn 12), dh als faktischer Lebensmittelpunkt der Ehegatten. Wegen der Einzelheiten kann daher in vollem Umfang auf die Kommentierung zu Art 3 Abs 1 lit a EuEheVO (→ Rn 55 ff) verwiesen werden (vgl auch NK-BGB/*Hilbig-Lugani* Rn 34–41). Abweichend von dieser Vorschrift muss der gewöhnliche Aufenthalt im Hinblick auf Art 4 jedoch **nicht in einem Mitgliedstaat** bestehen, sondern kann auch in einem Drittstaat begründet worden sein. In Übereinstimmung mit Art 3 Abs 1 lit a, 1. Spiegelstrich EuEheVO bedeutet gemeinsamer gewöhnlicher Aufenthalt lediglich, dass die Ehegatten sich **im gleichen Staat** gewöhnlich aufhalten; eine gemeinsame Ehewohnung am gleichen Ort innerhalb dieses Staates wird nicht vorausgesetzt (*Helms* FamRZ 11, 1765/1767; *Traar* ÖJZ 11, 805/809; *Hau* FamRZ 13, 249/252).

371   Haben die Ehegatten ihren gewöhnlichen Aufenthalt in einem **Mehrrechtsstaat** (zB in den USA oder Kanada), so kann nach Art 14 lit b nur das Recht derjenigen Gebietseinheit gewählt werden, in der dieser gewöhnliche Aufenthalt besteht (zB das Recht von Florida oder von Québec; Erman/*Hohloch* Rn 4a). Beschränken sich die Ehegatten auf die Wahl des Rechts des Gesamtstaates (zB Wahl von „US-amerikanischem Recht"), so sollte im Wege der Auslegung versucht werden, die Rechtswahl zu derjenigen Teilrechtsordnung zu verlängern, mit der die Ehegatten am engsten verbunden sind oder waren (Althammer/*Mayer* Rn 21; **aA** [Unwirksamkeit der Rechtswahl] *Basedow* FS Posch [2011] 17/26 f).

372   Der gemeinsame gewöhnliche Aufenthalt muss nach lit a im **Zeitpunkt der Rechtswahl** gegeben sein. Verlegen die Ehegatten oder einer von ihnen den gewöhnlichen Aufenthalt im weiteren Verlauf der Ehe in einen anderen Staat, so wird die Gültigkeit der Rechtswahl hierdurch nicht berührt; es bleibt mithin – abweichend von der objektiven Anknüpfung nach Art 8 lit a – bei der Geltung des gewählten früheren gemeinsamen Aufenthaltsrechts. Diese Vermeidung eines Statutenwechsels bei einem Umzug der Ehegatten wird häufig ein wesentliches Motiv für eine Rechtswahl sein. Umstritten ist hingegen, ob die Wahl des Rechts eines Staates, in dem die Ehegatten zur Zeit der Rechtswahl (noch) keinen gemeinsamen gewöhnlichen Aufenthalt hatten, dadurch nachträglich geheilt wird, dass die Ehegatten einen solchen bis zum Zeitpunkt der Einleitung des Scheidungs- oder Trennungsverfahrens begründet haben. Während dies zT aufgrund des Wortlauts verneint und für diesen Fall die Vornahme einer erneuten Rechtswahl gefordert wird (so Voraufl.; MüKoBGB/*Winkler v Mohrenfels* Rn 10; *Althammer/Mayer* Rn 16; Rauscher/*Helms* Rn 24; *Andrae,* IntFamR § 4 Rn 16 aE), sollte eine entsprechende **aufschiebend bedingte Rechtswahl** zugelassen werden, weil keine zwingenden Gründe ersichtlich

II. Internationales Privatrecht: Rom III-VO Art 5 **373–376 A**

sind, sie zu verbieten (*Mörsdorf-Schulte* RabelsZ 77 [2013] 786/812; *Schall/Weber* IPRax 14, 381/384; PWW/*Martiny*, Art 17 EGBGB Anh I Rn 12; NK-BGB/*Hilbig-Lugani* Rn 31).

b) Letzter gewöhnlicher Aufenthalt der Ehegatten, lit b. Hat ein Ehegatte im Vorfeld **373** des Ehescheidungs- oder Ehetrennungsverfahrens den Staat des bisherigen gemeinsamen gewöhnlichen Aufenthalts bereits verlassen, so können die Ehegatten dessen Recht nach lit b dennoch weiter wählen, wenn und solange der andere Ehegatte in diesem Staat noch seinen gewöhnlichen Aufenthalt beibehält. Vorausgesetzt wird also ein bis zum Abschluss der Rechtswahlvereinbarung **ununterbrochener gewöhnlicher Aufenthalt** des anderen Ehegatten im bisherigen gemeinsamen Aufenthaltsstaat (Erman/*Hohloch* Rn 5; NK-BGB/*Hilbig-Lugani* Rn 42). Nicht ausreichend ist es also, wenn beide Ehegatten den gemeinsamen gewöhnlichen Aufenthalt zwischenzeitlich aufgegeben hatten und ein Ehegatte vor Abschluss der Rechtswahlvereinbarung in den Staat des früheren gemeinsamen gewöhnlichen Aufenthalts wieder zurückgekehrt ist. Die Wahlmöglichkeiten nach lit a und lit b schließen sich notwendig gegenseitig aus.

c) Staatsangehörigkeit eines Ehegatten, lit c. Lit c lässt auch die Wahl des Rechts des **374** Staates zu, dessen Staatsangehörigkeit einer der Ehegatten zur Zeit der Rechtswahl besitzt. Damit haben die Ehegatten die Möglichkeit, die Entscheidung des Verordnungsgebers für die Primäranknüpfung an den gemeinsamen gewöhnlichen Aufenthalt in lit a zu korrigieren, wenn sie diese Anknüpfung in ihrer konkreten Situation nicht für interessengerecht halten (*Hau* FamRZ 13, 249/252; Althammer/*Mayer* Rn 17). Unerheblich ist insoweit, *welche* Staatsangehörigkeit(en) die Ehegatten besitzen; dies kann im Hinblick auf Art 4 insbesondere auch die Staatsangehörigkeit eines an der Verstärkten Zusammenarbeit nicht teilnehmenden Mitgliedstaats oder eines Drittstaats sein (vgl OLG Hamm IPRax 14, 349 m Anm *Helms* 334: Wahl des gemeinsamen *iranischen* Heimatrechts). Maßgebend ist insoweit das Staatsangehörigkeitsrecht desjenigen Staates, um dessen Staatsangehörigkeit es geht. Ob ein Ehegatte die deutsche Staatsangehörigkeit besitzt, ergibt sich daher aus den Vorschriften des deutschen Staatsangehörigkeitsgesetzes v 22.7.1913 in der aktuellen Fassung. Während die Wahl des Rechts nach lit a und lit b voraussetzt, dass die Ehegatten einen *gemeinsamen* gewöhnlichen Aufenthalt haben oder zumindest einmal gehabt haben, wird dieses Erfordernis in Bezug auf die Staatsangehörigkeit der Ehegatten nach lit c nicht aufgestellt. Gewählt werden kann also nicht nur das Recht eines Staates, dessen Staatsangehörigkeit beide Ehegatten besitzen oder zumindest einmal besessen haben; vielmehr können die Ehegatten in einer gemischt-nationalen Ehe das Heimatrecht **sowohl des Ehemannes wie der Ehefrau** wählen (Erman/*Hohloch* Rn 6). Die Wahlmöglichkeiten nach Art 5 Abs 1 werden mithin in diesem Fall um ein Recht erweitert.

Fraglich ist, wie weit die Rechtswahlmöglichkeiten nach lit c in Fällen der **Doppel- oder 375 Mehrstaatigkeit** der Ehegatten reichen. Zu Art 3 Abs 1 lit b EuEheVO hat der EuGH entschieden, dass für die Begründung der internationalen Zuständigkeit nach dieser Vorschrift alle Staatsangehörigkeiten der Ehegatten gleich zu behandeln sind, so dass auch eine gemeinsame nicht-effektive Staatsangehörigkeit ausreicht (EuGH C-168/08 – *Hadadi/Mesko*, Slg 09 I-1571 Rn 51 ff = FamRZ 09, 1571m abl Anm *Kohler* und zust Anm *Dilger* IPRax 10, 54 und *Hau* IPRax 10, 50; → Rn 86, 93). Wollte man den von ErwG 10 Abs 1 angestrebten „Einklang" zwischen beiden Verordnungen herstellen, so wäre diese autonom-europäische Auslegung der EuEheVO auch auf die Rom III-VO zu übertragen; danach wäre nach lit c auch die Wahl des Heimatrechts eines Ehegatten gestattet, das für diesen nicht effektiv ist. Zu berücksichtigen ist in diesem Zusammenhang freilich auch der ErwG 22, der folgenden Wortlaut hat:

> *„Wird in dieser Verordnung hinsichtlich der Anwendung des Rechts eines Staates auf die Staatsangehörigkeit als Anknüpfungspunkt verwiesen, so wird die Frage, wie in Fällen der mehrfachen Staatsangehörigkeit zu verfahren ist, weiterhin nach innerstaatlichem Recht geregelt, wobei die allgemeinen Grundsätze der Europäischen Union uneingeschränkt zu achten sind".*

Dieser ErwG gilt nicht nur für die objektive Anknüpfung an die Staatsangehörigkeit nach **376** Art 8 lit c (→ Rn 433 ff), sondern auch für die Rechtswahl nach Art 5 Abs 1 lit c. Da die vorgenannte Rechtsprechung des EuGH zur Auslegung von Art 3 Abs 1 lit b EuEheVO nicht zu den „allgemeinen Grundsätzen der Europäischen Union" gehört, verbliebe es hinsichtlich der Behandlung von Doppel- und Mehrstaatern im Rahmen der Rechtswahl nach der Rom III-VO bei der Geltung des **nationalen Kollisionsrechts** (so *Finger* FuR 11, 61/65). Deutsche Gerichte hätten also von Art 5 Abs 1 EGBGB auszugehen; danach könnte nur die effektive Staatsangehörigkeit (Satz 1) oder die deutsche Staatsangehörigkeit (Satz 2) eines Mehrstaaters gewählt werden.

A 377–381 1. Teil. Erkenntnisverfahren A. Ehesachen

377 In diesem Zusammenhang ist freilich zu beachten, dass selbst im autonomen deutschen IPR die Regel des Art 5 Abs 1 EGBGB in den Fällen einer Rechtswahl im internationalen Eherecht (Art 14 Abs 2 und Art 15 Abs 2 EGBGB) von der hM nicht strikt angewendet, den Ehegatten vielmehr auch die Wahl eines nicht-effektiven Heimatrechts gestattet wird (vgl zum Ehegüterrecht → B Rn 470; zu den allgemeinen Ehewirkungen → B Anh Rn 626 f). Diese großzügige Sicht, die auch für Art 22 Abs 1 lit b EüGüVO favorisiert wird (→ B Rn 329), sollte auch auf die Rechtswahl im internationalen Ehescheidungsrecht nach Art 5 Abs 1 lit c Rom III-VO übertragen werden (ebenso RegBegr zum Rom III-AnpassungsG v 23.1.2013 [→ Rn 301], unter A I 5 lit d; zust Erman/*Hohloch* Rn 7; Pal/*Thorn* Rn 4; NK-BGB/*Hilbig-Lugani* Rn 45, 45a; MüKoBGB/*Winkler v Mohrenfels* Rn 7; MüKoBGB/*v Hein,* Art 5 EGBGB Rn 78 ff; *Andrae,* IntFamR § 4 Rn 18). Denn andernfalls könnte eine einheitliche Beurteilung des Personalstatuts von Doppelstaatern in den teilnehmenden Mitgliedstaaten nicht erreicht werden; außerdem ist die Feststellung einer „effektiven" Staatsangehörigkeit mit erheblichen Unsicherheiten behaftet, so dass das Ziel der Verordnung, durch Stärkung der Parteiautonomie mehr Rechtssicherheit zu erreichen (ErwG 15; → Anh II), verfehlt würde (*Helms* FamRZ 11, 1675/1670; *Traar* ÖJZ 11, 805/809; *Hau* FamRZ 13, 249/252; *Rösler* RabelsZ 78 [2014] 155/183 f; Althammer/*Mayer* Rn 19 mwN). Selbst wenn man dem nicht folgen wollte, käme jedenfalls eine Bevorzugung der *deutschen* Staatsangehörigkeit eines Mehrstaaters nicht in Betracht; vielmehr wäre auch bei deutsch-ausländischen Mehrstaatern auf die effektive Staatsangehörigkeit abzustellen (*Gruber* IPRax 12, 381/385 f; Rauscher/*Helms* Rn 34 f m ausf Begründung).

378 Ist ein **Ehegatte staatenlos** und wird sein Personalstatut daher gem Art 12 Abs 1 des New Yorker UN-Übereinkommens über die Rechtsstellung der Staatenlosen v 28.9.1954 (BGBl 76 II, 474 = *Jayme/Hausmann* Nr 12) durch das Recht seines gewöhnlichen Aufenthalts bestimmt, so ist zweifelhaft, ob die Ehegatten befugt sind, dieses Recht in entsprechender Anwendung von lit c als „Ersatzrecht" anstelle des nicht vorhandenen Heimatrechts dieses Ehegatten zu wählen. Da der Verordnungsgeber in Kenntnis der Problematik von einer solchen Regelung abgesehen hat, dürfte die Rechtswahl nach lit c auf das durch die Staatsangehörigkeit bestimmte Personalstatut beschränkt sein (**aA** *Gruber* IPRax 12, 381/386; Pal/*Thorn* Rn 4; Erman/*Hohloch* Rn 8; Althammer/*Mayer* Rn 20). Ebenso ist zu entscheiden, wenn ein Ehegatte **Asylberechtigter oder Flüchtling** im Sinne der Genfer Flüchtlingskonvention v 28.7.1951 (BGBl 53 II, 560= *Jayme/Hausmann* Nr 10) ist; für diesen Personenkreis scheidet daher die Rechtswahlmöglichkeit nach lit c ebenfalls aus (ebenso *Andrae,* IntFamR § 4 Rn 18; **aA** *Gruber* aaO; Pal/*Thorn* Rn 4; NK-BGB/*Hilbig-Lugani* Rn 47). Die praktischen Konsequenzen sind freilich für die Betroffenen im Hinblick auf die Wahlmöglichkeiten nach lit a, b und d nicht gravierend.

379 Handelt es sich beim gewählten Recht des Heimatstaats eines oder beider Ehegatten um einen **Mehrrechtsstaat** (zB die USA), so ist eine Unteranknüpfung erforderlich, die im Rahmen der Verordnung nach Art 14 lit c vorzunehmen ist. Danach haben US-amerikanische Ehegatten die Möglichkeit, auch die maßgebende Teilrechtsordnung (zB das Scheidungsrecht von Florida oder Kalifornien) unmittelbar durch **Rechtswahl** zu bestimmen (näher → Rn 514 ff).

380 **d) Lex fori, lit d.** Ungewohnt für das deutsche Recht ist die Erweiterung der Rechtswahlmöglichkeiten auf das Recht des angerufenen Gerichts in lit d. Sie hat jedoch erhebliche praktische Vorteile, weil sie es den Ehegatten gestattet, einen **Gleichlauf zwischen der internationalen Gerichtszuständigkeit und dem anwendbaren Recht** herbeizuführen, dh das nach Art 3 ff EuEheVO zuständige Gericht wendet sein eigenes materielles Scheidungsrecht an. Dies erspart den Parteien im Regelfall Zeit und Kosten, die im Fall der Geltung ausländischen Scheidungsrechts kraft objektiver Anknüpfung nach Art 8 mit dessen Ermittlung verbunden wären; außerdem bietet die Anwendung des eigenen Rechts eine höhere Richtigkeitsgewähr (Erman/*Hohloch* Rn 9). Da Art 3 EuEheVO nicht selten parallele Zuständigkeiten in verschiedenen Mitgliedstaaten eröffnet (→ Rn 49), werden die Rechtswahlmöglichkeiten durch lit d erheblich ausgeweitet (Pal/*Thorn* Rn 5; NK/*Hilbig-Lugani* Rn 48). Die Rechtswahl ist auch nicht auf Fälle beschränkt, in denen das Gericht sich auf eine harmonisierte Zuständigkeit nach Art 3–5 EuEheVO stützt; gewählt werden kann vielmehr auch das Recht des Staates, dessen Gerichte nur aufgrund einer Restzuständigkeit des nationalen Rechts nach Art 6, 7 Abs 1 EuEheVO zuständig sind. Die Anknüpfung nach lit d gefährdet damit den internationalen Entscheidungseinklang und fördert– entgegen der Zielsetzung der Verordnung (ErwG 9; → Anh II) – ein *forum shopping.*

381 Rechtssicherheit würde durch die Rechtswahl nach lit d nur erreicht, wenn die Ehegatten zugleich die Möglichkeit hätten, auch das für die Scheidung oder Trennung zuständige Gericht

II. Internationales Privatrecht: Rom III-VO Art 5   382–385   **A**

schon im Zeitpunkt der Rechtswahl **durch Prorogation** zu bestimmen. Der diesbezügliche Vorschlag der EU-Kommission in Art 3a EuEheVO idF Vorschlags vom 17.7.2006 (KOM 399, 15 f) ist jedoch leider bisher nicht umgesetzt worden. Er findet sich auch im jüngsten Vorschlag der EU-Kommission zur Reform der EuEheVO v 30.6.2016 (KOM [2016] 411 endg) nicht mehr (dagegen zu Recht für Einführung einer die Rechtswahl nach Art 5 ergänzenden Gerichtsstandsvereinbarung *Carruthers* ICLQ 12, 881/892 ff; Althammer/*Mayer* Rn 22).

Im Gegensatz zu lit a–lit c wird der **Zeitpunkt** für die zu treffende Wahl der *lex fori* in lit d **382** nicht bestimmt. Spätestens muss die Rechtswahl auch in diesem Fall zum Zeitpunkt der Anrufung des Gerichts vereinbart werden (Abs 2). Sie kann aber – entgegen dem zu eng geratenen deutschen Wortlaut (Recht des „angerufenen" Gerichts) – auch jederzeit davor, zB in einer Trennungs- oder Scheidungsvereinbarung, oder sogar schon bei Eheschließung in einem Ehevertrag getroffen werden (*Helms* FamRZ 11, 1665/1667 f; *Gruber* IPRax 12, 381/386; *Basedow* FS Pintens [2012] 17/22; *Hau* FS Stürner [2013] 1237/1242; Pal/*Thorn* Rn 5). Dies folgt insbesondere aus dem eindeutigen Wortlaut von Art 5 Abs 2.

Umstritten ist, ob die Ehegatten sich auf die abstrakte Wahl der künftigen *lex fori* beschränken **383** können mit der Folge, dass das anwendbare Recht erst zu dem Zeitpunkt feststeht, zu dem ein Ehegatte den Scheidungsantrag beim Gericht eines teilnehmenden Mitgliedstaats anhängig macht, oder ob die Rechtswahl nach lit d voraussetzt, dass sich die Ehegatten bereits im Zeitpunkt der Rechtswahl einig sind, das Verfahren **vor den Gerichten eines ganz bestimmten Mitgliedstaats** – und damit nach einem bestimmten Recht – durchführen zu wollen. Für die letztere – engere – Ansicht spricht, dass die Ehegatten ihre Wahl nach ErwG 18 „in voller Sachkenntnis" treffen sollen; außerdem bliebe die Bestimmung des anwendbaren Rechts sonst demjenigen Ehegatten überlassen, der bei Scheitern der Ehe als erster den Scheidungsantrag bei demjenigen nach Art 3 zuständigen Gericht stellt, dessen *lex fori* ihm Vorteile verspricht. Ein solches „*race to the courthouse*" und das damit verbundene *forum shopping* wollte die Rom III-VO aber gerade vermeiden (vgl ErwG 21; → Anh II). Eine „*floating choice of law*", wonach das – im Zeitpunkt der Rechtswahl noch unbekannte – später angerufene Gericht jeweils sein eigenes Recht anwenden möge, ist also nicht wirksam (wie hier *Helms* FamRZ 2011, 1765/1767 f; *Gruber* IPRax 12, 381/386; *Mörsdorf-Schulte* RabelsZ 12, 786/814; Pal/*Thorn* Rn 5; *Schall/Weber* IPRax 14, 381/384; *Andrae,* IntFamR § 4 Rn 16; PWW/*Martiny* Art 17 EGBGB Anh I Rn 15; **aA** *Basedow* FS Posch [2011] 17/22; *Hau* FS Stürner [2013] 1237/1241; Althammer/*Mayer* Rn 26 f; im Erg auch NK-BGB/*Hilbig-Lugani* Rn 49c). Möchten die Ehegatten sich später doch lieber vor einem Gericht eines anderen Staates scheiden lassen, so müssen sie ihre Rechtswahlvereinbarung bis zur Anrufung des Gerichts entsprechend ändern. Außerdem kann ein Ehegatte die Rechtswahlvereinbarung nach lit d dadurch unterlaufen, dass er den Scheidungsantrag beim Gericht eines anderen zuständigen Mitgliedstaats einreicht.

3. Maßgebender Zeitpunkt für die Rechtswahl und ihre Änderung

a) Grundsatz, Abs 2. Während ein einseitiger Widerruf der Rechtswahl durch einen der **384** Ehegatten unzulässig ist (OLG Hamm FamRZ 13, 1498 = IPRax 14, 349 m Anm *Helms* 334) können die Parteien ihre einmal getroffene Rechtswahl – ebenso wie im internationalen Vertragsrecht (vgl Art 3 Abs 2 Rom I-VO) – auch im internationalen Ehescheidungsrecht grundsätzlich **jederzeit einvernehmlich ändern** (Rauscher/*Helms* Rn 46). Eine solche Änderung bietet sich insbesondere dann an, wenn die Ehegatten die im Zeitpunkt der Rechtswahl durch den gewöhnlichen Aufenthalt oder die Staatsangehörigkeit der Ehegatten begründete Verbindung zu der gewählten Rechtsordnung inzwischen verloren haben. Die Ehegatten sind dann nach Maßgabe von Abs 1 frei, das Recht ihres neuen gewöhnlichen Aufenthalts oder einer neu erworbenen Staatsangehörigkeit zu wählen. Die Änderung der Rechtswahl hängt jedoch von einer solchen Änderung der maßgebenden Anknüpfungskriterien keineswegs ab. Sie ist mithin auch dann zulässig, wenn in der tatsächlichen Lebenssituation der Ehegatten keine Änderung eingetreten ist, die Ehegatten aber zB zu der Auffassung gelangt sind, es sei aus Kostengründen vorteilhafter, ihre Scheidung der *lex fori* zu unterstellen als dem zuvor gewählten gemeinsamen Heimatrecht. Zu beachten ist, dass es für eine Rechtswahl nach Abs 1 lit a–lit c dann auf den gewöhnlichen Aufenthalt bzw die Staatsangehörigkeit im Zeitpunkt der *geänderten* Rechtswahl ankommt.

Was den Zeitpunkt der Rechtswahl wie ihrer späteren Änderung anbetrifft, so legt Abs 2 **385** lediglich fest, dass die Vereinbarung *spätestens* zum Zeitpunkt der Anrufung des Gerichts geschlossen werden muss. Die Regelung entspricht dem schon bisher im deutschen Scheidungs-

91

A 386–389　　1. Teil. Erkenntnisverfahren A. Ehesachen

kollisionsrecht geltenden Grundsatz der **Unwandelbarkeit des Scheidungsstatuts,** demzufolge eine Änderung des nach Art 17 Abs 1 S 1 iVm Art 14 Abs 2 oder 3 EGBGB gewählten Rechts nach Rechtshängigkeit des Scheidungsverfahrens ebenfalls ausgeschlossen war (OLG Hamm FamRZ 95, 933). Was mit der „Anrufung des Gerichts" gemeint ist, wird in der Verordnung nicht definiert; im Hinblick auf die Erwägungsgründe 10 Abs 1 und 13 S 2 (→ Anh II) liegt es nahe, insoweit auf **Art 16 EuEheVO** abzustellen (*Helms* FamRZ 11, 1765/1768; NK-BGB/*Hilbig-Lugani* Rn 53; BeckOK-BGB/*Heiderhoff* Art 17 EGBGB Rn 183). Maßgebend ist daher in Deutschland der Zeitpunkt, zu dem der Scheidungsantrag bei Gericht eingereicht wird, sofern der Antragsteller es in der Folge nicht versäumt, die ihm obliegenden Maßnahmen zu treffen, um die Zustellung an den Antragsgegner zu bewirken (Erman/*Hohloch* Rn 10; näher → Rn 138 ff). Offen bleibt nach Abs 2, wann *frühestens* eine Rechtswahl getroffen werden kann. Grundsätzlich wird man davon auszugehen haben, dass die Ehegatten eine solche von Beginn ihrer Ehe an treffen können, ferner auch schon zuvor in einem durch die Eheschließung aufschiebend bedingten Ehevertrag (*Mörsdorf-Schulte* RabelsZ 77 [2013] 786/812; NK-BGB/*Hilbig-Lugani* Rn 51; *Schall/Weber* IPRax 14, 381/383 mwN; **aA** *Andrae,* IntFamR § 4 Rn 16).

386　　Wendet man mit der hier vertretenen Ansicht die Rom III-VO auch auf **Privatscheidungen** analog an (→ Rn 319 ff), so tritt an die Stelle der Anrufung des Gerichts der Zeitpunkt, in dem der Antragsgegner erstmals förmlich mit der Scheidung befasst wird (BGHZ 110, 267/273 f = NJW 90, 2194; OLG Celle FamRZ 98, 686). Maßgebend ist daher der Zugang des Scheidungsangebots bzw die Übergabe des Scheidungsbriefs (Staud/*Mankowski* Art 17 EGBGB Rn 147). Ist die Privatscheidung auch ohne förmliche Beteiligung des Gegners wirksam, wie die Verstoßung nach islamischem Recht, so ist auf den Zeitpunkt der Registrierung der Scheidung abzustellen (BayObLG NJW 94, 771/772). Die Rechtswahl nach Abs 1 lit d *(lex fori)* hat allerdings für die Privatscheidung auszuscheiden (Rauscher/*Helms* Rn 45).

387　　**b) Ausnahme nach nationalem Recht, Abs 3. aa) Zulässigkeit einer nachträglichen Rechtswahl.** Nach Anrufung des Gerichts, dh während des schon laufenden Scheidungs- oder Trennungsverfahrens, können die Ehegatten eine Rechtswahl nach Abs 3 S 1 nur noch dann treffen, wenn das nationale Recht am Ort des angerufenen Gerichts dies vorsieht (krit dazu *Hau* FamRZ 13, 249/252). Das deutsche Eheverfahrensrecht eröffnete diese Möglichkeit vor Geltung der Rom III-VO schon deshalb nicht, weil eine auf das Scheidungsstatut beschränkte Rechtswahl als unzulässig erachtet wurde. Um die Vorschrift des Abs 3 in Scheidungs- oder Trennungsverfahren vor deutschen Gerichten nicht leerlaufen zu lassen, hat der Gesetzgeber im Rom III-AnpassungsG v 23.1.2013 (→ Rn 301) die Zulässigkeit einer nachträglichen Rechtswahl in Art 46e Abs 2 EGBGB ausdrücklich angeordnet (→ Rn 578 ff). Danach können die Ehegatten die Rechtswahl nach Art 5 Abs 1 auch noch im Laufe des gerichtlichen Verfahrens **bis zum Schluss der mündlichen Verhandlung im ersten Rechtszug** treffen (vgl idS schon *Helms* FamRZ 11, 1765/1768; näher NK-BGB/*Hilbig-Lugani* Rn 57). Eine Zulassung der Rechtswahl auch noch in der Rechtsmittelinstanz hielt der Gesetzgeber im Interesse der Verfahrensökonomie zu Recht für unnötig (RegBegr zum Rom III-AnpassungsG vom 23.1.2013, BT-Drucks 17/11049, S 11 f unter B Nr 5). Zur Zulässigkeit einer nachträglichen Rechtswahl in anderen teilnehmenden Mitgliedstaaten vgl Rauscher/*Helms* Rn 55 sowie die Angaben im Europäischen Gerichtsatlas für Zivilsachen unter:

https://e-justice.europa.eu/content_law_applicable_to_divorce_and_legal_separation-356.

388　　Die Zulassung einer nachträglichen Rechtswahl im internationalen Ehescheidungsrecht ist deshalb **zweckmäßig,** weil Ehegatten sich häufig erst nach Einleitung des Scheidungsverfahrens darüber klar werden, welches Recht nach Art 8 in Ermangelung einer Rechtswahl zur Anwendung kommt (*Schurig* FS v Hoffmann [2011] 405/408; Althammer/*Mayer* Rn 29). Ist dies ein *ausländisches* Recht, so können sie im Interesse einer Beschleunigung der Scheidung nach Abs 1 lit d deutsches Recht wählen. Ist Scheidungsstatut hingegen – wie im Regelfall – aufgrund des gewöhnlichen Aufenthalts der Ehegatten im Inland nach Art 8 lit a *deutsches* Recht, so können die Ehegatten, wenn auch nur einer von ihnen eine ausländische Staatsangehörigkeit besitzt, nach Abs 1 lit c dessen Heimatrecht wählen, wenn dieses die Scheidung stärker begünstigt. Auf diese Weise kann etwa einem wegen Nichteinhaltung der Jahresfrist nach § 1565 Abs 2 BGB derzeit noch unbegründeten Scheidungsantrag zum Erfolg verholfen werden.

389　　**bb) Form der nachträglichen Rechtswahl.** Auch für Rechtswahlvereinbarungen, die nach Art 46e Abs 2 EGBGB erst während eines gerichtlichen Verfahrens geschlossen werden, ist grundsätzlich die **Form nach Art 46e Abs 1 EGBGB** einzuhalten (zur Kompetenz des

II. Internationales Privatrecht: Rom III-VO Art 6   **391, 392**   **A**

deutschen Gesetzgebers für diese Anordnung näher → Rn 580; **aA** Rauscher/*Helms* Rn 57). Dadurch wird sichergestellt, dass die Formanforderungen für eine Rechtswahlvereinbarung nicht schwächer sind als diejenigen für einen Verzicht auf den Versorgungsausgleich im materiellen deutschen Recht (vgl § 7 VersAuslgG). Dies ist deshalb angemessen, weil jedenfalls der Versorgungsausgleich von Amts wegen nach Art 17 Abs 3 S 1 EGBGB infolge seiner akzessorischen Anknüpfung durch die Wahl eines ausländischen Scheidungsstatuts ausgeschlossen wird (vgl aber → D Rn 63 ff). Allerdings sieht Art 46e Abs 2 S 2 EGBGB – ebenfalls in Übereinstimmung mit § 7 Abs 1 VersAuslgG – für erst während des Verfahrens getroffene Rechtswahlvereinbarungen insoweit eine Formerleichterung vor, als die notarielle Beurkundung gem § 127a BGB durch die Aufnahme der Rechtswahl in ein nach den Vorschriften der ZPO errichtetes **gerichtliches Protokoll** ersetzt werden kann (OLG Nürnberg FamRZ 13, 1321).

Nach Art 5 Abs 3 S 2 und ErwG 20 (→ Anh II) hat das Gericht eine erst im Laufe des **390** Verfahrens erklärte Rechtswahl der Parteien im Einklang mit seiner *lex fori* **zu Protokoll** zu nehmen. Diesbezüglich hat der deutsche Gesetzgeber auf eine spezifische Durchführungsvorschrift verzichtet. Denn für Scheidungsverfahren gelten über § 113 Abs 1 FamFG die Vorschriften über das Sitzungsprotokoll nach §§ 159 ff ZPO. Nach § 160 Abs 2 ZPO sind aber die wesentlichen Vorgänge der Verhandlung, zu denen auch die Abgabe von Rechtswahlerklärungen gehört (RegBegr zum Rom III-AnpassungsG v 23.1.2013 [→ Rn 301], BT-Drs 17/11049, S 11, unter B Nr 5), in das Protokoll aufzunehmen (*Andrae,* IntFamR § 4 Rn 20); dadurch wird zugleich die Form nach Art 7 gewahrt. Für die Rechtswahl im Verfahren besteht aber **kein Anwaltszwang** (Rauscher/*Helms* Rn 56; Althammer/*Mayer* Rn 29 aE).

Rom III-VO Art 6. Einigung und materielle Wirksamkeit

(1) **Das Zustandekommen und die Wirksamkeit einer Rechtswahlvereinbarung oder einer ihrer Bestimmungen bestimmen sich nach dem Recht, das nach dieser Verordnung anzuwenden wäre, wenn die Vereinbarung oder die Bestimmung wirksam wäre.**

(2) **Ergibt sich jedoch aus den Umständen, dass es nicht gerechtfertigt wäre, die Wirkung des Verhaltens eines Ehegatten nach dem in Absatz 1 bezeichneten Recht zu bestimmen, so kann sich dieser Ehegatte für die Behauptung, er habe der Vereinbarung nicht zugestimmt, auf das Recht des Staates berufen, in dem er zum Zeitpunkt der Anrufung des Gerichts seinen gewöhnlichen Aufenthalt hat.**

1. Allgemeines

In Art 6 übernimmt die Rom III-VO im Wesentlichen die Regelung in Art 3 Abs 5 iVm **391** Art 10 Rom I-VO zum Zustandekommen und zur materiellen Wirksamkeit einer Rechtswahlvereinbarung im Schuldvertragsrecht (zu dieser näher Staud/*Hausmann* Art 10 Rom I-VO Rn 11, 34 ff). Danach ist die Frage, ob die Parteien sich über die Rechtswahl wirksam geeinigt haben, auch gem Art 6 Abs 1 nicht nach der *lex fori,* sondern – quasi im Vorgriff – nach dem Recht zu beantworten, das im Falle der Wirksamkeit der Rechtswahl anwendbar wäre, also nach dem in der Rechtswahlvereinbarung für die Ehescheidung bzw Ehetrennung **gewähltem Recht.** Ferner wird der Grundsatz des Art 6 Abs 1 – ebenso wie im internationalen Schuldvertragsrecht nach Art 10 Abs 2 Rom I-VO – in Art 6 Abs 2 durch eine **Sonderanknüpfung** eingeschränkt, wenn ein Ehegatte nach dem Recht des Staates seines gewöhnlichen Aufenthalts nicht damit rechnen musste, dass sein Verhalten nach dem gewählten Recht als Zustimmung zur Rechtswahlvereinbarung gewertet würde. Die Regeln des Art 6 zur materiellen Wirksamkeit sollen den Ehegatten die in voller Sachkenntnis zu treffende Rechtswahl erleichtern und das Einvernehmen der Ehegatten achten, um damit Rechtssicherheit sowie einen besseren Zugang zur Justiz zu gewährleisten (ErwG 19 S 1; → Anh II). Ob diese Ziele durch eine schlichte Übernahme der zum internationalen Vertragsrecht entwickelten Grundsätze erreicht werden, ist freilich zweifelhaft (krit *Kohler* FS v Hoffmann [2011] 208/214 ff; NK-BGB/*Hilbig-Lugani* Rn 7). Maßgebender Zeitpunkt für das Zustandekommen und die materielle Wirksamkeit der Rechtswahl ist gleichermaßen der Zeitpunkt, zu dem sie vereinbart wird (vgl idS zum bisherigen Recht BayObLG NJW-RR 94, 1263).

2. Grundsatz, Abs 1

Abs 1 unterwirft das Zustandekommen und die Wirksamkeit der Rechtswahl oder einzelner **392** ihrer Bestimmungen grundsätzlich dem **gewählten Scheidungs- oder Trennungsstatut.** Auf

93

A 393–396   1. Teil. Erkenntnisverfahren A. Ehesachen

diese Weise wird schon die Frage, ob die Parteien sich über das auf ihre Scheidung/Trennung anwendbare Recht geeinigt haben, dem gleichen Recht unterstellt wie die Wirkungen einer gültig getroffenen Rechtswahl. Die Unterscheidung zwischen dem Zustandekommen der Vereinbarung einerseits und ihrer materiellen Wirksamkeit andererseits hat zwar für die Grundsatzanknüpfung nach Abs 1 keine Bedeutung; sie wird jedoch relevant für die Sonderanknüpfung nach Abs 2. Denn dort wird eine Korrektur der Anknüpfung an das Scheidungs- bzw Trennungsstatut durch das Umweltrecht eines Ehegatten nur für bestimmte Aspekte des *Zustandekommens* der Einigung, nicht aber für die Wirksamkeit der Rechtswahlvereinbarung bestimmt (vgl zum internationalen Vertragsrecht Staud/*Hausmann* Art 10 Rom I-VO Rn 13).

393   **a) Zustandekommen.** Nach der insoweit gebotenen autonomen Auslegung betrifft das „Zustandekommen" (engl und frz *„existence"*) allein den **äußeren Abschlusstatbestand,** dh das zur Rechtswahlvereinbarung führende Erklärungsverhalten der Ehegatten (Rauscher/*Helms* Rn 4; Erman/*Hohloch* Rn 1). Hierzu gehören die Voraussetzungen und der notwendige Umfang der Einigung sowie die Rechtsfolgen eines Einigungsmangels (Dissens), die Regeln über Angebot und Annahme sowie über den Zugang der auf die Rechtswahl gerichteten Willenserklärungen, ferner die Bewertung des *Schweigens* eines Ehegatten auf das ihm zugegangene Angebot des anderen auf Abschluss einer Rechtswahlvereinbarung (vgl näher Staud/*Hausmann* Art 10 Rom I-VO Rn 15 ff).

394   **b) Materielle Wirksamkeit.** Demgegenüber ist mit der Wirksamkeit (engl: *„validity";* frz: *„validité",)* der **innere Abschlusstatbestand** gemeint. Hierher gehören grundsätzlich sämtliche Aspekte, die nicht dem Zustandekommen der Vereinbarung zuzurechnen sind, insbesondere alle Anforderungen an den Geschäftswillen. Praktische Bedeutung kommt in diesem Zusammenhang insbesondere der Unwirksamkeit der Vereinbarung wegen *Willensmängeln* (zB Irrtum, Täuschung) eines oder beider Ehegatten (MüKoBGB/*Winkler v Mohrenfels* Rn 3) sowie aufgrund einer *Inhaltskontrolle* zu (*Andrae,* IntFamR § 4 Rn 22). Der Inhaltskontrolle nach mitgliedstaatlichem Recht dürfte gerade wegen des Fehlens von unionsrechtlichen Vorgaben für die in den Erwägungsgründen angemahnte Aufklärung der Parteien über die Konsequenzen der Rechtswahl besondere Bedeutung zukommen (so auch NK-BGB/*Hilbig-Lugani* Rn 4a, 5; **aA** *Hau* FamRZ 13, 249/252; vgl auch *Hausmann* FS Geimer [2017] 199 ff). Demgegenüber hat ein Verstoß der Rechtswahl gegen ein gesetzliches Verbot des gewählten nationalen Rechts schon wegen des Anwendungsvorrangs der Art 5 ff auszuscheiden (Althammer/*Mayer* Rn 3). Ebenso wenig dürfte es dem nationalen Recht gestattet sein, eine von Art 5 gestattete Rechtswahl als sittenwidrig einzustufen (**aA** Erman/*Hohloch* Rn 1; Rauscher/*Helms* Rn 6).

395   **c) Abgrenzungen.** Insoweit ist allerdings stets sorgfältig zwischen dem wirksamen Zustandekommen und der Rechtswahl und ihrer Zulässigkeit zu unterscheiden. Die **Zulässigkeit** bestimmt sich stets nach dem IPR der *lex fori,* bei einem Scheidungs- oder Trennungsverfahren vor deutschen Gerichten oder solchen eines anderen Mitgliedstaats der Rom III-VO also nach Art 5 ff (Rauscher/*Helms* Rn 1). Die Vorschriften der Verordnung – und nicht das gewählte nationale Recht – entscheiden daher auch über die an eine Rechtswahlvereinbarung zu stellenden **inhaltlichen Anforderungen;** aus der Verordnung selbst ist insbesondere zu entnehmen, ob und gegebenenfalls unter welchen Voraussetzungen eine Rechtswahl auch *stillschweigend* getroffen werden kann (→ Rn 366 f). Demgegenüber entscheidet das von den Parteien gewählte – materielle (Art 11) – Recht nur darüber, ob der äußere und innere Konsens hinsichtlich der Rechtswahl vorliegt.

396   Gesondert angeknüpft wird ferner die **Formgültigkeit** der Rechtswahl, die sich nach Art 7 beurteilt. Auch die **Geschäfts- oder Handlungsfähigkeit** der Ehegatten wird nicht als ein Aspekt der materiellen Wirksamkeit der Rechtswahl iSv Art 6 Abs 1 angesehen, sondern ist nach Art 1 Abs 2 lit a aus dem sachlichen Anwendungsbereich der Verordnung ganz ausgeschlossen. Insoweit verbleibt es bei der Geltung des nationalen IPR der *lex fori,* vor deutschen Gerichten als bei Art 7 EGBGB (Erman/*Hohloch* Rn 1). Das hiernach maßgebende Heimatrecht des geschäftsunfähigen Ehegatten – und nicht Art 6 Rom III-VO – entscheidet auch über die Rechtsfolgen der mangelnden Geschäftsfähigkeit (vgl H/O/*Hausmann* § 4 Rn 46 ff; **aA** Erman/ *Hohloch* Rn 1; Althammer/*Mayer* Rn 3). Schließlich werden auch die Voraussetzungen und Wirkungen einer **Stellvertretung** beim Abschluss der Rechtswahlvereinbarung selbständig nach dem IPR der *lex fori,* vor deutschen Gerichten also gemäß Art 8 Abs 1 EGBGB nF nach dem Recht des Wirkungslandes angeknüpft (vgl Reithmann/Martiny/*Hausmann,* IVR Rn 7.366 ff; H/O/*Hausmann* § 6 Rn 5 ff). Ob überhaupt eine Stellvertretung der Ehegatten beim Abschluss

94

II. Internationales Privatrecht: Rom III-VO Art 6   **397–400 A**

der Rechtswahlvereinbarung zulässig ist, bestimmt sich hingegen nach dem gem Art 5 Abs 1 gewählten Scheidungs- oder Trennungsstatut (Rauscher/*Helms* Rn 7).

3. Sonderanknüpfung des Schweigens, Abs 2

a) Normzweck. Abs 2 bezweckt – wie Art 10 Abs 2 Rom I-VO – den Schutz einer Partei **397** vor einer überraschenden rechtlichen Bindung nach fremdem Recht durch ein Verhalten, dessen Erklärungswert die Partei nicht zu kennen braucht. Kann es einem Ehegatten also mangels hinreichender Nähe zum gewählten Scheidungs- oder Trennungsstatut nicht zum Vorwurf gemacht werden, dass er der Rechtswahlerklärung des anderen Ehegatten nicht widersprochen, sondern geschwiegen hat, so kann es uU gerechtfertigt sein, die Beurteilung dieses Verhaltens nicht ausschließlich dem gewählten Recht zu unterwerfen, sondern diesem Ehegatten zu gestatten, sich auf das Recht seines gewöhnlichen Aufenthalts zu berufen.

b) Anwendungsbereich. Wie bereits erwähnt (→ Rn 392), ist der Anwendungsbereich von **398** Abs 2 jedoch enger als jener von Abs 1, weil nur Fragen des äußeren, nicht solche des inneren Abschlusstatbestandes erfasst werden. In Abs 2 geht es nur um „die Wirkung des Verhaltens eines Ehegatten" in Bezug auf die Beurteilung der Frage, ob dieser der Rechtswahlvereinbarung „zugestimmt" hat, dh um Regeln mit verhaltenssteuernder Funktion im Vorfeld rechtsgeschäftlicher Bindung. Abs 2 schützt damit nur vor dem **Fehlen des Erklärungsbewusstseins,** wenn ein Ehegatte mit der rechtlichen Bewertung seines Verhaltens durch ein ihm fremdes Scheidungs- bzw Trennungsstatut nicht zu rechnen brauchte. Demgegenüber wird die Frage der materiellen Wirksamkeit dieser Erklärung in Abs 2 nicht geregelt (vgl zum internationalen Vertragsrecht Staud/*Hausmann* Art 10 Rom I-VO Rn 45). Daher ermöglicht Abs 2 nicht die Berufung auf **Willensmängel** nach Maßgabe des Rechts am gewöhnlichen Aufenthalt eines Ehegatten, weil diese zum inneren Vertragsabschlusstatbestand zählen (NK-BGB/*Hilbig-Lugani* Rn 10; **aA** Erman/*Hohloch* Rn 2).

Wichtigster Anwendungsfall der Vorschrift ist die **Beurteilung des Schweigens** eines Ehe- **399** gatten auf das ihm vom anderen Ehegatten angetragene Angebot zum Abschluss einer Rechtswahlvereinbarung. Die praktische Bedeutung der Regelung ist freilich im internationalen Ehescheidungsrecht wegen der Formerfordernisse einer wirksamen Rechtswahl nach Art 7 wesentlich geringer als im internationalen Vertragsrecht; denn durch bloßes Schweigen kann eine gültige Rechtswahlvereinbarung hier nicht zustandekommen (*Kohler* FS v Hoffmann [2012] 208/215; Rauscher/*Helms* Rn 14; Pal/*Thorn* Rn 2). Dies bedeutet jedoch nicht, dass die Vorschrift überhaupt keinen Anwendungsbereich hätte (so aber *Rieck* NJW 14, 257/261; Mü-KoBGB/*Winkler v Mohrenfels* Rn 8; Althammer/*Mayer* Rn 6). Sie kann vielmehr etwa dann eingreifen, wenn die Ehegatten einen schriftlichen oder notariellen Ehevertrag abgeschlossen haben, der zwar keine ausdrückliche Rechtswahl für eine künftige Ehescheidung enthält, aus dessen Inhalt aber nach Maßgabe des gewählten Rechts (Art 6 Abs 1 Rom I-VO) eine *stillschweigende* Rechtswahl zu entnehmen ist (NK-BGB/*Hilbig-Lugani* Rn 10). Kann es in diesem Fall einem Ehegatten mangels hinreichender Nähe zu dem gewählten Scheidungs- oder Trennungsstatut nicht zum Vorwurf gemacht werden, dass er in seiner Zustimmung zu diesem Ehevertrag keine konkludente Rechtswahlerklärung gesehen hat, so kann es gerechtfertigt sein, die Beurteilung seines Verhaltens nicht ausschließlich dem gewählten Recht zu unterwerfen, sondern diesem Ehegatten zu gestatten, sich diesbezüglich auf das Recht seines gewöhnlichen Aufenthalts zu berufen. Lehnt man eine stillschweigende Rechtswahl im Rahmen der Rom III-VO ab, so kommt der Vorschrift keine praktische Bedeutung zu (so etwa Rauscher/*Helms* Rn 14).

c) Unzumutbarkeit der Bindung. Nach Abs 2 ist eine Sonderanknüpfung des Verhaltens **400** eines Ehegatten nach Maßgabe seines Aufenthaltsrechts nicht in jedem Fall vorzunehmen, sondern nur dann, wenn es nach den Umständen „nicht gerechtfertigt" wäre, die Wirkung seines Verhaltens nach dem gewählten Scheidungs- bzw Trennungsstatut zu beurteilen. Voraussetzung für die Sonderanknüpfung ist damit eine **umfassende Interessenabwägung.** Dabei kommt freilich den Verkehrsinteressen (zu diesen Staud/*Hausmann* Art 10 Rom I-VO Rn 61 ff) eine deutlich geringere Bedeutung zu als im internationalen Vertragsrecht; im Vordergrund stehen vielmehr die Parteiinteressen (Erman/*Hohloch* Rn 2). Entscheidend ist insbesondere, inwieweit derjenige Ehegatte, der sich auf Abs 2 beruft, unter den gegebenen Umständen der konkret getroffenen Rechtswahl schutzbedürftig erscheint.

A 402, 403   1. Teil. Erkenntnisverfahren A. Ehesachen

401 **d) Maßgebender Zeitpunkt.** Im internationalen Vertragsrecht kann sich diejenige Partei, die behauptet, sie habe einer Rechtswahl nicht zugestimmt, gem Art 3 Abs 5 iVm Art 10 Abs 2 Rom I-VO auf das Recht des Staates berufen, in dem sie zur Zeit der Abgabe ihrer behaupteten Zustimmungserklärung ihren gewöhnlichen Aufenthalt hatte. Demgegenüber wird in Art 6 Abs 2 auf das Recht des Staates abgestellt, in dem der Ehegatte, der sich gegen eine Bindung an die nach Abs 1 wirksam zustande kommende Rechtswahl wehrt, **im Zeitpunkt der Anrufung des Gerichts** seinen gewöhnlichen Aufenthalt hat. Dies kann freilich nicht bedeuten, dass ein Ehegatte, der an seine Zustimmung nach dem Recht des Staates, in dem er bei Abgabe der Zustimmungserklärung seinen gewöhnlichen Aufenthalt hatte, gebunden war, sich von der Rechtswahlvereinbarung dadurch wieder lösen kann, dass er seinen gewöhnlichen Aufenthalt vor Anrufung des Gerichts in einen Staat verlegt, der eine solche Bindung verneint (so aber – wenngleich die Regelung kritisierend – *Basedow* FS Pintens [2012] 135/143; *Gruber* IPRax 12, 381/387; *Mörsdorf-Schulte* RabelsZ 77 [2013] 786/820; NK-BGB/*Hilbig-Lugani* Rn 12; Althammer/*Mayer* Rn 6). In einem solchen Falle bleibt die Bindung an die Rechtswahl vielmehr iSv Abs 2 weiterhin „gerechtfertigt".

Rom III-VO Art 7. Formgültigkeit

(1) ¹Die Rechtswahlvereinbarung nach Artikel 5 Absätze 1 und 2 bedarf der Schriftform, der Datierung sowie der Unterzeichnung durch beide Ehegatten. ²Elektronische Übermittlungen, die eine dauerhafte Aufzeichnung der Vereinbarung ermöglichen, erfüllen die Schriftform.

(2) Sieht jedoch das Recht des teilnehmenden Mitgliedstaats, in dem beide Ehegatten zum Zeitpunkt der Rechtswahl ihren gewöhnlichen Aufenthalt hatten, zusätzliche Formvorschriften für solche Vereinbarungen vor, so sind diese Formvorschriften anzuwenden.

(3) Haben die Ehegatten zum Zeitpunkt der Rechtswahl ihren gewöhnlichen Aufenthalt in verschiedenen teilnehmenden Mitgliedstaaten und sieht das Recht beider Staaten unterschiedliche Formvorschriften vor, so ist die Vereinbarung formgültig, wenn sie den Vorschriften des Rechts eines dieser Mitgliedstaaten genügt.

(4) Hat zum Zeitpunkt der Rechtswahl nur einer der Ehegatten seinen gewöhnlichen Aufenthalt in einem teilnehmenden Mitgliedstaat und sind in diesem Staat zusätzliche Formanforderungen für diese Art der Rechtswahl vorgesehen, so sind diese Formanforderungen anzuwenden.

1. Allgemeines

402   Auch die Regeln zur Formgültigkeit sollen die von den Ehegatten in voller Sachkenntnis zu treffende Rechtswahl erleichtern und das Einvernehmen der Ehegatten achten, damit Rechtssicherheit sowie ein besserer Zugang zur Justiz gewährleistet werden. In Art 7 werden daher bestimmte Schutzvorkehrungen getroffen, um sicherzustellen, dass sich die Ehegatten der Tragweite ihrer Rechtswahl bewusst sind (ErwG 19 S 1; → Anh II).

403   Art 7 Abs 1 schreibt daher für die Rechtswahl im internationalen Ehescheidungsrecht in allen teilnehmenden Mitgliedstaaten als Mindestform die Einhaltung der **qualifizierten Schriftform** (→ Rn 406 ff) vor, die nach S 2 durch die elektronische Form ersetzt werden kann. Damit weicht die Rom III-VO einerseits deutlich von der Rom I-VO ab, die hinsichtlich der Form der Rechtswahl in Art 3 Abs 5 auf die Regelung des Formstatuts für den Hauptvertrag in Art 11 verweist und damit alternativ die Einhaltung der Form nach dem gewählten Recht oder nach dem Ortsrecht genügen lässt. Andererseits wird die Rechtswahl gegenüber den Rechten derjenigen Mitgliedstaaten erleichtert, die schon bisher eine Rechtswahl im internationalen Ehescheidungsrecht zugelassen haben. So bedurfte es für die Rechtswahl nach bisherigem deutschen Recht (Art 17 Abs 1 S 1 iVm Art 14 Abs 4 EGBGB) grundsätzlich der notariellen Beurkundung, wenn sie im Inland vorgenommen wurde, ansonsten zumindest der Form des Ehevertrags nach dem gewählten Recht oder dem Recht am Ort der Rechtswahl (→ B Anh Rn 630 ff). Die bloße Einhaltung der privatschriftlichen oder elektronischen Form steht auch kaum im Einklang mit dem in ErwG 18 (→ Anh II) formulierten Ziel der Verordnung, wonach jeder Ehegatte sich „genau über die rechtlichen und sozialen Folgen der Rechtswahl im Klaren sein" sollte (krit daher *Kohler* FS v Hoffmann [2011] 208/214; *Schurig* FS v Hoffmann [2011] 405/408; MüKoBGB/*Winkler v Mohrenfels* Rn 1). Hierfür sind die in Art 7 getroffenen formalen „Schutz-

96

II. Internationales Privatrecht: Rom III-VO Art 7   **404–408 A**

vorkehrungen" (ErwG Art 19 S 2; → Anh II) nicht ausreichend (*Rösler* RabelsZ 78 [2014] 155/ 178; *Mörsdorf-Schulte* RabelsZ 77 [2013] 786/817; *Hau* FamRZ 13, 249/252; NK-BGB/*Hilbig-Lugani* Rn 1).

Nicht zuletzt aus diesem Grund wird den teilnehmenden Mitgliedstaaten daher in Abs 2–4 die **404** Möglichkeit eingeräumt, **strengere Formvorschriften** für die Rechtswahl vorzusehen, die dann Vorrang vor Abs 1 haben (→ Rn 409 ff). Hiervon hat der deutsche Gesetzgeber in **Art 46e Abs 1 EGBGB** Gebrauch gemacht (→ Rn 577). Die Regelung zielt insbesondere auf Rechtswahlvereinbarungen, die in einem Ehevertrag enthalten sind, der seinerseits nach nationalem Recht zB der notariellen Beurkundung bedarf (ErwG 19 S 5; → Anh II). In denjenigen teilnehmenden Mitgliedstaaten, die nach Art 5 Abs 3 eine **Rechtswahl noch im Laufe des Verfahrens** zulassen, bestimmt sich auch deren Form nach der *lex fori;* die Rechtswahl muss aber zumindest zu gerichtlichem Protokoll genommen werden (ErwG 20; → Rn 580 ff). Im deutschen Recht verweist Art 46 Abs 2 S 2 EGBGB diesbezüglich auf § 127a BGB. **Anwaltszwang** besteht für die Rechtswahl auch dann nicht, wenn sie erst im Laufe des Verfahrens getroffen wird (Althammer/*Mayer* Art 5 Rn 29). Wird die Form nach Abs 1 bzw nach Abs 2–4 iVm dem nationalen Recht nicht eingehalten, ist die Rechtswahl formnichtig. Das auf die Scheidung bzw Trennung anzuwendende Recht beurteilt sich dann nach Art 8. Allerdings sollte allein das Fehlen der von Abs 1 vorgeschriebenen Datierung der Rechtswahl die Nichtigkeitsfolge nicht auslösen (Rauscher/*Helms* Rn 10).

2. Schriftform und elektronische Form, Abs 1

Nach Abs 1 bedarf die Rechtswahl grundsätzlich nur der Schriftform. Auf das Erfordernis **405** einer **notariellen Beurkundung** (einschließlich der damit verbundenen Belehrung) wird bewusst verzichtet, wohl nicht zuletzt deshalb, weil nicht alle teilnehmenden Mitgliedstaaten das „lateinische" Notariat kennen und die Anforderungen an eine solche Beurkundung daher in den nationalen Rechten unterschiedlich sind. Außerdem sollen die Ehegatten nicht mit den **Kosten** einer notariellen Beurkundung belastet werden, weil diese sie von der wünschenswerten Vornahme einer Rechtswahl abhalten könnten.

Schriftform bedeutet, dass der Text der Rechtswahlvereinbarung schriftlich niedergelegt **406** werden muss, wobei es unerheblich ist, ob dies hand- oder maschinenschriftlich geschieht. Ergänzend kann auf die Auslegung des Schriftformerfordernisses in anderen Rechtsakten der justiziellen Zusammenarbeit in Zivilsachen (zB Art 25 Abs 1 lit a EuGVVO; Art 4 Abs 2 S 1 EuUntVO [→ C Rn 158 ff]; Art 8 Abs 2 HUP [→ C Rn 645 f]; Art 7 Abs 2 S 1, 23 Abs 1 S 1 EuGüVO[→ B Rn 119 ff]) Bezug genommen werden. Das nationale Recht der Mitgliedstaaten (zB § 126 BGB) hat hingegen außer Betracht zu bleiben. Zusätzlich schreibt Abs 1 S 1 vor, dass die Vereinbarung **datiert und von beiden Ehegatten unterzeichnet** sein muss. Auch eine einheitliche Urkunde erfordert Art. 7 Abs 1 S 1 Rom III-VO nicht, so dass die Rechtswahl auch – wie die Gerichtswahl nach Art 25 Abs 1 EuGVVO – in getrennten Schriftstücken (Korrespondenz, e-mail-Verkehr) formwirksam getroffen werden kann (NK-BGB/*Hilbig-Lugani* Rn 5; Rauscher/*Helms* Rn 7).

Keine Antwort gibt Abs 1 S 1 hingegen auf die Frage, ob die Unterschrift eigenhändig **407** geleistet werden muss oder ob auch **Vertretung zulässig** ist. Da eine höchstpersönliche Unterzeichnung bei der elektronischen Form nach S 2 nicht einzuhalten ist, sollte die Unterzeichnung durch einen Vertreter auch nach S 1 genügen, soweit eine Vertretung nicht durch das Scheidungsstatut oder ein nach Art 7 Abs 2–4 Rom III-VO vorrangig geltendes nationales Recht ausgeschlossen wird (*Gruber* IPRax 12, 381/387; Althammer/*Mayer* Rn 4; Rauscher/ *Helms* Rn 8; NK-BGB/*Hilbig-Lugani* Rn 10; **aA** [Unzulässigkeit der Stellvertretung] *Andrae,* IntFamR § 4 Rn 24; MüKoBGB/*Winkler v Mohrenfels* Rn 3). Bei Geltung deutschen Rechts ist eine Vertretung daher zulässig; zum Schutz des vertretenen Ehegatten wird man jedoch auch die Vollmacht zur Abgabe der Rechtswahlerklärung dem Formerfordernis des Art 46 Abs 1 EGBGB unterwerfen müssen (Althammer/*Mayer* Rn 4).

Die Schriftform kann nach Abs 1 S 2 durch eine **elektronische Übermittlung,** die eine **408** dauerhafte Aufzeichnung der Vereinbarung ermöglicht, erfüllt werden. Eine Rechtswahl kann daher auch durch den Austausch von *e-mails* getroffen werden (Pal/*Thorn* Rn 2). Die Vorschrift stimmt wörtlich mit Art 25 Abs 2 EuGVVO, Art 4 Abs 2 S 2 EuUntVO (→ C Rn 164 f) und Art 7 Abs 2 S 2, 23 Abs 1 S 2 EuGüVO (→ B Rn 125 f) überein, so dass zu ihrer Auslegung die Rechtsprechung und Literatur zu diesen Vorschriften mit herangezogen werden können. Danach genügt die Einhaltung der elektronischen Form iSv § 126a BGB, bei der das elektronische

A 409–411   1. Teil. Erkenntnisverfahren A. Ehesachen

Dokument mit einer qualifizierten elektronischen Signatur nach dem Signaturgesetz versehen ist (NK-BGB/*Hilbig-Lugani* Rn 9; Althammer/*Mayer* Rn 3). Hingegen reicht die Textform iSv § 126b BGB nicht aus, weil sie zwar die Schriftform ersetzt, nicht aber die in S 1 zusätzlich vorgeschriebene Unterzeichnung durch beide Ehegatten (Erman/*Hohloch* Rn 2; Rauscher/ *Helms* Rn 11).

3. Zusätzliche Formvorschriften nach nationalem Recht, Abs 2–4

409   **a) Gemeinsamer gewöhnlicher Aufenthalt der Ehegatten in einem teilnehmenden Mitgliedstaat, Abs 2.** Haben beide Ehegatten ihren gewöhnlichen Aufenthalt zum Zeitpunkt der Rechtswahl in einem teilnehmenden Mitgliedstaat, dessen Recht **zusätzliche Formvorschriften** für solche Vereinbarungen vorsieht, so sind nach Abs 2 diese anzuwenden. Die nationalen Formvorschriften des gemeinsamen Aufenthaltsstaates verdrängen also für diesen Fall die einheitlichen europäischen Formvorschriften für die Rechtswahlvereinbarung nach Abs 1. Voraussetzung hierfür ist einerseits, dass das materielle Recht des teilnehmenden Mitgliedstaats, in dem die Ehegatten sich gemeinsam gewöhnlich aufhalten, für die Rechtswahl im internationalen Ehescheidungs- oder Ehetrennungsrecht überhaupt eine eigene Form vorschreibt; andererseits muss es sich dabei um „zusätzliche", dh strengere bzw weitergehende Formvorschriften als nach Abs 1 handeln. Derartige zusätzliche Formvorschriften können etwa in einem teilnehmenden Mitgliedstaat bestehen, in dem die Rechtswahlvereinbarung Bestandteil eines Ehevertrages ist (ErwG 19 S 5; → Anh II). Lässt das nach Abs 2 anzuwendende Recht hingegen eine formlose Rechtswahl zu, so verbleibt es bei dem Schriftformerfordernis nach Abs 1 als der einzuhaltenden Mindestform. Dies ist in den meisten teilnehmenden Mitgliedstaaten der Fall (vgl Rauscher/*Helms* Rn 13 sowie die Mitteilungen im Europäischen Gerichtsatlas für Zivilsachen unter

https://e-justice.europa.eu/content_law_applicable_to_divorce_and_legal_separation-356.

410   Abs 2 kommt hingegen insbesondere zur Anwendung, wenn beide Ehegatten sich zum Zeitpunkt ihrer Rechtswahl **in Deutschland gewöhnlich aufhalten.** Denn der deutsche Gesetzgeber hat für diesen Fall mit dem Rom III-AnpassungsG v 23.1.2013 (→ Rn 301) in Art 46e Abs 1 EGBGB für Rechtswahlvereinbarungen nach Art 5 Rom III-VO die **notarielle Beurkundung** zwingend vorgeschrieben (→ Rn 577; krit dazu wegen der damit verbundenen Erschwerung einer vorsorgenden Rechtswahl Rauscher/*Helms* Rn 23 ff). Art 46e EGBGB hat insoweit Vorrang vor Art 11 EGBGB, so dass die Einhaltung der vom Scheidungsstatut oder vom Recht des Vornahmeorts vorgeschriebenen Form nicht ausreicht (*Schall*/*Weber* IPRax 14, 381/385). Die Vorschrift gilt allerdings – entgegen ihrem zu weiten Wortlaut – nur unter den Voraussetzungen des Art 7 Abs 2–4 Rom III-VO (*Rauscher*/*Pabst* NJW 12, 3490/3497; *Hau* FamRZ 13, 249/252; Althammer/*Mayer* Rn 7). Danach ist eine nur privatschriftlich nach Abs 1 getroffene Rechtswahlvereinbarung formnichtig, wenn beide Ehegatten ihren gewöhnlichen Aufenthalt zum Zeitpunkt der Rechtswahl in Deutschland haben. Allerdings kann die Form nach Art 46e Abs 1 EGBGB auch durch eine gleichwertige Beurkundung im Ausland substituiert werden (*Andrae* FS Martiny [2014] 3/14 f; Rauscher/*Helms* Rn 21). Eine nur privatschriftliche Rechtswahl kann allerdings die hinreichende Erfolgsaussicht für einen Scheidungsantrag nach dem gewählten Recht iSv § 114 ZPO begründen, weil davon auszugehen ist, dass die Ehegatten im Laufe des Scheidungsverfahrens noch eine nach Art 46e EGBGB formgültige Rechtswahl treffen werden (OLG Nürnberg FamRZ 13, 1321). Haben die Ehegatten ihren gewöhnlichen Aufenthalt zur Zeit der Rechtswahl hingegen in einem *Drittstaat* (zB in der *Schweiz*) oder in einem teilnehmenden Mitgliedstaat, der keine besonderen Formvoraussetzungen iSv Abs 2 vorschreibt, so reicht die Schriftform nach Abs 1 selbst dann aus, wenn die Vereinbarung im Inland abgeschlossen wird (Erman/*Hohloch* Rn 3; Rauscher/*Helms* Rn 14).

411   **b) Gewöhnlicher Aufenthalt der Ehegatten in verschiedenen teilnehmenden Mitgliedstaaten, Abs 3.** Haben die Ehegatten zum Zeitpunkt der Rechtswahl ihren gewöhnlichen Aufenthalt in verschiedenen teilnehmenden Mitgliedstaaten, deren Rechte **unterschiedliche Formvorschriften** für solche Vereinbarungen vorsehen, so lässt es Abs 3 – in Anlehnung an Art 11 Abs 2 Rom I-VO – ausreichen, dass die Form nur nach einem dieser Rechte eingehalten wird. Nicht erforderlich ist also die *kumulative* Einhaltung der Formvorschriften beider Aufenthaltsrechte oder des strengeren der beiden Rechte. Abs 3 setzt nicht voraus, dass die Rechtswahl auch in einem der beiden Aufenthaltsstaaten der Ehegatten *vorgenommen* worden ist. Wird also der Form nach dem Recht eines teilnehmenden Mitgliedstaats genügt, in dem nur ein

II. Internationales Privatrecht: Rom III-VO Art 8   **A**

Ehegatte sich gewöhnlich aufhält, so ist auch die in einem nicht teilnehmenden Mitgliedstaat oder in einem Drittstaat getroffene Rechtswahl formgültig.

Hat einer der beiden Ehegatten seinen gewöhnlichen Aufenthalt **in Deutschland,** so ist die **412** Rechtswahl jedenfalls formgültig, wenn die Form der notariellen Beurkundung nach Art 46e Abs 1 EGBGB (→ Rn 577) gewahrt wird. Ist dies nicht der Fall, so folgt daraus – entgegen dem zu weiten Wortlaut dieser Vorschrift – allerdings noch nicht die Formnichtigkeit der Rechtswahl. Vielmehr bedarf es in einem Scheidungs- oder Trennungsverfahren vor deutschen Gerichten weiterhin der Prüfung, ob nicht die Formvorschriften desjenigen teilnehmenden Mitgliedstaats beobachtet wurden, im dem sich **der andere Ehegatte** zur Zeit der Rechtswahl gewöhnlich aufgehalten hat. Kennt das Recht dieses Mitgliedstaats keine besonderen Formvorschriften für die Wahl des Ehescheidungs- oder Ehetrennungsstatuts und gilt deshalb dort die Formvorschrift des Abs 1, so reicht auch deren Einhaltung aus (*Hau* FamRZ 13, 249/252; *Rauscher* FPR 13, 257/260; *Schall/Weber* IPRax 14, 381/385; *Pal/Thorn* Rn 4). Die Verweisung auf das Recht eines anderen teilnehmenden Mitgliedstaats in Abs 3 ist stets auf dessen materielle Formvorschriften gerichtet; das IPR dieses Staates ist schon im Hinblick auf Art 11 nicht zu berücksichtigen.

c) Gewöhnlicher Aufenthalt nur eines Ehegatten in einem teilnehmenden Mitglied- 413 staat, Abs 4. Abs 4 dehnt die Regelung des Abs 2 auf den Fall aus, dass nur einer der Ehegatten seinen gewöhnlichen Aufenthalt in einem teilnehmenden Mitgliedstaat hat. Auch in diesem Fall sind dann die in dem teilnehmenden Mitgliedstaat für die Wahl des Scheidungs- oder Trennungsstatuts geltenden zusätzlichen Formvorschriften maßgebend (ErwG 19 S 4; → Anh II). Hat daher auch nur einer der Ehegatten seinen **gewöhnlichen Aufenthalt** zum Zeitpunkt der Rechtswahl **in Deutschland,** so bedarf die Rechtswahl nach Art 46d Abs 1 EGBGB zwingend der notariellen Beurkundung. Demgegenüber reicht die Einhaltung der Formvorschriften des Staates, in dem sich der andere Ehegatte gewöhnlich aufhält, abweichend von Abs 3 nicht aus, wenn es sich bei diesem Staat um einen nicht teilnehmenden Mitgliedstaat oder einen Drittstaat handelt (*Althammer/Mayer* Rn 7; *Erman/Hohloch* Rn 5). Fehlt es an „zusätzlichen" Formvorschriften in dem teilnehmenden Mitgliedstaat, in dem einer der beiden Ehegatten seinen gewöhnlichen Aufenthalt hat, wie zB in *Belgien* oder *Österreich,* so verbleibt es wiederum beim Schriftformerfordernis nach der Grundregel in Abs 1 (*Rauscher/Helms* Rn 18). Auf die Frage, in welchem Staat die Rechtswahl *vorgenommen* worden ist, kommt es auch nach Abs 4 nicht an.

d) Gewöhnlicher Aufenthalt keines Ehegatten in einem teilnehmenden Mitgliedstaat. 414 Nicht gesondert geregelt in Abs 2–4 ist der Fall, dass keiner der Ehegatten seinen gewöhnlichen Aufenthalt in einem teilnehmenden Mitgliedstaat hat. Dies hat freilich nicht etwa zur Folge, dass eine von den Ehegatten getroffene Rechtswahl in einem vor deutschen Gerichten oder vor den Gerichten eines anderen teilnehmenden Mitgliedstaats eingeleiteten Scheidungs- oder Trennungsverfahren nicht zu beachten wäre. Vielmehr greift in diesem Falle die Grundregel des Abs 1 ein, wonach die Rechtswahl zumindest der Schriftform bedarf (*Hau* FamRZ 13, 249/252; *Erman/Hohloch* Rn 6). Dies gilt auch dann, wenn das Recht des gemeinsamen Aufenthaltsstaates der Ehegatten eine weniger strenge Form genügen lassen sollte, was freilich kaum vorkommen dürfte. Wird in einem solchen Fall die Rechtswahl in Deutschland getroffen, so findet Art 46e Abs 1 EGBGB keine Anwendung. Die notarielle Beurkundung ist jedoch auch in diesem Fall ratsam.

Rom III-VO Art 8. In Ermangelung einer Rechtswahl anzuwendendes Recht

Mangels einer Rechtswahl gemäß Artikel 5 unterliegen die Ehescheidung und die Trennung ohne Auflösung des Ehebandes:

a) **dem Recht des Staates, in dem die Ehegatten zum Zeitpunkt der Anrufung des Gerichts ihren gewöhnlichen Aufenthalt haben, oder anderenfalls**

b) **dem Recht des Staates, in dem die Ehegatten zuletzt ihren gewöhnlichen Aufenthalt hatten, sofern dieser nicht vor mehr als einem Jahr vor Anrufung des Gerichts endete und einer der Ehegatten zum Zeitpunkt der Anrufung des Gerichts dort noch seinen gewöhnlichen Aufenthalt hat, oder anderenfalls**

c) **dem Recht des Staates, dessen Staatsangehörigkeit beide Ehegatten zum Zeitpunkt der Anrufung des Gerichts besitzen, oder anderenfalls**

d) **dem Recht des Staates des angerufenen Gerichts.**

A 415–418   1. Teil. Erkenntnisverfahren A. Ehesachen

1. Allgemeines

415   Nur wenn die Ehegatten bis zum Zeitpunkt der Anrufung des Gerichts **keine Rechtswahl** getroffen haben – und eine solche auch nicht während des bereits anhängigen Verfahrens treffen (Art 5 Abs 3; → Rn 387 f) – oder wenn die vereinbarte Rechtswahl nach Maßgabe der Art 5–7 nicht wirksam ist, wird das auf die Ehescheidung bzw Ehetrennung anwendbare Recht hilfsweise im Wege der objektiven Anknüpfung nach Art 8 bestimmt (vgl zur Subsidiarität der objektiven Anknüpfung OLG Hamm NJOZ 13, 1524/1527). Die Regelung ist – ähnlich wie die objektive Anknüpfung des Scheidungsstatuts nach dem bisherigen autonomen deutschen Kollisionsrecht (Art 17 Abs 1 S 1 iVm Art 14 Abs 1 EGBGB) – als **Anknüpfungsleiter** aufgebaut. Die Anknüpfungskriterien des Art 8 stehen also – anders als jene des Art 5 Rom III-VO – nicht in einem Verhältnis der Alternativität; vielmehr schließt jeweils die Anknüpfung auf einer vorangehenden Stufe diejenige auf den nachfolgenden Stufen aus (OLG Zweibrücken FamRZ 15, 2063 Rn 31 = NZFam 15, 784 m Anm *Hilbig-Lugani;* OLG München NJW 14, 1893/1894; Rauscher/*Helms* Rn 6; vgl auch die Fallbeispiele bei H/O/*Hausmann* § 11 Rn 45). Die vier Sprossen dieser Leiter (lit a – lit d) unterscheiden sich freilich deutlich von der bisherigen Anknüpfung nach Art 14 Abs 1 Nr 1–Nr 3 EGBGB.

416   **Primäranknüpfung** ist nicht mehr – wie bisher nach Art 14 Abs 1 Nr 1 EGBGB – die gemeinsame Staatsangehörigkeit, sondern der **gemeinsame gewöhnliche Aufenthalt** der Ehegatten zur Zeit der Anrufung des Gerichts (lit a). Vorrang vor der Anwendung des gemeinsamen Heimatrechts hat nach lit b sogar die Anwendung des Rechts des Staates, in dem die Ehegatten ihren letzten gemeinsamen gewöhnlichen Aufenthalt hatten, sofern dieser nicht länger als ein Jahr zurückliegt und ein Ehegatte seinen gewöhnlichen Aufenthalt dort bis zur Anrufung des Gerichts beibehalten hat. Erst auf der dritten Stufe knüpft die Verordnung an das gemeinsame Heimatrecht der Ehegatten zur Zeit der Anrufung des Gerichts an (lit c). Das Verhältnis von Staatsangehörigkeits- und Aufenthaltsprinzip wird in der Rom III-VO daher gegenüber dem bisherigen autonomen deutschen Kollisionsrecht umgekehrt (*Makowsky* GPR 12, 266/269; Rauscher/*Helms* Rn 3 ff; Althammer/*Tolani* Rn 2). Eine frühere gemeinsame Staatsangehörigkeit der Ehegatten bleibt – abweichend vom bisherigen deutschen IPR (Art 17 Abs 1 aF iVm Art 14 Abs 1 Nr 1, 2. Fall EGBGB; dazu OLG Hamm FamRZ 11, 220) – auch dann außer Betracht, wenn ein Ehegatte sie bis zur Anrufung des Gerichts beibehalten hat. Denn auf der vierten und letzten Stufe der Anküpfungsleiter des Art 8 wird – wiederum abweichend vom bisherigen deutschen Recht (Art 17 Abs 1 iVm Art 14 Abs 1 Nr 3 EGBGB) – nicht an das Recht angeknüpft, mit dem die Ehegatten sonst am engsten verbunden sind. Stattdessen ist im Interesse eines Gleichlaufs von internationaler Zuständigkeit und anwendbarem Recht das Recht des jeweiligen Gerichtsstaats maßgebend (lit. d). Die Neuregelung hat zur Folge, dass es in Verfahren vor deutschen Gerichten nur noch selten zur Anwendung ausländischen Scheidungsrechts kommen wird (vgl *Henrich,* IntSchR Rn 92); diese Stärkung der *lex fori*-Anknüpfung (dazu NK-BGB/*Hilbig-Lugani* Rn 4) ist vom europäischen Gesetzgeber durchaus beabsichtigt.

417   Bei dieser Regelung der objektiven Anknüpfung des Scheidungs- bzw Trennungsstatuts stand für den Verordnungsgeber vor allem das Interesse an Berechenbarkeit und **Rechtssicherheit** im Vordergrund. Vor allem aus diesem Grund hat er auf eine Auffangklausel iSv Art 14 Abs 1 Nr 3 EGBGB („engste Verbindung") verzichtet. Ferner soll durch die Einführung harmonisierter Kollisionsregeln in Gestalt einer klar strukturierten Anknüpfungsleiter ein *forum shopping* der Ehegatten mit dem Ziel, sich durch die Anrufung der Gerichte eines bestimmten Staates Vorteile in Bezug auf das anzuwendende Recht zu verschaffen, im Geltungsbereich der Verordnung vermieden werden (ErwG 21 S 1; → Anh II; MüKoBGB/*Winkler v Mohrenfels* Rn 2). Schließlich wollte man durch die gewählten Anknüpfungspunkte sicherstellen, dass die Ehegatten zu dem nach Art 8 auf ihre Scheidung bzw Trennung anzuwendenden Recht einen hinreichend **engen Bezug** haben (ErwG 21 S 2; → Anh II). Dies kommt insbesondere in lit b zum Ausdruck, wonach an den letzten gemeinsamen gewöhnlichen Aufenthalt der Ehegatten – anders als bisher nach Art 14 Abs 1 Nr 2, 2. Fall EGBGB – nur noch angeknüpft wird, wenn die Scheidung binnen Jahresfrist nach dem Wegzug eingereicht wird.

418   Im Rahmen der Anknüpfungsleiter des Art 8 kommt es nicht auf den – scheidungsfreundlichen oder scheidungsfeindlichen – **Inhalt des** hiernach maßgebenden **materiellen Scheidungsrechts** an. Während zB im internationalen Unterhaltsrecht ein nach Art 4 HUP privilegierter Unterhaltsberechtigter, der nach dem primär anwendbaren Recht seines gewöhnlichen Aufenthalts (Art 3 HUP) keinen Unterhalt erhalten kann, den Unterhaltsanspruch gem Art 4

II. Internationales Privatrecht: Rom III-VO Art 8 **419–421 A**

Abs 2 HUP hilfsweise auf das Recht am Ort des angerufenen Gerichts und, wenn auch danach kein Unterhaltsanspruch besteht, gem Art 4 Abs 4 HUP auf das Recht der gemeinsamen Staatsangehörigkeit von Berechtigtem und Verpflichtetem stützen kann (→ C Rn 586 ff, 596 ff), eröffnet Art 8 dem Antragsteller im internationalen Scheidungsrecht eine vergleichbare Möglichkeit nicht. Die Anknüpfungsleiter des Art 8 Rom III-VO ist vielmehr **starr** und verbindlich (OLG München NJW 14, 1893/1894; NK-BGB/*Hilbig-Lugani* Rn 5). Wenn die Ehe also nach dem primär anwendbaren Recht am gemeinsamen gewöhnlichen Aufenthalt der Ehegatten (lit a) derzeit nicht geschieden werden kann, so ist der Scheidungsantrag als unbegründet zurückzuweisen (AG Berlin-Schöneberg NZFam 14, 576). Dem Antragsteller hilft es dann nicht, dass der Scheidungsantrag nach dem gemeinsamen Heimatrecht der Ehegatten (lit c) oder nach dem Recht des angerufenen Gerichts (lit d) begründet wäre. Der Abweisung seines Antrags kann er nur entgehen, wenn er sich mit dem Antragsgegner durch entsprechende Rechtswahl nach Art 5 Abs 1 auf ein scheidungsfreundlicheres Recht verständigen kann. Umgekehrt können Ehegatten, die ihren gewöhnlichen Aufenthalt im Inland hatten, eine Scheidung nach ihrem gemeinsamen Heimatrecht nur noch erreichen, wenn sie eine Rechtswahl nach Art 5 Abs 1 lit c treffen. In Ermangelung einer Rechtswahl ist daher ein Antrag von in Deutschland lebenden italienischen Ehegatten auf eine gerichtliche Ehetrennung (*„separazione giudiziale"*) von deutschen Gerichten als unbegründet abzuweisen (OLG Stuttgart NJW 13, 398; vgl auch OLG Nürnberg FamRZ 14, 835 [*Türkei*]; OLG München IPRspr 13 Nr 103; vgl das Beispiel bei H/O/*Hausmann* § 11 Rn 29).

Zu beachten ist schließlich, dass es sich bei den objektiven Anknüpfungen nach Art 8 – **419** wiederum in Abweichung vom bisherigen autonomen deutschen Kollisionsrecht der Ehescheidung – nicht um Gesamtverweisungen, sondern gem Art 11 um **Sachnormverweisungen** handelt (AG Berlin-Schöneberg NZFam 14, 576). Sie sind also unmittelbar auf das materielle Scheidungsrecht gerichtet; das IPR eines nach Art 8 lit a–lit d zur Anwendung berufenen ausländischen Rechts bleibt auch dann außer Betracht, wenn auf das Recht eines nicht teilnehmenden Mitgliedstaats oder eines Drittstaats verwiesen wird, das seinerseits eine Rückverweisung auf deutsches Recht ausspricht (näher → Rn 463 ff).

Bezieht man mit der hier vertreten Ansicht **Privatscheidungen** in die Rom III-VO (zu- **420** mindest im Wege der Analogie) ein (→ Rn 319 ff), so gelten die Anküpfungen des Art 8 auch für deren materielle und formelle Anforderungen (Pal/*Thorn* Art 1 Rn 6; Rauscher/*Helms* Rn 44). Einer Vornahme im Inland steht allerdings das Scheidungsmonopol der deutschen Gerichte nach Art 17 Abs 2 EGBGB entgegen (dazu näher → Rn 562 ff).

2. Die einzelnen Anknüpfungen

a) Gemeinsamer gewöhnlicher Aufenthalt der Ehegatten, lit a. Die Gerichte der teil- **421** nehmenden Mitgliedstaaten haben auf die Ehescheidung bzw Ehetrennung in Ermangelung einer wirksam nach Art 5 ff getroffenen Rechtswahl gemäß lit a in erster Linie das Recht des Staates anzuwenden, in dem die Ehegatten zum Zeitpunkt der Anrufung des Gerichts ihren gemeinsamen gewöhnlichen Aufenthalt haben (**1. Stufe**; vgl OLG Hamm FamRZ 16, 1926; OLG Jena NJW 15, 2270; KG FamRZ 14, 664). Aufgrund der Verpflichtung der Gerichte der teilnehmenden Mitgliedstaaten zur universellen Anwendung der Verordnung (Art 4) gilt dies – anders als für die Zuständigkeitsregelung in Art 3 Abs 1 lit a, 1. Spiegelstrich EuEheVO (→ Rn 65) – auch dann, wenn die Ehegatten ihren gewöhnlichen Aufenthalt nicht in einem EU-Mitgliedstaat haben. Die Anknüpfung an das Recht des gemeinsamen gewöhnlichen Aufenthalts entspricht im (Regel-) Fall einer Anrufung der dortigen Gerichte dem Interesse der Ehegatten an einer zügigen und kostensparenden Scheidung (*Henrich*, IntSchR Rn 85; zu den Vor- und Nachteilen dieser Anknüpfung auch NK-BGB/*Hilbig-Lugani* Rn 17 f). Abweichend vom bisherigen Recht findet das gemeinsame Heimatrecht auf die Scheidung von Ausländern, die ihren gewöhnlichen Aufenthalt im Inland haben, keine Anwendung mehr (OLG Karlsruhe FamRZ 17, 959 [*Iraker*]; OLG München NJW 14, 1893/1894 = FamRZ 14, 862 m Anm *Heiderhoff* [*Türken*]; KG FamRZ 14, 664 [*Vietnamesen*]; NK-BGB/*Hilbig-Lugani* Rn 8). Umgekehrt bestimmt Art 8 lit a das Scheidungsstatut auch für im Ausland lebende **deutsche Ehegatten,** selbst wenn diese sich vor einem deutschen Gericht scheiden lassen möchten; maßgebend ist auch in diesem Fall das gemeinsame ausländische Aufenthaltsrecht der Ehegatten (KG FamRZ 16, 1588/1589 [*Schweiz*]; AG Berlin-Schöneberg BeckRS 14, 05267 m Anm *Leder-Kappert* NZFam 14, 576), sofern diese keine Rechtswahl zugunsten ihres gemeinsamen deutschen Heimatrechts nach Art 5 Abs 1 lit c treffen (Münch/*Süß* § 20 Rn 273).

101

A 422–426   1. Teil. Erkenntnisverfahren A. Ehesachen

422 **aa) Begriff.** Der Begriff des gewöhnlichen Aufenthalts ist auch im Rahmen der Rom III-VO **autonom** auszulegen. Allerdings gibt es – wie der EuGH inzwischen zu Art 8 EuEheVO klargestellt hat (EuGH C-523/07 – *A*, Slg 09 I-2805 Rn 34 = FamRZ 09, 843; EuGH C-497/10 – *Mercredi*, Slg 10 I-14309 Rn 47 ff = FamRZ 11, 617 m Anm *Henrich;* vgl auch *Pirrung* IPRax 11, 50/53) – **keinen einheitlichen europäischen Begriff** des gewöhnlichen Aufenthalts, der für alle Rechtsinstrumente auf dem Gebiet der justiziellen Zusammenarbeit in Zivilsachen gleichermaßen gilt (zu dieser funktionalen Differenzierung des Begriffs ausf *Rauscher/Helms* Rn 16 ff). Vielmehr kann der gewöhnliche Aufenthalt im Hinblick auf den jeweiligen rechtlichen Zusammenhang, in dem er verwendet wird, unterschiedlich verstanden werden. Deshalb ist insbesondere der vornehmlich am Kindeswohl und der Notwendigkeit des raschen Ergreifens von Schutzmaßnahmen für Kinder ausgerichtete Begriff des gewöhnlichen Aufenthalts in Art 8 ff EuEheVO (→ F Rn 87 ff) und in den Haager Übereinkommen zum Schutz von Kindern (zum KSÜ → F Rn 420 ff) nicht ohne weiteres auf die Rom III-VO übertragbar (*Helms* FamRZ 11, 1765/1769 f; *Althammer/Tolani* Rn 6).

423 Darüber hinaus kann das Ziel der kollisionsrechtlichen Anknüpfung, nämlich den Schwerpunkt des Rechtsverhältnisses in nur einer einzigen Rechtsordnung zu lokalisieren, für ein noch engeres Konzept des gewöhnlichen Aufenthalts in der Rom III-VO als in Art 3 EuEheVO streiten, wo der gewöhnliche Aufenthalt der Ehegatten zur Bestimmung alternativer Zuständigkeiten in verschiedenen Mitgliedstaaten verwendet wird (*Helms* aaO; NK-BGB/*Hilbig-Lugani* Rn 41 aE). Daher ist jedenfalls für Art 8 lit a die Annahme eines **mehrfachen gewöhnlichen Aufenthalts ausgeschlossen.** Haben sich die Ehegatten daher ständig abwechselnd in zwei Ländern gewöhnlich aufgehalten, so muss dennoch ein effektiver gewöhnlicher Aufenthalt in einem dieser beiden Länder festgestellt werden, zu dem eine – wenn auch nur unwesentlich – engere Verbindung bestanden hat (Erman/*Hohloch* Rn 2; vgl zu Art 17 Abs 1 S 1 aF iVm Art 14 Abs 1 Nr 2 EGBGB OLG Oldenburg FamRZ 10, 1565/1566 m zust Anm *Schulze* IPRax 12, 526). Dagegen muss eine Person nicht notwendig immer einen gewöhnlichen Aufenthalt besitzen (vgl BGH NJW 93, 2047/2049).

424 Aus der Vorgabe in ErwG 10 Abs 1 (→ Anh II) zu einer möglichst einheitlichen Auslegung der Rom III-VO und der EuEheVO kann jedoch entnommen werden, dass der Begriff grundsätzlich ebenso zu verstehen ist wie in Art 3 Abs 1 lit a EuEheVO, weil nur so der wünschenswerte Gleichlauf von internationaler Zuständigkeit und anwendbarem Recht erreicht wird (vgl idS auch *Gruber* IPRax 12, 381/385; *Traar* ÖJZ 11, 805/808; *Martiny* IPRax 11, 437/450; *Andrae*, IntFamR § 4 Rn 97; *Helms* FamRZ 11, 1765/1769; jurisPK-BGB/*Ludwig* Art 5 Rn 12; Pal/*Thorn* Art 5 Rn 3; *Althammer/Tolani* Rn 6). Maßgebend ist also auch insoweit der **tatsächliche Lebensmittelpunkt** der Ehegatten. Wegen der Einzelheiten zu dessen Ermittlung kann daher auf die Kommentierung zu Art 3 EuEheVO (→ Rn 55 ff) verwiesen werden. Voraussetzung ist auch hier nur, dass beide Ehegatten sich gewöhnlich im Gebiet des gleichen Staates aufhalten; ein Aufenthalt am gleichen Ort innerhalb dieses Staates oder gar in einer gemeinsamen Wohnung wird nicht verlangt (*Rauscher/Helms* Rn 9).

425 **bb) Maßgebender Zeitpunkt.** Maßgebender Zeitpunkt für das Vorliegen des gewöhnlichen Aufenthalts der Ehegatten ist nach lit a die **Anrufung des Gerichts.** Zur Bestimmung dieses Zeitpunkts gilt das zu Art 5 Abs 2 Gesagte (→ Rn 384 ff) entsprechend. Maßgebend ist daher Art 16 EuEheVO, in *Deutschland* also grundsätzlich die Einreichung des Scheidungsantrags bei Gericht (*Rauscher/Helms* Rn 7; zu Art 16 EuEheVO näher → Rn 136 ff). Damit ist das Scheidungs- bzw Trennungsstatut **unwandelbar;** Veränderungen des gewöhnlichen Aufenthalts der Ehegatten im Laufe des Verfahrens beeinflussen also das anwendbare Recht nicht mehr (Erman/*Hohloch* Rn 2; MüKoBGB/*Winkler v Mohrenfels* Rn 13; ebenso schon zum Scheidungsstatut nach Art 17 Abs 1 S 1 EGBGB aF BGH-NJW-RR 08, 1169 Rn 39m Anm *Siehr* IPRax 09, 332; OLG Hamm FamRZ 95, 933). Die Ehegatten können freilich auch nachträglich eine Änderung des Scheidungsstatuts erreichen, indem sie entweder eine Rechtswahl nach Art 5 Abs 3 Rom III-VO iVm 46e Abs 2 EGBGB treffen (→ Rn 387 ff) oder den Scheidungsantrag einvernehmlich zurücknehmen und ihn anschließend beim gleichen Gericht oder dem Gericht eines anderen Staates auf der Grundlage ihrer veränderten tatsächlichen Verhältnisse neu einreichen (Erman/*Hohloch* Rn 2). Zur Privatscheidung → Rn 319 ff.

426 **b) Letzter gemeinsamer gewöhnlicher Aufenthalt der Ehegatten, lit b.** Haben die Ehegatten im Zeitpunkt der Anrufung des Gerichts ihren gewöhnlichen Aufenthalt nicht mehr in demselben Staat, so kommt das Recht des Staates zur Anwendung, in dem sie zuletzt gemeinsam ihren gewöhnlichen Aufenthalt hatten (**2. Stufe**). Diese Anknüpfung orientiert sich an der

II. Internationales Privatrecht: Rom III-VO Art 8   **427–431 A**

Zuständigkeitsregelung in Art 3 Abs 1 lit a, 2. Spiegelstrich EuEheVO. Wie dort wird vorausgesetzt, dass einer der Ehegatten zum Zeitpunkt der Anrufung des Gerichts dort noch seinen gewöhnlichen Aufenthalt hat. Dies kann sowohl der Antragsteller wie der Antragsgegner sein (Erman/*Hohloch* Rn 3). Der in ErwG 21 (→ Anh II) betonte hinreichende Bezug der Ehegatten zu diesem Recht ist freilich nach lit b nur dann gegeben, wenn der gemeinsame gewöhnliche Aufenthalt **nicht bereits vor mehr als einem Jahr vor Anrufung des Gerichts geendet** hat; ein länger zurückliegender gemeinsamer gewöhnlicher Aufenthalt reicht – abweichend vom bisherigen Recht (Art 14 Abs 1 Nr 2, 2. Fall EGBGB) – nicht mehr aus (OLG Zweibrücken NJW-RR 15, 1157 Rn 14). Außerdem muss ein Ehegatte – wie schon bisher nach Art 14 Abs 1 Nr 2, 2. Fall EGBGB – seinen gewöhnlichen Aufenthalt in dem früheren gemeinsamen Aufenthaltsstaat nach dem Wegzug des anderen Ehegatten bis zur Anrufung des Gerichts **ununterbrochen beibehalten** haben (Pal/*Thorn* Rn 3; Althammer/*Tolani* Rn 8). Dies bringt ein gewisses Unsicherheitsmoment in die Anknüpfung nach Art 8 Rom III-VO, da die Verfestigung eines schlichten zum gewöhnlichen Aufenthalt häufig nur schwer festzustellen ist (krit deshalb *Andrae,* IntFamR § 4 Rn 29; NK-BGB/*Hilbig-Lugani* Rn 15).

Haben beide Ehegatten den letzten gemeinsamen gewöhnlichen Aufenthalt im Inland hin- **427** gegen durch **Umzug ins Ausland** aufgegeben, so greift lit b auch dann nicht ein, wenn einer der Ehegatten kurze Zeit später nach Deutschland zurückkehrt und hier erneut seinen gewöhnlichen Aufenthalt begründet; dies gilt auch dann, wenn dieser Ehegatte zwischenzeitlich im Ausland keinen neuen gewöhnlichen Aufenthalt erworben hatte (vgl zu Art 14 Abs 1 Nr 2 EGBGB BGH NJW 93, 2047/2048 f; dazu *v Bar* IPRax 94, 102). Die Darlegungs- und **Beweislast** für die Voraussetzungen obliegt dem antragstellenden Ehegatten (Pal/*Thorn* Rn 3; Erman/*Hohloch* Rn 3; Althammer/*Tolani* Rn 6; **aA** *Andrae,* IntFamR § 4 Rn 29 aE). Sind sie gegeben, so sieht der Verordnungsgeber zum Recht des letzten gemeinsamen gewöhnlichen Aufenthalts der Ehegatten einen stärkeren Bezug als zu deren gemeinsamem Heimatrecht. Durch die Wahrung oder das Verstreichenlassen der Jahresfrist nach lit b kann der Antragsteller freilich einen kaum zu rechtfertigenden Einfluss auf das anwendbare Scheidungsrecht nehmen (krit *Gruber* IPRax 12, 381/387; Pal/*Thorn* Rn 3).

Hatten deutsche Ehegatten etwa ihren letzten gemeinsamen gewöhnlichen Aufenthalt in **428** *Italien* und ist ein Ehegatte inzwischen nach Deutschland zurückgekehrt, so kann dieser durch die Hinauszögerung des Scheidungsantrags auf die Zeit nach Ablauf der Jahresfrist die Anwendung des deutschen Scheidungsrechts nach lit c erreichen; er muss daher weder ein gerichtliches Ehetrennungsverfahren durchführen noch die erst von der gerichtlichen Trennung an laufende Frist des italienischen Rechts einhalten (vgl *Henrich,* IntSchR Rn 91; vgl auch das Beispiel bei H/O/*Hausmann* § 11 Rn 35). Die Trennungsfrist ist in Italien allerdings durch das Gesetz vom 6.5.2015, n. 55 für die streitige Ehescheidung von bisher drei Jahren auf zwölf Monate, für die einvernehmliche Ehescheidung auf sechs Monate verkürzt worden (vgl *Henrich/Cubeddu-Wiedemann* FamRZ 15, 1253 ff).

c) Gemeinsame Staatsangehörigkeit der Ehegatten, lit c. aa) Allgemeines. Erst auf der **429** **3. Stufe** der Anknüpfungsleiter des Art 8, also in dem schon eher seltenen Fall, dass die Eheleute weder im Zeitpunkt der Anrufung des Gerichts ihren gewöhnlichen Aufenthalt in demselben Staat haben, noch einen solchen im Jahr davor in demselben Staat hatten, wird in lit c an die gemeinsame Staatsangehörigkeit der Ehegatten angeknüpft. Diese Zurückdrängung der gemeinsamen Staatsangehörigkeit als Anknüpfungskriterium in der Rom III-VO im Vergleich zum bisherigen Recht (Art 17 Abs 1 S 1 iVm Art 14 Abs 1 Nr 1 EGBGB aF) wird zwar kritisiert (vgl Rauscher/*Rauscher* Einl Rn 51 f); sie verdient jedoch wegen der erheblichen praktischen Vorzüge der Anknüpfung an den gewöhnlichen Aufenthalt, die weit häufiger zur Anwendung der *lex fori* führt und damit die aufwändige Ermittlung ausländischen Rechts vermeidet, Zustimmung (ebenso NK-BGB/*Hilbig-Lugani* Rn 18).

Die gemeinsame Staatsangehörigkeit muss – wie der gemeinsame gewöhnliche Aufenthalt **430** nach lit a – im **Zeitpunkt der Anrufung des Gerichts** gegeben sein. Daher schadet es auch nicht, wenn einer der Ehegatten diese Staatsangehörigkeit im Laufe des Scheidungs- oder Trennungsverfahrens verliert (Erman/*Hohloch* Rn 4). Denn die Anknüpfung ist – wie jene nach lit a – **unwandelbar.**

Eine **frühere gemeinsame Staatsangehörigkeit** der Ehegatten reicht – anders als bisher **431** nach Art 17 Abs 1 S 1 iVm Art 14 Abs 1 Nr 1, 2. Fall EGBGB aF (vgl BGH FamRZ 94, 434/435; OLG Hamm FamRZ 11, 220; OLG Karlsruhe FamRZ 96, 1146/1147) – als Anknüpfungspunkt nicht aus (*Dimmler/Bißmaier* FamRBint 12, 66/68; Althammer/*Tolani* Rn 10). Auch unter

103

A 432–436   1. Teil. Erkenntnisverfahren A. Ehesachen

diesem Aspekt sieht der Verordnungsgeber in der gemeinsamen Staatsangehörigkeit der Ehegatten ein deutlich schwächeres Anknüpfungskriterium als im gemeinsamen gewöhnlichen Aufenthalt (vgl lit b). Unerheblich ist hingegen, wann und auf welche Weise ein Ehegatte die bei Einreichung des Scheidungsantrags vorhandene Staatsangehörigkeit erworben hat.

432   Haben die Ehegatten gemeinsam die Staatsangehörigkeit eines **Mehrrechtsstaats,** so ist lit c nur anwendbar, wenn die Unteranknüpfung im Fall territorialer Spaltung nach Art 14 lit c zum Recht der gleichen Gebietseinheit oder im Fall personaler Spaltung nach Art 15 zum Recht der gleichen Personengruppe (zB Religionsgemeinschaft) führt (näher → Rn 514 ff, 518 ff).

433   **bb) Doppel- und Mehrstaater.** Zu Art 3 Abs 1 lit b EuEheVO hat der EuGH entschieden, dass für die Begründung der internationalen Zuständigkeit nach dieser Vorschrift alle Staatsangehörigkeiten der Ehegatten gleich zu behandeln sind, so dass auch eine **gemeinsame nicht-effektive Staatsangehörigkeit** ausreicht (EuGH C-168/08 – *Hadadi/Mesko,* Slg 09 I-1571 = FamRZ 09, 1571 m abl Anm *Kohler* und zust Anm *Hau* und *Dilger,* IPRax 10, 50 und 54; → Rn 86). Wollte man den von ErwG 10 Abs 1 S 1 angestrebten „Einklang" zwischen beiden Verordnungen herstellen, so wäre diese autonom-europäische Auslegung der EuEheVO auch auf die Rom III-VO zu übertragen; danach wäre auch hier eine gemeinsame Staatsangehörigkeit ausreichend, die für einen oder beide Ehegatten nicht effektiv ist.

434   Allerdings ist in diesem Zusammenhang auch ErwG 22 zur Verordnung (→ Anh III) zu berücksichtigen; danach wird die Frage, wie in Fällen mehrfacher Staatsangehörigkeit zu verfahren ist, weiterhin **nach innerstaatlichem Recht** geregelt. Diesem speziell auf die Anknüpfung bei Mehrstaatigkeit abzielenden ErwG gebührt insoweit der Vorrang vor dem mit ErwG 10 angestrebten Gleichklang der Auslegung von Rom III-VO und EuEheVO (Althammer/*Tolani* Rn 11). Vor deutschen Gerichten ist daher im Rahmen von Art 8 lit c ergänzend **Art 5 Abs 1 EGBGB** heranzuziehen (RegBegr zum Rom III-AnpassungsG v 23.1.2013 [→ Rn 301], BT-Drs 17/11049, S 8 unter A I, 4. Spiegelstrich). Danach müssen die Ehegatten grundsätzlich eine **effektive gemeinsame Staatsangehörigkeit** haben (Art 5 Abs 1 S 1 EGBGB). Eine gemeinsame nicht effektive Staatsangehörigkeit reicht also – anders als im Recht der internationalen Zuständigkeit nach Art 3 Abs 1 lit b EuEheVO und anders als für die Zulässigkeit der Rechtswahl nach Art 5 lit c (→ Rn 375 ff) – für die objektive Anknüpfung nach Art 8 lit c nicht aus (*Helms* FamRZ 11, 1765/1771; *Gruber* IPRax 12, 381/388; MüKoBGB/*Winkler v Mohrenfels* Rn 6; Althammer/*Tolani* Rn 6; Palandt/*Thorn* Rn 4; MüKoBGB/*v Hein* Art 5 EGBGB Rn 82; einschränkend *Andrae,* IntFamR § 4 Rn 32). Dies erscheint deshalb gerechtfertigt, weil es im Kollisionsrecht – anders als im Zuständigkeitsrecht – in Ermangelung einer Rechtswahl darum geht, ein Recht als Scheidungsstatut zu bestimmen, zu dem *beide* Ehegatten einen echten Bezug haben (Erman/*Hohloch* Rn 4; Pal/*Thorn* Rn 4; NK-BGB/*Hilbig-Lugani* Rn 19b; Rauscher/*Helms* Rn 37 f).

435   Besitzt ein Ehegatte **mehrere ausländische Staatsangehörigkeiten,** so ist nach Art 5 Abs 1 S 1 EGBGB auf das Recht desjenigen dieser Staaten abzustellen, mit dem dieser Ehegatte am engsten verbunden ist, insbesondere durch seinen gewöhnlichen Aufenthalt oder durch den Verlauf seines Lebens (sog „effektive Staatsangehörigkeit", vgl zum autonomen Kollisionsrecht *Jayme* IPRax 02, 209). Hat der Ehegatte seinen gewöhnlichen Aufenthalt in einem seiner Heimatstaaten, so ist regelmäßig dessen Recht anwendbar. Hält er sich hingegen in einem Drittstaat gewöhnlich auf, so kommt es für die Ermittlung der effektiven Staatsangehörigkeit auf die sonstigen Umstände seines Lebensverlaufs an. Zu berücksichtigen sind dann etwa die Inanspruchnahme staatsbürgerlicher Rechte und die Erfüllung staatsbürgerlicher Pflichten, die kulturelle und religiöse Prägung, die Sprache, sowie wirtschaftliche, berufliche und private Verbindungen (vgl zu Art 17 Abs 1 EGBGB aF OLG München FamRZ 94, 634; OLG Frankfurt FamRZ 94, 715/716).

436   Auf die Effektivität der Staatsangehörigkeit käme es allerdings nach Art 5 Abs 1 S 2 EGBGB dann nicht an, wenn ein Ehegatte neben einer ausländischen **auch die deutsche Staatsangehörigkeit** besitzt oder auch Deutscher iSv Art 116 GG ist; in diesem Fall wäre im Rahmen von lit c nur die deutsche Staatsangehörigkeit maßgebend (Art 5 Abs 1 S 2 EGBGB) und eine Anknüpfung an die gemeinsame ausländische Staatsangehörigkeit der Ehegatten hätte auszuscheiden (so zu Art 17 Abs 1 S 1 EGBGB aF BGH FamRZ 94, 434/435; OLG Hamm FamRZ 11, 220 und FamRZ 97, 1228/1229; BayObLG NJW-RR 94, 771/772; OLG Düsseldorf FamRZ 94, 1261/1262; AG Leverkusen FamRZ 05, 1684/1685). Dies würde selbst dann gelten, wenn es sich bei der ausländischen um die effektive Staatsangehörigkeit des deutschen Ehegatten handeln würde (vgl OLG Stuttgart FamRZ 89, 760/761). Diese Bevorzugung der

104

II. Internationales Privatrecht: Rom III-VO Art 8   **437–440** **A**

gemeinsamen nicht-effektiven deutschen Staatsangehörigkeit gegenüber einer gemeinsamen effektiven ausländischen Staatsangehörigkeit dürfte freilich mit den „Grundsätzen der Europäischen Union", die nach dem ErwG 22 in diesem Zusammenhang „uneingeschränkt zu achten" sind, nur schwerlich vereinbar sein (Pal/*Thorn* Rn 4; Althammer/*Tolani* Rn 6; MüKoBGB/ *Winkler v Mohrenfels* Rn 8 f; **aA** Erman/*Hohloch* Rn 4). Zudem würde die Anküpfungsleiter des Art 8 Rom III-VO um eine Sprosse verkürzt, wenn Ehegatten ihre gemeinsame ausländische (auch effektive) Staatsangehörigkeit deshalb nicht wählen könnten, weil ein Ehegatte auch die deutsche Staatsangehörigkeit besitzt (*Basedow* FS Posch [2011] 17/28; MüKoBGB/*v Hein,* Art. 5 EGBGB Rn 84). Schließlich dient die Anknüpfung an die gemeinsame Staatsangehörigkeit in Art 8 lit c – ebenso wie die Anknüpfung an den gemeinsamen gewöhnlichen Aufenthalt in lit a oder b – zur Ermittlung eines räumlichen Schwerpunkts der konkret gelebten Ehe; die Bevorzugung der jeweils eigenen Staatsangehörigkeit aus Praktikabilitätsgründen ist in einem europäischen Kollisionsrecht kein tragendes Argument mehr (so im Erg auch OLG München FamRZ 15, 1613/1615 = IPRax 16, 158 m Anm *Weller/Hauber/Schulz* 123; *Helms* FamRZ 11, 1765/ 1771; *Hau* FamRZ 13, 249/253 f; NK-BGB/*Hilbig-Lugani* Rn 19a).

cc) Staatenlose und Flüchtlinge. Bei **Staatenlosen** versagt die Anknüpfung an die Staats- **437** angehörigkeit; das Personalstatut eines Staatenlosen wird daher nach Art 12 Abs 1 des New Yorker Übereinkommens über die Rechtsstellung der Staatenlosen v 28.9.1954 (BGBl 1976 II, 474) bzw nach Art 5 Abs 2 EGBGB durch das Recht des Staates bestimmt, in dem dieser seinen gewöhnlichen Aufenthalt hat. Gleiches gilt für **internationale Flüchtlinge** iS der Genfer Flüchtlingskonvention v 28.7.1951 (BGBl 53 II 595) oder **anerkannte Asylberechtigte** iSv §§ 1–3 AsylG idF v 2.9.2008 (BGBl I 1798; vgl Art 12 Genfer Konvention, § 2 Abs 1 AsylG). Demgegenüber gelten **volksdeutsche Flüchtlinge,** Vertriebene und Spätaussiedler als Deutsche iSv Art 116 GG iVm Art 9 II Nr 5 FamRÄndG 1961 (OLG Hamm NJW-RR 93, 1352/1353).

Während das durch den gewöhnlichen Aufenthalt bestimmte Personalstatut von Staatenlosen **438** oder Flüchtlingen für die Zwecke der Anknüpfung nach dem bisherigen autonomen deutschen Scheidungskollisionsrecht (Art 17 Abs 1 S 1 iVm Art 14 Abs 1 Nr 1 EGBGB) **der Staatsangehörigkeit gleichgestellt** wurde (vgl BGHZ 169, 240 = FamRZ 07, 109 f Rn 10; OLG Hamburg FamRZ 04, 459; OLG Nürnberg FamRZ 02, 324 f; OLG Celle FamRZ 98, 757 f; OLG Karlsruhe FamRZ 96, 1146/1147 und FamRZ 91, 83 f; OLG Hamm FamRZ 92, 1181 m Anm *Henrich;* AG Leverkusen FamRZ 05, 1684/1685), dürfte dies im Rahmen der **Rom III-VO** nicht gelten (ebenso Erman/*Hohloch* Rn 4 aE sowie die hM zu Art 3 Abs 1 lit b EuEheVO; → Rn 86; **aA** aber *Gruber* IPRax 12, 381/388; Pal/*Thorn* Rn 4; NK-BGB/*Hilbig-Lugani* Rn 20; Rauscher/*Helms* Rn 39; *Andrae,* IntFamR § 4 Rn 26). Daher dürfte lit c keine über lit a und lit b hinausgehende Anknüpfungsmöglichkeit, wenn ein Ehegatte die deutsche Staatsangehörigkeit besitzt und der andere Ehegatte als Staatenloser oder Flüchtling seinen gewöhnlichen Aufenthalt in Deutschland hat. Hatte in diesem Fall der deutsche Ehegatte seinen gewöhnlichen Aufenthalt weder zur Zeit der Anrufung des Gerichts noch im Jahr davor in Deutschland, so kommt deutsches Recht nicht nach lit c, sondern nur nach lit d zu Anwendung.

d) Lex fori, lit d. Auf der **4. Stufe** der Anknüpfungsleiter des Art 8 wird schließlich – anders **439** als bisher nach Art 17 Abs 1 S 1 iVm Art 14 Abs 1 Nr 3 EGBGB – nicht auf eine Generalklausel („engste Verbindung") zurückgegriffen (krit dazu *Kohler* FamRZ 08, 1673/1679; *Andrae,* IntFamR § 4 Rn. 27), sondern das Recht des angerufenen Gerichts, dh die *lex fori* für maßgeblich erklärt. Wie die Rechtswahl nach Art 5 Abs 1 lit d (→ Rn 380), bezweckt auch die objektive Anknüpfung nach Art 8 lit d vor allem, dass das angerufene Gericht sein eigenes Recht anwenden kann **(Gleichlauf),** weil dies mit einer höheren Richtigkeitsgewähr der Entscheidung und geringerem Aufwand für Gericht und Parteien verbunden ist. Ferner strebte der Verordnungsgeber damit an, denjenigen Mitgliedstaaten, die dem *Common Law*-Rechtskreis oder dem skandinavischen Rechtskreis angehören, den Beitritt zu der Verstärkten Zusammenarbeit auf dem Gebiet des internationalen Ehescheidungsrechts zu erleichtern. Trotz ihrer subsidiären Geltung kommt die *lex fori* nach Art 8 lit d nicht so selten zur Anwendung; denn ausreichend hierfür ist es schon, dass ein Ehegatte nach dem Scheitern einer gemischt-nationalen Ehe in seinen Heimatstaat zurückkehrt und die Jahresfrist nach lit b verstrichen ist (vgl OLG Zweibrücken FamRZ 15, 2063 Rn 32 ff = NZFam 15, 784 m Anm *Hilbig-Lugani;* Trib Treviso 4.11.15, Riv dir int priv proc 17, 391/393 f; *Gruber* IPRax 12, 381/388; krit daher NK-BGB/*Hilbig-Lugani* Rn 18).

Im Rahmen von lit d gewinnen die Vorschriften in **Art 3–7 EuEheVO zur internationalen 440 Zuständigkeit in Ehesachen** auch für die Frage des anwendbaren Rechts Bedeutung. Denn

105

A 441–443

1. Teil. Erkenntnisverfahren A. Ehesachen

soweit es an einer wirksamen Rechtswahl nach Art 5 fehlt und die vorrangigen Anknüpfungen nach Art 8 lit a–lit c nicht eingreifen, bestimmt der Antragsteller durch die Anrufung der Gerichte eines bestimmten Mitgliedstaats zugleich das auf die Ehescheidung anzuwendende Recht. Da er gem Art 3 ff EuEheVO häufig zwischen verschiedenen **alternativen Gerichtsständen** wählen kann, begünstig lit d in dem – allerdings begrenzten – Anwendungsbereich dieser subsidiären Anknüpfungsregel das *forum shopping;* ferner ist nicht immer gewährleistet, dass zum Recht des Gerichtsstaats tatsächlich eine enge Verbindung der Ehegatten besteht. Die Anknüpfung vermag insbesondere dann nicht zu befriedigen, wenn die Ehegatten einer gemischt-nationalen Ehe zuvor über Jahrzehnte ihren gemeinsamen gewöhnlichen Aufenthalt in dem gleichen Staat hatten und der Antragsteller von dem in diesem Staat verbliebenen Antragsgegner nach Ablauf der Jahresfrist (lit b) die Scheidung in einem Staat beantragen kann, zu dem letzterer überhaupt keinen Bezug hat (zu Recht krit *Schurig* FS v Hoffmann [2011] 405/407: „radikaler Schnitt"; *Gruber* IPRax 12, 381/388; Pal/*Thorn* Rn 5; Althammer/*Tolani* Rn 17). Dem kann nur durch die Wahl des gemeinsamen Aufenthaltsrechts der Ehegatten nach Art 5 lit a oder lit b begegnet werden, deren Wirksamkeit auch die Jahresfrist nach Art 8 lit b überdauert.

Rom III-VO Art 9. Umwandlung einer Trennung ohne Auflösung des Ehebandes in eine Ehescheidung

(1) **Bei Umwandlung einer Trennung ohne Auflösung des Ehebandes in eine Ehescheidung ist das auf die Ehescheidung anzuwendende Recht das Recht, das auf die Trennung ohne Auflösung des Ehebandes angewendet wurde, sofern die Parteien nicht gemäß Artikel 5 etwas anderes vereinbart haben.**

(2) **Sieht das Recht, das auf die Trennung ohne Auflösung des Ehebandes angewendet wurde, jedoch keine Umwandlung der Trennung ohne Auflösung des Ehebandes in eine Ehescheidung vor, so findet Artikel 8 Anwendung, sofern die Parteien nicht gemäß Artikel 5 etwas anderes vereinbart haben.**

Schrifttum: *Henrich,* Die Umwandlung einer gerichtlichen Trennung in eine Scheidung: Internationale Zuständigkeit und anwendbares Recht, FS Gottwald (2014) 267; *Pabst,* Kollisionsrechtliche Absicherung der Umwandlung einer Ehetrennung in eine Ehescheidung, FPR 08, 230.

1. Bedeutung

441   Praktische Bedeutung kommt der Regelung über das auf die Umwandlung einer Ehetrennung in eine Ehescheidung anzuwendende Recht vor allem in denjenigen teilnehmenden Mitgliedstaaten zu, die – wie viele Staaten mit romanischer Rechtstradition (zB *Frankreich, Luxemburg, Portugal, Spanien*) – die gerichtliche Trennung entweder als Vorstufe oder als (vorläufige) Alternative zur Scheidung kennen und deshalb auch die Umwandlung einer gerichtlichen Trennung in eine Scheidung in ihrem materiellen Scheidungsrecht vorsehen. Art 9 trägt damit dem Umstand Rechnung, dass Ehetrennung und Ehescheidung in diesen Staaten materiellrechtlich eine Einheit bilden, die durch das Kollisionsrecht nicht zerrissen werden soll (*Pabst* FPR 08, 230/232).

442   Für **deutsche Gerichte** ist die Bedeutung der Vorschrift hingegen gering, weil das deutsche Recht weder eine gerichtliche Trennung von Tisch und Bett noch deren Umwandlung in eine Scheidung kennt. Ausgeschlossen ist die Umwandlung einer gerichtlichen Ehetrennung in eine Ehescheidung allerdings auch vor deutschen Gerichten nicht. Sie kommt vielmehr dann in Betracht, wenn die Ehe nach dem von den Ehegatten gem Art 5 gewählten oder nach Art 8 objektiv maßgeblichen ausländischen (zB französischen) Recht in Deutschland gerichtlich getrennt wurde und ein Ehegatte nunmehr einen Umwandlungsantrag vor einem deutschen Gericht stellt (Erman/*Hohloch* Rn 1; Althammer/*Tolani* Rn 1). Für diesen Fall sieht die Parallelvorschrift in Art 5 EuEheVO eine spezielle – internationale und örtliche – Zuständigkeit desjenigen Gerichts für die Scheidung vor, das bereits die Trennung ausgesprochen hatte (→ Rn 104 ff). Art 9 findet jedoch auch dann Anwendung, wenn die Parteien die Umwandlung der Ehetrennung in eine Ehescheidung vor einem anderen nach Art 3 EuEheVO international zuständigen Gericht beantragen.

2. Anwendung des Trennungsstatuts auf die Scheidung, Abs 1

443   Die Umwandlung einer gerichtlichen Ehetrennung in eine Scheidung unterliegt gem Abs 1 aus Gründen der **Kontinuität** und der Rechtssicherheit (ErwG 23 S 2; → Anh II) grund-

II. Internationales Privatrecht: Rom III-VO Art 9   **444–446 A**

sätzlich dem gleichen Recht, das bereits auf die Trennung ohne Auflösung des Ehebandes angewandt wurde. Dabei ist nicht entscheidend, welches Recht auf die Ehetrennung nach der Rom III-VO anzuwenden gewesen wäre, sondern welches Recht das Trennungsgericht **tatsächlich angewandt** hat (OLG Stuttgart FamRZ 13, 1803). Zweck der Vorschrift ist also die **einheitliche Anknüpfung** von Ehetrennung und nachfolgender Ehescheidung. Diese wäre ohne diese Sonderanknüpfung nicht immer gewährleistet, weil einerseits eine von den Ehegatten getroffene Rechtswahl auf die Ehetrennung beschränkt gewesen sein kann, andererseits die für Art 8 maßgeblichen Anknüpfungskriterien (gewöhnlicher Aufenthalt, Staatsangehörigkeit) sich im Zeitraum zwischen der Ehetrennung und deren Umwandlung in eine Scheidung geändert haben können. Der hierdurch eintretende nachträgliche Statutenwechsel soll durch Abs 1 vermieden werden. Dies gilt auch dann, wenn die Ehetrennung in einem an der Rom III-VO nicht teilnehmenden Mitgliedstaat oder einem Drittstaat ausgesprochen wurde (OLG Nürnberg FamRZ 14, 835 [*Türkei*]; *Gruber* IPRax 12, 381/388; Pal/*Thorn* Rn 1). Uneingeschränkten Vorrang hat Art 9 allerdings nur vor der *objektiven* Anknüpfung nach Art 8; demgegenüber steht es den Ehegatten frei, für die Umwandlung der Ehetrennung in eine Ehescheidung nach Maßgabe von Art 5 auch ein anderes Recht als das Trennungsstatut zu wählen (*Gruber* IPRax 12, 381/388; Rauscher/*Helms* Art 5 Rn 16; Althammer/*Tolani* Rn 4).

3. Unzulässigkeit der Umwandlung in eine Ehescheidung nach dem Trennungsstatut, Abs 2

Für den – inzwischen selten gewordenen – Fall, dass das Recht, das auf die Trennung ohne **444** Auflösung des Ehebandes angewendet wurde, eine Umwandlung dieser Trennung in eine Ehescheidung deshalb nicht vorsieht, weil es eine Ehescheidung nicht zulässt, enthält Abs 2 eine Sonderregelung, um auch in dieser Situation eine Scheidung der Ehe zu ermöglichen. Maßgebend für die Umwandlung der Ehetrennung in eine Ehescheidung ist dann in erster Linie das von den Ehegatten nach Art 5 gewählte, hilfsweise das im Wege der objektiven Anknüpfung nach Art 8 bestimmte Recht, das eine Ehescheidung zulässt (vgl ErwG 23 S 3, 4; → Anh II).

Gleiches muss aber auch dann gelten, wenn das Trennungsstatut zwar eine Ehescheidung, aber **445** **keine Umwandlung** der Ehetrennung in eine Scheidung vorsieht (*Gruber* IPRax 12, 381/388). Dies trifft etwa auf das *italienische* Recht zu, das die gerichtliche Trennung (*„separazione giudiziale"*) und den Ablauf der von ihrem Ausspruch an berechneten Frist lediglich als materielle Voraussetzungen der nachfolgenden Scheidung regelt. Deshalb müssen gerichtlich getrennte italienische Ehegatten, die ihren gewöhnlichen Aufenthalt in Deutschland haben, für eine Scheidung vor deutschen Gerichten nicht die dreijährige Trennungsfrist des italienischen Rechts abwarten, um anschließend eine – dem *italienischen* Recht unbekannte – „Umwandlung" dieser Trennung in eine Scheidung beantragen zu können. Vielmehr können sie die Scheidung seit dem 21.6.2012 nach Maßgabe des deutschen Rechts (Art 8 lit a) beantragen (Erman/*Hohloch* Rn 4; ebenso zum *türkischen* Recht OLG München NZFam 14, 272).

Selbst wenn man Art 9 mit der Gegenansicht auch auf den Fall entsprechend anwendet, dass **446** das ausländische Scheidungsrecht die gerichtliche Ehetrennung lediglich als **materielle Voraussetzung der Scheidung** normiert (so NK-BGB/*Budzikiewics* Rn 5; Rauscher/*Helms* Rn 6), ist es den Ehegatten aber nicht verwehrt, einen von der früheren Trennung unabhängigen Scheidungstatbestand nach Maßgabe der von Art 5 oder 8 zur Anwendung berufenen Rechts geltendzumachen. Art 9 ordnet also keine ausschließlich Anknüpfung für die Scheidung an, wenn dieser eine gerichtliche Ehetrennung vorausgegangen ist, sondern eröffnet den Ehegatten lediglich die **Option,** die Ehescheidung im Kontinuitätsinteresse alternativ auf das bereits für die Ehetrennung zugrundegelegte Recht zu stützen. Die Berufung auf ein nach Art 5 gewähltes oder auf das im Zeitpunkt der Einreichung des Scheidungsantrags nach Art 8 zur Anwendung berufene abweichende Scheidungsstatut wird dadurch jedoch nicht ausgeschlossen (zutr *Pabst* FPR 08, 230/234; Rauscher/*Rauscher* Art 5 EuEheVO Rn 10; NK-BGB/*Budzikiewicz* Rn 6; MüKoBGB/*Winkler v Mohrenfels* Rn 3; Rauscher/*Helms* Rn 18 f mwN; **aA** zu Unrecht OLG Stuttgart FamRZ 13, 1803/1804 [*Italien*]; OLG Nürnberg FamRZ 14, 835 [*Türkei*]; Pal/*Thorn* Rn 1; Althammer/ *Tolani* Rn 3; *Andrae,* IntFamR § 4 Rn 35).

A 447–450   1. Teil. Erkenntnisverfahren A. Ehesachen

Rom III-VO Art 10. Anwendung des Rechts des Staates des angerufenen Gerichts

Sieht das nach Artikel 5 oder Artikel 8 anzuwendende Recht eine Ehescheidung nicht vor oder gewährt es einem der Ehegatten aufgrund seiner Geschlechtszugehörigkeit keinen gleichberechtigten Zugang zur Ehescheidung oder Trennung ohne Auflösung des Ehebandes, so ist das Recht des Staates des angerufenen Gerichts anzuwenden.

1. Allgemeines

447   Wird nach Art 8 an das Recht des gemeinsamen gewöhnlichen Aufenthalts (lit a), des letzten gemeinsamen gewöhnlichen Aufenthalts (lit b) oder – vor allem – an die gemeinsame Staatsangehörigkeit der Ehegatten (lit c) angeknüpft, oder haben die Ehegatten das Scheidungsstatut durch Rechtswahl nach Art 5 bestimmt, so schließt Art 10 die Anwendung des hiernach berufenen Rechts in **zwei Fällen** aus, nämlich wenn dieses Recht

1) das Rechtsinstitut der **Ehescheidung nicht kennt** (Abs 1), und
2) einem Ehegatten **aufgrund seiner Geschlechtszugehörigkeit keinen gleichberechtigten Zugang zur Ehescheidung** oder zur Trennung ohne Auflösung des Ehebandes gewährt (Abs 2).

448   In beiden Fällen wird dieses Ergebnis also von der Verordnung wegen des Verstoßes gegen die Grundfreiheiten nicht hingenommen. Stattdessen ist jeweils die *lex fori* des in einem teilnehmenden Mitgliedstaat angerufenen Gerichts anzuwenden. Auch wenn der *ordre public*-Vorbehalt nach Art 12 durch diese Regelung nicht berührt wird (ErwG 24 S 2; → Anh II), bedarf es eines Rückgriffs auf den nationalen *ordre public* in diesen beiden Fällen regelmäßig nicht mehr. Art 10 hat nach verbreiteter Ansicht also die Funktion einer **speziellen Vorbehaltsklausel** (*Helms* FamRZ 2011, 1765/1771; *Kohler/Pintens* FamRZ 11, 1433/1434; *Hau* FamRZ 13, 249/254; *Schurig* FS v Hoffmann [2011] 405/410; Erman/*Hohloch* Rn 1; NK-BGB/*Budzikiewicz* Rn 1; Althammer/*Tolani* Rn 1; **aA** MüKoBGB/*Winkler v Mohrenfels* Rn 6 [„abstrakte Verwerfungsklausel"]; *ders,* FS Martiny [2014] 597/615 [„Eingriffsnorm"]). Dies hätte zur Folge, dass die Anwendung des von der Verordnung berufenen ausländischen Rechts auch in den beiden Fallgruppen des Art 10 nicht generell ausgeschlossen wäre, sondern die Umstände des konkreten Einzelfalls zu berücksichtigen wären (so die RegBegr zum Rom III-AnpassungsG v 23.1.2013 [→ Rn 301], BT-Drs 17/11049, S 8; dazu näher → Rn 454 ff). In seinem Anwendungsbereich hat Art 10 allerdings Vorrang vor der allgemeinen Vorbehaltsklausel des Art 12 (NK-BGB/*Budzikiewicz* Rn 6; Rauscher/*Helms* Rn 3 aE; Pal/*Thorn* Rn 1).

2. Verweisung auf ein scheidungsfeindliches Recht

449   Sieht das nach der Verordnung anzuwendende Recht eine Ehescheidung nicht vor, so ist es nach Art 10, 1. Fall von einer Anwendung vor den Gerichten der teilnehmenden Mitgliedstaaten ausgeschlossen. Beispiele sind etwa das *philippinische* Recht oder das *kanonische* Recht, wenn dieses für katholische Ehegatten aufgrund interpersonaler Rechtsspaltung nach Art 15 in dem von Art 8 lit c Rom III-VO zur Anwendung berufenen Recht des gemeinsamen Heimatstaats der Ehegatten gilt (BGH FamRZ 07, 109 m Anm *Henrich*). Stattdessen kommt nach Art 10 Rom III-VO die *lex fori* als Ersatzrecht zur Anwendung. Diese Ersatzanknüpfung gilt nicht nur im Fall einer objektiven Anknüpfung des Scheidungsstatuts nach Art 8 sondern auch dann, wenn die Parteien – bewusst oder unbewusst – eine scheidungsfeindlichen Rechts nach Art 5 getroffen haben (*Henrich,* IntSchR Rn 81). Die grundsätzliche Scheidbarkeit der Ehe ist also nach der Verordnung Bestandteil des europäischen *ordre public,* der sich auch gegen einen hiervon abweichenden Parteiwillen durchsetzt (vgl *Gruber* IPRax 12, 381/391: „Grundrecht auf Scheidung"; Erman/*Hohloch* Rn 2; Rauscher/*Helms* Rn 2 mwN).

450   Ebenso wie schon bisher Art 17 Abs 1 S 2 EGBGB wirft auch Art 10 die Frage auf, wann davon gesprochen werden kann, dass ein bestimmtes Recht eine Ehescheidung „nicht vorsieht". Ist hierfür erforderlich, dass das nach Art 5 oder 8 maßgebende Recht das Rechtsinstitut der Ehescheidung überhaupt nicht kennt (scheidungsfeindliches Statut), oder reicht es für die ersatzweise Anwendung der *lex fori* schon aus, dass die Ehe nach diesem Recht – zB wegen längerer Wartefristen – nur „derzeit" nicht geschieden werden kann? Eine Klarstellung iS der ersteren – restriktiven – Auslegung ergibt sich mittelbar aus dem **ErwG 26** zur Verordnung:

108

II. Internationales Privatrecht: Rom III-VO Art 10

„Wird in der Verordnung darauf Bezug genommen, dass das Recht des teilnehmenden Mitgliedstaats, dessen Gericht angerufen wird, Scheidungen nicht vorsieht, so sollte dies dahin ausgelegt werden, dass im Recht dieses teilnehmenden Mitgliedstaats das Rechtsinstitut der Ehescheidung nicht vorhanden ist".

Wenngleich dieser ErwG primär zur Erläuterung von Art 13 dient und sich deshalb nur auf **451** die Rechte der „teilnehmenden Mitgliedstaaten" bezieht, während Art 10 universell gilt, kann ihm auch für die Auslegung von Art 10 entnommen werden, dass dort nur die Verweisung auf ein scheidungsfeindliches Recht gemeint ist (so auch die ganz hL, vgl *Gruber* IPRax 12, 381/390; NK-BGB/*Budzikiewicz* Rn 7; Pal/*Thorn* Rn 2; Erman/*Hohloch* Rn 3; Althammer/*Tolani* Rn 2; *Andrae,* IntFamR § 4 Rn 48; im Erg ebenso *Schurig* FS v Hoffmann [2011] 405/409; **aA** J. *Stürner* JURA 12, 708/711). Unerträglich hohe Hürden für die Scheidbarkeit einer Ehe nach dem von der Verordnung berufenen Recht sind daher mit dem allgemeinen *ordre public*-Vorbehalt nach Art 12 abzuwehren (*Helms* FamRZ 11, 1765/1771; Pal/*Thorn* Rn 2).

Auf den Fall, dass das von der Verordnung zur Anwendung berufene nach Art 8 lit a oder lit b **452** anzuwendende Recht am (letzten) gewöhnlichen Aufenthalt der Ehegatten − wie das deutsche Recht − entgegen ihrem gemeinsamen Heimatrecht eine **gerichtliche Trennung** ohne Auflösung des Ehebandes nicht vorsieht, ist Art 10, 1. Fall schon deshalb nicht entsprechend anzuwenden, weil in diesem Fall die Anwendung der − mit dem gemeinsamen Aufenthaltsrecht identischen − *lex fori* nicht weiter führt. In Deutschland lebende *italienische* Ehegatten können also unter Geltung der Verordnung eine gerichtliche Trennung ihrer Ehe vor deutschen Gerichten nur noch erreichen, wenn sie ihr italienisches Heimatrecht als Trennungsstatut nach Art 5 Abs 1 lit c wählen. Deutsche Gerichte sind hingegen nicht berechtigt, die Ehe auch in Ermangelung einer solchen Rechtswahl gem Art 8 lit c nach dem gemeinsamen italienischen Heimatrecht der Ehegatten zu trennen. Denn solange die Ehegatten ihren (letzten) gemeinsamen gewöhnlichen Aufenthalt iSv Art 8 lit a oder lit b in Deutschland haben, ist der Weg zur Anwendung des erst auf der 3. Stufe der Anknüpfungsleiter des Art 8 vorgesehenen gemeinsamen Heimatrechts der Ehegatten versperrt; dies gilt auch dann, wenn das nach Art 8 lit a oder lit b maßgebende gemeinsame Aufenthaltsrecht der Ehegatten eine gerichtliche Trennung nicht vorsieht (OLG Nürnberg FamRZ 14, 835; OLG München IPRspr 13 Nr 103; NK-BGB/ *Budzikiewicz* Rn 15; Erman/*Hohloch* Rn 4). Etwas anderes folgt auch nicht aus einer entsprechenden Anwendung von Art 10, 1. Fall, weil danach nur ein Rückgriff auf die *lex fori,* nicht aber auf das gemeinsame Heimatrecht der Ehegatten eröffnet wird (im Erg auch Rauscher/*Helms* Art 5 Rn 19).

Auf den Fall, dass das von der Verordnung zur Anwendung berufene Recht die **gleich-** **453** **geschlechtliche Ehe** nicht kennt und deshalb keine Regeln für deren Scheidung vorsieht, bezieht sich Art 10, 1. Fall Rom III-VO nicht (dazu näher NK-BGB/*Budzikiewicz* Rn 10 ff), zumal auch die Anwendung der *lex fori* dann nicht weiter hilft, wenn gleichgeschlechtliche Ehen auch im Gerichtsstaat nicht eingegangen werden können. Für die Scheidung gleichgeschlechtlicher Ehen gelten vielmehr die allgemeinen Anknüpfungsregeln der Verordnung (Rauscher/ *Helms* Rn 6; NK-BGB/*Gruber* Art 1 Rn 33)

3. Diskriminierung auf Grund der Geschlechtszugehörigkeit

Die *lex fori* als Ersatzrecht kommt nach Art 10, 2. Fall auch in dem praktisch wesentlich **454** bedeutsameren Fall zur Anwendung, dass das nach Art 5 oder 8 als Scheidungsstatut maßgebliche Recht einem der Ehegatten auf Grund seiner Geschlechtszugehörigkeit keinen gleichberechtigten Zugang zur Ehescheidung oder Ehetrennung gewährt. Die Regelung hat ersichtlich vor allem die **islamischen Rechte** im Auge, die das einseitige Verstoßungsrecht nur dem Ehemann zubilligen, während die Ehefrau sich nur unter wesentlich engeren Voraussetzungen aus der ehelichen Bindung lösen kann (*Kohler* FamRZ 08, 1673/1678; vgl zum islamischen Recht näher *Andrae* NJW 07, 1730 ff). Auch in dieser zweiten Variante wirft 10 erhebliche Auslegungsprobleme auf, weil nicht abschließend geklärt ist, ob insoweit eine abstrakte oder eine konkrete Betrachtungsweise zugrunde zu legen ist.

a) Abstrakte Ungleichbehandlung. Der Wortlaut der Vorschrift legt es nahe, dass schon **455** eine abstrakte Ungleichbehandlung von Mann und Frau in dem nach Art 5 oder Art 8 maßgeblichen Scheidungsrecht ausreichen soll, um dieses Recht vor den Gerichten der teilnehmenden Mitgliedstaaten von einer Anwendung auszuschließen. Darauf deutet auch ErwG 16 zur Verordnung (→ Anh II) hin, demzufolge ein von den Ehegatten als Scheidungsstatut gewähltes

A 456–459   1. Teil. Erkenntnisverfahren A. Ehesachen

Recht – abstrakt – „mit den Grundrechten vereinbar sein [muss], wie sie durch die Verträge und durch die Charta der Grundrechte der Europäischen Union anerkannt werden". Für eine solche Auslegung könnte auch die Herausnahme dieses Falls aus der – stets ergebnisbezogenen – allgemeinen Vorbehaltsklausel des Art 12 sprechen (**„Anti-Islamklausel"**, vgl *Gruber* IPRax 12, 381/391; *Traar* ÖJZ 11, 805/812).

456 Eine solche Betrachtungsweise würde allerdings im Ergebnis eine Aufgabe des bisher nicht nur im deutschen, sondern auch im IPR der anderen teilnehmenden Mitgliedstaaten anerkannten Grundsatzes von der **Gleichwertigkeit der Rechtsordnungen** bedeuten. Das von den Kollisionsnormen der Verordnung zur Anwendung berufene Recht am räumlichen Schwerpunkt des Rechtsverhältnisses würde vorab abstrakt einer Inhaltskontrolle am Maßstabe der EU-Grundrechtecharta unterworfen. Dies hätte zur Folge, dass etwa die Scheidungsrechte *islamischer* Staaten, aber auch das *jüdische* Scheidungsrecht in Verfahren vor Gerichten der teilnehmenden Mitgliedstaaten keine Anwendung mehr finden könnten (vgl idS zum islamischen Scheidungsrecht *Traar* ÖJZ 11, 805/812; *Weller/Hauber/Schulz* IPRax 16, 123/129 ff; MüKoBGB/*Winkler v Mohrenfels* Rn 6, 11 f; *ders,* FS Martiny [2014] 595/599 ff; jurisPK-BGB/*Ludwig* Rn 8; krit zu einer solchen abstrakten Diskriminierung religiösen Rechts *Schurig* FS v Hoffmann [2011] 405/410; *Andrae,* IntFamR § 4 Rn 49).

457 Die Scheidung von in Deutschland lebenden *ägyptischen* oder *jordanischen* Ehegatten wäre von einem deutschen Gericht – abweichend von der bisherigen deutschen Praxis (→ Rn 490 ff) – selbst dann nach deutschem Recht durchzuführen, wenn die Ehegatten nach Art 5 Abs 1 lit c eine **ausdrückliche Rechtswahl** zugunsten ihres religiös geprägten gemeinsamen Heimatrechts getroffen hätten. Daran würde sich auch dann nichts ändern, wenn dieses Recht im konkreten Fall die Ehefrau nicht benachteiligt, weil unter den gegebenen Umständen auch ihr ein Scheidungsrecht eingeräumt würde. Unerheblich wäre auch, dass das deutsche Scheidungsurteil wegen der Missachtung der Wahl des islamischen Scheidungsrechts durch die Ehegatten in deren gemeinsamem Heimatstaat nicht anerkannt würde.

458 **b) Konkrete Ungleichbehandlung.** Dies könnte für eine **teleologische Reduktion** von Art 10, 2. Fall iS einer speziellen *ordre public*-Klausel sprechen, die ein ausländisches Scheidungsrecht nur dann von der Anwendung ausschließt, wenn dieses im konkreten Fall dem antragstellenden Ehegatten (idR der Ehefrau) ein Recht zur Scheidung versagt, das es unter den gleichen Umständen dem anderen Ehegatten (idR dem Ehemann) einräumen würde. Für diese einschränkende Auslegung hat sich der deutsche Gesetzgeber in der Gesetzesbegründung zum IPR-AnpassungsG an die Rom III-VO (BR-Drs 468/121, 8) ausgesprochen. Sie wird auch von der in *Deutschland* hL befürwortet (vgl *Basedow* FS Posch [2011] 17/31; *Kohler/Pintens* FamRZ 11, 1433/1434; *Helms* FamRZ 11, 1765/1772 und IPRax 14, 334/335 f; *Schurig* FS v Hoffmann [2011] 405/409 f; *Hau* FamRZ 13, 249/254; *Andrae,* IntFamR § 4 Rn 49; *Henrich,* IntSchR Rn 82; Pal/*Thorn* Rn 4; Althammer/*Tolani* Rn 4; NK-BGB/*Budzikiewicz* Rn 27 ff; Rauscher/ *Helms* Rn 11; im Erg wohl auch *Gruber* IPRax 12, 381/391). Dafür kann auf ErwG 24 (→ Anh II) verwiesen werden, der eine Anwendung von Art 10 nur „in bestimmten Situationen" zulässt und außerdem die Nähe der Vorschrift zum allgemeinen *ordre public*-Vorbehalt betont. Wie auch im Rahmen der Vorbehaltsklausel des Art 12 (→ Rn 477) würde danach allein die abstrakte Ungleichbehandlung von Männern und Frauen in einem von Art 5 oder Art 8 zur Anwendung berufenen Scheidungsrecht nicht genügen, dieses Recht von einer Anwendung vor Gerichten der teilnehmenden Mitgliedstaaten auszuschließen. Vielmehr wäre – in Übereinstimmung mit der bisherigen deutschen Praxis zu Art 6 EGBGB – darauf abzustellen, ob dieses Recht unter den Umständen des konkreten Falles dem antragstellenden Ehegatten eine Scheidung allein aufgrund seiner Geschlechtszugehörigkeit verwehrt oder erschwert (Erman/*Hohloch* Rn 6). Dieser Auffassung neigte auch das OLG München in seinen Vorlagebeschlüssen an den EuGH zur Anerkennung einer syrischen Privatscheidung zu (FamRZ 15, 1613/1616 = IPRax 16, 158 m Anm *Weller/Hauber/Schulz* 123 und FamRZ 16, 1363).

459 Danach bliebe das islamische oder jüdische Recht zB anwendbar, wenn die Ehefrau im konkreten Fall mit der vom Ehemann ausgesprochenen Verstoßung bzw der Übergabe des Scheidebriefs **einverstanden** war (so OLG München, jeweils aaO; NK-BGB/*Budzikiewicz* Rn 29; ebenso bisher zu Art 6 EGBGB BGHZ 160, 332/344 = FamRZ 04, 1952; OLG Hamm IPRax 14, 349 m Anm *Helms* 344; OLG Koblenz NJW 13, 1377; OLG Hamm FamRZ 10, 1563 und FamRZ 07, 400; OLG Frankfurt FamRZ 09, 1504/1505) oder wenn zugleich auch die **Voraussetzungen für eine Scheidung nach deutschem Recht** vorgelegen haben (so auch OLG Hamm FamRZ 13, 1498 m Anm *Henrich* = IPRax 14, 349 m Anm

110

II. Internationales Privatrecht: Rom III-VO Art 10 **460, 461 A**

Helms 334; *Helms* FamRZ 11, 1765/1772; NK-BGB/*Budzikiewicz* Rn 29; Pal/*Thorn* Rn 4; ebenso schon bisher zu Art 6 EGBGB BGHZ 160, 332/344, 351 = FamRZ 04, 1952; OLG Frankfurt FamRZ 09, 1504/1505; näher → Rn 490 ff mwN). Denn in beiden Fällen ist das Ergebnis der Anwendung des islamischen Rechts mit deutschen Rechtsvorstellungen durchaus vereinbar. Die formale Ungleichbehandlung der Ehefrau nach dem Scheidungsrecht islamischer Staaten würde dessen Anwendung durch deutsche Gerichte auch dann nicht hindern, wenn die **Ehefrau selbst die Scheidung begehrt** und sich auf einen mit deutschen Rechtsvorstellungen im Einklang stehenden Scheidungsgrund beruft (vgl zur Scheidung durch „Loskauf" nach ägyptischem Recht, vgl OLG Koblenz NJW 13, 1377 m Anm *Hohloch;* ferner OLG Hamm IPRax 95, 174/176 f m zust Anm *Henrich* 166; OLG Stuttgart FamRZ 97, 882 [Verletzung von Unterhaltspflichten]). Der bloße Umstand, dass der Ehemann die Ehescheidung unter noch leichteren Voraussetzungen erreichen könnte, stünde der Anwendung des ausländischen Rechts dann nicht entgegen.

c) Lösung. Der EuGH hat leider in der vom OLG München (NZFam 16, 790 m Anm **460** *Arnold*) bereits zum zweiten Mal vorgelegten Rechtssache *Sahyouni* zu der umstrittenen Auslegung des Art 10, 2. Fall nicht Stellung genommen, weil er es bereits abgelehnt hat, die Anerkennung drittstaatlicher Privatscheidungen in den sachlichen Anwendungsbereich der Rom III-VO einzubeziehen (EuGH C-372/16, FamRZ 18, 169 m Anm *Mayer;* dazu → Rn 319 ff). Sollte er hierzu erneut Gelegenheit erhalten, steht allerdings zu erwarten, dass er insoweit den sorgfältig begründeten Schlussanträgen des Generalanwalts *Henrik Saugmandsgaard* v 14.9.2017 folgen und der in *Deutschland* favorisierten konkreten Betrachtungsweise eine Absage erteilen wird. Dafür spricht insbesondere, dass der **Wortlaut** der Vorschrift für die auch vom vorlegenden OLG München vertretene Beschränkung ihrer Anwendung auf Fälle einer diskriminierenden Wirkung im Einzelfall keinerlei Anhaltspunkt enthält. Das zur Stützung der konkreten Betrachtungsweise aus ErwG 24 abgeleitete Argument beruht auf einer irreführenden deutschen Fassung dieses Erwägungsgrunds, die in den anderen Sprachfassungen keine Entsprechung hat. Auch die **Systematik** der Verordnung spricht für eine abstrakte Betrachtungsweise, weil die beiden Fälle des Art 10 – Scheidungsfreiheit und Verbot der Geschlechterdiskriminierung – gerade nicht als besondere Anwendungsfälle des *ordre public*-Vorbehalts in Art 12 normiert worden sind, sondern aufgrund ihrer im Lichte der EU-Grundrechte-Charta überragenden Bedeutung bewusst *eigenständig* in Art 10 geregelt wurden. Bezweckt wird der absolute Ausschluss einer Anwendung diskriminierenden ausländischen Rechts im Hoheitsgebiet eines Mitgliedstaats. Damit ist eine teleologische Reduktion der Vorschrift auf bestimmte Einzelfälle nicht vereinbar. Die auch im Interesse der **Rechtssicherheit** angestrebte objektive, allgemeine und einheitliche Auslegung der Vorschriften der Verordnung steht daher einer Berücksichtigung der besonderen Umstände des Einzelfalls entgegen (vgl näher Rn 70–89 der Schlussanträge; ferner *Weller/Hauber/Schulz* IPRax 16, 123/130 f). Schließlich vermag auch die Einwilligung des durch das ausländische Scheidungsrecht abstrakt diskriminierten Ehegatten an diesem Ergebnis nichts zu ändern, weil es sich bei Art 10, 2. Fall nach seinem Schutzzweck um eine zwingende Vorschrift handelt, die nicht zur Disposition der Ehegatten steht (vgl Rn 90–104 der Schlussanträge).

d) Rechtsfolge. Die Ungleichbehandlung der Ehefrau kann allerdings nicht dadurch behoben **461** werden, dass man entweder dem Ehemann das nach dem Scheidungsstatut nur ihm allein zustehende Scheidungsrecht entzieht oder der Ehefrau das gleiche Recht (zB zur Verstoßung) zugesteht wie dem Ehemann; dies wäre ein unangemessener Eingriff in das religiös geprägte ausländische Scheidungsrecht. Aus diesem Grunde ordnet Art 10, 2. Fall die **Anwendung der *lex fori* als Ersatzrecht** an. In diesem Sinne hatte die in der deutschen Rechtsprechung und Literatur hM schon unter Geltung von Art 17 Abs 1 EGBGB aF entschieden und der Ehefrau bei Anwendbarkeit eines islamisch geprägten Scheidungsrechts ein Recht auf Scheidung nach Maßgabe des deutschen Rechts dann eingeräumt, wenn die Ehe nach dem gemeinsamen Heimatrecht der Ehegatten nicht geschieden werden konnte (vgl OLG Hamm FamRZ 11, 1056, FamRZ 10, 1563 und IPRax 95, 174/176 f m zust Anm *Henrich* 166 [jeweils *Marokko*]; ferner OLG Rostock FamRZ 06, 947/948 und OLG Köln FamRZ 02, 166 [jeweils *Algerien*]; OLG Stuttgart FamRZ 04, 25 [*Iran*]; OLG Zweibrücken NJW-RR 02, 581/582 [*Libanon*]; *Andrae,* IntFamR § 4 Rn 48 f; Staud/*Mankowski* Rn 113; **aA** [kein *ordre public*-Verstoß] OLG Hamm FamRZ 12, 1498 m abl Anm *Henrich;* OLG Hamm NJOZ 13, 1524 [jeweils *Iran*]; *Rauscher/Pabst* NJW 13, 3692/3694). Zu den verfahrensrechtlichen Aspekten einer Verstoßungsscheidung im Inland → Rn 566 ff mwN.

A 463, 464   1. Teil. Erkenntnisverfahren A. Ehesachen

462   **e) Anerkennung von Privatscheidungen.** Da die Rom III-VO nur die Frage regelt,
welches Recht die Gerichte der Mitgliedstaaten anzuwenden haben, wenn ihre Gerichte selbst
über einen Scheidungsantrag entscheiden, ist zweifelhaft, ob die Norm im Verfahren auf
Anerkennung einer schon im Ausland ausgesprochenen Ehescheidung überhaupt Geltung beansprucht (einschränkend MüKoBGB/*Winkler v Mohrenfels* Art 1 Rn 12 ff; dazu näher → Rn
319 ff). Wendet man die Rom III-VO mit der hier vertretenen Ansicht (→ Rn 323) zumindest
analog auch auf die Anerkennung von im Ausland vollzogenen Privatscheidungen an, so ist die
Schranke des Art 10, 2. Fall auch im innerstaatlichen Verfahren auf Anerkennung ausländischer
Entscheidungen in Ehesachen zu beachten (Rauscher/*Helms* Rn 14). Wurde die Ehe daher nach
einem ausländischen Recht geschieden, das – wie insbesondere die islamischen Rechte – den
Ehegatten keinen gleichberechtigten Zugang zur Ehescheidung einräumt, hätte das mit der
Anerkennung befasste deutsche Gericht auch insoweit das deutsche Scheidungsstatut als Ersatz-
recht zugrunde zu legen. Die im Ausland vollzogene Privatscheidung wäre dann nach § 1564
S 1 BGB unwirksam. Dies würde auch dann gelten, wenn der benachteiligte Ehegatte mit der
Scheidung einverstanden gewesen ist.

Rom III-VO Art 11. Ausschluss der Rück- und Weiterverweisung

**Unter dem nach dieser Verordnung anzuwendenden Recht eines Staates sind die in
diesem Staat geltenden Rechtsnormen unter Ausschluss derjenigen des Internationalen
Privatrechts zu verstehen.**

1. Allgemeines

463   Aus deutscher Sicht bricht Art 11 mit einer im internationalen Ehescheidungsrecht seit mehr
als einhundert Jahre währenden Tradition. Denn schon das EGBGB in seiner Fassung von 1896
hat die Verweisung in Art 17 EGBGB aF als Gesamtverweisung verstanden und auch der
deutsche Reformgesetzgeber von 1986 hat in Art 17 Abs 1 S 1 EGBGB iVm Art 14 Abs 1
EGBGB nF daran festgehalten (Staud/*Hausmann* Art 4 EGBGB Rn 235 ff m Nachw). Demgegenüber steht der europäische Gesetzgeber dem Rechtsinstitut des Renvoi im Interesse einer
Vereinfachung der Rechtsanwendung in grenzüberschreitenden Fällen grundsätzlich ablehnend gegenüber. Aus diesem Grunde enthalten schon die bisherigen EG-Verordnungen auf dem
Gebiet des internationalen Privatrechts mit Art 11 übereinstimmende Vorschriften (vgl Art 20
Rom I-VO, Art 24 Rom II-VO, Art 15 EuUntVO iVm Art 12 HUP); gleiches gilt künftig
auch nach den EU-Verordnungen auf den Gebieten des internationalen Ehegüterrechts (Art 32
EuGüVO; → B Rn 386) und des Güterrechts eingetragener Partnerschaften (Art 32 EuPartVO).

2. Ausschluss des Renvoi

464   Der in der Verordnung verwendete Begriff „Recht eines Staates" ist nach Art 11 so zu
verstehen, dass damit die in diesem Staat geltenden Rechtsnormen unter Ausschluss derjenigen
des Internationalen Privatrechts zu verstehen sind. Die Verordnung spricht damit nur sog
Sachnormverweisungen auf das jeweilige – auch drittstaatliche (KG FamRZ 16, 1588/1589
[*Schweiz*]; AG Berlin-Schöneberg NZFam 14, 576 [*Thailand*]) – materielle Ehescheidungs- bzw
Ehetrennungsrecht aus. Sowohl eine Rück- wie eine Weiterverweisung durch das IPR der zur
Anwendung berufenen Rechtsordnung bleiben also außer Betracht. Dies korrespondiert der im
bisherigen deutschen IPR geltenden Rechtslage, soweit die Ehegatten das Scheidungs- bzw
Trennungsstatut durch *Rechtswahl* bestimmt hatten (vgl Art 4 Abs 2 EGBGB); denn insoweit
entspricht es regelmäßig dem Parteiwillen, die materiellen Bestimmungen des gewählten Rechts
zur Anwendung zu bringen. Diesbezüglich ergibt sich also im Fall einer Rechtswahl nach Art 5
Rom III-VO keine Änderung. Neu ist hingegen, dass auch im Fall der *objektiven Anknüpfung*
nach Art 8 auf den Standpunkt des Kollisionsrechts der verwiesenen Rechtsordnung keine
Rücksicht genommen wird. Dahinter steht die Überlegung, dass der Verordnungsgeber in Art 8
selbst bestimmt hat, mit welchem Recht der Sachverhalt am engsten verknüpft ist; die Annahme
einer Rück- oder Weiterverweisung auf ein Recht, mit dem der Sachverhalt aus europäischer
Sicht notwendigerweise weniger eng verbunden ist, würde dann dem Sinn der Verweisung in
Art 8 widersprechen (NK-BGB/*Budzikiewicz* Rn 4; Rauscher/*Helms* Rn 1; dazu allg Staud/
Hausmann Art 4 EGBGB Rn 105 ff). Zu beachten ist insbesondere, dass unter Geltung der
Rom III-VO auch die in der Praxis bisher beliebte **versteckte Rückverweisung** auf deutsches
Scheidungsrecht durch Common Law-Jurisdiktionen (dazu näher Staud/*Hausmann* Art 4

II. Internationales Privatrecht: Rom III-VO Art 12   **467, 468 A**

Rn 79 ff, 238 ff) nicht mehr in Betracht kommt (*Henrich,* IntSchR Rn 93 f; *Hau* FamRZ 13, 249/254; abw Erman/*Hohloch* Rn 2 aE).

Dieser umfassende Ausschluss des Renvoi nach Art 11 ist unproblematisch, soweit die Kollisi- **465** onsnormen der Verordnung auf das Recht eines anderen teilnehmenden Mitgliedstaats verweisen. Denn wegen der Vereinheitlichung des internationalen Ehescheidungsrechts durch die Rom III-VO kann es in diesem Fall zu einer Rück- oder Weiterverweisung nicht kommen. Weniger überzeugend ist die Regelung in Fällen der Verweisung auf das Recht eines nicht teilnehmenden Mitgliedstaats oder eines **Drittstaats.** Verweist nämlich das IPR dieses Drittstaats auf das Recht des Gerichtsstaates zurück, so sprechen gute Gründe dafür, eine solche Rückverweisung anzunehmen (dazu allg Staud/*Hausmann* Art 4 EGBGB Rn 17 ff). Denn zum einen hat der Drittstaat selbst kein Interesse an der Anwendung seines Scheidungsrechts im Verfahren vor dem angerufenen Gericht eines teilnehmenden Mitgliedstaats, zum anderen würde die Annahme der Rückverweisung dem Gericht und den Parteien die Schwierigkeiten und Kosten der Ermittlung des drittstaatlichen Sachrechts ersparen. Außerdem trägt der vollständige Ausschluss des Renvoi auch in Drittstaatsfällen dem in Statusfragen wichtigen Anliegen der Erzielung internationalen Entscheidungseinklangs nicht hinreichend Rechnung (zu Recht krit daher *v Hein* FS Kropholler [2008] 553/558; *Kohler* NJW 08, 1673/1679; *Traar* ÖJZ 11, 805/813; *Schurig* FS v Hoffmann [2011] 405/412 f; *Hau* FamRZ 13, 249/254; Pal/*Thorn* Rn 1; Althammer/*Tolani* Rn 3). Allerdings ist zu berücksichtigen, dass einer Gesamtverweisung im System der Verordnung ohnehin nur eine begrenzte Bedeutung zukäme (dazu Rauscher/*Helms* Rn 2).

Keinen Einfluss hat Art 11 auf die Frage, ob und gegebenenfalls in welchen Fällen die **466 Gerichte von nicht teilnehmenden Mitgliedstaaten oder Drittstaaten** eine Rück- oder Weiterverweisung zu berücksichtigen haben, wenn ihr nationales Scheidungskollisionsrecht das Recht eines teilnehmenden Mitgliedstaats zur Anwendung beruft. Der Charakter der Verweisungen in Art 5 oder Art 8 der Verordnung als Sachnormverweisungen schließt also nicht aus, dass **drittstaatliche Gerichte** diesen Vorschriften eine Rückverweisung auf ihr eigenes Recht oder eine Weiterverweisung auf das Recht eines dritten Staates entnehmen, wenn sie nach ihrem eigenen IPR vom Grundsatz der Gesamtverweisung ausgehen (Erman/*Hohloch* Rn 2).

Rom III-VO Art 12. Öffentliche Ordnung (Ordre public)

Die Anwendung einer Vorschrift des nach dieser Verordnung bezeichneten Rechts kann nur versagt werden, wenn ihre Anwendung mit der öffentlichen Ordnung (Ordre public) des Staates des angerufenen Gerichts offensichtlich unvereinbar ist.

Schrifttum: *Bolz,* Verstoßung der Ehefrau nach islamischem Recht und deutscher ordre public, NJW 90, 620; *Lüderitz,* „Talaq" vor deutschen Gerichten, FS Baumgärtel (1990) 333; *Rauscher,* Talaq und deutscher ordre public, IPRax 00, 391; *Scholz,* Die Internationalisierung des deutschen ordre public und ihre Grenzen am Beispiel islamisch geprägten Rechts, IPRax 08, 213; *Spickhoff,* Eheschließung, Ehescheidung und ordre public, JZ 91, 323; M *Stürner,* Europäisierung des (Kollisions-) Rechts und nationaler ordre public, FS v Hoffmann (2011) 463.

1. Begriff, Funktion und Inhalt des ordre public

a) Begriff. Aus Gründen des öffentlichen Interesses soll den Gerichten der teilnehmenden **467** Mitgliedstaaten in Ausnahmefällen die Möglichkeit gegeben werden, die Anwendung einer Bestimmung des ausländischen Rechts zu versagen, wenn ihre Anwendung in einem konkreten Fall mit der öffentlichen Ordnung des Staates des angerufenen Gerichts offensichtlich unvereinbar wäre (ErwG 25 S 1; → Anh II). Diese allgemeine *ordre public*-Klausel ergänzt die in Art 10 und Art 13 normierten speziellen Schranken, die der Anwendung ausländischen Scheidungsrechts nach der Verordnung gezogen sind. Der *ordre public* umfasst nach der **Definition des EuGH** „alle nationalen Vorschriften, deren Einhaltung als so entscheidend für die Wahrung der politischen, sozialen oder wirtschaftlichen Organisation des betreffenden Mitgliedstaates angesehen wird, dass ihre Beachtung für alle Personen, die sich im nationalen Hoheitsgebiet dieses Staates befinden, und für jedes dort lokalisierte Rechtsverhältnis vorgeschrieben ist" (EuGH C-369/96 – *Arblade,* Slg 99 I-8430/8453 Rn 30 = EuZW 00, 88).

b) Funktion. Art 12 enthält – wie Art 6 EGBGB (dazu Pal/*Thorn* Art 6 EGBGB Rn 3) – **468** eine Vorbehaltsklausel. Ihr Ziel ist es also nicht, bestimmten grundlegenden Wertungen des Gerichtsstaates unabhängig vom Inhalt des ausländischen Rechts Geltung zu verschaffen. Der Vorschrift kommt vielmehr eine reine Abwehrfunktion zu (dazu näher MüKoBGB/*v Hein* Art 6

113

A 469–471   1. Teil. Erkenntnisverfahren A. Ehesachen

EGBGB Rn 2; Staud/*Voltz* Art 6 EGBGB Rn 8 ff mwN). Mit ihrer Hilfe soll verhindert werden, dass die Anwendung ausländischer Rechtsnormen im Gerichtsstaat zu einem Ergebnis führt, das mit grundlegenden Gerechtigkeitsvorstellungen der lex fori unvereinbar ist. Im Hinblick auf die grundsätzliche Gleichwertigkeit aller Rechtsordnungen ist Art 12 – wie andere Vorbehaltsklauseln auch – eng auszulegen (vgl zu Art 6 EGBGB MüKoBGB/*v Hein* Rn 13; Erman/*Hohloch* Rn 11; Pal/*Thorn* Rn 4). Wegen des von der Verordnung nach Art 11 befolgten Grundsatzes der Sachnormverweisung findet im Rahmen von Art 12 auch nur eine Kontrolle des Anwendungsergebnisses ausländischen materiellen Scheidungs- oder Trennungsrechts statt; zu einer Überprüfung ausländischen Kollisionsrechts kann es – anders als nach Art 6 EGBGB – nicht kommen.

469   **c) Inhalt. aa) Nationaler ordre public des Gerichtsstaates.** Obwohl es sich bei Art 12 um eine Vorschrift des sekundären Unionsrechts handelt, normiert diese keinen europäischen Standard für die *ordre public*-Kontrolle, sondern schützt die tragenden Rechtsgrundsätze desjenigen teilnehmenden Mitgliedstaats, dessen Gerichte nach Art 3 ff EuEheVO zur Entscheidung über eine Ehescheidung oder Ehetrennung angerufen werden. Sind dies die deutschen Gerichte, so gelten für die Konkretisierung des *ordre public* daher grundsätzlich die zu Art 6 EGBGB entwickelten Kriterien entsprechend (*Martiny* FS Sonnenberger [2004] 523/531 ff; Rauscher/*Helms* Rn 2). Insbesondere haben sich die deutschen Gerichte auch im Rahmen der Kontrolle nach Art 12 vor allem an den **Grundrechten der deutschen Verfassung** zu orientieren, obwohl Art 12 eine dem Art 6 S 2 EGBGB entsprechende Klarstellung nicht enthält (vgl zum *ordre public* als „Einbruchstelle" der Grundrechte in das IPR schon BVerfGE 31, 58/72 ff = NJW 71, 1509; BGHZ 60, 68/78 = NJW 73, 417; dazu *Looschelders* RabelsZ 65 [2001] 463/472 ff). Führt die Anwendung ausländischen Scheidungsrechts daher zu einem Eingriff in die Grundrechte eines Ehegatten, so indiziert dies einen Verstoß gegen den deutschen ordre public und ermöglicht den Rückgriff auf deutsches Recht, um Grundrechtsverletzungen zu vermeiden (BVerfG NJW 07, 900 [903] Rn 73; Staud/*Voltz* Art 6 EGBGB Rn 137 ff; *Kropholler,* IPR § 36 IV 1). Allerdings ist jeweils zu prüfen, ob und inwieweit das Grundrecht „nach Wortlaut, Inhalt und Funktion unter Berücksichtigung der Gleichstellung anderer Staaten und der Eigenständigkeit ihrer Rechtsordnungen für auslandsbezogene Sachverhalte Geltung beansprucht" (BVerfGE 31, 58/86 f; BGHZ 120, 29/34 = NJW 93, 848). Danach ist also in Fällen mit Auslandsberührung eine differenzierende Anwendung der Grundrechte geboten (Staud/*Voltz* Art 6 EGBGB Rn 141 ff), bei der insbesondere der Intensität der jeweiligen Inlandsbeziehung Bedeutung zukommt (→ Rn 482).

470   **bb) Einfluss des europäischen Rechts.** Auch wenn Art 12 dem angerufenen Gericht das Recht einräumt, im Rahmen der *ordre public*-Kontrolle die Maßstäbe seines eigenen nationalen Rechts anzulegen, so bedeutet dies freilich nicht, dass in diese Prüfung nicht auch Wertungen des europäischen Rechts einfließen. Das Recht der Europäischen Union wirkt sich dabei in zweierlei Richtung auf die *ordre public*-Prüfung mitgliedstaatlicher Gerichte aus: Zum einen schränkt es die Berufung auf nationale Wertungen der *lex fori* ein, wo diese mit dem europäischen Recht nicht (mehr) im Einklang stehen. Zum anderen ergänzt es diese nationalen Wertungen um spezifische Anforderungen des primären und sekundären Unionsrechts. Es gilt jedoch nicht ein vom nationalen Recht gelöster „europäischer *ordre public*" (MüKoBGB/*v Hein* Art 6 EGBGB Rn 154 ff).

471   Bezüglich der **Schranken,** die das europäische Recht dem nationalen *ordre public* zieht, können die Grundsätze der EuGH-Rechtsprechung zu Art 27 Nr 1 EuGVÜ/Art 34 Nr 1 EuGVVO auf Art 12 übertragen werden. Danach ist es zwar nicht Sache des Gerichtshofs, den Inhalt der öffentlichen Ordnung eines Mitgliedstaats zu definieren; er hat jedoch über die Grenzen zu wachen, innerhalb deren sich das Gericht eines Mitgliedstaats auf den *ordre public* stützen darf, um ausländisches Recht von der Anwendung auszuschließen (vgl EuGH C-7/98 – *Krombach/Bamberski,* Slg 00 I-1935 Rn 22; EuGH C-38/98 – *Renault/Maxicar,* Slg 00 I-2973 Rn 27 f; EuGH C-420/07 – *Apostolides,* Slg 09 I-3571 Rn 57 = NJW 09 1938; für Geltung im Rahmen von Art 21 Rom I-VO *Staudinger* AnwBl 08, 8/15; MüKoBGB/*Martiny* Rn 3; Pal/ *Thorn* Rn 4; ebenso zu Art 26 Rom II-VO MüKoBGB/*Junker* Rn 17). Diese Befugnis folgt vor allem daraus, dass die Rom III-VO auf der Grundlage von Art 81 AEUV erlassen wurde und ihre Bestimmungen im Lichte dieser Ermächtigungsgrundlage auszulegen sind. Der EuGH legt also die äußersten Grenzen fest, innerhalb derer sich die mitgliedstaatlichen Gerichte auf ihren nationalen *ordre public* berufen dürfen. Danach darf die Vorbehaltsklausel insbesondere nicht zur Erreichung von Zielen eingesetzt werden, die mit dem Unionsrecht (zB den Grundfreiheiten

II. Internationales Privatrecht: Rom III-VO Art 12   472–475 **A**

oder der Grundrechte-Charta) nicht in Einklang stehen. Dies stellt ErwG 25 S 2 (→ Anh II) in Bezug auf Art 21 der Grundrechte-Charta, der jede Form der Diskriminierung untersagt, ausdrücklich klar. Die europarechtlichen Schranken des nationalen *ordre public* der Mitgliedstaaten in Art 12 gehören noch zur Auslegung der Verordnung und können deshalb zum Gegenstand eines Vorabentscheidungsverfahrens durch den EuGH nach Art 267 AEUV gemacht werden.

Das Recht der EU wirkt aufgrund seines Anwendungsvorrangs gegenüber dem nationalen **472** Recht der Mitgliedstaaten aber auch in die Vorbehaltsklauseln der Mitgliedstaaten hinein und prägt deren Inhalt entscheidend mit. Die Grundprinzipien des primären und sekundären Unionsrechts sind damit zugleich Bestandteil des *ordre public* eines jeden Mitgliedstaats; ihre Beachtung dient damit zugleich der Aufrechterhaltung von dessen innerstaatlicher Ordnung (vgl zu Art 21 Rom I-VO Staud/*Hausmann* Rn 10 ff; Pal/*Thorn* Rn 4; ebenso zu Art 26 Rom II-VO *Leible* RIW 08, 257/263; MüKoBGB/*Junker* Rn 4; zu Art 6 EGBGB BGHZ 123, 268/279 = NJW 93, 3269; BeckOK-BGB/*Lorenz* Rn 14). Führt daher die Anwendung ausländischen Scheidungsrechts zu einem massiven Verstoß gegen die Freizügigkeit eines Ehegatten nach Art 45 AEUV, so kann dies zugleich eine Verletzung des nationalen *ordre public* iSv Art 12 begründen. Nach ständiger Rechtsprechung des EuGH gehören vor allem die **Grund- und Menschenrechte** zu den allgemeinen Rechtsgrundsätzen, deren Wahrung der Gerichtshof zu sichern hat. Dabei lässt er sich von den gemeinsamen Verfassungstraditionen der Mitgliedstaaten und den Hinweisen leiten, welche die völkerrechtlichen Verträge über den Schutz der Menschenrechte geben, an deren Abschluss die Mitgliedstaaten beteiligt waren oder denen sie beigetreten sind (EuGH C-7/98 – *Krombach/Bamberski,* Slg 00 I-1935 Rn 25). In diesem Rahmen kommt vor allem der Konvention zum Schutz der Menschenrechte und Grundfreiheiten **(EMRK)** besondere Bedeutung zu (EuGH C-7/98 aaO, Rn 25, 39). Diese Rechtsprechung wird durch Art 6 Abs 3 EUV idF des Vertrages von Lissabon v 13.12.2007 bestätigt. Danach sind die Grundrechte, wie sie in der EMRK gewährleistet sind und wie sich aus den gemeinsamen Verfassungsüberlieferungen der Mitgliedstaaten ergeben, auch Teil des Unionsrechts. Darüber hinaus erkennt die EU gemäß Art 6 Abs 1 EUV auch die Rechte, Freiheiten und Grundsätze an, die in der **Charta der Grundrechte der EU** v 7.12.2000 idF v 12.12.2007 niedergelegt sind. Diese Charta hat den gleichen Rang wie das primäre Unionsrecht und tritt damit bei der Konkretisierung des *ordre public* der Mitgliedstaaten neben das jeweilige nationale Verfassungsrecht. Dies wird in Bezug auf das von den Ehegatten gewählte Recht in ErwG 16 S 2 (→ Anh II) zur Verordnung ausdrücklich betont (M *Stürner* FS v Hoffmann [2011] 463/475; NK-BGB/*Budzikiewicz* Rn 13 f).

2. Abgrenzungen

a) Art 10. Art 10 lässt zwar gem ErwG 24 S 2 (→ Anh II) den allgemeinen *ordre public* **473** Vorbehalt nach Art 12 unberührt. Da jedoch das Scheidungsverbot oder die Diskriminierung eines Ehegatten aufgrund seiner Geschlechtszugehörigkeit nach dem von Art 5 oder Art 8 zur Anwendung berufenen Recht idR bereits gem Art 10 durch Anwendung der *lex fori* überwunden werden, besteht für einen Rückgriff auf Art 12 kein Bedürfnis mehr (*Henrich,* IntSchR Rn 96).

b) Art 13. Ähnlich verhält es sich auch in den von Art 13 geregelten Fällen, in denen das **474** Recht eines Mitgliedstaats entweder das Rechtsinstitut der Ehescheidung nicht kennt oder bestimmte – insbesondere gleichgeschlechtliche – Ehen nicht als wirksam ansieht. Indem die Verordnung einen solchen Mitgliedstaat nicht zwingt, eine (solche) Ehe dennoch nach Maßgabe des von Art 5 ff zur Anwendung berufenen Rechts zu scheiden, vermeidet sie, dass die Gerichte dieses Mitgliedstaats sich auf den *ordre public* berufen, um das gleiche Ergebnis zu erreichen.

c) Art 6 EGBGB. Demgegenüber hat Art 12 als Norm des sekundären Unionsrechts Vorrang **475** vor der Vorbehaltsklausel des autonomen deutschen Kollisionsrechts in Art 6 EGBGB (vgl auch Art 3 Nr 1 lit d EGBGB). Für die *ordre public*-Kontrolle ausländischen Scheidungs- oder Trennungsrechts in nach dem 12.6.2012 eingeleiteten Verfahren wird Art 6 EGBGB daher durch Art 12 vollständig verdrängt. Da der Prüfungsmaßstab in beiden Vorschriften jedoch im Wesentlichen übereinstimmt (Pal/*Thorn* Rn 2), kann zur Konkretisierung des deutschen *ordre public* für die Zwecke des Art 12 auch auf die frühere deutsche Rechtsprechung zur Anwendung der Vorbehaltsklausel in Art 6 EGBGB auf dem Gebiet des Scheidungsrechts weiterhin zurückgegriffen werden (zu Beispielsfällen → Rn 485 ff).

115

A 476–479   1. Teil. Erkenntnisverfahren A. Ehesachen

476   **d) Art 22 lit a EuEheVO.** Die Vorbehaltsklausel in Art 12 ist schließlich auch von der Regelung in Art 22 lit a EuEheVO zu unterscheiden, die den sog **anerkennungsrechtlichen ordre public** regelt. Dieser umfasst neben einer Kontrolle des materiellen Ergebnisses, zu dem das ausländische Gericht gelangt ist, insbesondere auch die Überprüfung, ob dem Beklagten rechtliches Gehör gewährt wurde und dem Urteil auch sonst ein faires Verfahren vorausgegangen ist (näher → K Rn 73 ff). Darüber hinaus ist aber auch an die materiellrechtliche *ordre public*-Kontrolle im Stadium der Anerkennung eines ausländischen Scheidungsurteils ein *milderer Maßstab* anzulegen als bei der Anwendung ausländischen Scheidungsrechts im Erkenntnisverfahren; denn es macht insoweit einen Unterschied, ob ein bestimmtes Anwendungsergebnis erstmals durch ein Gericht festgestellt wird oder ob es lediglich darum geht, das in einem anderen Mitgliedstaat bereits voll wirksame Urteil auf das Gebiet eines weiteren Mitgliedstaats zu erstrecken (allg zur abgeschwächten *ordre public*-Kontrolle im Anerkennungsverfahren BGH NJW 98, 2358 = IPRax 99, 466 m Anm *Fischer* 450; BGHZ 118, 312/328 f = NJW 92, 3096; BGHZ 98, 70/73 f = NJW 86, 3027; OLG Karlsruhe IPRax 05, 39; MüKoBGB/*v Hein* Art 6 EGBGB Rn 101 ff).

3. Anwendungsvoraussetzungen des ordre public

477   **a) Gegenstand der Kontrolle.** Mit Hilfe der Vorbehaltsklausel in Art 12 soll nicht das ausländische materielle Scheidungsrecht als solches einer Kontrolle durch den inländischen Richter unterworfen werden; vielmehr kommt es allein auf das **konkrete Anwendungsergebnis** an (Rauscher/*Helms* Rn 5; vgl zu Art 6 EGBGB OLG Zweibrücken NJW-RR 02, 581/ 582; MüKoBGB/*v Hein* Art 6 EGBGB Rn 117 mwN). Dies kommt zwar im Wortlaut von Art 12 nicht so deutlich zum Ausdruck wie in Art 6 S 1 EGBGB. In der Sache unterscheidet sich der Gegenstand der Kontrolle in beiden Fällen jedoch nicht. Auch Art 12 ermächtigt das angerufene Gericht – anders als Art 10, 2. Fall (→ Rn 454 ff) – nicht zu einer abstrakten Prüfung des Inhalts ausländischer Sachnormen; erforderlich ist vielmehr, dass die Anwendung dieser Vorschriften „in einem konkreten Fall" (ErwG 25; → Anh II) gegen den *ordre public* verstößt. Eine Ausnahme kommt allenfalls wegen der überragenden Bedeutung des Gleichheitssatzes im deutschen (Art 3 GG) wie im europäischen Recht (Art 9 Satz 1 EUV; Art 21 Grundrechte-Charta) in Fällen schwerwiegender Diskriminierung in Betracht (BeckOK-BGB/*Lorenz* Art 6 EGBGB Rn 10; **aA** Pal/*Thorn* Art 6 EGBGB Rn 7; im Fall der Diskriminierung aus Gründen der Geschlechtszugehörigkeit hat allerdings Art 10 Vorrang.

478   **b) Kontrollmaßstab.** Maßstab für die *ordre public*-Kontrolle ist nicht das deutsche materielle Recht in seiner Gesamtheit, sondern es sind nur die ihm zugrundliegenden **Gerechtigkeitsvorstellungen** (*Looschelders* Art 6 EGBGB Rn 13), die insbesondere durch die Grundrechte als besonders hervorgehobene Wertentscheidungen der Verfassung näher konkretisiert werden. Daneben sind auch die von inländischen Generalklauseln in Bezug genommenen außergesetzlichen Wertmaßstäbe zu berücksichtigen (zB die von Art 30 EGBGB aF noch ausdrücklich genannten „guten Sitten" (MüKoBGB/*v Hein* Art 6 EGBGB Rn 133 mwN). Der Kontrollmaßstab ändert sich auch nicht dadurch, dass das anzuwendende ausländische Recht gegen Bestimmungen des Unionsrechts verstößt; es ist vielmehr Sache des nationalen Gerichts den Schutz des primären und sekundären Unionsrechts in gleicher Weise wirksam zu gewährleisten wie die den Schutz seiner nationalen Wertordnung (EuGH C-38/98 – *Renault/Maxicar*, Slg 01 I-2073 Rn 32).

479   **c) Offensichtlicher Verstoß.** Nach Art 12 ist nicht jeder Verstoß gegen die öffentliche Ordnung des Gerichtsstaates ausreichend; vielmehr muss die Anwendung des von den Kollisionsnormen der Verordnung bezeichneten Rechts mit dem *ordre public* der *lex fori* „offensichtlich" unvereinbar sein. Diese Einschränkung entspricht der heute weithin verbreiteten Praxis bei der Formulierung des *ordre public*-Vorbehalts in Staatsverträgen (vgl zB Art 16 MSA 1961; Art 22 KSÜ 1996; Art 21 ErwSÜ 2000; Art 13 HUP 2007) sowie im europäischen Verordnungsrecht (vgl Art 21 Rom I-VO; Art 26 Rom II-VO; Art 22 lit a und Art 23 lit a EuEheVO; Art 24 EuUntVO; Art 35 EuErbVO, Art 31 EuGüVO), während die *ordre public*-Vorschriften in den autonomen IPR-Gesetzen der Mitgliedstaaten auf diese Einschränkung meist noch verzichten (vgl zB § 6 öst IPRG 1978; Art 177 schwz IPRG 1989; Art 16 ital IPRG 1995). Gründe des öffentlichen Interesses gestatten es den Gerichten der teilnehmenden Mitgliedstaaten daher – wie in ErwG 25 S 1 zur Verordnung (→ Anh II) klargestellt wird – nur „in Ausnahmefällen", von der Vorbehaltsklausel Gebrauch zu machen. Um den Kollisionsnormen der Verordnung

II. Internationales Privatrecht: Rom III-VO Art 12   **480–484 A**

soweit als möglich zur Anwendung zu verhelfen *(„effet utile")*, ist Art 12 daher – namentlich gegenüber den Rechten anderer Mitgliedstaaten – äußerst **restriktiv** zu handhaben (Rauscher/ *Helms* Rn 3).

Erforderlich ist ein eklatanter Verstoß gegen den **„Kernbestand"** der Rechtsordnung des **480** Gerichtsstaates (vgl BGH NJW 98, 2452/2453; Erman/*Hohloch* Rn 1). Dabei macht es keinen Unterschied, ob dieser Kernbestand Ausdruck rein nationaler Wertungen ist oder durch europäisches bzw internationales Recht mitgeprägt ist (BeckOK-BGB/*Lorenz* Art 6 EGBGB Rn 13). Daher reicht nicht jede Abweichung von zwingenden Normen der *lex fori* für einen *ordre public*-Verstoß aus (vgl allg BGHZ 123, 268/270 = NJW 93, 3269; BGHZ 118, 312/330 = NJW 92, 3096). Das Ergebnis der Anwendung des ausländischen Rechts muss vielmehr im Falle der Anrufung eines deutschen Gerichts „zu den Grundgedanken der deutschen Regelungen und den in ihnen enthaltenen Gerechtigkeitsvorstellungen in so starkem Widerspruch stehen, dass es nach inländischer Vorstellung als schlechthin untragbar erscheint" (so die gängige Formel des BGH, vgl BGHZ 138, 331/335 = NJW 98, 2358; BGHZ 104, 240/243 = NJW 88, 2173, jeweils zu Art 6 EGBGB; dazu näher MüKoBGB/*v Hein* Art 6 EGBGB Rn 132 ff).

d) Hinreichender Inlandsbezug. Das Gebot der äußerst zurückhaltenden Anwendung des **481** *ordre public*-Vorbehalts nach Art 12 hat zur Folge, dass der Verstoß gegen die Grundprinzipien der im Gerichtsstaat geltenden Rechtsordnung nicht nur offensichtlich sein muss, sondern dass darüber hinaus auch ein hinreichender Bezug des Sachverhalts zu diesem Staat erforderlich ist. Sind deutsche Gerichte zur Entscheidung angerufen, so muss der zugrundliegende Sachverhalt daher – nicht anders als nach Art 6 EGBGB (allgM, vgl BGH NJW 93, 848/849; BGH NJW 92, 3096/3105; BGHZ 60, 68/79 = NJW 73, 417; MüKoBGB/*v Hein* Art 6 EGBGB Rn 182 f) – einen ausreichend starken Bezug zum Gebiet der Bundesrepublik Deutschland aufweisen. Das erforderliche Inlandselement darf zwar nicht so stark sein, dass es bereits von Kollisionsnormen der Verordnung als Anknüpfungsmerkmal verwendet wird, es muss aber Bedeutung gerade für die Scheidung oder Trennung von Ehen haben. Daher begründen sowohl der gewöhnliche Inlandsaufenthalt wie die deutsche Staatsangehörigkeit eines Ehegatten idR eine hinreichende Inlandsbeziehung. Die Anforderungen an die Stärke des Inlandsbezugs hängen auch davon ab, wie sehr das Ergebnis der Anwendung des ausländischen Rechts die grundlegenden deutschen Gerechtigkeitsvorstellungen tangiert. Inlandsbeziehung und Schwere des Verstoßes stehen also in einer Wechselbeziehung. Insoweit gilt die Faustformel: Je stärker die Inlandsbeziehung ist, umso weniger werden fremdartige Ergebnisse hingenommen, und je schwächer sie ist, umso mehr Zurückhaltung ist bei der Anwendung der Vorbehaltsklausel zu üben (sog **Relativität des ordre public;** vgl BGHZ 118, 312/348 f = NJW 92, 3096; BeckOK-BGB/*Lorenz* Art 6 EGBGB Rn 15; H//O/*Hausmann* § 3 Rn 133 mwN).

Dem Inlandsbezug des Sachverhalts kommt auch Bedeutung zu, wenn es darum geht, ob die **482** Anwendung ausländischen Rechts in **Grundrechte** einer Partei eingreift. Denn was bei einem reinen Inlandsfall als Grundrechtsverletzung zu werten wäre, muss im Falle einer starken Auslandsberührung noch keinen Verstoß gegen den *ordre public* darstellen. Deshalb ist durch Auslegung der jeweiligen Verfassungsnorm festzustellen, ob sie nach Wortlaut, Sinn und Zweck für jede denkbare Anwendung inländischer hoheitlicher Gewalt gelten will oder ob sie bei Sachverhalten mit mehr oder weniger intensiver Auslandsbeziehung eine Differenzierung zulässt oder verlangt (BVerfGE 31, 58/77 = NJW 71, 1509; BVerfG NJW 07, 900/903; BGHZ 120, 29/35 = NJW 93, 848; Staud/*Voltz* Art 6 EGBGB Rn 142 ff). Der internationale Geltungsbereich der Grundrechte ist ihnen selbst zu entnehmen; dabei kommt der Intensität des Inlandsbezugs eine maßgebliche Bedeutung zu (BVerfGE 31, 58/77; BGHZ 60, 68/78 f). Ferner kann auch eine dem Grad der Inlandsbeziehung angepasste Auslegung der Grundrechte geboten sein (BGHZ 120, 29/34 = NJW 93, 848).

e) Maßgebender Zeitpunkt. Für die Beurteilung eines *ordre public*-Verstoßes nach Art 12 **483** kommt es grundsätzlich auf den Zeitpunkt der richterlichen Entscheidung an. Der deutsche Richter hat daher auch auf einen schon länger zurückliegenden Sachverhalt die Wertmaßstäbe anzuwenden, die im Zeitpunkt seiner Entscheidungsfindung gelten (**Wandelbarkeit des ordre public-Maßstabs;** vgl BGHZ 169, 240 Rn 37 = FamRZ 07, 109; BGHZ 138, 331/335 = NJW 98, 2358; BGH IPRax 92, 380/381; BGH IPRax 90, 55/57; BeckOK-BGB/*Lorenz* Art 6 EGBGB Rn 13; Rauscher/*Helms* Rn 4; H/O/*Hausmann* § 3 Rn 136 f mwN).

f) Darlegungslast. Der Vorbehalt des *ordre public* ist durch das angerufene Gericht **von Amts 484 wegen** zu beachten (allg MüKoBGB/*v Hein* Art 6 EGBGB Rn 242). Die Darlegungs- und

117

A 485–488   1. Teil. Erkenntnisverfahren A. Ehesachen

Beweislast für diejenigen Umstände, die einen *ordre public*-Verstoß begründen, liegt stets bei demjenigen Ehegatten, der einen solchen Verstoß behauptet (BGHZ 123, 268/271 = NJW 93, 3269 MüKoBGB/*v Hein* Art 6 EGBGB Rn 242).

4. Beispiele aus der deutschen Gerichtspraxis

485   **a) Gleichgeschlechtliche Ehe.** Die in zahlreichen EU-Mitgliedstaaten schon seit längerem zugelassene gleichgeschlechtliche Ehe (dazu → I Rn 257m Nachw) verstößt zwar nach ihrer Einführung in *Deutschland* seit dem 1.10.2017 sicher nicht mehr gegen den deutschen *ordre public* (*Mankowski* IPRax 17, 541/546; ebenso schon bisher AG Münster IPRax 11, 269/270; VG Karlsruhe IPRax 06, 284/286 f; *Röthel* IPRax 02, 496 und 06, 250; Pal/*Thorn* Art 6 EGBGB Rn 20; **aA** noch AG Nürnberg FamRZ 11, 308). Sie wurde im Inland jedoch nach bisher hM unter Berufung auf Art 13, 2. Fall nicht nach Maßgabe der Rom III-VO geschieden, sondern in entsprechender Anwendung der Vorschriften über die eingetragene Lebenspartnerschaft aufgelöst (BGHZ 210, 50 Rn 36 = FamRZ 16, 1251 m zust Anm *Dutta;* zur Kritik näher → Rn 314 ff sowie → I Rn 269 ff). Künftig wird sich eher umgekehrt die Frage stellen, ob ausländische Rechte, die das Rechtsinstitut der gleichgeschlechtlichen Ehe ablehnen, nicht aus diesem Grunde gegen den deutschen *ordre public* verstoßen (so zB in Frankreich Cass 28.1.15, D. 15, 464m Anm *Fulchiron,* Le mariage de tous est d'ordre public en droit international).

486   **b) Scheidungsverbot.** Die grundsätzliche Unauflöslichkeit der Ehe nach ausländischem Recht verstößt − allerdings nur bei hinreichendem Inlandsbezug − gegen den deutschen *ordre public.* Dies gilt etwa für das Scheidungsverbot des kanonischen Rechts (BGHZ 169, 240/251 ff Rn 37 ff = FamRZ 07, 109 m zust Anm *Henrich* = JZ 07, 738 m zust Anm *Rauscher;* **aA** noch die Vorinstanz OLG Karlsruhe IPRax 06, 181/182 m abl Anm *Rauscher* 140; OLG Frankfurt NJW 89, 3101/3102). Danach ist es mit dem deutschen *ordre public* nicht vereinbar, wenn das ausländische Recht „Ehegatten an einer unheilbar zerrütteten Ehe lebenslänglich festhält". Der Rückgriff auf die Vorbehaltsklausel erübrigt sich freilich seit Inkrafttreten der Rom III-VO idR wegen Art 10, 1. Fall (→ Rn 449 ff). Gegen den *ordre public* kann es aber auch verstoßen, wenn das ausländische Recht die Scheidung zwar grundsätzlich ermöglicht, aber im konkreten Fall verbietet (MüKoBGB/*Winkler v Mohrenfels* Rn 2 unter Hinweis auf Art 166 türk ZGB). Auch eine sonstige unzumutbare Erschwerung der Scheidung − zB durch Scheidungsstrafen − kann den *deutschen ordre public* verletzen (*Gruber* IPRax 12, 381/391; Pal/*Thorn* Rn 3).

487   **c) Trennungsfristen.** Im Vergleich zum deutschen Recht längere Trennungsfristen nach ausländischem Recht verstoßen zwar grundsätzlich nicht gegen den deutschen *ordre public* (OLG Hamm FPR 04, 391 ff; AG Sinzig FamRZ 05, 1678; Pal/*Thorn* Rn 3). Gleiches gilt für die von der Durchführung eines förmlichen Ehetrennungsverfahrens abhängige Berechnung der Frist (BGHZ 169, 328 = FamRZ 07, 113; Pal/*Thorn* Rn 3). Anders liegt es jedoch dann, wenn die Trennungsfristen nach dem ausländischen Scheidungsstatut unzumutbar lang sind (*Andrae,* Int-FamR § 4 Rn 51; Rauscher/*Helms* Rn 11; vgl *Rauscher* JZ 07, 741/744: dreijährige Verzögerung der Scheidung; zurückhaltender MüKoBGB/*Winkler v Mohrenfels* Rn 3). Eine leichtere Scheidbarkeit der Ehe nach ausländischem Recht, zB durch Festlegung kürzerer Trennungsfristen, ist hingegen grundsätzlich hinzunehmen, auch wenn deutsche Staatsangehörige betroffen sind (MüKoBGB/*Winkler v Mohrenfels* Rn 7; NK-BGB/*Budzikiewicz* Rn 34; vgl schon zu Art 17 Abs 1 EGBGB aF Staud/*Mankowski* Rn 108). Dies gilt auch, wenn das Scheidungsstatut auf die im deutschen Recht (§ 1565 Abs 2 BGB) vorgesehene Mindesttrennungsfrist von einem Jahr verzichtet (OLG Hamm FamRZ 97, 881 [*Türkei*]).

488   **d) Verschuldensprinzip.** Auch die Anwendung ausländischen Scheidungsrechts, das die Auflösung der Ehe noch vom Verschulden eines Ehegatten abhängig macht, verstößt grundsätzlich nicht gegen den deutschen *ordre public;* allerdings muss der „schuldige" Ehegatte die Möglichkeit haben, ein Mitverschulden des anderen Ehegatten geltend zu machen (BGH NJW 82, 1940/1942; OLG Oldenburg FamRZ 90, 632). Außerdem dürfte ein Recht, das dem allein schuldigen Ehegatten die Scheidung der Ehe auf Dauer versagt, mit dem deutschen *ordre public* nicht mehr vereinbar sein (Rauscher/*Helms* Rn 12). Auch die vom Scheidungsstatut vorgesehene Zubilligung von Ansprüchen wegen des vom „nicht-schuldigen" Ehegatten durch die Scheidung erlittenen immateriellen Schadens kann vor deutschen Gerichten geltend gemacht werden, ohne dass Art 12 bemüht werden muss, wenn die Verfehlungen des „schuldigen" Ehegatten zu einer schwerwiegenden Persönlichkeitsverletzung bei seinem Partner geführt haben (OLG Frankfurt NJW-RR-03, 725 f). Eine Verletzung der deutschen öffentlichen Ordnung

II. Internationales Privatrecht: Rom III-VO Art 12   **489–493** **A**

kommt hingegen in Betracht, wenn die Ehe nach ausländischem Recht aus rassischen oder religiösen Gründen aufgelöst werden kann (Staud/*Mankowski* Art 17 EGBGB aF Rn 109).

e) Privatscheidung. Die Durchführung einer reinen Privatscheidung im Inland scheitert **489** bereits an Art 17 Abs 2 EGBGB (→ Rn 562 ff). Die Anerkennung einer im gemeinsamen Heimatstaat der Ehegatten wirksam vorgenommenen Privatscheidung verstößt nicht gegen deutschen *ordre public* (BayObLGZ 98, 103/108). Etwas anderes kann gelten, wenn an der Privatscheidung im Ausland ein *deutscher* Ehegatte beteiligt war, auch wenn die Ehe durch die Privatscheidung nach dem – in entsprechender Anwendung von Art 5 ff bestimmten (→ Rn 319 ff) – Scheidungsstatut aufgelöst worden ist (vgl JM NRW IPRax 82, 25 f zu Art 17 EGBGB aF). Den deutschen *ordre public* verletzt auch die Verurteilung eines Ehegatten zur Vornahme einer Privatscheidung im Ausland (vgl BGH NJW-RR 08, 1169/1171: Verurteilung des Ehemannes zur Übergabe des Scheidebriefs in *Israel* gemäß jüdischem Recht).

f) Verstoßungsscheidung des islamischen Rechts. Die einseitige Verstoßung der Ehefrau **490** durch den Ehemann nach islamischem Recht verstößt hingegen grundsätzlich gegen den deutschen *ordre public,* weil der Ehefrau das gleiche Recht zur einseitigen Auflösung der Ehe in gleichberechtigungswidriger Weise vorenthalten und sie damit zum Objekt einer Willkürentscheidung gemacht wird (OLG Rostock FamRZ 06, 947/948; im Erg ebenso OLG Hamm FamRZ 11, 1056; OLG Stuttgart FamRZ 04, 25/26 und FamRZ 97, 882/883; OLG Köln FamRZ 02, 166; OLG Zweibrücken NJW-RR 02, 581; OLG Düsseldorf FamRZ 98, 1113/1114 und FamRZ 97, 882 [LS]; *Andrae,* IntFamR § 4 Rn 6). Dies gilt auch, wenn beide Ehegatten eine ausländische Staatsangehörigkeit besitzen und der erforderliche Inlandsbezug nur über den gewöhnlichen Aufenthalt eines oder beider Ehegatten hergestellt wird (OLG Hamm FamRZ 11, 1056/1057; OLG Rostock aaO; OLG Zweibrücken aaO; OLG München IPRax 89, 238/241).

Hingegen wurde ein *ordre public*-Verstoß von deutschen Gerichten bisher verneint, wenn die **491** Ehefrau mit der Verstoßung **einverstanden** war (BGHZ 160, 332/344 = FamRZ 04, 1952 [*Iran*]; OLG Hamm FamRZ 10, 1563 [*Marokko*]; OLG Frankfurt FamRZ 09, 1504/1505 [*Pakistan*]) oder wenn zugleich auch die Voraussetzungen für eine **Scheidung nach deutschem Recht** vorgelegen haben (BGHZ 160, 332/344, 351 = FamRZ 04, 1952 [*Iran*]; OLG Frankfurt FamRZ 09, 1504/1505 [*Pakistan*]; OLG Zweibrücken NJW-RR 02, 581/582 [*Libanon*]; BayObLGZ 98, 103/109 [*Syrien*]; OLG Köln FamRZ 96, 1147 [*Iran*]; OLG München IPRax 89, 238/241 [*Iran*]; AG Kulmbach IPRax 04, 529m Anm *Unberath* 515 [*Afghanistan*]; zust *Andrae* NJW 07, 1730/1731).). Denn in beiden Fällen war das Ergebnis der Anwendung des ausländischen Rechts mit deutschen Rechtsvorstellungen durchaus vereinbar. Die formale Ungleichbehandlung der Ehefrau nach dem Scheidungsrecht islamischer Staaten hinderte dessen Anwendung durch deutsche Gerichte auch dann nicht, wenn die Ehefrau selbst die Scheidung begehrt und sich auf einen mit deutschen Rechtsvorstellungen im Einklang stehenden Scheidungsgrund nach dem ausländischen Scheidungsstatut berief (OLG Koblenz NJW 13, 1377 m Anm *Hohloch:* „khul"-Scheidung/*Ägypten;* OLG Hamm IPRax 95, 174/176 f m zust Anm *Henrich* 166: Verletzung zum Unterhaltspflichten/*Marokko*).

Auch die **Anerkennung einer im Ausland vollzogenen Verstoßungsscheidung** verstieß **492** ferner nur dann gegen den *ordre public,* wenn eine hinreichend starke **Inlandsbeziehung** bestand (zB langjähriger gewöhnlicher Aufenthalt im Inland, vgl OLG Stuttgart FamRZ 00, 171), insbesondere wenn eine deutsche Frau gegen ihren Willen oder ohne ihr Wissen verstoßen worden ist (BayObLG IPRax 82, 104/105). Hingegen wurde ein Verstoß gegen die deutsche öffentliche Ordnung auch insoweit verneint, wenn die Ehefrau mit der im Ausland vollzogenen Verstoßung einverstanden war (OLG Frankfurt NJW 85, 1293/1294) oder wenn die Voraussetzungen für die Ehescheidung auch nach deutschem Recht vorgelegen haben (OLG Koblenz FamRZ 93, 563; **aA** OLG Stuttgart aaO; dazu auch → K Rn 295).

Auf die Vorbehaltsklausel nach Art 12 bräuchte freilich im Rahmen der Anerkenung von **493** Privatscheidungen nach islamischem Recht unter Geltung der Rom III-VO nicht mehr zurückgegriffen werden, wenn man im Rahmen von Art 10, 2. Fall eine abstrakte Betrachtungsweise zugrundelegen und das ausländische Scheidungsrecht wegen seines die Ehefrau diskriminierenden Inhalts durch einen Rückgriff auf die *lex fori* als Ersatzrecht ausschalten würde (→ Rn 460 ff). Für eine analoge Anwendung von Art 10, 2. Fall Rom III-VO fehlt es indessen an der erforderlichen Regelungslücke im deutschen Kollisionsrecht, soweit es nur um die von der Rom III-VO nicht erfasste Anerkennung von Privatscheidungen geht (zutr *Antomo* NJW 18, 435/437 f; **aA** *Pika/Weller* IPRax 17, 65/72).

119

A 498, 499   1. Teil. Erkenntnisverfahren A. Ehesachen

5. Rechtsfolgen eines ordre public-Verstoßes

494   Art 12 ordnet als Rechtsfolge eines *ordre public*-Verstoßes lediglich an, dass die Anwendung des von der Verordnung bezeichneten fremden Rechts durch das angerufene Gericht in einem Mitgliedstaat „versagt" werden kann. Hinsichtlich der Rechtsfolgen im einzelnen wird daher auf das nationale Recht der teilnehmenden Mitgliedstaaten verwiesen (NK-BGB/*Budzikiewicz* Rn 26 f; Rauscher/*Helms* Rn 6). In Anlehnung an die deutsche Rechtsprechung und Literatur zu Art 6 EGBGB ist vor deutschen Gerichten daher wie folgt zu unterscheiden:

495   **a) Nichtanwendung des ausländischen Rechts.** Häufig wird ein mit der inländischen öffentlichen Ordnung in Einklang stehendes Ergebnis schon dadurch erreicht, dass die stoßende Vorschrift des ausländischen Rechts – zB die Anordnung einer unerträglich langen Trennungsfrist – nicht angewendet wird. Diese Nichtanwendung des ausländischen Rechts darf dabei nicht weiter gehen als dies zur Erreichung eines mit dem *ordre public* des Gerichtsstaates noch zu vereinbarenden Ergebnisses erforderlich ist (sog **„Grundsatz des geringstmöglichen Eingriffs"**, vgl zu Art 6 EGBGB BeckOK-BGB/*Lorenz* Art 6 EGBGB Rn 16; MüKoBGB/*v Hein* Art 6 EGBGB Rn 214). Es ist daher nicht sofort die entsprechende deutsche Trennungsfrist zugrunde zu legen, sondern eine Frist, die mit deutschen Rechtsvorstellungen gerade noch vereinbar ist (Rauscher/*Helms* Rn 6).

496   **b) Lückenfüllung.** Hinterlässt die Nichtanwendung der gegen Art 12 verstoßenden ausländischen Norm hingegen eine regelungsbedürftige Lücke, so gebietet der Grundsatz des geringstmöglichen Eingriffs, diese Lücke primär mit Hilfe des anwendbaren **ausländischen Scheidungsrechts** selbst zu schließen (so die hM, vgl BGHZ 120, 29/37 f = NJW 93, 848; OLG Hamm FamRZ 10, 1563; OLG Düsseldorf FamRZ 98, 1113/1114; OLG Hamm IPRax 94, 49/54; MüKoBGB/*v Hein* Art 6 EGBGB Rn 214 mwN). Dies gilt insbesondere für die Nebenfolgen der Scheidung. Diese sind daher zB auch dann, wenn die Verstoßung der Ehefrau nach islamischem Recht gegen den deutschen *ordre public* verstößt, dem islamischen Heimatrecht der Ehegatten zu entnehmen, soweit dieses nach Art 5 oder 8 als Scheidungsstatut zur Anwendung berufen ist (vgl zu Art 17 Abs 1 EGBGB OLG Hamm IPRax 95, 174/177; Erman/*Hohloch* Rn 4).

497   Nur hilfsweise ist auf **deutsches Recht als Ersatzrecht** zurückzugreifen. Dies gilt aufgrund der ausdrücklichen Anordnung in Art 10 insbesondere im Falle einer Unscheidbarkeit der Ehe nach dem ausländischen Scheidungsrecht oder bei einer Diskriminierung der Ehefrau, der – wie zB in den islamischen Rechten – eine gleichberechtigte Möglichkeit der Scheidung wie dem Ehemann vorenthalten wird (vgl idS schon zu Art 17 Abs 1 EGBGB aF BGHZ 169, 240/255 = FamRZ 07, 109; OLG Hamm FamRZ 11, 1056/1057 und FamRZ 10, 1563; OLG Düsseldorf OLGR 1997, 65; näher → Rn 461).

Rom III-VO Art 13. Unterschiede beim nationalen Recht

Nach dieser Verordnung sind die Gerichte eines teilnehmenden Mitgliedstaats, nach dessen Recht die Ehescheidung nicht vorgesehen ist oder die betreffende Ehe für die Zwecke des Scheidungsverfahrens nicht als gültig angesehen wird, nicht verpflichtet, eine Ehescheidung in Anwendung dieser Verordnung auszusprechen.

1. Allgemeines

498   Die Funktion des Art 13 besteht darin, in den beiden von der Vorschrift genannten Fällen zu vermeiden, dass Gerichte der teilnehmenden Mitgliedstaaten auf die Vorbehaltsklausel nach Art 12 zurückgreifen müssen. Die Gerichte haben vielmehr die Möglichkeit, unter Hinweis auf Art 13 eine Scheidung der Ehe abzulehnen, die mit grundlegenden Wertungen der *lex fori* nicht vereinbar ist.

2. Scheidungsfeindliches Recht eines Mitgliedstaats

499   Nach der 1. Variante des Art 13 sollen Mitgliedstaaten, die das Rechtsinstitut der Ehescheidung nicht kennen, durch die Rom III-VO einerseits nicht gezwungen werden, diese in ihrem nationalen Recht einzuführen. Andererseits sollen sie aber auch nicht verpflichtet werden, die Scheidung nach einem von den Kollisionsnormen der Verordnung zur Anwendung berufenen ausländischen Recht auszusprechen. Gemäß ErwG 26 S 1 zur Verordnung (→ Anh II) bezieht

II. Internationales Privatrecht: Rom III-VO Art 13   **500–503 A**

sich diese Variante nur auf den Fall, dass das Rechtsinstitut der Ehescheidung in dem betreffenden Mitgliedstaat überhaupt nicht vorgesehen ist. Die Vorschrift, die in einem kaum verständlichen Widerspruch zu dem der Verordnung im Übrigen zugrundeliegenden *favor divortii* steht (zu Recht krit *Kohler* FS vHoffmann [2011] 208/212), war daher bis zum 30.9.2011 nur für die **maltesischen Gerichte** von Bedeutung. Nach Einführung der Ehescheidung in *Malta* (dazu *Pietsch* FamRZ 12, 426 f) ist sie obsolet (*Gruber* IPRax 12, 381/389; Rauscher/*Helms* Rn 3).

3. Ungültigkeit der Ehe nach dem Recht eines Mitgliedstaats

a) Gleichgeschlechtliche Ehe. Hauptanwendungsfall der 2. Variante des Art 13 ist – wie **500** dem ErwG 26 S 2 („eine solche Ehe"; → Anh II) und den Materialien zur Rom III-VO zu entnehmen ist – die in zahlreichen Mitgliedstaten eingeführte gleichgeschlechtliche Ehe. Da das deutsche Recht bis zum 1.10.2017 nur die eingetragene gleichgeschlechtliche Lebenspartnerschaft, nicht aber „solche Ehen" kannte, war der Vorschrift bisher auch für die deutschen Gerichte praktisch bedeutsam. Legt man ihren Wortlaut zugrunde, so wären auch künftig die Gerichte derjenigen Mitgliedstaaten, die – wie insbesondere die osteuropäischen Staaten – gleichgeschlechtliche Ehen nicht zulassen, berechtigt, die Scheidung einer in *Deutschland* geschlossenen gleichgeschlechtlichen Ehe abzulehnen, auch wenn die Eheleute ihren gemeinsamen gewöhnlichen Aufenthalt im Scheidungsstaat haben. Die Eheleute könnten zwar in einem solchen Fall die Scheidung ihrer Ehe in *Deutschland* erreichen, wenn sie beide die deutsche Staatsangehörigkeit besitzen (Art 3 Abs 1 lit b EuEheVO). Handelt es sich hingegen um eine staatsangehörigkeitsrechtlich gemischte gleichgeschlechtliche Ehe, so könnte der Fall eintreten, dass nach Art 3 ff EuEheVO überhaupt kein Mitgliedstaat für die Scheidung dieser Ehe international zuständig ist, wenn die Gerichte des Aufenthaltsstaates sich auf Art 13, 2. Fall berufen.

Art 13, 2. Fall ordnet allerdings nicht an, dass die Gerichte von teilnehmenden Mitglied- **501** staaten, welche die gleichgeschlechtliche Ehe nicht kennen, gezwungen sind, die Scheidung einer solchen Ehe abzulehnen; sie sind hierzu vielmehr nur **berechtigt** (Rauscher/*Helms* Rn 6). Und auch dieses Recht steht ihnen nur in den durch die Europäische Menschenrechtskonvention, die EU-Charta der Grundrechte und das nationale Verfassungsrecht gezogenen Grenzen zu. Danach kann aber den nach dem Recht eines Mitgliedstaats wirksam miteinander verheirateten Parteien das Recht zu einer Scheidung ihrer Ehe nicht grundsätzlich versagt werden; denn dies liefe auf eine Verweigerung der Justizgewährung hinaus (*Gruber* IPRax 12, 381/390; **aA** Pal/ *Thorn* Rn 2), die mit den vorgenannten europäischen und deutschen verfassungsrechtlichen Garantien nicht vereinbar wäre. Deshalb ist das angerufene Gericht jedenfalls dann verpflichtet, die Scheidung der in *Deutschland* oder einem anderen Mitgliedstaat geschlossenen gleichgeschlechtlichen Ehe vorzunehmen, wenn die Gerichte des Eheschließungsstaates für die Scheidung der Ehe international nicht zuständig sind.

Eine andere Frage ist, **nach welchem Recht** mitgliedstaatliche Gerichte eine gleich- **502** geschlechtliche Ehe zu scheiden haben, wenn sie aus den zuvor genannten Gründen hierzu gezwungen sind, obwohl eine solche Ehe von der *lex fori* nicht zugelassen wird. Aus der Formulierung des Art 13, wonach die Gerichte eines teilnehmenden Mitgliedstaats, die eine solche (gleichgeschlechtliche) Ehe nicht als gültig ansehen, nicht verpflichtet sind, eine Ehescheidung „in Anwendung dieser Verordnung" auszusprechen, wird zT entnommen, dass die Gerichte in diesem Fall berechtigt sein könnten, die Ehescheidung unter Zugrundelegung des vom nationalen Kollisionsrecht zur Anwendung berufenen Rechts auszusprechen. Sie könnten also zB den Scheidungsantrag in einen Antrag auf Auflösung einer eingetragenen Lebenspartnerschaft umdeuten (*Helms* FamRZ 11, 1765/1766). Dies vermag indes im Lichte des mit der Rom III-VO verfolgten Zwecks der Harmonisierung des europäischen Scheidungskollisionsrechts nicht zu überzeugen. Gerichte der teilnehmenden Mitgliedstaaten mögen zwar nach Art 13, 2. Fall im Einzelfall berechtigt sein, die Scheidung einer gleichgeschlechtlichen Ehe abzulehnen. Wenn sie jedoch von diesem Recht keinen Gebrauch machen oder aus verfassungsrechtlichen Gründen keinen Gebrauch machen dürfen, sollten für die Scheidung dieser Ehen die Kollisionsnormen der Verordnung gelten (zutr *Gruber* IPRax 12, 381/390). Dies schon deshalb, weil viele Mitgliedstaaten nach Inkrafttreten der Rom III-VO für die Ehescheidung überhaupt keine nationalen Kollisionsnormen mehr bereithalten.

Jedenfalls seit **Einführung der gleichgeschlechtlichen Ehe in Deutschland** mit Wirkung **503** v 1.10.2017 findet die Rom III-VO vor deutschen Gerichten – wie schon bisher in *Belgien, Frankreich, Portugal* oder *Spanien* – auch auf die Scheidung solcher Ehen Anwendung. Daran vermag auch Art 17b Abs 4 EGBGB nF mit der Verweisung auf das Kollisionsrecht für einge-

A 505   1. Teil. Erkenntnisverfahren A. Ehesachen

tragene Lebenspartnerschaften nichts zu ändern. Denn diese Verweisung hat **Bedeutung nur für das autonome deutsche Kollisionsrecht,** nicht für die Auslegung der Rom III-VO. Art 13, 2. Fall erlaubt nämlich die Nichtanwendung der Kollisionsnormen der Verordnung auf die Scheidung gleichgeschlechtlicher Ehen nur dann, wenn eine solche Ehe im Gerichtsstaat für die Zwecke des Scheidungsverfahrens „nicht als gültig angesehen wird"; davon kann aber in Bezug auf gleichgeschlechtliche Ehen seit dem 1.10.2017 in Deutschland keine Rede mehr sein. Der deutsche Gesetzgeber ist aber im Hinblick auf den Anwendungsvorrang des EU-Rechts nicht berechtigt, für die von ihm als gültig angesehene gleichgeschlechtliche Ehe die Anwendung der Verordnung auszuschließen (→ Rn 314 ff mwN; vgl zum Parallelproblem der Abgrenzung von EuGüVO und EuPartVO im internationalen Güterrecht → B Rn 15 f; im Erg auch *Gruber* IPRax 12, 381/390; MüKoBGB/*Winkler v Mohrenfels* Rn 3 f; **aA** Erman/*Hohloch* Rn 2).

504   **b) Sonstige ungültige Ehen.** Der Anwendungsbereich des Art 13, 2. Fall ist freilich nicht auf gleichgeschlechtliche Ehen beschränkt. Da die Verordnung sich nach Art 1 Abs 2 lit c nicht auf „das Bestehen, die Gültigkeit oder die Anerkennung einer Ehe" bezieht, ist die von der Verordnung aufgeworfene **Vorfrage,** ob die zu scheidende Ehe überhaupt – in materieller wie formeller Hinsicht – gültig geschlossen worden ist, von dem zuständigen Gericht eines teilnehmenden Mitgliedstaats nach Maßgabe des Kollisionsrechts der *lex fori* zu beantworten (Rauscher/ *Helms* Rn 4). Deutsche Gerichte haben daher insoweit die Art 11 und 13 EGBGB zugrunde zu legen. Ergibt sich danach, dass die Ehe – zB aufgrund von Willensmängeln eines Ehegatten, wegen bestehender Ehehindernisse (zB Verwandtschaft oder Doppelehe) oder wegen Formfehlern – nicht wirksam geschlossen worden ist, so wird auch dieser Fall von Art 13, 2. Fall erfasst. Das Gericht ist also auch in diesem Fall nicht gezwungen, die aus seiner Sicht unwirksame Ehe zu scheiden, sondern kann die sich nach seinem nationalen Kollisionsrecht aus der Fehlerhaftigkeit der Ehe ergebenden Konsequenzen ziehen. Aus deutscher Sicht kommt daher insbesondere eine Aufhebung der Ehe (→ Rn 584 ff) oder die Feststellung ihres Nichtbestehens in Betracht.

Rom III-VO Art 14. Staaten mit zwei oder mehr Rechtssystemen – Kollisionen hinsichtlich der Gebiete

Umfasst ein Staat mehrere Gebietseinheiten, von denen jede ihr eigenes Rechtssystem oder ihr eigenes Regelwerk für die in dieser Verordnung geregelten Angelegenheiten hat, so gilt Folgendes:

a) Jede Bezugnahme auf das Recht dieses Staates ist für die Bestimmung des nach dieser Verordnung anzuwendenden Rechts als Bezugnahme auf das in der betreffenden Gebietseinheit geltende Recht zu verstehen;

b) jede Bezugnahme auf den gewöhnlichen Aufenthalt in diesem Staat ist als Bezugnahme auf den gewöhnlichen Aufenthalt in einer Gebietseinheit zu verstehen;

c) jede Bezugnahme auf die Staatsangehörigkeit betrifft die durch das Recht dieses Staates bezeichnete Gebietseinheit oder, mangels einschlägiger Vorschriften, die durch die Parteien gewählte Gebietseinheit oder, mangels einer Wahlmöglichkeit, die Gebietseinheit, zu der der Ehegatte oder die Ehegatten die engste Verbindung hat bzw. haben.

1. Allgemeines

505   **a) Normzweck.** In zahlreichen Staaten ist das Ehescheidungs- und Ehetrennungsrecht nicht vereinheitlicht, sondern räumlich gespalten, weil diese Staaten die Regelung des Familienrechts regionalen oder lokalen Normgebern übertragen haben. Unter den teilnehmenden Mitgliedstaaten ist nur *Spanien* ein solcher Mehrrechtsstaat iSv Art 14, nachdem *Katalonien* ein eigenes Zivilgesetzbuch erlassen hat, in dem zwar nicht die Scheidungsgründe, wohl aber die Scheidungsfolgen abweichend vom gemeinspanischen Recht geregelt sind (vgl Süß/Ring/*Ferrer Riba* „Katalonien" 701/710). Seine Hauptbedeutung hat Art 14 daher aufgrund der universellen Anwendung der Rom III-VO im Fall der Verweisung auf Drittstaaten (Erman/*Hohloch* Rn 1). **Prototyp eines Mehrrechtsstaats sind die USA,** in denen die Gesetzgebungskompetenz auf dem Gebiet des Scheidungsrechts nicht beim Bund, sondern bei den einzelnen Bundesstaaten liegt; es gibt also kein „amerikanisches" Scheidungsrecht, sondern nur ein solches von New York, Florida oder Kalifornien. Gleiches gilt für *Kanada,* nicht hingegen für *Australien.*

II. Internationales Privatrecht: Rom III-VO Art 14   **506–510 A**

Verweist eine Kollisionsnorm der Rom III-VO auf das Recht eines fremden Mehrrechts- **506** staates, so reicht dies nicht aus, um die maßgebenden Vorschriften des materiellen Scheidungs-rechts zu bezeichnen; die Verweisung muss vielmehr bis zu einer der verschiedenen regionalen Rechtsordnungen „verlängert" werden. Die Verordnung verwendet sowohl im Rahmen der subjektiven wie der objektiven Anknüpfung vorwiegend raumbezogene Anknüpfungen, ins-besondere den gewöhnlichen Aufenthalt der Ehegatten oder die lex fori. Verwiesen wird al-lerdings jeweils nicht auf das an einem bestimmten „Ort" geltende Recht, sondern auf das Recht des „Staates", in dem sich die ortsbezogene Anknüpfung verwirklicht. Daneben sieht die Ver-ordnung die gemeinsame Staatsangehörigkeit der Ehegatten als Anknüpfungsmerkmal vor, bei der die „Verlängerung" zu einem bestimmten Teilrechtsgebiet besondere Schwierigkeiten berei-tet. Hierfür bieten sich grundsätzlich **zwei unterschiedliche Lösungswege** an: Entweder man begreift die Verweisung als eine solche auf das Recht des ausländischen Mehrrechtsstaates und überlässt diesem die Verteilung auf seine lokalen Partikularrechte oder man bestimmt die maß-gebende Teilrechtsordnung selbst.

b) Lösung der Verordnung. Die Rom III-VO macht in Art 14 von *beiden* Lösungsmöglich- **507** keiten Gebrauch. Den letztgenannten Weg beschreitet sie sowohl im Rahmen der Anknüpfung an die von ihr vorwiegend verwendeten **raumbezogenen Anknüpfungen,** insbesondere an den gewöhnlichen Aufenthalt der Ehegatten oder an die *lex fori.* Demgemäß erklärt sie im Falle der allgemeinen Anknüpfung an das Recht des Mehrrechtsstaates in Art 14 lit a – ohne Rücksicht auf den diesbezüglichen Standpunkt des Mehrrechtsstaates – das Recht der jeweiligen Gebiets-einheit für maßgeblich. Gleiches gilt im Falle der Verweisung auf den gewöhnlichen Aufenthalt der Beteiligten in einem Mehrrechtsstaat nach lit b. Demgegenüber überlässt die Verordnung im Fall der Anknüpfung an die Staatsangehörigkeit in lit c die Verlängerung zu einer bestimmten Gebietseinheit primär dem (interlokalen) Recht des Mehrrechtsstaates. Nur hilfsweise, wenn es also an einer solchen Regelung in dem maßgeblichen Mehrrechtsstaat – wie zB in den USA – fehlt, können die Parteien im Rahmen von Art 5 die maßgebliche Gebietseinheit selbst wählen, ansonsten gilt das Recht derjenigen Gebietseinheit, zu der die Ehegatten (oder ein Ehegatte) die engste Verbindung haben.

Art 14 bestimmt für das internationale Scheidungsrecht die Anknüpfung in Fällen lokaler **508** Rechtsspaltung, die das autonome deutsche Kollisionsrecht in Art 4 Abs 3 EGBGB regelt (dazu näher Staud/*Hausmann* Art 4 EGBGB Rn 375 ff). Wie Art 11 im Verhältnis zu Art 4 Abs 1 und 2 EGBGB ist auch Art 14 im Verhältnis zu Art 4 Abs 3 EGBGB *lex specialis.* Die Vorschrift gilt daher – wie Art 11 – aufgrund des Anwendungsvorrangs des Unionsrechts für alle Kollisions-normen der Verordnung und verdrängt in deren sachlichem Anwendungsbereich das autonome Kollisionsrecht vollständig (NK-BGB/*Nordmeier* Rn 1; Althammer/*Schäuble* Rn 1; Erman/*Hoh-loch* Rn 1). Der Unterschied zu Art 4 Abs 3 EGBGB ist freilich nicht allzu groß, weil die Anwendung des interlokalen Privatrechts des Mehrrechtsstaates auch nach dem autonomen IPR unter dem Vorbehalt steht, dass die inländische Kollisionsnorm nicht bereits selbst die maß-gebende Teilrechtsordnung bezeichnet (vgl Staud/*Hausmann* Art 4 EGBGB Rn 388 ff).

2. Die einzelnen Unteranknüpfungen

a) Bezugnahme auf das Recht des Mehrrechtsstaates, lit a. Da die Fälle einer Anknüp- **509** fungen an den gewöhnlichen Aufenthalt und an die Staatsangehörigkeit der Ehegatten in Art 14 lit b und lit c gesondert geregelt sind, betrifft lit a lediglich die Verweisung auf das „Recht des Staates des angerufenen Gerichts" in Art 5 Abs 1 lit d und Art 8 lit d (Erman/*Hohloch* Rn 2; Rauscher/*Helms* Rn 6). In beiden Fällen ist Scheidungsstatut daher das Recht derjenigen Gebietseinheit, in der das angerufene Gericht seinen Sitz hat. Auf den abweichenden Standpunkt des Mehrrechtsstaates kommt es insoweit nicht an (NK-BGB/*Nordmeier* Rn 1). Da diese An-knüpfungen nur im Falle der Anrufung des Gerichts eines Mitgliedstaats zur Anwendung kommen, der an die Rom III-VO gebunden ist, bleibt die Bedeutung von lit a – sieht man von *Katalonien* ab – gering.

b) Bezugnahme auf den gewöhnlichen Aufenthalt in einem Mehrrechtsstaat, lit b. **510** Deutlich größere praktische Bedeutung kommt der Unteranknüpfung nach lit b zu, durch die klargestellt wird, dass für die Bestimmung des Scheidungs- oder Trennungsstatuts im Falle der Verweisung auf den gewöhnlichen Aufenthalt in einem Mehrrechtsstaat „jede Gebietseinheit als Staat" gilt. Danach verlängert Art 14 lit b also die in den Art 5 Abs 1 lit a und lit b bzw Art 8 lit a und lit b ausgesprochenen Verweisungen grundsätzlich selbst bis hin zu derjenigen Teil-

123

A 511–514   1. Teil. Erkenntnisverfahren A. Ehesachen

rechtsordnung des fremden Mehrrechtsstaates, in der dieses ortsbezogene Anknüpfungskriterium erfüllt ist, wobei es unerheblich ist, ob es sich um einen teilnehmenden Mitgliedstaat oder um einen Drittstaat handelt. Mit Hilfe dieser Regel wird im Falle der Verweisung auf das Recht eines Mehrrechtsstaates, der – wie zB *Spanien* (vgl dazu Staud/*Hausmann* Anh Art 4 EGBGB Rn 267 ff) – über ein gesamtstaatliches interlokales Privatrecht verfügt, die Anwendung dieser interlokalen Kollisionsregeln ausgeschlossen. Darüber hinaus ist im Falle der Verweisung auf das Recht von Mehrrechtsstaaten, die – wie zB das *Vereinigte Königreich, Kanada* oder die *USA* – kein gesamtstaatliches interlokales Privatrecht kennen, sondern den jeweiligen Teilstaaten die Bestimmung des interlokalen Geltungsbereichs ihrer Gesetze überlassen (dazu näher Staud/*Hausmann* Anh Art 4 EGBGB Rn 24, 49, 69, 84), die Beachtung einer *interlokalen Weiterverweisung* auf das Recht eines anderen Teilstaats unbeachtlich (NK-BGB/*Nordmeier* Rn 1; ebenso zu Art 4 Abs 3 EGBGB Pal/*Thorn* Rn 12; Erman/*Hohloch* Rn 22).

511   Haben **deutsche Ehegatten** daher ihren **gewöhnlichen Aufenthalt** im Zeitpunkt der Anrufung des nach Art 3 Abs 1 lit b EuEheVO zuständigen deutschen Gerichts **in den USA,** kommt in Ermangelung einer Rechtswahl nach Art 8 lit a das Recht von *New York, Florida* oder *Kalifornien* zur Anwendung, wenn die Ehegatten in dem jeweiligen Bundesstaat ihren derzeitigen gemeinsamen gewöhnlichen Aufenthalt haben. In gleicher Weise wirkt lit b im Fall der Anknüpfung an den letzten gemeinsamen gewöhnlichen Aufenthalt der Ehegatten in einem dieser Bundesstaaten. Die unmittelbare Verweisung auf das Recht der Gebietseinheit, in der die Ehegatten ihren gewöhnlichen Aufenthalt haben oder hatten, gilt aber nicht nur im Falle der objektiven Anknüpfung nach Art 8 lit a und lit b, sondern auch im Rahmen einer Rechtswahl nach Art 5 Abs 1 lit a oder lit b. Den Ehegatten ist es mithin verwehrt, in diesen beiden Fällen das Recht eines anderen Teilstaats als desjenigen zu wählen, in dem sie ihren gemeinsamen gewöhnlichen Aufenthalt haben oder hatten, so dass Ehegatten mit gewöhnlichem Aufenthalt in *England* nicht schottisches Recht wählen können (Pal/*Thorn* Rn 1; jurisPK-BGB/*Ludwig* Rn 3; Rauscher/*Helms* Rn 13; NK-BGB/*Nordmeier* Rn 18). Eine nach Art 5 Abs 1 lit a erklärte Rechtswahl zugunsten des „US-amerikanischen Rechts" sollte zum Recht des Bundesstaats verlängert werden, in dem die Ehegatten sich gewöhnlich aufhalten (**aA** [Unwirksamkeit der Rechtswahl] *Basedow* FS Posch [2011] 17/26 f; *Hau* FamRZ 13, 249/255).

512   Die Unteranknüpfung nach lit b findet sich in ähnlicher Form auch in anderen EU-Verordnungen auf dem Gebiet des Kollisionsrechts (vgl Art 22 Abs 1 Rom I-VO; Art 25 Abs 1 Rom II-VO) sowie in den meisten neueren Haager Übereinkommen auf dem Gebiet des Familienrechts (vgl zB Art 47 Nr 1 des Haager Kinderschutzübereinkommens [KSÜ] v 19.10.1996 [→ F Rn 694]; Art 31 des Haager Kindesentführungsübereinkommens [HKÜ] v 25.10.1980 [→ U Rn 274]. Denn auf das interlokale Privatrecht des ausländischen Mehrrechtsstaates wird in diesen Übereinkommen – ebenso wie in lit b – im Fall der Verweisung auf den gewöhnlichen Aufenthalt keine Rücksicht genommen. Vorzuziehen ist freilich die gegenteilige Lösung, wie sie zuletzt in Art 16 Abs 2 lit a des Haager Protokolls über das auf Unterhaltspflichten anzuwendende Recht (HUP) v 23.11.2007 (→ C Rn 770) und in Art 36 Abs 1 EuErbVO verwirklicht worden ist (vgl Staud/*Hausmann* Art 4 EGBGB Rn 389 ff).

513   Keine Lösung enthält die Verordnung für die Situation, dass die Ehegatten zwar ihren gewöhnlichen Aufenthalt im gleichen Mehrrechtsstaat haben, sich dort aber inzwischen getrennt haben und sich **in unterschiedlichen Gebietseinheiten gewöhnlich aufhalten.** Daher kann die Ehe von Gatten, die beide ihren letzten gemeinsamen gewöhnlichen Aufenthalt in den *USA* hatten, in Ermangelung einer Rechtswahl nicht nach Maßgabe von Art 8 lit b geschieden werden, wenn dieser gewöhnliche Aufenthalt nicht in dem gleichen US-Bundesstaat begründet war (*Andrae,* IntFamR § 4 Rn 39). Hat die Ehefrau also die bisherige gemeinsame Ehewohnung in *New York* verlassen und ihren gewöhnlichen Aufenthalt in *Florida* begründet, während der Ehemann weiterhin in *New York* lebt, so hilft die Regel in lit b allein nicht weiter. In einem solchen Fall bietet es sich an, primär das interlokale Privatrecht des Mehrrechtsstaates zu befragen. Fehlt es – wie in den USA – auch an einem solchen, so ist fraglich, ob die Ehegatten berechtigt sind, in entsprechender Anwendung von Art 14 lit c Rom III-VO die maßgebende Rechtsordnung durch Rechtswahl zu bestimmen oder das Gericht in Ermangelung einer solchen Rechtswahl auf die engste Verbindung beider Ehegatten zu einem Teilstaat abstellen darf (so Erman/*Hohloch* Rn 3; **aA** Pal/*Thorn* Rn 1; jurisPK-BGB/*Ludwig* Rn 3; NK-BGB/*Nordmeier* Rn 18).

514   **c) Bezugnahme auf die Staatsangehörigkeit eines Mehrrechtsstaates, lit c.** Anders als in Art 14 lit a und lit b bestimmt die Verordnung im Fall der Verweisung auf das Recht eines

124

II. Internationales Privatrecht: Rom III–VO Art 15   **A**

Mehrrechtsstaates mit Hilfe der Anknüpfung an die gemeinsame Staatsangehörigkeit der Ehegatten (Art 5 Abs 1 lit c bzw Art 8 lit c) die dort maßgebende Gebietseinheit nicht selbst, sondern überlässt deren Bezeichnung dem **interlokalen Privatrecht** des betreffenden Mehrrechtsstaates. Im Fall der Scheidung eines spanischen Ehepaares mit Bezug zu Katalonien durch deutsche Gerichte entscheidet daher die *„vecindad civil"* der Ehegatten darüber, ob das Scheidungsrecht von *Katalonien* oder das gemeinspanische Scheidungsrecht des Codigo civil zur Anwendung kommt (vgl allg Staud/*Hausmann* Art 4 EGBGB Rn 403 ff).

Nur wenn es an einer solchen Regelung in dem maßgeblichen Mehrrechtsstaat – wie zB in **515** den *USA* – fehlt, können die Parteien im Rahmen von Art 5 die maßgebliche Gebietseinheit selbst **durch Rechtswahl** bestimmen; für Inhalt und Form dieser Rechtswahl gelten die Art 6, 7 entsprechend (vgl NK-BGB/*Nordmeier* Rn 22). Dabei können sie auch das Recht einer Gebietseinheit wählen, zu der sie keinen Bezug haben (*Siehr* IPRax 17, 411/414; krit dazu *Gruber* IPRax 12, 381/389; NK-BGB/*Nordmeier* Rn 22; **aA** *Winkler v Mohrenfels* ZEuP 13, 699/719). Haben sie sich auf die Wahl des „Rechts der USA" beschränkt, so können sie diese Rechtswahl in den zeitlichen Grenzen des Art 5 Abs 3 noch konkretisieren. Diese Unteranknüpfung, die sich bisher in anderen Rechtsinstrumenten der EU oder in Staatsverträgen nicht findet, trägt der großen Bedeutung Rechnung, die der Verordnungsgeber der Rechtswahl im internationalen Scheidungsrecht beimisst. In ErwG 28 heißt es hierzu:

> *„In Ermangelung von Regeln zur Bestimmung des anzuwendenden Rechts sollten Parteien, die das Recht des Staates wählen, dessen Staatsangehörigkeit eine der Parteien besitzt, zugleich das Recht der Gebietseinheit angeben, das sie vereinbart haben, wenn der Staat, dessen Recht gewählt wurde, mehrere Gebietseinheiten umfasst und jede Gebietseinheit ihr eigenes Rechtssystem oder eigene Rechtsnormen für Ehescheidung hat".*

Für diesen Fall ist das gewählte *materielle* Scheidungsrecht anzuwenden. Ebenso wie eine **516** Rück- oder Weiterverweisung nach Art 11 bleibt auch eine etwaige **interlokale Weiterverweisung** (zB des englischen auf schottisches Recht oder umgekehrt) außer Betracht.

Erst wenn es auch an einer solchen Rechtswahl einer Gebietseinheit mangelt und die **517** Möglichkeit, sie noch nachträglich zu treffen, nach Art 5 Abs 2 oder 3 nicht mehr besteht, ist auf der dritten und letzten Stufe auf die Gebietseinheit abzustellen, zu der die Ehegatten gemeinsam (bzw ein Ehegatte allein in den Fällen des Art 5 Abs 1 lit b bzw Art 8 lit b) die **engste Verbindung** haben. Diese engste Verbindung ist – ähnlich wie bisher im autonomen deutschen Scheidungsrecht (Art 17 Abs 1 S 1 iVm Art 4 Abs 3 S 2 EGBGB) – im Wege einer Gesamtbetrachtung aller Umstände zu ermitteln. Soweit an die gemeinsame Staatsangehörigkeit angeknüpft wird, ist dieser Rückgriff auf die engste Verbindung zu einer Gebietseinheit insbesondere dann erforderlich, wenn die Ehegatten ihren gewöhnlichen Aufenthalt in verschiedenen Teilstaaten des Mehrrechtsstaates haben. Besteht die engste Verbindung der beiden Ehegatten zu unterschiedlichen Teilrechtsordnungen, so scheitert die Anknüpfung an das gemeinsame Heimatrecht.

Rom III–VO Art 15. Staaten mit zwei oder mehr Rechtssystemen – Kollisionen hinsichtlich der betroffenen Personengruppen

[1] **In Bezug auf einen Staat, der für die in dieser Verordnung geregelten Angelegenheiten zwei oder mehr Rechtssysteme oder Regelwerke hat, die für verschiedene Personengruppen gelten, ist jede Bezugnahme auf das Recht des betreffenden Staates als Bezugnahme auf das Rechtssystem zu verstehen, das durch die in diesem Staat in Kraft befindlichen Vorschriften bestimmt wird.** [2] **Mangels solcher Regeln ist das Rechtssystem oder das Regelwerk anzuwenden, zu dem der Ehegatte oder die Ehegatten die engste Verbindung hat bzw. haben.**

Schrifttum: *Andrae,* Anwendung des islamischen Rechts vor deutschen Gerichten, NJW 07, 1730; *Andrae/Essebier,* Zur Scheidung einer Ehe zwischen einer deutschen Christin und einem indischen Schiiten, IPRax 02, 294; *Beitzke,* Scheidung sunnitischer Libanesen, IPRax 93, 231; *Coester-Waltjen,* Das religiöse jüdische Recht in internationaler Privat- und Verfahrensrecht, FS Kühne (2009), 669; *Elwan/Menhofer,* Scheidungswunsch versus in Syrien geltendes Recht der unierten Ostkirchen?, StAZ 07; 326; *Henrich,* Scheidung wegen Unterhaltsverweigerung nach islamischem Recht, IPRax 95, 166; *Herfarth,* Scheidung nach religiösem Recht durch deutsche Gerichte, IPRax 00, 101; *ders,* Get-Statutes und ihre Anwendbarkeit in Deutschland, IPRax 02, 17; *Lüderitz,* Talaq vor deutschen Gerichten, FS Baumgärtel (1990), 333; *Siehr,* Ehescheidung deutscher Juden, IPRax 09, 332.

A 521

1. Teil. Erkenntnisverfahren A. Ehesachen

1. Personale Rechtsspaltung

518   Art 15 regelt die Unteranknüpfung in den Fällen, in denen das von den Kollisionsnormen der Verordnung zur Anwendung berufene – materielle (Art 11) – Scheidungsrecht „personal gespalten" ist, also für verschiedene Personengruppen – zB aus Gründen der Religions- oder Stammeszugehörigkeit – unterschiedliches Scheidungsrecht gilt. In den 16 an der Rom III-VO teilnehmenden Mitgliedstaaten besteht eine solche personale Rechtsspaltung nicht. Große praktische Bedeutung hat sie hingegen in den islamisch geprägten Staaten des Nahen und Mittleren Ostens sowie Nordafrikas, ferner in *Israel, Indien, Indonesien, Malaysia, Pakistan* und auf den *Philippinen* (vgl BGHZ 169, 240/245 = FamRZ 07, 109 [*Syrien*]; BGHZ 160, 332/338 f = NJW-RR 05, 81 [*Iran*]; OLG Zweibrücken NJW-RR 02, 581 [*Libanon*]; OLG Köln FamRZ 02, 1481 und OLG Frankfurt FamRZ 09, 1504/1505 [*Pakistan*]; ferner *Bälz* IPRax 96, 353 [*Ägypten*]; *Elwan/ Ost* IPRax 96, 389 [*Jordanien*]; dazu näher Staud/*Hausmann* Art 4 EGBGB Rn 381 ff). Ist das zur Anwendung berufene Recht eines Mehrrechtsstaates sowohl räumlich wie auch personal gespalten, so ist im ersten Schritt die räumlich maßgebende Teilrechtsordnung nach Art 14 und anschließend das dort geltende interpersonale Privatrecht nach Art 15 S 1 zu ermitteln (Rauscher/*Helms* R 4; vgl Staud/*Hausmann* Art 4 EGBGB Rn 415).

2. Interpersonales Kollisionsrecht des Mehrrechtsstaates, S 1

519   Verweisen die Kollisionsnormen der Verordnung auf das Scheidungsrecht eines Staates, das personal gespalten ist, weil die Ehegatten zB dort ihren gewöhnlichen Aufenthalt haben oder weil sie die Staatsangehörigkeit eines solchen Staates besitzen, so ist nach Art 15 S 1 primär zu prüfen, ob dieser Staat selbst **Normen des interpersonalen Kollisionsrechts** bereithält, die eine Unteranknüpfung an das Recht einer bestimmten Religionsgemeinschaft oder einer bestimmten ethnischen Personengruppe ermöglichen (NK-BGB/*Nordmeier* Rn 6 f). Dies ist in fast allen Staaten, deren Recht personal gespalten ist, der Fall, weil die Gerichte solcher Staaten auf dem Gebiet des Familienrechts andernfalls vor kaum lösbare Probleme gestellt würden (vgl Staud/*Hausmann* Art 4 EGBGB Rn 413). Das interpersonale Recht des Mehrrechtsstaates entscheidet auch darüber, welches Teilrecht auf religiöse oder ethnische **Mischehen** anzuwenden ist. Knüpft dieses Recht allerdings in diesen Fällen – wie häufig – an die Religions- oder Stammeszugehörigkeit des Ehemannes an, kann dessen Anwendung durch deutsche Gerichte im Lichte von Art 10, 2. Fall an Art 12 *(ordre public)* scheitern (Rauscher/*Helms* Rn 6). Ersatzweise ist dann die engere Verbindung der Ehegatten zu einer der beiden Religionen oder Stämme maßgebend.

3. Engste Verbindung, S 2

520   Nur in den seltenen Fällen, in denen es an einem staatlichen interpersonalen Kollisionsrecht des Mehrrechtsstaates fehlt, ist hilfsweise nach S 2 auf das Recht der engsten Verbindung eines oder beider Ehegatten zu einer Personengruppe abzustellen. Insoweit gilt das zu Art 14 Gesagte entsprechend (→ Rn 517). Im Rahmen der Gesamtabwägung sind allerdings keine räumlichen, sondern zB ethnische, religiöse oder kulturelle Verbindungen maßgebend.

Rom III-VO Art 16. Nichtanwendung dieser Verordnung auf innerstaatliche Kollisionen

Ein teilnehmender Mitgliedstaat, in dem verschiedene Rechtssysteme oder Regelwerke für die in dieser Verordnung geregelten Angelegenheiten gelten, ist nicht verpflichtet, diese Verordnung auf Kollisionen anzuwenden, die allein zwischen diesen verschiedenen Rechtssystemen oder Regelwerken auftreten.

521   Nach Art 16 ist ein teilnehmender Mitgliedstaat, dessen Recht räumlich oder personal gespalten ist, nicht verpflichtet, die Kollisionsnormen der Verordnung auf Sachverhalte anzuwenden, die keinen Bezug zu einem anderen Staat haben. Da das *Vereinigte Königreich* an der Verordnung bisher nicht teilnimmt, hat die Vorschrift praktische Bedeutung allenfalls für die *spanischen* Gerichte. Um zu ermitteln, ob im Fall der Ehescheidung eines Ehemannes aus Madrid von seiner Ehefrau aus Barcelona das Scheidungsrecht von Katalonien oder das gemeinspanische Scheidungsrecht des Codigo civil zur Anwendung kommt, haben diese mithin nicht die Kollisionsnormen der Art 5 ff, sondern das spanische interlokale Privatrecht (Art 14, 15 Codigo Civil)

II. Internationales Privatrecht: Rom III-VO Art 18   **523, 524 A**

anzuwenden, dh auf die *„vecindad civil"* der Ehegatten abzustellen (vgl Staud/*Hausmann* Anh Art 4 EGBGB Rn 267 ff).

Kapitel III. Sonstige Bestimmungen

Rom III-VO Art 17. Informationen der teilnehmenden Mitgliedstaaten

(1) [1]Die teilnehmenden Mitgliedstaaten teilen bis spätestens zum 21. September 2011 der Kommission ihre nationalen Bestimmungen, soweit vorhanden, betreffend Folgendes mit:

a) die Formvorschriften für Rechtswahlvereinbarungen gemäß Artikel 7 Absätze 2 bis 4, und

b) die Möglichkeit, das anzuwendende Recht gemäß Artikel 5 Absatz 3 zu bestimmen.

[2]Die teilnehmenden Mitgliedstaaten teilen der Kommission alle späteren Änderungen dieser Bestimmungen mit.

(2) Die Kommission macht die nach Absatz 1 übermittelten Informationen auf geeignetem Wege, insbesondere auf der Website des Europäischen Justiziellen Netzes für Zivil- und Handelssachen, öffentlich zugänglich.

Die bereits am 21.6.2011 in Kraft getretene Vorschrift (Art 21 S 2) verpflichtet die von Beginn **522** an der Verordnung teilnehmenden Mitgliedstaaten, der Kommission bis zum 21.9.2011 ihre nationalen Bestimmungen betreffend die Form für Rechtswahlvereinbarungen (Art 7 Abs 2) und die Zulassung einer nachträglichen Rechtswahl (Art 5 Abs 3) mitzuteilen. Aus deutscher Sicht war daher die Regelung in Art 46d EGBGB mitzuteilen. Diese Mitteilungen sind im **Europäischen Gerichtsatlas** für Zivilsachen unter:

https://e-justice.europa.eu/content_law_applicable_to_divorce_and_legal_separation-356 abrufbar.

Rom III-VO Art 18. Übergangsbestimmungen

(1) Diese Verordnung gilt nur für gerichtliche Verfahren und für Vereinbarungen nach Artikel 5, die ab dem 21. Juni 2012 eingeleitet beziehungsweise geschlossen wurden.

Eine Rechtswahlvereinbarung, die vor dem 21. Juni 2012 geschlossen wurde, ist ebenfalls wirksam, sofern sie die Voraussetzungen nach den Artikeln 6 und 7 erfüllt.

(2) Diese Verordnung lässt Rechtswahlvereinbarungen unberührt, die nach dem Recht eines teilnehmenden Mitgliedstaats geschlossen wurden, dessen Gerichtsbarkeit vor dem 21. Juni 2012 angerufen wurde.

1. Grundsatz der Nichtrückwirkung, Abs 1 S 1

Art 18 regelt den zeitlichen Anwendungsbereich der Verordnung. Danach gilt – ebenso wie **523** im internationalen Verfahrensrecht (Art 64 Abs 1 EuEheVO; → Rn 226 ff) – der Grundsatz der Nichtrückwirkung. Die Kollisionsnormen der Verordnung sind also nach Abs 1 von den Gerichten der teilnehmenden Mitgliedstaaten nur in Verfahren anzuwenden, die nach dem Inkrafttreten der Verordnung, dh am **21.6.2012** oder später (Art 21; → Rn 532), eingeleitet wurden. Auf die Frage, wann ein Verfahren eingeleitet wurde, ist Art 16 EuEheVO analog anzuwenden (*Helms* FamRZ 11, 1765/1767; ebenso zu Art 64 EuEheVO HK-ZPO/*Dörner* Rn 3; MüKo-FamFG/*Gottwald* Rn 3; ThP/*Hüßtege* Rn 2; NK-BGB/*Gruber* Rn 1). Die Verordnung ist auch dann anwendbar, wenn ein Antrag auf Verfahrenskostenhilfe schon vor dem 21.6.2012 gestellt wurde (vgl OLG Hamm IPRax 14, 349 Rn 44 m Anm *Helms* 334; OLG Stuttgart NJW 13, 398; Rauscher/*Helms* Rn 3; **aA** NK-BGB/*Nordmeier* Rn 6). Für die Umwandlung nach Art 9 ist es unerheblich, dass die Ehetrennung noch vor dem 21.6.2012 nach dem vom damaligen autonomen Kollisionsrecht zur Anwendung berufenen Recht ausgesprochen wurde (OLG Nürnberg FamRZ 14, 835; Pal/*Thorn* Rn 1).

Für alle Verfahren, die **vor diesem Zeitpunkt** eingeleitet wurden, verbleibt es auch nach **524** dem 21.6.2012 weiterhin bei der Geltung des autonomen Kollisionsrechts des Gerichtsstaates, in Deutschland also bei Art 17 Abs 1 EGBGB aF. Dies gilt auch in Verfahren der Beschwerde vor dem OLG oder der Rechtsbeschwerde vor dem BGH, selbst wenn der Rechtsbehelf erst nach

A   1. Teil. Erkenntnisverfahren A. Ehesachen

dem 21.6.2012 eingelegt wurde; entscheidend ist allein die Einleitung des erstinstanzlichen Verfahrens (Rauscher/*Helms* Rn 3). Aus diesem Grunde hat das autonome Scheidungskollisionsrecht der Mitgliedstaaten – in *Deutschland* Art 17 Abs 1 EGBGB aF – auch nach dem Inkrafttreten der Rom III-VO für einen gewissen Übergangszeitraum weiterhin Bedeutung behalten.

525   Wendet man die Rom III-VO mit der hier vertretenen Ansicht (→ Rn 319 ff) auch auf die Anerkennung von im Ausland vollzogenen **Privatscheidungen** zumindest analog an, so stellt sich auch insoweit die Frage nach der übergangsrechtlichen Geltung der Verordnung. Aufgrund der gebotenen entsprechenden Anwendung von Art 18 Abs 1 sind jedenfalls Privatscheidungen, bei denen das konstitutive Rechtsgeschäft nach dem 21.6.2012 vorgenommen wurde, am Maßstab des von Art 5 ff Rom III-VO zur Anwendung berufenen Rechts zu messen (KG FamRZ 13, 1484; **aA** [Einleitung des Anerkennungsverfahrens] *Henrich* FamRZ 13, 1485; Pal/*Thorn* Rn 1).

2. Rechtswahlvereinbarungen

526   **a) Einleitung des Verfahrens nach dem 21.6.2012, Abs 1 S 2.** In Bezug auf Rechtswahlvereinbarungen wird der Grundsatz der Nichtrückwirkung in Abs 1 S 2 eingeschränkt. Solche Vereinbarungen sind auch dann, wenn sie **vor dem 21.6.2012 abgeschlossen** worden sind, in erst danach eingeleiteten Verfahren weiterhin als wirksam anzusehen, wenn sie den in der Verordnung für ihr Zustandekommen und ihre materielle Wirksamkeit (Art 6) sowie für ihre Formgültigkeit (Art 7) aufgestellten Voraussetzungen entsprechen (OLG Hamm IPRax 14, 349; vgl auch OLG Stuttgart NJW 13, 398). Da Abs 1 S 2 die Fortgeltung von vor dem 21.6.2012 getroffenen Rechtswahlvereinbarungen offenbar bewusst nur von der Einhaltung der Voraussetzungen nach Art 6 und 7 abhängig macht, kommt es hingegen nicht darauf an, dass die Ehegatten bei ihrer Wahl auch die Schranken des Art 5 Abs 1 respektiert haben. Hinsichtlich der wählbaren Rechte müssen daher nur die vom jeweiligen nationalen Kollisionsrecht im Zeitpunkt des Abschlusses der Vereinbarung bestimmten Schranken eingehalten worden sein (ebenso Erman/*Hohloch* Rn 1; NK-BGB/*Nordmeier* Rn 8 ff; **aA** [Redaktionsversehen] *Gruber* IPRax 12, 381/384; Pal/*Thorn* Rn 1; Rauscher/*Helms* Rn 7). Vor deutschen Gerichten kann daher aus einer vor dem 21.6.2012 gültig getroffenen Rechtswahl für die allgemeinen Ehewirkungen nach **Art 14 Abs 2 oder 3 EGBGB** (→ B Anh Rn 622 ff) auf eine stillschweigende Wahl des Scheidungsstatuts geschlossen werden. Erst recht bleibt eine vor dem 21.6.2012 getroffene Rechtswahl wirksam, wenn sie auch den Anforderungen des Art 5 genügt (vgl OLG Hamm IPRax 14, 349 m Anm *Helms* 334; *Andrae,* IntFamR § 4 Rn 19).

527   **b) Einleitung des Verfahrens vor dem 21.6.2012, Abs 2.** Entsprechend dem Grundsatz der Nichtrückwirkung stellt Abs 2 klar, dass die Verordnung auch auf Rechtswahlvereinbarungen keine Anwendung findet, wenn das Ehescheidungs- oder Ehetrennungsverfahren vor dem Gericht eines teilnehmenden Mitgliedstaats bereits vor dem 21.6.2012 eingeleitet wurde. Diese Vereinbarungen – zB eine Rechtswahl nach Art 14 Abs 2–4 EGBGB – bleiben vielmehr in vollem Umfang dem im Zeitpunkt der Einleitung des Verfahrens im Gerichtsstaat geltenden nationalen Kollisionsrecht unterworfen NK-BGB/*Nordmeier* Rn 11; Rauscher/*Helms* Rn 8). Eine Kontrolle am Maßstab von Art 5 bis 7 findet nicht statt, auch wenn diese Vorschriften die Gültigkeit der Rechtswahl begünstigen würden.

Rom III-VO Art 19. Verhältnis zu bestehenden internationalen Übereinkommen

(1) **Unbeschadet der Verpflichtungen der teilnehmenden Mitgliedstaaten gemäß Artikel 351 des Vertrags über die Arbeitsweise der Europäischen Union lässt diese Verordnung die Anwendung internationaler Übereinkommen unberührt, denen ein oder mehrere teilnehmende Mitgliedstaaten zum Zeitpunkt der Annahme dieser Verordnung oder zum Zeitpunkt der Annahme des Beschlusses gemäß Artikel 331 Absatz 1 Unterabsatz 2 oder 3 des Vertrags über die Arbeitsweise der Europäischen Union angehören und die Kollisionsnormen für Ehescheidung oder Trennung ohne Auflösung des Ehebandes enthalten.**

(2) **Diese Verordnung hat jedoch im Verhältnis zwischen den teilnehmenden Mitgliedstaaten Vorrang vor ausschließlich zwischen zwei oder mehreren von ihnen geschlossenen Übereinkommen, soweit diese Bereiche betreffen, die in dieser Verordnung geregelt sind.**

128

II. Internationales Privatrecht: Rom III-VO Art 21   **532** **A**

Die Rom III-VO lässt nach Abs 1 die Anwendung von internationalen Übereinkommen unbe- **528** rührt, denen ein oder mehrere teilnehmende Mitgliedstaaten am 21.6.2012 auf dem Gebiet des internationalen Ehescheidungs- oder Ehetrennungsrechts angehören. Vorrang haben also nur Staatsverträge, welche die teilnehmenden Mitgliedstaaten schon **vor Inkrafttreten der Verordnung** abgeschlossen hatten. Zum Abschluss neuer Übereinkommen im sachlichen Anwendungsbereich der Verordnung dürften sie im Hinblick auf die von der EU in Anspruch genommene Außenkompetenz nicht mehr berechtigt sein (NK-BGB/*Nordmeier* Rn 6; **aA** für Instrumente der Verstärkten Zusammenarbeit Rauscher/*Helms* Rn 6 mwN). Da kein teilnehmender Mitgliedstaat an einem multilateralen Übereinkommen auf dem Gebiet des Kollisionsrechts der Ehescheidung und Ehetrennung beteiligt ist, kommen insoweit nur bilaterale Staatsverträge in Betracht.

Aus deutscher Sicht hat nach Abs 1 allein das **deutsch-iranische Niederlassungsabkommen** **529** v 17.2.1929 (RGBl 30 II, 1006), das in seinem Art 8 Abs 3 auf dem Gebiet des Familienrechts an die gemeinsame Staatsangehörigkeit der Beteiligten anknüpft (näher → Rn 534 ff), Vorrang vor der Rom III-VO (*Helms* FamRZ 11, 1765/1767; Pal/*Thorn* Rn 1). Ob das iranische Recht, soweit es Ehefrauen gegenüber Ehemännern benachteiligt, nach Art 10, 2. Fall Rom III-VO ausgeschaltet werden kann, hängt davon ab, ob man diese Vorschrift als spezielle *ordre public*-Klausel iSv Art 8 Abs 3 S 2 des Abkommens begreift (so *Henrich* FamRZ 12, 1500; dazu näher; → Rn 454 ff). Lehnt man dies ab, so unterliegt jedoch auch iranisches Scheidungsrecht in jedem Fall der *ordre public*-Kontrolle nach Art 12 bzw Art 6 EGBGB (Erman/*Hohloch* Rn 1).

Eingeschränkt wird der Vorrang von Staatsverträgen auf dem Gebiet des Ehescheidungs- und **530** Ehetrennungsrechts nach Abs 2 für den Fall, dass an einem solchen Übereinkommen **nur teilnehmende Mitgliedstaaten** als Vertragsstaaten beteiligt sind. Da die *Bundesrepublik Deutschland* keinen Staatsvertrag mit einem anderen teilnehmenden Mitgliedstaat im sachlichen Anwendungsbereich der Verordnung geschlossen hat, läuft diese Vorschrift aus deutscher Sicht leer.

Rom III-VO Art 20. Revisionsklausel

(1) **¹Die Kommission legt dem Europäischen Parlament, dem Rat und dem Europäischen Wirtschafts- und Sozialausschuss spätestens zum 31. Dezember 2015 und danach alle fünf Jahre einen Bericht über die Anwendung dieser Verordnung vor. ²Dem Bericht werden gegebenenfalls Vorschläge zur Anpassung dieser Verordnung beigefügt.**

(2) **Die teilnehmenden Mitgliedstaaten übermitteln der Kommission zu diesem Zweck sachdienliche Angaben betreffend die Anwendung dieser Verordnung durch ihre Gerichte.**

Revisionsklauseln iSv Art 20 enthalten alle EU-Verordnungen auf dem Gebiet der justiziellen **531** Zusammenarbeit in Zivilsachen.

Kapitel IV. Schlussbestimmungen

Rom III-VO Art 21. Inkrafttreten und Geltungsbeginn

Diese Verordnung tritt am Tag nach ihrer Veröffentlichung im Amtsblatt der Europäischen Union in Kraft.

Sie gilt ab dem 21. Juni 2012, mit Ausnahme des Artikels 17, der ab dem 21. Juni 2011 gilt.

Für diejenigen teilnehmenden Mitgliedstaaten, die aufgrund eines nach Artikel 331 Absatz 1 Unterabsatz 2 oder Unterabsatz 3 des Vertrags über die Arbeitsweise der Europäischen Union angenommenen Beschlusses an der Verstärkten Zusammenarbeit teilnehmen, gilt diese Verordnung ab dem in dem betreffenden Beschluss angegebenen Tag.

Die Verordnung unterscheidet – wie alle anderen EU-Verordnungen auf dem Gebiet der **532** Justiziellen Zusammenarbeit in Zivilsachen auch (vgl zu Art 72 EuEheVO) – zwischen dem Zeitpunkt ihres Inkrafttretens und dem Zeitpunkt ihrer „Geltung". In Kraft getreten ist die Verordnung nach Satz 1 am Tag nach der Veröffentlichung des Textes im Amtsblatt, dh am 30.12.2010. „Gelten" tut sie aber – mit Ausnahme von Art 17 (→ Rn 522) – gemäß Satz 2 erst ab dem 21.6.2012. Erst von diesem Tage an ist sie mithin von den Gerichten der teilnehmenden Mitgliedstaaten anzuwenden. Satz 3 bestimmt schließlich den Zeitpunkt der Geltung für solche

A 535　　　　　　　　　　　　　　　　　　　　　1. Teil. Erkenntnisverfahren A. Ehesachen

Mitgliedstaaten, die der Verstärkten Zusammenarbeit auf dem Gebiet des internationalen Ehescheidungs- und Ehetrennungsrechts erst nachträglich beitreten.

3. Staatsverträge

Überblick

533　　Multilaterale Staatsverträge auf dem Gebiet des internationalen Ehescheidungsrechts sind für Deutschland nicht in Kraft. Das Haager Abkommen zur Regelung des Geltungsbereichs der Gesetze und der Gerichtsbarkeit auf dem Gebiet der Ehescheidung und der Trennung von Tisch und Bett v 12.6.1902 (RGBl 1904, 231) wurde vom Deutschen Reich bereits zum 1.6.1934 gekündigt (RGBl 34 II, 26). Praktische Bedeutung hat heute allein noch das deutsch-iranische Niederlassungsabkommen von 1929.

50. Niederlassungsabkommen zwischen dem Deutschen Reich und dem Kaiserreich Persien

Vom 17. Februar 1929 (RGBl 1930 II, 1006)

Schrifttum: 1. Allgemein: *Finger,* Familienrechtliche Rechtsanwendung im Verhältnis zum Iran, Teil I, FuR 99, 58, Teil II, FuR 1999, 158 und Teil III, FuR 99, 215; *Schotten/Wittkowski,* Das deutsch-iranische Niederlassungsabkommen im Familien- und Erbrecht, FamRZ 95, 264.
2. Ehescheidung: *Elwan/Menhofer,* Talaq nach iranischem Recht und die wesensmäßige Zuständigkeit deutscher Gerichte, StAZ 05, 168; *ders,* Islamische Morgengabe – insbesondere im Verhältnis zum Iran, FuR 17, 182; *Jayme,* „Talaq" nach iranischem Recht und deutscher ordre public, IPRax 89, 223.

534　　Im deutsch-iranischen Verhältnis hat das durch Protokoll v 4.11.1954 (BGBl 55 II, 829) wieder in Kraft gesetzte und auch nach der iranischen Revolution von 1979 fortgeltende deutsch-iranische Niederlassungsabkommen v 17.2.1929 (RGBl 30 II, 1006) nicht nur für die bis zum 21.6.2012 eingeleiteten Scheidungsverfahren gem Art 3 Nr 2 EGBGB Vorrang vor den Regeln des autonomen Kollisionsrechts (dh vor Art 17 EGBGB aF; vgl BGH NJW 04, 1952/1953; *Schotten/Wittkowski* FamRZ 95, 264/266), sondern für danach eingeleitete Scheidungsverfahren gemäß **Art 19 Abs 1 Rom III-VO** auch vor den Kollisionsnormen dieser Verordnung (OLG Hamm FamRZ 12, 1498 m Anm *Henrich* = IPRax 14, 349 m Anm *Helms* 334; OLG Hamm FamRZ 13, 1481; *Helms* FamRZ 11, 1765/1767; → Rn 529). Das Abkommen enthält zwar keine Regelung der internationalen Zuständigkeit, so dass auch für die Ehescheidung von iranischen Staatsangehörigen in Deutschland die Art 3 ff EuEheVO gelten (OLG Hamm aaO; OLG Stuttgart FamRZ 12, 1498/1499; OLG Koblenz FamRZ 09, 611/612); es enthält jedoch in Art 8 Abs 3 eine umfassende Kollisionsregel zum Personen-, Familien- und Erbrecht.

Art 8. [Anknüpfung im Personen-, Familien- und Erbrecht]

(3) ¹In Bezug auf das Personen-, Familien- und Erbrecht bleiben die Angehörigen jedes der vertragschließenden Staaten im Gebiet des anderen Staates jedoch den Vorschriften ihrer heimischen Gesetze unterworfen. ²Die Anwendung dieser Gesetze kann von dem anderen vertragschließenden Staat nur ausnahmsweise und nur insoweit ausgeschlossen werden, als ein solcher Ausschluss allgemein gegenüber jedem anderen fremden Staat erfolgt.

535　　Eine zu dem Geltungsbereich dieses Artikels abgegebene Erklärung, die nach dem Schlussprotokoll (RGBl 30 II, 1012) „einen Teil des Abkommens selbst bildet", lautet:

> „Die vertragschließenden Staaten sind sich darüber einig, dass das Personen-, Familien- und Erbrecht, das heißt das Personalstatut, die folgenden Angelegenheiten umfasst: Ehe, eheliches Güterrecht, Scheidung, Aufhebung der ehelichen Gemeinschaft, Mitgift, Vaterschaft, Abstammung, Annahme an Kindes Statt, Geschäftsfähigkeit, Volljährigkeit, Vormundschaft und Pflegschaft, Entmündigung, testamentarische und gesetzliche Erbfolge, Nachlassabwicklungen und Erbauseinandersetzungen, ferner alle anderen Angelegenheiten des Familienrechts unter Einschluss aller den Personenstand betreffenden Fragen."

II. Internationales Privatrecht: Art 8   **536–541 A**

1. Anwendungsbereich

Das Abkommen ist **in sachlicher Hinsicht** auf das gesamte Familienrecht anwendbar; es gilt **536** daher – wie in der zitierten deutsch-iranischen Erklärung zu dem Übereinkommen ausdrücklich klargestellt wird – auch für die **Ehescheidung** (OLG Hamm FamRZ 13, 1481). In persönlicher Hinsicht ist Art 8 Abs 3 des Abkommens auf dem Gebiet des Familienrechts allerdings grundsätzlich nur auf solche Rechtsverhältnisse anwendbar, deren Beteiligte gemeinsam nur entweder die iranische oder die deutsche Staatsangehörigkeit besitzen (BGH FamRZ 86, 345/346; *Schotten/Wittkowski* FamRZ 95, 264/265).

Vor deutschen Gerichten ist Art 8 Abs 3 somit auf die Ehescheidung nur dann anwendbar, **537** wenn **beide Ehegatten ausschließlich die iranische Staatsangehörigkeit** besitzen (BGH FamRZ 05, 1666; BGHZ 160, 332/334 = FamRZ 04, 1952/1954 m Anm *Henrich;* dazu *Rauscher* IPRax 05, 313; OLG Hamm NJOZ 13, 961/962; OLG Hamm FamRZ 12, 1498 m Anm *Henrich;* OLG Hamm FamRZ 11, 1765/1767; OLG Celle FamRZ 12, 383 [LS] = NJOZ 11, 1993/1994; OLG München FamRZ 10, 1280; OLG Koblenz FamRZ 09, 611/613; OLG Düsseldorf FamRZ 98, 1113/1114 und FamRZ 03, 379/380; KG NJW-RR 94, 199; OLG Hamm FamRZ 91, 1391; AG Frankfurt FamRZ 10, 409; Staud/*Hausmann* Anh Art 4 EGBGB Rn 774 mwN). Demgegenüber ist das Abkommen auf die Scheidung deutsch-iranischer Mischehen sowie auf die Scheidung von **Doppelstaatern,** die sowohl die deutsche als auch die iranische Staatsangehörigkeit besitzen, nicht anwendbar (BVerfG FamRZ 07, 615; BGH FamRZ 86, 345/346; OLG Hamm IPRax 14, 349 Rn 46 m Anm *Helms* 334; OLG Hamm FamRZ 12, 1498; AG Frankfurt FamRZ 10, 409; Pal/*Thorn* Art 19 Rom III-VO Rn 1). Dies gilt auch dann, wenn die deutsche Ehefrau die iranische Staatsangehörigkeit des Ehemannes durch die Eheschließung hinzuerworben hat (BGH NJW 90, 686/687 m Anm *Dörner/Kötters* IPRax 91, 39; BayObLGZ 77, 180/182 f; KG NJW-RR 94, 199; *Schotten/Wittkowski* aaO). Hat ein Ehegatte jedoch neben der iranischen Staatsangehörigkeit diejenige eines dritten Staates, so bleibt das Abk anwendbar, wenn es sich bei der iranischen Staatsangehörigkeit um seine effektive Staatsangehörigkeit handelt (vgl zum Erbrecht AG Hamburg IPRax 16, 472 m Anm *Wurmnest* 447).

Schließlich scheidet die Anwendung des Abkommens auf die Scheidung von Eheleuten, die **538** beide ausschließlich die iranische Staatsangehörigkeit besitzen, auch dann aus, wenn einer oder beide Ehegatten die **Rechtsstellung als Flüchtlinge** iS der Genfer Flüchtlingskonvention oder als Asylberechtigte iSv §§ 2, 3 AsylG erlangt und ihren gewöhnlichen Aufenthalt im Inland haben (BGH FamRZ 90, 32/33; OLG Hamburg FamRZ 04, 459; OLG Nürnberg FamRZ 02, 324 f; OLG München IPRax 89, 238/240 m Anm *Jayme* 223; AG Leverkusen BeckRS 08, 21260; *Schotten/Wittkowski* FamRZ 95, 264/266). In all diesen Fällen verbleibt es daher bei der Anwendung der Rom III-VO.

2. Anwendung des Heimatrechts

Art 8 Abs 3 des Abkommens enthält für die Ehescheidung eine **Sachnormverweisung** auf **539** das iranische Recht, wenn beide Ehegatten nur die iranische Staatsangehörigkeit besitzen. Eine Rück- oder Weiterverweisung findet nicht statt (OLG Hamm FamRZ 12, 1498 m Anm *Henrich;* Staud/*Hausmann* Anh Art 4 Rn 777 mwN). Eine hiervon abweichende Rechtswahl der Parteien nach Art 5 Rom III-VO ist unzulässig. Auch der Vorrang des Rechts am gemeinsamen gewöhnlichen Aufenthalt der Ehegatten vor der gemeinsamen iranischen Staatsangehörigkeit nach Art 8 lit a und lit b Rom III-VO bleibt im Geltungsbereich des Abkommens außer Betracht.

Da das iranische Familienrecht **religiös gespalten** ist (vgl Grundätze 12, 13 der iranischen **540** Verfassung v 15.11.1979), hat der deutsche Richter das maßgebende Sachrecht auch im Rahmen des deutsch-iranischen Niederlassungsabkommens mit Hilfe einer **Unteranknüpfung** gem Art 15 Rom III-VO zu bestimmen (vgl BGHZ 120, 29/32 = IPRax 93, 102 m Anm *Henrich;* BGH FamRZ 04, 1952/1954 [zu Art 4 Abs 3 EGBGB]; Staud/*Hausmann* Anh Art 4 EGBGB Rn 778); sie führt im Regelfall zur Anwendung des islamisch-schiitischen Eherechts.

3. Ordre public-Vorbehalt

Nach Art 8 Abs 3 S 2 des Abkommens kann die Anwendung der iranischen Gesetze in **541** Verfahren vor deutschen Gerichten nur ausnahmsweise und nur insoweit ausgeschlossen werden, als ein solcher Ausschluss allgemein gegenüber jedem anderen fremden Staat erfolgt. Die Aus-

A 542–546   1. Teil. Erkenntnisverfahren A. Ehesachen

legung dieser Vorschrift führt zu dem Ergebnis, dass es sich hierbei um eine **Öffnungsklausel zugunsten der Anwendung des nationalen ordre public** der beiden Vertragsstaaten handelt (BGHZ 160, 332 = FamRZ 04, 1952 m Anm *Henrich;* BGH NJW-RR 05, 1449; OLG Düsseldorf NJW-RR 09, 732; OLG Celle NJOZ 11, 1993; *Andrae,* IntFamR § 4 Rn 2). Ausnahmevorschriften iSv Art 8 Abs 3 S 2 sind somit die allgemeinen und besonderen *„ordre-public"*-Klauseln des deutschen bzw iranischen Rechts.

542   Aus diesem Grunde findet **Art 10, 2. Fall Rom III-VO** vor deutschen Gerichten im Geltungsbereich von Art 8 Abs 3 S 2 des deutsch-iranischen Niederlassungsabkommens keine Anwendung, wenn man die Vorschrift – wie hier vertreten (→ Rn 460 ff) – nicht als spezielle *ordre public*-Klausel, sondern als zwingende Vorschrift zur abstrakten Abwehr diskriminierenden ausländischen Scheidungsrechts wertet (**aA** noch *Henrich* FamRZ 12, 1500). Daher kann das iranische Recht, soweit es Ehefrauen – wie insbesondere in Fällen der *talaq*-Scheidung – gegenüber Ehemännern benachteiligt, nur unter den Voraussetzungen des Art 6 EGBGB ausgeschlossen werden (so MüKoBGB/*v Hein* Art 6 EGBGB Rn 38; vgl dazu BGHZ 160, 332 = FamRZ 04, 1952 m Anm *Henrich;* BGH NJW-RR 05, 1449; OLG Düsseldorf NJW-RR 09, 732; OLG Celle NJOZ 11, 1993; OLG Stuttgart FamRZ 04, 25; *Andrae,* IntFamR § 4 Rn 2; *Schotten/ Wittkowski* FamRZ 95, 264/267; Staud/*Voltz* Art 6 EGBGB Rn 60 mwN). Eine „krasse" Ungleichbehandlung der Ehefrau ist hierfür nicht erforderlich (*Henrich* FamRZ 12, 1497/1498; **aA** OLG Hamm NJOZ 13, 961/964). Anders als nach dem rigide formulierten Art 10, 2. Fall Rom III-VO scheidet danach eine Verletzung des deutschen *ordre public* aus, wenn die Verstoßung nach iranischem Recht das von der Ehefrau selbst angestrebte Ziel einer Auflösung der Ehe auf einfacherem Wege erreicht oder wenn die Ehe angesichts der erfüllten Trennungsfristen auch nach deutschem Recht zu scheiden wäre (BGH FamRZ 04, 1952/1955; näher → Rn 490 ff).

543   Darüber hinaus handelt es sich auch bei Art 17 Abs 2 EGBGB um eine allgemeine Ausnahmevorschrift iSv Art 8 Abs 3 S 2 des Abkommens; demgemäß kann auch die Ehe von iranischen Staatsangehörigen **in Deutschland nur durch ein Gericht** geschieden werden (BGH FamRZ 04, 1952/1956; OLG Koblenz FamRZ 09, 611/613; Staud/*Mankowski* Art 17 EGBGB Rn 187). Damit entfällt die Möglichkeit der im islamischen Rechtskreis gebräuchlichen einseitigen Verstoßung der Ehefrau durch den Ehemann (Talaq) auch im Anwendungsbereich des deutsch-iranischen Niederlassungsabkommens, soweit sie im Inland vorgenommen wird (BGH aaO; *Schotten/Wittkowski* aaO).

544   Ein **Versorgungsausgleich** findet im Geltungsbereich des Abkommens auch nicht auf Antrag eines Ehegatten nach Art 17 Abs 3 S 2 EGBGB statt (BGH FamRZ 05, 1666/1667; näher → D Rn 69).

4. Autonomes Kollisionsrecht

Überblick

545   Im autonomen deutschen Kollisionsrecht muss streng zwischen der Ehescheidung bzw Ehetrennung einerseits und der Eheaufhebung bzw der Feststellung des Bestehens oder Nichtbestehens einer Ehe andererseits unterschieden werden. Die Anknüpfung der Ehescheidung und Ehetrennung unterliegt seit dem 21.6.2012 vor deutschen Gerichten der Rom III-VO und das autonome Kollisionsrecht ist nur noch für die Beurteilung der vermögensrechtlichen Folgen der Ehescheidung/-trennung maßgebend (Art 17 Abs 1, 3 EGBGB nF). Demgegenüber ist auf die Frage der Aufhebung oder Nichtigerkärung einer Ehe sowie die Feststellung ihres Bestehens oder Nichtbestehens weiterhin das nationale IPR der Mitgliedstaaten anzuwenden. In Deutschland gelten insoweit die Art 11, 13 EGBGB.

60. Einführungsgesetz zum Bürgerlichen Gesetzbuch (EGBGB)
idF vom 21. September 1994 (BGBl I, 2494)

a) Ehescheidung und Ehetrennung

546   Für die Anknüpfung der Ehescheidung bzw -trennung in Verfahren vor deutschen Gerichten muss danach unterschieden werden, ob das Verfahren vor oder ab dem 21.6.2012 anhängig gemacht worden ist.

132

II. Internationales Privatrecht: EGBGB Art 17   **548 A**

1. Seit dem 21. Juni 2012 geltendes Recht

Zweites Kapitel. Internationales Privatrecht

Erster Abschnitt. Allgemeine Vorschriften

EGBGB Art 3. Anwendungsbereich; Verhältnis zu Regelungen der Europäischen Union und zu völkerrechtlichen Vereinbarungen

Soweit nicht

1. unmittelbar anwendbare Regelungen der Europäischen Union in ihrer jeweils geltenden Fassung, insbesondere
   a)–c) *(nicht abgedruckt),*
      d) die Verordnung (EU) Nr. 1259/2010 des Rates vom 20. Dezember 2010 zur Durchführung einer Verstärkten Zusammenarbeit im Bereich des auf die Ehescheidung und Trennung ohne Auflösung des Ehebandes anzuwendenden Rechts sowie
      e) *(nicht abgedruckt)* oder
2. Regelungen in völkerrechtlichen Vereinbarungen, soweit sie unmittelbar anwendbares innerstaatliches Recht geworden sind,

maßgeblich sind, bestimmt sich das anzuwendende Recht bei Sachverhalten mit einer Verbindung zu einem ausländischen Staat nach den Vorschriften dieses Kapitels (Internationales Privatrecht).

Durch das Gesetz zur Anpassung an die Rom III-VO v 23.1.2013 (→ Rn 301) hat der **547** deutsche Gesetzgeber die Rom III-VO, die in Deutschland ab dem 21.6.2012 unmittelbar anzuwenden ist, unter lit d in den Katalog der Rechtsinstrumente des Unionsrechts aufgenommen, denen Anwendungsvorrang vor dem autonomen deutschen Kollisionsrecht zukommt.

Dritter Abschnitt. Familienrecht

EGBGB Art 17. Besondere Scheidungsfolgen; Entscheidung durch Gericht

(1) Vermögensrechtliche Scheidungsfolgen, die nicht von anderen Vorschriften dieses Abschnitts erfasst sind, unterliegen dem nach der Verordnung (EU) Nr. 1259/2010 auf die Scheidung anzuwendenden Recht.

(2) Eine Ehe kann im Inland nur durch ein Gericht geschieden werden.

(3) *(betrifft den Versorgungsausgleich; abgedruckt und kommentiert → D Rn 29 ff)*

Schrifttum: *Althammer,* „Abendgabe" und Scheidung nach deutschem Recht, NZFam 16, 1022; *Gärtner,* Die Privatscheidung im deutschen und gemeinschaftsrechtlichen Internationalen Privat- und Verfahrensrecht (2008); *ders,* Die Rom III-Verordnung unter besonderer Berücksichtigung vom Privatscheidungen, StAZ 12, 357; *Helms,* Neubewertung von Privatscheidungen nach ausländischem Recht vor dem Hintergrund der Entwicklungen im deutschen Sach-, Kollisions- und Verfahrensrecht, FS Coester-Waltjen (2015) 431; *Herfarth,* Scheidung nach religiösem Recht durch deutsche Gerichte, IPRax 00,101; *Mörsdorf-Schulte,* Anknüpfungszeitpunkt und Anpassung bei der Morgengabe, ZfRV 10, 166; *Pika/Weller,* Privatscheidungen zwischen europäischem Kollisions- und Zivilprozessrecht, IPRax 17, 65; *Siehr,* Ehescheidung deutscher Juden, IPRax 09, 332; *Siehr,* Ehescheidung deutscher Juden, IPRax 09, 332; *Spernat,* Die gleichgeschlechtliche Ehe im internationalen Privatrecht (2011); *Spickhoff,* Zur Qualifikation der nichtehelichen Lebensgemeinschaft im Europäischen Zivilprozess- und Kollisionsrecht, FS Schurig (2012) 285; *Völker,* Die islamische Morgengabe unter dem Einfluss des deutschen Scheidungsfolgenrechts, FamFR 10, 7; *Winkler v Mohrenfels,* Die gleichgeschlechtliche Ehe im deutschen IPR und im europäischen Verfahrensrecht, FS Ansay (2006) 527; *Ziereis/Zwirlein,* Das Verhältnis von Art 17 Abs 2 EGBGB zur Rom III-Verordnung, IPRax 16, 103.

1. Allgemeines

Da die Rom III-VO das Kollisionsrecht der Ehescheidung und der Ehetrennung mit uni- **548** versellem Geltungsanspruch abschließend regelt, verbleibt daneben für nationales Kollisionsrecht kein Raum. Aus diesem Grunde hat der deutsche Gesetzgeber die bisherige Kollisionsnorm für die Ehescheidung in Art 17 Abs 1 EGBGB aF aufgehoben. Die Rom III-VO gilt allerdings nach ihrem Art 1 Abs 1 nur für die Auflösung oder die Lockerung des Ehebandes, dh für die rechtsgestaltende Statusentscheidung, nicht hingegen für die **vermögens- und personenrechtlichen Folgen** der Ehescheidung bzw -trennung (→ Rn 332 ff). Demgegenüber umfasste Art 17

133

A 549–554   1. Teil. Erkenntnisverfahren A. Ehesachen

Abs 1 EGBGB aF über seinen engen Wortlaut hinaus auch diejenigen Scheidungsfolgen, die nach deutschem oder europäischem Kollisionsrecht nicht gesondert anzuknüpfen waren. Durch die Neuregelung in Art 17 Abs 1 EGBGB soll vermieden werden, dass insoweit eine Gesetzeslücke entsteht (RegBegr zum Rom III-AnpassungsG v 23.1.2013 [→ Rn 301], BT-Drs 17/11049, 10 unter B Nr 2). Zu einer solchen sachlichen Erweiterung der Rom III-VO sind die teilnehmenden Mitgliedstaaten kraft ihrer fortbestehenden Gesetzgebungskompetenz für die von der Verordnung nicht erfassten Scheidungsfolgen ohne weiteres berechtigt (*Basedow* FS Posch [2011] 17/19 f; *Hau* FamRZ 13, 249/251; Althammer/*Mayer* Art 5 Rom III-VO Rn 30). Die Vorschrift gilt allerdings nicht rückwirkend ab der Geltung der Rom III-VO (21.6.2012), sondern nur in Verfahren, die **ab dem 29.1.2013** eingeleitet wurden (Art 229 § 28 Abs 1 EGBGB idF des Rom III-AnpassungsG).

549 Bei Art 17 Abs 1 handelt es sich zwar um eine Kollisionsnorm des autonomen deutschen Rechts, weil die Gesetzgeber der Mitgliedstaaten nicht befugt sind, den sachlichen Anwendungsbereich der Rom III-VO mit Wirkung für andere Mitgliedstaaten auf vermögensrechtliche Konsequenzen der Scheidung zu erweitern. Dies hat etwa zur Folge, dass ein Vorabentscheidungsersuchen zur Auslegung von Art 17 Abs 1 EGBGB an den EuGH nach Art 267 AEUV nicht in Betracht kommt. Ferner gilt für die Frage, ob eine **Rück- oder Weiterverweisung** zu beachten ist, grundsätzlich Art 4 EGBGB. Da es sich jedoch um eine akzessorische Anknüpfung handelt, die das Ziel verfolgt, die erfassten vermögensrechtlichen Konsequenzen der Ehescheidung dem gleichen materiellen Recht zu unterwerfen wie die Scheidung selbst, gilt der Ausschluss des Renvoi nach Art 11 Rom III-VO im Ergebnis auch für Art 17 Abs 1 EGBGB (RegBegr zum Rom III-AnpassungsG v 23.1.2013 [→ Rn 301] aaO; allg zum Verstoß der Beachtung eines Renvoi gegen den Sinn der Verweisung iSv Art 4 Abs 1 S 1 EGBGB in Fällen der akzessorischen Anknüpfung Staud/*Hausmann* Art 4 Rn 98 ff mwN).

550 Den Ehegatten sollte allerdings das Recht eingeräumt werden, eine von ihnen getroffene **Rechtswahl** nach Art 5 ff Rom I-VO – wie von der Verordnung vorgesehen – auf die Ehescheidung bzw Ehetrennung als solche zu beschränken und es bezüglich der vermögensrechtlichen Scheidungsfolgen bei der Verweisung auf das objektiv maßgebliche Scheidungsstatut nach Art 8 Rom III-VO zu belassen (→ Rn 358; zum Versorgungsausgleich auch → D Rn 63 ff).

2. Vermögensrechtliche Scheidungsfolgen, Abs 1

551 **a) Vorrangige Sonderanknüpfungen.** Die wichtigsten vermögensrechtlichen Konsequenzen einer Ehescheidung werden derzeit nach von der *Europäischen Union* bzw von der *Bundesrepublik Deutschland* abgeschlossenen Staatsverträgen oder nach autonomem deutschem Kollisionsrecht gesondert angeknüpft (vgl Erman/*Hohloch* Rn 12). So beurteilen sich die Folgen einer Scheidung auf die **Unterhaltspflichten** im Verhältnis der Ehegatten zueinander sowie gegenüber ihren Kindern seit dem 18.6.2011 nach den Vorschriften des Haager Unterhaltsprotokolls von 2007 (→ C Rn 489 ff). Die Auswirkungen der Ehescheidung auf den **Güterstand** unterliegen in ab dem 29.1.2019 geschlossenen Ehen dem von Art 20 ff EuGüVO bestimmten Recht (→ B Rn 310 f). Derzeit ist allerdings noch das autonome deutsche Kollisionsrecht maßgebend und bleibt es auch weiterhin für vor dem 29.1.2019 geschlossene Ehen. Danach unterliegt die Liquidation des Güterstands aus Anlass der Ehescheidung, insbesondere die Frage, ob ein Zugewinnausgleich nach deutschem Recht durchzuführen ist, dem von Art 15 Abs 1 EGBGB zur Anwendung berufenen Recht (näher → B Rn 523).

552 Auch der **Versorgungsausgleich** wird gem Art 17 Abs 3 EGBGB weiterhin in einer eigenständigen Kollisionsnorm geregelt, die lediglich durch das deutsche Rom III-AnpassungsG v 23.1.2013 (→ Rn 301) an die Neuregelung des Scheidungsstatuts in der Rom III-VO angepasst wurde (näher → D Rn 29 ff). Schließlich ist auch für die Nutzungsbefugnis an der **Ehewohnung** und am **Hausrat,** soweit diese im Inland belegen sind, weiterhin die Sonderanknüpfung an das Belegenheitsrecht nach Art 17a EGBGB maßgebend (näher → E Rn 29 ff). Auch diese wird allerdings künftig weitgehend durch die EuGüVO verdrängt (→ B Rn 312 f).

553 **b) Verbleibender Anwendungsbereich.** Vermögensrechtliche Scheidungsfolgen, die nicht gesondert angeknüpft werden, unterliegen hingegen gem Art 17 Abs 1 nF grundsätzlich dem Scheidungsstatut. Für die Zwecke der **internationalen Zuständigkeit** handelt es sich um sonstige Familiensachen iSv § 266 Abs 1 Nr 3 FamFG (→ B Rn 262a).

554 Von Abs 1 erfasst werden etwa derzeit noch die aus Anlass der Scheidung eingeräumten Nutzungsbefugnisse an einer **im Ausland belegenen Ehewohnung** (zB einer Ferienwohnung)

II. Internationales Privatrecht: EGBGB Art 17   **555–559 A**

und deren Ausstattung mit Haushaltsgegenständen (RegBegr zum Rom III-AnpassungsG v 23.1.2013 [→ Rn 301], BT-Drs 17/11049, S 10 unter B Nr 2; Pal/*Thorn* Rn 4; dazu näher → E Rn 38 ff). Vorrang hat allerdings nach Art 3a Abs 2 die Anknüpfung dieser Nutzungsbefugnisse an die *lex rei sitae* durch das IPR des Belegenheitsstaates (NK-BGB/*Gruber* Rn 15; Staud/ *Hausmann* Art 3a Rn 30).

Ferner kann Abs 1 auf Rechtsinstitute des ausländischen Scheidungsfolgenrechts angewandt   **555** werden, die im deutschen Recht keine Entsprechung haben, wie zB **Genugtuungs-, Entschädigungs- oder Schadensersatzansprüche** desjenigen Ehegatten, der die Scheidung nicht verschuldet hat, gegen den „schuldigen" Ehegatten (RegBegr aaO; Erman/*Hohloch* Rn 13; Pal/ *Thorn* Art 1 Rom III-VO Rn 7). Eine scheidungsrechtliche Qualifikation kommt vor allem für den Genugtuungsanspruchs des unschuldig geschiedenen Ehegatten nach *türkischem* Recht (Art 174 Abs 2 ZGB) in Betracht (NK-BGB/*Gruber* Rn 11; BeckOK-BGB/*Heiderhoff* Rn 15; vgl zu Art 17 aF OLG Stuttgart FamRZ 12, 999/1001 und FamRZ 93, 974; OLG Karlsruhe NJW-RR 06, 369/370 und NJW-RR 03, 725; OLG Frankfurt FamRZ 92, 1182; *Oguzm* FamRZ 05, 766/771). Denn dieser Anspruch dient nicht der materiellen Versorgung des Berechtigten, sondern der Kompensation seelischen Leidens; er kann daher auch nicht als Rente, sondern nur in Form einer Einmalzahlung gewährt werden und unterliegt auch nicht der Abänderung aufgrund veränderter Umstände (OLG Stuttgart aaO; **aA** wohl OLG Karlsruhe aaO).

Hat die Schadensersatzpflicht hingegen vornehmlich **unterhaltsrechtliche Funktion,** gilt   **556** das Haager Unterhaltsprotokoll. Im *türkischen* Recht trifft dies auf die Entschädigungsansprüche nach Art 174 Abs 1 und Art 175 ZGB (= Art 143 Abs 1, 144 ZGB aF) zu (NK-BGB/*Gruber* Rn 12; *Özen/Odendahl* FamRBint 10, 33 mwN; → C Rn 526). Während diese Qualifikationsfrage bisher vor deutschen Gerichten wegen Art 8 Abs 1 HUntÜ/Art 18 Abs 4 EGBGB offenbleiben konnte, muss sie künftig aufgrund der geänderten Anknüpfung des nachehelichen Unterhalts im Haager Unterhaltsprotokoll entschieden werden (näher → C Rn 605 f mwN).

Von Abs 1 erfasst werden auch die vor allem in romanischen Rechten vorgesehenen Ansprüche wegen **Widerrufs von Schenkungen** aus Anlass der Ehescheidung (Pal/*Thorn* Rn 4;   **557** Erman/*Hohloch* Rn 13; BeckOK-BGB/*Heiderhoff* Rn 16; ausf zum früheren Recht *Kühne* FamRZ 69, 371 ff). Demgegenüber unterliegt der Widerruf einer Schenkung aus anderen Gründen (zB wegen groben Undanks, vgl § 531 BGB) dem mit Hilfe der Rom I-VO zu ermittelnden Schenkungsstatut (NK-BGB/*Gruber* Rn 18). Kommt eine Anfechtung sowohl nach dem Scheidungs- wie nach dem Schenkungsstatut in Betracht, so kann der Schenker das für ihn günstigere Recht wählen (*Kühne* FamRZ 69, 371/379; Staud/*Mankowski* Art 17 EGBGB aF Rn 275).

Auch Ansprüche auf **Herausgabe des persönlichen Eigentums** im Zusammenhang mit der   **558** Ehescheidung können als vermögensrechtliche Ansprüche iSv Abs 1 qualifiziert werden, sofern sie ihre Grundlage nicht im Güterrecht haben (vgl OLG Köln FamRZ 94, 1476). Fehlt ein spezifischer Bezug des Anspruchs zur Ehescheidung, so gilt freilich die *lex rei sitae* nach Art 43 EGBGB (BeckOK-BGB/*Heiderhoff* Rn 16; OLG Hamm FamRZ 94, 1259 und FamRZ 93, 211/212; OLG Köln NJW-RR 94, 200; Pal/*Thorn* Art 1 Rom III-VO Rn 7; für güterrechtliche Qualifikation nach Art 15 EGBGB hingegen OLG Hamm FamRZ 92, 963/964 f).

Besonders umstritten ist die Anknüpfung der nach islamischem Recht aus Anlass der Ehe-   **559** scheidung geschuldeten **Morgen- bzw Brautgabe** *(„mahr";* vgl *Henrich* FS Sonnenberger [2004] 389 ff; *Wurmnest* FamRZ 05, 1878 ff). Während der BGH sich für eine Qualifikation der während noch bestehender Ehe geschuldeten Brautgabe als allgemeine Ehewirkung iSv Art 14 EGBGB, dh sowohl gegen eine unterhaltsrechtliche (dazu → C Rn 529 f) als auch gegen eine güterrechtliche Einordnung (dazu → B Rn 557 ff) ausgesprochen hat (BGHZ 183, 287 Rn 14 ff = FamRZ 10, 533m zust Anm *Henrich* = JZ 10, 733 m abl Anm *Wurmnest;* zu Recht krit auch *Mörsdorf-Schulte* ZfRV 10, 166 ff und *Yassari* IPRax 11, 62 ff; zust aber OLG Frankfurt FamRZ 17, 357/358; OLG Köln FamRZ 16, 720/721; OLG Köln FamRZ 15, 1605 f und NJW 16, 649 Rn 9 ff m Anm *Pabst* NZFam 16, 40; KG FamRZ 15, 1607/1608 m krit Anm *Yassari;* OLG Hamm NJOZ 13, 1066; AG Lüdenscheid FamRZ 16, 1361; ebenso schon früher OLG Köln FamRZ 06, 1380/1381; Staud/*Mankowski* Art 14 EGBGB Rn 273 ff), wurde der erst als Scheidungsfolge geltend gemachte Anspruch auf die Brautgabe bisher überwiegend scheidungsrechtlich qualifiziert (vgl OLG Stuttgart FamRZ 09, 1580 = FuR 09, 231 m Anm *Soyka* und FamRZ 08, 1756/1757 = FamRBint 08, 49 m Anm *Mörsdorf-Schulte;* OLG Saarbrücken FamRZ 06, 1378; OLG Nürnberg FamRZ 01, 1613; OLG Celle FamRZ 98, 374/375; OLG Düsseldorf FamRZ 98, 623 f; AG Fürth FPR 02, 450). Damit würde der Anspruch nunmehr von Art 17

135

A 560–564   1. Teil. Erkenntnisverfahren A. Ehesachen

Abs 1 EGBGB nF erfasst (so AG Büdingen NJW-RR 14, 1033; *Rauscher* FPR 13, 257/258; *Althammer* NZFam 16, 1022; Erman/*Hohloch* Rn 13; wohl auch NK-BGB/*Gruber* Rn 20; vgl auch OLG Köln FamRZ 16, 720/721). Die Geltendmachung des Anspruchs verstößt auch nicht gegen den deutschen *ordre public* (OLG Stuttgart FamRZ 09, 1580; **aA** bei unüblicher Höhe OLG Bamberg IPRspr 10 Nr 89; AG Darmstadt FamRZ 15, 408 m Anm *Henrich*).

560　Wegen des **Vorrangs des Haager Unterhaltsprotokolls** vor dem nationalen IPR der Mitgliedstaaten (vgl Art 3 Nr 1 lit c EGBGB) hätte allerdings eine unterhaltsrechtliche Qualifikation der Brautgabe Vorrang vor einer Anwendung der autonomen Kollisionsnorm in Art 17 Abs 1 EGBGB nF (dafür OLG Hamm FamRZ 16, 1926 = NZFam 16, 1035 m krit Anm *Althammer* 1022 [Abendgabe]; Pal/*Thorn* Art 1 Rom III-VO Rn 7). Während diese Qualifikationsfrage unter Geltung von Art 8 HUntÜ/Art 18 Abs 4 EGBGB offengelassen werden konnte, weil danach ebenfalls das Scheidungsstatut zur Anwendung berufen war (vgl BGH NJW 99, 574; OLG Saarbrücken FamRZ 06, 1378/1380; OLG Hamburg FamRZ 04, 459; OLG Celle FamRZ 98, 374/375; OLG Düsseldorf FamRZ 98, 623/624), bedarf sie unter Geltung des Haager Unterhaltsprotokolls, das diesen Gleichlauf zwischen dem Statut des nachehelichen Unterhalts und dem Scheidungsstatut aufgegeben hat (→ C Rn 605 f), der Entscheidung. Gegen eine unterhaltsrechtliche Qualifikation spricht freilich, dass der Anspruch auf die Brautgabe nicht von der Bedürftigkeit der Ehefrau oder der Leistungsfähigkeit des Ehemannes abhängt und dass das islamische Recht der Ehefrau ebenfalls Unterhaltsansprüche unabhängig davon gewährt, ob eine Brautgabe vereinbart und bezahlt worden ist oder nicht (BGHZ 183, 287 Rn 15 = FamRZ 10, 533; *Wurmnest* RabelsZ 71 [2007] 527/551 ff; *Yassari* IPRax 11, 62/66; **aA** [für unterhaltsrechtliche Qualifikation der „Abendgabe"] aber zuletzt OLG Hamm FamRZ 16, 1926/1929; Pal/*Thorn* Art 1 Rom III-VO Rn 7).

561　Demgegenüber hat eine **Ketubbah-Vereinbarung** grundsätzlich unterhaltsrechtlichen Charakter (OLG Düsseldorf FamRZ 02, 1118).

562　Der Anwendungsbereich des Art 17 Abs 1 EGBGB wird unter Geltung der **EuGüVO** für Ehen, die ab dem 29.1.2019 geschlossen werden (Art 69 Abs 3 EuGüVO), allerdings stark eingeschränkt. Denn bei allen zuvor in Rn 554–560 genannten Ansprüchen dürfte es sich dann um **ehegüterrechtliche Ansprüche** in dem weiten Sinne des Art 3 lit a EuGüVO handeln. Damit werden sowohl Art 17 Abs 1 wie Art 17a EGBGB (hinsichtlich der Nutzungbefugnisse an einer im Inland belegenen Ehewohnung bzw an im Inland befindlichen Haushaltsgegenständen) durch die güterrechtlichen Kollisionsnormen der EuGüVO verdrängt. Auch die islamrechtliche Morgen- bzw Abendgabe dürfte unter Geltung der EuGüVO ehegüterrechtlich zu qualifizieren sein (näher → B Rn 312, 561).

3. Scheidungsmonopol der deutschen Gerichte, Abs 2

563　**a) Allgemeines.** Nach Abs 2 kann eine Ehe im Inland aus Gründen der Rechtssicherheit und zur Wahrung der Interessen Dritter, insbesondere der aus der Ehe hervorgegangenen Kinder, nur durch ein Gericht geschieden werden. Daher entfalten weder Ehescheidungen durch kirchliche Gerichte noch rechtsgeschäftliche Privatscheidungen, die auf deutschem Rechtsgebiet vorgenommen werden, rechtliche Wirkungen. Diese Vorschrift hat der deutsche Gesetzgeber auch nach Inkrafttreten der Rom III-VO unverändert beibehalten, weil sie – als Bestandteil des deutschen *ordre public* (Pal/*Thorn* Rn 6; Staud/*Mankowski* Rn 182) – durch die Verordnung nicht berührt wird (RegBegr zum Rom III-AnpassungsG v 23.1.2013 [→ Rn 301], BT-Drs 17/11049, S 10 unter B Nr 2). Sie hatte ihre praktische Hauptbedeutung bisher bei **rechtsgeschäftlichen Scheidungen im Inland nach islamischem Recht** („*talaq*", vgl OVG Lüneburg StAZ 06, 111; Erman/*Hohloch* Rn 18 ff; NK-BGB/*Gruber* Rn 32 ff), nach *jüdischem* Recht (BGHZ 160, 332 = FamRZ 04, 1952; BGH FamRZ 94, 434/435; KG FamRZ 94, 839; *Herfarth* IPRax 02, 17 ff) und nach *thailändischem* Recht (BGHZ 82, 34/45 = NJW 82, 517; OLG Nürnberg NJW-RR 17, 69 Rn 6). Insbesondere die Verstoßungsscheidung nach islamischem Recht, aber auch die Übergabe des Scheidebriefs nach jüdischem Recht dürfte unter Geltung der Rom III-VO indessen schon an deren Art 10, 2. Fall scheitern, weil der Ehefrau danach kein gleichberechtigter Zugang zur Scheidung gewährt wird (dazu näher → Rn 454 ff).

564　Abs 2 erlangt künftig jedoch neue Bedeutung dadurch, dass inzwischen mehrere **EU-Mitgliedstaaten** *(Frankreich, Italien, Spanien)* Formen der rechtsgeschäftlichen Scheidung ohne Mitwirkung eines Gerichts eingeführt haben (dazu → K Rn 18 ff). Erfasst werden auch Inlandsscheidungen durch geistliche Gerichte (JM Baden-Württemberg IPRax 90, 51/52; *Krzywon* StAZ 89, 105). Ferner ist Abs 2 auch auf eine Ehetrennung im Inland nach ausländischem Recht

136

II. Internationales Privatrecht: EGBGB Art 17 565–569 **A**

entsprechend anwendbar; auch sie kann nur durch ein Gericht ausgesprochen werden (Mü-KoBGB/*Winkler v Mohrenfels* Rn 19). Abs 2 ist als **zwingende Formvorschrift** zu qualifizie-ren, die insoweit Vorrang vor Art 11 EGBGB hat (*Ziereis/Zwirlein* IPRax 16, 103/104 ff; *Gärtner* 48; MüKoBGB/*Winkler v Mohrenfels* Rn 11).

b) Scheidung durch geistliche Gerichte. Ist nach dem Scheidungsstatut nur ein geistliches **565** Gericht für die Scheidung der Ehe zuständig, so ist dies unbeachtlich, wenn die Scheidung im Inland vorgenommen werden soll. Denn bei der Frage, welche Gerichte oder Behörden zur Vornahme einer Inlandsscheidung zuständig sind, handelt es sich um eine Verfahrensfrage, die allein von der jeweiligen *lex fori* beantwortet wird. Die deutsche *lex fori* schreibt aber in Abs 2 zwingend die Zuständigkeit eines staatlichen Gerichts vor (BeckOK-BGB/*Heiderhoff* Rn 96; NK-BGB/*Gruber* Rn 30, jeweils zu Art 17 EGBGB). Die deutschen Gerichte können die von ihnen geforderte Tätigkeit insbesondere nicht mit dem Argument zurückweisen, die Übernahme der Funktion eines geistlichen Gerichts nach Maßgabe der *lex causae* sei ihnen wesensfremd oder das ausländische materielle Recht könne sachgetreu nur durch ein geistliches Gericht angewandt werden (BGHZ 160, 332/339 ff = FamRZ 04, 1952 m zust Anm *Henrich* = StAZ 05, 175 m zust Anm *Elwan/Menhofer* 168 = IPRax 05, 346 m zust Anm *Rauscher* [Iran]; NK-BGB/*Gruber* Rn 31; Erman/*Hohloch* Rn 17 mwN; **aA** noch KG IPRax 00, 126/127 m Anm *Herfarth* 101 [Iran]; KG FamRZ 94, 839/840 [jüdisches Recht]).

c) Privatscheidung. Sieht das ausländische Scheidungsstatut eine Scheidung durch Rechts- **566** geschäft oder rechtsgeschäftsähnliche Handlung – zB durch Aufhebungsvertrag, Übergabe des Scheidebriefs oder Verstoßungserklärung – vor, so muss dieser Akt im Inland entweder vor dem zuständigen deutschen Gericht vorgenommen werden (vgl OLG München IPRax 89, 238/241; OLG Köln FamRZ 96, 1147) oder dem Gericht zumindest nachgewiesen werden (*Henrich*, IntFamR § 42b; *Andrae*, IntFamR § 4 Rn 74). Auf der Grundlage dieses Rechtsgeschäfts wird die Ehe dann durch **Gestaltungsurteil** des deutschen Gerichts geschieden (vgl BGHZ 160, 332/345 = FamRZ 04, 1952; OLG Frankfurt FamRZ 09, 1504/1505; AG Kulmbach IPRax 04, 529/530 m Anm *Unberath* 515; NK-BGB/*Gruber* Rn 33). Die bloße Feststellung eines deutschen Gerichts, dass die Ehe nach dem ausländischen Scheidungsstatut durch Rechtsgeschäft im Inland aufgelöst worden ist, reicht nicht aus (BGHZ 160, 332/344 f; Staud/*Mankowski* Rn 187). Verfahrensrechtliche Vorschriften des auf die Privatscheidung anwendbaren auslän-dischen Rechts (zB die Vorgabe des islamischen Rechts, dass die Verstoßung in Gegenwart von zwei rechtgläubigen männlichen Zeugen zu erfolgen hat) sind im Inland nicht zwingend ein-zuhalten (BGHZ 160, 332/346; vgl aber OLG München IPRax 89, 238/241).

Weigerte sich der Ehemann, den zur Scheidung nach **islamischem Recht** erforderlichen *talaq* **567** auszusprechen, so konnte er zur Abgabe dieser Willenserklärung auch durch deutsche Gerichte verurteilt werden, ohne dass hierin eine „wesensfremde" Tätigkeit lag (BGHZ 160, 332/343; **aA** *Andrae* NJW 07, 1730/1732: Verstoß gegen den deutschen *ordre public*). Die Verstoßungs-erklärung galt dann mit Rechtskraft des Urteils gem § 894 ZPO als abgegeben (BGHZ 160, 332/346). Unter der – analogen – Anwendung der Rom III-VO scheidet eine Mithilfe deutscher Gerichte bei der Verstoßung der Ehefrau nach Art 10, 2. Fall aus; anzuwenden ist vielmehr in diesem Fall deutsches Scheidungsrecht.

Anders beurteilte der BGH die Scheidung nach **jüdischem Recht** durch Übergabe des **568** Scheidebriefs. Dessen Übergabe konnte vor deutschen Gerichten nicht eingeklagt werden, weil darin – insbesondere in der Vollstreckung nach § 120 Abs 1 FamFG iVm § 888 ZPO – ein Verstoß gegen den deutschen *ordre public* gesehen wurde (BGHZ 176, 365/374 = FamRZ 08, 1409 m zust Anm *Henrich* = IPRax 09, 347 m Anm *Siehr* 332; ebenso schon OLG Oldenburg FamRZ 06, 950/952). Ob die Scheidung nach jüdischem Recht gegen den Willen des Ehe-mannes vor deutschen Gerichten überhaupt erreicht werden kann, erscheint daher fraglich (vgl zu einer Vollmachtlösung *Coester-Waltjen* FS Kühne [2009] 669/687). Letztlich bleibt daher nur der Rückgriff auf die *lex fori* nach Art 10, 2. Fall Rom III-VO, weil auch das jüdische Recht die Ehefrau insofern diskriminiert, als das Recht zur Übergabe des Scheidungsbriefs nur dem Ehemann vorbehalten ist.

d) Wirkungen eines Verstoßes gegen Abs 2. Die im Inland unter Verstoß gegen Abs 2 **569** vollzogene Privatscheidung ist nichtig und löst die Ehe daher mit Wirkung für das Inland nicht auf, selbst wenn sie den Voraussetzungen des – von Art 5 ff Rom III-VO bezeichneten – ausländischen Scheidungsstatuts genügt (BGHZ 82, 34/45 = NJW 82, 517; OLG Stuttgart IPRax 88, 172 f m krit Anm *Beule* 150; Pal/*Thorn* Rn 6; Erman/*Hohloch* Rn 19 mwN). Dies gilt

137

A 570–573   1. Teil. Erkenntnisverfahren A. Ehesachen

auch dann, wenn an der Scheidung nur ausländische Ehegatten beteiligt sind und deren Heimatrecht die Scheidung anerkennt (BGHZ 82, 34/45; OLG Stuttgart IPRax 88, 172; NK-BGB/*Gruber* Rn 36; MüKoBGB/*Winkler v Mohrenfels* Rn 14). Entsprechendes gilt für die Inlandsscheidung durch ein geistliches Gericht. Dessen Wirkungen sind allerdings dann anzuerkennen, wenn der Entscheidung des kirchlichen Gerichts durch ein im Inland anerkennungsfähiges (Delibations-) Urteil eines staatlichen Gerichts zivilrechtliche Wirkungen verliehen worden sind (*Jayme* IPRax 90, 32).

570　　Die nur durch Rechtsgeschäft im Inland aufgelöste Ehe kann daher durch ein deutsches Gericht nach Maßgabe des von der Rom III-VO zur Anwendung berufenen Rechts erneut geschieden werden (*Unberath* IPRax 04, 516; BeckOK-BGB/*Heiderhoff* Rn 29, 43 ff). Soweit die internationale Zuständigkeit der deutschen Gerichte für die Ehescheidung nach § 98 Abs 1 Nr 4 FamFG (→ Rn 274 ff; dort auch zum Vorrang der Art 3 ff EuEheVO) von der voraussichtlichen Anerkennung des deutschen Scheidungsurteils im Heimatstaat der Ehegatten abhängt, wird auf die Erfüllung dieser Voraussetzung ausnahmsweise verzichtet. Die Nichtanerkennung des deutschen Scheidungsurteils durch den gemeinsamen Heimatstaat der Ehegatten aufgrund der von diesem als wirksam erachteten inländischen Privatscheidung steht also dem Scheidungsverfahren vor dem deutschen Gericht nicht entgegen (BGHZ 82, 34/50; OLG Stuttgart IPRax 88, 172/173; Pal/*Thorn* Rn 6).

571　　**e) Abgrenzung zwischen in- und ausländischer Privatscheidung.** Nicht immer einfach zu entscheiden ist, wann eine Privatscheidung „im Inland" vorgenommen worden ist. Dies ist jedenfalls auch dann der Fall, wenn die Scheidung in einer auf deutschem Boden unterhaltenen **ausländischen Botschaft** oder in einem Konsulat vollzogen worden ist; denn völkerrechtlich gehört das Missionsgebäude zum Gebiet des Empfangsstaates. Daran ändert sich auch nichts, wenn es sich um die Botschaft oder ein Konsulat des Staates handelt, dessen Staatsangehörigkeit einer oder beide Ehegatten besitzen (BGHZ 82, 34 = NJW 82, 517; OLG Nürnberg NJW-RR 17, 69 Rn 5; MüKoBGB/*Winkler v Mohrenfels* Rn 13; Erman/*Hohloch* Rn 21; NK-BGB/*Gruber* Rn 37).

572　　Setzt die Privatscheidung **mehrere konstitutive Teilakte** voraus, so tritt die Unwirksamkeit bereits dann ein, wenn nur einer dieser Teilakte im Inland vorgenommen worden ist (vgl Präs OLG Frankfurt StAZ 01, 37 [Eheaufhebungsvertrag japanischer Ehegatten]; Staud/*Mankowski* Rn 189; für restriktive Auslegung MüKoBGB/*Winkler v Mohrenfels* Rn 16). Die Verstoßungsscheidung nach islamischem Recht wurde daher bisher schon dann als unwirksam erachtet, wenn nur die **Verstoßungserklärung** des Ehemannes **im Inland** abgegeben worden war. Daran änderte auch der Umstand nichts, dass die ebenfalls konstitutive Registrierung der Scheidung anschließend im Heimatstaat der Ehegatten erfolgt war (BayObLG FamRZ 85, 75/76; OLG Düsseldorf IPRax 86, 305; OLG Stuttgart IPRax 88, 172/173; Pal/*Thorn* Rn 6; NK-BGB/*Gruber* Rn 39; **aA** J/H/*Henrich* Rn 35). Da die Erklärung nicht empfangsbedürftig ist, reichte hingegen deren bloßer Zugang im Inland nicht aus (BayObLG IPRax 82, 104/105; Erman/*Hohloch* Rn 21; BeckOK-BGB/*Heiderhoff* Rn 30). Bei der Scheidung durch Übergabe des Scheidebriefs nach jüdischem Recht kam es darauf an, ob der Übergabeort im Inland gelegen war, auch wenn der Brief im Ausland ausgestellt worden war (MüKoBGB/*Winkler v Mohrenfels* Rn 15). Nach der hier vertretenen Auslegung von Art 10, 2. Fall Rom II-VO hat sich das Problem erledigt, weil die Privatscheidung nach islamischem wie nach jüdischem Recht wegen ihrer die Ehefrau diskriminierenden Wirkung auch dann nicht mehr anzuerkennen ist, wenn sie im Ausland vorgenommen wurde.

573　　**f) Privatscheidung im Ausland.** Einer im Ausland – zB in *Frankreich, Italien* oder *Spanien* (→ K Rn 18 ff) – vorgenommenen Privatscheidung steht Abs 2 nicht entgegen. Eine solche Scheidung wird im Inland grundsätzlich anerkannt, wenn sie in entsprechender Anwendung des von Art 5 ff Rom III-VO zur Anwendung berufenen Scheidungsstatuts wirksam ist (näher → K Rn 291 ff). Da es für Abs 2 nur auf den Ort der Vornahme der Privatscheidung ankommt, gilt dies auch dann, wenn beide Ehegatten ihren gewöhnlichen Aufenthalt im Inland haben und nur zum Abschluss einer rechtsgeschäftlichen Scheidung ins Ausland reisen (NK-BGB/*Gruber* Rn 42; Staud/*Mankowski* Rn 198). Anders als nach bisherigem Recht können unter Geltung der Rom III-VO auch Ehegatten, die beide die deutsche Staatsangehörigkeit besitzen, ihre Ehe durch Privatscheidung auflösen, wenn sie ihren gewöhnlichen Aufenthalt in einem Staat haben, der diese Art der Scheidung zulässt (vgl Art 8 lit a Rom III-VO). Hat an der ausländischen Privatscheidung allerdings eine Behörde auch nur registrierend mitgewirkt, so bedarf die Anerkennung der Feststellung durch die zuständige Landesjustizverwaltung nach § 107 FamFG (→ K Rn 204 ff).

II. Internationales Privatrecht: EGBGB Art 46e   575–577 **A**

Unterliegt die im Ausland vorgenommene Privatscheidung hingegen nach den Kollisions- 574
normen der Rom III-VO dem **deutschen Scheidungsrecht,** so scheitert ihre Anerkennung an
§ 1564 Abs 1 BGB, weil danach eine Ehe nur auf Antrag durch gerichtliche Entscheidung
geschieden werden kann. Diese Vorschrift wird wegen ihrer engen Verknüpfung mit dem
deutschen Scheidungsrecht auch materiellrechtlich qualifiziert. Sie gehört zu den Grundlagen
des deutschen Scheidungsrechts, von denen nicht abgewichen werden kann (BGHZ 110, 267/
276; BayObLG FamRZ 03, 381; Staud/*Mankowski* Rn 200); hieran hat auch das Inkrafttreten
der Rom III-VO nichts geändert (RegBegr zum Rom III-AnpassungsG v 23.1.2013
[→ Rn 301], BT-Drs 17/11049, S 10 unter B Nr 2). Aus diesem Grunde entfaltet auch das im
Ausland begonnene Verfahren der Privatscheidung keine Rechtshängigkeitssperre gegenüber
einem später in Deutschland eingeleiteten gerichtlichen Scheidungsverfahren (BGH NJW-RR
08, 1169).

Siebter Abschnitt. Besondere Vorschriften zur Durchführung von Regelungen der Europäischen Union nach Art 3 Nr 1

Vierter Unterabschnitt. Durchführung der Verordnung (EU) Nr 1259/2010

EGBGB Art 46e. Rechtswahl

(1) **Eine Rechtswahlvereinbarung nach Artikel 5 der Verordnung (EU) Nr. 1259/ 2010 ist notariell zu beurkunden.**

(2) [1]**Die Ehegatten können die Rechtswahl nach Absatz 1 auch noch bis zum Schluss der letzten mündlichen Verhandlung im ersten Rechtszug vornehmen.** [2]**§ 127a des Bürgerlichen Gesetzbuchs gilt entsprechend.**

1. Allgemeines

Art 7 Abs 1 Rom III-VO schreibt für Rechtswahlvereinbarungen nach Art 5 Abs 1 und 2 nur 575
eine Mindestform vor. Danach bedarf die Rechtswahl der Schriftform, der Datierung und der
Unterzeichnung durch beide Ehegatten. Auch elektronische Übermittlungen, die eine dauer-
hafte Aufzeichnung der Vereinbarung ermöglichen, erfüllen die Schriftform (→ Rn 408 ff). In
Art 7 Abs 2–4 Rom III-VO wird den teilnehmenden Mitgliedstaaten allerdings – vor allem zum
Schutz des schwächeren Ehegatten – das Recht eingeräumt, **strengere Formvorschriften**
vorzusehen; hiervon hat der deutsche Gesetzgeber durch das Rom III-AnpassungsG v 23.1.2013
(→ Rn 301) in Art 46d Abs 1 aF Gebrauch gemacht.

Ferner ermächtigt Art 5 Abs 3 Rom III-VO die teilnehmenden Mitgliedstaaten, eine **Rechts-** 576
wahl der Ehegatten auch **noch während des bereits anhängigen Scheidungs- oder Tren-**
nungsverfahrens zuzulassen; dieses Recht wird den Ehegatten durch Art 46d Abs 2 aF auch in
Verfahren vor deutschen Gerichten eingeräumt. Art 46d aF galt allerdings nicht rückwirkend seit
Inkrafttreten der Rom III-VO (21.6.2012), sondern erst ab dem 29.1.2013 (Art 5 Rom III-
AnpassungsG).

Der bisherige 3. Unterabschnitt wurde durch Gesetz v 17.7.2017 (BGBl I, 2394) mit Wirkung
v 1.7.2018 zum 4. Unterabschnitt; der bisherige Art 46d wurde inhaltlich unverändert zu
Art 46e.

2. Notarielle Beurkundung, Abs 1

Da die Rom III-VO **keine Inhaltskontrolle** der Rechtswahlvereinbarung nach Art 5 durch 577
das angerufene Gericht vorsieht, hielt der deutsche Gesetzgeber die von Art 7 Abs 1 Rom III-
VO vorgeschriebene Schriftform zum Schutz des schwächeren Ehegatten vor einer ihm nachteiligen Rechtswahl nicht für ausreichend. Stattdessen sieht Art 46e Abs 1 EGBGB das Erfordernis der notariellen Beurkundung vor. Bei dieser Entscheidung hat sich der Gesetzgeber an den
im deutschen internationalen (Art 14 Abs 4, Art 15 Abs 3 EGBGB) wie nationalen Familienrecht (§§ 1409, 1410, 1585c BGB, § 7 VersAusglG) bereits geltenden Formvorschriften orientiert. Zu beachten ist allerdings, dass Art 46e Abs 1 EGBGB – entgegen seinem uneingeschränkten Wortlaut – nur **unter den Voraussetzungen des Art 7 Abs 2–4 Rom III-VO**
(→ Rn 409 ff) zur Anwendung kommt (*Rauscher/Pabst* NJW 12, 3490/3497; *Hau* FamRZ 13,
249/252).

A 578–582 1. Teil. Erkenntnisverfahren A. Ehesachen

3. Rechtswahl erst im Prozess, Abs 2

578 **a) Zulässigkeit.** Nach Art 5 Abs 2 Rom III-VO muss eine Rechtswahlvereinbarung grundsätzlich spätestens bei Anrufung des Gerichts geschlossen werden. Sieht allerdings das Recht des Staates des angerufenen Gerichts vor, dass die Ehegatten die Rechtswahl auch noch im Laufe des Verfahrens vornehmen können, so wird eine solche nachträgliche Rechtswahl nach Art 5 Abs 3 auch im Geltungsbereich der Verordnung anerkannt. Das deutsche internationale Eheverfahrensrecht sah die Möglichkeit, das auf die Scheidung anzuwendende Recht noch im Verfahren zu wählen, bisher nicht vor. Um Art 5 Abs 3 Rom III-VO in Scheidungs- oder Trennungsverfahren vor deutschen Gerichten nicht leerlaufen zu lassen, hat der deutsche Gesetzgeber im Rom III-VO-AnpassungsG die Zulässigkeit einer nachträglichen Rechtswahl in Art 46d Abs 2 aF (jetzt: Art 46e Abs 2) EGBGB angeordnet. Danach können die Ehegatten die Rechtswahl auch noch im Laufe des gerichtlichen Verfahrens **bis zum Schluss der mündlichen Verhandlung** im ersten Rechtszug treffen (vgl idS schon *Helms* FamRZ 11, 1765/1768). Eine Zulassung der Rechtswahl auch noch in der Rechtsmittelinstanz hielt der Gesetzgeber im Interesse der Verfahrensökonomie für überzogen (RegBegr zum Rom III-AnpassungsG v 23.1.2013 [→ Rn 301], BT-Drs 17/11049, S 11 f unter B Nr 5).

579 Die Zulassung einer nachträglichen Rechtswahl im internationalen Ehescheidungsrecht ist deshalb **zweckmäßig**, weil Ehegatten sich häufig erst nach Einleitung des Scheidungsverfahrens darüber klar werden, welches Recht nach Art 8 in Ermangelung einer Rechtswahl zur Anwendung kommt. Ist dies ein ausländisches Recht, so können sie im Interesse einer Beschleunigung der Scheidung nach Art 5 Abs 1 lit d Rom III-VO deutsches Recht wählen. Ist Scheidungsstatut hingegen – wie im Regelfall – aufgrund des gewöhnlichen Aufenthalts der Ehegatten im Inland nach Art 8 lit a Rom III-VO deutsches Recht, so können diese, wenn auch nur einer von ihnen eine ausländische Staatsangehörigkeit besitzt, nach Art 5 Abs 1 lit c Rom III-VO dessen Heimatrecht wählen, wenn dieses die Scheidung stärker begünstigt. Auf diese Weise kann etwa einem wegen Nichteinhaltung der Jahresfrist nach § 1565 Abs 2 BGB derzeit noch unbegründeten Scheidungsantrag zum Erfolg verholfen werden.

580 **b) Form.** Auch für Rechtswahlvereinbarungen, die nach Abs 2 zulässigerweise erst während eines gerichtlichen Verfahrens geschlossen werden, ist nach Abs 1 grundätzlich die Form der notariellen Beurkundung einzuhalten, denn dieses Formerfordernis wird für alle Rechtswahlvereinbarungen nach Art 5 Rom III-VO aufgestellt. Hierzu war der deutsche Gesetzgeber auch befugt, weil das Recht der teilnehmenden Mitgliedstaaten, eine solche nachträgliche Rechtswahl zuzulassen, auch die Befugnis umfasst, deren Modalitäten einschließlich der Form zu regeln (NK-BGB/*Hilbig-Lugani* Rn 55; **aA** insbesondere Rauscher/*Helms* Art 5 Rom III-VO Rn 57 und Art 7 Rom III-VO Rn 26, jeweils unter Hinweis auf den Wortlaut von Art 7 Abs 2 iVm Abs 1). Dadurch soll sichergestellt werden, dass die Formanforderungen für eine Rechtswahlvereinbarung nicht schwächer sind als diejenigen für einen Verzicht auf den Versorgungsausgleich im materiellen deutschen Recht (§ 7 VersAusglG). Dies erscheint deshalb angemessen, weil der Versorgungsausgleich infolge seiner akzessorischen Anknüpfung nach Art 17 Abs 3 EGBGB faktisch durch die Wahl eines ausländischen Scheidungsstatuts ausgeschlossen wird.

581 Allerdings sieht Abs 2 S 2 – ebenfalls in Übereinstimmung mit § 7 Abs 1 VersAusglG – für erst während des Verfahrens getroffene Rechtswahlvereinbarungen insoweit eine Formerleichterung vor, als die notarielle Beurkundung gem **§ 127a BGB** durch die Aufnahme der Rechtswahl in ein nach den Vorschriften der ZPO errichtetes gerichtliches Protokoll ersetzt werden kann. Die Vorschrift ist so zu verstehen, dass die Rechtswahl nach Anrufung des Gerichts nur noch in der Form des § 127a ZPO getroffen werden kann (Rauscher/*Helms* Art 5 Rom III-VO Rn 59).

582 Nach Art 5 Abs 3 S 2 Rom III-VO hat das Gericht eine erst im Laufe des Verfahrens erklärte Rechtswahl der Parteien im Einklang mit seiner *lex fori* zu **Protokoll** zu nehmen. Diesbezüglich hat der deutsche Gesetzgeber auf eine spezifische Durchführungsvorschrift verzichtet. Denn für Scheidungsverfahren gelten über § 113 Abs 1 FamFG die Vorschriften über das Sitzungsprotokoll nach §§ 159 ff ZPO. Nach § 160 Abs 2 ZPO sind aber die wesentlichen Vorgänge der Verhandlung, zu denen auch die Abgabe von Rechtswahlerklärungen gehört (RegBegr zum Rom III-AnpassungsG v 23.1.2013 [→ Rn 301], BT-Drs 17/11049, S 11 unter B Nr 5), in das Protokoll aufzunehmen. Wird die Rechtswahl nicht protokolliert, ist sie unwirksam.

140

II. Internationales Privatrecht: EGBGB Art 14   **A**

2. Bis zum 20. Juni 2012 geltendes Recht

Schrifttum: *Bungert,* Ehescheidung in Deutschland wohnender US-Amerikaner aus verschiedenen Einzelstaaten, IPRax 93, 10; *Dopffel,* Die Voraussetzungen der Ehescheidung im neuen internationalen Privat- und Verfahrensrecht, FamRZ 87, 1205; *Elwan/Ost,* Die Scheidung deutsch-jordanischer Ehen vor deutschen Gerichten, unter besonderer Berücksichtigung des griechisch-orthodoxen Kirchenrechts, IPRax 94, 282; *Dopffel,* Die Voraussetzungen der Ehescheidung im neuen Internationalen Privat- und Verfahrensrecht, FamRZ 87, 1205; *Hausmann,* Kollisionsrechtliche Schranken von Scheidungsurteilen (1980); *Hay,* Die Anwendung US-amerikanischer Jurisdiction-Regeln als Verweisungsnorm bei Scheidung von in Deutschland wohnenden Amerikanern, IPRax 88, 265; *Henrich,* Wenn Schweizer sich in Deutschland scheiden lassen, FS Hausheer (2002), 235; *Hohloch,* Internationales Scheidungs- und Scheidungsfolgenrecht (1998); *Jayme,* Scheidung gemischtnationaler Ehen und Auslegung des Art 17 Abs 1 S 2 EGBGB, IPRax 87, 167; *ders,* Zur Ehescheidung von Doppelstaatern mit verschiedener effektiver Staatsangehörigkeit, IPRax 02, 209; *Kersting,* Der Anwendungsbereich des Art 17 Abs 1 S 2 EGBGB, FamRZ 92, 268; *Kroll,* Scheidung auf europäisch? – Die (derzeit) nicht scheidbare Ehe im IPR, StAZ 07, 330; *Lübbert,* Deutsch-französische Scheidung vor Gericht, ERA-Forum 03, 18; *Lüderitz,* Die Ehescheidung nach dem Gesetz zur Neuregelung des Internationalen Privatrechts, IPRax 87, 74; *Odendahl,* Zum Scheidungs-IPR der in Deutschland lebenden Migranten aus der Türkei, IPRax 05, 320; *Pfisterer,* Die Ehescheidung im deutsch-französischen Rechtsverkehr (2004); *Reinhart,* Scheidung französisch-deutscher Ehen und Scheidungsfolgen nach dem deutschen IPR-Reformgesetz 1986, ZVglRWiss 88, 92; *Rieck,* Ehescheidung bei ausländischen Ehepartnern, FPR 07, 251; *H. Roth,* Übersehener Schuldausspruch und der Grundsatz der Einheitlichkeit der Entscheidung im Scheidungsverfahren, IPRax 00, 292; *G. Wagner,* Scheidung von EU-Auslandsdeutschen nach Inlandsrecht – europarechtswidrig?, IPRax 00, 512; *Winkler v Mohrenfels,* Hinkende Doppelehe, Vorfragenanknüpfung und Gestaltungswirkung inländischer Scheidungsurteile, IPRax 88, 341.

EGBGB Art 17. Scheidung

(1) Die Scheidung unterliegt dem Recht, das im Zeitpunkt des Eintritts der Rechtshängigkeit des Scheidungsantrags für die allgemeinen Wirkungen der Ehe maßgebend ist. Kann die Ehe hiernach nicht geschieden werden, so unterliegt die Scheidung dem deutschen Recht, wenn der die Scheidung begehrende Ehegatte in diesem Zeitpunkt Deutscher ist oder dies bei der Eheschließung war.

(2) Eine Ehe kann im Inland nur durch ein Gericht geschieden werden.

(3) (betraf den Versorgungsausgleich; Neufassung abgedruckt und kommentiert → D Rn 29 ff)

EGBGB Art 14. Allgemeine Ehewirkungen

(1) Die allgemeinen Wirkungen der Ehe unterliegen

1. dem Recht des Staates, dem beide Ehegatten angehören oder während der Ehe zuletzt angehörten, wenn einer von ihnen diesem Staat noch angehört, sonst

2. dem Recht des Staates, in dem beide Ehegatten ihren gewöhnlichen Aufenthalt haben oder während der Ehe zuletzt hatten, wenn einer von ihnen dort noch seinen gewöhnlichen Aufenthalt hat,

hilfsweise dem Recht des Staates, mit dem die Ehegatten auf andere Weise gemeinsam am engsten verbunden sind.

(2) Gehört ein Ehegatte mehreren Staaten an, so können die Ehegatten ungeachtet des Artikels 5 Abs. 1 das Recht eines dieser Staaten wählen, falls ihm auch der andere Ehegatte angehört.

(3) [1]Ehegatten können das Recht des Staates wählen, dem ein Ehegatte angehört, wenn die Voraussetzungen des Absatzes 1 Nr. 1 nicht vorliegen und

1. kein Ehegatte dem Staat angehört, in dem beide Ehegatten ihren gewöhnlichen Aufenthalt haben, oder

2. die Ehegatten ihren gewöhnlichen Aufenthalt nicht in demselben Staat haben.

[2]Die Wirkungen der Rechtswahl enden, wenn die Ehegatten eine gemeinsame Staatsangehörigkeit erlangen.

(4) [1]Die Rechtswahl muss notariell beurkundet werden. [2]Wird sie nicht im Inland vorgenommen, so genügt es, wenn sie den Formerfordernissen für einen Ehevertrag nach dem gewählten Recht oder am Ort der Rechtswahl entspricht.

141

A   1. Teil. Erkenntnisverfahren A. Ehesachen

583   Auf eine Kommentierung des bis zum Inkrafttreten der Rom III-VO geltenden autonomen deutschen Kollisionsrechts der Ehescheidung nach Art 17 Abs 1 iVm Art 14 EGBGB wird verzichtet. Insoweit wird auf die Kommentarliteratur zu Art 17 EGBGB aF verwiesen.

b) Eheaufhebung

Schrifttum: *Coester-Waltjen,* Reform des Art 13 EGBGB?, StAZ 13, 10; *Hausmann,* Kollisionsrechtliche Schranken von Scheidungsurteilen (1980); *ders,* Zur Bindungswirkung inländischer Scheidungsurteile in Fällen mit Auslandsberührung, FamRZ 81, 833; *R. Hausmann / V. Hausmann,* Zur Nichtigerklärung einer Tondern-Ehe von italienischen Staatsangehörigen wegen Bigamie trotz Inlandsscheidung der Vorehe, JbItalR 89, 17;; *Heiderhoff,* Das autonome IPR in familienrechtlichen Fragen, IPRax 17, 160; *Henrich,* Nichtigerklärung einer gemischt-nationalen bigamischen Ehe, IPRax 93, 236; *Knott,* Die fehlerhafte Ehe im internationalen Privatrecht (1997); *Müller,* Die Heilung von formellen Eheschließungsmängeln bei Ehen mit Auslandsberührung im deutschen Recht (2008); *Winkler v Mohrenfels,* Hinkende Doppelehe, Vorfragenanknüpfung und Gestaltungswirkung inländischer Scheidungsurteile, IPRax 88, 341.

Vorbemerkung

584   Während die EuEheVO die internationale Zuständigkeit für die Eheaufhebung den gleichen Regeln unterwirft wie die internationale Zuständigkeit für die Ehescheidung (Art 1 Abs 1 lit a; → Rn 24), gilt ein solcher Gleichlauf auf dem Gebiet des Kollisionsrechts nicht. Die Rom III-VO beschränkt ihren sachlichen Anwendungsbereich ausdrücklich auf die Ehescheidung und die Trennung ohne Auflösung des Ehebandes (Art 1; → Rn 302 ff) und überlässt die Anknüpfung der Rechtsfolgen von Mängeln der Eheschließung (Nichtehe, Ehenichtigkeit, Eheaufhebung) weiterhin dem autonomen Kollisionsrecht der Mitgliedstaaten. Auch das deutsche internationale Privatrecht hat schon immer zwischen der Ehescheidung einerseits und der Eheaufhebung wegen des Fehlens von materiellen Ehevoraussetzungen andererseits unterschieden. Während die Ehescheidung nach Art 17 EGBGB angeknüpft wurde, unterlagen die Rechtsfolgen der Eheaufhebung dem von Art 13 EGBGB bestimmten Eheschließungsstatut. Mit Wirkung vom 12.6.2012 wird nun zwar die Anknüpfung der Ehescheidung in Art 17 Abs 1 EGBGB aF durch die Rom III-VO abgelöst; für die Anknüpfung der Eheaufhebung verbleibt es hingegen auch weiterhin bei der Geltung der autonomen Kollisionsnorm des Art 13 EGBGB. Diese wird lediglich im Verhältnis zu *Italien* durch das Haager Abkommen zur Regelung des Geltungsbereichs der Gesetze auf dem Gebiet der Eheschließung v 12.6.1902 (RGBl 1904, 221 = *Jayme / Hausmann* Nr 30) und im Verhältnis zum *Iran* durch das deutsch-iranische Niederlassungabkommen v 17.2.1929 (→ Rn 534 ff) verdrängt.

EGBGB Art 4. Rück- und Weiterverweisung; Rechtsspaltung

(1) **¹Wird auf das Recht eines anderen Staates verwiesen, so ist auch dessen Internationales Privatrecht anzuwenden, sofern dies nicht dem Sinn der Verweisung widerspricht. ²Verweist das Recht des anderen Staates auf deutsches Recht zurück, so sind die deutschen Sachvorschriften anzuwenden.**

(2) **Soweit die Parteien das Recht eines Staates wählen können, können sie nur auf die Sachvorschriften verweisen.**

(3) **¹Wird auf das Recht eines Staates mit mehreren Teilrechtsordnungen verwiesen, ohne die maßgebende zu bezeichnen, so bestimmt das Recht dieses Staates, welche Teilrechtsordnung anzuwenden ist. ²Fehlt eine solche Regelung, so ist die Teilrechtsordnung anzuwenden, mit welcher der Sachverhalt am engsten verbunden ist.**

EGBGB Art 5. Personalstatut

(1) **¹Wird auf das Recht des Staates verwiesen, dem eine Person angehört, und gehört sie mehreren Staaten an, so ist das Recht desjenigen dieser Staaten anzuwenden, mit dem die Person am engsten verbunden ist, insbesondere durch ihren gewöhnlichen Aufenthalt oder durch den Verlauf ihres Lebens. ²Ist die Person auch Deutscher, so geht diese Rechtsstellung vor.**

(2) **Ist eine Person staatenlos oder kann ihre Staatsangehörigkeit nicht festgestellt werden, so ist das Recht des Staates anzuwenden, in dem sie ihren gewöhnlichen Aufenthalt oder, mangels eines solchen, ihren Aufenthalt hat.**

142

II. Internationales Privatrecht: EGBGB Art 13   **585**   **A**

(3) **Wird auf das Recht des Staates verwiesen, in dem eine Person ihren Aufenthalt oder ihren gewöhnlichen Aufenthalt hat, und ändert eine nicht voll geschäftsfähige Person den Aufenthalt ohne den Willen des gesetzlichen Vertreters, so führt diese Änderung allein nicht zur Anwendung eines anderen Rechts.**

EGBGB Art 6. Öffentliche Ordnung (ordre public)

[1]**Eine Rechtsnorm eines anderen Staates ist nicht anzuwenden, wenn ihre Anwendung zu einem Ergebnis führt, das mit wesentlichen Grundsätzen des deutschen Rechts offensichtlich unvereinbar ist.** [2]**Sie ist insbesondere nicht anzuwenden, wenn die Anwendung mit den Grundrechten unvereinbar ist.**

EGBGB Art 11. Form von Rechtsgeschäften

(1) **Ein Rechtsgeschäft ist formgültig, wenn es die Formerfordernisse des Rechts, das auf das seinen Gegenstand bildende Rechtsverhältnis anzuwenden ist, oder des Rechts des Staates erfüllt, in dem es vorgenommen wird.**

(2) **Wird ein Vertrag zwischen Personen geschlossen, die sich in verschiedenen Staaten befinden, so ist er formgültig, wenn er die Formerfordernissse des Rechts, das auf das seinen Gegenstand bildende Rechtsverhältnis anzuwenden ist, oder des Rechts eines dieser Staaten erfüllt.**

(3) **Wird der Vertrag durch einen Vertreter geschlossen, so ist bei Anwendung der Absätze 1 und 2 der Staat maßgebend, in dem sich der Vertreter befindet.**

(4) *(nicht abgedruckt)*

EGBGB Art 13. Eheschließung

(1) **Die Voraussetzungen der Eheschließung unterliegen für jeden Verlobten dem Recht des Staates, dem er angehört.**

(2) **Fehlt danach eine Voraussetzung, so ist insoweit deutsches Recht anzuwenden, wenn**

1. **ein Verlobter seinen gewöhnlichen Aufenthalt im Inland hat oder Deutscher ist,**
2. **die Verlobten die zumutbaren Schritte zur Erfüllung der Voraussetzung unternommen haben und**
3. **es mit der Eheschließungsfreiheit unvereinbar ist, die Eheschließung zu versagen; insbesondere steht die frühere Ehe eines Verlobten nicht entgegen, wenn ihr Bestand durch eine hier erlassene oder anerkannte Entscheidung beseitigt oder der Ehegatte des Verlobten für tot erklärt ist.**

(3) **Unterliegt die Ehemündigkeit eines Verlobten nach Absatz 1 ausländischem Recht, ist die Ehe nach deutschem Recht**

1. **unwirksam, wenn der Verlobte im Zeitpunkt der Eheschließung das 16. Lebensjahr nicht vollendet hatte, und**
2. **aufhebbar, wenn der Verlobte im Zeitpunkt der Eheschließung das 16., aber nicht das 18. Lebensjahr vollendet hatte.**

(4) [1]**Eine Ehe kann im Inland nur in der hier vorgeschriebenen Form geschlossen werden.** [2]**Eine Ehe zwischen Verlobten, von denen keiner Deutscher ist, kann jedoch vor einer von der Regierung des Staates, dem einer der Verlobten angehört, ordnungsgemäß ermächtigten Person in der nach dem Recht dieses Staates vorgeschriebenen Form geschlossen werden; eine beglaubigte Abschrift der Eintragung der so geschlossenen Ehe in das Standesregister, das von der dazu ordnungsgemäß ermächtigten Person geführt wird, erbringt vollen Beweis der Eheschließung.**

1. Allgemeines

Während das deutsche IPR schon vor Inkrafttreten der Rom III-VO in Art 17 Abs 1 aF eine **585** eigene Kollisionsnorm für die Ehescheidung vorgesehen hatte, kannte und kennt es keine besondere Kollisionsnorm für die Eheaufhebung. Die Eheaufhebungsklage wird vielmehr – ebenso wie entsprechende Klagen auf Ungültigerklärung der Ehe nach ausländischem Recht –

A 586–589   1. Teil. Erkenntnisverfahren A. Ehesachen

als Reaktion auf bestimmte materielle oder formelle Mängel der Eheschließung eingeräumt. Sie untersteht daher grundsätzlich dem gleichen Recht wie der Ehemangel, auf den sie gestützt wird. Maßgebend ist daher in erster Linie Art 13 EGBGB, der hinsichtlich der Form von Eheschließungen im Ausland durch Art 11 Abs 1–3 EGBGB ergänzt wird. Nachfolgend wird keine umfassende Kommentierung des internationalen Eheschließungsrechts geboten; die Darstellung beschränkt sich vielmehr auf die Anknüpfung der materiellen und formellen Voraussetzungen einer gültigen Ehe, insbesondere aber der Rechtsfolgen ihres Fehlens aus der Perspektive des mit einer Klage auf Eheaufhebung oder auf Feststellung des Nichtbestehens einer Ehe befassten deutschen Gerichts. Die kollisionsrechtliche Beurteilung aus der Sicht eines deutschen Standesbeamten, vor dem eine Ehe erst noch geschlossen werden soll, steht nicht im Vordergrund.

2. Materielle Voraussetzungen der Eheschließung

586 **a) Heimatrecht der Verlobten, Abs 1.** Abs 1 unterstellt die materiellen Wirksamkeitsvoraussetzungen einer Eheschließung für jeden der beiden Verlobten seinem Heimatrecht im Zeitpunkt der Heirat (BGHZ 169, 240 Rn 7= FamRZ 07, 109; OLG Bamberg FamRZ 16, 1270). Anknüpfungspunkt ist mithin die **Staatsangehörigkeit** unmittelbar vor der Eheschließung („Antrittsrecht"); eine erst durch die Heirat erworbene Staatsangehörigkeit bleibt insoweit außer Betracht (BGHZ 27, 375/380 f = FamRZ 58, 367; NK-BGB/*Andrae* Rn 7). Ist ein Verlobter **Mehrstaater,** so hat die deutsche Staatsangehörigkeit Vorrang, wenn er auch Deutscher ist (OLG Nürnberg FamRZ 98, 1109); ansonsten kommt es auf die effektive Staatsangehörigkeit an (Art 5 Abs 1; vgl OLG Saarbrücken FamRZ 08, 275; J/H/*Henrich* Rn 2). Für Staatenlose, Flüchtlinge iS der Genfer Flüchtlingskonvention und Asylberechtigte tritt an die Stelle der Staatsangehörigkeit der Wohnsitz, der iS des gewöhnlichen Aufenthalts auszulegen ist. Abs 1 ist mit Art 6 Abs 1 GG vereinbar, obwohl diese Anknüpfung die Eheschließungsfreiheit eines Deutschen bei Heirat mit einem Ausländer uU stärker einschränkt als bei einer Heirat mit einem Deutschen (BVerfGE 31, 58 und BVerfG NJW 83, 511).

587 Das Eheschließungsstatut ist **unwandelbar.** Eine im Zeitpunkt der Eheschließung gültige Ehe wird nicht dadurch ungültig oder aufhebbar, dass die Ehegatten nachträglich eine andere Staatsangehörigkeit erwerben und das neue Heimatrecht strengere Anforderungen stellt (BGHZ 27, 375/380 f = FamRZ 58, 367; Erman/*Hohloch* Rn 12; MüKoBGB/*Coester* Rn 15 ff). War die Eheschließung hingegen nach dem zur Zeit der Vornahme maßgebenden Recht unwirksam und haben die Ehegatten anschließend eine andere Staatsangehörigkeit (oder ein anderes Personalstatut) erworben, nach dem die Eheschließung gültig war, so wird das Fehlen einer materiellen Voraussetzung nach dem Personalstatut zur Zeit der Eheschließung nachträglich geheilt (**Heilung durch Statutenwechsel,** vgl RGZ 132, 416/419; KG FamRZ 86, 680 [LS] = IPRax 87, 33 m Anm *Siehr* 19; Pal/*Thorn* Rn 4; NK-BGB/*Andrae* Rn 12 f; Staud/*Mankowski* Rn 90 ff; einschränkend Erman/*Hohloch* Rn 35; MüKoBGB/*Coester* Rn 20).

588 Nach Abs 1 ist grundsätzlich **für jeden der beiden Verlobten getrennt** zu prüfen, ob in seiner Person und nach seinem Heimatrecht alle Voraussetzungen für eine materiell gültige Eheschließung vorlagen (BGH FamRZ 97, 942/943; OLG Frankfurt FamRZ 02, 705/706; OLG Oldenburg IPRax 01, 143 f m Anm *Piekenbrock* 119; OLG Nürnberg FamRZ 98, 1109). Dies gilt insbesondere auch für etwaige Ehehindernisse. Möglich ist jedoch auch, dass das Heimatrecht eines Verlobten diesem die Eheschließung nur mit einem Partner erlaubt, in dessen Person bestimmte Voraussetzungen erfüllt sind bzw bestimmte Ehehindernisse nicht vorliegen. Ob ein solches **zweiseitiges Ehehindernis** gegeben ist, ist eine Frage der Auslegung des jeweiligen Personalstatuts (NK-BGB/*Andrae* Rn 23). Nach deutschem Recht begründet etwa § 1306 BGB ein solches zweiseitiges Ehehindernis, so dass einer ledigen deutschen Verlobten die Eheschließung mit einem verheirateten ausländischen Mann auch dann verboten ist, wenn dieser nach seinem – zB islamischen – Heimatrecht eine Mehrehe eingehen dürfte (OLG Zweibrücken FamRZ 04, 950/951; NK-BGB/*Andrae* Rn 33; Erman/*Hohloch* Rn 14; MüKoBGB/*Coester* Rn 68 mwN).

589 Bei der Verweisung nach Abs 1 handelt es sich um eine Gesamtverweisung. **Rück- oder Weiterverweisung** durch das internationale Privatrecht des ausländischen Heimatrechts eines oder beider Verlobten sind daher zu beachten (BGH FamRZ 91, 300/302 [*Ghana*]; OLG Karlsruhe StAZ 94, 286; OLG Hamm StAZ 91, 315; AG Pankow/Weißensee FamRZ 09, 1325 [*Indien*]; Pal/*Thorn* Rn 1; Staud/*Hausmann* Art 4 EGBGB Rn 194 ff mwN).

II. Internationales Privatrecht: EGBGB Art 13 590–595 **A**

**b) Anwendungsbereich des Eheschließungsstatuts. aa) Ehevoraussetzungen und Ehe- 590
hindernisse.** Zu den materiellen Voraussetzungen der Eheschließung iSv Abs 1 gehören insbesondere die **Ehemündigkeit** (einschließlich der Möglichkeit einer Befreiung vom Mindest-
alterserfordernis, vgl OLG Köln FamRZ 99, 1130 [LS] = NJWE-FER 99, 140; OLG Saarbrücken FamRZ 08, 275; AG Offenbach FamRZ 10, 1561; AG Hannover FamRZ 02, 1116 f)
sowie das Erfordernis einer Zustimmung Dritter (zB der Eltern) zur Eheschließung Minderjähriger (einschließlich der Möglichkeit ihrer Ersetzung, vgl MüKoBGB/*Coester* Rn 40). Setzt das
Heimatrecht für die Eheschließung die allgemeine Geschäftsfähigkeit voraus, so ist diese Vorfrage
selbständig nach Art 7 Abs 1 EGBGB anzuknüpfen (NK-BGB/*Andrae* Rn 24; MüKoBGB/
Coester Rn 38).

Ein zu niedriges Heiratsalter nach ausländischem Recht konnte schon bisher gegen den 591
deutschen *ordre public* (Art 6 EGBGB) verstoßen (KG FamRZ 12, 1495/1496 (Libanon: 14 Jahre; vgl auch OLG Bamberg FamRZ 16, 1270 Rn 23 ff). Auf die vor allem im Zuge der Flücht-
lingswelle seit 2015 eingetretene Zunahme von Kinder- und Zwangsehen hat der deutsche
Gesetzgeber inzwischen durch das **Gesetz zur Bekämpfung von Kindehen** v 17.7.2017
(BGBl I, 2429) reagiert. Mit diesem Gesetz wurden in Art 13 Abs 3 Regelungen zur Nichtigkeit
bzw Aufhebbarkeit von Kinderehen eingeführt, die den Charakter von den deutschen *ordre public*
konkretisierenden Sachnormen haben (vgl dazu näher → Rn 635 ff).

Nach dem Heimatrecht eines jeden Verlobten bestimmt sich auch der Einfluss von **Willens- 592
mängeln** (Geistesstörung, Irrtum, Täuschung, Drohung, vgl im deutschen Recht § 1314 Abs 2
Nr 1–4 BGB) auf die Eheschließung (OLG Frankfurt FamRZ 87, 155; LG Hamburg FamRZ
74, 96; Pal/*Thorn* Rn 6; MüKoBGB/*Coester* Rn 45).

Das von Abs 1 zur Anwendung berufene Heimatrecht eines jeden Verlobten legt insbesondere 593
fest, welche **Ehehindernisse** einer gültigen Eheschließung entgegenstehen. Praktische Bedeutung hat vor allem das Ehehindernis der **Doppelehe.** Die vom deutschen Sachrecht (§ 1306
BGB) aufgeworfene Vorfrage nach der Gültigkeit einer Vorehe ist in diesem Zusammenhang
selbständig anzuknüpfen; maßgebend sind mithin nach Abs 1 die Heimatrechte der an der
Vorehe beteiligten Ehegatten (BGH FamRZ 76, 336/338; BayObLGZ 99, 439; OLG Nürnberg
FamRZ 98, 1109/1110). Wird die Vorfrage hingegen von einer ausländischen Sachnorm auf-
geworfen, so dürfte eine unselbständige Anknüpfung der Vorfrage vorzuziehen sein (vgl BGH
FamRZ 97, 542/543; R. *Hausmann*/V. *Hausmann* JbItalR 89, 17 ff; *Jayme* IPRax 03, 339/340;
BeckOK-BGB/*Mörsdorf-Schulte* Rn 31; **aA** OLG Koblenz IPRax 96, 278/279; Pal/*Thorn* Rn 6;
Erman/*Hohloch* Rn 31).

Ist die Vorehe eines Verlobten wirksam geschlossen worden, ist aber zweifelhaft, ob sie vor der 594
erneuten Eheschließung wirksam durch Scheidung aufgelöst wurde, so ist zu unterscheiden: Ist
die Vorehe durch ein **inländisches Gericht** geschieden worden, so kommt es nach Abs 1
grundsätzlich darauf an, ob das deutsche Urteil die Ehe auch mit Wirkung für das Heimatrecht
des verheirateten Verlobten aufgelöst hat. Ist dies ausnahmsweise nicht der Fall, weil der
Anerkennung des deutschen Scheidungsurteils im Heimatstaat des verheirateten Verlobten ein
Versagungsgrund entgegensteht, so kann die neuerliche Ehe im Inland dennoch wirksam geschlossen werden, wenn die Voraussetzungen des Abs 2 erfüllt sind. Eine internationale Gestaltungswirkung inländischer Scheidungsurteile, die ausländischen Ehegatten die Eingehung einer
neuen Ehe im Inland auch dann gestatten würde, wenn die weiteren Voraussetzungen des Abs 2
Nr 1 und Nr 2 nicht erfüllt sind, ist hingegen abzulehnen (BGH FamRZ 97, 542/543; *Hausmann* FamRZ 81, 833; Staud/*Mankowski* Rn 117; **aA** Soergel/*Schurig* Rn 61; NK-BGB/*Andrae*
Rn 46 f). Auch verstößt der Umstand, dass das Heimatrecht eines Ehegatten die Anerkennung
des deutschen Scheidungsurteils von der Durchführung eines förmlichen Anerkennungsverfahrens abhängig macht, nicht gegen den deutschen *ordre public* (BGH aaO).

Ist die Vorehe durch ein **ausländisches Gericht** geschieden worden, so kann eine weitere 595
Ehe im Inland nur geschlossen werden, wenn das ausländische Scheidungsurteil zuvor hier
anerkannt worden ist oder mit Rückwirkung auf den Zeitpunkt der zweiten Eheschließung
noch anerkannt werden kann (BGH FamRZ 01, 991/992; OLG Nürnberg FamRZ 98, 1109 f;
OLG Düsseldorf FamRZ 75, 584; Pal/*Thorn* Rn 7; **aA** KG StAZ 84, 309). Über die Frage der
Anerkennung entscheidet das mit einer Eheaufhebungsklage wegen Doppelehe befasste deutsche
Gericht *incidenter* nach Art 21 ff EuEheVO, wenn das Scheidungsurteil in einem anderen Mitgliedstaat dieser Verordnung gesprochen worden ist (→ K Rn 36 ff). Gleiches gilt für drittstaatliche Ehescheidungen, wenn sie von einem Gericht im gemeinsamen Heimatstaat der Ehegatten
vorgenommen wurden (§ 107 Abs 1 S 2 FamFG). Für sonstige Drittstaatsscheidungen ist das
Feststellungsverfahren vor der zuständigen Landesjustizverwaltung gem §§ 107, 109 FamFG

145

A 596–600   1. Teil. Erkenntnisverfahren A. Ehesachen

durchzuführen; zu diesem Zweck ist ein auf die Aufhebung der Zweitehe gerichtetes Verfahren ggfs auszusetzen (→ K Rn 194 ff). Liegen die Voraussetzungen für die Anerkennung vor, so steht das ausländische Scheidungsurteil einem inländischen gleich. Es entfaltet mithin ebenso wenig eine „internationale Gestaltungwirkung" wie ein deutsches Scheidungsurteil; es gilt vielmehr das zuvor in → Rn 594 Gesagte entsprechend. Kann das ausländische Scheidungsurteil im Inland nicht anerkannt werden, so besteht die Vorehe hingegen aus deutscher Sicht fort und begründet ein Ehehindernis für die wirksame Eingehung einer weiteren Ehe (OLG Nürnberg FamRZ 98, 1109/1110; Pal/*Thorn* Rn 7).

596   Von Abs 1 erfasst werden auch sonstige Ehehindernisse, wie zB **Verwandtschaft,** Schwägerschaft (vgl BVerwG FamRZ 12, 1802 [Indien]) oder Annahme als Kind, auch wenn das Heimatrecht eines ausländischen Verlobten diesbezüglich strengere Anforderungen stellt als das deutsche Recht in §§ 1307, 1308 BGB (OLG Stuttgart FamRZ 00, 821/822; OLG Düsseldorf FamRZ 69, 654 MüKoBGB/*Coester* Rn 54 f; Erman/*Hohloch* Rn 28). Ob die nach ausländischem Recht bestehende **registrierte Partnerschaft zwischen heterosexuellen Partnern** einer Eheschließung dieser Partner im Inland entgegensteht hängt im Lichte von Abs 2 vor allem davon ab, ob den Partnern ein zumutbarer Weg zur vorherigen Auflösung ihrer registrierten Partnerschaft zur Verfügung steht (BGH FamRZ 12, 1636 m Anm *Wiggerich* gegen KG FamRZ 12, 1495 [LS; *Niederlande*]).

597   Auch die **Geschlechtsverschiedenheit** war bisher nach deutschem Recht sachliche Voraussetzung der Eheschließung, so dass ein deutscher Statsangehöriger die in einigen europäischen Ländern schon länger zugelassene gleichgeschlechtliche Ehe (rechtsvergleichend → I Rn 267 f) nicht eingehen konnte; wurde sie im Ausland dennoch geschlossen, so konnte sie aus der Sicht des deutschen Rechts nur als eingetragene Lebenspartnerschaft nach Art 17b EGBGB anerkannt werden (BGHZ 210, 50 Rn 36 = FamRZ 16, 1251 m zust Anm *Dutta*; StAZ 11, 181; KG StAZ 11, 181; OLG Zweibrücken StAZ 11, 184; OLG München StAZ 11, 308/309; LG Kaiserslautern StAZ 11, 114; VG Berlin StAZ 10, 372; VG Karlsruhe IPRax 06, 284; AG Köln StAZ 10, 114; *Andrae/Abbas* StAZ 11, 97, 102; MüKoBGB/*Coester* Rn 50 f; Erman/*Hohloch* Rn 27; Staud/*Mankowski* Rn 179 f mwN; zur Anwendung der Rom III-VO aber → Rn 314 ff, 500 ff). Durch das Gesetz zur Einführung des Rechts auf Eheschließung für Personen gleichen Geschlechts v 20.7.2017 (BGBl I, 2787) ist diese Ehevoraussetzung mit Wirkung v 1.10.2017 zwar im deutschen Sachrecht entfallen. Kollisionsrechtlich wird die gleichgeschlechtliche Ehe hingegen gem Art 17b Abs 4 EGBGB nF weiterhin als eingetragene Lebenspartnerschaft behandelt (dazu näher → I Rn 269 ff).

598   Das vor allem in islamischen Rechten anzutreffende Eheverbot der **Religionsverschiedenheit** verstößt bei hinreichendem Inlandsbezug gegen den deutschen *ordre public* (Art 6 EGBGB; BGH FamRZ 71, 366; NK-BGB/*Andrae* Rn 54; Staud/*Mankowski* Rn 395). Gleiches gilt für **Wartefristen** nach einer Ehescheidung (MüKoBGB/*Coester* Rn 82).

599   Auch das Erfordernis einer **Morgengabe** *(mahr)* ist nach Abs 1 zu beurteilen, wenn hiervon die Wirksamkeit der Eheschließung abhängt (OLG Düsseldorf FamRZ 93, 187/188; AG Würzburg FamRZ 98, 1591; *Rohe* StAZ 06, 99; MüKoBGB/*Coester* Rn 84; Erman/*Hohloch* Rn 33). Für den Anspruch auf die Morgengabe vor Eingehung der Ehe gilt das Verlöbnisstatut (OLG Hamm NJW-RR 11, 1197; LG Bochum FamRZ 90, 882 f; Pal/*Thorn* Rn 9). Für die Geltendmachung des Anspruchs auf die Morgengabe während der Ehe ist nach Ansicht des BGH grundsätzlich das Ehewirkungsstatut des Art 14 maßgebend (BGH IPRax 11, 85 m Anm *Yassari* 63; zust OLG Stuttgart NJW-RR 09, 585; OLG Zweibrücken NJW-RR 07, 1232; OLG Köln FamRZ 06, 1380. In Betracht kommt jedoch auch eine unterhalts- oder güterrechtlichen Qualifikation (→ C Rn 529 f und → B Rn 557 ff) sowie eine Einordnung als vermögensrechtliche Scheidungsfolge iSv Art 17 Abs 1 (→ Rn 559 f). In ab dem 29.1.2019 geschlossenen Ehen unterliegt die Morgengabe den Kollisionsnormen der EuGüVO (→ B Rn 312, 561).

600   **bb) Rechtsfolgen von materiellen Ehemängeln.** Nach dem Heimatrecht eines jeden Verlobten richten sich nicht nur die materiellen Voraussetzungen der Eheschließung, sondern auch die Rechtsfolgen von deren Fehlen im Falle einer dennoch geschlossenen Ehe. Das Eheschließungsstatut beherrscht dann als sog „Ehebeseitigungsstatut" (MüKoBGB/*Coester* Rn 118 f) insbesondere die Frage, ob es sich aufgrund des Mangels um eine Nichtehe, eine nichtige Ehe oder eine lediglich aufhebbare Ehe handelt (BGH NJW-RR 03, 850/851; BGH NJW 02, 1268; FamRZ 01, 991/992; FamRZ 91, 300/302 f; OLG Stuttgart FamRZ 11, 217; OLG Zweibrücken FamRZ 04, 950/951; OLG Oldenburg IPRax 01, 143 m Anm *Piekenbrock* 119; OLG Karlsruhe StAZ 94, 286/287; OLG Hamburg StAZ 88, 132/134; AG Hannover FamRZ 02,

146

II. Internationales Privatrecht: EGBGB Art 13   **601–606 A**

1116/1117; MüKoBGB/*Coester* Rn 111; NK–BGB/*Andrae* Rn 61 ff; dazu näher → Rn 626 ff).
Gleiches gilt für die Möglichkeit einer **Heilung des Mangels** durch Zeitablauf, Bestätigung
oder nachträglichen Wegfall des Ehehindernisses (AG Hannover FamRZ 02, 1116/1117; Pal/
Thorn Rn 11; Erman/*Hohloch* Rn 35) sowie für die Zulässigkeit und die Wirkung einer Befreiung von bestimmten Eheverboten.

Gehören die Verlobten unterschiedlichen Staaten an und hat das Fehlen einer materiellen   **601**
Ehevoraussetzung bzw das Bestehen eines Ehehindernisses nach den Heimatrechten der Ver-
lobten verschiedene Wirkungen (zB Nichtehe nach dem Heimatrecht des Mannes, bloße Auf-
hebbarkeit der Ehe nach dem Heimatrecht der Frau), so gilt der **Grundsatz des ärgeren
Rechts,** dh es setzt sich dasjenige Heimatrecht durch, das die schärfere Sanktion vorsieht (BGH
FamRZ 91, 300/303; BayObLGZ 93, 222; OLG Stuttgart FamRZ 11, 217/218m Anm *Henrich*
IPRax 11,91; OLG Zweibrücken FamRZ 04, 950/951; OLG Frankfurt FamRZ 02, 705/706;
OLG Oldenburg IPRax 01, 143/144; OLG Nürnberg FamRZ 98, 1109/1111; OLG Koblenz
IPRax 96, 278/279; Pal/*Thorn* Rn 14; NK-BGB/*Andrae* Rn 69 f; Erman/*Hohloch* Rn 37).
Danach hat also die Nichtehe Vorrang vor der vernichtbaren oder aufhebbaren Ehe, die Nichtig-
erklärung mit Wirkung *ex tunc* Vorrang vor der Aufhebung mit Wirkung *ex nunc*. Ist eine
bigamische Ehe nach dem ausländischen Heimatrecht eines Verlobten nicht nur aufhebbar,
sondern eine Nichtehe, so verstößt dies auch nicht gegen deutschen *ordre public* (Art 6 EGBGB;
OLG Frankfurt aaO).

Bei diesem Grundsatz des ärgeren Rechts verbleibt es grundsätzlich auch dann, wenn die   **602**
unmittelbare Rechtsfolge (zB Ehenichtigkeit oder Eheaufhebung) von beiden Heimatrechten
übereinstimmend angeordnet wird. Das „ärgere'„ Recht soll dann entweder unter Einbeziehung der weiteren Folgewirkungen zu bestimmen sein (so Pal/*Thorn* aaO; Staud/*Mankowski*
Rn 445) oder es soll jedes Heimatrecht für „seinen" Ehegatten entscheiden (so OLG Zweibrücken FamRZ 06, 1201/1202; OLG Düsseldorf FamRZ 92, 815/816 m Anm *Henrich* IPRax 93,
236; Erman/*Hohloch* Rn 37). Neuerdings wird stattdessen zutreffend auf das Recht abgestellt,
mit dem die Ehegatten am engsten verbunden sind (vgl OLG Stuttgart FamRZ 11, 217/218
m Anm *Henrich* IPRax 11, 91; MüKoBGB/*Coester* Rn 116; NK-BGB/*Andrae* Rn 73 f; J/H/
Henrich Rn 16); hilfsweise wird die *lex fori* angewandt (OLG Stuttgart aaO; OLG Schleswig
FamRZ 07, 470; OLG FamRZ 02, 840; J/H/*Henrich* aaO).

3. Schutz der Eheschließungsfreiheit, Abs 2

Fehlt nach dem Heimatrecht eines (oder beider) Verlobten eine materielle Voraussetzung der   **603**
Eheschließung, so kann die Ehe unter den Voraussetzungen des Abs 2 dennoch nach Maßgabe
des deutschen Rechts geschlossen werden. Bei dieser Vorschrift handelt es sich um eine **spezielle
Vorbehaltsklausel,** die dem Schutz der (auch für Ausländer) verfassungsrechtlich verbürgten
Eheschließungsfreiheit dient (Art 6 Abs 1 GG; vgl KG FamRZ 99, 1129; R *Hausmann*/V
Hausmann JbItalR 89, 17/27; Erman/*Hohloch* Rn 16) und die im Wesentlichen die Grundsätze
der sog „Spanier-Entscheidung" des BVerfG (BVerfGE 31, 58 = FamRZ 71, 414) kodifiziert.

a) Voraussetzungen. Die Ausschaltung eines nach dem Heimatrecht eines Verlobten beste-   **604**
henden Ehehindernisses mit Hilfe von Abs 2 setzt voraus, dass die in Nr 1 − Nr 3 genannten
drei Voraussetzungen kumulativ erfüllt sind: Der Sachverhalt muss zunächst einen hinreichenden **Inlandsbezug** aufweisen. Dieser ist nach **Nr 1** gegeben, wenn mindestens ein Verlobter seinen gewöhnlichen Aufenthalt im Inland hat oder Deutscher iSv Art 116 Abs 1 GG ist.
Auf Staatenlose und Flüchtlinge mit deutschem Personalstatut ist die Vorschrift entsprechend
anzuwenden (Pal/*Thorn* Rn 16; Erman/*Hohloch* Rn 18).

Die Verlobten müssen ferner gem **Nr 2** zur Vermeidung einer hinkenden Ehe die ihnen   **605**
zumutbaren Schritte unternommen haben, um das nach ihrem Heimatrecht bestehende
Ehehindernis zu beheben (AG Halle/Westfalen FamRZ 16, 307). Ist die Vorehe eines Verlobten
im Inland oder in einem Drittstaat geschieden worden, so müssen die Verlobten sich insbesondere um die Anerkennung dieses Scheidungsurteils in ihrem Heimatstaat bemühen, sofern die
Durchführung eines solchen Anerkennungsverfahrens nicht von vornehrein aussichtslos erscheint (BGH FamRZ 97, 542/544; OLG Hamm StAZ 03, 169; KG FamRZ 94, 1413; NK-
BGB/*Andrae* Rn 89). Außer Betracht bleibt die Obliegenheit nach Nr 2 bei Ehehindernissen,
die – wie zB Verwandtschaft oder Schwägerschaft – nicht zu beheben sind (vgl OLG Stuttgart
FamRZ 00, 821/822 f).

Hinzukommen muss schließlich gem **Nr 3**, dass die Versagung der Eheschließung mit dem   **606**
Grundrecht der Eheschließungsfreiheit nach Art 6 Abs 1 GG nicht vereinbar wäre (AG

147

A 607–611 1. Teil. Erkenntnisverfahren A. Ehesachen

Halle /Westfalen FamRZ 16, 307; MüKoBGB/*Coester* Rn 82). Dies kommt insbesondere dann in Betracht, wenn die Vorehe eines Verlobten von seinem Heimatrecht als fortbestehend angesehen wird, obwohl sie in einem anderen Land durch gerichtliches Urteil rechtskräftig aufgelöst oder für ungültig erklärt worden ist. Handelt es sich um eine rechtskräftige **deutsche Entscheidung,** durch welche die Vorehe für nichtig erklärt, aufgehoben oder geschieden worden ist oder durch die der frühere Ehegatte eines Verlobten für tot erklärt worden ist, so liegt nach Nr 3 Hs 2 stets ein Verstoß gegen das Grundrecht der Eheschließungsfreiheit vor; dieser erlaubt die Eheschließung nach deutschem Recht freilich nur, wenn außerdem die Voraussetzungen nach Nr 1 und 2 erfüllt sind (OLG Köln StAZ 89, 260; Pal/*Thorn* Rn 17). Die mangelnde Anerkennung einer **drittstaatlichen Entscheidung** im Heimatstaat eines Verlobten kann nach Abs 2 nur überwunden werden, wenn diese Entscheidung im Inland nach Art 21 ff EuEheVO oder nach §§ 107, 109 FamFG anerkannt werden kann und damit einer inländischen Entscheidung gleichsteht.

607 Bei **anderen Ehehindernissen** als demjenigen der Doppelehe ist im Rahmen von Nr 3 sorgfältig abzuwägen, ob sie mit dem **Grundrecht der Eheschließungsfreiheit** noch vereinbar sind oder nicht. Dies ist regelmäßig nicht allein deshalb der Fall, weil das ausländische Heimatrecht eines Verlobten das Ehehindernis der Verwandtschaft weiter zieht als das deutsche Recht oder die Schwägerschaft weiterhin als Ehehindernis ansieht (OLG Stuttgart FamRZ 00, 821/822).

608 **b) Rechtsfolgen.** Sind die Voraussetzungen nach Abs 2 Nr 1–3 erfüllt, so ist das nach dem Heimatrecht eines Verlobten bestehende Ehehindernis nicht zu beachten und stattdessen deutsches Recht anzuwenden. Besteht dieses Ehehindernis nach deutschem Recht nicht, so ist die Eheschließung wirksam, sofern die sonstigen materiellen Ehevoraussetzungen in der Person des ausländischen Verlobten vorliegen; für deren Beurteilung verbleibt es freilich beim ausländischen Heimatrecht dieses Verlobten (Erman/*Hohloch* Rn 22).

4. Form der Eheschließung

609 Bezüglich des auf die Form der Eheschließung anzuwendenden Rechts muss deutlich zwischen Eheschließungen im Inland und solchen im Ausland unterschieden werden. Während für die Auslandsehe die allgemeinen Kollisionsregeln des Art 11 Abs 1 betreffend die Form von Rechtsgeschäften uneingeschränkt Geltung beanspruchen, müssen bei einer Heirat im Inland nach Abs 4 S 1 zwingend die inländischen Formvorschriften eingehalten werden. Hiervon wird in Abs 4 S 2 nur eine eng begrenzte Ausnahme gemacht. Der für die Abgrenzung maßgebliche Ort der Eheschließung liegt dort, wo die Trauungszeremonie stattfindet (MüKoBGB/*Coester* Rn 131; NK-BGB/*Andrae* Rn 97 f).

610 Die Art 11 Abs 1, 13 Abs 4 gelten allerdings nur für die Bestimmung des Formstatuts der traditionellen heterosexuellen Ehe. Demgegenüber verweist Art 17b Abs 4 EGBGB nF für das Zustandekommen einer **gleichgeschlechtlichen Ehe** auf Art 17b Abs 1 S 1. Maßgebend ist danach allein das Recht des Registrierungsstaates (Erman/*Hohloch* Rn 42; näher → I Rn 259 f).

611 **a) Eheschließung im Ausland, Art 11 Abs 1.** Die Form einer im Ausland geschlossenen Ehe beurteilt sich – wie die Form anderer Rechtsgeschäfte auch – grundsätzlich nach Art 11 Abs 1 (BGH FamRZ 91, 300/302; OVG Sachsen-Anhalt ZAR 15, 402 m Anm *Persich;* OLG Frankfurt IPRspr 14 Nr 82 Rn 17; Erman/*Hohloch* Rn 56 ff). Danach gilt alternativ das **Geschäftsrecht,** dh das Personalstatut der beiden Verlobten, wobei im Fall unterschiedlicher Staatsangehörigkeit die Formvorschriften beider Heimatrechte kumulativ einzuhalten sind (OVG Lüneburg FamRZ 08, 1785/1787), oder das Recht des Ortes, an dem die Ehe geschlossen wurde. Die Einhaltung der **Ortsform** genügt auch dann, wenn das Heimatrecht eines oder beider Ehegatten diese Form für eine wirksame Eheschließung nicht ausreichen lässt (OVG Sachsen-Anhalt aaO; OLG München FamRZ 10, 1280; OLG Düsseldorf FamRZ 93, 187/188 und 1083/1084; NK-BGB/*Andrae* Rn 125). Deutsche Verlobte können daher im Ausland auch nur in kirchlicher Form heiraten, wenn dies nach dem Recht am Eheschließungsort für die Eingehung einer auch nach staatlichem Recht gültigen Ehe genügt (vgl OLG Hamm NJW 88, 3097 f [*Kalifornien*]; AG Bremen StAZ 91, 232 [*Jordanien*]; Erman/*Hohloch* Rn 57). Eine unzulässige Umgehung der im Heimatrecht der Verlobten zwingend vorgeschriebenen Form der Ziviltrauung liegt darin nicht (Pal/*Thorn* Rn 19). War die Eheschließung hingegen nach dem zur Zeit der Trauung maßgebenden Geschäfts- und Ortsrecht formnichtig, haben die Ehegatten jedoch anschließend eine andere Staatsangehörigkeit erworben, so wird der Formmangel nach-

II. Internationales Privatrecht: EGBGB Art 13 **612–616** **A**

träglich geheilt, wenn die Ehe nach dem neuen Personalstatut der Ehegatten formwirksam geschlossen wurde (vgl SozG Hamburg IPRax 07, 47 f m Anm *Siehr* 30). Bei den Verweisungen in Art 11 Abs 1 handelt es sich grundsätzlich um Sachnormverweisungen (OVG Lüneburg aaO; NK-BGB/*Andrae* Rn 127 f; vgl aber differenzierend Staud/*Hausmann* Art 4 EGBGB Rn 201).

Auch wenn das Recht am Eheschließungsort auf die Einhaltung bestimmter Förmlichkeiten **612** für die Heirat völlig verzichtet und sich damit begnügt, dass die Partner mit Ehewillen zusammenleben, wird eine solchermaßen geschlossene Ehe – wie die in einigen *US-Bundesstaaten* zugelassene sog **Common law-Ehe** – in Deutschland als formgültig anerkannt, auch wenn es sich um deutsche Staatsangehörige handelt (KG FamRZ 93, 59/60; AG Stuttgart IPRspr 96 Nr 64). Zur Anerkennung von Eheschließungen in der ausländischen Ortsform vgl ferner KG FamRZ 99, 1130 *(Philippinen);* KG FamRZ 99, 439/440 *(Zaire);* OLG Zweibrücken NJW-RR 97, 1227 [Imam-Ehe/*Türkei*]; OLG Düsseldorf FamRZ 93, 187/188 und 1083/1084 *(Marokko);* OLG München StAZ 93, 151m Aufs *Bungert* 140 *(Nigeria);* OLG Düsseldorf FamRZ 92, 1078 *(Libanon);* OLG Bremen FamRZ 92, 1083 *(Ghana);* AG Offenbach FamRZ 10, 1561 *(Pakistan).*

Zur Form der Eheschließung gehört insbesondere die Frage, ob die Ehe in staatlicher **613** (ziviler) oder in religiöser Form geschlossen werden muss, ferner die Bestimmung der Trauungsperson (Standesbeamter, Priester, Friedensrichter, Bürgermeister) einschließlich von deren Zuständigkeit (BayObLG StAZ 00, 145/146; KG FamRZ 99, 1130/1131; OLG Düsseldorf FamRZ 93, 1083/1084 f). Gleiches gilt für das im ausländischen Geschäfts- oder Ortsrecht aufgestellte Erfordernis einer Registrierung der Eheschließung (KG FamRZ 06, 1863; AG Hannover FamRZ 02, 1116/1118; OLG Hamm NJW 88, 3097/3098) oder der Ausstellung einer Heiratserlaubnis (KG FamRZ 99, 1130/1131; AG Crailsheim IPRax 93, 256 m Anm *Jayme*). Ob zur Form auch die Notwendigkeit eines Aufgebots (bejahend BGHZ 29, 137/149; BayObLG StAZ 00, 145/146 und FamRZ 97, 818/819) oder die Vorlage eines Ehefähigkeitszeugnisses (bejahend Pal/*Thorn* Rn 19) gehört, ist demgegenüber zweifelhaft (für verfahrensrechtliche Qualifikation NK-BGB/*Andrae* Rn 147).

Auch das Erfordernis der persönlichen und gleichzeitigen Anwesenheit der Verlobten bei der **614** Eheschließung ist nach dem Formstatut des Art 11 Abs 1 zu beurteilen. Damit ist auch die Zulässigkeit des Auftretens eines Boten oder Stellvertreters in der Erklärung bei der Eheschließung (sog **Handschuhehe**) eine Frage der Form, nicht der materiellen Ehegültigkeit (BGHZ 29, 137; OLG Zweibrücken NJW-RR 11, 725; BayObLGZ 00, 335/339; OLG Karlsruhe StAZ 94, 286; Erman/*Hohloch* Rn 59; Staud/*Mankowski* Rn 754 ff). Ausreichend ist daher auch insoweit die Einhaltung der Ortsform. Demgemäß können auch deutsche Verlobte eine wirksame Handschuhehe in einem Land schließen, das die Vertretung in der Erklärung gestattet. Als Vornahmeort ist dabei – entsprechend Art 11 Abs 3 – nicht der Ort der Vollmachtserteilung, sondern der Ort der Eheschließung anzusehen (NK-BGB/*Andrae* Rn 129). Die nach dem am Trauungsort geltenden Recht zulässige Eheschließung durch einen Stellvertreter in der Erklärung ist aus deutscher Sicht daher auch dann gültig, wenn die Vollmacht in Deutschland erteilt worden ist (BGHZ 29, 137; BayObLGZ 00, 335/339; KG JuS 05, 753 m Anm *Hohloch;* LG Stuttgart StAZ 92, 379). Demgegenüber handelt es sich bei der **Eheschließung unter falschem Namen** um ein Problem der Identität der Ehegatten; ob sie wirksam ist, bestimmt sich daher nicht nach dem Formstatut, sondern nach Art 13 Abs 1 (Staud/*Mankowski* Rn 223; Pal/*Thorn* Rn 10; **aA** OLG Karlsruhe StAZ 05, 322; offenlassend OLG München FamRZ 09, 1845 f).

Wahlweise nach dem Personalstatut beider Verlobten oder nach dem Recht am Ort der **615** Eheschließung beurteilen sich auch die **Rechtsfolgen eines Formverstoßes** (BayObLG StAZ 00, 145/146; OLG Düsseldorf FamRZ 93, 1083/1084 f; AG Hannover FamRZ 02, 1116; NK-BGB/*Andrae* Rn 137). Da die alternative Anknüpfung der Form nach Art 11 Abs 1 die Formgültigkeit der Ehe begünstigen soll, sind die Rechtsfolgen eines Verstoßes sowohl gegen die Formvorschriften des Geschäftsrechts (Art 11 Abs 1, 1. Alt iVm Art 13 Abs 1) wie auch gegen die Formvorschriften des Ortsrechts (Art 11 Abs 1, 2. Alt) dem **milderen der beiden Rechte** zu entnehmen (Pal/*Thorn* Rn 19; Staud/*Mankowski* Rn 763).

Für deutsche Staatsangehörige, die im Ausland heiraten wollten, bestand bis zum 31.12.2008 **616** auch die Möglichkeit, die Ehe vor einem **deutschen Konsularbeamten** nach § 8 Abs 1 KonsG v 11.9.1974 (BGBl I, 2317) zu schließen. Voraussetzung war danach, dass zumindest ein Verlobter Deutscher und keiner von ihnen Angehöriger des Empfangsstaates war. Der Konsularbeamte galt danach als Standesbeamter iS der Vorschriften des BGB und des PStG. Diese Möglichkeit ist durch das Gesetz zur Reform des Personenstandsrechts v 19.2.2007 (BGBl I, 122) mit Wirkung v 1.1.2009 an beseitigt worden. Auch deutsche Staatsangehörige können daher die Ehe im Ausland nur noch in der jeweiligen Ortsform schließen.

149

A 617–621   1. Teil. Erkenntnisverfahren A. Ehesachen

617   **b) Eheschließung im Inland, Abs 4. aa) Grundsatz: Zwingende Einhaltung der Inlandsform, S 1.** Der Grundsatz der alternativen Geltung von Geschäfts- und Ortsrecht nach Art 11 Abs 1 wird für die Eheschließung im Inland durch Abs 4 S 1 eingeschränkt. Danach kann eine Ehe im Inland nur in der hier vorgeschriebenen Form, dh als obligatorische Zivilehe **vor einem deutschen Standesbeamten** nach Maßgabe der §§ 1310, 1311 BGB geschlossen werden (OVG Berlin-Brandenburg FamRZ 14, 1954). Die Einhaltung der Form nach dem Geschäftsrecht, dh nach dem von Abs 1 zur Anwendung berufenen Heimatrecht der beiden Verlobten reicht – vorbehaltlich der Ausnahme nach Satz 2 – nicht aus. Dies gilt auch für Eheschließungen, die in **ausländischen Botschaften oder Konsulaten** auf deutschem Hoheitsgebiet vorgenommen werden (NK-BGB/*Andrae* Rn 101). Ist die im Inland vor einem katholischen oder griechisch-orthodoxen Priester geschlossene Ehe daher nur nach dem ausländischen Heimatrecht der Ehegatten, wegen Abs 4 S 1 hingegen nicht nach deutschem Recht formgültig, so handelt es sich um eine sog **hinkende Auslandsehe.**

618   Zu den nach Abs 4 S 1 einzuhaltenden **Formerfordernissen des deutschen Rechts** gehören die Erklärung des Ehekonsenses vor dem Standesbeamten (§ 1310 Abs 1 BGB), die persönliche Abgabe der Erklärung bei gleichzeitiger Anwesenheit der Eheschließenden vor dem Standesbeamten (§ 1311 BGB) sowie der Ablauf der Trauung und die Eintragung der Eheschließung (§ 1312 BGB). Demgegenüber ist die Beibringung des Ehefähigkeitszeugnisses gem § 1309 BGB nach deutschem Recht kein Formerfordernis (NK-BGB/*Andrae* Rn 104).

619   Wird gegen den Grundsatz der zwingenden Inlandsform verstoßen, so beurteilen sich auch die **Rechtsfolgen** nach deutschem Recht. Danach liegt in Fällen des Verstoßes gegen § 1310 Abs 1 BGB (fehlende Mitwirkung eines Standesbeamten) eine Nichtehe, bei Verletzung der Formvorschriften des § 1311 BGB hingegen nur eine aufhebbare Ehe vor (§ 1314 Abs 1 BGB; vgl BGH FamRZ 03, 838 ff). § 1312 BGB ist eine bloße Ordnungsvorschrift, deren Verletzung die Formgültigkeit der Ehe nicht berührt. Ist die im Inland nicht in standesamtlicher, sondern zB nur in kirchlicher Form geschlossene Ehe nach dem ausländischen Heimatrecht der Eheschließenden voll wirksam, kann sie jedoch dennoch den Schutz von Art 6 Abs 1 GG genießen und zB Grundlage für Sozialleistungen (vgl zum Anspruch auf Witwenrente BVerfG NJW 83, 511 gegen BSG FamRZ 81, 767/768 f m abl Anm *Bosch*) oder für die Erteilung einer Aufenthaltserlaubnis (OVG Lüneburg NJW 05, 1739) sein.

620   Das nach Abs 4 S 1 maßgebende deutsche Recht bestimmt auch darüber, unter welchen Voraussetzungen die **Heilung** eines Formverstoßes in Betracht kommt (MüKoBGB/*Coester* Rn 161; Staud/*Mankowski* Rn 497). Danach wird der Grundsatz der obligatorischen Zivilehe bei Inlandstrauungen durch **§ 1310 Abs 3 BGB** in engen Grenzen durchbrochen, wenn die Ehegatten erklärt haben, die Ehe miteinander eingehen zu wollen, der Standesbeamte eine der in Nr 1–3 genannten urkundlichen Handlungen vorgenommen hat und die Ehegatten mindestens zehn Jahre, bei früherem Tod eines Ehegatten mindestens fünf Jahre zusammengelebt haben (vgl *Hepting* StAZ 96, 261). Diese Heilungsvorschrift kommt auch ausländischen Ehegatten zugute, wenn die Ehe im Inland geschlossen wurde und deshalb deutsches Ortsrecht maßgebend ist. Dies ist jedenfalls dann der Fall, wenn sämtliche Tatbestandsmerkmale der Heilung nach § 1310 Abs 3 BGB im Inland erfüllt worden sind (BayObLG FamRZ 00, 699/701; Pal/*Thorn* Rn 21), richtigerweise aber auch dann, wenn die Ehegatten ihre Eheerklärung im Ausland abgegeben oder dort zusammengelebt haben (*Sturm* StAZ 99, 285/293; NK-BGB/*Andrae* Rn 107; **aA** [nur bei deutschem Personalstatut] Pal/*Thorn* Rn 21; Erman/*Hohloch* Rn 45). Fehlt es an einer urkundlichen Handlung eines deutschen Standesbeamten nach § 1310 Abs 3 Nr 1–3 BGB, so kommt hingegen eine Heilung auch durch langjähriges Zusammenleben der Ehegatten nicht in Betracht, selbst wenn diese nach ihrem Heimatrecht als gültig miteinander verheiratet gelten (BGH FamRZ 03, 838/839 f: 26-jähriges Zusammenleben; dazu *Pfeiffer* LMK 03, 128; *Mäsch* IPRax 04, 421; *Coester* FS Heldrich [2005] 537/543 ff).

621   Der Grundsatz der zwingenden Inlandsform bei Inlandstrauungen nach Abs 4 S 1 ist auch dann zu beachten, wenn über die Formgültigkeit der Ehe nicht als Haupt-, sondern lediglich **als Vorfrage** zu entscheiden ist (Pal/*Thorn* Rn 23; Staud/*Mankowski* Rn 536 ff; **aA** NK-BGB/*Andrae* Rn 112). So kommt die Scheidung einer im Inland geschlossenen Ehe nach dem von der Rom III-VO bestimmten Recht nur in Betracht, wenn die Form des § 1310 BGB eingehalten worden ist; andernfalls kann nur auf Feststellung des Nichtbestehens einer Ehe geklagt werden. In gleicher Weise ist über die Vorfrage der Formgültigkeit einer Inlandsehe von deutschen Gerichten selbständig nach Abs 3 S 1 zu befinden, wenn in der Hauptsache vermögensrechtliche Folgen dieser Eheschließung (zB Ansprüche auf Zugewinnausgleich nach dem von Art 15

150

II. Internationales Privatrecht: EGBGB Art 13   **622–627**   **A**

EGBGB zur Anwendung berufenen deutschen Ehegüterrecht oder auf Getrenntlebensunterhalt nach dem vom Haager Unterhaltsprotokoll bestimmten Unterhaltstatut) geltend gemacht werden.

Haben ausländische Ehegatten die Ehe formgültig gem Abs 4 S 1 vor einem deutschen **622** Standesbeamten geschlossen, macht aber das gemeinsame Heimatrecht oder das Heimatecht eines Ehegatten die Wirksamkeit der Eheschließung von der Einhaltung einer bestimmten religiösen Form abhängig, so beschränkt sich die Gültigkeit dieser Ehe auf das Inland (**hinkende Inlandsehe;** vgl BGHZ 73, 370 = FamRZ 79, 467; MüKoBGB/*Coester* Rn 135; Erman/*Hohloch* Rn 47). Konnte eine solche Ehe daher nach dem von Art 17 Abs 1 S 1 iVm Art 14 Abs 1 Nr 1 EGBGB zur Anwendung berufenen gemeinsamen Heimatrecht der Ehegatten nicht geschieden werden, weil dieses Recht von einer Nichtehe ausging, so hatte die Scheidung bisher hilfsweise nach deutschem Recht zu erfolgen. Unter der Geltung der Rom III-VO ist diese Problematik weitgehend entschärft, weil nach Art 8 lit a Rom III-VO primär das Recht des gemeinsamen gewöhnlichen Aufenthalts der Ehegatten zur Anwendung berufen ist, das im Regelfall mit dem Recht des angerufenen Gerichts zusammenfällt (→ Rn 421 ff).

bb) Ausnahme: Eheschließung vor einer vom Heimatstaat eines Verlobten ordnungs- **623** **gemäß ermächtigten Person, S 2.** Der Grundsatz des Abs 3 S 1 wird in S 2 um eine besondere Sachnorm für die Eheschließung von Verlobten ergänzt, von denen **keiner die deutsche Staatsangehörigkeit** besitzen oder Deutscher iSv Art 116 Abs 1 GG sein darf. Beide Ehegatten müssen vielmehr eine oder mehrere ausländische Staatsangehörigkeiten besitzen; dem steht es gleich, wenn ein Ehegatte Ausländer und der andere staatenlos ist. Ist an der Ehe ein Deutscher beteiligt, so greift Abs 3 S 2 auch dann nicht ein, wenn dieser daneben eine ausländische Staatsangehörigkeit besitzt (Erman/*Hohloch* Rn 49; Staud/*Mankowski* Rn 623; vgl Art 5 Abs 1 S 2 EGBGB). Es liegt dann eine Nichtehe vor (OLG Celle FamRZ 65, 43; Pal/*Thorn* Rn 27).

Die Ehe muss ferner vor einer von der **Regierung des Heimatstaats** eines Verlobten **624** **ordnungsgemäß ermächtigten Person** geschlossen werden. Die Ermächtigung kann sich aus einer allgemeinen Rechtsvorschrift des Entsendestaates ergeben; dies wird häufig auf diplomatische oder konsularische Vertretungen des Heimatstaats zutreffen. Die Ermächtigung kann aber auch – wie insbesondere für Priester oder Geistliche einer bestimmten Kirche – individuell erfolgen. Wesentlich ist im letzteren Fall, dass es sich nicht lediglich um eine kirchliche Trauungsbefugnis handelt, sondern dass der Priester nach staatlichem Recht des Entsendestaates ordnungsgemäß zur Vornahme von Auslandtrauungen ermächtigt war (vgl zur Eheschließung durch nicht ordnungsgemäß ermächtigte griechisch-orthodoxe Priester im Inland, die als Nichtehe gewertet wurden, BGH FamRZ 03, 838 ff; BGHZ 43, 213/220 f = FamRZ 65, 311; BayObLG FamRZ 00, 699/700; BayObLGZ 94, 227/230). Die Trauungsperson muss hingegen nicht die Staatsangehörigkeit des ermächtigenden Staates besitzen (Erman/*Hohloch* Rn 50; NK-BGB/*Andrae* Rn 118).

Die Formgültigkeit der Eheschließung nach Abs 3 S 2 setzt weiter voraus, dass mindestens **625** einer der Verlobten die Staatsangehörigkeit des Staates besitzt, dessen Regierung die Trauungsperson ermächtigt hat. Schließlich muss die Eheschließung in der vom Recht des ermächtigenden Staates vorgeschriebenen Form erfolgen; dieses Recht entscheidet auch über die rechtlichen Folgen von Formfehlern.

5. Der Anwendungsbereich des Ehebeseitigungsstatuts

Art 13 enthält keine ausdrückliche Regelung der Frage, welches Recht für die Aufhebung **626** oder Ungültigerklärung einer Ehe gilt. Es besteht jedoch weithin Einigkeit darüber, dass dasjenige Recht, das die Voraussetzungen einer gültigen Eheschließung beherrscht, als Ehebeseitigungsstatut auch die Rechtsfolgen von deren Fehlen bestimmt (BGH NJW 02, 1268 und FamRZ 01, 991/992; BayObLGZ 93, 222; OLG Oldenburg IPRax 01, 143 f; OLG Hamburg StAZ 88, 132; AG Warendorf FamRZ 06, 1377; MüKoBGB/*Coester* Rn 109 ff; NK-BGB/ *Andrae* Rn 61 ff; **aA** [Anwendung von Art 14 EGBGB] aber OLG Karlsruhe NJW-RR 00, 737; OLG Schleswig FamRZ 07, 470; offenlassend OLG Zweibrücken FamRZ 06, 1201/1202; vgl auch AG Prüm FamRZ 02, 1561 m zurecht krit Anm *Hau*). Auch insoweit muss daher zwischen materiellen und formellen Mängeln der Eheschließung unterschieden werden:

a) Materielle Mängel. Fehlt nach dem von Abs 1 zur Anwendung berufenen Heimatrecht **627** eines oder beider Verlobten eine materielle Ehevoraussetzung (zB Ehemündigkeit) oder besteht

151

A 628–633   1. Teil. Erkenntnisverfahren A. Ehesachen

danach ein Ehehindernis (zB Doppelehe), so sind dem Heimatrecht auch die Rechtsfolgen dieses Mangels zu entnehmen. Je nach Schwere des Verstoßes gegen das materielle Eheschließungsrecht kann dieser zur Folge haben, dass

(1) eine **Nichtehe** vorliegt, so dass es keiner gestaltenden Gerichtsentscheidung mehr bedarf, sondern das Nichtbestehen der Ehe kraft Gesetzes feststeht und durch ein Gerichtsurteil allenfalls deklaratorisch festgestellt werden kann (vgl OLG Frankfurt FamRZ 02, 705/706 f; OLG Karlsruhe StAZ 94, 287; NK-BGB/*Andrae* Rn 65);

(2) die Ehe – wie im früheren deutschen Recht (§ 23a EheG) – für **nichtig zu erklären** ist (BGH FamRZ 01, 991/992; BGH FamRZ 91, 300/303). Für diesen Fall kann die Nichtigerklärung von jedem der beiden Ehegatten begehrt werden, auch wenn der Nichtigkeitsgrund nicht im Heimatrecht des Antragstellers, sondern in demjenigen des Antragsgegners vorgesehen ist (RGZ 136, 142; Pal/*Thorn* Rn 11);

(3) die Ehe – wie im geltenden deutschen Recht (§§ 1314 ff BGB) – **aufgehoben werden kann** (dazu OLG Stuttgart FamRZ 11, 217 m Anm *Henrich* IPRax 11, 91; OLG Zweibrücken FamRZ 04, 950/951); das Ehebeseitigungsstatut entscheidet in diesem Fall auch darüber, ob eine auf Ehenichtigkeit oder Eheaufhebung gerichtete Gestaltungsklage die Ehe *ex tunc* oder nur *ex nunc* beseitigt (NK-BGB/*Andrae* Rn 64);

(4) die Ehe – insbesondere wegen Willensmängeln – **angefochten** werden kann (AG Lüdenscheid NJW-RR 98, 866; LG Hamburg FamRZ 74, 96; Pal/*Thorn* Rn 11);

(5) die Ehe trotz des Mangels **voll wirksam** ist.

628   **b) Formmängel.** Das gleiche wie für materielle Ehemängel gilt auch für Formverstöße. Über die Frage, ob die Verletzung einer Formvorschrift eine Nichtehe zur Folge hat (wie im deutschen Recht der Verstoß gegen § 1310 Abs 1 BGB) oder nur das Recht zur Erhebung einer Nichtigkeits- oder Aufhebungsklage verleiht (wie im deutschen Recht der Verstoß gegen § 1311 BGB), beurteilt sich dementsprechend nach dem jeweiligen – in- oder ausländischen – Formstatut.

629   **c) Einzelfragen.** Das Eheschließungsstatut nach Abs 1 bzw das Formstatut nach Abs 3 bzw Art 11 Abs 1 entscheidet als Ehebeseitigungsstatut nicht nur, auf welche materiellen bzw formellen Mängel der Eheschließung eine Klage auf Nichtigerklärung bzw Aufhebung der Ehe gestützt werden kann; es beherrscht vielmehr auch die sonstigen Voraussetzungen einer solchen Gestaltungsklage. Dies gilt etwa für den **Ausschluss** einer solchen Klage **durch Bestätigung oder Zeitablauf** (vgl im deutschen Recht § 1315 BGB) oder durch den nachträglichen Wegfall des Ehehindernisses (vgl zum Ausschluss der Nichtigkeitsklage wegen Bigamie nach russischem Recht, wenn die Erstehe nachträglich geschieden wird, OLG Oldenburg IPRax 01, 143 f).

630   Das Ehebeseitigungsstatut bestimmt ferner, wer zur Erhebung einer Gestaltungs- oder Feststellungsklage **aktivlegitimiert** ist, ob zB neben den Ehegatten selbst auch deren Erben oder Ehegatten aus früheren Ehen berechtigt sind, die Feststellung der Nichtigkeit, die Nichtigerklärung oder Aufhebung der Ehe zu verlangen (Staud/*Mankowski* Rn 455; NK-BGB/*Andrae* Rn 65; differenzierend Pal/*Thorn* Rn 11). Gilt danach deutsches Recht, so ist nach § 1316 BGB auch die zuständige Verwaltungsbehörde klagebefugt (vgl AG Heidelberg IPRax 86, 165 und OLG Karlsruhe IPRax 86, 166). Da die Klage durch eine Behörde der Durchsetzung staatlicher Ordnungsinteressen dient, können hingegen nach ausländischem Ehebeseitigungsstatut zur Klage befugte ausländische Verwaltungsbehörden vor inländischen Gerichten keine Klage erheben (Staud/*Mankowski* Rn 462 ff). Ob stattdessen die zuständige deutsche Verwaltungsbehörde nach dem ausländischen Ehebeseitigungsstatut klagebefugt ist, ist streitig (vgl einerseits MüKoBGB/*Coester* Rn 114, andererseits Staud/*Mankowski* Rn 465; vermittelnd NK-BGB/*Andrae* Rn 66).

631   Auch die Frage, innerhalb welcher **Fristen** der Antrag auf Nichtigerklärung oder Aufhebung der Ehe gestellt werden muss (vgl im deutschen Recht § 1317 BGB), ist nach dem Ehebeseitigungsstatut zu beantworten (AG Lüdenscheid NJW-RR 98, 866).

632   Die **vermögensrechtlichen Wirkungen** einer nichtigen oder aufgehobenen Ehe (vgl im deutschen Recht § 1318 BGB) unterliegen grundsätzlich dem gleichen Recht, das über die Gründe für eine solche Klage entscheidet (AG Düsseldorf IPRax 98, 41 m Anm *Jayme*). Dies gilt insbesondere für die güterrechtlichen Wirkungen und den Versorgungsausgleich (NK-BGB/*Andrae* Rn 76).

633   Eine Ausnahme gilt freilich für die Frage, ob, unter welchen Voraussetzungen und in welchem Umfang eine für ungültig erklärte oder aufgehobene Ehe **Unterhaltsansprüche** begründet; maßgebend hierfür sind vielmehr die Art 3, 5 des Haager Unterhaltsprotokolls (NK-BGB/*Andrae* Rn 75; näher → C Rn 605 ff; anders für den Fall der Nichtehe OLG Bremen FamRZ

II. Internationales Privatrecht: EGBGB Art 13   **634–637 A**

16, 828). Namensrechtliche Folgen der Nichtigerklärung oder Aufhebung einer Ehe beurteilen sich nach Art 10 (MüKoBGB/*Coester* Rn 119).

In Anlehnung an die Rechtsprechung vor der Kindschaftsrechtsreform wird auch der **Status** **634** **von Kindern** aus fehlerhaften Ehen zT noch heute dem Ehebeseitigungsstatut unterstellt (Pal/ *Thorn* Rn 13; Erman/*Hohloch* Rn 38). Das Problem kann sich nach der vollständigen Gleichstellung von ehelichen und nichtehelichen Kindern im deutschen Recht nur noch als Vorfrage im Rahmen der Anwendung ausländischen Rechts stellen. Für diesen Fall empfiehlt sich eine unselbständige Anknüpfung dieser Vorfrage, so dass das jeweilige Hauptsachestatut (zB das Erb- oder Unterhaltsstatut) auch über den Status solcher Kinder entscheidet (NK-BGB/*Andrae* Rn 77).

6. Wirksamkeit und Aufhebung von Kinderehen, Abs 3 nF

Schrifttum: *Andrae,* Flüchtlinge und Kinderehen NZFam 16, 923; *Antomo,* Eheschließung Minderjähriger und das deutsche Recht, NZFam 16, 1155; *dies,* Kinderehen, ordre public und Gesetzesreform NJW 16, 3558; *dies,* Eheschließung Minderjähriger und das deutsche Recht, NZFam 16, 1155; *Bongartz,* Zur gebotenen rechtlichen Behandlung von Ehen unter Beteiligung Minderjähriger, NZFam 17, 541; *Coester,* Die Behandlung von im Ausland geschlossenen Kinderehen, StAZ 16, 257; *ders,* Kinderehen in Deutschland, FamRZ 17, 77; *Coester-Waltjen,* Kinderehen – Neue Sonderanknüpfungen im EGBGB, IPRax 17, 429; *Frank,* Die Anerkennung von Minderjährigenehen, StAZ 12, 129; *Hüßtege,* Das Verbot der Kinderehe nach neuem Recht aus kollisionsrechtlicher Sicht, FamRZ 17, 1374.

a) Allgemeines. Das „Gesetz zur Bekämpfung von Kinderehen" v 17.7.2017 (BGBl I, 2429), **635** das am 22.7.2017 in Kraft getreten ist, hat die bisherige Anknüpfung der Ehemündigkeit an das Heimatrecht der Eheschließenden erheblich eingeschränkt. Nach dem mit Wirkung v 22.7.2017 neu eingefügten Art 13 Abs 3 werden auch nach ausländischem Recht geschlossene Minderjährigenehen für den deutschen Rechtsbereich de zwingend dem deutschen Sachrecht unterworfen, das gleichzeitig in den neu gefassten §§ 1303, 1314 ff BGB ein striktes Ehemündigkeitsalter von 18 Jahren eingeführt hat. Hat ein Verlobter im Zeitpunkt der Eheschließung das 16. Lebensjahr noch nicht vollendet, so ist die Ehe schlechthin unwirksam. Ist ein Verlobter mindestens 16, aber noch nicht 18 Jahre alt, ist die im In- oder Ausland – auch zwischen Ausländern in ihrem gemeinsamen Heimatstaat – geschlossene Ehe in Deutschland aufhebbar (Art 13 Abs 3 Nr 1 und Nr 2). Art 13 Abs 3 enthält damit hinsichtlich der Ehemündigkeit eine deutsche **Sachnorm,** die kraft Sonderanknüpfung universell anwendbar ist (*Coester-Waltjen* IPRax 17, 429/432), also – anders als Abs 3 S 1 aF (= Abs 4 S 1 nF) – nicht nur bei Eheschließung in Deutschland. Lediglich für **Altfälle** wird die Durchsetzung des deutschen Ehemündigkeitsrecht in Art 229 § 44 EGBGB teilweise zurückgenommen (vgl dazu *Coester-Waltjen* IPRax 17, 429/432 f; MüKoBGB/*Coester* Rn 38).

In der Literatur hat die Neuregelung berechtigte **Kritik** erfahren, weil sie im Widerspruch **636** zum internationalen Trend steht, die Rechte von Minderjährigen eher zu stärken (vgl *Andrae* NZFam 16 , 932 ff; *Antomo* NZFam 16, 155/1159 und NJW 16, 3558 ff). Sie verstößt in ihrer Pauschalität sowohl gegen den verfassungsrechtlichen Schutz von Ehe und Familie nach Art 6 Abs 1 GG als auch gegen den Persönlichkeitsschutz des verheirateten Minderjährigen nach Art 2 Abs 1 GG, außerdem gegen Art 18 EMRK und Art 12 der UN-Kinderrechtekonvention, weil den betroffenen Minderjährigen häufig ihre einzige Vertrauensperson im Inland genommen und eine Integration im Inland massiv erschwert wird (*Coester-Waltjen* IPRax 17, 429/431, 436; *Antomo* ZRP 17, 79/82).

b) Nichtehe. Hat auch nur ein Verlobter im Zeitpunkt der Eheschließung das 16. Lebensjahr **637** noch nicht vollendet, so liegt eine Nichtehe nicht nur dann vor, wenn dieser Verlobte – zB als internationaler Flüchtling – ein deutsches Personalstatut hat (Art 13 Abs 1 EGBGB iVm § 1303 S 2 BGB), sondern nach Art 13 Abs 3 Nr 1 EGBGB nF auch dann, wenn seine Ehemündigkeit ausländischem Recht unterliegt. Diese Rechtsfolge tritt unabhängig davon ein, ob die Ehe im In- oder Ausland geschlossen wurde und welches Alter der andere Verlobte hatte. Das deutsche Recht setzt sich insoweit zwingend gegenüber dem Personalstatut des minderjährigen Verlobten durch, kommt als „ärgeres Recht" im Inland daher auch dann zur Anwendung; wenn die Ehe nach dem ausländischen Personalstatut des minderjährigen Ehegatten voll wirksam oder nur aufhebbar ist. Ausnahmen gelten nach der Übergangsvorschrift in Art 229 § 44 Abs 4 EGBGB nur dann, wenn die Ehe vor dem Inkrafttreten von Art 13 Abs 3 nF, dh vor dem 22.7.2017 geschlossen wurde. Der aus deutscher Sicht unverheiratete Minderjährige unterliegt daher wei-

153

A 638   1. Teil. Erkenntnisverfahren A. Ehesachen

terhin uneingeschränkt der elterlichen Sorge nach Maßgabe des von Art 15 ff KSÜ zur Anwendung berufenen Rechts, wenn er seinen gewöhnlichen Aufenthalt im Inland hat.

638   **c) Aufhebbare Ehe.** Hat ein Verlobter im Zeitpunkt der Eheschließung zwar das 16., aber noch nicht das 18. Lebensjahr vollendet, so ist die Ehe nach Art 13 Abs 1 EGBGB iVm §§ 1303 S 1, 1314 Abs 1 Nr 1 BGB aufhebbar, wenn dieser Verlobte Deutscher ist oder als internationaler Flüchtling iSv Art 12 GFK ein deutsches Personalstatut hat. Gleiches gilt aber nach Art 13 Abs 3 EGBGB nF auch dann, wenn sich seine Ehemündigkeit nach ausländischem Recht beurteilt. Auch in diesem Fall kommt es nicht darauf an, ob die Ehe – entgegen § 1310 Abs 1 Nr 2 BGB – im Inland oder im Ausland geschlossen wurde. Auch im letzteren Fall ist die zuständige deutsche Behörde nach § 1316 Abs 2 S 2 BGB verpflichtet, Antrag auf Eheaufhebung vor dem nach Art 3 ff EuEheVO bzw nach § 98 Abs 2 FamFG international zuständigen deutschen Gericht zu stellen. Einschränkungen ergeben sich wiederum für Ehen, die bereits vor Inkrafttreten der Neuregelung geschlossen wurden (Art 229 § 44 Abs 1–3 EGBGB). Ferner dürfte das Recht auf Freizügigkeit innerhalb der EU (Art 45 AEUV) der Aufhebung entgegenstehen, wenn die Ehegatten EU-Bürger sind und diese Ehe in einem anderen Mitgliedstaat geschlossen haben (AG Frankenthal FamRZ 18, 749 m Anm *Löhnig*). Für die in einer aufhebbaren Ehe lebenden Minderjährigen gelten nach Art 15 ff KSÜ bei gewöhnlichem Aufenthalt im Inland die deutschen Vorschriften über die **elterliche Sorge und die Vormundschaft** uneingeschränkt, also nicht mehr – wie nach bisherigem Recht (§§ 1633, 1800 BGB) – nur für die Vertretung in persönlichen Angelegenheiten, sondern umfassend. Der für einen aus dem Ausland eingereisten verheirateten unbegleiteten Minderjährigen bestellte Vormund hat daher das volle Sorgerecht einschließlich des Aufenthalts- und Umgangsbestimmungsrechts (BT-Drs 18/12086, 17 f).

B. Güterrechtssachen

Übersicht

	Rn.
I. Internationale Zuständigkeit	1
1. Einführung	1
2. EU-Recht	9
EuGüVO (Text-Nr 70)	9
Vorbemerkung	9
Kap.I: Geltungsbereich und Begriffsbestimmungen (Art 1–3)	25
Kap. II: Gerichtliche Zuständigkeit (Art 4–19)	46
Kap. VI: Allgemeine und Schlussbestimmungen (Art 61–65, 67–69 I, 70)	247
3. Autonomes Zivilverfahrensrecht	257
a) FamFG (Text-Nr 80)	257
Buch 1. Abschnitt 9: Verfahren mit Auslandsbezug (§§ 97, 98 III iVm § 137 I, II Nr 4, 105 iVm § 262 II)	257
b) ZPO (Text Nr 90)	268
§§ 12, 13, 23	
II. Internationales Privatrecht	272
1. Einführung	272
2. EU-Recht	283
EuGüVO (Text-Nr 100)	283
Vorbemerkung	283
Kap. I: Anwendungsbereich und Begriffsbestimmungen (Art 1, 3 I)	294
Kap. III: Anzuwendendes Recht (Art 20–35)	321
Kap. VI: Allgemeine und Schlussbestimmungen (Art 62, 69 III)	391
3. Staatsverträge	394
a) Deutsch-iranisches Niederlassungsabkommen (Text-Nr 110)	394
Art 8 III	
b) Deutsch-französisches Abk über die Wahl-Zugewinngemeinschaft (Text-Nr 120)	403
4. Autonomes Kollisionsrecht	408
Überblick	408
a) EGBGB (Text-Nr 130)	409
Art 14–16, 220 III	409
Objektive Anknüpfung	409
Rechtswahl	459
Intertemporales Recht	497
Anwendungsbereich des Güterrechtsstatuts	516
Schutz Dritter	563
b) VFGüterstG (Text-Nr 140)	581
§§ 1–4, 7	
III. Anhang: Allgemeine Ehewirkungen	598
1. Einführung	598
2. Autonomes Kollisionsrecht	609
EGBGB (Text-Nr 150)	609
Art 14, 16 II	
Objektive Anknüpfung	610
Rechtswahl	622
Anwendungsbereich des Ehewirkungsstatuts	641
Schutz Dritter	665

Der Abschnitt B beschränkt sich auf die Behandlung von Güterrechtssachen im **Erkenntnisverfahren,** nämlich auf Fragen der internationalen Zuständigkeit (→ Rn 1 ff) und des anwendbaren Rechts (→ Rn 272 ff). Die **Anerkennung und Vollstreckung** ausländischer Entscheidungen in Güterrechtssachen wird im **Abschnitt L** dargestellt.

B 1–5 1. Teil. Erkenntnisverfahren B. Güterrechtssachen

I. Internationale Zuständigkeit

1. Einführung

1 **a) EU-Recht. aa) EuGVVO.** Regelungen des sekundären Unionsrechts finden auf dem Gebiet der internationalen Zuständigkeit für güterrechtliche Verfahren derzeit noch keine Anwendung. Die ehelichen Güterstände sind insbesondere aus dem Anwendungsbereich der EuGVVO nF nach deren Art 1 Abs 2 lit a ausdrücklich ausgeschlossen (vgl zur EuGVVO aF OLG Nürnberg FamRZ 17, 698/699 f). Dieser Ausschlusstatbestand ist weit auszulegen; er umfasst alle vermögensrechtlichen Beziehungen zwischen Ehegatten, die sich unmittelbar aus der Ehe oder ihrer Auflösung ergeben (EuGH 143/78 – *de Cavel*, Slg 79, 1055 Rn 7; zu Einzelheiten unalexK/*Hausmann* Art 1 EuGVVO aF Rn 58 ff). Dazu gehört auch die Teilung einer beweglichen Sache, die von einem Ehegatten während der Ehe mit gemeinsamen Mitteln erworben wurde, aus Anlass der Ehescheidung (EuGH C-67/17 – *Iliev/Ilieva*, FamRZ 17, 1913 Rn 28 ff m Anm *Musseva* 2009). Ist allerdings im Rahmen einer vermögensrechtlichen Streitigkeit über Fragen des Ehegüterrechts lediglich als **Vorfrage** zu entscheiden, so wird hierdurch die Anwendbarkeit der EuGVVO nicht in Frage gestellt (vgl zum EuGVÜ OLG Stuttgart IPRax 01, 152: Streit zwischen Ehegatten über gemeinsames Bankkonto; unalexK/*Hausmann* Art 1 EuGVVO aF Rn 67 mwN).

2 In gleicher Weise wie aus der EuGVVO sind die ehelichen Güterstände auch aus der Verordnung (EG) Nr 805/2004 zur Einführung eines Europäischen Vollstreckungstitels für unbestrittene Forderungen **(EuVTVO)** v 21.4.2004 (ABl L 143, 15; vgl Art 2 Abs 2 lit a), der Verordnung (EG) Nr 1896/2006 zur Einführung eines Europäischen Mahnverfahrens **(EuMVVO)** v 12.12.2006 (ABl L 399, 1; vgl Art 2 Abs 2 lit a), der Verordnung (EG) Nr 861/2007 zur Einführung eines europäischen Verfahrens für geringfügige Forderungen **(EuGFVO)** v 11.7.2007 (ABl L 199, 1; vgl Art 2 Abs 2 lit b) und der Verordnung (EU) Nr 655/2014 zur Einführung eines Verfahrens für einen Europäischen Beschluss zur vorläufigen Kontenpfändung im Hinblick auf die Erleichterung der grenzüberschreitenden Eintreibung von Forderungen un Zivil- und Handessachen **(EuBvKpfVO)** v 15.5.2014 (ABl L 189, 59; vgl Art 2 Abs 2 lit a) ausgeschlossen. Dies gilt auch für einen vertraglichen Anspruch auf Wertsicherung einer vereinbarten Zugewinnausgleichsforderung (vgl zur EuVTVO KG FamRZ 10, 1596).

3 **bb) EuEheVO/EuUntVO.** Auch die bisher auf dem Gebiet des **Ehe- und Familienrechts** in Kraft getretenen EG-/EU-Verordnungen erfassen das eheliche Güterrecht nicht. Dies gilt insbesondere für die EuEheVO, die überhaupt keine vermögensrechtlichen Scheidungsfolgen regelt (vgl ErwG 8 → Anh I; öst OGH 28.4.11, unalex AT-729; OLG Nürnberg FamRZ 17, 698/699; näher → A Rn 37 f). Auch der Anwendungsbereich der EuUntVO ist nach ihrem Art 1 Abs 1 auf das Unterhaltsrecht beschränkt. Die Abgrenzung zwischen Ehegattenunterhalt und Ehegüterrecht wirft allerdings namentlich im Rahmen der vermögensrechtlichen Abwicklung von Ehen aus Anlass der Scheidung nach dem Recht der Common Law-Staaten erhebliche Probleme auf (näher → C Rn 50 ff).

4 **cc) EuGüVO.** Die internationale Zuständigkeit in Güterrechtssachen richtet sich in Verfahren, die **ab dem 29.1.2019** vor einem deutschen Familiengericht oder dem Gericht eines anderen teilnehmenden Mitgliedstaats (→ Rn 18) eingeleitet werden, vorrangig nach dem II. Kapitel (Art 4–19) der Verordnung (EU) 2016/1103 zur Durchführung einer Verstärkten Zusammenarbeit im Bereich der Zuständigkeit, des anzuwendenden Rechts und der Anerkennung und Vollstreckung von Entscheidungen in Fragen des ehelichen Güterstands **(EuGüVO)** v 24.6.2016 (ABl L 183, 1; vgl Art 69 Abs 1 iVm Art 70 Abs 2 EuGüVO; → Rn 252 ff). Diese Verordnung gilt dann in allen teilnehmenden Mitgliedstaaten unmittelbar und genießt als Teil des sekundären Unionsrechts **Anwendungsvorrang** vor dem jeweiligen autonomen Zuständigkeitsrecht. In Deutschland werden demgemäß die Regelungen in § 98 Abs 3 sowie in § 105 iVm § 262 FamFG für ab dem 29.1.2019 eingeleitete Verfahren in Güterrechtssachen durch die Art 4 ff EuGüVO weitgehend verdrängt. Die Zuständigkeitsregelung der Verordnung wird daher nachfolgend schon kommentiert (→ Rn 46 ff).

5 Anders als zB in Ehesachen, wo Art 7 Abs 1 EuEheVO auf das autonome Zuständigkeitsrecht des Mitgliedstaats verweist, dessen Gerichte angerufen sind, wenn sich aus der Verordnung selbst

I. Internationale Zuständigkeit **6–8 B**

keine internationale Zuständigkeit eines Gerichts eines Mitgliedstaats ergibt (→ A Rn 123 ff), ist die Regelung der internationalen Zuständigkeit in Güterrechtssachen durch die EuGüVO voll harmonisiert worden und damit grundsätzlich **abschließend.** Die Verordnung sieht in Art 4 und 5 insbesondere **akzessorische Zuständigkeiten** vor, wenn ein Gericht in einer Güterrechtssache im Zusammenhang mit der Rechtsnachfolge von Todes wegen eines Ehegatten oder im Zusammenhang mit einem Ehescheidungs- bzw –trennungsverfahren zwischen den Ehegatten angerufen wird. Ansonsten sind die deutschen Gerichte in Fragen des ehelichen Güterstands nach Art 6 vor allem international zuständig, wenn die Ehegatten ihren **gemeinsamen gewöhnlichen Aufenthalt** in Deutschland haben oder zuletzt hatten. Fehlt es daran, so kann auch an den inländischen gewöhnlichen Aufenthalt des Antragsgegners und subsidär an die gemeinsame Staatsangehörigkeit der Ehegatten angeknüpft werden. Darüber hinaus kann die internationale Zuständigkeit auch durch eine **Gerichtsstandsvereinbarung** oder durch **rügelose Einlassung** begründet werden (Art 7 und 8). Hilfsweise sieht die Verordnung in Art 10 und 11 **Auffang- und Notzuständigkeiten** vor.

dd) EuErbVO. Schließlich nimmt auch die Verordnung (EU) Nr 650/2012 über die Zu- **6** ständigkeit, das anzuwendende Recht, die Anerkennung und Vollstreckung von Entscheidungen und die Annahme und Vollstreckung öffentlicher Urkunden in Erbsachen sowie zur Einführung eines Europäischen Nachlasszeugnisses v 4.7.2012 (EuErbVO; ABl EU L 201, 107) Fragen des ehelichen Güterrechts in Art 1 Abs 2 lit d ausdrücklich aus ihrem sachlichen Anwendungsbereich aus. Die Abgrenzung zwischen dem Güterrechts- und dem Erbstatut – und damit zwischen der EuGüVO und der EuErbVO – wirft allerdingsd zT schwierige Qualifikationsfragen auf (dazu → Rn 299 ff).

b) Staatsverträge. Die internationale Zuständigkeit für güterrechtliche Erkenntnisverfahren **7** ist bisher auch nicht in Staatsverträgen geregelt, die von der *Bundesrepublik Deutschland* abgeschlossen worden sind. Insbesondere ist das eheliche Güterrecht aus den beiden **Luganer Übereinkommen** von 1988 und 2007 in gleichem Umfang ausgeschlossen wie aus der EuGVVO (Art 1 Abs 2 lit a LugÜ 1988/2007). Die Art 4 ff EuGüVO finden daher vor deutschen Gerichten auch Anwendung, wenn der Antragsgegner seinen Wohnsitz in *Island, Norwegen* oder der *Schweiz* hat.

c) Autonomes Zivilverfahrensrecht. Da die EuGüVO die internationale Zuständigkeit in **8** Güterrechtssachen im Wesentlichen abschließend regelt, bleibt für die Anwendung des deutschen autonomen Zuständigkeitsrechts ab dem 29.1.2019 praktisch kein Raum. Etwas anderes gilt nur dort, wo die Verordnung selbst ausdrücklich auf das nationale Recht der Mitgliedstaaten verweist. Dies trifft gem Art 19 insbesondere auf dem Gebiet des **einstweiligen Rechtsschutzes** zu (→ Rn 241 ff). Im Übrigen bestimmt sich die internationale Zuständigkeit in Güterrechtssachen vor deutschen Gerichten nur noch bis zum 28.1.2019 nach dem im FamFG geregelten autonomen Verfahrensrecht. Da das FamFG die internationale Zuständigkeit in Güterrechtssachen nicht eigenständig regelt, ist insoweit gemäß § 105 FamFG auf die Vorschriften über die örtliche Zuständigkeit (§ 262 FamFG) zurückzugreifen, die dann zugleich die internationale Zuständigkeit indizieren (→ Rn 267). Entsprechendes gilt für die sonstigen Familiensachen iSv § 266 Abs 1 Nr 3 FamFG.

2. EU-Recht

70. Verordnung (EU) 2016/1103 zur Durchführung der Verstärkten Zusammenarbeit im Bereich der Zuständigkeit, des anzuwendenden Rechts und der Anerkennung und Vollstreckung von Entscheidungen in Fragen des ehelichen Güterstands (EuGüVO)

Vom 24. Juni 2016 (ABl L 182, 1)

Schrifttum: *Barrière Brousse,* Le patrimoine des couples internationaux dans l'espace judiciaire européen, Clunet 17, 485; *Burghaus,* Die Vereinheitlichung des internationaen Ehegüterrechts in Europa (2010); *Buschbaum/Simon,* Die Vorschläge der EU-Kommission zur Harmonisierung des Güterkollisionsrechts für Ehen und eingetragene Partnerschaften – eine erste kritische Analyse, GPR 11, 262; *Coester-Waltjen,* Neues aus dem Bereich des europäischen internationalen Ehegüterrechts, ZEuP 12, 225; *Dengel,* Die europäische Vereinheitlichung des Internationalen Ehegüterrechts und des Internationalen Güterrechts eingetragener Partnerschaften (2014); *Dethloff,* Güterrecht in Europa – Perspektiven für eine Angleichung auf kollisions-

B 9, 10   1. Teil. Erkenntnisverfahren B. Güterrechtssachen

und materiell-rechtlicher Ebene, FS v Hoffmann (2011) 73; *Döbereiner,* Der Kommissionsvorschlag für das internationale Ehegüterrecht, MittBayNot 11, 463; *Dutta,* Das neue internationale Güterrecht der Europäischen Union, FamRZ 16, 1973; *Dutta/Weber* (Hrsg), Die europäischen Güterrechtsverordnungen (2017); *Erbarth,* Die Auswirkungen der EuGüVO auf das Internationale Privatrecht und die Internationale Zuständigkeit der Wirkungen der Ehe im Allgemeinen (§§ 353 ff BGB), NZFam 18, 249, 342 und 387; *Heiderhoff,* Vorschläge zur Durchführung der EU-Güterrechtsverordnungen, IPRax 17, 231; *dies,* Die EU-Güterrechtsverordnungen, IPRax 18, 1; *Joubert,* La dernière pierre (provisoire?) à l'édifice du droit international privé européen en matière familiale - Les règlements du 24 juin 2016 sur les régimes matrimoniaux et les effets patrimoniaux des partenariats enregistrés, Rev crit 17, 1; *Henrich,* Auf dem Weg zu einem europäischen internationalen Ehegüterrecht, FS Brudermüller (2014) 311; *ders,* Zur EU-Güterrechtsverordnung: Handlungsbedarf für die nationalen Gesetzgeber, ZfRV 16, 171; *Kohler/Pintens,* Entwicklungen im europäischen Personen- und Familienrecht 2010–2011, FamRZ 11, 1433; *dies,* FamRZ 14, 1498; *dies,* FamRZ 16, 1509; *Lagarde,* Règlements 2016/1103 et 1104 du 24 juin 2016 sur les régimes matrimoniaux et sur le régime patrimonial de partenariats enregistrés, Riv dir int priv proc 16, 676; *Martiny,* Das Grünbuch zum internationalen Ehegüterrecht – Erste Regelungsvorschläge, FuR 08, 206; *ders,* Auf dem Weg zu einem europäischen internationalen Ehegüterrecht, FS Kropholler (2008) 373; *ders,* Die Kommissionsvorschläge für das internationale Ehegüterrecht sowie für das internationale Güterrecht eingetragener Partnerschaften, IPRax 11, 437; *Rodríguez Rodrigo/Miller,* Güterrechtsverordnung für europäische Ehegatten, NZFam 16, 165; *Serdynska,* Die Entstehung der Güterrechtsverordnung – ein Überblick, in: Dutta/Weber (Hrsg), Die Europäischen Güterrechtsverordnungen (2017) 7; *Wagner,* Konturen eines Gemeinschaftsinstruments zum internationalen Güterrecht unter besonderer Berücksichtigung des Grünbuchs der Europäischen Kommission, FamRZ 09, 269; *ders,* Aktuelle Entwicklungen in der justiziellen Zusammenarbeit in Zivilsachen, NJW 13, 1654; *Weber,* Die Europäischen Güterrechtsverordnungen: Eine erste Annäherung, DNotZ 16, 659.

Vgl auch die speziellen Schrifttumsnachweise zum Anwendungsbereich → vor Rn 25 und zur Rechtshängigkeit → vor 178.

Vorbemerkung

1. Entstehungsgeschichte

9   Nach längeren Vorarbeiten (vgl dazu die Erwägungsgründe 3–8) hatte die EU-Kommission am 16.3.2011 Verordnungsvorschläge zum internationalen Ehegüterrecht (KOM [2011] 126 endg) und zum internationalen Güterrecht eingetragener Lebenspartner (KOM [2011] 127 endg) vorgelegt. Ziel dieser Vorschläge war die Bereitstellung eines klaren Rechtsrahmens für die internationale Zuständigkeit, das anwendbare Recht und die Anerkennung und Vollstreckung von Entscheidungen und Urkunden auf dem Gebiet der vermögensrechtlichen Beziehungen zwischen Ehegatten und eingetragenen Lebenspartnern. Denn die geltende Rechtslage ist durch ein hohes Maß an Rechtszersplitterung gekennzeichnet und schränkt damit für verheiratete und registrierte Paare die mit der Unionsbürgerschaft verbundene Freizügigkeit ein (*Kohler/Pintens* FamRZ 11, 1433/1435). Die Regelung des Güterrechts für eingetragene Lebenspartner stieß allerdings in mehreren Mitgliedstaaten auf Widerstand. Die EU-Kommission war auf der anderen Seite nicht bereit, die Regelung des internationalen Güterrechts auf Ehegatten zu beschränken. Auf seiner Tagung vom 3.12.2015 stellte der Rat daher fest, dass für die beiden Verordnungsvorschläge zu den ehelichen Güterständen und den Güterständen eingetragener Partnerschaften vom März 2011 keine Einstimmigkeit erzielt werden konnte und innerhalb eines vertretbaren Zeitraums die mit einer Zusammenarbeit in diesem Bereich angestrebten Ziele von der Union in ihrer Gesamtheit nicht verwirklicht werden könnten.

10   Wegen des Einstimmigkeitsvorbehalt nach Art 81 Abs 3 AEUV haben daraufhin die Bundesrepublik Deutschland und 16 weitere Mitgliedstaaten – nämlich *Belgien, Bulgarien, Finnland, Frankreich, Griechenland, Italien, Kroatien, Luxemburg, Malta,* die *Niederlande, Österreich, Portugal, Schweden, Slowenien, Spanien* und die *Tschechische Republik* – zwischen Dezember 2015 und Februar 2016 Anträge an die Kommission gerichtet, in denen sie ihren Wunsch bekundeten, nach dem Vorbild der Rom III-VO (→ A Rn 289 f) untereinander eine **Verstärkte Zusammenarbeit** im Bereich der Güterstände internationaler Paare begründen zu wollen; zugleich baten sie die Kommission um Vorlage eines entsprechenden Vorschlags an den Rat. Zypern hat mit Schreiben an die Kommission im März 2016 seinen Wunsch zum Ausdruck gebracht, an dieser Verstärkten Zusammenarbeit teilzunehmen. Die EU-Kommission hat den gestellten Anträgen entsprochen und am 2.3.2016 einen Vorschlag für eine Ratsentscheidung über die Genehmigung der Verstärkten Zusammenarbeit der genannten Mitgliedstaaten auf dem Gebiet des Güterrechts von Ehegatten und registrierten Lebenspartnern verabschiedet (KOM [2016] 108 endg). Zugleich hat sie überarbeitete und erweiterte Verordnungsvorschläge für das eheliche Güterrecht (KOM [2016] 106 endg) und das Güterrecht eingetragener Lebenspartner (KOM [2016] 107

I. Internationale Zuständigkeit **11–15 B**

endg) vorgelegt. Der Rat hat die Ermächtigung zur Verstärkten Zusammenarbeit mit Beschluss (EU) Nr 2016/954 v 9.6.2016 (ABl L 159 v 16.6.2016, 16) erteilt und die Vorschläge der Kommission nach Billigung durch das Europäische Parlament mit nur geringfügigen Änderungen in die am 24.6.2016 verabschiedeten Verordnungen (EU) Nr 2016/1103 zum internationalen Ehegüterrecht (**EuGüVO,** ABl L 183 v 8.7.2016, 1) und (EU) Nr 2016/1104 zum internationalen Güterrecht eingetragener Lebenspartner (**EuPartVO,** ABl L 183 v 8.7.2016, 301) übernommen.

Beide Verordnungen fassen nach dem Vorbild der EuErbVO Nr 650/2012 v 4.7.2012 (ABl L **11** 201, 107) und abweichend von den bisher auf dem Gebiet des internationalen Eherechts erlassenen Verordnungen (EuEheVO, Rom III-VO) die **Regeln zum internationalen Verfahrensrecht** (Gerichtszuständigkeit, Anerkennung, Vollstreckbarkeit und Vollstreckung von Entscheidungen, öffentlichen Urkunden und gerichtlichen Vergleichen) **und zum Kollisionsrecht jeweils in einem Rechtsinstrument** zusammen, um für verheiratete bzw eingetragene Paare ein hohes Maß an Rechtssicherheit und Vorhersehbarkeit in Bezug auf ihr Vermögen zu erreichen (Erwägungsgründe 15 und 16; → Anh IV). In den nicht teilnehmenden Mitgliedstaaten verbleibt es bis zu einem nach Art 328 Abs 1 AEUV jederzeit möglichen nachträglichen Beitritt vorerst bei der Geltung des nationalen IPR und IZPR.

2. Ziele

Auf dem Gebiet des internationalen Ehegüterrechts strebt die EuGüVO im Interesse einer **12** Erleichterung des freien Personenverkehrs in der EU und des reibungslosen Funktionieren des Binnenmarkts (ErwG 1; → Anh IV) eine Harmonisierung der Regeln über die internationale Zuständigkeit, das anwendbare Recht sowie über die Anerkennung von Entscheidungen im Verhältnis der teilnehmenden Mitgliedstaaten an.

3. Anwendungsbereich

a) Sachlicher Anwendungsbereich. Die EuGüVO bestimmt ihren sachlichen Anwen- **13** dungsbereich in Art 1 Abs 1; danach gilt sie für die „ehelichen Güterstände." Dieser autonom und weit auszulegende Begriff wird in Art 3 lit a dahin definiert, dass er **„sämtliche vermögensrechtlichen Regelungen, die zwischen den Ehegatten und in ihren Beziehungen zu Dritten aufgrund der Ehe oder der Auflösung der Ehe gelten,"** umfasst (dazu → Rn 36 f). Die Verordnung enthält ferner in Art 1 Abs 2 einen Katalog derjenigen Gegenstände, die aus ihrem sachlichen Anwendungsbereich ausdrücklich ausgeschlossen sind (→ Rn 26 ff).

b) Persönlicher Anwendungsbereich. Ihren persönlichen Anwendungsbereich normiert **14** die EuGüVO nicht ausdrücklich. Aus der parallel verabschiedeten Verordnung zu den güterrechtlichen Wirkungen eingetragener Partnerschaften (EuPartVO; → I Rn 11 ff) ergibt sich jedoch, dass sie **nur für Ehegatten,** nicht für eingetragene Lebenspartner gilt. Der Begriff der „Ehe" wird allerdings bewusst nicht autonom-europäisch definiert, sondern bleibt dem nationalen Recht der Mitgliedstaaten überlassen (ErwG 17; → Anh IV; *Weber* DNotZ 16, 659/669).

Damit werden grundsätzlich auch die güterrechtlichen Beziehungen zwischen **gleich-** **15** **geschlechtlichen Ehepartnern** in denjenigen teilnehmenden Mitgliedstaaten von der EuGüVO erfasst, die – wie die *Bundesrepublik Deutschland* seit dem 1.10.2017 – das Rechtsinstitut der Ehe auf solche Paare ausgedehnt haben (*Dethloff* FS v Hoffmann [2011] 73/77; zu weiteren Mitgliedstaaten → I Rn 267 f). Demgegenüber sollten Mitgliedstaaten, die das Rechtsinstitut der gleichgeschlechtlichen Ehe bisher nicht in ihr nationales Eherecht eingeführt haben, nicht gezwungen werden, die Verordnung auf solche Ehen anzuwenden; sie sollten vielmehr berechtigt bleiben, insoweit die Parallelverordnung zum Güterrecht eingetragener Lebenspartner heranzuziehen. Auch die Abgrenzung zwischen Ehegatten und eingetragenen Lebenspartnern – und damit zwischen der EuGüVO und der EuPartVO – wird damit nicht autonom vorgenommen, sondern bleibt **Sache des nationalen Rechts der teilnehmenden Mitgliedstaaten** (*Andrae,* IntFamR § 10 Rn 11). Maßgebend ist insoweit die Qualifikation nach der *lex fori* (*Kohler/Pintens* FamRZ 16, 1509/1510; *Weber* DNotZ 16, 659/669; **aA** [Qualifikationsverweisung auf das Recht des Registrierungsstaates] *Dutta* FamRZ 16, 1973/1976); *Erbarth* NZFam 18, 249/250).

159

B 16–20　　　　　　　　　　　　　　　1. Teil. Erkenntnisverfahren B. Güterrechtssachen

16　　Der Umstand, dass der **deutsche Gesetzgeber** sich im autonomen IPR dafür entschieden hat, die gleichgeschlechtliche Ehe wie eine eingetragene Lebenspartnerschaft anzuknüpfen (Art 17b Abs 4 EGBGB nF; dazu → I Rn 269 ff), könnte dafür sprechen, in Verfahren vor deutschen Gerichten auf die güterrechtlichen Beziehungen in einer solchen Ehe die EuPartVO anzuwenden (so im Erg *Löhnig* NZFam 17, 1785/1786). Der Erwägungsgrund 17 ist indessen nicht so zu verstehen, dass das nationale IPR auch darüber zu befinden hat, welche Wirkungen einer gleichgeschlechtlichen Ehe im Einzelnen zukommen. Wie sich vor allem aus der Regelung der alternativen Zuständigkeit in Art 9 Abs 1 ergibt, ist dem nationalen IPR lediglich die Entscheidung überlassen, ob es eine gleichgeschlechtliche Ehe „anerkennt" oder nicht. Wird sie im Gerichtsstaat – wie in *Deutschland* – anerkannt, so findet daher auf die güterrechtlichen Verhältnisse in einer solchen Ehe **insgesamt die EuGüVO, nicht die EuPartVO** Anwendung (*Mankowski* IPRax 17, 541/548; *Ebarth* NZFam 18, 249/250; Erman/*Hohloch* Art 17b EGBGB Rn 22 f; im Erg auch *Döbereiner* MittBayNot 11, 463/464; *Dutta* FamRZ 16, 1973/1976). Dafür spricht auch, dass der deutsche Gesetzgeber die Geltung des Lebenspartnerschaftsrechts in Art 17b Abs 4 EGBGB ausdrücklich auf das Kollisionsrecht beschränkt hat, während die Güterrechtsverordnungen auch das internationale Verfahrensrecht (internationale Zuständigkeit, Anerkennung/Vollstreckung von Entscheidungen) umfassen. Eine gespaltene Anwendung der Verordnungen auf gleichgeschlechtliche Ehen kommt aber ersichtlich nicht in Betracht (im Erg wie hier auch *Heiderhoff* IPRax 18, 1/3).

17　　Im Übrigen ergibt sich der persönliche Anwendungsbereich der Verordnung in Güterrechtssachen mittelbar aus den Zuständigkeitsvorschriften des Art 6. Nach Art 6 lit a – c wird **primär an den gewöhnlichen Aufenthalt** der Ehegatten bzw des Antragsgegners angeknüpft, ohne dass es insoweit auf die Staatsangehörigkeit ankäme. Die Verordnung regelt die internationale Zuständigkeit in Güterrechtssachen daher auch für die **Angehörigen von Drittstaaten.** Die internationale Zuständigkeit der deutschen Gerichte nach Art 4 ff EuGüVO setzt auch im Übrigen keinen kompetenzrechtlichen Bezug zu einem anderen an der Verstärkten Zusammenarbeit teilnehmenden Mitgliedstaat der Verordnung voraus.

18　　**c) Räumlicher Anwendungsbereich.** Aus der zuvor geschilderten Entstehungsgeschichte folgt, dass die EuGüVO in räumlicher Hinsicht *nicht* in allen 28 EU-Mitgliedstaaten gilt, sondern nur in den **18 Mitgliedstaaten,** die an der Verstärkten Zusammenarbeit auf diesem Gebiet derzeit teilnehmen; dies sind – außer der *Bundesrepublik Deutschland* – *Belgien, Bulgarien, Finnland, Frankreich, Griechenland, Italien, Kroatien, Luxemburg, Malta, die Niederlande, Österreich, Portugal, Schweden, Slowenien, Spanien, die Tschechische Republik und Zypern.* Gemäß Art 328 Abs 1 AEUV steht eine Verstärkte Zusammenarbeit bei ihrer Begründung allen Mitgliedstaaten offen, sofern sie die in dem hierzu ermächtigenden Beschluss festgelegten Teilnahmevoraussetzungen erfüllen. Das gilt auch zu jedem anderen Zeitpunkt, sofern sie neben den genannten Voraussetzungen auch die in diesem Rahmen bereits erlassenen Rechtsakte beachten. Die Kommission und die an einer Verstärkten Zusammenarbeit teilnehmenden Mitgliedstaaten sollen dafür sorgen, dass die Teilnahme möglichst vieler Mitgliedstaaten gefördert wird. Die Verordnung ist aber nur in den Mitgliedstaaten in allen ihren Teilen verbindlich, die kraft des Beschlusses (EU) Nr 2016/954 oder kraft eines gemäß Art 331 Abs 1 UAbs 2 oder 3 AEUV künftig erlassenen Beschlusses an der Verstärkten Zusammenarbeit im Bereich der Gerichtszuständigkeit, des anzuwendenden Rechts und der Anerkennung und Vollstreckung von Entscheidungen in Fragen der Güterstände internationaler Paare teilnehmen (ErwG 13; → Anh IV).

19　　Das **Hoheitsgebiet der Mitgliedstaaten** ergibt sich aus Art 355 AEUV; es umfasst neben dem jeweiligen Mutterland zT auch weitere Territorien, zB die überseeischen Départements *Frankreichs* (Guadeloupe, Frz-Guayana, Martinique, Réunion, Saint-Barthélemy, Saint-Martin), Madeira, die Azoren und die Kanarischen Inseln (vgl Art 355 Abs 1 AEUV), ferner die europäischen Hoheitsgebiete, deren auswärtige Beziehungen ein Mitgliedstaat wahrnimmt (zB die Balearen und Gibraltar, Art 355 Abs 3 AEUV). Für die Hoheitszonen des *Vereinigten Königreichs* auf Zypern gilt die Verordnung hingegen nicht (Art 355 Abs 5 lit b und c AEUV; zu Einzelheiten unalexK/*Hausmann* Einl Rn 39 f).

20　　**d) Zeitlicher Anwendungsbereich.** In zeitlicher Hinsicht gilt die EuGüVO auf dem Gebiet der **internationalen Zuständigkeit** für gerichtliche (und diesen gleichgestellte behördliche, Art 3 Abs 2 → Rn 44 f) Verfahren, die zwischen den Parteien **am 29. Januar 2019 oder danach eingeleitet** werden, ferner für ab diesem Zeitpunkt aufgenommene öffentliche Urkunden oder gebilligte Vergleiche (Art 69 Abs 1 iVm Art 70 Abs 2; → Rn 252 ff; zur abweichenden zeitlichen Geltung der Kollisionsnormen in Art 20 ff nach Art 69 Abs 3 → Rn 393).

I. Internationale Zuständigkeit: EuGüVO Art 1 **B**

4. Verhältnis zu anderen Rechtsinstrumenten

Mit der EuGüVO konkurrierende Rechtsinstrumente gibt es aus deutscher Sicht auf dem **21** Gebiet der internationalen Zuständigkeit in Güterrechtssachen derzeit nicht. Insbesondere ist die *Bundesrepublik Deutschland* auch an Staatsverträgen auf diesem Gebiet nicht beteiligt.

5. Auslegung

Für die Auslegung der EuGüVO gelten die vom EuGH zu anderen Rechtsakten des sekundä- **22** ren Gemeinschafts- und Unionsrechts auf dem Gebiet der justiziellen Zusammenarbeit – insbesondere zur Brüssel I-VO – entwickelten Grundsätze entsprechend. Danach sind auch die Begriffe dieser Verordnung **autonom** unter Berücksichtigung ihrer in den Erwägungsgründen (→ Anh IV) erläuterten Ziele und ihrer Systematik auszulegen (*Weber* DNotZ 16, 659/660 f; vgl zur EuEheVO EuGH C-435/06 – *C,* Slg 07 I-10141 Rn 45 ff = IPRax 08, 509 m Anm *Gruber* 490; EuGH C-523/07 – *A,* Slg 09 I-2805 Rn 27 = FamRZ 09, 843/844; EuGH C-168/08 – *Hadadi/Mesko,* Slg 09 I-1571 Rn 38 = FamRZ 09, 1571).

Zweifelsfragen zur Auslegung der Verordnung können von den mitgliedstaatlichen Gerichten **23** nach Art 267 Abs 1 lit b AEUV dem EuGH zur **Vorabentscheidung** vorgelegt werden. Das Recht zur Vorlage steht in Deutschland nicht nur dem BGH und den Oberlandesgerichten, sondern auch den Familiengerichten zu. Für Gerichte, deren Entscheidung nicht mehr mit ordentlichen Rechtsmitteln angegriffen werden können, besteht bei Auslegungszweifeln eine Vorlagepflicht nach Art 267 Abs 3 AEUV.

6. Deutsches Ausführungsgesetz

Das deutsche Ausführungsgesetz zur EuGüVO ist bisher im Parlament noch nicht verabschie- **24** det worden. Es ist zu erwarten, dass der Gesetzgeber sich diesbezüglich an den bisherigen Ausführungsgesetzen zu familien- und erbrechtlichen EU-Verordnungen (IntFamRVG, IntErbRVG, AUG) orientieren und ein gemeinsames Ausführungsgesetz zur EuGüVO und zur EuPartVO erlassen wird.

Kapitel I. Anwendungsbereich und Begriffsbestimmungen

EuGüVO Art 1. Anwendungsbereich

(1) **Diese Verordnung findet auf die ehelichen Güterstände Anwendung.**

Sie gilt nicht für Steuer- und Zollsachen sowie verwaltungsrechtliche Angelegenheiten.

(2) **Vom Anwendungsbereich dieser Verordnung ausgenommen sind:**
a) **die Rechts-, Geschäfts- und Handlungsfähigkeit der Ehegatten,**
b) **das Bestehen, die Gültigkeit oder die Anerkennung einer Ehe,**
c) **die Unterhaltspflichten,**
d) **die Rechtsnachfolge nach dem Tod eines Ehegatten,**
e) **die soziale Sicherheit,**
f) **die Berechtigung, Ansprüche auf Alters- oder Erwerbsunfähigkeitsrente, die während der Ehe erworben wurden und die während der Ehe zu keinem Renteneinkommen geführt haben, im Falle der Ehescheidung, der Trennung ohne Auflösung des Ehebands oder der Ungültigerklärung der Ehe zwischen den Ehegatten zu übertragen oder anzupassen,**
g) **die Art der dinglichen Rechte an Vermögen und**
h) **jede Eintragung von Rechten an beweglichen oder unbeweglichen Vermögensgegenständen in ein Register, einschließlich der gesetzlichen Voraussetzungen für eine solche Eintragung, sowie die Wirkungen der Eintragung oder der fehlenden Eintragung solcher Rechte in ein Register.**

Schrifttum: *Mankowski,* Das Verhältnis zwischen der EuErbVO und den neuen Verordnungen zum Internationalen Güterrecht, ZEV 16, 470; *Walther,* Die Qualifikation des § 1371 Abs 1 BGB im Rahmen der europäischen Erb- und Güterrechtsverordnungen, GPR 14, 325.

161

B 25–29   1. Teil. Erkenntnisverfahren B. Güterrechtssachen

1. Beschränkung auf die „ehelichen Güterstände", Abs 1

25   In **sachlicher** Hinsicht findet die Verordnung nach ihrem Art 1 Abs 1 auf die „ehelichen Güterstände" Anwendung. Dieser autonom auszulegende Begriff wird in Art 3 lit a dahin definiert, dass er *„sämtliche vermögensrechtlichen Regelungen, die zwischen den Ehegatten und in ihren Beziehungen zu Dritten aufgrund der Ehe oder der Auflösung der Ehe gelten"*, umfasst, soweit sie nicht in Art 1 Abs 2 aus dem Anwendungsbereich der Verordnung ausgeschlossen werden (ErwG 18; → Anh IV). Diese Definition knüpft an die weite Auslegung des Begriffs der ehelichen Güterstände in Art 1 Abs 2 lit a EuGVÜ durch den EuGH (Rs 143/78 – de *Cavel I*, Slg 79, 1055 Rn 7; zu Einzelheiten unalexK/*Hausmann* Art 1 EuGVVO Rn 58 ff) an. Gemeint ist daher nicht nur das Ehegüterrecht im engeren Sinne, dh die in den Mitgliedstaaten vorgesehenen gesetzlichen und vertraglichen Güterstände. Der europäische Begriff des Ehegüterrechts bezieht vielmehr auch das Recht der allgemeinen Ehewirkungen *(„régime primaire")* ein, soweit vermögensrechtliche Aspekte der Ehe betroffen sind. Auf diese Weise sollen Zuständigkeitslücken im Grenzbereich zwischen der EuGVVO, der EuUntVO und der EuGüVO vermieden werden. Das gleiche Ziel wird auf dem Gebiet des Kollisionsrechts im Verhältnis zur Rom I-VO angestrebt. Zu Einzelheiten → Rn 36 f, 312 f, 600.

Damit verdrängt die Regelung der internationalen Zuständigkeit in Art 4–13 der Verordnung aus deutscher Sicht in ab dem 29.1.2019 eingeleiteten Verfahren nicht nur die autonome Bestimmung der internationalen Zuständigkeit in Güterrechtssachen iSv § 261 FamFG (§§ 98 Abs 3, 105 iVm § 262 Abs 2 FamFG und §§ 12 ff ZPO), sondern auch in „sonstigen Familiensachen" iSv § 266 Abs 1 Nr 3 FamFG (§§ 105, 267 Abs 2 FamFG iVm §§ 12 ff ZPO).

2. Ausgeschlossene Regelungsgegenstände, Abs 2

26   Die EuGüVO beschränkt ihren sachlichen Anwendungsbereich in Art 1 Abs 2 durch eine abschließende Aufzählung derjenigen Bereiche, die zwar einen Bezug zum ehelichen Güterrecht haben, von ihrer Anwendung aber ausdrücklich ausgenommen sind (ErwG 19; → Anh IV). Dabei handelt es sich vor allem um Fragen, die bereits **Gegenstand anderer Rechtsinstrumente des Unionsrechts** sind, wie die in der EuUntVO geregelten Unterhaltssachen (lit c) und die von der EuErbVO abgedeckten Streitigkeiten über Ansprüche des überlebenden Ehegatten auf eine Beteiligung am Nachlass des verstorbenen Partners (lit d; vgl ErwG 22; → Anh IV). Nicht mehr im Ausnahmekatalog enthalten sind hingegen die im Vorschlag v 16.3.2011 (Art 1 Abs 3 lit c) noch genannten **Schenkungen** und sonstigen unentgeltlichen Zuwendungen zwischen Ehegatten unter Lebenden. Streitigkeiten darüber werden daher von der Verordnung erfasst, soweit sie ihren Grund in der Ehe oder deren Auflösung haben; insoweit verdrängt die EuGüVO daher auf dem Gebiet der internationalen Zuständigkeit künftig die EuGVVO nF als *lex specialis*.

27   **a) Rechts-, Geschäfts- und Handlungsfähigkeit.** Ausgenommen ist nach lit a zunächst die allgemeine Rechts-, Geschäfts- und Handlungsfähigkeit der Ehegatten, die sich vor deutschen Gerichten weiterhin nach Art 7 EGBGB beurteilt. Demgegenüber unterliegen besondere Geschäftsfähigkeiten auf dem Gebiet des Ehegüterrechts (zB die Fähigkeit zum Abschluss von Eheverträgen) dem von der Verordnung bestimmten Güterrechtsstatut. Letzteres gilt auch für spezifische Befugnisse und Rechte eines oder beider Ehegatten – in ihrem Verhältnis zueinander oder gegenüber Dritten – im Zusammenhang mit dem Vermögen, zB für Verfügungs- und Verpflichtungsbeschränkungen, die ihre Grundlage in der geschlossenen Ehe haben (ErwG 20; → Anh IV).

28   **b) Gültigkeit und Anerkennung von Ehen.** Der Begriff der Ehe wird in der Verordnung selbst nicht definiert (ErwG 17; → Anh IV). Aber auch Vorfragen nach dem Bestehen, der Gültigkeit und der Anerkennung einer Ehe sind in Güterrechtssachen gem lit b weiterhin nach dem nationalen IPR der teilnehmenden Mitgliedstaaten zu beantworten (ErwG 21; → Anh IV), in *Deutschland* also nach Art 11, 13 bzw nach Art 17b Abs 4 EGBGB.

29   **c) Unterhaltspflichten.** Ausgeschlossen sind nach lit c weiterhin die in der EuUntVO geregelten Unterhaltspflichten. Auf dem Gebiet der internationalen Zuständigkeit sind die Unterhaltspflichten im Verhältnis der Ehegatten untereinander sowohl während bestehender Ehe wie nach Ehetrennung oder Ehescheidung Gegenstand der Art 4 ff EuUntVO (ErwG 22; → Anh IV). Allerdings wirft diesbezüglich die Abgenzung zwischen Unterhalts- und Ehegüterrecht,

162

I. Internationale Zuständigkeit: EuGüVO Art 2   **35 B**

namentlich in den vom Common Law geprägten Rechtsordnungen, zT schwierige Qualifikationsfragen auf (näher → C Rn 50 ff).

d) Rechtsnachfolge von Todes wegen. In gleicher Weise sind auch Fragen der Rechtsnach- **30** folge nach dem Tod eines Ehegatten aus dem sachlichen Anwendungsbereich der EuGüVO ausgeschlossen, weil insoweit für seit dem 17.8.2015 eingetretene Erbfälle die **EuErbVO** Nr 650/12 gilt. Die Grenzlinie zwischen Erb- und Güterrecht ist allerdings insbesondere auf dem Gebiet des Kollisionsrechts nicht immer leicht zu ziehen (dazu näher → Rn 300 f). Auf dem Gebiet der internationalen Zuständigkeit verknüpft hingegen Art 4 EuGüVO beide Bereiche durch die Anordnung einer akzessorischen Zuständigkeit miteinander, so dass idR das gleiche Gericht über beide Fragenkomplexe entscheidet.

e) Soziale Sicherheit. Der Ausschluss der sozialen Sicherheit aus dem Anwendungsbereich **31** der Verordnung nach lit e entspricht dem Vorbild in Art 1 Abs 2 lit c EuGVVO. Er hat seinen Grund darin, dass sozialversicherungsrechliche Streitigkeiten in vielen Mitgliedstaaten **öffentlich-rechtlich** geregelt sind. Gemeint sind Angelegenheiten, die eine unmittelbare Beziehung der Ehegatten zu einem System der sozialen Sicherheit haben, insbesondere Streitigkeiten zwischen einem Träger der Sozialversicherung und dem Berechtigten. Wegen der Einzelheiten kann auf die Kommentierung zu Art 1 Abs 2 lit c EuGVVO verwiesen werden (vgl statt vieler Rauscher/*Mankowski* Art 1 EuGVVO Rn 95 ff).

f) Übertragung und Anpassung von Versorgungsanwartschaften. Anders als noch der **32** Verordnungsvorschlag der Kommission v 16.3.2011 schließt Art 1 Abs 2 nunmehr in lit f auch das Recht zur Übertragung, Anpassung oder zum Ausgleich von Anwartschaften auf Altersversorgung oder Erwerbsunfähigkeitsrente, die während der Ehe erworben wurden und während der Ehe zu keinem Renteneinkommen geführt haben, im Falle der Ehescheidung, Ehetrennung oder Ehenichtigkeit aus dem sachlichen Anwendungsbereich der Verordnung aus. Dies gilt insbesondere für den **Versorgungsausgleich** deutscher Prägung, für den es daher bei der Zuständigkeitsanknüpfung nach Art 102 FamFG verbleibt (→ D Rn 15 ff). Allerdings soll diese Ausnahme *eng ausgelegt* werden. Daher werden vor allem Fragen der Kategorisierung von Rentensprüchen, der während der Ehe an einen Ehegatten bereits ausbezahlten Beträge und des etwa zu gewährenden Ausgleichs für mit gemeinsamem Vermögen finanzierte Rentenversicherungen von der Verordnung erfasst (ErwG 23; → Anh IV).

g) Art der dinglichen Rechte. Die vom Güterrechtsstatut vorgesehene Begründung oder **33** Übertragung von Rechten an beweglichen oder unbeweglichen Sachen ist grundsätzlich in allen teilnehmenden Mitgliedstaaten anzuerkennen. Allerdings ist nach lit g kein Mitgliedstaat verpflichtet, dingliche Rechte an Sachen, die in seinem Hoheitsgebiet belegen sind, auch dann anzuerkennen, wenn diese „ihrer Art nach" – zB wegen des nach der *lex rei sitae* bestehenden *numerus clausus* von Sachenrechten – unbekannt sind. Dieser Ausschlussgrund betrifft primär das Kollisionsrecht (vgl Art 29 EuGüVO; dazu die Erwägungsgründe 24–26; → Anh IV und → Rn 303 f).

h) Registereintragungen. Schließlich bleibt auch für die Voraussetzungen der Publizität von **34** Rechten an beweglichen oder unbeweglichen Vermögensgegenständen durch Registereintragung und für die Wirkungen einer solchen Eintragung nach lit h vorerst weiterhin das nationale Verfahrensrecht maßgeblich (Erwägungsgründe 27, 28; → Anh IV; dazu näher → Rn 305 ff).

EuGüVO Art 2. Zuständigkeit für Fragen des ehelichen Güterstands innerhalb der Mitgliedstaaten

Diese Verordnung berührt nicht die Zuständigkeit der Behörden der Mitgliedstaaten für Fragen des ehelichen Güterstands.

Die Verordnung stellt in Art 2 ausdrücklich klar, dass die Regelung der *örtlichen* Zuständigkeit **35** in Güterrechtssachen den teilnehmenden Mitgliedstaaten vorbehalten bleibt. Das II. Kapitel beschränkt sich daher fast durchgängig auf die Regelung der internationalen Zuständigkeit in Güterrechtssachen. Ausnahmen gelten lediglich für die rügeloseEinlassung nach Art 8 und die Widerklage nach Art 12.

163

B 36 1. Teil. Erkenntnisverfahren B. Güterrechtssachen

EuGüVO Art 3. Begriffsbestimmungen

(1) Im Sinne dieser Verordnung bezeichnet der Ausdruck

a) „ehelicher Güterstand" sämtliche vermögensrechtlichen Regelungen, die zwischen den Ehegatten und in ihren Beziehungen zu Dritten aufgrund der Ehe oder der Auflösung der Ehe gelten;

b) „Vereinbarung über den ehelichen Güterstand" jede Vereinbarung zwischen Ehegatten oder künftigen Ehegatten, mit der sie ihren ehelichen Güterstand regeln;

c) „öffentliche Urkunde" ein den ehelichen Güterstand betreffendes Schriftstück, das als öffentliche Urkunde in einem Mitgliedstaat förmlich errichtet oder eingetragen worden ist und dessen Beweiskraft

   i) sich auf die Unterschrift und den Inhalt der öffentlichen Urkunde bezieht und

   ii) durch eine Behörde oder eine andere vom Ursprungsmitgliedstaat hierzu ermächtigte Stelle festgestellt worden ist;

d) „Entscheidung" jede von einem Gericht eines Mitgliedstaats in Bezug auf den ehelichen Güterstand erlassene Entscheidung ungeachtet ihrer Bezeichnung, einschließlich des Kostenfestsetzungsbeschlusses eines Gerichtsbediensteten;

e) „gerichtlicher Vergleich" einen von einem Gericht gebilligten oder vor einem Gericht im Laufe eines Verfahrens geschlossenen Vergleich in Bezug auf den ehelichen Güterstand;

f) „Ursprungsmitgliedstaat" den Mitgliedstaat, in dem die Entscheidung ergangen, die öffentliche Urkunde errichtet oder der gerichtliche Vergleich gebilligt oder geschlossen worden ist;

g) „Vollstreckungsmitgliedstaat" den Mitgliedstaat, in dem die Anerkennung und/ oder Vollstreckung der Entscheidung, der öffentlichen Urkunde oder des gerichtlichen Vergleichs betrieben wird.

(2) Im Sinne dieser Verordnung bezeichnet der Ausdruck „Gericht" jedes Gericht und alle anderen Behörden und Angehörigen von Rechtsberufen mit Zuständigkeiten in Fragen des ehelichen Güterstands, die gerichtliche Funktionen ausüben oder in Ausübung einer Befugnisübertragung durch ein Gericht oder unter der Aufsicht eines Gerichts handeln, sofern diese anderen Behörden und Angehörigen von Rechtsberufen ihre Unparteilichkeit und das Recht der Parteien auf rechtliches Gehör gewährleisten und ihre Entscheidungen nach dem Recht des Mitgliedstaats, in dem sie tätig sind,

i) vor einem Gericht angefochten oder von einem Gericht nachgeprüft werden können und

ii) vergleichbare Rechtskraft und Rechtswirkung haben wie eine Entscheidung eines Gerichts in der gleichen Sache.

Die Mitgliedstaaten teilen der Kommission nach Artikel 64 die in Unterabsatz 1 genannten anderen Behörden und Angehörigen von Rechtsberufen mit.

1. Ehelicher Güterstand, lit a

36   Für die Zwecke der Verordnung ist der Begriff „ehelicher Güterstand" **autonom auszulegen.** Nach ErwG 18 S 2 (→ Anh IV) soll der Begriff nicht nur (zwingende) Regelungen umfassen, von denen die Ehegatten nicht abweichen dürfen, sondern auch fakultative Regelungen, die sie nach Maßgabe des anzuwendenden Rechts vereinbaren können, sowie die Auffangregelungen des anzuwendenden Rechts. Das eheliche Güterrecht im Sinne der Verordnung schließt auch „nicht nur vermögensrechtliche Regelungen ein, die bestimmte einzelstaatliche Rechtsordnungen speziell und ausschließlich für die Ehe vorsehen, sondern auch sämtliche vermögensrechtlichen Verhältnisse, die zwischen den Ehegatten und in ihren Beziehungen gegenüber Dritten direkt infolge der Ehe oder der Auflösung des Eheverhältnisses gelten" (ErwG 18 S 3;→ Anh IV), auch wenn sie außerhalb des Güterrechts geregelt sind. Damit zieht die Verordnung die Konsequenzen aus der EuGH-Rechtsprechung, die diesen weiten Begriff der ehelichen Güterstände bei der Auslegung des Ausschlusstatbestands in Art 1 Abs 2 lit a EuGVÜ/ EuGVVO aF zugrundelegt hatte (EuGH 143/78 – *de Cavel*, Slg 79, 1055 Rn 7) und daran auch unter Geltung der EuGVVO nF festhält. Demgemäß betrifft auch die Teilung einer beweglichen Sache, die von einem Ehegatten während der Ehe mit gemeinsamen Mitteln erworben wurde, aus Anlass der Ehescheidung die „ehelichen Güterstände" (EuGH C-67/17 – *Iliev/Ilieva*,

164

I. Internationale Zuständigkeit: EuGüVO Art 3   **37–42** **B**

FamRZ 17, 1913 Rn 31 m Anm *Musseva* 2009) und wird daher künftig von Art 1 Abs 1 lit a EuGüVO erfasst.

Die EuGüVO gilt daher nicht nur für die vermögensrechtlichen Beziehungen, insbesondere **37** die Zuordnung und Verwaltung des Vermögens, der Ehegatten während bestehender Ehe, sondern auch für die **Vermögensauseinandersetzung bei Auflösung der Ehe** durch Scheidung, Trennung oder Tod sowie für die Rechtsbeziehungen zu Dritten, die ihren Grund in der Ehe haben (ErwG 18 S 1; → Anh IV). Dieser weite Begriff des Ehegüterrechts der Verordnung erfasst daher auch auf dem Gebiet des Verfahrensrechts auch die im autonomen deutschen Recht bisher in § 266 Abs 1 Nr 3 FamFG als „sonstige Familiensachen" geregelten Streitigkeiten über Ansprüche in Zusammenhang mit der Trennung, Scheidung oder Aufhebung einer Ehe (sog „Nebengüterrecht", vgl dazu *Junghans* FamRZ 15, 1130; Th/P/*Hüßtege* § 266 Rn 5 f), ferner Streitigkeiten über die Schlüsselgewalt, Eigentumsvermutungen und Verpflichtungs-/Verfügungsbeschränkungen, die im autonomen deutschen Kollisionsrecht bisher als allgemeine Ehewirkungen iSv Art 14 EGBGB qualifiziert wurden, sowie Streitigkeiten über die Nutzungsbefugnisse an der **Ehewohnung** und an Haushaltsgegenständen sowie über die islamrechtliche **Morgengabe** (näher → Rn 312 f und → Anh Rn 600).

2. Vereinbarung über den ehelichen Güterstand, lit b

Vgl dazu die Kommentierung im Abschnitt II zum IPR (→ Rn 314 f).   **38**

3. Öffentliche Urkunde, lit c

Die Begriffsbestimmung in lit c orientiert sich an Art 4 Nr 3 EuVTVO und der Recht- **39** sprechung des EuGH zu Art 57 EuGVVO aF. Gemeint sind danach Urkunden, die förmlich errichtet oder in ein Register eingetragen wurden. Die Beurkundung oder Registrierung hat **durch eine Behörde** oder eine andere gemäß der Rechtsordnung des Ursprungsmitgliedstaats hierzu ermächtigte Stelle, etwa durch einen Notar, zu erfolgen. In Deutschland sind dies Urkunden, die vor einem Notar oder einem Gericht errichtet wurden (§ 794 Nr 5 ZPO, §§ 62, 56 Abs 4 BeurkG). Privaturkunden, insbesondere der **Anwaltsvergleich,** werden vom Begriff der öffentlichen Urkunde nicht erfasst. Etwas anderes gilt jedoch dann, wenn der Anwaltsvergleich von einem Notar für vollstreckbar erklärt wurde (§ 796c ZPO). Auch wenn er vom Gericht (nach deutschem Recht gem (§ 796a, b ZPO) für vollstreckbar erklärt wird, ist er als gerichtlich gebilligter Vergleich iSv Nr 2 anzusehen (vgl auch unalexK/*ten Wolde/Knot/Hausmann* Art 57 EuGVVO aF Rn 14).

Die **Beweiskraft** der öffentlichen Urkunde muss sich gem sublit i gleichermaßen auf die **40** Unterschrift wie auf den Inhalt beziehen. Eine bloße **Unterschriftsbeglaubigung,** die lediglich die Echtheit der Unterschrift bestätigt, hat daher keine öffentliche Urkunde iSv lit c. Der Begriff der öffentlichen Urkunde erlangt vor allem im Rahmen der Anerkennung und Vollstreckung von in anderen Mitgliedstaaten errichteten Urkunden nach Art 58 f Bedeutung und wird daher in jenem Zusammenhang näher kommentiert (→ L Rn 155 ff).

4. Entscheidung, lit d

Die Definition der „Entscheidung" wurde aus den Art 32 Brüssel I-VO, Art 4 Nr 1 EuVTVO **41** übernommen. Ergänzend kann daher auf die Rechtsprechung zu diesen Vorschriften zurückgegriffen werden. Danach ist der Begriff der Entscheidung autonom und **weit auszulegen;** die Aufzählung in lit d ist daher nicht abschließend. Erfasst sind nicht nur Endurteile, sondern auch nur vorläufig vollstreckbare Entscheidungen und Entscheidungen auf dem Gebiet des einstweiligen Rechtsschutzes (vgl Art 19; dazu → Rn 236 ff) sowie die ausdrücklich genannten Kostenfestsetzungsbeschlüsse. Der Begriff des Gerichts ist in Abs 2 (→ Rn 44 f) teilweise erläutert.

5. Gerichtlicher Vergleich, lit e

Auch die Definition des „gerichtlichen Vergleichs" lehnt sich an Art 58 Brüssel I-VO an; **42** erfasst werden gleichermaßen der von einem Gericht gebilligte wie der von den Parteien im Laufe eines güterrechtlichen Verfahrens vor Gericht geschlossene und von diesem lediglich protokollierte Vergleich. Dieser muss in Präzisierung des Wortlauts vor einem **mitgliedstaatlichen Gericht** geschlossen oder von einem solchen gebilligt worden sein. Der Begriff ist

165

B 43–46   1. Teil. Erkenntnisverfahren B. Güterrechtssachen

ebenfalls autonom und weit auszulegen. **Anwalts- und Mediationsvergleiche** (vgl im deutschen Recht § 796a ZPO, § 1 MediationsG) sind jedoch keine gerichtlichen Vergleiche (unalexK/*ten Wolde/Knot/Hausmann* Art 58 Brüssel I-VO Rn 11).

6. Ursprungsmitgliedstaat, Vollstreckungsmitgliedstaat, lit f, g

43   Die Definitionen in Abs 1 lit f und lit g betreffen die Anerkennung und Vollstreckung von güterrechtlichen Entscheidungen. Sie sind kommentiert unter → L Rn 35 ff.

7. Gericht, Abs 2

44   Um den verschiedenen Systemen zur Regelung des ehelichen Güterstands in den Mitgliedstaaten Rechnung zu tragen, ist der Begriff „Gericht" für die Zwecke der EuGüVO weit auszulegen. Er schließt daher nach Abs 2 auch **andere Behörden und Angehörige von Rechtsberufen** mit Zuständigkeiten in Fragen des ehelichen Güterstands ein, soweit diese entweder gerichtliche Funktionen ausüben oder in Ausübung einer Befugnisübertragung durch ein Gericht oder unter der Aufsicht eines Gerichts handeln. Dies gilt insbesondere für Notare, die in manchen Mitgliedstaaten auch gerichtliche Funktionen innehaben (ErwG 29; → Anh IV). Voraussetzung dafür ist in jedem Falle, dass die in der Vorschrift näher beschriebenen **Garantien für ein rechtsstaatliches Verfahren,** insbesondere die Unparteilichkeit und die Gewährung rechtlichen Gehörs, eingehalten werden und eine Überprüfung der behördlichen oder notariellen Entscheidung durch ein Gericht vorgesehen ist. Außerdem muss die behördliche Entscheidung vergleichbare Rechtskraft und Rechtswirkung haben wie eine Entscheidung eines Gerichts in der gleichen Sache (vgl auch ErwG 31; → Anh IV). Diejenigen Behörden und Angehörigen von Rechtsberufen, die den Voraussetzungen des Abs 2 genügen, sind der Kommission von den Mitgliedstaaten nach Art 64 mitzuteilen. Hierdurch werden den Gerichten der übrigen Mitgliedstaaten klare Kriterien an die Hand gegeben, in welchen Fällen Entscheidungen von Verwaltungsbehörden oder Notaren in den Anwendungsbereich der Verordnung fallen.

45   Üben **Notare** gerichtliche Funktionen aus, so sind auch sie durch die Zuständigkeitsregeln der Verordnung gebunden, und die von ihnen erlassenen Entscheidungen verkehren nach den Bestimmungen der Verordnung über die Anerkennung, Vollstreckbarkeit und Vollstreckung von Entscheidungen. Üben Notare hingegen keine gerichtlichen Funktionen aus, so sind sie nicht durch diese Zuständigkeitsregeln gebunden und die von ihnen errichteten öffentlichen Urkunden verkehren nach den Bestimmungen der Verordnung über öffentliche Urkunden (Erwägungsgründe 30, 31; → Anh IV). Die EuGüVO hindert die Parteien auch nicht daran, einen Rechtsstreit außergerichtlich, beispielsweise vor einem Notar, in einem Mitgliedstaat ihrer Wahl einvernehmlich zu regeln, wenn dies nach dem Recht dieses Mitgliedstaats möglich ist. Dies gilt auch dann, wenn das auf den ehelichen Güterstand anzuwendende Recht nicht das Recht dieses Mitgliedstaats ist (ErwG 39; → Anh IV).

Kapitel II. Gerichtliche Zuständigkeit

Schrifttum: Vgl. zunächst das Schrifttum → vor Rn 9; ferner *Dutta/Wedemann,* Die Europäisierung des internationalen Zuständigkeitsrechts in Güterrechtssachen, FS Kaissis (2012) 133; *Hau,* Zur Internationalen Entscheidungszuständigkeit im künftigen Europäischen Güterrecht, FS Simotta (2012) 215; *Mankowski,* Internationale Zuständigkeit nach EuGüVO und EuPartVO, in: Dutta/Weber (Hrsg) Die Europäischen Güterrechtsverordnungen (2017) 11; *Simotta,* Die internationale Zuständigkeit nach den neuen Europäischen Güterrechtsverordnungen, ZvglRWiss 116 (2017) 44.

Vorbemerkung

1. Allgemeines

46   Das Kapitel II regelt die internationale Zuständigkeit in Güterrechtssachen iSv Art 1 (→ Rn 25 ff) im erststaatlichen Erkenntnisverfahren. Zur Begründung der Zuständigkeit ist nur erforderlich, dass eine Güterrechtssache **schlüssig behauptet** wird (sog *doppelrelevante Tatsache;* vgl zur EuGVVO BGH NJW 12, 455 Rn 24). Die Zuständigkeitsvorschriften der Verordnung gelten **universell,** setzen also keinen Bezug zu einem weiteren Mitgliedstaat voraus, sondern kommen auch dann zur Anwendung, wenn allein Berührungspunkte zu einem Drittstaat gegeben sind. Die Regelung der internationalen Zuständigkeit in Art 4–12 ist **abschließend.** Die Verordnung lässt also – anders als die EuGVVO aF (Art 4 Abs 1), aber auch die EuEheVO

166

I. Internationale Zuständigkeit   47–51 **B**

(Art 7 und 14; → A Rn 123 ff und → F Rn 229 ff) – für **nationale Restzuständigkeiten** keinen Raum.

a) Internationale und örtliche Zuständigkeit. Anders als die EuUntVO in Unterhalts- **47** sachen (→ C Rn 89 ff) regelt die EuGüVO in ihrem Kapitel II grundsätzlich nur die internationale Zuständigkeit. Dies gilt sowohl für die akzessorischen Zuständigen in Art 4 und 5 als auch für die allgemeine Zuständigkeit nach Art 6, die vereinbarte Zuständigkeit nach Art 7 sowie für die subsidiäre Zuständigkeit nach Art 10 und die Notzuständigkeit nach Art 11. In diesen Fällen ergibt sich die örtliche Zuständigkeit gemäß Art 2 jeweils aus dem autonomen Verfahrensrecht des international zuständigen Mitgliedstaats. Für die Zuständigkeit nach Art 6 ist vor **deutschen Gerichten** das künftige deutsche Ausführungsgesetz ergänzend heranzuziehen, das voraussichtlich auch eine Zuständigkeitskonzentration nach dem Vorbild der §§ 12, 13 IntFamRVG bzw §§ 27, 28 AUG vorsehen wird. Nur in wenigen Vorschriften des Kapitels II wird mit der internationalen zugleich auch die örtliche Zuständigkeit bestimmt; dies gilt etwa für die Zuständigkeit aufgrund rügeloser Einlassung nach Art 8 und die Widerklagezuständigkeit nach Art 12.

b) *Perpetuatio fori.* Maßgebender Zeitpunkt für das Vorliegen der Zuständigkeitsvorausset- **48** zungen in Güterrechtssachen ist grundsätzlich die **Anrufung des Gerichts;** hierüber ist verordnungsautonom nach Art 14 (→ Rn 178 ff) zu entscheiden. Es genügt allerdings, wenn die Zuständigkeitsvoraussetzungen jedenfalls im Zeitpunkt der letzten mündlichen Verhandlung vorliegen (vgl zur Brüssel I-VO BGH NJW 11, 2515 Rn 14 ff mwN). Andererseits bleibt die im Zeitpunkt der Anrufung des Gerichts begründete internationale Zuständigkeit auch erhalten, wenn der maßgebliche Bezugspunkt zum Gerichtsstaat (zB der gewöhnliche Aufenthalt einer der Parteien) im weiteren Verlauf des Verfahrens entfällt. Wie im Rahmen der EuGVVO (vgl BGH NJW 11, 2515 Rn 22 ff; unalexK/*Hausmann* vor Art 2 Rn 19 f m ausf Nachw) gilt somit auch im Rahmen der EuGüVO der Grundsatz der *perpetuatio fori.* Dessen Anwendung ist freilich auf den mit dem ursprünglichen Antrag rechtshängig gemachten Streitgegenstand beschränkt; für eine spätere **Klageänderung** ist die internationale Zuständigkeit also – bezogen auf den Zeitpunkt der Klageänderung – erneut zu prüfen; allerdings ist auch insoweit § 264 ZPO entsprechend anzuwenden (vgl zur EuUntVO *Mayer* FamRZ 12, 1508 gegen OLG Frankfurt FamRZ 12, 1506/1507). Ferner wird die *perpetuatio fori* im allgemeinen Gerichtsstand nach Art 6 durch die nachträgliche Begründung der vorrangigen Verbundszuständigkeiten nach Art 4 und 5 eingeschränkt.

c) Erfasste Verfahren. Die EuGüVO erfasst sämtliche Erkenntnisverfahren und damit nicht **49** nur Leistungsklagen, sondern auch (positive wie negative) **Feststellungsklagen.** Für Verfahren des einstweiligen Rechtsschutzes gilt hingegen das nationale Zuständigkeitsrecht der teilnehmenden Mitgliedstaaten nach Art 19 neben der Zuständigkeitsordnung der Verordnung.

d) Internationaler Sachverhalt. Nicht anders als die Art 4 ff EuGVVO (dazu unalexK/ **50** *Hausmann* vor Art 2–4 EuGVVO aF Rn 8 mwN) setzen auch die Art 4 ff EuGüVO einen internationalen Sachverhalt voraus. Das Kapitel II über die internationale Zuständigkeit findet daher in reinen Inlandsfällen keine Anwendung (vgl zur Beschränkung auf auf „eheliche Güterstände mit grenzüberschreitendem Bezug" ErwG 14; → Anh IV). Ein internationaler Sachverhalt liegt insbesondere dann vor, wenn die Parteien ihren gewöhnlichen Aufenthalt in verschiedenen Staaten haben. Daneben kann aber auch die ausländische **Staatsangehörigkeit** einer Partei genügen, um die Internationalität des Sachverhalts zu begründen; denn anders als zB in Unterhaltssachen ist sie in Güterrechtssachen ein Kriterium der Zuständigkeitsanknüpfung (Art 6 lit d; vgl zur EuGVVO aF EuGH C-327/10 – *Hypoteční banka/Lindner*, NJW 12, 1199 Rn 28 ff, 35). Dagegen ist ein Bezug gerade zu einem weiteren Mitgliedstaat der EuGüVO nicht erforderlich (vgl zur EuGVVO unalexK/*Hausmann* vor Art 2–4 Rn 9 mwN).

2. Zuständigkeitsordnung

a) Systematik des Kapitels II. Anders als zB in Ehesachen (→ A Rn 49) und in Unterhalts- **51** sachen (→ C Rn 92) besteht zwischen den von der Verordnung zur Verfügung gestellten Gerichtsständen in Güterrechtssachen ein klar geregeltes **Rangverhältnis;** sie stehen dem Antragsteller also **nicht alternativ** zur Verfügung. Dies verhindert ein *forum shopping.* Einem solchen wird allerdings in Güterrechtssachen bereits durch die Kollisionsnormen in Art 20 ff vorgebeugt, weil diese der internationalen Zuständigkeit keinen unmittelbaren Einfluss auf das in der Sache

167

B 52–56   1. Teil. Erkenntnisverfahren B. Güterrechtssachen

anwendbare Recht einräumen (→ Rn 324 ff, 350 ff). Das Rangverhältnis der Zuständigkeitsvorschriften bestimmt auch die Prüfungsreihenfolge.

52   **aa) Verbundszuständigkeiten.** Im ersten Schritt ist zu prüfen, ob eine der Verbundszuständigkeiten nach Art 4 oder nach Art 5 eingreift, weil die Güterrechtssache entweder im Zusammenhang mit der Rechtsnachfolge von Todes wegen eines Ehegatten nach der EuErbVO oder im Zusammenhang mit einem Verfahren der Ehescheidung, der Trennung ohne Auflösung des Ehebandes oder der Ungültigerklärung der Ehe nach der EuEheVO anhängig gemacht wird. Denn die Gerichtsstände nach Art 4 und Art 5 Abs 1 haben Vorrang vor allen anderen Zuständigkeiten der Verordnung und können auch durch eine Gerichtsstandsvereinbarung nach Art 7 oder eine rügelose Einlassung nach Art 8 nicht ausgeschaltet werden; ihnen kommt also die Wirkung einer *ausschließlichen* Zuständigkeit zu. Haben die Ehegatten allerdings nach Maßgabe von Art 5 Abs 2 eine Gerichtsstandsvereinbarung für ihre mit einer Ehesache verbundene güterrechtliche Streitigkeit getroffen, so hat der vereinbarte Gerichtsstand wiederum Vorrang vor der gesetzlichen Verbundszuständigkeit nach Art 5 Abs 1.

53   **bb) Gerichtsstandsvereinbarung.** Ist nach Art 4 oder Art 5 kein Gericht eines teilnehmenden Mitgliedstaats zuständig oder steht die Güterrechtssache nicht im Zusammenhang mit einem der in Art 4 oder 5 genannten Verfahren, so ist im nächsten Schritt zu prüfen, ob die Parteien eine wirksame Gerichtsstandsvereinbarung nach Art 7 getroffen haben; denn auch eine solche begründet für Entscheidungen über Fragen des ehelichen Güterstands eine *ausschließliche* Zuständigkeit, die sowohl die Zuständigkeiten nach Art 6 wie jene nach Art 8–11 verdrängt. Die Vereinbarung nach Art 7 kann allerdings nur entweder zugunsten der Gerichte des Mitgliedstaates getroffen werden, dessen Recht auf die güterrechtlichen Beziehungen der Ehegatten nach Art 22 (Rechtswahl) bzw nach Art 26 Abs 1 lit a oder lit b (objektive Anknüpfung) anzuwenden ist *(lex causae)*, oder zugunsten der Gerichte des Mitgliedstaats, in dem die Ehe geschlossen wurde.

54   **cc) Rügelose Einlassung.** Ist nach Art 4 oder Art 5 Abs 1 kein Gericht eines teilnehmenden Mitgliedstaats international zuständig und haben die Ehegatten auch keine Gerichtsstandsvereinbarung nach Art 7 getroffen, so kommt nach Art 8 Abs 1 eine Zuständigkeit aufgrund rügeloser Einlassung des Beklagten auf das Verfahren in Betracht. Diese wird allerdings – wie der vereinbarte Gerichtsstand nach Art 7 – nur in den Fällen begründet, in denen ein **Gericht im Mitgliedstaaat der *lex causae* angerufen** wird, dh das Gericht eines teilnehmenden Mitgliedstaats, dessen Recht entweder wirksam von den Ehegatten nach Art 22 gewählt wurde oder dessen Recht in Ermangelung einer Rechtswahl nach Art 26 Abs 1 lit a oder b als Güterrechtsstatut anzuwenden ist.

55   **dd) Allgemeine Zuständigkeit.** Mangels einer wirksamen Gerichtsstandsvereinbarung nach Art 7 oder einer rügelosen Einlassung nach Art 8 ist in Güterrechtssachen, die nicht im Zusammenhang mit einem der in Art 4 oder 5 genannten Verfahren stehen, oder in denen dieser Zusammenhang zwar gegeben ist, die Art 4 oder 5 jedoch keine Zuständigkeit eines teilnehmenden Mitgliedstaats begründen, in einem weiteren Schritt zu prüfen, ob die allgemeine Zuständigkeit nach Art 6 in einem teilnehmenden Mitgliedstaat begründet ist. Auch die dort genannten **vier Zuständigkeitsanknüpfungen** – derzeitiger gewöhnlicher Aufenthalt der Ehegatten, letzter gewöhnlicher Aufenthalt der Ehegatten, gewöhnlicher Aufenthalt des Antragsgegners, gemeinsame Staatsangehörigkeit der Ehegatten – werden **nicht alternativ** eingeräumt, sondern stehen ihrerseits **in einer Rangordnung** (*Dutta* FamRZ 16, 1973/1977). Auf die Zuständigkeit am letzten gewöhnlichen Aufenthalt der Ehegatten nach lit b darf also nur abgestellt werden, wenn diese im Zeitpunkt der Anrufung des Gerichts in der Güterrechtssache keinen gemeinsamen gewöhnlichen Aufenthalt iSv lit a mehr haben. Entsprechend kann die Zuständigkeit am gewöhnlichen Aufenthalt des Antragstellers nach lit c nur in Anspruch genommen werden, wenn die Voraussetzungen von lit b nicht erfüllt sind, usw.

56   **ee) Alternative Zuständigkeiten.** Nach Art 9 Abs 1 kann sich ein nach Art 4, 6, 7 oder 8 zuständiges Gericht ausnahmsweise für unzuständig erklären, wenn nach seinem Internationalen Privatrecht die streitgegenständliche Ehe für die Zwecke eines Verfahrens über den ehelichen Güterstand nicht anerkannt werden kann. Die Vorschrift hat damit die gleiche Funktion wie Art 13, 2. Fall Rom III-VO (→ A Rn 500 ff), will also insbesondere vermeiden, dass ein Gericht eines teilnehmenden Mitgliedstaats, der gleichgeschlechtliche Ehen nicht als „Ehen" anerkennt, aus ihnen resultierende güterrechtliche Streitigkeiten nach den Zuständigkeitsregeln der Verordnung entscheiden muss. Für diesen Fall werden daher in Art 9 Abs 2 und 3 alternative

I. Internationale Zuständigkeit: EuGüVO Art 4   **61, 62 B**

Zuständigkeiten eröffnet. In den Fällen der Zuständigkeit nach Art 4 oder 6 können die Parteien nach Art 9 Abs 2 eine Gerichtsstandsvereinbarung zugunsten der Gerichte eines anderen Mitgliedstaats treffen; in anderen Fällen sind für Entscheidungen über den ehelichen Güterstand anstelle der in Art 6 oder 8 genannten die Gerichtedes Mitgliedstaats zuständig, in dem die Ehe geschlossen wurde.

ff) Subsidiäre Zuständigkeit. Ist kein Gericht eines Mitgliedstaats nach Art 4–8 zuständig **57** oder haben sich alle Gerichte nach Art 9 für unzuständig erklärt und ist auch kein Gericht nach Art 9 Abs 2 zuständig, so eröffnet Art 10 eine subsidiäre Zuständigkeit in dem Mitgliedstaat, in dem Vermögen eines oder beider Ehegatten belegen ist. Diese Zuständigkeit ist allerdings auf das im Gerichtsstaat belegene Vermögen beschränkt.

gg) Notzuständigkeit. Liegen auch die Voraussetzungen für die Annahme einer subsidiären **58** Zuständigkeit nach Art 10 nicht vor, so können sich die Gerichte der teilnehmenden Mitgliedstaaten ausnahmsweise zur Vermeidung einer Rechtsschutzverweigerung auf eine **Notzuständigkeit** nach Art 11 stützen.

b) Prüfung der internationalen Zuständigkeit. Die internationale Zuständigkeit ist in **59** Güterrechtssachen nach Art 15 EuGüVO grundsätzlich von Amts wegen zu prüfen. Fehlt es danach an einer Zuständigkeit, so hat sich das Gericht eines Mitgliedstaats, dessen Recht nach Art 22 oder nach Art 26 Abs 1 lit a oder lit b anwendbar ist, jedoch nur dann für unzuständig zu erklären, wenn sich der Antragsgegner auf das Verfahren nicht nach Art 8 rügelos einlässt. Wie in sonstigen Zivil- und Handelssachen (ThP/*Hüßtege* Art 4 EuGVVO Rn 1) wird die internationale Zuständigkeit in Güterrechtssachen auch in der Beschwerde- und Rechtsbeschwerdeinstanz (vgl § 117 FamFG) **stets von Amts wegen** geprüft. Für deren Begründung reicht es aus, dass der Antragsteller die Voraussetzungen der Art 4 ff EuGüVO schlüssig vorträgt (vgl zur EuGVVO BGH NJW 12, 455 Rn 14 mwN).

c) Außergerichtliche Streitbeilegung. Die Verordnung hindert die Parteien nicht daran, **60** den Rechtsstreit außergerichtlich, beispielsweise vor einem Notar, in einem teilnehmenden Mitgliedstaat ihrer Wahl einvernehmlich zu regeln, wenn das nach dem Recht dieses Mitgliedstaats möglich ist. Das sollte auch gelten. wenn das auf den ehelichen Güterstand anzuwendende Recht nicht das Recht dieses Mitgliedstaats ist.

EuGüVO Art 4. Zuständigkeit im Fall des Todes eines Ehegatten

Wird ein Gericht eines Mitgliedstaats im Zusammenhang mit der Rechtsnachfolge von Todes wegen eines Ehegatten nach der Verordnung (EU) Nr. 650/2012 angerufen, so sind die Gerichte dieses Staates auch für Entscheidungen über den ehelichen Güterstand in Verbindung mit diesem Nachlass zuständig.

1. Allgemeines

a) Normzweck. Um der zunehmenden Mobilität von Paaren während ihres Ehelebens **61** Rechnung zu tragen und eine geordnete Rechtspflege zu erleichtern, sollen die Zuständigkeitsvorschriften in Güterrechtssachen den Bürgern die Möglichkeit geben, miteinander zusammenhängende Verfahren vor den Gerichten desselben Mitgliedstaats verhandeln zu lassen. Zu diesem Zweck strebt die Verordnung im Fall der Auflösung der Ehe durch den Tod eines Ehegatten an, die Zuständigkeit für den ehelichen Güterstand in dem Mitgliedstaat zu bündeln, dessen Gerichte berufen sind, über die Rechtsnachfolge von Todes wegen gemäß der Verordnung (EU) Nr 650/2012 (**EuErbVO**, ABl EU L 201 v 27.7.2012, 107) zu befinden (ErwG 32 f; → Anh IV). Art 4 hat daher vor allem Fälle im Auge, in denen aus Anlass des Todes eines Ehegatten nicht nur über dessen Erbfolge, sondern zugleich über die Abwicklung des ehelichen Güterstands zwischen den Erben des verstorbenen Ehegatten und dem überlebenden Ehegatten gestritten wird, zB über Zugewinnausgleichsansprüche des überlebenden Ehegatten gegen den Nachlass seines vorverstorbenen Partners.

b) Ausschließliche Zuständigkeit. Die Verordnung hat die Annexzuständigkeit in Art 4 als **62** *ausschließliche* Zuständigkeit ausgestaltet (*Dutta* FamRZ 16, 1973/1978). Sind die Voraussetzungen des Art 4 gegeben, so finden nämlich die allgemeinen Zuständigkeiten nach Art 6 gemäß dem Einleitungssatz dieser Vorschrift keine Anwendung. Ferner sind auch Gerichtsstandsvereinbarungen nach Art 7 Abs 1 nur „in den Fällen des Art 6", also nicht im Fall des Art 4 zulässig.

169

B
1. Teil. Erkenntnisverfahren B. Güterrechtssachen

Schließlich wird auch eine rügelose Einlassung nach Art 8 Abs 1 S 2 ausdrücklich für den Fall ausgeschlossen, das ein Gericht eines anderen Mitgliedstaats nach Art 4 zuständig ist.

63   **c) Beschränkung auf die internationale Zuständigkeit.** Wie sich aus dem Wortlaut des Art 4 („Gerichte dieses Staates") und Art 2 ergibt, regelt Art 4 nur die *internationale* Verbundszuständigkeit, während die Bestimmung der sachlichen und örtlichen Zuständigkeit dem Recht des betreffenden Mitgliedstaats überlassen wird. Damit ist nicht gewährleistet, dass auch das gleiche Gericht über Erb- und Güterrecht entscheidet.

2. Zuständigkeit nach der EuErbVO

64   Die Annexzuständigkeit nach Art 4 setzt voraus, dass ein Gericht eines teilnehmenden Mitgliedstaats „im Zusammenhang mit der Rechtsnachfolge von Todes wegen eines Ehegatten nach der Verordnung (EU) Nr 650/2012 EuErbVO angerufen" wird. Dieser **Zusammenhang** besteht nur dann, wenn eine sachlich unter die EuErbVO fallende erbrechtliche Streitigkeit iSv deren Art 1 entweder bereits anhängig ist oder zumindest gleichzeitig mit der Güterrechtssache anhängig gemacht wird. Wird die güterrechtliche Streitigkeit hingegen zunächst isoliert anhängig gemacht, so bestimmt sich die internationale Zuständigkeit hierfür nach Art 6 ff EuGüVO; für eine erst nachträglich anhängig gemachte erbrechtliche Streitigkeit sind dann nur die Art 4 ff EuErbVO maßgeblich, die ihrerseits keine Annexzuständigkeit mit einer bereits anhängigen Güterrechtssache vorsehen.

65   Die internationale Zuständigkeit nach Art 4 wird im Regelfall in dem Mitgliedstaat eröffnet sein, in dem der verstorbene Ehegatte im Zeitpunkt seines Todes seinen gewöhnlichen Aufenthalt hatte (Art 4 EuErbVO). Sie ist jedoch auf diesen Fall nicht beschränkt, denn für die Annexzuständigkeit ist es nach Art 4 gleichgültig, auf *welche* Zuständigkeit der EuErbVO sich das in der Erbsache angerufene Gericht stützt. Art 4 greift daher auch dann ein, wenn die Parteien in der Erbsache eine Gerichtsstandsvereinbarung nach Art 5 EuErbVO getroffen haben oder ein lediglich nach Art 10 (subsidäre Zuständigkeit) bzw nach Art 11 (Notzuständigkeit) zuständiges Gericht angerufen haben. Die auf Art 10 EuErbVO gestützte Annexzuständigkeit nach Art 4 ist jedoch wie die Zuständigkeit in der Erbsache (Art 10 Abs 2 EuErbVO) auf das im Gerichtsstaat belegene Nachlassvermögen beschränkt (*Simotta* ZVgl RW 17, 44/49; *Heiderhoff* IPRax 18, 1/10).

3. Anrufung des Gerichts

66   Die ausschließliche Verbundszuständigkeit nach Art 4 entsteht in dem Zeitpunkt, in dem das in der Erbsache nach der EuErbVO zuständige Gericht „angerufen" wird. Dieser Zeitpunkt ist nach der in Art 14 enthaltenen autonomen Definition (→ Rn 178 ff) zu bestimmen. Dabei wird vorausgesetzt, dass das Verfahren in der Nachlasssache spätestens zusammen mit der Güterrechtssache anhängig gemacht wird (*Simotta* ZVglRW 17, 44/50; *Heiderhoff* IPRax 18, 1/9). Ist die Güterrechtssache in diesem Zeitpunkt bereits im allgemeinen Gerichtsstand des Art 6 anhängig, so endet die internationale Zuständigkeit dieses Gerichts mit Wirkung *ex nunc*. Das nach Art 6 zuständige Gericht hat sich daher in diesem Fall nach Art 15 von Amts wegen für unzuständig zu erklären, um die ansonsten bestehende Rechtshängigkeitssperre nach Art 17 aufzuheben (*Dutta* FamRZ 16, 1973/1979).

EuGüVO Art 5. Zuständigkeit im Fall der Ehescheidung, Trennung ohne Auflösung des Ehebands oder Ungültigerklärung einer Ehe

(1) **Wird ein Gericht eines Mitgliedstaats mit einem Antrag auf Ehescheidung, Trennung ohne Auflösung des Ehebands oder Ungültigerklärung der Ehe nach der Verordnung (EG) Nr. 2201/2003 angerufen, so sind unbeschadet des Absatzes 2 die Gerichte dieses Staates auch für Fragen des ehelichen Güterstands in Verbindung mit diesem Antrag zuständig.**

(2) **Die Zuständigkeit für Fragen des ehelichen Güterstands nach Absatz 1 unterliegt der Vereinbarung der Ehegatten, wenn das Gericht, das mit dem Antrag auf Ehescheidung, Trennung ohne Auflösung des Ehebands oder Ungültigerklärung der Ehe befasst wird,**

a) **das Gericht eines Mitgliedstaats ist, in dem der Antragsteller nach Artikel 3 Absatz 1 Buchstabe a fünfter Gedankenstrich der Verordnung (EG) Nr. 2201/2003 seinen gewöhnlichen Aufenthalt hat und sich dort seit mindestens einem Jahr unmittelbar vor der Antragstellung aufgehalten hat,**

170

I. Internationale Zuständigkeit: EuGüVO Art 5   **67–71 B**

b) das Gericht eines Mitgliedstaats ist, dessen Staatsangehörigkeit der Antragsteller nach Artikel 3 Absatz 1 Buchstabe a sechster Gedankenstrich der Verordnung (EG) Nr. 2201/2003 besitzt und in dem der Antragsteller seinen gewöhnlichen Aufenthalt hat und sich dort seit mindestens sechs Monaten unmittelbar vor der Antragstellung aufgehalten hat,

c) nach Artikel 5 der Verordnung (EG) Nr. 2201/2003 in Fällen der Umwandlung einer Trennung ohne Auflösung des Ehebands in eine Ehescheidung angerufen wird oder

d) nach Artikel 7 der Verordnung (EG) Nr. 2201/2003 in Fällen angerufen wird, in denen ihm eine Restzuständigkeit zukommt.

(3) **Wird eine Vereinbarung nach Absatz 2 des vorliegenden Artikels geschlossen, bevor das Gericht in Bezug auf den ehelichen Güterstand angerufen wird, so muss die Vereinbarung den Anforderungen des Artikels 7 Absatz 2 entsprechen.**

1. Allgemeines

a) Normzweck. Auch Fragen des ehelichen Güterstands, die sich im Zusammenhang mit **67** einem Verfahren ergeben, das bei einem mit einer Ehescheidung, einer Trennung ohne Auflösung des Ehebands oder der Ungültigerklärung einer Ehe gemäß Art 3 ff EuEheVO befassten Gericht eines Mitgliedstaats anhängig ist, fallen im Interesse der Mobilität von Paaren während ihres Ehelebens und einer geordneten Rechtspflege (ErwG 32; → Anh IV) gemäß Art 5 in die Zuständigkeit der Gerichte dieses Mitgliedstaats. Wie Art 3 lit c EuUntVO in Unterhaltssachen verfolgt Art 5 das Ziel, die Entscheidung über die vermögensrechtlichen Konsequenzen der Eheauflösung möglichst bei dem Gericht zu konzentrieren, das in der Ehesache zuständig ist.

b) Mitgliedstaat. Mit dem Begriff „Mitgliedstaat" in Art 5 sind nur **die an der EuGüVO 68 teilnehmenden Mitgliedstaaten** gemeint, da Art 5 nur in diesen anwendbar ist. Der Antragsteller kann diese akzessorische Zuständigkeit – und die mit ihr verbundene Anwendung des von Art 20 ff EuGüVO zur Anwendung berufenen Rechts auf die güterrechtliche Auseinandersetzung – mithin dadurch vermeiden, dass er ein nach Art 3–5 EuEheVO ebenfalls zuständiges Gericht eines Mitgliedstaats jener Verordnung anruft, der an der Verstärkten Zusammenarbeit auf dem Gebiet des Ehegüterrechts nicht teilnimmt. In der Güterrechtssache steht dann nur der allgemeine Gerichtsstand nach Art 6 in einem teilnehmenden Mitgliedstaat zur Verfügung (*Dutta* FamRZ 16, 1973/1979). Art 5 unterscheidet allerdings deutlich zwischen den Zuständigkeiten nach Abs 1, die kraft Gesetzes gelten, und den weiteren Zuständigkeiten nach Abs 2, die eine Annexzuständigkeit für Fragen des ehelichen Güterrechts nur dann begründen, wenn *beide* Ehegatten dies vereinbaren (ErwG 34; → Anh IV).

c) Internationale Zuständigkeit. Wie sich aus dem Wortlaut des Art 5 („die Gerichte dieses **69** Staates") und aus Art 2 ergibt, regelt auch Art 5 sowohl in Abs 1 wie in Abs 2 nur die *internationale* Verbundszuständigkeit, während die Bestimmung der sachlichen und örtlichen Zuständigkeit dem Recht des betreffenden Mitgliedstaats überlassen wird. Art 5 setzt daher nicht voraus, dass das Verfahren in der Ehesache vor dem gleichen Gericht anhängig ist; es müssen nur die Gerichte des gleichen Mitgliedstaats zuständig sein (*Heiderhoff* IPRax 18, 1/9).

d) Anrufung des Gerichts. Hierfür gilt das zu Art 4 Gesagte entsprechend (→ Rn 66).   **70**

2. Gesetzliche Zuständigkeiten, Abs 1

a) Anwendungsfälle. Wird ein Gericht eines teilnehmenden Mitgliedstaats mit einem Antrag **71** auf Ehescheidung, Trennung ohne Auflösung des Ehebands oder Ungültigerklärung der Ehe nach der EuEheVO angerufen, so sind die Gerichte dieses Staates nach Abs 1 auch für Fragen des ehelichen Güterstands in Verbindung mit diesem Antrag zuständig. Dies gilt allerdings nur vorbehaltlich des Abs 2, dem zufolge in bestimmten Fällen eine Vereinbarung der Parteien erforderlich ist, um die Annexzuständigkeit für die Güterrechtssache zu begründen. Ohne eine solche Zustimmung beider Ehegatten besteht die Annexzuständigkeit nach Abs 1 nur dann, wenn das Gericht in der Ehesache seine Zuständigkeit auf **Art 3 Abs 1 lit a, Gedankenstriche 1–4 EuEheVO,** dh auf den gemeinsamen gewöhnlichen Aufenthalt der Ehegatten, den letzten gemeinsamen gewöhnlichen Aufenthalt der Ehegatten, sofern ihn einer der Ehegatten beibehalten hat, den gewöhnlichen Aufenthalt des Antragsgegners oder im Fall eines gemeinsamen Antrags auf den gewöhnlichen Aufenthalt eines Ehegatten, gestützt hat (näher → A Rn 65 ff). Gleiches gilt schließlich, wenn die Zuständigkeit in der Ehesache aufgrund der **gemeinsamen**

171

B 72–75   1. Teil. Erkenntnisverfahren B. Güterrechtssachen

Staatsangehörigkeit der Ehegatten nach Art 3 Abs 1 lit b begründet ist (→ A Rn 91 ff). Der Begriff der Ehesache ist wie in Art 1 EuEheVO auszulegen. Er schließt nach hier vertretener Auffassung (→ A Rn 33) auch die Auflösung **gleichgeschlechtlicher Ehen** ein (**aA** *Dutta* FamRZ 16, 1973/1978; *Heiderhoff* IPRax 18, 1/9).

72   **b) Ausschließliche Zuständigkeit.** Die Verordnung hat auch die Annexzuständigkeit in Art 5 Abs 1 als *ausschließliche* Zuständigkeit ausgestaltet. Sind die Voraussetzungen dieses Gerichtsstands gegeben, so finden nämlich die allgemeinen Zuständigkeiten nach Art 6 gemäß dem Einleitungssatz dieser Vorschrift keine Anwendung. Ferner sind auch Gerichtsstandsvereinbarungen nach Art 7 Abs 1 nur „in den Fällen des Art 6", also nicht in den Fällen des Art 5 zulässig. Schließlich wird auch eine rügelose Einlassung nach Art 8 Abs 1 S 2 ausdrücklich für den Fall ausgeschlossen, dass ein Gericht eines anderen Mitgliedstaats nach Art 5 Abs 1 zuständig ist. Die internationale Zuständigkeit eines nach Art 6 ff in einer Güterrechtssache angerufenen Gerichts eines Mitgliedstaats wird allerdings nicht dadurch berührt, dass erst *nachträglich* eine Ehesache in einem anderen Mitgliedstaat anhängig gemacht wird. Insoweit verbleibt es nach Art 17 Abs 1 vielmehr bei der Zuständigkeit des zuerst angerufenen Gerichts.

3. Vereinbarte Zuständigkeiten, Abs 2

73   **a) Anwendungsfälle.** Während die Annexzuständigkeit nach Abs 1 von den Gerichten der teilnehmenden Mitgliedstaaten auch gegen den Willen des Antragsgegners in Anspruch genommen werden kann und muss, setzt ihre Inanspruchnahme nach Abs 2 in **vier Fällen** eine Vereinbarung der Parteien voraus, nämlich wenn über Fragen des ehelichen Güterstands ein Gericht eines teilnehmenden Mitgliedstaats entscheiden soll,

– in dem der Antragsteller nach Art 3 Abs 1 lit a, fünfter Spiegelstrich EuEheVO seinen gewöhnlichen Aufenthalt hat und sich dort seit mindestens einem Jahr unmittelbar vor der Antragstellung aufgehalten hat, lit a (→ A Rn 77 ff),
– dessen Staatsangehörigkeit der Antragsteller nach Art 3 Abs 1 lit a, sechster Spiegelstrich EuEheVO besitzt und in dem der Antragsteller seinen gewöhnlichen Aufenthalt hat und sich dort seit mindestens sechs Monaten unmittelbar vor der Antragstellung aufgehalten hat, lit b (→ A Rn 84 ff),
– das nach Art 5 EuEheVO in Fällen der Umwandlung einer Trennung ohne Auflösung des Ehebands in eine Ehescheidung angerufen wird (→ A Rn 104 ff), oder
– das nach Art 7 EuEheVO in Fällen angerufen wird, in denen ihm eine nationale Restzuständigkeit zukommt (→ A Rn 123 ff).

74   **b) Form der Gerichtsstandsvereinbarung, Abs 3.** Die Vereinbarung der Ehegatten nach Abs 2 bedarf keiner besonderen Form, wenn sie erst nach Anhängigkeit der Güterrechtssache getroffen wird. Wird die Vereinbarung hingegen bereits geschlossen, bevor das Gericht eines teilnehmenden Mitgliedstaats in Bezug auf den ehelichen Güterstand angerufen wird, so muss sie den Anforderungen des Art 7 Abs 2 entsprechen, dh sie bedarf der Schriftform und muss datiert und von beiden Parteien unterzeichnet sein (dazu → Rn 118 ff).

75   **c) Wirkung der Gerichtsstandsvereinbarung.** Hat ein Ehegatte in der Ehesache eines der in Abs 2 genannten Gerichte angerufen, so wird dieses Gericht für eine akzessorische Güterrechtssache zuständig, wenn der Antragsgegner dem zustimmt. Die von Abs 2 vorausgesetzte Vereinbarung kann also – wie aus Abs 2 zu entnehmen ist – auch noch während des schon anhängigen Eheverfahrens getroffen werden. Die an Form und Inhalt dieser Vereinbarung zu stellenden Anforderungen beurteilen sich in diesem Fall nach der *lex fori* des angerufenen Gerichts. Haben die Ehegatten die Vereinbarung schon vor der Anrufung des Gerichts in der Güterrechtssache formwirksam nach Abs 3 getroffen, so kann grundsätzlich nur noch das vereinbarte Gericht angerufen werden. Denn die Zuständigkeitsvereinbarung nach Art 5 Abs 2 hat Vorrang vor den Zuständigkeiten nach Art 6, aber auch vor einer Gerichtsstandsvereinbarung nach Art 7 und vor den gesetzlichen Zuständigkeiten nach Art 5 Abs 1, der nur „unbeschadet des Abs 2"gilt. Solange das Gericht in der Güterrechtssache nicht angerufen worden ist, sind die Ehegatten jedoch nicht gehindert, ihre Vereinbarung nach Abs 2 wieder zu ändern oder aufzuheben. Ferner schließt eine Vereinbarung nach Art 5 Abs 2 auch die rügelose Einlassung vor dem Gericht eines anderen Mitgliedstaats nach Maßgabe von Art 8 nicht aus; denn diese Möglichkeit wird nach Art 8 Abs 1 S 2 nur in den Fällen des Art 4 und des Art 5 Abs 1 versperrt.

I. Internationale Zuständigkeit: EuGüVO Art 6

EuGüVO Art 6. Zuständigkeit in anderen Fällen

In Fällen, in denen kein Gericht eines Mitgliedstaats nach den Artikeln 4 und 5 zuständig ist, oder in anderen als den in diesen Artikeln geregelten Fällen sind für Entscheidungen über Fragen des ehelichen Güterstands die Gerichte des Mitgliedstaats zuständig,

a) in dessen Hoheitsgebiet die Ehegatten zum Zeitpunkt der Anrufung des Gerichts ihren gewöhnlichen Aufenthalt haben oder anderenfalls

b) in dessen Hoheitsgebiet die Ehegatten zuletzt ihren gewöhnlichen Aufenthalt hatten, sofern einer von ihnen zum Zeitpunkt der Anrufung des Gerichts dort noch seinen gewöhnlichen Aufenthalt hat, oder anderenfalls

c) in dessen Hoheitsgebiet der Antragsgegner zum Zeitpunkt der Anrufung des Gerichts seinen gewöhnlichen Aufenthalt hat oder anderenfalls

d) dessen Staatsangehörigkeit beide Ehegatten zum Zeitpunkt der Anrufung des Gerichts besitzen.

1. Allgemeines

a) Normzweck. Stehen Fragen des ehelichen Güterstands – ausnahmsweise – nicht im **76** Zusammenhang mit einem bei einem Gericht eines teilnehmenden Mitgliedstaats anhängigen Verfahren über die Rechtsnachfolge von Todes wegen nach einem Ehegatten (Art 4) oder über die Ehescheidung, Trennung ohne Auflösung des Ehebands oder Ungültigerklärung der Ehe (Art 5), so sieht die Verordnung in Art 6 gesetzliche Zuständigkeiten vor, die sich an der Zuständigkeitsregelung für Ehesachen in Art 3 Abs 1 EuEheVO (→ A Rn 65 ff) orientieren. Diese gelten also sowohl im Falle einer isolierten Geltendmachung von güterrechtlichen Ansprüchen als auch dann, wenn das Eheverfahren vor den Gerichten eines Drittstaats anhängig ist (*Heiderhoff* IPRax 18, 1/10). Sie sind allerdings nur im Verhältnis der Ehegatten zueinander, nicht im Verhältnis zu Dritten anwendbar (*Heiderhoff* aaO). Anders als in Ehesachen stehen diese Zuständigkeiten den Ehegatten **nicht wahlweise** zur Verfügung; vielmehr legt Art 6 in Güterrechtssachen eine **Rangfolge der Anknüpfungspunkte** fest. Ist also nach lit a ein Gericht im Mitgliedstaat des gewöhnlichen Aufenthalts der Ehegatten zum Zeitpunkt der Anrufung des Gerichts international zuständig, so sind hierdurch die weiteren Zuständigkeiten nach lit b – lit d ausgeschlossen usw. Die Anknüpfungspunkte nach Art 6 sollen die zunehmende Mobilität der Bürger widerspiegeln und eine wirkliche Verbindung zwischen den Ehegatten und dem Mitgliedstaat, in dem die Zuständigkeit ausgeübt wird, gewährleisten (ErwG 35; → Anh IV).

b) Die Anknüpfungskriterien. Als Anknüpfungsmerkmal steht nach Art 6 lit a – lit c der **77** **gewöhnliche Aufenthalt** der Ehegatten im Vordergrund (→ Rn 81 ff). Er begründet die internationale Zuständigkeit nach lit c auch dann, wenn er nur einseitig in der Person des Antragsgegners gegeben ist. Auf die Staatsangehörigkeit der Beteiligten oder auf einen sonstigen Bezug zu einem weiteren Mitgliedstaat der Verordnung kommt es dabei nach lit a – lit c nicht an. Diese Vorschriften begründen die internationale Zuständigkeit daher auch für die **Angehörigen von Drittstaaten,** die ihren gewöhnlichen Aufenthalt in einem teilnehmenden Mitgliedstaat haben.

Demgegenüber wird die **Anknüpfung an die Staatsangehörigkeit** in Art 6 lit d im Ver- **78** gleich zur Regelung im autonomen Recht vieler Mitgliedstaaten zurückgedrängt, weil sie nur **subsidiär** zum Zuge kommt, wenn die Aufenthaltszuständigkeiten nach lit a – lit c nicht eingreifen und die Ehegatten außerdem eine *gemeinsame* Staatsangehörigkeit besitzen. Damit wird dem Antragsteller, der seinen gewöhnlichen Aufenthalt im Ausland hat, in einer gemischtnationalen Ehe das allein an seine Staatsangehörigkeit anknüpfende Forum in seinem Heimatstaat genommen.

c) Internationale und örtliche Zuständigkeit. Art 6 regelt nur die *internationale* Zuständig- **79** keit des in einer Güterrechtssache iSv Art 1 Abs 1 angerufenen Gerichts und verdrängt das autonome Zuständigkeitsrecht der teilnehmenden Mitgliedstaaten, soweit ein Anknüpfungspunkt der Vorschrift in einem solchen Staat gegeben ist. Dies ist von dem angerufenen Gericht gem Art 15 **von Amts wegen** zu prüfen (→ Rn 190 ff), und zwar in jedem Stadium des Verfahrens, mithin auch vom Berufungs-, Revisions- und Beschwerdegericht. Wie schon Art 4

B 80–84　　　　　　　　　　　　　　　　1. Teil. Erkenntnisverfahren B. Güterrechtssachen

und 5 beschränkt sich allerdings auch Art 6 auf die Regelung der **internationalen** Zuständigkeit. Welches Gericht innerhalb des nach Art 6 zuständigen Mitgliedstaats **örtlich zuständig** ist, richtet sich gemäß Art 2 weiterhin nach nationalem Recht, in Deutschland also nach § 262 FamFG, der in jedem Fall der internationalen Zuständigkeit deutscher Gerichte eine örtliche Zuständigkeit bereitstellt.

80　　**d) Maßgebender Zeitpunkt.** Art 6 stellt für sämtliche in lit a – lit geregelten Anknüpfungskriterien zur Begründung der internationalen Zuständigkeit klar, dass sie „zum Zeitpunkt der Anrufung des Gerichts" vorliegen müssen. Dieser Zeitpunkt wird in Art 14 näher autonom bestimmt (→ Rn 178 ff). Vor deutschen Gerichten kommt es nach Art 14 lit a auf den Zeitpunkt an, zu dem das verfahrenseinleitende Schriftstück bei Gericht eingereicht worden ist. Damit gilt auch im Rahmen der EuGüVO – ebenso wie in der EuEheVO – der Grundsatz der *perpetuatio fori,* wonach die bei Anrufung des Gerichts gegebene Zuständigkeit durch den nachträglichen Wegfall der sie begründenden Umstände – zB den Aufenthaltswechsel eines oder beider Ehegatten nach Antragstellung – nicht berührt wird. Die allgemeine Zuständigkeit nach Art 6 endet allerdings, wenn nachträglich ein nach Art 4 oder 5 im Verbund zuständiges Gericht angerufen wird.

2. Aufenthaltszuständigkeiten

Schrifttum → A vor Rn 45 und → F vor Rn 87.

81　　**a) Begriff des gewöhnlichen Aufenthalts.** Art 6 knüpft in lit a–lit c in unterschiedlichen Varianten an den gewöhnlichen Aufenthalt eines oder beider Ehegatten an. Anders als manche rein kollisionsrechtlichen EU-Verordnungen (vgl zB Art 19 Abs 1 S 2 Rom I-VO; Art 23 Abs 2 Rom II-VO) enthält die EuGüVO allerdings keine Definition des gewöhnlichen Aufenthalts natürlicher Personen. Der Begriff ist ist im Interesse einer möglichst einheitlichen Anwendung der Verordnung **autonom** auszulegen (vgl zur EuEheVO EuGH C-523/07 – *A,* Slg 09 I, 2805 Rn 34 f. = NJW 09, 1868; EuGH C-497/10 – *Mercredi/Chaffe,* Slg 10 I-14309 Rn 45 = FamRZ 11, 617 m Anm *Henrich*). Dabei bietet sich eine Orientierung an der EuGH-Rechtsprechung zur EuEheVO an (*Dutta* FamRZ 16, 1973/1977). Allerdings ist auch der jeweilige Kontext zu berücksichtigen, in dem der gewöhnliche Aufenthalt der Beteiligten als Anknüpfungsmoment verwendet wird. Dies könnte dafür sprechen, im Ehegüterecht, wo es auf den Schwerpunkt der Vermögensverhältnisse der Ehegatten ankommt, eine stärkere Verfestigung zu fordern als zB im Unterhaltsrecht (*Weber* DNotZ 16, 659/670).

82　　Danach liegt der gewöhnlichen Aufenthalt einer Person dort, wo sie ihren **Daseinsmittelpunkt,** dh den Schwerpunkt ihrer familiären oder beruflichen Bindungen, hat (Rauscher/*Kroll-Ludwigs* Einf Rn 19; *Weber* DNotZ 16, 659/670 f; zur EuUntVO BGH FamRZ 01, 412; *Motzer* FamRBint 11, 56/58; Rauscher/*Andrae* Art 3 Rn 9). Maßgebend sind daher vor allem die objektiven Merkmale der **Dauer und Beständigkeit** des Aufenthalts und die Intensität der dort begründeten sozialen Bindungen. Als Faustregel geht die deutsche Praxis von einer Aufenthaltsdauer von **sechs Monaten** aus. Eine feste Mindestdauer gibt es jedoch nicht; der Länge des Aufenthalts kommt nur Indizwirkung zu. Eine nur **vorübergehende Abwesenheit** führt nicht zum Verlust des gewöhnlichen Aufenthalts, wenn die Bindungen zum Staat des gewöhnlichen Aufenthalts aufrechterhalten werden und mit einer Rückkehr in absehbarer Zeit zu rechnen ist (BGH NJW 93, 2047/2048).

83　　Die Begründung eines gewöhnliche Aufenthalts hängt dabei nur von den **tatsächlichen Umständen** ab. Ein rechtsgeschäftlicher Wille zur Begründung des gewöhnlichen Aufenthalts ist nicht erforderlich. Die Ermittlung des gewöhnlichen Aufenthalts der Ehegatten ist aber in jedem Fall **Sache des nationalen Gerichts,** das hierbei alle Umstände des Einzelfalls zu berücksichtigen hat (vgl zur EuEheVO EuGH C-523/07 aaO, Rn 37; zu Einzelheiten der Bestimmung des gewöhnlichen Aufenthalts nach europäischem Recht → A Rn 55 ff; → C Rn 101 ff; → F Rn 87 ff).

84　　Bei einem **Umzug in einen anderen Mitgliedstaat** kommt es auf die Dauer des beabsichtigten künftigen Aufenthalts und die erwartete Integration in das neue Lebensumfeld an. Ein gewöhnlicher Aufenthalt kann daher bereits unmittelbar nach einem Aufenthaltswechsel vorliegen, wenn die Bindungen an den bisherigen Aufenthaltsstaat definitiv abgebrochen wurden und die Absicht besteht, den neuen Aufenthaltsort zum künftigen Lebensmittelpunkt zu machen (BGH NJW 93, 2047/2048). Diese Absicht allein genügt jedoch solange nicht, wie die sozialen Bindungen am bisherigen Aufenthaltsort fortbestehen.

174

I. Internationale Zuständigkeit: EuGüVO Art 6   85–90 **B**

Die **Rechtmäßigkeit** des Aufenthalts ist keine notwendige Voraussetzung für die Begründung 85
eines gewöhnlichen Aufenthalts. Deshalb können auch Asylbewerber ohne dauerhafte Aufenthaltserlaubnis im Inland einen gewöhnlichen Aufenthalt begründen; allerdings sind in diesem
Fall strengere Anforderungen an die soziale Integration zu stellen. Eine zumindest befristete
Aufenthaltserlaubnis ist aber nicht zu fordern.

aa) Gewöhnlicher Aufenthalt beider Ehegatten, lit a. Lit a knüpft an den gewöhnlichen 86
Aufenthalt beider Ehegatten in einem teilnehmenden Mitgliedstaat an. Es handelt sich um die in
der Praxis häufigste und damit wichtigste Anknüpfung für die internationale Zuständigkeit in
Güterrechtssachen. Der Aufenthalt muss nicht „gemeinsam" im eherechtlichen Sinne sein; die
Zuständigkeit ist daher auch bei **Getrenntleben** beider Ehegatten in demselben Mitgliedstaat
eröffnet. Eine Mindestdauer des Aufenthalts ist nicht erforderlich. Ein nachträglicher Wegfall des
gemeinsamen gewöhnlichen Aufenthalts ist nach dem Grundsatz der *perpetuatio fori* unbeachtlich.

bb) Letzter gemeinsamer gewöhnlicher Aufenthalt der Ehegatten, lit b. Fehlt es im 87
Zeitpunkt der Anrufung des Gerichts an einem gewöhnlichen Aufenthalt beider Ehegatten im
Gerichtsstaat, so eröffnet lit b hilfsweise einen Gerichtsstand am letzten gemeinsamen gewöhnlichen Aufenthalt der Ehegatten, soweit einer der Ehegatten zur Zeit der Anrufung des Gerichts in
diesem Staat noch seinen gewöhnlichen Aufenthalt hat. Auf die Staatsangehörigkeit der Ehegatten
kommt es auch insoweit nicht an. Auch der letzte gemeinsame gewöhnliche Aufenthalt muss nicht
während noch intakter ehelicher Lebensgemeinschaft bestanden haben; es genügt vielmehr, wenn
die Eheleute im Gerichtsstaat zuletzt **getrennt gelebt** haben und ein Ehegatte diesen Staat danach
verlassen hat. Die Zuständigkeit nach lit b entfällt, wenn beide Ehegatten ihren gewöhnlichen
Aufenthalt in dem betreffenden Mitgliedstaat aufgeben. Sie lebt auch nicht wieder auf, wenn der
Ehegatte, der zwischenzeitlich in einen anderen Mitgliedstaat verzogen war, nach einiger Zeit
wieder in den früheren gemeinsamen Aufenthaltsstaat zurückkehrt (vgl auch → A Rn 69).

cc) Gewöhnlicher Aufenthalt des Antragsgegners, lit c. Liegen auch die Voraussetzungen 88
für die Zuständigkeitsanknüpfung nach lit b nicht vor, so sind nach lit c hilfsweise die Gerichte
desjenigen teilnehmenden Mitgliedstaats international zuständig, in dem der Antragsgegner zur
Zeit der Anrufung des Grichts seinen gewöhnlichen Aufenthalt hat. Die EuGüVO übernimmt
damit in gewissem Umfang den die Zuständigkeitsregelung der EuGVVO prägenden Grundsatz
„actor sequitur forum rei"(Art 4 Abs 1) in das Eheverfahrensrecht. Dem gewöhnlichen Aufenthalt
des Antragsgegners wird als Anknüpfungskriterium für die internationale Zuständigkeit in
Güterrechtssachen mithin eine stärkere Legitimität zugesprochen als dem gewöhnlichen Aufenthalt des Antragstellers. Haben Ehegatten mit unterschiedlicher Staatsangehörigkeit nach der
Trennung ihren bisherigen gemeinsamen Aufenthaltsstaat verlassen, und hat der Antragsgegner
noch keinen neuen gewöhnlichen Aufenthalt in einem anderen Mitgliedstaat begründet, so steht
nach Art 6 – ebenso wie nach Art 3 Abs 1 EuEheVO – vorübergehend überhaupt kein
Gerichtsstand zur Verfügung. Der Antragsteller muss daher auf die subsidiäre Zuständigkeit nach
Art 10 oder die Notzuständigkeit nach Art 11 zurückgreifen.

3. Staatsangehörigkeitszuständigkeit, lit d

a) Grundsatz. Art 6 lit d bestimmt *subsidiär* die internationale Zuständigkeit der Gerichte des 89
Staates, dessen Staatsangehörigkeit beide Ehegatten zum Zeitpunkt der Anrufung des Gerichts
besitzen, wenn die Anknüpfungen an den gewöhnlichen Aufenthalt nach lit c – lit c in keinem
teilnehmenden Mitgliedstaat zum Ziel führen. Denn die gemeinsame Staatsangehörigkeit vermittelt auch dann, wenn die Ehegatten ihren gewöhnlichen Aufenthalt in einem oder in
verschiedenen anderen Mitglied- oder Drittstaaten haben, und außer der Staatsangehörigkeit
kein sonstiger Bezug mehr zu dem gemeinsamen Heimatstaat besteht, eine ausreichende Verknüpfung mit letzterem.

b) Mehrstaater. Bei Doppel- oder Mehrstaatern genügt – wie nach Art 3 Abs 1 lit b 90
EuEheVO (vgl EuGH C-168/08 – *Hadadi/Mesko*, Slg 09 I-1571 Rn 51 ff = FamRZ 09, 1571 m
krit Anm *Kohler* 1574; näher → A Rn 93) auch im Rahmen von lit d eine nicht effektive
gemeinsame Staatsangehörigkeit (*Dutta* FamRZ 16, 1973/1977). Dies gilt auch dann, wenn die
Ehegatten im Staat ihrer gemeinsamen effektiven Staatsangehörigkeit ihren Wohnsitz und
gewöhnlichen Aufenthalt haben. **Staatenlose** und internationale **Flüchtlinge** können sich auf
lit d auch dann nicht berufen, wenn sie ihren gewöhnlichen Aufenthalt im Heimatstaat des
anderen Ehegatten haben.

175

B 91–95   1. Teil. Erkenntnisverfahren B. Güterrechtssachen

EuGüVO Art 7. Gerichtsstandsvereinbarung

(1) **In Fällen des Artikels 6 können die Parteien vereinbaren, dass die Gerichte des Mitgliedstaats, dessen Recht nach Artikel 22 oder Artikel 26 Absatz 1 Buchstabe a oder b anzuwenden ist, oder die Gerichte des Mitgliedstaats, in dem die Ehe geschlossen wurde, für Entscheidungen über Fragen ihres ehelichen Güterstands ausschließlich zuständig sind.**

(2) **Die in Absatz 1 genannte Vereinbarung bedarf der Schriftform, ist zu datieren und von den Parteien zu unterzeichnen. Elektronische Übermittlungen, die eine dauerhafte Aufzeichnung der Vereinbarung ermöglichen, sind der Schriftform gleichgestellt.**

1. Allgemeines

91   **a) Bedeutung.** Zwar haben internationale Gerichtsstandsvereinbarungen in Güterrechtssachen bisher nur eine untergeordnete Rolle gespielt, denn das Ehegüterrecht war nach Art 1 Abs 2 lit a aus dem sachlichen Anwendungsbereich der EuGVVO ausgeschlossen und eine Prorogation war nach dem autonomen deutschen Verfahrensrecht (§§ 105, 262 Abs 2 FamFG iVm § 38 Abs 2 ZPO) nur in engen Grenzen zugelassen. Obwohl Art 7 Abs 1 Gerichtsstandsvereinbarungen in Güterrechtssachen auch nur eingeschränkt zulässt, steht zu erwarten, dass ihre praktische Bedeutung im Rahmen von Eheverträgen und Scheidungsvereinbarungen aufgrund der nunmehrigen ausdrücklichen Regelung in der Verordnung zunehmen wird. Dies nicht zuletzt auch wegen der Möglichkeit, die Gerichtswahl mit einer auf sie abgestimmten Rechtswahl nach Art 22 (→ Rn 324 ff) zu kombinieren.

92   Durch eine Gerichtsstandsvereinbarung können Ehegatten von den gesetzlichen Zuständigkeitsanknüpfungen nach Art 6 abweichen. Auf diese Weise wird einerseits größere **Rechtssicherheit** durch Vorhersehbarkeit des anwendbaren Rechts geschaffen, andererseits die **Eigenverantwortlichkeit** der Beteiligten gestärkt (ErwG 36; → Anh IV). Denn die Vereinbarung legt den Gerichtsstand unabhängig von der nicht vorhersehbaren späteren Parteirolle und von einer Veränderung der tatsächlichen Verhältnisse (zB einem Wechsel des gewöhnlichen Aufenthalts) verbindlich fest (vgl zu Art 25 EuGVVO nF Staud/*Hausmann,* IntVertrVerfR Rn 296).

93   **b) Rechtsnatur.** Die Gerichtsstandsvereinbarung nach Art 7 begründet keine Verpflichtung der Parteien, vor einem bestimmten Gericht zu klagen, sondern führt die Zuständigkeit des prorogierten (bzw die Unzuständigkeit des derogierten) Gerichts von sich aus herbei. Sie ist daher als **Prozessvertrag** und die auf ihren Abschluss gerichteten Willenserklärungen als Prozesshandlungen im weiteren Sinne zu qualifizieren (so wohl auch EuGH C-25/79 – *Sanicentral,* Slg 79, 3423 Rn 5 f [zu Art 17 EuGVÜ]). Dies schließt freilich nicht aus, bestimmte Aspekte des Zustandekommens und der materiellen Wirksamkeit der Vereinbarung nach einer mit Hilfe des Kollisionsrechts der *lex fori* zu bestimmenden *lex causae* zu beurteilen (→ Rn 113 ff).

94   **c) Prorogation und Derogation.** Eine Gerichtsstandsvereinbarung nach Art 4 ist regelmäßig auf die Prorogation des Gerichts (oder der Gerichte) eines bestimmten Mitgliedstaats gerichtet. Da sie nach Abs 1 *ausschließliche* Wirkung hat, wird zugleich die Zuständigkeit der Gerichte aller übrigen (Mitglied- wie Dritt-)Staaten derogiert. Ob die Parteien – wie in Unterhaltssachen (→ C Rn 169) – auch eine isolierte Prorogationsvereinbarung treffen können, die nur einen zusätzlichen Gerichtsstand schafft, das Recht der Parteien zur Anrufung der nach Art 6 gesetzlich zuständigen Gerichte jedoch unberührt lässt, erscheint hingegen fraglich, weil ihnen – anders als nach Art 4 Abs 1 UAbs 3 EuUntVO – das Recht zur Vereinbarung eines nicht ausschließlichen Gerichtsstands gerade nicht eingeräumt wird.

95   **d) Nationale Prorogations- und Derogationsverbote.** Art 7 regelt die Zulässigkeit, die Voraussetzungen und die Wirkungen einer gültigen Gerichtsstandsvereinbarung in Güterrechtssachen *abschließend,* verdrängt also auf Grund seines Anwendungsvorrangs als sekundäres Unionsrecht diesbezüglich das nationale Recht der Mitgliedstaaten vollständig. Dies gilt – ebenso wie bisher nach nach Art 23 EuGVVO aF (dazu ausführlich unalexK/*Hausmann* Rn 23 ff m Nachw) und nach Art 4 EuUntVO – vor allem für die in den Verfahrensordnungen der Mitgliedstaaten vorgesehenen ausdrücklichen **Prorogations- oder Derogationsverbote** (vgl zu Art 23 EuGVVO aF EuGH C-159/97 – *Castelletti,* Slg 99 I-1597 Rn 46 ff = IPRax 2000, 119 m Anm *Girsberger* 87; OLG Hamburg NJW 04, 3126/3228; OLGR Stuttgart 09, 717). Gemeint sind

176

I. Internationale Zuständigkeit: EuGüVO Art 7   **96–100**   **B**

insbesondere Vorschriften, die internationale Gerichtsstandsvereinbarungen in Güterrechtssachen verbieten oder zusätzliche sprachliche Anforderungen (EuGH 150/80 – *Elefanten Schuh,* Slg 81, 1671 Rn 26) bzw schärfere **Formerfordernisse** als Abs 2 festlegen. Im Hinblick auf Art 2 sind die Mitgliedstaaten hingegen nicht gehindert, in Güterrechtssachen ausschließliche *örtliche* Zuständigkeiten vorzuschreiben.

e) Internationaler Sachverhalt. Ebensowenig wie von Art 23 EuGVVO aF (dazu unalexK/ **96** *Hausmann* Rn 38 m Nachw) werden auch von Art 7 reine Binnensachverhalte erfasst; dies folgt aus der Rechtsgrundlage der EuGüVO in Art 81 AEUV. Ob eine Auslandsberührung besteht, hängt in Anbetracht der in Art 6 lit a – lit c normierten gesetzlichen Gerichtsstände vor allem vom **gewöhnlichen Aufenthalt** der Parteien (vgl zur EuGVVO aF EuGH C 281/03 – *Owusu,* Slg 05 I-1383 Rn 28 = IPRax 05, 244) und vom Inhalt ihrer Gerichtsstandsvereinbarung ab. Ein hinreichender Auslandsbezug der Gerichtsstandsvereinbarung liegt aber schon dann vor, wenn die Prorogation der Gerichte eines Mitgliedstaats zur Derogation einer von Art 6 eingeräumten Zuständigkeit in einem anderen Mitgliedstaat führt. Die Vereinbarung eines Gerichts im Eheschließungsstaat ist also an Art 4 zu messen, wenn hierdurch die Zuständigkeit am gemeinsamen gewöhnlichen Aufenthalt der Ehegatten nach Art 6 lit a in einem anderen Mitgliedstaat ausgeschlossen wird. Ausreichend ist aber auch die Vereinbarung eines Gerichtsstands im gemeinsamen Heimatstaat der Parteien zur Zeit der Eheschließung, selbst wenn beide ihren gemeinsamen gewöhnlichen Aufenthalt zur Zeit der Anrufung des Gerichts in einem anderen Mitgliedstaat haben.

Daneben kann aber auch die **ausländische Staatsangehörigkeit** einer Partei genügen, um **97** die Internationalität des Sachverhalts zu begründen, zumal sie nachArt 6 lit d auch subsidiäres Kriterium der Zuständigkeitsanknüpfung nach der EuGüVO ist (vgl zur EuGVVO aF EuGH C-327/10 – *Hypoteční banka/Lindner,* Slg 11 I-11582 Rn 28 ff, 35 = NJW 12, 1199). Dagegen ist ein Bezug der Gerichtsstandsvereinbarung zu einem weiteren **Mitgliedstaat der EuGüVO** nicht erforderlich. Diese Auffassung hatte sich schon zu Art 23 EuGVVO aF durchgesetzt (vgl EuGH C-281/02 – *Owusu,* Slg 05 I-1383 Rn 28 ff; ausführlich unalexK/*Hausmann* Rn 39 ff mwN) und gilt auch für Art 25 EuGVVO nF (Staud/*Hausmann* IntVertrVerfR Rn 303 f mwN).

f) Verhältnis zu Staatsverträgen. Staatsverträge auf dem Gebiet der internationalen Zustän- **98** digkeit in Güterrechtssachen haben nach Maßgabe von Art 62 Abs 1 (→ Rn 248 ff) Vorrang vor der Anwendung der Verordnung. An solchen Staatsverträgen ist die *Bundesrepublik Deutschland* allerdings nicht beteiligt. Denn Güterrechtssachen sind aus dem sachlichen Anwendungsbereich sowohl des **Luganer Übereinkommens von 2007** (Art 1 Abs 2 lit a) als auch des **Haager Übereinkommens über Gerichtsstandsvereinbarungen** v 30.6.2005 (ABl EU 2009 L 133, 3; Art 2 Abs 2 lit c) ausgeschlossen.

2. Voraussetzungen und Schranken der Prorogation, Abs 1

a) Keine vorrangige Zuständigkeit nach Art 4 und 5. Gerichtsstandsvereinbarungen in **99** Güterrechtsachen können nach Art 7 nur „in den Fällen des Art 6" getroffen werden. Art 6 findet aber wiederum nur in Fällen Anwendung, in denen „kein Gericht eines Mitgliedstaats nach den Art 4 und 5 zuständig ist". Ist daher die Annexzuständigkeit eines Gerichts eines teilnehmenden Mitgliedstaats für die Güterrechtssache wegen des bestehenden Zusammenhangs mit einer Erb- oder einer Ehesache nach Art 4 oder 5 begründet, so bleibt eine Gerichtsstandsvereinbarung, welche die internationale Zuständigkeit eines Gerichts in einem anderen Mitgliedstaat bestimmt, ohne Wirkung.

b) Vereinbarung der Gerichte eines teilnehmenden Mitgliedstaats. Nach Abs 1 müssen **100** die Parteien die Zuständigkeit der Gerichte eines an der Verstärkten Zusammenarbeit auf dem Gebiet des internationalen Ehegüterrechts teilnehmenden Mitgliedstaats der Verordnung (→ Rn 18) vereinbart haben. Anders als Art 4 EuUntVO in Unterhaltssachen (→ C Rn 145 f) regelt Art 7 nur die Vereinbarung der **internationalen Zuständigkeit** (arg: „Gerichte des Mitgliedstaats"). Haben die Parteien die Zuständigkeit eines bestimmten Gerichts in einem Mitgliedstaat vereinbart, so ist daraus zwar zu entnehmen, dass sie die internationale Zuständigkeit des betreffenden Mitgliedstaats iSv Art 7 bestimmen wollten; ob das vereinbarte Gericht auch *örtlich* zuständig ist, entscheidet hingegen nach Art 2 das autonome Verfahrensrecht im Staat des prorogierten Gerichts. Haben die Parteien etwa den „Gerichtsstand München" vereinbart, so sind zwar unter den Voraussetzungen des Art 7 Abs 1 und 2 die *deutschen* Gerichte für

177

B 101–106 1. Teil. Erkenntnisverfahren B. Güterrechtssachen

Güterrechtssachen international zuständig. Ob das Verfahren in München durchgeführt werden kann, beurteilt sich hingegen nach § 262 FamG.

101 An Art 7 ist die Wirksamkeit einer Prorogation der Gerichte eines teilnehmenden Mitgliedstaats auch dann zu messen, wenn hierdurch die Zuständigkeit eines *drittstaatlichen* Gerichts derogiert wird; dieses Gericht entscheidet über die Anerkennung der Derogationswirkung dann nach seinem nationalen Prozessrecht (vgl zu Art 23 EuGVVO aF unalexK/*Hausmann* Rn 35; G/Sch/*Geimer* Rn 44). Ferner beherrscht Art 7 die Wirksamkeit der Prorogation eines teilnehmenden Mitgliedstaats auch dann, wenn alternativ die Zuständigkeit eines Drittstaats vereinbart ist.

102 Auf die Vereinbarung eines Gerichtsstands in einem an der Verordnung nicht teilnehmenden Mitgliedstaat oder einem **Drittstaat** ist Art 7 dagegen nach seinem klaren Wortlaut ebensowenig anwendbar wie Art 25 EuGVVO nF oder Art 4 EuUntVO. Wird daher das Gericht eines teilnehmenden Mitgliedstaats entgegen einer solchen Vereinbarung angerufen, so muss es die Wirksamkeit der *Prorogation* – ebenso wie das prorogierte Gericht selbst – nach dem am gewählten Gerichtsort geltenden Recht prüfen (vgl zu Art 23 EuGVVO aF öst OGH 6.2.96, unalex AT-672; *Schaper/Eberlein* RIW 12, 543/545).

103 Ob das Gericht die Wirksamkeit der *Derogation* in diesem Fall nach seinem *autonomen* internationalen Privat- und Verfahrensrecht zu beurteilen hat, ist im Rahmen der EuUntVO (dazu → C Rn 136) wie der EuErbVO (dazu MüKoBGB/*Dutta* Art 5 EuErbVO Rn 12) umstritten. Da die Zuständigkeitsvorschriften der EuGüVO universell anwendbar sind und die internationale Zuständigkeit auch in Drittstaatsfällen abschließend regeln, hat jedenfalls im Anwendungsbereich dieser Verordnung – ebenso wie im Rahmen der EuUntVO – ein Rückgriff auf nationales Recht auszuscheiden. Spricht man daher einer Vereinbarung der Zuständigkeit drittstaatlicher Gerichte die derogierende Wirkung nicht ganz ab (anders zu Art 4 EuUntVO *Rauscher* FamFR 13, 25/27), so sind Zulässigkeit, Form und Wirkungen einer solchen Derogation vielmehr in entsprechender Anwendung von Art 7 zu beurteilen. Ist die Vereinbarung danach gültig, weil zB das Recht eines Drittstaats wirksam nach Art 22 gewählt und die Form nach Art 7 Abs 2 gewahrt wurde, so schaltet sie die gesetzlichen Gerichtsstände nach Art 6 in den teilnehmenden Mitgliedstaaten aus.

104 **c) Die einzelnen Anknüpfungskriterien.** Art 7 setzt – anders als bisher Art 23 EuGVVO aF – nicht voraus, dass mindestens eine der Parteien ihren Wohnsitz oder gewöhnlichen Aufenthalt im Hoheitsgebiet eines Mitgliedstaats hat. Allerdings räumt auch Art 7 den Ehegatten **keine freie Gerichtswahl** ein. Diese wird vielmehr in Abs 1 auf die Gerichte eines teilnehmenden Mitgliedstaats beschränkt, dessen Recht entweder von den Ehegatten nach Art 22 als Güterrechtsstatut gewählt wurde oder das in Ermangelung einer Rechtswahl nach Art 26 Abs 1 lit a oder lit b auf den Güterstand anzuwenden ist. Alternativ kann auch das Recht des Mitgliedstaats gewählt werden, in dem die Ehe geschlossen ist. Wesentliches Ziel der Prorogation nach Art 7 ist daher die Erzielung des Gleichlaufs von *forum* und *ius,* weil hierdurch Zeit und Kosten gespart werden und eine höhere Gewähr für eine richtige Sachentscheidung besteht. Eine Rangfolge zwischen den nach Abs 1 eröffneten Wahlmöglichkeiten besteht dabei nicht. Zum maßgebenden Zeitpunkt für das Vorliegen des Bezugspunkts → Rn 110 f.

105 **aa) Nach Art 22 gewähltes Recht.** In erster Linie können die Ehegatten die Zuständigkeit der Gerichte des Staates vereinbaren, dessen Recht sie in einer nach Art 22 getroffenen Rechtswahl (→ Rn 324 ff) als Güterrechtsstatut bestimmt haben. Das nach Art 7 angerufene Gericht hat also in diesem Fall die Gültigkeit der Rechtswahl nach Art 22 inzident zu prüfen (*Simotta* ZVglRW 17, 44/63, 67; *Heiderhoff* IPRax 18, 1/10). In der Praxis wird es sich häufig empfehlen, Rechts- und Gerichtswahl in einem Ehevertrag zu kombinieren. Auf diese Weise wird sichergestellt, dass über die Gültigkeit der Rechtswahl ein an die EuGüVO gebundenes Gericht eines teilnehmenden Mitgliedstaats entscheiden wird, das die Rechtswahl beachten wird, wenn sie den Anforderungen der Art 22, 23 genügt.

106 **bb) Nach Art 26 Abs 1 lit a oder b anzuwendendes Recht.** Fehlt es an einer Rechtswahl nach Art 22, so können die Ehegatten auch die Zuständigkeit der Gerichte des Staates vereinbaren, in dem sie nach der Eheschließung ihren **ersten gemeinsamen gewöhnlichen Aufenthalt** begründet haben, Art 26 Abs 1 lit a. In Ermangelung eines solchen gemeinsamen gewöhnlichen Aufenthalts der Ehegatten kurz nach der Eheschließung können auch die Gerichte des Staates als zuständig bestimmt werden, dessen **Staatsangehörigkeit beide Ehegatten** zum Zeitpunkt der Eheschließung besitzen oder besessen haben, Art 26 Abs 1 lit b. Auch hierdurch soll jeweils der Gleichlauf von internationaler Zuständigkeit und anwendbarem Recht

178

I. Internationale Zuständigkeit: EuGüVO Art 7   **107–110**   **B**

gefördert werden. Eine Zuständigkeitsvereinbarung zugunsten der Gerichte im Staat des ersten gemeinsamen gewöhnlichen Aufenthalts oder im gemeinsamen Heimataat der Ehegatten nach Art 7 Abs 1 iVm Art 26 Abs 1 lit a oder lit b bleibt jedoch auch dann wirksam, wenn das vereinbarte Gericht später von der Ausweichklausel nach Art 26 Abs 3 Gebrauch macht und die güterrechtlichen Beziehungen der Ehegatten dem Recht am *letzten* gemeinsamen gewöhnlichen Aufenthalt der Ehegatten unterwirft. Die Zuständigkeit der Gerichte in diesem Staat kann jedoch nach Art 7 Abs 1 nicht gewählt werden.

cc) Recht des Eheschließungsstaates. Insbesondere wenn Ehegatten keine gemeinsame **107** Staatsangehörigkeit besitzen und auch noch keinen gemeinsamen gewöhnlichen Aufenthalt begründet haben, so dass sich ihr Güterrechtsstatut gem Art 26 Abs 1 lit c nach dem Recht beurteilt, mit dem sie zur Zeit der Eheschließung gemeinsam am engsten verbunden sind, können sie schließlich eine Zuständigkeitsvereinbarung auch zugunsten der Gerichte des Staates treffen, in dem sie die Ehe geschlossen haben. Eine solche Gerichtsstandsvereinbarung können aber auch Ehegatten treffen, deren Güterrechtsstatut sich aufgrund einer Rechtswahl gem Art 22 oder kraft objektiver Anknüpfung nach Art 26 Abs 1 lit a bzw lit b nach einem anderen Recht als dem des Eheschließungsstaates bestimmt. Denn der Gleichlauf von *forum* und *ius* ist keine notwendige Voraussetzung für eine Gerichtsstandsvereinbarung nach Art 7 (zu Recht krit zu dieser Wahlmöglichkeit *Heiderhoff* IPRax 18, 1/10).

d) Internationale und örtliche Zuständigkeit. Anders als in Unterhaltssachen (Art 4 Abs 1 **108** EuUntVO) können Ehegatten in Güterrechtssachen nach Art 7 nicht ein bestimmtes Gericht, sondern nur „die Gerichte" eines bestimmten Mitgliedstaats für zuständig erklären. Damit stellt die Verordnung klar, dass die Parteien nur die **internationale Zuständigkeit** der Gerichte eines bestimmten Mitgliedstaats prorogieren (und damit gleichzeitig die Zuständigkeit der Gerichte aller anderen Mitgliedstaaten derogieren) können. Hingegen bestimmt sich die örtliche Zuständigkeit gemäß Art 2 nach dem nationalen Verfahrensrecht des prorogierten Staates, in Deutschland also nach § 262 FamFG. Dies gilt nicht nur für die in diesem Staat fakultativ bestimmte örtliche Zuständigkeit in Güterrechtssachen, sondern auch für *ausschließliche* Zuständigkeiten. Damit können die Ehegatten in einer güterrechtlichen Streitigkeit mit Auslandsbezug zB auch die ausschließliche (Verbunds-)Zuständigkeit nach § 262 Abs 1 FamFG durch ein Gerichtsstandsvereinbarung nach Art 7 nicht ausschalten. Fehlt es nach dem Recht des prorogierten Staates an einem Anknüpfungspunkt für die örtliche Zuständigkeit, so ist auf die in den meisten Mitgliedstaaten vorgesehene örtliche Ersatzzuständigkeit (zB der Hauptstadtgerichte) zurückzugreifen, um die Gerichtsstandsvereinbarung nicht leer laufen zu lassen (vgl zu Art 23 EuGVVO aF unalexK/*Hausmann* Rn 116 mwN).

e) Bestimmtheit des als zuständig vereinbarten Mitgliedstaats. Obwohl Art 7 dies nicht **109** ausdrücklich vorschreibt, muss aus Gründen der Rechtssicherheit zumindest bei Antragstellung eindeutig bestimmbar sein, die Gerichte welchen Mitgliedstaats die Ehegatten prorogiert haben. Zwar ist nicht erforderlich, dass der als zuständig vereinbarte Mitgliedstaat im Wortlaut der Vereinbarung ausdrücklich bezeichnet ist; die Kriterien für seine Bestimmung müssen jedoch so genau festgelegt sein, dass das spätere angerufene Gericht im Wege der Auslegung der Gerichtsstandsvereinbarung entscheiden kann, ob es zuständig ist oder nicht (vgl zu Art 23 EuGVVO EuGH C-387/98 – *Coreck Maritime,* Slg 00 I-9337 Rn 14 f; unalexK/*Hausmann* Rn 113 mwN). Zulässig ist demnach auch die Vereinbarung von alternativen Gerichtsständen. Die Ehegatten können daher zB vereinbaren, dass sowohl die Gerichte des Mitgliedstaats, dessen Recht nach Art 22 als Güterrechtsstatut gewählt haben, als auch die Gerichte des – hiervon verschiedenen – Mitgliedstaats, in dem die Ehe geschlossen wurde, international zuständig sein sollen. Das Wahlrecht steht dabei – soweit nichts anderes vereinbart ist – dem Antragsteller zu.

f) Maßgebender Zeitpunkt. Die Anknüpfungskriterien für eine Gerichtsstandsvereinbarung **110** nach Abs 1 müssen grundsätzlich sowohl bei Abschluss der Vereinbarung als auch im Zeitpunkt der Anrufung des Gerichts (Art 14) vorliegen. Wurde die Zuständigkeit der Gerichte des Mitgliedstaats vereinbart, dessen Recht nach Art 26 Abs 1 lit a oder lit b anwendbar ist oder in dem die Ehe geschlossen wurde, ist die Erfüllung dieser Voraussetzung unproblematisch, da eine Änderung der Zuständigkeitsanknüpfung zwischen dem Abschluss der Vereinbarung und der Anrufung des Gerichts ausgeschlossen ist. Demgegenüber kann eine gem Art 22 getroffene Rechtswahl nach Abschluss der Gerichtsstandsvereinbarung geändert werden. Dies wird im Regelfall jedoch zur Folge haben, dass die Ehegatten auch ihre Gerichtsstandsvereinbarung nach Art 7 entsprechend anpassen. Sollte eine solche Anpassung ausnahmsweise unterbleiben, so kann

179

B 111–114 1. Teil. Erkenntnisverfahren B. Güterrechtssachen

sich auch im Wege der Auslegung der Gerichtsstandsvereinbarung ergeben, dass die Ehegatten mit ihr die Gerichte im Staat des jeweils gewählten Rechts für zuständig erklären wollten. Andernfalls verliert eine Gerichtsstandsvereinbarung, in der die Gerichte eines Mitgliedstaats für zuständig erklärt wurden, dessen Recht aufgrund einer nachträglich geänderten Rechtswahl das Güterrechtsstatut nicht mehr bestimmt, ihre Wirkung.

111   Auch die **sonstigen Prorogations- bzw Derogationsvoraussetzungen** (etwa die Anforderungen an die Bestimmtheit oder die Formgültigkeit der Gerichtsstandsvereinbarung) müssen grundsätzlich **zur Zeit der Anrufung des Gerichts** erfüllt sein; denn nach Ansicht des EuGH begründet eine Gerichtsstandsvereinbarung nur „eine Zuständigkeitsoption, die (...) erst dann Wirkungen entfaltet, wenn eine Klage erhoben wird" (vgl zum EuGVÜ EuGH aaO, Slg 79, 3423 Rn 6; zur EuGVVO öst OGH 11.5.11, unalex AT-730). Auch eine vor dem 29.1.2019 bezüglich des Güterrechts getroffene Gerichtsstandsvereinbarung ist daher in jedem Falle wirksam, wenn sie in einem nach diesem Stichtag anhängig gemachten Rechtsstreit den Anforderungen des Art 7 entspricht. Das Vertrauen auf die Unwirksamkeit einer zuvor (nach nationalem Recht) getroffenen Gerichtsstandsvereinbarung ist mithin grundsätzlich nicht schutzwürdig. Hingegen verdient das Vertrauen in eine vor dem 29.1.2019 nach dem damals noch maßgeblichen nationalen Verfahrensrecht wirksam geschlossene Gerichtsstandsvereinbarung grundsätzlich Schutz (näher → C Rn 149 f).

3. Zustandekommen und materielle Wirksamkeit der Gerichtsstandsvereinbarung

112   **a) Zustandekommen. aa) Grundatz.** Nach Abs 1 müssen die Parteien über die gerichtliche Zuständigkeit eine „Vereinbarung" getroffen haben. In Anbetracht der Ziele und der Systematik der Verordnung und um sicherzustellen, dass sich aus ihr für die betroffenen Personen soweit wie möglich gleiche und einheitliche Rechte und Pflichten ergeben, ist der Begriff „Gerichtsstandsvereinbarung" nicht als bloße Verweisung auf das innerstaatliche Recht des angerufenen Gerichts zu verstehen, sondern **autonom auszulegen** (vgl zu Art 17 EuGVÜ bzw Art 23 EuGVVO aF EuGH C-214/89 – *Powell Duffryn*, Slg 92 I-1745 Rn 13 f = NJW 92, 1671; EuGH C-116/02 – *Gasser*, Slg 03 I-14693 Rn 51 = EuZW 04, 188; BGH NJW 07, 2036/2037; unalexK/*Hausmann* Rn 50 f mwN), und zwar – wie der EuGH betont – allein an Hand des Tatbestandes des Art 7 (EuGH C-116/02 aaO). Maßgebend für das Zustandekommen der Gerichtsstandsvereinbarung ist danach in erster Linie europäisches Einheitsrecht (EuGH C-116/02 aaO, Rn 69; M/M/*Magnus* Art 25 EuGVVO Rn 76). Die Willenseinigung setzt voraus, dass beide Vertragsparteien der Vereinbarung **tatsächlich zugestimmt** haben. Diese Zustimmung muss klar und deutlich zum Ausdruck gebracht worden sein (EuGH C-150/80 – *Elefanten Schuh*, Slg 81, 1671 Rn 23 = RIW 81, 709; BGH NJW 96, 1819 [jeweils zu Art 17 EuGVÜ]; Reithmann/Martiny/*Hausmann*, IVR Rn 8.42 mwN).

113   **bb) Verhältnis zum nationalen Recht.** Die autonome Auslegung des Begriffs „Vereinbarung" bedeutet freilich nicht, dass sämtliche Voraussetzungen für das wirksame Zustandekommen der Einigung dem Art 7 zu entnehmen sind; sie reicht vielmehr nur soweit, als sich aus den in Abs 2 normierten Formerfordernissen materielle Einigungskriterien gewinnen lassen. Art 7 stellt also mit seinen Formalternativen nur **Mindesterfordernisse** an den materiellen Tatbestand einer Vereinbarung auf, über deren Zustandekommen im Übrigen jedoch weiterhin das von der Verordnung in Kapitel III für anwendbar erklärte nationale Recht entscheidet (vgl BGH NJW 07, 2036/2037 [zu Art 23 EuGVVO aF]).

114   Dabei ist zu beachten, dass die Wirksamkeit der Gerichtsstandsvereinbarung unabhängig von der Wirksamkeit eines Ehevertrags, in dem sie enthalten ist, zu beurteilen ist (**Autonomie der Gerichtsstandsvereinbarung,** vgl zu Art 17 EuGVÜ EuGH C-269/95 – *Benincasa*, Slg 97 I-3767 Rn 25 = JZ 98, 896), auch wenn es an einer diesbezüglichen Klarstellung wie in Art 25 Abs 5 EuGVVO nF (dazu Staudinger/*Hausmann* IntVertrVerfR Rn 339) fehlt. Dies gilt erst recht im Verhältnis zu den – zB in einem Ehevertrag oder einer Scheidungsvereinbarung enthaltenen – weiteren Regelungen außerhalb des Güterrechts. Allerdings ist es eine Frage der Auslegung, ob die Parteien eine isolierte Gültigkeit der Gerichtsstandsvereinbarung für die güterrechtlichen Scheidungsfolgen gewollt haben, wenn die Gerichtsstandsvereinbarung hinsichtlich der im Ehevertrag mitgeregelten unterhaltsrechtlichen Konsequenzen nicht wirksam ist (zu den Schranken der Zulässigkeit von Gerichtsstandsvereinbarung nach Art 4 EuUntVO → C Rn 166 ff).

180

I. Internationale Zuständigkeit: EuGüVO Art 7   **115–119 B**

Nach dem von Art 20 ff für anwendbar erklärten Recht beurteilen sich insbesondere solche **115** Voraussetzungen einer wirksamen Willenseinigung, die in Art 7 auch nicht ansatzweise geregelt sind. Dies gilt etwa für

– den **Zugang** und die Bindungswirkung von Willenserklärungen,
– die Voraussetzungen und Rechtsfolgen von **Willensmängeln** (Irrtum, Täuschung, Drohung)
– das Vorliegen eines (offenen oder verdeckten) **Dissenses**
– die **Auslegung** der Gerichtsstandsvereinbarung.

Andere Fragen des Zustandekommens einer wirksamen Gerichtsstandsvereinbarung unterlie- **116** gen hingegen weder dem Art 7 noch dem Güterrechtsstatut oder der *lex fori* des vereinbarten Gerichts, sondern werden nach dem IPR der *lex fori* **gesondert angeknüpft.** Dies betrifft in den meisten Mitgliedstaaten insbesondere

– die **Geschäftsfähigkeit** der Beteiligten und
– die Wirkungen der durch einen **Vertreter** geschlossenen Gerichtsstandsvereinbarung für und gegen den Vertretenen.

Die Frage, welchen Grad an Überzeugung vom Vorliegen einer wirksamen Einigung der Parteien über den Gerichtsstand das angerufene Gericht erreichen muss, um seine Zuständigkeit zu bejahen, beurteilt sich demgegenüber nach der jeweiligen *lex fori.*

b) Materielle Wirksamkeit. Nach 25 Abs 1 EuGVVO nF wird die im Rahmen von Art 23 **117** EuGVVO aF noch dem jeweiligen nationalen IPR der *lex fori* vorbehaltene Frage der materiellen Wirksamkeit einer Gerichtsstandsvereinbarung – nach dem Vorbild von Art 6 lit a des Haager Übereinkommens über Gerichtsstandsvereinbarungen **(HGÜ)** v 30.6.2005 (ABl EU 2009 L 133, 3 = *Jayme/Hausmann* Nr 151) – seit dem 10.1.2015 einheitlich nach dem Recht (einschließlich des Kollisionsrechts) des Mitgliedstaats beurteilt, dessen Gerichte in der Vereinbarung als zuständig bestimmt worden sind (*forum prorogatum;* dazu näher Staud/*Hausmann,* IntVertrVerfR Rn 333 ff; Rauscher/*Mankowski* Art 25 Rn 25 ff, jeweils mwN). Diese Lösung sollte auch auf Gerichtsstandsvereinbarungen in Güterrechtssachen übertragen werden; der Wortlaut des Art 7 steht ihr nicht entgegen. Dieses Recht entspricht freilich im Regelfall dem Güterrechtsstatut; anders kann es nur liegen, wenn die Gerichte im Eheschließungsstaat prorogiert wurden.

4. Formgültigkeit der Gerichtsstandsvereinbarung, Abs 2

a) Form und Willenseinigung. Abs 2 stellt zwar für Gerichtsstandsvereinbarungen nur **118** Formerfordernisse auf, die systematisch betrachtet von den Anforderungen an die materielle Willenseinigung zu unterscheiden sind. In der Praxis lassen sich beide Fragenkreise freilich häufig nicht trennen, so dass sich der Regelung in Abs 2 durchaus auch Anforderungen an eine autonome Interpretation des Begriffs der „Vereinbarung" entnehmen lassen (vgl öst OGH ZfRV 01, 113: „unlösbarer Zusammenhang" [zu Art 17 LugÜ1988]; ausführlich unalexK/*Hausmann* Art 23 EuGVVO aF Rn 56 mwN). So obliegt zwar die **Beweislast** für das Zustandekommen der nach Art 7 erforderlichen übereinstimmenden Willenserklärungen grundsätzlich derjenigen Partei, die sich auf die Gerichtsstandsvereinbarung beruft, dh vor dem prorogierten Gericht dem Antragsteller, vor dem derogierten Gericht dem Antragsgegner (vgl zu Art 23 EuGVVO aF öst OGH 26.5.11, unalex AT-733 und 31.5.06, unalex AT-263; zu Art 25 EuGVVO nF Rauscher/ *Mankowski* Rn 1). Jedoch begründet die Einhaltung der Formerfordernisse des Abs 2 nach der Rechtsprechung des EuGH eine – nur schwer widerlegliche – **Vermutung** dafür, dass sich die Parteien über den Gerichtsstand auch wirksam geeinigt haben (EuGH C-106/95 – *MSG,* Slg 97 I-911 Rn 19 = NJW 97, 1431 [zu Art 17 Abs 1 S 3 lit c EuGVÜ]). Hat eine Partei daher den Ehevertrag oder die Scheidungsvereinbarung, die eine güterrechtliche Regelung mit Gerichtsstandsklausel enthält, in der Form des Abs 2 unterzeichnet, so kann sie sich nicht darauf berufen, sie habe die Klausel nicht bemerkt (vgl zu Art 23 Abs 1 lit a EuGVVO aF Supreme Court Ireland 1.7.09, unalex IE-42). Allerdings reicht die Einhaltung der Form nach Art 7 Abs 2 nicht in jedem Falle aus, um eine wirksame Willenseinigung zu beweisen.

b) Schriftform. Für Gerichtsstandsvereinbarungen in Güterrechtssachen ist nach Art 7 Abs 2 **119** die Einhaltung der Schriftform erforderlich, der nur die **elektronische Form** (→ Rn 125 f) gleichsteht. Demgegenüber reicht die Wahrung der sonstigen Formalternativen des Art 25 Abs 1 EuGVVO nicht aus. Dies gilt insbesondere für die sog „halbe Schriftlichkeit", also die schriftliche Bestätigung einer nur mündlich getroffenen Gerichtsstandsvereinbarung (zu dieser Formvariante näher Staud/*Hausmann* IntVertrVerfR Rn 355 ff).

B 120–125   1. Teil. Erkenntnisverfahren B. Güterrechtssachen

120   Die Anforderungen an die Schriftform von Gerichtsstandsvereinbarungen sind im Wege autonomer Interpretation aus Art 7 Abs 2 selbst zu entnehmen (vgl zu Art 23 Abs 1 S 3 EuGVVO aF *Schack* Rn 472; unalexK/*Hausmann* Rn 60 mwN). Insoweit sind zum Schutz des schwächeren Ehegatten **strenge Maßstäbe** anzulegen. Die Einhaltung der Form soll insbesondere gewährleisten, dass die Einigung zwischen den Parteien über den Gerichtsstand tatsächlich feststeht (vgl zu Art 23 EuGVVO aF EuGH C-106/95 – *MSG,* Slg 97 I-911 Rn 14; dazu *Kubis* IPRax 99, 10; unalexK/*Hausmann* Rn 61 mwN). Die Form dient daher nicht nur Beweiszwecken; ihr kommt vielmehr auch eine Warnfunktion zu. Ihre Einhaltung ist daher materielle Voraussetzung für die Gültigkeit der Gerichtsstandsvereinbarung. Die Frage, mit welchen **Beweismitteln** die Einhaltung der Form nachgewiesen werden kann, beurteilt sich nach der jeweiligen *lex fori* (G/Sch/*Geimer* Art 23 EuGVVO aF Rn 103). Maßgeblicher **Zeitpunkt** für das Vorliegen der Formerfordernisse ist die Anrufung des Gerichtes (Art 14).

121   Die in den **nationalen Rechten** geltenden allgemeinen Vorschriften über die Schriftform (zB § 126 BGB) oder Sonderregeln über die Form von Gerichtsstandsvereinbarungen (zB Art 1341 Abs 2 ital Cc) finden mithin im Rahmen von Abs 2 keine Anwendung (vgl zu Art 17 EuGVÜ EuGH C-24/76 – *Estasis Salotti,* Slg 76, 1831 Rn 11 = NJW 77, 494; EuGH C-159/97 – *Castelletti,* Slg 99 I-1597 Rn 37 f = IPRax 00, 119). Auch etwaige für den Hauptvertrag nach der *lex causae* vorgeschriebene schärfere Formerfordernisse, wie sie das deutsche Recht für Eheverträge (§ 1410 BGB) vorsieht, erstrecken sich nicht auf die in einem solchen Vertrag enthaltene Gerichtsstandsklausel (aA Schlosser/Hess/*Schlosser* Art 25 EuGVVO Rn 17). Hingegen ist es eine Frage der Auslegung der Gerichtsstandsvereinbarung, ob diese von den Beteiligten auch dann gewollt ist, wenn sie zwar selbst formwirksam ist, nicht aber der Ehevertrag, auf den sie sich bezieht.

122   Eine schriftliche Vereinbarung iSv Abs 2 liegt vor, wenn jede Vertragspartei ihre Willenserklärung schriftlich so niedergelegt hat, dass sie ihren Urheber erkennen lässt. Anders als Art 25 Abs 1 EuGVVO für die Prorogation im internationalen Vertragsrecht und Art 4 Abs 2 EuUntVO für die Prorogation im internationalen Unterhaltsrecht erfordert Art 7 Abs 2 für Gerichtsstandsvereinbarungen im internationalen Ehegüterrecht zusätzlich die **Unterzeichnung durch beide Parteien** und die Datierung.

123   Die Schriftform wird jedenfalls durch einen von beiden Parteien unterzeichneten Ehevertrag gewahrt, wenn dieser die Gerichtsstandsklausel selbst enthält; eine gesonderte Unterzeichnung der Klausel ist entbehrlich. Ausreichend ist aber – abweichend vom Schriftformerfordernis mancher nationaler Rechte der Mitgliedstaaten (zB § 126 Abs 2 BGB) – auch eine **Vereinbarung in getrennten Schriftstücken,** sofern aus ihnen nur die Einigung über einen Gerichtsstand für güterrechtliche Rechtsstreitigkeiten ausreichend deutlich hervorgeht. Dem Formerfordernis entspricht daher auch ein Briefwechsel oder ein Austausch von Fernschreiben/Telekopien, sofern in dem Antwortschreiben auf das die Gerichtsstandsvereinbarung enthaltende Angebot erkennbar Bezug genommen wird (vgl zu Art 23 EuGVVO aF BGH NJW 94, 2699 f; BGH NJW 01, 1731; unalexK/*Hausmann* Rn 63 mwN). Abweichend von § 126 BGB muss daher das die Unterschrift im Original enthaltende Dokument der anderen Partei nicht zugehen.

124   Ebenso wenig wie Art 25 EuGVVO verlangt Art 7 Abs 2 eine ausdrückliche Vereinbarung über den Gerichtsstand. Vielmehr reicht das **konkludente Einverständnis,** zB durch die pauschale Annahme eines Angebots auf Abschluss eines Ehevertrags, der eine Gerichtsstandsklausel enthält, grundsätzlich aus. Demgegenüber wird dem Schriftformerfordernis nicht schon dadurch genügt, dass nur diejenige Partei, zu deren Lasten die Gerichtsstandsvereinbarung geht, eine schriftliche Erklärung abgibt (vgl zu Art 23 EuGVVO aF BGH NJW 01, 1731; BGH NJW-RR 05, 150/151; einschränkend Reithmann/Martiny/*Hausmann* Rn 8.61 mwN). In jedem Fall muss die durch die Gerichtsstandsvereinbarung benachteiligte Partei Gelegenheit gehabt haben, deren Inhalt tatsächlich zur Kenntnis zu nehmen und deren Tragweite zu erkennen. Dies ist bei einer aus Sicht dieser Partei in einer **Fremdsprache** abgefassten Klausel nur der Fall, wenn sie diese Sprache hinreichend beherrscht. Die für den kaufmännischen Rechtsverkehr entwickelten Grundsätze zur Übernahme eines weitergehenden „Sprachrisikos" (dazu unalexK/*Hausmann* Art 23 EuGVVO aF Rn 73 und Staud/*Hausmann* Art 10 Rom I-VO Rn 112 ff) können auf das Ehegüterrecht, wo es den Parteien regelmäßig an Geschäftserfahrung fehlt, nicht übertragen werden.

125   **c) Elektronische Übermittlung.** Ebenso wie nach Art 25 Abs 2 EuGVVO und Art 4 abs 2 EuUntVO genügt auch für Art 7 Abs 2 eine elektronische Übermittlung, sofern sie – wie zB zwischen den Parteien gewechselte E-Mails – eine dauerhafte Aufzeichnung der Gerichtsstands-

I. Internationale Zuständigkeit: EuGüVO Art 7 126–131 **B**

vereinbarung ermöglichen. Die bloße Anzeige der Gerichtsstandsvereinbarung auf dem Bildschirm reicht also nicht aus; vielmehr muss die Möglichkeit zum **jederzeitigen Ausdruck** oder zur sonstigen dauerhaften Speicherung des Textes eröffnet werden (G/Sch/*Geimer* Art 23 EuGVVO aF Rn 105). Da dies bei der Übermittlung von SMS-Nachrichten auf einem Mobiltelefon idR nicht gewährleistet ist, scheidet die Einhaltung der Form des Abs 2 auf diesem Wege aus (M/M/*Magnus* Art 25 EuGVVO Rn 131).

Im Übrigen ist die **Art und Weise der dauerhaften Aufzeichnung** (Mailbox, USB-Stick, **126** Diskette, Festplatte; nicht hingegen Handy-Mailbox) gleichgültig (Rauscher/*Mankowski* Art 25 EuGVVO Rn 127). Eine akustische Aufzeichnung (zB auf Anrufbeantworter) reicht hingegen nicht (Rauscher/*Mankowski* Art 25 EuGVVO Rn 131). Auf die Einhaltung der nach nationalem Recht (zB nach § 126a BGB) für die elektronische Form vorgeschriebenen Voraussetzungen kommt es aufgrund autonomer Auslegung nicht an (Schlosser/Hess/*Schlosser* Art 25 EuGVVO Rn 29). Nicht erforderlich ist, dass der Empfänger den Text der Gerichtsstandsvereinbarung tatsächlich gespeichert hat. Auch einer elektronischen Signatur bedarf es nicht.

5. Sonstige Zulässigkeit der Gerichtsstandsvereinbarung

a) Bestimmte Streitigkeit. Anders als in Unterhaltssachen nach Art 4 Abs 1 EuUntVO muss **127** sich die Gerichtsstandsvereinbarung nach Abs 1 nicht auf „eine bereits entstandene oder auf eine künftig zwischen den Parteien entstehende" güterrechtliche Streitigkeit beziehen. Das Problem der Bestimmtheit spielt im Güterrecht eine wesentlich geringere Rolle als im internationalen Vertragsrecht. Denn während dort Klarheit darüber bestehen muss, auf welchen Vertrag oder welche Verträge die Gerichtsstandsvereinbarung sich beziehen soll (dazu unalexK/*Hausmann* Art 23 Abs 1 EuGVVO aF Rn 111 mwN), gibt es zwischen Ehegatten nur eine güterrechtliche Beziehung. Probleme können unter diesem Aspekt nur entstehen, wenn die (zB in einem Ehevertrag) getroffene Gerichtsstandsvereinbarung global für alle Scheidungs- und/oder Trennungsfolgen getroffen wird. Auch dies reicht für ihre Bestimmtheit jedoch aus, wenn sich im Wege der Auslegung klären lässt, für welche güterrechtlichen Streitigkeiten sie gelten soll.

b) Weitergehende Missbrauchskontrolle? Ebensowenig wie Art 25 EuGVVO oder Art 4 **128** EuUntVO sieht Art 7 eine allgemeine Missbrauchskontrolle vor. Anders als im Unterhaltsrecht (vgl Art 8 Abs 5 HUP; dazu → C Rn 689 ff) fehlt es im europäischen Ehegüterrecht auch an einer Regelung zur Kontrolle einer nach Art 22 getroffenen Rechtswahl, die auf die Gerichtswahl nach Art 7 analog angewandt werden könnte, wenn die Prorogation für einen Ehegatten offensichtlich unbillige oder unangemessene Folgen hat. Der EuGH steht einer Missbrauchskontrolle auf dem Gebiet des Zuständigkeitsrechts wegen des dort stärkeren Interesses an Vorhersehbarkeit und Rechtssicherheit bisher zu Recht sehr zurückhaltend gegenüber, wenn es für die Zulässigkeit einer solchen Kontrolle – wie in der EuGüVO – an gesetzlichen Anhaltspunkten fehlt (vgl zu Art 23 EuGVVO aF EuGH C-159/97 – *Castelletti*, Slg 99 I-1597 Rn 51 = IPRax 00, 119).

6. Wirkungen der Gerichtsstandsvereinbarung

a) Ausschließlichkeit. Anders als nach Art 25 Abs 1 EuGVVO und Art 4 Abs 1 UAbs 3 **129** EuUntVO begründet eine Gerichtsstandsvereinbarung in Güterrechtssachen nicht nur eine Vermutung zugunsten der ausschließlichen Zuständigkeit des vereinbarten Gerichts; diese wird vielmehr in Art 7 Abs 1 **zwingend** angeordnet. Durch eine wirksame Gerichtsstandsvereinbarung werden daher alle gesetzlichen Zuständigkeiten der Verordnung verdrängt und die Parteien sind auch nicht berechtigt, einen Gerichtsstand zu vereinbaren, der nur konkurrierend neben die sonstigen Zuständigkeiten der Verordnung tritt.

b) Rügelose Einlassung. Sie ist in Güterrechtssachen nach Art 8 nur möglich, wenn das **130** Gericht eines Mitgliedstaats, dessen Recht nach Art 22 oder Art 26 Abs 1 lit a oder lit b anzuwenden ist, nicht bereits nach anderen Vorschriften der Verordnung zuständig ist. Eine solche andere Vorschrift ist auch Art 7. Eine wirksame Gerichtsstandsvereinbarung zugunsten der Gerichte des Mitgliedstaats, dessen Recht in der Sache nach Art 22 oder Art 26 lit a oder lit b anzuwenden ist, kann daher durch rügelose Einlassung vor einem anderen Gericht nicht überwunden werden.

c) Reichweite. Aus Art 7 lassen sich keine Maßstäbe dafür gewinnen, welche konkreten **131** güterrechtlichern Ansprüche von einer wirksam abgeschlossenen Gerichtsstandsvereinbarung

183

B   1. Teil. Erkenntnisverfahren B. Güterrechtssachen

erfasst werden sollen. Dies ist vielmehr im Wege der **Auslegung** der Gerichtsstandsvereinbarung zu ermitteln, die nicht dem EuGH obliegt, sondern allein Sache der nationalen Gerichte ist (vgl zu Art 17 EuGVÜ EuGH C-214/98 – *Powell Duffryn*, Slg 92 I-1745 Rn 36 f = NJW 92, 1671; unalexK/*Hausmann* Rn 140 mwN). Ein Bedürfnis, Gerichtsstandsvereinbarungen auch in Bezug auf ihre sachliche Reichweite *eng* auszulegen, besteht nicht. Soweit sich aus dem Wortlaut der Vereinbarung unter Berücksichtigung des Zwecks und der Systematik des Art 7 keine hinreichenden Anhaltspunkte ergeben, sind die Auslegungsgrundsätze des Güterrechtsstatuts maßgebend.

132   **d) Bindung der derogierten Gerichte.** Ruft eine Partei entgegen der getroffenen Gerichtsstandsvereinbarung zunächst ein **derogiertes Gericht** eines anderen teilnehmenden Mitgliedstaats an, so hat dieses die Wirksamkeit der Vereinbarung eigenständig am Maßstab von Art 7 zu prüfen. Ist die Vereinbarung nach Ansicht des derogierten Gerichts *wirksam*, so hat sich dieses Gericht auf entsprechende Rüge des Antragsgegners – bzw im Fall von dessen Säumnis gem Art 16 Abs 1 auch von Amts wegen – für unzuständig zu erklären und die Klage abzuweisen (vgl zu Art 23 EuGVVO aF unalexK/*Hausmann* Rn 150 mwN). Etwas anderes gilt nur dann, wenn sich der Antragsgegner vor dem derogierten Gericht wirksam nach Art 8 rügelos einlässt. Dies kommt freilich nur in Betracht, wenn nach Art 7 die Zuständigkeit der Gerichte im Eheschließungsstaat vereinbart wurde und vor dem derogierten Gericht das dortige Recht nach Art 22 bzw nach Art 26 Abs 1 lit a oder lit b anwendbar wäre. Hält das zuerst angerufene derogierte Gericht die Gerichtsstandsvereinbarung hingegen für *unwirksam* und sich selbst nach Art 4 ff für international zuständig, so setzt es das Verfahren fort.

133   In dem zuletzt genannten Fall hat das später angerufene **prorogierte Gericht** sich auch dann nach Art 17 Abs 3 für unzuständig zu erklären, wenn es hinsichtlich der Wirksamkeit der Gerichtsstandsvereinbarung anderer Ansicht ist; denn nach Ansicht des EuGH ist das prorogierte Gericht in keinem Fall besser in der Lage als das zuerst angerufene derogierte Gericht, über die Zuständigkeit zu entscheiden (vgl zu Art 23 EuGVVO aF EuGH C-116/02 – *Gasser*, Slg 03 I-14693 Rn 48). Solange das zuerst angerufene derogierte Gericht über seine Zuständigkeit noch nicht entschieden hat, hat das später angerufene prorogierte Gericht Art 17 Abs 1 zu beachten und das Verfahren auszusetzen. Eine Kompetenz-Kompetenz des prorogierten Gerichts besteht demgemäß – entgegen der vor allem in *England* zu Art 17 EuGVÜ/Art 23 EuGVVO aF lange Zeit vorherrschenden Ansicht – insoweit nicht (EuGH C-116/02 aaO, Rn 41 ff = IPRax 04, 243; dazu näher unalexK/*Hausmann* Art 23 EuGVVO aF Rn 147 ff m ausf Nachw).

134   Seit Inkrafttreten der **EuGVVO nF** am 10.1.2015 hat sich dies zwar im sachlichen Geltungsbereich jener Verordnung geändert. Denn nach Art 31 Abs 2 EuGVVO nF dürfen im Falle des Abschlusses einer ausschließlichen Gerichtsstandsvereinbarung die Gerichte anderer (derogierter) Mitgliedstaaten so lange nicht entscheiden, bis das prorogierte Gericht sich für unzuständig erklärt hat (vgl Staud/*Hausmann* IntVertrVerfR Rn 405 ff). Diese Lösung wurde jedoch für Gerichtsstandsvereinbarungen in Güterrechtssachen nicht übernommen. Aufgrund dieser bewussten Entgscheidung des europäischen Gesetzgebers hat auch eine analoge Anwendung von Art 31 Abs 2 EuGVVO nF in Güterrechtssachen auszuscheiden.

7. Aufhebung und Änderung einer Gerichtsstandsvereinbarung

135   Die Parteien sind jederzeit berechtigt, eine nach Art 7 getroffene Gerichtsstandsvereinbarung durch eine neue Vereinbarung, die ebenfalls den Anforderungen dieser Vorschrift entspricht, insbesondere den Formerfordernissen des Abs 2 genügt, wieder aufzuheben oder zu ändern.

EuGüVO Art 8. Zuständigkeit aufgrund rügeloser Einlassung

(1) **Sofern das Gericht eines Mitgliedstaats, dessen Recht nach Artikel 22 oder Artikel 26 Absatz 1 Buchstabe a oder b anzuwenden ist, nicht bereits nach anderen Vorschriften dieser Verordnung zuständig ist, wird es zuständig, wenn sich der Beklagte vor ihm auf das Verfahren einlässt. Dies gilt nicht, wenn der Beklagte sich einlässt, um den Mangel der Zuständigkeit geltend zu machen, oder in den Fällen des Artikels 4 oder des Artikels 5 Absatz 1.**

(2) **Bevor sich das Gericht nach Absatz 1 für zuständig erklärt, stellt es sicher, dass der Beklagte über sein Recht, die Unzuständigkeit des Gerichts geltend zu machen, und über die Folgen der Einlassung oder Nichteinlassung auf das Verfahren belehrt wird.**

I. Internationale Zuständigkeit: EuGüVO Art 8   136–140 **B**

1. Allgemeines

a) Orientierung an der EuGVVO. Art 8 Abs 1 orientiert sich an Art 24 EuGVVO aF und   **136**
Art 5 EuUntVO. Danach ist in Güterrechtssachen – wie in sonstigen Zivilsachen, aber anders als
in Ehesachen (→ A Rn 46) und in Verfahren betreffend die elterliche Verantwortung (→ F
Rn 80) – eine Zuständigkeitsbegründung durch rügelose Einlassung möglich. Sie ist allerdings –
abweichend von Art 5 EuUntVO in Unterhaltssachen – nicht vor jedem mitgliedstaatlichen
Gericht zulässig, sondern nur vor einem solchen, dessen **Recht nach Art 22 oder nach Art 26
Abs 1 lit a oder b anzuwenden** ist. Sieht man von dieser Schranke ab, kann zur Auslegung der
Vorschrift auf die Rechtsprechung und Literatur zu Art 24 EuGVVO aF/Artn26 EuGVVO nF
zurückgegriffen werden (vgl statt vieler unalexK/*Queirolo*/*Hausmann* Rn 1 ff). Die Besonderheiten des Güterrechts und der abschließende Charakter der Zuständigkeitsordnung der EuGüVO
können aber zT auch zu einer von Art 24 EuGVVO aF abweichenden Auslegung zwingen. Das
Erfordernis der **Belehrung** des Beklagten über sein Recht, die Unzuständigkeit des Gerichts
geltend zu machen, und über die Folgen der Einlassung oder Nichteinlassung auf das Verfahren
orientiert sich an Art 26 Abs 2 EuGVVO nF.

b) Rechtsnatur. Der EuGH begreift die rügelose Einlassung als eine nachträgliche still-   **137**
schweigende Zuständigkeitsvereinbarung (EuGH 48/84 – *Spitzley*/*Sommer*, Slg 85, 794 Rn 13 =
NJW 85, 2893 [zu Art 18 EuGVÜ]; EuGH C-111/09 – *ČPP*/*Bilas*, Slg 10 I-4545 Rn 20 f =
IPRax 10, 580m Anm *Staudinger* 548 [zu Art 24 EuGVVO]). Er hat daraus jedoch nicht den
Schluss gezogen, dass auch die Schranken, welche die EuGVVO der Zulässigkeit einer vor
Entstehung der Streitigkeit getroffenen Gerichtsstandsvereinbarung im Interesse besonders
schutzbedürftiger Parteien zieht (vgl Art 15, 19, 21 EuGVVO nF), auf die rügelose Einlassung
entsprechend anzuwenden seien (ausdrücklich abl zu Art 17, 18 EuGVVO aF EuGH C-111/09
aaO, Rn 26 ff; dazu unalexK/*Queirolo*/*Hausmann* Art 24 EuGVVO Rn 51 ff).

c) Anwendungsbereich. Die Zuständigkeitsbegründung nach Art 8 setzt voraus, dass der   **138**
sachliche und der räumlich-persönliche Anwendungsbereich der Verordnung eröffnet sind. Es
muss sich also um eine Güterrechtssache iSv Art 1 Abs 1 iVm Art 3 Abs 1 lit a (→ Rn 25, 36 f)
handeln und der Beklagte muss sich vor dem **Gericht eines Mitgliedstaats** der Verordnung
rügelos eingelassen haben. Ferner bedarf es für die Anwendung von Art 8 – ebenso wie von
Art 7 (→ Rn 96) – eines **Auslandsbezugs.** In rein innerstaatlichen Fällen gilt weiterhin das
nationale Verfahrensrecht, in Deutschland also § 232 Abs 2 S 1 FamFG iVm § 39 ZPO. Während für Art 24 EuGVVO aF umstritten war, ob die Anwendung der Vorschrift den Wohnsitz
des Beklagten oder zumindest den Wohnsitz einer Partei in einem Mitgliedstaat erforderte (abl
EuGH C-412/98 – *Group Josi*, Slg 00 I-5925 Rn 44 f = NJW 00, 3121; ausführlich dazu
unalexK/*Queirolo*/*Hausmann* Rn 15 ff), verlangt Art 8 nicht, dass eine Partei ihren gewöhnlichen
Aufenthalt in einem an der EuGüVO teilnehmenden Mitgliedstaat hat.

Die Möglichkeit einer rügelosen Einlassung wird nach Art 8 Abs 1 S 2 **ausgeschlossen,**   **139**
wenn ein Gericht eines teilnehmenden Mitgliedstaats nach Art 4 oder Art 5 Abs 1 zuständig ist.
Sie hat ferner nur rechtliche Wirkung, wenn das angerufene Gericht nicht bereits nach anderen
Vorschriften der Verordnung zuständig ist. Ergibt sich dessen Zuständigkeit daher bereits aus
einer Vereinbarung nach Art 5 Abs 2 oder aus Art 6, so bedarf es der rügelosen Einlassung des
Beklagten nicht mehr. Gleiches gilt auch dann, wenn die Parteien eine Gerichtsstandsvereinbarung nach Art 7 zugunsten der Gerichte des Mitgliedstaats getroffen haben, dessen Recht nach
Art 22 oder nach Art 26 Abs 1 lit a oder lit b auf den ehelichen Güterstand der Parteien
anwendbar ist. Haben die Ehegatten hingegen eine Zuständigkeitsvereinbarung nach Art 7
zugunsten der Gerichte des Eheschließungsstaats getroffen, so bleibt eine rügelose Einlassung vor
den Gerichten des Staates, dessssen Recht nach Art 22 oder nach Art 26 Abs 1 lit a oder lit b auf
den ehelichen Güterstand der Parteien anwendbar ist, zulässig.

d) Beschränkung auf die Einlassung vor Gerichten im Mitgliedstaat der *lex causae*.   **140**
Die rügelose Einlassung führt nach Art 8 allerdings nur dann zur Begründung der Zuständigkeit
des angerufenen Gerichts, wenn es sich um ein Gericht des Mitgliedstaats handelt, dessen Recht
entweder nach Art 22 als Güterrechtsstatut gewählt worden ist oder das mangels einer solchen
Rechtswahl nach Art 26 Abs 1 lit a (Recht am ersten gemeinsamen gewöhnlichen Aufenthalt
nach der Eheschließung) oder hilfsweise nach lit Art 26 Abs 1 lit b (Recht der gemeinsamen
Staatsangehörigkeit zur Zeit der Eheschließung) auf die güterrechtlichen Beziehungen der
Ehegatten anwendbar ist. Vor Gerichten anderer Mitgliedstaaten ist eine rügelose Einlassung

185

B 141–145   1. Teil. Erkenntnisverfahren B. Güterrechtssachen

ohne Wirkung. Art 8 kann insbesondere nicht entsprechend auf die Fälle angewandt werden, in denen ein Gericht des Mitgliedstaats angerufen wurde, dessen Recht nur nach Art 26 Abs 1 lit c (engste Verbindung) oder nach Art 26 Abs 3 (Ausweichklausel) auf den ehelichen Güterstand anzuwenden ist. Der Anwendungsbereich von Art 8 ist damit enger als derjenige von Art 7, der zB auch die Vereinbarung der Gerichte im Staat der Eheschließung zulässt.

141   **e) Wirkung.** Die rügelose Einlassung des Antragsgegners nach Art 8 begründet auch dann, wenn das vom Antragsteller angerufene Gericht nach Art 4–7 nicht zuständig ist, dessen internationale Zuständigkeit. Da Art 8 Abs 1 „das Gericht" für zuständig erklärt, vor dem der Beklagte sich rügelos auf das Verfahren eingelassen hat, begründet die Vorschrift mit der internationalen zugleich die örtliche Zuständigkeit des angerufenen Gerichts. Die Zuständigkeit nach Art 8 ist nach dem Wortlaut der Art 10 und 11 auch gegenüber den dort normierten Auffang- und Notzuständigkeiten in Drittstaatsfällen vorrangig.

2. Rügelose Einlassung

142   **a) Begriff.** Das Vorliegen einer rügelosen Einlassung bestimmt sich nicht nach der jeweiligen *lex fori;* der Begriff ist vielmehr *autonom* auszulegen. Danach genügt jede Verteidigungshandlung, die auf eine Klageabweisung zielt (vgl zu Art 24 EuGVVO aF unalexK/*Queirolo/Hausmann* Rn 4 mwN; zu Art 26 EuGVVO nF Mu/V/*Stadler* Rn 3 mwN). Die Einlassung ist insbesondere von Handlungen des Antragsgegners abzugrenzen, die erst seine künftige Verteidigung vorbereiten. Deshalb bedeutet die bloße **Anzeige der Verteidigungsbereitschaft** gem §§ 113 Abs 1 S 1 FamFG, 276 Abs 1 ZPO noch keine Einlassung (LG Frankfurt EuZW 90, 581 [zu Art 18 EuGVÜ]). Gleiches gilt für Anträge auf Fristverlängerung, Aussetzung oder Ruhen des Verfahrens oder für den Antrag auf Gewährung von Verfahrenskostenhilfe.

143   Anders als manche nationalen Verfahrensrechte – wie zB § 39 ZPO im deutschen Recht – verlangt Art 8 **keine Einlassung zur Hauptsache.** Auch wenn der Beklagte nur *verfahrensrechtliche* Einwendungen oder Einreden erhebt, ohne den Mangel der Zuständigkeit zu rügen, kann dies zur Begründung der Zuständigkeit ausreichen (vgl zu Art 24 EuGVVO aF BGH LMK 12, 329470 Rn 36 f; OLG Frankfurt NJW-RR 05, 935). Dies gilt auch für die Einrede der anderweitigen Rechtshängigkeit nach Art 17 (vgl zum EuGVÜ OLG Koblenz RIW 1991, 63). In jedem Fall liegt eine Einlassung vor, wenn der Antragsgegner Anträge zur Sache stellt oder eine Beweiserhebung zu Umständen beantragt, die für die Zuständigkeitsfrage ohne Bedeutung sind.

144   **b) Zuständigkeitsrüge. aa) Maßgeblicher Zeitpunkt.** Die Zuständigkeitsrüge ist nach der Rechtsprechung des EuGH spätestens mit der Stellungnahme zu erheben, die nach dem innerstaatlichen Verfahrensrecht des angerufenen Gerichts als das **„erste Verteidigungsvorbringen"** anzusehen ist (vgl zum EuGVÜ EuGH 150/80 – *Elefanten Schuh,* Slg 81, 1671 Rn 16 = IPRax 82, 234 m Anm *Leipold* 222; BGH NJW-RR 02, 1357/1358; zum LugÜ 1988 BGHZ 190, 28 Rn 35 = NJW 11, 2809). Vor einem deutschen Gericht kann die Rüge daher nicht – wie nach § 39 ZPO (BGHZ 134, 127/136 = NJW 97, 397) – in jedem Fall noch zu Beginn der ersten mündlichen Verhandlung erhoben werden. Wird ein früher erster Termin bestimmt oder ein schriftliches Vorverfahren angeordnet (§ 113 Abs 1 S 2 FamFG iVm §§ 275, 276 ZPO) und dem Antragsgegner eine Frist zur schriftlichen Erwiderung gesetzt, so liegt eine rügelose Einlassung schon dann vor, wenn er sich in dieser Erwiderung zu anderen Aspekten des Rechtsstreits als zur Frage der internationalen Zuständigkeit äußert. In der mündlichen Verhandlung kann die Rüge dann nicht mehr wirksam nachgeholt werden (vgl zu Art 24 EuGVVO aF BGH NJW 15, 2667 Rn 17; OLG Celle BeckRs 08, 09895; OLG Hamm RIW 99, 540; Kropholler/*v Hein* Rn 15; unalexK/*Queirolo/Hausmann* Rn 22 mwN; zum LugÜ 1988 BGHZ 190, 28 Rn 35 = NJW 11, 2809). Nationale Vorschriften über das verspätete Vorbringen einer Rüge – in *Deutschland* zB die §§ 282 Abs 3 S 2, 296 Abs 3 ZPO – finden im Rahmen von Art 8 keine Anwendung (**aA** zu Art 26 EuGVVO Rauscher/*Staudinger* Rn 19 mwN).

145   Während die in erster Instanz erhobene Rüge der internationalen Zuständigkeit nach deutschem Recht (§ 39 ZPO) auch für die weiteren Instanzen fortwirkt, gilt dies im europäischen Zivilprozessrecht nicht. Dort muss die vom Antragsgegner bereits vor dem Familiengericht vorgebrachte Zuständigkeitsrüge **in jeder Instanz,** also auch im Verfahren der Beschwerde und der Rechtsbeschwerde, erneut erhoben werden, um die Rechtsfolge des Art 8 zu vermeiden (vgl zu Art 18 LugÜ 1988 BGH NJW 2007, 3501 Rn 16; zu Art 24 EuGVVO aF unalexK/*Queirolo/Hausmann* Rn 27 mwN).

I. Internationale Zuständigkeit: EuGüVO Art 8   **146–150**   **B**

bb) Form und Inhalt der Rüge. Die Form der Rüge wird vom autonomen Recht der **146** Mitgliedstaaten bestimmt. Inhaltlich reicht eine ganz allgemein formulierte Rüge aus; insbesondere muss der Beklagte nicht das Gericht bezeichnen, das anstelle des vom Antragsteller angerufenen zur Entscheidung des Rechtsstreits zuständig sein soll. Die Erhebung der Rüge erfordert auch keinen rechtsgeschäftlichen Willen des Antragsgegners, der auch die Rechtsfolgen einer rügelosen Einlassung umfasst (Rauscher/*Staudinger* Art 26 EuGVVO Rn 4). Ferner muss sich die Rüge auch nicht ausdrücklich auf die *internationale* Zuständigkeit beziehen. Es genügt wenn die Auslegung einer Rüge der *örtlichen* Zuständigkeit unter Berücksichtigung der besonderen Umstände des Einzelfalls ergibt, dass damit zugleich auch die internationale Zuständigkeit gerügt werden sollte (vgl zu Art 24 EuGVVO aF BGH FamRZ 08, 40 Rn 7; BGH NJW-RR 05, 1518/1519; einschränkend unalexK/*Queirolo/Hausmann* Rn 28 ff mwN). Die Rüge der sachlichen oder funktionellen Zuständigkeit reicht hingegen nicht aus, sondern stellt eine Einlassung dar.

c) Hilfsweise Einlassung zur Sache. Allerdings ist es dem Antragsgegner – wie der EuGH **147** schon frühzeitig zu Art 18 EuGVÜ entschieden hat (EuGH 150/80 – *Elefanten Schuh,* Slg 81, 1671 Rn 16 f; EuGH 27/81 – *Rohr,* Slg 81, 2431 Rn 8 = IPRax 82, 238 m Anm *Leipold* 222; zust BGH NJW-RR 05, 1518/1520; BGH NJW 09, 148) – nicht verwehrt, den Mangel der Zuständigkeit geltend zu machen und sich gleichzeitig *hilfsweise* zur Sache einzulassen. Durch eine solche Verteidigung verliert er also die Zuständigkeitsrüge nicht, weil er andernfalls nach dem Recht mancher Mitgliedstaaten mit seiner späteren Einlassung zur Hauptsache präkludiert wäre. Nicht erforderlich ist es dabei, dass die Zuständigkeitsrüge der hilfsweisen Verteidigung in der Sache vorangestellt wird (näher dazu unalexK/*Queirolo/Hausmann* Art 24 EuGVVO aF Rn 35 ff, 38m Nachw).

d) Säumnis des Beklagten. Art 8 setzt voraus, dass der Antragsgegner sich aktiv an dem **148** Verfahren beteiligt: Im Fall seiner **Säumnis** scheidet eine rügelose Einlassung daher aus. Aus dieser Säumnis kann insbesondere nicht geschlossen werden, dass der Antragsgegner der vom Antragsteller durch die Einreichung des Antrags vorgenommenen Bestimmung des zuständigen Gerichts zugestimmt hätte (vgl näher unalexK/*Queirolo/Hausmann* Art 24 EuGVVO aF Rn 6 ff). Das Gericht hat in diesem Fall vielmehr das **Verfahren von Amts wegen nach Art 16 Abs 1 auszusetzen.** Es ist nicht berechtigt, die Zustellung an den Antragsgegner mit der Begründung zu verweigern, es sei nicht zuständig; vielmehr hat es dem Antragsgegner durch die Zustellung des Antrags Gelegenheit zu geben, sich rügelos nach Art 5 einzulassen (öst OGH 5.4.05, unalex AT-99 [zu Art 24 EuGVVO aF]).

3. Belehrung, Abs 2

Während ein Belehrungserfordernis nach Art 5 EuUntVO in Unterhaltssachen bisher nicht **149** besteht, hat der europäische Gesetzgeber ein solches in Art 8 Abs 2 für Güterrechtssachen – in Anlehnung an Art 26 Abs 2 EuGVVO – eingeführt. Danach hat das angerufene Gericht; bevor es sich nach Absatz 1 aufgrund der rügelosen Einlassung des Beklagten für zuständig erklärt, sicherzustellen, dass der Beklagte über sein Recht, die Unzuständigkeit des Gerichts geltend zu machen, und über die Folgen der Einlassung oder Nichteinlassung auf das Verfahren belehrt wird. Dies wird überwiegend in dem Sinne verstanden, dass das **Gericht selbst** die entsprechende Belehrung vorzunehmen hat (vgl zu Art 26 Abs 2 EuGVVO nF v *Hein* RIW 13, 97/106; *Koechel* IPRax 15, 303/308; Mu/V/*Stadler* Rn 5).

Bisher nicht geklärt ist (auch für Art 26 Abs 2 EuGVVO nF), welche **Rechtsfolgen ein** **150** **Verstoß** gegen die richterliche Belehrungspflicht hat. Da die mangelnde Belehrung des Beklagten in Abs 1 S 2 nicht als Grund für die Unwirksamkeit der rügelosen Einlassung genannt wird, führt sie jedenfalls nicht zur Unzuständigkeit des angerufenen Gerichts, wenn die Voraussetzungen des Art 8 Abs 1 S 1 im Übrigen erfüllt sind (so auch zu Art 26 Abs 2 EuGVVO nF *Pohl* IPRax 13, 109/11; Rauscher/*Staudinger* Rn 24; Mu/V/*Stadler* Rn 7; **aA** Zö/*Geimer* Rn 13). Soweit dem Beklagten im Fall des Art 26 Abs 2 EuGVVO nF das Recht eingeräumt wird, auf die mangelnde Belehrung in erweiternder Auslegung von Art 45 Abs 1 lit e EuGVVO nF einen Antrag auf Versagung der Anerkennung und Vollstreckung der dennoch ergangenen Entscheidung in anderen Mitgliedstaaten zu stützen (so v *Hein* RIW 13, 97/109; Rauscher/*Staudinger* Rn 25; Mu/V/*Stadler* Rn 7; Zö/*Geimer* Rn 13; **aA** *Mankowski* RIW 14, 245/252), dürfte dieser Weg im Rahmen der EuGüVO wegen der unmissverständlichen Formulierung des Art 39 nicht gangbar sein.

187

B 151–154   1. Teil. Erkenntnisverfahren B. Güterrechtssachen

EuGüVO Art 9. Alternative Zuständigkeit

(1) **Wenn ein Gericht eines Mitgliedstaats, das nach Artikel 4, 6, 7 oder 8 zuständig ist, feststellt, dass nach seinem Internationalen Privatrecht die streitgegenständliche Ehe für die Zwecke eines Verfahrens über den ehelichen Güterstand nicht anerkannt wird, kann es sich ausnahmsweise für unzuständig erklären. Beschließt das Gericht, sich für unzuständig zu erklären, so tut es das unverzüglich.**

(2) **Erklärt sich ein Gericht, das nach Artikel 4 oder 6 zuständig ist, für unzuständig und vereinbaren die Parteien, die Zuständigkeit den Gerichten eines anderen Mitgliedstaats nach Artikel 7 zu übertragen, so sind die Gerichte dieses Mitgliedstaats für Entscheidungen über den ehelichen Güterstand zuständig.**

In anderen Fällen sind für Entscheidungen über den ehelichen Güterstand die Gerichte eines anderen Mitgliedstaats nach Artikel 6 oder 8 oder die Gerichte des Mitgliedstaats zuständig, in dem die Ehe geschlossen wurde.

(3) **Dieser Artikel findet keine Anwendung, wenn die Parteien eine Ehescheidung, eine Trennung ohne Auflösung des Ehebands oder eine Ungültigerklärung der Ehe erwirkt haben, die im Mitgliedstaat des angerufenen Gerichts anerkannt werden kann.**

1. Allgemeines

151   Nach Art 9 Abs 1 kann sich ein nach Art 4, 6, 7 oder 8 zuständiges Gericht ausnahmsweise für unzuständig erklären, wenn nach seinem Internationalen Privatrecht die streitgegenständliche Ehe für die Zwecke eines Verfahrens über den ehelichen Güterstand nicht anerkannt werden kann. Die Vorschrift hat damit eine ähnliche Funktion wie Art 13, 2. Fall Rom III-VO (→ A Rn 500 ff), will also insbesondere vermeiden, dass ein Gericht eines teilnehmenden Mitgliedstaats, der gleichgeschlechtliche Ehen nicht als solche anerkennt, aus ihnen resultierende güterrechtliche Streitigkeiten nach den Zuständigkeitsregeln der Verordnung entscheiden muss.

2. Unzuständigerklärung, Abs 1

152   Voraussetzung für die Unzuständigerklärung nach Abs 1 S 1 ist die internationale Zuständigkeit des angerufenen Gerichts nach Art 4 (Verbundzuständigkeit in Erbsachen), Art 6 (allgemeine Zuständigkeit), Art 7 (Gerichtsstandsvereinbarung) oder Art 8 (rügelose Einlassung). Demgegenüber findet Art 9 in Fällen der Verbundzuständigkeit des in einer Ehesache angerufenen Gerichts nach Art 5 keine Anwendung.

153   Weiterhin darf die streitgegenständliche **Ehe** im Staat des angerufenen Gerichts für die Zwecke des Güterrechts **nicht anerkennungsfähig** sein. Da die Verordnung selbst den Begriff der „Ehe" für die Zwecke ihrer Anwendung nicht definiert (ErwG 7; → Anh IV), überlässt sie diese Frage in Abs 1 S 1 dem Internationalen Privatrecht der *lex fori*. Vor deutschen Gerichten ist daher über die Anerkennung der streitgegenständlichen Ehe grundsätzlich nach Art 11 und 13 EGBGB zu entscheiden (dazu → A Rn 586 ff). Aus welchen Gründen die Ehe im Gerichtsstaat nicht anerkannt werden kann, ist in diesem Zusammenhang unerheblich. In Betracht kommt nicht nur der eingangs erwähnte Fall, dass das zur Anwendung berufene Recht – wie das bis zum 1.10.2017 geltende deutsche Recht – die Geschlechtsverschiedenheit der Ehegatten als zwingende Voraussetzung einer gültigen Ehe normiert. Ausreichend sind vielmehr auch Verstöße gegen Formvorschriften oder gegen materielle Ehevoraussetzungen (zB das Verbot der Doppelehe), sofern sie mach der maßgebenden *lex causae* dazu führen, dass eine Nichtehe oder eine nichtige Ehe vorliegt; demgegenüber dürfte die bloße Aufhebbarkeit der Ehe für die Anwendung von Art 9 nicht ausreichen, weil die Ehe bis zu ihrer Aufhebung voll wirksam und damit „anzuerkennen" ist.

154   Für die Anwendung von Art 9 ist nur Raum, wenn die streitgegenständliche Ehe für die Zwecke eines Verfahrens über den ehelichen Güterstand im Gerichtsstaat überhaupt nicht anerkannt wird. Demgegenüber kommt es nicht darauf an, welche Wirkungen die *lex fori* der anerkannten Ehe beilegt. Auch wenn das IPR der *lex fori* eine **gleichgeschlechtliche Ehe** – wie das deutsche IPR in Art 17b Abs 4 EGBGB nF (→ I Rn 271 ff) – für die Zwecke der autonomen Anknüpfung lediglich mit den Wirkungen einer eingetragene Lebenspartnerschaft anerkennt, ist daher für die Anwendung von Art 9 kein Raum (*Dutta* FamRZ 16,1973/1979; *Mankowski* IPRax 17, 541/547 f). Die Vorschrift ist vielmehr Ausdruck der Entscheidung des europäischen Gesetzgebers, dass zwar kein Mitgliedstaat zur Anerkennung gleichgeschlechtlicher

I. Internationale Zuständigkeit: EuGüVO Art 10 **B**

Ehen gezwungen werden soll (ErwG 17; → Anh IV), dass aber in allen Mitgliedstaaten, die dieses Rechtsinstitut kennen und anerkennen, auf die güterrechtlichen Beziehungen der Partner die EuGüVO, nicht die EuPartVO anzuwenden ist (→ Rn 14 ff).

Mit seiner Unzuständigerklärung nach Abs 1 kann sich das Gericht auch über den − in einer **155** Gerichtsstandsvereinbarung nach Art 7 oder einer rügelosen Einlassung nach Art 8 zum Ausdruck kommenden − übereinstimmenden Willen beider Parteien hinwegsetzen. Auch wenn die Voraussetzungen nach Art 9 vorliegen, ist das Gericht jedoch nicht verpflichtet, von den in dieser Vorschrift eingeräumten Möglichkeiten Gebrauch zumachen; ihm wird vielmehr diesbezüglich ein **Ermessen** eingeräumt (*Dutta* FamRZ 16, 1973/1979). Um das Verfahren nicht zu verzögern hat das Gericht die Entscheidung über die Unzuständigkeit nach S 2 **unverzüglich** zu treffen.

3. Ersatzzuständigkeiten, Abs 2

a) Gerichtsstandsvereinbarung nach Art 7, UAbs 1. Erklärt sich das Gericht nach Abs 1 **156** für unzuständig, so soll der Antragsteller die Möglichkeit haben, die Güterrechtssache in jedem anderen Mitgliedstaat, dessen gerichtliche Zuständigkeit aufgrund eines Anknüpfungspunkts nach der Verordnung begründet ist, anhängig zu machen, wobei es nicht auf die Rangfolge der Zuständigkeitskriterien ankommt und zugleich die Parteiautonomie zu wahren ist (ErwG 38 S 3; → Anh IV). Der Wahrung der Parteiautonomie dient insbesondere Abs 2 UAbs 1, der in den Fällen der Unzuständigerklärung durch ein nach Art 4 oder 6 zuständiges Gerichts primär dasjenige Gericht ersatzweise für zuständig erklärt, das die Parteien in einer nach Art 7 wirksamen Gerichtsstandsvereinbarung bestimmt haben.

b) Zuständigkeiten nach Art 6 oder Art 8, UAbs 2. In Ermangelung einer nach Art 7 **157** wirksamen Gerichtsstandsvereinbarung sind nach Abs 2 UAbs 2 für Entscheidungen über den ehelichen Güterstand die Gerichte des Mitgliedstaats international zuständig, die sich auf eine gesetzliche Zuständigkeit nach Art 6 stützen können oder vor denen sich der Beklagte wirksam nach Art 8 rügelos eingelassen hat. Alternativ sind auch die Gerichte des Mitgliedstaats zuständig, in dem die Ehe geschlossen wurde. Durch die Kombination der verschiedenen Zuständigkeitsregeln soll gewährleistet werden, dass die Parteien zumindest ein Gericht eines Mitgliedstaats anrufen können, das sich zu dem Zweck, ihrem ehelichen Güterstand Wirkung zu verleihen, für zuständig erklärt.

c) Erneute Unzuständigerklärung. Nach einer Unzuständigkeitserklärung gem Abs 1 kann **158** sich allerdings auch jedes andere nach Abs 2 ersatzweise zuständige Gericht eines Mitgliedstaats, das nicht ein Gericht des Mitgliedstaats ist, in dem die Ehe geschlossen wurde, unter denselben Bedingungen ebenfalls ausnahmsweise für unzuständig erklären (ErwG 38 S 3; → Anh IV).

4. Unanwendbarkeit, Abs 3

Das Recht der mitgliedstaatlichen Gerichte, sich nach Abs 1 für unzuständig zu erklären, **159** besteht nach Abs 3 dann nicht, wenn die Parteien zwischenzeitlich eine Ehescheidung, eine Trennung ohne Auflösung des Ehebandes oder eine Ungültigerklärung der Ehe erwirkt haben, die im Mitgliedstaat des angerufenen Gerichts anerkannt werden kann. Wurde die Entscheidung in der Ehesache in einem *Mitgliedstaat* der EuEheVO erwirkt, so beurteilt sich die Anerkennung nach Art 21 ff dieser Verordnung (→ K Rn 36 ff). Abs 4 kommt aber auch dann zur Anwendung, wenn die Entscheidung in der Ehesache in einem *Drittstaat* erwirkt wurde und nach dem autonomen Verfahrensrecht des angerufenen Gerichts − in Deutschland also nach §§ 107, 109 FamFG − oder nach einem dort geltenden Staatsvertrag anerkennungsfähig ist.

EuGüVO Art 10. Subsidiäre Zuständigkeit

Ist kein Gericht eines Mitgliedstaats nach den Artikeln 4 bis 8 zuständig oder haben sich alle Gerichte nach Artikel 9 für unzuständig erklärt und ist kein Gericht nach Artikel 9 Absatz 2 zuständig, so sind die Gerichte eines Mitgliedstaats zuständig, in dessen Hoheitsgebiet unbewegliches Vermögen eines oder beider Ehegatten belegen ist; in diesem Fall ist das angerufene Gericht nur für Entscheidungen über dieses unbewegliche Vermögen zuständig.

B 164 1. Teil. Erkenntnisverfahren B. Güterrechtssachen

1. Allgemeines

160 Im Gegensatz zur EuEheVO (Art 7, 14; → A Rn 123 ff; → F Rn 229 ff), aber in Übereinstimmung mit der EuUntVO (→ C Rn 75), enthält die EuGüVO einen **abschließenden Katalog** der internationalen Gerichtsstände und lässt einen Rückgriff auf nationale (Rest-) Zuständigkeiten nicht mehr zu. Da die Art 4–6 nicht stets einen Gerichtsstand in einem teilnehmenden Mitgliedstaat begründen, sieht Art 10 für Fälle, in denen es auch an einer Gerichtsstandsvereinbarung nach Art 7 bzw einer rügelosen Einlassung nach Art 8 fehlt, eine **Auffangzuständigkeit** der Gerichte des Mitgliedstaats vor, in dessen Hoheitsgebiet unbewegliches Vermögen eines oder beider Ehegatten belegen ist (ErwG 40; → Anh IV). Die deutschen Gerichte können daher auch dann, wenn die Ehegatten ihren gewöhnlichen Aufenthalt in einem Drittstaat haben und auch nicht gemeinsam die Staatsangehörigkeit eines Mitgliedstaats besitzen, in Güterrechtssachen international zuständig sein, sofern nur unbewegliches Vermögen der Ehegatten im Inland belegen ist.

161 Die Zuständigkeit nach Art 10 hat aber nur **subsidiären Charakter.** Weder das angerufene Gericht noch ein Gericht eines anderen an der Verstärkten Zusammenarbeit teilnehmenden Mitgliedstaats darf nach Art 4–8 international zuständig sein. Gleiches gilt in dem Fall, dass sich alle Gerichte nach Art 9 für unzuständig erklärt haben und kein Gericht nach Art 9 Abs 2 zuständig ist. Das gem Art 10 angerufene deutsche Gericht hat **von Amts wegen** zu prüfen, ob diese Voraussetzungen erfüllt sind.

162 Art 10 eröffnet lediglich die **internationale Zuständigkeit** des Mitgliedstaats, in dem Vermögen eines oder beider Ehegatten belegen ist. Die örtliche Zuständigkeit richtet sich daher nach dem innerstaatlichen Verfahrensrecht des Belegenheitsstaates. Für das deutsche Recht wird eine solche örtliche Zuständigkeit voraussichtlich nach dem Vorbild des § 27 AUG für Unterhaltssachen im Ausführungsgesetz zur EuGüVO vorgesehen werden.

2. Zuständigkeit des Belegenheitstaates von unbeweglichem Vermögen

163 Die subsidiäre Zuständigkeit nach Art 10 ist in dem Mitgliedstaat begründet, in dem unbewegliches Vermögen eines oder beider Ehegatten belegen ist. Der Begriff des unbeweglichen Vermögens ist zwar **autonom** auszulegen. Orientierungshilfe für deutsche Gerichte kann jedoch der entsprechende Begriff in Art 15 Abs 2 Nr 3 EGBGB geben (näher → Rn 476 ff). Während die internationale Zuständigkeit der Gerichte nach Art 4–8 sich auf das gesamte – bewegliche wie unbewegliche – Vermögen der Ehegatten ohne Rücksicht auf seine Belegenheit im In- oder Ausland bezieht, ist das nur subsidiär nach Art 10 angerufene Gericht nur für Entscheidungen über das **in seinem Hoheitsgebiet belegene unbewegliche Vermögen** eines oder beider Ehegatten zuständig.

EuGüVO Art 11. Notzuständigkeit *(forum necessitatis)*

Ist kein Gericht eines Mitgliedstaats nach den Artikeln 4, 5, 6, 7 oder 8 zuständig oder haben sich alle Gerichte nach Artikel 9 für unzuständig erklärt und ist kein Gericht nach Artikel 9 Absatz 2 und Artikel 10 zuständig, so können die Gerichte eines Mitgliedstaats ausnahmsweise über den ehelichen Güterstand entscheiden, wenn es nicht zumutbar ist oder es sich als unmöglich erweist, ein Verfahren in einem Drittstaat, zu dem die Sache einen engen Bezug aufweist, einzuleiten oder zu führen.

Die Sache muss einen ausreichenden Bezug zu dem Mitgliedstaat des angerufenen Gerichts aufweisen.

1. Allgemeines

164 Durch die Notzuständigkeit nach Art 11 soll der **Justizgewährungsanspruch** des Antragstellers iSv Art 6 Abs 1 EMRK und Art 47 Grundrechte-Charta in Güterrechtssachen gewährleistet und eine Rechtsschutzverweigerung verhindert werden (ErwG 41 S 1; → Anh IV). Denn die EuGüVO enthält – anders als zB die EuEheVO in Art 7, 14 – keine subsidiäre Verweisung auf die nationalen Zuständigkeitsvorschriften der Mitgliedstaaten. Damit ist auch ein Rückgriff auf die dort anerkannten Notzuständigkeiten – zB in Fällen, in denen der Antragsteller aufgrund von Krieg, Bürgerkrieg oder Stillstand der Rechtspflege sein Recht vor den eigentlich zuständigen Gerichten eines Drittstaats nicht durchsetzen kann (vgl im deutschen Recht BAG JZ 79,

190

I. Internationale Zuständigkeit: EuGüVO Art 11   165–171   **B**

647; OLG Frankfurt aM IPRax 99, 247/249) – ausgeschlossen. Deshalb soll ein Gericht eines Mitgliedstaats in besonderen Ausnahmefällen auch über einen ehelichen Güterstand entscheiden können, der einen engen Bezug zu einem Drittstaat aufweist.

Art 11 regelt – wie Art 10 – lediglich die **internationale Zuständigkeit.** Die örtliche **165** Zuständigkeit richtet sich wiederum nach der *lex fori.* Für das deutsche Recht wird die örtliche Zuständigkeit voraussichtlich nach dem Vorbild von § 27 AUG für Unterhaltssachen im Ausführungsgesetz zur EuGüVO vorgesehen werden. Auch im Rahmen der Notzuständigkeit nach Art 7 gilt – trotz des Ausnahmecharakters der Vorschrift – der Grundsatz der *perpetuatio fori.*

Die in Art 7 verwendeten **unbestimmten Rechtsbegriffe** sind *autonom* auszulegen. Aus- **166** legungskriterien sind einerseits die Gewährung von Rechtsschutz in dem völker- und verfassungsrechtlich gebotenen Mindestumfang; andererseits ist dem Ausnahmecharakter der Vorschrift durch eine entsprechend **enge Auslegung** Rechnung zu tragen, denn sie soll nur „in besonderen Ausnahmefällen" zur Anwendung kommen (ErwG 41 S 1; → Anh IV).

2. Voraussetzungen

a) Fehlende Zuständigkeit eines mitgliedstaatlichen Gerichts. Die Notzuständigkeit **167** nach Art 11 setzt zunächst voraus, dass kein mitgliedstaatliches Gericht nach den Art 4–8 oder 10 international zuständig ist. Sie greift außerdem auch dann ein, wenn sich alle Gerichte nach Art 9 für unzuständig erklärt haben und kein Gericht nach Art 9 Abs 2 und Art 10 zuständig ist. Das gem Art 11 angerufene deutsche Gericht hat **von Amts wegen** zu prüfen, ob diese Voraussetzungen erfüllt sind.

b) Enger Bezug des Rechtsstreits zu einem Drittstaat. Weiter muss die Einleitung oder **168** Durchführung eines güterrechtlichen Verfahrens in einem Drittstaat, der zu dem Rechtsstreit einen engen Bezug aufweist, unmöglich oder unzumutbar sein. Ein solcher enger Bezug ist jedenfalls dann gegeben, wenn die Gerichte des Drittstaates bei spiegelbildlicher Anwendung der Art 4–7 oder 10 aus der Sicht der Verordnung zuständig wären.

c) Unmöglichkeit oder Unzumutbarkeit des Verfahrens in diesem Drittstaat. aa) Un- 169 möglichkeit. Unmöglichkeit der Rechtsdurchsetzung kommt einerseits aus Rechtsgründen in Betracht, wenn der Drittstaat keine Zuständigkeit eröffnet, andererseits aus tatsächlichen Gründen, zB bei Stillstand der Rechtspflege. Der ErwG 41 nennt insoweit beispielhaft die Möglichkeit eines **Bürgerkriegs.** Eine erwartungsgemäß überlange Prozessdauer kann nur dann eine Unmöglichkeit der Rechtsdurchsetzung begründen, wenn hierdurch der eigentliche Zweck des Verfahrens nicht mehr erreicht werden kann.

bb) Unzumutbarkeit. Der Unmöglichkeit der Einleitung oder Durchführung des güter- **170** rechtlichen Verfahrens in einem Drittstaat, zu dem der Rechtsstreit einen engen Bezug aufweist, steht nach Art 11 die Unzumutbarkeit gleich. Sie liegt nach ErwG 41 vor, „wenn von einem Ehegatten vernünftigerweise nicht erwartet werden kann, dass er ein Verfahren in diesem Staat einleitet oder führt". Dies kann insbesondere angenommen werden, wenn eine den „elementaren rechtsstaatlichen Garantien entsprechende Entscheidung des Rechtsstreits nicht gewährleistet ist" (OLG Frankfurt IPRax 99, 247/249). Dies kann etwa bei einer Ausländerdiskriminierung (*Geimer,* IZPR Rn 1026) oder wegen einer **korrupten Justiz** im Drittstaat der Fall sein. Gleiches gilt, wenn der Antragsteller sich bei einer Inanspruchnahme der drittstaatlichen Gerichte dort der Strafverfolgung aussetzt oder wenn er aus dem Drittstaat wegen politischer Verfolgung geflohen ist und den Status eines internationalen Flüchtlings iSd Genfer Konvention genießt. Unzumutbar ist dem Antragsteller die Rechtsverfolgung im Drittstaat auch dann, wenn der Antragsgegner nur im Inland über der Vollstreckung unterliegendes Vermögen verfügt und von vornherein feststeht, dass ein im Drittstaat ergehendes Urteil entweder gegen den inländischen *ordre public* verstoßen würde (§ 109 Abs 1 Nr 4 FamFG; → L Rn 185) oder mangels Verbürgung der Gegenseitigkeit im Inland nicht anerkannt werden könnte (§ 109 Abs 4 Nr 1 iVm § 112 Nr 2 FamFG; → L Rn 186).

d) Ausreichender Bezug des Rechtsstreits zur *lex fori*. Die Notzuständigkeit wird **171** schließlich nur in einem Mitgliedstaat eröffnet, zu dem der Rechtsstreit seinerseits einen ausreichenden Bezug aufweist. Dieser Bezug kann auch durch Kriterien hergestellt werden, die für sich nicht genügen, um eine Zuständigkeit nach Art 4–7 zu begründen, wie zB die Staatsangehörigkeit nur einer Partei oder die Belegenheit von Vermögen.

191

B 174, 175 1. Teil. Erkenntnisverfahren B. Güterrechtssachen

3. Ermessensentscheidung

172 Auch wenn alle Voraussetzungen für die Eröffnung einer Notzuständigkeit nach Art 11 vorliegen, muss das in einem Mitgliedstaat angerufene Gericht sich nicht zwingend für zuständig erklären, sondern es entscheidet darüber nach pflichtgemäßem Ermessen. Da die Notzuständigkeit nach dem ausdrücklichen Wortlaut der Vorschrift nur „in Ausnahmefällen" gewährt werden soll, hat das angerufene Gericht insoweit einen strengen Maßstab anzulegen.

EuGüVO Art 12. Widerklagen

Das Gericht, bei dem ein Verfahren aufgrund der Artikel 4, 5, 6, 7, 8, des Artikels 9 Absatz 2, des Artikels 10 oder des Artikels 11 anhängig ist, ist auch für eine Widerklage zuständig, sofern diese in den Anwendungsbereich dieser Verordnung fällt.

173 Ist ein Verfahren bei einem der in Art 12 genannten Gerichte anhängig, so lässt die Vorschrift in diesem Gerichtsstand auch die Erhebung einer Widerklage durch den Antragsgegner zu. Vorausgesetzt wird nur, dass auch Gegenstand der Widerklage eine Güterrechtssache iSv Art 1 Abs 1 ist. Da insoweit ebenfalls von dem weiten Begriff des Güterrechts iSv Art 3 Abs 1 lit a auszugehen ist (→ Rn 36 f), kann der auf Zugewinnausgleich in Anspruch genommene Ehegatte zB eine Widerklage betr die Zuweisung der Ehewohnung erheben. Abweichend von Art 2 bestimmt Art 12 nach seinem Wortlaut („das Gericht") nicht nur die internationale, sondern auch die *örtliche* Zuständigkeit.

EuGüVO Art 13. Beschränkung des Verfahrens

(1) Umfasst der Nachlass des Erblassers, der unter die Verordnung (EU) Nr. 650/2012 fällt, Vermögenswerte, die in einem Drittstaat belegen sind, so kann das in der Güterrechtssache angerufene Gericht auf Antrag einer der Parteien beschließen, über einen oder mehrere dieser Vermögenswerte nicht zu befinden, wenn zu erwarten ist, dass seine Entscheidung über diese Vermögenswerte in dem betreffenden Drittstaat nicht anerkannt oder gegebenenfalls nicht für vollstreckbar erklärt wird.

(2) Absatz 1 berührt nicht das Recht der Parteien, den Gegenstand des Verfahrens nach dem Recht des Mitgliedstaats des angerufenen Gerichts zu beschränken.

1. Allgemeines

174 Die Vorschrift lehnt sich eng an Art 12 EuErbVO an. Ebenso wie das in einer Erbsache nach Art 4 ff EuErbVO angerufene Gericht soll auch das nach dem Tode eines Ehegatten – insbesondere nach Art 4 EuGüVO – in einer Güterrechtssache international zuständige Gericht aus Gründen der Prozessökonomie auf die Einbeziehung von Nachlassgegenständen des verstorbenen Ehegatten in die güterrechtliche Abwicklung der Ehe verzichten können, wenn die ergehende Entscheidung im Belegenheitsstaat voraussichtlich nicht anerkannt und vollstreckt werden kann. Für diesen Ausnahmefall wird im Ergebnis der Grundsatz der Einheit des Güterrechtsstatuts nach Art 21 Abs 1 durchbrochen und die Entscheidung über die güterrechtlichen Verhältnisse an den in dem Drittstaat belegenen Gegenstände den dortigen Gerichten nach dem aus ihrer Sicht maßgeblichen Güterrechtsstatut überlassen.

2. Beschränkung nach europäischem Recht, Abs 1

175 Abs 1 wird von dem in der Güterrechtssache angerufenen Gericht nicht von Amts wegen angewandt, sondern **nur auf Antrag** einer der Parteien. Voraussetzung ist, dass – bewegliche oder unbewegliche – Nachlassgegenstände des verstorbenen Ehegatten unter die EuErbVO Nr 650/2012 fallen und in einem nicht an der EuGüVO teilnehmenden Mitgliedstaat (zB *Irland*) oder in einem nicht der EU angehörenden Drittstaat (zB der *Schweiz*) belegen sind. Ferner muss zu erwarten sein, dass die deutsche Entscheidung, die im Rahmen der güterrechtlichen Auseinandersetzung zwischen dem überlebenden Ehegatten und den Erben des verstorbenen Ehegatten ergeht, in Bezug auf die in diesem Drittstaat belegenen Sachen dort nicht anerkannt oder für vollstreckbar erklärt wird. Dies wird häufig dann in Betracht kommen, wenn der Drittstaat in Bezug auf die in seinem Territorium belegenen Immobilien eine ausschließliche Zuständigkeit in Anspruch nimmt; ausreichend ist aber auch eine voraussichtliche Versagung der Anerkennung

192

I. Internationale Zuständigkeit: EuGüVO Art 14   **178**   **B**

und Vollstreckung aus anderen Gründen (Dutta/Weber/*Lein,* EuErbVO Art 12 Rn 8). Dem angerufenen Gericht obliegt diesbezüglich also eine **Anerkennungsprognose** aus der Sicht des Belegenheitsstaats; Grundlage sind mit der Bundesrepublik *Deutschland* geschlossene Staatsverträge oder das in dem Drittstaat geltende autonome Anerkennungsrecht.

Ob das angerufene Gericht eine Entscheidung in den Fällen des Abs 1 ablehnt, steht in seinem **176** **Ermessen** („kann"). Dieses ist umso stärker eingeschränkt, je wahrscheinlicher die Versagung der Anerkennung oder Vollstreckung der Entscheidung im Belegenheitsstaat ist. Gelangt das Gericht zu einer negativen Anerkennungsprognose, so beschränkt es seine güterrechtliche Entscheidung auf dasjenige Vermögen des verstorbenen Ehegatten, das im Gerichtsstaat, in anderen an der EuGüVO teilnehmenden Mitgliedstaaten oder in Drittstaaten belegen ist, welche die deutsche güterrechtliche Entscheidung voraussichtlich anerkennen werden. Zur Frage, wie diese Beschränkung vorzunehmen ist, nimmt Art 13 nicht näher Stellung. Es spricht vieles dafür, dass nur von einer Entscheidung, die das Eigentum oder dingliche Rechte an einer in dem Drittstaat belegenen Sache regeln, abgesehen werden soll. Hingegen dürfte ein deutsches Gericht nicht daran gehindert sein, auch den Wert der in dem Drittstaat belegenen Sachen zB in den **Ausgleich des Zugewinns** nach deutschem Güterrecht einzubeziehen. Denn eine deutsche Entscheidung, die einer Partei nur eine Geldsumme zuspricht, wird zum einen häufig schon im Inland vollstreckbar sein; zum anderen wird ihre Anerkennung im Belegenheitsstaat idR nicht daran scheitern, dass dort belegene Sachen in eine bloße Wertberechnung nach deutschem Recht einbezogen wurden.

3. Beschränkung nach der lex fori, Abs 2

Nach Abs 2 berührt die Verordnung nicht das Recht der Parteien, den Streitgegenstand des **177** Verfahrens nach Maßgabe des am Gerichtsort geltenden Rechts zu beschränken. Damit wird klargestellt, dass Abs 1 das nationale Verfahrensrecht nicht begrenzt, sondern lediglich eine europäische Beschränkungsmöglichkeit eröffnet, die neben die jeweilige *lex fori* tritt und diese ergänzt bzw erweitert.

EuGüVO Art 14. Anrufung eines Gerichts

Für die Zwecke dieses Kapitels gilt ein Gericht als angerufen:

a) zu dem Zeitpunkt, zu dem das verfahrenseinleitende Schriftstück oder ein gleichwertiges Schriftstück bei Gericht eingereicht worden ist, vorausgesetzt, der Antragsteller hat es in der Folge nicht versäumt, die ihm obliegenden Maßnahmen zu treffen, um die Zustellung des Schriftstücks an den Antragsgegner zu bewirken,

b) falls die Zustellung vor Einreichung des Schriftstücks bei Gericht zu bewirken ist, zu dem Zeitpunkt, zu dem die für die Zustellung verantwortliche Stelle das Schriftstück erhalten hat, vorausgesetzt, der Antragsteller hat es in der Folge nicht versäumt, die ihm obliegenden Maßnahmen zu treffen, um das Schriftstück bei Gericht einzureichen,

c) falls das Gericht das Verfahren von Amts wegen einleitet, zu dem Zeitpunkt, zu dem der Beschluss über die Einleitung des Verfahrens vom Gericht gefasst oder, wenn ein solcher Beschluss nicht erforderlich ist, zu dem Zeitpunkt, zu dem die Sache beim Gericht eingetragen worden ist.

Schrifttum: *Nordmeier,* Eintritt und Fortbestand der Rechtshängigkeit nach Art 16 EuEheVO und Art 32 EuGVVO – insbesondere bei Verfahrensaussetzung, IPRax 16, 329.

1. Allgemeines

Art 14 enthält eine **Legaldefinition** des Zeitpunkts, zu dem in einem Verfahren betreffend **178** die ehelichen Güterstände Rechtshängigkeit bei dem Gericht eines Mitgliedstaats eintritt. Zur Vermeidung einer uneinheitlichen Handhabung in den Mitgliedstaaten ist der Begriff der „Anrufung des Gerichts" in dieser Vorschrift *autonom* auszulegen. Vorbild für die Vorschrift waren Art 32 EuGVVO, Art 16 EuEheVO, Art 9 EuUntVO und Art 14 EuErbVO. Die zu diesen Vorschriften ergangene und künftig ergehende Rechtsprechung und Literatur ist daher auch für die Auslegung von Art 14 relevant. Neu ist die in lit c enthaltene Vorschrift zum Zeitpunkt der Anrufung des Gerichts in *von Amts wegen* eingeleiteten Verfahren.

B 179–184 1. Teil. Erkenntnisverfahren B. Güterrechtssachen

179 Die Vorschrift harmonisiert allerdings nicht das nationale Verfahrensrecht in dieser Frage, sondern strebt in lit a und lit b lediglich einen Ausgleich zwischen den unterschiedlichen nationalen Modellen zur Bestimmung des Beginns der Rechtshängigkeit an. Danach wird durch eine **Rückwirkungsfiktion** ein möglichst früher Zeitpunkt der Rechtshängigkeit festgelegt. Der Zweck der Vorschrift besteht also darin, Schutz gegen Missbrauch des Verfahrensrechts zu gewährleisten. Daher sind bei der Prüfung ihrer Voraussetzungen keine Verzögerungen zu berücksichtigen, die auf das betreffende Gerichtssystem zurückzuführen sind, sondern nur ein etwaiger Mangel an Sorgfalt des Antragstellers (vgl zu Art 16 EuEheVO EuGH C-173/16 – *M H/M H*, unalex EU-701 Rn 27).

180 Art 14 hat insbesondere Bedeutung im Rahmen der Bestimmung des zuerst angerufenen Gerichts im Falle **doppelter Rechtshängigkeit** nach Art 17. Durch die Regelung wird der häufige Wettlauf der Parteien um die frühere Rechtshängigkeit (*„race to the courthouse!“*) entschärft, weil diese nicht mehr davon abhängt, ob die jeweilige *lex fori* sie schon mit Einreichung des Antrags bei Gericht oder – wie in Deutschland (§ 113 Abs 1 S 2 FamFG iVm §§ 253 Abs 1, 261 Abs 1 ZPO) – erst mit Zustellung an den Antragsgegner eintreten lässt. Der Vorschrift kommt darüber hinaus Bedeutung auch bei der Bestimmung der internationalen Zuständigkeit nach Art 4–12 (insbesondere bei Anwendung des *perpetuatio fori*-Grundsatzes) und des zeitlichen Anwendungsbereichs der Verordnung nach Art 69 Abs 1 zu.

2. Maßgeblicher Zeitpunkt

181 **a) Verfahrenseinleitung durch einen Beteiligten.** In Anbetracht der unterschiedlichen Voraussetzungen für den Eintritt der Rechtshängigkeit in den nationalen Prozessrechten der Mitgliedstaaten stellt Art 14 in Verfahren, die von einem der Beteiligten eingeleitet wurden, **alternativ** auf den Zeitpunkt ab, zu dem

– entweder das **verfahrenseinleitende Schriftstück** (oder ein gleichwertiges Schriftstück) **bei Gericht eingereicht** worden ist (lit a)
– oder **die für die Zustellung verantwortliche Stelle das Schriftstück erhalten hat,** falls die Zustellung an den Antragsgegner nach der *lex fori* vor Einreichung des Schriftstücks bei Gericht zu bewirken ist (lit b).

182 Maßgebend ist also die **Übergabe des Schriftstücks an das erste nach der *lex fori* zu beteiligende Rechtspflegeorgan.** Damit wird der Eintritt der Rechtshängigkeit von der Dauer und der Ordnungsmäßigkeit der Zustellung durch die zuerst beteiligte Behörde gelöst und Waffengleichheit zwischen den Parteien hergestellt. Daraus folgt, dass nach der Klärung, für welche der beiden in der Verordnung vorgesehenen Optionen sich der betreffende Mitgliedstaat entschieden hat, der Zeitpunkt, zu dem ein Gericht angerufen wurde, im Rahmen der in lit a geregelten ersten Option allein auf der objektiven Feststellung beruht, zu welchem Zeitpunkt das verfahrenseinleitende Schriftstück oder ein gleichwertiges Schriftstück bei diesem Gericht eingereicht wurde, unabhängig von jeder nationalen Verfahrensvorschrift, die bestimmt, wann und unter welchen Umständen das Verfahren eröffnet ist oder als anhängig gilt, sofern der Antragsteller in der Folge das Erfordernis der Zustellung dieses Schriftstücks an den Antragsgegner beachtet hat (vgl zu Art 16 EuEheVO EuGH C-173/16 – *M H/M H*, unalex EU-701 Rn 28). Entsprechendes gilt für die Übergabe des Schriftstücks an die für die Zustellung zuständige Stelle.

183 Vor den **deutschen Gerichten** bestimmt sich der Rechtshängigkeitszeitpunkt nach lit a; maßgeblich ist also der Zeitpunkt der Einreichung des verfahrenseinleitenden Schriftstücks bei Gericht, weil diese vor der Zustellung zu erfolgen hat. Eine **Zeitverschiebung** zwischen zwei Mitgliedstaaten bleibt bei der Feststellung des für die Rechtshängigkeit maßgeblichen Zeitpunkts außer Betracht (vgl zu Art 16 EuEheVO EuGH C-489/14 – *A/B*, NJW 15, 3776 Rn 44). Art 14 bestimmt den maßgebenden Zeitpunkt für die Rechtshängigkeit auch dann, wenn das **Verfahren** auf Initiative des Antragstellers **ausgesetzt** worden ist, selbst wenn das verfahrenseinleitende Schriftstück dem Antragsgegner nicht zugestellt wurde und dieser auch sonst keine Kenntnis von dem Verfahren erlangt hat (vgl zu Art 16 EuEheVO EuGH C-507/14 – *P/M*, FamRZ 15, 1865 Rn 43 m Anm *Mankowski* 1895 = IPRax 16, 371 m Anm *Nordmeier* 329). Art 14 gilt auch für **Maßnahmen des einstweiligen Rechtsschutzes** iSv Art 19.

184 **b) Verfahrenseinleitendes Schriftstück.** Als solches ist bei der gebotenen autonomen Auslegung jedes Schriftstück anzusehen, durch das der Antragsgegner von der Einleitung des Verfahrens Kenntnis erhält. Er muss hierdurch über die wesentlichen Elemente des Rechtsstreits in

194

I. Internationale Zuständigkeit: EuGüVO Art 14　　　　　　　　　**185–189　B**

Kenntnis gesetzt werden (vgl zum EuGVÜ EuGH C-474/93 – *Hengst Import,* Slg 95 I-2113 Rn 19; EuGH C-172/91 – *Sonntag,* Slg 93 I-1963 Rn 39 = NJW 93, 2091). Es genügt, wenn das Schriftstück Angaben enthält, die dem Antragsgegner die sachgerechte Entscheidung darüber ermöglichen, ob er sich auf das Verfahren einlassen soll (BGHZ 141, 286 = IPRax 01, 230/231). Ein dem verfahrenseinleitenden Schriftstück gleichgestelltes Schriftstück ist zB ein **Mahnbescheid.** Der Antrag auf Gewährung von **Verfahrenskostenhilfe** ist zwar kein verfahrenseinleitendes Schriftstück. Er sollte aber zum Schutz des Antragstellers vor einem sonst vorrangigen Antrag des Gegners zum Gericht eines anderen Mitgliedstaats als „gleichwertiges" Schriftstück angesehen werden.

c) **Verfahrenseinleitung von Amts wegen.** Erstmals auf dem Gebiet des europäischen **185** internationalen Familienrechts enthält Art 14 für Güterrechtssachen in lit c eine ausdrückliche Bestimmung zum maßgeblichen Zeitpunkt der Anrufung des Gerichts, wenn das Verfahren von Amts wegen eingeleitet wurde. Diese Regelung dürfte entsprechend auch im Rahmen der EuEheVO und der EuUntVO anzuwenden sein. Danach kommt es auf den Zeitpunkt an, zu dem der Beschluss über die Einleitung des Verfahrens vom Gericht gefasst oder, wenn ein solcher Beschluss nicht erforderlich ist, auf den Zeitpunkt, zu dem die Sache beim Gericht eingetragen worden ist.

3. Erforderliche Maßnahmen des Antragstellers

Weitere Voraussetzung ist in beiden Fällen, dass der Antragsteller es in der Folge nicht ver- **186** säumt, die ihm obliegenden Maßnahmen zu treffen, um entweder die nachträgliche Zustellung des Schriftstücks an den Antragsgegner zu bewirken (lit a) oder das Schriftstück bei Gericht einzureichen (lit b; vgl zu Art 16 EuEheVO EuGH C-507/14 – *P/M,* FamRZ 15, 1865 Rn 32 = IPRax 16, 371 m Anm *Nordmeier* 329). Welche Maßnahmen dem Antragsteller obliegen, richtet sich nach der jeweiligen **lex fori.** Diese entscheidet auch über die Frage, bis zu welchem **Zeitpunkt** die Maßnahmen zu treffen sind. Sieht das nationale Recht – wie das englische Verfahrensrecht in Familiensachen – **keine Frist** für die nach Einreichung des Schriftstücks zu bewirkende Zustellung vor, so hat der Antragsteller diese Maßnahmen innerhalb vertretbarer Zeit einzuleiten (vgl zu Art 16 EuEheVO High Court [Fam Div] 21.10.16, unalex UK-1474: vier Monate nicht ausreichend).

Ob eine Verzögerung der Zustellung nach Abs 1 lit a den Eintritt der Rechtshängigkeit **187** hindert, hängt nach der insoweit gebotenen europäisch-autonomen Auslegung davon ab, ob sie auf einer Obliegenheitsverletzung beruht, die dem Antragsteller **zugerechnet** werden kann. Die Zurechnung setzt nicht notwendig ein Verschulden voraus. Ein **Antrag auf Verfahrensaussetzung** für einen begrenzten Zeitraum zum Zweck der außergerichtlichen Streitschlichtung hat auf die Rechtshängigkeit keinen Einfluss, wenn die Verhandlungen ernsthaft geführt werden. Art 14 bestimmt den maßgebenden Zeitpunkt für die Rechtshängigkeit sowohl nach lit a wie nach lit b im Falle einer Verfahrensaussetzung auf Initiative des Antragstellers selbst dann, wenn das verfahrenseinleitende Schriftstück dem Antragsgegner nicht zugestellt wurde und dieser auch sonst keine Kenntnis von dem Verfahren erlangt hat, sofern der Antragsteller es in der Folge nicht versäumt, die ihm obliegenden Maßnahmen zu treffen, um die Zustellung an den Antragsgegner zu bewirken (EuGH C-507/14 – *P/M,* FamRZ 15, 1865 Rn 43 m Anm *Mankowski* 1895 = IPRax 16, 371 m Anm *Nordmeier* 329). Durch das Gericht verursachte Verzögerungen sind dem Antragsteller grundsätzlich nicht zurechenbar.

Nach **deutschem Recht** hat der Antragsteller die ihm obliegenden Maßnahmen zu treffen, **188** um die Zustellung des Schriftstücks an den Antragsgegner zu bewirken. Hinweise für die erforderlichen Maßnahmen und die für ihre Vornahme einzuhaltenden Fristen können aus der Rechtsprechung zu § 167 ZPO gewonnen werden. Danach hat der Antragsteller zB die richtige Zustelladresse des Antragsgegners oder dessen Zustellungsbevollmächtigten zu benennen. Ferner hat er den Verfahrenskostenvorschuss nach § 14 FamGKG einzubezahlen, ggf nach Aufforderung durch das Gericht gem §§ 9 Abs 2, 55 FamGKG. Wird ein Antrag auf Gewährung von Verfahrenskostenhilfe gestellt, so hat der Antragsteller alle zur Entscheidung notwendigen Angaben, insbesondere zu seinen Einkommens- und Vermögensverhältnissen, zu machen.

Hat der Antragsteller seinem Antrag eine für die Zustellung erforderliche **Übersetzung** nicht **189** beigefügt, aber kurze Zeit später nachgereicht, so wird die Zustellung dadurch geheilt und der Zeitpunkt der Rechtshängigkeit nach Art 14 lit a bleibt erhalten. Ergreift der Antragsteller die ihm obliegenden Maßnahmen nicht, so tritt keine Rechtshängigkeit ein; ein Rückgriff auf das nationale Recht der *lex fori* ist auch insoweit ausgeschlossen. Werden die erforderlichen **Maß-**

195

B 190–193 1. Teil. Erkenntnisverfahren B. Güterrechtssachen

nahmen später nachgeholt, aber erst nach Ablauf der hierfür von der *lex fori* vorgeschriebenen Frist, so wird das Verfahren erst zu dem Zeitpunkt rechtshängig, zu dem der Mangel behoben wurde; ein zwischenzeitlich in einem anderen Mitgliedstaat anhängig gemachtes Verfahren hat daher Vorrang. Keine Bedeutung hat Art 14 für den Beginn von Ausschluss- oder Verjährungs-fristen; dieser richtet sich vielmehr gemäß Art 27 lit d-f nach dem Güterrechtsstatut (→ Rn 367 ff).

EuGüVO Art 15. Prüfung der Zuständigkeit

Das Gericht eines Mitgliedstaats, das in einer Güterrechtssache angerufen wird, für die es nach dieser Verordnung nicht zuständig ist, erklärt sich von Amts wegen für unzuständig.

1. Normzweck und Auslegung

190   Art 15 übernimmt in der EuGüVO die Funktion der Art 25, 26 EuGVVO aF, weicht von diesen Vorschriften jedoch inhaltlich ab und orientiert sich mit der Anordnung einer **uneinge-schränkten Prüfung der internationalen Zuständigkeit von Amts wegen** durch das angerufene Gericht stärker an Art 17 EuEheVO (→ A Rn 147 ff) und Art 10 EuUntVO. Eine Anlehnung an Art 28 Abs 1 EuGVVO nF hätte jedoch näher gelegen als an Art 17 EuEheVO, denn die uneingeschränkte Nachprüfung der internationalen Zuständigkeit in Ehesachen und in Verfahren der elterlichen Verantwortung nach Art 17 EuEheVO ist vor dem Hintergrund zu sehen, dass jene Verordnung nur gesetzliche Zuständigkeiten kennt und eine rügelose Einlassung des Antragsgegners auf das Verfahren nicht zulässt (näher → A Rn 46). Demgegenüber wird nach Art 8 EuGüVO der Mangel der internationalen Zuständigkeit jedenfalls in bestimmten Fällen durch die rügelose Einlassung des Antragsgegners überwunden (→ Rn 136 ff). Daraus folgt aber, dass Art 15 ähnlich wie Art 28 Abs 1 EuGVVO und Art 10 EuUntVO ausgelegt werden muss: Das angerufene Gericht hat sich nur dann nur dieser Vorschrift von Amts wegen für unzustän-dig zu erklären, wenn es weder nach Art 4–7 noch nach Art 9–12 zuständig ist und wenn sich außerdem der Antragsgegner auch nicht nach Art 8 wirksam auf das Verfahren eingelassen hat. Auch Art 8 begründet mithin eine Zuständigkeit „nach dieser Verordnung" iSv Art 15, deren Voraussetzungen von Amts wegen zu prüfen sind.

2. Anwendungsbereich

191   Art 15 setzt voraus, dass ein Gericht eines Mitgliedstaats in einer Güterrechtssache iSv Art 1 und Art 3 Abs 1 lit a (→ Rn 36 f) angerufen worden ist, die einen internationalen Bezug auf-weist. Die Prüfung erstreckt sich zwar primär auf die internationale Zuständigkeit, darüber hinaus aber auch auf die örtliche Zuständigkeit, soweit diese in den Art 4 ff mitgeregelt ist. Die Vorschrift gilt in jeder Lage des Verfahrens, dh **in allen Instanzen.** Sie verdrängt insoweit nationale Verfahrensregeln, die eine Zuständigkeitsrüge verlangen (EuGH C-288/82 – *Duijnstee,* Slg 83, 3663 Rn 15; BGHZ 109, 27/31 = NJW 90, 318, jeweils zum EuGVÜ) oder die eine Überprüfung der internationalen bzw örtlichen Zuständigkeit in höheren Instanzen begrenzen. Im deutschen Recht werden daher §§ 65 Abs 4, 72 Abs 2 FamFG durch Art 15 verdrängt.

3. Prüfungsumfang

192   Prüfung von Amts wegen meint **keine Amtsermittlung** von Tatsachen, sondern nur die Prüfung von Zweifeln am Vorliegen der Zuständigkeitsvoraussetzungen (vgl zu Art 25 EuGVVO aF MüKoZPO/*Gottwald* Rn 1). In welchem Umfang das Gericht zur amtswegigen Ermittlung von Tatsachen verpflichtet ist, beurteilt sich nach dem Verfahrensrecht der *lex fori*. In güterrecht-lichen Verfahren vor deutschen Gerichten gilt insoweit nicht der Amtsermittlungsgrundsatz (§ 113 Abs 1 iVm § 112 Nr 2 FamFG), sondern der Beibringungsgrundsatz. Danach muss das angerufene Gericht also nur die von den Parteien vorgetragenen Tatsachen, aus denen sich seine Unzuständigkeit ergibt, von sich aus berücksichtigen. Bei **Säumnis** des Antragsgegners gelten die vom Antragsteller zur Zuständigkeit vorgetragenen Tatsachen nicht als zugestanden. Bei **doppelrelevanten Tatsachen** genügt für die Zuständigkeitsbegründung der schlüssige Vortrag des Antragstellers (MüKoZPO/*Gottwald* Art 25 EuGVVO Rn 3).

193   Die amtswegige Prüfung hat in jedem Verfahrensabschnitt, also **auch in der Rechtsmittel-instanz** – in Deutschland also im Beschwerde- und Rechtsbeschwerdeverfahren – zu erfolgen

I. Internationale Zuständigkeit: EuGüVO Art 16 **B**

(vgl zum EuGVÜ BGHZ 169, 240 = FamRZ 2007, 109). Eine Verpflichtung dazu besteht für das angerufene Gericht freilich nur, wenn es über die sachlich unter Art 1 fallenden güterrechtlichen Anträge in der **Hauptsache** entscheidet; bei der Entscheidung über bloße Vorfragen findet keine Prüfung von Amts wegen nach Art 15 statt. Führt die Prüfung zu dem Ergebnis, dass angerufene Gericht **konkurrierend** neben den Gerichten eines anderen Mitgliedstaats zuständig ist, findet Art 15 selbstverständlich keine Anwendung; ein positiver Kompetenzkonflikt ist dann über Art 17 zu lösen. Für die Prüfung der örtlichen und sachlichen Zuständigkeit bleibt es bei der Maßgeblichkeit des nationalen Rechts. In *Deutschland* beurteilt sich die örtliche Zuständigkeit in Güterrechtsachen nach § 262 FamFG.

4. Entscheidung

Ist das angerufene Gericht nach Art 4–12 nicht zuständig, so hat es sich nach Art 15 von **194** Amts wegen für unzuständig zu erklären. Die Form der Unzuständigkeitserklärung bestimmt sich nach nationalem Verfahrensrecht. Ein deutsches Gericht hat den Antrag daher durch **Beschluss als unzulässig zurückzuweisen.** Hierzu ist das Gericht allerdings nicht schon immer nach Eingang des Antrags berechtigt; vielmehr hat es den Antrag in den Fällen des Art 8 in jedem Falle zunächst dem Antragsgegner zuzustellen, um ihm die Möglichkeit zu geben, sich auf das Verfahren nach dieser Vorschrift einzulassen und damit den Mangel der Zuständigkeit zu beheben.

Die Möglichkeit einer **grenzüberschreitenden Verweisung** an das zuständige Gericht in **195** einem anderen Mitgliedstaat sieht die EuGüVO ebenso wenig vor wie die EuGVVO (vgl OLG Düsseldorf WM 00, 2192), die EuEheVO (vgl aber → F Rn 235) oder die EuUntVO (→ C Rn 254). Jedoch besteht uU eine Verpflichtung, das zuständige Gericht von der Unzuständigkeitserklärung in Kenntnis zu setzen. Die Verweisungsmöglichkeit des § 4 FamFG besteht schon gem § 113 Abs 1 S 1 FamFG in Güterrechtssachen nicht; die Vorschrift bezieht sich auch nicht auf die Abgabe des Verfahrens an ein ausländisches Gericht. Gleiches gilt für die Verweisung nach §§ 281 ZPO, 113 Abs 1 S 2 FamFG, die ebenfalls an ein ausländisches Gericht nicht in Betracht kommt. Das Gericht eines Mitgliedstaats kann auch nicht verlangen, dass die Gerichte eines anderen Mitgliedstaats sich für unzuständig erklären sollen. Auch zu einer Zurückweisung des Antrags durch *Sachurteil* ist das international unzuständige Gericht nicht befugt. Verweisungen **innerhalb des gleichen Mitgliedstaats** an ein anderes örtlich zuständiges Gericht werden hingegen durch Art 15 nicht ausgeschlossen. Hat daher der Antragsgegner seinen gewöhnlichen Aufenthalt iSv Art 6 lit c in Deutschland, aber nicht im Bezirk des angerufenen deutschen Gerichts, so ist letzteres nicht gehindert, den Rechtsstreit an das nach § 262 Abs 2 iVm §§ 12 ff ZPO örtlich zuständige Gericht nach § 281 ZPO zu verweisen.

EuGüVO Art 16. Prüfung der Zulässigkeit

(1) **Lässt sich der Beklagte, der seinen gewöhnlichen Aufenthalt in einem anderen Staat als dem Mitgliedstaat hat, in dem die Klage erhoben wurde, auf das Verfahren nicht ein, so setzt das nach dieser Verordnung zuständige Gericht das Verfahren so lange aus, bis festgestellt ist, dass es dem Beklagten möglich war, das verfahrenseinleitende Schriftstück oder ein gleichwertiges Schriftstück so rechtzeitig zu empfangen, dass er sich verteidigen konnte oder dass alle hierzu erforderlichen Maßnahmen getroffen wurden.**

(2) **Anstelle des Absatzes 1 des vorliegenden Artikels findet Artikel 19 der Verordnung (EG) Nr. 1393/2007 des Europäischen Parlaments und des Rates Anwendung, wenn das verfahrenseinleitende Schriftstück oder ein gleichwertiges Schriftstück nach der genannten Verordnung von einem Mitgliedstaat in einen anderen zu übermitteln war.**

(3) **Ist die Verordnung (EG) Nr. 1393/2007 nicht anwendbar, so gilt Artikel 15 des Haager Übereinkommens vom 15. November 1965 über die Zustellung gerichtlicher und außergerichtlicher Schriftstücke im Ausland in Zivil- und Handelssachen, wenn das verfahrenseinleitende Schriftstück oder ein gleichwertiges Schriftstück nach Maßgabe dieses Übereinkommens ins Ausland zu übermitteln war.**

197

B 196–202   1. Teil. Erkenntnisverfahren B. Güterrechtssachen

1. Normzweck

196   Art 16 orientiert sich an Art 28 Abs 2–4 EuGVVO nF und an Art 18 EuEheVO (→ A Rn 153 ff). Parallelvorschriften finden sich auch in Art 11 EuUntVO, Art 16 EuPartVO und Art 16 EuErbVO. Die Vorschrift soll das Recht des Antragsgegners auf **rechtliches Gehör** bei der Verfahrenseinleitung gewährleisten und zugleich sicherstellen, dass die Anerkennung der späteren Entscheidung nicht an Art 37 lit b scheitert. Hierfür enthält Abs 1 eine eigenständige Regelung, die jedoch **nur subsidiär** zur Anwendung kommt, soweit nicht die unionsrechtlichen bzw staatsvertraglichen Vorschriften zur grenzüberschreitenden Zustellung verfahrenseinleitender Schriftstücke eingreifen, auf die in den Absätzen 2 und 3 verwiesen wird.

197   Bei der Prüfung des Art 16 ist daher im ersten Schritt zu klären, ob auf die Zustellung gem Abs 2 die Verordnung (EG) Nr 1393/2007 über die Zustellung gerichtlicher und außergerichtlicher Schriftstücke in Zivil- oder Handelssachen in den Mitgliedstaaten v 13.11.2007 (ABl EU L 324, 79 = *Jayme/Hausmann* Nr 224; **EuZVO**) anwendbar ist (→ A Rn 161 ff). Ist dies zu verneinen, ist im nächsten Schritt gem Abs 3 zu prüfen, ob auf die Zustellung das Haager Übereinkommen über die Zustellung gerichtlicher und außergerichtlicher Schriftstücke im Ausland in Zivil- oder Handelssachen v 15.11.1965 (BGBl 77 II, 1453 = *Jayme/Hausmann* Nr 211; **HZÜ**) anwendbar ist (→ A Rn 164 ff). Nur wenn auch dies nicht der Fall ist, findet hilfsweise Abs 1 Anwendung. Auch im Rahmen der Anerkennung und Vollstreckung von güterrechtlichen Entscheidungen anderer Mitgliedstaaten darf das Zweitgericht die Ordnungsmäßigkeit der Zustellung nur nach Maßgabe von Art 16 prüfen (vgl zum EuGVÜ EuGH C-522/03 – *Scania/Rockinger,* Slg 05 I-8639 Rn 26 ff = NJW 05, 3627).

2. Prüfung der Zulässigkeit, Abs 1

198   **a) Nichteinlassung.** Eine Nichteinlassung iSv Abs 1 liegt dann vor, wenn sich der Antragsgegner weder selbst noch durch einen von ihm beauftragten Bevollmächtigten (vgl zur EuGVVO aF EuGH C-78/95 – *Hendrikman/Magenta,* Slg 1996 I-4943 Rn 18 ff = IPRax 97, 333 m Anm *Rauscher* 314) am Verfahren beteiligt. Eine Verfahrensbeteiligung liegt bereits in der Rüge der Zuständigkeit des Gerichts (näher → M Rn 84 mwN). Der bloße Hinweis des Antragstellers darauf, dass er von dem Verfahren zu spät Kenntnis nehmen und sich daher nicht rechtzeitig verteidigen konnte, stellt hingegen noch keine Einlassung dar.

199   Die Vorschrift ist nur dann anwendbar, wenn der Antragsgegner seinen **gewöhnlichen Aufenthalt** (→ Rn 81 ff) **nicht im Gerichtsstaat** hat. Allerdings ist – in Anlehnung an Art 28 Abs 1 EuGVVO nF (vgl ThP/*Hüßtege* Rn 1) – ein Wohnsitz oder gewöhnlicher Aufenthalt des Antragsgegners in einem anderen Mitgliedstaat nicht erforderlich; vielmehr reicht auch ein solcher in einem Drittstaat aus (vgl zu Art 18 EuEheVO → A Rn 156 mwN). Dieses Aufenthaltserfordernis gilt jedoch im Rahmen der Absätze 2 und 3 nicht.

200   **b) Aussetzung des Verfahrens.** Liegen die Voraussetzungen nach Abs 1 vor, so hat das nach Art 3–7 zuständige Gericht das Verfahren **von Amts wegen** auszusetzen, um Feststellungen darüber treffen zu können,

– dass es dem Antragsgegner möglich war, das verfahrenseinleitende Schriftstück oder ein gleichwertiges Schriftstück so rechtzeitig zu empfangen, dass er sich verteidigen konnte, oder
– dass zumindest alle hierzu erforderlichen Maßnahmen getroffen wurden.

201   **aa) Verfahrenseinleitende Schriftstücke.** Dies sind Urkunden, die alle wesentlichen Elemente des Rechtsstreits charakterisieren und durch deren Zustellung der Antragsgegner erstmals von dem Verfahren Kenntnis erlangt. Hierzu gehören insbesondere die Antragsschrift und die Terminsladung, wenn sie die wesentlichen Informationen über den Gegenstand des Rechtsstreits enthalten. Eine Antragsbegründung ist zwar nicht zwingend erforderlich; das Schriftstück muss dem Antragsgegner aber erlauben, eine Entscheidung zu treffen, ob er sich auf das Verfahren einlassen möchte oder nicht (BGHZ 141, 286/295 f, Kropholler/*v Hein* Art 34 EuGVVO aF Rn 30). **Gleichwertige Schriftstücke** sind solche, durch die der Antragsteller während des schon laufenden Verfahrens von wesentlichen Änderungen des Verfahrensgegenstandes Kenntnis erlangt. Ein gleichwertiges Schriftstück ist insbesondere der **Mahnbescheid** (näher zur Auslegung dieser Begriffe → M Rn 178 f [zu Art 24 lit b]).

202   **bb) Rechtzeitiger Empfang.** Bei deren Prüfung kommt es maßgeblich darauf an, ob der Antragsgegner von dem Schriftstück zu einem Zeitpunkt Kenntnis erlangte, der ihm noch eine

I. Internationale Zuständigkeit: EuGüVO Art 17   **206, 207   B**

ausreichende Vorbereitung seiner Verteidigung ermöglichte. Dies ist eine Tatsachenfrage, über die das Gericht nach pflichtgemäßem Ermessen zu entscheiden hat. Dabei spielt insbesondere eine Rolle, ob das Schriftstück in einer für den Antragsgegner **verständlichen Sprache** abgefasst war und ob ihm genügend Zeit zur Kontaktaufnahme mit einem Rechtsanwalt verblieben ist. Bei ordnungsgemäßer Zustellung ist auf den Zeitpunkt abzustellen, in dem das Schriftstück an den Antragsgegner zugestellt wurde und er deshalb von ihm Kenntnis nehmen konnte. Ist die Zustellung hingegen fehlerhaft, so kommt es grundsätzlich auf den Zeitpunkt der tatsächlichen Kenntnisnahme an. Die Möglichkeit der Kenntnisnahme ist allerdings bei nachgewiesenem Zugang auch dann gegeben, wenn die Zustellung nicht ordnungsgemäß erfolgte.

Auch wenn das Gericht keine sicheren Feststellungen darüber treffen kann, ob dem Antrags- **203** gegner die Kenntnisnahme tatsächlich möglich war, kann es dem Verfahren seinen Fortgang geben, wenn es jedenfalls festgestellt hat, dass **alle erforderlichen Maßnahmen** ergriffen wurden, um dieses Ziel zu erreichen. Dies setzt zumindest voraus, dass die Zustellung des einleitenden Schriftstücks **ordnungsgemäß** erfolgt ist.

3. Vorrang der EU-Zustellungsverordnung, Abs 2

Die Regelung in Abs 1 wird gem Abs 2 durch das vorrangige sekundäre EU-Recht verdrängt, **204** wenn die Zustellung von einem in einen anderen EU-Mitgliedstaat zu bewirken ist. Abs 2 verweist insoweit auf Art 19 der Verordnung (EG) Nr 1393/2007 v 13.11.2007 (**EuZVO**, ABl EU 07 L 324, 79). Die Vorschrift ist abgedruckt in der Kommentierung zu Art 18 Abs 2 EuEheVO (→ A Rn 163). Sie sieht in Art 19 ebenfalls eine Aussetzung im Fall der Nichteinlassung des Antragsgegners vor; allerdings darf unter bestimmten Voraussetzungen nach Ablauf von wenigstens sechs Monaten auch ohne Zustellungsnachweis sachlich entschieden werden.

4. Vorrang des Haager Zustellungsübereinkommens, Abs 3

Ist die EuZVO nicht anwendbar, verweist Abs 3 auf Art 15 des Haager Übereinkommens über **205** die Zustellung gerichtlicher und außergerichtlicher Schriftstücke im Ausland in Zivil- oder Handelssachen v 15.11.1965 (BGBl 77 II, 1453 = *Jayme/Hausmann* Nr 211; **HZÜ**), wenn das Schriftstück nach Maßgabe dieses Übereinkommens ins Ausland zu übermitteln war. Die Vorschrift ist abgedruckt in der Kommentierung zu Art 18 Abs 3 EuEheVO (→ A Rn 166). Dort findet sich auch ein Überblick über die Vertragsstaaten des HZÜ.

EuGüVO Art 17. Rechtshängigkeit

(1) Werden bei Gerichten verschiedener Mitgliedstaaten Verfahren wegen desselben Anspruchs zwischen denselben Parteien anhängig gemacht, so setzt das später angerufene Gericht das Verfahren von Amts wegen aus, bis die Zuständigkeit des zuerst angerufenen Gerichts feststeht.

(2) In den in Absatz 1 genannten Fällen teilt das in der Rechtssache angerufene Gericht auf Antrag eines anderen angerufenen Gerichts diesem unverzüglich mit, wann es angerufen wurde.

(3) Sobald die Zuständigkeit des zuerst angerufenen Gerichts feststeht, erklärt sich das später angerufene Gericht zugunsten dieses Gerichts für unzuständig.

1. Allgemeines

a) Normzweck. Art 17 regelt das Verfahren in Fällen doppelter Rechtshängigkeit von Güter- **206** rechtsverfahren vor Gerichten verschiedener Mitgliedstaaten. Die Vorschrift überträgt die diesbezüglichen Regeln des Art 29 EuGVVO nF auf Güterrechtssachen. Normzweck ist es, im **Interesse einer geordneten Rechtspflege** zu vermeiden, dass in den Mitgliedstaaten Entscheidungen ergehen, die miteinander unvereinbar sind (ErwG 42; → Anh IV). Um dies zu erreichen, ist die Vorschrift weit auszulegen und erfasst Fälle der Rechtshängigkeit vor mitgliedstaatlichen Gerichten **unabhängig vom Wohnsitz der Parteien** (EuGH C-39/02 – *Mærsk Olie & Gas,* Slg 04 I-9657 Rn 31 = EuLF 04, 282; EuGH C C-116/02 – *Gasser,* Slg 03 I-14693 Rn 141 = EuLF 04, 50; C-351/89 – *Overseas Union Insurance,* Slg 91 I-3317 Rn 13, jeweils zu Art 21 EuGVÜ).

Art 17 betrifft allerdings nur konkurrierende güterrechtliche Verfahren, die **in verschiedenen 207 Mitgliedstaaten** der Verordnung eingeleitet werden. Da die EuGüVO auch keine den Art 33,

199

B 208–212　　　　　　　　　1. Teil. Erkenntnisverfahren B. Güterrechtssachen

34 EuGVVO nF entsprechenden Vorschriften enthält, beurteilt sich die Frage, ob ein deutsches Gericht auch die frühere Rechtshängigkeit eines vor einem *drittstaatlichen* Gericht begonnenen Verfahrens zu beachten hat, weiterhin nach den hierfür im deutschen autonomen Recht entwickelten Grundsätzen (§§ 112 Nr 2, 113 Abs 1 S 2 FamFG iVm § 261 Abs 3 Nr 1 ZPO analog; → Rn 259), sofern nicht vorrangig geltende staatsvertragliche Vorschriften eingreifen. Als Drittstaaten in diesem Sinne gelten auch die nicht an der Verordnung teilnehmenden EU-Mitgliedstaaten.

208　**b) Prioritätsprinzip.** Die Regelung beruht – wie Abs 1 klarstellt – auf dem Prioritätsprinzip, wonach dem zuerst vor einem zuständigen Gericht eines teilnehmenden Mitgliedstaats rechtshängig gewordenen Verfahren Vorrang gebührt. Der Zeitpunkt, zu dem die konkurrierenden Verfahren rechtshängig geworden sind, wird **autonom in Art 14** definiert (→ Rn 178 ff). Hierüber entscheiden die konkurrierenden Gerichte von Amts wegen selbständig und ohne Bindung an die Entscheidung der Gerichte anderer Mitgliedstaaten. Wurden beide Verfahren **am gleichen Tag** anhängig gemacht und weist der Antragsgegner nach, zu welcher Uhrzeit sein Antrag zum Gericht eines anderen Mitgliedstaats zugestellt wurde, so ist es Sache des Antragstellers nachzuweisen, dass sein Antrag zum inländischen Gericht früher rechtshängig geworden ist (frz Cass 11.6.08, unalex FR-1014; krit zu dieser Lösung aber G/Sch/*Dilger* Rn 33; Staud/ *Spellenberg* Rn 27; NK-BGB/*Gruber* Rn 1). Eine **Zeitverschiebung** zwischen zwei Mitgliedstaaten bleibt bei der Feststellung der chronologischen Priorität außer Betracht (EuGH C-489/ 14 – *A/B*, NJW 15, 3776 Rn 44 [Ehesache]).

209　Dabei geht die Vorschrift von einem **weiten Streitgegenstandsbegriff** aus (→ Rn 214 ff) und verzichtet gänzlich auf eine (positive) Anerkennungsprognose. Das später angerufene deutsche Gericht hat also nicht zu prüfen, ob mit einer Anerkennung der in dem früher anhängigen Verfahren ergehenden Entscheidung des Gerichts eines anderen Mitgliedstaats nach Art 37 voraussichtlich zu rechnen ist (vgl zu Art 21 EuGVÜ BGH NJW 95, 1758; OLG Frankfurt aM IPRax 02, 515m Anm *Homann* 502; ebenso zu Art 19 EuEheVO → A Rn 170 mwN). Entfällt eines der beiden konkurrierenden Verfahren durch **Erledigung,** so kommt automatisch dem anderen – bis dahin unzulässigen – Verfahren Priorität zu, auch wenn dieses als das später eingeleitete Verfahren bis zur Erledigung des früheren Verfahrens keine Wirkungen entfalten konnte (EuGH C-489/14 – *A/B,* NJW 15, 3776 Rn 37 ff [Ehesache]; krit *Rieck* NJW 15, 3779).

210　**c) Rechtsfolge.** Als Rechtsfolge sieht die Vorschrift eine **Aussetzung des Verfahrens** durch das später angerufene Gericht bis zur Klärung der internationalen Zuständigkeit des zuerst angerufenen Gerichts vor. Erst wenn das zuerst angerufene Gericht seine internationale Zuständigkeit festgestellt hat, erklärt sich das später angerufene Gericht für unzuständig (Abs 3). Ob eine zeitlich frühere Rechtshängigkeit eines Gerichts eines anderen Mitgliedstaats vorliegt, ist als Zulässigkeitsvoraussetzung des Antrags im Verfahren vor einem deutschen Gericht **von Amts wegen** zu prüfen. Hierzu muss diejenige Partei, die sich auf Art 17 Abs 1 beruft, die früher im Ausland eingetretene Rechtshängigkeit substantiiert darlegen (EuGH C-296/10 aaO, Rn 81).

2. Parteiidentität

211　Art 17 Abs 1 verlangt zunächst Parteiidentität. Diese ist durch **autonome Auslegung** zu ermitteln (EuGH C-144/86 – *Gubisch/Palumbo,* Slg 87, 4861 Rn 11 = NJW 89, 665 [zu Art 21 EuGVÜ]). Dabei kommt es nicht auf die Parteirollen in den jeweiligen Verfahren an (BGH NJW 95, 1758). Inwieweit in Fällen einer **Rechtskrafterstreckung** im Erstverfahren auf einen Dritten die Rechtshängigkeitssperre für diesen Dritten gilt, wird unterschiedlich beurteilt. Nach einer in der Literatur vertretenen Ansicht soll zur Gewährleistung von Rechtssicherheit allein auf die *formale* Parteistellung abzustellen sein, so dass Fälle der Rechtskrafterstreckung nicht von Art 17, sondern allenfalls von Art 18 erfasst würden (so zu Art 29 EuGVVO nF Zö/*Geimer* Rn 8a; Mu/V/*Stadler* Rn 4 mwN). Der EuGH sieht dagegen zwei unterschiedliche Personen dann als „dieselbe Partei" an, wenn ihre Interessen so weit übereinstimmen, dass ein Urteil, das gegen die eine ergeht, Rechtskraft gegenüber der anderen entfalten würde (EuGH C-351/96 – *Drouot,* Slg 98 I-3075 Rn 19m krit Anm *Jayme/Kohler* IPRax 98, 417/422, zu Art 21 EuGVÜ).

212　Bei **Teilidentität** der Parteien ist nur eine teilweise Aussetzung erforderlich; im Übrigen kann das Verfahren bei Teilbarkeit fortgesetzt werden (EuGH C-406/92 – *Tatry,* Slg 94 I-5439 Rn 34 = IPRax 96, 108m Anm *Schack* 80).

200

I. Internationale Zuständigkeit: EuGüVO Art 17   213–217   **B**

3. Anhängigkeit

Art 17 legt das Prioritätsprinzip fest, ohne dass der Vorschrift selbst zuständigkeitsbegründende 213
Wirkung beizumessen wäre (MüKoZPO/*Gottwald* Art 29 EuGVVO Rn 6). Maßgebend für die
Anhängigkeit iSv Abs 1 ist der in Art 14 geregelte Zeitpunkt der Anrufung des Gerichts
(→ Rn 178 ff). Wird der Ausgleich des Zugewinns im Rahmen eines Scheidungsverfahrens
verlangt, so kommt es nicht darauf an, wann das Scheidungsverfahren anhängig gemacht wurde;
abzustellen ist vielmehr auf die Anhängigkeit der Folgesache Güterrecht. Eine **Prozessaufrechnung** begründet keine Rechtshängigkeit der zur Aufrechnung gestellten (Gegen-)Forderung
(EuGH C-111/01 – *Gantner,* Slg 03 I-4207 Rn 26). Umgekehrt sollte die Rechtshängigkeit der
aufzurechnenden Forderung in einem anderen Mitgliedstaat die Prozessaufrechnung – wie nach
der deutschen *lex fori* – nicht ausschließen und demgemäß Abs 3 nicht entsprechend herangezogen werden (MüKoZPO/*Gottwald* Art 29 EuGVVO Rn 8; **aA** OLG Hamburg RIW 98,
889/891 [zu Art 21 EuGVÜ]). Eine davon zu trennende Frage ist, inwieweit das Güterrechtsstatut überhaupt eine Aufrechnung zulässt.

4. Identität des Verfahrensgegenstandes

a) Qualifikation. Der Streitgegenstandsbegriff der EuGüVO stimmt nicht mit demjenigen 214
der ZPO überein (vgl zur EuGVVO OLG Celle FamRZ 09, 359; ferner *Rüßmann* ZZP 111, 399;
Walker ZZP 111, 429). Zur Vermeidung paralleler Gerichtsverfahren in verschiedenen Mitglied-
staaten mit hieraus erwachsenden konträren Entscheidungen hat der EuGH für Art 21 EuGVÜ/
Art 27 EuGVVO aF einen autonomen und weiten europäischen Streitgegenstandsbegriff geschaf-
fen (EuGH C-351/96 – *Drouot,* Slg 98 I-3075 Rn 17 = EuZW 98, 443; BGH NJW 97, 870;
OLG Hamm IPRax 95, 104 m Anm *Rüssmann* 76). Wegen der wörtlichen Übernahme von
Art 29 EuGVVO nF in Art 17 EuGüVO erheischt diese EuGH-Rechtsprechung auch im
Rahmen von Art 17 Beachtung. Danach müssen die Anträge auf derselben Grundlage beruhen
und denselben Gegenstand haben („*même cause et même objet*", vgl EuGH C-144/86 – *Gubisch/
Palumbo,* Slg 87, 4861 Rn 14 ff = NJW 89, 665; EuGH C-406/92 – *Tatry/Maciej Rataj,* Slg 94 I-
5439 Rn 38 = IPRax 96, 108 m Anm *Schack* 80; BGH NJW 95, 1758/1759 und NJW 02, 2795/
2796). Dabei sind mit „Grundlage" der Sachverhalt und die Rechtsvorschriften gemeint, die dem
Antrag zugrunde liegen (EuGH aaO); demgegenüber soll mit dem „Gegenstand" das vom
Antragsteller verfolgte verfahrensrechtliche Ziel umschrieben werden (EuGH C-406/92 aaO,
Rn 41; dazu auch Rauscher/*Leible* Art 29 EuGVVO Rn 14 ff mwN).

Nach dieser sog **Kernpunkttheorie** kommt es auf eine vollständige Identität von Klagegrund 215
und Klagegegenstand nicht an; vielmehr müssen beide Anträge bei einer wertenden Betrachtung
nur im Kern den gleichen Gegenstand haben. Um die Identität des Streitgegenstands zu beurteilen, ist auf das verfahrenseinleitende Schriftstück abzustellen. Eine nachträgliche Antragsweite-
rung bleibt ebenso außer Betracht (vgl zu Art 27 EuGVVO aF OLG Düsseldorf GRUR-RR
09, 401) wie etwaige Einwendungen oder Einreden des Antragsgegners; dies gilt insbesondere
für die **Aufrechnungseinrede** (EuGH C-111/01 – *Gantner,* Slg 03 I-4207 Rn 30 = IPRax 03,
443m Anm *Reischl* 426/429; G/Sch/*Geimer* Rn 32; unalexK/*Simons* Rn 56, jeweils zu Art 27
EuGVVO aF).

b) Einzelfälle. In Güterrechtssachen besteht Identität des Streitgegenstands immer dann, 216
wenn es um das Bestehen und/oder die Höhe von güterrechtlichen Ansprüchen in der gleichen
Ehe für den gleichen Zeitraum geht, auch wenn die jeweiligen Klageziele der Parteien unterschiedlich sind. Der gleiche Kernpunkt steht daher in Streit, wenn mit dem einen Verfahren der
Ausgleich des Zugewinns (auf der Grundlage *deutschen* Güterrechts), mit dem anderen Verfahren
die Auseinandersetzung der Gütergemeinschaft (auf der Grundlage *italienischen* Rechts) verlangt
wird.

c) Leistungs- und Festellungsklage. Einen Vorrang einer später erhobenen **Leistungs-** 217
klage unter dem Gesichtspunkt des Wegfalls des Rechtsschutzinteresses für eine zuvor erhobene
negative Feststellungsklage kennt Art 17 daher nicht (vgl zu Art 29 EuGVVO Mu/V/*Stadler*
Rn 5; Rauscher/*Leible* Rn 17, jeweils mwN). Der in dieser Vorschrift normierte Grundsatz der
zeitlichen Priorität kann nicht unter Rückgriff auf die im innerstaatlichen Prozessrecht eines
Mitgliedstaats geltende Regel des Vorrangs der Leistungsklage umgangen werden (vgl zu Art 21
EuGVÜ EuGH C-406/92 aaO, Slg 94 I-5439 Rn 43; BGH NJW 95, 1758/1759; BGHZ 134,
201/210 = NJW 97, 870). Das Rechtsschutzinteresse für einen im Inland erhobenen negativen

201

B 218–222 1. Teil. Erkenntnisverfahren B. Güterrechtssachen

Feststellungsantrag entfällt daher trotz Anhängigkeit eines einseitig nicht mehr zurücknehmbaren späteren Leistungsantrags in einem anderen Mitgliedstaat dann nicht, wenn feststeht, dass sachlich über diesen Leistungsanspruch nicht entschieden werden wird, was wegen der Prioritätsregel des Art 17 der Fall ist (BGHZ 134, 201/210 = NJW 97, 870). Art 17 hindert das Gericht, vor dem ein negativer Feststellungsantrag erhoben wurde, aber nicht daran, das Feststellungsinteresse auf Grundlage seiner verfahrensrechtlichen *lex fori* aus anderen Gründen als der Anhängigkeit einer Leistungsklage in einem anderen Mitgliedstaat zu verneinen (vgl BGE 136 III 523/526 ff [zu Art 21 LugÜ 1988])

218 **d) Stufenklage.** Aus diesen Gründen haben auch die Leistungsklage auf Zahlung von güterrechtlichem Ausgleich und eine Stufenklage denselben Anspruch zum Gegenstand. Beide Klagen beruhen auf demselben Lebenssachverhalt, nämlich der Scheidung der Ehegatten und der behaupteten Ausgleichspflicht des beklagten Ehegatten, und dienen demselben Zweck, nämlich der Durchsetzung des güterrechtlichen Ausgleichs. Daran ändert sich auch dadurch nichts, dass die Anspruchsgrundlagen für beide Begehren nach dem anwendbaren Güterrecht unterschiedlich sind. Denn Auskunft kann der ausgleichsberechtigte Ehegatte nur verlangen, soweit dies zur Feststellung seines Ausgleichsanspruchs erforderlich ist. Bereits daraus ergibt sich ein unmittelbarer Zusammenhang zwischen den Anspruchsgrundlagen. Im Kernpunkt betreffen deshalb sowohl die Leistungsklage als auch die Stufenklage den güterrechtlichen Ausgleichsanspruch, so dass es sich um „denselben Anspruch" iSv Art 17 Abs 1 handelt. Die Unterschiedlichkeit der Klageanträge ist insoweit nicht von Bedeutung (vgl idS zu Art 5 Nr 2 EuGVVO aF auch BGH NJW 13, 2597 Rn 29 ff m Anm *Hau* FamRZ 13, 1116).

219 **e) Teilidentität.** Sind die Gegenstände der Verfahren nur zum Teil identisch, so beschränkt sich die Wirkung des Art 17 auf diesen Teil; im Übrigen können die Parallelverfahren fortgesetzt werden. Eine solche Teilidentität kommt etwa in Betracht, wenn in einem deutschen Scheidungsverfahren der Ausgleich des Zugewinns, in einem Parallelverfahren vor zypriotischen Gerichten ein umfassender Antrag auf Regelung der vermögensrechtlichen Scheidungsfolgen (*„ancillary relief"*), zB in Form einer einmaligen Kapitalabfindung verlangt wird (vgl zu Art 12 EuUntVO Rauscher/*Andrae* Rn 7).

220 **f) Einstweiliger Rechtsschutz.** Für die Parallelvorschrift des Art 29 EuGVVO entspricht es der hM, dass Verfahren des **einstweiligen Rechtsschutzes** nicht von dem nach dieser Vorschrift geltenden Prioritätsgrundsatz erfasst sind. Denn Art 29 EuGVVO verwendet den Begriff der „Klage" (Rauscher/*Leible* Art 29 EuGVVO Rn 24 mwN). Weiter hätten das Verfahren des einstweiligen Rechtsschutzes und das Hauptsacheverfahren einen anderen Verfahrensgegenstand. Identität des Verfahrensgegenstands könne allenfalls bei Leistungsverfügungen angenommen werden (G/Sch/*Geimer* Art 27 EuGVVO aF Rn 46; *Hess/Vollkommer* IPRax 99 220/224; *Stadler* JZ 99, 1089/1095). Nun verwendet Art 17 zwar nicht den Begriff der „Klage", sondern denjenigen des „Verfahrens". Dennoch sind Verfahren des einstweiligen Rechtsschutzes nicht als von Art 17 erfasst anzusehen. Daher sperrt ein Verfahren des einstweiligen Rechtsschutzes, selbst wenn es sich um den Antrag auf eine Leistungsverfügung handelt, nicht die Einleitung der Hauptsache in einem anderen Mitgliedstaat.

221 Denn auch wenn der EuGH nach seiner Kernpunktlehre das im Eilrechtsschutzverfahren weniger weitgehende Rechtsschutzziel für die Bestimmung des Verfahrensgegenstandes nicht berücksichtigen möchte, ist im Hauptsacheverfahren ein **anderer Lebenssachverhalt** gegeben. Der vom Verfahren des einstweiligen Rechtsschutzes erfasste Lebenssachverhalt reicht *zeitlich* nur bis zur Hauptsacheentscheidung. Das Hauptsacheverfahren ist hingegen auf die endgültige Vermögensauseinandersetzung der Ehegatten gerichtet. Anderseits sperrt ein Hauptsacheverfahren die Einleitung eines Verfahrens des einstweiligen Rechtsschutzes in einem anderen Forum nicht (**aA** *Vecker* FPR 13, 35/37 f). Denn der Begriff „desselben Anspruchs" ist – wie alle Begriffe der Verordnung – teleologisch im Hinblick auf das Erfordernis nach effektivem Rechtsschutz auszulegen (G/Sch/*Geimer* Art 31 EuGVVO aF Rn 3). Weiter sieht Art 19 ausdrücklich vor, dass einstweilige Maßnahmen auch vor einem Gericht beantragt werden können, das nicht zur Entscheidung in der Hauptsache zuständig ist (MüKoZPO/*Gottwald* Art 29 EuGVVO Rn 16).

222 Denselben Gegenstand iSd Art 17 haben allerdings **zwei Leistungsverfügungen,** denn der Schuldner soll nicht durch zwei verpflichtende Entscheidungen belastet werden. Diese Konstellation ist im Hinblick auf die Gewährung effektiven Rechtsschutzes nicht mit derjenigen eines parallelen Hauptsacheverfahrens vergleichbar. Lediglich von Art 18 erfasst wird allerdings die Konstellation einer parallelen Anhängigkeit von Sicherungs- und Leistungsverfügung.

I. Internationale Zuständigkeit: EuGüVO Art 17   **223–227 B**

5. Rechtsfolgen

a) Aussetzung des späteren Verfahrens, Abs 1. Liegen die Voraussetzungen nach Abs 1 **223** vor, so weist das später angerufene deutsche Gericht den Antrag nicht – wie nach dem autonomen *deutschen* Verfahrensrecht – als unzulässig ab, sondern setzt das bei ihm anhängige Verfahren zunächst nur von Amts wegen aus, bis das zuerst angerufene Gericht über seine internationale Zuständigkeit entschieden hat oder die Rechtshängigkeit des ersten Verfahrens entfällt (MüKoZPO/*Gottwald* Art 29 EuGVVO Rn 23). Auch wenn das später angerufene Gericht seine Zuständigkeit auf eine **Gerichtsstandsvereinbarung** (Art 7; → Rn 91 ff) stützt, gelten keine abweichenden Grundsätze; insbesondere kann sich das prorogierte Gericht nicht über Art 17 hinwegsetzen, auch wenn es das entgegen der Gerichtsstandsvereinbarung früher angerufene Gericht in einem anderen Mitgliedstaat für offensichtlich unzuständig hält (näher → Rn 133). Die Vorschriften des Art 31 Abs 2 und 3 EuGVVO nF können in Güterrechtssachen nicht entsprechend angewandt werden, weil der europäische Gesetzgeber sie offenbar bewusst nicht in die EuGüVO übernommen hat.

Für die Aussetzung selbst gelten die Vorschriften **des nationalen Verfahrensrechts**, in **224** Deutschland also § 113 Abs 1 S 2 FamFG iVm § 148 ZPO analog. Die Aussetzung dauert nach Abs 3 bis zur Klärung der internationalen Zuständigkeit durch das zuerst angerufene Gericht. Auf diese Weise soll vermieden werden, dass die Klage erneut erhoben werden muss, wenn dieses Gericht sich für nicht zuständig hält. Ist der güterrechtliche Anspruch Teil eines umfassenden Verbundverfahrens, so ist die Aussetzung nach Abs 1 auf den sachlich von Art 17 erfassten Antrag zum Güterrecht zu beschränken; die Fortführung des Scheidungsverfahrens und die Regelung der sonstigen Scheidungsfolgen werden hierdurch nicht betroffen. Ein für das später anhängig gemachte Verfahren gestellter Antrag auf **Verfahrenskostenhilfe** kann aber nicht allein wegen entgegenstehender Rechtshängigkeit des früheren Verfahrens abgewiesen werden, solange das spätere Verfahren nur ausgesetzt ist und das zuerst angerufene Gericht noch nicht über seine Zuständigkeit entschieden hat (OLG Stuttgart FamRZ 16, 1601 m Anm *Finger* FamRB 16, 376 [zu Art 19 EuEheVO]).

Die **Rechtshängigkeitssperre** besteht auch dann, wenn das frühere Verfahren ausgesetzt **225** worden ist oder sonst nicht betrieben wird. Grundsätzlich kann das später angerufene Gericht das Verfahren auch bei **unangemessen langer Hinauszögerung** der Entscheidung des früher befassten Gerichts über seine Zuständigkeit nicht fortsetzen (vgl zu Art 21 EuGVÜ EuGH C-116/02 – *Gasser*, Slg 03 I-14693 Rn 73 = IPRax 04, 243 m Anm *Grothe* 205/208 ff). Der Antragsteller hat vielmehr die ihm im früher anhängig gemachten Verfahren zur Verfügung stehenden Rechtsbehelfe zur Beschleunigung dieses Verfahrens auszuschöpfen. Davon kann nur in „krassen" Ausnahmefällen, dh bei einer Verletzung von Art 6 Abs 1 EMRK, abgewichen werden (vgl EGMR NJW 97, 2809 Rn 54 ff; BGH NJW 02, 2795; **aA** ThP/*Hüßtege* Art 29 EuGVVO Rn 2; vgl auch zu Art 19 EuEheVO → A Rn 190 mwN). Eine Pflicht zur Aussetzung besteht nicht mehr, wenn das Verfahren vor dem zuerst befassten Gericht inzwischen – zB durch Antragsrücknahme – beendet worden ist.

b) Mitteilungspflicht, Abs. 2. Werden bei Gerichten verschiedener Mitgliedstaaten Ver- **226** fahren wegen desselben Anspruchs zwischen denselben Parteien anhängig gemacht, so ist jedes der angerufenen Gerichte auf Antrag des anderen angerufenen Gerichts verpflichtet, diesem unverzüglich mitzuteilen, wann es angerufen wurde. Auf diese Weise soll dem anfragenden Gericht eine Klärung der Frage ermöglicht werden, welches der beiden Verfahren Vorrang hat. Diese Mitteilungungpflicht wurde aus Art 29 Abs 2 EuGVVO nF in die EuGüVO übernommen.

c) Antragsabweisung, Abs 3. Erst wenn das zuerst angerufene Gericht seine internationale **227** Zuständigkeit positiv festgestellt hat, wird der vor dem später angerufenen deutschen Gericht gestellte Antrag nach Abs 3 wegen entgegenstehender Rechtshängigkeit von Amts wegen als unzulässig abgewiesen. Dies gilt freilich nur, wenn das zweitbefasste Gericht ebenfalls nach Art 4 ff international zuständig ist; fehlt es hieran, so hat dieses Gericht die Klage sofort nach Art 15 abzuweisen (vgl zu Art 27 EuGVVO aF BGH NJW 14, 2798 Rn 29; ferner MüKoZPO/*Gottwald* Art 29 EuGVVO nF Rn 24). Die Prüfung, ob das erstbefasste Gericht nach Art 4 ff international zuständig ist, obliegt allein diesem Gericht; das zweitbefasste Gericht kann auf diese Entscheidung keinen Einfluss nehmen (vgl EuGH C-351/89 – *Overseas Union*, Slg 91 I-3317 = IPRax 93, 22 f zum EuGVÜ); insbesondere kann es nicht verlangen, dass das zuerst

203

B 230, 231 1. Teil. Erkenntnisverfahren B. Güterrechtssachen

angerufene Gericht sich für unzuständig erklären möge. Für die Zuständigkeit des zuerst angerufenen Gerichts kommt es auf den Zeitpunkt der dortigen Verfahrenseinleitung nach Art 14 an. Bejaht das zuerst befasste Gericht einen gewöhnlichen Aufenthalt der Ehegatten oder des Antragsgegners nach Art 6 lit a – litc in seinem Staatsgebiet, so ist das zweitbefasste Gericht hieran gebunden und kann nicht etwa deshalb sein eigenes Verfahren fortsetzen, weil es die Frage des gewöhnlichen Aufenthalts anders beurteilt.

228   Das zuerst angerufene Gericht wird über die Frage seiner internationalen Zuständigkeit idR durch eine **Zwischenentscheidung** befinden, soweit eine solche nach der *lex fori* vorgesehen ist. In Deutschland ist diese Zwischenentscheidung über die internationale Zuständigkeit nach § 113 Abs 1 S 2 FamFG iVm § 280 Abs 2 ZPO selbständig anfechtbar. Wird die internationale Zuständigkeit des erstbefassten Gerichts hingegen erst **im Endurteil** rechtskräftig festgestellt, so ist Abs 3 nicht mehr anwendbar. Denn hier steht einer Entscheidung durch das zweitbefasste Gericht nicht mehr der Einwand der Rechtshängigkeit, sondern die Rechtskraft einer Entscheidung in derselben Sache entgegen.

229   Zur Vermeidung eines Kompetenzkonflikts wurde bisher überwiegend eine formell **rechtskräftige Entscheidung** des zuerst angerufenen Gerichts verlangt. Dem ist der EuGH inzwischen sowohl für Art 27 EuGVVO aF (EuGH C-109/14 – *Cartier parfums-lunettes,* EuZW 14, 340 Rn 44 m abl Anm *Thormeyer* = IPRax 14, 428 m Anm *Koechel* 394) als auch für Art 19 EuEheVO entgegengetreten (EuGH C-489/14 – *A/B,* NJW 15, 3776 Rn 34 m Anm *Rieck* und Anm *Althammer* FamRZ 15, 2036). Danach ist die Zuständigkeit iS dieser Vorschriften bereits dann geklärt, wenn sich das zuerst angerufene Gericht nicht von Amts wegen für unzuständig erklärt hat und keine der Parteien den Mangel seiner Zuständigkeit vor oder mit der Stellungnahme geltend gemacht hat, die nach dem innerstaatlichen Recht als das erste Verteidigungsvorbringen vor diesem Gericht anzusehen ist. Es ist kein Grund ersichtlich, warum im Rahmen von Art 17 EuGüVO etwas anderes gelten sollte.

EuGüVO Art 18. Im Zusammenhang stehende Verfahren

(1) **Sind bei Gerichten verschiedener Mitgliedstaaten Verfahren, die im Zusammenhang stehen, anhängig, so kann jedes später angerufene Gericht das Verfahren aussetzen.**

(2) **Sind die in Absatz 1 genannten Verfahren in erster Instanz anhängig, so kann sich jedes später angerufene Gericht auf Antrag einer Partei auch für unzuständig erklären, wenn das zuerst angerufene Gericht für die betreffenden Verfahren zuständig ist und die Verbindung der Verfahren nach seinem Recht zulässig ist.**

(3) **Für die Zwecke dieses Artikels gelten Verfahren als im Zusammenhang stehend, wenn zwischen ihnen eine so enge Beziehung gegeben ist, dass eine gemeinsame Verhandlung und Entscheidung geboten erscheint, um zu vermeiden, dass in getrennten Verfahren widersprechende Entscheidungen ergehen.**

1. Allgemeines

230   Art 18 entspricht Art 30 EuGVVO und Art 13 EuUntVO. Ziel der Vorschrift ist es, über den Fall des Art 17 hinausgehend Parallelverfahren und sich daraus ergebende widersprechende Entscheidungen in verschiedenen Mitgliedstaaten zu vermeiden (vgl zu Art 22 EuGVÜ EuGH 144/86 – *Gubisch/Palumbo,* Slg 87, 4861 Rn 8 = NJW 89, 665; EuGH C-406/92 – *Tatry,* Slg 94 I-5439 Rn 52 = IPRax 96, 108m Anm *Schack* 80). Die Vorschrift ist anwendbar, sofern die Voraussetzungen des Art 17 nicht erfüllt sind, es also an einer Identität entweder der Parteien oder des Streitgegenstands in beiden konkurrierenden Verfahren fehlt. Aufgrund der EuGH-Rechtsprechung zum Begriff des Streitgegenstands (→ Rn 214f) ist die Abgrenzung zwischen identischen und nur konnexen Verfahrensgegenständen allerdings fließend geworden (Mü-KoZPO/*Gottwald* Art 30 EuGVVO Rn 1).

231   Art 18 Abs 1 sieht in Fällen der Konnexität der Verfahren grundsätzlich die Möglichkeit einer Aussetzung des Verfahrens durch das später angerufene Gericht, und nur unter den zusätzlichen Voraussetzungen des Abs 2 auch die Unzuständigerklärung vor. Für beide Entscheidungen muss das später angerufene Gericht **international zuständig** sein. Art 18 begründet keine eigene Zuständigkeit des Sachzusammenhangs (EuGH C420/97 –*Leathertex,* Slg 99 I-6779 Rn 38 = NJW 00, 721). Die Zuständigkeit des zuerst angerufenen Gerichts ist vom später angerufenen Gericht nicht zu überprüfen (MüKoZPO/*Gottwald* Art 30 EuGVVO Rn 2).

I. Internationale Zuständigkeit: EuGüVO Art 19 **B**

2. Zusammenhang, Abs 1, 3

Der von Abs 1 geforderte Zusammenhang wird in Abs 3 definiert. Diese Legaldefinition ist **232** vertragsautonom (EuGH C-406/92 aaO, Slg 94 I-5439 Rn 52) unter Berücksichtigung der Funktion der Art 17, 18 auszulegen (Mu/V/*Stadler* Art 30 EuGVVO nF Rn 2). Dies führt zu einem **weiten Verständnis**. Es genügt ein übereinstimmender Lebenssachverhalt, so dass die Gefahr sich widersprechender Entscheidungen besteht, auch wenn deren Rechtsfolgen sich gegenseitig nicht ausschließen (EuGH aaO, Rn 53). Für die Annahme eines Zusammenhangs iSv Abs 3 reicht es daher aus, wenn das Ergebnis des ersten Verfahrens im zweiten Verfahren verwertet werden kann (Mu/V/*Stadler* Art 30 EuGVVO nF Rn 2). Der Begriff der sich „widersprechenden" Entscheidungen ist also weiter als jener der miteinander „unvereinbaren" Entscheidungen in Art 37 lit c und d (vgl EuGH C-406/92 aaO, Rn 55 ff = EuZW 95, 309/312).

Fraglich erscheint, ob ein Verfahren nach Abs 1 auch dann ausgesetzt werden kann, wenn es **233** sich bei dem anderen Verfahren **nicht um eine Güterrechtssache** iSv Art 1 Abs 1 handelt. Für Art 30 Abs 1 EuGVVO wird vertreten, dass nur wegen eines Verfahrens ausgesetzt werden könne, das selbst in den sachlichen Anwendungsbereich der Verordnung fällt (OLG München RIW 02 66/67; Rauscher/*Leible* Art 30 EuGVVO nF Rn 4; G/S/*Geimer* Art 28 EuGVVO aF Rn 4). Im Rahmen von Art 18 muss das in einem anderen Mitgliedstaat früher anhängig gemachte Verfahren hingegen nicht notwendig eine Güterrechtssache sein; vielmehr sollte es ausreichen, dass dieses Verfahren ein für das güterrechtliche Verfahren vorgreifliches Rechtsverhältnis – zB eine Ehesache – zum Gegenstand hat. Denn die Vorschrift enthält keine Beschränkung auf güterrechtliche Verfahren und die EuGüVO berücksichtigt den engen Zusammenhang mit Statusverfahren oder Verfahren der elterlichen Verantwortung auch in anderem Zusammenhang (vgl Art 5). Ferner werden nur auf diese Weise unvereinbare Entscheidungen iSv Art 37 lit c und d (→ L Rn 68 ff) vermieden. Die Anhängigkeit der Verfahren bestimmt sich nach Art 14 (→ Rn 178 ff).

3. Aussetzung

Die von Amts wegen zu treffende Entscheidung über die Aussetzung steht im **Ermessen** des **234** später angerufenen Gerichts („kann"). Ermessensgesichtspunkte können insbesondere die Sach- und Beweisnähe sowie die Prozessökonomie (etwa Fortschritt und voraussichtliche Dauer des anderen Verfahrens) sein. Das Aussetzungsverfahren ist von der Verordnung nicht geregelt; es sind daher die Grundsätze des § 148 ZPO heranzuziehen. In seiner Ermessensentscheidung kann das Gericht auch eine negative **Anerkennungsprognose** nach Art 36, 37 berücksichtigen (Zö/ *Geimer* Art 30 EuGVVO nF Rn 6). Für die Zeit, für die das Verfahren ausgesetzt wird, kann das Gericht **einstweilige Anordnungen** treffen. Es ist dabei nicht auf Maßnahmen nach Art 19 beschränkt (→ Rn 240), da es für die Hauptsache zuständig ist.

4. Unzuständigkeitserklärung, Abs 2

Für eine im gerichtlichen Ermessen stehende Unzuständigkeitserklärung müssen beide Paral- **235** lelverfahren noch **in erster Instanz anhängig** sein. Weiter ist ein **Parteiantrag** erforderlich. Schließlich muss eine **Verfahrensverbindung** – zur Vermeidung negativer Kompetenzkonflikte – nach dem Recht des Staates des zuerst angerufenen Gerichts zulässig (MüKoZPO/*Gottwald* Art 30 EuGVVO Rn 6) und dieses Gericht muss für beide Verfahren zuständig sein. Ob Abs 2 in Verfahren vor deutsche Gerichten Anwendung finden kann, ist fraglich, weil das inländische Verfahrensrecht nur eine Verbindung von zwei bei *demselben* Gericht anhängigen Verfahren kennt (§ 147 ZPO; abl Zö/*Geimer* Art 28 EuGVVO Rn 8). Eine Verbindung kommt daher in Deutschland nur in Frage, wenn das beim später angerufenen ausländischen Gericht anhängige Verfahren beendet und der dortige Antrag anschließend beim zuerst angerufenen deutschen Gericht gestellt wird.

EuGüVO Art 19. Einstweilige Maßnahmen einschließlich Sicherungs- maßnahmen

Die im Recht eines Mitgliedstaats vorgesehenen einstweiligen Maßnahmen einschließlich Sicherungsmaßnahmen können bei den Gerichten dieses Staates auch dann beantragt werden, wenn für die Entscheidung in der Hauptsache nach dieser Verordnung die Gerichte eines anderen Mitgliedstaats zuständig sind.

B 236–240 1. Teil. Erkenntnisverfahren B. Güterrechtssachen

1. Allgemeines

236 Art 19 lehnt sich an Art 35 EuGVVO und Art 14 EuUntVO an und bestimmt, dass die Gerichte der Mitgliedstaaten einstweilige Maßnahmen einschließlich von Sicherungsmaßnahmen in Güterrechtssachen nicht nur dann erlassen können, wenn sie auch die Entscheidungskompetenz für ein Hauptsacheverfahren nach Art 4–11 besitzen, sondern auch dann, wenn sie für den Erlass der einstweiligen Maßnahme lediglich nach ihrem jeweiligen **nationalen Verfahrensrecht** zuständig sind. Die internationale Zuständigkeit der mitgliedstaatlichen Gerichte nach Art 19 reicht daher wesentlich weiter als die Zuständigkeit für das güterrechtliche Hauptsacheverfahren, in dessen Rahmen oder zu dessen Vorbereitung die Maßnahmen getroffen werden. Eine Dringlichkeit der Maßnahmen wird – abweichend von Art 20 EuEheVO – nicht verlangt. Die Vorschrift wird zu Recht kritisiert, weil sie in dem abschließenden System der Zuständigkeiten der EuGüVO ein Fremdkörper ist. Zur grenzüberschreitenden Vollstreckung einstweiliger Anordnungen → L Rn 28.

2. Einstweilige Maßnahmen

237 Der Begriff der „einstweiligen Maßnahmen" ist in Art 19 – ebenso wie in Art 31 EuGVVO aF (unalexK/*Tsikrikas/Hausmann* Rn 7), Art 20 EuEheVO (→ A Rn 204 ff) und Art 14 EuUntVO (→ C Rn 301 ff) – **autonom** auszulegen. Erfasst werden – im sachlichen Anwendungsbereich der Verordnung (Art 1 Abs 1; → Rn 25, 36 f) – alle Maßnahmen, die vor oder neben einem Hauptsacheverfahren zur Sicherung von Rechten eine Veränderung der Sach- und Rechtslage verhindern sollen, deren Anerkennung im Übrigen bei dem in der Hauptsache zuständigen Gericht beantragt wird (EuGH C-391/95 – *van Uden,* Slg 98 I-7091 Rn 37 = IPRax 99, 240 m Anm *Hess/Vollkommer* 220; EuGH C-99/96 – *Mietz,* Slg 99 I-2277 Rn 34 ff = IPRax 00, 411 m Anm *Hess* 370; EuGH C-104/03 – *St Paul Dairy,* Slg 05 I-3481 Rn 13 = IPRax 07, 208), einschließlich einer Überprüfung dieser Maßnahmen im Rechtsbehelfsverfahren. Auch andere Maßnahmen, die einen nur vorläufigen, grundsätzlich vom Ausgang eines güterrechtlichen Hauptsacheverfahrens abhängigen Rechtsschutz bieten, sind einstweilige Maßnahmen iS der Vorschrift (vgl zu Art 31 EuGVVO aF *Stadler* JZ 99, 1089/1095; unalexK/*Tsikrikas/Hausmann* Rn 7; MüKoZPO/*Gottwald* Rn 2). Art 19 gilt auch für Verfahren zur Aufhebung bzw Abänderung einstweiliger Anordnungen (G/Sch/*Geimer* Art 31 EuGVVO aF Rn 38)

238 Art 19 schafft allerdings **keine eigenständigen Typen** von einstweiligen Maßnahmen, sondern verweist für die Art der zu treffenden Maßnahmen auf die *lex fori* des anordnenden Gerichts. Allein das jeweilige nationale Recht bestimmt daher über Art, Inhalt und Bindungswirkung solcher Maßnahmen. Klargestellt wird lediglich, dass zu diesen Maßnahmen auch Sicherungsmaßnahmen gehören. Nach **deutschem Recht** kommen in Güterrechtssachen vor allem **einstweilige Anordnungen** gemäß §§ 49 ff FamFG in Betracht; daneben kann auch ein Arrest angeordnet werden (§§ 112, 119 Abs 2 FamFG). Einstweilige Verfügungen sind hingegen in Güterrechtssachen ausgeschlossen (ThP/*Reichold/Seiler* vor § 49 FamFG Rn 8).

3. Internationale Zuständigkeit

239 Art 19 regelt die internationale Zuständigkeit für einstweilige Maßnahmen – wie Art 35 EuGVVO und Art 14 EuUntVO – **zweigleisig:** Neben die Zuständigkeitsvorschriften der EuGüVO treten jene des nationalen Verfahrensrechts; hingegen werden durch Art 19 selbst keine eigenen Zuständigkeiten begründet. Dabei wird ein Antragsteller, der die Maßnahme vor einem nach Art 4 ff zuständigen Gericht beantragt, privilegiert. Denn die vom EuGH entwickelten Schranken für Leistungsverfügungen auf dem Gebiet des einstweiligen Rechtsschutzes (→ Rn 242 ff) gelten nur, wenn Zuständigkeiten nach nationalem Recht in Anspruch genommen werden.

240 **a) Zuständigkeit des Hauptsachegerichts.** Einstweilige Maßnahmen können zunächst nach den allgemeinen Zuständigkeitsvorschriften der Verordnung (Art 4–13) vor dem Gericht der Hauptsache beantragt werden, ohne dass hierfür weitere Voraussetzungen erfüllt werden müssten (vgl zu Art 24 EuGVÜ EuGH C-391/95 – *van Uden,* Slg 98 I-7091 Rn 19 = IPRax 99, 240; EuGH C-99/96 – *Mietz,* Slg 99 I-2277 Rn 40 f = IPRax 00, 411). Die Art 4 ff begründen die internationale Zuständigkeit für einstweilige Anordnungen auch schon, solange noch kein Hauptsacheverfahren eingeleitet wurde; es genügt dementsprechend eine fiktive

206

I. Internationale Zuständigkeit: EuGüVO Art 19   **241–244 B**

Hauptsachezuständigkeit. Diese wird auch nicht dadurch in Frage gestellt, dass der Hauptsacheantrag später bei einem anderen nach der Verordnung zuständigen Gericht gestellt wird. Die Zuständigkeit der für die Hauptsache zuständigen Gerichte zur Gewährung von einstweiligem Rechtsschutz ist auch nicht davon abhängig, dass die Maßnahmen im Gerichtsstaat befindliche Personen oder Vermögensgegenstände betreffen. Aus diesem Grunde hat das angerufene Gericht in einem ersten Schritt stets zu prüfen, ob es nach der Verordnung international zuständig ist. Zur Zuständigkeit bei Anhängigkeit des Hauptsacheverfahrens → Rn 246.

b) Zuständigkeit nach nationalem Recht. Die Bedeutung des Art 19 liegt darin, dass die **241** Gerichte der Mitgliedstaaten auf dem Gebiet des einstweiligen Rechtsschutzes in Güterrechtssachen auf ihr nationales Zuständigkeitsrecht auch dann zurückgreifen können, wenn für die Hauptsache die Zuständigkeit der Gerichte eines anderen Mitgliedstaats nach Art 4–13 begründet ist. Der Antragsteller kann also zwischen den durch die Verordnung normierten und den nationalen Zuständigkeiten wählen. Vor deutschen Gerichten eröffnet Art 14 daher die Gerichtsstände nach **§ 50 FamFG,** die über § 105 FamFG auch die internationale Zuständigkeit umfassen. Von praktischer Bedeutung sind insbesondere der Gerichtsstand des Vermögens nach § 50 Abs 1 S 1 iVm §§ 105, 232 Abs 3 S 1 FamFG, § 23 ZPO und die Eilgerichtsstände nach § 50 Abs 2 FamFG.

aa) Reale Verknüpfung. Der EuGH hat die Berufung auf die Zuständigkeiten des nationalen **242** Rechts jedoch (für Art 24 EuGVÜ/Art 31 EuGVVO aF) durch das ungeschriebene Merkmal der „realen Verknüpfung" eingeschränkt, um einer Aushöhlung der unionsrechtlichen Zuständigkeitsordnung durch Verfahren des einstweiligen Rechtsschutzes entgegen zu wirken. Eine auf die Vorschriften des autonomen Rechts gestützte Zuständigkeit kommt danach nur in Betracht, wenn „zwischen dem Gegenstand der beantragten Maßnahme und der gebietsbezogenen Zuständigkeit des Vertragsstaats des angerufenen Gerichts eine reale Verknüpfung besteht" (EuGH C-391/95 aaO, Rn 40). Dem unbestimmten Rechtsbegriff der „realen Verknüpfung" wird überwiegend ein **vollstreckungsrechtlicher Gehalt** beigemessen (Rauscher/*Leible* Art 35 EuGVVO Rn 28; *Stadler* JZ 99, 1089/1098). Danach ist eine reale Verknüpfung dann gegeben, wenn die einstweilige Maßnahme im Gerichtsstaat vollzogen werden soll (unalexK/*Tsikrikas/Hausmann* Art 31 EuGVVO aF Rn 26 f). Insoweit hat das angerufene Gericht eine *ex ante*-Prognose vorzunehmen, ob eine Vollstreckung im Gerichtstaat möglich sein wird (*Stadler* JZ 99, 1089/1098). Der EuGH verlangt für diese Prognose keine Gewissheit, es genügt eine gewisse Wahrscheinlichkeit der Vollstreckungsmöglichkeit (Rauscher/*Leible* Art 35 EuGVVO Rn 30).

bb) Zusätzliche Schranken für Leistungsverfügungen. Nach der Rechtsprechung des **243** EuGH zu Art 24 EuGVÜ darf die auf nationale Zuständigkeitsvorschriften gestützte einstweilige Maßnahme (insbesondere eine Leistungsverfügung) das Hauptverfahren nicht voll vorwegnehmen. Daher muss erstens gewährleistet sein, dass ein zugesprochener Betrag bei Unterliegen im Hauptverfahren zurückgezahlt wird. Für diese Absicherung der Rückzahlung sind etwaige Schadensersatz- oder Bereicherungsansprüche gegen den Antragsteller nicht genügend. In Betracht kommt vor allem eine **Sicherheitsleistung** (Rauscher/*Leible* Art 35 EuGVVO Rn 13). Die beantragte Maßnahme darf weiter nur bestimmte **Vermögensgegenstände** des Antragsgegners betreffen, die sich **im örtlichen Zuständigkeitsbereich des angerufenen Gerichts** befinden oder befinden müssten (EuGH C-391/95 aaO, Rn 43 ff; EuGH C-99/96 aaO, Rn 52 ff = IPRax 00, 411/414; dazu unalexK/*Tsikrikas/Hausmann* Art 31 EuGVVO aF Rn 9 ff). Der vom EuGH verwendete Begriff des „örtlichen Zuständigkeitsbereichs" ist allerdings nicht im engen Sinne eines Gerichtsbezirks, sondern als gesamtes nationales Territorium zu verstehen (*Stadler* JZ 99, 1089/1098).

Diese einschränkende Rechtsprechung des EuGH erging zu einstweiligen Maßnahmen, die **244** auf die vorläufige Erbringung einer „vertraglichen Gegenleistung" gerichtet waren. Sie führt im Rahmen der EuGüVO zu einer erheblichen Einschränkung der Inanspruchnahme der nationalen Zuständigkeitsvorschriften, weil der Antragsteller häufig nicht in der Lage sein wird, die erforderliche Sicherheit zu leisten. Daher wird dafür plädiert, die genannte Reduktion **nicht auf familienrechtliche Rechtsverhältnisse** anzuwenden (Rauscher/*Leible* Art 35 EuGVVO Rn 14). Im Hinblick auf die zweite (gegenständliche) Einschränkung wird zum Teil vorgeschlagen, sie nur auf vertragliche Sachleistungsverpflichtungen, jedoch **nicht auf Geldleistungen** anzuwenden, da für letztere die gegenständliche Einschränkung nicht passe (*Hess/Vollkommer* IPRax 99, 220/224; **aA** *Stadler* JZ 99, 1089/1097).

B 247   1. Teil. Erkenntnisverfahren B. Güterrechtssachen

245   Die vorgenannten Einschränkungen gelten jedoch in jedem Falle nur für solche einstweiligen Maßnahmen, die bei einem allein **nach nationalem Recht** zuständigen Gericht beantragt werden. Damit wird auf den Antragsteller ein gewisser Druck ausgeübt, vor allem Leistungsverfügungen – wie auf Geldzahlung gerichtete einstweilige Anordnungen – nur bei einem nach Art 4–11 zuständigen (Hauptsache-)Gericht zu beantragen. Fraglich erscheint, ob das Erfordernis einer Gewährleistung der Rückzahlung auch dann entfällt, wenn sich die Zuständigkeit des angerufenen Gerichts auf eine rügelose Einlassung nach Art 5 stützt (abl für die auf nationales Recht gestützte Zuständigkeit Rauscher/*Leible* Art 35 EuGVVO Rn 31). Insgesamt ist der durch Art 19 ermöglichte Rückgriff auf nationales Zuständigkeitsrecht in Güterrechtssachen daher im Wesentlichen auf Sicherungsmaßnahmen zur Durchsetzung der im Hauptsacheverfahren geltend gemachten güterrechtlichen Ansprüche beschränkt.

4. Rechtshängigkeit des Hauptsacheverfahrens

246   Darüber hinaus ist der Antragsteller aber auch dann, wenn die Hauptsache schon anhängig ist, nicht daran gehindert, einstweilige Maßnahmen auch **vor einem anderen nach Art 4–13 konkurrierend zuständigen Gericht** zu beantragen (vgl *Stadler* JZ 99, 1089/1094; *Hess/Vollkommer* IPRax 99, 220/224; unalexK/*Simons* Art 27 EuGVVO aF Rn 67; **aA** Kropholler/*v Hein* Art 31 EuGVVO aF Rn 11). Dies gebietet insbesondere das Interesse an einem effektiven Rechtsschutz (Rauscher/*Leible* Art 35 EuGVVO Rn 20). Gleiches gilt auch für Verfahren, in denen sich die Gerichte (auf der Grundlage von Art 19) auf das nationale Zuständigkeitsrecht stützen (EuGH C-391/95 aaO, Rn 29, 34; G/Sch/*Geimer* Art 27 EuGVVO aF Rn 46; Schlosser/Hess/*Schlosser* Art 35 EuGVVO Rn 3). Andererseits lässt eine spätere anderweitige Rechtshängigkeit der Hauptsache die Zulässigkeit des zeitlich frühen Antrags auf einstweiligen Rechtsschutz nicht entfallen (Rauscher/*Leible* Art 35 EuGVVO Rn 21). Gegebenenfalls kann das Verfahren des einstweiligen Rechtsschutzes nach Art 13 ausgesetzt werden, wenn (einstweiliger) Rechtsschutz durch das Gericht der Hauptsache sinnvoller erscheint (G/Sch/*Geimer* Art 27 EuGVVO aF Rn 46). Ein bereits anhängiges Verfahren des einstweiligen Rechtsschutzes blockiert dann nicht ein Parallelverfahren, wenn es sich bei dem einen Verfahren um eine Sicherungsverfügung und bei dem anderen um eine Leistungsverfügung handelt; es ist jedoch auch hier eine Aussetzung nach Art 18 möglich (G/Sch/*Geimer* Art 31 EuGVVO aF Rn 16). Zwei Leistungsverfügungen sollten jedoch als von Art 17 erfasst angesehen werden, da der Schuldner nicht durch zwei verpflichtende Entscheidungen belastet werden darf.

Kapitel III. Anwendbares Recht

EuGüVO Art 20 – 35

(abgedruckt und kommentiert → Rn 321 ff)

Kapitel IV. Anerkennung, Vollstreckbarkeit und Vollstreckung von Entscheidungen

EuGüVO Art 36 – 57

(abgedruckt und kommentiert → L Rn 34 ff)

Kapitel V. Öffentliche Urkunden und gerichtliche Vergleiche

EuGüVO Art 58 – 60

(abgedruckt und kommentiert → L Rn 155 ff)

Kapitel VI. Allgemeine und Schlussbestimmungen

EuGüVO Art 61. Legalisation oder ähnliche Förmlichkeiten

Im Rahmen dieser Verordnung bedarf es für Urkunden, die in einem Mitgliedstaat ausgestellt werden, weder der Legalisation noch einer ähnlichen Förmlichkeit.

247   Die Vorschrift entspricht Art 61 EuGVVO, Art 52 EuEheVO und Art 65 EuUntVO. Vgl → C Rn 313 f).

I. Internationale Zuständigkeit: EuGüVO Art 64 **B**

EuGüVO Art 62. Verhältnis zu bestehenden internationalen Übereinkünften

(1) **Diese Verordnung lässt unbeschadet der Verpflichtungen der Mitgliedstaaten nach Artikel 351 AEUV die Anwendung bilateraler oder multilateraler Übereinkünfte unberührt, denen ein oder mehrere Mitgliedstaaten zum Zeitpunkt des Erlasses dieser Verordnung oder eines Beschlusses nach Artikel 331 Absatz 1 Unterabsatz 2 oder 3 AEUV angehören und die Bereiche betreffen, die in dieser Verordnung geregelt sind.**

(2) **Ungeachtet des Absatzes 1 hat diese Verordnung im Verhältnis zwischen den Mitgliedstaaten Vorrang vor Übereinkünften, denen die Mitgliedstaaten angehören und die Bereiche betreffen, die in dieser Verordnung geregelt sind.**

(3) *(abgedruckt und kommentiert → Rn 390ff und L Rn 168)*

Die Vorschrift regelt das Verhältnis zwischen der EuGüVO und **Staatsverträgen auf dem** **248** **Gebiet der internationalen Zuständigkeit in Güterrechtssachen** umfassend, wobei nicht zwischen zwei- und mehrseitigen Übereinkommen unterschieden wird, denen ein oder mehrere Mitgliedstaaten angehören. Gilt das Übereinkommen nur zwischen an der Verordnung teilnehmenden Mitgliedstaaten, so wird es nach Abs 2 durch letztere verdrängt. Ist an dem Übereinkommen hingegen (auch) ein Drittstaat beteiligt, so ist zu unterscheiden: Im Verhältnis zu diesem Drittstaat tritt die EuGüVO nach Abs 1 zurück, lässt also die Geltung des Übereinkommens unberührt. Ist hingegen nur das Verhältnis zu einem anderen Mitgliedstaat der Verordnung betroffen, so hat diese nach Abs 2 wiederum Vorrang vor dem Staatsvertrag, soweit es um die in der Verordnung geregelten Bereiche geht.

Ein Sonderstatus kommt gem Abs 3 verschiedenen Übereinkommen zwischen den **skandina-** **249** **vischen Staaten** *(Schweden, Dänemark, Finnland, Island und Norwegen)* zu (vgl dazu auch ErwG 66; → Anh IV). Diese betreffen im Schwerpunkt die Anerkennung und Vollstreckung von Entscheidungen; ihr Verhältnis zur EuGüVO werden deshalb in dem dortigen Kontext kommentiert (→ L Rn 168).

Art 62 hat seine Hauptbedeutung auch im Übrigen auf dem Gebiet der **Anerkennung und** **250** **Vollstreckung** von Entscheidungen in Güterrechtssachen und wird deshalb dort kommentiert (→ L Rn 166 ff). In Bezug auf die internationale Zuständigkeit und die Beachtung einer früheren ausländischen Rechtshängigkeit im erststaatlichen Erkenntnisverfahren konkurriert die EuGüVO mit keinen in *Deutschland* geltenden Staatsverträgen (→ Rn 7).

EuGüVO Art 63. Informationen für die Öffentlichkeit

Die Mitgliedstaaten übermitteln der Kommission eine kurze Zusammenfassung ihrer nationalen Vorschriften und Verfahren betreffend die ehelichen Güterstände, einschließlich Informationen zu der Art von Behörde, die für Fragen des ehelichen Güterstands zuständig ist, und zu den Wirkungen gegenüber Dritten gemäß Artikel 28, damit die betreffenden Informationen der Öffentlichkeit im Rahmen des Europäischen Justiziellen Netzes für Zivil- und Handelssachen zur Verfügung gestellt werden können.

Die Mitgliedstaaten halten die Informationen stets auf dem neuesten Stand.

Um die Anwendung der Verordnung zu erleichtern, werden die Mitgliedstaaten in Art 63 **251** verpflichtet, über das mit der Entscheidung 2001/470/EG des Rates (ABl EG L 174 v 27.6.01, 25) eingerichtete Europäische Justizielle Netz für Zivil- und Handelssachen bestimmte Angaben über ihre den ehelichen Güterstand betreffenden Vorschriften und Verfahren zu machen. Damit sämtliche Informationen, die für die praktische Anwendung dieser Verordnung von Bedeutung sind, rechtzeitig im *Amtsblatt der Europäischen Union* veröffentlicht werden können, sollten die Mitgliedstaaten der Kommission auch diese Informationen vor dem Beginn der Anwendung der Verordnung, nämlich ab 29.4.2018 (Art 70 Abs 2 UAbs 2), mitteilen (ErwG 67; → Anh IV).

EuGüVO Art 64. Angaben zu Kontaktdaten und Verfahren

(abgedruckt → L Rn 168)

209

B 252   1. Teil. Erkenntnisverfahren B. Güterrechtssachen

EuGüVO Art 65. Erstellung und spätere Änderung der Liste der in Artikel 3 Absatz 2 vorgesehenen Informationen

(1) Die Kommission erstellt anhand der Mitteilungen der Mitgliedstaaten die Liste der in Artikel 3 Absatz 2 genannten anderen Behörden und Angehörigen von Rechtsberufen.

(2) Die Mitgliedstaaten teilen der Kommission spätere Änderungen der in dieser Liste enthaltenen Angaben mit. Die Kommission ändert die Liste entsprechend.

(3) Die Kommission veröffentlicht die Liste und etwaige spätere Änderungen im *Amtsblatt der Europäischen Union.*

(4) Die Kommission stellt der Öffentlichkeit alle nach den Absätzen 1 und 2 mitgeteilten Angaben auf andere geeignete Weise, insbesondere über das Europäische Justizielle Netz für Zivil- und Handelssachen, zur Verfügung.

EuGüVO Art 66. Erstellung und spätere Änderung der Bescheinigungen und der Formblätter nach Artikel 45 Absatz 3 Buchstabe b und den Artikeln 58, 59 und 60

(abgedruckt und kommentiert → L Rn 169)

EuGüVO Art. 67. Ausschussverfahren

(1) Die Kommission wird von einem Ausschuss unterstützt. Dieser Ausschuss ist ein Ausschuss im Sinne der Verordnung (EU) Nr. 182/2011.

(2) Wird auf diesen Absatz Bezug genommen, so gilt Artikel 4 der Verordnung (EU) Nr. 182/2011.

EuGüVO Art 68. Überprüfungsklausel

(1) Die Kommission legt dem Europäischen Parlament, dem Rat und dem Europäischen Wirtschafts- und Sozialausschuss bis zum 29. Januar 2027 einen Bericht über die Anwendung dieser Verordnung vor. Dem Bericht werden gegebenenfalls Vorschläge zur Änderung dieser Verordnung beigefügt.

(2) Die Kommission legt dem Europäischen Parlament, dem Rat und dem Europäischen Wirtschafts- und Sozialausschuss bis zum 29. Januar 2024 einen Bericht über die Anwendung der Artikel 9 und 38 dieser Verordnung vor. In diesem Bericht wird insbesondere bewertet, inwieweit die genannten Artikel den Zugang zur Justiz sichergestellt haben.

(3) Für die Zwecke der in den Absätzen 1 und 2 genannten Berichte übermitteln die Mitgliedstaaten der Kommission k sachdienliche Angaben zu der Anwendung dieser Verordnung durch ihre Gerichte.

EuGüVO Art 69. Übergangsbestimmungen

(1) Diese Verordnung ist vorbehaltlich der Absätze 2 und 3 nur auf Verfahren, öffentliche Urkunden und gerichtliche Vergleiche anzuwenden, die am 29. Januar 2019 oder danach eingeleitet, förmlich errichtet oder eingetragen beziehungsweise gebilligt oder geschlossen worden sind.

(2) *(abgedruckt und kommentiert → L Rn 173f)*

(3) *(abgedruckt und kommentiert → Rn 393)*

1. Internationale Zuständigkeit

252   **a) Grundsatz der Nichtrückwirkung.** Die Vorschrift legt den intertemporalen Anwendungsbereich der Verordnung fest. Dieser ist an den Tag ihrer Anwendbarkeit geknüpft, dh den 29.1.2019 (Art 70 Abs 3). Abs 1 normiert − in Anlehnung an Art 66 Abs 1 EuGVVO − den Grundsatz der Nichtrückwirkung. Die Zuständigkeitsregeln der EuGüVO sind daher nur anzuwenden, wenn das (Erkenntnis-) Verfahren ab der Geltung der Verordnung im Gerichtsstaat

210

I. Internationale Zuständigkeit: EuGüVO Art 70 **B**

eingeleitet wurde. Wie im Rahmen von Art 66 Abs 1 EuGVVO ist auch für Art 69 Abs 1 unklar, ob der Zeitpunkt der Verfahrenseinleitung nach der jeweiligen nationalen *lex fori* zu bestimmen ist (so HK-ZPO/*Dörner* Rn 2; ebenso zum EuGVÜ BGH NJW 96, 1411/1412) oder autonom unter entsprechender Heranziehung des unmittelbar nur für die Anwendung der Art 17, 18 geltenden Art 14 (so zu Art 66 EuGVVO aF BGH NJW 13, 2587; BGH IPRax 06, 602; öst OGH ZfRV 04, 32; G/Sch/*Geimer* Rn 2; Kropholler/*v Hein* Rn 2; zu Art 66 EuGVVO nF ThP/*Hüßtege* Art 66 Rn 2; Zö/*Geimer* Rn 1; vgl auch Rauscher/*Staudinger* Art 66 Rn 2). Im Interesse einer einheitlichen Bestimmung des zeitlichen Anwendungsbereichs der Verordnung ist der letzteren Ansicht der Vorzug zu geben. Ein Antrag auf Gewährung von **Verfahrenskostenhilfe** führt noch nicht zur Verfahrenseinleitung iSv Art 75 Abs 2 (vgl zur EuUntVO OLG Frankfurt BeckRS 15, 18964 Rn 26).

b) Gerichtsstandsvereinbarung. Der Zeitpunkt der Verfahrenseinleitung ist grundsätzlich **253** auch für die Beurteilung der Wirksamkeit einer Gerichtsstandsvereinbarung in Güterrechts-sachen maßgebend. Eine im Zeitpunkt ihres Abschlusses unwirksame Gerichtsstandsverein-barung wird daher geheilt, wenn sie nach Art 7 EuGüVO wirksam ist und das Verfahren in einem teilnehmenden Mitgliedstaat am oder nach dem 29.1.2019 eingeleitet worden ist (vgl zum EuGVÜ EuGH 25/79 – *Sanicentral,* Slg 79, 3423 Rn 7). Ob sich – umgekehrt – ein Beteiligter aus Gründen des Vertrauensschutzes auf eine im Zeitpunkt ihres Abschlusses nach dem damals maßgebenden nationalen Recht wirksame Gerichtsstandsvereinbarung auch dann berufen kann, wenn sie die Form- oder Bestimmtheitserfordernisse des Art 7 im Zeitpunkt der Klageerhebung nicht erfüllt, ist zweifelhaft (→ Rn 111).

c) Öffentliche Urkunden und Prozessvergleiche. Für öffentliche Urkunden ist auf den **254** Tag der Ausstellung abzustellen, nicht auf den späteren Tag der Vollstreckbarkeit. Wird der Prozessvergleich vor Gericht abgeschlossen, ist der Tag des Abschlusses maßgeblich. Wird er außergerichtlich vereinbart und vom Gericht anschließend gebilligt, so kommt es auf den Zeitpunkt der Billigung an.

2. Rechtshängigkeit

Für die Beurteilung der anderweitigen Rechtshängigkeit gilt Art 17 EuGüVO in jedem Falle, **255** wenn beide Verfahren vor Gerichten verschiedener Mitgliedstaaten ab der Geltung der Verord-nung eingeleitet wurden. Wurde ein Verfahren hingegen vor dem 29.1.2019 im Mitgliedstaat A, das zweite Verfahren ab dem 29.1.2019 im Mitgliedstaat B eingeleitet, so ist Art 17 von dem später angerufenen Gericht im Mitgliedstaat B nur dann anzuwenden, wenn sich die Zuständig-keit des zuerst angerufenen Gerichts im Mitgliedstaat A aus Vorschriften ergibt, die mit den Art 4 ff EuGüVO übereinstimmen (vgl zur EuGVVO öst OGH 20.12.12, unalex AT-830; zum EuGVÜ EuGH C-163/95 – *Horn/Cinnamond* – Slg 97 I-5467 Rn 19, 27 = IPRax 99, 100 m Anm *Rauscher* 80). Hat das zuerst angerufene Gericht über seine Zuständigkeit noch nicht entschieden, so erfolgt die in Art 17 Abs 1 vorgeschriebene Aussetzung durch das später angeru-fene Gericht zunächst nur vorläufig.

3. Anerkennung und Vollstreckung von Entscheidungen; Kollisionsrecht, Abs 2, 3

Sonderregeln zur intertemporalen Geltung der Verordnung auf dem Gebiet der Anerkennung **256** und Vollstreckung von Entscheidungen in Güterrechtssachen sowie auf dem Gebiet des Kollisi-onsrechts enthält Art 69 in Abs 2 und 3. Sie werden im dortigen Zusammenhang kommentiert (→ Rn 393 und → L Rn 170 ff).

EuGüVO Art 70. Inkrafttreten

(1) **Diese Verordnung tritt am zwanzigsten Tag nach ihrer Veröffentlichung im *Amts-blatt der Europäischen Union* in Kraft.**

(2) **Diese Verordnung gilt in den Mitgliedstaaten, die an der durch Beschluss (EU) 2016/954 begründeten Verstärkten Zusammenarbeit im Bereich der Zuständigkeit, des anzuwendenden Rechts und der Anerkennung und Vollstreckung von Entschei-dungen in Fragen der Güterstände internationaler Paare (eheliche Güterstände und Güterstände eingetragener Partnerschaften) teilnehmen.**

B 257–259   1. Teil. Erkenntnisverfahren B. Güterrechtssachen

Sie gilt ab 29. Januar 2019 mit Ausnahme der Artikel 63 und 64, die ab 29. April 2018 gelten, und der Artikel 65, 66 und 67, die ab 29. Juli 2016 gelten. Für diejenigen Mitgliedstaaten, die sich aufgrund eines nach Artikel 331 Absatz 1 Unterabsatz 2 oder Unterabsatz 3 AEUV angenommenen Beschlussses der Verstärkten Zusammenarbeit anschließen, gilt diese Verordnung ab dem in dem betreffenden Beschluss angegebenen Tag.

Diese Verordnung ist in allen ihren Teilen verbindlich und gilt gemäß den Verträgen unmittelbar in den teilnehmenden Mitgliedstaaten.

3. Autonomes Zivilverfahrensrecht

80. Gesetz über das Verfahren in Familiensachen und in den Angelegenheiten der freiwilligen Gerichtsbarkeit (FamFG)

Vom 17. Dezember 2008 (BGBl I, 2586)

Buch 1. Allgemeiner Teil
Abschnitt 9. Verfahren mit Auslandsbezug

Schrifttum: Vgl das allg Schrifttum zu Verfahren mit Auslandsbezug im FamFG → A vor Rn 239.

Unterabschnitt 1. *Verhältnis zu völkerrechtlichen Vereinbarungen und Rechtsakten der Europäischen Gemeinschaft*

FamFG § 97. Vorrang und Unberührtheit

(1) **Regelungen in völkerrechtlichen Vereinbarungen gehen, soweit sie unmittelbar anwendbares innerstaatliches Recht geworden sind, den Vorschriften dieses Gesetzes vor. Regelungen in Rechtsakten der Europäischen Gemeinschaft bleiben unberührt.**

(2) **Die zur Umsetzung und Ausführung von Vereinbarungen und Rechtsakten im Sinne des Absatzes 1 erlassenen Bestimmungen bleiben unberührt.**

257   Wie eingangs erläutert (→ Rn 1 ff), ist die internationale Zuständigkeit in Güterrechtssachen bisher weder in Staatsverträgen, an denen die *Bundesrepublik Deutschland* beteiligt ist, noch in Rechtsakten der EU geregelt. Dies ändert sich erst unter Geltung der EuGüVO in **ab dem 29.1.2019** eingeleiteten Verfahren. Deren Kapitel II verdrängt dann die nachfolgend dargestellten Regeln des autonomen deutschen Verfahrensrechts nicht nur im Verhältnis der teilnehmenden Mitgliedstaaten zueinander, sondern wegen des abschließenden Charakters der Zuständigkeitsregelung auch im Verhältnis zu Drittstaaten.

Unterabschnitt 2. *Internationale Zuständigkeit*

1. Allgemeines

258   In bis zum 28.1.2019 eingeleiteten Verfahren beurteilt sich die internationale Zuständigkeit der deutschen Gerichte in Güterrechtssachen weiterhin nach dem autonomen Verfahrensrecht. Die §§ 98 Abs 3, 105 regeln nur die **internationale Zuständigkeit;** die örtliche Zuständigkeit in Güterrechtssachen ergibt sich aus § 262. Die Zuständigkeiten nach §§ 98 Abs 3 und 105 sind gemäß § 106 **nicht ausschließlich,** hindern also die Anerkennung der Entscheidung eines ausländischen Gerichts nicht, wenn dieses nach § 109 Abs 1 Nr 1 iVm §§ 98, 105 ebenfalls international zuständig ist.

259   Die internationale Zuständigkeit ist in Güterrechtssachen – wie auch sonst (vgl zu Ehesachen → A Rn 254; zu Kindschaftssachen → F Rn 580) – in jeder Lage des Verfahrens **von Amts wegen** zu prüfen (BGHZ 194, 245 Rn 7 = FamRZ 12, 1785). Da es sich gemäß § 112 Nr 2 um Familienstreitsachen handelt, finden gemäß § 113 Abs 1 S 2 in weitem Umfang die Vorschriften der ZPO Anwendung. Demgemäß gilt – wie in Ehesachen (→ A Rn 255) – nach § 261 Abs 3 Nr 2 ZPO der **Grundsatz der *perpetuatio fori*** auch für die internationale Zuständigkeit; diese wird also durch eine Veränderung der sie begründenden Umstände nicht

212

I. Internationale Zuständigkeit: FamFG § 261   **262–264 B**

berührt. Ferner ist analog § 261 Abs 3 Nr 1 ZPO auch die frühere **Rechtshängigkeit** der Güterrechtssache **vor einem ausländischen Gericht** zu beachten, sofern mit einer Anerkennung des ausländischen Urteils im Inland gerechnet werden kann (näher → A Rn 256 ff und → C Rn 469 ff).

Das Verfahren und sein Ablauf richten sich grundsätzlich nach deutschem Verfahrensrecht (*lex* **260** *fori*-**Prinzip**). Das Güterrechtsstatut ist allerdings insbesondere im Rahmen der Feststellung der richtigen Klageart und des richtigen Antragsgegners zu berücksichtigen. Das deutsche Verfahrensrecht kennt keinen *numerus clausus* statthafter Klagearten.

2. Güterrechtssachen

Der Begriff der Güterrechtssachen bestimmt sich für die Zwecke der internationalen Zustän- **261** digkeit nach der deutschen *lex fori* (*Althammer* IPRax 09, 381/383); maßgebend ist daher die Begriffsbestimmung in § 261 FamFG:

FamFG § 261. Güterrechtssachen

(1) **Güterrechtssachen sind Verfahren, die Ansprüche aus dem ehelichen Güterrecht betreffen, auch wenn Dritte an dem Verfahren beteiligt sind.**

(2) **Güterrechtssachen sind auch Verfahren nach § 1365 Absatz 2, § 1369 Absatz 2, den §§ 1382, 1383, 1426, 1430 und 1452 des Bürgerlichen Gesetzbuchs sowie nach § 1519 des Bürgerlichen Gesetzbuchs in Verbindung mit Artikel 5 Absatz 2, Artikel 12 Absatz 2 Satz 2 und Artikel 17 des Abkommens vom 4. Februar 2010 zwischen der Bundesrepublik Deutschland und der Französischen Republik über den Güterstand der Wahl-Zugewinngemeinschaft.**

Abs 1 geht von einem **weiten Begriff der Güterrechtssachen** aus, der alle Ansprüche aus **262** dem ehelichen Güterrecht umfasst. Dies gilt auch dann, wenn in der Sache aufgrund der kollisionsrechtlichen Verweisung in Art 15 EGBGB **ausländisches Güterrecht** zur Anwendung kommt (OLG Hamm FamRZ 92, 963; ThP/*Hüßtege* Rn 1). Die Frage, wann Ansprüche eines ausländischen Rechts als güterrechtlich anzusehen sind und wie sie von Ansprüchen auf Unterhalt, Versorgungsausgleich oder Hausratsauseinandersetzung abzugrenzen sind, ist für die Zwecke des FamFG im Wege funktionaler Qualifikation nach der deutschen *lex fori* zu entscheiden (*Andrae,* IntFamR § 3 Rn 19).

Während der Begriff der „ehelichen Güterstände" nach der Rechtsprechung des EuGH zu **262a** Art 1 Abs 2 lit a EuGVVO (→ Rn 1) und nach Art 3 Abs 1 lit a EuGüVO (→ Rn 36 f) alle vermögensrechtlichen Ansprüche umfasst, die sich aus der Ehe oder ihrer Auflösung ergeben, liegt dem autonomen deutschen Verfahrensrecht ein engerer Begriff zugrunde; danach werden Ansprüche zwischen Ehegatten oder ehemaligen Ehegatten im Zusammenhang mit der Trennung, Scheidung oder Aufhebung ihrer Ehe, die keinen Bezug zu einem bestimmten Güterstand haben, als **„sonstige Familiensachen"** iSv § 266 Abs 1 Nr 3 FamFG qualifiziert (vgl *Junghans* FamRZ 15, 1130; Th/P/*Hüßtege* § 266 Rn 5 f). Dies gilt insbesondere für das sog „Nebengüterrecht" (unbenannte Ehegattenzuwendungen, Ansprüche aus einer Ehegatteninnengesellschaft oder Gesamtschuldnerausgleich zwischen Ehegatten; → Rn 550 ff), aber etwa auch für die nach Art 17 Abs 1 EGBGB nF dem Scheidungsstatut unterliegenden vermögensrechtlichen Ansprüche. Für die Bestimmung der *internationalen* Zuständigkeit ergeben sich aus dieser gespaltenen Qualifikation allerdings keine nennenswerten Abweichungen.

Güterrechtssachen nach Abs 1 wie sonstige Familiensachen nach § 266 Abs 1 sind **Familien- 263 streitsachen** (§ 112 Nr 2 und Nr 3). Demgegenüber wird über die Verfahren nach Abs 2 im Verfahren der freiwilligen Gerichtsbarkeit entschieden. Dies gilt in der durch Gesetz v 15.3.12 (BGBl II, 178) geänderten Fassung der Vorschrift mit Wirkung v 1.5.2013 auch für die genannten Verfahren nach dem Übk über den deutsch-französischen Wahlgüterstand v 4.2.2010 (→ Rn 403 ff).

Für die internationale Zuständigkeit der deutschen Familiengerichte in Güterrechtssachen iSv **264** § 261 FamFG ist in bis zum 28.1.2019 eingeleiteten Verfahren danach zu unterscheiden, ob sie als Folgesachen nach § 137 Abs 2 Nr 4 FamFG im Scheidungsverbund oder unabhängig von einem Scheidungsverfahren anhängig gemacht werden. „Sonstige Familiensachen" sind hingegen nicht verbundfähig, auch wenn sie ihre Grundlage in der Ehe der Beteiligten haben.

213

B   1. Teil. Erkenntnisverfahren B. Güterrechtssachen

3. Internationale Verbundszuständigkeit

265   Wird der Ausgleich des Zugewinns oder ein sonstiger güterrechtlicher Anspruch **im Schei-dungsverbund** nach § 137 Abs 2 Nr 4 geltend gemacht, so bestimmt sich die internationale Zuständigkeit der deutschen Gerichte hierfür nach § 98 Abs 3.

FamFG § 98. Verbund von Scheidungs- und Folgesachen

(1)–(2) *(betrifft Ehesachen; abgedruckt und kommentiert → A Rn 248 ff)*

(3) **Die Zuständigkeit der deutschen Gerichte nach Absatz 1 erstreckt sich im Fall des Verbunds von Scheidungs- und Folgesachen auf die Folgesachen.**

FamFG § 137. Verbund von Scheidungs- und Folgesachen

(1) Über Scheidung und Folgesachen ist zusammen zu verhandeln und zu entscheiden (Verbund).

(2) ¹Folgesachen sind

1.–3. *(nicht abgedruckt)*
4. Güterrechtssachen,

wenn eine Entscheidung für den Fall der Scheidung zu treffen ist und die Familiensache spätes-tens zwei Wochen vor der mündlichen Verhandlung im ersten Rechtszug in der Scheidungssache von einem Ehegatten anhängig gemacht wird. ²[...].

266   International zuständig nach § 98 Abs 3 ist dasjenige Gericht, bei dem die Ehescheidung anhängig gemacht wurde, sofern die deutschen Gerichte für die Scheidung international zu-ständig sind. Die internationale Zuständigkeit für die Scheidung selbst beurteilt sich in erster Linie nach europäischem Recht, nämlich nach Art 3 ff EuEheVO (→ A Rn 44 ff), und nur in den engen Grenzen der Art 6, 7 EuEheVO (→ A Rn 123 ff) nach § 98 Abs 1 FamFG (→ A Rn 248 ff). Die internationale Verbundszuständigkeit nach § 98 Abs 3 ist also in Güterrechts-sachen nicht davon abhängig, dass sich die internationale Zuständigkeit für die Scheidung aus § 98 Abs 1 ergibt; sie greift vielmehr auch dann ein, wenn das deutsche Familiengericht für die Scheidung nach Art 3 ff EuEheVO international zuständig ist (BGHZ 194, 245 Rn 7 = FamRZ 12, 1785; *Hau* FamRZ 09, 821/823; ThP/*Hüßtege* § 98 Rn 6; Bamberger/Roth/*Althammer* § 98 Rn 12). Die internationale Verbundszuständigkeit ist nach § 106 nicht ausschließlich. Die **örtliche Zuständigkeit** ergibt sich für diesen Fall aus § 262 Abs 1; sie ist danach ausschließlich.

FamFG § 262. Örtliche Zuständigkeit

(1) ¹Während der Anhängigkeit einer Ehesache ist das Gericht ausschließlich zuständig, bei dem die Ehesache im ersten Rechtszug anhängig ist oder war. ²Diese Zuständigkeit geht der aus-schließlichen Zuständigkeit eines anderen Gerichts vor.

(2) ....

4. Internationale Zuständigkeit in isolierten Güterrechts- und sonstigen Familiensachen

267   Nur bei der isolierten Geltendmachung von güterrechtlichen Ansprüchen **außerhalb eines anhängigen Scheidungsverfahrens** bestimmt sich die internationale Zuständigkeit in Erman-gelung einer speziellen Regelung nach § 105 FamFG (*Althammer* IPRax 09, 383). Danach sind die deutschen Gerichte immer dann international zuständig, wenn ein deutsches Gericht örtlich zuständig ist **(Grundsatz der Doppelfunktionalität).** Ist keine Ehesache anhängig, so verweist § 105 daher auf § 262 Abs 2 FamFG (OLG Nürnberg NJOZ 17, 1307 Rn 25). Dieser erklärt wiederum die Gerichtsstandsvorschriften der ZPO für anwendbar.

FamFG § 105. Andere Verfahren

In anderen Verfahren nach diesem Gesetz sind die deutschen Gerichte zuständig, wenn ein deutsches Gericht örtlich zuständig ist.

FamFG § 262. Örtliche Zuständigkeit

(1) ....

(2) Im Übrigen bestimmt sich die Zuständigkeit nach der Zivilprozessordnung mit der Maßgabe, dass in den Vorschriften über den allgemeinen Gerichtsstand an die Stelle des Wohnsitzes der gewöhnliche Aufenthalt tritt.

214

I. Internationale Zuständigkeit: ZPO § 23 **268–271 B**

Entsprechend beurteilt sich auch die örtliche und internationale Zuständigkeit für „sonstige Familiensachen" iSv § 266 Abs 1 Nr 3 gemäß § 105 iVm § 267 Abs 2 FamFG nach den Gerichtsstandsvorschriften der ZPO, sofern keine Ehesache im ersten Rechtszug anhängig ist oder war.

90. Zivilprozessordnung (ZPO)

idF vom 5. Dezember 2005 (BGBl I, 3202)

ZPO § 12. Allgemeiner Gerichtsstand; Begriff

Das Gericht, bei dem eine Person ihren allgemeinen Gerichtsstand hat, ist für alle gegen sie zu erhebenden Klagen zuständig, sofern nicht für eine Klage ein ausschließlicher Gerichtsstand begründet ist.

ZPO § 13. Allgemeiner Gerichtsstand des Wohnsitzes

Der allgemeine Gerichtsstand einer Person wird durch den Wohnsitz bestimmt.

ZPO § 23. Besonderer Gerichtsstand des Vermögens und des Gegenstands

[1] Für Klagen wegen vermögensrechtlicher Ansprüche gegen eine Person, die im Inland keinen Wohnsitz hat, ist das Gericht zuständig, in dessen Bezirk sich Vermögen derselben oder der mit der Klage in Anspruch genommene Gegenstand befindet. [2] Bei Forderungen gilt als der Ort, wo das Vermögen sich befindet, der Wohnsitz des Schuldners und, wenn für die Forderungen eine Sache zur Sicherheit haftet, auch der Ort, wo die Sache sich befindet.

Die Vorschriften über den **allgemeinen Gerichtsstand** (§§ 12, 13) gelten gemäß §§ 262 **268** Abs 2, 267 Abs 2 FamFG mit der Maßgabe, dass an die Stelle des Wohnsitzes der gewöhnliche Aufenthalt des Antragsgegners tritt (OLG Nürnberg NJOZ 17, 1307 Rn 25). Der gewöhnliche Aufenthalt des Antragstellers begründet hingegen die internationale Zuständigkeit – anders als in Unterhaltssachen (→ C Rn 106 ff) – nicht. Der allgemeine Gerichtsstand ist auch für Ansprüche auf eine vereinbarte **Morgengabe** eröffnet (vgl zum früheren Recht BGH NJW 87, 2161/2162 KG FamRZ 05, 1685; OLG Hamm FamRZ 04, 551).

Hat der Antragsgegner im Inland keinen gewöhnlichen Aufenthalt, verfügt er jedoch über hier **269** belegenes Vermögen, kann die internationale Zuständigkeit auf den **Vermögensgerichtsstand** des § 23 gestützt werden. Die Rechtsprechung fordert allerdings hierfür – über die bloße Belegenheit von Vermögen im Inland hinaus – einen hinreichenden **Inlandsbezug** des Rechtsstreits als reduzierendes Element (BGHZ 115, 90 = NJW 91, 3092; BGH NJW-RR 93, 5; NJW 96, 2096; NJW 97, 2885; str). Diese Rechtsprechung ist auch zu beachten, wenn § 23 ZPO über §§ 105, 262 Abs 2 bzw § 267 Abs 2 FamFG Anwendung findet. Wird mit der Klage das (Mit-) Eigentum oder ein dingliches Recht an einer unbeweglichen Sache geltend gemacht, so ist der Vorrang des ausschließlichen **dinglichen Gerichtsstands nach § 24** zu beachten.

Für eine güterrechtliche Vertragsklage kommt auch der Gerichtsstand des Erfüllungsorts nach **270** § 29, für eine Widerklage der Gerichtsstand nach § 33 in Betracht. Ferner können die Ehegatten auch eine **Gerichtsstandsvereinbarung** nach § 38 treffen oder sich rügelos vor einem unzuständigen Gericht nach § 39 einlassen.

Ist die internationale Zuständigkeit deutscher Gerichte nach den Vorschriften des FamFG **271** gegeben, so sind diese zB befugt, den Abschluss von Eheverträgen nach **ausländischem Güterrecht** zu überprüfen. Maßnahmen nach dem anwendbaren ausländischen Güterrecht können von deutschen Gerichten auch dann getroffen werden, wenn das deutsche Recht sie nicht kennt, solange sie mit zwingenden Regeln der deutschen *lex fori* nicht unvereinbar sind. Die internationale Zuständigkeit deutscher Gerichte ist auch nicht von einer Anerkennung der deutschen Entscheidung durch das ausländische Güterrechtsstatut abhängig (BeckOK-BGB/ *Mörsdorf-Schulte* Art 15 EGBGB Rn 96).

B 272–275　　　　　　　　　　　　　　　1. Teil. Erkenntnisverfahren B. Güterrechtssachen

II. Internationales Privatrecht

1. Einführung

272　　**a) EU-Recht. aa) EuGüVO.** Für Ehen, die ab dem 29.1.2019 geschlossen werden, beurteilt sich das internationale Ehegüterrecht vor einem deutschen Familiengericht nach dem Kapitel III der Verordnung (EU) 2016/1103 zur Durchführung der Verstärkten Zusammenarbeit im Bereich der Zuständigkeit, des anzuwendenden Rechts und der Anerkennung und Vollstreckung von Entscheidungen in Fragen des ehelichen Güterstands **(EuGüVO)** v 24.6.2016 (ABl L 183, 1; vgl Art 69 Abs 3 iVm Art 70 Abs 2 EuGüVO; → Rn 393). Sie gilt dann für solche Ehen in allen Mitgliedstaaten unmittelbar und genießt als Teil des sekundären Unionsrechts **Anwendungsvorrang** vor dem jeweiligen autonomen Kollisionsrecht, in Deutschland also vor den Art 15, 16 EGBGB. Darüber hinaus gilt das Kollisionsrecht der EuGüVO zum Abschluss einer Rechtswahl auch für Ehegatten, die bereits vor dem 29.1.2019 geheiratet haben, sofern die Rechtswahl erst nach diesem Stichtag getroffen wird. Diese ist mithin nur wirksam, wenn sie den Erfordernissen der Art 22 ff EuGüVO entspricht. Das Kollisionsrecht der Verordnung wird daher nachfolgend schon kommentiert (→ Rn 283 ff). Bis zur Geltung der Verordnung verbleibt es auf dem Gebiet des internationalen Ehegüterrechts bei der Geltung des nationalen Kollisionsrechts der teilnehmenden Mitgliedstaaten, in Deutschland also bei Art 15, 16 und Art 220 Abs 3 EGBGB. Diese Kollisionsnormen gelten auch nach dem 29.1.2019 für zuvor geschlossene Ehen fort und werden deshalb im Anschluss an die EuGüVO weiterhin kommentiert (→ Rn 408 ff).

273　　**bb) EuErbVO.** Hingegen nimmt die Verordnung (EU) Nr 650/2012 über die Zuständigkeit, das anzuwendende Recht, die Anerkennung und Vollstreckung von Entscheidungen und die Annahme und Vollstreckung öffentlicher Urkunden in Erbsachen sowie zur Einführung eines Europäischen Nachlasszeugnisses v 4.7.2012 (EuErbVO; ABl EU L 201, 107) Fragen des ehelichen Güterrechts in Art 1 Abs 2 lit d ausdrücklich aus ihrem sachlichen Anwendungsbereich aus. Die Abgrenzung zwischen dem Güterrechts- und dem Erbstatut – und damit zwischen der EuGüVO und der EuErbVO – wirft allerdings weiterhin zT schwierige Qualifikationsfragen auf (dazu → Rn 299 ff).

274　　**b) Staatsverträge. aa) Haager Ehewirkungsabkommen von 1905.** Das Haager Abkommen betreffend den Geltungsbereich der Gesetze in Ansehung der Wirkungen der Ehe auf die Rechte und Pflichten der Ehegatten in ihren persönlichen Beziehungen und das Vermögen der Ehegatten v 17.7.1905 (Haager Ehewirkungsabkommen, RGBl 12, 453/475), welches die autonome Kollisionsnorm des Art 15 EGBGB verdrängte, ist von der *Bundesrepublik Deutschland* mit Wirkung v 23.8.1987 gekündigt worden (Bek v 26.2.1986, BGBl II, 505). Es galt nach dem 2. Weltkrieg nur noch im Verhältnis zu *Schweden* (bis 23.8.1962, BGBl 60 II 1532), zu *Polen* (bis 23.8.1972, BGBl 1969 II, 41), zu den *Niederlanden* (bis 23.8.1977, BGBl 77 II, 444) und zu *Italien* (bis 23.8.1987, BGBl 86 II, 501). Da es für die Bestimmung des Güterrechtsstatuts auf den Zeitpunkt der Eheschließung ankommt, hat das Abkommen für Ehen von *Schweden, Polen, Niederländern* und *Italienern* auch heute noch Bedeutung, wenn die Heimatstaaten dieser Ehegatten zur Zeit der Eheschließung noch Vertragsstaaten des Abkommens waren (Staud/*Mankowski* Art 15 EGBGB Rn 4; H/O/*Hausmann* § 9 Rn 20).

275　　Gemäß Art 2 des Abkommens war – ebenso wie nach Art 15 Abs 1 S 1 EGBGB aF – in Ermangelung eines Ehevertrages für die güterrechtlichen Wirkungen der Ehe das Heimatrecht des Ehemannes zur Zeit der Eheschließung maßgebend. Diese Anknüpfung verstößt jedoch gegen das **Gleichberechtigungsgebot des Art 3 Abs 2 GG** und kann deshalb aus den vom BVerfG zu Art 15 Abs 1 S 1 EGBGB aF genannten Gründen (→ Rn 498 ff) auf Ehen, die nach dem 31.3.1953 geschlossen wurden, von deutschen Gerichten nicht mehr angewandt werden (BGH NJW 87, 583 f m abl Anm *Rauscher;* BGH NJW 88, 638 m Anm *Schurig* IPRax 1988, 88; OLG Karlsruhe IPRax 90, 122; KG IPRax 87, 117; Staud/*Mankowski* Art 14 EGBGB Rn 6b). Für Übergangsfragen, die sich aus dieser Verfassungswidrigkeit des Art 2 Abs 1 des Haager Ehewirkungsabkommens ergeben, gilt Art 220 Abs 3 EGBGB (→ Rn 498 ff) entsprechend (BT-Drs 10/5632, 46; BGH NJW 87, 583/584; BGH FamRZ 88, 40/41; *Jayme* IPRax 87, 93/95; *Ultsch* MittBayNotV 94, 270; *Stoll* JZ 99, 207).

II. Internationales Privatrecht

276–279 B

Praktische Bedeutung hatte das Haager Ehewirkungsbkommnen vor allem wegen der für **276** **Eheverträge** von Ehegatten, die gemeinsam dem gleichen Vertragsstaat angehörten, in Art 5 getroffenen Regelung. Danach war für die Gültigkeit eines solchen während der Ehe geschlossenen Ehevertrages in Ansehung seines Inhalts sowie für seine Wirkungen **ausschließlich das gemeinsame Heimatrecht** der Ehegatten maßgebend. In rein *schwedischen, polnischen, niederländischen* oder *italienischen* Ehen, die zu einem Zeitpunkt geschlossen wurden, als die Heimatstaaten der Ehegatten noch Vertragsstaaten des Haager Ehewirkungsabkommens waren, konnte ein Ehevertrag mithin nur geschlossen werden, wenn und soweit das Heimatrecht der Ehegatten einen solchen zuließ. Die in Art 15 Abs 2 Hs 2 EGBGB aF ausländischen Ehegatten mit Wohnsitz in Deutschland eingeräumte Möglichkeit, einen Ehevertrag auch dann zu schließen, wenn er nach dem Heimatrecht der Ehegatten unzulässig war, bestand daher im Verhältnis zu den Vertragsstaaten des Abkommens nicht; in gleicher Weise war auch eine Rechtswahl nach Art 15 Abs 2 Nr 2 und Nr 3 EGBGB nF in rein *italienischen* Ehen im Zeitraum vom 1.9.1986 bis zum 23.8.1987 unzulässig. Dies ist für Eheverträge aus dieser Zeit auch heute noch zu beachten (H/O/*Hausmann* § 9 Rn 21).

bb) Haager Ehegüterrechtsabkommen von 1978. Das Haager Übk über das auf Ehegüter- **277** stände anwendbare Recht vom 14.3.1978 (abgedr in RabelsZ 77, 554) ist am 1.9.1992 für *Frankreich, Luxemburg* und die *Niederlande* in Kraft getreten. Die *Bundesrepublik Deutschland* hat dieses Übk bisher nicht gezeichnet. Da die Regeln des Übk in den Vertragsstaaten als *„loi uniforme"* gelten, also auch dann anzuwenden sind, wenn auf das Recht eines Nichtvertragsstaats verwiesen wird, sind sie allerdings im Rahmen der Prüfung einer **Rück- oder Weiterverweisung** auch von deutschen Gerichten zu beachten, soweit Art 15 EGBGB auf *französisches, luxemburgisches* oder *niederländisches* Recht verweist (vgl OLG Düsseldorf FamRZ 00, 1574/1575; Staud/*Hausmann* Art 4 EGBGB Rn 152 und Anh Art 4 EGBGB Rn 156 ff). Für ab dem 29.1.2019 geschlossene Ehen wird das Übk allerdings im Verhältnis der genannten Vertragsstaaten, die alle an der EuGüVO teilnehmen, durch diese Verordnung nach deren Art 62 Abs 2 verdrängt. Es behält jedoch weiterhin Bedeutung für bis zu diesem Stichtag geschlossene Ehen sowie für die Auslegung der Verordnung, deren Kollisionsnormen sich zT stark an diesem Haager Übk orientieren. Im Verhältnis zu *Frankreich* hat das Übk auch Einfluss auf die Anwendung des deutsch-französischen Übk über den Güterstand der Wahlzugewinngemeinschaft von 2010 (→ Rn 403 ff).

Maßgebend ist nach dem Übk in erster Linie das von den Ehegatten bezeichnete Sachrecht **278** (Art 3 Abs. 1). Die **Rechtswahl** ist allerdings beschränkt auf die Rechtsordnungen der Staaten, denen zumindest ein Ehegatte angehört oder in denen zumindest ein Ehegatte seinen gewöhnlichen Aufenthalt zur Zeit der Rechtswahl hat; hilfsweise kann auch das Recht des Staates gewählt werden, in dem ein Ehegatte nach der Eheschließung seinen ständigen Aufenthalt begründen wird (Art 3 Abs 2). Das gewählte Recht gilt für das gesamte Vermögen der Ehegatten (Art 3 Abs 3). Für alle oder einzelne Grundstücke ist jedoch auch die Wahl des Rechts am jeweiligen Lageort gestattet (Art 3 Abs 4). Die Rechtswahl kann ausdrücklich in der Form des Ehevertrages nach dem gewählten Recht oder nach dem Recht am Ort des Vertragsschlusses getroffen werden. Ausreichend ist aber auch eine *stillschweigende* Rechtswahl, sofern sie sich unzweifelhaft aus einem wirksam geschlossenen Ehevertrag ergibt.

In Ermangelung einer Rechtswahl gilt grundsätzlich das **Recht des ersten gemeinsamen** **279** **gewöhnlichen Aufenthalts nach der Eheschließung** (Art 4 Abs 1). Statt dessen kommt nach Art 4 Abs 2 in drei Fällen das gemeinsame Heimatrecht der Ehegatten zur Anwendung, nämlich

(1) wenn die Ehegatten einem Vertragsstaat angehören, der einen entsprechenden Vorbehalt erklärt hat. Der Vorrang des gemeinsamen Heimatrechts greift in diesem Fall jedoch nicht ein, wenn die Ehegatten während eines Zeitraums von fünf Jahren nach der Eheschließung den gemeinsamen gewöhnlichen Aufenthalt im gleichen Staat gehabt haben, es sei denn, dieser Aufenthaltsstaat hat – als Vertragsstaat – den Vorbehalt zugunsten des gemeinsamen Heimatrechts erklärt oder er knüpft – als Nichtvertragsstaat (wie zB Deutschland) – in seinem autonomen IPR an die gemeinsame Staatsangehörigkeit der Ehegatten an.

(2) wenn die Ehegatten gemeinsam einem Nichtvertragsstaat angehören, dessen autonomes IPR die Anwendung des gemeinsamen Heimatrechts vorschreibt, vorausgesetzt, die Ehegatten begründen ihren ersten gewöhnlichen Aufenthalt nach der Eheschließung in einem Vertragsstaat, der einen Vorbehalt zugunsten des gemeinsamen Heimatrechts erklärt hat oder in einem Nichtvertragsstaat, der im Güterrecht an die gemeinsame Staatsangehörigkeit anknüpft;

(3) wenn die Ehegatten ihren ersten gewöhnlichen Aufenthalt nicht in dem gleichen Staat begründen.

B 280–284   1. Teil. Erkenntnisverfahren B. Güterrechtssachen

Hilfsweise gilt nach Art 4 Abs 3 das Recht, mit dem der Güterstand am engsten verbunden ist, wenn die Ehegatten weder einen gemeinsamen gewöhnlichen Aufenthalt noch eine gemeinsame Staatsangehörigkeit besitzen.

280   Das Güterrechtsstatut ist nach dem Abkommen grundsätzlich **unwandelbar** (Art 7 Abs 1). Eine nachträgliche Änderung durch Rechtswahl ist jedoch zulässig; diese nachträgliche Rechtswahl ist dabei ähnlich eingeschränkt wie eine anfängliche Rechtswahl (Art 6 Abs 1–4). Darüber hinaus ändert sich das objektive Güterrechtsstatut automatisch zugunsten des Rechts am gemeinsamen gewöhnlichen Aufenthalt der Ehegatten, wenn Aufenthaltsrecht und gemeinsames Heimatrecht zusammentreffen oder wenn der gemeinsame Aufenthalt in einem Staat länger als zehn Jahre nach der Eheschließung gedauert hat (Art 7 Abs 2).

281   **cc) Deutsch-iranisches Niederlassungsabkommen von 1929.** Größere praktische Bedeutung hat aus deutscher Sicht heute allein noch das deutsch-iranische Niederlassungsabkommen von 1929, das nach Art 3 Nr 2 EGBGB in güterrechtlichen Streitigkeiten zwischen iranischen Ehegatten Vorrang vor dem deutschen autonomen Kollisionsrecht genießt (näher → Rn 394 ff).

282   **c) Autonomes Kollisionsrecht.** Soweit nicht das deutsch-iranische Niederlassungsabkommen eingreift, verbleibt es aus deutscher Sicht bis zur Geltung der EuGüVO ab dem 29.1.2019 bei der Maßgeblichkeit des autonomen deutschen Kollisionsrechts. Die Art 15, 16 EGBGB sowie Art 220 Abs 3 EGBGB gelten – vorbehaltlich einer ab dem 29.1.2019 getroffenen Rechtswahl – auch nach diesem Stichtag für alle Ehen weiter, die bis zu diesem Zeitpunkt geschlossen worden sind (Art 69 Abs 3 EuGüVO). Damit wird das autonome deutsche internationale Ehegüterrecht noch für lange Zeit praktische Bedeutung behalten. Art 15 Abs 1 EGBGB unterstellt die güterrechtlichen Wirkungen der Ehe im Interesse einer möglichst einheitlichen Anknüpfung sämtlicher Familienbeziehungen dem von Art 14 EGBGB zur Anwendung berufenen Recht. Dieser **Gleichlauf** gilt auch, soweit das Ehewirkungsstatut nach Art 14 Abs 2 und 3 EGBGB von den Ehegatten vor der Eheschließung durch **Rechtswahl** bestimmt worden ist. Zusätzlich ermöglicht Art 15 Abs 2 EGBGB den Ehegatten eine auf ihre güterrechtlichen Beziehungen beschränkte weitergehende Rechtswahl.

2. EU-Recht

100. Verordnung (EU) 2016/1103 zur Durchführung der Verstärkten Zusammenarbeit im Bereich der Zuständigkeit, des anzuwendenden Rechts und der Anerkennung und Vollstreckung von Entscheidungen in Fragen des ehelichen Güterstands (EuGüVO)

Vom 24. Juni 2016 (ABl EU L 182, 1)

Schrifttum: vgl zunächst das allg Schrifttum → vor Rn 9; ferner *Eßer*, Die Beendigung ehelicher Güterstände mit Auslandsbezug in Deutschland und Frankreich (2016); *Kroll-Ludwigs*, Stärkung der Parteiautonomie durch die europäischen Güterrechtsverordnungen, NZFam 16, 1061; *dies*, Vereinheitlichung des Güterkollisionsrechts in Europa – die EU-Güterrechts und EU-Partnerschaftsverordnung, GPR 16, 231; *Martiny*, Die Anknüpfung güterrechtlicher Angelegenheiten nach den Europäischen Güterrechtsverordnungen, ZfPW 17, 1; *Meise*, Rechtswahl in vorsorgenden Eheverträgen und Scheidungsfolgenvereinbarungen, RNotZ 16, 485 und 553; *Rieck*, Ehe- und Partnerschaftsverträge in Anwendung der EU-Verordnungen, NJW 16, 3755; *Péroz*, Les lois applicables au régime primaire, Clunet 17, 813; *Rupp*, Die Verordnung zum europäischen internationalen Ehegüterrecht aus sachenrechtlicher Perspektive, GPR 16, 262.

Vorbemerkung

1. Entstehungsgeschichte

283   Vgl → Rn 9 ff.

2. Ziele

284   Abweichend von der EuUntVO (Art 15) verweist die EuGüVO auf dem Gebiet des Kollisionsrecht nicht nur auf einen Staatsvertrag der Haager Konferenz, zB das in *Frankreich, Luxemburg* und den *Niederlanden* in Kraft getretene Haager Übereinkommen über das auf Ehegüterstände anwendbare Recht vom 14.3.1978 (→ Rn 277 ff), sondern regelt das anwendbare Recht in

218

II. Internationales Privatrecht   285–290 **B**

seinem Kapitel III selbst. Hauptziel dieser kollisionsrechtlichen Regelung ist es, den Ehegatten im Voraus Klarheit über das in ihrem Fall anzuwendende Ehegüterrecht zu verschaffen, damit sie die Vorteile des Binnenmarkts ohne Einbußen an Rechtssicherheit nutzen können. Zu diesem Zweck werden harmonisierte Kollisionsnormen eingeführt, um einander widersprechende Ergebnisse vor den Gerichten der teilnehmenden Mitgliedstaaten zu vermeiden. Diese Vereinheitlichung des Kollisionsrechts soll auch sicherstellen, dass der eheliche Güterstand einem Recht unterliegt, zu dem eine enge Verbindung besteht (ErwG 43 S 3; → Anh IV).

3. Anwendungsbereich

a) Sachlicher Anwendungsbereich. Die EuGüVO bestimmt ihren sachlichen Anwen- 285 dungsbereich in Art 1 Abs 1; danach gilt auch das Kapitel III nur für die „ehelichen Güterstände." Dieser autonom **und weit** auszulegende Begriff wird in Art 3 lit a dahin definiert, dass er „sämtliche vermögensrechtlichen Regelungen, die zwischen den Ehegatten und in ihren Beziehungen zu Dritten aufgrund der Ehe oder der Auflösung der Ehe gelten," umfasst (dazu schon oben → Rn 36 f). Die Verordnung enthält ferner in Art 1 Abs 2 einen Katalog derjenigen Gegenstände, die aus ihrem sachlichen Anwendungsbereich ausdrücklich ausgeschlossen sind (→ Rn 295 ff).

b) Persönlicher Anwendungsbereich. Ihren persönlichen Anwendungsbereich normiert 286 die EuGüVO nicht ausdrücklich. Aus der parallel verabschiedeten Verordnung zu den güterrechtlichen Wirkungen eingetragener Partnerschaften (EuPartVO; → I Rn 15 ff) ergibt sich jedoch, dass sie **nur für Ehegatten,** nicht für eingetragene Lebenspartner gilt. Der Begriff der „Ehe" wird allerdings bewusst nicht autonom-europäisch definiert, sondern bleibt dem nationalen Recht der Mitgliedstaaten überlassen(ErwG 17; → Anh IV; *Weber* DNotZ 16, 659/669; *Dutta* FamRZ 16, 1973/1975 f).

Dies gilt auch für die umstrittene Frage einer Anwendung der EuGüVO oder der EuPartVO 287 auf **gleichgeschlechtliche Ehen.** Aus der Regelung über die alternative Zuständigkeit in Art 9 Abs 1 ist diesbezüglich zu entnehmen, dass dem nationalen IPR der jeweiligen *lex fori* nur die Entscheidung überlassen werden sollte, ob es solche Ehen „anerkennt" oder nicht. Da gleichgeschlechtliche Ehen aber in *Deutschland* jedenfalls seit dem 1.10.2017 anerkannt werden, findet auf sie auch das Kapitel III der EuGüVO Anwendung. Der Umstand, dass der deutsche Gesetzgeber solche Ehen im autonomen Kollisionsrecht wie eingetragene Lebenspartnerschaften anknüpft (Art 17b Abs 4 EGBGB nF; dazu → I Rn 271 ff), vermag daran nichts zu ändern, weil das europäische Recht nicht darauf abstellt, welche Wirkungen der anerkannten gleichgeschlechtlichen Ehe im nationalen IPR des Gerichtsstaates beigelegt werden und ob diese den Wirkungen einer heterosexuellen Ehe in jeder Hinsicht entsprechen (dazu näher → Rn 14 ff mwN).

Im Übrigen stellt Art 20 klar, dass die Verordnung auf dem Gebiet des Kollisionsrechts 288 **universelle Geltung** beansprucht. Das von ihr bezeichnete Recht gilt also auch dann, wenn es nicht das Recht eines an der verstärkten Zusammenarbeit teilnehmenden Mitgliedstaats ist. Auf die Staatsangehörigkeit der Ehegatten kommt es daher insoweit nicht an. Die Verordnung regelt das anwendbare Recht in Güterrechtssachen vielmehr auch für die **Angehörigen von Drittstaaten.**

c) Räumlicher Anwendungsbereich. Die EuGüVO gilt in räumlicher Hinsicht *nicht* in 289 allen 28 EU-Mitgliedstaaten, sondern nur in den 18 Mitgliedstaaten, die bisher an der Verstärkten Zusammenarbeit auf diesem Gebiet derzeit teilnehmen. Dies sind − außer dem *Bundesrepublik Deutschland − Belgien, Bulgarien, Finnland, Frankreich, Griechenland, Italien, Kroatien, Luxemburg, Malta, die Niederlande, Österreich, Portugal, Schweden, Slowenien, Spanien, die Tschechische Republik und Zypern.* Vgl im Übrigen → Rn 18 f. Vor deutschen Gerichten ist die Anwendbarkeit der Kollisionsnormen der Verordnung jedoch wegen deren universeller Geltung nicht davon abhängig, dass der Sachverhalt einen Bezug zu einem der vorgenannten teilnehmenden Mitgliedstaaten aufweist.

d) Zeitlicher Anwendungsbereich. Der zeitliche Anwendungsbereich der Verordnung auf 290 dem Gebiet des Kollisionsrechts wird in Art 69 Abs 3 stark eingeschränkt. Denn danach sind die Kollisionsnormen der Art 20−35 auch ab dem 29.1.2019 nur auf solche **Ehen** anzuwenden, die **nach diesem Stichtag geschlossen** werden. Damit verbleibt es also für die Beurteilung des Ehegüterrechts in allen zuvor geschlossenen Ehen aus deutscher Sicht auch nach dem 29.1.2019 bei der Geltung von Art 15, 16 und Art 220 Abs 3 EGBGB. Eine Ausnahme gilt nur für

219

B

1. Teil. Erkenntnisverfahren B. Güterrechtssachen

Rechtswahlvereinbarungen, die zwischen den Partnern einer solchen Altehe erst ab dem 29.1.2019 getroffen werden; denn deren Voraussetzungen und Wirkungen unterliegen dann in jedem Fall den Art 22 ff EuGüVO. Um den internationalen Entscheidungseinklang mit den anderen teilnehmenden Mitgliedstaaten herzustellen, bietet sich eine solche Rechtswahl auch für vor dem 29.1.2019 geschlossene Ehen an (*Weber* DNotZ 16, 659/ 663).

4. Verhältnis zu anderen Rechtsinstrumenten

291   Die EuGüVO lässt nach ihrem 62 Abs 1 auf dem Gebiet des ehelichen Güterrechts multi- und bilaterale Staatsverträge, denen ein oder mehrere Mitgliedstaaten zum Zeitpunkt des Erlasses dieser Verordnung oder eines Beschlusses nach Art 331 Abs 1 UAbs 2 oder 3 AEUV angehören, unberührt. Aus deutscher Sicht hat daher das **deutsch-iranische Niederlassungsabk von 1929** Vorrang vor der EuGüVO (→ Rn 394 ff). Abgrenzungsproblem können sich ferner im Verhältnis zur EuErbVO und zur EuUntVO ergeben.

5. Auslegung

292   Vgl → Rn 22 f.

6. Grundprinzipien

293   Inhaltlich ruht die kollisionsrechtliche Regelung der EuGüVO im Wesentlichen auf **vier Pfeilern,** nämlich auf den Grundsätzen der Einheitlichkeit (Art 21) und der Unwandelbarkeit des Güterrechtsstatuts (Art 26 Abs 1), der großzügigen Einräumung von Rechtswahlmöglichkeiten (Art 22–24) und dem Vorrang der objektiven Anknüpfung an den gemeinsamen gewöhnlichen Aufenthalt vor der Anknüpfung an die gemeinsame Staatsangehörigkeit der Ehegatten (Art 26 Abs 1).

Kapitel I. Anwendungsbereich und Begriffsbestimmungen

EuGüVO Art 1. Anwendungsbereich

(1) Diese Verordnung findet auf die ehelichen Güterstände Anwendung.

Sie gilt nicht für Steuer- und Zollsachen sowie verwaltungsrechtliche Angelegenheiten.

(2) Vom Anwendungsbereich dieser Verordnung ausgenommen sind:

a) die Rechts-, Geschäfts- und Handlungsfähigkeit der Ehegatten,

b) das Bestehen, die Gültigkeit oder die Anerkennung einer Ehe,

c) die Unterhaltspflichten,

d) die Rechtsnachfolge nach dem Tod eines Ehegatten,

e) die soziale Sicherheit,

f) die Berechtigung, Ansprüche auf Alters- oder Erwerbsunfähigkeitsrente, die während der Ehe erworben wurden und die während der Ehe zu keinem Renteneinkommen geführt haben, im Falle der Ehescheidung, der Trennung ohne Auflösung des Ehebands oder der Ungültigerklärung der Ehe zwischen den Ehegatten zu übertragen oder anzupassen,

g) die Art der dinglichen Rechte an Vermögen und

h) jede Eintragung von Rechten an beweglichen oder unbeweglichen Vermögensgegenständen in ein Register, einschließlich der gesetzlichen Voraussetzungen für eine solche Eintragung, sowie die Wirkungen der Eintragung oder der fehlenden Eintragung solcher Rechte in ein Register.

Schrifttum: *Kowalczyk,* Spannungsverhältnis zwischen Güterrechtsstatut und Erbstatut nach den Kommissionsvorschlägen für das internationale Güter- und Erbrecht, GPR 12, 212 und 258; *Köhler,* Der sachliche Anwendungsbereich der Güterrechtsverordnungen und der Umfang des Güterrechtsstatuts, in: Dutta/Weber (Hrsg), Die Europäischen Güterrechtsverordnungen (2017) 147; *Lorenz,* Ehegattenerbrecht bei gemischtnationalen Ehen – der Einfluss des Ehegüterrechts auf die Erbquote, NJW 15, 2157; *Mankowski,* Das Verhältnis zwischen der EuErbVO und den neuen Verordnungen zum Internationalen Güterrecht, ZEV 16, 479; *Walther,* Die Qualifikation des § 1371 Abs 1 BGB im Rahmen der europäischen Erb- und Güterrechtsverordnungen, GPR 14, 325; *Weber,* Interdependenzen zwischen Europäischer Erbrechtsverordnung und Ehegüterrecht – *de lege lata* und *ferenda,* DNotZ 16, 424.

II. Internationales Privatrecht: EuGüVO Art 1   294–298 **B**

1. Beschränkung auf die „ehelichen Güterstände", Abs 1

In **sachlicher** Hinsicht finden die Kollisionsnormen der Verordnung nach ihrem Art 1 Abs 1 **294** auf die „ehelichen Güterstände" Anwendung. Dieser **autonom** auszulegende Begriff (ErwG 18; → Anh IV) wird in Art 3 lit a dahin definiert, dass er „die Gesamtheit der Regelungen betreffend die Vermögensbeziehungen zwischen Ehegatten und in deren Verhältnis zu Dritten aufgrund der Ehe oder ihrer Auflösung" umfasst. Diese Definition knüpft an die weite Auslegung des Begriffs der ehelichen Güterstände in Art 1 Abs 2 lit a EuGVÜ durch den EuGH (Rs 143/78 – de *Cavel I*, Slg 79, 1055 Rn 7; zu Einzelheiten unalexK/*Hausmann* Art 1 EuGVVO Rn 58 ff) an. Gemeint ist daher nicht nur das Ehegüterrecht im engeren Sinne, dh die in den Mitgliedstaaten vorgesehenen gesetzlichen und vertraglichen Güterstände. Der europäische Begriff des Ehegüterrechts erstreckt sich vielmehr nach der Definition in Art 3 lit a EuGüVO auf **„sämtliche vermögensrechtlichen Regelungen, die zwischen den Ehegatten und in ihren Beziehungen zu Dritten aufgrund der Ehe oder der Auflösung der Ehe gelten"**, soweit sie nicht in Art 1 Abs 2 aus dem Anwendungsbereich der Verordnung ausgeschlossen werden (ErwG 18; → Anh IV). Mit Hilfe dieser weiten Auslegung, die auch das Recht der allgemeinen Ehewirkungen (*„régime primaire"*) einbezieht (*Martiny* ZfPW 17, 1/9; *Péroz* Clunet 17, 813 ff; *Ebarth* NZFam 18, 249/252), soweit vermögensrechtliche Aspekte der Ehe betroffen sind (dazu → Rn 312 f, 600), sollen Qualifikationskonflikte im Grenzbereich zwischen der Rom I-VO, dem Haager Unterhaltsprotokoll und der EuGüVO möglichst vermieden werden. Die Reichweite des Güterrechtsstatuts wird in Art 27 näher konkretisiert (→ Rn 363 ff).

2. Ausgeschlossene Regelungsgegenstände, Abs 2

Die EuGüVO beschränkt ihren sachlichen Anwendungsbereich in Art 1 Abs 2 durch eine **295** abschließende Aufzählung derjenigen Bereiche, die zwar einen Bezug zum ehelichen Güterrecht haben, von ihrer Anwendung aber ausdrücklich ausgenommen sind (ErwG 19; → Anh IV). Dabei handelt es sich vor allem um Fragen, die bereits **Gegenstand anderer Rechtsinstrumente des Unionsrechts** sind, wie die im Haager Unterhaltsprotokoll von 2007 geregelten Unterhaltspflichten (lit c) und die von der EuErbVO abgedeckten Ansprüche des überlebenden Ehegatten auf eine Beteiligung am Nachlass des verstorbenen Partners (lit d; vgl ErwG 22; → Anh IV). Nicht mehr im Ausnahmekatalog enthalten sind hingegen die im Vorschlag v 16.3.2011 (Art 1 Abs 3 lit c) noch genannten **Schenkungen** und sonstigen unentgeltlichen Zuwendungen zwischen Ehegatten unter Lebenden. Sie werden daher von den Kollisionsnormen der Art 20 ff erfasst, soweit sie ihren Grund in der Ehe oder deren Auflösung finden. Insoweit verdrängt die EuGüVO daher auf dem Gebiet des sog **Nebengüterrechts** (ehebezogene Zuwendungen, Ehegatteninnengesellschaft u ä; dazu → Rn 549 ff) künftig die Rom I-VO als *lex specialis* (*Dutta* FamRZ 16, 1973/1975; *Martiny* ZfPW 17, 1/9).

a) Rechts-, Geschäfts- und Handlungsfähigkeit. Ausgenommen ist nach lit a zunächst die **296** allgemeine Rechts-, Geschäfts- und Handlungsfähigkeit der Ehegatten (lit a); diese unterliegt weiterhin dem autonomen Kollisionsrecht der teilnehmenden Mitgliedstaaten, in *Deutschland* also dem Art 7 EGBGB. Demgegenüber gilt für **besondere Geschäftsfähigkeiten** auf dem Gebiet des Ehegüterrechts (zB für die Fähigkeit zum Abschluss von Eheverträgen) das nach der Verordnung zu bestimmende Güterrechtsstatut. Letzteres ist auch für spezifische Befugnisse und Rechte eines oder beider Ehegatten – im Verhältnis untereinander oder gegenüber Dritten – in Bezug auf das Vermögen maßgebend, zB für Verfügungs- und Verpflichtungsbeschränkungen, die ihre Grundlage im ehelichen Güterrecht haben (ErwG 20; → Anh IV).

b) Gültigkeit und Anerkennung von Ehen. Auch Vorfragen – wie insbesondere das **297** Bestehen, die Gültigkeit und die Anerkennung einer Ehe – sind gem Art 1 Abs 2 lit b weiterhin nach dem nationalen IPR der teilnehmenden Mitgliedstaaten zu beantworten (ErwG 21; → Anh IV). In *Deutschland* bleibt es insoweit bei der Anwendung von Art 11 und 13 EGBGB. Auch für die kollisionsrechtliche Beurteilung des Güterrechts in gleichgeschlechtlichen Ehen gilt nach ihrer Gleichstellung in *Deutschland* durch Gesetz v 20.7.2017 die EuGüVO und trotz Art 17 Abs 4 EGBGB nF nicht die EuPartVO (→ Rn 14 ff, 287).

c) Unterhaltspflichten. Ausgeschlossen sind nach lit c weiterhin die im Haager Unterhalts- **298** protokoll von 2007 geregelten Unterhaltspflichten. Diese beurteilen sich im Verhältnis der Ehegatten untereinander sowohl während bestehender Ehe wie nach Ehetrennung oder Ehescheidung

221

B 299–302   1. Teil. Erkenntnisverfahren B. Güterrechtssachen

nach Art 3 und 5 HUP (ErwG 22; → Anh IV). Allerdings wirft die Abgrenzung zwischen Unterhalts- und Ehegüterrecht namentlich in den vom Common Law geprägten Rechtsordnungen zT schwierige Qualifikationsfragen auf; diese sind im Umterhaltsrecht dargestellt (→ C Rn 50 ff; vgl auch *Dutta* FamRZ 16, 1573/1574; *Heiderhoff* IPRax 18, 1/2; *Martiny* ZfPW 17, 1/10 mwN).

299   **d) Rechtsnachfolge von Todes wegen.** In gleicher Weise sind auch Fragen des auf die Rechtsnachfolge nach dem Tod eines Ehegatten anwendbaren Rechts gemäß lit d aus dem sachlichen Anwendungsbereich der EuGüVO ausgeschlossen, weil insoweit für seit dem 15.8.2015 eingetretene Erbfälle die EuErbVO Nr 650/2012 gilt, die das Kollisionsrecht in ihrem Kapitel III (Art 20–38) ausführlich regelt. Auch insoweit wird es freilich in Zukunft zu Qualifikationsproblemen im Grenzbereich beider Verordnungen kommen.

300   Im Vordergrund steht dabei aus deutscher Sicht die Frage, ob die **Erhöhung des gesetzlichen Ehegattenerbteils nach § 1371 Abs 1 BGB** güter- oder erbrechtlich zu qualifizieren ist. Der BGH hatte diese Frage für das bisher geltende autonome deutsche Kollisionsrecht (Art 15 und 25 EGBGB) erst unlängst im Sinne einer rein güterrechtlichen Qualifikation der Vorschrift für die deutsche Praxis verbindlich entschieden (BGH ZEV 15, 409 m Anm *Reimann* = FamRZ 15, 1180 m Anm *Mankowski* = IPRax 17, 102 m Anm *Dörner* 81; dazu → Rn 547 mwN), Danach setzte die gesetzliche Erbteilserhöhung nach § 1371 Abs 1 BGB nur voraus, dass die Ehegatten gemäß Art 15 EGBGB im deutschen gesetzlichen Güterstand der Zugewinngemeinschaft gelebt hatten, während es nicht erforderlich war, dass auch die Erbfolge nach dem zuerst verstorbenen Ehegatten gemäß Art 25 EGBGB dem deutschen Recht unterlag. Ob die vom BGH für die güterrechtliche Qualifikation angeführten Argumente auch unter Geltung des europäischen Kollisionsrechts ihre Gültigkeit behalten würden, war umstritten. Während die hM im Schrifttum dies befürwortete (*Dörner* ZEV 12, 505/507; *Mankowski* ZEV 14, 121/125 f; *Dutta* IPRax 15, 32/33; *Dorsel/Schall* GPR 15, 36/44; *Lorenz* NJW 15, 2157/2160; *Weber* DNotZ 16, 424/431 ff), traten andere für eine erbrechtliche Qualifikation ein (*Süß* ZEuP 13, 725/743; *Kleinschmidt* RabelsZ 77 [2013] 723/757; *Dutta/Weber/Fornasier* Art 63 EuErbVO Rn 30 ff).

300a   Auf Vorlage des KG Berlin (ZEV 17, 209 m Anm *Dörner* und *Margonski*) hat sich der EuGH nunmehr im Gegensatz zum BGH für eine **erbrechtliche Qualifikation** des § 1371 Abs 1 BGB ausgesprochen. Zur Begründung hat er vor allem darauf verwiesen, dass § 1371 Abs I BGB nicht zu einer der Erbfolge vorangehenden güterrechtlichen Aufteilung von Vermögenswerten zwischen den Ehegatten führe, sondern lediglich den (erhöhten) Erbteil des überlebenden Ehegatten festlege. Eine solche Vorschrift betreffe daher primär die Rechtsnachfolge nach dem Tod eines Ehegatten und nicht das eheliche Güterrecht (EuGH C-558/16 – *Mahnkopf*, ZEV 18, 205 Rn 40 m Anm *Bandel* = NZFam 18, 372 m Anm *Rentsch* = FamRZ 18, 632 m Anm *Fornasier*). Außerdem hat der EuGH vor allem betont, dass das Zusatzviertel des überlebenden Ehegatten nach § 1371 Abs 1 BGB nur im Falle einer erbrechtlichen Qualifikation in das Europäische Nachlasszeugnis (ENZ) mit der sich aus Art 69 Abs 2 EuErbVO ergebenden Vermutungswirkung aufgenommen werden könne. Dies sei aber im Interesse der Funktionsfähigkeit des ENZ und zur Vermeidung eines unterschiedlichen Inhalts von deutschem Erbschein und ENZ unbedingt erforderlich (EuGH C-558/16 – *Mahnkopf*, ZEV 18, 205, Rn 42 f.). Die Entscheidung des EuGH hat zur Folge, dass § 1371 Abs 1 BGB nur noch zur Anwendung kommt, wenn deutsches Erbrecht gilt. Damit wird dem überlebenden Ehegatten das güterrechtliche Zusatzviertel immer dann entzogen, wenn der verstorbene (auch deutsche) Ehegatte seinen gewöhnlichen Aufenthalt vor seinem Tod ins Ausland verlegt oder eine erbrechtliche Rechtswahl zugunsten seines ausländischen Heimatrechts getroffen hatte. Um die damit verbundene Ungerechtigkeit in Ehen zu vermeiden, die uU jahrzehntelang im deutschen gesetzlichen Güterstand geführt wurden, kommt entweder eine analoge Anwendung der güterrechtliehen Lösung des § 1371 Abs 2 BGB (krit dazu aber *Mankowski* ZEV 14, 121/123) oder die Gewährung eines Zahlungsanspruchs an den überlebenden Ehegatten gegen die Erben im Umfang von ¼ des Nachlassvemögens in Betracht (dafür *Bandel* ZEV 18, 208). Auch wenn deutsches Erbrecht gilt, kommt § 1371 Abs 1 BGB nur zur Anwendung, wenn der überlebende Ehegatte nicht bereits einen Ausgleich nach ausländischem Güterrecht erhalten hat.

301   **e) Soziale Sicherheit.** Vgl → Rn 31.

302   **f) Übertragung und Anpassung von Versorgungsanwartschaften.** Anders als noch der Verordnungsvorschlag v 16.3.2011 (KOM [2011] 126 endg) schließt Art 1 Abs 2 lit f nunmehr auch das Recht zur Übertragung oder zum Ausgleich von Anwartschaften auf Altersversorgung oder Erwerbsunfähigkeitsrente, die während der Ehe erworben wurden, im Falle der Eheschei-

222

II. Internationales Privatrecht: EuGüVO Art 1

dung, Ehetrennung oder Ehenichtigkeit aus dem sachlichen Anwendungsbereich der Verordnung aus. Dies gilt insbesondere für den **Versorgungsausgleich** deutscher Prägung (→ D Rn 23 f), für den es daher bei der autonomen Anknüpfung nach Art 17 Abs 3 EGBGB verbleibt (für eine akzessorische Anknüpfung an das das von der EuGüVO bestimmte Güterrechtsstaut *de lege ferenda* aber *Gruber* IPRax 16, 539/543 f). Allerdings soll diese Ausnahme eng ausgelegt werden. Daher sind vor allem Fragen der Kategorisierung von Rentensprüchen, der während der Ehe an einen Ehegatten bereits ausbezahlten Beträge und des etwa zu gewährenden Ausgleichs für mit gemeinsamem Vermögen finanzierte Rentenversicherungen nach dem von der Verordnung bestimmten Güterrechtsstatut zu beurteilen (ErwG 23; → Anh IV). Es ist daher nicht ausgeschlossen, dass gewisse Ansprüche auf Ausgleich von Kapitalleistungen, die im deutschen autonomen IPR bisher dem Versorgungsausgleichsstatut unterlagen, bei der gebotenen europäisch-autonomen Qualifikation künftig von der Verordnung erfasst werden (vgl auch *Dutta* FamRZ 16, 1573/1575).

g) Art der dinglichen Rechte. Die vom Güterrechtsstatut vorgesehene Begründung oder **303** Übertragung von Rechten an beweglichen oder unbeweglichen Sachen ist nach lit g grundsätzlich in allen teilnehmenden Mitgliedstaaten anzuerkennen. Allerdings ist nach lit g kein Mitgliedstaat verpflichtet, dingliche Rechte an Sachen, die in seinem Hoheitsgebiet belegen sind, auch dann anzuerkennen, wenn diese „ihrer Art nach" – zB wegen des nach der *lex rei sitae* bestehenden *numerus clausus* von Sachenrechten – unbekannt sind. Ein solches **unbekanntes dingliches Recht**, das kraft ausländischen Güterrechts entstanden ist, ist jedoch nach Art 29 im Wege der Anpassung in ein im Mitgliedstaat der Belegenheit bekanntes dingliches Recht umzuwandeln, das dem unbekannten ausländischen Recht möglichst nahekommt (vgl die Erwägungsgründe 24–26 [→ Anh IV], sowie die Kommentierung zu Art 29; → Rn 378 ff). Kraft ausländischen Güterrechts bestehende **Gesamthandsgemeinschaften** – wie zB die in zahlreichen romanischen und osteuropäischen Rechten als gesetzlicher Güterstand geltende Errungenschaftsgemeinschaft – sind hingegen auch dem deutschen Recht bekannt, so dass eine Anpassung nicht erforderlich ist (*Weber* DNotZ 16, 659/667).

Darüber hinaus ist zu beachten, dass die Vorschrift keinen allgemeinen Vorrang der *lex rei sitae* **304** vor dem Güterrechtsstatut anordnet. Lit g ist vielmehr einschränkend in dem Sinne auszulegen, dass die Vorschrift nur ein bestimmtes **Anwendungsergebnis** – nämlich die Entstehung eines dem Belegenheitsrecht unbekannten dinglichen Rechts – verhindern soll; sie richtet sich hingegen nicht gegen eine der *lex rei sitae* unbekannte **Art und Weise des Erwerbs** eines dinglichen Rechts. Denn die maßgeblichen Modalitäten des Übergangs dinglicher Rechte sollen nach dem ErwG 24 (→ Anh IV) dem auf den ehelichen Güterstand anzuwendenden Recht unterliegen; sie werden daher von Art 1 Abs 2 lit g nicht erfasst. Die Vorschrift steht daher insbesondere dem Erwerb eines dem Belegenheitsrecht bekannten dinglichen Rechts *kraft Gesetzes* – zB dem Erwerb einer (Legal-)Hypothek eines Ehegatten nach ausländischem Güterrecht an einem deutschen Grundstück – nicht entgegen, auch wenn ein solches Recht nach der deutschen *lex rei sitae* nur kraft Rechtsgeschäfts erworben werden kann. Dies hat der EuGH inzwischen zur Parallelvorschrift in Art 1 Abs 2 lit k EuErbVO für den Erwerb eines nach dem ausländischen Erbstatut dinglich wirkenden Vermächtnisses **(Vindikationslegat)** an einem deutschen Grundstück mit der Begründung entschieden dass nach lit k nur der *lex rei sitae* unbekannte dingliche Rechte, nicht aber der *lex rei sitae* unbekannte Modalitäten des Übergangs von bekannten dinglichen Rechten (zB des Eigentums) aus dem Anwendungsbereich der Verordnung ausgeschlossen seien (EuGH C-218/16 – *Kubicka*, ZErb 17, 352 Rn 46 ff m Anm *Litzenburger* = FamRZ 17, 2057 m Anm *Döbereiner* = ZEV 18, 41 m Anm *Dorth* 11; vgl auch *Dutta/Weber/J. P. Schmidt*, Art 1 EuErbVO Rn 125 ff m ausf Nachw). Die hierfür gegebene Begründung gilt auch für Art 1 Abs 2 lit g EuGüVO.

h) Registereintragungen. Schließlich bleibt auch für die Voraussetzungen der Publizität von **305** Rechten an beweglichen oder unbeweglichen Vermögensgegenständen durch Registereintragung und für die Wirkungen einer solchen Eintragung vorerst weiterhin das nationale Verfahrens- und Kollisionsrecht maßgeblich, weil sie in lit h ausdrücklich aus dem Anwendungsbereich der EuGüVO ausgenommen werden. Demgemäß bestimmt grundsätzlich das Recht des Mitgliedstaats, in dem das Register geführt wird (und für unbewegliches Vermögen die jeweilige *lex rei sitae*) darüber, „unter welchen gesetzlichen Voraussetzungen und wie die Eintragung vorzunehmen ist und welche Behörden – wie etwa Grundbuchämter oder Notare – dafür zuständig sind zu prüfen, ob alle Eintragungsvoraussetzungen erfüllt sind und die vorgelegten Unterlagen vollständig sind bzw die erforderlichen Angaben enthalten" (ErwG 27; → Anh IV).

223

B   1. Teil. Erkenntnisverfahren B. Güterrechtssachen

306   Das Registerstatut ist insbesondere auch maßgeblich für die Beurteilung, ob es sich bei dem zur Eintragung beantragten Recht eines Ehegatten überhaupt um ein **eintragungsfähiges Recht** handelt. Um eine doppelte Ausstellung von Schriftstücken zu vermeiden, sollen die Registerbehörden die von den zuständigen Behörden in einem anderen Mitgliedstaat ausgestellten Schriftstücke annehmen, soweit deren Verkehr – wie insbesondere der von öffentlichen Urkunden nach Art 58, 59 – nach dieser Verordnung vorgesehen ist. Dies hindert die an der Eintragung beteiligten Behörden jedoch nicht daran, vom Antragsteller diejenigen zusätzlichen Angaben oder die Vorlage derjenigen zusätzlichen Schriftstücke zu verlangen, die nach dem Recht des Mitgliedstaats, in dem das Register geführt wird, erforderlich sind, wie zB Angaben oder Schriftstücke betreffend die Zahlung von Steuern. Die zuständige Behörde kann den Antragsteller darauf hinweisen, wie die fehlenden Angaben oder Schriftstücke beigebracht werden können (ErwG 27; → Anh IV).

307   Nicht das Güterrechtsstatut, sondern das Recht des Mitgliedstaats, in dem das Register geführt wird, entscheidet auch über die **Wirkungen der Eintragung** eines Rechts in ein Register, insbesondere darüber, ob die Eintragung konstitutive oder nur deklaratorische Wirkung hat. Erfordert daher der Erwerb eines Rechts an einer unbeweglichen Sache nach dem Recht des Mitgliedstaats, in dem das Register geführt wird, die Eintragung in ein Register, damit die Wirkung *erga omnes* eintritt, so gilt das Recht dieses Mitgliedstaats auch für den Zeitpunkt des Rechtserwerbs (ErwG 28; → Anh IV).

308   Sieht das anwendbare Güterrecht jedoch einen **automatischen Erwerb kraft Gesetzes** des Mit- oder Gesamthandseigentums beider Ehegatten vor, so ist dieser in allen teilnehmenden Mitgliedstaaten anzuerkennen; zusätzliche Anforderungen der *lex rei sitae* sind in diesem Fall nicht einzuhalten (*Dutta* FamRZ 16, 1573/1575; **aA** *Weber* DNotZ 16, 659/668). Denn das Registerstatut regelt nur die gesetzlichen Voraussetzungen einer Eintragung von Rechten an beweglichen oder unbeweglichen Vermögensgegenständen in einem Register, sowie die Wirkungen der Eintragung oder der fehlenden Eintragung solcher Rechte in ein Register; demgegenüber gehören die Voraussetzungen, unter denen solche Rechte erworben werden, nicht zu den nach lit h vom sachlichen Anwendungsbereich der Verordnung ausgeschlossenen Bereichen.

309   Für diese Auslegung spricht auch der Grundsatz der **Einheitlichkeit des auf den ehelichen Güterstand anzuwendenden Rechts,** der in Art 21 betont wird, wenn es dort heißt, dass diesem Recht „das gesamte Vermögen der Ehegatten unterliegt ungeachtet seiner Belegenheit." Denn es würde zu einer mit dem Wortlaut von Art 21 nur schwer zu vereinbarenden Güterrechtsspaltung kommen, wenn man annähme, dass nach Art 1 Abs 2 lit h der im Recht des Belegenheitsstaates nicht vorgesehene Erwerb des Eigentums an einem Vermögensgegenstand kraft Gesetzes vom Anwendungsbereich der Verordnung ausgenommen ist. Schließlich entspricht nur eine solche Auslegung dem in ErwG 15 hervorgehobenen Ziel, „für verheiratete Paare Rechtssicherheit in Bezug auf ihr Vermögen und ein gewisses Maß an Vorhersehbarkeit in Bezug auf das anzuwendende Recht" zu gewährleisten. Danach muss es den Ehegatten in einem europäischen Rechtsraum möglich sein, ihren güterrechtlichen Beziehungen im Voraus durch Ehevertrag zu regeln. Dies wäre aber nicht möglich, wenn der Erwerb von während der Ehe durch einen oder bei Ehegatten in anderen Mitgliedstaaten erworbenen Immobilien (auch) der jeweiligen *lex rei sitae* unterworfen wäre. Aus diesem Grunde hat auch der EuGH die Parallelvorschrift in Art 1 Abs 2 lit l EuErbVO dahin ausgelegt, dass die Vorschrift dem automatischen Erwerb des Eigentums an einem deutschen Grundstück kraft eines nach ausländischem Erbrecht angeordneten Vermächtnisses nicht entgegensteht (EuGH C-218/16 – *Kubicka,* ZErb 17, 352 Rn 52 ff m Anm *Litzenburger;* vgl auch Dutta/Weber/J. P. *Schmidt,* Art 1 EuErbVO Rn 134 ff m ausf Nachw).

EuGüVO Art 2

(abgedruckt und kommentiert → Rn 35)

EuGüVO Art 3. Begriffsbestimmungen

(1) **Im Sinne dieser Verordnung bezeichnet der Ausdruck**

a) **„ehelicher Güterstand" sämtliche vermögensrechtlichen Regelungen, die zwischen den Ehegatten und in ihren Beziehungen zu Dritten aufgrund der Ehe oder der Auflösung der Ehe gelten;**

II. Internationales Privatrecht: EuGüVO Art 3 310–313 **B**

b) „Vereinbarung über den ehelichen Güterstand" jede Vereinbarung zwischen Ehegatten oder künftigen Ehegatten, mit der sie ihren ehelichen Güterstand regeln;

c) – g) (abgedruckt und kommentiert → Rn 39 ff)

(2) (abgedruckt und kommentiert → Rn 44 ff)

1. Ehelicher Güterstand, lit a

a) Qualifikation. Zentrale Bedeutung für den sachlichen Anwendungsbereich der Verord- **310** nung kommt dem in Abs 1 lit a definierten Begriff des „ehelichen Güterstands" zu. Dieser ist für die Zwecke der Verordnung und damit auch für die Reichweite ihrer Kollisionsnormen **autonom auszulegen.** Es gilt somit keine Qualifikationsverweisung auf die *lex causae.* Der Begriff des „ehelichen Güterstands" schließt also nicht nur vermögensrechtliche Regelungen ein, die bestimmte einzelstaatliche Rechtsordnungen speziell und ausschließlich für die Ehe vorsehen, sondern auch sämtliche vermögensrechtlichen Verhältnisse, die zwischen den Ehegatten und in ihren Beziehungen gegenüber Dritten infolge der Ehe oder der Auflösung des Eheverhältnisses gelten, auch wenn sie außerhalb des Güterrechts geregelt sind (ErwG 18; → Anh IV). Ferner soll der eheliche Güterstand soll auch nicht nur Regelungen umfassen, von denen die Ehegatten nicht abweichen dürfen, sondern ebenso *fakultative* Regelungen, die sie nach Maßgabe des anzuwendenden Rechts vereinbaren können.

b) Rechtsfolgen. Die EuGüVO gilt daher nicht nur für die vermögensrechtlichen Beziehun- **311** gen, insbesondere die Zuordnung und Verwaltung des Vermögens zwischen den Ehegatten während bestehender Ehe, sondern auch für die **Vermögensauseinandersetzung bei Auflösung der Ehe** durch Scheidung, Trennung oder Tod sowie für die Rechtsbeziehungen zu Dritten, die ihren Grund in der Ehe haben (ErwG 18; → Anh IV). Dies gilt unabhängig davon, ob die Vermögensauseinandersetzung auf die Vorschriften eines besonderen Güterstands oder auf allgemeine schuld- oder sachenrechtliche Anspruchsgrundlagen gestützt wird. Demgemäß betrifft auch die Teilung einer beweglichen Sache, die von einem Ehegatten während der Ehe mit gemeinsamen Mitteln erworben wurde, aus Anlass der Ehescheidung die vermögensrechtlichen iSv Art 3 lit a (EuGH C-67/17 – *Iliev/Ilieva,* FamRZ 17, 1913 Rn 28 ff m Anm *Musseva* 2009 [zu Art 1 Abs 2 lit a EuGVVO nF]). Gleiches gilt für das sog **„Nebengüterrecht"** (Rückforderung unbenannter Ehegattenzuwendungen, Ansprüche aus einer Ehegatteninnengesellschaft, Gesamtschuldner- oder -gläubigerausgleich zwischen Ehegatten), aber etwa auch für die nach Art 17 Abs 1 EGBGB nF dem Scheidungsstatut unterliegenden vermögensrechtlichen Ansprüche (zB Schadensersatzansprüche; → A Rn 551 ff; vgl auch *Heiderhoff* IPRax 18, 1/2).

Der weite Begriff des Ehegüterrechts der Verordnung erfasst auch die im deutschen Recht in **312** §§ 1353 ff BGB geregelten **allgemeinen Ehewirkungen,** soweit sie einen Bezug zum Vermögen der Ehegatten haben (*Kohler/Pintens* FamRZ 16, 1509/1510). Dies gilt insbesondere für die **Schlüsselgewalt** in § 1357 BGB und die **Eigentumsvermutungen** in § 1362 BGB (*Dutta* FamRZ 16, 1673/1574; *Weber* DNotZ 16, 659/662; *Henrich* ZfRV 16, 1509/1510; *Heiderhoff* IPRax 18, 1/2), aber auch für den Anspruch eines Ehegatten auf eine angemessene Entschädigung für die seine Unterhaltspflicht übersteigende Mitarbeit im Beruf oder Gewerbe des anderen Ehegatten. Güterrechtlich zu qualifizieren sind nach der Verordnung ferner Verpflichtungs-/ Verfügungsbeschränkungen (zB über die Ehewohnung), die in ausländischen Rechten häufig Bestandteil des *„régime primaire"* sind (*Heiderhoff* IPRax 16, 160/161 f). An der bisherigen Einordnung im autonomen deutschen Kollisionsrecht als allgemeine Ehewirkungen iSv Art 14 EGBGB kann daher nur noch für die bis zum 28.1.2019 geschlossenen Ehen festgehalten werden (→ Rn 600). Gleiches gilt auch für die Qualifikation der islamrechtlichen **Morgengabe** (näher → Rn 557 ff).

Auch die Regelung der **Nutzungsbefugnisse an der Ehewohnung und an Haushalts-** **313** **gegenständen** aus Anlass einer Ehetrennung oder Ehescheidung, die nicht in den Anwendungsbereich der EuSchutzMVO fällt (dazu → R Rn 76), ist im Anwendungsbereich der EuGüVO güterrechtlich zu qualifizieren (*Dutta* FamRZ 16, 1573/1575; *Martiny* ZfPW 17, 1/9; *Heiderhoff* IPRax 18, 1/2; *Erbarth* NZFam 18, 249/252). Insoweit verdrängt die Verordnung daher künftig die Sonderanknüpfung in Art 17a EGBGB, die nur noch für vor dem 29.1.2019 geschlossene Ehen sowie für die in der Vorschrift ebenfalls geregelten Betretungs-, Näherungs- und Kontaktverbote weiter anwendbar bleibt (→ E Rn 30 f).

225

B

1. Teil. Erkenntnisverfahren B. Güterrechtssachen

2. Vereinbarung über den ehelichen Güterstand, lit b

314   Die EuGüVO bestimmt das anwendbare Recht auch für Vereinbarungen, in denen die Ehegatten ihren ehelichen Güterstand regeln. Dies gilt gleichermaßen für deren Formgültigkeit (Art 25; → Rn 344 ff) als auch für deren materielle Wirksamkeit (Art 27 lit g; → Rn 370 f). Auch der Begriff „Vereinbarung über den ehelichen Güterstand" ist in diesen Vorschriften autonom auszulegen und wird von der Verordnung in einem weiten Sinne verstanden. Er umfasst daher nicht nur den Ehevertrag im deutschen Verständnis (§ 1408 BGB), also die Begründung, Änderung oder Aufhebung eines bestimmten gesetzlichen oder vertraglichen Güterstands, sondern nach lit b „jede Vereinbarung zwischen Ehegatten oder künftigen Ehegatten, mit der sie ihren ehelichen Güterstand regeln", wobei „ehelicher Güterstand" wiederum im weiten Sinne von lit a auszulegen ist.

315   Vereinbarungen über den ehelichen Güterstand in diesem Sinne sind daher insbesondere auch Vereinbarungen, in denen die Ehegatten die vermögensrechtlichen Konsequenzen einer in Aussicht genommenen Trennung oder Scheidung ihrer Ehe regeln. So betrifft etwa auch die in einer **Scheidungsvereinbarung** geregelte Zuweisung der Ehewohnung oder die Verteilung der Haushaltsgegenstände den ehelichen Güterstand und unterliegt damit den Art 25, 27 lit g. Werden in einen Ehevertrag oder eine Scheidungsvereinbarung allerdings – wie in der Praxis verbreitet – auch Regelungen zu anderen Scheidungsfolgen (zB zum Unterhalt oder zum Versorgungsausgleich) aufgenommen, so sind deren Inhaltskontrolle und Wirksamkeit gesondert nach dem Haager Unterhaltsprotokoll (→ C Rn 489 ff) bzw nach Art 17 Abs 3 EGBGB (→ D Rn 29 ff) anzuknüpfen (vgl *Hausmann* FS Geimer [2017] 199 ff).

3. Öffentliche Urkunde, lit c

316   Vgl dazu die Kommentierung oben → Rn 39 ff und → L Rn 25, 155 ff.

4. Entscheidung, lit d

317   Vgl dazu die Kommentierung → L Rn 27 f.

5. Gerichtlicher Vergleich, lit e

318   Vgl dazu die Kommentierung → L Rn 29.

6. Ursprungs-, Vollstreckungsmitgliedstaat, lit f und g

319   Vgl dazu die Kommentierung vor Art 36 (→ L Rn 30).

7. Gericht, Abs 2

320   Vgl dazu die Kommentierung oben → Rn 44 ff und die Erwägungsgründe 29–31 (→ Anh IV).

Kapitel II. Gerichtliche Zuständigkeit
EuGüVO Art 4–19

(abgedruckt und kommentiert → Rn 61 ff)

Kapitel III. Anzuwendendes Recht
Vorbemerkung

321   Damit die Bürger die Vorteile des Binnenmarkts ohne Einbußen bei der Rechtssicherheit nutzen können, soll die EuGüVO den Ehegatten im Voraus Klarheit über das in ihrem Fall auf die güterrechtlichen Wirkungen ihrer eingetragenen Partnerschaft anzuwendende Recht verschaffen. Zu diesem Zweck werden harmonisierte Kollisionsnormen eingeführt, um einander widersprechende Ergebnisse zu vermeiden (ErwG 43 S 1 und 2; → Anh IV).

EuGüVO Art 20. Universelle Anwendung

Das nach dieser Verordnung bezeichnete Recht ist auch dann anzuwenden, wenn es nicht das Recht eines Mitgliedstaats ist.

226

II. Internationales Privatrecht: EuGüVO Art 22   **324**   **B**

Das Kapitel III der Verordnung zum anwendbaren Recht beansprucht gemäß Art 20 **uni-** 322 **verselle Geltung,** dh die Kollisionsnormen der EuGüVO sind in den teilnehmenden Mitgliedstaaten auch dann anzuwenden, wenn sie auf das Recht von Staaten verweisen, die nicht der Europäischen Union angehören oder die an der Verstärkten Zusammenarbeit auf dem Gebiet des internationalen Ehegüterrechts nicht teilnehmen (ErwG 44; → Anh IV). Für die Anwendung des autonomen Kollisionsrechts der teilnehmenden Mitgliedstaaten – in *Deutschland* also von Art 15 EGBGB – bleibt daher auf dem Gebiet der vermögensrechtlichen Wirkungen von Ehen, die erst ab dem 29.1.2019 geschlossen wurden, kein Raum mehr.

EuGüVO Art 21. Einheit des anzuwendenden Rechts

Das gesamte Vermögen der Ehegatten unterliegt ungeachtet seiner Belegenheit dem gemäß Artikel 22 oder 26 auf den ehelichen Güterstand anzuwendenden Recht.

Ausgangspunkt der kollisionsrechtlichen Regelung ist das Prinzip der **Einheitlichkeit des** 323 **Güterrechtsstatuts** in Art 21, von dem es – sieht man von der Zuständigkeitsregelung in Art 13 Abs 1 (→ Rn 175 f) ab – im Interesse der Rechtssicherheit keine Ausnahme gibt. Damit führt die Verordnung dieses Prinzip deutlich strenger durch als das autonome deutsche internationale Ehegüterrecht (dazu → Rn 418 ff). Denn anerkannt wird weder ein Vorrang des Einzelstatuts vor dem Güterrechtsstatut (*Martiny* ZfPW 17, 1/13) nach dem Vorbild des Art 3a Abs 2 EGBGB (→ Rn 421 ff), noch wird den Ehegatten gestattet, für Grundstücke das Recht der jeweiligen Belegenheit zu wählen, wie dies bisher nach Art 15 Abs 2 Nr 3 EGBGB zulässig ist (*Weber* DNotZ 16, 659/676; näher → Rn 474 ff). Aus Gründen der Rechtssicherheit und um eine Aufspaltung des ehelichen Güterstands zu vermeiden, unterwirft die Verordnung vielmehr das gesamte zum Güterstand gehörende Vermögen der Ehegatten – unabhängig von der Art der Vermögenswerte und unabhängig von der Belegenheit der einzelnen Vermögensgegenstände in einem Mitgliedstaat oder in einem Drittstaat – stets nur einem einzigen Güterrecht (ErwG 43 S 3; → Anh IV; *Heiderhoff* IPRax 18, 1/4). Dies gilt insbesondere auch für das in verschiedenen Staaten belegene *unbewegliche* Vermögen der Ehegatten. Insoweit kommt es auch nicht darauf an, ob das Güterrechtsstatut objektiv nach Art 26 oder durch Rechtswahl nach Art 22 ff bestimmt wird. Ander als im internationalen Erbrecht (Art 30 EuErbVO) setzen sich auch Eingriffsnormen der *lex rei sitae* nicht gegen das Güterrechtsstatut durch. Die Ehegatten haben nur unter den Voraussetzungen des Art 13 die Möglichkeit in einem Drittstaat belegenes Vermögen aus einem güterrechtlichen Verfahren auszuklammern (→ Rn 174 ff).

EuGüVO Art 22. Rechtswahl

(1) Die Ehegatten oder künftigen Ehegatten können das auf ihren ehelichen Güterstand anzuwendende Recht durch Vereinbarung bestimmen oder ändern, sofern es sich dabei um das Recht eines der folgenden Staaten handelt:

a) das Recht des Staates, in dem die Ehegatten oder künftigen Ehegatten oder einer von ihnen zum Zeitpunkt der Rechtswahl ihren/seinen gewöhnlichen Aufenthalt haben/hat, oder

b) das Recht eines Staates, dessen Staatsangehörigkeit einer der Ehegatten oder künftigen Ehegatten zum Zeitpunkt der Rechtswahl besitzt.

(2) Sofern die Ehegatten nichts anderes vereinbaren, gilt eine während der Ehe vorgenommene Änderung des auf den ehelichen Güterstand anzuwendenden Rechts nur für die Zukunft.

(3) Eine rückwirkende Änderung des anzuwendenden Rechts nach Absatz 2 darf die Ansprüche Dritter, die sich aus diesem Recht ableiten, nicht beeinträchtigen.

Schrifttum: *Döbereiner,* Rechtswahlfreiheit im Ehegüterrecht in: Dutta/Weber (Hrsg), Die Europäischen Güterrechtsverordnungen (2017) 63.

1. Allgemeines

Um Ehegatten die Regelung ihrer güterrechtlichen Beziehungen und die Verwaltung ihres 324 Vermögens zu erleichtern, räumt die Verordnung der **Parteiautonomie** in Art 22 weiten Raum ein (*Kroll-Ludwigs,* Die Rolle der Parteiautonomie im europäischen Kollisionsrecht [2013]; *dies* NZFam 16, 1061). Die Ehegatten sollen allerdings nur solche Rechte wählen dürfen, die mit

227

B 325–329   1. Teil. Erkenntnisverfahren B. Güterrechtssachen

ihrer realen Lebenssituation und ihrer künftigen Lebensplanung einen hinreichenden Zusammenhang aufweisen. Diese enge Verbindung kann nur durch den gewöhnlichen Aufenthalt oder die Staatsangehörigkeit der Ehegatten hergestellt werden; demgegenüber kommt es wegen Art 21 auf die Art oder Belegenheit des dem Güterstand unterliegenden Vermögens nicht an (ErwG 45 S 1; → Anh IV). Auch die Wahl der *lex fori* – ist anders als im internationalen Ehescheidungsrecht (Art 5 Abs 1 lit d Rom III-VO) – ausgeschlossen.

325   Die Verordnung regelt das auf das Ehegüterrecht anzuwendende Recht zwar nur in Fällen mit grenzüberschreitendem Bezug (ErwG 14; → Anh IV). Im Fall einer Rechtswahl muss dieser internationale Sachverhalt jedoch nicht bereits bei deren Abschluss vorliegen; ebenso wie bei der scheidungsrechtlichen Rechtswahl nach Art 5 Rom III-VO (→ A Rn 353) ist es vielmehr als zulässig zu erachten, wenn die Ehegatten die Rechtswahl im Hinblick auf einen künftigen grenzüberschreitenden Bezug (zB die Verlegung des gewöhnlichen Aufenthalts ins Ausland) vorsorglich treffen (*Weber* DNotZ 16, 659/677).

326   Abweichend vom Kommissionsvorschlag von 2011 (Art 19 Abs 2, 1. HS) schreibt Art 22 nicht mehr vor, dass die Rechtswahl ausdrücklich getroffen werden muss. Im Gegensatz etwa zu Art 3 Abs 1 Rom I-VO, Art 14 Abs 1 S 2 Rom II-VO oder Art 22 Abs 2, 2. Fall EuErbVO wird aber auch nicht klargestellt, dass eine stillschweigende Rechtswahl genügt, wenn sie sich nur eindeutig aus dem Inhalt der getroffenen Vereinbarung oder den Umständen des Falles ergibt. Unter der letztgenannten Voraussetzung sollte man indes auch eine **stillschweigende Rechtswahl** des Güterrechtsstatuts zulassen, sofern die Form nach Art 23 gewahrt ist (*Weber* DNotZ 16, 659/680 f; *Dutta* FamRZ 16, 1973/1981; *Martiny* ZfPW 17, 1/19). Dafür spricht insbesondere die Sonderanknüpfung in Art 24 Abs 2, die nur bei einer stillschweigenden Rechtswahl Bedeutung erlangen kann. Allerdings sind insoweit ähnlich strenge Anforderungen zu stellen wie bisher nach autonomem Kollisionsrecht (näher → Rn 463 ff).

2. Die wählbaren Rechte, Abs 1

327   Die Ehegatten können sich nach Abs 1 nur zwischen folgenden Rechten entscheiden:

a) Gewöhnlicher Aufenthalt eines oder beider Ehegatten, lit a. Die Ehegatten können zunächst das Recht des Staates wählen, in dem sie zur Zeit der Rechtswahl ihren **gemeinsamen gewöhnlichen Aufenthalt** (zum Begriff → Rn 81 ff) haben. Auf den gemeinsamen gewöhnlichen Aufenthalt bei Abschluss der Rechtswahlvereinbarung kommt es auch an, wenn die Ehegatten die Rechtswahl schon vor der Eheschließung getroffen haben. Die Verordnung setzt nicht voraus, dass dieser gewöhnliche Aufenthalt auch noch zur Zeit der Eheschließung fortbesteht. Planen die Ehegatten einen Umzug ins Ausland, so dürfte es auch zulässig sein, das künftige gemeinsame Aufenthaltsrecht bereits vor dem Umzug aufschiebend bedingt zu wählen; die Wirksamkeit einer solchen bedingten Rechtswahl beurteilt sich dann gemäß Art 24 Abs 1 nach dem gewählten Recht.

328   Haben die Ehegatten zum Zeitpunkt der Rechtswahl (noch) keinen gemeinsamen gewöhnlichen Aufenthalt, so können sie auch für das Recht optieren, in dem **nur der eine oder der andere** von ihnen zur Zeit der Rechtswahl seinen gewöhnlichen Aufenthalt hat (lit a). Die rückwirkende Wahl des Rechts eines Staates, in dem die Ehegatten sich lange Jahre gemeinsam aufgehalten haben und mit dem sie deshalb am engsten verbunden sind, hat hingegen dann auszuscheiden, wenn im Zeitpunkt der Rechtswahl kein Ehegatte sich in diesem Staat noch gewöhnlich aufhält (*Heiderhoff* IPRax 18, 1/6 f).

329   **b) Staatsangehörigkeit eines Ehegatten, lit b.** Zulässig ist auch die Wahl des Rechts des Staates, dessen Staatsangehörigkeit einer der Ehegatten zur Zeit der Rechtswahl besitzt. Gehört ein Ehegatte **mehreren Staaten** an, so sind die Ehegatten berechtigt, jedes seiner Heimatrechte als Güterrechtsstatut zu wählen. Sie sind also nicht auf die Wahl des effektiven Heimatrechts des Mehrstaater-Ehegatten beschränkt. Dies stellt die EuGüVO zwar – anders als die EuErbVO in Art 22 Abs 1 UAbs 2 – im Text nicht ausdrücklich klar. In ErwG 50 S 2 (→ Anh IV) wird aber darauf hingewiesen, dass die in S 1 dieses Erwägungsgrunds enthaltene Verweisung auf das nationale Recht der Mitgliedstaaten hinsichtlich der Behandlung von Mehrstaatern „keine Auswirkung auf die Gültigkeit einer Rechtswahl haben [soll], die nach dieser Verordnung getroffen wurde". Dies ist aber dahin zu verstehen, dass Art 5 Abs 1 S 1 EGBGB nur für die objektive Anknüpfung nach Art 26 Abs 1 lit b herangezogen werden kann, während nach Art 22 Abs 1 lit b auch ein nicht-effektives Heimatrecht eines Ehegatten wirksam gewählt werden kann (*Weber* DNotZ 16, 659/677 f; *Dutta* FamRZ 16, 1573/1580 f; *Kohler/Pintens* FamRZ 16, 1509/1511).

II. Internationales Privatrecht: EuGüVO Art 23   **B**

3. Schranken

Im Hinblick auf den Grundsatz der Einheitlichkeit des Güterrechtsstatuts nach Art 21 kann die **330** Rechtswahl jedoch **nur für das gesamte Vermögen** der Ehegatten – ohne Rücksicht auf dessen Belegenheit – getroffen werden. Ausgeschlossen ist daher unter Geltung der Verordnung nicht nur die nach bisherigem autonomen deutschen Kollisionsrecht (Art 15 Abs 2 Nr 3 EGBGB) zugelassene Wahl des jeweiligen Belegenheitsrechts für unbewegliches Vermögen, sondern auch jede sonstige territoriale Beschränkung einer nach Art 26 Abs 1 getroffenen Rechtswahl.

Eine **gerichtliche Kontrolle der Rechtswahl** auf ihre Billigkeit – nach dem Vorbild von **331** Art 8 Abs 5 des Haager Unterhaltsprotokolls (dazu → C Rn 689 ff) – ist nicht vorgesehen (krit dazu *Dethloff* FS v Hoffmann [2011] 73/77 f). Das Zustandekommen und die materielle Wirksamkeit der Rechtswahl beurteilen sich gem Art 24 Abs 1 nach dem gewählten Recht; die Form wird in Art 23 geregelt.

4. Wirkung einer während der Ehe getroffenen Rechtswahl

Die güterrechtliche Rechtswahl kann jederzeit vor der Ehe (allerdings nur mit Wirkung ab **332** der Eheschließung), im Zeitpunkt der Eheschließung oder erst während der Ehe erfolgen (ErwG 45 S 2; → Anh IV). Sie kann auch – wie Abs 1 klarstellt – während der Ehe **jederzeit geändert** werden.

a) Wirkung ex nunc, Abs 2. Eine erst nach der Eheschließung getroffene Rechtswahl wirkt **333** allerdings nach Abs 2 grundsätzlich nur für die Zukunft. Sie führt – ähnlich wie der Abschluss eines Ehevertrags oder die Auflösung der Ehe – notwendig zur Beendigung des bisherigen Güterstands und damit zu einem Statutenwechsel, durchbricht also den Grundsatz der Unwandelbarkeit des Güterrechtsstatuts (→ Rn 360 ff). An die Stelle des bisher maßgeblichen objektiven Güterrechtsstatuts nach 26 bzw nach Art 15 Abs 1 iVm Art 14 EGBGB oder eines früher nach Art 22 bzw nach Art 15 Abs 2 EGBGB gewählten Rechts tritt das erstmals bzw das neu gewählte Recht. Die Rechtswahl hat also auf sachrechtlicher Ebene zur Folge, dass der bisherige Güterstand beendet wird und auseinanderzusetzen ist. Auf die Abwicklung des bisherigen Güterstands ist das bisherige Recht anzuwenden, denn nur dieses verfügt über Abwicklungsregeln, die auf diesen Güterstand zugeschnitten sind sind (*Weber* DNotZ 16, 659/681 f; zum autonomen Recht näher → Rn 491 ff mwN).

b) Wirkung ex tunc, Abs 3. Den Ehegatten steht es allerdings frei, etwas anderes zu ver- **334** einbaren; sie sind daher insbesondere berechtigt, die Geltung des neuen Güterrechts mit **Rück-wirkung** auf den Zeitpunkt der Eheschließung zu vereinbaren (krit *Kroll-Ludwigs* NZFam 16, 1061/1063). Eine solche rückwirkende Änderung des anzuwendenden Rechts nach Abs 2 darf jedoch die Ansprüche Dritter, die sich aus dem zuvor maßgebenden Recht ableiten, nicht beeinträchtigen, Abs 3 (vgl auch ErwG 46 S 2; → Anh IV). Wechseln die Ehegatten zB mit Rückwirkung auf den Tag der Eheschließung vom deutschen zum französischen gesetzlichen Güterstand, so können sich Verfügungsbeschränkungen, die sich aus dem französischen Güterstand der Errungenschaftsgemeinschaft ergeben, nicht zu Lasten von Dritten auswirken, die von einem Ehegatten Eigentum bereits vor der Rechtswahl unter Geltung der deutschen Zugewinngemeinschaft erworben hatten. Dies gilt auch für Verfügungsbeschränkungen, die sich – wie das Verbot der Veräußerung der Ehewohnung ohne Zustimmung des anderen Ehegatten nach Art 215 Abs 3 frz Cc – aus dem sog *„régime primaire“* ergeben und daher aus deutscher Sicht bisher als allgemeine Ehewirkung qualifiziert wurden (*Weber* DNotZ 16, 659/682). Im Innenverhältnis der Ehegatten kann die Rechtswahl nach Abs 3 hingegen rückwirkend zu einer Änderung der Eigentumsverhältnisse führen, soweit die *lex rei sitae* nicht entgegensteht (*Heiderhoff* IPRax 18, 1/7).

Abs 3 gestattet allerdings nur die rückwirkende Rechtswahl. Die Vorschrift bezieht sich hin- **335** gegen nicht auf die Frage, ob innerhalb der neu gewählten Rechtsordnung auch die **rück-wirkende Änderung des gesetzlichen Güterstands** zulässig ist. Maßgebend hierfür ist vielmehr gem Art 27 lit g das von den Ehegatten gewählte Recht.

EuGüVO Art 23. Formgültigkeit der Rechtswahlvereinbarung

(1) **Eine Vereinbarung nach Artikel 22 bedarf der Schriftform, ist zu datieren und von beiden Ehegatten zu unterzeichnen. Elektronische Übermittlungen, die eine dauerhafte Aufzeichnung der Vereinbarung ermöglichen, sind der Schriftform gleichgestellt.**

B 336–340   1. Teil. Erkenntnisverfahren B. Güterrechtssachen

(2) **Sieht das Recht des Mitgliedstaats, in dem beide Ehegatten zum Zeitpunkt der Rechtswahl ihren gewöhnlichen Aufenthalt haben, zusätzliche Formvorschriften für Vereinbarungen über den ehelichen Güterstand vor, so sind diese Formvorschriften anzuwenden.**

(3) **Haben die Ehegatten zum Zeitpunkt der Rechtswahl ihren gewöhnlichen Aufenthalt in verschiedenen Mitgliedstaaten und sieht das Recht beider Staaten unterschiedliche Formvorschriften für Vereinbarungen über den ehelichen Güterstand vor, so ist die Vereinbarung formgültig, wenn sie den Vorschriften des Rechts eines dieser Mitgliedstaaten genügt.**

(4) **Hat zum Zeitpunkt der Rechtswahl nur einer der Ehegatten seinen gewöhnlichen Aufenthalt in einem Mitgliedstaat und sind in diesem Staat zusätzliche Formvorschriften für Vereinbarungen über den ehelichen Güterstand vorgesehen, so sind diese Formvorschriften anzuwenden.**

1. Allgemeines

336   Die Regeln zur Formgültigkeit der Rechtswahlvereinbarung sollen es den Ehegatten einerseits erleichtern, ihre Rechtswahl **in voller Sachkenntnis** zu treffen, und sollen andererseits gewährleisten, dass die einvernehmliche Rechtswahl im Interesse der **Rechtssicherheit** sowie eines besseren Rechtsschutzes respektiert wird (ErwG 47 S 1; → Anh IV). Zu diesem Zweck übernimmt Art 23 EuGüVO hinsichtlich der **Form der Rechtswahl** in weitem Umfang die Regelung in Art 7 Rom III-VO. Auf die Kommentierung dieser Vorschrift (→ A Rn 402 ff) wird daher ergänzend verwiesen.

2. Europäische Mindestform, Abs 1

337   Durch die Formvorschriften des Art 23 soll sichergestellt werden, dass sich die Ehegatten der Tragweite ihrer Rechtswahl bewusst sind (ErwG 47 S 2; → Anh IV). Als europäische Mindestform wird daher in Abs 1 die **Schriftform,** Datierung und Unterzeichnung durch die Ehegatten gefordert. Dem steht die elektronische Form gleich, wenn sie zu einer dauerhaften Aufzeichnung der Vereinbarung geführt hat. Zu Einzelheiten kann auf die Kommentierung von Art 7 Abs 2 (→ Rn 119 ff) verwiesen werden.

3. Weitergehende Formvorschriften nach nationalem Recht, Abs 2–4

338   **a) Gemeinsamer gewöhnlicher Aufenthalt der Ehegatten in einem Mitgliedstaat.** Wenn jedoch nach dem Recht des Mitgliedstaats, in dem beide Ehegatten bei Abschluss der Rechtswahl ihren gewöhnlichen Aufenthalt haben, **weitergehende Formerfordernisse** vorgeschrieben sind, so sind nach Abs 2 auch diese einzuhalten. Abweichend von Art 7 Abs 2 Rom III-VO müssen diese Formerfordernisse nicht für Rechtswahlvereinbarungen, sondern „für Vereinbarungen über den ehelichen Güterstand vorgeschrieben sein. Damit bedarf es in *Deutschland* keiner Umsetzung der Vorschrift nach dem Vorbild des Art 46e Abs 1 EGBGB. Haben die Ehegatten ihren gemeinsamen gewöhnlichen Aufenthalt bei Abschluss der Rechtswahlvereinbarung in *Deutschland*, so muss diese zwingend nach §§ 1408, 1410 BGB bei gleichzeitiger Anwesenheit beider Ehegatten notariell beurkundet werden. Im Hinblick auf den Ausschluss des Renvoi in Art 32 kommt es auf das Kollisionsrecht des gemeinsamen Aufenthaltsstaats der Ehegatten auf dem Gebiet der Form von Rechtswahlvereinbarungen – in *Deutschland* also auf Art 11 oder Art 15 Abs 3 iVm Art 14 Abs 4 EGBGB – nicht an.

339   **b) Gewöhnlicher Aufenthalt der Ehegatten in verschiedenen Mitgliedstaaten.** Haben die Ehegatten hingegen ihren gewöhnlichen Aufenthalt zur Zeit der Rechtswahl in verschiedenen Mitgliedstaaten, in denen unterschiedliche Formvorschriften vorgesehen sind, so ist es nach Abs 3 für die Formgültigkeit ausreichend, wenn die Formvorschriften nur eines dieser beiden Staaten eingehalten wurden. Es muss also nicht die Form des strengeren der beiden Aufenthaltsrechte beachtet werden.

340   **c) Gewöhnlicher Aufenthalt nur eines Ehegatten in einem Mitgliedstaat.** Hat nur ein Ehegatte zur Zeit des Abschlusses der Rechtswahl seinen gewöhnlichen Aufenthalt in einem Mitgliedstaat, während der andere sich in einem Drittstaat gewöhnlich aufhält, so muss nach Abs 4 die Form nach dem Recht des Mitgliedstaates beachtet werden; die Einhaltung der Form

230

II. Internationales Privatrecht: EuGüVO Art 25   **B**

nach dem Recht des Drittstaates, in dem sich der andere Ehegatte gewöhnlich aufhält, reicht dann nicht aus.

EuGüVO Art 24. Einigung und materielle Wirksamkeit

(1) **Das Zustandekommen und die Wirksamkeit einer Rechtswahlvereinbarung oder einer ihrer Bestimmungen bestimmen sich nach dem Recht, das nach Artikel 22 anzuwenden wäre, wenn die Vereinbarung oder die Bestimmung wirksam wäre.**

(2) **Ein Ehegatte kann sich jedoch für die Behauptung, er habe der Vereinbarung nicht zugestimmt, auf das Recht des Staates berufen, in dem er zum Zeitpunkt der Anrufung des Gerichts seinen gewöhnlichen Aufenthalt hat, wenn sich aus den Umständen ergibt, dass es nicht angemessen wäre, die Wirkung seines Verhaltens nach dem in Absatz 1 bezeichneten Recht zu bestimmen.**

1. Maßgeblichkeit des gewählten Rechts, Abs 1

Die Regeln zur materiellen Wirksamkeit der Rechtswahl sollen es den Ehegatten erleichtern, **341** ihre Rechtswahl in voller Sachkenntnis zu treffen und gewährleisten, dass diese im Interesse der Rechtssicherheit und eines besseren Rechtsschutzes respektiert wird (ErwG 47 S 1; → Anh IV). In Art 24 übernimmt die EuGüVO im Wesentlichen die Regelung in Art 6 Rom III-VO zum Zustandekommen und zur materiellen Wirksamkeit einer Rechtswahlvereinbarung im internationaloen Ehescheidungsrecht. Danach ist die Frage, ob die Parteien sich über die Rechtswahl wirksam geeinigt haben, auch gem Art 24 Abs 1 nicht nach der *lex fori*, sondern – quasi im Vorgriff – nach dem Recht zu beantworten, das im Falle der Wirksamkeit der Rechtswahl anwendbar wäre, also nach dem in der Rechtswahlvereinbarung für den ehelichen Güterstand gewählten Recht. **Maßgebender Zeitpunkt** für das Zustandekommen und die materielle Wirksamkeit der Rechtswahl ist gleichermaßen der Zeitpunkt, zu dem sie vereinbart wird.

Bezüglich der materiellen Wirksamkeit ist zwischen der Rechtswahl und der Vereinbarung über **342** den ehelichen Güterstand, auf den sie sich bezieht zu unterscheiden. Insoweit gilt der Grundsatz der Autonomie der Rechtsswahlvereinbarung. Ist diese nach demgewählten Recht ausnahmsweise unwirksam, so bleibt der geschlossene Ehevertrag dennoch wirksam, auch wenn die Rechtswahl einen Bestandteil des geschlossenen Ehevertrags bildet (*Weber* DNotZ 16, 650/679 f). Der Ehevertrag unterliegt dann dem von Art 26 zur Anwendung berufenen objektiven Güterrechtsstatut.

2. Sonderanknüpfung des Erklärungsbewusstseins, Abs 2

Ferner wird der Grundsatz des Abs 1 – ebenso wie im internationalen Ehescheidungsrecht **343** (Art 6 Abs 2 Rom III-VO) – in Abs 2 durch eine **Sonderanknüpfung** eingeschränkt, wenn ein Ehegatte nach dem Recht des Staates seines gewöhnlichen Aufenthalts nicht damit rechnen musste, dass sein Verhalten nach dem gewählten Recht als Zustimmung zur Rechtswahlvereinbarung gewertet würde. Ergibt sich daher aus den Umständen, dass es nicht angemessen wäre, die Wirkung des Verhaltens eines Ehegatten nach dem gewählten Recht zu bestimmen, so kann dieser sich für seine Behauptung, er habe der Vereinbarung nicht zugestimmt, auf das Recht des Staates berufen, in dem er zum Zeitpunkt der Anrufung des Gerichts seinen gewöhnlichen Aufenthalt hat. Da Rechtswahlvereinbarungen im Ehegüterrecht idR ausdrücklich getroffen werden, ist die praktische Bedeutung der Sonderankübpfung gering. Sie kommt nur in Betracht, wenn die Ehegatten das Güterrechtsstatut ausnahmsweise nur stillschweigend gewählt haben. Wegen weiterer Einzelheiten wird auf die Kommentierung zu Art 6 Rom III-VO verwiesen (→ A Rn 391 ff).

EuGüVO Art 25. Formgültigkeit einer Vereinbarung über den ehelichen Güterstand

(1) **Die Vereinbarung über den ehelichen Güterstand bedarf der Schriftform, ist zu datieren und von beiden Ehegatten zu unterzeichnen. Elektronische Übermittlungen, die eine dauerhafte Aufzeichnung der Vereinbarung ermöglichen, sind der Schriftform gleichgestellt.**

(2) **Sieht das Recht des Mitgliedstaats, in dem beide Ehegatten zum Zeitpunkt der Vereinbarung ihren gewöhnlichen Aufenthalt haben, zusätzliche Formvorschriften für**

231

B 344–348

1. Teil. Erkenntnisverfahren B. Güterrechtssachen

Vereinbarungen über den ehelichen Güterstand vor, so sind diese Formvorschriften anzuwenden.

Haben die Ehegatten zum Zeitpunkt der Vereinbarung ihren gewöhnlichen Aufenthalt in verschiedenen Mitgliedstaaten und sieht das Recht beider Staaten unterschiedliche Formvorschriften für Vereinbarungen über den ehelichen Güterstand vor, so ist die Vereinbarung formgültig, wenn sie den Vorschriften des Rechts eines dieser Mitgliedstaaten genügt.

Hat zum Zeitpunkt der Vereinbarungnur einer der Ehegatten seinen gewöhnlichen Aufenthalt in einem Mitgliedstaat und sind in diesem Staat zusätzliche Formvorschriften für Vereinbarungen über den ehelichen Güterstand vorgesehen, so sind diese Formvorschriften anzuwenden.

(3) Sieht das auf den ehelichen Güterstand anzuwendende Recht zusätzliche Formvorschriften vor, so sind diese Formvorschriften anzuwenden.

Schrifttum: *Süß,* Sonderanknüpfung von Eheverträgen und Schutz Dritter, in: Dutta/Weber, Die Europäischen Güterrechtsverordnungen (2017) 85.

1. Allgemeines

344　　Der Abschluss eines Ehevertrages ist eine Art der **Verfügung über das Vermögen** der Ehegatten, die nicht in allen teilnehmenden Mitgliedstaaten in gleichem Maße zulässig ist und anerkannt wird. Um die Anerkennung von auf der Grundlage eines Ehevertrags erworbenen Rechten in den Mitgliedstaaten zu erleichtern, sieht die Verordnung in Art 25 auch harmonisierte Vorschriften über die **Formgültigkeit von Eheverträgen** vor (ErwG 48 S 1; → Anh IV). Die Kompetenz des europäischen Gesetzgebers zur Vereinheitlichung der Form von Eheverträgen wird allerdings mit Recht angezweifelt (*Weber* DNotZ 16, 650/679 f). Die Form nach Art 25 ist darüber hinaus auch bei sonstigen Vereinbarungen über den ehelichen Güterstand im weiten Sinne des Art 3 Abs 1 lit b (→ Rn 314 f), also zB auch bei Scheidungs- oder Trennungsvereinbarungen bezüglich der güterrechtlichen Auseinandersetzung, einzuhalten. Sie gilt hingegen nicht für Vereinbarungen, an denen außer den Ehegatten auch Dritte beteiligt sind (*Dutta* FamRZ 16, 1973/1984). Die in Abs 1 und 2 enthaltenen Formvorschriften entsprechen den in Art 23 für die Rechtswahl normierten Vorschriften. Zusätzlich wird in Abs 3 klargestellt, dass in jedem Fall die vom Güterrechtsstatut vorgeschriebene Form einzuhalten ist. Die materielle Wirksamkeit des Ehevertrags beurteilt sich hingegen gemäß Art 27 lit g nach dem Güterrechtsstatut (→ Rn 370 f).

2. Europäische Mindestform, Abs 1

345　　Nach Abs 1 S 1 bedürfen Eheverträge – ebenso wie die Rechtswahl nach Art 23 Abs 1 – zumindest der **Schriftform;** ferner müssen sie datiert und von beiden Ehegatten unterzeichnet werden (vgl ErwG 48 S 2; → Anh IV). Dem steht nach Abs S 2 auch hier die elektronische Form gleich, wenn sie zu einer dauerhaften Aufzeichnung des Ehevertrags geführt hat.

3. Weitergehende Formvorschriften nach nationalem Recht, Abs 2, 3

346　　**a) Gemeinsamer gewöhnlicher Aufenthalt der Ehegatten in einem Mitgliedstaat.** Wenn jedoch nach dem Recht des Mitgliedstaats, in dem beide Ehegatten bei Abschluss des Ehevertrags ihren gewöhnlichen Aufenthalt haben, **weitergehende Formerfordernisse** für dessen wirksamen Abschluss vorgeschrieben sind, so sind nach Abs 2 UAbs 1 auch diese einzuhalten. Haben die Ehegatten ihren gemeinsamen gewöhnlichen Aufenthalt daher bei Abschluss des Ehevertrags in *Deutschland,* so muss dieser gemäß § 1410 BGB zwingend bei gleichzeitiger Anwesenheit beider Ehegatten zur Niederschrift eines Notars geschlossen werden (→ Rn 488).

347　　**b) Gewöhnlicher Aufenthalt der Ehegatten in verschiedenen Mitgliedstaaten.** Haben die Ehegatten hingegen ihren gewöhnlichen Aufenthalt zur Zeit des Abschlusses des Ehevertrags in verschiedenen Mitgliedstaaten, in denen unterschiedliche Formvorschriften für Eheverträge vorgesehen sind, so ist es nach Abs 2 UAbs 2 für die Formgültigkeit ausreichend, wenn die Formvorschriften nur eines dieser beiden Staaten eingehalten wurden. Es gilt also nicht der Grundsatz des strengeren Rechts.

348　　**c) Gewöhnlicher Aufenthalt nur eines Ehegatten in einem Mitgliedstaat.** Hat nur ein Ehegatte zur Zeit des Abschlusses des Ehevertrags seinen gewöhnlichen Aufenthalt in einem Mitgliedstaat, so muss nach Abs 2 UAbs 3 zwingend die Form nach dem Recht dieses Staates

II. Internationales Privatrecht: EuGüVO Art 26   350 **B**

beobachtet werden. Die Einhaltung der Form nach dem Recht des (Dritt-)Staates, in dem sich
der andere Ehegatte gewöhnlich aufhält, reicht dann nicht aus.

d) Vom Güterrechtsstatut vorgeschriebene Form. Schließlich müssen nach Abs 3 für **349**
Eheverträge in jedem Falle auch etwaige zusätzliche Formvorschriften des nach der Verordnung
maßgeblichen Güterrechtsstatuts eingehalten werden (ErwG 48 S 3; → Anh IV). Daher bedarf
ein Ehevertrag, der dem deutschen Güterrecht unterliegt, stets – also unabhängig vom gewöhnlichen Aufenthalt und der Staatsangehörigkeit der Ehegatten – der Form nach § 1410 BGB.
Unerheblich ist in diesem Zusammenhang, ob das Güterrechtsstatut durch Rechtswahl nach
Art 22 oder objektiv nach Art 26 bestimmt wurde. Ferner ist die Form nach Abs 3 auch dann
einzuhalten, wenn als Güterrechtsstatut das Recht eines Drittstaats zur Anwendung gelangt
(*Dutta* FamRZ 16, 1973/1984). Abs 3 bedeutet damit eine Verschärfung der Formerfordernisse
für Eheverträge gegenüber dem bisherigen autonomen deutschen Kollisionsrecht, nach dem
auch die Einhaltung der ausländischen Ortsform genügte (vgl BGH IPRax 12, 356 m Anm
Helms 324 [„*Mauritius*"]). Ist nach Art 26 ausländisches Güterrecht maßgeblich, das die Einhaltung zusätzlicher Formvorschriften iSv Abs 3 vorschreibt, so können die Ehegatten deren
Beachtung allerdings vermeiden, indem sie vor Abschluss des Ehevertrags eine Rechtswahl nach
Art 22, 23 zugunsten des deutschen Güterrechts treffen (*Heiderhoff* IPRax 18, 1/8).

EuGüVO Art 26. Mangels Rechtswahl der Parteien anzuwendendes Recht

(1) **Mangels einer Rechtswahlvereinbarung nach Artikel 22 unterliegt der eheliche
Güterstand dem Recht des Staates,**

a) **in dem die Ehegatten nach der Eheschließung ihren ersten gemeinsamen gewöhnlichen Aufenthalt haben, oder anderenfalls**

b) **dessen Staatsangehörigkeit beide Ehegatten zum Zeitpunkt der Eheschließung besitzen, oder anderenfalls**

c) **mit dem die Ehegatten unter Berücksichtigung aller Umstände zum Zeitpunkt der
Eheschließung gemeinsam am engsten verbunden sind.**

(2) **Besitzen die Ehegatten zum Zeitpunkt der Eheschließung mehr als eine gemeinsame Staatsangehörigkeit, findet nur Absatz 1 Buchstaben a und c Anwendung.**

(3) **Ausnahmsweise kann das Gericht, das für Fragen des ehelichen Güterstands
zuständig ist, auf Antrag eines der Ehegatten entscheiden, dass das Recht eines anderen Staates als des Staates, dessen Recht nach Absatz 1 Buchstabe a anzuwenden ist,
für den ehelichen Güterstand gilt, sofern der Antragsteller nachweist, dass**

a) **die Ehegatten ihren letzten gemeinsamen gewöhnlichen Aufenthalt in diesem anderen Staat über einen erheblich längeren Zeitraum als in dem in Absatz 1 Buchstabe a bezeichneten Staat hatten und**

b) **beide Ehegatten auf das Recht dieses anderen Staates bei der Regelung oder
Planung ihrer vermögensrechtlichen Beziehungen vertraut hatten.**

**Das Recht dieses anderen Staates gilt ab dem Zeitpunkt der Eheschließung, es sei
denn, ein Ehegatte ist damit nicht einverstanden. In diesem Fall gilt das Recht dieses
anderen Staates ab Begründung des letzten gemeinsamen gewöhnlichen Aufenthalts in
diesem anderen Staat.**

**Die Anwendung des Rechts des anderen Staates darf die Rechte Dritter, die sich auf
das nach Absatz 1 Buchstabe a anzuwendende Recht gründen, nicht beeinträchtigen.**

**Dieser Absatz gilt nicht, wenn die Ehegatten vor der Begründung ihres letzten
gemeinsamen gewöhnlichen Aufenthalts in diesem anderen Staat eine Vereinbarung
über den ehelichen Güterstand getroffen haben.**

Schrifttum: *Coester-Waltjen,* Die objektive Anknüpfung des Ehegütertstatuts, in: Dutta/Weber (Hrsg), Die
Europäischen Güterrechtsverordnungen (2017) 45; *Vismara,* Legge applicabile in mancanza di scelta e clausola
di eccezione nel regolamento (UE) n. 2016/1103 in materia di regimi patrimoniali tra i coniugi, Riv dir int
priv proc 17, 356.

1. Anknüpfungsleiter, Abs 1

In Ermangelung einer Rechtswahl wird das Güterrechtsstatut nach Art 26 im Interesse der **350**
Rechtssicherheit und Vorhersehbarkeit des anzuwendenden Rechts und unter Berücksichtigung

233

B 351–355   1. Teil. Erkenntnisverfahren B. Güterrechtssachen

der tatsächlichen Lebensumstände der Ehegatten objektiv angeknüpft. Dabei hat sich der europäische Gesetzgeber an der im geltenden deutschen internationalen Ehegüterrecht (Art 15 Abs 1 iVm Art 14 Abs 1 EGBGB; → Rn 408 ff) maßgebenden **Anknüpfungsleiter** (vgl ErwG 49 S 1; → Anh IV: „Rangfolge der Anknüpfungspunkte") orientiert und hat lediglich die Reihenfolge der ersten beiden Sprossen dieser Leiter umgedreht.

351   **a) Erster gemeinsamer gewöhnlicher Aufenthalt.** Primär wird in lit a daher an den ersten gemeinsamen gewöhnlichen Aufenthalt (zum Begriff → Rn 81 ff) der Ehegatten unmittelbar nach der Eheschließung angeknüpft. Der gemeinsame gewöhnliche Aufenthalt muss also nicht schon bei der Eheschließung bestanden haben; es reicht vielmehr aus, dass die Ehegatten erst **nach der Eheschließung** zusammenziehen (*Martiny* IPRax 11, 437/450). Allerdings darf der Zeitraum zwischen der Eheschließung und der Begründung des gemeinsamen gewöhnlichen Aufenthalts aus Gründen der Rechtssicherheit nur kurz bemessen sein. Denn nicht nur die Ehegatten selbst sollten möglichst bald wissen, ob sie in einem Güterstand der Errungenschaftsgemeinschaft oder der Gütertrennung leben; gleiches gilt vielmehr auch für Ditte, die nach der Eheschließung mit den Ehegatten Geschäfte (zB einen Wohnungskauf) abschließen. Als Orientierungsmarke für die Begründung des gemeinsamen gewöhnlichen Aufenthalts wird ein Zeitraum von drei Monaten nach der Eheschließung vorgeschlagen (*Weber* DNotZ 16, 659/672), der sich aber aufgrund besonderer Umstände auch auf sechs bis acht Monate verlängern kann (*Heiderhoff* IPRax 18, 1/5). Wird der gemeinsame gewöhnliche Aufenthalt erst nach der Eheschließung begründet, so wirkt das nach lit a bestimmte Güterrechtsstatut auf den Zeitpunkt der Eheschließung zurück (*Weber* DNotZ 16, 695/672; *Dutta* FamRZ 16, 1973/1981 f; *Heiderhoff* IPRax 18, 1/5); allerdings dürfen Rechte Dritter hierdurch – wie im Fall des Abs 3 UAbs 2 S 3 – nicht beeinträchtigt werden. Ebenso wie im Rahmen von Art 8 lit a Rom III-VO (→ A Rn 424) reicht es aus, dass beide Ehegatten ihren gewöhnlichen Aufenthalt zum maßgeblichen Zeitpunkt im gleichen Staat haben; sie können also auch getrennt an verschiedenen Orten innerhalb dieses Staates leben (*Weber* DNotZ 16, 659/671; *Martiny* ZfPW 17, 1/22).

352   **b) Gemeinsame Staatsangehörigkeit.** Nur wenn ein gemeinsamer gewöhnlicher Aufenthalt in einem Staat nicht festgestellt werden kann, darf nach lit b auf die **gemeinsame Staatsangehörigkeit** der Ehegatten zur Zeit der Eheschließung zurückgegriffen werden (vgl ErwG 49 S 2; → Anh IV).

353   Ob die Ehegatten eine gemeinsame Staatsangehörigkeit haben, kann zweifelhaft sein, wenn ein Ehegatte oder beide Ehegatten **Doppel- oder Mehrstaater** sind. Deren Behandlung regelt die Verordnung nicht selbst. Es handelt sich vielmehr um eine **Vorfrage,** die nicht in den Anwendungsbereich der Verordnung fällt, sondern – unter Berücksichtigung der allgemeinen Grundsätze des Unionsrechts – weiterhin nach nationalem Recht, zu beantworten ist (ErwG 50 S 1; → Anh IV). In *Deutschland* ist also Art 5 Abs 1 S 1 EGBGB maßgebend; danach kommt es auf die *effektive* Staatsangehörigkeit an (**aA** [für Berücksichtigung auch einer nicht-effektiven Staatsangehörigkeit] *Martiny* ZfPW 17, 1/23; *Heiderhoff* IPRax 18, 1/5 f). Demgegenüber kann Art 5 Abs 1 S 2 EGBGB in diesem Zusammenhang keine Anwendung finden, weil ein Vorrang der *deutschen* Staatsangehörigkeit eines Mehrstaaters mit dem Diskriminierungsverbot des Art 18 AEUV nicht vereinbar ist (*Weber* DNotZ 16, 659/672 f; zum parallelen Problem im Rahmen von Art 8 lit c Rom III-VO → A Rn 435 f).

354   **c) Gemeinsame engste Verbindung.** Fehlt es auch an einer gemeinsamen (effektiven) Staatsangehörigkeit der Ehegatten zur Zeit der Eheschließung, so kommt auf der dritten Stufe der Anknüpfungsleiter nach lit c das Recht zur Anwendung, mit dem die Ehegatten unter Berücksichtigung aller Umstände zum Zeitpunkt der Eheschließung gemeinsam am engsten verbunden sind (dazu *Martiny* ZfPW 17, 1/23). In Betracht kommt insbesondere eine gemeinsame nicht effektive Staatsangehörigkeit. Außerdem wird man zur Auslegung der engsten Verbindung die deutsche Rechtsprechung und Literatur zu Art 14 Abs 1 Nr 3 EGBGB in gewissem Umfang entsprechend heranziehen können (näher → Anh Rn 610 ff).

2. Mehrfache gemeinsame Staatsangehörigkeit, Abs 2

355   An die gemeinsame Staatsangehörigkeit der Ehegatten kann im Rahmen von Abs 1 lit b allerdings nach Abs 2 nur dann angeknüpft werden, wenn die Ehegatten nur *eine* gemeinsame Staatsangehörigkeit besitzen. Ob dies der Fall ist, beurteilt sich wiederum als Vorfrage nach nationalem Kollisionsrecht, in Deutschland also nach Art 5 Abs 1 EGBGB. Haben die Ehegatten mehr als eine *gemeinsame* Staatsangehörigkeit, so wird das Güterrechtstatut nach Abs 2 mit Hilfe

234

II. Internationales Privatrecht: EuGüVO Art 26

der engsten gemeinsamen Verbindung nach Abs 1 lit c bestimmt, sofern nicht ein gemeinsamer gewöhnlicher Aufenthalt nach lit a begründet wurde. Die Vorschrift findet jedoch nur im Falle der objektiven Anknüpfung des Güterrechtsstatuts Anwendung; im Falle einer Rechtswahl nach Art 22 Abs 1 lit b gilt sie auch nicht entsprechend (ErwG 50 S 2; → Anh IV).

3. Ausweichklausel, Abs 3

a) Anwendung des Rechts am letzten gewöhnlichen Aufenthalt der Ehegatten. Neu **356** in die Verordnung aufgenommen wurde in Abs 3 schließlich eine **Ausweichklausel** (ErwG 51; → Anh IV). Nach UAbs 1 kann das Gericht ausnahmsweise **auf Antrag** eines Ehegatten − also nicht von Amts wegen − von der Primäranknüpfung an das Recht des *ersten* gemeinsamen gewöhnlichen Aufenthalts der Ehegatten (kurz) nach der Eheschließung (Abs 1 lit a) zugunsten des Rechts des Staates absehen, in dem die Ehegatten ihren **letzten gemeinsamen gewöhnlichen Aufenthalt** hatten, sofern dieser erheblich länger gewährt hat als der erste gewöhnliche Aufenthalt nach der Eheschließung in einem anderen Staat (lit a), *und* beide Ehegatten bei der Regelung oder Planung ihrer vermögensrechtlichen Beziehungen auf die Geltung dieses Rechts am letzten gemeinsamen gewöhnlichen Aufenthalt vertraut haben (lit b). Fehlt es an einem gemeinsamen gewöhnlichen Aufenthalt der Ehegatten kurz nach der Eheschließung und wird das Güterrechtsstatut daher durch die **gemeinsame Staatsangehörigkeit** der Ehegatten nach Abs 1 lit b oder die sonstige engste Verbindung nach Abs 1 lit c bestimmt, so findet auch die Ausweichklausel nach Abs 3 keine Anwendung (*Weber* DNotZ 16, 659/674; krit dazu *Heiderhoff* IPRax 18, 1/6). Ferner kann auch auf einen sehr langen gemeinsamen gewöhnlichen Aufenthalt, den die Ehegatten in einem anderen Land als dem ihres ersten gemeinsamen gewöhnlichen Aufenthalts genommen hatten, dann nicht abgestellt werden, wenn dies nicht der letzte gemeinsame gewöhnliche Aufenthalt war (zB weil die Ehegatten danach noch einmal einen − wenn auch nur kurzen − gemeinsamen gewöhnlichen Aufenthalt in einem dritten Land begründet hatten; auch dazu krit *Heiderhoff* aaO). Sind die Voraussetzungen nach UAbs 1 lit a und lit b erfüllt, so hat das Gericht dem Antrag stattzugeben; ein Ermessen wird ihm diesbezüglich nicht eingeräumt.

b) Rückwirkung. Das Recht am letzten gemeinsamen gewöhnlichen Aufenthalt der Ehegat- **357** ten gilt dann nach Abs 3 UAbs 2 grundsätzlich rückwirkend ab dem Zeitpunkt der Eheschließung. Nur wenn ein Ehegatte dieser Rückwirkung widerspricht, gilt dieses Recht erst von der Begründung des letzten gemeinsamen gewöhnlichen Aufenthalts in diesem anderen Staat an.

c) Schranken. aa) Rechte Dritter. Die Anwendung der Ausweichklausel darf jedoch die **358** **Rechte gutgläubiger Dritter,** die auf die Geltung des Rechts am ersten gewöhnlichen Aufenthalt der Ehegatten nach der Eheschließung (Abs 1 lit a) vertraut haben, nicht beeinträchtigen (Abs 3 UAbs 3).

bb) Abschluss eines Ehevertrags. Außerdem kann die Ausweichklausel in Abs 3 UAbs 1 **359** dann nicht angewandt werden, wenn die Ehegatten schon vor der Begründung des letzten gemeinsamen gewöhnlichen Aufenthalts in diesem anderen Staat eine **Vereinbarung über den ehelichen Güterstand** abgeschlossen hatten (Abs 3 UAbs 4). Auf die Frage, wie lange vor der Begründung des letzten gemeinsamen gewöhnlichen Aufenthalts die Ehegatten den Ehevertrag geschlossen hatten, kommt es nicht an; dieser muss insbesondere nicht bereits zur Zeit des ersten gemeinsamen gewöhnlichen Aufenthalts abgeschlossen worden sein (*Weber* DNotZ 16, 659/ 675). Die Ausweichklausel wird allerdings nur durch einen materiell wirksamen und nach Art 25 formgültigen Ehevertrag ausgeschlossen. Die materielle Wirksamkeit beurteilt sich nach dem Recht des ersten gemeinsamen gewöhnlichen Aufenthalts der Ehegatten bzw nach dem von ihnen gem Art 22 im Ehevertrag gewählten Recht.

4. Maßgebender Zeitpunkt

Maßgebender Zeitpunkt für die Anknüpfungen nach Abs 1 lit b (gemeinsame Staatsangehö- **360** rigkeit) und lit c (gemeinsame engste Verbindung) ist im Interesse der Sicherheit des Rechtsverkehrs der **Zeitpunkt der Eheschließung.** Demgegenüber kommt es für die Anknüpfung nach Abs 1 lit a auf den Staat an, in dem die Ehegatten (kurz) *nach* der Eheschließung ihren ersten gemeinsamen gewöhnlichen Aufenthalt begründet haben. Eine spätere Verlegung des gemeinsamen gewöhnlichen Aufenthalts oder ein Wechsel der Staatsangehörigkeit der Ehegatten ist auf das nach der Verordnung bestimmte Güterrechtsstatut ohne Einfluss, weil die Ehegatten in

B 363, 364　　　　　　　　　　　　　　　1. Teil. Erkenntnisverfahren B. Güterrechtssachen

einem solchen Falle mit einer Änderung des für sie maßgebenden Güterrechts häufig nicht rechnen (**Grundsatz der Unwandelbarkeit des Güterrechtsstatuts;** vgl ErwG 46 S 1; → Anh IV).

361　　　Wenn Ehegatten eine Anpassung ihrer güterrechtlichen Verhältnisse an das neue Lebensumfeld wünschen, müssen sie ihren diesbezüglichen Willen grundsätzlich ausdrücklich bekunden. Hierfür steht ihnen die Möglichkeit einer entsprechenden **Rechtswahl nach Art 22** offen. Eine solche erst während der Ehe getroffene Rechtswahl wirkt grundsätzlich nur *ex nunc,* soweit die Ehegatten nicht ausdrücklich eine Rückwirkung vereinbaren, Art 22 Abs 2 (ErwG 46 S 2; → Anh IV). Durch die Vereinbarung einer Rückwirkung werden jedoch die Gültigkeit früherer Rechtshandlungen der Ehegatten und Rechte Dritter nicht beeinträchtigt, Art 22 Abs 3.

362　　　Der Grundatz der Unwandelbarkeit des Güterrechtsstatuts wird ferner auch durch die **Ausweichklausel** des Abs 3 deutlich eingeschränkt. Denn danach kann unter den Voraussetzungen von UAbs 1 lit a und lit b anstelle des ersten gemeinsamen gewöhnlichen Aufenthalts der Ehegatten nach der Eheschließung deren letzter gemeinsamer gewöhnlicher Aufenthalt als maßgebend für die Bestimmung des Güterrechtsstatuts zugrundegelegt werden. Die Vorschrift dürfte eine Konzession an diejenigen Mitgliedstaaten sein, die in ihrem nationalen Kollisionsrecht bisher vom Grundsatz der Wandelbarkeit des Güterrechtsstatuts ausgegangen sind. Es ist zu erwarten, dass von der Ausweichklausel daher in diesen Staaten vermehrt Gebrauch gemacht werden wird.

EuGüVO Art 27. Reichweite des anzuwendenden Rechts

Das nach dieser Verordnung auf den ehelichen Güterstand anzuwendende Recht regelt unter anderem

a) die Einteilung des Vermögens eines oder beider Ehegatten in verschiedene Kategorien während und nach der Ehe,

b) die Übertragung von Vermögen von einer Kategorie in die andere,

c) die Haftung des einen Ehegatten für die Verbindlichkeiten und Schulden des anderen,

d) die Befugnisse, Rechte und Pflichten eines oder beider Ehegatten in Bezug auf das Vermögen,

e) die Auflösung des ehelichen Güterstands und die Teilung, Aufteilung oder Abwicklung des Vermögens,

f) die Wirkungen des ehelichen Güterstands auf ein Rechtsverhältnis zwischen einem Ehegatten und Dritten und

g) die materielle Wirksamkeit einer Vereinbarung über den ehelichen Güterstand.

1. Allgemeines

363　　　Der Anwendungsbereich des Güterrechtsstatuts ist nach Art 27 ähnlich umfassend wie nach Art 15 EGBGB (dazu → Rn 516 ff). Er umfasst die güterrechtlichen Beziehungen der Ehegatten von der Begründung des Güterstands und der daraus folgenden Einteilung des Vermögens in verschiedene Kategorien über die Rechte und Pflichten der Ehegatten während dessen Geltung einschließlich von Haftungsfragen bis hin zur Auflösung des Güterstands. Die in lit a bis lit g aufgezählten Einzelaspekte sind nur beispielhaft gemeint („unter anderem") und schließen die Anwendung des Güterrechtsstatuts auf weitere dort nicht genannte Aspekte keinesfalls aus. Aufgrund des weiten Güterrechtsbegriffs der Verordnung reicht der sachliche Anwendungsbereich des Güterrechtsstatuts ferner insofern über denjenigen von Art 15 EGBGB hinaus, als er sich auch auf die im deutschen autonomen IPR von Art 14 EGBGB erfassten **allgemeinen Ehewirkungen** erstreckt, soweit vermögensrechtliche Aspekte betroffen sind (näher → Rn 312 f, 600).

2. Beispielsfälle

364　　　**a) Einteilung des Vermögens.** Das Güterrechtsstatut regelt nach lit a die Einteilung des Vermögens eines oder beider Ehegatten in verschiedene Kategorien während und nach der Ehe. Es entscheidet also, welche **Gütermassen** (Gesamtgut, Vorbehaltsgut, Sondergut, Eigengut) zu unterscheiden sind, und zu welcher Gütermasse einzelne Gegenstände gehören. Es bestimmt etwa, ob ein Grundstück zu Alleineigentum eines Ehegatten oder zum Gesamtgut erworben

236

II. Internationales Privatrecht: EuGüVO Art 27   365–370 **B**

wird, zu welchem Vermögen ein Erwerb von Todes wegen zählt und zu welchen Anteilen Gegenstände den Ehegatten gehören, die mit Mitteln beider erworben werden. Das Güterrechtsstatut befindet auch über die **Art der Güterbeteiligung** (Gesamthands- oder Bruchteilseigentum) und über die Beteiligungsquoten an Guthaben auf Bankkonten, die auf den gemeinsamen Namen der Ehegatten geführt werden. Hingegen entscheidet die *lex rei sitae* des jeweiligen Vermögensgegenstandes, ob eine vom Ehegüterrecht vorgesehene sachenrechtliche Änderung auch vollzogen werden kann (vgl auch zum automen Kollisionsrecht → Rn 533 ff mwN).

b) Übertragung von Vermögen. Auch die Frage, ob ein Ehegatte allein zur Übertragung **365** von – im Mit- oder Gesamthandseigenum der Ehegatten oder in seinem Alleineigentum stehenden – Vermögensgegenständen an Dritte berechtigt ist oder ob er hierzu der Zustimmung oder Mitwirkung des anderen Ehegatten bedarf, unterliegt gemäß lit b dem Güterrechtsstatut. Dies gilt insbesondere für Beschränkungen der Verfügungsbefugnis über das Gesamtvermögen, über die Ehewohnung oder über Haushaltsgegenstände (vgl im deutschen Recht §§ 1365, 1369 BGB).

c) Haftung der Ehegatten. Das Güterrechtsstatut beherrscht nach lit c weiterhin die Haf- **366** tung des einen Ehegatten für die Verbindlichkeiten und Schulden des anderen. Dies gilt nicht nur für die von einem bestimmten Güterstand vorgesehene Haftung eines Ehegatten für die Verbindlichkeiten des anderen gegenüber Dritten (dazu → Rn 522 mwN), sondern auch für eine güterstandsunabhängige Haftung, die ihren Grund in den zwischen den Parteien infolge ihrer Ehe begründeten Vermögensbeziehungen hat (zB die Schlüsselgewalt nach § 1357 BGB, vgl *Henrich* ZfRV 16, 171/174). Güterrechtlich sind ferner auch Ausgleichspflichten zwischen den Ehegatten zu qualifizieren, die ihren Grund darin haben, dass ein Ehegatte Schulden des anderen Ehegatten gegenüber Dritten beglichen hat.

d) Rechte und Pflichten der Ehegatten. Lit d unterwirft auch die Befugnisse, Rechte und **367** Pflichten eines oder beider Ehegatten in Bezug auf das Vermögen dem Güterrechtsstatut. Dies gilt insbesondere für die **Verwaltung und Nutzung** des ehelichen Vermögens, dh die Fragen, welcher Ehegatte die verschiedenen Vermögensmassen zu verwalten hat und über sie verfügen darf. Beschränkungen dieses Verwaltungsrechts – zB durch **Verfügungsverbote oder Erwerbsbeschränkungen,** durch Kontrollrechte, das Erfordernis der Zustimmung des anderen Ehegatten oder die Notwendigkeit gerichtlicher Genehmigungen – werden ebenfalls vom Güterrechtsstatut erfasst (*Martiny* ZfPW 17, 1/25). Dies gilt – abweichend vom autonomen deutschen Kollisionsrecht (→ Anh Rn 647 ff) – auch dann, wenn diese Beschränkungen nicht Bestandteil des maßgeblichen Güterstandes sind, sondern unabhängig von diesem für alle Ehen gelten (*Weber* DNotZ 16, 659/665).

e) Auflösung des Güterstands. Nach dem Güterrechtsstatut bestimmt sich gem lit e weiter **368** die Auflösung des ehelichen Güterstands und die Teilung, Aufteilung oder Abwicklung des Vermögens. Das von Art 21 ff bezeichnete Recht gilt für die Fragen, wann, wodurch und wie der gesetzliche Güterstand beendet wird, dh welche Gründe – zB Scheidung, Aufhebung der Ehe, Nichtigerklärung, Trennung von Tisch und Bett oder Tod eines Ehegatten – zur Beendigung führen und welche Möglichkeiten einer vorzeitigen Beendigung des Güterstands bestehen. Ferner unterliegen dem Güterrechtsstatut alle die **Vermögensauseinandersetzung** zwischen den Ehegatten betreffenden Fragen einschließlich von diesbezüglichen Ansprüchen auf **Herausgabe, Auskunft und Rechnungslegung.** Das Güterrechtsstatut regelt aber nur, welchem Ehegatten im Rahmen der Auseinandersetzung ein bestimmter Vermögegegenstand zuzuweisen ist; die Art und Weise der Eigentumsübertragung beurteilt sich hingegen nach der *lex rei sitae* (*Weber* DNotZ 16, 659/669).

f) Drittwirkungen des Güterstands. Auch die Wirkungen des ehelichen Güterstands auf **369** ein Rechtsverhältnis zwischen einem Ehegatten und Dritten unterliegen nach lit f dem Güterrechtsstatut. Allerdings darf das auf den ehelichen Güterstand zur Regelung solcher Wirkungen anzuwendende Recht einem Dritten nach Art 28 von einem Ehegatten nur dann entgegengehalten werden, wenn das Rechtsverhältnis zwischen diesem Ehegatten und dem Dritten zu einem Zeitpunkt entstanden ist, zu dem der Dritte Kenntnis von diesem Recht hatte oder hätte haben müssen (vgl ErwG 52 S 3; → Anh IV).

g) Materielle Wirksamkeit von Eheverträgen. Das Güterrechtsstatut ist nach lit g auch für **370** das wirksame Zustandekommen von Eheverträgen und sonstigen Vereinbarungen über das eheliche Güterrecht maßgebend. So unterliegen insbesondere die **Ehevertragsfähigkeit** und

237

B 372   1. Teil. Erkenntnisverfahren B. Güterrechtssachen

Willensmängel beim Abschluss des Ehevertrags dem von Art 20 ff zur Anwendung berufenen Recht. Gleiches gilt für die Voraussetzungen einer Abänderung oder Aufhebung des Ehevertrags. Demgegenüberbeurteilt sich die **Form** von Vereinbarungen über den ehelichen Güterstand in den teilnehmenden Mitgliedstaaten einheitlich nach Art 25.

371   Das Güterrechtsstatut bestimmt weiterhin über den **zulässigen Inhalt** eines Ehevertrages, insbesondere über die zur Verfügung stehenden **Wahlgüterstände.** Auch die Frage, ob und in welchem Umfang Eheverträge einer gerichtlichen **Inhalts- oder Ausübungskontrolle** unterliegen, beurteilt sich grundsätzlich nach dem Güterrechtsstatut. Denn auch die Inhaltskontrolle betrifft einen Aspekt der materiellen Wirksamkeit von Verträgen (*Weber* DNotZ 16, 659/684; ausf dazu *Hausmann* FS Geimer [2017] 199 ff).

EuGüVO Art 28. Wirkungen gegenüber Dritten

(1) **Ungeachtet des Artikels 27 Buchstabe f darf ein Ehegatte in einer Streitigkeit zwischen einem Dritten und einem oder beiden Ehegatten das für den ehelichen Güterstand maßgebende Recht dem Dritten nicht entgegenhalten, es sei denn, der Dritte hatte Kenntnis von diesem Recht oder hätte bei gebührender Sorgfalt davon Kenntnis haben müssen.**

(2) **Es wird davon ausgegangen, dass der Dritte diese Kenntnis von dem auf den ehelichen Güterstand anzuwendenden Recht hat, wenn**

a) **dieses Recht das Recht des Staates ist,**

    i) **dessen Recht auf das Rechtsgeschäft zwischen einem Ehegatten und dem Dritten anzuwenden ist,**

    ii) **in dem der vertragschließende Ehegatte und der Dritte ihren gewöhnlichen Aufenthalt haben oder**

    iii) **in dem die Vermögensgegenstände – im Fall von unbeweglichem Vermögen – belegen sind,**

    oder

b) **ein Ehegatte die geltenden Anforderungen an die Publizität oder Registrierung des ehelichen Güterstands eingehalten hat, die vorgesehen sind im Recht des Staates,**

    i) **dessen Recht auf das Rechtsgeschäft zwischen einem Ehegatten und dem Dritten anzuwenden ist,**

    ii) **in dem der vertragschließende Ehegatte und der Dritte ihren gewöhnlichen Aufenthalt haben oder**

    iii) **in dem die Vermögensgegenstände – im Fall von unbeweglichem Vermögen – belegen sind.**

(3) **Kann ein Ehegatte das für seinen ehelichen Güterstand maßgebende Recht einem Dritten nach Absatz 1 nicht entgegenhalten, so unterliegen die Wirkungen des ehelichen Güterstands gegenüber dem Dritten dem Recht des Staates,**

a) **dessen Recht auf das Rechtsgeschäft zwischen einem Ehegatten und dem Dritten anzuwenden ist oder**

b) **in dem die Vermögensgegenstände – im Fall von unbeweglichem Vermögen –belegen sind oder, im Fall eingetragener Vermögenswerte oder im Fall von Rechten in dem diese Vermögenswerte oder Rechte eingetragen sind.**

1. Grundsatz, Abs 1

372   Die Wirkungen des Güterstands auf Rechtsverhältnisse zwischen Ehegatten und Dritten beurteilen sich grundsätzlich nach dem Güterrechtsstatut, Art 27 lit f. Zum Schutz des guten Glaubens Dritter im Rechtsverkehr, die den Güterstand der mit ihnen kontrahierenden Ehegatten – namentlich in Fällen einer Rechtswahl – häufig nicht erkennen können, schränkt Abs 1 diesen Grundsatz jedoch ein. Danach darf ein Ehegatte in einer Streitigkeit zwischen einem Dritten und einem oder beiden Ehegatten das für den ehelichen Güterstand maßgebende Recht dem Dritten nicht entgegenhalten, es sei denn, der Dritte hatte **Kenntnis** von diesem Recht oder hätte bei gebührender Sorgfalt davon Kenntnis haben müssen. Geschützt wird danach insbesondere die mangelnde Kenntnis des Dritten von Verfügungs- oder Erwerbsbeschränkungen nach ausländischem Güterrecht. Die Vorschrift bekräftigt damit zugleich die Regelung in Art 1 lit h, derzufolge die Wirkungen der Eintragung oder der fehlenden Eintragung von Rechten an

238

II. Internationales Privatrecht: EuGüVO Art 28   **373–377** **B**

beweglichen oder unbeweglichen Sachen in einem Register (zB im deutschen Grundbuch oder Güterrechtsregister) aus dem Anwendungsbereich der Verordnung ausgenommen sind und der jeweiligen *lex rei sitae* unterliegen.

Die Funktion von Art 28 entspricht derjenigen von Art 16 Abs 1 EGBGB im autonomen **373** deutschen Kollisionsrecht (dazu → Rn 563 ff). Die Reichweite dieser Verkehrsschutzregelung ist in *sachlicher* Hinsicht allerdings weiter als diejenige von Art 16 Abs 1 EGBGB, weil sie sich auch auf Beschränkungen erstreckt, die – wie zB die Schlüsselgewalt (§ 1357 BGB) oder die Eigentumsvermutungen (§ 1362 BGB) – nach bisherigem autonomen Kollisionsrecht als **allgemeine Ehewirkungen** qualifiziert wurden und deshalb dem Art 16 Abs 2 EGBGB unterlagen (→ Anh Rn 665 ff). Gerade für solche Beschränkungen, die – wie zB Art 215 Abs 3 frz Cc bezüglich einer Veräußerung der Ehewohnung – nach Maßgabe des Güterrechtsstatuts auch durch den guten Glauben des Dritten nicht überwunden werden können (vgl *Amann* DNotZ 13, 252/272), erlangt Art 28 praktische Bedeutung (*Weber* DNotZ 16, 659/685). Eingeschränkt wird der Gutglaubensschutz nach Art 28 allerdings gegenüber dem bisherigen deutschen Kollisionsrecht dadurch, dass – anders als nach Art 16 Abs 1 EGBGB (→ Rn 575 ff) – nicht nur positive Kenntnis, sondern auch fahrlässige Unkenntnis des Dritten schadet.

In **zeitlicher Hinsicht** ist allerdings auch insoweit die Schranke des Art 69 Abs 3 zu be- **374** achten, so dass sich der Schutz des Rechtsverkehrs auch nach dem 29.1.2019 nur gegenüber güterrechtlichen Beschränkungen solcher Ehegatten nach Art 28 beurteilt, die ab diesem Stichtag geheiratet haben. Demgegenüber bleibt es für Altehen auch nach dem 29.1.2019 bei der Geltung des nationalen Verkehrsschutzrechts der teilnehmenden Mitgliedstaaten, in Deutschland als bei Art 16 Abs 1 EGBGB.

2. Vermutung der Kenntnis, Abs 2

Nach Art 28 kommt es entscheidend darauf an, ob der Dritte Kenntnis von dem in der Ehe **375** des oder der Ehegatten geltenden Güterrechtsstatuts hatte, mit dem/denen er kontrahiert hat, oder diese Kenntnis bei Anwendung der im Verkehr erforderlichen Sorgfalt zumindest hätte haben können. Die Beweislast für diese Kenntnis obliegt dem Ehegatten, der sich auf die Kenntnis des Dritten beruft. Hierzu werden in Abs 2 verschiedene Vermutungen aufgestellt. Danach wird die Kenntnis des Dritten von dem auf den ehelichen Güterstand anwendbaren Güterrecht insbesondere vermutet, wenn das von dem Dritten mit dem Ehegatten abgeschlossene **Rechtsgeschäft einen hinreichenden Bezug zu diesem Recht** aufweist. Hiervon wird lit a ausgegangen, wenn es das Recht des Staates ist, dessen Recht auf das Rechtsgeschäft zwischen einem Ehegatten und dem Dritten anzuwenden ist (i), oder das Recht, in dem der vertragschließende Ehegatte und der Dritte ihren gewöhnlichen Aufenthalt haben (ii) oder schließlich das Recht, in dem unbewegliche Vermögensgegenstände belegen sind (iii). Maßgeblich ist danach allein, dass der Dritte wusste oder wissen konnte, *welches* Güterrecht gilt; auf die Kenntnis des Dritten vom *Inhalt* dieses Rechts, des danach maßgebenden Güterstands und der sich hieraus ergebenden Verfügungsbeschränkungen kommt es hingegen nicht an (*Weber* DNotZ 16, 659/685; *Dutta* FamRZ 16, 1973/1982).

Darüber hinaus wird die Kenntnis des Dritten nach lit b auch dann vermutet, wenn ein **376** Ehegatte die geltenden Anforderungen an die **Publizität oder Registrierung des ehelichen Güterstands** in einem Staat eingehalten hat, der einen hinreichenden Bezug zu dcm mit dem Dritten abgeschlossenen Rechtsgeschäft hat. Davon wird wiederum ausgegangen, wenn es sich um das Recht des Staates handelt, dessen Recht auf das Rechtsgeschäft zwischen einem Ehegatten und dem Dritten anzuwenden ist (i), oder in dem der vertragschließende Ehegatte und der Dritte ihren gewöhnlichen Aufenthalt haben (ii) oder in dem schließlich unbewegliches Vermögen des vertragschließenden Ehegatten belegen ist. Nach der in Abs 2 gewählten Formulierung dürfte es sich sowohl in lit a wie in lit b um **unwiderlegliche** Vermutungen handeln, so dass ein Gutglaubensschutz des Dritten entfällt, wenn eine dieser Vermutungen eingreift (*Weber* DNotZ 16, 659/686).

3. Rechtsfolgen des guten Glaubens, Abs 3

Kann ein Ehegatte dem Dritten das für seinen Güterstand maßgebliche Recht nach Abs 1 und **377** 2 nicht entgegenhalten, so stellt sich die Frage, welchem Recht die Wirkungen des Güterstands gegenüber dem Dritten in diesem Fall unterliegen. Hierzu bestimmt Abs 3, dass als Ersatzgüterrechtsstatut insoweit grundsätzlich das Recht des Staates maßgebend ist, dessen Recht auf das

239

B 378–381 1. Teil. Erkenntnisverfahren B. Güterrechtssachen

Rechtsgeschäft zwischen einem Ehegatten und dem Dritten anzuwenden ist (Geschäftsstatut, lit a). Bezieht sich das Rechtsgeschäft allerdings auf unbewegliche oder registrierte Vermögenswerte, so hat nach lit b als *lex specialis* das Recht des Staates Vorrang, in dem diese Vermögenswerte belegen bzw eingetragen sind.

EuGüVO Art 29. Anpassung dinglicher Rechte

Macht eine Person ein dingliches Recht geltend, das ihr nach dem auf den ehelichen Güterstand anzuwendenden Recht zusteht, und kennt das Recht des Mitgliedstaats, in dem das Recht geltend gemacht wird, das betreffende dingliche Recht nicht, so ist dieses Recht soweit erforderlich und möglich an das in der Rechtsordnung dieses Mitgliedstaats am ehesten vergleichbare Recht anzupassen, wobei die mit dem besagten dinglichen Recht verfolgten Ziele und Interessen und die mit ihm verbundenen Wirkungen zu berücksichtigen sind.

1. Allgemeines

378 Damit Ehegatten die durch den ehelichen Güterstand begründeten oder auf sie übergegangen dinglichen Rechte in einem anderen Mitgliedstaat auch dann ausüben können, wenn diese Rechte der Sachenrechtsordnung dieses Mitgliedstaats nicht bekannt sind und deshalb von der *lex rei sitae* nicht anerkannt werden (vgl Art 1 Abs 2 lit g; dazu → Rn 303 f), sieht Art 29 – in Anlehnung an Art 31 EuErbVO – die Anpassung eines solchen unbekannten dinglichen Rechts an das im Belegenheitsstaat am ehesten vergleichbare Recht vor.

2. Anwendungsvoraussetzungen

379 **a) Konflikt zwischen Güterrechts- und Sachenrechtsstatut.** Art 29 zielt auf eine Lösung des Konflikts zwischen Sachenrechts- und Güterrechtsstatut, wenn letzteres zur Entstehung von Rechten führt, die ersterem unbekannt sind. Der Wortlaut ist daher insofern ungenau, als es nicht darauf ankommt, ob das Recht des Mitgliedstaats, in dem das Recht geltend gemacht wird (also die *lex fori*), sondern dass Recht des Mitgliedstaats, in dem die Sache belegen ist, das betreffende dingliche Recht nicht kennt (ebenso zu Art 31 EuErbVO *Dutta* FamRZ 13, 4/12; *Dutta/Weber/J. P. Schmidt* Art 31 EuErbVO Rn 2; Pal/*Thorn* Art 31 EuErbVO Rn 2).

380 **b) Unbekanntes dingliches Recht.** Art 29 ist als Ausnahmevorschrift **eng auszulegen,** um insbesondere die güterrechtliche Auseinandersetzung nicht unnötig zu erschweren Daher kann nicht jede Abweichung ausländischer dinglicher Rechte ein Recht auf Anpassung begründen. Denn eine vollständige Deckungsgleichheit von in- und asusländischen Sachenrechten wird es kaum jemals geben. Art 29 greift daher erst dann ein, wenn die Anordnungen des Güterrechtsstatuts mit wesentlichen Strukturprinzipen des Belegenheitsrechts nicht in Einklang zu bringen sind (vgl zu Art 31 EuErbVO *Dutta/Weber/J. P. Schmidt* Rn 7).

381 Vor allem ist zu beachten, dass Art 29 auf das Belegenheitsrecht nur insoweit Rücksicht nimmt, als es um die Art des vom Güterrechtstatut begründeten dinglichen Rechts geht. Durch dessen Anerkennung soll der Belegenheitstaat nicht gezwungen werden, den *numerus clausus* der dinglichen Rechte nach seiner Sachenrechtsordnung zu erweitern. Eine Anpassung nach Art 29 setzt also voraus, dass die Anwendung des fremden Güterrechts zu einem Ergebnis führt, das mit der *lex rei sitae* in Konflikt gerät. Hingegen bedarf es einer solchen Anpassung nicht, wenn lediglich der Erwerbsvorgang, dh die **Modalität des Erwerbs** eines – auch der *lex rei sitae* bekannten – dinglichen Rechts (zB des Eigentums), im Belegenheitsrecht nicht bekannt ist. Aus diesem Grunde hat auch der EuGH die Parallelvorschrift in Art 31 EuErbVO dahin ausgelegt, dass sie nicht die Modalitäten des Übergangs der dinglichen Rechte, zB aufgrund eines „Vindikationslegats" oder eines „Damnationslegats", betrifft, sondern nur die Wahrung des Inhalts der vom Erbstatut begründeten dinglichen Rechte und deren Rezeption im Mitgliedstaat der Belegenheit (EuGH C-218/16 – *Kubicka,* ZErb 17, 352 Rn 61 ff m Anm *Litzenburger* = FamRZ 17, 2057 m Anm *Döbereiner* = ZEV 18, 41 m Anm *Dorth* 11; vgl auch Dutta/Weber/J. P. Schmidt, Art 31 EuErbVO Rn 15 ff m ausf Nachw). Sieht daher das ausländische Güterrecht eine Legalhypothek oder ein kraft Gesetzes entstandenes Nießbrauchsrecht eines Ehegatten an einem inländischen Grundstück vor, so sind diese Rechte als solche anzuerkennen; einer rechtsgeschäftlichen Bestellung oder sonstigen Anpassung dieser Rechte bedarf es zum Zwecke der Eintragung im deutschen Gundbuch nicht.

II. Internationales Privatrecht: EuGüVO Art 31   **385 B**

3. Anpassung

Im Rahmen der Anpassung ist das Gebot zu beachten, dem unbekannten dinglichen Recht **382** soweit als möglich Rechnung zu tragen. In der Wahl der Mittel ist der Belegenheitsstaat zwar grundsätzlich frei. Er soll jedoch bei dieser Anpassung die mit dem dinglichen Recht verfolgten Ziele und Interessen sowie die mit ihm verbundenen Wirkungen berücksichtigen. Zur Bestimmung des am ehesten vergleichbaren dinglichen Rechts können die zuständigen Behörden und Personen des Staates, dessen Recht auf den ehelichen Güterstand Anwendung findet, kontaktiert werden, um weitere Auskünfte zu der Art und den Wirkungen des betreffenden Rechts einzuholen. In diesem Zusammenhang können die bestehenden Netze im Bereich der justiziellen Zusammenarbeit in Zivil- und Handelssachen sowie die anderen verfügbaren Mittel, die die Erkenntnis ausländischen Rechts erleichtern, genutzt werden (ErwG 25; → Anh IV).

EuGüVO Art 30. Eingriffsnormen

(1) **Diese Verordnung berührt nicht die Anwendung der Eingriffsnormen des Rechts des angerufenen Gerichts.**

(2) **Eine Eingriffsnorm ist eine Vorschrift, deren Einhaltung von einem Mitgliedstaat als so entscheidend für die Wahrung seines öffentlichen Interesses, insbesondere seiner politischen, sozialen oder wirtschaftlichen Ordnung, angesehen wird, dass sie ungeachtet des nach Maßgabe dieser Verordnung auf den ehelichen Güterstand anzuwendenden Rechts auf alle Sachverhalte anzuwenden ist, die in ihren Anwendungsbereich fallen.**

Vorrang vor dem nach der Verordnung bestimmten Güterrechtsstatut haben ferner nach **383** Art 30 Abs 1 EuGüVO die **Eingriffsnormen der lex fori.** Der Begriff der Eingriffsnormen wird in Abs 2 in Anlehnung an Art 9 Abs 1 der Rom I-VO definiert. Danach muss an der Anwendung dieser Vorschriften ein „öffentliches Interesse" bestehen. Ferner wird durch die Definition klargestellt, dass keinesfalls alle zwingenden Vorschriften der *lex fori* als Eingriffsnormen angesehen werden können. Als Beispiel für Eingriffsnormen auf dem Gebiet des Güterrechts nennt ErwG 53 (→ Anh IV) Vorschriften zum **Schutz der Ehewohnung.** Ob allerdings die in Art 17a EGBGB angeordnete Anküpfung der Zuweisung der im Inland belegenen Ehewohnung und der Verteilung des inländischen Hausrats als Eingriffsnorm zu werten ist (dafür *Henrich* ZfRV 16, 171/173), erscheint eher fraglich. Zwingende Normen eines teilnehmenden Mitgliedstaats zur Wahrung von dessen politischer, sozialer oder wirtschaftlicher Ordnung sind jedoch als Ausnahmevorschriften eng auszulegen, damit sie der allgemeinen Zielrichtung der Verordnung nicht zuwiderlaufen (ErwG 53; *Kohler/Pintens* FamRZ 11, 1433/1437).

Anders als noch in Art 22 des Kommissionsvorschlags von 2011 ist jedoch die Möglichkeit, **384** auch **Eingriffsnormen anderer Mitgliedstaaten** zu berücksichtigen, in Art 30 nicht mehr vorgesehen. Die Rechtsprechung des EuGH zu Art 9 Rom I-VO kann daher auch für Art 30 EuGüVO Geltung beanspruchen. Danach gestattet Art 30 dem angerufenen Gericht nicht, andere Eingriffsnormen als diejenigen der *lex fori* anzuwenden. Das Gericht ist jedoch nicht gehindert, Eingriffsnormen anderer Staaten als tatsächliche Umstände zu berücksichtigen, soweit das nach der Verordnung anwendbare Güterrecht dies vorsieht (vgl zu Art 9 Rom I-VO EuGH S-135/15 – *Griechenland/Nidofiridis,* EuZW 16, 940 m Anm *Duden* = NJW 17, 141 Rn 49 ff; für Berücksichtigung der Eingriffsnormen anderer Mitgliedstaaten aber *Martiny* ZfPW 17, 1/29).

EuGüVO Art 31. Öffentliche Ordnung (ordre public)

Die Anwendung einer Vorschrift des nach dieser Verordnung bezeichneten Rechts eines Staates darf nur versagt werden, wenn ihre Anwendung mit der öffentlichen Ordnung *(ordre public)* des Staates des angerufenen Gerichts offensichtlich unvereinbar ist.

Die Berufung auf den nationalen **ordre public** eines teilnehmenden Mitgliedstaats bleibt **385** gemäß Art 31 EuGüVO auch im Geltungsbereich dieser Verordnung möglich, allerdings nur in Übereinstimmung mit der Europäischen Grundrechte-Charta, insbesondere dem Grundsatz der Nichtdiskriminierung in Art 21 der Charta (ErwG 54; → Anh IV). Wegen der allgemeinen Grundsätze zur Anwendung des *ordre public*-Vorbehalts in EU-Verordnungen wird auf die Ausführungen zu Art 12 Rom III-VO verwiesen (→ A Rn 467 ff). Auf dem Gebiet des Ehegüter-

241

B 387   1. Teil. Erkenntnisverfahren B. Güterrechtssachen

rechts haben deutsche Gerichte schon bisher die Vorbehaltsklausel des Art 6 EGBGB nur höchst selten in Anspruch genommen, um ausländisches Recht abzuwehren. Auch das Morgengabeversprechen nach islamischem Recht, das unter Geltung der Verordnung güterrechtlich zu qualifizieren ist (→ Rn 557 ff, 561), verstößt grundätzlich nicht gegen den inländischen *ordre public;* eine Ausnahme kommt allenfalls bei einer exzessiven Höhe des Versprechens in Betracht (OLG Bamberg IPRspr 10 Nr 89; AG Darmstadt FamRZ 15, 408 m Anm *Henrich*).

EuGüVO Art 32. Ausschluss der Rück- und Weiterverweisung

Unter dem nach dieser Verordnung anzuwendenden Recht eines Staates sind die in diesem Staat geltenden Rechtsnormen mit Ausnahme seines Internationalen Privatrechts zu verstehen.

386   Von den Kollisionsnormen der Verordnung werden nur **Sachnormverweisungen** ausgesprochen. Dies gilt nicht nur im Fall einer Rechtswahl nach Art 22, sondern auch bei der objektiven Anknüpfung des Güterrechtsstatuts nach Art 26. Rück- und Weiterverweisung werden also – wie in den Verordnungen Rom I-III und der EuPartVO – gemäß Art 32 EuGüVO auch dann ausgeschlossen, wenn auf das Recht eines *Drittstaats* verwiesen wird. Anregungen in der Literatur, den Renvoi in diesem Fall nach dem Vorbild von Art 34 EuErbVO in eingeschränktem Umfang zu beachten (vgl *Hausmann* Riv dir int priv proc 15, 499/516 ff), hat der europäische Gesetzgeber nicht aufgegriffen. Damit kann es auch zu einer Teilrückverweisung hinsichtlich des im Inland belegenen unbeweglichen Vermögens von Ehegatten (vgl zu Art 15 EGBGB → Rn 424 ff) unter Geltung der Verordnung nicht mehr kommen. In gleicher Weise ist auch für die von deutschen Gerichten bisher im Verhältnis zu *Common Law* Jurisdiktionen regelmäßig angenommene „versteckte" Rückverweisung (vgl zu Art 15 EGBGB → Rn 455) unter Geltung der EuGüVO kein Raum mehr (vgl *Dutta* FamRZ 16, 1573/1983).

EuGüVO Art 33. Staaten mit mehr als einem Rechtssystem – interlokale Kollisionsvorschriften

(1) Verweist diese Verordnung auf das Recht eines Staates, der mehrere Gebietseinheiten umfasst, von denen jede eigene Rechtsvorschriften für eheliche Güterstände hat, so bestimmen die internen Kollisionsvorschriften dieses Staates die Gebietseinheit, deren Rechtsvorschriften anzuwenden sind.

(2) In Ermangelung solcher internen Kollisionsvorschriften gilt:

a) Jede Bezugnahme auf das Recht des in Absatz 1 genannten Staates ist für die Bestimmung des anzuwendenden Rechts aufgrund von Vorschriften, die sich auf den gewöhnlichen Aufenthalt der Ehegatten beziehen, als Bezugnahme auf das Recht der Gebietseinheit zu verstehen, in der die Ehegatten ihren gewöhnlichen Aufenthalt haben.

b) Jede Bezugnahme auf das Recht des in Absatz 1 genannten Staates ist für die Bestimmung des anzuwendenden Rechts aufgrund von Vorschriften, die sich auf die Staatsangehörigkeit der Ehegatten beziehen, als Bezugnahme auf das Recht der Gebietseinheit zu verstehen, zu der die Ehegatten die engste Verbindung haben.

c) Jede Bezugnahme auf das Recht des in Absatz 1 genannten Staates ist für die Bestimmung des anzuwendenden Rechts aufgrund sonstiger Bestimmungen, die sich auf andere Anknüpfungspunkte beziehen, als Bezugnahme auf das Recht der Gebietseinheit zu verstehen, in der sich der einschlägige Anknüpfungspunkt befindet.

387   Die Unteranknüpfung im Fall der Verweisung auf das Recht eines Mehrrechtsstaates ist in Art 33–35 in enger Anlehnung an die entsprechenden Vorschriften der Art 36–38 EuErbVO geregelt. In Fällen einer räumlichen Spaltung bestimmt nach Abs 1 **primär das interlokale Privatrecht des Mehrrechtsstaates** die Gebietseinheit, deren Güterrecht anzuwenden ist. Die Bezeichnung der Anknüpfungskriterien und deren Auslegung (zB der „vecindad civil" im spanischen Recht – ist Sache des Mehrrechtsstaats, auf dessen Recht die Art 20 fff verweisen. Eine interlokale Verweisung ist auch dann zu beachten, wenn sie – entgegen Art 21 EuGüVO – zu einer Spaltung des Güterrechtsstatuts führt.

242

II. Internationales Privatrecht: EuGüVO Art 61 **B**

Art 33 ist nach Art 20 auch dann anzuwenden, wenn auf das Recht eines territorial **388** gespaltenen **Drittstaats** verwiesen wird. Fehlt es in diesem Mehrrechtsstaat – wie zB in *Australien, Kanada* oder den *USA* – an einem interlokalen Privatrecht auf der Ebene des Gesamtstaats, so wird die maßgebende Unteranknüpfung mit Hilfe der in Abs 2 aufgelisteten Kriterien ermittelt. Zu Einzelheiten wird auf die Kommentierung der Parallelvorschriften in Art 14 Rom III-VO (→ A Rn 505 ff), Art 16 HUP (→ C Rn 767 ff) und Art 47 KSÜ (→ F Rn 693 ff) verwiesen.

EuGüVO Art. 34. Staaten mit mehr als einem Rechtssystem – interpersonale Kollisionsvorschriften

Gelten in einem Staat für die ehelichen Güterstände zwei oder mehr Rechtssysteme oder Regelwerke für verschiedene Personengruppen, so ist jede Bezugnahme auf das Recht dieses Staates als Bezugnahme auf das Rechtssystem oder das Regelwerk zu verstehen, das die in diesem Staat geltenden Vorschriften zur Anwendung berufen. In Ermangelung solcher Vorschriften ist das Rechtssystem oder das Regelwerk anzuwenden, zu dem die Ehegatten die engste Verbindung haben.

Wird von der Veordnung das Recht eines Staates als Güterrechtstatut zur Anwendung berufen, **389** in dem für verschiedene Personengruppen – zB aufgrund ihrer Religions- oder Stammeszugehörigkeit – unterschiedliches Güterrecht gilt, so ist diese Verweisung primär auf das interpersonale Privatrecht jenes Staates gerichtet. Nur wenn es an einer solchen Regelung des interpersonalen Privatrechts ausnahmsweise fehlen sollte, ist das Recht derjenigen Personengruppe anzuwenden, zu dem die Ehegatten die engste Verbindung haben. Zu Einzelheiten der Unteranknüpfung in Fällen personaler Rechtsspaltung vgl die Kommentierung zu Art 15 Rom III (→ A Rn 518 ff).

EuGüVO Art 35. Nichtanwendung dieser Verordnung auf innerstaatliche Kollisionen

Ein Mitgliedstaat, der mehrere Gebietseinheiten umfasst, von denen jede ihre eigenen Rechtsvorschriften für eheliche Güterstände hat, ist nicht verpflichtet, diese Verordnung auf Kollisionen zwischen den Rechtsordnungen dieser Gebietseinheiten anzuwenden.

An der Verordnung teilnehmende Mitgliedstaaten, die – wie *Spanien* – auf dem Gebiet des **390** Ehegüterrechts territorial gespalten sind, sind nicht verpflichtet, die Kollisionsnormen der Verordnung auch auf interlokale Konflikte anzuwenden. Entgegen der missverständlichen Überschrift sind sie aber dazu berechtigt. Ob in einer Ehe zwischen einem Katalanen und einer Galizierin das katalanische oder das galizische Güterrecht gilt, hat ein spanisches Gericht daher nicht nach Art 21 ff der Verordnung, sondern nach der interlokalen spanischen Kollisionsnorm in Art 16 CC zu entscheiden.

Kapitel IV. Anerkennung, Vollstreckbarkeit und Vollstreckung von Entscheidungen
EuGüVO Art 36 – 57

(abgedruckt und kommentiert → L Rn 34 ff)

Kapitel V. Öffentliche Urkunden und gerichtliche Vergleiche
EuGüVO Art 58 – 60

(abgedruckt und kommentiert → L Rn 155 ff)

Kapitel VI. Allgemeine und Schlussbestimmungen
EuGüVO Art 61

(abgedruckt und kommentiert → Rn 247)

243

B   1. Teil. Erkenntnisverfahren B. Güterrechtssachen

EuGüVO Art 62. Verhältnis zu bestehenden internationalen Übereinkünften

(1) Diese Verordnung lässt unbeschadet der Verpflichtungen der Mitgliedstaaten nach Artikel 351 AEUV die Anwendung bilateraler oder multilateraler Übereinkünfte unberührt, denen ein oder mehrere Mitgliedstaaten zum Zeitpunkt des Erlasses dieser Verordnung oder eines Beschlusses nach Artikel 331 Absatz 1 Unterabsatz 2 oder 3 AEUV angehören und die Bereiche betreffen, die in dieser Verordnung geregelt sind.

(2) Ungeachtet des Absatzes 1 hat diese Verordnung im Verhältnis zwischen den Mitgliedstaaten Vorrang vor untereinander geschlossenen Übereinkünften, soweit diese Übereinkünfte Bereiche betreffen, die in dieser Verordnung geregelt sind.

(3) Diese Verordnung steht der Anwendung des Übereinkommens vom 6. Februar 1931 zwischen Dänemark, Finnland, Island, Norwegen und Schweden mit Bestimmungen des Internationalen Privatrechts über Eheschließung, Adoption und Vormundschaft in der Fassung von 2006, des Übereinkommens vom 19. November 1934 zwischen Dänemark, Finnland, Island, Norwegen und Schweden mit Bestimmungen des Internationalen Privatrechts über Rechtsnachfolge von Todes wegen, Testamente und Nachlassverwaltung in der Fassung von Juni 2012 und des Übereinkommens vom 11. Oktober 1977 zwischen Dänemark, Finnland, Island, Norwegen und Schweden über die Anerkennung und Vollstreckung von Entscheidungen in Zivilsachen durch die ihnen angehörenden Mitgliedstaaten nicht entgegen, soweit sie vereinfachte und zügigere Verfahren für die Anerkennung und Vollstreckung von Entscheidungen in Fragen des ehelichen Güterstands vorsehen.

> **Schrifttum:** *Kohler,* Die Güterrechtsverordnungen der Europäischen Union und die vorrangigen Staatsverträge mit Drittstaaten, in: Dutta/Weber (Hrsg), Die Europäischen Güterrechtsverordnungen (2017) 163.

391   Die Vorschrift regelt das Verhältnis zwischen der EuGüVO und **Staatsverträgen auf dem Gebiet des Kollisionsrechts in Güterrechtssachen** umfassend, wobei nicht zwischen zwei- und mehrseitigen Übereinkommen unterschieden wird, denen ein oder mehrere Mitgliedstaaten angehören. Gilt ein solches Übereinkommen nur zwischen an der Verordnung teilnehmenden Mitgliedstaaten – wie zB das Haager Übk über das auf Ehegüterstände anwendbare Recht v 14.3.1978 seit dem 1.9.1992 zwischen *Frankreich, Luxemburg* und den *Niederlanden* –, so wird es nach Abs 2 durch die EuGüVO verdrängt, soweit deren zeitlicher Anwendungsbereich nach Art 69 Abs 3 reicht. Ist an dem Übereinkommen hingegen (auch) ein nicht teilnehmender Mitgliedstaat oder ein Drittstaat beteiligt, so ist zu unterscheiden: Im Verhältnis zu diesem nicht an der Verordnung beteiligten Staat tritt die EuGüVO nach Abs 1 zurück, lässt also die Geltung des Übereinkommens unberührt. Ist hingegen nur das Verhältnis zu einem anderen Mitgliedstaat der Verordnung betroffen, so hat diese wiederum Vorrang vor dem Staatsvertrag, soweit es um die in der Verordnung geregelten Bereiche geht und deren zeitlicher Anwendungsbereich nach Art 69 Abs 3 eröffnet ist.

392   Ein Sonderstatus kommt gem Abs 3 verschiedenen Übereinkommen zwischen den **skandinavischen Staaten** *(Schweden, Dänemark, Finnland, Island und Norwegen)* zu (vgl dazu auch ErwG 66; → Anh IV). Sie können auch unter Geltung der EuGüVO zwischen den teilnehmenden Mitgliedstaaten *Finnland* und *Schweden* weiter angewandt werden, soweit sie vereinfachte und zügigere Verfahren für die **Anerkennung und Vollstreckung** von Entscheidungen in Fragen des ehelichen Güterstands vorsehen. Auf dem Gebiet des Kollisionsrechts werden sie hingegen im Verhältnis dieser beiden Mitgliedstaaten nach Abs 2 durch die Verordnung verdrängt.

EuGüVO Art 63 – 68

(abgedruckt und kommentiert → Rn 250 f und → L Rn 169)

EuGüVO Art 69. Übergangsbestimmungen

(1) *(abgedruckt und kommentiert → Rn 252 ff)*

(2) *(abgedruckt und kommentiert → L Rn 170 ff)*

(3) **Kapitel III gilt nur für Ehegatten, die am 29. Januar 2019 oder danach die Ehe eingegangen sind oder eine Rechtswahl bezüglich des auf ihren Güterstand anzuwendenden Rechts getroffen haben.**

II. Internationales Privatrecht: Art 8   **395** **B**

Der zeitliche Anwendungsbereich der Verordnung wird auf dem Gebiet des Kollisionsrechts in **393** Art 69 Abs 3 stark eingeschränkt. Denn danach sind die Kollisionsnormen der Art 20–35 auch ab dem 29.1.2019 nur auf solche **Ehen** anzuwenden, die **an oder nach diesem Stichtag geschlossen** werden. Damit verbleibt es also für die Beurteilung des Ehegüterrechts in allen zuvor geschlossenen Ehen aus deutscher Sicht auch ab dem 29.1.2019 bei der Geltung von Art 15, 16 und Art 220 Abs 3 EGBGB. Eine Ausnahme gilt nur für **Rechtswahlvereinbarungen,** die zwischen den Partnern einer solchen Altehe erst ab dem 29.1.2019 getroffen werden; denn deren Voraussetzungen und Wirkungen unterliegen dann in jedem Fall den Art 22 ff EuGüVO. Anders als Art 18 Abs 1 UAbs 2 Rom III-VO erklärt Art 69 Abs 3 zwar eine bereits vor dem 29.1.2019 getroffene Rechtswahl nicht ausdrücklich für wirksam, wenn sie den Anforderungen der Verordnung entspricht; davon ist jedoch auch ohne eine solche Klarstellung auszugehen.

EuGüVO Art 70

(abgedruckt → Rn 256)

3. Staatsverträge

110. Niederlassungsabkommen zwischen dem Deutschen Reich und dem Kaiserreich Persien

Vom 17. Februar 1929 (RGBl 1930 II, 1006)

Schrifttum: → A vor Rn 534.

Im deutsch-iranischen Verhältnis hat das durch Protokoll v 4.11.1954 (BGBl 55 II, 829) **394** wieder in Kraft gesetzte und auch nach der iranischen Revolution von 1979 fortgeltende deutsch-iranische Niederlassungsabkommen v 17.2.1929 (RGBl 30 II, 1006) gem Art 3 Nr 2 EGBGB **Vorrang** vor den autonomen Kollisionsnormen der Art 15, 16 EGBGB. Daran wird sich auch unter Geltung der EuGüVO ab dem 29.1.2019 nichts ändern, da die Verordnung bestehende Staatsverträge der teilnehmenden Mitgliedstaaten mit Drittstaaten unberührt lässt (Art 62 Abs 1 EuGüVO). Das Abkommen regelt zwar nicht die internationale Zuständigkeit, so dass auch für güterrechtliche Streitigkeiten von iranischen Staatsangehörigen vor deutschen Gerichten die Grundsätze des autonomen deutschen Verfahrensrechts (bzw künftig die Art 4 ff EuGüVO) gelten; es enthält jedoch in Art 8 Abs 3 eine umfassende Kollisionsregel zum Personen-, Familien- und Erbrecht.

Art 8. [Inländerbehandlung; Anknüpfung im Personen-, Familien- und Erbrecht]

(1) – (2) *(nicht abgedruckt)*

(3) [1]**In Bezug auf das Personen-, Familien- und Erbrecht bleiben die Angehörigen jedes der vertragschließenden Staaten im Gebiet des anderen Staates jedoch den Vorschriften ihrer heimischen Gesetze unterworfen.** [2]**Die Anwendung dieser Gesetze kann von dem anderen vertragschließenden Staat nur ausnahmsweise und nur insoweit ausgeschlossen werden, als ein solcher Ausschluss allgemein gegenüber jedem anderen fremden Staat erfolgt.**

1. Anwendungsbereich

a) Sachlicher Anwendungsbereich. Das Abkommen ist in sachlicher Hinsicht auf das **395** gesamte Familienrecht anwendbar. Dies folgt aus der zum Geltungsbereich von Art 8 Abs 3 abgegebenen Erklärung, die nach dem Schlussprotokoll (RGBl 30 II, 1012) „einen Teil des Abkommens selbst bildet":

> *„Die vertragschließenden Staaten sind sich darüber einig, dass das Personen-, Familien- und Erbrecht, das heißt das Personalstatut, die folgenden Angelegenheiten umfasst: Ehe, eheliches Güterrecht, Scheidung, Aufhebung der ehelichen Gemeinschaft, Mitgift, Vaterschaft, Abstammung, Annahme an Kindes Statt, Geschäftsfähigkeit, Volljährigkeit, Vormundschaft und Pflegschaft, Entmündigung, testamentarische und gesetzliche Erbfolge, Nachlassabwicklungen und Erbauseinandersetzungen, ferner alle anderen Angelegenheiten des Familienrechts unter Einschluss aller den Personenstand betreffenden Fragen. "*

245

B 396–400 1. Teil. Erkenntnisverfahren B. Güterrechtssachen

Das Abkommen gilt daher – wie in dieser Erklärung ausdrücklich klargestellt wird – auch für Verfahren auf dem Gebiet des Ehegüterrechts.

396 **b) Persönlicher Anwendungsbereich.** In persönlicher Hinsicht ist Art 8 Abs 3 des Abkommens auf güterrechtliche Streitigkeiten allerdings grundsätzlich nur dann anwendbar, wenn **beide Ehegatten ausschließlich die iranische oder die deutsche Staatsangehörigkeit** besitzen (BGH FamRZ 86, 345; *Schotten/Wittkowski* FamRZ 95, 264/265; Staud/*Hausmann* Anh Art 4 EGBGB Rn 774 mwN). Demgegenüber ist das Abkommen auf das Güterrecht in deutsch-iranischen Mischehen sowie auf güterrechtliche Ansprüche von Ehegatten, von denen einer oder beide sowohl die deutsche als auch die iranische Staatsangehörigkeit besitzen, nicht anwendbar (*Schotten/Wittkowski* aaO; MüKoBGB/*Looschelders* Rn 5; NK-BGB/*Sieghörtner* Rn 2, jeweils zu Art 15 EGBGB; vgl zur Ehescheidung BVerfG FamRZ 07, 615 und näher → A Rn 537 f). Dies gilt auch dann, wenn die deutsche Ehefrau die iranische Staatsangehörigkeit des Ehemannes durch die Eheschließung hinzuerworben hat (*Schotten/Wittkowski* aaO). Hat ein Beteiligter jedoch neben der iranischen Staatsangehörigkeit diejenige eines dritten Staates, so bleibt das Abk anwendbar, wenn es sich bei der iranischen Staatsangehörigkeit um seine effektive Staatsangehörigkeit handelt (vgl zum Erbrecht AG Hamburg IPRax 16, 472m Anm *Wurmnest* 447). Hingegen scheidet die Anwendung des Abkommens auch auf Ehegatten, die ausschließlich die iranische Staatsangehörigkeit besitzen, dann aus, wenn einer oder beide Ehegatten die **Rechtsstellung als Flüchtlinge** iS der Genfer Flüchtlingskonvention oder als Asylberechtigte iSv §§ 2, 3 AsylG erlangt und ihren gewöhnlichen Aufenthalt im Inland haben (*Schotten/Wittkowski* FamRZ 95, 264/266).

397 Erwirbt von iranischen Ehegatten im Verlauf der Ehe nur einer die deutsche Staatsangehörigkeit oder den Status als Flüchtling im Sinne der Genfer Flüchtlingskonvention bzw als Asylberechtigter, so ist zwar das Abkommen von diesem Zeitpunkt an auf die Ehe der Parteien nicht mehr anwendbar und die Anknüpfung des ehelichen Güterrechts unterliegt fortan dem autonomen IPR der beiden Vertragstaaten. Aus deutscher Sicht führt dies jedoch wegen der Unwandelbarkeit der Anknüpfung nach Art 15 Abs 1 EGBGB nicht zu einer Änderung des Güterrechtsstatuts (für Fortgeltung des iranischen Rechts *v Bar*, IPR II Rn 210; Staud/*Hausmann* Anh Art 4 EGBGB Rn 776; NK-BGB/*Sieghörtner* Art 15 EGBGB Rn 2 Fn 8; **aA** *Schotten/Schmellenkamp* Rn 134). Daran ändert sich auch unter der künftigen Geltung der EuGüVO nichts.

2. Anwendbares Recht

398 **a) Gemeinsames Heimatrecht.** Angeknüpft wird im ehelichen Güterrecht – in Übereinstimmung mit Art 15 Abs 1 iVm Art 14 Abs Nr 1 – an die gemeinsame Staatsangehörigkeit der Ehegatten (vgl zur Anknüpfung einer „Morgengabe" OLG Hamm FamRZ 91, 1319 und KG FamRZ 98, 296). Denn nach Art 8 Abs 3 des Abkommens bleiben die Angehörigen jedes der vertragsschließenden Staaten im Gebiet des anderen Staates in Bezug auf das Familienrecht ihren heimischen Gesetzen unterworfen (OLG Celle FamRBint 12, 2 m Anm *Yassari*). Art 8 Abs 3 des Abkommens enthält also für das eheliche Güterrecht eine **Sachnormverweisung** auf das iranische Recht, wenn beide Ehegatten nur die iranische Staatsangehörigkeit besitzen. Eine Rück- oder Weiterverweisung findet nicht statt (Staud/*Hausmann* Anh Art 4 EGBGB Rn 777).

399 **b) Wandelbarkeit des Güterrechtsstatuts.** Da das Abkommen einen Zeitpunkt für die Anknüpfung nicht bestimmt, ist das Ehegüterrechtsstatut nach dem Abkommen allerdings – im Gegensatz zu dem im autonomen deutschen IPR geltenden Grundsatz des Art 15 Abs 1 EGBGB (→ Rn 431 ff) – **wandelbar** (*Schotten/Wittkowski* FamRZ 95, 265/267; *Finger* FuR 99, 215 f; Reithmann/Martiny/*Hausmann*, IVR Rn 7.854). Ein gemeinsamer Wechsel der Ehegatten von der iranischen zur deutschen Staatsangehörigkeit kann deshalb zu einer Änderung des Güterrechtsstatuts führen (*v Bar*, IPR II Rn 210). Dies gilt nicht nur, wenn beide Ehegatten von der iranischen zur deutschen oder – umgekehrt – von der deutschen zur iranischen Staatsangehörigkeit wechseln; ausreichend ist es vielmehr auch, dass durch den Staatsangehörigkeitswechsel nur eines Ehegatten die gemeinsame deutsche oder iranische Staatsangehörigkeit erlangt wird. Ändert sich hingegen nachträglich die Staatsangehörigkeit nur *eines* Ehegatten, so führt dies zur Unanwendbarkeit des Abkommens (→ Rn 396). Maßgebend ist dann das autonome deutsche IPR (bzw für ab dem 29.1.2019 geschlossene Ehen die EuGüVO); danach verbleibt es bei der Geltung des gemeinsamen Heimat- bzw Aufenthaltsrechts zur Zeit der Eheschließung.

400 **c) Unzulässigkeit einer Rechtswahl.** Das Abkommen sieht die Möglichkeit einer Wahl des Güterrechtsstatuts nicht vor. Die Rechtsfolgen dieser Lücke sind umstritten. Teilweise wird

II. Internationales Privatrecht

angenommen, Art 8 Abs 1 und 2 des Abkommens wolle für die Angehörigen des jeweils anderen Vertragsstaats nur Inländerbehandlung gewährleisten und Art 8 Abs 3 wolle nur sicherstellen, dass Iraner oder Deutsche sich nicht den familienrechtlichen Bestimmungen des jeweils anderen Kultur-/Religionskreises unterwerfen müssten. Die von Art 15 Abs 2 Nr 2 und Nr 3 EGBGB gestattete Wahl des Rechts am gemeinsamen gewöhnlichen Aufenthalt der Ehegatten bzw des Belegenheitsrechts für Grundstücke auf die güterrechtlichen Beziehungen sei daher mit den Zielen des Abkommens durchaus vereinbar, weil ein vom Heimatrecht der Ehegatten verschiedenes Güterrecht nur aufgrund einer freien Willenentschließung der Ehegatten zur Anwendung kommen könne (*Schotten/Schmellenkamp* Rn 134). Dagegen spricht indessen der Wortlaut des Abkommens, der Iraner und Deutsche jeweils nur ihren „heimischen Gesetzen" unterwirft. Das Abkommen beschränkt sich also auf die Regelung der *objektiven* Anküpfung des Güterrechtsstatuts, weil die heute nach Art 15 Abs 2 Nr 2 und Nr 3 EGBGB eingeräumten Rechtswahlmöglichkeiten in beiden Vertragsstaaten im Jahr 1929 noch nicht bestanden haben. Da das iranische IPR eine güterrechtliche Rechtswahl auch nach wie vor nicht kennt, dürfte eine auf Art 15 Abs 2 Nr 2 oder Nr 3 EGBGB gestützte Wahl deutschen Rechts durch iranische Ehegatten im Iran keine Anerkennung finden. Die Zulässigkeit einer solche Rechtswahl ist daher im Anwendungsbereich des Abkommens abzulehnen (so auch die hM, vgl *v Bar* IPR II Rn 354; *Schotten/Wittkowski* FamRZ 95, 264/267 f; Staud/*Mankowski* Art 15 EGBGB Rn 4; NK-BGB/ *Sieghörtner* Art 15 EGBGB Rn 2; Münch/*Süss* § 20 Rn 88).

d) Interpersonales Privatrecht. Da das iranische Familienrecht **religiös gespalten** ist (vgl **401** Art 12, 13 der iranischen Verfassung v 15.11.1979), hat der deutsche Richter das maßgebende Sachrecht auch im Rahmen des deutsch-iranischen Niederlassungsabkommens mit Hilfe einer **Unteranknüpfung** gem Art 4 Abs 3 EGBGB zu bestimmen. Sie führt im Regelfall zur Anwendung des islamisch-schiitischen Ehegüterrechts.

3. Ordre public-Vorbehalt

Nach Art 8 Abs 3 S 2 des Abkommens kann die Anwendung der iranischen Gesetze in **402** Verfahren vor deutschen Gerichten nur ausnahmsweise und nur insoweit ausgeschlossen werden, als ein solcher Ausschluss allgemein gegenüber jedem anderen fremden Staat erfolgt. Die Auslegung dieser Vorschrift führt zu dem Ergebnis, dass es sich hierbei um eine besondere Ausprägung des *„ordre public"*-Grundsatzes handelt (*Krüger* FamRZ 72, 6/7 ff). Ausnahmevorschriften iSv Art 8 Abs 3 S 2 sind somit die allgemeinen und besonderen *„ordre public"*-Klauseln des deutschen bzw iranischen Rechts. Aus diesem Grunde findet insbesondere Art 6 EGBGB auch im Geltungsbereich von Art 8 Abs 3 S 2 des deutsch-iranischen Niederlassungsabkommens Anwendung, wenn das maßgebliche iranische religiöse Güterrecht zu einem Ergebnis führt, das mit wesentlichen Grundsätzen des deutschen Rechts offensichtlich unvereinbar ist (*Schotten/ Wittkowski* FamRZ 95, 264/267).

120. Deutsch-französisches Abkommen über den Güterstand der Wahl-Zugewinngemeinschaft
Vom 4. Oktober 2010 (BGBl 2012 II, 180)

Schrifttum: *Amann,* Die Verfügungsbeschränkung über die Familienwohnung im Güterstand der Wahl-Zugewinngemeinschaft, DNotZ 13, 252; *Braun,* Die Wahl-Zugewinngemeinschaft – ein neuer Güterstand im deutschen (und französischen) Recht, MittBayNot 2012, 89; *Breuer,* Der neue deutsch-französische Wahlgüterstand, FF 10, 113; *Delereue,* Der neue deutsch-französische Wahlgüterstand. Für und Wider eines bilateralen Abkommens, FamRBint 10, 70; *Dethloff,* Der deutsch-französische Wahlgüterstand. Wegbereiter für eine Angleichung des Familienrechts?, RabelsZ 76 (2012), 509; *Jäger,* Der neue deutsch-französische Güterstand der Wahl-Zugewinngemeinschaft, DNotZ 10, 804; *Jünemann,* Der neue Güterstand der Wahl-Zugewinngemeinschaft: Familienrechtliche Grundlagen und erbrechtliche Wirkungen, ZEV 13, 353; *Meyer,* Der neue deutsch-französische Wahlgüterstand, FamRZ 10, 612; *Stürner,* Der deutsch-französische Wahlgüterstand als Modell für die europäische Rechtsvereinheitlichung, JZ 2011, 545.

1. Allgemeines

Am 4.2.2010 haben die Justizminister *Deutschlands* und *Frankreichs* das „Abkommen über den **403** Güterstand der Wahl-Zugewinngemeinschaft" unterzeichnet, das für beide Länder am 1.5.2013 in Kraft getreten ist (BGBl 13 II, 431; vgl dazu das deutsche AusführungsG v 15.3.2012, BGBl II, 178). Das Abkommen steht nach seinem Art 21 auch anderen EU-Mitgliedstaaten zum

247

B 404–406   1. Teil. Erkenntnisverfahren B. Güterrechtssachen

Beitritt offen. Es führt in das **materielle Ehegüterrecht** beider Länder die Wahl-Zugewinngemeinschaft als zusätzlichen vertraglichen Güterstand ein. Dieser übernimmt Elemente sowohl des deutschen gesetzlichen Güterstands der Zugewinngemeinschaft als auch des französischen gesetzlichen Güterstands der *„communauté réduite aux acquets"*. Im deutschen Recht wurde die Wahl-Zugewinngemeinschaft in § 1519 BGB als weiterer vertraglicher Güterstand – neben der Gütertrennung und der Gütergemeinschaft – durch Verweisung auf das Abkommen geregelt. Inhaltlich unterscheidet sich der neue Wahlgüterstand vom deutschen gesetzlichen Güterstand vor allem dadurch, dass die Verfügung über sein gesamtes Vermögen – anders als nach § 1365 BGB – nicht beschränkt ist. Andererseits wurde aus dem französischen Recht (Art 215 Abs 3 Cc) das dem deutschen Recht bisher fremde Verbot übernommen, ohne Zustimmung des anderen Ehegatten über die „Ehewohnung" zu verfügen, auch wenn diese im Alleineigentum des verfügenden Ehegatten steht (zur Problematik dieser Verfügungsbeschränkung Münch/*Everts* § 2 Rn 181). Es handelt sich um eine nicht in das deutsche Grundbuch eintragungsfähige absolute Verfügungsbeschränkung, die nicht gem § 892 BGB durch den guten Glauben des Erwerbers überwunden werden kann (vgl *Jünemann* ZEV 13, 353/357). Bei der Berechnung des Zugewinnausgleichs in diesem Wahlgüterstand ist zu beachten, dass auch ein während der Ehe an einen Ehegatten gezahltes Schmerzensgeld – anders als im deutschen gesetzlichen Güterstand – zu dessen Anfangsvermögen gehört. Ferner ist die Höhe der Ausgleichsforderung stets auf die Hälfte dessen beschränkt, was zur Zeit der Beendigung des Güterstands noch vorhanden ist (Art 14). § 1412 BGB findet auf den Güterstand keine Anwendung.

2. Einfluss des Kollisionsrechts

404   Durch den Wahlgüterstand sollten die Schwierigkeiten der Anknüpfung des Güterrechts im deutsch-französischen Verhältnis möglichst vermieden werden; aus diesem Grunde enthält das Abkommen **keine Kollisionsnormen.** Dieses Ziel ist freilich nicht erreicht worden; denn nach Art 1 steht der Güterstand der Wahl-Zugewinngemeinschaft nur Ehegatten zur Verfügung, deren Güterstand dem **Sachrecht eines Vertragsstaats** unterliegt. Ob dies der Fall ist, bestimmt sich bis zum Inkrafttreten der EuGüVO in Deutschland nach Art 15 EGBGB, in Frankreich nach dem Haager Übereinkommen über das auf Ehegüterstände anzuwendende Recht vom 14.3.1978 (→ Rn 277 ff). Dies kann zur Folge haben, dass das Abkommen zwar aus deutscher Sicht, nicht aber aus französischer Sicht anwendbar ist (oder umgekehrt, vgl *Jäger* DNotZ 10, 804/806).

405   Aus **deutscher Sicht** steht der Güterstand der Wahl-Zugewinngemeinschaft nur zur Verfügung, wenn die güterrechtlichen Beziehungen der Ehegatten nach Art 15 EGBGB entweder dem deutschen oder dem französischen Recht unterliegen. Die Anwendung des Abkommens erfordert allerdings **keine Auslandsberührung,** ist also nicht auf deutsch-französische Ehen oder Ehen von Deutschen mit gewöhnlichem Aufenthalt in Frankreich (bzw Ehen von Franzosen mit gewöhnlichem Aufenthalt in Deutschland) beschränkt. Vielmehr können deutsche Ehegatten auch in einem reinen Inlandsfall für die in § 1519 BGB geregelte Wahl-Zugewinngemeinschaft optieren (*Jäger* DNotZ 10, 804/806 f). Ausreichend für die Vereinbarung des Wahlgüterstands ist es auch, dass deutsches Recht erst aufgrund einer **Rückverweisung** bzw französisches Recht erst aufgrund einer Weiterverweisung durch das Recht eines Drittstaats anwendbar sind. In einer deutsch-französischen Ehe kann der neue Wahlgüterstand hingegen im Hinblick auf Art 15 Abs 1 iVm Art 14 Abs 1 Nr 2 EGBGB dann nicht vereinbart werden, wenn die Ehegatten ihren gewöhnlichen Aufenthalt im Zeitpunkt der Eheschließung in einem Drittstaat (zB in *Belgien* oder *Italien*) haben. Für diesen Fall setzt der Zugang zu dem neuen Güterstand voraus, dass die Ehegatten zuvor eine Rechtswahl zugunsten des deutschen oder des französischen Rechts nach Art 15 Abs 2 Nr 1 EGBGB treffen.

3. Vereinbarung durch Ehevertrag

406   Der Güterstand kann gem § 3 Abs. 1 des Abkommens nur durch Ehevertrag vereinbart werden, der sowohl vor als auch nach der Eheschließung abgeschlossen werden kann. Die materielle Wirksamkeit dieses Ehevertrags wird im Abkommen nicht geregelt; sie beurteilt sich daher nach dem von Art 15 EGBGB (bzw künftig von Art 22 ff EuGüVO) zur Anwendung berufenen – deutschen oder französischen – Güterrechtsstatut (*Braun* MittBayNot 12, 89/90; *Jünemann* ZEV 13, 353/357). In formeller Hinsicht ist nach beiden Rechten wie auch künftig nach Art 25 EuGüVO notarielle Beurkundung erforderlich (§ 1408 BGB; Art 394 Cc). Um weitergehende Voraussetzungen des französischen Rechts – zB eine zweijährige Wartefrist oder

248

II. Internationales Privatrecht: EGBGB Art 14 **B**

das Erfordernis einer gerichtlichen Genehmigung für den Abschluss oder die Änderung von Eheverträgen nach Eheschließung – auszuschalten, empfiehlt sich bei Abschluss des Ehevertrags vor einem deutschen Notar die **Aufnahme einer Rechtswahlklausel** nach Art 15 Abs 2 EGBGB (bzw ab dem 29.1.2019 nach Art 22 EuGüVO) zugunsten des deutschen Rechts. Keiner gerichtlichen Genehmigung bedarf die Änderung des Güterrechtsstatuts (zB durch Wahl des deutschen oder französischen Rechts), auch wenn damit zugleich ein Wechsel des Güterstands verbunden ist (vgl *Jäger* DNotZ 10, 804/807).

In der Kautelarpraxis wird das Abkommen insgesamt kritisch gesehen, weil der Gewinn durch **407** den neuen Wahlgüterstand eher gering erscheint und den mit seiner Einführung verbundenen Aufwand kaum rechtfertigt (*Braun* MittBayNot 12, 89/94; *Münch/Everts* § 2 Rn 186). Da der Schwerpunkt des Abk im materiellen Güterrecht liegt, wird auf einen Abdruck verzichtet.

4. Autonomes Kollisionsrecht

Überblick

Im deutschen autonomen IPR, das auf dem Gebiet des Ehegüterrechts für die vor dem **408** 29.1.2019 geschlossenen Ehen auch unter Geltung der EuGüVO weiterhin maßgebend bleibt, unterstellt Art 15 Abs 1 EGBGB die güterrechtlichen Wirkungen der Ehe im Interesse einer einheitlichen Anknüpfung sämtlicher Familienbeziehungen dem von der familienrechtlichen Grundsatzkollisionsnorm des Art 14 EGBGB zur Anwendung berufenen Recht. Dieser Gleichlauf gilt auch, soweit das Ehewirkungsstatut nach Art 14 Abs 2 oder Abs 3 EGBGB von den Ehegatten vor der Eheschließung durch Rechtswahl bestimmt worden ist (→ Rn 417). Zusätzlich ermöglicht Art 15 Abs 2 EGBGB den Ehegatten eine auf ihre güterrechtlichen Beziehungen beschränkte Rechtswahl (→ Rn 459 ff). Ein wirksam gewähltes Güterrechtsstatut hat Vorrang vor der objektiven Anknüpfung des Ehegüterrechts nach Art 15 Abs 1 EGBGB; dies gilt auch im Scheidungsfalle. Sonderregeln gelten für den ehelichen Güterstand von Vertriebenen und Flüchtlingen nach Maßgabe des Gesetzes vom 4.8.1969 (→ Rn 581 ff).

130. Einführungsgesetz zum Bürgerlichen Gesetzbuch (EGBGB)

idF vom 21. September 1994 (BGBl I, 2494)

Kapitel II. Internationales Privatrecht

EGBGB Art 14. Allgemeine Ehewirkungen

(1) **Die allgemeinen Wirkungen der Ehe unterliegen**

1. **dem Recht des Staates, dem beide Ehegatten angehören oder während der Ehe zuletzt angehörten, wenn einer von ihnen diesem Staat noch angehört, sonst**
2. **dem Recht des Staates, in dem beide Ehegatten ihren gewöhnlichen Aufenthalt haben oder während der Ehe zuletzt hatten, wenn einer von ihnen dort noch seinen gewöhnlichen Aufenthalt hat hilfsweise**

dem Recht des Staates, mit dem die Ehegatten auf andere Weise gemeinsam am engsten verbunden sind.

(2) **Gehört ein Ehegatte mehreren Staaten an, so können die Ehegatten ungeachtet des Artikels 5 Abs. 1 das Recht eines dieser Staaten wählen, falls ihm auch der andere Ehegatte angehört.**

(3) **Ehegatten können das Recht des Staates wählen, dem ein Ehegatte angehört, wenn die Voraussetzungen des Absatzes 1 Nr. 1 nicht vorliegen und**

1. **kein Ehegatte dem Staat angehört, in dem beide Ehegatten ihren gewöhnlichen Aufenthalt haben, oder**
2. **die Ehegatten ihren gewöhnlichen Aufenthalt nicht in demselben Staat haben.**

Die Wirkungen der Rechtswahl enden, wenn die Ehegatten eine gemeinsame Staatsangehörigkeit erlangen.

(4) **[1] Die Rechtswahl muss notariell beurkundet werden. [2] Wird sie nicht im Inland vorgenommen, so genügt es, wenn sie den Formerfordernissen für einen Ehevertrag nach dem gewählten Recht oder am Ort der Rechtswahl entspricht.**

249

B 409   1. Teil. Erkenntnisverfahren B. Güterrechtssachen

EGBGB Art 15. Güterstand

(1) Die güterrechtlichen Wirkungen der Ehe unterliegen dem bei der Eheschließung für die allgemeinen Wirkungen der Ehe maßgebenden Recht.

(2) Die Ehegatten können für die güterrechtlichen Wirkungen ihrer Ehe wählen

1. das Recht des Staates, dem einer von ihnen angehört,
2. das Recht des Staates, in dem einer von ihnen seinen gewöhnlichen Aufenthalt hat, oder
3. für unbewegliches Vermögen das Recht des Lageorts.

(3) Artikel 14 Abs. 4 gilt entsprechend.

(4) Die Vorschriften des Gesetzes über den ehelichen Güterstand von Vertriebenen und Flüchtlingen bleiben unberührt.

1. Objektive Anknüpfung, Art 15 Abs 1 iVm Art 14 EGBGB

Schrifttum: *Andrae,* Internationales Privatrecht der ehelichen Vermögensbeziehungen mit Berührung zu Polen, NotBZ 01, 44 und 94; *Bardy,* Das Ehegüterrecht der Vereinigten Staaten von Amerika aus der Sicht des deutschen Notars, RNotZ 05, 137; *Bosch,* Die Durchbrechung des Gesamtstatuts im internationalen Ehegüterrecht unter bes. Berücksichtigung deutsch-französischer Rechtsfälle (2002); *Finger,* Internationale Zuständigkeit und (versteckte) Rückverweisung – Folgen für das eheliche Güterrecht, FuR 09, 181; *ders.,* Güterrechtliche Rechtsbeziehungen mit Auslandsbezug, FuR 12, 10; *Henrich,* Internationales, interlokales und intertemporales Ehegüterrecht slowenisch-kroatischer Eheleute, IPRax 01, 113; *Hohloch,* Güterrechtliche Auseinandersetzung einer deutsch-ausländischen Ehe, JuS 93, 513; *Jayme,* Zur Auseinandersetzung des Vermögens italienischer Eheleute nach der Ehetrennung durch deutsche Gerichte, IPRax 86, 227; *Kowalczyk,* Die Rückverweisung des türkischen IPRG auf das deutsche Güterrecht in bezug auf unbewegliches Vermögen, ZfRV 16, 25; *Lehmann/Hahn,* Die Beweglichkeit von Inlands- und Auslandsbermögen, ZEV 12, 191; *Lichtenberger,* Zum Gesetz zur Neuregelung des IPR, DNotZ 86, 644; *Lorenz,* Gebrauchsvermögen, Ersparnisse und gesetzlicher Güterstand im deutsch-österreichischen Verhältnis: Normenmangel oder renvoi kraft abweichender Qualifikation?, IPRax 95, 47; *Ludwig,* Zur Anwendbarkeit des Art 3 Abs 3 EGBGB im Internationalen Ehegüterrecht bei der Berechnung des Zugewinnausgleichs nach deutschem Recht, DNotZ 00, 663; *Mankowski,* Ehegüterrechtliche Regelungen ausländischer Ehegatten über ein einzelnes Grundstück, FamRZ 94, 1957; *Pakuscher,* Die Unwandelbarkeit des Ehegüterrechtsstatuts im Lichte der Reform des IPR – Rechtsvergleichende Überlegungen ausgehend vom französischen, US-amerikanischen und Schweizer Recht (Diss. München 1987); *Pfeil,* In England belegene Immobilie im Zugewinnausgleich, NZFam 14, 85; *Rodriguez Pineau,* Régimen economico matrimonial: aspectos internacionales (2002); *Röll,* Das Gesetz zur Neuregelung des IPR in der notariellen Praxis, MittBayNot 89, 1; *Schaal,* Verfügungsbeschränkungen bei Verfügungen über in Deutschland belegenen Grundbesitz durch verheiratete türkische oder ehemals türkische Staatsangehörige, BWNotZ 09, 172; *Schmellenkamp,* Ermittlung des Güterstatuts nach Staatenzerfall, RNotZ 11, 530; *Schotten,* Hinkende Rechtsverhältnisse im ehelichen Güterrecht und im Erbrecht, FS Geimer (2002) 1013; *Schurig,* Das Verhältnis von Staatsangehörigkeitsprinzip und Unwandelbarkeit im gegenwärtigen und künftigen deutschen internationalen Ehegüterrecht, JZ 83, 589; *Siehr,* Internationalprivatrechtliche Probleme des Ehegüterrechts im Verhältnis zur Türkei, IPRax 07, 353; *ders,* Wandelbarkeit des Güterrechts eines Spätaussiedlers, MittBayNot 10, 223; *Villela/Correa de Wassermann,* Die güterrechtlichen Beziehungen von Übersiedlern aus der DDR, FamRZ 90, 333; *Weber,* Erwerb von Grundstücken durch Ehegatten mit ausländischem Güterstand, MittBayNot 16, 482 und 17, 22; *Wochner,* Zum Güterrechtsstatut bei deutsch-amerikanischen Ehen, IPRax 85, 90.

Vgl auch die speziellen Schrifttumsnachweise zur Rechtswahl → vor Rn 459, zum intertemporalen Recht → vor Rn 497, zum Anwendungsbereich des Güterrechtsstatuts → vor Rn 516 und zum Verkehrsschutz → vor Rn 562.

409   **a) Ehewirkungsstatut bei Eheschließung.** Bis zur Geltung der EuGüVO ab dem 29.1.2019 – und für Altehen auch danach (Art 69 Abs 3; → Rn 393) – unterliegt das eheliche Güterrecht in Ermangelung einer Rechtswahl nach Art 15 Abs 2 EGBGB gemäß Art 15 Abs. 1 EGBGB grundsätzlich dem für die allgemeinen Ehewirkungen bei der Eingehung der Ehe maßgebenden Recht. Damit wird – ebenso wie für die bisherige Anknüpfung des Scheidungsstatuts nach Art 17 Abs 1 S 1 aF – auf die familienrechtliche Grundsatzkollisionsnorm des Art 14 EGBGB verwiesen. Wegen dieser Fixierung auf den Zeitpunkt der Eheschließung (**Unwandelbarkeit;** → Rn 431 ff) haben allerdings die vergangenheitsbezogenen Stufen der Anknüpfungsleiter in Art 14 Abs 1 Nr 1 und Nr 2 (letzte gemeinsame Staatsangehörigkeit bzw letzter gemeinsamer gewöhnlicher Aufenthalt, wenn einer der Ehegatten diese Staatsangehörigkeit bzw diesen Aufenthalt beibehalten hat) im internationalen Ehegüterrecht außer Betracht zu bleiben (Staud/*Mankowski* Rn 28; NK-BGB/*Sieghörtner* Rn 11).

250

II. Internationales Privatrecht: EGBGB Art 15   **410–414**   **B**

Die güterrechtlichen Beziehungen zwischen Ehegatten beurteilen sich grundsätzlich nur nach **410** einer einzigen Rechtsordnung, unabhängig von der Belegenheit der einzelnen Vermögensgegenstände (**Einheitlichkeit des Güterrechtsstatuts;** vgl Pal/*Thorn* Rn 4; Erman/*Hohloch* Rn 13; NK-BGB/*Sieghörtner* Rn 106). Der Vorrang des Einzelstatuts gem Art 3a Abs 2 sowie die Beachtung einer (Teil-) Rück- oder Weiterverweisung gem Art 4 Abs 1 auf im Inland oder in Drittstaaten belegenen Grundbesitz der Ehegatten kann aber ausnahmsweise zu einer Spaltung des anwendbaren Güterrechts führen (→ Rn 420 ff und → Rn 424 ff).

Die Anwendung von Art 15 setzt eine bestehende Ehe voraus. Die **Vorfrage,** ob die Ehe **411** wirksam geschlossen wurde, ist selbständig nach Art 11 und 13 anzuknüpfen (Pal/*Thorn* Rn 24). Demgegenüber ist die Vorfrage, ob die Ehe – zB durch eine Scheidung im Ausland – bereits wirksam aufgelöst worden ist, primär mit Hilfe der Vorschriften über die Anerkennung ausländischer Scheidungsurteile (Art 21 ff EuEheVO, §§ 107, 109 FamFG; dazu → K Rn 36ff und 194 ff) zu beantworten. Unter den Begriff der Ehe iSv Art 15 kann die **eingetragene Lebenspartnerschaft** nicht subsumiert werden; auf deren güterrechtliche Wirkungen ist vielmehr nach Art 17b Abs 1 S 1 – und künftig auch nach Art 26 Abs 1 EuPartVO – das Sachrecht des Register führenden Staates anzuwenden (näher → I Rn 222 ff). Gleiches gilt gemäß Art 17b Abs 4 nF auch für **gleichgeschlechtliche Ehen.** Diese unterliegen allerdings, wenn sie ab dem 29.1.2019 geschlossen wurden, dem von Art 20 ff EuGüVO zur Anwendung berufenen Güterrecht (→ Rn 287). Für formalisierte Lebensgemeinschaften ausländischer Rechte (etwa die brasilianische Vertragsehe oder die *unión de hecho*) ist, wenn der Vertrag keine güterrechtliche Regelung vorsieht, im Einzelfall zu entscheiden, ob Art 15 analog angewandt werden kann oder ob eine Vertragsanpassung unter dem Vertragsstatut näher liegt (ähnlich BeckOK-BGB/*Mörsdorf-Schulte* Rn 14). Zu nichtehelichen Lebensgemeinschaften näher → I Rn 283 ff).

aa) Gemeinsames Heimatrecht. Das eheliche Güterrecht ist mithin in erster Linie nach **412** dem gemeinsamen Heimatrecht der Ehegatten zur Zeit der Eheschließung zu beurteilen (Art 15 Abs 1 iVm Art 14 Abs 1 Nr 1; vgl OLG Hamm FamRZ 10, 1563/1565 und NJW-RR 99, 1220/1221; MüKoBGB/*Looschelders* Rn 70 ff). Probleme wirft die Anknüpfung an die Staatsangehörigkeit auf , wenn einer oder beide Ehegatten mehr als eine Staatsangehörigkeit besitzen, wenn sie staatenlos oder als internationale Flüchtlinge anerkannt sind. In diesen Fällen ist Art 5 Abs 1 und 2 zu beachten:

EGBGB Art 5. Personalstatut

(1) [1] Wird auf das Recht des Staates verwiesen, dem eine Person angehört, und gehört sie mehreren Staaten an, so ist das Recht desjenigen dieser Staaten anzuwenden, mit dem die Person am engsten verbunden ist, insbesondere durch ihren gewöhnlichen Aufenthalt oder durch den Verlauf ihres Lebens. [2] Ist die Person auch Deutscher, so geht diese Rechtsstellung vor.

(2) Ist eine Person staatenlos oder kann ihre Staatsangehörigkeit nicht festgestellt werden, so ist das Recht des Staates anzuwenden, in dem sie ihren gewöhnlichen Aufenthalt oder, mangels eines solchen, ihren Aufenthalt hat.

Bei **Mehrstaatern** ist auch zur Bestimmung des Güterrechtsstatuts nur die nach Art 5 Abs 1 **413** maßgebliche (effektive bzw deutsche) Staatsangehörigkeit zu berücksichtigen (OLG Köln FamRZ 15, 1617/1618; AG Pankow/Weißensee FamRZ 04, 1501/1503; *Henrich* FamRZ 86, 845 f; NK-BGB/*Sieghörtner* Rn 10). Insoweit kann es für eine Anknüpfung nach Art 15 Abs 1 iVm Art 14 Abs 1 Nr 1 ausreichen, dass die Eheleute erst durch die Heirat eine gemeinsame effektive Staatsangehörigkeit oder gemeinsam die deutsche Staatsangehörigkeit erworben haben (OLG Karlsruhe NJW 84, 570/571; OLG Düsseldorf IPRax 84, 156; *Jayme* IPRax 95 f; *Schurig* JZ 85, 559/561; **aA** BayObLG IPRax 86, 379/381; KG IPRax 87, 117/119 f; AG Berlin-Pankow FamRZ 04, 1501; Staud/*Mankowski* Rn 32 ff; Pal/*Thorn* Rn 17 MüKoBGB/*Looschelders* Rn 73 m ausf Begründung).

Bei **Staatenlosen** oder Personen, deren Staatsangehörigkeit nicht festgestellt werden kann, ist **414** anstelle der Staatsangehörigkeit ihr durch den gewöhnlichen Aufenthalt bestimmtes Personalstatut maßgebend (Art 5 Abs 2; vgl BGH NJW 03, 3339 [Asylberechtigte]; → A Rn 437 f). Gleiches gilt nach Art 12 der Genfer Flüchtlingskonvention, wenn das Güterrechtsstatut von internationalen Flüchtlingen zu beurteilen ist. Gehören die Ehegatten einem **Mehrrechtsstaat** an, so ist die maßgebende Teilrechtsordnung im Wege der Unteranknüfung nach Art 4 Abs 3 zu ermitteln (OLG Düsseldorf FamRZ 95, 1203 [ehemaliges *Jugoslawien*]; vgl zu Art 14 Rom III-VO → A Rn 505 ff).

251

B 415–418   1. Teil. Erkenntnisverfahren B. Güterrechtssachen

415   **bb) Gemeinsamer gewöhnlicher Aufenthalt.** Besitzen die Ehegatten zur Zeit der Eheschließung keine gemeinsame Staatsangehörigkeit iSv Art 5 Abs 1, so kommt in zweiter Linie
das Güterrecht des Staates zur Anwendung, in dem beide Ehegatten zur Zeit der Heirat ihren
gewöhnlichen Aufenthalt, dh ihren **„Daseinsmittelpunkt"** (näher → A Rn 422 ff und → C
Rn 100 ff) haben, Art 15 Abs 1 iVm Art 14 Abs 1 Nr 2 (BGH FamRZ 11, 1495/1496 m Anm
Wachter = IPRax 12, 356 m Anm *Helms* 324; OLG München IPRspr 05 Nr 46; OLG Hamm
FamRZ 02, 459; OLG Düsseldorf NJW-RR 00, 542/544). In zeitlicher Hinsicht genügt es,
wenn die Ehegatten – wie bereits bei der Eheschließung (zB durch Anmietung einer Wohnung)
vorgesehen – **unmittelbar nach der Eheschließung** gemeinsam einen gewöhnlichen Aufenthalt begründen. Dieser muss nur im gleichen Staat, nicht am gleichen Ort innerhalb dieses
Staates bestehen (Pal/*Thorn* Rn 18). Auf einen länger zurückliegenden gemeinsamen gewöhnlichen Aufenthalt iSv Art 14 Abs 1 Nr 2, 2. Fall kann hingegen ebensowenig abgestellt werden
wie auf einen erst geraume Zeit nach der Eheschließung begründeten gemeinsamen gewöhnlichen Aufenthalt in einem Staat (NK-BGB/*Sieghörtner* Rn 13).

416   **cc) Andere gemeinsame engste Verbindung.** Besitzen die Ehegatten zur Zeit der Heirat
weder eine gemeinsame – effektive bzw deutsche – Staatsangehörigkeit noch einen gewöhnlichen Aufenthalt in dem gleichen Staat, so beurteilen sich ihre güterrechtlichen Verhältnisse
hilfsweise nach dem Recht des Staates, mit dem sie zu diesem Zeitpunkt auf andere Weise
gemeinsam am engsten verbunden waren (Art 15 Abs 1 iVm Art 14 Abs 1 Nr 3). Dabei sind
sämtliche Umstände des Einzelfalles zu berücksichtigen. Außer den gemeinsamen sozialen
Bindungen der Ehegatten an einen Staat durch Herkunft, Sprache, Kultur, Religion etc kommt
vor allem dem Ort der Eheschließung, sofern er nicht ganz zufällig gewählt ist, und den objektiv
feststellbaren **gemeinsamen Zukunftsplänen** der Ehegatten (insbesondere der bei der Ehe-
schließung bereits in Aussicht genommenen Begründung eines gemeinsamen gewöhnlichen
Aufenthaltes in einem bestimmten Staat) wesentliche Bedeutung zu (BT-Drs 10/3632, 41; BGH
NJW 88, 638; OLG Köln FamRZ 15, 1617/1618; KG FamRZ 07, 1561/1562; OLG Hamburg
FamRZ 04, 459; MüKoBGB/*Looschelders* Rn 75; Pal/*Thorn* Rn 19; vgl auch das Beispiel bei H/
O/*Hausmann* § 9 Rn 40). Auf die Verwirklichung dieser Pläne kommt es im Rahmen von
Art 14 Abs 1 Nr 3 EGBGB nicht entscheidend an (BeckOK-BGB/*Mörsdorf-Schulte* Rn 81; Pal/
Thorn Rn 19; NK-BGB/*Sieghörtner* Rn 15). Lässt sich auch eine gemeinsame engste Verbindung
der Ehegatten zu einem bestimmten Recht nicht feststellen, so bleibt als letzter Ausweg nur die
Anknüpfung an den **Eheschließungsort** (NK-BGB/*Sieghörtner* Rn 16; **aA** [Grundsatz des
schwächeren Rechts] Soe/*Schurig* Rn 13; BeckOK-BGB/*Mörsdorf-Schulte* Rn 56).

417   **dd) Wahl des Ehewirkungsstatuts.** Haben die Ehegatten bereits vor oder spätestens bei der
Eheschließung das Ehewirkungsstatut nach Maßgabe des Art 14 Abs 2–4 wirksam gewählt, so ist
diese Rechtswahl über Art 15 Abs 1 mittelbar auch für die Ermittlung des objektiven Güterrechtsstatuts maßgebend. Sie hat dann **Vorrang vor der gesetzlichen Anknüpfung** gem
Art 15 Abs 1 iVm Art 14 Abs 1 Nr 1–3 (Pal/*Thorn* Rn 20), kann allerdings ihrerseits durch eine
– in weiterem Umfang mögliche – güterrechtliche Rechtswahl nach Art 15 Abs 2 EGBGB
(→ Rn 459 ff) abgeändert werden. Eine Wahl des Ehewirkungsstatuts erst im Verlauf der Ehe ist
wegen des Grundsatzes der Unwandelbarkeit auf das Güterrechtsstatut hingegen ohne Einfluss
(Staudinger/*Mankowski* Rn 79; NK-BGB/*Sieghörtner* Rn 18; vgl auch das Beispiel bei H/O/
Hausmann § 9 Rn 42). Während die Wirkungen der Rechtswahl für die allgemeinen Ehewirkungen nach Art 14 Abs 3 S 2 EGBGB enden, wenn die Ehegatten eine gemeinsame Staatsangehörigkeit erwerben (→ Anh Rn 634), gilt dies nicht für die güterrechtlichen Wirkungen einer
solchen Rechtswahl; diese bleiben wegen des Grundsatzes der Unwandelbarkeit des Güterrechtsstatuts vielmehr auch in diesem Fall bestehen (*Kühne* IPRax 87, 69/73; Soe/*Schurig* Rn 15; J/H/
Henrich Rn 9).

418   **b) Die Einheitlichkeit des Güterrechtsstatuts. aa) Grundsatz.** Nach Art 15 Abs 1 erfasst
das Güterrechtsstatut grundsätzlich das **gesamte Vermögen** der Ehegatten (sog. **Gesamtstatut**), unabhängig davon, ob es sich um bewegliches oder unbewegliches Vermögen handelt und
ohne Rücksicht darauf, in welchem Staat sich die einzelnen zu diesem Vermögen gehörenden
Gegenstände befinden (Staud/*Mankowski* Rn 66 f). Leben Ehegatten daher im deutschen gesetzlichen Güterstand der Zugewinngemeinschaft, so unterliegt das gesamte Vermögen beider
Ehegatten den Vorschriften der §§ 1363 ff BGB, auch wenn zu diesem Vermögen Immobilien in
Italien und Bankkonten in der Schweiz gehören (vgl das Beispiel bei H/O/*Hausmann* § 9
Rn 44). An diesem Grundsatz hält auch die EuGüVO in ihrem Art 21 fest (→ Rn 323).

252

II. Internationales Privatrecht: EGBGB Art 15   **419–423**   **B**

bb) Ausnahmen. Anders als künftig unter der EuGüVO gilt der Grundatz der Einheitlichkeit **419** des Güterrechtsstatuts nach Art 15 EGBGB freilich nicht uneingeschränkt, sondern wird in mehrfacher Hinsicht **durchbrochen** mit der Folge, dass es zu einer **Spaltung des Güterrechts** kommen kann. Zu einer solchen Durchbrechung kommt es insbesondere,

- wenn ein vorrangiges **Einzelstatut nach Art 3a Abs 2** zu berücksichtigen ist (→ Rn 420 ff);
- wenn eine **partielle Rück- oder Weiterverweisung nach Art 4 Abs 1** auf das Recht des Lageorts zu beachten ist (→ Rn 424 ff);
- wenn eine **Rechtswahl nach Art 15 Abs 2 Nr 3** getroffen wurde, die gegenständlich auf das in einem bestimmten Staat belegene unbewegliche Vermögen beschränkt ist, sofern für das sonstige Vermögen kraft objektiver Anknüpfung nach Art 15 Abs 1 oder aufgrund einer abweichenden Rechtswahl ein anderes Recht als Güterrechtsstatut gilt (→ Rn 474 ff).

(1) Vorrang des Einzelstatuts. Art 3a Abs 2 ordnet den Vorrang eines vom Güterrechts- **420** statut verschiedenen Belegenheitsstatuts an, soweit dieses für die in seinem Gebiet befindlichen Vermögensgegenstände „besondere Vorschriften" bereithält:

EGBGB Art 3a. Sachnormverweisung; Einzelstatut

(1) ....

(2) **Soweit Verweisungen im Dritten und Vierten Abschnitt das Vermögen einer Person dem Recht eines Staates unterstellen, beziehen sie sich nicht auf Gegenstände, die sich nicht in diesem Staat befinden und nach dem Recht des Staates, in dem sie sich befinden, besonderen Vorschriften unterliegen.**

Dieser Grundatz **„Einzelstatut bricht Gesamtstatut"** gilt – anders als die Rechtswahl nach **421** Art 15 Abs 2 Nr 3 – nicht nur für unbewegliches, sondern auch für bewegliches Vermögen (BeckOK-BGB/*Mörsdorf-Schulte* Rn 93). Ein Vorrang der *lex rei sitae* vor dem güterrechtlichen Gesamtstatut setzt nach Art 3a Abs 2 einerseits voraus, dass Vermögensgegenstände der Ehegatten in einem Staat belegen sind, desssen Sachrecht nicht als Güterrechtsstatut berufen ist; andererseits muss das Belegenheitsrecht die dort belegenen Sachen „besonderen Vorschriften" unterwerfen (dazu allg H/O/*Hausmann* § 2 Rn 173 ff). Im Geltungsbereich des deutsch-iranischen Niederlassungsabkommens (→ Rn 394 ff) findet Art 3a Abs 2 keine Anwendung. Etwas anderes folgt auch nicht aus Art 8 Abs 3 S 2 des Abkommens, weil Art 3a Abs 2 EGBGB gerade nicht gegenüber jedem anderen Staat gilt (jurisPK/*Ludwig* Rn 12).

Zu den **„besonderen Vorschriften"** iSv Art 3a Abs 2 gehören nicht nur die materiellen **422** Bestimmungen über Sondervermögen (Fideikommisse, Lehen usw; dazu näher *Ludwig* DNotZ 00, 663/669 ff; MüKoBGB/*v Hein* Art 3a Rn 36 ff; MüKoBGB/*Looschelders* Rn 125 f; NK BGB/*Sieghörtner* Rn 7; Staud/*Hausmann* Art 3a Rn 49 ff mwN), sondern nach hM auch **Kollisionsnormen** des Belegenheitsstaates, die eine unterschiedliche Anknüpfung für bewegliches und unbewegliches Vermögen vorsehen und die güterrechtlichen Verhältnisse an Grundstücken der *lex rei sitae* unterwerfen (ganz hM, vgl *Ludwig* DNotZ 00, 663/669 f; *v Bar*, IPR II Rn 232; Pal/*Thorn* Rn 4; MüKoBGB/*v Hein* Art 3a Rn 48 ff; Staud/*Hausmann* Art 3a Rn 27 ff mwN; zum internationalen Erbrecht auch BGH NJW 93, 1920/1921 = IPRax 94, 375 m Anm *Dörner* 362; BayObLG NJW-RR 90, 1033; **aA** Soe/*Schurig* Rn 66), wie dies insbesondere im *anglo-amerikanischen* Recht weithin der Fall ist. Demgegenüber tendiert das *englische* Recht neuerdings zu einer einheitlichen Anknüpfung von *„movables"* und *„immovables"* im internationalen Güterrecht (vgl OLG Hamm FamRZ 14, 947, wo der Auskunftsanspruch der Ehefrau bezüglich einer in London belegenen Immobilie des Ehemannes nach deutschem Güterrecht beurteilt und eine Anwendung von Art 3a Abs 2 EGBGB ausdrücklich abgelehnt wird).

Der Grundsatz „Einzelstatut bricht Gesamtstatut" führt zu einer **Aufspaltung des Güter-** **423** **standes** mit der Folge, dass etwa das jeweilige Belegenheitsrecht entscheidet, ob und welche Verfügungsbeschränkungen kraft Güterrechts in Bezug auf ein dort belegenes Grundstück deutscher Ehegatten bestehen und wie dieses Grundstück bei Auflösung der Ehe in eine vermögensrechtliche Abwicklung einzuziehen ist (vgl Pal/*Thorn* Rn 4; *v Bar*, IPR II Rn 225; **aA** *Ludwig* DNotZ 00, 663/669). Ehegatten, die zur Zeit der Eheschließung ausschließlich die deutsche Staatsangehörigkeit besitzen, leben also zwar, wenn sie keinen Ehevertrag geschlossen haben, im deutschen gesetzlichen Güterstand der Zugewinngemeinschaft. Dies gilt jedoch nicht für ein während der Ehe erworbenes Ferienhaus in Florida; insoweit ist nicht nur aus der Sicht des Rechts von Florida, sondern auch aus deutscher Sicht wegen Art 3a Abs 2 EGBGB das Güterrecht von Florida maßgebend (vgl H/O/*Hausmann* § 9 Rn 48). Zur Überwindung dieser Güterrechtsspaltung durch Rechtswahl → Rn 473.

B 424–427   1. Teil. Erkenntnisverfahren B. Güterrechtssachen

424 **(2) Partielle Rück- oder Weiterverweisung.** Die Einheitlichkeit des Güterstands kann –
anders als künftig unter Geltung der EuGüVO (Art 32; → Rn 386) – auch durch das Spiel von
Rück- und Weiterverweisungen (dazu näher → Rn 444 ff) durchbrochen werden. Während die
Tendenz im *englischen* Kollisionsrecht neuerdings dahin geht, das Güterrecht für bewegliches und
unbewegliches Vermögen einheitlich an das *„matrimonial domicile"* der Ehegatten anzuknüpfen
(*Dicey, Morris & Collins,* Conflict[15,] Rule 165 Rn 28-021 ff; *Süß/Ring/Odersky,* Eherecht in
Europa Rn 32; Staud/*Mankowski* Rn 40; vgl auch OLG Hamm FamRZ 14, 947), unterscheiden
die Rechte der US-amerikanischen Bundesstaaten insoweit scharf zwischen beweglichem und
unbeweglichem Vermögen und unterwerfen nur das bewegliche Vermögen *(„movables")* der *lex
domicilii;* während die güterrechtlichen Verhältnisse an **Grundbesitz** *(„immovables")* nach dem
Recht der belegenen Sache *(lex rei sitae)* beurteilt werden (vgl IPG 1967/68 Nr 23 [Hamburg];
IPG 1978 Nr 36 [Kiel]; IPG 1984 Nr 40 [München]). Verweist Art 15 Abs 1 iVm Art 14 Abs 1
daher auf das Recht eines *US-Bundesstaats,* so entscheidet das jeweilige Recht der Belegenheit
darüber, ob ein Grundstück durch die Eheschließung in das Miteigentum des anderen Ehegatten
übergegangen ist oder ob dieser sonstige Rechte an diesem Grundstück erworben hat. Haben
US-amerikanische Ehegatten also Grundbesitz in verschiedenen Ländern, so wird hinsichtlich
ihrer güterrechtlichen Verhältnisse auf ebenso viele Rechte (zurück- bzw weiter-) verwiesen
(*Bardy* FuR 94, 83 ff).

425 Eine sich hieraus ergebende partielle Rück- oder Weiterverweisung durch das von Art 15
Abs 1 zur Anwendung berufene Heimat- oder Aufenthaltsrecht der Ehegatten auf das Belegenheitsrecht wird **im Inland beachtet,** obwohl das deutsche internationale Ehegüterrecht vom
Grundsatz der Vermögenseinheit ausgeht (OLG München FamRZ 13, 1488; KG FamRZ 07,
1564/1565; MüKoBGB/*Looschelders* Rn 115 f; NK-BGB/*Sieghörtner* Rn 27). Dies widerspricht
auch nicht dem Sinn der deutschen Verweisung (Art 4 Abs 1 S 1, HS 2), weil das deutsche IPR
– wie gezeigt – in Art 3a Abs 2 selbst der *lex rei sitae* den Vortritt lässt, wenn diese besondere
Kollisionsnormen für unbewegliches Vermögen bereithält, und außerdem den Ehegatten in
Art 15 Abs 2 Nr 3 sogar eine eine auf das in- oder ausländische unbewegliche Vermögen
beschränkte Rechtswahl gestattet (MüKoBGB/*Looschelders* Rn 114; Soe/*Schurig* Rn 63; Beck-
OK-BGB/*Mörsdorf-Schulte* Rn 77; Staud/*Hausmann* Art 4 Rn 214; zur Illustration auch das
Beispiel bei H/O/*Hausmann* § 9 Rn 51).

426 Soweit das US-amerikanische Kollisionsrecht auf das Recht des Lageortes zurückverweist,
wird der jeweiligen *lex rei sitae* idR auch die **Qualifikation einer Sache als unbeweglich**
(„immovable") überlassen (sog Qualifikationsverweisung; vgl *Jayme* ZfRV 76, 93 ff; Staud/*Hausmann* Art 4 Rn 71 ff; s a BGHZ 144, 251/255 = JR 01, 234 m Anm *Rauscher* = IPRax 02, 40 m
Anm *Umbeck* 33 [zur Qualifikationsverweisung des US-amerikanischen internationalen Erbrechts
auf deutsches Belegenheitsrecht in Bezug auf Restitutionsansprüche nach dem Vermögens-
gesetz]; IPG 1999 Nr 24 [Hamburg] zur Qualifikationsverweisung durch das englische internationale Ehegüterrecht). Wird etwa anlässlich der Ehescheidung von New Yorker Ehegatten ein
Anspruch auf Zugewinnausgleich bezüglich eines in Bayern belegenen Ferienhauses geltend
gemacht, so verweist das von Art 15 Abs 1 iVm Art 14 Abs 1 Nr 1 und Art 4 Abs 3 EGBGB
zur Anwendung berufene New Yorker Kollisionsrecht zwar für die güterrechtlichen Beziehungen der Eheleute an dem in Deutschland belegenen unbeweglichen Vermögen auf die deutsche
lex rei sitae zurück. Diese Rückverweisung ergreift den Anspruch auf Ausgleich des Zugewinns
jedoch nur, wenn dieser zum unbeweglichen Vermögen der Ehegatten gehört. Diese Qualifika-
tionsentscheidung überlässt das New Yorker IPR aber dem deutschen Recht als der maßgeblichen *lex rei sitae.* Danach ist der Anspruch auf Zugewinnausgleich aber ein bloßer Geldanspruch
und als solcher dem beweglichen Vermögen zuzuordnen. Für dieses ist indes das Ehegüterrecht
von New York maßgebend, wenn beide Ehegatten dort ihr gemeinsames *domicile* haben. Im
Recht von New York gilt der Grundsatz der Gütertrennung *(„separate property"),* so dass ein
Anspruch auf Zugewinnausgleich bezüglich des bayerischen Ferienhauses nicht besteht (vgl LG
Wiesbaden FamRZ 73, 657 m Anm *Jayme;* für Durchführung des Zugewinnausgleichs nach
§§ 1373 ff BGB zwischen texanischen Ehegatten bezüglich eines inländischen Grundstücks aber
OLG Karlsruhe NJW 90, 1420/1421).

427 Wurde der Grunderwerb aus Mitteln finanziert, die unter einem von der *lex rei sitae* verschie-
denen Güterrechtsstatut erworben wurden, so setzt sich zwar die güterrechtliche Zuordnung der
Finanzierungsmittel nach dem Recht der meisten US-Bundesstaaten an dem erworbenen
Grundbesitz fort (sog. ***tracing rule";*** vgl zu dieser Staud/*Hausmann* Art 4 Rn 213 f; *Scoles/Hay/
Borchers/Symeonides,* Conflict[5] [2010], § 14.6 mwN). Haben die Ehegatten ihr *domicile* in einem
sog. *„community property"*-Staat (zB in *Kalifornien*), hat dies allerdings nicht zur Folge, dass auch

254

II. Internationales Privatrecht: EGBGB Art 15   **428–431   B**

Grundstücke, die außerhalb dieses Staates von einem Ehegatten erworben werden, gemeinschaftliches Eigentum der Ehegatten werden, wenn die Finanzierung aus Mitteln des Gemeinschaftseigentums erfolgt; eine dinglichen Surrogation tritt also insoweit nicht ein. Vielmehr hält der Ehegatte, der das Grundstück zu Alleineigentum erworben hat, dieses treuhänderisch für den anderen Ehegatten im Umfang von dessen finanzieller Beteiligung. Diese – mit Hilfe des sog. *„constructive trust"* erzielte – Lösung ist allerdings auf Grundvermögen beschränkt, das im Common Law-Bereich belegen ist. An einem deutschen Grundstück bestehen stattdessen **nur schuldrechtliche Ausgleichsansprüche** des dinglich nicht beteiligten Ehegatten (vgl OLG München FamRZ 13, 1488 = MittBayNot 13, 404 m zust Anm *Süß;* Münch/*Süß* § 20 Rn 98; **aA** *Bardy* RNotZ 2005, 137/140 f).

Von erheblicher praktischer Bedeutung ist schließlich, dass auch das **türkische IPR** in Art 15   **428** Abs 2 IPRG 2007 bezüglich der güterrechtlichen Auseinandersetzung des Immobiliarvermögens zwischen Ehegatten auf die jeweilige *lex rei sitae* zurück- oder weiterverweist (vgl OLG Bremen FamRZ 16, 129 Rn 9; *Rumpf/Odenthal,* in: Bergmann/Ferid/Henrich, Internationales Ehe- und Kindschaftsrecht, Türkei, S 22 f). Ob der Anwendungsbereich dieser Vorschrift auf die güterrechtliche Auseinandersetzung unter Ehegatten zu Lebzeiten – also insbesondere aus Anlass einer Ehescheidung – begrenzt ist (so OLG Köln NJW 14, 2290/2291), erscheint zweifelhaft, weil eine solche Spalung des Güterrechtsstatus zu erheblichen Problemen führen würde. Deshalb führt die Teilrückverweisung auf deutsches Recht im Falle der Belegenheit von Immobilien eines verheirateten türkischen Erblassers in Deutschland auch zu einer Erhöhung der gesetzlichen Erbquote des überlebenden Ehegatten nach § 1371 Abs 1 BGB (*Kowalcyk* ZfRV 16, 25 ff; MüKoBGB/*Looschelders* Rn 116). Gleiches gilt erst recht, wenn – zB in einer deutsch-türkischen Ehe (Art 15 Abs 1 iVm Art 14 Abs 1 Nr 2) – insgesamt deutsches Güterrecht als gemeinsames Aufenthaltsrecht der Ehegatten zur Anwendung kommt (*Lange* ZEV 12, 207 gegen OLG Köln ZEV 12, 205).

(3) Rechtswahl nach Art 15 Abs 2 Nr 3. Eine dritte Durchbrechung der Einheit des   **429** Güterrechtstatuts kann sich aus der den Ehegatten in Art 15 Abs 2 Nr 3 eingeräumten Rechtswahl zugunsten der jeweiligen *lex rei sitae* für unbewegliches Vermögen ergeben. Sie wird im Kontext der Rechtswahl (→ Rn 574 ff) behandelt. Die EuGüVO sieht diese Rechtswahlmöglichkeit im Interesse der in Art 21 stark betonten Einheitlichkeit des Güterrechtsstatuts nicht mehr vor.

cc) Wirkung der Güterrechtsspaltung. Die Spaltung des Güterrechts nach den vorstehen-   **430** den Vorschriften hat zur Folge, dass das Vermögen der Ehegatten sich in **zwei oder mehr selbständige Vermögensmassen** aufteilt, von denen **jede einem anderen Recht** unterliegt. Jede dieser Vermögensmassen wird dann nach dem auf sie anwendbaren Güterrecht beurteilt, und zwar grundsätzlich so, als ob die anderen Vermögensmassen nicht vorhanden wären (NK-BGB/*Sieghörtner* Rn 108; PWW/*Martiny* Rn 19 f). Im einzelnen bedeutet dies:

- Für jede Vermögensmasse ist getrennt nach dem auf sie anwendbaren Güterrecht zu entscheiden, ob zwischen den Ehegatten eine Art von Gütergemeinschaft besteht oder ob die Vermögen der Ehegatten getrennt bleiben (NK-BGB/*Sieghörtner* Rn 108);
- Güterrechtliche Verfügungs- oder Verpflichtungsbeschränkungen sind für jede Vermögensmasse nach dem auf sie anwendbaren Güterrecht zu beurteilen mit der Folge, dass solche Beschränkungen für bestimmte Vermögensgegenstände der Ehegatten bestehen können, für andere hingegen nicht; für § 1365 BGB ist daher nur das dem deutschen Güterrecht unterliegende Vermögen als Gesamtvermögen anzusehen (Pal/*Thorn* Rn 22 aE; NK-BGB/*Sieghörtner* Rn 108);
- Bei Beeendigung der Ehe ist jede Vermögensmasse nach dem auf sie anwendbaren Recht abzuwickeln mit der Folge, dass zB ein Zugewinnausgleich nur in Bezug auf das dem deutschen Recht unterliegende Vermögen durchzuführen ist, während bezüglich des anderen Vermögens die diesbezüglich nach ausländischem Recht bestehende Gütergemeinschaft auseinanderzusetzen ist oder Gütertrennung gilt (NK-BGB/*Sieghörtner* Rn 109).

In Härtefällen kann mit Hilfe des Rechtsinstituts der **Angleichung** (dazu H/O/*Hausmann* § 3 Rn 59 ff) versucht werden, einen Interessenausgleich herbeizuführen.

c) Unwandelbarkeit des Güterrechtsstatuts. aa) Grundsatz. Für die objektive Bestim-   **431** mung des Güterrechtsstatuts kommt es nach Art 15 Abs 1 auf die **Verhältnisse zur Zeit der Eheschließung** an; maßgebend ist und bleibt grundsätzlich das in diesem Zeitpunkt zur Anwendung berufene Ehewirkungsstatut. Eine spätere Veränderung der für die Anknüpfung

255

B 432–435   1. Teil. Erkenntnisverfahren B. Güterrechtssachen

nach Art 14 maßgebenden Verhältnisse – zB ein Staatsangehörigkeits- oder Aufenthaltswechsel oder eine spätere Rechtswahl gemäß Art 14 Abs 2 oder Abs 3 – ist auf die gesetzliche Anknüpfung des Güterrechtsstatuts ohne Einfluss (BT-Drs 10/504, 58). Dieses ist also – vorbehaltlich einer besonderen güterrechtlichen Rechtswahl gem Art 15 Abs 2 (→ Rn 459 ff) – unwandelbar, gilt also für die ganze Zeit des Bestehens der Ehe (OLG Nürnberg FamRZ 17, 698/700; OLG Zweibrücken NJW 16, 1185 Rn 8; OLG Stuttgart NJW-RR 15, 838; OLG Hamm FamRZ 06, 1383/1384; OLG Düsseldorf FamRZ 00, 1574/1575 f; OLG Hamm FamRZ 06, 1383/1384; AG Pankow/Weißensee FamRZ 04, 1501/1503; Pal/*Thorn* Rn 3; MüKoBGB/*Looschelders* Rn 15 ff; Erman/*Hohloch* Rn 11; Staud/*Mankowski* Rn 43 ff). An diesem Grundsatz hält auch die EuGüVO fest (Art 26 Abs 1; → Rn 360 ff). Auf diese Weise soll insbesondere **Rechssicherheit** gewährleistet werden, dh die Ehegatten sollen nicht dadurch überrascht werden, dass zB ein Wechsel des gewöhnlichen Aufenthalts während der Ehe automatisch zu einer Änderung des anwendbaren Güterrechts führt. Außerdem sollen wohlerworbene Rechte der Ehegatten erhalten bleiben (OLG Oldenburg Rpfleger 85, 188; Soe/*Schurig* Rn 28; BeckOK-BGB/*Mörsdorf-Schulte* Rn 79). Dabei wird freilich in Kauf genommen, dass die Ehegatten dem Recht eines Staates unterworfen werden, zu dem sie zur Zeit der gerichtlichen Entscheidung – zB über die güterrechtliche Auseinandersetzung anlässlich einer Ehescheidung – keinen Bezug mehr haben (vgl dazu das Beispiel bei H/O/*Hausmann* § 9 Rn 59; krit deshalb *Kropholler*, IPR § 28 II, III).

432   Der Grundsatz der Unwandelbarkeit führt zu Problemen, wenn der bei Eheschließung noch bestehende Gesamtstaat (zB *Jugoslawien,* die *Tschechoslowakei* oder die *Sowjetunion*) im Zeitpunkt der gerichtlichen Entscheidung über das Güterrecht nicht mehr existiert. In diesen Fällen der **Staatensukzession** wird die Unwandelbarkeit zT dadurch aufrecht erhalten, dass der zwischenzeitliche Zerfall des Gesamtstaats ignoriert wird. Demgemäß wurde etwa auf die güterrechtlichen Beziehungen zwischen einem Slowenen und einer Kroatin, die 1985 in Kroatien geheiratet hatten, im Wege der Unteranknüpfung nach Art 4 Abs 3 iVm dem interlokalen Privatrecht der bei Eheschließung noch bestehenden SFR Jugoslawien kroatisches Recht angewendet (vgl OLG Frankfurt IPRax 01, 140 m zust Anm *Henrich* 113; ebenso OLG Nürnberg FamRZ 11, 1509 m Anm *Henrich;* zust *Busse* IPRax 1998, 155/159).

433   Dogmatisch vorzuziehen ist demgegenüber ein anderer Lösungsweg: Danach ist das maßgebliche Ehegüterrecht im Falle der Verweisung durch Art 15 auf das Recht eines nach der Eheschließung zerfallenen Gesamtstaates so zu bestimmen, dass zunächst festgestellt wird, zu welchem der Nachfolgestaaten die Ehegatten **gemeinsam die engste Verbindung** hatten (Art 4 Abs 3 S 2 analog). Das intertemporale und internationale Privatrecht dieses Nachfolgestaats beantwortet sodann die Frage, ob eine Rückverweisung auf deutsches Recht oder eine Weiterverweisung auf einen anderen Nachfolgestaat des zerfallenen ehemaligen Gesamtstaats stattfindet (*Grosserichter/Bauer* RabelsZ 65 [2001] 201/211 ff; zust OLG Nürnberg FamRZ 17, 698/700 [*Tschechoslowakei*]; Pal/*Thorn* Rn 3; NK–BGB/*Sieghörtner* Rn 34; MüKoBGB/*Looschelders* Rn 111 f; *Andrae,* IntFamR § 3 Rn 129; vgl auch OLG Hamm FamRZ 10, 975/976 f [*UdSSR*] sowie das Beispiel bei H/O/*Hausmann* § 9 Rn 61 in Anlehnung an OLG Stuttgart NJW-RR 15, 838 = IPRax 16, 611 m Anm *Andrae* [*Ex-Jugoslawien*]). Fehlt es in dem für die Anknüpfung maßgeblichen Zeitpunkt der Eheschließung an einer solchen gemeinsamen engsten Verbindung der Ehegatten zu einem der Nachfolgestaaten (zB weil die Ehegatten schon damals ihren gewöhnlichen Aufenthalt im Inland hatten), so scheitert die Anknüpfung nach Art 15 Abs 1 iVm Art 14 Abs 1 Nr 1 und das anwendbare Recht ist nach Art 15 Abs 1 iVm Art 14 Abs 1 Nr 2 oder Nr 3 zu bestimmen (*Andrae* IPRax 16, 578/581 f).

434   Die Unwandelbarkeit des Güterrechtsstatuts führt auch nicht zu einer Festschreibung des bei Eheschließung maßgeblichen Güterstands. Insoweit ist vielmehr strikt zwischen der kollisions- und der sachrechtlichen Ebene zu unterscheiden. Wird also das von Art 15 Abs 1 zur Anwendung berufene ausländische **materielle Güterrecht** nach der Eheschließung geändert, so sind diese Änderungen in dem Umfang zu berücksichtigen, in dem sie sich selbst durch intertemporale Normen/Überleitungsvorschriften Rückwirkung beilegen. Das durch Art 15 bezeichnete Recht gilt also mit seinem jeweiligen Inhalt (OLG Hamm FamRZ 06, 1383/1384; KG FamRZ 05, 1676/1677; OLG Frankfurt NJW-RR 94, 72/73; OLG Karlsruhe IPRax 90, 122/124 m Anm *Jayme* 102; Pal/*Thorn* Rn 3; Staud/*Mankowski* Rn 49; NK–BGB/*Sieghörtner* Rn 24; BeckOK BGB/*Mörsdorf-Schulte* Rn 84 ff mwN).

435   Demgegenüber blieben die Ehegatten nach der sog **Versteinerungstheorie** nicht nur an ihr Heimatrecht, sondern auch an dessen materiell-rechtliche Ausgestaltung zur Zeit der Eheschließung gebunden. Diese Theorie wurde in der Zeit nach dem 2. Weltkrieg entwickelt, als Flüchtlinge und Vertriebene in großer Zahl aus dem Osten nach Deutschland umsiedelten. Trat in

256

II. Internationales Privatrecht: EGBGB Art 15   **436–440 B**

diesen Fällen die Änderung des materiellen Güterrechts erst zu einem Zeitpunkt ein, zu dem die Ehegatten die für die Anknüpfung wesentliche Beziehung zu ihren Heimatstaaten durch Emigration, Flucht oder Vertreibung bereits verloren hatten, so lehnte die damalige Rechtsprechung es ab, die Ehegatten auch noch nachträglichen Änderungen des Güterrechts ihrer Heimatstaaten zu unterwerfen; vielmehr sollte es dann bei dem im Zeitpunkt des Abbruchs der Beziehungen geltenden sachlichen Güterrecht verbleiben (BGHZ 40, 32/35 = NJW 63, 1975; BayObLG DNotZ 59, 407; OLG Stuttgart NJW 58, 1972/1973 [*CSSR*]; OLG Hamm NJW 77, 1591m Anm *Reinartz* = FamRZ 77, 327 [*Rumänien*]; OLG Bamberg IPRspr 84 Nr 59 [*CSSR*]; zust PWW/*Martiny* Rn 4).

Eine solche „Versteinerung" des Güterstandes ist **abzulehnen,** weil das Festhalten an anti-   **436** quierten Rechtsnormen des ausländischen Güterrechts den Interessen der Betroffenen idR zuwiderläuft; die Eheleute sollten vielmehr an der Fortentwicklung des materiellen Güterrechts ihrer Heimatstaaten teilhaben (OLG Hamm FamRZ 10, 975/976 f m zust Anm *Süß* MittBayNot 10, 225; Soe/*Schurig* Rn 29; MüKoBGB/*Looschelders* Rn 109; Pal/*Thorn* Rn 3; Staud/*Mankowski* Rn 58 ff; Erman/*Hohloch* R 12; NK-BGB/*Sieghörtner* Rn 25; *v Bar,* IPR II Rn 216; *Kropholler,* IPR § 45 IV 3c; *Henrich* IPRax 01, 114). Dies gilt insbesondere in einem System des internationalen Ehegüterrechts, das neben der Staatsangehörigkeit auch andere, leichter abänderbare Anknüpfungen – wie den gewöhnlichen Aufenthalt der Ehegatten – kennt (vgl auch das Beispiel bei H/O/*Hausmann* § 9 Rn 64).

bb) Ausnahmen. Der Grundsatz der Unwandelbarkeit wird vor allem in folgenden Fällen   **437** durchbrochen:

- durch eine **Rechtswahl nach Eheschließung** (→ Rn 491 ff)
- für gemischt-nationale Ehen, die zwischen dem 31.3.1953 und dem 9.4.1983 geschlossen wurden, durch die **intertemporale Regelung in Art 220 Abs 3** (→ Rn 497 ff)
- durch **bewegliche Rück- oder Weiterverweisung nach Art 4 Abs 1 S 1 EGBGB** (→ Rn 438 ff)
- für **volksdeutsche Flüchtlinge und Vertriebene nach Art 15 Abs 4 EGBGB** (→ Rn 443, 581 ff).

(1) Wandelbarkeit kraft ausländischen Kollisionsrechts. Während das deutsche interna-   **438** tionale Ehegüterrecht in Art 15 Abs 1 unwandelbar auf die Verhältnisse zur Zeit der Eheschließung abstellt und eine spätere Veränderung der für die Anknüpfung maßgebenden Verhältnisse – zB einen Staatsangehörigkeits- oder Aufenthaltswechsel der Ehegatten – für unerheblich erklärt, knüpfen zahlreiche ausländische Rechtsordnungen das Güterrecht in Übereinstimmung mit den allgemeinen Ehewirkungen **wandelbar** an. Dies gilt hinsichtlich des beweglichen Vermögens etwa nach den Rechten der meisten *US-Bundesstaaten* sowie mit gewissen Einschränkungen auch im *englischen* Recht (*Cheshire/North/Fawcett,* PrivIntL[14] [2008] 1294 ff; vgl auch *Wochner* IPRax 1985, 90/92). Verlegen die Ehegatten mithin nach der Eheschließung ihr Domizil in einen anderen Staat, so ist für ihre güterrechtlichen Verhältnisse grundsätzlich das neue Recht maßgebend. Die Zuordnung des unter dem früheren Güterstand erworbenen Vermögens bleibt jedoch erhalten (sog. *„vested rights theory"* oder *„source doctrine";* vgl *Scoles/Hay/Borchers/Symeonides,* Conflict[5] [2010], § 14.9 mwN).

Beweglich wird das Güterrechtsstatut ferner in *Italien* (IPG 1999 Nr 26 [München]), *Lettland,*   **439** *Litauen, Schweden* und *Spanien* sowie in den meisten osteuropäischen *Staaten* (zB in *Albanien, Bosnien-Herzegowina, Bulgarien, Kroatien* (OLG Nürnberg FamRZ 11, 1509/1510 m Anm *Henrich*), *Mazedonien, Montenegro, Polen* (IPG 1997 Nr 25 [Köln]), *Rumänien, Serbien, der Slowakei* (OLG Nürnberg FamRZ 17, 698/701), *Slowenien, der Tschechischen Republik, Ungarn*) angeknüpft. Gleiches gilt in der *Russischen Föderation* (OLG Celle FamRZ 15, 160; OLG Hamm FamRZ 10, 975/977; KG FamRZ 05, 1676 f; dazu das Beispiel bei H/O/*Hausmann* § 9 Rn 70) und in den Nachfolgestaaten der ehemaligen UdSSR, zB in *Armenien, Aserbaidschan, Kasachstan* (OLG Düsseldorf FamRZ 11, 1510/1513), *Kirgisistan,* der Republik *Moldau* und der *Ukraine,* sowie in einigen ostasiatischen Staaten, zB in der Volksrepublik *China, Japan,* der Republik *Korea* (OLG München ZEV 11, 137/138) und *Taiwan.* Das *Schweizer* IPR erklärt bei einem Wohnsitzwechsel der Eheleute das Güterrecht des neuen Wohnsitzstaates sogar *rückwirkend* auf den Zeitpunkt der Eheschließung für maßgeblich; die Ehegatten können diese Rückwirkung allerdings durch schriftliche Vereinbarung ausschließen.

Der Grundsatz der Unwandelbarkeit ist aber nur ein verweisungsrechtliches Prinzip des   **440** **deutschen Kollisionsrechts.** Er setzt sich daher gegenüber der Wandelbarkeit des Güterrechts-

257

B 441–444   1. Teil. Erkenntnisverfahren B. Güterrechtssachen

statuts nach dem von Art 15 Abs 1 iVm Art 14 Abs 1 zur Anwendung berufenen ausländischen
Kollisionsrecht nicht durch. Haben sich die maßgebenden Anknüpfungskriterien (Staatsangehö-
rigkeit, gewöhnlicher Aufenthalt) daher nach der Eheschließung geändert, so ist dies nach Art 4
Abs 1 zu beachten, wenn sich hieraus nach dem maßgeblichen ausländischen Kollisionsrecht eine
Rückverweisung auf deutsches Recht oder eine Weiterverweisung auf das Recht eines dritten
Staates ergibt (KG IPRspr 1934 Nr 45; OLG Hamm IPRspr 1974 Nr 62 [*Israel*]; KG FamRZ
05, 1676 f Rn 20 [*Russische Föderation*]; KG FamRZ 07, 1564/1565 Rn 9) [*USA/Massachussetts*];
OLG Hamm FamRZ 10, 975/976 f Rn 15 und OLG Celle FamRZ 15, 160 [*Russische Föderati-
on*]; OLG München FamRZ 11, 1006 Rn 20 = ZEV 11, 137 [*Korea*]; OLG München NJW-
RR 11, 663/665 [*Spanien*]; OLG Düsseldorf FamRZ 11, 1510/1512 Rn 2 [*Kasachstan*]; *Siehr*
IPRax 07, 353/354; *Süß* MittBayNot 10, 225/226 f; MüKoBGB/*Looschelders* Rn 110; Soe/
Schurig Rn 64; Pal/*Thorn* Rn 3; Erman/*Hohloch* Rn 11; BeckOK-BGB/*Mörsdorf-Schulte* Rn 82;
NK-BGB/*Sieghörtner* Rn 21; *v Bar,* IPR II Rn 213; Staud/*Hausmann,* Art 4 Rn 218 mwN; **aA**
– zu Unrecht – OLG Nürnberg FamRZ 11, 1509/1510 m krit Anm *Henrich;* AG Dortmund
FamRZ 99, 1507. Vgl dazu auch das Beispiel bei H/O/*Hausmann* § 9 Rn 70).

441   Die Beachtung einer solchen **beweglichen Rückverweisung** verstößt insbesondere nicht iSv
Art 4 Abs 1 gegen den Sinn der von Art 15 Abs 1 ausgesprochenen deutschen Verweisung, und
zwar auch dann nicht, wenn das nach Art 15 Abs 1 iVm Art. 14 Abs 1 Nr 3 maßgebliche Recht
der engsten Verbindung im Zeitpunkt der Eheschließung beweglich anknüpft und auf ein Recht
verweist, zu dem die Eheleute erst später gemeinsame Beziehungen hergestellt haben (*Schurig* JZ
85, 559/562 f; MüKoBGB/*Looschelders* Rn 110; MüKoBGB/*v Hein,* Art 4 Rn 84 ff; *v Bar,* IPR
II Rn 213; Reithmann/Martiny/*Hausmann,* IVR Rn 7.795). Denn der Grundsatz der Unwandelbarkeit des Güterrechtsstatuts gilt im deutschen Kollisionsrecht auch sonst nicht uneingeschränkt; vielmehr haben die Ehegatten nach Art 15 Abs 2 jederzeit die Möglichkeit, sich durch
eine Rechtswahl vom unwandelbar angeknüpften objektiven Güterrechtsstatut zu lösen. Unter
Geltung der EuGüVO ist demgegenüber für die Anerkennung einer beweglichen Rückverweisung kein Raum mehr, da die Verordnung nur Sachnormverweisungen ausspricht (Art 32;
→ Rn 386).

442   Ferner kann auch eine nach Eheschließung eingetretene **Änderung des ausländischen
Kollisionsrechts** zur Wandelbarkeit des Güterrechtsstatuts führen, sofern sie nach den intertemporalen Regeln dieses Rechts auch vor ihrem Inkrafttreten geschlossene Ehen erfasst. Die
Verweisung nach Art 15 Ab s 1 ist mithin auf das jeweils geltende ausländische IPR gerichtet, das
im Falle einer nach Eheschließung eingetretenen Rechtsänderung durch seine intertemporalen
Regeln entscheidet, ob das alte oder das neue Kollisionsrecht anzuwenden ist (KG FamRZ 05,
1676 f Rn 20; OLG Hamm FamRZ 06, 1383; OLG Hamm FamRZ 10, 975/976 = RNotZ10,
206 m Anm *Böttcher;* OLG München ZEV 11, 137/138 und NJW-RR 11, 663/665; OLG
Düsseldorf FamRZ 11, 1510/1512; *Andrae,* IntFamR § 3 Rn 133; Münch/*Süß* § 20 Rn 97;
Pal/*Thorn* Rn 3; Staud/*Mankowski* Rn 56 mwN; **aA** OLG Nürnberg MittBayNot 11, 337; vgl
dazu auch das Beipiel bei H/O/*Hausmann* § 9 Rn 68).

443   **(2) Wandelbarkeit für Vertriebene und Flüchtlinge deutscher Volkszugehörigkeit.**
Eingeschränkt wird der Grundsatz der Unwandelbarkeit des Güterrechtsstatuts ferner für Vertriebene und Flüchtlinge deutscher Volkszugehörigkeit. Für sie wird die Wandelbarkeit durch
Gesetz v 4.8.1969 (VFGüterstG; BGBl 1969 I, 1067), dessen Vorschriften gem Art 15 Abs 4
unberührt bleiben, ausdrücklich angeordnet (dazu näher → Rn 581 ff).

444   **d) Rück- und Weiterverweisung. aa) Allgemeines.** Wird von einer deutschen Kollisionsnorm auf das Recht eines anderen Staates verwiesen, so ist nach Art 4 Abs 1 S 1 auch dessen
Internationales Privatrecht anzuwenden, sofern dies nicht dem Sinn der Verweisung widerspricht; etwas anderes gilt nur dann, wenn die Verweisung iSv Art 3a Abs 1 ausdrücklich auf die
ausländischen Sachvorschriften gerichtet ist:

EGBGB Art 4. Rück- und Weiterverweisung; Rechtsspaltung

(1) **¹Wird auf das Recht eines anderen Staates verwiesen, so ist auch dessen Internationales
Privatrecht anzuwenden, sofern dies nicht dem Sinn der Verweisung widerspricht. ²Verweist das
Recht des anderen Staates auf deutsches Recht zurück, so sind die deutschen Sachvorschriften
anzuwenden.**

**(2) Soweit die Parteien das Recht eines Staates wählen können, können sie nur auf die Sach-
vorschriften verweisen.**

(3) ....

258

II. Internationales Privatrecht: EGBGB Art 15 445–449 **B**

Die akzessorische Anknüpfung des Güterrechtsstatuts an das Ehewirkungsstatut ist dabei nur **445** als eine verkürzte Bezugnahme auf ein gleichberechtigungskonformes Anknüpfungsmodell zu verstehen, so dass nicht etwa auf das Sachrecht verwiesen wird, dem die allgemeinen Ehewirkungen unterstehen; vielmehr spricht Art 15 Abs 1 (iVm Art 14 Abs 1 Nr 1–3) eine **Gesamtverweisung** auf das ausländische Recht des Staates aus, dem die Ehegatten im Zeitpunkt der Eheschließung gemeinsam angehörten bzw in dem sie zu diesem Zeitpunkt ihren gemeinsamen gewöhnlichen Aufenthalt hatten oder mit dem sie sonst am engsten verbunden waren. Daraus folgt, dass nach Art 4 Abs 1 S 1 anhand der **güterrechtlichen Kollisionsnormen** dieses Rechts zu prüfen ist, ob auf deutsches Recht zurück- oder auf das Recht eines dritten Staates weiterverwiesen wird (OLG Düsseldorf FamRZ 11, 1510/1512; OLG Hamm FamRZ 10, 975/ 976; OLG Koblenz FamRZ 94, 1258; Staud/*Hausmann* Art 4 Rn 208; Erman/*Hohloch* Rn 7). Hingegen bleibt die für die allgemeinen Ehewirkungen maßgebliche Kollisionsnorm des ausländischen Rechts insoweit außer Betracht; eine durch sie ausgesprochene Rück- oder Weiterverweisung bestimmt das Güterrechtsstatut auch nicht mittelbar (*Rauscher* NJW 88, 2151/2154; *Kartzke* IPRax 88, 8/10 f; MüKoBGB/*v Hein*, Art 4 Rn 33; *v Bar*, IPR II Rn 213).

bb) Annahme der deutschen Verweisung. Eine Rückverweisung hat dann auszuscheiden, **446** wenn das von Art 15 Abs 1 zur Anwendung berufene Recht zur Bestimmung des Güterrechtsstatuts die gleichen Anknüpfungskriterien wie das deutsche IPR verwendet. Dies trifft insbesondere in den Fällen des Art 15 Abs 1 iVm Art 14 Abs 1 Nr 1 häufig zu. Denn auf die **gemeinsame Staatsangehörigkeit** der Ehegatten stellen – in Ermangelung einer Rechtswahl – bisher die meisten *romanischen* Rechte ab. Dies gilt etwa für *Italien* (OLG Zweibrücken NJW 16, 1185 Rn 7), *Portugal* und *Spanien*. Das gemeinsame Heimatrecht der Ehegatten bestimmt den Güterstand ferner in *Österreich, Griechenland* (OLG Stuttgart FamRZ 01, 1371 und FamRZ 05, 1676; OLG München FuR 06, 93), der *Türkei* (OLG Hamm FamRZ 06, 1383; ebenso nach dem IPRG 2007, vgl *Odendahl* FamRZ 09, 567/569 f)) und den meisten osteuropäischen Rechten, so zB in *Albanien, Bosnien und Herzegowina* (OLG München IPRspr 93 Nr 59), *Bulgarien, Georgien, Kroatien* (OLG Koblenz FamRZ 94, 1258; OLG Hamm FamRZ 99, 299/ 300), *Mazedonien, Montenegro, Polen* (OLG München NJW 16, 1186 Rn 13), *Serbien, der Slowakei* (OLG Bamberg IPRspr 83 Nr 59), *Slowenien, der Ukraine* und *Ungarn* (vgl näher Staud/*Hausmann* Art 4 Rn 209). Eine Rückverweisung durch das gemeinsame Heimatrecht der Ehegatten findet auch dann nicht statt, wenn dieses als Anknüpfungspunkt für das Güterrechtsstatut weiterhin – gleichberechtigungswidrig – das Heimatrecht des Ehemannes vorsieht, wie dies namentlich in zahlreichen *islamischen* Rechten der Fall ist. Bei **Doppelstaatern** ist allerdings zu beachten, dass im Rahmen der Rückverweisung Art 5 Abs 1 EGBGB keine Anwendung findet, sondern insoweit auf die Sicht des ausländischen IPR abzustellen ist, das idR der eigenen Staatsangehörigkeit den Vorrang einräumen wird (OLG Nürnberg NJOZ 17, 1307 Rn 41; OLG Frankfurt ZEV 17, 572/575).

cc) Rückverweisung auf das Wohnsitz-/Aufenthaltsrecht. Hingegen wird auf deutsches **447** Recht zurückverwiesen, wenn das gemeinsame Heimatrecht von im Inland lebenden Ehegatten auf dem Gebiet des Ehegüterrechts dem Wohnsitzprinzip folgt, wie dies etwa für die *Schweiz* zutrifft. Dort unterstehen die güterrechtlichen Verhältnisse in Ermangelung einer Rechtswahl dem Recht des Staates, in dem beide Ehegatten gleichzeitig ihren Wohnsitz haben bzw zuletzt gehabt haben (Art 54 Abs 1 IPRG). Schweizerische Eheleute mit Wohnsitz in *Deutschland* leben daher, soweit sie keine zulässige Rechtswahl getroffen (und keinen Ehevertrag geschlossen) haben, kraft Rückverweisung im deutschen gesetzlichen Güterstand der Zugewinngemeinschaft.

An das **Recht des jeweiligen gemeinsamen Wohnsitzes** der Eheleute knüpfen auch das **448** *lettische, litauische* und *russische* Recht (KG FamRZ 05, 1676), sowie die Rechte zahlreicher Nachfolgestaaten der ehemaligen UdSSR, zB *Armenien, Aserbaidschan, Kasachstan* (OLG Düsseldorf FamRZ 11, 1510/1512), *Kirgisistan, Republik Moldau*, an.

Andere Rechte folgen auf dem Gebiet des Güterrechts zwar ebenfalls dem Wohnsitzgrundsatz, **449** knüpfen aber *unwandelbar* an das **Recht des ersten ehelichen Wohnsitzes** an. Dies gilt etwa für das *dänische* (vgl BayObLGZ 53, 102/105 f; OLG Schleswig SchlHA 82, 27), *estnische* und *norwegische* Recht (IPG 1971 Nr 16 [Heidelberg], sowie mit Einschränkungen auch für das *finnische* Recht (§ 129 EheG). Der erste eheliche Wohnsitz der Ehegatten bestimmt das anwendbare Güterrecht ferner in *Israel* (OLG Hamm IPRspr 74 Nr 62), sowie – in Anlehnung an das IPR-Übereinkommen von Montevideo – in zahlreichen *südamerikanischen* Staaten, zB in *Argentinien, Brasilien* (vgl *Nordmeier* StAZ 09, 71/72), *Chile, Ecuador, Kolumbien, Paraguay, Peru, Uruguay* und *Venezuela*. Zum Teil gilt dies freilich nur mit Einschränkungen durch das Territorialitäts-

259

B 450–454   1. Teil. Erkenntnisverfahren B. Güterrechtssachen

prinzip, dh nur dann, wenn der erste eheliche Wohnsitz in einem der genannten Staaten begründet worden ist.

450   Hinsichtlich des **beweglichen Vermögens** beurteilen sich die güterrechtlichen Verhältnisse von Ehegatten auch in *Großbritannien* und den *USA* nach dem Wohnsitzrecht. Dabei knüpft das *englische* Recht grundsätzlich an das *„matrimonial domicile"* der Ehegatten im Zeitpunkt der Eheschließung an (*Dicey/Morris* Bd II, Rule 165). Diese Anknüpfung wird auch in *Irland* und den meisten früheren Commonwealth-Staaten, zB in *Australien, Indien* (OLG Hamburg FamRZ 01, 916/918), *Kanada, Neuseeland, Pakistan* (LG Frankfurt IPRspr 75 Nr 53) und *Südafrika*, befolgt. Demgegenüber stellen die *US-amerikanischen* Einzelstaaten überwiegend auf das *„current marital domicile"* im Zeitpunkt des Erwerbs des jeweiligen Gegenstandes ab (KG FamRZ 07, 1564/1565; Bardy FuR 94, 83 ff; Staud/*Hausmann* Art 4 Rn 211). An die Begründung eines Wahldomizils in der *Bundesrepublik Deutschland* und eine daraus abgeleitete Rückverweisung auf deutsches Güterrecht sind freilich strenge Anforderungen zu stellen (LG Wiesbaden FamRZ 73, 657 m Anm *Jayme*).

451   Die Anknüpfung an die gemeinsame Staatsangehörigkeit, aber auch an den Wohnsitz, wird in neueren IPR-Gesetzen zunehmend durch die Anknüpfung an den **gemeinsamen gewöhnlichen Aufenthalt** der Ehegatten ersetzt. Eine Rück- oder Weiterverweisung auf das Recht des *ersten* gemeinsamen gewöhnlichen Aufenthalts der Ehegatten nach der Eheschließung spricht Art 4 Abs 1 des Haager Übereinkommens über das auf Ehegüterstände anwendbare Recht v 14.3.1978 (→ Rn 277 ff) aus, das von *Frankreich, Luxemburg* und der *Niederlande* ratifiziert worden ist (OLG Düsseldorf FamRZ 00, 1574/1575 [*Niederlande*]; Münch/*Süß* § 20 Rn 96). Das gemeinsame Heimatrecht der Ehegatten kommt in diesen Staaten nur ausnahmsweise gem Art 4 Abs 2 des Übereinkommens zur Anwendung (vgl Reithmann/Martiny/*Hausmann* IVR Rn 7.852). Der gemeinsame gewöhnliche Aufenthalt der Ehegatten ist heute auch primäre objektive Anknüpfung in *Belgien, Liechtenstein, Rumänien, Schweden*, der *Tschechischen Republik* und der *Volksrepublik China*, wobei in *Belgien* und *Liechtenstein* unwandelbar, in den übrigen genannten Staaten hingegen wandelbar angeknüpft wird. Nur in Ermangelung eines gemeinsamen gewöhnlichen Aufenthalts wird in diesen Staaten idR auf die gemeinsame Staatsangehörigkeit der Ehegatten zurückgegriffen.

452   **dd) Rückverweisung auf die lex rei sitae.** Rechtsordnungen, welche die güterrechtlichen Beziehungen der Ehegatten insgesamt, dh auch bezüglich des beweglichen Vermögens, der jeweiligen *lex rei sitae* unterwerfen, sind nicht bekannt. Zu einer Rück- oder Weiterverweisung auf das Belegenheitsrecht kann es vielmehr nur dann kommen, wenn das von Art 15 Abs 1 zur Anwendung berufene Recht vom Grundatz der **Spaltung des Güterrechtsstatuts** ausgeht und nur das unbewegliche Vermögen der *lex rei sitae* unterwirft. Zur Beachtung der hieraus folgenden partiellen Rückverweisung näher → Rn 424 ff.

453   **ee) Rückverweisung kraft beweglicher Anknüpfung.** Ein Renvoi kann sich auch daraus ergeben, dass das aus deutscher Sicht maßgebliche Güterrechtsstatut nicht auf die Verhältnisse der Ehegatten zur Zeit der Eheschließung abstellt, sondern eine bewegliche Anknüpfung vorsieht (Wandelbarkeit des Güterrechtsstatuts). Hat sich in einem solchen Fall die Staatsangehörigkeit oder der gewöhnliche Aufenthalt der Ehegatten nach der Eheschließung geändert, so stellt das von Art 15 Abs 1 zur Anwendung berufene fremde Kollisionsrecht uU auf die neue gemeinsame Staatsangehörigkeit oder den neuen gemeinsamen gewöhnlichen Aufenthalt der Ehegatten ab. Zur Beachtlichkeit einer sich hieraus ergebenden Rück- oder Weiterverweisung näher → Rn 438 ff.

454   **ff) Rückverweisung kraft abweichender Qualifikation.** Eine Rückverweisung auf deutsches Recht kann ihren Grund auch darin haben, dass das von Art 15 Abs 1 zur Anwendung berufene ausländische Kollisionsrecht die Reichweite des Güterrechtsstatuts enger oder weiter zieht als das deutsche Recht. Dies trifft insbesondere auf die **vermögensrechtliche Auseinandersetzung aus Anlass einer Ehescheidung** zu, weil ausländische Rechte die Abgrenzung zwischen Scheidungsunterhalt, Zugewinn- und Versorgungsausgleich zT anders vornehmen als das deutsche Recht. Da grundsätzlich das ausländische IPR über die Qualifikation und Auslegung der in seinen Kollisionsnormen verwendeten Begriffe entscheidet (vgl H/O/*Hausmann* § 3 Rn 12), können auch diesbezügliche Abweichungen zu einem Renvoi führen. Praktische Bedeutung hat dies insbesondere im *deutsch-österreichischen* Rechtsverkehr, weil die hM in *Österreich* die Aufteilung des ehelichen Gebrauchsvermögens und der ehelichen Ersparnisse aus Anlass der Ehescheidung nicht güterrechtlich, sondern scheidungsrechtlich qualifiziert (vgl öst OGH

260

II. Internationales Privatrecht: EGBGB Art 15   455–458 **B**

IPRax 95, 42 m Anm *Lorenz* 47). Verweist das deutsche internationale Ehegüterrecht daher in einer deutsch-österreichischen Ehe auf österreichisches Recht, weil die Ehegatten dort ihren gewöhnlichen Aufenthalt zur Zeit der Eheschließung hatten (Art 15 Abs 1 iVm Art 14 Abs 1 Nr 2), so kann sich ein Renvoi kraft abweichender Qualifikation ergeben, wenn die Ehegatten ihren gewöhnlichen Aufenthalt im Zeitpunkt der Scheidung nach Deutschland oder in einen Drittstaat verlegt hatten (§ 20 iVm § 18 öst IPRG; vgl *Lorenz* IPRax 95, 50; NK-BGB/ *Sieghörtner* Rn 28; Staud/*Hausmann* Art 4 Rn 68).

gg) Versteckte Rückverweisung. Namentlich die Gerichte der vom Common Law gepräg- **455** ten Rechtsordnungen tendieren dazu, in Scheidungs- und Scheidungsfolgesachen nur ihre internationale Zuständigkeit zu prüfen und, wenn diese gegeben ist, **ausschließlich ihr eigenes Recht** als *lex fori* anzuwenden. Dies gilt auch dann, wenn aus Anlass einer Ehescheidung über die güterrechtliche Abwicklung der Ehe zu entscheiden ist. Verweist daher Art 15 Abs 1 auf das Recht eines solchen Staates, so kann das dort herrschende Gleichlaufprinzip zu einer „ver- steckten" Rückverweisung auf das deutsche Recht führen, wenn ein deutsches Gericht mit dem Rechtsstreit befasst ist(KG FamRZ 07, 1564/1565 [*USA/Massachussetts*]; KG FamRZ 07, 1561/ 1562 f [*Nigeria*]). Dies muss jedenfalls dann gelten, wenn aus der Sicht des zur Anwendung berufenen ausländischen Rechts die deutschen Gerichte ausschließlich oder zumindest konkurr- rierend international zuständig sind (vgl dazu – differenzierend nach Fallgruppen – *Andrae,* IntFamR § 3 Rn 134 ff mwN). So ist in einer deutsch-britischen Ehe der Zugewinnausgleich nach deutschem Recht kraft versteckter Rückverweisung durch das *englische* IPR durchzuführen, wenn die Eheleute im Zeitpunkt der Rechtshängigkeit des Scheidungsantrags bei dem deutschen Gericht ihren gewöhnlichen Aufenthalt im Inland haben (vgl AG Emmendingen IPRspr 00 Nr 54; IPG 1999 Nr 24 [*Hamburg*]; ebenso zum *nigerianisch-britischen* Recht KG FamRZ 07, 1561m Anm *Henrich*. Ausführlich zur versteckten Rückverweisung Staud/*Hausmann* Art 4 Rn 79 ff).

hh) Ausschluss des Renvoi. Ein Verstoß der Rück- oder Weiterverweisung gegen den „Sinn **456** der deutschen Verweisung" in Art 15 Abs 1 wird teilweise dann angenommen, wenn das zur Anwendung berufene **ausländische IPR nicht geschlechtsneutral** anknüpft. Stellt also das ausländische internationale Ehegüterrecht einseitig auf das jeweilige Heimat- oder Wohnsitzrecht des Ehemannes ab, so soll eine solche gleichberechtigungswidrige Anknüpfung von deutschen Gerichten nicht zu beachten sein, sofern nicht die Ehefrau dieselben Anknüpfungsmerkmale erfüllt und deshalb kein gleichberechtigungswidriges Ergebnis eintritt (so BGH FamRZ 87, 679/681 = IPRax 88, 100 m Anm *Schurig* 88; *Kropholler* IPR § 24 II 2b). Indessen ist auslän- disches Kollisionsrecht – im Gegensatz zum deutschen IPR – nicht abstrakt an den deutschen Grundrechten zu messen, sondern nur nach Art 6 S 2 auszuschalten, wenn seine Anwendung im konkreten Einzelfall zu einer mit Art 3 Abs 2 GG nicht zu vereinbarenden unerträglichen Benachteiligung der Ehefrau gegenüber ihrem Ehemann führt (vgl idS zu Recht *Kartzke* IPRax 88, 8/11 f; *Ebenroth/Eyles* IPRax 89, 1/10 f; *Schotten* MittRhNotK 84, 39; MüKoBGB/*v Hein,* Art 4 Rn 94 f; MüKoBGB/*Looschelders* Rn 117; Staud/*Hausmann,* Art 4 Rn 114 mwN. Vgl auch das Beispiel bei Münch/*Süß* § 20 Rn 99).

Ebenso wenig ist im Rahmen der objektiven Anknüpfung nach Art 15 Abs 1 iVm Art 14 **457** Abs 1 Nr 3 eine Rückverweisung schon deshalb sinnwidrig, weil das berufene Recht die **engste Verbindung** des Güterrechtsstatuts anders festlegt als das deutsche IPR (KG FamRZ 07, 1561/ 1562; MüKoBGB/*Looschelders* Rn 113; NK-BGB/*Sieghörtner* Rn 29. Vgl auch H/O/*Hausmann* § 2 Rn 107 mwN).

ii) Unteranknüpfung bei Verweisung auf Mehrrechtsstaaten. Wird auf das Recht eines **458** Staates verwiesen, dessen Recht auf dem Gebiet des Ehegüterrechts territorial oder personal gespalten ist, so ist die maßgebende Teilrechtsordnung im Wege der Unteranknüpfung nach Art 4 Abs 3 zu bestimmen (BayObLG NJW-RR 01, 879/880 [*Jugoslawien*]).

2. Rechtswahl, Abs 2

Schrifttum: *Böhringer,* Die Rechtswahl nach Art 220 III 1 Nr 2 und Art 15 II Nr 3 EGBGB und die Auswirkungen auf den Grundstückserwerb, BWNotZ 87, 104; *Kemp,* Grenzen der Rechtswahl im interna- tionalen Ehegüter- und Erbrecht (1999); *Kleinheisterkamp,* Rechtswahl und Ehevertrag: Zum Formerfordernis nach Art 15 Abs 3 EGBGB, IPRax 04, 399; *Kühne,* Die außerschuldvertragliche Parteiautonomie im neuen Internationalen Privatrecht, IPRax 87, 69; *Langenfeld,* Hinweise zur Rechtswahl nach Art. 15 Abs 2 EGBGB, BWNotZ 86, 153 ff; *Mankowski,* Ehegüterrechtliche Regelung ausländischer Ehegatten über ein einzelnes

261

B 459–463   1. Teil. Erkenntnisverfahren B. Güterrechtssachen

Grundstück, FamRZ 94, 1957; *Schotten,* Gestattet Art 15 II Nr 3 EGBGB eine auf einen Gegenstand des unbeweglichen Vermögens beschränkte, objektbezogene Rechtswahl?, DNotZ 94, 556; *ders,* Die Konstituierung des neuen sowie die Beendigung und Abwicklung des alten Güterstandes nach einer Rechtswahl, DNotZ 99, 326; V. *Stoll,* Die Rechtswahl im Namens-, Ehe- und Erbrecht (1991); *Süß,* Die Wahl des deutschen Güterrechts für inländische Grundstücke, ZNotP 99, 385; *Wegmann,* Rechtswahlmöglichkeiten im internationalen Familienrecht, NJW 87, 1740.

459   **a) Allgemeines.** Das deutsche IPR räumt den Ehegatten nicht nur die Möglichkeit ein, das auf ihre güterrechtlichen Verhältnisse anwendbare Recht *mittelbar* durch die Wahl des Ehewirkungsstatuts in den (engen) Grenzen von Art 14 Abs 2 und 3 EGBGB zu bestimmen (→ Rn 117). Vielmehr können sie das Güterrechtsstatut in erheblich weiterem Umfang *unmittelbar* durch Rechtswahl nach Art 15 Abs. 2 **unabhängig vom Ehewirkungsstatut** festlegen. In einem Ehevertrag empfiehlt sich die Aufnahme einer Rechtswahlklausel immer dann, wenn der Sachverhalt einen Auslandsbezug aufweist. Zwischen der kollisionsrechtlichen Rechtswahl und dem Ehevertrag ist jedoch sorgfältig zu unterscheiden; die Rechtswahl nach Art 15 Abs 2 bleibt daher auch dann gültig, wenn der Ehevertrag, dessen Bestandteil sie bildet, im Übrigen unwirksam ist (H/O/*Hausmann* § 9 Rn 91; NK-BGB/*Sieghörtner* Rn 45).

460   Die Rechtswahlmöglichkeiten nach Art 15 Abs 2 Nr 1 und Nr 2 bleiben auch unter **Geltung der EuGüVO** ab dem 29.1.2019 erhalten, vgl Art 22 Abs 1 lit a und lit b EuGüVO; → Rn 327 ff. Demgegenüber wird die in Art 15 Abs 2 Nr 3 vorgesehene Möglichkeit, für unbewegliches Vermögen eine Teilrechtswahl zugunsten des Rechts am jeweiligen Lageort zu treffen, künftig entfallen. Übergangsrechtlich ist insbesondere zu beachten, dass sich zwar die **objektive Anknüpfung** des Güterrechtsstatuts von Ehegatten, die vor dem 29.1.2019 die Ehe geschlossen haben, gemäß Art 69 Abs. 3 EuGüVO auch nach diesem Stichtag weiterhin nach dem autonomen Kollisionsrecht der teilnehmenden Mitgliedstaaten – in Deutschland also nach Art 15 Abs 1 iVm Art 14 EGBGB – bestimmt. Treffen solche Ehegatten hingegen ab dem 29.1.2019 erstmals eine **güterrechtliche Rechtswahl** oder ändern sie eine früher getroffene Rechtswahl ab, so beurteilen sich die materiellen und formellen Voraussetzungen ihrer Wirksamkeit nach Art 22 ff EuGüVO (→ Rn 324 ff). Art 15 Abs 2 findet also auf eine ab dem 29.1.2019 vereinbarte Wahl des Güterrechtsstatuts keine Anwendung mehr.

461   **aa) Zulässigkeit und materielle Gültigkeit.** Die Zulässigkeit sowie der Inhalt und Umfang der güterrechtlichen Rechtswahl beurteilen sich allein nach deutschem Recht, weil dieses in Art 15 Abs 2 die Rechtswahl eröffnet. Auf den Standpunkt der abgewählten oder der gewählten Rechtsordnung kommt es aus der Sicht des deutschen IPR nicht an (NK-BGB/*Sieghörtner* Rn 35; MüKoBGB/*Looschelders* Rn 81; *v Bar,* IPR II Rn 223; vgl aber OLG Zweibrücken MittBayNot 14, 267 [zur Anerkennung der Wahl deutschen Güterrechts für inländischen Grundbesitz durch das Recht von *Bosnien-Herzegowina*]). Das gewählte Recht beherrscht lediglich das wirksame **Zustandekommen** und die **materielle Gültigkeit** der Rechtswahl (NK-BGB/*Sieghörtner* Rn 46; *Andrae,* IntFamR § 3 Rn 102; H/O/*Hausmann* § 9 Rn 92). Zur Vermeidung hinkender Rechtsverhältnisse sollte jedoch nach Möglichkeit darauf geachtet werden, die materiellen und formellen Voraussetzungen einer gültigen Rehtswahl sowohl nach dem gewählten wie nach dem abgewählten Recht zu erfüllen.

462   Die Wahl des Güterrechtsstatuts ist nach Art 15 Abs 2 an keine besonderen Voraussetzungen geknüpft. Beschränkt ist lediglich der Kreis der zur Wahl gestellten Rechtsordnungen. Daher können auch *deutsche* Ehegatten ihre güterrechtlichen Beziehungen einem ausländischen Recht unterstellen, sofern einer von ihnen in dem betreffenden Staat seinen gewöhnlichen Aufenthalt hat (Nr 2) oder dort unbewegliches Vermögen besitzt (Nr 3). Art 15 Abs 2 entscheidet allerdings nur über die Gültigkeit der Rechtswahl aus deutscher Sicht; ob die Rechtswahl auch **im Ausland anerkannt** wird, beurteilt sich hingegen nach dem dort geltenden IPR. Dieses sollten die Ehegatten daher in die Betrachtung einbeziehen, wenn bereits bei Abschluss der Rechtswahlvereinbarung feststeht, dass die Ehegatten ihren gewöhnlichen Aufenthalt außerhalb Deutschlands begründen wollen oder wesentliches (vor allem Grund-)Vermögen der Ehegatten im Ausland belegen ist (BeckOK-BGB/*Mörsdorf-Schulte* Rn 59; vgl auch das Beipiel bei Münch/ *Süß* § 20 Rn 109). Wird der Rechtswahl die Anerkennung im Aufenthalts- oder Belegenheitsstaat verweigert, sind hinkende Güterrechtsbeziehungen die Folge.

463   **bb) Ausdrückliche und stillschweigende Rechtswahl.** Die güterrechtliche Rechtswahl sollte im Interesse der Rechtsklarheit möglichst *ausdrücklich* getroffen werden; dies gilt jedenfalls für eine Rechtswahl in einem vor einem deutschen Notar geschlossenen Ehevertrag. Soweit die Form nach Art 15 Abs 3 iVm Art 14 Abs 4 EGBGB gewahrt ist (→ Rn 488 f), kommt zwar

262

II. Internationales Privatrecht: EGBGB Art 15   **464–467 B**

auch eine *stillschweigende* Rechtswahl in Betracht (*Andrae* NotBZ 01, 44/50; Staud/*Mankowski* Rn 106; NK-BGB/*Sieghörtner* Rn 47; **aA** OLG Hamm FamRZ 02, 459; Pal/*Thorn* Rn 23). Erforderlich ist hierfür allerdings ein auf die kollisionsrechtliche Wahl des anwendbaren Güterrechts bezogener Geschäftswille (Soe/*Schurig* Rn 16 aE). Die Ehegatten müssen mithin objektiv Handlungen vornehmen, die den Schluss auf eine solche Rechtswahl zulassen und sie müssen subjektiv die Umstände, die diesen Schluss begründen, kennen oder zumindest erkennen, dass ihre jeweiligen Äußerungen nach Treu und Glauben oder der Verkehrssitte als Rechtswahl aufgefasst werden dürfen und vom jeweiligen Empfänger auch so verstanden werden (KG FamRZ 13, 1480 = IPRax 14, 71 m Anm *Gruber* 53; Staud/*Mankowski* Rn 106).

Daher reicht die von den Ehegatten in einem **Grundstückskaufvertrag** mit einem Dritten **464** getroffene Rechtswahl nach Art 3 Abs 1 Rom I-VO hierfür nicht aus (OLG Hamm FamRZ 99, 299/300; LG Augsburg MittBayNot 95, 233 m Anm *Geimer;* Staud/*Mankowski* Rn 106). Auch aus dem **Ausschluss des Versorgungsausgleichs** und der vereinbarten Gütertrennung in einer deutsch-ausländischen Ehe kann nicht auf die stillschweigende Wahl des Heimatrechts des ausländischen Ehegatten geschlossen werden (OLG Schleswig SchlHA 00, 222). Ebensowenig reicht die Bezugnahme in einem von deutschen Ehegatten im Ausland geschlossenen Ehevertrag auf das dort geltende Güterrecht für die Annahme aus, dass die Ehegatten ihre güterrechtlichen Verhältnisse auch für den Fall einer Rückkehr nach Deutschland ausländischem Recht unterstellen wollten (NK-BGB/*Sieghörtner* Rn 47; Staud/*Mankowski* Rn 106; Münch/*Süß* § 20 Rn 111).

Bei einer Rechtswahlvereinbarung in einer **Scheidungsfolgenvereinbarung** ist jeweils sorg- **465** fältig zu prüfen, ob sie sich auch auf das eheliche Güterrecht bezieht; für diesen Fall ist sie insoweit nach Art 15 Abs 2 zu beurteilen (OLG Hamm FamRZ 02, 459; NK-BGB/*Sieghörtner* Rn 48). Die Vereinbarung einer **Morgengabe** nach islamischem Recht in einem Ehevertrag zwischen einem deutschen Ehegatten und seinem Partner, der einem islamischen Staat angehört, kann jedenfalls dann nicht als konkludente Wahl des Heimatrechts dieses Partners ausgelegt werden, wenn sie nach dem Recht des Eheschließungsorts notwendige Voraussetzung einer gültigen Eheschließung ist (OLG Frankfurt FamRZ 96, 1478/1479 [deutsch-*jordanische* Ehe]; OLG München IPRspr 05 Nr 46 [deutsch-*ägyptische* Ehe]; vgl auch KG FamRZ 13, 1480 m Anm *Gruber* IPRax 14, 53; *Andrae,* IntFamR § 3 Rn 105; dazu näher *Wurmnest* RabelsZ 71 [2007] 554/555; Pal/*Thorn* Rn 23; Staud/*Mankowski* Rn 106).

cc) Maßgeblicher Zeitpunkt. Anders als für die Rechtswahl nach Art 14 Abs 2 oder 3, die **466** das Güterrechtsstatut nur dann bestimmt, wenn sie spätestens im Zeitpunkt der Eheschließung getroffen wurde (→ Rn 417), schreibt das Gesetz für die Rechtswahl nach Art 15 Abs 2 einen bestimmten Zeitpunkt nicht vor. Letztere kann daher bereits **vor der Heirat,** wenn auch nur mit Wirkung ab dieser, aber auch zu einem beliebigen Zeitpunkt während der Ehe vorgenommen werden (Pal/*Thorn* Rn 21; MüKoBGB/*Looschelders* Rn 93; Soe/*Schurig* Rn 16; Erman/*Hohloch* Rn 23; *v Bar,* IPR II Rn 227). Daran wird sich auch unter **Geltung der EuGüVO** nichts ändern (vgl Art 22 Abs. 1 EuGüVO: „Die Ehegatten oder künftigen Ehegatten ..."). Die Rechtswahlmöglichkeiten nach Art 15 Abs 2 und 3 stehen gem Art 220 Abs 3 S 6 auch Ehegatten offen, die ihre Ehe bereits vor Inkrafttreten des Gleichberechtigungsgesetzes am 1.4.1953 geschlossen haben. Die in Art 15 Abs 2 normierten Voraussetzungen für die Rechtswahl müssen nur zu dem Zeitpunkt vorliegen, in dem diese getroffen wird; ihr späterer Wegfall berührt die Wirksamkeit der Rechtswahl nicht. Diese wirkt freilich nur *ex nunc;* eine Rückwirkung des gewählten Rechts auf den Zeitpunkt der Eheschließung kann zwar im Innenverhältnis der Ehegatten, nicht aber mit Wirkung gegenüber Dritten vereinbart werden (*Schotten* DNotZ 99, 326/327; NK-BGB/*Sieghörtner* Rn 58; Reithmann/Martiny/*Hausmann,* IVR Rn 7.809; **aA** *Andrae,* IntFamR § 3 Rn 101; MüKoBGB/*Looschelders* Rn 103; Staud/*Mankowski* Rn 116). Daran hält auch die EuGüVO fest (vgl Art 22 Abs 2 und 3 EuGüVO).

dd) Gründe für eine Rechtswahl im Ehegüterrecht. Für eine güterrechtliche Rechtswahl **467** nach Art 15 Abs 2 (bzw künftig nach Art 22 ff EuGüVO) können insbesondere folgende Argumente ins Feld geführt werden:

- **Anpassung** des – objektiv maßgeblichen oder früher gewählten – Güterrechtsstatuts **an die neuen Lebensverhältnisse** der Ehegatten (zB nach einem Umzug in ein anderes Land);
- **Erwerb von Allein- oder Miteigentum an deutschen Grundstücken** durch Ehegatten, die in einem ausländischen Güterstand der Gütergemeinschaft leben, durch Wahl deutschen Güterrechts;

263

B 468–470 1. Teil. Erkenntnisverfahren B. Güterrechtssachen

- **Zeit- und Kostenersparnis** für ausländische Ehegatten, die Grundvermögen in Deutschland erwerben wollen, **durch Wahl des deutschen Güterrechts;**
- **Einheitliche Anknüpfung von Ehegüterrecht** nach Art 15 Abs 2 (bzw Art 22 ff EuGüVO) **und Unterhaltsrecht** nach Art 8 Abs 1 lit c HUP, um schwierige Qualifikationsfragen im Grenzbereich zwischen beiden Statuten zu vermeiden;
- **Einheitliche Anknüpfung von Ehegüterrecht und Scheidungsrecht** durch eine übereinstimmende Rechtswahl nach Art 15 Abs 2 (bzw Art 22 ff EuGüVO) und Art 5 Abs 1 Rom III-VO, um die Durchführung der güterrechtlichen Auseinandersetzung aus Anlass der Scheidung zu erleichtern, indem zB in einer Scheidungsvereinbarung das Recht am gemeinsamen gewöhnlichen Aufenthalt der Ehegatten für beide Aspekte gewählt wird.
- **Einheitliche Anknüpfung von Ehegüterrecht und Erbrecht** durch Wahl des Heimatrechts der Ehegatten nach Art 15 Abs 2 Nr 1 (bzw Art 22 Abs 1 lit b EuGüVO) und Art 22 Abs 1 EuErbVO, um bei Beendigung des Güterstands durch den Tod eines Ehegatten schwierige Qualifikationsfragen im Grenzbereich zwischen beiden Statuten zu vermeiden.

468 **b) Die wählbaren Rechte.** Während das Ehewirkungsstatut nach Art 14 Abs 2 und 3 nur in sehr engen Grenzen durch Rechtswahl bestimmt werden kann (vgl zu Art 14 Abs 3 EGBGB → Rn 417, Anh Rn 622 ff), werden den Ehegatten in Art 15 Abs 2 deutlich weiter reichende Wahlmöglichkeiten eingeräumt, insbesondere als Korrektiv zur Fixierung des objektiven Güterrechtsstatuts in Art 15 Abs 1 auf den Zeitpunkt der Eheschließung. Auf diese Weise soll also – namentlich in Fällen eines Staatsangehörigkeits- oder Aufenthaltswechsels eines oder beider Ehegatten nach der Eheschließung – eine Anpassung an die neue Lebenssituation ermöglicht werden (BT-Drs 10/504, 58; Pal/*Thorn* Rn 21; MüKoBGB/*Looschelders* Rn 80; Erman/*Hohloch* Rn 22).

469 **aa) Heimatrechte der Ehegatten, Nr 1.** Zur Wahl stehen den Ehegatten nach Abs 2 Nr 1 zunächst ihre jeweiligen Heimatrechte. Eine solche Rechtswahl bietet sich insbesondere in **gemischt-nationalen Ehen** an, wenn die Ehegatten ihren gewöhnlichen Aufenthalt im Inland haben, aber für ihre Ehe den nach Art 15 Abs 1 iVm Art 14 Abs 1 Nr 2 EGBGB maßgeblichen Güterstand der Zugewinngemeinschaft nicht kennen und deshalb auch nicht wünschen. Dies kommt insbesondere in Betracht, wenn beide Ehegatten Staaten angehören, in denen als gesetzlicher Güterstand die Errungenschaftsgemeinschaft gilt. Dies ist nicht nur in den meisten *romanischen* Rechten, sondern auch in fast allen Staaten *Osteuropas* der Fall (vgl Reithmann/Martiny/*Hausmann*, IVR Rn 7.742 ff; Münch/*Süß* § 20 Rn 161 ff, 178 ff, 202 ff). Umgekehrt kann auch ein deutscher Ehegatte, der in einer gemischt-nationalen Ehe lebt, gemeinsam mit seinem Partner eine Rechtswahl zugunsten des *deutschen* Güterrechts treffen, auch wenn die Ehegatten ihren gemeinsamen gewöhnlichen Aufenthalt im Heimatstaat des nicht-deutschen Ehegatten oder in einem Drittstaat haben.

470 Ist ein Ehegatte **Doppel- oder Mehrstaater,** so ist umstritten, ob jedes seiner Heimatrechte oder nur das nach Art 5 Abs 1 S 1 effektive bzw das nach Art 5 Abs 1 S 2 EGBGB vorrangig maßgebende deutsche Heimatrecht gewählt werden kann. Vorzuziehen ist die erstgenannte weite Auslegung, die es den Ehegatten gestattet, entgegen dem zu eng geratenen Wortlaut der Nr 1 auch ein **nicht effektives Heimatrecht** zu wählen oder sich für das ausländische Heimatrecht eines zugleich deutschen Ehegatten zu entscheiden, weil das Gesetz der Parteiautonomie im internationalen Ehegüterrecht – anders als im Recht der allgemeinen Ehewirkungen – bewusst weiten Raum lässt (so zu Recht schon *Kühne* IPRax 87, 69/72; ferner *Siehr* IPRax 07, 353/356 f; Soe/*Schurig* Rn 18; Erman/*Hohloch* Rn 26a; NK-BGB/*Sieghörtner* Rn 36; BeckOK-BGB/*Mörsdorf-Schulte* Rn 65; MüKoBGB/*v Hein* Art 5 Rn 67; *Kropholler,* IPR § 45 IV 4a; V. *Stoll* 180; *Andrae,* IntFamR § 3 Rn 96; **aA** *Lichtenberger* DNotZ 86, 644/659; *Wegmann* NJW 87, 1740/1742; *Dethloff* JZ 95, 64/68; *Henrich,* IntFamR § 3 I 3b; *v Bar,* IPR II Rn 222; *Kemp* 55; Pal/*Thorn* Rn 22; MüKoBGB/*Looschelders* Rn 84; Staud/*Mankowski* Rn 133 ff). Außerdem sollte die Gültigkeit der Rechtswahl aus Gründen der Rechtssicherheit nicht von der – häufig schwierigen – Ermittlung des effektiven Heimatrechts abhängen. Sonst könnten die bei der objektiven Anknüpfung des Güterrechtsstatuts an das Heimatrecht von Mehrstaatern bestehenden Unsicherheiten durch eine Rechtswahl nicht beseitigt werden, sondern würden noch verschärft (H/O/*Hausmann* § 9 Rn 102–104). Solange die Frage, ob nach Abs 2 Nr 1 auch das nicht-effektive Heimatrecht bzw das ausländische Heimatrecht eines Mehrstaaters mit zugleich deutscher Staatsangehörigkeit gewählt werden kann, höchstrichterlich nicht geklärt ist, sollte allerdings auf eine solche Rechtswahl verzichtet werden.

II. Internationales Privatrecht: EGBGB Art 15   471–474 **B**

Darüber hinaus können die Eheleute auch ihr **gemeinsames Heimatrecht** wählen, selbst **471** wenn dieses bereits nach Art 15 Abs 1 iVm Art 14 Abs 1 Nr 1 zur Anwendung berufen ist. Auf diese Weise kann insbesondere eine **Rück- oder Weiterverweisung** durch das IPR des gemeinsamen Heimatstaates **ausgeschlossen** und dessen materielles Güterrecht für anwendbar erklärt werden (Staud/*Mankowski* Rn 140; Soe/*Schurig* Rn 17; H/O/*Hausmann* § 9 Rn 105, Münch/*Süß* § 20 Rn 105). Außerdem wird die Geltung des gemeinsamen Heimatrechts durch eine solche Rechtswahl vor Gerichten solcher Staaten sichergestellt, die das Güterrechtsstatut zwar objektiv abweichend anknüpfen, aber eine Wahl des gemeinsamen Heimatrechts anerkennen. Schließlich bietet sich die Wahl des gemeinsamen Heimatrechts auch dann an, wenn die Ehegatten im Verlauf der Ehe (zB durch Einbürgerung in Deutschland) eine neue Staatsangehörigkeit erworben haben; denn ohne eine solche Rechtswahl blieben sie wegen des Grundsatzes der Unwandelbarkeit des Güterrechtsstatuts (→ Rn 431 ff) weiterhin dem mit Hilfe der Staatsangehörigkeit zur Zeit der Eheschließung bestimmten Güterrecht unterworfen (H/O/*Hausmann* § 9 Rn 105).

bb) Gewöhnlicher Aufenthalt eines Ehegatten, Nr 2. Nach Abs 2 Nr 2 können die **472** Ehegatten auch das Recht des Staates wählen, in dem mindestens einer von ihnen seinen gewöhnlichen Aufenthalt hat. Erst recht können sie ihre güterrechtlichen Beziehungen ihrem *gemeinsamen* Aufenthaltsrecht unterstellen (OLG Düsseldorf FamRZ 03, 1287; *Henrich* FamRZ 86, 847; *Kropholler,* IPR § 45 IV 4b; Soe/*Schurig* Rn 19; Staud/*Mankowski* Rn 149; BeckOK-BGB/*Mörsdorf-Schulte* Rn 66) Auf die Staatsangehörigkeit der Ehegatten kommt es insoweit nicht an, so dass die Wahlmöglichkeit nach Abs 2 Nr 2 – anders als jene nach Art 14 Abs 2 und 3 EGBGB – auch dann eröffnet ist, wenn die Ehegatten dieselbe (effektive) Staatsangehörigkeit besitzen, um diesen die Anpassung ihrer güterrechtlichen Beziehungen an das Recht ihres gemeinsamen gewöhnlichen Aufenthaltsstaates zu ermöglichen (MüKoBGB/*Looschelders* Rn 88; Staud/*Mankowski* Rn 144; *v Bar,* IPR II Rn 223; vgl auch das Fall- und Formulierungsbeispiel bei H/O/*Hausmann* § 9 Rn 109 f). Die Rechtswahl nach Abs 2 Nr 2 kann – ebenso wie jene nach Nr 1 – nur **einheitlich** für die gesamten güterrechtlichen Beziehungen der Ehegatten getroffen werden.

Eine Rechtswahl nach Art 15 Abs 2 Nr 1 oder Nr 2 zielt in Ermangelung von Anhalts- **473** punkten für einen abweichenden Parteiwillen nur auf die Bestimmung des Güterrechtsstatuts als Gesamtstatut und lässt daher die **Sonderanknüpfung nach Art 3a Abs 2** (→ Rn 420 ff) grundsätzlich unberührt. Gehören daher zum Vermögen der Ehegatten Grundstücke, die in einem Staat belegen sind, der diese auch in güterrechtlicher Hinsicht stets dem eigenen Recht unterwirft, so werden diese Grundstücke von der Rechtswahl nicht erfasst (MüKoBGB/*Looschelders* Rn 128; Staud/*Hausmann* Art 3a Rn 32). Trifft ein im Inland lebendes US-amerikanisches Ehepaar daher eine Rechtswahl zugunsten ihres deutschen Aufenthaltsrechts, so ändert dies nichts daran, dass ein in Florida belegenes Ferienhaus der Ehegatten in güterrechtlicher Hinsicht dem Recht von Florida unterworfen bleibt. Die Ehegatten sind freilich nicht gehindert, dieses Grundstück in ihre Rechtswahlvereinbarung nach Art 15 Abs 2 Nr 2 einzubeziehen. Der Vorrang des Einzelstatuts nach Art 3a Abs 2 kann nämlich durch einen hinreichend klar geäußerten Parteiwillen überwunden werden (str, wie hier Soe/*Schurig* Rn 66; MüKoBGB/*v Hein,* Art 3a Rn 25; H/O/*Hausmann* § 9 Rn 106; **aA** *Ludwig* DNotZ 00, 663/676; MüKoBGB/*Looschelders* Rn 128; Staud/*Mankowski* Rn 21; NK-BGB/*Sieghörtner* Rn 8; V. *Stoll* 107). Lediglich die zwingenden **materiell-rechtlichen** Vorschriften der *lex rei sitae* über Sondervermögen setzen sich auch gegen eine abweichende Rechtswahl durch, weil es sich der Sache nach um sozial-, agrar- oder wirtschaftspolitische Eingriffsnormen handelt (Staud/*Hausmann* Art 3a Rn 32; MüKoBGB/*v Hein* Art 3a Rn 24).

cc) Belegenheitsrecht für unbewegliches Vermögen, Nr 3. Schließlich können die Ehe- **474** gatten nach Abs 2 Nr 3 für ihr unbewegliches Vermögen auch das Recht des Lageorts wählen. Dadurch soll vor allem der Erwerb deutscher Grundstücke durch Ehegatten, die aufgrund objektiver Anknüpfung des Güterrechtsstatuts in einem ausländischen Güterstand leben, für deutsche Notare und Grundbuchämter erleichtert werden (BT-Drs 10/5632, 42; Pal/*Thorn* Rn 22; Erman/*Hohloch* Rn 28; Soe/*Schurig* Rn 20; *Kropholler,* IPR § 45 IV 4c, vgl OLG Schleswig FamRZ 10, 377/379; OLG Zweibrücken FamRZ 13, 1487 sowie das Fall- und Formulierungsbeispiel bei H/O/*Hausmann* § 9 Rn 112 f). Umgekehrt können freilich auch deutsche oder ausländische Ehegatten für den Erwerb von im Ausland belegenen Immobilien – zB für den Erwerb eines Ferienhauses in *Italien* oder *Spanien* – das jeweilige ausländische Belegenheitsrecht wählen (Pal/*Thorn* Rn 22; Erman/*Hohloch* Rn 28b; Staud/*Mankowski*

265

B 475–479   1. Teil. Erkenntnisverfahren B. Güterrechtssachen

Rn 161). Die Rechtswahlmöglichkeit nach Abs 2 Nr 3 besteht allerdings **nur noch bis zum 28.1.2019.** Eine danach getroffene güterrechtliche Rechtswahl beurteilt sich auch in zuvor geschlossenen Ehen nach Art 22 ff EuGüVO; die Verordnung lässt aber wegen des strikt durchgeführen Prinzips der Einheit des Güterrechtsstatuts (Art 21 EuGüVO) eine auf (einzelne) Immobilien beschränkte Rechtswahl nicht mehr zu.

475   Die gegenständlich beschränkte Rechtswahl nach Abs 2 Nr 3 kann mit einer umfassenden Rechtswahl nach Nr 1 oder Nr 2 (oder nach Art 14 Abs 2, 3) für das sonstige Vermögen verbunden (vgl zu einer solchen kombinierten Rechtswahl NK-BGB/*Sieghörtner* Rn 39; *v Bar,* IPR II Rn 225), aber auch unabhängig davon zu einem früheren oder späteren Zeitpunkt getroffen werden. Wird sie nur isoliert für das in einem bestimmten Land belegene unbewegliche Vermögen vereinbart, verbleibt es im Übrigen bei dem von Abs 1 zur Anwendung berufenen objektiven Güterrechtsstatut.

476   **(1) Unbewegliches Vermögen.** Der Begriff des „unbeweglichen Vermögens" in Abs 2 Nr 3 ist – wie andere Systembegriffe des deutschen Kollisionsrechts auch – grundsätzlich nach Maßgabe der deutschen *lex fori* zu qualifizieren; eine Qualifikationsverweisung auf die gewählte *lex rei sitae* findet also nicht statt (*Lichtenberger* DNotZ 86, 644/659; *Böhringer* BWNotZ 87, 104/109; *Andrae* IntFamR § 3 Rn 98; Pal/*Thorn* Rn 22; MüKoBGB/*Looschelders* Rn 91; Erman/*Hohloch* Rn 28; NK-BGB/*Sieghörtner* Rn 43; **aA** *Kühne* IPRax 87, 69/73; *Kemp* 75 ff; Soe/*Schurig* Rn 22; Staud/*Mankowski* Rn 164 differenzierend BeckOK-BGB/*Mörsdorf-Schulte* Rn 69). Bei der im Vordergrund stehenden gegenständlich beschränkten Wahl des *deutschen* Rechts führen beide Ansichten zum gleichen Ergebnis.

477   Danach gehören außer **Grundstücken** und deren wesentlichen Bestandteilen (insbesondere Gebäude, vgl. § 94 BGB) auch *grundstücksgleiche Rechte* (zB **Erbbaurechte**) und sonstige mit dem Eigentum an einem Grundstück bzw. einem grundstücksgleichen Recht verbundene Rechte iSv § 96 BGB (zB Grunddienstbarkeiten, subjektiv-dingliche Reallasten, Vorkaufsrechte uÄ.) zum unbeweglichen Vermögen iSv Abs 2 Nr 3 (für eine hierauf beschränkte Auslegung des Begriffs „unbewegliches Vermögen" *Henrich,* IntFamR § 3 I 3; *Schotten/Schmellenkamp,* IPR Rn 162m ausf Begründung; noch enger *Kegel/Schurig,* IPR § 20 VI 1b). Gleiches gilt für **Wohnungseigentum.** Ferner wird man auch Grundstückszubehör (*Kemp* 81; *Süß* ZNotP 01, 173/175 f; NK-BGB/*Sieghörtner* Rn 43; Staud/*Mankowski* Rn 176) und die im Grundbuch eintragbaren dinglichen Rechte zur Sicherung von Forderungen (zB **Hypotheken** oder **Grundschulden**) zum unbeweglichen Vermögen im kollisionsrechtlichen Sinne rechnen müssen (LG Saarbrücken IPRspr 00 Nr 96; *Jayme* IPRax 86, 265/270; *Lichtenberger* DNotZ 86, 644/659; *Kühne* IPRax 87, 69/73; *Wegmann* NJW 87, 1740/1743; *Reithmann* DNotZ 96, 227/228; Pal/ *Thorn* Rn 22; MüKoBGB/*Looschelders* Rn 92; *Andrae,* IntFamR § 3 Rn 98; *Kropholler,* IPR § 45 IV 4c; **aA** *Schotten/Schmellenkamp* Rn 162; *Kegel/Schurig* IPR § 20 VI 1b).

478   **Nicht** zum unbeweglichen Vermögen gehören demgegenüber **schuldrechtliche Ansprüche** auf Übertragung von Grundstücken oder Grundstücksrechten, selbst wenn sie durch Vormerkung gesichert sind (Pal/*Thorn* Rn 22; Staud/*Mankowski* Rn 185 ff; NK-BGB/*Sieghörtner* Rn 44; *v Bar* IPR II Rn 210; **aA** *Lichtenberger* DNotZ 86, 644/659; *Wegmann* NJW 87, 1740/ 1743; *Reinhart* BWNotZ 87, 97/101; *Böhringer* BWNotZ 87, 104/109; *Dörner* DNotZ 88, 67/ 96). Erst recht haben schuldrechtliche Ansprüche aus Grundstücksmiet- bzw -pachtverträgen auszuscheiden (Pal/*Thorn* Rn 22; Staud/*Mankowski* Rn 189 ff; **aA** *Dörner* DNotZ 88, 67/96). Schließlich kann eine gegenständlich beschränkte Rechtswahl nach Abs 2 Nr 3 auch für **Anteile an Personengesellschaften** (zB für Kommanditanteile an geschlossenen Immobilienfonds, vgl NK-BGB/*Sieghörtner* Rn 44; **aA** *Reithmann* DNotZ 04, 479) **oder Erbengemeinschaften** nicht getroffen werden; diese sind vielmehr unabhängig von der Zusammensetzung des Gesellschaftsvermögens bzw des Nachlasses als beweglich zu qualifizieren (*Reinhart* BWNotZ 87/101 f; *Röll* MittBayNotV 89, 1/3; *Kropholler* IPR § 45 IV 4c; Pal/*Thorn* Rn 22; MüKoBGB/*Looschelders* Rn 92; Staud/*Mankowski* Rn 199 ff; **aA** *Dörner* DNotZ 88, 67/95 f; *Reithmann* DNotZ 96, 227/228 und DNotZ 04, 479; Erman/*Hohloch* Rn 28).

479   **(2) Beschränkung der Rechtswahl auf einzelne Grundstücke?** Nach überwiegender – höchstrichterlich allerdings bisher nicht bestätigter – Ansicht musss sich die Rechtswahl nach Abs 2 Nr 3 nicht notwendig auf das gesamte in einem Staat belegene unbewegliche Vermögen der Ehegatten beziehen; diese können die Rechtswahl vielmehr auch auf ein **einzelnes Grundstück oder einzelne Grundstücke** beschränken und es hinsichtlich der übrigen im gleichen Staat belegenen Grundstücke bei dem von der *lex rei sitae* verschiedenen (objektiven oder gewählten) Güterrechtsstatut bewenden lassen (LG Mainz NJW-RR 94, 73 = DNotZ 1994,

266

II. Internationales Privatrecht: EGBGB Art 15   480–483 **B**

564m abl Anm *Schotten; Lichtenberger* DNotZ 86, 644/662; *Böhringer* BWNotZ 87, 104/109; *Dörner* DNotZ 88, 67/86; *Röll* MittBayNotV 89, 1/3; *Mankowski* FamRZ 94, 1457/1458 f; V. *Stoll* 131 ff.; *v Bar*, IPR II Rn 225; *Kropholler*, IPR § 45 IV 4c; *Kegel/Schurig*, IPR § 20 VI 1b; *Andrae*, IntFamR § 3 Rn 98 f; *Henrich*, IntFamR § 3 I 3b; *Pal/Thorn* Rn 22; *Erman/Hohloch* Rn 29; *Soe/Schurig* Rn 21; *MüKoBGB/Looschelders* Rn 90). Gegen die Zulässigkeit einer solchen objektbezogenen Rechtswahl spricht freilich, dass das deutsche internationale Güterrecht vom Prinzip der Einheitlichkeit des Güterstandes ausgeht (→ Rn 418 ff) und die hiervon im Interesse einer Vereinfachung der praktischen Arbeit von Notaren und Grundbuchämtern abweichende Rechtswahlmöglichkeit nach Abs 2 Nr 3 EGBGB daher restriktiv auszulegen ist (*Kühne* IPRax 87, 69/73; *Wegmann* NJW 87, 1740/1743; *Langenfeld* FamRZ 87, 9/13; *Schneider* MittRhNotK 89, 33/42; *Schotten* DNotZ 94, 566/567 ff). Außerdem führt die Zulassung einer nur auf einzelne Grundstücke beschränkten Rechtswahl gerade nicht zu einer Rechtsvereinfachung, sondern wirft erhebliche – bisher weithin ungeklärte und in ihrer Tragweite nur schwer einschätzbare – Rechtsprobleme im Falle einer Beendigung des Güterstands durch Ehescheidung oder Tod eines Ehegatten auf (näher *Schotten/Schmellenkamp*, IPR Rn 163). Aus diesem Grunde wird zu Recht vor der verbreiteten Praxis deutscher Notare gewarnt, bei Erwerb eines inländischen Grundstücks durch ausländische Ehegatten eine auf dieses Grundstück beschränkte güterrechtliche Rechtswahl zu vereinbaren, ohne die aus dieser Vermögensspaltung resultierenden Konsequenzen zu analysieren (vgl *Münch/Süß* § 20 Rn 10).

Lässt man mit der hM eine objektbezogene Rechtswahl zu, so kann die kollisionsrechtliche **480** Spaltung des Güterstands in Bezug auf inländische Grundstücke jedenfalls **nicht auf die sachrechtliche Ebene** übertragen werden. Die Ehegatten sind also nicht berechtigt, für einzelne Grundstücke, die kraft Rechtswahl nach Abs 2 Nr 3 deutschem materiellen Recht unterstehen, unterschiedliche Güterstände zu vereinbaren (*Böhringer* BWNotZ 87, 104/109 ff; *Wegmann* NJW 87, 1740/1743; *Röll* MittBayNotV 89, 1/3; *MüKoBGB/Looschelders* Rn 90; *Schotten/Schmellenkamp* Rn 164; **aA** *Lichtenberger* FS Ferid [1988] 269/280). Im gesetzlichen Güterstand eines ausländischen Rechts lebende Ehegatten können also zwar beim Erwerb von Grundstücken in Deutschland für ihre diesbezüglichen güterrechtlichen Verhältnisse deutsches Recht wählen; haben sie sich beim Erwerb des ersten Grundstücks für den deutschen Wahlgüterstand der Gütertrennung entschieden, so ist es ihnen aber verwehrt, beim Erwerb weiterer Grundstücke hierfür den gesetzlichen Güterstand der Zugewinngemeinschaft zu vereinbaren. Zumindest auf der sachrechtlichen Ebene muss also für sämtliche in Deutschland belegenen Grundstücke der gleiche Güterstand gelten. Bei der Wahl ausländischen Belegenheitsrechts entscheidet dieses darüber, ob für einzelne Immobilien unterschiedliche Güterstände vereinbart werden können (BeckOK-BGB/*Mörsdorf-Schulte* Rn 68).

(3) Spaltung des Güterrechtsstatuts. Folge der Rechtswahl nach Abs 2 Nr 3 ist eine **481** Spaltung des Güterrechtsstatuts, dh das dem gewählten Recht unterliegende unbewegliche Vermögen wird in jeder Hinsicht – zB in bezug auf die Eigentumszuordnung, Verfügungsbeschränkungen, Haftung für Verbindlichkeiten, Auseinandersetzung bei Scheidung oder Tod eines Ehegatten – **isoliert** betrachtet (näher → Rn 491 ff; vgl auch das Fallbeipiel bei H/O/*Hausmann* § 9 Rn 121).

c) Rechtswahl und Renvoi. aa) Sachnormverweisung auf das gewählte Recht. Haben **482** die Ehegatten das anwendbare Güterrecht durch eine gültige Rechtswahl nach Abs 2 (oder nach Art 220 Abs 3 S 1 Nr 2; → Rn 506 ff) bestimmt, so sind **Rück- und Weiterverweisung** gemäß Art 4 Abs 2 **ausgeschlossen** (Pal/*Thorn* Rn 2; Erman/*Hohloch* Rn 30; Staud/*Hausmann* Art 4 Rn 226 f). Im intertemporalen Recht reicht es hierfür auch aus, dass die Ehegatten lediglich von der Geltung eines bestimmten Rechts „ausgegangen" sind, weil darin eine schlüssige Rechtswahl zu sehen ist (BGH NJW 88, 638).

Gleiches muss schließlich auch dann gelten, wenn das Güterrechtsstatut gem Art 15 Abs 1 **483** iVm. Art 14 Abs 2–4 EGBGB durch **mittelbare Rechtswahl** festgelegt worden ist. Zwar lässt sich bei formaler Betrachtung die Auffassung vertreten, die Anknüpfung in Art 15 Abs 1 bleibe auch dann objektiv, wenn auf das von den Ehegatten nach Art 14 Abs 2–4 wirksam gewählte Ehewirkungsstatut verwiesen wird, so dass insoweit für eine Anwendung von Art 4 Abs 2 kein Raum sei (so *Kühne* FS Ferid [1988] 251/264; *Rauscher* NJW 88, 2151/2154; *Schotten/Schmellenkamp*, IPR Rn 160; NK-BGB/*Sieghörtner* Rn 31 f). Der Gleichlauf zwischen Güterrechts- und Erbstatut, der durch die Zulassung eines Renvoi gefördert werden soll, ist aber über Art 15 Abs 1 iVm Art 14 Abs 2–4 nur unvollkommen zu erreichen; denn die unterschiedlichen Anknüpfungsmerkmale und -zeitpunkte in Art 14, 15 einerseits, in Art 21 EuErbVO andererseits, sowie die

267

B 484–487 1. Teil. Erkenntnisverfahren B. Güterrechtssachen

auf das Heimatrecht beschränkte Parteiautonomie im internationalen Erbrecht (Art 22 EuErb-VO) stehen einer effektiven Koordinierung von Güterrechts- und Erbstatut entgegen. Die besseren Argumente sprechen dafür, die Bestimmung des Ehegüterrechtsstatuts durch mittelbare Rechtswahl als *Sachnormverweisung* zu qualifizieren und einen Renvoi wegen der akzessorischen Anknüpfung nach Art 4 Abs 1 S 1, HS 2 nicht zu beachten. Konstruktiv verdient dabei der Ausschluss des Renvoi nach den Regeln für akzessorische Anknüpfungen (dazu Staud/*Hausmann* Art 4 Rn 98 ff) den Vorzug (so BeckOK-BGB/*Mörsdorf-Schulte* Rn 57, 90; Erman/*Hohloch* Rn 7, 21; Staud/*Mankowski* Rn 89) vor einer entsprechenden Anwendung von Art 4 Abs 2 (dafür *Kartzke* IPRax 88, 8/10 f; Pal/*Thorn* Rn 2). Für eine ab dem 29.1.2019 getroffene Rechtswahl gemäß Art 22 ff EuGüVO ist eine Renvoi in jedem Fall ausgeschlossen (Art 32 EuGüVO).

484 **bb) Rückverweisung kraft Rechtswahl nach ausländischem Recht.** Bisweilen kann auch die Anknüpfung an den Parteiwillen wie eine Rück- oder Weiterverweisung wirken. Die praktische Bedeutung dieser Fälle ist zwar durch die erweiterte Anerkennung der Parteiautonomie im deutschen internationalen Ehegüterrecht zurückgegangen. Zu einer Rückverweisung kann es jedoch weiterhin kommen, wenn die Rechtswahl zwar nach Abs 2 EGBGB nicht wirksam ist, das sodann nach Abs 1 EGBGB objektiv zur Anwendung berufene Recht der Parteiautonomie im internationalen Ehegüterrecht jedoch in weiterem Umfang Raum gibt als das deutsche Recht oder an die Form einer solchen Rechtswahl geringere Anforderungen stellt, indem es auch eine privatschriftlich, mündlich oder gar stillschweigend getroffene Vereinbarung ausreichen lässt (Staud/*Mankowski* Rn 41; Soe/*Schurig* Rn 63). So gelten für *Frankreich, Luxemburg* und die *Niederlande* seit dem 1.9.1992 die Kollisionsregeln des Haager Übereinkommens über das auf Güterstände anzuwendende Recht vom 14.3.1978 als *„loi uniforme"*, das in Art 3 und 6 die – auch stillschweigende – Rechtswahl der Ehegatten ausdrücklich als Primäranknüpfung anerkennt (→ Rn 278; dazu Staud/*Hausmann* Anh Art 4 Rn 55 ff). Demgegenüber lässt das *belgische* Recht seit der IPR-Kodifikation von 2004 nur noch eine schriftliche Rechtswahl zu (Art 52 IPRG). Zur Wahl stehen nur das Recht des ersten gemeinsamen Wohnsitzes sowie das Heimat- bzw Wohnsitzrecht eines jeden Ehegatten zur Zeit der Wahl (Art 49 IPRG). Die Rechtswahl muss sich zwingend auf das gesamte Vermögen der Ehegatten beziehen (Art 50 § 2 IPRG).

485 Das Ehegüterrecht wird auch in **Österreich** in erster Linie dem von den Parteien ausdrücklich gewählten Recht unterworfen (§ 19 IPRG); die Einhaltung der für Eheverträge vorgeschriebenen Form ist – abweichend von Art 15 Abs 3 iVm Art 14 Abs 4 – nicht erforderlich. Ferner ist die Rechtswahl auch nicht auf bestimmte Rechte beschränkt, zu denen die Ehegatten einen engen Bezug haben. Dennoch ist eine solche unbeschränkte und formfreie Rechtswahl vom deutschen Richter im Rahmen von Art 4 Abs 1 zu beachten, wenn Art 15 Abs 1 auf österreichisches Recht verweist (BayObLGZ 81, 178/181 = DNotZ 82, 50 m Anm *Dörner;* Münch/*Süß* § 20 Rn 108). Das *Schweizer* IPR unterwirft die güterrechtlichen Verhältnisse von Ehegatten ebenfalls primär dem gewählten Recht. Die Ehegatten können wählen zwischen dem Recht des Staaten, in dem beide ihren Wohnsitz haben oder nach der Eheschließung haben werden, und dem Recht eines ihrer Heimatstaaten. Die Rechtswahl muss lediglich *privatschriftlich* vereinbart werden (Art 3 IPRG).

486 Weiterhin beschränkt auch das *italienische, japanische, spanische und türkische* IPR die Rechtswahl auf das Wohnsitz- oder Heimatrecht der Ehegatten (vgl Staud/*Hausmann* Art 4 Rn 221). Das *italienische* Recht macht die Rechtswahl ferner davon abhängig, dass entweder das gewählte Recht oder das Recht des Abschlussortes sie anerkennt (Art 30 Abs 2 IPRG 1995). Das IPR der meisten Nachfolgestaaten des ehemaligen *Jugoslawien* lässt eine Rechtswahl im Güterrecht nur zu, wenn das bei Vertragsschluss maßgebliche Ehewirkungsstatut sie gestattet (Art 37 Abs 2 IPRG 1982). Das *spanische* Recht lässt es demgegenüber bereits genügen, dass entweder das Ehewirkungsstatut oder das Heimat- bzw Aufenthaltsrecht eines Ehegatten die Rechtswahl als wirksam erachten (Art 9 Abs 3 Cc).

487 Schließlich räumt man auch in *England* und den meisten anderen Staaten des **Common-Law-Rechtskreises** (zB *Australien, Kanada, Neuseeland, Schottland, US-Bundesstaaten*) den Ehegatten die Möglichkeit ein, das Güterrechtsstatut durch Rechtswahl zu bestimmen (vgl Staud/*Mankowski* Rn 93 mwN). Das in einem Ehevertrag ausdrücklich oder stillschweigend gewählte Recht beherrscht dann zumindest die Rechtsbeziehungen der Ehegatten hinsichtlich des gesamten *beweglichen* Vermögens, auch soweit dieses erst nach der Eheschließung erworben wird, und unabhängig von einem späteren Wechsel des Domizils (Staud/*Hausmann* Art 4 Rn 222). Die Gültigkeit der getroffenen Rechtswahl muss aber auch von dem gewählten Recht anerkannt werden (vgl KG JW 36, 2466).

II. Internationales Privatrecht: EGBGB Art 15

d) Form der Rechtswahl, Abs 3. Für die Form der Rechtswahl sowie ihre Änderung oder **488** Aufhebung gelten gemäß Abs 3 die in Art 14 Abs 4 EGBGB enthaltenen Regeln (→ Anh Rn 630 ff) entsprechend. Daher bedarf eine **im Inland** getroffene güterrechtliche Rechtswahl zwingend der notariellen Beurkundung, um die notwendige Beratung der Eheleute sicherzustellen (Münch/*Süß* § 20 Rn 110; vgl zur Rechtswahl für die künftige güterrechtliche Auseinandersetzung auch OLG Hamm FamRZ 02, 459). Darüber hinaus ist die **Form des § 1410 BGB** einzuhalten, dh die Ehegatten müssen gleichzeitig – wenn auch nicht persönlich – vor dem Notar anwesend sein (*Lichtenberger* FS Ferid [1988] 269/271; H/O/*Hausmann* § 9 Rn 126; Staud/*Mankowski* Rn 100; **aA** *Wegmann* NJW 87, 1740/1741; *Schneider* MittRhNotK 89, 33/ 38). Nicht erforderlich ist hingegen, dass an der Beurkundung nur die Ehegatten beteiligt sind; daher kann die Rechtswahl auch wirksam in einem Grundstückskaufvertrag zwischen den Ehegatten und einem Dritten erklärt werden (BGH FamRZ 15, 1180 Rn 18). Bei Beteiligung von ausländischen Ehegatten zählt auch die Feststellung von deren hinreichender Kenntnis der deutschen Sprache und das daraus gegebenenfalls folgende Erfordernis der Zuziehung eines Dolmetschers zu den Formerfordernissen der Rechtswahl (vgl das Beispiel bei *Andrae,* IntFamR § 3 Rn 102).

Bei einer **im Ausland** getroffenen Rechtswahl muss grundsätzlich die Form des Ehevertrags **489** nach dem gewählten Recht oder am Ort der Rechtswahl eingehalten werden. Es sollte aber auch die Einhaltung der dort für eine Wahl des Güterrechtsstatuts vorgeschriebenen besonderen Form genügen, auch wenn diese weniger streng ist als die Form für den Abschluss eines Ehevertrages (MüKoBGB/*Looschelders* Rn 100; Erman/*Hohloch* Rn 31; NK-BGB/*Sieghörtner* Rn 52; *Andrae,* IntFamR § 3 Rn 100; Münch/*Süß* § 20 Rn 110; **aA** *Kleinheisterkamp* IPRax 04, 399). Ein Verstoß gegen diese Formvorschriften führt zur Unwirksamkeit der Rechtswahl und damit zur Geltung des objektiv zu bestimmenden Güterrechtsstatuts nach Abs 1 iVm Art 14 EGBGB.

Ab dem 29.1.2019 gelten für die Formgültigkeit einer Rechtswahl auf dem Gebiet des **490** Ehegüterrechts anstelle von Art 15 Abs 3 iVm Art 14 Abs 4 EGBGB die Vorschriften des **Art 23 EuGüVO** (→ Rn 336 ff).

e) Wirkungen der Rechtswahl. Die Wirkungen einer nach Abs 2 getroffenen Rechtswahl **491** treten grundsätzlich mit ihrer formgerechten Erklärung ein. Allerdings können die Ehegatten für den Eintritt dieser Wirkungen auch einen späteren Zeitpunkt festlegen. Die Rechtswahl wirkt jedoch **stets nur für die Zukunft;** die Vereinbarung einer Rückwirkung ist auf kollisionsrechtlicher Ebene nicht zulässig (*Schotten* DNotZ 99, 326/327; Pal/*Thorn* Rn 21; BeckOK BGB/ *Mörsdorf-Schulte* Rn. 62, 83; **aA** *Mankowski/Osthaus* DNotZ 97,10/20 ff; *Andrae* IntFamR § 3 Rn 101; MüKoBGB/*Looschelders* Rn 103). Eine während der Ehe getroffene Rechtswahl hat daher notwendig einen Statutenwechsel zur Folge (Münch/*Süß* § 20 Rn 13). Die Ehegatten können freilich, soweit das gewählte Recht dies zulässt, vereinbaren, sich materiell-rechtlich so zu stellen, als ob das neue Güterrechtsstatut von Anfang an gegolten hätte (Soe/*Schurig* Rn 24; *Schotten/Schmellenkamp,* IPR Rn 169; Münch/*Süß* § 20 Rn 113). Während die in Abs 2 Nr 1 und Nr 2 eröffnete Rechtswahl notwendig die gesamten güterrechtlichen Beziehungen der Ehegatten betrifft (MüKoBGB/*Looschelders* Rn 86 f; Erman/*Hohloch* Rn 26a, 27), beschränkt sich die Wahl nach Nr 3 in ihren Wirkungen auf das von ihr erfasste unbewegliche Vermögen, führt also in der Regel zu einer **Spaltung des Güterrechtsstatuts** (*Lichtenberger* DNotZ 86, 644/659; *Böhringer* BWNotZ 87, 104/109; *v Bar,* IPR II Rn 225; Pal/*Thorn* Rn 22; Erman/ *Hohloch* Rn 29).

Eine erst nach der Eheschließung getroffene Rechtswahl führt – ähnlich wie der nachträgliche **492** Abschluss eines Ehevertrags oder die Auflösung der Ehe – notwendig zur Beendigung des bisherigen Güterstands und damit zu einem **Statutenwechsel;** sie durchbricht damit den Grundsatz der Unwandelbarkeit des Güterrechtsstatuts (→ Rn 431 ff). An die Stelle des bisher maßgeblichen objektiven Güterrechtsstatuts nach Art 15 Abs 1 bzw eines früher gewählten Rechts tritt das erstmals bzw neu gewählte Recht. Haben die Ehegatten bisher in einem Güterstand der **Gütertrennung** gelebt, wirft der Statutenwechsel keine Probleme auf. Wird durch die Rechtswahl der bisherige deutsche gesetzliche Güterstand der **Zugewinngemeinschaft** beendet, so ist der Zugewinn auszugleichen. Größere Schwierigkeiten können sich hingegen ergeben, wenn die Ehegatten bisher in einem Güterstand der **Güter- oder Errungenschaftsgemeinschaft** gelebt haben, denn in diesem Fall ist das Gesamtgut als Folge des Statutenwechsels auseinanderzusetzen. Die Geltung des neu gewählten Güterstands ist allerdings in diesem Fall nicht etwa auf den Zeitpunkt hinausgeschoben, zu dem die Auseinandersetzung des früheren Güterstands abgeschlossen ist. Die sich aus der Auseinandersetzung des früheren Güter-

269

B 493–495   1. Teil. Erkenntnisverfahren B. Güterrechtssachen

stands ergebenden Ansprüche der Ehegatten gegeneinander stellen vielmehr Aktiva und Passiva dar, die vom Zeitpunkt der Rechtswahl an den Regeln des neuen Güterstands unterliegen (*Wegmann* NJW 87, 1740/1744; *Schotten* DNotZ 99, 326/332; NK-BGB/*Sieghörtner* Rn 58).

493   Ob sich die **Abwicklung des durch die Rechtswahl beendeten Güterstands** noch nach dessen Vorschriften oder bereits nach denjenigen des neu gewählten Güterrechtsbeurteilt, ist umstritten. Teilweise wird angenommen, nach der Abwahl des bisherigen Güterrechts könnten nur noch die Vorschriften des neu gewählten Rechts maßgeblich sein (*Mankowski/Osthaus* DNotZ 97, 10/23 f; Pal/*Thorn* Rn 21; Pal/*Thorn* Rn 21; Erman/*Hohloch* Rn 25; BeckOK-BGB/*Mörsdorf-Schulte* Rn 62, 83; Staud/*Mankowski* Rn 121 ff). Dabei wird jedoch übersehen, dass ein Güterstand Wirkungen nicht nur während seiner Geltung, sondern auch und gerade bei seiner Beendigung entfaltet (V *Stoll* 89; *Schotten* DNotZ 99, 326/332). In der Praxis kommt den diesbezüglichen Regeln – zB über den Ausgleich des Zugewinns in der Zugewinngemeinschaft oder über die Auseinandersetzung der Gütergemeinschaft – sogar besonders große praktische Bedeutung zu. Vorzuziehen ist daher die Auffassung, die auf die Abwicklung des bisherigen Güterstands auch das bisherige Recht anwendet, denn nur dieses verfügt über Abwicklungsregeln, die auf diesen Güterstand zugeschnitten sind sind (OLG München FamRZ 13, 1486; *Wegmann* NJW 87, 1740/1744; *Böhringer* BWNotZ 87, 104/110; *Lichtenberger* FS Ferid [1988] 269/274 f; *Schotten* DNotZ 99, 326/332 f; MüKoBGB/*Looschelders* Rn 102; NK-BGB/*Sieghörtner* Rn 58). So enthält bei einem Übergang vom deutschen gesetzlichen Güterstand der Zugewinngemeinschaft in einen ausländischen Güterstand der Gütergemeinschaft oder Gütertrennung das neu gewählte Güterrecht keine Regeln über den Ausgleich des Zugewinns. Demgegenüber bestimmt das gewählte Güterrechtsstatut, welche Gegenstände des Altvermögens von dem neuen Güterstand erfasst werden. Dies können auch Ansprüche aus der Liquidation des beendeten ausländischen Güterstands sein (*Schotten* DNotZ 99, 326/ 332 f; *V. Stoll* 87; NK-BGB/*Sieghörtner* Rn 58; vgl auch das Fallbeispiel bei H/O/*Hausmann* Rn 130). Der anlässlich der Rechtswahl geäußerte Wunsch der Ehegatten, auch ihr bisheriges Vermögen *ex tunc* dem neuen Güterrechtsstatut zu unterstellen, ist allerdings zu respektieren, sofern hierdurch keine Rechte Dritter beeinträchtigt werden (MüKoBGB/*Looschelders* Rn 103; Erman/*Hohloch* Rn 25; BeckOK-BGB/*Mörsdorf-Schulte* Rn 83; Staud/*Mankowski* Rn 118 f). Vorzuziehen ist jedoch eine Lösung durch Vereinbarungen auf sachrechtlicher Ebene (vgl dazu *Schotten* DNotZ 99, 326/ 328 ff; zust Pal/*Thorn* Rn 21aE).

494   Zwischen der Rechtswahl nach Abs 2 auf kollisionsrechtlicher Ebene und der **Vereinbarung eines Wahlgüterstands auf sachrechtlicher Ebene** ist also sorgfältig zu unterscheiden (vgl ausführlich *Schotten/Schmellenkamp*, IPR Rn 168 ff). Ob und unter welchen Voraussetzungen der gesetzliche Güterstand durch einen Ehevertrag abgeändert werden kann, entscheidet allein das gewählte Recht (*Lichtenberger*FS Ferid [1988] 269/272; *Schotten* DNotZ 99, 326/327; MüKoBGB/*Looschelders* Rn 43 ff; Staud/*Mankowski* Rn 126, 304 ff; → Rn 526 ff). Lediglich für die Form des Ehevertrags gilt nach Art 11 Abs 1 EGBGB alternativ das Recht am Abschlussort. Dementsprechend unterscheidet auch die EuGüVO ab dem 29.1.2019 zwischen der Form der Rechtswahl (Art 23) und der Form des Ehevertrags (Art 25). Wird – wie im Regelfall vor deutschen Notaren – deutsches Recht gewählt, so gilt auf der sachrechtlichen Ebene der Grundsatz der Vertragsfreiheit nach § 1408 BGB, der lediglich durch das Verbot des „Stichwortvertrags" in § 1409 BGB eingeschränkt wird. Die notwendige gedankliche Trennung zwischen der kollisionsrechtlichen Rechtswahl und dem sachrechlichen Ehevertrag hindert es freilich nicht, beide Verträge in einer notariellen Urkunde zusammenzufassen, wie dies auch gängiger Praxis entspricht.

495   **f) Publizität der Rechtswahl.** Da die Wahl des Güterrechtsstatuts sich auf die Erbfolge auswirken kann (zB im deutschen Recht nach § 1371 Abs 1 oder § 1931 Abs 4 BGB), ist sie den Geburtsstandesämtern der Beteiligten bzw – bei Auslandsdeutschen – dem Amtsgericht Berlin-Schöneberg **anzuzeigen.** Ferner kann die Rechtswahl auch in das deutsche **Güterrechtsregister** eingetragen werden. Diese Eintragung ist zwar für die Wirksamkeit der Rechtswahl nach deutschem Recht nicht erforderlich. Sie kann sich jedoch empfehlen, um die Chancen für eine Anerkennung der Rechtswahl im Ausland zu erhöhen, wenn zB das Heimat oder Aufenthaltsrecht der Ehegatten eine amtliche Registrierung der Rechtswahl vorschreibt (*Lichtenberger* DNotZ 86, 644/663; *Böhringer* BWNotZ 87, 104/111; *Röll* MittBayNot 89 I, 4). Außerdem kann durch die Eintragung der Schutz des guten Glaubens eines Dritten in die Geltung deutschen Güterrechts nach Art 16 Abs 1 EGBGB ausgeschlossen werden (näher → Rn 568 ff).

270

II. Internationales Privatrecht: EGBGB Art 15   **496–498 B**

g) Aufhebung und Änderung der Rechtswahl. Eine einmal getroffene Rechtswahl kann **496** mit Wirkung für die Zukunft jederzeit aufgehoben oder geändert werden (BT-Drs 10/504, 58;.H/O/*Hausmann* Rn 135). Die Rechtswahl endet aber nicht schon deshalb *eo ipso,* weil ihre Voraussetzungen nachträglich entfallen. Treffen die Ehegatten eine – nach Abs 2 EGBGB zulässige – andere Rechtswahl, so gilt fortan das neu gewählte Güterrechtsstatut. Heben sie dagegen allein ihre frühere Rechtswahl auf, so gilt mit Wirkung *ex nunc* wieder das objektiv nach Art. 15 Abs. 1 iVm. Art. 14 EGBGB bestimmte Güterrechtsstatut (Pal/*Thorn* Rn 21; MüKoBGB/*Looschelders* Rn 48). Für dessen Ermittlung sind nach Art 15 Abs 1 die **Verhält-nisse zur Zeit der Eheschließung** – und nicht jene bei Aufhebung der Rechtswahl – maßgeblich, weil der Grundsatz der Unwandelbarkeit nicht zur Disposition der Ehegatten steht (*Lichtenberger* DNotZ 86, 644/660; *Kropholler* IPR § 45 IV 3d; Soe/*Schurig* Rn 25; BeckOK-BGB/*Mörsdorf-Schulte* Rn 63; **aA** *Wegmann* NJW 87, 1740/1744; NK-BGB/*Sieghört-ner* Rn 61). Für die Überleitung gilt in einem solchen Falle das zuvor in → Rn 493 f Gesagte entsprechend.

3. Intertemporales Recht, Art 220 Abs 3

Schrifttum: *Eule,* Fortgeltung des nach Art 220 Abs 3 Satz 1 Nr 2 EGBGB angeknüpften Ehegüterrechts-statuts über den 8.4.1983 hinaus teilweise verfassungswidrig – was nun?, MittBayNot 03, 335; *Henrich,* Zur Auslegung des Art 220 III EGBFB, IPRax 87, 93; *Jayme,* Intertemporales und internationales Ehegüterrecht – Einige vorläufige Betrachtungen, IPRax 85, 95; *ders,* Schlüssige Rechtswahl und italienisches Übergangsrecht im intertemporalen internationalen Ehegüterrecht, IPRax 90, 102; *Lichtenberger,* Zum Gesetz zur Neuregelung des Internationalen Privatrechts, DNotZ 86, 644; *S. Lorenz,* Das intertemporale internationale Ehegü-terrecht nach Art 220 III und die Folgen eines Statutenwechsels (1991); *Mansel,* Das „Ausgehen" von der Geltung österreichischen Ehegüterrechts sowie dessen „Weiterwirken" und die Verfassungsmäßigkeit des Art 220 Abs 3 – eine Fallskizze, FS Geimer (2002) 625; *Rauscher,* Art 220 III EGBGB verfassungswidrig?, NJW 87, 531; *ders,* Intertemporale Bestimmungen zum internationalen Ehegüterrecht im Einigungsvertrag DNotZ 91, 20; *Schurig,* Internationales Ehegüterrecht im Übergang: Ist Art 220 III EGBGB verfassungsrecht-lich zu halten?, IPRax 88, 88.

Der Grundsatz der Unwandelbarkeit des Güterrechtsstatuts gilt auch für Ehen, die bereits vor **497** der deutschen IPR-Reform von 1986 geschlossen wurden, so dass es grundsätzlich auf die damals geltenden Kollisionsnormen ankommt. Im Spannungsfeld zwischen der Verfassungswid-rigkeit der Anküpfung an das Heimatrecht des Ehemannes in Art. 15 Abs. 1 EGBGB aF einer-seits und dem Schutz des Vertrauens der Ehegatten in das bei Eheschließung geltende Kollisions-recht hat der deutsche Reformgesetzgeber für die vor Inkrafttreten des IPR-Gesetzes am 1.9.1986 geschlossenen Ehen in Art. 220 Abs. 3 EGBGB eine komplizierte **Übergangsrege-lung** geschaffen, die bei der Ermittlung des maßgeblichen Güterrechtsstatuts zusätzliche Schwie-rigkeiten bereitet. Danach kommt es darauf an, ob die Ehe vor dem 1.4.1953, zwischen dem 1.4.1953 und dem 8.4.1983, oder nach dem 8.4.1983 geschlossen wurde.

EGBGB Art 220. Übergangsvorschrift zum Gesetz vom 25. Juli 1986 zur Neuregelung des Internationalen Privatrechts

(1) ....

(2) ....

(3) Die güterrechtlichen Wirkungen von Ehen, die nach dem 31. März 1953 und vor dem 9. April 1983 geschlossen worden sind, unterliegen bis zum 8. April 1983
1. dem Recht des Staates, dem beide Ehegatten bei der Eheschließung angehörten, sonst
2. dem Recht, dem die Ehegatten sich unterstellt haben oder von dessen Anwendung sie aus-gegangen sind, insbesondere nach dem sie einen Ehevertrag geschlossen haben, hilfsweise
3. dem Recht des Staates, dem der Ehemann bei der Eheschließung angehörte.
[1] Für die Zeit nach dem 8. April 1983 ist Artikel 15 anzuwenden. [2] Dabei tritt für Ehen, auf die vorher Satz 1 Nr. 3 anzuwenden war, an die Stelle des Zeitpunkts der Eheschließung der 9. April 1983. [3] Soweit sich allein aus einem Wechsel des anzuwendenden Rechts zum Ablauf des 8. April 1983 Ansprüche wegen der Beendigung des früheren Güterstandes ergeben würden, gelten sie bis zu dem in Absatz 1 genannten Tag als gestundet. [4] Auf die güterrechtlichen Wirkungen von Ehen, die nach dem 8. April 1983 geschlossen worden sind, ist Artikel 15 anzuwenden. [5] Die güterrecht-lichen Wirkungen von Ehen, die vor dem 1. April 1953 geschlossen worden sind, bleiben unbe-rührt; die Ehegatten können jedoch eine Rechtswahl nach Artikel 15 Abs. 2, 3 treffen.

a) Eheschließung vor dem 1.4.1953. Art 15 Abs 1 aF hatte in seiner gewohnheitsrecht- **498** lichen Fortbildung zur allseitigen Kollisionsnorm die güterrechtlichen Verhältnisse dem Heimat-recht des Ehemannes zur Zeit der Eheschließung unterstellt. Das BVerfG hat diese Regelung

271

B 499–501　　　　　　　　　　　1. Teil. Erkenntnisverfahren B. Güterrechtssachen

durch Beschluss v 22.2.1983 (BVerfGE 63, 181 = NJW 83, 1968) wegen Verstoßes gegen Art 3 Abs 2 GG für nichtig erklärt; sie war damit gem Art 117 Abs 1 GG am 1.4.1953 außer Kraft getreten. Für die vor diesem Zeitpunkt geschlossenen Ehen gilt der aus Art 15 Abs 1 aF entwickelte allgemeine Grundsatz hingegen fort. Die am 1.4.1953 eingetretene Änderung des Kollisionsrechts hat wegen der Unwandelbarkeit des Güterrechtsstatuts keinen Einfluss auf die damals bereits bestehenden Ehen (BayObLG FamRZ 98, 1242/1243; *Henrich* IPRax 87, 93; Pal/*Thorn* Rn 6; MüKoBGB/*Looschelders* Rn 141 ff; **aA** [für Verfassungswidrigkeit] *Rauscher* NJW 87, 531/534; *Lorenz* 53 ff). Insoweit verbleibt es mithin bei der Gesamtverweisung auf das **Heimatrecht des Ehemannes** zur Zeit der Eheschließung. Die Ehegatten können jedoch seit dem 8.4.1983 gemäß Art 220 Abs 3 S 6, Hs 2 eine Rechtswahl gem Art 15 Abs 2 nF treffen, soweit deren Voraussetzungen im Zeitpunkt der Rechtswahl vorliegen.

499　　**b) Eheschließung zwischen dem 1.4.1953 und dem 8.4.1983. aa) Allgemeines.** Wurde die Ehe zwar nach dem 31.3.1953, aber vor dem 9.4.1983 geschlossen, so unterscheidet die Übergangsregelung in Art. 220 Abs. 3 EGBGB zwei Zeiträume, nämlich einerseits die Zeit vom 1.4.1953 bis zum 8.4.1983, für die Satz. 1 gilt, und andererseits die Zeit ab dem 9.4.1983, für welche die Sätze 2–4 gelten (MüKoBGB/*Looschelders* Rn 145). Der Stichtag wurde gewählt, weil die vorgenannte **Entscheidung des BVerfG**, mit der wesentliche Teile des Art 15 aF für nichtig erklärt wurden, **am 8.4.1983 bekannt gemacht** wurde (vgl § 30 Abs 1 S 3 BVerfGG). Der BGH hat bereits kurze Zeit nach Inkrafttreten des IPR-Gesetzes klargestellt, dass die **Übergangsregelung mit der Verfassung vereinbar** sei. Dies gilt jedenfalls für die in Art 220 Abs 3 S 1 Nr 1 EGBGB normierte Anknüpfung an das gemeinsame Heimatrecht der Ehegatten bei Eheschließung und die in Nr. 2 angeordnete (echte) Rückwirkung in Fällen einer vor dem 8.4.1983 – auch nur formlos oder schlüssig – getroffenen Rechtswahl (BGH FamRZ 86, 1200/1201 f = NJW 87, 583; BGH FamRZ 87, 679/680 = IPRax 88, 100 m Anm *Schurig* 88; zust OLG Karlsruhe IPRax 90, 122 m Anm *Jayme* 102; OLG Stuttgart FamRZ 91, 708; Staud/*Dörner* Art 220 Rn 75; **aA** *Rauscher* NJW 87, 531/534; *ders,* IPRax 88, 348). Ob hingegen auch die hilfsweise Anknüpfung an das Mannesrecht nach Art 220 Abs 3 S 1 Nr 3 EGBGB mit Art 3 Abs 2 GG vereinbar ist (so noch BGH FamRZ 86, 1200/1201 f = IPRax 87, 114 m. Anm *Henrich* 93; BGH FamRZ 87, 679/680 f; zust *Lichtenberger* DNotZ 87, 297 f; Pal/*Thorn* Rn 10; Erman/*Hohloch* Rn 45; *Lorenz* 113 ff mwN), ist im Lichte der jüngeren Rechtsprechung des BVerfG (FamRZ 03, 361m Anm *Henrich*) zweifelhaft geworden (für Verfassungswidrigkeit *Basedow* NJW 86, 2971/2974; *Puttfarken* RIW 87, 834/838; *Rauscher* NJW 87, 531/534; *Schurig* IPRax 88, 88/92; *Winkler v Mohrenfels* IPRax 95, 384; MüKoBGB/*Looschelders* Rn 155; Staud/*Dörner* Art 220 Rn 87 ff; Soe/*Schurig* Art 220 Rn 52; Erman/*Hohloch* Rn 45).

500　　**bb) Statutenwechsel.** Der unterschiedliche Zeitpunkt für die Anknüpfung des Güterrechtsstatuts in Art 220 Abs 3 – für die Zeit bis zum 8.4.1983 der Tag der Eheschließung, für die Zeit danach der 9.4.1983 – hat für zahlreiche Ehen am 9.4.1983 zu einem Statutenwechsel geführt. Der Grundsatz der Unwandelbarkeit des Güterrechtsstatuts (→ Rn 431 ff) wird damit bei Ehen, die zwischen dem 1.4.1953 und dem 8.4.1983 geschlossen wurden, durchbrochen (Pal/*Thorn* Rn 12; MüKoBGB/*Looschelders* Rn 157; *Schotten/Schmellenkamp* Rn 198; zur Verfassungsmäßigkeit dieser Regelung BVerfG FamRZ 88, 920). Nach der Interpretation des BGH bezieht sich der Stichtag in Art 220 Abs 3 allerdings nicht auf den Vermögenserwerb, sondern auf den zu beurteilenden **güterrechtsrelevanten Vorgang** (zB die güterrechtliche Auseinandersetzung nach Scheidung der Ehe, den Tod eines Ehegatten oder die Vornahme eines Rechtsgeschäfts). Das anwendbare Güterrecht wird also nur einmal fürt das gesamte – vorhandene wie künftige – Vermögen der Ehegatten bestimmt; eine güterrechtliche Aufspaltung in zwei Vermögensmassen mit der möglichen Folge, dass auf diese verschiedene Güterrechte nebeneinander anzuwenden wären, erfolgt also nicht (BGH NJW 87, 583 f; BGH NJW 88, 638 f; Staud/*Dörner* Art 220 Rn 134; MüKoBGB/*Looschelders* Rn 156).

501　　Darüber hinaus soll nach Ansicht des BGH bei Eintritt des Statutenwechsels auch grundsätzlich **keine Auseinandersetzung des am Stichtag vorhandenen Vermögens** stattfinden. Sind daher – wie heute regelmäßig – güterrechtsrelevante Vorgänge nach dem 9.4.1983 zu beurteilen, so erstreckt sich diese Beurteilung auf das **gesamte Vermögen der Ehegatten,** auch soweit dieses vor dem 9.4.1983 unter Geltung eines anderen Güterstands erworben wurde. Das gesamte Vermögen wird mithin erst bei Beendigung der Ehe – also insbesondere im Scheidungsfall – einheitlich nach dem neuen Güterrechtsstatut auseinandergesetzt (BGH NJW 87, 583 f und NJW 88, 638 f; OLG Hamm FamRZ 93, 111/115 m krit Anm *Dörner* IPRax 94, 33; Pal/*Thorn* Rn 13 ff; Erman/*Hohloch* Rn 48). Lebten die Ehegatten daher bis zum 9.4.1983

II. Internationales Privatrecht: EGBGB Art 15   **502–505 B**

im deutschen gesetzlichen Güterstand der Zugewinngemeinschaft, danach kraft nunmehr geltenden ausländischen Güterrechts in einem Güterstand der Gütertrennung, so findet im Rahmen eines nach dem 9.4.1983 eingeleiteten Scheidungsverfahrens auch hinsichtlich des bis zu diesem Stichtag erworbenen Vermögens ein Zugewinnausgleich nicht statt. Im umgekehrten Fall erfasst der Zugewinnausgleich nach deutschem Güterrecht auch das von den Ehegatten vor dem Stichtag unter dem ausländischen Güterstand der Gütertrennung erworbene Vermögen, dh die Ehegatten werden so angesehen, als ob sie bereits von der Eheschließung an im Güterstand der Zugewinngemeinschaft gelebt hätten (Pal/*Thorn* Rn 13 f; *Andrae*, IntFamR § 3 Rn 121).

Diese Lösung des BGH vermag freilich nicht zu überzeugen. Vorzuziehen ist vielmehr die in **502** der Lehre überwiegende Auffassung, die – in Übereinstimmung mit den allgemeinen Grundsätzen des intertemporalen Kollisionsrechts – zum Stichtag eine **Abwicklung des alten Güterstands** vornimmt (gegen eine Rückwirkung des Statutenwechsels zu Recht *Rauscher* NJW 87, 531/532 und IPRax 88, 347 f; *Lichtenberger* DNotZ 87, 297/302; *Schurig* IPRax 88, 88/93; *Dörner* IPRax 94, 33/34; *Winkler v Mohrenfels* IPRax 95, 379/382 f; **aA** MüKoBGB/*Looschelders* Rn 161 mwN). Dafür spricht insbesondere Art 220 Abs 3 S 4, der für Ansprüche, die sich aufgrund eines Statutenwechsels ergeben, eine Stundung bis zum 1.9.1986 vorsieht und damit zeigt, dass auch der Gesetzgeber Auseinandersetzungsansprüche aufgrund von Satz 3 der Vorschrift für möglich hielt. Ferner wird die Richtigkeit dieser Auffassung durch Art 236 § 3 bestätigt; denn danach ist der Gesetzgeber des Einigungsvertrages von der Abwicklung des alten Güterstandes anlässlich des Statutenwechsels ausgegangen (*Rauscher* DtZ 1991, 22; Staud/*Dörner* Art 220 Rn 136).

cc) Beurteilung von güterrechtsrelevanten Vorgänge nach dem 8.4.1983. Für den hier **503** allein betrachteten Regelfall, dass güterrechtsrelevante Vorgänge – wie die güterrechtliche Auseinandersetzung aus Anlass der Scheidung – nach dem 8.4.1983 zu beurteilen sind, ist gem Art 220 Abs 3 S 2 das von **Art 15 nF** bestimmte Güterrecht anzuwenden (OLG Köln FamRZ 99, 298; *Andrae*, IntFamR § Rn 111). Von diesem Grundsatz ergeben sich allerdings gewisse Abweichungen als Folge des Rechtszustands, der nach Art 220 Abs 3 S 1 für güterrechtsrelevante Vorgänge bis zum 8.4.1983 gegolten hat.

(1) Gemeinsames Heimatrecht bei Eheschließung. Keine Abweichungen ergeben sich **504** dann, wenn die Ehegatten im Zeitpunkt der Eheschließung **Angehörige desselben Staates** waren. In diesem Fall gilt – vorbehaltlich einer Rück- oder Weiterverweisung (OLG Frankfurt ZEV 17, 572/574) – nach Art 220 Abs 3 S 1 Nr 1 für die Zeit bis zum 8.4.1983 ihr gemeinsames Heimatrecht als Güterrechtsstatut. Daran ändert sich auch für die Zeit nach dem 8.4.1983 nichts, weil der nunmehr nach Art 220 Abs 3 S 2 maßgebende Art 15 Abs 1 iVm Art 14 Abs 1 Nr 1 ebenfalls unwandelbar an dieses gemeinsame Heimatrecht der Ehegatten zur Zeit der Eheschließung anknüpft (vgl BGH NJW 87, 583/585 [*Italien*]; OLG Schleswig FamRZ 10, 377 f und OLG München FamRZ 09, 1582 f [jeweils *Niederlande*]; OLG Stuttgart FamRZ 02, 1032 [*Kroatien*]; OLG Nürnberg FamRZ 17, 698/700 [*Slowakei*]). Der Umstand, dass die Ehegatten sich vor dem 8.4.1983 formlos einem anderen Güterrecht – zB dem Recht ihres gemeinsamen gewöhnlichen Aufenthalts – unterstellt hatten oder von diesem Recht „ausgegangen" waren; führt zu keinem anderen Ergebnis, weil sich eine solche formlose oder fingierte Rechtswahl nach der Anknüpfungsleiter des Art 220 Abs 1 S 1 gegenüber der vorrangigen Anküpfung an das gemeinsame Heimatrecht zur Zeit der Eheschließung nicht durchsetzt.

Problematisch ist in diesem Zusammenhang die **Behandlung von Doppelstaatern** mit **505** zugleich deutscher Staatsangehörigkeit. Obwohl der BGH bis zum Inkrafttreten des IPR-Gesetzes vom 25.7.1986 insoweit vom Prinzip der effektiven Staatsangehörigkeit ausgegangen war, hat er sich in Bezug auf die Übergangsregelung in Art 220 Abs 3 S 1 für eine Anwendung von Art 5 Abs 1 S 2 auch auf zuvor geschlossene Ehen, dh für den Vorrang der deutschen Staatsangehörigkeit, mit Wirkung vom 1.9.1986 an ausgesprochen (BGH NJW 87, 583/585; ebenso OLG Hamburg FamRZ 15, 1232/1235; OLG Karlsruhe IPRax 90, 122/123; OLG Frankfurt FamRZ 87, 1147 = IPRax 88, 104; zust Pal/*Thorn* Rn 8; NK-BGB/*Sieghörtner* Anh III Rn 15). Dies kann zu einem Statutenwechsel an diesem Tag führen. Da Art 5 Abs 1 nF bei Eheschließung noch nicht galt, sollte es indessen auch für das Übergangsrecht bei Mehrstaatern mit deutscher Staatsangehörigkeit – entsprechend der BGH-Rechtsprechung bis zum Inkrafttreten des IPR-Gesetzes – auf die **effektive Staatsangehörigkeit** ankommen (*Jayme* IPRax 87, 95/96 und IPRax 90, 102/103; *Schurig* IPRax 88, 88/89; MüKoBGB/*Looschelders* Rn 147; Soe/*Schurig* Art 220 Rn 61; Staud/*Dörner* Art 220 Rn 102). Aus diesem Grunde kann auch die von einer deutschen Ehefrau durch Eheschließung hinzuerworbene ausländische Staatsangehörigkeit eine

273

B 506–509 1. Teil. Erkenntnisverfahren B. Güterrechtssachen

gemeinsame Staatsangehörigkeit iSv Art 220 Abs 3 S 1 Nr 1 EGBGB begründen. Die im Zeitpunkt der Eheschließung bestehende Absicht eines Ehegatten, die Staatsangehörigkeit des anderen Teils zu erwerben, reicht insoweit freilich nicht aus (BGH NJW 88, 638/639; Pal/*Thorn* Rn 8; **aA** *Schurig* IPRax 88, 88/90).

506 **(2) Formfreie schlüssige oder fingierte „Rechtswahl" vor dem 9.4.1983.** In Ermangelung einer gemeinsamen (effektiven) Staatsangehörigkeit der Ehegatten zur Zeit der Eheschließung (Nr 1) beruft Art 220 Abs 3 S 1 Nr 2 für die Zeit bis zum 8.4.1983 hilfsweise das Recht, „dem die Ehegatten sich unterstellt haben oder von dessen Anwendung sie ausgegangen sind". Diese Anerkennung einer formfreien (*Andrae*, IntFamR § 3 Rn 114; NK-BGB/*Sieghörtner* Anh III Rn 14) und gegebenenfalls nur schlüssigen Rechtswahl nach Art 220 Abs 3 S 1 Nr 2 hat dann auch für die Zeit nach dem 8.4.1983 Vorrang vor der Anknüpfung nach Art 220 Abs 3 S 2, weil diese Vorschrift erkennbar davon ausgeht, dass die Formanforderungen des Art 15 Abs 3 nF nur eine Rechtswahl in der Zeit nach dem Bekanntwerden der genannten Entscheidung des BVerfG betreffen, jedoch eine zuvor formfrei zustande gekommene Rechtswahl ihre Wirksamkeit behält (BGH NJW 87, 583 f; BGH NJW 88, 638; BGH FamRZ 88, 40 = IPRax 88, 103 m Anm *Schurig* 88; BGHZ 119, 392/400 = NJW 93, 385 OLG Karlsruhe IPRax 90, 122; *Jayme* IPRax 87, 95 ff; *Lichtenberger* DNotZ 87, 297 ff; Pal/*Thorn* Rn 11; Staud/*Dörner* Art 220 Rn 123 f).

507 Die getroffene Rechtswahl bleibt auch dann über den 8.4.1983 hinaus wirksam, wenn ein Recht gewählt wurde, das unter Geltung des Art 15 Abs 2 **nicht mehr gewählt** werden könnte (*Henrich* IPRax 87, 93 f; *Rauscher* NJW 87, 531/534; Staud/*Dörner* Art 220 Rn 116; **aA** *Lichtenberger* DNotZ 87, 297/300; Pal/*Thorn* Rn 11). Da Ehegatten bis zum 8.4.1983 mit einer nachträglichen Anerkennung einer ausdrücklichen oder schlüssigen Rechtswahl nicht rechnen konnten, läuft die erste Alternative des Art 220 Abs 3 S 1 Nr 2 („Unterstellen") freilich weitgehend leer (*Schurig* IPRax 1988, 88/91; Staud/*Dörner* Art 220 Rn 104; Erman/*Hohloch* Rn 45).

508 Einer schlüssigen Rechtswahl steht es jedoch nach Art 220 Abs 3 S 1 Nr 2 ausdrücklich gleich, wenn die Ehegatten vor dem 8.4.1983 von der Anwendbarkeit eines bestimmten Rechts lediglich **gemeinsam „ausgegangen"** sind (BGH NJW 88, 638 ff; BGHZ 119, 392/400 m Anm *Winkler v Mohrenfels* IPRax 95, 379; BGH FamRZ 98, 905; Pal/*Thorn* Rn 9). Während das „*Unterstellen"* eine wirkliche Rechtswahl mit Erklärungsbewusstsein erfordert (BGH FamRZ 88, 40/41; OLG Hamburg FamRZ 01, 916/918 = IPRax 02, 304 m Anm *Andrae/Essebier* 294; OLG München NJW-RR 11, 663 Rn 9 ff), wird beim bloßen „Ausgehen" von einem bestimmten Recht eine konkludente Rechtswahl lediglich fingiert (BGH FamRZ 88, 40/41). Eine solche gemeinsame Vorstellung, die sich nicht zu einer Rechtswahl verdichtet hat, kann insbesondere angenommen werden, wenn die Ehegatten einen **Ehevertrag nach einem anderen Recht** als dem Heimatrecht des Ehemannes geschlossen haben (BGH FamRZ 98, 905/906; *Henrich*, IntFamR § 3 I 8d; Staud/*Dörner* Art 220 Rn 108). Sie kann sich aber auch aus anderen güterrechtsbezogenen Erklärungen der Ehegatten, zB in einem gemeinschaftlichen Testament oder Erbvertrag (Staud/*Dörner* Art 220 Rn 108; NK-BGB/*Sieghörtner* Anh III Rn 20) oder aus Erklärungen gegenüber Dritten (zB einer Bank) ergeben (MüKoBGB/*Looschelders* Rn 151). Es genügt sogar, dass die Parteien unbewusst nach ihren gesamten Lebensumständen wie selbstverständlich von einer ihnen am nächsten liegenden Rechtsordnung ausgegangen sind (BGHZ 119, 392/400 = NJW 93, 387; KG IPRax 88, 106; *Lichtenberger* DNotZ 87, 297 ff; krit *Schotten/Schmellenkamp*, IPR Rn 191).

509 Aus Gründen der Rechtssicherheit muss dieses gemeinsame Verhalten der Ehegatten allerdings **nach außen erkennbar in Erscheinung getreten** sein und sich für Dritte eindeutig feststellen lassen (OLG Köln FamRZ 96, 1479 m Anm *Henrich*; KG FamRZ 07, 1564/1565; *Lichtenberger* DNotZ 87, 297 ff; *Böhringer* BWNotZ 87, 104/106; *Lorenz* 83 f; *Schotten/Schmellenkamp* Rn 190; krit zu dieser weiten Auslegung des Abs 3 S 1 Nr 2 *Andrae*, IntFamR § 3 Rn 114; Staud/*Dörner* Art 220 Rn 106 f; NK-BGB/*Sieghörtner* Anh III Rn 26). Hierfür reicht der – auch längere – gemeinsame gewöhnlichen Aufenthalt der Ehegatten in einem bestimmten Land nicht aus; diese müssen vielmehr „willkürlich eine bestimmte Rechtsordnung in das Konzept ihrer Ehe einbezogen haben"(OLG Hamburg FamRZ 01, 916/91 = IPRax 02, 304 m Anm *Andrae/Essebier* 294; KG IPRax 88, 106 m Anm *Schurig* 88). Dazu bedarf es nach Ansicht des BGH

> *„einer Gesamtbetrachtung, in die alle äußeren Umstände einzubeziehen sind, wie etwa Eheschließungsort, gewöhnliche Aufenthalte der Ehegatten …, Erwerb von Vermögen …, Auflösung oder Transfer von Auslandskonten …, Grundbucheintragungen, Erklärungen gegenüber Behörden oder Handlungen, die ohne Bezug zu einer bestimmten Güterrechtsordnung nicht denkbar wären"*

II. Internationales Privatrecht: EGBGB Art 15   510–514 **B**

(BGHZ 119, 392/400 ff = IPRax 95, 399 m Anm *Winkler v Mohrenfels* 379; dazu *Lorenz,* FamRZ 93, 393; ferner BGH FamRZ 98, 905/906 = JZ 99, 204 m Anm *Stoll;* OLG Stuttgart FamRZ 91, 708; OLG Düsseldorf FamRZ 95, 1587; OLG Schleswig FGPrax 10, 19).

Soweit sich Änderungen in den Vorstellungen der Parteien erst nach der Eheschließung **510** ergeben haben, sind auch diese beachtlich, da es auf dasjenige Recht ankommt, dem sich die Parteien **vor dem 8.4.1983 zuletzt** übereinstimmend unterstellt haben (MüKoBGB/*Looschelders* Rn 153; krit zu dieser weiten Auslegung von Art 220 Abs 3 S 1 Nr 2 NK-BGB/*Sieghörtner* Anh III Rn 26; *Andrae,* IntFamR § 3 Rn 115). Eine diesbezügliche gemeinsame Erklärung können die Ehegatten auch noch nach dem 1.9.1986 – zB anlässlich der Vermögensauseinandersetzung – abgeben (*Böhringer* BWNotZ 87, 104/108). In jedem Fall ist aber ein **gemeinsames Verhalten** der Ehegatten erforderlich; nur einseitige Erklärungen eines Ehegatten reichen hingegen ebensowenig aus wie zur Abänderung einer förmlichen Rechtswahl nach Art 15 Abs 2 (BGH FamRZ 88, 40 = IPRax 88, 103 m Anm *Schurig* 88; KG IPRax 88, 106; *Schotten/ Schmellenkamp,* IPR Rn 190).

Sind die Ehegatten allerdings – wie im Regelfall – vor dem 8.4.1983 im Hinblick auf den **511** damals geltenden Art 15 Abs 1 aF gemeinsam von der Maßgeblichkeit des Heimatrechts des Ehemanns ausgegangen, so sind der Fortgeltung dieses Rechts über den 8.4.1983 hinaus (für eine solche Fortgeltung noch BGH NJW 87, 583/584; BGH FamRZ 98, 905/906; OLG Hamburg FamRZ 01, 916/918; OLG Karlsruhe IPRax 90, 122/123) aus verfassungsrechtlichen Gründen Schranken gezogen, weil es sich der Sache nach um nichts anderes als eine **verschleierte Anknüpfung an das Mannesrecht** handelt (*Schotten/Schmellenkamp,* IPR Rn 192; *Schurig* IPRax 88, 88/91 f). Für diesen Fall verstößt es daher nach Ansicht des BVerfG gegen Art 3 Abs 2 GG, die Ehegatten auch über den Stichtag hinaus am Heimatrecht des Ehemannes festzuhalten (BVerfG NJW 03, 1656 = FamRZ 03, 361 m Anm *Henrich; Eule* MittBayNot 03, 335/336 ff; Pal/*Thorn* Rn 11; NK-BGB/*Sieghörtner* Anh Rn 25). Die verfassungskonforme Auslegung des Art 220 Ab 3 führt vielmehr zu dem Ergebnis, dass in einem solchen Falle am 9.4.1983 ein **Statutenwechsel** eingetreten ist. Das anzuwendende Güterrecht bestimmt sich mithin seither nach Art 15 nF, dh idR nach dem Recht des Staates, in dem die Ehegatten am 9.4.1983 ihren gemeinsamen gewöhnlichen Aufenthalt hatten.

Etwas anderes gilt nur dann, wenn die Eheleute **von einem anderen Recht als dem** **512** **Heimatrecht** des Ehemannes ausgegangen sind oder sich ganz bewusst und unabhängig von Art 15 Abs 1 aF für die Geltung des Mannesrechts entschieden hatten(*Henrich* FamRZ 03, 362; Staud/*Dörner* Art 220 Rn 126 ff). Für diese Fälle bleibt das schlüssig gewählte Recht auch dann maßgeblich, wenn einer der Ehegatten später anderen Sinnes geworden ist; denn ein Wechsel des Güterrechtsstatuts kann dann nur eintreten, wenn *beide* Ehegatten sich vor dem 8.4.1983 einem anderen Recht unterstellt haben oder gemeinsam von dessen Geltung ausgegangen sind (BGH FamRZ 88, 40; BGHZ 119, 392/401; OLG Karlsruhe IPRax 90, 122; Pal/*Thorn* Rn 9; Staud/ *Dörner* Art 220 Rn 140).

Etwas anderes gilt nur dann, wenn die Eheleute von einem anderen Recht als dem Hei- **513** matrecht des Ehemannes ausgegangen sind oder sich ganz bewusst und unabhängig von Art 15 Abs 1 aF für die Geltung des Mannesrechts entschieden hatten. Für diese Fälle bleibt das schlüssig gewählte Recht auch dann maßgeblich, wenn einer der Ehegatten später anderen Sinnes geworden ist; denn ein Wechsel des Güterrechtsstatuts kann dann nur eintreten, wenn beide Ehegatten sich vor dem 8.4.1983 einem anderen Recht unterstellt haben oder gemeinsam von dessen Geltung ausgegangen sind (BGH FamRZ 88, 40; BGHZ 119, 392/401; OLG Karlsruhe IPRax 90, 122; Pal/*Thorn* Rn 9). Da die Anknüpfung nach Art 220 Abs 3 S 1 Nr 2 als eine – formfrei wirksame – Rechtswahl im Sinne des Art 4 Abs 2 zu werten ist, bleibt eine **Rückoder Weiterverweisung** des gewählten Rechts außer Betracht; dies gilt in gleicher Weise für den Fall, dass die Ehegatten von der Anwendbarkeit eines bestimmten Rechts lediglich „ausgegangen" sind (BGH NJW 88, 638; *Jayme* IPRax 87/95 f; Erman/*Hohloch* Rn 44; *Schotten/ Schmellenkamp* Rn 184)..

(3) Geltung des Heimatrechts des Ehemannes bis zum 8.4.1983. Waren nach Art 220 **514** Abs 3 S 1 – mangels gemeinsamer Staatsangehörigkeit der Ehegatten im Zeitpunkt der Eheschließung (Nr 1) und mangels einer schlüssigen oder fingierten Rechtswahl (Nr 2) – die güterrechtlichen Wirkungen der Ehe bis zum 8.4.1983 nach dem Heimatrecht des Mannes zu beurteilen (Nr 3) und geht man weiterhin von der Verfassungsmäßigkeit dieser Übergangsvorschrift aus (dazu → Rn 499), so kommt Art 15 nF gemäß Art 220 Abs 3 S 3 mit der Maßgabe zur Anwendung, dass es für danach eingetretene güterrechtsrelevante Vorgänge auf die **Verhält-**

275

B 515, 516   1. Teil. Erkenntnisverfahren B. Güterrechtssachen

nisse am 9.4.1983 ankommt. In diesem Fall ist also zu prüfen, ob die Parteien am 9.4.1983 in demselben Staat ihren gewöhnlichen Aufenthalt gehabt haben (Art 15 Abs 1 iVm Art 14 Abs 1 Nr. 2) oder mit welchem Staat sie zu diesem Zeitpunkt auf andere Weise gemeinsam am engsten verbunden waren (Art 15 Abs 1 iVm Art 14 Abs 1 Nr 3; vgl OLG Stuttgart NJW 05, 2164; OLG Hamburg FamRZ 01, 916/918; *Andrae*, IntFamR § 3 Rn 120 f). Eine Rück- oder Weiterverweisung des von Art 220 Abs 3 S 3 EGBGB zur Anwendung berufenen Rechts ist aber zu beachten (OLG Hamburg FamRZ 01, 916/918; KG FamRZ 07, 1564/1565; OLG München NJW-RR 11, 663/664).

515   **c) Eheschließung nach dem 8.4.1983.** Für die güterrechtlichen Wirkungen von Ehen, die nach dem 8.4.1983 geschlossen worden sind, gilt **Art 15 EGBGB nF uneingeschränkt** (Art 220 Abs 3 S 5). Eine nach dem 8.4.1983 getroffene Rechtswahl ist daher nur gültig, wenn die inhaltlichen Schranken und die Form des Art 15 Abs. 2 und 3 EGBGB beachtet worden sind, auch wenn die Rechtswahl vor Inkrafttreten dieser Kollisionsnormen am 1.9.1986 getroffen wurde (BGH NJW 87, 583 f; *Schotten/Schmellenkamp* Rn 195).

4. Anwendungsbereich des Güterrechtsstatuts

Schrifttum: *Amann*, Eigentumserwerb unabhängig vom ausländischen Güterrecht?, MittBayNot 86, 222; *Andrae*, Erneut zum Begriff „eheliche Güterstände", IPRax 17, 526; *Beitzke*, Bruchteilserwerb mit Auslandsberührung aus der Sicht des Notars und Grundbuchamts, BWNotZ 88, 49; *Christandl*, Die Ehegatteninnengesellschaft im internationalen Privatrecht mit besonderer Berücksichtigung deutsch-spanischer Sachverhalte, FamRZ 12, 1692; *Grundmann*, Zur Qualifikation von Verboten einer Güterstandsänderung während der Ehe, FamRZ 84, 445; *Hausmann*, Ausgleichsansprüche zwischen Ehegatten aus Anlass der Scheidung im IPR – Zur Abgrenzung zwischen Vertragsstatut, Ehewirkungsstatut und Ehegüterstatut, FS Jayme [2004] 305; *Jayme*, Auflassungsvormerkung und ausländischer Güterstand, IPRax 86, 361; *ders*, Zur Anwendung des § 1365 BGB bei ausländischem Geschäftsstatut, FS Henrich (2000) 335; *Kerameus*, Auskunftsanspruch bei der Geltendmachung des Zugewinnausgleichs nach griechischem Recht, IPRax 90, 228; *Lichtenberger*, Einige Bemerkungen der praktischen Behandlung des Grundstückserwerbs bei Auslandsberührung, MittRheinNotK 86, 111; *Lorenz*, Unbenannte Zuwendungen und internationales Ehegüterrecht, FamRZ 93, 393; *ders*, Gebrauchsvermögen, Ersparnisse und gesetzlicher Güterstand im deutsch-österreichischen Verhältnis: Normenmangel oder renvoi kraft abweichender Qualifikation?, IPRax 95, 47; *Ludwig*, Zur Anwendbarkeit des Art 3 Abs 3 im Internationalen Ehegüterrecht bei der Berechnung des Zugewinnausgleichs nach deutschem Recht, DNotZ 00, 663; *Mayer*, Nebengüterrecht im IPR – Qualifikation der Ansprüche aus einer Ehegatteninnengesellschaft, IPRax 16, 353; *Mörsdorf-Schulte*, Aknüpfungszeitpunkt und Anpassung bei der Morgengabe, ZEV 10, 166; *Nordmeier*, Schenkungen unter Ehegatten im IPR, IPRax 14, 411; *Rauscher*, Auflassungsvormerkung für verheiratete Ausländer, Rpfleger 85, 52; *ders*, Immobiliarzwangsvollstreckung bei fremdem Güterstand: Vollstreckungstitel und Anteilspfändung, insb bei jugoslawischem und italienischem Güterrecht, Rpfleger 88, 89; *Riering*, Gesellschaftsstatut und Ehegüterstatut, IPRax 98, 322; *H Roth*, Grundbuchverfahren und ausländisches Güterrecht, IPRax 91, 320; *Schaal*, Verfügungsbeschränkungen bei Verfügungen über in Deutschland belegenen Grundbesitz durch verheiratete türkische oder ehemals türkische Staatsangehörige, BWNotZ 09, 172; *Siehr*, Vermögensstatut und Geldausgleich im IPR: gilt Art 3 Abs 3 EGBGB auch für den Pflichtteil, den Zugewinnausgleich und den Versorgungsausgleich?, FS Hay (2005) 389; *Süß*, Ausländer im Grundbuch und Registerverfahren, Rpfleger 03, 53; *Wedemann*, Die Qualifikation von (Ehegatten-) Innengesellschaften, ehebezogenen Zuwendungen und familienrechtlichen Kooperationsverträgen, IPRax 16, 252; *Winkler v Mohrenfels*, Ehebezogene Zuwendungen im IPR, IPRax 95, 379; *Wurmnest*, Die Mär von der mahr – Zur Qualifikation von Ansprüchen aus Brautgeldvereinbarungen, RabelsZ 71 (2007) 527; *Yassari*, Die islamische Brautgabe im deutschen Kollisions- und Sachrecht, IPRax 11, 63; *dies*, Die Brautgabe im Familienvermögensrecht (2014).

Abgrenzung zum Erbrecht: *Dörner*, Zur Qualifikation des § 1371 Abs 1 BGB, IPRax 14, 323; *ders*, Besser zu spät als nie –Zur güterrechtlichen Qualifikation des § 1371 Abs 1 BGB im deutschen und europäischen IPR, IPRax 17, 81; *Heinig*, Erhöhung des Ehegattenerbteils nach § 1371 Abs 1 BGB bei Anwendbarkeit ausländischen Erbrechts, DNotZ 14, 251; *Lorenz*, Ehegattenerbrecht bei gemischt-nationaler Ehe – Der Einfluss des Ehgüterrechts auf die Erbquote, NJW 15, 2157; *Mankowski*, Das erbrechtliche Viertel nach § 1371 Abs 1 BGB im deutschen und europäischen IPR, ZEV 14, 121.

516   **a) Allgemeines.** Der Systembegriff der güterrechtlichen Wirkungen einer Ehe ist – in Abgrenzung zu anderen Ehewirkungen – wie den allgemeinen Ehewirkungen (→ Anh Rn 641 ff), dem Ehegattenunterhalt (→ C Rn 542 ff), dem Versorgungsausgleich (→ D Rn 29 ff), sonstigen vermögensrechtlichen Scheidungsfolgen (→ A Rn 551 ff) oder der Hausratsauseinandersetzung (→ E Rn 32 ff), aber auch in Abgrenzung zu sachenrechtlichen oder schuldvertraglichen Ansprüchen (→ Rn 533 ff, 549 ff) – im Wege funktionaler Qualifikation nach der deutschen *lex fori* auszulegen (OLG Hamm FamRZ 92, 963/965). Leitlinie muss dabei sein, dass die Anknüpfung des Ehegüterrechts der **Sonderordnung des Vermögens** von Mann und Frau während und aufgrund der Ehe rechtlichen Bestand geben soll. Daher gehören zum Ehegüter-

276

II. Internationales Privatrecht: EGBGB Art 15   **517–520 B**

recht diejenigen materiellen Rechtssätze, die eine solche Sonderordnung entweder (kraft Gesetzes durch Ehevertrag) schaffen oder eine solche durch die Vereinbarung von Gütertrennung ausdrücklich ausschließen (BT-Drs 10/504, 57; OLG Hamm FamRZ 92, 963/965; BeckOK-BGB/*Mörsdorf-Schulte* Rn 14; *Andrae,* IntFamR § 3 Rn 146).

Nach Art 15 beurteilen sich daher insbesondere die Fragen, welcher von den mehreren **517** Güterständen einer Rechtsordnung maßgebend ist, welche Gütermassen danach zu unterscheiden sind und zu welcher der Ansprüch eines Ehegatten gehört. Das Güterrechtsstatut regelt ferner, ob und mit welchem Inhalt **Eheverträge** geschlossen werden können und welche **Erwerbs- bzw Verfügungsbeschränkungen** infolge des Güterstandes bestehen (BGHZ 119, 392/394 = NJW 93, 385; OLG Hamm FamRZ 1992, 963/965; OLG Köln FamRZ 99, 298; *Kegel/Schurig,* IPR § 20 VI 2; Pal/*Thorn* Rn 25; Soe/*Schurig* Rn 32 ff.; MüKoBGB/*Looschelders* Rn 31 ff, 74 ff; BeckOK-BGB/*Mörsdorf-Schulte* Rn 15 ff; Staud/*Mankowski* Rn 231 ff; *v Bar,* IPR II Rn 236 ff; näher → Rn 521). Güterrechtlich zu qualifizieren sind schließlich auch alle Vorschriften, die nach Auflösung der Ehe für eine Abwicklung dieser Sonderordnung sorgen (NK-BGB/*Sieghörtner* Rn 65).

Unter Geltung der **EuGüVO** wird die Reichweite des Güterrechtsstatuts in weitgehender **518** Übereinstimmung mit den zu Art 15 EGBGB entwickelten Grundsätzen bestimmt (Art 27 EuGüVO; → Rn 363 ff). Zu beachten ist allerdings, dass die Grenzlinie zwischen den allgemeinen und den güterrechtlichen Wirkungen in der Verordnung anders gezogen wird als bisher im deutschen autonomen Kollisionsrecht, weil der sachliche Anwendungsbereich der EuGüVO sich auch auf solche allgemeinen Ehewirkungen erstreckt, die – wie die Schüsselgewalt, Eigentumsvermutungen oder Interzessionsverbote – das Vermögen der Ehegatten betreffen (näher → Anh Rn 641 ff).

b) Einzelfragen. aa) Gesetzlicher Güterstand. Dem Güterrechtsstatut unterfällt zunächst **519** die Entscheidung darüber, ob durch die Eheschließung kraft Gesetzes überhaupt eine Sonderordnung des Vermögens der Ehegatten begründet wird oder ob deren Vermögensbeziehungen sich – wie in England oder den *„separate property"*-Staaten der USA – nach den allgemeinen Regeln des Schuld- und Sachenrechts beurteilen. Im Rahmen eines gesetzlichen Güterstandes regelt das von Art 15 zur Anwendung berufene Recht insbesondere die Frage, ob das Vermögen der Ehegatten – wie im deutschen gesetzlichen Güterstand der Zugewinngemeinschaft – während der Ehe getrennt bleibt und ein Ausgleich erst bei Auflösung der Ehe durch Scheidung oder Tod vorgesehen ist, oder eine **Vergemeinschaftung des Vermögens** der Ehegatten stattfindet (OLG Hamm FamRZ 99, 299 Rn 7; MüKoBGB/*Looschelders* Rn 31). Im letzteren Falle bestimmt das Güterrechtsstatut auch, ob – wie zB in den romanischen Rechtsordnungen – nur das nach der Eheschließung erworbene Vermögen Gesamtgut wird *(Errungenschaftsgemeinschaft)* oder ob – wie im niederländischen gesetzlichen Güterstand – auch das bei Eheschließung schon vorhandene Vermögen der Ehegatten einbezogen wird *(allgemeine Gütergemeinschaft;* vgl dazu rechtsvergleichend Reithmann/Martiny/*Hausmann,* IVR Rn 7.739 ff; Münch/*Süß* § 20 Rn 161 ff).

Das Güterrechtsstatut regelt ferner, **welche Gütermassen** (Gesamtgut, Vorbehaltsgut, Son- **520** dergut, Eigengut) zu unterscheiden sind, und zu welcher Gütermasse einzelne Gegenstände gehören (vgl OLG Frankfurt FamRZ 13, 1490 = IPRax 14, 443 m Anm *Nordmeier* 411 [Zuordnung eines Grundstücks zum Eigengut der Ehefrau im gesetzlichen *portugiesischen* Güterstand]; ferner OLG Stuttgart FamRZ 02, 1032 [*Kroatien*]; OLG Hamm FamRZ 06, 1383/1384 [*Türkei*]; Staud/*Mankowski* Rn 253. Zur Abgrenzung von Güterrechtsstatut und *lex rei sitae* → Rn 533 ff). Es bestimmt also, ob ein Grundstück zu Alleineigentum eines Ehegatten oder zum Gesamtgut erworben wird (vgl OLG München MittBayNot 13, 404 m Anm *Süß* [*Kalifornien*]; OLG Hamm FamRZ 99, 299/300 [Zuordnung von Schmuck zum Sondervermögen der Ehefrau nach *kroatischem* Recht]; BayObLGZ 92, 85 = FamRZ 92, 1284; ferner NK-BGB/*Sieghörtner* Rn 65; Erman/*Hohloch* Rn 34), zu welchem Vermögen ein Erwerb von Todes wegen zählt und zu welchen Anteilen Gegenstände den Ehegatten gehören, die mit Mitteln beider erworben werden. Das Güterrechtsstatut befindet auch über die **Art der Güterbeteiligung** (Gesamthands- oder Bruchteilseigentum; Staud/*Mankowski* Rn 254) und über die Beteiligungsquoten an Guthaben auf Bankkonten, die auf den gemeinsamen Namen der Ehegatten geführt werden (LG Frankfurt IPRspr 75 Nr 53; näher → Rn 555 f). Hingegen entscheidet die *lex rei sitae* des jeweiligen Vermögensgegenstandes, ob eine vom Ehegüterrecht vorgesehene sachenrechtliche Änderung auch vollzogen werden kann (→ Rn 536).

277

B 521–524 1. Teil. Erkenntnisverfahren B. Güterrechtssachen

521   Auch die **Verwaltung und Nutzung** des ehelichen Vermögens wird vom Güterrechtsstatut des Art 15 geregelt. Dieses bestimmt daher, welcher Ehegatte die verschiedenen Vermögensmassen zu verwalten hat und über sie verfügen darf (OLG Köln NJW-RR 98, 865 [*Türkei*]; OLG Celle IPRax 99, 113; Pal/*Thorn* Rn 25; BeckOK-BGB/*Mörsdorf-Schulte* Rn 18 ff.; MüKoBGB/*Looschelders* Rn 32; dazu rechtsvergleichend Reithmann/Martiny/*Hausmann*, IVR Rn 7.758 ff). **Beschränkungen** dieses Verwaltungsrechts – zB durch Verfügungsverbote oder Erwerbsbeschränkungen, durch Kontrollrechte, das Erfordernis der Zustimmung des anderen Ehegatten oder die Notwendigkeit gerichtlicher Genehmigungen (*Kropholler*, IPR § 45 IV 2) – werden ebenfalls vom Güterrechtsstatut erfasst, soweit sie Bestandteil des maßgeblichen Güterstandes sind und nicht unabhängig von diesem für alle Ehen gelten (*Reithmann* DNotZ 61, 3/10 und DNotZ 67, 232/245 f; Staud/*Mankowski* Rn 257 f; Erman/*Hohloch* Rn 34; MüKoBGB/*Looschelders* Rn 33; Soe/*Schurig* Rn 33). Gleiches gilt für die vom verwaltenden Ehegatten zu beobachtenden Sorgfaltspflichten sowie für auf die Vermögensverwaltung bezogene gegenseitige Ansprüche auf **Auskunft und Rechnungslegung** (OLG Köln NJW-RR 98, 865 [*Türkei*]; MüKoBGB/*Looschelders* Rn 35).

522   Güterrechtlich zu qualifizieren sind ferner **Verbote von Gesellschaftsverträgen** (*Riering* IPRax 98, 322 ff; NK-BGB/*Andrae* Art 14 Rn 76; → Rn 539 ff) und von **Schenkungen** zwischen Ehegatten sowie besondere Schranken, die der Bestandskraft von Ehegattenschenkungen gezogen sind (zB erleichterte Widerrufsmöglichkeiten; vgl OLG Frankfurt FamRZ 13, 1490 = IPRax 14, 443 m Anm *Nordmeier* 411 [*Portugal*]). Gleiches gilt für die güterstandsabhängige **Haftung** eines Ehegatten für die Verbindlichkeiten des anderen gegenüber Dritten (BGH FamRZ 98, 905/906 und OLG Düsseldorf FamRZ 95, 1587/1588 [Haftung für Schulden des anderen Ehegatten im *niederländischen* gesetzlichen Güterstand der Gütergemeinschaft]; LG Ulm IPRspr 93 Nr 60 [Haftung des Gesamtguts der Gütergemeinschaft *kroatischen* Rechts für Schulden eines Ehegatten]; LG Hamburg IPRspr 77 Nr 65; Staud/*Mankowski* Rn 271; MüKoBGB/*Looschelders* Rn 33; Pal/*Thorn* Rn 25) und die daraus resultierende Ausgleichspflicht der Ehegatten untereinander (BGH FamRZ 98, 905/906; BeckOK-BGB/*Mörsdorf-Schulte* Rn 20). Auch die materielle Legitimation zur gerichtlichen Geltendmachung von der Sonderrechtsordnung unterliegenden Rechten (MüKoBGB/*Looschelders* Rn 33) sowie die Frage, wie sich ein ausländischer Güterstand auf die **Zwangsvollstreckung** in das Vermögen eines oder beider Ehegattern auswirkt, beurteilt sich nach dem von Art 15 zur Anwendung berufenen Recht (vgl BGH FamRZ 98, 905/906 [Gesamtgut der der Gütergemeinschaft niederländischen Rechts]; OLG Zweibrücken FamRZ 07, 1580 [Gesamtgut der „*comunione legale*" des italienischen Rechts]; ferner OLG München FamRZ 2013, 1486 [*Bosnien-Herzewgowina*]; LG Heilbronn Rpfleger 96, 521; AG Menden FamRZ 06, 1471).

523   Nach dem Güterrechtsstatut bestimmt sich weiter, wann, wodurch und wie der gesetzliche **Güterstand beendet** wird, dh welche Gründe – zB Scheidung, Aufhebung der Ehe, Nichtigerklärung, Trennung von Tisch und Bett (vgl OLG Frankfurt NJW-RR 06, 1444 [Italien]) oder Tod – zur Beendigung führen und welche Möglichkeiten einer vorzeitigen Beendigung des Güterstands bestehen (vgl zB §§ 1385 ff. BGB, vgl BayObLG NJW-RR 01, 879/880 [*Serbien*]). Ferner unterliegen dem Güterrechtsstatut alle die **Vermögensauseinandersetzung** zwischen den Ehegatten betreffenden Fragen (OLG Koblenz FamRZ 94, 1258; OLG Hamm FamRZ 99, 299 [jeweils Gütergemeinschaft *kroatischen* Rechts]; ferner OLG Düsseldorf FamRZ 95, 1203), einschließlich von diesbezüglichen Ansprüchen auf **Herausgabe** (OLG Hamm NJW-RR 92, 1220/1221 f; OLG Koblenz NJW-RR 94, 648), **Auskunft** (BGH FamRZ 86, 1200/1202; KG FamRZ 07, 1564; OLG Hamm FamRZ 06, 1383/1384; OLG Stuttgart FamRZ 05, 1676 und FamRZ 02, 1032; OLG Frankfurt NJW-RR 91, 583; OLG Hamburg FamRZ 01, 916/917 f; Staud/*Mankowski* Rn 283 ff mwN) **und Rechnungslegung** (MüKoBGB/*Looschelders* Rn 34 mwN). Dies gilt auch dann, wenn die Ehegatten inzwischen die deutsche Staatsangehörigkeit erworben haben (AG Nürtingen FamRZ 14, 1295). Kennt das ausländische Güterrechtsstatut einen Auskunftsanspruch nicht, weil es insoweit vom Amtsermittlungsgrundsatz ausgeht, so ist er mit Hilfe des kollisionsrechtlichen Instruments der **Angleichung** nach deutschem Recht zu gewähren (OLG Karlsruhe FamRZ 95, 738/740; OLG Köln FamRZ 99, 298/299); OLG Stuttgart FamRZ 03, 1749; OLG Hamm FamRZ 06, 1383/1384; AG Nürtingen FamRZ 14, 1295; *Andrae*, IntFamR § 3 Rn 219 ff, 222; Pal/*Thorn* Rn 25; Soe/*Schurig* Rn 67; **aA** [nur Anpassung im ausländischen Sachrecht] Staud/*Mankowski* Rn 287).

524   Nach dem Güterrechtsstatut ist auch zu beurteilen, ob ein Ehegatte bei Beendigung des Güterstandes einen **Nießbrauch an Vermögenswerten des Partners** verlangen kann (AG Frankfurt IPRspr 91 Nr 80) oder ob derjenige Ehegatte, dem ein gemeinschaftlicher Gegenstand

II. Internationales Privatrecht: EGBGB Art 15   **525–529 B**

zur Nutzung zugewiesen wird, eine Nutzungsentschädigung zu entrichten hat (OLG München IPRspr 93 Nr 59 [*Bosnien-Herzegowina*]). Etwas anderes gilt nur dann, wenn das nach Art 15 Abs 1 zur Anwendung berufene ausländische Recht die Vermögensauseinandersetzung abweichend qualifiziert und diesbezüglich zB auf das Recht zurück- oder weiterverweist, das aus seiner Sicht als Scheidungsstatut maßgebend ist (dazu schon → Rn 454).

Ein **Zugewinnausgleich** wird vom deutschen Familiengericht nur dann durchgeführt, wenn **525** deutsches Güterrecht zur Anwendung gelangt oder ein ausländisches Güterrechtsstatut – wie zB das *griechische* Recht – ihn kennt (BGH NJW 80, 2643; BGH FamRZ 82, 358; OLG Düsseldorf NJW-RR 94, 453; OLG Hamm FamRZ 06, 1383; OLG Zweibrücken FamRZ 07, 1559/ 1560). Für diesen Fall richtet sich auch die **Verjährung** von Ansprüchen auf Ausgleich des Zugewinns nach dem Güterrechtsstatut (BGH NJW-RR 02, 937; OLG München FuR 06, 93; MüKoBGB/*Looschelders* Rn 34). Der **Versorgungsausgleich** wird im deutschen Recht hingegen gesondert nach Art 17 Abs 3 EGBGB angeknüpft (→ D Rn 29 ff).

bb) Wahlgüterstände. Das Güterrechtsstatut befindet zunächst darüber, ob der **Abschluss 526 eines Ehevertrages** überhaupt **zulässig** ist, wie auch über die Notwendigkeit etwaiger gerichtlicher Genehmigungen (OLG Frankfurt MittBayNot 94, 278 m Anm *Vetsch* [Vereinbarung von Gütertrennung zwischen *italienischen* Ehegatten]; Pal/*Thorn* Rn 30). Nach deutschem Recht kann der Ehevertrag vor und nach der Eheschließung geschlossen werden. Lässt das ausländische Ehegüterrecht den Abschluss eines Ehevertrags während bestehender Ehe nicht mehr zu, so können sich die Ehegatten diese Möglichkeit durch nachträgliche Rechtswahl verschaffen, zB durch Wahl des deutschen Rechts unter den Voraussetzungen des Art 15 Abs 2 (BeckOK-BGB/ *Mörsdorf-Schulte* Rn 23; MüKoBGB/*Looschelders* Rn 37).

Das Güterrechtsstatut ist auch für das **wirksame Zustandekommen des Ehevertrags** maß- **527** gebend. So unterliegen insbesondere Willensmängel beim Abschluss des Ehevertrags dem von Art 15 zur Anwendung berufenen Recht (Staud/*Mankowski* Rn 313 ff; MüKoBGB/*Looschelders* Rn 39). Gleiches gilt für die Voraussetzungen seiner Abänderung und Aufhebung (Soe/*Schurig* Rn 49).

Das Güterrechtsstatut bestimmt weiterhin über den **zulässigen Inhalt** eines Ehevertrages (BGH **528** FamRZ 11, 1495/1496 m Anm *Wachter* und *Henrich;* MüKoBGB/*Looschelders* Rn 43 ff; Staud/ *Mankowski* Rn 293 ff; NK-BGB/*Sieghörtner* Rn 75 ff), insbesondere über die zur Verfügung stehenden **Wahlgüterstände.** Bei Geltung deutschen Güterrechts stehen nur die Gütertrennung und die Gütergemeinschaft zur Auswahl. Ferner muss die Vorschrift des § 1409 BGB beachtet werden, wonach eine globale sachrechtliche Verweisung auf einen Güterstand des ausländischen Rechts im Ehevertrag (*„Stichwortvertrag"*) unzulässig ist. Diese Schranke können die Ehegatten allerdings durch eine Wahl ausländischen Rechts in den Grenzen des Art 15 Abs 2 ausschalten. Weiterhin können sie nach dem Grundsatz der Vertragsfreiheit einen ausländischen Güterstand in der Weise als deutschen Wahlgüterstand übernehmen, dass sie die ausländischen Vorschriften detailliert in ihren Ehevertrag aufnehmen. Allerdings sind in einem solchen Fall die zwingenden Vorschriften der §§ 1408 Abs 2 S. 2 und 1413 BGB zu beachten (MüKoBGB/*Looschelders* Rn 43).

Auch die Frage, ob und in welchem Umfang Eheverträge einer gerichtlichen **Inhaltskon- 529 trolle** unterliegen, beurteilt sich grundsätzlich nach dem Güterrechtsstatut. Denn Fragen der Inhaltskontrolle betreffen einen Aspekt der materiellen Wirksamkeit von Verträgen (vgl zu Art 10 Rom I-VO Staud/*Hausmann* [2016] Rn 22, 94 ff; MüKoBGB/*Spellenberg* Rn 138; ausf dazu *Hausmann* FS Geimer [2017] 199 ff). Die materielle Wirksamkeit eines Vertrages bestimmt sich aber nach dem jeweiligen Vertragsstatut (vgl zu Eheverträgen BGH FamRZ 11, 1495/1496 m Anm *Wachter* und *Henrich;* MüKoBGB/*Looschelders* Rn 45). Enthält ein Vertrag aber – wie dies auf Eheverträge häufig zutrifft – Regelungen, die verschiedenen Rechtsmaterien angehören und dementsprechend unterschiedlichen Rechten unterliegen, so ist über die materielle Wirksamkeit jeder dieser Regelungen grundsätzlich gesondert nach dem auf sie anwendbaren Recht zu entscheiden. Die Wirksamkeit der in einem Ehevertrag getroffenen Unterhaltsvereinbarungen unterliegt daher auch dann dem Unterhaltsstatut, wenn der Ehevertrag zugleich Regelungen über das Güterrecht, den Versorgungsausgleich oder andere Scheidungsfolgen enthält, die ggfs anderen Rechten unterstehen. Die zum deutschen Scheidungsfolgenrecht ergangene jüngere Rechtsprechung des BGH zur Inhaltskontrolle von Eheverträgen (grundlegend BGHZ 158, 81 ff = NJW 04, 930 m Aufsatz *Rakete-Dombek* NJW 04, 1273) ist daher uneingeschränkt nur anwendbar, wenn und soweit die getroffenen vertraglichen Regelungen dem deutschen Recht unterliegen. Danach ist der Ausschluss des Zugewinnausgleichs jedenfalls bei isolierter Betrachtung wirksam (vgl zuletzt BGH NJW 13, 457 Rn 17 ff).

B 530–535   1. Teil. Erkenntnisverfahren B. Güterrechtssachen

530   Soweit der BGH hingegen entschieden hat, dass der Ausschluss anderer Scheidungsfolgen – zB des Versorgungsausgleichs oder des Betreuungsunterhalts – auch die vereinbarte Gütertrennung infizieren und zur **Gesamtnichtigkeit des Ehevertrags** führen kann (BGH FamRZ 06, 1097 m Anm *Bergschneider;* BGH NJW 08, 3426 Rn 21 ff; OLG Köln FamRZ 10, 29 m Anm *Bergschneider*), gilt dies grundsätzlich nur, wenn auch jene anderen Scheidungsfolgen dem deutschen Recht unterliegen. Findet hingegen zB nach dem von Art 17 Abs 3 EGBGB zur Anwendung berufenen Recht ein Versorgungsausgleich überhaupt nicht statt, so geht dessen (vorsorglicher) vertraglicher Ausschluss ins Leere und kann daher auch die Wirksamkeit der zugleich vereinbarten Gütertrennung nicht in Frage stellen. Gleiches gilt für vertragliche Beschränkungen des nachehelichen Unterhalts, die nach dem maßgebenden ausländischen Unterhaltsstatut voll wirksam sind (vgl näher *Hausmann* FS Geimer [2017] 199 ff).

531   Bei der Prüfung der Wirksamkeit eines Ehevertrages ist allerdings die Sonderanknüpfung von Teilfragen, insbesondere der **Geschäftsfähigkeit** nach Art 7 EGBGB (→ H/O/*Hausmann* § 4 Rn 6 ff) zu beachten. Diese Sonderanknüpfung gilt allerdings nur, wenn der Abschluss von Eheverträgen die *allgemeine* Geschäftsfähigkeit voraussetzt. Normiert das Güterrechtsstatut hierfür eine *besondere* Geschäftsfähigkeit, indem es – wie zB das *portugiesische* oder *brasilianische* Recht – ein Mindestalter vorschreibt, ist diese maßgebend (Staud/*Hausmann* Art 7 Rn 63; BeckOK-BGB/*Mörsdorf-Schulte* Rn 26). Der Schutz des inländischen Rechtsverkehrs nach Art 12 S 1 EGBGB gilt nach Satz 2 nicht für Eheverträge; stattdessen greift jedoch der Schutz nach Art 16 Abs 1 ein (→ Rn 563 ff).

532   Ebenfalls gesondert angeknüpft wird die **Form von Eheverträgen.** Neben der Einhaltung der vom Güterrechtstatut – als dem auf den Gegenstand des Rechtsgeschäfts anwendbaren Recht – vorgeschriebenen Form genügt nach Art 11 Abs 1, 2. Fall EGBGB auch die Beachtung der Vorschriften am Ort des Vertragsschlusses; dies gilt auch für die an die Eintragung eines ausländischen Güterstands in das deutsche Güterrechtsregister zu stellenden Formerfordernisse (OLG Köln FamRZ 18, 334/335; Staud/*Mankowski* Rn 315 ff). Reicht hiernach – wie zB nach dem Recht von *Mauritius* oder *Mexiko* – die gemeinsame Erklärung der Ehegatten gegenüber dem Standesbeamten bei der Eheschließung aus, so können auch deutsche Ehegatten auf diese Weise ohne Zuziehung eines Notars einen wirksamen Ehevertrag abschließen (BGH FamRZ 11, 1495/1497 m krit Anm *Wachter* = IPRax 12, 356 m Anm *Helms* 324; MüKoBGB/*Looschelders* Rn 40). Die EuGüVO enthält künftig eine ausführliche Sonderregelung der Form von Eheverträgen in Art 25 (→ Rn 344 ff), die möglichst auch schon vor dem 29.1.2019 beachtet werden sollte.

533   **c) Abgrenzung zum Belegenheitsrecht.** Der Güterstand kann in vielfältiger Weise auf dingliche Rechte einwirken, zB eine Vergemeinschaftung des gesamten oder des nach der Eheschließung erworbenen Vermögens sowie Verfügungsbeschränkungen und Nutznießungsrechte nach sich ziehen (dazu rechtsvergl Reithmann/Martiny/*Hausmann* Rn 7.737 ff). Insoweit bestimmt das Güterrechtsstatut nicht nur, welche Gütermassen überhaupt zu unterscheiden sind, sondern auch, in welche Masse die einzelnen – beweglichen oder unbeweglichen – Sachen fallen, und welche Lasten und Beschränkungen an ihnen kraft Güterrechts entstehen sollen (→ Rn 519 f). Ob diese Rechtsänderungen tatsächlich eintreten können, bestimmt das Statut des Einzelgegenstandes, für Sachen und dingliche Rechte also das Recht des Lageorts (Art 43 Abs 1; Soe/*Schurig* Rn 36; Staud/*Mankowski* Rn 259 f, 388; MüKoBGB/*Looschelders* Rn 52). In räumlicher Hinsicht bezieht sich die Verweisung in Art 15 grundsätzlich auf das gesamte Vermögen der Ehegatten ohne Rücksicht auf seine Belegenheit (dazu näher → Rn 418 ff).

Für die Abgrenzung von Güterrechts- und Sachenrechtsstatut im Einzelnen gilt Folgendes:

534   Ob Sachen – als Voraussetzung für den Eintritt der güterrechtlichen Veränderung – überhaupt in das **Eigentum eines Ehegatten** oder der Ehegattengemeinschaft gelangt sind, entscheidet das Recht des Lageorts. Solange zB der Erwerb eines inländischen Grundstücks noch nicht durch Eintragung im Grundbuch vollzogen wurde, kann das Grundstück noch nicht Gesamtgut einer Gütergemeinschaft nach ausländischem Recht geworden sein (Staud/*Mankowski* Rn 389; BeckOK-BGB/*Mörsdorf-Schulte* Rn 38. Vgl auch OLG Köln FamRZ 94, 899 zum Eigentumserwerb an Brautgeschenken durch eine türkische Frau anlässlich ihrer Eheschließung mit einem Türken in Deutschland).

535   **Welche dinglichen Rechte** ihrer Art nach an Sachen entstehen können, beurteilt sich ebenfalls nach dem Recht des Lageorts. Ist deutsches Recht *lex situs,* so sind allerdings im Interesse der Einheitlichkeit des Güterrechtsstatuts (→ Rn 418 ff) unmittelbare sachenrechtliche Wirkungen eines ausländischen Güterstandes in weitem Umfang zu beachten. Dies gilt auch für

II. Internationales Privatrecht: EGBGB Art 15 **536–540 B**

dem deutschen Recht unbekannte Arten von Sachenrechten, solange sie mit hier bekannten Formen vergleichbar bleiben (Staud/*Mankowski* Rn 389. Nur wenn das Recht, das durch den fremden Güterstand begründet wird, dem inländischen (Sachen-) Rechtssystem völlig fremd ist (so etwa das Recht der „*curtesy*" bzw „*dower*" einiger US-Staaten, das „*giftorätt*" des schwedischen Rechts oder die Legalhypothek des Ehegatten nach französischem Recht), kann es an im Inland belegenen Sachen nicht entstehen. Die EuGüVO enthält für die Anpassung von der *lex rei sitae* unbekannten Sachenrechten in Art 29 eine ausdrückliche Regelung (→ Rn 378 ff).

Die von einem ausländischen Güterrechtsstatut angeordnete **unmittelbare Entstehung,** 536 **Veränderung oder Belastung dinglicher Rechte** wird in bezug auf Gegenstände, die im Inland belegen sind, nur anerkannt, wenn sie in vergleichbarer Weise auch dem deutschen Recht bekannt ist. Sieht das ausländische Güterrechtsstatut etwa die automatische Vergemeinschaftung der von einem Ehegatten allein erworbenen Gegenstände vor, wie zB der gesetzliche Güterstand des *französischen* oder *italienischen* Rechts, so bedarf es bei deutscher *lex situs* keiner weiteren dem deutschen Recht zu entnehmenden Übertragungsakte (vgl zum *kroatischen* gesetzlichen Güterstand OLG Hamm FamRZ 99, 299/300); denn auch nach deutschem Recht können Sachen mit Eintritt eines bestimmten Güterstandes kraft Gesetzes gemeinschaftlich werden (§ 1419 BGB; vgl Staud/*Mankowski* Rn 395; Staud/*Mansel* Art 43 Rn 970 ff; *Andrae,* IntFamR § 3 Rn 148). Gehört daher ein inländisches Grundstück zum übergegangenen Vermögen, so wird das **Grundbuch unrichtig** (vgl LG Ulm BWNotZ 93, 124); auf Antrag ist daher ein Widerspruch (§ 899 BGB) einzutragen. Die Eintragung des Gesamthandseigentums im Grundbuch ist dann bloße Berichtigung und kann von jedem der Ehegatten beantragt werden (vgl LG Kempten IPRspr 82 Nr 53). Das Grundbuch ist freilich nur zu berichtigen, wenn der Vermögensgegenstand zu dauerndem Miteigentum auf den anderen Ehegatten übergeht. Findet hingegen nach Auflösung der Ehe durch Tod oder Scheidung ein Rückfall statt, so handelt es sich lediglich um eine Beschränkung der Verfügungsmacht.

Verlangt das deutsche Recht hingegen für die Entstehung eines dinglichen Rechts (zB eines 537 Pfand- oder Nießbrauchsrechts) eine **Übertragungshandlung,** während das ausländische Güterrecht darauf verzichtet, so kann ein solches Recht an in Deutschland belegenen Sachen nicht *ex lege* entstehen. Die Parteien sind einander aber zur rechtsgeschäftlichen Einräumung des Rechts verpflichtet (AG Frankfurt a. M. IPRax 91, 147; Staud/*Mankowski* Rn 390; MüKoBGB/ *Wendehorst* Art 43 Rn 102 f; Staud/*Mansel* Art 43 Rn 1012 ff mwN; vgl auch zur parallelen Problematik beim Vindikationslegat nach ausländischem Erbrecht BGH NJW 95, 58 m Aufs *Birk* ZEV 95, 283 und Anm *Dörner* IPRax 96, 26).

Demgegenüber unterliegen güterrechtliche **Beschränkungen der Verfügungsbefugnis** al- 538 lein dem Güterrechtsstatut; das Recht des Lageorts bleibt insoweit grundsätzlich außer Betracht (BayObLG JZ 54, 441). Die Schranken der §§ 1365, 1369 BGB gelten daher nur, wenn die Ehegatten im deutschen gesetzlichen Güterstand der Zugewinngemeinschaft leben, dann aber auch, wenn ein Ehegatte über im Ausland belegene Sachen verfügt (LG Aachen FamRZ 62, 385; Erman/*Hohloch* Rn 34; Soe/*Schurig* Rn 33; Staud/*Mankowski* Rn 260 f). Verfügungsbeschränkungen kraft ausländischen Güterrechts sind umgekehrt auch in Bezug auf im Inland belegene bewegliche Sachen oder Grundstücke zu beachten, selbst wenn sie im deutschen Recht keine genaue Entsprechung haben (KG FamRZ 73, 307; Staud/*Mansel* Art 43 Rn 1007 mwN). Grenze ist lediglich die Vorbehaltsklausel des Art 6 EGBGB. Von der Anwendung in Deutschland ausgeschlossen sind danach zB ausländische Güterrechtsbestimmungen, die ein rechtsgeschäftliches Veräußerungsverbot iSv § 137 BGB anordnen (KG NJW 73, 428; Staud/*Mansel* Art 43 Rn 1008; MüKoBGB/*Looschelders* Rn 53; Staud/*Mankowski* Rn 396).

d) Abgrenzung zum Gesellschaftsrecht. Kollisionsrechtliche Fragen im Spannungsfeld 539 zwischen Ehegüterrecht und Gesellschaftsrecht können insbesondere auftreten, wenn deutsches Gesellschaftsrecht und ausländisches Ehegüterrecht zusammentreffen (näher *Riering* IPRax 98, 322 ff; H/O/*Hausmann* § 9 Rn 184 ff). Die Abgrenzung ist dann ähnlich vorzunehmen wie im Verhältnis zwischen Güter- und Sachenrechtsstatut. Danach entscheidet über die Frage, welche Rechte an Gesellschaftsanteilen überhaupt entstehen können, das Gesellschaftsstatut. Dies gilt gleichermaßen für den originären Anteilserwerb (zB den Inhalt und die Gültigkeit des Gesellschaftsvertrages, das Erfordernis der Eintragung im Handelsregister) wie für den abgeleiteten Anteilserwerb (zB die Gültigkeit einer Geschäftsanteilsabtretung).

Das **Gesellschaftsstatut** regelt freilich nur die *allgemeinen* Voraussetzungen und Wirkungen 540 des Anteilserwerbs. Es entscheidet insbesondere darüber,

• ob ein Gesellschaftsanteil an einen Dritten frei übertragbar ist oder nicht,

281

B 541–546   1. Teil. Erkenntnisverfahren B. Güterrechtssachen

- ob die Übertragbarkeit eines Gesellschaftsanteils kraft Gesetzes oder kraft Gesellschaftsvertrags eingeschränkt ist,
- ob kraft Gesetzes bestehende Einschränkungen der Übertragbarkeit eines Gesellschaftsanteils durch den Gesellschaftsvertrag abgeändert oder aufgehoben werden können, und
- ob die kraft Gesetzes bestehende freie Übertragbarkeit eines Gesellschaftsanteils durch Gesellschaftsvertrag ausgeschlossen oder eingeschränkt werden kann (Soe/*Schurig* Rn 36; MüKoBGB/*Kindler*, IntGesR Rn 656; *v Bar*, IPR II Rn 242; **aA** *Riering* IPRax 98, 322/325 f).

541   Demgegenüber obliegt dem **Güterrechtsstatut** die Entscheidung darüber, welche *güterrechtlichen* Rechtsfolgen der Erwerb von Gesellschaftsanteilen durch einen oder beide Ehegatten auslöst. Das von Art 15 zur Anwendung berufene Recht legt daher fest, welche Art von Berechtigung an von beiden Ehegatten erworbenen Gesellschaftsanteilen besteht (zB Bruchteils- oder Gesamthandseigentum), in welche Gütermasse (zB Gesamtgut, Vorbehaltsgut, Sondergut) der von einem Ehegatten allein erworbene Gesellschaftsanteil fällt, wenn die Eheleute in einem Güterstand der Güter- oder Errungenschaftsgemeinschaft leben, und welche Verfügungsbeschränkungen kraft Güterrechts für Ehegatten-Gesellschafter gelten (Soe/*Schurig* Rn 36; *Riering* IPRax 98, 322 ff; MüKoBGB/*Kindler*, IntGesR Rn 657).

542   Zu Problemen führt insbesondere die Qualifikation **gesellschaftsrechtlicher Erwerbshindernisse,** die im Widerspruch zu einer güterrechtlich angeordneten Mitberechtigung beider Ehegatten am Gesellschaftsanteil stehen. Solche Erwerbshindernisse können sich einerseits aus dem **Gesetz** ergeben; im deutschen Recht sind etwa die §§ 38 S 1, 717 S 1 BGB (iVm §§ 105 Abs 3, 161 Abs 2 HGB) zu nennen. Sie sind daher gesellschaftsrechtlich zu qualifizieren und sind deshalb auch bei Geltung ausländischen Güterrechtsstatuts anwendbar, wenn deutsches Recht nach der Sitz- oder Gründungstheorie (dazu Reithmann/Martiny/*Hausmann*, IVR Rn 7.861) Gesellschaftsstatut ist (RG JW 38, 1718/1719; MüKoBGB/*Kindler*, IntGesR Rn 658; **aA** *Riering* IPRax 98, 322/325 f).

543   Aus diesem Grunde können die nicht frei übertragbaren Mitgliedschaftsrechte an einem Verein oder einer **Personengesellschaft** (BGB-Gesellschaft, OHG, KG) aufgrund ihres persönlichen Charakters im (Außen-) Verhältnis zur Gesellschaft nicht in das Gesamtgut einer ausländischen Güter- oder Errungenschaftsgemeinschaft fallen, sondern werden Sonder- bzw. Eigengut des Gesellschafter-Ehegatten. Dies gilt auch dann, wenn der Anteil an einer Personengesellschaft kraft besonderer gesellschaftsvertraglicher Regelung frei übertragbar ausgestaltet ist, weil eine Gütergemeinschaft nicht Gesellschafterin einer Personengesellschaft sein kann (BayObLGZ DNotZ 03, 454; *Riering* IPRax 98, 322/325; *Bohlscheid* RNotZ 05, 505/521; *Apfelbaum* MittBayNot 06, 185/187 f). In Betracht kommt allenfalls eine wertmäßige Beteiligung des Ehegatten an dem vom Gesellschafter-Ehegatten erworbenen Anteil, der im Rahmen der güterrechtlichen Auseinandersetzung schuldrechtlich auszugleichen ist.

544   Demgegenüber sind die Gesellschaftsanteile an einer deutschen **Kapitalgesellschaft** (zB AG oder GmbH) kraft Gesetzes frei übertragbar und können daher bei einem Gesellschafter, der in einem ausländischen Güterstand der Güter- oder Errungenschaftsgemeinschaft lebt, in das Gesamtgut fallen. Ist die freie Übertragbarkeit solcher Anteile hingegen aufgrund besonderer Satzungsbestimmungen ausgeschlossen, wie zB bei vinkulierten Beteiligungen an Kapitalgesellschaften (vgl §§ 15 Abs 5 GmbHG, 68 Abs 2 AktG), so unterliegt die Zulässigkeit und Wirkung solcher Vinkulierungsklauseln ebenfalls allein dem Gesellschaftsstatut (*Riering* IPRax 98, 322/325). Besteht danach ein **rechtsgeschäftliches Erwerbshindernis,** so hat dies die gleiche Wirkung wie eine gesetzliche Einschränkung der freien Übertragbarkeit mit der Folge, dass ein Gesellschafter-Ehegatte den Anteil nur zum Sonder- bzw Eigengut erwerben kann (*Riering* IPRax 98, 322/325; MüKoBGB/*Kindler*, IntGesR Rn 658). Die vom anwendbaren Güterrecht geforderte Beteiligung des anderen Ehegatten kann auch in diesem Falle nur schuldrechtlich erfolgen.

545   **e) Abgrenzung zum Erbrecht.** Beim Erbfall bestimmt zwar das Erbstatut, wer was und wieviel aus dem Nachlass erhält. Was aber zum Nachlass gehört, wird auch durch das Güterrechtsstatut bestimmt.Denn die **güterrechtliche Auseinandersetzung hat Vorrang** vor der Nachlassverteilung.Nur was nach der Abwicklung des Güterstands im Vermögen des Erblassers verbleibt, bildet dessen Nachlass (Staud/*Mankowsk* Rn 329; Staud/*Dörner* Art 25 Rn 139).

546   Wird ein **kombinierter Ehe- und Erbvertrag** geschlossen, so wird dieser nicht einheitlich angeknüpft; vielmehr unterliegt nur der Ehevertrag dem von Art 15 EGBGB (bzw künftig dem von Art 20 ff EuGüVO) zur Anwendung berufenen Recht, während der Erbvertrag gemäß Art 25, 27 EuErbVO nach dem hypothetischen Erbstatut zu beurteilen ist (MüKoBGB/*Looschelders* Rn 66 mwN). Weichen Güterrechts- und hypothetisches Erbstatut voneinander ab, so kann dies beim

282

II. Internationales Privatrecht: EGBGB Art 15   **547–550 B**

Tode des erstversterbenden Ehegatten zu erheblichen Spannungen führen, die häufig nur mit Hilfe einer Angleichung zu lösen sind (*Schotten/Schmellenkamp,* IPR Rn 322). Die Ehegatten sollten daher möglichst von den sowohl im internationalen Ehegüterrecht (Art 15 Abs 2 EGBGB, Art 22, 23 EuGüVO) als auch im internationalen Erbrecht (Art 22, 25 Abs 3 EuErbVO) bestehenden Rechtswahlmöglichkeiten mit dem Ziel Gebrauch machen, eine einheitliche Anknüpfung von Ehe- und Erbvertrag zu erreichen (vgl den Beispielfall bei H/O/*Hausmann* § 9 Rn 190).

Hauptproblem im Grenzereich zwischen Güterrechts- und Erbstatut war in der deutschen **547** Praxis bisher die Frage, ob die **Erhöhung des gesetzlichen Ehegattenerbrechts** um ein Viertel **nach § 1371 Abs 1 BGB** auch dann eintritt, wenn der erstversterbende Ehegatte nach ausländischem Recht beerbt wird (dafür etwa OLG München NJW-RR 12, 1096; OLG Schleswig NJW 14, 88 = ZEV 14, 93/95 m Anm *Hertel;* OLG Frankfurt FamRZ 15, 144/145; OLG Düsseldorf FamRZ 15, 1237 m Anm *Dutta* = NZFam 15, 576 m Anm *Schäuble* = IPRax 16, 382 m Anm *Looschelders* 349; dagegen etwa OLG Köln FamRZ 12, 819= ZEV 12, 205 m krit Anm *Lange;* OLG Frankfurt FamRZ 10, 767; OLG Stuttgart NJW-RR 05, 740; dazu näher H/O/*Hausmann* § 3 Rn 22 und 68 mwN). Die diesbezüglich aufgeworfenen schwierigen Fragen der Qualifikation und Angleichung sind durch die Grundsatzentscheidung des BGH vom 13.5.2015 (FamRZ 15, 1180 m zust Anm *Mankowski* = IPRax 17, 102 m Anm *Dörner* 81) zum bisher geltenden autonomen deutschen Kollisionsrecht (Art 15, 25 EGBGB) im Sinne einer rein güterrechtlichen Qualifikation von § 1371 Abs 1 EGBGB für die Praxis verbindlich entschieden worden. Demgegenüber hat sich der EuGH zuletzt für ab dem 17.8.2015 unter Geltung der EuErbVO eingetretene Erbfälle für eine **erbrechtliche Qualifikation** ausgesprochen, so dass § 1371 Abs 1 BGB nur noch bei Geltung deutschen Erbrechts, nicht hingegen bei Geltung deutschen Güterrechts neben ausländischem Erbrecht zur Anwendung kommt (EuGH C-558/ 16 – *Mahnkopf,* ZEV 18, 205 m Anm *Bandel* = FamRZ 18, 632 m Anm *Fornasier,* dazu näher → Rn 300a).

§ 1931 Abs 4 BGB legt die gesetzliche Erbquote des mit nur einem oder zwei Abkömm- **548** lingen konkurrierenden überlebenden Ehegatten höher fest, wenn die Ehegatten im Wahlgüterstand der **Gütertrennung** gelebt hatten. Diese Vorschrift ist zwar – anders als § 1371 Abs 1 BGB – erbrechtlich zu qualifizieren (OLG Stuttgart IPRax 05, 549; Staud/*Dörner* Art 25 Rn 154; Pal/*Thorn* Rn 28; Staud/*Mankowski* Rn 370, **aA** Soergel/*Schurig* Rn 38, jeweils zu Art 15 EGBGB). Es stellt sich jedoch die Frage, ob ihre Anwendung neben der Geltung deutschen Erbrechts auch die Geltung deutschen Güterrechts voraussetzt. Dagegen spricht, dass der Normzweck des § 1931 Abs 4 BGB, nämlich eine erbrechtliche Besserstellung des überlebenden Ehgatten, wenn dieser kraft Güterrechts am Vermögen des Erblassers nicht beteiligt ist, auch bei Geltung von Gütertrennung nach ausländischem Recht erreicht wird. Eine solche **Substitution** ist jedenfalls dann zulässig, wenn die ausländische Gütertrennung funktional derjenigen des BGB entspricht (OLG Düsseldorf RNotZ 10, 58; *Jayme* FS Ferid [1978] 221 [231 ff]; *Andrae,* IntFamR § 3 Rn 255 f). Dies ist auch dann der Fall, wenn das ausländische Güterrecht zwar bei Beendigung des Güterstands durch Scheidung einen Ausgleichsanspruch vorsieht, einen solchen aber bei Beendigung der Ehe durch den Tod eines Ehegatten auschließt.

f) Abgrenzung zum Schuldvertragsrecht. aa) Allgemeines. Auch wenn das Ehegüter- **549** recht das Vermögen der Ehegatten einer Sonderordnung unterwirft und deshalb alle zu diesem Vermögen gehörenden Gegenstände erfasst, folgt daraus nicht, dass auch Rechtsgeschäfte zwischen den Ehegatten über diese Gegenstände notwendig dem Güterrechtsstatut unterlägen. Vielmehr sind derartige Rechtsgeschäfte grundsätzlich nach den Regeln zu beurteilen, die das konkrete Geschäft beherrscht. Demgemäß unterliegen Kaufverträge, Schenkungen oder Darlehensverträge, auch wenn sie zwischen Ehegatten geschlossen werden, dem nach den allgemeinen Kollisionsregeln des internationalen Vertragsrechts (Art 3 ff. Rom I-VO) bestimmten **Vertragsstatut** (Soe/*Schurig* Rn 37; NK-BGB/*Sieghörtner* Rn 96; vgl zur Rückforderung von Schenkungen zwischen *türkischen* Ehegatten aus Anlass der Scheidung OLG Köln FamRZ 95, 236) und für Gesellschaftsverträge zwischen Ehegatten gilt das Gesellschaftsstatut (vgl aber zur Ehegatteninnengesellschaft → Rn 554). Diese schuldrechtliche Qualifikation von Rechtsgeschäften zwischen Ehegatten wird grundsätzlich nicht dadurch in Frage gestellt, dass das Güterrechtsstatut bestimmte Rechtsgeschäfte zwischen den Ehegatten verbietet, einschränkt oder für ihre Abwicklung eigene Regeln aufstellt (vgl zum Verbot von Schenkungs- und Gesellschaftsverträgen zwischen Ehegatten in manchen Rechten → Anh Rn 657 ff).

bb) Ehebedingte Zuwendungen. Umstritten ist in diesem Zusammenhang die Qualifikati- **550** on des vom BGH entwickelten Rechtsinstituts der „ehebedingten Zuwendung". Während der

283

B 551–553 1. Teil. Erkenntnisverfahren B. Güterrechtssachen

BGH die ehebezogene Zuwendung bis 1990 als besonderes *entgeltliches* Rechtsgeschäft familienrechtlicher Art qualifiziert hat (BGHZ 82, 234 = NJW 82, 1094; BGH NJW-RR 90, 386; *Schotten* NJW 90, 2841/2842), hat er seine Rechtsprechung im Jahr 1991 geändert und charakterisiert die ehebezogene Zuwendung seither als idR *objektiv unentgeltlich* (BGHZ 116, 167/170 = NJW 92, 565). Von der Schenkung unterscheide sie sich dadurch, dass es an der subjektiven Einigung der Beteiligten über die Unentgeltlichkeit der Zuwendung fehle. Trotz ihrer Nähe zur Schenkung handelt es sich bei der ehebezogenen Zuwendung nicht um einen gewöhnlichen Schuldvertrag, der in gleicher oder ähnlicher Weise auch zwischen Nicht-Ehegatten abgeschlossen werden könnte. Der ehebedingten Zuwendung liegt also keine schuldrechtliche (Schenkungs-) *causa* zugrunde, weil sie in dem Bewusstsein erfolgt, der Zuwendungsgegenstand komme der ehelichen Lebensgermeinschaft und damit letztlich auch dem zuwendenden Ehegatten zugute. Sie hat vielmehr eine ehebezogene *causa sui generis,* denn sie dient der näheren Ausgestaltung und Sicherung der ehelichen Lebensgemeinschaft (vgl BGHZ 116, 167/170 = FamRZ 92, 300m Anm *Kues* [„ehebezogenes Rechtsgeschäft eigener Art"]; ebenso BGHZ 142, 137/147 ff = NJW 99, 2960). Da Rückerstattungs- oder Ausgleichsansprüche zwischen Ehegatten aus Anlass der Ehescheidung dem gleichen Recht unterliegen wie die Zuwendung selbst, stellt sich die Frage, ob insoweit das internationale Schuldvertrags- oder das Familienrecht maßgeblich ist (vgl dazu eingehend *Hausmann* FS Jayme [2004] 305/313 ff).

551   Unter Geltung der Art 27 ff EGBGB aF hatte sich der BGH ohne vertiefte Auseinandersetzung mit der Problematik für eine **schuldvertragliche Qualifikation** ausgesprochen (BGHZ 119, 392/394 ff = FamRZ 93, 289 m Anm *Lorenz* = IPRax 95, 399 m Anm *Winkler v Mohrenfels* 379; ebenso zuletzt auch öst OGH FamRZ 16, 229 m krit Anm *Wiedemann*). In der Literatur wird zu deren Begründung auf die Nähe der ehebedingten Zuwendung zur Schenkung und auf die Einordnung des für den Ausgleich herangezogenen Rechtsinstituts des Wegfalls der Geschäftsgrundlage im Schuldrecht (§ 313 BGB) verwiesen; dies rechtfertige eine – zumindest analoge – Anwendung der Kollisionsnormen des internationalen Vertragsrechts (*Hohloch* JuS 93, 513; Staud/*Mankowski* Rn 416 f; Erman/*Hohloch* Rn 36; NK-BGB/*Sieghörtner* Rn 97). Dagegen spricht freilich, dass die Rom I-VO mit der in Art 1 Abs 2 lit b und lit c enthaltenen Aufzählung ganz bewusst das gesamte Familienrecht aus dem sachlichen Anwendungsbereich dieser Verordnung ausklammert. Denn die Kollisionsnormen des internationalen Vertragsrechts – unbeschränkte Parteiautonomie nach Art 3 Rom I-VO, objektive Anknüpfung an den gewöhnlichen Aufenthalt der Vertragspartei, welche die vertragscharakteristische Leistung erbingt nach Art 4 Abs 2 Rom I-VO – passen nicht für ehe- und familienrechtliche Rechtsgeschäfte. Dort bedarf es einer Beschränkung der Parteiautonomie auf Rechte, die eine gewisse Nähe zu der gelebten Ehe aufweisen und für eine objektive Anküpfung eignen sich nur Rechte, mit denen *beide* Ehegatten gleichermaßen verbunden sind (*Andrae,* IntFamR § 3 Rn 212). Zumindest ist mangels Rechtswahl eine akzessorische Anknüpfung an das Güterrechtsstatut nach Art 4 Abs 3 Rom I-VO geboten (vgl → Rn 554).

552   Den Vorzug verdient freilich eine **familienrechtliche Qualifikation.** Da durch die ehebedingte Zuwendung keine Sonderordnung des ehelichen Vermögens begründet werden soll, könnte man eine Qualifikation als allgemeine Ehewirkung in Betracht ziehen (dafür MüKoBGB/*Looschelders* Art 14 Rn 61 f). Das Rechtsinstitut dient indessen vornehmlich dem Ziel, besondere Härten des Wahlgüterstands der Gütertrennung auszugleichen (dazu eingehend *Hausmann,* Nichteheliche Lebensgemeinschaften und Vermögensausgleich [1989] 470 ff). Dies kommt nicht zuletzt darin zum Ausdruck, dass der BGH eine Korrektur ehebezogener Zuwendungen bei Scheidung der Ehe grundsätzlich ausschließt, wenn die Ehegatten im gesetzlichen Güterstand der Zugewinngemeinschaft gelebt haben (vgl grundlegend BGHZ 65, 320/323 f = FamRZ 76, 82; BGHZ 82, 227/232 ff = FamRZ 82, 246; ferner BGHZ 115, 132/135 ff; BGH FamRZ 03, 230). Die weitgehende Beschränkung des auf § 313 BGB gestützten Ausgleichsanspruchs wegen der Störung der Geschäftsgrundlage ehebezogener Zuwendungen auf den Güterstand der Gütertrennung ist aber auch im Kollisionsrecht zu berücksichtigen und legt eine **güterrechtliche Anknüpfung** nahe (*Hausmann* FS Jayme [2004] 305/313 ff; *Wedemann* IPRax 16, 252/255 f; *Winkler v Mohrenfels* IPRax 95, 379/381 f; *Andrae,* IntFam § 3 Rn 209 ff; BeckOK-BGB/*Mörsdorf-Schulte* Rn 37; ebenso – allerdings beschränkt auf Fälle, in denen die Ehegatten keine Rechtswahl getroffen haben – *Lorenz* FamRZ 93, 394 ff; **aA** hingegen BGHZ 119, 392/394 ff, wo eine schuldvertragliche Qualifikation vor allem darmit begründet wurde, dass der Kläger die Rückforderung auf die Grundsätze zum Wegfall der Geschäftsgrundlage gestützt und die Beklagte sich ebenfalls mit Erwägungen zum deutschen Schuldrecht verteidigt hatte).

553   Der damit geltende **Grundsatz den Unwandelbarkeit** hat den Vorzug, dass die rechtlichen Wirkungen ehebedingter Zuwendungen durch eine Änderung der Lebensumstände der Ehegat-

II. Internationales Privatrecht: EGBGB Art 15   **554, 555 B**

ten im Verlauf der Ehe nicht berührt werden. Andererseits haben die Ehegatten auch die Möglichkeit, einer Änderung ihrer Staatsangehörigkeit oder ihres gewöhnlichen Aufenthalts durch die in Art 15 Abs 2 eingeräumte weitreichende Rechtswahl auch mit Wirkung für vorherige ehebedingte Zuwendungen Rechnung zu tragen. An einer güterrechtlichen Qualifikation kann schließlich kein Zweifel mehr bestehen, soweit ab dem 29.1.2019 die **EuGüVO** zur Anwendung kommt; denn der sachliche Anwendungsbereich dieser Verordnung soll sich ausdrücklich auf sämtliche Vermögensbeziehungen zwischen Ehegatten erstrecken, die ihren Grund in der Ehe haben (*Weber* DNotZ 16, 659/665 f; *Mayer* IPRax 16, 353/355; *Dutta* FamRZ 16, 1973/1975; näher → Anh Rn 600).

cc) Ehegatteninnengesellschaft. Innengesellschaften unterliegen zwar– anders als Außenge- **554** sellschaften – grundsätzlich dem Gesellschaftsstatut, sondern dem nach Art 3, 4 Rom I-VO zu ermittelnden Vertragsstatut (BGH FamRZ 15, 1379/1380 m Anm *Mankowski* NZFam 15, 783 und *Mayer* IPRax 16, 353; BGH NJW 09, 1482 Rn 10; BGH NJW 04, 3706/3708; *Christandl* FamRZ 12, 1692/1693; MüKoBGB/*Martiny,* Art 1 Rom I-VO Rn 71; Reithmann/ Martiny/*Hausmann,* IVR Rn 7.148). Demgegenüber dient das Rechtsinstitut der – vor allem nur stillschweigend geschlossenen – Ehegatten-Innengesellschaft dem BGH vor allem dazu, eine faire Beteiligung des am „Gesellschaftsvermögen" dinglich nicht beteiligten Ehegatten sicherzustellen, wenn das Güterrecht keine befriedigende Lösung bietet und eine Beibehaltung der formalen Zuordnung zum Vermögen nur eines Ehegatten im Hinblick auf die in der Ehe geleisteten finanziellen Beiträge und/oder das übliche Maß übersteigenden Arbeitsleistungen des anderen Ehegatten als unbillig erscheint (BGHZ 142, 137/143 = FamRZ 99, 1580), wie dies nicht selten bei Vereinbarung von Gütertrennung zutrifft. Dieser Zweck des Rechtsinstituts legt aber wiederum eine **güterrechtliche Qualifikation** nahe; insoweit gilt das zu den ehebedingten Zuwendungen Gesagte entsprechend (*Christandl* FamRZ 12, 1692/1695; *Mankowski* NZFam 15, 784; *Wedemann* IPRax 16, 252/255 f; H/O/*Hausmann* § 9 Rn 198; *Andrae,* IntFamR § 3 Rn 217). Jedenfalls unter Geltung der EuGüVO sind Ansprüche aus einer Ehegatteninnengesellschaft künftig güterrechtlich zu qualifizieren (*Weber* DNotZ 16, 659/665 f; *Mayer* IPRax 16, 353/355). Der BGH hat sich dieser Auffassung zumindest insoweit angenähert, als er auf der Grundlage der von ihm befürworteten schuldvertraglichen Qualifikation des Ausgleichsanspruchs wegen der funktionalen Nähe der Ehegatteninnengesellschaft zum Ehegüterrecht im Rahmen von Art 4 Abs 3 Rom I-VO eine **akzessorische Anknüpfung** der Ehegatteninnengesellschaft **an das Güterrechtsstatut** vornimmt (BGH FamRZ 15, 1379/1381; Staud/*Magnus* Art 1 Rom I-VO Rn 87; *Mayer* IPRax 16, 353/354; hilfsweise auch *Christandl* FamRZ 12, 1692/1694; *Andrae* aaO). Damit reduziert sich der Unterschied zwischen beiden Ansichten auf die den Ehegatten eröffneten Rechtswahlmöglichkeiten, die nach Art 3 Rom I-VO weiter reichen als nach Art 15 Abs 2 EGBGB.

dd) Gesamtschuldnerausgleich zwischen Ehegatten. Abgrenzungsprobleme zwischen **555** Vertragsstatut und Güterrechtsstatut wirft ferner die Anknüpfung von Ausgleichsansprüchen zwischen Ehegatten auf, die einem Dritten – idR einem Kreditinstitut – als Gesamtschuldner verpflichtet sind. Wird nur einer der beiden Ehegatten von der Gläubigerbank auf Rückzahlung des Kredits in Anspruch genommen, so beurteilt sich die Frage, ob und ggf in welchem Umfang die Forderung der Bank gegen den anderen Ehegatten auf den zahlenden Ehegatten kraft Gesetzes übergeht, gem Art 16 S 1 Rom I-VO nach dem Statut der getilgten Forderung. Der gesetzliche Forderungsübergang nach § 426 Abs 2 BGB tritt daher ohne Rücksicht auf die Staatsangehörigkeit oder den gewöhnlichen Aufenthalt der Ehegatten und das für die Ehe geltende Güterrecht immer dann ein, wenn die getilgte Darlehensforderung dem deutschen Recht unterstand (vgl LG Hamburg IPRspr 77 Nr 65; dazu allg Staud/ *Hausmann* Art 16 Rom I-VO Rn 5 f; Pal/*Thorn* Art 16 Rom I-VO Rn 4; ferner *Martiny* FuR 08, 206 ff mwN). Ob zwischen gesamtschuldnerisch haftenden Ehegatten aber überhaupt ein Ausgleich stattzufinden hat, richtet sich nach den zwischen ihnen bestehenden Rechtsbeziehungen. Maßgebend hierfür ist in erster Linie das von Art 15 zur Anwendung berufene Güterrechtsstatut (LG Hamburg aaO; *Andrae,* IntFamR § 3 Rn 234; aA [schuldrechtliche Qualifikation] öst OGH IPRax 17, 515 m abl Anm *Andrae* 526). Leben die Ehegatten daher in einem ausländischen Güterstand der Güter- oder Errungenschaftsgemeinschaft, so findet ein gesonderter schuldrechtlicher Ausgleich regelmäßig nicht statt, wenn der mit dem Darlehen finanzierte Gegenstand – zB die Ehewohnung – in das Gesamtgut der Ehegatten gefallen ist (OLG Hamm FamRZ 99, 299/300 f). Demgegenüber wird bei Geltung deutschen Ehegüterrechts der Gesamtschuldnerregress nach § 426 Abs 1 BGB durch die Vorschriften über den

285

B 556–559   1. Teil. Erkenntnisverfahren B. Güterrechtssachen

Zugewinnausgleich nicht verdrängt (BGHZ 87, 265/273; BGH NJW 88, 133 f; *Gernhuber* JZ 96, 696 mwN).

556   **ee) Gesamtgläubigerausgleich zwischen Ehegatten.** Nach ähnlichen Grundsätzen ist über den Innenausgleich zwischen Ehegatten zu entscheiden, denen Forderungen gegen einen Schuldner im Außenverhältnis **als Gesamtgläubiger** zustehen. Hauptanwendungsfall ist die Unterhaltung eines sog. *„Ehegatten-Oderkontos"* bei einer deutschen Bank oder Sparkasse durch ausländische Ehegatten. In diesem Fall richtet sich die Rechtsbeziehung zwischen den Ehegatten als Konto-Inhabern und dem kontoführenden Kreditinstitut in Ermangelung einer Rechtswahl nach deutschem Recht, weil das Kreditinstitut die für den zugrunde liegenden Bankvertrag charakteristische Leistung iSv Art 4 Abs 2 Rom I-VO erbringt (vgl dazu näher *Martiny* FuR 08, 206 ff; Staud/*Mankowski* Rn 271). Das Vertragsstatut entscheidet daher auch, ob die Leistung der Bank an einen Ehegatten befreiend gegenüber dem anderen Ehegatten wirkt. Ist dies der Fall, so bestimmen sich etwaige Ausgleichsansprüche im Innenverhältnis der Ehegatten hingegen wiederum primär nach dem maßgeblichen **Ehegüterrecht** (*Andrae,* IntFamR § 3 Rn 236). Gehört das Bankguthaben danach zum Gesamtgut einer Gütergemeinschaft, so wird die Regelung in § 430 BGB durch die Vorschriften des ausländischen Güterrechts überlagert bzw. verdrängt (vgl OLG Stuttgart FamRZ 01, 1371 = IPRax 01, 152 (LS) m Anm *Jayme* [Innenausgleich zwischen Ehegatten an einem Oder-Konto nach *griechischem* Recht]; OLG Celle IPRspr 98 Nr 76 = IPRax 99, 113 (LS) m Anm *Jayme* [Berechtigung von *portugiesischen* Ehegatten an einem Oder-Konto bei einer portugiesischen Bank]; OLG Frankfurt IPRax 86, 239 [Berechtigung *italienischer* Eheleute an einem gemeinsamen Sparguthaben bei einer *deutschen* Bank]).

557   **g) Abgrenzung zum Ehewirkungs- und Unterhaltsrecht.** Die Abgrenzung zwischen Güterrechtsstatut einerseits, Ehewirkungs- und Unterhaltsstatut andererseits hat die deutsche Praxis vor allem im Zusammenhang mit der **Qualifikation der Morgen- oder Brautgabe** (*„mahr"*) des islamischen Rechts beschäftigt. Aufgrund des derzeitigen Zustroms von Flüchtlingen aus dem Nahen Osten und Nordafrika bleibt das Problem auch weiterhin aktuell. Während man früher für eine Mehrfachqualifikation plädiert hat, die eine Einordnung davon abhängig machte, ob die Morgengabe schon während bestehender Ehe, aus Anlass einer Ehetrennung oder Ehescheidung oder beim Tod des Ehemannes verlangt wurde (vgl *Heldrich* IPRax 83, 64; *Hohloch* JuS 99, 707; Pal/*Thorn* Art 13 Rn 9), hat sich inzwischen zu Recht die **Einheitsqualifikation** durchgesetzt (BGH FamRZ 10, 533 Rn 18; *Wurmnest* RabelsZ 71 [2007] 527/549; NK-BGB/*Andrae* Art 14 Rn 85).

558   Hierfür wird in Rechtsprechung und Lehre sowohl eine **unterhaltsrechtliche** (vgl OLG Düsseldorf BeckRS 15, 18161 Rn 16 ff; OLG Saarbrücken FamRZ 06, 1378; OLG Celle FamRZ 98, 374/375; OLG Düsseldorf FamRZ 98, 623 f; KG FamRZ 88, 296; näher → C Rn 529 f), als auch eine **güterrechtliche** Qualifikation vertreten (vgl OLG Köln FamRZ 07, 1559; OLG Bremen FamRZ 80, 606; *Wurmnest* RabelsZ 71 [2007] 527/553 ff; MüKoBGB/*Looschelders* Rn 87; Soe/*Schurig* Art 14 Rn 48 und Art 15 Rn 35; BeckOK-BGB/*Mörsdorf-Schulte* Art 14 Rn 20; NK-BGB/*Andrae* Art 14 Rn 87). Der BGH hat sich demgegenüber zuletzt für eine Einordnung des Anspruchs auf die Morgengabe als *allgemeine Ehewirkung* (Art 14 EGBGB) entschieden (BGHZ 183, 287 Rn 14 ff = FamRZ 10, 533 m Anm *Henrich;* ebenso schon OLG Köln FamRZ 06, 1380/1381; OLG Nürnberg FamRZ 01, 1613; Staud/*Mankowski* Art 14 Rn 273 ff; zust MüKoBGB/*Looschelders* Art 14 Rn 55 f). Denkbar wäre schließlich auch eine Qualifikation als **scheidungsrechtliche Nebenfolge** iSv Art 17 Abs 1 EGBGB nF (→ A Rn 559 ff).

559   Für die **unterhaltsrechtliche** Einordnung spricht zwar, dass die Morgengabe im Scheidungsfalle in gewissem Umfang die Funktion des im islamischen Recht nicht bestehenden nachehelichen Unterhaltsanspruchs, dh insbesondere die finanzielle Absicherung der vom Ehemann verstoßenen Ehefrau übernimmt (dafür deshalb OLG Hamm FamRZ 16, 1926/1929 = NZFam 17, 1035 m Anm *Althammer* 1022; → C Rn 530). Dagegen wird jedoch zurecht angeführt, dass der Anspruch auf die Morgengabe völlig unabhängig von der Leistungsfähigkeit des Ehemannes oder der Bedürftigkeit der Ehefrau zu dem vereinbarten Fälligkeitszeitpunkt zu zahlen ist. Ist die Morgengabe ganz oder teilweise schon während bestehender Ehe fällig, so tritt sie neben den auch nach islamischem Recht dann bestehenden Anspruch auf Ehegattenunterhalt. Schließlich findet vor deutschen Gerichten auf den (auch nachehelichen) Unterhalt nach Art 3 und 5 HUP heute meist das deutsche Recht am gewöhnlichen Aufenthalt des Unterhaltsberechtigten Anwendung, das einen Anspruch auf eine Morgengabe nicht kennt (abl daher daher BGHZ 183, 287 = FamRZ 2010, 533 Rn 15; OLG Köln FamRZ 06, 1380/1381; *Wurmnest* RabelsZ 71 [2007] 527/551 und JZ 10, 736/737; *Andrae,* IntFamR § 3 Rn 189; Staud/*Mankowski* Art 14 Rn 275).

286

II. Internationales Privatrecht: EGBGB Art 16 **B**

Die Qualifikation als **allgemeine** – und nicht als güterrechtliche – **Ehewirkung** hat der BGH **560** vor allem damit begründet, dass die Verpflichtung zur Zahlung einer Morgengabe noch keinen Güterstand begründe und auch nicht – wie der Zugewinnausgleich des deutschen Rechts – dem gerechten Ausgleich eines Vermögenszuwachses während der Ehe diene, weil sie auf der Grundlage der finanziellen Verhältnisse des Ehemannes zur Zeit der Eheschließung festgelegt werde (BGHZ 183, 287 Rn 16 = FamRZ 10, 533). Da sich auch keine andere spezielle familienrechtliche Anküpfung anbiete, sei auf den Auffangtatbestand des Art 14 EGBGB zurückzugreifen. Dieser habe auch den Vorteil, dass er eine *wandelbare* Anküpfung vorsehe und den Ehegatten daher im Falle eines Statutenwechsels durch Erwerb der deutschen Staatsangehörigkeit die Anpassung an ihr neues soziales und rechtliches Umfeld ermögliche (BGHZ 183, 287 Rn 21 f = FamRZ 10, 533 m zust Anm *Henrich;* zust etwa OLG Hamm NJOZ 13, 1066; KG FamRZ 15, 1607; OLG Köln FamRZ 15, 1605 Rn 12 und NJW 16, 649 m Anm *Pabst* NZFam 16, 40; Pal/ *Thorn* Art 14 Rn 18; Staud/*Mankowski* Art 14 Rn 273 f; MüKoBGB/*v Hein* Einl IPR Rn 120). Dagegen spricht freilich, dass das deutsche Recht für die ihm unbekannte Vereinbarung einer Morgengabe überhaupt keine passende Regelung bereithält. Auch dem für die wandelbare Anknüpfung nach Art 14 angeführten Argument einer Erzielung des Gleichlaufs von Scheidungs-, Scheidungsfolgen-, Unterhalts- und Versorgungsausgleichsstatut ist seit der Neuregelung des Scheidungsstatuts durch die Rom III-VO (→ A II) und des Unterhaltsstatuts durch das Haager Unterhaltsprotokoll (→ C II) der Boden entzogen (gegen eine Qualifikation der Morgengabe als allgemeine Ehewirkung auch *Mörsdorf-Schulte* ZfRV 10, 241; *Yassari* IPRax 11, 63/ 64 f; *Wurmnest* JZ 10, 736 f; *Andrae,* IntFamR § 3 Rn 193).

Aus Gründen der Rechtssicherheit verdient eine *unwandelbare* Anknüpfung der Morgengabe **561** den Vorzug. Denn die Parteien sollten sich darauf verlassen können, dass das im Zeitpunkt des Versprechens – also meist zur Zeit der Eheschließung – maßgebende Recht die Wirksamkeit und die Wirkungen der Morgengabe grundsätzlich für die gesamte Ehedauer beherrscht. Deren Durchsetzbarkeit sollte also nicht davon abhängen, dass im Falle eines Wechsels der Staatsangehörigkeit oder des gewöhnlichen Aufenthalts der Ehegatten oder im Falle ihrer Anerkennung als Asylberechtigte auch das neue Ehewirkungsstatut das Institut der Morgengabe kennt. Nur durch eine unwandelbare Anknüpfung ist gewährleistet, dass die Morgengabe ihre Funktion einer finanziellen Absicherung der Ehefrau im Fall der Ehescheidung auch erfüllen kann. Dies spricht für ihre Zuordnung zum **Güterrechtsstatut des Art 15** (vgl die zu → Rn 560 aE Genannten) und künftig der **Art 20 ff EuGüVO;** denn die Verordnung erstreckt sich auf „sämtliche vermögensrechtlichen Regelungen" im Verhältnis der Ehegatten (Art 3 lit a EuGüVO) und damit auch auf ein Morgegabeversprechen (*Dutta* FamRZ 16, 1673/1574; *Henrich* ZfRV 16, 171/174; *Weber* DNotZ 16, 659/665; *Martiny* ZfPW 17, 1/9; *Erbarth* NZFam 18, 249/252).

5. Schutz Dritter

Schrifttum: *Amann,* Eigentumserwerb unabhängig vom ausländischen Güterrecht?, MittBayNot 1986, 222; *Bader,* Der Schutz des guten Glaubens in Fällen mit Auslandsberührung, MittRhNotK 1984, 161; *Bänziger,* Der Schutz des Dritten im internationalen Personen-, Familien- und Erbrecht der Schweiz (1977); *Böhringer,* Immobiliarerwerb mit Auslandsbezug aus der Sicht des Notars und des Grundbuchamtes, BWNotZ 1988, 222; *Dästner,* Der Verkehrsschutz im deutschen internationalen Eherecht (Art. 16 EGBGB) (Diss. Göttingen 1970); *G. Fischer,* Verkehrsschutz im internationalen Vertragsrecht (1990); *Haug-Adrion,* Gutglaubenserwerb bei Verfügungsbeschränkungen des Eigentümers zugunsten Dritter – ein Vergleich zwischen deutschem und französischem Zivilrecht unter besonderer Berücksichtigung des Ehegüterrechts (Diss. München 1975); *Liessem,* Guter Glaube beim Grundstückserwerb von einem durch Güterstand verfügungsbeschränkten Ehegatten, NJW 1989, 498; *H. Roth,* Grundbuchverfahren und ausländisches Güterrecht, IPRax 1991, 320; *Schotten,* Der Schutz des Rechtsverkehrs im Internationalen Privatrecht, DNotZ 1994, 670.

Zum Schutz Dritter, die mit Ehegatten kontrahieren, vor einem ihnen unbekannten auslän- **562** dischen Güterstand ordnet Art 16 Abs 1 die entsprechende Anwendung von § 1412 BGB an:

EGBGB Art 16 Schutz Dritter

(1) **Unterliegen die güterrechtlichen Wirkungen einer Ehe dem Recht eines anderen Staates, und hat einer der Ehegatten seinen gewöhnlichen Aufenthalt im Inland oder betreibt er hier ein Gewerbe, so ist § 1412 des Bürgerlichen Gesetzbuchs entsprechend anzuwenden; der fremde gesetzliche Güterstand steht einem vertragsmäßigen gleich.**

(2) *(abgedruckt und kommentiert → Anh Rn 665 ff.)*

B 563–567 1. Teil. Erkenntnisverfahren B. Güterrechtssachen

563 **a) Allgemeines.** Die Regelung des inländischen Rechts zum Schutze des Rechtsverkehrs bei Vertragsschlüssen mit verheirateten Personen unterscheidet danach, ob dem handelnden Ehegatten das (Allein-)Eigentum oder die (Allein-)Verfügungsmacht fehlt. Gilt kraft Gesetzes oder kraft Ehevertrags ein ausländischer Güterstand, der einen Eigentumsübergang zur Folge hat, so gelten für den Schutz des Vertragspartners, der von einem Ehegatten allein erwirbt und von der Gütergemeinschaft und damit vom Eigentumsübergang auf die Gemeinschaft der Ehegatten keine Kenntnis hat, die **sachenrechtlichen Grundsätze über den Erwerb vom Nichtberechtigten** der *lex rei sitae*. Daneben steht – insbesondere beim Erwerb beweglicher Sachen von einem Ehegatten – der Schutz gutgläubiger Dritter in die Geltung deutschen Güterrechts nach Art 16 Abs 1. Schließlich kommt auch ein Schutz des Erwerbers nach Maßgabe des ausländischen Güterrechts in Betracht. Die nachfolgenden Ausführungen beschränken sich auf den Schutz vor Beschränkungen von Ehegatten kraft ausländischen Güterrechts.

Zum Verkehrsschutz gegenüber Verfügungs- und Verpflichtungsbeschränkungen von Ehegatten, die unabhängig von einem bestimmten Güterstand gelten und deshalb als **allgemeine Ehewirkungen** zu qualifizieren sind, vgl → Anh Rn 668 f.

564 **b) Verfügung über inländische Grundstücke. aa) Sachenrechtlicher Schutz. (1) Eintragung von Gütergemeinschaft nach ausländischem Recht im Grundbuch.** Ist das gemeinschaftliche Eigentum von Ehegatten aufgrund eines ausländischen Güterstands nach § 47 GBO im Grundbuch richtig bezeichnet worden (zB Erwerb „in allgemeiner Gütermeinschaft nach *niederländischem* Recht" (dazu näher H/O/*Hausmann* § 9 Rn 169), so muss ein Dritter, der von diesen Ehegatten ein deutsches Grundstück erwirbt, sich etwaige Verfügungsbeschränkungen, die sich *kraft Gesetzes* aus diesem Güterstand ergeben, entgegenhalten lassen. Dies gilt auch dann, wenn der ausländische Güterstand im deutschen Güterrechtsregister nicht eingetragen ist. Ein Schutz des Erwerbers nach Art 16 Abs 1 kommt in diesem Fall nicht in Betracht. Demgegenüber sind Verfügungsbeschränkungen, die sich lediglich aus – nach dem ausländischen Güterrecht zulässigen – *vertraglichen Vereinbarungen* der Ehegatten ergeben, wegen Unvereinbarkeit mit der insoweit maßgeblichen deutschen *lex rei sitae* (§ 137 S 2 BGB) in Bezug auf inländische Grundstücke nicht zu beachten (*Andrae*, IntFamR § 3 Rn 164).

565 **(2) Unrichtige Eintragung von Allein- oder Miteigentum im Grundbuch.** Ist die durch das ausländische Güterrecht bewirkte Änderung der Eigentumsverhältnisse – zB die Entstehung von Gesamthands- oder Miteigentum der Ehegatten – an dem Grundstück nicht in das deutsche Grundbuch eingetragen, so kann sich der Erwerber auf die **Vermutung nach § 891 BGB** zugunsten des noch eingetragenen Alleineigentums des verfügenden Ehegatten stützen. Ist er gutgläubig, so wird sein guter Glaube an die Richtigkeit der Grundbucheintragung gem § 892 BGB geschützt (KG NJW 73, 428; Reithmann/Martiny/*Hausmann*, IVR Rn 7.879; *Andrae*, IntFamR § 3 Rn 165). Das gleiche gilt auch dann, wenn der gute Glaube des Erwerbers darauf beruht, dass er den eingetragenen Ehegatten für ledig hält, einen geschlossenen Ehevertrag nicht kennt oder nicht weiß, dass der veräußernde Ehegatte in einem ausländischen Güterstand lebt und welchen Inhalt dieser Güterstand hat. Diese Grundsätze gelten nicht nur für die Übertragung und Belastung des Grundstücks selbst, sondern auch für Verfügungen über **dingliche Rechte** an Grundstücken, ferner für den Erwerb von **Vormerkungen,** die kollisionsrechtlich ebenfalls als dingliche Rechte zu behandeln und im Verkehrsinteresse nach der *lex rei sitae* zu beurteilen sind (vgl IPG 1967/68 Nr 22 [Köln]). Der Gutglaubensschutz nach §§ 891, 892 BGB besteht auch dann, wenn das zwischen den Ehegatten nach ausländischem Güterrecht bestehende Gemeinschaftsverhältnis im Grundbuch unrichtig eingetragen worden ist (zB Miteigentum statt Gesamthandseigentum, vgl *Andrae*, IntFamR § 3 Rn 165).

566 Der gutgläubige Erwerb nach § 892 BGB findet selbst dann statt, wenn die ausländische Gütergemeinschaft im *Güterrechtsregister* eingetragen ist. Denn bei Rechtsverhältnissen, die im Grundbuch eintragbar, aber nicht eingetragen sind, kommt es für den gutgläubigen Erwerb allein auf § 892 BGB an. Der Schutz durch das Güterrechtsregister nach Art 16 Abs 1 iVm § 1412 BGB hat in diesem Fall zurückzutreten. Ein Schutz des an der Veräußerung nicht beteiligten Ehegatten kommt in einem solchen Fall jedoch in analoger Anwendung von §§ 1365, 1368 BGB in Betracht, wenn die Veräußerung bei Geltung des deutschen gesetzlichen Güterstands der Zugewinngemeinschaft gegen diese – nicht eintragungsfähige – Verfügungsbeschränkung verstoßen würde (*Andrae*, IntFamR § 3 Rn 166).

567 **(3) Eintragungsfähige Verfügungsbeschränkungen nach ausländischem Güterrecht.** Der Schutz des guten Glaubens an das Alleineigentum des verfügenden Ehegatten nach sachen-

II. Internationales Privatrecht: EGBGB Art 16 **568–571 B**

rechtlichen Grundsätzen reicht allerdings dann für einen wirksamen Erwerb nicht aus, wenn dieser Ehegatte nach dem maßgebenden Ehegüterrecht nicht verfügungsberechtigt ist (Soe/*Schurig* Rn 7). Allerdings erstreckt sich der gute Glaube des deutschen Grundbuchs bei der Verfügung über inländische Grundstücke durch einen Ehegatten auch darauf, dass keine im Grundbuch eintragungsfähigen Verfügungsbeschränkungen bestehen (vgl § 891 Abs 1 S 2 BGB); eintragungsfähig sind aber auch (relative) Verfügungsbeschränkungen aufgrund eines *ausländischen* Güterstands (OLG Oldenburg Rpfleger 91, 412). Fehlt eine solche Eintragung, so erwirbt ein Dritter auch dann nach § 892 BGB gutgläubig, wenn der ausländische Güterstand im *Güterrechtsregister* eingetragen ist. Der sachenrechtliche Schutz des gutgläubigen Erwerbs hängt also auch in diesem Fall nicht davon ab, dass zugleich die Voraussetzungen des Art 16 Abs 1 EGBGB iVm § 1412 BGB erfüllt sind.In Betracht kommt jedoch eine Angleichung, wenn das Verfügungsgeschäft bei Geltung des deutschen gesetzlichen Güterstands der Zugewinngemeinschaft der – absoluten – Verfügungsbeschränkung des § 1365 BGB unterliegen würde (so *Andrae,* IntFamR § 3 Rn 166).

bb) Schutz durch das Güterrechtsregister. Das Güterrechtsregister entfaltet seine Schutz- **568** wirkung nach Art 16 Abs 1 iVm § 1412 BGB zwar vornehmlich bei der Veräußerung von *beweglichem* Vermögen durch Ehegatten, die in einem ausländischen Güterstand leben, wenn dieser Güterstand Verfügungsbeschränkungen vorsieht, die dem deutschen gesetzlichen Güterstand der Zugewinngemeinschaft fremd sind. In Bezug auf *unbewegliches* Vermögen kommt dieser Schutz nur *ausnahmsweise* dann in Betracht, wenn das anwendbare ausländische Güterrecht **absolute gesetzliche Verfügungsbeschränkungen** kennt, die im Grundbuch nicht eingetragen werden können (*Bader* MittRhNotK 84, 161/164; *Andrae,* IntFamR § 3 Rn 168). Ist die Verfügung eines Ehegatten wegen Verstoßes gegen eine solche nach ausländischem Ehegüterrecht bestehende Verfügungsbeschränkung unwirksam oder anfechtbar, so scheidet nämlich ein Schutz des Erwerbers nach § 892 BGB aus; dieser wird jedoch unter den Voraussetzungen des Art 16 Abs 1 EGBGB (→ Rn 573 ff) vor solchen Wirkungen des ausländischen Güterstandes geschützt. Dieser Schutz besteht hingegen dann nicht, wenn das ausländische Güterrecht eine dem § 1365 BGB entsprechende Beschränkung für Verfügungen über das gesamte Vermögen vorsieht.

c) Verfügung über bewegliche Sachen und Forderungen. aa) Sachenrechtlicher 569 Schutz. Beim Erwerb *beweglicher* Sachen kommt der sachenrechtliche Schutz des guten Glaubens an das Alleineigentum des verfügenden Ehegatten nach §§ 932 ff BGB in Betracht, wenn die den Gegenstand der Verfügung bildende bewegliche Sache in Deutschland übereignet wird (zur Maßgeblichkeit der *lex rei sitae* für den Erwerb vom Nichtberechtigten vgl BGH NJW 60, 774/775; BGHZ 100, 321/324 = NJW 87, 3077 = IPRax 87, 374 m Anm *Stoll* 357; BGH NJW 95, 2097 = JZ 95, 784 m Anm *Stoll;* Staud/*Mansel* Art 43 Rn 818 ff; MüKoBGB/*Wendehorst* Art 43 Rn 80). Der Gutglaubensschutz versagt allerdings bei „abhanden gekommenen" Sachen (§ 935 BGB). Ein Abhandenkommen liegt auch dann vor, wenn der andere Ehegatte – wie häufig – Mitbesitz hatte (BGH NJW 14, 1524; Pal/*Herrler* § 935 BGB Rn 9). Daher scheidet ein sachenrechtlicher Gutglaubensschutz meist aus, wenn ein Gesamtgutsgegenstand ohne Zustimmung des anderen Ehegatten veräußert wird. Gleiches gilt, wenn der veräußernde Ehegatte durch Vorschriften des ausländischen Güterrechts an der Verfügung über eine in seinem Alleineigentum stehende bewegliche Sache gehindert ist; denn der gute Glaube an die güterrechtliche Verfügungsbefugnis wird durch §§ 932 ff BGB nicht geschützt (*Andrae,* IntFamR § 3 Rn 175).

Ebensowenig kommt ein sachenrechtlicher Gutglaubensschutz in Bezug auf im Inland belege- **570** ne **Forderungen** und sonstige Rechte, die – wie Aktien, GmbH-Anteile, Erbteile uÄ – kraft ausländischen Güterrechts in das Gesamtgut der Ehegatten fallen, in Betracht.

bb) Schutz durch das Güterrechtsregister. Ist ein Ehegatte kraft Güterrechts in der Ver- **571** fügung über bewegliches Vermögen beschränkt, so greift jedoch der durch das Güterrechtsregister bewirkte Schutz des Rechtsverkehrs ein. Nach **§ 1412 BGB** können Ehegatten, die den deutschen gesetzlichen Güterstand der Zugewinngemeinschaft ausgeschlossen oder geändert haben, hieraus einem Dritten gegenüber Einwendungen gegen ein Rechtsgeschäft, das zwischen einem von ihnen und dem Dritten vorgenommen worden ist, nur herleiten, wenn der Ehevertrag im Güterrechtsregister des zuständigen Amtsgerichts eingetragen oder dem Dritten bekannt war, als das Rechtsgeschäft vorgenommen wurde. Das Gleiche gilt, wenn die Ehegatten eine im Güterrechtsregister eingetragene Regelung der güterrechtlichen Verhältnisse durch Ehe-

289

B 572–575 1. Teil. Erkenntnisverfahren B. Güterrechtssachen

vertrag aufheben oder ändern. Der Vertragspartner kann also dann, wenn eine Eintragung im Güterrechtsregister fehlt, außer acht lassen, dass eventuell ein vertraglicher Güterstand besteht.

572 In gleicher Weise ist der Vertragspartner aber auch gegen das Bestehen eines **ausländischen** (vertraglichen oder gesetzlichen) Güterstandes geschützt, der zu seinem Nachteil vom deutschen gesetzlichen Güterstand der Zugewinngemeinschaft abweicht (MüKoBGB/*Looschelders* Rn 1 ff; BeckOK-BGB/*Mörsdorf-Schulte* Rn 21 ff; *v Bar*, IPR II Rn 233). Unterliegen die güterrechtlichen Wirkungen einer Ehe nämlich gem Art 15 EGBGB ausländischem Recht und hat einer der Ehegatten seinen gewöhnlichen Aufenthalt im Inland oder betreibt er hier ein Gewerbe, so ist § 1412 BGB gem Art 16 Abs. 1 EGBGB entsprechend anzuwenden. Der fremde gesetzliche Güterstand steht in diesem Fall also einem vertraglichen deutschen Güterstand gleich. Das Zusammenwirken dieser beiden Vorschriften gibt dem Rechtsverkehr erheblichen Schutz, und zwar nicht nur bei Verfügungsgeschäften über bewegliche Sachen, sondern auch bei der Abtretung und Verpfändung von Forderungen sowie bei Verpflichtungsgeschäften.

573 Voraussetzung für die Berufung auf das deutsche Güterrechtsregister ist nach Art 16 Abs 1 allerdings, dass zumindest **ein Ehegatte seinen gewöhnlichen Aufenthalt im Inland** hat oder hier ein Gewerbe betreibt (MüKoBGB/*Looschelders* Rn 15 ff; NK-BGB/*Sieghörtner* Rn 8; Staud/*Mankowski* Rn 19). Hingegen ist es nicht erforderlich, dass auch der zu schützende Dritte sich gewöhnlich im Inland aufhält oder gar Deutscher ist (Soe/*Schurig* Rn 4; Staud/*Mankowski* Rn 29). Auch muss der Dritte nicht notwendig gerade zu dem im Inland lebenden Ehegatten in rechtsgeschäftliche Beziehungen getreten sein, sofern er nur überhaupt am inländischen Geschäftsverkehr teilnimmt (*Schotten* DNotZ 94, 670/675; *Bader* MittRhNotK 84, 161/163; *vBar*, IPR II Rn 234; Erman/*Hohloch* Rn 8; MüKoBGB/*Looschelders* Rn 20). Allerdings ist Art 16 Abs 1 einschränkend in dem Sinne auszulegen, dass das ausländische Güterrecht nur dann verdrängt wird, wenn auch der **Vertrag im Inland geschlossen** wurde. Dies ist zwar nur in Art 16 Abs. 2 EGBGB in Bezug auf Beschränkungen der Schlüsselgewalt ausdrücklich ausgesprochen, folgt jedoch auch für Art 16 Abs 1 aus dem Schutzzweck der Norm, weil der ausländische Rechtsverkehr nicht auf die Geltung deutschen Güterrechts vertraut und deshalb insoweit auch keines Schutzes bedarf (*Schotten* DNotZ 94, 670/677 f; *vBar*, IPR II Rn 234; *Andrae*, IntFamR § 3 Rn 169; BeckOK-BGB/*Mörsdorf-Schulte* Rn 27; Staud/*Mankowski* Rn 31 f; NK-BGB/*Sieghörtner* Rn 8, **aA** G *Fischer* 155 ff; Erman/*Hohloch* Rn 11; Soe/*Schurig* Rn 4). In Betracht kommt allenfalls eine analoge Anwendung des Art 16 Abs 1 zum Schutz des ausländischen Rechtsverkehrs, wenn das Vornahmestatut einen gleichartigen Verkehrsschutz kennt (dafür G. *Fischer* 176 ff; Soe/*Schurig* Rn 2; **aA** Staud/*Mankowski* Rn 48 f).

574 Der Schutz des Art 16 Abs 1 iVm § 1412 BGB entfällt, wenn der abweichende ausländische **Güterstand im Güterrechtsregister eingetragen** war, der Vertragspartner dieses aber nicht eingesehen hat oder einsehen konnte, weil ihm der gewöhnliche Aufenthalt der Ehegatten unbekannt war Die Eintragung in das Güterrechtsregister kann gem § 1558 Abs 1 BGB bei jedem Amtsgericht bewirkt werden, in dessen Bezirk auch nur einer der Ehegatten (also nicht notwendig der kontrahierende) seinen gewöhnlichen Aufenthalt hat. Betreibt ein Ehegatte im Inland lediglich ein Gewerbe, so ist das Amtsgericht für den Ort der Handelsniederlassung zuständig (Art 4 Abs 1 EGHGB). In der Praxis spielt das Güterrechtsregister freilich kaum noch eine Rolle; Eintragungen von in- oder ausländischen Güterständen werden nur höchst selten vorgenommen (*Reithmann* DNotZ 84, 439; *Schotten/Schmellenkamp*, IPR Rn 218).

575 Auch wenn der ausländische Güterstand – wie in aller Regel – im Güterrechtsregister nicht eingetragen ist, so wird der Dritte gem § 1412 BGB doch nur geschützt, wenn er im Zeitpunkt der Vornahme des Rechtsgeschäfts von der Geltung des fremden Güterrechts auch **keine Kenntnis** hatte. Hier schadet also nur positives Wissen. Fahrlässigkeit reicht – anders als nach Art 12 EGBGB und Art 13 Rom I-VO – nicht aus; deshalb besteht auch keine Erkundigungspflicht des Dritten. Allein der Umstand, dass dieser die ausländische Staatsangehörigkeit der Ehegatten kannte, macht ihn noch nicht bösgläubig (*Schotten* DNotZ 94, 670/676 f; MüKoBGB/*Looschelders* Rn 30; Soe/*Schurig* Rn 8; Staud/*Mankowski* Rn 42). Der Dritte muss vielmehr wissen, dass die Ehegatten in einem ausländischen Güterstand leben. Nicht erforderlich ist hingegen die genaue Kenntnis des Inhalts dieses Güterstands (MüKoBGB/*Looschelders* Rn 30; NK-BGB/*Sieghörtner* Rn 11; H/O/*Hausmann*, IPR § 9 Rn 225; **aA** *Amann* MittBayNot 86, 222/226; H. *Roth* IPRax 91, 320/322; *v Bar*, IPR II Rn 234; Pal/*Thorn* Rn 2). Da sich die Ehegatten nämlich darauf beschränken können, lediglich die Rechtswahl nach Art 15 Abs 2 im Güterrechtsregister eintragen zu lassen, muss die bloße Kenntnis von der Geltung ausländischen Güterrechts für die Annahme von Bösgläubigkeit genügen (*Liessem* NJW 89, 497/500; *Schotten* DNotZ 94, 670/677; **aA** Staud/*Mankowski* Rn 42).

II. Internationales Privatrecht: EGBGB Art 16   **576–578**   **B**

Liegen die Voraussetzungen für den Schutz des guten Glaubens nach Art 16 Abs 1 vor, was in **576** der Praxis der Regelfall ist (*Schotten/Schmellenkamp,* IPR Rn 218), so können die Ehegatten sich auf Verfügungsbeschränkungen, Zustimmungserfordernisse oder andere Einwendungen aus dem für sie geltenden ausländischen Güterrecht gegenüber der Wirksamkeit eines von ihnen geschlossenen Rechtsgeschäfts nicht berufen. Sie werden dem gutgläubigen Dritten gegenüber vielmehr so behandelt, als gelte für sie der deutsche gesetzliche Güterstand der Zugewinngemeinschaft (MüKoBGB/*Looschelders* Rn 31; Erman/*Hohloch* Rn 16; Soe/*Schurig* Rn 8; Staud/*Mankowski* Rn 47; *Schotten/Schmellenkamp,* IPR Rn 220). Kein Schutz besteht daher, wenn das ausländische Güterrecht eine dem § 1369 BGB entsprechende Verfügungsbeschränkung für Haushaltsgegenstände normiert. Der gutgläubige Dritte hat allerdings ein Wahlrecht, ob er an dem Rechtsgeschäft festhalten oder sich auf dessen Unwirksamkeit berufen will (Staud/*Mankowski* Rn 15; NK-BGB/*Sieghörtner* Rn 13).

Betreibt ein Ehegatte, der in einem ausländischen Güterstand der Gütergemeinschaft lebt, im **576a** Inland ein **selbständiges Erwerbsgeschäft,** so ist gutgläubigen Dritten gegenüber gem Art 16 Abs 2 EGBGB iVm §§ 1431, 1456 BGB die Zustimmung des anderen Ehegatten zu solchen Rechtsgeschäften nicht notwendig, die der Geschäftsbetrieb mit sich bringt. Praktische Bedeutung erlangen diese Verkehrsschutznormen allerdings nur dann, wenn der ausländische Güterstand im deutschen Güterrechtsregister *verlautbart* ist oder der Dritte um seine Geltung weiß, weil andernfalls bereits der Schutz nach Art 16 Abs 1 iVm § 1412 BGB eingreift (Pal/*Thorn* Rn 3; Erman/*Hohloch* Rn 21; Staud/*Mankowski* Rn 76).

cc) Weitergehender Schutz nach ausländischem Güterrecht. Auf den guten Glauben an **576b** das Alleineigentum nach §§ 891 f bzw §§ 932 ff. BGB kommt es allerdings dann nicht an, wenn dem handelnden Ehegatten trotz bestehenden Mit- oder Gesamthandseigentums des anderen Ehegatten nach dem maßgeblichen ausländischen Ehegüterrecht die **alleinige Verfügungsmacht** zustand. Aber auch wenn ein ausländischer Ehegatte im Inland über eine bewegliche Sache oder ein Grundstück ohne die notwendige Zustimmung des anderen Ehegatten verfügt hat, braucht auf die inländischen Vorschriften über den sachenrechtlichen Gutglaubensschutz dann nicht zurückgegriffen zu werden, wenn der gute Glaube des Erwerbers bereits nach dem für die Gültigkeit der Verfügung maßgebenden *ausländischen Ehegüterrecht* geschützt wird (Reithmann/Martiny/*Hausmann,* IVR Rn 7.882).

d) Schutz des inländischen Rechtsverkehrs außerhalb von Art 16 EGBGB. aa) Wahl 576c des deutschen Rechts. Der Schutz des inländischen Rechtsverkehrs vor Beschränkungen kraft ausländischen Ehegüterrechts ist bereits durch die Möglichkeit der Ehegatten, das Güterrechtsstatut in gewissen Grenzen durch Rechtswahl zu bestimmen, erheblich verbessert worden. Besitzt auch nur ein Ehegatte die deutsche Staatsangehörigkeit oder hat nur ein Ehegatte seinen gewöhnlichen Aufenthalt im Inland, so können die güterrechtlichen Beziehungen in ehevertraglicher Form nach Art 15 Abs 2 Nr 1 bzw Nr 2 dem deutschen Recht unterstellt werden, und zwar auch noch nach der Eheschließung. Selbst wenn die Ehegatten eine umfassende Wahl des deutschen Güterrechts scheuen, können sie nach Art 15 Abs 2 Nr 3 eine **auf inländische Grundstücke** (oder nur ein inländisches Grundstück; → Rn 479 f) **beschränkte Rechtswahl** treffen, und zwar auch dann, wenn beide Ehegatten Ausländer sind und sich im Ausland gewöhnlich aufhalten; diese Möglichkeit entfällt freilich unter Geltung der EuGüVO ab dem 29.1.2019 (vgl Art 21, 22 Abs 1 EuGüVO; → Rn 323 ff).

bb) Materiellrechtliche Vereinbarungen. Die gegenständlich beschränkte Rechtswahl **577** nach Art 15 Abs 2 Nr 3 hat allerdings den Nachteil, dass sie häufig von dem ausländischen Heimat- oder Aufenthaltsrecht eines oder beider Ehegatten nicht anerkannt wird; sie bewirkt zudem eine Aufspaltung des Güterrechtsstatuts mit allen sich hieraus ergebenden Schwierigkeiten. Namentlich bei Immobiliengeschäften unter Beteiligung ausländischer Ehegatten ist daher idR eine materiellrechtliche Lösung vorzuziehen, die auch von dem bei objektiver Anknüpfung des Güterrechtsstatuts maßgeblichen ausländischen Recht anerkannt wird (*Wegmann* NJW 87, 1740/1745).

(1) Erwerbsbeschränkungen. Ist der gewünschte Erwerb eines deutschen Grundstücks zu **578** Alleineigentum eines Ehegatten oder zu Miteigentum beider Ehegatten nicht möglich, weil diese in einem ausländischen Güterstand der Gütergemeinschaft leben (vgl H/O/*Hausmann* § 9 Rn 173 ff), so kann häufig durch den Abschluss eines Ehevertrages geholfen werden, in dem die Ehegatten vereinbaren, dass das Grundstück oder die Eigentumswohnung nicht in das gemeinschaftliche Vermögen der Ehegatten (zB das Gesamtgut der Gütergemeinschaft) fallen, sondern

291

B 579–581   1. Teil. Erkenntnisverfahren B. Güterrechtssachen

Vorbehalts- oder Eigengut des erwerbenden Ehegatten sein soll (*Lichtenberger* DNotZ 1986, 679/681 f). Das gleiche Ziel lässt sich auch durch Vereinbarung des – von den meisten Rechten zur Verfügung gestellten – Wahlgüterstands der **Gütertrennung** erreichen; ein so weitgehender Schritt setzt freilich idR voraus, dass die Ehegatten finanziell von einander unabhängig sind.

579   **(2) Verfügungsbeschränkungen.** Die schwierige Ermittlung des Güterrechtsstatuts und der sich nach ausländischem Güterrecht ergebenden Beschränkungen der Verfügungsbefugnis von Ehegatten wird in der Praxis häufig dadurch umgangen, dass vorsorglich die **Zustimmung beider Ehegatten** zur Grundstücksveräußerung oder –belastung eingeholt wird, auch wenn nur der veräußernde Ehegatte als Eigentümer im Grundbuch eingetragen ist (*Reithmann/Martiny/ Hausmann,* IVR Rn 7.873). Legt derjenige Ehegatte, der Grundvermögen im Inland allein veräußern möchte, eine schriftliche Zustimmungserklärung des anderen Ehegatten vor, so hat die Veräußerung idR rechtlichen Bestand.

580   **(3) Vollmacht.** Mitunter genügt allerdings eine bloße Zustimmung des anderen Ehegatten nicht; es ist vielmehr erforderlich, dass beide Ehegatten als Vertragsschließende auftreten, so etwa im *niederländischen* Recht beim Abzahlungskauf von Haushaltsgegenständen (Art 1:87 B. W.). Dann kann eine Vollmacht des anderen Ehegatten dessen Mitwirkung ersetzen. Auch in anderen Fällen kann eine (Spezial- oder General-)Vollmacht des anderen Ehegatten Schwierigkeiten im Rechtsverkehr vermeiden. So wird etwa in der *niederländischen* Praxis der umständliche Weg einer abweichenden Verwaltungsregelung durch Ehevertrag nach Art 1:97 Abs. 1 BW häufig durch die Erteilung einer – widerruflichen – Vollmacht zur Verfügung über bestimmte Gesamtgutsgegenstände umgangen. Vollmachten unter Ehegatten sind meist zulässig, wenn auch häufig nur in widerruflicher Weise, so zB im *belgischen* und *französischen* Recht. Sind allerdings bestimmte Verträge (zB Gesellschafts- oder Schenkungsverträge) zwischen Ehegatten verboten (→ Anh Rn 657 ff), so hilft auch eine Zustimmung oder Vollmacht des anderen Ehegatten nicht.

140. Gesetz über den ehelichen Güterstand von Vertriebenen und Flüchtlingen (VFGüterstG)

Vom 4. August 1969 (BGBl I, 1067)

Vorbemerkung

Schrifttum: *Bürgel,* Die Neuregelung des ehelichen Güterstands von Vertriebenen und Flüchtlingen, NJW 69, 1838; *Firsching,* Zum Güterstandsgesetz vom 4.8.1969, FamRZ 70, 452; *Henrich,* Zum Güterstand deutsch-österreichischer Sowjetzonenflüchtlinge, IPRax 81, 162; *ders,* Nochmals: Staatsangehörigkeit und Güterstand deutsch-österreichischer Sowjetzonenflüchtlinge, IPRax 83, 25; *Hohloch,* Ehegattenerbrecht und § 1371 Abs 1 BGB bei Erbfällen „Vertriebener" – Zur heutigen Bedeutung von Art 15 Abs 4 EGBGB und§ 1 VFGüterstandsG, FamRZ 10, 1216; *Scheugenpflug,* Güterrechtliche und erbrechtliche Fragen bei Vertriebenen, Aussiedlern und Spätaussiedlern, MittRhNotK 99, 372; *Silagi,* Güterstand und Staatsangehörigkeit deutsch-österreichischer Sowjetzonenflüchtlinge, IPRax 82, 100; *Wandel,* Kuckuckseier nicht nur zur Osterzeit – Zum Güterrecht der Spätaussiedler, BWNotZ 94, 85; *Wassermann,* Die güterrechtlichen Beziehungen von Übersiedlern aus der DDR, FamRZ 09, 333.

581   Für die große Zahl deutscher Staats- oder Volkszugehöriger, die in der Zeit nach dem 2. Weltkrieg aus den Gebieten und Staaten östlich der früheren Bundesrepublik Deutschland geflohen sind oder vertrieben wurden, war der in Art 15 Abs 1 EGBGB kodifizierte Grundsatz der Unwandelbarkeit des Güterstands nicht befriedigend. Denn ihre Erwartung, dass sie auch in güterrechtlicher Hinsicht dem Recht des Staates unterworfen sein würden, in dem sie sich nach ihrer Flucht oder Vertreibung eine neue Existenz aufgebaut hatten, wurde durch das Prinzip der Unwandelbarkeit enttäuscht. Für die in der *Bundesrepublik Deutschland* lebenden volksdeutschen Vertriebenen und Flüchtlinge hat der deutsche Gesetzgeber darauf mit dem „Gesetz über den ehelichen Güterstand von Vertriebenen und Flüchtlingen" **(VFGüterstG)** v 4.8.1969 reagiert, dessen Geltung in Art 15 Abs 4 EGBGB ausdrücklich vorbehalten wird. Durch dieses Gesetz wird der Grundsatz der Unwandelbarkeit für die in § 1 genannten Personen durchbrochen; ihr Güterstand wurde mit Wirkung v 1.10.1969 (§ 7 VFGüterstG) in den deutschen gesetzlichen Güterstand der Zugewinngemeinschaft überführt.

292

II. Internationales Privatrecht: VFGüterstG § 1   582, 583   **B**

VFGüterstG § 1. [Überleitung in das Güterrecht des BGB]

(1) [1]Für Ehegatten, die Vertriebene oder Sowjetzonenflüchtlinge sind (§§ 1, 3 und 4 des Bundesvertriebenengesetzes), beide ihren gewöhnlichen Aufenthalt im Geltungsbereich dieses Gesetzes haben und im gesetzlichen Güterstand eines außerhalb des Geltungsbereichs dieses Gesetzes maßgebenden Rechts leben, gilt vom Inkrafttreten dieses Gesetzes an das eheliche Güterrecht des Bürgerlichen Gesetzbuchs. [2]Das gleiche gilt für Ehegatten, die aus der sowjetischen Besatzungszone Deutschlands oder dem sowjetisch besetzten Sektor von Berlin zugezogen sind, sofern sie im Zeitpunkt des Zuzugs deutsche Staatsangehörige waren oder, ohne die deutsche Staatsangehörigkeit zu besitzen, als Deutsche im Sinne des Artikels 116 Abs. 1 des Grundgesetzes Aufnahme gefunden haben.

(2) Die Vorschriften des Absatzes 1 gelten nicht, wenn im Zeitpunkt des Inkrafttretens der bisherige Güterstand im Güterrechtsregister eines Amtsgerichts im Geltungsbereich dieses Gesetzes eingetragen ist.

(3) [1]Für die Berechnung des Zugewinns gilt, wenn die in Absatz 1 genannten Voraussetzungen für die Überleitung des gesetzlichen Güterstandes in das Güterrecht des Bürgerlichen Gesetzbuchs bereits damals vorlagen, als Anfangsvermögen das Vermögen, das einem Ehegatten am 1. Juli 1958 gehörte. [2]Liegen die Voraussetzungen erst seit einem späteren Zeitpunkt vor, so gilt als Anfangsvermögen das Vermögen, das einem Ehegatten in diesem Zeitpunkt gehörte. [3]Soweit es in den §§ 1374, 1376 des Bürgerlichen Gesetzbuchs auf den Zeitpunkt des Eintritts des Güterstandes ankommt, sind diese Vorschriften sinngemäß anzuwenden.

1. Persönlicher Anwendungsbereich

Der Entwurf der Bundesregierung hatte den Anwendungsbereich des Gesetzes noch auf alle   **582** Fälle anwenden wollen, in denen beide Ehegatten als Deutsche iSv Art 116 Abs 1 GG ihren gewöhnlichen Aufenthalt im Geltungsbereich dieses Gesetzes hatten und in einem fremden gesetzlichen Güterstand lebten. In seiner endgültigen Fassung hat das Gesetz seinen persönlichen Anwendungsbereich jedoch auf **Vertriebene, Sowjetzonenflüchtlinge** und **Spätaussiedler** iSd §§ 1, 3 und 4 des Bundesvertriebenengesetzes (BVFG) v 19.5.1953 beschränkt. Diese Vorschriften gelten heute idF des Gesetzes v 10.8.2007 (BGBl I, 1902).

a) **Vertriebene.** Der Begriff des Vertriebenen ist in § 1 BVFG definiert: **583**

BVFG § 1. *Vertriebener*

(1) [1]Vertriebener ist, wer als deutscher Staatsangehöriger oder deutscher Volkszugehöriger seinen Wohnsitz in den ehemals unter fremder Verwaltung stehenden deutschen Ostgebieten oder in den Gebieten außerhalb der Grenzen des Deutschen Reiches nach dem Gebietsstande vom 31. Dezember 1937 hatte und diesen im Zusammenhang mit den Ereignissen des zweiten Weltkrieges infolge Vertreibung, insbesondere durch Ausweisung oder Flucht, verloren hat. [2]Bei mehrfachem Wohnsitz muss derjenige Wohnsitz verloren gegangen sein, der für die persönlichen Lebensverhältnisse des Betroffenen bestimmend war. [3]Als bestimmender Wohnsitz im Sinne des Satzes 2 ist insbesondere der Wohnsitz anzusehen, an welchem die Familienangehörigen gewohnt haben.

(2) Vertriebener ist auch, wer als deutscher Staatsangehöriger oder deutscher Volkszugehöriger
1. nach dem 30. Januar 1933 die in Absatz 1 genannten Gebiete verlassen und seinen Wohnsitz außerhalb des Deutschen Reiches genommen hat, weil aus Gründen politischer Gegnerschaft gegen den Nationalsozialismus oder aus Gründen der Rasse, des Glaubens oder der Weltanschauung nationalsozialistische Gewaltmaßnahmen gegen ihn verübt worden sind oder ihm drohten,
2. auf Grund der während des zweiten Weltkrieges geschlossenen zwischenstaatlichen Verträge aus außerdeutschen Gebieten oder während des gleichen Zeitraumes auf Grund von Maßnahmen deutscher Dienststellen aus den von der deutschen Wehrmacht besetzten Gebieten umgesiedelt worden ist (Umsiedler),
3. nach Abschluss der allgemeinen Vertreibungsmaßnahmen vor dem 1. Juli 1990 oder danach im Wege des Aufnahmeverfahrens vor dem 1. Januar 1993 die ehemals unter fremder Verwaltung stehenden deutschen Ostgebiete, Danzig, Estland, Lettland, Litauen, die ehemalige Sowjetunion, Polen, die Tschechoslowakei, Ungarn, Rumänien, Bulgarien, Jugoslawien, Albanien oder China verlassen hat oder verlässt, es sei denn, dass er, ohne aus diesen Gebieten vertrieben und bis zum 31. März 1952 dorthin zurückgekehrt zu sein, nach dem 8. Mai 1945 einen Wohnsitz in diesen Gebieten begründet hat (Aussiedler),

B 584–586   1. Teil. Erkenntnisverfahren B. Güterrechtssachen

4. *ohne einen Wohnsitz gehabt zu haben, sein Gewerbe oder seinen Beruf ständig in den in Absatz 1 genannten*
5. *Gebieten ausgeübt hat und diese Tätigkeit infolge Vertreibung aufgeben musste,*
6. *seinen Wohnsitz in den in Absatz 1 genannten Gebieten gemäß § 10 des Bürgerlichen Gesetzbuchs durch Eheschließung verloren, aber seinen ständigen Aufenthalt dort beibehalten hatte und diesen infolge Vertreibung aufgeben musste,*
7. *in den in Absatz 1 genannten Gebieten als Kind einer unter Nummer 5 fallenden Ehefrau gemäß § 11 des Bürgerlichen Gesetzbuchs keinen Wohnsitz, aber einen ständigen Aufenthalt hatte und diesen infolge Vertreibung aufgeben musste.*

(3) Als Vertriebener gilt auch, wer, ohne selbst deutscher Staatsangehöriger oder deutscher Volkszugehöriger zu sein, als Ehegatte eines Vertriebenen seinen Wohnsitz oder in den Fällen des Absatzes 2 Nr. 5 als Ehegatte eines deutschen Staatsangehörigen oder deutschen Volkszugehörigen den ständigen Aufenthalt in den in Absatz 1 genannten Gebieten verloren hat.

(4) Wer infolge von Kriegseinwirkungen Aufenthalt in den in Absatz 1 genannten Gebieten genommen hat, ist jedoch nur dann Vertriebener, wenn es aus den Umständen hervorgeht, dass er sich auch nach dem Kriege in diesen Gebieten ständig niederlassen wollte oder wenn er diese Gebiete nach dem 31. Dezember 1989 verlassen hat.

584   Diesbezüglich ist insbesondere fraglich, ob das Gesetz auch die gesetzlichen Güterstände solcher Vertriebenen und Flüchtlinge erfasst, deren ausländische Güterstände aufgrund des Gleichberechtigungsgebots des Grundgesetzes bereits zum 1.4.1953 in den deutschen Güterstand der Gütertrennung überführt worden waren. Dies betraf insbesondere Vertriebene aus dem ehemals preußischen Teil *Polens,* aber auch diejenigen Sudetendeutschen, die bis zum 31.3.1953 im gesetzlichen Güterstand des österreichischen ABGB gelebt hatten; denn dieser Güterstand war wegen der gesetzlichen Vermutungen zugunsten des Ehemannes mit Art 3 Abs 2, 117 GG nicht vereinbar und deshalb wie der frühere deutsche gesetzliche Güterstand der Verwaltung und Nutznießung des Ehemannes in den Güterstand der Gütertrennung übergeleitet worden. Da es sich aber um einen ausländischen Güterstand gehandelt hatte, trat nach dem Wortlaut des Gleichberechtigungsgesetzes keine automatische Überführung in die Zugewinngemeinschaft ein. Um zu vermeiden, dass dieser Personenkreis als einziger weiter am gesetzlichen Güterstand der Gütertrennung festgehalten wurde, wird zu Recht eine **Analogie** entweder zum Gleichberechtigungsgesetz (so NK-BGB/*Sieghörtner* Art 15 Anh II Rn 14) oder zum VFGüterstG (so Staud/*Mankowski* Art 15 Rn 431 ff) befürwortet (vgl auch BGH IPRspr 76 Nr 41).

585   **b) Sowjetzonenflüchtlinge.** Der Begriff des Sowjetzonenflüchtlings ist in § 3 BVFG definiert:

BVFG § 3. Sowjetzonenflüchtling

(1) [1]Sowjetzonenflüchtling ist ein deutscher Staatsangehöriger oder deutscher Volkszugehöriger, der seinen Wohnsitz in der sowjetischen Besatzungszone oder im sowjetisch besetzten Sektor von Berlin hat oder gehabt hat und von dort vor dem 1. Juli 1990 geflüchtet ist, um sich einer von ihm nicht zu vertretenden und durch die politischen Verhältnisse bedingten besonderen Zwangslage zu entziehen. [2]Eine besondere Zwangslage ist vor allem dann gegeben, wenn eine unmittelbare Gefahr für Leib und Leben oder die persönliche Freiheit vorgelegen hat. [3]Eine besondere Zwangslage ist auch bei einem schweren Gewissenskonflikt gegeben. [4]Wirtschaftliche Gründe sind als besondere Zwangslage anzuerkennen, wenn die Existenzgrundlage zerstört oder entscheidend beeinträchtigt worden ist oder wenn die Zerstörung oder entscheidende Beeinträchtigung nahe bevorstand.

(2) Von der Anerkennung als Sowjetzonenflüchtling ist ausgeschlossen,
1. *wer dem in der sowjetischen Besatzungszone und im sowjetisch besetzten Sektor von Berlin herrschenden System erheblich Vorschub geleistet hat,*
2. *wer während der Herrschaft des Nationalsozialismus oder in der sowjetischen Besatzungszone oder im sowjetisch besetzten Sektor von Berlin durch sein Verhalten gegen die Grundsätze der Menschlichkeit oder Rechtsstaatlichkeit verstoßen hat,*
3. *wer die freiheitliche demokratische Grundordnung der Bundesrepublik Deutschland einschließlich des Landes Berlin bekämpft hat.*

(3) § 1 Abs. 1 Satz 2 und 3, Abs. 2 Nr. 4 bis 6, Abs. 3 und 4 ist sinngemäß anzuwenden.

586   **c) Spätaussiedler.** Der Begriff des Spätaussiedlers ist in § 4 BVFG definiert:

BVFG § 4. Spätaussiedler

(1) Spätaussiedler ist in der Regel ein deutscher Volkszugehöriger, der die Republiken der ehemaligen Sowjetunion nach dem 31. Dezember 1992 im Wege des Aufnahmeverfahrens verlassen und innerhalb von sechs Monaten im Geltungsbereich des Gesetzes seinen ständigen Aufenthalt genommen hat, wenn er zuvor
1. *seit dem 8. Mai 1945 oder*

II. Internationales Privatrecht: VFGüterstG § 1   **587–590**   **B**

2. *nach seiner Vertreibung oder der Vertreibung eines Elternteils seit dem 31. März 1952 oder*
3. *seit seiner Geburt, wenn er vor dem 1. Januar 1993 geboren ist und von einer Person abstammt, die die Stichtagsvoraussetzung des 8. Mai 1945 nach Nummer 1 oder des 31. März 1952 nach Nummer 2 erfüllt, es sei denn, dass Eltern oder Voreltern ihren Wohnsitz erst nach dem 31. März 1952 in die Aussiedlungsgebiete verlegt haben,*

seinen Wohnsitz in den Aussiedlungsgebieten hatte.

(2) Spätaussiedler ist auch ein deutscher Volkszugehöriger aus den Aussiedlungsgebieten des § 1 Abs. 2 Nr. 3 außer den in Absatz 1 genannten Staaten, der die übrigen Voraussetzungen des Absatzes 1 erfüllt und glaubhaft macht, dass er am 31. Dezember 1992 oder danach Benachteiligungen oder Nachwirkungen früherer Benachteiligungen auf Grund deutscher Volkszugehörigkeit unterlag.

(3) ¹Der Spätaussiedler ist Deutscher im Sinne des Artikels 116 Abs. 1 des Grundgesetzes. ²Ehegatten oder Abkömmlinge von Spätaussiedlern, die nach § 27 Abs. 1 Satz 2 in den Aufnahmebescheid einbezogen worden sind, erwerben, sofern die Einbeziehung nicht unwirksam geworden ist, diese Rechtsstellung mit ihrer Aufnahme im Geltungsbereich des Gesetzes.

Bezüglich der **Spätaussiedler** war lange Zeit umstritten, bis zu welchem Zeitpunkt der **587** Umsiedlung sie von § 1 als „Vertriebene" vom Gesetz erfasst waren (vgl Staud/*Mankowski* Art 15 EGBGB Rn 435 f m Nachw). Durch Art 1 KriegsfolgenbereinigungsG v 21.12.1992 (BGBl 92 I, 2094) hat der Gesetzgeber diesen Streit entschieden und in § 4 BVFG den neuen Begriff des Spätaussiedlers verankert. Danach ist im Fall einer Übersiedlung erst nach dem 1.1.1993 erforderlich, dass die betreffenden Personen nachweisen, dass sie auch noch nach diesem Zeitpunkt Benachteiligungen wegen ihrer deutschen Volkszugehörigkeit ausgesetzt waren (§ 4 Abs 2 BVFG). Auf Spätaussiedler iSv § 4 BVFG nF ist dann **§ 3 VFGüterstG analog** anzuwenden, weil auch für diesen Personenkreis die Gründe Geltung beanspruchen, die zur Überleitung der alten ausländischen Güterstände sonstiger Vertriebener in die deutsche Zugewinngemeinschaft geführt haben (*Wandel* BWNotZ 1994, 85/87 F; *Scheugenpflug* MittRhNotK 99, 372/376 f; *Süss* Rpfleger 03, 53/59; Rn 125; Soe/*Schurig* Rn 74; Erman/*Hohloch* Rn 51; Staud/*Mankowski* Rn 439 f, NK-BGB/*Sieghörtner* Anh II Rn 10, jeweils zu Art 15 EGBGB; MüKoBGB/*Looschelders* Vorbem VFGüterstG Rn 9; **aA** *Finger* FuR 02, 342/344; Pal/*Thorn,* Anh Art 15 EGBGB Rn 1).

Die Wandelbarkeit des Güterrechtsstatuts wird zwar zT auch für **internationale Flüchtlinge** **588** und ihnen gleichgestellte **Asylberechtigte** mit Wohnsitz oder gewöhnlichem Aufenthalt im Aufnahmestaat befürwortet, weil diese Personen die innere Bindung an den Heimatstaat verloren hätten (so Soe/*Schurig,* Art 15 EGBGB Rn 70; Kegel/*Schurig,* IPR § 20 VI 1d). Ihr Schutz wird jedoch ausreichend dadurch gewährleistet, dass diese Personen jederzeit eine Rechtswahl nach Art 15 Abs 2 Nr 2 EGBGB zugunsten ihres derzeitigen Aufenthaltsrechts treffen können (OLG Hamm FamRZ 77, 327; OLG Bamberg FamRZ 82, 505; Staud/ *Mankowski* Art 15 EGBGB Rn 63; *Kropholler,* IPR § 45 IV 3b). Machen sie von dieser Möglichkeit keinen Gebrauch, so bleiben sie güterrechtlich weiterhin ihrem gemeinsamen Heimatrecht unterworfen, auch wenn sie die Beziehungen zu ihrem Heimatstaat vollständig abgebrochen haben.

2. Überleitung des ausländischen Güterstands

a) Voraussetzungen. Die Überleitung des ausländischen Güterstands der vom persönlichen **589** Anwendungsbereich des Gesetzes erfassten Ehegatten setzt weiterhin voraus, dass beide Ehegatten zum Zeitpunkt des Inkrafttretens des Gesetzes, dh am 1.10.1969, ihren **gewöhnlichen Aufenthalt in der** damaligen *Bundesrepublik Deutschland* hatten. Wurde diese Voraussetzung erst zu einem späteren Zeitpunkt erfüllt, so gilt § 3. Nicht erforderlich ist, dass die Ehegatten den gewöhnlichen Aufenthalt im Inland gleichzeitig begründet haben; es genügt vielmehr wenn sie nacheinander zugezogen sind (AG Wolfratshausen IPRax 82, 23; NK-BGB/*Sieghörtner* Art 15 EGBGB Anh II Rn 12).

Die Überleitung tritt ferner nur dann ein, wenn die Ehegatten am Stichtag in einem **590** **gesetzlichen ausländischen Güterstand,** genauer in einem außerhalb der *Bundesrepublik Deutschland* geltenden gesetzlichen Güterstand gelebt haben. Erfasst werden damit auch Ehegatten, die ab dem 7.10.1949 in der DDR oder in Ost-Berlin geheiratet haben (Pal/*Thorn* Anh Art 15 EGBGB Rn 2; MüKoBGB/*Looschelders* Vorbem VFGüterstG Rn 16). Denn ab diesem Zeitpunkt galt dort als gesetzlicher Güterstand die Gütertrennung, die erst ab dem 1.4.1966 durch die Errungenschaftsgemeinschaft (§ 15 FamGB/DDR) als gesetzlicher Güterstand abgelöst wurde. Haben die Ehegatten zuvor in einem *vertraglich* vereinbarten ausländischen Güterstand

295

B   1. Teil. Erkenntnisverfahren B. Güterrechtssachen

gelebt, scheidet eine Überleitung hingegen aus (NK-BGB/*Sieghörtner* Art 15 EGBGB Anh II Rn 15).

591   Die Überleitung nach dem VFGüterstG gilt zwar grundsätzlich auch für **Spätaussiedler,** sofern sie die Voraussetzungen des § 4 BVFG erfüllen (→ Rn 587). Voraussetzung ist freilich, dass sie am Stichtag noch in einem ausländischen gesetzlichen Güterstand gelebt haben. Bei der Beurteilung dieser Frage ist auch eine etwaige **Rück- oder Weiterverweisung** durch ihr bisheriges gemeinsames Heimatrecht zu beachten. Führt die Beachtung einer solchen bereits zur Geltung deutschen Rechts, bedarf es der Anwendung des VFGüterstG nicht mehr. Dies ist aber meistens der Fall, weil die typischen Herkunftsstaaten von Spätaussiedlern in Osteuropa und den Nachfolgestaaten der ehemaligen UdSSR das Güterrechtsstatut fast durchwegs **beweglich anknüpfen,** so dass deutsches Ehegüterrecht auf diesen Personenkreis schon mit der Verlegung des gewöhnlichen Aufenthalts in die *Bundesrepublik Deutschland* anwendbar wird (vgl OLG Hamm FamRZ 10, 975/976; OLG Düsseldorf FamRZ 11, 1519 Rn 20; *Süß* MittBayNot 10, 225/26; *Andrae,* IntFamR § 3 Rn 126 f; dazu → Rn 438 ff).

592   Die Überleitung ist auch ausgeschlossen, wenn der bisherige Güterstand der Ehegatten am 1.10.1969 **im deutschen Güterrechtsregister eingetragen** worden war, Abs 2 und § 3 S 2. Gleiches gilt auch dann, wenn einer der Ehegatten die Überleitung form- und fristgerecht gem §§ 2, 3 und 4 abgelehnt hat.

593   **b) Wirkung.** Für den von § 1 erfassten Personenkreis wurde der gesetzliche ausländische Güterstand mit Wirkung v 1.10.1969 (§ 7) in den deutschen gesetzlichen Güterstand der Zugewinngemeinschaft übergeleitet. Zu diesem Zeitpunkt fand mithin – abweichend vom Grundsatz der Unwandelbarkeit des Güterstatuts nach Art 15 Abs 1 EGBGB – ein **Statutenwechsel** statt. Der Überleitung kommt also **keine Rückwirkung** zu; bis zum 30.9.1969 verbleibt es vielmehr bei der Geltung des früheren ausländischen gesetzlichen Güterstandes (OLG Hamm NJW 77, 1591 m Anm *Reinartz;* OLG Hamm FamRZ 95, 1606; MüKoBGB/*Looschelders* Vorbem VF GüterstandsG Rn 5, 20; Pal/*Thorn* Anh Art 15 EGBGB Rn 2; Staud/*Mankowski* Art 15 EGBGB Rn 64; **aA** *Sonnenberger* FS Ferid [1988] 458). Aus diesem Grunde findet das Gesetz auch auf Ehen, die am 1.10.1969 durch Tod, Scheidung oder in anderer Weise bereits aufgelöst waren, keine Anwendung (MüKoBGB/*Looschelders* Vorbem VFGüterstG Rn 5, 20).

594   Für die Überleitung gelten die Regeln für einen **Statutenwechsel kraft Rechtswahl nach Art 15 Abs 2 EGBGB entsprechend** (→ Rn 491 ff). Demzufolge wird der bisherige gesetzliche Güterstand zum Stichtag der Überleitung abgewickelt. Die sich hieraus ergebenden Ansprüche der Ehegatten fallen in das Anfangsvermögen der Zugewinngemeinschaft (NK-BGB/*Sieghörtner* Art 15 EGBGB Anh II Rn 19; Staud/*Mankowski* Art 15 EGBGB Rn 425). Im Übrigen werden die Regeln des deutschen gesetzlichen Güterstands der Zugewinngemeinschaft dahin modifiziert, dass als Anfangsvermögen nicht das Vermögen eines Ehegatten gilt, das diesem zur Zeit der Eheschließung gehörte. Ferner kommt es auch nicht auf den Zeitpunkt der Überleitung des Güterstands an, sondern grundsätzlich auf den Zeitpunkt des Inkrafttretens des gesetzlichen Güterstands der Zugewinngemeinschaft am 1.7.1958, sofern die Voraussetzungen für die Überleitung nach Abs 1 bereits zu diesem Zeitpunkt vorlagen, Abs 3 S 1. Wurden die Voraussetzungen des Abs 1 – insbesondere der beiderseitige gewöhnliche Aufenthalt der Ehegatten in der *Bundesrepublik Deutschland* – erst zu einem späteren Zeitpunkt erfüllt, so gilt als Anfangsvermögen dasjenige Vermögen, das einem Ehegatten zu diesem Zeitpunkt gehörte, Abs 3 S 2.

VFGüterstG § 2. [Ablehnung der Überleitung]

(1) [1]Jeder Ehegatte kann, sofern nicht vorher ein Ehevertrag geschlossen worden oder die Ehe aufgelöst ist, bis zum 31. Dezember 1970 dem Amtsgericht gegenüber erklären, dass für die Ehe der bisherige gesetzliche Güterstand fort gelten solle. [2]§ 1411 des Bürgerlichen Gesetzbuchs gilt entsprechend.

(2) Wird die Erklärung vor dem für die Überleitung in das Güterrecht des Bürgerlichen Gesetzbuchs vorgesehenen Zeitpunkt abgegeben, so findet die Überleitung nicht statt.

(3) [1]Wird die Erklärung nach dem Zeitpunkt der Überleitung des Güterstandes abgegeben, so gilt die Überleitung als nicht erfolgt. [2]Aus der Wiederherstellung des ursprünglichen Güterstandes können die Ehegatten untereinander und gegenüber

II. Internationales Privatrecht: VFGüterstG § 4   **597 B**

einem Dritten Einwendungen gegen ein Rechtsgeschäft, das nach der Überleitung zwischen den Ehegatten oder zwischen einem von ihnen und dem Dritten vorgenommen worden ist, nicht herleiten.

Die Überleitung des Güterstandes wurde Vertriebenen und Flüchtlingen, die in einem frem- **595** den gesetzlichen Güterstand lebten, nicht aufgezwungen. Sie wurde vielmehr schon dadurch verhindert, dass auch nur ein Ehegatte an dem bisherigen gesetzlichen Güterstand festhalten wollte und dies in der Form des § 4 Abs 1 gegenüber einem deutschen Amtsgericht erklärt hat. Ist die Überleitung mit Inkrafttreten des Gesetzes am 1.10.1969 erfolgt, so musste diese Erklärung spätestens bis zum 31.12.1970 abgegeben werden, Abs 1. Wurde sie schon vor dem 1.10.1969 abgegeben, so hat sie eine Überleitung verhindert, Abs 2. Wurde sie in der Zeit zwischen dem 2.10.1969 und dem 31.12.1970 abgegeben, so gilt die zum 1.10.1969 eingetretene Überleitung rückwirkend als nicht erfolgt, Abs 3. Für die Fälle einer Überleitung erst nach dem 1.10.1969 war die Erklärung innerhalb der Jahresfrist des § 3 Abs 1 S 3 abzugeben.

VFGüterstG § 3. [Nach dem 30. September 1969 zugezogene Personen]

[1]Tritt von den in § 1 Abs. 1 genannten Voraussetzungen für die Überleitung des Güterstandes die Voraussetzung, dass beide Ehegatten ihren gewöhnlichen Aufenthalt im Geltungsbereich dieses Gesetzes haben, erst nach dem Inkrafttreten des Gesetzes ein, so gilt für sie das Güterrecht des Bürgerlichen Gesetzbuchs vom Anfang des nach Eintritt dieser Voraussetzung folgenden vierten Monats an. [2]§ 1 Abs. 2, 3 Satz 2, 3 ist entsprechend anzuwenden. [3]Die Vorschriften des § 2 gelten mit der Maßgabe, dass die Erklärung binnen Jahresfrist nach dem Zeitpunkt der Überleitung abgegeben werden kann.

Haben die Ehegatten ihren gewöhnlichen Aufenthalt nicht – wie von § 1 Abs 1 vorausgesetzt **596** – bereits bei Inkrafttreten des Gesetzes am 1.10.1969 in der *Bundesrepublik Deutschland* begründet, sondern – zB durch gemeinsame Flucht aus der ehemaligen DDR oder durch den Nachzug des zunächst dort allein zurückgebliebenen Ehegatten – **erst zu einem späteren Zeitpunkt,** so gilt das gesetzliche deutsche Ehegüterrecht für diese Ehegatten vom Beginn des vierten Monats ihres beiderseitigen gewöhnlichen Aufenthalts in der Bundesrepublik Deutschland, S 1. Die Erklärung zur Fortgeltung des ausländischen Güterstands kann in diesem Fall nur **binnen Jahresfrist** nach dem Zeitpunkt der Überleitung abgegeben werden, S 2. Das vor dem Zeitpunkt der Überleitung erworbene Vermögen bleibt Gesamthandseigentum der Parteien (OLG Brandenburg DtZ 97, 204; BeckOK-BGB/*Mörsdorf-Schulte* Art 15 EGBGB Rn 77).

VFGüterstG § 4. [Verfahren bei Erklärung über den Güterstand]

(1) [1]Für die Entgegennahme der in den §§ 2, 3 vorgesehenen Erklärung ist jedes Amtsgericht zuständig. [2]Die Erklärung muss notariell beurkundet werden.

(2) [1]Haben die Ehegatten die Erklärung nicht gemeinsam abgegeben, so hat das Amtsgericht sie dem anderen Ehegatten nach den für Zustellungen von Amts wegen geltenden Vorschriften der Zivilprozessordnung bekannt zu machen. [2]Für die Zustellung werden Auslagen nach § 137 Nr. 2 der Kostenordnung nicht erhoben.

(3) Wird mit der Erklärung ein Antrag auf Eintragung in das Güterrechtsregister verbunden, so hat das Amtsgericht den Antrag mit der Erklärung an das Registergericht weiterzuleiten.

(4) [1]Der auf Grund der Erklärung fort geltende gesetzliche Güterstand ist, wenn einer der Ehegatten dies beantragt, in das Güterrechtsregister einzutragen. [2]Wird der Antrag nur von einem der Ehegatten gestellt, so soll das Registergericht vor der Eintragung den anderen Ehegatten hören. [3]Besteht nach Lage des Falles begründeter Anlass zu Zweifeln an der Richtigkeit der Angaben über den bestehenden Güterstand, so hat das Registergericht die erforderlichen Ermittlungen vorzunehmen.

Für die Entgegennahme der Erklärung über die Fortgeltung des gesetzlichen ausländischen **597** Güterstands der Ehegatten ist jedes deutsche Amtsgericht zuständig, Abs 1 S 1. Die Erklärung bedarf der notariellen Beurkundung, Abs 1 S 2. Wird die Erklärung nur von einem Ehegatten abgegeben, so hat das Amtsgericht diese Erklärung dem anderen Ehegatten gemäß §§ 166 ff ZPO bekanntzumachen.

B 598–600   1. Teil. Erkenntnisverfahren B. Güterrechtssachen

VFGüterstG §§ 5–6

(nicht abgedruckt)

VFGüterstG § 7. [Inkrafttreten]

Dieses Gesetz tritt am 1. Oktober 1969 in Kraft; die §§ 2, 4 und 5 treten jedoch am Tage nach der Verkündung in Kraft.

III. Anhang: Allgemeine Ehewirkungen

1. Einführung

Schrifttum: *v Bar,* Private International law – Personnel effects of marriage, IntEncyclCompL. III 17 (1986); *ders,* Nachträglicher Versorgungsausgleich und Ehewirkungsstatut in einer deutsch-niederländischen Ehe, IPRax 94, 100; *Coester-Waltjen,* Fernwirkungen der Europäischen Verordnungen auf die international-familienrechtlichen Regelungen des EGBGB, FamRZ 13, 170; *Hanisch,* Bürgschaft mit Auslandsbezug, IPRax 87, 47; *Hanisch,* Das internationale Eherecht nach der Reform, FamRZ 86, 841; *Heiderhoff,* Das autonome IPR in familienrechtlichen Fragen, IPRax 17, 160; *Henrich,* Alternativen zur Anknüpfung an den gewöhnlichen Aufenthalt in gemischt-nationalen Ehen, IPRax 83, 63; *Mayr,* Die Anknüpfung des allgemeinen Ehewirkungsstatuts bei Staatenlosen und Flüchtlingen, FamRBInt 13, 51; *Priemer,* Das italienische IPR nach seiner Reform – Insbesondere zum Recht der Allgemeinen Ehewirkungen, Güterrecht, Erbrecht, MittBayNot 00, 45; *Spickhoff,* Die engste Verbindung im internationalen und interlokalen Familienrecht, JZ 93, 336; *Tenbieg,* Kodifikation des Internationalen Privatrechts in den Niederlanden – Die persönlichen Rechtsbeziehungen und güterstandsunabhängige ehebedingte Beschränkungen der Geschäftsfähigkeit, FuR 90, 146; *Watté,* Les droits et devoirs respectifs des époux en droit international privé (1987).

Vgl auch die speziellen Schrifttumsnachweise zur Rechtswahl → vor Rn 622 und zum Anwendungsbereich des Ehewirkungsstatuts → vor Rn 641.

598   Die allgemeinen Ehewirkungen werden in der Praxis nur selten zum Gegenstand von Rechtsstreitigkeiten zwischen den Ehegatten gemacht. Daher fehlen sowohl in Rechtsinstrumenten der EU wie in Staatsverträgen spezielle Vorschriften über die internationale Zuständigkeit auf diesem Gebiet. Auch das autonome deutsche Verfahrensrecht regelt weder die internationale noch die örtliche Zuständigkeit für die allgemeinen Ehewirkungen eigenständig. Darüber hinaus werden diese auch nur selten zum Gegenstand von Eheverträgen oder sonstigen Vereinbarungen zwischen Ehegatten gemacht. Bedeutung haben sie nur deshalb, weil sich aus dem Ehewirkungsstatut Beschränkungen von Ehegatten in Bezug auf den Abschluss bestimmter Schuldverträge oder sachenrechtlicher Verfügungen ergeben können, welche die Grundlage der Ehe gefährden könnten (**Interzessionsverbote;** → Rn 649 ff). Darüber hinaus können die Ehegatten für ihre allgemeinen Ehewirkungen in engen Grenzen eine Rechtswahl treffen, die, wenn sie vor oder bei der Eheschließung vorgenommen wird, zugleich das Güterrechtsstatut bestimmt (→ Rn 417). Aus diesem Grunde ist nachfolgend jedenfalls das Kollisionsrecht der allgemeinen Ehewirkungen darzustellen.

599   **a) EU-Recht.** Am 24.6.2016 hat der Rat die Verordnung (EU) Nr 2016/1103 zum internationalen Ehegüterrecht (**EuGüVO**) verabschiedet, die zur Durchführung der Verstärkten Zusammenarbeit von vorerst achtzehn Mitgliedstaaten unter Einschluss der *Bundesrepublik Deutschland* ab dem 29.1.2019 gelten wird (ABl EU L 183 v 8.7.2016, 1). Die Verordnung fasst – abweichend von den bisher auf dem Gebiet des internationalen Familienrechts erlassenen Verordnungen (EuEheVO, EuUntVO, Rom III-VO) – die Regeln zum internationalen Verfahrensrecht und zum Kollisionsrecht in einem Rechtsinstrument zusammen. Ihre Regeln zur internationalen Zuständigkeit und zum anwendbaren Recht sind oben → Rn 9 ff und → Rn 283 ff kommentiert.

600   Die Verordnung soll zwar nach Art 1 Abs 1 S 1 in sachlicher Hinsicht nur auf „die ehelichen Güterstände" Anwendung finden. Dieser **autonom** auszulegende Begriff wird in Art 3 lit a allerdings dahin definiert, dass er „die Gesamtheit der Regelungen betreffend die Vermögensbeziehungen zwischen Ehegatten und in deren Verhältnis zu Dritten aufgrund der Ehe oder ihrer Auflösung" umfasst. Danach gilt die EuGüVO nicht nur für das Ehegüterrecht im engeren Sinne, dh die in den teilnehmenden Mitgliedstaaten vorgesehenen gesetzlichen und vertraglichen Güterstände, sondern darüber hinaus für **die gesamten vermögensrechtlichen Beziehungen zwischen Ehegatten, die sich unmittelbar aus der Ehe oder ihrer Auflösung ergeben,**

298

III. Anhang: Allgemeine Ehewirkungen   601–603 **B**

soweit sie nicht – wie insbesondere der Ehegattenunterhalt – in den Ausnahmekatalog des Art 1
Abs 2 EuGüVO fallen. Die Verordnung folgt damit nicht der bisher im deutschen Kollisionsrecht
geltenden Abgrenzung zwischen allgemeinen Ehewirkungen und Ehegüterrecht in Art 14 und
Art 15 EGBGB, sondern erstreckt sich sachlich auch auf das Recht der **allgemeinen Ehewirkungen** *("régime primaire"),* soweit vermögensrechtliche Aspekte der Ehe betroffen sind
(*Martiny* ZfPW 17, 1/9; *Weber* DNotZ 16, 659/665). Sie gilt daher zB für die Mithaftung eines
Ehegatten für die vom anderen Ehegatten getätigten Haushaltsgeschäfte ("Schlüsselgewalt", vgl
§ 1357 BGB), für Eigentumsvermutungen (vgl § 1362 BGB) sowie für Verfügungsbeschränkungen betreffend die Ehewohnung oder den Hausrat, auch soweit sie im nationalen Recht der
teilnehmenden Mitgliedstaaten als allgemeine Ehewirkungen geregelt sind (*Weber* DNotZ 16,
659/665). Auch die islamrechtliche *Morgengabe* fällt daher künftig in den sachlichen Anwendungsbereich der EuGüVO; der Streit über ihre Qualifikation als allgemeine oder güterrechtliche Ehewirkung im bisherigen autonomen Kollisionsrecht wird sich daher für ab dem
20.1.2019 geschlossene Ehen erledigen (dazu näher → Rn 557 ff). Schließlich ist auch die
Zuweisung der Nutzungsbefugnis an der Ehewohnung und an Haushaltsgegenständen unter den
weiten Begriff des Ehegüterrechts in Art 3 lit a EuGüVO zu subsumieren; im Geltungsbereich
der Verordnung verdrängen daher die Art 20 ff EuGüVO ab dem 29.1.2019 die Sonderanknüpfung in Art 17a EGBGB (dazu näher → E Rn 7).

Die Kollisionsnormen des Kapitels III der Verordnung sind allerdings nach der Übergangs-   **601**
vorschrift in Art 69 Abs 3 EuGüVO nur für Ehegatten maßgebend, die **ab dem 29.1.2019
heiraten.** Für die vor diesem Stichtag geschlossenen Ehen verbleibt es mithin auch für die Zeit
danach grundsätzlich weiterhin bei der Geltung von Art 14 EGBGB, der daher noch für lange
Zeit Bedeutung behalten wird. Dies gilt uneingeschränkt für die **objektive Anknüpfung** nach
Art 14 Abs 1 EGBGB, so dass sich die vermögensrechtlichen allgemeinen Ehewirkungen in
solchen Altehen auch nach dem 29.1.2019 primär nach dem gemeinsamen Heimatrecht der
Ehegatten beurteilen (Nr 1). Abweichend davon gilt für die allgemeinen Ehewirkungen in
Bezug auf das Vermögen von Ehegatten, die erst ab dem 29.1.2019 die Ehe schließen, die
güterrechtliche Anknüpfung nach Art 26 EuGüVO. Maßgebend ist danach primär das Recht des
Staates, in dem die Ehegatten nach der Eheschließung ihren ersten gemeinsamen gewöhnlichen
Aufenthalt begründet haben. Das Recht der gemeinsamen Staatsangehörigkeit ist nur noch
hilfsweise anzuwenden, wenn sich die Ehegatten nach der Eheschließung in verschiedenen
Staaten gewöhnlich aufhalten (näher zur Anknüpfung nach Art 26 EuGüVO → Rn 350 ff). Zu
beachten ist ferner, dass die Anknüpfung der vermögensrechtlichen allgemeinen Ehewirkungen
unter Geltung der EuGüVO – anders als bisher nach Art 14 EGBGB – **unwandelbar** erfolgt,
dh durch eine Änderung des Anknüpfungsmoments, insbesondere des gewöhnlichen Aufenthalts
der Ehegatten, nach der Eheschließung nicht mehr beeinflusst wird.

Treffen die Partner einer vor dem 29.1.2019 geschlossenen „Altehe" allerdings nach diesem   **602**
Stichtag eine **Rechtswahl,** so erstreckt sich diese auch auf die allgemeinen Ehewirkungen
vermögensrechtlichen Inhalts. Die materielle und formelle Wirksamkeit einer solchen Rechtswahl ist daher nicht mehr am Maßstab des Art 14 Abs 2–4 EGBGB, sondern an Art 22–24
EuGüVO zu messen (dazu → Rn 290). Danach wird die Parteiautonomie auf dem Gebiet der
vermögensrechtlichen allgemeinen Ehewirkungen gegenüber dem bisherigen Recht deutlich
erweitert. Für die Rechtswahl wie für materielle Vereinbarungen in Bezug auf die allgemeinen
Ehewirkungen gilt daher ab dem 29.1.2019 ein gespaltenes Regime: Während es auf dem Gebiet
der *persönlichen* Ehewirkungen weiterhin bei der Anwendung von Art 14 Abs 2 und 3 EGBGB
verbleibt, sind für die *vermögensrechtlichen* Ehewirkungen die Kollisionsnormen der EuGüVO zur
güterrechtlichen Rechtswahl und zu Eheverträgen (Art 22–25) maßgebend. Außerdem ist zu
beachten, dass eine Rechtswahl nach Art 22 EuGüVO wegen des in der Verordnung strikt
durchgeführten Grundsatzes der Einheit des anzuwendenden Rechts (Art 21 EuGüVO) stets nur
für die güterrechtlichen Ehewirkungen im engeren Sinne und die das Vermögen der Ehegatten
betreffenden allgemeinen Ehewirkungen *einheitlich* getroffen werden kann. Eine auf nur einen
der beiden Bereiche beschränkte Teilrechtswahl ist hingegen unzulässig.

b) Staatsverträge

Schrifttum: → A vor Rn 534.

aa) Haager Ehewirkungsabkommen. Das Haager Ehewirkungsabkommen vom 17.7.1905   **603**
(RGBl 1912, 453, 475), das die autonome Kollisionsnorm des Art 14 EGBGB verdrängte, ist
von der Bundesrepublik Deutschland mit Wirkung vom 23.8.1987 gekündigt worden (Bek v

299

B 604–607 1. Teil. Erkenntnisverfahren B. Güterrechtssachen

26.2.1986, BGBl II, 505). Da für die Beurteilung der allgemeinen Ehewirkungen grundsätzlich die heutigen Verhältnisse maßgebend sind (→ Rn 621), hat dieses Abkommen für die Bestimmung des Ehewirkungsstatuts keine Bedeutung mehr (MüKoBGB/*Looschelders* Rn 6).

604 **bb) Deutsch-iranisches Niederlassungsabkommen von 1929.** Vorrang vor dem autonomen deutschen Kollisionsrecht hat auf dem Gebiet des gesamten internationalen Familienrechts – und damit auch der allgemeinen Ehewirkungen – nach Art 3 Nr 2 EGBGB das deutsch-iranische Niederlassungsabkommen vom 17.2.1929 (RGBl 30 II, 1006). Dieses gilt seit der Herstellung der deutschen Einheit auch in den fünf neuen Bundesländern und im ehemaligen Ostberlin (BGHZ 160, 332/338 = FamRZ 04, 1952 m Anm *Henrich; Schotten/Wittkowski* FamRZ 95, 264). Gemäß Art 8 Abs 3 S 1 dieses Abkommens (→ Rn 394 ff) bleiben die Angehörigen jedes der vertragsschließenden Staaten im Gebiet des jeweils anderen Staates auf dem Gebiet des Familienrechts ihren heimischen Gesetzen unterworfen. Die allgemeinen Ehewirkungen von in Deutschland lebenden iranischen Ehegatten beurteilen sich daher nach iranischem Recht. Daran wird sich auch auf dem Gebiet der allgemeinen Ehewirkungen vermögensrechtlichen Inhalts unter Geltung der EuGüVO ab dem 29.1.2019 nichts ändern, da die Verordnung bestehende Staatsverträge der teilnehmenden Mitgliedstaaten unberührt lässt (Art 62 Abs 1 EuGüVO).

605 Das Abkommen gilt allerdings nur für Ehen iranischer Staatsangehöriger in Deutschland und für Ehen deutscher Staatsangehöriger im Iran (BGHZ 60, 68/74 f = FamRZ 86, 345; OLG Zweibrücken FamRZ 07, 1555; Staud/*Mankowski* Rn 5 f). Auf Ehen zwischen deutschen und iranischen Ehegatten findet es hingegen ebensowenig Anwendung wie auf Ehen von deutschiranischen Doppelstaatern (Staud/*Hausmann,* Anh Art 4 EGBGB Rn 776; Erman/*Hohloch* Art 14 EGBGB Rn 5; *Andrae,* IntFamR § 3 Rn 50 f, jeweils mwN). Es ist bereits dann nicht anwendbar, wenn nur einer der Ehegatten deutsch-iranischer **Doppel- oder Mehrstaater** ist, und zwar unabhängig davon, welche Staatsangehörigkeit die effektive ist (BVerfG FamRZ 07, 615; OLG Frankfurt FamRZ 17, 357 = NZFam 16, 1112 m Anm *Finger;* OLG Köln FamRZ 15, 1605; OLG Hamm NJOZ 13, 1006; *Finger* FuR 99, 158/159; *Andrae,* IntFamR § 3 Rn 51). Demgegenüber ist die Anwendung des Abkommens nach dessen Sinn und Zweck dann nicht ausgeschlossen, wenn ein Ehegatte neben seiner deutschen bzw iranischen Staatsangehörigkeit diejenige eines *Drittstaats* besitzt; allerdings muss in diesem Fall die iranische Staatsangehörigkeit die effektive sein (H/O/*Hausmann* § 8 Rn 6; MüKoBGB/*Looschelders* Rn 7). Schließlich entfällt die Anwendung des Abkommens auch dann, wenn in einer rein iranischen Ehe einer der Ehegatten die Rechtsstellung als **Flüchtling** im Sinne der Genfer Flüchtlingskonvention oder als Asylberechtigter erwirbt (BGH NJW 90, 636; BayObLGZ 00, 335/338; KG NJW-RR 94, 199; *Schotten/Wittkowski* FamRZ 95, 264/266; *Finger* FuR 1999, 158/159; Staud/*Hausmann,* Anh Art 4 EGBGB Rn 776 mwN).

606 **c) Autonomes deutsches Kollisionsrecht.** Art 14 EGBGB war nach der Neufassung durch das IPRG 1986 für das deutsche internationale Ehe- und Kindschaftsrecht von zentraler Bedeutung, weil die Vorschrift über ihren unmittelbaren Anwendungsbereich hinaus als **Grundsatzkollisionsnorm** auf die Anknüpfung anderer Teilbereiche des internationalen Familienrechts ausstrahlte. So wurden das Güterrechtsstatut (Art 15 Abs 1 EGBGB; → Rn 409 ff), das Scheidungsstatut (Art 17 Abs 1 EGBGB aF), das Abstammungsstatut ehelicher Kinder (Art 19 Abs 1 EGBGB aF) und das Adoptionsstatut bei der Ehegattenadoption (Art 22 Abs 1 S 2 EGBGB; → H Rn 35 ff) im Interesse einer möglichst einheitlichen Anknüpfung aller Familienbeziehungen durch Verweisung auf Art 14 EGBGB geregelt (vgl MüKoBGB/*Looschelders* Rn 10 ff).

607 Inzwischen hat Art 14 EGBGB diese Funktion eines einheitlichen Familienstatuts zu einem erheblichen Teil verloren, weil im Abstammungsrecht die Unterscheidung zwischen ehelicher und außerehelicher Geburt entfallen ist und deshalb einheitlich an den gewöhnlichen Aufenthalt des Kindes angeknüpft wird. Ferner ist das internationale Scheidungsrecht durch die Rom III-VO (→ A Rn 287 ff) für *Deutschland* und 16 weitere Mitgliedstaaten der *Europäischen Union* vereinheitlicht worden; wegen der allseitigen Geltung dieser Verordnung ist Art 17 Abs 1 EGBGB aF aufgehoben worden (→ A Rn 548). Schließlich steht – wie einleitend dargelegt (→ Rn 599 ff) – auch eine Vereinheitlichung des internationalen Ehegüterrechts auf europäischer Ebene bevor mit der Folge, dass der verbleibende Anwendungsbereich des Art 14 EGBGB im Wesentlichen auf *persönliche* Ehewirkungen beschränkt sein wird (*Andrae,* IntFamR § 3 Rn 38 ff). Aus diesem Grunde wird erwogen, das Kollisionsrecht der allgemeinen Ehewirkungen jedenfalls für (Neu-) Ehen, die der künftigen EU-Güterrechtsverordnung unterliegen, in Anlehnung an

300

III. Anhang: Allgemeine Ehewirkungen: EGBGB Art 14   **610 B**

diese Verordnung neu zu regeln (vgl *Coester-Waltjen* FamRZ 13, 170 ff; *Heiderhoff* IPRax 17, 160 ff; *Andrae,* IntFamR § 3 Rn 41).

Für eingetragene Lebenspartnerschaften und **gleichgeschlechtliche Ehen** wird Art 14 **608** EGBGB durch die Sonderregelung in Art 17b Abs 1 S 1 EGBGB verdrängt (→ I Rn 220 f). Für die vermögensrechtlichen Wirkungen einer gleichgeschlechtlichen Ehe, die ab dem 29.1.2019 in *Deutschland* eingetragen wird, gilt jedoch nicht die EuPartVO, sondern die EuGüVO (näher → B Rn 14 ff).

2. Autonomes Kollisionsrecht

150. Einführungsgesetz zum Bürgerlichen Gesetzbuch (EGBGB)

idF vom 21. September 1994 (BGBl I, 2494)

Die nachfolgende Kommentierung des Kollisionsrechts der allgemeinen Ehewirkungen nach **609** Art 14 EGBGB ist, soweit es um die vermögensrechtlichen Wirkungen der Ehe geht, ab dem 29.1.2019 nur noch für Ehen maßgebend, die vor diesem Stichtag geschlossen wurden, Art 69 Abs 3 EuGüVO. Für alle nach dem Stichtag geschlossenen Ehen wird Art 14 EGBGB hingegen insoweit durch die vorrangigen Kollisionsnormen der EuGüVO (Art 20–35) verdrängt. Das autonome deutsche Kollisionsrecht behält in diesen Ehen nur noch Bedeutung für *persönliche* Ehewirkungen, die in der Praxis nur höchst selten zum Gegenstand von Gerichtsverfahren gemacht werden. Demgegenüber gilt Art 14 EGBGB in allen vor dem 29.1.2019 geschlossenen Ehen auch für die bisher von der Vorschrift erfassten vermögensrechtlichen Ehewirkungen weiter. Eine Ausnahme gilt nur für eine von den Ehegatten einer solchen Altehe erst ab dem 29.1.2019 getroffene Rechtswahl. Diesbezüglich verdrängen die Art 22–24 EuGüVO dann die bisherige (restriktive) Regelung in Art 14 Abs 2–4 EGBGB.

EGBGB Art 14. Allgemeine Ehewirkungen

(1) Die allgemeinen Wirkungen der Ehe unterliegen

1. dem Recht des Staates, dem beide Ehegatten angehören oder während der Ehe zuletzt angehörten, wenn einer von ihnen diesem Staat noch angehört, sonst
2. dem Recht des Staates, in dem beide Ehegatten ihren gewöhnlichen Aufenthalt haben oder während der Ehe zuletzt hatten, wenn einer von ihnen dort noch seinen gewöhnlichen Aufenthalt hat hilfsweise
3. dem Recht des Staates, mit dem die Ehegatten auf andere Weise gemeinsam am engsten verbunden sind.

(2) Gehört ein Ehegatte mehreren Staaten an, so können die Ehegatten ungeachtet des Artikels 5 Abs. 1 das Recht eines dieser Staaten wählen, falls ihm auch der andere Ehegatte angehört.

(3) Ehegatten können das Recht des Staates wählen, dem ein Ehegatte angehört, wenn die Voraussetzungen des Absatzes 1 Nr. 1 nicht vorliegen und

1. kein Ehegatte dem Staat angehört, in dem beide Ehegatten ihren gewöhnlichen Aufenthalt haben, oder
2. die Ehegatten ihren gewöhnlichen Aufenthalt nicht in demselben Staat haben.

Die Wirkungen der Rechtswahl enden, wenn die Ehegatten eine gemeinsame Staatsangehörigkeit erlangen.

(4) ¹Die Rechtswahl muss notariell beurkundet werden. ²Wird sie nicht im Inland vorgenommen, so genügt es, wenn sie den Formerfordernissen für einen Ehevertrag nach dem gewählten Recht oder am Ort der Rechtswahl entspricht.

1. Objektive Anknüpfung

a) Anknüpfungsleiter, Abs 1. Art 14 Abs 1 bestimmt das Ehewirkungsstatut primär durch **610** objektive Anknüpfungspunkte in Form einer Anknüpfungsleiter mit **drei Haupt- und zwei Unterstufen.** Danach wird in erster Linie auf die gemeinsame (bzw letzte gemeinsame) Staatsangehörigkeit der Ehegatten, ersatzweise auf ihren gemeinsamen (bzw. letzten gemeinsamen) gewöhnlichen Aufenthalt und hilfsweise auf eine sonstige gemeinsame engste Beziehung zu einer Rechtsordnung abgestellt. Die Prüfung hat in der Weise zu erfolgen, dass beginnend mit Nr 1,

301

B 611–614 1. Teil. Erkenntnisverfahren B. Güterrechtssachen

1. Fall EGBGB von Stufe zu Stufe festzustellen ist, ob die Voraussetzungen für die jeweilige Anknüpfung vorliegen. Erst wenn geklärt ist, dass die Anknüpfungspunkte der vorangehenden Stufe nicht erfüllt sind, darf also zur Prüfung der nächsten Stufe fortgeschritten werden (Staud/ *Mankowski* Rn 27 f; MüKoBGB/*Looschelders* Rn 77; BeckOK-BGB/*Mörsdorf-Schulte* Rn 25; Erman/*Hohloch* Rn 12, 15).

611 **aa) Gemeinsames Heimatrecht, Nr 1.** Nach Abs 1 Nr 1, 1. Fall ist in erster Linie das derzeitige **gemeinsame Heimatrecht** der Ehegatten zur Anwendung berufen. Bei **Mehrstaatern ohne deutsche Staatsangehörigkeit** ist dabei nur diejenige Staatsangehörigkeit zu berücksichtigen, mit welcher der betreffende Ehegatte am engsten verbunden ist (Art 5 Abs 1 S 1). Es reicht also nicht aus, dass beide Ehegatten die gleiche(n) Staatsangehörigkeit(en) besitzen; vielmehr muss die gleiche Staatsangehörigkeit für beide Ehegatten *effektiv* sein (NK-BGB/*Andrae* Rn 11). Besitzt ein Ehegatte neben der gemeinsamen ausländischen **auch die deutsche Staatsangehörigkeit**, so ist für Nr 1, 1. Fall nur die letztere maßgebend (Art 5 Abs 1 S 2; BGH IPRax 95, 111/113 = FamRZ 94, 434; BayObLG FamRZ 94, 1263 = IPRax 95, 324/325 m Anm *Börner* 309; BayObLGZ 98, 103 = FamRZ 98, 1594; OLG Köln FamRZ 15, 1605/1606; OLG München FamRZ 12, 1142 = MittBayNot 12, 306 m Anm *Süß;* OLG Hamm FamRZ 11, 220 Rn 14; Pal/*Thorn* Rn 7; Staud/*Mankowski* Rn 34 ff mwN). Die Anknüpfung an eine – insbesondere erst durch die Eheschließung erworbene – gemeinsame ausländische Staatsangehörigkeit ist mithin ausgeschlossen, wenn diese für einen Ehegatten (noch) nicht effektiv ist (OLG Frankfurt FamRZ 94, 715/716; AG Freiburg FamRZ 02, 888 = IPRax 02, 223 m Anm *Jayme* 209; *Andrae,* IntFamR § 3 Rn 46; BeckOK-BGB/*Mörsdorf-Schulte* Rn 27) oder wenn ein Ehegatte auch Deutscher iSv Art 116 Abs. 1 GG ist (OLG Köln FamRZ 15, 1605/1606 und FamRZ 15, 1617/1618; OLG München FamRZ 15, 1611/1612; vgl auch das Beispiel bei H/O/*Hausmann* § 8 Rn 10).

612 Bei **Staatenlosen** ist anstelle der Staatsangehörigkeit ihr durch den gewöhnlichen Aufenthalt bestimmtes Personalstatut maßgebend (Nr 1 iVm Art 5 Abs 2; vgl BayObLGZ 99, 27/30 = NJW-RR 99, 1452; OLG Köln FamRZ 99, 1517; OLG Stuttgart FamRZ 98, 1321/1322; OLG Celle FamRZ 98, 757 f; OLG Hamm StAZ 93, 77/78; Pal/*Thorn* Rn 7; *Andrae,* IntFamR § 3 Rn 49; MüKoBGB/*Looschelders* Rn 91; Staud/*Mankowski* Rn 33 mwN; **aA** [Vorrang der Leiteranknüpfung nach Abs 1 Nr 2] OLG Nürnberg FamRZ 02, 324/325; AG Leverkusen FamRZ 05, 1684/1685; *Mayr* FamRBInt 13, 51). Gleiches gilt gem Art 12 der Genfer Flüchtlingskonvention (GK) vom 28.7.1951 für **internationale Flüchtlinge** und gem § 2 Abs 1 AsylG für **Asylberechtigte** (Staud/*Mankowski* Rn 32; Erman/*Hohloch* Rn 13). Besitzen die Ehegatten gemeinsam die Staatsangehörigkeit eines Staates, dessen Recht territorial (wie zB in *Spanien, Kanada* oder den *USA*) oder personal (wie zB in den meisten islamischen Staaten) gespalten ist, so bedarf die Staatsangehörigkeitsanknüpfung notwendig der Ergänzung durch eine interlokale oder interpersonale **Unteranknüpfung** nach Maßgabe von Art 4 Abs 3 (vgl dazu H/O/*Hausmann* § 2 Rn 129 ff; MüKoBGB/*Looschelders* Rn 83 ff).

613 Haben die Ehegatten während der Ehe zunächst eine gemeinsame Staatsangehörigkeit besessen, hat aber ein Ehegatte diese Staatsangehörigkeit später (zB durch Einbürgerung in einem anderen Land) verloren, während der andere sie beibehalten hat, so gilt das **frühere gemeinsame Heimatrecht** im Interesse der Kontinuität als Ehewirkungsstatut solange weiter wie der andere Ehegatte die frühere gemeinsame Staatsangehörigkeit innehat (vgl zur Morgengabe OLG Frankfurt FamRZ 17, 357 = NZFam 16, 1112 m Anm *Finger;* OLG Frankfurt FamRZ 08, 997; Staud/*Mankowski* Rn 39 ff; krit dazu *Kropholler,* IPR § 45 II 3b; für den Fall der Ausbürgerung eines Ehegatten auch MüKoBGB/*Looschelders* Rn 94).

614 Bei **Mehrstaatern** ist wiederum Art 5 Abs 1 EGBGB zu berücksichtigen, so dass nur die frühere gemeinsame *effektive* Staatsangehörigkeit von Mehrstaatern ohne deutsche Staatsangehörigkeit oder die frühere gemeinsame *deutsche* Staatsangehörigkeit von Mehrstaatern mit zugleich deutscher Staatsangehörigkeit maßgebend ist (*Jayme* IPRax 02, 209). Nr 1, 2. Fall bestimmt das Ehewirkungsstatut auch dann, wenn beide Ehegatten ihre gemeinsame ausländische Staatsangehörigkeit behalten haben und nur einer von ihnen während der Ehe die deutsche Staatsangehörigkeit – als nunmehr effektive (Art 5 Abs 1 S 2) – hinzuerwirbt (OLG Hamm FamRZ 11, 220 Rn 15; OLG Celle NJOZ 11, 1993; OLG Düsseldorf NJW-RR 12, 521; Pal/*Thorn* Rn 7) oder im Inland als internationaler Flüchtling oder Asylberechtigter anerkannt wird. Allerdings wird es in diesem Fall häufig zu einer Rückverweisung auf das gemeinsame deutsche Aufenthaltsrecht der Ehegatten kommen (OLG Düsseldorf FamRZ 05, 912; OLG Stuttgart FamRZ 05, 913; näher → Rn 619 f).

III. Anhang: Allgemeine Ehewirkungen: EGBGB Art 14   **615–619**   **B**

bb) Gemeinsamer gewöhnlicher Aufenthalt, Nr. 2. Wenn die Anknüpfung an die ge- **615** meinsame bzw letzte gemeinsame Staatsangehörigkeit versagt, weil die Ehegatten zB während der Ehe niemals eine gemeinsame Staatsangehörigkeit besaßen oder weil beide diese gemeinsame Staatsangehörigkeit später verloren haben (vgl OLG Düsseldorf FamRZ 95, 932/933), so unterliegen die allgemeinen Ehewirkungen gem Nr 2 dem Recht des Staates, in dem **beide Ehegatten ihren gewöhnlichen Aufenthalt** (zum Begriff näher → A Rn 55 ff) haben. Ein gemeinsamer Ehewohnsitz innerhalb dieses Staates ist hierfür nicht erforderlich (Pal/*Thorn* Rn 8; MüKoBGB/*Looschelders* Rn 96; Erman/*Hohloch* Rn 16). Der gewöhnliche Aufenthalt, der für jeden Ehegatten gesondert festgestellt werden muss, ist dort begründet, wo der familiäre und berufliche Lebensmittelpunkt liegt. Verlegen beide Ehegatten ihren gewöhnlichen Aufenthalt im Laufe der Ehe in ein anderes Land, so tritt wegen der Wandelbarkeit des Ehewirkungsstatuts (→ Rn 621) ein Statutenwechsel ein.

Begründet hingegen nur ein Ehegatte während der Ehe einen neuen gewöhnlichen Aufenthalt **616** in einem anderen Staat, so ist das Recht am beiderseitigen **letzten gewöhnlichen Aufenthalt in demselben Staat** maßgebend, solange der andere Ehegatte seinen gewöhnlichen Aufenthalt in diesem Staat ununterbrochen beibehält (OLG Hamburg FamRZ 01, 916/918 = IPRax 02, 304 m Anm *Andrae/Essebier* 294; OLG Oldenburg FamRZ 10, 1565 = IPRax 12, 550 m Anm *Schulze* 526; OLG Stuttgart FamRZ 07, 502/503). Auf diese Weise soll es einem Ehegatten verwehrt sein, durch einseitige Verlegung des gewöhnlichen Aufenthalts gegen den Willen seines Partners einen Statutenwechsel herbeizuführen Staud/*Mankowski* Rn 59; BeckOK-BGB/*Mörsdorf-Schulte* Rn 37). Haben beide Ehegatten den letzten gemeinsamen gewöhnlichen Aufenthalt im Inland durch Umzug ins Ausland aufgegeben, so greift Nr 2 allerdings auch dann nicht ein, wenn einer der Ehegatten kurze Zeit später nach Deutschland zurückkehrt und hier erneut seinen gewöhnlichen Aufenthalt begründet; dies gilt auch dann, wenn dieser Ehegatte zwischenzeitlich im Ausland keinen neuen gewöhnlichen Aufenthalt begründet hatte (BGH NJW 93, 2047/2048 f = IPRax 94, 131 m Anm *v Bar* 100; *Andrae,* IntFamR § 3 Rn 56).

cc) Sonstige engste Verbindung, Nr. 3. Scheitert auch die Anknüpfung an den gemein- **617** samen bzw letzten gemeinsamen gewöhnlichen Aufenthalt, so ist nach Nr 3 als Ehewirkungsstatut das Recht des Staates berufen, mit dem die Ehegatten **auf andere Weise gemeinsam am engsten verbunden** sind. Kriterien für die in diesem Fall vorzunehmende Einzelfallprüfung sind vor allem gemeinsame soziale Bindungen der Ehegatten an einen Staat durch Herkunft, Kultur, Sprache, Religion oder berufliche Tätigkeit, ferner ein früherer gemeinsamer gewöhnlicher Aufenthat, den keiner der Ehegatten beibehalten hat, oder ein gemeinsamer schlichter (nicht nur ganz vorübergehender) Aufenthalt in einem Staat, sowie gemeinsam feststellbare **Zukunftspläne** (zB der beabsichtigte Erwerb einer gemeinsamen Staatsangehörigkeit oder die beabsichtigte Begründung eines gemeinsamen gewöhnlichen Aufenthalts in einem Staat, insbesondere als erster ehelicher Wohnsitz; vgl BT-Drs 10/5632, 41; OLG Köln FamRZ 15, 1617/1618 und FamRZ 98, 1590; OLG Celle FamRZ 98, 686/687; KG FamRZ 07, 1561 und FamRZ 02, 840; AG Hannover FamRZ 00, 1576; *Andrae,* IntFamR § 3 Rn 57 ff; Staud/*Mankowski* Rn 71 ff; MüKoBGB/*Looschelders* Rn 101 ff; *v Bar,* IPR II Rn 205 ff; **aA** Soe/*Schurig* Rn 14: Vorrang des letzten gemeinsamen schlichten Aufenthalts der Ehegatten). Auf die Verwirklichung der Zukunftspläne kommt es in diesem Zusammenhang nicht an (KG FamRZ 07, 1561 m Anm *Henrich;* AG Hannover FamRZ 00, 1576; Pal/*Thorn* Rn 10).

Bedeutung kann auch dem **Eheschließungsort** zukommen, sofern er durch andere Indizien **618** verstärkt wird und nicht rein zufälligen Charakter hat. Die Zugehörigkeit beider Ehegatten zu einer **Religionsgemeinschaft** kann eine gemeinsame engste Verbindung nur begründen, wenn dadurch zugleich eine enge Verbindung zu einem bestimmten Staat zum Ausdruck gebracht wird, dessen Eherecht durch diese Religion maßgebend geprägt ist (KG FamRZ 02, 840/841; *Andrae,* IntFamR § 3 Rn 59). Lässt sich mit Hilfe der vorgenannten Kriterien eine engste Verbindung der Ehegatten zu ei)nem bestimmten Staat nicht feststellen, so bleibt nur der Rückgriff auf die *lex fori;* in Verfahren vor deutschen Gerichten gilt daher **hilfsweise deutsches Recht** (KG FamRZ 2002, 840/841 f; OLG Schleswig FamRZ 07, 470; *Andrae,* IntFamR § 3 Rn 61; Pal/*Thorn* Rn 10; differenzierend BeckOK-BGB/*Mörsdorf-Schulte* Rn 40 mwN). Vgl zur stufenweise Anknüpfung nach Art 14 Abs 1 auch die Fallbeispiele bei H/O/*Hausmann* § 8 Rn 17 sowie bei *Andrae,* IntFamR § 3 Rn 50 ff).

b) Rück- und Weiterverweisung. Während die künftige EuGüVO eine Rück- oder Wei- **619** terverweisung bezüglich der vermögensrechtlichen allgemeinen Ehewirkungen auch im Falle der objektiven Anknüpfung nach Art 26 ausschließt (vgl Art 32 EuGüVO; → Rn 386), spricht

303

B 620–622   1. Teil. Erkenntnisverfahren B. Güterrechtssachen

Art 14 Abs 1 eine Gesamtverweisung aus. Eine Rück- oder Weiterverweisung des als Ehewirkungsstatut zur Anwendung berufenen Rechts ist daher gem Art 4 Abs 1 grundsätzlich zu beachten. Dies gilt nicht nur für die **Staatsangehörigkeitsanknüpfung** nach Nr 1 (KG FamRZ 07, 1561/1562 f; AG Leverkusen FamRZ 07, 1565/1566; Staud/*Hausmann* Art 4 Rn 203 mwN), sondern auch für die Anknüpfung an den **gewöhnlichen Aufenthalt** nach Nr 2 (Pal/*Thorn* Rn 3; MüKoBGB/*Looschelders* Rn 133; Soe/*Schurig* Rn 70). Zu einem Renvoi kann es insbesondere auf der 2. und 4. Stufe der Anknüpfungsleiter des Abs 1 kommen, weil diese vergangenheitsbezogenen Anknüpfungen im Ausland weithin unbekannt sind.

620   Darüber hinaus widerspricht die Beachtung einer Rück- oder Weiterverweisung auch im Fall der Anknüpfung an die **gemeinsame engste Verbindung** der Ehegatten mit dem Recht eines Staates nach Abs 1 Nr 3 nicht dem Sinn der Verweisung. Denn wenn die Annahme der deutschen Verweisung schon bei den „starken" Anknüpfungen an die gemeinsame Staatsangehörigkeit bzw den gemeinsamen gewöhnlichen Aufenthalt nach Nr 1 und Nr 2 Voraussetzung für eine Berufung zum Ehewirkungsstatut ist, so muss dies erst recht für die „schwache" Beziehung gelten, die Nr 3 zu dem verwiesenen Recht herstellt (KG FamRZ 07, 1561 m Anm *Henrich*; AG Leverkusen FamRZ 02, 1484/1485 f; AG Hannover FamRZ 00, 1576; *v Bar*, IPR II Rn 208; Pal/*Thorn* Rn 3, 9; Soe/*Schurig* Rn 70; BeckOK-BGB/*Mörsdorf-Schulte* Rn 65; MüKoBGB/*Looschelders* Rn 134; Staud/*Hausmann* Art 4 Rn 203 mwN; **aA** *Andrae*, IntFamR § 3 Rn 74; Erman/*Hohloch* Rn 6, 18; dazu näher Staud/*Mankowski* Rn 97 f mwN). Selbst ein *Renvoi* aufgrund einer gleichberechtigungswidrigen ausländischen Kollisionsnorm – zB infolge der Anknüpfung an das Heimatrecht des Ehemannes – ist grundsätzlich zu beachten, wenn das Anwendungs*ergebnis* nicht gegen den deutschen *ordre public* verstößt (Staud/*Mankowski* Rn 92 ff; Pal/*Thorn* Art 6 Rn 7, 9; NK-BGB/*Andrae* Rn 56 ff; Staud/*Hausmann* Rn 114 mwN; **aA** BGH FamRZ 87, 681; *Gebauer* FS Jayme [2004] 223/225). Zu Rück- und Weiterverweisungen kommt es insbesondere häufig in den Fällen des Art. 14 Abs. 1 Nr. 1, 2. Fall bzw. Nr. 2, 2. Fall EGBGB, da diese vergangenheitsbezogenen Anknüpfungen im Ausland weithin unbekannt sind (vgl OLG Düsseldorf FamRZ 05, 912; OLG Stuttgart FamRZ 05, 913).

621   **c) Wandelbarkeit des Ehewirkungsstatuts.** Die Anknüpfungspunkte des Abs 1 sind zeitlich nicht fixiert, so dass es auf das Heimat- bzw Aufenthaltsrecht oder die sonstige engste Verbindung zu dem Zeitpunkt ankommt, zu dem eine bestimmte Ehewirkung zu beurteilen ist. Das Ehewirkungsstatut ist also **wandelbar** (AG Leverkusen FamRZ 05, 1684; Pal/*Thorn* Rn 6; MüKoBGB/*Looschelders* Rn 13; Erman/*Hohloch* Rn 10). Im Fall eines Statutenwechsels bleiben Rechtswirkungen, die unter einem früheren Ehewirkungsstatut eingetreten sind (zB die Wirksamkeit einer Ehegattenschenkung), jedoch erhalten, auch wenn sie unter dem neuen Statut nicht eintreten könnten (OLG Zweibrücken FamRZ 07, 1555 [Morgengabe]; Staud/*Mankowski* Rn 99 ff; *Andrae*, IntFamR § 3 Rn. 42; vgl auch das Fallbeispiel bei H/O/*Hausmann* § 8 Rn 21). Umgekehrt wird eine Ehegattenschenkung, die nach dem Ehewirkungsstatut zur Zeit ihrer Vornahme unwirksam war, durch einen Statutenwechsel nicht nachträglich geheilt. Demgegenüber werden die bisher von Art 14 erfassten allgemeinen Ehewirkungen vermögensrechtlichen Inhalts unter Geltung der künftigen EuGüVO (→ Rn 599 ff) – ebenso wie die güterrechtlichen Ehewirkungen im engeren Sinne (→ Rn 360 f) – nach Art 26 EuGVÜ unwandelbar angeknüpft.

2. Rechtswahl

Schrifttum: *Börner*, Die Anforderungen an eine konkludente Wahl des auf die Ehewirkungen anwendbaren Rechts nach Art 14 EGBGB, IPRax 95, 309; *Gruber*, Die konkludente Rechtswahl im Familienrecht, IPRax 14, 53; *Kühne*, Die außerschuldvertragliche Parteiautonomie im neuen Internationalen Privatrecht, IPRax 87, 69; *V Stoll*, Die Rechtswahl im Namens-, Ehe- und Erbrecht (1991); *Wegmann*, Rechtswahlmöglichkeit im internationalen Familienrecht, NJW 87, 1740.

622   **a) Allgemeines.** Art 14 Abs 2–4 eröffnet den Ehegatten die Möglichkeit, das Ehewirkungsstatut innerhalb enger Grenzen durch Rechtswahl zu bestimmen, um in bestimmten Konstellationen Mängel der gesetzlichen Anknüpfungsleiter in Abs 1 auszugleichen (Erman/*Hohloch* Rn 19). Die Rechtswahl wird allerdings nur zugelassen, wenn **nicht an ein gemeinsames (effektives) Heimatrecht** der Ehegatten nach Abs 1 Nr 1 iVm Art 5 Abs 1 angeknüpft werden kann; sie ist ferner auf die Heimatrechte der Ehegatten beschränkt. Das Recht am gewöhnlichen Aufenthalt eines oder beider Ehegatten kann also weder nach Abs 2 noch nach Abs 3 gewählt werden (*v Bar*, IPR II Rn 298, 200; Staud/*Mankowski* Rn 115). Die Wahl des Ehewirkungsstatuts hat deshalb bisher nur eine geringe praktische Bedeutung (BeckOK-BGB/*Mörsdorf-Schulte*

304

III. Anhang: Allgemeine Ehewirkungen: EGBGB Art 14   623–627 **B**

Rn 43; H/O/*Hausmann* § 8 Rn 49). Dies wird sich für die allgemeinen Ehewirkungen vermögensrechtlichen Inhalts erst unter der **Geltung der EuGüVO** (→ Rn 599 ff) ab dem 29.1.2019 ändern; denn nach Art 22 Abs 1 lit a EuGüVO haben auch Ehegatten, die eine gemeinsame effektive Staatsangehörigkeit besitzen, künftig die Möglichkeit, eine Rechtswahl zugunsten des Rechts am gemeinsamen gewöhnlichen Aufenthalt oder am gewöhnlichen Aufenthalt nur eines der Ehegatten zu treffen (näher → Rn 327 f).

Wird die Form des Abs 4 (→ Rn 630 ff) gewahrt, so kann die Rechtswahl nicht nur ausdrück- 623
lich, sondern **auch stillschweigend** getroffen werden (Pal/*Thorn* Rn 11; Reithmann/Martiny/ *Hausmann,* IVR Rn 7.727). An eine konkludente Rechtswahl sind allerdings hohe Anforderungen zu stellen (*Börner* IPRax 95, 309/313; *Andrae,* IntFamR § 3 Rn 72; Staud/*Mankowski* Rn 143). Daher reicht die Vereinbarung einer Morgengabe nach islamischem Brauch für eine stillschweigende Wahl des Rechts eines bestimmten islamischen Staates nicht aus (KG FamRZ 13, 1480 = IPRax 14, 71 m krit Anm *Gruber* 53). Ferner kann aus der Wahl eines bestimmten Rechts für die **güterrechtlichen Ehewirkungen** nicht ohne weiteres auf eine solche auch für die allgemeinen Ehewirkungen geschlossen werden (BayObLGZ 98, 103/107; Erman/*Hohloch* Rn 19). Etwas anderes gilt freilich für die vermögensrechtlichen allgemeinen Ehewirkungen künftig unter Geltung der EuGüVO.

Die Umstände müssen vielmehr den eindeutigen Schluss auf einen entsprechenden Rechts- 624
folgewillen zulassen; die Eheleute müssen also zumindest erkannt haben, dass ihre Äußerungen nach Treu und Glauben oder der Verkehrssitte als Rechtswahl aufgefasst werden konnten. Dafür kann bei einer Eheschließung von Ausländern in ihrem gemeinsamen Heimatstaat auch eine vertragliche Bezugnahme auf die gemeinsame **Religion,** nach der die Ehe in Deutschland gelebt werden soll, ausreichen (BayObLG FamRZ 94, 1263 = IPRax 95, 324m Anm *Börner* 309; BayObLGZ 98, 103/107 = FamRZ 98, 1594; zust *Andrae,* IntFamR § 3 Rn 72; Münch/*Süß* § 20 Rn 35; vgl auch das Fallbeipiel bei H/O/*Hausmann* § 8 Rn 24). Etwas anderes gilt aber, wenn die Ehegatten bei der Eheschließung bereits die deutsche Staatsangehörigkeit besaßen (vgl KG FamRZ 13, 1480 = IPRax 14, 71 m abl Anm *Gruber* 53; krit auch *Mörsdorf-Schulte* FamRBInt 13, 57 f). Da notwendig das Recht eines bestimmten Staates (und nicht nur ein religiöses Recht) gewählt werden muss, reicht die Bezugnahme auf islamisches Eherecht in einem Ehevertrag allerdings dann nicht aus, wenn die Ehegatten unterschiedlichen islamischen Staaten angehören.

Da die Rechtswahl die gesetzliche (Gesamt-)Anknüpfung nach Abs 1 ersetzt, ist – anders als 625
im Schuldvertragsrecht (Art 3 Abs 1 S 3 Rom I-VO) – eine nur *teilweise* (dh auf bestimmte Ehewirkungen beschränkte) Rechtswahl nicht zulässig (*Lichtenberger* DNotZ 86, 644/662). Abweichend davon ist in ab dem 29.1.2019 geschlossenen Ehen eine nach Art 14 Abs 2 oder 3 EGBGB getroffene Rechtswahl auf die *persönlichen* Ehewirkungen beschränkt, während für die *vermögensrechtlichen* Ehewirkungen einheitlich die Art 22 ff EuGüVO gelten (→ Rn 324 ff). Soweit die Ehegatten das Ehewirkungsstatut gem Abs 2 oder 3 durch Rechtswahl bestimmt haben, handelt es sich um eine Verweisung auf Sachvorschriften. **Rück- und Weiterverweisung** sind also nach Art 4 Abs 2 EGBGB ausgeschlossen (MüKoBGB/*Looschelders* Rn 109). Zustandekommen und **materielle Wirksamkeit** der Rechtswahl beurteilen sich nach dem gewählten Recht (*Gruber* IPRax 14, 53/55; Pal/*Thorn* Rn 14; Erman/*Hohloch,* Rn 23a; *Andrae,* IntFamR § 3 Rn 71; **aA** [*lex fori*] *Börner* IPRax 95, 313).

b) Rechtswahl nach Abs 2. Art 14 Abs 2 ermöglicht den Ehegatten zunächst die Wahl eines 626
gemeinsamen Heimatrechts, das nicht bereits gesetzliches Ehewirkungsstatut nach Abs 1 Nr 1 geworden ist, weil ein Ehegatte neben der gemeinsamen ausländischen Staatsangehörigkeit etwa die deutsche Staatsangehörigkeit (Art 5 Abs 1 S 2 EGBGB; vgl das Fallbeipiel bei H/O/ *Hausmann* § 8 Rn 27) oder eine weitere ausländische Staatsangehörigkeit besitzt, zu der eine stärkere Beziehung besteht (Art 5 Abs 1 S 1; vgl *Wegmann* NJW 87, 1740 f; Pal/*Thorn* Rn 12; PWW/*Martiny* Rn 10). Haben die Ehegatten **die gleiche doppelte Staatsangehörigkeit,** so dürfen sie auch dasjenige gemeinsame Heimatrecht wählen, das nicht schon gesetzliches Ehewirkungsstatut nach Abs 1 Nr 1 iVm Art 5 Abs 1 ist, also das gemeinsame nicht-effektive oder nicht-deutsche Heimatrecht (Staud/*Mankowski* Rn 169; Soe/*Schurig* Rn 18; *v Bar,* IPR II Rn 199).

Schließlich sollte man den Ehegatten auch die Möglichkeit einräumen, ihre allgemeinen 627
Ehewirkungen den *materiellen* Vorschriften ihres gemeinsamen ausländischen Heimatrechts zu unterwerfen, um eine etwaige Rück- oder Weiterverweisung dieses Rechts auszuschließen (vgl Art 4 Abs 2; vgl *Kühne* IPRax 87, 69/70 f; Staud/*Mankowski* Rn 171 ff; Reithmann/

305

B 628–632   1. Teil. Erkenntnisverfahren B. Güterrechtssachen

Martiny/*Hausmann,* IVR Rn 7.728; **aA** die hM, vgl *Lichtenberger* FS Ferid [1988] 269/273; *Henrich* FamRZ 86, 841/846; *Andrae* NotBZ 01, 44/47; Pal/*Thorn* Rn 12; Erman/*Hohloch* Rn 20 aE; Soe/*Schurig* Rn 19). Gewählt werden kann jedenfalls stets nur ein **ausländisches Recht;** für die Wahl deutschen Rechts ist hingegen nach Abs 2 kein Raum, weil dieses bei gemeinsamer deutscher Staatsangehörigkeit der Ehegatten schon kraft Gesetzes Ehewirkungsstatut ist.

628   **c) Rechtswahl nach Abs 3.** Die Ehegatten können ferner nach Abs 3 auch das **Heimatrecht eines jeden von ihnen** als Ehewirkungsstatut wählen, sofern nicht bereits nach Abs 1 Nr 1 ein gemeinsames bzw letztes gemeinsames Heimatrecht kraft Gesetzes maßgebend ist. Die Wahl des Aufenthaltsrechts eines oder beider Ehegatten ist hingegen nicht zulässig. Da diese Rechtswahl bezweckt, die ersatzweise eingreifende Anknüpfung an den gewöhnlichen Aufenthalt gem Abs 1 Nr 2 in Fällen einer nur schwachen Verbindung der Ehegatten zum Aufenthaltsstaat auszuschalten (vgl BT-Drs 10/504, 36), macht das Gesetz die Zulässigkeit der Rechtswahl *alternativ* von folgenden **zusätzlichen Voraussetzungen** abhängig:

(1) Kein Ehegatte besitzt die Staatsangehörigkeit des Staates, in dem beide ihren gewöhnlichen Aufenthalt haben (Nr 1) **oder**

(2) die Ehegatten haben ihren gewöhnlichen Aufenthalt in verschiedenen Staaten **(Distanzehe),** so dass allenfalls die relativ schwache Anknüpfung an ihren früheren gemeinsamen gewöhnlichen Aufenthalt in Frage kommt (Nr 2).

629   Bei **mehrfacher Staatsangehörigkeit** eines oder beider Ehegatten können diese grundsätzlich nur das nach den allgemeinen Anknüpfungsregeln für Mehrstaater (Art 5 Abs 1) maßgebende – effektive ausländische bzw deutsche – Heimatrecht wählen. Dies ergibt ein Umkehrschluss zu Abs 2, wo die Rechtswahl ausdrücklich „ungeachtet des Art 5 Abs 1" eröffnet wird (*Kühne* IPRax 87, 69/72; *Wegmann* NJW 87, 1740/1741; Pal/*Thorn* Rn 13; Erman/*Hohloch* Rn 22; im Erg auch Staud/*Mankowski* Rn 181 ff; **aA** *Lichtenberger* FS Ferid [1988] 269/273; *Andrae,* IntFamR § 3 Rn 66; Soe/*Schurig* Rn 22).

Vgl zur Rechtswahl nach Abs 2 und 3 auch die Fallbeispiele und Formulierungsvorschläge bei H/O/*Hausmann* § 8 Rn 27 f, 35 ff.

630   **e) Form der Rechtswahl.** Wird die Rechtswahl nach Abs 2 oder Abs 3 EGBGB **im Inland** getroffen, bedarf sie im Interesse der Rechtsklarheit nach Abs 4 S 1 EGBGB der notariellen Beurkundung (§§ 8 ff BeurkG). Nach dem Willen des Gesetzgebers und den mit der Formvorschrift verfolgten Zwecken ist – über den Wortlaut des Abs 4 hinaus – die **Form des Ehevertrages,** dh die gleichzeitige (wenn auch nicht persönliche) Anwesenheit der Ehegatten vor dem Notar (§ 1410 BGB) erforderlich (*Lichtenberger,* FS Ferid [1988] 269/271 f; *v Bar,* IPR II Rn 201; Staud/*Mankowski* Rn 121; **aA** *Wegmann* NJW 87, 1740/1741; *Schneider* MittRhNotK 89, 33/38; Soe/*Schurig* Rn 32). Wird diese Form nicht eingehalten, so ist die Rechtwahl nichtig und es gilt das objektiv nach Abs 1 bestimmte Ehewirkungsstatut (OLG Düsseldorf FamRZ 95, 932; *Wegmann* NJW 87, 1740/1741; Pal/*Thorn* Rn 14).

631   Bei Vornahme der Rechtswahl **im Ausland** genügt nach Abs 4 S 2 die Einhaltung der Formerfordernisse für einen Ehevertrag nach dem gewählten oder dem am Ort des Vertragsschlusses geltenden Recht (KG FamRZ 13, 1480 = IPRax 14, 71 m Anm *Gruber* 53). Dies gilt auch dann, wenn das gewählte oder das am Ort der Vornahme geltende Recht eine Rechtswahl und damit eine besondere Form für diese Art von Rechtsgeschäft nicht kennt; maßgebend sind dann die materiellen Formerfordernisse der *lex causae* bzw der *lex loci* für **Eheverträge** (*Lichtenberger* DNotZ 86, 644/663; *Börner* IPRax 95, 308/312; Staud/*Mankowski* Rn 132; MüKoBGB/*Looschelders* Rn 126). Das BayOblG (FamRZ 98, 1594) hat daher die Rechtswahlerklärung in einem vor einem syrischen Scharia-Gericht beurkundeten „Ehevertrag", der eine Vereinbarung über den gemeinsamen Wohnort, über die Morgengabe und das anwendbare (Islam-)Recht enthielt, als formwirksam iSv Art 14 Abs 4 erachtet.

632   Die im Ausland erklärte Rechtswahl muss jedoch nicht in einem Ehevertrag enthalten sein, sondern kann auch isoliert vereinbart werden (*Andrae,* IntFamR § 3 Rn 69; **aA** offenbar BayOblG FamRZ 98, 1594/1596). Kennt das gewählte oder das am Vornahmeort der Rechtswahl geltende Recht hingegen ein Wahlrecht bezüglich des Ehewirkungsstatuts, so sollte auch die Einhaltung der Formvorschriften dieses Rechts für die Rechtswahlerklärung ausreichen, mögen die Anforderungen auch geringer sein, als für den Abschluss eines Ehevertrages (*Schneider* MittRhNotK 89, 33/38; Soe/*Schurig* Rn 32; **aA** *Kleinheisterkamp* IPRax 04, 399/00; Staud/*Mankowski* Rn 133 ff). Schließlich genügt auch die Einhaltung der notariellen Beurkundungsform des deutschen Rechts, sofern der ausländische Notar am Vornahmeort einem deutschen Notar

III. Anhang: Allgemeine Ehewirkungen: EGBGB Art 14 **633–637 B**

funktional gleichwertig ist (dazu Staud/*Mankowski* Rn 128; MüKoBGB/*Looschelders* Rn 126). Die Form des Abs 4 EGBGB ist auch für die Aufhebung einer Rechtswahl einzuhalten.

Für eine vor einem deutschen Notar getroffene Rechtswahl auf dem Gebiet der vermögens- **633** rechtlichen allgemeinen Ehewirkungen ist die Form des § 1410 BGB auch unter der **Geltung der EuGüVO** ab dem 29.1.2019 jedenfalls dann einzuhalten, wenn beide Ehegatten ihren gewöhnlichen Aufenthalt im Inland haben (Art 23 Abs 2 EuGüVO; dazu → Rn 338). Wird die Rechtswahl auf dem Gebiet der vermögensrechtlichen allgemeinen Ehewirkungen ab dem 29.1.2019 im Ausland vorgenommen, so gelten anstelle von Art 14 Abs 4 EGBGB die Formvorschriften in Art 23 EuGüVO; danach kommt es darauf an, ob einer oder beide Ehegatten ihren gewöhnlichen Aufenthalt in einem teilnehmenden Mitgliedstaat haben oder nicht (dazu → Rn 338 ff).

f) Beendigung der Rechtswahl. Eine Rechtswahl **nach Abs 3 S 1** verliert nach Satz 2 **634** ihre Wirkung, wenn die Ehegatten eine *gemeinsame Staatsangehörigkeit* erwerben. Dies gilt im Hinblick auf den Normzweck des Abs 3 – Rechtswahl als „Verlegenheitslösung" bei Nichterfüllung des Tatbestandes von Abs 1 Nr 1 – allerdings nur, wenn die gemeinsame Staatsangehörigkeit auch den Voraussetzungen des Abs 1 Nr 1 iVm Art 5 Abs 1 entspricht, dh wenn es sich um eine *effektive* ausländische oder die *deutsche* Staatsangehörigkeit handelt (*Kühne* IPRax 87, 69/72 f; *Wegmann* NJW 87, 1740/1741; NK-BGB/*Andrae* Rn 42; MüKoBGB/ *Looschelders* Rn 112; **aA** Pal/*Thorn* Rn 15). Für diesen Fall tritt die getroffene Rechtswahl *automatisch* außer Kraft; das Ehewirkungsstatut bestimmt sich *ex nunc* nach der gesetzlichen Anknüpfungsregel des Abs 1 Nr 1, so dass ein Statutenwechsel die Folge sein kann. Eine Ausnahme sollte man freilich für den Fall machen, dass die gemeinsame Staatsangehörigkeit des Staates erworben wird, dessen Recht die Parteien gewählt hatten; hier sollte die Rechtswahl weitergelten und ein Statutenwechsel allein auf Grund einer Rückverweisung des nunmehrigen gesetzlichen Ehewirkungsstatuts vermieden werden (*Kühne* IPRax 87, 69/72 f; *Kropholler*, IPR § 45 III 3b; im Erg ebenso Staud/*Mankowski* Rn 208 ff [Umdeutung]; **aA** Pal/ *Thorn* Rn 15; Soe/*Schurig* Rn 27).

Demgegenüber fehlt für die Rechtswahl **nach Abs 2 EGBGB** eine dem Abs 3 S 2 ent- **635** sprechende Vorschrift zur Beendigung ihrer Wirkungen. Diese Rechtswahl endet daher nicht automatisch dadurch, dass die Ehegatten eine gemeinsame effektive oder die deutsche Staatsangehörigkeit erwerben; denn nach Abs 2 dürfen Ehegatten auch in einem solchen Fall ihr gemeinsames nicht effektives Heimatrecht wählen (*Lichtenberger* FS Ferid [1988] 269/274; *Wegmann* NJW 87, 1740/1741; MüKoBGB/*Looschelders* Rn 44; Pal/*Thorn* Rn 15; *Andrae*, IntFamR § 3 Rn 64; **aA** [analoge Anwendung von Abs 3 S 2] *Kühne* IPRax 87, 69/72). Die Rechtswahl sollte indessen nicht zu einer Unwandelbarkeit des Ehewirkungsstatuts führen, wenn die Voraussetzungen für die Rechtswahl nach Abs 2 nachträglich entfallen sind, dh wenn die Ehegatten nicht nur eine gemeinsame Staatsangehörigkeit erlangt haben, sondern auch *beide* keine doppelte Staaatsangehörigkeit mehr besitzen (*Kühne* IPRax 87, 69/72; Soe/*Schurig* Rn 20; **aA** Mü-KoBGB/*Looschelders* Rn 112; vgl dazu auch das Fallbeispiel und den Gestaltungshinweis bei H/ O/*Hausmann* § 8 Rn 42 f).

Die Ehegatten sind darüber hinaus berechtigt, ihre Rechtswahl von vornehrein nur befristet **636** oder auflösend bedingt zu erklären (*Kühne* IPRax 87, 69/72; *Kropholler*, IPR § 45 III 3b). Ferner können sie die getroffene Rechtswahl – in der Form des Abs 4 – **jederzeit aufzuheben,** auch wenn sich die nach Abs 1 maßgeblichen gesetzlichen Anknüpfungskriterien (Staatsangehörigkeit, gewöhnlicher Aufenthalt) nicht geändert haben (vgl BT-Drs 10/5632, 41; *Lichtenberger* DNotZ 86, 644/658; *Kühne* IPRax 87, 69/72; *Wegmann* NJW 87, 1740/1741 f; Pal/*Thorn* Rn 16). Die Aufhebung ist also auch dann zulässig, wenn die Voraussetzungen für eine Rechtswahl zwischenzeitlich fortgefallen sind (MüKoBGB/*Looschelders* Rn 113). Sie kann auch konkludent dadurch erfolgen, dass die Ehegatten das gewählte Recht – soweit die Voraussetzungen hierfür nach Art 14 Abs 2 und 3 EGBGB vorliegen – durch die Wahl eines neuen Rechts ersetzen (Pal/*Thorn* Rn 16; MüKoBGB/*Looschelders* Rn 113; Soe/*Schurig* Rn 21). Die anderweitige Rechtswahl ist unabhängig davon zulässig, ob auch das zunächst gewählte Recht die Rechtswahl zuließ (Staud/*Mankowski* Rn 150).

Enden die Wirkungen der Rechtswahl, so wird das Ehewirkungsstatut von diesem Zeitpunkt **637** nach den gesetzlichen Anknüpfungsregeln des Abs 1 bestimmt. Insoweit sind auch Rück- und Weiterverweisungen wieder beachtlich. Ist danach ein anderes Recht als das gewählte Recht maßgeblich, so kommt es zu einem **Statutenwechsel.** Dieser tritt allerdings nur mit Wirkung *ex nunc* ein; eine Rückwirkung findet also nicht statt (Pal/*Thorn* Rn 15 f).

307

B 638–641   1. Teil. Erkenntnisverfahren B. Güterrechtssachen

638   **g) Wirkungen der Rechtswahl.** Die Rechtswahl nach Abs 2 oder 3 kann **vorsorgend** auch schon zu einem Zeitpunkt getroffen werden, zu dem die gesetzlichen Voraussetzungen noch nicht vorliegen, die Ehegatten aber den Eintritt dieser Voraussetzungen in der Zukunft für möglich halten In diesem Fall entfaltet die Rechtswahl Wirkungen freilich erst von dem Zeitpunkt an, zu dem die gesetzlichen Voraussetzungen – zB die Begründung des gewöhnlichen Aufenthalts im Ausland – eintreten (Pal *Thorn* Rn 11; Erman/ *Hohloch* Rn 25; Staud/ *Mankowski* Rn 151). Die Rechtswahl wirkt ferner **nur für die Zukunft;** die Vereinbarung einer Rückwirkung ist jedenfalls gegenüber Dritten ausgeschlossen.

639   Wird die Rechtswahl nach Abs 2 oder Abs 3 vor oder gleichzeitig mit der Eheschließung getroffen, so hat sie gemäß Art 15 Abs 1 mittelbar auch **Auswirkungen auf das anwendbare Ehegüterrecht** (näher → Rn 417) und auf das **Erbrecht** (vgl im deutschen Recht §§ 1371 Abs 1, 1931 Abs 4 BGB; dazu → Rn 547 f). Eine solche Rechtswahl ist daher von dem beurkundenden Notar den Geburtsstandesämtern der Vertragsparteien bzw dem Amtsgericht Berlin-Schöneberg **anzuzeigen;** sie kann auch in das Güterrechtsregister eingetragen werden. Die güterrechtlichen Wirkungen einer vor dem 29.1.2019 getroffenen Rechtswahl nach Abs 2 oder 3 bleiben auch danach unter der Geltung der EuGüVO erhalten. Die Ehegatten können jedoch dann auch eine neue Rechtswahl nach Art 22 ff EuGüVO treffen, die sich allerdings auf die *vermögensrechtlichen* Ehewirkungen (→ Rn 600) beschränkt und die nach Art 14 Abs 2 bzw 3 EGBGB zuvor getroffene Rechtswahl bezüglich der persönlichen Ehewirkungen nicht berührt, sofern diese nicht ihrerseits aufgehoben oder geändert wird. Ab dem 29.1.2019 können Ehegatten die Rechtswahl nach Art 14 Abs 2 oder 3 EGBGB nur noch hinsichtlich der *persönlichen* allgemeinen Ehewirkungen treffen, während auf dem Gebiet der vermögensrechtlichen Beziehungen dann eine Rechtswahl nach der großzügigeren Regelung der Art 22–24 EuGüVO zulässig ist.

640   Demgegenüber ist die Möglichkeit, durch eine Wahl des Ehewirkungsstatuts mittelbar das **Scheidungsstatut** (Art 17 Abs 1 aF) und damit zugleich das **Statut des nachehelichen Unterhalts** (Art 8 HUntÜ/Art 18 Abs 4 S 1 aF) zu bestimmen, mit Inkrafttreten der Rom III-VO und des Haager Unterhaltsprotokolls entfallen (näher → C Rn 605 f). Ferner hat die Wahl des Ehewirkungsstatuts seit Inkrafttreten der Rom III-VO auch keinen Einfluss mehr auf die Durchführung des **Versorgungsausgleichs** von Amts wegen, weil Art 17 Abs 3 S 1 seither nicht mehr auf Art 17 Abs 1 iVm Art 14 verweist, sondern akzessorisch an das nach der Rom III-VO maßgebende Scheidungsstatut anküpft. Daher wirkt sich nur die Wahl des Scheidungsstatuts nach Art 5 ff Rom III-VO noch auf den Versorgungsausgleich aus (→ D Rn 29 ff). Die praktische Bedeutung einer Wahl des Ehewirkungsstatuts ist daher gering (Staud/ *Mankowski* Rn 161; Erman/ *Hohloch* Rn 19). Zweckmäßig ist eine solche Rechtswahl vor allem in den – allerdings eher seltenen – Fällen, in denen Verlobte mit unterschiedlicher Staatsangehörigkeit zum Zeitpunkt der Eheschließung ihren gewöhnlichen Aufenthalt noch nicht in demselben Staat begründet haben. Auch eine vorsorgende Rechtswahl bietet sich an, wenn im Zeitpunkt der Eheschließung schon absehbar ist, dass die Voraussetzungen des Art 14 Abs 2 oder Abs 3 EGBGB während der Ehe voraussichtlich eintreten werden (H/O/ *Hausmann* Rn 49).

3. Anwendungsbereich des Ehewirkungsstatuts

Schrifttum: *Finger,* Islamische Morgengabe – insbesondere im Verhältnis zum Iran, FuR 17, 182; *Henrich,* Ehegattenmitarbeit und IPR, FS Richardi (2007) 1039; *ders,* Die Morgengabe und das Internationale Privatrecht, FS Sonnenberger (2004) 389; *ders,* Die Qualifikation von Brautgeschenken und Morgengabevereinbarungen türkischer Eheleute aus deutscher Sicht, FS Öztan (2008) 491; *Jayme,* Schlüsselgewalt des Ehegatten und IPR, IPRax 93, 80; *Looschelders,* Der Anspruch auf Rückzahlung des Brautgelds nach yezidischem Brauchtum, IPRax 12, 238; *Mörsdorf-Schulte,* Aknüpfungszeitpunkt und Anpassung bei der Morgengabe, ZfRV 10, 166; *Piotet,* La nature des règles protégeant le logement familial suisse et le droit applicable, FS Giger (1989) 547; *Wurmnest,* Die Mär von der mahr; RabelsZ 71 (2007) 527; *Yassari,* Die islamische Brautgabe im deutschen Kollisions- und Sachrecht, IPRax 11, 63; *dies,* Die Brautgabe im Familienvermögensrecht (2014).

641   **a) Allgemeines.** Der unmittelbare Anwendungsbereich des Ehewirkungsstatuts ist deswegen limitiert, weil die wichtigsten – vor allem vermögensrechtlichen – Ehewirkungen gesondert angeknüpft werden. Dies gilt für die Wirkungen der Ehe auf dem Gebiet des Namensrechts (Art 10 EGBGB), des Güterrechts (Art 15 EGBGB; → Rn 409 ff), des ehelichen Unterhaltsrechts (Art 1 ff Haager Unterhaltsprotokoll v 23.11.2007; → C Rn 521 ff), sonstiger vermögensrechtlicher Scheidungsfolgen (Art 17 Abs 1 EGBGB nF; → A Rn 551 ff), des Versorgungsausgleichs (Art 17 Abs 3 EGBGB; → D Rn 29 ff) sowie der Zuweisung einer im Inland belegenen

308

III. Anhang: Allgemeine Ehewirkungen: EGBGB Art 14   **642–646**   **B**

Wohnung und der Verteilung der im Inland belegenen Haushaltsgegenstände einschließlich damit verbundener Betretungs-, Näherungs- und Kontaktverbote (Art 17a EGBGB; → E Rn 29 ff).

b) Änderungen unter der EuGüVO. Ab dem 29.1.2019 wird der Anwendungsbereich des **642** Ehewirkungsstatuts weiter dadurch eingeschränkt, dass auch für allgemeine Ehewirkungen mit vermögensrechtlichem Bezug anstelle von Art 14 EGBGB die Art 20 ff EuGüVO zur Anwendung kommen (→ Rn 600); dies gilt jedenfalls in ab diesem Stichtag geschlossenen Neuehen sowie in Altehen für eine ab dem Stichtag getroffene Rechtswahl (Art 69 Abs 3 EuGüVO).

aa) Nicht vermögensrechtliche Ehewirkungen. Maßgebend bleibt Art 14 EGBGB auch **643** weiterhin für im engeren Sinne persönliche, dh nicht vermögensrechtliche Ehewirkungen. Dazu gehören das Recht, die Herstellung der ehelichen Lebensgemeinschaft zu verlangen oder zu verweigern (BGH NJW 76, 1028; OLG München FamRZ 86, 807; Pal/*Thorn* Rn 18; Erman/ *Hohloch* Rn 29; NK-BGB/*Andrae* Rn 64), der Anspruch gegen den Partner auf Unterlassung von Ehestörungen (BGH NJW 90, 706/707; OLG Hamm NJW-RR 98, 1542; Pal/*Thorn* Rn 18; NK-BGB/*Andrae* Rn 67) und die Verpflichtung der Ehegatten, sich im Interesse der ehelichen Lebensgemeinschaft gegenseitig zu unterstützen, zB durch Mitwirkung bei der gemeinsamen steuerlichen Veranlagung (BGH FamRZ 84, 465; *Andrae,* IntFamR § 3 Rn 82; Pal/ *Thorn* Rn 18) Auch die Zulässigkeit einer vertraglichen Regelung der Rollenverteilung in der Ehe ergibt sich aus dem Statut der allgemeinen Ehewirkungen (Staud/*Mankowski* Rn 258).

bb) Vermögensrechtliche Ehewirkungen. Zu den allgemeinen Ehewirkungen iSv Art 14 **644** gehören auch die in §§ 1353–1362 BGB geregelten vermögensrechtlichen Beziehungen, die allerdings in ab dem 29.1.2019 geschlossenen Ehen in den Anwendungsbereich der EuGüVO fallen, wie zB die Mitarbeit im Geschäft des anderen Ehegatten (J/H/*Henrich* Rn 8), die Schlüsselgewalt, der Haftungsmaßstab und die Eigentumsvermutungen (BT-Drs 10/504, 54; NK-BGB/*Andrae* Rn 70 ff). Auch die Zuweisung der Ehewohnung und des Hausrats während bestehender Ehe beurteilen sich nach Art 14 EGBGB (OLG Stuttgart FamRZ 98, 1321; OLG Celle FamRZ 99, 443). Diese Anknüpfung wird freilich für den Regelfall, dass Ehewohnung und Hausrat im Inland belegen sind, durch die Sonderregelung in Art 17a verdrängt. Die allgemeinen Ehewirkungen unterscheiden sich vom Güterrecht dadurch, dass sie ohne Rücksicht auf eine besondere Ordnung der ehelichen Vermögensverhältnisse gelten. Anhand dieses Kriteriums ist auch bei Beschränkungen des ausländischen Rechts, die dem deutschen Recht fremd sind (wie zB Verbote bestimmter Rechtsgeschäfte zwischen Ehegatten oder zwischen Ehegatten und Dritten), zu entscheiden, ob es sich um allgemeine oder um güterrechtliche Ehewirkungen handelt (Pal/*Thorn* Rn 17 f; Soe/*Schurig* Rn 37; MüKoBGB/*Looschelders* Rn 28 ff; Erman/*Hohloch* Rn 27 ff; BeckOK-BGB/*Mörsdorf-Schulte* Rn 7, 11 ff; NK-BGB/*Andrae* Rn 70; Staud/ *Mankowski* Rn 213 ff).

c) Schlüsselgewalt. Wer mit einem Ehegatten einen Vertrag schließt, der den gemeinsamen **645** Haushalt betrifft, hat idR ein erhebliches Interesse daran, dass auch der andere Ehegatte, zumal wenn er der alleinverdienende Teil ist, für die eingegangenen Verbindlichkeiten haftet. Im deutschen Recht besteht nach § 1357 BGB eine umfassende gegenseitige Vertretungsmacht der Ehegatten zur Eingehung von Verbindlichkeiten für den gemeinsamen Haushalt. Eine ähnliche Regelung findet sich heute in den meisten romanischen Rechten, so zB in *Belgien* (Art 222 Cc), *Frankreich* (Art 220 Cc), den *Niederlanden* (Art 1:85 Abs 1 B. W.) und *Portugal* (Art 1691 Nr 1 lit b Cc), sowie in der *Schweiz* (vgl Art 166 ZGB nF), der *Türkei* (Art 188 ZGB nF) und den *skandinavischen* Rechten. Bei ausländischen Ehegatten kann hingegen nicht immer von einer gegenseitigen Vertretungsmacht ausgegangen werden. So ist nach *österreichischem* Recht allein derjenige Ehegatte, der den gemeinsamen Haushalt führt und keine Einkünfte hat, zur Vertretung des anderen berechtigt (§ 96 ABGB). Teilweise ist die frühere Schlüsselgewalt der Ehefrau auch ganz abgeschafft worden, so dass der Ehemann – wie zB in *England* – nur nach Maßgabe der allgemeinen Vertretungsregeln in Anspruch genommen werden kann. Schließlich kann die Schlüsselgewalt idR durch den anderen Ehegatten oder durch gerichtliche Anordnung beschränkt oder ausgeschlossen werden.

Alle mit der Schlüsselgewalt zusammenhängenden Fragen (gegenseitige Vertretungsbefugnis, **646** Umfang der Haftung des vertretenen Ehegatten, Möglichkeiten einer Beschränkung, Widerspruchsrechte) gehören in den Bereich des nach Art 14 EGBGB **bestimmten Ehewirkungsstatuts** (OLG Celle IPRax 93, 96; *Kegel/Schurig,* IPR § 20 V 3; *Andrae,* IntFamR § 3 Rn 81; Staud/*Mankowski* Rn 297 f; MüKoBGB/*Looschelders* Rn 72 f; Pal/*Thorn* Rn 18). Der inländi-

309

B 647–651   1. Teil. Erkenntnisverfahren B. Güterrechtssachen

sche Rechtsverkehr wird freilich nach Maßgabe von Art 16 Abs 2 gegen nach ausländischem
Recht bestehende Beschränkungen der gegenseitigen Vertretungsbefugnis von Ehegatten ge-
schützt (→ Rn 665). In ab dem 29.1.2019 geschlossenen Ehen beurteilt sich die gegenseitige
Vertretungsbefugnis von Ehegatten hingegen nach dem durch die EuGüVO (→ Rn 600 ff)
bestimmten Güterrechtsstatut und für den Verkehrsschutz gilt dann Art 28 EuGüVO. Hingegen
kann das auf die Schlüsselgewalt anzuwendende Recht durch eine Rechtswahl zwischen dem
Gläubiger und dem als Schuldner in Anspruch genommenen Ehegatten nicht beeinflusst werden
(*Jayme* IPRax 93, 80/81; *Böhmer* JR 92, 500; Staud/*Mankowski* Art 16 Rn 52). Demgegenüber
hat der BGH (NJW 92, 909/910 = IPRax 93, 97 m Anm *Jayme* 80 = JR 92, 498 m Anm
Böhmer) die Haftung der überlebenden spanischen Ehefrau für ärztliche Behandlungskosten ihres
ebenfalls spanischen Ehemannes nach deutschem Recht (§ 1357 BGB) beurteilt, weil die Parteien im Rechtsstreit „insoweit übereinstimmend von der Anwendbarkeit deutschen Rechts
ausgegangen" seien. Eine gesetzliche Mithaftung für sonstige Schulden eines Ehegatten, die
keinen Bezug zum ehelichen Haushalt haben, kann sich hingegen nur aus dem Ehegüterrecht
ergeben (→ Rn 522).

647   **d) Eherechtliche Beschränkungen beim Abschluss von Rechtsgeschäften mit Dritten.** Während das deutsche Recht die Verfügungs- und Verpflichtungsmacht von Ehegatten nur
durch güterrechtliche Bestimmungen (§§ 1365, 1369, 1423 ff BGB) einschränkt, bringt in vielen
ausländischen Rechten bereits die Ehe als solche – unabhängig vom Güterstand – gewisse
Beschränkungen der Geschäftsfähigkeit oder der Verfügungsbefugnis mit sich. Die Unterscheidung zwischen güterrechtlichen Beschränkungen und solchen, die sich als allgemeine Wirkungen der Ehe darstellen, bleibt im deutschen autonomen Kollisionsrecht trotz des in Art 15 Abs 1
angestrebten Gleichlaufs der Anknüpfung bedeutsam; denn wegen der Unwandelbarkeit des
Güterrechtsstatuts nach Art 15 Abs 1 (→ Rn 431 ff) – im Gegensatz zur wandelbaren Anknüpfung des Ehewirkungsstatuts (→ Rn 621) – und der Möglichkeit einer auf die güterrechtlichen
Beziehungen beschränkten Rechtswahl nach Art 15 Abs 2 (→ Rn 459 ff) wird dieser Gleichlauf
nicht selten verfehlt.

648   **aa) Beschränkungen der Geschäftsfähigkeit.** Eine allgemeine Minderung der Geschäftsfähigkeit der Frau durch die Eheschließung kommt heute praktisch nicht mehr vor. Soweit ie
noch vorgesehen ist, ist sie zwar als allgemeine Ehewirkung zu qualifizieren (BGH IPRspr 52/53
Nr 298; Soe/*Schurig* Rn 58 f; Staud/*Mankowski* Rn 232; Erman/*Hohloch* Rn 30). Bei hinreichender Inlandsbeziehung wird freilich regelmäßig die Schranke des *ordre public* (Art. 6 EGBGB)
eingreifen (Palandt/*Thorn* Rn. 18 aE; vgl auch LG Berlin FamRZ 93, 198). Der Erwerb oder
eine Erweiterung der Geschäftsfähigkeit durch Eheschließung („Heirat macht mündig") beurteilt
sich hingegen nach dem Geschäftsfähigkeitsstatut des Art 7 EGBGB.

649   **bb) Verpflichtungsbeschränkungen.** Rechtliche Schranken, die der Begründung von Verbindlichkeiten durch einen Ehegatten allein gezogen sind und nicht in einem bestimmten Güterstand wurzeln, verfolgen vor allem den Zweck, die materielle Grundlage der ehelichen Lebensführung zu erhalten und zu sichern. Deswegen wird das Erfordernis der Zustimmung des nicht
beteiligten Ehegatten zum Abschluss bestimmter Verträge dem Ehewirkungsstatut unterstellt
(Soe/*Schurig* Rn 64 f.; MüKoBGB/*Looschelders* Rn 68 ff; Staud/*Mankowski* Rn 235 ff; *Andrae*,
IntFamR § 3 Rn 229 f). So bedürfen **Schenkungen** durch einen Ehegatten an einen Dritten,
auch wenn sie aus dem eigenen Vermögen erfolgen, vor allem in den romanischen Rechten
häufig der Zustimmung des anderen Ehegatten, wenn hierdurch die Erhaltung des Familien-
vermögens gefährdet wird; dies gilt etwa in *Belgien* (Art 224 § 1 Nr 3 Cc) und in den *Niederlanden* (Art 1:88 Abs 1 lit b BW). In anderen Rechten ist die Zustimmung des Ehepartners nur
für Schenkungen aus dem gemeinschaftlichen Vermögen erforderlich (so zB in *Brasilien,* Art 235
Abs 4 Cc).

650   Ähnliche Schranken gelten nicht selten für Verträge, durch die sich ein Ehegatte als **Bürge,
Schuldmitübernehmer oder Garant** zur Absicherung einer fremden Schuld verpflichtet,
soweit dies nicht in Ausübung seines Berufes oder im Rahmen seines Geschäftsbetriebes
geschieht, so zB in *Belgien* (Art 224 § 1 Nr 4 Cc; vgl Cass Pas 92 I, 839; dazu *v Houtte* IPRax 97,
276/281), in *Brasilien* (Art 235 Abs 3, 242 Abs 1 Cc), den *Niederlanden* (Art 1:88 Abs 1 lit c
BW) und der *Schweiz* (Art 494 Abs 1 OR; vgl Reithmann/Martiny/*Hausmann,* IVR
Rn 7.704 ff).

651   Auch **Abzahlungskaufverträge** können etwa in der *Schweiz* (Art 226a OR) nur mit Zustimmung des anderen Ehegatten geschlossen werden, sofern die Ehegatten einen gemeinsamen

III. Anhang: Allgemeine Ehewirkungen: EGBGB Art 14   **652–654 B**

Haushalt führen und die Verpflichtung 1000 sFr übersteigt. Die Zustimmung muss schriftlich spätestens bei Vertragsschluss erteilt werden; eine nachträgliche Genehmigung ist ausgeschlossen. Diese Regelung gilt entsprechend für die Aufnahme von Darlehen zum Kauf beweglicher Sachen (Art 226m Abs 2 OR). Auch in den *Niederlanden* ist keine Mitwirkung des anderen Ehegatten am Vertragsschluss mehr erforderlich, wohl aber seine Zustimmung (Art 1:88 Abs 1 lit d B. W.). Nach anderen Rechten ist zumindest die Mithaftung für die im Rahmen der Schlüsselgewalt getätigten Abzahlungsgeschäfte eingeschränkt, wenn der andere Ehegatte nicht ausdrücklich zugestimmt hatte, so zB in *Frankreich* (Art 220 Abs 3 Cc). Die Nichtigkeit des Vertrages wegen fehlender Zustimmung des Ehegatten kann aus Gründen der Rechtssicherheit allerdings zumeist nur innerhalb kurzer Fristen und zT auch nur gegenüber einem bösgläubigen Vertragspartner geltend gemacht werden (vgl in den *Niederlanden* Art 1:89 B. W.). Eine etwa erforderliche gerichtliche Genehmigung kann bei inländischem Aufenthalt der Ehegatten auch durch ein deutsches Familiengericht erteilt werden (Soe/*Schurig* Rn 64).

Diese sog **Interzessionsverbote** sollen Ehegatten davor bewahren, aus Zuneigung zum **652** Partner oder unter seinem Druck übermäßig belastende oder unvernünftige Verpflichtungen einzugehen. Sie unterliegen daher weder dem Geschäftsfähigkeitsstatut (Art 7), noch dem Vertragsstatut der Bürgschaft oder Garantie, sondern dem **Ehewirkungsstatut** (*Kegel/Schurig*, IPR § 20 V 3; *Henrich*, IntFamR § 2 II 7; Pal/*Thorn* Rn 18; Soe/*Schurig* Rn 64 f; MüKoBGB/ *Looschelders* Rn 69; NK-BGB/*Andrae* Rn 77; Staud/*Mankowski* Rn 235 ff). Ihre Beachtung im Inland wird also nicht dadurch ausgeschlossen, dass deutsches Recht als Vertragsstatut der Bürgschaft vereinbart wird. Auch wenn Ehegatten das auf ihre allgemeinen Ehewirkungen anwendbare Recht in gewissem Umfang wählen können, kann ein Ehegatte allein die inhaltlichen und formellen Schranken der Parteiautonomie im internationalen Eherecht doch nicht in einem Schuldvertrag *mit einem Dritten* unterlaufen. Die Anknüpfung eherechtlicher Verpflichtungsbeschränkungen wird daher durch eine schuldvertragliche Rechtswahl nicht beeinflusst (Cass Rev gén dr civbelge 93, 455 m Anm *Couwenberg;* dazu *van Houtte* IPRax 97, 276/281; BeckOK BGB/*Mörsdorf-Schulte* Rn 15; *Andrae*, IntFamR § 3 Rn 229; vgl auch das Fallbeispiel bei H/O/ *Hausmann* § 8 Rn 63). Demgegenüber hat der BGH den auf Art 1:88 lit c. B. W. gestützten Widerspruch der *niederländischen* Ehefrau gegen die von ihrem – ebenfalls *niederländischen* – Ehemann eingegangene Bürgschaft bzw den von ihm erklärten Schuldbeitritt für unbeachtlich erklärt, weil die Schutzvorschriften des *niederländischen*. Eherechts wegen der Wahl deutschen Rechts für die Bürgschaft bzw den Schuldbeitritt unanwendbar seien (BGH NJW 77, 1011 m abl Anm *Jochem* = JZ 77, 438 m abl Anm *Kühne;* ebenso für einen Schuldbeitritt OLG Köln RIW 1998, 148). Die Anwendung der vom ausländischen Ehewirkungsstatut angeordneten Verpflichtungsbeschränkungen kann vielmehr nur unter dem Gesichtspunkt des *Verkehrsschutzes* ausgeschlossen werden, wenn die hierfür erforderliche Inlandsbeziehung (Art 16 Abs. 2 EGBGB analog; → Rn 665 ff) besteht. In ab dem 29.1.2019 geschlossenen Ehen sind auch solche Interzessionsverbote hingegen güterrechtlich zu qualifizieren; das anwendbare Recht bestimmt sich dann nach Art 22 ff, 26, 28 EuGüVO.

cc) Verfügungsbeschränkungen. Während die Verfügung über **Haushaltsgegenstände 653** nach deutschem Recht nur im gesetzlichen Güterstand der Zugewinngemeinschaft von der Zustimmung des anderen Ehegatten abhängt (§ 1369 BGB), kennt das französische Recht eine entsprechende Bindung der Ehegatten ohne Rücksicht auf den Güterstand (sog *„régime primaire"*). Das Zustimmungserfordernis gilt nicht nur für die Veräußerung von Haushaltsgegenständen, sondern auch für die Veräußerung und Belastung der **ehelichen Wohnung** sowie für die Kündigung von Mietverträgen über Familienwohnraum (Art 215 Abs 3 Cc). Ähnliche Regelungen finden sich auch in anderen romanischen Rechtsordnungen, zB in *Belgien* (Art 215 Cc), den *Niederlanden* (Art 1:88 Abs 1 lit a B. W.), *Portugal* (Art 1682 ff Cc) und *Spanien* (Art 1320 Cc); sie betreffen regelmäßig bereits das Verpflichtungsgeschäft. Verfügungsbeschränkungen dieser Art bestehen auch im *österreichischen* (§ 97 ABGB), *schweizerischen* (Art 169 ZGB) und *türkischen* Recht (Art 194 ZGB; vgl OLG Karlsruhe FamRZ 15, 1610/1611; *Andrae*, IntFamR § 3 Rn 172; Staud/*Mankowski* Rn 302 f) sowie in den *skandinavischen* Ländern. Schließlich kann ein Ehegatte allein auch nach *englischem* Recht sowie nach den Rechten der meisten *US*-Bundesstaaten und *kanadischen* Provinzen nicht über das *„matrimonial home"* verfügen.

Bei der Anknüpfung derartiger Verfügungsbeschränkungen sollte man sich von der güterrecht- **654** lichen Vorgabe des deutschen materiellen Rechts lösen und etwaige Zustimmungserfordernisse dem **Statut der allgemeinen Ehewirkungen** des Art 14 entnehmen, soweit sie unabhängig vom Güterstand eingreifen (OLG Karlsruhe FamRZ 15, 1610/1611; Staud/*Mankowski* Rn 303;

311

B 655–658   1. Teil. Erkenntnisverfahren B. Güterrechtssachen

Andrae, IntFamR § 3 Rn 226). Unter Geltung der **EuGüVO** sind solche Verfügungsbeschränkungen hingegen güterrechtlich zu qualifizieren, auch wenn sie im anwendbaren nationalen Recht des teilnehmenden Mitgliedstaats als allgemeine Ehewirkung ausgestaltet sind. Probleme bereiten vor allem Fälle, in denen ein ausländisches Ehewirkungsstatut mit dem deutschen Güterrechtsstatut zusammentrifft, weil es dann zu einer Normenhäufung bzw einem Normenmangel kommen kann, so dass eine **Anpassung** erforderlich wird (vgl dazu NK-BGB/*Andrae* Rn 71; Staud/*Mankowski* Rn 303, *Andrae,* IntFamR § 3 Rn 227; ferner das Fallbeispiel bei H/O/*Hausmann* § 8 Rn 68).

655   Manche ausländischen Rechte beschränken darüber hinaus die Befugnis des einzelnen Ehegatten zur Verfügung über weitere Vermögensgegenstände, die für die finanzielle Absicherung der Familie von besonderer Bedeutung sind, wie insbesondere **Grundstücke** oder ein **Handelsgeschäft.** Während für solche Verfügungen teilweise kraft Gesetzes die Zustimmung des anderen Ehegatten gefordert wird – wie zB in *Portugal* (Art 1682-A Abs 1 Cc) und *Brasilien* (Art 235 Abs 1, 242 Abs 1 und 2 Cc) –, besteht nach anderen Rechten die Möglichkeit, Beschränkungen auf Antrag eines Ehegatten zum Schutz der Familie gerichtlich anzuordnen, so etwa in *Belgien* (Art 223, 224 § 1 Nr 2 Cc), *Frankreich* (Art 220-1 Cc) und der *Schweiz* (Art 178 ZGB). Da auch die vorgenannten Beschränkungen ohne Rücksicht darauf gelten, in welchem Güterstand die Ehegatten leben, ist gleichfalls das Ehewirkungsstatut maßgebend.

656   Schließlich räumen manche Rechtsordnungen den Ehegatten besondere **Sicherungsrechte am Grundvermögen des Partners** ein, und zwar auch dann, wenn die Vermögen beider Teile im Übrigen völlig getrennt bleiben (*„dower"* in einigen US-Bundesstaaten; Legalhypothek in romanischen Rechten). Während die Legalhypothek der Ehefrau in *Belgien* und *Italien* inzwischen beseitigt wurde, hat man sie in *Frankreich* auf Ehegatten beschränkt, die im Wahlgüterstand der Zugewinngemeinschaft leben (vgl Art 2121 Cc); die Legalhypothek kann allerdings Dritten nur entgegengehalten werden, wenn sie eingetragen ist (Art 2134 Cc). Um einen lastenfreien Erwerb sicherzustellen, empfiehlt es sich daher bei Grundstücksgeschäften mit verheirateten französischen Partnern, die Zustimmung des Ehegatten einzuholen. Derartige dingliche Sicherungsrechte können allerdings nur zur Entstehung gelangen, wenn sie vom Ehewirkungsstatut gewährt und von der jeweiligen *lex rei sitae* anerkannt werden. An **deutschen Grundstücken** können sie kraft Gesetzes nicht entstehen, weil dies mit den Grundprinzipien der deutschen Immobiliarsachenrechtsordnung – Publizität des Grundbuchs – nicht vereinbar ist (Pal/*Thorn* Rn 18; Staud/*Mankowski* Rn 288; MüKoBGB/*Looschelders* Rn 64; Erman/*Hohloch* Rn 32; **aA** Soe/*Schurig* Rn 57).

657   **e) Beschränkungen bei Verträgen zwischen Ehegatten.** Bisweilen wird Eheleuten auch die Vornahme bestimmter Rechtsgeschäfte untereinander verboten oder diese werden in ihren Wirkungen beschränkt (vgl Reithmann/Martiny/*Hausmann,* IVR Rn 7.715 f). Dies betrifft etwa das **Verbot von Schenkungsverträgen** zwischen Ehegatten, wie es zB im *niederländischen* (Art 1715 B. W.) und mit Einschränkungen noch im *französischen* Recht (vgl. zum Verbot der *„donation déguisée entre époux"* Art 1099 Cc) sowie in einigen skandinavischen Rechten enthalten ist. Damit dieses Schenkungsverbot nicht umgangen werden kann, ist häufig auch der Abschluss von **Kaufverträgen** zwischen Ehegatten eingeschränkt, so zB in *Belgien* und *Frankreich* (Art 1595 Cc), in den *Niederlanden* (Art 1503 B. W.) und in *Mexiko* (Art 176 Cc Bundesdistrikt). Wegen der mit einem modernen Eheverständnis nicht zu vereinbarenden Unterordnung eines Ehegatten unter den anderen sind teilweise auch **Arbeitsverträge** zwischen Ehegatten verboten, so zB in den *Niederlanden* (vgl Art 1637i BW). Andere Rechte lassen einen erleichterten Widerruf oder die Anfechtung von Verträgen zwischen Ehegatten zu, so zB das *südkoreanische* (Art 828 BGB), *japanische* (Art 784 BGB) und *französische* Recht (Art 1096 Cc).

658   Die genannten Vorschriften verfolgen meist – wie auch die entsprechenden Vorschriften der deutschen Insolvenzordnung (§ 131 Abs 1 Nr 3, Abs 2 iVm §§ 138, 134 InsO) bzw des Anfechtungsgesetzes (§ 3 Abs 2 und § 4 AnfG) – den Zweck, den **Schutz der Gläubiger** gegen Übervorteilung durch die Ehegatten zu gewährleisten. Darüber hinaus sollen die persönlichen Beziehungen der Ehegatten möglichst von vermögensrechtlichen Interessen freigehalten werden. Soweit diese Beschränkungen unabhängig vom Güterstand gelten, sind sie grundätzlich als allgemeine Wirkungen der Ehe iSv Art 14 EGBGB zu qualifizieren (Pal/*Thorn* Rn 18; Soe/*Schurig* Rn 63; Staud/*Mankowski* Rn 292; MüKoBGB/*Looschelders* Rn 71; BeckOK-BGB/*Mörsdorf-Schulte* Rn 15; **aA** [güterrechtliche Qualifikation des Verbots von Arbeitsverträgen zwischen Ehegatten nach *niederländischem* Recht] aber FG Düsseldorf RIW 87, 644). Unter Geltung der EuGüVO liegt demgegenüber wiederum eine güterrechtliche Qualifikation nahe.

312

III. Anhang: Allgemeine Ehewirkungen: EGBGB Art 14   **659–663**   **B**

Soll hingegen mit einem Schenkungsverbot oder der Einschränkung der freien Widerruflich-**659** keit von Ehegattenschenkungen die Vermögensverteilung zwischen den Ehegatten beeinflusst werden, so spricht dies auch im autonomen deutschen IPR für eine güterrechtliche Qualifikation (vgl OLG Frankfurt FamRZ 13, 1490 = IPRax 14, 443 m zust Anm *Nordmeier* 411/416 ff [*Portugal*]). Aus diesem Grunde wurde auch das in den romanischen Rechten lange Zeit geltende **Verbot von Gesellschaftsverträgen** zwischen Ehegatten überwiegend güterrechtlich einge-ordnet, weil es vor allem eine Umgehung güterrechtlicher Vorschriften (zB das Verbot von Eheverträgen nach Eheschließung) verhindern sollte (RGZ 163, 367/376; OLG Stuttgart NJW 58, 1972; Pal/*Thorn* Rn 25; MüKoBGB/*Looschelders* Rn 25; Staud/*Mankowski* Rn 269). In *Frankreich* können heute allerdings auch Ehegatten Gesellschaftsverträge miteinander schließen, sofern sie nicht beide uneingeschränkt gesamtschuldnerisch für die Gesellschaftsverbindlichkeiten haften (vgl Art 1832-1 Cc).

f) Morgengabe. Besondere Qualifikationsprobleme wirft die Qualifikation der Morgen- oder **660** Brautgabe (*„mahr"*) der islamischen Rechte auf, bei welcher der Ehemann seiner Frau anlässlich der Eheschließung die Zahlung einer bestimmten Geldsumme verspricht, die meist in einem Teilbetrag schon bei Eheschließung und im Übrigen bei Auflösung der Ehe durch Scheidung oder Tod zu begleichen ist. In Rechtsprechung und Lehre wird sowohl eine **unterhaltsrecht-liche** (OLG Hamm FamRZ 16, 1926/1929 = NZFam 16, 1035 m krit Anm *Althammer* [Abendgabe]; OLG Saarbrücken FamRZ 06, 1378; OLG Celle FamRZ 98, 374/375; OLG Düsseldorf FamRZ 98, 623 f; KG FamRZ 88, 296; näher → C Rn 529 f) als auch eine **güter-rechtliche** Qualifikation vertreten (OLG Köln FamRZ 07, 1559; OLG Bremen FamRZ 80, 606; *Wurmnest*, RabelsZ 71 [2007] 527/553 ff; Soe/*Schurig* Rn 48; BeckOK-BGB/*Mörsdorf-Schulte* Rn 20; NK-BGB/*Andrae* Rn 87; s o → Rn 557 ff). Daneben wird auch für die Ein-ordnung als formfreier familienrechtlicher Vertrag *sui generis* plädiert, der neben den nachehe-lichen Unterhalt und das Güterrecht tritt (*Yassari* IPRax 11, 63 ff).

Der **BGH** hat sich demgegenüber für eine Einordnung des Anspruchs auf eine noch nicht **661** geleistete Morgengabe während bestehender Ehe als **allgemeine Ehewirkung** entschieden, der auch im Falle eines Statutenwechsels (zB durch Einbürgerung der Ehegatten oder ihre Anerkennung als Asylberechtigte) nach Maßgabe des nunmehr anwendbaren deutschen Rechts durchsetzbar bleibe (BGHZ 183, 287 Rn 14 ff = FamRZ 10, 533 m zust Anm *Henrich;* ebenso schon früher OLG Stuttgart NJW-RR 08, 742 und NJW-RR 09, 585; OLG Zwei-brücken FamRZ 07, 1555; OLG Köln FamRZ 06, 1380/1381; OLG Nürnberg FamRZ 01, 1613; zust Staud/*Mankowski* Rn 273 ff; J/H/*Henrich* Rn 6; Pal/*Thorn* Rn 18; MüKoBGB/ *Looschelders* Art 15 Rn 54 ff; krit hingegen *Wurmnest* JZ 10, 736; *Yassari* IPRax 11, 63 ff; MüKoBGB/*Looschelders* Rn 109). Dieser Qualifikation folgt seither die überwiegende Recht-sprechung (OLG Frankfurt FamRZ 17, 357/358 = NZFam 16, 1112 mAnm *Finger;* OLG Köln FamRZ 16, 720/721; OLG Köln FamRZ 15, 1605 f und NJW 16, 649 Rn 9 ff m Anm *Pabst* NZFam 16, 40; KG FamRZ 15, 1607/1608 m krit Anm *Yassari;* OLG Hamm NJOZ 13, 1066; AG Lüdenscheid FamRZ 16, 1361).

Wird die Morgengabe hingegen erst **aus Anlass der Ehescheidung** gefordert und kann ein **662** unterhalts- oder güterrechtlicher Zweck nicht festgestellt werden, so kommt auch eine Qualifi-kation als scheidungsrechtliche Nebenfolge iSv Art 17 Abs 1 in Betracht (Erman/*Hohloch* Rn 334; offengelassen von OLG Köln aaO; näher → A Rn 551 ff). Wegen der verbleibenden Unsicherheiten empfiehlt sich bei der Zusage größerer Geldbeträge als Morgengabe im Inland in jedem Fall eine notarielle Beurkundung (J/H/*Henrich* Rn 7). In diesem Fall wird sich der mit der Beurkundung beauftragte Notar an der vom BGH vertretenen Qualifikation als allgemeiner Ehewirkung zu orientieren haben. Gilt danach *deutsches* Recht, so ist das Versprechen der Morgengabe als wirksame vertragliche Verpflichtung zu betrachten, deren Inhalt im Wege der (notfalls ergänzenden) Vertragsauslegung zu ermitteln ist (BGH FamRZ 87, 463/466; OLG Stuttgart FamRZ 08, 1756/1757; *Yassari* FamRZ 15, 1610). Insbesondere verstößt eine Morgen-gabe, wenn sie nicht in exorbitanter Höhe versprochen wird, nicht gegen den deutschen *ordre public* (OLG Frankfurt FamRZ 17, 357/358 f; OLG Köln NJW 16, 649 Rn 16 ff m Anm *Pabst* NZFam 16, 40; AG Lüdenscheid FamRZ 16, 1361/1362; **aA** AG Darmstadt FamRZ 15, 408/ 409 m abl Anm *Henrich*).

In ab dem 29.1.2019 geschlossenen Ehen fallen auch Morgengabeversprechen hingegen unter **663** den weiten **Begriff des Ehegüterrechts in Art 3 lit a EuGüVO** fallen und sind daher nach Maßgabe der Art 20 ff dieser Verordnung anzuknüpfen sein (*Dutta* FamRZ 16, 1673/1574; *Henrich* ZfRV 16, 171/174; *Weber* DNotZ 16, 659/665).

313

B 665–667   1. Teil. Erkenntnisverfahren B. Güterrechtssachen

664   Das türkische Rechtsinstitut der „*Mehir*" ist keine Morgengabe im vorgenannten Sinne und
wird deshalb überwiegend schuldrechtlich eingeordnet (OLG Nürnberg FamRZ 01, 1613;
OLG Stuttgart FamRZ 08, 1756; OLG Düsseldorf FamRZ 09, 1626; NK-BGB/*Andrae* Rn 90;
PWW/*Martiny* Rn 7).

4. Verkehrsschutz

EGBGB Art 16 Schutz Dritter

(1) *(abgedruckt und kommentiert → Rn 563 ff)*

(2) **Auf im Inland vorgenommene Rechtsgeschäfte ist § 1357, auf hier befindliche
bewegliche Sachen § 1362, auf ein hier betriebenes Erwerbsgeschäft sind die
§§ 1431 und 1456 des Bürgerlichen Gesetzbuchs sinngemäß anzuwenden, soweit diese
Vorschriften für gutgläubige Dritte günstiger sind als fremde Recht.**

665   **a) Allgemeines.** Während die EuGüVO in Art 28 eine einheitliche Regelung zum Schutz
Dritter enthält, die sowohl den Schutz gegenüber den Wirkungen eines ausländischen Güterstands ieS wie auch gegenüber unbekannten sonstigen vermögensrechtlichen Wirkungen der
Ehe (zB Schlüsselgewalt, Verfügungsbeschränkungen betr die Ehewohnung oder Haushaltsgegenstände, Interzessionsverbote) umfasst (→ Rn 372 ff), unterscheidet das autonome deutsche Kollisionsrecht zwischen dem Verkehrsschutz gegenüber güterrechtlichen Beschränkungen in Art 16
Abs 1 (→ Rn 563 ff) und gegenüber den anschließend behandelten Beschränkungen der gegenseitigen Vertretungsbefugnis von Ehegatten und sonstigen aus einem ausländischen Ehewirkungsstatut folgenden Beschränkungen in Art 16 Abs 2.

666   **b) Beschränkungen der Schlüsselgewalt.** Gegenüber den nach ausländischem Ehewirkungsstatut bestehenden Beschränkungen der gegenseitigen Vertretungsbefugnis von Ehegatten
bei Rechtsgeschäften im Interesse des gemeinsamen Haushalts wird der inländische Verkehr
geschützt, wenn das **Rechtsgeschäft im Inland vorgenommen** wurde. Für diesen Fall gelten
nach Abs 2 im Verhältnis zu gutgläubigen Dritten die deutschen Vorschriften über die Schlüsselgewalt (§ 1357 BGB) sinngemäß, sofern sie dem Dritten günstiger sind als das fremde Recht.
Gutgläubig sind die Dritten dann, wenn sie die Geltung ausländischen Rechts weder kannten
noch grob fahrlässig nicht kannten (Staud/*Mankowski* Rn 59; Soe/*Schurig* Rn 20). Im Inland
vorgenommen wird ein Rechtsgeschäft nur dann, wenn sich im Zeitpunkt des Vertragsschlusses
beide Vertragsparteien (bzw ihre Vertreter) im Inland aufhalten. Da Art 16 Abs 2 – wie Art 13
Rom I-VO – für internationale Distanzgeschäfte keinen Verkehrsschutz gewährt, reicht die
Anwesenheit nur einer Vertragspartei im Inland nicht aus (*G Fischer* 166; MüKoBGB/*Looschelders*
Rn 40; Erman/*Hohloch* Rn 19; Staud/*Mankowski* Rn 61; für Anwendung der Vorschrift auf
internationale Distanzgeschäfte in Analogie zu Art 11 Abs 2 und 3 EGBGB hingegen Pal/*Thorn*
Rn 3; wohl auch Soe/*Schurig* Rn 9). Auch durch eine Rechtswahl kann die Geltung des
Verkehrsschutzes nach deutschem Recht nicht herbeigeführt werden, weil das deutsche interna-
tionale Eherecht eine Wahl des Ehewirkungsstatuts in einem Vertrag zwischen einem der
Ehegatten und einem Dritten nicht zulässt (*Jayme* IPRax 93, 80/81; Staud/*Mankowski* Rn 52;
aA BGH NJW 92, 909 = IPRax 93, 97 m abl Anm *Jayme* 80).

667   Nach Art 16 Abs 2 hat das deutsche Gericht von Amts wegen einen **Günstigkeitsvergleich**
vorzunehmen (MüKoBGB/*Looschelders* Rn 30; *Kropholler,* IPR § 45 V 2; *Jayme* IPRax 93, 80 f).
Zu diesem Zweck hat es die in beiden Rechten enthaltenen Regeln über die Vertretungsmacht
und Haftung nicht abstrakt gegeneinander abzuwägen; erforderlich ist vielmehr eine **konkrete
Betrachtungsweise** (*G Fischer* 167; MüKoBGB/*Looschelders* Rn 41; Staud/*Mankowski* Rn 55;
Kropholler, IPR § 45 V 2). Das inländische Recht ist dem Dritten daher günstiger, wenn es eine
Haftung des am Vertragsschluss nicht beteiligten Ehegatten für die vom anderen eingegangene
Verpflichtung begründet, während dies nach dem ausländischen Ehewirkungsstatut nicht der Fall
ist. Steht fest, dass die Inanspruchnahme beider Ehegatten nach deutschem Recht (§ 1357 BGB)
begründet ist, so erübrigt sich also bereits der Vergleich mit dem ausländischen Recht (Staud/
Mankowski Art 15 Rn 56). In diesem Fall kann sich der Dritte auch nicht auf das für ihn
ungünstigere ausländische Recht berufen, weil ihn das Geschäft inzwischen reut; ein Wahlrecht
des Dritten besteht insoweit nicht (Staud/*Mankowski* Art 15 Rn 56; *Jayme* IPRax 93, 81; **aA**
Pal/*Thorn* Rn 3). Ist hingegen zweifelhaft, welches Recht dem Dritten günstiger ist, so sollte
dieser das von ihm bevorzugte Recht wählen dürfen (MüKoBGB/*Looschelders* Rn 28 aE; Staud/
Mankowski Rn 57 f). Dies gilt insbesondere bei der Vornahme *einseitiger Rechtsgeschäfte,* die nach

314

III. Anhang: Allgemeine Ehewirkungen: EGBGB Art 16   **668–670 B**

deutschem Recht wirksam, nach ausländischen Recht hingegen unwirksam sind (oder umgekehrt), sowie bei Rechtsgeschäften, die zwar nach beiden Rechten gültig sind, aber unterschiedliche Wirkungen haben.

c) Sonstige allgemeine Beschränkungen durch die Ehe. In welchem Umfang der inländische Rechtsverkehr auch gegen solche **Beschränkungen der Verpflichtungs- oder Verfügungsbefugnis** von Ehegatten geschützt ist, die als persönliche Ehewirkungen zu qualifizieren sind (→ Rn 649 ff), regelt Art 16 nicht ausdrücklich. Denn Abs 1 betrifft lediglich die Wirkungen ausländischer Güterstände, während Abs 2 die Geltung des ausländischen Rechts nur in Bezug auf die Schlüsselgewalt und die Eigentumsvermutungen einschränkt. Auch Art 13 Rom I-VO greift weder unmittelbar noch entsprechend ein, weil die Beschränkungen nicht die allgemeine Geschäfts- und Handlungsfähigkeit betreffen und sich deshalb nicht aus dem Personalstatut des handelnden Ehegatten ergeben, sondern persönliche Ehewirkungen darstellen (Staud/*Hausmann* Art 12 Rn 44 f; Staud/*Mankowski* Rn 87; Staud/*Mansel* Art 43 Rn 1009; Erman/*Hohloch* Art 12 Rn 11; **aA** LG Aurich FamRZ 90, 776 = IPRax 91, 341 m abl Anm H *Roth* 320; *Liessem* NJW 89, 500 f; *G Fischer* NJW 89, 171 ff; Pal *Thorn* Art 13 Rom I-VO Rn 3; Soe/*Schurig* Rn 21). Art 16 Abs 2 ist jedoch der **allgemeine Rechtsgedanke** zu entnehmen, dass ausländisches Eherecht dem inländischen zu weichen hat, wenn die vermögensrechtlichen Interessen eines gutgläubigen Dritten unmittelbar berührt sind und das abgeschlossene Geschäft eine hinreichende Beziehung zum Inland aufweist (Staud/*Hausmann* Art 12 Rn 34 f; Staud/*Mankowski* Rn 88; Staud/*Mansel* Art 43 Rn 1010; *Kropholler*, IPR § 45 V 2). Ist ein Vertrag daher im Inland abgeschlossen worden, so wird ausländisches Ehepersonenrecht in demselben Umfang durch deutsches Recht verdrängt, wie dies Art 16 Abs. 2 für die Fälle der §§ 1357, 1362 BGB ausdrücklich vorsieht.

In gleicher Weise können gutgläubige Dritte sich auch gegenüber **Interzessionsverboten** **669** oder sonstigen Verpflichtungsbeschränkungen, die ein ausländisches Ehewirkungsstatut anordnet (zu diesen → Rn 649 ff), auf das ihnen günstigere deutsche Recht berufen (*Bader* MittRhNotK 94, 161/163; *H. Roth* IPRax 91, 320 ff; *v Bar*, IPR II Rn 189; *Kropholler*, IPR § 45 V 2; *Kegel*/*Schurig*, IPR § 20 V 4 aE; Erman/*Hohloch* Art 12 Rn 11; Pal/*Thorn* Rn 3; BeckOK-BGB/*Mörsdorf-Schulte* Rn 56; NK-BGB/*Sieghörtner* Rn 11). Dieser Schutz entfällt auch bei leicht fahrlässiger Unkenntnis des Dritten nicht (*Schotten* DNotZ 94, 683 f. Vgl auch – zum niederländischen Recht – HR NJ 90, 268; IPG 1996 Nr 26 [Köln]). Schränkt das ausländische Ehewirkungsstatut hingegen die Vertragsfreiheit von Ehegatten nur in deren **Innenverhältnis** ein (→ Rn 657 ff), so sind diese Beschränkungen auch dann zu beachten, wenn das Rechtsgeschäft im Inland vorgenommen worden ist, weil ein Verkehrsschutzbedürfnis insoweit nicht besteht (Soe/*Schurig* Art 14 Rn 57).

Unter der Geltung der **EuGüVO** beurteilt sich der Schutz des Rechtsverkehrs gegen Beschränkungen der Schlüsselgewalt wie gegen Beschränkungen der Verpflichtungs- oder Verfügungsbefugnis von Ehegatten, die bisher als allgemeine Ehewirkungen iSv Art 14 EGBGB qualifiziert wurden, nach den gleichen Regeln wie der Verkehrsschutz auf dem Gebiet des Ehegüterrechts im engeren Sinne, weil die Verordnung von einem einheitlichen Regime für alle vermögensrechtlichen Ehewirkungen ausgeht. Maßgebend ist daher die Verkehrsschutznorm des Art 28 EuGüVO (dazu → Rn 372 ff). Diese gilt allerdings nach der Übergangsvorschrift des Art 69 Abs 3 EuGüVO nur zum Schutz vor Beschränkungen von Ehegatten, die ab dem 29.1.2019 geheiratet haben sowie für den Schutz vor einer nach diesem Stichtag getroffenen Rechtswahl zwischen Ehegatten, die schon zuvor geheiratet hatten.

315

C. Unterhaltssachen

Übersicht

	Rn.
I. Internationale Zuständigkeit	1
1. Einführung	1
2. EU-Recht	
EuUntVO (Text-Nr 160)	19
Vorbemerkung	19
Kap.I: Geltungsbereich und Begriffsbestimmungen (Art 1–2)	34
Kap. II: Zuständigkeit (Art 3–14)	72
Kap. IX: Allgemeine und Schlussbestimmungen (Art 65–76)	313
3. Staaatsverträge	
Überblick	338
a) LugÜ 2007 (Text-Nr 170)	339
Vorbemerkung	339
Titel I: Awendungsbereich (Art 1)	354
Titel II: Zuständigkeit (Art 2–4, 5 II, 6, 22 Nr 5, 23–28, 30–32)	356
Titel V: Allgemeine Vorschriften (Art 59–60, 62)	400
Titel VI: Übergangsvorschriften (Art 63 I)	405
Titel VII: Verhältnis zur EuGVVO: (Art 64 I, II, 67)	409
Titel VIII: Schlussvorschriften (Art 69–79)	413
b) HUÜ 2007 (Text-Nr 180)	414
Vorbemerkung	414
Kap. IV: Einschränkung bei Verfahrenseinleitung (Art 18)	416
4. Autonomes Zivilverfahrensrecht	417
Überblick	417
a) AUG (Text-Nr 190)	420
Kap. 1: Allg Teil (§§ 1–2, 25–29)	420
Kap. 4: Entscheidungen deutscher Gerichte; Mahnverfahren (§§ 70–75)	442
Kap. 5: Kosten; Übergangsvorschriften (§§ 76, 77 III)	460
b) FamFG (Text-Nr 200)	461
Vorbemerkung	
Buch 1. Abschnitt 4: Einstweilige Anordnung (§ 50)	463
Buch 1. Abschnitt 9: Verfahren mit Auslandsbezug (§§ 97, 98 III, 105 iVm § 232)	464
II. Internationales Privatrecht	472
1. Einführung	472
2. EU-Recht	486
EuUntVO (Text-Nr 210)	486
Kap. III: Anwendbares Recht (Art 15)	487
3. Staaatsverträge	488
Überblick	488
a) HUP 2007 (Text-Nr 220)	488
Vorbemerkung	489
Anwendungsbereich (Art 1)	521
Anwendbares Recht (Art 2–10)	557
Geltungsbereich des Unterhaltsstatuts (Art 11)	705
Allgemeine Bestimmungen (Art 12–17)	741
Verhältnis zu anderen Rechtsinstrumenten (Art 18–19)	773
Übergangs- und Schlussbestimmungen (Art 22–27)	782
b) HUntÜ 1973 (Text-Nr 230)	788
Vorbemerkung	788
Text (Art 1–27)	791
c) HKUntÜ 1956 (Text-Nr 240)	795
Vorbemerkung	795
Kommentierung (Art 1–12)	800
d) Deutsch-iranisches Niederlassungsabkommen (Text-Nr 250)	
Art 8 III	809
4. Autonomes Kollisionsrecht	817
EGBGB (Text-Nr 260)	
Art 3, 18 aF	

317

C
1. Teil. Erkenntnisverfahren C. Unterhaltssachen

III. Zugang zum Recht 820
  1. Einführung 820
  2. EU-Recht 823
    EuUntVO (Text-Nr 270) 823
    Kap. V: Zugang zum Recht (Art 44–47) 823
  3. Autonomes Zivilverfahrensrecht 838
    AUG (Text-Nr 280) 838
    Vorbemerkung 838
    Kap I: Allgemeiner Teil (§§ 20–24) 839

Der Abschnitt C beschränkt sich auf die Behandlung von Unterhaltssachen im **Erkenntnis-verfahren,** nämlich auf Fragen der internationalen Zuständigkeit (→ Rn 1 ff), des anwendbaren Rechts (→ Rn 472 ff) und des Zugangs zum Recht (→ Rn 820 ff). Die **Anerkennung und Vollstreckung** ausländischer Entscheidungen in Unterhaltssachen wird im **Abschnitt M,** die internationale **Behördenzusammenarbeit** im **Abschnitt T** dargestellt.

I. Internationale Zuständigkeit

Schrifttum: *Andrae,* Zum Verhältnis der Haager Unterhaltskonvention 2007 und des Haager Protokolls zur geplanten EU-Unterhaltsverordnung, FPR 08, 196; *dies,* Der Unterhaltsregress öffentlicher Einrichtungen nach der EuUntVO, dem HUÜ 2007 und dem HUP, FPR 13, 38; *Arnold,* Entscheidungseinklang und Harmonisierung im internationalen Unterhaltsrecht, IPRax 12, 311; *Barnes / Hammond,* International Child Maintenance (2012); *Bartl,* Die neuen Instrumente zum IPR des Unterhalts auf internationaler und europäischer Ebene (2012); *Beaumont,* International Family Law in Europe – the Maintenance Project, the Hague Conference and the EC: A Triumph of Reverse Subsidiarity, RabelsZ 73 (2009) 509; *Beaumont / Hess / Walker / Spancken* (Hrsg), The Recovery of Maintenance in the EU and Worldwide (2014); *Borrás,* The necessary flexibility in the application of the new instruments on maintenance, Liber Amicorum K. Siehr (2010) 173; *Brückner,* Unterhaltsregress im internationalen Privat- und Verfahrensrecht (1994); *Coester-Waltjen / Lipp / Schumann / Veit,* Europäisches Unterhaltsrecht. Die Bedeutung der Haager Übereinkommen und der UnterhaltsVO für das deutsche und englische Recht (2010); *Dörner,* Internationales Unterhaltsrecht, Internationales Unterhltsverfahrensrecht, in: Eschenbruch/Schürmann/Menne (Hrsg), Der Unterhaltsprozess, 6. Aufl (2013); *Eichel,* Neuer Schwung für das Mahnverfahren als Option der grenzüberschreitenden Anspruchsverfolgung, FamRZ 11, 1441; *Eschenbruch / Schürmann / Menne,* Der Unterhaltsprozess, 6. Aufl (2013); *Fuchs,* Begriff „Unterhaltsberechtigter" in Art 5 Nr 2 EuGVÜ geklärt, IPRax 98, 327; *Gebauer,* Auslegung des zuständigkeitsrechtlichen Begriffs der Unterhaltsache, LMK 08, 258619; *Harten / Jäger-Maillet,* Wenn Kindesunterhaltsansprüche übergegangen sind: Durchsetzung im Ausland, JAmt 08, 413; *Hau,* Fallstudie zur internationalen Durchsetzung von Unterhaltsforderungen, FamRBint 12, 19; *Hausmann,* Der Unterhaltsbegriff in Staatsverträgen des internationalen Privat- und Verfahrensrechts, IPRax 90, 382; *Heiderhoff,* Wann ist ein „Clean Break" unterhaltsrechtlich zu qualifizieren?, IPRax 11, 156; *Hirsch,* Neues Haager Unterhaltsübereinkommen – Erleichterte Geltendmachung und Durchsetzung von Unterhaltsansprüchen über Ländergrenzen hinweg, FamRBint 2008, 70; *Janzen,* Die neuen Haager Übereinkünfte zum Unterhaltsrecht und die Arbeiten an einer EG-Unterhaltsverordnung, FPR 2008, 218; *Janzen,* Die neuen Haager Übereinkünfte zum Unterhaltsrecht und die Arbeiten an einer EU-Unterhaltsverordnung, FPR 08, 218; *Jayme,* Fragen der internationalen Verbundszuständigkeit, IPRax 84, 121; *ders,* Betrachtungen zur internationalen Verbundszuständigkeit, FS Keller (1989) 451; *Linke,* Die Europäisierung des Unterhaltsverfahrensrechts, FPR 06, 237; *Looschelders / Boos,* Das grenzüberschreitende Unterhaltsrecht in der internationalen und europäischen Entwicklung, FamRZ 06, 374; *Marongiú Buonaiuti,* Obbligazioni alimentari, rapporti patrimoniali tra coniugi e litispendenza tra i regolamenti „Bruxelles I" e „Bruxelles II", Riv dir int priv proc 05, 699; *Martiny,* Grenzüberschreitende Unterhaltsdurchsetzung nach europäischem und internationalem Recht, FamRZ 08, 1681; *Mast,* Unterhaltsverfahren mit Auslandsbezug, NJW 17, 1720; *Neu,* Zuständigkeit bei Regressklage einer öffentlichen Einrichtung aus übergegangenem Recht des Unterhaltsberechtigten, EuZW 04, 277; *Nimmerrichter,* Handbuch Internationales Unterhaltsrecht (Wien 2011); *Pesce,* Le obbligazioni alimentari tra diritto internazionale e diritto dell'Unione Europea (2013); *Prinz,* Das neue Internationale Unterhaltsrecht unter europäischem Einfluss (2013); *Rausch,* Grenzüberschreitender Unterhaltsrückgriff durch die öffentliche Hand, FuR 04, 337; *Riegner,* Probleme der internationalen Zuständigkeit und des anwendbaren Rechts bei Abänderung deutscher Unterhaltstitel nach dem Wegzug des Unterhaltsberechtigten ins EU-Ausland, FamRZ 05, 1799; *ders,* Die verfahrensrechtliche Behandlung von Unterhaltsverfahren mit Auslandsbezug nach dem FamFG, FPR 13, 4; *Schmidt* (Hrsg), Internationale Unterhaltsrealisierung (2011); *Schulze,* Internationale Annexzuständigkeit nach dem EuGVÜ, IPRax 99, 21; *Trenk-Hinterberger,* Der Unterhaltsregress im Europäischen Zivilprozess, EuLF 03, 87; *ders,* Der Unterhaltsregress von Sozialleistungsträgern in der Rechtsprechung des Europäischen Gerichtshofs, FS D Schwab (2005) 1081; *Wagner,* Aktuelle Entwicklungen in der europäischen justiziellen Zusammenarbeit in Zivilsachen, NJW 10, 1707; *Weller,* Zur Abgrenzung von ehelichem Güterrecht und Unterhaltsrecht im EuGVÜ, IPRax 99, 14.

I. Internationale Zuständigkeit

1–5 **C**

1. Einführung

a) EU-Recht. aa) EuUntVO. Die internationale Zuständigkeit in Unterhaltsachen richtet **1** sich in Verfahren, die ab dem 18.6.2011 vor einem deutschen Familiengericht eingeleitet wurden (Art 75 Abs 1 iVm Art 76; → Rn 333 ff), vorrangig nach dem II. Kapitel (Art 3–14) der EG-Verordnung Nr 4/2009 des Rates über die Zuständigkeit, das anwendbare Recht, die Anerkennung und Vollstreckung von Entscheidungen und die Zusammenarbeit in Unterhaltssachen v 18.12.2008 (ABl EU L 7, 1). Diese ersetzt nach Maßgabe von Art 68 Abs 1 die zuvor auch auf Unterhaltssachen anwendbare EuGVVO aF. Sie gilt in allen Mitgliedstaaten (mit Ausnahme *Dänemarks*) unmittelbar und genießt als Teil des sekundären Unionsrechts **Anwendungsvorrang** vor dem jeweiligen autonomen Zuständigkeitsrecht. Das Kapitel I zur internationalen Zuständigkeit ist im Ergebnis jedoch auch im Verhältnis zu *Dänemark* anzuwenden (→ Rn 26). In *Deutschland* wird demgemäß in Unterhaltssachen die Regelung in § 232 FamFG, soweit aus ihr nach § 105 FamFG auch die internationale Zuständigkeit abgeleitet wird (dazu → Rn 465 ff), durch die Art 3–14 EuUntVO weitgehend verdrängt.

Anders als zB in Ehesachen, wo Art 7 Abs 1 EuEheVO auf das autonome Zuständigkeitsrecht **2** des Mitgliedstaats verweist, dessen Gerichte angerufen sind, wenn sich aus der Verordnung selbst keine internationale Zuständigkeit eines Gerichts eines Mitgliedstaats ergibt (→ A Rn 123 ff), ist die Regelung der internationalen Zuständigkeit in Unterhaltssachen durch die EuUntVO **voll harmonisiert** worden und damit grundsätzlich abschließend (OLG Karlsruhe FamRZ 18, 200; OLG Düsseldorf FamRZ 13, 55; *Rauscher/Andrae* Einl EG-UntVO Rn 23). Danach sind die deutschen Gerichte insbesondere international zuständig, wenn entweder der Beklagte oder der Unterhaltsberechtigte seinen gewöhnlichen Aufenthalt im Inland hat, oder wenn über die Unterhaltssache als Nebensache zu einem Statusverfahren zu entscheiden ist, für welches die deutschen Gerichte international zuständig sind (Art 3). Darüber hinaus kann die internationale Zuständigkeit auch durch eine Gerichtsstandsvereinbarung (Art 4) oder durch rügelose Einlassung (Art 5) begründet werden. Hilfsweise sieht die Verordnung in Art 6 und 7 Auffang- und Notzuständigkeiten vor.

bb) EuGVVO aF. Für Unterhaltsverfahren, die vor dem 18.6.2011 eingeleitet worden sind, **3** gilt gemäß Art 75 Abs 1 auch nach diesem Zeitpunkt weiterhin die EG-Verordnung Nr 44/2001 des Rates über die gerichtliche Zuständigkeit und die Anerkennung und Vollstreckung von Entscheidungen in Zivil- und Handelssachen v 22.12.2000 (ABl EG 2001 L 12, 1), soweit deren räumlich-persönlicher Anwendungsbereich eröffnet ist, also wenn der Beklagte seinen Wohnsitz in einem Mitgliedstaat der EU (mit Ausnahme von *Dänemark*) hat. Die EuGVVO aF bleibt auch auf nach dem 18.6.2011 neu eingeleitete Erkenntnisverfahren insoweit anwendbar, als diese die Zwangsvollstreckung aus Unterhaltsentscheidungen iSv Art 22 Nr 5 EuGVVO aF zum Gegenstand haben.

cc) EuGVVO nF. Die EuGVVO aF ist für Verfahren, die ab dem 10.1.2015 eingeleitet **4** worden sind, durch die Verordnung (EU) Nr 1215/2012 über die gerichtliche Zuständigkeit und die Anerkennung und Vollstreckung von Entscheidungen in Zivil- und Handelssachen v 12.12.2012 (ABl EU L 351, 1) abgelöst worden. Die EuGVVO nF schließt in ihrem Art 1 Abs 2 lit e Unterhaltspflichten, die auf einem Familien-, Verwandtschafts- oder eherechtlichen Verhältnis oder auf Schwägerschaft beruhen und deshalb von Art 1 EuUntVO erfasst werden, aus ihrem sachlichen Anwendungsbereich aus. Ob deshalb auch Art 24 Nr 5 in Unterhaltssachen nicht angewendet werden kann, ist allerdings zweifelhaft, weil die EuUntVO einen Gerichtsstand der Zwangsvollstreckung in Unterhaltssachen nicht vorsieht.

dd) EuVTVO. Das Verhältnis zwischen der EuUntVO und der EG-Verordnung Nr 805/ **5** 2004 zur Einführung eines Europäischen Vollstreckungstitels für unbestrittene Forderungen v 21.4.2004 (ABl EU L 143, 15) wird in Art 68 Abs 2 EuUntVO geregelt. Danach tritt in Unterhaltssachen die EuUntVO an die Stelle der EuVTVO; dies gilt allerdings nur im Verhältnis zu den Mitgliedstaaten, die auch durch das Haager Unterhaltsprotokoll von 2007 gebunden sind. Dies sind alle EU-Mitgliedstaaten mit Ausnahme von *Dänemark* und dem *Vereinigten Königreich* (näher → Rn 491 ff). Vollstreckungstitel, die in Unterhaltssachen im *Vereinigten Königreich* ausgestellt worden sind, können daher auch weiterhin nach Maßgabe der EuVTVO in Deutschland vollstreckt werden, wenn sie deren Voraussetzungen erfüllen. Demgegenüber gilt auch die EuVTVO im Verhältnis zu *Dänemark* nicht (*Hilbig-Lugani* IPRax 12, 333/337).

319

C 6–10
1. Teil. Erkenntnisverfahren C. Unterhaltssachen

6 **ee) EuMVVO.** Die EG-Verordnung Nr 1896/2006 zur Einführung eines Europäischen Mahnverfahrens v 12.12.2006 (ABl EG L 399, 1) findet in Unterhaltssachen jedenfalls insoweit Anwendung, als Unterhaltsansprüche von den Parteien zum Gegenstand einer **Vereinbarung** oder eines Schuldanerkenntnisses gemacht worden sind (Zö/*Geimer* Art 1 Rn 11; HK-ZPO/ *Dörner* Vorbem EuUntVO Rn 6). Beruhen die Ansprüche hingegen nur auf dem **Gesetz,** so könnte gegen eine Einbeziehung in den sachlichen Anwendungsbereich der EuMVVO sprechen, dass die Verordnung in Art 2 Abs 2 lit d Ansprüche aus *außervertraglichen* Schuldverhältnissen, zu denen bei einem weiten Verständnis auch gesetzliche Unterhaltsansprüche gehören, aus ihrem Anwendungsbereich ausschließt (idS ThP/*Hüßtege* Art 2 EuMVVO Rn 2; wohl auch HK-ZPO/*Dörner* aaO). Für die Zulassung eines Europäischen Mahnverfahrens in Unterhaltssachen kann hingegen angeführt werden, dass der europäische Gesetzgeber bisher – zB in der Rom II-VO – ersichtlich von einem engeren Begriff der außervertraglichen Schuldverhältnisse ausgeht, der Unterhaltsansprüche nicht umfasst. Hätte er einen praktisch so wichtigen Bereich wie das Unterhaltsrecht aus der EuMVVO ausklammern wollen, so hätte es daher nahegelegen, dieses neben den ehelichen Güterständen und dem Erbrecht in Art 2 Abs 2 lit a ausdrücklich zu nennen, wie dies auch in Art 2 Abs 2 lit b EuGFVO geschehen ist.

7 **ff) EuGFVO.** Die EG-Verordnung Nr 861/2007 zur Einführung eines europäischen Verfahrens für geringfügige Forderungen v 11.7.2007 (ABl EU L 199, 1), die seit dem 14.7.2017 idF der Verordnung Nr 2015/2421 v 16.12.2015 (ABl EU L 341, 1) gilt, findet nach ihrem Art 2 Abs 2 lit b in Unterhaltssachen keine Anwendung.

8 **gg) EuGüVO/EuPartVO.** Sowohl die Verordnung (EU) 2016/1103 zur Durchführung der Verstärkten Zusammenarbeit im Bereich der Zuständigkeit, des anzuwendenden Rechts und der Anerkennung und Vollstreckung von Entscheidungen in Fragen des ehelichen Güterstands v 24.6.2016 (**EuGüVO,** ABl EU 2016 L 183, 1) als auch die Verordnung (EU) 2016/1104 zur Durchführung der Verstärkten Zusammenarbeit im Bereich der Zuständigkeit, des anzuwendenden Rechts und der Anerkennung und Vollstreckung von Entscheidungen in Fragen güterrechtlicher Wirkungen eingetragener Partnerschaften v 24.6.2016 (**EuPartVO,** ABl EU 2016 L 183, 30) nehmen in ihrem Art 1 Abs 2 lit c Unterhaltspflichten ausdrücklich aus ihrem sachlichen Anwendungsbereich aus (→ B Rn 29 und → I Rn 30). Die Abgrenzung wirft allerdings zT schwierige Qualifikationsfragen auf (dazu → Rn 50 ff).

9 **hh) EuErbVO.** Schließlich nimmt auch die Verordnung (EU) Nr 650/2012 über die Zuständigkeit, das anzuwendende Recht, die Anerkennung und Vollstreckung von Entscheidungen und die Annahme und Vollstreckung öffentlicher Urkunden in Erbsachen sowie zur Einführung eines Europäischen Nachlasszeugnisses v 4.7.2012 (ABl EU L 201, 107) Unterhaltspflichten in Art 1 Abs 2 lit e ausdrücklich aus ihrem sachlichen Anwendungsbereich aus. Gemeint sind allerdings nur Unterhaltspflichten, die schon zu Lebzeiten des Erblassers begründet wurden und ausnahmweise nicht mit seinem Tod erlöschen. Demgegenüber werden Unterhaltpflichten, die erst mit dem Tod des Verpflichteten entstehen, wie zB der „Dreißigste nach § 1969 BGB, von der EuErbVO erfasst (vgl zur Abgrenzung näher Dutta/Weber/*Schmidt* Art 1 EuErbVO Rn 54 ff).

10 **b) Staatsverträge.** Die EuUntVO hat gem Art 69 Abs 2 Vorrang vor Staatsverträgen in Unterhaltssachen, die nur im Verhältnis zwischen den Mitgliedstaaten gelten. Sie berührt hingegen gem Art 69 Abs 1 nicht die Anwendung solcher multi- oder bilateralen Übereinkommen, denen außer einem oder mehreren Mitgliedstaaten **auch Drittstaaten** angehören. Da Art 69 aber nur das Verhältnis zu Staatsverträgen bestimmt, die im Zeitpunkt der Annahme der EuUntVO bereits gegolten haben, trifft die Vorschrift für das Verhältnis zum **Luganer Übereinkommen von 2007** (→ Rn 339 ff) keine Regelung. Maßgebend für die Abgrenzung ist vielmehr Art 64 Abs 2 LugÜ 2007 analog. Danach wird auch das LugÜ 2007 im Verhältnis der EU-Mitgliedstaaten zueinander durch die EuUntVO vollständig verdrängt, soweit sich der sachliche Anwendungsbereich beider Rechtsinstrumente deckt und der zeitliche Anwendungsbereich der EuUntVO (Art 75; → Rn 333 ff) eröffnet ist. Das LugÜ 2007 regelt hingegen aus deutscher Sicht weiterhin die internationale Zuständigkeit in Unterhaltssachen, wenn der Beklagte seinen Wohnsitz in *Island, Norwegen* oder der *Schweiz* hat oder wenn in einem dieser Staaten ein ausschließlicher Gerichtsstand nach Art 22, 23 LugÜ begründet ist (Art 64 Abs 2 lit a LugÜ 2007; *Henrich* FamRZ 15, 1761; → Rn 410). In seinem Anwendungsbereich hat das LugÜ auch Vorrang vor dem autonomen Zuständigkeitsrecht der Vertragsstaaten.

320

I. Internationale Zuständigkeit   **11–16** **C**

Zahlreiche **weitere Staatsverträge** gelten ferner auf den Gebieten des auf Unterhaltspflichten **11**
anzuwendenden Rechts (→ Rn 474 ff), der Anerkennung und Vollstreckung ausländischer Entscheidungen in Unterhaltssachen (→ M Rn 386 ff) und der Behördenzusammenarbeit in Unterhaltssachen (→ T Rn 73 ff). Ihr Verhältnis zur EuUntVO wird in dem jeweiligen Kontext
behandelt. Auch das neue Haager Übk über die internationale Geltendmachung von Unterhaltsansprüchen von Kindern und anderen Familienangehörigen v 23.11.2007 (**HUÜ 2007,** ABl
2011 L 192, 51; → M Rn 472 ff) regelt die internationale Zuständigkeit im Erkenntnisverfahren
nicht (OLG Koblenz NJW-RR 15, 201 Rn 4; Zö/*Geimer* Art 1 Rn 13).

c) Autonomes deutsches Verfahrensrecht. Da die EuUntVO die internationale Zuständig- **12**
keit in Unterhaltssachen im Wesentlichen abschließend regelt, bleibt wegen des **Anwendungsvorrangs des EU-Rechts** für die Anwendung des deutschen autonomen Zuständigkeitsrechts
praktisch kein Raum (OLG Koblenz NJW-RR 15, 201). Etwas anderes gilt nur dort, wo die
Verordnung selbst ausdrücklich auf das nationale Recht der Mitgliedstaaten verweist. Dies trifft
gem Art 14 insbesondere auf dem Gebiet des **einstweiligen Rechtsschutzes** zu (→ Rn 299 ff).
Da das FamFG wegen des umfassenden Anwendungsbereichs der EuUntVO die internationale
Zuständigkeit in Unterhaltssachen nicht eigenständig regelt, ist insoweit gem § 105 FamFG auf
die Vorschriften über die örtliche Zuständigkeit (§ 232 FamFG) zurückzugreifen, die dann
zugleich die internationale Zuständigkeit indizieren (→ Rn 465 f).

d) Prüfungsreihenfolge. Für die Prüfung der internationalen Zuständigkeit der deutschen **13**
Gerichte in Unterhaltssachen bietet sich daher folgende Reihenfolge an:
(1) Ist für das Verfahren die EuUntVO oder das LugÜ 2007 maßgebend? Auf das Verhältnis
der beiden Rechtsinstrumente ist Art 64 Abs 2 LugÜ analog anzuwenden (näher → Rn 410).
Danach ist zu fragen:
(2) Hat der **Antragsgegner** seinen Wohnsitz in *Island,* in *Norwegen* oder in der *Schweiz?* **14**
Wenn ja, dann bestimmt sich die internationale Zuständigkeit der deutschen Gerichte gem
Art 64 Abs 2 lit a LugÜ 2007 nach den Vorschriften dieses Übereinkommens.
Wenn nein, dann richtet sich die internationale Zuständigkeit der deutschen Gerichte grundsätzlich nach den Vorschriften der EuUntVO. Dies gilt auch dann, wenn der *Antragsteller* seinen
Wohnsitz in *Island, Norwegen* oder der *Schweiz* hat; denn der Wohnsitz des Antragstellers ist
grundsätzlich für die Abgrenzung zwischen der EuUntVO und dem LugÜ 2007 nicht relevant
(vgl aber → Rn 15 unter b).
(3) Sonderfälle zur Abgrenzung zwischen EuUntVO und LugÜ 2007: **15**
a) Unabhängig vom Wohnsitz des Antragsgegners ist das LugÜ allerdings anzuwenden, wenn
  ein Anknüpfungspunkt für eine **ausschließliche Zuständigkeit** gem Art 22 LugÜ in
  Island, Norwegen oder der *Schweiz* begründet ist. In Unterhaltssachen kommt insbesondere
  der Gerichtsstand der Zwangsvollstreckung nach Art 22 Nr 5 LugÜ in Betracht
  (→ Rn 382).
b) Weiterhin gilt das LugÜ auch dann, wenn die Zuständigkeit der Gerichte in *Island, Norwegen*
  oder der *Schweiz* nach Art 23 LugÜ **vereinbart** wurde und nur der Antragsteller seinen
  Wohnsitz in einem durch das LugÜ gebundenen Staat hat; dies auch dann, wenn der Antragsgegner seinen Wohnsitz in einem nicht durch das LugÜ gebunden Drittstaat hat.
c) Hat der Antragsgegner seinen Wohnsitz in *Island, Norwegen* oder der *Schweiz,* so sind die
  Art 22 und 23 LugÜ andererseits nach Art 64 Abs 2 lit a LugÜ auch dann anzuwenden,
  wenn der Anknüpfungspunkt für die ausschließliche Zuständigkeit in Deutschland oder in
  einem anderen EU-Mitgliedstaat liegt bzw die Zuständigkeit der Gerichte eines EU-Mitgliedstaats vereinbart wurde.
d) Abweichend von dem zu lit b und lit c Gesagten normiert Art 4 Abs 4 EuUntVO jedoch
  wiederum den Vorrang der Verordnung vor dem LugÜ für Streitigkeiten über Unterhaltspflichten gegenüber einem Kind, das noch **nicht das 18. Lebensjahr vollendet** hat, sofern
  die Gerichte *Islands, Norwegens* oder der *Schweiz* nach der Gerichtsstandsvereinbarung ausschließlich zuständig sein sollen. Allerdings ist die Kompetenz der EU für diese einseitige
  Einschränkung der Anwendung von Art 23 LugÜ fraglich (→ Rn 177 ff).

(4) Ist über die Frage der **Rechtshängigkeit** oder von im Zusammenhang stehenden Ver- **16**
fahren zu entscheiden? In diesem Fall sind die Vorschriften der Art 27, 28 LugÜ gem Art 64
Abs 2 lit b LugÜ anzuwenden, wenn identische oder im Zusammenhang stehende Klagen/
Anträge in verschiedenen Staaten, die nur Vertragsstaaten des LugÜ sind oder in einem solchen
Staat einerseits und einem Mitgliedstaat der EU andererseits erhoben worden sind (→ Rn 411).

321

C 17–20   1. Teil. Erkenntnisverfahren C. Unterhaltssachen

Demgegenüber gelten die Art 27, 28 EuUntVO, wenn beide Verfahren vor mitgliedstaatlichen Gerichten anhängig sind.

17   **(5)** Handelt es sich um ein Verfahren des **einstweiligen Rechtsschutzes?** Wenn ja, dann kann sich die internationale Zuständigkeit der deutschen Gerichte unter Beachtung der zu Art 14 EuUntVO bzw Art 31 LugÜ entwickelten Grundsätze auch aus dem nationalen Recht (§ 105 FamFG) ergeben (→ Rn 299 ff, 394 f).

18   **(6)** Ist auf das vor einem deutschen Gericht anhängige Verfahren ausnahmsweise weder die EuUntVO noch das LugÜ anwendbar? In diesem Fall richtet sich die internationale Zuständigkeit der deutschen Gerichte nach § 105 FamFG (→ Rn 465 f).

2. EU-Recht

160. Verordnung (EG) Nr 4/2009 des Rates über die Zuständigkeit, das anwendbare Recht, die Anerkennung und Vollstreckung von Entscheidungen und die Zusammenarbeit in Unterhaltssachen (EuUntVO)

Vom 18. Dezember 2008 (ABl EU 2009 L 7, 1)

Schrifttum: Vgl zunächst das allg Schrifttum → vor Rn 1; ferner; *Bittmann,* Europäische Unterhaltsverordnung, in: Gebauer/Wiedmann, 2. Aufl (2011), 2109 (Kap. 36); *Boele-Woelki/Mom,* Vereinheitlichung des internationalen Unterhaltsrechts in der Europäischen Union, – ein historischer Schritt, FPR 11, 485; *Conti,* Grenzüberschreitende Durchsetzung von Unterhaltsansprüchen in Europa (2011); *Dechamps,* Le règlment européen 4/2009 relatif aux aliments: Tentative de simplification de la résolution des litiges transfrontalières en matière d'obligations alimentaires, Rev trim dr fam 11, 801; *Dörner,* Vorschlag für eine Unterhaltspflichtenverordnung – Vorsicht bei Gebrauch der deutschen Fassung!, IPRax 06, 550; *Finger,* Verordnung EG Nr. 4/2009 des Rates (EuUnterhaltsVO), FuR 11, 254; *ders,* Die Europäische Unterhaltsverordnung und das Haager Unterhaltsprotokoll, FuR 14, 82; *Fucik,* Die neue europäische Unterhaltsverordnung, iFamZ 09, 245; *Gruber,* Die neue EG-Unterhaltsverordnung, IPRax 10, 128; *ders,* Unterhaltsvereinbarung und Statutenwechsel, IPRax 11, 559; *ders,* Abänderung ausländischer Unterhaltsentscheidungen, IPRax 16, 338; *Hau,* Die Zuständigkeitsgründe der Europäischen Unterhaltsverordnung, FamRZ 10, 516; *ders,* Die Europäische Unterhaltsverordnung und das Haager Unterhaltsprotokoll in der deutschen Rechtspraxis, ZVglRW 16, 672; *Heger,* Die europäische Unterhaltsverordnung, ZKJ 10, 52; *Heger/Selg,* Die europäische Unterhaltsverordnung und das neue Auslandsunterhaltsgesetz – Die erleichterte Durchsetzung von Unterhaltsansprüchen im Ausland, FamRZ 11,1101; *Hess/Mack,* Der Verordnungsvorschlag der EG-Kommission zum Unterhaltsrecht, JAmt 07, 229; *Junker,* Das internationale Zivilverfahrensrecht der Europäischen Unterhaltsverordnung, FS Simotta (2012) 263; *Pocar/Viarengo,* Il regolamento (CE) No 4/2009 in materia di obbligazioni alimentari, Riv dir int priv proc 09, 805; *Rauscher,* Zuständigkeitskonzentration bei Unterhaltsverfahren nach der EG-UntVO, FamFR 12, 216; *Reuss,* Unterhaltsregress revisited – Die internationale gerichtliche Zuständigkeit für Unterhaltsregressklagen nach der EuUntVO, FS Simotta (2012) 483; *Strasser,* Abänderung und Vollstreckung von Unterhaltstiteln aus dem EU-Ausland in Deutschland, FPR 07, 451; *Villati,* Obblighi alimentari e rapporti di famiglia secondo il regolamento n. 4/2009, Riv dir int priv proc 11, 731.

Vgl auch die speziellen Schrifttumsnachweise zum Anwendungsbereich → vor Rn 34, zur allgemeinen Zuständigkeit → vor Rn 89, zu Gerichtsstandsvereinbarungen → vor Rn 126, zur rügelosen Einlassung → vor Rn 180, zur Abänderung von Unterhaltstiteln → vor Rn 208, zur Rechtshängigkeit → vor Rn 235 und zum einstweiligen Rechtsschutz vor Rn 299.

Vorbemerkung

1. Entstehungsgeschichte

19   Bis zur Anwendbarkeit der EuUntVO mit Wirkung v 18.6.2011 (Art 76) waren Unterhaltsverfahren im europäischen Recht von der EuGVVO aF erfasst. Diese sah neben der allgemeinen Zuständigkeit in Art 2 Abs 1 in ihrem Art 5 Nr 2 einen speziellen Gerichtsstand für Unterhaltsverfahren vor. Die Vorschriften der EuGVVO aF gelten gem Art 75 Abs 1 EuUntVO auch weiterhin für Unterhaltsverfahren, die bis zum 17.6.2011 eingeleitet wurden. Aufgrund der Übergangsvorschriften in Art 75 (→ Rn 333 ff) hat die EuGVVO aF daher noch für einige Zeit nach Geltung der EuUntVO Bedeutung behalten.

20   In Umsetzung des „Haager Programms zur Stärkung von Freiheit, Sicherheit und Recht in der EU" v 4.5.2004 (ABl 2005 C 53, 1) hat der Rat auf seiner Tagung v 2./3. 2005 einen Aktionsplan angenommen, der auch das internationale Unterhaltsrecht umfasste (ABl 2005 C 198, 1). Parallel hierzu wurde im Rahmen der Haager Konferenz am 23.11.2007 das Übereinkommen über die Geltendmachung der Unterhaltsansprüche von Kindern und anderen Familienangehörigen

I. Internationale Zuständigkeit

21–24 C

(**HUÜ 2007;** → M Rn 472 ff) sowie das Protokoll über das auf Unterhaltpflichten anzuwendende Recht (**HUP;** → Rn 489 ff) abgeschlossen, und zwar jeweils durch die *Europäische Union* für ihre Mitgliedstaaten. Um die Durchsetzung von Unterhaltsansprüchen im Verhältnis der Mitgliedstaaten zueinander noch weiter zu erleichtern, insbesondere eine vollständige Freizügigkeit von Unterhaltitieln in der EU zu erreichen, hat der Rat dann am 18.12.2008 die Verordnung (EG) Nr 4/2009 beschlossen, die auf seit dem 18.6.2011 eingeleitete Verfahren Anwendung findet (Art 76). Diese fasst in Unterhaltssachen Vorschriften über die internationale Zuständigkeit, die Anerkennung und Vollstreckung von Entscheidungen, die Verfahrenskostenhilfe und die Zusammenarbeit der Zentralen Behörden in einem Rechtsinstrument zusammen. Demgegenüber enthält die EuUntVO bezüglich des anwendbaren Rechts in ihrem Kapitel II lediglich eine Verweisung auf das HUP, das aufgrund eines entsprechenden Ratsbeschlusses in den Mitgliedstaaten (mit Ausnahme *Dänemarks* und des *Vereinigten Königreichs*) schon seit dem 18.6.2011 einheitlich zugrunde gelegt wird, obwohl es damals völkerrechtlich noch nicht in Kraft getreten war.

2. Ziele

Hauptziel der Verordnung ist es, dem Unterhaltsberechtigten als der schwächen Partei die **21** Möglichkeit zu geben, seine Unterhaltsansprüche vor einem ihm räumlich nahen Gericht geltend zu machen und ihm damit einen wirksamen Zugang zu den Gerichten zu ermöglichen (Schlussanträge des Generalanwalts *Tizzano* vom 10.4.03, C-433/01 – *Blijdenstein*, Slg 04, I-981 Rn 27; BGH FamRZ 08, 40 Rn 14). Außerdem soll er den von ihm dort erwirkten Titel ohne weitere Formalitäten – insbesondere ohne Durchführung des zuvor nach der EuGVVO aF noch erforderlichen Exequaturverfahrens – in anderen Mitgliedstaaten der Union vollstrecken können (Erwägungsgründe 9, 10; → Anh III). Das letztgenannte Ziel wird freilich nur im Verhältnis zu den durch das Haager Unterhaltsprotokoll von 2007 gebundenen Mitgliedstaaten erreicht.

3. Anwendungsbereich

a) Sachlicher Anwendungsbereich. In sachlicher Hinsicht gilt die EuUntVO nach Art 1 **22** Abs 1 für **Unterhaltspflichten,** die auf einem Familien-, Verwandtschafts- oder eherechtlichen Verhältnis oder auf Schwägerschaft beruhen; zu Einzelheiten → Rn 41 ff. Diesbezüglich regelt die Verordnung die nachfolgend behandelte internationale und örtliche Zuständigkeit der mitgliedstaatlichen Gerichte einschließlich der Rechtshängigkeit (Art 3 ff), ferner die Anerkennung und Vollstreckung der von diesen Gerichten getroffenen Entscheidungen in anderen Mitgliedstaaten (Art 16 ff; → M Rn 48 ff), die Verfahrenskostenhilfe (Art 44 ff; → Rn 823 ff) und die Zusammenarbeit der Behörden (Art 49 ff; → T Rn 4 ff). Hinsichtlich des in Unterhaltssachen mit Auslandsberührung anwendbaren Rechts verweist die EuUntVO in Art 15 auf das Haager Unterhaltsprotokoll von 2007 (→ Rn 486 ff).

b) Persönlicher Anwendungsbereich. Der persönliche Anwendungsbereich der Zuständig- **23** keitsordnung der EuUntVO bereitet – anders als derjenige der EuGVVO nF – keine Probleme. Denn die Zuständigkeiten der Verordnung sind persönlich nicht begrenzt. Insbesondere ist es unerheblich, ob die Parteien die **Staatsangehörigkeit eines Mitgliedstaats** der Verordnung besitzen (OLG Frankfurt BeckRS 15, 18964 Rn 24; ThP/*Hüßtege* Vorb Art 1 Rn 15). Restzuständigkeiten nach nationalem Recht – wie nach der EuGVVO nF (Art 6 Abs 1) oder der EuEheVO (Art 7 Abs 1, 14) – bestehen nicht. Die EuUntVO ist demgemäß auch auf Beklagte anwendbar, die ihren Wohnsitz nicht in einem Mitgliedstaat der EU haben (öst OGH 20.4.16, unalex AT-1041). Für Beklagte mit Wohnsitz in *Island, Norwegen* oder der *Schweiz* gelten jedoch gem Art 64 Abs 2 lit a LugÜ vorrangig die Zuständigkeitsvorschriften des LugÜ (→ Rn 409 ff).

Die Anwendung der Zuständigkeitsvorschriften der EuUntVO erfordert nach nahezu einhel- **24** liger Meinung einen Auslandsbezug, dh einen **internationalen Sachverhalt.** Dies folgt insbesondere aus dem Subsidiaritätsgrundsatz des Art 5 Abs 3 EUV und daraus, dass Art 81 AEUV eine Kompetenz der EU auf dem Gebiet der justiziellen Zusammenarbeit nur für Maßnahmen „mit grenzüberschreitenden Bezügen" begründet. Demgemäß nennt auch ErwG 45 (→ Anh IV) als Ziel der Verordnung die Schaffung eines Instrumentariums zur effektiven Durchsetzung von Unterhaltsforderungen nur „in grenzüberschreitenden Situationen". Reine Inlandsfälle werden also nicht erfasst (*Gruber* IPRax 10, 128/133; ThP/*Hüßtege* Vorbem Art 1 Rn 17; offenlassend öst OGH 29.8.13, unalex AT-911). Der erforderliche Auslandsbezug wird zwar insbesondere durch den gewöhnlichen Aufenthalt eines Beteiligten hergestellt; er kann sich aber trotz gemeinsamen Aufenthalts von Verpflichtetem und Berechtigtem im Inland auch aus der ausländischen

323

C 25–29 1. Teil. Erkenntnisverfahren C. Unterhaltssachen

Staatsangehörigkeit eines Beteiligten ergeben (*Mansel/Thorn/Wagner* IPRax 12, 1/22; HK-ZPO/*Dörner* Art 3 Rn 2; ebenso zur EuGVVO aF EuGH C-327/10 – *Hypoteční banka/Lindner,* NJW 12, 1199 Rn 28 ff, 35).

25   Nicht erforderlich ist jedoch, dass dieser Auslandsbezug gerade zu einem **anderen Mitgliedstaat** besteht. Dies entspricht der heute ganz hM zur EuGVVO (EuGH C-281/02 – *Owusu,* Slg 05 I-1383 Rn 26 ff = EuZW 05, 345 [zum EuGVÜ]; Staud/*Hausmann* Rom I-VO/IntVertrVerfR Rn 33 mwN) und gilt umsomehr für die EuUntVO (öst OGH 20.4.16, unalex AT-1041; Rauscher/*Andrae* Art 3 Rn 2). Denn eine solche ungeschriebene Reduktion des räumlich-gegenständlichen Anwendungsbereichs der Verordnung würde zu erheblicher Rechtsunsicherheit führen (G/Sch/*Geimer* Art 2 EuGVVO aF Rn 111 ff). Ferner machen die Vorschriften in Art 6 und 7 zu den Auffang- und Notzuständigkeiten in Unterhaltssachen deutlich, dass auch reine Drittstaatenfälle einbezogen werden sollen (*Heger* FPR 13, 1/2; *Gruber* IPRax 10, 128/133; *Mansel/Thorn/Wagner* IPRax 10, 1/7; ThP/*Hüßtege* Vorb Art 1 Rn 18). Die Art 3 ff sind daher auch dann anzuwenden, wenn der Antragsgegner nicht in einem Mitgliedstaat wohnt (OLG Koblenz FamRZ 15, 268).

26   **c) Räumlicher Anwendungsbereich.** Da das *Vereinigte Königreich* und *Irland* von ihrer *opt-in*-Möglichkeit nach Art 4 des Protokolls zum EG-Vertrag Gebrauch gemacht haben und sich an der Anwendung der EuUntVO beteiligen (vgl ErwG 30; → Anh III), gilt die Verordnung in räumlicher Hinsicht gem Art 288 Abs 2 AEUV in allen Mitgliedstaaten der EU mit Ausnahme von *Dänemark* (vgl Art 1 Abs 2 und ErwG 48) unmittelbar. Im Verhältnis zu *Dänemark* galt das mit der EG geschlossene Parallelübereinkommen zur EuGVVO aF v 19.10.2005 (ABl EU L 299, 62) seit dem 1.7.2007 (ABl EU L 94, 70) auch in Unterhaltssachen. In Art 3 dieses Übereinkommens hatte *Dänemark* sich allerdings die Möglichkeit vorbehalten, den Inhalt der durch die EuUntVO vorgenommenen Änderungen der EuGVVO aF – dh die Ersetzung der unterhaltsrechtlichen Vorschriften der EuGVVO aF durch die EuUntVO (vgl Art 68 Abs 1 EuUntVO) – zu übernehmen. Von dieser Möglichkeit hat *Dänemark* mit Schreiben v 14.1.2009 (ABl EU L 149, 80) auch Gebrauch gemacht. Danach findet die EuUntVO – mit Ausnahme von Kapitel VI (anwendbares Recht) und Kapitel VII (Behördenzusammenarbeit) – auch im Verhältnis zwischen *Dänemark* und den übrigen EU-Mitgliedstaaten Anwendung (*Mankowski* NZFam 15, 346; *Gruber* IPRax 10, 128/131; *Mansel/Thorn/Wagner* IPRax 10, 1/7; HK-ZPO/*Dörner* vor Art 1 EuUntVO Rn 9). Vgl auch Präambel 7 der DurchführungsVO (EU) Nr 1142/2011 der Kommission v 10.11.11(ABl EU 13 L 251, 1) zur Festlegung der Anhänge X und XI zur EuUntVO, die nunmehr auch in *Dänemark* gelten. Auch die DurchführungsVO (EU) Nr 2015/228 der Kommission v 17.2.2015 (ABl EU L 49, 1) zur Ersetzung der Anhänge I bis VII zur EuUntVO wurde inzwischen in *Dänemark* umgesetzt (vgl das Abk zwischen derEU und Dänemark v 10.7.15, ABl L 182, 1).

27   Das **Hoheitsgebiet der Mitgliedstaaten** ergibt sich aus Art 355 AEUV; es umfasst neben dem jeweiligen Mutterland zT auch weitere Territorien, zB die überseeischen Départements *Frankreichs* mit Ausnahme von St Pierre et Miquelon und Mayotte (Guadeloupe, Frz.-Guayana, Martinique, Réunion, Saint-Barthélemy, Saint-Martin, vgl Art 355 Abs 1 AEUV), Madeira, die Azoren, die Kanarischen Inseln, die Balearen und Gibraltar (Art 355 Abs 3 AEUV). Für die britischen Kanalinseln, die Isle of Man und die Hoheitszonen des *Vereinigten Königreichs* auf Zypern gilt sie hingegen nicht (Art 355 Abs 5 lit b und c AEUV; zu Einzelheiten unalexK/*Hausmann* Einl Rn 39 f). Zu den möglichen Auswirkungen des **Brexit** nach Art 50 EUV vgl *Perleberg-Kölbel* FuR 16, 549; *Rieck* NZFam 16, 878.

28   **d) Zeitlicher Anwendungsbereich.** In zeitlicher Hinsicht gilt die EuUntVO auf dem Gebiet der internationalen Zuständigkeit nur für gerichtliche Verfahren, gebilligte oder geschlossene gerichtliche Vergleiche und öffentliche Urkunden, die ab dem 18. Juni 2011 eingeleitet, aufgenommen oder ausgestellt wurden (Art 75 Abs 1 iVm Art 76 S 2; vgl OLG Köln FamRZ 12, 1509 und näher → Rn 333 ff). Für zuvor eingeleitete Verfahren verbleibt es auch in den Rechtsmittelinstanzen bei der Geltung von Art 2, 5 Nr 2 EuGVVO aF (BGH NJW 13, 2597 Rn 13).

4. Verhältnis zu anderen Rechtsinstrumenten

29   Die EuUntVO verdrängt als *lex specialis* seit dem 18.6.2011 im Verhältnis der Mitgliedstaaten zueinander sowohl die EuGVVO, die in ihrer NeufassungUnterhaltspflichten gem Art 1 Abs 2 lit e ausdrücklich aus ihrem sachlichen Anwendungsbereich ausschließt (Art 68 Abs 1) als auch die EuVTVO (Art 68 Abs 2). Die Verordnung tritt jedoch gem Art 69 Abs 1 gegenüber Staats-

324

I. Internationale Zuständigkeit: EuUntVO Art 1   **C**

verträgen zurück, an denen nicht nur EU-Mitgliedstaaten, sondern auch *Drittstaaten* beteiligt sind. Wegen der Einzelheiten wird auf die Einführung zum Abschnitt C (→ Rn 1 ff) und Art 69 (→ Rn 322 ff) verwiesen.

5. Auslegung

Für die Auslegung der EuUntVO gelten die vom EuGH zu anderen Rechtsakten des **30** sekundären Gemeinschafts- und Unionsrechts auf dem Gebiet der justiziellen Zusammenarbeit – insbesondere zur EuGVVO aF – entwickelten Grundsätze entsprechend. Danach sind auch die Begriffe dieser Verordnung **autonom** unter Berücksichtigung ihrer Zielsetzung und ihrer Systematik auszulegen (ThP/*Hüßtege* Vorbem Art 1 Rn 34; dazu allg unalexK/*Hausmann* Einl Rn 46 ff m ausf Nachw). Hauptziel der Verordnung ist der Schutz des Unterhaltsberechtigten (vgl Erwägungsgründe 9, 15 und 22; → Anh III); diesem Anliegen ist daher bei einer teleologischen Auslegung der Verordnung besonders Rechnung zu tragen (*Gruber* IPRax 10, 129; HK-ZPO/*Dörner* Vorbem EuUntVO Rn 13). Darüber hinaus steht die EuUntVO in engem Zusammenhang mit dem Haager Übk über die internationale Geltendmachung der Unterhaltsansprüche von Kindern und anderen Familienangehörigen v 23.11.2007 (**HUÜ 2007**; ABl EU 2011 Nr L 192, 51; dazu → M Rn 472 ff) und mit dem Haager Protokoll über das auf Unterhaltspflichten anzuwendende Recht v 23.11.2007 (**HUP**; ABl EU 2009 L 331, 19; dazu → Rn 489 ff); diese beiden Instrumente sind daher nach dem ErwG 8 (→ Anh III) bei der Auslegung der Verordnung zu berücksichtigen, und zwar in dem Sinne, dass möglichst eine einheitliche Auslegung identischer Begriffe anzustreben ist (Rauscher/*Andrae* Einl Rn 35, 41).

Da die EuUntVO gem § 68 Abs 1 an die Stelle der EuGVVO tritt, kann im Rahmen ihrer **31** Auslegung auch auf die bisherige Rechtsprechung und Literatur zum Begriff „Unterhalt" und zu den in Art 3 EuUntVO übernommenen besonderen Zuständigkeiten nach **Art 5 Nr 2 EuGVVO aF** zurückgegriffen werden (*Gruber* IPRax 10, 128/130). Teilweise erfordert der geänderte Text der EuUntVO aber auch eine abweichende Auslegung (vgl Rauscher/*Andrae* Einl Rn 44 f zum Unterhaltsregress öffentlicher Einrichtungen).

Zweifelsfragen zur Auslegung der Verordnung können von den mitgliedstaatlichen Gerichten **32** nach Art 267 Abs 1 lit b AEUV dem EuGH zur **Vorabentscheidung** vorgelegt werden. Sie müssen vorgelegt werden, wenn sie sich im Verfahren vor einem Gericht stellen, dessen Entscheidung mit Rechtsmitteln nicht mehr angegriffen werden kann. Auf eine Vorlage kann nur verzichtet werden, wenn an der Auslegung der Verordnung vernünftige Zweifel nicht bestehen (sog *„acte clair"*-Doktrin, vgl BGHZ 167, 83 Rn 30; 174, 273 Rn 34; BGH IPRax 09, 258 Rn 13; unalexK/*Hausmann* Einl Rn 73 mwN).

6. Deutsches Ausführungsgesetz

Zur Ausführung der EuUntVO in der *Bundesrepublik Deutschland* dient das Gesetz zur Geltend- **33** machung von Unterhaltsansprüchen im Verkehr mit ausländischen Staaten (**AUG**) v 23.5.2011 (BGBl I, 898). Auf dem Gebiet der Zuständigkeit sind insbesondere die Vorschriften des 6. Abschnitts dieses Gesetzes (§§ 25–29) über ergänzende Zuständigkeitsregelungen und Zuständigkeitskonzentration (→ Rn 427 ff) von Bedeutung.

Kapitel I. Geltungsbereich und Begriffsbestimmungen

EuUntVO Art 1. Anwendungsbereich

(1) **Diese Verordnung findet Anwendung auf Unterhaltspflichten, die auf einem Familien-, Verwandtschafts-, oder eherechtlichen Verhältnis oder auf Schwägerschaft beruhen.**

(2) **In dieser Verordnung bezeichnet der Begriff „Mitgliedstaat" alle Mitgliedstaaten, auf die diese Verordnung anwendbar ist.**

Schrifttum: *Althammer,* Der Begriff der Familie als Anknüpfungspunkt im europäischen Kollisions- und Verfahrensrecht, NZFam 17, 629; *Hilbig,* Der Begriff des Familienverhältnisses in Art 1 HPUnt 2007 und Art 1 EuUntVO, GPR 11, 310; *Spickhoff,* Zur Qualifikation der nichtehelichen Lebensgemeinschaft im Europäischen Zivilprozess- und Kollisionsrecht, FS Schurig (2012) 285; *Völker,* Die islamische Morgengabe unter dem Einfluss des deutschen Scheidungsfolgenrechts, FamFR 10, 7; M *Weber,* Der sachliche Anwendungsbereich der EU-Unterhaltsverordnung, ÖJZ 11, 947; *Weller,* Zur Abgrenzung von ehelichem Güterrecht und Unterhaltsrecht im EuGüVÜ, IPRax 99, 14.

325

C 34–38   1. Teil. Erkenntnisverfahren C. Unterhaltssachen

1. Sachlicher Anwendungsbereich, Abs 1

34   **a) Unterhaltsbegriff. aa) Allgemeines.** Die Verordnung definiert den Begriff „Unterhalt"
nicht. Er ist unter Berücksichtigung der Systematik und Zielsetzung der Verordnung **autonom**
auszulegen (ErwG 11 S 2; → Anh III; *Hilbig* GPR 11, 310; Zö/*Geimer* Rn 2; HK-ZPO/*Dörner*
Rn 1; ThP/*Hüßtege* Vorb Art 1 Rn 13b; Rauscher/*Andrae* Rn 22). Dies entsprach schon für
Art 5 Nr 2 EuGVVO aF der allgM (vgl BGH NJW 13, 2597 Rn 17; BGH NJW-RR 08,
156 Rn 9; ebenso zu Art 5 Nr 2 LugÜ öst OGH 28.8.97, unalex AT-124; unalexK/*Hausmann*
Rn 6 mwN). Auf die Rechtsprechung zu dieser Vorschrift kann auch für die Auslegung von
Art 1 weiter zurückgegriffen werden (*Gruber* IPRax 10, 128/130; ThP/*Hüßtege* vor Art 1
Rn 13b; MüKoFamFG/*Lipp* Rn 4). Dem Schutzzweck der Verordnung entspricht eine **weite
Auslegung** des Begriffs „Unterhalt". Im Gesetzgebungsverfahren wurden als Unterhalt „ins-
besondere alle Anordnungen im Zusammenhang mit regelmäßigen Zahlungen oder der Zahlung
pauschaler Beträge, der Eigentumsübertragung oder des Vermögensausgleichs […], die auf der
Grundlage der jeweiligen Bedürfnisse bzw Möglichkeiten der Parteien festgesetzt werden und
die Unterhaltscharakter haben", angesehen (Bericht des Europäischen Parlaments v 26.11.2007,
Änderungsantrag 4 zu Erwägung 9). Diese Unterhaltsumschreibung erfährt insbesondere durch
die vom EuGH zur Abgrenzung vom Güterrecht aufgestellten Grundsätze (→ Rn 50 ff) sowie
durch die Defininition des Güterrechts in der EuGüVO (→ B Rn 25, 310 ff) schärfere Konturen.

35   Für die Einordnung einer Leistung als Unterhalt ist demgemäß nicht entscheidend, ob der
verfahrensgegenständliche Anspruch auf Leistung **periodischer Zahlungen** gerichtet ist oder
nicht (BGH NJW 13, 2597 Rn 17; öst OGH 28.8.97, unalex AT-124 [zu Art 5 Nr 2 LugÜ]).
Die EuUntVO ist auch dann anwendbar, wenn der Unterhaltsberechtigte eine **einmalige
Abfindung** zur Bestreitung seines Lebensunterhalts oder zur Deckung eines Sonderbedarfs
begehrt, zB die Zahlung eines Prozesskostenvorschusses nach § 1360a Abs 4 BGB für ein
Scheidungsverfahren (MüKoFamFG/*Lipp* Rn 11). Die Zuständigkeit ist auch begründet, wenn
der Unterhaltsberechtigte die Bezahlung eines einmaligen Betrags neben einer laufenden Geld-
rente fordert (G/Sch/*Geimer* Art 5 EuGVVO aF Rn 177).

36   Unter den Begriff des Unterhalts iSv Abs 1 können gemäß der autonom vorzunehmenden
Interpretation **unterschiedliche Rechtsinstitute** eines bestimmten nationalen Rechts fallen
(*Hausmann* IPRax 81, 5/7). Die Bezeichnung der Ansprüche in der jeweiligen nationalen
Rechtsordnung ist nicht maßgebend (BGH NJW 13, 2597 Rn 17; G/Sch/*Geimer* Art 5
EuGVVO aF Rn 180). Die EuUntVO ist daher bei Geltung französischen Rechts gleichermaßen für den *„devoir de secours"* (Art 212, 270 Cc), den *„devoir d'entretien"* (Art 203 Cc), die
„contributions aux charges du ménage" (Art 214 Cc) und die *„aliments"* (Art 205 ff Cc) anwendbar;
entsprechend erfasst sie im italienischen Recht sowohl die *„alimenti"* (Art 433 ff Cc) als auch den
„assegno di mantenimento" nach einer Ehetrennung (Art 146 Abs 3, 147 Cc; vgl ital Cass 1.10.09,
unalex IT-458) oder den *„assegno di divorzio"* nach einer Ehescheidung (Art 5 Legge Nr 898 v
1.12.1970; vgl Hofer/Henrich/Schwab/*Cubeddu-Wiedmann*, 139/150). Auch im spanischen
Recht gilt die EuUntVO nicht nur für *„alimentos"* (Art 142 ff Cc), sondern auch für die
„contribución a las cargas del matrimonio" (Art 90 Cc) und die *„pensión compensatoria"* zwischen
Ehegatten aus Anlass der Scheidung (Art 97 Cc; Aud Prov Barcelona 31.3.03, unalex ES-29).

37   **bb) Einzelne Leistungen.** In Betracht kommt auch die **Übertragung von Gegenständen**
des einen (ehemaligen) Ehegatten auf den anderen in (teilweiser Erfüllung der nachehelichen
Unterhaltspflicht (BGH NJW 13, 2597 Rn 17; vgl zum EuGVÜ EuGH C-220/95 – *van den
Booogard,* Slg 1997 I-1147 Rn 35 ff = IPRax 99, 35 m Anm *Weller* 14; zur EuGVVO aF G/Sch/
Geimer Art 5 Rn 172). Der weite Unterhaltsbegriff der Verordnung umfasst auch die im franzö-
sischen Recht vorgesehen **Ausgleichsleistungen** *(„prestations compensatoires")*, die nach
Art 270 ff Cc den Charakter einer pauschalen Abgeltung haben (vgl zum EuGVÜ EuGH Rs
120/79 – *de Cavel* II Slg 80, 731 = IPRax 81, 19 m Anm *Hausmann* 5; ferner BGH FamRZ 09,
1659 Rn 15 ff m Anm *Heiderhoff* IPRax 11, 156; BGH NJW 13, 2597 Rn 17; Aud Prov
Barcelona 31.3.03, unalex ES-29; *Henrich* FamRZ 15, 1761/1762).

38   Den Anspruch der Ehefrau auf die nach islamischem Recht vereinbarte **Morgengabe** hat der
BGH zwar für die Zwecke des autonomen deutschen Kollisionsrechts als allgemeine Ehewirkung
iSv Art 14 EGBGB qualifiziert (BGH FamRZ 10, 533/535; ebenso OLG Köln FamRZ 06,
1380/1381; Staud/*Mankowski* Art 14 EGBGB Rn 273) und eine unterhaltsrechtliche Qualifikation (dafür OLG Celle FamRZ 98, 374/375; KG FamRZ 88, 296) ausdrücklich abgelehnt. Er
hat freilich eingeräumt, dass die Morgengabe zumindest im Scheidungsfall auch der Versorgung

326

I. Internationale Zuständigkeit: EuUntVO Art 1   **39–44** C

der Ehefrau dient und damit eine Funktion übernimmt, die im deutschen Recht und anderen
europäischen Rechten vom nachehelichen Unterhalt erfüllt wird. Dies reicht aber nach der
Rechtsprechung des EuGH zur EuGVVO aF für eine autonome unterhaltsrechtliche Qualifikation iSd europäischen Zivilverfahrensrechts aus (vgl näher → Rn 529 f; **aA** Rauscher/*Andrae*
Rn 27c). Näher liegt freilich ab der Geltung der **EuGüVO** eine ehegüterrechtliche Qualifikation (dazu → B Rn 312, 557 ff).

Unterhalt wird auch mit einer Klage auf Erstattung der durch Zustimmung des geschiedenen **39**
Ehegatten zum sog **„begrenzten Realsplitting"** des deutschen Rechts entstandenen steuerlichen Nachteile verlangt. Denn das begrenzte Realsplitting setzt nach § 10 Abs 1 Nr 1 EStG
zwingend ein Unterhaltsverhältnis zwischen dauernd getrennt lebenden oder geschiedenen
Ehegatten voraus. Die Erstattung daraus entstandener Nachteile erweist sich daher als Nach-
wirkung eines Unterhaltsrechtsverhältnisses, für das im maßgeblichen Zeitraum die internationale Zuständigkeit der deutschen Gerichte gegeben war. Deshalb ist es für den Schuldner
dieses Anspruchs eher hinzunehmen, an seinem früheren Gerichtsstand verklagt werden zu
können, als für den Gläubiger, den Ausgleich seiner nachträglich entstandenen Nachteile nach
dem Wegzug seines (geschiedenen) Ehegatten ins Ausland vor den dortigen Gerichten geltend
machen zu müssen (BGH NJW-RR 08, 156 Rn 10 ff; Rauscher/*Andrae* Rn 23; **aA** OLG
Saarbrücken 21.7.05, unalex DE-594; Zö/*Geimer* Rn 2 aE).

cc) Klageart. Auf die Art der erhobenen Klage (Leistungs-, Feststellungs- oder Abänderungs- **40**
klage) kommt es für die Einordnung eines Verfahrens als Unterhaltssache iS der EuUntVO nicht
an (HK-ZPO/*Dörner* Rn 3; näher → Rn 93 ff). Art 1 erfasst daher auch Hilfsansprüche, wie zB
Ansprüche auf Auskunft und eidesstattliche Versicherung (näher → Rn 95).

b) Erfasster Personenkreis. aa) Allgemeines. Gemäß Abs 1 muss die Unterhaltspflicht auf **41**
einem bestimmten persönlichen Verhältnis beruhen. Die Formulierung ist Art 1 Abs 1 des
Haager Protokolls über das auf Unterhaltspflichten anzuwendende Recht (**HUP**) v 23.11.2007
(→ Rn 537 ff) und Art 1 des Haager Übereinkommens über das auf Unterhaltspflichten anzuwendende Recht (**HUntÜ**) v 2.10.1973 (→ Rn 791) entnommen. Daher kann zur Bestimmung des sachlichen Anwendungsbereichs der Verordnung auf die diesbezüglichen Materialien
und die hierzu ergangene Rechtsprechung zurückgegriffen werden (*Gruber* IPRax 10, 128/
129 f). Eine **einheitliche Auslegung** des sachlichen Anwendungsbereichs der Verordnung und
des HUP ist aufgrund der Verweisung in Art 15 auf das Protokoll (→ Rn 487) erstrebenswert.
Daher soll laut dem ErwG 8 (→ Anh III) bei der Auslegung der Verordnung dem HUP „Rechnung getragen werden". Vorrang kommt dabei der Auslegung von Art 1 HUP zu, da an diesen
völkerrechtlichen Vertrag nicht nur die Mitgliedstaaten gebunden sind, sondern die EU selbst
(Rauscher/*Andrae* Art 1 HUP Rn 2).

Auch die zur Konkretisierung der von der Verordnung erfassten Unterhaltpflichten verwen- **42**
deten **Begriffe der Verwandtschaft, Ehe und Schwägerschaft** sind *autonom* auszulegen (G/
Sch/*Reuß* IRV Rn 45 ff). Die Auslegung hat dem Ziel einer „Gleichbehandlung aller Unterhaltsberechtigten" Rechnung zu tragen (ErwG 11 S 1; → Anh III). Die Verordnung ist daher auch
dann sachlich anwendbar, wenn der Forumstaat der betreffenden Beziehung keine familienrechtliche Wirkung beimisst oder sie nicht kennt (Rauscher/*Andrae* Rn 2; G/Sch/*Reuß* Rn 45; **aA**
MüKoFamFG/*Lipp* Rn 13, der diesen Begriffen eigenständige Bedeutung abspricht und nur
vom Begriff „Familienverhältnis" ausgeht). Für den Begriff des Familienverhältnisses ist die
Auslegung hingegen streitig (→ Rn 47 ff).

bb) Eheliche Beziehung. Der Begriff der ehelichen Beziehung erfasst – in Anlehnung an **43**
Art 1 Abs 1 lit a EuEheVO (→ A Rn 31 ff) – Unterhaltsansprüche bei bestehender Ehe, anläss-
lich der Trennung ohne Auflösung des Ehebandes, wie auch solche zwischen Eheleuten nach der
Scheidung oder Ungültigerklärung ihrer Ehe (öst OGH 20.4.16, unalex AT-1041; Rauscher/
Andrae Rn 3). Auch Nichtehen oder von Beginn an nichtige Ehen können unter den Begriff der
ehelichen Beziehung subsumiert werden. Durch eine solche weite Auslegung lässt sich der
sachliche Anwendungsbereich der Verordnung ohne Rückgriff auf das in der Sache anwendbare
Recht bestimmen, das die Frage, ob ein Ehemangel vorliegt und welche statusrechtlichen Folgen
dieser hat, unterschiedlich beurteilen kann; die Prüfung dieser Vorfrage ist Sache des nach Art 3 ff
angerufenen Gerichts nach Maßgabe seines nationalen Kollisionsrechts (Rauscher/*Andrae* Rn 3).

Der Begriff der ehelichen Beziehung bezieht sich nach traditionellem Verständnis nur auf **44**
verschiedengeschlechtliche Beziehungen, die statusrechtlich als Ehen angesehen werden. Nachdem
der europäische Gesetzgeber aber in der Rom III-VO auch die inzwischen in zahlreichen

327

Mitgliedstaaten zugelassenen **homosexuellen Ehen** als „Ehen" im Sinne jener Verordnung wertet (dazu → A Rn 314 ff), sollte diese Wertung nicht nur für die EuEheVO (dazu → A Rn 32 f), sondern auch für die EuUntVO Geltung beanspruchen (ebenso *Hau* FamRZ 10, 516; *Gruber* IPRax 10, 128/130; *Junker* FS Simotta [2012] 263/264; **aA** MüKoFamFG/*Lipp* Rn 29; G/Sch/*Reuß* Rn 36). Zumindest muss es den Gerichten derjenigen Mitgliedstaaten, die – wie inzwischen auch die *Bundesrepublik Deutschland* – gleichgeschlechtliche Ehen materiell- und verfahrensrechtlich der traditionellen Ehe zwischen Mann und Frau gleichstellen, gestattet sein, sie unter den Ehebegriff der EuUntVO zu subsumieren (so auch Rauscher/*Andrae* Rn 5). Gleiches sollte auch für sonstige Formen des Zusammenlebens gelten, soweit diese hinreichend rechtlich verfestigt sind, wie zB die **eingetragene Lebenspartnerschaft** nach deutschem Recht oder die niederländische registrierte Partnerschaft von Personen verschiedenen Geschlechts, Art 80c BW (Rauscher/*Andrae* Rn 5a); in jedem Fall lassen sich diese Lebensformen unter den Begriff des Familienverhältnisses subsumieren (→ Rn 49).

45   **cc) Verwandtschaft.** Beim Verwandtenunterhalt stehen im Vordergrund die Unterhaltsansprüche zwischen Kindern und Eltern. Dies gilt auch, soweit der Kindesunterhalt durch einen eigenen Unterhaltsanspruch desjenigen Elternteils geltend zu machen ist, dem das Kind im Fall einer Trennung/Scheidung zugewiesen wurde (Rauscher/*Andrae* Rn 6; vgl etwa zum italienischen Recht BGH IPRax 87, 314/315). Der Begriff der Verwandtschaft ist weit auszulegen. Er umfasst nicht nur Unterhaltspflichten zwischen Verwandten in gerader Linie (zB zwischen dem Vater und seinem außer der Ehe geborenen Kind oder zwischen Großvater und Enkel), sondern auch in der Seitenlinie (zB zwischen Geschwistern). Ferner gehören auch die durch **Adoption** begründeten Unterhaltspflichten hierher, und zwar im Rücksicht darauf, ob es sich um eine Volladoption oder nur um eine schwache Adoption handelt (Rauscher/*Andrae* Rn 7).

46   **dd) Schwägerschaft.** Sie besteht zu den Verwandten des anderen Ehegatten und endet nicht dadurch, dass die sie begründende Ehe aufgelöst wird (vgl § 1590 BGB). Ein Ehegatte ist daher auch mit den Kindern seines Partners aus einer früheren Verbindung verschwägert. Die Verordnung ist daher auch auf Unterhaltspflichten gegenüber **Stiefkindern** anwendbar (Rauscher/*Andrae* Rn 8; MüKoFamFG/*Lipp* Rn 20).

47   **ee) Familienverhältnis.** Der Begriff des Familienverhältnisses fungiert nicht lediglich als Oberbegriff für die anderen in Abs 1 genannten persönlichen Beziehungen. Ihm kommt vielmehr bereits nach dem Wortlaut der Vorschrift **eigenständige Bedeutung** und damit auch ein über Ehe, Verwandtschaft und Schwägerschaft hinausreichender Anwendungsbereich zu (MüKoFamFG/*Lipp* Rn 19). Dafür spricht insbesondere die Entstehungsgeschichte der Vorschrift und die Orientierung des europäischen Gesetzgebers am HUÜ 2007 und am HUP (dazu eingehend Rauscher/*Andrae* Rn 9 ff). Allerdings erweist sich beim derzeitigen Stand der Rechtsvereinheitlichung in der EU eine autonome Qualifikation dessen, was als „Familienverhältnis" anzusehen ist, als äußerst schwierig. Daher wird dafür plädiert, dass das angerufene Gericht auf dem Boden seiner eigenen Qualifikationsmethode darüber befinden sollte, ob ein Familienverhältnis iSv Abs 1 gegeben ist (Rauscher/*Andrae* Rn 17 f).

48   Dies würde allerdings dazu führen, dass der sachliche Anwendungsbereich der Verordnung nicht in allen Mitgliedstaaten einheitlich bestimmt würde. Aus diesem Grunde hat der EuGH einer Anwendung der *lex fori* oder der *lex causae* daher schon für die Auslegung des nicht minder schwierigen Begriffs der „Zivilsachen" in Art 1 EuGVÜ von Anfang an eine Absage erteilt (EuGH Rs 29/76 – *LTU/Eurocontrol*, Slg 76, 1541 Rn 3 ff = NJW 77, 489 m Anm *Geimer*; unalex/K/*Hausmann* Art 1 Rn 3 ff mwN). Es ist daher zu erwarten, dass er für die Auslegung des Begriffs der „Familienbeziehungen" in Art 1 Abs 1 EuUntVO nicht anders entscheiden wird (für eine autonome Auslegung zu Recht *Althammer* NZFam 16, 629/631 ff; *Hilbig* GPR 11, 310; Zö/*Geimer* Rn 7; HK-ZPO/*Dörner* Rn 1; MüKoFamFG/*Lipp* Rn 15). Da die EuUntVO gem ihrem Art 68 Abs 1 die Vorschrift des Art 5 Nr 2 EuGVVO aF ersetzt, kann ferner davon ausgegangen werden, dass der Anwendungsbereich der Verordnung jedenfalls nicht hinter Art 5 Nr 2 EuGVVO aF zurückbleibt (*Gruber* IPRax 10, 128/130 mwN). Für Art 5 Nr 2 EuGVVO aF war aber anerkannt, dass die Vorschrift auch Unterhaltsansprüche zwischen unverheirateten Lebenspartnern umfasste, auch wenn der Forumstaat diese Ansprüche nicht unterhaltsrechtlich qualifizierte (vgl unalexK/*Hausmann* Art 5 Nr 2 Rn 7 f).

49   Als Familienverhältnisse iSv Abs 1 können daher im Wege autonomer Interpretation auch **eingetragene Lebenspartnerschaften** und **nichteheliche Lebensgemeinschaften** angesehen werden, weil schon Art 5 Nr 2 EuGVVO aF auf Unterhaltsansprüche zwischen den Part-

I. Internationale Zuständigkeit: EuUntVO Art 1   50–52 **C**

nern solcher Verbindungen anwendbar war (ThP/*Hüßtege* Vorbem Art 1 Rn 13b; Zö/*Geimer* Rn 6; *Henrich* FamRZ 15, 1761/1762; *Junker* FS Simotta [2012] 263/264; *Gruber* IPRax 10, 128/130 f mwN). Gleiches gilt für **homosexuelle Ehen,** soweit man sie nicht bereits als „eherechtliche Verhältnisse" iSv Abs 1 anerkennt (MüKoFamFG/*Lipp* Rn 30; → Rn 44). Im Ergebnis nicht anders entscheiden auch diejenigen, die sich in Verfahren vor deutschen Gerichten für eine funktionelle Qualifikation *lege fori* aussprechen (Rauscher/*Andrae* Rn 17). In den Anwendungsbereich der Verordnung fällt auch der Anspruch der **ledigen Mutter** gegen den Kindsvater nach § 1615l BGB (OLG Karlsruhe FamRZ 18, 200/201; *Riegner* FPR 13, 4/6; *Motzer* FamRBint 11, 56/57).

c) Unterhalt und Güterrecht. Für die praktisch wichtige Abgrenzung zwischen unterhalts- **50** und güterrechtlichen Ansprüchen ist auf den **Zweck der Leistung** abzustellen (Rauscher/ *Andrae* Rn 24–27). Eine Unterhaltssache ist nach der Rechtsprechung des EuGH zu Art 5 Nr 2 EuGVÜ gegeben, „wenn eine Leistung dazu bestimmt ist, den Unterhalt eines bedürftigen Ehegatten zu sichern, oder wenn die Bedürfnisse und die Mittel beider Ehegatten bei seiner Festsetzung berücksichtigt werden" (EuGH C-220/95 – *van den Boogaard,* Slg 97 I-1147 Rn 22 = IPRax 99, 35; dazu *Weller* IPRax 99, 14; ebenso BGH FamRZ 08, 40 Rn 18; BGH NJW-RR 10, 1/2 m Anm *Heiderhoff* IPRax 11, 156; MüKoFamFG/*Lipp* Rn 10, 36). Dagegen ist Verfahrensgegenstand das eheliche Güterrecht, wenn es um vermögensrechtliche Beziehungen geht, die sich unmittelbar aus der Ehe oder ihrer Auflösung ergeben (EuGH Rs 143/78 – *de Cavel I,* Slg 79, 1055 Rn 7; künftig Art 3 Abs 1 lit a EuGüVO; dazu → B Rn 310 ff), und durch die verfahrensgegenständliche Leistung nur die Güter zwischen den Ehegatten aufgeteilt werden sollen (EuGH C-220/95 aaO; ebenso BGH NJW-RR 10, 1/2). Eine Leistung, die sowohl unterhaltsrechtlichen wie auch güterrechtlichen Zwecken dient, kann damit nur teilweise der EuUntVO unterfallen. Für die **partielle Anwendbarkeit der Verordnung** muss allerdings eindeutig sein, welchem der beiden Zwecke die verschiedenen Teile einer Leistung jeweils zuzuordnen sind (BGH NJW-RR 10, 1/2; *Henrich* FamRZ 09, 1662). Einen solchen doppelten Zweck können im Einzelfall etwa englische Einmalzahlungen haben, die auf einem sog *„clean break"* beruhen (BGH NJW-RR 10, 1 ff; *Heiderhoff* IPRax 11, 156 f).

Entsprechend dieser am Zweck der Leistung orientierten Abgrenzung, die auch für die **51** EuUntVO maßgebend ist, ist die Art ihrer Erfüllung nicht entscheidend. Unterhaltsansprüche – und nicht Ansprüche aus dem ehelichen Güterrecht – liegen daher vor, wenn zur Sicherung des Unterhalts des geschiedenen Ehegatten ein **Pauschalbetrag** *(„lump sum")* verlangt wird, der für diesen ein zuvor festgesetztes Einkommensniveau auch nach der Scheidung gewährleisten soll (EuGH C-220/95 – *van den Boogaard,* Slg 97 I-1147 Rn 23; BGH NJW 13, 2597 Rn 17; OLG Celle FamRZ 09, 359). Dies trifft zB auf die *„prestations compensatoires"* des französischen Rechts zu (vgl Art 270 Abs 2 S 2 Cc) zu (EuGH C-120/79 – *de Cavel II,* Slg 80, 731 Rn 5 = IPRax 81, 19 m Anm *Hausmann* 5; *Hausmann* IPRax 90, 382/384 ff; *Fuchs* IPRax 98, 327/328; HK-ZPO/ *Dörner* Rn 2; **aA** OLG Karlsruhe NJW-RR 89, 1346; vgl Art 271 Abs 1 Cc: „*La prestation compensatoire est fixée selon les besoins de l'époux à qui elle est versée, et les ressources de l'autre […]*"). Auch der vom österreichischen Recht vorgesehene Anspruch des Kindes auf die Ausstattung mit einem angemessenen Heiratsgut anlässlich der Eheschließung ist demzufolge als Unterhaltsanspruch iSv Art 1 zu qualifizieren (vgl zu Art 5 Nr 2 EuGVVO aF/LugÜ öst OGH 28.8.97, unalex AT-124 und 14.3.06, unalex AT-265).

Gleiches kann bei einer Leistung der Fall sein, die auf einem **„*clean break*"** englischen Rechts **52** beruht (EuGH C 220/95 aaO). Da bei der Bemessung dieses Leistungsanspruchs im Einzelfall eine Vielzahl von Kriterien berücksichtigt werden können, ist er dann als Unterhalt anzusehen, wenn er den Gesamtbedarf des Ehegatten (bis zu dessen Lebensende) sichern, nicht jedoch wenn er einen gerechten Vermögensausgleich zwischen den Ehegatten schaffen soll (BGH NJW-RR 10, 1 ff; zur Abgrenzung *Botur* FPR 10, 519 f). In der englischen Praxis scheinen solche nicht unterhaltsrechtlichen Faktoren eine zunehmende Rolle zu spielen (*Heiderhoff* IPRax 11, 156 f). Der Unterhaltscharakter wird auch nicht dadurch in Frage gestellt, dass die Leistung über mehrere Jahre kapitalisiert wird (OLG Karlsruhe FamRZ 02, 839) oder der Lebensbedarf des Berechtigten dadurch gesichert wird, dass ihm das **Eigentum an bestimmten Gegenständen übertragen** wird (EuGH C-220/95 aaO, Slg 97 I-1147 Rn 25; BGH NJW 13, 2597 Rn 17; BGH NJW-RR 10, 1 Rn 16; vgl zur Abgrenzung zwischen Unterhalts- und Güterrecht in einem solchen Fall Court of Appeal [Civ Div] 14.2.11 – *Traversa/Freddi,* unalex UK-423) bzw dingliche Sicherheiten an diesen begründet werden (G/Sch/*Geimer* Art 5 EuGVVO aF Rn 178). So kann etwa der *„assegno di divorzio"* nach italienischem Scheidungsrecht durch eine einmalige

329

C 53–57　　　　　　　　　　　　　　　　　　1. Teil. Erkenntnisverfahren C. Unterhaltssachen

Abfindung erfüllt werden *(„liquidazione una tantum")*, und zwar entweder durch Zahlung eines Geldbetrages oder durch Übertragung sonstiger Vermögenswerte, wie zum Beispiel von Immobilien oder Mobilien (Art 5 Nr 8 Legge Nr 898 v 1.12.1970; dazu Hofer/Henrich/Schwab/ *Cubeddu-Wiedmann* 139/162).

53　　Ob im Lichte dieser weiten Auslegung des Unterhaltsbegriffs durch den EuGH der **schuldrechtliche Versorgungsausgleich** des deutschen Rechts nicht nur aus dem Anwendungsbereich der EuGüVO (dazu→ B Rn 32, 302), sondern auch aus demjenigen der EuUntVO ausgeschlossen ist (so G/Sch/*Geimer* Art 5 EuGVVO aF Rn 183), erscheint zweifelhaft. Hingegen ist der Anspruch nach Art 1:85 des *niederländischen* Burgerlijk Wetboek, der einen Ehegatten von der Haftung für durch den anderen Ehegatten eingegangene Verbindlichkeiten befreit, güterrechtlich zu qualifizieren und damit aus dem Anwendungsbereich der EUntVO ausgeschlossen (Rechtbank s'Hertogenbosch 9.6.08, unalex NL–795).

54　　**d) Unterhalt und Schadensersatzrecht.** Unterhalt muss nicht nur vom Güterrecht, sondern auch von anderen zivilrechtlichen Ansprüchen, insbesondere von Schadensersatzansprüchen, abgegrenzt werden. Als maßgebendes Kriterium hierfür wird angesehen, ob einer „auf ein familienrechtliches Band gestützten Zahlung Unterhaltsfunktion zukommen soll" (BGH NJW-RR 08, 156/157; *Schlosser*-Bericht Rn 96). Allerdings ist zu beachten, dass in manchen Rechtsordnungen – wie zB im *französischen* Recht (vgl Art 266 Cc, wo neben den Ausgleichsleistungen gemäß Artt 270 ff Cc auch Schadensersatz zum Ausgleich schwerwiegender Folgen der Scheidung zugesprochen werden kann) – Gesichtspunkte des Schadensersatzes bei der Bemessung des Unterhalts, den ein geschiedener Ehegatte dem anderen schuldet, Berücksichtigung finden. Für ein an der Rechtssicherheit orientiertes Zuständigkeitssystem erscheint es daher wenig sinnvoll, danach abzugrenzen, ob im Einzelfall die familienrechtliche Bande oder die Schadensersatzfunktion im Vordergrund steht (so noch der *Schlosser*-Bericht Rn 97), also nach dem überwiegenden Zweck der Leistung zu fragen, zumal sich Unterhalts- und Entschädigungsfunktion gerade im Scheidungsfolgenrecht häufig nicht trennen lassen (näher *Hausmann* IPRax 90, 382/384 ff). Es sollte daher für die Anwendbarkeit der EuUntVO genügen, wenn der Anspruch zumindest **auch Unterhaltsfunktion** hat und auf einer in Abs 1 genannten Familienbeziehung beruht (vgl G/Sch/*Geimer* Art 5 EuGVVO aF Rn 173 ff).

55　　Ausgeschlossen sind hingegen rein **deliktische** Schadensersatzansprüche, auch wenn sie – wie zB nach § 844 BGB – in Form einer Rentenzahlung gewährt werden. Ob die EuUntVO bereicherungs- oder schadensersatzrechtliche Ansprüche auf **Rückforderung zu viel gezahlten Unterhalts** erfasst, ist noch nicht geklärt (dafür *Gruber* IPRax 10, 128/131; Zö/*Geimer* Rn 8; **aA** *Junker* FS Simotta [2012] 263/265; ThP/*Hüßtege* Vorbem Art 1 Rn 13b; HK-ZPO/ *Dörner* Rn 5). Rückforderungsansprüche Dritter sind jedenfalls aus ihrem Anwendungsbereich ausgeschlossen (Rauscher/*Andrae* Rn 37).

56　　**e) Unterhaltsverträge.** Inwieweit die Zuständigkeitsvorschriften der EuUntVO in Abgrenzung zu jenen der EuGVVO aF (insb Art 5 Nr 1 EuGVVO aF) für vertragliche Unterhaltsansprüchen eingreifen, war schon unter Geltung von Art 5 Nr 2 EuGVVO aF umstritten. Dieser setzte nach dem Wortlaut der Vorschrift lediglich das Vorliegen einer Unterhaltssache voraus. Demgegenüber verlangt Art 1 Abs 1 EuUntVO, dass die Unterhaltspflicht auf einem Familien-, Verwandtschafts- oder eherechtlichen Verhältnis oder auf Schwägerschaft beruht. Trotz dieser scheinbaren Einschränkung ist die EuUntVO jedenfalls dann sachlich anwendbar, wenn ein dem Grunde nach durch einen familienrechtlichen Status **gesetzlich begründeter Anspruch nur vertraglich näher ausgestaltet** wird (öst OGH 18.11.15, unalex AT-1016; öst OGH 20.4.16, unalex AT-1041; Rauscher/*Andrae* Rn 30; ebenso schon zum EuGVÜ *Schlosser* Bericht Rn 92; zur EuGVVO aF *Martiny* IPRax 04, 195/203). Dies gilt zB für anlässlich der Scheidung vereinbarte monatliche Leistungen des Ehemannes an die Rentenversicherung der Ehefrau bis zu ihrem Eintritt in den Ruhestand, um ihre Altersversorgung aufzustocken (App Bruxelles 30.10.01, unalex BE-26; Rechtbank Alkmaar 12.1.88, unalex NL-143).

57　　Ob Klagen aus Verträgen, die **Unterhaltsansprüche konstitutiv begründen,** nur nach den Vorschriften der EuGVVO nF erhoben werden können (so HK-ZPO/*Dörner* Rn 4; G/Sch/ *Reuß* Rn 149), bedarf unter Geltung der EuUntVO einer Klärung durch Wissenschaft und Rechtsprechung. Mit dem Wortlaut von Abs 1 wäre es vereinbar, auch eine gesetzlich nicht angeordnete Unterhaltspflicht (zB gegenüber Stiefkindern), die freiwillig durch Vertrag vereinbart wird, als auf einem Familienverhältnis beruhend anzusehen, wenn die Motivation für den Abschluss des Vertrages eben diese familienähnliche Bindung war (dafür unter Geltung von Art 5 Nr 2 EuGVVO aF G/Sch/*Geimer* Art 5 Rn 171). Dementsprechend sollte es genügen, dass der

330

I. Internationale Zuständigkeit: EuUntVO Art 2   **C**

Anspruch den vorgenannten Familienbeziehungen in irgendeiner Weise zuzurechnen ist, auch wenn keine gesetzliche Unterhaltspflicht besteht oder über diese hinausgehende Verpflichtungen übernommen werden (zutr MüKoFamFG/*Lipp* Rn 26 f; vgl zum IPR schon *Hausmann* IPRax 90, 382). Für diese weite Auslegung des „Beruhens" in Abs 1 spricht, dass angesichts der wachsenden Bedeutung von Unterhaltsverträgen in der Scheidungspraxis und im Rahmen der Auseinandersetzung von nichtehelichen Lebensgemeinschaften, für welche die Rechte vieler Mitgliedstaaten noch keine nachwirkenden gesetzlichen Unterhaltsansprüche kennen, unterhaltsrechtliche Gerichtsstände auch dort eröffnet werden sollten, wo erst durch vertragliche Vereinbarung eine Unterhaltspflicht geschaffen wird. Der Normzweck der unterhaltsrechtlichen Zuständigkeitsvorschriften trifft nämlich auf die wirtschaftlich und sozial abhängige Partnerin einer nichtehelichen Lebensgemeinschaft nicht minder zu als auf die geschiedene Ehefrau (unalexK/*Hausmann* Art 5 Nr 2 EuGVVO aF Rn 12; im Erg ebenso Rauscher/*Andrae* Rn 31).

f) Regressansprüche. Für den Fall, dass der Unterhaltsschuldner seiner Unterhaltpflicht nicht **58** freiwillig nachkommt und daher ein subsidiär Unterhaltspflichtiger oder eine öffentliche Stelle leistet, sehen die Rechte der Mitgliedstaaten häufig vor, dass der Unterhaltsanspruch unter Identitätswahrung auf den (Vor-) Leistenden übergeht (Legalzession), zB §§ 1584 S 3 BGB, 91 BSHG, 94 SGB XII, 7 UnthVorschG. Andere Rechtsordnungen gewähren dem Leistenden einen eigenständigen Ersatzanspruch (*Martiny* FamRZ 04, 197 f). Die EuUntVO ist jedenfalls nicht auf **selbständige öffentlich-rechtlich ausgestaltete Regressansprüche der öffentlichen Hand** anwendbar. Auch wenn Abs 1 dies nicht explizit ausspricht, ist die Verordnung nämlich auf Zivilsachen beschränkt (Rauscher/*Andrae* Rn 44 f); an einer solchen fehlt es in diesem Fall.

Ob die EuUntVO auf **Regressklagen öffentlicher Stellen** oder von **privaten Dritten** **59** anwendbar ist, ist noch nicht geklärt (bejahend *Hau* FamRZ 10, 516/518 f; *Reuß* FS Simotta [2012] 483/484 ff; *Martiny* FamRZ 04, 429/432; Rauscher/*Andrae* Rn 33 ff und 38 ff; Zö/ *Geimer* Rn 8; **aA** *Gruber* IPRax 10, 128/137; G/W/*Bittmann* Kap 36 Rn 16). Auch wenn die Erwägungsgründe 9 und 10 (→ Anh III) explizit auf den Unterhaltsberechtigten abstellen, spricht für die Anwendbarkeit der EuUntVO auf diese Verfahren, dass es das wesentliche Ziel der Verordnung ist, alle mit der grenzüberschreitenden Durchsetzung von Unterhaltsforderungen zusammenhängenden Fragen autonom und abschließend zu regeln (Schmidt/*Hess* § 1 Rn 9; G/ W/*Bittmann* Kap 36 Rn 1). Auch Rückgriffsklagen sind daher jedenfalls dann Unterhaltssachen iSv Abs 1, wenn sie ihre Grundlage im Zivilrecht haben (vgl schon zu Art 5 Nr 2 EuGVVO aF EuGH C-271/00 – *Baten*, Slg 02 I-10489 Rn 37 = IPRax 04, 237 m Anm *Martiny* 195; unalexK/*Hausmann* Art 5 Nr 2 EuGVVO aF Rn 27 mwN). Ein Gegenschluss aus Art 64 Abs 1 (→ M Rn 340 f) ist nicht gerechtfertigt (*Reuß* aaO, 485). Zur internationalen Zuständigkeit für solche Regressklagen → Rn 108).

2. Räumlicher Anwendungsbereich, Abs 2

In räumlicher Hinsicht gilt die Verordnung auf dem Gebiet der internationalen Zuständigkeit **60** für alle EU-Mitgliedstaaten (einschließlich *Dänemark;* → Rn 26).

EuUntVO Art 2. Begriffsbestimmungen

(1) ¹Im Sinne dieser Verordnung bezeichnet der Begriff

1. **„Entscheidung" eine von einem Gericht eines Mitgliedstaats in Unterhaltssachen erlassene Entscheidung ungeachtet ihrer Bezeichnung wie Urteil, Beschluss, Zahlungsbefehl oder Vollstreckungsbescheid, einschließlich des Kostenfestsetzungsbeschlusses eines Gerichtsbediensteten. ²Für die Zwecke der Kapitel VII und VIII bezeichnet der Begriff „Entscheidung" auch eine in einem Drittstaat erlassene Entscheidung in Unterhaltssachen;**
2. **„gerichtlicher Vergleich" einen von einem Gericht gebilligten oder vor einem Gericht im Laufe eines Verfahrens geschlossenen Vergleich in Unterhaltssachen;**
3. **„öffentliche Urkunde"**
    a) ein Schriftstück in Unterhaltssachen, das als öffentliche Urkunde im Ursprungsmitgliedstaat förmlich errichtet oder eingetragen worden ist und dessen Beweiskraft
        i) sich auf die Unterschrift und den Inhalt der öffentlichen Urkunde bezieht und
        ii) durch eine Behörde oder eine andere hierzu ermächtigte Stelle festgestellt worden ist; oder

C 61 1. Teil. Erkenntnisverfahren C. Unterhaltssachen

b) eine mit einer Verwaltungsbehörde des Ursprungsmitgliedstaats geschlossene oder von ihr beglaubigte Unterhaltsvereinbarung;

4. „Ursprungsmitgliedstaat" den Mitgliedstaat, in dem die Entscheidung ergangen, der gerichtliche Vergleich gebilligt oder geschlossen oder die öffentliche Urkunde ausgestellt worden ist;

5. „Vollstreckungsmitgliedstaat" den Mitgliedstaat, in dem die Vollstreckung der Entscheidung, des gerichtlichen Vergleichs oder der öffentlichen Urkunde betrieben wird;

6. „ersuchender Mitgliedstaat" den Mitgliedstaat, dessen Zentrale Behörde einen Antrag nach Kapitel VII übermittelt;

7. „ersuchter Mitgliedstaat" den Mitgliedstaat, dessen Zentrale Behörde einen Antrag nach Kapitel VII erhält;

8. „Vertragsstaat des Haager Übereinkommens von 2007" einen Vertragsstaat des Haager Übereinkommens vom 23. November 2007 über die internationale Geltendmachung der Unterhaltsansprüche von Kindern und anderen Familienangehörigen (nachstehend „Haager Übereinkommen von 2007" genannt), soweit dieses Übereinkommen zwischen der Gemeinschaft und dem betreffenden Staat anwendbar ist;

9. „Ursprungsgericht" das Gericht, das die zu vollstreckende Entscheidung erlassen hat;

10. „berechtigte Person" jede natürliche Person, der Unterhalt zusteht oder angeblich zusteht;

11. „verpflichtete Person" jede natürliche Person, die Unterhalt leisten muss oder angeblich leisten muss.

(2) Im Sinne dieser Verordnung schließt der Begriff „Gericht" auch die Verwaltungsbehörden der Mitgliedstaaten mit Zuständigkeit in Unterhaltssachen ein, sofern diese Behörden ihre Unparteilichkeit und das Recht der Parteien auf rechtliches Gehör garantieren und ihre Entscheidungen nach dem Recht des Mitgliedstaats, in dem sie ihren Sitz hat,

i) vor Gericht angefochten oder von einem Gericht nachgeprüft werden können und

ii) eine mit einer Entscheidung eines Gerichts zu der gleichen Angelegenheit vergleichbare Rechtskraft und Wirksamkeit haben.

[1] Die betreffenden Verwaltungsbehörden sind in Anhang X aufgelistet. [2] Dieser Anhang wird auf Antrag des Mitgliedstaats, in dem die betreffende Verwaltungsbehörde ihren Sitz hat, nach dem Verwaltungsverfahren des Artikels 73 Absatz 2 erstellt und geändert.

(3) Im Sinne der Artikel 3, 4 und 6 tritt der Begriff „Wohnsitz" in den Mitgliedstaaten, die diesen Begriff als Anknüpfungspunkt in Familiensachen verwenden, an die Stelle des Begriffs „Staatsangehörigkeit".

Im Sinne des Artikels 6 gilt, dass Parteien, die ihren „Wohnsitz" in verschiedenen Gebietseinheiten desselben Mitgliedstaats haben, ihren gemeinsamen „Wohnsitz" in diesem Mitgliedstaat haben.

1. Entscheidung, Abs 1 Nr 1

61   Die Definition der „Entscheidung" ist Art 32 EuGVVO aF, Art 4 Nr 1 EuVTVO entnommen. Ergänzend kann daher auf die Rechtsprechung zu diesen Vorschriften zurückgegriffen werden. Danach ist der Begriff der Entscheidung autonom und **weit auszulegen;** die Aufzählung in Nr 1 ist daher nicht abschließend (MüKoFamFG/*Lipp* Rn 3; G/W/*Bittmann* Kap 36 Rn 21). Erfasst sind nicht nur Endurteile in Unterhaltsverfahren, sondern – wie der Hinweis auf den Zahlungsbefehl und den Vollstreckungsbescheid zeigt – auch Entscheidungen im Mahnverfahren, ferner nur vorläufig vollstreckbare Entscheidungen (vgl Art 39), Entscheidungen auf dem Gebiet des einstweiligen Rechtsschutzes (vgl Art 14; dazu → Rn 299 ff) und Kostenfestsetzungsbeschlüsse (HK-ZPO/*Dörner* Rn 3). Der Begriff des Gerichts ist in Abs 2 teilweise erläutert. Nur für die Zwecke der Kapitel VII (Zusammenarbeit der Zentralen Behörden) und VIII (Öffentliche Aufgaben wahrnehmende Einrichtungen) umfasst der Begriff „Entscheidung" nach Satz 2 auch in einem *Drittstaat* erlassene Entscheidungen in Unterhaltssachen.

332

I. Internationale Zuständigkeit: EuUntVO Art 2   **62–67**   **C**

2. Gerichtlicher Vergleich, Abs 1 Nr 2

Auch die Definition des „gerichtlichen Vergleichs" lehnt sich an Art 58 EuGVVO aF an. **62** Erfasst werden gleichermaßen der von einem Gericht gebilligte wie der von den Parteien im Laufe eines Unterhaltsverfahrens vor Gericht geschlossene und von diesem lediglich protokollierte Vergleich. Dieser muss in Präzisierung des Wortlauts vor einem **mitgliedstaatlichen Gericht** geschlossen oder von einem solchen gebilligt worden sein (Rauscher/*Andrae* Rn 5). Der Begriff ist ebenfalls autonom und weit auszulegen (Rauscher/*Andrae* Rn 6). **Anwalts- und Mediationsvergleiche** (vgl im deutschen Recht § 796a ZPO, § 1 MediationsG) sind jedoch keine gerichtlichen Vergleiche (MüKoFamFG/*Lipp* Rn 9; unalexK/*ten Wolde/Knot/Hausmann* Art 58 EuGVVO aF Rn 11).

3. Öffentliche Urkunde, Abs 1 Nr 3

Die Begriffsbestimmung in lit a orientiert sich an Art 4 Nr 3 EuVTVO und der Recht- **63** sprechung des EuGH zu Art 50 EuGVÜ/Art 57 EuGVVO aF. Gemeint sind danach Urkunden, die förmlich errichtet oder in ein Register eingetragen wurden. Die Beurkundung oder Registrierung hat **durch eine Behörde** oder eine andere gemäß der Rechtsordnung des Ursprungsmitgliedstaats hierzu ermächtigte Stelle, etwa durch einen Notar, zu erfolgen. In Deutschland sind dies Urkunden, die von einem Notar oder einem Gericht errichtet wurden (§ 794 Nr 5 ZPO, §§ 62, 56 Abs 4 BeurkG). Privaturkunden, insbesondere der **Anwaltsvergleich,** werden vom Begriff der öffentlichen Urkunde nicht erfasst. Etwas anderes gilt jedoch dann, wenn der Anwaltsvergleich von einem Notar für vollstreckbar erklärt wurde (§ 796c ZPO). Auch wenn er vom Gericht (nach deutschem Recht gem § 796a, b ZPO) für vollstreckbar erklärt wird, ist er als gerichtlich gebilligter Vergleich iSv Nr 2 anzusehen (Rauscher/*Andrae* Rn 10; vgl auch unalexK/*ten Wolde/Knot/Hausmann* Art 57 EuGVVO aF Rn 14).

Die **Beweiskraft** der öffentlichen Urkunde muss sich gem lit a sublit i gleichermaßen auf die **64** Unterschrift wie auf den Inhalt beziehen. Eine bloße **Unterschriftsbeglaubigung,** die lediglich die Echtheit der Unterschrift bestätigt, ist daher keine öffentliche Urkunde iSv Nr 3 (Rauscher/*Andrae* Rn 9).

Lit b dehnt den Begriff der öffentlichen Urkunde in Unterhaltssachen auf die mit einer **65** Verwaltungsbehörde eines Mitgliedstaats geschlossene oder von ihr beglaubigte **Unterhaltsvereinbarung** aus. Bedeutung hat dies insbesondere für die *skandinavischen* Mitgliedstaaten. Keine Urkunden iS der Vorschrift sind jedoch – in Ermangelung der Mitwirkung einer schwedischen Behörde – Vereinbarungen, die auf einem Formular der schwedischen *„Försäkringskassan"* geschlossen wurde (OLG Karlsruhe FamRZ 07, 1581 f; Rauscher/*Andrae* Art 48 Rn 2). Dagegen fällt der vor der schwedischen Unterhaltskasse geschlossene und vollstreckbare Unterhaltsvertrag unter Art 2 Abs 1 Nr 3 lit c (vgl OLG Düsseldorf FamRZ 02, 1422 f). Gleiches gilt für die im deutschen Recht vom Jugendamt beurkundeten Erklärungen nach § 59 Abs 1 S 1 Nr 3, 4 SGB VIII.

4. Ursprungs-/Vollstreckungsmitgliedstaat usw, Abs 1 Nr 4–7

Die Definitionen in Abs 1 Nr 4–9 betreffen die Anerkennung und Vollstreckung von Unter- **66** haltsentscheidungen und die Behördenzusammenarbeit. Sie sind kommentiert unter → M Rn 43 ff. Die Begriffe „ersuchender Mitgliedstaat und „ersuchter Mitgliedstaat" (Nr 6, 7) haben nur Bedeutung für die internationale Behördenzusammenarbeit in Unterhaltssachen nach dem Kap VII der Verordnung (→ T Rn 1 ff).

5. Vertragsstaat des Haager Übereinkommens von 2007

Mit dem „Haager Übereinkommen von 2007" ist nicht das am gleichen Tag verabschiedete **67** Haager Unterhaltsprotokoll, sondern das für die EU am 1.8.2014 in Kraft getretene Haager Übereinkommen über die internationale Geltendmachung der Unterhaltsansprüche von Kindern und anderen Familienangehörigen v 23.11.2007 (ABl EU 2011 L 192, 51; **HUÜ 2007**) gemeint, das vornehmlich die Anerkennung und Vollstreckung von Entscheidungen und die internationale Behördenzusammenarbeit auf dem Gebiet der Durchsetzung von Unterhaltsansprüchen regelt und deshalb unter → M Rn 472 ff kommentiert ist.

333

C 68–72   1. Teil. Erkenntnisverfahren C. Unterhaltssachen

6. Berechtigte und verpflichtete Person, Abs 1 Nr 10 und 11

68   Berechtigte Person kann nach Abs 1 Nr 10 nur eine **natürliche Person** sein, der Unterhalt zusteht oder angeblich zusteht. Dabei genügt für die Zwecke der Verordnung die schlüssige Darlegung der materiellen Unterhaltsberechtigung (sog doppelrelevante Tatsache; vgl Rauscher/ *Andrae* Rn 13). Nicht erforderlich ist, dass der Unterhaltsanspruch von einem Gericht bereits einmal als berechtigt anerkannt worden ist; vielmehr ist auch der erstmalig auf Unterhalt Klagende als „berechtigte Person" iSv Abs 1 Nr 10 anzusehen (EuGH C-295/95 – *Farrell/Long,* Slg 97 I-1685 Rn 14; dazu *Fuchs* IPRax 98, 327). Dieser Begriff meint allerdings nur den ursprünglich Berechtigten, nicht denjenigen, der den Unterhaltsanspruch im Wege der **Zession** erworben hat.

69   Juristische Personen sind niemals „berechtigte Personen" iSv Abs 1 Nr 10. Dies gilt insbesondere für die **öffentliche Aufgaben wahrnehmenden Einrichtungen.** Diese werden zwar – wie ErwG 14 (→ Anh III) betont – für die Zwecke der Anerkennung und Vollstreckung von Unterhaltsentscheidungen sowie für die Prozesskostenhilfe als berechtigte Personen behandelt; dies gilt jedoch nicht auf dem Gebiet der internationalen Zuständigkeit nach Kapitel II (*Hau* FamRZ 10, 516/519; Rauscher/*Andrae* Rn 14; dazu → Rn 108).

7. Verwaltungsbehörden, Abs 2

70   Nach Abs 2 schließt der Begriff „Gericht" in Unterhaltssachen auch Verwaltungsbehörden der Mitgliedstaaten ein, denen vom nationalen Recht auf dem Gebiet des Unterhaltsrechts Zuständigkeiten eingeräumt werden, sofern die in der Vorschrift näher beschriebenen Garantien für ein rechtstaatliches Verfahren, insbesondere Unparteilichkeit und Gewährung rechtlichen Gehörs, eingehalten sind und eine Überprüfung der behördlichen Entscheidung durch ein Gericht vorgesehen ist (vgl auch ErwG 12; → Anh III). Die Vorschrift ist auf die verfahrensmäßigen Besonderheiten der skandinavischen Mitgliedstaaten *Dänemark, Finnland* (EuGH C-435/06 – *C,* Slg 07 I-10141 = IPRax 08, 513; dazu *Andrae* EuLF 08 I, 189) und *Schweden* zurückzuführen. „Gericht" kann aber auch eine Behörde sein, vor der ein obligatorisches Schlichtungsverfahren durchzuführen ist (EuGH C-407/16 – *Schlömp,* FamRZ 18, 286 Rn 52 ff [zum LugÜ 2007/ *Schweiz*]). Diejenigen Verwaltungsbehörden, die den Voraussetzungen des Abs 2 genügen und demgemäß im Rahmen der Verordnung als Gericht zu behandeln sind, werden im **Anhang X** der Verordnung abschließend aufgeführt; hierdurch werden den Gerichten der übrigen Mitgliedstaaten klare Kriterien an die Hand gegeben, in welchen Fällen Entscheidungen von Verwaltungsbehörden in den Anwendungsbereich der Verordnung fallen.

8. Domicile, Abs 3

71   Abs 3 trägt dem Umstand Rechnung, dass zentrales Anknüpfungskriterium auf dem Gebiet des internationalen Personen- und Familienrechts in den *Common Law*-Staaten nicht die Staatsangehörigkeit, sondern das „*domicile*" einer Person ist. Der in der deutschen Fassung verwendete Begriff „Wohnsitz" ist daher – wie der englischen Fassung entnommen werden kann – iSv „*domicile*" zu verstehen (Rauscher/*Andrae* Rn 20). Die Vorschrift betrifft gem ErwG 18 vor allem das **Vereinigte Königreich und Irland.** Eine Ersetzung der Staatsangehörigkeit durch das „*domicile*" erscheint jedoch auch hinsichtlich *Malta* und *Zypern* möglich (Rauscher/*Andrae* Rn 21).

Kapitel II. Zuständigkeit

Vorbemerkung

Schrifttum: Vgl die Nachw → vor Rn 1 und → vor Rn 19.

1. Allgemeines

72   Das Kapitel II regelt die internationale Zuständigkeit in Unterhaltssachen iSv Art 1 (→ Rn 34 ff) im erstaatlichen Erkenntnisverfahren. Zur Begründung der Zuständigkeit ist nur erforderlich, dass eine Unterhaltssache **schlüssig behauptet** wird (sog doppelrelevante Tatsache; Rauscher/*Andrae* Rn 19; vgl zu Art 5 Nr 2 EuGVVO aF BGH NJW 12, 455 Rn 24). Die Zuständigkeitsvorschriften der Verordnung gelten **universell,** setzen als keinen Bezug zu einem weiteren Mitgliedstaat voraus, sondern kommen auch dann zur Anwendung, wenn allein Berührungspunkte zu einem Drittstaat gegeben sind.

I. Internationale Zuständigkeit   73–79 **C**

2. Wesentliche Änderungen gegenüber der EuGVVO aF

Die Regelung der internationalen Zuständigkeit in Unterhaltssachen nach Art 3–14 EuUnt- **73**
VO knüpft zwar an die in den Mitgliedstaaten bis zum 18.6.2011 auch in Unterhaltssachen
anwendbare EuGVVO aF an, bringt jedoch auch wesentliche Neuerungen. Im Prinzip über-
nimmt die EuUntVO zwar in Art 3 lit a–lit c die bisherigen Gerichtsstände nach Art 2 und 5
Nr 2 EuGVVO aF. Die dortige Anknüpfung an den Wohnsitz des Beklagten bzw des Unterhalts-
berechtigten wird jedoch durch die **Anknüpfung an** den **gewöhnlichen Aufenthalt** ersetzt.
Auf diese Weise wird vor allem ein **Gleichlauf** mit den kollisionsrechtlichen Anknüpfungen in
Art 3 ff HUP (→ Rn 558 ff) angestrebt (*Gruber* IPRax 10, 128/132; *Andrae* GPR 10, 196/199;
Zö/*Geimer* Art 3 Rn 2; vgl schon BGH FamRZ 08, 40 Rn 16).

Ferner hebt die EuUntVO den bisherigen Ausnahmecharakter des Art 5 Nr 2 EuGVVO aF **74**
als „besondere Zuständigkeit" gegenüber der „allgemeinen Zuständigkeit" in Art 2 Abs 1
EuGVVO aF auf. Dies hat erhebliche Auswirkungen auf die Auslegung von Art 3, weil lit b
nicht mehr als Ausnahme von lit a eng ausgelegt werden muss (so noch BGH FamRZ 08, 40
Rn 13 zu Art 5 Nr 2 EuGVVO). Sämtliche Zuständigkeiten nach Art 3 sind vielmehr **gleichrangig** und stehen dem Antragsberechtigten alternativ zur Verfügung. Der Katalog dieser
Zuständigkeiten wurde schließlich in Art 3 lit d um eine zweite Annexzuständigkeit erweitert;
danach kann die Unterhaltssache als Nebensache auch bei dem für die Entscheidung über die
elterliche Verantwortung zuständigen Gericht anhängig gemacht werden.

Eine wichtiger Unterschied besteht weiter darin, dass die Regelung der internationalen und – **75**
soweit sie in der EuUntVO mitgeregelt ist – auch der örtlichen Zuständigkeit in Art 3–13
abschließend ist. Die Verordnung lässt also – anders als die EuGVVO aF (Art 4 Abs 1), aber
auch die EuEheVO (Art 7 und 14; → A Rn 123 ff und → F Rn 229 ff) – für **nationale Restzuständigkeiten** keinen Raum mehr (vgl ErwG 15; → Anh III; OLG Düsseldorf FamRZ 13,
55; OLG Koblenz NJW-RR 15, 201 Rn 5, 10; OLG Brandenburg FamRZ 17, 135/136; OLG
Karlsruhe FamRZ 18, 200; *Gruber* IPRax 10, 128/134; Zö/*Geimer* Art 3 Rn 8; Rauscher/
Andrae Rn 5).

Andererseits führt der abschließende Charakter des Kapitels II der EuUntVO auch zu einer **76**
Einschränkung der Zuständigkeiten gegenüber dem vorher geltenden Regime der EuGVVO aF.
Denn die EuUntVO sieht – anders als noch Art 6 EuGVVO aF (und heute noch Art 6 LugÜ;
→ Rn 379 ff) – in Unterhaltssachen **keine Gerichtsstände des Sachzusammenhangs** mehr
vor. Die Streitgenossenzuständigkeit nach Art 8 Nr 1 EuUntVO steht daher in Unterhaltssachen
nicht mehr zur Verfügung (zu Recht krit *Hau* FamRZ 10, 516/517 f; G/Sch/*Reuß* Art 3
Rn 13). Auch eine **Widerklage,** die eine Unterhaltssache zum Gegenstand hat, kann nur dann
noch bei dem Gericht des Erstantrags erhoben werden, wenn dieses Gericht nach den Art 3 ff
auch für die Widerklage international zuständig ist (Rauscher/*Andrae* Rn 10). Die Voraussetzungen für eine Verbindung der Klagen/Anträge richten sich nach autonomem Prozessrecht
(MüKoFamFG/*Lipp* Rn 17). Vor inländischen Gerichten gilt damit § 113 Abs 1 S 2 FamFG
iVm § 33 ZPO, wenn man in § 33 ZPO eine besondere Zulässigkeitsvoraussetzung der Widerklage erblickt.

Im Rahmen einer **Prozessaufrechnung** muss für die aufzurechnende (Gegen-)Forderung die **77**
internationale Zuständigkeit nach der Rechtsprechung des EuGH zum EuGVÜ nicht geprüft
werden, da es sich bei ihr um ein reines Verteidigungsmittel handelt (EuGH C-341/93 –
Danværn Production, Slg 95 I-2053 Rn 12 f = NJW 96, 42). Dies gilt auch in Unterhaltssachen
(MüKoFamFG/*Lipp* Rn 21 f). Da auch der Gerichtsstand der Widerklage nicht zur Verfügung
steht, wäre die Aufrechnung im Unterhaltsprozess durch ein Zuständigkeitserfordernis zu stark
eingeschränkt (Rauscher/*Andrae* Rn 12). Eine von der Zuständigkeit zu trennende Frage ist,
inwieweit das vom angerufenen Gericht in der Sache anzuwendende Recht eine Aufrechnung
gegen einen Unterhaltsanspruch zulässt.

Gerichtsstandsvereinbarungen sind in Unterhaltssachen nach Art 4 EuUntVO zwar wei- **78**
terhin zulässig, allerdings nur noch in einem gegenüber Art 23 EuGVVO aF eingeschränkten
Umfang. Sie sind nach Art 4 Abs 3 für Unterhaltspflichten gegenüber einem noch nicht 18-
jährigen Kind ganz ausgeschlossen; auch im Übrigen können nach Abs 1 nur noch Gerichte
gewählt werden, zu denen die Parteien einen hinreichend engen Bezug haben. Eine **rügelose
Einlassung** bleibt hingegen nach Art 5 uneingeschränkt möglich.

Neu sind schließlich die in Art 6 und 7 EuUntVO eingeführten **Auffang- und Notzustän- 79
digkeiten.** Durch die Auffangzuständigkeit nach Art 6 wird vor allem in Fällen, die keinen

335

C 80–88 1. Teil. Erkenntnisverfahren C. Unterhaltssachen

Bezug zu einem anderen Mitgliedstaat haben, die fehlende Rückgriffsmöglichkeit auf nationales Zuständigkeitsrecht ausgeglichen. Demgegenüber dient die Notzuständigkeit nach Art 7 zur Durchsetzung des Justizgewährungsanspruchs des Unterhaltsberechtigten in Drittstaatsfällen.

80   Wie schon zuvor die EuGVVO aF sieht auch die EuUntVO für **Abänderungsklagen** keine Sonderregelung vor. Insbesondere wird keine internationale (Annex-) Zuständigkeit des Gerichts begründet, das die ursprüngliche Entscheidung erlassen hatte (EuGH C-499/15 – *W, V /X*, FamRZ 17, 734 Rn 71 m Anm *Mankowski;* öst OGH 24.8.10, unalex AT-685; OLG Düsseldorf FamRZ 13, 55; Aud Prov Valencia 15.6.10, unalex ES-467; *Gruber* IPRax 10, 129/ 135). Eine solche kann insbesondere nicht zu Lasten des Unterhaltsberechtigten in Anspruch genommen werden, wenn dieser seinen gewöhnlichen Aufenthalt inzwischen in einen anderen Mitgliedstaat oder in einen Drittstaat verlegt hat. Vielmehr ist die Zuständigkeit für das Abänderungsverfahren eigenständig an Hand der Art 3 ff zu bestimmen (EuGH C–499/15 aaO; BGHZ 203, 272 Rn 11 m Anm *Andrae* NZFam 15, 262 und *Gruber* IPRax 16, 338; OLG Koblenz NJW-RR 15, 201 Rn 4 ff; OLG Stuttgart FamRZ 14, 850 m Anm *Mankowski* NZFam 14, 264 und FamRZ 13, 55/56; ebenso schon zu Art 5 Nr 2 EuGVVO aF öst OGH 24.8.10, unalex AT-685; OLG Nürnberg NJW 05, 1054/1055; OLG Jena 20.5.99, unalex DE-586; s a → Rn 208 ff). Sie kann sich auch aus einer rügelosen Einlassung nach Art 5 ergeben (OLG Stuttgart NJW 14, 1458/1459). Allerdings schränkt Art 8 das Recht des Unterhaltsverpflichteten, eine Abänderung der Entscheidung außerhalb des Staates zu erreichen, dessen Gerichte die abzuändernde Entscheidung erlassen haben, für den Fall ein, dass der Unterhaltsberechtigte in diesem Staat immer noch seinen gewöhnlichen Aufenthalt hat (**Verfahrensbegrenzung;** → Rn 221 ff).

3. Zuständigkeitsordnung

81   **a) Systematik des Kapitels II.** Die Zuständigkeitsvorschriften der EuUntVO stehen in einem bestimmten **Rangverhältnis** zueinander, das auch die Prüfungsreihenfolge in der Praxis bestimmt (vgl *Hau* FamRZ 10, 516; *Motzer* FamRBint 11, 56/57 ff):

82   **aa)** Die EuUntVO kennt zwar **keine ausschließlichen Gerichtsstände.** Sie regelt jedoch die internationale Zuständigkeit für Verfahren der Zwangsvollstreckung aus Unterhaltstiteln auch nicht. Während deshalb Art 24 Nr 5 EuGVVO aF auch in Unterhaltssachen bis zum 10.1.2015 neben der EuUntVO anwendbar war, ist zweifelhaft, ob dies auch für Art 26 Nr 5 EuGVVO nF noch gilt. Denn die Neufassung schließt Unterhaltssachen in Art 1 Abs 2 lit e vollständig aus ihrem sachlichen Anwendungsbereich aus.

83   **bb)** Zunächst ist festzustellen, ob eine wirksame **rügelose Einlassung** vor einem Gericht eines Mitgliedstaats nach Art 5 erfolgt ist; denn diese geht nicht nur den allgemeinen Gerichtsständen nach Art 3, sondern auch einer wirksamen Gerichtsstandsvereinbarung nach Art 4 vor.

84   **cc)** Ist dies nicht der Fall, ist zu prüfen, ob die Parteien eine wirksame **Gerichtsstandsvereinbarung** getroffen haben, weil diese nach Art 4 Abs 1 UAbs 3 grundsätzlich ausschließlich ist.

85   **dd)** Fehlt es auch daran, so ist die internationale Zuständigkeit in Unterhaltssachen im **allgemeinen Gerichtsstand** des Art 3 begründet, der in lit a–lit d vier alternative und gleichrangige Zuständigkeiten vorsieht.

86   **ee)** Ist das angerufene Gericht auch nach Art 3 nicht zuständig, so kann es sich auf die **Auffangzuständigkeit** nach Art 6 stützen.

87   **ff)** Liegen auch deren Voraussetzungen nicht vor, so kommt schließlich nur die Inanspruchnahme einer **Notzuständigkeit** nach Art 7 in Betracht.

88   **b) Prüfung der internationalen Zuständigkeit.** Die internationale Zuständigkeit ist in Unterhaltsverfahren nach der EuUntVO zwar gem Art 10 grundsätzlich **von Amts wegen** zu prüfen; fehlt es danach an einer Zuständigkeit, so hat sich das Gericht jedoch nur dann für unzuständig zu erklären, wenn sich der Antragsgegner auf das Verfahren nicht nach Art 5 rügelos einlässt. Ob eine Ausnahme für die ausschließliche Zuständigkeit nach Art 24 Nr 5 EuGVVO gilt, ist im Hinblick auf Art 1 Abs 2 lit e EuGVVO zweifelhaft. Wie in sonstigen Zivil- und Handelssachen (ThP/*Hüßtege* Art 4 EuGVVO Rn 1) wird die internationale Zuständigkeit in Unterhaltssachen auch in der Beschwerde- und Rechtsbeschwerdeinstanz (vgl § 117 FamFG) stets von Amts wegen geprüft (BGHZ 203, 372 = NJW 15, 694 Rn 11). Für deren Begründung reicht es aus, dass der Antragsteller die Voraussetzungen der Art 3 ff EuUntVO/Art 2 ff LugÜ schlüssig vorträgt (vgl zur EuGVVO aF BGH NJW 12, 455 Rn 14 mwN).

336

I. Internationale Zuständigkeit: EuUntVO Art 3

EuUntVO Art 3. Allgemeine Bestimmungen

Zuständig für Entscheidungen in Unterhaltssachen in den Mitgliedstaaten ist

a) das Gericht des Ortes, an dem der Beklagte seinen gewöhnlichen Aufenthalt hat, oder

b) das Gericht des Ortes, an dem die berechtigte Person ihren gewöhnlichen Aufenthalt hat, oder

c) das Gericht, das nach seinem Recht für ein Verfahren in Bezug auf den Personenstand zuständig ist, wenn in der Nebensache zu diesem Verfahren über eine Unterhaltssache zu entscheiden ist, es sei denn, diese Zuständigkeit begründet sich einzig auf der Staatsangehörigkeit einer der Parteien, oder

d) das Gericht, das nach seinem Recht für ein Verfahren in Bezug auf die elterliche Verantwortung zuständig ist, wenn in der Nebensache zu diesem Verfahren über eine Unterhaltssache zu entscheiden ist, es sei denn, diese Zuständigkeit beruht einzig auf der Staatsangehörigkeit einer der Parteien.

Schrifttum: *Mankowski,* Die internationale Zuständigkeit nach Art 3 EuUntVO und der Regress öffentlicher Einrichtungen, IPRax 14, 249; *Rauscher,* Unterhaltszuständigkeit zwischen Sorgerechts- und Ehesachenverbund, IPRax 16, 215; M *Weber,* Die Zuständigkeitstatbestände des Art 3 EU-Unterhaltsverordnung, ZEheFamR 12, 13.

1. Allgemeines

a) Internationale und örtliche Zuständigkeit. Art 3 regelt nicht nur die internationale, **89** sondern zugleich auch die örtliche Zuständigkeit (EuGH C-400/13 – *Sanders/Verhaegen,* NJW 15, 683 Rn 30 m Anm *Dimmler* FamRB 15, 48; öst OGH 20.12.12, unalex AT-830; OLG Karlsruhe FamRZ 18, 200/201; *Hau* FamRZ 10, 516 f; *Junker* FS Simotta [2012] 263/266; G/W/*Bittmann,* Kap 36 Rn 28; Zö/*Geimer* Rn 3; ebenso zu Art 5 Nr 2 EuGVVO aF/LugÜ öst OGH 28.8.97, unalex AT-124; OLG Hamm FamRZ 1989, 1331; Aud Prov Baleares 22.6.04, unalex ES-77; **aA** zu Unrecht noch OLG Köln FamRZ 12, 1509; OLG Hamm FamRZ 02, 53/54). Auch wenn Ansprüche auf Trennungs- oder nachehelichen Unterhalt im Rahmen eines Ehe(scheidungs)verfahrens geltend gemacht werden, hat diese Regelung der Verordnung Vorrang vor der im deutschen Familienverfahrensrecht (§ 137 FamFG) zwingenden Konzentration der örtlichen Zuständigkeit beim Gericht der Ehesache (krit dazu Rauscher/*Andrae* Rn 8).

Für die örtliche Zuständigkeit nach lit a und lit b sieht das deutsche Recht in Art 28 Abs 1 **90** AUG eine **Zuständigkeitskonzentration** bei dem für den Sitz des Rechtsmittelgerichts zuständigen erstinstanzlichen Gericht vor. Ferner enthält § 26 AUG ergänzende Bestimmungen zur örtlichen Zuständigkeit nach lit c. Ob diese Vorschriften mit dem vorrangigen europäischen Recht des Art 3 in Einklang stehen, ist umstritten. Während dies überwiegend mit dem Argument bejaht wird, dass es sich um eine Maßnahme der Gerichtsorganisation handle, die aufgrund der besonderen Sachkunde und praktischen Erfahrungen der zentralisierten Familiengerichte in grenzüberschreitenden Verfahren gerechtfertigt sei (so BT-Drs 18/5918; OLG Frankfurt NJW 12, 2363 = FamRBint 12, 58 m Anm *Motzer;* OLG Stuttgart FamRZ 13, 559/560; OLG Brandenburg FamRZ 17, 135; *Heger* FPR 13, 1/4; Zö/*Geimer* Rn 3; Rauscher/*Andrae* Rn 21a), halten andere die Regelung für europarechtswidrig (so OLG Düsseldorf FamRZ 14, 583; ThP/*Hüßtege* Rn 21; MüKoFamFG/*Lipp* Rn 11).

Der **EuGH** sieht die Zuständigkeitskonzentration in § 28 AUG kritisch, weil dem Unterhalts- **91** berechtigten dadurch das ihm von Art 3 lit b zur Verfügung gestellte räumlich nahe Forum am Ort seines gewöhnlichen Aufenthalts genommen wird und er an einem von seinem Aufenthaltsort uU weiter entfernten Gericht am Sitz des Rechtsmittelgerichts klagen muss. Gerechtfertigt könne die Zuständigkeitskonzentration nur dann sein, wenn sie zur Verwirklichung des Ziels einer ordnungsgemäßen Rechtspflege beitrage und die Interessen der Unterhaltsberechtigten schütze, indem sie zugleich eine effektive Durchsetzung von Unterhaltsansprüchen begünstige. Diese Voraussetzung sei in jedem Einzelfall durch das nach § 28 AUG angerufene deutsche Gericht zu prüfen (EuGH- C-400/13 aaO, NJW 15, 683 Rn 45 f m Anm *Dimmler* FamRB 15, 48 auf Vorlage des AG Düsseldorf v 9.7.13, unalex DE-3203 und des AG Karlsruhe v 17.6.13, unalex DE-3114; dazu auch *Rellermeyer* Rpfleger 15, 288; *Meyer* FamRZ 15, 641; *Rasch* NZFam 15, 239; s a → Rn 436 ff). Sie kann insbesondere erfüllt sein, wenn in der Sache ausländisches Unterhaltsrecht anzuwenden ist (*Henrich* FamRZ 15, 1761/1763).

C 92–97 1. Teil. Erkenntnisverfahren C. Unterhaltssachen

92 **b) Wahlgerichtsstände.** Zwischen den von der Verordnung zur Verfügung gestellten Gerichtsständen besteht **kein Rangverhältnis;** sie stehen dem Antragsteller vielmehr alternativ zur Verfügung (öst OGH 20.12.12, unalex AT-830; Rauscher/*Andrae* Rn 10f). Dies galt schon bisher im Verhältnis zwischen Art 2 und Art 5 Nr 2 EuGVVO aF (Okresný súd Prievidza 18.10.06, unalex SK-2; Krajský soud České Budějovice 31.10.05, unalex CZ-5). Hierdurch wird ein *forum shopping* ermöglicht (G/Sch/*Reuß* Rn 11), was deshalb von Bedeutung sein kann, weil die internationale Zuständigkeit im Einzelfall Einfluss auf das nach dem HUP in der Sache anwendbare Recht haben kann (vgl Art 4 Abs 3 HUP; dazu Rauscher/*Andrae* Rn 6; MüKo-FamFG/*Lipp* Vorbem Art 3ff Rn 24ff; s a → Rn 589ff).

93 **c) Erfasste Verfahren.** Die EuUntVO erfasst zunächst sämtliche Erkenntnisverfahren und damit auch **negative Feststellungsklagen** des Unterhaltsschuldners (*Gruber* IPRax 10, 128/130; *Hau* FamRZ 10, 516/518). Für Art 5 Nr 2 EuGVVO aF wurde zwar mehrheitlich vertreten, dass dieser Gerichtsstand für die negative Feststellungsklage nicht eröffnet sei (vgl OLG München 15.1.08, unalex DE-1613; unalexK/*Hausmann* Art 5 Nr 2 Rn 14 mwN; **aA** ital Cass 28.4.93, unalex IT-74); diese Auslegung betraf jedoch nur diesen besonderen Gerichtsstand und kann für Art 3 nicht aufrechterhalten werden (Rauscher/*Andrae* Rn 1).

94 Einbezogen sind weiter auch **Abänderungsklagen** (BGHZ 203, 272 Rn 11 = NZFam 15, 262 m Anm *Andrae;* OLG Stuttgart NJW 14, 1458/1459; High Court [Fam Div] 3.2.15, unalex UK-572); allerdings muss in diesem Zusammenhang die Vorschrift des Art 8 (→ Rn 206ff) beachtet werden. Eine Annexkompetenz des Gerichts, das die Ursprungsentscheidung erlassen hat, besteht für deren Abänderung nicht (→ Rn 80m Nachw; s a → Rn 109). Art 3 gilt auch für eine Klage, mit der ein nach deutschem Verfahrensrecht nicht hinreichend bestimmter und deshalb nicht vollstreckbarer ausländischer Unterhaltstitel durch ein inländisches Gericht konkretisiert werden soll (vgl zu Art 5 Nr 2 EuGVVO aF öst OGH 7.7.09, unalex AT-631).

95 Die internationale Zuständigkeit der deutschen Gerichte ist nach Art 3 auch für eine **Stufenklage** nach § 254 ZPO auf Auskunft über das Einkommen des Unterhaltspflichtigen und Abgabe der eidesstattlichen Versicherung gegeben, mit der ein zunächst unbeziffertes Zahlungsbegehren verbunden wird. Denn das weite Verständnis des Begriffs der Unterhaltssache erfordert, auch die der Durchsetzung des Hauptanspruchs auf Unterhalt dienenden **Hilfsansprüche auf Auskunft** und Versicherung der Richtigkeit zu den Unterhaltssachen zu rechnen. Eine andere Auslegung verstieße gegen die im europäischen Prozessrecht geltenden Grundsätze einer geordneten Rechtspflege und der Vermeidung einer Häufung von Gerichtsständen in Bezug auf ein und dasselbe Rechtsverhältnis (vgl zum EuGVÜ EuGH C-269/95 – *Benincasa,* Slg 97 I-3767 Rn 26 = JZ 98, 896 m Anm *Mankowski*). Denn mit der Geltendmachung der Ansprüche auf Auskunft und Unterhalt in einem einzigen Rechtsstreit werden aus prozessökonomischen Gründen aufeinanderfolgende Doppelprozesse über dasselbe Lebensverhältnis verhindert und der Unterhaltsberechtigte in die Lage versetzt, seinen Anspruch zu konkretisieren (OLG Köln FamRZ 12, 1509/1510; ebenso zu Art 5 Nr 2 EuGVVO aF BGH NJW 13, 2597 Rn 18 m Anm *Hau* FamRZ 13, 1116).

96 **d) *Perpetuatio fori.*** Maßgebender Zeitpunkt für das Vorliegen der Zuständigkeitsvoraussetzungen ist grundsätzlich die **Anrufung des Gerichts;** hierüber ist verordnungsautonom nach Art 9 (→ Rn 235ff) zu entscheiden (Rauscher/*Andrae* Rn 13). Es genügt allerdings, wenn die Zuständigkeitsvoraussetzungen jedenfalls im Zeitpunkt der letzten mündlichen Verhandlung gegeben sind (ThP/*Hüßtege* Vorb Art 1 Rn 21a; vgl zu Art 5 Nr 2 EuGVVO aF BGHZ 188, 373 = NJW 11, 2515 Rn 14ff mwN). Andererseits bleibt die im Zeitpunkt der Anrufung des Gerichts begründete internationale Zuständigkeit auch erhalten, wenn der maßgebliche Bezugspunkt zum Gerichtsstaat (zB der gewöhnliche Aufenthalt einer der Parteien) im weiteren Verlauf des Verfahrens entfällt. Wie im Rahmen von Art 5 Nr 2 EuGVVO aF (vgl BGH NJW 13, 2597 Rn 20ff; BGH NJW 11, 2515 Rn 22ff; unalexK/*Hausmann* vor Art 2 EuGVVO aF Rn 19f m ausf Nachw) gilt somit auch im Rahmen der EuUntVO der Grundsatz der *perpetuatio fori* (Rauscher/*Andrae* Rn 12; G/Sch/*Reuß,* IRV Rn 10). Denn der vor allem mit Art 3 lit b angestrebte Schutz des Unterhaltsberechtigten würde zunichte gemacht, wenn von ihm verlangt würde, nach einem Umzug des Verpflichteten in einen anderen Staat vor einem dortigen Gericht erneut gegen diesen vorzugehen. Dies wäre auch ineffizient, weil es zu einer Häufung der Gerichtsstände und regelmäßig zu einer Verlängerung des Verfahrens führen würde.

97 Die Anwendung dieses Grundsatzes ist freilich auf den mit dem ursprünglichen Antrag rechtshängig gemachten Streitgegenstand beschränkt. Für eine spätere **Klageänderung** ist die internationale Zuständigkeit also – bezogen auf den Zeitpunkt der Klageänderung – erneut zu prüfen

I. Internationale Zuständigkeit: EuUntVO Art 3   **98–101 C**

(OLG Frankfurt FamRZ 12, 1506/1507). Allerdings ist auch insoweit § 264 ZPO entsprechend anzuwenden (*Mayer* FamRZ 12, 1508 gegen OLG Frankfurt aaO). Nach deutschem Recht stellt der auf Antrag des Klägers zulässige Wechsel von der Auskunfts- zur Leistungsstufe bei der Stufenklage nach § 254 ZPO allerdings keine Klageänderung nach § 263 ZPO dar, sondern nur eine zulässige Klageerweiterung nach § 264 Nr 2 ZPO dar. Nichts anderes gilt, wenn man den hier maßgeblichen weiten europäischen Streitgegenstandsbegriff zugrundelegt (vgl zu Art 5 Nr 2 EuGVVO aF BGH NJW 13, 2597 Rn 25 ff m Anm *Hau* FamRZ 13, 1116). Ist zunächst eine Leistungsklage auf Zahlung von Unterhalt erhoben worden und wird das Unterhaltsbegehren erst nachträglich im Wege der **Stufenklage** verfolgt, so hat dies auf die internationale Zuständigkeit nach Art 3 lit b daher auch dann keinen Einfluss, wenn der Kläger bei Rechtshängigkeit der Stufenklage seinen gewöhnlichen Aufenthalt nicht mehr im Inland hat (BGH aaO).

Außerdem gilt der Fortbestand der internationalen Zuständigkeit nur innerhalb eines be- **98** stimmten Verfahrens bis zu dessen rechtskräftigem Abschluss. Hingegen ist das Gericht, das über Unterhaltsansprüche rechtskräftig entschieden hat, nicht mehr dafür zuständig, über eine **Abänderung dieser Entscheidung** aufgrund veränderter Umstände zu befinden, wenn der Unterhaltsberechtigte seinen gewöhnlichen Aufenthalt inzwischen in einen anderen Mitgliedstaat verlegt hat. Für die Entscheidung über den Abänderungsantrag sind vielmehr die Gerichte im neuen Aufenthaltsstaat des Kindes zuständig. Daran ändert auch der Umstand, dass die abzuändernde Entscheidung im neuen Aufenthaltsstaat des Kindes nicht anerkannt worden ist, nichts (EuGH C-499/15 – *W* und *V/X,* FamRZ 17, 734 Rn 69 f m Anm *Mankowski*).

e) Internationaler Sachverhalt. Nicht anders als die Art 2 ff EuGVVO aF (dazu unalexK/ **99** *Hausmann* vor Art 2–4 Rn 8 mwN) setzen auch die Art 3 ff EuUntVO einen internationalen Sachverhalt voraus. Das Kapitel II über die internationale Zuständigkeit findet daher in reinen Inlandsfällen keine Anwendung (vgl Erwägungsgründe 31, 45; → Anh III; ebenso *Gruber* IPRax 10, 128/133; Rauscher/*Andrae* Rn 15 ff; ThP/*Hüßtege* Vorbem Rn 17; HK-ZPO/*Dörner* Rn 2). Ein internationaler Sachverhalt liegt insbesondere dann vor, wenn die Parteien ihren gewöhnlichen Aufenthalt in verschiedenen Staaten haben. Daneben kann aber auch die ausländische Staatsangehörigkeit einer Partei genügen, um die Internationalität des Sachverhalts zu begründen, obwohl sie kein Kriterium der Zuständigkeitsanknüpfung nach der EuUntVO ist (HK-ZPO/*Dörner* aaO; vgl zur EuGVVO aF EuGH C-327/10 – *Hypoteční banka/Lindner,* NJW 12, 1199 Rn 28 ff, 35; **aA** Rauscher/*Andrae* Rn 19 f). Dagegen ist ein Bezug gerade zu einem weiteren Mitgliedstaat der EuUntVO nicht erforderlich (öst OGH 20.4.16, unalex AT-1041; vgl zur EuGVVO aF unalexK/*Hausmann* vor Art 2–4 Rn 9 mwN). Ein grenzüberschreitender Bezug ist insbesondere auch für die in Art 3 mitgeregelte **örtliche Zuständigkeit** erforderlich, um die Vorschriften des nationalen Verfahrensrechts zur örtlichen Verbundszuständigkeit nicht übermäßig einzuschränken.

2. Die einzelnen Gerichtsstände

Schrifttum: → A vor Rn 45 und → F vor Rn 87 (zum gewöhnlichen Aufenthalt im EuZPR)

a) Gewöhnlicher Aufenthalt des Beklagten, lit a. In lit a übernimmt die EuUntVO den **100** zuvor auch in Unterhaltssachen geltenden **allgemeinen Gerichtsstand** nach Art 2 Abs 1 EuGVVO aF, allerdings mit zwei Abweichungen: Zum einen wird nicht mehr an den Wohnsitz, sondern an den gewöhnlichen Aufenthalt des Beklagten angeknüpft (ungenau daher OLG Köln FamRZ 12, 1509). Zum anderen bestimmt lit a – wie alle Gerichtsstände des Art 3 – nicht mehr nur die internationale, sondern zugleich auch die örtliche Zuständigkeit (OLG Karlsruhe FamRZ 18, 200/201; *Motzer* FamRBint 11, 56/57). Auf den Wohnsitz oder gewöhnlichen Aufenthalt des Antragstellers kommt es nicht an; dieser kann auch in einem Drittstaat liegen (OLG Karlsruhe aaO; *Heger/Selg* FamRZ 11, 1101/1103). Beklager ist derjenige, gegen den sich die Klage bzw der Antrag richtet; auf die materielle Verpflichtung oder Berechtigung kommt es nicht an.

Der **Begriff des gewöhnlichen Aufenthalts** ist im Interesse einer möglichst einheitlichen **101** Anwendung der Verordnung **autonom** auszulegen (OLG Stuttgart NJW 14, 1458/1459; *Hau* FamRZ 10, 516; G/Sch/*Reuß* Rn 18 ff; MüKoFamFG/*Lipp* Art 2 Rn 19 mwN; ebenso zu Art 8 EuEheVO etwa EuGH C-523/07 – *A,* Slg 09 I, 2805 Rn 34 = NJW 09, 1868; EuGH C-497/10 – *Mercredi/Chaffe,* Slg 10 I-14309 Rn 45 = FamRZ 11, 617 m Anm *Siehr* IPRax 12, 316). Dabei sollte im Interesse eines Gleichlaufs von internationaler Zuständigkeit und anwendbarem Recht möglichst eine einheitliche Auslegung dieses Begriffs in der Verordnung und im Haager Unterhaltsprotokoll (→ Rn 561 ff) angestrebt werden (vgl ErwG 8 S 2; → Anh III;

339

C 102–106 1. Teil. Erkenntnisverfahren C. Unterhaltssachen

Rauscher/*Andrae* Rn 24). Ferner kann ergänzend auf die Auslegung des Begriffs in anderen EU-Verordnungen, zurückgegriffen werden (öst OGH 29.8.13, unalex AT-911). Diesbezüglich wird erwogen, den Begriff des gewöhnlichen Aufenthalts aus Gründen der Rechtsklarheit in allen EU-Verordnungen, die dieses Anknüpfungsmoment verwenden, gleich auszulegen (dafür etwa *Baetge* FS Kropholler [2008] 77 ff; *Dörner* ZEV 10, 221/226). Wegen der unterschiedlichen Zielsetzungen der Anknüpfung an den gewöhnlichen Aufenthalt in den Rechtsinstrumenten der EU dürfte die Begriffsbildung allerdings nicht ohne weiteres austauschbar sein (MüKoFamFG/*Lipp* Art 2 Rn 22; vgl dazu auch → F Rn 88). Für die Geltendmachung von Ehegattenunterhalt kann jedoch der Aufenthaltsbegriff in Art 3 EuEheVO (→ A Rn 55 ff) und in Art 8 Rom III-VO (→ A Rn 422 ff), für den Kindesunterhalt der Aufenthaltsbegriff in Art 8 EuEheVO (EuGH aaO, Rn 37 ff; vgl Kropholler/*v Hein* Art 5 EuGVVO aF Rn 59; dazu → F Rn 88 ff) mit herangezogen werden.

102   Danach liegt der gewöhnlichen Aufenthalt einer Person dort, wo sie ihren **Daseinsmittelpunkt,** dh den Schwerpunkt ihrer familiären oder beruflichen Bindungen, hat (OLG Koblenz FamRZ 15, 1618 Rn 17 ff; OLG Stuttgart NJW 14, 1458/1459; OLG Düsseldorf FamRZ 13, 55; BGH FamRZ 01, 412; *Motzer* FamRBint 11, 56/58; Rauscher/*Andrae* Rn 29). Maßgebend sind daher vor allem die objektiven Merkmale der **Dauer und Beständigkeit** des Aufenthalts (BGH NJW 93, 2047/2049) und die Intensität der dort begründeten sozialen Bindungen. Als Faustregel lässt die Praxis auch für Unterhaltszwecke eine Aufenthaltsdauer von **sechs Monaten** ausreichen (öst OGH 27.6.13, unalex AT-908; Trib Fédéral 23.4.12, unalex CH-492). Eine feste Mindestdauer gibt es jedoch nicht; der Länge des Aufenthalts kommt nur Indizwirkung zu. Eine nur **vorübergehende Abwesenheit** führt nicht zum Verlust des gewöhnlichen Aufenthalts, wenn die Bindungen zum Staat des gewöhnlichen Aufenthalts aufrechterhalten werden und mit einer Rückkehr in absehbarer Zeit zu rechnen ist (BGH NJW 93, 2047/2048). Deshalb behalten Kinder auch im Falle einer Internatsunterbringung oder eines kürzeren **Studiums im Ausland** idR ihren gewöhnlichen Aufenthalt am Wohnsitz ihrer Eltern (OLG Hamm FamRZ 02, 53/54).

103   Die Begründung eines gewöhnliche Aufenthalts hängt dabei in erster Linie von den **tatsächlichen Umständen** ab. Ein rechtsgeschäftlicher Wille zur Begründung des gewöhnlichen Aufenthalts ist nicht erforderlich. Deshalb können auch minderjährige Kinder einen nicht von den Eltern abgeleiteten eigenen gewöhnlichen Aufenthalt begründen. Die Ermittlung des gewöhnlichen Aufenthalts des Unterhaltsberechtigten ist aber in jedem Fall **Sache des nationalen Gerichts,** das hierbei alle tatsächlichen Umstände des Einzelfalls zu berücksichtigen hat (EuGH C-523/07 aaO, Rn 37; zu Einzelheiten Rauscher/*Andrae* Rn 29 ff m ausf Nachw).

104   Bei einem **Umzug in einen anderen Mitgliedstaat** kommt es auf die Dauer des beabsichtigten künftigen Aufenthalts und die erwartete Integration in das neue Lebensumfeld an. Ein gewöhnlicher Aufenthalt kann daher bereits unmittelbar nach einem Aufenthaltswechsel vorliegen, wenn die Bindungen an den bisherigen Aufenthaltsstaat definitiv abgebrochen wurden und die Absicht besteht, den neuen Aufenthaltsort zum künftigen Lebensmittelpunkt zu machen (BGH NJW 93, 2047/2048; OLG Hamm NJW-RR 92, 710/711; schwz BG 23.12.09, unalex CH-375 [zu Art 5 Nr 2 LugÜ 1988]). Diese Absicht allein genügt jedoch solange nicht, wie die sozialen Bindungen am bisherigen Aufenthaltsort fortbestehen (schwz BG 27.7.09, unalex CH-313 [zu Art 5 Nr 2 LugÜ 1988]).

105   Die **Rechtmäßigkeit** des Aufenthalts ist keine notwendige Voraussetzung für die Begründung eines gewöhnlichen Aufenthalts für unterhaltsrechtliche Zwecke. Deshalb kann auch das von einem Elternteil entführte Kind in dem Staat, in den es widerrechtlich verbracht wurde, einen gewöhnlichen Aufenthalt begründen, sofern es dort hinreichend sozial integriert ist (öst OGH 29.8.13, unalex AT-911; öst OGH IPRax 15, 169m Anm *Weller/Schulz* 176; dazu näher → U Rn 125 ff mwN). Gleiches gilt für **Asylbewerber** ohne dauerhafte Aufenthaltserlaubnis; allerdings sind in diesem Fall strengere Anforderungen an die soziale Integration zu stellen. Eine zumindest befristete Aufenthaltserlaubnis ist aber nicht zu fordern (*Geimer* IZPR Rn 299a; **aA** OLG Karlsruhe FamRZ 92, 316/317 und FamRZ 90, 1351/1352; AG Landstuhl FamRZ 02, 1343m abl Anm *Gottwald*). Ein **mehrfacher gewöhnlicher Aufenthalt** ist auch in Unterhaltssachen nicht anzuerkennen (G/Sch/*Reuß* Rn 22; **aA** Rauscher/*Andrae* Rn 22).

106   **b) Gewöhnlicher Aufenthalt des Unterhaltsberechtigten, lit b.** Wie schon die EuGVVO aF in Art 5 Nr 2 privilegiert die EuEheVO den Unterhaltsberechtigten in lit b durch die Schaffung eines Klägergerichtsstands. Hauptzweck ist es, dem als besonders schutzbedürftig angesehenen Unterhaltsberechtigten die Rechtsverfolgung zu erleichtern (EuGH C-295/95 –

340

I. Internationale Zuständigkeit: EuUntVO Art 3   **107–110   C**

Farell/Long, Slg 97 I-1683 Rn 19 m Anm *Fuchs* IPRax 98, 327; BGH NJW 13, 2597 Rn 22; dazu schon → Rn 21). Außerdem ist das Gericht am gewöhnlichen Aufenthalt des Unterhaltsberechtigten idR am besten in der Lage, den angemessenen Unterhalt festzulegen. Schließlich ermöglicht dieser Gerichtsstand im Regelfall den **Gleichlauf** der internationalen Zuständigkeit mit dem nach Art 3 HUP (→ Rn 558 ff) anzuwendenden Recht (MüKoFamFG/*Lipp* Rn 17). Der Gerichtsstand ist – anders als bisher nach Art 5 Nr 2 EuGVVO aF – auch dann eröffnet, wenn der Unterhaltsschuldner seinen gewöhnlichen Aufenthalt in einem Drittstaat hat; für die Vollstreckung des deutschen Unterhaltstitels in diesem Staat gelten dann die Vorschriften des dortigen autonomen Rechts, soweit keine vorrangigen Staatsverträge eingreifen.

aa) Unterhaltsberechtigter. Unterhaltsberechtigt ist nach Art 2 Abs 1 Nr 10, wer schlüssig **107** vorträgt, dass ihm materiell ein Unterhaltsanspruch zusteht. Im Gerichtsstand nach lit b kann also nicht nur derjenige klagen, dem schon einmal Unterhalt zugesprochen worden ist, sondern auch derjenige, der *erstmals* gerichtlich Unterhaltsansprüche geltend macht (EuGH C-295/95 aaO, Rn 12 ff; dazu *Fuchs* IPRax 98, 327). Bei gegebener **Prozessstandschaft** ist nicht auf die formelle Partei (zB den für das Kind klagenden Elternteil), sondern auf den materiell Unterhaltsberechtigten abzustellen (Rauscher/*Andrae* Rn 41; **aA** App Lyon 14.11.11, unalex FR-2308)). Gleiches gilt im Fall der **Abtretung** einer Unterhaltsforderung, wo es nicht auf den gewöhnlichen Aufenthalt des Zessionars, sondern jenen des ursprünglich Unterhaltsberechtigten ankommt (Rauscher/*Andrae* Rn 45).

Der Gerichtsstand ist nur am gewöhnlichen Aufenthalt von *natürlichen* Personen als Unterhalts- **108** berechtigten eröffnet, Art 2 Nr 10. Nimmt eine **öffentliche Aufgaben wahrnehmende Einrichtung** Regress beim Unterhaltsverpflichteten (→ Rn 58 f), so kann sie daher nicht an ihrem eigenen Sitz klagen (*Hau* FamRZ 10, 516/519; Rauscher/*Andrae* Rn 41 unter Hinweis auf ErwG 14; → Anh III). Dies bedeutet jedoch nicht notwendig, dass solche Einrichtungen die Zuständigkeit nach lit b überhaupt nicht in Anspruch nehmen können, sondern darauf angewiesen sind, den Unterhaltsverpflichteten auch dann an seinem gewöhnlichen Aufenthalt zu verklagen, wenn dieser in einem Drittstaat begründet ist. Diese Auffassung hat der EuGH zwar unter Geltung von Art 5 Nr 2 EuGVVO vertreten (C-433/01 – *Blijdenstein,* Slg 04 I-981 Rn 30 = IPRax 04, 240 m Anm *Martiny* 195; zust zu Art 5 Nr 2 LugÜ OLG Dresden NJW 07, 446). Sie dürfte aber mit der geänderten Konzeption des Art 3 lit b, der nicht mehr einen restriktiv auszulegenden besonderen, sondern einen alternativen allgemeinen Gerichtsstand eröffnet, nicht mehr vereinbar sein (zutr AG Stuttgart FamRZ 14, 786 m zust Anm *Mankowski* IPRax 14, 249; *Reuß* FS Simotta [2012] 483/489 f; MüKoFamFG/*Lipp* Vorbem Art 3 ff Rn 29 ff; *Andrae* FPR 13, 38/41 f; Rauscher/*Andrae* Rn 43 f; HK-ZPO/*Dörner* Rn 5; **aA** *Martiny* FamRZ 14, 429/433; *Hau* FamRZ 10, 516/519 und FamRBint 12, 19/21; *Kuntze* FPR 11, 170; G/W/*Bittmann* Kap 36 Rn 33; ThP/*Hüßtege* Vorbem Art 1 Rn 21a). Auch öffentliche Aufgaben wahrnehmende Einrichtungen sollten daher die Möglichkeit haben, Regressklagen nach lit b am gewöhnlichen Aufenthalt des materiell Unterhaltsberechtigten zu erheben.

Ob der Gerichtsstand nach lit b auch für eine (negative Feststellungs- oder Abänderungs-) **109** **Klage des Unterhaltsverpflichten** eröffnet ist oder ob er entsprechend der zu Art 5 Nr 2 EuGVVO aF hM (vgl öst OGH 24.8.10, unalex AT-685; ital Cass 24.7.03, unalex IT-267; OLG München 15.1.08, unalex DE-1613; OLG Nürnberg NJW 05, 1054/1055; OLG Jena FamRZ 00, 681; OLG Schleswig FamRZ 93, 1333; LG Klagenfurt 15.2.08, unalex AT-378; unalexK/*Hausmann* Art 5 Nr 2 Rn 14 mwN) auf Klagen des Unterhaltsberechtigten teleologisch zu reduzieren ist, ist noch nicht geklärt. Da die einschränkende Auslegung vor allem mit der Ausgestaltung von Art 5 Nr 2 EuGVVO aF als „besonderer" Zuständigkeit begründet wurde, ist für sie nach Art 3 EuUntVO, der die Zuständigkeiten nach lit a und lit b auf die gleiche Stufe stellt, richtigerweise kein Raum mehr (Rauscher/*Andrae* Rn 1; MüKoFamFG/*Lipp* Rn 18; G/W/*Bittmann,* Kap 36 Rn 32; Zö/*Geimer* Rn 9; ThP/*Hüßtege* Vorbem EuUntVO Rn 21a; s a → Rn 93). Die Frage hat allerdings wegen lit a nur geringe Relevanz. Da lit b auf den gewöhnlichen Aufenthalt des Unterhaltsberechtigten – und nicht des Klägers/Antragstellers – abstellt, kann der Unterhaltsverpflichtete **Widerklagen** und **Abänderungsklagen** jedoch nicht an seinem eigenen gewöhnlichen Aufenthalt erheben (*Gruber* IPRax 10, 128/130; HK-ZPO/*Dörner* Rn 4; *Henrich,* IntSchR Rn 106).

bb) Gewöhnlicher Aufenthalt. Maßgebend für die internationale Zuständigkeit nach lit b **110** ist nur noch der gewöhnliche Aufenthalt des Unterhaltsberechtigten im Zeitpunkt der Klageerhebung. Die bisherige alternative Anknüpfung an dessen Wohnsitz in Art 5 Nr 2 EuGVVO aF ist entfallen. Damit hat der Unterhaltsberechtigte es in der Hand, durch eine Verlegung seines

341

C 111–115 1. Teil. Erkenntnisverfahren C. Unterhaltssachen

gewöhnlichen Aufenthalts ein ihm besonders günstiges Forum zu wählen. Mit Hilfe dieser Gerichtswahl kann er ferner in gewissem Umfang auch das auf seinen Unterhaltsanspruch anzuwendende Recht beeinflussen (vgl Art 3, 4 Abs 2 und 3 HUP; → Rn 558 ff, 586 ff). Zum Begriff des gewöhnlichen Aufenthalts gilt das zu lit a Gesagte (→ Rn 101 ff) entsprechend.

111 **c) Annexzuständigkeit zu einem Statusverfahren, lit c.** Da Unterhaltsentscheidungen häufig als Neben- oder Folgeentscheidungen im Rahmen von Statusverfahren getroffen werden, eröffnet lit c eine internationale Annexzuständigkeit für Unterhaltssachen, über die im Zusammenhang mit einem Verfahren in Bezug auf den Personenstand zu entscheiden ist. Insoweit verweist die Vorschrift auf die *lex fori* des für das Statusverfahren zuständigen Gerichts einschließlich des dort geltenden Unionsrechts und vorrangiger Staatsverträge. Anders als für Art 5 Nr 2 lit a EuGVVO war für die Annexzuständigkeit nach Art 5 Nr 2 lit b EuGVVO aF schon bisher anerkannt, dass sie nicht nur dem Unterhaltsberechtigten, sondern auch dem -verpflichteten zur Verfügung steht (frz Cass 25.3.15, unalex FR-2423). Dies gilt erst recht für Art 3 lit c und lit d EuUntVO.

112 **aa) Erfasste Statusverfahren.** „Verfahren in Bezug auf den Personenstand" iSv lit c sind insbesondere die in Art 1 Abs 1 lit a EuEheVO genannten **Ehesachen** (Verfahren der Ehescheidung, der Trennung ohne Auflösung des Ehebandes und der Ungültigerklärung einer Ehe, vgl dazu frz Cass 12.12.06, unalex FR-417; Aud Prov Murcia 12.5.03, unalex ES-48), ferner auch die von der EuEheVO nicht erfassten (→ A Rn 35) Verfahren der Feststellung des Bestehens oder Nichtbestehens einer Ehe. Darüber hinaus betreffen aber auch die von der EuEheVO ebenfalls nicht geregelten Verfahren der Mitgliedstaaten über die **Auflösung von eingetragenen Lebenspartnerschaften** den Personenstand iSv lit c; vgl im deutschen Recht § 269 Abs 1 Nr 1 FamFG (vgl § 25 Abs 1 Nr 1 lit c AUG; *Hau* FamRZ 10, 516; HK-ZPO/*Dörner* Rn 7). Schließlich kommen auch **Abstammungssachen** iSv § 169 FamFG, insbesondere Verfahren der gerichtlichen Vaterschaftsfeststellung für außerhalb der Ehe geborene Kinder (vgl § 25 Abs 1 Nr 2 AUG; dazu näher → G Rn 8 ff) sowie Adoptionsverfahren (→ H Rn 7 ff) in Betracht.

113 **bb) Zuständigkeitsanknüpfung.** Die Annexzuständigkeit ist nur eröffnet, wenn das angerufene Gericht für das Statusverfahren „nach seinem Recht" (*Junker* FS Simotta [2012] 263/267) international und örtlich zuständig ist. Die internationale Zuständigkeit der mitgliedstaatlichen Gerichte in **Ehesachen** ergibt sich insoweit primär aus Art 3–7 EuEheVO (→ A Rn 44 ff). Dabei ist unerheblich, auf welche dieser Zuständigkeiten das in der Unterhaltssache angerufene Gericht sich stützt. Die örtliche Zuständigkeit wird hingegen für Ehesachen nur in den Fällen der Art 4, 5 unionsrechtlich geregelt und folgt ansonsten aus dem nationalen Verfahrensrecht (→ A Rn 45). Über Art 7 Abs 1 EuEheVO kann sich eine internationale (Rest-) Zuständigkeit für Eheverfahren aus dem autonomen Zuständigkeitsrecht der Mitgliedstaaten ergeben, die dann mit den nachfolgenden Einschränkungen auch für die nachfolgende Unterhaltssache maßgeblich ist.

114 Für **lebenspartnerschaftliche Statusverfahren** gilt vor deutschen Gerichten § 103 FamFG (→ I Rn 103 ff), für Verfahren auf **Feststellung der Abstammung** eines Kindes § 100 FamFG (→ G Rn 5 ff) und für **Adoptionsverfahren** § 101 FamFG (→ H Rn 5 ff). Die Reichweite der Zuständigkeit nach lit c vor deutschen Gerichten wird in **§ 25 AUG** (→ Rn 427 ff) näher präzisiert, um eine für die Praxis einfache und verständliche Anwendung der Annexzuständigkeit nach lit c zu gewährleisten (BT-Drs 17/4887, 41).

115 **cc) Nebensache.** Über die Zulässigkeit einer Verbindung von Status- und Unterhaltsverfahren entscheidet das innerstaatliche Recht der Mitgliedstaaten (G/Sch/*Reuß*, IRV Rn 31). Eine Nebensache iSv lit c besteht jedenfalls für solche Unterhaltssachen, über die nach der *lex fori* des angerufenen Gerichts zwingend im sog „Verbund" mit dem Statusverfahren zu entscheiden ist. Für diesen Fall werden die nationalen Vorschriften über die internationale Verbundszuständigkeit (vgl etwa § 98 Abs 2 FamFG) durch lit c verdrängt (OLG Karlsruhe FamRZ 86, 1227; *Piltz* NJW 02, 789/791). Zu Art 5 Nr 2 EuGVVO aF entsprach es der überwiegenden Meinung, dass es für die Annexzuständigkeit genügte, wenn lediglich die Möglichkeit einer Verfahrensverbindung bestand und von ihr im konkreten Fall auch Gebrauch gemacht wurde. Deshalb konnte sich ein Ehegatte, der im Rahmen eines Scheidungsverfahrens Trennungsunterhalt begehrte, nach hM auch dann auf Art 5 Nr 2 EuGVVO aF berufen, wenn über den Getrenntlebensunterhalt nach der *lex fori* – wie zB nach deutschem Recht – nicht im Entscheidungsverbund entschieden wurde (*Schulze* IPRax 99, 21/22 f; G/Sch/*Geimer* Art 5 EuGVVO aF Rn 186 mwN; **aA** KG NJW-RR 98, 579/580). Denn nach deutschem Recht ist über den Anspruch auf Trennungsunterhalt nicht – wie für den Verbund nach § 137 FamFG gefordert – „für den Fall

I. Internationale Zuständigkeit: EuUntVO Art 3   **116–120** **C**

der Scheidung" zu entscheiden; vielmehr wird Trennungsunterhalt nur für die Zeit bis zur rechtskräftigen Scheidung der Ehe gewährt (Bassenge/Roth/*Walter* § 137 FamFG Rn 6).

Diese Sichtweise kann indessen unter der **EuUntVO** keine Geltung mehr beanspruchen. **116** Denn zum einen spricht Art 3 lit c – abweichend von Art 5 Nr 2 EuGVVO aF, demzufolge über die Unterhaltssache „im Zusammenhang" mit dem Statusverfahren zu entscheiden war – nur davon, dass über die Unterhaltssache „in der Nebensache" zu dem Statusverfahren zu entscheiden ist. Die englische Sprachfassung sieht sogar vor, dass die Unterhaltsentscheidung abhängig von der Statusentscheidung zu ergehen hat (*„ancillary to those proceedings"; Hau* FamRZ 10, 516; *Dörner* IPRax 06, 550/551). Da über die Zulässigkeit einer Verbindung das innerstaatliche Recht entscheidet, ist ferner vor deutschen Gerichten seit dem 18.6.2011 **§ 25 Abs 1 AUG** (→ Rn 427 ff) zu beachten, der in Ehe- oder Lebenspartnerschaftssachen eine Annexzuständigkeit für das Unterhaltsverfahren nach Art 3 lit c nur noch dann eröffnet, wenn der Unterhalt „im Scheidungs- oder Aufhebungsverbund" nach § 137 Abs 2 Nr 2 FamFG (bzw § § 270 Abs 1 iVm § 137 Abs 2 Nr 2 FamFG) geltend gemacht wird (wie hier MüKoFamFG/*Lipp* Rn 35 f; **aA** HK-ZPO/*Dörner* Rn 8; Rauscher/*Andrae* Rn 50a mwN). Demgegenüber reicht es in einem Verfahren auf Feststellung der Vaterschaft nach § 25 Abs 1 Nr 2 AUG für die Annexzuständigkeit gem lit c aus, dass die deutschen Gerichte für das Abstammungsverfahren nach § 100 Nr 1 oder Nr 2 FamFG international zuständig sind (OLG Frankfurt BeckRS 15, 18964 Rn 24).

dd) Einschränkung bei Statusverfahren im Heimatstaat nur einer Partei. Die Annex- **117** zuständigkeit nach lit c greift dann nicht ein, wenn die Zuständigkeit für das Statusverfahren lediglich auf der **Staatsangehörigkeit einer Partei** beruht. Dies stellt auch § 25 Abs 1 Nr 2 lit a und Abs 2 AUG noch einmal deklaratorisch klar. Soweit sich die internationale Zuständigkeit für das Statusverfahren aus der EuEheVO ergibt, ist diese – aus Art 5 Nr 2 EuGVVO aF übernommene – Einschränkung der Annexzuständigkeit bedeutungslos geworden. Denn die EuEheVO knüpft in Ehesachen (Art 3–5) nicht lediglich an die Staatsangehörigkeit einer Partei an. Praktische Bedeutung gewinnt die Annexzuständigkeit nach lit c daher nur dann, wenn die Ehegatten das Scheidungsverfahren nach Art 3 Abs 1 lit b EuEheVO in ihrem gemeinsamen Heimatstaat durchführen, obwohl sie beide ihren Wohnsitz und gewöhnlichen Aufenthalt in einem anderen Mitgliedstaat haben (vgl Rechtbank Roermond 25.2.09, unalex NL-785).

Zu einem Ausschluss der Annexzuständigkeit kann es deshalb nur dann kommen, wenn ein **118** mitgliedstaatliches Gericht für das Statusverfahren auf sein **nationales Zuständigkeitsrecht** zurückgreift. In Ehesachen kann dies nur der Fall sein, soweit die EuEheVO eine nationale Restzuständigkeit eröffnet (Art 6, 7 Abs 1; näher → A Rn 123 ff). Unter dieser Voraussetzung lassen zahlreiche nationale Prozessrechte die Staatsangehörigkeit nur eines Ehegatten zur Begründung der internationalen Zuständigkeit ausreichen (vgl in *Frankreich* und *Luxemburg* Art 14, 15 Cc; in *Deutschland* § 98 Abs 1 Nr 1 FamFG [Ehesachen], § 103 Abs 1 Nr 1 FamFG [Lebenspartnerschaftssachen]). Demgegenüber ist das Recht der internationalen Zuständigkeit in **Abstammungssachen** bisher in der Europäischen Union nicht vereinheitlicht. Auch insoweit reicht die Staatsangehörigkeit nur eines Beteiligten zur Begründung der internationalen Zuständigkeit nach nationalem Recht häufig aus (vgl in Deutschland § 100 Nr 1 FamFG; dazu → G Rn 14; in Frankreich Art 14, 15 Cc).

Gründet sich die Zuständigkeit im Statusverfahren – zB gem § 98 Abs 1 Nr 1 FamFG – nur **119** auf die Staatsangehörigkeit eines Beteiligten, dann wird der **Verbund aufgehoben** (HK-ZPO/ *Dörner* Rn 8). Für das Statusverfahren bleibt es bei der internationalen Zuständigkeit aufgrund des autonomen Rechts, während für die Unterhaltssache auf die sonstigen Gerichtsstände der EuUntVO zurückzugreifen ist. Das für Statusverfahren zuständige Gericht ist jedoch gemäß Art 14 weiterhin zum Erlass einstweiliger Maßnahmen nach autonomen Regeln zuständig. Auf diese Weise können Zuständigkeitslücken überbrückt werden.

Besitzen **beide Verfahrensbeteiligten** – zB beide Ehegatten in einem Scheidungsverfahren – **120** übereinstimmend die Staatsbürgerschaft des Mitgliedstaats, dessen Gerichte angerufen wurden, so ist die Annexzuständigkeit nach lit c zu bejahen, wenn das europäische (zB Art 3 Abs 1 lit b EuEheVO) oder das nationale Recht zur Begründung der internationalen Zuständigkeit für das Statusverfahren an diese gemeinsame Staatsangehörigkeit anknüpfen (Kropholler/*v Hein* Art 5 EuGVVO aF Rn 62), auch wenn diese Staatsangehörigkeit für einen oder beide Ehegatten nicht die effektive ist. Gleiches gilt aber auch dann, wenn die *lex fori* in dieser Konstellation bereits die Staatsangehörigkeit nur eines Beteiligten zur Zuständigkeitsbegründung ausreichen lässt (*Hau* FamRZ 10, 516 f; Rauscher/*Andrae* Rn 48). In Ehesachen kommt dies nur noch unter den

343

C 121–125   1. Teil. Erkenntnisverfahren C. Unterhaltssachen

engen Voraussetzungen der Art 6, 7 Abs 1 EuEheVO (→ A Rn 123 ff) in Betracht. Ferner knüpft das nationale Recht auch dann nicht nur an die Staatsangehörigkeit eines Beteiligten an, wenn dieser auch seinen Wohnsitz oder gewöhnlichen Aufenthalt im Gerichtsstaat hat und dieser ebenfalls die internationale Zuständigkeit für das Statusverfahren begründet (Trib cant Vaud 2.9.05, unalex CH-50 [zu Art 5 Nr 2 LugÜ1988]; ebenso schon zu Art 5 Nr 2 EuGVÜ der *Schlosser*-Bericht, Nr 41). Schließlich können Ehegatten das für ihre Ehescheidung zuständige Gericht wirksam nach Art 4 Abs 1 lit c für damit zusammenhängende Unterhaltsansprüche vereinbaren (Rn 124); die Schranke nach Art 3 lit c, letzter Hs greift auch in diesem Fall nicht ein (*Henrich,* IntSchR Rn 112).

121   Jedenfalls bei Unterhaltsverfahren vor Gerichten des **Vereinigten Königreichs** oder **Irlands** ist Art 2 Abs 3 (→ Rn 71) zu beachten. Danach reicht es für eine dortige Annexzuständigkeit nicht aus, dass nur eine Partei ihr *„domicile"* in einem dieser Staaten hat.

122   **d) Annexzuständigkeit zu einem Verfahren der elterlichen Verantwortung, lit d. aa) Allgemeines.** Die EuUntVO erstreckt die in Art 5 Nr 2 EuGVVO aF auf Personenstandssachen beschränkte Annexzuständigkeit in Art 3 lit d auf Unterhaltsachen, die als Nebensache zu einem Verfahren der elterlichen Verantwortung anhängig gemacht werden. Mit Verfahren über die elterliche Verantwortung sind die in Art 1 Abs 1 lit b und Abs 2 EuEheVO genannten Verfahren (näher → F Rn 32 ff) gemeint. Durch diese neue Annexzuständigkeit wird dem engen Zusammenhang zwischen der Sorgerechtsregelung und der Art und dem Umfang des dem Kind geschuldeten Unterhalts Rechnung getragen (Rauscher/*Andrae* Rn 51). Diese Regelung war schon zuvor auch in Art 5 Nr 2 LugÜ 2007 übernommen worden.

123   **bb) Zuständigkeitsanknüpfung.** Die Annexzuständigkeit ist nur eröffnet, wenn das angerufene Gericht für das Verfahren betreffend die elterliche Verantwortung international und örtlich zuständig ist (EuGH C-604/17 – *PM/A/H,* unalex EU-746 Rn 32 ff). Die internationale Zuständigkeit der mitgliedstaatlichen Gerichte ergibt sich insoweit primär aus Art 8–14 EuEheVO (→ F Rn 78 ff). Dabei ist unerheblich, auf welche dieser Zuständigkeiten das angerufene Gericht sich stützt; dies kann zB auch die Zuständigkeit nach Art 12 Abs 3 sein (EuGH C-656/13 – *L/M,* NJW 15, 40 Rn 35). Die örtliche Zuständigkeit wird hingegen für Verfahren der elterlichen Verantwortung in der EuEheVO nicht geregelt und folgt daher aus dem nationalen Prozessrecht (→ F Rn 83). Über Art 14 EuEheVO kann sich eine internationale (Rest-) Zuständigkeit für Verfahren betreffend die elterliche Verantwortung aber auch aus Staatsverträgen (zB aus Art 5 ff KSÜ) oder dem autonomen Zuständigkeitsrecht der Mitgliedstaaten ergeben. Diese darf aber wiederum nicht – wie zB jene nach Art 99 Abs 1 Nr 1 FamFG – aus der Staatsangehörigkeit nur eines Beteiligten abgeleitet werden; insoweit gilt das zu → Rn 117 ff Gesagte entsprechend.

124   **cc) Nebensache.** Ob über die geltend gemachten Unterhaltsansprüche als Nebensache zu dem Sorgerechtsverfahren entschieden werden kann, bestimmt sich wiederum nach der jeweiligen *lex fori* des angerufenen Gerichts. Im **deutschen Recht** besteht eine solcher Verfahrensverbund von Kindschafts- und Unterhaltsachen nicht, so dass die Annexzuständigkeit nach lit d vor deutschen Gerichten leerläuft (*Andrae* NJW 11, 2545/2546; Rauscher/*Andrae* Rn 52; ThP/*Hüßtege* Vorb Art 1 Rn 21b). Eigenständige Bedeutung erlangt die Regelung sowieso nur, wenn die Gerichte eines Mitgliedstaats zur Entscheidung in dem Verfahren betreffend die elterliche Verantwortung berufen sind, obwohl sich dort weder der Unterhaltsberechtigte noch der Verpflichtete gewöhnlich aufhalten; ansonsten greifen schon die Zuständigkeiten nach Art 3 lit a und lit b ein.

125   **e) Verhältnis der Zuständigkeiten nach lit c und lit d zueinander.** Sind die Gerichte verschiedener Mitgliedstaaten nach lit c und nach lit d für Unterhaltsansprüche eines Kindes international zuständig, so hat nach Ansicht des EuGH die Akzessorietät zu dem am gewöhnlichen Aufenthalt des Kindes (Art. 8 EuEheVO) anhängigen Verfahren der elterlichen Verantwortung nach lit d Vorrang und schließt die in einem anderen Mitgliedstaat wegen der dort anhängigen Ehesache der Eltern nach lit c (iVm Art 3 ff EuEheVO) begründete Zuständigkeit für den Kindesunterhalt aus (EuGH C-184/14 – *A/B,* FamRZ 15, 1582 Rn 26 ff, 48 m krit Anm *Mankowski* 1785 = IPRax 16, 257 m krit Anm *Rauscher* 215; ital Cass 5.2.16, Riv dir int priv proc 17, 97 f; vgl auch *Rasch* NZFam 15, 839; *Reuß* NJW 15, 3023). Damit wird das dem Unterhaltsberechtigten in Art 3 eingeräumte Wahlrecht für die Geltendmachung von Kindesunterhalt nicht unerheblich eingeschränkt.

I. Internationale Zuständigkeit: EuUntVO Art 4

EuUntVO Art 4. Gerichtsstandsvereinbarungen

(1) Die Parteien können vereinbaren, dass das folgende Gericht oder die folgenden Gerichte eines Mitgliedstaats zur Beilegung von zwischen ihnen bereits entstandenen oder künftig entstehenden Streitigkeiten betreffend Unterhaltspflichten zuständig ist bzw sind:

a) ein Gericht oder die Gerichte eines Mitgliedstaats, in dem eine der Parteien ihren gewöhnlichen Aufenthalt hat;

b) ein Gericht oder die Gerichte des Mitgliedstaats, dessen Staatsangehörigkeit eine der Parteien besitzt;

c) hinsichtlich Unterhaltspflichten zwischen Ehegatten oder früheren Ehegatten

  i) das Gericht, das für Streitigkeiten zwischen den Ehegatten oder früheren Ehegatten in Ehesachen zuständig ist, oder

  ii) ein Gericht oder die Gerichte des Mitgliedstaats, in dem die Ehegatten mindestens ein Jahr lang ihren letzten gemeinsamen gewöhnlichen Aufenthalt hatten.

Die in den Buchstaben a, b oder c genannten Voraussetzungen müssen zum Zeitpunkt des Abschlusses der Gerichtsstandsvereinbarung oder zum Zeitpunkt der Anrufung des Gerichts erfüllt sein.

Die durch Vereinbarung festgelegte Zuständigkeit ist ausschließlich, sofern die Parteien nichts anderes vereinbaren.

(2) [1]Eine Gerichtsstandsvereinbarung bedarf der Schriftform. [2]Elektronische Übermittlungen, die eine dauerhafte Aufzeichnung der Vereinbarung ermöglichen, erfüllen die Schriftform.

(3) Dieser Artikel gilt nicht bei einer Streitigkeit über eine Unterhaltspflicht gegenüber einem Kind, das noch nicht das 18. Lebensjahr vollendet hat.

(4) Haben die Parteien vereinbart, dass ein Gericht oder die Gerichte eines Staates, der dem am 30. Oktober 2007 in Lugano unterzeichneten Übereinkommen über die gerichtliche Zuständigkeit und die Anerkennung und Vollstreckung von Entscheidungen in Zivil- und Handelssachen (nachstehend „Übereinkommen von Lugano" genannt) angehört und bei dem es sich nicht um einen Mitgliedstaat handelt, ausschließlich zuständig sein soll bzw sollen, so ist dieses Übereinkommen anwendbar, außer für Streitigkeiten nach Absatz 3.

Schrifttum: *Rauscher,* Gerichtsstandsvereinbarungen in Unterhaltssachen mit Auslandsberührung, FamFR 13, 25; *Simotta,* Zur Gerichtsstandsvereinbarung in Unterhaltssachen nach Art 4 EuUntVO, GS Koussoulis (2010) 527.

1. Allgemeines

a) Bedeutung. Zwar haben internationale Gerichtsstandsvereinbarungen in Unterhaltsachen **126** unter der Geltung von Art 23 EuGVVO aF nur eine untergeordnete Rolle gespielt und es sind kaum veröffentlichte Gerichtsentscheidungen zu ihnen bekannt geworden. Obwohl das Recht zum Abschluss von Gerichtsstandsvereinbarungen durch Art 4 gegenüber dem zuvor auch in Unterhaltssachen geltenden Art 23 EuGVVO aF noch weiter eingeschränkt wurde, steht zu erwarten, dass ihre praktische Bedeutung – insbesondere in Bezug auf den nachehelichen Unterhalt im Rahmen von Eheverträgen und Scheidungsvereinbarungen – aufgrund der nunmehrigen ausdrücklichen Regelung in der Verordnung zunehmen wird. Dies nicht zuletzt auch wegen der durch Art 8 HUP (→ Rn 668 ff) neu eingeführten Möglichkeit, die Gerichtswahl mit einer auf sie abgestimmten Rechtswahl zu kombinieren (vgl *Lipp* FS Pintens [2012] 99/104 f).

Durch eine Gerichtsstandsvereinbarung können die Parteien das nach Art 3 bestehende Wahl- **127** recht des Antragstellers zwischen vier unterschiedlichen gesetzlichen Gerichtsständen (→ Rn 100 ff) begrenzen; auf diese Weise lässt sich zusätzliche **Rechtssicherheit** schaffen und die Eigenverantwortlichkeit der Beteiligten stärken (ErwG 19; → Anh III). Denn die Vereinbarung legt den Gerichtsstand unabhängig von der nicht vorhersehbaren späteren Parteirolle und von einer Veränderung der tatsächlichen Verhältnisse (zB einem Wechsel des gewöhnlichen Aufenthalts) verbindlich fest (vgl. zu Art 25 EuGVVO Staud/*Hausmann,* IntVertrVerfR Rn 296). Außerdem wird mit Hilfe einer Gerichtsstandsvereinbarung nicht nur das maßgebliche Prozess-

345

C 128–132   1. Teil. Erkenntnisverfahren C. Unterhaltssachen

recht, sondern nach Maßgabe von Art 4 Abs 2 und 3 HUP (→ Rn 586 ff) auch das anzuwenden-de materielle Unterhaltsrecht bestimmt.

128   **b) Rechtsnatur.** Die Gerichtsstandsvereinbarung nach Art 4 begründet keine Verpflichtung der Parteien, vor einem bestimmten Gericht zu klagen, sondern führt die Zuständigkeit des prorogierten (bzw die Unzuständigkeit des derogierten) Gerichts von sich aus herbei. Sie ist daher als **Prozessvertrag** und die auf ihren Abschluss gerichteten Willenserklärungen als Pro-zesshandlungen im weiteren Sinne zu qualifizieren (so wohl auch EuGH C-25/79 – *Sanicentral,* Slg 79, 3423 Rn 5 f [zu Art 17 EuGVÜ]). Dies schließt freilich nicht aus, bestimmte Aspekte des Zustandekommens und der materiellen Wirksamkeit der Vereinbarung nach einer mit Hilfe des Kollisionsrechts der *lex fori* zu bestimmenden *lex causae* zu beurteilen (→ Rn 152 ff).

129   **c) Inhalt. aa) Prorogation und Derogation.** Eine Gerichtsstandsvereinbarung nach Art 4 ist regelmäßig auf die Prorogation des Gerichts (oder der Gerichte) eines bestimmten Mitglied-staats gerichtet. Da sie grundsätzlich *ausschließliche* Wirkung hat (Abs 1 UAbs 3), wird im Regelfall zugleich die Zuständigkeit der Gerichte aller übrigen (Mitglied- wie Dritt-)Staaten derogiert. Notwendig ist diese Koppelung von Prorogation und Derogation in einer Gerichts-standsvereinbarung jedoch nicht. Die Parteien können vielmehr auch eine isolierte Prorogations-vereinbarung treffen, die nur einen zusätzlichen Gerichtsstand schafft, das Recht der Parteien zur Anrufung der nach Art 3 gesetzlich zuständigen Gerichte jedoch unberührt lässt (→ Rn 169 f).

130   **bb) Isolierte Derogation.** Art 4 gilt – trotz des auf die Prorogation beschränkten Wortlauts – sinngemäß auch für Fall, dass die Parteien lediglich die gesetzliche Zuständigkeit in einem oder mehreren Mitgliedstaaten ausgeschlossen haben, ohne zugleich einen Gerichtsstand zu verein-baren (sog „isolierte Derogation"; vgl zu Art 23 EuGVVO aF unalexK/*Hausmann* Rn 42; zweifelnd Kropholler/*v Hein* Art 23 EuGVVO aF Rn 15 mwN). In einem solchen Fall hat der Antragsteller das Wahlrecht zwischen den durch die Vereinbarung nicht ausgeschlossenen Ge-richtsständen. Da eine solche Vereinbarung in ihrer Wirkung einem Verzicht auf gerichtlichen Schutz überhaupt gleichkommen kann, unterliegt sie allerdings einer scharfen Missbrauchskon-trolle (Kropholler/*v Hein* aaO).

131   **d) Nationale Prorogations- und Derogationsverbote.** Art 4 regelt die Zulässigkeit, die Voraussetzungen und die Wirkungen einer gültigen Gerichtsstandsvereinbarung in Unterhalts-sachen *abschließend* (Rauscher/*Andrae* Rn 4), verdrängt also auf Grund seines Anwendungsvor-rangs als sekundäres Unionsrecht diesbezüglich das nationale Recht der Mitgliedstaaten voll-ständig. Dies gilt – ebenso wie nach Art 25 EuGVVO und zuvor nach Art 23 EuGVVO aF (dazu ausführlich unalexK/*Hausmann* Rn 23 ff m Nachw) – vor allem für die in den Verfahrens-ordnungen der Mitgliedstaaten vorgesehenen ausdrücklichen **Prorogations- oder Derogati-onsverbote** (vgl zu Art 23 EuGVVO aF EuGH C-159/97 – *Castelletti,* Slg 99 I-1597 Rn 46 ff = IPRax 2000, 119 m Anm *Girsberger* 87; OLG Hamburg NJW 04, 3126/3228; OLGR Stuttgart 09, 717). Gemeint sind insbesondere Vorschriften, die – wie zB § 232 Abs 1 FamFG – in Unterhaltssachen ausschließliche örtliche Zuständigkeiten vorschreiben, daneben aber auch sprachliche Anforderungen (EuGH Rs 150/80 – *Elefanten Schuh,* Slg 81, 1671 Rn 26) oder im Verhältnis zu Art 4 Abs 2 verschärfte **Formerfordernisse** festlegen.

132   **e) Erfordernis eines internationalen Sachverhalts.** Ebensowenig wie bisher von Art 23 EuGVVO aF (dazu unalexK/*Hausmann* Rn 38m Nachw) werden auch von Art 4 reine Binnen-sachverhalte erfasst; dies folgt aus der Rechtsgrundlage der EuUntVO in Art 61, 65 EG (Rau-scher/*Andrae* Rn 8; MüKoFamFG/*Lipp* Rn 7). Ob eine Auslandsberührung besteht, hängt vor allem vom **gewöhnlichen Aufenthalt** der Parteien (EuGH C 281/03 – *Owusu,* Slg 05 I-1383 Rn 28 = IPRax 05, 244) und vom Inhalt ihrer Gerichtsstandsvereinbarung ab. Ein hinreichender Auslandsbezug der Gerichtsstandsvereinbarung liegt aber schon dann vor, wenn die Prorogation der Gerichte eines Mitgliedstaats zur Derogation einer sonstigen von Art 3 eingeräumten Zu-ständigkeit in einem anderen Mitgliedstaat führt. Die Vereinbarung eines Gerichts im Aufent-halts- oder Heimatstaat des Unterhaltsverpflichteten ist also an Art 4 zu messen, wenn hierdurch die Zuständigkeit am gewöhnlichen Aufenthalt des Berechtigten nach Art 3 lit b in einem anderen Mitgliedstaat ausgeschlossen wird (**aA** aber zu Art 23 EuGVVO aF frz Cass 4.10.05, unalex FR-70, wonach allein der Umstand, dass die Parteien ihren Wohnsitz in verschiedenen Mitgliedstaaten haben, zur Annahme eines internationalen Sachverhalts nicht genügen soll). Ausreichend ist aber im Hinblick auf Art 4 Abs 1 lit b auch die Vereinbarung eines Gerichts-

346

I. Internationale Zuständigkeit: EuUntVO Art 4   133–136 **C**

stands im Heimatstaat einer der Parteien, selbst wenn beide ihren gemeinsamen gewöhnlichen Aufenthalt in einem anderen Mitgliedstaat haben.

Daneben kann aber auch die **ausländische Staatsangehörigkeit** einer Partei genügen, um **133** die Internationalität des Sachverhalts zu begründen, obwohl sie kein Kriterium der Zuständigkeitsanknüpfung nach der EuUntVO ist (vgl zur EuGVVO aF EuGH C-327/10 – *Hypotecní banka/Lindner,* Slg 11 I-11582 Rn 28 ff, 35 = NJW 12, 1199). Dagegen ist ein Bezug der Gerichtsstandsvereinbarung zu einem weiteren **Mitgliedstaat der EuUntVO** nicht erforderlich. Diese Auffassung hatte sich schon zu Art 23 EuGVVO aF durchgesetzt (vgl EuGH C-281/02 – *Owusu,* Slg 05 I-1383 Rn 28 ff; ausführlich unalexK/*Hausmann* Rn 39 ff mwN) und gilt auch für Art 25 EuGVVO nF (Staud/*Hausmann* IntVertrVerfR Rn 303 f mwN). Daher genügt zur Begründung des internationalen Elements auch die Derogation eines in einem Drittstaat begründeten Gerichtsstands; dies muss jedenfalls dann gelten, wenn einer der in Art 4 Abs 1 selbst verwendeten Anknüpfungspunkte auf das Recht eines Drittstaats verweist (Rauscher/*Andrae* Rn 9).

f) Verhältnis zu Staatsverträgen. Staatsverträge auf dem Gebiet der internationalen Zustän- **134** digkeit in Unterhaltssachen haben nach Maßgabe von Art 69 Abs 1 (→ Rn 322 ff) Vorrang vor der Anwendung der Verordnung. Praktische Bedeutung kommt vor allem dem **Luganer Übk von 2007** im Verhältnis zu *Island, Norwegen* und der *Schweiz* zu (näher → Rn 339 ff); insoweit ist allerdings die Sonderregelung in Art 4 Abs 4 (→ Rn 177 ff) zu beachten. Demgegenüber besteht im Verhältnis zum **Haager Übk über Gerichtsstandsvereinbarungen** v 30.6.2005 (ABl EU 2009 L 133, 3) kein Abgrenzungsproblem, da dieses gem seinem Art 2 Abs 2 lit b auf Unterhaltspflichten nicht anwendbar ist (ThP/*Hüßtege* Vorbem Art 1 Rn 20). Das **Haager Übk über die internationale Geltendmachung von Unterhaltsansprüchen** (HUÜ 2007) v 23.11.2007 regelt Gerichtsstandsvereinbarungen nur für die Zwecke der Anerkennung und Vollstreckung von Unterhaltsentscheidungen (→ M Rn 527).

2. Einschränkung der Prorogation, Abs 1

a) Vereinbarung der Gerichte eines Mitgliedstaats. Nach Abs 1 müssen die Parteien die **135** Zuständigkeit der Gerichte eines Mitgliedstaats der Verordnung (Art 1 Abs 2; → Rn 60) vereinbart haben. Ein bestimmtes Gericht muss hierzu nicht bezeichnet werden; es genügt, wenn zB „die deutschen Gerichte" zuständig sein sollen. Die Beteiligten müssen sich jedoch nicht auf die Vereinbarung der internationalen Zuständigkeit beschränken. Sie können vielmehr auch die Zuständigkeit eines konkreten Gerichts vereinbaren; insoweit regelt die Vereinbarung dann **auch die örtliche Zuständigkeit.** Ob diese sich im deutschen Recht nach § 232 FamFG richtet oder sich aus Art 3, 5 EuUntVO bzw § 27 AUG ergibt, ist noch nicht geklärt. An Art 4 ist die Wirksamkeit einer Prorogation der Gerichte eines Mitgliedstaates auch dann zu messen, wenn hierdurch die Zuständigkeit eines *drittstaatlichen* Gerichts derogiert wird; dieses Gericht entscheidet über die Anerkennung der Derogationswirkung dann nach seinem nationalen Prozessrecht (vgl zu Art 23 EuGVVO aF unalexK/*Hausmann* Rn 35; G/Sch/*Geimer* Rn 44). Ferner beherrscht Art 4 die Wirksamkeit der Prorogation eines Mitgliedstaats auch dann, wenn alternativ die Zuständigkeit eines Drittstaats vereinbart ist (vgl zu Art 25 EuGVVO M/M/*Magnus* Rn 33).

Auf die Vereinbarung eines Gerichtsstands in einem **Drittstaat** ist Art 4 dagegen nach seinem **136** Wortlaut ebenso wenig anwendbar wie Art 25 EuGVVO. Wird daher das Gericht eines Mitgliedstaats entgegen einer solchen Vereinbarung angerufen, so muss es die Wirksamkeit der *Prorogation* – ebenso wie das prorogierte Gericht selbst – nach dem am gewählten Gerichtsort geltenden Recht prüfen (MüKoZPO/*Gottwald* Art 25 EuGVVO Rn 3; vgl zu Art 23 EuGVVO aF öst OGH 6.2.96, unalex AT-672; *Schaper/Eberlein* RIW 12, 543/545). Ob das Gericht die Wirksamkeit der *Derogation* in diesem Fall nach seinem *autonomen* internationalen Privat- und Verfahrensrecht zu beurteilen hat, ist im Rahmen der EuGVVO umstritten. Während die Rechtsprechung zum EuGVÜ dies bejaht hat (vgl EuGH C-387/98 – *Coreck Maritime,* Slg 00 I-9337 Rn 19 = NJW 01, 501; BGH NJW 86, 1438/1439 m Anm *Geimer;* BGH NJW 89, 1431/1432), soll die Derogationswirkung nach verbreiteter Meinung in der Literatur von den Gerichten aller Mitgliedstaaten einheitlich an Art 25 EuGVVO gemessen werden (vgl Rauscher/*Mankowski* Rn 14 m ausf Nachw; ebenso zu Art 23 EuGVVO aF *Vassilakakis* IPRax 05, 279/281; G/Sch/*Geimer* Rn 41 ff; **aA** MüKoZPO/*Gottwald* Art 25 EuGVVO Rn 7). Da die Zuständigkeitsvorschriften der EuUntVO universell anwendbar sind und die internationale Zuständigkeit auch in Drittstaatsfällen abschließend regeln, hat jedenfalls im Anwendungsbereich dieser

C 137–143 1. Teil. Erkenntnisverfahren C. Unterhaltssachen

Verordnung ein Rückgriff auf nationales Recht auszuscheiden. Spricht man daher einer Vereinbarung der Zuständigkeit drittstaatlicher Gerichte die derogierende Wirkung nicht ganz ab (so *Rauscher* FamFR 13, 25/27), so sind Zulässigkeit, Form und Wirkungen einer solchen Derogation vielmehr in in entsprechender Anwendung von Art 4 zu beurteilen (ebenso *Kohler/ Pintens* FamRZ 10, 1530; Rauscher/*Andrae* Rn 5, 69 ff; MüKoFamFG/*Lipp* Rn 31). Ist die Vereinbarung danach gültig und als ausschließlich gewollt, so schaltet sie alle gesetzlichen Gerichtsstände der Verordnung in den Mitgliedstaaten aus.

137 **b) Die einzelnen Anknüpfungskriterien.** Art 4 setzt – anders als bisher Art 23 EuGVVO aF – nicht voraus, dass mindestens eine der Parteien ihren Wohnsitz im Hoheitsgebiet eines Mitgliedstaats hat. Allerdings räumt auch Art 4 den Parteien – abweichend von Art 20 Abs 1 lit e HUÜ 2007 auf dem Gebiet der Anerkennungszuständigkeit (→ M Rn 527) – **keine freie Gerichtswahl** ein. Diese wird vielmehr – ähnlich wie die Rechtswahl nach Art 8 Abs 1 HUP (→ Rn 663 ff) – in Abs 1 auf die Wahl eines Gerichts oder von Gerichten eines Staates beschränkt, zu denen wenigstens eine der Parteien insbesondere durch ihren gewöhnlichen Aufenthalt oder ihre Staatsangehörigkeit einen hinreichend engen Bezug hat. Eine Rangfolge zwischen den nach Abs 1 lit a–lit c eröffneten Wahlmöglichkeiten besteht dabei nicht. Zum maßgebenden Zeitpunkt für das Vorliegen des Bezugspunkts → Rn 149 f.

138 **aa) Gewöhnlicher Aufenthalt einer Partei, lit a.** Die Parteien können zunächst die Zuständigkeit eines Gerichts oder der Gerichte eines Mitgliedstaats vereinbaren, in dem eine der Parteien ihren gewöhnlichen Aufenthalt (zum Begriff näher → Rn 101 ff) hat.

139 **bb) Staatsangehörigkeit einer Partei, lit b.** Alternativ können die Parteien auch die Zuständigkeit eines Gerichts oder der Gerichte eines Mitgliedstaats vereinbaren, dessen Staatsangehörigkeit eine der Parteien besitzt (krit zu dieser Anknüpfung im Hinblick auf Art 18 AEUV *Hau* FamRZ 10, 516/517; Rauscher/*Andrae* Rn 29). Die Staatsangehörigkeit wird im *Vereinigten Königreich* und in *Irland* – sowie ggfs in weiteren Mitgliedstaaten (zB *Malta, Zypern,* vgl ErwG 18; → Anh III) – gem Art 2 Abs 3 durch das *„domicile"* ersetzt (→ Rn 71).

140 In Fällen **doppelter Staatsangehörigkeit** wirkt jede der Staatsangehörigkeiten – wie nach Art 3 Abs 1 lit b EuEheVO (→ A Rn 93) – zuständigkeitsbegründend; es muss sich also nicht um die effektive Staatsangehörigkeit handeln (Rauscher/*Andrae* Rn 38; HK-ZPO/*Dörner* Rn 5; **aA** G/Sch/*Reuß,* IRV Rn 23).

141 **cc) Akzessorische Zuständigkeit für den Ehegattenunterhalt, lit c.** Ehegatten oder frühere Ehegatten können in Bezug auf die zwischen ihnen bestehenden Unterhaltspflichten nach lit c

– entweder das Gericht als zuständig vereinbaren, das für die **Entscheidung in ihrer Ehesache zuständig** ist (i)
– oder ein Gericht bzw die Gerichte des Mitgliedstaats, in dem die Ehegatten **mindestens ein Jahr lang ihren letzten gemeinsamen gewöhnlichen Aufenthalt** hatten (ii).

Sie sind allerdings auf diese Gerichtstände nicht beschränkt; diese stehen ihnen vielmehr *zusätzlich* zu den für alle Unterhaltsberechtigten und -verpflichteten geltenden Gerichtsständen nach lit a und lit b zur Verfügung (*Gruber* IPRax 10, 128/133; MüKoFamFG/*Lipp* Rn 20; Rauscher/*Andrae* Rn 42).

142 Fraglich erscheint, ob der Begriff des „Ehegatten" in lit c auf Partner anderer institutionalisierter Lebensgemeinschaften erstreckt werden kann. Dies dürfte für die in *Deutschland* und zahlreichen weiteren Mitgliedstaaten zugelassene **homosexuelle Ehe** im Hinblick auf den insoweit erweiterten Ehebegriff der Rom III-VO (→ A Rn 314 ff) zu bejahen sein. Darüber hinaus sollte lit c – ebenso wie Art 5 HUP (dazu → Rn 609 f) – auch auf **eingetragene Lebenspartnerschaften** zumindest dann entsprechend angewandt werden, wenn ihre Rechtsstellung derjenigen von Ehegatten weitgehend angeglichen ist, wie dies nach dem deutschen LPartG der Fall ist (Rauscher/*Andrae* Rn 40).

143 Zu beachten ist, dass die **Zuständigkeit des Ehegerichts für das Statusverfahren nicht prorogiert** werden kann. Denn die EuEheVO sieht diese Möglichkeit bisher nicht vor (→ A Rn 46). Aufgrund der zahlreichen alternativen Anknüpfungen nach Art 3 ff EuEheVO steht das für die Ehesache zuständige Gericht häufig erst mit dessen Anrufung fest. Weiter regeln die Vorschriften der EuEheVO nur die internationale und nicht auch die örtliche Zuständigkeit. Die Vereinbarung der Zuständigkeit der Gerichte irgendeines nach Art 3 ff EuEheVO hypothetisch für die Ehesache zuständigen Mitgliedstaats genügt für die hinreichende Bestimmtheit der Pro-

348

I. Internationale Zuständigkeit: EuUntVO Art 4   **144–149** **C**

rogation nach Abs 1 lit c (i) nicht (arg: „das Gericht"; Rauscher/*Andrae* Rn 45; **aA** *Rauscher* FamFR 13, 25/28). Diese Wahlmöglichkeit hat daher nach geltendem Recht nur Bedeutung, wenn das Eheverfahren bereits anhängig oder durchgeführt worden ist.

Die Ehegatten können schließlich auch die Zuständigkeit eines Gerichts oder der Gerichte des **144** Mitgliedstaats vereinbaren, in dem sie mindestens **ein Jahr lang ihren letzten gemeinsamen gewöhnlichen Aufenthalt** (zum Begriff → Rn 101 ff) hatten. Dies gilt auch dann, wenn einer oder beide Ehegatten den gewöhnlichen Aufenthalt im Zeitpunkt der Anrufung des Gerichts nicht mehr im Gerichtsstaat haben (Rauscher/*Andrae* Rn 47 f).

c) Internationale und örtliche Zuständigkeit. Die Parteien werden idR die Zuständigkeit **145** eines ganz bestimmten Gerichts in einem Mitgliedstaat vereinbaren. Für diesen Fall regelt die Gerichtsstandsvereinbarung neben der internationalen auch die **örtliche Zuständigkeit** mit der Folge, dass auch die Vereinbarung des örtlich zuständigen Gerichts an der in Abs 1 UAbs. 3 bestimmten Ausschließlichkeit der Gerichtswahl teilnimmt. Ein Rückgriff auf das nationale Prozessrecht im Staat des gewählten Gerichts ist dann ausgeschlossen. Dies gilt nicht nur für die in diesem Staat fakultativ bestimmte örtliche Zuständigkeit in Unterhaltssachen, sondern auch für ausschließliche Zuständigkeiten. Damit können die Parteien in einem Unterhaltsrechtsstreit mit Auslandsbezug zB auch die ausschließlichen Zuständigkeiten nach § 232 Abs 1 FamFG durch ein wirksame Gerichtsstandsvereinbarung nach Art 4 EuUntVO ausschalten (Rauscher/ *Andrae* Rn 10).

Durch die in Art 4 Abs 1 mehrfach wiederholte Formel, der zufolge die Parteien nicht nur **146** „ein Gericht", sondern alternativ auch „die Gerichte" eines Mitgliedstaats für zuständig erklären können, stellt die Verordnung klar, dass die Parteien sich – nicht anders als bisher nach Art 23 EuGVVO aF (vgl unalexK/*Hausmann* Rn 116 mwN) – darauf beschränken können, nur die **internationale Zuständigkeit** der Gerichte eines bestimmten Mitgliedstaats zu prorogieren und damit gleichzeitig die Zuständigkeit der Gerichte aller anderen Mitgliedstaaten zu derogieren. Für diesen Fall bestimmt sich die örtliche Zuständigkeit nach dem nationalen Verfahrensrecht des prorogierten Staates, in Deutschland also nach § 232 FamFG. Fehlt es nach diesem Recht an einem Anknüpfungspunkt für die örtliche Zuständigkeit, so ist auf die in den meisten Mitgliedstaaten vorgesehene örtliche Ersatzzuständigkeit (zB der Hauptstadtgerichte) zurückzugreifen, um die Gerichtsstandsvereinbarung nicht leer laufen zu lassen (Rauscher/*Andrae* Rn 11; zu Art 23 EuGVVO aF unalexK/*Hausmann* Rn 116 mwN).

d) Bestimmtheit des vereinbarten Gerichts. Obwohl Art 4 dies nicht ausdrücklich vor- **147** schreibt, muss aus Gründen der Rechtssicherheit das als zuständig vereinbarte Gericht zumindest bei Antragstellung eindeutig bestimmbar sein. Zwar ist nicht erforderlich, dass das vereinbarte Gericht im Wortlaut der Vereinbarung ausdrücklich bezeichnet ist; die Kriterien für seine Bestimmung müssen jedoch so genau festgelegt sein, dass das spätere angerufene Gericht im Wege der Auslegung der Gerichtsstandsvereinbarung entscheiden kann, ob es zuständig ist oder nicht (HK-ZPO/*Dörner* Rn 2; vgl zu Art 23 EuGVVO aF EuGH C-387/98 – *Coreck Maritime*, Slg 00 I-9337 Rn 14 f; unalexK/*Hausmann* Rn 113 mwN). Zulässig ist demnach insbesondere – wie schon aus der Art 4 Abs 1 lit a–lit c folgt – die Vereinbarung von **alternativen Gerichtsständen.** Das Wahlrecht steht dabei – soweit nichts anderes vereinbart ist – dem Antragsteller zu. Eine Vereinbarung, wonach die freie Entscheidung zwischen allen nach Art 4 Abs 1 wählbaren Gerichten dem Antragsteller überlassen bleibt, dürfte allerdings dem Bestimmtheitsgebot nicht mehr genügen.

Wirksam sind hingegen auch in Unterhaltssachen Gerichtsstandsvereinbarungen, welche die **148** Zuständigkeit von der – im Zeitpunkt der Vereinbarung nicht vorhersehbaren – Rolle der Parteien im künftigen Verfahren abhängig und damit zunächst nur alternativ bestimmbar machen (sog **„reziproke Gerichtsstandsvereinbarungen"**). Die Parteien können daher die Zuständigkeit der Gerichte im Staat des gewöhnlichen Aufenthalts oder im Heimatstaat sowohl des Antragstellers wie des Antragsgegners vereinbaren. Denn auch in einem solchen Fall steht im Zeitpunkt der Antragstellung fest, welches Gericht zuständig. Dies gilt auch dann, wenn in der Person derjenigen Partei, an deren gewöhnlichen Aufenthalt oder Staatsangehörigkeit die Gerichtsstandsvereinbarung anknüpft, nach deren Abschluss eine Änderung eingetreten ist (Abs 1 UAbs 2; → Rn 149 f).

e) Maßgebender Zeitpunkt. Für das Vorliegen der Voraussetzungen nach Abs 1 lit a bis lit c **149** genügt nach Abs 1 UAbs 2 **alternativ** der Zeitpunkt des Abschlusses der Vereinbarung oder der Zeitpunkt der Anrufung des Gerichts. Der letztgenannte Zeitpunkt ist verordnungsautonom in

349

C 150–152   1. Teil. Erkenntnisverfahren C. Unterhaltssachen

entsprechender Anwendung von Art 9 (→ Rn 235 ff) zu bestimmen (Rauscher/*Andrae* Rn 32). Durch diese alternative Bestimmung soll einerseits die Wirksamkeit der Wahl eines bei Abschluss der Vereinbarung nach Abs 1 möglichen Gerichts nicht durch eine nachträgliche Änderung der tatsächlichen Umstände in Frage gestellt werden; die Regelung dient damit der Rechtssicherheit und dem Vertrauensschutz. Konsequenz ist allerdings, dass der Antragsteller im Falle einer solchen Änderung (zB bei einer Verlegung des als Gerichtsstand vereinbarten gewöhnlichen Aufenthalts einer Partei nach Abschluss der Vereinbarung in einen anderen Staat) uU das Wahlrecht zwischen zwei Gerichtsständen hat, wenn nämlich die Vereinbarung nicht einen konkreten Ort, sondern – was zulässig ist (→ Rn 147 f) – nur abstrakt den „gewöhnlichen Aufenthaltsort" der Partei bezeichnet (Rauscher/*Andrae* Rn 33 f). Andererseits können die Parteien auch die Zuständigkeit eines Gerichts vereinbaren, zu dem der von Abs 1 vorausgesetzte Bezug im Zeitpunkt der Vereinbarung noch nicht besteht, sofern dieser nur bis zur Anrufung des Gerichts hergestellt wird (HK-ZPO/*Dörner* Rn 3).

150   Die **sonstigen Prorogations- bzw Derogationsvoraussetzungen** (etwa die Anforderungen an die Bestimmtheit oder die Formgültigkeit der Gerichtsstandsvereinbarung) müssen grundsätzlich **zur Zeit der Anrufung des Gerichts** erfüllt sein; denn nach Ansicht des EuGH begründet eine Gerichtsstandsvereinbarung nur „eine Zuständigkeitsoption, die (...) erst dann Wirkungen entfaltet, wenn eine Klage erhoben wird" (vgl zu Art 17 EuGVÜ EuGH aaO, Slg 79, 3423 Rn 6; öst OGH 11.5.11, unalex AT-730). Das Vertrauen auf die Unwirksamkeit einer getroffenen Gerichtsstandsvereinbarung (nach nationalem Recht) ist mithin grundsätzlich nicht schutzwürdig. So hat etwa die nachträgliche „Internationalisierung" einer ursprünglich für einen reinen Inlandssachverhalt getroffenen Gerichtsstandsvereinbarung zur Folge, dass diese im Zeitpunkt der Klageerhebung an Art 4 zu messen ist (Rauscher/*Andrae* Rn 35; vgl zu Art 23 EuGVVO aF öst OGH 5.6.07, unalex AT-375; öst OGH 21.1.09, unalex AT-586). Das Vertrauen in eine vor dem 18.6.2011 nach dem damals maßgeblichen Art 23 EuGVVO aF wirksam geschlossene Gerichtsstandsvereinbarung verdient zwar grundsätzlich Schutz (*Rauscher* FamFR 13, 25/26); diesem Schutz werden jedoch durch die EuUntVO gewisse Schranken gezogen (näher → Rn 334).

3. Zustandekommen und materielle Wirksamkeit der Gerichtsstandsvereinbarung

151   **a) Zustandekommen. aa) Grundatz.** Nach Abs 1 müssen die Parteien über die gerichtliche Zuständigkeit eine „Vereinbarung" getroffen haben. In Anbetracht der Ziele und der Systematik der Verordnung und um sicherzustellen, dass sich aus ihr für die betroffenen Personen soweit wie möglich gleiche und einheitliche Rechte und Pflichten ergeben, ist der Begriff „Gerichtsstandsvereinbarung" nicht als bloße Verweisung auf das innerstaatliche Recht des angerufenen Gerichts zu verstehen, sondern **autonom auszulegen** (Rauscher/*Andrae* Rn 20 f; HK-ZPO/*Dörner* Rn 10; G/Sch/*Reuß* Rn 11 ff ebenso zu Art 17 EuGVÜ bzw Art 23 EuGVVO aF EuGH C-214/89 – *Powell Duffryn,* Slg 92 I-1745 Rn 13 f = NJW 92, 1671; EuGH C-116/02 – *Gasser,* Slg 03 I-14693 Rn 51 = EuZW 04 188; BGH NJW 07, 2036/2037; unalexK/*Hausmann* Rn 50 f mwN), und zwar – wie der EuGH betont – allein an Hand des Tatbestandes des Art 4 (EuGH C-116/02 aaO). Maßgebend für das Zustandekommen der Gerichtsstandsvereinbarung ist danach in erster Linie europäisches Einheitsrecht (EuGH C-116/02 aaO, Rn 69; M/M/*Magnus* Art 25 EuGVVO Rn 76). Die Willenseinigung setzt voraus, dass beide Vertragsparteien ihr tatsächlich zugestimmt haben. Diese Zustimmung muss klar und deutlich zum Ausdruck gebracht worden sein (EuGH C-150/80 – *Elefanten Schuh,* Slg 81, 1671 Rn 23 = RIW 81, 709; BGH NJW 96, 1819 [jeweils zu Art 17 EuGVÜ]; Reithmann/Martiny/*Hausmann,* IVR Rn 8.42 mwN).

152   **bb) Verhältnis zum nationalen Recht.** Die autonome Auslegung des Begriffs „Vereinbarung" bedeutet freilich nicht, dass sämtliche Voraussetzungen für das wirksame Zustandekommen der Einigung dem Art 4 zu entnehmen sind; sie reicht vielmehr nur soweit, als sich aus den in Abs 2 normierten Formerfordernissen materielle Einigungskriterien gewinnen lassen. Art 4 stellt also mit seinen Formalternativen nur **Mindesterfordernisse** an den materiellen Tatbestand einer Vereinbarung auf, über deren Zustandekommen im Übrigen jedoch weiterhin das vom IPR des Forums – also in Deutschland das von den Regeln des Haager Unterhaltsprotokolls (→ Rn 489 ff) – für anwendbar erklärte nationale Recht entscheidet (BGH NJW 07, 2036/2037 [zu Art 23 EuGVVO aF]).

350

I. Internationale Zuständigkeit: EuUntVO Art 4   **153–157 C**

Dabei ist zu beachten, dass die Wirksamkeit der Gerichtsstandsvereinbarung unabhängig von **153**
der Wirksamkeit der Unterhaltsvereinbarung, in der sie enthalten ist, zu beurteilen ist (**Auto-**
nomie der Gerichtsstandsvereinbarung, vgl Rauscher/*Andrae* Rn 22; ebenso zu Art 17
EuGVÜ EuGH C-269/95 – *Benincasa,* Slg 97 I-3767 Rn 25 = JZ 98, 896), auch wenn es an
einer diesbezüglichen Klarstellung wie in Art 25 Abs 5 EuGVVO nF (dazu Staud/*Hausmann,*
IntVertrVerfR Rn 339) fehlt. Dies gilt erst recht im Verhältnis zu den – zB in einem Ehevertrag
oder einer Scheidungsvereinbarung enthaltenen – weiteren Regelungen außerhalb des Unterhaltsrechts. Allerdings ist es eine Frage der Auslegung, ob die Parteien eine isolierte Gültigkeit
der Gerichtsstandsvereinbarung für die unterhaltsrechtlichen Scheidungsfolgen gewollt haben,
wenn die Gerichtsstandsvereinbarung hinsichtlich der im Ehevertrag mitgeregelten güterrechtlichen Konsequenzen nicht wirksam ist (dazu Rauscher/*Andrae* Rn 23 ff; zu den Schranken der
Zulässigkeit von Gerichtsstandsvereinbarung nach Art 7 EuGüVO → B Rn 99 ff).

Nach dem von **Art 3 ff HUP** für anwendbar erklärten nationalen Recht beurteilen sich **154**
insbesondere solche Voraussetzungen einer wirksamen Willenseinigung, die in Art 4 auch nicht
ansatzweise geregelt sind. Dies gilt etwa für

– den **Zugang** und die Bindungswirkung von Willenserklärungen,
– die Voraussetzungen und Rechtsfolgen von **Willensmängeln** (Irrtum, Täuschung, Drohung)
– das Vorliegen eines (offenen oder verdeckten) **Dissenses**
– die **Auslegung** der Gerichtsstandsvereinbarung.

Andere Fragen des Zustandekommens einer wirksamen Gerichtsstandsvereinbarung unterlie- **155**
gen hingegen weder dem Art 4 noch dem Unterhaltsstatut oder der *lex fori* des vereinbarten
Gerichts, sondern werden nach dem IPR der *lex fori* **gesondert angeknüpft** (öst OGH ZfRV
01, 113; Rauscher/*Andrae* Rn 22; MüKoFamFG/*Lipp* Rn 17). Dies betrifft in den meisten
Mitgliedstaaten insbesondere

– die **Geschäftsfähigkeit** der Beteiligten und
– die Wirkungen der durch einen **Vertreter** geschlossenen Gerichtsstandsvereinbarung für und
  gegen den Vertretenen.

Die Frage, welchen Grad an Überzeugung vom Vorliegen einer wirksamen Einigung der
Parteien über den Gerichtsstand das angerufene Gericht erreichen muss, um seine Zuständigkeit
zu bejahen, beurteilt sich demgegenüber nach der jeweiligen *lex fori.*

b) Materielle Wirksamkeit. Nach **Art 25** Abs 1 EuGVVO nF wird die im Rahmen von **156**
Art 23 EuGVVO aF noch dem jeweiligen nationalen IPR der *lex fori* vorbehaltene Frage der
materiellen Wirksamkeit einer Gerichtsstandsvereinbarung – nach dem Vorbild von Art 6 lit a
des Haager Übereinkommens über Gerichtsstandsvereinbarungen v 30.6.2005 (HGÜ; ABl EU
2009 L 133, 3 = *Jayme/Hausmann* Nr 151) – seit dem 10.1.2015 einheitlich nach dem Recht
(einschließlich des Kollisionsrechts) des Mitgliedstaats beurteilt, dessen Gerichte in der Vereinbarung als zuständig bestimmt worden sind *(forum prorogatum;* dazu näher Staud/*Hausmann*
IntVertrVerfR Rn 333 ff; Rauscher/*Mankowski* Art 25 Rn 25 ff, jeweils mwN. Diese Lösung
sollte auch auf Gerichtsstandsvereinbarungen in Unterhaltssachen übertragen werden; vorbehaltlich der autonom geregelten Schranke in Abs 3 steht der Wortlaut des Art 4 nicht entgegen.

4. Formgültigkeit der Gerichtsstandsvereinbarung, Abs 2

a) Form und Willenseinigung. Abs 2 stellt zwar für Gerichtsstandsvereinbarungen nur **157**
Formerfordernisse auf, die systematisch betrachtet von den Anforderungen an die materielle
Willenseinigung zu unterscheiden sind. In der Praxis lassen sich beide Fragenkreise freilich häufig
nicht trennen, so dass sich der Regelung in Abs 2 durchaus auch Anforderungen an eine
autonome Interpretation des Begriffs der „Vereinbarung" entnehmen lassen (öst OGH ZfRV 01,
113: „unlösbarer Zusammenhang" [zu Art 17 LugÜ1988]; ausführlich unalexK/*Hausmann*
Art 23 EuGVVO aF Rn 56 mwN). So obliegt zwar die **Beweislast** für das Zustandekommen
der nach Art 4 erforderlichen übereinstimmenden Willenserklärungen grundsätzlich derjenigen
Partei, die sich auf die Gerichtsstandsvereinbarung beruft, dh vor dem prorogierten Gericht dem
Antragsteller, vor dem derogierten Gericht dem Antragsgegner (vgl zu Art 23 EuGVVO aF öst
OGH 26.5.11, unalex AT-733 und 31.5.06, unalex AT-263; zu Art 25 EuGVVO nF Rauscher/
Mankowski Rn 1). Jedoch begründet die Einhaltung der Formerfordernisse des Abs 2 nach der
Rechtsprechung des EuGH eine – nur schwer widerlegliche – **Vermutung** dafür, dass sich die
Parteien über den Gerichtsstand auch wirksam geeinigt haben (EuGH C-106/95 – *MSG,* Slg 97
I-911 Rn 19 = NJW 97, 1431 [zu Art 17 Abs 1 S 3 lit c EuGVÜ]). Hat eine Partei daher den

351

C 158–162 1. Teil. Erkenntnisverfahren C. Unterhaltssachen

Ehevertrag oder die Scheidungsvereinbarung, die eine Unterhaltsvereinbarung mit Gerichts-standsklausel enthalten, in der Form des Abs 2 unterzeichnet, so kann sie sich nicht darauf berufen, sie habe die Klausel nicht bemerkt (vgl zu Art 23 Abs 1 lit a EuGVVO aF Supreme Court Ireland 1.7.09, unalex IE-42). Allerdings reicht die Einhaltung der Form nach Art 4 Abs 2 nicht in jedem Falle aus, um eine wirksame Willenseinigung zu beweisen.

158 **b) Schriftform.** Für Gerichtsstandsvereinbarungen in Unterhaltssachen ist nach Art 4 Abs 2 die Einhaltung der Schriftform erforderlich, der nur die **elektronische Form** (→ Rn 164 f) gleichsteht. Demgegenüber reicht die Wahrung der sonstigen Formalternativen des Art 25 Abs 1 EuGVVO nicht aus. Dies gilt insbesondere auch für die sog „halbe Schriftlichkeit", also die schriftliche Bestätigung einer nur mündlich getroffenen Gerichtsstandsvereinbarung (zu dieser Formvariante näher Staud/*Hausmann* IntVertrVerfR Rn 355 ff).

159 Die Anforderungen an die Schriftform von Gerichtsstandsvereinbarungen sind im Wege auto-nomer Interpretation aus Art 4 Abs 2 selbst zu entnehmen (vgl zu Art 23 Abs 1 S 3 EuGVVO aF *Schack* Rn 472; unalexK/*Hausmann* Rn 60 mwN). Das Erfordernis des Art 3 lit d HUÜ 2007, wonach die Gerichtsstandsvereinbarung auf einem Träger erfasst sein muss, dessen Inhalt für eine spätere Einsichtnahme zugänglich ist, gilt für Art 4 nicht (Rauscher/*Andrae* Rn 13 f) Zum Schutz des Unterhaltsberechtigten sind jedoch an die Einhaltung der Schriftform **strenge Maßstäbe** anzulegen. Die Einhaltung der Form soll insbesondere gewährleisten, dass die Ei-nigung zwischen den Parteien über den Gerichtsstand tatsächlich feststeht (Rauscher/*Andrae* Rn 12; vgl zu Art 23 EuGVVO aF EuGH C-106/95 – *MSG,* Slg 97 I-911 Rn 14; dazu *Kubis* IPRax 99, 10; unalexK/*Hausmann* Rn 61 mwN). Die Form dient daher nicht nur Beweiszwe-cken; ihr kommt vielmehr auch eine Warnfunktion zu. Ihre Einhaltung ist daher materielle Voraussetzung für die Gültigkeit der Gerichtsstandsvereinbarung. Die Frage, mit welchen **Be-weismitteln** die Einhaltung der Form nachgewiesen werden kann, beurteilt sich nach der jeweiligen *lex fori* (G/Sch/*Geimer* Art 23 EuGVVO aF Rn 103). Maßgeblicher **Zeitpunkt** für das Vorliegen der Formerfordernisse ist die Anrufung des Gerichtes (Art 9).

160 Die in den **nationalen Rechten** geltenden allgemeinen Vorschriften über die Schriftform (zB § 126 BGB) oder Sonderregeln über die Form von Gerichtsstandsvereinbarungen (zB Art 1341 Abs 2 ital Cc) finden mithin im Rahmen von Abs 2 keine Anwendung (vgl zu Art 17 EuGVÜ EuGH C-24/76 – *Estasis Salotti,* Slg 76, 1831 Rn 11 = NJW 77, 494; EuGH C-159/97 – *Castelletti,* Slg 99 I-1597 Rn 37 f = IPRax 00, 119). Auch etwaige für den Hauptvertrag nach der *lex causae* vorgeschriebene schärfere Formerfordernisse, wie sie das deutsche Recht für Unterhaltsvereinbarungen und Eheverträge (§§ 1585c BGB; 1410 BGB) vorsieht, erstrecken sich nicht auf die in einem solchen Vertrag enthaltene Gerichtsstandsklausel (**aA** Schlosser/Hess/*Schlosser* Art 25 EuGVVO Rn 17). Hingegen ist es eine Frage der Auslegung der Gerichtsstands-vereinbarung, ob diese von den Beteiligten auch dann gewollt ist, wenn sie zwar selbst form-wirksam ist, nicht aber die Unterhaltsvereinbarung, auf die sie sich bezieht.

161 Eine schriftliche Vereinbarung iSv Abs 2 liegt vor, wenn jede Vertragspartei ihre Willens-erklärung schriftlich so niedergelegt hat, dass sie ihren Urheber erkennen lässt. Nach der zu Art 23 Abs 1 S 3 EuGVVO aF überwiegenden und richtigen Ansicht ist eine Unterzeichnung oder gar eine **eigenhändige Unterschrift** zur Wahrung der Schriftform nicht in jedem Fall erforderlich (unalexK/*Hausmann* Art 23 EuGVVO aF Rn 62 mwN; ebenso zu Art 25 EuGVVO Schlosser/Hess/*Schlosser* Rn 19; *Rauscher/Mankowski* Rn 88; zu Art 23 LugÜ Dasser/Oberham-mer/*Killias* Rn 94; **aA** OLG Karlsruhe IPRspr 09 Nr 169). Dies muss auch für Art 4 Abs 2 gelten, weil dort – anders als für eine güterrechtliche Gerichtsstandsvereinbarung in Art 7 Abs 2 EuGüVO (→ B Rn 122) und eine unterhaltsrechtliche Rechtswahl in Art 8 Abs 2 HUP (→ Rn 644 ff) – ein Unterschriftserfordernis nicht normiert ist (G/Sch/*Reuß*, IRV Rn 19; **aA** Rauscher/*Andrae* Rn 15).

162 Die Schriftform wird jedenfalls durch eine von beiden Parteien unterzeichnete Vertragsurkun-de gewahrt, wenn diese die Gerichtsstandsklausel selbst enthält; eine gesonderte Unterzeichnung der Klausel ist entbehrlich. Ausreichend ist aber – abweichend vom Schriftformerfordernis mancher nationaler Rechte der Mitgliedstaaten (zB § 126 Abs 2 BGB), aber wohl auch von Art 3 lit d HUÜ 2007 bzw Art 8 Abs 2 HUP – auch eine **Vereinbarung in getrennten Schriftstücken,** sofern aus ihnen nur die Einigung über einen Gerichtsstand für eine bestimmte Rechtsstreitigkeit ausreichend deutlich hervorgeht. Dem Formerfordernis entspricht daher auch ein Briefwechsel (Rauscher/*Andrae* Rn 17) oder ein Austausch von Fernschreiben/Telekopien, sofern in dem Antwortschreiben auf das die Gerichtsstandsvereinbarung enthaltende Angebot erkennbar Bezug genommen wird (vgl zu Art 23 EuGVVO aF BGH NJW 94, 2699 f; BGH

I. Internationale Zuständigkeit: EuUntVO Art 4 **163–167 C**

NJW 01, 1731; unalexK/*Hausmann* Rn 63 mwN). Abweichend von § 126 BGB muss daher das die Unterschrift im Original enthaltende Dokument der anderen Partei nicht zugehen.

Ebenso wenig wie Art 25 EuGVVO verlangt Art 4 Abs 2 eine ausdrückliche Vereinbarung **163** über den Gerichtsstand. Vielmehr reicht das **konkludente Einverständnis**, zB durch die pauschale Annahme eines Angebots auf Abschluss einer Unterhaltsvereinbarung, die eine Gerichtsstandsklausel enthält, grundsätzlich aus. Demgegenüber wird dem Schriftformerfordernis nicht schon dadurch genügt, dass nur diejenige Partei, zu deren Lasten die Gerichtsstandsvereinbarung geht, eine schriftliche Erklärung abgibt (Rauscher/*Andrae* Rn 17; ebenso zu Art 23 EuGVVO aF BGH NJW 01, 1731; BGH NJW-RR 05, 150/151; einschränkend Reithmann/ Martiny/*Hausmann* Rn 8.61 mwN). In jedem Fall muss die durch die Gerichtsstandsvereinbarung benachteiligte Partei Gelegenheit gehabt haben, deren Inhalt tatsächlich zur Kenntnis zu nehmen und deren Tragweite zu erkennen. Dies ist bei einer aus Sicht dieser Partei in einer **Fremdsprache** abgefassten Klausel nur der Fall, wenn sie diese Sprache hinreichend beherrscht. Die für den kaufmännischen Rechtsverkehr entwickelten Grundsätze zur Übernahme eines weitergehenden „Sprachrisikos" (dazu unalexK/*Hausmann* Art 23 EuGVVO aF Rn 73 und Staud/*Hausmann* Art 10 Rom I-VO Rn 112 ff) können auf das Unterhaltsrecht, in dem es den Parteien regelmäßig an Geschäftserfahrung fehlt, nicht übertragen werden (zutr Rauscher/*Andrae* Rn 18).

c) Elektronische Übermittlung. Ebenso wie nach Art 25 Abs 2 EuGVVO aF genügt auch **164** für Art 4 Abs 2 eine elektronische Übermittlung, sofern sie – wie zB zwischen den Parteien gewechselte E-Mails – eine dauerhafte Aufzeichnung der Gerichtsstandsvereinbarung ermöglichen(G/Sch/*Reuß*, IRV Rn 20). Die bloße Anzeige der Gerichtsstandsvereinbarung auf dem Bildschirm reicht also nicht aus; vielmehr muss die Möglichkeit zum **jederzeitigen Ausdruck** oder zur sonstigen dauerhaften Speicherung des Textes eröffnet werden. Da dies bei der Übermittlung von SMS-Nachrichten auf einem Mobiltelefon idR nicht gewährleistet ist, scheidet die Einhaltung der Form des Abs 2 auf diesem Wege aus (M/M/*Magnus* Art 25 EuGVVO Rn 131).

Im Übrigen ist die **Art und Weise der dauerhaften Aufzeichnung** (Mailbox, USB-Stick, **165** Diskette, Festplatte; nicht hingegen Handy-Mailbox) gleichgültig (Rauscher/*Mankowski* Art 25 EuGVVO Rn 127). Eine akustische Aufzeichnung (zB auf Anrufbeantworter) reicht hingegen nicht (Rauscher/*Mankowski* Art 25 EuGVVO Rn 131). Auf die Einhaltung der nach nationalem Recht (zB nach § 126a BGB) für die elektronische Form vorgeschriebenen Voraussetzungen kommt es aufgrund autonomer Auslegung nicht an (Schlosser/Hess/*Schlosser* Art 25 EuGVVO Rn 29). Nicht erforderlich ist, dass der Empfänger den Text der Gerichtsstandsvereinbarung tatsächlich gespeichert hat. Auch einer elektronischen Signatur bedarf es nicht.

5. Sonstige Zulässigkeit der Gerichtsstandsvereinbarung

a) Bestimmte Streitigkeit. Die Gerichtsstandsvereinbarung muss sich nach Abs 1 – ähnlich **166** wie nach Art 25 Abs 1 EuGVVO – auf „eine bereits entstandene oder auf eine künftig zwischen den Parteien entstehende" Unterhaltsstreitigkeit beziehen. Das Problem der Bestimmtheit spielt im Unterhaltsrecht allerdings eine wesentlich geringere Rolle als im internationalen Vertragsrecht. Denn während dort Klarheit darüber bestehen muss, auf welchen Vertrag oder welche Verträge die Gerichtsstandsvereinbarung sich beziehen soll (dazu unalexK/*Hausmann* Art 23 Abs 1 EuGVVO aF Rn 111 mwN), gibt es zwischen Parteien nur eine unterhaltsrechtliche Beziehung. Probleme können unter diesem Aspekt nur entstehen, wenn die (zB in einem Ehevertrag) getroffene Gerichtsstandsvereinbarung global für alle Scheidungs- und Trennungsfolgen getroffen wird. Auch dies reicht für ihre Bestimmtheit jedoch aus, wenn sich im Wege der Auslegung klären lässt, für welche unterhaltsrechtlichen Streitigkeiten (zB nur über nachehelichen Unterhalt oder auch über Getrenntlebensunterhalt) sie gelten soll (ähnlich Rauscher/ *Andrae* Rn 26).

b) Ausschluss des Kindesunterhalts, Abs 3. Um einen Ausschluss der gesetzlichen Zustän- **167** digkeiten nach Art 3 zu Lasten eines **noch nicht 18 Jahre alten Kindes** als der schwächeren Partei (ErwG 19 S 2; → Anh III) zu verhindern, sind Gerichtsstandsvereinbarungen, die Unterhaltspflichten gegenüber solchen Kindern zum Gegenstand haben, nach Abs 3 unzulässig und nichtig. Voraussetzung für das Eingreifen des Ausschlussgrundes ist nur, dass Gegenstand des Verfahrens eine Unterhaltspflicht gegenüber einem Kind ist. Daher ist die Gerichtsstandsvereinbarung auch dann an Abs 3 zu messen, wenn nicht das Kind selbst, sondern ein **Prozessstandschafter Partei** ist (*Rauscher* FamFR 13, 25/27; Rauscher/*Andrae* Rn 49). Ferner kommt

353

C 168–172 1. Teil. Erkenntnisverfahren C. Unterhaltssachen

es nicht darauf an, ob das Kind bei Abschluss der Vereinbarung oder bei Anrufung des Gerichts das 18. Lebensjahr vollendet hatte. Entscheidend ist allein, ob die Vereinbarung sich nach ihrem Inhalt auf Unterhaltpflichten für den Zeitraum vor der Vollendung des 18. Lebensjahres des Kindes bezieht. Ist dies nur teilweise der Fall, so kann nur der für die Zeit nach Vollendung des 18. Lebensjahrs geschuldete Unterhalt im vereinbarten Gerichtsstand geltend gemacht werden (MüKoFamFG/*Lipp* Rn 11; **aA** Rauscher/*Andrae* Rn 51: Gesamtnichtigkeit). Eine analoge Anwendung von Abs 3 auf schutzbedürftige Erwachsene hat auszuscheiden (*Gruber* IPRax 13, 133); diese können also zwar in Unterhaltssachen eine Gerichtsstandsvereinbarung, aber nach Art 8 Abs 3 HUP keine Rechtswahl treffen.

168 **c) Weitergehende Missbrauchskontrolle?** Ebenso wenig wie Art 25 EuGVVO sieht Art 4 eine allgemeine Missbrauchskontrolle vor. In der Literatur wird vorgeschlagen, Art 8 Abs 5 HUP betreffend die Kontrolle einer Rechtswahl in Unterhaltssachen auf die Gerichtswahl nach Art 4 analog anzuwenden (dazu eingehend Rauscher/*Andrae* Rn 52 ff, 56). Danach wäre eine Gerichtsstandsvereinbarung die Wirkung zu versagen, wenn sie für eine der Parteien offensichtlich unbillige oder unangemessene Folgen hätte, es sei denn diese Partei war bei Abschluss der Vereinbarung voll unterrichtet und sich über die Folgen der Gerichtswahl im Klaren (→ Rn 689 ff). Der EuGH steht freilich einer solchen Missbrauchskontrolle auf dem Gebiet des Zuständigkeitsrechts wegen des dort stärkeren Interesses an Vorhersehbarkeit und Rechtssicherheit bisher zu Recht sehr zurückhaltend gegenüber, wenn es dafür– wie in der EuUntVO – an gesetzlichen Anhaltspunkten fehlt (vgl zu Art 23 EuGVVO EuGH C-159/97 – *Castelletti,* Slg 99 I-1597 Rn 51 = IPRax 00, 119; ebenso zu Art 4 Rauscher FamFR 13, 25/28; Zö/*Geimer* Rn 2; MüKoFamFG/*Lipp* Rn 26).

6. Wirkungen der Gerichtsstandsvereinbarung

169 **a) Ausschließlichkeit.** Aufgrund der Vermutung in Abs 1 UAbs 3 hat eine Gerichtsstandsvereinbarung – wie bisher nach Art 23 Abs 1 EuGVVO aF (dazu unalexK/*Hausmann* R 122 f mwN) – grundsätzlich ausschließlichen Charakter und verdrängt daher alle gesetzlichen Zuständigkeiten der Verordnung. Die Parteien sind jedoch berechtigt, auch einen Gerichtsstand zu vereinbaren, der nur *konkurrierend* neben die sonstigen Zuständigkeiten der Verordnung tritt. Ein hierauf gerichteter Parteiwille muss freilich in der Vereinbarung eindeutig zum Ausdruck kommen (Rauscher/*Andrae* Rn 57). Hierfür reicht allein der Umstand, dass die Parteien nach Art 8 HUP ein anderes Recht als Unterhaltsstatut gewählt haben, nicht aus (vgl zu Art 23 EuGVVO aF OLG Hamburg NJW 04, 3126/3127).

170 Ferner dürfte es auch im Rahmen von Art 4 zulässig sein, Zuständigkeitsvereinbarungen nur **zugunsten einer Partei** zu treffen, denen zufolge das progierte Gericht zB nur für Klagen des Unterhaltsverpflichteten ausschließlich zuständig ist, während der Unterhaltsberechtigte auch an allen anderen Gerichtsständen der Verordnung klagen kann. Ein hierauf gerichteter Wille der Parteien muss sich jedoch eindeutig aus dem Wortlaut der Vereinbarung oder aus den Umständen ihres Abschlusses ergeben (vgl zu Art 23 EuGVVO aF EuGH 22/85 – *Anterist/Crédit Lyonnais,* Slg 86, 1958 Rn 15; unalexK/*Hausmann* Rn 125 ff mwN).

171 **b) Rügelose Einlassung.** Auch eine ausschließliche Gerichtsstandsvereinbarung nach Art 4 kann aber durch rügelose Einlassung nach Art 5 überwunden werden. Wird die Klage daher an einem derogierten gesetzlichen Gerichtsstand nach Art 3 erhoben, muss der Antragsgegner die Unzuständigkeit des angerufenen Gerichts rügen, um die Rechtsfolgen des Art 5 zu vermeiden (HK-ZPO/*Dörner* Rn 12).

172 **c) Reichweite.** Aus Art 4 lassen sich keine Maßstäbe dafür gewinnen, welche konkreten Unterhaltspflichten von einer wirksam abgeschlossenen Gerichtsstandsvereinbarung erfasst werden sollen. Dies ist vielmehr im Wege der **Auslegung** der Gerichtsstandsvereinbarung zu ermitteln, die nicht dem EuGH obliegt, sondern allein Sache der nationalen Gerichte ist (vgl zu Art 17 EuGVÜ EuGH C-214/98 – *Powell Duffryn,* Slg 92 I-1745 Rn 36 f = NJW 92, 1671; unalexK/*Hausmann* Rn 140 mwN). Ein Bedürfnis, Gerichtsstandsvereinbarungen auch in Bezug auf ihre sachliche Reichweite *eng* auszulegen, ist nicht zu erkennen. Soweit sich aus dem Wortlaut der Vereinbarung unter Berücksichtigung des Zwecks und der Systematik des Art 4 keine hinreichenden Anhaltspunkte ergeben, sind die Auslegungsgrundsätze des Unterhaltsstatuts maßgebend.

I. Internationale Zuständigkeit: EuUntVO Art 4   **173–178** **C**

d) Bindung der derogierten Gerichte. Ruft eine Partei entgegen der getroffenen Gerichts- **173** standsvereinbarung zunächst ein **derogiertes Gericht** eines anderen Mitgliedstaats an, so hat dieses die Wirksamkeit der Vereinbarung eigenständig am Maßstab von Art 4 zu prüfen. Ist die Vereinbarung nach Ansicht des derogierten Gerichts *wirksam,* so hat sich dieses Gericht auf entsprechende Rüge des Antragsgegners – bzw im Fall von dessen Säumnis gem Art 11 Abs 1 auch von Amts wegen – für unzuständig zu erklären und die Klage abzuweisen (vgl zu Art 23 EuGVVO aF unalexK/*Hausmann* Rn 150 mwN). Etwas anderes gilt nur dann, wenn sich der Antragsgegner vor dem derogierten Gericht nach Art 5 rügelos einlässt. Hält das zuerst angerufene derogierte Gericht die Gerichtsstandsvereinbarung hingegen für *unwirksam* und sich selbst nach Art 3 für international zuständig, so setzt es das Verfahren fort.

In dem zuletzt genannten Fall hat das später angerufene **prorogierte Gericht** sich auch dann **174** nach Art 12 Abs 2 für unzuständig zu erklären, wenn es hinsichtlich der Wirksamkeit der Gerichtsstandsvereinbarung anderer Ansicht ist; denn nach Ansicht des EuGH ist das prorogierte Gericht in keinem Fall besser in der Lage als das zuerst angerufene derogierte Gericht, über die Zuständigkeit zu entscheiden (vgl zu Art 23 EuGVVO aF EuGH C-116/02 – *Gasser,* Slg 03 I-14693 Rn 48). Solange das zuerst angerufene derogierte Gericht über seine Zuständigkeit noch nicht entschieden hat, hat das später angerufene prorogierte Gericht Art 12 Abs 1 zu beachten und das Verfahren auszusetzen. Eine Kompetenz-Kompetenz des prorogierten Gerichts besteht demgemäß – entgegen der vor allem in England zu Art 17 EuGVÜ/Art 23 EuGVVO aF lange Zeit vorherrschenden Ansicht – insoweit nicht (EuGH C-116/02 aaO, Rn 41 ff = IPRax 04, 243; dazu näher unalexK/*Hausmann* Art 23 EuGVVO aF Rn 147 ff m ausf Nachw).

Seit Inkrafttreten der **EuGVVO nF** am 10.1.2015 hat sich dies zwar im sachlichen Geltungs- **175** bereich jener Verordnung geändert. Denn nach Art 31 Abs 2 der Neufassung dürfen im Falle des Abschlusses einer ausschließlichen Gerichtsstandsvereinbarung die Gerichte anderer (derogierter) Mitgliedstaaten so lange nicht entscheiden, bis das prorogierte Gericht sich für unzuständig erklärt hat (vgl Staud/*Hausmann* IntVertrVerfR Rn 405 ff). Diese Lösung gilt jedoch auf dem Gebiet des Unterhaltsrechts noch nicht; sie dürfte allerdings im Zuge der nächsten Überarbeitung der EuUntVO vermutlich auch in Art 4 übernommen werden.

7. Aufhebung und Änderung einer Gerichtsstandsvereinbarung

Die Parteien sind jederzeit berechtigt, eine nach Art 4 getroffene Gerichtsstandsvereinbarung **176** durch eine neue Vereinbarung, die ebenfalls die Schranken nach Abs 1 und 3 beachtet und den Formerfordernissen des Abs 2 genügt, wieder aufzuheben oder zu ändern. Darüber hinaus wird die Gerichtsstandsvereinbarung gegenstandslos, wenn sich der Antragsgegner auf das Verfahren vor einem derogierten Gericht nach Maßgabe von Art 5 rügelos einlässt.

8. Verhältnis zum LugÜ 2007, Abs 4

Das Verhältnis des LugÜ 2007 zur EuUntVO ist in keinem der beiden Instrumente ausdrück- **177** lich geregelt. Insoweit liegt es nahe, die Regelung in Art 64 LugÜ, die das Verhältnis dieses Übereinkommens zur EuGVVO aF betrifft, analog anzuwenden (näher → Rn 409 ff). Denn in bezug auf Unterhaltssachen tritt die EuUntVO nach ihrem Art 68 Abs 1 mit Wirkung v 18.6.2011 an die Stelle der EuGVVO aF. Geht man hiervon aus, so kommt in entsprechender Anwendung von Art 64 Abs 2 lit a LugÜ nicht die EuUntVO, sondern das LugÜ zur Anwendung, wenn die Zuständigkeit der Gerichte eines durch das LugÜ gebundenen Staates vereinbart wird, der nicht zugleich Mitgliedstaat der EU ist (HK-ZPO/*Dörner* Rn 13). Danach ist für die Vereinbarung eines Gerichts in **Island, Norwegen** oder der **Schweiz** in Unterhaltssachen weiterhin Art 23 LugÜ maßgebend, sofern mindestens eine der Parteien ihren Wohnsitz in einem Vertragsstaat des LugÜ hat (HK-ZPO/*Dörner* Rn 13). Dies kann auch der Antragsteller sein, selbst wenn der Antragsgegner seinen Wohnsitz in einem nicht durch das LugÜ gebunden Drittstaat hat. Hat der Antragsgegner seinen Wohnsitz in *Island, Norwegen* oder der *Schweiz,* so ist Art 23 LugÜ andererseits nach Art 64 Abs 2 lit a LugÜ auch dann anzuwenden, wenn die Zuständigkeit der Gerichte eines EU-Mitgliedstaats vereinbart wurde (Dasser/Oberhammer/*Domej* Art 64 LugÜ Rn 5).

Dieses Verhältnis von Art 23 LugÜ 2007 zu Art 4 EuUntVO wird durch Abs 4 modifiziert. **178** Denn danach kommt dem LugÜ im Falle der Vereinbarung eines Gerichtsstands in *Island, Norwegen* oder *Schweiz* nur dann Vorrang vor der EuUntVO zu, wenn es sich dabei um einen **ausschließlichen Gerichtsstand** handelt. Die Wirksamkeit einer solchen ausschließlichen

C 180–182   1. Teil. Erkenntnisverfahren C. Unterhaltssachen

Gerichtsstandsvereinbarung beurteilt sich dann nicht nach Art 4 Abs 1 und 2 EuUntVO, sondern nach Art 23 LugÜ 2007. Wird der Gerichtstand in einem dieser Staaten hingegen als *nicht ausschließlicher* vereinbart, so kommt es für die daneben fortgeltenden gesetzlichen Gerichtsstände entsprechend Art 64 Abs 2 lit a darauf an, in welchem Staat der Beklagte seinen Wohnsitz hat. Ist dieser in *Island, Norwegen* oder der *Schweiz* begründet, so gelten die Art 2 ff LugÜ; besteht er hingegen in einem Mitgliedstaat der EU (außer *Dänemark*), so gilt Art 3 EuUntVO. Ob die Zuständigkeitsvereinbarung als ausschließliche gewollt ist, beurteilt sich nach Art 23 Abs 1 S 2 LugÜ. Danach wirkt eine Gerichtsstandsvereinbarung grundsätzlich ausschließlich. Wollen die Parteien ihr lediglich konkurrierende Wirkung beimessen, muss dies in der Vereinbarung eindeutig zum Ausdruck kommen (unalexK/*Hausmann* Art 23 EuGVVO aF Rn 124m ausf Nachw).

179   Auch wenn ein ausschließlicher Gerichtsstand in *Island, Norwegen* oder der *Schweiz* vereinbart worden ist (und deshalb eigentlich Art 23 LugÜ anzuwenden ist), findet nach Art 4 Abs 4 dennoch Abs 3 Anwendung. Betrifft eine solche Vereinbarung also den **Unterhalt eines noch nicht 18 Jahre alten Kindes,** so ist sie von den derogierten Gerichten der Mitgliedstaaten der EuUntVO als unwirksam zu behandeln; diese können sich mithin auf die Gerichtsstände nach Art 3 EuUntVO stützen. Die Kompetenz der EU für diese einseitige Einschränkung der Anwendung von Art 23 LugÜ folgt aus Nr 1 des Protokolls Nr 3 zum LugÜ 2007 (MüKo-FamFG/*Lipp* Rn 12; Rauscher/*Andrae* Rn 61; zu den hieraus entstandenen Zuständigkeitskonflikten mit den nicht der EU angehörenden Lugano-Staaten *Rauscher* FamFR 13, 25/26).

EuUntVO Art 5. Durch rügelose Einlassung begründete Zuständigkeit

[1]Sofern das Gericht eines Mitgliedstaats nicht bereits nach anderen Vorschriften dieser Verordnung zuständig ist, wird es zuständig, wenn sich der Beklagte auf das Verfahren einlässt. [2]Dies gilt nicht, wenn der Beklagte sich einlässt, um den Mangel der Zuständigkeit geltend zu machen.

Schrifttum: *Dimmler,* Zur internationalen Zuständigkeit deutscher Gerichte durch rügelose Einlassung nach Art 5 EuUntVO, FamRB 14, 138; *Mankowski,* Unterhaltsabänderungsantrag, NZFam 14, 264.

1. Allgemeines

180   **a) Übernahme aus der EuGVVO aF.** Art 5 wurde wörtlich aus Art 24 EuGVVO aF übernommen. Danach ist in Unterhaltssachen – wie in sonstigen Zivilsachen und (mit Einschränkungen) in Güterrechtssachen (Art 8 EuGüVO; → B Rn 136 ff), aber anders als in Ehesachen (→ A Rn 38) und in Verfahren betreffend die elterliche Verantwortung (→ F Rn 80) – eine Zuständigkeitsbegründung durch rügelose Einlassung möglich. Zur Auslegung der Vorschrift kann in weitem Umfang auf die Rechtsprechung und Literatur zu Art 24 EuGVVO aF zurückgegriffen werden (vgl statt vieler unalexK/*Queirolo/Hausmann* Rn 1 ff). Die Besonderheiten des Unterhaltsrechts und der abschließende Charakter der Zuständigkeitsordnung der EuEheVO können aber zT auch zu einer von Art 24 EuGVVO aF abweichenden Auslegung zwingen.

181   **b) Rechtsnatur.** Der EuGH begreift die rügelose Einlassung als **eine nachträgliche stillschweigende Zuständigkeitsvereinbarung** (EuGH 48/84 – *Spitzley/Sommer,* Slg 85, 794 Rn 13 = NJW 85, 2893 [zu Art 18 EuGVÜ]; EuGH C-111/09 – *ČPP/Bilas,* Slg 10 I-4545 Rn 20 f = IPRax 10, 580m Anm *Staudinger* 548 [zu Art 24 EuGVVO aF]). Er hat daraus jedoch nicht den Schluss gezogen, dass auch die Schranken, welche die EuGVVO der Zulässigkeit einer vor Entstehung der Streitigkeit getroffenen Gerichtsstandsvereinbarung im Interesse besonders schutzbedürftiger Parteien zieht (vgl Art 15, 19, 23 EuGVVO), auf die rügelose Einlassung entsprechend anzuwenden seien (ausdrücklich ablehnend zu Art 17 EuGVVO aF EuGH C-111/09 aaO, Rn 26 ff; dazu *Hausmann,* in: Czernich/Geimer 271 f; unalexK/*Queirolo/Hausmann* Art 24 EuGVVO aF Rn 51 ff). Dementsprechend ist es auch nicht möglich, die Zulässigkeitsschranken für Gerichtsstandsvereinbarungen in Unterhaltssachen nach Art 4 Abs 1 und 3 auf die Fälle der rügelosen Einlassung nach Art 5 zu erstrecken (*Motzer* FamRBint 11, 56/58; ThP/*Hüßtege* Vorbem Rn 22; im Erg auch *Gruber* IPRax 10, 128/134; Rauscher/*Andrae* Rn 10).

182   **c) Anwendungsbereich.** Die Zuständigkeitsbegründung nach Art 5 setzt voraus, dass der sachliche und der räumlich-persönliche Anwendungsbereich der Verordnung eröffnet sind. Es muss sich also um eine Unterhaltssache iSv Art 1 Abs 1 (→ Rn 34 ff) handeln und der Beklagte muss sich vor dem **Gericht eines Mitgliedstaats** der Verordnung rügelos eingelassen haben.

356

I. Internationale Zuständigkeit: EuUntVO Art 5   **183–187**   **C**

Ferner bedarf es für die Anwendung von Art 5 – ebenso wie von Art 4 (→ Rn 132 f) – eines **Auslandsbezugs** (Rauscher/*Andrae* Rn 3; MüKoFamFG/*Lipp* Rn 7). In rein innerstaatlichen Fällen gilt weiterhin das nationale Verfahrensrecht, in Deutschland also § 232 Abs 2 S 1 FamFG iVm § 39 ZPO. Während für Art 24 EuGVVO aF umstritten war, ob die Anwendung der Vorschrift den Wohnsitz des Beklagten oder zumindest den Wohnsitz einer Partei in einem Mitgliedstaat erforderte (vgl abl EuGH C-412/98 – *Group Josi,* Slg 00 I-5925 Rn 44 f = NJW 00, 3121; ausführlich dazu unalexK/*Queirolo/Hausmann* Rn 15 ff), verlangt Art 5 nicht, dass eine Partei ihren gewöhnlichen Aufenthalt in einem Mitgliedstaat der EuUntVO hat. Liegt der erforderliche Auslandsbezug vor, so greift Art 5 auch dann ein, wenn die *internationale* Zuständigkeit des Gerichtsstaates bereits aus Art 3 folgt und die rügelose Einlassung lediglich eine abweichende *örtliche* Zuständigkeit in diesem Mitgliedstaat begründet (Rauscher/*Andrae* Rn 4 f).

d) Wirkung. Die rügelose Einlassung des Antragsgegners nach Art 5 begründet auch dann, **183** wenn das vom Antragsteller angerufene Gericht nach Art 3 nicht zuständig ist, sowohl dessen internationale als auch dessen örtliche Zuständigkeit (Rauscher/*Andrae* Rn 15). Diese Zuständigkeit ist nach dem Wortlaut der Art 6, 7 auch gegenüber den dort normierten Auffang- und Notzuständigkeiten in Drittstaatsfällen vorrangig. Die rügelose Einlassung überwindet schließlich auch eine nach Art 4 wirksam getroffene ausschließliche Gerichtsstandsvereinbarung zugunsten der Gerichte eines anderen Mitgliedstaats. Hat sich der Beklagte rügelos eingelassen, so sind daher andere Zuständigkeitsankünpfungen nach der Verordnung nicht mehr zu prüfen (MüKoFamFG/*Lipp* Rn 2).

Aus diesem Grunde darf das angerufene Gericht seine internationale Zuständigkeit nicht von Amts wegen ablehnen, sondern hat den Sachantrag dem Antragsgegner zuzustellen, damit diesem die Gelegenheit gegeben wird, den Mangel der internationalen Zuständigkeit durch rügelose Einlassung auf das Verfahren zu heilen (öst OGH 7.6.17, unalex AT-1125).

2. Rügelose Einlassung

a) Begriff. Das Vorliegen einer rügelosen Einlassung bestimmt sich nicht nach der jeweiligen **184** *lex fori;* der Begriff ist vielmehr *autonom* auszulegen. Danach genügt jede Verteidigungshandlung, die auf eine Klageabweisung zielt (vgl zu Art 24 EuGVVO aF unalexK/*Queirolo/Hausmann* Rn 4 mwN; zu Art 26 EuGVVO nF Rauscher/*Staudinger* Rn 4; Mu/V/*Stadler* Rn 3, jeweils mwN). Die Einlassung ist insbesondere von Handlungen des Antragsgegners abzugrenzen, die erst seine künftige Verteidigung vorbereiten. Deshalb bedeutet die bloße **Anzeige der Verteidigungsbereitschaft** gem §§ 113 Abs 1 S 1 FamFG, 276 Abs 1 ZPO noch keine Einlassung (G/Sch/*Reuß,* IRV Rn 5; ebenso zu Art 18 EuGVÜ LG Frankfurt EuZW 90, 581). Gleiches gilt für Anträge auf Fristverlängerung, Aussetzung oder Ruhen des Verfahrens oder für den Antrag auf Gewährung von Verfahrenskostenhilfe.

Hat ein mitgliedstaatliches Gericht für einen Beklagten, dessen Wohnsitz unbekannt ist und **185** dem daher das verfahrenseinleitende Schriftsück nicht zugestellt worden ist, einen **Abwesenheitspfleger** bestellt, der sich auf das Verfahren eingelassen hat, so liegt darin im Hinblick auf das durch Art 47 der EU- Grundrechtecharta garantierte rechtliche Gehör keine Einlassung des Beklagten iSv Art 5, das die internationale Zuständigkeit des angerufenen Gerichts begründet (EuGH C-112/13 – *A/B,* IPRax 15, 337 Rn 52 ff m Anm *Koechel* 303).

Anders als manche nationalen Verfahrensrechte – wie zB § 39 S 1 ZPO im deutschen Recht – **186** und Art 20 lit b HUÜ 2007 – verlangt Art 5 **keine Einlassung zur Hauptsache.** Auch wenn der Beklagte nur *verfahrensrechtliche* Einwendungen oder Einreden erhebt, ohne den Mangel der Zuständigkeit zu rügen, kann dies zur Begründung der Zuständigkeit ausreichen (MüKoFamFG/*Lipp* Rn 8; vgl BGH LMK 12, 329470 Rn 36 f; BAG RIW 10, 232/234; OLG Frankfurt NJW-RR 05, 935 [jeweils zu Art 24 EuGVVO aF]). Dies gilt auch für die Einrede der anderweitigen Rechtshängigkeit nach Art 12 (vgl zum EuGVÜ OLG Koblenz RIW 1991, 63; einschränkend aber Rauscher/*Andrae* Rn 13). In jedem Fall liegt eine Einlassung vor, wenn der Antragsgegner Anträge zur Sache stellt oder eine Beweiserhebung zu Umständen beantragt, die für die Zuständigkeitsfrage ohne Bedeutung sind.

b) Zuständigkeitsrüge. aa) Maßgeblicher Zeitpunkt. Die Zuständigkeitsrüge ist nach der **187** Rechtsprechung des EuGH zu Art 18 EuGVÜ spätestens mit der Stellungnahme zu erheben, die nach dem innerstaatlichen Verfahrensrecht des angerufenen Gerichts als das **„erste Verteidigungsvorbringen"** anzusehen ist (EuGH 150/80 – *Elefanten Schuh,* Slg 81, 1671 Rn 16 =

357

C 188–191   1. Teil. Erkenntnisverfahren C. Unterhaltssachen

IPRax 82, 234 m Anm *Leipold* 222; BGH NJW-RR 02, 1357/1358; zum LugÜ 1988 BGHZ 190, 28 Rn 35 = NJW 11, 2809; dazu näher Rauscher/*Staudinger* Art 26 EuGVVO Rn 16 ff). Diese Rechtsprechung ist auch im Rahmen von Art 5 zugrunde zu legen (OLG Koblenz FamRZ 15, 1618 Rn 13 f; OLG Stuttgart NJW 14, 1458/1459; Rauscher/*Andrae* Rn 11). Vor einem deutschen Gericht kann die Rüge daher nicht – wie nach § 39 ZPO (BGHZ 143, 127/136 = NJW 97, 397) – in jedem Fall noch zu Beginn der ersten mündlichen Verhandlung erhoben werden. Wird ein früher erster Termin bestimmt oder ein schriftliches Vorverfahren angeordnet (§ 113 Abs 1 S 2 FamFG iVm §§ 275, 276 ZPO) und dem Antragsgegner eine Frist zur schriftlichen Erwiderung gesetzt, so liegt eine rügelose Einlassung schon dann vor, wenn er sich in dieser Erwiderung zu anderen Aspekten des Rechtsstreits als zur Frage der internationalen Zuständigkeit äußert. In der mündlichen Verhandlung kann die Rüge dann nicht mehr wirksam nachgeholt werden (OLG Koblenz aaO; vgl zu Art 24 EuGVVO aF BGH NJW 15, 2667 Rn 17; BGH LMK 12, 329470 Rn 37; OLG Celle BeckRS 08, 09895; OLG Hamm RIW 99, 540; Kropholler/*v Hein* Rn 15; unalexK/*Queirolo/Hausmann* Rn 22 mwN; zum LugÜ 1988 BGHZ 190, 28 Rn 35 = NJW 11, 2809). Nationale Vorschriften über das verspätete Vorbringen einer Rüge – in Deutschland zB die §§ 282 Abs 3 S 2, 296 Abs 3 ZPO – finden im Rahmen von Art 5 keine Anwendung (vgl zu Art 24 EuGVVO Kropholler/*v Hein* Rn 15; **aA** zu Art 26 EuGVVO nF Rauscher/*Staudinger* Rn 19 mwN).

188   Während die in erster Instanz erhobene Rüge der internationalen Zuständigkeit nach deutschem Recht (§ 39 ZPO) auch für die weiteren Instanzen fortwirkt, gilt dies im europäischen Zivilprozessrecht nicht. Dort muss die vom Antragsgegner bereits vor dem Familiengericht vorgebrachte Zuständigkeitsrüge **in jeder Instanz,** also auch im Verfahren der Beschwerde und der Rechtsbeschwerde, erneut erhoben werden, um die Rechtsfolge des Art 5 zu vermeiden (Rauscher/*Andrae* Rn 11; zu Art 18 LugÜ 1988 BGH NJW 2007, 3501 Rn 16; zu Art 24 EuGVVO aF unalexK/*Queirolo/Hausmann* Rn 27 mwN).

189   **bb) Form und Inhalt der Rüge.** Die Form der Rüge wird vom autonomen Recht der Mitgliedstaaten bestimmt. Inhaltlich reicht eine ganz allgemein formulierte Rüge aus; insbesondere muss der Beklagte nicht das Gericht bezeichnen, das anstelle des vom Antragsteller angerufenen zur Entscheidung des Rechtsstreits zuständig sein soll. Die Erhebung der Rüge erfordert auch keinen rechtsgeschäftlichen Willen des Antragsgegners, der auch die Rechtsfolgen einer rügelosen Einlassung umfasst (Rauscher/*Staudinger* Art 26 EuGVVO Rn 4). Ferner muss sich die Rüge auch nicht ausdrücklich auf die *internationale* Zuständigkeit beziehen. Es genügt wenn die Auslegung einer Rüge der *örtlichen* Zuständigkeit unter Berücksichtigung der besonderen Umstände des Einzelfalls ergibt, dass damit zugleich auch die internationale Zuständigkeit gerügt werden sollte (vgl zu Art 24 EuGVVO aF BGH FamRZ 08, 40 Rn 7; BGH NJW-RR 05, 1518/1519; einschränkend unalexK/*Queirolo/Hausmann* Rn 28 ff mwN). Im Rahmen von Art 5 ist dies grundsätzlich der Fall, weil die allgemeinen Zuständigkeiten nach Art 3 – anders als Art 4 Abs 1 EuGVVO nF – stets örtliche und internationale Zuständigkeit umfassen (Rauscher/*Andrae* Rn 12). Die Rüge der sachlichen oder funktionellen Zuständigkeit reicht hingegen nicht aus, sondern stellt eine Einlassung dar.

190   **c) Hilfsweise Einlassung zur Sache.** Allerdings ist es dem Antragsgegner – wie der EuGH schon frühzeitig zu Art 18 EuGVÜ entschieden hat (EuGH Rs 150/80 – *Elefanten Schuh,* Slg 81, 1671 Rn 16 f; EuGH Rs 27/81 – *Rohr,* Slg 81, 2431 Rn 8 = IPRax 82, 238 m Anm *Leipold* 222; zust BGH NJW-RR 05, 1518/1520; BGH NJW 09, 148) – nicht verwehrt, den Mangel der Zuständigkeit geltend zu machen und sich gleichzeitig hilfsweise zur Sache einzulassen. Durch eine solche Verteidigung verliert er also die Zuständigkeitsrüge nicht, weil er andernfalls nach dem Recht mancher Mitgliedstaaten mit seiner späteren Einlassung zur Hauptsache präkludiert wäre. Nicht erforderlich ist es dabei, dass die Zuständigkeitsrüge der hilfsweisen Verteidigung in der Sache vorangestellt wird (näher dazu unalexK/*Queirolo/Hausmann* Art 24 EuGVVO aF Rn 35 ff, 38m Nachw).

191   **d) Säumnis des Beklagten.** Art 5 setzt voraus, dass der Antragsgegner sich aktiv an dem Verfahren beteiligt: Im Fall seiner **Säumnis** scheidet eine rügelose Einlassung daher aus. Aus dieser Säumnis kann insbesondere nicht geschlossen werden, dass der Antragsgegner der vom Antragsteller durch die Einreichung des Antrags vorgenommenen Bestimmung des zuständigen Gerichts zugestimmt hätte (vgl näher unalexK/*Queirolo/Hausmann* Art 24 EuGVVO aF Rn 6 ff). Das Gericht hat in diesem Fall vielmehr das **Verfahren von Amts wegen nach Art 11 Abs 1 auszusetzen.** Es ist nicht berechtigt, die Zustellung an den Antragsgegner mit der Begründung

I. Internationale Zuständigkeit: EuUntVO Art 6 193–195 **C**

zu verweigern, es sei nicht zuständig; es hat vielmehr dem Antragsgegner durch die Zustellung des Antrags Gelegenheit zu geben, sich rügelos nach Art 5 einzulassen (öst OGH 5.4.05, unalex AT-99 [zu Art 24 EuGVVO aF]).

3. Belehrung

Ein Belehrungserfordernis, wie es die Verfahrensrechte der Mitgliedstaaten zum Schutz des **192** Beklagten teilweise vorsehen, besteht nach Art 5 für Unterhaltssachen nicht, auch dann nicht, wenn es um den Unterhalt eines minderjährigen Kindes geht (Rauscher/*Andrae* Rn 10). Entsprechende Vorschriften – wie zB §§ 39 S 2, 504 ZPO für das amtsgerichtliche Verfahren – werden durch das europäische Recht verdrängt. Im Übrigen gelten diese Vorschriften auch im deutschen Recht nicht in Unterhaltssachen, weil § 113 Abs 1 S 2 FamFG nur auf die Vorschriften der ZPO über das Verfahren vor den Landgerichten verweist. Art 5 schließt allerdings Belehrungspflichten nach nationalem Verfahrensrecht auch nicht aus; ihre Verletzung steht jedoch der Zuständigkeitsbegründung nach Art 5 nicht entgegen (MüKoFamFG/*Lipp* Rn 9). Der europäische Gesetzgeber hat allerdings zwischenzeitlich sowohl in **Art 26 Abs 2 EuGVVO nF** (dazu näher Rauscher/*Staudinger* Rn 22 ff) als auch in **Art 8 Abs 2 EuGüVO/EuPartVO** eine Belehrungspflicht eingeführt. *De lege ferenda* sollte sie daher zum Schutz des beklagten Unterhaltsschuldners oder -gläubigers auch in Art 5 EuUntVO übernommen werden (Rauscher/*Andrae* Rn 1).

EuUntVO Art 6. Auffangzuständigkeit

Ergibt sich weder eine Zuständigkeit eines Gerichts eines Mitgliedstaats gemäß der Artikel 3, 4 und 5 noch eine Zuständigkeit eines Gerichts eines Staates, der dem Übereinkommen von Lugano angehört und der kein Mitgliedstaat ist, gemäß der Bestimmungen dieses Übereinkommens, so sind die Gerichte des Mitgliedstaats der gemeinsamen Staatsangehörigkeit der Parteien zuständig.

1. Allgemeines

Verfügte der Antragsgegner über keinen Wohnsitz in einem Mitgliedstaat der Europäischen **193** Union, so bestimmte sich die Zuständigkeit eines jeden Mitgliedstaats in Unterhaltssachen bisher gem Art 4 Abs 1 EuGVVO nach dessen eignen Gesetzen (öst OGH 14.3.06, unalex AT-265). Dies gilt auch heute noch im Anwendungsbereich des LugÜ 2007. Im Gegensatz zur EuEheVO (Art 7, 14; → A Rn 123 ff; → F Rn 229 ff), aber in Übereinstimmung mit der EuGüVO (→ B Rn 46), enthält die EuUntVO demgegenüber einen **abschließenden Katalog** der internationalen Gerichtsstände und lässt einen Rückgriff auf nationale (Rest-)Zuständigkeiten nicht mehr zu (ErwG 15 S 2; → Anh III). Da Art 3 nicht stets einen Gerichtsstand in einem Mitgliedstaat begründet, sieht Art 6 für Fälle, in denen es auch an einer Gerichtsstandsvereinbarung nach Art 4 bzw einer rügelosen Einlassung nach Art 5 fehlt, eine **Auffangzuständigkeit** der Gerichte des Mitgliedstaats vor, dessen Staatsangehörigkeit beide Parteien besitzen. Die deutschen Gerichte können daher auch dann, wenn sowohl Antragsteller wie Antragsgegner ihren gewöhnlichen Aufenthalt in einem Drittstaat haben, in Unterhaltssachen international zuständig sein, sofern nur beide Parteien Deutsche sind (MüKoFamFG/*Lipp* Rn 3; krit dazu wegen der Förderung eines unerwünschten *forum shopping* Hau FamRZ 10, 516/517; G/Sch/*Reuß,* IRV Rn 3)).

Die Zuständigkeit nach Art 6 hat aber nur **subsidiären Charakter.** Weder das angerufene **194** Gericht noch ein Gericht eines anderen Mitgliedstaates (Art 1 Abs 2 → Rn 60) darf nach Art 3 lit a–lit d, Art 4 oder 5 international zuständig sein. Ferner darf auch kein Gericht eines Mitgliedstaats sowie der *Schweiz, Norwegens* oder *Islands* nach den Vorschriften des LugÜ international zuständig sein (zum Anwendungsbereich des LugÜ → Rn 340 ff). Das gem Art 6 angerufene deutsche Gericht hat daher insbesondere auch zu prüfen, ob nicht eine rügelose Einlassung des Antragsgegners nach Art 5 EuUntVO oder Art 24 LugÜ vor dem Gericht eines anderen Mitglied-/Vertragsstaats einer Inanspruchnahme der Auffangzuständigkeit entgegensteht. Denn für diesen Fall hätte sich das nach Art 6 angerufene Gericht im gemeinsamen Heimatstaat der Parteien nach Art 10 von Amts wegen für unzuständig zu erklären (Rauscher/*Andrae* Rn 7).

Anders als Art 3 regelt Art 6 lediglich die **internationale Zuständigkeit.** Die örtliche **195** Zuständigkeit richtet sich daher nach der jeweiligen *lex fori* (Rauscher/*Andrae* Rn 10). Für deutsche Gerichte ist allerdings nicht § 232 FamFG oder die Zuständigkeitskonzentration nach

C 197, 198　　　　　　　　　　　　　　　1. Teil. Erkenntnisverfahren C. Unterhaltssachen

§ 28 AUG, sondern die Spezialregelung in § 27 AUG (→ Rn 391) maßgebend. Danach ist nicht mehr − wie bis zum 26.11.2015 − das AG Pankow/Weißensee in Berlin ausschließlich örtlich zuständig (vgl OLG Koblenz NJW-RR 15, 201 Rn 8). Vielmehr entscheidet in erster Linie das Amtsgericht, das für den Sitz desjenigen Oberlandesgerichts zuständig ist, in dessen Bezirk die Beteiligten ihren letzten inländischen gemeinsamen Wohnsitz hatten oder an den der ausreichende Bezug zur Bundesrepublik Deutschland iSv Art 7 EuUntVO angeknüpft werden kann, S 1. Für den Bezirk des Kammergerichts ist in diesem Fall das Amtsgericht Pankow/Weißensee zuständig, S 2 iVm § 28 Abs 1 S 2. Nur wenn sich danach keine örtliche Zuständigkeit eines inländischen Gerichts ergibt, ist hilfsweise das Amtsgericht Pankow/Weißensee in Berlin örtlich zuständig.

2. Gemeinsame Staatsangehörigkeit

196　　Zuständigkeitsbegründend nach Art 6 ist die gemeinsame Staatsangehörigkeit der Parteien. Die vielfach an diesem Zuständigkeitskriterium geübte Kritik (vgl *Gruber* IPRax 10, 128/134; G/Sch/*Reuß* Rn 3) erscheint nicht berechigt, weil es nur darum geht, den Parteien auch bei Fehlen einer Zuständigkeit nach Art 3−5 ein Forum für die Austragung unterhaltsrechtlicher Streitigkeiten zu eröffnen, zu dem sie beide einen Bezug haben (MüKoFamFG/*Lipp* Rn 3). Im Falle einer doppelten oder **mehrfachen Staatsbürgerschaft** wirkt eine jede zuständigkeitsbegründend. Es ist nicht erforderlich, dass es sich dabei um die effektive Staatsbürgerschaft handelt (HK-ZPO/*Dörner* Rn 2; Zö/*Geimer* Rn 2; vgl zu Art 3 Abs 1 lit b EuEheVO EuGH C-168/08 − *Hadadi/Mesko*, Slg 09 I-1571 Rn 51 ff = FamRZ 09, 1571m krit Anm *Kohler*; → A Rn 93). Auch wenn nach dem Wortlaut von Art 6 die Staatsangehörigkeit der Parteien maßgebend ist, sollte im Falle einer **Prozessstandschaft** (zB eines Elternteils bei der Geltendmachung von Kindesunterhalt) auf diejenige des materiell Unterhaltsberechtigten (zB des Kindes) abgestellt werden (Rauscher/*Andrae* Rn 9). Zur Ersetzung der Anknüpfung an die gemeinsame Staatsangehörigkeit durch jene des gemeinsamen *domicile* in *Irland* und im *Vereinigten Königreich* vgl Art 2 Abs 3 S 1 (→ Rn 71).

EuUntVO Art 7. Notzuständigkeit *(forum necessitatis)*

Ergibt sich keine Zuständigkeit eines Gerichts eines Mitgliedstaats gemäß der Artikel 3, 4, 5 und 6, so können die Gerichte eines Mitgliedstaats in Ausnahmefällen über den Rechtsstreit entscheiden, wenn es nicht zumutbar ist oder es sich als unmöglich erweist, ein Verfahren in einem Drittstaat, zu dem der Rechtsstreit einen engen Bezug aufweist, einzuleiten oder zu führen.

Der Rechtsstreit muss einen ausreichenden Bezug zu dem Mitgliedstaat des angerufenen Gerichts aufweisen.

1. Allgemeines

197　　Durch die Notzuständigkeit nach Art 7 soll der **Justizgewährungsanspruch** des Antragstellers iSv Art 6 Abs 1 EMRK und Art 47 Grundrechte-Charta gewährleistet und eine Rechtsschutzverweigerung verhindert werden (ErwG 16 S 1; → Anh III). Der Vorschrift liegt daher der Gedanke zugrunde, dass die Zuständigkeiten nach Art 3 bis 6 nicht alle denkbaren Konstellationen erfassen und dem Justizgewährungsanspruch des Rechtsuchenden nicht genügen (BGH NZFam 16, 46 m Anm *Rieck*; MüKoFamFG/*Lipp* Rn 1; Rauscher/*Andrae* Rn 1). Denn die EuUntVO enthält im Gegensatz zur EuEheVO in Art 7, 14 keine subsidiäre Verweisung auf die nationalen Zuständigkeitsvorschriften der Mitgliedstaaten. Damit ist auch ein Rückgriff auf die in den nationalen Verfahrensrechten anerkannten Notzuständigkeiten − zB in Fällen, in denen der Antragsteller aufgrund von Krieg, Bürgerkrieg oder Stillstand der Rechtspflege sein Recht vor den eigentlich zuständigen Gerichten eines Drittstaats nicht durchsetzen kann (vgl im deutschen Recht BAG JZ 79, 647; OLG Frankfurt aM IPRax 99, 247/249) − ausgeschlossen.

198　　Art 7 regelt − wie Art 6 − lediglich die **internationale Zuständigkeit.** Die örtliche Zuständigkeit richtet sich daher wiederum nach der *lex fori.* Für deutsche Gerichte ist allerdings nicht § 232 FamFG, sondern die Spezialregelung in **§ 27 AUG** (→ Rn 433 f) maßgebend. Ausschließlich örtlich zuständig ist demgemäß wiederum das **AG Pankow/Weißensee** in Berlin. Auch im Rahmen der Notzuständigkeit nach Art 7 gilt der Grundsatz der *perpetuatio fori* (Rauscher/*Andrae* Rn 14; MüKoFamFG/*Lipp* Rn 11; zweifelnd im Hinblick auf den Ausnahmecharakter der Vorschrift *Hau* FamRZ 10, 516/518).

360

I. Internationale Zuständigkeit: EuUntVO Art 7   **199–204 C**

Die in Art 7 verwendeten **unbestimmten Rechtsbegriffe** sind *autonom* auszulegen. Aus- **199** legungskriterien sind einerseits die Gewährung von Rechtsschutz in dem völker- und verfassungsrechtlich gebotenen Mindestumfang; andererseits ist dem Ausnahmecharakter der Vorschrift durch eine entsprechend **enge Auslegung** Rechnung zu tragen.

2. Voraussetzungen

a) Fehlende Zuständigkeit eines mitgliedstaatlichen Gerichts. Die Notzuständigkeit **200** nach Art 7 setzt zunächst voraus, dass kein mitgliedstaatliches (Art 1 Abs 2 → Rn 60) Gericht nach den Art 3–6 international zuständig ist. Dieser Ausschlussgrund dürfte entsprechend anzuwenden sein, wenn zwar kein Gericht eines Mitgliedstaats nach Art 3–6 EuUntVO, wohl aber ein Gericht in *Island, Norwegen* oder der *Schweiz* nach **Art 2 ff LugÜ** international zuständig ist (Rauscher/*Andrae* Rn 6).

b) Enger Bezug des Rechtsstreits zu einem Drittstaat. Weiter muss die Einleitung oder **201** Durchführung eines Unterhaltsverfahrens in einem Drittstaat unmöglich oder unzumutbar sein, der zu dem Rechtsstreit einen engen Bezug aufweist. Ein solcher enger Bezug ist jedenfalls dann gegeben, wenn die Gerichte des Drittstaates bei spiegelbildlicher Anwendung der Art 3, 4 oder 5 aus der Sicht der Verordnung zuständig wären (Rauscher/*Andrae* Rn 8). Aus dem ErwG 16 S 3 (→ Anh III) kann entnommen werden, dass auch die Staatsangehörigkeit einer der Parteien einen hinreichenden Bezug zu dem Drittstaat begründen kann (HK-ZPO/*Dörner* Rn 3; vgl aber *Hausmann* FS Hailbronner [2013] 429/438: Verstoß gegen Art 18 AEUV). Eine Notzuständigkeit nach Art 7 kommt insbesondere in **Abänderungsverfahren** vor Gerichten der Mitgliedstaaten in Betracht, wenn das Ursprungsgericht mit Sitz in einem Drittstaat die Abänderung nicht vornehmen kann oder will (BGH FamRZ 16, 115 Rn 5; dazu → Rn 231 f).

c) Unmöglichkeit oder Unzumutbarkeit des Verfahrens in diesem Drittstaat. aa) Un- 202 möglichkeit. Unmöglichkeit der Rechtsdurchsetzung kommt einerseits aus Rechtsgründen in Betracht, wenn der Drittstaat keine Zuständigkeit eröffnet, andererseits aus tatsächlichen Gründen, zB bei Stillstand der Rechtspflege. Der ErwG 16 (→ Anh III) nennt insoweit beispielhaft die Möglichkeit eines **Bürgerkriegs.** Eine erwartungsgemäß überlange Prozessdauer kann nur dann eine Unmöglichkeit der Rechtsdurchsetzung begründen, wenn durch diese der Sinn der Erstreitung eines Unterhaltstitels (Sicherung des aktuellen Lebensbedarfs) nicht erreicht werden kann (Rauscher/*Andrae* Rn 8; Zö/*Geimer* Rn 2). Art 7 erfasst aber auch solche Fälle, in denen der Justizgewährungsanspruch eines unterhaltspflichtigen Abänderungsinteressenten durch negative internationale Kompetenzkonflikte der Gerichte gefährdet wird; dies folgt auch aus Art 8 Abs 2 lit c (BGH FamRZ 16, 115 Rn 5).

bb) Unzumutbarkeit. Der Unmöglichkeit der Einleitung oder Durchführung des Unter- **203** haltsverfahrens in einem Drittstaat, zu dem der Rechtsstreit einen engen Bezug aufweist, steht nach Art 7 die Unzumutbarkeit gleich. Eine solche kann angenommen werden, wenn eine den „elementaren rechtsstaatlichen Garantien entsprechende Entscheidung des Rechtsstreits nicht gewährleistet ist" (OLG Frankfurt IPRax 99, 247/249). Dies kann etwa bei einer Ausländerdiskriminierung (*Geimer,* IZPR Rn 1026) oder wegen einer **korrupten Justiz** im Drittstaat der Fall sein. Gleiches gilt, wenn der Unterhaltsberechtigte sich bei einer Inanspruchnahme der drittstaatlichen Gerichte dort der Strafverfolgung aussetzt oder wenn er aus dem Drittstaat wegen politischer Verfolgung geflohen ist und den Status eines internationalen Flüchtlings iSd Genfer Konvention genießt (Rauscher/*Andrae* Rn 9). Unzumutbar ist dem Antragsteller die Rechtsverfolgung im Drittstaat auch dann, wenn der Antragsgegner nur im Inland über der Vollstreckung unterliegendes Vermögen verfügt und von vornherein feststeht, dass ein im Drittstaat ergehendes Urteil entweder gegen den inländischen *ordre public* verstoßen würde (§ 109 Abs 1 Nr 4 FamFG; → M Rn 873 ff) oder mangels Verbürgung der Gegenseitigkeit im Inland nicht anerkannt werden könnte (§ 109 Abs 4 Nr 1 iVm § 112 Nr 1 FamFG; → M Rn 876 ff). Die Bedenken gegen die Schaffung eines Vermögensgerichtsstands im Rahmen der Notzuständigkeit nach Art 7 (dazu Rauscher/*Andrae* Rn 10 f) reichen nicht aus, um *de lege lata* von einer Anwendung der Vorschrift abzusehen.

d) Ausreichender Bezug des Rechtsstreits zur *lex fori*. Die Notzuständigkeit wird **204** schließlich – ihrem Ausnahmecharakter entsprechend (*Hau* FamRZ 10, 516/517) – nur in einem Mitgliedstaat eröffnet, zu dem der Rechtsstreit seinerseits einen ausreichenden Bezug aufweist. Dieser Bezug kann durch Kriterien hergestellt werden, die für sich nicht genügen, um eine

C 206, 207   1. Teil. Erkenntnisverfahren C. Unterhaltssachen

Zuständigkeit nach Art 3–6 zu begründen, wie zB die Staatsangehörigkeit nur einer Partei (so ausdrücklich ErwG 16 aE; → Anh III) oder die Belegenheit von Vermögen.

3. Ermessensentscheidung

205   Auch wenn alle Voraussetzungen für die Eröffnung einer Notzuständigkeit nach Art 7 vorliegen, muss das in einem Mitgliedstaat angerufene Gericht sich nicht zwingend für zuständig erklären, sondern es entscheidet darüber nach pflichtgemäßem Ermessen (Rauscher/*Andrae* Rn 13; **aA** *Hau* FamRZ 10, 516/517; *Junker* FS Simotta [2012] 263/269; MüKoFamFG/*Lipp* Rn 10; HK-ZPO/*Dörner* Rn 4). Da die Notzuständigkeit nach dem ausdrücklichen Wortlaut der Vorschrift nur „in Ausnahmefällen" gewährt werden soll, hat das angerufene Gericht insoweit einen strengen Maßstab anzulegen.

EuUntVO Art 8. Verfahrensbegrenzung

(1) **Ist eine Entscheidung in einem Mitgliedstaat oder einem Vertragsstaat des Haager Übereinkommens von 2007 ergangen, in dem die berechtigte Person ihren gewöhnlichen Aufenthalt hat, so kann die verpflichtete Person kein Verfahren in einem anderen Mitgliedstaat einleiten, um eine Änderung der Entscheidung oder eine neue Entscheidung herbeizuführen, solange die berechtigte Person ihren gewöhnlichen Aufenthalt weiterhin in dem Staat hat, in dem die Entscheidung ergangen ist.**

(2) **Absatz 1 gilt nicht,**

a) **wenn die gerichtliche Zuständigkeit jenes anderen Mitgliedstaats auf der Grundlage einer Vereinbarung nach Artikel 4 zwischen den Parteien festgelegt wurde;**

b) **wenn die berechtigte Person sich aufgrund von Artikel 5 der gerichtlichen Zuständigkeit jenes anderen Mitgliedstaats unterworfen hat;**

c) **wenn die zuständige Behörde des Ursprungsstaats, der dem Haager Übereinkommen von 2007 angehört, ihre Zuständigkeit für die Änderung der Entscheidung oder für das Erlassen einer neuen Entscheidung nicht ausüben kann oder die Ausübung ablehnt; oder**

d) **wenn die im Ursprungsstaat, der dem Haager Übereinkommen von 2007 angehört, ergangene Entscheidung in dem Mitgliedstaat, in dem ein Verfahren zur Änderung der Entscheidung oder Herbeiführung einer neuen Entscheidung beabsichtigt ist, nicht anerkannt oder für vollstreckbar erklärt werden kann.**

1. Allgemeines

206   Die von Amts wegen zu beachtende Verfahrensbegrenzung beruht auf Art 18 des Haager Übk über die internationale Geltendmachung der Unterhaltsansprüche von Kindern und anderen Familienangehörigen v 23.11.2007 (**HUÜ 2007;** → M Rn 472 ff). Sie betrifft die Konstellation, dass durch ein Gericht eines Mitgliedstaats der EuUntVO oder eines Vertragsstaats des HUÜ 2007 eine Unterhaltsentscheidung getroffen wurde, deren Änderung vom Unterhaltsverpflichteten durch Abänderungsklage oder ein neues Verfahren begehrt wird. Das HUÜ 2007 ist zwar am 1.8.2014 auch für die Europäische Union in Kraft getreten; es wird jedoch im Verhältnis der EU-Mitgliedstaaten zueinander durch die EuUntVO vollständig verdrängt (Art 69 Abs 2). Ist eine solche Entscheidung in dem Staat ergangen, in dem der Unterhaltsberechtigte seinen gewöhnlichen Aufenthalt hatte (Art 3 lit b), so ist der Unterhaltsverpflichtete nach Abs 1 daran gehindert, ein Verfahren zur Abänderung dieser Entscheidung oder zur Herbeiführung einer neuen Entscheidung in einem anderen Mitgliedstaat einzuleiten, solange der Unterhaltsberechtigte seinen gewöhnlichen Aufenthalt im Staat der Erstentscheidung behält. In dieser Konstellation geht die EuUntVO daher von einer Perpetuierung der Zuständigkeit für das Erstverfahren aus (*Hau* FamRZ 10, 516/518; *Hess* § 7 Rn 102; MüKoFamFG/*Lipp* Rn 1 f). Man kann insoweit von einer „negativen Zuständigkeitsvoraussetzung" sprechen (OLG Düsseldorf FamRZ 13, 55; HK-ZPO/*Dörner* Rn 1).

207   Zweck der Vorschrift ist vor allem der **Schutz des Unterhaltsberechtigten** (zum Begriff Art 2 Abs 2 Nr 10; → Rn 68 f) vor der aufgezwungen Prozessführung in einem für ihn fremden Forumstaat (Rauscher/*Andrae* Rn 1). Ferner soll dem Unterhaltsverpflichteten die Möglichkeit genommen werden, die für ihn ungünstige Erstentscheidung dadurch zu korrigieren, dass er die nach der EuUntVO zuständigen Gerichte eines anderen Mitgliedstaats anruft (HK-ZPO/*Dörner*

I. Internationale Zuständigkeit: EuUntVO Art 8   **208–213 C**

Rn 1). Daneben dient die Vorschrift der Vermeidung von widersprüchlichen Entscheidungen, berücksichtigt Gesichtspunkte der Verfahrenskonzentration und soll „eine gute Verknüpfung" mit dem HUÜ 2007 gewährleisten (ErwG 17; → Anh III). Abs 2 regelt vier Fälle, in denen die Verfahrenssperre nach Abs 1 nicht eingreift.

2. Allgemeine Voraussetzungen für die Abänderung ausländischer Unterhaltsentscheidungen

Schrifttum: *Coester-Waltjen,* Die Abänderung von Unterhaltstiteln – Intertemporale Fallen und Anknüpfungsumfang, IPRax 12, 528; *Gruber,* Abänderung ausländischer Unterhaltsentscheidungen, IPRax 16, 338; *Martiny,* Abänderung und Bindungswirkung polnischer Unterhaltstitel, IPRax 17, 596; *Riegner,* Das anwendbare Recht bei der Abänderung von Unterhaltstiteln mit Auslandsbezug, FamFR 12, 54.

Art 8 entfaltet seine Hauptbedeutung in Verfahren zur Abänderung von Unterhaltstiteln aus **208** anderen Mitgliedstaaten. Bevor auf die einzelnen Voraussetzungen der Verfahrensbegrenzung nach Abs 1 und die Ausnahmen nach Abs 2 näher eingegangen wird, soll daher zum besseren Verständnis vorab ein Überblick über die allgemeinen Abänderungsvoraussetzungen nach der EuUntVO und dem HUP gegeben werden (vgl dazu auch Rauscher/*Andrae* Einl HUP Rn 29 ff; Staud/*Mankowski* Vorbem HUP Rn 43 ff). Beide Rechtsinstrumente setzen die Abänderbarkeit von Unterhaltstiteln in grenzüberschreitenden Fällen voraus, regeln sie aber nicht ausdrücklich (*Gruber* IPRax 16, 318/320 ff; *Martiny* IPRax 17, 596/598).

a) Internationale Zuständigkeit. Die internationale Zuständigkeit für Abänderungsanträge **209** richtet sich – wie erläutert (→ Rn 80) – grundsätzlich nach den allgemeinen Vorschriften (Art 3 ff EuUntVO bzw Art 2 ff LugÜ, vgl zur Abgrenzung Art 64 Abs 2 lit a LugÜ). Eine gesonderte Zuständigkeit des Gerichts, das die abzuändernde Entscheidung erlassen hat, sieht die EuUntVO nicht vor. Daran ändert auch die Verfahrensbegrenzung nach Art 8 nichts; denn diese Vorschrift begründet keinen eigenen Gerichtsstand, sondern verlängert aus Gründen des Schutzes des Unterhaltsberechtigten lediglich die nach Art 3 lit b gegebene Zuständigkeit (**aA** P/H/*Hau* Anh 3 § 110 FamFG Rn 66).

Unter den Voraussetzungen des Art 4 bzw des Art 23 LugÜ ist es möglich, bereits im Aus- **210** gangsverfahren eine **Vereinbarung über die Zuständigkeit** im Abänderungsverfahren zu schließen. Art 18 Abs 2 lit a räumt dieser Gerichtsstandsvereinbarung dann Vorrang vor der Verfahrensbegrenzung nach Abs 1 ein. Anders als Art 3 lit a EuUntVO findet Art 5 Abs 2 LugÜ findet nach hM keine Anwendung auf einen Abänderungsantrag des Unterhalts*verpflichteten* (→ Rn 372).

b) Anerkennung der abzuändernden Entscheidung. Die Abänderung einer *ausländischen* **211** Unterhaltsentscheidung kommt nur in Betracht, wenn diese **im Inland anerkannt** wird (BGH FamRZ 15, 479 Rn 13; BGH NJW 83, 1976/1977; OLG Koblenz FamRZ 15, 1618/1620; OLG Köln FamRZ 05, 534; Staud/*Mankowski* Vorbem HUP Rn 44 mwN). Die Voraussetzungen für die Anerkennung mitgliedstaatlicher Unterhaltsentscheidungen beurteilen sich nach dem 1. und 2. Abschnitt des IV. Kapitels (→ M Rn 48 ff). Wird die ausländische Entscheidung im Inland nicht anerkannt, muss eine neue Leistungsklage erhoben werden. Der unstatthafte Abänderungsantrag kann allerdings in einen Leistungsantrag umgedeutet werden (OLG Celle NJW 91, 1428). Umgekehrt kann auch ein Leistungsantrag in einen Abänderungsantrag umgedeutet werden (BGH NJW-RR 93, 5).

c) Kein völkerrechtliches Verbot der Abänderung. Ein völkerrechtliches Verbot der **212** Abänderung ausländischer Entscheidungen besteht nicht (BGH NJW 83, 1976 f; OLG Nürnberg IPRax 84, 162/163; *Kartzke* NJW 88, 104/106).

d) Zulässigkeit der Abänderung nach dem Recht des Urteilsstaats. Eine Abänderung **213** der ausländischen Entscheidung setzt grundsätzlich nicht voraus, dass das Recht des Staates, dessen Gericht die abzuändernde Entscheidung erlassen hat, seinerseits eine solche Abänderung zulässt (OLG Koblenz FamRZ 15, 1618 Rn 39; *Gruber* IPRax 16, 338/342 f). Der BGH hat diese Frage bisher stets offengelassen, weil jedenfalls auf laufende Zahlungen lautende Unterhaltstitel auch nach ausländischem Recht – zumindest innerhalb der EU – regelmäßig abgeändert werden könnten (BGHZ 203, 272 Rn 14 = NZFam 15, 262 m Anm *Andrae* = FamRZ 15, 479 m Anm *Heiderhoff;* BGH NJW-RR 93, 5/6; BGH NJW 83, 1976/1977; vgl auch BGH FamRZ 92, 1060/1061; OLG Köln FamRZ 05, 534 f). Bedeutung kommt dieser Frage vor allem im Bereich des **nachehelichen Unterhalts** zu, wenn dieser in der Zahlung einer einmaligen

363

C 214–218   1. Teil. Erkenntnisverfahren C. Unterhaltssachen

Summe bzw der Übertragung eines Vermögenswerts liegt (etwa in Gestalt der *„prestations compensatoires"* des französischen Rechts (→ Rn 51) oder von Vermögenszuwendungen auf Grundlage eines *„clean break"* nach englischem Recht (→ Rn 52). Da aber in diesen Fällen eine Abänderung sowohl nach deutschem Recht wie nach der *lex causae* ausscheiden wird, kann die Frage idR offen bleiben.

214   **e) Abänderungsvoraussetzungen.** Nach welchem Recht die Voraussetzungen für eine Abänderung von Unterhaltsentscheidungen zu beurteilen sind, wird unterschiedlich beurteilt. Insoweit gilt es, *verfahrensrechtliche* Fragen, die sich nach der *lex fori* richten, von *materiell-rechtlichen* Fragen, die dem HUP unterliegen, zu unterscheiden (Rauscher/*Andrae* Einl HUP Rn 32). Bei der Antwort auf diese Qualifikationsfrage kommt der autonomen Auslegung der Kollisionsregeln des HUP Vorrang vor inländischen Vorstellungen zu (vgl NK–BGB/*Gruber* Art 1 HUP Rn 23; Staud/*Mankowski* Vorbem HUP Rn 58). Auch das HUP enthält allerdings keine ausdrückliche Regelung zur Abänderung von Unterhaltsentscheidungen.

215   Danach richtet sich das eigentliche **Abänderungsverfahren** vor deutschen Gerichten nach § 238 Abs 1 und 2 FamFG. Auch die Abänderung einer ausländischen Entscheidung kann daher nach § 238 Abs 2 FamFG nur auf Gründe gestützt werden, die nach dem Schluss der Tatsachenverhandlung im ausländischen Verfahren entstanden sind und die durch Einspruch nicht mehr geltend gemacht werden konnten (Rauscher/*Andrae* Einl HUP Rn 33). Nach überwiegender Meinung sind auch die **zeitlichen Grenzen** der Abänderungsbefugnis verfahrensrechtlich zu qualifizieren. Damit ist in inländischen Verfahren § 238 Abs 3 FamFG auch dann zu beachten, wenn in der Sache ausländisches Unterhaltsrecht zur Anwendung kommt (OLG Köln NJW-RR 05, 876 und IPRax 88, 30; OLG Düsseldorf FamRZ 93, 346/348; OLG Hamm FamRZ 91, 718/719 und FamRZ 87, 1302/1303 f; OLG Celle FamRZ 93, 103/104; Staud/*Mankowski* Vorbem HUP Rn 76; **aA** *Gottwald* FamRZ 92, 1374/1376; Pal/*Thorn* HUP Rn 39 f; differenzierend Rauscher/*Andrae* Einl HUP Rn 33).

216   Hingegen richten sich die **materiell-rechtlichen Voraussetzungen** der Abänderung einer Unterhaltsentscheidung, die **Maßstäbe für die Änderung** und der **Inhalt des neuen Unterhaltstitels** nach dem vom HUP zur Anwendung berufenen Recht (OLG Nürnberg NJOZ 12, 1050/1053; Pal/*Thorn* HUP Rn 39; BeckOK-BGB/*Heiderhoff* Art 18 EGBGB Rn 154; Rauscher/*Andrae* Einl HUP Rn 35). Dies gilt auch dann, wenn der nationale Gesetzgeber diese Fragen in Verfahrensgesetzen normiert hat. Daher sind auch die in § 238 FamFG geregelten sachlichen Voraussetzungen der Abänderung materiell-rechtlich zu qualifizieren und es ist hierfür das im Zeitpunkt der Abänderungsentscheidung von den Kollisionsnormen des HUP berufene Unterhaltsstatut heranzuziehen (OLG Koblenz FamRZ 15, 1618/1620; OLG Nürnberg IPRax 12, 551/552; zust *Coester/Waltjen* IPRax 12, 528/529). § 238 Abs 1 und Abs 4 FamFG findet demgemäß bei *ausländischem* Unterhaltsstatut keine Anwendung; diese Vorschriften sind nur dann anzuwenden, wenn die Art 3 ff HUP auf deutsches Recht verweisen (*Gruber* IPRax 16, 338/3340; *Riegner* FamRZ 05, 199/1803; BeckOK-BGB/*Heiderhoff* Art 18 EGBGB Rn 155; Rauscher/*Andrae* Einl HUP Rn 35 ff; MüKoZPO/*Gottwald* § 323 Rn 108 f).

217   Nach der Gegenansicht sind auch die sachlichen Voraussetzungen der Abänderung **prozessual** zu qualifizieren (*Baumann* IPRax 94, 435/438 f; NK–BGB/*Bach* Art 3 Rn 25; *Schack,* IZVR Rn 1106). Der BGH hat sich bisher einer Entscheidung enthalten (vgl zuletzt wieder in BGHZ 203, 272 Rn 22 = NZFam 2015, 262 m Anm *Andrae,* weil deutsches Recht sowohl *lex fori* wie Unterhaltsstatut war) und hat lediglich der älteren Ansicht eine Absage erteilt, wonach sich die sachlichen Voraussetzungen der Abänderung nach dem Recht des Staates richten, in dem das Urteil ergangen ist (BGH NJW 83, 1976/1977; BGH NJW-RR 93, 5/6). Aufgrund des Anwendungsvorrangs des HUP als sekundäres EU-Recht wird über dessen Reichweite und die Abgrenzung zur *lex fori* des angerufenen Gerichts im Rahmen von Abänderungsverfahren letztlich der EuGH gem Art 267 AEUV (→ Rn 32) zu befinden haben.

218   Von den sachlichen Voraussetzungen einer Abänderung und ihrer Anknüpfung ist freilich die Frage zu unterscheiden, **in welchem Umfang** die Erstentscheidung durch ein deutsches Gericht abgeändert werden kann. Diesbezüglich sind die vom Erstgericht getroffenen Feststellungen über die Art und Höhe des geschuldeten Unterhalts als Ausgangspunkt für die Abänderungsentscheidung auch für das deutsche Gericht maßgeblich (BGH NJW 83, 1976/1978). Dieses ist also nicht berechtigt, sich bei seiner Bewertung vollständig vom ausländischen Ersturteil zu lösen, weil dies auf eine unzulässige *révision au fond* hinauslaufen würde (*Schack,* IZVR Rn 1117). Diese Bindungswirkung erstreckt sich auch auf das im Erstverfahren zugrundegelegte – deutsche oder ausländische – materielle Recht; dieses ist mithin im Rahmen einer Abänderungsklage **nicht**

I. Internationale Zuständigkeit: EuUntVO Art 8   **219–224**   **C**

austauschbar, sondern bleibt für die Art und Höhe der anzupassenden Unterhaltsleistung auch dann maßgeblich, wenn aus der Sicht des deutschen Kollisionsrechts im Erstverfahren ein anderes Recht hätte angewandt werden müssen (BGHZ 203, 372 = FamRZ 15, 479; BGHZ 192, 45 Rn 15= NJW 12, 384; OLG Hamm FamRZ 18, 29/30).

Dies gilt freilich nur dann, wenn das Unterhaltsstatut aus der der Sicht des Kollisionsrechts im **219** Abänderungsstaat seit Erlass der Erstentscheidung unverändert geblieben ist. Eine Bindungs-wirkung besteht hingegen dann nicht, wenn es im Zeitraum zwischen dem Erlass des Ersturteils und der zu treffenden Entscheidung über die Abänderung zu einem **äußeren Statutenwechsel** gekommen ist, zB weil der Unterhaltsberechtigte seinen gewöhnlichen Aufenthalt aus dem Ursprungsstaat nach Deutschland verlegt hat. In einem solchen Fall ist vielmehr über die Voraus-setzungen und Schranken einer Abänderung gem Art 3 Abs 2 HUP nunmehr nach Maßgabe des deutschen Rechts zu entscheiden, auch wenn im Ersturteil noch das Recht am damaligen ausländischen gewöhnlichen Aufenthalt des Berechtigten zugrundegelegt worden war (BGHZ 203, 272 Rn 25 = NZFam 15, 262 m Anm *Andrae* = FamRZ 15, 479 m Anm *Heiderhoff;* OLG Hamm FamRZ 18, 29/30 f; OLG Koblenz FamRZ 15, 1618/1621; OLG Köln FamRZ 05, 534/535; *Dimmler/Bißmeier* FPR 13, 11/13; *Riegner* FamRZ 05, 1799/1802; NK-BGB/*Gruber* Art 1 HUP Rn 26; BeckOK-BGB/*Heiderhoff* Art 18 EGBGB Rn 155). Daher kann auch der Umstand, dass das infolge des Statutenwechsels maßgeblich gewordene neue Unterhaltsstatut die Bedürftigkeit des Gläubigers und die Leistungsfähigkeit des Schuldners – trotz im Wesentlichen gleich gebliebener äußerer Umstände – rechtlich anders bewertet, für eine Abänderung aus-reichen (BeckOK-BGB/*Heiderhoff* Art 18 EGBGB Rn 152; **aA** Rauscher/*Andrae* Einl HUP Rn 35; Staud/*Mankowski* Vorbem HUP Rn 71; offen gelassen von OLG Koblenz NJW 15, 694 Rn 28 ff).

Nicht anders ist zu entscheiden, wenn der Statutenwechsel seinen Grund in einer zwischen- **220** zeitlichen **Änderung des Kollisionsrechts** hat. Daher kann ein Abänderungsantrag auch darauf gestützt werden, dass der Unterhaltsanspruch infolge der Geltung des HUP seit dem 18.6.2011 anders als nach früher nach dem HUntÜ bzw Art 18 EGBGB anzuknüpfen ist und nach dem neuen Unterhaltsstatut höher oder niedriger zu bemessen ist (OLG Nürnberg IPRax 12, 551/ 552; zust *Coester-Waltjen* IPRax 12, 528/530; ferner BGH FamRZ 09, 1402/1403; *Conti/ Bißmeier* FamRBint 11, 62/64 f; NK-BGB/*Gruber* Art 22 HUP Rn 5; BeckOK-BGB/*Heiderhoff* Art 18 EGBGB Rn 156; **aA** *Andrae* NZFam 15, 267/268; Rauscher/*Andrae* Einl HUP Rn 35; *Schack,* IZVR Rn 1117). Praktische Bedeutung hat dies insbesondere für die Abänderung von Unterhaltstiteln, in denen der nacheheliche Unterhalt nach Art 8 HUntÜ noch auf der Grund-lage des Scheidungsstatuts festgesetzt worden war (*Henrich* FamRZ 15, 1761/1763 f; → Rn 605).

3. Voraussetzungen der Verfahrensbegrenzung, Abs 1

a) Anwendungsbereich. aa) Unterhaltsentscheidung eines Mitgliedstaats oder eines **221** **Vertragsstaats des HUÜ 2007.** Die Verfahrensbegrenzung nach Abs 1 gilt nur Entscheidun-gen, die in einem Mitgliedstaat der EuUntVO (Art 1 Abs 2; → Rn 60) oder in einem Vertrags-staat des HUÜ 2007 (→ M Rn 473) ergangen sind. Auf Entscheidungen aus sonstigen Dritt-staaten ist die Vorschrift nicht anwendbar.

Für den Begriff der „Entscheidung ist die Definition in Art 2 Nr 1 (→ Rn 61) maßgebend. **222** Obwohl Abs 1 nur von „Entscheidungen"spricht, gilt die Verfahrensbegrenzung auch für **Un-terhaltsvergleiche** iSv Art 2 Nr 2 (→ Rn 62; OLG Düsseldorf FamRZ 13, 55 Rn 9). Ob Abs 1 darüber hinaus auch für **öffentliche Urkunden** unmittelbar oder entsprechend gilt (so die wohl hM, vgl *Gruber* IPRax 10, 128/135; G/Sch/*Reuß,* IRV Rn 4; MüKoFamFG/*Lipp* Rn 9; *Hau* FamRZ 10, 516/518; Zö/*Geimer* Rn 2), ist im Hinblick darauf, dass die Regelung aus Art 18 HUÜ 2007 übernommen wurde, der nur für gerichtliche Entscheidungen und Vergleiche, nicht aber für öffentliche Urkunden gilt, zweifelhaft (abl Rauscher/*Andrae* Rn 19).

bb) Antrag des Unterhaltsverpflichteten. Die Verfahrensbegrenzung findet nach dem **223** Wortlaut des Abs 1 keine Anwendung, wenn der Unterhalts*berechtigte* eine Neu- oder Abände-rungsentscheidung begehrt (G/W/*Bittmann,* Kap 36 Rn 55). Dieser kann demgemäß zwischen den von der Verordnung zur Verfügung gestellten Gerichtsständen frei wählen.

cc) Beschränkung auf Neu- oder Abänderungsverfahren. Abs 1 bezieht sich nur auf **224** Neu- oder Abänderungsverfahren (§ 238 FamFG). Die Vorschrift findet hingegen keine Anwen-dung auf die **Vollstreckungsabwehrklage** (§§ 767 ZPO, 120 Abs 1 FamFG; vgl Rauscher/ *Andrae* Rn 5; MüKoFamFG/*Lipp* Rn 8; **aA** Zö/*Geimer* 4). Durch diese Klage wird die Erst-

C 225–231   1. Teil. Erkenntnisverfahren C. Unterhaltssachen

entscheidung nicht abgeändert oder erneuert. Gegenstand der prozessualen Gestaltungsklage des § 767 ZPO ist nur die Vollstreckbarkeit des Unterhaltstitels.

225   **b) Fortbestehender gewöhnlicher Aufenthalt des Unterhaltsberechtigten.** Die Perpetuierung der internationalen Zuständigkeit der Gerichte des Mitgliedstaats, in dem eine Unterhaltsentscheidung ergangen ist, für das Verfahren auf Abänderung dieser Entscheidung gemäß Abs 1 über die Verfahrensbegrenzung setzt die Fortdauer des gewöhnlichen Aufenthalts (zum Begriff → Rn 101 ff) des Unterhaltsberechtigten im Mitglied-/Vertragsstaat der Entscheidung voraus. Der Unterhaltsberechtigte muss also seinen gewöhnlichen Aufenthalt im Zeitpunkt der Erstentscheidung im Ursprungsstaat gehabt haben und diesen auch im Zeitpunkt der Einleitung des Abänderungs- oder Zweitverfahrens durch den Unterhaltsverpflichteten noch in diesem Staat haben. Hat er seinen gewöhnlichen Aufenthalt in einem anderen Mitgliedstaat begründet, so ist Art 8 nicht anwendbar; die internationale Zuständigkeit bestimmt sich dann allein nach Art 3 ff (OLG Düsseldorf FamRZ 13, 55/56).

226   Ob eine **zwischenzeitliche Verlegung des gewöhnlichen Aufenthalts** in einen anderen Staat die Anwendung des Art 8 hindert, wenn der Berechtigte im Zeitpunkt der Einleitung des Zweitverfahren seinen gewöhnlichen Aufenthalt erneut im Erststaat hat, wird unterschiedlich beurteilt. Gegen eine Anwendung von Art 8 in diesen Fällen spricht der Wortlaut („weiterhin") und dass der Unterhaltsberechtigte ein geringeres Maß an Nähe zum Forumstaat zeigt und daher weniger schutzwürdig erscheint (Rauscher/*Andrae* Rn 7; MüKoFamFG/*Lipp* Rn 12; Zö/*Geimer* Rn 3; aA G/W/*Bittmann,* Kap 36 Rn 55). Der Gesichtspunkt der Verfahrenskonzentration hat dagegen nur geringe Bedeutung, da sich Abs 1 nur auf die internationale Zuständigkeit bezieht und demgemäß auch bei einer Anwendung der Vorschrift verschiedene Gerichte eines Mitgliedstaates im Erst- und im Zweitverfahren örtlich zuständig sein können.

227   Nicht erforderlich ist, dass das Gericht im Erstverfahren seine internationale Zuständigkeit auf den **gewöhnlichen Aufenthalt des Berechtigten** (zB nach Art 3 lit b EuUntVO oder Art 5 Nr 2 LugÜ) in diesem Staat gestützt hatte (Rauscher/*Andrae* Rn 8). Dies wird zwar häufig der Fall sein; Anknüpfungspunkt für die internationale Zuständigkeit kann jedoch auch der gewöhnliche Aufenthalt des Unterhaltsverpflichteten gewesen sein, zB wenn dieser damals noch den gewöhnlichen Aufenthalt des Berechtigten geteilt hatte. Abs 1 setzt jedoch stillschweigend voraus, dass das Gericht im Aufenthaltsstaat des Berechtigten für den Antrag des Verpflichteten im Zweitverfahren international zuständig ist; dies ist freilich in den Mitgliedstaaten durch Art 3 lit b gewährleistet.

4. Ausnahmen, Abs 2

228   Abs 2 regelt **vier Konstellationen,** in denen die Zuständigkeitsbegrenzung nach Abs 1 nicht eingreift:

229   **a) Gerichtsstandsvereinbarung, lit a.** Dies ist zunächst nach lit a der Fall, wenn die Parteien eine nach Art 4 gültige Gerichtsstandsvereinbarung getroffen haben, die auch den Streitgegenstand des Zweitverfahrens (zB die Abänderung der im Erstverfahren erlassenen Unterhaltsentscheidung) umfasst. Mit der sich aus Art 4 Abs 4 ergebenden Einschränkung gilt dies auch dann, wenn die Parteien nach Art 23 LugÜ wirksam einen Gerichtsstand vereinbart hatten. Nicht erforderlich ist, dass die Gerichtsstandsvereinbarung ausschließliche Wirkung iSv Art 4 Abs 1 S 3 entfaltet; auch die Vereinbarung eines nur konkurrierenden Gerichtsstands löst die Sperrwirkung nach lit a aus (Rauscher/*Andrae* Rn 12).

230   **b) Rügelose Einlassung, lit b.** Nach lit b kann der Unterhaltsberechtigte selbst die Sperre nach Abs 1 dadurch aufheben, dass er sich vor dem Gericht eines anderen Mitgliedstaats nach Art 5 (bzw nach Art 24 LugÜ) rügelos auf das Verfahren einlässt (dazu → Rn 180 ff).

231   **c) Unzulässigkeit oder Ablehnung einer Entscheidung im Erststaat, lit c.** Um einen negativen Kompetenzkonflikt zu vermeiden, entfällt die Verfahrensbegrenzung nach Abs 1 gem lit c auch dann, wenn die Gerichte des Ursprungsstaates das Abänderungs- oder Neuverfahren nicht durchführen können oder wollen. In seiner ersten Variante erfasst lit c Fälle, in denen der Ursprungsstaat für das Zweitverfahren keine internationale Zuständigkeit vorsieht oder seine an sich gegebene Zuständigkeit wegen eines Stillstandes der Rechtspflege nicht ausüben kann. Von der zweiten Variante sind Fälle erfasst, in denen das angerufene Gericht des Ursprungsstaats zwar entscheiden könnte, die Verfahrensdurchführung jedoch – zB als *forum non conveniens* – ablehnt.

366

I. Internationale Zuständigkeit: EuUntVO Art 9   235 **C**

Beides ist in den Mitgliedstaaten der EuUntVO praktisch kaum denkbar; die Regelung zielt daher vor allem auf Drittstaaten ab, die dem HUÜ 2007 beigetreten sind.

Hat also der Unterhaltsberechtigte in einem Vertragsstaat des HUÜ 2007 seinen gewöhnlichen **232** Aufenthalt und wird dort der Unterhaltstitel errichtet, so gilt die sich aus Abs 1 ergebende Verfahrensbegrenzung für das **Abänderungsverfahren** nach lit c insbesondere dann nicht, wenn die zuständige Behörde im Titelerrichtungsstaat ihre Zuständigkeit für die Änderung der Entscheidung nicht ausüben kann oder die Ausübung ablehnt. Die mit der Vorschrift bezweckte Sicherung des Justizgewährungsanspruchs für einen Unterhaltspflichtigen mit ständigem Aufenthalt in einem EU-Mitgliedstaat würde allerdings leerlaufen, wenn ihm die Zuständigkeitsregeln der EuUntVO schlechthin kein Forum für ein Abänderungsverfahren gegen einen im Ausland lebenden Unterhaltsberechtigten eröffnen würden. Deshalb muss auch in diesem Fall eine Notzuständigkeit nach Art 7 eröffnet werden (BGH FamRZ 16, 115 Rn 5 = NZFam 16, 46 m Anm *Rieck*).

d) Nichtanerkennung der Erstentscheidung im Zweitstaat, lit d. Die Sperre nach Abs 1 **233** entfällt gem lit d schließlich auch dann, wenn die Entscheidung des Erstgerichts im Zweitstaat nicht anerkannt und deshalb auch nicht für vollstreckbar erklärt wird. Denn in diesem Fall handelt es sich aus der Sicht des Zweitstaats nicht um eine Abänderungs- oder Neuentscheidung, sondern um die Erstentscheidung. Der Ausschlussgrund der lit d bezieht sich nicht auf Entscheidungen von Gerichten derjenigen Mitgliedstaaten, die durch das HUP gebunden sind; denn diese sind in den übrigen gebundenen Mitgliedstaaten gem Art 17 zwingend anzuerkennen (Rauscher/*Andrae* Rn 16). Bedeutung kann lit d daher einerseits im Verhältnis zu *Dänemark* und dem *Vereinigten Königreich* entfalten, wo die Anerkennung und Vollstreckbarerklärung nach Art 24 versagt werden kann, sowie andererseits im Verhältnis zu den Vertragsstaaten des HUÜ 2007, deren Entscheidungen nur nach Maßgabe von Art 20–22 dieses Übereinkommens (→ M Rn 520 ff) anerkannt und vollstreckt werden.

5. Verfahren

Die Verfahrensbegrenzung nach Abs 1 ist vom Gericht des Zweitstaates **von Amts wegen** zu **234** beachten (Rauscher/*Andrae* Rn 17; Zö/*Geimer* Rn 1; **aA** G/Sch/*Reuß*, IRV Rn 3). Dies gilt im Hinblick auf Abs 2 lit b freilich nur, wenn sich der Antragsgegner auf das zweitstaatliche Verfahren nicht rügelos eingelassen hat. Da es sich bei Abs 1 um eine den Unterhaltsberechtigten begünstigende Vorschrift handelt, trägt dieser die materielle **Beweislast** für das Eingreifen der Verfahrenssperre (Rauscher/*Andrae* Rn 18; Zö/*Geimer* Rn 1). Die Beweislast für das Vorliegen eines Ausnahmetatbestandes nach Abs 2 trägt hingegen der Unterhaltsverpflichtete.

EuUntVO Art 9. Anrufung eines Gerichts

Für die Zwecke dieses Kapitels gilt ein Gericht als angerufen

a) zu dem Zeitpunkt, zu dem das verfahrenseinleitende Schriftstück oder ein gleichwertiges Schriftstück bei Gericht eingereicht worden ist, vorausgesetzt, dass der Kläger es in der Folge nicht versäumt hat, die ihm obliegenden Maßnahmen zu treffen, um die Zustellung des Schriftstücks an den Beklagten zu bewirken, oder

b) falls die Zustellung an den Beklagten vor Einreichung des Schriftstücks bei Gericht zu bewirken ist, zu dem Zeitpunkt, zu dem die für die Zustellung verantwortliche Stelle das Schriftstück erhalten hat, vorausgesetzt, dass der Kläger es in der Folge nicht versäumt hat, die ihm obliegenden Maßnahmen zu treffen, um das Schriftstück bei Gericht einzureichen.

Schrifttum: *Nordmeier,* Eintritt und Fortbestand der Rechtshängigkeit nach Art 16 EuEheVO und Art 32 EuGVVO – insbesondere bei Verfahrensaussetzung, IPRax 16, 329.

1. Allgemeines

Die EuUntVO verwendet in Kapitel II die Begriffe Rechtshängigkeit, Anhängigkeit und **235** Anrufung des Gerichts. Aus der unterschiedlichen Terminologie ergeben sich allerdings keine inhaltlichen Differenzen; gemeint ist jeweils das gleiche Verfahrensstadium. Die im deutschen Recht vorgenommene Unterscheidung zwischen Anhängigkeit und Rechtshängigkeit kennt die Verordnung nicht (Rauscher/*Andrae* Rn 1).

C 236–241 1. Teil. Erkenntnisverfahren C. Unterhaltssachen

236 Art 9 enthält eine **Legaldefinition** des Zeitpunkts, zu dem in einer Unterhaltssache Rechtshängigkeit bei dem Gericht eines Mitgliedstaats eintritt. Zur Vermeidung einer uneinheitlichen Handhabung in den Mitgliedstaaten ist der Begriff der „Anrufung des Gerichts" in dieser Vorschrift *autonom* auszulegen (MüKoFamFG/*Lipp* Rn 1, 4). Vorbild für die Vorschrift war Art 30 EuGVVO aF. Die zu dieser Vorschrift ergangene und künftig zu Art 32 EuGVVO nF ergehende Rechtsprechung und Literatur ist daher auch für die Auslegung von Art 9 maßgebend. Entsprechende Regelungen finden sich heute auch in anderen EU-Verordnungen auf dem Gebiet des internationalen Familien- und Erbrechts (Art 16 EuEheVO, Art 14 EuGüVO/EuPartVO, Art 14 EuErbVO).

237 Die Vorschrift harmonisiert allerdings nicht das nationale Verfahrensrecht in dieser Frage, sondern strebt lediglich einen Ausgleich zwischen den unterschiedlichen nationalen Modellen zur Bestimmung des Beginns der Rechtshängigkeit an. Danach wird durch eine **Rückwirkungsfiktion** ein möglichst früher Zeitpunkt der Rechtshängigkeit festgelegt. Der Zweck der Vorschrift besteht also darin, Schutz gegen Missbrauch des Verfahrensrechts zu gewährleisten. Daher sind bei der Prüfung ihrer Voraussetzungen keine Verzögerungen zu berücksichtigen, die auf das betreffende Gerichtssystem zurückzuführen sind, sondern nur ein etwaiger Mangel an Sorgfalt des Antragstellers (vgl zu Art 16 EuEheVO EuGH C-173/16 – *M H/ M H,* unalex EU-701 Rn 27).

238 Art 9 hat insbesondere Bedeutung im Rahmen der Bestimmung des zuerst angerufenen Gerichts im Falle **doppelter Rechtshängigkeit** nach nach Art 12 Abs 1 (näher → Rn 265 ff). Durch die Regelung wird der häufige Wettlauf der Parteien um die frühere Rechtshängigkeit („*race to the courthouse!*") entschärft, weil diese nicht mehr davon abhängt, ob die jeweilige *lex fori* sie schon mit Einreichung des Antrags bei Gericht oder – wie in *Deutschland* (§ 113 Abs 1 S 2 FamFG iVm §§ 253 Abs 1, 261 Abs 1 ZPO) – erst mit Zustellung an den Antragsgegner eintreten lässt. Der Vorschrift kommt darüber hinaus Bedeutung auch bei der Bestimmung der internationalen Zuständigkeit nach Art 3–7 (insbesondere bei Anwendung des *perpetuatio fori*-Grundsatzes; → Rn 96) und des zeitlichen Anwendungsbereichs der Verordnung nach Art 75 (→ Rn 333) zu.

2. Maßgeblicher Zeitpunkt

239 **a) Verfahrenseinleitung durch einen Beteiligten.** In Anbetracht der unterschiedlichen Voraussetzungen für den Eintritt der Rechtshängigkeit in den nationalen Prozessrechten der Mitgliedstaaten stellt Art 9 in Verfahren, die von einem der Beteiligten eingeleitet wurden, **alternativ** auf den Zeitpunkt ab, zu dem

– entweder das **verfahrenseinleitende Schriftstück** (oder ein gleichwertiges Schriftstück) **bei Gericht eingereicht** worden ist (lit a)
– oder **die für die Zustellung verantwortliche Stelle das Schriftstück erhalten hat,** falls die Zustellung an den Antragsgegner nach der *lex fori* vor Einreichung des Schriftstücks bei Gericht zu bewirken ist (lit b).

240 Maßgebend ist also die **Übergabe des Schriftstücks an das erste nach der *lex fori* zu beteiligende Rechtspflegeorgan.** Dies kann auch eine Behörde sein, vor der ein obligatorisches Schlichtungsverfahren durchzuführen ist (vgl zu Art 27 LugÜ 2007 EuGH C-467/16 – *Schlömp,* FamRZ 18, 286 Rn 52 ff [*Schweiz*]). Damit wird der Eintritt der Rechtshängigkeit von der Dauer und der Ordnungsmäßigkeit der Zustellung durch die zuerst beteiligte Behörde gelöst und Waffengleichheit zwischen den Parteien hergestellt. Daraus folgt, dass nach der Klärung, für welche der beiden in der Verordnung vorgesehenen Optionen sich der betreffende Mitgliedstaat entschieden hat, der Zeitpunkt, zu dem ein Gericht angerufen wurde, im Rahmen der in lit a geregelten ersten Option allein auf der objektiven Feststellung beruht, zu welchem Zeitpunkt das verfahrenseinleitende Schriftstück oder ein gleichwertiges Schriftstück bei diesem Gericht eingereicht wurde, unabhängig von jeder nationalen Verfahrensvorschrift, die bestimmt, wann und unter welchen Umständen das Verfahren eröffnet ist oder als anhängig gilt, sofern der Antragsteller in der Folge das Erfordernis der Zustellung dieses Schriftstücks an den Antragsgegner beachtet hat (vgl zu Art 16 EuEheVO EuGH C-173/16 – *M H/M H,* unalex EU-701 Rn 28). Entsprechendes gilt für die Übergabe des Schriftstücks an die für die Zustellung zuständige Stelle.

241 Vor den **deutschen Gerichten** bestimmt sich der Rechtshängigkeitszeitpunkt nach lit a; maßgeblich ist also der Zeitpunkt der Einreichung des verfahrenseinleitenden Schriftstücks bei Gericht, weil diese vor der Zustellung zu erfolgen hat. Eine **Zeitverschiebung** zwischen zwei

368

I. Internationale Zuständigkeit: EuUntVO Art 9   **242–246 C**

Mitgliedstaaten bleibt bei der Feststellung des für die Rechtshängigkeit maßgeblichen Zeitpunkts außer Betracht (vgl zu Art 16 EuEheVO EuGH C-489/14 – *A/B,* NJW 15, 3776 Rn 44). Art 9 bestimmt den maßgebenden Zeitpunkt für die Rechtshängigkeit sowohl nach lit a wie nach lit b auch dann, wenn das **Verfahren** auf Initiative des Antragstellers **ausgesetzt** worden ist, selbst wenn das verfahrenseinleitende Schriftstück dem Antragsgegner nicht zugestellt wurde und dieser auch sonst keine Kenntnis von dem Verfahren erlangt hat (vgl zu Art 16 EuEheVO EuGH C-507/14 – *P/M,* FamRZ 15, 1865 Rn 43 m Anm *Mankowski* 1895 = IPRax 16, 371 m Anm *Nordmeier* 329). Art 9 gilt auch für **Maßnahmen des einstweiligen Rechtsschutzes** iSv Art 14.

Verfahrenseinleitendes Schriftstück ist bei der gebotener autonomen Auslegung jedes **242** Schriftstück, durch das der Antragsgegner von der Einleitung des Verfahrens Kenntnis erhält. Er muss hierdurch über die wesentlichen Elemente des Rechtsstreits in Kenntnis gesetzt werden (vgl zum EuGVÜ EuGH C-474/93 – *Hengst Import,* Slg 95 I-2113 Rn 19; EuGH C-172/91 – *Sonntag,* Slg 93 I-1963 Rn 39 = NJW 93, 2091). Es genügt, wenn das Schriftstück Angaben enthält, die dem Antragsgegner, die sachgerechte Entscheidung darüber ermöglichen, ob er sich auf das Verfahren einlässt (BGHZ 141, 286 = IPRax 01, 230/231). Ein dem verfahrenseinleitenden Schriftstück gleichgestelltes Schriftstück ist zB ein **Mahnbescheid.** Der Antrag auf Gewährung von **Verfahrenskostenhilfe** ist zwar kein verfahrenseinleitendes Schriftstück. Er sollte aber zum Schutz des Antragstellers vor einem sonst vorrangigen Antrag des Gegners zum Gericht eines anderen Mitgliedstaats für die Zwecke des Art 12 als „gleichwertiges" Schriftstück angesehen werden (**aA** OLG Frankfurt BeckRS 15, 18964 Rn 24).

b) Verfahrenseinleitung von Amts wegen. Zur Bestimmung des maßgeblichen Zeitpunkts **243** der Anrufung des Gerichts, wenn ein Unterhaltsverfahren von Amts wegen eingeleitet wurde, dürfte die Regelung in Art 14 lit c EuGüVO entsprechend anzuwenden sein. Danach kommt es auf den Zeitpunkt an, zu dem der Beschluss über die Einleitung des Verfahrens vom Gericht gefasst oder, wenn ein solcher Beschluss nicht erforderlich ist, auf den Zeitpunkt, zu dem die Sache beim Gericht eingetragen worden ist (vgl → B Rn 185).

3. Erforderliche Maßnahmen des Antragstellers

Weitere Voraussetzung ist in beiden Fällen, dass der Antragsteller es in der Folge nicht ver- **244** säumt, die ihm obliegenden Maßnahmen zu treffen, um entweder die nachträgliche Zustellung des Schriftstücks an den Antragsgegner zu bewirken (lit a) oder das Schriftstück bei Gericht einzureichen (lit b; vgl zu Art 16 EuEheVO EuGH C-507/14 – *P/M,* FamRZ 15, 1865 Rn 32 = IPRax 16, 371 m Anm *Nordmeier* 329). Welche Maßnahmen dem Antragsteller obliegen, richtet sich nach der jeweiligen **lex fori** (Rauscher/*Andrae* Rn 4; MüKoFamFG/*Lipp* Rn 8; vgl auch zu Art 16 EuEheVO → A Rn 141 ff mwN). Diese entscheidet auch über die Frage, bis zu welchem **Zeitpunkt** die Maßnahmen zu treffen sind. Sieht das nationale Recht – wie das englische Verfahrensrecht in Familiensachen – **keine Frist** für die nach Einreichung des Schriftstücks zu bewirkende Zustellung vor, so hat der Antragsteller diese Maßnahmen innerhalb vertretbarer Zeit einzuleiten (vgl zu Art 16 EuEheVO High Court [Fam Div] 21.10.16, unalex UK-1474: vier Monate sind ausreichend). Maßgebend ist also, ob entstandene Verzögerungen auf mangelnde Sorgfalt des Antragstellers zurückzuführen sind.

Ob eine Verzögerung der Zustellung nach Abs 1 lit a den Eintritt der Rechtshängigkeit **245** hindert, hängt nach der insoweit gebotenen europäisch-autonomen Auslegung davon ab, ob sie auf einer Obliegenheitsverletzung beruht, die dem Antragsteller **zugerechnet** werden kann. Die Zurechnung setzt nicht notwendig ein Verschulden voraus. Ein **Antrag auf Verfahrensaussetzung** für einen begrenzten Zeitraum zum Zweck der außergerichtlichen Streitschlichtung hat auf die Rechtshängigkeit keinen Einfluss, wenn die Verhandlungen ernsthaft geführt werden. Art 9 bestimmt den maßgebenden Zeitpunkt für die Rechtshängigkeit sowohl nach lit a wie nach lit b im Falle einer Verfahrensaussetzung auf Initiative des Antragstellers selbst dann, wenn das verfahrenseinleitende Schriftstück dem Antragsgegner nicht zugestellt wurde und dieser auch sonst keine Kenntnis von dem Verfahren erlangt hat, sofern der Antragsteller es in der Folge nicht versäumt, die ihm obliegenden Maßnahmen zu treffen, um die Zustellung an den Antragsgegner zu bewirken (vgl zu Art 16 EuEheVO EuGH C-507/14 – *P/M,* FamRZ 15, 1865 Rn 43 m Anm *Mankowski* 1895 = IPRax 16, 371 m Anm *Nordmeier* 329). Durch das Gericht verursachte Verzögerungen sind dem Antragsteller grundsätzlich nicht zurechenbar.

Nach **deutschem Recht** hat der Antragsteller die ihm obliegenden Maßnahmen zu treffen, **246** um die Zustellung des Schriftstücks an den Antragsgegner zu bewirken. Hinweise für die

369

C 248–250 1. Teil. Erkenntnisverfahren C. Unterhaltssachen

erforderlichen Maßnahmen und die für ihre Vornahme einzuhaltenden Fristen können aus der Rechtsprechung zu § 167 ZPO gewonnen werden werden (*Gruber* FamRZ 00, 1129/1132 f). Danach hat der Antragsteller zB die richtige Zustelladresse des Antragsgegners oder dessen Zustellungsbevollmächtigten zu benennen. Ferner hat er den Verfahrenskostenvorschuss nach § 14 FamGKG einzubezahlen, ggf nach Aufforderung durch das Gericht gem §§ 9 Abs 2, 55 FamGKG (Rauscher/*Andrae* Rn 4). Wird ein Antrag auf Gewährung von **Verfahrenskostenhilfe** gestellt, so hat der Antragsteller alle zur Entscheidung notwendigen Angaben, insbesondere zu seinen Einkommens- und Vermögensverhältnissen, zu machen.

247   Hat der Antragsteller seinem Antrag eine für die Zustellung erforderliche **Übersetzung** nicht beigefügt, aber kurze Zeit später nachgereicht, so wird die Zustellung dadurch geheilt und der Zeitpunkt der Rechtshängigkeit nach Art 9 lit a bleibt erhalten. Ergreift der Antragsteller die ihm obliegenden Maßnahmen nicht, so tritt keine Rechtshängigkeit ein; ein Rückgriff auf das nationale Recht der *lex fori* ist auch insoweit ausgeschlossen. Werden die erforderlichen **Maßnahmen später nachgeholt,** aber erst nach Ablauf der hierfür von der *lex fori* vorgeschriebenen Frist, so wird das Verfahren erst zu dem Zeitpunkt rechtshängig, zu dem der Mangel behoben wurde; ein zwischenzeitlich in einem anderen Mitgliedstaat anhängig gemachtes Verfahren hat daher Vorrang. Keine Bedeutung hat Art 9 für den Beginn von Ausschluss- oder Verjährungsfristen (Rauscher/*Andrae* Rn 5); dieser richtet sich in Verfahren vor deutschen Gerichten gem Art 11 lit e HUP nach dem Unterhaltsstatut (→ Rn 738 f).

EuUntVO Art 10. Prüfung der Zuständigkeit

Das Gericht eines Mitgliedstaats, das in einer Sache angerufen wird, für die es nach dieser Verordnung nicht zuständig ist, erklärt sich von Amts wegen für unzuständig.

1. Normzweck und Auslegung

248   Art 10 übernimmt in der EuUntVO die Funktion der Art 25, 26 EuGVVO aF, weicht von diesen Vorschriften jedoch inhaltlich ab und orientiert sich mit der Anordnung einer **uneingeschränkten Prüfung der internationalen Zuständigkeit von Amts wegen** durch das angerufene Gericht stärker an Art 17 EuEheVO (→ A Rn 147 ff). Der Prüfung der internationalen Zuständigkeit im Erstverfahren kommt im Unterhaltssachen deshalb besondere Bedeutung zu, weil eine Nachprüfung im Vollstreckungsmitgliedstaat ausgeschlossen ist (MüKoFamFG/*Lipp* Rn 3).

249   Zwar konnte auf eine Parallelvorschrift zu Art 25 EuGVVO aF verzichtet werden, weil die EuUntVO in Unterhaltssachen keine ausschließlichen Zuständigkeiten bestimmt. Im Übrigen hätte jedoch eine Anlehnung an Art 26 Abs 1 EuGVVO aF näher gelegen als an Art 17 EuEheVO (Rauscher/*Andrae* Rn 2). Denn die uneingeschränkte Nachprüfung der internationalen Zuständigkeit in Ehesachen und in Verfahren der elterlichen Verantwortung nach Art 17 EuEheVO ist vor dem Hintergrund zu sehen, dass jene Verordnung nur gesetzliche Zuständigkeiten kennt und eine rügelose Einlassung des Antragsgegners auf das Verfahren nicht zulässt (näher → A Rn 46). Demgegenüber wird nach Art 5 EuUntVO – wie nach Art 26 EuGVVO nF – der Mangel der internationalen Zuständigkeit durch die rügelose Einlassung des Antragsgegners überwunden; hierzu muss diesem Gelegenheit gegeben werden (Zö/*Geimer* Rn 1). Daraus folgt, dass Art 10 ähnlich wie Art 28 Abs 1 EuGVVO nF ausgelegt werden muss: Das angerufene Gericht hat sich nur dann nach dessen Vorschrift von Amts wegen für unzuständig zu erklären, wenn es nicht nach Art 3, 4 bzw Art 6, 7 zuständig ist und wenn sich außerdem der Antragsgegner auch nicht nach Art 5 wirksam auf das Verfahren eingelassen hat. Auch Art 5 begründet mithin eine Zuständigkeit „nach dieser Verordnung" iSv Art 10, deren Voraussetzungen von Amts wegen zu prüfen sind (MüKoFamFG/*Lipp* Rn 5; ähnlich Rauscher/*Andrae* Rn 6).

2. Anwendungsbereich

250   Art 10 setzt voraus, dass ein Gericht eines Mitgliedstaats in einer Unterhaltssache iSv Art 1 (→ Rn 34 ff) angerufen worden ist, die einen internationalen Bezug (→ Rn 99) aufweist. Die Prüfung erstreckt sich zwar primär auf die internationale Zuständigkeit, darüber hinaus aber auch auf die **örtliche Zuständigkeit,** soweit diese in den Art 3 ff mitgeregelt ist (Rauscher/*Andrae* Rn 8). Art 10 gilt in jeder Lage des Verfahrens, dh **in allen Instanzen** (Rauscher/*Andrae* Rn 12). Die Vorschrift verdrängt insoweit nationale Verfahrensregeln, die eine Zuständigkeits-

370

I. Internationale Zuständigkeit: EuUntVO Art 11 **C**

rüge verlangen (EuGH C-288/82 – *Duijnstee*, Slg 83, 3663 Rn 15; BGHZ 109, 27/31 = NJW 90, 318, jeweils zur EuGVVO aF) oder die eine Überprüfung der internationalen bzw örtlichen Zuständigkeit in höheren Instanzen begrenzen. Im deutschen Recht werden daher §§ 65 Abs 4, 72 Abs 2 FamFG durch Art 10 verdrängt (Rauscher/*Andrae* Rn 12).

3. Prüfungsumfang

Prüfung von Amts wegen meint **keine Amtsermittlung** von Tatsachen, sondern nur die **251** Prüfung von Zweifeln am Vorliegen der Zuständigkeitsvoraussetzungen (HK-ZPO/*Dörner* Rn 1; ebenso zu Art 25 EuGVVO aF MüKoZPO/*Gottwald* Rn 1). In welchem Umfang das Gericht zur amtswegigen Ermittlung von Tatsachen verpflichtet ist, beurteilt sich nach dem Verfahrensrecht der *lex fori*. In Unterhaltsverfahren vor deutschen Gerichten gilt insoweit nicht der Amtsermittlungsgrundsatz (§ 113 Abs 1 iVm § 112 Nr 1 FamFG), sondern der Beibringungsgrundsatz (MüKoFamFG/*Lipp* Rn 4). Danach muss das angerufene Gericht also nur die von den Parteien vorgetragenen Tatsachen, aus denen sich seine Unzuständigkeit ergibt, von sich aus berücksichtigen (Rauscher/*Andrae* Rn 10).

Bei **Säumnis** des Antragsgegners gelten die vom Antragsteller zur Zuständigkeit vorgetragenen **252** Tatsachen nicht als zugestanden. Bei **doppelrelevanten Tatsachen** genügt für die Zuständigkeitsbegründung der schlüssige Vortrag des Antragstellers (vgl MüKoZPO/*Gottwald* Art 27 EuGVVO Rn 3). Schließlich besteht die Verpflichtung nach Art 10 für das angerufene Gericht nur dann, wenn es über den gestellten Antrag in der **Hauptsache** entscheidet; bei der Entscheidung über bloße unterhaltsrechtliche Vorfragen findet eine Prüfung der Zuständigkeit von Amts wegen nicht statt.

4. Entscheidung

Ist das angerufene Gericht nach Art 3–7 nicht zuständig, so hat es sich nach Art 10 von Amts **253** wegen für unzuständig zu erklären (MüKoFamFG/*Lipp* Rn 1). Die Form der Unzuständigkeitserklärung bestimmt sich nach nationalem Verfahrensrecht. Ein deutsches Gericht hat den Antrag daher durch Beschluss **als unzulässig zurückzuweisen.** Hierzu ist das Gericht allerdings nicht schon nach Eingang des Antrags berechtigt; vielmehr hat es den Antrag in jedem Falle zunächst dem Antragsgegner zuzustellen, um ihm die Möglichkeit zu geben, sich auf das Verfahren nach Art 5 einzulassen und damit den Mangel der Zuständigkeit zu beheben (Rauscher/*Andrae* Rn 9; dazu auch → Rn 191 mwN).

Die Möglichkeit einer **grenzüberschreitenden Verweisung** an das zuständige Gericht in **254** einem anderen Mitgliedstaat sieht die EuUntVO ebenso wenig vor wie bisher die EuGVVO aF (vgl OLG Düsseldorf WM 00, 2192) oder die EuEheVO (vgl aber → F Rn 235). Die Verweisungsmöglichkeit des § 4 FamFG besteht schon gem § 113 Abs 1 S 1 FamFG in Unterhaltssachen nicht; die Vorschrift bezieht sich auch nicht auf die Abgabe des Verfahrens an ein ausländisches Gericht. Gleiches gilt für die Verweisung nach §§ 281 ZPO, 113 Abs 1 S 2 FamFG, die ebenfalls an ein ausländisches Gericht nicht in Betracht kommt. Verweisungen innerhalb des gleichen Mitgliedstaats an ein anderes örtlich zuständiges Gericht werden hingegen durch Art 10 nicht ausgeschlossen. Hat daher der Antragsgegner oder der Antragsteller seinen gewöhnlichen Aufenthalt in Deutschland, aber nicht im Bezirk des angerufenen deutschen Gerichts, so ist letzteres nicht gehindert, den Rechtsstreit an das nach Art 3 lit a oder lit b örtlich zuständige Gericht nach § 281 ZPO zu verweisen. Eine Bindung nach § 281 Abs 2 S. 4 ZPO besteht allerdings wegen des Anwendungsvorrangs von Art 10 nicht (Rauscher/*Andrae* Rn 14).

EuUntVO Art 11. Prüfung der Zulässigkeit

(1) Lässt sich ein Beklagter, der seinen gewöhnlichen Aufenthalt im Hoheitsgebiet eines anderen Staates als des Mitgliedstaats hat, in dem das Verfahren eingeleitet wurde, auf das Verfahren nicht ein, so setzt das zuständige Gericht das Verfahren so lange aus, bis festgestellt ist, dass es dem Beklagten möglich war, das verfahrenseinleitende Schriftstück oder ein gleichwertiges Schriftstück so rechtzeitig zu empfangen, dass er sich verteidigen konnte oder dass alle hierzu erforderlichen Maßnahmen getroffen wurden.

(2) Anstelle des Absatzes 1 dieses Artikels findet Artikel 19 der Verordnung (EG) Nr. 1393/2007 Anwendung, wenn das verfahrenseinleitende Schriftstück oder ein

371

C 255–260 — 1. Teil. Erkenntnisverfahren C. Unterhaltssachen

gleichwertiges Schriftstück nach Maßgabe jener Verordnung von einem Mitgliedstaat in einen anderen zuzustellen war.

(3) **Sind die Bestimmungen der Verordnung (EG) Nr. 1393/2007 nicht anwendbar, so gilt Artikel 15 des Haager Übereinkommens vom 15.** November 1965 über die Zustellung gerichtlicher und außergerichtlicher Schriftstücke im Ausland in Zivil- und Handelssachen, wenn das verfahrenseinleitende Schriftstück oder ein gleichwertiges Schriftstück nach Maßgabe dieses Übereinkommens ins Ausland zu übermitteln war.

1. Normzweck

255 Art 11 orientiert sich an Art 28 Abs 2–4 EuGVVO nF und an Art 18 EuEheVO (→ A Rn 153 ff). Parallelvorschriften finden sich in Art 17 EuGüVO/EuPartVO und Art 16 EuErb-VO. Die Vorschrift soll das Recht des Antragsgegners auf **rechtliches Gehör** bei der Verfahrenseinleitung gewährleisten und zugleich sicherstellen, dass die Anerkennung der späteren Entscheidung nicht an Art 19 bzw an Art 24 lit b scheitert. Hierfür enthält Abs 1 eine eigenständige Regelung, die jedoch **nur subsidiär** zur Anwendung kommt, soweit nicht die unionsrechtlichen bzw staatsvertraglichen Vorschriften zur grenzüberschreitenden Zustellung verfahrenseinleitender Schriftstücke eingreifen, auf die in den Absätzen 2 und 3 verwiesen wird.

256 Bei der Prüfung des Art 11 ist daher im ersten Schritt zu klären, ob auf die Zustellung gem Abs 2 die Verordnung (EG) Nr 1393/2007 über die Zustellung gerichtlicher und außergerichtlicher Schriftstücke in Zivil- oder Handelssachen in den Mitgliedstaaten v 13.11.2007 (ABl EU L 324, 79 = *Jayme/Hausmann* Nr 224; **EuZVO**) anwendbar ist (→ A Rn 161 ff). Ist dies zu verneinen, ist im nächsten Schritt gem Abs 3 zu prüfen, ob auf die Zustellung das Haager Übereinkommen über die Zustellung gerichtlicher und außergerichtlicher Schriftstücke im Ausland in Zivil- oder Handelssachen v 15.11.1965 (BGBl 77 II, 1453 = *Jayme/Hausmann* Nr 211; **HZÜ**) anwendbar ist (→ A Rn 164 ff). Nur wenn auch dies nicht der Fall ist, findet hilfsweise Abs 1 Anwendung. Auch im Rahmen der Anerkennung und Vollstreckung von Unterhaltsentscheidungen darf das Zweitgericht die Ordnungsmäßigkeit der Zustellung nur nach Maßgabe von Art 11 prüfen (vgl zum EuGVÜ EuGH C-522/03 – *Scania/Rockinger,* Slg 05 I-8639 Rn 26 ff = NJW 05, 3627).

2. Prüfung der Zulässigkeit, Abs 1

257 **a) Nichteinlassung.** Eine Nichteinlassung iSv Abs 1 liegt dann vor, wenn sich der Antragsgegner weder selbst noch durch einen von ihm beauftragten Bevollmächtigten (vgl zur EuGVVO aF EuGH C-78/95 – *Hendrikman/Magenta,* Slg 1996 I-4943 Rn 18 ff = IPRax 97, 333 m Anm *Rauscher* 314) am Verfahren beteiligt (zum Begriff der Einlassung schon → Rn 184 ff). Eine Verfahrensbeteiligung liegt noch nicht in der bloßen Rüge der Zuständigkeit des Gerichts (Rauscher/*Andrae* Rn 5; näher → M Rn 84 mwN). Auch der Hinweis des Antragsgegners darauf, dass er von dem Verfahren zu spät Kenntnis nehmen und sich daher nicht rechtzeitig verteidigen konnte, stellt noch keine Einlassung dar.

258 Die Vorschrift ist nur dann anwendbar, wenn der Antragsgegner seinen **gewöhnlichen Aufenthalt** (→ Rn 101 ff) **nicht im Gerichtsstaat** hat. Nicht erforderlich ist – abweichend von Art 28 Abs 1 EuGVVO nF (vgl ThP/*Hüßtege* Rn 1) – ein Wohnsitz oder gewöhnlicher Aufenthalt in einem anderen Mitgliedstaat; vielmehr reicht auch ein solcher in einem Drittstaat aus (MüKoFamFG/*Lipp* Rn 5; Rauscher/*Andrae* Rn 4; vgl auch zu Art 18 EuEheVO → A Rn 156 mwN). Dieses Aufenthaltserfordernis des Abs 1 gilt jedoch in den Fällen der Absätze 2 und 3 nicht (MüKoFamFG/*Lipp* Rn 7).

259 **b) Aussetzung des Verfahrens.** Liegen die Voraussetzungen nach Abs 1 vor, so hat das nach Art 3–7 zuständige Gericht das Verfahren **von Amts wegen** auszusetzen, um Feststellungen darüber treffen zu können,

– dass es dem Antragsgegner möglich war, das verfahrenseinleitende Schriftstück oder ein gleichwertiges Schriftstück so rechtzeitig zu empfangen, dass er sich verteidigen konnte, oder
– dass zumindest alle hierzu erforderlichen Maßnahmen getroffen wurden.

260 **Verfahrenseinleitende Schriftstücke** sind Urkunden, die alle wesentlichen Elemente des Rechtsstreits charakterisieren und durch deren Zustellung der Antragsgegner erstmals von dem Verfahren Kenntnis erlangt. Hierzu gehören insbesondere die Antragsschrift und die Termins-

I. Internationale Zuständigkeit: EuUntVO Art 12 **265 C**

ladung, wenn sie die wesentlichen Informationen über den Gegenstand des Rechtsstreits enthalten. Eine Antragsbegründung ist zwar nicht zwingend erforderlich; das Schriftstück muss dem Antragsgegner aber erlauben, eine Entscheidung zu treffen, ob er sich auf das Verfahren einlassen möchte oder nicht (BGHZ 141, 286/295 f, Kropholler/*v Hein* Art 34 EuGVVO aF Rn 30). **Gleichwertige Schriftstücke** sind solche, durch die der Antragsteller während des schon laufenden Verfahrens von wesentlichen Änderungen des Verfahrensgegenstandes Kenntnis erlangt. Ein gleichwertiges Schriftstück ist insbesondere der **Mahnbescheid** (näher zur Auslegung dieser Begriffe → M Rn 178 f [zu Art 24 lit b]).

Bei der Prüfung der **Rechtzeitigkeit** des Empfangs kommt es maßgeblich darauf an, ob der **261** Antragsgegner von dem Schriftstück zu einem Zeitpunkt Kenntnis erlangte, der ihm noch eine ausreichende Vorbereitung seiner Verteidigung ermöglichte (näher → M Rn 181 ff). Dies ist eine Tatsachenfrage, über die das Gericht nach pflichtgemäßem Ermessen zu entscheiden hat. Dabei spielt insbesondere eine Rolle, ob das Schriftstück in einer für den Antragsgegner **verständlichen Sprache** abgefasst war und ob ihm genügend Zeit zur Kontaktaufnahme mit einem Rechtsanwalt verblieben ist. Bei ordnungsgemäßer Zustellung ist auf den Zeitpunkt abzustellen, in dem das Schriftstück an den Antragsgegner zugestellt wurde und er deshalb von ihm Kenntnis nehmen konnte. Ist die Zustellung hingegen fehlerhaft, so kommt es grundsätzlich auf den Zeitpunkt der tatsächlichen Kenntnisnahme an. Die Möglichkeit der Kenntnisnahme ist allerdings bei nachgewiesenem Zugang auch dann gegeben, wenn die Zustellung nicht ordnungsgemäß erfolgte (Rauscher/*Andrae* Rn 7).

Auch wenn das Gericht keine sicheren Feststellungen darüber treffen kann, ob dem Antrags- **262** gegner die Kenntnisnahme tatsächlich möglich war, kann es dem Verfahren seinen Fortgang geben, wenn es jedenfalls festgestellt hat, dass **alle erforderlichen Maßnahmen** ergriffen wurden, um dieses Ziel zu erreichen. Dies setzt zumindest voraus, dass die Zustellung des einleitenden Schriftstücks **ordnungsgemäß** erfolgt ist (Rauscher/*Andrae* Rn 8).

3. Vorrang der EU-Zustellungsverordnung, Abs 2

Die Regelung in Abs 1 wird gem Abs 2 durch das vorrangige sekundäre EU-Recht verdrängt, **263** wenn die Zustellung von einem in einen anderen Mitgliedstaat zu bewirken ist. Abs 2 verweist insoweit auf Art 19 der Verordnung (EG) Nr 1393/2007 v 13.11.2007 (**EuZVO**, ABl EU 07 L 324, 79). Die Vorschrift ist abgedruckt in der Kommentierung zu Art 18 Abs 2 EuEheVO (→ A Rn 163). Sie sieht ebenfalls eine Aussetzung im Fall der Nichteinlassung des Antragsgegners vor; allerdings darf unter bestimmten Voraussetzungen nach Ablauf von wenigstens sechs Monaten auch ohne Zustellungsnachweis sachlich entschieden werden.

4. Vorrang des Haager Zustellungsübereinkommens, Abs 3

Ist die EuZVO nicht anwendbar, verweist Abs 3 auf Art 15 des Haager Übereinkommens über **264** die Zustellung gerichtlicher und außergerichtlicher Schriftstücke im Ausland in Zivil- oder Handelssachen v 15.11.1965 (BGBl 77 II, 1453 = *Jayme/Hausmann* Nr 211; **HZÜ**), wenn das Schriftstück nach Maßgabe dieses Übereinkommens ins Ausland zu übermitteln war. Die Vorschrift ist abgedruckt in der Kommentierung zu Art 18 Abs 3 EuEheVO (→ A Rn 166). Dort findet sich auch ein Überblick über die Vertragsstaaten des HZÜ.

EuUntVO Art 12. Rechtshängigkeit

(1) **Werden bei Gerichten verschiedener Mitgliedstaaten Verfahren wegen desselben Anspruchs zwischen denselben Parteien anhängig gemacht, so setzt das später angerufene Gericht das Verfahren von Amts wegen aus, bis die Zuständigkeit des zuerst angerufenen Gerichts feststeht.**

(2) **Sobald die Zuständigkeit des zuerst angerufenen Gerichts feststeht, erklärt sich das später angerufene Gericht zugunsten dieses Gerichts für unzuständig.**

1. Allgemeines

a) **Normzweck.** Art 12 regelt das Verfahren in Fällen doppelter Rechtshängigkeit von Unter- **265** haltsverfahren vor Gerichten verschiedener Mitgliedstaaten. Die Vorschrift überträgt in Abs 1 und 2 die diesbezüglichen Regeln des Art 27 EuGVVO aF auf Unterhaltssachen; die bisherige Rechtsprechung zu Art 21 EuGVÜ/Art 27 EuGVVO ist daher auch für Art 12 weiter maß-

373

C 266–269   1. Teil. Erkenntnisverfahren C. Unterhaltssachen

geblich (öst OGH 20.12.12, unalex AT-830; Rauscher/*Andrae* Rn 1). Normzweck ist die Vermeidung von Parallelverfahren vor Gerichten verschiedener Mitgliedstaaten und daraus resultierende widersprechende Entscheidungen. Um dies zu erreichen, ist die Vorschrift weit auszulegen und erfasst Fälle der Rechtshängigkeit vor mitgliedstaaatlichen Gerichten **unabhängig vom Wohnsitz oder gewöhnlichen Aufenthalt der Parteien** (vgl EuGH C-39/02 – *Mærsk Olie & Gas,* Slg 04 I-9657 Rn 31 = EuLF 04, 282; EuGH C-116/02 – *Gasser,* Slg 03 I-14693 Rn 141 = EuLF 04, 50; EuGH C-351/89 – *Overseas Union Insurance,* Slg 91 I-3317 Rn 13, jeweils zu Art 21 EuGVÜ).

266   **b) Beschränkung auf das Verhältnis der Mitgliedstaaten.** Art 12 betrifft allerdings nur konkurrierende Unterhaltsverfahren, die in verschiedenen Mitgliedstaaten der Verordnung eingeleitet werden. Für in *Island, Norwegen* und *Island* anhängige Verfahren gilt Art 27 LugÜ 2007 (→ Rn 394 f). Die Frage, ob ein deutsches Gericht auch die frühere Rechtshängigkeit eines vor einem *drittstaatlichen* Gericht (auch vor einem *dänischen* Gericht) begonnenen Unterhaltsverfahrens zu beachten hat, beurteilt sich hingegen weiterhin nach den hierfür im deutschen autonomen Recht entwickelten Grundsätzen (§§ 112 Nr 1, 113 Abs 1 S 2 FamFG iVm § 261 Abs 3 Nr 1 ZPO analog; → Rn 469 ff), sofern nicht vorrangig geltende staatsvertragliche Vorschriften (zB Art 22 des deutsch-*israelischen* und Art 44 des deutsch-*tunesischen* Vertrages eingreifen (→ M Rn 704 ff). Eine analoge Anwendung von Art 12 kommt zwar nicht in Betracht, weil das dort vorausgesetzte Vertrauen in eine geordnete Rechtspflege der anderen Mitgliedstaaten im Verhältnis zu Drittstaaten nicht ohne weiteres besteht (öst OGH 18.10.16, unalex AT-1073; Rauscher/*Andrae* Rn 17; **aA** *Kohler/Pintens* FamRZ 09, 15); allerdings sollte sich die Auslegung des nationalen Verfahrensrechts möglichst an den Art 9 und 12 orientieren.

267   **c) Prioritätsprinzip.** Die Regelung beruht – wie Abs 1 klarstellt – auf dem Prioritätsprinzip, wonach dem zuerst vor einem zuständigen Gericht eines Mitgliedstaats rechtshängig gewordenen Verfahren Vorrang gebührt (MüKoFamFG/*Lipp* Rn 1). Der Zeitpunkt, zu dem die konkurrierenden Verfahren rechtshängig geworden sind, wird **autonom in Art 9** (→ Rn 235 f) definiert (vgl zu Art 16, 19 EuEheVO EuGH C-489/14 – *A/B,* NJW 15, 3776 Rn 31 f). Hierüber entscheiden die konkurrierenden Gerichte selbständig und ohne Bindung an die Entscheidung der Gerichte anderer Mitgliedstaaten. Wurden beide Verfahren **am gleichen Tag** anhängig gemacht und weist der Antragsgegner nach, zu welcher Uhrzeit sein Antrag zum Gericht eines anderen Mitgliedstaats zugestellt wurde, so ist es Sache des Antragstellers nachzuweisen, dass sein Antrag zum inländischen Gericht früher rechtshängig geworden ist (vgl zu Art 19 EuEheVO frz Cass 11.6.08, unalex FR-1014). Eine **Zeitverschiebung** zwischen zwei Mitgliedstaaten bleibt bei der Feststellung der chronologischen Priorität außer Betracht (EuGH C-489/14 – *A/B,* NJW 15, 3776 Rn 44 [Ehesache]).

268   Dabei geht die Vorschrift von einem **weiten Streitgegenstandsbegriff** aus (→ Rn 274 ff) und verzichtet gänzlich auf eine (positive) Anerkennungsprognose, zumal die Anerkennung nach Art 17 ohnehin vorbehaltlos und ohne Anfechtungsmöglichkeit zu erfolgen hat (Rauscher/*Andrae* Rn 9). Das später angerufene deutsche Gericht hat aber auch dann, wenn die Entscheidung in einem nicht durch das Haager Unterhaltsprotokoll gebundenen Mitgliedstaat ergangen ist, nicht zu prüfen, ob mit einer Anerkennung nach Art 24 voraussichtlich zu rechnen ist (MüKoFamFG/*Lipp* Rn 11; vgl zu Art 21 EuGVÜ BGH NJW 95, 1758; OLG Frankfurt aM IPRax 02, 515 m Anm *Homann* 502; ebenso zu Art 19 EuEheVO → A Rn 170 mwN). Entfällt eines der beiden konkurrierenden Verfahren durch **Erledigung,** so kommt automatisch dem anderen – bis dahin unzulässigen – Verfahren Priorität zu, auch wenn dieses als das später eingeleitete Verfahren bis zur Erledigung des früheren Verfahrens keine Wirkungen entfalten konnte (EuGH C-489/14 – *A/B,* NJW 15, 3776 Rn 37 ff [Ehesache]; krit *Rieck* NJW 15, 3779).

269   **d) Rechtsfolge.** Als Rechtsfolge sieht die Vorschrift eine **Aussetzung des Verfahrens** durch das später angerufene Gericht bis zur Klärung der internationalen Zuständigkeit des zuerst angerufenen Gerichts vor. Erst wenn das zuerst angerufene Gericht seine internationale Zuständigkeit rechtskräftig festgestellt hat, erklärt sich das später angerufene Gericht für unzuständig (Abs 2). Ob eine zeitlich frühere Rechtshängigkeit eines Gerichts eines anderen Mitgliedstaats vorliegt, ist als Zulässigkeitsvoraussetzung des Antrags im Verfahren vor einem deutschen Gericht **von Amts wegen** zu prüfen. Hierzu muss diejenige Partei, die sich auf Art 12 Abs 1 beruft, die früher im Ausland eingetretene Rechtshängigkeit substantiiert darlegen (EuGH C-296/10 aaO, Rn 81).

374

I. Internationale Zuständigkeit: EuUntVO Art 12   **270–274**   **C**

2. Parteiidentität

Art 12 verlangt zunächst Parteiidentität. Diese ist durch **autonome Auslegung** zu ermitteln **270** (EuGH C-144/86 – *Gubisch/Palumbo*, Slg 87, 4861 Rn 11 = NJW 89, 665, zu Art 21 EuGVÜ). Dabei kommt es nicht auf die Parteirollen in den jeweiligen Verfahren an (MüKoFamFG/*Lipp* Rn 8; vgl BGH NJW 95, 1758). Inwieweit in Fällen einer **Rechtskrafterstreckung** im Erstverfahren auf einen Dritten die Rechtshängigkeitssperre für diesen Dritten gilt, wird unterschiedlich beurteilt. Nach einer in der Literatur vertretenen Ansicht soll zur Gewährleistung von Rechtssicherheit allein auf die formale Parteistellung abzustellen sein, so dass Fälle der Rechtskrafterstreckung nicht von Art 12, sondern allenfalls von Art 13 erfasst würden (so zu Art 29 EuGVVO Zö/*Geimer* Rn 8a; Mu/V/*Stadler* Rn 4 mwN). Der EuGH sieht dagegen zwei unterschiedliche Personen dann als „dieselbe Partei" an, wenn ihre Interessen so weit übereinstimmen, dass ein Urteil, das gegen die eine ergeht, Rechtskraft gegenüber der anderen entfalten würde (EuGH C-351/96 – *Drouot*, Slg 98 I-3075 Rn 19 m krit Anm *Jayme/Kohler* IPRax 98, 417/422 [zu Art 21 EuGVÜ]; zust in Unterhaltssachen Rauscher/*Andrae* Rn 3).

Überträgt man die EuGH-Rechtsprechung zum EuGVÜ auf die EuUntVO, ist eine Parteii- **271** dentität im Verfahren auf **Kindesunterhalt** auch dann anzunehmen, wenn in einem Verfahren nicht das Kind selbst Partei ist, sondern ein **Elternteil als Prozessstandschafter** den Kindesunterhalt geltend macht, soweit das Urteil Rechtskraft auch für und gegen das Kind wirkt (Rauscher/*Andrae* Rn 4; G/Sch/*Reuß*, IRV Rn 8; MüKoFamFG/*Lipp* Rn 8; vgl dazu den Vorlagebeschluss des öst OGH v 6.6.13, unalex AT-913). Unterschiedliche Parteien handeln jedoch, wenn das Kind im Inland seinen Unterhalt einklagt, die Mutter den Unterhalt für das Kind im Ausland aber – wie zB nach italienischem Recht – als eigenen Unterhaltsanspruch (und nicht als Prozessstandschafterin für das Kind) geltend macht (BGH NJW 86, 662 f = IPRax 87, 314 m Anm *Jayme* 295/297; Schlosser/Hess/*Schlosser* Art 29 EuGVVO Rn 3). Gleiches gilt, wenn in dem einen Verfahren der Unterhaltsberechtigte, in dem anderen der vermeintliche Zessionar die gleiche Unterhaltsforderung erheben. In beiden Fällen kommt aber eine Aussetzung nach Art 13 in Betracht (Rauscher/*Andrae* aaO).

Bei **Teilidentität** der Parteien ist nur eine teilweise Aussetzung erforderlich; im Übrigen kann **272** das Verfahren bei Teilbarkeit fortgesetzt werden (EuGH C-406/92 – *Tatry*, Slg 94 I-5439 Rn 34 = IPRax 96, 108 m Anm *Schack* 80).

3. Anhängigkeit

Art 12 legt das Prioritätsprinzip fest, ohne dass der Vorschrift selbst zuständigkeitsbegründende **273** Wirkung beizumessen wäre (MüKoZPO/*Gottwald* Art 27 EuGVVO aF Rn 6). Maßgebend für die Anhängigkeit nach Abs 1 ist der in Art 9 geregelte Zeitpunkt der Anrufung des Gerichts (→ Rn 235 ff). Dem steht die Anrufung einer obligatorischen Schlichtungsbehörde gleich (EuGH C-467/16 – *Schlömp*, FamRZ 18, 286 Rn 52 ff [zum LugÜ 2007]). Wird Unterhalt im Rahmen eines Scheidungsverfahrens verlangt, so kommt es nicht darauf an, wann das Scheidungsverfahren anhängig gemacht wurde; abzustellen ist vielmehr auf die Anhängigkeit der Folgesache Unterhalt (*Henrich*, IntSchR Rn 120). Eine **Prozessaufrechnung** begründet keine Rechtshängigkeit der zur Aufrechnung gestellten (Gegen-)Forderung (EuGH C-111/01 – *Gantner*, Slg 03 I-4207 Rn 26 f = IPRax 03, 443 m Anm *Reischl* 426 [zu Art 21 EuGVÜ]; OLG Dresden IHR 15, 230 [zu Art 27 EuGVVO aF]). Umgekehrt sollte die Rechtshängigkeit der aufzurechnenden Forderung in einem anderen Mitgliedstaat die Prozessaufrechnung nicht – wie nach der deutschen *lex fori* – ausschließen; Abs 2 ist demgemäß nicht entsprechend heranzuziehen (MüKoZPO/*Gottwald* Art 29 EuGVVO Rn 8; **aA** OLG Hamburg RIW 98, 889/891 [zu Art 21 EuGVÜ]). Eine davon zu trennende Frage ist, inwieweit das Unterhaltsstatut eine Aufrechnung überhaupt zulässt.

4. Identität des Verfahrensgegenstandes

a) Qualifikation. Der Streitgegenstandsbegriff der Unterhaltsverordnung stimmt nicht mit **274** demjenigen der ZPO überein (vgl zur EuGVVO OLG Celle FamRZ 09, 359; *Rüßmann* ZZP 111, 399; *Walker* ZZP 111, 429). Zur Vermeidung paralleler Gerichtsverfahren in verschiedenen Mitgliedstaaten mit hieraus erwachsenden konträren Entscheidungen hat der EuGH für Art 21 EuGVÜ/Art 27 EuGVVO aF einen autonomen und **weiten Streitgegenstandsbegriff** geschaffen (EuGH C-351/96 – *Drouot*, Slg 98 I-3075 Rn 17 = EuZW 98, 443; BGH NJW 97,

375

C 275–278   1. Teil. Erkenntnisverfahren C. Unterhaltssachen

870; OLG Hamm IPRax 95, 104 m Anm *Rüssmann* 76; ebenso in Unterhaltssachen BGH NJW 13, 2597 Rn 26 ff). Wegen der wörtlichen Übernahme von Art 27 EuGVVO aF in Art 12 EuUntVO ist diese EuGH-Rechtsprechung auch im Rahmen von Art 12 zugrunde zu. Danach müssen die Anträge auf derselben Grundlage beruhen und denselben Gegenstand haben („*même cause et même objet*", vgl EuGH C-144/86 – *Gubisch/Palumbo,* Slg 87, 4861 Rn 14 ff = NJW 89, 665; EuGH C-406/92 – *Tatry/Maciej Rataj,* Slg 94 I-5439 Rn 38 = IPRax 96, 108 m Anm *Schack* 80; BGH NJW 95, 1758/1759 und NJW 02, 2795/2796). Dabei sind mit „Grundlage" der Sachverhalt und die Rechtsvorschriften gemeint, die dem Antrag zugrunde liegen (EuGH aaO); demgegenüber soll mit dem „Gegenstand" das vom Antragsteller verfolgte verfahrensrechtliche Ziel umschrieben werden (EuGH C-406/92 aaO, Rn 41; dazu auch Rauscher/*Leible* Art 29 EuGVVO Rn 14 ff mwN). Nach dieser sog **„Kernpunkttheorie"** kommt es auf eine vollständige Identität von Klagegrund und Klagegegenstand nicht an; vielmehr müssen beide Anträge bei einer wertenden Betrachtung nur im Kern den gleichen Gegenstand haben (BGH NJW 13, 2597 Rn 27).

275   Um die Identität des Streitgegenstands zu beurteilen, ist auf das **verfahrenseinleitende Schriftstück** abzustellen. Ob derselbe Anspruch betroffen ist, muss aber auch dann entschieden werden, wenn ein Begehren in einem bereits anhängigen Verfahren noch nachträglich geltend gemacht werden soll. Falls es sich um denselben Anspruch handelt, wäre ein von der anderen Partei über den betreffenden Anspruch eingeleitetes späteres Verfahren auszusetzen. Insofern können aus Gründen der Rechtssicherheit für die Prüfung der Identität der Streitgegenstände keine unterschiedlichen Kriterien gelten. Vielmehr ist auch in dieser Hinsicht das Verständnis des Begriffs desselben Anspruchs iSv Art 12 heranzuziehen (vgl zu Art 5 Nr 2 EuGVVO aF BGH NJW 13, 2597 Rn 26). Eine nachträgliche Antragserweiterung (vgl zu Art 27 EuGVVO aF OLG Düsseldorf GRUR-RR 09, 401) hat hingegen ebenso außer Betracht zu bleiben wie etwaige Einwendungen oder Einreden des Antragsgegners. Dies gilt insbesondere für die vom EuGH als reines Verteidigungsmittel qualifizierte **Aufrechnungseinrede** (EuGH C-111/01 – *Gantner,* Slg 03 I-4207 Rn 30 = IPRax 03, 443 m Anm *Reischl* 426/429; G/Sch/*Geimer* Rn 32; unalexK/*Simons* Rn 56, jeweils zu Art 27 EuGVVO aF; Rauscher/*Leible* Art 29 EuGVVO Rn 22 mwN).

276   **b) Einzelfälle.** In Unterhaltssachen besteht Identität des Streitgegenstands immer dann, wenn es um das Bestehen oder die Höhe des gleichen Unterhaltsanspruchs geht, auch wenn die jeweiligen Klageziele der Parteien unterschiedlich sind. Der gleiche Kernpunkt steht daher in Streit, wenn mit dem einen Verfahren Leistung von Unterhalt für die Zukunft begehrt wird, in dem anderen die Abänderung einer Unterhaltsentscheidung oder die Feststellung einer fehlenden Unterhaltspflicht (Rauscher/*Andrae* Rn 6). Daher handelt es sich um denselben Anspruch, wenn die erste Klage auf Erfüllung eines Unterhaltsvergleichs, die zweite Klage dagegen auf die Feststellung der Unwirksamkeit des Vergleichs gerichtet ist (vgl EuGH C-144/86 aaO, NJW 89, 665 Rn 16). Gleiches gilt auch dann, wenn beide Parteien eine **Abänderung** des geschuldeten Unterhalts begehren, auch wenn der Gläubiger eine Erhöhung, der Schuldner eine Herabsetzung verlangt. Von einer Identität ist weiter auch dann auszugehen, wenn beispielsweise in einem Verfahren die Feststellung der Wirksamkeit eines Unterhaltsverzichts in einem Ehevertrag begehrt wird und vor den Gerichten eines anderen Mitgliedstaates der Unterhalt geltend gemacht wird, der bei Unwirksamkeit des Verzichts geschuldet wäre (Rauscher/*Andrae* Rn 7).

277   **Keine Identität** besteht, wenn im Staat A Unterhalt für einen **anderen Zeitraum** verlangt wird als im Staat B (Zö/*Geimer* Rn 2; MüKoFamFG/*Lipp* Rn 9). Daher haben die Klage eines Vaters auf finanzielle Beteiligung der Mutter am Unterhalt der Kinder erst für den künftig möglicherweise eintretenden Fall seines alleinigen Sorgerechts und die vor den Gerichten eines anderen Mitgliedstaats anhängige Klage auf Zahlung des laufenden Unterhalts der Kinder, nicht denselben Gegenstand oder dieselbe Grundlage (öst OGH 20.12.12, unalex AT-830). Schwieriger ist dies bei Anträgen, die einerseits den **Trennungsunterhalt** zwischen Ehegatten und andererseits den nachehelichen Unterhalt betreffen. Denn ob allein der Umstand, dass beide Ansprüche nach der maßgeblichen *lex causae* – wie zB im deutschen Recht – unterschiedlichen Vorschriften unterliegen, ausreicht, sie nicht als im Kern einheitlichen Anspruch iSv Art 12 zu werten, ist offen (vgl Rauscher/*Andrae* Rn 7).

278   **c) Leistungs- und Festellungsklage.** Einen Vorrang einer später erhobenen **Leistungsklage** unter dem Gesichtspunkt des Wegfalls des Rechtsschutzinteresses für eine zuvor erhobene **negative Feststellungsklage** kennt Art 12 daher nicht (vgl zu Art 29 EuGVVO Mu/V/*Stadler* Rn 6; Rauscher/*Leible* Rn 17, jeweils mwN). Der in dieser Vorschrift normierte Grundsatz der

I. Internationale Zuständigkeit: EuUntVO Art 12

zeitlichen Priorität kann nicht unter Rückgriff auf die im innerstaatlichen Prozessrecht eines Mitgliedstaats geltende Regel des Vorrangs der Leistungsklage umgangen werden (EuGH C-406/92 aaO, Slg 94 I-5439 Rn 43; BGH NJW 95, 1758/1759; BGHZ 134, 201/210 = NJW 97, 870). Das Rechtsschutzinteresse für einen im Inland erhobenen negativen Feststellungsantrag entfällt trotz Anhängigkeit eines einseitig nicht mehr zurücknehmbaren späteren Leistungsantrags in einem anderen Mitgliedstaat also dann nicht, wenn feststeht, dass sachlich über diesen Leistungsanspruch nicht entschieden werden wird, was wegen der Prioritätsregel des Art 12 der Fall ist (BGHZ 134, 201/210 = NJW 97, 870). Da das Unterhaltsrecht – und damit auch das Unterhaltsverfahrensrecht – einen aktuellen Bedarf zu sichern bezweckt, erscheint diese Priorität des Feststellungsantrags im Hinblick auf sog **„Torpedoklagen"** problematisch. Bei diesen wird durch eine Feststellungsklage vor einem international häufig nicht zuständigen, aber erfahrungsgemäß langsam arbeitenden Gericht eine Leistungsklage des Gegners gezielt blockiert (krit insb Mu/V/*Stadler* Art 29 EuGVVO Rn 6). Allerdings ist das Problem von Torpedoklagen in Unterhaltssachen bisher noch nicht virulent geworden (Rauscher/*Andrae* Rn 9). Art 12 hindert das Gericht, vor dem ein negativer Feststellungsantrag erhoben wurde, allerdings nicht daran, das Feststellungsinteresse auf Grundlage seiner verfahrensrechtlichen *lex fori* aus anderen Gründen als der Anhängigkeit einer Leistungsklage im europäischen Ausland zu verneinen (BGE 136 III 523/526 ff [zu Art 21 LugÜ 1988]).

d) Stufenklage. Aus diesen Gründen haben auch die Leistungsklage auf Zahlung von Tren- **279** nungsunterhalt und eine auf dessen Zahlung gerichtete Stufenklage denselben Anspruch zum Gegenstand haben. Beide beruhen auf demselben Lebenssachverhalt, nämlich der Trennung der Parteien und der behaupteten Unterhaltsbedürftigkeit des klagenden Ehegatten, und dienen demselben Zweck, nämlich der Durchsetzung der Unterhaltspflicht. Daran ändert sich auch dadurch nichts, dass die Anspruchsgrundlagen für beide Begehren nach dem anwendbaren nationalen Recht unterschiedlich sind. Denn Auskunft kann der Unterhaltsberechtigte nur verlangen, soweit dies zur Feststellung eines Unterhaltsanspruchs erforderlich ist. Bereits daraus ergibt sich ein unmittelbarer Zusammenhang zwischen den Anspruchsgrundlagen. Im Kernpunkt betreffen deshalb sowohl die Leistungsklage als auch die Stufenklage den Unterhaltsanspruch, so dass es um einen „denselben Anspruch" iSv Art 12 handelt. Die Unterschiedlichkeit der Klageanträge ist insoweit nicht von Bedeutung (vgl zu Art 5 Nr 2 EuGVVO aF auch BGH NJW 13, 2597 Rn 29 ff m Anm *Hau* FamRZ 13, 1116).

e) Teilidentität. Sind die Gegenstände der Verfahren nur zum Teil identisch, so beschränkt **280** sich die Wirkung des Art 12 auf diesen Teil, im Übrigen können die Parallelverfahren fortgesetzt werden. Eine solche Teilidentität kommt etwa in Betracht, wenn in einem deutschen Scheidungsverfahren periodisch zu leistender nachehelicher Unterhalt, im englischen Parallelverfahren ein umfassender Antrag auf Regelung der vermögensrechtlichen Scheidungsfolgen (*„ancillary relief"*), zB in Form einer einmaligen Kapitalabfindung verlangt wird (Rauscher/*Andrae* Rn 7; *Henrich,* IntSchR Rn 119; näher → Rn 50 ff).

f) Einstweiliger Rechtsschutz. Für die Parallelvorschrift des Art 29 EuGVVO entspricht es **281** der hM, dass Verfahren des **einstweiligen Rechtsschutzes** nicht von dem in dieser Vorschrift angesprochenen Prioritätsgrundsatz erfasst sind. Denn Art 29 EuGVVO verwendet den Begriff der „Klage" (Rauscher/*Leible* Art 29 EuGVVO Rn 24 mwN). Weiter hätten das Verfahren des einstweiligen Rechtsschutzes und das Hauptsacheverfahren einen anderen Verfahrensgegenstand. Identität des Verfahrensgegenstands könne allenfalls bei Leistungsverfügungen angenommen werden (G/Sch/*Geimer* Art 27 EuGVVO aF Rn 46; *Hess/Vollkommer* IPRax 99 220/224; *Stadler* JZ 99, 1089/1095). Nun verwendet Art 12 zwar nicht den Begriff der „Klage" sondern denjenigen des Verfahrens. Dennoch sind Verfahren des einstweiligen Rechtsschutzes nicht als von Art 12 erfasst anzusehen. Daher sperrt ein Verfahren des einstweiligen Rechtsschutzes, selbst wenn es sich um den Antrag auf eine Leistungsverfügung handelt, nicht die Einleitung der Hauptsache in einem anderen Mitgliedstaat und umgekehrt (Rauscher/*Andrae* Rn 8 aE; Zö/*Geimer* Rn 1).

Denn auch wenn der EuGH nach seiner Kernpunktlehre das im Eilrechtsschutzverfahren **282** weniger weitgehende Rechtsschutzziel für die Bestimmung des Verfahrensgegenstandes nicht berücksichtigen möchte, ist im Hauptsacheverfahren ein **anderer Lebenssachverhalt** gegeben. Der vom Verfahren des einstweiligen Rechtsschutzes erfasste Lebenssachverhalt reicht zeitlich nur bis zur Hauptsacheentscheidung. Das Hauptsacheverfahren ist demgegenüber auf dauerhafte Sicherung des Unterhalts gerichtet. Anderseits sperrt ein Hauptsacheverfahren die Einleitung

C 283–287 1. Teil. Erkenntnisverfahren C. Unterhaltssachen

eines Verfahrens des einstweiligen Rechtsschutzes in einem anderen Forum nicht (**aA** *Vecker* FPR 13, 35/37 f). Denn der Begriff „desselben Anspruchs" ist – wie alle Begriffe der Verordnung – teleologisch im Hinblick auf das Erfordernis nach effektivem Rechtsschutz auszulegen (G/Sch/*Geimer* Art 31 EuGVVO aF Rn 3). Weiter sieht Art 14 ausdrücklich vor, dass einstweilige Maßnahmen auch vor einem Gericht beantragt werden können, das nicht zur Entscheidung in der Hauptsache zuständig ist (MüKoZPO/*Gottwald* Art 29 EuGVVO Rn 16).

283 Denselben Gegenstand iSd Art 12 haben allerdings **zwei Leistungsverfügungen,** denn der Unterhaltsschuldner soll nicht durch zwei verpflichtende Entscheidungen belastet werden. Diese Konstellation ist im Hinblick auf die Gewährung effektiven Rechtsschutzes nicht mit derjenigen eines parallelen Hauptsacheverfahrens vergleichbar. Lediglich von Art 13 erfasst wird allerdings die Konstellation einer parallelen Anhängigkeit von Sicherungs- und Leistungsverfügung.

5. Rechtsfolgen

284 **a) Aussetzung des späteren Verfahrens, Abs 1.** Liegen die Voraussetzungen nach Abs 1 vor, so weist das später angerufene deutsche Gericht den Antrag nicht – wie nach dem autonomen *deutschen* Verfahrensrecht – als unzulässig ab, sondern setzt das bei ihm anhängige Verfahren zunächst nur von Amts wegen aus, bis das zuerst angerufene Gericht über seine internationale Zuständigkeit entschieden hat oder die Rechtshängigkeit des ersten Verfahrens entfällt (MüKoZPO/*Gottwald* Art 29 EuGVVO Rn 23). Auch wenn das später angerufene Gericht seine Zuständigkeit auf eine **Gerichtsstandsvereinbarung** mit ausschließlicher Wirkung (Art 4; → Rn 169 f) stützt, gelten keine abweichenden Grundsätze; insbesondere kann sich das prorogierte Gericht nicht über Art 12 hinwegsetzen, auch wenn es das entgegen der Gerichtsstandsvereinbarung früher angerufene Gericht in einem anderen Mitgliedstaat für offensichtlich unzuständig hält (EuGH C-116/02 – *Gasser,* Slg 03 I-4867 Rn 46 ff = IPRax 04, 243 m Anm *Grothe* 205; näher → Rn 173 ff). Die Vorschriften des Art 31 Abs 2 und 3 EuGVVO nF können in Unterhaltssachen nicht entsprechend angewandt werden.

285 Für die Aussetzung selbst gelten die Vorschriften **des nationalen Verfahrensrechts,** in Deutschland also § 113 Abs 1 S 2 FamFG iVm § 148 ZPO analog. Die Aussetzung dauert nach Abs 2 bis zur Klärung der internationalen Zuständigkeit durch das zuerst angerufene Gericht. Auf diese Weise soll vermieden werden, dass die Klage erneut erhoben werden muss, wenn dieses Gericht sich für nicht zuständig hält. Ist der Unterhaltsanspruch Teil eines umfassenden **Verbundverfahrens,** so ist die Aussetzung nach Abs 1 auf den sachlich von Art 12 erfassten Antrag zum Unterhaltsrecht zu beschränken; die Fortführung des Scheidungsverfahrens und die Regelung der sonstigen Scheidungsfolgen werden hierdurch nicht betroffen. Ein für das später anhängig gemachte Verfahren gestellter Antrag auf **Verfahrenskostenhilfe** kann aber nicht allein wegen entgegenstehender Rechtshängigkeit des früheren Verfahrens abgewiesen werden, solange das spätere Verfahren nur ausgesetzt ist und das zuerst angerufene Gericht noch nicht über seine Zuständigkeit entschieden hat (OLG Stuttgart FamRZ 16, 1601 m Anm *Finger* FamRB 16, 376 [zu Art 19 EuEheVO]).

286 Die **Rechtshängigkeitssperre** besteht auch dann, wenn das Erstverfahren ausgesetzt ist oder sonst nicht betrieben wird. Grundsätzlich kann das später angerufene Gericht das Verfahren auch bei **unangemessen langer Hinauszögerung** der Entscheidung des Erstgerichts über seine Zuständigkeit nicht fortsetzen (vgl zu Art 21 EuGVÜ EuGH C-116/02 – *Gasser,* Slg 03 I-14693 Rn 73 = IPRax 04, 243 m Anm *Grothe* 205/208 ff). Der Antragsteller hat vielmehr die ihm im früher anhängig gemachten Verfahren zur Verfügung stehenden Rechtsbehelfe zur Beschleunigung dieses Verfahrens auszuschöpfen (Rauscher/*Andrae* Rn 11). Davon kann nur in „krassen" Ausnahmefällen, dh bei einer Verletzung von Art 6 Abs 1 EMRK, abgewichen werden (vgl EGMR NJW 97, 2809 Rn 54 ff; BGH NJW 02, 2795; **aA** ThP/*Hüßtege* Art 29 EuGVVO Rn 2; vgl auch zu Art 19 EuEheVO → A Rn 190 mwN). Eine Pflicht zur Aussetzung besteht nicht mehr, wenn das Verfahren vor dem zuerst befassten Gericht inzwischen – zB durch Antragsrücknahme – beendet worden ist.

287 **b) Antragsabweisung, Abs 2.** Erst wenn das zuerst angerufene Gericht seine internationale Zuständigkeit positiv festgestellt hat, wird der vor dem später angerufenen deutschen Gericht gestellte Antrag nach Abs 2 wegen entgegenstehender Rechtshängigkeit von Amts wegen als unzulässig abgewiesen. Dies gilt freilich nur, wenn das zweitbefasste Gericht ebenfalls nach Art 3–7 international zuständig ist. Fehlt es hieran, so hat dieses Gericht die Klage sofort nach dem vorrangigen Art 10 abzuweisen. Die Prüfung, ob das erstbefasste Gericht nach Art 3–7 international zuständig ist, obliegt allein diesem Gericht; das zweitbefasste Gericht kann auf diese

I. Internationale Zuständigkeit: EuUntVO Art 13   **290, 291**   **C**

Entscheidung keinen Einfluss nehmen (Rauscher/*Andrae* Rn 14; vgl auch EuGH C–351/89 – *Overseas Union,* Slg 91 I–3317 = IPRax 93, 22 f zu Art 21 EuGVÜ); insbesondere kann es nicht verlangen, dass das zuerst angerufene Gericht sich für unzuständig erklären möge. Für die Zuständigkeit des erstbefassten Gerichts kommt es auf den Zeitpunkt der dortigen Verfahrenseinleitung nach Art 9 an. Bejaht das erstbefasste Gericht einen gewöhnlichen Aufenthalt des Antragstellers oder Antragsgegeners in seinem Staatsgebiet, so ist das zweitbefasste Gericht hieran gebunden und kann nicht etwa deshalb sein eigenes Verfahren fortsetzen, weil es die Frage des gewöhnlichen Aufenthalts anders beurteilt.

Das zuerst angerufene Gericht wird über die Frage seiner internationalen Zuständigkeit idR **288** durch eine **Zwischenentscheidung** befinden, soweit eine solche nach der *lex fori* vorgesehen ist. In Deutschland ist diese Zwischenentscheidung über die internationale Zuständigkeit nach § 113 Abs 1 S 2 FamFG iVm § 280 Abs 2 ZPO selbständig anfechtbar. Wird die internationale Zuständigkeit des erstbefassten Gerichts hingegen erst **im Endurteil** rechtskräftig festgestellt, so ist Abs 3 nicht mehr anwendbar. Denn hier steht einer Entscheidung durch das zweitbefasste Gericht nicht mehr der Einwand der Rechtshängigkeit, sondern die Rechtskraft einer Entscheidung in derselben Sache entgegen.

Zur Vermeidung eines Kompetenzkonflikts wurde bisher überwiegend eine formell **rechts- 289 kräftige Entscheidung** des zuerst angerufenen Gerichts verlangt. Dem ist der EuGH inzwischen sowohl für Art 27 EuGVVO aF (EuGH C–109/14 – *Cartier parfums-lunettes,* EuZW 14, 340 Rn 44 m abl Anm *Thormeyer* = IPRax 14, 428 m Anm *Koechel* 394) als auch für Art 19 EuEheVO entgegengetreten (EuGH C–489/14 – *A/B,* NJW 15, 3776 Rn 34 m Anm *Rieck* und Anm *Althammer* FamRZ 15, 2036). Danach ist die Zuständigkeit iS dieser Vorschriften bereits dann geklärt, wenn sich das zuerst angerufene Gericht nicht von Amts wegen für unzuständig erklärt hat und keine der Parteien den Mangel seiner Zuständigkeit vor oder mit der Stellungnahme geltend gemacht hat, die nach dem innerstaatlichen Recht als das erste Verteidigungsvorbringen vor diesem Gericht anzusehen ist. Es ist kein Grund ersichtlich, warum im Rahmen von Art 12 EuUntVO etwas anderes gelten sollte.

EuUntVO Art 13. Aussetzung wegen Sachzusammenhang

(1) **Sind bei Gerichten verschiedener Mitgliedstaaten Verfahren, die im Zusammenhang stehen, anhängig, so kann jedes später angerufene Gericht das Verfahren aussetzen.**

(2) **Sind diese Verfahren in erster Instanz anhängig, so kann sich jedes später angerufene Gericht auf Antrag einer Partei auch für unzuständig erklären, wenn das zuerst angerufene Gericht für die betreffenden Verfahren zuständig ist und die Verbindung der Verfahren nach seinem Recht zulässig ist.**

(3) **Verfahren stehen im Sinne dieses Artikels im Zusammenhang, wenn zwischen ihnen eine so enge Beziehung gegeben ist, dass eine gemeinsame Verhandlung und Entscheidung geboten erscheint, um zu vermeiden, dass in getrennten Verfahren widersprechende Entscheidungen ergehen könnten.**

1. Allgemeines

Art 13 entspricht Art 30 EuGVVO und Art 18 EuGüVO. Ziel der Vorschrift ist es, über **290** Art 12 hinausgehend Parallelverfahren und sich daraus ergebende widersprechende Entscheidungen in verschiedenen Mitgliedstaaten zu vermeiden (vgl zu Art 22 EuGVÜ EuGH 144/86 – *Gubisch/Palumbo,* Slg 87, 4861 Rn 8 = NJW 89, 665; EuGH C–406/92 – *Tatry,* Slg 94 I–5439 Rn 52 = IPRax 96, 108 m Anm *Schack* 80). Die Vorschrift ist anwendbar, sofern die Voraussetzungen des Art 12 nicht erfüllt sind, es also entweder an einer Identität der Parteien oder des Streitgegenstands in beiden konkurrierenden Verfahren fehlt (Rauscher/*Andrae* Rn 3a). Aufgrund der EuGH-Rechtsprechung zur Parteiidentität (→ Rn 270 ff) ist die Abgrenzung zwischen identischen und nur konnexen Verfahrensgegenständen allerdings fließend geworden (vgl MüKoZPO/*Gottwald* Art 30 EuGVVO Rn 1).

Wie Art 12 gilt auch Art 13 nur, wenn Parallelverfahren in verschiedenen **Mitgliedstaaten 291** anhängig sind. Für in *Island, Norwegen* und der *Schweiz* anhängige Verfahren gilt Art 28 EuLugÜ 2007 (→ Rn 396). Ist ein konnexes Erstverfahren in einem Drittstaat anhängig, so entscheidet über die Berücksichtigung im Inland das nationale Verfahrensrecht (G/Sch/*Reuß,* IRV Rn 3; für analoge Anwendung von Art 13 MüKoFamFG/*Lipp* Rn 5).

379

C 292–297   1. Teil. Erkenntnisverfahren C. Unterhaltssachen

292   Art 13 Abs 1 sieht in Fällen der Konnexität der Verfahren grundsätzlich die Möglichkeit einer Aussetzung des Verfahrens durch das später angerufene Gericht, und nur unter den zusätzlichen Voraussetzungen des Abs 2 auch die Unzuständigerklärung vor. Für beide Entscheidungen muss das später angerufene Gericht **international zuständig** sein. Art 13 selbst begründet keine Zuständigkeit des Sachzusammenhangs (G/Sch/*Reuß*, IRV Rn 1; vgl EuGH C420/97 – *Leathertex*, Slg 99 I-6779 Rn 38 = NJW 00, 721). Die Zuständigkeit des zuerst angerufenen Gerichts ist vom später angerufenen Gericht nicht zu überprüfen (MüKoZPO/*Gottwald* Art 30 EuGVVO Rn 2).

2. Zusammenhang, Abs 1, 3

293   Der von Abs 1 geforderte Zusammenhang wird in Abs 3 definiert. Diese Legaldefinition ist vertragsautonom (EuGH C-406/92 aaO, Slg 94 I-5439 Rn 52) unter Berücksichtigung der Funktion des Art 13 (→ Rn 290) auszulegen (Mu/V/*Stadler* Art 30 EuGVVO Rn 2). Dies führt zu einem **weiten Verständnis.** Es genügt ein übereinstimmender Lebenssachverhalt, so dass die Gefahr sich widersprechender Entscheidungen besteht, auch wenn deren Rechtsfolgen sich gegenseitig nicht ausschließen (EuGH aaO, Rn 53). Für die Annahme eines Zusammenhangs reicht es daher aus, wenn das Ergebnis des ersten Verfahrens im zweiten Verfahren verwertet werden kann (Mu/V/*Stadler* Art 30 EuGVVO nF Rn 2). Der Begriff der sich „widersprechenden" Entscheidungen ist also weiter als jener der miteinander „unvereinbaren" Entscheidungen in Art 24 UAbs 1 lit c und d (vgl EuGH C-406/92 aaO, Rn 55 ff = EuZW 95, 309/312). Vorausgesetzt wird jedoch, dass die Entscheidung in dem früheren Verfahren in dem anderen Mitgliedstaat anerkennungsfähig ist (G/Sch/*Reuß*, IRV Rn 8; Rauscher/*Andrae* Rn 5).

294   Fraglich erscheint, ob ein Unterhaltsverfahren nach Abs 1 auch dann ausgesetzt werden kann, wenn es sich bei dem anderen Verfahren **nicht um eine Unterhaltssache** iSv Art 1 Abs 1 handelt. Für Art 30 Abs 1 EuGVVO wird vertreten, dass nur wegen eines Verfahrens ausgesetzt werden könne, das selbst in den sachlichen Anwendungsbereich der Verordnung fällt (OLG München RIW 02 66/67; Rauscher/*Leible* Art 30 EuGVVO Rn 4; G/S/*Geimer* Art 28 EuGVVO aF Rn 4). Im Rahmen von Art 13 muss das in einem anderen Mitgliedstaat früher anhängig gemachte Verfahren hingegen nicht notwendig eine Unterhaltssache sein; vielmehr sollte es ausreichen, dass dieses Verfahren ein für das Unterhaltsverfahren vorgreifliches Rechtsverhältnis zum Gegenstand hat, etwa eine Ehe- oder Abstammungssache oder ein Verfahren betreffend die elterliche Verantwortung (Rauscher/*Andrae* Rn 1 f; MüKoFamFG/*Lipp* Rn 4). Denn Art 13 enthält keine Beschränkung auf Unterhaltsverfahren und die EuUntVO berücksichtigt den engen Zusammenhang mit Statusverfahren oder Verfahren der elterlichen Verantwortung auch in anderem Zusammenhang (vgl Art 3 lit c, d). Ferner werden nur auf diese Weise unvereinbare Entscheidungen iSv Art 21 Abs 2 UAbs 2 (→ M Rn 118 ff) vermieden. Die Anhängigkeit der Verfahren bestimmt sich nach Art 9 (→ Rn 235 ff).

295   Ein Zusammenhang iSv Art 13 besteht daher etwa zwischen einem anhängigen Verfahren auf Feststellung der Vaterschaft und dem Verfahren, in dem das Kind Unterhaltsansprüche gegen den als Vater festzustellenden Mann geltend macht. Entsprechendes gilt für ein Verfahren über die Zuweisung der elterlichen Sorge und das Unterhaltsverfahren, mit dem das Kind/das nicht betreuende Elternteil auf Unterhalt in Geld in Anspruch nimmt (vgl Rauscher/*Andrae* Rn 6). Nicht erforderlich für den Zusammenhang nach Art 13 ist hingegen die Identität der Parteien. Dieser besteht daher etwa auch zwischen Verfahren, in denen das Kind in einem Mitgliedstaat die Mutter, in einem anderen den Vater in Anspruch nimmt.

3. Aussetzung

296   Die von Amts wegen zu treffende Entscheidung über die Aussetzung steht im **Ermessen** des später angerufenen Gerichts („kann"). Ermessensgesichtspunkte können insbesondere die Sach- und Beweisnähe sowie die Prozessökonomie (etwa Fortschritt und voraussichtliche Dauer des anderen Verfahrens) sein. Das Aussetzungsverfahren ist von der Verordnung nicht geregelt; vor deutschen Gerichten sind daher die Grundsätze des § 148 ZPO heranzuziehen. Die Aussetzung kann unabhängig vom Verfahrensstand des Erstverfahrens in jeder Instanz des Zweitverfahrens erfolgen (MüKoFamFG/*Lipp* Rn 12).

297   Die Frage, ob das Gericht in seiner Ermessensentscheidung eine **Anerkennungsprognose** berücksichtigen muss, stellt sich im Verhältnis der an das HUP gebundenen Mitgliedstaaten nicht, da hier die Anerkennung nach Art 17 ohne weitere Voraussetzungen erfolgt. In anderen

I. Internationale Zuständigkeit: EuUntVO Art 14   **299–301 C**

Fällen – zB nach Art 23 f oder für vorgreifliche Statusentscheidungen – kann eine negative Anerkennungsprognose bei der Ermessensentscheidung Berücksichtigung finden (Zö/*Geimer* Art 30 EuGVVO Rn 6). Für die Zeit, für die das Verfahren ausgesetzt wird, kann das Gericht **einstweilige Unterhaltsanordnungen** treffen. Es ist dabei nicht auf Maßnahmen nach Art 14 beschränkt (→ Rn 305), da es für die Hauptsache zuständig ist (Rauscher/*Andrae* Rn 9).

4. Unzuständigkeitserklärung, Abs 2

Für eine im gerichtlichen Ermessen stehende Unzuständigkeitserklärung müssen beide Paral- **298** lelverfahren hingegen noch **in erster Instanz anhängig** (→ Rn 235 ff) sein. Weiter ist ein **Parteiantrag** erforderlich. Schließlich muss eine Verfahrensverbindung – zur Vermeidung negativer Kompetenzkonflikte – nach dem Recht des Staates des zuerst angerufenen Gerichts zulässig (MüKoZPO/*Gottwald* Art 30 EuGVVO Rn 6) und dieses Gericht muss für beide im Zusammenhang stehenden Verfahren zuständig sein. Ob Abs 2 in Verfahren vor *deutschen* Gerichten Anwendung finden kann, ist fraglich, weil das inländische Verfahrensrecht nur eine Verbindung von zwei bei demselben Gericht anhängigen Verfahren kennt (§ 147 ZPO; abl Zö/*Geimer* Art 30 EuGVVO Rn 8). Eine Verbindung kommt daher in Deutschland nur in Frage, wenn das beim später angerufenen ausländischen Gericht anhängige Verfahren beendet und der dortige Antrag anschließend beim zuerst angerufenen deutschen Gericht gestellt wird (näher Rauscher/ *Andrae* Rn 14).

EuUntVO Art 14. Einstweilige Maßnahmen einschließlich Sicherungs- maßnahmen

Die im Recht eines Mitgliedstaats vorgesehenen einstweiligen Maßnahmen einschließlich solcher, die auf eine Sicherung gerichtet sind, können bei den Gerichten dieses Staates auch dann beantragt werden, wenn für die Entscheidung in der Hauptsache das Gericht eines anderen Mitgliedstaats aufgrund dieser Verordnung zuständig ist.

Schrifttum: *Hess/Vollkommer,* Die begrenzte Freizügigkeit einstweiliger Maßnahmen nach Art. 24 EuGVÜ, IPRax 99, 220; *Stadler,* Erlass und Freizügigkeit einstweiliger Maßnahmen im Anwendungsbereich des EuGVÜ, JZ 99, 1089; *Vecker,* Zur Zulässigkeit von einstweiligen Anordnungsverfahren zur Regelung des Trennungsunterhalts für Auslandsdeutsche vor deutschen Gerichten, FPR 13, 35.

1. Allgemeines

Art 14 lehnt sich an das Vorbild in Art 31 EuGVVO aF (= Art 35 EuGVVO nF) an und **299** bestimmt, dass die Gerichte der Mitgliedstaaten einstweilige Maßnahmen einschließlich von Sicherungsmaßnahmen in Unterhaltssachen nicht nur erlassen können, wenn sie auch die Entscheidungskompetenz für ein Hauptsacheverfahren nach Art 3–7 besitzen, sondern auch dann, wenn sie für den Erlass der einstweiligen Maßnahme lediglich nach ihrem jeweiligen **nationalen Verfahrensrecht** zuständig sind. Die internationale Zuständigkeit der mitgliedstaatlichen Gerichte nach Art 14 reicht daher wesentlich weiter als die Zuständigkeit für das Unterhaltsverfahren, in dessen Rahmen oder zu dessen Vorbereitung die Maßnahmen getroffen werden. Eine Dringlichkeit der Maßnahmen wird – abweichend von Art 20 EuEheVO – nicht verlangt. Die Vorschrift wird zu Recht kritisiert, weil sie in dem abschließenden System der Zuständigkeiten der EuUntVO ein Fremdkörper ist (vgl Rauscher/*Andrae* Rn 1 f; MüKo-FamFG/*Lipp* Rn 2). Zur grenzüberschreitenden Vollstreckung einstweiliger Unterhaltsanordnungen → M Rn 50.

Gegenstand der einstweiligen Maßnahme iSv Art 14 muss eine **Unterhaltspflicht** sein. Hin- **300** gegen ist nicht entscheidend, welchen Gegenstand das Hauptverfahren hat, in dessen Rahmen die einstweilige Maßnahme getroffen wird. Dies kann zB auch ein Scheidungs- oder ein Abstammungsverfahren sein (MüKoFamFG/*Lipp* Rn 5).

2. Einstweilige Maßnahmen

Der Begriff der „einstweiligen Maßnahmen" ist – ebenso wie in Art 31 EuGVVO aF **301** (unalexK/*Tsikrikas/Hausmann* Rn 7) und Art 20 EuEheVO (→ A Rn 204 ff) – **autonom** auszulegen (MüKoFamFG/*Lipp* Rn 3). Erfasst werden – im sachlichen Anwendungsbereich der Verordnung (Art 1 Abs 1; → Rn 34 ff) – alle Maßnahmen, die vor oder neben einem Haupt-

381

C 302–306   1. Teil. Erkenntnisverfahren C. Unterhaltssachen

sacheverfahren zur **Sicherung** von Rechten eine Veränderung der Sach- und Rechtslage verhindern sollen, deren Anerkennung im Übrigen bei dem in der Hauptsache zuständigen Gericht beantragt wird (EuGH C-391/95 – *van Uden,* Slg 98 I-7091 Rn 37 = IPRax 99, 240 m Anm *Hess/Vollkommer* 220; EuGH C-99/96 – *Mietz,* Slg 99 I-2277 Rn 34 ff = IPRax 00, 411 m Anm *Hess* 370; EuGH C-104/03 – *St. Paul Dairy,* Slg 05 I-3481 Rn 13 = IPRax 07, 208), einschließlich einer Überprüfung dieser Maßnahmen im Rechtsbehelfsverfahren. Auch andere Maßnahmen, die einen nur vorläufigen, grundsätzlich vom Ausgang eines Hauptsacheverfahrens abhängigen, Rechtsschutz bieten, sind einstweilige Maßnahmen iS der Vorschrift (vgl zu Art 31 EuGVVO aF *Stadler* JZ 99, 1089/1095; unalexK/*Tsikrikas/Hausmann* Rn 7; MüKoZPO/*Gottwald* Rn 2). Art 14 gilt auch für Verfahren zur Aufhebung bzw Abänderung einstweiliger Anordnungen (G/Sch/*Geimer* Art 31 EuGVVO aF Rn 38); allerdings ist auch auf diese die Verfahrensbegrenzung nach Art 8 anwendbar.

302   Art 14 schafft allerdings **keine eigenständigen Typen** von einstweiligen Maßnahmen, sondern verweist für die Art der zu treffenden Maßnahmen auf die *lex fori* des anordnenden Gerichts. Allein das jeweilige nationale Recht bestimmt daher über Voraussetzungen, Art, Inhalt und Bindungswirkung solcher Maßnahmen. Klargestellt wird lediglich, dass zu diesen Maßnahmen auch Sicherungsmaßnahmen gehören. Nach deutschem Recht kommen in Unterhaltssachen vor allem **einstweilige Anordnungen** gem §§ 246 ff, 119 Abs 1, 49 ff FamFG in Betracht; daneben kann auch ein Arrest angeordnet werden (§§ 112, 119 Abs 2 FamFG, §§ 916 ff ZPO). Einstweilige Verfügungen sind hingegen in Unterhaltssachen ausgeschlossen (ThP/*Reichold* vor § 49 FamFG Rn 8).

303   Typischerweise sind **zwei Konstellationen** zu unterscheiden: Einmal soll die Vollstreckung einer späteren Unterhaltsentscheidung durch eine **Sicherungsmaßnahme** (zB durch die Anordnung einer Verfügungssperre über Vermögen des Unterhaltsschuldners) gewährleistet werden. Zum anderen soll der Antragsgegner zur Sicherung eines aktuellen Bedarfs für die Zeit bis zur Hauptsacheentscheidung durch eine einstweilige Maßnahme zu (periodischen) Unterhaltsleistungen verpflichtet werden. Eine solche **Leistungsverfügung** fällt auch dann in den Anwendungsbereich des Art 14, wenn der im einstweiligen Verfahren zugesprochene Betrag dem Hauptantrag entspricht (Rauscher/*Andrae* Rn 5; Rauscher/*Leible* Art 35 EuGVVO Rn 12; vgl auch Europäische Kommission 21.4.2009, KOM [2009] 175, 8 f). Leistungsverfügungen kennen das deutsche (§§ 246, 247 FamFG), das österreichische (§ 382 EO), belgische (Art 1035 CJ ff), französische (Art 809 Abs 2 NCPC), luxemburgische (Art 933 Abs 2 NCPC), niederländische (Art 254, 260 CCP), portugiesische (Art 399 CPC) und englische (CPR Rule 25.1 (1) k) Recht (vgl Rauscher/*Andrae* Rn 5).

3. Internationale Zuständigkeit

304   Art 14 regelt die internationale Zuständigkeit für einstweilige Maßnahmen – wie Art 35 EuGVVO – **zweispurig:** Neben die Zuständigkeitsvorschriften der EuUntVO treten jene des nationalen Verfahrensrechts; hingegen wird durch Art 14 selbst keine eigene Zuständigkeit begründet (*Vecker* FPR 13, 35/37). Dabei wird der Antragsteller, der die Maßnahme vor einem nach Art 3 ff zuständigen (Hauptsache-)Gericht beantragt, privilegiert. Denn die vom EuGH entwickelten Schranken für Leistungsverfügungen auf dem Gebiet des einstweiligen Rechtsschutzes (→ Rn 308 ff) gelten nur, wenn Zuständigkeiten nach nationalem Recht in Anspruch genommen werden.

305   **a) Zuständigkeit des Hauptsachegerichts.** Einstweilige Maßnahmen können zunächst nach den allgemeinen Zuständigkeitsvorschriften der Verordnung (Art 3–7) vor dem Gericht der Hauptsache beantragt werden, ohne dass hierfür weitere Voraussetzungen erfüllt werden müssten (EuGH C-391/95 – *van Uden,* Slg 98 I-7091 Rn 19 = IPRax 99, 240; EuGH C-99/96 – *Mietz,* Slg 99 I-2277 Rn 40 f = IPRax 00, 411). Dies gilt auch dann, wenn sich die Zuständigkeit des Hauptsachegerichts aus einer Gerichtsstandsvereinbarung nach Art 4 oder einer rügelosen Einlassung des Beklagten nach Art 5 ergibt (dazu näher MüKoFamFG/*Lipp* Rn 12).

306   Die Art 3 ff begründen die internationale Zuständigkeit für einstweilige Anordnungen auch schon; solange **noch kein Hauptsacheverfahren eingeleitet** wurde. Es genügt dementsprechend eine fiktive Hauptsachezuständigkeit; dabei hat der Antragsteller zwischen mehreren Zuständigkeiten nach Art 3 ff die Wahl. Die Zuständigkeit für die einstweilige Maßnahme wird auch nicht dadurch in Frage gestellt, dass der Hauptsacheantrag später bei einem anderen nach der Verordnung zuständigen Gericht gestellt wird (Rauscher/*Andrae* Rn 10). Die Zuständigkeit der für die Hauptsache zuständigen Gerichte zur Gewährung von einstweiligem Rechtsschutz ist

I. Internationale Zuständigkeit: EuUntVO Art 14   307–310 C

auch nicht davon abhängig, dass die Maßnahmen im Gerichtsstaat befindliche Personen oder Vermögensgegenstände betreffen. Aus diesem Grunde hat das angerufene Gericht in einem ersten Schritt stets zu prüfen, ob es nach der Verordnung international zuständig ist. Zur Zuständigkeit bei Rechtshängigkeit des Hauptsacheverfahrens → Rn 312.

b) Zuständigkeit nach nationalem Recht. Die Bedeutung des Art 14 liegt darin, dass die **307** Gerichte der Mitgliedstaaten auf dem Gebiet des einstweiligen Rechtsschutzes in Unterhaltssachen auf ihr nationales Zuständigkeitsrecht auch dann zurückgreifen können, wenn für die Hauptsache die Zuständigkeit der Gerichte eines anderen Mitgliedstaats nach Art 3–7 begründet ist (Rauscher/*Andrae* Rn 12; MüKoFamFG/*Lipp* Rn 13). Der Antragsteller kann also zwischen den durch die Verordnung normierten und den nationalen Zuständigkeiten wählen. Vor deutschen Gerichten eröffnet Art 14 daher die Gerichtsstände nach **§ 50 FamFG,** die über § 105 FamFG auch die internationale Zuständigkeit umfassen. Von praktischer Bedeutung sind insbesondere der Gerichtsstand des Vermögens nach § 50 Abs 1 S 1 iVm §§ 105, 232 Abs 3 S 1 FamFG, § 23 ZPO und die Eilgerichtsstände nach § 50 Abs 2 FamFG (dazu näher Rauscher/ *Andrae* Rn 16a–19).

aa) Reale Verknüpfung. Der EuGH hat die Berufung auf die Zuständigkeiten des nationalen **308** Rechts jedoch (für Art 24 EuGVÜ/Art 31 EuGVVO aF) durch das ungeschriebene Merkmal der realen Verknüpfung eingeschränkt, um einer Aushöhlung der unionsrechtlichen Zuständigkeitsordnung durch Verfahren des einstweiligen Rechtsschutzes entgegen zu wirken. Eine auf die Vorschriften des nationalen Rechts gestützte Zuständigkeit kommt danach nur in Betracht, wenn „zwischen dem Gegenstand der beantragten Maßnahme und der gebietsbezogenen Zuständigkeit des Vertragsstaats des angerufenen Gerichts eine reale Verknüpfung besteht" (EuGH C-391/95 aaO, Rn 40). Dem unbestimmten Rechtsbegriff der „realen Verknüpfung" wird überwiegend ein **vollstreckungsrechtlicher Gehalt** beigemessen (Rauscher/*Leible* Art 35 EuGVVO Rn 28; *Stadler* JZ 99 1089/1098). Danach ist eine reale Verknüpfung dann gegeben, wenn die einstweilige Maßnahme im Gerichtsstaat vollzogen werden soll (MüKoFamFG/*Lipp* Rn 15; unalexK/*Tsikrikas/Hausmann* Art 31 EuGVVO aF Rn 26 f). Insoweit hat das angerufene Gericht eine *ex ante*-Prognose vorzunehmen, ob eine Vollstreckung im Gerichtstaat möglich sein wird (*Stadler* JZ 99, 1089/1098). Der EuGH verlangt für diese Prognose keine Gewissheit, es genügt eine gewisse Wahrscheinlichkeit der Vollstreckungsmöglichkeit (Rauscher/*Leible* Art 35 EuGVVO Rn 30).

bb) Zusätzliche Schranken für Leistungsverfügungen. Nach der Rechtsprechung des **309** EuGH zu Art 24 EuGVÜ darf die auf nationale Zuständigkeitsvorschriften gestützte einstweilige Maßnahme (insbesondere eine Leistungsverfügung) das Hauptverfahren nicht voll vorwegnehmen. Daher muss erstens gewährleistet sein, dass ein zugesprochener Betrag bei Unterliegen im Hauptverfahren zurückgezahlt wird. Für diese Absicherung der Rückzahlung sind etwaige Schadensersatz- oder Bereicherungsansprüche gegen den Antragsteller nicht genügend. In Betracht kommt vor allem eine **Sicherheitsleistung** (vgl zu Art 35 EuGVVO Rauscher/*Leible* Rn 13). Die beantragte Maßnahme darf weiter nur bestimmte **Vermögensgegenstände** des Antragsgegners betreffen, die sich **im örtlichen Zuständigkeitsbereich des angerufenen Gerichts** befinden oder befinden müssten (EuGH C-391/95 aaO, Rn 43 ff; EuGH C-99/96 aaO, Rn 52 ff = IPRax 00, 411/414; dazu unalexK/*Tsikrikas/Hausmann* Art 31 EuGVVO aF Rn 9 ff). Der vom EuGH verwendete Begriff des „örtlichen Zuständigkeitsbereichs" ist allerdings nicht im engen Sinne eines Gerichtsbezirks, sondern als gesamtes nationales Territorium zu verstehen (*Stadler* JZ 99, 1089/1098).

Diese einschränkende Rechtsprechung des EuGH erging zu einstweiligen Maßnahmen, die **310** auf die vorläufige Erbringung einer „vertraglichen Gegenleistung" gerichtet waren. Sie führt im Rahmen der Unterhaltsverordnung zu einer erheblichen Einschränkung der Inanspruchnahme der nationalen Zuständigkeitsvorschriften, weil der Unterhaltsberechtigte idR nicht in der Lage ist, die erforderliche Sicherheit zu leisten. Daher wird dafür plädiert, die genannte Reduktion **nicht auf familienrechtliche Rechtsverhältnisse** anzuwenden (MüKoFamFG/*Lipp* Rn 16; G/Sch/*Reuß*, IRV Rn 6; Rauscher/*Leible* Art 35 EuGVVO Rn 14; **aA** Rauscher/*Andrae* Rn 15; wohl auch G/Sch/*Geimer* Art 31 EuGVVO aF Rn 50). Im Hinblick auf die zweite (gegenständliche) Einschränkung wird zum Teil vorgeschlagen, sie nur auf vertragliche Sachleistungsverpflichtungen, jedoch **nicht auf Geldleistungen** anzuwenden, da für letztere die gegenständliche Einschränkung nicht passe (*Hess/Vollkommer* IPRax 99, 220/224; **aA** *Stadler* JZ 99, 1089/1097).

383

C   1. Teil. Erkenntnisverfahren C. Unterhaltssachen

311   Die vorgenannten Einschränkungen gelten jedoch in jedem Falle nur für solche einstweiligen Maßnahmen, die bei einem allein **nach nationalem Recht** zuständigen Gericht beantragt werden. Damit wird auf den Antragsteller ein gewisser Druck ausgeübt, vor allem Leistungsverfügungen – wie einstweilige Unterhaltsanordnungen – nur in einem nach Art 3–7 zuständigen (Hauptsache-)Gerichtsstand zu beantragen. Fraglich erscheint, ob das Erfordernis einer Gewährleistung der Rückzahlung auch dann entfällt, wenn sich der Antragsgegner rügelos nach Art 5 auf das summarische Verfahren eingelassen hat (so Rauscher/*Andrae* Rn 8; **aA** Rauscher/ *Leible* Art 35 EuGVVO Rn 31 unter Hinweis auf EuGH C-99/96 – *Mietz,* Slg 99-I, 2277 Rn 52). Insgesamt ist der durch Art 14 ermöglichte Rückgriff auf nationales Zuständigkeitsrecht in Unterhaltssachen daher im Wesentlichen auf **Sicherungsmaßnahmen** zur Durchsetzung des im Hauptsacheverfahren geltend gemachten Unterhalts beschränkt (Rauscher/*Andrae* Rn 15).

4. Rechtshängigkeit des Hauptsacheverfahrens

312   Darüber hinaus ist der Antragsteller auch dann, wenn die Hauptsache schon anhängig ist, nicht daran gehindert, einstweilige Maßnahmen auch vor einem anderen nach Art 3–7 der Verordnung konkurrierend zuständigen Gericht eines anderen Mitgliedstaats zu beantragen (MüKo-FamFG/*Lipp* Rn 11; ebenso zum EuGVÜ *Stadler* JZ 99, 1089/1094; *Hess/Vollkommer* IPRax 99, 220/224; ferner unalexK/*Simons* Art 27 EuGVVO aF Rn 67; **aA** Rauscher/*Andrae* Rn 9; Kropholler/*v Hein* Art 31 EuGVVO aF Rn 11). Dies gebietet insbesondere das Interesse an einem effektiven Rechtsschutz (Rauscher/*Leible* Art 35 EuGVVO Rn 20). Gleiches gilt auch für Verfahren, in denen sich die Gerichte auf der Grundlage von Art 14 auf das nationale Zuständigkeitsrecht stützen (EuGH C-391/95 aO, Rn 29, 34; G/Sch/*Geimer* Art 27 EuGVVO aF Rn 46; Schlosser/Hess/*Schlosser* Art 35 EuGVVO Rn 3). Andererseits lässt eine spätere anderweitige Rechtshängigkeit der Hauptsache die Zulässigkeit des zeitlich frühen Antrags auf einstweiligen Rechtsschutz bei einem nach Art 3–7 oder Art 14 zuständigen Gericht eines anderen Mitgliedstaats nicht entfallen (Rauscher/*Leible* Art 35 EuGVVO Rn 21). Gegebenenfalls kann das Verfahren des einstweiligen Rechtsschutzes nach Art 13 ausgesetzt werden, wenn (einstweiliger) Rechtsschutz durch das Gericht der Hauptsache sinnvoller erscheint (G/Sch/ *Geimer* Art 27 EuGVVO aF Rn 46). Ein bereits anhängiges Verfahren des einstweiligen Rechtsschutzes blockiert dann nicht ein Parallelverfahren, wenn es sich bei dem einen Verfahren um eine Sicherungsverfügung und bei dem anderen um eine Leistungsverfügung handelt; es ist jedoch auch hier eine Aussetzung nach Art 13 möglich (G/Sch/*Geimer* Art 31 EuGVVO aF Rn 16). Zwei Leistungsverfügungen sollten jedoch als von Art 12 erfasst angesehen werden, da der Unterhaltsschuldner nicht durch zwei verpflichtende Entscheidungen belastet werden darf (vgl auch Rauscher/*Andrae* Rn 11).

Kapitel III. Anwendbares Recht
EuUntVO Art 15

(abgedruckt und kommentiert → Rn 487)

Kapitel IV. Anerkennung, Vollstreckbarkeit und Vollstreckung von Entscheidungen
EuUntVO Art 16–43

(abgedruckt und kommentiert → M Rn 48 ff)

Kapitel V. Zugang zum Recht
EuUntVO Art 44–47

(abgedruckt und kommentiert → Rn 820 ff)

Kapitel VI. Gerichtliche Vergleiche und öffentliche Urkunden
EuUntVO Art 48

(abgedruckt und kommentiert → M Rn 325 ff)

I. Internationale Zuständigkeit: EuUntVO Art 67   **C**

Kapitel VII. Zusammenarbeit der Zentralen Behörden

EuUntVO Art 49–63

(abgedruckt und kommentiert → T Rn 4 ff)

Kapitel VIII. Öffentliche Aufgaben wahrnehmende Einrichtungen

EuUnthVO Art 64

(abgedruckt und kommentiert → M Rn 338 ff)

Kapitel IX. Allgemeine Bestimmungen und Schlussbestimmungen

EuUntVO Art 65. Legalisation oder ähnliche Förmlichkeiten

Im Rahmen dieser Verordnung bedarf es weder der Legalisation noch einer ähnlichen Förmlichkeit.

Die Vorschrift entspricht Art 61 EuGVVO bzw Art 52 EuEheVO (→ N Rn 320 f). Allerdings **313** werden anders als nach diesen Vorschriften die Urkunden nicht spezifiziert, sondern lediglich allgemein umschrieben („im Rahmen dieser Verordnung"). Art 65 bewirkt, dass die öffentlichen Urkunden aus anderen Mitgliedstaaten den inländischen gleichgestellt werden und damit gem § 437 ZPO die **Vermutung der Echtheit** für sich haben (MüKoZPO/*Gottwald* Art 59 EuGVVO Rn 1; ThP/*Hüßtege* Art 61 EuGVVO Rn 1). Auf Privaturkunden findet die Vorschrift dagegen keine Anwendung. Für die **Prozessvollmacht** gilt Art 65 daher nur, soweit sie durch öffentliche Urkunde erteilt wird.

Die Vorschrift gilt jedenfalls für das Anerkennungs- und Vollstreckungsverfahren (→ M **314** Rn 347 ff).Ob sie auch auf das **Erkenntnisverfahren** Anwendung findet, ist hingegen zweifelhaft. Dagegen könnte sprechen, dass Art 61 EuGVVO und Art 52 EuEheVO auf Erkenntnisverfahren nicht anwendbar sind und auch die EuUntVO im Rahmen des Erkenntnisverfahrens nur Fragen der internationalen Zuständigkeit regelt. Die systematische Stellung und der Wortlaut der Vorschrift („im Rahmen dieser Verordnung") legen demgegenüber nahe, dass diese nicht nur im Rahmen der Anerkennung und Vollstreckung von Entscheidungen, sondern auch im Erkenntnisverfahren jedenfalls dann angewandt werden kann, wenn das Verfahren über die Zentralen Behörden in einem anderen Mitgliedstaat eingeleitet wird (Rauscher/*Andrae* Rn 2; MüKo-FamFG/*Lipp* Rn 4).

EuUntVO Art 66. Übersetzung der Beweisunterlagen

Unbeschadet der Artikel 20, 28 und 40 kann das angerufene Gericht für Beweisunterlagen, die in einer anderen Sprache als der Verfahrenssprache vorliegen, nur dann eine Übersetzung von den Parteien verlangen, wenn es der Ansicht ist, dass dies für die von ihm zu erlassende Entscheidung oder für die Wahrung der Verteidigungsrechte notwendig ist.

Art 66 enthält für **Beweisunterlagen** eine dem Art 59 Abs 2 (→ T Rn 71) entsprechende **315** Regelung für das Verlangen einer Übersetzung durch das Gericht. Die Vorschrift gilt gleichermaßen im Erkenntnis- wie im Vollstreckungsverfahren und beschränkt das Übersetzungserfordernis auf Ausnahmefälle (Rauscher/*Andrae* Rn 1). Die Entscheidung über die Notwendigkeit einer Übersetzung steht zwar im Ermessen des Gerichts. Jedoch darf eine Übersetzung nicht verlangt werden, wenn die Beweisunterlage nicht entscheidungserheblich ist (G/W/*Bittmann* Kap 36 Rn 247). Vorrang haben die Sonderregelungen in Art 20 Abs 1 lit d, Art 28 Abs 1 lit c und Art 40 Abs 3.

EuUntVO Art 67. Kostenerstattung

Unbeschadet des Artikels 54 kann die zuständige Behörde des ersuchten Mitgliedstaats von der unterliegenden Partei, die unentgeltliche Prozesskostenhilfe aufgrund von Artikel 46 erhält, in Ausnahmefällen und wenn deren finanzielle Verhältnisse es zulassen, die Erstattung der Kosten verlangen.

C 317–320   1. Teil. Erkenntnisverfahren C. Unterhaltssachen

316   Die Vorschrift erlaubt es, von dem unterlegenen Beteiligten, der **Prozesskostenhilfe** nach Art 46 erhalten hat, die Erstattung dieser Kosten zu fordern. Art 67 erfasst lediglich die Rückerstattung der Prozesskostenhilfe iSv Art 45, nicht die Kosten der Zentralen Behörde (Rauscher/ *Andrae* Art 46 Rn 20). Wie bereits der Wortlaut zeigt, besteht die Möglichkeit der Kostenerstattung nur in engen Grenzen. ErwG 36 nennt als einen Fall, in dem Kostenerstattung verlangt werden darf, dass eine vermögende Person wider Treu und Glauben gehandelt hat. Vgl im Übrigen die Kommentierung zur Parallelregelung in Art 46 Abs 2 (→ Rn 832).

EuUntVO Art 68. Verhältnis zu anderen Rechtsinstrumenten der Gemeinschaft

(1) **Vorbehaltlich des Artikels 75 Absatz 2 wird mit dieser Verordnung die Verordnung (EG) Nr. 44/2001 dahin gehend geändert, dass deren für Unterhaltssachen geltende Bestimmungen ersetzt werden.**

(2) **Diese Verordnung tritt hinsichtlich Unterhaltssachen an die Stelle der Verordnung (EG) Nr. 805/2004, außer in Bezug auf Europäische Vollstreckungstitel über Unterhaltspflichten, die in einem Mitgliedstaat, der nicht durch das Haager Protokoll von 2007 gebunden ist, ausgestellt wurden.**

(3) **Im Hinblick auf Unterhaltssachen bleibt die Anwendung der Richtlinie 2003/8/ EG vorbehaltlich des Kapitels V von dieser Verordnung unberührt.**

(4) **Die Anwendung der Richtlinie 95/46/EG bleibt von dieser Verordnung unberührt.**

1. Verordnungen

317   **a) EuGVVO.** Die EuUntVO verdrängt nach Maßgabe von Art 68 Abs 1 die vor ihrem Inkrafttreten auf die internationale Zuständigkeit und die Beachtung der Rechtshängigkeit von Verfahren in anderen Mitgliedstaaten in Unterhaltssachen anwendbare EuGVVO aF. Dies entspricht dem Grundsatz des Art 67 EuGVVO aF, demzufolge diese Verordnung nicht die Anwendung der Bestimmungen berührt, die für besondere Rechtsgebiete die gerichtliche Zuständigkeit regeln und in gemeinschaftlichen Rechtsakten enthalten sind. Soweit der sachliche (→ Rn 34 ff) und zeitliche (→ Rn 333 ff) Anwendungsbereich der EuUntVO eröffnet ist, verdrängt diese daher als *lex specialis* die EuGVVO aF. Demgemäß hat das Kap II (Art 3–14) der EuUntVO grundsätzlich Vorrang vor dem Kap II (Art 2–31) der EuGVVO aF in Bezug auf alle Unterhaltsverfahren die **nach dem 18.6.2011 eingeleitet** worden sind (Art 75 Abs 1 EuUntVO). Für die seit dem 15.1.2015 geltende EuGVVO nF stellt Art 1 Abs 2 lit e klar, dass Unterhaltspflichten; die auf einem Familien-, Verwandtschafts- oder eherechtlichen Verhältnis oder auf Schwägerschaft beruhen, aus ihrem sachlichern Anwendungsbereich ausgeschlossen sind.

318   **b) EuVTVO.** Gem Abs 2 sind die Vorschriften der EuVTVO auf Unterhaltssachen seit dem 18.6.2011 nicht mehr anwendbar. Eine **Ausnahme** gilt nur in Bezug auf das *Vereinigte Königreich,* das an das Haager Unterhaltsprotokoll nicht gebunden ist. Hier hat der Gläubiger, soweit ein Unterhaltstitel als Europäischer Vollstreckungstitel ausgefertigt werden kann, die Wahl, ob er den Titel im Ursprungsstaat nach Art 6 EuVTVO als Europäischer Vollstreckungstitel bestätigen lässt oder im Vollstreckungsstaat einen Antrag nach den Art 26 ff EuUntVO stellt (Rauscher/*Andrae* Rn 7; näher → M Rn 5 f).

319   **c) EuMVVO.** Ob die EG-Verordnung Nr 1896/2006 zur Einführung eines Europäischen Mahnverfahrens v 12.12.2006 (ABl EG L 399, 1; EuMVVO) auf Unterhaltssachen Anwendung findet, ist bisher nicht abschließend geklärt. Hätte der europäische Gesetzgeber einen praktisch so wichtigen Bereich wie das Unterhaltsrecht ausklammern wollen, so hätte es allerdings nahegelegen, dieses neben den ehelichen Güterständen und dem Erbrecht in Art 2 Abs 2 lit a ausdrücklich klarzustellen, wie dies auch in Art 2 Abs 2 lit b EuGFVO geschehen ist (für Einbeziehung von Unterhaltssachen in das Europäische Mahnverfahren daher zurecht Rauscher/ *Andrae* Rn 1; MüKoFamFG/*Lipp* Rn 10; HK-ZPO/*Dörner* vor Art 1 Rn 6; **aA** ThP/*Hüßtege* vor Art 1 Rn 8).

320   **d) EuGFVO.** Die EG-Verordnung Nr 861/2007 zur Einführung eines europäischen Verfahrens für geringfügige Forderungen v 11.7.2007 (ABl EU L 199, 1; EuGFVO) findet nach ihrem Art 2 Abs 2 lit b in Unterhaltssachen keine Anwendung(G/W/*Bittmann* Kap 36 Rn 1).

I. Internationale Zuständigkeit: EuUntVO Art 69   **322–325 C**

2. Richtlinien

Nach Abs 3 bleiben die Vorschriften der **Prozesskostenhilferichtlinie** – bzw der nationalen **321**
Umsetzungsgesetze (in Deutschland §§ 1076–1078 ZPO) – unberührt, soweit sie nicht im
Widerspruch zu den Art 44 ff stehen. Gleiches gilt gem Abs 4 für die Vorschriften der Richtlinie
zum Schutz personenbezogener Daten, die in Deutschland durch das Datenschutzgesetz v
18.5.2001 (BGBl I, 904) umgesetzt worden ist.

EuUntVO Art 69. Verhältnis zu bestehenden internationalen Übereinkommen und Vereinbarungen

(1) **Diese Verordnung berührt nicht die Anwendung der Übereinkommen und bilateralen oder multilateralen Vereinbarungen, denen ein oder mehrere Mitgliedstaaten zum Zeitpunkt der Annahme dieser Verordnung angehören und die die in dieser Verordnung geregelten Bereiche betreffen, unbeschadet der Verpflichtungen der Mitgliedstaaten gemäß Artikels 307 des Vertrags.**

(2) **Ungeachtet des Absatzes 1 und unbeschadet des Absatzes 3 hat diese Verordnung im Verhältnis der Mitgliedstaaten untereinander jedoch Vorrang vor Übereinkommen und Vereinbarungen, die sich auf Bereiche, die in dieser Verordnung geregelt sind, erstrecken und denen Mitgliedstaaten angehören.**

(3) **Diese Verordnung steht der Anwendung des Übereinkommens vom 23. März 1962 zwischen Schweden, Dänemark, Finnland, Island und Norwegen über die Geltendmachung von Unterhaltsforderungen durch die ihm angehörenden Mitgliedstaaten nicht entgegen, da dieses Übereinkommen in Bezug auf die Anerkennung, die Vollstreckbarkeit und die Vollstreckung von Entscheidungen Folgendes vorsieht:**

a) vereinfachte und beschleunigte Verfahren für die Vollstreckung von Entscheidungen in Unterhaltssachen und
b) eine Prozesskostenhilfe, die günstiger ist als die Prozesskostenhilfe nach Kapitel V dieser Verordnung.
Die Anwendung des genannten Übereinkommens darf jedoch nicht bewirken, dass dem Antragsgegner der Schutz nach den Artikeln 19 und 21 dieser Verordnung entzogen wird.

1. Allgemeines

Die Vorschrift regelt das Verhältnis zwischen der EuUnhtVO und **Staatsverträgen auf dem** **322**
Gebiet des internationalen Unterhaltsverfahrensrechts umfassend, wobei nicht zwischen
zwei- und mehrseitigen Übereinkommen unterschieden wird, denen ein oder mehrere Mitgliedstaaten angehören. Gilt das Übereinkommen nur zwischen Mitgliedstaaten der Verordnung, so
wird es nach Abs 2 durch letztere verdrängt. Ist an dem Übereinkommen hingegen (auch) ein
Drittstaat beteiligt, so ist zu unterscheiden: Im Verhältnis zu diesem Drittstaat tritt die EuUntVO
nach Abs 1 zurück, lässt also die Geltung des Übereinkommens unberührt. Ist hingegen nur das
Verhältnis zu einem anderen Mitgliedstaat der Verordnung betroffen, so hat diese wiederum
Vorrang vor dem Staatsvertrag, soweit es um die in der Verordnung geregelten Bereiche geht.

Ein Sonderstatus kommt gem Abs 3 dem **Übereinkommen zwischen den skandinavi-** **323**
schen Staaten *(Schweden, Dänemark, Finnland, Island und Norwegen)* von 1962 zu (vgl dazu auch
ErwG 40; → Anh III).

Art 69 hat seine Hauptbedeutung auf dem Gebiet der **Anerkennung und Vollstreckung** **324**
von Unterhaltsentscheidungen und wird deshalb dort näher kommentiert (→ M Rn 363 ff). In
Bezug auf die internationale Zuständigkeit und die Beachtung einer früheren ausländischen
Rechtshängigkeit im erststaatlichen Erkenntnisverfahren konkurriert die EuUntVO nur mit dem
LugÜ 2007.

2. Luganer Übereinkommen von 2007

Da Art 69 nur das Verhältnis zu Staatsverträgen bestimmt, die im Zeitpunkt der Annahme der **325**
EuUntVO bereits gegolten haben, trifft die Vorschrift für das Verhältnis zum LugÜ 2007 (abgedruckt und kommentiert → Rn 339 ff) keine Regelung. Maßgebend für die Abgrenzung ist
vielmehr Art 64 Abs 2 LugÜ 2007; die dort für das Verhältnis zur EuGVVO aF getroffene

387

C 326–330
1. Teil. Erkenntnisverfahren C. Unterhaltssachen

Regelung ist im Verhältnis zur EuUntVO; die gem ihrem Art 68 Abs 1 an die Stelle der EuGVVO aF getreten ist, entsprechend anzuwenden (Rauscher/*Andrae* Rn 16; krit Dasser/Oberhammer/*Domej* Art 64 LugÜ Rn 2). Daneben ist auch Art 67 LugÜ 2017 iVm Prokoll Nr 3 zu beachten; danach bleiben Bestimmungen in Rechtsakten der Gemeinschaft zur Internationalen Zuständigkeit für besondere Rechtsgebiete unberührt; ein solches besonderes Rechtsgebiet ist auch das Unterhaltsrecht (MüKoFamFG/*Lipp* Rn 12).

326　Für die Abgrenzung zwischen der EuUntVO und dem LugÜ 2007 auf dem Gebiet **der internationalen Zuständigkeit** ist richtigerweise von **Art 64 Abs 2 LugÜ 2007** auszugehen (Rauscher/*Andrae* Rn 16m ausf Begründung; im Erg zust OLG Frankfurt FamRBInt 12, 86; HK-ZPO/*Dörner* vor Art 1 Rn 8; G/Sch/*Picht*, IRV Rn 12; **aA** MüKoFamG/*Lipp* Rn 12 ff; offengelassen von Kropholler/*v Hein* Einl EuGVVO aF Rn 103; *Wagner/Janzen* IPRax 10, 298/308). Danach wird das LugÜ 2007 im **Verhältnis der EU-Mitgliedstaaten zueinander** durch die EuUntVO vollständig verdrängt, soweit sich der sachliche Anwendungsbereich beider Rechtsinstrumente deckt und der zeitliche Anwendungsbereich der EuUntVO (Art 75; → Rn 333 ff) eröffnet ist.

327　Im **Verhältnis zu den nicht der EuUntVO angehörenden Vertragsstaaten des LugÜ 2007** gilt hingegen nicht der Grundsatz, dass sich die internationale Zuständigkeit nur für deren Gerichte weiterhin nach dem LugÜ 2007 bestimmt, während in den Mitgliedstaaten der EuUntVO deren Kapitel II zur Anwendung kommt (so aber MüKoFamFG/*Lipp* Rn 14). Das LugÜ 2007 bleibt vielmehr auf dem Gebiet der internationalen Zuständigkeit auch für die mitgliedstaatlichen Gerichte in Unterhaltssachen maßgebend, wenn der Antragsgegner seinen Wohnsitz in *Island, Norwegen* oder der *Schweiz* hat oder wenn die Gerichte in einem dieser Staaten nach Art 22 oder 23 LugÜ 2007 zuständig sind (Art 64 Abs 2 lit a LugÜ 2007; Rauscher/*Andrae* Rn 16a). Allerdings haben die Gerichte der Mitgliedstaaten ind in Bezug auf ausschließliche Gerichtsstandsvereinbarungen, die sich auf den Unterhalt von Kindern bis zur Vollendung des 18. Lebensjahrs beziehen, die Schranke des Art 4 Abs 3 auch dann zu beachten, wenn ein solcher Gerichtsstand in *Island, Norwegen* oder der *Schweiz* vereinbart wurde. Dies wird – in Übereinstimmung mit Art 67 LugÜ 2007 iVm Protokoll Nr 3 durch Art 4 Abs 4 ausdrücklich klargestellt (→ Rn 177 ff).

328　Die Vorschriften der Art 27, 28 LugÜ 2007 über die **Rechtshängigkeit und in Zusammenhang stehende Verfahren** sind aus deutscher Sicht weiter anzuwenden, wenn das Parallelverfahren in *Island, Norwegen* oder der *Schweiz* anhängig ist (Art 64 Abs 2 lit b LugÜ 2007). Das ursprünglich intendierte Zusatzprotokoll, in welchem das Verhältnis zwischen LugÜ 2007 und EuUntVO geregelt werden sollte, wird nicht mehr weitererfolgt (Dasser/Oberhammer/*Domej* Art 64 LugÜ Rn 2).

3. New Yorker UN-Übereinkommen von 1956

329　Das New Yorker UN-Übereinkommen über die Geltendmachung von Unterhaltsansprüchen im Ausland von 1956 (**UN-UntGÜ**; abgedruckt → T Rn 92 ff) regelt die internationale Zuständigkeit für Unterhaltsverfahren nicht. Es handelt sich vielmehr um ein Rechtshilfeabkommen zur Durchsetzung gesetzlicher Unterhaltsansprüche. Das Übk wird im Verhältnis der Mitgliedstaaten zueinander für ab dem 18.6.2011 gestellte Anträge durch das Kapitel VII der EuUntVO verdrängt (näher → T Rn 7 ff). Der Antragsteller muss dazu seinen Aufenthalt in einem Mitgliedstaat haben und die übermittelnde und empfangende Zentrale Behörde müssen die eines Mitgliedstaates sein (Rauscher/*Andrae* Rn 15). Das New Yorker Übk wird im Übrigen seit dem Inkrafttreten des **HUÜ 2007** gem Art 49 HUÜ 2007 im Verhältnis der Vertragsstaaten zueinander auch durch dieses Übk ersetzt (→ T Rn 95).

4. Haager Übereinkommen von 2007

330　Auch das Haager Übk über die internationale Geltendmachung der Unterhaltsansprüche von Kindern und anderen Familienangehörigen v 23.11.2007 (HUÜ 2007; → M Rn 472 ff) regelt nur die Anerkennung und Vollstreckung von Unterhaltsentscheidungen aus Vertragsstaaten und die internationale Behördenzusammenarbeit zur Durchsetzung von Unterhaltsansprüchen. Hingegen wird die internationale Zuständigkeit im Erkenntnisverfahren sowie die Beachtung der Rechtshängigkeit von Unterhaltsverfahren im Verhältnis der Vertragsstaaten im Übk nicht geregelt. Zur Konkurrenz des HUÜ 2007 mit der EuUntVO auf dem Gebiet der Anerkennung und Vollstreckung → M Rn 13, 477.

I. Internationale Zuständigkeit: EuUntVO Art 72   C

EuUntVO Art 70. Der Öffentlichkeit zur Verfügung gestellte Informationen

Die Mitgliedstaaten übermitteln im Rahmen des durch die Entscheidung 2001/470/ EG eingerichteten Europäischen Justiziellen Netzes für Zivil- und Handelssachen die folgenden Informationen im Hinblick auf ihre Bereitstellung für die Öffentlichkeit:

a) eine Beschreibung der nationalen Rechtsvorschriften und Verfahren, die Unterhaltspflichten betreffen,

b) eine Beschreibung der zur Erfüllung der Verpflichtungen aus Artikel 51 getroffenen Maßnahmen,

c) eine Beschreibung darüber, wie ein effektiver Zugang zum Recht gemäß Artikel 44 gewährleistet wird, und

d) eine Beschreibung der nationalen Vollstreckungsvorschriften und -verfahren, einschließlich Informationen über alle Vollstreckungsbeschränkungen, insbesondere über Vorschriften zum Schutz von verpflichteten Personen und zu Verjährungsfristen.

Die Mitgliedstaaten halten diese Informationen stets auf dem neuesten Stand.

Die von den Mitgliedstaaten übermittelten Informationen sind auf folgender Internetseite **331** abrufbar:

http://ec.europa.eu/civiljustice/maintenance_claim/maintenance_claim_htm

EuUntVO Art 71. Informationen zu Kontaktdaten und Sprachen

(1) Die Mitgliedstaaten teilen der Kommission spätestens bis zum 18. September 2010 Folgendes mit:

a) die Namen und Kontaktdaten der für Anträge auf Vollstreckbarerklärung gemäß Artikel 27 Absatz 1 und für Rechtsbehelfe gegen Entscheidungen über derartige Anträge gemäß Artikel 32 Absatz 2 zuständigen Gerichte oder Behörden;

b) die in Artikel 33 genannten Rechtsbehelfe;

c) das Nachprüfungsverfahren zum Zweck der Anwendung von Artikel 19 sowie die Namen und Kontaktdaten der zuständigen Gerichte;

d) die Namen und Kontaktdaten ihrer Zentralen Behörden sowie gegebenenfalls deren Zuständigkeitsbereiche gemäß Artikel 49 Absatz 3;

e) die Namen und Kontaktdaten der öffentlichen oder sonstigen Stellen sowie gegebenenfalls deren Zuständigkeitsbereiche gemäß Artikel 51 Absatz 3;

f) die Namen und Kontaktdaten der Behörden, die für Vollstreckungssachen im Sinne des Artikel 21 zuständig sind;

g) die Sprachen, die für Übersetzungen der in den Artikeln 20, 28 und 40 genannten Schriftstücke zugelassen sind;

h) die Sprache oder Sprachen, die von ihren Zentralen Behörden für die Kommunikation mit den anderen Zentralen Behörden gemäß Artikel 59 zugelassen sind.

Die Mitgliedstaaten unterrichten die Kommission über spätere Änderungen dieser Angaben.

(2) Die Kommission veröffentlicht die gemäß Absatz 1 mitgeteilten Angaben im Amtsblatt der Europäischen Union, mit Ausnahme der in den Buchstaben a, c und f genannten Anschriften und anderen Kontaktdaten der Gerichte und Behörden.

(3) Die Kommission hält alle gemäß Absatz 1 mitgeteilten Angaben auf andere geeignete Weise, insbesondere über das mit der Entscheidung 2001/470/EG eingerichtete Europäische Justizielle Netz für Zivil- und Handelssachen, für die Öffentlichkeit zugänglich.

Die nach Art 71 von den Mitgliedstaaten an die Kommission zu machenden Mitteilungen sind **332** im Europäischen Gerichtsatlas in Zivilsachen auf folgender Internetseite abrufbar:
https://e-justice.europa.eu/content_maintenance_obligations-355

EuUntVO Art 72. Änderung der Formblätter

Änderungen der in dieser Verordnung vorgesehenen Formblätter werden nach dem Beratungsverfahren gemäß Artikel 73 Absatz 3 beschlossen.

389

C 333, 334   1. Teil. Erkenntnisverfahren C. Unterhaltssachen

EuUntVO Art 73. Ausschuss

(1) Die Kommission wird von dem durch Artikel 70 der Verordnung (EG) Nr. 2201/2003 eingesetzten Ausschuss unterstützt.

(2) Wird auf diesen Absatz Bezug genommen, so gelten die Artikel 4 und 7 des Beschlusses 1999/468/EG.

Der Zeitraum nach Artikel 4 Absatz 3 des Beschlusses 1999/468/EG wird auf drei Monate festgesetzt.

(3) Wird auf diesen Absatz Bezug genommen, so gelten die Artikel 3 und 7 des Beschlusses 1999/468/EG.

EuUntVO Art 74. Überprüfungsklausel

[1] Die Kommission legt dem Europäischen Parlament, dem Rat und dem Europäischen Wirtschafts- und Sozialausschuss bis spätestens fünf Jahre nach dem Beginn der Anwendbarkeit gemäß Artikel 76, dritter Unterabsatz einen Bericht über die Anwendung dieser Verordnung vor; dazu gehört auch eine Bewertung der praktischen Erfahrungen im Bereich der Zusammenarbeit zwischen den Zentralen Behörden, insbesondere hinsichtlich ihres Zugangs zu den Informationen, über die Behörden und Verwaltungen verfügen, und eine Bewertung der Funktionsweise des Anerkennungs-, Vollstreckbarerklärungs- und Vollstreckungsverfahrens, das auf Entscheidungen anwendbar ist, die in einem Mitgliedstaat, der nicht durch das Haager Protokoll von 2007 gebunden ist, ergangen sind. [2] Dem Bericht werden erforderlichenfalls Vorschläge zur Anpassung dieser Verordnung beigefügt.

EuUntVO Art 75. Übergangsbestimmungen

(1) Diese Verordnung findet vorbehaltlich der Absätze 2 und 3 nur auf ab dem Datum ihrer Anwendbarkeit eingeleitete Verfahren, gebilligte oder geschlossene gerichtliche Vergleiche und ausgestellte öffentliche Urkunden Anwendung.

(2) *(abgedruckt und kommentiert → M Rn 376 ff)*

(3) *(abgedruckt → T Rn 72)*

1. Internationale Zuständigkeit

333   **a) Grundsatz der Nichtrückwirkung.** Die Vorschrift legt den intertemporalen Anwendungsbereich der Verordnung fest. Dieser ist an den Tag ihrer Anwendbarkeit geknüpft, dh den 18.6.2011 (Art 76 Abs 3). Abs 1 normiert – in Anlehnung an Art 66 Abs 1 EuGVVO – den Grundsatz der Nichtrückwirkung. Die Zuständigkeitsregeln der EuUntVO sind daher nur anzuwenden, wenn das (Erkenntnis-) Verfahren ab der Geltung der Verordnung im Gerichtsstaat eingeleitet wurde (OLG Köln FamRZ 12, 1569). Wie im Rahmen von Art 66 Abs 1 EuGVVO ist auch für Art 75 Abs 1 umstritten, ob der Zeitpunkt der Verfahrenseinleitung nach der jeweiligen nationalen *lex fori* zu bestimmen ist (so HK–ZPO/*Dörner* Rn 2; ebenso zum EuGVÜ BGH NJW 96, 1411/1412) oder autonom unter entsprechender Heranziehung des unmittelbar nur für die Anwendung der Art 12, 13 geltenden Art 9 (so zu Art 66 EuGVVO aF BGH NJW 13, 2587; BGH IPRax 06, 602; öst OGH ZfRV 04, 32; G/Sch/*Geimer* Rn 2; Kropholler/*v Hein* Rn 2; zu Art 66 EuGVVO nF ThP/*Hüßtege* Art 66 Rn 2; Zö/*Geimer* Rn 1; vgl auch Rauscher/*Staudinger* Art 66 Rn 2). Im Interesse einer einheitlichen Bestimmung des zeitlichen Anwendungsbereichs der Verordnung ist der letzteren Ansicht der Vorzug zu geben (ebenso Rauscher/*Andrae* Rn 4). Ein Antrag auf Gewährung von **Verfahrenskostenhilfe** führt noch nicht zur Verfahrenseinleitung iSv Art 75 Abs 2 (OLG Frankfurt BeckRS 15, 18964 Rn 26).

334   **b) Gerichtsstandsvereinbarung.** Der Zeitpunkt der Verfahrenseinleitung ist grundsätzlich auch für die Beurteilung der Wirksamkeit einer Gerichtsstandsvereinbarung in Unterhaltssachen maßgebend. Eine im Zeitpunkt ihres Abschlusses unwirksame Gerichtsstandsvereinbarung wird daher geheilt, wenn sie nach Art 4 EuUntVO wirksam ist und das Verfahren in einem Mitgliedstaat am oder nach dem 18.6.2011 eingeleitet worden ist (vgl zum EuGVÜ EuGH 25/79 – *Sanicentral,* Slg 79, 3423 Rn 7). Ob sich – umgekehrt – ein Beteiligter aus Gründen des Vertrauensschutzes auf eine im Zeitpunkt ihres Abschlusses nach dem damals geltenden europäi-

390

I. Internationale Zuständigkeit   **338 C**

schen (EuGVVO, EuGVÜ), staatsvertraglichen oder nationalen Recht wirksame Gerichtsstandsvereinbarung auch dann berufen kann, wenn sie die Form- oder Bestimmtheitserfordernisse des
Art 4 im Zeitpunkt der Klageerhebung nicht erfüllt (dafür *Rauscher* FamFR 13, 25/26; Rau-
scher/*Andrae* Art 4 Rn 72), ist zweifelhaft (→ Rn 149 f). In jedem Fall hat der Minderjährigenschutz nach Art 4 Abs 3 Vorrang vor dem Vertrauen in eine vor dem 18.6.2011 wirksam
zustande gekommene Gerichtsstandsvereinbarung (so auch Rauscher/*Andrae* aaO).

c) Öffentliche Urkunden und Prozessvergleiche. Für öffentliche Urkunden ist auf den **335**
Tag der Ausstellung abzustellen, nicht auf den späteren Tag der Vollstreckbarkeit. Wird der
Prozessvergleich vor Gericht abgeschlossen, ist der Tag des Abschlusses maßgeblich. Wird er
außergerichtlich geschlossen und vom Gericht anschließend gebilligt, so kommt es auf den
Zeitpunkt der Billigung an (Rauscher/*Andrae* Rn 5).

2. Rechtshängigkeit

Für die Beurteilung der anderweitigen Rechtshängigkeit gilt Art 12 EuUntVO in jedem Falle, **336**
wenn beide Verfahren vor Gerichten verschiedener Mitgliedstaaten ab der Geltung der Verordnung eingeleitet wurden. Wurde ein Verfahren hingegen vor dem 18.6.2011 im Mitgliedstaat A,
das zweite Verfahren nach dem 18.6.2011 im Mitgliedstaat B eingeleitet, so ist Art 12 von dem
später angerufenen Gericht im Mitgliedstaat B nur dann anzuwenden, wenn sich die Zuständigkeit des zuerst angerufenen Gerichts im Mitgliedstaat A aus Vorschriften ergibt, die mit den
Art 3 ff EuUntVO übereinstimmen (öst OGH 20.12.12, unalex AT-830; vgl zum EuGVÜ
EuGH C-163/95 – *Horn/Cinnamond* – Slg 97 I-5467 Rn 19, 27 = IPRax 99, 100 m Anm
Rauscher 80). Dies trifft idR deshalb zu, weil in den Mitgliedstaaten vor dem 18.6.2011 die
EuGVVO aF gegolten hat, deren Art 2, 5 Nr 2 im Wesentlichen in Art 3 EuUntVO übernommen wurden. Hat das zuerst angerufene Gericht über seine Zuständigkeit noch nicht
entschieden, so erfolgt die in Art 12 Abs 1 vorgeschriebene Aussetzung durch das später angerufene Gericht zunächst nur vorläufig.

3. Anerkennung und Vollstreckung

Sonderregeln zur intertemporalen Geltung der Verordnung auf dem Gebiet der Anerkennung **337**
und Vollstreckung von Entscheidungen in Unterhaltssachen enthält Art 75 in Abs 2. Sie werden
im dortigen Zusammenhang kommentiert (→ M Rn 376 ff).

EuUntVO Art 76. Inkrafttreten

**Diese Verordnung tritt am zwanzigsten Tag nach ihrer Veröffentlichung im Amts-
blatt der Europäischen Union in Kraft.**

**Artikel 2 Absatz 2, Artikel 47 Absatz 3, Artikel 71, 72 und 73 gelten ab dem 18. Sep-
tember 2010.**

**[1] Diese Verordnung findet, mit Ausnahme der in Unterabsatz 2 genannten Vorschrif-
ten, ab dem 18. Juni 2011 Anwendung, sofern das Haager Protokoll von 2007 zu
diesem Zeitpunkt in der Gemeinschaft anwendbar ist. [2] Anderenfalls findet diese Verordnung ab dem Tag des Beginns der Anwendbarkeit jenes Protokolls in der Gemeinschaft Anwendung.**

3. Staatsverträge

Überblick

Während auf dem Gebiet der Anerkennung und Vollstreckung von Unterhaltsansprüchen **338**
zahlreiche Staatsverträge mit der EuUntVO konkurrieren (→ M Rn 386), hat auf dem Gebiet
der internationalen Entscheidungszuständigkeit nur das LugÜ 2007 nach Maßgabe seines Art 64
Abs 2 Vorrang vor dem II. Kapitel der EuUntVO. Daneben ist noch Art 18 HUÜ 2007 zu
beachten.

391

C 339–342
1. Teil. Erkenntnisverfahren C. Unterhaltssachen

170. Luganer Übereinkommen über die gerichtliche Zuständigkeit und die Anerkennung und Vollstreckung von Entscheidungen in Zivil- und Handelssachen (LugÜ)

Vom 30. Oktober 2007 (ABl EU 2009 L 147, 5)

Schrifttum: *Andrae,* Nachehelicher Unterhalt bezogen auf eine gescheiterte deutsch-schweizerische Ehe, IPRax 14, 326; *Buhr,* Europäischer Justizraum und revidiertes Lugano Übereinkommen (2010); *Dasser/ Oberhammer,* Kommentar zum Lugano-Übereinkommen² (2011); *Pocar,* The New Lugano Convention ..., Yb Priv Int L 08, 1; *Roth,* Die negative Feststellungsklage zur Abwehr drohender Zwangsvollstreckung als Anwendungsfall von Art 16 Nr 5 Lugano-Übereinkommen, IPRax 99, 50; *Wagner/Janzen,* Das Luganer Übereinkommen vom 30.10.2007, IPRax 10, 298.

Vorbemerkung

1. Vertragsstaaten

339   Das LugÜ findet im Verhältnis der EFTA-Staaten **Island, Norwegen und Schweiz** (nicht jedoch *Liechtenstein*) untereinander und nach Maßgabe des Art 64 im Verhältnis zwischen den EU-Mitgliedstaaten (einschließlich *Dänemark*) und den drei genannten Staaten Anwendung (näher → Rn 409 ff). Im Gegensatz zum LugÜ 1988 sind auf Seiten der EU nicht mehr die einzelnen Mitgliedstaaten, sondern die EU selbst (mit Bindung für ihre Mitgliedstaaten) Vertragspartei des LugÜ 2007. Aus der Sicht des europäischen Rechts ist das LugÜ damit Teil des **sekundären Unionsrechts** geworden. Das revidierte LugÜ von 2007 ist am **1.1.2010** für die Mitgliedstaaten der EU (einschließlich *Dänemark*) und *Norwegen* in Kraft getreten. Es gilt ferner seit dem 1.1.2011 für die *Schweiz* und seit dem 1.5.2011 für *Island.*

2. Anwendungsbereich

340   **a) Sachlicher Anwendungsbereich.** In sachlicher Hinsicht gilt das LugÜ 2007 gem Art 1 Abs 1 für Zivil- und Handelssachen, zu denen – wie Art 5 Abs 2 zeigt – auch Unterhaltssachen gehören. Diesbezüglich regelt das Übk die nachfolgend behandelte internationale und örtliche Zuständigkeit der Gerichte einschließlich der Rechtshängigkeit (Art 2 ff), ferner die Anerkennung und Vollstreckung der von diesen Gerichten getroffenen Entscheidungen in anderen Mitgliedstaaten (Art 32 ff; dazu → M Rn 387 ff).

341   **b) Persönlicher Anwendungsbereich.** Der persönliche Anwendungsbereich der Zuständigkeitsordnung des LugÜ 2007 orientiert sich an der EuGVVO. Sie gilt daher nur, wenn der **Wohnsitz des Beklagten/Antragsgegners in einem Vertragsstaat** des Übk begründet ist. Wohnt der Beklagte in einem Drittstaat, verbleibt es bei der Anwendung der EuUntVO. Eine weitere Begrenzung ergibt sich aus dem Vorrang der EuUntVO, wenn der Beklagte seinen Wohnsitz in einem Vertragsstaat des LugÜ 2007 hat, der zugleich Mitgliedstaat der EU ist. Damit beschränkt sich der Anwendungsbereich des LugÜ aus deutscher Sicht im Wesentlichen auf Beklagte mit Wohnsitz in *Island, Norwegen* und der *Schweiz.* Für den Fall, dass sich nicht aufklären lässt, ob der Beklagte seinen Wohnsitz im Hoheitsgebiet eines Mitgliedstaats der EuGVVO hat oder nicht, hat der EuGH entschieden, dass bis zum Beweis des Gegenteils aus Gründen der Rechtssicherheit und zur Verbesserung des Rechtsschutzes der in der Union ansässigen Personen von einem Wohnsitz des Beklagten in der Union und damit von der räumlichen Anwendbarkeit der EuGVVO auszugehen ist (EuGH C-327/10 – *Hypoteční banka,* NJW 12, 1199 Rn 42 und EuGH C-292/10 – *de Visser,* EuZW 2012, 381 Rn 39 ff). Überträgt man diese Argumentation auf das Verhältnis der EuUntVO zum LugÜ, so dürfte von einem Vorrang des LugÜ 2007 vor der EuUntVO nur auszugehen sein, wenn nachgewiesen wird, dass der Antragsgegner seinen Wohnsitz in einem nicht der EuUntVO angehörenden Vertragsstaat des LugÜ 2007 hat.

342   **c) Zeitlicher Anwendungsbereich.** In zeitlicher Hinsicht gilt das LugÜ 2007 auf dem Gebiet der internationalen Zuständigkeit nur für gerichtliche Verfahren, gebilligte oder geschlossene gerichtliche Vergleiche und öffentliche Urkunden, die **ab dem Inkrafttreten des Übk im Gerichtsstaat eingeleitet,** aufgenommen oder ausgestellt wurden (Art 63 Abs 1 iVm Art 73 Abs 2; näher → Rn 405 ff). In Deutschland kommt es daher in ab dem 1.1.2010 eingeleiteten Verfahren zur Anwendung. Für davor eingeleitete Verfahren verbleibt es bei der Anwendung des LugÜ 1988 (BGHZ 190, 28 Rn 17 = NJW 11, 2809).

I. Internationale Zuständigkeit　　　　　　　　　　　　　　　　**343–351　C**

3. Verhältnis zu anderen Rechtsinstrumenten

Auf dem Gebiet der internationalen Entscheidungszuständigkeit in Unterhaltssachen konkur- **343** riert das LugÜ 2007 nur mit der EuUntVO. Die Abgrenzung zwischen beiden Rechtsinstrumenten ist in entsprechender Anwendung von Art 64 LugÜ 2007 vorzunehmen (→ Rn 409 ff). Danach hat das LugÜ 2007 aus deutscher Sicht Vorrang vor der EuUntVO, wenn der Antragsgegner seinen Wohnsitz in *Island, Norwegen* oder der *Schweiz* hat (OLG Saarbrücken IPRspr 10 Nr 110) oder wenn in einem dieser Staaten eine ausschließliche Zuständigkeit nach Art 22 Nr 5, 23 begründet ist. Im Übrigen verbleibt es bei der Geltung der EuUntVO.

4. Auslegung

Die Vorschriften des LugÜ sind als internationales Einheitsrecht von den Gerichten der **344** Vertragsstaaten möglichst in allen Vertragsstaaten **einheitlich** (schwz BGE 135 III 185, 186/189), dh grundsätzlich autonom auszulegen (vgl schon zum LugÜ 1988 BGHZ 190, 28 Rn 17 = NJW 11, 2809; BGHZ 176, 342 Rn 11 = NJW 08, 2344; BGH WM 10, 2163 Rn 13; Dasser/ Oberhammer/*Domej* Präambel Protokoll Nr 2 Rn 6, 13 ff). Da die Vorschriften des LugÜ 2007 durch die Neufassung inhaltlich an die Regelungen der EuGVVO aF angepasst wurden, besteht ferner das Bedürfnis nach einer konformen Auslegung beider Instrumente. Daher verpflichtet **Art 1 des Protokolls Nr 2** zum LugÜ 2007 den EuGH (und die mitgliedstaatlichen Gerichte), sowie die *schweizerischen, norwegischen* und *isländischen* Gerichte, bei der Anwendung und Auslegung des LugÜ 2007den Grundsätzen gebührend Rechnung zu tragen, die in maßgebenden Entscheidungen von Gerichten der anderen Vertragsstaaten bzw vom EuGH entwickelt worden sind. Nicht entscheidend ist dabei, ob die Entscheidungen vor oder nach dem Inkrafttreten des LugÜ 2007, und ob sie zum LugÜ 1988/2007, zum EuGVÜ oder zur EuGVVO ergangen sind (schwz BGE 135 III 185, 186/189), vorausgesetzt die betreffenden Vorschriften stimmen in den jeweiligen Rechtsinstrumenten inhaltlich überein (Dasser/Oberhammer/*Domej*, Art 1 Protokoll Nr 2 Rn 2). Gegenstand der Berücksichtigungspflicht sind die „maßgeblichen Entscheidungen". Aus dem Zusammenhang mit Art 3 Abs 1 Protokoll Nr 2 zum LugÜ 2007 ergibt sich, dass damit neben der einschlägigen Judikatur des EuGH, letztinstanzliche Entscheidungen sowie andere, besonders bedeutsame, rechtskräftig gewordene Entscheidungen der Gerichte der Vertragsstaaten zu verstehen sind (Dasser/Oberhammer/*Domej*, Art 1 Protokoll Nr 2 Rn 3).

Für die deutschen Gerichte besteht im Rahmen der Anwendung des LugÜ 2007 – anders als **345** nach dem LugÜ 1988 (BGHZ 190, 28 Rn 17; BGHZ 176, 342 Rn 9; BGH WM 10, 2163 Rn 10) – gem Art 257 AEUV eine Vorlagepflicht bzw ein **Vorlagerecht zum EuGH.** Die *schweizerischen, norwegischen* und *isländischen* Gerichte sind zwar selbst nicht vorlageberechtigt, sie haben aber nach Art 2 des Protokolls Nr 2 zum LugÜ 2007 das Recht, in Vorabentscheidungsverfahren des EuGH Schriftsätze einzureichen und Erklärungen abzugeben.

5. Zuständigkeitsordnung

a) Systematik des Titels I. Die Zuständigkeitsvorschriften des LugÜ 2007 in Titel I stehen **346** in einem bestimmten **Rangverhältnis** zueinander, das auch die Prüfungsreihenfolge bei der Anwendung des Übk in der Praxis bestimmt (ThP/*Hüßtege* Art 4 EuGVVO Rn 2).

aa) Zunächst ist zu prüfen, ob es sich um ein Verfahren der Zwangsvollstreckung aus einem **347** Unterhaltstitel handelt, für welches die **ausschließliche Zuständigkeit** nach Art 22 Nr 5 einschlägig ist (siehe für die Abgrenzung zur EuGVVO → Rn 410).

bb) Ist dies nicht der Fall, so ist festzustellen, ob der Antragsgegner sich vor dem angerufenen **348** Gericht nach Art 24 wirksam **rügelos eingelassen** hat; denn eine solche Einlassung geht nicht nur den objektiven Zuständigkeiten nach Art 2, 5 und 6, sondern auch einer wirksamen Gerichtsstandsvereinbarung nach Art 23 LugÜ 2007 vor (ThP/*Hüßtege* Art 4 EuGVVO Rn 2).

cc) Fehlt es an einer rügelosen Einlassung, ist zu prüfen, ob die Parteien eine nach Art 23 **349** wirksame **Gerichtsstandsvereinbarung** getroffen haben.

dd) Ist auch dies nicht der Fall, sind in Unterhaltssachen nach dem LugÜ 2007 der **all-** **350** **gemeine Gerichtsstand** (Art 2) und die **besonderen Gerichtsstände** (Art 5, 6) zu prüfen, zwischen denen der Antragsteller die freie Wahl hat.

b) Wohnsitz des Antragsgegners in einem Vertragsstaat. Aus Art 2 Abs 1 und Art 4 **351** Abs 1 ist der Grundsatz zu entnehmen, dass die Anwendung des Titels II des Übk davon abhängt, dass der Antragsgegner seinen Wohnsitz (Art 59; → Rn 400 ff) in einem Vertragsstaat

393

C 354

1. Teil. Erkenntnisverfahren C. Unterhaltssachen

hat. Auf die Staatsangehörigkeit der Parteien sowie auf den Wohnsitz des Antragstellers kommt es hingegen nicht an. Titel II des Übk findet also grundsätzlich auch dann Anwendung, wenn der *Antragsteller* in einem Drittstaat ansässig ist (schwz BGE 135 III 185, 186/190). Soweit das Übk in Art 5 Abs 2 lit a an den Wohnsitz des Antragstellers anknüpft, handelt es sich um reine Kompetenzregeln, deren Anwendung voraussetzt, dass der Beklagte seinen Wohnsitz in einem Vertragsstaat hat. Entgegen einer im internationalen Privatrecht und im internationalen Familienverfahrensrecht der EU festzustellenden Tendenz, die Anknüpfung an den Wohnsitz durch eine solche an den gewöhnlichen Aufenthalt zurückzudrängen (vgl Art 3 ff EuUntVO; → Rn 100 ff), ist der gewöhnliche Aufenthalt des Beklagten für die Bestimmung des räumlich-persönlichen Anwendungsbereichs des Übk irrelevant. Auch wenn der Beklagte sich in *Island, Norwegen* oder der *Schweiz* gewöhnlich aufhält, kommt nicht die Zuständigkeitsordnung des Übk, sondern diejenige der EuUntVO (Art 4 Abs 1) zur Anwendung, wenn er in seinem Aufenthaltsstaat keinen Wohnsitz iSv Art 59 begründet hat.

352 **c) Auslandsbezug.** Auch die Anwendung der Zuständigkeitsvorschriften des LugÜ 2007 erfordert einen Auslandsbezug, dh einen **internationalen Sachverhalt**. Reine Inlandsfälle werden also ebenso wenig erfasst wie von der EuUntVO (→ Rn 99). Dieser Auslandsbezug muss jedoch nicht notwendig zu einem anderen Vertragsstaat des LugÜ 2007 gegeben sein; es genügt vielmehr ein Bezug zu einem Drittstaat (EuGH C-281/02 – *Owusu*, Slg 05 I-1383 Rn 26 ff = EuZW 05, 345 [zum EuGVÜ]; BGE 135 III 185, 186/189 f; Dasser/Oberhammer/*Dasser* Art 1 LugÜ Rn 9 f).

353 **d) Prüfung der internationalen Zuständigkeit.** Die internationale Zuständigkeit ist in Unterhaltsverfahren nach dem LugÜ 2007 gem Art 26 Abs 1 nur dann von Amts wegen zu prüfen, wenn sich der Antragsgegner auf das Verfahren nicht einlässt. Andernfalls muss er die Zuständigkeit nach Art 24 rügen (→ Rn 390). Eine Ausnahme gilt nur für die – auch in Unterhaltssachen relevante – ausschließliche Zuständigkeit nach Art 22 Nr 5, die gem Art 25 in jeder Lage des Verfahrens von Amts wegen zu prüfen ist. Wie in sonstigen Zivil- und Handelssachen (ThP/*Hüßtege* Art 4 EuGVVO Rn 1) wird die internationale Zuständigkeit auf Rüge des Antragsgegners nach dem LugÜ auch in Unterhaltssachen in der Beschwerde- und Rechtsbeschwerdeinstanz (vgl § 117 FamFG) geprüft (BGHZ 190, 28 Rn 16 = NJW 11, 2809 mwN). Für deren Begründung reicht es aus, dass der Antragsteller die Voraussetzungen der Art 2 ff LugÜ schlüssig vorträgt (vgl zur EuGVVO aF BGH NJW 12, 455 Rn 14 mwN).

Titel I. Anwendungsbereich

LugÜ Art 1. [Anwendungsbereich]

(1) [1]Dieses Übereinkommen ist in Zivil- und Handelssachen anzuwenden, ohne dass es auf die Art der Gerichtsbarkeit ankommt. [2]Es erfasst insbesondere nicht Steuer- und Zollsachen sowie verwaltungsrechtliche Angelegenheiten.

(2) Dieses Übereinkommen ist nicht anzuwenden auf:

a) den Personenstand, die Rechts- und Handlungsfähigkeit sowie die gesetzliche Vertretung von natürlichen Personen, die ehelichen Güterstände, das Gebiet des Erbrechts einschließlich des Testamentsrechts;

b)–d) *(nicht abgedruckt)*

(3) [1]In diesem Übereinkommen bezeichnet der Ausdruck „durch dieses Übereinkommen gebundener Staat" jeden Staat, der Vertragspartei dieses Übereinkommens oder ein Mitgliedstaat der Europäischen Gemeinschaft ist. [2]Er kann auch die Europäische Gemeinschaft bezeichnen.

354 Der sachliche Anwendungsbereich des LugÜ verlangt, dass der Verfahrensgegenstand „Zivil- und Handelssachen" betrifft. Wie im Rahmen von Art 1 Abs 1 EuGVVO aF ist der Begriff der „Zivil- und Handelssachen" autonom und tendenziell weit auszulegen, um eine möglichst einheitliche Handhabung des sachlichen Anwendungsbereichs in den Vertragsstaaten des LugÜ zu gewährleisten (schwz BGE 124 III 382/395; Dasser/Oberhammer/*Dasser*, Art 1 LugÜ Rn 25 f). Dies gilt gleichermaßen im Verhältnis zu den öffentlich-rechtlichen Streitigkeiten wie auch im Verhältnis zu den nach Art 1 Abs 2 ausgeschlossenen Zivilsachen (EuGH C-292/08 – *German Graphics,* Slg 09, I-8421 Rn 23 = EuZW 09, 785; Dasser/Oberhammer/*Dasser* Rn 74; Kropholler/*v Hein* Art 1 EuGVVO aF Rn 2; unalexK/*Hausmann* Art 1 EuGVVO aF Rn 17 ff, 43).

394

I. Internationale Zuständigkeit: LugÜ Art 2   **356, 357**   **C**

Während **Unterhaltssachen** in der Europäischen Union seit dem 18.6.2011 aus der **355** EuGVVO aF ausgeklammert und in der EuUntVO gesondert geregelt worden sind, werden sie auch von dem revidierten Luganer Übereinkommen von 2007 weiterhin erfasst. Der Begriff der Unterhaltssachen ist dabei im LugÜ grundsätzlich im gleichen Sinne zu verstehen wie in Art 1 EuUntVO, so dass auf die dortige Kommentierung verwiesen werden kann (→ Rn 34 ff). Auch das LugÜ ist sachlich auf Regressklagen einer **öffentliche Aufgaben wahrnehmenden Einrichtung** anwendbar, die die Rückzahlung von Beträgen verlangt, die sie nach öffentlichem Recht einem Unterhaltsberechtigten gezahlt hat, dessen Ansprüche gegen den Unterhaltsverpflichteten auf sie übergegangen sind (EuGH C-271/00 – *Baten*, Slg 02 I-10489 Rn 37 = EuZW 03, 30; näher → Rn 58 f). Vom Anwendungsbereich des LugÜ 2007 ausgeschlossen sind hingegen gem Abs 2 lit a die **„ehelichen Güterstände“.** Zur Abgrenzung zwischen Unterhalt und Güterrecht gilt das zu → Rn 50 ff Gesagte entsprechend.

Titel II. Zuständigkeit
Abschnitt 1. Allgemeine Vorschriften
LugÜ Art 2. [Allgemeine Zuständigkeit]

(1) **Vorbehaltlich der Vorschriften dieses Übereinkommens sind Personen, die ihren Wohnsitz im Hoheitsgebiet eines durch dieses Übereinkommen gebundenen Staates haben, ohne Rücksicht auf ihre Staatsangehörigkeit vor den Gerichten dieses Staates zu verklagen.**

(2) **Auf Personen, die nicht dem durch dieses Übereinkommen gebundenen Staat angehören, in dem sie ihren Wohnsitz haben, sind die für Inländer maßgebenden Zuständigkeitsvorschriften anzuwenden.**

1. Allgemeines

Der Gerichtsstand in Art 2 Abs 1 entspricht **Art 3 lit a EuUntVO;** auf die dortige Kom- **356** mentierung wird daher ergänzend verwiesen. Abweichend hiervon kommt es nach Abs 2 Abs 1 allerdings nicht auf den gewöhnlichen Aufenthalt des Antragsgegners, sondern auf dessen **Wohnsitz** in einem Vertragsstaat des LugÜ 2007 an. Hat der Antragsgegner keinen Wohnsitz in einem Vertragsstaat, so findet das LugÜ keine Anwendung; maßgebend ist dann nach Art 4 Abs 1 vielmehr das autonome Zuständigkeitsrecht der Vertragsstaaten. In den Mitgliedstaaten der EU gilt dann wiederum die EuUntVO, und zwar selbst dann, wenn der Antragsgegner seinen gewöhnlichen Aufenthalt in einem Vertragsstaat des LugÜ hat. Dem Wohnsitz des Antragsgegners in einem Vertragsstaat kommt nach Art 2 Abs 1 somit eine **zweifache Bedeutung** zu: Er ist nicht nur zentraler Anknüpfungspunkt für die Bestimmung der internationalen Zuständigkeit, sondern auch Voraussetzung für die Anwendbarkeit des Art 2 (wie auch der meisten anderen Zuständigkeitsvorschriften der Verordnung; → Rn 341).

2. Wohnsitz

Gemäß Art 2 Abs 1 ist ein Antragsgegner mit Wohnsitz in einem Vertragsstaat vor den **357** Gerichten dieses Staates zu verklagen. Auf die Staatsangehörigkeit des Antragsgegners kommt es ebenso wenig an wie auf den Wohnsitz des Antragstellers. Maßgeblich ist allein die **prozessuale Rollenverteilung,** nicht hingegen, wer nach materiellem Recht Anspruchsberechtigter bzw Anspruchsgegner ist (Rauscher/*Mankowski* Art 4 EuGVVO Rn 15). Daher begründet Art 2 Abs 1 auch dann keinen Klägergerichtsstand, wenn eine negative Feststellungsklage erhoben worden ist (BGH ZIP 11, 975 Rn 9; schwz BG 23.10.06, unalex CH-83; Kropholler/*v Hein* Art 2 EuGVVO aF Rn 1). Während Art 3 lit a EuUntVO an den Ort des gewöhnlichen Aufenthalts des Antragsgegners anknüpft und damit zugleich die örtliche Zuständigkeit regelt, beschränkt sich Art 2 Abs 1 auf die Bestimmung der **internationalen Zuständigkeit;** die örtliche Zuständigkeit ist dem nationalen Recht des Wohnsitzstaates zu entnehmen. Der Wohnsitz einer natürlichen Person wird im LugÜ 2007 nicht autonom definiert. Vielmehr hat das Gericht die Frage, ob eine Partei ihren Wohnsitz im Gerichtsstaat hat, gemäß Art 59 Abs 1 (→ Rn 400 ff) nach seinem eigenen Recht zu entscheiden.

395

C

1. Teil. Erkenntnisverfahren C. Unterhaltssachen

3. Maßgebender Zeitpunkt

358 Wechselt der Antragsgegner seinen Wohnsitz während des Rechtsstreits, ist zu differenzieren: Zieht er erst nach Einreichung der Klageschrift in den Gerichtsstaat, wird hierdurch die internationale Zuständigkeit nach Art 2 Abs 1 begründet, denn es genügt, wenn das angerufene Gericht im Zeitpunkt der letzten mündlichen Verhandlung nach dem Übk zuständig ist (BGH NJW 11, 2515 Rn 14 ff mwN). War das angerufene Gericht hingegen im Zeitpunkt des Eingangs der Klageschrift bzw des Antrags bei Gericht (Art 30; → Rn 397) nach dem Übk zuständig, lassen spätere Veränderungen der tatsächlichen Umstände – wie insbesondere die Verlegung des Wohnsitzes in einen anderen Vertragsstaat oder einen Drittstaat – die Zuständigkeit des Gerichts gem dem Grundsatz der **perpetuatio fori** nicht entfallen (BGH NJW 11, 2515 Rn 22 ff; öst OGH 1.3.04, unalex AT-88; unalexK/*Hausmann* vor Art 2 Rn 18 ff mwN).

4. Prozessaufrechnung und Widerklage

359 Zur Prozessaufrechnung → Rn 379. Die Zuständigkeit für eine Widerklage kann sich aus Art 6 Nr 3 ergeben (→ Rn 381).

LugÜ Art 3. [Schutz von Beklagten mit Wohnsitz in einem gebundenen Staat]

(1) **Personen, die ihren Wohnsitz im Hoheitsgebiet eines durch dieses Übereinkommen gebundenen Staates haben, können vor den Gerichten eines anderen durch dieses Übereinkommen gebundenen Staates nur gemäß den Vorschriften der Abschnitte 2 bis 7 dieses Titels verklagt werden.**

(2) **Gegen diese Personen können insbesondere nicht die in Anhang I aufgeführten innerstaatlichen Zuständigkeitsvorschriften geltend gemacht werden.**

1. Ausschluss des nationalen Zuständigkeitsrechts, Abs 1

360 Hat der Antragsgegner seinen Wohnsitz in einem Vertragsstaat des LugÜ 2007, so kann ein Unterhaltsverfahren gegen ihn vor den Gerichten eines anderen Vertragsstaats – abweichend von der Grundregel des Art 2 Abs 1 – nur eingeleitet werden, wenn dort eine Zuständigkeit nach Art 5 – 24 eröffnet ist. Die im Übk normierten Zuständigkeiten sind für diesen Fall also abschließend (HK-ZPO/*Dörner* Art 7 EuGVVO Rn 1); ein Rückgriff auf das autonome Zuständigkeitsrecht ist ausgeschlossen. Dieser *numerus clausus* der Gerichtsstände dient primär dem Schutz des Antragsgegners, der aufgrund von Abs 1 der Gerichtsbarkeit seines Wohnsitzstaates nur in den von der Verordnung ausdrücklich geregelten Fällen entzogen werden kann. Lediglich in Verfahren des **einstweiligen Rechtsschutzes** kann nach Maßgabe von Art 31 auf das nationale Zuständigkeitsrecht, einschließlich der im Anh I aufgeführten exorbitanten Gerichtsständen, zurückgegriffen werden (→ Rn 398).

2. Exorbitante Gerichtsstände, Abs 2

361 Da schon Abs 1 den Rückgriff auf die Zuständigkeitsvorschriften des nationalen Rechts verbietet, hat die Hervorhebung der in Anh I aufgelisteten sog „exorbitanten" Gerichtsstände nur verdeutlichenden Charakter. Gegenüber Personen, die ihren Wohnsitz nicht in einem Vertragsstaat haben, bleiben sämtliche, also auch die exorbitanten Gerichtsstände des jeweiligen nationalen Rechts gem Art 4 Abs 1 anwendbar. Allerdings ist für die Gerichte der EU-Mitgliedstaaten außerhalb des Anwendungsbereichs des LugÜ 2007 (gem Art 64 Abs 2 lit a LugÜ) der Anwendungsvorrang der EuUntVO vor dem nationalen Recht zu beachten (→ Rn 12).

LugÜ Art 4. [Beklagte mit Wohnsitz in einem Drittstaat]

(1) **Hat der Beklagte keinen Wohnsitz im Hoheitsgebiet eines durch dieses Übereinkommen gebundenen Staates, so bestimmt sich vorbehaltlich der Artikel 22 und 23 die Zuständigkeit der Gerichte eines jeden durch dieses Übereinkommen gebundenen Staates nach dessen eigenen Gesetzen.**

(2) **Gegenüber einem Beklagten, der keinen Wohnsitz im Hoheitsgebiet eines durch dieses Übereinkommen gebundenen Staates hat, kann sich jede Person, die ihren**

I. Internationale Zuständigkeit: LugÜ Art 5   **C**

Wohnsitz im Hoheitsgebiet eines durch dieses Übereinkommen gebundenen Staates hat, in diesem Staat auf die dort geltenden Zuständigkeitsvorschriften, insbesondere auf die in Anhang I aufgeführten Vorschriften, wie ein Inländer berufen, ohne dass es auf ihre Staatsangehörigkeit ankommt.

1. Anwendung des nationalen Zuständigkeitsrechts gegenüber Drittstaatsbeklagten, Abs 1

Art 4 Abs 1 ergänzt als **dritte Grundregel** die Vorschriften in Art 2 Abs 1 und 3 Abs 1. Hat **362** der Antragsgegner keinen Wohnsitz im Hoheitsgebiet eines Vertragsstaats, so bestimmt sich gemäß Art 4 Abs 1 die internationale Zuständigkeit des in einem Vertragsstaat angerufenen Gerichts nicht nach den Regeln des Übk, sondern nach dem autonomen Recht des Gerichtsstaates. Dabei ist allerdings der Anwendungsvorrang des Unionsrechts zu beachten. Der im autonomen deutschen Recht grundsätzlich anzuwendende § 105 FamFG wird daher in weitem Umfang durch die Zuständigkeitsregeln der **EuUntVO** (Art 3–7) verdrängt, die unabhängig vom Wohnsitz des Antragsgegners Anwendung finden. Nur in Verfahren des **einstweiligen Rechtsschutzes** lässt die Verordnung gem Art 14 ausnahmsweise den Rückgriff auf § 105 FamFG zu (→ Rn 463). Ob der Antragsgegner einen Wohnsitz in einem nicht der EU angehörenden Vertragsstaat hat, bestimmt sich nach den Kollisionsregeln des Art 59 Abs 1 und 2. Lässt sich ein solcher Wohnsitz nicht feststellen, bleibt es in Verfahren vor deutschen Gerichten bei der Anwendbarkeit der EuUntVO (→ Rn 341).

Der Katalog der ausschließlichen Zuständigkeiten des Art 22 gilt – wie der Vorbehalt in Abs 1 **363** zeigt – unabhängig davon, ob der Antragsgegner in einem Vertragsstaat wohnhaft ist; maßgebend ist vielmehr allein, dass die in Art 22 genannten Zuständigkeitskriterien in einem Vertragsstaat verwirklicht sind (Rauscher/*Mankowski* Art 24 EuGVVO Rn 5 mwN; für die Abgrenzung zu den Vorschriften der EuGVVO aF → Rn 409 ff). Des Weiteren kommen die Vorschriften über die **Zuständigkeitsvereinbarungen** gemäß Art 23 Abs 1 bereits dann zur Anwendung, wenn nur der Antragsteller seinen Wohnsitz bzw Sitz in einem Vertragsstaat hat.

2. Inländerbehandlung, Abs 2

Namentlich im Hinblick auf die Besonderheiten des *französischen* Rechts wird in Abs 2 klar- **364** gestellt, dass den Gerichten der Vertragsstaaten auch bei der Anwendung des autonomen Zuständigkeitsrechts eine Differenzierung nach der Staatsangehörigkeit des Antragstellers nicht erlaubt ist. Danach kann sich also jede Person, die ihren Wohnsitz in einem Vertragsstaat hat, ohne Rücksicht auf ihre Staatsangehörigkeit in diesem Staat als Antragsteller auf die gleichen Zuständigkeitsvorschriften wie Angehörige dieses Staates stützen; dies gilt insbesondere auch für die in Art 3 Abs 2 iVm Anh I angeführten exorbitanten Zuständigkeitsvorschriften (*Rauscher/Mankowski* Art 6 EuGVVO Rn 16 f). Abs 2 kann freilich nur dort wirken, wo die nationalen Zuständigkeitsvorschriften überhaupt zwischen inländischen und ausländischen Verfahrensbeteiligten unterscheiden; dies ist auf dem Gebiet des Unterhaltsrechts in Deutschland nicht der Fall. Außerdem ist wiederum der Anwendungsvorrang der EuUntVO vor dem nationalen Recht zu beachten, der unabhängig vom Wohnsitz des Beklagten Anwendung findet.

Abschnitt 2. Besondere Zuständigkeiten

LugÜ Art 5. [Besonderer Gerichtsstand in Unterhaltssachen]

Eine Person, die ihren Wohnsitz im Hoheitsgebiet eines durch dieses Übereinkommen gebundenen Staates hat, kann in einem anderen durch dieses Übereinkommen gebundenen Staat verklagt werden:

(1)

a) **wenn ein Vertrag oder Ansprüche aus einem Vertrag den Gegenstand des Verfahrens bilden, vor dem Gericht des Ortes, an dem die Verpflichtung erfüllt worden ist oder zu erfüllen wäre;**

b)–c) *(nicht abgedruckt)*

(2) **wenn es sich um eine Unterhaltssache handelt,**

a) **vor dem Gericht des Ortes, an dem der Unterhaltsberechtigte seinen Wohnsitz oder seinen gewöhnlichen Aufenthalt hat, oder**

397

C 365–369 1. Teil. Erkenntnisverfahren C. Unterhaltssachen

b) im Falle einer Unterhaltssache, über die im Zusammenhang mit einem Verfahren in Bezug auf den Personenstand zu entscheiden ist, vor dem nach seinem Recht für dieses Verfahren zuständigen Gericht, es sei denn, diese Zuständigkeit beruht lediglich auf der Staatsangehörigkeit einer der Parteien, oder

c) im Falle einer Unterhaltssache, über die im Zusammenhang mit einem Verfahren in Bezug auf die elterliche Verantwortung zu entscheiden ist, vor dem nach seinem Recht für dieses Verfahren zuständigen Gericht, es sei denn, diese Zuständigkeit beruht lediglich auf der Staatsangehörigkeit einer der Parteien;

(3) wenn eine unerlaubte Handlung oder eine Handlung, die einer unerlaubten Handlung gleichgestellt ist, oder wenn Ansprüche aus einer solchen Handlung den Gegenstand des Verfahrens bilden, vor dem Gericht des Ortes, an dem das schädigende Ereignis eingetreten ist oder einzutreten droht;

(4)–(6) *(nicht abgedruckt)*

1. Allgemeines

365   Art 5 enthält einen Katalog von besonderen Zuständigkeiten, die mit der allgemeinen Wohnsitzzuständigkeit nach Art 2 konkurrieren. Dem Antragsteller steht ein **Wahlrecht** zwischen dem allgemeinen Gerichtsstand nach Art 2 und den besonderen Gerichtsständen nach Art 5 zu. Während die Gerichtsstände am gewöhnlichen Aufenthalt des Antragsgegners und am gewöhnlichen Aufenthalt des Berechtigten nach Art 3 lit a und lit b EuUntVO gleichberechtigt nebeneinander stehen (→ Rn 92), sieht der EuGH die besonderen Zuständigkeiten nach Art 5 EuGVVO aF/LugÜ als Ausnahmen vom allgemeinen Wohnsitzgerichtsstand nach Art 2 und legt sie dementsprechend **restriktiv** aus (EuGH 189/87 – *Kalfelis*, Slg 88, 5565 Rn 8; unalexK/ *Hausmann* vor Art 5 Rn 2 mwN).

366   In **Unterhaltssachen** steht im Vordergrund der besondere Gerichtsstand nach Abs 2. Daneben kommt der Vertragsgerichtsstand nach Abs 1 lit a für Klagen aus Unterhaltsvereinbarungen in Betracht, die nicht lediglich eine gesetzliche Unterhaltspflicht konkretisieren, sondern eine solche – wie zB zwischen Partnern einer nichtehelichen Lebensgemeinschaft nach deutschem Recht – konstitutiv begründen (*Thorn* IPRax 04, 354/355 ff; dazu näher → Rn 57). Auf den Gerichtsstand der unerlaubten Handlung nach Abs 3 kann schließlich zurückgegriffen werden, wenn Schadensersatzansprüche wegen der Verletzung von Unterhaltspflichten geltend gemacht werden.

2. Besonderer Gerichtsstand in Unterhaltssachen, Abs 2

367   **a) Allgemeines.** Art 5 Abs 2 regelt nicht nur die internationale, sondern zugleich die *örtliche* Zuständigkeit. Zwischen den zur Verfügung gestellten Gerichtsständen besteht kein Rangverhältnis; sie stehen **alternativ** zur Verfügung. Dies ermöglicht ein *forum shopping* und kann Einfluss auf das in der Sache anwendbare Recht haben.

368   **aa) Unterhaltssachen.** Der Begriff der Unterhaltssache ist **autonom und weit** auszulegen (EuGH 120/79 – *de Cavel I*, Slg 80, 731 Rn 3 = IPRax 81, 19 m Anm *Hausmann* 5; BGH NJW-RR 08, 156). Insoweit kann in weitem Umfang auf das zu Art 1 EuUntVO Gesagte verwiesen werden, insbesondere zur Abgrenzung vom Ehegüter-, Vertrags- und Schadensersatzrecht (→ Rn 34 ff; ferner unalexK/*Hausmann* Art 5 Nr 2 EuGVVO aF Rn 9 ff). Das eheliche Güterrecht ist gem Art 1 Abs 2 lit a ausdrücklich vom sachlichen Anwendungsbereich des Übk ausgenommen (→ Rn 355). Während Art 1 Abs 1 EuUntVO voraussetzt, dass die Unterhaltspflicht auf einem Familien-, Verwandtschafts-, oder eherechtlichen Verhältnis oder auf Schwägerschaft beruht, sieht Art 5 Abs 2 eine solche Einschränkung nicht vor, sondern bezieht sich ganz allgemein auf Unterhaltssachen.

369   **bb) Erfasste Verfahren.** Auch die auf **Abänderung** einer Unterhaltsentscheidung gerichteten Verfahren fallen unter Art 5 Abs 2 (OLG Dresden NJW 07, 446; OLG Nürnberg FamRZ 05, 1691/1692; OLG Schleswig FamRZ 93, 1333; OLG Hamm IPRax 88, 307 f [jeweils zu Art 5 Nr 2 EuGVVO aF; zum Abänderungsverfahren → Rn 208 ff). Eine Zuständigkeit bzw Annexkompetenz des Gerichts, das die Entscheidung erlassen hat, sieht das Übk nicht vor. Die Zuständigkeit für das Abänderungsverfahren ist vielmehr eigenständig an Hand der Art 2, 5 Abs 2 zu bestimmen (öst OGH ZfRV 03, 111/113 f; unalexK/*Hausmann* Art 5 Nr 2 EuGVVO aF Rn 24 mwN). Dies gilt selbst dann, wenn das autonome Recht des Gerichtstaats das

398

I. Internationale Zuständigkeit: LugÜ Art 5   **370–376 C**

Abänderungsverfahren als Rechtsbehelfsverfahren gegen die abzuändernde Entscheidung begreift (OLG Thüringen FamRZ 00, 681; öst OGH ZfRV 03, 111/114). Den Beteiligten steht es aber offen, die Zuständigkeit des Erstgerichts gemäß Art 23 zu vereinbaren. Vgl auch → Rn 80.

b) Wohnsitz oder gewöhnlicher Aufenthalt des Unterhaltsberechtigten, lit a. aa) All- 370 gemeines. Lit a eröffnet dem Unterhaltsberechtigten einen zusätzlichen besonderen Gerichtstand. Dieser entspricht Art 3 lit b EuUntVO, so dass ergänzend auf die dortige Kommentierung (→ Rn 106 ff) verwiesen werden kann. **Unterhaltsberechtigter** ist kraft autonomer Auslegung jedermann, der Zahlung von Unterhalt begehrt, gleichgültig ob der Anspruch bereits einmal zuerkannt wurde oder ob es sich um die erste Unterhaltsklage handelt (EuGH C-295/95 – *Farrell,* Slg 97 I-1683 Rn 25 ff = IPRax 98, 354/356).

Abs 2 verlangt lediglich, dass es sich um eine „Unterhaltssachen" handelt, nicht hingegen, dass 371 gerade der Unterhaltsberechtigte die besondere Zuständigkeit in Anspruch nimmt. Daher könnte nach dem Wortlaut auch der Unterhaltsschuldner einen **negativen Feststellungsantrag** auf lit a stützen. Richtigerweise wird man die Vorschrift aber – anders als jetzt Art 3 EuUntVO (→ Rn 109) – gemäß ihrem Zweck, dem Unterhaltsberechtigten die Verfolgung seiner Ansprüche zu erleichtern, teleologisch reduzieren müssen und deshalb nicht auf vom Unterhaltspflichtigen initiierte Verfahren anwenden können (OLG München EuLF 08 II 20/21; LG Klagenfurt EuLF 08 I 57 und II 22; Kropholler/*v Hein* Rn 64; unalexK/*Hausmann* Rn 14, jeweils zu Art 5 Nr 2 EuGVVO aF; **aA** Dasser/Oberhammer/*Oberhammer* Rn 85; G/Sch/*Geimer* Rn 165, 193, jeweils zu Art 5 EuGVVO aF).

Die Privilegierung des Unterhaltsberechtigten ist auch in **Abänderungsverfahren** zu beach- 372 ten. Erstrebt daher der Unterhaltspflichtige eine Anpassung des von ihm geschuldeten Unterhalts, so kann er – anders als nach Art 3 lit a EuUntVO (→ Rn 109) – nach hM nicht gestützt auf Abs 2 lit a am Wohnsitz oder gewöhnlichen Aufenthaltsort des Unterhaltsberechtigten klagen. Ihm steht vielmehr nur die Klage am Wohnsitz des Unterhaltsberechtigten als Beklagtem im Abänderungsverfahren nach Art 2 Abs 1 offen (OLG Nürnberg FamRZ 05, 1691/1692; öst OGH 24.8.10, unalex AT-685; **aA** OLG Thüringen FamRZ 00, 681). Erst Recht kann der Pflichtige nach dem Wortlaut von lit a nicht an seinem eigenen Wohnsitz oder am Ort seines gewöhnlichen Aufenthalts klagen (OLG Hamm IPRax 88, 307 f).

Eine **öffentliche Aufgaben wahrnehmende Einrichtung,** die im Wege einer Regressklage 373 die Rückzahlung von Beträgen verlangt, die sie kraft nach öffentliche Rechts einem Unterhaltsberechtigten gezahlt hat, dessen Ansprüche gegen den Unterhaltsverpflichteten auf sie übergegangen sind, kann sich – anders als im Geltungsbereich der EuUntVO (→ Rn 108) –nicht auf die besondere Zuständigkeit des Abs 2 lit a berufen (OLG Dresden NJW 07, 446 unter Hinweis auf EuGH C-433/01 – *Blijdenstein,* Slg 04 I-981 Rn 34 = NJW 04, 1439; vgl auch → Rn 58 f).

bb) Wohnsitz. Anders als nach Art 3 lit b EuUntVO kann der Unterhaltsberechtigte in dem 374 – seltenen – Fall, dass er seinen gewöhnlichen Aufenthalt und seinen Wohnsitz in verschiedenen Mitgliedstaaten hat, auch in seinem Wohnsitzstaat klagen. Der Wohnsitz ist in diesem Fall nach Maßgabe von Art 59 zu bestimmen (vgl zur Wohnsitzanknüpfung OLG Brandenburg 6.4.06, unalex DE-684; App Toulouse 25.10.05, unalex FR-1250).

cc) Gewöhnlicher Aufenthalt. Zum Begriff des gewöhnlichen Aufenthalts kann auf die 375 Ausführungen zu Art 3 EuUntVO verwiesen werden (→ Rn 101 ff). In der schweizerischen Praxis findet sich die Meinung, dass im Rahmen des LugÜ die Anknüpfung an den gewöhnlichen Aufenthalt nicht autonom auszulegen sei. Vielmehr soll entsprechend der Anknüpfung an den Wohnsitz (Art 59) eine kollisionsrechtliche Verweisung auf das nationale Recht bestehen (schwz BG 26.9.02, unalex CH-273; Dasser/Oberhammer/*Furrer/Glarner* Art 59 LugÜ Rn 24). Aus schweizerischer Sicht ist – unter Zugrundelegung dieser Ansicht – auf Art 20 Abs 1 lit b IPRG abzustellen, wonach zur Begründung des gewöhnlichen Aufenthalts eine gewisse physische Präsenz an einem Ort notwendig ist. Dabei wird als Richtschnur eine Anwesenheit von drei Monaten genannt, wobei von dieser Regel zurückhaltend Gebrauch zu machen sei (Dasser/Oberhammer/*Furrer/Glarner* Art 59 LugÜ Rn 24). Andere weisen darauf hin, dass es im Ergebnis keinen Unterschied mache, ob man den Begriff des gewöhnlichen Aufenthalts nach der schweizerischen *lex fori* oder autonom auslege. Denn dieser Begriff habe über die Haager Übereinkommen auch Eingang in das schweizerische Recht gefunden (Dasser/Oberhammer/*Oberhammer* Rn 89 f).

c) Verbindung mit einem Statusverfahren, lit b. Soweit Ehegatten- oder Kindesunterhalt 376 im Anwendungsbereich des LugÜ2007 im Rahmen eines Scheidungsverfahrens geltendgemacht

C 379, 380   1. Teil. Erkenntnisverfahren C. Unterhaltssachen

wird, ist als Alternative zum Gerichtsstand am Wohnsitz der beklagten Partei (Art 2 Abs 1) und am Wohnsitz/gewöhnlichen Aufenthalt des Unterhaltsberechtigten (lit a) nach lit b die Zuständigkeit des Scheidungsgerichts eröffnet, sofern sich diese nicht lediglich aus der Staatsangehörigkeit einer der Parteien ergibt (schwz BG 19.3.13, unalex CH-513; Trib cant Vaud 2.9.05, unalex CH-50). Art 5 Abs 2 lit b LugÜ 2007 entspricht Art 3 lit c EuUntVO, so dass wegen der Einzelheiten auf die dortige Kommentierung verwiesen werden kann (→ Rn 111 ff). Während Art 3 lit c EuUntVO davon spricht, dass über die Unterhaltssache „in der Nebensache" zu dem Statusverfahren zu entscheiden ist, verwendet Abs 2 den etwas weiteren Terminus „im Zusammenhang mit dem Statusverfahren". Ein Ehegatte, der im Rahmen eines laufenden Scheidungsverfahrens **Trennungsunterhalt** begehrt, kann sich nach hM auch dann auf Abs 2 berufen, wenn über den Getrenntlebensunterhalt nach der *lex fori* – wie zB nach deutschem Recht (wo § 137 FamFG nur solche Ansprüche in den Verbund einbezieht, über die „für den Fall der Scheidung" zu entscheiden ist, vgl Bassenge/Roth/*Walter* § 137 FamFG Rn 6) – nicht im Entscheidungsverbund befunden wird (*Schulze* IPRax 99, 21/22 f; G/Sch/*Geimer* Art 5 EuGVVO aF Rn 186; **aA** KG NJW-RR 98, 579/580). In der *Schweiz* kommt in Ehesachen eine Annexzuständigkeit nach Art 5 Abs 2 iVm Art 59 (und Art 63) IPRG in Betracht; nicht aber nach Art 60 IPRG (Dasser/Oberhammer/*Oberhammer* Rn 98).

377 Wie Art 3 lit b EuUntVO ist auch Art 5 Abs 2 lit b LugÜ 2007 auch dann anzuwenden, wenn die Unterhaltssache im Zusammenhang mit einem anderen Verfahren in bezug auf den Personenstand steht. Praktische Bedeutung kommt dieser Annexzuständigkeit insbesondere für Ansprüche auf Kindesunterhalt zu, die im Rahmen eines Verfahrens auf gerichtliche **Vaterschaftsfeststellung** erhoben werden.

378 **d) Verbindung mit einem Verfahren in bezug auf die elterliche Verantwortung.** Art 5 Abs 2 lit c LugÜ 2007 entspricht Art 3 lit d EuUntVO; auf die dortige Kommentierung wird daher verwiesen (→ Rn 122 ff).

LugÜ Art 6. [Gerichtsstände des Sachzusammenhangs]

Eine Person, die ihren Wohnsitz im Hoheitsgebiet eines Mitgliedstaats hat, kann auch verklagt werden:

1. wenn mehrere Personen zusammen verklagt werden, vor dem Gericht des Ortes, an dem einer der Beklagten seinen Wohnsitz hat, sofern zwischen den Klagen eine so enge Beziehung gegeben ist, dass eine gemeinsame Verhandlung und Entscheidung geboten erscheint, um zu vermeiden, dass in getrennten Verfahren widersprechende Entscheidungen ergehen könnten;

2. *(nicht abgedruckt)*

3. wenn es sich um eine Widerklage handelt, die auf denselben Vertrag oder Sachverhalt wie die Klage selbst gestützt wird, vor dem Gericht, bei dem die Klage selbst anhängig ist;

4. *(nicht abgedruckt)*

1. Allgemeines

379 Abweichend von der EuUntVO (vgl *Hau* FamRZ 10, 516/517 f; → Rn 76) eröffnet Art 6 LugÜ auch in Unterhaltssachen Gerichtsstände des Sachzusammenhangs. Von praktischer Bedeutung sind im Wesentlichen nur der Gerichtsstand der **Streitgenossenschaft** nach Nr 1 und der Gerichtsstand der **Widerklage** nach Nr 3. Demgegenüber hängt die **Aufrechnung** gegen Unterhaltsansprüche im Prozess nicht davon ab, dass das angerufene Gericht nach dem LugÜ auch für die zur Aufrechnung gestellte Gegenforderung international zuständig ist; die Zulässigkeit der Aufrechnung bestimmt sich vielmehr nach dem anwendbaren nationalen Recht (EuGH C-391/93 – *Danvaern Production,* Slg 95 I-2053 = NJW 96, 42; *Gruschinske* EuZW 11, 171; vgl im deutschen Recht § 394 S 1 BGB iVm § 850b Nr 2 ZPO).

2. Mehrparteiengerichtsstand, Nr 1

380 Nach Nr 1 kann eine Person, die ihren Wohnsitz in einem durch das LugÜ gebundenen Vertragsstaat hat, auch in einem anderen Vertragsstaat verklagt werden, wenn sie zusammen mit einer anderen Person verklagt wird, die ihren Wohnsitz im Gerichtsstaat hat. Voraussetzung ist jedoch, dass zwischen den Klagen eine so enge Beziehung besteht, dass eine gemeinsame

400

I. Internationale Zuständigkeit: LugÜ Art 22   **382, 383** **C**

Verhandlung und Entscheidung geboten erscheint, um zu vermeiden, dass in getrennten Verfahren widersprechende Entscheidungen ergehen. Dieser hinreichende Zusammenhang nach Nr 1 erfordert nicht, dass beide Ansprüche auf der gleichen Rechtsgrundlage beruhen; sie müssen jedoch ihren Grund in einem einheitlichen Lebenssachverhalt haben (vgl unalexK/ *Corneloup/Althammer* Art 6 Rn 23 ff m ausf Nachw). Dies ist bei unterhaltsrechtlichen Klagen regelmäßig der Fall. Das Kind kann daher seine in Deutschland lebende Mutter und den in der Schweiz lebenden Vater nach seiner Wahl gemeinsam vor einem deutschen oder vor einem schweizerischen Gericht verklagen.

3. Gerichtsstand der Widerklage, Nr 3

In gleicher Weise ist nach Nr 3 auch der Gerichtsstand der Widerklage eröffnet, wenn diese **381** auf denselben Lebenssachverhalt wie die Klage gestützt wird. Anders als im Geltungsbereich der EuUntVO hat der an seinem Wohnsitz auf Unterhalt verklagte Verpflichtete daher nach Art 6 Nr 3 die Möglichkeit, in diesem Gerichtsstand eine Widerklage auf Herabsetzung des vereinbarten Unterhaltsbetrags oder auf Feststellung zu erheben, dass er nicht zur Unterhaltsleistung verpflichtet sei.

LugÜ Art 7–21

(nicht abgedruckt)

Abschnitt 6. Ausschließliche Zuständigkeiten

LugÜ Art 22. [Ausschließliche Gerichtsstände]

Ohne Rücksicht auf den Wohnsitz sind ausschließlich zuständig:

1.–4. *(nicht abgedruckt)*
    5. für Verfahren, welche die Zwangsvollstreckung aus Entscheidungen zum Gegenstand haben, die Gerichte des durch dieses Übereinkommen gebundenen Staates, in dessen Hoheitsgebiet die Zwangsvollstreckung durchgeführt werden soll oder durchgeführt worden ist.

1. Anwendungsbereich

Art 5 Nr 2 regelt nur die Zuständigkeit für die Entscheidung über das Bestehen des Unter- **382** haltsanspruchs; demgegenüber bestimmt Art 22 Nr 5 die Zuständigkeit für die Vollstreckung einer im Gerichtsstand des Art 5 Nr 2 erlassenen Entscheidung (vgl zu Art 22 Nr 5 EuGVVO aF Aud Prov Palmas de Gran Canaria 6.7.09, unalex ES-382). Art 22 gilt gilt allerdings – wie Art 64 Abs 2 lit a, letzter Hs ausdrücklich klarstellt – nur dann, wenn ein ausschließlicher Gerichtsstand in einem nicht der EU angehörenden Vertragsstaat, also in *Island, Norwegen* oder der *Schweiz,* begründet ist. Darüber hinaus ist Art 22 – und nicht die Art 3 ff EuUntVO – gem Art 64 Abs 2 lit a, Hs 1 aber auch immer dann anzuwenden, wenn der Antragsgegner seinen Wohnsitz in *Island, Norwegen* oder der *Schweiz* hat, mag der ausschließliche Gerichtsstand auch in einem EU-Mitgliedstaat begründet sein.

2. Gerichtsstand der Zwangsvollstreckung, Nr 5

Die Vorschrift ist systematisch eher dem Titel III (Anerkennung und Vollstreckung) zuzuord- **383** nen. Sie erfasst nur Verfahren, welche die **Inanspruchnahme von Zwangsmitteln** zum Inhalt haben (EuGH C-261/90 – *Reichert und Kockler,* Slg 92 I-2149 Rn 27 = IPRax 93, 28). Von Art 22 Nr 5 werden bei der Vollstreckung einer Unterhaltsentscheidung in Deutschland über §§ 120 FamFG, 65 AUG insbesondere Anträge nach §§ 719, 707, 765a ZPO (HK-ZPO/*Dörner* Art 24 EuGVVO Rn 28), die Vollstreckungserinnerung nach § 766 ZPO (jeweils iVm § 120 FamFG, § 65 AUG; vgl Mu/V/*Stadler* Art 24 EuGVVO Rn 11) und nach zutreffender hM auch der **Vollstreckungsabwehrantrag** nach § 767 ZPO erfasst (BGH NJW 14, 2798; OLG Jena IPRax 11, 586/588 m Anm *Gruber* 559; OLG Hamburg IPRax 99, 168 f; AG Wiesbaden FamRZ 09, 141; Zö/*Geimer* Art 24 EuGVVO Rn 30 f; Rauscher/*Leible* Art 24 EuGVVO Rn 126; vgl auch EuGH C-220/84 – *AS-Autoteile Service,* Slg 85, 2267 Rn 12 [obiter dictum]). Da die Begründetheit des Vollstreckungsabwehrantrags vom Bestand des materiell-rechtlichen Anspruchs abhängt, wird dagegen zT eine Anwendung von Art 22 Nr 5 abgelehnt (vgl dazu

401

C 385   1. Teil. Erkenntnisverfahren C. Unterhaltssachen

Mu/V/*Stadler* Art 24 EuGVVO Rn 11). Im Rahmen des Vollstreckungsabwehrverfahrens (§ 767 ZPO) ist die Präklusionsvorschrift des § 66 AUG zu beachten (→ M Rn 818 ff).

384   **Nicht** von Art 22 Nr 5 erfasst wird hingegen eine vorbeugende **negative Feststellungsklage,** mit der festgestellt werden soll, dass dem Beklagten aus dem Titel kein Anspruch zusteht (öst OGH IPRax 99, 47; LG Mainz WM 06, 2319/2322; MüKoZPO/*Gottwald* Art 24 EuGVVO Rn 48; **aA** H *Roth* IPRax 99, 50/51), sowie der **Abänderungsantrag** nach § 238 FamFG (HK-ZPO/*Dörner* Art 24 EuGVVO Rn 27) oder eine Klage auf Ersatz wegen unberechtigter Zwangsvollstreckung (OLG Hamm IPRax 01, 339).

Abschnitt 7. Vereinbarung über die Zuständigkeit

LugÜ Art 23. [Gerichtsstandsvereinbarung]

(1) [1]Haben die Parteien, von denen mindestens eine ihren Wohnsitz im Hoheitsgebiet eines durch dieses Übereinkommen gebundenen Staates hat, vereinbart, dass ein Gericht oder die Gerichte eines durch dieses Übereinkommen gebundenen Staates über eine bereits entstandene Rechtsstreitigkeit oder über eine künftige aus einem bestimmten Rechtsverhältnis entspringende Rechtsstreitigkeit entscheiden sollen, so sind dieses Gericht oder die Gerichte dieses Staates zuständig. [2]Dieses Gericht oder die Gerichte dieses Staates sind ausschließlich zuständig, sofern die Parteien nichts anderes vereinbart haben. [3]Eine solche Gerichtsstandsvereinbarung muss geschlossen werden

a) schriftlich oder mündlich mit schriftlicher Bestätigung,
b) in einer Form, welche den Gepflogenheiten entspricht, die zwischen den Parteien entstanden sind, oder
c) im internationalen Handel in einer Form, die einem Handelsbrauch entspricht, den die Parteien kannten oder kennen mussten und den Parteien von Verträgen dieser Art in dem betreffenden Geschäftszweig allgemein kennen und regelmäßig beachten.

(2) Elektronische Übermittlungen, die eine dauerhafte Aufzeichnung der Vereinbarung ermöglichen, sind der Schriftform gleichgestellt.

(3) Wenn eine solche Vereinbarung von Parteien geschlossen wurde, die beide ihren Wohnsitz nicht im Hoheitsgebiet eines durch dieses Übereinkommen gebundenen Staates haben, so können die Gerichte der anderen durch dieses Übereinkommen gebundenen Staaten nicht entscheiden, es sei denn, das vereinbarte Gericht oder die vereinbarten Gerichte haben sich rechtskräftig für unzuständig erklärt.

(4) Ist in schriftlich niedergelegten „trust"-Bedingungen bestimmt, dass über Klagen gegen einen Begründer, „trustee" oder Begünstigten eines „trust" ein Gericht oder die Gerichte eines durch dieses Übereinkommen gebundenen Staates entscheiden sollen, so ist dieses Gericht oder sind diese Gerichte ausschließlich zuständig, wenn es sich um Beziehungen zwischen diesen Personen oder ihre Rechte oder Pflichten im Rahmen des „trust" handelt.

(5) Gerichtsstandsvereinbarungen und entsprechende Bestimmungen in „trust"-Bedingungen haben keine rechtliche Wirkung, wenn sie den Vorschriften der Artikel 13, 17 und 21 zuwiderlaufen oder wenn die Gerichte, deren Zuständigkeit abbedungen wird, aufgrund des Artikels 22 ausschließlich zuständig sind.

1. Allgemeines

385   Art 23 gilt – wie Art 64 Abs 2 lit a, letzter Hs und Art 4 Abs 4 EuUntVO ausdrücklich klarstellen – für Gerichtsstandsvereinbarungen in Unterhaltssachen, wenn ein Gerichtsstand in einem nicht der EU angehörenden Vertragsstaat, also in *Island, Norwegen* oder der *Schweiz,* vereinbart wird. Darüber hinaus ist Art 23 – und nicht Art 4 EuUntVO – gem Art 64 Abs 2 lit a, Hs 1 aber auch immer dann anzuwenden, wenn der Antragsgegner seinen Wohnsitz in *Island, Norwegen* oder der *Schweiz* hat, mag auch ein Gerichtsstand in Deutschland oder in einem anderen Mitgliedstaat der EU vereinbart sein (Dasser/Oberhammer/*Domej* Art 64 LugÜ Rn 5; Rauscher/*Andrae* Art 69 EuUntVO Rn 16a). Eine Ausnahme gilt lediglich für die in Art 4 Abs 3 EuUntVO genannten Streitigkeiten, bei denen Gegenstand die Unterhaltspflicht gegenüber einem noch nicht 18 Jahre alten Kind ist (Rauscher/*Andrae* Art 4 EuUntVO Rn 60;

402

I. Internationale Zuständigkeit: LugÜ Art 25   **391**   **C**

→ Rn 167). Insoweit können also auch Gerichtsstandsvereinbarungen nach Art 23 nicht getroffen werden.

Für zahlreiche Aspekte internationaler Gerichtsstandsvereinbarungen nach Art 23 kann auf die **386** Kommentierung zu **Art 4 EuUntVO** verwiesen werden. Dies gilt insbesondere für die allgemeinen Grundsätze (→ Rn 126 ff), das Zustandekommen und die materielle Wirksamkeit der Gerichtsstandsvereinbarung(→ Rn 151 ff), ferner die Form nach Abs 1 S 3 lit a und nach Abs 2 (→ Rn 157 ff) und die Bestimmtheit der Vereinbarung (→ Rn 147 f, 166). Die durch Abs 1 S 3 lit b und c ermöglichten weiteren Formoptionen sind auf den internationalen Handelsverkehr zugeschnitten; ihnen dürfte im Unterhaltsrecht keine Bedeutung zukommen. Auch hinsichtlich der Wirkungen (→ Rn 169 ff) und der Abänderung einer Gerichtsstandsvereinbarung (→ Rn 176) gilt das zu Art 4 EuUntVO Gesagte entsprechend.

2. Abweichungen von Art 4 EuUntVO

Abweichend von Art 4 EuUntVO verlangt Art 23 LugÜ 2007, dass mindestens eine Partei **387** ihren **Wohnsitz** (→ Rn 400 ff) in einem Vertragsstaat des LugÜ 2007 hat.

Der wesentliche Unterschied zu Art 4 EuUntVO besteht aber darin, dass die Prorogation **388** nicht – wie nach Art 4 Abs 1 EuUntVO – auf bestimmte Gerichtsstände beschränkt ist, zu denen der Sachverhalt eine ausreichende Beziehung aufweist. Die Parteien sind vielmehr im räumlichen Anwendungsbereich des LugÜ frei, einen Gerichtsstand auch in einem Staat zu vereinbaren, zu dem beide Parteien **keinen Bezug** haben. So kann zB der deutsche Ehemann mit seiner italienischen Ehefrau für künftige Streitigkeiten über Trennungs- oder Scheidungsunterhalt nach Art 23 einen Gerichtsstand in der *Schweiz* vereinbaren, auch wenn die Ehegatten sich zu keiner Zeit in der *Schweiz* gewöhnlich aufgehalten haben.

Die Zuständigkeitsvereinbarung muss sich nach Art 23 Abs 1 S 1 auf eine bereits entstandene **389** oder auf eine „künftige, aus einem bestimmten Rechtsverhältnis entspringende Rechtsstreitigkeit" beziehen. Durch dieses **Bestimmtheitserfordernis** soll „die Geltung einer Gerichtsstandsvereinbarung auf die Rechtsstreitigkeiten eingeschränkt werden, die ihren Ursprung in dem Rechtsverhältnis haben, anlässlich dessen die Vereinbarung geschlossen wurde" (EuGH C-214/89 – *Powell Duffryn,* Slg 92 I-1745 Rn 30 ff = NJW 92, 1671). Für gesetzliche Unterhaltsansprüche bereitet das Erfordernis, dass sich der Rechtsstreit auf ein bestimmtes Rechtsverhältnis beziehen muss, indessen keine praktischen Schwierigkeiten.

LugÜ Art 24. [Rügelose Einlassung]

[1] Sofern das Gericht eines durch dieses Übereinkommen gebundenen Staates nicht bereits nach anderen Vorschriften dieses Übereinkommens zuständig ist, wird es zuständig, wenn sich der Beklagte vor ihm auf das Verfahren einlässt. [2] Dies gilt nicht, wenn der Beklagte sich einlässt, um den Mangel der Zuständigkeit geltend zu machen oder wenn ein anderes Gericht aufgrund des Artikels 22 ausschließlich zuständig ist.

Die Vorschrift entspricht **Art 5 EuUntVO;** auf die dortige Kommentierung wird daher **390** verwiesen (→ Rn 180 ff). Nach Art 24 ist eine rügelose Einlassung allerdings auch dann ausgeschlossen, wenn ein anderes Gericht aufgrund des Art 22 ausschließlich zuständig ist. In Abgrenzung zu Art 5 EuUntVO findet Art 24 nur dann Anwendung, wenn der Beklagte seinen Wohnsitz in der *Schweiz,* in *Norwegen* oder in *Island* hat (Art 64 Abs 2 lit a LugÜ).

Abschnitt 8. Prüfung der Zuständigkeit und der Zulässigkeit des Verfahrens

LugÜ Art 25. [Erklärung der Unzuständigkeit]

Das Gericht eines durch dieses Übereinkommen gebundenen Staates hat sich von Amts wegen für unzuständig zu erklären, wenn es wegen einer Streitigkeit angerufen wird, für die das Gericht eines anderen durch dieses Übereinkommen gebundenen Staates aufgrund des Artikels 22 ausschließlich zuständig ist.

Abweichend von Art 10 EuUntVO normiert die Vorschrift nur eine eingeschränkte Prüfung **391** der Zuständigkeit von Amts wegen, nämlich nur in den Fällen der ausschließlichen Zuständigkeit der Gerichte eines anderen Mitgliedstaats nach Art 22. Soweit die amtswegige Prüfungspflicht eingreift, kann auf die Kommentierung zu **Art 10 EuUntVO** (→ Rn 248 ff) verwiesen werden. Ob das Gericht seine internationale Zuständigkeit auch außerhalb des Anwendungsbereichs von

403

C 392, 393   1. Teil. Erkenntnisverfahren C. Unterhaltssachen

Art 25 (und 26) von Amts wegen zu prüfen hat, entscheidet das jeweilige nationale Verfahrensrecht (Dasser/Oberhammer/*Naegeli* Rn 7).

LugÜ Art 26. [Nichteinlassung des Beklagten]

(1) **Lässt sich der Beklagte, der seinen Wohnsitz im Hoheitsgebiet eines durch dieses Übereinkommen gebundenen Staates hat und der vor den Gerichten eines anderen durch dieses Übereinkommen gebundenen Staates verklagt wird, auf das Verfahren nicht ein, so hat sich das Gericht von Amts wegen für unzuständig zu erklären, wenn seine Zuständigkeit nicht nach diesem Übereinkommen begründet ist.**

(2) **Das Gericht hat das Verfahren so lange auszusetzen, bis festgestellt ist, dass es dem Beklagten möglich war, das verfahrenseinleitende Schriftstück oder ein gleichwertiges Schriftstück so rechtzeitig zu empfangen, dass er sich verteidigen konnte oder dass alle hierzu erforderlichen Maßnahmen getroffen worden sind.**

(3) **An die Stelle von Absatz 2 tritt Artikel 15 des Haager Übereinkommens vom 15. November 1965 über die Zustellung gerichtlicher und außergerichtlicher Schriftstücke im Ausland in Zivil- oder Handelssachen, wenn das verfahrenseinleitende Schriftstück oder ein gleichwertiges Schriftstück nach dem genannten Übereinkommen zu übermitteln war.**

(4) **Die Mitgliedstaaten der Europäischen Gemeinschaft, die durch die Verordnung (EG) Nr. 1348/2000 des Rates vom 29. Mai 2000 oder durch das am 19. Oktober 2005 in Brüssel unterzeichnete Abkommen zwischen der Europäischen Gemeinschaft und dem Königreich Dänemark über die Zustellung gerichtlicher und außergerichtlicher Schriftstücke in Zivil- oder Handelssachen gebunden sind, wenden in ihrem Verhältnis untereinander Artikel 19 der genannten Verordnung an, wenn das verfahrenseinleitende Schriftstück oder ein gleichwertiges Schriftstück nach dieser Verordnung oder nach dem genannten Abkommen zu übermitteln war.**

1. Unzuständigkeitserklärung, Abs 1

392   Zweck des Abs 1 ist es, den Antragsgegner, der nicht in seinem Wohnsitzstaat verklagt wird, durch eine amtswegige Zuständigkeitsprüfung zu schützen. Die Vorschrift setzt – anders als Art 11 Abs 1 EuUntVO – voraus, dass der Antragsgegner seinen **Wohnsitz in einem Vertragsstaat des LugÜ** hat und vor den Gerichten eines anderen Vertragsstaats verklagt wird. Im Hinblick auf Beklagte mit Wohnsitz im Gerichtsstaat oder in einem Nichtvertragsstaat ist Art 26 Abs 1 nicht anwendbar; sondern das autonome Verfahrensrecht (MüKoZPO/*Gottwald* Art 28 EuGVVO Rn 2). Dies wird oftmals kritisiert (etwa *Schlosser* FS Heldrich [2005], 1007/1012 ff: Diskriminierung), erweist sich jedoch in Unterhaltssachen als unproblematisch, weil dann jedenfalls in den EU-Mitgliedstaaten **Art 11 EuUntVO** eingreift, der Anwendungsvorrang vor dem autonomen Verfahrensrecht genießt. Besteht eine ausschließliche Zuständigkeit nach Art 22, so beruht die Pflicht zur Amtsprüfung auf Art 25. Lässt sich der Beklagte auf das Verfahren ein, dann obliegt es ihm, die internationale Zuständigkeit zu rügen, da sie ansonsten gem Art 24 durch rügelose Einlassung (→ Rn 390) begründet wird.

2. Aussetzung des Verfahrens, Abs 2–4

393   Die Abs 2–4 sollen das Recht des Antragsgegners auf **rechtliches Gehör** bei der Verfahrenseinleitung gewährleisten und zugleich sicherstellen, dass die Anerkennung der späteren Entscheidung nicht an Art 34 Nr 2 scheitert. Hierfür enthält Abs 2 eine eigenständige Regelung, die jedoch **nur subsidiär** zur Anwendung kommt, soweit nicht das Haager Zustellungsübereinkommen von 1965 (Abs 3) oder im Verhältnis der EU-Mitgliedstaaten die EuZVO (Abs 4) Geltung beanspruchen. Damit wird der Antragsgegner vor dem Erlass einer Versäumnisentscheidung geschützt, wenn er über das gegen ihn eingeleitete Unterhaltsverfahren nicht so rechtzeitig informiert wurde, dass er sich verteidigen konnte. Die Regelung entspricht insoweit **Art 11 EuUntVO**, sodass auf die diesbezügliche Kommentierung (→ Rn 255 ff) verwiesen werden kann.

I. Internationale Zuständigkeit: LugÜ Art 30 **C**

Abschnitt 9. Rechtshängigkeit und im Zusammenhang stehende Verfahren

LugÜ Art 27. [Rechtshängigkeit]

(1) Werden bei Gerichten verschiedener durch dieses Übereinkommen gebundener Staaten Klagen wegen desselben Anspruchs zwischen denselben Parteien anhängig gemacht, so setzt das später angerufene Gericht das Verfahren von Amts wegen aus, bis die Zuständigkeit des zuerst angerufenen Gerichts feststeht.

(2) Sobald die Zuständigkeit des zuerst angerufenen Gerichts feststeht, erklärt sich das später angerufene Gericht zugunsten dieses Gerichts für unzuständig.

1. Anwendungsbereich

Auf dem Gebiet der Rechtshängigkeit und der im Zusammenhang stehenden Verfahren sind **394** die Art 27, 28 LugÜ gem Art 64 Abs 2 lit b LugÜ anzuwenden, wenn identische oder im Zusammenhang stehende Klagen/Anträge in verschiedenen Staaten, die nur Vertragsstaaten des LugÜ sind, oder in einem solchen Staat einerseits und einem Mitgliedstaat der EU andererseits erhoben sind (Dasser/Oberhammer/*Domej* Art 64 LugÜ Rn 6).

2. Inhalt der Regelung

Anders als Art 12 EuUntVO spricht Art 27 nicht von „Verfahren", sondern von „Klage"; ein **395** sachlicher Unterschied ergibt sich hieraus jedoch nicht. Daher kann in vollem Umfang auf die Kommentierung zu **Art 12 EuUntVO** verwiesen werden (→ Rn 265 ff). Denn Art 12 EuUntVO knüpft an Art 27 EuGVVO an, dessen Auslegung durch den EuGH nach dem Protokoll Nr 2 zum LugÜ 2007 auch für das Verständnis von Art 27 LugÜ maßgebend ist (EuGH FamRZ 18, 286 Rn 46 ff). Danach steht eine schweizerische Schlichtungsbehörde, bei der ein obligatorisches Schlichtungsverfahren eingeleitet worden ist, einem „Gericht" iSv Art 27, 30 LugÜ 2007 gleich und begründet damit die Rechtshängigkeit (EuGH aaO, Rn 52 ff).

LugÜ Art 28. [Verbundene Verfahren]

(1) Sind bei Gerichten verschiedener durch dieses Übereinkommen gebundener Staaten Klagen, die im Zusammenhang stehen, anhängig, so kann jedes später angerufene Gericht das Verfahren aussetzen.

(2) Sind diese Klagen in erster Instanz anhängig, so kann sich jedes später angerufene Gericht auf Antrag einer Partei auch für unzuständig erklären, wenn das zuerst angerufene Gericht für die betreffenden Klagen zuständig ist und die Verbindung der Klagen nach seinem Recht zulässig ist.

(3) Klagen stehen im Sinne dieses Artikels im Zusammenhang, wenn zwischen ihnen eine so enge Beziehung gegeben ist, dass eine gemeinsame Verhandlung und Entscheidung geboten erscheint, um zu vermeiden, dass in getrennten Verfahren widersprechende Entscheidungen ergehen könnten.

Die Vorschrift entspricht **Art 13 EuUntVO**; auf die dortige Kommentierung wird daher **396** verwiesen (→ Rn 290 ff). Lediglich der in Art 28 verwendete Begriff der „Klage" wurde in Art 13 EuUntVO durch „Verfahren" ersetzt.

LugÜ Art 29

(nicht abgedruckt)

LugÜ Art 30. [Anrufung des Gerichts]

Für die Zwecke dieses Abschnitts gilt ein Gericht als angerufen:

1. zu dem Zeitpunkt, zu dem das verfahrenseinleitende Schriftstück oder ein gleichwertiges Schriftstück bei Gericht eingereicht worden ist, vorausgesetzt, dass der Antragsteller es in der Folge nicht versäumt hat, die ihm obliegenden Maßnahmen zu treffen, um die Zustellung des Schriftstücks an den Beklagten zu bewirken, oder

C 400   1. Teil. Erkenntnisverfahren C. Unterhaltssachen

2. falls die Zustellung an den Beklagten vor Einreichung des Schriftstücks bei Gericht zu bewirken ist, zu dem Zeitpunkt, zu dem die für die Zustellung verantwortliche Stelle das Schriftstück erhalten hat, vorausgesetzt, dass der Antragsteller es in der Folge nicht versäumt hat, die ihm obliegenden Maßnahmen zu treffen, um das Schriftstück bei Gericht einzureichen.

397   Die Regelung entspricht **Art 9 EuUntVO**; auf die dortige Kommentierung wird daher verwiesen (→ Rn 235 ff). Nach ihrem Wortlaut bezieht sich die Vorschrift zwar nur auf die Art 27–29; ihr kann aber ein allgemeiner Grundsatz entnommen werden, der auch in anderen Bereichen des Übk herangezogen werden kann.

Abschnitt 10. Einstweilige Maßnahmen einschließlich solcher, die auf eine Sicherung gerichtet sind

LugÜ Art 31. [Einstweilige Maßnahmen]

Die im Recht eines durch dieses Übereinkommen gebundenen Staates vorgesehenen einstweiligen Maßnahmen einschließlich solcher, die auf eine Sicherung gerichtet sind, können bei den Gerichten dieses Staates auch dann beantragt werden, wenn für die Entscheidung in der Hauptsache das Gericht eines anderen durch dieses Übereinkommen gebundenen Staates aufgrund dieses Übereinkommens zuständig ist.

398   Die Vorschrift entspricht **Art 14 EuUntVO**; auf die dortige Kommentierung wird daher verwiesen (→ Rn 299 ff). Allerdings folgt aus Art 4 Abs 1 (→ Rn 362 f), dass der Antragsgegner seinen Wohnsitz in einem Vertragsstaat des LugÜ (→ Rn 400 ff) haben muss (zur Abgrenzung gegenüber der EuUntVO → Rn 409 ff). Das Gericht kann seine Zuständigkeit nach nationalem Recht auch auf sog exorbitante Gerichtsstände stützen, die ansonsten nach Art 3 (→ Rn 361) im Anwendungsbereich des Übk ausgeschlossen sind (Mu/V/*Stadler* Art 35 EuGVVO nF Rn 1).

399   Der **Zahlungsbefehl** des schweizerischen Rechts stellt keine einstweilige Maßnahme iS der Vorschrift dar; denn er zielt auf die endgültige Befriedigung des Gläubigers ab. Der Zahlungsbefehl ist auch nicht einer Leistungsverfügung vergleichbar und erfüllt – da keine Sicherheitsleistung für den Fall angeordnet wird, dass der Schuldner im Hauptsacheverfahren obsiegt – nicht den von der EuGH-Rechtsprechung für Leistungsverfügungen aufgestellten Voraussetzungen (Dasser/Oberhammer/*Domej* Art 62 LugÜ Rn 7).

Titel III. Anerkennung und Vollstreckung

LugÜ Art 32–58

(abgedruckt und kommentiert → M Rn 398 ff)

Titel IV. Öffentliche Urkunden und Prozessvergleiche

LugÜ Art 57–58

(abgedruckt und kommentiert → M Rn 446 ff)

Titel V. Allgemeine Vorschriften

LugÜ Art 59. [Wohnsitz]

(1) Ist zu entscheiden, ob eine Partei im Hoheitsgebiet des durch dieses Übereinkommen gebundenen Staates, dessen Gerichte angerufen sind, einen Wohnsitz hat, so wendet das Gericht sein Recht an.

(2) Hat eine Partei keinen Wohnsitz in dem durch dieses Übereinkommen gebundenen Staat, dessen Gerichte angerufen sind, so wendet das Gericht, wenn es zu entscheiden hat, ob die Partei einen Wohnsitz in einem anderen durch dieses Übereinkommen gebundenen Staat hat, das Recht dieses Staates an.

1. Allgemeines

400   Der Wohnsitz des Antragsgegners im Hoheitsgebiet der *Schweiz, Norwegens* oder *Islands* ist aus der Sicht der deutschen Gerichte Voraussetzung für die Anwendung der Zuständigkeitsordnung

I. Internationale Zuständigkeit: LugÜ Art 62   **C**

des Übk (→ Rn 301) und im Rahmen von Erkenntnisverfahren nach Art 64 Abs 2 lit a Abgrenzungskriterium zur EuUntVO (→ Rn 409 ff). Er ist weiter nach Art 2 Abs 1 Anknüpfungsmerkmal für den allgemeinen Gerichtsstand nach dem Übk in einem der genannten Staaten. Der Begriff des Wohnsitzes wird im LugÜ nicht definiert, sondern ist mit Hilfe der Kollisionsnormen in Abs 1 und 2 zu bestimmen.

2. Wohnsitz im Gerichtsstaat, Abs 1

Abs 1 verweist auf das Sachrecht des Staates, dessen Gerichte angerufen worden sind, und zwar **401** primär auf das Verfahrens-, hilfsweise auf das materielle Recht (Dasser/Oberhammer/*Furrer*/*Glarner* Rn 5; MüKoZPO/*Gottwald* Art 59 EuGVVO aF Rn 3). Darüber, ob der Unterhaltsberechtigte seinen Wohnsitz iSv Art 5 Abs 2 lit a in Deutschland hat, befindet der inländische Richter daher nach §§ 7 ff BGB. Hat eine Person tatsächlich (vgl § 7 Abs 2 BGB) oder aufgrund unterschiedlicher Anforderungen an die Wohnsitzbegründung in den Rechten der Vertragsstaaten **mehrere Wohnsitze,** so hat der Antragsteller die Wahl, vor welchem Wohnsitzgericht er Unterhalt beantragen möchte.

3. Wohnsitz in einem anderen Vertragsstaat, Abs 2

Fehlt ein inländischer Wohnsitz, so beurteilt sich die – für die Anwendbarkeit des LugÜ gem **402** Art 4 Abs 1 entscheidende – Frage, ob die Partei einen Wohnsitz in einem anderen Vertragsstaat hat, gem Abs 2 nach dessen Sachrecht. Für die Entscheidung, ob ein Verfahrensbeteiligter seinen Wohnsitz in der **Schweiz** hat, ist Art 20 Abs 1 lit a IPRG maßgebend (Dasser/Oberhammer/*Furrer*/*Glarner* Rn 21). Entscheidend für die Wohnsitzbegründung ist demgemäß der Ort, an dem sich eine natürliche Person mit der Absicht dauernden Verbleibs aufhält. Für die Annahme eines dauernden Verbleibs an einem bestimmten Ort wird eine intensive Beziehung zu diesem Ort gefordert. Dabei soll es weniger auf den Zeitraum des Verweilens, als vielmehr auf den Willen zur Wohnsitzbegründung ankommen(Dasser/Oberhammer/*Furrer*/*Glarner* Rn 23).

LugÜ Art 60. [Sitz von Gesellschaften und juristischen Personen]

(1) **Gesellschaften und juristische Personen haben für die Anwendung dieses Übereinkommens ihren Wohnsitz an dem Ort, an dem sich**

a) **ihr satzungsmäßiger Sitz,**
b) **ihre Hauptverwaltung oder**
c) **ihre Hauptniederlassung befindet.**

(2) **Im Falle des Vereinigten Königreichs und Irlands ist unter dem Ausdruck „satzungsmäßiger Sitz" das „*registered office*" oder, wenn ein solches nirgendwo besteht, der „*place of incorporation*" (Ort der Erlangung der Rechtsfähigkeit) oder, wenn ein solcher nirgendwo besteht, der Ort, nach dessen Recht die „formation" (Gründung) erfolgt ist, zu verstehen.**

(3) **Um zu bestimmen, ob ein „trust" seinen Sitz in dem durch dieses Übereinkommen gebundenen Staat hat, bei dessen Gerichten die Klage anhängig ist, wendet das Gericht sein Internationales Privatrecht an.**

Art 60 Abs 1 gibt eine autonome Begriffsbestimmung des Sitzes einer Gesellschaft bzw **403** juristischen Person für die Zwecke des Übk. Das Kollisionsrecht muss – anders als nach Art 53 LugÜ 1988 – nicht mehr herangezogen werden. Die Bedeutung der Vorschrift im Unterhaltsrecht ist jedoch gering.

LugÜ Art 61

(nicht abgedruckt)

LugÜ Art 62. [Gericht]

Im Sinne dieses Übereinkommens umfasst die Bezeichnung „Gericht" jede Behörde, die von einem durch dieses Übereinkommen gebundenen Staat als für die in den Anwendungsbereich dieses Übereinkommens fallenden Rechtsgebiete zuständig bezeichnet worden ist.

407

C 405–408
1. Teil. Erkenntnisverfahren C. Unterhaltssachen

404 Für den Fall, dass ein Unterhaltsverfahren in einem Vertragsstaat nicht von Gerichten sondern von einer **Verwaltungsbehörde** durchgeführt wird, stellt die Vorschrift die Anwendung der auf Gerichte zugeschnittenen Regelungen des LugÜ auch auf solche Verfahren sicher. Es gilt damit im Rahmen des LugÜ – ebenso wie nach Art 2 Abs 2 EuUntVO (→ Rn 70) – ein **funktioneller Gerichtsbegriff** (Dasser/Oberhammer/*Domej* Rn 1). Zur Anwendung der Vorschriften des LugÜ auf das schweizerische Beitreibungsverfahren siehe Dasser/Oberhammer/*Domej* Rn 6 ff.

Titel VI. Übergangsvorschriften
LugÜ Art 63. [Zeitlicher Anwendungsbereich]

(1) **Die Vorschriften dieses Übereinkommens sind nur auf solche Klagen und öffentliche Urkunden anzuwenden, die erhoben oder aufgenommen worden sind, nachdem dieses Übereinkommen im Ursprungsstaat und, sofern die Anerkennung oder Vollstreckung einer Entscheidung oder einer öffentlichen Urkunde geltend gemacht wird, im ersuchten Staat in Kraft getreten ist.**

(2) *(abgedruckt und kommentiert → M Rn 456 ff)*

1. Internationale Zuständigkeit

405 **a) Grundsatz.** Die Vorschrift legt den zeitlichen Anwendungsbereich des Übk fest. Sie normiert in Abs 1 – ebenso wie Art 75 Abs 1 EuUntVO, auf dessen Kommentierung verwiesen wird (→ Rn 333 ff) – den Grundsatz der Nichtrückwirkung des Übk. Die Zuständigkeitsregeln des Übk sind daher nur anzuwenden, wenn die Klage nach dem Inkrafttreten des LugÜ im Gerichtsstaat erhoben wurde. Wie im Rahmen von Art 66 EuGVVO ist für Art 63 LugÜ umstritten, ob der Zeitpunkt der Klageerhebung (Antragserhebung) nach der jeweiligen nationalen *lex fori* zu bestimmen ist (so zum EuGVÜ BGH NJW 96, 1411/1412) oder autonom unter entsprechender Heranziehung des unmittelbar nur für die Anwendung der Art 27–29 geltenden Art 30 LugÜ (so Dasser/Oberhammer/*Domej* Rn 4). Im Interesse einer einheitlichen Bestimmung des zeitlichen Anwendungsbereichs des Übk ist der letzteren Ansicht der Vorzug zu geben (ebenso die hM zu Art 66 EuGVVO aF, vgl BGH NJW 04, 1652/1653; BGH IPRax 06, 602; öst OGH ZfRV 04, 32).

406 **b) Gerichtsstandsvereinbarung.** Der Zeitpunkt der Klageerhebung ist auch für die Beurteilung der Wirksamkeit einer Gerichtsstandsvereinbarung maßgebend. Eine im Zeitpunkt ihres Abschlusses unwirksame Gerichtsstandsvereinbarung wird daher geheilt, wenn sie nach den Vorschriften des LugÜ wirksam ist und die Klage in einem durch das Übk gebundenen Staat nach dessen Inkrafttreten erhoben wird (vgl zum EuGVÜ EuGH 25/79 – *Sanicentral,* Slg 79, 3423 Rn 7). Umgekehrt kann sich eine Beteiligter nach hM nicht auf eine im Zeitpunkt ihres Abschlusses – nach dem damals geltenden staatsvertraglichen oder nationalen Recht – wirksame Gerichtsstandsvereinbarung berufen, wenn sie die Voraussetzungen des Art 23 im Zeitpunkt der Klageerhebung nicht erfüllt (Dasser/Oberhammer/*Domej* Rn 5; unalexK/*Hausmann* Art 23 Rn 44 ff, jeweils mwN; dazu näher zu Art 4 EuUntVO (→ Rn 149 f).

407 **c) Öffentliche Urkunden und Prozessvergleiche.** Für öffentliche Urkunden ist auf den Tag der Aufnahme (Beurkundung) abzustellen; nicht auf einen evtl späteren Tag der Vollstreckbarerklärung. Da der Prozessvergleich vor Gericht beurkundet wird, ist auch insoweit der Tag des Abschlusses maßgebend (MüKoZPO/*Gottwald* Art 66 EuGVVO Rn 1).

2. Rechtshängigkeit

408 Für die Beurteilung der anderweitigen Rechtshängigkeit gilt Art 27 LugÜ 2007, wenn beide Verfahren vor Gerichten verschiedener Vertragsstaaten nach Inkrafttreten des Übereinkommens eingeleitet wurden. Sind beide Vertragsstaaten allerdings zugleich Mitgliedstaaten der EuUntVO, so hat deren Art 12 Vorrang. Wurde ein Verfahren hingegen zB vor dem 1.1.2010 in *Norwegen* oder vor dem 1.1.2011 in der *Schweiz,* das zweite Verfahren hingegen erst nach diesem Zeitpunkt in Deutschland eingeleitet, so ist Art 27 von dem später angerufenen deutschen Gericht dann anzuwenden, wenn sich die Zuständigkeit des zuerst angerufenen Gerichts in *Norwegen* oder der *Schweiz* aus Vorschriften ergibt, die mit den Art 2 ff LugÜ 2007 übereinstimmen (vgl zum EuGVÜ EuGH C-163/95 – *Horn/Cinnamond* – Slg 97 I-5467 Rn 19 ff, 27 = IPRax 99, 100 m Anm *Rauscher* 80). Dies trifft idR bereits deshalb zu, weil die Art 2, 5 Abs 2 in den Vertragsstaaten bereits zuvor nach Maßgabe des LugÜ 1988 gegolten haben.

I. Internationale Zuständigkeit: LugÜ Art 64   **409, 410**   **C**

Titel VII. Verhältnis zu der Verordnung (EG) Nr 44/2001 des Rates und zu anderen Rechtsinstrumenten

LugÜ Art 64. [Verhältnis zur EuGVVO aF]

(1) **Dieses Übereinkommen lässt die Anwendung folgender Rechtsakte durch die Mitgliedstaaten der Europäischen Gemeinschaft unberührt: der Verordnung (EG) Nr. 44/2001 des Rates über die gerichtliche Zuständigkeit und die Anerkennung und Vollstreckung von Entscheidungen in Zivil- und Handelssachen einschließlich deren Änderungen, des am 27. September 1968 in Brüssel unterzeichneten Übereinkommens über die gerichtliche Zuständigkeit und die Vollstreckung gerichtlicher Entscheidungen in Zivil- und Handelssachen und des am 3. Juni 1971 in Luxemburg unterzeichneten Protokolls über die Auslegung des genannten Übereinkommens durch den Gerichtshof der Europäischen Gemeinschaften in der Fassung der Übereinkommen, mit denen die neuen Mitgliedstaaten der Europäischen Gemeinschaften jenem Übereinkommen und dessen Protokoll beigetreten sind, sowie des am 19. Oktober 2005 in Brüssel unterzeichneten Abkommens zwischen der Europäischen Gemeinschaft und dem Königreich Dänemark über die gerichtliche Zuständigkeit und die Anerkennung und Vollstreckung von Entscheidungen in Zivil- und Handelssachen.**

(2) **Dieses Übereinkommen wird jedoch in jedem Fall angewandt**

a) in Fragen der gerichtlichen Zuständigkeit, wenn der Beklagte seinen Wohnsitz im Hoheitsgebiet eines Staates hat, in dem dieses Übereinkommen, aber keines der in Absatz 1 aufgeführten Rechtsinstrumente gilt, oder wenn die Gerichte eines solchen Staates nach Artikel 22 oder 23 dieses Übereinkommens zuständig sind;

b) bei Rechtshängigkeit oder im Zusammenhang stehenden Verfahren im Sinne der Artikel 27 und 28, wenn Verfahren in einem Staat anhängig gemacht werden, in dem dieses Übereinkommen, aber keines der in Absatz 1 aufgeführten Rechtsinstrumente gilt, und in einem Staat, in dem sowohl dieses Übereinkommen als auch eines der in Absatz 1 aufgeführten Rechtsinstrumente gilt;

c) *(abgedruckt und kommentiert → M Rn 460)*

(3) *(abgedruckt und kommentiert → M Rn 460)*

1. Allgemeines

Die Vorschrift grenzt ihrem Wortlaut nach den Anwendungsbereich des LugÜ von demjeni- **409** gen der EuGVVO aF (und des Parallelabkommens mit *Dänemark* v 19.10.2005) ab. Da die Vorschriften der EuGVVO aF auf dem Gebiet des Unterhaltsverfahrensrechts gem Art 68 Abs 1 EuUntVO mit Wirkung v 18.6.2011 durch diejenigen der EuUntVO ersetzt wurden, gilt die Vorschrift – und nicht das Protokoll Nr 3 zum LugÜ – auch für das Verhältnis zur EuUntVO (Kropholler/*v Hein* Einl EuGVVO aF Rn 103; Rauscher/*Andrae* Art 69 EuUntVO Rn 16; *Wagner/Janzen* IPRax 10, 298/308; krit Dasser/Oberhammer/*Domej* Rn 2; dazu schon → Rn 10). Das ursprünglich intendierte Zusatzprotokoll, in dem das Verhältnis zwischen LugÜ und EuUntVO geregelt werden sollte, wird nicht mehr weitererfolgt (Dasser/Oberhammer/ *Domej* Rn 2). Nach dem Grundsatz des Art 64 Abs 1 hat daher die EuUntVO in ihrem sachlichen, räumlichen und zeitlichen Anwendungsbereich grundsätzlich Vorrang vor dem LugÜ.

2. Internationale Zuständigkeit, Abs 2 lit a

Das LugÜ ist auch in den EU-Mitgliedstaaten nach Art 64 Abs 2 lit a für die Zuständigkeit **410** dann maßgebend, wenn der **Antragsgegner** seinen Wohnsitz in *Island, Norwegen* oder der *Schweiz* hat. Hat hingegen nur der Antragsteller seinen Wohnsitz in einem der genannten Staaten, während der Antragsgegner seinen Wohnsitz in einem EU-Mitgliedstaat hat, so kommt die EuUntVO zur Anwendung, wenn der Antrag in einem EU-Mitgliedstaat gestellt wird. Unabhängig vom Wohnsitz des Antragsgegners ist das LugÜ anzuwenden, wenn der Anknüpfungspunkt für eine **ausschließliche Zuständigkeit** gem Art 22 in *Island, Norwegen* oder der *Schweiz* liegt oder wenn nach Art 23 die Zuständigkeit der Gerichte eines dieser Staaten vereinbart wurde. Hat der Antragsgegner seinen Wohnsitz in einem der drei genannten Staaten, so sind die

409

C 1. Teil. Erkenntnisverfahren C. Unterhaltssachen

Art 22, 23 auch dann anzuwenden, wenn ein Anknüpfungspunkt für eine ausschließliche Zuständigkeit in einem EU-Staat liegt bzw die Zuständigkeit der Gerichte eines EU-Staats vereinbart wurde (Dasser/Oberhammer/*Domej* Rn 5; vgl auch → Rn 385).

3. Rechtshängigkeit, Abs 2 lit b

411 Die Vorschriften über die Beachtung der Rechtshängigkeit eines Unterhaltsverfahrens vor einem Gericht eines anderen Vertragsstaats oder über zusammenhängende Verfahren (Art 27, 28) sind anzuwenden, wenn die konkurrierenden Verfahren in verschiedenen Vertragsstaaten anhängig sind, die entweder nur Vertragsstaaten des LugÜ sind *(Island, Norwegen, Schweiz)* oder von denen ein Vertragsstaat einer der drei genannten Staaten ist und der andere ein Mitgliedstaat der EU ist (Dasser/Oberhammer/*Domej* Rn 6).

LugÜ Art 65–66

(abgedruckt und kommentiert → M Rn 461 ff)

LugÜ Art 67. [Staatsverträge auf besonderen Rechtsgebieten]

(1) **Dieses Übereinkommen lässt Übereinkünfte unberührt, denen die Vertragsparteien und/oder die durch dieses Übereinkommen gebundenen Staaten angehören und die für besondere Rechtsgebiete die gerichtliche Zuständigkeit, die Anerkennung oder die Vollstreckung von Entscheidungen regeln. Unbeschadet der Verpflichtungen aus anderen Übereinkünften, denen manche Vertragsparteien solche Übereinkünfte schließen.**

(2) **Dieses Übereinkommen schließt nicht aus, dass ein Gericht eines durch dieses Übereinkommen gebundenen Staates, der Vertragspartei einer Übereinkunft über ein besonderes Rechtsgebiet ist, seine Zuständigkeit auf eine solche Übereinkunft stützt, und zwar auch dann, wenn der Beklagte seinen Wohnsitz in einem anderen durch dieses Übereinkommen gebundenen Staat hat, der nicht Vertragspartei der betreffenden Übereinkunft ist. In jedem Fall wendet dieses Gericht Artikel 26 dieses Übereinkommens an.**

(3)–(5) *(abgedruckt und kommentiert → M Rn 466 ff)*

412 Mit dem LugÜ konkurrierende Staatsverträge auf dem Gebiet der internationalen Zuständigkeit in Unterhaltssachen gelten derzeit für die *Bundesrepublik Deutschland* nicht. Seit Inkrafttreten des HUÜ 2007 (→ M Rn 472 ff) ist jedoch dessen Art 18 gem Art 67 Abs 1 auch in Verfahren zu beachten, in denen deutsche Gerichte ihre internationale Zuständigkeit auf das LugÜ stützen.

LugÜ Art 68

(abgedruckt und kommentiert → M Rn 471)

Titel VIII. Schlussvorschriften

LugÜ Art 69. [Zeichnung; Ratifikation]

(1) **Dieses Übereinkommen liegt für die Europäische Gemeinschaft, Dänemark und die Staaten, die Mitglieder der Europäischen Freihandelsassoziation sind, zur Unterzeichnung auf.**

(2) [1]**Dieses Übereinkommen bedarf der Ratifikation durch die Unterzeichnerstaaten.** [2]**Die Ratifikationsurkunden werden beim Schweizerischen Bundesrat hinterlegt, der der Verwahrer dieses Übereinkommens ist.**

(3) **Zum Zeitpunkt der Ratifizierung kann jede Vertragspartei Erklärungen gemäß den Artikeln I, II und III des Protokolls 1 abgeben.**

(4) **Dieses Übereinkommen tritt am ersten Tag des sechsten Monats in Kraft, der auf den Tag folgt, an dem die Europäische Gemeinschaft und ein Mitglied der Europäischen Freihandelsassoziation ihre Ratifikationsurkunden hinterlegt haben.**

(5) **Für jede andere Vertragspartei tritt dieses Übereinkommen am ersten Tag des dritten Monats in Kraft, der auf die Hinterlegung ihrer Ratifikationsurkunde folgt.**

I. Internationale Zuständigkeit: LugÜ Art 72   **C**

(6) [1]Unbeschadet des Artikels 3 Absatz 3 des Protokolls 2 ersetzt dieses Überein-kommen ab dem Tag seines Inkrafttretens gemäß den Absätzen 4 und 5 das am 16. September 1988 in Lugano geschlossene Übereinkommen über die gerichtliche Zuständigkeit und die Vollstreckung gerichtlicher Entscheidungen in Zivil- und Han-delssachen. [2]Jede Bezugnahme auf das Lugano-Übereinkommen von 1988 in anderen Rechtsinstrumenten gilt als Bezugnahme auf dieses Übereinkommen.

(7) Im Verhältnis zwischen den Mitgliedstaaten der Europäischen Gemeinschaft und den außereuropäischen Gebieten im Sinne von Artikel 70 Absatz 1 Buchstabe b ersetzt dieses Übereinkommen ab dem Tag seines Inkrafttretens für diese Gebiete gemäß Artikel 73 Absatz 2 das am 27. September 1968 in Brüssel unterzeichnete Überein-kommen über die gerichtliche Zuständigkeit und die Vollstreckung gerichtlicher Ent-scheidungen in Zivil- und Handelssachen und das am 3. Juni 1971 in Luxemburg unterzeichnete Protokoll über die Auslegung des genannten Übereinkommens durch den Gerichtshof der Europäischen Gemeinschaften in der Fassung der Übereinkom-men, mit denen die neuen Mitgliedstaaten der Europäischen Gemeinschaften jenem Übereinkommen und dessen Protokoll beigetreten sind.

Das Übk wurde von der *EU, Island, Norwegen* und der *Schweiz* am 9.10.2007 und von **413** *Dänemark* am 5.12.2007 unterzeichnet. Die *EU* hat das Übk am 18.5.2009, *Norwegen* am 1.7.2009, *Dänemark* am 24.9.2009, die *Schweiz* am 20.10.2010 und *Island* am 25.2.2011 ratifi-ziert. Nach Art 69 Abs 4 und 5 ist das Übk am 1.1.2010 für die von der *EU* vertretenen Mitgliedstaaten, *Dänemark* und *Norwegen* in Kraft getreten. Im Verhältnis zur *Schweiz* ist das LugÜ 2007 am 1.1.2011, im Verhältnis zu *Island* am 1.5.2011 in Kraft getreten. Nach Abs 6 tritt das revidierte Übk von 2007 an die Stelle des Übk von 1988.

LugÜ Art 70. [Beitritt]

(1) Dem Übereinkommen können nach seinem Inkrafttreten beitreten:

a) die Staaten, die nach Auflage dieses Übereinkommens zur Unterzeichnung Mit-glieder der Europäischen Freihandelsassoziation werden, unter den Voraussetzun-gen des Artikels 71;

b) ein Mitgliedstaat der Europäischen Gemeinschaft im Namen bestimmter außer-europäischer Gebiete, die Teil seines Hoheitsgebiets sind oder für deren Außenbe-ziehungen dieser Mitgliedstaat zuständig ist, unter den Voraussetzungen des Arti-kels 71;

c) jeder andere Staat unter den Voraussetzungen des Artikels 72.

(2) [1]Die in Absatz 1 genannten Staaten, die diesem Übereinkommen beitreten wol-len, richten ein entsprechendes Ersuchen an den Verwahrer. [2]Dem Beitrittsersuchen und den Angaben nach den Artikeln 71 und 72 ist eine englische und französische Übersetzung beizufügen.

LugÜ Art 71. [Folgen des Beitritts]

(1) Jeder in Artikel 70 Absatz 1 Buchstaben a und b genannte Staat, der diesem Übereinkommen beitreten will,

a) teilt die zur Anwendung dieses Übereinkommens erforderlichen Angaben mit;

b) kann Erklärungen nach Maßgabe der Artikel I und III des Protokolls 1 abgeben.

(2) Der Verwahrer übermittelt den anderen Vertragsparteien vor der Hinterlegung der Beitrittsurkunde des betreffenden Staates die Angaben, die ihm nach Absatz 1 mitgeteilt wurden.

LugÜ Art 72. [Mitteilungen/Erklärungen von Beitrittsstaaten]

(1) Jeder in Artikel 70 Absatz 1 Buchstabe c genannte Staat, der diesem Überein-kommen beitreten will,

a) teilt die zur Anwendung dieses Übereinkommens erforderlichen Angaben mit;

b) kann Erklärungen nach Maßgabe der Artikel I und III des Protokolls 1 abgeben;

c) erteilt dem Verwahrer Auskünfte insbesondere über

411

C

1. Teil. Erkenntnisverfahren C. Unterhaltssachen

1. sein Justizsystem mit Angaben zur Ernennung der Richter und zu deren Unabhängigkeit;
2. sein innerstaatliches Zivilprozess- und Vollstreckungsrecht;
3. sein Internationales Zivilprozessrecht.

(2) Der Verwahrer übermittelt den anderen Vertragsparteien die Angaben, die ihm nach Absatz 1 mitgeteilt worden sind, bevor er den betreffenden Staat gemäß Absatz 3 zum Beitritt einlädt.

(3) ¹Unbeschadet des Absatzes 4 lädt der Verwahrer den betreffenden Staat nur dann zum Beitritt ein, wenn die Zustimmung aller Vertragsparteien vorliegt. ²Die Vertragsparteien sind bestrebt, ihre Zustimmung spätestens innerhalb eines Jahres nach der Aufforderung durch den Verwahrer zu erteilen.

(4) Für den beitretenden Staat tritt dieses Übereinkommen nur im Verhältnis zu den Vertragsparteien in Kraft, die vor dem ersten Tag des dritten Monats, der auf die Hinterlegung der Beitrittsurkunde folgt, keine Einwände gegen den Beitritt erhoben haben.

LugÜ Art 73. [Inkrafttreten]

(1) Die Beitrittsurkunden werden beim Verwahrer hinterlegt.

(2) ¹Für einen in Artikel 70 genannten beitretenden Staat tritt dieses Übereinkommen am ersten Tag des dritten Monats, der auf die Hinterlegung seiner Beitrittsurkunde folgt, in Kraft. ²Ab diesem Zeitpunkt gilt der beitretende Staat als Vertragspartei dieses Übereinkommens.

(3) Jede Vertragspartei kann dem Verwahrer den Wortlaut dieses Übereinkommens in ihrer oder ihren Sprachen übermitteln, der, sofern die Vertragsparteien nach Artikel 4 des Protokolls 2 zugestimmt haben, ebenfalls als verbindlich gilt.

LugÜ 74. [Kündigung]

(1) Dieses Übereinkommen wird auf unbegrenzte Zeit geschlossen.

(2) Jede Vertragspartei kann dieses Übereinkommen jederzeit durch eine an den Verwahrer gerichtete Notifikation kündigen.

(3) Die Kündigung wird am Ende des Kalenderjahres wirksam, das auf einen Zeitraum von sechs Monaten folgt, gerechnet vom Eingang ihrer Notifikation beim Verwahrer.

LugÜ Art 75. [Protokolle; Anhänge]

Diesem Übereinkommen sind beigefügt:
– ein Protokoll 1 über bestimmte Zuständigkeits-, Verfahrens- und Vollstreckungsfragen,
– ein Protokoll 2 über die einheitliche Auslegung des Übereinkommens und den Ständigen Ausschuss,
– ein Protokoll 3 über die Anwendung von Artikel 67,
– die Anhänge I bis IV und Anhang VII mit Angaben zur Anwendung des Übereinkommens,
– die Anhänge V und VI mit den Formblättern für die Bescheinigungen im Sinne der Artikel 54, 57 und 58,
– Anhang VIII mit der Angabe der verbindlichen Sprachfassungen des Übereinkommens gemäß Artikel 79
– und
– Anhang IX mit den Angaben gemäß Artikel II des Protokolls 1.
Die Protokolle und Anhänge sind Bestandteil des Übereinkommens.

I. Internationale Zuständigkeit   **414, 415   C**

LugÜ Art 76. [Revision]

[1]Unbeschadet des Artikels 77 kann jede Vertragspartei eine Revision dieses Übereinkommens beantragen. [2]Zu diesem Zweck beruft der Verwahrer den Ständigen Ausschuss nach Artikel 4 des Protokolls 2 ein.

LugÜ Art 77. [Mitteilungspflichten der Vertragsstaaten]

(1) [1]Die Vertragsparteien teilen dem Verwahrer den Wortlaut aller Rechtsvorschriften mit, durch den die Listen in den Anhängen I bis IV geändert werden, sowie alle Streichungen oder Zusätze in der Liste des Anhangs VII und den Zeitpunkt ihres Inkrafttretens. [2]Diese Mitteilung erfolgt rechtzeitig vor Inkrafttreten; ihr ist eine englische und französische Übersetzung beizufügen. [3]Der Verwahrer passt die betreffenden Anhänge nach Anhörung des Ständigen Ausschusses gemäß Artikel 4 des Protokolls 2 entsprechend an. [4]Zu diesem Zweck erstellen die Vertragsparteien eine Übersetzung der Anpassungen in ihren Sprachen.

(2) Jede Änderung der Anhänge V und VI sowie VIII und IX wird vom Ständigen Ausschuss gemäß Artikel 4 des Protokolls 2 angenommen.

LugÜ Art 78. [Notifikation]

(1) Der Verwahrer notifiziert den Vertragsparteien:

a) die Hinterlegung jeder Ratifikations- oder Beitrittsurkunde,

b) den Tag, an dem dieses Übereinkommen für die Vertragsparteien in Kraft tritt,

c) die nach den Artikeln I bis IV des Protokolls 1 eingegangenen Erklärungen,

d) die Mitteilungen nach Artikel 74 Absatz 2, Artikel 77 Absatz 1 sowie Absatz 4 des Protokolls 3.

(2) Den Notifikationen ist eine englische und französische Übersetzung beizufügen.

LugÜ Art 79. [Sprachfassungen; Hinterlegung]

[1]Dieses Übereinkommen ist in einer Urschrift in den in Anhang VIII aufgeführten Sprachen abgefasst, wobei jeder Wortlaut gleichermaßen verbindlich ist; es wird im Schweizerischen Bundesarchiv hinterlegt. [2]Der Schweizerische Bundesrat übermittelt jeder Vertragspartei eine beglaubigte Abschrift.

180. Haager Übereinkommen über die internationale Geltendmachung der Unterhaltsansprüche von Kindern und anderen Familienangehörigen (HUÜ 2007)

Vom 23. November 2007 (ABl EU 2011 L 192, 51)

Vorbemerkung

Das HUÜ 2007 ist für die Europäische Union und ihre Mitgliedstaaten (mit Ausnahme von **414** *Dänemark*) am 1.8.2014 im Verhältnis zu *Albanien, Bosnien und Herzegowina, Norwegen* und der *Ukraine* in Kraft getreten. Es gilt inzwischen auch im Verhältnis zu *Brasilien* (seit 1.11.2017), *Montenegro* (seit 1.1.2017), der *Türkei* (seit 1.2.2017), den *Vereinigten Staaten* (seit 1.1.2017) und *Weißrussland* (seit 1.6.2018). Es wird ferner für *Honduras* am 19.10.2018 in Kraft treten.

Das Übk wurde von der EU auf der Grundlage des Ratsbeschlusses v 31.3.2011 (ABl EU L 93, 9) bereits am 6.4.2011 gezeichnet. Der Rat hat ferner durch Beschluss v 9.6.2011 (ABl EU L 192, 30) die Ratifikation des Übk genehmigt; dieses hat daher in den Mitgliedstaaten die Qualität von sekundärem Unionsrecht.

Das Übk regelt in erster Linie die Anerkennung und Vollstreckung von Unterhaltsentschei- **415** dungen sowie die Zusammenarbeit der Behörden der Vertragsstaaten zum Zwecke einer verbesserten und beschleunigten grenzüberschreitenden Durchsetzung von Unterhaltsansprüchen. Es ist insoweit unter → M Rn 472 ff und → T Rn 73 ff abgedruckt. Das HUÜ 2007 wird im Verhältnis der Mitgliedstaaten der EuUntVO zueinander gemäß seinem Art 51 Abs 4 S 1 durch diese Verordnung verdrängt. Im erststaatlichen Erkenntnisverfahren ist nur die Vorschrift des Art 18 zur Verfahrensbegrenzung zu beachten.

413

C   416–419   1. Teil. Erkenntnisverfahren C. Unterhaltssachen

Kapitel IV. Einschränkungen bei der Verfahrenseinleitung

HUÜ 2007 Art 18. Verfahrensbegrenzung

(1) Ist eine Entscheidung in einem Vertragsstaat ergangen, in dem die berechtigte Person ihren gewöhnlichen Aufenthalt hat, so kann die verpflichtete Person kein Verfahren in einem anderen Vertragsstaat einleiten, um eine Änderung der Entscheidung oder eine neue Entscheidung herbeizuführen, solange die berechtigte Person ihren gewöhnlichen Aufenthalt weiterhin in dem Staat hat, in dem die Entscheidung ergangen ist.

(2) **Absatz 1 gilt nicht,**

a) **wenn in einem Rechtsstreit über eine Unterhaltspflicht gegenüber einer anderen Person als einem Kind die gerichtliche Zuständigkeit jenes anderen Vertragsstaats auf der Grundlage einer schriftlichen Vereinbarung zwischen den Parteien festgelegt wurde,**

b) **wenn die berechtigte Person sich der gerichtlichen Zuständigkeit jenes anderen Vertragsstaats entweder ausdrücklich oder dadurch unterworfen hat, dass sie sich, ohne bei der ersten sich dafür bietenden Gelegenheit die Unzuständigkeit geltend zu machen, in der Sache selbst eingelassen hat,**

c) **wenn die zuständige Behörde des Ursprungsstaats ihre Zuständigkeit für die Änderung der Entscheidung oder für das Erlassen einer neuen Entscheidung nicht ausüben kann oder die Ausübung ablehnt oder**

d) **wenn die im Ursprungsstaat ergangene Entscheidung in dem Vertragsstaat, in dem ein Verfahren zur Änderung der Entscheidung oder Herbeiführung einer neuen Entscheidung beabsichtigt ist, nicht anerkannt oder für vollstreckbar erklärt werden kann.**

416   Die Vorschrift gilt nur im Verhältnis zu denjenigen Vertragsstaaten, die keine EU-Mitgliedstaaten sind (→ Rn 414). Sie wurde mit gewissen sprachlichen Anpassungen in **Art 8 EuUntVO** übernommen; auf die dortige Kommentierung wird daher verwiesen (→ Rn 206 ff).

4. Autonomes Zivilverfahrensrecht

Überblick

417   Die EuUntVO regelt die internationale Zuständigkeit in Unterhaltssachen grundsätzlich abschließend (vgl ErwG 15; → Anh III). Ein Rückgriff auf das autonome Zuständigkeitsrecht ist daher nur in Verfahren des einstweiligen Rechtsschutzes nach Art 14 EuUntVO (→ Rn 299 ff) oder in Ergänzung der EuUntVO möglich, soweit die Verordnung selbst auf die *lex fori* verweist oder zumindest ausfüllungsbedürftige Lücken enthält.

418   Der Vorrang des LugÜ vor dem autonomen Zuständigkeitsrecht der Vertragsstaaten beschränkt sich demgegenüber – vorbehaltlich der Art 22, 23 – auf Fälle, in denen der Antragsgegner seinen Wohnsitz in einem Vertragsstaat des Übk hat. Wohnt er in einem Drittstaat, so verbleibt es nach Art 4 Abs 1 LugÜ bei der Anwendbarkeit des autonomen Zuständigkeitsrechts der *lex fori*. In Deutschland und den übrigen EU-Mitgliedstaaten (mit Ausnahme von *Dänemark*) gelten dann wieder die Art 3 ff EuUntVO.

419   Unterhaltssachen nach **§ 231 Abs 2 FamFG** werden nicht vom sachlichen Anwendungsbereich der EuUntVO erfasst. Die internationale Zuständigkeit richtet sich insoweit nach § 105 iVm § 232 FamFG.

---

190. Gesetz zur Geltendmachung von Unterhaltsansprüchen im Verkehr mit ausländischen Staaten (Auslandsunterhaltsgesetz – AUG)

Vom 23. Mai 2011 (BGBl I, 898)

Schrifttum: *Andrae,* Das neue Auslandsunterhaltsgesetz, NJW 11, 2545; *Heger/Selg,* Die europäische Unterhaltsverordnung und das neue Auslandsunterhaltsgesetz, FamRZ 11, 1101.

I. Internationale Zuständigkeit: AUG § 1   **420, 421**   **C**

Kapitel 1. Allgemeiner Teil

Abschnitt 1. Anwendungsbereich; Begriffsbestimmungen

AUG § 1. Anwendungsbereich

(1) Dieses Gesetz dient

1. der Durchführung folgender Verordnung und folgender Abkommen der Europäischen Union:

    a) der Verordnung (EG) Nr. 4/2009 des Rates vom 18. Dezember 2008 über die Zuständigkeit, das anwendbare Recht, die Anerkennung und Vollstreckung von Entscheidungen und die Zusammenarbeit in Unterhaltssachen (ABl L 7 vom 10.1.2009, S. 1);

    b) des Abkommens vom 19. Oktober 2005 zwischen der Europäischen Gemeinschaft und dem Königreich Dänemark über die gerichtliche Zuständigkeit und die Anerkennung und Vollstreckung von Entscheidungen in Zivil- und Handelssachen (ABl L 299 vom 16.11.2005, S. 62), soweit dieses Abkommen auf Unterhaltssachen anzuwenden ist;

    c) des Übereinkommens vom 30. Oktober 2007 über die gerichtliche Zuständigkeit und die Anerkennung und Vollstreckung von Entscheidungen in Zivil- und Handelssachen (ABl L 339 vom 21.12.2007, S. 3), soweit dieses Übereinkommen auf Unterhaltssachen anzuwenden ist;

2. der Ausführung folgender völkerrechtlicher Verträge:

    a) des Haager Übereinkommens vom 23. November 2007 über die internationale Geltendmachung der Unterhaltsansprüche von Kindern und anderen Familienangehörigen (ABl. L 192 vom 22.7.2011, S. 51) nach Maßgabe des Beschlusses des Rates der Europäischen Union vom 9. Juni 2011 (ABl. L 192 vom 22.7.2011, S. 39) über die Genehmigung dieses Übereinkommens;

    b) des Haager Übereinkommens vom 2. Oktober 1973 über die Anerkennung und Vollstreckung von Unterhaltsentscheidungen (BGBl. 1986 II S. 826);

    c) des Übereinkommens vom 16. September 1988 über die gerichtliche Zuständigkeit und die Vollstreckung gerichtlicher Entscheidungen in Zivil- und Handelssachen (BGBl. 1994 II S. 2658), soweit dieses Übereinkommen auf Unterhaltssachen anzuwenden ist;

    d) des New Yorker UN-Übereinkommens vom 20. Juni 1956 über die Geltendmachung von Unterhaltsansprüchen im Ausland (BGBl. 1959 II S. 150);

3. der Geltendmachung von gesetzlichen Unterhaltsansprüchen, wenn eine der Parteien im Geltungsbereich dieses Gesetzes und die andere Partei in einem anderen Staat, mit dem die Gegenseitigkeit verbürgt ist, ihren gewöhnlichen Aufenthalt hat.

¹Die Gegenseitigkeit nach Satz 1 Nummer 3 ist verbürgt, wenn das Bundesministerium der Justiz dies festgestellt und im Bundesgesetzblatt bekannt gemacht hat (förmliche Gegenseitigkeit). ²Staaten im Sinne des Satzes 1 Nummer 3 sind auch Teilstaaten und Provinzen eines Bundesstaates.

(2) ¹Regelungen in völkerrechtlichen Vereinbarungen gehen, soweit sie unmittelbar anwendbares innerstaatliches Recht geworden sind, den Vorschriften dieses Gesetzes vor. ²Die Regelungen der in Absatz 1 Satz 1 Nummer 1 genannten Verordnung und Abkommen werden als unmittelbar geltendes Recht der Europäischen Union durch die Durchführungsbestimmungen dieses Gesetzes nicht berührt.

1. Anwendungsbereich, Abs 1

Abs 1 regelt den Anwendungsbereich des AUG. Das am 18.6.2011 in Kraft getretene Gesetz **420** bezweckt eine **Bündelung der** in der Praxis **wichtigsten unterhaltsrechtlichen Verfahren** mit Auslandsbezug.

a) EU-Recht, Nr 1. Das AUG bezweckt daher nach seinem Abs 1 Nr 1 insbesondere die **421** Durchführung des sekundären Unionsrechts auf dem Gebiet des internationalen Unterhaltsverfahrensrechts, nämlich vor allem der EuUntVO (lit a; → Rn 19 ff), sowie der von der EU selbst abgeschlossenen Staatsverträge, nämlich des Parallelabkommens mit Dänemark zur EuGVVO aF v 19.10.2005, soweit dieses Abkommen – aufgrund einer entsprechenden Erklärung Dänemarks

415

C 1. Teil. Erkenntnisverfahren C. Unterhaltssachen

v 14.1.2009 – auch im Verhältnis zu diesem Mitgliedstaat durch die EuUntVO ersetzt wurde (lit b; → Rn 26), und des Luganer Übereinkommens von 2007 (lit c; → Rn 339 ff).

422 **b) Staatsverträge, Nr 2.** Das AUG dient ferner nach Abs 1 Nr 2 lit a der Durchführung des ebenfalls schon von der EU abgeschlossenen Haager Übereinkommens über die internationale Geltendmachung der Unterhaltsansprüche von Kindern und anderen Familienangehörigen v 23.11.2007 (**HUÜ 2007**; → Rn 414 ff; vgl dazu das deutsche AusfG v 20.2.2013, BGBl I, 273), sowie der zuvor von der *Bundesrepublik Deutschland* abgeschlossenen völkerrechtlichen Verträge, die nach Abs 2 Vorrang vor dem autonomen deutschen Recht haben, nämlich des **HUntVÜ 1973** (lit b; → M Rn 624 ff), des **LugÜ 1988** (lit c) in Altfällen und des New Yorker UN-Übereinkommens über die Geltendmachung von Unterhaltsansprüchen im Ausland v 20.6.1956 (lit c; → T Rn 92 ff). Diese Verträge betreffen freilich nur die Anerkennung und Vollstreckung ausländischer Unterhaltsentscheidungen bzw die internationale Rechtshilfe in Unterhaltssachen (vgl dazu näher die Abschnitte M und T).

423 **c) Verbürgung der Gegenseitigkeit, Nr 3.** Schließlich fasst das AUG auch außerhalb des EU-Rechts und der völkerrechtlichen Verträge gem Abs 1 Nr 3 die für die Geltendmachung von gesetzlichen Unterhaltsansprüchen geltenden Vorschriften des autonomen deutschen Verfahrensrechts für Fälle zusammen, in denen eine der Parteien im Geltungsbereich des AUG und die andere Partei in einem anderen Staat, mit dem die Gegenseitigkeit verbürgt ist, ihren gewöhnlichen Aufenthalt hat. Diese Verfahren waren schon zuvor im Auslandsunterhaltsgesetz v 19.12.1986 (BGBl I, 2563) geregelt, welches durch das neue AUG abgelöst worden ist. Auch insoweit geht es primär um die Anerkennung und Vollstreckung von Unterhaltsentscheidungen (→ M Rn 709 ff).

2. Vorrang von Staatsverträgen und EU-Recht, Abs 2

424 Abs 2 enthält eine **Parallelvorschrift zu § 97 FamFG** (→ Rn 464) für den Bereich des internationalen Unterhaltsverfahrensrechts, der nach der Gesetzesbegründung eine Hinweis- und Warnfunktion für die Rechtspraxis zukommen soll.

AUG § 2. Allgemeine gerichtliche Verfahrensvorschriften

Soweit in diesem Gesetz nichts anderes geregelt ist, werden die Vorschriften des Gesetzes über das Verfahren in Familiensachen und in den Angelegenheiten der freiwilligen Gerichtsbarkeit angewendet.

425 § 2 bestimmt klarstellend, dass sich das Verfahren nach dem FamFG richtet, soweit das AUG nichts anderes bestimmt. Denn auch Unterhaltsverfahren fallen grundsätzlich in den Anwendungsbereich des FamFG (§ 1 FamFG). Im Interesse einer zusammenhängenden Regelung des Unterhaltsverfahrensrechts im AUG wurden zT auch Vorschriften des FamFG wörtlich in das AUG übernommen. Ferner ergeben sich vielfältige Parallelen zum Anerkennungs- und Vollstreckungsausführungsgesetz (**AVAG**) idF v 30.11.2015 (BGBl I, 2146) und zum Internationalen Familienrechtsverfahrensgesetz (**IntFamRVG**) v 26.1.2005 (BGBl I, 162).

AUG § 2. Begriffsbestimmungen

Im Sinne dieses Gesetzes
1. **sind Mitgliedstaaten die Mitgliedstaaten der Europäischen Union,**
2. **sind völkerrechtliche Verträge multilaterale und bilaterale Anerkennungs- und Vollstreckungsverträge,**
3. **sind Berechtigte**
   a) **natürliche Personen, die einen Anspruch auf Unterhaltsleistungen haben oder geltend machen,**
   b) **öffentlich-rechtliche Leistungsträger, die Unterhaltsansprüche aus übergegangenem Recht geltend machen, soweit die Verordnung (EG) Nr. 4/2009 oder der auszuführende völkerrechtliche Vertrag auf solche Ansprüche anzuwenden ist,**
4. **sind Verpflichtete natürliche Personen, die Unterhalt schulden oder denen gegenüber Unterhaltsansprüche geltend gemacht werden,**
5. **sind Titel gerichtliche Entscheidungen, gerichtliche Vergleiche und öffentliche Urkunden, auf welche die durchzuführende Verordnung oder der jeweils auszuführende völkerrechtliche Vertrag anzuwenden ist,**

I. Internationale Zuständigkeit: AUG § 25   **427 C**

6. ist Ursprungsstaat der Staat, in dem ein Titel errichtet worden ist, und
7. ist ein Exequaturverfahren das Verfahren, mit dem ein ausländischer Titel zur Zwangsvollstreckung im Inland zugelassen wird.

Die Vorschrift enthält eine Erläuterung bestimmter wichtiger im Gesetz verwendeter Begriffe. **426** Diese erlangen vornehmlich im Rahmen der **Anerkennung und Vollstreckung** von Unterhaltsentscheidungen Bedeutung und werden deshalb im dortigen Zusammenhang kommentiert (→ M Rn 715 ff).

Abschnitte 2–4

AUG §§ 4–19

(abgedruckt und kommentiert → T Rn 99 ff)

Abschnitt 5. Verfahrenskostenhilfe

AUG §§ 20–24

(abgedruckt und kommentiert → Rn 838 ff)

Abschnitt 6. Ergänzende Zuständigkeitsregelungen; Zuständigkeitskonzentration

AUG § 25. Internationale Zuständigkeit nach Artikel 3 Buchstabe c der Verordnung (EG) Nr. 4/2009

(1) Die deutschen Gerichte sind in Unterhaltssachen nach Artikel 3 Buchstabe c der Verordnung (EG) Nr. 4/2009 zuständig, wenn
1. Unterhalt im Scheidungs- oder Aufhebungsverbund geltend gemacht wird und die deutschen Gerichte für die Ehe- oder die Lebenspartnerschaftssache nach den folgenden Bestimmungen zuständig sind:
   a) im Anwendungsbereich der Verordnung (EG) Nr. 2201/2003 des Rates vom 27. November 2003 über die Zuständigkeit und die Anerkennung von Entscheidungen in Ehesachen und in Verfahren betreffend die elterliche Verantwortung und zur Aufhebung der Verordnung (EG) Nr. 1347/2000 (ABl. L 338 vom 23.12.2003, S. 1) nach Artikel 3 Absatz 1 dieser Verordnung,
   b) nach § 98 Absatz 1 des Gesetzes über das Verfahren in Familiensachen und in den Angelegenheiten der freiwilligen Gerichtsbarkeit oder
   c) nach § 103 Absatz 1 des Gesetzes über das Verfahren in Familiensachen und in den Angelegenheiten der freiwilligen Gerichtsbarkeit;
2. Unterhalt in einem Verfahren auf Feststellung der Vaterschaft eines Kindes geltend gemacht wird und die deutschen Gerichte für das Verfahren auf Feststellung der Vaterschaft international zuständig sind nach
   a) § 100 Nummer 1 des Gesetzes über das Verfahren in Familiensachen und in den Angelegenheiten der freiwilligen Gerichtsbarkeit und sowohl der Berechtigte als auch der Verpflichtete Deutsche sind,
   b) § 100 Nummer 2 des Gesetzes über das Verfahren in Familiensachen und in den Angelegenheiten der freiwilligen Gerichtsbarkeit.

(2) Absatz 1 Nummer 1 Buchstabe b und c ist nicht anzuwenden, wenn deutsche Gerichte auf Grund der deutschen Staatsangehörigkeit nur eines der Beteiligten zuständig sind.

1. Allgemeines

Die EuUntVO regelt in ihren Art 3 ff nicht nur die internationale Zuständigkeit, sondern **427** durch die Verweisung auf einen bestimmten Ort zugleich auch die örtliche Zuständigkeit (→ Rn 89). Aufgrund des **Anwendungsvorrangs** des EU-Rechts verbleibt den nationalen Gesetzgebern daher nur ein sehr schmaler Betätigungsbereich für ergänzende Vorschriften (*Heger/Selg* FamRZ 11, 1101/1104 f). Von dieser Möglichkeit hat der deutsche Gesetzgeber in § 25 in Bezug auf Art 3 lit c EuUntVO Gebrauch gemacht, weil diese Vorschrift hinsichtlich der Zuständigkeit für das Statusverfahren selbst ausdrücklich auf die *lex fori* des Mitgliedstaats ver-

417

C 430, 431   1. Teil. Erkenntnisverfahren C. Unterhaltssachen

weist, in dem dieses anhängig gemacht worden ist. Allerdings hatte der deutsche Gesetzgeber insoweit die schon in Art 5 Nr 2 EuGVVO aF enthaltene Vorgabe des Art 3 lit c EuUntVO zu beachten, wonach sich die aus der *lex fori* ergebende Zuständigkeit für das Statusverfahren nicht auf die Staatsangehörigkeit nur einer Partei stützen darf; dem trägt Abs 2 Rechnung. Im Übrigen soll § 25 eine für die Praxis einfache und verständliche Anwendung von Art 3 lit c EuUntVO über die Verbindung eines Unterhaltsverfahrens mit einem Verfahren in Bezug auf den Personenstand gewährleisten (BT-Drs 17/4887, 41).

2. Verbindung der Unterhaltssache mit einer Ehe- oder Lebenspartnerschaftssache, Abs 1 Nr 1

428   Die internationale Zuständigkeit für Ehesachen, die Grundlage für eine im Scheidungsverbund nach Art 3 Abs 1 lit c EuUntVO ergehende Unterhaltsentscheidung sein kann, bestimmt sich – wie Abs 1 Nr 1 lit a klarstellt – vorrangig nach 3 Abs 1 EuEheVO (→ A Rn 44 ff) und nur hilfsweise (im Rahmen von Art 6, 7 Abs 1 EuEheVO, → A Rn 123 ff) nach § 98 Abs 1 FamFG (lit b; → A Rn 248 ff). Für die aus der EuEheVO ausgeklammerten Lebenspartnerschaftssachen folgt die internationale Verbundszuständigkeit aus § 103 Abs 1 FamFG (lit c; → I Rn 103 ff).

3. Verbindung der Unterhaltssache mit einer Abstammungssache, Abs 1 Nr 2

429   Für Abstammungssachen, die ebenfalls den „Personenstand" iSv Art 3 lit c EuUntVO betreffen, ergibt sich die internationale Verbundszuständigkeit der deutschen Gerichte gem Abs 1 Nr 2 aus § 100 Nr 1 oder Nr 2 FamFG (näher → G Rn 5 ff).

AUG § 26. Örtliche Zuständigkeit

(1) **Örtlich zuständig nach Artikel 3 Buchstabe c der Verordnung (EG) Nr. 4/2009 ist das Amtsgericht,**

1. bei dem die Ehe- oder Lebenspartnerschaftssache im ersten Rechtszug anhängig ist oder war, solange die Ehe- oder Lebenspartnerschaftssache anhängig ist;

2. bei dem das Verfahren auf Feststellung der Vaterschaft im ersten Rechtszug anhängig ist, wenn Kindesunterhalt im Rahmen eines Abstammungsverfahrens geltend gemacht wird.

In den Fällen des Satzes 1 Nummer 2 gilt für den Erlass einer einstweiligen Anordnung § 248 Absatz 2 des Gesetzes über das Verfahren in Familiensachen und in den Angelegenheiten der freiwilligen Gerichtsbarkeit.

(2) § 233 des Gesetzes über das Verfahren in Familiensachen und in den Angelegenheiten der freiwilligen Gerichtsbarkeit bleibt unberührt.

1. Örtliche Zuständigkeit für das Personenstandsverfahren, Abs 1

430   Durch die Verweisung auf ein bestimmtes Gericht (und nicht nur auf die Gerichte eines bestimmten Mitgliedstaats) regelt Art 3 lit c EuUntVO neben der internationalen auch die örtliche Zuständigkeit. § 26 AUG möchte dies klarstellend nachvollziehen (RegBegr BT-Drs 17/4887, 41), obwohl für die nationalen Gesetzgeber der Mitgliedstaaten insoweit eigentlich kein Spielraum mehr für ergänzende Regelungen besteht. Ob § 26 mit dem vorrangigen europäischen Recht in Art 3 EuUntVO in Einklang steht, ist daher umstritten (bejahend BT-Drs 18/5918; OLG Frankfurt NJW 12, 2363 = FamRBint 12, 58 m Anm *Motzer;* OLG Stuttgart FamRZ 13, 559; OLG Brandenburg FamRZ 17, 135; *Heger* FPR 13, 1/4; Zö/*Geimer* Rn 3; Rauscher/*Andrae* Rn 21a; **aA** OLG Düsseldorf FamRZ 14, 583; *Hau* FamRBInt 12, 19/20; ThP/*Hüßtege* Vorbem Art 1 EuUntVO Rn 21).

431   § 26 regelt aber entgegen der Überschrift nicht die örtliche Zuständigkeit, sondern vielmehr die Frage, bis zu welchem Zeitpunkt die Verbundzuständigkeit noch begründet werden kann. Während in Ehe- und Lebenspartnerschaftssachen nur vorausgesetzt wird, dass das Verfahren überhaupt (und sei es auch in der Beschwerde- oder Rechtsbeschwerdeinstanz) anhängig ist, muss es in Abstammungsverfahren noch im ersten Rechtszug anhängig sein. Die Regelung in Abs 1 Nr 1 entspricht § 232 Abs 1 Nr 1 FamFG (Ehesachen) bzw § 270 Abs 1 S 1 iVm § 232 Abs 1 Nr 1 FamFG (Lebenspartnerschaftssachen). Für Abstammungssachen entspricht Abs 1 Nr 2 dem § 170 FamFG.

418

I. Internationale Zuständigkeit: AUG § 27   433–435 C

2. Abgabe der Unterhaltssache an das Gericht der Ehesache, Abs 2

Abs 2 räumt dem Scheidungsverbund auch in solchen Unterhaltsverfahren Vorrang ein, in **432**
denen sich die internationale und die örtliche Zuständigkeit nach den Vorschriften der EuUnt-
VO richten. Die Anwendung des § 233 FamFG, der nach Rechtshängigkeit einer Ehesache die
Abgabe der zuvor bei einem anderen deutschen Gericht erhobenen und dort noch im ersten
Rechtszug anhängigen Unterhaltssache an das Gericht der Ehesache anordnet, wird durch den
Anwendungsvorrang von Art 3 lit c EuUntVO nicht gesperrt; denn aus dieser Vorschrift ergibt
sich nicht, dass die aus Art 3 lit a oder lit b EuUntVO folgende örtliche Zuständigkeit perpetu-
iert wird. Auch Art 12 EuUntVO erfasst diesen Fall nicht, weil er nur den Rechtshängigkeits-
konflikt zwischen Gerichten verschiedener Mitgliedstaaten regelt, während Abs 2 nur im Verhältnis der deutschen Gerichte zueinander gilt.

AUG § 27. Örtliche Zuständigkeit für die Auffang- und Notzuständigkeit; Verordnungsermächtigung

(1) **Sind die deutschen Gerichte nach Artikel 6 oder Artikel 7 der Verordnung (EG)
Nr. 4/2009 international zuständig, so entscheidet das Amtsgericht, das für den Sitz
desjenigen Oberlandesgerichts zuständig ist, in dessen Bezirk die Beteiligten ihren
letzten inländischen gemeinsamen Wohnsitz hatten oder an den der ausreichende
Bezug zur Bundesrepublik Deutschland im Sinne des Artikels 7 der Verordnung (EG)
Nr. 4/2009 angeknüpft werden kann. § 28 Absatz 1 Satz 2 ist entsprechend anzuwenden. Ergibt sich keine örtliche Zuständigkeit eines inländischen Gerichts nach Satz 1
oder Satz 2, so ist das Amtsgericht Pankow/Weißensee in Berlin örtlich zuständig.**

(2) **Die Landesregierungen werden ermächtigt, die Zuständigkeit nach Absatz 1
durch Rechtsverordnung einem anderen Amtsgericht des Oberlandesgerichtsbezirks
oder, wenn in einem Land mehrere Oberlandesgerichte errichtet sind, einem Amtsgericht für die Bezirke aller oder mehrerer Oberlandesgerichte zuzuweisen. Die Landesregierungen können diese Ermächtigung durch Rechtsverordnung auf die Landesjustizverwaltungen übertragen.**

1. Örtliche Zuständigkeit

Die EuUntVO regelt zwar in ihrem Kap. II die internationale Zuständigkeit in Unterhalts- **433**
sachen abschließend (vgl ErwG 15; → Anh III). Eine gleichzeitige Regelung der örtlichen
Zuständigkeit treffen allerdings nur die Art 3–5, nicht hingegen die Art 6 und 7 EuUntVO, in
denen Auffang- und Notzuständigkeiten festgelegt werden. Diese Lücke schließt § 27, der durch
Gesetz v 20.11.2015 (BGBl I, 2018) mit Wirkung v 26.11.2015 neu gefasst wurde. Die Vorschrift verweist jedoch weder auf die allgemeine Regelung der örtlichen Zuständigkeit in Unterhaltssachen nach § 232 FamFG, noch weist sie – wie die frühere Fasssung der Vorschrift – die in
den Art 6, 7 EuUntVO normierte internationale Auffang- und Notzuständigkeit der deutschen
Gerichte dem AG Pankow/Weißensee in Berlin als als dem alleinigen ausschließlich örtlich
zuständigen Gericht zu.

Die seit dem 26.11.2015 geltende Neufassung enthält vielmehr in Abs 1 eine **gestaffelte 434
Zuständigkeitsanknüpfung:**
– In erster Linie entscheidet das Amtsgericht, das für den Sitz desjenigen Oberlandesgerichts
  zuständig ist, in dessen Bezirk die **Beteiligten ihren letzten inländischen gemeinsamen
  Wohnsitz** hatten oder an den der **ausreichende Bezug zur Bundesrepublik Deutschland**
  iSv Art 7 EuUntVO angeknüpft werden kann, S 1. Für den Bezirk des Kammergerichts ist in
  diesem Fall das Amtsgericht Pankow/Weißensee zuständig, S 2 iVm § 28 Abs 1 S 2.
– Nur wenn sich danach keine örtliche Zuständigkeit eines inländischen Gerichts ergibt, ist
  hilfsweise das Amtsgericht Pankow/Weißensee in Berlin örtlich zuständig.

2. Ermächtigung der Landesregierungen, Abs 2

Nach Abs 2 haben die Länder die Möglichkeit, die Zuständigkeit nach Abs 1 durch Rechts- **435**
verordnung einem anderen Amtsgericht als demjenigen am Sitz des OLG zuzuweisen. Bisher
wurde von dieser Verordnungsermächtigung jedoch kein Gebrauch gemacht.

419

C 436–438   1. Teil. Erkenntnisverfahren C. Unterhaltssachen

AUG § 28. Zuständigkeitskonzentration; Verordnungsermächtigung

(1) [1] Wenn ein Beteiligter seinen gewöhnlichen Aufenthalt nicht im Inland hat, entscheidet über Anträge in Unterhaltssachen in den Fällen des Artikels 3 Buchstabe a und b der Verordnung (EG) Nr. 4/2009 das für den Sitz des Oberlandesgerichts, in dessen Bezirk der Antragsgegner oder der Berechtigte seinen gewöhnlichen Aufenthalt hat, zuständige Amtsgericht. [2] Für den Bezirk des Kammergerichts ist das Amtsgericht Pankow/Weißensee zuständig.

(2) [1] Die Landesregierungen werden ermächtigt, diese Zuständigkeit durch Rechtsverordnung einem anderen Amtsgericht des Oberlandesgerichtsbezirks oder, wenn in einem Land mehrere Oberlandesgerichte errichtet sind, einem Amtsgericht für die Bezirke aller oder mehrerer Oberlandesgerichte zuzuweisen. [2] Die Landesregierungen können diese Ermächtigung durch Rechtsverordnung auf die Landesjustizverwaltungen übertragen.

1. Zuständigkeitskonzentration, Abs 1

436   Abs 1 sieht eine Zuständigkeitskonzentration für Fälle vor, in denen die internationale Zuständigkeit eines deutschen Gerichts in einer Unterhaltssache aus Art 3 lit a oder lit b EuUntVO folgt und ein Verfahrensbeteiligter seinen gewöhnlichen Aufenthalt im Ausland hat. Durch eine solche Zuständigkeitskonzentration, die ihr Vorbild in § 12 IntFamRVG für Ehesachen und Verfahren der elterlichen Verantwortung hat (→ K Rn 183 ff und → N Rn 527 ff), sollen eine besondere Sachkunde und praktische Erfahrungen in internationalen Unterhaltssachen bei zentralisierten Familiengerichten gefördert und insbesondere kleinere Amtsgerichte auf dem Lande, die nur selten mit grenzüberschreitenden Angelegenheiten befasst sind, entlastet werden. Darüber hinaus erleichtert und vereinfacht eine solche Konzentration die Zusammenarbeit und Kommunikation der Amtsgerichte mit der Zentralen Behörde, die einen Unterhaltsanspruch ggf gerichtlich geltend machen muss (BT-Drs 17/4887, 42). Die Beteiligten können die Zuständigkeitskonzentration nach Abs 1 allerdings durch eine Gerichtsstandsvereinbarung nach Art 4 EuUntVO umgehen.

437   Da die EuUntVO in den Fällen der Art 3 lit a und lit b EuUntVO nicht nur die internationale, sondern auch die örtliche Zuständigkeit regelt („Gericht des Ortes") und diese Regelung **Anwendungsvorrang** vor dem nationalen Recht hat, stellt sich allerdings die Frage, ob der deutsche Gesetzgeber zu einer solchen Zuständigkeitskonzentration überhaupt befugt ist; denn sie hat zur Folge, dass ein anderes Gericht als örtlich zuständig bestimmt wird als es die EuUntVO vorschreibt. Die Gesetzesbegründung bejaht indessen die Vereinbarkeit von Abs 1 mit der EuUntVO mit dem Argument, dass es sich hierbei um eine bloße gerichtsorganisatorische Maßnahme handelt, die aufgrund der besondere Sachkunde und praktischen Erfahrungen der zentralisierten Familiengerichte in grenzüberschreitenden Verfahren gerechtfertigt sei (BT-Drs 17/4887, 42; zust OLG Frankfurt NJW 12, 2363 = FamRBint 12, 58 m Anm *Motzer*; OLG Stuttgart FamRZ 13, 559; OLG Brandenburg FamRZ 17, 135/136; *Heger* FPR 13, 1/4; Zö/*Geimer* Rn 3; Rauscher/*Andrae* Rn 21a; **aA** OLG Düsseldorf FamRZ 14, 583; ThP/*Hüßtege* Vorbem Art 1 EuUntVO Rn 21).

438   Der **EuGH** sieht die Zuständigkeitskonzentration in § 28 demgegenüber kritisch, weil dem Unterhaltsberechtigten dadurch das ihm von Art 3 lit b EuUntVO zur Verfügung gestellte räumlich nahe Forum am Ort seines gewöhnlichen Aufenthalts genommen wird und er an einem von seinem Aufenthaltsort uU weiter entfernten Gericht am Sitz des Rechtsmittelgerichts klagen muss. Etwas sei nur anzunehmen, wenn die Zuständigkeitskonzentration zur Verwirklichung des Ziels einer ordnungsgemäßen Rechtspflege beitrage und die Interessen der Unterhaltsberechtigten schütze, indem sie zugleich eine effektive Durchsetzung von Unterhaltsansprüchen begünstige. Diese Voraussetzung sei in jedem Einzelfall durch das nach § 28 angerufene deutsche Gericht zu prüfen (EuGH C-400/13 – *Sanders/Verhaegen*, NJW 15, 683 Rn 45 f m Anm *Dimmler* FamRB 15, 48 auf Vorlage des AG Düsseldorf v 9.7.13, unalex DE-3203 und des AG Karlsruhe v 17.6.13, unalex DE-3114; dazu auch *Rellermeyer* Rpfleger 15, 288; *Meyer* FamRZ 15, 641; *Rasch* NZFam 15, 239). Sie kann insbesondere erfüllt sein, wenn in der Sache ausländisches Unterhaltsrecht anzuwenden ist (*Henrich* FamRZ 15, 1761/1763). Ob im Übrigen der besonderen Sachkunde des nach § 28 zuständigen Gerichts (so OLG Bandenburg FamRZ 17, 135/136) oder der räumlichen Nähe des nach Art 3 lit b EuUntVO zuständigen Gerichts (so AG Köln FamRZ 17, 1511) Vorrang gebühren soll, ist derzeit noch offen.

I. Internationale Zuständigkeit: AUG § 70 **C**

Sind die vom EuGH aufgestellten Anforderungen erfüllt, so sind daher in *Deutschland* nur die **439** insgesamt 28 Familiengerichte am Sitz des jeweiligen Oberlandesgerichts örtlich zuständig. Die ausschließliche Zuständigkeit nach § 232 Abs 2 FamFG (→ Rn 468) steht nicht entgegen, weil eine solche von dieser Vorschrift in Fällen mit Auslandsberührung nicht in Anspruch genommen wird (OLG Brandenburg FamRZ 17, 135/136; OLG Frankfurt FamRZ 12, 1508/1509; MüKo-FamFG/*Dötsch* § 232 Rn 9). Wird der Antrag nicht bei dem örtlich nach § 28 zuständigen Familiengericht gestellt, so ist er auf Antrag nach §§ 113 Abs 1 FamFG iVm § 281 ZPO an dieses zu verweisen, ansonsten als unzulässig abzuweisen (OLG Stuttgart FamFR 13, 24).

2. Ermächtigung der Landesregierungen, Abs 2

Nach Abs 2 haben die Länder die Möglichkeit, die Zuständigkeit nach Abs 1 durch Rechts- **440** verordnung einem anderen Amtsgericht als demjenigen am Sitz des OLG zuzuweisen. Bisher wurde von dieser Verordnungsermächtigung jedoch kein Gebrauch gemacht.

AUG § 29. Zuständigkeit im Anwendungsbereich der Verordnung (EG) Nr. 1896/2006

In Bezug auf die Zuständigkeit im Anwendungsbereich der Verordnung (EG) Nr. 1896/2006 des Europäischen Parlaments und des Rates vom 12. Dezember 2006 zur Einführung eines Europäischen Mahnverfahrens (ABl. L 399 vom 30.12.2006, S. 1) bleibt § 1087 der Zivilprozessordnung unberührt.

Die Bestimmungen des **Europäischen Mahnverfahrens** werden von der EuUntVO grund- **441** sätzlich nicht berührt (→ Rn 6). Hierzu stellt § 29 klar, dass für Anträge nach der Verordnung (EG) Nr 1896/2006 das Amtsgericht Wedding auch dann ausschließlich zuständig bleibt, wenn Gegenstand des Europäischen Zahlungsbefehls Unterhaltsansprüche sind.

Kapitel 2. Anerkennung und Vollstreckung von Entscheidungen

AUG §§ 30–64

(abgedruckt und kommentiert → M Rn 718 ff)

Kapitel 3. Vollstreckung, Vollstreckungsabwehrantrag, besonderes Verfahren, Schadensersatz

AUG §§ 65–69

(abgedruckt und kommentiert → M Rn 817 ff)

Kapitel 4. Entscheidungen deutscher Gerichte; Mahnverfahren

AUG § 70. Antrag des Schuldners nach Artikel 19 der Verordnung (EG) Nr. 4/2009

(1) [1]Der Antrag des Schuldners auf Nachprüfung der Entscheidung gemäß Artikel 19 der Verordnung (EG) Nr. 4/2009 ist bei dem Gericht zu stellen, das die Entscheidung erlassen hat. [2]§ 719 Absatz 1 der Zivilprozessordnung ist entsprechend anwendbar.

(2) [1]Hat der Schuldner den Antrag nicht innerhalb der Frist des Artikels 19 Absatz 2 der Verordnung (EG) Nr. 4/2009 eingereicht oder liegen die Voraussetzungen des Artikels 19 Absatz 1 der Verordnung (EG) Nr. 4/2009 nicht vor, weist das Gericht den Antrag durch Beschluss zurück. [2]Der Beschluss kann ohne mündliche Verhandlung ergehen.

(3) [1]Liegen die Voraussetzungen des Artikels 19 der Verordnung (EG) Nr. 4/2009 vor, so wird das Verfahren fortgeführt. [2]Es wird in die Lage zurückversetzt, in der es sich vor Eintritt der Versäumnis befand. [3]Die §§ 343 bis 346 der Zivilprozessordnung werden entsprechend angewendet. [4]Auf Antrag des Schuldners ist die Zwangsvollstreckung auch ohne Sicherheitsleistung einzustellen.

C 442–447   1. Teil. Erkenntnisverfahren C. Unterhaltssachen

1. Allgemeines

442   Die Vorschrift regelt das Verfahren bei Anträgen auf Nachprüfung der Entscheidung durch einen Antragsgegner, der sich auf das Verfahren vor einem deutschen Gericht nicht eingelassen hatte. Für diese Fälle sieht Art 19 EuUntVO (→ M Rn 79 ff) einen in allen Mitgliedstaaten einheitlich geltenden autonomen außerordentlichen Rechtsbehelf vor, der das Recht des Schuldners auf rechtliches Gehör auch in den Fällen sichern soll, in denen die Entscheidung nach Art 17 ohne Zwischenverfahren in einem anderen Mitgliedstaat vollstreckt wird. Die Vorschrift bedarf freilich in mehrfacher Hinsicht der Ergänzung durch nationales Recht.

2. Zuständigkeit; einstweilige Einstellung der Zwangsvollstreckung, Abs 1

443   Art 19 Abs 1 EuUntVO überlässt die Bestimmung des für die Nachprüfung örtlich zuständigen Gerichts dem Recht des Ursprungsmitgliedstaats. Abs 1 S 1 bestimmt hierzu, dass der Antrag des Schuldners in Deutschland bei dem Gericht zu stellen ist, das die Entscheidung erlassen hat.

444   Der Schuldner, der einen Antrag auf Nachprüfung nach Art 19 EuUntVO bei dem nach Abs 1 S 1 zuständigen deutschen Gericht gestellt hat, kann nach Abs 1 S 2 die einstweilige Einstellung der Zwangsvollstreckung gemäß §§ 707, 719 Abs 1 ZPO beantragen. Gibt das Gericht diesem Antrag statt, dann hat das zuständige Gericht im Vollstreckungsmitgliedstaat auf Antrag des Unterhaltsverpflichteten zwingend die Vollstreckung auszusetzen (Art 21 Abs 3 UAbs 2 EuUntVO, → M Rn 129 ff). Zwar kann schon mit Einlegung des Rechtsbehelfs nach Art 19 EuUntVO ein Antrag auf Aussetzung der Vollstreckung im Vollstreckungsmitgliedstaat gestellt werden (Art 21 Abs 3 UAbs 1 EuUntVO); das dortige Gericht hat in diesem Fall jedoch ein Ermessen, ob es die Vollstreckung aussetzt („kann"; → M Rn 127 f).

3. Zurückweisung des Antrags, Abs 2

445   Das Gericht weist den Antrag nach Abs 2 durch Beschluss zurück, wenn der Schuldner diesen nicht innerhalb der von Art 19 Abs 2 EuUntVO vorgeschriebenen Frist (→ M Rn 94) eingelegt hat oder die Voraussetzungen des Art 19 Abs 1 EuUntVO (→ M Rn 82 ff) nicht vorliegen. Der Rechtsbehelf ist danach insbesondere zurückzuweisen, wenn der Schuldner es versäumt hat, einen Rechtsbehelf gegen die Entscheidung einzulegen, obwohl er die Möglichkeit dazu hatte. Die Entscheidung ergeht durch Beschluss; einer mündlichen Verhandlung bedarf es nicht.

446   Gegen einen Säumnisbeschluss eines *deutschen* Gerichts kann der Schuldner gemäß § 113 Abs 1 S 2 FamFG iVm § 338 ZPO **Einspruch** einlegen und bei unverschuldeter Versäumung der Einspruchsfrist **Wiedereinsetzung** in den vorherigen Stand beantragen (§§ 113 Abs 1 S 2 FamFG iVm § 233 ZPO). Bei Vorliegen eines zweiten Versäumnisbeschlusses iSv § 345 ZPO kann er Beschwerde (§§ 58 ff, 113 Abs 1 S 1 FamFG) einlegen. In Deutschland dürfte dem Rechtsbehelf des Art 19 EuUntVO – vor allem wegen der Möglichkeit der Wiedereinsetzung nach § 233 ZPO – keine praktische Bedeutung zukommen (BT-Drs 17/4887, 49). Legt der Schuldner Einspruch ein (und stellt er zugleich einen Antrag auf Wiedereinsetzung in den vorherigen Stand), so gelten wiederum die §§ 707, 719 ZPO. Nur wenn der Schuldner von diesen Rechtsbehelfen und Rechtsmitteln unverschuldet keinen Gebrauch machen konnte, findet eine Nachprüfung gemäß Art 19 statt.

4. Fortführung des Verfahrens, Abs 3

447   Liegen die Voraussetzungen des Art 19 vor, so wird das Verfahren nach Abs 3 fortgeführt und in die Lage vor Eintritt der Säumnis zurückversetzt. Diesbezüglich verweist Abs 3 S 3 auf die Vorschriften über das Versäumnisverfahren (§§ 343–346 ZPO). Der im Verfahren vor dem deutschen Gericht ergangene Beschluss wird entgegen dem Wortlaut des Art 19 Abs 3 UAbs 2 S 1 EuUntVO (→ M Rn 96 f) **nicht für nichtig erklärt**. Hierin ist jedoch kein Verstoß gegen die Verordnung zu sehen. Denn aus den Materialien zur EuUntVO ergibt sich, dass die Frage, was unter „für nichtig erklärt" zu verstehen ist, nach dem nationalen Recht des zuständigen Gerichts zu beurteilen ist (BT-Drs 17/4887, 49). Die Fortführung des Ursprungsverfahrens ist aber wesentlich verfahrensökonomischer als die Nichtigerklärung des Beschlusses und die Einleitung eines neuen Unterhaltsverfahrens. Der Schuldner kann nach Abs 3 S 4 die einstweilige Einstellung der Zwangsvollstreckung in Bezug auf sein in Deutschland belegenes Vermögen

422

I. Internationale Zuständigkeit: AUG § 72   **C**

beantragen (BT-Drs 17/4887, 49). Im Vollstreckungsmitgliedstaat kann er anschließend die Einstellung der Zwangsvollstreckung nach Art 21 Abs 3 UAbs 2 EuUntVO beantragen.

AUG § 71. Bescheinigungen zu inländischen Titeln

(1) **Die Gerichte, Behörden oder Notare, denen die Erteilung einer vollstreckbaren Ausfertigung obliegt, sind zuständig für die Ausstellung**

1. **des Formblatts nach Artikel 20 Absatz 1 Buchstabe b, Artikel 28 Absatz 1 Buchstabe b, Artikel 40 Absatz 2 und Artikel 48 Absatz 3 der Verordnung (EG) Nr. 4/ 2009,**
2. **der Bescheinigungen nach den Artikeln 54, 57 und 58 des Übereinkommens vom 30. Oktober 2007 über die gerichtliche Zuständigkeit und die Anerkennung und Vollstreckung von Entscheidungen in Zivil- und Handelssachen.**

(2) **¹Soweit nach Absatz 1 die Gerichte für die Ausstellung des Formblatts oder der Bescheinigungen zuständig sind, werden diese Unterlagen von dem Gericht des ersten Rechtszuges ausgestellt oder, wenn das Verfahren bei einem höheren Gericht anhängig ist, von diesem. ²Funktionell zuständig ist die Stelle, der die Erteilung einer vollstreckbaren Ausfertigung obliegt. ³Für die Anfechtbarkeit der Entscheidung über die Ausstellung des Formblatts oder der Bescheinigung gelten die Vorschriften über die Anfechtbarkeit der Entscheidung über die Erteilung der Vollstreckungsklausel entsprechend.**

(3) **Die Ausstellung des Formblatts nach Artikel 20 Absatz 1 Buchstabe b und Artikel 48 Absatz 3 der Verordnung (EG) Nr. 4/2009 schließt das Recht auf Erteilung einer Klausel nach § 724 der Zivilprozessordnung nicht aus.**

1. Zuständigkeit

Abs 1 und Abs 2 S 1 regeln die Zuständigkeit für die Ausstellung der für die Vollstreckung **448** nach der EuUntVO bzw dem LugÜ 2007 notwendigen Formblätter bzw Bescheinigungen. Diesen kommt für den Beginn der Zwangsvollstreckung erhebliche Bedeutung zu. Das Formblatt darf nur ausgefüllt werden, wenn die deutsche Entscheidung zumindest vorläufig vollstreckbar ist (*Heger/Selg* FamRZ 11, 1101/1106). Für die Ausstellung sind in Deutschland nach Abs 1 die Gerichte, Behörden oder Notare zuständig, denen die Erteilung einer vollstreckbaren Ausfertigung obliegt (vgl § 724 Abs 2 ZPO). Dies sind nach Abs 2 S 1 grundsätzlich die erstinstanzlichen Gerichte, während der Anhängigkeit des Verfahrens vor dem Beschwerde- oder Rechtsbeschwerdegericht jedoch die hierfür zuständigen höheren Gerichte, und zwar idR der **Urkundsbeamte** (BT-Drs 17/4887, 49).

2. Anfechtung der Entscheidung

Abs 2 S 2 erklärt für die Anfechtung der Entscheidung über die Ausstellung des Formblatts **449** oder der Bescheinigung die Vorschriften über die Anfechtbarkeit der Entscheidung über die Erteilung der Vollstreckungsklausel für entsprechend anwendbar; dem Schuldner stehen daher vor deutschen Gerichten alternativ die **Erinnerung nach § 732 ZPO** oder die **Klage nach § 768 ZPO** zur Verfügung (vgl ThP/*Seiler* § 724 ZPO Rn 14).

3. Verhältnis zur Erteilung der Vollstreckungsklausel

Abs 3 trägt dem Umstand Rechnung, dass der Titelgläubiger gegebenenfalls im Inland und im **450** Ausland gleichzeitig vollstrecken will. Für diesen Fall bedarf er aber für die Vollstreckung im Inland aus dem deutschen Titel weiterhin der Vollstreckungsklausel nach § 724 ZPO (BT-Drs 17/4887, 50; *Andrae* NJW 11, 2545/2548).

AUG § 72. Bezifferung dynamisierter Unterhaltstitel zur Zwangsvollstreckung im Ausland

Soll ein Unterhaltstitel, der den Unterhalt nach § 1612a des Bürgerlichen Gesetzbuchs als Prozentsatz des Mindestunterhalts festsetzt, im Ausland vollstreckt werden, gilt § 245 des Gesetzes über das Verfahren in Familiensachen und in den Angelegenheiten der freiwilligen Gerichtsbarkeit.

423

C 452, 453   1. Teil. Erkenntnisverfahren C. Unterhaltssachen

451   Nach § 245 Abs 1 FamFG sind Unterhaltstitel, die den Unterhalt nach § 1612a BGB als
Prozentsatz des Mindestunterhalts festsetzen, zum Zwecke der Vollstreckung im Ausland auf
Antrag auf dem Titel zu beziffern. Durch eine solche Bezifferung dynamischer Titel soll
möglichen Vollstreckungsproblemen im Ausland vorgebeugt werden (näher *Wagner* FS Sonnenberger [2004] 727/738 88). Dies gilt nach § 72 AUG auch dann, wenn die Auslandsvollstreckung
auf der Grundlage der Art 16 ff EuUntVO in einem anderen Mitgliedstaat dieser Verordnung
oder nach Art 32 ff LugÜ 2007 in einem Vertragsstaat dieses Übk stattfindet. Für die Bezifferung
sind nach § 245 Abs 2 FamFG die Gerichte (Rechtspfleger: § 25 Nr 2a RPflG), Behörden oder
Notare (§ 797 Abs 2 ZPO) zuständig, denen die Erteilung einer vollstreckbaren Ausfertigung
des Titels obliegt.

AUG § 73. Vervollständigung inländischer Entscheidungen zur Verwendung im Ausland

(1) [1]**Will ein Beteiligter einen Versäumnis- oder Anerkenntnisbeschluss, der nach
§ 38 Absatz 4 des Gesetzes über das Verfahren in Familiensachen und in den Angelegenheiten der freiwilligen Gerichtsbarkeit in verkürzter Form abgefasst worden ist, in
einem anderen Vertrags- oder Mitgliedstaat geltend machen, so ist der Beschluss auf
Antrag dieses Beteiligten zu vervollständigen.** [2]**Der Antrag kann bei dem Gericht, das
den Beschluss erlassen hat, schriftlich gestellt oder zu Protokoll der Geschäftsstelle
erklärt werden.** [3]**Über den Antrag wird ohne mündliche Verhandlung entschieden.**

(2) **Zur Vervollständigung des Beschlusses sind die Gründe nachträglich abzufassen,
von den Richtern gesondert zu unterschreiben und der Geschäftsstelle zu übergeben;
die Gründe können auch von Richtern unterschrieben werden, die bei dem Beschluss
nicht mitgewirkt haben.**

(3) [1]**Für die Berichtigung der Sachverhaltsdarstellung in den nachträglich abgefassten Gründen gelten § 113 Absatz 1 Satz 2 des Gesetzes über das Verfahren in Familiensachen und in den Angelegenheiten der freiwilligen Gerichtsbarkeit und § 320 der
Zivilprozessordnung.** [2]**Jedoch können bei der Entscheidung über einen Antrag auf
Berichtigung auch solche Richter mitwirken, die bei dem Beschluss oder der nachträglichen Abfassung der Gründe nicht mitgewirkt haben.**

(4) **Die vorstehenden Absätze gelten entsprechend für die Vervollständigung von
Arrestbefehlen und einstweiligen Anordnungen, die in einem anderen Vertrags- oder
Mitgliedstaat geltend gemacht werden sollen und nicht mit einer Begründung ver-
sehen sind.**

1. Vervollständigung von Anerkenntnis- oder Versäumnisbeschlüssen

452   Die Vorschrift übernimmt inhaltlich die bis zum 18.6.2011 auch in Unterhaltssachen anwendbare Vorschrift des § 30 AVAG. Dieses Gesetz wird auf dem Gebiet des Unterhaltsverfahrensrechts durch das speziellere AUG verdrängt. § 73 trägt dem Umstand Rechnung, dass **An-
erkenntnis-, Verzichts- oder Versäumnisentscheidungen** nach § 38 Abs 4 Nr 1 FamFG
verkürzt ohne Begründung abgefasst werden können. Um dem Antragsteller die Vollstreckung
eines solchen deutschen Titels in einem anderen Mitgliedstaat zu erleichtern, räumt § 73 Abs 1
ihm das Recht ein, beim Ursprungsgericht einen Antrag auf Vervollständigung des Beschlusses
zu stellen, über den ohne mündliche Verhandlung zu entscheiden ist. Die Formalien der Vervollständigung des Beschlusses sind in Abs 2 geregelt. Für die Berichtigung der Sachverhaltsdarstellung in den nachträglich abgefassten Gründen verweist Abs 3 auf § 113 Abs 1 S 2 FamFG
iVm § 320 ZPO.

2. Vervollständigung von Arrestbefehlen und einstweiligen Anordnungen

453   Gem Abs 4 gelten die Vorschriften der Abs 1–3 entsprechend für die Vervollständigung von
Arrestbefehlen und einstweiligen Anordnungen auf dem Gebiet des Unterhaltsrechts, die in
einem anderen Mitgliedstaat der EuUntVO oder einem anderen Vertragsstaat des LugÜ 2007
geltend gemacht werden sollen, wenn diese nicht mit einer Begründung versehen sind.

I. Internationale Zuständigkeit: AUG § 75   455–457   **C**

AUG § 74. Vollstreckungsklausel zur Verwendung im Ausland

Vollstreckungsbescheide, Arrestbefehle und einstweilige Anordnungen, deren Zwangsvollstreckung in einem anderen Vertrags- oder Mitgliedstaat betrieben werden soll, sind auch dann mit der Vollstreckungsklausel zu versehen, wenn dies für eine Zwangsvollstreckung im Inland nach § 796 Absatz 1, § 929 Absatz 1 der Zivilprozessordnung und nach § 53 Absatz 1 und § 119 des Gesetzes über das Verfahren in Familiensachen und in den Angelegenheiten der freiwilligen Gerichtsbarkeit nicht erforderlich wäre.

Die Vorschrift entspricht im Wesentlichen § 31 AVAG. Zur Vollstreckung aus einem deut- **454** schen Unterhaltstitel bedarf es auch in den Mitgliedstaaten, die an das HUP gebunden sind und in denen daher kein Vollstreckbarerklärungsverfahren mehr stattfindet, des Nachweises der Vollstreckbarkeit des deutschen Titels (Art 17 Abs 2, 20 Abs 1 lit a EuUntVO). Dieser Nachweis ist ferner nach Art 26, 28 Abs 1 lit a EuUntVO bzw Art 38 Abs 1, 53 Abs 1 LugÜ auch in einem ausländischen Vollstreckbarerklärungsverfahren zu führen, soweit ein solches weiterhin erforderlich ist. Um dem Unterhaltsgläubiger die Vollstreckung im Ausland auch aus solchen Unterhaltstiteln, die – wie Vollstreckungsbescheide, Arrestbefehle und einstweilige Anordnungen – bei einer Vollstreckung im Inland nach deutschem Recht keiner Vollstreckungsklausel bedürfen, zu erleichtern, sind auch diese mit einer Klausel zu versehen.

AUG § 75. Mahnverfahren mit Zustellung im Ausland

(1) ¹Das Mahnverfahren findet auch statt, wenn die Zustellung des Mahnbescheids in einem anderen Vertrags- oder Mitgliedstaat erfolgen muss. ²In diesem Fall kann der Anspruch auch die Zahlung einer bestimmten Geldsumme in ausländischer Währung zum Gegenstand haben.

(2) Macht der Antragsteller geltend, dass das angerufene Gericht auf Grund einer Gerichtsstandsvereinbarung zuständig sei, so hat er dem Mahnantrag die erforderlichen Schriftstücke über die Vereinbarung beizufügen.

(3) Die Widerspruchsfrist (§ 692 Absatz 1 Nummer 3 der Zivilprozessordnung) beträgt einen Monat.

1. Allgemeines, Abs 1 S 1

Die Vorschrift übernimmt im Wesentlichen den Inhalt von § 32 AVAG. Sie bezieht sich auf **455** gewöhnliche Mahnverfahren nach §§ 113 Abs 2 FamFG iVm §§ 688 ff ZPO, die nur die Besonderheit aufweisen, dass der Mahnbescheid im Ausland zugestellt werden muss. Nach der allgemeinen Vorschrift in § 688 Abs 3 ZPO findet ein Mahnverfahren nur statt, wenn der Mahnbescheid im Inland zugestellt werden kann oder wenn § 32 AVAG eine Auslandszustellung vorsieht. Da § 32 AVAG seit dem 18.6.2011 für Mahnbescheide in Unterhaltssachen nicht mehr gilt, schließt § 75 AUG diese Lücke. Danach findet das Mahnverfahren vor deutschen Gerichten auch dann statt, wenn der Mahnbescheid in einem anderen Mitgliedstaat der **EuUntVO** oder in einem Vertragsstaat des **LugÜ 2007** *(Island, Norwegen, Schweiz)* zugestellt werden müsste.

Darüber hinaus ist die Durchführung des Mahnverfahrens nach § 75 Abs 1 S 1 iVm § 1 Abs 1 **456** Nr 2 lit a auch möglich, wenn die Vollstreckung des Mahnbescheids in *Albanien, Bosnien und Herzegowina, Brasilien, Montenegro, Norwegen, der Türkei, der Ukraine* und den *Vereinigten Staaten* zu erfolgen hat, die Vertragsstaaten des **HUÜ 2007** sind (näher → M Rn 473). Gleiches gilt im Verhältnis zu *Andorra* und *Australien*, die Vertragsstaaten des **HUntVÜ 1973** sind (näher → M Rn 624 ff).

Hingegen scheidet die Anwendung des Mahnverfahrens im Verhältnis zu den Vertragsstaaten **457** des **New Yorker UN-Übereinkommens** über die Geltendmachung von Unterhaltsansprüchen im Ausland v 20.6.1956 (BGBl 59 II, 150; → T Rn 92 ff) aus. Zwar ist das AUG gem § 1 Abs 1 Nr 2 lit d auch auf die Durchführung dieses Übk anwendbar; das New Yorker Übk regelt jedoch nicht die gegenseitige Anerkennung und Vollstreckung von Unterhaltsentscheidungen zwischen den Vertragsstaaten und ist deshalb kein „völkerrechtlicher Vertrag" iS der Begriffsbestimmung des § 3 Nr 2. Folglich sind die Vertragsstaaten dieses Übk auch nicht als „Vertragsstaaten" iSv § 75 Abs 1 S 1 aufzufassen. Dementsprechend beziehen sich auch die Ausführungen in der Gesetzesbegründung zur Erweiterung der Möglichkeit der Auslandszustellung durch § 75 AUG

425

C 461   1. Teil. Erkenntnisverfahren C. Unterhaltssachen

im Vergleich zu § 32 AVAG lediglich auf die Vertragsstaaten des HUÜ 2007 und des HUntVÜ 1973 (BT-Drs 17/4887, 48). Für die Zustellung eines Mahnbescheids in *Israel* bleibt es bei der Anwendung von § 32 AVAG (*Eichel* FamRZ 11, 1441).

458 § 75 betrifft auch nicht die Zustellung des von einem deutschen Gericht erlassenen **Europäischen Zahlungsbefehls** iSv Art 12 der Verordnung Nr 1896/2006 zur Einführung eines europäischen Mahnverfahrens v 12.12.2006 (ABl EU L 399, 1; **EuMVVO**) in einem anderen Mitgliedstaat dieser Verordnung. Diese beurteilt sich vielmehr nach Art 12, 13 EuMVVO. Im Gegensatz zur EuMVVO (Art 19) bringt § 75 AUG auch **keine Titelfreizügigkeit** mit sich. Das Mahnverfahren endet mit einem herkömmlichen Vollstreckungsbescheid. Dieser inländische Titel wird im Ausland nach den Vorschriften der EuUntVO (→ M Rn 48 ff), des LugÜ (→ M Rn 387 ff), des HUÜ 2007 (→ M Rn 472 ff) oder des HUntVÜ (→ M Rn 624 ff) anerkannt und vollstreckt (*Eichel* FamRZ 11, 1441/1442 f).

2. Einzelheiten, Abs 1 S 2 – Abs 3

459 Unter den Voraussetzungen des Abs 1 S 1 muss das Mahnverfahren – abweichend von § 688 Abs 1 ZPO – nicht eine bestimmte Geldsumme in Euro zum Gegenstand haben, sondern kann gem Abs 1 S 2 auch auf die Zahlung in einer **Fremdwährung** gerichtet sein. Stützt sich der Antragsteller zur Begründung der internationalen und örtlichen Zuständigkeit des im Mahnantrag bezeichneten deutschen Gerichts auf eine **Gerichtsstandsvereinbarung,** so hat er diese gem Abs 2 dem Antrag beizufügen. Schließlich wird die **Widerspruchsfrist** im Fall der Zustellung des Mahnbescheides im Ausland gem Abs 3 von zwei Wochen (§ 692 Abs 1 Nr 3 ZPO) auf einen Monat verlängert.

Kapitel 5. Kosten; Übergangsvorschriften

Abschnitt 1. Kosten

AUG § 76. Übersetzungen

Die Höhe der Vergütung für die von der zentralen Behörde veranlassten Übersetzungen richtet sich nach dem Justizvergütungs- und Entschädigungsgesetz.

460 Die Vergütungshöhe für die von der zentralen Behörde veranlassten Übersetzungen richtet sich nach dem JVEG. Da die zentrale Behörde im Bereich des Justizverwaltungsverfahrens tätig wird, gelten für die zulässigen Rechtsbehelfe gegen die Festsetzung der Vergütung die §§ 23 ff EGGVG.

Abschnitt 2. Übergangsvorschriften

AUG § 77. Übergangsvorschriften

(1)–(2) *(abgedruckt und kommentiert* → *M Rn 819)*

(3) **Die gerichtliche Zuständigkeit für am 18. Juni 2011 noch nicht abgeschlossene Unterhaltssachen und anhängige Verfahren auf Gewährung von Verfahrenskostenhilfe bleibt unberührt.**

(4)–(5) *(abgedruckt und kommentiert* → *M Rn 819)*

200. Gesetz über das Verfahren in Familiensachen und in den Angelegenheiten der freiwilligen Gerichtsbarkeit (FamFG)

idF vom 17. Dezember 2008 (BGBl I, 2586)

Vorbemerkung

461 Für einen Rückgriff auf das autonome Recht der Mitgliedstaaten ist im Anwendungsbereich der **EuUntVO** (→ Rn 19 ff) wegen der abschließenden Regelung der internationalen Zuständigkeit in Unterhaltssachen durch die Verordnung (→ Rn 75) grundsätzlich kein Raum mehr. Insbesondere wird auch die internationale Verbundzuständigkeit in § 98 Abs 3 durch Art 3 lit c EuUntVO verdrängt. Eine Ausnahme gilt nur noch für den **einstweiligen Rechtsschutz** nach Maßgabe von Art 14 EuUntVO. Schließlich werden die Unterhaltssachen nach § 231 Abs 2

426

I. Internationale Zuständigkeit: FamFG § 97   **464 C**

FamFG sachlich von der EuUntVO nicht erfasst; insoweit bestimmt sich die internationale Zuständigkeit der deutschen Gerichte daher nach § 105 FamFG.

Darüberhinaus kommt das nationale Zuständigkeitsrecht der Vertragsstaaten zwar im Anwen- **462** dungsbereich des **LugÜ 2007** (→ Rn 339 ff) auch in Drittstaatsfällen nach Art 4 Abs 1 LugÜ zur Anwendung; es wird insoweit jedoch wiederum durch die vorrangigen Regelungen der Art 3 ff EuUntVO verdrängt. In dem schmalen Anwendungsbereich, der dem autonomen deutschen Zuständigkeitsrecht nach dem zuvor Gesagten auf dem Gebiet des Unterhaltsrechts noch verbleibt, sind die deutschen Gerichte in Unterhaltssachen immer dann international zuständig, wenn sich eine örtliche Zuständigkeit aus § 105 iVm § 232 ergibt.

Buch 1. Allgemeiner Teil
Abschnitt 4. Einstweilige Anordnung
FamFG § 50. Zuständigkeit

(1) ¹Zuständig ist das Gericht, das für die Hauptsache im ersten Rechtszug zuständig wäre. ²Ist eine Hauptsache anhängig, ist das Gericht des ersten Rechtszugs, während der Anhängigkeit beim Beschwerdegericht das Beschwerdegericht zuständig.

(2) ¹In besonders dringenden Fällen kann auch das Amtsgericht entscheiden, in dessen Bezirk das Bedürfnis für ein gerichtliches Tätig werden bekannt wird oder sich die Person oder die Sache befindet, auf die sich die einstweilige Anordnung bezieht. ²Es hat das Verfahren unverzüglich von Amts wegen an das nach Absatz 1 zuständige Gericht abzugeben.

Nach Maßgabe von Art 14 EuUntVO bzw Art 31 LugÜ können die im Recht eines Mit- **463** glied-/Vertragsstaats vorgesehenen einstweiligen Maßnahmen auch bei den nur nach **nationalem Recht** zuständigen Gerichten dieses Staates beantragt werden. In Deutschland sind dies für einstweilige Anordnungen in Unterhaltssachen die nach § 50 FamFG zuständigen Gerichte. Die Vorschrift enthält eine Regelung nur zur örtlichen, sachlichen und funktionellen Zuständigkeit. Sie regelt hingegen **nicht die internationale Zuständigkeit** (OLG Karlsruhe FamRZ 14, 1565; Mu/*Borth*/*Grandel* Rn 11; Keidel/*Giers* Rn 2; MüKoFamFG/*Soyka* Rn 15). Ob über Abs 1 für einstweilige Unterhaltsanordnungen auch die nationalen Zuständigkeitsvorschriften für das Hauptsacheverfahren – zB § 23 ZPO – herangezogen werden können, obwohl diese durch die EuUntVO vollständig ausgeschlossen werden, ist zweifelhaft (vgl Rauscher/*Andrae* Art 14 EuUntVO Rn 18 f). Der Frage kommt wegen der dem nationalen Zuständigkeitsrecht gerade bei Leistungsverfügungen durch den EuGH gezogenen Schranken (→ Rn 309 ff) jedoch nur geringe praktische Bedeutung zu.

Abschnitt 9. Verfahren mit Auslandsbezug

Schrifttum: Vgl das allg Schrifttum zu Verfahren mit Auslandsbezug im FamFG → A vor Rn 239; ferner *Riegner*, Die verfahrensrechtliche Behandlung von Unterhaltsstreitverfahren mit Auslandsbezug nach dem FamFG, FPR 13, 4.

Unterabschnitt 1. *Verhältnis zu völkerrechtlichen Vereinbarungen und Rechtsakten der Europäischen Gemeinschaft*
FamFG § 97. Vorrang und Unberührtheit

(1) ¹Regelungen in völkerrechtlichen Vereinbarungen gehen, soweit sie unmittelbar anwendbares innerstaatliches Recht geworden sind, den Vorschriften dieses Gesetzes vor. ²Regelungen in Rechtsakten der Europäischen Gemeinschaft bleiben unberührt.

(2) Die zur Umsetzung und Ausführung von Vereinbarungen und Rechtsakten im Sinne des Absatzes 1 erlassenen Bestimmungen bleiben unberührt.

Vorrang vor den Vorschriften des FamFG auf dem Gebiet der internationalen Zuständigkeit in **464** Unterhaltssachen hat insbesondere das Kapitel II der EuUntVO, das diesbezüglich eine abschließende Regelung enthält. Diese weicht nur im räumlichen und zeitlichen Anwendungsbereich des **LugÜ 2007** ihrerseits gegenüber dem Kapitel II dieses Übk zurück. Für das autonome deutsche Zuständigkeitsrecht in Unterhaltssachen bleibt mithin nur Raum, wenn weder die

427

C 465–468   1. Teil. Erkenntnisverfahren C. Unterhaltssachen

EuUntVO noch das LugÜ 2007 anwendbar sind. Dies gilt auch für die örtliche Zuständigkeit, soweit sie in der EuUntVO bzw im LugÜ 2007 mitgeregelt wird.

Unterabschnitt 2. *Internationale Zuständigkeit*

FamFG § 105. Andere Verfahren

In anderen Verfahren nach diesem Gesetz sind die deutschen Gerichte zuständig, wenn ein deutsches Gericht örtlich zuständig ist.

1. Internationale und örtliche Zuständigkeit

465   Da das FamFG in den §§ 98–104 keine besondere Regelung der internationalen Zuständigkeit in Unterhaltssachen enthält, bestimmt sich diese gem § 105 nach dem Grundsatz der **Doppelfunktionalität** der Vorschriften über die örtliche Zuständigkeit. Dies gilt allerdings wegen der umfassenden Geltung der EuUntVO nur ausnahmsweise für Unterhaltsverfahren nach § 231 Abs 2 FamFG (OLG Brandenburg FamRZ 17, 135/136).

466   Nur in diesem engen Rahmen begründet § 232 FamFG also mit der örtlichen zugleich die internationale Zuständigkeit:

FamFG § 232. Örtliche Zuständigkeit

(1) Ausschließlich zuständig ist

1. für Unterhaltssachen, die die Unterhaltspflicht für ein gemeinschaftliches Kind der Ehegatten betreffen, mit Ausnahme des vereinfachten Verfahrens über den Unterhalt Minderjähriger, oder die die durch die Ehe begründete Unterhaltspflicht betreffen, während der Anhängigkeit einer Ehesache das Gericht, bei dem die Ehesache im ersten Rechtszug anhängig ist oder war;

2. für Unterhaltssachen, die die Unterhaltspflicht für ein minderjähriges Kind oder ein nach § 1603 Abs 2 Satz 2 des Bürgerlichen Gesetzbuchs gleichgestelltes Kind betreffen, das Gericht, in dessen Bezirk das Kind oder der Elternteil, der auf Seiten des minderjährigen Kindes zu handeln befugt ist, seinen gewöhnlichen Aufenthalt hat; dies gilt nicht, wenn das Kind oder ein Elternteil seinen gewöhnlichen Aufenthalt im Ausland hat.

(2) Eine Zuständigkeit nach Absatz 1 geht der ausschließlichen Zuständigkeit eines anderen Gerichts vor.

(3) ¹Sofern eine Zuständigkeit nach Absatz 1 nicht besteht, bestimmt sich die Zuständigkeit nach den Vorschriften der Zivilprozessordnung mit der Maßgabe, dass in den Vorschriften über den allgemeinen Gerichtsstand an die Stelle des Wohnsitzes der gewöhnliche Aufenthalt tritt. ²Nach Wahl des Antragstellers ist auch zuständig

1. für den Antrag eines Elternteils gegen den anderen Elternteil wegen eines Anspruchs, der die durch Ehe begründete gesetzliche Unterhaltspflicht betrifft, oder wegen eines Anspruchs nach § 1615l des Bürgerlichen Gesetzbuchs das Gericht, bei dem ein Verfahren über den Unterhalt des Kindes im ersten Rechtszug anhängig ist;

2. für den Antrag eines Kindes, durch den beide Eltern auf Erfüllung der Unterhaltspflicht in Anspruch genommen werden, das Gericht, das für den Antrag gegen einen Elternteil zuständig ist;

3. das Gericht, bei dem der Antragsteller seinen gewöhnlichen Aufenthalt hat, wenn der Antragsgegner im Inland keinen Gerichtsstand hat.

467   Danach ist zu unterscheiden, ob eine Ehesache anhängig ist oder nicht. Im ersteren Fall gilt sowohl für den Ehegatten- wie für den Kindesunterhalt die Verbundszuständigkeit nach Abs 1 Nr 1. Demgegenüber gilt für isoliert geltendgemachte Unterhaltsansprüche minderjähriger Kinder die Aufenthaltszuständigkeit nach Abs 1 Nr 2. Hat das Kind oder ein Elternteil allerdings seinen gewöhnlichen Aufenthalt im Ausland, so findet Abs 1 Nr 2 nach Hs 2 keine Anwendung, sondern es gilt auch für den Kindesunterhalt Abs 3. Dieser verweist für isolierte Ansprüche auf Unterhalt – in S 1 auf die Gerichtsstände der ZPO mit der Maßgabe, dass in §§ 12, 13 ZPO anstelle des Wohnsitzes der gewöhnliche Aufenthalt des Antragsgegners maßgebend ist. Statt-dessen kann der Antragsteller nach Abs 3 S 2 auch in einem der dort eröffneten Wahlgerichts-stände klagen.

468   Soweit § 232 Abs 1 FamFG für die **örtliche Zuständigkeit** ausschließliche Gerichtsstände normiert, die nach Abs 2 sogar der ausschließlichen Zuständigkeit eines anderen Gerichts vorgehen, gilt dies wegen § 106 FamFG nicht für die *internationale* Zuständigkeit und hindert deshalb nicht die Anerkennung einer ausländischen Unterhaltsentscheidung, soweit diese sich nach autonomem Recht beurteilt (§§ 108 Abs 1, 109 Abs 1 Nr 1 FamFG; → M Rn 834). Darüber hinaus regelt die EuUntVO auch die örtliche Zuständigkeit jedenfalls in Art 3 abschlie-

II. Internationales Privatrecht **469–471 C**

ßend, so dass insoweit auch für die ausschließliche örtliche Zuständigkeit des Ehegerichts nach § 232 Abs 1 Nr 1 kein Raum ist. § 26 Abs 2 AUG versucht diesen Konflikt dadurch zu lösen, dass er die Regelung in § 233 (Abgabe an das Ehegericht) für anwendbar erklärt (*Andrae* NJW 11, 2545/2546 f). Im Übrigen verdrängt die Zuständigkeitskonzentration nach § 28 AUG die ausschließliche örtliche Zuständigkeit nach § 232 FamFG als *lex specialis* (OLG Frankfurt FamRZ 12, 1508/1509).

2. Rechtshängigkeit von Unterhaltsverfahren in Drittstaaten

Auf dem Gebiet der Rechtshängigkeit hat Art 12 Abs 1 EuUntVO Anwendungsvorrang, **469** wenn das konkurrierende Verfahren vor dem Gericht eines anderen **EU-Mitgliedstaats** (mit Ausnahme *Dänemarks*) eingeleitet worden ist (→ Rn 265 ff). Gleiches gilt gem Art 27 LugÜ, wenn das Parallelverfahren in *Island, Norwegen* oder der *Schweiz* zuerst eingeleitet wurde (→ Rn 394 f). Schließlich enthalten auch die Anerkennungs- und Vollstreckungsabkommen mit *Israel* (Art 22; → M Rn 706 ff) und *Tunesien* (Art 44; → M Rn 709 ff) besondere Vorschriften über die gegenseitige Beachtung der Rechtshängigkeit im Verhältnis der Vertragsstaaten zueinander. Ist das Unterhaltsverfahren hingegen früher vor dem Gericht eines **Drittstaats** eingeleitet worden, der weder Mitgliedstaat der EuUntVO noch Vertragsstaat des LugÜ oder eines der genannten bilateralen Staatsverträge ist, so ist die dortige Rechtshängigkeit gemäß § 113 Abs 1 S 2 FamFG iVm § 261 Abs 1 Nr 1 ZPO analog von dem später befassten deutschen Familiengericht zu beachten (vgl OLG Zweibrücken FamRZ 99, 33/34; *Rauscher/Andrae* Art 12 EuUntVO Rn 18).

Über die Frage, ob und wann Rechtshängigkeit im Ausland eingetreten ist, entscheidet nach **470** bisher hM die *lex fori* des ausländischen Gerichts (vgl zuletzt – *obiter* – BGH NJW 13, 2597 Rn 35). Vorzugswürdig erscheint freilich eine **analoge Anwendung von Art 9 EuUntVO** auch auf Drittstaatsfälle, um die Benachteiligung einer Partei durch die unterschiedliche Bestimmung des Zeitpunkts für die Anrufung des Gerichts in den beteiligten Staaten zu vermeiden (vgl *Rauscher/Andrae* Art 12 EuUntVO Rn 18; ferner zu Ehesachen *Geimer* FamRZ 16, 386; dazu → A Rn 257 mwN). Die negative Prozessvoraussetzung des Fehlens einer früheren Rechtshängigkeit im Ausland ist vom deutschen Gericht **von Amts wegen** zu prüfen (vgl zu drittstaatlichen Eheverfahren → A Rn 257).

Voraussetzung ist freilich eine **positive Anerkennungsprognose**, dh es muss mit einer **471** Anerkennung der in dem drittstaatlichen Eheverfahren ergehenden Entscheidung nach § 109 FamFG (→ M Rn 848 ff) im Inland gerechnet werden können (BGH aaO, Rn 34; *Riegner* FPR 13, 4/6 f). Ist dies der Fall, so steht die ausländische Rechtshängigkeit einem nachfolgenden Unterhaltsverfahren im Inland in gleicher Weise entgegen wie die anderweitige Rechtshängigkeit eines inländischen Verfahrens. Anders als in reinen Inlandsfällen ist der spätere Antrag zum deutschen Gericht jedoch nicht zwingend abzuweisen; vielmehr kommt auch eine Aussetzung des Verfahrens analog § 148 ZPO in Betracht, insbesondere wenn Zweifel an der Anerkennungsfähigkeit der zu erwartenden ausländischen Entscheidung bestehen. Darüber hinaus muss der **Streitgegenstand** in dem drittstaatlichen Unterhaltsverfahren **identisch** mit demjenigen in dem deutschen Verfahren sein. Daran fehlt es, wenn im ausländischen Verfahren über Trennungsunterhalt, im inländischen Verfahren über nachehelichen Unterhalt oder umgekehrt gestritten wird (vgl OLG Köln FamRZ 03, 544; *Henrich,* IntSchR Rn 119).

II. Internationales Privatrecht

Schrifttum: Vgl das allg Schrifttum vor → Rn 1; ferner *Ancel/Muir Watt,* Aliments sans frontières, Rev. crit. 10, 457; *Andrae,* Zum Verhältnis der Haager Unterhaltskonvention 2007 und des Haager Protokolls zur geplanten EG-Unterhaltsverordnung, FPR 08, 196; *dies,* Nachehelicher Unterhalt bezogen auf eine gescheiterte deutsch-schweizerische Ehe, IPRax 14, 326; *Arnold,* Entscheidungseinklang und Harmonisierung im interrnationalen Unterhaltsrecht, IPRax 12, 311; *Bartl,* Die neuen Rechtsinstrumente zum IPR des Unterhalts auf internationaler und europäischer Ebene (2012); *Boele-Woelki/Mom,* Europäisierung des Unterhaltsrechts. Vereinheitlichung des Kollisionsrechts und Angleichung des materiellen Rechts, FPR 06, 232; *dies,* Vereinheitlichung des internationalen Unterhaltsrechts in der Europäischen Union – ein historischer Schritt, FPR 11, 485; *Finger,* Die Europäische Unterhaltsverordnung und das Haager Unterhaltsprotokoll, FuR 14, 82; *Harten/Jäger-Maillet,* Wenn Kindesunterhaltsansprüche übergegangen sind: Durchsetzung im Ausland, JAmt 08, 413; *Hausmann,* Der Unterhaltsbegriff in Staatsverträgen des internationalen Privat- und Verfahrens-

C 472–475   1. Teil. Erkenntnisverfahren C. Unterhaltssachen

rechts, IPRax 90, 382; *Henrich,* Im Labyrinth des internationalen Unterhaltsrechts, FamRZ 15, 1761; *Hirsch,* Neues Haager Unterhaltsübereinkommen – Erleichterte Geltendmachung und Durchsetzung von Unterhaltsansprüchen über Ländergrenzen hinweg, FamRBint 08, 70; *Janzen,* Die neuen Haager Übereinkünfte zum Unterhaltsrecht und die Arbeiten an einer EG-Unterhaltsverordnung, FPR 08, 218; *Kroll-Ludwigs,* Das Verhältnis von Haager Unterhaltsprotokoll (2007) und Haager Unterhaltsübereinkommen (1973): lex posterior derogat lege priori?, IPRax 16, 34; *Lehmann,* Das neue Unterhaltskollisionsrecht – im Irrgarten zwischen Brüssel und Den Haag, GPR 14, 342; *Looschelders/Boos,* Das grenzüberschreitende Unterhaltsrecht in der internationalen und europäischen Entwicklung, FamRZ 06, 374; *Malatesta,* La Convenzione e il Protocollo dell'Aja del 2007 in materia di alimenti, Riv dir int priv proc 09, 829; *Martiny,* Maintenance Obligations in the Conflict of Laws, Rec des Cours 247 (1994-III), 131; *Mingers,* Auskunftsansprüche im internationalen Unterhaltsrecht (1998); *Pocar/Viarengo,* Il regolamento (CE) No 4/2009 in materia di obbligazioni alimentari, Riv dir int priv proc 09, 805; *Schmidt* (Hrsg), Internationale Unterhaltsrealisierung (2011); *Schulze,* Bedürfnis und Leistungsfähigkeit im internationalen Unterhaltsrecht (1998).

Zum HUÜ 2007 vgl auch die weiteren Schrifttumsnachweise → M vor Rn 472.

1. Einführung

472   **a) EU-Recht. aa) EuUntVO.** In der Europäischen Union gilt zwar auf dem Gebiet des Unterhaltsrechts seit dem 18.6.2011 die Verordnung (EG) Nr 4/2009 **(EuUntVO)** v 18.12.2008. Diese regelt freilich nur verfahrensrechtliche Aspekte der grenzüberschreitenden Durchsetzung von Unterhaltsforderungen, insbesondere die internationale Zuständigkeit der Gerichte (→ Rn 19 ff) und die Anerkennung und Vollstreckung von Unterhaltsentscheidungen (→ M Rn 48 ff). Zwar hatte die EU-Kommission ursprünglich die Absicht, auch das Unterhaltskollisionsrecht in der EuUntVO zu normieren (vgl noch Art 12 ff des Vorschlags zur EuUntVO v 15.12.2005 (KOM [2005] endg; dazu *Wagner* FamRZ 06, 979). Da jedoch auch die Haager Konferenz parallel an einer Modernisierung des Haager Übereinkommens über das auf Unterhaltspflichten anzuwendende Recht v 2.10.1973 (BGBl 86 II, 837; **HUntÜ**) arbeitete, wäre es zu einer Konkurrenz von sekundärem Unionsrecht und Staatsvertragsrecht gekommen. Um die damit verbundenen Komplikationen zu vermeiden, hat die EU schließlich auf die Schaffung eigenständiger „europäischer" Kollisionsnormen verzichtet und hat insoweit der Haager Konferenz den Vortritt gelassen (vgl näher Rauscher/*Andrae* Art 15 EuUntVO Rn 3 ff). Stattdessen beschränkt sich Art 15 EuUntVO auf den Hinweis, dass sich das auf Unterhaltpflichten anzuwendende Recht in den Mitgliedstaaten nach dem Haager Unterhaltsprotokoll von 2007 bestimmt.

473   **bb) EuErbVO.** Auch die Verordnung (EU) Nr 650/2012 über die Zuständigkeit, das anzuwendende Recht, die Anerkennung und Vollstreckung von Entscheidungen und die Annahme und Vollstreckung öffentlicher Urkunden in Erbsachen sowie zur Einführung eines Europäischen Nachlasszeugnisses v 4.7.2012 (EuErbVO; ABl EU L 201, 107) nimmt Unterhaltspflichten in Art 1 Abs 2 lit e grundsätzlich aus ihrem sachlichen Anwendungsbereich aus. Eine Ausnahme gilt lediglich für solche Unterhaltspflichten, die erst mit dem Tod des Verpflichteten entstehen.

474   **b) Staatsverträge. aa) HUP.** Das internationale Unterhaltsprivatrecht ist daher seit dem 18.6.2011 weitgehend im Haager Protokoll über das auf Unterhaltspflichten anzuwendende Recht v 23.11.2007 (ABl EU L 331 v 16.12.2009, 19; **HUP**) normiert. Dieses ist zwar völkerrechtlich erst am 1.8.2013 für die *Europäische Union* – mit Ausnahme von *Dänemark* und dem *Vereinigten Königreich* – und *Serbien* in in Kraft getreten. Es fand jedoch in den teilnehmenden Mitgliedstaaten aufgrund eines Beschlusses des Rats der Europäischen Union v 30.10.2009 (ABl EU L 331, 17) bereits seit Inkrafttreten der EuUntVO am dem 18.6.2011 Anwendung (dazu *Mankowski* FamRZ 10, 1487; *Arnold* IPRax 12, 311 f). Es regelt das Unterhaltskollisionsrecht mit **universeller Wirkung** und lässt daher für nationales IPR keinen Raum mehr.

475   Allerdings galt das HUP bis zu seinem völkerrechtlichen Inkrafttreten nicht als Staatsvertrag, sondern lediglich als **sekundäres Unionsrecht** (Rauscher/*Andrae* Einl Rn 17). Das Protokoll ist in *Deutschland* und den übrigen EU-Mitgliedstaaten auch nach seinem völkerrechtlichen Inkrafttreten weiterhin als EU-Recht zu behandeln; denn Vertragspartei des Protokolls ist die *EU* selbst mit Wirkung für die Mitgliedstaaten. Die unmittelbare Anwendbarkeit des HUP in den Mitgliedstaaten folgt daher seit dessen völkerrechtlichem Inkrafttreten aus Art 216 Abs 2 AEUV (MüKoBGB/*v Hein* Art 3 EGBGB Rn 48). Dem hat auch der deutsche Gesetzgeber dadurch Rechnung getragen, dass er den Vorrang des HUP vor dem nationalen IPR in Art 3 Nr 1 lit c EGBGB (→ Rn 817) – und nicht in Art 3 Nr 2 EGBGB – angeordnet hat (anders noch für das HUntÜ 1973 BGH FamRZ 01, 412).

430

II. Internationales Privatrecht 476–482 **C**

bb) HUntÜ. Das Protokoll tritt nach seinem Art 18 an die Stelle des Haager Übereinkom- **476** mens über das auf Unterhaltspflichten anzuwendende Recht **(HUntÜ)** v 2.10.1973 (→ Rn 788 ff). Das HUntÜ wird nicht nur – wie es der Wortlaut von Art 18 HUP vermuten ließe – lediglich im Verhältnis „zwischen den Vertragsstaaten" des Protokolls, sondern nach zutreffender Ansicht vollständig verdrängt (BT-Drs 17/4887, 53; OLG Stuttgart BeckRS 13, 12437; *Conti/Bißmeier* FamRBint 11, 62/63; BeckOK-BGB/*Heiderhoff* Art 18 HUP Rn 4; **aA** OLG Karlsruhe FamRZ 17, 1491/1492 [*Türkei*]; *Andrae* IPRax 14, 326/327 und GPR 10, 196 ff; Pal/*Thorn* HUP Rn 53, 55 f; offenlassend BGH NJW 13, 2662 m Anm *Andrae* IPRax 14, 326; OLG Stuttgart NJW 14, 1458/1459). Dies bedeutet, dass das HUP das bisher geltende HUntÜ vor deutschen Gerichten auch im Verhältnis zu solchen Staaten ersetzt, die nur das HUntÜ, nicht aber das HUP ratifiziert haben (NK-BGB/*Gruber* Art 18 HUP Rn 5); dies sind **Albanien, Japan,** die **Schweiz** und die **Türkei** (vgl zur Begründung näher → Rn 774 mwN). Auf eine Kommentierung des nur noch für Altfälle geltenden HUntÜ wird daher verzichtet. Der Wortlaut des Übereinkommens ist unten → Rn 791 abgedruckt.

cc) HKUntÜ. Das Haager Übereinkommen über das auf Unterhaltspflichten gegenüber **477** Kindern anzuwendende Recht v 24.10.1956 (**HKUntÜ,** BGBl 61 II, 1013; → Rn 795 ff) ist dagegen im Verhältnis zu **Liechtenstein** und zur chinesischen Sonderverwaltungsregion **Macau** weiterhin anzuwenden, wenn es um den Unterhalt eines unter 21 Jahre alten Kindes geht und der Unterhaltsberechtigte oder -verpflichtete seinen gewöhnlichen Aufenthalt in einem dieser Staaten hat (*Henrich* FamRZ 15, 1761/1763; BeckOK-BGB/*Heiderhoff* Rn 5; NK-BGB/*Gruber* Rn 6; Rauscher/*Andrae* Rn 1, jeweils zu Art 18 HUP; näher → Rn 799). Auch nach dem Übergang der Souveränitätsrechte für *Macau* von *Portugal* auf *China* mit Wirkung v 20.12.1999 gilt das HKUntÜ im Verhältnis zu *Macau* fort (BGBl 03 II, 789/797). Seine Ersetzung durch das HUP scheitert schon daran, dass das Protokoll einen wesentlich weiteren sachlichen Anwendungsbereich hat, an den die Mitgliedstaaten des HKUntÜ nicht ohne ihre Zustimmung gebunden werden können. Das HKUntÜ wird unten → Rn 800 ff kommentiert.

dd) HUÜ 2007. Keine Konkurrenz besteht hingegen zwischen dem HUP und dem Haager **478** Übereinkommen über die internationale Geltendmachung der Unterhaltsansprüche von Kindern und anderen Familienangehörigen v 23.11.2007 (ABl EU 2011 L 192, 51). Beide Staatsverträge stehen zwar in einem sachlichen Zusammenhang, sind jedoch rechtlich voneinander unabhängig. Insbesondere können dem HUP auch Staaten beitreten, die dem HUÜ 2007 nicht angehören (NK-BGB/*Gruber* vor Art 1 Rn 7). Ferner überschneidet sich der Anwendungsbereich beider Verträge nicht Das HUP beschränkt sich auf die Regelung des anwendbaren Rechts, hingegen soll das HUÜ 2007 das zentrale internationale Instrument für die **grenzüberschreitende Durchsetzung von Unterhaltsforderungen** vor allem von Kindern werden. Das HUÜ 2007 ist für die Europäische Union und ihre Mitgliedstaaten (mit Ausnahme von *Dänemark*) am 1.8.2014 im Verhältnis zu *Albanien, Bosnien und Herzegowina, Norwegen* und der *Ukraine* in Kraft getreten; zu den weiteren Vertragsstaaten → Rn 414. Das Übk ist unter → M Rn 472 ff sowie unter → T Rn 73 abgedruckt und kommentiert.

Nach seinem Art 19 lässt das Protokoll internationale Übereinkünfte unberührt, denen Ver- **479** tragsstaaten auf dem Gebiet des Unterhaltskollisionsrechts angehören. Aus deutscher Sicht gilt daher im Verhältnis zum *Iran* Art 8 Abs 3 des **deutsch-iranischen Niederlassungsabkommens** v 17.2.1929 (RGBl 30 II, 1006; näher → Rn 809 ff) in Unterhaltssachen fort und genießt gem Art 19 Abs 1 HUP Vorrang vor dem Protokoll.

c) Autonomes Recht. Das HUntÜ war vom deutschen Gesetzgeber in leicht abgewandelter **480** Form als **Art 18 EGBGB** übernommen worden. Mit Inkrafttreten des HUP ist Art 18 EGBGB durch Art 12 Nr 2 des Auslandsunterhaltsgesetzes **(AUG)** v 23.5.2011 (BGBl I, 898; → Rn 420 ff) aufgehoben worden und daher in ab dem 18.6.2011 eingeleiteten Unterhaltsverfahren nicht mehr anwendbar. Im AUG sind die deutschen Durchführungsvorschriften zur EuUntVO, zum HUÜ 2007 sowie zu weiteren multilateralen Staatsverträgen auf dem Gebiet des Unterhaltsverfahrensrechts zusammengefasst.

d) Prüfungsreihenfolge. Danach ergibt sich für das anwendbare Recht in Unterhaltssachen **481** vor deutschen Gerichten folgende **Prüfungsreihenfolge:**

(1) Steht der Unterhaltsanspruch eines **unverheirateten Kindes,** welches das 21. Lebensjahr **482** noch nicht vollendet hat, in Frage und hat das Kind seinen gewöhnlichen Aufenthalt in *Liechtenstein* oder *China/Macau?*

431

C 487   1. Teil. Erkenntnisverfahren C. Unterhaltssachen

Wenn ja: dann findet das HKUntÜ (→ Rn 795 ff) Anwendung (MüKoBGB/*Staudinger* Einl Rn 14).

Hat das Kind hingegen seinen **gewöhnlichen Aufenthalt in Deutschland,** so kommen hingegen – vorbehaltlich der nachfolgenden Ziff 2 – die Vorschriften des HUP zur Anwendung (BT-Drs 17/4887, 53;). Die Staatsangehörigkeit der Beteiligten ist dagegen nicht entscheidend.

483   (2) Hat der **Unterhaltsverpflichtete** seinen gewöhnlichen Aufenthalt in *Liechtenstein* oder *China/Macau?*

In diesem Fall ist die Anwendung des HKUntÜ zweifelhaft. Für dessen Anwendung spricht die völkerrechtliche Bindung der *Bundesrepublik Deutschland* (BT-Drs 17/4887, 53) und der Gesichtspunkt der Entscheidungsharmonie.

484   (3) Haben sowohl der Unterhaltsberechtigte wie auch der Verpflichtete allein die (effektive) **iranische Staatsbürgerschaft?**

Wenn ja: dann ist Art 8 Abs 3 des deutsch-iranischen Niederlassungsabkommens (→ Rn 809 ff) anzuwenden.

485   (4) In allen übrigen Fällen findet im Rahmen seines sachlichen Anwendungsbereichs das HUP (→ Rn 489 ff) Anwendung.

2. EU-Recht

210. Verordnung (EG) Nr 4/2009 über die Zuständigkeit, das anwendbare Recht, die Anerkennung und Vollstreckung von Entscheidungen und die Zusammenarbeit in Unterhaltssachen (EuUntVO)

Vom 18. Dezember 2008 (ABl EU 2009 L 7, 1)

Schrifttum: → vor Rn 19.

Vorbemerkung

486   Entgegen der ursprünglichen Intention enthält die EuUntVO kein eigenes Unterhaltskollisionsrecht, sondern lediglich eine (deklaratorische) Verweisung auf das Haager Protokoll über das auf Unterhaltspflichten anzuwendende Recht v 23.11.2007 (**HUP;** → Rn 489 ff). Dadurch soll eine über die Mitgliedstaaten der EU hinausgehende Vereinheitlichung des internationalen Unterhaltsprivatrechts ermöglicht werden. Aus diesem Grunde wird die Entscheidung der EU, der Haager Konferenz insoweit den Vortritt zu lassen, allgemein begrüßt (vgl Rauscher/*Andrae* Art 15 EuUntVO Rn 15; NK-BGB/*Gruber* vor Art 1 HUP Rn 6; ausf *Beaumont* RabelsZ 09, 509/526 ff).

Kapitel III. Anwendbares Recht

EuUntVO Art 15. Bestimmung des anwendbaren Rechts

Das auf Unterhaltspflichten anwendbare Recht bestimmt sich für die Mitgliedstaaten, die durch das Haager Protokoll vom 23. November 2007 über das auf Unterhaltspflichten anzuwendende Recht (nachstehend „Haager Protokoll von 2007" genannt) gebunden sind, nach jenem Protokoll.

487   An das HUP gebunden sind sämtliche Mitgliedstaaten der EU mit Ausnahme von **Dänemark** und dem **Vereinigten Königreich.** Diese beiden Mitgliedstaaten beteiligen sich zwar auf den Gebieten der internationalen Zuständigkeit sowie der Anerkennung und Vollstreckung von Unterhaltsentscheidungen an der EuUntVO, nicht aber auf dem Gebiet des Kollisionsrechts am Haager Unterhaltsprotokoll (HK-ZPO/*Dörner* Rn 2). In diesen beiden Mitgliedstaaten ist daher auf dem Gebiet des Unterhaltsrechts weiterhin das nationale IPR maßgebend, so dass keine vollständige Vereinheitlichung des internationalen Unterhaltsrechts in der EU erreicht worden ist. Dies hat insbesondere Konsequenzen für die **Anerkennung und Vollstreckung** unterhaltsrechtlicher Entscheidungen (→ M Rn 48 ff) und für die Anwendung der Verordnung (EG) Nr 805/2004 zur Einführung eines europäischen Vollstreckungstitels für unbestrittene Forderungen (**EuVTVO**) v 21.4.2004 (ABl EU L 143, 15) auf Unterhaltssachen (→ M Rn 5 f). Denn während durch die EuUntVO in den durch das HUP gebundenen Mitgliedstaaten ein einheitli-

432

II. Internationales Privatrecht   **488, 489   C**

cher europäischer Unterhaltstitel geschaffen wird (Art 16 Abs 2 iVm Art 17 ff EuUntVO; vgl *Gruber* IPRax 10, 138 f; Pal/*Thorn* vor Art 1 Rn 3), bedarf es für *dänische* und *britische* Titel weiterhin einer Vollstreckbarerklärung (vgl Art 16 Abs 3 iVm Art 23 ff EuUntVO; → M Rn 55 f, 135 ff).

3. Staatsverträge

Überblick

Das autonome Kollisionsrecht wird im Anwendungsbereich des Haager Protokolls über das **488** auf Unterhaltspflichten anzuwendende Recht **(HUP)** v 23.11.2007 (ABl EU 09 L 331, 19) vollständig verdrängt. Art 18 EGBGB wurde daher durch das Auslandsunterhaltsgesetz (AUG) v 23.5.2011 (BGBl I, 898) insgesamt und Art 17b EGBGB hinsichtlich seiner unterhaltsrechtlichen Regelung mit Wirkung v 18.6.2011 aufgehoben. Im Verhältnis zu **Liechtenstein** und zu **China/Macau** gilt in seinem sachlichen Anwendungsbereich weiterhin das **HKUntÜ** (→ 795 ff) mit Vorrang vor dem Protokoll. Auch **Art 8 Abs 3 des deutsch-iranischen Niederlassungsabkommens** ist auf Unterhaltspflichten zwischen iranischen Staatsangehörigen weiterhin anzuwenden (→ Rn 809 ff).

220. Haager Protokoll über das auf Unterhaltspflichten anzuwendende Recht (HUP)

Vom 23. November 2007 (ABl EU 2009 L 331, 19)

Schrifttum: Vgl zunächst das allg Schrifttum → vor Rn 1 und → vor Rn 19 sowie → vor Rn 472; ferner *Andrae,* Zum Beitritt der Europäischen Gemeinschaft zum Haager Protokoll über das Unterhaltskollisionsrecht, GPR 10, 196; *Bonomi,* Rapport explicatif sur le Protocole de La Haye du 23 novembre 2007 sur la loi applicable aux obligations alimentaires (abrufbar unter http://www.hcch.net); *ders,* The Hague Protocol of 23 November 2007 on the Law Applicable to Maintenance Obligations, Yb Priv Int L 08, 333; *ders,* Protokoll vom 23. November 2007 über das auf Unterhaltspflichten anzuwendende Recht (2009); *Conti/Bißmaier,* Das neue Haager Unterhaltsprotokoll von 2007, FamRBint 11, 62; *Dimmler/Bißmeier,* Die Anwendung materiellen Rechts bei Trennungs- und Nacheheunterhaltsverfahren mit Auslandsbezug, FPR 13, 11; *Eichel,* Zur Frage des anwendbaren Rechts bei Unterhaltsansprüchen, FamRZ 2011, 99; *Finger,* Neue kollisionsrechtliche Regeln für Unterhaltsforderungen, JR 12, 51; *ders,* Die Europäische Unterhaltsverordnung und das Haager Unterhaltsprotokoll, FuR 14, 82; *Gruber,* Das Haager Protokoll zum internationalen Unterhaltsrecht, FS Spellenberg (2010) 177; *Hau,* Die Europäische Unterhaltsverordnung und das Haager Unterhaltsprotokoll in der deutschen Rechtspraxis, ZVglRW 16, 672; *Lehmann,* Das neue Unterhaltskollisionsrecht – im Irrgarten zwischen Brüssel und Den Haag, GPR 14, 342; *Riegner,* Das anwendbare Recht bei der Abänderung von Unterhaltstiteln mit Auslandsbezug, FamFR 12, 54; *Ring,* Materiellrechtliche Berücksichtigung des Auslandsbezugs bei Geltendmachung von Kindesunterhalt nach dem HUP, FPR 13, 16; *Wagner,* Ein neues unterhaltsrechtliches Übereinkommen aus Den Haag – Eine Zwischenbilanz nach zwei Sitzungen der Spezialkommission unter besonderer Berücksichtigung der kollisionsrechtlichen Überlegungen, FamRZ 05, 410; *M Weber,* Die Grundlage der Unterhaltspflicht nach dem Haager Unterhaltsprotokoll, ZfRV 12, 170; *Zimmer,* Aufenthaltswechsel und Haager Unterhaltsprotokoll, IPRax 15, 180.

Vgl auch die speziellen Schrifttumsnachweise zum Anwendungsbereich → vor Rn 521, zum Statutenwechsel → vor Rn 558, zur Rechtswahl → vor Rn 628, zu öffentliche Aufgaben wahrnehmenden Einrichtungen → vor Rn 697, zum Geltungsbereich des Unterhaltsstatuts → vor Rn 705, zum ordre public → vor Rn 742 und zum Verhältnis zum HUntÜ → vor Rn 773.

Vorbemerkung

1. Entstehungsgeschichte

Eine auf der 18. Tagung der Haager Konferenz im Jahr 1996 eingesetzte Spezialkommission, **489** die mit der Prüfung der auf dem Gebiet des internationalen Unterhaltsrechts geschlossenen vier Haager Übereinkommen beauftragt wurde, hat im Jahre 1999 vorgeschlagen, ein neues weltweites Rechtsinstrument auszuarbeiten, das auf den bestehenden Übereinkommen aufbauen sollte. Bei den Arbeiten zeigte sich indes schon nach kurzer Zeit, dass ein Kompromiss zwischen den Befürwortern einer kollisionsrechtlichen Regelung in Weiterentwicklung der Haager Unterhaltsstatutübereinkommen von 1956 und 1973 einerseits und den Verfechtern einer strikten Anwendung des *lex fori*-Prinzips nicht zu erreichen war. Aus diesem Grunde entschied die Spezialkommission im Mai 2007, das Kollisionsrecht nicht in dem geplanten Übereinkommen selbst, sondern in einem hiervon getrennten Protokoll zu regeln (vgl Rauscher/*Andrae* Einl

433

C 490–495 1. Teil. Erkenntnisverfahren C. Unterhaltssachen

Rn 2 ff). Dies hatte den Vorteil, dass im Haager Übereinkommen über die internationale Geltendmachung der Unterhaltsansprüche von Kindern und anderen Familienangehörigen v 23.11.2007 (ABl EU 2011 L 192, 51; **HUÜ 2007**; → M Rn 472 ff) auf Vorbehalte zum Kollisionsrecht verzichtet werden konnte. Außerdem wurde es der Europäischen Union ermöglicht, das Protokoll durch eine einfache Verweisung (Art 15) in die EuUntVO zu integrieren und seine Anwendung in den Mitgliedstaaten schon vor dem völkerrechtlichen Inkrafttreten anzuordnen.

2. Anwendungsbereich

490 **a) Sachlicher Anwendungsbereich.** In sachlicher Hinsicht gilt das Protokoll nach Art 1 Abs 1 für alle Unterhaltspflichten, die sich aus Beziehungen der Familie, der Verwandtschaft, Ehe oder Schwägerschaft ergeben. Sein sachlicher Anwendungsbereich ist damit gegenüber dem gleichzeitig beschlossenen HUÜ 2007 deutlich erweitert. Vgl dazu die Kommentierung zu Art 1 (→ Rn 521 ff).

491 **b) Räumlich-persönlicher Anwendungsbereich.** Dem Haager Protokoll können – wie erwähnt (→ Rn 478) – nicht nur Vertragsstaaten des HUÜ 2007, sondern nach Art 23 alle Staaten beitreten. Es ist darüber hinaus gem Art 24 auch für den Beitritt von „Organisationen der regionalen Wirtschaftsintegration" geöffnet; diese Vorschrift zielt insbesondere auf den Beitritt der EU ab (*Bonomi*-Bericht Rn 207). Demgemäß hat die EU das Protokoll am 8.4.2010 mit Wirkung für ihre Mitgliedstaaten – mit Ausnahme von *Dänemark* und dem *Vereinigten Königreich* (→ Rn 487) – gezeichnet und am gleichen Tag ratifiziert. Das HUP ist allerdings völkerrechtlich für die *Europäische Union* erst am 1.8.2013 im Verhältnis zu *Serbien* in Kraft getreten. Seither sind dem Protokoll noch *Kasachstan* (seit 1.4.2017) und *Brasilien* (seit 1.11.2017) beigetreten.

492 Um sicherzustellen, dass das Protokoll in den Mitgliedstaaten der EU zeitgleich mit dem Beginn der Anwendbarkeit der EuUntVO angewendet werden konnte, auch wenn es bis zu diesem Zeitpunkt völkerrechtlich nicht in Kraft getreten sein sollte, hat der Rat am 20.11.2009 (ABl EU L 331, 17) einen entsprechenden Beschluss gefasst. Denn andernfalls hätte nach ihrem Art 76 Abs 3 auch die EuUntVO nicht in Kraft treten können. Nach Art 4 dieses Beschlusses finden die Bestimmungen des Protokolls daher in den gebundenen Mitgliedstaaten **ab dem 18.6.2011** vorläufig Anwendung. Seit dem Beitritt *Serbiens* mit Wirkung vom 1.8.2013 ist das Protokoll auch völkerrechtlich in Kraft getreten und gilt für die Mitgliedstaaten der EU mit Ausnahme von *Dänemark* und dem *Vereinigten Königreich* unmittelbar aufgrund der Verweisung in Art 15 EuUntVO.

493 Das Protokoll ist als *loi uniforme* ausgestaltet (Art 2; → Rn 557). Es ist daher von den Gerichten der Vertragsstaaten unabhängig davon anzuwenden, ob der Sachverhalt Bezüge zu einem Vertragsstaat oder einem Nichtvertragsstaat aufweist (öst OGH 20.4.16, unalex AT-1041; BeckOK-BGB/*Heiderhoff* Art 18 EGBGB 21). Die Beteiligten brauchen nicht Angehörige eines Vertragsstaats zu sein. Für das Kollisionsrecht ist es ferner unerheblich, ob sie ihren gewöhnlichen Aufenthalt in einem Vertragsstaat haben. An den gewöhnlichen Aufenthalt wird in Art 3 Abs 1 vielmehr unabhängig davon angeknüpft, wo dieser begründet wurde. Damit verdrängt das Protokoll in den gebundenen Mitgliedstaaten das nationale Unterhaltskollisionsrecht vollständig (Rauscher/*Andrae* Einl Rn 13).

494 **c) Zeitlicher Anwendungsbereich.** Das Protokoll findet nach der Übergangsvorschrift in Art 22 (→ Rn 782 ff) auf Verfahren keine Anwendung, in denen in einem Vertragsstaat Unterhalt für einen Zeitraum vor dem Inkrafttreten des Protokolls in diesem Staat verlangt wird; insoweit verbleibt es daher grundsätzlich bei dem in diesem Vertragsstaat zuvor geltenden HUntÜ bzw dem autonomen Kollisionsrecht (öst OGH 20.4.16, unalex AT-1041; Rauscher/*Andrae* Einl HUP Rn 14). Danach würde das Protokoll vor deutschen Gerichten nur in Verfahren gelten, in denen Unterhalt für die Zeit nach dem 18.6.2011 verlangt wird; dies allerdings auch dann, wenn das entsprechende Verfahren bereits vor dem 18.6.2011 eingeleitet worden wäre.

495 Nach Art 5 des zuvor erwähnten Ratsbeschlusses v 20.11.2009 wird das auf Unterhaltsforderungen anzuwendende Recht freilich von den Gerichten der an diesen Beschluss gebundenen Mitgliedstaaten (→ Rn 491 f) – und damit auch von *deutschen* Gerichten – abweichend von Art 22 auch dann nach dem Protokoll bestimmt, wenn rückständiger Unterhalt für die **Zeit vor dem 18.6.2011** geltend gemacht wird, sofern nur das betreffende Verfahren auf der Grundlage der EuUntVO an oder nach dem 18.6.2011 eingeleitet worden ist (BeckOK-BGB/*Heiderhoff*

II. Internationales Privatrecht   **496–502   C**

Rn 10; näher → Rn 782 ff). Damit kommt es also im Ergebnis nicht darauf an, für welchen Zeitraum der Unterhalt begehrt wird; vielmehr entscheidet allein der Zeitpunkt der Verfahrenseinleitung (bzw der Abschluss oder die Billigung des gerichtlichen Vergleichs oder die Ausstellung der öffentlichen Urkunde). Auf diese Weise ist gewährleistet, dass in allen von der EuUntVO erfassten Verfahren in kollisionsrechtlicher Hinsicht das Haager Protokoll zugrunde zu legen ist.

3. Verhältnis zu anderen Rechtsinstrumenten

Das HUP wird nur in seltenen Ausnahmefällen durch vorrangige Staatsverträge verdrängt. So **496** gilt im Verhältnis zu *Liechtenstein* und *China/Macau* das **HKUntÜ 1956** (→ Rn 795 ff) fort, wenn es um den Unterhalt eines unter 21 Jahre alten Kindes geht und der Unterhaltsberechtigte oder -verpflichtete seinen gewöhnlichen Aufenthalt in einem dieser Staaten hat. Ferner geht das **deutsch-iranische Niederlassungsabkommen** v 1929 dem HUP vor, wenn sowohl der Unterhaltsberechtigte wie der -verpflichtete ausschließlich die iranische Staatsangehörigkeit besitzen (→ Rn 809 ff). Demgegenüber wird das **HUntÜ 1973** auch im Verhältnis zu Vertragsstaaten, die dem HUP noch nicht beigetreten sind, durch die Kollisionsnormen des Protokolls ausgeschlossen (str, vgl BT-Drs 17/4887, 531; näher → Rn 476).

Abzugrenzen ist der sachliche Anwendungsbereich des HUP auch von jenem der **EuErbVO. 497** Diesbezüglich bestimmt Art 1 Abs 2 lit e EuErbVO zwar, dass Unterhaltspflichten grundsätzlich aus dem Anwendungsbereich der Verordnung ausgenommen sind; dies gilt aber nicht für solche, die erst mit dem Tod entstehen. Daraus folgt, dass alle Unterhaltspflichten, die bereits in der Person des Erblassers bestanden und auf dessen Erben übergegangen sind, unterhaltsrechtlich zu qualifizieren sind und dem HUP unterliegen (Rauscher/*Andrae* Art 1 Rn 13d).

4. Auslegung

Authentisch ist die *englische* und *französische* Textfassung des Protokolls; bei der deutschen **498** Fassung handelt es sich lediglich um eine Übersetzung. Bei Auslegungsproblemen sind daher die englische und französische **Originalfassung** heranzuziehen. Die ungewöhnliche Bezeichnung als „Protokoll" soll auf den engen Zusammenhang mit dem HUÜ 2007 hinweisen, hat aber sonst keine Bedeutung. Ferner ist nach Art 20 dem internationalen Charakter des Protokolls und der Notwendigkeit, seine einheitliche Auslegung zu fördern, Rechnung zu tragen).

Das Protokoll ist in allen Vertragsstaaten gemäß seinem internationalen Charakter möglichst **499** **einheitlich auszulegen** (Art 20; → Rn 780). Für die Gerichte der Vertragsstaaten folgt daraus die Pflicht, auch die Rechtsprechung anderer Vertragsstaaten zu berücksichtigen. Das Ständige Büro der Haager Konferenz hat deshalb eine Entscheidungsdatenbank zum Protokoll eingerichtet, mit deren Hilfe eine international einheitliche Auslegung des Protokolls gefördert werden soll. Im Rahmen der Auslegung ist auch der enge Zusammenhang des Protokolls mit dem HUÜ 2007 zu berücksichtigen. Im Übrigen kann auf den ausführlichen Bericht zum Protokoll von *Bonomi* (im Internet zugänglich in englischer und französischer Sprache unter http://www.hcch.net) zurückgegriffen werden.

Für deutsche Gerichte wie auch für die Gerichte der anderen EU-Mitgliedstaaten besteht bei **500** der Anwendung des Protokolls eine Vorlagepflicht bzw ein **Vorlagerecht nach Art 267 AEUV,** da das Protokoll wegen des Beitritts der EU als sekundäres Unionsrecht zu behandeln ist (BGH NJW 13, 2662 Rn 37; öst OGH 25.1.17, unalex AT-1097; *Andrae* IPRax 2014, 326/328; Rauscher/*Andrae* Einl HUP Rn 17; Pal/*Thorn* HUP Rn 3; allg EuGH Rs 181/73 – *R & V Haegeman/Belgien,* Slg 1974, 449 Rn 2, 6; EuGH C-533/08 – *TNT,* NJW 10, 1739 Rn 59 f). Im Rahmen von Vorabentscheidungsverfahren nach Art 267 AEUV ist allerdings auch der EuGH an die Verpflichtung zur einheitlichen Auslegung des Protokolls gem Art 20 gebunden (Pal/*Thorn* HUP Rn 3). Dabei trägt auch er dem engen Zusammenhang mit dem HUÜ 2007 einerseits, der EuUntVO andererseits Rechnung (vgl ErwG 8 zur EuUntVO; → Anh III).

5. Wesentliche Neuerungen

Gegenüber dem zuvor geltenden Unterhaltskollisionsrecht des HUntÜ 1973, das in Art 18 **501** EGBGB inkorporiert worden war (→ Rn 818 f), ergeben sich nach dem Protokoll vor allem die folgenden wesentlichen Änderungen (vgl auch Rauscher/*Andrae* Einl Rn 9 f):

(1) Die Parteien haben erstmals die Möglichkeit, das Unterhaltsstatut durch **Rechtswahl** zu **502** bestimmen. Diese Wahlmöglichkeit wird zugunsten der *lex fori* in einem konkreten Prozess

C 503–518 1. Teil. Erkenntnisverfahren C. Unterhaltssachen

uneingeschränkt eingeräumt (Art 7; → Rn 633 ff). Demgegenüber ist sie im Übrigen auf bestimmte Rechtsordnungen beschränkt, zu denen eine enge Verbindung bestehen muss (Art 8; → Rn 663 ff). Ausgeschlossen ist die Rechtswahl für Unterhaltspflichten von Kindern bis zum vollendeten 18. Lebensjahr und schutzbedürftige Erwachsene (Art 8 Abs 3; → Rn 677 ff).

503 (2) Die Anknüpfung für den **ehelichen und den nachehelichen Unterhalt** ist vereinheitlicht und die bisherige akzessorische Anknüpfung des nachehelichen Unterhalts an das Scheidungsstatut ist aufgegeben worden (Art 3, 5; → Rn 605 ff).

504 (3) Die **Anknüpfung an die** *lex fori* ist – insbesondere in den Eltern-Kind-Beziehungen – aus rechtspraktischen Gründen gestärkt worden (Art 4 Abs 2, 3; → Rn 586 ff; NK-BGB/*Gruber* vor Art 1 Rn 19).

505 (4) Das bisher in Art 4–6 HUntÜ enthaltene **Günstigkeitsprinzip** ist auf Unterhaltsansprüche der Kinder gegenüber ihren Eltern begrenzt und inhaltlich modifiziert worden (Art 4; → Rn 584 f).

506 (5) Die Einrede der **kumulativen Anknüpfung** des Unterhaltsstatuts wurde gegenüber Art 7 HUntÜ deutlich erweitert (Art 6; → Rn 620 ff).

507 (6) Auf **Vorbehaltsmöglichkeiten** der Vertragsstaaten wurde im Interesse einer einheitlichen Anwendung des Protokolls vollständig verzichtet.

6. Prüfungsreihenfolge

508 Nach der Systematik des Protokolls unterliegen Unterhaltspflichten zwar gem Art 3 lit a grundsätzlich dem Recht am gewöhnlichen Aufenthalt des Unterhaltsberechtigten. Diese Grundsatzanknüpfung wird jedoch anschließend in den Art 4–10 durch eine Reihe von vorrangigen Anknüpfungen durchbrochen und verdrängt. Deren Anwendung hängt wesentlich davon ab, von wem und gegen wen Unterhaltsansprüche erhoben werden. Für die beiden wichtigsten Fallgruppen, nämlich den Ehegattenunterhalt und den Kindesunterhalt gilt folgende Prüfungsreihenfolge:

509 **a) Ehegattenunterhalt.** (1) Haben die Ehegatten für den konkreten Unterhaltsrechtsstreit wirksam das Recht des Staates gewählt, in dem das angerufene oder anzurufende Gericht seinen Sitz hat? Wenn ja, so gilt gem **Art 7** das Recht dieses Staates.

510 (2) Fehlt es an einer gültigen Rechtswahl nach Art 7: Haben die Ehegatten eine schriftliche Rechtswahl zugunsten eines der in **Art 8 Abs 1** genannten Rechte getroffen? Wenn ja, so gilt das gewählte Recht.

511 (3) Fehlt es auch an einer gültigen Rechtswahl nach Art 8: Weist das Recht eines Staates, in dem der unterhaltsberechtigte Ehegatte nicht seinen derzeitigen gewöhnlichen Aufenthalt hat, zu der Ehe der Parteien eine engere Verbindung auf als das Recht am gewöhnlichen Aufenthalt dieses Ehegatten und wird dies von einem Ehegatten geltend gemacht? Wenn ja, so gilt gem **Art 5** das Recht dieses Staates.

512 (4) Fehlt es auch an einer engeren Verbindung iSv Art 5 oder beruft sich kein Ehegatte auf eine solche, so gilt gem **Art 3** das Recht am gewöhnlichen Aufenthalt des unterhaltsberechtigten Ehegatten.

513 (5) Der unterhaltsverpflichtete Ehegatte kann jedoch die Einwendung erheben, dass weder nach dem Recht seines gewöhnlichen Aufenthalts noch nach dem gemeinsamen Heimatrecht der Ehegatten eine Unterhaltspflicht besteht, **Art 6**.

514 (6) Die vorstehende Prüfungsreihenfolge gilt gleichermaßen für den Unterhalt während intakter Ehe, während des Getrenntlebens und nach Ehescheidung.

515 **b) Kindesunterhalt.** (1) Hat das Kind mit dem unterhaltsverpflichteten Elternteil für den konkreten Unterhaltsrechtsstreit wirksam das Recht des Staates gewählt, in dem das angerufene oder anzurufende Gericht seinen Sitz hat? Wenn ja, so gilt gem **Art 7** das Recht dieses Staates.

516 (2) Fehlt es an einer gültigen Rechtswahl nach Art 7: Hat ein über 18 Jahre altes Kind mit dem unterhaltsverpflichteten Elternteil eine schriftliche Rechtswahl zugunsten eines der in **Art 8 Abs 1** genannten Rechte getroffen? Wenn ja, so gilt das gewählte Recht.

517 (3) Fehlt es auch einer gültigen Rechtswahl nach Art 8: Hat das Kind die zuständigen Gerichte des Staates angerufen, in dem der Unterhaltsverpflichtete seinen gewöhnlichen Aufenthalt hat? Wenn ja, so gilt die *lex fori* des angerufenen Gerichts als Unterhaltsstatut, **Art 4 Abs 3 S 1**.

518 Kann das Kind nach diesem Recht keinen Unterhalt erhalten, so gilt ersatzweise das Recht des Staates, in dem das Kind seinen gewöhnlichen Aufenthalt hat, **Art 4 Abs 3 S 2**.

II. Internationales Privatrecht: HUP Art 1   **521, 522 C**

(4) Hat das Kind die Gerichte eines anderen Staates als desjenigen des gewöhnlichen Auf- **519**
enthalts des Unterhaltsverpflichteten angerufen? Wenn ja, so gilt in Ermangelung einer Rechtswahl die Grundatzanknüpfung an den gewöhnlichen Aufenthalt des Kindes, **Art 3.**

Kann das Kind nach diesem Recht keinen Unterhalt erhalten, so gilt ersatzweise die *lex fori* des
angerufenen Gerichts, **Art 4 Abs 2.**

(5) Kann das Kind weder nach dem Recht des Staates, in dem es seinen gewöhnlichen **520**
Aufenthalt hat (Art 3), noch dach dem Recht des Staates, dessen Gerichte angerufen worden sind
(Art 4 Abs 2 S 1 oder Abs 3) Unterhalt erhalten? Wenn ja, so gilt gem **Art 4 Abs 4** ersatzweise
das Recht des Staates, dem das Kind und der unterhaltsverpflichtete Elternteil gemeinsam
angehören.

HUP Art 1. Anwendungsbereich

**(1) Dieses Protokoll bestimmt das auf solche Unterhaltspflichten anzuwendende
Recht, die sich aus Beziehungen der Familie, Verwandtschaft, Ehe oder Schwägerschaft ergeben, einschließlich der Unterhaltspflichten gegenüber einem Kind, ungeachtet des Familienstands seiner Eltern.**

**(2) Die in Anwendung dieses Protokolls ergangenen Entscheidungen lassen die Frage
des Bestehens einer der in Absatz 1 genannten Beziehungen unberührt.**

Schrifttum: *Althammer,* Der Begriff der Familie als Anknüpfungspunkt im europäischen Kollisions- und
Verfahrensrecht, NZFam 17, 629; *Hausmann,* Der Unterhaltsbegriff in Staatsverträgen des internationalen
Privat- und Verfahrensrechts, IPRax 90, 382; *Heiderhoff,* Wann ist eine „Clean Break" unterhaltsrechtlich zu
qualifizieren?, IPRax 11, 156; *Hilbig,* Der Begriff des Familienverhältnisses in Art 1 HPUnt 2007 und Art 1
EuUntVO, GPR 11, 310; *Reng,* Unterhaltsansprüche auf Grund nichtehelicher Lebensgemeinschaft: interna-
tionales Privatrecht und ausländisches materielles Recht (1994); *Spernat,* Die gleichgeschlechtliche Ehe im
internationalen Privatrecht (2011); *Spickhoff,* Zur Qualifikation der nichtehelichen Lebensgemeinschaft im
Europäischen Zivilprozess- und Kollisionsrecht, FS Schurig (2012) 285; *Wurmnest,* Die Mär von der mahr,
RabelsZ 71 [2007] 527.

1. Allgemeines

Der sachliche Anwendungsbereich des Protokolls wird durch Art 1 Abs 1 bestimmt. Danach **521**
gilt das Protokoll für Unterhaltspflichten, die sich aus Beziehungen der Familie, Verwandtschaft,
Ehe oder Schwägerschaft ergeben. Nicht erfasst sind damit einerseits Unterhaltspflichten, die
allein durch Vertrag begründet wurden (s aber → Rn 552 f), anderseits Ansprüche auf öffentlich-rechtliche Unterstützungsleistungen (MüKoBGB/*Staudinger* Rn 2). Der Wortlaut der Vorschrift lehnt sich eng an Art 1 Abs 1 EuUntVO, aber auch an die Vorgängervorschrift in Art 1
Abs 1 HUntÜ (und Art 1 Abs 1 des Haager Übereinkommens über die Anerkennung und
Vollstreckung von Unterhaltsentscheidungen v 2.10.1973, BGBl 86 II, 826 – HUntVÜ) an. Eine
einheitliche Auslegung des sachlichen Anwendungsbereichs **der EuUntVO und des Protokolls** ist erstrebenswert, denn Art 15 nimmt explizit auf das Protokoll Bezug. Dogmatisch
kommt dabei den Wertungen des Protokolls Vorrang zu, denn die EU ist völkerrechtlich an
diesen Staatsvertrag gebunden (Rauscher/*Andrae* Rn 2).

2. Unterhaltspflichten

a) Qualifikation. Zentrale Bedeutung kommt dem im Protokoll nicht definierten Begriff der **522**
Unterhaltspflicht zu. Dieser ist **vertragsautonom und einheitlich** auszulegen (Art 20;
→ Rn 780; Trib Belluno 24.5.16, unalex IT-675). Es besteht damit keine Qualifikationsverweisung auf die *lex causae* (*Hausmann* IPRax 90, 382/387). Wie im Rahmen der parallel formulier-
ten Vorschriften in Art 1 HUntÜ und Art 1 Abs 1 EuUntVO (→ Rn 34 ff) ist der Begriff der
Unterhaltspflicht *weit* zu interpretieren (*Andrae,* IntFamR § 8 Rn 6), denn Unterhalt dient der
Sicherung der elementaren Lebensbedürfnisse des Berechtigten. Als Unterhalt sind daher Leistungen zu qualifizieren, die einer regelmäßigen oder einmaligen Versorgung des Berechtigten
dienen (*Hausmann* IPRax 90, 382/387) und deren Umfang sich an der **Bedürftigkeit des
Berechtigten** und der **Leistungsfähigkeit des Verpflichteten** orientiert (BGH IPRax 11,
187/188; Trib Roma 17.2.15, unalex IT-817; Staud/*Mankowski* Rn 2; PWW/*Martiny* Art 18
EGBGB Anh II Rn 3). Für die Einordnung als Unterhalt ist hingegen nicht entscheidend, ob
die Befriedigung einmaliger oder dauerhafter Lebensbedürfnisse in Frage steht (BeckOK-BGB/
Heiderhoff Rn 27; → Rn 528 ff).

437

C 523–527   1. Teil. Erkenntnisverfahren C. Unterhaltssachen

523   Die Einordnung als Unterhalt und die Abgrenzung zum Statut der allgemeinen Ehewirkun-
gen, zum Güterrechts-, Scheidungs- und Deliktsstatut kann bei ausländischen Rechtsinstituten
Schwierigkeiten bereiten, die – wie zB die **„Morgengabe"** des islamischen Rechts (zu dieser
→ Rn 529 f) – mehrere Ziele zugleich verfolgen. Als Leitlinie für die Abgrenzung kann mit der
Rechtsprechung des EuGH zum internationalen Unterhaltsverfahrensrecht auf den **Zweck der
Leistung** bzw des Rechtsinstituts abgestellt werden. Eine Norm bzw ein Rechtsinstitut ist dann
unterhaltsrechtlich einzuordnen, wenn die geschuldete Leistung „dazu bestimmt ist, den Unter-
halt eines bedürftigen Ehegatten zu sichern oder wenn die Bedürfnisse und die Mittel beider
Ehegatten bei seiner Festsetzung berücksichtigt werden" (EuGH C-220/95 – *van den Boogaard*,
Slg 97 I-1147, Rn 22 = IPRax 99, 35; dazu *Weller* IPRax 99, 14; ebenso BGH NJW-RR 10, 1/
2). Der Unterhaltsbegriff bezieht sich damit auf die Anspruchs*voraussetzungen,* nicht auf den
Anspruchs*inhalt* (Staud/*Mankowski* Rn 3).

524   Keinen Einfluss auf die Qualifikation hat die **Art des Verfahrens,** in dem der Unterhalts-
anspruch verfolgt wird. Dass Protokoll gilt daher gleichermaßen in Verfahren der erstmaligen
Durchsetzung von Unterhaltsansprüchen wie in **Abänderungsverfahren** (OLG Nürnberg
IPRax 12, 551 m Anm *Coester-Waltjen* 528; näher → Rn 208 ff). Es beherrscht die Frage nach
dem anwendbaren Recht auch in Verfahren des **einstweiligen Rechtsschutzes** (zB nach Art 14
EuUntVO; → Rn 299 ff; NK-BGB/*Gruber* vor Art 1 Rn 3; Erman/*Hohloch* Anh Art 24 HUP
Rn 10; ebenso zu Art 18 EGBGB OLG Stuttgart NJW-RR 04, 582; OLG Hamm IPRax 90,
114). Eine Anwendung der *lex fori* kommt nur ausnahmsweise in Betracht, wenn sich das
ausländische Unterhaltsstatut nicht so rechtzeitig ermitteln lässt, dass die einstweilige Anordnung
noch ihren Zweck erfüllen kann (Erman/*Hohloch* aaO; ebenso zum früheren Recht OLG
Oldenburg IPRax 81, 1176; **aA** [Anwendung von Art 14] *Andrae,* IntFamR § 8 Rn 105).

525   **b) Einzelfälle. aa) Schadensersatzansprüche.** Besteht die von Art 1 Abs 1 vorausgesetzte
familienrechtliche Sonderverbindung (→ Rn 537 ff), so erfasst das Protokoll auch solche Unterhaltsansprüche, die als Schadensersatz- oder Ausgleichsleistung ausgestaltet sind (Pal/*Thorn*
HUP Rn 7; Erman/*Hohloch* Rn 4). Anhaltspunkte sind die Abhängigkeit des Anspruchs von
der Bedürftigkeit und der Leistungsfähigkeit der Beteiligten, sowie die Auszahlung in Form
einer laufenden Rente. Dies kommt insbesondere bei Ansprüchen auf nachehelichen Unterhalt
nach *schweizerischem* oder *türkischem* Recht in Betracht, wenn die Unterhaltsleistung den Ausgleich der Nachteile des an der Scheidung nicht schuldigen Ehegatten bezweckt (dazu OLG
Karlsruhe NJW-RR 06, 369/370; OLG Stuttgart FamRZ 93, 975) oder bei den Ansprüchen
nach Art 270 ff frz Cc (*„prestations compensatoires";* vgl *Hausmann* IPRax 90, 382/384 ff).
Entscheidend für die unterhaltsrechtliche Einordnung ist die **Funktion einer Sicherung der
Lebensbedürfnisse des Berechtigten** (EuGH Rs 120/79 – *de Cavel II,* Slg 80, 731 Rn 5 =
IPRax 81, 19 m Anm *Hausmann* 5 ff; Staud/*Mankowski* Rn 39; J/H/*Henrich* Art 18 EGBGB
Rn 25; **aA** [güterrechtliche Qualifikation] OLG Karlsruhe IPRax 90, 406 m abl Anm *Haus-
mann* 382).

526   Daher handelt es sich insbesondere bei dem von **Art 174 Abs 1 türk ZGB** (= Art 143 Abs 1
türk ZGB aF) gewährten **Schadensersatzanspruch gegen den an der Scheidung schuldigen Ehegatten** um eine besondere Form nachehelichen Unterhalts (OLG Stuttgart FamRZ 12,
999/1000 und NJW-RR 94, 135/136; OLG Karlsruhe NJW-RR 06, 369/370; Erman/*Hohloch*
Rn 4; NK-BGB/*Gruber* Rn 7; BeckOK-BGB/*Heiderhoff* Art 18 EGBGB Rn 25). Gleiches gilt
für den Anspruch aus **Art 175 türk ZGB** (= Art 144 türk ZGB aF) wegen scheidungsbedingter
Bedürftigkeit des nicht schuldigen Ehegatten (OLG Hamm FamRZ 06, 1387; OLG Köln NJW-
RR 98, 1540). Keinen unterhaltsrechtlichen Charakter hat dagegen der Anspruch auf Genugtu-
ung nach **Art 174 Abs 2 türk ZGB** (= Art 143 Abs 2 türk ZGB aF) wegen Verletzung
ehelicher Pflichten (OLG Stuttgart FamRZ 12, 999/1001 und OLGR 04, 353 f: Kompensation
für seelisches Leiden; OLG Karlsruhe NJW-RR 03, 725 ff; BeckOK-BGB-*Heiderhoff* Rn 30;
ausf Staud/*Mankowski* Rn 39 **aA** Erman/*Hohloch* Rn 4; unklar OLG Karlsruhe NJW-RR 06,
369/370). Für ihn gilt vielmehr das **Scheidungsfolgenstatut** (Art 17 Abs 1 EGBGB nF; vgl
Henrich, IntSchR Rn 155; NK-BGB/*Gruber* Rn 7; vgl auch OLG Karlsruhe NJW-RR 03,
725 f; OLG Frankfurt FamRZ 92, 1182; vgl auch → A Rn 551 ff).

527   Der **Schadensersatzanspruch nach § 844 BGB** wegen der Tötung eines gesetzlich zum
Unterhalt Verpflichteten ist demgegenüber nach allgM *deliktisch* zu qualifizieren und unterliegt
dem von Art 3 ff Rom II-VO zur Anwendung berufenen Recht. Lediglich die von der Vorschrift aufgeworfene Vorfrage, ob im Zeitpunkt der Tötung eine gesetzliche Unterhaltpflicht
bestand, beurteilt sich nach dem Unterhaltsstatut. Demgegenüber sind Regressansprüche des

II. Internationales Privatrecht: HUP Art 1   **528–532**   **C**

Scheinvaters, der das Kind für einen bestimmten Zeitraum unterhalten hat, gegen den wirklichen Vater oder die Mutter keine Unterhaltsansprüche (MüKoBGB/*Staudinger* Rn 41).

bb) Scheidungsabfindungen. Unterhaltsforderungen müssen nicht notwendig auf periodi- **528** sche Zahlungen gerichtet sein. Unterhaltsrechtlich einzuordnen sind daher auch aus Anlass der Scheidung gewährte Abfindungen an den bedürftigen Ehegatten, auch wenn sie in Form einer **einmaligen Pauschale** gewährt werden. Gemäß dem im *englischen* Recht geltenden Grundsatz des *„clean break"* wird dort nach der Scheidung oftmals eine einheitliche Summe als *„financial relief"* zugesprochen, die aus englischer Sicht zwar als eine Art von Unterhalt angesehen wird, aus deutscher Sicht aber güterrechtliche und unterhaltsrechtliche Elemente verbindet (BeckOK-BGB/*Heiderhoff* Rn 31). Bei der Bemessung dieses Anspruchs können im Wege einer Einzelfallbewertung eine Vielzahl von Kriterien berücksichtigt werden. Im Rahmen einer auf den Zweck der Leistung abstellenden Sichtweise ist der Leistungsanspruch dann als Unterhalt anzusehen, wenn er den Gesamtbedarf des Ehegatten (bis zu dessen Lebensende) sichern soll; nicht jedoch wenn und soweit die Leistung vornehmlich einen gerechten Vermögensausgleich zwischen den Ehegatten schaffen soll (BGH NJW-RR 10, 1 ff; *Botur* FPR 10, 519 ff; *Henrich* FamRZ 09, 1662, jeweils zum verfahrensrechtlichen Unterhaltsbegriff). In der englischen Praxis scheinen solche nicht unterhaltsrechtlichen Faktoren eine zunehmende Rolle zu spielen (*Heiderhoff* IPRax 11, 156). Näher zur Abgrenzung → Rn 50 ff.

cc) Morgengabe. Ob der Anspruch auf die Morgen- bzw Brautgabe *(„mahr")* nach isla- **529** mischem Recht unterhaltsrechtlich qualifiziert werden kann, ist umstritten. Während dies in der Rechtsprechung zT befürwortet wurde (vgl OLG Saarbrücken FamRZ 06, 1378; OLG Celle FamRZ 98, 374/375; OLG Düsseldorf FamRZ 98, 623 f), hat die Literatur eher ablehnend reagiert (MüKoBGB/*Staudinger* Rn 12; Staud/*Mankowski* Art 14 EGBGB Rn 273; J/H/*Henrich* Art 14 EGBGB Rn 6; BeckOK-BGB/*Heiderhoff* Rn 29; Rauscher/*Andrae* Rn 13). Auch der BGH hat sich jedenfalls für eine Einordnung des Anspruchs auf die Morgengabe während bestehender Ehe als **allgemeine Ehewirkung** (Art 14 EGBGB) – und gegen eine unterhalts- wie güterrechtliche Anknüpfung – entschieden (BGHZ 183, 287 Rn 14 ff = FamRZ 10, 533m Anm *Henrich;* dazu näher → A Rn 559 ff und → B Rn 557 ff).

Wird die Morgengabe indessen erst aus Anlass der Ehescheidung gefordert, so kann ihr **530** durchaus **Unterhaltsfunktion** zukommen, so dass eine Anwendung der Art 3 ff in Betracht kommt, wenn nicht – wie im Regelfall – der Aspekt der vermögensrechtlichen Absicherung der Ehefrau im Vordergrund steht (so explizit OLG Hamm FamRZ 16, 1926 = NZFam 16, 1035 m krit Anm *Althammer* 1022 [Abendgabe]; Pal/*Thorn* Art 13 EGBGB Rn 9; Erman/*Hohloch* Rn 7; ebenso schon früher BGH FamRZ 99, 208; OLG Nürnberg FamRZ 01, 1613). Kann ein spezifisch unterhalts- oder güterrechtlicher Zweck der aus Anlass der Ehescheidung geforderten Morgengabe nicht festgestellt werden, so dürfte es sich um eine vermögensrechtliche **Neben-folge der Scheidung** iSv Art 17 Abs 1 EGBGB nF handeln (→ A Rn 559 ff). Unter der Geltung der **EuGüVO** ab dem 29.1.2019 erfasst der weite Begriff des Ehegüterrechts nach der Verordnung (Art 3 lit a EuGüVO; → B Rn 312, 561) jedenfalls ein Morgengabeversprechen, das in einer nach diesem Stichtag geschlossenen Ehe abgegeben wurde (Art 69 Abs 3 EuGüVO), sofern nicht ausnahmsweise der unterhaltsrechtliche Zweck des Versprechens überwiegt.

Demgegenüber hat eine **Ketubbah-Vereinbarung** grundsätzlich unterhaltsrechtlichen Cha- **531** rakter (OLG Düsseldorf FamRZ 02, 1118).

dd) Ehewohnung und Hausrat. Abgrenzungsschwierigkeiten bestehen im Hinblick auf **532** Art 17a EGBGB auch hinsichtlich der Zuweisung der Ehewohnung und der Verteilung des Hausrats. Art 1 Abs 1 könnte insoweit aufgrund des Anwendungsvorrangs vor dem autonomen Recht und als *lex posterior* die Regelung in Art 17a EGBGB verdrängen; denn Unterhalt kann auch durch Naturalleistungen gewährt werden (MüKoBGB/*Staudinger* Rn 11; → Rn 727). Dementsprechend wurde die Zuweisung der Ehewohnung und von Haushaltsgegenständen schon vor Einführung des Art 17a EGBGB verbreitet unterhaltsrechtlich qualifiziert. Dies wurde insbesondere damit begründet, dass die Nutzung der Wohnung und des Hausrats der Befriedigung grundlegender Bedürfnisse des unterhaltsberechtigten Ehegatten diene (OLG Hamm FamRZ 89, 621/622 und NJW-RR 93, 964; OLG Düsseldorf NJW 90, 3091/3092; OLG Koblenz NJW-RR 91, 522; OLG Karlsruhe FamRZ 93, 1464 f; OLG Frankfurt FamRZ 91, 1190; *Henrich* FS Ferid [1988] 147/152 f). Vor allem die Zuweisung der Ehewohnung sei im Regelfall von zentraler Bedeutung für die Lebensführung und den Lebensstandard dieses Ehegatten und bestimme dessen Unterhaltsbedarf (OLG Karlsruhe FamRZ 93, 1464/1465). Denn er

439

C 533–538 1. Teil. Erkenntnisverfahren C. Unterhaltssachen

müsse keine neue Wohnung anmieten und brauche den hierfür notwendigen Betrag nicht als Unterhalt geltend zu machen (*Henrich* IPRax 93, 417; dazu auch → E Rn 39).

533 Überwiegend wurde die Zuweisung der Ehewohnung oder die Hausratsverteilung während noch bestehender Ehe hingegen als **allgemeine Ehewirkung** iSv Art 14 EGBGB qualifiziert (OLG Stuttgart NJW-RR 91, 581 ff; OLG Frankfurt NJW-RR 89, 5/6; FamRZ 94, 633; NJW-RR 95, 139; KG FamRZ 91, 1190; OLG Celle FamRZ 99, 443; näher → E Rn 40), während auf die Zuweisung im Zusammenhang mit der **Ehescheidung** Art 17 Abs 1 EGBGB aF entsprechend angewandt wurde (OLG Hamm FamRZ 98, 1530/1531; OLG Karlsruhe NJW 97, 202; OLG Stuttgart FamRZ 97, 1086; OLG Düsseldorf FamRZ 93, 575/576; → E Rn 41). Denn es gebe Fälle, in denen die Wohnungszuweisung kein Unterhaltsbedürfnis befriedige, wie insbesondere eine Zuweisung an den nicht unterhaltsberechtigten Ehegatten aus beruflichen Gründen. Gegen eine unterhaltsrechtliche Qualifikation von § 1361b BGB kann auch eingewandt werden, dass diese Vorschrift den Anspruch auf Wohnungszuweisung tatbestandlich an unterhaltsfremde Kriterien, wie etwa die Eigentumsverhältnisse, knüpft.

534 Bei der kollisionsrechtlichen Einordnung ist zunächst der **Vorrang des HUP** vor der bisherigen Qualifikation auf der Grundlage des EGBGB zu beachten. Weiter muss das Erfordernis einheitlicher Auslegung nach Art 20 (→ Rn 780) und die angestrebte Übereinstimmung mit dem sachlichen Anwendungsbereich der EuUntVO berücksichtigt werden (→ Rn 521). Damit sollte auf den im konkreten Einzelfall verfolgten **Zweck der Zuweisung** abgestellt werden, wie dies im Rahmen von Art 1 Abs 1 EuUntVO (bzw früher Art 1 Abs 2 lit b EuGVVO aF) schon bisher vom EuGH praktiziert wird. Entscheidend für die Einordnung einer Wohnungszuweisung oder Hausratsverteilung als Unterhaltsleistung iSv Art 1 sollte also sein, ob hierdurch (im Schwerpunkt) der Lebensbedarf des Berechtigten gesichert werden soll.

535 Dies ist bei Anwendung der **§§ 1361a, 1361b und §§ 1568a, 1568b BGB** grundsätzlich nicht der Fall (BeckOK-BGB/*Heiderhoff* Rn 32; MüKoBGB/*Staudinger* Rn 11; ausf Staud/ *Mankowski* Rn 7 ff), kann aber bei entsprechenden ausländischen Rechtsinstituten möglich sein. Normzweck der Wohnungszuweisung nach § 1361b BGB ist es, Spannungen zwischen den Ehegatten abzubauen und eine Versöhnung zu ermöglichen (BT-Drs 10/2888, 16). Die Eheleute sollen von dem Zwang befreit werden, einer unerträglichen Wohnsituation durch Einleitung eines Scheidungsverfahrens zu begegnen (BeckOK-BGB/*Neumann* § 1361b BGB Rn 1). Auch im Rahmen von § 1568a BGB sind überwiegend unterhaltsfremde Erwägungen – wie zB das Wohl der im Haushalt lebenden Kinder, Alter und Gesundheitszustand der Ehegatten sowie die Eigentumsverhältnisse an der Ehewohnung – für die Zuweisung maßgeblich. Anzuwenden ist daher grundsätzlich Art 17a EGBGB (→ E Rn 33) bzw – bei Belegenheit der Wohnung/Haushaltsgegenstände im Ausland – Art 14 bzw Art 17 Abs 1 EGBGB nF (→ E Rn 38 ff; ebenso im Erg auch Erman/*Hohloch* Rn 8; Rauscher/*Andrae* Rn 13).

536 Unter Geltung der **EuGüVO** ab dem 29.1.2019 wird die Nutzungsbefugnis eines Ehegatten an der Ehewohnung oder an Haushaltsgegenständen von dem weiten Begriff des Ehegüterrechts in dieser Verordnung (Art 3 lit a) umfasst (→ B Rn 313). Zur Abgrenzung zum **Güterrechtsstatut** s a → E Rn 22 f; zur Abgrenzung zum **Scheidungsstatut** s a → A Rn 553.

3. Familienrechtliches Verhältnis

537 **a) Allgemeines.** Die Unterhaltspflicht muss sich nach Art 1 Abs 1 aus „Beziehungen der Familie, Verwandtschaft, Ehe oder Schwägerschaft" ergeben. Diese Konkretisierung der Grundlage für die Unterhaltspflicht stimmt mit Art 1 Abs 1 EuUntVO überein. Sowohl aus dem staatsvertraglichen Charakter der Norm wie auch aus dem Bedürfnis nach einer einheitlichen Auslegung von HUP und EuUntVO folgt das Erfordernis einer **autonomen Auslegung** dieser Begriffe (MüKoBGB/*Staudinger* Einl HUP Rn 12; **aA** [*lex fori*] für den Begriff der Familienbeziehungen Rauscher/*Andrae* Rn 4). Zur Auslegung im Einzelnen kann daher auf die **Kommentierung zu Art 1 Abs 1 EuUnthVO** verwiesen werden (→ Rn 41 ff). Andere als in Abs 1 genannte Rechtsgründe für Unterhaltspflichten werden nicht erfasst (Rauscher/*Andrae* Rn 1).

538 **b) Vorfragenanknüpfung.** Ob im konkreten Fall eine ehe- oder familienrechtliche Beziehung iSv Abs 1 besteht, die unter den im Wege autonomer Auslegung zu bestimmenden Anwendungsbereich des Protokolls fällt, ist ein Problem der sog Vor- bzw Erstfrage. Eine allgemein gültige Lösung iS einer durchgängig selbständigen oder unselbständigen Anknüpfung wird überwiegend verneint (J/H/*Henrich* Rn 7; gegen differenzierende Lösungen aber *Lehmann* GPR 14, 342/351). Der BGH hat das Problem, wie die Vorfrage der Abstammung unter Geltung des HUP anzuknüpfen ist, bisher offengelassen (vgl BGH FamRZ 17, 1682 Rn 14 f).

440

II. Internationales Privatrecht: HUP Art 1   **539–541 C**

Schon unter **Geltung des HUntÜ** war die Anknüpfung von Vorfragen im internationalen **539** Unterhaltsrecht umstritten (vgl NK–BGB/*Gruber*[2] Art 18 EGBGB Rn 71 ff). Vertreten wurde insbesondere, dass sich die Beantwortung der von Art 1 Abs 1 HUntÜ aufgeworfenen status- rechtlichen Vorfragen nach den *Sachnormen* desjenigen Rechts richte, welches das Unterhalts- statut bestimmt (AG Stuttgart IPRspr 95 Nr 83; *Lüderitz*, IPR Rn 402). Nach anderer Ansicht sollten Vorfragen nach den *Kollisionsnormen* des Unterhaltsstatuts, dh **unselbständig** anzuknüp- fen sein (J/H/*Henrich* Art 18 EGBGB Rn 21; vgl auch BGHZ 90, 129 f = NJW 84, 1299). Weiter wurde vertreten, dass Vorfragen nach dem **Günstigkeitsprinzip** alternativ selbständig oder unselbständig anzuknüpfen seien (MüKoBGB/*Siehr*[5] Art 18 EGBGB Anh I Rn 28). Beru- fen sei also das Recht, nach dem das für den Unterhaltsanspruch notwendige familienrechtliche Verhältnis bestehe (*Sturm* IPRax 87 1/3; *Rauscher* StAZ 87, 121/124). Nach wiederum anderer Sichtweise erfasste das HUntÜ Vorfragen überhaupt nicht. Diese seien nach den allgemeinen Grundsätzen der jeweilig *lex fori* anzuknüpfen; in Deutschland gelte damit die selbständige Anknüpfung (Staud/*Mankowski* [2003]Art 18 EGBGB Anh I Rn 37 f).

Auch das HUP enthält sich einer Antwort auf das Problem der Vorfragenanknüpfung, weil **540** hierüber keine Einigkeit erzielt werden konnte (*Bonomi*-Bericht Rn 24; *Wagner* FamRZ 05, 410/414, 420; Rauscher/*Andrae* Rn 15). Deshalb wird auch für das HUP aus dessen staats- vertraglichem Charakter und zur Erreichung des von ihm angestrebten internationalen Ent- scheidungseinklangs zT die grundätzlich **unselbständige Anknüpfung** von Vorfragen abge- leitet (Pal/*Thorn* HUP Rn 9; MüKoBGB/*Staudinger* Art 11 Rn 19; ebenso für die Vorfrage der Vaterschaftsfeststellung OLG Frankfurt FamRZ 12, 1501/1502; differenzierend Erman/*Hohloch* Rn 11 ff: unselbständige Anknüpfung für die Vorfrage der wirksamen Eheschließung, selbständi- ge Anknüpfung für die Vorfrage der wirksamen Ehescheidung und alternative Anknüpfung für die Vorfrage der Abstammung). Für eine unselbständige Anknüpfung lässt sich weiter die vom EuGH stets hochgehaltene Maxime einer möglichst einheitlichen Anwendung von europäi- schem Recht in allen Mitgliedstaaten anführen. Schließlich spricht dafür auch das System der Anerkennung und Vollstreckung von Unterhaltsentscheidungen nach dem Kapitel IV der Eu- UntVO; denn danach ist scharf zu unterscheiden, ob die anzuerkennende Entscheidung durch die Gerichte eines Mitgliedstaats erlassen wurden, der durch das Haager Protokoll von 2007 gebunden ist oder nicht. Nur im ersteren Fall verzichtet die Verordnung auf die Normierung von Anerkennungshindernissen und auf ein Exequaturverfahren; die Entscheidungen sind hin- sichtlich ihrer Vollstreckbarkeit einer inländischen Entscheidung gleichgestellt (näher → M Rn 48 ff). Die Legitimation für diese Gleichstellung folgt daraus, dass in den durch das HUP gebundenen Staaten das gleiche Kollisionsrecht Anwendung findet. Diese Legitimation würde aber durch eine unterschiedliche Anknüpfung von Vorfragen in den Vertragsstaaten erheblich gemindert.

Dennoch dürften auch unter Geltung des Protokolls die Argumente für eine grundsätzlich **541** **selbständige Vorfragenanknüpfung** überwiegen (*Benicke* FamRZ 17, 1684; Rauscher/*Andrae* Rn 17; Schmidt/*Heiderhoff* 78 f; NK–BGB/*Gruber* Rn 35; Staud/*Mankowski* Vorbem HUP Rn 41 f; Münch/*Süß* § 20 Rn 69 aE; *Solomon* FS Spellenberg [2010] 355/360 ff). Denn nach dem erläuternden Bericht von *Bonomi* zum Protokollentwurf ist das auf die vorausgesetzte Familienbeziehung anzuwendende Recht auf der Grundlage derjenigen Kollisionsnormen zu bestimmen, die diesbezüglich in jedem Vertragsstaat in Kraft sind (*Bonomi*-Bericht Rn 24). Dies gilt insbesondere auch dann, wenn aufgrund der universellen Anwendung des Protokolls (Art 2) das Recht eines Nichtvertragsstaats auf den Unterhaltsanspruch anzuwenden ist (Rauscher/ *Andrae* Rn 17). Für eine selbständige Vorfragenanknüpfung streitet auch die den Parteien in Art 8 eingeräumte Parteiautonomie für die Unterhaltspflichten; denn diese kann nicht soweit gehen, dass sie auch die auf die statusrechtlichen Vorfragen anwendbaren Kollisionsnormen umfasst (J/H/*Henrich* HUP Rn 7; Rauscher/*Andrae* Rn 17; PWW/*Martiny* Art 18 EGBGB Anh II Rn 35). Vor allem geht eine unselbständige Anknüpfung von Vorfragen bei der Anwen- dung ausländischen Unterhaltsstatuts nicht weniger zu Lasten der internen Entscheidungsharmo- nie als bei Anwendung autonomer Kollisionsnormen. Denn es müssten trotz des Nichtbestehens einer Ehe nach deutschem Recht – zB im Fall einer nur kirchlichen Heirat griechischer Eheleute im Inland – Unterhaltsansprüche für die „Ehefrau" durch deutsche Gerichte zugesprochen werden, wenn die Ehe nach dem griechischen Unterhaltsstatut wirksam ist. Dies ist insbesondere im Rahmen der von Art 4 vorgesehenen Hilfsanknüpfungen problematisch, weil über status- rechtliche Vorfragen dann jeweils erneut – und ggf abweichend – entschieden werden müsste (*Lehmann* GPR 14, 342/350 f; NK–BGB/*Gruber* Rn 35). Eine unselbständige Anknüpfung von Vorfragen ist jedoch dann in Betracht zu ziehen, wenn der Inlandsbezug des Sachverhalts nur

441

C 542–546   1. Teil. Erkenntnisverfahren C. Unterhaltssachen

schwach ausgeprägt, der Bezug zu dem Recht, das den Unterhaltsanspruch beherrscht, hingegen stark ist (dazu allg H/O/*Hausmann* § 3 Rn 46). Der vom Protokoll angestrebte Schutz des Unterhaltsberechtigten kann im Einzelfall auch eine **alternative Anknüpfung** *in favorem creditoris* rechtfertigen (dafür insbesondere MüKoBGB/*Siehr*[6] Rn 7 und Art 11 HUP Rn 14 ff). Dies gilt insbesondere für die Vorfrage der Abstammung im Rahmen des Kindesunterhalts (OLG Frankfurt NJW-RR 12, 1477/1478; PWW/*Martiny* Art 18 EGBGB Anh II Rn 35).

542 **c) Ehegattenunterhalt.** Während bestehender Ehe fallen sämtliche Unterhaltspflichten, die Ehegatten gegeneinander haben, unter das Protokoll (MüKoBGB/*Staudinger* Rn 8). Erfasst wird auch während des Getrenntlebens geschuldeter Unterhalt (OLG Köln NJW-RR 96, 325/326), so etwa der nach deutschem Recht geschuldete Vorsorgeunterhalt gemäß § 1361 Abs 1 S 2 BGB (*Jayme* IPRax 87, 295/297). Das Unterhaltstatut bestimmt weiter, ob ein Ehegatte, der höhere Unterhaltsleistungen als geschuldet erbracht hat, von dem anderen Ehegatten einen Ausgleich fordern kann (zB nach Art 165 Abs 2 schwz ZGB) oder ob, wie zB nach § 1360b BGB, eine Vermutung dafür besteht, keinen Ersatz verlangen zu wollen (MüKoBGB/*Staudinger* Rn 9). Auch die Verpflichtung zur Zahlung eines **Prozesskostenvorschusses** unterfällt dem Unterhaltsstatut, soweit der Entstehungstatbestand dieser Pflicht nicht in einer besonderen Art des Güterstandes liegt (OLG Oldenburg NJW 82, 2736; KG FamRZ 88, 167/169 f; OLG Köln IPRspr 94 Nr 93; Staud/*Mankowski* Rn 5). Schließlich erfasst das Unterhaltsstatut auch den Anspruch des Ehegatten, der den Haushalt besorgt, auf regelmäßige Entrichtung eines angemessenen Beitrags zur freien Verfügung (Taschengeld), wie dies zB Art 164 schweiz ZGB vorsieht (MüKoBGB/*Staudinger* Rn 10).

543 Nicht als eherechtlicher Unterhalt ist dagegen ein Anspruch auf **angemessene Entschädigung** eines Ehegatten anzusehen, der über seinen Beitrag zum Familienunterhalt hinaus **im Beruf oder Gewerbe des anderen Ehegatten** mitarbeitet. Dieser Anspruch ist als allgemeine Ehewirkung einzuordnen (MüKoBGB/*Staudinger* Rn 12) und dürfte unter der Geltung der EuGüVO von dem weiten Begriff des Ehegüterrechts nach der Verordnung erfasst werden (→ B Rn 312). Im Fall einer konkreten vertraglichen Abrede ist auch eine schuldrechtliche Qualifikation möglich.

544 Auch **Unterhaltsansprüche nach aufgelöster Ehe** unterfallen dem Anwendungsbereich des Protokolls (öst OGH ZfRV 16, 31). Unerheblich ist insoweit, ob über diese Ansprüche durch gerichtliche Entscheidung oder durch Vergleich entschieden wird. Art 5 HUP stellt klar, dass dies nicht nur für Unterhaltsansprüche nach einer Ehescheidung oder einer Ehetrennung ohne Auflösung des Ehebandes gilt, sondern auch für Unterhaltsansprüche aus einer für ungültig erklärten Ehe. Daher erfüllen nach inländischem Recht aufhebbare und nach ausländischem Recht nichtige Ehen den Ehebegriff des Protokolls (PWW/*Martiny* Art 18 EGBGB Anh II Rn 9). Auch eine **hinkende Ehe,** die nur nach ausländischem Recht besteht, nach inländischem Recht hingegen als Nichtehe gewertet wird, ist kollisionsrechtlich als Ehe iSv Art 1 Abs 1 HUP zu qualifizieren (MüKoBGB/*Staudinger* Rn 14; **aA** Staud/*Mankowski* Rn 28 f). Hingegen dürften **Nichtehen,** die keine hinkenden Auslandsehen darstellen, nicht mehr unter den Ehebegriff nach Art 1 Abs 1 HUP fallen; sie können aber unter den Begriff der „Familie" subsumiert werden und auf dieser Grundlage Unterhaltsansprüche rechtfertigen (NK-BGB/*Gruber* Rn 5).

545 **d) Unterhalt aus eheähnlichen Beziehungen.** Unter Geltung des HUntÜ war es umstritten, ob auch homosexuelle Ehen bzw rechtlich verfestigte (und deshalb registrierte) – gleich- oder verschiedengeschlechtliche – Lebenspartnerschaften bei autonomer Auslegung vom Anwendungsbereich des Übereinkommens erfasst wurden, da solche Beziehungen nicht in allen Vertragsstaaten rechtlich anerkannt waren (bejahend etwa *Henrich* FamRZ 02, 137/141; **aA** etwa Hausmann/Hohloch/*Martiny* Kap 12 Rn 94). Das Protokoll hat eine Festlegung zu dieser Frage bewusst vermieden (*Bonomi*-Bericht Rn 31). Vielmehr sollte jedem Vertragsstaat die Möglichkeit gegeben werden, über diese Frage eigenständig zu befinden (BeckOK-BGB/*Heiderhoff* Rn 39; Pal/*Thorn* Rn 7; Rauscher/*Andrae* Rn 4). Innerhalb der EU ist die Entscheidungsbefugnis hierüber dem EuGH zugewiesen, der diese jedoch auch an die mitgliedstaatlichen Gerichte delegieren kann.

546 Da die große Mehrheit der Mitgliedstaaten **eingetragene Lebenspartnerschaften** bzw gleichgeschlechtliche Ehen als Familienverhältnisse ansieht und die EU aus diesem Grunde eine Verordnung zu den güterrechtlichen Beziehungen in solchen Partnerschaften verabschiedet hat (EuPartVO; dazu näher → I Rn 11 ff, 129 ff), sind auch Unterhaltspflichten zwischen den Partnern solcher Verbindungen jedenfalls aus der Sicht des europäischen Rechts unter Art 1 Abs 1 des Protokolls zu subsumieren (*Weber* ZfRV 12, 170; *Henrich* FS Pintens [2012] 701/712; *Coester*

II. Internationales Privatrecht: HUP Art 1   **547–551 C**

IPRax 13, 114/119; NK-BGB/*Gruber* Rn 11; MüKoBGB/*Staudinger* Rn 15a; Rauscher/*Andrae* Rn 7; BeckOK-BGB/*Heiderhoff* Rn 38 f; Münch/*Süß* § 20 Rn 56 f). Dies hat der europäische Gesetzgeber in ErwG 22 zur EuPartVO (→ Anh V) ausdrücklich klargestellt. Auch der **deutsche Gesetzgeber** geht von der Anwendbarkeit des Protokolls zumindest auf gleichgeschlechtliche eingetragene Lebenspartnerschaften aus. Dies brachte er durch die Streichung der unterhaltsrechtlichen Komponente des Art 17b EGBGB im Auslandsunterhaltsgesetz v 23.5.2011 (BGBl I, 898; **AUG**) zum Ausdruck (vgl BT-Drs 17/4887, S 52; *Andrae* FPR 08, 196/198; *Gruber* IPRax 10, 128/130; Pal/*Thorn* HUP Rn 7; → I Rn 233 ff). Für eingetragene heterosexuelle Lebenspartnerschaften kann nichts anderes gelten (Pal/*Thorn* aaO).

Schließlich werden auch die Unterhaltsbeziehungen in einer **gleichgeschlechtlichen Ehe** **547** vom Protokoll erfasst. Dabei kann offenbleiben, ob man sie – wie die meisten Vertragsstaaten, die sie bisher eingeführt haben – als „Ehe" (dafür auch aus deutscher Sicht *Hilbig* GPR 11, 310/ 313; *Mankowski* IPRax 17, 541/548; *Löhnig* NZFam 17, 1785/1786 f) oder – wie die bis zum 1.10.2017 in *Deutschland* vorherrschende Ansicht, die nunmehr durch Art 17b Abs 4 EGBGB nF bestätigt worden ist (→ I Rn 269 ff) – als eingetragene Lebenspartnerschaft und damit als „Beziehungen der Familie" iSv Art 1 Abs 1 einordnet (so NK-BGB/*Gruber* Rn 11; Rauscher/ *Andrae* Rn 7). Die Qualifikation durch den deutschen Gesetzgeber in Art 17b Abs 4 EGBGB ist allerdings für die autonome Auslegung des Ehebegriffs in Art 1 HUP nicht maßgebend.

Als Familienverhältnis iSv Abs 1 sollten aber auch **nicht registrierte (faktische) Lebens-** **548** **gemeinschaften** zumindest dann anzusehen sein, wenn sie – anders als im deutschen Recht – nach dem auf sie anwendbaren Recht Anerkennung als familienrechtliche Beziehung gefunden haben und deshalb gesetzliche Unterhaltsansprüche begründen (Erman/*Hohloch* Rn 2; MüKoBGB/*Staudinger* Rn 15a; Pal/*Thorn* HUP Rn 7; *Andrae*, IntFamR § 8 Rn 23; Staud/*Mankowski* Art 18 EGBGB Rn 75, 84; ebenso schon zum HUntÜ *Hausmann* FS Henrich [2000] 241/260). Ist dies nicht der Fall, so können Unterhaltsansprüche nur vertraglich vereinbart werden (→ Rn 553).

e) Unterhalt kraft Verwandtschaft. Gem Abs 1 gilt das Abkommen weiterhin für Unter- **549** haltsansprüche aus Beziehungen der Verwandtschaft. Damit sind insbesondere die Unterhaltsansprüche zwischen Kindern und Eltern einschließlich einer Prozesskostenvorschusspflicht vom Protokoll erfasst (MüKoBGB/*Staudinger* Rn 16). Der in Abs 1 verwendete Zusatz „einschließlich der Unterhaltspflichten gegenüber einem Kind, ungeachtet des Familienstands seiner Eltern" soll die Teilnahme von Staaten an dem Protokoll und dem HUÜ 2007 ermöglichen, deren Rechtsordnungen davon ausgehen, dass das Kind nicht verheirateter Eltern nicht mit seinem Vater verwandt ist (Rauscher/*Andrae* Rn 3). Erfasst werden daher nicht nur Unterhaltsansprüche von ehelichen Kindern, sondern auch von nichtehelichen, **Adoptiv-, Stief- und Pflegekindern** (vgl zu Adoptivkindern MüKoBGB/*Staudinger* Rn 22; Staud/*Mankowski* Rn 58; ebenso schon zum HUntÜ OLG München NJW-RR 04, 1442; zu Stiefkindern MüKoBGB/*Staudinger* Rn 23; NK-BGB/*Gruber* Rn 5; ebenso zu Pflegekindern MüKoBGB/Staudinger Rn 25). Dies gilt für Pflegekinder auch dann, wenn deren Aufnahme in die Familie auf einer vertraglichen Grundlage beruht (NK-BGB/*Gruber* Rn 15; Staud/*Mankowski* Rn 85). Das Protokoll regelt auch die – dem deutschen Recht nicht bekannten – Unterhaltsansprüche zwischen **Verwandten in der Seitenlinie** (zB zwischen Geschwistern).

f) Unterhalt der nicht verheirateten Mutter. Vom Protokoll erfasst werden auch Unter- **550** haltsansprüche der Mutter gegen den mit ihr nicht verheirateten Kindsvater, die ihre Grundlage in der Schwangerschaft, Geburt oder Kindesbetreuung haben (OLG Karlsruhe FamRZ 18, 200/ 201; MüKoBGB/*Staudinger* Rn 20 f; Erman/*Hohloch* Rn 3; NK-BGB/*Gruber* Rn 6. Vgl zu Art 1 HUntÜ auch BGH FamRZ 11, 97m Anm *Eichel*). Aus *deutscher* Sicht gilt dies für den Anspruch der Mutter aus § 1615l Abs 1 S 1 und Abs 2 BGB (BGH FamRZ 11, 97; OLG Hamm NJW-RR 10, 74/76, jeweils zum HUntÜ; BeckOK-BGB/*Heiderhoff* Art Rn 37). Erfasst werden auch sonstige Kosten der Schwangerschaft und der Entbindung (zB nach §§ 1615l Abs 1 S 2, 1615m BGB), wenn sie eine Unterhaltsfunktion haben (NK-BGB/*Gruber* Rn 6; MüKoBGB/*Staudinger* Rn 20; Rauscher/*Andrae* Rn 13c); ansonsten fallen sie unter Art 19 Abs 2 EGBGB (Erman/*Hohloch* Rn 3; Staud/*Mankowski* Rn 83; → G Rn 88 ff).

g) Vertragliche Unterhaltsansprüche. Wie die EuUntVO ist das Protokoll jedenfalls dann **551** auf Unterhaltsansprüche auf vertraglicher Grundlage anwendbar, wenn lediglich ein dem Grunde nach durch einen familienrechtlichen Status gesetzlich begründeter Anspruch inhaltlich nach Höhe, Dauer und Modalitäten der Unterhaltsgewährung vertraglich näher ausgestaltet wird

C 552–556   1. Teil. Erkenntnisverfahren C. Unterhaltssachen

(*Bonomi*-Bericht Rn 32; öst OGH FamRZ 17, 1495 [LS]; Pal/*Thorn* HUP Rn 8; Rauscher/ *Andrae* Rn 8). Das ist insbesondere bei in **Scheidungsvereinbarungen** geregelten Unterhaltsansprüchen id"R der Fall (BGH NJW 09, 842 m Anm *Grziwotz* = FamRZ 09, 189 m Anm *Bergschneider;* OLG Frankfurt FamRZ 82, 528/529; MüKoBGB/*Staudinger* Rn 33; Staud/*Mankowski* Rn 92; s a zur EuUntVO → Rn 56). Das Protokoll ist auch dann anzuwenden, wenn die gesetzliche Unterhaltspflicht durch die vertragliche Vereinbarung erweitert wird (*Coester* IPRax 91, 132/133; NK-BGB/*Gruber* Rn 13). Es gilt daher insbesondere für ein (deklaratorisches oder konstitutives) **Schuldanerkenntnis**, das sich auf eine gesetzliche Unterhaltspflicht bezieht (vgl zum HUntÜ OLG Jena IPRax 11, 586/588 m Anm *Gruber* 559). Wie Art 8 Abs 4 HUP zeigt, unterliegt auch die Wirksamkeit eines vertraglichen **Verzichts** auf gesetzliche Unterhaltsansprüche dem Unterhaltsstatut (BGH IPRax 14, 345 m Anm *Andrae* 326; Erman/*Hohloch* Rn 5; ebenso schon zum HUntÜ OLG Hamm FamRZ 99, 950; näher → Rn 683 ff).

552   Darüber hinaus sollten aber auch Unterhaltsansprüche, die – ohne jede gesetzliche Verpflichtung – **konstitutiv durch Vertrag begründet** wurden (sog *Alimentationsverträge,* vgl NK-BGB/ *Gruber* Rn 14), dann als solche aus einem Familienverhältnis iSv Art 1 Abs 1 angesehen werden, wenn die Motivation für die vertragliche Vereinbarung eben dieses Familienverhältnis war und der Anspruch einer Ausgestaltung dieser Beziehung dient (*Hausmann* IPRax 90, 382; vgl zur EuUntVO → Rn 57). Für die Einbeziehung jeder Art von Unterhaltsvereinbarungen in den Anwendungsbereich des HUP spricht vor allem die nunmehrige Zulassung der Rechtswahl in Art 8 (Rauscher/*Andrae* Rn 8 ff). Außerdem würde es für eine schuldrechtliche Anknüpfung an einer kollisionsrechtlichen Regelung fehlen, da in Familienbeziehungen begründete Unterhaltsvereinbarungen gem Art 1 Abs 2 lit b Rom I-VO auch aus dem sachlichen Anwendungsbereich dieser Verordnung ausgeschlossen sind (Reithmann/Martiny/*Martiny* IVR Rn 52; Rauscher/ *Andrae* Rn 9; **aA** freilich die noch hM, vgl Erman/*Hohloch* Rn 3; MüKoBGB/*Staudinger* Rn 34; NK-BGB/*Gruber* Rn 14; Staud/*Mankowski* Rn 90; Münch/*Süß* § 20 Rn. 69).

553   Praktische Bedeutung hat dies insbesondere für Vereinbarungen zwischen Partnern einer **faktischen Lebensgemeinschaft,** soweit diese – wie in *Deutschland* – als familienrechtliches Institut noch keine Anerkennung erfahren hat. Insoweit war nach hM zum HUntÜ auf einen vertraglichen Anspruch, der eine Unterhaltspflicht erstmals begründete, nicht das Unterhaltsstatut, sondern das – nach der Rom I-VO zu bestimmende – Vertragsstatut anzuwenden (Erman/*Hohloch*[13] Art 18 EGBGB Rn 41; NK-BGB/*Gruber*[2] Art 18 EGBGB Rn 52; Mü-KoBGB/*Siehr*[5] Art 18 EGBGB Anh I Rn 57, 62). Dieser Weg ist indessen in dem Maße, in dem auch außereheliche Partnerschaften familienrechtlich qualifiziert werden (dazu → I Rn 273 ff), nicht mehr angemessen. Zumindest sollten vertragliche Unterhaltsansprüche dann akzessorisch nach Art 4 Abs 3 Rom I-VO an das vom Protokoll bestimmte Unterhaltsstatut angeknüpft werden (zust Erman/*Hohloch* Rn 3).

4. Erstattungsansprüche öffentlicher Einrichtungen

554   Das Protokoll bezieht auch **Erstattungsansprüche öffentlicher Einrichtungen,** die Leistungen an den Unterhaltsberechtigten anstelle des Unterhaltspflichtigen erbracht haben, nach Art 10 in seinen sachlichen Anwendungsbereich ein (dazu näher → Rn 697 ff). Es gilt hingegen nicht für Unterhalts- und Versorgungsansprüche des öffentlichen Rechts, weil diese ihren Grund nicht in einer familienrechtlichen Beziehung haben.

5. Beschränkung auf das Unterhaltsrecht, Abs 2

555   Das Protokoll beschränkt seinen Anwendungsbereich auf das Unterhaltsrecht. Es enthält keine Kollisionsnormen, die das **Bestehen oder Nichtbestehen der** in Abs 1 vorausgesetzten **Familienbeziehungen** betreffen. Art 2 Abs 1 HUntÜ bestimmte hierzu noch ausdrücklich, dass dieses Übk das Kollisionsrecht nur auf dem Gebiet der Unterhaltspflicht regelte. Hierbei handelte es sich nach einer Ansicht lediglich um eine Klarstellung; nach der Gegenmeinung enthielt die Norm eine Aussage zur Frage der selbstständigen oder unselbständigen Anknüpfung von Vorfragen (vgl Staud/*Mankowski* Vorbem HUP Rn 25 ff). Das HUP enthält eine solche missverständliche Regelung nicht mehr.

556   Abs 2 übernimmt lediglich die Regelung des Art 2 Abs 2 HUntÜ, wonach die in Anwendung dieses Protokolls ergangenen Entscheidungen die Frage nach dem Bestehen einer familienrechtlichen Beziehung **unberührt** lassen. Nach den Materialien zur Vorgängervorschrift des Art 2 Abs 2 HUntÜ soll hierdurch klargestellt werden, dass die Entscheidung über das Bestehen oder

444

II. Internationales Privatrecht: HUP Art 3

Nichtbestehen eines bestimmten Statusverhältnisses als Vorfrage in einem Unterhaltsprozess für Gerichte und Behörden in Verfahren außerhalb des Unterhaltsrechts nicht bindend ist (*Verwilghen*-Bericht Rn 129 ff). Die Vorschrift hat damit nach heutiger Dogmatik – als eine Regelung der objektiven Grenzen der materiellen Rechtskraft – **prozessualen Gehalt** und korrespondiert mit Art 22 EuUntVO, Art 19 Abs 2 HÜÜ 2007, Art 3 HUntVÜ (Rauscher/*Andrae* Rn 19).

HUP Art 2. Universelle Anwendung

Dieses Protokoll ist auch dann anzuwenden, wenn das darin bezeichnete Recht dasjenige eines Nichtvertragsstaats ist.

Die Vorschrift entspricht inhaltlich Art 3 HUntÜ. Das HUP ist danach als *loi uniforme* ausgestaltet, dh es ist allseitig und ohne Rücksicht darauf anwendbar, ob die von ihm erfassten Sachverhalte irgendwelche räumlichen oder persönlichen Beziehungen zu einem anderen Vertragsstaat als dem Gerichtsstaat haben (öst OGH 20.4.16, unalex AT-1041 = BeckRS 16, 81214; öst OGH 20.9.17, FamRZ 18, 342/345 [*England*]; OLG Karlsruhe FamRZ 18, 200/201 [*Paraguay*]; vgl zu Art 3 HUntÜ BGH FamRZ 11, 97 m Anm *Eichel;* öst OGH ZfRV 12, 270; BeckOK-BGB/*Heiderhoff* Art 1 Rn 11). Die Beteiligten brauchen also nicht Angehörige eines Vertragsstaats zu sein und müssen auch ihren gewöhnlichen Aufenthalt nicht in einem Vertragsstaat haben. An den gewöhnlichen Aufenthalt wird in Art 3 Abs 1 HUP vielmehr unabhängig davon angeknüpft, wo dieser begründet wurde. Das vom Protokoll bestimmte Unterhaltsstatut braucht auch nicht das Recht eines Vertragsstaates zu sein (öst OGH 20.9.17 aaO). Durch die Allseitigkeit der Kollisionsnormen wird die im IPR fragwürdige Zweispurigkeit der Anknüpfung nach staatsvertraglichen und autonomem Kollisionsnormen beseitigt. Das autonome IPR der gebundenen Mitgliedstaaten wird im Anwendungsbereich des Protokolls also vollständig verdrängt. Aus deutscher Sicht gilt das Protokoll daher sowohl im Verhältnis zu den nicht gebundenen EU-Mitgliedstaaten *Dänemark* und *Vereinigtes Königreich* wie im Verhältnis zu Drittstaaten (Rauscher/*Andrae* Einl HUP Rn 13). Aus diesem Grunde wurde Art 18 EGBGB durch das AUG aufgehoben.

HUP Art 3. Allgemeine Regel in Bezug auf das anzuwendende Recht

(1) Sofern in diesem Protokoll nichts anderes bestimmt ist, ist für Unterhaltspflichten das Recht des Staates maßgebend, in dem die berechtigte Person ihren gewöhnlichen Aufenthalt hat.

(2) Wechselt die berechtigte Person ihren gewöhnlichen Aufenthalt, so ist vom Zeitpunkt des Aufenthaltswechsels an das Recht des Staates des neuen gewöhnlichen Aufenthalts anzuwenden.

Schrifttum: *Fucik/Weber,* Statutenwechsel nach dem Haager Unterhaltsprotokoll, iFamZ 12, 107; *Gruber,* Unterhaltsvereinbarungen und Statutenwechsel, IPRax 11, 559; *Zimmer,* Aufenthaltswechsel und Haager Unterhaltsprotokoll, IPRax 15, 180.

1. Grundsatzanknüpfung, Abs 1

a) Allgemeines. Nach Abs 1 entscheidet – in Übereinstimmung mit Art 4 HUntÜ – über alle vom Anwendungsbereich des Protokolls erfassten unterhaltsrechtlichen Fragen (Art 11; → Rn 521 ff und → Rn 705 ff) grundsätzlich das Recht des Staates, in dem der Unterhaltsberechtigte seinen **gewöhnlichen Aufenthalt** hat (OLG Köln FamRZ 12, 1509/1510; MüKoBGB/*Staudinger* Rn 1 ff). Auf die Staatsangehörigkeit der Parteien oder den gewöhnlichen Aufenthalt des Verpflichteten kommt es nicht an. Der Vorteil dieser Anknüpfung besteht vor allem darin, dass sich der Bedarf des Unterhaltsberechtigten nach seinem Umweltrecht bemisst (*Bonomi*-Bericht Rn 37; *Arnold* IPRax 12, 311/312; NK-BGB/*Gruber* Rn 2); außerdem führt die Anknüpfung zu einer Gleichbehandlung aller Unterhaltsgläubiger, die sich im gleichen Staat gewöhnlich aufhalten, und sie begünstigt den Gleichlauf mit der internationalen Zuständigkeit in Art 3 lit b EuUntVO (*Bonomi*-Bericht Rn 37 ff; öst OGH FamRZ 17, 1493/1494; Pal/*Thorn* HUP Rn 12; vgl auch Rauscher/*Andrae* Rn 3). Die Bedeutung dieser Grundsatzanknüpfung wird freilich nach Maßgabe der Art 4 ff (→ Rn 579 ff), vor allem aber durch die im Protokoll auf dem Gebiet des internationalen Unterhaltsrechts erstmals eingeräumten Rechtswahlmöglichkeiten nach Art 7, 8 (→ Rn 628 ff), erheblich eingeschränkt.

C 559–563 1. Teil. Erkenntnisverfahren C. Unterhaltssachen

559 Im Übrigen gilt auch im Rahmen des Protokolls die allgemeine kollisionsrechtliche Maxime, dass der deutsche Richter ausländisches Unterhaltsrecht genauso wie der betreffende ausländische Richter anzuwenden hat. Nur für den Fall, dass das ausländische Recht mit der inländischen **öffentlichen Ordnung** offensichtlich unvereinbar ist, darf der inländische Richter von der Anwendung ausländischen Recht absehen (Art 13; → Rn 742 ff). Die Verweisung in Abs 1 ist gemäß Art 12 (→ Rn 741) eine **Sachnormverweisung.** Bei räumlicher oder personaler **Rechtsspaltung** im Staat des gewöhnlichen Aufenthalts des Unterhaltsberechtigten ist Art 16 anzuwenden (→ Rn 766 ff).

560 **b) Unterhaltsberechtigter.** Art 3 Abs 1 knüpft an die Person des Unterhaltsberechtigten an. Gemeint ist – in Übereinstimmung mit Art 2 Nr 10 EuUntVO und Art 3 lit a HUÜ 2007 – diejenige Person, die aufgrund einer Rechtsbeziehung iSv Art 1 Abs 2 entweder selbst oder durch ihren Vertreter für sich **eigene Unterhaltsansprüche** geltend macht. Dies können sowohl Kinder, wie Eltern, sonstige Verwandte als auch (frühere) Ehegatten oder eingetragene Lebenspartner sein (näher → Rn 537 ff). Nicht abzustellen ist dementsprechend auf eine Person, die in fremdem Namen oder in Prozessstandschaft für einen anderen Unterhalt verlangt. Vielmehr kommt es allein auf diejenige Person an, der das maßgebende Unterhaltsstatut einen materiellen Unterhaltsanspruch zuerkennt (Erman/*Hohloch* Rn 3; NK-BGB/*Gruber* Rn 10). Deshalb ist Berechtigter auch im Fall der Zession oder des gesetzlichen Forderungsübergangs der ursprüngliche Gläubiger des Anspruchs an (Staud/*Mankowski* Rn 9; NK-BGB/*Gruber* Rn 10). Ob dieser Anspruch im konkreten Fall begründet ist, spielt für die Unterhaltsberechtigung nach Abs 1 keine Rolle (Rauscher/*Andrae* Rn 6).

561 **c) Gewöhnlicher Aufenthalt.** Das Anknüpfungsmoment des gewöhnlichen Aufenthalts wird im Protokoll ebenso wenig definiert wie zuvor im HUntÜ oder in der EuUntVO. Es ist ist im Interesse einer möglichst einheitlichen Anwendung des Protokolls in den Vertragsstaaten **autonom** gemäß dem Sinn und Zweck der Regelung auszulegen (*Bonomi*-Bericht Rn 41; NK-BGB/*Gruber* Rn 11; ebenso zu Art 3 EuUntVO *Hau* FamRZ 10, 516). Maßgebend ist demensprechend nicht unbedingt die im deutschen nationalen IPR zugrunde gelegte Interpretation des „gewöhnlichen Aufenthalts", wenngleich sich in der Praxis keine großen Unterschiede ergeben dürften (NK-BGB/*Gruber* Rn 11). Im Interesse eines Gleichlaufs von internationaler Zuständigkeit und anwendbarem Recht sollte eine möglichst einheitliche Auslegung dieses Begriffs in der EuUntVO, im HUÜ 2007 und im Haager Unterhaltsprotokoll angestrebt werden (vgl ErwG 8 S 2 zur EuUntVO; OLG Stuttgart FamRZ 14, 850; Rauscher/*Andrae* Rn 8).

562 Danach liegt der gewöhnliche Aufenthalt einer Person dort, wo sie ihren **Daseinsmittelpunkt,** dh den Schwerpunkt ihrer familiären oder beruflichen Bindungen hat (*Motzer* FamRBint 11, 56/58; MüKoBGB/*Staudinger* Rn 6 ff; Rauscher/*Andrae* Rn 9; vgl zu Art 4 HUntÜ/Art 18 Abs 1 EGBGB aF BGH NJW 75, 1068; BGH FamRZ 01, 412; OLG Köln FamRZ 05, 534; OLG Hamm FamRZ 89, 621). Maßgebend sind daher vor allem die objektiven Merkmale der **Dauer und Beständigkeit** des Aufenthalts (*Bonomi*-Bericht Rn 42; BGH NJW 93, 2047/2049) und die Intensität der dort begründeten sozialen Bindungen. Als Faustregel geht die deutsche Praxis von einer Aufenthaltsdauer von **sechs Monaten** aus. Eine feste Mindestdauer gibt es jedoch nicht; der Länge des Aufenthalts kommt nur Indizwirkung zu (BGH NJW 97,3024/ 3025; BGH NJW 93,799 f). Eine nur **vorübergehende Abwesenheit,** zB aus beruflichen Gründen, führt nicht zum Verlust des gewöhnlichen Aufenthalts, wenn die Bindungen zum Staat des gewöhnlichen Aufenthalts aufrechterhalten werden und mit einer Rückkehr in absehbarer Zeit zu rechnen ist. Deshalb behalten Kinder auch im Falle einer Internatsunterbringung oder eines **Studiums im Ausland** idR ihren gewöhnlichen Aufenthalt am Wohnsitz ihrer Eltern (OLG Hamm FamRZ 89, 1331; OLG Hamm FamRZ 02, 53/54). Ist ein unterhaltsberechtigtes Kind im Inland sozial integriert, weil es hier zur Schule geht, so steht der Bezug von Kindergeld für dieses Kind in einem anderen EU-Mitgliedstaat der Annahme eines gewöhnlichen Aufenthalts in *Deutschland* nicht entgegen (OLG Koblenz FamRZ 15, 1618/1619 f).

563 Die Begründung eines gewöhnlichen Aufenthalts hängt dabei in erster Linie von den **tatsächlichen Umständen** ab. Ein rechtsgeschäftlicher Wille zur Begründung des gewöhnlichen Aufenthalts ist nicht erforderlich; deshalb können auch minderjährige Kinder einen nicht von den Eltern abgeleiteten eigenen gewöhnlichen Aufenthalt begründen. Dessen Ermittlung ist aber in jedem Fall **Sache des nationalen Gerichts,** das hierbei alle tatsächlichen Umstände des Einzelfalls zu berücksichtigen hat (vgl zu Art 8 EuEheVO EuGH C-523/07 – *A/P,* Slg 09 I, 2831 Rn 37 = NJW 09, 1868; dazu näher → F Rn 87 ff; ferner Rauscher/*Andrae* Rn 9 f; ausf Staud/ *Mankowski* Rn 10 ff mwN).

II. Internationales Privatrecht: HUP Art 3   **564–573**   **C**

Bei einem **Umzug in einen anderen Mitgliedstaat** kommt es auf die Dauer des beabsich- **564** tigten künftigen Aufenthalts und die erwartete Integration in das neue Lebensumfeld an. Ein gewöhnlicher Aufenthalt kann daher bereits unmittelbar nach einem Aufenthaltswechsel vorliegen, wenn die Bindungen an den bisherigen Aufenthaltsstaat definitiv abgebrochen wurden und die Absicht besteht, den neuen Aufenthaltsort zum künftigen Lebensmittelpunkt zu machen (BGH NJW 93, 2047/2049; OLG Hamm NJW-RR 92, 710/711; schwz BG 23.12.09, unalex CH-375; BeckOK-BGB/*Heiderhoff* Rn 4; MüKoBGB/*Staudinger* Rn 9). Diese Absicht allein genügt jedoch solange nicht, wie die sozialen Bindungen am bisherigen Aufenthaltsort fortbestehen (schwz BG 27.7.09, unalex CH-313).

Die **Rechtmäßigkeit des Aufenthalts** ist keine notwendige Voraussetzung für die Begrün- **565** dung eines gewöhnlichen Aufenthalts. Deshalb kann auch das von einem Elternteil **entführte Kind** in dem Staat, in den es widerrechtlich verbracht wurde, einen gewöhnlichen Aufenthalt begründen und nach dortigem Recht Unterhalt fordern (öst OGH IPRax 15, 169/170 f m Anm *Weller/Schulz* 176 [zu Art 5 Nr 2 EuGVVO aF]). Gleiches gilt für **Asylbewerber** ohne dauerhafte Aufenthaltserlaubnis; allerdings sind in diesem Fall strengere Anforderungen an die soziale Integration zu stellen. Eine zumindest befristete Aufenthaltserlaubnis ist aber nicht zu fordern (*Geimer* IZPR Rn 299a; **aA** OLG Karlsruhe FamRZ 1992, 316/317 und FamRZ 90, 1351/1352); AG Landstuhl FamRZ 02, 1343 m abl Anm *Gottwald*).

Ein **mehrfacher gewöhnlicher Aufenthalt** scheidet auch im Rahmen von Art 3 HUP aus (Rauscher/*Staudinger* Rn 13; Staud/*Mankowski* Rn 65). Wegen weiterer Einzelheiten kann auf die ausführliche Kommentierung zum Begriff des gewöhnlichen Aufenthalts in **Art 3 EuUntVO** (→ Rn 101 ff) verwiesen werden.

d) Ausnahmen. Die Grundsatzanknüpfung an den gewöhnlichen Aufenthalt des Unterhalts- **566** berechtigten steht nach Abs 1 unter dem Vorbehalt, dass *„in diesem Protokoll nichts anderes bestimmt ist"*. Sie wird nach dem Protokoll in folgenden Fällen verdrängt bzw ergänzt:

– Für den Kreis der in Art 4 Abs 1 lit a – lit c genannten Unterhaltspflichten gilt anstelle von **567** Art 3 Abs 1 die speziellere **Anknüpfung an die *lex fori* nach Art 4 Abs 3,** wenn die Klage im Aufenthaltsstaat des Verpflichteten erhoben worden ist (→ Rn 589 ff);

– Kann der Unterhaltsberechtigte von dem Verpflichteten nach dem von Art 3 zur Anwendung **568** berufenen Recht keinen Unterhalt erhalten, so sind die **Ersatzanknüpfungen nach Art 4 Abs 2 und Abs 4** zu beachten (→ Rn 586 ff, 596 ff);

– Für die Unterhaltspflichten zwischen Ehegatten, früheren Ehegatten oder Personen, deren Ehe **569** für ungültig erklärt wurde, wird die Anknüpfung an den gewöhnlichen Aufenthalt des Unterhaltsberechtigten nach **Art 5** aufgelockert; danach ist **auf Einrede des Verpflichteten** ein anderes Recht anzuwenden, mit dem der **Sachverhalt enger verbunden** ist (→ Rn 605 ff). Eine generelle Sonderanknüpfung für den nachehelichen Unterhalt sieht das Protokoll – anders als Art 8 HUntÜ – hingegen nicht mehr vor.

– Eine Einschränkung der Grundsatzanknüpfung nach Art 3 Abs 1 ergibt sich zugunsten des **570** Unterhaltsverpflichteten ferner aus **Art 6,** wenn dieser geltend machen kann, dass eine Unterhaltspflicht weder nach dem Recht seines gewöhnlichen Aufenthalts noch nach dem gemeinsamen Heimatrecht der Parteien besteht (→ Rn 620 ff); diese Einrede kann der Unterhaltsverpflichtete allerdings gegenüber einem Kind oder einem Ehegatten nicht erheben.

– Schließlich geht auch eine zulässige **Rechtswahl** der Parteien nach Art 7 oder 8 der objekti- **571** ven Anknüpfung des Art 3 vor (→ Rn 633 ff, 648 ff). Aus diesem Grund ist die Anknüpfung an den gewöhnlichen Aufenthalt des Unterhaltsberechtigten nach dem Protokoll insgesamt stärker eingeschränkt als bisher nach dem HUntÜ.

e) Hilfsanknüpfung. Fehlt es in dem maßgeblichen Zeitpunkt an einem gewöhnlichen Auf- **572** enthalt des Unterhaltsberechtigten, so sieht das Protokoll keine Hilfsanknüpfung vor. Für die von Art 4 erfassten Unterhaltspflichten kann damit geholfen werden, dass man die Regelung analog anwendet, die gilt, wenn der Berechtigte nach dem Recht seines gewöhnlichen Aufenthalts keinen Unterhalt erhält (MüKoBGB/*Staudinger* Rn 14; Rauscher/*Andrae* Rn 11; NK-BGB/*Gruber* Rn 17). Im Übrigen bietet sich als Ersatzanknüpfung der gewöhnliche Aufenthalt des Unterhaltsverpflichteten an (Rauscher/*Andrae* Rn 12).

2. Anknüpfungszeitpunkt, Abs 2

a) Grundsatz der wandelbaren Anknüpfung. Art 3 Abs 2 entspricht Art 4 Abs 2 HUntÜ. **573** Danach wird die Unterhaltspflicht weiterhin wandelbar angeknüpft. Für alle das materielle

447

C 574–576 1. Teil. Erkenntnisverfahren C. Unterhaltssachen

Unterhaltsrecht betreffenden Fragen ist also das am *jeweiligen* gewöhnlichen Aufenthalt des Unterhaltsberechtigten geltende Recht während desjenigen Zeitraums maßgebend, für den Unterhalt begehrt wird (*Bonomi*-Bericht Rn 48; Rauscher/*Andrae* Rn 13; Staud/*Mankowski* Rn 70 Erman/*Hohloch* Rn 4; ebenso bisher zu Art 4 Abs 2 HUntÜ BGH FamRZ 01, 412; OLG Naumburg FamRZ 10, 1364/1366; OLG Köln FamRZ 05, 534/535; OLG Koblenz FamRZ 90, 426/428). Abweichend vom bisherigen Recht gilt dies jetzt auch für den nachehelichen Unterhalt (OLG Nürnberg IPRax 12, 551/552; *Henrich,* IntSchR Rn 127 f). Zu welchem Zeitpunkt der Anspruch *geltend gemacht* wird, ist für die Frage des anwendbaren materiellen Rechts hingegen gleichgültig (MüKoBGB/*Staudinger* Rn 16). Das Recht des bisherigen Aufenthaltsstaates ist solange maßgebend, wie der Unterhaltsberechtigte dort noch seinen gewöhnlichen Aufenthalt hat. Dagegen sollte für die Frage, wie sich ein Aufenthaltswechsel auf die Antrags-/Klagebefugnis auswirkt, aufgrund von deren Nähe zum Verfahrensrecht die *lex fori* gelten (MüKoBGB/*Staudinger* Rn 17).

574 Im Fall eines **Aufenthaltswechsels** ist ab dem Zeitpunkt, zu dem der Unterhaltsberechtigte einen neuen gewöhnlichen Aufenthalt begründet, das Recht des neuen Aufenthaltsstaates maßgebend (BGHZ 203, 372 Rn 25 = NJW 15, 694; OLG Frankfurt NJW-RR 12, 1477/1478; OLG Köln FamRZ 12, 1509/1510; öst OGH FamRZ 17, 1494/1495 und IPRax 15, 171; Pal/ *Thorn* Rn 13; ebenso zum HUntÜ BGH FamRZ 01, 412; OLG Köln FamRZ 05, 534). Der Statutenwechsel ist allerdings nur für den Unterhalt maßgebend, der für die Zeit ab dessen Eintritt geltend gemacht wird; demgegenüber beurteilen sich Unterhaltsansprüche, die zwar erst nach dem Statutenwechsel, aber für die Zeit davor erhoben werden, weiterhin nach dem früheren Unterhaltsstatut (öst OGH 25.1.17, unalex AT-1097; Rauscher/*Andrae* Rn 13; J/H/ *Henrich* HUP Rn 11). Wann genau der Statutenwechsel eintritt, hängt maßgeblich davon ab, ob der Unterhaltsberechtigte schon beim Umzug die Absicht hat, seinen Lebensmittelpunkt auf Dauer in dem neuen Aufenthaltsstaat zu begründen oder sich eine Rückkehr offenhält. Nur im ersteren Fall tritt der Statutenwechsel sofort ein; andernfalls erst mit der sozialen Integration des Unterhaltsberechtigten im neuen Aufenthaltsstaat (vgl *Andrae,* IntFamR § 8 Rn 115; OLG Düsseldorf FamRZ 95, 37 f). Der Statutenwechsel kann zur Folge haben, dass unter dem alten Aufenthaltsrecht entstandene Ansprüche erlöschen oder unter dem neuen Aufenthaltsrecht Ansprüche erstmals entstehen (*Schäuble* NZFam 14, 1071/1072). Dem können die Parteien allerdings durch eine Rechtswahl nach Art 7, 8 HUP (→ Rn 628 ff) vorbeugen.

575 **b) Ausnahmen.** Ist bereits vor dem Statutenwechsel ein inländisches oder ein im Inland anerkanntes ausländisches **rechtskräftiges Urteil** auf der Grundlage des alten Unterhaltsstatuts über künftigen Unterhalt ergangen, bleibt dieses Urteil auch nach dem Statutenwechsel weiter wirksam. Ein Unterhaltstitel verliert also infolge des Statutenwechsels weder automatisch seine Wirksamkeit, noch wird er automatisch an das Recht des neuen Aufenthaltsstaates angepasst. Vielmehr muss ein ausländischer Unterhaltstitel nach Verlegung des gewöhnlichen Aufenthalts des Unterhaltsberechtigten ins Inland durch eine inländische oder im Inland anzuerkennende ausländische Entscheidung abgeändert werden (OLG Naumburg FamRZ 10, 1364/1366; BeckOK-BGB/*Heiderhoff* Rn 7; Staud/*Mankowski* Rn 77 f). Allerdings stellt grundsätzlich schon der Statutenwechsel als solcher einen Abänderungsgrund dar (vgl BGH FamRZ 09, 1402 Rn 10; NK-BGB/*Gruber* Rn 23). Dies gilt freilich nur, soweit es um den **gleichen Unterhaltstatbestand** geht, also zB nicht beim Übergang von Getrenntlebens- zum Scheidungsunterhalt (Erman/*Hohloch* Rn 5). Ob eine **Abänderung** des gerichtlich bereits zugesprochenen Unterhalts erfolgen kann, ist freilich bei einem Statutenwechsel nach dem neuen Aufenthaltsrecht zu beurteilen; eine „Versteinerung" des Unterhaltsstatuts kommt mithin auch in Fällen des Antrags auf Abänderung eines ausländischen Unterhaltstitels nicht in Betracht (OLG Köln FamRZ 05, 534/535 f; OLG Nürnberg IPRax 12, 551/552; **aA** [prozessuale Qualifikation] NK-BGB/*Gruber* Rn 24 f; dazu näher → Rn 218 ff).

576 Auch wenn der Verpflichtete dem Berechtigten aufgrund einer **Unterhaltsvereinbarung** eine Abfindung gezahlt und dadurch nach dem alten Unterhaltsstatut alle Unterhaltsansprüche (auch solche für die Zukunft) wirksam abgegolten hat, bleibt es bei der Maßgeblichkeit des alten Statuts. Die Vereinbarung verliert also durch den bloßen Aufenthaltswechsel des Berechtigten nicht ihre Gültigkeit; diesem soll nicht die Möglichkeit gegeben werden, seine unterhaltsrechtliche Position allein durch eine Veränderung seines gewöhnlichen Aufenthalts zu verbessern. Hierzu bedarf es vielmehr einer Abänderungsklage (Pal/*Thorn* HUP Rn 13; BeckOK-BGB/ *Heiderhoff* Rn 7; Erman/*Hohloch* Rn 5; Staud/*Mankowski* Rn 79 f; ebenso zum HUntÜ OLG Jena IPRax 11, 586/588 m Anm *Gruber* 559; OLG Hamm FamRZ 98, 1532; **aA** OLG Braunschweig FamRZ 1996, 965; OLG Karlsruhe FamRZ 92, 316/317).

II. Internationales Privatrecht: HUP Art 4 **579** **C**

Entsprechendes gilt auch im Falle eines **Unterhaltsverzichts.** Ein unter dem früheren Unter- **577** haltsstatut wirksam vereinbarter Unterhaltsverzicht wirkt daher – vorbehaltlich des *ordre public* des neuen Aufenthaltsstaates (dazu Rauscher/*Andrae* Rn 16; zum HUntÜ auch OLG Karlsruhe FamRZ 92, 316/317; Staud/*Mankowski* Art 18 EGBGB Anh I Rn 373a) – auch unter dem neuen Statut fort (aA *Andrae,* IntFamR § 8 Rn 117). Um diesbezügliche Unsicherheiten über die Auslegung des Protokolls im Fall einer künftigen Verlegung des gewöhnlichen Aufenthalts des Unterhaltsberechtigten auszuschließen, empfiehlt sich für Unverhaltsvereinbarungen und Unterhaltsverzichte eine ausdrückliche Rechtswahl nach Art 7, 8 (*Schäuble* NZFam 14, 1071/1072).

c) Statutenwechsel während des Rechtsstreits. Tritt der Statutenwechsel während des **578** bereits anhängigen Unterhaltsverfahrens ein, so gilt der Grundsatz der *perpetuatio fori* nur für die internationale Zuständigkeit (→ Rn 96), steht aber einer Änderung des anwendbaren materiellen Rechts nicht entgegen (*Bonomi*-Bericht Rn 45; Rauscher/*Andrae* Rn 14; NK-BGB/*Gruber* Rn 22). Auch insoweit muss danach differenziert werden, ob Unterhalt nur für die Zeit vor dem Statutenwechsel geltend gemacht wird oder auch für die Zukunft. Im erstgenannten Fall ist der Statutenwechsel unerheblich, denn allein das frühere Aufenthaltsrecht bildet dann weiter das für die Entscheidung maßgebende Unterhaltsstatut (→ Rn 573). Wird Unterhalt hingegen nur oder auch für die Zukunft geltend gemacht, so gilt hierfür nach Abs 2 das Recht des neuen gewöhnlichen Aufenthalts des Unterhaltsberechtigten (NK-BGB/*Bach* Rn 22; MüKoBGB/*Staudinger* Rn 23). Bis zu welchem Zeitpunkt der während des laufenden Rechtsstreits erfolgte Aufenthaltswechsel im Verfahren zu berücksichtigen ist, ist hingegen eine **prozessual zu qualifizierende Frage;** damit entscheidet hierüber die jeweilige *lex fori* (Rauscher/*Andrae* Rn 14; Staud/*Mankowski* Rn 76). Für Unterhaltsverfahren vor deutschen Gerichten kommt es damit auf die letzte mündliche Verhandlung in der Tatsacheninstanz an (MüKoBGB/*Staudinger* Rn 23).

HUP Art 4. Besondere Regeln zugunsten bestimmter berechtigter Personen

(1) **Die folgenden Bestimmungen sind anzuwenden in Bezug auf Unterhaltspflichten**
a) der Eltern gegenüber ihren Kindern;
b) anderer Personen als der Eltern gegenüber Personen, die das 21. Lebensjahr noch nicht vollendet haben, mit Ausnahme der Unterhaltspflichten aus in Art 5 genannten Beziehungen; und
c) der Kinder gegenüber ihren Eltern.

(2) **Kann die berechtigte Person nach dem in Art 3 vorgesehenen Recht von der verpflichteten Person keinen Unterhalt erhalten, so ist das am Ort des angerufenen Gerichts geltende Recht anzuwenden.**

(3) **¹Hat die berechtigte Person die zuständige Behörde des Staates angerufen, in dem die verpflichtete Person ihren gewöhnlichen Aufenthalt hat, so ist ungeachtet des Arts 3 das am Ort des angerufenen Gerichts geltende Recht anzuwenden. ²Kann die berechtigte Person jedoch nach diesem Recht von der verpflichteten Person keinen Unterhalt erhalten, so ist das Recht des Staates des gewöhnlichen Aufenthalts der berechtigten Person anzuwenden.**

(4) **Kann die berechtigte Person nach dem in Art 3 und in den Absätzen 2 und 3 dieses Arts vorgesehenen Recht von der verpflichteten Person keinen Unterhalt erhalten, so ist gegebenenfalls das Recht des Staates anzuwenden, dem die berechtigte und die verpflichtete Person gemeinsam angehören.**

1. Allgemeines

In Übereinstimmung mit dem HUntÜ (Art 5, 6 bzw Art 18 Abs 1 S 2, Abs 2 EGBGB aF) **579** stellt auch das Protokoll in Art 4 Abs 2 und 4 **Ersatzanknüpfungen** für den Fall bereit, dass der Unterhaltsberechtigte nach dem Recht seines gewöhnlichen Aufenthalts keinen Unterhalt erhalten kann. Art 4 erfasst aber – anders als die Art 5, 6 HUntÜ – nicht mehr alle, sondern nur noch die in Abs 1 genannten Unterhaltspflichten gegenüber Personen, die als **besonders schutzbedürftig** angesehen werden (→ Rn 584 ff). Nicht mehr privilegiert ist insbesondere der Ehegattenunterhalt (*Bonomi*-Bericht Rn 78; Pal/*Thorn* HUP Rn 14), auch wenn die Ehegatten das 21. Lebensjahr noch nicht vollendet haben (Rauscher/*Andrae* Rn 10). Darüber hinaus sieht Abs 3 eine allgemeine Anknüpfung an die *lex fori* des angerufenen Gerichts im Aufenthaltsstaat des Unterhaltsverpflichteten vor, die Vorrang vor Art 3 hat.

449

C 580–585

1. Teil. Erkenntnisverfahren C. Unterhaltssachen

580 Die Vorschrift ist Ausdruck des **Günstigkeitsprinzips.** Gem dem in Abs 2, Abs 3 S 2 und Abs 4 verwirklichten Grundsatz des *favor creditoris* (vgl *Arnold* IPRax 12, 311/312; NK-BGB/ *Gruber* Rn 1; Staud/*Mankowski* Rn 1) bestehen für den Fall, dass der Unterhaltsberechtigte nach dem primären Unterhaltsstatut (Art 3, Art 4 Abs 3 S 1) keinen Unterhalt erhält (→ Rn 599 ff), Ersatzanknüpfungen. Diese weichen allerdings von der bisherigen Regelung im HUntÜ insoweit ab, als primär nicht mehr an das gemeinsame Heimatrecht von Unterhaltsverpflichtetem und -berechtigtem, sondern an die *lex fori* des angerufenen Gerichts angeknüpft wird. Die Anknüpfungsleiter in Art 5 und 6 HUntÜ wird mithin in Art 4 Abs 2 und 4 des Protokolls umgekehrt. Die darin zum Ausdruck kommende **Stärkung einer Anwendung der** *lex fori* ist zu begrüßen, weil sie dem Ziel einer raschen Durchsetzung von Unterhaltsansprüchen im grenzüberschreitenden Rechtsverkehr Rechnung trägt (ebenso *Bonomi*-Bericht Rn 74; *Boele-Woelki/Mom,* FPR 10, 485/487 f; Rauscher/*Andrae* Rn 4 ff; Staud/*Mankowski* Rn 5).

581 Wie Art 3 enthält auch Art 4 gem Art 12 (→ Rn 741) jeweils **Sachnormverweisungen.** Bei räumlicher oder personaler **Rechtsspaltung** in dem von Art 4 bestimmten Recht ist wiederum Art 16 anzuwenden (→ Rn 766 ff).

582 Der Unterhaltsverpflichtete kann auch in den Fällen des Art 4 die **Einwendung aus Art 6** (→ Rn 620 ff) gegenüber dem nach der Ersatzanknüpfung begründeten Unterhaltsanspruch erheben, also geltend machen, dass eine Unterhaltspflicht weder nach dem Recht des Staates, in dem er seinen gewöhnlichen Aufenthalt hat, noch nach dem Recht des Staates, dem die Parteien gemeinsam angehören, besteht. Dadurch wird die praktische Bedeutung der Ersatzanknüpfungen des Art 4 erheblich eingeschränkt (krit daher Rauscher/*Andrae* Rn 8; NK-BGB/*Bach* Rn 2).

583 Die Ersatzanknüpfungen werden ferner – ebenso wie die Grundsatzanknüpfung nach Art 3 – durch eine zulässige **Rechtswahl** der Parteien nach Art 7, 8 verdrängt. Dies gilt allerdings für die Rechtswahl nach Art 8 nur in den Grenzen des Art 8 Abs 3, so dass es bei der von Art 4 erfassten wichtigsten Fallgruppe, nämlich Unterhaltsansprüchen von minderjährigen Kindern gegen ihre Eltern, bei der objektiven Anknüpfung nach Art 4 verbleibt.

2. Begünstigter Personenkreis, Abs 1

584 Die erleichterte Durchsetzung von Unterhaltsansprüchen nach Abs 3 sowie durch die Ersatzanknüpfungen nach Abs 2 und 4 kommt nach dem Protokoll – anders als nach dem bisherigen Recht – nur noch bestimmten nach Abs 1 **privilegierten Unterhaltsgläubigern** zugute, die als besonders schutzbedürftig angesehen werden (*Arnold* IPRax 12, 311/312). Begünstigt sind insbesondere:

– Unterhaltsansprüche von **Kindern** – unabhängig vom Alter (*Bonomi*-Bericht Rn 54; *Lehmann* GPR 14, 342/346) – gegenüber ihren Eltern (lit a);
– Unterhaltsansprüche von Personen, die das **21. Lebensjahr noch nicht vollendet** haben, gegenüber anderen Personen als ihren Eltern (lit b), also insbesondere gegenüber nahen Verwandten (zB Geschwistern, Großeltern) und Stiefeltern (Staud/*Mankowski* Rn 17, 19). Maßgebend ist dabei nicht das Alter des Antragstellers im Zeitpunkt der Geltendmachung des Unterhaltsanspruchs, sondern der Zeitraum, für den Unterhalt verlangt wird;
– Unterhaltsansprüche der **Eltern** gegenüber ihren Kindern, unabhängig vom Alter der Kinder (lit c).

585 Gewährt das Unterhaltsstatut nur *minderjährigen* Kindern einen Unterhaltsanspruch gegen die Eltern, so ist über die (Teil-)Frage der Minderjährigkeit vor deutschen Gerichten nicht selbständig nach Art 7 EGBGB zu entscheiden. Denn dies hätte zur Folge, dass im Inland lebende Minderjährige, die nach ihrem ausländischen Heimatrecht erst mit 21 Jahren volljährig werden, das Privileg des § 1602 Abs 2 BGB drei Jahre länger in Anspruch nehmen könnten als deutsche Kinder. Dafür ist kein sachlicher Grund ersichtlich (OLG Hamm FamRZ 99/888 f; NK-BGB/*Schulze* Art 7 EGBGB Rn 25; Stand/*Hausmann* Art 7 EGBGB Rn 13; **aA** *Mäsch* FS Heldrich [2005] 857/ 861 f; MüKoBGB/*Staudinger* Rn 3). Ob eine Eltern-Kind-Beziehung besteht, ist hingegen eine **selbständig** anzuknüpfende Vorfrage (→ Rn 540 f; für unselbständige Anknüpfung aber Rauscher/*Andrae* Rn 24; PWW/*Martiny* Art 18 EGBGB Anh II Rn 4). Maßgebend ist die *rechtliche* Vater-/Mutterschaft (BeckOK-BGB/*Heiderhoff* Rn 5), so dass Art 4 auf Stief- und Pflegekinder keine Anwendung findet (*Bonomi*-Bericht Rn 56; Rauscher/*Andrae* Rn 9; Staud/*Mankowski* Rn 11; **aA** MüKoBGB/*Staudinger* Rn 4). Art 4 lit b regelt außerdem insbesondere **nicht** den Unterhalt zwischen Ehegatten, früheren Ehegatten oder Ehegatten, deren Ehe für ungültig erklärt wurde (*Bonomi*-Bericht Rn 52 ff); ebensowenig den Anspruch der Mutter auf Betreuungsunterhalt gegen den mit ihr nicht verheirateten Vater (OLG Karlsruhe FamRZ 18, 200/201).

II. Internationales Privatrecht: HUP Art 4   586–590   C

3. Ersatzanknüpfung an die lex fori, Abs 2

Nach Abs 2 ist anstelle des Rechts am gewöhnlichen Aufenthalt des Unterhaltsberechtigten **586** die *lex fori* des angerufenen Gerichts anzuwenden, wenn nach dem von Art 3 zur Anwendung berufenen Recht **kein Unterhaltsanspruch** besteht (zu dieser Vorausetzung → Rn 599 ff). Die praktische Bedeutung dieser Ersatzanknüpfung ist freilich begrenzt. Denn klagt der Unterhaltsberechtigte – wie im Regelfall (vgl Art 3 Abs 1 lit b EuUntVO; → Rn 106 ff) – vor dem Gericht seines eigenen gewöhnlichen Aufenthalts, so ergibt sich keine von Art 3 abweichende Anknüpfung. Klagt er hingegen vor dem zuständigen Gericht im Staat des gewöhnlichen Aufenthalts des Unterhaltsverpflichteten (vgl Art 3 Abs 1 lit a EuUntVO; → Rn 100 ff), so gilt die *lex fori* ohnehin aufgrund der dann eingreifenden vorrangigen Sonderanknüpfung nach Art 4 Abs 3 (→ Rn 589 ff). Einen eigenständigen Anwendungsbereich hat Abs 2 daher nur in den seltenen Fällen, in denen weder der Berechtigte noch der Verpflichtete ihren gewöhnlichen Aufenthalt im Staat des angerufenen Gerichts haben, oder in denen der Verpflichtete an seinem eigenen gewöhnlichen Aufenthaltsort (zB nach Art 3 lit c oder nach Art 6, 7 EuUntVO; dazu → Rn 111 ff, 193 ff) gegen den Berechtigten (zB auf Herabsetzung des geschuldeten Unterhalts oder auf Feststellung, dass kein Unterhaltsanspruch besteht) klagt (*Bonomi*-Bericht Rn 63; NK-BGB/*Bach* Rn 7; Staud/*Mankowski* Rn 25; für analoge Anwendung der Vorschrift zur Vermeidung von *forum shopping* durch Erhebung negativer Feststellungsklagen *Arnold* IPRax 12, 311/315).

Wird **Unterhalt für die Vergangenheit** geltend gemacht und hat der Berechtigte seinen **587** gewöhnlichen Aufenthalt inzwischen in einen anderen Staat verlegt, so ist fraglich, auf welches Recht im Rahmen von Abs 2 abzustellen ist. Zutreffend erscheint es, dass es für die Ersetzung des Aufenthaltsrechts durch die *lex fori* darauf ankommt, ob das Recht desjenigen Staates dem Unterhaltsberechtigten keinen Anspruch gewährt, in dem dieser sich für den Zeitraum aufgehalten hat, für den er nunmehr Unterhalt geltend macht (Staud/*Mankowski* Rn 33; Beck-OK-BGB/*Heiderhoff* Rn 7). Der öst OGH hat diese Frage mit Ersuchen v 25.1.2017 (unalex AT-1097) dem EuGH zur Vorabentscheidung vorgelegt.

Ferner kann im Rahmen von Abs 2 ausnahmsweise auch eine **Gerichtsstandsvereinbarung 588 oder eine rügelose Einlassung** (Art 4, 5 EuUntVO; dazu → Rn 126 ff, 180 ff) Bedeutung für das anwendbare Recht entfalten (Rauscher/*Andrae* Rn 5). Allerdings schließen Art 4 Abs 3 und 4 EuUntVO für Unterhaltspflichten gegenüber minderjährigen Kindern regelmäßig den Abschluss einer Gerichtsstandsvereinbarung aus (→ Rn 167, 177). Im Verhältnis zu *Island, Norwegen* und der *Schweiz* kann sich die internationale Zuständigkeit nach Maßgabe von Art 64 Abs 2 lit a LugÜ auch aus den **Art 2 ff LugÜ** (→ Rn 356 ff) ergeben. Die Anwendung der *lex fori* steht ferner grundsätzlich unter dem Vorbehalt der vom Verpflichteten nach Art 6 erhobenen Einwendung; diese Vorschrift findet jedoch auf Unterhaltsansprüche von Kindern gegen ihre Eltern keine Anwendung (→ Rn 193 ff).

4. Vorrang der lex fori bei Klage im gewöhnlichen Aufenthaltsstaat des Verpflichteten, Abs 3

a) Grundsatz. Nach Art 4 Abs 3 S 1 wird die Grundsatzanknüpfung in Art 3 an den **589** gewöhnlichen Aufenthalt des Unterhaltsberechtigten verdrängt, wenn einer der in Art 4 Abs 1 lit a – lit c genannten Unterhaltsberechtigten (→ Rn 584 f) die zuständigen Gerichte oder Behörden des Staates angerufen hat, in dem der Unterhaltsverpflichtete seinen gewöhnlichen Aufenthalt hat. Stattdessen kommt dann das am Ort des angerufenen Gerichts geltende Unterhaltsrecht zur Anwendung (OLG Stuttgart BeckRS 16, 115985 Rn 29; OLG Frankfurt FamRZ 12, 1501/1502). Anders als Abs 2 ermöglicht Abs 3 also nicht nur eine Ersatzanknüpfung in Fällen, in denen das von Art 3 berufene Recht keinen Unterhaltsanspruch gewährt; vielmehr wird die *lex fori* zur **Primäranknüpfung** erhoben (Staud/*Mankowski* Rn 56).

Auf diese Weise wird dem Unterhaltsberechtigten in gewissem Umfang ein *forum shopping* **590** ermöglicht, weil er durch die Ausübung des ihm in Art 3 lit a und lit b EuUntVO eingeräumten Wahlrechts, entweder am gewöhnlichen Aufenthalt des Verpflichteten oder an seinem eigenen gewöhnlichen Aufenthalt zu klagen, nach Abs 3 zugleich für das am jeweiligen Gerichtsort geltende Unterhaltsrecht optieren kann (*Bonomi*-Bericht Rn 68; öst OGH FamRZ 17, 1493/ 1494; *Malatesta* Riv dir int priv proc 09, 829/842; NK-BGB/*Gruber* Rn 15 f; krit *Arnold* IPRax 12, 311/313; *Lehmann* GPR 14, 342/346). Nutzen kann dieses Wahlrecht freilich nur ein Unterhaltsberechtigter, der sich im internationalen Unterhaltsrecht versierte Berater leisten kann,

451

C 591–595   1. Teil. Erkenntnisverfahren C. Unterhaltssachen

die den Vergleich der in Betracht kommenden materiellen Unterhaltsrechte vornehmen und gegebenenfalls auch am ausländischen Gericht des Staates, in dem der Unterhaltsverpflichtete seinen gewöhnlichen Aufenthalt hat, Klage erheben können (Münch/*Süss* § 20 Rn 53). Für (Abänderungs-) Klagen des Unterhalts*verpflichteten* gilt Abs 3 hingegen nicht (Pal/*Thorn* HUP Rn 17; MüKoBGB/*Staudinger* Rn 29), weil der Unterhaltsberechtigte hierdurch erheblich benachteiligt würde. Eine Ausnahme kommt auch dann nicht in Betracht, wenn der Unterhaltsberechtigte sich auf ein vom Unterhaltsverpflichteten eingeleitetes Verfahren iSv Art 5 EuUntVO durch Bestreiten in der Sache rügelos einlässt (vgl dazu den Vorlagebeschluss des öst OGH v 28.3.17, unalex AT-1117).

591   Vor deutschen Gerichten kommt eine Klage des Berechtigten gegen einen sich im Inland gewöhnlich aufhaltenden Verpflichteten zunächst nach Art 3 lit a EuUntVO in Betracht. Nach den Vorschriften des LugÜ ist eine Unterhaltsklage gegen den Verpflichteten iSv Abs 3 vor deutschen Gerichten im Hinblick auf Art 64 Abs 2 LugÜ hingegen nur in dem seltenen Fall denkbar, dass zwar der Wohnsitz des Verpflichteten in *Island, Norwegen* oder der *Schweiz,* sein gewöhnlicher Aufenthalt aber in *Deutschland* liegt.

592   Nach Abs 3 S 1 genügt es, wenn der gewöhnliche **Aufenthalt des Verpflichteten** im Gerichtsstaat im **Zeitpunkt der Anrufung des Gerichts** vorliegt. Ein späterer Aufenthaltswechsel ist dementsprechend unerheblich (ausf dazu NK-BGB/*Gruber* Rn 21 ff; zT abw Rauscher/*Andrae* Rn 13a). Hierfür spricht auch, dass das angerufene Gericht gemäß dem Grundsatz der *perpetuatio fori* zuständig bleibt (→ Rn 96). Umgekehrt führt Abs 3 S 1 aber auch dann zur Anwendung der deutschen *lex fori,* wenn der Aufenthaltswechsel des Unterhaltsverpflichteten ins Inland erst im Laufe des Verfahrens erfolgt (zum Statutenwechsel im Laufe eines Unterhaltsverfahrens → Rn 578).

593   Ungeklärt ist hingegen bisher die Frage, ob sich ein **Aufenthaltswechsel des Unterhaltsberechtigten** auf die Geltung der *lex fori* nach Art 4 Abs 3 auswirkt. Nach dem Wortlaut der Vorschrift ist es jedenfalls nicht erforderlich, dass Unterhaltsberechtigter und Unterhaltsverpflichteter ihren gewöhnlichen Aufenthalt in verschiedenen Staaten haben (öst OGH FamRZ 17, 1493/1495 und IPRax 15, 171/172). Der Wortlaut von Abs 3 S 1 („ungeachtet des Artikels 3") spricht ferner dafür, dass die Anwendung der *lex fori* nach Art 4 Abs 3 zwingend ist und sowohl Art 3 Abs 1 wie Art 3 Abs 2 verdrängt, so dass ein Aufenthaltswechsel des Unterhaltsberechtigten nach Verfahrenseinleitung keine Änderung des Unterhaltsstatuts zur Folge hat (öst OGH FamRZ 17, 1493/1495; Rauscher/*Andrae* Rn 13; Staud/*Mankowski* Rn 66 f; **aA** [Wahlrecht des Unterhaltsberechtigten zwischen dem von Art 4 Abs 3 und von Art 3 zur Anwendung berufenen Recht] *Zimmer* IPRax 15, 180/181). Dies gilt jedoch nur, wenn der Unterhaltsberechtigte selbst die Gerichte im Aufenthaltsstaat des Verpflichteten anruft. Beantragt hingegen der Unterhaltsverpflichtete die Herabsetzung des rechtskräftig festgelegten Unterhalts wegen geänderter Einkommensverhältnisse, so ist auch dann das Recht des Staates maßgeblich, in dem die berechtigte Person im Zeitpunkt der Antragstellung ihren gewöhnlichen Aufenthalt hat, wenn der bisher zu bezahlende Unterhalt auf deren Antrag gemäß Art 4 Abs 3 vom Gericht nach dem Recht des Staates festgesetzt worden war, in dem die verpflichtete Person ihren unveränderten gewöhnlichen Aufenthalt hat (vgl dazu schon → Rn 219 f; ferner den Vorlagebeschluss des öst OGH v 28.3.17, unalex AT-1117).

594   Unterschiedlich beurteilt wird die Frage, ob Abs 3 S 1 auch in Fällen anwendbar ist, in denen nicht der Berechtigte selbst, sondern eine **zuständige Einrichtung iSv Art 10** die übergeleitete Unterhaltsforderung im eigenen Namen einklagt. Dagegen wird eingewandt, dass die Behörde nicht die „berechtigte Person" sei und die durch Art 4 Abs 3 eröffnete mittelbare Rechtswahl nur dem Unterhaltsberechtigten selbst zustehen sollte (Rauscher/*Andrae* Rn 14 unter Hinweis auf die Definition des Unterhaltsberechtigten in Art 3 lit a HUÜ 2007; NK-BGB/*Bach* Rn 19). Für eine solche restriktive Auslegung von Abs 3 besteht indes kein Bedürfnis; die Erleichterung der Rechtsverfolgung durch Anwendung der *lex fori* sollte daher auch den nach Art 10 zuständigen Stellen zugutekommen (BeckOK-BGB/*Heiderhoff* Rn 14; NK-BGB/*Bach* Rn 29; Staud/*Mankowski* Rn 64).

595   **b) Ausnahme.** Nur wenn der Unterhaltsberechtigte nach dem Recht des angerufenen Gerichts **keinen Unterhalt** erhalten kann, bestimmt sich das Unterhaltsstatut gem Abs 3 S 2 *subsidiär* nach dem Recht am gewöhnlichen Aufenthalt des Unterhalts*berechtigten* (Rauscher/*Andrae* Rn 13). Insoweit wird also das Verhältnis zwischen den Anknüpfungen nach Art 3 und Art 4 Abs 2 in den Fällen des Art 4 Abs 3 **umgekehrt** (Pal/*Thorn* HUP Rn 17). Wiederum hilfsweise findet auch in den Fällen des Abs 3 die Ersatzanknüpfung an das gemeinsame Hei-

452

II. Internationales Privatrecht: HUP Art 4   **596–600** **C**

matrecht der Parteien nach Abs 4 Anwendung (→ Rn 596 ff). Die Rückausnahme nach Abs 3 S 2 ist auch in Fällen anwendbar, in denen eine Gerichtsstandsvereinbarung den Berechtigten zu einer Klageerhebung am Aufenthaltsort des Pflichtigen zwingt (BeckOK-BGB/*Heiderhoff* Rn 16); allerdings sind Gerichtsstandsvereinbarungen unter den Voraussetzungen des Art 4 Abs 3 und 4 EuUntVO unwirksam (→ Rn 167, 177 ff).

5. Ersatzanknüpfung an die gemeinsame Staatsangehörigkeit, Abs 4

Hat einer der in Abs 1 genannten Berechtigten weder nach dem von Abs 3, noch nach dem **596** von Art 3 und Art 4 Abs 2 zur Anwendung berufenen Recht – dh weder nach der *lex fori*, noch dem Recht am gewöhnlichen Aufenthalt des Berechtigten – einen Unterhaltsanspruch, wird in Abs 4 subsidiär an das Recht der gemeinsamen Staatsangehörigkeit der Parteien angeknüpft. Das Wort „gegebenenfalls" bezieht sich darauf, dass die Verweisung voraussetzt, dass überhaupt eine gemeinsame Staatsangehörigkeit besteht (Rauscher/*Andrae* Rn 15). Welche Staatsangehörigkeit die Beteiligten besitzen, bestimmt das Recht des Staates, um dessen Staatsangehörigkeit es geht. Auf **Staatenlose** und Flüchtlinge findet Abs 4 keine Anwendung (Staud/*Mankowski* Rn 78 f).

Bei **Mehrstaatern** genügt es, dass Berechtigter und Verpflichteter nur überhaupt eine **597** gemeinsame Staatsangehörigkeit besitzen, die einen Unterhaltsanspruch gewährt. Dementsprechend ist nicht entscheidend, dass die gemeinsame Staatsangehörigkeit diejenige ist, mit der die Parteien am engsten verbunden sind (effektive Staatsangehörigkeit, vgl *Bonomi*-Bericht Rn 76; *Andrae* GPR 10, 196/203; BeckOK-BGB//*Heiderhoff* Rn 18; Rauscher/*Andrae* Rn 15; NK-BGB/*Bach* Rn 26; MüKoBGB/*Staudinger* Rn 28; PWW/*Martiny* Art 18 EGBGB Anh II Rn 9; Staud/*Mankowski* Rn 76; **aA** Pal/*Thorn* HUP Rn 18; Erman/*Hohloch* Rn 8). Auch ein Vorrang der deutschen Staatsangehörigkeit iSv Art 5 Abs 1 S 2 EGBGB ist unter Geltung des Protokolls nicht mehr anzuerkennen (anders die bisher hM zu Art 18 EGBGB; vgl OLG Frankfurt aM NJW-RR 12, 1477 mwN).

Nach Art 9 können einzelne Staaten, soweit sie eine entsprechende Erklärung abgeben, das **598** Merkmal der Staatsangehörigkeit durch dasjenige des *„domicile"* ersetzen (→ Rn 695 f). Von dieser Möglichkeit hat bisher nur *Irland* Gebrauch gemacht. Gehören die Ehegatten einem **Mehrrechtsstaat** an, so ist ein gemeinsames Heimatrecht nur gegeben, wenn die interlokale Anknüpfung nach Art 16 zur gleichen Teilrechtsordnung führt. Ebenso wie die Anknüpfung nach Art 3 ist auch diejenige nach Art 4 Abs 4 **wandelbar**; das Unterhaltsstatut kann sich also durch den Verlust der bisherigen oder den Erwerb einer neuen Staatsangehörigkeit des Berechtigten oder Verpflichteten ändern (NK-BGB/*Bach* Rn 31).

6. Kein Unterhaltsanspruch

In den Absätzen 2, 3 S 2 und 4 wird jeweils vorausgesetzt, dass der Unterhaltsberechtigte nach **599** der vorrangigen Anknüpfung „keinen Unterhalt erhalten" kann. Diese Voraussetzung ist grundsätzlich nur dann erfüllt, wenn das primär maßgebende Unterhaltsstatut dem Berechtigten – sei es generell oder zumindest unter den gegebenen Umständen – **überhaupt keinen Unterhaltsanspruch** gegen den Verpflichteten gewährt (Rauscher/*Andrae* Rn 20; Pal/*Thorn* HUP Rn 16; Erman/*Hohloch* Rn 8; ebenso schon bisher zum HUntÜ BGH FamRZ 01, 412 ff; OLG Bremen FamRZ 13, 224/225; OLG Nürnberg NJW-RR 10, 1306/1307; OLG Oldenburg NJW-RR 06, 1220/1221; OLG Hamm FamRZ 99, 888/889). Dabei kommt es auf den Grund für die Versagung des Unterhaltsanspruchs nicht an (vgl OLG Hamm NJW-RR 10, 76: kein Unterhaltsanspruch der nichtehelichen Mutter gegen den Kindsvater nach chinesischem Recht). So kann der Verpflichtete dem Berechtigten gegenüber überhaupt nicht unterhaltspflichtig sein (wie zB Geschwister unter einander nach deutschem Recht). Ausreichend ist aber zB auch, dass das Primärstatut Unterhalt nur für einen bestimmten Zeitraum (zB für die Vergangenheit) versagt (Staud/*Mankowski* Rn 27; vgl dazu den Vorlagebeschluss des öst OGH v 25.1.17, unalex AT-1097), oder dass der Unterhaltsanspruch gerade gegen den in Anspruch genommenen Verpflichteten nicht gewährt wird, mag er auch gegen einen anderen – nach dem Unterhaltsstatut vorrangig verpflichteten – Schuldner bestehen (Pal/*Thorn* HUP Rn 16; Rauscher/*Andrae* Rn 20 aE; ebenso zum HUntÜ schon OLG Koblenz FamRZ 98, 859 [*Iran*]).

Sieht das Primärstatut hingegen lediglich einen **geringeren Unterhalt** vor, so greifen die **600** subsidiären Anknüpfungen des Art 4 nicht ein; der Berechtigte hat also nicht Anspruch auf den nach der *lex fori* geschuldeten Unterhalt als Mindestunterhalt (OLG Bremen FamRZ 13, 224; *Bonomi*-Bericht Rn 62; Pal/*Thorn* HUP Rn 16; NK-BGB/*Bach* Rn 9; *Andrae*, IntFamR § 8

C 601–604   1. Teil. Erkenntnisverfahren C. Unterhaltssachen

Rn 129; ebenso schon zum HUntÜ OLG Brandenburg FamRZ 06, 1766/1767; OLG Hamm
FamRZ 98, 25 und FamRZ 99, 888/889; OLG Karlsruhe NJW-RR 91, 643/644). Eine
Korrektur ist dann nur nach Art 14 (→ Rn 759 ff ff) möglich.

601   Ebenso wenig reicht es aus, dass das primäre Unterhaltsstatut zwar einen Unterhaltsanspruch
vorsieht, aber einen Anspruch auf **Prozesskostenvorschuss** versagt (BeckOK-BGB/*Heiderhoff*
Rn 9; Erman/*Hohloch* Rn 4; ebenso zum HUntÜ KG FamRZ 88, 167/169 m Anm *v Bar*
IPRax 88, 220). Denn auch in diesem Fall wird im Ergebnis lediglich ein insgesamt geringerer
Unterhaltsanspruch gewährt, weil der Anspruch auf Prozesskostenvorschuss kollisionsrechtlich
kein eigenständiger Anspruch ist, sondern lediglich Ausfluss des allgemeinen Unterhaltsanspruchs
(MüKoBGB/*Staudinger* Rn 21; Staud/*Mankowski* Rn 32). Das Unterhaltsstatut versagt den An-
spruch auch dann nicht, wenn zunächst bestimmte Bedingungen zu erfüllen sind, bevor Unterhalt verlangt werden kann (NK-BGB/*Gruber* Rn 12; MüKoBGB/*Staudinger* Rn 20).

602   Nicht einheitlich beurteilt werden hingegen diejenigen Fälle, in denen das primär zur Anwendung berufene Statut zwar grundsätzlich einen Unterhaltsanspruch gewährt, dessen Durchsetzung aber daran scheitert, dass nach den Wertungen des Primärstatuts entweder der Berechtigte
nicht bedürftig oder der Verpflichtete nicht leistungsfähig ist. Für diese Fälle der **fehlenden
Bedürftigkeit oder Leistungsfähigkeit** ging die bisher hM zum HUntÜ davon aus, dass für
einen Rückgriff auf die subsidiären Anknüpfungen kein Raum sei (vgl BGH FamRZ 01, 412 ff;
OLG Nürnberg NJW-RR 10, 1306/1307; zust *Rauscher* FamFR 10, 288; OLG Hamm FamRZ
98, 25; AG Berlin-Schöneberg FamRZ 07, 1558; PWW/*Martiny* Art 18 EGBGB Anh II Rn 9;
aA [für konkrete Betrachtungsweise] NK-BGB/*Bach* Rn 11; Staud/*Mankowski* Rn 46 f mwN).
Daran ist auch unter der Geltung des Protokolls festzuhalten (Pal/*Thorn* HUP Rn 16; BeckOK-
BGB/*Heiderhoff* Rn 9; PWW/*Martiny* Art 18 EGBGB Anh II Rn 16; einschränkend aber *Leh-
mann* GPR 14, 342/347; NK-BGB/*Bach* Rn 11). Hierfür spricht, dass sich schon bei der
Beratung des Protokolls viele Delegierte gegen das Eingreifen der subsidiären Anknüpfung in
diesen Fällen ausgesprochen haben (vgl *Bonomi*-Bericht Rn 61; Rauscher/*Andrae* Rn 18; Mü-
KoBGB/*Staudinger* Rn 21). Der Berechtigte kann sich daher nicht darauf berufen, dass dasjenige
Recht, das im Falle einer subsidiären Anknüpfung als Unterhaltsstatut berufen wäre, die Bedürftigkeit oder die Leistungsfähigkeit nach anderen rechtlichen Gesichtspunkten beurteilen würde,
so dass er nach diesem Statut einen Anspruch hätte. Den Vorzug vor der Kaskadenanknüpfung
nach Art 4 verdient in diesen Fällen eine wertende Betrachtung der Bedürftigkeit bzw Leistungsfähigkeit im Einzelfall nach Art 14 (*Andrae*, IntFamR § 8 Rn 130).

603   In der Rechtsprechung zum HUntÜ wurde ein Rückgriff auf die subsidiäre Anknüpfung zT
auch dann versagt, wenn der Unterhaltsberechtigte deswegen keinen Unterhalt erhielt, weil die
Voraussetzungen der im primären Statut grundsätzlich gegebenen Anspruchsgrundlage nur **im
konkreten Fall nicht erfüllt** waren oder dieser Anspruch – zB wegen Zahlungsunfähigkeit des
Schuldners – nicht durchsetzbar war. Denn andernfalls könne der Berechtigte das ihm im
Ergebnis günstigere Recht wählen, was den Intentionen des Übereinkommens zuwiderlaufe
(OLG Oldenburg NJW-RR 96, 1220/1221; OLG Hamm NJW-RR 92, 711; wohl auch BGH
FamRZ 01, 412). Daran ist zwar auch unter Geltung des Protokolls grundsätzlich festzuhalten
(Erman/*Hohloch* Rn 4; MüKoBGB/*Staudinger* Rn 22; **aA** Staud/*Mankowski* Rn 35 ff; NK-
BGB/*Bach* Rn 10). Eine andere Beurteilung ist aber für den Fall geboten sein, dass der Anspruch
nach dem primären Unterhaltsstatut wegen des **Ablaufs eines Gewährungszeitraums** oder
der Erreichung einer bestimmten **Altersgrenze** ausgeschlossen ist, während dies nach dem
sekundär anzuwendenden Recht (noch) nicht der Fall ist (*Bonomi*-Bericht Rn 61; Rauscher/
Andrae Rn 20; NK-BGB/*Bach* Rn 10; ebenso zum HUntÜ OLG Hamm FamRZ 99, 888/889;
aA Pal/*Thorn* HUP Rn 16; ebenso zu dem – vom Alter des betreuten Kindes abhängigen –
Trennungsunterhalt der Ehefrau OLG Nürnberg FamRZ 10, 2077/2078). Entscheidend ist
insoweit die kollisionsrechtliche Struktur des Unterhaltsanspruchs. Ist dieser als periodisch aus-
gestaltetes Recht zu verstehen, so können die einzelnen Zeitabschnitte getrennt betrachtet
werden (Staud/*Mankowski* Rn 27).

604   Ausreichend für die Anwendung der Ersatzanknüpfungen ist es auch, wenn der Anspruch nach
dem primären Statut wegen **Verfristung** (zB für die Feststellung der Vaterschaft des Unterhaltsschuldners, vgl Erman/*Hohloch* Rn 4; MüKoBGB/*Staudinger* Rn 15; Rauscher/*Andrae* Rn 21;
vgl dazu den Vorlagebeschluss des öst OGH v 25.1.17, unalex AT-1097) oder wegen **Verwirkung** ausgeschlossen ist (BeckOK-BGB/*Heiderhoff* Rn 12; Erman/*Hohloch* Rn 4; NK-
BGB/*Bach* Rn 10). Hingegen scheidet eine Anknüpfung an das subsidiäre Unterhaltsstatut aus,
wenn der Berechtigte wegen eines nach dem primär berufenen Recht rechtswirksamen **Abfin-
dungsvertrags** keinen Unterhalt erhält (Rauscher/*Andrae* Rn 23; MüKoBGB/*Staudinger*

II. Internationales Privatrecht: HUP Art 5

Rn 17). Ebenso wenig kann ein nach dem primären Unterhaltsstatut wirksamer **Unterhalts-verzicht** durch das Günstigkeitsprinzip beseitigt werden; vielmehr ist der Verzicht nur auf seine Vereinbarung mit dem *ordre public* (Art 13; → Rn 742 ff) zu prüfen (Pal/*Thorn* HUP Rn 18; Staud/*Mankowski* Rn 55; **aA** Rauscher/*Andrae* Rn 23).

HUP Art 5. Besondere Regel in Bezug auf Ehegatten und frühere Ehegatten

[1]In Bezug auf Unterhaltspflichten zwischen Ehegatten, früheren Ehegatten oder Personen, deren Ehe für ungültig erklärt wurde, findet Art 3 keine Anwendung, wenn eine der Parteien sich dagegen wendet und das Recht eines anderen Staates, insbesondere des Staates ihres letzten gemeinsamen gewöhnlichen Aufenthalts, zu der betreffenden Ehe eine engere Verbindung aufweist. [2]In diesem Fall ist das Recht dieses anderen Staates anzuwenden.

1. Allgemeines

Bezüglich der Unterhaltsansprüche zwischen Ehegatten weicht das Protokoll grundlegend von **605** der bisherigen Regelung im HUntÜ ab. Denn die in Art 8 HUntÜ/Art 18 Abs 4 EGBGB enthaltene − fragwürdige (*Andrae* FPR 08,196/200; *Schwarz/Scherpe* FamRZ 04, 665 ff) − Sonderregelung für Unterhaltspflichten zwischen geschiedenen und gerichtlich getrennten Ehegatten, die akzessorisch an das vom in- oder ausländischen Gericht zugrunde gelegte Scheidungsstatut angeknüpft wurden, hat man in das Protokoll nicht übernommen. Stattdessen werden nunmehr alle Unterhaltsansprüche zwischen Ehegatten grundsätzlich **einheitlich angeknüpft,** dh es macht keinen Unterschied mehr, ob diese Ansprüche während bestehender Ehe, nach einer faktischen oder gerichtlichen Trennung, nach einer Ehescheidung oder nach einer Aufhebung oder Nichtigerklärung der Ehe erhoben werden (Pal/*Thorn* HUP Rn 19; BeckOK-BGB/*Heiderhoff* Art Rn 4). Die Neuregelung kann daher, soweit der nacheheliche Unterhaltsanspruch bisher unwandelbar nach dem von von Art 8 UntÜ/Art 18 Abs 4 EGBGB aF bestimmten Scheidungsstatut zu beurteilen war, mit Inkrafttreten des Protokolls zu einem **Statutenwechsel** führen (vgl das Beispiel bei H/O/*Hausmann* § 10 Rn 55).

Auch für die Unterhaltspflichten zwischen geschiedenen oder gerichtlich getrennten Ehegatten, **606** sowie zwischen Ehegatten, deren Ehe für ungültig erklärt wurde, gilt daher im Ausgangspunkt die **Regelanknüpfung des Art 3,** die bisher auf Unterhaltsansprüche während aufrechter Ehe beschränkt war; maßgebend ist demnach das Recht am aktuellen gewöhnlichen Aufenthalts des unterhaltsberechtigten Ehegatten (→ Rn 558 ff). Gewährt dieses Recht dem (früheren) Ehegatten keinen Unterhaltsanspruch, so finden − abweichend von Art 4, 5 HUntÜ − die Ersatzanknüpfungen nach Art 4 keine Anwendung, weil Ehegatten nicht zu dem in Art 4 Abs 1 abschließend gezogenen Kreis der privilegierten Unterhaltsgläubiger gehören. Allerdings ist nach Art 5 das Unterhaltsstatut auf Einrede einer Partei an das Recht anzuknüpfen, das eine **engere Verbindung** zur Ehe der Parteien aufweist als das Recht des gewöhnlichen Aufenthalts des Berechtigten. Damit soll das Vertrauen der Ehegatten in die Geltung des Rechts, unter dem die Ehe gelebt worden ist, geschützt werden (BGH NJW 13, 2662 Rn 44 = IPRax 14, 345 m Anm *Andrae* 326; *Dimmler/Bißmaier* FPR 13, 11/14). Dieser Einrede kann der andere Ehegatte auch nicht die Einrede nach Art 6 entgegenhalten. Als **Ausnahmevorschrift** zu Art 3 ist Art 5 allerdings restriktiv auszulegen (öst OGH ZfRV 15, 226; öst OGH FamRZ 18, 392/345; Staud/*Mankowski* Rn 2).

Einer zulässigen **Rechtswahl** der Ehegatten nach Art 7, 8 kommt aber Vorrang auch vor **607** Art 5 zu (NK-BGB/*Bach* Rn 5). Die Rechtswahl kann daher gezielt zu dem Zweck eingesetzt werden, der sich aus der möglichen Erhebung der Einrede nach 5 ergebenden Rechtsunsicherheit zu begegnen (Staud/*Mankowski* Rn 55). In Ermangelung einer Rechtswahl unterliegen auch Unterhaltsvereinbarungen zwischen Ehegatten dem von Art 3 und 5 bezeichneten Recht (BeckOK-BGB/*Heiderhoff* Art Rn 13).

Von Art 5 werden **alle Unterhaltsansprüche von Ehegatten** erfasst, dh sowohl Unterhalt **608** während bestehender Ehe als auch bei Getrenntleben und nach Ehescheidung. Insbesondere ist es unerheblich ist, ob die Ansprüche im Rahmen eines Scheidungsverfahrens oder in einem isolierten Unterhaltsverfahren geltend gemacht werden. Durch die Erhebung der Einrede kann einerseits der Verpflichtete einem *forum shopping* des Berechtigten entgegentreten; andererseits kann der Berechtigte, der nach einer Scheidung in seinen Heimatstaat zurückgekehrt ist, Unterhalt weiterhin nach Maßgabe des − für ihn günstigeren − Rechts des Staates verlangen, in dem die Ehe geführt wurde (vgl *Henrich*, IntSchR Rn 135).

C 609–612   1. Teil. Erkenntnisverfahren C. Unterhaltssachen

2. Der Begriff des Ehegatten

609   Der Begriff der Ehe ist in Übereinstimmung mit Art 1 Abs 1 auszulegen (→ Rn 542 ff). Er erfasst unstreitig verschiedengeschlechtliche Beziehungen, die statusrechtlich als Ehen angesehen werden. Bei der Erarbeitung des Protokolls wurde der Vorschlag einiger Staaten diskutiert, eine Bestimmung aufzunehmen, nach der es im Ermessen eines jeden Vertragsstaats stehen sollte, die Bestimmung auch auf Verbindungen anzuwenden, die der Ehe gleichgestellt oder ihr ähnlich sind. Dieser Vorschlag fand zwar nicht die Mehrheit der Delegierten; jedoch bestand Konsens darüber, dass diejenigen Vertragsstaaten, die **gleichgeschlechtliche Ehen** oder (homosexuelle wie heterosexuelle) **registrierte Lebenspartnerschaften** kennen und mit statusrechtlichen Wirkungen versehen, oder die bereit sind, ausländische Rechtsinstitute dieser Art anzuerkennen, auf die Unterhaltspflichten aus diesen Beziehungen Art 5 anwenden können (*Bonomi*-Bericht Rn 92 ff; zust Rauscher/*Andrae* Rn 7; Pal/*Thorn* HUP Rn 19). Aus deutscher Sicht sind daher eingetragene Lebenspartnerschaften und homosexuelle Ehen, insbesondere seitdem letztere auch in Deutschland zugelassen sind (Gesetz v 20.7.2017, BGBl I, 2787), unter Art 5 zu subsumieren (*Gruber* FS Spellenberg [2010] 177/188; *Coester* IPRax 13, 114/120; BeckOK-BGB/*Heiderhoff* Rn 7; Rauscher/*Andrae* Rn 9; MüKoBGB/*Staudinger* Rn 8; Staud/*Mankowski* Rn 11 ff). Hingegen findet Art 5 auf formlose faktische Lebensgemeinschaften keine Anwendung.

610   Für diejenigen Vertragsstaaten, die zugleich EU-Mitgliedstaaten sind, bleibt zu hoffen, dass der **EuGH** schon bald Gelegenheit erhalten wird, diese Frage verbindlich zu klären. Die besseren Argumente sprechen dafür, die Anwendung des Protokolls auf Unterhaltspflichten aus solchen Verbindungen nicht den einzelnen Mitgliedstaaten zu überlassen, sondern den Ehebegriff in Art 5 **europäisch-autonom** erweiternd in dem Sinne auszulegen, dass er auch eingetragene Lebenspartnerschaften und gleichgeschlechtliche Ehen umfasst. Denn die Gründe für die Auflockerung der Grundsatzanknüpfung nach Art 3 im Fall des Ehegattenunterhalts passen ebenso auf andere Formen verrechtlichter Lebenspartnerschaften (*Andrae* GPR 10, 196/202; für analoge Anwendung dagegen Erman/*Hohloch* Rn 5; NK-BGB/*Bach* Rn 7; Staud/*Mankowski* Rn 14).

3. Erst- und Vorfragen

611   **a) Wirksame Ehe.** Im Rahmen von Art 5 stellt sich die Frage nach der selbständigen, unselbständigen oder alternativen Anknüpfung der Erstfrage, ob eine Ehe besteht (dazu schon → Rn 538 ff). Auch insoweit ist eine selbständige Anknüpfung vorzugswürdig (vgl zum HUntÜ OLG Hamburg IPRax 2002, 294/304 m Anm *Andrae/Essebier;* ferner PWW/*Martiny*, Art 18 EGBGB Anh II Rn 35; für alternative Anknüpfung *in favorem creditoris* hingegen MüKoBGB/*Staudinger* Rn 4). Ist zum Bestehen der Ehe eine Feststellungsentscheidung ergangen, überlagert das internationale Verfahrensrecht das IPR, wenn diese Entscheidung von den eigenen Gerichten erlassen wurde oder im Gerichtsstaat anzuerkennen ist (Rauscher/*Andrae* Rn 22; PWW/*Martiny* Art 18 EGBGB Anh II Rn 18; zur Frage der Anerkennung solcher Entscheidungen nach Art 21 EuUntVO näher → K Rn 31).

612   **b) Wirksame Scheidung, Trennung oder Ungültigerklärung der Ehe.** Auch die von Art 5 aufgeworfene Erstfrage, ob eine wirksame Scheidung, förmliche Trennung oder Ungültigerklärung der Ehe vorliegt, sollte grundsätzlich selbstständig angeknüpft werden. Die Vorschrift gilt – wie schon Art 8 HUntÜ – sowohl für gerichtliche wie für Privatscheidungen (insbesondere durch *talaq*). Bei gerichtlichen Ehescheidungen wird das IPR allerdings durch das **Verfahrensrecht des Gerichtsstaates** (einschließlich des dortigen Rechts der verfahrensrechtlichen Anerkennung ausländischer Entscheidungen) überlagert. Ist im Inland eine Gestaltungsentscheidung ergangen oder eine ausländische Entscheidung anzuerkennen, so ist die Rechtslage als gestaltet anzusehen (Rauscher/*Andrae* Rn 20 aE). Für Entscheidungen von Gerichten der EU-Mitgliedstaaten wird die Gestaltungswirkung nach den Art 21 ff EuEheVO (→ K Rn 36 ff) anerkannt. Art 21 Abs 4 EuEheVO ermöglicht auch eine inzidente Prüfung der anerkennungsrechtlichen Vorfrage im Unterhaltsverfahren. Drittstaatliche Entscheidungen werden demgegenüber in Deutschland nach den §§ 107, 109 FamFG anerkannt (näher → K Rn 194 ff). Die Anerkennung muss gem § 107 FamFG förmlich durch die zuständige Landesjustizverwaltung festgestellt werden (BGH NJW-RR 07, 722). Eine Inzidentanerkennung genügt nach § 107 Abs 1, 3 FamFG nur im Fall der Scheidung durch ein Gericht des gemeinsamen Heimatstaats der Ehegatten (OLG Düsseldorf IPRax 14, 286 m Anm *Heiderhoff* 264; zum früheren Recht BGHZ 112, 123/127; OLG Hamm NJW-RR 95, 520).

II. Internationales Privatrecht: HUP Art 5 613–617 **C**

4. Einrede eines Ehegatten

Eine Abweichung von der Regelanknüpfung nach Art 3 erfolgt – anders als bei sonstigen **613** Ausweichklauseln des europäischen Kollisionsrechts (zB Art 21 Abs 2 EuErbVO) – gemäß Art 5 **nicht von Amts wegen,** sondern nur auf Einrede einer Partei (BGH NJW 13, 2662 Rn 44; OLG Köln FamRZ 12, 1509 Rn 4; OLG Nürnberg NJOZ 12, 1050/1052; *Andrae* IPRax14, 326/329; *Conti/Bißmeier* FamRBint 11, 62/65; Pal/*Thorn* HUP Rn 21; Staud/*Mankowski* Rn 15 ff mwN). Hierdurch soll die mit einer Ausweichklausel verbundene Rechtsunsicherheit vermieden und die Arbeit der Gerichte erleichtert werden (*Bonomi*-Bericht Rn 83); allerdings wird die rechtlich nicht beratene Partei durch die Ausgestaltung als Einrede benachteiligt (krit deshalb *Lehmann* GPR 14, 342/347). Die Einrede kann von jeder der beiden Parteien – auch im gleichen Verfahren (*Dimmler/Bißmeier* FPR 13, 11/14) – erhoben werden; darüber hinaus auch von einem Zessionar, zB einer Einrichtung iSv Art 10, auf die der Unterhaltsanspruch übergegangen ist (NK-BGB/*Bach* Rn 13; BeckOK-BGB/*Heiderhoff* Rn 9; Staud/*Mankowski* Rn 30).

Das Protokoll schreibt für die Erhebung der Einrede **keine besondere Form** vor. Wird die **614** Einrede im gerichtlichen Verfahren erhoben, so ist die von der *lex fori* vorgeschriebene Form einzuhalten (*Schäuble* NZFam 14, 1071/1073; NK-BGB/*Bach* Rn 10). Da das deutsche Verfahrensrecht kein besonderes Formerfordernis vorsieht, ist ein solches nicht einzuhalten (Rauscher/*Andrae* Rn 12). Auch der Adressat der Erklärung wird nicht genannt. Insoweit ist davon auszugehen, dass die Einrede gegenüber dem anderen Beteiligten (auch außerhalb des Verfahrens, vgl Staud/*Mankowski* Rn 21) oder gegenüber dem Gericht erklärt werden kann.

Auch zum **Zeitpunkt,** bis zu dem die Einrede in einem Unterhaltsverfahren Berücksichti- **615** gung findet, enthält das Protokoll bewusst keine Regelung (*Bonomi*-Bericht Rn 81). Aufgrund der Nähe zum Verfahrensrecht ist davon auszugehen, dass hierüber die jeweilige *lex fori* bestimmt (*Bonomi*-Bericht Rn 84; BeckOK-BGB/*Heiderhoff* Rn 10; NK-BGB/*Bach* Rn 11). Vor deutschen Gerichten kann die Einrede – mangels abweichender spezieller Regelung – grundsätzlich bis zum **Schluss der mündlichen Verhandlung** im erstinstanzlichen Verfahren erhoben werden (Staud/*Mankowski* Rn 25; Erman/*Hohloch* Rn 3). Sie kann ausnahmsweise sogar noch berücksichtigt werden, wenn sie erst mit der Rechtsbeschwerde geltend gemacht wird (BGH NJW 13, 2662 Rn 47 ff = IPRax 14, 345 m Anm *Andrae* 326; *Gruber* FamRZ 13, 1374). Im Übrigen gelten gemäß § 113 Abs 1 S 2 FamFG die allgemeinen Regeln der ZPO über die Präklusion mit Angriffs- und Verteidigungsmittel (vgl §§ 275, 276 ZPO; BeckOK-BGB/*Heiderhoff* aaO; dazu näher Rauscher/*Andrae* Rn 12 ff).

5. Engere Verbindung zur Ehe

Anders als die Ausweichklauseln der Rom I-VO und der Rom II-VO erfordert Art 5 nicht **616** eine „offensichtlich engere Verbindung" zu einer anderen Rechtsordnung, sondern lässt eine „engere Verbindung" genügen. Hieraus können jedoch keine unmittelbaren Schlüsse gezogen werden, da es sich bei den Verordnungen und dem Protokoll um Instrumente unterschiedlicher Normgeber handelt. Entscheidend ist die engere Verbindung **zur Ehe der Parteien.** Daher haben Umstände aus der Eheschließung und nach der Trennung/Scheidung oder Ungültigerklärung der Ehe außer Betracht zu bleiben (öst OGH 20.9.17, FamRZ 18, 342/345; *Schäuble* NZFam 14, 1071/1073; Rauscher/*Andrae* Rn 15); die Anknüpfung nach Art 5 ist damit ab dem Ende der Ehe **unwandelbar** (BeckOK-BGB/*Heiderhoff* Rn 11; Staud/*Mankowski* Rn 35). Der verpflichtete Ehegatte soll es sich also nicht gefallen lassen müssen, dass der unterhaltsberechtigte Ehegatte nach einer Trennung oder Scheidung durch die Wahl seines gewöhnlichen Aufenthalts in einem besonders unterhaltsfreundlichen Staat, der keine Verbindung zu der Ehe der Parteien aufweist, Ansprüche auf Trennungs- oder Scheidungsunterhalt in einer Höhe erwirbt, mit der der Verpflichtete nicht zu rechnen brauchte (*Bonomi*-Bericht Rn 78; *Boele-Woelki/Mom* FPR 10, 485/487 f). Die Darlegungs- und **Beweislast** für eine engere Verbindung zu einem von Art 3 abweichenden Recht trägt derjenige Teil, der die Einrede nach Art 5 erhebt (Erman/*Hohloch* Rn 4 aE; **aA** [Prüfung von Amts wegen] Rauscher/*Andrae* Rn 13b).

Als Recht, das eine engere Verbindung zur Ehe aufweisen kann, wird in Art 5 beispielhaft das **617** Recht des letzten gemeinsamen gewöhnlichen Aufenthalts der Parteien genannt. Dieses Beispiel hat freilich nur Indizwirkung, die im Einzelfall aufgrund der erforderlichen **Gesamtabwägung aller Umstände** widerlegt sein kann (öst OGH 20.9.17 aaO; *Bonomi*-Bericht Rn 86; *Gruber* FS Spellenberg [2010] 177/187; Pal/*Thorn* HUP Rn 21; ausf Staud/*Mankowski* Rn 37 ff). Auf den letzten gemeinsamen gewöhnlichen Aufenthalt der Ehegatten während der Ehe ist vor allem

457

C 620, 621   1. Teil. Erkenntnisverfahren C. Unterhaltssachen

dann abzustellen, wenn er wesentlich länger gewährt hat als der neue gewöhnliche Aufenthalt des unterhaltsberechtigten Ehegatten und wenn er durch zusätzliche Kriterien (wie zB die Staatsangehörigkeit und/oder den fortdauernden gewöhnlichen Aufenthalt des unterhaltsverpflichteten Ehegatten) verstärkt wird (BGH NJW 13, 2662 Rn 45 = IPRax 14, 345 m Anm *Andrae* 326; *Bonomi*-Bericht Rn 89). Hatte ein deutsch-italienisches Ehepaar seinen letzten gemeinsamen gewöhnlichen Aufenthalt für zwei Jahre vor der Trennung in Deutschland, nachdem die Eheleute zuvor 20 Jahre gemeinsam in Italien gelebt hatten, so kann die engere Verbindung der Ehe weiterhin zu Italien bestehen. Kehrt die unterhaltsberechtigte italienische Ehefrau daher nach der Trennung wieder nach Italien zurück und erhebt sie im Scheidungsverfahren vor dem deutschen Gericht die Einrede nach Art 5 S 1, so ist auf den nachehelichen Unterhalt nach Art 5 S 2 italienisches Recht anwendbar (Rauscher/*Andrae* Rn 18; NK-BGB/ *Bach* Rn 14; Staud/*Mankowski* Rn 43). Die Erhebung der Einrede nach Art 5 kann zu einer kollisionsrechtlichen Spaltung von Ehegatten- und Kindesunterhalt führen, weil auf letzteren nach Art 3 Abs 2 stets das Recht am neuen gewöhnlichen Aufenthalt anwendbar ist.

618   Neben dem gewöhnlichen Aufenthalt kann im Rahmen der Ermittlung der engeren Verbindung zwar auch der **Staatsangehörigkeit der Ehegatten** Bedeutung zukommen, obwohl sie als Anknüpfungskriterium im Unterhaltrecht nur noch eine untergeordnete Rolle spielt (vgl Art 4 Abs 4; *Bonomi*-Bericht Rn 89; BeckOK-BGB/*Heiderhoff* Rn 8; Erman/*Hohloch* Rn 4; Rauscher/*Andrae* Rn 18; **aA** öst OGH JBl 15, 704 und öst OGH ZfRV 12, 270; Pal/*Thorn* HUP Rn 21; zurückhaltend auch NK-BGB/*Bach* Rn 15). Die – vor allem gemeinsame – Staatsangehörigkeit der Ehegatten dürfte jedoch nur dann den Ausschlag geben, wenn der gewöhnliche Aufenthalt in einem anderen Staat nur für einen begrenzten Zeitraum begründet wird und die Rückkehr in den gemeinsamen Heimatstaat von vornehern geplant ist (zB Botschaftspersonal, Entwicklungshelfer in der dritten Welt u ä, vgl MüKoBGB/*Staudinger* Rn 17; Staud/*Mankowski* Rn 54). Eine Bevorzugung der *lex fori* findet hingegen im Rahmen von Art 5 – anders als nach Art 4 – nicht statt (öst OGH 20.9.17, FamRZ 18, 342/345; Rauscher/*Andrae* Rn 3). Auch dem – einseitig manipulierbaren – Scheidungsstatut kommt in diesem Zusammenhang keine Bedeutung mehr zu (öst OGH aaO).

619   Bei **eingetragenen Lebenspartnerschaften** kann eine Näherbeziehung auch zum Registerstatut nach Art 17b Abs 1 EGBGB in Betracht kommen. Allerdings wird man hierfür eine Verstärkung durch weitere Faktoren verlangen müssen (*Coester* IPRax 13, 114/120; Pal/*Thorn* HUP Rn 21). Gleiches gilt seit dem 1.10.2017 auch für gleichgeschlechtliche Ehen (*Löhnig* NZFam 17, 1785/1787).

HUP Art 6. Besondere Mittel zur Verteidigung

Außer bei Unterhaltspflichten gegenüber einem Kind, die sich aus einer Eltern-Kind-Beziehung ergeben, und den in Art 5 vorgesehenen Unterhaltspflichten kann die verpflichtete Person dem Anspruch der berechtigten Person entgegenhalten, dass für sie weder nach dem Recht des Staates des gewöhnlichen Aufenthalts der verpflichteten Person noch gegebenenfalls nach dem Recht des Staates, dem die Parteien gemeinsam angehören, eine solche Pflicht besteht.

1. Allgemeines

620   Bereits nach Art 7 HUntÜ/Art 18 Abs 3 EGBGB konnte der Unterhaltsverpflichtete dem Anspruch des Berechtigten entgegenhalten, dass nach dem Recht des Staates, dem sie gemeinsam angehörten, oder hilfsweise nach dem Recht am gewöhnlichen Aufenthalt des Verpflichteten, eine Unterhaltspflicht nicht bestand. Diese Einrede war jedoch auf Unterhaltspflichten zwischen Verwandten in der Seitenlinie oder Verschwägerten beschränkt. Das Protokoll hat den Anwendungsbereich dieser Einrede erweitert: sie ist nunmehr grundsätzlich **gegenüber jeder Art von Unterhaltsansprüchen** möglich, soweit sie nicht in Art 6 für bestimmte Unterhaltsansprüche ausdrücklich ausgeschlossen wird.

2. Ausgeschlossene Unterhaltsansprüche

621   Ausgenommen aus dem Anwendungsbereich von Art 6 sind allerdings die praktisch wichtigsten Unterhaltsansprüche, nämlich diejenigen von **Kindern gegenüber ihren Eltern** und diejenigen **zwischen Ehegatten.** Der Begriff des „Kindes" in Art 6 umfasst nicht nur eheliche, sondern auch nichteheliche und Adoptivkinder, nicht aber Stiefkinder (*Bonomi*-Bericht Rn 99;

II. Internationales Privatrecht: HUP Art 6   **622–626**   **C**

Rauscher/*Andrae* Rn 4; Pal/*Thorn* HUP Rn 23; **aA** Erman/*Hohloch* Rn 4). Ausgeschlossen sind ferner die Unterhaltspflichten zwischen früheren Ehegatten und Personen, deren Ehe für ungültig erklärt worden ist. Nach der hier vertretenen weiten Auslegung des Ehebegriffs in Art 5 (→ Rn 609 f) kann die Einrede daher auch dem Partner einer **gleichgeschlechtlichen Ehe** oder einer **registrierten Lebenspartnerschaft** nicht entgegengehalten werden (ebenso NK-BGB/ *Bach* Rn 4; Pal/*Thorn* HUP Rn 23).

Die praktisch häufigsten Anwendungsfälle der Vorschrift dürften zwar auch weiterhin Unter- **622** haltsansprüche zwischen **Verwandten in der Seitenlinie** und zwischen Verschwägerten bilden (MüKoBGB/*Staudinger* Rn 4 f; Erman/*Hohloch* Rn 4). Die Einrede nach Art 6 kann aber auch gegenüber Unterhaltsansprüchen vorgebracht werden, die Enkel gegen ihre Großeltern oder Eltern gegen ihre Kinder erheben (Pal/*Thorn* HUP Rn 23). Gleiches gilt in Bezug auf Unterhaltsansprüche der Mutter gegen den nicht mit ihr verheirateten Vater des Kindes sowie auf Betreuungsunterhalt für dieses Kind (vgl im deutschen Recht § 1615l BGB; vgl Staud/*Mankowski* Rn 7).

Die Erhebung der Einrede nach Art 6 ist nicht auf Fälle beschränkt, in denen nach Art 3 das **623** Recht am gewöhnlichen Aufenthalt des Unterhaltsberechtigten zur Anwendung kommt, sondern kann auch dann erhoben werden, wenn zugunsten Unterhaltsgläubigers ein **Ersatzrecht nach Art 4** eingreift (NK-BGB/*Bach* Rn 2; Staud/*Mankowski* Rn 13). Dadurch ist die grenzüberschreitende Durchsetzung von Unterhaltsansprüchen nicht unwesentlich erschwert worden und das Zusammenspiel der Art 3, 4 und 6 ist nicht frei von Widersprüchen (vgl den *Bonomi*-Bericht Rn 100; krit deshalb *Andrae* FPR 08, 196/202; BeckOK-BGB/*Heiderhoff* Rn 2).

3. Kollisionsrechtliche Einrede

a) **Erhebung der Einrede.** Wie in Art 5 muss der Verpflichtete auch in Art 6 das Fehlen **624** eines Unterhaltsanspruchs nach dem Recht seines gewöhnlichen Aufenthalts und nach dem gemeinsamen Heimatrecht als Einrede geltend machen. Das mit dem Antrag befasste Gericht beachtet diese Umstände also nicht von Amts wegen, sondern wendet das nach Art 3 bzw Art 4 maßgebliche Recht an. Anders als Art 5 normiert Art 6 allerdings keine Ausweichklausel, sondern ein **materiellrechtliches Verteidigungsmittel** (*Bonomi*-Bericht Rn 103; NK-BGB/ *Bach* Rn 1). Dieses kann dem Verpflichteten allerdings durch eine wirksame Rechtswahl nach Art 7 oder 8 genommen werden. Die Einrede nach Art 6 kann nicht nur im Prozess, sondern bereits vorher außergerichtlich erhoben werden (Rauscher/*Andrae* Rn 6), muss aber dann in den Prozess eingebracht werden (Staud/*Mankowski* Rn 15). Wie Art 5 enthält auch Art 6 keine Regelung bezüglich der **Form und der Fristen** für die Erhebung der Einrede; insoweit gilt dazu Art 5 Gesagte (→ Rn 614 f) entsprechend.

b) **Voraussetzungen der Einrede.** Während es nach Art 7 HUntÜ für die Erhebung der **625** Einrede ausreichte, dass die Unterhaltspflicht nach dem gemeinsamen Heimatrecht der Parteien nicht bestand, und die Einrede nur in Ermangelung einer gemeinsamen Staatsangehörigkeit auch darauf gestützt werden konnte, dass eine Unterhaltspflicht nach dem Recht am gewöhnlichen Aufenthalt des Verpflichteten nicht vorgesehen war, macht das Protokoll die Erhebung der Einrede davon abhängig, dass *weder* das Recht am gewöhnlichen Aufenthalt des Verpflichteten *noch* ein etwaiges gemeinsames Heimatrecht (bzw das Recht eines gemeinsamen *domicile*, vgl Art 9) der Parteien eine solche Unterhaltspflicht kennt (Staud/*Mankowski* Rn 20). Die Erhebung der Einrede ist mithin schon dann ausgeschlossen, wenn auch **nur eines dieser beiden Rechte die Unterhaltspflicht kennt.** Diese zusätzliche Einschränkung erlangt freilich nur dann Bedeutung, wenn die Parteien überhaupt eine gemeinsame Staatsangehörigkeit haben und der Verpflichtete sich außerdem in einem anderen Staat als dem gemeinsamen Heimatstaat gewöhnlich aufhält. Auf andere Rechte als das Recht am gewöhnlichen Aufenthalt des Verpflichteten oder das gemeinsame Heimatrecht der Parteien kann die Einrede nach Art 6 nicht gestützt werden (OLG Hamm FamRZ, 16, 1926/1930).

Für die Anwendung von Art 6 im Fall der **Mehrstaatigkeit** der Parteien gilt das zu Art 4 **626** Abs 4 Gesagte entsprechend (→ Rn 597). Der Unterhaltsanspruch darf also nach keinem der mehreren gemeinsamen Heimatrechte der Beteiligten bestehen. Die Erhebung der Einrede ist somit auch dann ausgeschlossen, wenn die Unterhaltspflicht zwar nach dem effektiven gemeinsamen Heimatrecht der Parteien ausgeschlossen, aber nach dem Recht einer weiteren – nicht effektiven – gemeinsamen Staatsangehörigkeit besteht (*Bonomi*-Bericht Rn 106; NK-BGB/*Bach* Rn 6; MüKoBGB/*Staudinger* Rn 13 f; Rauscher/*Andrae* Rn 9; **aA** Pal/*Thorn* HUP Rn 24; Erman/*Hohloch* Rn 5).

459

C 627–631   1. Teil. Erkenntnisverfahren C. Unterhaltssachen

627   Die Frage, ob nach dem Einredestatut des Art 6 eine **Unterhaltspflicht besteht,** ist nicht abstrakt, sondern unter Zugrundelegung der Umstände des konkreten Falles zu entscheiden (MüKoBGB/*Staudinger* Rn 8 f). Insoweit gilt das zu Art 4 Gesagte (→ Rn 599 ff) entsprechend, so dass es auch hier ausreicht, dass nur überhaupt eine Unterhaltspflicht, wenn auch uU in geringerer Höhe, besteht (*Bonomi*-Bericht Rn 108; NK-BGB/*Bach* Rn 10; Staud/*Mankowski* Rn 17). Die vorgenannten Voraussetzungen für die Erhebung der Einrede nach Art 6 müssen im Zeitpunkt ihrer Erhebung erfüllt sein (MüKoBGB/*Staudinger* Rn 18). Wie das Unterhaltsstatut ist also auch das **Einredestatut** nach Art 6 **wandelbar** (NK-BGB/*Bach* Rn 9).

Vorbemerkungen zur Rechtswahl nach Art 7 und 8

Schrifttum: *Andrae,* Zur Form der Rechtswahl für eheliche Beziehungen, FS Martiny (2014) 326; *Boele-Woelki,* Art. 8 Haager Unterhaltsübereinkommen steht einer Rechtswahl nicht entgegen, IPRax 98, 492; *Eßer,* Der Erlass weitergehender Formvorschriften im Rahmen des Haager Unterhaltsprotokolls durch die Mitgliedstaaten der EU, IPRax 13, 399; *Gruber,* Die konkludente Rechtswahl im Familienrecht, IPRax 14, *Hausmann,* Schranken der Rechtswahl im internationalen Unterhaltsrecht, FS Martiny (2014) 345; *Henrich,* Zur Parteiautonomie im europäisierten Familienrecht, FS Pintens (2012) 201; *ders,* Rechtswahl im Unterhaltsrecht nach dem Haager Unterhaltsprotokoll, in: Roth (Hrsg.), Die Wahl ausländischen Rechts im Familien- und Erbrecht (2013) 53; *Hohloch,* Unterhaltsstatut und Rechtswahl, FS Sonnenberger (2004) 401; *Kühn,* Internationales Unterhaltsrecht und Rechtswahl, in: Spickhoff (Hrsg.), Symposium Parteiautonomie im Europäischen Internationalen Privatrecht (2014) 113; *Lipp,* Parteiautonomie im internationalen Unterhaltsrecht, LA Pintens (2012) 847; *Rieck,* Möglichkeiten und Risiken der Rechtswahl nach supranationalem Recht bei der Gestaltung von Ehevereinbarungen, NJW 14, 257; *Schäuble,* Die Sicherung von Unterhaltsvereinbarungen zwischen Ehegatten durch Rechtswahl zu Gunsten deutschen Rechts, NZFam 14, 1071.

628   Die wohl wichtigste Neuerung des Protokolls gegenüber dem HUntÜ besteht darin, dass – abweichend vom bisherigen Recht (vgl zur Unzulässigkeit der Rechtswahl nach dem HUntÜ OLG Karlsruhe FamRZ 90, 313/314; öst OGH ZfRV 96, 76 Nr 17; Erman/*Hohloch* Rn 1; **aA** Hoge Raad NIPR 97 Nr 10; *Boele-Woelki* IPRax 98, 492/494) – in Art 7 und 8 auch für Unterhaltsansprüche eine **Rechtswahl der Parteien zugelassen** wird, die den objektiven Anknüpfungen nach Art 3–6 vorgeht. Insoweit besteht zwar die Gefahr, dass dem Unterhaltsberechtigten der ihm im Falle einer objektiven Anknüpfung zustehende Unterhalt durch die Rechtswahl entzogen wird, was in gewisser Weise der – zB in Art 4 Abs 2–4 zum Ausdruck kommenden – unterhaltsfreundlichen Grundtendenz des Protokolls widerspricht.

629   Die Rechtswahl bietet auf der anderen Seite aber auch dem Unterhaltsberechtigten Vorteile. So kann er durch die Kombination mit einer nach Art 4 EuUntVO zulässigen Gerichtsstandsvereinbarung einen **Gleichlauf von Prozessrecht und materiellem Recht** erreichen und hierdurch die Durchsetzung seiner Unterhaltsansprüche beschleunigen (vgl *Bonomi*-Bericht Rn 110; NK-BGB/*Bach* Art 7 Rn 2). Außerdem wird durch eine Rechtswahl für beide Parteien **Rechtssicherheit** erzielt, weil das anwendbare Recht unabhängig von einer nachträglichen Veränderung des gewöhnlichen Aufenthalts der Parteien bestimmt wird (*Bonomi*-Bericht Rn 125; BeckOK-BGB/*Heiderhoff* Art 7 Rn 2; Rauscher/*Andrae* vor Art 7 Rn 2 ff). Schließlich werden die nur schwer kalkulierbaren Risiken der **Einreden nach Art 5** (→ Rn 605 ff) **und Art 6** (→ Rn 620 ff) **ausgeschaltet.** Der erforderliche Mindestschutz des Unterhaltsberechtigten als der typischerweise schwächeren Partei wird durch die einer Rechtswahl – namentlich beim Kindesunterhalt in Art 8 Abs 4 und 5 – gezogenen Schranken gewährleistet.

630   Als **weitere Gründe für eine unterhaltsrechtliche Rechtswahl** lassen sich hervorheben:
- die **Anpassung** des – objektiv maßgeblichen oder früher gewählten – Unterhaltsstatuts **an die neuen Lebensverhältnisse** der Ehegatten (zB nach einem Umzug in ein anderes Land);
- die **einheitliche Anknüpfung von Unterhalts- und Ehegüterrecht** durch die Rechtswahl nach Art 8 Abs 1 lit c, um schwierige Qualifikationsfragen im Grenzbereich zwischen beiden Statuten zu vermeiden (→ Rn 668 ff);
- die **einheitliche Anknüpfung von Unterhalts- und Scheidungsrecht** durch die Rechtswahl nach Art 8 Abs 1 lit d, um die Durchführung eines künftigen Scheidungsverfahrens zu erleichtern und zu beschleunigen, insbesondere wenn die *lex fori* des für die Scheidung zuständigen Gerichts als Scheidungsstatut vereinbart worden ist (→ Rn 674 ff).

631   Das das Protokoll keine Übergangsvorschrift enthält, die – wie dies Art 18 Abs 1 S 2 Rom III-VO für die Wahl des Scheidungsstatuts ausdrücklich bestimmt (→ A Rn 526) – auch eine vor seinem Inkrafttreten getroffene Rechtswahl für wirksam erklärt, wenn sie die Voraussetzungen nach dem Protokoll erfüllt, beziehen sich die Art 7 und 8 nur auf Rechtswahlvereinbarungen,

II. Internationales Privatrecht: HUP Art 7   633–635 C

die **ab dem 18.6.2011** getroffen worden sind. Hinsichtlich der Voraussetzungen für eine gültige Wahl des Unterhaltsstatuts unterscheidet das Protokoll zwischen der auf ein bestimmtes Unterhaltsverfahren beschränkten Rechtswahl der *lex fori* nach Art 7 und der ohne diese Beschränkung getroffenen vorsorglichen Rechtswahl nach Art 8.

Wollen Ehegatten – wie häufig – eine Rechtswahl zugunsten des Rechts an ihrem gemein- **632** samen gewöhnlichen Aufenthalt treffen, so wird es sich empfehlen, eine **Rechtswahl sowohl nach Art 7 wie – hilfsweise – auch nach Art 8** zu treffen (*Schäuble* NZFam 14, 1071/1078). Werden für die Entscheidung über Trennungs- oder nacheheliche Unterhalt später die Gerichte in diesem gemeinsamen Aufenthaltsstaat der Ehegatten angerufen, so werden idR die Voraussetzungen einer gültigen Rechtswahl nach Art 7 erfüllt sein. Diese Rechtswahl hat den großen Vorteil, dass die einer Rechtswahl nach Art 8 allgemein in Abs 3 und für den Unterhaltsverzicht im Besonderen in Abs 4 gezogenen Schranken nicht eingreifen und auch die Unwägbarkeiten der Billigkeitskontrolle nach Art 8 Abs 5 vermieden werden. Sollten hingegen die Voraussetzungen für eine wirksame Rechtswahl nach Art 7 im Zeitpunkt der gerichtlichen Geltendmachung von Unterhaltsansprüchen durch einen Ehegatten nicht mehr erfüllt sein (zB weil die ebenfalls zuständigen Gerichte in einem anderen Mitgliedstat der EuUntVO angerufen werden), so ist subsidiär die den Voraussetzungen des Art 8 genügende Rechtswahl maßgeblich.

HUP Art 7. Wahl des anzuwendenden Rechts für die Zwecke eines einzelnen Verfahrens

(1) **Ungeachtet der Art 3 bis 6 können die berechtigte und die verpflichtete Person allein für die Zwecke eines einzelnen Verfahrens in einem bestimmten Staat ausdrücklich das Recht dieses Staates als das auf eine Unterhaltspflicht anzuwendende Recht bestimmen.**

(2) **Erfolgt die Rechtswahl vor der Einleitung des Verfahrens, so geschieht dies durch eine von beiden Parteien unterschriebene Vereinbarung in Schriftform oder erfasst auf einem Datenträger, dessen Inhalt für eine spätere Einsichtnahme zugänglich ist.**

1. Allgemeines

Art 7 räumt die Rechtswahlmöglichkeit zugunsten der *lex fori* – anders als Art 8 – nur **für ein** **633** **bestimmtes Verfahren** ein. Ziel dieser Rechtswahl ist es vor allem, dem angerufenen Gericht die Prozessführung durch die Anwendung seines eigenen materiellen Unterhaltsrechts in den Fällen zu erleichtern, in denen dieser Gleichlauf nicht schon – wie nach Art 4 Abs 2 und Abs 3 – aufgrund der objektiven Anknüpfungen des Protokolls besteht (Staud/*Mankowski* Rn 2). Sachlich gilt die Rechtswahlmöglichkeit für **alle Unterhaltspflichten** iSv Art 1 Abs 1 (→ Rn 521 ff), also auch für den Kindes- und Verwandtenunterhalt (Rauscher/*Andrae* Rn 2; NK-BGB/*Bach* Rn 3; zur Rechtfertigung vgl den *Bonomi*-Bericht Rn 114). Die Schranken nach Art 8 Abs 3 und 4 gelten nur für die Rechtswahl nach dieser Vorschrift.

2. Beschränkung auf die Wahl der lex fori

Nach Art 7 ist nur die Wahl des Rechts des angerufenen oder anzurufenden Gerichts (bzw **634** einer sonstigen mit dem Unterhaltsverfahren zu befassenden staatlichen Stelle) zulässig. Daneben ist die Sachnorm des Art 14 (→ Rn 759 ff) anzuwenden. Die Art des Unterhalts (Kindes- oder sonstiger Verwandtenunterhalt, Unterhalt während bestehender oder nach Auflösung einer Ehe usw) sind unerheblich. Gleiches gilt auch für die Art des Verfahrens; die Rechtswahlmöglichkeit des Art 7 besteht damit auch für **Abänderungsverfahren** (Erman/*Hohloch* Rn 2; zu Abänderungsverfahren näher → Rn 208 ff) oder für Verfahren des einstweiligen Rechtsschutzes.

Sinn macht eine Wahl der *lex fori* des angerufenen oder anzurufenden Gerichts nur, wenn die **635** Gerichte dieses Staates für das dort eingeleitete oder einzuleitende Verfahren **international zuständig** sind. Für die Mitgliedstaaten der EU, für die das Protokoll bisher vornehmlich gilt, sind insoweit primär die Art 3 ff EuUntVO (→ Rn 89 ff) bzw auf Grundlage von Art 64 Abs 2 lit a LugÜ (→ Rn 409 ff) die Art 2 und 5 Nr 2 LugÜ (→ Rn 356 ff, 365 ff) maßgeblich. Unter den Voraussetzungen des Art 4 EuUntVO bzw Art 23 LugÜ können die Beteiligten die internationale Zuständigkeit des anzurufenden Gerichts freilich durch Vereinbarung begründen (→ Rn 126 ff, 386 ff). Ob das nach seiner *lex fori* zuständige Gericht die Rechtswahl der Parteien nach Art 7 akzeptiert, hängt davon ab, ob aus seiner Sicht die Rechtswahl zulässig ist. Dies ist

461

C 636–641 1. Teil. Erkenntnisverfahren C. Unterhaltssachen

naturgemäß in allen durch das Protokoll gebundenen Staaten der Fall, kann aber auch nach dem nationalen Recht eines Nichtvertragsstaats möglich sein (Erman/*Hohloch* Rn 4 aE).

3. Voraussetzungen einer gültigen Rechtswahl

636   **a) Parteien.** Die Rechtswahlmöglichkeit nach Art 7 steht nur der berechtigten und der verpflichteten Person zu. Das sind diejenigen Personen, die nach der gewählten *lex fori* (= *lex causae*) **Unterhaltsgläubiger und -schuldner** sind (**aA** [Anwendung von Art 3 lit a und lit b HUÜ 2007] Rauscher/*Andrae* Rn 3). Die Rechtswahl hat allerdings mittelbare Auswirkungen auch auf den Umfang des Regressanspruchs einer öffentliche Aufgaben wahrnehmenden Einrichtung nach Art 11 lit f. Denn der Umfang des Regresses bestimmt sich nach dem vom Unterhaltsberechtigten gewählten Unterhaltsstatut, an das die Einrichtung als Rechtsnachfolger gebunden bleibt (dazu näher NK-BGB/*Bach* Rn 5). Darüber hinaus hat eine öffentliche Aufgaben wahrnehmende Einrichtung oder ein sonstiger Zessioinar nach dem Übergang der Unterhaltsforderung selbst das Recht, eine Rechtswahlvereinbarung mit dem Verpflichteten zu treffen (NK-BGB/*Bach* Rn 6; Staud/*Mankowski* Rn 8; BeckOK-BGB/*Heiderhoff* Rn 3; **aA** Rauscher/*Andrae* Rn 3; Pal/*Thorn* HUP Rn 35).

637   Soweit im Rahmen einer Rechtswahlvereinbarung **Vorfragen** der Geschäftsfähigkeit oder der gesetzlichen Vertretungsmacht (zB eines Elternteils für ein Kind) zu beantworten sind, so sind sie nach dem autonomen Kollisionsrecht der *lex fori* (zB nach Art 7 EGBGB) bzw vorrangigen Staatsverträgen (zB nach Art 16, 17 KSÜ, Pal/*Thorn* HUP Rn 26; Rauscher/*Andrae* Rn 4) anzuknüpfen. Ein Unterschied zwischen selbständiger und unselbständiger Anknüpfung besteht insoweit nicht, da sich die Rechtswahl stets nur auf die *lex fori* bezieht. Rechtsgeschäftliche **Vertretung** bei der Rechtswahl (zB durch einen Rechtsanwalt) ist zulässig; für sie gilt nicht das Unterhalts-, sondern das Vollmachtsstatut (Rauscher/*Andrae* Rn 5; Staud/*Mankowski* Rn 10).

638   **b) Ausdrückliche Rechtswahl.** Anders als die Rechtswahl im internationalen Scheidungsrecht (Art 5 Rom III-VO; → A Rn 366 f) und die vorsorgliche Rechtswahl in Unterhaltssachen nach Art 8 (→ Rn 652 f) muss die Rechtswahl gem Art 7 ausdrücklich erfolgen, damit sich die Parteien der Tragweite einer solchen Rechtswahlvereinbarung bewusst werden. Eine konkludente Rechtswahl scheidet damit aus (Pal/*Thorn* HUP Rn 26, Erman/*Hohloch* Rn 3; *Henrich,* IntSchR Rn 131). Ungenügend für eine Rechtswahl ist daher etwa der bloße Abschluss einer Gerichtsstandsvereinbarung nach Art 4 EuUntVO (*Andrae* FS Martiny [2014] 3/23; Staud/ *Mankowski* Rn 14), die Bezugnahme auf ein für die Rechtsordnung der *lex fori* charakteristisches Rechtsinstitut oder die beiderseitige Prozessführung auf der Grundlage eines bestimmten Rechts (Rauscher/*Andrae* Rn 6; NK-BGB/*Bach* Rn 6).

639   **c) Bestimmtheit.** Die Rechtswahl kann nach Art 7 nur „für die Zwecke eines einzelnen Verfahrens in einem bestimmten Staat" getroffen werden, muss sich also auf die *lex fori* eines ganz bestimmten Staates beziehen. Dieses Bestimmtheitserfordernis bereitet im Falle einer erst nach Einleitung des Unterhaltsverfahrens getroffenen Rechtswahl keine Probleme. Wird die Rechtswahl hingegen zulässigerweise schon vor Einleitung des Prozesses – zB vorsorglich in einem Ehevertrag oder einer Scheidungsvereinbarung – getroffen, so reicht es nicht aus, wenn die Beteiligten allgemein die jeweilige *lex fori* des in einem künftigen Unterhaltsrechtsstreit angerufenen Gerichts wählen. Denn solange das Gericht nicht feststeht, wird mit der Wahl der *lex fori* der Bestimmtheitsgrundsatz nicht erfüllt (*Gruber* FS Spellenberg [2010] 177/189; *Lipp* FS Pintens [2012] 847/856 Staud/*Mankowski* Rn 19); eine Rechtswahl kann dann nur nach Art 8 Abs 1 wirksam vereinbart werden (*Bonomi*-Bericht Rn 120; Rauscher/*Andrae* Rn 8; MüKoBGB/ *Staudinger* Rn 8).

640   Der Wille, das Recht eines bestimmten Staates als *lex fori* zu wählen, ist ggf durch **Auslegung** zu ermitteln. Er liegt jedenfalls dann vor, wenn die Beteiligten eine **Gerichtsstandsvereinbarung** mit der Rechtswahl nach Art 7 verbinden. In diesem Fall bleibt die Rechtswahl auch dann gültig, wenn die Gerichtsstandsvereinbarung nach Art 4 EuUntVO nicht wirksam ist, der Prozess aber dennoch im Staat des gewählten Gerichts geführt wird. Die Wahl eines Rechts, das zufälligerweise *lex fori* des später angerufenen Gerichts ist, genügt nicht (Rauscher/*Andrae* Rn 8). Wegen der bestehenden Unsicherheit über die einzuhaltenden Bestimmtheitsanforderungen empfiehlt es sich, eine vorsorglich getroffene Rechtswahl nach Art 7 durch eine hilfsweise eingreifende Rechtswahl nach Art 8 HUP zu ergänzen (vgl näher H/O/*Hausmann* § 10 Rn 88).

641   Die Rechtswahl kann nur für die Zwecke eines einzelnen Verfahrens erfolgen, das bereits **konkret ins Auge gefasst** wird (*Bonomi*-Bericht Rn 115 f; *Ring* FPR 13, 16/18; NK-BGB/

II. Internationales Privatrecht: HUP Art 7 642–646 **C**

Bach Rn 11). Wird sie nach Art 7 vorsorglich zwischen Ehegatten in einem Ehevertrag getroffen, so reicht es aus, wenn klargestellt wird, dass sie ihre Wirkung in einem möglichen künftigen Scheidungsverfahren der Parteien vor deutschen Gerichten entfalten soll. Soll die Rechtswahl auch für ein **nachfolgendes Verfahren** – auch für ein Abänderungsverfahren (*Bonomi*-Bericht Rn 116; Pal/*Thorn* HUP Rn 26; *Andrae* FPR 08, 196/199; MüKoBGB/*Staudinger* Rn 3) – gelten, so muss sie wiederholt werden; ansonsten finden in diesem Verfahren wieder die objektiven Anknüpfungen der Art 3 ff Anwendung (NK-BGB/*Bach* Rn 19; **aA** [Erstreckung der Rechtswahl nach Art 7 auch auf nachfolgende Abänderungsverfahren] Staud/*Mankowski* Rn 16; BeckOK-BGB/*Heiderhoff* Rn 3). Soll die Rechtswahl die Unterhaltsverpflichtungen unabhängig von einem konkreten Gerichtsverfahren erfassen, ist keine gültige Rechtswahl iSv Art 7 gegeben; es empfiehlt sich dann eine Rechtswahl nach Art 8 (Rauscher/*Andrae* Rn 10). Ruft eine Partei später ein anderes Gericht als jenes an, dessen *lex fori* die Parteien gewählt hatten, so entfaltet die Rechtswahl keine Wirkung (NK-BGB/*Bach* Rn 7); durch eine Rechtswahl nach Art 7 wird den Parteien jedoch nicht das Recht genommen, in einem anderen Staat zu klagen.

d) Maßgebender Zeitpunkt. Die Rechtwahl kann – wie aus Abs 2 zu entnehmen ist – **642** schon vor Einleitung des Verfahrens im Hinblick auf ein konkret bevorstehendes Verfahren, aber auch erst während des schon laufenden Verfahrens getroffen werden. Durch eine Rechtwahl im Verfahren können die Beteiligten dessen Durchführung beschleunigen. Gleichzeitig sind die Folgen der Rechtswahl für sie vorhersehbar (Rauscher/*Andrae* Rn 1). Eine Mindestfrist zwischen dem Abschluss der Rechtswahlvereinbarung und der Einleitung des Unterhaltsverfahrens, deren Überschreitung zur Unwirksamkeit der Rechtswahl führt, besteht nicht. Die Rechtswahl verliert ihre Wirksamkeit also nicht durch Zeitablauf (*Bonomi*-Bericht Rn 121; Rasucher/*Andrae* Rn 14; Pal/*Thorn* HUP Rn 27). Die Frage, bis zu welchem Zeitpunkt die Rechtswahl spätestens getroffen werden muss, damit sie noch auf die Entscheidung Einfluss nehmen kann, beantwortet Art 7 nicht; sie unterliegt als verfahrensrechtliche Frage der jeweiligen *lex fori*.

e) Materielle Wirksamkeit. Die materielle Wirksamkeit der Rechtswahl richtet sich eben- **643** falls nach der *lex fori* (*Bonomi*-Bericht Rn 151; Erman/*Hohloch* Rn 3; MüKoBGB/*Staudinger* Rn 4). Da nur diese gewählt werden kann, ist der in anderem Zusammenhang geführte Streit, ob sich die Wirksamkeitsvoraussetzungen einer Rechtswahlvereinbarung nach der *lex fori* oder nach dem gewählten Recht (vgl im letzteren Sinne Art 3 Abs 5 iVm Art 10 Abs 1 Rom I-VO; Art 6 Rom III-VO; → A Rn 391) im Rahmen von Art 7 müßig.

f) Form der Rechtswahl. aa) Rechtswahl nach Abs 1. Wird die Rechtswahl erst **wäh- 644 rend des bereits anhängigen Unterhaltsverfahrens** getroffen, unterliegt sie keinen besonderen Formerfordernissen (Staud/*Mankowski* Rn 22) Sie kann daher auch mündlich im Termin erklärt werden (Rauscher/*Andrae* Rn 12; Münch/*Süß* § 20 Rn 67). Gleiches gilt in Verfahren vor *deutschen* Gerichten, wenn man auf die jeweilige *lex fori* abstellt (dafür NK-BGB/*Bach* Rn 14; MüKoBGB/*Staudinger* Rn 7; Erman/*Hohloch* Rn 3).

bb) Rechtswahl nach Abs 2. Erfolgt die Rechtswahl hingegen schon **vor der Einleitung 645 des Verfahrens,** muss die Formvorschrift des Abs 2 beachtet werden. Anders als bei Abschluss einer Gerichtsstandsvereinbarung (Art 4 Abs 2 EuUntVO, → Rn 158 ff) wird nicht nur Schriftlichkeit verlangt; vielmehr muss die Vereinbarung von beiden Parteien **unterschrieben** sein. Der Schriftform steht die **elektronische Form** gleich, wenn die Rechtswahlvereinbarung auf einem Datenträger erfasst wird, dessen Inhalt für eine spätere Einsichtnahme zugänglich ist (Rauscher/*Andrae* Rn 13). Das auch in diesem Fall bestehende Unterschriftserfordernis (Staud/*Mankowski* Rn 24) kann nur durch eine qualifizierte elektronische Signatur erfüllt werden (vgl § 126a BGB). Wann ein Verfahren **„eingeleitet"** ist, richtet sich nach der jeweiligen *lex fori*. Art 9 EuUntVO (→ Rn 235 ff) bzw Art 30 LugÜ (→ Rn 397) sind zur Auslegung dieses Begriffs nicht heranzuziehen (**aA** Rauscher/*Andrae* Rn 11). Jene Vorschriften bezwecken, einem Missbrauch verfahrenstechnischer Unterschiede in den Rechten der einzelnen Mitglied-/Vertragsstaaten im Bereich der Verfahrenseinleitung vorzubeugen. Art 7 regelt hingegen die Wahl des vom Gericht in der Sache anzuwendenden Rechts. Daher sollte das Recht am Gerichtsort auch darüber befinden, ab wann das Gericht mit der Sache befasst ist und eine Rechtswahl daher der besonderen Form nach Abs 2 nicht bedarf.

Im *Bonomi*-Bericht (Rn 119) wird davon ausgegangen, dass Abs 2 mit der Schriftform ledig- **646** lich eine **Mindestform** vorschreibt und die Vertragsstaaten zusätzliche Anforderungen an die Form stellen können, etwa die Pflicht, vor Abschluss der Rechtswahlvereinbarung eine Rechts-

463

C 648   1. Teil. Erkenntnisverfahren C. Unterhaltssachen

beratung in Anspruch zu nehmen (vgl dazu *Eßer* IPRax 13, 399 ff). Diese Auffassung hat indessen im Wortlaut des Protokolls keinen Niederschlag gefunden. Sie würde auch zu einer uneinheitlichen Anwendung des Protokolls in den Vertragsstaaten führen (zu Recht abl daher Rauscher/ *Andrae* Rn 13; Pal/*Thorn* HUP Rn 27; Erman/*Hohloch* Rn 3; *Lehmann* GPR 14, 342/348). Der deutsche Gesetzgeber hat den Vorschlag des Bundesrats, die notarielle Beurkundung nach dem Vorbild des Art 14 Abs 4 EGBGB vorzuschreiben, ausdrücklich abgelehnt und keine besonderen Formvorschriften aufgestellt (BT-Drs 17/4887, 57). Sofern man die Aufstellung weitergehender Formvorschriften überhaupt für zulässig hielte, wäre hierfür mit Wirkung für die der EU angehörenden Vertragsstaaten auch allein der europäische Gesetzgeber befugt (**aA** *Eßer* IPRax 13, 399/400).

4. Aufhebung oder Änderung der Rechtswahl

647   Die Aufhebung oder Änderung einer nach Art 7 getroffenen Rechtswahl ist jederzeit zulässig. Sie unterliegt denselben Anforderungen wie die erstmalige Rechtswahl (→ Rn 636 ff).

Zu Beispielen für die **Formulierung** einer Rechtswahl nach Art 7 vgl H/O*Hausmann* § 10 Rn 85 f.

HUP Art 8. Wahl des anzuwendenden Rechts

(1) Ungeachtet der Art 3 bis 6 können die berechtigte und die verpflichtete Person jederzeit eine der folgenden Rechtsordnungen als das auf eine Unterhaltspflicht anzuwendende Recht bestimmen:

a) das Recht eines Staates, dem eine der Parteien im Zeitpunkt der Rechtswahl angehört;

b) das Recht des Staates, in dem eine der Parteien im Zeitpunkt der Rechtswahl ihren gewöhnlichen Aufenthalt hat;

c) das Recht, das die Parteien als das auf ihren Güterstand anzuwendende Recht bestimmt haben, oder das tatsächlich darauf angewandte Recht;

d) das Recht, das die Parteien als das auf ihre Ehescheidung oder Trennung ohne Auflösung der Ehe anzuwendende Recht bestimmt haben, oder das tatsächlich auf diese Ehescheidung oder Trennung angewandte Recht.

(2) Eine solche Vereinbarung ist schriftlich zu erstellen oder auf einem Datenträger zu erfassen, dessen Inhalt für eine spätere Einsichtnahme zugänglich ist, und von beiden Parteien zu unterschreiben.

(3) Absatz 1 findet keine Anwendung auf Unterhaltspflichten betreffend eine Person, die das 18. Lebensjahr noch nicht vollendet hat, oder einen Erwachsenen, der aufgrund einer Beeinträchtigung oder der Unzulänglichkeit seiner persönlichen Fähigkeiten nicht in der Lage ist, seine Interessen zu schützen.

(4) Ungeachtet des von den Parteien nach Absatz 1 bestimmten Rechts ist das Recht des Staates, in dem die berechtigte Person im Zeitpunkt der Rechtswahl ihren gewöhnlichen Aufenthalt hat, dafür maßgebend, ob die berechtigte Person auf ihren Unterhaltsanspruch verzichten kann.

(5) Das von den Parteien bestimmte Recht ist nicht anzuwenden, wenn seine Anwendung für eine der Parteien offensichtlich unbillige oder unangemessene Folgen hätte, es sei denn, dass die Parteien im Zeitpunkt der Rechtswahl umfassend unterrichtet und sich der Folgen ihrer Wahl vollständig bewusst waren.

Schrifttum: → vor Rn 628.

1. Allgemeines

648   Art 8 lässt in Erweiterung von Art 7 eine **vorsorgliche Rechtswahl ohne Bezug zu einem bestimmten Rechtsstreit** zu, die ebenfalls Vorrang vor der objektiven Anknüpfung nach 3–6 hat. Dadurch soll es den Beteiligten ermöglicht werden, auf der Grundlage eines feststehenden, weil gewählten und damit – zB durch eine Änderung des gewöhnlichen Aufenthalts des Berechtigten – **nicht wandelbaren** (Pal/*Thorn* HUP Rn 28) Rechts bestandskräftige Vereinbarungen über den Unterhalt zu treffen (Staud/*Mankowski* Rn 2). Weiter erlaubt Art 8 vor allem Ehegatten, in einem Ehevertrag oder in einer Scheidungsvereinbarung den Geschiedenenunter-

464

II. Internationales Privatrecht: HUP Art 8 **649–655** **C**

halt und den güterrechtlichen Vermögensausgleich, die häufig eng aufeinander abgestimmt sind, einem einheitlichen Recht zu unterwerfen (Rauscher/*Andrae* Rn 2; Erman/*Hohloch* Rn 1; vgl Abs 1 lit c; → Rn 668 ff).

Der Rechtswahl werden allerdings zum Schutz des Unterhaltsberechtigten in Art 8 **enge** **649** **Grenzen** gezogen. Zunächst können lediglich die in Abs 1 genannten Rechtsordnungen gewählt werden, zu denen die Parteien eine enge Verbindung haben (→ Rn 663 ff). Ferner muss die Rechtswahlvereinbarung gewissen Formerfordernissen genügen (Abs 2; → Rn 658 ff). Zugunsten bestimmter – besonders schutzbedürftiger – Unterhaltsgläubiger ist eine Rechtswahl sogar ganz ausgeschlossen (Abs 3; → Rn 678 ff). Schranken bestehen auch für Unterhaltsverzichtsvereinbarungen (Abs 4; → Rn 683 ff). Schließlich unterliegen Rechtswahlvereinbarungen einer allgemeinen Billigkeitskontrolle (Abs 5; → Rn 689 ff).

2. Vereinbarung

a) Parteien. Auch die Rechtswahlvereinbarung nach Art 8 kann gem Abs 1 nur zwischen der **650** berechtigten und der verpflichteten Person getroffen werden. Wer dies ist, bestimmt das objektiv im Zeitpunkt der Rechswahl maßgebliche Unterhaltsstatut (Staud/*Mankowski* Rn 5). Die Rechtswahl bindet auch Rechtsnachfolger, insbesondere öffentliche Aufgaben wahrnehmende Einrichtungen, auf die der Unterhaltsanspruch im Wege der Legazession übergegangen ist. Der (Legal-) Zessionar kann nach dem Forderungsübergang als nunmehr „berechtigte Person" seinerseits eine Rechtswahlvereinbarung mit dem Unterhaltsverpflichteten treffen (Staud/*Mankowski* Rn 10; NK–BGB/*Bach* Rn 8).

Soweit sich in diesem Zusammenhang **Vorfragen der Geschäftsfähigkeit oder der gesetz- 651 lichen Vertretungsmacht** stellen, sind diese grundsätzlich **selbständig** nach dem Kollisionsrecht der *lex fori* anzuknüpfen. Vor deutschen Gerichten beurteilt sich die Geschäftsfähigkeit daher nach Art 7 EGBGB. Für die gesetzliche Vertretung Minderjähriger reicht es aus, wenn diese entweder nach dem Unterhaltsstatut (Art 11 lit d; → Rn 736) oder nach Art 16, 17 KSÜ (→ F Rn 638 ff; gegeben ist; der Frage kommt allerdings wegen Art 8 Abs 3 kaum praktische Bedeutung zu.

b) Ausdrückliche und stillschweigende Rechtswahl. Abweichend von Art 7 verlangt **652** Art 8 nicht, dass die Rechtswahl ausdrücklich erklärt wird. Daraus kann geschlossen werden, dass sie auch konkludent erfolgen kann (Rauscher/*Andrae* Rn 6; Pal/*Thorn* HUP Rn 31; PWW/ *Martiny* Art 18 EGBGB Anh II Rn 23). Allerdings ist zu beachten, dass das Formerfordernis des Abs 2 gewahrt werden muss, so dass der Wille zur Rechtswahl in der schriftlichen Urkunde zumindest angedeutet sein muss (*Hausmann* FS Martiny [2014] 345/348); auch müssen sich die Parteien zumindest der internationalen Dimension ihrer Vereinbarung bewusst gewesen sein (BeckOK–BGB/*Heiderhoff* Rn 12; Staud/*Mankowski* Rn 16; Pal/*Thorn* HUP Rn 31). Dies wird idR zutreffen, wenn sie eine internationale Gerichtsstandsvereinbarung nach Art 4 EuUntVO getroffen haben, die starkes Indiz für eine stillschweigende Rechtswahl ist.

Weiterhin kann auch hier der Rechtsgedanke des Art 3 Abs 1 S 2 Rom I–VO herangezogen **653** werden, wonach sich eine stillschweigende Rechtswahl *eindeutig* aus dem (familienrechtlichen) Vertrag oder den Umständen des Falles ergeben muss. Aus der in einem Ehevertrag ausdrücklich getroffenen Rechtswahl für den während der Ehe geschuldeten Unterhalt kann allerdings nicht ohne weiteres auf eine stillschweigende Rechtswahl für den nachehelichen Unterhalt geschlossen werden (OLG Saarbrücken IPRspr 10 Nr 104; Rauscher/*Andrae* Rn 6a). Eine stillschweigende Rechtswahl wird auch häufig der Billigkeitskontrolle nach Abs 5 nicht standhalten, weil es an der vorgeschriebenen umfassenden Unterrichtung der Parteien über die Rechtsfolgen der Wahl fehlen wird (*Gruber* IPRax 14, 53/56).

c) Teilrechtswahl. Eine Rechtswahl nach Art 8 bezieht sich idR auf die gesamte Unterhalts- **654** beziehung zwischen den Beteiligten. Diese können die Rechtswahl jedoch auch auf einzelne klar voneinander abgrenzbare Ausschnitte dieser Beziehungen beschränken, So sind insbesondere Ehegatten berechtigt, eine Rechtswahl **nur für den nachehelichen Unterhalt** zu treffen und es für den während der Ehe geschuldeten Unterhalt bei der objektiven Anknüpfung nach Art 3 und 5 zu belassen (Staud/*Mankowski* Rn 18).

d) Maßgeblicher Zeitpunkt. Die Vereinbarung kann nach Abs 1 **jederzeit,** dh auch schon **655** vor der Begründung des familienrechtlichen Verhältnisses, aus dem die Unterhaltspflicht erwächst (zB in einem vor der Eheschließung geschlossenen Ehevertrag), getroffen werden (*Bonomi*-Bericht Rn 123; *Schäuble* NZFam 14, 1071/1075; *Rieck* NJW 14, 257/260). Sie kann aber –

465

C 656–660   1. Teil. Erkenntnisverfahren C. Unterhaltssachen

anders als die Wahl des Scheidungsstatuts nach der Grundregel in Art 5 Abs 2 Rom III-VO (→ A Rn 384 ff) – auch erst im Laufe eines anhängigen Unterhaltsverfahrens vereinbart werden (Erman/*Hohloch* Rn 1; Rauscher/*Andrae* Rn 3a). Auf diese Weise kann etwa noch in dieser Phase ein Gleichlauf mit dem Scheidungs- und/oder Güterrechtsstatut erreicht werden (→ Rn 668 ff, 674 ff).

656   Wollen die Parteien in einem laufenden Unterhaltsverfahren nach Abs 1 ein Recht wählen, das zugleich die *lex fori* des angerufenen Gerichts ist, so sollten sie ihre Rechtswahl allerdings auf Art 7 stützen, weil sie auf diese Weise die Schranken der Rechtswahl nach Art 8 Abs 3–5 ausschalten können. Eine auf Art 8 gegründete Rechtswahl nach Rechtshängigkeit des Verfahrens macht daher nur Sinn, wenn ein **von der *lex fori* verschiedenes Recht** gewählt werden soll. Auch in diesem Fall entscheidet die jeweilige *lex fori* aber darüber, bis zu welchem Zeitpunkt die durch die Rechtswahl erfolgte Veränderung der materiellen Rechtslage im Unterhaltsverfahren berücksichtigt werden kann; denn hierbei handelt es sich um eine verfahrensrechtliche Frage (*Bonomi*-Bericht Rn 122). Der deutsche Gesetzgeber hat allerdings – abweichend von der in Art 46e Abs 2 EGBGB für die Rechtswahl in Scheidungssachen ausdrücklich getroffenen Regelung (→ A Rn 578 ff) – auf eine Präzisierung des maßgeblichen Zeitpunkts in Unterhaltssachen verzichtet. Auch hier dürfte eine Rechtswahl indessen nur bis zum **Schluss der letzten mündlichen Verhandlung im ersten Rechtszug** zulässig sein; für eine spätere Rechtswahlmöglichkeit auch noch in der Rechtsmittelinstanz besteht kein Bedürfnis (*Hausmann* FS Martiny [2014] 345/349; **aA** Rauscher/*Andrae* Rn 3a).

657   **e) Materielle Wirksamkeit.** Das Zustandekommen und die materielle Wirksamkeit der Vereinbarung beurteilen sich – entsprechend dem Rechtsgedanken der Art 3 Abs 5 iVm Art 10 Abs 1 Rom I-VO, Art 6 Rom III-VO – nach dem gewählten Recht (*Bonomi*-Bericht Rn 152; Erman/*Hohloch* Rn 1; NK-BGB/*Bach* Rn 23; Rauscher/*Andrae* Rn 5). Die Wirksamkeit der Rechtswahl ist jedoch – nicht anders als im internationalen Schuldvertragsrecht – von der Wirksamkeit der Unterhaltsvereinbarung, auf die sich bezieht, unabhängig, auch wenn die Rechtswahl – wie regelmäßig – nur eine Klausel dieser Unterhaltsvereinbarung bildet. Die materielle Wirksamkeit ist ferner von der *Zulässigkeit* der Rechtswahl zu unterscheiden, die sich allein nach dem Protokoll beurteilt. Darüber hinaus liegt es nahe, bei einem grenzüberschreitenden Abschluss der Rechtswahlvereinbarung dem Recht am gewöhnlichen Aufenthalt einer Partei zu ihrem Schutz vor einer überraschenden Bindung eine Veto-Funktion nach dem Vorbild von Art 3 Abs 5 iVm Art 10 Abs 2 Rom I-VO einzuräumen (ebenso Erman/*Hohloch* aaO; **aA** Rauscher/*Andrae* Rn 5; Staud/*Mankowski* Rn 15). Die Bedeutung dieser Schranke ist im internationalen Unterhaltsrecht freilich gering.

658   **f) Form der Rechtswahl, Abs 2.** In formeller Hinsicht bedarf die Rechtswahlvereinbarung nach Art 8 Abs 2 der **Schriftform,** die durch die Erfassung auf einem Datenträger ersetzt werden kann, wenn dessen Inhalt für eine spätere Einsichtnahme zugänglich ist. Abweichend von Art 7 Abs 2 ist die Schriftform in Art 8 Abs 2 nicht nur für eine *vor* Einleitung des Verfahrens getroffene Rechtswahl vorgeschrieben. Die Rechtswahl kann daher **auch im Rahmen eines anhängigen Unterhaltsverfahrens** nicht wirksam mündlich im Termin erklärt werden, weil sie – anders als die Wahl nach Art 7 Abs 2 – nicht nur für das anhängige, sondern auch für künftige Unterhaltsverfahren gilt (NK-BGB/*Bach* Rn 27; Rauscher/*Andrae* Rn 17).

659   Hinsichtlich der **Notwendigkeit einer Unterzeichnung** der Rechtswahlvereinbarung ist Art 8 Abs 2 zwar leicht abweichend von Art 7 Abs 2 formuliert. Hieraus ergeben sich jedoch keine sachlichen Unterschiede (BeckOK-BGB/*Heiderhoff* Art 18 EGBGB Rn 84 ff; NK-BGB/*Gruber* Rn 24). Die Schriftform wird – außer durch eigenhändige Unterzeichnung beider Parteien auf einer Urkunde – auch durch einen Schriftwechsel gewahrt, bei dem jede Partei ihre eigene Erklärung unterschreibt; der europäische Begriff der „Schriftlichkeit weicht insoweit von dem in § 126 BGB normierten deutschen Begriff ab (NK-BGB/*Bach* Rn 25; Staud/*Mankowski* Rn 21; **aA** [Erfordernis einer einheitlichen Urkunde] Rauscher/*Andrae* Rn 16). Bei Verwendung der elektronischen Form ist eine elektronische Signatur erforderlich (*Bonomi*-Bericht Rn 145).

660   Im vorläufigen *Bonomi*-Bericht zum Protokollentwurf (Rn 75) wird davon ausgegangen, dass auch Art 8 Abs 2 lediglich eine **Mindestform** normiert und die Vertragsstaaten deshalb zusätzliche Anforderungen vorschreiben können. Selbst wenn man dem folgen wollte (dafür *Gruber* FS Spellenberg [2011] 177/191; dagegen zu Recht Rauscher/*Andrae* Rn 16; Pal/*Thorn* HUP Rn 27; BeckOK-BGB/*Heiderhoff* Rn 13; NK-BGB/*Bach* Rn 26), hat die *Bundesrepublik Deutschland* von dieser Möglichkeit jedoch – anders als für die Wahl des Scheidungsstatuts nach

II. Internationales Privatrecht: HUP Art 8　　　　　　　　　　　**661–665　C**

Art 7 Rom III-VO (vgl Art 46e Abs 1 EGBGB; → A Rn 577) – keinen Gebrauch gemacht; insoweit gilt das zu Art 7 Abs 2 Gesagte (→ Rn 646) entsprechend.

Wird die Rechtswahl in einem **Ehevertrag** mit einer güterrechtlichen Rechtswahl nach **661** Art 15 Abs 2 EGBGB bzw Art 22 EuGüVO oder in einer Scheidungsvereinbarung mit einer Wahl des Scheidungsstatuts nach Art 5 Rom III-VO kombiniert (vgl zu diesen Möglichkeiten Abs 1 lit c und lit d; → Rn 668 ff und 674 ff), so reicht die für eine wirksame Wahl des Güterrechtsstatuts (Art 15 Abs 3 iVm Art 14 Abs 4 S 1 EGBGB bzw Art 22 Abs 2 EuGüVO) oder des Scheidungsstatuts (Art 46d Abs 1 EGBGB) in Deutschland vorgeschriebene notarielle Beurkundung zwar auch zur Wahrung der Form nach Abs 2 in jedem Fall aus (*Schäuble* NZFam 14, 1071/1075; *Hausmann* FS Martiny [2014] 345/350). Zwingend ist die Einhaltung dieser strengeren Form für die Gültigkeit der Wahl des Unterhaltsstatuts jedoch auch in diesem Fall nicht, weil Art 8 Abs 2 – abweichend etwa von Art 7 Abs 2 Rom III-VO für die Wahl des Scheidungsstatuts – bewusst keinen Vorrang der vom nationalen Recht vorgeschriebenen strengeren Form anordnet (Münch/*Süß* § 20 Rn 60; **aA** Erman/*Hohloch* Rn 1).

g) Aufhebung und Änderung. Die Aufhebung oder Änderung einer Rechtswahl ist jeder- **662** zeit zulässig. Sie unterliegt denselben Anforderungen wie die erstmalige Rechtswahl. Eine Rechtswahl nach Art 8 kann auch durch eine spätere Rechtswahl nach Art 7 aufgehoben werden. Die Aufhebung oder Änderung der Rechtswahl hat nach dem Rechtsgedanken des Art 3 Abs 2 grundsätzlich *ex nunc*-Wirkung. Die Parteien können aber auch eine *ex-tunc*-Wirkung der Rechtswahl vereinbaren (*Schäuble* NZFam 14, 1071/1075; Rauscher/*Andrae* Rn 4); dies gilt allerdings nur, soweit nicht auf Grundlage des bisherigen Rechts bereits (Regress-)Ansprüche Dritter entstanden sind.

3. Die wählbaren Rechte, Abs 1 lit a–lit d

Art 8 Abs 1 schränkt die Rechtswahl – ähnlich wie Art 5 Abs 1 Rom III-VO auf dem Gebiet **663** des Ehescheidungsrechts (→ A Rn 369 ff) – dadurch ein, dass ein hinreichender Bezug der Parteien zu dem gewählten Recht vorausgesetzt wird. Dieses Recht muss so konkret bezeichnet werden, dass es bereits im Zeitpunkt der Rechtswahl bestimmt werden kann; die abstrakte Wahl des Güterrechts- oder Scheidungsstatuts ist daher unwirksam (*Hausmann* FS Martiny [2014] 345/351; BeckOK-BGB/*Heiderhoff* Rn 1). Während Abs 1 lit a und lit b – vorbehaltlich von Abs 3 – für alle Unterhaltspflichten iSv Art 1 Abs 1 gelten, enthalten lit c und lit d zusätzliche Wahlmöglichkeiten nur für Unterhaltspflichten zwischen Ehegatten; der Ehegattenbegriff ist allerdings ebenso weit zu verstehen wie in Art 5 (→ Rn 609 f). Im Einzelnen haben die Parteien die Möglichkeit, zwischen folgenden Rechten zu wählen (zu **Formulierungsbeispielen** für diese Rechtswahlmöglichkeiten vgl H/O/*Hausmann* § 11 Rn 97, 99, 102, 105, 108 und 110).

a) Staatsangehörigkeit einer Partei, lit a. Gem lit a ist das Recht eines jeden Staates **664** wählbar, dem eine der Parteien im Zeitpunkt der Rechtswahl angehört. Dies kann auch das Recht eines Drittstaats sein (Art 2 HUP). Das gewählte Recht bleibt auch dann maßgeblich, wenn keine Partei diesem Staat im Zeitpunkt der Geltendmachung von Unterhaltsansprüchen noch angehört (MüKoBGB/*Staudinger* Rn 6). Da Art 8 in Art 9 nicht erwähnt ist, können auch *Common Law*-Staaten die Staatsangehörigkeit in lit a nicht durch das „*domicile*" ersetzen. Auch *irische* Parteien sind mithin nicht berechtigt, das Recht eines Staates zu wählen, in dem sie ihr gemeinsames „*domicile*" haben (Rauscher/*Andrae* Rn 8; Pal/*Thorn* HUP Rn 34).

Im Falle der **Mehrstaatigkeit** einer Partei kann das Recht einer jeden ihrer Staatsangehörig- **665** keiten gewählt werden; das Wahlrecht ist also nicht auf das Recht der effektiven Staatsangehörigkeit beschränkt (*Bonomi*-Bericht Rn 131; Rauscher/*Andrae* Rn 8; PWW/*Martiny* Art 18 EGBGB Anh II Rn 21; Pal/*Thorn* HUP Rn 30). Ist eine Partei **staatenlos** und wird ihr Personalstatut daher gemäß Art 12 Abs 1 des New Yorker Übereinkommens v 28.9.1954 (BGBl 1976 II, 474) durch das Recht ihres gewöhnlichen Aufenthalts bestimmt, so ist zweifelhaft, ob die Parteien dieses Recht in entsprechender Anwendung von lit a als Ersatzrecht anstelle des nicht vorhandenen Heimatrechts wählen können. Dies dürfte wegen der ausdrücklichen Beschränkung der Rechtswahl auf das Recht der Staatsangehörigkeit abzulehnen sein (**aA** *Gruber* IPRax 12, 381/386; Erman/*Hohloch* Rn 2). Gleiches gilt auch dann, wenn eine Partei **Asylbe-rechtigter oder Flüchtling** im Sinne der Genfer Flüchtlingskonvention v 28.7.1951 (BGBl 1953 II, 560) ist. Die praktische Bedeutung dieser Frage ist freilich gering, weil das Recht am gewöhnlichen Aufenthalt sowohl der unterhaltsberechtigten wie der -verpflichteten Partei nach lit b ohnehin gewählt werden kann.

467

C 666–671 1. Teil. Erkenntnisverfahren C. Unterhaltssachen

666 Da lit a auf den **Zeitpunkt der Rechtswahl** abstellt, macht eine danach erfolgte Änderung der Staatsangehörigkeit die Rechtswahl nicht unwirksam (Erman/*Hohloch* Rn 2; BeckOK-BGB/*Heiderhoff* Rn 7). Umgekehrt führt der spätere Erwerb der Staatsangehörigkeit nicht zu einer Heilung der zunächst unwirksamen Rechtswahl (*Bonomi*-Bericht Rn 133; NK-BGB/*Bach* Rn 14; MüKoBGB/*Staudinger* Rn 6).

667 **b) Gewöhnlicher Aufenthalt einer Partei, lit b.** Gem lit b ist ferner das Recht des gewöhnlichen Aufenthalts (zum Begriff → Rn 101 ff) jeder Partei im Zeitpunkt der Rechtswahl als Unterhaltsstatut wählbar. Von praktischer Bedeutung ist insbesondere die damit eröffnete Möglichkeit, das Recht am gewöhnlichen Aufenthalt des Unterhalts*schuldners* zu wählen. Ein Wechsel des gewöhnlichen Aufenthalts nach erfolgter Rechtswahl ist auf deren Gültigkeit ohne Einfluss; insoweit gilt das zuvor zur nachträglichen Änderung der Staatsangehörigkeit Gesagte entsprechend. Die Rechtswahl kann aber durch eine neue Vereinbarung auch der geänderten Lage angepasst werden (Staud/*Mankowski* Rn 37). Umgekehrt wird die Wahl des Rechts eines Staates, in dem keine der Parteien zur Zeit der Rechtswahl ihren gewöhnlichen Aufenthalt hatte, nicht dadurch geheilt, dass dieser gewöhnliche Aufenthalt nachträglich begründet wird und zur Zeit der Geltendmachung des Unterhaltsanspruchs noch besteht (*Bonomi*-Bericht Rn 133; NK-BGB/*Bach* Rn 14). Für diesen Fall müssen die Ehegatten vielmehr eine erneute Rechtswahl vornehmen.

668 **c) Güterrechtstatut, lit c. aa) Gewähltes Güterrecht.** Nach lit c, 1. Fall können die Parteien als Unterhaltsstatut auch das Recht wählen, das sie als Güterrechtsstatut gewählt haben (vgl das Formulierungsbeispiel bei H/O/*Hausmann* § 10 Rn 102). Auf diese Weise soll der wünschenswerte Gleichlauf von Güterrechts- und Unterhaltsstatut erreicht werden, der die ansonsten – vor allem bei Geltung *englischen* Rechts – auftretenden schwierigen Qualifikationsprobleme (→ Rn 528) vermeiden hilft (Rauscher/*Andrae* Rn 11). Außerdem sind nachehelicher Unterhalt und güterrechtlicher Ausgleich aus Anlass der Ehescheidung häufig auf einander abgestimmt, so dass es bei Geltung unterschiedlicher Rechts für beide Aspekte zu Fällen des Normenmangels bzw der Normenhäufung kommen und eine Anpassung erforderlich werden kann (*Henrich* FamRZ 15, 1761/1765).

669 Diese Rechtswahlmöglichkeit steht vor allem Ehegatten und früheren Ehegatten zur Verfügung. Sie sollte darüber hinaus auch den Partnern einer **gleichgeschlechtlichen Ehe oder einer registrierten Lebenspartnerschaft** eingeräumt werden (PWW/*Martiny* Art 18 EGBGB Anh II Rn 22; Pal/*Thorn* HUP Rn 30 aE; Staud/*Mankowski* Rn 42; NK-BGB/*Bach* Rn 16; allg zur Anwendung des Protokolls auf gleichgeschlechtliche Ehen und registrierte Lebensgemeinschaften → Rn 545 ff). Diese können also künftig die Wahl des Unterhaltsstatuts nach Abs 1 lit c mit der Wahl des Güterstatuts nach Art 22 EuPartVO kombinieren.

670 Vorausgesetzt wird von lit c, 1. Fall, dass die **Wahl des Güterrechtsstatuts wirksam** ist (*Bonomi*-Bericht Rn 140; *Andrae* GPR 10, 196/201; *Gruber* FS Spellenberg [2010] 177/191; NK-BGB/*Bach* Rn 19). Ob die Wahl des Güterrechtsstatuts – und damit die akzessorische Wahl des Unterhaltsstatuts nach lit c – wirksam ist, entscheidet freilich erst das Gericht, das später von einer Partei in einem Unterhaltsrechtsstreit angerufen wird (*Bonomi*-Bericht Rn 140; *Andrae* GPR 10, 196/201). Die Parteien müssen also bereits im Zeitpunkt der Rechtswahl vorausschauend prüfen, welches Gericht für einen künftigen Unterhaltsrechtsstreit international zuständig sein wird und ob die für das Güterrechtsstatut getroffene Rechtswahl nach dem von diesem Gericht anzuwendenden Kollisionsrecht wirksam ist (*Malatesta* Riv dir int priv proc 09, 829/845; Staud/*Mankowski* Rn 47). Die sich daraus ergebende Rechtsunsicherheit kann allerdings im Geltungsbereich der EuUntVO dadurch beseitigt werden, dass die Parteien zusammen mit der Rechtswahl eine nach Art 4 EuUntVO zulässige **Gerichtsstandsvereinbarung** (→ Rn 126 ff) abschließen, in der sie das Gericht eines Mitgliedstaats dieser Verordnung für zuständig erklären (Rauscher/*Andrae* Rn 12). In den an der EuGüVO teilnehmenden Mitgliedstaaten ist künftig eine Gerichtsstandsvereinbarung nach Maßgabe von Art 6 EuGüVO auch in Güterrechtssachen zulässig.

671 Soweit **deutsche Gerichte** nach Maßgabe von Art 3 ff EuUntVO für den Unterhaltsrechtsstreit zuständig sind, ist die Rechtswahl nach Abs 1 lit c, 1. Fall dann wirksam, wenn sie akzessorisch zu dem nach Art 15 Abs 1 iVm Art 14 Ab 2 und 3 EGBGB (→ B Rn 417) oder dem nach Art 15 Abs 2 EGBGB gewählten Güterrechtstatut (→ B Rn 459 ff) erfolgt. Die Rechtswahlmöglichkeiten werden daher aus deutscher Sicht durch Abs 1 lit c, 1. Fall nicht nennenswert erweitert, weil Art 15 Abs 2 Nr 1 und Nr 2 EGBGB mit Art 8 Abs 1 lit a und lit b HUP übereinstimmen (BeckOK-BGB/*Heiderhoff* Rn 9). Daran wird sich auch unter Geltung

468

II. Internationales Privatrecht: HUP Art 8   672–675 **C**

der **EuGüVO** ab dem 29.1.2019 nichts ändern, weil auch die Verordnung in Art 22 Abs 1 nur das Aufenthalts- und das Heimatrecht eines jeden Ehegatten zur Wahl stellt. Eine akzessorische Anknüpfung des Unterhaltsstatuts an eine bloße Teilrechtswahl der *lex rei sitae* für Immobilien nach Art 15 Abs 2 Nr 3 EGBGB dürfte hingegen nicht in Betracht kommen (Rauscher/*Andrae* Rn 12; Staud/*Mankowski* Rn 46; **aA** offenbar der *Bonomi*-Bericht Rn 141 aE); diese Rechts-wahlmöglichkeit ist ab dem 29.1.2019 ohnehin ausgeschlossen.

bb) Tatsächlich angewandtes Güterrecht. Alternativ können die Parteien nach lit c auch **672** das tatsächlich auf ihre güterrechtlichen Beziehungen angewandte Recht wählen (vgl das For-mulierungsbeispiel bei H/O/*Hausmann* § 10 Rn 105). Diese Rechtswahl setzt nach dem Wort-laut voraus, dass ein Gericht im Zeitpunkt der Rechtswahl bereits über das Güterrechtsstatut entschieden hat; unerheblich ist in diesem Zusammenhang, ob das Gericht das kollisionsrechtlich „richtige" Güterrecht angewandt hat (Staud/*Mankowski* Rn 49 ff). Ausreichend sollte es jedoch auch sein, dass die Entscheidung über das Güterrecht zumindest gleichzeitig mit jener über den Unterhaltsanspruch getroffen wird (*Bonomi*-Bericht Rn 141; NK-BGB/*Bach* Rn 21; Staud/*Mankowski* Rn 51). Auf diese Weise können Ehegatten auch das – zB nach Art 15 Abs 1 EGBGB oder künftig nach Art 26 EuGüVO maßgebliche – objektive Güterrechtsstatut als Unterhaltsstatut wählen, soweit es entweder von einem (auch ausländischen) Gericht bereits in der Vergangenheit einmal angewandt worden ist oder wenn zB im Scheidungsverbund zugleich über güterrechtliche Ansprüche nach diesem Recht zu entscheiden ist.

Auch wenn als Güterrechtsstatut die *lex fori* angewandt worden ist, unterscheidet sich die Wahl **673** dieses Rechts als Unterhaltsstatut nach Abs 1 lit c, 2. Fall von jener nach Art 7 dadurch, dass sie unabhängig von einem konkreten Unterhaltsverfahren und auch für erst in der Zukunft ent-stehende Ansprüche (zB auf Abänderung) gilt. Auch diese Rechtswahl dient vor allem der Vermeidung von Qualifikationsproblemen im Grenzbereich zwischen Güter- und Unterhalts-recht. Haben die Parteien keine güterrechtliche Rechtswahl getroffen und ist das Güterrechts-statut auch bisher von einem Gericht nicht angewandt worden, so findet Abs 1 lit c hingegen keine Anwendung. Eine Koppelung des Unterhaltsstatuts mit dem erst künftig objektiv anwend-baren Güterrecht kommt also nicht Betracht (NK-BGB/*Bach* Rn 18; BeckOK-BGB/*Heiderhoff* Rn 11). Ebensowenig hat eine güterrechtliche Rechtswahl noch Relevanz für das Unterhalts-statut; wenn ein Gericht bereits ein anderes Güterrecht angewandt hat (NK-BGB/*Bach* Rn 20).

d) Scheidungsstatut, lit d. aa) Gewähltes Scheidungsrecht. Nach lit d können die Par-**674** teien schließlich auch das Recht wählen, das sie **durch Rechtswahl als Scheidungs- oder Trennungsstatut** bestimmt haben (vgl das Formulierungsbeispiel bei H/O/*Hausmann* § 10 Rn 108). Diese Rechtswahlmöglichkeit spielte bisher aus deutscher Sicht nur eine untergeord-nete Rolle, weil die Wahl des Scheidungsstatuts nach Art 17 Abs 1 S 1 iVm Art 14 Abs 2 und 3 EGBGB stark eingeschränkt war. Größere Bedeutung kommt ihr seit dem Inkrafttreten der Rom III-VO am 21.6.2012 zu, die dem Parteiwillen im internationalen Scheidungsrecht deut-lich mehr Raum gibt (vgl Art 5–7 Rom III-VO; → A Rn 352ff). Die Vorschrift bezieht sich ihrem Wortlaut nach zwar nur auf Ehegatten, sie sollte jedoch – wie lit c – auch auf die gerichtliche Aufhebung einer registrierten (homo- oder heterosexuellen) **Lebenspartnerschaft oder einer gleichgeschlechtlichen Ehe** Anwendung finden (Pal/*Thorn* HUP Rn 30; Rau-scher/*Andrae* Rn 13; PWW/*Martiny* Art 18 EGBGB Anh II Rn 22; MüKoBGB/*Staudinger* Rn 16). Die Rechtswahlmöglichkeit nach lit d besteht nur, solange die Ehe noch besteht, dh weder geschieden noch aufgehoben oder für nichtig erklärt worden ist. Sie bleibt für den nachehelichen Unterhalt jedoch auch dann maßgeblich, wenn die Ehe später nicht geschieden, sondern aufgehoben oder für nichtig erklärt wird (Staud/*Mankowski* Rn 57; **aA** Rauscher/*Andrae* Rn 15).

Wie bei lit c hat die Prüfung der **Wirksamkeit der Wahl des Scheidungsstatuts** auch hier **675** auf der Grundlage des Kollisionsrechts zu erfolgen, welches das von einem Ehegatten in dem späteren Unterhaltsrechtsstreit angerufene Gericht anzuwenden hat (*Bonomi*-Bericht Rn 140; NK-BGB/*Bach* Rn 19). Die hierdurch verursachte Rechtsunsicherheit ist jedoch geringer als auf dem Gebiet des Ehegüterrechts, weil zumindest in den an der Verstärkten Zusammenarbeit auf dem Gebiet des internationalen Scheidungsrechts bisher teilnehmenden 16 Mitgliedstaaten die Gültigkeit der Wahl des Scheidungsstatuts einheitlich nach Art 5–7 Rom III-VO beurteilt wird. Ist allerdings damit zu rechnen, dass ein künftiger Unterhaltsrechtsstreit – zB aufgrund der Staatsangehörigkeit oder des gewöhnlichen Aufenthalts des Unterhaltsberechtigten oder -ver-pflichteten – in einem nicht an der Rom III-VO teilnehmenden Mitgliedstaat oder einem

469

C 676–681   1. Teil. Erkenntnisverfahren C. Unterhaltssachen

Drittstaat anhängig gemacht werden könnte, empfiehlt es sich auch insoweit, parallel zur Rechtswahl eine Gerichtsstandsvereinbarung nach Art 4 EuUntVO zu treffen.

676   **bb) Tatsächlich angewandtes Scheidungsrecht.** Wählbar ist schließlich nach lit d alternativ auch das Recht, das von dem für die Scheidung zuständigen Gericht tatsächlich auf die
Scheidung angewandt worden ist (vgl das Formulierungsbeispiel bei H/O/*Hausmann* § 10
Rn 110). Mit Hilfe dieser Rechtswahlmöglichkeit können die Parteien also den Gleichlauf von
Scheidungs- und Unterhaltsstatut erreichen, der bis zum Inkrafttreten des Unterhaltsprotokolls
nach Art 8 HUntÜ/Art 18 Abs 4 EGBGB aF zwingend vorgeschrieben war. Wie bisher nach
den genannten Vorschriften ist nicht darauf abzustellen, welches Recht das die Ehescheidung
aussprechende Gericht nach seinem IPR – in den teilnehmenden Mitgliedstaaten also unter
Zugrundelegung der Rom III-VO – auf die Scheidung hätte anwenden müssen, sondern
welches Recht es – uU auch in Verkennung der maßgeblichen Kollisionsregeln – tatsächlich
angewandt hat (Erman/*Hohloch* Rn 2 aE; Staud/*Mankowski* Rn 58 ff; vgl zum bisherigen Recht
OLG Hamm FamRZ 00, 29 und FamRZ 94, 573/575; OLG Düsseldorf FamRZ 95, 885). Da
lit d von dem tatsächlich angewandten Recht spricht, wird vorausgesetzt, dass im Zeitpunkt der
Rechtswahl entweder die Scheidung oder Trennung bereits ausgesprochen worden ist oder diese
zumindest gleichzeitig mit der Entscheidung über den Unterhaltsanspruch erfolgt (NK-BGB/
Bach Rn 21).

4. Weitere Schranken der Rechtswahl, Abs 3–5

677   Der Möglichkeit und den Wirkungen einer Wahl des Unterhaltsstatuts werden durch Abs 3–5
weitere Schranken gezogen:

678   **a) Ausschluss der Rechtswahl zu Lasten besonders schutzbedürftiger Personen,
Abs 3.** Vor den Gefahren einer Rechtswahl müssen solche Personen geschützt werden, die deren
Tragweite im Zeitpunkt des Abschlusses nicht einschätzen können (Rauscher/*Andrae* Rn 17 ff).
Nach Abs 3 besteht die in Abs 1 eröffnete Rechtswahlmöglichkeit daher nicht für **Unterhaltspflichten gegenüber Minderjährigen,** die das 18. Lebensjahr noch nicht vollendet haben.
Dies gilt nicht nur für Unterhaltsansprüche von minderjährigen Kindern gegenüber ihren Eltern,
sondern auch für Unterhaltspflichten sonstiger Verwandter gegenüber einem Kind. Durch Abs 3
sollen minderjährige Kinder insbesondere gegen den Missbrauch der gesetzlichen Vertretungsmacht seitens der unterhaltspflichtigen Eltern oder Verwandten in Fällen der Interessenkollision
geschützt werden (NK-BGB/*Bach* Rn 3; Staud/*Mankowski* Rn 65).

679   Die Rechtswahl ist auch ausgeschlossen, wenn **Unterhaltsgläubiger ein Erwachsener** ist,
der „aufgrund einer Beeinträchtigung oder der Unzulänglichkeit seiner persönlichen Fähigkeiten
nicht in der Lage ist, seine Interessen zu schützen". Die Umschreibung des Kreises der schutzbedürftigen erwachsenen Personen ist Art 1 Abs 1 des Haager Erwachsenenschutzübereinkommens vom 15.1.2000 (ErwSÜ; → J Rn 14 ff) entnommen; dieses Übereinkommen kann daher
zur Auslegung herangezogen werden (NK-BGB/*Bach* Rn 2; Rauscher/*Andrae* Rn 19). Die
Möglichkeit einer Rechtswahl besteht für die in Abs 3 genannten Kreis von besonders schutzbedürftigen Unterhaltsgläubigern nur nach Maßgabe von Art 7 (Pal/*Thorn* HUP Rn 29).

680   Der Schutz nach Abs 3 kommt schließlich nach der englischen und französischen Originalfassung der Vorschrift – und entgegen dem zu engen deutschen Wortlaut – auch minderjährigen
Kindern oder schutzbedürftigen Erwachsenen zugute, wenn sie **Schuldner des Unterhaltsanspruchs** sind (NK-BGB/*Bach* Rn 3 f; Staud/*Mankowski* Rn 69).

681   Für die Wirksamkeit ist auf den **Zeitpunkt des Abschlusses der Rechtswahlvereinbarung**
abzustellen, weil der besonders schutzbedürftige Unterhaltsgläubiger oder -schuldner in diesem
Moment die Tragweite der Wahl eines von Art 3, 4 abweichenden Unterhaltsstatuts erkennen
muss (BeckOK-BGB//*Heiderhoff* Rn 15; MüKoBGB/*Staudinger* Rn 21). Nicht entscheidend ist
hingegen, für welchen Zeitraum die Rechtswahl wirken soll; Abs 3 gilt daher auch dann, wenn
ein Minderjähriger die Rechtswahl für den ihm erst nach Vollendung des 18. Lebensjahres
geschuldeten Unterhalt trifft (NK-BGB/*Gruber* Rn 5; Rauscher/*Andrae* Rn 19). Umgekehrt
wird die von einem Minderjährigen nach Abs 3 nicht wirksam vereinbarte Rechtswahl auch
durch das Erreichen der Volljährigkeit nicht geheilt (Staud/*Mankowski* Rn 70). Ebensowenig
verliert die von einem Erwachsenen getroffene Rechtswahl ihre Wirksamkeit dadurch, dass
dieser erst nachträglich iSv Art 1 Abs 1 ErwSÜ schutzbedürftig wird (*Schäuble* NZFam 14,
1071/1075 f).

II. Internationales Privatrecht: HUP Art 8   682–686 **C**

Die gegen Abs 3 verstoßende Rechtswahl ist **insgesamt nichtig** mit der Folge, dass das **682** Unterhaltsstatut objektiv nach Art 3, 4 anzuknüpfen ist. Eine Aufrechterhaltung der Rechtswahl insoweit, als das gewählte Recht für den schutzbedürftigen Berechtigten oder Verpflichteten im konkreten Fall günstiger wäre, dürfte angesichts des klaren Wortlauts von Abs 3 nicht in Betracht kommen (Erman/*Hohloch* Rn 3; NK-BGB/*Bach* Rn 6; MüKoBGB/*Staudinger* Rn 20; **aA** *Lehmann* GPR 14, 342/348; Staud/*Mankowski* Rn 71).

b) Ausschluss der Rechtswahl für den Unterhaltsverzicht, Abs 4. Nach Abs 4 kann für **683** die Beurteilung eines Unterhaltsverzichts durch Rechtswahl nicht von dem Recht des Staates abgewichen werden, in dem der Unterhaltsberechtigte im Zeitpunkt der Rechtswahl seinen gewöhnlichen Aufenthalt hat. Die Vorschrift dient ebenfalls dem Schutz des Berechtigten vor der Wahl eines Rechts, das einen Unterhaltsverzicht in weiterem Umfang zulässt als das objektiv maßgebliche Unterhaltsstatut (*Bonomi*-Bericht Rn 147 aE; NK-BGB/*Bach* Rn 33), daneben aber auch den öffentlichen Interessen des Staates, in dem der Unterhaltsberechtigte seinen gewöhnlichen Aufenthalt hat und zu dessen Lasten sich ein Unterhaltsverzicht auswirken kann. Nicht das gewählte Recht, sondern das Recht am gewöhnlichen Aufenthalt des Berechtigten im Zeitpunkt der Rechtswahl entscheidet daher nach Abs 4 über Zulässigkeit, Voraussetzungen und Wirkungen eines Unterhaltsverzichts (*Andrae,* IntFamR § 8 Rn 164). Nur dessen Zustandekommen und materielle Wirksamkeit unterliegen dem gewählten Recht (Staud/*Mankowski* Rn 74). Die **Form** des Unterhaltsverzichts beurteilt sich – in Ermangelung einer Regelung im Protokoll – nach dem Kollisionsrecht der *lex fori,* in Deutschland also nach Art 11 EGBGB (Rauscher/*Andrae* Rn 21).

Abs 4 enthält allerdings **keine allgemeine Kollisionsnorm für den Unterhaltsverzicht,** **684** die auch unabhängig von einer Rechtswahl anzuwenden wäre (Rauscher/*Andrae* Art 11 Rn 11); die Vorschrift weist vielmehr dem materiellen Verbot eines Unterhaltsverzichts im Recht des gewöhnlichen Aufenthaltsstaats des Berechtigten die **Funktion einer Eingriffsnorm** zu (Pal/ *Thorn* HUP Rn 32; Erman/*Hohloch* Rn 3). Wurde eine Rechtswahl getroffen, so verdrängt die Sonderanknüpfung nach Abs 4 allerdings aufgrund ihrer weiten Fassung nicht nur das gewählte Recht, sondern auch die objektiven Anknüpfungen nach Art 4 und schließt die Erhebung der Einreden nach Art 5 und 6 aus (Rauscher/*Andrae* Rn 21; NK-BGB/*Bach* Rn 34; Staud/*Mankowski* Rn 75; **aA** Pal/*Thorn* HUP Rn 32). Das Verzichtsstatut nach Abs 4 entscheidet insbesondere, unter welchen Voraussetzungen und in welchem Umfang ein Unterhaltsverzicht materiell zulässig ist (*Bonomi*-Bericht Rn 147; Rauscher/*Andrae* Rn 21; *Lipp* FS Pintens [2012] 847/858). Eingeschränkt wird durch Abs 4 jedoch nur die Rechtswahl nach Abs 1; demgegenüber umfasst eine nach Art 7 getroffene Rechtswahl auch den Unterhaltsverzicht (Rauscher/ *Andrae* Rn 20).

Einem materiellrechtlichen Unterhaltsverzicht sollte auch der Fall gleichstehen, dass nach **685** Art 8 ein Recht gewählt wird, das dem Berechtigten unter den gegebenen Umständen **keinen Unterhalt gewährt** (so auch der *Bonomi*-Bericht Rn 150; *Gruber* FS Spellenberg [2010] 177/ 191; PWW/*Martiny* Art 18 EGBGB Anh II Rn 25; Pal/*Thorn* HUP Rn 32; Staud/*Mankowski* Rn 81). Dadurch wird die mit einer Rechtswahl nach Abs 1 verbundene Gefahr eines vollständigen Unterhaltsverlusts für den Berechtigten deutlich eingeschränkt. Denn auch durch eine bloße Rechtswahlvereinbarung (ohne ausdrückliche Verzichtserklärung) kann dann nicht erreicht werden, dass der Unterhalt vollständig entfällt. Gewählt werden kann vielmehr nur ein Recht, das dem Berechtigten einen Unterhaltsanspruch gewährt (BeckOK-BGB/*Heiderhoff* Rn 17). Allerdings schränkt eine solche erweiternde Interpretation von Abs 4 den Anwendungsbereich der allgemeinen Billigkeitsklausel in Abs 5 stark ein (abl daher *Andrae,* IntFamR § 8 Rn 165; NK-BGB/*Bach* Rn 37; Münch/*Süß* § 20 Rn 65).

Folgt man dem *Bonomi*-Bericht, so erfasst Abs 4 somit **zwei Fälle:** Zum einen den Fall, dass **686** schon in der Rechtswahl ein Unterhaltsverzicht liegt, weil das gewählte Recht keinen Unterhaltsanspruch gewährt; zum anderen den Fall, dass der vom gewählten Recht eingeräumte Unterhaltsanspruch durch einen materiellrechtlich wirksamen Verzicht ausgeschlossen wird, was auf der Grundlage des am gewöhnlichen Aufenthalt des Berechtigten geltenden Unterhaltsrechts nicht zulässig wäre. Hingegen erstreckt sich Abs 4 nicht auf Fälle, in denen der Berechtigte gegen Zahlung einer **Kapitalabfindung** auf seinen Unterhaltsanspruch verzichtet. Eine solche Vereinbarung kann mithin nach dem gewählten Recht wirksam geschlossen werden (*Bonomi*-Bericht Rn 149; *Lipp* FS Pintens [2012] 847/858; Rauscher/*Andrae* Rn 20). Für die Anwendung von Abs 4 ist es unerheblich, ob es sich um einen vollständigen oder einen nur **teilweisen Verzicht** handelt (Erman/*Hohloch* Rn 3; Münch/*Süß* § 20 Rn 63). Bei einem gegenseitigen

471

C 687–691   1. Teil. Erkenntnisverfahren C. Unterhaltssachen

Verzicht ist die Zulässigkeit für jeden Verzicht eigenständig nach dem Recht am gewöhnlichen Aufenthalt des jeweiligen Verzichtenden zu prüfen.

687   Da Abs 4 den Berechtigten vor dem Verlust des Unterhalts schützen möchte, der ihm nach dem kraft objektiver Anknüpfung anzuwendenden Recht zusteht (*Bonomi*-Bericht Rn 147 aE), wird zT vorgeschlagen, Abs 4 dahingehend berichtigend auszulegen, dass für die Zulässigkeit eines Verzichts nicht stets das Recht am gewöhnlichen Aufenthalt des Berechtigten zum Zeitpunkt der Rechtswahl maßgebend sein soll, sondern das im konkreten Fall **objektiv gemäß Art 3–5 anzuwendende Recht** (so NK-BGB/*Gruber*[1] Rn 10). Dafür könnte sprechen, dass auch der nach Abs 4 wirksame Unterhaltsverzicht dazu führt, dass der Verzichtende iSv Art 4 Ab 2–5 HUP „von der verpflichteten Person keinen Unterhalt erhalten" kann (vgl idS Rauscher/*Andrae* Art 11 Rn 12). Damit würde indessen völlig außer Betracht gelassen, dass auch der Verpflichtete in seinem Vertrauen auf einen vom Berechtigten wirksam erklärten Unterhaltsverzicht schutzwürdig ist (abl daher auch Rauscher/*Andrae* Rn 20 aE; Staud/*Mankowski* Rn 75). Praktische Bedeutung erlangt das Problem ohnehin nur, wenn der Verzicht nicht auch nach den von Art 4 Abs 2–5 HUP zur Anwendung berufenen Rechten wirksam ist.

688   Maßgebend ist nach Abs 4 das Recht am gewöhnlichen Aufenthalt des Berechtigten **im Zeitpunkt der Rechtswahl.** Ein späterer Wechsel des gewöhnlichen Aufenthalts führt also – anders als bei der objektiven Anknüpfung eines Unterhaltsverzichts, für die Art 3 Abs 2 gilt (vgl Rauscher/*Andrae* Art 11 Rn 14) – nicht zu einem Statutenwechsel (Erman/*Hohloch* Rn 3). Auch wenn die Rechtswahlvereinbarung und der Abschluss des materiellrechtlichen Unterhaltsverzichts zeitlich auseinander fallen, wird zT – dem Wortlaut des Abs 4 entsprechend – auf den Zeitpunkt der Rechtswahl abgestellt (Erman/*Hohloch* Rn 3). Räumt das gewählte Recht dem Berechtigten jedoch einen Unterhaltsanspruch ein, so liegt in diesem Zeitpunkt überhaupt noch kein Verzicht vor. Hat daher zwischen der Rechtswahl und dem Unterhaltsverzicht ein Statutenwechsel stattgefunden, so spricht der Normzweck des Abs 4 eher dafür, auf den Zeitpunkt der Verzichtserklärung abzustellen (so auch *Bonomi* Yb PrivIntL 2008, 333/356 f; *Gruber* FS Spellenberg [2010] 177/192; Rauscher/*Andrae* Rn 20; ferner das Beispiel bei H/O/*Hausmann* § 10 Rn 119; **aA** aber NK-BGB/*Bach* Rn 34).

689   **c) Billigkeitskontrolle der Rechtswahl, Abs 5. aa) Funktion.** Nach Abs 5 ist das von den Parteien gewählte Recht dann nicht anzuwenden, wenn seine Anwendung für eine der Parteien **offensichtlich unbillige oder unangemessene Folgen** hätte. Es handelt sich also um eine Art von kollisionsrechtlicher Inhaltskontrolle (*Lipp* FS Pintens [2012] 858; NK-BGB/*Bach* Rn 39), die der in den meisten Vertragsstaaten des Protokolls anerkannten sachrechtlichen Inhaltskontrolle von Unterhaltsvereinbarungen (vgl im deutschen Recht BVErfG 103, 89 = FamRZ 01, 343 m Anm Schwab; BGH FamRZ 04, 601; dazu *Hausmann* FS Geimer [2017] 199 ff) vorgelagert ist. Auf diese kann sich nicht nur der Unterhaltsberechtigte, sondern auch der Unterhaltsverpflichtete berufen (*Henrich,* IntSchR Rn 134; MüKoBGB/*Staudinger* Rn 23; Staud/*Mankowski* Rn 85). Abs 5 relativiert den Vorrang der gewählten Rechtsordnung vor dem nach der objektiven Anknüpfung der Art 3 ff ansonsten anzuwendenden Recht. Der Billigkeitskontrolle unterliegt allerdings nur die Rechtswahl nach Art 8; auf eine Rechtswahl nach Art 7 findet Abs 5 keine Anwendung.

690   Für diese Kontrolle bedarf es eines **Vergleichs der materiellen Ergebnisse** des gewählten Rechts einerseits und des kraft objektiver Anknüpfung anwendbaren Rechts andererseits (*Andrae* GPR 10, 196/201; *Dimmler/Bissmeier* FPR 13, 11/15; jurisPK-BGB/*Ludwig* Rn 31; NK-BGB/*Bach* Rn 39; PWW/*Martiny* Art 18 EGBGB Anh II Rn 26). Lassen sich die nachteiligen Folgen der Rechtswahl bereits durch Billigkeitsregeln vermeiden oder adäquat mildern, die das gewählte Recht selbst bereithält (wie zB das deutsche Recht in § 1579 BGB zum Scheidungsunterhalt und in § 1611 BGB zum Verwandtenunterhalt), bedarf es der Anwendung von Abs 5 nicht (Erman/*Hohloch* Rn 3). Sinn macht die ersatzweise Anwendung des objektiven Unterhaltsstatuts ferner nur dann, wenn dessen Regelungen nicht ebenfalls zu offensichtlich unangemessenen und unbilligen Folgen führen, dh wenn dieses Recht für die betroffene Partei – den Unterhaltsberechtigten oder -verpflichteten, um dessen Schutz es im konkreten Fall geht – günstiger ist (Erman/*Hohloch* aaO).

691   Ob ergänzend zur Billigkeitskontrolle nach Art 8 Abs 5 auch die in der deutschen Rechtsprechung entwickelten Grundsätze zur **Inhaltskontrolle** von Ehe- und Unterhaltsverträgen (vgl grundlegend BGH NJW 2004, 930) auf unterhaltsrechtliche Rechtswahlvereinbarungen angewandt werden können, erscheint hingegen zweifelhaft. Da eine Inhaltskontrolle die „materielle Wirksamkeit" der Rechtswahl betrifft, wäre sie jedenfalls nach den Maßstäben des deut-

II. Internationales Privatrecht: HUP Art 9

schen Rechts nur zulässig, wenn die Parteien deutsches Recht gewählt haben. Die Wahl deutschen Unterhaltsrechts wird aber nur höchst selten eine der Parteien „grob unbillig oder unangemessen" benachteiligen. Im Übrigen bietet die weite Fassung des Abs 5 deutschen Gerichten jedenfalls ausreichende Möglichkeiten, die wesentlichen Grundätze des deutschen Rechts zur Inhaltskontrolle von Unterhaltsvereinbarungen zur Geltung zu bringen.

bb) Beurteilungsspielraum. Die Verwendung der unbestimmten Rechtsbegriffe „offen- **692** sichtlich unbillige oder unangemessene Folgen" in Abs 5 räumt dem mit der Sache befassten Gericht einen weiten Beurteilungsspielraum ein (Rauscher/*Andrae* Rn 25). Dabei sollen nicht nur die unmittelbaren Auswirkung der Rechtswahl auf Bestehen und Höhe des Unterhaltsanspruchs berücksichtigt werden, sondern etwa auch der Umstand, wie eng der Bezug der Parteien zum gewählten Recht ist (*Andrae* GPR 10, 196/201; NK-BGB/*Bach* Rn 40), oder die Art und Weise des Zustandekommens der Vereinbarung (BeckOK-BGB/*Heiderhoff* Rn 19; ausf Staud/*Mankowski* Rn 86 ff). Die Schwelle der offensichtlichen Unbilligkeit bzw Unangemessenheit ist jedoch niedriger anzusetzen als bei der Annahme eines *ordre public*-Verstoßes nach Art 13.

cc) Ausschluss der Missbrauchskontrolle. Auch wenn die Rechtswahl zu offensichtlich **693** unbilligen oder unangemessenen Folgen für eine der Parteien führt, bleibt das gewählte Recht nach Abs 5 dennoch maßgebend, wenn diese Partei „im Zeitpunkt der Rechtswahl umfassend unterrichtet und sich der Folgen ihrer Wahl vollständig bewusst" war. An diesen Ausnahmetatbestand sind allerdings hohe Anforderungen zu stellen. Im Regelfall ist zu fordern, dass die durch die Rechtswahl benachteiligte Partei sachverständigen **Rechtsrat in Anspruch genommen** hat und dabei von einem Rechtsanwalt oder Notar zumindest über den Inhalt des gewählten Unterhaltsrechts umfassend aufgeklärt worden sind (Rauscher/*Andrae* Rn 26; Pal/ *Thorn* HUP Rn 33; Staud/*Mankowski* Rn 91). Demgegenüber erscheint eine Aufklärung über den Inhalt des abgewählten objektiven Unterhaltsstatuts entbehrlich, weil im Zeitpunkt der Rechtswahl nicht absehbar ist, ob dieses Recht auch dann noch maßgeblich ist, wenn Unterhaltsansprüche erhoben werden (Münch/*Süß* § 20 Rn 66; *Schäuble* NZFam 14, 1071/1077; **aA** *Andrae*, IntFamR § 8 Rn 161; NK-BGB/*Bach* Rn 42, die eine Aufklärung über die wesentlichen Unterschiede zwischen dem gewählten Recht und dem objektiven Unterhaltsstatut im Zeitpunkt der Rechtswahl verlangen).

dd) Rechtsfolge. Hat die Rechtswahl für eine der Parteien offensichtlich unbillige oder **694** unangemesse Folgen und hat hierüber auch eine umfassende Unterichtung nicht stattgefunden, so bleibt die Rechtswahl außer Betracht. Stattdessen ist das kraft objektiver Anknüpfung nach nach Art 3–6 maßgebende Recht anzuwenden (*Bonomi*-Bericht Rn 150; NK-BGB/*Bach* Rn 44). Unabhängig von Abs 5 kann der **ordre public**-Vorbehalt des Art 13 (→ Rn 742 ff) und die einheitliche Sachnorm zur Bemessung des Unterhalts in Art 14 (→ Rn 759 ff) eingreifen. Soweit dem Unterhaltsberechtigten allerdings bereits mit einer Billigkeitskontrolle nach Abs 5 geholfen werden kann, erübrigt sich idR der Rückgriff auf Art 13. Demgegenüber hat für die Beurteilung der Zulässigkeit eines Unterhaltsverzichts Abs 4 als *lex specialis* Vorrang vor Abs 5. Ein nach Abs 4 zulässiger und materiell wirksamer Unterhaltsverzicht unterliegt daher keiner weiteren Billigkeitskontrolle am Maßstab von Abs 5 (Rauscher/*Andrae* Rn 21; *Schäuble* NZFam 14, 1071/1076).

HUP Art 9. „Domicile" anstelle von „Staatsangehörigkeit"

Ein Staat, der den Begriff des „domicile" als Anknüpfungspunkt in Familiensachen kennt, kann das Ständige Büro der Haager Konferenz für Internationales Privatrecht davon unterrichten, dass für die Zwecke der Fälle, die seinen Behörden vorgelegt werden, in Art 4 der Satzteil „dem die berechtigte und die verpflichtete Person gemeinsam angehören" durch „in dem die berechtigte und die verpflichtete Person gemeinsam ihr „domicile" haben" und in Art 6 der Satzteil „dem die Parteien gemeinsam angehören" durch „in dem die Parteien gemeinsam ihr „domicile" haben" ersetzt wird, wobei „domicile" so zu verstehen ist, wie es in dem betreffenden Staat definiert wird.

In Art 9 berücksichtigt das Protokoll die Tatsache, dass in vielen Staaten nicht die Staats- **695** angehörigkeit, sondern der Wohnsitz das primäre Anknüpfungsmoment für Familienbeziehungen bildet. Praktische Bedeutung hat die Vorschrift insbesondere für die Common Law-Staaten, die im Personen und Familienrecht an das *domicile* der Beteiligten anknüpfen. Von der Möglich-

C 697–699   1. Teil. Erkenntnisverfahren C. Unterhaltssachen

keit, eine Erklärung nach Art 9 abzugeben, hat bisher nur *Irland* Gebrauch gemacht (vgl die
Mitteilung auf der Homepage der Haager Konferenz, www.hcch.net). Relevanz hat die Vor-
schrift daher nur in Unterhaltsverfahren vor irischen Gerichten, die daher den irischen *domicile*-
Begriff zugrundelegen. Für deutsche Gericht bleibt es hingegen bei der Anknüpfung an die
Staatsangehörigkeit.

696   Art 9 bezieht sich allerdings auch nur auf die objektiven Verweisungen auf die gemeinsame
Staatsangehörigkeit in Art 4 Abs 4 und in Art 6, nicht auf die Rechtswahl nach Art 8 Abs 1 lit a
(Pal/*Thorn* HUP Rn 34; Staud/*Mankowski* Rn 13). Die Parteien sind mithin nicht berechtigt,
das Recht eines Staates zu wählen, in dem eine von ihnen ihr *domicile* hat (Rauscher/*Andrae*
Rn 3).

HUP Art 10. Öffentliche Aufgaben wahrnehmende Einrichtungen

**Für das Recht einer öffentliche Aufgaben wahrnehmenden Einrichtung, die Erstat-
tung einer der berechtigten Person anstelle von Unterhalt erbrachten Leistung zu
verlangen, ist das Recht maßgebend, dem diese Einrichtung untersteht.**

Schrifttum: *Andrae,* Der Unterhaltsregress öffentlicher Einrichtungen nach der EuUntVO, dem HUÜ
2017 und dem HUP, FPR 13, 38; *Behrens,* Gesamtschuldnerausgleich und sonstige Regressansprüche im
europäischen Kollisionsrecht nach der Rom I-, Rom II- und der EG-Unterhalts-VO (2013); *Brückner,*
Unterhaltsregress im internationalen Privat- und Verfahrensrecht (1994); *Martiny,* Unterhaltsrang und -rück-
griff im Internationalen Privatrecht, FS Jayme (2004) 575; *ders,* Unterhaltsrückgriff durch öffentliche Träger
im europäischen internationalen Privat- und Verfahrensrecht, IPRax 04, 195; *ders,* Geltendmachung und
Durchsetzung von auf öffentliche Einrichtungen übergegangenen Unterhaltsforderungen, FamRZ 14, 429;
Wandt, Zum Rückgriff im Internationalen Privatrecht, ZVglRWiss 87, 272.

1. Allgemeines

697   **a) Normzweck.** Nach dem Recht vieler Staaten haben staatliche Behörden oder andere
öffentliche Einrichtungen im öffentlichen Interesse Fürsorgeleistungen für den Fall zu erbringen,
dass die primär verpflichtete Privatperson ihren Unterhaltpflichten nicht nachkommt. Die
öffentliche Aufgaben wahrnehmende Einrichtung (zum Begriff → M Rn 339 ff) erlangt dadurch
einen Rückgriffsanspruch gegen den Primärschuldner. Trotz dieser übereinstimmenden Ausgangslage unterscheiden sich die einzelnen Rechtsordnungen hinsichtlich der rechtlichen Ausgestaltung der Erstattungsansprüche öffentlicher Einrichtungen. Diese können als Legalzession
oder als selbständige Erstattungsansprüche ausgestaltet sein. Art 10 erfasst beides (PWW/*Martiny*
Art 18 EGBGB Anh II Rn 20; Rauscher/*Andrae* Rn 5) und normiert eine Verweisungsregel für
das Erstattungsstatut öffentlicher Einrichtungen. Danach unterliegt das **„ob"** eines Erstattungsanspruchs dem Recht, dem die Einrichtung untersteht. Diese Verweisungsnorm wird in Art 11
lit f ergänzt hinsichtlich des Ausmaßes der Erstattungspflicht, das sich nach dem Unterhaltsstatut
bestimmt (→ Rn 740).

2. Erstattungsstatut

698   **a) Anknüpfung.** Art 10 enthält – im Anschluss an die fast wortgleiche Vorgängernorm in
Art 9 HUntÜ (dazu OLG Düsseldorf FamRZ 01, 919; *Martiny* IPRax 04, 198) – eine Ergänzung der allgemeinen Anknüpfungsregeln des Protokolls. Das Bestehen und die Voraussetzungen
eines Regressanspruchs einer öffentliche Aufgaben wahrnehmenden Einrichtung werden danach
nämlich unabhängig vom Statut der Unterhaltsforderung an das Recht des angeknüpft, dem die
Einrichtung untersteht (**Organisationsstatut,** vgl Staud/*Mankowski* Rn 14). Diese soll sich also
an das Recht halten können, nach dem sie organisiert ist und nicht zur Ausrichtung ihrer
Tätigkeit an ausländischem Recht gezwungen sein (Staud/*Mankowski* Rn 1 ff).

699   Bei staatlichen Behörden oder Beamten ist das Recht des Staates maßgebend, dem die
Behörde untersteht oder in dessen Diensten der handelnde Beamte steht; gleiches gilt für
halbstaatliche Einrichtungen (MüKoBGB/*Staudinger* Rn 2 f; Staud/*Mankowski* Rn 15 f). Bei
juristischen Personen des Privatrechts ist ihr Personalstatut entscheidend; dieses bestimmt sich
nach dem IPR des Gerichtsstaates (Staud/*Mankowski* Rn 18). Auch das Protokoll enthält insoweit eine stillschweigende Verweisung auf das IPR des Forums. In *Deutschland* wird insoweit
traditionell an den tatsächlichen Verwaltungssitz angeknüpft. Im Anwendungsbereich der europäischen Grundfreiheiten ist allerdings das Gründungsrecht maßgebend (vgl näher Reithmann/
Martiny/*Hausmann,* IVR Rn 7.11 ff mwN). Soweit eine natürliche Person als öffentliche Ein-

474

II. Internationales Privatrecht: HUP Art 10   **700–704 C**

richtung anzusehen ist, ist umstritten ob in Anlehnung an Art 7 EGBGB auf ihre Staatsangehörigkeit (so Staud/*Mankowski* Rn 19) oder ihren gewöhnlichen Aufenthalt (so MüKoBGB/*Staudinger* Rn 8) abzustellen ist.

b) Reichweite. aa) Persönlicher Anwendungsbereich. Art 10 ist auf Erstattungsansprü- **700** che von „öffentliche Aufgaben wahrnehmenden Einrichtungen" beschränkt. Erfasst werden bei der anerkannten weiten Auslegung dieses Begriffs (Staud/*Mankowski* Rn 6) alle **staatlichen Behörden,** halbstaatlichen Institutionen und nichtstaatlichen Stellen, die auf Grund von Gesetzen oder einer staatlich anerkannten Tätigkeit subsidiär Hilfe zu leisten haben oder dies zumindest tun dürfen (*Verwilghen*-Bericht Rn 166).

Die Norm kann damit auch auf **Privatpersonen** anwendbar sein (dazu näher Staud/*Man-* **701** *kowski* Rn 7). Allerdings sind Privatpersonen, die auf Grund einer gesetzlichen Verpflichtung, und sei sie auch nur hilfsweise angeordnet (etwa Eltern statt des nicht leistungsfähigen Ehegatten), Unterhalt zu leisten haben, keine Einrichtung iSv Art 10. Ob und in welchem Umfang solche Personen, die nachrangig auf der Grundlage einer familienrechtlichen Beziehung iSv Art 1 Abs 1 Unterhalt leisten, Rückgriffsansprüche haben, richtet sich in entsprechender Anwendung der Art 15 Rom I-VO, Art 19 Rom II-VO nach dem Recht, das auf die Verpflichtung des leistenden Dritten gegenüber dem Gläubiger (Unterhaltsberechtigten) anzuwenden ist (Pal/*Thorn* HUP Rn 36; Staud/*Hausmann* Art 15 Rom I-VO Rn 7 ff mwN). Leistet ein Dritter Unterhalt, ohne dazu als öffentliche Einrichtung oder als Privatperson auf der Grundlage einer familienrechtlichen Beziehung iSv Art 1 Abs 1 befugt oder verpflichtet zu sein, so findet hierauf das Protokoll keine Anwendung (MüKoBGB/*Staudinger* Rn 6), sondern Art 11 Rom II-VO (Pal/*Thorn* aaO).

bb) Sachlicher Anwendungsbereich. Die Anwendung von Art 10 ist auf Unterhaltspflich- **702** ten beschränkt, die ihre Grundlage in einem Familienverhältnis iSv Art 1 haben, von dem eigentlich Unterhaltspflichtigen nicht erfüllt worden sind und deshalb von einer öffentliche Aufgaben wahrnehmenden Einrichtung übernommen worden sind (Rauscher/*Andrae* Rn 4). Art 10 erfasst in sachlicher Hinsicht das **Bestehen eines Erstattungsanspruchs,** seine Rechtsgrundlage (*cessio legis* oder selbständiger Anspruch, vgl Rauscher/*Andrae* Rn 7) und die technische Abwicklung des Ausgleichs. Gemäß Art 10 untersteht insbesondere der gesetzliche Übergang einer Unterhaltsforderung auf einen Sozialversicherungsträger dem Sachrecht jener Rechtsordnung, die die Leistungspflicht des Sozialversicherungsträgers verfügt und damit den Zessionsgrund geliefert hat (öst OGH 28.9.16, unalex AT-1078). Nach diesem Recht bestimmen sich auch die Voraussetzungen des Regresses, etwa **Anzeigepflichten** gegenüber dem Unterhaltsschuldner (Staud/*Mankowski* Rn 22) oder die Schranken für die Inanspruchnahme der nach materiellem Recht unterhaltspflichtigen Personen, zB gegenüber entfernten Verwandten (Rauscher/*Andrae* Rn 8).

3. Unterhaltsstatut als „Begrenzungsstatut"

Art 10 regelt hingegen **nicht,** in welchem **Ausmaß** die öffentliche Aufgaben wahrnehmende **703** Einrichtung Erstattung ihrer Zahlung verlangen kann. Diese Frage nach dem Bestehen und dem Umfang eines übergegangenen Unterhaltsanspruchs bestimmt sich vielmehr gem Art 11 lit f nach dem Unterhaltsstatut (→ Rn 740; *Andrae* FPR 13, 38/43; MüKoBGB/*Staudinger* Rn 11; Pal/*Thorn* HUP Rn 35; BeckOK-BGB/*Heiderhoff* Rn 3; für Kumulation von Erstattungs- und Unterhaltsstatut Rauscher/*Andrae* Rn 9). Auf einen kraft *cessio legis* auf die Einrichtung übergegangenen Unterhaltsanspruch beibt also das vor dem Forderungsübergang auf diesen Anspruch maßgebende Recht anwendbar. Die Abspaltung dieser Frage bezweckt, dass der Unterhaltsschuldner durch die Erstattungspflicht gegenüber der öffentlichen Einrichtung keine Nachteile erleidet, weil diese Erstattungspflicht durch die Höhe des geschuldeten Unterhalts begrenzt wird. Bei mehreren Unterhaltsschuldnern entscheidet das Unterhaltsstatut auch über die Rangfolge, in welcher diese von der Einrichtung auf Erstattung in Anspruch genommen werden dürfen (Rauscher/*Andrae* Rn 9).

Die öffentliche Einrichtung ist im Regressverfahren zwar nicht „Unterhaltsberechtigter" iS **704** des HUP. Dennoch sollten ihr auch nach dem Forderungsübergang die Rechtswahlmöglichkeiten nach Art 7, 8 eingeräumt werden (→ Rn 636; **aA** Staud/*Mankowski* Rn 4). Sie hat hingegen nicht das Recht, durch Klage im gewöhnlichen Aufenthaltsstaat des Unterhaltsverpflichteten nach Art 4 Abs 3 für die Geltung der dortigen *lex fori* zu optieren (Rauscher/*Andrae*

475

C 705–707   1. Teil. Erkenntnisverfahren C. Unterhaltssachen

Rn 9a). Demgegenüber kann die Einrede nach Art 5 in einem Regressprozess wegen Ehegattenunterhalts auch von der öffentlichen Einrichtung erhoben werden (*Andrae* FPR 13, 38/43 f).

HUP Art 11. Geltungsbereich des anzuwendenden Rechts

Das auf die Unterhaltspflicht anzuwendende Recht bestimmt insbesondere,

**a) ob, in welchem Umfang und von wem der Unterhaltsberechtigte Unterhalt ver-
langen kann;**

**b) in welchem Umfang die berechtigte Person Unterhalt für die Vergangenheit ver-
langen kann;**

c) die Grundlage für die Berechnung des Unterhaltsbetrags und für die Indexierung;

**d) wer zur Einleitung eines Unterhaltsverfahrens berechtigt ist, unter Ausschluss von
Fragen der Prozessfähigkeit und der Vertretung im Verfahren;**

**e) die Verjährungsfristen oder die für die Einleitung eines Verfahrens geltenden Fris-
ten;**

**f) den Umfang der Erstattungspflicht der verpflichteten Person, wenn eine öffentliche
Aufgaben wahrnehmende Einrichtung die Erstattung der der berechtigten Person
anstelle von Unterhalt erbrachten Leistungen verlangt.**

Schrifttum: *v Bar,* Prozesskostenvorschuss und Haager Unterhaltsabkommen, IPRax 88, 220; *Bischoff,*
Regelbetrag-VO und vereinfachtes Verfahren bei ausländischem Unterhaltsstatut, IPRax 02, 511; *Eidenmüller,*
Discovery und materiellrechtlicher Auskunftsanspruch im deutschen Unterhaltsprozess – Anpassung durch
Qualifikation?, IPRax 92, 356; *Gora,* Kindesunterhalt im deutschen und polnischen Recht – Bedarfskorrektur
im grenzüberschreitenden Rechtsverkehr ZKJ 08, 455; *Mingers,* Auskunftsansprüche im internationalen
Unterhaltsrecht (1998); *Motzer,* Neuerungen bei der Unterhaltsbemessung in Fällen mit Auslandsbezug,
FamRBint 10, 93; *Ring,* Materielle Berücksichtigung des Auslandsbezugs bei der Geltendmachung von
Kindesunterhalt nach dem HUP, FPR 13, 16; G *Schulze,* Bedürfnis und Leistungsfähigkeit im internationalen
Unterhaltsrecht (1998).

1. Allgemeines

705   Art 11 zählt beispielhaft auf, welche Fragen vom Unterhaltsstatut beantwortet werden; es
handelt sich mithin um eine **normative Regelung der Qualifikation** (Rauscher/*Andrae*
Rn 1), die dem Rechtsanwender die Arbeit erleichtern soll. Wie aus dem Wort „insbesondere"
entnommen werden kann, ist die Aufzählung nicht abschließend (*Bonomi*-Bericht Rn 167;
Staud/*Mankowski* Rn 1)). Für die in Art 11 bestimmte Reichweite des Unterhaltsstatuts spielt es
keine Rolle, auf Grundlage welcher Verweisungsnorm der Art 3–10 dieses ermittelt worden ist.
Insbesondere hat das durch Rechtswahl nach Art 7, 8 bestimmte Unterhaltsstatut die gleiche
Reichweite wie das nach Art 3–6 objektiv angeknüpfte. Lit a, lit d, und lit f entsprechen den
Art 10 Nr 1–3 HUntÜ, die ihrerseits wiederum weitgehend mit Art 1 Abs 1 bis 3 HKUntÜ
übereinstimmen. Die zu diesen Vorschriften entwickelten Grundsätze können daher auch im
Rahmen von Art 11 weiter herangezogen werden. Neu sind die Regeln in lit b, li c und lit e; in
der Sache entsprechen sie freilich ebenfalls den schon unter dem HUntÜ anerkannten Regeln
(*Bonomi*-Bericht Rn 165 ff).

706   Das Protokoll verzichtet auf die bisher in Art 2 Abs 1 HUntÜ enthaltene Regelung, wonach
sein sachlicher Anwendungsbereich auf das Unterhaltsrecht beschränkt ist; es stellt lediglich in
seinem Art 1 Abs 2 – in Übereinstimmung mit Art 2 Abs 2 HUntÜ – klar, dass die in
Anwendung seiner Kollisionsregeln getroffenen Entscheidungen in Unterhaltssachen der Frage
des Bestehens der für die Gewährung von Unterhaltsansprüchen zugrunde gelegten Ehe- oder
Familienbeziehung in anderem Zusammenhang nicht vorgreifen. Auch bezüglich dieser Vor-
fragenproblematik (→ Rn 538 ff) bringt das Protokoll also keine Änderung.

2. Unterhaltsanspruch, lit a

707   **a) Bestehen des Unterhaltsanspruchs. aa) Voraussetzungen.** Dem Unterhaltsstatut unterliegt nach lit a zunächst die Frage, ob die in Anspruch genommene Person überhaupt
Unterhalt schuldet, **dh zum Kreis der Unterhaltsverpflichteten gehört** oder nicht. Erfasst
sind weiterhin die Voraussetzungen eines Unterhaltsanspruchs, wie insbesondere die **Leistungsfähigkeit des Verpflichteten** (OLG Hamm FamRZ 90, 1137) und die **Bedürftigkeit des
Berechtigten,** einschließlich von dessen Obliegenheit zur Aufnahme einer Erwerbstätigkeit (vgl
OLG Nürnberg FamRZ 08, 1755/1756; OLG Celle FamRZ 91, 598/600; OLG Hamm

476

II. Internationales Privatrecht: HUP Art 11   **708–713 C**

FamRZ 89, 1084/1086; Rauscher/*Andrae* Rn 6), sowie zB die besonderen Voraussetzungen eines nachehelichen Unterhaltsanspruchs (Kinderbetreuung, Alter, Krankheit, Arbeitslosigkeit etc, vgl Erman/*Hohloch* Rn 3).

bb) Dauer des Unterhaltsanspruchs. Zum „ob" zählt auch die Dauer der Unterhaltsver- **708** pflichtung, dh die Frage, wann die Unterhaltspflicht beginnt und endet (einschließlich etwaiger **Altersgrenzen,** vgl MüKoBGB/*Staudinger* Rn 54; NK-BGB/*Gruber* Rn 4; vgl zum HUntÜ schon OLG Hamm FamRZ 02, 54 und FamRZ 99, 888; OLG Koblenz FamRZ 98, 1532), wobei Vorfragen (zB die Vorfrage der Volljährigkeit des Berechtigten) selbständig anzuknüpfen sind (Staud/*Mankowski* Rn 45; **aA** Rauscher/*Andrae* Rn 16). Das Unterhaltsstatut befindet weiter darüber, für welchen Zeitraum Unterhalt zu zahlen ist und unter welchen Voraussetzungen Unterhaltsansprüche herabgesetzt oder gänzlich ausgeschlossen werden können (J/H/ *Henrich* HUP Rn 24).

cc) Erlöschen. Das Unterhaltsstatut beantwortet auch die Frage, ob die Unterhaltspflicht **709** durch den Tod des Berechtigten oder des Verpflichteten erlischt oder auf dessen Erben übergeht (Pal/*Thorn* HUP Rn 39; MüKoBGB/*Staudinger* Rn 83; vgl auch → Rn 728). Auch sonstige Erlöschensgründe sind ihm zu entnehmen, wie zB die Wiederheirat des Unterhaltsberechtigten (vgl § 1586 BGB) oder dessen Zusammenleben mit einem neuen Partner (Rauscher/*Andrae* Rn 17), Verfehlungen gegenüber dem Unterhaltsverpflichteten (vgl § 1611 BGB), sowie **Verwirkung** (OLG Hamm FamRZ 94, 774; OLG Celle FamRZ 91, 598 f). Auch die Zulässigkeit einer **Aufrechnung** gegen Unterhaltsansprüche (Staud/*Mankowski* Rn 95 f) und die Rückforderung von zu Unrecht oder zu viel gezahlten Unterhalts unterliegt dem Unterhaltsstatut (Staud/ *Mankowski* Rn 47). Zu Verjährung und Präklusionsfristen → Rn 738 f.

dd) Unterhaltsverzicht. Keinen Unterhalt schuldet der Verpflichtete, wenn der Berechtigte **710** wirksam auf Unterhalt verzichtet hat. Auch die Zulässigkeit und die materiellen Voraussetzungen eines Verzichts auf zukünftigen Unterhalt unterliegen dem Unterhaltsstatut (NK-BGB/*Gruber* Rn 4; PWW/*Martiny* Art 18 EGBGB Anh II Rn 25; zum HUntÜ OLG Hamm FamRZ 98, 1532 und 99, 950 OLG Frankfurt FamRZ 94,584; OLG Karlsruhe FamRZ 92, 316/317). Die Teilfrage der **Form des Verzichts** ist jedoch – mangels einer Regelung im Protokoll – nach dem Kollisionsrecht der *lex fori,* vor deutschen Gerichten also nach Art 11 EGBGB zu beurteilen (Rauscher/*Andrae* Rn 10). Im Fall einer Rechtswahl nach Art 8 entscheidet jedoch nicht das gewählte Recht über die Zulässigkeit, sowie die Voraussetzungen und Wirkungen eines Unterhaltsverzichts; maßgebend ist insoweit vielmehr gem Art 8 Abs 4 das Recht des Staates, in dem der Berechtigte zur Zeit der Rechtswahl seinen gewöhnlichen Aufenthalt hat (näher → Rn 683 ff). Art 8 Abs 4 enthält dagegen keine über die Zulässigkeit einer Rechtswahl hinausgehende allgemeine Kollisionsnorm für das auf einen Unterhaltsverzicht anzuwendende Recht, die umfassend das Recht am gewöhnlichen Aufenthalt des Berechtigten zur Anwendung beruft (Rauscher/*Andrae* Rn 11). Ein Unterhaltsverzicht kann aber bei hinreichender Inlandsbeziehung des Sachverhalts gegen den deutschen *ordre public* verstoßen (Art 13; → Rn 752).

Ob der Berechtigte für den Fall, dass er auf Grundlage des nach Art 3 anwendbaren Rechts **711** wirksam und ohne Gegenleistung auf Unterhalt verzichtet hat, sodann **Unterhalt aufgrund der Ersatzanknüpfungen nach Art 4** verlangen kann, weil er nunmehr nach dem primär maßgebenden Recht seines Aufenthaltsstaates keinen Unterhalt erlangen kann, ist umstritten (dafür – allerdings mit der Einschränkung der Einrede nach Art 6 – Rauscher/*Andrae* Rn 12 f). Dagegen spricht freilich, dass mit dem wirksamen Verzicht ein Vertrauenstatbestand für den Pflichtigen geschaffen worden ist. Die Frage stellt sich allerdings nur dann, wenn das nach Art 4 zur Anwendung berufene Recht den Verzicht nicht ebenfalls für wirksam erachtet. Für die praktisch wichtigen Fälle des Verzichts auf *nachehelichen* Unterhalt ist Art 5 zu beachten.

Auf der Ebene des anwendbaren **materiellen Unterhaltsrechts** ist zu berücksichtigen, dass **712** einige Rechte einen solchen Verzicht ausdrücklich verbieten. Auch wo kein ausdrückliches gesetzliches Verbot besteht, ergibt sich häufig aus dem Sinn und Zweck der Unterhaltsvorschriften der *lex causae,* sowie aus der Lehre und Judikatur, dass ein unentgeltlicher Verzicht auf zukünftige Unterhaltsleistungen unzulässig ist. Dies ist gemäß dem Grundsatz der authentischen Anwendung des ausländischen Rechts auch vom inländischen Richter zu beachten.

b) Umfang. Nach dem Unterhaltsstatut bestimmt sich grundsätzlich auch die Frage, in **713** welcher Höhe Unterhalt geschuldet wird, ob der Berechtigte also vollen oder nur notdürftigen Unterhalt verlangen kann (OLG Nürnberg IPRax 12, 551/552; Staud/*Mankowski* Rn 5 ff; ebenso zum HUntÜ OLG Stuttgart FamRZ 04, 1496 *(Italien)* und FamRZ 2008, 1754 *(Türkei);*

477

C 714–717
1. Teil. Erkenntnisverfahren C. Unterhaltssachen

OLG Nürnberg FamRZ 10, 2077 *(Russland)*. Lit a wird allerdings durch die **Sachnorm in Art 14** ergänzt bzw überlagert (→ Rn 759 ff). Hiernach sind bei der Bemessung des Unterhalts die Bedürfnisse des Unterhaltsberechtigten und die wirtschaftlichen Verhältnisse des Verpflichteten sowie etwaige der berechtigten Person anstelle einer regelmäßigen Unterhaltszahlung geleisteten Entschädigungen zu berücksichtigen, auch wenn das Unterhaltsstatut etwas anderes bestimmt.

714   **aa) Berechnung.** Auf der Ebene des durch die Kollisionsnormen des Protokolls bestimmten Sachrechts sowie unter Berücksichtigung der Vorgaben in Art 14 ist insbesondere die **Auslandsberührung** des Falls zu berücksichtigen. Hierbei handelt es sich um keine Frage des internationalen Privatrechts, sondern um eine Frage der richtigen Anwendung des maßgebenden materiellen Unterhaltsrechts. Denn Bedarf und Leistungsfähigkeit lassen sich nur nach den Lebensumständen im Land des gewöhnlichen Aufenthalts der Beteiligten ermitteln (OLG Stuttgart NJW-RR 08, 1034; J/H/*Henrich* HUP Rn 26).

715   Haben der Berechtigte und der Verpflichtete ihren **gewöhnlichen Aufenthalt daher in verschiedenen Ländern** mit unterschiedlichem Lebensstandard, sind für den Unterhaltsbedarf des Berechtigten die Lebensbedingungen in seinem Aufenthaltsstaat maßgebend (OLG Hamm FamRZ 18, 29; OLG Stuttgart BeckRS 16, 115985 Rn 31; NK-BGB/*Gruber* Rn 8; BeckOK-BGB/*Heiderhoff* Rn 10; ebenso zum HUntÜ BGH NJW-RR 87, 1474/1475; OLG Nürnberg FamRZ 08, 1755 f; OLG Koblenz FamRZ 07, 1592; OLG Hamm FamRZ 05, 369; OLG Zweibrücken FamRZ 04, 729; OLG Düsseldorf NJW-RR 95, 903; OLG Köln FamRZ 93, 484; AG München FamRZ 09, 1596/1597). Informationen über die Lebenshaltungskosten im In- und Ausland lassen sich dem Statistischen Jahrbuch der Bundesrepublik Deutschland entnehmen (*Krause* FamRZ 02, 145; NK-BGB/*Gruber* Rn 8). Die Berechnung erfolgt durch **Auf- oder Abschlag** gegenüber dem deutschen Bedarf.

716   Insoweit ist eine **individuelle Ermittlung** des Unterhaltsbedarfs vorzunehmen (vgl BGH NJW-RR 87, 1474/1475; OLG Karlsruhe FamRZ 92, 58); hierfür ist die Kaufkraft des Geldes entscheidend. Diese kann durch einen **Warenkorbvergleich** ermittelt werden (sog „Verbrauchergeldparität", vgl OLG Hamm FamRZ 07, 152/153 und FamRZ 05, 369; KG FamRZ 02, 1057; AG Ludwigslust FamRZ 10, 737; BeckOK-BGB/*Heiderhoff* Rn 13). Maßgebend sind danach die Geldbeträge, die der Berechtigte an seinem Aufenthaltsort aufwenden muss, um den ihm gebührenden Lebensstandard aufrechtzuerhalten (J/H/*Henrich* HUP Rn 28). Ein Kaufkraftunterschied kann folglich auch innerhalb des Euro-Raumes bestehen (BGHZ 203, 272 Rn 31 = NZFam 15, 262 m Anm *Andrae* [für *Irland* bejaht]; OLG Hamm FamRZ 07, 152/153 [für *Belgien* verneint]; OLG Stuttgart BeckRS 16, 115985 Rn 31 ff [für *spanische* Großstadt verneint]; NK-BGB/*Gruber* Rn 8). Im Rahmen der konkreten Berechnung ist der zu zahlende Betrag mit der Kaufgeldparität zu multiplizieren. Diese wurde früher monatlich vom Statistischen Bundesamt veröffentlicht (Preise, Fachserie 17, Reihe 10, internationaler Vergleich der Preise für die Lebenshaltung). Aus dem Vergleich mit dem Devisenkurs ergab sich dann der Auf- bzw Abschlag, dh immer wenn die Verbrauchergeldparität von der Devisenparität abwich, musste eine entsprechende Angleichung des Unterhalts durch Korrektur nach oben oder nach unten erfolgen (OLG Brandenburg FamRZ 08, 1279/1280; OLG Koblenz FamRZ 98, 1532/1533). Diese Statistik wurde leider zum 31.12.2009 eingestellt und steht daher nicht mehr zur Verfügung (OLG Stuttgart FamRZ 14, 850; *Unger/Unger* FPR 13, 19/21 ff).

717   Die verbreitet zugrundegelegte **Ländergruppeneinteilung** der obersten Finanzbehörden (vgl zuletzt BStBl 13 I, 1462; dazu OLG Koblenz FamRZ 07, 1592; OLG Stuttgart FamRZ 99, 887 f; OLG Düsseldorf FamRZ 95, 37/38 ff) gibt dagegen nur einen relativ groben und zT unrichtigen Überblick zur jeweiligen Verbrauchergeldparität (vgl OLG Koblenz FamRZ 02, 56/57 f; OLG München FamRZ 02, 55/56; *Unger/Unger* aaO; MüKoBGB/*Staudinger* Rn 65). Denn steuerrechtliche Erwägungen und unterhaltsrechtliche Bedarfsbemessung decken sich nicht (OLG Zweibrücken FamRZ 04, 729; OLG Düsseldorf NJW-RR 95, 903/904; AG München FamRZ 09, 1596/1597). Als Grundlage für die Bereinigung von Kaufkraftunterschieden kommt seit 2010 vor allem der **Eurostat-Index** des Statistischen Amts der EU (Statistik:"Vergleichende Preisniveaus des Endverbrauchs der privaten Haushalte einschließlich indirekter Steuern") in Betracht (so auch BGHZ 203, 272 Rn 31 = NZFam 15, 262 m Anm *Andrae;* BGH NJW 14, 2785 Rn 33 ff = FamRZ 14, 1536 m Anm *Unger/Unger;* OLG Hamm FamRZ 18, 29/32; OLG Karlsruhe FamRZ 17, 282; OLG Oldenburg FamRZ 13, 891 ff; OLG Stuttgart NJW 14, 1458/1460; AG Karlsruhe FamRZ 15, 1201/1203). Allerdings ist auch zu berücksichtigen, dass die Verbrauchergeldparität nur auf der Grundlage der Zahlen für die Hauptstädte

II. Internationales Privatrecht: HUP Art 11 **718–722 C**

eines jeden Landes berechnet wird und innerhalb vieler Länder selbst erhebliche Unterschiede bestehen (vgl zur *Türkei* OLG Stuttgart aaO).

Die Unterhaltsermittlung aufgrund der vergleichenden Preisniveau-Daten von Eurostat ist **718** jedenfalls wesentlich genauer als die von den Gerichten früher vielfach praktizierte **pauschale Herabsetzung** (vgl zu dieser KG FamRZ 02, 1057 [*Polen:* Abschlag 20 %]; AG Leverkusen FamRZ 04, 727 [*Polen:* Abschlag zwei Drittel]; OLG Koblenz FamRZ 02, 56 [*Russland:* Abschlag zwei Drittel]; OLG Zweibrücken FamRZ 04, 729 [*Russland:* Abschlag 22 % unter Berücksichtigung sowohl der unterschiedlichen Lebenshaltungskosten als auch der Ländergruppeneinteilung des BMdF]).

Hat der **Unterhaltsverpflichtete** seinen **gewöhnlichen Aufenthalt im Ausland,** so ist der **719** nach den Grundsätzen des deutschen Unterhaltsstatuts berechnete und ggf nach Art 14 angepasste Unterhalt entsprechend dem niedrigeren oder höheren ausländischen Lebensstandard im Aufenthaltsstaat des Verpflichteten zu korrigieren (OLG Hamm FamRZ 18, 29/32; OLG Karlsruhe FamRZ 17, 282; OLG Stuttgart NJW 14, 1458/1459 f; AG Karlsruhe FamRZ 15, 1201/1202; ebenso zum HUntÜ 1973 BGH FamRZ 87, 682/683; OLG Brandenburg FamRZ 08, 1279 f; OLG Hamm FamRZ 07, 152/153). Da sich die **Leistungsfähigkeit** des Unterhaltsverpflichteten aber nach den Lebensumständen im Land seines gewöhnlichen Aufenthalts bestimmt, können – umgekehrt – trotz Anwendbarkeit ausländischen Unterhaltsrechts die deutschen Unterhaltsrichtlinien herangezogen werden, soweit es um die Leistungsfähigkeit eines Verpflichteten geht, der seinen gewöhnlichen Aufenthalt im Inland hat (OLG Frankfurt FamRZ 82, 275; J/H/*Henrich* HUP Rn 26). Auch dessen notwendiger **Selbstbehalt** richtet sich in diesem Fall nach deutschem Recht (OLG Stuttgart FamRZ 06, 1403 [*Polen*]; OLG Karlsruhe FamRZ 90, 313 [*Indien*]; J/H/*Henrich* HUP Rn 31).

Ist Unterhaltsstatut kraft Rechtswahl nach Art 8 Abs 1 oder kraft objektiver Anknüpfung nach **720** Art 4 das Recht eines Staates, in dem die Parteien **nicht ihren gewöhnlichen Aufenthalt** haben, so ist hierdurch eine faktische Berücksichtigung der Lebensverhältnisse im Staat des gemeinsamen gewöhnlichen Aufenthalts nicht ausgeschlossen. Praktische Bedeutung kann dies insbesondere erlangen, wenn Ehegatten nach Art 8 Abs 1 lit d als Statut des nachehelichen Unterhalts das auf ihre Ehescheidung anwendbare Recht gewählt haben (vgl idS schon zu Art 8 HUntÜ/Art 18 Abs 4 EGBGB OLG Nürnberg FamRZ 08, 1755; OLG Düsseldorf FamRZ 97, 388). Auf die Verhältnisse des Berechtigten wie des Verpflichteten im Land ihres jeweiligen gewöhnlichen Aufenthalts ist auch dann abzustellen, wenn der Richter die Höhe des Unterhalts gemäß dem Unterhaltsstatut nach seinem Ermessen festzusetzen hat (OLG Frankfurt FamRZ 83, 917).

Kinder, die in Ländern mit niedrigem Lebensstandard leben, haben jedoch einen **Anspruch 721 auf angemessene Teilhabe** an dem gehobenen Lebensstandard eines Elternteils im Inland, der durch einen entsprechenden Aufschlag zu verwirklichen ist (BGH NJW-RR 87, 1474/1475; OLG München FamRZ 02, 55/56; OLG Koblenz FamRZ 02, 56/57; OLG Hamm IPRax 90, 186; Pal/*Thorn* HUP Rn 49; Staud/*Mankowski* Rn 23 f). Andererseits ist der Kindesunterhalt auch in Relation zu den Erwerbsverhältnissen der Eltern zu setzen (J/H/*Henrich* HUP Rn 28). So wird es etwa als unangebracht angesehen, wenn einem Kind ein Betrag zugesprochen würde, der höher ist als die auf Grund einer Ganztagsbeschäftigung erzielten Erwerbseinkünfte der Mutter (OLG Hamm FamRZ 87, 1302/1307 und IPRax 90, 186). Ebenfalls zu berücksichtigen ist das soziale Gefüge im Aufenthaltsstaat des Kindes. So wäre es unangebracht, dem Kind einen Unterhalt zuzusprechen, der über dem Einkommen eines Universitätsprofessors im Aufenthaltsstaat läge (OLG Düsseldorf NJW-RR 89, 1347/1348 [im Hinblick auf *Polen*]).

Für die Höhe des Unterhaltsanspruchs von getrennt lebenden oder geschiedenen Ehegatten **722** sind nach dem Unterhaltsstatut oftmals die **ehelichen Lebensverhältnisse** maßgebend. Maßstab für die ehelichen Lebensverhältnisse ist grundsätzlich der Lebensstandard am **Ort der gemeinsamen Eheführung** (OLG Hamm FamRZ 89, 626; MüKoBGB/*Staudinger* Rn 61). Wurde die Ehe zB im Inland geführt, so ist von den deutschen Lebensverhältnissen auszugehen, auch wenn der Berechtigte nach der Scheidung ins Ausland verzogen ist und umgekehrt (BGH NJW-RR 87, 1474/1475; OLG Nürnberg FamRZ 08, 1755; OLG Hamm FamRZ 89, 1084; OLG Karlsruhe NJW-RR 88, 392). Dementsprechend hat der unterhaltsberechtigte (ehemalige) Ehegatte, der nach gemeinsamer Führung der Ehe in *Deutschland* ins Ausland verzogen ist, einen Anspruch auf Zahlung derjenige Summe, die er benötigt, um sich am Ort seines neuen Aufenthalts diejenigen Bedarfsgüter beschaffen zu können, die er zur Aufrechterhaltung des ihm gebührenden Lebensstandards benötigt (OLG Stuttgart NJW-RR 08, 1034; OLG Hamm FamRZ 89, 1084). Ist ein Ehegatte allerdings nach nur kurzer Verweildauer in Deutschland in

479

C 723–726   1. Teil. Erkenntnisverfahren C. Unterhaltssachen

seine Heimat zurückgekehrt, so wäre es unangemessen, wenn ihm Unterhaltszahlungen zugebilligt würden, die deutlich über dem Niveau seines sozialen Umfeldes liegen (OLG Hamm FamRZ 94, 573/577; J/H/*Henrich* HUP Rn 30). Wurde die Ehe im Ausland geführt, so sind die dortigen Lebensverhältnisse zugrunde zu legen. In diesem Fall bleibt das im Regelfall höhere Einkommen, das der nach Deutschland übergesiedelte Ehegatte nunmehr erzielt, regelmäßig außer Betracht. Es liegt eine unerwartete, vom normalen Verlauf erheblich abweichende Entwicklung vor (OLG Hamm FamRZ 89, 625/626; J/H/*Henrich* HUP Rn 30).

723   **bb) Währung.** Grundsätzlich bestimmt das Unterhaltsstatut auch die Währung, in der ein Unterhaltsanspruch zu erfüllen ist (BGH FamRZ 92, 1060/1063; NK-BGB/*Gruber* Rn 7; Staud/*Mankowski* Rn 14). Der Unterhaltsanspruch muss allerdings als **Geldwertschuld** nicht notwendigerweise in einer bestimmten Währung befriedigt werden (BGH NJW 90, 2197/2198 OLG Hamm FamRZ 89, 1331; MüKoBGB/*Staudinger* Rn 84). Im Regelfall ist er in der am gewöhnlichen Aufenthalt des Berechtigten geltenden Währung zu erfüllen (Erman/*Hohloch* Rn 9a; NK-BGB/*Gruber* Rn 7; zum HUntÜ BGH FamRZ 92, 1060/1063). Allerdings kann der Berechtigte bei Geltung deutschen Unterhaltsstatuts nach seiner Wahl auch Erfüllung in einer anderen Währung verlangen (Pal/*Thorn* HUP Rn 39; Rauscher/*Andrae* Rn 8). So kann er etwa bei hoher Inflationsrate der Währung seines Aufenthaltsstaats Zahlung in der Währung des Aufenthaltsstaats des Verpflichteten fordern (BGH aaO; LG Rottweil DAVorm 88, 195; MüKoBGB/*Staudinger* Rn 85). Diesem Begehren ist grundsätzlich stattzugeben, es sei denn, dass der Unterhaltspflichtige ein besonderes Interesse daran hat, den Unterhaltsbedarf durch Leistung in der am Aufenthaltsort des Berechtigten geltenden Währung zu befriedigen, etwa wenn er über ständige Einkommensquellen in diesem Land verfügt (BGH FamRZ 13, 1366 Rn 96; BGH NJW 90, 2197/2198). Allerdings muss die Zahlung in der vom Berechtigten bestimmten Währung dem Verpflichteten (devisen-)rechtlich und tatsächlich möglich sein (BGH NJW-RR 93, 5).

724   **cc) Vereinbarung.** Der Umfang des geschuldeten Unterhalts kann insbesondere durch Vereinbarungen zwischen den Parteien abweichend vom Gesetz geregelt werden. Über die Zulässigkeit, das Zustandekommen und die materielle Wirksamkeit einer Unterhaltsvereinbarung – zB eine Abfindung von gesetzlichen Unterhaltsansprüchen – entscheidet ebenfalls das Unterhaltsstatut (Rauscher/*Andrae* Rn 9; MüKoBGB/*Staudinger* Rn 79). Dieses gilt auch für die Voraussetzungen und Rechtsfolgen einer **Abschluss- und Inhaltskontrolle** von Unterhaltsvereinbarungen, insbesondere wenn diese bereits anlässlich der Eheschließung in einem Ehevertrag für die Zeit nach einer möglichen Ehescheidung getroffen wurden. Die vom BGH hierfür entwickelten Grundsätze (vgl grundlegend BGH NJW 04, 930 ff) gelten daher grundsätzlich nur bei Maßgeblichkeit deutschen Unterhaltsrechts (vgl näher *Hausmann* FS Geimer [2017] 199 ff). Welche Auswirkungen hiernach ein gemäß § 138 BGB unwirksamer Verzicht auf nacheheliche Unterhaltsansprüche auf die Wirksamkeit einer gleichzeitig vereinbarten Gütertrennung hat, beurteilt sich hingegen nach dem Güterrechtsstatut. Für die **Form** solcher Vereinbarungen enthält das HUP keine Regelung. Insoweit verbleibt des bei der Anwendung der nationalen Kollisionsrechts; aus deutscher Sicht gilt daher Art 11 EGBGB (Rauscher/*Andrae* Rn 9). Ein späterer Statutenwechsel stellt die nach dem bei Vertragsschluss maßgeblichen Unterhaltsstatut wirksam getroffene Unterhaltsvereinbarung nicht mehr in Frage (MüKoBGB/*Staudinger* Rn 80; zum HUntÜ OLG Köln NJW-RR 05, 876; OLG Düsseldorf FamRZ 93, 346/348; **aA** *Gottwald* FamRZ 92, 1374/1376).

725   **dd) Abänderung.** Das Unterhaltsstatut entscheidet auch über die materiellrechtlichen Voraussetzungen der Abänderung eines bereits bestehenden in- oder ausländischen Unterhaltstitels aufgrund geänderter wirtschaftlicher Rahmenbedingungen (BGH IPRax 16, 374 Rn 25m Anm *Gruber* 338; OLG Koblenz FamRZ 15, 1618 Rn 38 ff; OLG Nürnberg IPRax 12, 551 m Anm *Coester-Waltjen* 528; Pal/*Thorn* HUP Rn 39; MüKoBGB/*Staudinger* Rn 120 ff; dazu näher → Rn 208 ff). Gleiches gilt für die Möglichkeit einer **Stundung** rückständiger Unterhaltsbeträge (Staud/*Mankowski* Rn 87) oder den **Erlass** von Unterhaltsansprüchen (MüKoBGB/*Staudinger* Rn 77).

726   **ee) Anrechnung von Sozialleistungen.** Das Unterhaltsstatut bestimmt auch darüber, ob und in welchem Umfang staatliche Sozialleistungen – wie zB das **Kindergeld** oder eine Waisenrente – auf den Unterhaltsanspruch anzurechnen sind (BGH NJW 04, 3111; OLG Hamm FamRZ 94, 1132; OLG Nürnberg FamRZ 94, 1133/1134). Ist Unterhaltsstatut das deutsche Recht, so kommt es für die Frage der Anrechnung von ausländischen Sozialleistungen darauf an, ob sie den Unterhaltsverpflichteten entlasten sollen (Rauscher/*Andrae* Rn 19).

II. Internationales Privatrecht: HUP Art 11   **727–730 C**

c) Art des Unterhalts. Dem Unterhaltsstatut ist auch zu entnehmen, ob der Unterhalt als **727**
Rente oder einmalige Zahlung geschuldet wird oder ob er als **Naturalleistung** verlangt bzw
geleistet werden darf (Rauscher/*Andrae* Rn 7; MüKoBGB/*Staudinger* Rn 6; Erman/*Hohloch*
Rn 3; zum HUntÜ BGH NJW 92, 974; OLG Karlsruhe NJW-RR 91, 643; Staud/*Mankowski*
Rn 46). Zu Nutzungsbefugnissen an der Ehewohnung und zur Verteilung der Haushaltsgegenstände → Rn 532 ff. Ist der Unterhalt nach dem Unterhaltsstatut als Rente geschuldet, bestimmt
dieses insbesondere auch die Höhe und die Dauer dieser Unterhaltsrente, die Frage, ob den
Berechtigten eine Erwerbsobliegenheit trifft und ob der Verpflichtete vorläufigen Unterhalt zu
zahlen hat. Das Unterhaltsstatut bestimmt auch über besondere Ausprägungen des Unterhaltsanspruchs, zB über **Sonderbedarf** und die Verpflichtung zur Zahlung eines **Prozesskosten-**
vorschusses (Erman/*Hohloch* Rn 4; NK-BGB/*Gruber* Rn 5; ebenso zum HUntÜ OLG Stuttgart FamRZ 05, 1682 und FamRZ 88, 758; OLG Köln FamRZ 03, 544; KG FamRZ 88, 167;
→ Rn 542). Siehe zur Abgrenzung vom Güterrecht → Rn 50 ff, 528 ff.

d) Schuldner des Unterhalts. Das Unterhaltsstatut regelt nach lit a auch, **von wem** der **728**
Berechtigte Unterhalt verlangen kann. Wer als Unterhaltsschuldner bzw -gläubiger in Betracht
kommt (zB Eltern, Ehegatte, eingetragener Lebenspartner), ergibt sich aus Art 1 Abs 1 (Erman/
Hohloch Rn 3; näher → Rn 537 ff). Unterhaltsschuldner kann auch der **Erbe** des ursprünglichen
Schuldners sein. Insoweit wird die Frage, ob eine Unterhaltspflicht auf den Erben des Schuldners
übergeht (vgl etwa § 1586b BGB), vom Unterhaltsstatut beantwortet. Über die Vorfrage, wer
Erbe ist, befindet dagegen das Erbstatut (MüKoBGB/*Staudinger* Rn 5).

e) Rangverhältnis. Das Unterhaltstatut bestimmt, in welchem Rangverhältnis die Unter- **729**
haltsansprüche zueinander stehen (Pal/*Thorn* HUP Rn 39; Rauscher/*Andrae* Rn 2; vgl im
deutschen Recht §§ 1606, 1607 BGB; OLG Nürnberg NJOZ 12, 1050; OLG Düsseldorf
FamRZ 01, 919/920; OLG Frankfurt NJW-RR 90, 647 [*Türkei:* Vorrang der Eltern vor der
Ehefrau]; OLG Hamm FamRZ 06, 1387 [*Türkei:* gleicher Rang von Ehefrau und Kindern]; vgl
auch AG Leverkusen FamRZ 03, 627 m Anm *Henrich* [Ersatzhaftung nachrangig Verpflichte-
ter]). Für den Fall, dass Unterhaltsgläubiger miteinander konkurrieren, deren Unterhaltsansprüche verschiedenen Rechtsordnungen unterliegen, ist zunächst zu untersuchen, ob diese Rechtsordnungen übereinstimmend die Priorität eines bestimmten Gläubigers anordnen; dann gilt diese
gemeinsame Regelung. Ordnen die beiden anwendbaren Rechte ein unterschiedliches Rangverhältnis an, so wird überwiegend vorgeschlagen, auf Grund einer ungeschriebenen Sachnorm
zu entscheiden. Dieser zufolge soll unter Berücksichtigung des Verwandtschaftsgrades, der
gemeinsamen Beziehung zu einer Rechtsordnung und der Möglichkeit der Beteiligten, von
anderen Personen versorgt zu werden, der Bedürftigere oder **der Bedürftigste den Vorrang**
genießen (OLG Stuttgart IPRspr 01 Nr 76; LG München I IPRspr 10 Nr 107; MüKoBGB/
Staudinger Rn 74; Staud/*Mankowski* Rn 83; Erman/*Hohloch* Rn 3; **aA** [engste Verbindung]
Rauscher/*Andrae* Rn 2).

f) Auskunftsanspruch. Das Unterhaltsstatut entscheidet weiter, ob dem Berechtigten ein **730**
Auskunftsanspruch gegen den Unterhaltsverpflichteten zusteht (BGH FamRZ 2013, 1113
Rn 18 [zu Art 5 Nr 2 EuGVVO aF]; BGH NJW-RR 94, 644; OLG Köln FamRZ 03, 544;
Pal/*Thorn*, HUP Rn 39; MüKoBGB/*Staudinger* Rn 75; NK-BGB/*Gruber* HUP Rn 10; vgl
auch OLG Bamberg FamRZ 05, 1682 [keine Auskunftpflicht geschiedener Eheleute im Abänderungsverfahren nach italienischem Recht]). Kennt das ausländische Unterhaltstatut **keinen**
materiell-rechtlichen Auskunftsanspruch, weil es dem Richter verfahrensrechtliche Instrumente zur Verfügung stellt, die für die Berechnung des Unterhalts relevanten Tatsachen – zB im
Wege der Amtsermittlung – festzustellen, so sind dieses fremden Verfahrensvorschriften im Wege
der **Anpassung** in einen materiellrechtlichen Auskunftsanspruch umzudeuten (BeckOK-BGB/
Heiderhoff Art 1 Rn 35; Staud/*Mankowski* Art 1 Rn 18). Kann also ein Richter des Staates,
dessen Recht nach Art 3 ff als Unterhaltsstatut berufen ist, die Beteiligten mit prozessualen
Mitteln zur Offenlegung ihrer Vermögensverhältnisse zwingen, so ist dem Unterhaltskläger im
Verfahren vor deutschen Gerichten ein auf das gleiche Ziel gerichteter materieller Auskunfts-
anspruch zuzubilligen (OLG Hamm NJW-RR 93, 1155; NK-BGB/*Gruber* Rn 10; *Henrich,*
IntSchR Rn 147; **aA** [prozessrechtliche Qualifikation von § 1580 iVm § 1605 BGB] OLG
Karlsruhe FamRZ 95, 738/739; Rauscher/*Andrae* Rn 4; vgl auch zur Anpassung im Falle der
Verweisung auf englisches oder US-amerikanisches Recht, wo das Problem mit Hilfe des
Rechtsinstituts der *discovery* gelöst wird, Staud/*Mankowski* Art 1 Rn 21 ff).

C 731–735

731 Kennt das Unterhaltsstatut **überhaupt keinen Auskunftsanspruch,** so ist umstritten, ob die sachrechtlichen Vorschriften des deutschen Rechts, etwa § 1580 BGB, aufgrund einer **prozessualen Qualifikation** im inländischen Verfahren angewendet werden können. Dies dürfte jedenfalls dann zu bejahen sein, wenn Unterhaltsberechtigung und -verpflichtung auf der Grundlage des Unterhaltsstatuts schlüssig vorgetragen sind (Erman/*Hohloch* Rn 5; ähnlich OLG Stuttgart IPRax 90, 113; **aA** OLG Bamberg FamRZ 05, 1682). Das Problem ist durch § 235 **FamFG** entschärft worden, der eine verfahrensrechtliche Auskunftpflicht vorsieht, die vor deutschen Gerichten auch bei Geltung ausländischen Unterhaltsstatuts besteht (Rauscher/*Andrae* Rn 4). Ferner kommt eine Anwendung der subsidiären Anknüpfungen nach Art 4 in Betracht, wenn das Fehlen eines Auskunftsanspruchs dazu führt, dass nach dem von Art 3 zur Anwendung berufenen Recht kein Unterhaltsanspruch besteht (BeckOK-BGB/*Heiderhoff* Art 1 Rn 35).

3. Unterhalt für die Vergangenheit, lit b

732 Nach dem noch heute in vielen Rechten geltenden Satz „*in praeteritum non vivitur*" (vgl im deutschen Recht § 1613 BGB) ist Unterhalt für die Vergangenheit nur in Ausnahmefällen und zeitlich beschränkt geschuldet. Wann und unter welchen Voraussetzungen dies der Fall ist, bestimmt gem Art 11 lit b das Unterhaltsstatut (BGH NJW-RR 05, 1593; OLG Hamburg FamRZ 90, 794; AG Leverkusen FamRZ 04, 727; MüKoBGB/*Staudinger* Rn 55; Staud/ *Mankowski* Rn 49 f). Problematisch ist der Fall, dass in der Vergangenheit ein anderes Recht maßgebend war als zum Zeitpunkt der Geltendmachung des Unterhalts für die Vergangenheit **(Statutenwechsel).** Keine dogmatischen Schwierigkeiten ergeben sich, wenn beide Statuten die Frage nach dem Unterhalt für die Vergangenheit gleich beantworten. Weichen die beiden Rechte in dieser Frage voneinander ab, sollte Unterhalt für die Vergangenheit nur dann und in dem Umfang zugesprochen werden, wie es das in der Vergangenheit maßgebende Unterhaltsstatut zulässt. Dabei soll auf die Rechtsordnung abzustellen sein, die in der Vergangenheit nach dem IPR des Forums Unterhaltsstatut war (Pal/*Thorn* HUP Rn 40; MüKoBGB/*Staudinger* Rn 56). Aus Vertrauensschutzgesichtspunkten ist auch die Anwendung des Rechts zu erwägen, das nach dem IPR des in der Vergangenheit nach Art 3 EuUntVO zuständigen Gerichts maßgeblich gewesen wäre.

4. Grundlage für die Berechnung des Unterhaltsbetrags und für die Indexierung, lit c

733 Die Höhe des Unterhaltsanspruchs wird – wie gezeigt (→ Rn 713) – gem Art 11 lit a durch das Unterhaltsstatut bestimmt. Dies gilt auch, wenn hierfür Berechnungsgrundlagen wie Tabellen, Verbrauchergeldparitäten, Indices etc herangezogen werden. Darüber hinaus stellt Art 11 lit c nunmehr ausdrücklich klar, dass das Unterhaltsstatut auch für die Zulässigkeit, die Voraussetzungen und Grundlagen einer Indexierung sowie ihre Durchführung im konkreten Fall maßgebend ist. Die Möglichkeit einer Indexierung ist einigen Rechtsordnungen bekannt (etwa in der *Schweiz*). Allerdings lässt sich der Anwendungsbereich von lit a und lit c nicht scharf trennen; einer Abgrenzung bedarf es allerdings auch nicht, da in jedem Fall das Unterhaltsstatut maßgebend ist.

734 Ist ausländisches Recht Unterhaltsstatut und darin die Möglichkeit einer **Dynamisierung** vorgesehen, so kann diese auch im inländischen Prozess erfolgen. Gilt deutsches Recht, kann Unterhalt nach § 1612a BGB auch dann verlangt werden, wenn das Kind seinen gewöhnlichen Aufenthalt im Ausland hat (OLG München OLGR 98, 49; Pal/*Thorn* Rn 41; MüKoBGB/ *Staudinger* Rn 68). Bei der Festsetzung des Prozentsatzes nach § 1612a Abs 1 BGB sind dann die unterschiedlichen Lebenshaltungskosten zu berücksichtigen, wenn das Kind im Ausland lebt (Rauscher/*Andrae* Rn 21). Zur Vermeidung von Schwierigkeiten bei der Auslandsvollstreckung ist auf Antrag nach § 245 FamFG der dynamisierte Unterhalt, der nur als Vomhundertsatz des Regelbetrags angegeben ist, in einen statischen Unterhalt umzurechnen und auf dem Titel zu vermerken (*Leible/Lehmann* NotBZ 04, 453/462).

5. Berechtigung zur Verfahrenseinleitung, lit d

735 Wer Unterhaltsgläubiger sein kann, bestimmt schon Art 1 Abs 1 (→ Rn 537 ff). Nach lit d unterliegt dem Unterhaltsstatut ferner – in Übereinstimmung mit Art 10 Nr 2 HUntÜ/Art 18 Abs 6 Nr 2 EGBGB aF – die vor allem für den Kindesunterhalt relevante Frage, wer zur Geltendmachung des Unterhalts in eigenem oder in fremdem Namen berechtigt ist. Dies ist

II. Internationales Privatrecht: HUP Art 11 736–739 C

unproblematisch, wenn der materiell Unterhaltsberechtigte selbst den Anspruch erhebt. Vom Unterhaltsstatut sind aber auch Normen erfasst, die einem Elternteil die Befugnis zusprechen, den Unterhaltsanspruch des Kindes in eigenem Namen geltend zu machen (**Prozessstandschaft;** vgl BGH FamRZ 93, 190; BGH NJW 92, 974; AG Berlin-Schöneberg FamRZ 10, 1566; MüKoBGB/*Staudinger* Rn 92; Rauscher/*Andrae* Rn 23; Pal/*Thorn* HUP Rn 42 mwN; **aA** [*lex fori*] AG Hamburg FamRZ 01, 1612). Ist deutsches Unterhaltsrecht anzuwenden, so gilt daher § 1629 Abs 3 BGB; dies allerdings nur, wenn das Scheidungsverfahren der Eltern im Inland durchgeführt wird. Ist das Scheidungsverfahren im Ausland anhängig, ist § 1629 Abs 3 BGB hingegen nicht anwendbar (OLG Frankfurt FamRZ 82, 528; OLG Nürnberg IPRspr 80 Nr 98). In einem inländischen **Abänderungsverfahren** zum Kindesunterhalt hängt die Verfahrensführungsbefugnis des Kindes davon ab, ob es im ausländischen Erstverfahren eine formelle Parteistellung innehatte; war dies nicht der Fall, so reicht es aber auch aus, dass die abzuändernde ausländische Unterhaltsentscheidung für und gegen das Kind wirkt (BGHZ 203, 372 = FamRZ 15, 479; OLG Hamm FamRZ 18, 29/32).

Nach der zum bisherigen Recht hM bestimmte das Unterhaltsstatut auch über die Frage der **736** **gesetzlichen Vertretung** des unterhaltsberechtigten Kindes im Prozess gegen einen Elternteil (zB nach § 1629 Abs 2 S 2, Abs 3 BGB; vgl BGH FamRZ 86, 345 und FamRZ 90, 1103/1107; KG FamRZ 98, 378 und FamRZ 90, 437; OLG Hamm FamRZ 96, 952; OLG Stuttgart FamRZ 91, 595; OLG Karlsruhe FamRZ 86, 1226). Nach der Gegenmeinung soll das nach Art 16, 17 KSÜ (→ F Rn 638 ff) auf das „Eltern-Kind-Verhältnis" anwendbare Recht („Statusstatut") entweder allein (so Rauscher/*Andrae* Rn 23; Staud/*Mankowski* Rn 56) oder zumindest alternativ maßgebend sein (so MüKoBGB/Staudinger Rn 94 ff; ebenso zum früheren Recht LG Berlin FamRZ 91, 104). Das Protokoll legt sich insoweit nicht fest (*Bonomi*-Bericht Rn 171), lässt aber erkennen, dass die Frage nicht zwingend (nur) dem Unterhaltsstatut unterstellt werden muss (*Hausmann* FS Martiny [2014] 345/347 f; für alternative Anknüpfung auch Erman/*Hohloch* Rn 12; J/H/*Henrich* HUP Rn 33; **aA** NK-BGB/*Gruber* Rn 11; Staud/*Mankowski* Rn 57 ff). Nicht vom Unterhaltsstatut erfasst wird hingegen – wie lit d klarstellt – die Vertretung im Verfahren und die Prozessfähigkeit. Hierüber befindet das maßgebliche Verfahrensrecht *(lex fori),* das ggf für die Beurteilung der Rechts- und Geschäftsfähigkeit auf das Personalstatut des zur Verfahrenseinleitung Berechtigten zurückgreift; diese ist nach dem IPR der *lex fori* (in Deutschland nach Art 7 EGBGB; dazu H/O/*Hausmann* § 4 Rn 6 ff) gesondert anzuknüpfen.

Soweit eine **öffentliche Aufgaben wahrnehmende Einrichtung** im Rahmen von Art 64 **737** EuUntVO für den Unterhaltsberechtigten handelt, wird lit d durch die Kollisionsnorm in Art 64 Abs 2 EuUntVO als *lex specialis* verdrängt. Danach gilt für die Vertretungsbefugnis anstelle des Unterhaltsstatuts das Recht, dem die Einrichtung untersteht (Staud/*Mankowski* Rn 66; → M Rn 342 f).

6. Verjährung und Klagefristen, lit e

Ebenfalls neu in das Protokoll aufgenommen wurde lit e mit der Klarstellung, dass das Unter- **738** haltsstatut auch die Frage der **Verjährung** von Unterhaltsansprüchen (vgl zum bisherigen Recht OLG Bremen FamRZ 13, 224/225; OLG Stuttgart NJW-RR 07, 80) und der Geltung etwaiger materiellrechtlicher **Ausschlussfristen** (OLG Koblenz FamRZ 04, 1877 [*Serbien*]) beherrscht. Gemeint ist nur die Verjährung des Rechts auf Titulierung des Anspruchs; die Verjährung des Rechts auf Vollstreckung regelt hingegen Art 21 Abs 2 EuUntVO (→ M Rn 115 ff) bzw Art 32 Abs 5 HUÜ 2007. Das Unterhaltsstatut regelt nicht nur die Verjährungsfristen, sondern auch deren Hemmung bzw Unterbrechung; aus ihm ergibt sich auch, ob die Verjährung/der Fristablauf zum Erlöschen des Unterhaltsanspruchs führt oder – wie im deutschen Recht – eine bloße Einrede begründet (Rauscher/*Andrae* Rn 25). Ob bei Fristversäumnis nach dem primären Unterhaltsstatut ein nach Art 4 Abs 2, Abs 3 S 2, Abs 4 maßgebendes Ersatzrecht mit seinen ggf dem Berechtigten freundlicheren Regeln eingreifen kann, entscheidet die jeweilige Kollisionsnorm (Erman/*Hohloch* Rn 13).

Das Unterhaltsstatut gilt gem lit e außerdem für etwaige **Klagefristen.** Nach ausländischem **739** Recht muss etwa der nacheheliche Unterhalt zT zugleich mit der Scheidung oder jedenfalls bis zum rechtskräftigen Abschluss des Scheidungsverfahrens geltend gemacht werden. Solche Präklusionsfristen verfolgen idR materielle Zwecke und sind deshalb nach Maßgabe des ausländischen Unterhaltsstatuts auch in Verfahren vor deutschen Gerichten zu beachten (AG Tettnang IPRax 05, 154; Rauscher/*Andrae* Rn 18; MüKoBGB/*Staudinger* Rn 98; **aA** [Verstoß gegen den deutschen *ordre public*] OLG Koblenz FamRZ 04, 1877). Das Unterhaltsstatut bestimmt ferner

C 742, 743   1. Teil. Erkenntnisverfahren C. Unterhaltssachen

über die Wirkung von solchen Klagefristen (OLG Hamm FamRZ 94, 580; Erman/*Hohloch*
Rn 13). Dies gilt auch dann, wenn diese Fristen in dem auf die Unterhaltsansprüche maßgebenden Recht prozessual qualifiziert werden. Rein prozessuale Fristen, wie etwa die Beru-
fungsfrist, unterfallen dagegen nicht dem Unterhaltsstatut, sondern der *lex fori* (BeckOK-BGB/
Heiderhoff Rn 16).

7. Umfang der Erstattungspflicht, lit f

740   Über das Bestehen eines Erstattungsanspruchs einer **öffentliche Aufgaben wahrnehmenden Einrichtung** (kraft Legalzession oder in Gestalt eines selbständigen Anspruchs) entscheidet
gem Art 10 immer das Recht, dem die Einrichtung untersteht (**Erstattungsstatut;**
→ Rn 698 ff). Allerdings begrenzt das **Unterhaltsstatut** – in Übereinstimmung mit dem bisherigen Recht – gem lit f das Ausmaß, in dem gegen den Pflichtigen Regress genommen werden
kann (vgl OLG Hamm FamRZ 01, 918/919; *Martiny* IPRax 04, 198). Der übergegangene
Anspruch untersteht in vollem Umfang (zB auch hinsichtlich des Erlöschens, der Verjährung etc)
dem Unterhaltsstatut (BeckOK-BGB/*Heiderhoff* Rn 18). Denn der Inhalt und Umfang dieses
Anspruchs soll auch durch einen gesetzlichen Forderungsübergang nicht zum Nachteil des
Unterhaltsschuldners verändert werden (Erman/*Hohloch* Rn 14). Damit folgt das Protokoll für
Unterhaltspflichten dem auch in Art 15 Rom I-VO und Art 19 Rom II-VO zum Ausdruck
kommenden allgemeinen Grundsatz.

HUP Art 12. Ausschluss der Rückverweisung

**Der Begriff „Recht" im Sinne dieses Protokolls bedeutet das in einem Staat geltende
Recht mit Ausnahme des Kollisionsrechts.**

741   Nach Art 12 bedeutet der Begriff „Recht" im Sinne dieses Protokolls das in einem Staat
geltende Recht mit Ausnahme des Kollisionsrechts. Sämtliche Verweisungen des Protokolls
stellen also – wie schon nach Art 4 ff HUntÜ/Art 18 EGBGB (BGH NJW 92, 438/
439; OLG Karlsruhe FamRZ 90, 313; Staud/*Mankowski* Rn 1) – **Sachnormverweisungen** dar.
Rück- oder Weiterverweisungen sind grundsätzlich nicht zu beachten (öst OGH 20.9.17,
FamRZ 18, 342/344 f). Dies gilt – anders als zB im Erbrecht (Art 34 Abs 1 EuErbVO) – auch
dann, wenn auf das Recht von Nichtvertragsstaaten verwiesen wird. Ausländisches Kollisionsrecht kann damit auf dem Gebiet des Unterhaltsrechts nur bei der Anknüpfung von **Vorfragen**
Bedeutung gewinnen. Bei räumlicher oder personaler Rechtsspaltung im zur Anwendung
berufenen Recht ist Art 16 anzuwenden (→ Rn 766 ff).

HUP Art 13. Öffentliche Ordnung (ordre public)

**Von der Anwendung des nach diesem Protokoll bestimmten Rechts darf nur abge-
sehen werden, soweit seine Wirkungen der öffentlichen Ordnung (ordre public) des
Staates des angerufenen Gerichts offensichtlich widersprechen.**

Schrifttum: *Beitzke,* Ehegattenunterhalt und ordre public, IPRax 81, 122; *Griesbeck,* Nacheheliche Unterhaltspflicht und ordre public, FamRZ 83, 961; *Hohloch,* Grenzüberschreitende Unterhaltsdurchsetzung und
ordre public – Zur Verjährung und Verwirkung im internationalen Unterhaltsrecht, FS Frank (2008) 141.

1. Allgemeines

742   In Art 13 wird die *ordre public*-Klausel aus Art 11 Abs 1 HUntÜ übernommen. Sie gilt auch
gegenüber der Anwendung eines durch Rechtswahl nach Art 8 bestimmten ausländischen
Unterhaltsstatuts (*Henrich* FamRZ 15, 1761/1765; BeckOK-BGB/*Heiderhoff* Rn 1). Durch die
Ausgliederung des bisherigen Art 11 Abs 2 HUntÜ in die eigenständige Regel des Art 14 wird
klargestellt, dass es sich insoweit nicht um eine Frage des *ordre public,* sondern um eine materiell-
rechtliche Sachnorm handelt. Dennoch besteht wegen der hiernach zwingend vorzuschriebenen
Berücksichtigung der Bedürfnisse des Berechtigten und der Leistungsfähigkeit des Verpflichteten
sowie wegen der Ersatzanknüpfungen nach Art 4 und der Ausweichklausel nach Art 5 nur selten
ein Bedürfnis zum Rückgriff auf die Vorbehaltsklausel des Art 13 (*Schäuble* NZFam 14, 1071/
1074; Pal/*Thorn* HUP Rn 46).

743   Was unter dem **Begriff der „öffentlichen Ordnung"** *(ordre public)* zu verstehen ist, sagt das
Protokoll nicht. Jeder Vertragsstaat bestimmt vielmehr selbst, welche Rechtssätze als unverzicht-

484

II. Internationales Privatrecht: HUP Art 13   **744–749 C**

bare Bestandteile seiner Rechtsordnung anzusehen sind. Aus deutscher Sicht ist eine schwerwiegende Abweichung von Grundprinzipien des deutschen Unterhaltsrechts erforderlich, die nicht
hingenommen werden kann (Staud/*Mankowski* Rn 3).

Entscheidend ist im Rahmen der *ordre public*-Kontrolle stets das **konkrete Ergebnis** der **744**
Anwendung des ausländischen Unterhaltsrechts (OLG Zweibrücken NJW-RR 02, 581/582;
Rauscher/*Andrae* Rn 3). Dieses Recht ist nach allgemeinen Grundsätzen authentisch, dh so
anzuwenden, wie es auch in der ausländischen Praxis tatsächlich gehandhabt wird. Der Vorbehalt
des *ordre public* greift dementsprechend nicht schon dann ein, wenn das ausländische Recht
lediglich *in abstracto* mit der inländischen öffentlichen Ordnung unvereinbar ist. Dies gilt selbst
bei einer Unvereinbarkeit des ausländischen Rechts mit den Grundrechten des Grundgesetzes
(BGHZ 169, 240/250).

Der von Art 13 geforderte „offensichtliche Widerspruch" zur inländischen öffentlichen Ord- **745**
nung erfordert eine **erhebliche Diskrepanz** zwischen dem Ergebnis der Anwendung des
ausländischen Unterhaltsrechts und dem Ergebnis, das bei Anwendung des inländischen Rechts
erzielt worden wäre. Demzufolge rechtfertigt nicht jede Abweichung des ausländischen Unterhaltsstatuts von inländischen Rechtsvorstellungen eine Anwendung der *ordre public*-Klausel.
Vielmehr bedarf es eines Widerspruchs zu den Grundgedanken der inländischen Rechtsordnung
und zu den hierin verkörperten Gerechtigkeitsvorstellungen.

Weiterhin ist – wie im Rahmen von Art 6 EGBGB – eine gewisse **Inlandsbeziehung** des **746**
Sachverhalts erforderlich, um ausländisches Recht mit Hilfe von Art 13 auszuschalten (OLG
Hamm FamRZ 00, 29/31; Rauscher/*Andrae* Rn 3). Dieser wird im internationalen Unterhaltsrecht insbesondere durch den gewöhnlichen Aufenthalt des Berechtigten oder des Verpflichteten
im Inland begründet (Staud/*Mankowski* Rn 4). Daneben kann jedoch auch die deutsche Staatsangehörigkeit einer Partei den erforderlichen Inlandsbezug herstellen (OLG Düsseldorf FamRZ
98, 1113/1115). Je geringer der Inlandsbezug ist, desto weniger kommt die Heranziehung des
ordre public-Vorbehalts in Betracht (KG FamRZ 04, 275/277; OLG Bamberg FamRZ 97, 95/
96).

Wegen der Einzelheiten zur Anwendung einer verordnungsrechtlichen/staatsvertraglichen
Vorbehaltsklausel wird auf die ausführliche **Kommentierung zu Art 12 Rom III-VO** (→ A
Rn 467 ff) verwiesen.

2. Einzelfälle

Unter Zugrundelegung der gebotenen restriktiven Anwendung der *ordre public*-Klausel in **747**
Art 13 ist verstößt selbst die **Nichtgewährung jeglichen Unterhalts** nach ausländischem
Recht nicht schlechterdings gegen die deutsche öffentliche Ordnung. Dies gilt insbesondere,
wenn der Unterhaltsverpflichtete sich berechtigterweise auf die Einrede des Art 6 stützt. Dieses
vom Gesetzgeber gewollte Ergebnis kann nur in besonderen Ausnahmefällen über Art 13 korrigiert werden (*Andrae,* IntFamR § 8 Rn 167). Insbesondere der Ausschluss von *nachehelichem*
Unterhalt durch das fremde Unterhaltsstatut ist grundsätzlich hinzunehmen (BGH NJW 91,
2212/2113 f; OLG Celle NJOZ 11, 1993/1996; OLG Köln NJW-RR 98, 1540; OLG Karlsruhe
FamRZ 89, 748/749; Erman/*Hohloch* Rn 3). Hiervon ist nur in besonderen Härtefällen – zB
bei schwerer Krankheit des Unterhaltsberechtigten – abzuweichen (BGH aaO; OLG Karlsruhe
aaO; OLG Düsseldorf FamRZ 95, 885).

Im Rahmen der *ordre public*-Kontrolle kommt der Wahrung des **Kindeswohls** eine heraus- **748**
ragende Bedeutung zu. Ein Verstoß gegen den *ordre public* ist daher anzunehmen, wenn wegen
der Nichtgewährung von nachehelichen Unterhaltsansprüchen die elterliche Kindesbetreuung in
verfassungsrechtlich relevanter Art und Weise gefährdet wäre (BGH NJW 91, 2212/2214; OLG
Koblenz FamRZ 04, 1877/1878; OLG Zweibrücken FamRZ 01, 920/922 und FamRZ 97, 93/
94 f; OLG Hamm FamRZ 99, 1142/1143; OLG Bremen IPRax 98, 366; AG Frankfurt IPRspr
03 Nr 80; NK-BGB/*Gruber* Rn 2). Auch der vollständige Ausschluss von Kindesunterhalt verstößt regelmäßig gegen den deutschen *ordre public* (OLG Koblenz FamRZ 98, 859; OLG Celle
FamRZ 91, 598/599; Erman/*Hohloch* Rn 4; Pal/*Thorn* HUP Rn 47).

Erst Recht kann ein Verstoß gegen die inländische öffentliche Ordnung nach Art 13 nicht **749**
schon dann bejaht werden, wenn Trennungs- oder nachehelicher Unterhalt lediglich **in gerin-**
gerem Umfang oder für einen geringeren Zeitraum gewährt wird als nach deutschem
Recht (BGH NJW 91, 2212/2214; OLG Nürnberg FamRZ 10, 2077; OLG Zweibrücken
FamRZ 01, 920/922; Rauscher/*Andrae* Rn 9) oder wenn Erwerbseinkünfte, die nach den
Maßstäben des deutschen Unterhaltsrechts wegen der Betreuung eines Kleinkindes als über-

485

obligatorisch zu bewerten sind, nach dem fremden Unterhaltsstatut anzurechnen sind (OLG Zweibrücken FamRZ 00, 32). Gleiches gilt, wenn der Unterhalt wegen des durch das **Verschulden** eines Ehegatten verursachten Scheiterns der Ehe versagt wird (OLG Bremen IPRax 98, 366) oder gemindert ist (vgl zum Trennungsunterhalt nach ital Recht OLG Stuttgart FamRZ 04, 1496 f). Dass der im Inland lebende geschiedene Partner aufgrund der Versagung des Unterhalts sozialhilfebedürftig wird, dürfte ebenfalls allein kein Grund für eine Anwendung der *ordre public*-Klausel sein (vgl OLG Bremen IPRax 98, 366, wo die Frage wegen des hohen Einkommens der Unterhaltsberechtigten offen bleiben konnte).

750   Unterhaltsansprüche, die nach ausländischem Recht dem Ehegatten einer nach diesem Recht zulässigen **Mehrehe** zustehen, verstoßen nicht gegen die inländische öffentliche Ordnung (BVerwGE 71, 228/230; Rauscher/*Andrae* Rn 12; Pal/*Thorn* HUP Rn 46). Auch im Übrigen reicht es für einen *ordre public*-Verstoß nicht aus, dass der Unterhaltsanspruch auf der Grundlage eines Verwandtschaftsverhältnisses (zB Geschwisterunterhalt) oder einer sonstigen Beziehung (zB faktische Lebensgemeinschaft) zugesprochen wird, die im Gerichtsstaat nicht anerkannt werden (*Bonomi*-Bericht Rn 177; NK-BGB/*Gruber* Rn 1).

751   Es verstößt auch nicht gegen den deutschen *ordre public,* wenn der Unterhaltsschuldner verpflichtet wird, den Unterhalt in der **Währung** seines Aufenthaltsstaates zu entrichten, auch wenn er dadurch gehindert wird, den Unterhalt aus Vermögenswerten zu erbringen, die sich im Aufenthaltsstaat des Berechtigten befinden (BGH 9.5.90, unalex DE-2394). Ein Verstoß gegen den *ordre public* kommt hingegen dann in Betracht, wenn die für die **Abänderung einer Unterhaltsentscheidung** maßgebende Rechtsordnung eine solche Abänderbarkeit trotz wesentlich veränderter Umstände verneint (OLG Nürnberg FamRZ 96, 353/354; KG NJW-RR 94 138/139; Rauscher/*Andrae* Rn 10; Staud/*Mankowski* Rn 2).

752   Auch ein nach ausländischem Recht wirksamer **Unterhaltsverzicht** kann gegen den inländischen *ordre public* verstoßen (Rauscher/*Andrae* Rn 8). Ein Unterhaltsverzicht auf der Grundlage eines ausländischen Unterhaltsstatuts, das kraft **objektiver Anknüpfung** anwendbar ist, kann mit Art 13 unvereinbar sein, wenn die Freistellung zu Lasten Dritter, insbesondere zu Lasten eines deutschen Trägers der Sozialhilfe, geht (OLG Hamm NJW-RR 99, 950; Staud/*Mankowski* Rn 19 mwN). Gleiches gilt auch dann, wenn entgegen dem Verzichtsverbot nach § 1614 BGB und trotz starker Inlandsbeziehung auf zukünftigen Unterhalt verzichtet wird (vgl OLG Hamm aaO; OLG Nürnberg FamRZ 96, 353/354; OLG Koblenz FamRZ 90, 426/427). Ein Verzicht auf *nacheheelichen* Unterhalt ist dagegen idR mit der deutschen öffentlichen Ordnung vereinbar; dies gilt insbesondere dann, wenn der Unterhaltsverpflichtete eine Gegenleistung für den Verzicht (zB eine Abfindung) erbracht hat (OLG Zweibrücken FamRZ 88, 623; Rauscher/*Andrae* Rn 8). Demgegenüber kann der unbedingte und vollständige Ausschluss von Unterhalt auch für die Zukunft in einem vor einem deutschen Notar nach deutschem Recht geschlossenen Ehevertrag den *französischen ordre public* verletzen und damit nach Art 13 HUP unbeachtlich sein. Durch ihn wird deshalb nicht ausgeschlossen, dass von der Ehefrau, die nach der Scheidung der Ehe ihren gewöhnlichen Aufenthalt nach Frankreich verlegt hat, vor einem französischen Gericht die Verurteilung des Ehemannes zur Leistung nachehelichen Unterhalts nach französischem Recht verlangt werden kann (frz Cass 8.7.15, unalex FR-2464).

3. Vorrangige Anknüpfungsregeln

753   **a) Art 4 Abs 2.** Gewährt das gem Art 3 maßgebende Recht am gewöhnlichen Aufenthalt des Unterhaltsberechtigten einem nach Art 4 Abs 1 privilegierten Berechtigten (zB einem Kind) keinen Unterhalt, so ist vor einem Rückgriff auf den *ordre public* die **Kaskadenanknüpfung des Art 4** anzuwenden; danach führt bereits Art 4 Abs 2 zur Anwendung deutschen Rechts. In Bezug auf den Ehegattenunterhalts können *ordre public*-widrige Ergebnisse einer Anwendung des gem Art 3 maßgebenden Rechts im Einzelfall auch durch die kollisionsrechtliche **Einrede nach Art 5** verhindert werden.

754   **b) Art 8 Abs 4.** Wird das für einen **Unterhaltsverzicht** maßgebende Recht durch Rechtswahl nach Art 8 bestimmt und lässt das gewählte Recht den Verzicht in weiterem Umfang zu als das Recht am gewöhnlichen Aufenthalt des Berechtigten, so wird dessen Anwendung bereits durch Art 8 Abs 4 ausgeschlossen, der insoweit zwingend das nach Art 3 anwendbare Recht für maßgeblich erklärt (→ Rn 683 ff). Damit erübrigt sich der Rückgriff auf den *ordre public* nach Art 13.

II. Internationales Privatrecht: HUP Art 14   **759**   **C**

c) Art 8 Abs 5. Im Rahmen einer Rechtswahl nach Art 8 hat auch die **Missbrauchsklausel** **755** **des Art 8 Abs 5** Vorrang vor dem *ordre public*-Vorbehalt des Art 13 (Rauscher/*Andrae* Rn 5). Verstößt also der Inhalt eines von den Parteien nach Art 8 **gewählten Rechts** gegen den deutschen *ordre public*, so ist vor Anwendung der Vorbehaltsklausel des Art 13 die Billigkeitskontrolle nach Art 8 Abs 5 vorzunehmen. Führt bereits diese zu dem Ergebnis, dass die Rechtswahl nicht zu beachten und das Unterhaltsstatut objektiv anzuknüpfen ist, erübrigt sich der Rückgriff auf den *ordre public* nach Art 13.

d) Art 14. Schließlich geht auch die **Sachnorm zur Bemessung des Unterhaltsbetrags** **756** nach Art 14 im Rahmen ihres Anwendungsbereichs (→ Rn 759 ff) der Anwendung des *ordre public* vor.

4. Rechtsfolge

Führt die Anwendung einer ausländischen Norm im konkreten Fall zu einem gegen den **757** deutschen *ordre public* verstoßenden Ergebnis, so kann in manchen Fällen schon durch die schlichte **Nichtanwendung** der betreffenden Norm ein sachgerechtes Ergebnis erreicht werden, etwa im Falle eines *ordre public*-widrigen Ausschlustatbestands. Im Übrigen darf die Nichtanwendung des ausländischen Unterhaltsstatuts nur soweit gehen, wie dies zur Erreichung eines Ergebnisses, das mit der öffentlichen Ordnung vereinbar ist, unbedingt erforderlich ist. Ist zB in einer Ausschlussfrist zur Geltendmachung nachehelichen Unterhalts ein *ordre public*-Verstoß zu sehen, dann führt dieser nicht dazu, dass auch bezüglich der Bemessung des Unterhaltsanspruchs eine Lücke entsteht. Dessen sonstige Voraussetzungen und die Bestimmung seines Umfangs unterliegen daher weiterhin dem Unterhaltsstatut, gegebenenfalls mit Korrekturen durch Art 14 (OLG Koblenz FamRZ 04, 1877/1879; OLG Zweibrücken FamRZ 00, 32; BeckOK-BGB/ *Lorenz* Art 6 EGBGB Rn 17).

Folgt die *ordre public*-Widrigkeit des konkreten Rechtsanwendungsergebnisses aus dem **Man-** **758** **gel bestimmter Rechtsnormen,** etwa dem Fehlen von Unterhaltstatbeständen bedarf es einer Lückenfüllung. Diese erfolgt gemäß dem **Grundsatz des geringstmöglichen Eingriffs** wiederum primär mit Hilfe des anwendbaren ausländischen Rechts selbst (BGH NJW 93, 848/850; OLG Düsseldorf IPRax 09, 520). Ist eine Lückenfüllung auf dem Boden der *lex causae* nicht möglich, ist subsidiär auf die *lex fori* zurückzugreifen (Pal/*Thorn* Art 6 EGBGB Rn 13). Sieht das ausländische Recht auch in einem besonderen Härtefall keinen Unterhalt vor, so kommt nach Ansicht des BGH ein Unterhaltsanspruch in Betracht, der „bis zur Gewährung des angemessenen Unterhalts" reichen kann (BGH NJW 91, 2212/2114; OLG Zweibrücken FamRZ 97, 1404/ 1405; NK-BGB/*Gruber* Rn 2; restriktiver OLG Karlsruhe FamRZ 89, 748: „ausreichender Unterhalt"; OLG Düsseldorf FamRZ 95, 885: „Notunterhalt").

HUP Art 14. Bemessung des Unterhaltsbetrags

Bei der Bemessung des Unterhalts sind die Bedürfnisse der berechtigten Person und die wirtschaftlichen Verhältnisse der verpflichteten Person sowie etwaige der berechtigten Person anstelle einer regelmäßigen Unterhaltszahlung geleistete Entschädigungen zu berücksichtigen, selbst wenn das anzuwendende Recht etwas anderes bestimmt.

1. Einheitsrechtliche Sachnorm

Art 14 stellt – wie schon Art 11 Abs 2 HUntÜ – eine staatsvertragliche Sachnorm dar **759** (*Bonomi*-Bericht Rn 179 f; PWW/*Martiny* Art 18 EGBGB Anh II Rn 33; für Doppelnatur als Kollisions- und Sachnorm Staud/*Mankowski* Rn 1 f), die in ihrem Anwendungsbereich entgegenstehende Sachnormen des jeweiligen Unterhaltsstatuts verdrängt (Rauscher/*Andrae* Rn 1, 4). Dieser Sachnorm kommt insbesondere dann Bedeutung zu, wenn das anwendbare Recht das Bestehen oder die Höhe des nachehelichen Unterhaltsanspruch davon abhängig macht, welchem Ehegatten die Schuld an der Scheidung zugewiesen wird (*Verwilghen*-Bericht Nr 177; BeckOK-BGB/*Heiderhoff* Rn 3). Es handelt sich bei Art 14 – abweichend von der Vorgängervorschrift in Art 11 Abs 2 HUntÜ/Art 18 Abs 7 EGBGB – um keine die *ordre public*-Klausel des Art 13 konkretisierende Regelung (*Bonomi*-Bericht Rn 88; **aA** Erman/*Hohloch* Rn 1). Die Vorschrift ist deshalb auch dann anzuwenden, wenn der *ordre public* nicht verletzt ist oder wenn sich die

487

C 764   1. Teil. Erkenntnisverfahren C. Unterhaltssachen

Unterhaltspflicht nach der *lex fori* richtet (*Bonomi*-Bericht Rn 181; NK–BGB/*Gruber* Rn 3; Rauscher/*Andrae* Rn 3; Pal/*Thorn* HUP Rn 48).

760   Art 14 ist – anders als die *ordre public*-Klausel in Art 13 – nach allgemeinen staatsvertraglichen Grundsätzen **einheitlich und vertragsautonom auszulegen** (Art 20; vgl Rauscher/*Andrae* Rn 6; Staud/*Mankowski* Rn 6; → Rn 499, 780). Dem EuGH kommt dabei für die Gerichte der EU-Mitgliedstaaten die Auslegungskompetenz nach Art 267 AEUV zu (→ Rn 500). Geht man davon aus, dass Art 14 keine *ordre public*-Funktion mehr hat, so gibt es auch für die zum HUntÜ verbreitete Ansicht, wonach von der Regelung nur zurückhaltend Gebrauch gemacht werden sollte (vgl OLG Köln FamRZ 95, 1582; OLG Karlsruhe FamRZ 99, 310), keine Grundlage mehr. Die Leistungsfähigkeit des Verpflichteten und die Bedürftigkeit des Berechtigten sind vielmehr *stets* zur Korrektur des Unterhaltsstatuts zu berücksichtigen, wenn letzteres diese beiden Kriterien entweder überhaupt nicht berücksichtigt (OLG Hamm JAmt 04, 99; OLG Köln FamRZ 96, 450 und FamRZ 95, 1582) oder ihnen nicht hinreichend Rechnung trägt (BGH NJW 91, 2212; OLG Nürnberg FamRZ 08, 1755; OLG Hamm NJW-RR 92, 710; Pal/*Thorn* HUP Rn 49; **aA** Erman/*Hohloch* Rn 1). Die Vorschrift schließt damit allerdings nicht aus, dass nach dem Unterhaltsstatut auch andere Umstände für die Bemessung des Unterhalts zu berücksichtigen sind, wie etwa eine Erwerbsobliegenheit, der bisherige Lebensstandard oder die Dauer der Ehe (Rauscher/*Andrae* Rn 7 ff).

761   Zum Einfluss von Art 14 auf die Bemessung des Unterhalts in grenzüberschreitenden Fällen in der bisherigen Praxis der deutschen Gerichte nach der Vorläufernorm in Art 11 Abs 2 HUntÜ/ Art 18 Abs 7 EGBGB aF wird auf die Ausführungen zur Unterhaltsberechnung bei Art 11 verwiesen (→ Rn 714 ff; dazu auch Rauscher/*Andrae* Rn 9 ff). Da mit Hilfe von Art 14 nur die Bemessung eines nach dem ausländischen Unterhaltsstatut bestehenden Unterhaltsanspruchs korrigiert werden kann, findet die Vorschrift keine Anwendung, wenn das ausländische Recht **überhaupt keinen Unterhaltsanspruch** gewährt (Rauscher/*Andrae* Rn 5; Staud/*Mankowski* Rn 3). In einem solchen Fall bleibt nur der Rückgriff auf den *ordre public*-Vorbehalt des Art 13 (→ Rn 747 ff).

2. Berücksichtigung von gewährten Entschädigungen

762   In Erweiterung der Vorgängervorschrift des Art 11 Abs 2 HUntÜ enthält Art 14 die Anordnung, dass bei der Bemessung des Unterhaltsbetrags etwaige der berechtigten Person anstelle einer regelmäßigen Unterhaltszahlung geleisteten Entschädigungen zu berücksichtigen sind. Damit trägt das Protokoll vor allem der in den Scheidungsrechten zahlreicher Staaten eingeführten Möglichkeit Rechnung, den nachehelichen Unterhalt durch eine einmalige Abfindung, Entschädigung oder Ausgleichszahlung abzugelten. Nach der englischen Originalfassung der Vorschrift, die Vorrang vor der deutschen Übersetzung hat (→ Rn 498), muss die Entschädigung noch nicht geleistet worden sein. Ausreichend ist vielmehr, dass sie zuerkannt ist (*„any compensation which the creditor was awarded in place of periodical maintenance payments"*).

763   Die Regelung bezieht sich insbesondere auf Fälle, in denen ein Ehegatte aus Anlass der Scheidung einen **Pauschalbetrag** oder einen **Vermögenswert** (Immobilie) zugesprochen erhält, wie dies etwa im englischen Recht der Fall sein kann (*Bonomi*-Bericht Rn 182; näher → Rn 528). Weiteres Beispiel sind die *„prestations compensatoires"* des französischen Rechts (Rauscher/*Andrae* Rn 16). Diese Rechtsinstitute sind freilich idR schon nach allgemeinen Grundsätzen unterhaltsrechtlich zu qualifizieren (näher → Rn 50 ff), so dass sich eine ergänzende Heranziehung von Art 14 meist erübrigt.

HUP Art 15. Nichtanwendung des Protokolls auf innerstaatliche Kollisionen

(1) **Ein Vertragsstaat, in dem verschiedene Rechtssysteme oder Regelwerke für Unterhaltspflichten gelten, ist nicht verpflichtet, die Regeln dieses Protokolls auf Kollisionen anzuwenden, die allein zwischen diesen verschiedenen Rechtssystemen oder Regelwerken bestehen.**

(2) **Dieser Artikel ist nicht anzuwenden auf Organisationen der regionalen Wirtschaftsintegration.**

1. Mehrrechtsstaat, Abs 1

764   Nach Art 15 Abs ist ein Vertragsstaat, in dem verschiedene Gebietseinheiten ihre eigenen Rechtsnormen für Unterhaltspflichten haben, nicht verpflichtet, das Protokoll auf Kollisionen

II. Internationales Privatrecht: HUP Art 16   **766 C**

zwischen den Rechtsordnungen dieser Gebietseinheiten anzuwenden. Die gleiche Regelung findet sich in den kollisionsrechtlichen EU-Verordnungen (vgl zB Art 16 Rom III-VO; → A Rn 521; Art 35 EuGüVO; → B Rn 390). Innerstaatliche Rechtsspaltungen können sowohl in räumlicher als auch in personaler Hinsicht bestehen. Die Vorschrift hat allerdings in den derzeitigen Vertragsstaaten des Protokolls kaum praktische Bedeutung. Denn das *Vereinigte Königreich* ist dem Protokoll nicht beigetreten. In *Spanien* gelten Foralrechte vor allem auf dem Gebiet des Ehegüterrechts und der Mitgift, die jedoch keinen Unterhalt darstellt. Lediglich *Katalonien* hat inzwischen das gesamte Zivilrecht einschließlich des Unterhaltsrechts im ZGB v 10.7.2008 eigenständig kodifiziert.

2. Organisationen der regionalen Wirtschaftsintegration, Abs 2

Dem Protokoll sind nicht die einzelnen Mitgliedstaaten der EU beigetreten, sondern diese **765** selbst (→ Rn 491). Gem Abs 2 ist für die Zwecke des Abs 1 nicht die EU als Vertragsstaat anzusehen, wie dies gem Art 24 Abs 5 der Fall sein kann, sondern jeder einzelne durch das Protokoll gebundene Mitgliedstaat. Die Kollisionsnormen des Protokolls sind also im Verhältnis dieser Mitgliedstaaten zueinander selbstverständlich anzuwenden, auch wenn kein Bezug zu einem Nicht-EU-Staat besteht.

HUP Art 16. In räumlicher Hinsicht nicht einheitliche Rechtssysteme

(1) **Gelten in einem Staat in verschiedenen Gebietseinheiten zwei oder mehr Rechtssysteme oder Regelwerke in Bezug auf in diesem Protokoll geregelte Angelegenheiten, so ist**

a) **jede Bezugnahme auf das Recht eines Staates gegebenenfalls als Bezugnahme auf das in der betreffenden Gebietseinheit geltende Recht zu verstehen;**

b) **jede Bezugnahme auf die zuständigen Behörden oder die öffentliche Aufgaben wahrnehmenden Einrichtungen dieses Staates gegebenenfalls als Bezugnahme auf die zuständigen Behörden oder die öffentliche Aufgaben wahrnehmenden Einrichtungen zu verstehen, die befugt sind, in der betreffenden Gebietseinheit tätig zu werden;**

c) **jede Bezugnahme auf den gewöhnlichen Aufenthalt in diesem Staat gegebenenfalls als Bezugnahme auf den gewöhnlichen Aufenthalt in der betreffenden Gebietseinheit zu verstehen;**

d) **jede Bezugnahme auf den Staat, dem die Parteien gemeinsam angehören, als Bezugnahme auf die vom Recht dieses Staates bestimmte Gebietseinheit oder mangels einschlägiger Vorschriften als Bezugnahme auf die Gebietseinheit zu verstehen, zu der die Unterhaltspflicht die engste Verbindung aufweist;**

e) **jede Bezugnahme auf den Staat, dem eine Partei angehört, als Bezugnahme auf die vom Recht dieses Staates bestimmte Gebietseinheit oder mangels einschlägiger Vorschriften als Bezugnahme auf die Gebietseinheit zu verstehen, zu der die Person die engste Verbindung aufweist.**

(2) **Hat ein Staat zwei oder mehr Gebietseinheiten mit eigenen Rechtssystemen oder Regelwerken für die in diesem Protokoll geregelten Angelegenheiten, so gilt zur Bestimmung des nach diesem Protokoll anzuwendenden Rechts Folgendes:**

a) **Sind in diesem Staat Vorschriften in Kraft, die das Recht einer bestimmten Gebietseinheit für anwendbar erklären, so ist das Recht dieser Einheit anzuwenden;**

b) **fehlen solche Vorschriften, so ist das Recht der in Absatz 1 bestimmten Gebietseinheit anzuwenden.**

(3) **Dieser Artikel ist nicht anzuwenden auf Organisationen der regionalen Wirtschaftsintegration.**

1. Allgemeines

Die Vorschrift betrifft den Fall, dass die Kollisionsnormen des Protokolls auf die Rechtsord- **766** nung eines Staates verweisen, dessen materielles Unterhaltsrecht **territorial gespalten** ist. Für diesen Fall verlängert Abs 1 die Verweisung nach Art 3 ff mit Hilfe autonomer Unteranknüpfungen bis hin zu einer bestimmten Gebietseinheit (Teilrechtsordnung) des Mehrrechtsstaates. **Vorrang** vor Abs 1 hat allerdings gem Abs 2 lit a das **interlokale Privatrecht** des Mehrrechtsstaates

489

C 772

(Rauscher/*Andrae* Rn 1; NK-BGB/*Gruber* Rn 1). Daher ist im Rahmen einer Anwendung der Vorschrift die Prüfungsreihenfolge umzukehren: Im ersten Schritt ist nach Abs 2 zu prüfen, ob in dem als Unterhaltsstatut berufenen Mehrrechtsstaat – wie zB in *Spanien* – auf dem Gebiet des Unterhaltsrechts besondere Normen zur interlokalen Anknüpfung gelten. Nur wenn dies *nicht* der Fall ist, ist im zweiten Schritt Abs 1 anzuwenden (Staud/*Mankowski* Rn 4).

2. Autonome Unteranknüpfung, Abs 1

767   Abs 1 bestimmt für die wichtigsten Anknüpfungsmerkmale des Protokolls die jeweils maßgebende Unteranknüpfung. Diese Bestimmung fällt nicht schwer, wenn die einschlägige Kollisionsnorm ein **räumliches Anknüpfungskriterium** verwendet, denn die Verweisung muss dann lediglich bis zu der durch dieses Kriterium bezeichneten Gebietseinheit des Mehrrechtsstaates verlängert werden. Wird daher gem Art 3 Abs 1 auf das Recht des Staates verwiesen, in dem der Unterhaltsberechtigte seinen gewöhnlichen Aufenthalt hat und lebt dieser in den *Vereinigten Staaten,* die kein Unterhaltsrecht auf Bundesebene kennen, so ist diese Verweisung nach lit a als Bezugnahme auf das in einem bestimmten US-Bundesstaat geltende Unterhaltsrecht zu verstehen. Maßgebend ist dann nach lit c das Recht desjenigen Bundestaats, in dem sich der Unterhaltsberechtigte gewöhnlich aufhält.

768   Größere Schwierigkeiten bereit die Unteranknüpfung, wenn an die **Staatsangehörigkeit** einer Person angeknüpft wird. Insoweit verweisen lit d und lit e primär auf das interlokale Privatrecht des Mehrrechtsstaates und hilfsweise auf die engste Verbindung der Unterhaltspflicht bzw der betreffenden Person zu einer bestimmten Teilrechtsordnung.

769   Im Wege einer **Rechtswahl** nach Art 8 können die Parteien die maßgebende Teilrechtsordnung selbst bestimmen (Rauscher/*Andrae* Rn 6; Pal/*Thorn* HUP Rn 51). Wegen weiterer Einzelheiten wird auf die Kommentierung der Parallelvorschriften in Art 14 Rom III-VO (→ A Rn 505 ff) und Art 47 KSÜ (→ F Rn 693 ff) verwiesen.

3. Vorrang des interlokalen Privatrechts des Mehrrechtsstaates, Abs 2

770   Die autonome Unteranknüpfung durch das Protokoll nach Abs 1 kommt freilich – wie Abs 2 lit b klarstellt – **nur subsidiär** zur Anwendung, wenn der Mehrrechtsstaat über **keine eigenen Vorschriften des interlokalen Privatrechts** verfügt, wie dies etwa auf *Australien, Kanada* oder die *USA* zutrifft. Regelt der Mehrrechtsstaat, auf dessen Recht nach Art 3 ff verwiesen ist, hingegen – wie zB *Spanien* – die Frage, welche seiner Teilrechtsordnungen zur Anwendung kommen soll, durch eigene interlokale Vorschriften, so haben diese gem Abs 2 lit a Vorrang vor der Unteranknüpfung nach Abs 1 (Pal/*Thorn* HUP Rn 51). Dies entspricht der Regelung in Art 4 Abs 3 S 1 EGBGB.

4. Organisationen der regionalen Wirtschaftsintegration, Abs 3

771   Abs 3 entspricht Art 15 Abs 2 (→ Rn 765).

HUP Art 17. Hinsichtlich der betroffenen Personengruppen nicht einheitliche Rechtssysteme

Hat ein Staat für in diesem Protokoll geregelte Angelegenheiten zwei oder mehr Rechtssysteme oder Regelwerke, die für verschiedene Personengruppen gelten, so ist zur Bestimmung des nach dem Protokoll anzuwendenden Rechts jede Bezugnahme auf das Recht des betreffenden Staates als Bezugnahme auf das Rechtssystem zu verstehen, das durch die in diesem Staat in Kraft befindlichen Vorschriften bestimmt wird.

772   Während Art 16 die territoriale Rechtsspaltung regelt, bezieht sich die Vorschrift auf die **interpersonale Rechtsspaltung.** Im Vordergrund steht die vor allem in islamischen Ländern verbreitete Anwendung unterschiedlichen Rechts auf die Angehörigen verschiedener Religionsgruppen. Art 17 überlässt die Bestimmung des auf diese Personengruppen jeweils anwendbaren Unterhaltsrechts dem interpersonalen Recht des betreffenden Staates. Zu Einzelheiten wird auf die Kommentierung der Parallelvorschrift in Art 15 Rom III-VO verwiesen (→ A Rn 518 ff).

II. Internationales Privatrecht: HUP Art 19 **C**

HUP Art 18. Koordinierung mit den früheren Haager Übereinkommen über Unterhaltspflichten

Im Verhältnis zwischen den Vertragsstaaten ersetzt dieses Protokoll das Haager Übereinkommen vom 2. Oktober 1973 über das auf Unterhaltspflichten anzuwendende Recht und das Haager Übereinkommen vom 24. Oktober 1956 über das auf Unterhaltsverpflichtungen gegenüber Kindern anzuwendende Recht.

Schrifttum: *Kroll-Ludwigs,* Das Verhältnis von Haager Unterhaltsprotokoll (2007) und und Haaager Unterhaltsabkommen (1973): lex posterior derogat lege priori?, IPRax 16, 34.

Vertragsstaaten iSv Art 18 sind auch die einzelnen Mitgliedstaaten der EU, die durch das 773 Protokoll gebunden sind (Art 24 Abs 5), dh sämtliche Mitgliedstaaten mit Ausnahme von *Dänemark* und dem *Vereinigten Königreich*.

Das Protokoll tritt nach Art 18 an die Stelle des Haager Übereinkommens über das auf 774 Unterhaltspflichten anzuwendende Recht **(HUntÜ)** vom 2.10.1973. Dieses wird durch das HUP also nicht nur – wie es der Wortlaut von Art 18 vermuten lässt – „zwischen den Vertragsstaaten" des Protokolls, sondern nach zutreffender Ansicht vollständig verdrängt (BT-Drucks 17/ 4887, 53; *Conti/Bißmeier* FamRBint 11, 62/63; *Gruber* FamRZ 13, 1374/1375; BeckOK-BGB/ *Heiderhoff* Rn 4; ebenso – gestützt auf die aus Art 351 Abs 2 AEUV (analog) folgende Verpflichtung Deutschlands, das HUntÜ zu kündigen – *Kroll-Ludwigs* IPRax 16, 34 ff; zust OLG Stuttgart NJW 13, 2662 [*Schweiz*]). Nach der wohl überwiegenden Ansicht gilt das HUntÜ 1973 demgegenüber im Verhältnis zu denjenigen Vertragsstaaten, die das HUP bisher nicht ratifiziert haben – dies sind *Albanien, Aruba, Japan,* die *Schweiz* und die *Türkei* – auf grund der von der *Bundesrepublik Deutschland* eingegangenen völkerrechtlichen Verpflichtung fort (so OLG Karlsruhe FamRZ 17, 1491/1492; *Andrae* IPRax 14, 326/328 und GPR 10, 196/200; *Ring* FPR 13, 16; *Dutta* FamRZ 14, 2005/2006; *Mankowski* NZFam 14, 267/268; *Henrich,* IntSchR Rn 136 und FamRZ 15, 1761/1763; Pal/*Thorn* HUP Rn 53, 56; Erman/*Hohloch* vor Art 1 Rn 2 und 4; Münch/*Süß* § 20 Rn 39, 45). Der BGH hat diese Streitfrage bisher ausdrücklich offengelassen (BGH NJW 13, 2662 Rn 35 ff = IPRax 14, 345 m Anm *Andrae* 326; ebenso OLG Hamm FamRZ 18, 29/30 f).

Nach der hier vertretenen Ansicht ersetzt das HUP das bisher geltende HUntÜ vor deutschen 775 Gerichten daher auch im Verhältnis zu den zuvor genannten Vertragsstaaten des HUntÜ, die das HUP bisher nicht ratifiziert haben (NK-BGB/*Gruber* Rn 5, der auf die Auslegung von Art 19 HUntÜ iS einer allgemeinen Öffnungsklausel abstellt). Denn zum einen enthält das HUntÜ keine Gegenseitigkeitsklausel und somit auch keine Verpflichtung, es gegenüber den anderen Vertragsstaaten weiter anzuwenden (BT-Drs 17/4887, 53). Zum anderen lässt sich der Vorrang des HUP auf eine ergänzende Auslegung des Ratsbeschlusses 2009/941/EG vom 30.11.2009 (ABl EU L 331, 17) stützen. Diesem Beschluss gebührt nach Art 19 HUP (und Art 3 Nr 1 lit. c EGBGB) Vorrang und er kann somit auch die Regelung in Art 18 HUP überlagern (BeckOK-BGB/ *Heiderhoff* Art 18 EGBGB Rn 6; **aA** [Vorrang von Art 18 vor Art 19 HUP] *Mankowski* NZFam 14, 267/268; MüKoBGB/*Staudinger* Rn 4). Weiter ist zu beachten, dass eine genaue Abgrenzung zwischen beiden Staatsverträgen durch Art 18 HUP nicht erfolgt, da beide Verträge einen universellen Anwendungsbereich haben. Der *Bonomi*-Bericht (Rn 145, 197) spricht sich daher ebenfalls dafür aus, dem HUP im Zweifel den Vorrang zu geben. Praktische Bedeutung hat dies insbesondere für den nachehelichen Unterhalt, der nach dem HUP nicht mehr gesondert angeknüpft wird (→ Rn 605), und für die Rechtswahlmöglichkeiten nach Art 7, 8.

Im Verhältnis zu **Liechtenstein** und zu **China/Macau** gilt in seinem Anwendungsbereich 776 weiterhin das HKUntÜ 1956 (→ Rn 795 ff). Tritt ein Vertragsstaat des HUntÜ oder des HKUntÜ dem HUP bei, so ist neben Art 18 auch Art 22 zu beachten.

Im Verhältnis zu allen anderen Staaten, die keinem der in Art 18 genannten Staatsverträge 777 angehören, findet – vorbehaltlich des 19 (→ Rn 778 f) – das HUP Anwendung; dies folgt aus dessen universellem Anwendungsbereich nach Art 2 (→ Rn 557).

HUP Art 19. Koordinierung mit anderen Übereinkünften

(1) **Dieses Protokoll lässt internationale Übereinkünfte unberührt, denen Vertragsstaaten als Vertragsparteien angehören oder angehören werden und die Bestimmungen über im Protokoll geregelte Angelegenheiten enthalten, sofern die durch eine solche Übereinkunft gebundenen Staaten keine gegenteilige Erklärung abgeben.**

C 782   1. Teil. Erkenntnisverfahren C. Unterhaltssachen

(2) **Absatz 1 gilt auch für Einheitsrecht, das auf besonderen Verbindungen insbesondere regionaler Art zwischen den betroffenen Staaten beruht.**

1. Staatsverträge, Abs 1

778   Andere als die nach Art 18 durch das Protokoll ersetzten Staatsverträge, denen Vertragsstaaten als Vertragsparteien angehören, lässt das Protokoll nach Abs 1 unberührt. Dabei ist es unerheblich, ob es sich um zwei- oder mehrseitige Staatsverträge handelt, und ob sie im Zeitpunkt des Inkrafttretens des Protokolls bereits galten oder erst künftig abgeschlossen werden. Aus deutscher Sicht geht daher Art 8 Abs 3 des **deutsch-iranischen Niederlassungsabkommens** (→ Rn 809 ff) – wie schon bisher dem HUntÜ – dem Protokoll vor.

2. Regionales Einheitsrecht, Abs 2

779   Ein solcher Vorrang kommt nach Abs 2 auch künftig auf dem Gebiet des Unterhaltsrechts zu schaffendem **sekundärem Unionsrecht** zu. Das Verhältnis des Protokolls zur EuUntVO ist in deren Art 15 und 69 geregelt (→ Rn 487).

HUP Art 20. Einheitliche Auslegung

Bei der Auslegung dieses Protokolls ist seinem internationalen Charakter und der Notwendigkeit, seine einheitliche Anwendung zu fördern, Rechnung zu tragen.

780   Die Bestimmung besitzt lediglich empfehlenden Charakter (Rauscher/Andrae Rn 1). Wo dies im Hinblick auf den internationalen Charakter des Protokolls und das Bestreben nach seiner einheitlichen Auslegung angebracht ist, haben deutsche Gerichte daher auch ausländische Gerichtsentscheidungen und Lehrmeinungen bei der Anwendung des Protokolls zu berücksichtigen. Für die einheitliche Auslegung des Protokolls in den der EU angehörenden Vertragsstaaten sorgt bereits die auch für das Protokoll geltende Vorlagepflicht der mitgliedstaatlichen Gerichte an den EuGH nach Art 267 AEUV (näher → Rn 500).

HUP Art 21. Prüfung der praktischen Durchführung des Protokolls

(1) Der Generalsekretär der Haager Konferenz für Internationales Privatrecht beruft erforderlichenfalls eine Spezialkommission zur Prüfung der praktischen Durchführung dieses Protokolls ein.

(2) Zu diesem Zweck arbeiten die Vertragsstaaten mit dem Ständigen Büro der Haager Konferenz für Internationales Privatrecht bei der Sammlung der Rechtsprechung zur Anwendung dieses Protokolls zusammen.

781   Die Vorschrift ergänzt Art 20.

HUP Art 22. Übergangsbestimmungen

Dieses Protokoll findet keine Anwendung auf Unterhalt, der in einem Vertragsstaat für einen Zeitraum vor Inkrafttreten des Protokolls in diesem Staat verlangt wird.

782   Das Protokoll ist als Staatsvertrag zwar erst am 1.8.2013 in Kraft getreten. Es findet jedoch in den Mitgliedstaaten der EU, mit Ausnahme von *Dänemark* und dem *Vereinigten Königreich*, aufgrund des Ratsbeschlusses v 30.11.2009 (ABl EU L 331, 17) bereits **seit dem 18.6.2011** Anwendung (→ Rn 494 f). Es gilt nach der Übergangsvorschrift in Art 22 jedoch nicht für Verfahren, in denen in einem Vertragsstaat Unterhalt für einen Zeitraum vor dem Inkrafttreten des Protokolls in diesem Staat verlangt wird; insoweit verbleibt es daher grundsätzlich bei dem in diesem Vertragsstaat zuvor geltenden HUntÜ bzw dem autonomen Kollisionsrecht (Rauscher/ *Andrae* Einl HUP Rn 14). Danach ist für die Abgrenzung zwischen altem und neuem Kollisionsrecht also nicht der Zeitpunkt maßgebend, zu dem das Unterhaltsverfahren eingeleitet wird, sondern es kommt darauf an, **für welchen Zeitraum Unterhalt verlangt** wird. Eine Übertragung dieser Regelung auf die vorläufige Anwendbarkeit des Protokolls in den gebundenen Mitgliedstaaten der EU hätte bedeutet, dass das Protokoll nur auf solchen Unterhalt anwendbar gewesen wäre, der für die Zeit ab dem 18.6.2011 verlangt wird, dies auch dann, wenn das entsprechende Verfahren bereits vor dem 18.6.2011 eingeleitet worden wäre (vgl idS OLG Köln FamRZ 12, 1509). Hingegen wäre das bisherige Kollisionsrecht weiterhin auf Unterhaltsforde-

II. Internationales Privatrecht: HUP Art 23   **C**

rungen anzuwenden gewesen, die für den Zeitraum davor geltend gemacht werden, auch wenn das Verfahren erst nach dem 18.6.2011 eingeleitet wurde.

Dies hätte jedoch zu einer gewissen Diskrepanz zum zeitlichen Anwendungsbereich der **783** EuUntVO geführt, die ihrerseits die Anwendung des Protokolls voraussetzt. Denn die EuUntVO findet nach ihrem Art 75 Abs 1 (→ Rn 333 ff) nur auf ab dem 18.6.2011 eingeleitete Verfahren, gebilligte oder geschlossene gerichtliche Vergleiche und ausgestellte öffentliche Urkunden Anwendung. Die Verordnung ist damit auch in Fällen anwendbar, in denen eine Unterhaltsforderung in einem nach dem 18.6.2011 eingeleiteten Verfahren **für einen davor liegenden Zeitraum** geltend gemacht wird. Bei Abschluss des Protokolls hat die EU daher folgende Erklärung abgegeben(KOM [2009] Nr 81):

> *„Die Europäische Gemeinschaft erklärt hiermit, dass sie das Protokoll in der Gemeinschaft auch auf Unterhaltsforderungen anwenden wird, die in ihren Mitgliedstaaten für einen Zeitraum vor dem Inkrafttreten oder der vorläufigen Anwendung des Protokolls in der Gemeinschaft geltend gemacht werden, sofern die Einleitung des Verfahren, die Billigung oder der Abschluss des gerichtlichen Vergleichs oder die Ausstellung der öffentlichen Urkunde nach dem 18. Juni 2011, dem Datum des Beginns der Anwendbarkeit der Verordnung (EG) Nr 4/2009 über die Zuständigkeit, das anwendbare Recht, die Anerkennung und Vollstreckung von Entscheidungen und die Zusammenarbeit in Unterhaltssachen, erfolgt ist“*

Diese Erklärung wurde durch Art 5 des Ratsbeschlusses v 30.11.2009 (ABl EU L 331, 17) **784** umgesetzt. Danach ist allein der **Zeitpunkt der Einleitung des Unterhaltsverfahrens** – und nicht der Zeitraum, für den Unterhalt begehrt wird – für die Bestimmung des anzuwendenden Kollisionsrechts maßgebend. Auch Unterhaltsansprüche, die vor dem 18.6.2011 entstanden sind, sind daher nach Maßgabe des HUP geltend zu machen, sofern nur das Verfahren ab dem 18.6.2011 iSv Art 75 Abs 1 EuUntVO eingeleitet worden ist. Auf diese Weise wird sichergestellt, dass in allen nach dem 18.6.2011 eingeleiteten Verfahren einheitlich das neue Kollisionsrecht des Protokolls gilt, **unabhängig davon, für welchen Zeitraum Unterhalt begehrt wird** (BGHZ 203, 272 Rn 22 = NZFam 15, 262 m Anm *Andrae* = FamRZ 15, 479 m Anm *Heiderhoff* = IPRax 16, 374 m Anm *Gruber* 338; OLG Nürnberg FamRZ 15, 355 m Anm *Andrae* IPRax 16, 243; OLG Bremen FamRZ 13, 224/225; OLG Celle FamRZ 12, 1501 (LS); *Gruber* FS Spellenberg [2010] 177/181; *Coester-Waltjen* IPRax 12, 528 f; Pal/*Thorn* HUP Rn 60; *Henrich,* IntSchR Rn 123; Erman/*Hohloch* Rn 2 und vor Art 1 Rn 12; BeckOK-BGB/*Heiderhoff* Rn 2; **aA** [und daher unrichtig] öst OGH FamRZ 17, 1493/1494; öst OGH 4.6.14, unalex AT-959; OLG Nürnberg IPRax 12, 551/552; OLG Köln FamRZ 12, 1509/1510; OLG Stuttgart FamRZ 12, 1510/1511; OLG München FamRZ 12, 1512, wo jeweils der Ratsbeschluss vom 30.11.2009 übersehen und Art 22 HUP seinem Wortlaut gemäß angewandt, dh auf den Zeitraum abgestellt wird, für den Unterhalt begehrt wird).

Soweit das Protokoll vom HUntÜ abweicht, konnte daher allein die – vom Unterhaltskläger **785** im Übergangszeitraum steuerbare – Einleitung eines Unterhaltsverfahrens vor deutschen Gerichten erst nach dem 18.6.2011, in dem Unterhalt für die Zeit davor verlangt wird, zu einem **Statutenwechsel** führen mit der Folge, dass Unterhaltsansprüche, die nach dem bisher anwendbaren Recht nicht bestanden, neu entstanden (krit dazu *Andrae* GPR 10, 196/199). Darüber hinaus kann ein durch den Übergang vom HUntÜ zum HUP eintretender Statutenwechsel auch dann, wenn über Unterhaltsansprüche bereits vor dem 18.6.2011 rechtskräftig entschieden worden ist, einen **Abänderungsgrund** darstellen, wenn Unterhaltsansprüche, die auf der Grundlage des zuvor anwendbaren Unterhaltsrechts zugesprochen worden sind, nach dem neuen Unterhaltsstatut entfallen oder nur in deutlich geringerem Umfang bestehen bzw nunmehr in weit höherem Umfang zu gewähren sind.

HUP Art 23. Unterzeichnung, Ratifikation und Beitritt

(1) **Dieses Protokoll liegt für alle Staaten zur Unterzeichnung auf.**

(2) **Dieses Protokoll bedarf der Ratifikation, Annahme oder Genehmigung durch die Unterzeichnerstaaten.**

(3) **Dieses Protokoll steht allen Staaten zum Beitritt offen.**

(4) **Die Ratifikations-, Annahme-, Genehmigungs- oder Beitrittsurkunden werden beim Ministerium für Auswärtige Angelegenheiten des Königreichs der Niederlande, dem Verwahrer dieses Protokolls, hinterlegt.**

C

1. Teil. Erkenntnisverfahren C. Unterhaltssachen

HUP Art 24. Organisationen der regionalen Wirtschaftsintegration

(1) [1]Eine Organisation der regionalen Wirtschaftsintegration, die ausschließlich von souveränen Staaten gebildet wird und für einige oder alle in diesem Protokoll geregelten Angelegenheiten zuständig ist, kann das Protokoll ebenfalls unterzeichnen, annehmen, genehmigen oder ihm beitreten. [2]Die Organisation der regionalen Wirtschaftsintegration hat in diesem Fall die Rechte und Pflichten eines Vertragsstaats in dem Umfang, in dem sie für Angelegenheiten zuständig ist, die im Protokoll geregelt sind.

(2) [1]Die Organisation der regionalen Wirtschaftsintegration notifiziert dem Depositar bei der Unterzeichnung, der Annahme, der Genehmigung oder dem Beitritt schriftlich die in diesem Protokoll geregelten Angelegenheiten, für die ihr von ihren Mitgliedstaaten die Zuständigkeit übertragen wurde. [2]Die Organisation notifiziert dem Depositar umgehend schriftlich jede Veränderung ihrer Zuständigkeit gegenüber der letzten Notifikation nach diesem Absatz.

(3) Eine Organisation der regionalen Wirtschaftsintegration kann bei der Unterzeichnung, der Annahme, der Genehmigung oder dem Beitritt nach Art 28 erklären, dass sie für alle in diesem Protokoll geregelten Angelegenheiten zuständig ist und dass die Mitgliedstaaten, die ihre Zuständigkeit in diesem Bereich der Organisation der regionalen Wirtschaftsintegration übertragen haben, aufgrund der Unterzeichnung, der Annahme, der Genehmigung oder des Beitritts der Organisation durch das Protokoll gebunden sein werden.

(4) Für das Inkrafttreten dieses Protokolls zählt eine von einer Organisation der regionalen Wirtschaftsintegration hinterlegte Urkunde nicht, es sei denn, die Organisation der regionalen Wirtschaftsintegration gibt eine Erklärung nach Absatz 3 ab.

(5) [1]Jede Bezugnahme in diesem Protokoll auf einen „Vertragsstaat" oder „Staat" gilt gegebenenfalls gleichermaßen für eine Organisation der regionalen Wirtschaftsintegration, die Vertragspartei des Protokolls ist. [2]Gibt eine Organisation der regionalen Wirtschaftsintegration eine Erklärung nach Absatz 3 ab, so gilt jede Bezugnahme im Protokoll auf einen „Vertragsstaat" oder „Staat" gegebenenfalls gleichermaßen für die betroffenen Mitgliedstaaten der Organisation.

786 Die Vorschrift ist auf die EU zugeschnitten und hat ihr den Beitritt zum Protokoll ermöglicht (→ Rn 491 f).

HUP Art 25. Inkrafttreten

(1) Dieses Protokoll tritt am ersten Tag des Monats in Kraft, der auf einen Zeitabschnitt von drei Monaten nach der Hinterlegung der zweiten Ratifikations-, Annahme-, Genehmigungs- oder Beitrittsurkunde nach Art 23 folgt.

(2) Danach tritt das Protokoll wie folgt in Kraft:

a) für jeden Staat oder jede Organisation der regionalen Wirtschaftsintegration nach Art 24, der oder die es später ratifiziert, annimmt oder genehmigt oder ihm später beitritt, am ersten Tag des Monats, der auf einen Zeitabschnitt von drei Monaten nach Hinterlegung seiner oder ihrer Ratifikations-, Annahme-, Genehmigungs- oder Beitrittsurkunde folgt;

b) für die Gebietseinheiten, auf die das Protokoll nach Art 26 erstreckt worden ist, am ersten Tag des Monats, der auf einen Zeitabschnitt von drei Monaten nach der in jenem Art vorgesehenen Notifikation folgt.

787 Das Protokoll ist als völkerrechtlicher Vertrag am 1.8.2013 in Kraft getreten. In den Mitgliedstaaten der EU (außer *Dänemark* und dem *Vereinigten Königreich*) findet es jedoch seit dem 18.6.2011 vorläufig Anwendung (näher → Rn 679 ff).

HUP Art 26. Erklärungen in Bezug auf nicht einheitliche Rechtssysteme

(1) Ein Staat, der aus zwei oder mehr Gebietseinheiten besteht, in denen für die in diesem Protokoll geregelten Angelegenheiten unterschiedliche Rechtssysteme gelten, kann bei der Unterzeichnung, der Ratifikation, der Annahme, der Genehmigung oder

II. Internationales Privatrecht: HUP Art 30   **C**

dem Beitritt nach Artikel 28 erklären, dass das Protokoll auf alle seine Gebietseinheiten oder nur auf eine oder mehrere davon erstreckt wird; er kann diese Erklärung durch Abgabe einer neuen Erklärung jederzeit ändern.

(2) Jede derartige Erklärung wird dem Verwahrer unter ausdrücklicher Bezeichnung der Gebietseinheiten notifiziert, auf die das Protokoll angewendet wird.

(3) Gibt ein Staat keine Erklärung nach diesem Art ab, so erstreckt sich das Protokoll auf sein gesamtes Hoheitsgebiet.

(4) Dieser Artikel ist nicht anzuwenden auf Organisationen der regionalen Wirtschaftsintegration.

HUP Art 27. Vorbehalte

Vorbehalte zu diesem Protokoll sind nicht zulässig.

HUP Art 28. Erklärungen

(1) Erklärungen nach Artikel 24 Absatz 3 und Artikel 26 Absatz 1 können bei der Unterzeichnung, der Ratifikation, der Annahme, der Genehmigung oder dem Beitritt oder jederzeit danach abgegeben und jederzeit geändert oder zurückgenommen werden.

(2) Jede Erklärung, Änderung und Rücknahme wird dem Verwahrer notifiziert.

(3) Eine bei der Unterzeichnung, der Ratifikation, der Annahme, der Genehmigung oder dem Beitritt abgegebene Erklärung wird mit Inkrafttreten dieses Protokolls für den betreffenden Staat wirksam.

(4) Eine zu einem späteren Zeitpunkt abgegebene Erklärung und jede Änderung oder Rücknahme einer Erklärung werden am ersten Tag des Monats wirksam, der auf einen Zeitabschnitt von drei Monaten nach Eingang der Notifikation beim Verwahrer folgt.

HUP Art 29. Kündigung

(1) ¹Jeder Vertragsstaat kann dieses Protokoll durch eine an den Verwahrer gerichtete schriftliche Notifikation kündigen. ²Die Kündigung kann sich auf bestimmte Gebietseinheiten eines Staates mit nicht einheitlichen Rechtssystemen beschränken, auf die das Protokoll angewendet wird.

(2) ¹Die Kündigung wird am ersten Tag des Monats wirksam, der auf einen Zeitabschnitt von 12 Monaten nach Eingang der Notifikation beim Verwahrer folgt. ²Ist in der Notifikation für das Wirksamwerden der Kündigung ein längerer Zeitabschnitt angegeben, so wird die Kündigung nach Ablauf des entsprechenden Zeitabschnitts nach Eingang der Notifikation beim Verwahrer wirksam.

HUP Art 30. Notifikation

Der Verwahrer notifiziert den Mitgliedern der Haager Konferenz für Internationales Privatrecht sowie den anderen Staaten und Organisationen der regionalen Wirtschaftsintegration, die dieses Protokoll nach den Artikeln 23 und 24 unterzeichnet, ratifiziert, angenommen oder genehmigt haben oder ihm beigetreten sind,

a) jede Unterzeichnung, Ratifikation, Annahme und Genehmigung sowie jeden Beitritt nach den Artikeln 23 und 24;

b) den Tag, an dem das Protokoll nach Artikel 25 in Kraft tritt,

c) jede Erklärung nach Artikel 24 Absatz 3 und Artikel 26 Absatz 1,

d) jede Kündigung nach Artikel 29.

Zu Urkund dessen haben die hierzu gehörig befugten Unterzeichneten dieses Protokoll unterschrieben.

Geschehen in Den Haag am 23. November 2007 in englischer und französischer Sprache, wobei jeder Wortlaut gleichermaßen verbindlich ist, in einer Urschrift, die im Archiv der Regierung des Königreichs der Niederlande hinterlegt und von der

C

1. Teil. Erkenntnisverfahren C. Unterhaltssachen

jedem Staat, der zur Zeit der Einundzwanzigsten Tagung der Haager Konferenz für Internationales Privatrecht Mitglied der Konferenz war, sowie jedem anderen Staat, der an dieser Tagung teilgenommen hat, auf diplomatischem Weg eine beglaubigte Abschrift übermittelt wird.

230. Haager Übereinkommen über das auf Unterhaltspflichten anzuwendende Recht (HUntÜ)

Vom 2. Oktober 1973 (BGBl 1986 II, 837)

Vorbemerkung

1. Vertragsstaaten

788 Das HUntÜ 1973 ist für die *Bundesrepublik Deutschland* am 1.4.1987 im Verhältnis zu *Frankreich, Italien, Japan, Luxemburg,* den *Niederlanden, Portugal, der Schweiz, Spanien* und der *Türkei* in Kraft getreten (Bek v 26.3.1987, BGBl II, 225). Es gilt heute ferner für *Albanien* (seit 1.11.2011, BGBl 13 II, 386), *Estland* (seit 1.1.2002, BGBl II, 957), *Griechenland* (seit 1.9.2003, BGBl II, 2169), *Litauen* (seit 1.9.2001, BGBl II, 791) und *Polen* (seit 1.5.1996, BGBl II, 664).

2. Verhältnis zu anderen Rechtsinstrumenten

789 Das Übk ist nach seinem Art 3 als *„loi uniforme"* beschlossen und wird daher von den Vertragsstaaten auch im Verhältnis zu Nichtvertragsstaaten angewandt. Es ersetzt nach seinem Art 18 Abs 1 im Verhältnis der Vertragsstaaten zueinander das **HKUntÜ** v 24.10.1956.

790 Das Übk wird ferner seit der vorläufigen Anwendung des Haager Protokolls über das auf Unterhaltspflichten anzuwendende Recht **(HUP)** v 23.11.2007 durch die Mitgliedstaaten der EU aufgrund des Ratsbeschlusses v 30.11.2009 (→ Rn 782 ff) jedenfalls im Verhältnis der Vertragsstaaten des Protokolls durch dieses ersetzt; vgl Art 18 HUP. Danach wäre das HUntÜ im Verhältnis zu den Vertragsstaaten, die dem Protokoll bisher nicht beigetreten sind, dh im Verhältnis zu **Albanien, Japan,** der **Schweiz** und der **Türkei,** auch nach dem 18.6.2011 weiter anzuwenden (so *Andrae* GPR 10, 196 ff; *Henrich,* IntSchR Rn 136; näher → Rn 476).

791 Demgegenüber verdrängt das Haager Unterhaltsprotokoll nach zutreffender Auffassung das HUntÜ 1973 vollständig. Das HUntÜ 1973 ist daher in ab dem 18.6.2011 eingeleiteten Verfahren (→ Rn 784) vor deutschen Gerichten nicht mehr anwendbar (*Bonomi*-Bericht Rn 197; BT-Drs 17/4887 S 53; BeckOK-BGB/*Heiderhoff* Art 18 HUP Rn 4; dazu näher → Rn 774 f mwN). Aus diesem Grunde wird das HUntÜ nachfolgend nur noch in der deutschen Übersetzung abgedruckt, aber nicht mehr kommentiert.

Kapitel I. Anwendungsbereich

HUntÜ Art 1. [Sachlicher Anwendungsbereich]

Dieses Übereinkommen ist auf Unterhaltspflichten anzuwenden, die sich aus Beziehungen der Familie, Verwandtschaft, Ehe oder Schwägerschaft ergeben, einschließlich der Unterhaltspflicht gegenüber einem nichtehelichen Kind.

HUntÜ Art 2. [Beschränkung auf Unterhaltspflicht]

(1) Dieses Übereinkommen regelt das Kollisionsrecht nur auf dem Gebiet der Unterhaltspflicht.

(2) Die in Anwendung dieses Übereinkommens ergangenen Entscheidungen greifen dem Bestehen einer der in Artikel 1 genannten Beziehungen nicht vor.

HUntÜ Art 3. [Universelle Geltung]

Das von diesem Übereinkommen bestimmte Recht ist unabhängig vom Erfordernis der Gegenseitigkeit anzuwenden, auch wenn es das Recht eines Nichtvertragsstaats ist.

II. Internationales Privatrecht: HUntÜ Art 11

C

Kapitel II. Anzuwendendes Recht

HUntÜ Art 4. [Aufenthaltsrecht]

(1) Für die in Artikel 1 genannten Unterhaltspflichten ist das am gewöhnlichen Aufenthalt des Unterhaltsberechtigten geltende innerstaatliche Recht maßgebend.

(2) Wechselt der Unterhaltsberechtigte seinen gewöhnlichen Aufenthalt, so ist vom Zeitpunkt des Aufenthaltswechsels an das innerstaatliche Recht des neuen gewöhnlichen Aufenthalts anzuwenden.

HUntÜ Art 5. [Gemeinsames Heimatrecht]

Kann der Berechtigte nach dem in Artikel 4 vorgesehenen Recht vom Verpflichteten keinen Unterhalt erhalten, so ist das Recht des Staates, dem sie gemeinsam angehören, anzuwenden.

HUntÜ Art 6. [Lex fori]

Kann der Berechtigte nach den in den Artikeln 4 und 5 vorgesehenen Rechten vom Verpflichteten keinen Unterhalt erhalten, so ist das innerstaatliche Recht der angerufenen Behörde anzuwenden.

HUntÜ Art 7. [Verwandte in der Seitenlinie; Verschwägerte]

Bei Unterhaltspflichten zwischen Verwandten in der Seitenlinie oder Verschwägerten kann der Verpflichtete dem Anspruch des Berechtigten entgegenhalten, dass nach dem Recht des Staates, dem sie gemeinsam angehören, oder, mangels einer gemeinsamen Staatsangehörigkeit, nach dem innerstaatlichen Recht am gewöhnlichen Aufenthalt des Verpflichteten eine solche Pflicht nicht besteht.

HUntÜ Art 8. [Unterhalt von geschiedenen Ehegatten]

(1) Abweichend von den Artikeln 4 bis 6 ist in einem Vertragsstaat, in dem eine Ehescheidung ausgesprochen oder anerkannt worden ist, für die Unterhaltspflichten zwischen den geschiedenen Ehegatten und die Änderung von Entscheidungen über diese Pflichten das auf die Ehescheidung angewandte Recht maßgebend.

(2) Absatz 1 ist auch im Fall einer Trennung ohne Auflösung des Ehebandes und im Fall einer für nichtig oder als ungültig erklärten Ehe anzuwenden.

HUntÜ Art 9. [Erstattungsanspruch öffentlicher Einrichtungen]

Für das Recht einer öffentliche Aufgaben wahrnehmenden Einrichtung auf Erstattung der dem Unterhaltsberechtigten erbrachten Leistungen ist das Recht maßgebend, dem die Einrichtung untersteht.

HUntÜ Art 10. [Anwendungsbereich des Unterhaltsstatuts]

Das auf eine Unterhaltspflicht anzuwendende Recht bestimmt insbesondere,
1. ob, in welchem Ausmaß und von wem der Berechtigte Unterhalt verlangen kann;
2. wer zur Einleitung des Unterhaltsverfahrens berechtigt ist und welche Fristen für die Einleitung gelten;
3. das Ausmaß der Erstattungspflicht des Unterhaltsverpflichteten, wenn eine öffentliche Aufgaben wahrnehmende Einrichtung die Erstattung der dem Berechtigten erbrachten Leistungen verlangt.

HUntÜ Art 11. [Ordre public]

(1) Von der Anwendung des durch dieses Übereinkommen bestimmten Rechtes darf nur abgesehen werden, wenn sie mit der öffentlichen Ordnung offensichtlich unvereinbar ist.

497

C   1. Teil. Erkenntnisverfahren C. Unterhaltssachen

(2) Jedoch sind bei der Bemessung des Unterhaltsbetrages die Bedürfnisse des Berechtigten und die wirtschaftlichen Verhältnisse des Unterhaltsverpflichteten zu berücksichtigen, selbst wenn das anzuwendende Recht etwas anderes bestimmt.

Kapitel III. Verschiedene Bestimmungen

HUntÜ Art 12. [Zeitlicher Anwendungsbereich]

Dieses Übereinkommen ist nicht auf Unterhalt anzuwenden, der in einem Vertragsstaat für eine vor dem Inkrafttreten des Übereinkommens in diesem Staat liegende Zeit verlangt wird.

HUntÜ Art 13. [Vorbehalte: Beschränkung auf Ehegatten und Kinder]

Jeder Vertragsstaat kann sich gemäß Artikel 24 das Recht vorbehalten, dieses Übereinkommen nur anzuwenden auf Unterhaltspflichten

1. zwischen Ehegatten und zwischen früheren Ehegatten;
2. gegenüber einer Person, die das einundzwanzigste Lebensjahr noch nicht vollendet hat und unverheiratet ist.

Einen Vorbehalt nach Art 13 hat bisher kein Vertragsstaat erklärt.

HUntÜ Art 14. [Vorbehalte: Ausschluss von Verwandten in der Seitenlinie; Verschwägerten oder geschiedenen Ehegatten]

Jeder Vertragsstaat kann sich gemäß Artikel 24 das Recht vorbehalten, dieses Übereinkommen nicht anzuwenden auf Unterhaltspflichten

1. zwischen Verwandten in der Seitenlinie;
2. zwischen Verschwägerten;
3. zwischen geschiedenen oder ohne Auflösung des Ehebandes getrennten Ehegatten oder zwischen Ehegatten, deren Ehe für nichtig oder als ungültig erklärt worden ist, wenn das Erkenntnis auf Scheidung, Trennung, Nichtigkeit oder Ungültigkeit der Ehe in einem Versäumnisverfahren in einem Staat ergangen ist, in dem die säumige Partei nicht ihren gewöhnlichen Aufenthalt hatte.

792   Einen Vorbehalt nach Art 14 haben *Griechenland* (zu Nr 1–3), *Luxemburg* (zu Nr 3), *Polen* (zu Nr 2 und 3), *Portugal* (zu Nr 2 und 3), die *Schweiz* (zu Nr 1 und 2) und die *Türkei* (zu Nr 1 und 2) erklärt. *Luxemburg* wendet im Fall der Nr 3 nur die Art 4–6 HUntÜ an. Die *Schweiz* hat den Vorbehalt inzwischen mit Wirkung v 1.6.1993 wieder zurückgenommen (Bek v 22.6.1993, BGBl II 1007).

HUntÜ Art 15. [Vorbehalt: Lex fori]

Jeder Vertragsstaat kann gemäß Artikel 24 einen Vorbehalt machen, dass seine Behörden sein innerstaatliches Recht anwenden werden, wenn sowohl der Berechtigte als auch der Verpflichtete Staatsangehörige dieses Staates sind und der Verpflichtete dort seinen gewöhnlichen Aufenthalt hat.

793   Einen Vorbehalt nach Art 15 haben die *Bundesrepublik Deutschland* (bez. aller Deutscher iS des Grundgesetzes, vgl BGH FamRZ 09, 962m Anm *Born*), sowie *Italien, Litauen, Luxemburg, die Niederlande* (auch mit Wirkung für die Niederländischen Antillen und mit Wirkung vom 1.1.1986 für Aruba), *Polen, Portugal, die Schweiz, Spanien* und die *Türkei* erklärt.

HUntÜ Art 16. [Mehrrechtsstaaten]

Kommt das Recht eines Staates mit zwei oder mehr Rechtsordnungen mit räumlicher oder personeller Anwendung auf dem Gebiet der Unterhaltspflicht in Betracht – beispielsweise, wenn auf das Recht des gewöhnlichen Aufenthalts des Berechtigten oder des Verpflichteten oder auf das Recht des Staates, dem sie gemeinsam angehören, verwiesen wird –, so ist die Rechtsordnung anzuwenden, die durch die in diesem Staat geltenden Vorschriften bestimmt wird, oder mangels solcher Vorschriften die Rechtsordnung, zu der die Beteiligten die engsten Bindungen haben.

II. Internationales Privatrecht: HUntÜ Art 23   **C**

HUntÜ Art 17. [Interlokale Kollisionsfälle]

Ein Vertragsstaat, in dem verschiedene Gebietseinheiten ihre eigenen Rechtsvorschriften über die Unterhaltspflicht haben, ist nicht verpflichtet, dieses Übereinkommen auf Kollisionsfälle anzuwenden, die nur seine Gebietseinheiten betreffen.

HUntÜ Art 18. [Verhältnis zum Haager Übk v 24.10.1956]

(1) Dieses Übereinkommen ersetzt in den Beziehungen zwischen den Staaten, die Vertragsparteien sind, das Haager Übereinkommen vom 24. Oktober 1956 über das auf Unterhaltsverpflichtungen gegenüber Kindern anzuwendende Recht.

(2) Jedoch ist Absatz 1 nicht auf einen Staat anzuwenden, der durch einen Vorbehalt nach Artikel 13 die Anwendung dieses Übereinkommens auf Unterhaltspflichten gegenüber Personen ausgeschlossen hat, die das einundzwanzigste Lebensjahr noch nicht vollendet haben und unverheiratet sind.

HUntÜ Art 19. [Verhältnis zu anderen Staatsverträgen]

Dieses Übereinkommen berührt nicht andere internationale Übereinkünfte, deren Vertragspartei ein Vertragsstaat des Übereinkommens ist oder wird und die Bestimmungen über die durch dieses Übereinkommen geregelten Angelegenheiten enthalten.

Kapitel IV. Schlussbestimmungen

HUntÜ Art 20. [Zeichnung]

(1) Dieses Übereinkommen liegt für die Staaten zur Unterzeichnung auf, die Mitglieder der Haager Konferenz für Internationales Privatrecht zur Zeit ihrer Zwölften Tagung waren.

(2) Es bedarf der Ratifikation. Annahme oder Genehmigung: die Ratifikations-, Annahme- oder Genehmigungsurkunden sind beim Ministerium für Auswärtige Angelegenheiten der Niederlande zu hinterlegen.

HUntÜ Art 21. [Beitritt]

(1) Jeder Staat, der erst nach der Zwölften Tagung Mitglied der Konferenz geworden ist, oder der Mitglied der Vereinten Nationen oder einer ihrer Sonderinstitutionen ist, oder der Satzung des Internationalen Gerichtshofs angehört, kann diesem Übereinkommen beitreten, nachdem es nach Artikel 25 Absatz 1 in Kraft getreten ist.

(2) Die Beitrittsurkunde ist beim Ministerium für Auswärtige Angelegenheiten der Niederlande zu hinterlegen.

HUntÜ Art 22. [Erstreckung auf Hoheitsgebiete]

(1) ¹Jeder Staat kann bei der Unterzeichnung, der Ratifikation, der Annahme, der Genehmigung oder dem Beitritt erklären, dass sich dieses Übereinkommen auf alle Hoheitsgebiete, deren internationale Beziehungen er wahrnimmt, oder auf eines oder mehrere dieser Hoheitsgebiete erstreckt. ²Diese Erklärung wird wirksam, sobald das Übereinkommen für den betreffenden Staat in Kraft tritt.

(2) Jede spätere Erstreckung dieser Art ist dem Ministerium für Auswärtige Angelegenheiten der Niederlande zu notifizieren.

Die *Niederlande* haben eine solche Erklärung in bezug auf die Niederländischen Antillen und **794** mit Wirkung vom 1.1.1986 für *Aruba* abgegeben (BGBl 87 II, 225).

HUntÜ Art 23. [Mehrrechtsstaaten]

(1) Ein Vertragsstaat, der aus zwei oder mehr Gebietseinheiten besteht, in denen verschiedene Rechtsordnungen auf dem Gebiet der Unterhaltspflicht gelten, kann bei der Unterzeichnung, der Ratifikation, der Annahme, der Genehmigung oder dem

499

C

Beitritt erklären, dass sich dieses Übereinkommen auf alle diese Gebietseinheiten oder nur auf eine oder mehrere dieser Gebietseinheiten erstreckt; er kann diese Erklärung jederzeit durch Abgabe einer neuen Erklärung ändern.

(2) Diese Erklärungen sind dem Ministerium für Auswärtige Angelegenheiten der Niederlande unter ausdrücklicher Bezeichnung der Gebietseinheit, für die das Übereinkommen gilt, zu notifizieren.

HUntÜ Art 24. [Vorbehalte]

(1) [1]Jeder Staat kann spätestens bei der Ratifikation, der Annahme, der Genehmigung oder dem Beitritt einen oder mehrere der in den Artikeln 13 bis 15 vorgesehenen Vorbehalte machen. [2]Andere Vorbehalte sind nicht zulässig.

(2) Jeder Staat kann ferner, wenn er eine Erstreckung des Übereinkommens nach Artikel 22 notifiziert, die Wirkung eines oder mehrerer dieser Vorbehalte auf alle oder einige der von der Erstreckung erfassten Gebiete beschränken.

(3) [1]Jeder Vertragsstaat kann einen von ihm angebrachten Vorbehalt jederzeit zurückziehen. [2]Ein solcher Rückzug ist dem Ministerium für Auswärtige Angelegenheiten der Niederlande zu notifizieren.

(4) Die Wirkung des Vorbehalts endet am ersten Tag des dritten Kalendermonats nach der in Absatz 3 genannten Notifikation.

HUntÜ Art 25. [Inkrafttreten]

(1) Dieses Übereinkommen tritt am ersten Tag des dritten Kalendermonats nach der in Artikel 20 vorgesehenen Hinterlegung der dritten Ratifikations-, Annahme oder Genehmigungsurkunde in Kraft.

(2) Später tritt das Übereinkommen in Kraft

1. für jeden Unterzeichnerstaat, der es später ratifiziert, annimmt oder genehmigt, am ersten Tag des dritten Kalendermonats nach Hinterlegung seiner Ratifikations-, Annahme- oder Genehmigungsurkunde;
2. für jeden beitretenden Staat am ersten Tag des dritten Kalendermonats nach Hinterlegung seiner Beitrittsurkunde;
3. für die Gebiete, auf die das Übereinkommen nach Artikel 22 erstreckt worden ist, am ersten Tag des dritten Kalendermonats nach der im genannten Artikel vorgesehenen Notifikation.

HUntÜ Art 26. [Geltungsdauer]

(1) Dieses Übereinkommen gilt für die Dauer von fünf Jahren, vom Tag seines Inkrafttretens nach Artikel 25 Absatz 1 an gerechnet, und zwar auch für die Staaten, die es später ratifiziert, angenommen oder genehmigt haben oder ihm später beigetreten sind.

(2) Die Geltungsdauer des Übereinkommens verlängert sich, außer im Fall der Kündigung, stillschweigend um jeweils fünf Jahre.

(3) [1]Die Kündigung ist spätestens sechs Monate vor Ablauf der fünf Jahre dem Ministerium für Auswärtige Angelegenheiten der Niederlande zu notifizieren. [2]Sie kann sich auf bestimmte Gebiete beschränken, für die das Übereinkommen gilt.

[1]Die Kündigung wirkt nur für den Staat, der sie notifiziert hat. [2]Für die anderen Vertragsstaaten bleibt das Übereinkommen in Kraft.

HUntÜ Art 27. [Notifizierung]

Das Ministerium für Auswärtige Angelegenheiten der Niederlande notifiziert den Mitgliedstaaten der Konferenz sowie den Staaten, die nach Artikel 21 beigetreten sind:

1. jede Unterzeichnung, Ratifikation, Annahme und Genehmigung nach Artikel 20;
2. den Tag, an dem dieses Übereinkommen nach Artikel 25 in Kraft tritt;
3. jeden Beitritt nach Artikel 21 und den Tag, an dem der Beitritt wirksam wird;
4. jede Erstreckung nach Artikel 22 und den Tag, an dem sie wirksam wird;

II. Internationales Privatrecht   **795–799 C**

5. jede Erklärung nach Artikel 23 und jede Änderung derselben sowie den Tag, an
   dem diese Erklärung und ihre Änderung wirksam werden;
6. jede Kündigung nach Artikel 26;
7. jeden Vorbehalt nach den Artikeln 13–15 und 24 sowie den Rückzug von Vorbehalten nach Artikel 24.

240. Haager Übereinkommen über das auf Unterhaltsverpflichtungen gegenüber Kindern anzuwendende Recht (HKUntÜ)

Vom 24. Oktober 1956 (BGBl 1961 II, 1013)

Schrifttum: *Jacobs,* Der räumlich-persönliche Anwendungsbereich des Haager Unterhaltsabkommens, NJW 67, 1065; *Müller,* Zweifelsfragen bei der Anwendung des Haager Unterhaltsabkommens, NJW 97,141; *Ring,* Das auf die Unterhaltspflicht gegenüber Kindern anzuwendende Recht nach dem HKindUntÜ, ZFE 08, 130; *Siehr,* Haager Unterhaltsstatutabkommen und gerichtliche Vaterschaftsfeststellung, FamRZ 71, 398.

Vorbemerkung

1. Vertragsstaaten

Das Übk ist für die *Bundesrepublik Deutschland* am 1.1.1962 im Verhältnis zu *Italien, Luxemburg* **795** und *Österreich* in Kraft getreten (Bek v 27.12.1961, BGBl 62 II, 16). Es gilt heute ferner im Verhältnis zu *Belgien* (seit 25.10.1970, BGBl 71 II, 23), *Frankreich* (seit 1.7.1963, BGBl II, 911), *Japan* (seit 19.9.1977, BGBl II, 1157), *Liechtenstein* (seit 18.2.1973, BGBl II, 716), den *Niederlanden* (seit 14.12.1962, BGBl 63 II, 42), *Portugal* (seit 3.2.1969, BGBl 70 II, 205), der *Schweiz* (seit 17.1.1965, BGBl II, 40), *Spanien* (seit 25.5.1974, BGBl II, 1109) und der *Türkei* (seit 28.4.1972, BGBl II, 1460). Das Übk gilt auch nach dem Übergang der Souveränitätsrechte für *Macau* von *Portugal* auf *China* mit Wirkung v 20.12.1999 im Verhältnis zur chinesischen Sonderverwaltungsregion *Macau* fort (BGBl 03 II, 789, 797).

2. Anwendungsbereich

a) Sachlicher Anwendungsbereich. Sachlich gilt das Übk nur auf dem Gebiet der **Unter-** **796** **haltspflicht** und greift einer Entscheidung über das Bestehen der von ihm vorausgesetzten Familienbeziehungen für andere Zwecke nicht vor (Art 5 Abs 2). Es gilt daher insbesondere für die Frage, „ob, in welchem Ausmaß und von wem ein Kind Unterhalt verlangen kann" (Art 1 Abs 1). Weiter erfasst es auch die Frage, „wer die Unterhaltsklage erheben kann und welche Fristen für die Klageerhebung gelten" (Art 1 Abs 3).

b) Persönlicher Anwendungsbereich. Das HKUntÜ regelt das Kollisionsrecht auf dem **797** Gebiet der Unterhaltspflicht lediglich gegenüber (ehelichen, nichtehelichen wie adoptierten) unverheirateten Kindern, die das 21. Lebensjahr noch nicht vollendet haben (Art 1 Abs 4). Ausdrücklich ausgenommen werden unterhaltsrechtliche Beziehungen zwischen Verwandten in der Seitenlinie (Art 5 Abs 1).

3. Verhältnis zu anderen Rechtsinstrumenten

Wegen des Vorrangs des Haager Übk über das auf Unterhaltspflichten anzuwendende Recht **798** **(HUntÜ)** v 2.10.1973 war das HKUntÜ v 24.10.1956 aus deutscher Sicht schon seit dem 1.4.1987 nur noch im Verhältnis zu *Belgien, Liechtenstein, Österreich* und der chinesischen Sonderverwaltungsregion *Macau* anzuwenden, vgl Art 18 Abs 1 HUntÜ. Für Parteien, die ausschließlich die iranische Staatsangehörigkeit haben, wird es ferner durch das deutsch- iranische Niederlassungsabkommen von 1929 (→ Rn 809 ff) verdrängt.

Das HKUntÜ wird ferner seit der vorläufigen Anwendung des Haager Protokolls über das auf **799** Unterhaltspflichten anzuwendende Recht **(HUP)** v 23.11.2007 durch die Mitgliedstaaten der EU aufgrund des Ratsbeschlusses v 30.11.2009 (→ Rn 492) im Verhältnis der Vertragsstaaten des Protokolls zueinander durch dieses ersetzt; vgl Art 18 HUP. Das HKUntÜ ist hingegen aus deutscher Sicht auch nach dem 18.6.2011 weiterhin im Verhältnis zu **Liechtenstein** und zu **China/Macau** anzuwenden (Rauscher/*Andrae* Art 18 HUP Rn 1). Seine Ersetzung durch das HUP auch im Verhältnis zu Nichtvertragsstaaten scheitert schon daran, dass das Protokoll einen wesentlich weiteren sachlichen Anwendungsbereich hat, an den die Vertragsstaaten des HKUntÜ nicht ohne ihre Zustimmung gebunden werden können.

501

C 805

1. Teil. Erkenntnisverfahren C. Unterhaltssachen

HKUntÜ Art 1. [Aufenthaltsrecht]

(1) **Ob, in welchem Ausmaß und von wem ein Kind Unterhalt verlangen kann, bestimmt sich nach dem Recht des Staates, in dem das Kind seinen gewöhnlichen Aufenthalt hat.**

(2) **Wechselt das Kind seinen gewöhnlichen Aufenthalt, so wird vom Zeitpunkt des Aufenthaltswechsels an das Recht des Staates angewendet, in dem das Kind seinen neuen gewöhnlichen Aufenthalt hat.**

(3) **Das in den Absätzen 1 und 2 bezeichnete Recht gilt auch für die Frage, wer die Unterhaltsklage erheben kann und welche Fristen für die Klageerhebung gelten.**

(4) **„Kind" im Sinne dieses Übereinkommens ist jedes eheliche, uneheliche oder an Kindes Statt angenommene Kind, das unverheiratet ist und das 21. Lebensjahr noch nicht vollendet hat.**

800   Nach Abs 1 werden Unterhaltsansprüche von Kindern – in Übereinstimmung mit Art 3 Abs 1 HUP – an das Recht des Staates angeknüpft, in dem das Kind seinen **gewöhnlichen Aufenthalt** hat. Wegen des Vorrangs des HUP ist die Anwendbarkeit des Übk aus deutscher Sicht freilich auf die seltenen Fälle beschränkt, in denen das Kind seinen gewöhnlichen Aufenthalt in *Liechtenstein* oder *China/Macau* hat. Das Unterhaltsstatut ist nach Abs 2 – wiederum im Einklang mit dem HUP (Art 3 Abs 2) – **wandelbar**, ändert sich also durch die Verlegung des gewöhnlichen Kindesaufenthalts in einen anderen Vertragsstaat.

801   Aus Art 1 Abs 1 wird überwiegend gefolgert, dass die **Vorfrage** nach dem Bestehen einer Familienbeziehung (zB der Vaterschaft eines nicht mit der Mutter verheirateten Mannes) im HKUntÜ nicht – wie nach dem HUP (→ Rn 538 ff) – gesondert angeknüpft wird, sondern einen Teil der Hauptfrage „Unterhaltsberechtigung" bildet und deshalb ebenfalls dem Recht am gewöhnlichen Aufenthalt des Kindes unterliegt (Staud/*Mankowski* [2003] Art 18 EGBGB Anh II Rn 11).

HKUntÜ Art 2. [Lex fori]

Abweichend von den Bestimmungen des Artikels 1 kann jeder Vertragsstaat sein eigenes Recht für anwendbar erklären,

a) **wenn der Unterhaltsanspruch vor einer Behörde dieses Staates erhoben wird,**
b) **wenn die Person, gegen die der Anspruch erhoben wird, und das Kind die Staatsangehörigkeit dieses Staates besitzen und**
c) **wenn die Person, gegen die der Anspruch erhoben wird, ihren gewöhnlichen Aufenthalt in diesem Staat hat.**

802   Den Vorbehalt nach Art 2 haben sowohl die *Bundesrepublik Deutschland* wie auch *Liechtenstein* erklärt. Art 1a des deutschen ZustimmungsG v 24.10.1956 idF des ErgänzungsG v 2.6.1972 (BGBl II, 589) lautet:

803   *Art. 1a. Auf Unterhaltsansprüche deutscher Kinder findet deutsches Recht Anwendung, wenn die Voraussetzungen des Artikels 2 des Übereinkommens vorliegen.*

804   Für die Anwendung von Art 2 ist erforderlich, dass die in lit a–lit c genannten drei Voraussetzungen **kumulativ** vorliegen. Danach kommt abweichend von Art 1 deutsches Recht zur Anwendung, wenn ein deutsches Kind mit gewöhnlichem Aufenthalt in *Liechtenstein* Unterhalt von einem ebenfalls deutschen Elternteil mit gewöhnlichem Aufenthalt in Deutschland in einem inländischen Verfahren geltend macht.

HKUntÜ Art 3. [Innerstaatliches Kollisionsrecht]

Versagt das Recht des Staates, in dem das Kind seinen gewöhnlichen Aufenthalt hat, ihm jeden Anspruch auf Unterhalt, so findet entgegen den vorstehenden Bestimmungen das Recht Anwendung, das nach den innerstaatlichen Kollisionsnormen der angerufenen Behörde maßgebend ist.

805   Eine weitere Ausnahme von der grundsätzlichen Geltung des Rechts am gewöhnlichen Aufenthalt des Kindes lässt Art 3 zu, wenn das von Art 1 Abs 1 bestimmte Recht dem Kind

502

II. Internationales Privatrecht: HKUntÜ Art 9   **C**

jeglichen Unterhalt verweigert. Verwiesen wird allerdings nicht – wie nach Art 4 Abs 2 HUP – unmittelbar auf das Sachrecht der *lex fori,* sondern auf das vom autonomen **Kollisionsrecht** des Gerichtsstaats bestimmte Recht. In Deutschland sind die „innerstaatlichen Kollisionsnormen der angerufenen Behörde" freilich wiederum die Regeln des HUP.

HKUntÜ Art 4. [Ordre public]

Von der Anwendung des in diesem Übereinkommen für anwendbar erklärten Rechts kann nur abgesehen werden, wenn seine Anwendung mit der öffentlichen Ordnung des Staates, dem die angerufene Behörde angehört, offensichtlich unvereinbar ist.

Vgl die Kommentierung zu Art 13 HUP (→ Rn 742 ff).   **806**

HKUntÜ Art 5. [Verwandte in der Seitenlinie; familienrechtliche Vorfragen]

(1) Dieses Übereinkommen findet auf die unterhaltsrechtlichen Beziehungen zwischen Verwandten in der Seitenlinie keine Anwendung.

(2) ¹Das Übereinkommen regelt das Kollisionsrecht nur auf dem Gebiet der Unterhaltspflicht. ²Der Frage der sonstigen familienrechtlichen Beziehungen zwischen Schuldner und Gläubiger und der Frage der Abstammung kann durch Entscheidungen, die auf Grund dieses Übereinkommens ergehen, nicht vorgegriffen werden.

HKUntÜ Art 6. [Beschränkung auf Rechte der Vertragsstaaten]

Dieses Übereinkommen findet nur auf die Fälle Anwendung, in denen das in Artikel 1 bezeichnete Recht das Recht eines Vertragsstaates ist.

Anders als das HUP (Art 2; → Rn 557) und das HUntÜ (Art 3) beansprucht das HKUntÜ **807** keine universelle Anwendung; es gilt vielmehr nur dann, wenn das Kind seinen gewöhnlichen Aufenthalt iSv Art 1 in einem Vertragsstaat hat. Auf die Staatsangehörigkeit des Kindes kommt es hingegen nicht an.

HKUntÜ Art 7. [Zeichnung]

(1) Dieses Übereinkommen steht den Staaten, die auf der Achten Tagung der Haager Konferenz für internationales Privatrecht vertreten waren, zur Unterzeichnung offen.

(2) ¹Es bedarf der Ratifizierung, und die Ratifikationsurkunden sollen beim Ministerium für auswärtige Angelegenheiten der Niederlande hinterlegt werden. ²Über jede Hinterlegung von Ratifikationsurkunden wird ein Protokoll aufgenommen, wovon jedem Unterzeichnerstaat auf diplomatischem Wege eine beglaubigte Abschrift übermittelt wird.

HKUntÜ Art 8. [Inkrafttreten]

¹Dieses Übereinkommen tritt am sechzigsten Tage nach der in Artikel 7, Absatz 2 vorgesehenen Hinterlegung der vierten Ratifikationsurkunde in Kraft. ²Für jeden Unterzeichnerstaat, der später ratifiziert, tritt das Übereinkommen am sechzigsten Tage nach Hinterlegung seiner Ratifikationsurkunde in Kraft.

HKUntÜ Art 9. [Erstreckung auf Hoheitsgebiete]

(1) Dieses Übereinkommen findet auf das Mutterland jedes Vertragsstaates ohne weiteres Anwendung.

(2) ¹Wünscht ein Vertragsstaat die Inkraftsetzung des Übereinkommens in allen oder einzelnen anderen Gebieten, deren internationale Beziehungen er wahrnimmt, so hat er diese Absicht durch eine Urkunde zu notifizieren, die beim Ministerium für auswärtige Angelegenheiten der Niederlande hinterlegt wird. ²Dieses übermittelt jedem der Vertragsstaaten auf diplomatischem Wege eine beglaubigte Abschrift.

503

C　　　　　　　　　　　　　　　　　　　　1. Teil. Erkenntnisverfahren C. Unterhaltssachen

(3) Das Übereinkommen tritt in Kraft im Verhältnis zwischen den Staaten, die innerhalb von sechs Monaten nach dieser Mitteilung keine Einwendungen erheben, und jedem Gebiet, dessen internationale Beziehungen der betreffende Staat wahrnimmt und für welches er die Notifizierung vorgenommen hat.

HKUntÜ Art 10. [Beitritt]

(1) [1]Jeder Staat, der auf der Achten Tagung der Konferenz nicht vertreten war, kann diesem Übereinkommen beitreten, es sei denn, dass ein oder mehrere Staaten, welche das übereinkommen ratifiziert haben, innerhalb einer Frist von sechs Monaten, nachdem die niederländische Regierung den Beitritt mitgeteilt hat, dagegen Einspruch erheben. [2]Der Beitritt erfolgt in der in Artikel 7, Absatz 2 vorgesehenen Weise.

(2) Es besteht Einverständnis darüber, dass Beitritte erst erfolgen können, nachdem dieses Übereinkommen gemäss Artikel 8, Absatz 1 in Kraft getreten ist.

HKUntÜ Art 11. [Vorbehalt für adoptierte Kinder]

Jeder Vertragsstaat kann sich bei Unterzeichnung oder Ratifizierung dieses Übereinkommens oder bei seinem Beitritt vorbehalten, es nicht auf die an Kindes Statt angenommenen Kinder anzuwenden.

808　　Den Vorbehalt nach Art 11 hat kein Vertragsstaat erklärt.

HKUntÜ Art 12. [Geltungsdauer]

(1) Dieses Übereinkommen gilt für die Dauer von fünf Jahren, von dem in Artikel 8, Absatz 1 bezeichneten Zeitpunkt an gerechnet.

Mit demselben Zeitpunkt beginnt diese Frist auch für die Staaten zu laufen, welche das Übereinkommen später ratifizieren oder ihm später beitreten.

Ausser im Falle einer Kündigung gilt das Übereinkommen als stillschweigend um jeweils fünf Jahre erneuert.

(2) [1]Die Kündigung ist wenigstens sechs Monate vor Ablauf der Frist dem Ministerium für auswärtige Angelegenheiten der Niederlande zu notifizieren, das hiervon allen anderen Vertragsstaaten Kenntnis geben wird. [2]Die Kündigung kann sich auf alle oder einzelne Gebiete beschränken, die in einer auf Grund des Artikels 9, Absatz 2 erfolgten Notifikation aufgeführt sind.

250. Niederlassungsabkommen zwischen dem Deutschen Reich und dem Kaiserreich Persien

Vom 17. Februar 1929 (RGBl 1930 II, 1006)

Schrifttum: → A vor Rn 534.

809　　Im deutsch-iranischen Verhältnis hat das durch Protokoll v 4.11.1954 (BGBl 55 II, 829) wieder in Kraft gesetzte und auch nach der iranischen Revolution von 1979 fortgeltende deutsch-iranische Niederlassungsabkommen v 17.2.1929 (RGBl 30 II, 1006) nicht nur für die bis zum 18.6.2011 eingeleiteten Unterhaltsverfahren gem Art 19 HUntÜ/Art 3 Nr 2 EGBGB Vorrang vor den Kollisionsregeln der Art 4 ff HUntÜ/Art 18 EGBGB, sondern auch für danach eingeleitete Unterhaltsverfahren gemäß **Art 19 Abs 1 HUP** vor den Kollisionsnormen dieses Protokolls (Erman/*Hohloch* vor Art 1 HUP Rn 5, → Rn 778). Das Abkommen regelt zwar nicht die internationale Zuständigkeit, sodass auch für Unterhaltsstreitigkeiten von iranischen Staatsangehörigen vor deutschen Gerichten die Art 3 ff EuUntVO gelten; es enthält jedoch in Art 8 Abs 3 eine umfassende Kollisionsregel zum Personen-, Familien- und Erbrecht.

Art. 8. [Personen-, Familien- und Erbrecht]

(3) [1]In bezug auf das Personen-, Familien- und Erbrecht bleiben die Angehörigen jedes der vertragschließenden Staaten im Gebiet des anderen Staates jedoch den Vorschriften ihrer heimischen Gesetze unterworfen. [2]Die Anwendung dieser Gesetze kann

504

II. Internationales Privatrecht: Art 8   810–815 **C**

von dem anderen vertragschließenden Staat nur ausnahmsweise und nur insoweit ausgeschlossen werden, als ein solcher Ausschluss allgemein gegenüber jedem anderen fremden Staat erfolgt.

Das Abk erfasst als Teil des Familienrechts auch unterhaltsrechtliche Fragen (*Henrich*, IntSchR **810** Rn 137). Eine zu dem Geltungsbereich dieses Artikels abgegebene Erklärung, die nach dem Schlussprotokoll (RGBl 30 II, 1012) „einen Teil des Abkommens selbst bildet", lautet:

> „*Die vertragschließenden Staaten sind sich darüber einig, daß das Personen-, Familien- und Erbrecht, das heißt das Personalstatut, die folgenden Angelegenheiten umfaßt: Ehe, eheliches Güterrecht, Scheidung, Aufhebung der ehelichen Gemeinschaft, Mitgift, Vaterschaft, Abstammung, Annahme an Kindes statt, Geschäftsfähigkeit, Volljährigkeit, Vormundschaft und Pflegschaft, Entmündigung, testamentarische und gesetzliche Erbfolge, Nachlaßabwicklungen und Erbauseinandersetzungen, ferner alle anderen Angelegenheiten des Familienrechts unter Einschluß aller den Personenstand betreffenden Fragen.*"

1. Anwendungsbereich

Das Abkommen ist in sachlicher Hinsicht auf das gesamte Familienrecht anwendbar; es gilt **811** daher auch für Unterhaltpflichten zwischen Ehegatten oder zwischen Eltern und Kindern, auch wenn dies in der zuvor zitierten deutsch-iranischen Erklärung zu dem Übereinkommen nicht ausdrücklich festgestellt wird. In persönlicher Hinsicht ist Art 8 Abs 3 des Abkommens auf dem Gebiet des Familienrechts allerdings grundsätzlich nur auf solche Rechtsverhältnisse anwendbar, deren Beteiligte gemeinsam nur entweder die iranische oder die deutsche Staatsangehörigkeit besitzen (BGH FamRZ 86, 345 m Anm *Nolting* = IPRax 86, 382 m Anm *Böhmer* 362; *Schotten/ Wittkowski* FamRZ 95, 264/265; näher → A Rn 536 ff mwN).

Vor deutschen Gerichten ist Art 8 Abs 3 somit auf Unterhaltsverpflichtungen nur dann **812** anwendbar, wenn sowohl der Unterhaltsberechtigte wie auch der -verpflichtete übereinstimmend **nur die deutsche oder nur die iranische Staatsangehörigkeit** besitzen (BGH NJW-RR 86, 1005). Ist das Niederlassungsabkommen anwendbar, so bestimmen sich die Unterhaltspflichten zwischen iranischen Staatsangehörigen daher selbst dann nach iranischem Recht, wenn beide Parteien ihren gewöhnlichen Aufenthalt in Deutschland haben (OLG Celle NJOZ 11, 1993/1995; OLG Koblenz FamRZ 09, 611/614; OLG Zweibrücken FamRZ 07, 1555; OLG Stuttgart FamRZ 04, 25/26; AG Kerpen FamRZ 01, 1526).

Besteht die unterhaltsrechtliche Beziehung hingegen zwischen einem iranischen und einem **813** deutschen Beteiligten, so ist nicht das deutsch-iranische Niederlassungsabkommen, sondern das HUP anzuwenden. Gleiches gilt auch dann, wenn einer oder beide Beteiligte **Doppelstaater** sind, also sowohl die iranische als auch die deutsche Staatsangehörigkeit besitzen (BGH IPRax 86, 382/383; OLG Celle NJOZ 11, 1993/1995; OLG Bremen IPRax 85, 296 [LS]; *Schotten/ Wittkowski* FamRZ 95, 264/265; *Finger* FuR 99, 158/159; *Erman/Hohloch,* vor Art 1 HUP Rn 5). Beteiligte in diesem Sinne ist auch die Mutter, die als gesetzliche Vertreterin des Kindes Unterhalt vom Vater fordert (BGH aaO). Hat ein Beteiligter jedoch neben der iranischen Staatsangehörigkeit diejenige eines dritten Staates, so bleibt das Abk anwendbar, wenn es sich bei der iranischen Staatsangehörigkeit um seine effektive Staatsangehörigkeit handelt (vgl zum Erbrecht AG Hamburg IPRax 16, 472 m Anm *Wurmnest* 447).

Das Niederlassungsabkommen findet schließlich auch dann keine Anwendung, wenn die **814** Parteien zwar beide die iranische Staatsangehörigkeit besitzen, jedoch zumindest eine von ihnen den Status als **Flüchtling** iS der Genfer Flüchtlingskonvention oder als **Asylberechtigter** iSv §§ 1 ff AsylG erlangt und ihren gewöhnlichen Aufenthalt im Inland hat (BGH FamRZ 90, 31/ 35; OLG München IPRax 89, 238/240; *Schotten/Wittkowski* FamRZ 95, 264/266). Auch in diesem Fall bleibt es bei der Anwendung des HUP.

2. Anwendung des Heimatrechts

Art 8 Abs 3 des Abkommens enthält für das Unterhaltsrecht eine **Sachnormverweisung** auf **815** das iranische Recht, wenn beide Ehegatten nur die iranische Staatsangehörigkeit besitzen. Eine etwaige Rück- oder Weiterverweisung durch das iranische IPR bleibt außer Betracht. Auch eine abweichende Rechtswahl der Parteien nach Art 7, 8 HUP ist unzulässig. Da das iranische Familienrecht religiös gespalten ist, hat der deutsche Richter das maßgebende Sachrecht auch im Rahmen des deutsch-iranischen Niederlassungsabkommens mit Hilfe einer **Unteranknüpfung**

505

C 817   1. Teil. Erkenntnisverfahren C. Unterhaltssachen

gem Art 17 HUP zu bestimmen; sie führt im Regelfall zur Anwendung des islamisch-schiiti-schen Unterhaltsrechts.

3. Ordre public-Vorbehalt

816   Nach Art 8 Abs 3 S 2 des Abkommens kann die Anwendung der iranischen Gesetze in Verfahren vor deutschen Gerichten nur ausnahmsweise und nur insoweit ausgeschlossen werden, als ein solcher Ausschluss allgemein gegenüber jedem anderen fremden Staat erfolgt. Die Auslegung dieser Vorschrift führt zu dem Ergebnis, dass es sich hierbei um eine **besondere Ausprägung des „*ordre public*"-Grundsatzes** handelt (*Krüger* FamRZ 72, 6/7 ff). Ausnahmevorschriften iSv Art 8 Abs 3 S 2 sind somit die allgemeinen und besonderen „*ordre public*"-Klauseln des deutschen bzw iranischen Rechts. Aus diesem Grunde finden insbesondere Art 6 EGBGB bzw Art 13 HUP auch im Geltungsbereich von Art 8 Abs 3 S 2 des deutsch-iranischen Niederlassungsabkommens Anwendung (vgl zum Unterhaltsrecht BGH FamRZ 86, 382/384; OLG Celle NJOZ 11, 1993/1996; OLG Zweibrücken FamRZ 01, 920/921 f; *Schotten/Wittkowski* FamRZ 95, 264/267).

4. Autonomes Kollisionsrecht

260. Einführungsgesetz zum Bürgerlichen Gesetzbuch (EGBGB)

idF vom 21. September 1994 (BGBl I, 2494)

EGBGB Art 3. Anwendungsbereich; Verhältnis zu Regelungen der Europäischen Gemeinschaft und zu völkerrechtlichen Vereinbarungen

Soweit nicht

1. unmittelbar anwendbare Regelungen der Europäischen Union in ihrer jeweils geltenden Fassung, insbesondere
   a) ....,
   b) ....,
   c) **Art 15 der Verordnung (EG) Nr 4/2009 des Rates vom 18. Dezember 2008 über die Zuständigkeit, das anwendbare Recht, die Anerkennung und Vollstreckung von Entscheidungen und die Zusammenarbeit in Unterhaltssachen in Verbindung mit dem Haager Protokoll vom 23. November 2007 über das auf Unterhaltspflichten anzuwendende Recht,**
   d) .....
   e) .....
2. Regelungen in völkerrechtlichen Vereinbarungen, soweit sie unmittelbar anwendbares innerstaatliches Recht geworden sind,

maßgeblich sind, bestimmt sich das anzuwendende Recht bei Sachverhalten mit einer Verbindung zu einem ausländischen Staat nach den Vorschriften dieses Kapitels (Internationales Privatrecht).

817   Das internationale Unterhaltsprivatrecht ist seit dem 18.6.2011 weitgehend im Haager Protokoll über das auf Unterhaltspflichten anzuwendende Recht v 23.11.2007 (ABl EU L 331 v 16.12.2009, 19; **HUP**) normiert (. Das HUP findet aufgrund eines Beschlusses des Rats der Europäischen Union v 30.10.2009 (ABl EU L 331, 17) seit dem 18.6.2011 in allen Mitgliedstaaten mit Ausnahme von *Dänemark* und dem *Vereinigten Königreich* Anwendung (dazu *Mankowski* FamRZ 10, 1487). Aufgrund seines universellen Geltungsanspruchs verdrängt es das nationale Kollisionsrecht der Mitgliedstaaten in seinem sachlichen Anwendungsbereich vollständig.

EGBGB Art 18. Unterhalt.

(1) ¹Auf Unterhaltspflichten sind die Sachvorschriften des am jeweiligen gewöhnlichen Aufenthalt des Unterhaltsberechtigten geltenden Rechts anzuwenden. ²Kann der Berechtigte nach diesem Recht vom Verpflichteten keinen Unterhalt erhalten, so sind die Sachvorschriften des Rechts des Staates anzuwenden, dem sie gemeinsam angehören.

(2) Kann der Berechtigte nach dem gemäß Absatz 1 Satz 1 oder 2 anzuwendenden Recht vom Verpflichteten keinen Unterhalt erhalten, so ist deutsches Recht anzuwenden.

III. Zugang zum Recht   818–822   C

(3) Bei Unterhaltspflichten zwischen Verwandten in der Seitenlinie oder Verschwägerten kann der Verpflichtete dem Anspruch des Berechtigten entgegenhalten, dass nach den Sachvorschriften des Rechts des Staates, dem sie gemeinsam angehören, oder, mangels einer gemeinsamen Staatsangehörigkeit, des am gewöhnlichen Aufenthalt des Verpflichteten geltenden Rechts eine solche Pflicht nicht besteht.

(4) ¹Wenn eine Ehescheidung hier ausgesprochen oder anerkannt worden ist, so ist für die Unterhaltspflichten zwischen den geschiedenen Ehegatten und die Änderung von Entscheidungen über diese Pflichten das auf die Ehescheidung angewandte Recht maßgebend. ²Dies gilt auch im Fall einer Trennung ohne Auflösung des Ehebandes und im Fall einer für nichtig oder als ungültig erklärten Ehe.

(5) Deutsches Recht ist anzuwenden, wenn sowohl der Berechtigte als auch der Verpflichtete Deutsche sind und der Verpflichtete seinen gewöhnlichen Aufenthalt im Inland hat.

(6) Das auf eine Unterhaltspflicht anzuwendende Recht bestimmt insbesondere,
1. ob, in welchem Ausmaß und von wem der Berechtigte Unterhalt verlangen kann,
2. wer zur Einleitung des Unterhaltsverfahrens berechtigt ist und welche Fristen für die Einleitung gelten,
3. das Ausmaß der Erstattungspflicht des Unterhaltsverpflichteten, wenn eine öffentliche Aufgaben wahrnehmende Einrichtung den ihr nach dem Recht, dem sie untersteht, zustehenden Erstattungsanspruch für die Leistungen geltend macht, die sie dem Berechtigten erbracht hat.

(7) Bei der Bemessung des Unterhaltsbetrags sind die Bedürfnisse des Berechtigten und die wirtschaftlichen Verhältnisse des Unterhaltsverpflichteten zu berücksichtigen, selbst wenn das anzuwendende Recht etwas anderes bestimmt.

Die autonome Kollisionsnorm in Art 18 EGBGB wurde durch Art 12 Nr 2 des Auslands-   **818** unterhaltsgesetzes **(AUG)** v 23.5.2011 (BGBl I, 898) mit Wirkung v 18.6.2011 aufgehoben, weil seit diesem Zeitpunkt in Deutschland das Haager Unterhaltsprotokoll v 23.11.2007 mit universeller Wirkung gilt. Die Vorschrift ist weiter anzuwenden in Verfahren, die vor diesem Zeitpunkt vor einem deutschen Gericht eingeleitet wurden. Zum Übergangsrecht siehe Art 22 HUP (→ Rn 782 ff).

Art 18 orientierte sich weitgehend an den Vorschriften des Haager Übereinkommens über das   **819** auf Unterhaltspflichten anzuwendende Recht v 2.10.1973 (→ Rn 791 ff), vgl Art 4–8, 10, 11 Abs 2 und 15 dieses Übk.

III. Zugang zum Recht

1. Einführung

Die EuUntVO regelt den Zugang zum Recht und die Verfahrenskostenhilfe erstmals in Gestalt   **820** einer in jedem Mitgliedstaat unmittelbar anwendbaren Verordnung. Die Art 44 ff sind dementsprechend **prozessuale Sachnormen.** Sie normieren die Voraussetzungen für die Gewährung der Prozesskostenhilfe jedoch nicht abschließend; diese bestimmen sich vielmehr weiterhin teilweise nach nationalem Recht (Art 47 Abs 1). Im deutschen Recht gelten ergänzend die **§§ 20 ff AUG** (→ Rn 838 ff).

Das **Verfahren** zur Gewährung von Verfahrenskostenhilfe ist in der EuUntVO nicht geregelt.   **821** Insoweit sind die Vorschriften des nationalen Rechts heranzuziehen und damit auch die Bestimmungen der Richtlinie (EG) 2003/8/EG zur Verbesserung des Zugangs zum Recht bei Streitsachen mit grenzüberschreitendem Bezug durch Festlegung gemeinsamer Mindestvorschriften für die Prozesskostenhilfe in derartigen Streitsachen **(PKH-RL)** v 27.1.2002 (ABl EG L 26, 41 = *Jayme/Hausmann* Nr 226), die wiederum in Deutschland in den §§ 1076–1078 ZPO umgesetzt worden ist. Art 68 Abs 3 bestimmt explizit, dass die Anwendung der PKH-RL vorbehaltlich des Kap V unberührt bleibt. Die Art 44 ff sollen gem ErwG 36 (→ Anh III) die Vorschriften der PKH-RL ergänzen. Kapitel V regelt die Prozesskostenhilfe unabhängig davon, ob die Anträge über die Zentralen Behörden übermittelt oder direkt bei dem Gericht/der Behörde gestellt werden (Rauscher/*Andrae* Vorbem Art 44 ff EuUntVO Rn 4).

Kapitel V umfasst im Kern die Prozesskostenhilfe für Verfahren mit grenzüberschreitendem   **822** Bezug, die in den sachlichen Geltungsbereich der Verordnung fallen, einschließlich der Kostentragung für vorprozessuale Rechtsberatung. Die Kostentragung für die Inanspruchnahme der eigenen Dienste der Zentralen Behörden iSv Kapitel VII ist gesondert in Art 54 geregelt.

C 823, 824   1. Teil. Erkenntnisverfahren C. Unterhaltssachen

2. EU-Recht

270. Verordnung (EG) Nr 4/2009 des Rates über die Zuständigkeit, das anwendbare Recht, die Anerkennung und Vollstreckung von Entscheidungen und die Zusammenarbeit in Unterhaltssachen (EuUntVO)

Vom 18. Dezember 2008 (ABl EU 2009 L 7, 1)

Kapitel V. Zugang zum Recht

EuUntVO Art 44. Anspruch auf Prozesskostenhilfe

(1) Die an einem Rechtsstreit im Sinne dieser Verordnung beteiligten Parteien genießen nach Maßgabe der in diesem Kapitel niedergelegten Bedingungen effektiven Zugang zum Recht in einem anderen Mitgliedstaat, einschließlich im Rahmen von Vollstreckungsverfahren und Rechtsbehelfen.

In den Fällen gemäß Kapitel VII wird der effektive Zugang zum Recht durch den ersuchten Mitgliedstaat gegenüber jedem Antragsteller gewährleistet, der seinen Aufenthalt im ersuchenden Mitgliedstaat hat.

(2) Um einen solchen effektiven Zugang zu gewährleisten, leisten die Mitgliedstaaten Prozesskostenhilfe im Einklang mit diesem Kapitel, sofern nicht Absatz 3 gilt.

(3) In den Fällen gemäß Kapitel VII ist ein Mitgliedstaat nicht verpflichtet, Prozesskostenhilfe zu leisten, wenn und soweit die Verfahren in diesem Mitgliedstaat es den Parteien gestatten, die Sache ohne Prozesskostenhilfe zu betreiben, und die Zentrale Behörde die nötigen Dienstleistungen unentgeltlich erbringt.

(4) Die Voraussetzungen für den Zugang zu Prozesskostenhilfe dürfen nicht enger als diejenigen, die für vergleichbare innerstaatliche Fälle gelten, sein.

(5) In Verfahren, die Unterhaltspflichten betreffen, wird für die Zahlung von Verfahrenskosten keine Sicherheitsleistung oder Hinterlegung gleich welcher Bezeichnung auferlegt.

1. Grundsatz, Abs 1

823   Durch den in der Verordnung nicht erläuterten Begriff des „effektiven Zugangs zum Recht" soll veranschaulicht werden, dass die Kapitel V und VII nicht nur den Zugang zu den Gerichten betreffen, sondern auch die **vorprozessuale Rechtsberatung** und **außergerichtliche Streitbeilegung** (Rauscher/*Andrae* Rn 1 f). Die Vorschrift befasst sich mit der Frage des effektiven Zugangs zum Recht „in einem anderen Mitgliedstaat". Die Unterhaltssache muss daher Beziehungen zu mindestens zwei Mitgliedstaaten aufweisen (Rauscher/*Andrae* Rn 6). Wie diese Beziehung auszusehen hat, regelt die Verordnung in Art 44 Abs 1 UAbs 2 nur für die Konstellation der Prozesskostenhilfe nach Art 46. Diese Vorschrift betrifft die Prozesskostenhilfe für die Geltendmachung von Unterhalt für Kinder, die das 21. Lebensjahr noch nicht vollendet haben unter Inanspruchnahme der Zentralen Behörde. In diesem Fall kommt es darauf an, dass der Antragsteller seinen Aufenthalt in einem anderen Mitgliedstaat, als dem des Unterhalts(voll-)streckungs-)verfahrens hat. An diesen Aufenthalt sind geringere Anforderungen als an den gewöhnlichen Aufenthalt in Art 3 ff zu stellen. Eine bloße Anwesenheit genügt jedoch – abweichend von der Auslegung des Begriffs im nationalen Recht – nicht (ErwG 32; → Anh III; Rauscher/*Andrae* Rn 11).

824   Es wird vorgeschlagen, Art 44 Abs 1 UAbs 2 auch in den **anderen Fällen** der Prozesskostenhilfe entsprechend heranzuziehen (Rauscher/*Andrae* Rn 8 f). Demgegenüber erscheint es vorzugswürdig, den Anwendungsbereich der Art 44 ff in Übereinstimmung mit der PKH-RL festzulegen. Denn gem ErwG 36 (→ Anh III) sollen die Vorschriften der PKH-RL durch die Art 44 ff „ergänzt" werden. Der Anwendungsbereich der PKH-RL ist nach deren Art 2 eröffnet, wenn der Antragsteller seinen Wohnsitz iSv Art 59 EuGVVO aF oder seinen gewöhnlichen Aufenthalt in einem anderen Mitgliedstaat als demjenigen hat, in dem das Erkenntnis- oder Vollstreckungsverfahren durchgeführt wird.

508

III. Zugang zum Recht: EuUntVO Art 45

C

2. Pflicht zur Gewährung von Prozesskostenhilfe, Abs 2, 3

a) Grundsatz. Abs 2 normiert die grundsätzliche Pflicht der Mitgliedstaaten, Prozesskosten- 825
hilfe nach Maßgabe des Kapitels V zu gewähren, wenn die Anträge über die Zentralen Behörden
gestellt werden.

b) Ausnahme. Prozesskostenhilfe müssen die Mitgliedstaaten nach Abs 3 jedoch dann nicht 826
gewähren, wenn und soweit die Verfahren in diesem Mitgliedstaat es den Parteien gestatten, die
Sache ohne Prozesskostenhilfe zu betreiben (vgl zur Erforderlichkeit einer Beiordnung bei der
Vollstreckung von Unterhaltsforderungen in Deutschland BGH FamRZ 12, 1637 f). Außerdem
muss das Verfahren über Zentrale Behörden nach Kapitel VII abgewickelt werden und diese
selbst müssen nach dem jeweiligen Recht des Mitgliedstaats gebührenfrei arbeiten (G/W/*Bittmann* Kap 36 Rn 199).

3. Keine Schlechterstellung gegenüber dem nationalen Recht, Abs 4

In Anlehnung an Art 14 Abs 4 HUÜ 2007 darf der Anspruch auf Prozesskostenhilfe nach 827
Abs 4 nicht schwerer durchsetzbar sein als in rein innerstaatlichen Fällen, dh ein günstigers
innerstaatliche Recht eines Mitgliedstaats setzt sich gegen die Beschränkungen nach Abs 3 und
Art 45 ff durch. Andererseits ist auch keine Privilegierung von Antragstellern gegenüber innerstaatlichen Fällen gefordert, sofern sie sich nicht aus den übrigen Regelungen der Verordnung
ergibt. § 20 AUG wird dieser Vorgabe gerecht.

4. Keine Sicherheitsleistung, Abs 5

Die Forderung von Sicherheitsleistungen für die Verfahrenskosten ist gem Abs 5 prinzipiell 828
ausgeschlossen. Dies gilt sowohl für die berechtigte wie die verpflichtete Person und unabhängig
davon, aus welchem Grund und in welcher Art eine Sicherheitsleistung nach dem nationalen
Verfahrensrecht gefordert wird (Rauscher/*Andrae* Rn 21).

EuUntVO Art 45. Gegenstand der Prozesskostenhilfe

[1] **Nach diesem Kapitel gewährte Prozesskostenhilfe ist die Unterstützung, die erforderlich ist, damit die Parteien ihre Rechte in Erfahrung bringen und geltend machen
können und damit sichergestellt werden kann, dass ihre Anträge, die über die Zentralen Behörden oder direkt an die zuständigen Behörden übermittelt werden, in
umfassender und wirksamer Weise bearbeitet werden. [2] Sie umfasst soweit erforderlich
Folgendes:**
a) **eine vorprozessuale Rechtsberatung im Hinblick auf eine außergerichtliche Streitbeilegung;**
b) **den Rechtsbeistand bei Anrufung einer Behörde oder eines Gerichts und die rechtliche Vertretung vor Gericht;**
c) **eine Befreiung von den Gerichtskosten und den Kosten für Personen, die mit der
   Wahrnehmung von Aufgaben während des Prozesses beauftragt werden, oder eine
   Unterstützung bei solchen Kosten;**
d) **in Mitgliedstaaten, in denen die unterliegende Partei die Kosten der Gegenpartei
   übernehmen muss, im Falle einer Prozessniederlage des Empfängers der Prozesskostenhilfe auch die Kosten der Gegenpartei, sofern die Prozesskostenhilfe diese
   Kosten umfasst hätte, wenn der Empfänger seinen gewöhnlichen Aufenthalt im
   Mitgliedstaat des angerufenen Gerichts gehabt hätte;**
e) **Dolmetschleistungen;**
f) **Übersetzung der vom Gericht oder von der zuständigen Behörde verlangten und
   vom Empfänger der Prozesskostenhilfe vorgelegten Schriftstücke, die für die Entscheidung des Rechtsstreits erforderlich sind;**
g) **Reisekosten, die vom Empfänger der Prozesskostenhilfe zu tragen sind, wenn das
   Recht oder das Gericht des betreffenden Mitgliedstaats die Anwesenheit der mit der
   Darlegung des Falles des Empfängers befassten Personen bei Gericht verlangen und
   das Gericht entscheidet, dass die betreffenden Personen nicht auf andere Weise zur
   Zufriedenheit des Gerichts gehört werden können.**

509

C 830–832   1. Teil. Erkenntnisverfahren C. Unterhaltssachen

829   Art 45 legt den Gegenstand der Prozesskostenhilfe durch Aufzählung derjenigen Handlungen, für welche die Beteiligten Prozesskostenhilfe erhalten können, einheitlich fest und umschreibt weiter die **Zielrichtung der Prozesskostenhilfe.** Die Vorschrift gilt sowohl für den Antragsteller als auch für den Antragsgegner („die Parteien"). Erfasst ist ferner sowohl der Fall, dass ein Beteiligter einen Antrag nach Art 56 über die Zentrale Behörde stellt, als auch derjenige, dass er das zuständige Gericht unmittelbar anruft. Prozesskostenhilfe kann für die – in Anlehnung an Art 3 Abs 2 und 7 PKH-RL – in lit a–lit g im einzelnen aufgeführten Leistungen und Kosten nur erlangt werden, soweit sie im konkreten Fall für den effektiven Zugang zum Recht erforderlich ist. In den nicht unter Art 46 fallenden Konstellationen wird die Prozesskostenhilfe gemäß der PKH-RL in den Fällen von lit a–d von dem Mitgliedstaat gewährt, in dem die beantragende Person ihren gewöhnlichen Aufenthalt hat. In den Fällen von lit e–g wird sie hingegen durch den Mitgliedstaat gewährt, in dem das Gericht seinen Sitz hat (G/W/*Bittmann* Kap 36 Rn 202). Hat der Empfänger der Prozesskostenhilfe einen Antrag nach Art 56 Abs 1 oder Abs 2 über die Zentrale Behörde gestellt, so trifft Art 56 Abs 3 hierfür eine Spezialregelung zu Art 45 Abs 1 und Abs 2 lit b.

EuUntVO Art 46. Unentgeltliche Prozesskostenhilfe bei Anträgen auf Unterhaltsleistungen für Kinder, die über die Zentralen Behörden gestellt werden

(1) **Der ersuchte Mitgliedstaat leistet unentgeltliche Prozesskostenhilfe für alle von einer berechtigten Person nach Artikel 56 gestellten Anträge in Bezug auf Unterhaltspflichten aus einer Eltern-Kind-Beziehung gegenüber einer Person, die das 21. Lebensjahr noch nicht vollendet hat.**

(2) **Ungeachtet des Absatzes 1 kann die zuständige Behörde des ersuchten Mitgliedstaats in Bezug auf andere Anträge als solche nach Artikel 56 Absatz 1 Buchstaben a und b die Gewährung unentgeltlicher Prozesskostenhilfe ablehnen, wenn sie den Antrag oder einen Rechtsbehelf für offensichtlich unbegründet erachtet.**

1. Unentgeltliche Prozesskostenhilfe für Kinder, Abs 1

830   Die Vorschrift legt den Grundsatz der Unentgeltlichkeit des Zugangs zum Recht in Bezug auf den **Unterhalt von Kindern gegenüber ihren Eltern** – also nicht auch gegenüber anderen Verwandten – bis zur Vollendung des 21. Lebensjahres fest, soweit Anträge nach Art 56 Abs 1 oder Abs 2 über die Zentralen Behörden der Mitgliedstaaten gestellt werden. Prozesskostenhilfe nach Art 46 kann aber nach dem eindeutigen Wortlaut von Abs 1 **nur die berechtigte, nicht hingegen die verpflichtete Person** erhalten. Die Vorschrift regelt in ihrem Anwendungsbereich die Voraussetzungen für die Gewährung von Prozesskostenhilfe, die Frage, welcher Staat sie zu leisten hat, und dass sie unentgeltlich zu gewähren ist. Vorschriften des nationalen Rechts, die eine Beteiligung an den Verfahrenskosten anordnen, etwa eine Ratenzahlung, sind daher nicht anzuwenden (Rauscher/*Andrae* Rn 13).

831   § 22 AUG und die Verweisungsnorm in § 20 AUG treffen **ergänzende Regeln** (→ Rn 839 ff). Prozesskostenhilfe nach Art 46 wird – wie § 22 AUG klarstellt – unabhängig von den persönlichen und wirtschaftlichen Verhältnissen des Antragstellers gewährt; seine finanzielle Situation wird erst im Rahmen der Kostenerstattung nach Art 67 berücksichtigt (Rauscher/*Andrae* Rn 6). Die Einschränkung nach Art 44 Abs 3 gilt auch für die Gewährung von Prozesskostenhilfe nach Art 46 (Rauscher/*Andrae* Rn 7). Zum räumlich-persönlichen Anwendungsbereich → Rn 23 ff.

2. Ablehnung der Prozesskostenhilfe, Abs 2

832   Abs 2 erlaubt es den Mitgliedstaaten, die Gewährung von Prozesskostenhilfe nach Abs 1 abzulehnen, wenn sie den nach Art 56 gestellten Antrag für „offensichtlich unbegründet" erachten. Ausgenommen sind allerdings die Fällen des Art 56 Abs 1 lit a und lit b (Antrag auf Anerkennung, Vollstreckbarerklärung oder Vollstreckung einer Unterhaltsentscheidung), in denen stets, dh unabhängig von den Erfolgsaussichten des Antrags, Prozesskostenhilfe zu leisten ist. Die offensichtliche Unbegründetheit ist wie im Rahmen von Art 6 Abs 1 PKH-RL, unter Beachtung des Erwägungsgrundes 17 zur PKH-RL, zu verstehen (Rauscher/*Andrae* Rn 12). Der Ausschlussgrund ist danach strenger als die in § 114 ZPO normierte Voraussetzung einer

510

III. Zugang zum Recht: EuUntVO Art 47   **833, 834** **C**

hinreichenden Aussicht auf Erfolg (vgl zum Gebot restriktiver Auslegung der Parallvorschrift in Art 15 Abs 2 HUÜ 2007 auch den *Borrás/Degeling*-Bericht Rn 390; Rauscher/*Kern* Rn 8). Ohne nähere Prüfung muss ersichtlich sein, dass der Antrag unzulässig oder unbegründet ist (Rauscher/*Andrae* aaO; G/W/*Bittmann* Kap 36 Rn 204: Schlüssigkeitsprüfung). § 22 AUG sieht darüber hinaus vor, dass auch ein mutwilliger Antrag abgelehnt werden kann. Begründet wird dies damit, dass mutwillige Anträge nicht in den Schutzbereich der Verordnung fallen (BT-Drs 17/4887, S 41).

EuUntVO Art 47. Fälle, die nicht unter Artikel 46 fallen

(1) **In Fällen, die nicht unter Artikel 46 fallen, kann vorbehaltlich der Artikel 44 und 45 die Gewährung der Prozesskostenhilfe gemäß dem innerstaatlichen Recht insbesondere von den Voraussetzungen der Prüfung der Mittel des Antragstellers oder der Begründetheit des Antrags abhängig gemacht werden.**

(2) **Ist einer Partei im Ursprungsmitgliedstaat ganz oder teilweise Prozesskostenhilfe oder Kosten- und Gebührenbefreiung gewährt worden, so genießt sie ungeachtet des Absatzes 1 in jedem Anerkennungs-, Vollstreckbarerklärungs- oder Vollstreckungsverfahren hinsichtlich der Prozesskostenhilfe oder der Kosten- und Gebührenbefreiung die günstigste oder umfassendste Behandlung, die das Recht des Vollstreckungsmitgliedstaats vorsieht.**

(3) ¹**Hat eine Partei im Ursprungsmitgliedstaat ein unentgeltliches Verfahren vor einer in Anhang X aufgeführten Verwaltungsbehörde in Anspruch nehmen können, so hat sie ungeachtet des Absatzes 1 in jedem Anerkennungs-, Vollstreckbarerklärungs- oder Vollstreckungsverfahren Anspruch auf Prozesskostenhilfe nach Absatz 2.** ²**Zu diesem Zweck muss sie ein von der zuständigen Behörde des Ursprungsmitgliedstaats erstelltes Schriftstück vorgelegen, mit dem bescheinigt wird, dass sie die wirtschaftlichen Voraussetzungen erfüllt, um ganz oder teilweise Prozesskostenhilfe oder Kosten- und Gebührenbefreiung in Anspruch nehmen zu können.**

¹**Die für die Zwecke dieses Absatzes zuständigen Behörden sind in Anhang XI aufgelistet.** ²**Dieser Anhang wird nach dem Verwaltungsverfahren des Artikels 73 Absatz 2 erstellt und geändert.**

1. Einschränkung der Gewährung von Prozesskostenhilfe nach nationalem Recht, Abs 1

In den nicht von Art 46 erfassten Fällen, dh wenn Anträge in Bezug auf andere Unterhalts- **833** pflichten als diejenigen der Eltern gegenüber einem noch nicht 21 Jahre alten Kind betroffen sind, kann das Recht des jeweiligen Mitgliedstaats die Gewährung von Prozesskostenhilfe von zusätzlichen in seinem innerstaatlichen Recht vorgesehenen Voraussetzungen, insbesondere von der Prüfung der Mittel des Antragstellers oder der Begründetheit des Antrags, abhängig machen. Weiter ist Art 47 auch in Fällen anwendbar, in denen Unterhaltsansprüche eines unter 21 Jahre alten Kindes gegen seine Eltern geltend gemacht wird, die Prozesskostenhilfe in Anspruch nehmende Partei aber keinen Antrag an die Zentrale Behörde iSv Art 56 gestellt hat. Zum räumlich-persönlichen Anwendungsbereich → Rn 20 ff. Die vom nationalen Recht aufgestellten Voraussetzungen dürfen dabei nicht strenger sein als in vergleichbaren innerstaatlichen Fällen (Art 44 Abs 4). § 20 AUG entspricht dieser Anforderung.

2. Meistbegünstigung in Anerkennungs- und Vollstreckungsverfahren, Abs 2

Die Vorschrift hat ihr Vorbild in Art 50 EuGVVO aF. Anders als diese Vorschrift ist Abs 2 **834** allerdings auf beide Parteien anwendbar. Die Vorschrift erstreckt die erststaatliche Bewilligung von Prozesskostenhilfe *ipso iure* auf jedes zweitstaatliche Anerkennungs-, Vollstreckbarerklärungs- oder Vollstreckungsverfahren. Eines zweiten Bewilligungsaktes bedarf es daher nicht (Rauscher/*Andrae* Rn 7). Den Gerichten des Vollstreckungsstaats ist es nicht erlaubt, nachzuprüfen, ob die Prozesskostenhilfe im Ursprungsstaat zu Recht bewilligt worden ist bzw ob die Bewilligungsvoraussetzungen des Ursprungsstaates fortbestehen. Ebenso wenig darf geprüft werden darf, ob die Bewilligungsvoraussetzungen des Vollstreckungsstaates erfüllt sind. Abs 2 gilt auch dann, wenn der Ursprungsstaat weder eine Mittel- noch eine Begründheitsprüfung vorgenommen hat, obwohl einGericht im Vollstreckungsstaat eine solche vornehmen würde.

511

C 839   1. Teil. Erkenntnisverfahren C. Unterhaltssachen

835   Wurde der Partei im Ursprungsstaat lediglich **teilweise Prozesskostenhilfe** gewährt, eröffnet
Abs 2 die Möglichkeit, dass ihr im Anerkennungs-, Vollstreckbarerklärungs- oder Vollstre-
ckungsverfahren volle Unterstützung gewährt wird. Inhaltlich ist der Partei stets die günstigste
Behandlung nach dem Recht des Vollstreckungsstaates zu gewähren. Dies meint für Deutschland
Prozesskostenhilfe ohne Eigenbeteiligung unter Beiordnung eines Rechtsanwaltes mit der Wir-
kung des § 122 ZPO. Der Umfang der Prozesskostenhilfe bestimmt sich nach Art 45 (Rauscher/
Andrae Rn 6).

836   Derjenigen Partei, die sich auf Abs 2 stützt, obliegt der **Nachweis,** dass ihr im Ursprungsmitgliedstaat Prozesskostenhilfe oder Freistellung von Kosten gewährt wurde. Das Formblatt
„Auszug aus der Entscheidung", das als Anhang I und II abgedruckt ist, sieht insoweit eine Spalte
für Prozesskostenhilfe und Kosten- und Gebührenbefreiung vor. Dem Antrag über die Zentralen
Behörden nach Art 56 lit a, lit b ist zum Nachweis ein Schriftstück hinzuzufügen, aus dem
hervorgeht, dass der Antragsteller im Ursprungsmitgliedstaat Prozesskostenhilfe oder Kosten-
und Gebührenbefreiung in Anspruch genommen hat (Anh VI). Das Schriftstück bedarf gem
Art 65 keiner Legalisation oder sonstiger Förmlichkeiten (Rauscher/*Andrae* Rn 8). Über Abs 2
hinausgehend ist die Gewährung von Prozesskostenhilfe stets nach Abs 1 möglich; denn Abs 2
will die betreffende Partei begünstigen (Rauscher/*Andrae* Rn 9).

3. Verwaltungsverfahren, Abs 3

837   Der Unterhaltstitel muss in einem Verfahren vor einer im Anhang X der Verordnung genannten **Verwaltungsbehörde** des Ursprungsmitgliedstaats errichtet worden sein. Dieses Verfahren
muss für den nunmehr Prozesskostenhilfe Begehrenden unentgeltlich gewesen sein. Für die
Prozesskostenhilfe selbst findet Abs 2 Anwendung (Rauscher/*Andrae* Rn 12). Über Abs 3 hinausgehend ist die Gewährung von Prozesskostenhilfe stets nach Abs 1 möglich (Rauscher/
Andrae aaO).

3. Autonomes Zivilverfahrensrecht

280. Gesetz zur Geltendmachung von Unterhaltsansprüchen im Verkehr mit ausländischen Staaten (Auslandsunterhaltsgesetz – AUG)

Vom 23. Mai 2011 (BGBl I, 898)

Vorbemerkung

838   Das AUG wurde mit Wirkung zum 18.6.2011 vollständig neu gefasst. Der sachliche Anwen-
dungsbereich des Gesetzes wird in § 1 (→ Rn 420 ff), der zeitliche Anwendungsbereich in § 77
(→ M Rn 829) geregelt. Der wesentliche Inhalt des Gesetzes ist in diesem Abschnitt unter
→ Rn 420 ff) und im Abschnit M (→ Rn 703 ff) abgedruckt und kommentiert.

Kapitel I. Allgemeiner Teil

Abschnitt 5. Verfahrenskostenhilfe

AUG § 20. Voraussetzungen für die Bewilligung von Verfahrenskostenhilfe

**Auf die Bewilligung von Verfahrenskostenhilfe ist § 113 Absatz 1 des Gesetzes über
das Verfahren in Familiensachen und in den Angelegenheiten der freiwilligen Gerichtsbarkeit in Verbindung mit den §§ 114 bis 127 der Zivilprozessordnung entsprechend
anzuwenden, soweit in diesem Gesetz nichts anderes bestimmt ist.**

839   § 20 verweist für die Gewährung von Verfahrenskostenhilfe in den Fällen des Art 47 EuUnt-
VO über § 113 Abs 1 FamFG auf die allgemeinen Vorschriften der §§ 114–127 ZPO. Art 46
EuUntVO iVm § 22 AUG enthält eine von den Bewilligungsvoraussetzungen des § 114 ZPO
abweichende Spezialregelung. Unterliegt der Antragsteller in dem Verfahren, für das PKH
gewährt wurde, so hat er die Kosten des Gegners zu tragen. Eine Bewilligung der Kosten des
Gegners findet in Deutschland nicht statt. Die EuUntVO differenziert nicht zwischen Verfahrenskosten und der Beratungskostenhilfe. Soweit die Verordnung grenzüberschreitende Beratungskostenhilfe vorsieht, erfolgt die Durchführung entsprechend der Systematik des deutschen
Rechts im Beratungshilfegesetz.

III. Zugang zum Recht: AUG § 22   841   **C**

AUG § 21. Zuständigkeit für Anträge auf Verfahrenskostenhilfe nach der Richtlinie 2003/8/EG

(1) [1]Abweichend von § 1077 Absatz 1 Satz 1 der Zivilprozessordnung erfolgt in Unterhaltssachen die Entgegennahme und Übermittlung von Anträgen natürlicher Personen auf grenzüberschreitende Verfahrenskostenhilfe nach § 1076 der Zivilprozessordnung durch das für den Sitz des Oberlandesgerichts, in dessen Bezirk der Antragsteller seinen gewöhnlichen Aufenthalt hat, zuständige Amtsgericht. [2]Für den Bezirk des Kammergerichts entscheidet das Amtsgericht Pankow/Weißensee.

(2) Für eingehende Ersuchen gilt § 1078 Absatz 1 Satz 1 der Zivilprozessordnung.

Nach Art 68 Abs 3 EuUntVO bleiben die Vorschriften der PKH-RL unberührt, soweit sie **840** nicht in Widerspruch zu den Art 44–47 EuUntVO stehen. Durch die Zuständigkeitskonzentration nach § 21 sollen die besondere Sachkunde und die praktische Erfahrung bei den zentralisierten Familiengerichten am Sitz der Oberlandesgerichte gefördert werden. Für eingehende Ersuchen verbleibt es gem Abs 2 bei der Zuständigkeit des Prozess- oder Vollstreckungsgerichts.

AUG § 22. Verfahrenskostenhilfe nach Artikel 46 der Verordnung (EG) Nr. 4/2009 und den Artikeln 14 bis 17 des Haager Übereinkommens vom 23. November 2007 über die internationale Geltendmachung der Unterhaltsansprüche von Kindern und anderen Familienangehörigen

(1) Eine Person, die das 21. Lebensjahr noch nicht vollendet hat, erhält unabhängig von ihren wirtschaftlichen Verhältnissen Verfahrenskostenhilfe für Anträge

1. nach Artikel 56 der Verordnung (EG) Nr. 4/2009 gemäß Artikel 46 dieser Verordnung und

2. nach Kapitel III des Haager Übereinkommens vom 23. November 2007 über die internationale Geltendmachung der Unterhaltsansprüche von Kindern und anderen Familienangehörigen gemäß Artikel 15 dieses Übereinkommens.

Für Anträge nach Artikel 56 der Verordnung (EG) Nr. 4/2009 erhält eine Person, die das 21. Lebensjahr noch nicht vollendet hat, gemäß Artikel 46 der Verordnung (EG) Nr. 4/2009 Verfahrenskostenhilfe unabhängig von ihren wirtschaftlichen Verhältnissen. Durch die Bewilligung von Verfahrenskostenhilfe wird sie endgültig von der Zahlung der in § 122 Absatz 1 der Zivilprozessordnung genannten Kosten befreit. Absatz 3 bleibt unberührt.

(2) Die Bewilligung von Verfahrenskostenhilfe kann nur abgelehnt werden, wenn der Antrag mutwillig oder offensichtlich unbegründet ist. In den Fällen des Artikels 56 Absatz 1 Buchstabe a und b der Verordnung (EG) Nr. 4/2009 und des Artikels 10 Absatz 1 Buchstabe a und b des Haager Übereinkommens vom 23. November 2007 über die internationale Geltendmachung der Unterhaltsansprüche von Kindern und anderen Familienangehörigen und in Bezug auf die von Artikel 20 Absatz 4 dieses Übereinkommens erfassten Fälle werden die Erfolgsaussichten nicht geprüft.

(3) Unterliegt der Antragsteller in einem gerichtlichen Verfahren, kann das Gericht gemäß Artikel 67 der Verordnung (EG) Nr. 4/2009 und gemäß Artikel 43 des Haager Übereinkommens vom 23. November 2007 über die internationale Geltendmachung der Unterhaltsansprüche von Kindern und anderen Familienangehörigen eine Erstattung der im Wege der Verfahrenskostenhilfe verauslagten Kosten verlangen, wenn dies unter Berücksichtigung der finanziellen Verhältnisse des Antragstellers der Billigkeit entspricht.

§ 22 idF v 20.2.2013 (BGBl I, S. 273) mit Wirkung v 1.8.2014 dient der Durchführung von **841** Art 46 EuUntVO sowie von **Art 14–17 HUÜ 2007,** die nur eine eingeschränkte Prüfung der Erfolgsaussichten erlauben (→ Rn 832). Abs 2 sieht – über den in Art 46 EuUntVO normierten Ablehnungsgrund der offensichtlichen Unbegründetheit hinaus – vor, dass auch ein **mutwilliger Antrag** abgelehnt werden kann. Begründet wird dies damit, dass mutwillige Anträge nicht in den Schutzbereich der EuUntVO fallen (BT-Drs 17/4887, 41).

513

C 844   1. Teil. Erkenntnisverfahren C. Unterhaltssachen

842   Abs 3 dient der Durchführung von **Art 67 EuUntVO** und **Art 43 HUÜ 2007.** Danach kommt eine Kostenerstattung durch den Antragsteller nur in Ausnahmefällen und nur in Betracht, wenn es die finanziellen Verhältnisse des Antragstellers zulassen. Die in Abs 3 vorgesehene Billigkeitsprüfung hat dies zu berücksichtigen. Als Abwägungskriterien kommen nach der Gesetzesbegründung einerseits die grundsätzliche Kostenfreiheit und andererseits die Vermögensverhältnisse des Kindes in Betracht. Eine Kostenerstattung wird demgemäß idR nur dann gerechtfertigt sein, wenn das Kind wegen seiner finanziellen Verhältnisse nicht einmal einen Anspruch auf Verfahrenskostenhilfe gegen Raten hätte (§ 115 Abs 2 ZPO) und daneben wegen überdurchschnittlicher finanzieller Verhältnisse die Belastung des Steuerzahlers durch die Gewährung von Verfahrenskostenhilfe nicht gerechtfertigt wäre. Zuständig für die Entscheidung nach Abs 3 ist der Rechtspfleger (§ 20 Nr 6a RPflG).

AUG § 23. Verfahrenskostenhilfe für die Anerkennung, Vollstreckbarerklärung und Vollstreckung von unterhaltsrechtlichen Titeln

[1]Hat der Antragsteller im Ursprungsstaat für das Erkenntnisverfahren ganz oder teilweise Verfahrenskostenhilfe erhalten, ist ihm für das Verfahren der Anerkennung, Vollstreckbarerklärung und Vollstreckung der Entscheidung Verfahrenskostenhilfe zu bewilligen. [2]Durch die Bewilligung von Verfahrenskostenhilfe wird der Antragsteller endgültig von der Zahlung der in § 122 Absatz 1 der Zivilprozessordnung genannten Kosten befreit. [3]Dies gilt nicht, wenn die Bewilligung nach § 124 Absatz Nummer 1 der Zivilprozessordnung aufgehoben wird.

843   § 23 regelt die Gewährung von Verfahrenskostenhilfe für Anträge auf Anerkennung, Vollstreckbarerklärung und Vollstreckung, wenn der Antragsteller bereits im Ursprungsstaat Verfahrenskostenhilfe erhalten hat. Eine nochmalige Überprüfung der wirtschaftlichen Verhältnisse sehen weder die EuUntVO (Art 47 Abs 2) noch die einschlägigen völkerrechtlichen Verträge vor. S 2 stellt klar, dass die Kostenbefreiung endgültig ist.

AUG § 24. Verfahrenskostenhilfe für Verfahren mit förmlicher Gegenseitigkeit

[1]Bietet in Verfahren gemäß § 1 Absatz 1 Satz 1 Nummer 3 die beabsichtigte Rechtsverfolgung eingehender Ersuchen hinreichende Aussicht auf Erfolg und erscheint sie nicht mutwillig, so ist dem Berechtigten auch ohne ausdrücklichen Antrag Verfahrenskostenhilfe zu bewilligen. [2]In diesem Fall hat er weder Monatsraten noch aus dem Vermögen zu zahlende Beträge zu leisten. [3]Durch die Bewilligung von Verfahrenskostenhilfe wird der Berechtigte endgültig von der Zahlung der in § 122 Absatz 1 der Zivilprozessordnung genannten Kosten befreit, sofern die Bewilligung nicht nach § 124 Absatz 1 Nummer 1 der Zivilprozessordnung aufgehoben wird.

844   In Verfahren mit Gewährleistung förmlicher Gegenseitigkeit gemäß § 1 Abs 1 S 1 Nr 3 ist dem Berechtigten auch ohne ausdrücklichen Antrag Verfahrenskostenhilfe zu bewilligen, wenn die beabsichtigte Rechtsverfolgung eingehender Ersuchen hinreichende Aussicht auf Erfolg und nicht mutwillig erscheint.

D. Versorgungsausgleichssachen

Übersicht

	Rn.
I. Internationale Zuständigkeit	1
1. Einführung	1
2. Autonomes Zivilverfahrensrecht	7
FamFG (Text-Nr 290)	7
Buch 1. Abschnitt 9: Verfahren mit Auslandsbezug (§§ 97, 98 III, 102 iVm	
§ 137 I, II Nr 1)	7
II. Internationales Privatrecht	21
1. Einführung	21
2. Autonomes Kollisionsrecht	29
EGBGB (Text-Nr 300) Art 17 III	29

Der Abschnitt D beschränkt sich auf die Behandlung von Versorgungsausgleichssachen im **Erkenntnisverfahren,** nämlich auf Fragen der internationalen Zuständigkeit (→ Rn 1 ff) und des anwendbaren Rechts (→ Rn 21 ff). Die **Anerkennung und Vollstreckung** ausländischer Entscheidungen in Versorgungsausgleichssachen wird im **Abschnitt R I** (→ Rn 1 ff) dargestellt.

I. Internationale Zuständigkeit

1. Einführung

a) EU-Recht. Regelungen des sekundären Unionsrechts finden auf dem Gebiet der inter- **1** nationalen Zuständigkeit für Verfahren betreffend den Versorgungsausgleich derzeit noch keine Anwendung. Der Versorgungsausgleich ist insbesondere aus dem sachlichen Anwendungsbereich der **EuGVVO** nach deren Art 1 Abs 2 lit a ausgeschlossen. Dieser Ausschlusstatbestand ist, soweit er sich auf die ehelichen Güterstände bezieht, weit auszulegen; er umfasst alle vermögensrechtlichen Beziehungen zwischen Ehegatten, die sich unmittelbar aus der Ehe oder ihrer Auflösung ergeben (EuGH 143/78 – *de Cavel,* Slg 1979, 1055 Rn 7; EuGH C-67/17 – *Iliev/Ilieva,* FamRZ 17, 1913 Rn 28 ff m Anm *Musseva* 2009; zu Einzelheiten unalexK/*Hausmann,* Art 1 Rn 56 ff), und damit auch den Versorgungsausgleich (BGH FamRZ 09, 677; Rauscher/*Mankowski* Art 1 EuGVVO Rn 1; unalexK/*Hausmann* Art 1 Rn 62 mwN).

Auch die bisher auf dem Gebiet des Ehe- und Familienrechts in Kraft getretenen EG-/EU- **2** Verordnungen erfassen den Versorgungsausgleich nicht (BeckOK-FamFG/*Sieghörtner* § 102 FamFG Rn 2; J/H/*Henrich* § 102 FamFG Rn 1; MüKoFamFG/*Rauscher* § 102 Rn 5; MüKo-FamFG/*Gottwald* Art 1 EuEheVO Rn 10; G/Sch/*Geimer* Art 1 EuEheVO Rn 40). Dies gilt insbesondere für die **EuEheVO,** die überhaupt keine vermögensrechtlichen Scheidungsfolgen regelt (vgl ErwG 8; näher → A Rn 37 f; ausdrücklich zum Versorgungsausgleich BGH FamRZ 09, 677 Rn 9). Auch der Anwendungsbereich der **EuUntVO** ist nach ihrem Art 1 Abs 1 auf das Unterhaltsrecht beschränkt (vgl zur Abgrenzung zwischen Unterhalt- und Versorgungsausgleich → C Rn 53).

Gleiches gilt schließlich auch für die neue Verordnung (EU) Nr 2016/1103 über die Zustän- **3** digkeit, das anzuwendende Recht und die Anerkennung und Vollstreckung von Entscheidungen in Fragen des ehelichen Güterstands **(EuGüVO)** v 24.6.2016 (ABl EU 2016 L 183, 1; dazu → B Rn 9 ff). Diese Verordnung soll zwar nach Art 1 Abs 1 die internationale Zuständigkeit nur auf dem Gebiet der „ehelichen Güterstände" regeln, die aus der Sicht des deutschen Rechts den Versorgungsausgleich nicht umfassen. Dieser Begriff ist jedoch für die Zwecke der EuGüVO **autonom** und damit ebenso weit auszulegen wie die bisherige Ausnahmeregelung in Art 1 Abs 2 lit a EuGVVO. Er umfasst dementsprechend nach der Definition in Art 3 lit a EuGüVO „sämtliche vermögensrechtlichen Regelungen, die zwischen den Ehegatten und in ihren Bezie-

515

D   1. Teil. Erkenntnisverfahren D. Versorgungsausgleichssachen

hungen zu Dritten aufgrund der Ehe oder der Auflösung der Ehe gelten", was auch den
Versorgungsausgleich mit einschließen würde.

4   Ausgenommen aus dem sachlichen Anwendungsbereich der EuGüVO sind jedoch diejenigen
Bereiche, die in Art 1 Abs 2 abschließend aufgeführt sind. Anders als noch der erste Kommissionsvorschlag v 16.3.2011 (KOM [2011] 126 endg) nimmt Art 1 Abs 2 EuGüVO aber nunmehr
nicht nur Fragen der **Sozialversicherung** (lit e), sondern auch das Recht zur Übertragung oder
zur Anpassung von während der Ehe erworbenen Anwartschaften auf Altersversorgung oder
Erwerbsunfähigkeitsrente im Falle der Ehescheidung, Ehetrennung oder Ehenichtigkeit ausdrücklich aus dem sachlichen Anwendungsbereich der Verordnung aus (lit f). Diese Ausnahme
zielt insbesondere auf den **Versorgungsausgleich** deutscher Prägung, für den es daher auch
künftig bei der internationalen Zuständigkeit nach dem autonomen Verfahrensrecht derjenigen
Mitgliedstaaten, die ihn kennen, verbleibt (*Dutta* FamRZ 16, 1973/1975). Art 1 Abs 2 lit f
EuGüVO ist allerdings eng auszulegen. Insbesondere Streitigkeiten um die Kategorisierung von
Rentenkapital, um während der Ehe an einen Ehegatten bereits ausbezahlte Beträge und um
einen eventuell zu gewährenden Ausgleich für mit gemeinsamem Vermögen finanzierte Rentenversicherungen fallen daher in den Anwendungsbereich der Verordnung und ihrer Zuständigkeitsregeln (ErwG 23 zur EuGüVO; → Anh IV).

5   **b) Staatsverträge.** Die internationale Zuständigkeit in Verfahren des Versorgungsausgleichs
ist bisher auch nicht in Staatsverträgen geregelt, die von der *Bundesrepublik Deutschland* abgeschlossen worden sind. Insbesondere ist der Versorgungsausgleich aus dem **Luganer Übereinkommen** von 2007 in gleichem Umfang ausgeschlossen wie aus der EuGVVO (Art 1 Abs 1
lit a LugÜ 2007).

6   **c) Autonomes Zivilverfahrensrecht.** Bis zu einer Regelung der internationalen Zuständigkeit für Verfahren betreffend den Versorgungsausgleich durch den europäischen Gesetzgeber
bestimmt diese sich allein nach dem autonomen Verfahrensrecht der Mitgliedstaaten. In Deutschland sind hierfür § 98 Abs 3 und § 102 FamFG maßgebend (→ Rn 11 ff).

2. Autonomes Zivilverfahrensrecht

290. Gesetz über das Verfahren in Familiensachen und in den Angelegenheiten der freiwilligen Gerichtsbarkeit (FamFG)

Vom 17. Dezember 2008 (BGBl I, 2586)

Buch 1. Allgemeiner Teil

Abschnitt 9. Verfahren mit Auslandsbezug

Schrifttum: Vgl das allg Schrifttum zu Verfahren mit Auslandsbezug im FamFG → A vor Rn 239; ferner
Bergner, Aktuelle Fragen zum Versorgungsausgleich mit Auslandsberührung, FamFR 11, 3; *Gärtner,* Interna-
tionale Zuständigkeit deutscher Gerichte bei isoliertem Versorgungsausgleichsverfahren, IPRax 10, 520;
Rieck, Einbeziehung ausländischer Anrechte in den Versorgungsausgleich, FPR 11, 498.

Unterabschnitt 1. *Verhältnis zu völkerrechtlichen Vereinbarungen und Rechtsakten der Europäischen Gemeinschaft*

FamFG § 97. Vorrang und Unberührtheit

(1) [1]Regelungen in völkerrechtlichen Vereinbarungen gehen, soweit sie unmittelbar anwendbares innerstaatliches Recht geworden sind, den Vorschriften dieses
Gesetzes vor. [2]Regelungen in Rechtsakten der Europäischen Gemeinschaft bleiben
unberührt.

(2) Die zur Umsetzung und Ausführung von Vereinbarungen und Rechtsakten im
Sinne des Absatzes 1 erlassenen Bestimmungen bleiben unberührt.

I. Internationale Zuständigkeit: FamFG § 98   **11 D**

Vorrangiges EU-Recht oder Staatsverträge auf dem Gebiet der internationalen Zuständigkeit **7**
in Versorgungsausgleichssachen gelten derzeit nicht (→ Rn 1 ff).

Unterabschnitt 2. *Internationale Zuständigkeit*

Für die – von Amts wegen zu prüfende (BGH FamRZ 09, 677 Rn 9) – *internationale* **8**
Zuständigkeit der deutschen Familiengerichte in Versorgungsausgleichssachen iSv § 217 FamFG
ist danach zu unterscheiden, ob sie als Folgesachen nach § 137 Abs 2 Nr 1 FamFG im Rahmen
eines Scheidungsverfahrens oder unabhängig von einem solchen Verfahren isoliert anhängig
gemacht werden. Die *örtliche* Zuständigkeit beurteilt sich nach § 218 FamFG.

FamFG § 217. Versorgungsausgleichssachen
Versorgungsausgleichssachen sind Verfahren, die den Versorgungsausgleich betreffen.

Der Versorgungsausgleich zwischen Ehegatten und Partnern einer eingetragenen Lebenspart- **9**
nerschaft wurde durch das **Gesetz zur Strukturreform des Versorgungsausgleichs** (Vers-
AusglG) v 3.4.2009 (BGBl I, 700) umfassend neu geregelt (*Bergner* NJW 09, 1169 und 1233;
Borth FamRZ 09, 562). Das Gesetz ist gleichzeitig mit dem FamFG am 1.1.2009 in Kraft
getreten.

Welche Verfahren als Versorgungsausgleichssachen zu qualifizieren sind, ergibt sich aus **10**
§ 217 FamFG. Zu den „Verfahren, die den Versorgungsausgleich betreffen" gehören alle
Verfahren, die ein deutsches Gericht auf der Grundlage des VersAusglG trifft (Bumiller/
Harders/*Schwamb* Rn 1). Hierunter fallen die Verfahren zur Durchführung des öffentlich-
rechtlichen Versorgungsausgleichs (interne und externe Teilung, §§ 10 ff, 14 ff VersAusglG)
und des schuldrechtlichen Versorgungsausgleichs (§§ 20 ff VersAusglG). Daneben erfasst § 217
FamFG auch Verfahren mit dem Ziel der Abänderung oder Anpassung der im Scheidungs-
verfahren hinsichtlich des Versorgungsausgleichs getroffenen Entscheidungen (§§ 32 ff Vers-
AusglG, §§ 225 ff FamFG) sowie der Änderung von Vereinbarungen über den Versorgungsausgleich (§§ 6 ff VersAusglG). Auch die Durchsetzung von **Auskunftsansprüchen** nach § 4
VersAusglG ist als Versorgungsausgleichssache einzustufen (vgl zum Begriff näher OLG Mün-
chen FamRZ 11, 1406; OLG Frankfurt FamRZ 10, 916; BeckOK-FamFG/*Hahne* Rn 3;
Bumiller/Harders/*Schwamb* Rn 4). In der deutschen Praxis kommen solche isolierten Ver-
fahren – im Hinblick auf § 137 Abs 2 S 2 FamFG – insbesondere zum Zwecke der Durchführung des schuldrechtlichen Versorgungsausgleichs in Fällen der Auslandsscheidung (BGH
FamRZ 93, 798) sowie bei Abtrennung wegen ausländischer Anrechte in Betracht (Bassenge/
Roth/*Althammer* § 102 Rn 1).

FamFG § 98. Verbund von Scheidungs- und Folgesachen

(1)–(2) (*betrifft Ehesachen; abgedruckt und kommentiert →* A Rn 248 ff)
(3) **Die Zuständigkeit der deutschen Gerichte nach Absatz 1 erstreckt sich im Fall**
des Verbunds von Scheidungs- und Folgesachen auf die Folgesachen.

FamFG § 137. Verbund von Scheidungs- und Folgesachen
(1) Über Scheidung und Folgesachen ist zusammen zu verhandeln und zu entscheiden (Verbund).
(2) ¹ Folgesachen sind
  1. Versorgungsausgleichssachen,
2.–4. *(nicht abgedruckt)*
wenn eine Entscheidung für den Fall der Scheidung zu treffen ist und die Familiensache spätes-
tens zwei Wochen vor der mündlichen Verhandlung im ersten Rechtszug in der Scheidungssache
von einem Ehegatten anhängig gemacht wird. ² Für den Versorgungsausgleich ist in den Fällen
der §§ 6–19 und 28 des Versorgungsausgleichsgesetzes kein Antrag notwendig.

Wird der Versorgungsausgleich nach § 137 Abs 2 Nr 1 FamFG im **Scheidungsverbund** **11**
geltend gemacht, so bestimmt sich die internationale Zuständigkeit der deutschen Gerichte
hierfür nach § 98 Abs 3 FamFG. Zuständig ist danach – in Übereinstimmung mit dem
bisherigen Recht (BGHZ 75, 241/244 = NJW 80, 47; BGHZ 91, 186/187 = NJW 84, 2361)
– dasjenige Gericht, bei dem die Ehescheidung anhängig gemacht wurde, sofern die deutschen

D 15, 16 1. Teil. Erkenntnisverfahren D. Versorgungsausgleichssachen

Gerichte für die Scheidung international zuständig sind (OLG Jena NJW 15, 2270 Rn 12; AG Otterndorf FamRZ 12, 1140/1141; ferner OLG Koblenz FamRZ 09, 611/613 [zu § 621 Abs 2 ZPO]). § 98 Abs 3 FamFG wird – wie erwähnt (→ Rn 2) – nicht durch die EuEheVO verdrängt, da sich in dieser Verordnung keine (vorrangige) Regelung über die Verbundszuständigkeit des Gerichts der Ehesache für Scheidungsfolgesachen findet (J/H/*Henrich* § 98 Rn 27). Die **örtliche Zuständigkeit** ergibt sich für diesen Fall aus § 262 Abs 1; sie ist danach ausschließlich.

12   Die **internationale Zuständigkeit für die Ehescheidung** beurteilt sich in erster Linie nach europäischem Recht, nämlich nach Art 3 ff EuEheVO (→ A Rn 44 ff), und nur in den engen Grenzen der Art 6, 7 EuEheVO (→ A Rn 123 ff) nach § 98 Abs 1 FamFG (→ A Rn 194 ff). Die internationale Verbundszuständigkeit nach § 98 Abs 3 ist also – entgegen dem strikten Wortlaut der Vorschrift – nicht davon abhängig, dass sich die internationale Zuständigkeit für die Scheidung aus § 98 Abs 1 FamFG ergibt; sie greift vielmehr auch dann ein, wenn das deutsche Familiengericht für die Scheidung nach Art 3 ff EuEheVO international zuständig ist (*Hau* FamRZ 09, 821/823; ThP/*Hüßtege* Rn 6; MüKoFamFG/*Rauscher* § 98 Rn 101).

13   Während der Scheidungsverbund nach § 137 Abs 2 S 1 FamFG grundsätzlich voraussetzt, dass die Familiensache spätestens zwei Wochen vor der mündlichen Verhandlung im ersten Rechtszug in der Scheidungssache von einem Ehegatten anhängig gemacht wird, entscheidet das Familiengericht über den Versorgungsausgleich in den Fällen der §§ 6–19 und 28 VersAusglG, also insbesondere über die Durchführung des öffentlich-rechtlichen Versorgungsaugleichs, **von Amts wegen** im Verbund, § 137 Abs 2 S 2 FamFG.

14   Nach hM richtet sich die internationale Zuständigkeit wegen des **Grundsatzes der *perpetuatio fori*** auch dann nach § 98 Abs 3 FamFG iVm Art 3 ff EuEheVO bzw iVm § 98 Abs 1 FamFG (und nicht nach § 102 Nr 3 FamFG), wenn die Versorgungsausgleichssache zunächst im Verbund mit der Ehescheidung verhandelt und erst später abgetrennt worden ist (*Althammer* IPRax 09, 381/384; BeckOK-FamFG/*Sieghörtner* § 98 Rn 1; MüKoFamFG/*Rauscher* § 98 Rn 103). Auch die internationale Verbundszuständigkeit nach § 98 Abs 3 FamFG ist gemäß § 106 FamFG nicht ausschließlich.

FamFG § 102. Versorgungsausgleichssachen

Die deutschen Gerichte sind zuständig, wenn

1. **der Antragsteller oder der Antragsgegner seinen gewöhnlichen Aufenthalt im Inland hat,**
2. **über inländische Anrechte zu entscheiden ist oder**
3. **ein deutsches Gericht die Ehe zwischen Antragsteller und Antragsgegner geschieden hat.**

1. Allgemeines

15   Nur in den verbleibenden Fällen, dh bei der *isolierten* Geltendmachung des Versorgungsausgleichs **außerhalb eines anhängigen Scheidungsverfahrens,** bestimmt sich die internationale Zuständigkeit der deutschen Familiengerichte seit dem 1.9.2009 nach § 102 FamFG (*Althammer* IPRax 09, 381/383). Danach ist die Zuständigkeit eröffnet, wenn der Antragsteller oder der Antragsgegner seinen gewöhnlichen Aufenthalt im Inland hat, über inländische Anrechte zu entscheiden ist oder ein deutsches Gericht die Ehe zwischen Antragsteller und Antragsgegner geschieden hat. § 102 tritt damit an die Stelle der bisher von der Rechtsprechung zugrunde gelegten – ungeschriebenen – Regel, der zufolge auch die internationale Zuständigkeit für einen nachträglich gestellten Antrag auf Versorgungsausgleich in einem isolierten Verfahren an die Zuständigkeit für die Scheidung der Ehe anknüpfte (vgl BGH FamRZ 09, 677 Rn 9 und 681/682; BGH FamRZ 06, 321; BGH FamRZ 94, 825; BGH FamRZ 93, 798; OLG Karlsruhe FamRZ 10, 147 m krit Anm *Gottwald* = IPRax 10, 536 m krit Anm *Gärtner* 520; krit auch *Henrich* IPRax 93, 189).

16   Die Zuständigkeit nach § 102 ist gem § 106 **nicht ausschließlich.** Daher können ausländische Entscheidungen über den Versorgungsausgleich auch dann nach §§ 108, 109 anerkannt werden, wenn die Gerichte des Ursprungsstaates ihre Zuständigkeit zB aufgrund einer abweichenden Parteivereinbarung oder aufgrund einer rügelosen Einlassung des Antragsgegners angenommen haben. Die internationale Zuständigkeit nach § 102 Nr 1 und Nr 3 erstreckt sich

I. Internationale Zuständigkeit: FamFG § 102   **17–20 D**

auch auf **ausländische Versorgungsanwartschaften,** soweit diese nach Art 17 Abs 3 EGBGB
in den Versorgungsausgleich nach deutschem Recht einzubeziehen sind (*Rieck* FPR 10, 498/
499; MüKoFamFG/*Rauscher* § 102 Rn 8; BeckOK-FamFG/*Sieghörtner* Rn 4).

2. Die einzelnen Anknüpfungskriterien

Das FamFG stellt in § 102 drei unterschiedliche Anknüpfungspunkte für die internationale **17**
Zuständigkeit in Versorgungsausgleichssachen *alternativ* zur Verfügung. Anders als nach bisherigem Recht (§ 606a ZPO analog) genügt die **deutsche Staatsangehörigkeit** eines oder beider
Ehegatten zur Begründung der internationalen Zuständigkeit der deutschen Gerichte **nicht**
mehr. Die in § 102 enthaltene Aufzählung ist abschließend (BeckOK-FamFG/*Sieghörtner* Rn 3).
Daher müssen die deutschen Gerichte, sofern keiner der drei Anknüpfungspunkte eingreift,
einen bei ihnen eingereichten Antrag auf nachträgliche Durchführung des Versorgungsausgleichs
als unzulässig abweisen. Die frühere Feststellung eines deutschen Gerichts, dass mangels Antrags
nach Art 17 Abs 3 S 2 EGBGB ein Versorgungsausgleich nicht stattfinde, erwächst nicht in
Rechtskraft und steht daher einem späteren isolierten Antrag auf Durchführung des Versorgungsausgleichs nicht entgegen (OLG Bremen FamFR 12, 326; OLG Düsseldorf FamRZ 99,
1210).

a) Gewöhnlicher Aufenthalt von Antragsteller oder Antragsgegner im Inland, Nr. 1. **18**
Gemäß § 102 Nr 1 sind die deutschen Gerichte zuständig, wenn der Antragsteller oder der
Antragsgegner seinen gewöhnlichen Aufenthalt im Inland hat (zum Begriff des gewöhnlichen
Aufenthalts → A Rn 55 ff und → C Rn 101 ff). Hierbei handelt es sich um ein wandelbares
Anknüpfungskriterium. Veränderungen des gewöhnlichen Aufenthalts führen daher auch zu
einer Änderung der gerichtlichen Zuständigkeit. Wegen des Grundsatzes der *perpetuatio fori* gilt
dies jedoch nicht mehr, sobald die Versorgungsausgleichssache bei einem deutschen Gericht
rechtshängig geworden ist. In diesem Fall bleibt das angerufene Gericht zuständig, auch wenn
der Antragsgegner seinen gewöhnlichen Aufenthalt ins Ausland verlegt (*perpetuatio fori; P/H/Hau*
Rn 7; BeckOK-FamFG/*Sieghörtner* Rn 4). Dass die internationale Zuständigkeit der Gerichte
am gewöhnlichen Aufenthaltsort der Ehegatten auch zur Entscheidung über ausländische Anrechte berechtigt, war bereits nach alter Rechtslage anerkannt (vgl nur BGH FamRZ 09, 677/
628; BGH NJW 07, 2477 Rn 31; BGH FamRZ 93, 176/177). Es ist nicht ersichtlich, dass der
Reformgesetzgeber mit der Einführung des § 102 FamFG diesbezüglich eine Änderung der
Rechtslage herbeiführen wollte (BeckOK-FamFG/*Sieghörtner* aaO).

b) Entscheidung über inländische Anrechte, Nr 2. Darüber hinaus sind die deutschen **19**
Gerichte gemäß § 102 Nr 2 für Versorgungsausgleichssachen zuständig, wenn über inländische
Anrechte zu entscheiden ist. Anrechte sind dann als „inländisch" anzusehen, wenn sie gegen
einen Versorgungsträger gerichtet sind, der seinen Sitz im Inland hat (MüKoFamFG/*Rauscher*
Rn 9; BeckOK-FamFG/*Sieghörtner* Rn 5). Auf die öffentlich- oder privatrechtliche Natur der
Anrechte kommt es dabei nicht an. Ist die internationale Zuständigkeit hiernach gegeben, so
kann das deutsche Gericht auch über – daneben erworbene – ausländische Anrechte mitent-
scheiden (MüKoFamFG/*Rauscher* Rn 10; BeckOK-FamFG/*Sieghörtner* Rn 5).

c) Ehescheidung durch deutsche Gerichte, Nr 3. Schließlich besteht eine internationale **20**
Zuständigkeit der deutschen Gerichte auch dann, wenn ein deutsches Gericht die Ehe zwischen
Antragsteller und Antragsgegner geschieden hat (§ 102 Nr 3). Die Vorschrift greift allerdings
nicht ein, wenn der Versorgungsausgleich zunächst im Verbund mit der Ehesache vor einem
deutschen Gericht anhängig gemacht und später abgetrennt worden ist, da sich in diesem Fall die
internationale Zuständigkeit gemäß dem Grundsatz der *perpetuatio fori* weiterhin aus § 98 Abs 3
FamFG iVm Art 3 ff EuEheVO bzw § 98 Abs 1 FamFG ergibt (*Althammer* IPRax 09, 381/384).
Die Zuständigkeit nach § 102 Nr 3 erlangt daher nur dann Bedeutung, wenn der Versorgungsausgleich erst nachträglich beantragt wird; sie erstreckt sich dann aber auch auf die Entscheidung
über ausländische Anrechte, über die wegen der damit verbundenen Verzögerung des Verfahrens
meist nicht im Scheidungsverbund befunden wird (§ 140 Abs 2 Nr 1 FamFG; MüKoFamFG/
Rauscher Rn 11).

II. Internationales Privatrecht

Schrifttum: *Bergner,* Aktuelle Fragen zum Versorgungsausgleich mit Auslandsberührung, FamFR 11, 3; *Bopp/Grolimund,* Schweizerischer Versorgungsausgleich bei ausländischen Scheidungsurteilen, FamPrax 03, 497; *Carstensen,* Kindergeld, Kindesunterhalt und Versorgungsausgleich im grenzüberschreitenden Rechtsverkehr mit Dänemark, SchlHA 2008, 117; *Finger,* Versorgungsausgleich mit Auslandsbezug – Art 17 Abs 3 EGBGB, FamRBint 10, 18; *Greiner,* Vorsorgeleistungen mit Auslandsbezug, Art 17 Abs 3 EGBGB, Forum 02, 154; *Gruber,* Die neue Anknüpfung des Versorgungsausgleichs – eine Bestandsaufnahme, IPRax 16, 539; *Hochheim,* Versorgungsausgleich und IPR (2004); *Hohloch/Klöckner,* Versorgungsausgleich mit Auslandsberührung – vom alten zum neuen Recht – Korrektur eines Irrwegs, IPRax 10, 522; *Klattenhoff,* Das Internationale Privatrecht und der Versorgungsausgleich, Teil I, FuR 00, 49 und Teil II, FuR 00, 108; *Kretschmann,* Versorgungsausgleich auf der Grundlage eines ausländischen Rechts (2005); *Pirrung,* EuGH und Versorgungsausgleich – keine Diskriminierung durch Anknüpfung an die Staatsangehörigkeit, GS Lüderitz (2000) 543; 431; *Rauscher,* Versorgungsausgleich bei unklarem ausländischen Rentenanrecht, IPRax 05, 431; *ders.,* Unbilligkeit bei Versorgungsausgleich mit Auslandsbezug, IPRax 15, 139; *Reinhard,* Ausländische Versorgungsanwartschaften im Versorgungsausgleich, FamRZ 07, 866; *Rieck,* Einbeziehung ausländischer Anrechte in den Versorgungsausgleich, FPR 11, 498; *Rigaux,* „Versorgungsausgleich" and Art 12 EC: Discriminations Based on the Nationality and German Private International Law, IPRax 00, 287; *Trachsel,* Der Versorgungsausgleich im internationalen Verhältnis, FamPrax 10, 241; R *Wagner,* Versorgungsausgleich mit Auslandsberührung (1996); *ders,* Versorgungsausgleich bei deutsch-amerikanischer Ehe, IPRax 99, 94; *Zacher* (Hrsg), Der Versorgungsausgleich im internationalen Vergleich und in der zwischenstaatlichen Praxis (1985).

1. Einführung

21 **a) EU-Recht.** Das auf den Versorgungsausgleich anwendbare Recht ist bisher nicht durch EU-Recht geregelt. Insbesondere die Kollisionsnormen der **Rom III-VO** gelten nur für die Entscheidung in der Ehesache selbst, nicht hingegen für die vermögensrechtlichen Konsequenzen einer Ehescheidung, Trennung ohne Auflösung des Ehebandes oder Ungültigerklärung der Ehe (ErwG 10 zur Rom III-VO; → Anh II; näher → A Rn 332 ff).

22 Gleiches gilt schließlich auch für die neue Verordnung (EU) Nr 2016/1103 über die Zuständigkeit, das anzuwendende Recht und die Anerkennung und Vollstreckung von Entscheidungen in Fragen des ehelichen Güterstands **(EuGüVO)** v 24.6.2016 (ABl EU 2016 L 183, 1; dazu → B Rn 283 ff). Diese Verordnung soll zwar nach Art 1 Abs 1 das Kollisionsrecht nur auf dem Gebiet der „ehelichen Güterstände" regeln, die aus der Sicht des deutschen Rechts den Versorgungsausgleich nicht umfassen. Dieser Begriff ist jedoch für die Zwecke der EuGüVO **autonom** und damit ebenso weit auszulegen wie die bisherige Ausnahmeregelung in Art 1 Abs 2 lit a EuGVVO. Er umfasst dementsprechend nach der Definition in Art 3 lit a EuGüVO „sämtliche vermögensrechtlichen Regelungen, die zwischen den Ehegatten und in ihren Beziehungen zu Dritten aufgrund der Ehe oder der Auflösung der Ehe gelten", was auch den Versorgungsausgleich mit einschließen würde.

23 Ausgenommen aus dem sachlichen Anwendungsbereich der EuGüVO sind jedoch – wie gezeigt (→ Rn 4) – diejenigen Bereiche, die in Art 1 Abs 2 abschließend aufgeführt sind. Dort nimmt die EuGüVO aber nicht nur Fragen der **Sozialversicherung** (lit e), sondern auch das Recht zur Übertragung oder zur Anpassung von während der Ehe erworbenen Anwartschaften auf Altersversorgung oder Erwerbsunfähigkeitsrente im Falle der Ehescheidung, Ehetrennung oder Ehenichtigkeit ausdrücklich aus ihrem sachlichen Anwendungsbereich (lit f). Diese Ausnahme zielt insbesondere auf den **Versorgungsausgleich** deutscher Prägung den es daher auch künftig bei der Geltung des nationalen Kollisionsrechts der Mitgliedstaaten, in Deutschland also bei Art 17 Abs 3 EGBGB, verbleibt. Die Ausnahme in Art 1 Abs 2 lit f EuGüVO ist allerdings eng auszulegen. Insbesondere Streitigkeiten um die Kategorisierung von Rentenkapital, um während der Ehe an einen Ehegatten bereits ausbezahlte Beträge und um einen eventuell zu gewährenden Ausgleich für mit gemeinsamem Vermögen finanzierte Rentenversicherungen fallen daher in den Anwendungsbereich der EuGüVO und sind damit dem Art 17 Abs 3 EGBGB entzogen (ErwG 23 zur EuGüVO; → Anh IV). Es ist daher nicht ausgeschlossen, dass gewisse Ansprüche auf Ausgleich von Kapitalleistungen, die im deutschen autonomen IPR bisher dem Versorgungsausgleichsstatut unterlagen, bei der gebotenen europä-

II. Internationales Privatrecht   **24–28 D**

isch-autonomen Qualifikation künftig von der Verordnung erfasst werden (vgl auch *Dutta* FamRZ 16, 1573/1575).

Mittelbar hat das europäische Kollisionsrecht freilich bereits mit Wirkung v 21.6.2012 an auch **24** für die Anknüpfung des Versorgungsausgleichs Bedeutung erlangt. Denn seit Inkrafttreten der **Rom III-VO** konnte an der bisherigen Verweisung des deutschen Kollisionsrechts in Art 17 Abs 3 S 1 Hs 1 EGBGB auf das nach Art 17 Abs 1 S 1 Hs 1 EGBGB maßgebliche Scheidungsstatut nicht mehr festgehalten werden, weil das autonome Scheidungskollisionsrecht der Mitgliedstaaten durch die Rom III-VO vollständig verdrängt wird (näher → A Rn 297). Der deutsche Gesetzgeber hat daher durch das Gesetz zur Anpassung des deutschen IPR an die Rom III-VO v 23.1.2013 (BGBl I, 101) auch die Kollisionsnorm für den Versorgungsausgleich in Art 17 Abs 3 EGBGB geändert. Dabei hat er zwar an der akzessorischen Anknüpfung des von Amts wegen durchzuführenden Versorgungsausgleichs an das Scheidungsstatut in Satz 1 festgehalten; verwiesen wird jedoch nunmehr auf das durch die Rom III-VO bestimmte Scheidungsstatut.

b) Staatsverträge. Das Kollisionsrecht des Versorgungsausgleichs ist auch in multilateralen **25** Staatsverträgen bisher nicht geregelt. Insbesondere ist das **Haager Unterhaltsprotokoll** (→ C Rn 289 ff) auf den Versorgungsausgleich nicht anwendbar, weil dieser nicht von der Bedürftigkeit des ausgleichsberechtigten Ehegatten abhängt und daher auch bei der gebotenen autonomen Auslegung von § 1 HUP nicht als „Unterhalt" qualifiziert werden kann (*Münch/Süß* § 20 Rn 226). Die Tatsache, dass trotz der steigenden Zahl gemischt-nationaler Ehen kaum länderübergreifende Regelungen auf dem Gebiet des internationalen Privatrechts des Versorgungsausgleichs existieren, ist vor allem darauf zurückzuführen, dass der Versorgungsausgleich, wie ihn das deutsche Recht kennt, international kaum verbreitet ist (BT-Drs 10/504, 59; vgl auch *Jayme* ZfRV 80, 175/176). Dabei spielt auch die enge Verbindung des Versorgungsausgleichs zum öffentlichen Recht eine Rolle (BT-Drs 16/10144, 113; BeckOK-BGB/*Heiderhoff* Art 17 EGBGB Rn 48; jurisPK-BGB/*Ludwig* Art 17 EGBGB Rn 109).

Jedoch sind bilaterale Abkommen zu beachten, die gemäß Art 3 Nr 2 EGBGB der autonomen **26** Kollisionsnorm in Art 17 Abs 3 EGBGB vorgehen. So enthält insbesondere Art 8 Abs 3 des **deutsch-iranischen Niederlassungsabkommens** vom 17.2.1929 (RGBl 30 II, 1006; näher → A Rn 534 ff und → C Rn 809 ff) eine vorrangige Kollisionsnorm für das gesamte Familienrecht, die auch den Versorgungsausgleich umfasst (BGH FamRZ 05, 1666/1667; NK-BGB/ *Gruber* Rn 104), obwohl dieser bei Vertragsschluss im Jahr 1929 weder dem deutschen noch dem iranischen Recht bekannt war und deshalb im Schlussprotokoll zum Abkommen (RGBl 30 II, 1012) nicht ausdrücklich erwähnt wird. Da das iranische Recht den Versorgungsausgleich nach wie vor nicht kennt, schließt Art 8 Abs 3 des Abkommens die Durchführung des Versorgungsausgleichs in einer Ehe von ausschließlich iranischen Staatsangehörigen aus.

Etwas anderes würde nur dann gelten, wenn es sich bei Art 17 Abs 3 S 2 EGBGB um eine **27** Vorschrift des deutschen *ordre public* handeln würde; denn dieser ist auch im Rahmen des deutsch-iranischen Niederlassungsabkommens zu beachten (vgl Art 8 Abs 3, letzter Hs des Abkommens; dazu BGHZ 160, 332/344 = FamRZ 04, 1952 m Anm *Henrich; Schotten/Wittkowski* FamRZ 95, 264/267). Die Durchführung des Versorgungsausgleichs nach deutschem Recht gemäß Art 17 Abs 3 S 2 EGBGB ist indessen kein zwingendes Gebot der deutschen öffentlichen Ordnung, so dass im Verhältnis iranischer Ehegatten zueinander ein Versorgungsausgleich nicht durchzuführen ist, selbst wenn ein Ehegatte während der Ehe in Deutschland Versorgungsanwartschaften erworben hat (BGH FamRZ 05, 1666; OLG Hamm FamRZ 13, 1486; OLG Frankfurt FamRZ 11, 1065 und OLGR 03, 303; OLG Köln FamRZ 02, 613/614; BeckOK-BGB/*Heiderhoff* Art 17 EGBGB Rn 6; **aA** *Andrae,* IntFamR § 4 Rn 85; dazu näher → Rn 411 ff). Besitzt hingegen auch nur einer der Ehegatten neben der iranischen auch die **deutsche Staatsangehörigkeit,** so findet das Abkommen keine Anwendung und es gilt Art 17 Abs 3 EGBGB (NK-BGB/*Gruber* Rn 105; zu den allg Voraussetzungen der Anwendung des Abkommens näher → C Rn 812 ff).

c) Autonomes Kollisionsrecht. Greift – wie im Regelfall – weder EU-Recht noch ein **28** Staatsvertrag ein, so ist das auf den Versorgungsausgleich anzuwendende Recht mit Hilfe des autonomen deutschen Kollisionsrechts zu bestimmen; einschlägig ist dann Art 17 Abs 3 EGBGB in der durch das Gesetz zur Anpassung des deutschen IPR an die Rom III-VO vom 23.1.2013 geänderten Fassung. Diese Neufassung des Art. 17 Abs 3 EGBGB gilt allerdings nicht rückwirkend seit der Anwendbarkeit der Rom III-Verordnung am 12.6.2012, sondern nur in Verfahren, die **ab dem 29.1.2013 eingeleitet** worden sind (Art 229 § 28 Abs 2 EGBGB; vgl OLG Hamm FamFR 13, 492; jurisPK-BGB/*Ludwig* Art 17 EGBGB Rn 63).

D 29–31   1. Teil. Erkenntnisverfahren D. Versorgungsausgleichssachen

2. Autonomes Kollisionsrecht

300. Einführungsgesetz zum Bürgerlichen Gesetzbuch (EGBGB)

idF vom 21. September 1994 (BGBl I, 2494)

EGBGB Art 17. Besondere Scheidungsfolgen; Entscheidung durch Gericht

(1) *(abgedruckt und kommentiert* → *A Rn 551 ff)*

(2) *(abgedruckt und kommentiert* → *A Rn 562 ff)*

(3) [1] **Der Versorgungsausgleich unterliegt dem nach der Verordnung (EU) Nr. 1259/ 2010 auf die Scheidung anzuwendenden Recht; er ist nur durchzuführen, wenn danach deutsches Recht anzuwenden ist und ihn das Recht eines der Staaten kennt, denen die Ehegatten im Zeitpunkt des Eintritts der Rechtshängigkeit des Scheidungsantrags angehören.** [2] **Im Übrigen ist der Versorgungsausgleich auf Antrag eines Ehegatten nach deutschem Recht durchzuführen, wenn einer der Ehegatten in der Ehezeit ein Anrecht bei einem inländischen Versorgungträger erworben hat, soweit die Durchführung des Versorgungsausgleichs im Hinblick auf die beiderseitigen wirtschaftlichen Verhältnisse während der gesamten Ehezeit der Billigkeit nicht widerspricht.**

1. Allgemeines

29   Art 17 Abs 3 ist durch das **Gesetz zur Anpassung des deutschen IPR an die Rom III-VO** v 23.1.2013 (BGBl I, 101; → A Rn 301) neu gefasst worden. Dabei wurde die Grundsatzanknüpfung für den *von Amts wegen* durchzuführenden Versorgungsausgleich in Satz 1 an die Neuregelung des internationalen Ehescheidungsrechts in der Rom III-VO angepasst. Demgemäß unterstellt Satz 1 den Versorgungsausgleich nunmehr dem Recht, das unter Zugrundelegung der Kollisionsnormen dieser Verordnung auf die Ehescheidung anzuwenden ist (RegBegr zum Rom III-AnpassungsG, unter A I 6). Darüber hinaus sind durch die Neufassung auch die Voraussetzungen für den *auf Antrag* eines Ehegatten nach deutschem Recht durchzuführenden Versorgungsausgleich in Satz 2 vereinfacht worden. Erforderlich hierfür ist nach der Neufassung, dass zumindest ein Ehegatte inländische Versorgungsanwartschaften erworben hat. Dies muss – abweichend vom bisherigen Recht – nicht notwendig der Antragsgegner sein. Entfallen ist die weitere Alternative, wonach es auch ausreichte, dass die allgemeinen Ehewirkungen während eines Teils der Ehezeit einem Recht unterlagen, das den Versorgungsausgleich kennt (Art 17 Abs 3 S 2 Nr 2 EGBGB aF).

30   Die auf den ersten Blick widersprüchliche Anknüpfung des Versorgungsausgleichs muss vor dem Hintergrund gesehen werden, dass den meisten ausländischen Rechtsordnungen das Rechtsinstitut des Versorgungsausgleichs im Sinne des deutschen Rechtsverständnisses nicht bekannt ist. In Anbetracht dieser Ausgangslage verfolgt die Kollisionsregel **zwei gegenläufige Ziele:** Zum einen soll ausländischen Ehegatten ein Versorgungsausgleich nach deutschem Recht nicht aufgezwungen werden, wenn ihre Heimatrechte einen solchen nicht vorsehen; dem trägt die Einschränkung der grundsätzlichen Anwendung des Scheidungsstatuts durch Art 17 Abs 3 S 1 Hs 2 Rechnung. Andererseits soll auch bei Geltung ausländischen Scheidungsstatuts ein Versorgungsausgleich nicht in jedem Fall ausgeschlossen sein, wenn zumindest ein Ehegatte inländische Versorgungsanwartschaften erworben hat. Aus diesem Grunde ist in einem solchen Fall der Versorgungsausgleich nach Art 17 Abs 3 S 2 auf Antrag eines Ehegatten nach deutschem Recht durchzuführen, soweit dies der Billigkeit nicht widerspricht (NK-BGB/*Gruber* Rn 47). Im Rahmen von Art 17 Abs 3 gilt es daher daher zwischen den in Satz 1 und Satz 2 geregelten zwei Fällen scharf zu unterscheiden.

2. Grundsatzanknüpfung, Abs 3 S 1

31   **a) Anknüpfung an das Scheidungsstatut, Hs 1.** Gemäß Abs 3 S 1 Hs 1 wird das auf den Versorgungsausgleich anzuwendende Recht – unabhängig davon, ob der Versorgungsausgleich als Folgesache oder außerhalb des Scheidungsverbunds oder als selbständiges Verfahren durchgeführt wird – **akzessorisch an das Scheidungsstatut** angeknüpft. An diesem schon bisher geltenden Grundsatz (vgl BGH FamRZ 06, 321/322; BGH FamRZ 05, 142, BGH FamRZ 94,

522

II. Internationales Privatrecht: EGBGB Art 17 III   **32–36** **D**

824/825; *Klattenhoff* FuR 00, 49) hat sich durch das Inkrafttreten der Rom III-VO nichts geändert. Die Anknüpfung an das Scheidungsstatut trägt dem Wesen des Versorgungsausgleichs Rechnung, der die Auflösung der Ehe durch Scheidung notwendig voraussetzt und auf diesen Fall beschränkt ist, also eine **eigenständige Scheidungsfolge** darstellt (BT-Drs 10/504, S 61). Die gegenüber der Primäranknüpfung an die Staatsangehörigkeit in Art 17 Abs 1 aF stark flexibilisierten Anknüpfungen des Scheidungsstatuts nach der Rom III-VO (gewöhnlicher Aufenthalt, Rechtswahl, *lex fori*) werden der wirtschaftlichen Bedeutung des Versorgungsausgleich für den Ehegatten, der während der Ehe keine oder nur geringe eigene Versorgungsanrechte erworben hat, allerdings kaum gerecht (*Gruber* IPRax 16, 539; BeckOK-BGB/*Heiderhoff* Rn 52).

Maßgebend war bis zum 21.6.2012 das Recht, das im Zeitpunkt des Eintritts der Rechts- **32** hängigkeit des Scheidungsantrags für die **allgemeinen Wirkungen der Ehe** maßgeblich war (Art 17 Abs 1 S 1 iVm Art 14 EGBGB aF). Dabei spielte es keine Rolle, ob nach Art 14 Abs 1 EGBGB an die gemeinsame Staatsangehörigkeit (Nr 1; zB BGH FamRZ 09, 681/682) oder an den gemeinsamen gewöhnlichen Aufenthalt der Ehegatten (Nr 2; zB OLG München FamRZ 07, 1244; OLG Hamm FamRZ 88, 516/517) oder aber an eine Rechtswahl der Ehegatten nach Art 14 Abs 2 oder 3 EGBGB (dazu *Klattenhoff* FuR 00, 49/53 f; *Finger* FF 02, 154/156; **aA** OLG Frankfurt NJW 90, 582) angeknüpft wurde.

Verwiesen wurde aber nur auf die **Regelanknüpfung** des Scheidungsstatuts in **Art 17 Abs 1** **33** **S 1 EGBGB aF.** Die hilfsweise Anwendung deutschen Rechts nach Abs 1 S 2 war mithin für die Bestimmung des auf den Versorgungsausgleich anwendbaren Rechts unbeachtlich (AG Mainz NJW-RR 90, 779; *Jayme* IPRax 1998, 374; *Klattenhoff* FuR 00, 49/54; MüKoBGB/*Winkler v Mohrenfels*[5] Rn 215 mwN; unrichtig OLG Karlsruhe IPRax 90, 52 f m abl Anm *Jayme* 32). Dies bedeutete, dass es für die Durchführung des Versorgungsausgleichs auch dann bei dem von Art 17 Abs 1 S 1 EGBGB aF zur Anwendung berufenen ausländischen Recht verblieb, wenn die Ehe nach diesem Recht überhaupt nicht geschieden werden konnte und das deutsche Gericht aus diesem Grunde auf die Ehescheidung selbst nach Art 17 Abs 1 S 2 EGBGB aF deutsches Recht angewandt hatte; allerdings griff in diesem Fall dann die Schranke des Abs 3 S 1 Hs 2, 2. Fall ein (dazu → Rn 37 ff).

In seit dem 29.1.2013 eingeleiteten Verfahren unterliegt der Versorgungsausgleich gem S 1 **34** dem nach der **Rom III-VO** auf die Scheidung anzuwendenden Recht (OLG Zweibrücken FamRZ 15, 2063/2064) = NZFam 2015, 784 m Anm *Hilbig-Lugani;* OLG Jena NJW 15, 2270/2271; Pal/*Thorn* Rn 8; BeckOK-BGB/*Heiderhoff* Rn 52). Denn die Kollisionsnormen der Verordnung beanspruchen in den an der verstärkten Zusammenarbeit beteiligten Mitgliedstaaten universelle Geltung und regeln das Scheidungsstatut damit abschließend (→ A Rn 348 ff). Welcher Kollisionsnorm der Verordnung das Scheidungsstatut im konkreten Fall zu entnehmen ist, bleibt insoweit gleich. Auch ist es unerheblich, ob die Ehe im Inland oder im Ausland geschieden wurde (BGH FamRZ 09, 677/678 und FamRZ 09, 681/682). Im Fall der Scheidung in einem anderen EU-Mitgliedstaat (mit Ausnahme *Dänemarks*) muss diese allerdings nach Art 21 ff EuEheVO im Inland anerkennungsfähig (→ K Rn 36 ff), bei Scheidung in einem Drittstaat nach §§ 107–109 FamFG von der zuständigen Landesjustizverwaltung anerkannt worden sein (BGH FamRZ 09, 677/678; BGH NJW 93, 2047/2048; OLG Stuttgart NJW-RR 92, 262; Staud/*Mankowski* Rn 286; näher → K Rn 194 ff).

Im Rahmen der **objektiven Anknüpfung** ist auf den Versorgungsausgleich – abweichend **35** vom bisherigen Recht – gem Abs 3 S 1 Hs 1 iVm Art 8 lit a, b Rom III-VO trotz gemeinsamer ausländischer Staatsangehörigkeit der Ehegatten nicht mehr das gemeinsame Heimatrecht, sondern **deutsches Recht** anzuwenden, wenn beide Ehegatten **ihren gewöhnlichen Aufenthalt in Deutschland** haben bzw zuletzt hatten, so dass auch in diesem Fall die Durchführung des Versorgungsausgleichs von Amts wegen in Betracht kommt (RegBegr zum Rom III-AnpassungsG v 23.1.2013, BT-Drs 17/11049, S 10 unter B Nr 2). Umgekehrt scheidet die Durchführung des Versorgungsausgleichs trotz gemeinsamer deutscher Staatsangehörigkeit der Ehegatten aus, wenn diese ihren gemeinsamen gewöhnlichen Aufenthalt im Ausland haben (NK-BGB/*Gruber* Rn 56; krit *Rauscher* FPR 13, 257/259; s a → Rn 41). Wegen der Einzelheiten der objektiven Anknüpfung nach Art 8 Rom III-VO vgl → A Rn 415 ff.

Ferner müssen ausländische Ehegatten (und ihre Berater) bedenken, dass eine **Wahl des** **36** **deutschen Rechts** – als Recht des gemeinsamen gewöhnlichen Aufenthalts oder als *lex fori* (Art 5 lit a, b oder d Rom III-VO) – für die Ehescheidung, vorbehaltlich der anschließend erörterten Schranken des Hs 2, dahin ausgelegt werden könnte, dass sie damit zugleich für die Durchführung des Versorgungsausgleichs von Amts wegen nach deutschem Recht optieren (vgl aber → Rn 63 ff).

523

D 37–43   1. Teil. Erkenntnisverfahren D. Versorgungsausgleichssachen

37   **b) Schranken, Hs 2.** Die akzessorische Anknüpfung des Versorgungsausgleichs an das Scheidungsstatut wird jedoch in Abs 3 S 1 Hs 2 erheblich eingeschränkt. Danach kann der Versorgungsausgleich nur durchgeführt werden, wenn

(1) die Ehescheidung dem **deutschen Recht** unterliegt und

(2) das Recht eines der Staaten, denen die Ehegatten im Zeitpunkt des Eintritts der Rechtshängigkeit des Scheidungsantrags angehören, **den Versorgungsausgleich kennt** (OLG Zweibrücken FamRZ 15, 2063/2065; OLG Jena NJW 15, 2270/2271).

38   Wegen der geringen internationalen Verbreitung des Rechtsinstituts des Versorgungsausgleichs deutscher Prägung (→ Rn 53 ff) hielt der deutsche Gesetzgeber die Aufrechterhaltung dieser Schranke auch unter Geltung der Rom III-VO weiterhin für zweckmäßig (RegBegr aaO). Weitere Voraussetzungen für die Durchführung des Versorgungsausgleichs bestehen nicht. Insbesondere steht der Wohnsitz oder gewöhnliche Aufenthalt eines Ehegatten im Ausland nicht entgegen, wenn deutsches Recht Scheidungsstatut ist.

39   **aa) Geltung deutschen Rechts.** Die Anwendbarkeit deutschen materiellen Rechts auf die Ehescheidung als Voraussetzung für die Durchführung des Versorgungsausgleichs ist erst durch das am 1.9.2009 in Kraft getretene Gesetz zur Strukturreform des Versorgungsausgleichs (VAStrRefG) v 3.4.2009 (BGBl I, 700) eingeführt worden. Die Änderung trägt praktischen Schwierigkeiten Rechnung, die dadurch entstehen können, dass inländische Gerichte ausländische Versorgungsanwartschaften nicht öffentlich-rechtlich ausgleichen können, selbst wenn das anwendbare ausländische Recht dies vorsieht (BT-Drs 16/10147, 113; NK-BGB/*Gruber* Rn 54; BeckOK-BGB/*Heiderhoff* Rn 48). Eine nennenswerte Einschränkung des Versorgungsausgleichs ist mit der Neuregelung freilich nicht verbunden, weil ein Versorgungsausgleich auch zuvor praktisch **fast ausschließlich nach deutschem Recht** durchgeführt wurde.

40   Aus welcher Vorschrift der Rom III-VO sich die Geltung deutschen Rechts ergibt, bleibt gleich. Neben der objektiven Anknüpfung nach Art 8 Rom III-VO (→ A Rn 415 ff) kommt vor allem eine Rechtswahl nach Art 5 Rom III-VO (→ A Rn 352 ff) in Betracht. Darüber hinaus dürfte sich auch der Rückgriff auf deutsches Recht als *lex fori* im Fall der Diskriminierung eines Ehegatten wegen seiner Geschlechtszugehörigkeit nach dem von Art 5 oder 8 Rom III-VO zur Anwendung berufenen Recht nach Art 10, 2. Fall Rom III-VO (→ A Rn 454 ff) mittelbar auf das Statut des Versorgungsausgleichs auswirken (Pal/*Thorn* Rn 8; BeckOK-BGB/*Heiderhoff* Rn 53). Dies sollte jedoch nur gelten, wenn die Ungleichbehandlung eines Ehegatten nach dem ausländischen Scheidungsrecht sich nicht auf die Scheidungsvoraussetzungen beschränkt, sondern sich auch auf die Scheidungsfolgen auswirkt (NK-BGB/*Gruber* Rn 25). Andererseits wird durch die Wahl ausländischen Scheidungsstatuts die Durchführung des Versorgungsausgleichs grundsätzlich ausgeschlossen (OLG Hamm IPRax 14, 349 m Anm *Helms* 334: Wahl *iranischen* Scheidungsrechts; s aber→ Rn 63 ff).

41   Auch für **deutsche Ehegatten,** die ihren gewöhnlichen Aufenthalt im Ausland haben, scheidet die Durchführung des Versorgungsausgleichs von Amts wegen nach neuem Recht (S 1 iVm Art 8 lit a Rom III-VO) – anders als bisher nach Art 17 Abs 1 S 1 iVm Art 14 Abs 1 Nr 1 EGBGB – aus (krit dazu *Gruber* IPRax 16, 539/541). Sie können dessen Durchführung nur noch erreichen, wenn sie eine entsprechende **Rechtswahl** zugunsten ihres gemeinsamen deutschen Heimatrechts nach Art 5 Abs 1 lit c Rom III-VO treffen. In diesem Fall findet der Versorgungsausgleich auch dann nach deutschem Recht statt, wenn die Ehegatten keine inländischen Versorgungsanwartschaften erworben haben (RegBegr aaO). Ausländische Anwartschaften sind dann vom deutschen Gericht schuldrechtlich nach §§ 20 ff VersAusglG auszugleichen (→ Rn 89 ff).

42   Die akzessorische Anknüpfung des Versorgungsausgleichs an die für die Scheidung in Art 8 Rom III-VO bestimmte Anknüpfungsleiter wird zu Recht **kritisiert** (*Gruber* IPRax 16, 539/541 f). Dies gilt insbesondere für die durch Art 8 lit c Rom III-VO eröffnete Möglichkeit des Antragstellers, über das Scheidungsstatut und damit die Durchführung des Versorgungsausgleichs durch die Stellung des Scheidungsantrags noch innerhalb der Jahresfrist oder erst kurz danach zu disponieren. Aber auch die *lex fori*-Anknüpfung des Scheidungsstatus nach Art 8 lit d Rom II-VO ermöglicht dem Antragsteller eine Option zugunsten des von Amts wegen durchzuführenden Versorgungsausgleichs nach deutschem Recht in Fällen, die nur einen sehr schwachen Bezug zum deutschen Recht haben (vgl die Fallbeispiele bei *Gruber* aaO).

43   Nach dem insoweit auch durch die Neufassung nicht geänderten Gesetzeswortlaut kommt es bei der Anknüpfung nach Abs 3 S 1 – anders als etwa früher im internationalen Unterhaltsrecht (Art 8 HUntÜ bzw Art 18 Abs 4 EGBGB) – nicht auf das vom Scheidungsgericht tatsächlich

524

II. Internationales Privatrecht: EGBGB Art 17 III 44–48 **D**

angewandte, sondern auf dasjenige Recht an, das nach der Rom III-VO **auf die Scheidung anwendbar** war (vgl Pal/*Thorn* Rn 8; ebenso MüKoBGB/*Winkler v Mohrenfels* Rn 80; jurisPK-BGB/*Ludwig* Rn 64; ebenso zum früheren Recht *Klattenhoff* FuR 2000, 49/53). Dies wirkt sich vor allem dann aus, wenn der Versorgungsausgleich als isoliertes Verfahren **nachträglich** durchgeführt wird und das Familiengericht auf die vorhergehende Scheidung irrtümlich das falsche Recht angewendet hatte (NK-BGB/*Gruber* Rn 52; vgl zum bisherigen Recht OLG Zweibrücken NJW 00, 2432; OLG Celle FamRZ 07, 1566/1567).

Zu denken ist aber auch an Fälle, in denen die **Ehe im Ausland geschieden** wurde und das – **44** nicht an die Rom III-VO gebundene – ausländische Gericht nach seinem eigenen IPR ein anderes als das von der Verordnung (bzw in Altfällen von Art 17 Abs 1 aF) zur Anwendung berufene Scheidungsstatut zugrunde gelegt hat. In solchen Fällen ist für die Durchführung des Versorgungsausgleichs dennoch das von Art 5 ff Rom III-VO bestimmte Scheidungsstatut maßgebend (NK-BGB/*Gruber* Rn 52; BeckOK-BGB/*Heiderhoff* Rn 54; *Pal/Thorn* Rn 8; vgl idS schon zum früheren Recht BGH NJW 93, 2047; OLG Köln FamRZ 09, 1589/1590; OLG Celle FamRZ 07, 1566/1567; OLG Zweibrücken FamRZ 01, 33; Staud/*Mankowski* Rn 291 f). Ist dies jedoch nicht deutsches, sondern ausländisches Recht, so kann der Versorgungsausgleich schon aus diesem Grunde nicht nach Satz 1, sondern allenfalls unter den zusätzlichen Voraussetzungen des Satzes 2 durchgeführt werden.

Bei der Prüfung, ob auf den Versorgungsausgleich deutsches Recht anzuwenden ist, waren **45** unter Geltung von Art 17 Abs 3 iVm Abs 1 S 1 EGBGB aF **Rück- und Weiterverweisungen** grundsätzlich beachtlich (vgl die Gesetzesbegründung, BT-Drs 16/10144, 113; OLG Bremen FamRZ 16, 141; MüKoBGB/*Winkler v Mohrenfels*[5] Rn 219 ff). Der Versorgungsausgleich unterlag daher nicht nur dann dem deutschen Recht, wenn das deutsche IPR unmittelbar das deutsche Sachrecht für anwendbar erklärte, sondern auch dann, wenn auf eine ausländische Rechtsordnung verwiesen wurde, deren Kollisionsnormen ihrerseits auf das deutsche Recht zurückverwiesen (vgl OLG Düsseldorf FamRZ 05, 912/913 [*Türkei*]). Wegen der Verselbständigung des Statuts des Versorgungsausgleichs in Abs 3 entschied auch im ausländischen IPR über die Frage einer etwaigen Rück- oder Weiterverweisung nicht die dortige scheidungsrechtliche Kollisionsnorm, sondern – soweit vorhanden – die Kollisionsnorm zur Bestimmung des Versorgungsausgleichsstatuts (*Klattenhoff* FuR 00, 49/52; Staud/*Hausmann* Art 4 EGBGB Rn 255), auch wenn diese zu einem vom Scheidungsstatut abweichenden Recht führte.

Ein Renvoi war auch dann zu beachten, wenn das ausländische Kollisionsrecht den **Ver-** **46** **sorgungsausgleich nicht kannte** (vgl zur versteckten Rückverweisung durch das englische Recht OLG Stuttgart FamRZ 86, 687 = IPRax 87, 122 m krit Anm *Adam;* ferner OLG Hamm IPRspr 90 Nr 82; Staud/*Mankowski* Rn 296 mwN; **aA** OLG Oldenburg FamRZ 84, 715). Denn dem IPR eines jeden Staates ist die Aufgabe gestellt, auch solche Rechtsinstitute zu qualifizieren und anzuknüpfen, die im eigenen Sachrecht keine Entsprechung haben. Fehlte es im ausländischen Kollisionsrecht – wie meist – an einer besonderen Kollisionsnorm zum Versorgungsausgleich, so war dieser grundsätzlich immer dann nach deutschem Recht durchzuführen, wenn das von Art 17 Abs 1 S 1 EGBGB aF zur Anwendung berufene ausländische Scheidungsstatut hinsichtlich der Scheidung auf deutsches Recht zurückverwies; denn diese Rückverweisung umfasste dann im Zweifel auch den Versorgungsausgleich als Scheidungsfolge (Staud/*Hausmann* Art 4 EGBGB Rn 259; Staud/*Mankowski* Rn 297; ebenso in der Schweiz BGE 131 II 289/291).

Nahm das ausländische Recht eine **abweichende Qualifikation** des Versorgungsausgleichs **47** vor, in dem es ihn zB als ein Institut des Unterhalts- oder Güterrechts einordnete, so war dem auch im Rahmen der Beachtung eines *renvoi* zu folgen (vgl näher Staud/*Hausmann* Art 4 EGBGB Rn 258; MüKoBGB/*Winkler v Mohrenfels*[5] Rn 221 ff). Auch eine „versteckte Rückverweisung", die den Regeln der Common Law Staaten über die „*jurisdiction*" entnommen werden konnte, war im Inland zu beachten (OLG Hamm IPRspr 90 Nr 82; Staud/*Mankowski* Rn 295; Staud/*Hausmann* Art 4 EGBGB Rn 260).

Für die Frage, ob eine Rück- oder Weiterverweisung auf dem Gebiet des Versorgungsaus- **48** gleichs zu beachten ist, gilt zwar auch nach der Anpassung von Art 17 Abs 3 S 1 EGBGB an die Rom III-VO grundsätzlich Art 4 EGBGB. Da es sich jedoch um eine akzessorische Anknüpfung handelt, die das Ziel verfolgt, den Versorgungsausgleich möglichst dem gleichen materiellen Recht zu unterwerfen wie die Scheidung selbst, gilt der **Ausschluss des *renvoi* nach Art 11 Rom III-VO** im Ergebnis auch für die Anknüpfung des Versorgungsausgleichs nach Abs 3 S 1 EGBGB (vgl zu Art 17 Abs 1 EGBGB nF RegBegr zum Rom III-AnpassungsG v 23.1.2013 [→ A Rn 301], BT-Drs 17/11049, S 10 unter B Nr 2; Staud/*Hausmann* Art 4 EGBGB Rn 101;

525

D 49–54   1. Teil. Erkenntnisverfahren D. Versorgungsausgleichssachen

MüKoBGB/*Winkler v Mohrenfels* Rn 81; NK-BGB/*Gruber* Rn 49; s a das Beispiel bei H/O/ *Hausmann* § 12 Rn 31; allg zum Verstoß der Beachtung eines Renvoi gegen den Sinn der Verweisung iSv Art 4 Abs 1 S 1 EGBGB in Fällen der akzessorischen Anknüpfung Staud/ *Hausmann* Art 4 Rn 98 ff mwN).

49   Ein **Versorgungsausgleich nach ausländischem Recht** wird seit dem 1.9.2009 von einem deutschen Gericht nicht mehr durchgeführt (BeckOK-BGB/*Heiderhoff* Rn 49). Ist er auch im ausländischen Heimatrecht der Ehegatten vorgesehen und wird seine Durchführung von den Ehegatten gewünscht, so müssen diese in ihrem Heimatstaat ein Ausgleichsverfahren einleiten (MüKoBGB/*Winkler v Mohrenfels* Rn 106). Liegen die Voraussetzungen des Art 17 Abs 3 S 1 EGBGB nicht vor (und wird ein Antrag nach Satz 2 nicht gestellt), so hat eine Feststellung im Scheidungsurteil, dass ein Versorgungsausgleich nicht stattfindet, zu unterbleiben (OLG München NJW-RR 00, 815; BeckOK-BGB/*Heiderhoff* Rn 66). Eine dennoch aufgenommene Feststellung erwächst nicht in Rechtskraft (OLG Karlsruhe FamRZ 06, 955; OLG Düsseldorf FamRZ 99, 1210).

50   **bb) „Kenntnis" des Versorgungsausgleichs im Heimatrecht mindestens eines Ehegatten.** Trotz Geltung deutschen Rechts findet ein Versorgungsausgleich nach Satz 1 nicht statt, wenn ihn nicht das Heimatrecht mindestens eines Ehegatten kennt. Damit trägt der deutsche Gesetzgeber dem Umstand Rechnung, dass gemischt-nationale Ehen bisher gemäß Art 17 Abs 1 S 1 iVm Art 14 Abs 1 Nr 2 idR nach dem Recht des Staates geschieden wurden, in dem die Ehegatten ihren gewöhnlichen Aufenthalt hatten. Die aus Gründen der Gleichberechtigung gewählte Aufenthaltsanknüpfung soll jedoch nicht zwangsläufig dazu führen, dass der Versorgungsausgleich in allen in Deutschland gelebten gemischt-nationalen Ausländerehen durchzuführen ist, weil die ausländischen Ehegatten mit dieser Scheidungsfolge zumeist bei Eheschließung nicht gerechnet haben (BT-Drs 10/504, 62; *Klattenhoff* FuR 00, 49/55; BeckOK-BGB/*Heiderhoff* Rn 57). Dies gilt heute erst recht, wenn deutsches Recht auch die Scheidung von solchen ausländischen Ehegatten beherrscht, die beide demselben Staat angehören (Art 8 lit a Rom III-VO; → A Rn 421). Unerheblich ist, ob das Heimatrecht des ausgleichspflichtigen oder des ausgleichsberechtigten Ehegatten den Versorgungsausgleich kennt.

51   Das Heimatrecht von **Mehrstaatern** bestimmt sich in diesem Zusammenhang nach Maßgabe von Art 5 Abs 1 (Pal/*Thorn* Rn 9; BeckOK-BGB/*Heiderhoff* Rn 57; Staud/*Mankowski* Rn 300). Die von Satz 1 geforderte Kenntnis muss mithin in dem Staat vorliegen, dessen effektive Staatsangehörigkeit der Mehrstaater-Ehegatte besitzt (NK-BGB/*Gruber* Rn 70). Bei einem **staatenlosen Ehegatten** ist gemäß Art 5 Abs 2 auf das Recht des Wohnsitz- bzw Aufenthaltsstaates abzustellen. Ist ein Ehegatte auch Deutscher (Art 5 Abs 1 S 2) oder hat er als Staatenloser, Flüchtling oder Asylberechtigter seinen gewöhnlichen Aufenthalt im Inland, so kennt sein „Heimatrecht" den Versorgungsausgleich (MüKoBGB/*Winkler v Mohrenfels* Rn 90).

52   Die Verweisung auf das ausländische Heimatrecht eines Ehegatten ist stets **Sachnormverweisung.** Das Institut des Versorgungsausgleichs muss daher dem **materiellen Heimatrecht** mindestens eines Ehegatten bekannt sein; Rück- und Weiterverweisungen (zB auf deutsches Recht) sind also auch insoweit nicht zu beachten (Pal/*Thorn* Rn 9; jurisPK-BGB/*Ludwig* Rn 72; MüKoBGB/*Winkler v Mohrenfels* Rn 82; Staud/*Hausmann* Art 4 Rn 257 mwN; ebenso schon zum bisherigen Recht AG Heidelberg IPRax 90, 126 (LS); AG Detmold IPRax 90, 415; AG Minden IPRax 92, 108, jeweils m Anm *Jayme; Henrich* FamRZ 86, 841; *Kartzke* IPRax 88, 8/ 13).

53   Das Heimatrecht eines Ehegatten „kennt" den Versorgungsausgleich, wenn ein Ehegatte Deutscher ist (OLG Jena NJW 15, 2270 Rn 15 f: deutsch-angolanische Ehe) oder wenn das ausländische Heimatrecht eines Ehegatten ein Rechtsinstitut vorsieht, das in seinem Kerngehalt mit den **wesentlichen Strukturmerkmalen des deutschen Versorgungsausgleichs** vergleichbar ist (BGH FamRZ 09, 677 Rn 15). Ob diese Voraussetzungen vorliegen, entscheidet nicht das ausländische Recht, sondern der deutsche Rechtsanwender (Staud/*Mankowski* Rn 318).

54   Hierfür ist zwar nicht erforderlich, dass das ausländische Recht dem System des deutschen Rechts auch in der rechtstechnischen Ausgestaltung des Wertausgleichs entspricht; andererseits reicht es nicht aus, wenn das ausländische Recht lediglich bei der Bemessung des Unterhalts oder einer Ausgleichszahlung berücksichtigt, dass ein Ehegatte sich nach der Scheidung versorgungsrechtlich schlechter steht, als er ohne die Scheidung gestanden hätte (OLG Düsseldorf FamRZ 93, 433/434; OLG Koblenz FamRZ 91, 1323/1324 [jeweils zu *Italien*]). Vielmehr muss die ausländische Regelung darauf gerichtet sein, anlässlich der Scheidung die wesentlichen in der

II. Internationales Privatrecht: EGBGB Art 17 III	**55–60 D**

Ehezeit erworbenen Versorgungsanrechte unabhängig von der Bedürftigkeit, der Leistungsfähigkeit und dem Güterstand der Ehegatten **nahezu hälftig** aufzuteilen und dem Ausgleichsberechtigten **eigenständige Ansprüche** gegen einen Versorgungsträger zu verschaffen (vgl BGH FamRZ 09, 677 Rn 14 = IPRax 10, 537 m Anm *Hohloch/Klöckner* 520; BGH FamRZ 09, 681 Rn 12; *Henrich* FamRZ 86, 841/851; *Reinhard* 160 f; MüKoBGB/*Winkler v Mohrenfels* Rn 85).

Diesen Anforderungen kann auch ein **schuldrechtlich** ausgestalteter Ausgleichsmechanismus **55** genügen (BGH aaO; *Klattenhoff* FuR 00, 49/55; NK-BGB/*Gruber* Rn 72 aE). Der Anspruch darf aber nicht nur von dem Anspruch des anderen Ehegatten abgeleitet sein, so dass er bei dessen Vorversterben entfällt (BGH FamRZ 09, 677 Rn 20; *Hohloch/Klöckner* IPRax 10, 520/522; einschränkend aber Staud/*Mankowski* Rn 326 ff). Nicht ausreichend ist es auch, wenn das maßgebende Recht einer geschiedenen Frau unter bestimmten Voraussetzungen die Witwenpension belässt, wie dies etwa in *Österreich* der Fall ist (BGH NJW-RR 94, 322; NK-BGB/*Gruber* Rn 77). Auch die Gewährung einer pauschalen Entschädigung an einen Ehegatten im Scheidungsfalle, die teilweise auch versorgungsrechtlichen Charakter hat, wie dies auf die *„prestations compensatoires"* des *französischen* Rechts (Art 270 ff Cc) zutrifft, erfüllt das Tatbestandsmerkmal der „Kenntnis des Versorgungsausgleichs" nicht, wenn der Unterhaltscharakter überwiegt (MüKoBGB/*Winkler v Mohrenfels* Rn 88; *Münch/Süß* § 20 Rn 235; vgl auch *Hausmann* IPRax 90, 382 ff). Kennt das ausländische Recht den Versorgungsausgleich, so kommt es allerdings nicht darauf an, ob die Voraussetzungen für einen Ausgleichsanspruch des Antragstellers auch nach diesem Recht im konkreten Fall erfüllt sind (BGH FamRZ 09, 677 Rn 20; MüKoBGB/*Winkler v Mohrenfels* Rn 84).

Insgesamt dürfte es **nur wenige Staaten** geben, die ein dem deutschen Versorgungsausgleich **56** vergleichbares Rechtsinstitut kennen, weil zumeist keine unmittelbaren Ansprüche gegen den Träger der Altersversorgung eingeräumt werden (vgl die ausführlichen Länderübersichten bei *Klattenhoff* FuR 00, 49/55 f; jurisPK-BGB/*Ludwig* Rn 81 ff; Staud/*Mankowski* Rn 305 ff, 329 ff). Ausdrücklich abgelehnt hat die Rechtsprechung dies für die *Türkei* (BGH NJW-RR 07, 361; OLG Hamm FamRZ 14, 862 m Anm *Heiderhoff;* OLG München NJW 14, 1893/1894), für *China* (AG Duisburg BeckRS 10, 16617) und für *Iran* (OLG Koblenz NJW-RR 09, 1014). Hingegen dürfte in der *Schweiz* (AG Königstein IPRspr 00 Nr 59; *Hohloch/Klöckner* IPRax 10, 520/526) und in *Südafrika* (Pal/*Thorn* Rn 20; NK-BGB/*Gruber* Rn 73) ein vergleichbares Rechtsinstitut bekannt sein.

Demgegenüber hat der BGH die Vergleichbarkeit des zum 1.5.1995 in den **Niederlanden 57** eingeführten Versorgungsausgleichs mit den wesentlichen Strukturmerkmalen des deutschen Versorgungsausgleichs verneint (BGH FamRZ 09, 677 Rn 20 ff). Ob daran auch heute noch festgehalten werden kann, ist allerdings fraglich (abl *Hohloch/Klöckner* IPRax 10, 520/522; *Bergner* FamRZ 11, 3/4; MüKoBGB/*Winkler v Mohrenfels* Rn 89). Im Lichte dieser strengen Auslegung des Merkmals „Kenntnis des Versorgungsausgleichs" in Abs 3 S 1 Hs 2 durch den BGH dürfte es zweifelhaft geworden sein, ob die Rechte derjenigen *US-amerikanischen* Einzelstaaten und *kanadischen* Provinzen einen Versorgungsausgleich kennen, in denen der Richter die Möglichkeit hat, *pension rights* bei der Scheidung der Ehe unter den Ehegatten aufzuteilen, soweit es sich um *marital property* handelt, dh um Vermögen, das in der Ehe erworben wurde (abl Erman/*Hohloch* Rn 36; NK-BGB/*Gruber* Rn 74; **aA** noch *Münch/Süß* § 20 Rn 236; *Klattenhoff* FuR 00, 49/55; vgl auch AG Heidelberg IPRspr 1989 Nr 93 [*Florida*]).

Deutlich wird die Regelung des Abs 3 S 1 Hs 2 an folgendem	**58**

Beispiel: Wird die Ehe eines *Italieners* und einer *Österreicherin* geschieden, die ihren gewöhnlichen Aufenthalt in Deutschland haben, so sieht das Scheidungsstatut (deutsches Recht), Art 8 lit a Rom III-VO einen Versorgungsausgleich zwar vor. Gleichwohl ist er nicht durchzuführen, weil weder das italienische noch das österreichische Recht einen Versorgungsausgleich im Sinne des deutschen Rechts kennen (vgl zum öst Recht BGH NJW-RR 94, 322; zum ital Recht BGH NJW-RR 94, 962; OLG Celle NJW-RR 07, 1558; OLG Düsseldorf FamRZ 93, 433/434; OLG Koblenz FamRZ 91, 1323; AG Schwäbisch Hall IPRax 15, 452 [LS]).

Sind die Voraussetzungen des Abs 3 S 1 Hs 2 hingegen erfüllt, führt das deutsche Gericht den **59** Versorgungsausgleich **von Amts wegen nach deutschem Recht** durch. Dies gilt auch dann, wenn das deutsche Recht einen weitergehenden Ausgleich vorsieht als das ausländische Heimatrecht desjenigen Ehegatten, das den Versorgungsausgleich ebenfalls kennt (Pal/*Thorn* Rn 9; NK-BGB/*Gruber* Rn 65, 78 mwN).

c) Vertraglicher Ausschluss des Versorgungsausgleichs. Auch die Wirksamkeit eines ver- **60** traglichen Ausschlusses des Versorgungsausgleichs unterliegt grundsätzlich dem Versorgungsausgleichsstatut (OLG Köln FamRZ 09, 1589/1590). Er ist daher in jedem Fall wirksam, wenn er

527

D 61–64   1. Teil. Erkenntnisverfahren D. Versorgungsausgleichssachen

den Anforderungen des nach Art 17 Abs 3 S 1 EGBGB iVm der Rom III-VO anwendbaren *deutschen* Rechts genügt. Erforderlich ist danach die Einhaltung der Voraussetzungen des § 7 VersAusglG. Haben sich die maßgebenden Anknüpfungskriterien für das Scheidungs- und damit auch für das Versorgungsausgleichsstatut in der Zeit zwischen der notariellen Beurkundung des Ausschlusses und der Einreichung des Scheidungsantrags geändert (Statutenwechsel), so ist es jedoch aus Gründen des Vertrauensschutzes auch ausreichend, dass der Versorgungsausgleich nach demjenigen *ausländischen* Recht wirksam ausgeschlossen worden ist, das im Zeitpunkt der Vereinbarung **hypothetisches Scheidungsstatut** gewesen wäre. Dies gilt jedenfalls für die *Wirksamkeitskontrolle* am Maßstab der guten Sitten (NK-BGB/*Gruber* Rn 61; BeckOK-BGB/ *Heiderhoff* Rn 55; Staud/*Mankowski* Rn 350 f). Für die vom BGH daneben geforderte *Ausübungskontrolle* wird man hingegen auf das später tatsächlich zugrunde gelegte Scheidungsstatut abstellen müssen (zutr BeckOK-BGB/*Heiderhoff* aaO). Die praktische Bedeutung dieser Konstellation ist freilich wegen der geringen Verbreitung des Versorgungsausgleichs in ausländischen Rechten gering.

61   Die **Formgültigkeit** der Vereinbarung über den Ausschluss des Versorgungsausgleichs beurteilt sich nach Art 11 EGBGB; allerdings bleibt es bei der alleinigen Maßgeblichkeit des Scheidungsstatuts als Geschäftsstatut, wenn das Ortsrecht den Versorgungsausgleich nicht kennt und deshalb auch keine Formvorschriften für dessen vertraglichen Ausschluss bereithält (OLG Schleswig FamRZ 12, 132/133; OLG Köln FamRZ 09, 1589/1590 f; OLG Celle FamRZ 07, 1566/1568). Ist Scheidungsstatut deutsches Recht, so ist in diesem Fall die **Form des § 7 VersAusglG** einzuhalten.

62   Welche Auswirkungen der Ausschluss des Versorgungsausgleichs auf die **güterrechtlichen Beziehungen** der Ehegatten hat, bestimmt nicht das Statut des Versorgungsausgleichs, sondern das nach Art 15 EGBGB (bzw künftig nach Art 20 ff EuGüVO) maßgebliche Güterrechtsstatut (Staud/*Mankowski* Rn 351; Pal/*Thorn* EGBGB Rn 8). Die bis 1.9.2009 in § 1414 S 2 BGB normierte Rechtsfolge, wonach der Ausschluss des Versorgungsausgleichs zur Gütertrennung führte, falls sich nicht aus dem Ehevertrag etwas anderes ergab, trat daher nur ein, wenn die Ehegatten im deutschen gesetzlichen Güterstand der Zugewinngemeinschaft oder im Wahlgüterstand der Gütergemeinschaft lebten, nicht hingegen bei Maßgeblichkeit ausländischen Güterrechts (*Walter* MittBayNot 05, 193/195). Auch nach Aufhebung dieser Vorschrift empfiehlt sich bei einem Ausschluss des Versorgungsausgleichs in jedem Falle eine vertragliche Klarstellung, dass dieser keine güterrechtlichen Auswirkungen haben soll. Der Ausschluss des Versorgungsausgleichs wirkt freilich nur, soweit er einer gerichtlichen Inhaltskontrolle standhält (vgl das Beipiel bei H/O/*Hausmann* § 12 Rn 43; dazu *Hausmann* FS Geimer [2017] 199 ff).

63   **d) Sonderfragen bei einer Wahl des Scheidungstatuts. aa) Grundsatz.** Art 17 Abs. 3 S 1 EGBGB knüpft den Versorgungsausgleich nicht nur dann akzessorisch an das Scheidungsstatut an, wenn dieses objektiv nach Art 8 Rom III-VO bestimmt wird. Gleiches gilt vielmehr auch dann, wenn die Ehegatten das Scheidungsstatut nach **Art 5 ff Rom III-VO** durch Rechtswahl festgelegt haben. Insbesondere ausländische Ehegatten, die mit einem deutschen Partner verheiratet sind, müssen also bedenken, dass eine Wahl des deutschen Rechts – als Recht des (letzten) gemeinsamen gewöhnlichen Aufenthalts der Ehegatten oder als *lex fori* (Art 5 lit a, b oder d Rom III-VO) – für die Ehescheidung, vorbehaltlich der anschließend erörterten Schranken des Art 17 Abs 3 S 1 Hs EGBGB, dahin auszulegen ist, dass die Parteien damit zugleich für die Durchführung des Versorgungsausgleichs von Amts wegen nach deutschem Recht optieren. Umgekehrt kann die Wahl eines ausländischen Scheidungsrechts durch einen deutschen Ehegatten zur Folge haben, dass dieser seine Ansprüche auf die Durchführung des Versorgungsausgleichs verliert, die ihm ohne eine solche Rechtswahl nach Art 17 Abs 3 S 1 EGBGB iVm Art 8 Rom III-VO zuständen. Auf diese Auswirkungen einer Wahl des Scheidungsstatuts für den Versorgungsausgleich müssen rechtliche Berater sowie der beurkundende Notar die Ehegatten hinweisen. Diese von den Ehegatten häufig nicht gewünschte Verknüpfung wird in der Literatur zu Recht kritisiert (*Gruber* IPRax 16, 539/543; BeckOK-BGB/*Heiderhoff* Rn 56).

64   In diesem Zusammenhang stellt sich die Frage, ob diese akzessorische Anknüpfung an ein gewähltes Scheidungsstatut zwingend ist oder ob die Ehegatten berechtigt sind, es hinsichtlich des Versorgungsausgleichs bei dem objektiven Scheidungsstatut nach Art 8 Rom III-VO zu belassen und ihre **Rechtswahl auf die Ehescheidung bzw Ehetrennung als solche zu beschränken.** Die Antwort ergibt sich nicht aus der Rom III-VO, die vermögensrechtliche Scheidungsfolgen aus ihrem sachlichen Anwendungsbereich ausklammert, sondern ist im Wege der Auslegung von Art 17 Abs 3 S 1 EGBGB zu entwickeln. Dessen Wortlaut lässt es durchaus

528

II. Internationales Privatrecht: EGBGB Art 17 III **65–69 D**

zu, den Versorgungsausgleich trotz einer abweichenden Rechtswahl für die Scheidung dem objektiv nach Art 8 Rom III-VO maßgeblichen Scheidungsstatut zu unterwerfen (zutr *Schall/ Weber* IPRax 14, 381/384 f; NK-BGB/*Gruber* Rn 58; **aA** aber *Hau* FamRZ 13, 249/253; Althammer/*Mayer* Art 5 Rom III-VO Rn 30 f; BeckOK-BGB/*Heiderhoff* Rn 56).

Für eine solche auf die Scheidung selbst begrenzte Rechtswahlmöglichkeit spricht insbesonde- **65** re, dass die von Art 5 Rom III-VO für die Ehescheidung eingeräumte Parteiautonomie massiv eingeschränkt würde, wenn Ehegatten deutsches Recht als Scheidungsstatut nur unter der Voraussetzung wählen könnten, dass sie sich damit zugleich für die Durchführung des Versorgungsausgleichs entscheiden; zu einer solchen Beschränkung der unionsrechtlich eingeräumten Rechtswahlfreiheit ist der deutsche Gesetzgeber wohl nicht berechtigt. Die Möglichkeit, dass die Ehegatten den Versorgungsausgleich nach deutschem Sachrecht (§§ 6 ff VersAusglG) ausschließen oder nach Art 17 Abs 3 S 2 vorgehen können, dürfte nicht immer ausreichen (**aA** BeckOK-BGB/*Heiderhoff* Rn 56). Eine isolierte – vom Scheidungsstatut abweichende – Wahl des Versorgungsausgleichsstatuts ist hingegen nicht zulässig (*Andrae*, IntFamR § 4 Rn 88; *Hau* FamRZ 13, 249/253; MüKoBGB/*Winkler v Mohrenfels* Rn 80; jurisPK-BGB/*Ludwig* Rn 66).

bb) Einschränkung durch Art 17 Abs 3 S 1, 2 Hs EGBGB? In der Literatur ist zum **66** bisherigen Recht zT die Ansicht vertreten worden, Abs 3 S 1 Hs 2 sei dann nicht anzuwenden, wenn die Ehegatten das deutsche Recht nach Art 14 Abs 2–4 EGBGB als Ehewirkungsstatut – und damit mittelbar auch als Versorgungsausgleichsstatut – **gewählt** hätten. In diesem Fall sei der Versorgungsausgleich mithin auch dann nach deutschem Recht durchzuführen, wenn keines der Heimatrechte der Ehegatten dieses Rechtsinstitut kenne (*Klattenhoff* FuR 00, 49/56; Staud/ *Mankowski* Rn 348).

Unter der Geltung der Rom III-VO wird man von einer solchen **teleologischen Reduktion 67** der Vorschrift indessen nicht mehr ausgehen können. Denn da die Rechtswahl nach der Verordnung die Primäranknüpfung für das Scheidungsstatut ist, wird von ihr in Eheverträgen und Scheidungsvereinbarungen künftig in weit größerem Umfang als bisher Gebrauch gemacht werden. Die Rom III-VO und damit auch die Rechtswahl nach Art 5 ist aber ausdrücklich auf die Bestimmung des Scheidungsstatuts begrenzt und erfasst keine vermögensrechtlichen Wirkungen der Scheidung (→ A Rn 332 ff), so dass ausländischen Ehegatten, die deutsches Recht als Scheidungsstatut wählen, nicht ohne weiteres unterstellt werden kann, sie wollten damit zugleich für die Durchführung des Versorgungsausgleichs nach deutschem Recht optieren, obwohl ihre Heimatrechte dieses Rechtsinstitut nicht kennen (ähnlich *Andrae,* IntFamR § 4 Rn 92; **aA** jurisPK-BGB/*Ludwig* Rn 73). Anders mag es dann liegen, wenn die Ehegatten das deutsche Recht in voller Kenntnis der Konsequenzen für den Versorgungsausgleich wählen oder dessen Durchführung sogar mit Hilfe der Rechtswahl gezielt anstreben (NK-BGB/*Gruber* Rn 66 f).

3. Regelwidrige Durchführung des Versorgungsausgleichs auf Antrag, Abs 3 S 2

a) Allgemeines. Unterliegen die Scheidung und damit auch der Versorgungsausgleich entwe- **68** der nach Abs 3 S 1 Hs 1 iVm der Rom III-VO nicht dem deutschen Sachrecht oder ist der Versorgungsausgleich weder dem Heimatrecht des Ehemannes noch dem Heimatrecht der Ehefrau bekannt, so scheidet ein von Amts wegen durchzuführender Versorgungsausgleich vor einem deutschen Gericht hingegen aus. Die Versagung des Versorgungsausgleichs kann jedoch **unbillig** sein, weil sie einem Ehegatten einen Anspruch vorenthält, der ihm unter vergleichbaren Umständen in einem reinen Inlandsfall ohne weiteres zustünde (BGH FamRZ 94, 825/826). Abs 3 S 2 ermöglicht es daher, den Versorgungsausgleich ausnahmsweise **auf Antrag nach deutschem Recht** durchführen (BGH FamRZ 09, 977 Rn 13; BGH NJW 07, 2477 m Anm *Bergner;* BGH NJW-RR 07, 361; OLG Stuttgart FamRZ 09, 1587 m Anm *Borth;* OLG Bremen FamRZ 16, 141 f).

Bei der Vorschrift soll es sich nach zT vertretener Ansicht um eine besondere Ausprägung des **69** deutschen **ordre public** (Art 6 EGBGB) handeln (vgl OLG Oldenburg FamRZ 95, 1590; MüKoBGB/*Winkler v Mohrenfels* Rn 91; *Schotten/Wittkowski* FamRZ 95, 264/265; *Finger* FuR 1999, 215/219), die auch im staatsvertraglichen Kollisionsrecht zur Anwendung komme, soweit die Vertragsstaaten sich die Berufung auf ihren *ordre public* vorbehalten hätten (vgl zum deutschiranischen Niederlassungskommen OLG Oldenburg aaO; *Schotten/Wittkowski* FamRZ 95, 264/ 267). Dagegen spricht freilich schon das Antragserfordernis; außerdem ist die Nichtdurchführung des Versorgungsausgleichs, mag sie auch im Einzelfall unbillig sein, deswegen noch kein schlecht-

529

D 70–73 1. Teil. Erkenntnisverfahren D. Versorgungsausgleichssachen

hin unerträgliches Ergebnis. Andernfalls müsste man das Scheidungsfolgenrecht der meisten ausländischen Rechte, die – wie gezeigt (→ Rn 53 ff) – das Rechtsinstitut des Versorgungsausgleichs nicht kennen, für *ordre public*-widrig erklären (Staud/*Mankowski* Rn 355; *Klattenhoff* FuR 00, 49, 52). Daher findet im Rahmen des **deutsch-iranischen Niederlassungsabkommens** kein Versorgungsausgleich nach Abs 3 S 2 statt (so auch BGH FamRZ 05, 1666/1667; OLG Frankfurt FamRZ 11, 1065; OLG Celle JAmt 11, 490; OLG Köln FamRZ 02, 613; Pal/*Thorn* Rn 10; Erman/*Hohloch* Rn 39; NK-BGB/*Gruber* Rn 106). Auch die EMRK verpflichtet die deutschen Gerichte nicht dazu, das deutsch-iranische Niederlassungsabkommen zu missachten und den Versorgungsausgleich unter Berufung auf den deutschen *ordre public* durchzuführen (EGMR FamRZ 11, 1037).

70 **b) Voraussetzungen.** Die subsidiäre Anwendung des deutschen Rechts nach Art 17 Abs 3 S 2 EGBGB hängt von **vier Voraussetzungen** ab, die **kumulativ** erfüllt sein müssen:

(1) ein Versorgungsausgleich nach dem von Abs 3 S 1 bestimmten Recht findet nicht statt,

(2) ein Ehegatte hat die Durchführung des Versorgungsausgleichs nach deutschem Recht beantragt,

(3) mindestens ein Ehegatte hat inländische Anwartschaften erworben, und

(4) die Durchführung des Versorgungsausgleich entspricht im Hinblick auf die beiderseitigen wirtschaftlichen Verhältnisse auch während der gesamten Ehezeit der Billigkeit.

Beweispflichtig für diese Voraussetzungen ist derjenige Ehegatte, der sich auf die Ausnahmeregel in Satz 2 beruft (BGH FamRZ 07, 366; OLG Frankfurt FamRZ 09, 1586). Im Einzelnen:

71 **aa) Kein Versorgungsausgleich von Amts wegen.** Der Versorgungsausgleich darf nicht bereits nach Abs 3 S 1 von Amts wegen stattfinden. Dies ist zum einen dann der Fall, wenn **ausländisches Recht** als Scheidungsstatut nach Abs 1 S 1 iVm der Rom III-VO zur Anwendung berufen ist; insoweit kommt es seit der Neufassung des Abs 3 S 1 durch Art 20 Nr 1 VAStrRefG nicht mehr darauf an, ob das ausländische Recht den Versorgungsausgleich kennt oder nicht (BT-Drs 16/10144, 113; Pal/*Thorn* Rn 9). Zum anderen kann der Versorgungsausgleich auch dann nicht von Amts wegen durchgeführt werden, wenn zwar **deutsches Recht** gilt, aber keinem der Heimatrechte der Ehegatten das Institut des Versorgungsausgleichs bekannt ist (BGH NJW 07, 2477; BGH NJW-RR 07, 361; OLG Oldenburg FamRZ 95, 1590). Dabei ist es schon ausreichend, wenn der Versorgungsausgleich nach Art und Umfang deutlich hinter dem deutschen Recht zurückbleibt („keine Ausschaltung des Versorgungsausgleichs für ein Linsengericht"; vgl MüKoBGB/*Winkler v Mohrenfels*[5] Rn 234; aA *Lüderitz* IPRax 87, 74/79). Art 17 Abs 3 S 2 EGBGB schaltet dann die kumulative Anwendung der Heimatrechte der Ehegatten aus und beruft ausschließlich deutsches Recht zur Anwendung.

72 Fraglich ist, ob ein Versorgungsausgleich nach Abs 3 S 2 überhaupt durchgeführt werden kann, wenn die Ehegatten eine **Rechtswahl** zugunsten ausländischen Rechts nach Art 5 Rom III-VO getroffen haben. Denn mit der Berufung auf die Durchführung des Versorgungsausgleichs nach deutschem Recht setzt sich der Antragsteller zu der zuvor getroffenen Rechtswahl in Widerspruch; dies könnte vom Antragsgegner, der auf die Geltung des gewählten ausländischen Rechts vertraut hat, als unbillig empfunden werden (vgl J/H/*Henrich* Rn 18). Eine solche Betrachtung erscheint jedoch nur angebracht, wenn nachgewiesen wird, dass die Ehegatten mit ihrer für die Scheidung getroffenen Rechtswahl gezielt auch den Versorgungsausgleich ausschließen wollten. Haben sie bei ihrer Wahl ausländischen Scheidungsrechts hingegen – wie im Regelfall – an die Auswirkungen für den Versorgungsausgleich nicht gedacht und wurden sie hierüber auch nicht belehrt, so steht die Rechtswahl der Durchführung des Versorgungsausgleichs nach Abs 3 S 2 nicht entgegen (NK-BGB/*Gruber* Rn 83 f; BeckOK-BGB/*Heiderhoff* Rn 72).

73 **bb) Antrag.** Einer der Ehegatten muss die Durchführung des Versorgungsausgleichs nach deutschem Recht beantragen (OLG München NJW 14, 1893; OLG Frankfurt FamFR 13, 118; OLG Braunschweig FamRZ 05, 1683/1684; OLG München FamRZ 00, 165; Pal/*Thorn* Rn 11; BeckOK-BGB/*Heiderhoff* Rn 64). Ein solcher Antrag kann allerdings schon darin gesehen werden, dass ein Ehegatte dem Gericht die Fragebögen zur Durchführung des Versorgungsausgleichs ausgefüllt zurückschickt (OLG München FuR 93, 169; NK-BGB/*Gruber* Rn 87 mwN). Ohne einen entsprechenden Antrag darf das deutsche Gericht den Versorgungsausgleich nach Abs 3 S 2 auch in Fällen grober Unbilligkeit nicht von Amts wegen durchführen. Unerheblich ist hingegen, ob der ausgleichsberechtigte Ehegatten den Antrag im Rahmen des Scheidungsverbundverfahrens oder – auch erst Jahre nach rechtskräftiger Scheidung – in einem

II. Internationales Privatrecht: EGBGB Art 17 III   74–78 **D**

isolierten Verfahren stellt (BGH FamRZ 07, 996/1000; OLG Stuttgart FamRZ 09, 1587/
1588; OLG Karlsruhe FamRZ 06, 955; OLG Braunschweig FamRZ 05, 1683/1684; OLG
Hamm FamRZ 91, 204). Wird der Antrag im Verbundverfahren nicht rechtzeitig in der ersten
Instanz gestellt, kann er allerdings im Beschwerdeverfahren nicht mehr nachgeholt werden;
vielmehr ist dann ein selbständiges neues Verfahren einzuleiten (OLG München NJW 14, 1893/
1894).

Der besondere Antrag nach Abs 3 S 2 ist zu unterscheiden von dem allgemeinen Antrag, der **74**
nach §§ 137 Abs 2 S 2, 223 FamFG verfahrensrechtlichs zur Durchführung des schuldrechtlichen
Versorgungsausgleichs erforderlich ist (Pal/*Thorn* Rn 11). Ein bei Einleitung des Verfahrens
fehlender Antrag kann durch **nachträglich erklärtes Einverständnis** oder **rügelose Einlassung** der Parteien ersetzt werden (OLG Schleswig FamRZ 91, 96/97; *Finger* FamRBint 10, 18/
20). Wird der Antrag nicht gestellt, so hat die Feststellung im Urteilstenor, dass ein Versorgungs-
augleich nicht stattfindet, zu unterbleiben (*Henrich,* IntSchR Rn 313). Wird sie dennoch aufgenommen, so erwächst sie jedenfalls nicht in Rechtskraft und steht einem späteren isolierten
Verfahren auf Durchführung des Versorgungsausgleichs nicht entgegen (OLG Bremen NJW-
Spezial 2012, 422; OLG Karlsruhe FamRZ 06, 955; jurisPK-BGB/*Ludwig* Rn 94).

cc) Inländische Versorgungsanwartschaften. Weiterhin muss ein Ehegatte während der **75**
Ehezeit inländische Versorgungsanwartschaften, dh Anrechte iSv § 2 VersAusglG, die ein Versorgungsträger im Inland zu erbringen hat (vgl jurisPK-BGB/*Ludwig* Rn 95 mwN) erworben
haben. Dies muss seit der Neufassung von Abs 3 durch das AnpassungsG v 23.1.2013 zur
Rom III-VO (→ Rn 28) nicht mehr der ausgleichspflichtige Ehegatte sein; ausreichend ist
vielmehr auch, dass nur der **ausgleichsberechtigte Ehegatte** solche Anwartschaften erlangt
hat. In diesem Zusammenhang ist insbesondere zu berücksichtigen, dass inländische Anrechte
auch ohne Erwerbsarbeit, zB durch Ausbildungs- und Kindererziehungszeiten, erworben
werden können (RegBegr zum Rom III-AnpassungsG, BT-Drs 17/11049, S 10 unter B Nr 2).
Auf die Höhe der inländischen Anwartschaften kommt es nicht an (OLG Stuttgart FamRZ 05,
911).

Als **Ehezeit** ist die Zeit bis zur Zustellung des Scheidungsantrags zugrunde zu legen (BGH **76**
FamRZ 09, 677 und FamRZ 09, 681; NK-BGB/*Gruber* Rn 91). Dies gilt auch dann, wenn
dem Scheidungsverfahren ein gerichtliches Ehetrennungsverfahren nach ausländischem Recht
vorangegangen ist (BGH FamRZ 94, 825 ff; OLG Koblenz FamRZ 91, 1323/1324; OLG
Saarbrücken ZFE 04, 283; BeckOK-BGB/*Heiderhoff* Rn 67).

Hat vor allem der **ausgleichspflichtige Ehegatte** inländische Versorgungsanwartschaften **77**
erworben, so wäre es unbillig, den Versorgungsausgleich nur deshalb nicht durchzuführen, weil
das anwendbare ausländische Recht keinen Ausgleich ermöglicht und daher die Voraussetzungen
des Abs 3 S 1 nicht vorliegen, obwohl der Versorgungsausgleich hinsichtlich der inländischen
Anwartschaften von dem deutschen Gericht problemlos vorgenommen werden kann (BGH
FamRZ 09, 677 Rn 13; BGH FamRZ 94, 825/826; jurisPK-BGB/*Ludwig* Rn 99 mwN).
Insoweit ist zu beachten, dass inländische Anwartschaften auf der Grundlage von Sozialversiche-
rungsabkommen mit ausländischen Staaten gegen einen inländischen Versorgungsträger auch
durch **Beschäftigungszeiten im Ausland** erworben werden können (vgl OLG Düsseldorf
FamRZ 99, 1210 [*Polen*]; OLG Frankfurt FamRZ 00, 163/164; MüKoBGB/*Winkler v Mohren-
fels* Rn 94; Staud/*Mankowski* Rn 381; BeckOK-BGB/*Heiderhoff* Rn 68). Auf den Fall, dass ein
Ehegatte Versorgungsanwartschaften in einem ausländischen Staat erworben hat, der den Versorgungsausgleich ebenfalls kennt (und dem anderen Ehegatten deshalb keine Geschiedenen-
Witwenrente gewährt), wurde die Regelung zT entsprechend (dh allseitig) angewandt (E *Lorenz*
FamRZ 87, 645/653; Erman/*Hohloch* Rn 42); dafür besteht indes kein Bedürfnis, weil auch
ausländische Versorgungsanwartschaften in den Versorgungsausgleich nach Abs 3 S 2 EGBGB
einbezogen werden können (→ Rn 90 ff; vgl BeckOK-BGB/*Heiderhoff* Rn 68; MüKoBGB/
Winkler v Mohrenfels Rn 95).

Alternativ zum Erwerb inländischer Versorgungsanwartschaften genügte es zur Durchführung **78**
des Versorgungsausgleichs nach Abs 3 S 2 Nr 2 EGBGB aF auch, wenn die **allgemeinen
Wirkungen der Ehe** zumindest während eines Teils der Ehezeit einem Recht unterlagen, das
den Versorgungsausgleich kannte. Denn in diesem Fall mussten die Eheleute jedenfalls für eine
gewisse Zeit mit der Durchführung des Versorgungsausgleichs rechnen. Das Ehewirkungsstatut
richtete sich, soweit keine zulässige Rechtswahl nach Art 14 Abs 2–4 getroffen wurde, nach
Art 14 Abs 1 EGBGB; maßgeblich war danach primär das (letzte) gemeinsame Heimatrecht der
Ehegatten (Nr 1), hilfsweise das am (letzten) gemeinsamen gewöhnlichen Aufenthalt der Ehegat-

531

D 79–83   1. Teil. Erkenntnisverfahren D. Versorgungsausgleichssachen

ten geltende Recht (Nr 2) bzw das Recht des Staates, mit dem die Ehegatten auf andere Weise gemeinsam am engsten verbunden waren (Nr 3; näher → B Anh Rn 610 ff).

79   Dabei war es grundsätzlich unerheblich ist, wie lange die Ehe diesem Ehewirkungsstatut unterlegen hatte. Auch wenn dies nur während eines Teils der Ehezeit der Fall war, war der Versorgungsausgleich dennoch **für die gesamte Ehedauer** durchzuführen (BGH FamRZ 09, 677 Rn 13; Staud/*Mankowski* Rn 401 ff); ausländische Anwartschaften waren dann im Wege des schuldrechtlichen Versorgungsausgleichs einzubeziehen (OLG Zweibrücken FuR 00, 425/430). War der Zeitraum nur sehr kurz, konnte die Durchführung des Versorgungsausgleichs jedoch der Billigkeit widersprechen (BGH aaO; MüKoBGB/*Winkler v Mohrenfels*[5] Rn 237). Die praktische Bedeutung dieser 2. Fallgruppe war indes – wie die Auswertung der Rechtsprechung zeigte – gering. Aus diesem Grunde hat der Gesetzgeber diese Variante im Zuge der seit dem 29.1.2013 geltenden Neufassung von Art 17 Abs 3 S 2 gestrichen.

80   **dd) Billigkeitskontrolle.** Die Durchführung des Versorgungsausgleichs darf schließlich – wie bisher – der Billigkeit nicht widersprechen. Ob dies der Fall ist, hat das Gericht unter Berücksichtigung sämtlicher Umstände des Einzelfalls zu prüfen (BGH FamRZ 09, 681 Rn 18; vgl auch BGH FamRZ 00, 418/419; jurisPK-BGB/*Ludwig* Rn 99 mwN). Von Bedeutung für die Abwägung sind nach S 2, letzter Hs insbesondere die **beiderseitigen wirtschaftlichen Verhältnisse** der Ehegatten während der gesamten Ehezeit. Das Gericht ist jedoch bei seiner Entscheidung nicht auf diese in der Vorschrift ausdrücklich genannten Gesichtspunkte beschränkt (BGH aaO; OLG Bremen FamRZ 16, 141/142; OLG Hamm IPRax 15, 167 Rn 7 m Anm *Rauscher* 139 und NZFam 15, 226; OLG Stuttgart FamRZ 09, 1587; Pal/*Thorn* Rn 12). Die Billigkeitsklausel in Abs 3 S 2 ergänzt die materiell-rechtliche Härteklausel in § 27 VersAusglG und dient insbesondere der Berücksichtigung der internationalen Aspekte des Sachverhalts, auf die § 27 VersAusglG nicht abzielt (*Bergmann* FuR 09, 4521/ 4524; *ders* NZFam 14, 1023; BeckOK-BGB/*Heiderhoff* Rn 70 f). Sie kann nicht nur zum Ausschluss des Versorgungsausgleichs, sondern auch zu seiner Kürzung führen („soweit"; vgl zum Verhältnis zur Härteklausel in § 1587c BGB aF BGH FamRZ 07, 996/1000; BGH FamRZ 94, 825/827; OLG Stuttgart FamRZ 08, 1759; OLG Düsseldorf FamRZ 93, 433/434; Staud/*Mankowski* Rn 394; *Klattenhoff* FuR 00, 108/112).

81   Der Versorgungsausgleich ist danach insbesondere dann ausgeschlossen oder (nur eingeschränkt durchzuführen; → Rn 87), wenn **nur ein Ehegatte eine inländische Altersversorgung** aufgebaut hat, die zum Ausgleich herangezogen werden kann, während der andere Ehegatte Vermögenswerte im Ausland besitzt, die nicht ermittelt werden können oder auf die nicht zugegriffen werden kann (BT-Drs 10/5632, S 42 f.; BGH NJW 14, 61 Rn 14 = IPRax 15, 165 m Anm *Rauscher* 139; BGH FamRZ 07, 996 Rn 10 und FamRZ 07, 366 f; BGH FamRZ 94, 825/826; OLG Frankfurt FamRZ 18, 184; OLG Bremen FamRZ 16, 141 f; OLG Stuttgart FamRZ 08, 1759 f; OLG Karlsruhe FamRZ 02, 1633/1634; OLG Celle FamRZ 91, 204/205; einschränkend aber BGH FamRZ 03, 1737 = IPRax 05, 447 für den Fall, dass die ausländischen Anwartschaften für den berechtigten Ehegatten nicht realisierbar sind; zust Pal/ *Thorn* Rn 12).

82   Teilweise wird in diesem Fall auch eine **Lösung im deutschen Sachrecht** über die Ausgleichssperre nach § 19 Abs 3 VersAusglG vorgezogen (vgl OLG Zweibrücken FamRZ 15, 2063/2065; KG FamRZ 16, 982). Ein Ausschluss oder eine Einschränkung des Versorgungsausgleichs auf Gründen der Unbilligkeit kann sich auch daraus ergeben, dass die Ehegatten während der Ehe ganz überwiegend im Ausland gelebt haben (vgl OLG Bremen FamRZ 16, 141/142; OLG Celle FamRZ 14, 42). In diesen Fällen kommt allenfalls ein **schuldrechtlicher Versorgungsausgleich** in Betracht (OLG Schleswig NJOZ 04, 4480; OLG München FamRZ 05, 990). Der Umstand allein, dass die Versorgungsanwartschaften ausschließlich oder ganz überwiegend von einem Ehegatten erworben wurden, begründet hingegen noch keine Unbilligkeit, selbst wenn der andere Ehegatte aufgrund seiner Einkünfte die Möglichkeit hatte, sich eine eigene Altersversorgung aufzubauen (BGH FamRZ 12, 434 = DNotZ 12, 705 m Anm *Rauscher;* BGH FamRZ 11, 877; OLG Köln FamRZ 14, 844; OLG Karlsruhe NJW-RR 04, 652/653; BeckOK-BGB/*Heiderhoff* Rn 71).

83   Auch **Unterschiede der Kaufkraft** bzw der Lebenshaltungskosten in den in den jeweiligen Aufenthaltsstaaten der beiden Ehegatten können Berücksichtigung finden (BGH FamRZ 07, 366; BGH FamRZ 00, 418/419; OLG Frankfurt FamRZ 00, 163/164 BeckOK-BGB/*Heiderhoff* Rn 71). Gleiches gilt für **Absprachen der Ehegatten** vor der Scheidung oder im Scheidungsverfahren, die sich auf den Versorgungsausgleich beziehen (BGH FamRZ 09, 681/683; anders

II. Internationales Privatrecht: EGBGB Art 17 III   **84–88 D**

aber OLG Hamm FamRZ 14, 843 = IPRax 15, 167 f m Anm *Rauscher* 139, wenn die Vereinbarung sich nur auf den güterrechtlichen Ausgleich bezieht). Etwas anderes kann bei Nichtberücksichtigung des Versorgungsausgleichs aus Unkenntnis in einer Scheidungsvereinbarung im Rahmen eines *ausländischen* Scheidungsverfahrens gelten (vgl OLG Köln FamRZ 06, 44 [LS]).

Sind Anwartschaften nach ausländischem Ehegüterrecht bereits in den güterrechtlichen Aus- **84** gleich einbezogen worden, so kann ihre erneute Berücksichtigung im Rahmen des Versorgungsausgleichs unbillig sein (Staud/*Mankowski* Rn 396 f; NK-BGB/*Gruber* Rn 94). Auch die **Übertragung erheblicher Vermögenswerte** an einen Ehegatten aus Anlass der Ehescheidung kann zur Unbilligkeit eines von diesem zusätzlich geforderten Versorgungsausgleichs führen (OLG Celle FamRZ 14, 42/44). Die Verpflichtung des Ehemannes zur Zahlung der versprochenen Brautgabe nach marokkanischem Recht macht die Durchführung eines Versorgungsaugleichs aber noch nicht unbillig iSv Art 17 Abs 3 S 2 (OLG Köln FamRZ 16, 1592).

Ansonsten ist die Billigkeitsklausel aber als **Ausnahmevorschrift** eher eng auszulegen (vgl **85** BGH FamRZ 94, 825/826; OLG Hamm FamRZ 94, 573/578; OLG Düsseldorf FamRZ 93, 434; NK-BGB/*Gruber* Rn 92; MüKoBGB/*Winkler v Mohrenfels* Rn 97 mwN). Als nicht ausreichend für ihr Eingreifen wurden daher etwa die **Wiederheirat** (BGH FamRZ 07, 996/998) oder der außergewöhnliche berufliche Aufstieg eines Ehegatten (OLG Frankfurt FamRZ 90, 417), mangelnde Beiträge des Berechtigten zum Unterhalt der Familie während des Zusammenlebens (OLG Karlsruhe FamRZ 04, 463) oder die Einbeziehung einer längeren Trennungszeit angesehen. Letztere kann allenfalls im Rahmen der materiell-rechtlichen Härteklausel (§ 27 VersAusglG) berücksichtigt werden (OLG Stuttgart FamRZ 08, 1759; OLG Düsseldorf FamRZ 93, 433/434 f); dies gilt auch im Falle einer gerichtlichen Trennung nach ausländischem Recht (BGH FamRZ 94, 825/826 f; OLG Düsseldorf aaO; OLG Koblenz FamRZ 91, 1323/1324). Auch das **Verschulden an der Scheidung** bleibt als Kriterium der Unbilligkeit iSv Abs 3 S 2 außer Betracht (OLG Hamm FamRZ 94, 573/578; OLG Celle FamRZ 91, 204/205; Pal/*Thorn* Rn 12; NK-BGB/*Gruber* Rn 96). Gleiches gilt für persönliches Fehlverhalten nach Aufhebung der ehelichen Lebensgemeinschaft (BGH NJW 14, 61 = IPRax 15, 165 m Anm *Rauscher* 139).

Aus der negativen Formulierung der Billigkeitsklausel („soweit nicht widerspricht") wird **86** ferner entnommen, dass der Versorgungsausgleich nach deutschem Recht grundsätzlich durchzuführen ist, soweit dies nicht wegen der besonderen Umstände des konkreten Falles ausnahmsweise dem Grundgedanken des Versorgungsaugleichs in unerträglicher Weise widerspräche (vgl zu § 27 VersAusglG BGH FamRZ 12, 434 Rn 10; BGH FamRZ 11, 877 Rn 11; BGH FamRZ 08, 1836). Die **Darlegungslast** für derartige Umstände trägt – trotz Geltung des Grundsatzes der Amtsermittlung im Verfahren des Versorgungsausgleichs (§ 26 FamFG; vgl BGH NJW 14, 61) – derjenige Ehegatte, der sich auf die Unbilligkeit beruft (BGH NJW 14, 61 Rn 18; BGH FamRZ 07, 366/367 und 996/998; BGH FamRZ 90, 1341/1342; Pal/*Thorn* Rn 12 mwN). Der allgemeine **Verwirkungseinwand** nach § 242 BGB wegen verspäteter Geltendmachung des Versorgungsausgleichs wird durch die Billigkeitsklausel gesperrt (BGH NJW 14, 61 Rn 21 = IPRax 15, 165 m Anm *Rauscher* 139; BGH FamRZ 07, 366/367 und 996/998; BGH FamRZ 90, 1341/1342; Pal/*Thorn* Rn 12 mwN).

c) **Rechtsfolge.** Liegen die Voraussetzungen für einen Ausschluss des Versorgungsausgleichs **87** aus Gründen der Billigkeit nicht vor, so ist dieser nach deutschem Recht durchführen, wenn die übrigen Voraussetzungen erfüllt sind. Er ist in diesem Fall auch nicht auf die inländischen Anwartschaften beschränkt, sondern grundsätzlich **umfassend** vorzunehmen (BeckOK-BGB/*Heiderhoff* Rn 74; J/H/*Henrich* Rn 21; **aA** Pal/*Thorn* Rn 13; → Rn 90 ff). Allerdings lässt der Wortlaut der Vorschrift („soweit") aus Gründen der Billigkeit auch einen nur teilweisen Ausgleich von Versorgungsanwartschaften, dh eine Herabsetzung des Ausgleichs auf ein billiges Maß, zu (BGH NJW-RR 07, 361; BGH FamRZ 00, 418/419; MüKoBGB/*Winkler v Mohrenfels* Rn 98 [„weiter Ermessensspielraum"]). Die Höhe der Ausgleichsansprüche ist daher schon in die Billigkeitsprüfung einzubeziehen (BGH NJW 14, 61 m zust Anm *Rauscher* IPRax 15, 139; BGH NJW-RR 07, 361; BeckOK-BGB/*Heiderhoff* Rn 70 f) Ein nach §§ 6, 8 VersAusglG wirksamer **ehevertraglicher Ausschluss** des Versorgungsausgleichs nach § 1408 Abs 2 BGB ist in jedem Falle zu beachten (OLG Düsseldorf FamRZ 03, 1287).

Der Versorgungsausgleich vor einem deutschen Gericht findet seit der Änderung des Art 17 **88** Abs 3 durch das Gesetz zur Strukturreform des Versorgungsausgleichs grundsätzlich nur statt, wenn nach Satz 1 oder Satz 2 deutsches Recht anwendbar ist. Ein **Versorgungsausgleich nach ausländischem Recht** wird von einem deutschen Gericht auch nach S 2 nicht durchgeführt (BeckOK-BGB/*Heiderhoff* Rn 61). In diesem Fall müssen die Ehegatten in ihrem Heimatstaat

533

D 89–93 1. Teil. Erkenntnisverfahren D. Versorgungsausgleichssachen

ein Versorgungsausgleichsverfahren einleiten (MüKoBGB/*Winkler v Mohrenfels* Rn 80). Liegen die Voraussetzungen des Abs 3 S 1 nicht vor und wird ein Antrag nach S 2 nicht gestellt, hat eine Feststellung, dass ein Versorgungsausgleich nicht stattfindet, zu unterbleiben (OLG München NJW-RR 00, 815).

4. Berücksichtigung und Bewertung ausländischer Versorgungsanwartschaften

89 Führt ein inländisches Gericht den Versorgungsausgleich gemäß Abs 3 nach deutschem Recht durch, so ergeben sich regelmäßig keine besonderen Probleme, soweit es um die Verteilung **inländischer Versorgungsanwartschaften** oder Anrechte geht. Der bloße Umstand, dass der Berechtigte sich gewöhnlich im Ausland aufhält, hindert die Durchführung des (auch öffentlich-rechtlichen) Ausgleichs nicht (BGH NJW 83, 512/513; BGH NJW 86, 1932/1933; OLG Karlsruhe FamRZ 98, 1029 f; Pal/*Thorn* Rn 14; Erman/*Hohloch* Rn 46). Wirkt sich in einem solchen Fall die Übertragung oder Begründung von Rentenanwartschaften in der (deutschen) gesetzlichen Rentenversicherung nicht zugunsten des Berechtigten aus, ist auf den schuldrechtlichen Versorgungsausgleich auszuweichen (BGH NJW 83, 512/513; BGH NJW 86, 1932/1933; OLG Karlsruhe FamRZ 98, 1029; Pal/*Thorn* Rn 14).

90 **a) Berücksichtigung ausländischer Anwartschaften.** Schwieriger wird es, wenn im Ausland – genauer: bei einem ausländischen Versorgungsträger (vgl OLG Brandenburg FamRZ 17, 795) – erworbene Anwartschaften oder Anrechte aufzuteilen oder in die Verteilung mit einzubeziehen sind. Gemäß § 2 Abs 1 VersAusglG werden auch ausländische Anwartschaften oder Anrechte grundsätzlich vom Versorgungsausgleich erfasst (BGH FamRZ 07, 996; BGH FamRZ 06, 321 m Anm *Reinhard*). Hinsichtlich der Ausgleichsmethode ist aber danach zu differenzieren, ob ausländische Anrechte des Ausgleichs*berechtigten* oder des Ausgleichs*verpflichteten* einzubeziehen sind.

91 **aa) Anwartschaften des Berechtigten.** Ausländische Versorgungsanrechte auf Seiten des **Ausgleichsberechtigten** können auch bei einem öffentlich-rechtlichen Versorgungsausgleich **als Rechnungsposten** berücksichtigt werden, wenn der ausgleichspflichtige Ehegatte höhere Anwartschaften nach deutschem Recht erworben hat; denn durch ihre Anrechnung wird lediglich der Ausgleichsanspruch des Berechtigten gemindert, nicht aber in die ausländischen Anrechte eingegriffen (BGH FamRZ 08, 770/771 = IPRax 09, 81 m Anm *Eichenhofer* 60; BGH NJW-RR 04, 1; OLG Karlsruhe FamRZ 10, 1989; *Wagner* IPRax 99, 94/96; NK-BGB/*Gruber* Rn 100). Voraussetzung ist allerdings, dass der Wert dieser ausländischen Anrechte festgestellt werden kann. Die mangelnde Aufklärbarkeit geht zu Lasten des insoweit beweispflichtigen Antragstellers, der sich dann mit einem schuldrechtlichen Ausgleich begnügen muss (OLG Nürnberg FamRZ 99, 1203; OLG Düsseldorf FamRZ 94, 903; OLG Köln FamRZ 86, 689/690; NK-BGB/*Gruber* Rn 101).

92 **bb) Anwartschaften des Verpflichteten.** Ausländische Versorgungsanrechte auf Seiten des **Ausgleichsverpflichteten** können hingegen in einen öffentlich-rechtlichen Versorgungsausgleich gemäß §§ 6 ff VersAusglG nicht einbezogen werden, und zwar weder im Wege der internen Teilung (§§ 10 ff VersAusglG) noch der externen Teilung (14 ff VersAusglG). Denn ein ausländischer Versorgungsträger kann nicht durch deutsche Gerichte verpflichtet werden, den Ausgleichsberechtigten in sein Versorgungssystem aufzunehmen oder das Anrecht extern auszugleichen (§ 19 Abs 2 Nr 4 VersAusglG; vgl BT-Drs 16/10144, 62; BGH FamRZ 16, 1576/1577 ff [*Schweiz*]; OLG Karlsruhe FamRZ 16, 1591/1592 [*Frankreich*]; OLG Stuttgart FamRZ 89, 760; *Rauscher* IPRax 05, 431/432; MüKoBGB/*Winkler v Mohrenfels* Rn 119). Insoweit hat daher ein **schuldrechtlicher Ausgleich** gemäß §§ 20 ff VersAusglG zu erfolgen (BGH FamRZ 13, 106 Rn 14; BGH FamRZ 08, 2263; *Bergner* NJW 09, 1169; *Wick* FuR 09, 482; NK-BGB/*Gruber* Rn 99; BeckOK-BGB/*Heiderhoff* Rn 79 f mwN; ebenso schon zum früheren Recht BGH NJW 89, 1997; OLG Köln FamRZ 06, 1847; OLG München FamRZ 05, 990; OLG Schleswig NJOZ 04, 4480; OLG Bamberg FamRZ 03, 1567/1568).

93 **cc) Berücksichtigungsfähige Anwartschaften.** Allerdings sind nicht alle Anwartschaften berücksichtigungsfähig, sondern nur solche, die auf eine **Versorgung wegen Alters oder wegen Berufs- oder Erwerbsunfähigkeit** gerichtet sind (§ 2 VersAusglG; BGH FamRZ 08, 770/773; *Rauscher* IPRax 05, 431/432; *Reinhard* FamRZ 07, 866; jurisPK-BGB/*Ludwig* Rn 104; MüKoBGB/*Winkler v Mohrenfels* Rn 118 mwN). Letzteres trifft zB für die in der

534

II. Internationales Privatrecht: EGBGB Art 17 III   **94–96 D**

schweizerischen AHV begründeten Rentenanwartschaften zu (KG FamRZ 90, 1257; OLG Hamm
FamRZ 89, 759/760; OLG Karlsruhe IPRax 82, 245); ebenso für Anwartschaften in der
österreichischen (AG Kaufbeuren FamRZ 82, 76) oder *belgischen* Pensionsversicherung (OLG Köln
FamRZ 02, 1632), für Anwartschaften auf eine *französische* Sozialversicherungsrente (OLG
Karlsruhe FamRZ 10, 1989 und FamRZ 02, 962; AG Hamburg FamRZ 82, 717) sowie für
Anwartschaften eines französischen Berufssoldaten im Dienst der französischen Armee (OLG
Karlsruhe FamRZ 16, 1591/1592; AG Kelheim IPRax 85, 109; OLG Stuttgart FamRZ 89,
760/761).

Nicht zu berücksichtigen waren hingegen nach langer Zeit hM Rentenanwartschaften, die **94**
nicht auf vorausgegangenen Leistungen des Anspruchsberechtigten beruhten, sondern aus dem
allgemeinen Steueraufkommen finanziert wurden („**Volksrenten**"; vgl zum *schwedischen* Recht
OLG Bamberg FamRZ 80, 62/63; zum *australischen* Recht OLG Koblenz FamRZ 81, 293[LS];
zur US-amerikanischen *„social security"* AG Heidelberg IPRax 90, 126; zu *polnischen* Versor-
gungsansprüchen BGH NJW 89, 1997). An dieser Auffassung kann indes nicht mehr festgehalten
werden, nachdem auch die deutsche Rentenversicherung heute steuerfinanziert ist (vgl grundlegend für Anrechte auf die *niederländische* AOW-Pension BGH FamRZ 08, 770/771 ff = IPRax
09, 81 m Anm *Eichenhofer* 60; BGH FamRZ 09, 677 Rn 24; ebenso zur *irischen* Sozialversicherung BGH FamRZ 13, 106; zur *dänischen* Volksrente [„*folkepension*"] AG Flensburg FamRZ 09,
1585 bestätigt durch OLG Schleswig SchlHA 12, 105). Voraussetzung ist nur, dass das Teil-
haberecht des Ehegatten auf seine Arbeit als Teil der gemeinsamen Lebensleistung zurückzuführen ist (BGH FamRZ 13, 106; NK-BGB/*Gruber* Rn 98; juris-PK/*Ludwig* Rn 106 f).

b) Bewertung ausländischer Anwartschaften. Schwierigkeiten bereiten zuweilen die Fest- **95**
stellung und Bewertung ausländischer Versorgungsanrechte, weil ausländische Rentenversiche-
rungsträger nicht immer bereit sind, Auskunft über die Höhe der auf die Ehezeit entfallenden
Rentenanwartschaften zu erteilen (vgl *Bergner* IPRax 84, 189; OLG Karlsruhe FamRZ 89, 399/
400; OLG Köln FamRZ 86, 689/690). Hier muss versucht werden, von den Ausgleichspflichtigen die notwendigen Auskünfte zu erhalten (*Lüderitz* IPRax 87, 74/78). Abhilfe können die
Auskunftspflichten der Ehegatten gemäß § 4 VersAusglG bzw § 220 FamFG und die von der
Bundesrepublik Deutschland abgeschlossenen sozialrechtlichen Rechtshilfeabkommen sowie EU-
Verordnungen schaffen, welche die länderübergreifende Zusammenarbeit von Familiengerichten
und Versorgungsträgern regeln (vgl etwa die Verordnung (EG) Nr 987/2009 vom 16.9.2009 zur
Festlegung der Modalitäten für die Durchführung der Verordnung (EG) Nr 883/2004 über die
Koordinierung der Systeme der sozialen Sicherheit).

Ohne Schwierigkeiten lässt sich dennoch meistens nur feststellen, ob eine Rentenanwartschaft **96**
besteht. Ist die Berechnung des Ehezeitanteils nicht möglich oder wird eine Auskunft darüber
verweigert, wird oft nichts anderes übrigbleiben, als entweder das Versorgungsausgleichsverfahren als „zur Zeit nicht durchführbar" abzuschließen (OLG Oldenburg NJOZ 05, 1582; OLG
Celle FamRZ 01, 1462/1463) oder die ausländischen Versorgungsanwartschaften nach billigem
Ermessen (zB unter Heranziehung vergleichbarer deutscher Versorgungsanwartschaften) zu bestimmen (vgl § 42 VersAusglG; *Bergner* IPRax 88, 281/284; krit zu einer Schätzung *Rauscher*
IPRax 05, 431/433). Teilweise wird auch eine Verweisung der Parteien auf den schuldrechtlichen Versorgungsausgleich (so OLG Düsseldorf FamRZ 94, 903; OLG Hamm FamRZ 94,
573/578 f; OLG Karlsruhe FamRZ 89, 399/400) oder eine Lösung nach Beweislastgrundsätzen
befürwortet (OLG Köln FamRZ 86, 689/690; *Rauscher* IPRax 05, 431 mwN). Ausnahmsweise
können Ansprüche auf ausländische Anrechte unberücksichtigt bleiben, wenn sie erkennbar
wertlos oder nicht durchsetzbar sind (BGH NJW-RR, 1; zust BeckOK-BGB/*Heiderhoff* Rn 80).
Sind ausländische Anrechte bereits in einem Verfahren vor ausländischen Gerichten ausgeglichen
worden, so muss dies im Rahmen der Durchführung des Versorgungsausgleichs nach deutschem
Recht berücksichtigt werden.

E. Ehewohnungs-, Haushalts- und Gewaltschutzsachen

Übersicht

	Rn.
I. Internationale Zuständigkeit	1
1. Einführung	1
2. Autonomes Zivilverfahrensrecht	11
FamFG (Text-Nr 310)	11
a) Ehewohnungs- und Haushaltssachen (§§ 98 III, 105, 137 I, II Nr 3, 200, 201)	12
b) Gewaltschutzsachen (§§ 105, 210, 211)	19
II. Internationales Privatrecht	21
1. Einführung	21
2. Autonomes Kollisionsrecht	29
EGBGB (Text-Nr 320)	29
Art 17a	

Der Abschnitt E beschränkt sich auf die Behandlung von Ehewohnungs-, Haushalts- und Gewaltschutzsachen im **Erkenntnisverfahren,** nämlich auf Fragen der internationalen Zuständigkeit (→ Rn 1 ff) und des anwendbaren Rechts (→ Rn 21 ff). Die **Anerkennung und Vollstreckung** ausländischer Entscheidungen in diesen Sachen wird im **Abschnitt R II** (→ R Rn 23 ff) **und R III** (→ R Rn 47 ff) dargestellt.

I. Internationale Zuständigkeit

1. Einführung

a) EU-Recht. aa) EuGVVO. Regelungen des sekundären Unionsrechts finden auf dem **1** Gebiet der internationalen Zuständigkeit für Verfahren betreffend die **Zuweisung der Ehewohnung** und die **Verteilung der Haushaltsgegenstände** derzeit noch keine Anwendung. Diese Verfahren sind insbesondere aus dem Anwendungsbereich der EuGVVO nach deren Art 1 Abs 2 lit a ausgeschlossen. Zwar unterscheidet das deutsche Recht in § 137 Abs 2 FamFG zwischen Ehewohnungs- und Haushaltssachen einerseits (Nr 3) und Güterrechtssachen andererseits (Nr 4); die gleiche Trennung findet sich auch für die Zwecke des Kollisionsrechts in Art 15 und Art 17a EGBGB. Diese Qualifikation durch das deutsche Recht ist jedoch für die Auslegung des sachlichen Anwendungsbereichs der EuGVVO nicht maßgeblich. Der Begriff der „ehelichen Güterstände", die in Art 1 Abs 2 lit a EuGVVO ausdrücklich aus ihrem Anwendungsbereich ausgeschlossen sind, ist vielmehr autonom und weit auszulegen; er umfasst alle vermögensrechtlichen Beziehungen zwischen Ehegatten, die sich unmittelbar aus der Ehe oder ihrer Auflösung ergeben (EuGH 143/78 – *de Cavel,* Slg 79, 1055 Rn 7; EuGH C-67/17 – *Iliev/Ilieva,* FamRZ 17, 1913 Rn 31 m Anm *Musseva* 2009; zu Einzelheiten unalexK/*Hausmann* Art 1 Rn 58 ff), und damit auch die Ansprüche aus §§ 1361a, 1361b bzw §§ 1568a, 1568b BGB (OLG München IPRspr 99 Nr 158; MüKoBGB/*Winkler v Mohrenfels* Rn 17; Staud/*Mankowski* Rn 31; Erman/*Hohloch* Rn 13, jeweils zu Art 17a EGBGB; unalexKomm/*Hausmann* Art 1 Rn 61 mwN).

Demgegenüber dürften reine **Gewaltschutzsachen,** die in keinem Zusammenhang mit einer **2** Ehetrennung oder -scheidung stehen, grundsätzlich in den Anwendungsbereich der EuGVVO fallen. Denn derartige Verfahren sind von der Bereichsausnahme der „ehelichen Güterstände" (Art 1 Abs 2 lit a EuGVVO) nicht erfasst (*Andrae,* IntFamR § 3 Rn 18; MüKoBGB/*Winkler v Mohrenfels* Art 17a EGBGB Rn 22; BeckOK-BGB/*Heiderhoff* Art 17a EGBGB Rn 29). Die internationale Zuständigkeit ist daher – außer am allgemeinen Gerichtsstand des Antragsgegners (Art 4 Abs 1 EuGVVO) – insbesondere am **Gerichtsstand der unerlaubten Handlung** nach Art 7 Nr 2 EuGVVO eröffnet (NK-BGB/*Gruber* Art 17a EGBGB Rn 36; für Anwendung von § 105 iVm § 211 Nr 1, 3 FamFG dagegen OLG Saarbrücken FPR 11, 234). Hat der Beklagte seinen Wohnsitz in einem Drittstaat, so gelten vor deutschen Gerichten über Art 6 EuGVVO

537

E 3–8   1. Teil. Erkenntnisverfahren E. Ehewohnungs- Haushalts- und Gewaltschutzsachen

die Zuständigkeitsvorschriften des FamFG (§ 105 iVm § 260 Abs 2 FamFG, §§ 12 ff ZPO; → Rn 17 ff).

3   **bb) EuEheVO.** Auch die bisher auf dem Gebiet des Ehe- und Familienrechts in Kraft getretenen EU-Verordnungen erfassen Ehewohnungs- und Haushaltssachen nicht. Dies gilt insbesondere für die EuEheVO, die überhaupt keine vermögensrechtlichen Scheidungsfolgen regelt (vgl ErwG 8; → Anh I; BeckOK-BGB/*Heiderhoff* Art 17a EGBGB Rn 25; Erman/*Hohloch* Art 17a EGBGB Rn 13; MüKoFamFG/*Gottwald* Art 1 EuEheVO Rn 10; G/Sch/*Geimer* Art 1 EuEheVO Rn 40; näher → A Rn 37 f). Auch **Gewaltschutzmaßnahmen** sind aus dem Anwendungsbereich der EuEheVO jedenfalls dann ausgenommen, wenn sie in keinem Bezug zu einer Ehescheidung oder Ehetrennung stehen.

4   Eine Ausnahme wird jedoch nach hL für **Eilmaßnahmen** in Ehewohnungs- und Haushaltssachen sowie nach § 2 GewSchG gemacht, die im Zusammenhang mit einem Ehetrennungs- oder Ehescheidungsverfahren stehen. Insoweit wird Art 20 EuEheVO für anwendbar gehalten (Staud/*Spellenberg* Art 20 EuEheVO Rn 38 ff; Zö/*Geimer* Art 20 Rn 3; BeckOK-BGB/*Heiderhoff* Rn 27; NK-BGB/*Gruber* Rn 35, jeweils zu Art 17a EGBGB; s a → A Rn 206 ff). Dieser Rückgriff auf die EuEheVO wird freilich unter Geltung der EuGüVO (→ Rn 6 f) in Ehewohnungs- und Haushaltssachen entbehrlich; anstelle von Art 20 EuEheVO gilt in ab dem 29.1.2019 eingeleiteten Verfahren des einstweiligen Rechtsschutzes Art 19 EuGüVO.

5   **cc) EuUntVO.** Auch der Anwendungsbereich der EuUntVO ist nach Art 1 Abs 1 auf Unterhaltspflichten beschränkt, die sich aus Beziehungen der Ehe, Familie, Verwandtschaft oder Schwägerschaft ergeben. Insoweit ist allerdings wiederum zu beachten, dass die im deutschen Verfahrensrecht (vgl § 137 Abs 2 Nr 2 und Nr 3 FamFG) gezogene Trennung zwischen Unterhaltssachen einerseits und Ehewohnungs- und Haushaltssachen andererseits für die Auslegung der EuUntVO nicht maßgebend ist. Dient die Zuweisung der Ehewohnung und von Haushaltsgegenständen daher vornehmlich der Unterhaltssicherung des bedürftigen Ehegatten, so ist ihre Einbeziehung in den sachlichen Geltungsbereich der EuUntVO nicht ausgeschlossen (näher → C Rn 532 ff). Die internationale Zuständigkeit folgt dann aus Art 3 ff EuUntVO.

6   **dd) EuGüVO.** Am 24.6.2016 hat der Europäische Rat die Verordnung (EU) 2016/1103 zur Durchführung einer Verstärkten Zusammenarbeit im Bereich der Zuständigkeit, des anzuwendenden Rechts und der Anerkennung und Vollstreckung von Entscheidungen in Fragen des ehelichen Güterstands (ABl EU 2016 L 183, 1; → B Rn 9 ff) beschlossen. Diese Verordnung soll zwar nach Art 1 Abs 1 nur auf „die ehelichen Güterstände" Anwendung finden, die aus der Sicht des deutschen Rechts Ehewohnungs- und Haushaltssachen nicht mit einschließen. Der Begriff des Ehegüterrechts bzw der ehelichen Güterstände ist jedoch auch für die Zwecke der künftigen EuGüVO autonom und damit ebenso weit auszulegen wie die bisherige Ausnahmeregelung in Art 1 Abs 2 lit a EuGVVO. Er umfasst daher nach Art 3 lit a EuGüVO „sämtliche vermögensrechtlichen Regelungen, die zwischen den Ehegatten und in ihren Beziehungen zu Dritten aufgrund der Ehe oder der Auflösung der Ehe gelten". Ausgenommen sind nur diejenigen Bereiche, die in Art 1 Abs 2 EuGüVO abschließend aufgeführt sind (näher → B Rn 13 ff, 310 ff).

7   Da die Zuweisung der Ehewohnung und die Verteilung des Hausrats Teil der vermögensrechtlichen Auseinandersetzung zwischen den Ehegatten aus Anlass der Trennung oder Scheidung ihrer Ehe sind und in Art 1 Abs 3 EuGüVO nicht aus dem Anwendungsbereich der EuGüVO ausgenommen werden, richtet sich die internationale Zuständigkeit für diese Verfahren unter Geltung der Verordnung ab dem 29.1.2019 nach deren Art 4 ff, sofern nicht die Unterhaltssicherung im Vordergrund steht (*Dutta* FamRZ 16, 1573/1575; *Heiderhoff* IPRax 18, 1/2; zur Abgrenzung zwischen Ehegüter- und Unterhaltsrecht im EU-Recht näher → C Rn 50 ff). Zu Ehewohnungs- und Haushaltssachen im Verhältnis von eingetragenen Lebenspartnern → I Rn 248.

8   **ee) EuSchutzMVO.** Am 12.6.2013 haben das Europäische Parlament und der Rat der Europäischen Union die Verordnung (EU) Nr 606/2013 über die gegenseitige Anerkennung von Schutzmaßnahmen in Zivilsachen (ABl EU L 181, 4) beschlossen, die seit dem 15.1.2015 für die Mitgliedstaaten der EU mit Ausnahme *Dänemarks* gilt. Sachlich erfasst die Verordnung vor allem Maßnahmen des Gewaltschutzes, wie sie im deutschen Gewaltschutzgesetz geregelt sind, also insbesondere Betreuungs-, Näherungs- und Kontaktverbote sowie die Zuweisung der Wohnung an die gefährdete Person. Die Verordnung beschränkt sich allerdings auf die erleichterte **Anerkennung und Vollstreckung** solcher Schutzmaßnahmen in anderen Mitgliedstaaten

538

I. Internationale Zuständigkeit **9–12 E**

durch Abschaffung des Exequaturerfordernisses (dazu → R Rn 55 ff); demgegenüber wird die internationale Zuständigkeit für die Anordnung solcher Schutzmaßnahmen in der EuSchutzM-VO nicht geregelt.

b) Staatsverträge. Die internationale Zuständigkeit für Ehewohnungs- und Haushaltssachen **9** ist bisher auch nicht in Staatsverträgen geregelt, die von der *Bundesrepublik Deutschland* abgeschlossen worden sind. Insbesondere sind diese Verfahren aus dem Anwendungsbereich des Luganer Übereinkommens von 2007 in gleichem Umfang ausgeschlossen wie aus der EuGVVO (Art 1 Abs 2 lit a LugÜ 2007). Andererseits fallen reine Gewaltschutzverfahren in den sachlichen Anwendungsbereich des LugÜ 2007 und verdrängen die EuGVVO, wenn der Antragsgegner seinen Wohnsitz in *Island, Norwegen* oder der *Schweiz* hat.

c) Autonomes Zivilverfahrensrecht. Damit beurteilt sich die internationale Zuständigkeit **10** in Ehewohnungs- und Haushaltssachen, soweit nicht die Unterhaltssicherung im Vordergrund steht, jedenfalls bis zur Geltung der EuGüVO ab dem 29.1.2019 grundsätzlich weiterhin nach dem autonomen Verfahrensrecht der Mitgliedstaaten (Erman/*Hohloch* Rn 14; NK-BGB/*Gruber* Rn 37, jeweils zu Art 17a EGBGB), in *Deutschland* also nach §§ 98 Abs 3 und § 105 FamFG (BeckOK-BGB/*Heiderhoff* Art 17a EGBGB Rn 29).

2. Autonomes Zivilverfahrensrecht

310. Gesetz über das Verfahren in Familiensachen und in den Angelegenheiten der freiwilligen Gerichtsbarkeit (FamFG)

Vom 17. Dezember 2008 (BGBl I, 2586)

Buch 1. Allgemeiner Teil

Abschnitt 9. Verfahren mit Auslandsbezug

Schrifttum: Vgl das allg Schrifttum zu Verfahren mit Auslandsbezug im FamFG → A vor Rn 239; ferner *Holzwarth*, Die Verteilung von Haushaltsgegenständen bei Getrenntleben, FPR 10, 559; *Koritz*, Internationale Zuständigkeit und Anknüpfungsregeln nach Internationalem Privatrecht für Haushalts- und Ehewohnungssachen, FPR 10, 572. *Weber-Moneke*, Ehewohnungssachen während der rennung, FPR 10, 555.

Vorbemerkung

Die Regelung der Nutzung der Ehewohnung und von deren Inventar beruht im deutschen **11** Sachrecht auf einer Vielzahl möglicher Rechtsgrundlagen. Neben den allgemeinen zivilrechtlichen Ansprüchen kommen insbesondere §§ 1, 2 GewSchG und – im Verhältnis von Ehegatten zueinander – §§ 1361a, 1361b BGB im Fall des Getrenntlebens bzw §§ 1568a, 1568b BGB im Fall der Ehescheidung in Betracht. Für die Bestimmung seiner internationalen Zuständigkeit muss das angerufene deutsche Gericht daher klären, wie das Verhältnis der Verfahrensbeteiligten zueinander ausgestaltet ist und welche Ansprüche diese mit ihren Anträgen verfolgen. Dabei ist insbesondere zwischen Verfahren in Ehewohnungs- und Haushaltssachen einerseits und Verfahren in Gewaltschutzsachen andererseits zu unterscheiden.

a) Ehewohnungs- und Haushaltssachen

FamFG § 200. Ehewohnungssachen; Haushaltssachen

(1) Ehewohnungssachen sind Verfahren
1. nach § 1361b des Bürgerlichen Gesetzbuchs,
2. nach § 1568a des Bürgerlichen Gesetzbuchs.
(2) Haushaltssachen sind Verfahren
1. nach § 1361a des Bürgerlichen Gesetzbuchs,
2. nach § 1568b des Bürgerlichen Gesetzbuchs.

Was für die Zwecke des internationalen Verfahrensrechts unter einer Ehewohnungs- oder **12** Haushaltssache zu verstehen ist, bestimmt sich im deutschen Recht nach dem FamFG. Gemäß

539

E 15, 16   1. Teil. Erkenntnisverfahren E. Ehewohnungs- Haushalts- und Gewaltschutzsachen

§ 200 Abs 1 sind **Ehewohnungssachen** Verfahren nach § 1361b BGB und Verfahren nach § 1568a BGB. Damit sind Verfahren gemeint, die Regelungen über die Nutzung der Ehewohnung während des Getrenntlebens und nach der Scheidung zum Gegenstand haben. Der Begriff der Ehewohnung wird weit ausgelegt und umfasst alle Räume, die die Ehegatten bewohnt haben, einschließlich der Nebenräume sowie Garten und Garage (*Weber-Moneke* FPR 10, 555; BeckOK-FamFG/*Schlünder* § 200 Rn 5 mwN). Ehewohnungssachen sind grundsätzlich alle Verfahren, die das Nutzungsverhältnis der Ehegatten und die Zahlung einer Nutzungsentschädigung zum Gegenstand haben.

13   **Haushaltssachen** sind gem § 200 Abs 2 Verfahren nach § 1361a BGB und nach § 1568b BGB. Dabei handelt es sich um Verfahren, in denen die Haushaltsgegenstände für die Zeit des Getrenntlebens oder für die Zeit nach der Scheidung auf die Ehegatten verteilt werden.

14   Hinsichtlich der **internationalen Zuständigkeit** der deutschen Familiengerichte in Ehewohnungs- und Haushaltssachen ist danach zu unterscheiden, ob sie als Folgesachen nach § 137 Abs 2 Nr 3 FamFG im Rahmen eines Scheidungsverfahrens oder unabhängig von einem solchen Verfahren anhängig gemacht werden:

aa) Entscheidungsverbund

FamFG § 98. Ehesachen; Verbund von Scheidungs- und Folgesachen

(1) – (2) *(betrifft Ehesachen; abgedruckt und kommentiert → A Rn 248 ff).*

(3) **Die Zuständigkeit der deutschen Gerichte nach Absatz 1 erstreckt sich im Fall des Verbunds von Scheidungs- und Folgesachen auf die Folgesachen.**

FamFG § 137. Verbund von Scheidungs- und Folgesachen

(1) Über Scheidung und Folgesachen ist zusammen zu verhandeln und zu entscheiden (Verbund).

(2) Folgesachen sind

1.–2. *(nicht abgedruckt)*
   3. Ehewohnungs- und Haushaltssachen,
   4. *(nicht abgedruckt)*

wenn eine Entscheidung für den Fall der Scheidung zu treffen ist und die Familiensache spätestens zwei Wochen vor der mündlichen Verhandlung im ersten Rechtszug in der Scheidungssache von einem Ehegatten anhängig gemacht wird .....

1. Beschränkung des Verbunds auf die Regelung von Scheidungsfolgen

15   In Ehewohnungs- und Haushaltssachen, die im Verbund verhandelt und entschieden werden, richtet sich die internationale Zuständigkeit nach § 98 Abs 3. Zu beachten ist allerdings, dass ein Verbund mit der Ehesache nur bei Verfahren nach §§ 1568a, 1568b BGB in Betracht kommt. Denn nur diese Verfahren streben eine endgültige Regelung über die Nutzung der Ehewohnung und die Verteilung des Hausrats anlässlich der Scheidung an. Demgegenüber dienen Verfahren nach §§ 1361a, 1361b BGB nur der vorläufigen Verteilung des Hausrats und der vorläufigen Regelung der Nutzung der Ehewohnung während des Getrenntlebens und werden deshalb vor dem Familiengericht isoliert verhandelt und entschieden (*Weber-Moneke* FPR 10, 555/559; *Holzwarth* FPR 10, 559). Dementsprechend sind nur Ehewohnungs- und Haushaltssachen im Sinne des § 200 Abs 1 Nr 2 und Abs 2 Nr 2 (also Verfahren nach §§ 1568a, 1568b BGB) gemäß § 137 Abs 2 Nr 3 Folgesachen, über die gemeinsam mit der Ehesache verhandelt und entschieden werden kann.

2. Zuständigkeit des Gerichts der Ehesache

16   Für derartige Verfahren bestimmt § 98 Abs 3 in Übereinstimmung mit dem bisherigen Recht (BGHZ 75, 241/244 = NJW 80, 47; BGHZ 91, 186/187 = 84, 2361), dass sich die internationale Zuständigkeit der deutschen Gerichte für die Ehesache (§ 98 Abs 1) im Fall des Verbunds von Scheidungs- und Folgesachen auch auf die Folgesachen erstreckt. Soll über eine Ehewohnungs- und Haushaltssache im Verbund entschieden werden, ist somit das Gericht der Ehesache international zuständig. Auch wenn die EuEheVO nicht für Ehewohnungs- und Haushaltssachen gilt (ErwG 8; → Anh I), verweist § 98 Abs 2 im Anwendungsbereich dieser Verordnung nicht auf § 98 Abs 1, sondern auf Art 3 ff EuEheVO (vgl § 97 FamFG; näher → A Rn 241 ff). Erklärt

540

I. Internationale Zuständigkeit: FamFG § 210   **19**   **E**

§ 98 Abs 3 daher für Ehewohnungs- und Haushaltssachen, die im Verbund verhandelt werden (sollen), das Gericht der Ehesache für international zuständig, ist damit folglich das nach Art 3 ff EuEheVO zuständige Gericht gemeint (*Althammer* IPRax 09, 381/383; BeckOK-FamFG/*Sieghörtner* § 98 FamFG Rn 24). Auf § 98 Abs 1 kann die internationale Zuständigkeit nur noch unter den Voraussetzungen der Art 6, 7 EuEheVO (Restzuständigkeit) gestützt werden (näher → A Rn 267). Die internationale Zuständigkeit nach § 98 Abs 3 ist allerdings nicht ausschließlich (§ 106 FamFG). Die *örtliche Zuständigkeit* ergibt sich für diesen Fall aus § 262 Abs 1; sie ist danach ausschließlich.

bb) Isolierte Ehewohnungs- oder Haushaltsverfahren

FamFG § 105. Andere Verfahren

In anderen Verfahren nach diesem Gesetz sind die deutschen Gerichte zuständig, wenn ein deutsches Gericht örtlich zuständig ist.

FamFG § 201 Örtliche Zuständigkeit

Ausschließlich zuständig ist in dieser Rangfolge:
1. während der Anhängigkeit einer Ehesache das Gericht, bei dem die Ehesache im ersten Rechtszug anhängig ist oder war;
2. das Gericht, in dessen Bezirk sich die gemeinsame Wohnung der Ehegatten befindet;
3. das Gericht, in dessen Bezirk der Antragsgegner seinen gewöhnlichen Aufenthalt hat;
4. das Gericht, in dessen Bezirk der Antragsteller seinen gewöhnlichen Aufenthalt hat.

In isolierten Ehewohnungs- und Haushaltssachen richtet sich die internationale Zuständigkeit **17** nach §§ 105, 201 FamFG. § 105 kodifiziert den anerkannten Grundsatz, dass die internationale Zuständigkeit der deutschen Gerichte in den gesetzlich nicht besonders geregelten Fällen aus der örtlichen Zuständigkeit abgeleitet wird (**Doppelfunktionalität,** vgl BT-Drs 16/6308, 221). In isolierten Ehewohnungs- und Haushaltssachen sind die deutschen Gerichte daher gemäß § 105 iVm § 201 Nr 2–4 zuständig, wenn die gemeinsame Wohnung der Ehegatten, hilfsweise der Aufenthalt des Antragsgegners, oder (wiederum hilfsweise) der gewöhnliche Aufenthalt des Antragstellers im Zuständigkeitsbereich eines deutschen Gerichts belegen ist. In den Fällen der Nr 3 und Nr 4 kann das deutsche Gericht auch über eine im Ausland belegene Wohnung entscheiden (*Koritz* FPR 10, 572/573).

Auch wenn § 201 eine **ausschließliche** örtliche Zuständigkeit normiert, ist die aus der **18** Vorschrift abgeleitete internationale Zuständigkeit nach § 105 nicht ausschließlich, wie sich aus § 106 ergibt (*Althammer* IPRax 09, 381/385; BeckOK-FamFG/*Sieghörtner* § 105 FamFG Rn 2; *Friederici/Kemper* § 105 FamFG Rn 4). Daher können ausländische Gerichte (etwa kraft rügeloser Einlassung des Beklagten oder aufgrund einer wirksamen Gerichtsstandvereinbarung) zuständig sein, auch wenn §§ 105, 201 die deutschen Gerichte für international zuständig erklären.

b) Gewaltschutzsachen

Schrifttum: *Ehinger,* Die Ehewohnungszuweisung nach dem Gewaltschutzgesetz, FPR 10, 567; *Geimer,* Grenzüberschreitender Gewaltschutz in der Europäischen Union, FS Coester-Waltjen (2015) 375; *Giers,* Verfahren und Vollstreckung in Gewaltschutzsachen, FPR 11, 224; *Müller,* Der Rechtsanwalt in Gewaltschutzsachen, NJW 10, 2640; *Neumann,* Das Verfahren in Geewaltschutzsachen nach dem FamFG, FamRB 09, 255.

FamFG § 210. Gewaltschutzsachen

Gewaltschutzsachen sind Verfahren nach den §§ 1 und 2 des Gewaltschutzgesetzes.

Gemäß § 210 FamFG sind Gewaltschutzsachen (alle) Verfahren nach §§ 1, 2 GewSchG. **19** Hierzu zählen nicht nur die Zuweisung der gemeinsamen Wohnung an den Verletzten einer Gewalttat (§ 2 GewSchG), sondern auch damit zusammenhängende Betretungs-, Näherungs- und Kontaktverbote (§ 1 GewSchG; dazu näher *Ehinger* FPR 10, 567). Unter den Begriff der Gewaltschutzsache fallen neben Verfahren zwischen Ehegatten und Familienangehörigen seit

541

E 20–22 1. Teil. Erkenntnisverfahren E. Ehewohnungs- Haushalts- und Gewaltschutzsachen

der Einführung des „Großen Familiengerichts" auch solche Verfahren, an denen familienrechtlich nicht verbundene Personen beteiligt sind. So können beispielsweise auch Fälle von Gewalttaten im Verhältnis von Mietern und Vermietern erfasst sein, solange das GewSchG anwendbar ist und nicht lediglich allgemeine zivilrechtliche Normen als Anspruchsgrundlage in Betracht kommen (BeckOK-FamFG/*Schlünder* § 210 FamFG Rn 5; *Müller* NJW 10, 2640; *Giers* FPR 11, 224; vgl etwa OLG Köln FF 10, 80; OLG Saarbrücken FGPrax 10, 270; OLG München NJW 10, 2593).

FamFG § 105. Andere Verfahren

In anderen Verfahren nach diesem Gesetz sind die deutschen Gerichte zuständig, wenn ein deutsches Gericht örtlich zuständig ist.

FamFG § 211. Örtliche Zuständigkeit

Ausschließlich zuständig ist nach Wahl des Antragstellers
1. **das Gericht, in dessen Bezirk die Tat begangen wurde,**
2. **das Gericht, in dessen Bezirk sich die gemeinsame Wohnung des Antragstellers und des Antragsgegners befindet oder**
3. **das Gericht, in dessen Bezirk der Antragsgegner seinen gewöhnlichen Aufenthalt hat.**

20   In Gewaltschutzsachen (zwischen Ehegatten) kommt ein Scheidungsverbund nicht in Betracht (vgl § 137 FamFG; *Giers* FPR 11, 224), so dass eine Verbundzuständigkeit nach § 98 Abs 3 iVm Art 3 ff EuEheVO bzw § 98 Abs 1 FamFG ausscheidet. Unabhängig von der Anhängigkeit einer Ehesache bestimmt sich die internationale Zuständigkeit für Maßnahmen des Gewaltschutzes daher stets nach § 105, soweit nicht bereits die allgemeinen deliktischen Zuständigkeitsregeln (Art 7 Nr 2 EuGVVO/Art 5 Nr 3 LugÜ 2007, § 32 ZPO) eingreifen. Danach sind die deutschen Gerichte international zuständig, wenn der Tatort, die gemeinsame Wohnung des Antragstellers und des Antragsgegners oder der gewöhnliche Aufenthalt des Antragsgegners im Zuständigkeitsbereich eines deutschen Gerichts belegen sind (§ 211 FamFG; vgl OLG Saarbrücken FPR 11, 234). Der Begriff des Tatorts ist in § 211 Nr 2 ebenso weit zu verstehen wie in Art 7 Nr 2 EuGVVO (dazu ThP/*Hüßtege* Art 7 EuGVVO Rn 21 ff) und umfasst daher sowohl den Handlungs- wie den Erfolgsort (Bassenge/Roth/*Wagner* § 211 Rn 2). Zwischen den verschiedenen Gerichtsständen des § 211 hat der Antragsteller die freie Wahl. Diese Zuständigkeiten sind lediglich örtlich ausschließlich; für die internationale Zuständigkeit gilt hingegen § 106 FamFG.

II. Internationales Privatrecht

1. Einführung

21   **a) EU-Recht.** Das internationale Privatrecht in Ehewohnungs- und Haushaltssachen sowie in Gewaltschutzsachen ist bisher jedenfalls nicht ausdrücklich unionsrechtlich geregelt.

aa) Rom II-VO. In Betracht kommt jedoch eine Anwendung der Rom II-VO, soweit nicht der Ausschlusstatbestand nach Art 1 Abs 2 lit a Rom II-VO („außervertragliche Schuldverhältnisse aus einem Familienverhältnis") eingreift. Letzteres ist jedenfalls in Bezug auf die eherechtlichen Ansprüche aus §§ 1361a, 1361b, 1568a und 1586b BGB der Fall; sie unterliegen daher derzeit noch dem vom autonomen Kollisionsrecht (Art 17a EGBGB) zur Anwendung berufenen Recht (*Breidenstein* FamFR 12, 172/175; NK-BGB/*Gruber* Rn 8; MüKoBGB/*Winkler v Mohrenfels* Rn 4). Demgegenüber dürften Ansprüche nach § 2 GewSchG in den sachlichen Anwendungsbereich der Rom II-VO fallen, weil sie in keinem notwendigen Zusammenhang mit einem familienrechtlichen Verhältnis stehen (MüKoBGB/*Winkler v Mohrenfels* Rn 5; BeckOK-BGB/*Heiderhoff* Rn 8; **aA** NK-BGB/*Gruber* Rn 9).

22   **bb) EuGüVO.** Am 24.6.2016 hat der Europäische Rat die Verordnung (EU) 2016/1103 zur Durchführung einer Verstärkten Zusammenarbeit im Bereich der Zuständigkeit, des anzuwendenden Rechts und der Anerkennung und Vollstreckung von Entscheidungen in Fragen des ehelichen Güterstands (ABl EU 2016 L 183, 1; → B Rn 283 ff) beschlossen. Diese Verordnung

542

II. Internationales Privatrecht 23–27 **E**

soll zwar nach Art 1 Abs 1 nur auf „die ehelichen Güterstände" Anwendung finden, die aus der Sicht des deutschen Rechts Ehewohnungs- und Haushaltssachen nicht mit einschließen. Der Begriff des Ehegüterrechts bzw der ehelichen Güterstände ist jedoch auch für die Zwecke des im Kapitel III der Verordnung geregelten Kollisionsrechts autonom und weit auszulegen. Er umfasst nach Art 3 lit a EuGüVO „sämtliche vermögensrechtlichen Regelungen, die zwischen den Ehegatten und in ihren Beziehungen zu Dritten aufgrund der Ehe oder der Auflösung der Ehe gelten". Ausgenommen sind nur diejenigen Bereiche, die in Art 1 Abs 2 EuGüVO abschließend aufgeführt sind.

Da die Zuweisung der Ehewohnung und die Verteilung des Hausrats Teil der vermögensrecht- **23** lichen Auseinandersetzung zwischen den Ehegatten aus Anlass der Trennung oder Scheidung ihrer Ehe sind und in Art 1 Abs 3 EuGüVO nicht aus dem Anwendungsbereich der EuGüVO ausgenommen werden, richtet sich das hierauf anzuwendende Recht unter Geltung der EuGüVO nach deren Art 20 ff (*Dutta* FamRZ 16, 1573/1575; *Heiderhoff* IPRax 18, 1/2), sofern nicht ausnahmsweise die Unterhaltssicherung im Vordergrund steht (zur Abgrenzung zwischen Ehegüter- und Unterhaltsrecht im EU-Recht näher → C Rn 50 ff). Damit wird Art 17a EGBGB in Ehen, die ab dem 29.1.2019 geschlossen werden (Art 69 Abs 3 EuGüVO), praktisch obsolet (*Coester-Waltjen* FamRZ 13, 170/177). Weiter angewandt werden könnte Art 17a EGBGB nur dann, wenn man die Vorschrift als **Eingriffsnorm** iSv Art 30 EuGüVO werten würde (dafür *Henrich* ZfRV 16, 171/173; *Erbarth* NZFam 18, 342, 344 f). Zu Ehewohnungs- und Haushaltssachen von eingetragenen Lebenspartnern s → I Rn 248.

cc) **EuSchutzMVO.** Am 12.6.2013 haben das Europäische Parlament und der Rat der **24** Europäischen Union die Verordnung (EU) Nr 606/2013 über die gegenseitige Anerkennung von Schutzmaßnahmen in Zivilsachen (ABl EU L 181, 4) beschlossen, die seit dem 15.1.2015 für die Mitgliedstaaten der EU mit Ausnahme *Dänemarks* gilt. Sachlich erfasst die Verordnung vor allem Maßnahmen des Gewaltschutzes, wie sie im deutschen Gewaltschutzgesetz geregelt sind, also insbesondere Betretungs-, Näherungs- und Kontaktverbote sowie die Zuweisung der Wohnung an die gefährdete Person. Die Verordnung beschränkt sich allerdings auf die erleichterte **Anerkennung und Vollstreckung** solcher Schutzmaßnahmen in anderen Mitgliedstaaten durch Abschaffung des Exequaturerfordernisses (dazu → R Rn 55 ff); demgegenüber wird das Kollisionsrecht für die Anordnung von Schutzmaßnahmen nicht geregelt.

b) **Staatsverträge. aa) Haager Unterhaltsprotokoll.** Der Anwendungsbereich des HUP ist **25** zwar nach Art 1 Abs 1 auf Unterhaltspflichten beschränkt, die sich aus Beziehungen der Familie, Verwandtschaft, Ehe oder Schwägerschaft ergeben. Insoweit ist allerdings zu beachten, dass die für das deutsche materielle und internationale Privatrecht charakteristische Trennung zwischen Unterhaltssachen einerseits und Ehewohnungs- und Haushaltssachen andererseits für die Auslegung des HUP nicht maßgebend ist. Die Qualifikation der Ehewohnungs- und Haushaltssachen als eigenständige Trennungs- bzw Scheidungsfolgen im deutschen EGBGB (Art 17a) lässt sich daher nicht ohne weiteres auf das staatsvertragliche Kollisionsrecht übertragen. Ausgangspunkt muss vielmehr der autonom auszulegende Unterhaltsbegriff des Haager Unterhaltsprotokolls sein. Entscheidend für die Einordnung einer Wohnungszuweisung oder Hausratsverteilung als Unterhaltsleistung iSv Art 1 Abs 1 HUP sollte sein, ob hierdurch (im Schwerpunkt) der **Lebensbedarf des Berechtigten gesichert** werden soll. Dies ist zwar nach deutschem Recht (§§ 1361a, 1361b bzw §§ 1568a, 1568b BGB) grundsätzlich nicht der Fall, kann aber bei entsprechenden ausländischen Rechtsinstituten durchaus möglich sein.

Normzweck der Wohnungszuweisung nach § 1361b BGB ist es, Spannungen zwischen den **26** Ehegatten abzubauen und eine Versöhnung zu ermöglichen (BT-Drs 10/2888, 16). Die Eheleute sollen von dem Zwang befreit werden, einer unerträglichen Wohnsituation durch Einleitung eines Scheidungsverfahrens zu begegnen (BeckOK-BGB/*Neumann* § 1361b BGB Rn 1). Auch im Rahmen von § 1568a BGB sind überwiegend unterhaltsfremde Erwägungen – wie zB das Wohl der im Haushalt lebenden Kinder, Alter und Gesundheitszustand der Ehegatten sowie die Eigentumsverhältnisse an der Ehewohnung für die Zuweisung nach der Scheidung maßgeblich. Dient diese hingegen vornehmlich der Unterhaltssicherung des bedürftigen Ehegatten, ist ihre Einbeziehung in den sachlichen Geltungsbereich des HUP nicht ausgeschlossen (näher → C Rn 532 ff). Für diesen Fall wird Art 17a durch die vorrangigen Kollisionsnormen des HUP verdrängt.

bb) **Bilaterale Staatsverträge.** Vereinzelt gehen auf dem Gebiet der Ehewohnungs- und **27** Haushaltssachen auch Kollisionsnormen in bilateralen Staatsverträgen dem autonomen IPR gem

543

E 29, 30   1. Teil. Erkenntnisverfahren E. Ehewohnungs- Haushalts- und Gewaltschutzsachen

Art 3 Nr 2 EGBGB vor. Sind iranische Staatsangehörige betroffen, enthält Art 8 Abs 3 des **deutsch-iranischen Niederlassungsabkommens** v 17.2.1929 (RGBl 30 II, 1006; BGBl 55 II, 829) eine solche vorrangige Kollisionsnorm (vgl etwa OLG Celle FamRZ 90, 656; NK-BGB/*Gruber* Rn 12). In Bezug auf das Personen-, Familien- und Erbrecht bleiben die Angehörigen jedes der vertragschließenden Staaten nach dieser Vorschrift im Gebiet des anderen Staates den Vorschriften ihrer heimischen Gesetze unterworfen (näher → A Rn 534 ff und → C Rn 809 ff); § 17a findet daher keine Anwendung.

28   **c) Autonomes Kollisionsrecht.** Bis zur Geltung der EuGüVO ist jedoch in Bezug auf im Inland belegene Ehewohnungen und Haushaltsgegenstände Art 17a EGBGB anwendbar, der eine gemeinsame Kollisionsnorm für (familienbezogene) Gewaltschutzverfahren sowie Ehewohnungs- und Haushaltssachen enthält. Diese Vorschrift gilt auch nach dem 29.1.2019 für solche Verfahren in Ehen weiter, die vor diesem Zeitpunkt geschlossen wurden, weiter.

2. Autonomes Kollisionsrecht

320. Einführungsgesetz zum Bürgerlichen Gesetzbuch (EGBGB)

idF v 21. September 1994 (BGBl I, 2494)

EGBGB Art 17a. Ehewohnung und Haushaltsgegenstände

Die Nutzungsbefugnis für die im Inland belegene Ehewohnung und die im Inland befindlichen Haushaltsgegenstände sowie damit zusammenhängende Betretungs-, Näherungs- und Kontaktverbote unterliegen den deutschen Sachvorschriften.

Schrifttum: *Breidenstein,* Das anwendbare Recht bei Schutzanordnungen nach dem Gewaltschutzgesetz, FamFR 12, 172; *Finger,* Rechtsverhältnisse an Ehewohnung und Hausrat bei Auslandsbezug, Art 17a EGBGB, FuR 02, 197; *Koritz,* Internationale Zuständigkeit und Anknüpfungsregeln nach Internationalem Privatrecht für Haushalts- und Ehewohnungssachen, FPR 10, 572.

1. Allgemeines

29   Art 17a wurde durch Art 10 des Gesetzes zur Verbesserung des zivilrechtlichen Schutzes bei Gewalttaten und Nachstellungen sowie zur Erleichterung der Überlassung der Ehewohnung bei Trennung **(Gewaltschutzgesetz)** v 11.12.2001 (BGBl I, 3513) mit Wirkung v 1.1.2002 eingeführt. Danach unterliegen die Nutzungsbefugnis für die im Inland belegene Ehewohnung und die im Inland befindlichen Haushaltsgegenstände sowie damit zusammenhängende Betretungs-, Näherungs- und Kontaktverbote den deutschen Sachvorschriften. Art 17a ist eine **einseitige Kollisionsnorm.** Der Gesetzgeber begründet die Wahl dieser im EGBGB sonst nur noch vereinzelt verwendeten Regelungstechnik einerseits damit, dass das ausländische Recht häufig keine Regelung zum Schutz eines misshandelten oder mit Gewalt bedrohten Ehegatten sowie der dadurch gefährdeten Kinder enthält (BT-Drs 14/5429, 14); andererseits hätten die deutschen Familiengerichte in Angelegenheiten der Wohnungszuweisung vielfach über Eilanträge mit weitreichender Bedeutung für elementare Rechtsgüter der Beteiligten zu entscheiden und seien deshalb in besonderem Maße auf eine klare, nicht erst ermittlungs- und klärungsbedürftige Rechtsgrundlage angewiesen (BT-Drs 14/5429, 37). Art 17a gilt auch **nach Inkrafttreten der EuGüVO** in Ehewohnungs- und Haushaltssachen weiter, soweit es um vor dem 29.1.2019 geschlossene Ehen geht (Art 69 Abs 3 EuGüVO).

2. Sachlicher Anwendungsbereich

30   **a) Gewaltschutz.** Art 17a hat einen weiten sachlichen Anwendungsbereich. Die Vorschrift erfasst aufgrund ihrer Entstehungsgeschichte in erster Linie Nutzungsregelungen, die nach Maßgabe des Gewaltschutzgesetzes getroffen werden. Hierzu zählen nicht nur die Zuweisung der gemeinsamen Wohnung an den Verletzten einer Gewalttat (§ 2 GewSchG), sondern auch damit zusammenhängende Betretungs-, Näherungs- und Kontaktverbote (§ 1 GewSchG). Anders als §§ 210, 211, 105 FamFG im Bereich der internationalen Zuständigkeit stellt Art 17a jedoch keine einheitliche und umfassende Kollisionsnorm für alle Gewaltschutzsachen dar. Vielmehr setzt die Anwendbarkeit der Vorschrift voraus, dass die Gewaltschutzanordnung einen **hinreichenden Bezug zur Ehewohnung** oder zu den Haushaltsgegenständen (und damit

544

II. Internationales Privatrecht: EGBGB Art 17a   **31–34** **E**

zum Verhältnis der Ehegatten) im Inland hat. Diese Einschränkung folgt aus dem Wortlaut und der amtlichen Überschrift des Art 17a, die auf Ehewohnungs- und Haushaltssachen Bezug nehmen. Nutzungsregelungen, die einen solchen Bezug nicht aufweisen (etwa Verfahren wegen Gewalttaten zwischen Mieter und Vermieter oder am Arbeitsplatz), sind nach den allgemeinen Vorschriften, idR also nach dem Deliktsstatut (vgl Art 4 ff Rom II-VO), anzuknüpfen (Beck-OK-BGB/*Heiderhoff* Rn 23 f; NK-BGB/*Gruber* Rn 28 ff). Die deutschen Gewaltschutzvorschriften können auch in ab dem 29.1.2019 geschlossenen Ehen trotz Geltung ausländischen Güterrechtsstatuts nach Art 20 ff EuGüVO weiter angewandt werden, weil es sich um **Eingriffsnormen** iSv Art 30 EuGüVO handelt (vgl ErwG 53; *Henrich* ZfRV 16, 171/173; *Heiderhoff* IPRax 18, 1/2).

Der **deliktische Charakter** der Tatbestände des § 2 GewSchG schließt allerdings eine **31** Anwendung von Art 17a nicht aus. Hiervon geht auch die Begründung zum Regierungsentwurf aus (BT-Drs 14/5429, 22). Soweit daher nicht die vorrangigen Kollisionsnormen der Rom II-VO eingreifen, ist insoweit auch eine Anwendung von Art 17a EGBGB möglich. Im Ergebnis führt allerdings auch die deliktische Qualifikation meist zur Anwendung des deutschen Rechts, weil der Tatort iSv Art 4 Abs 1 Rom II-VO im Regelfall im Inland liegt (vgl OLG Saarbrücken FPR 11, 234; NK-BGB/*Gruber* Rn 11).

b) Ehewohnungs- und Haushaltssachen bei Ehetrennung. Darüber hinaus erfasst **32** Art 17a aber auch gewöhnliche Ehewohnungs- und Haushaltssachen, also gerichtliche Anordnungen, die gewaltschutzunabhängige Regelungen aus Anlass des Getrenntlebens der Ehegatten nach §§ 1361a, 1361b BGB treffen (BeckOK-BGB/*Heiderhoff* Rn 4 und 15 f; Staud/*Mankowski* Rn 14; Erman/*Hohloch* Rn 6; NK-BGB/*Gruber* Rn 2). Hierfür spricht einerseits der weite Wortlaut des Art 17a, insbesondere die Einbeziehung einer Verteilung der Haushaltsgegenstände, die nicht Inhalt des Gewaltschutzgesetzes ist, andererseits der Normzweck, weil vor allem über die Zuweisung der Ehewohnung auch aus Anlass einer Trennung der Ehegatten häufig rasch im Wege der einstweiligen Anordnung entschieden werden muss und die Zeit für die häufig schwierige Ermittlung ausländischen Rechts nicht zur Verfügung steht.

c) Ehewohnungs- und Haushaltssachen bei Ehescheidung. Ob Art 17a auch die endgül- **33** tige Zuweisung der Ehewohnung und der Haushaltsgegenstände im Scheidungsfall nach §§ 1568a, 1568b BGB regelt, ist zwar umstritten, im Ergebnis aber zu bejahen (so auch J/H/*Henrich* Rn 3; MüKoBGB/*Winkler v Mohrenfels* Rn 9; Pal/*Thorn* Rn 3; NK-BGB/*Gruber* Rn 19 ff; BeckOK-BGB/*Heiderhoff* Rn 18; **aA** Staud/*Mankowski* Rn 15 f; Erman/*Hohloch* Rn 9). Dafür spricht schon die systematische Stellung der Vorschrift im Anschluss an die Ehescheidung. Hätte der Gesetzgeber deren Anwendungsbereich auf die Phase des Getrenntlebens der Ehegatten beschränken wollen, hätte eine Regelung in einem Art 14a EGBGB näher gelegen (NK-BGB/*Gruber* Rn 20). Diesen Standpunkt hat der Gesetzgeber durch die Änderung der Vorschrift mit Gesetz zur Änderung des Zugewinnausgleichs- und Vormundschaftsrechts v 6.7.2009 (BGBl I, 1696) noch einmal bekräftigt. Durch dieses Gesetz wurde die Hausrats-VO aufgehoben und an ihrer Stelle wurden die §§ 1568a, 1568b in das BGB eingefügt. Dabei wurde der Wortlaut des Art 17a („Haushaltsgegenstände" statt „Hausrat") an die Wortwahl in §§ 1568a, 1568b BGB angeglichen. Ferner wird in der Regierungsbegründung zu diesem Gesetz (BT-Drs 16/10798, 21) ausdrücklich betont, dass die Wertungsmaßstäbe, nach denen die vorläufige und die endgültige Zuweisung der Ehewohnung und die Verteilung der Haushaltsgegenstände vorgenommen werden soll, „aufeinander abgestimmt" worden seien. Dieses gesetzgeberische Ziel würde aber verfehlt, wenn man einer vorläufigen Wohnungszuweisung und Hausratsverteilung gem Art 17a iVm §§ 1361a, 1361b BGB die endgültige Zuweisung und Verteilung im Scheidungsfall nicht nach §§ 1568a, 1568b BGB, sondern nach Maßgabe des von der Rom III-VO zur Anwendung berufenen ausländischen Scheidungsstatuts erfolgen müsste (zutr NK-BGB/*Gruber* Rn 23).

Zweifelhaft kann allenfalls sein, ob Art 17a, der nach seinem Wortlaut nur eine Regelung der **34** „Nutzungsbefugnis" an der im Inland belegenen Ehewohnung und den im Inland befindlichen Haushaltsgegenständen betrifft, auch die nach §§ 1568a, 1568b mögliche **eigentumsübertragende Zuweisung** umfasst (bejahend J/H/*Henrich* Rn 3; NK-BGB/*Gruber* Rn 24; BeckOK-BGB/*Heiderhoff* Rn 4). Der Frage kommt freilich keine größere praktische Bedeutung zu, da man im Falle einer Beschränkung des Art 17a auf die Einräumung von Nutzungsrechten über die sachenrechtliche Qualifikation (Art 43 EGBGB) ebenfalls zur Anwendung deutschen Rechts auf die eigentumsübertragende Zuweisung gelangt (dafür Erman/*Hohloch* Rn 8).

545

3. Persönlicher Anwendungsbereich

35 Durch die Verwendung des Begriffs „Ehewohnung" stellt Art 17a klar, dass das anwendbare Recht in erster Linie für die Zuweisung der Wohnung und die Verteilung der Haushaltsgegenstände im Verhältnis von **Ehegatten** bestimmt werden soll. Durch Art 17b Abs 2 S 1 und Abs 4 wird der persönliche Anwendungsbereich jedoch ausdrücklich auf **eingetragene Lebenspartner** und **gleichgeschlechtliche Ehen** erstreckt. Auch insoweit wird die Vorschrift allerdings für ab dem 29.1.2019 im Ausland registrierte Lebenspartnerschaften durch die EuPartVO und für ab diesem Zeitpunkt geschlossene gleichgeschlechtliche Ehen durch die EuGüVO verdrängt (→ I Rn 248; → B Rn 19 ff).

36 Ob die Vorschrift auch auf **faktische Lebensgemeinschaften** analog angewandt werden kann, ist noch nicht abschließend geklärt. Dies dürfte jedenfalls für die Regelung der Nutzungsbefugnis nach dem Gewaltschutzgesetz zu bejahen sein, weil § 2 GewSchG nur einen „auf Dauer angelegten gemeinsamen Haushalt" voraussetzt (ebenso NK-BGB/*Gruber* Rn 33; BeckOK-BGB/*Heiderhoff* Rn 16; *Looschelders* Rn 5; **aA** Erman/*Hohloch* Rn 11). Zum gleichen Ergebnis führt eine deliktsrechtliche Qualifikation von § 2 GewSchG, weil dann aufgrund des regelmäßig im Inland belegenen Tatorts und gemeinsamen gewöhnlichen Aufenthalts der Lebenspartner deutsches Recht gem Art 4 Abs 1 und 2 Rom II-VO zur Anwendung kommt. Der Normzweck (→ Rn 29) legt darüber hinaus eine entsprechende Anwendung des Art 17a auf die Zuweisung der Wohnung und die Hausratsverteilung aus Anlass einer Trennung unverheirateter Lebenspartner auch außerhalb des Anwendungsbereichs des Gewaltschutzgesetzes nahe (BeckOK-BGB/*Heiderhoff* aaO; NK-BGB/*Gruber* Rn 33).

4. Räumlicher Anwendungsbereich

37 In räumlicher Hinsicht ist Art 17a EGBGB nur auf die Zuweisung einer **im Inland** belegenen Wohnung bzw die Verteilung im Inland belegener Haushaltsgegenstände anwendbar. Gegen den in der Literatur vereinzelt vertretenen Ausbau der Vorschrift zu einer allseitigen Kollisionsnorm mit der Folge, dass auf im Ausland belegene (Ferien-)Wohnungen und Haushaltsgegenstände das jeweilige ausländische Belegenheitsrecht anzuwenden wäre (dafür *Thorn* IPRax 02, 349/356) spricht, dass es dem Gesetzgeber mit der Neuregelung in Art 17a nur darum gegangen ist, die Anwendbarkeit deutschen Rechts für die in der Praxis ganz im Vordergrund stehende Zuweisung von im Inland belegenen Wohnungen bzw die Verteilung von im Inland belegenen Haushaltsgegenständen im Interesse eines raschen und damit effektiven Rechtsschutzes sicherzustellen (so auch die ganz hL, vgl Pal/*Thorn* Rn 4; Erman/*Hohloch* Rn 8; Staud/*Mankowski* Rn 10; NK-BGB/*Gruber* Rn 26 f). Eine Ausnahme hat aber für Haushaltsgegenstände zu gelten, die ein Ehegatte ohne Zustimmung des anderen ins Ausland schafft (NK-BGB/*Gruber* Rn 25).

5. Anwendbares Recht auf im Ausland belegene Wohnungen und Haushaltsgegenstände

38 Geht es um die Zuweisung einer im Ausland belegenen (Ferien-)Wohnung oder von dort belegenen Haushaltsgegenständen, ist – wie schon vor der Einführung des Art 17a EGBGB im Jahre 2002 – für das deutsche IPR umstritten, wie Nutzungsregelungen betreffend Ehewohnung und Hausrat kollisionsrechtlich einzuordnen sind. Der Streit wird sich für ab dem 29.1.2019 geschlossene Ehen erledigen, weil die dann anzuwendende EuGüVO nicht nach der Belegenheit der Ehewohnung oder der Haushaltsgegenstände differenziert.

39 **a) Unterhaltstatut.** Unterhalt kann auch durch Naturalleistungen gewährt werden (→ C Rn 727). Dementsprechend wurde die Zuweisung der Ehewohnung oder von Hausrat schon unter Geltung des früheren autonomen deutschen IPR verbreitet unterhaltsrechtlich qualifiziert. Dies wurde insbesondere damit begründet, dass die Nutzung der Wohnung und des Hausrats der Befriedigung grundlegender Bedürfnisse des unterhaltsberechtigten Ehegatten diene (OLG Hamm FamRZ 89, 621/622 und NJW-RR 93, 964; OLG Düsseldorf NJW 90, 3091/3092; OLG Koblenz NJW-RR 91, 522; OLG Karlsruhe FamRZ 93, 1464 f; OLG Frankfurt FamRZ 91, 1190; *Henrich* FS Ferid [1988] 147/152 f und IPRax 91, 263). Vor allem die Zuweisung der Ehewohnung sei im Regelfall von zentraler Bedeutung für die Lebensführung und den Lebensstandard dieses Ehegatten und bestimme dessen Bedarf (OLG Karlsruhe FamRZ 93, 1464/1465). Denn er müsse keine Ersatzwohnung anmieten und den hierfür notwendigen Betrag nicht als Unterhalt geltend machen (*Henrich* IPRax 93, 417). Steht die Unterhaltssicherung so stark im

II. Internationales Privatrecht: EGBGB Art 17a   40–42 **E**

Vordergrund, dass eine unterhaltsrechtliche Qualifikation gerechtfertigt erscheint, so ist die
Zuweisung der Ehewohnung und die Hausratsverteilung daher nach Art 4 ff HUP zu beurteilen.
Diese Anknüpfung hat dann – ebenso wie in Bezug auf inländische Wohnungen bzw Haushaltsgegenstände (→ Rn 25 f) – auch bezüglich der im Ausland belegenen Gegenstände Vorrang vor
der Anknüpfung nach dem autonomen deutschen IPR.

b) Ehewirkungsstatut. Es gibt indessen auch Fälle, in denen die Wohnungszuweisung kein **40**
Unterhaltsbedürfnis befriedigt, wie insbesondere eine Zuweisung an den nicht unterhaltsberechtigten Ehegatten aus beruflichen Gründen (Staud/*Mankowski* aaO, Rn 80). Gegen eine unterhaltsrechtliche Qualifikation kann auch eingewandt werden, dass die Vorschriften des materiellen
Rechts den Anspruch auf Wohnungszuweisung tatbestandlich an unterhaltsfremde Kriterien, wie
etwa die Eigentumsverhältnisse (vgl §§ 1361b Abs 1 S 3 1. HS, 1568a Abs 2 BGB), knüpfen
(Staud/*Mankowski* aaO, Rn 81). Aus diesem Grunde hat die hM vor Einführung des Art 17a die
nur vorläufige Zuweisung einer im Inland belegenen Ehewohnung bzw die vorläufige Verteilung
der im Inland belegenen Haushaltsgegenstände während des Getrenntlebens nach §§ 1361a,
1361b BGB als allgemeine Ehewirkung iSv Art 14 qualifiziert (OLG Stuttgart NJW-RR 91,
581 ff; OLG Frankfurt FamRZ 94, 633 und NJW-RR 95, 139; KG FamRZ 91, 1190; OLG
Celle FamRZ 99, 443; Staud/*Mankowski* Art 18 Anh I Rn 80 ff). Daran ist für im Ausland
belegene Wohnungen/Haushaltsgegenstände festzuhalten (MüKoBGB/*Winkler v Mohrenfels*
Rn 12; BeckOK-BGB/*Heiderhoff* Rn 14).

c) Scheidungsstatut. Sollte hingegen eine endgültige Übertragung der Nutzungsbefugnis **41**
oder sogar des Eigentums aus Anlass der Ehescheidung getroffen werden, so wurde die Zuweisung von Ehewohnung und Haushaltsgegenständen schon früher überwiegend nach dem
Scheidungsstatut beurteilt (Art 17 Abs 1 S 1 iVm 14 EGBGB; vgl OLG Hamm FamRZ 98,
1530/1531 und FamRZ 93, 211/212; OLG Stuttgart FamRZ 97, 1085/1086 und FamRZ 90,
1354/1355; OLG Karlsruhe FamRZ 97, 33; OLG Düsseldorf FamRZ 93, 575/576; AG Hanau
FamRZ 95, 887). Hieran wurde für im Ausland belegene Wohnungen und Haushaltsgegenstände auch nach Inkrafttreten von Art 17a EGBGB festgehalten (BeckOK-BGB/*Heiderhoff*
Rn 14; MüKoBGB/*Winkler v Mohrenfels* Rn 10; NK-BGB/*Gruber* Rn 27).

An dieser Auffassung hat der deutsche Gesetzgeber auch nach Inkrafttreten der Rom III-VO **42**
ausdrücklich festgehalten. In dem durch das Anpassungsgesetz zu dieser Verordnung v 23.1.2013
(→ A Rn 301) neu gefassten **Art 17 Abs 1 EGBGB nF** (näher → A Rn 551 ff) unterwirft er
vermögensrechtliche Scheidungsfolgen, die nicht von anderen Vorschriften des europäischen,
staatsvertraglichen oder autonomen Kollisionsrechts erfasst sind, dem nach der Rom III-VO auf
die Scheidung anzuwendenden Recht. Zu diesen vermögensrechtlichen Scheidungsfolgen, die
nicht gesondert angeknüpft werden und deshalb dem Scheidungsstatut unterliegen, gehören aber
auch die aus Anlass der Scheidung eingeräumten **Nutzungsbefugnisse an einer im Ausland
belegenen Ehewohnung** (zB einer Ferienwohnung) und deren Ausstattung mit Haushaltsgegenständen (RegBegr zum Rom III-AnpassungsG, BT-Drs 17/11049, S 10 unter B Nr 2).
Dass die Verordnung selbst vermögensrechtliche Konsequenzen der Ehescheidung nicht umfasst
(→ A Rn 37 f), steht nicht entgegen, weil die nationalen Gesetzgeber der Mitgliedstaaten nicht
daran gehindert sind, für die von der Verordnung nicht geregelten vermögensrechtlichen Scheidungsfolgen eine akzessorische Anknüpfung an das Scheidungsstatut vorzusehen.

547

F. Kindschaftssachen

Übersicht

	Rn.
I. Internationale Zuständigkeit	1
1. Einführung	1
2. EU-Recht	13
EuEheVO (Text-Nr 330)	13
Vorbemerkung	13
Kap. I: Anwendungsbereich und Begriffsbestimmungen (Art 1–2)	28
Kap. II: Zuständigkeit (Art 8–20)	78
Kap. V: Verhältnis zu anderen Rechtsinstrumenten (Art 59–62)	344
Kap. VI: Übergangsvorschriften (Art 64)	360
3. Staatsverträge	365
Überblick	365
a) KSÜ (Text-Nr 340)	366
Vorbemerkung	366
Kap. I: Anwendungsbereich (Art 1–4)	382
Kap. II: Zuständigkeit (Art 5–14)	412
Kap. VI: Allgemeine Bestimmungen (Art 40–45, 50–56)	531
Kap. VII: Schlussbestimmungen(Art 57–63)	553
b) MSA (Text-Nr 350)	554
Vorbemerkung	554
Text (Art 1–25)	558
4. Autonomes Zivilverfahrensrecht	561
a) IntFamRVG (Text-Nr 360)	561
Abschnitt 1: Anwendungsbereich; Begriffsbestimmungen (§ 1)	561
Abschnitt 3: Gerichtliche Zuständigkeit und Zuständigkeitskonzentration (§ 13a)	562
b) FamFG (Buch 1; Text-Nr 370)	567
Abschnitt 4: Einstweilige Anordnung (§ 50)	567
Abschnitt 9: Verfahren mit Auslandsbezug (§§ 97, 98 III, 99, 137 I, III)	568
II. Internationales Privatrecht	595
1. Einführung	595
2. Staatsverträge	604
a) KSÜ (Text-Nr 380)	604
Vorbemerkung	604
Kap. III: Anzuwendendes Recht (Art 15–22)	624
Kap. VI: Allgemeine Bestimmungen (Art 46–49)	692
b) MSA (Text-Nr 390)	701
Vorbemerkung	701
Text (Art 1–4, 16, 18)	707
c) Deutsch-iranisches Niederlassungsabkommen (Text-Nr 400)	708
Art 8 III	708
3. Autonomes Kollisionsrecht	716
EGBGB (Text-Nr 410)	
Art 21, 24	717

Der Abschnitt F beschränkt sich auf die Behandlung von Kindschaftssachen im **Erkenntnisverfahren,** nämlich auf Fragen der internationalen Zuständigkeit (→ Rn 1 ff) und des anwendbaren Rechts (→ Rn 595 ff). Die **Anerkennung und Vollstreckung** ausländischer Entscheidungen in Kindschaftssachen wird im **Abschnitt → N,** die internationale **Behördenzusammenarbeit** (einschließlich des Haager Kindesentführungsübereinkommens) im **Abschnitt U** dargestellt.

549

F 1, 2   1. Teil. Erkenntnisverfahren F. Kindschaftssachen

I. Internationale Zuständigkeit

Schrifttum: *Andrae,* Zur Abgrenzung des räumlichen Anwendungsbereichs von EheVO, MSA, KSÜ, und autonomem IZPR/IPR, IPRax 06, 82; *Baetge,* Auf dem Weg zu einem gemeinsamen europäischen Verständnis des gewöhnlichen Aufenthalts, FS Kropholler (2008) 77; *Bauer,* Wechsel des gewöhnlichen Aufenthalts und *perpetuatio fori,* IPRax 03, 202; *Braeuer/v Lilien,* Mitwirkung des deutschen Rechtsanwalts bei der Sorgerechtsregelung im Ausland, NJW 15, 3491; *Busch,* Schutzmaßnahmen für Kinder und der Begriff der „elterlichen Verantwortung" im internationalen und europäischen Recht, IPRax 03, 218; *Coester-Waltjen,* Elternumzug (Relokation) und Kindeswohl, ZKJ 13, 4; *Dutta,* Die Inzidentprüfung der elterlichen Sorge bei Fällen mit Auslandsbezug – eine Skizze, StAZ 10, 193; *Gewaltig,* Von der nationalen zur internationalen Zuständigkeitsregelung im Familienrecht (2008); *Gördes,* Internationale Zuständigkeit, Anerkennung und Vollstreckung von Entscheidungen über die elterliche Verantwortung (2004); *Graul,* Die Tendenz zur Aufenthaltsanknüpfung im Internationalen Kindschaftsrecht (2002); *Gruber,* Zur Konkurrenz zwischen einem selbständigen Sorgerechtsverfahren und und einem Verbundverfahren nach der EheVO, IPRax 04, 107; *ders,* Das HKÜ, Die Brüssel IIa-Verordnung und das Internationale Familienrechtsverfahrensgesetz, FPR 08, 214; *Heiderhoff,* Perpetuatio fori im Sorgerechtsstreit, IPRax 16, 335; *dies,* Das Kindeswohl im internationalen Familienverfahren, FS Geimer (2017); *Hajnczyk,* Die Zuständigkeit für Entscheidungen in Ehesachen und in anderen Familiensachen aus Anlass von Ehesachen sowie deren Anerkennung und Vollstreckung in der EG und in der Schweiz (2003); *Löser,* Zuständigkeitsbestimmender Zeitpunkt und *perpetuatio fori* im internationalen Zivilprozess (2009); *Martiny,* Kindesentziehung – „Brüssel II" und die Staatsverträge, ERA-Forum 1/03, 97; *ders,* Elterliche Verantwortung und Sorgerecht im ausländischen Recht, insbesondere beim Streit um den Kindesaufenthalt, FamRZ 12, 1765; *Motzer/Kugler,* Kindschaftsrecht mit Auslandsbezug (2003); *Pirrung,* Haager Kinderschutzübereinkommen und Verordnungsentwurf Brüssel IIa, FS Jayme (2004) 701; *Schlosser,* Neue Perspektiven der Zusammenarbeit von Gerichten verschiedener EG-Staaten im Kindschaftsrecht, FS Schwab (2005) 1255; *Schulz,* Die Zeichnung des Haager Kinderschutz-Übereinkommens von 1996 und der Kompromiss zur Brüssel IIa-Verordnung, FamRZ 03, 1351; *dies,* Internationale Regelungen zum Sorge- und Umgangsrecht, FamRZ 03, 336 und FPR 04, 299; *Siehr,* Die Eheverordnung von 2003 und das MSA von 1961, FS Schwab (2005) 1267; *Teixeira de Sousa,* Ausgewählte Probleme aus dem Anwendungsbereich der Verordnung (EG) Nr. 2201/2003 und des Haager Übereinkommens vom 19.10.1996 über den Schutz von Kindern, FamRZ 05, 1612; *R. Wagner,* Zu den Chancen der Rechtsvereinheitlichung im internationalen Familienrecht, StAZ 07, 101; *Winkel,* Grenzüberschreitendes Sorge- und Umgangsrecht und dessen Vollstreckung (2001).

1. Einführung

1   **a) EU-Recht.** Die internationale Zuständigkeit betreffend die elterliche Verantwortung richtet sich in Verfahren, die nach dem 1.3.2005 vor einem deutschen Familiengericht eingeleitet wurden (Art 64 Abs 1 EuEheVO; → Rn 360), vorrangig nach dem 2. Abschnitt des II. Kapitels (Art 8–15) der EG-Verordnung Nr 2201/2003 **(EuEheVO).** Diese Zuständigkeitsregelung weicht teilweise von der bereits seit dem 1.3.2001 geltenden Regelung in der EG-Verordnung Nr 1347/2000 **(EheVO 2000,** ABl EG L 160, 19) ab. Sie gilt nämlich unabhängig davon, ob die Eltern des Kindes miteinander verheiratet sind oder nicht; ferner kommt es nicht mehr darauf an, ob über die elterliche Verantwortung im Zusammenhang mit einer Ehesache entschieden wird oder in einem isolierten Verfahren (*Rausch* FuR 05, 53/54). Das europäische Zuständigkeitsrecht kommt grundsätzlich immer dann zur Anwendung, wenn das Kind seinen gewöhnlichen Aufenthalt in einem Mitgliedstaat hat (Art 8; näher → Rn 87 ff); auf die Staatsangehörigkeit des Kindes kommt es dabei nicht an. Darüber hinaus kann unter bestimmten Voraussetzungen auch die Vereinbarung eines mitgliedstaatlichen Gerichts durch die Eltern (Art 12; näher → Rn 194 ff) oder der schlichte Aufenthalt des Kindes (Art 13; näher → Rn 221 ff) eine Zuständigkeit nach der EuEheVO begründen.

2   Die Art 8–15 EuEheVO gelten in allen Mitgliedstaaten unmittelbar und genießen als Teil des sekundären Unionsrechts **Anwendungsvorrang** vor dem jeweiligen autonomen Zuständigkeitsrecht (EuGH C-256/09 – *Purrucker,* Slg 10 I-7353 Rn 69 = FamRZ 10, 1521). In Deutschland wird demgemäß die Regelung der internationalen Zuständigkeit in Kindschaftssachen nach § 99 FamFG verdrängt. Die Zuständigkeitsregelung in Art 8–13 EuEheVO ist freilich **nicht abschließend.** Anders als zB in Unterhaltssachen (vgl Art 3–7 EuUnthVO; → C Rn 72 ff) behält in Verfahren betreffend die elterliche Verantwortung – ebenso wie in Ehesachen (→ A Rn 123 ff) – das nationale Zuständigkeitsrecht der Mitgliedstaaten vielmehr eine gewisse Bedeu-

550

I. Internationale Zuständigkeit   3–9 **F**

tung. Sind nämlich weder die deutschen Gerichte noch die Gerichte eines anderen EU-Mitgliedstaats nach Art 8–13 EuEheVO international zuständig, so verweist Art 14 EuEheVO auf das staatsvertragliche oder autonome Zuständigkeitsrecht des Mitgliedstaats, dessen Gerichte angerufen worden sind. Eine solche **nationale Restzuständigkeit** der deutschen Gerichte besteht insbesondere dann, wenn das Kind die deutsche Staatsangehörigkeit besitzt und weder im Inland noch in einem anderen EU-Mitgliedstaat seinen gewöhnlichen Aufenthalt hat (näher → Rn 585 ff).

Die EuEheVO regelt allerdings im erststaatlichen Verfahren nur die internationale Zuständig- **3** keit, hingegen **nicht das anwendbare Recht.** Anders als in Ehescheidungs- und Ehetrennungssachen (zur Rom III-VO → A Rn 287 ff) hat der europäische Gesetzgeber das Kollisionsrecht der elterlichen Verantwortung bisher auch nicht in einer eigenständigen Verordnung geregelt. Insoweit verbleibt es vielmehr bei der Geltung der einschlägigen Staatsverträge, insbesondere der Art 15 ff KSÜ, hilfsweise bei der Anwendbarkeit des autonomen Kollisionsrechts der Mitgliedstaaten (in Deutschland bei Art 21, 24 EGBGB; → Rn 715 ff).

b) Staatsverträge. Auf dem Gebiet der internationalen Zuständigkeit in Verfahren betreffend **4** die elterliche Verantwortung gelten für die Bundesrepublik Deutschland derzeit nur zwei Staatsverträge, nämlich das **Haager Kinderschutzübereinkommen** (KSÜ) v 19.10.1996 (→ Rn 366 ff) und das **Haager Minderjährigenschutzübereinkommen** (MSA) v 5.10.1961 (→ Rn 701 ff). Allerdings hat die EuEheVO im Verhältnis der Mitgliedstaaten zueinander grundsätzlich auch Vorrang vor diesen beiden Staatsverträgen. Dies gilt gemäß Art 60 lit a uneingeschränkt im Verhältnis zum MSA; dieses Übereinkommen behält daher nur Bedeutung im Verhältnis zu Vertragsstaaten, die weder zugleich Mitgliedstaaten der EuEheVO noch Vertragsstaaten des KSÜ sind, was heute nur noch auf *China/Macau* zutrifft (näher → Rn 348 ff, 556). Ferner verdrängen die Art 8–15 EuEheVO gemäß Art 61 lit a EuEheVO auch die Zuständigkeitsregelung in Art 5 ff KSÜ, sofern das Kind seinen gewöhnlichen Aufenthalt im Hoheitsgebiet eines Mitgliedstaats der Verordnung hat (näher → Rn 352 ff, 375 ff). Für die Anwendung der Art 5 ff KSÜ durch deutsche Gerichte ist daher grundsätzlich nur Raum, wenn das Kind sich in einem Vertragsstaat des KSÜ gewöhnlich aufhält, der nicht zugleich Mitgliedstaat der EuEheVO ist (vgl die Übersicht über diese Staaten → Rn 375).

Die EuEheVO hat zwar gemäß Art 60 lit e grundsätzlich auch Vorrang vor dem **Haager** **5** **Kindesentführungsübereinkommen** (HKÜ) von 1980; dies gilt allerdings nur für Bereiche, die in der EuEheVO geregelt sind. Das HKÜ regelt aber nur die Rückgabe des entführten Kindes (Art 8 ff) und die Durchsetzung des Rechts zum persönlichen Umgang (Art 21), nicht die internationale Zuständigkeit der Gerichte für Entscheidungen auf dem Gebiet der elterlichen Verantwortung (näher → U Rn 85). Bezüglich des Rückführungsverfahrens wird das HKÜ allerdings durch Art 11 EuEheVO modifiziert, wenn das Kind von einem Mitgliedstaat der Verordnung in einen anderen entführt worden ist (→ Rn 155 ff).

c) Autonomes deutsches Verfahrensrecht. Wegen des Anwendungsvorrangs der EuEhe- **6** VO bestimmt sich die internationale Zuständigkeit deutscher Gerichte in Verfahren betreffend die elterliche Verantwortung nur noch in den von Art 14 EuEheVO (Restzuständigkeit) und Art 20 Abs 1 EuEheVO (einstweiliger Rechtsschutz) geregelten Fällen nach **§§ 98 Abs 2, 99 FamFG,** die mit Wirkung v 1.10.2009 an die Stelle von §§ 621 Abs 2 ZPO, 35b, 43 FGG getreten sind. Praktische Bedeutung hat vor allem § 99 Abs 1 Nr 1 FamFG, der – anders als die Art 8 ff EuEheVO – bereits die **deutsche Staatsangehörigkeit des Kindes** als Anknüpfung für die internationale Zuständigkeit der deutschen Gerichte ausreichen lässt (näher → Rn 583 ff). Dies gilt freilich nur dann, wenn die Vorschrift weder durch die Zuständigkeit eines Gerichts in einem anderen Mitgliedstaat der Verordnung nach Art 8–13 EuEheVO noch durch einen der vorgenannten Staatsverträge (MSA, KSÜ) verdrängt wird.

d) Prüfungsreihenfolge. Daraus ergibt sich für die internationale Zuständigkeit der deut- **7** schen Gerichte auf dem Gebiet der elterlichen Verantwortung folgende Prüfungsreihenfolge:

(1) Hat das Kind seinen **gewöhnlichen Aufenthalt im Inland oder in einem anderen** **8** **EU-Mitgliedstaat** (mit Ausnahme von *Dänemark*)? Wenn ja, so gelten vorrangig die Art 8 ff EuEheVO (→ Rn 78 ff); sie verdrängen dann sowohl die staatsvertraglichen Regeln in Art 5 ff KSÜ (Art 61 lit a EuEheVO) und in Art 1 ff MSA (Art 60 lit a EuEheVO) wie auch das autonome deutsche Verfahrensrecht (§ 97 FamFG).

(2) Hat das Kind seinen **gewöhnlichen Aufenthalt in einem Vertragsstaat des KSÜ** **9** (→ Rn 367 ff), der nicht zugleich Mitgliedstaat der EuEheVO ist? Wenn ja, so kommen die

551

F 10–12   1. Teil. Erkenntnisverfahren F. Kindschaftssachen

Art 5 ff KSÜ (→ Rn 412 ff) zur Anwendung; die Zuständigkeitsregeln des KSÜ verdrängen für diesen Fall die Art 1 ff MSA (Art 51 KSÜ) und das autonome deutsche Verfahrensrecht (§ 97 FamFG).

10   (3) Hat das Kind seinen **gewöhnlichen Aufenthalt** weder in einem Mitgliedstaat der EuEheVO noch in einem Vertragsstaat des KSÜ, aber **in einem Vertragsstaat des MSA** (→ Rn 554)? Wenn ja, so gelten die Art 1 ff MSA (→ Rn 558). Dies trifft derzeit nur noch auf Kinder zu, die ihren gewöhnlichen Aufenthalt **in China/Macau** haben. Insoweit wird wiederum das deutsche autonome Verfahrensrecht verdrängt (§ 97 FamFG).

11   (4) Für die Anwendung des autonomen deutschen Zuständigkeitsrechts (§ 99 FamFG; → Rn 578 ff) ist nur im Rahmen der **Restzuständigkeit** nach Art 14 EuEheVO Raum; danach darf sich also aus den Art 8–13 EuEheVO weder im Inland noch in einem anderen Mitgliedstaat der Verordnung eine Zuständigkeit ergeben. Darüber hinaus darf § 99 FamFG auch durch die vorrangigen staatsvertraglichen Regeln in Art 5 ff KSÜ und Art 1 ff MSA nicht ausgeschlossen sein.

12   (5) Schließlich darf ausnahmsweise auch im Rahmen des **einstweiligen Rechtsschutzes** gem Art 20 EuEheVO auf das nationale Zuständigkeitsrecht der Mitgliedstaaten, in Deutschland auf § 50 FamFG, zurückgegriffen werden.

2. EU-Recht

330. Verordnung Nr 2201/2003 des Rates über die Zuständigkeit und die Anerkennung und Vollstreckung von Entscheidungen in Ehesachen und Verfahren betreffend die elterliche Verantwortung und zur Aufhebung der Verordnung (EG) Nr 1347/2000 (EuEheVO)

Vom 27. November 2003 (ABl EU L 338, 1)

geänd durch VO (EG) Nr 2116/2004 des Rates v 2.12.2004 (ABl EU L 367, 1)

Schrifttum: 1. EheVO 2000: *Bauer,* Neues internationales Verfahrensrecht im Licht der Kindesentführungsfälle, IPRax 02, 179; *ders,* Wechsel des gewöhnlichen Aufenthalts und *perpetuatio fori* in Sorgerechtsverfahren, IPRax 03, 135; *Coester-Waltjen,* „Brüssel II" und das „Haager Kindesentführungsübereinkommen", FS W Lorenz (2001) 305; *dies,* Die internationale Zuständigkeit und Anerkennung von Sorgerechtsentscheidungen in der Europäischen Union, in: Gottwald (Hrsg), Aktuelle Entwicklungen des europäischen und internationalen Zivilverfahrensrechts (2002), 163; *dies,* Multa non multum im internationalen Familienverfahrensrecht, FS Geimer (2002), 139; *Francq,* Parental Responsibility under „Brussel II", ERA-Forum 03, 54; *Gördes,* Internationale Zuständigkeit, Anerkennung und Vollstreckung von Entscheidungen über die elterliche Verantwortung (2004); *Gruber,* Maßgebliche Rechtsquellen im neuen internationalen Sorge- und Umgangsrecht, Rpfleger 02, 545; *Hausmann,* Neues internationales Eheverfahrensrecht in der Europäischen Union, Teil I, EuLF 00/01, 271; *Helms,* Internationales Verfahrensrecht für Familiensachen in der EU, FamRZ 02, 1593; *Meyer-Götz/Noltemeyer,* Internationles Verfahrensrecht für Familiensachen in der Europäischen Union, FPR 04, 296; *Niklas,* Die europäische Zuständigkeitsordnung in Ehe- und Kindschaftsverfahren (2003); *Ploeckl,* Umgangsrechtsstreitigkeiten im deutsch-französischen Rechtsverkehr (2003); *Schulz,* Internationale Regelungen zum Sorge- und Umgangsrecht, FamRZ 03, 336; *Simotta,* Die internationale Zuständigkeit für Verfahren betreffend die elterliche Verantwortung für die gemeinsamen Kinder der Ehegatten (Art. 3 f. EheVO), FS Jellinek (2002) 291; *Sumampouw,* Parental Responsibility under Brussels II, FS Siehr (2000) 729; *Winkler v Mohrenfels,* Von der Konfrontation zur Kooperation. Das europäische Kindesentführungsrecht auf neuem Wege, IPRax 02, 373.

2. EuEheVO: *Boele-Woelki/González Beilfuss* (Hrsg), Brussels II-bis – Its Impact and Application in the Member States (2007); *Borrás/Kerameus,* Brussels IIbis Regulation (2007); *Busch,* Schutzmaßnahmen für Kinder und der Begriff der „elterlichen Verantwortung" im internationalen und europäischen Recht – Anmerkungen zur Ausweitung der Brüssel II-Verordnung, IPRax 03, 218; *Busch/Rölke,* Europäisches Kinderschutzrecht mit offenen Fragen, FamRZ 04, 1338; *Coester-Waltjen,* Aktuelle Entwicklungen im Europäischen internationalen Familienverfahrensrecht, Jura 04, 839; *dies,* Die Berücksichtigung von Kindesinteressen in der neuen EU-Verordnung „Brüssel II a", FamRZ 05, 241; *Dutta,* Europäische Zuständigkeiten mit Kindeswohlvorbehalt, FS Kropholler (2008) 281; *Dutta/Schulz,* Erste Meilensteine im europäischen Kindschaftsverfahrensrecht: Die Rechtsprechung des Europäischen Gerichtshofs zur Brüssel IIa-Verordnung von C bis Mercredi, ZEuP 12, 526; *Frank,* Europäische Gerichtsstands- und Vollstreckungsverordnung in Ehesachen und Verfahren betreffend die elterliche Verantwortung (EuEheVO – Brüssel IIa), in: Gebauer/Wiedmann (Hrsg), Zivilrecht unter europäischem Einfluss[2] (2011), 1591; *Gruber,* Die neue EheVO und die deutschen Ausführungsgesetze, FamRZ 05, 293; *Holzmann,* Verfahren betreffend die elterliche Verantwortung nach der Brüssel IIa-VO, FPR 10, 497; *Kress,* Internationale Zuständigkeit für elterliche Verantwortung in der Europäischen Union (2006); *Kropholler,* Europäisches Internationales Zivilverfahrensrecht ohne europäisches Kolli-

552

I. Internationale Zuständigkeit   **13–17 F**

sionsrecht – ein Torso. Das Beispiel der Kinderschutzmaßnahmen, FS Schlosser (2005) 449; *Lamont,* Habitual Residence and Brussels II*bis:* Developing Concepts for European Private International Family Law, J Priv Int L 07, 261; *Looschelders,* Die Europäisierung des internationalen Verfahrensrechts für Entscheidungen über die elterliche Verantwortung, JR 06, 45; *Pirrung,* Internationale Zuständigkeit in Sorgerechtssachen nach der VO (EG) 2201/2003, FS Schlosser (2005) 695; *ders,* Auslegung der Brüssel IIa-VO in Sorgerechtssachen, FS Kropholler (2008), 399; *ders,* Erste Erfahrungen mit dem Eilverfahren des EuGH in Sorgerechtssachen, FS Spellenberg (2010) 467; *ders,* EuEheVO und HKÜ: Steine statt Brot? – Eilverfahren zur Frage des gewöhnlichen Aufenthalts eines vier- bis sechsjährigen Kindes, IPRax 15, 207; *Rausch,* Elterliche Verantwortung – Verfahren mit Auslandsbezug vor und nach „Brüssel IIa", Teil I, Internationale Zuständigkeit, FPR 05, 53; *Rauscher,* Parental Responsibility Cases under the New Council Regulation „Brüssels II A", EuLF 05 I, 37; *Rogerson,* Forum shopping and Brussels IIbis, IPRax 10, 553; *Schulz,* Die Verordnung (EG) Nr 2201/2003 (Brüssel IIa) – eine Einführung, NJW 2004, Beil zu Heft 18 = FPR 04, Beil zu Heft 6; *dies,* Internationale Regelungen zum Sorge- und Umgangsrecht, FPR 04, 299 und FamRZ 03, 336; *Solomon,* „Brüssel IIa" – Die neuen europäischen Regeln zum internationalen Verfahrensrecht in Fragen der elterlichen Verantwortung, FamRZ 04, 1409; *Tödter,* Europäisches Kindschaftsrecht nach der Verordnung (EG) Nr. 2201/2003 (2010).

3. Reform: *Honorati,* La proposta di revisione del regolamento Bruxelles II-bis: più tutela per i minori e più efficacia nell'esecuzione delle decisioni, Riv dir int priv proc 17, 247; M.-P. *Weller,* Die Reform der EuEheVO, IPRax 17, 222.

Vgl auch die speziellen Schrifttumsnachweise zum Anwendungsbereich → vor Rn 28, zur Zuständigkeit → vor Rn 78 und Rn 82, zur Kindesentführung → vor Rn 129 und Rn 155, zu Zuständigkeitsvereinbarungen → vor Rn 194, zur Verweisung des Rechtsstreits → vor Rn 233, zur Rechtshängigkeit → vor Rn 259 und zum einstweiligen Rechtsschutz → vor Rn 319.

Vorbemerkung

1. Entstehungsgeschichte

Dazu → A Rn 9 f.   **13**

2. Normzweck

Auf dem Gebiet der elterlichen Verantwortung strebt die EuEheVO eine Harmonisierung der   **14**
Regeln über die internationale Zuständigkeit sowie über die Anerkennung von Entscheidungen im Verhältnis der Mitgliedstaaten an. Da die Vorschriften über die elterliche Verantwortung häufig in Ehesachen herangezogen werden, hielt der europäische Gesetzgeber es für zweckmäßig, Ehesachen und die elterliche Verantwortung im gleichen Rechtsakt zu regeln (ErwG 6; → Anh I).

3. Anwendungsbereich

a) Sachlicher Anwendungsbereich. Die EuEheVO bestimmt ihren sachlichen Anwen- **15**
dungsbereich in Verfahren der elterlichen Verantwortung näher in Art 1 Abs 1 lit b und Abs 2 (dazu → Rn 28 ff). Sie gilt auch insoweit nur für die nachfolgend behandelte internationale Zuständigkeit der mitgliedstaatlichen Gerichte einschließlich der Rechtshängigkeit, ferner für die Anerkennung und Vollstreckung der von diesen Gerichten getroffenen Entscheidungen in anderen Mitgliedstaaten (dazu → N Rn 1 ff). Sie regelt hingegen nicht das in Verfahren der elterlichen Verantwortung mit Auslandsbezug anwendbare Recht. Dieses richtet sich vorrangig nach Staatsverträgen (KSÜ, MSA), hilfsweise nach Art 21, 24 EGBGB (näher → Rn 595 ff, 716 ff).

b) Räumlich-persönlicher Anwendungsbereich. Ihren persönlichen Anwendungsbereich   **16**
bestimmt die EuEheVO nicht ausdrücklich. Er ergibt sich in Verfahren der elterlichen Verantwortung nur mittelbar aus den Zuständigkeitsvorschriften der Art 8–14. Nach Art 8 Abs 1 wird primär an den gewöhnlichen Aufenthalt des Kindes angeknüpft, ohne dass es insoweit auf dessen Staatsangehörigkeit ankäme. Die Verordnung regelt die internationale Zuständigkeit auf dem Gebiet des Sorge- und Umgangsrechts daher auch für die Angehörigen von Drittstaaten (OLG Stuttgart FamRZ 04, 1382; Rauscher/*Rauscher* Einl Rn 28). Die internationale Zuständigkeit der deutschen Gerichte nach Art 8 ff EuEheVO setzt auch im Übrigen keinen kompetenzrechtlichen Bezug zu einem weiteren EU-Mitgliedstaat voraus (BGHZ 176, 365 Rn 14 = NJW-RR 08, 1169/1170; *Dilger* IPRax 06, 617/618; Zö/*Geimer* Art 1 Rn 14; Staud/*Pirrung* Rn C 17).

Da das *Vereinigte Königreich* und *Irland* sich an der Anwendung der EuEheVO beteiligen   **17**
(ErwG 30; → Anh I), gilt diese in **räumlicher** Hinsicht gem Art 288 Abs 2 AEUV in allen

553

F 18–23   1. Teil. Erkenntnisverfahren F. Kindschaftssachen

Mitgliedstaaten der EU – seit dem 1.7.2013 also auch in *Kroatien* – mit Ausnahme von *Dänemark* (vgl Art 2 Nr 3 und ErwG 31; → Anh I) unmittelbar. Anders als in allgemeinen Zivil- und Handelssachen, für die *Dänemark* am 19.10.2005 ein Parallelübereinkommen zur EuGVVO aF mit der Europäischen Gemeinschaft abgeschlossen hat (ABl EU 2005 L 299, 62), fehlt es an einer entsprechenden Regelung für den Anwendungsbereich der EuEheVO; auf dem Gebiet der internationalen Zuständigkeit in Verfahren der elterlichen Verantwortung wird *Dänemark* daher wie ein Drittstaat behandelt (*Dilger* Rn 50; NK-BGB/*Gruber* Rn 7). Zum **Hoheitsgebiet der Mitgliedstaaten** → A Rn 15.

18   **c) Zeitlicher Anwendungsbereich.** In zeitlicher Hinsicht gilt die EuEheVO für gerichtliche Verfahren, öffentliche Urkunden und Vereinbarungen zwischen den Parteien, die ab dem 1. März 2005 eingeleitet, aufgenommen oder getroffen wurden (Art 64 Abs 1 iVm Art 72 S 2; → Rn 360 ff).

4. Verhältnis zu anderen Rechtsinstrumenten

19   Das Verhältnis zu Staatsverträgen auf dem Gebiet der elterliche Verantwortung regelt die EuEheVO in ihrem Kapitel V (Art 59–63; → Rn 344 ff). Danach gilt hinsichtlich der in Art 8 ff geregelten **internationalen Zuständigkeit** für Schutzmaßnahmen folgendes:

20   **a) Haager Kinderschutzübereinkommen.** Die Zuständigkeitsregelung in Art 5–14 KSÜ wird gem Art 61 lit a EuEheVO durch die Art 8–15 EuEheVO verdrängt, wenn das Kind seinen gewöhnlichen Aufenthalt im Hoheitsgebiet eines EU-Mitgliedstaats (mit Ausnahme *Dänemarks*) hat (BGH NJW 11, 2360 Rn 12; OLG Karlsruhe FamRZ 11, 1963 m Anm *Henrich; Finger* FamRBint 10, 95; *Schulz* FPR 04, 299 und FamRZ 11, 156; *Solomon* FamRZ 04, 1409/1414). Vor deutschen Gerichten kommt das Kapitel II des KSÜ daher nur dann zur Anwendung, wenn das Kind sich in einem Vertragsstaat (oder Drittstaat) gewöhnlich aufhält, der nicht zugleich Mitgliedstaat der EuEheVO ist (näher → Rn 353 ff, 375). Für diesen Fall bleibt der Vorrang der Art 5 ff KSÜ auch dann erhalten, wenn im Inland eine internationale Zuständigkeit nach der EuEheVO begründet ist, die nicht auf den gewöhnlichen Aufenthalt des Kindes abstellt, zB eine nach Art 12 EuEheVO zwischen den Eltern vereinbarte Zuständigkeit (NK/*Benicke* Art 1 KSÜ Rn 11). Denn Art 61 lit a EuEheVO beschränkt den Vorrang der Verordnung vor dem KSÜ auf dem Gebiet der internationalen Zuständigkeit ausdrücklich auf Fälle, in denen das Kind seinen gewöhnlichen Aufenthalt in einem Mitgliedstaat der Verordnung hat.

21   Hat das Kind daher seinen **gewöhnlichen Aufenthalt in Deutschland,** so ist für eine Anwendung der Art 5 ff KSÜ kein Raum. Dies gilt – trotz des auf das Verhältnis der Mitgliedstaaten zueinander beschränkten Vorrangs der EuEheVO – auch dann, wenn Schutzmaßnahmen für ein Kind getroffen werden sollen, das die Staatsangehörigkeit eines Vertragsstaats des KSÜ besitzt, der nicht Mitgliedstaat der EuEheVO ist (P/H/*Hau* § 99 FamFG Rn 21; **aA** *Andrae* IPRax 06, 82/84; *Benicke* IPRax 13, 44/52 ff; Staud/*Henrich* Art 21 EGBGB Rn 141). Verlegt das Kind seinen gewöhnlichen Aufenthalt aus Deutschland in einen Vertragsstaat des KSÜ, der nicht Mitgliedstaat der EuEheVO ist (zB nach *Dänemark,* in die *Schweiz* oder die *Türkei*), so endet die Anwendbarkeit der EuEheVO und damit die auf Art 8 Abs 1 gestützte internationale Zuständigkeit der deutschen Gerichte. Stattdessen gilt nunmehr das Zuständigkeitsregime des KSÜ; danach können die deutschen Gerichte sich nicht mehr auf den Grundsatz der *perpetuatio fori* nach Art 8 Abs 1 EuEheVO berufen; maßgebend ist vielmehr Art 5 Abs 2 KSÜ (**aA** NK-BGB/*Gruber* Art 61 Rn 4; näher → Rn 355 f, 428 ff).

22   **b) Haager Minderjährigenschutzabkommen.** Das MSA wird nach Art 60 lit a EuEheVO (→ Rn 348 ff) im Verhältnis der Mitgliedstaaten der Verordnung zueinander durch die EuEheVO vollständig ersetzt (BGH NJW 02, 2955). In gleicher Weise wird es auch im Verhältnis der Vertragsstaaten, die zugleich dem KSÜ angehören, durch dieses Übereinkommen verdrängt (Art 51 KSÜ). Es hat daher auf dem Gebiet der internationalen Zuständigkeit für Maßnahmen betreffend die elterliche Verantwortung nur noch Bedeutung, wenn das Kind seinen gewöhnlichen Aufenthalt in *China/Macau* hat. Hält sich das Kind gewöhnlich im Inland auf, so gelten hingegen nur die Art 8 ff EuEheVO. Gehört das Kind einem Vertragsstaat des MSA an, der nicht Mitgliedstaat der EuEheVO ist, sind allerdings Art 3, 4 MSA weiter zu beachten.

23   **c) Haager Kindesentführungsübereinkommen.** Nach ihrem Art 60 lit e hat die EuEheVO zwar grundsätzlich auch Vorrang vor dem HKÜ. Zu Konflikten zwischen beiden Rechtsinstrumenten kann es freilich praktisch nicht kommen, weil das HKÜ die internationale Zu-

554

I. Internationale Zuständigkeit   24–26 **F**

ständigkeit für Entscheidungen auf dem Gebiet der elterlichen Verantwortung – mit Ausnahme der Verfahren zur Rückführung von widerrechtlich ins Ausland verbrachten Kindern nach Art 12, 13 HKÜ – nicht regelt. Andererseits regelt die EuEheVO nicht die internationale Zuständigkeit für das Rückführungsverfahren im Verbringungsstaat (öst OGH 1.4.08, unalex AT-566), sondern nur für das Verfahren im Herkunftstaat unter den besonderen Voraussetzungen des Art 11 Abs 6–8. Die EuEheVO verstärkt mithin lediglich die Wirkungsweise des HKÜ im Verhältnis der Mitgliedstaaten durch die Regeln in Art 10 und 11.

5. Auslegung

Für die Auslegung der EuEheVO gelten die vom EuGH zu anderen Rechtsakten des sekundä- **24** ren Gemeinschafts- und Unionsrechts auf dem Gebiet der justiziellen Zusammenarbeit – insbesondere zur EuGVVO aF – entwickelten Grundsätze (dazu näher unalexK/*Hausmann* Einl Rn 46 ff mwN) entsprechend. Danach sind auch die Begriffe dieser Verordnung **autonom** unter Berücksichtigung ihrer – vor allem in den Erwägungsgründen (→ Anh I) beschriebenen – Ziele und ihrer Systematik auszulegen, um eine einheitliche Anwendung ihrer Vorschriften sicherzustellen (EuGH C-435/06 – *C*, Slg 07 I-10141 Rn 14 ff = IPRax 08, 509 m Anm *Gruber* 490; EuGH C-523/07 – *A*, Slg 09 I-2805 Rn 27 = FamRZ 09, 843 m Anm *Pirrung* 50; EuGH C-296/10 – *Purrucker*, Slg 10 I-11163 Rn 66 = NJW 11, 363; EuGH C-436/13 – *E/B*, NJW 14, 3355 Rn 37; NK-BGB/*Gruber* Rn 19; Staud/*Pirrung* Rn C 11; Zö/*Geimer* Art 1 Rn 6). Im Rahmen der Auslegung kann auch auf den erläuternden Bericht von A. *Borrás* zum Brüssel II-Übereinkommen von 1998 (ABl EG C-221, 27 ff) sowie auf Rechtsprechung und Literatur zur Vorgänger-Verordnung Nr 1347/2000 (EheVO 2000) zurückgegriffen werden; dabei ist jedoch zu beachten, dass sowohl der *Borrás*-Bericht wie die EheVO 2000 sich nur auf Sorgerechtsverfahren beziehen, die im Verbund mit einem Eheverfahren anhängig gemacht werden. Im Rahmen der hier behandelten internationalen Zuständigkeit auf dem Gebiet der elterlichen Verantwortung kann ferner berücksichtigt werden, dass die Regelung sich eng an die entsprechenden Bestimmungen des KSÜ anlehnt, so dass auch auf die Rechtsprechung und Literatur zu diesem Übereinkommen rekurriert werden kann (→ Rn 366 ff). Gleiches gilt mit Blick auf die Art 10, 11 EuEheVO für das Haager Kindesentführungsübereinkommen von 1980 (→ U Rn 65 ff).

Bei der Auslegung ist zu berücksichtigen, dass die Verordnung nicht die Vereinheitlichung des **25** materiellen Rechts und der Verfahrensregeln der einzelnen Mitgliedstaaten zum Gegenstand hat. Gleichwohl darf die Anwendung dieser nationalen Rechtsvorschriften die praktische Wirksamkeit der Verordnung nicht beeinträchtigen (EuGH C-195/08 PPU – *Rinau*, Slg 08 I 5305 Rn 82 = IPRax 09, 420 m Anm *Gruber* 413). Außerdem steht die Verordnung nach ihrem ErwG 33 (→ Anh I) im Einklang mit den Grundrechten und Grundsätzen, die mit der **EU-Charta** anerkannt wurden, und zielt insbesondere darauf ab, die Wahrung der Grundrechte des Kindes im Sinne von Art 24 der Charta zu gewährleisten, zu denen ua der Anspruch auf regelmäßige persönliche Beziehungen und direkte Kontakte zu beiden Elternteilen gehört (EuGH C-400/10 PPU – *McB*, Slg 10 I-562 Rn 60; EuGH C-498/14 PPU – *Bradbrooke/Aleksandrowicz*, FamRZ 15, 8992 Rn 41 f). Die Zuständigkeitsvorschriften der Art 8 ff wurden ferner dem Wohl des Kindes entsprechend und nach dem Kriterium der räumlichen Nähe ausgestaltet (ErwG 12; → Anh I). Die Verordnung beruht insoweit „auf der Leitidee.., dass dem Kindeswohl der Vorrang gebührt"; auch dies ist bei der Auslegung zu beachten (EuGH C-656/13 – *L/M*, NJW 15, 40 Rn 48).

Bestehen entscheidungserhebliche Zweifel über die Auslegung der Art 8 ff EuEheVO, so sind **26** diese dem EuGH von den mitgliedstaatlichen Gerichten nach Art 267 AEUV im Wege des **Vorabentscheidungsverfahrens** vorzulegen (vgl *Piekenbrock* EUR 11, 317). Zur Vorlage berechtigt sind dabei nicht nur – wie früher nach Art 68 Abs 1 EGV – das OLG bzw der BGH, wenn deren Entscheidungen nicht mehr mit Rechtsmitteln angegriffen werden können, sondern auch die Familiengerichte, wenn es für den Ausgang des Rechtsstreits auf die Auslegungsfrage ankommt. Entscheidet das Gericht letztinstanzlich, so ist es nach Art 267 Abs 3 AEUV zur Vorlage verpflichtet. Soweit die Verordnung in einigen ihrer Bestimmungen den Wortlaut des Haager Kindesentführungsübereinkommens von 1980 übernimmt oder sich auf dieses bezieht, erstreckt sich die Auslegungskompetenz des EuGH auch auf das Haager Übereinkommen, wenn die erbetene Auslegung für eine einheitliche Anwendung der Verordnung und des Übereinkommens in der Union erforderlich ist (EuGH C-376/14 PPU – *C/M*, FamRZ 15, 107 Rn 58).

555

F 28, 29   1. Teil. Erkenntnisverfahren F. Kindschaftssachen

6. Reform

27   Zur Reform der EuEheVO hat die EU-Kommission am 30.6.2016 einen Vorschlag vorgelegt
(COM [2016] 411 final, 3 ff), dessen Schwergewicht auf dem Gebiet der elterlichen Verantwortung liegt. Im erststaatlichen Verfahren soll vor allem das Recht des Kindes auf Anhörung
ausgeweitet und das Zusammenspiel der Verordnung mit dem HKÜ verbessert werden (dazu ausf
Weller IPRax 17, 222 ff).

Kapitel I. Anwendungsbereich und Begriffsbestimmungen

EuEheVO Art 1. Anwendungsbereich

(1) **Diese Verordnung gilt, ungeachtet der Art der Gerichtsbarkeit für Zivilsachen
mit folgendem Gegenstand:**

a) *(betrifft Ehesachen; abgedruckt und kommentiert* → *A Rn 20 ff)*
**b) die Zuweisung, die Ausübung, die Übertragung sowie die vollständige oder teil-
weise Entziehung der elterlichen Verantwortung.**

(2) **Die in Absatz 1 Buchstabe b) genannten Zivilsachen betreffen insbesondere:**

a) das Sorgerecht und das Umgangsrecht,
b) die Vormundschaft, die Pflegschaft und entsprechende Rechtsinstitute,
**c) die Bestimmung und den Aufgabenbereich jeder Person oder Stelle, die für die
Person oder das Vermögen des Kindes verantwortlich ist, es vertritt oder ihm
beisteht,**
d) die Unterbringung des Kindes in einer Pflegefamilie oder einem Heim,
**e) die Maßnahmen zum Schutz des Kindes im Zusammenhang mit der Verwaltung
und Erhaltung seines Vermögens oder der Verfügung darüber.**

(3) **Diese Verordnung gilt nicht für**

a) die Feststellung und die Anfechtung des Eltern-Kind-Verhältnisses,
**b) Adoptionsentscheidungen und Maßnahmen zur Vorbereitung einer Adoption sowie
die Ungültigerklärung und den Widerruf der Adoption,**
c) Namen und Vornamen des Kindes,
d) die Volljährigkeitserklärung,
e) Unterhaltspflichten,
f) Trusts und Erbschaften,
g) Maßnahmen infolge von Straftaten, die von Kindern begangen wurden.

Schrifttum: *Dutta,* Staatliches Wächteramt und europäisches Kindschaftsverfahrensrecht. Die Anwendbarkeit der Brüssel IIa-Verordnung auf staatliche Maßnahmen zum Schutz des Kindes, FamRZ 08, 835; *ders,*
StAZ 10, 193; *Gruber,* Die Brüssel IIa-VO und öffentlich-rechtliche Schutzmaßnahmen, IPRax 08, 490.

1. Zivilsachen

28   Die EuEheVO gilt nur für Zivilsachen (ErwG 7; → Anh I). Dies können sowohl gerichtliche
wie behördliche Verfahren sein (Art 2 Nr 1). Die Abgrenzung zu öffentlich-rechtlichen Streitigkeiten ist aber gerade auf dem Gebiet der elterlichen Verantwortung nicht immer einfach. Zwar
besteht Einigkeit darüber, dass der Begriff der „Zivilsachen" – ebenso wie in Art 1 Abs 1
EuGVVO (dazu unalexK/*Hausmann* Art 1 Rn 3 ff mwN) – **autonom** auszulegen ist. Denn ob
ein mitgliedstaatliches Gericht die Zuständigkeiten der Verordnung in Anspruch nehmen darf,
kann nicht davon abhängen, ob das betreffende Verfahren im internen Recht dieses Mitgliedstaats zivil- oder öffentlich-rechtlich ausgestaltet ist; vielmehr kann nur eine einheitliche Bestimmung des sachlichen Anwendungsbereichs der Verordnung die Verwirklichung der mit ihr
verfolgten Zwecke, insbesondere die Gleichbehandlung aller betroffenen Kinder, sicherstellen
(EuGH C-435/06 – *C,* Slg 07 I-10141 Rn 46 f = FamRZ 08, 125; NK-BGB/*Gruber* Rn 22).
Diese Zwecke können es allerdings erfordern, den Begriff „Zivilsachen" im Rahmen der
EuEheVO weiter auszulegen als im Rahmen der EuGVVO.

29   Demgemäß können auch Verfahren der Inobhutnahme oder der Unterbringung eines Kindes,
die von staatlichen oder kommunalen Behörden unter **Ausübung hoheitlicher Befugnisse**
eingeleitet werden und die nach dem anwendbaren mitgliedstaatlichen Recht dem öffentlichen
Recht unterliegen, als „Zivilsachen" im Sinne der EuEheVO zu werten sein (EuGH C-435/06

556

I. Internationale Zuständigkeit: EuEheVO Art 1   **30–35 F**

aaO, Rn 31 ff; EuGH C-523/07 – *A,* Slg 09 I-2805 Rn 29 = FamRZ 09, 843; EuGH C-92/12 PPU – *Health Service Executive,* FamRZ 12, 1466 Rn 60 f; EuGH C-428/15 – *Child and Family Agency,* FamRZ 16, 2071 Rn 32 m Anm *Gössl).* In Deutschland gilt dies für die Inobhutnahme eines unbegleiteten Kindes durch das Jugendamt nach § 42 Abs 1 S 1 Nr 3 SGB VIII, wenn die Sorgeberechtigten sich nicht im Inland aufhalten (*Pirrung* IPRax 13, 404/406; Staud/*Pirrung* Rn C 20). Zur Begründung wird insbesondere auf den ErwG 10 zur Verordnung (→ Anh I) verwiesen, der nur „Maßnahmen allgemeiner Art des öffentlichen Rechts in Angelegenheiten der Erziehung und Gesundheit" aus ihrem Anwendungsbereich ausschließt. Denn damit wird zugleich bestätigt, dass der Verordnungsgeber nicht sämtliche dem öffentlichen Recht unterliegenden Maßnahmen vom Anwendungsbereich der EuEheVO ausnehmen wollte (EuGH C-435/06 aaO, Rn 51 ff; dazu *Gruber* IPRax 08, 490 ff; *Dutta* FamRZ 08, 835/838 ff; *Pirrung,* FS Kropholler [2008] 399/407 ff; ebenso EuGH C-523/07 aaO, Rn 23 ff; belg Cass 21.11.07, unalex BE-498 [Maßnahme der gerichtlichen Jugendhilfe]; **aA** noch *Pirrung* FS Schlosser [2005] 695/697; *Kress* 50, 100).

Die Verordnung erstreckt sich daher auch auf **Verwaltungsverfahren,** die in ihren sachlichen **30** Anwendungsbereich fallen. Solche Verfahren kennt beispielsweise das *finnische* Recht hinsichtlich der Fragen des Sorgerechts, des Wohnortes der Kinder und des Besuchsrechts (vgl *Borrás*-Bericht Rn 20 A; Zö/*Geimer* Rn 4). Erfasst werden auch öffentlich-rechtliche Verfahren mit dem Ziel der Unterbringung eines Kindes in einem Heim oder einer Pflegefamilie (EuGH C-428/15 – *Child and Family Agency,* FamRZ 16, 2071 Rn 32 f).

Durch die Beschränkung auf Zivilsachen will die Verordnung daher vornehmlich **Strafver-** **31** **fahren** und sich daran anschließende Maßnahmen aus ihrem sachlichen Anwendungsbereich ausschließen (vgl auch Abs 3 lit g).

2. Elterliche Verantwortung

Die Verordnung gilt – außer in Ehesachen – nach Art 1 Abs 1 lit b für die Zuweisung, die **32** Ausübung, die Übertragung sowie die vollständige oder teilweise Entziehung der elterlichen Verantwortung. Damit nennt die Vorschrift – in Übereinstimmung mit Art 3 lit a KSÜ (→ Rn 391) – diejenigen Maßnahmen, die besonders schwerwiegend in die Beziehungen des Kindes zum Sorgeberechtigten eingreifen, indem sie das Sorgerecht einer bestimmten Person zuweisen oder entziehen und/oder die Ausübung der Befugnisse durch den oder die Sorgeberechtigten näher festlegen und erforderlichenfalls (zB durch vormundschafts- oder familiengerichtliche Genehmigungen) begrenzen.

Bereits aus dem Begriff der „elterlichen" Verantwortung folgt, dass die Verordnung nicht auf Schutzmaßnahmen zugunsten von **erwachsenen Personen** anwendbar ist (Supremo Trib de Justiça 18.12.12, unalex PT-222). Vor deutschen Gerichten gilt diesbezüglich das Haager ErwSÜ (→ J Rn 4 ff). Zur Abgrenzung zwischen Kindern und Erwachsenen → Rn 75 f.

a) Begriff. Der Begriff der elterlichen Verantwortung iSv Art 1 Abs 1 lit b wird für die **33** Zwecke der Verordnung weit verstanden (EuGH C-435/06 aaO, Rn 49; EuGH C-92/12 PPU – *Health Service Executive,* FamRZ 12, 1466 Rn 59; EuGH C-215/15 – *Gogova/Iliev,* NJW 16, 1007 Rn 27). Er umfasst nach der in Art 2 Nr 7 gegebenen Definition (→ Rn 60 ff) „die gesamten Rechte und Pflichten, die einer natürlichen oder juristischen Person durch Entscheidung oder kraft Gesetzes oder durch eine rechtlich verbindliche Vereinbarung betreffend die Person oder das Vermögen eines Kindes übertragen wurden". Um festzustellen, ob ein Verfahren die elterliche Verantwortung betrifft, ist auf seinen **Gegenstand** abzustellen (EuGH C-215/15 aaO, NJW 16, 1007 Rn 28; EuGH C-294/15 – *Mikolajczyk,* NJW 17, 375 Rn 24).

Anders als noch die EheVO 2000 (vgl OLG Schleswig Holstein SchlHA 06, 134 = unalex **34** DE-979; OLG Frankfurt NJW-RR 05, 1674) beschränkt sich die EuEheVO auf dem Gebiet der elterlichen Verantwortung auch nicht mehr nur auf Verfahren, die im Zusammenhang mit einem Eheverfahren iSv Art 1 Abs 1 lit a stehen, sondern erfasst auch **isolierte Verfahren ohne jeden Bezug zu einer Scheidung,** gerichtlichen Trennung oder Aufhebung einer Ehe (AG Leverkusen IPRax 08, 274). Dadurch soll nach dem ErwG 5 zur Verordnung (→ Anh I) die Gleichbehandlung aller Kinder sichergestellt wirden. Außerdem wird damit in sachlicher Hinsicht eine weitgehende Parallelität von EuEheVO und KSÜ erzielt.

Das weite Verständnis von „elterlicher Verantwortung" betrifft auch deren mögliche **Träger.** **35** Dies sind nach Art 2 Nr 8 nicht nur die Eltern, sondern auch weitere Personen, die – wie zB Vormünder, Pfleger oder Beistände – die Eltern bei der Wahrnehmung der Personen- oder Vermögenssorge für das Kind unterstützen oder ersetzen. Ferner können auch Großeltern,

557

F 36–40 1. Teil. Erkenntnisverfahren F. Kindschaftssachen

sonstige Umgangsberechtigte oder Behörden/Gerichte in gewissem Umfang elterliche Verantwortung übernehmen (Rauscher/*Rauscher* Rn 28; MüKoFamFG/*Gottwald* Rn 15; Althammer/*Arnold* Rn 18). Die von den Zuständigkeitsvorschriften der EuEheVO aufgeworfene Vorfrage, wem die elterliche Verantwortung für ein bestimmtes Kind zusteht, ist mit Hilfe der Kollisionsnormen der *lex fori* des angerufenen Gerichts zu beantworten (dazu → Rn 638 ff, 716 ff).

36 Mit der **„Zuweisung"** der elterlichen Verantwortung ist die Zuweisung kraft Gesetzes, zB an beide Eltern auch nach einer Ehescheidung oder Ehetrennung, gemeint. Sie ist etwa Gegenstand des Verfahrens, wenn sich ein Gericht auf die deklaratorische Feststellung des kraft Gesetzes bestehenden Sorgerechts beschränkt (öst OGH IPRax 10, 542 m Anm *Hohloch* 567). Demgegenüber ist unter **„Übertragung"** die Änderung der kraft Gesetzes bestehenden Zuweisung durch die Entscheidung eines Gerichts oder einer Behörde (zB die Übertragung des Sorgerechts auf einen Elternteil allein nach einer Ehescheidung oder Ehetrennung; vgl im deutschen Recht § 1671 BGB) zu verstehen. Die **„Entziehung"** der elterlichen Verantwortung durch ein Gericht kommt insbesondere in Betracht, wenn das körperliche, geistige oder seelische Wohl des Kindes oder sein Vermögen gefährdet sind (vgl im deutschen Recht § 1666 BGB).

37 Die **„Ausübung"** der elterlichen Verantwortung umfasst sowohl das Sorge- wie das Umgangsrecht (OLG München 30.6.05, unalex DE-975). Sie wird auch durch Entscheidungen geregelt, die nur einzelne Aspekte der elterlichen Verantwortung betreffen. Deshalb fällt auch die Klage, mit der ein Elternteil beantragt, die fehlende Zustimmung des anderen Elternteils zu einer Reise ihres Kindes außerhalb des Staates, in dem das Kind seinen gewöhnlichen Aufenthalt hat, und zur **Ausstellung eines Reisepasses für das Kind** zu ersetzen, in den Anwendungsbereich der Verordnung. Dies gilt auch dann, wenn die auf diese Klage ergehende Entscheidung von den Behörden des Mitgliedstaats, dessen Staatsangehöriger das Kind ist, im Rahmen des Verwaltungsverfahrens zur Ausstellung des Reisepasses zu berücksichtigen sein wird (EuGH C-215/15 – *Gogova/Iliev,* NJW 16, 1007 Rn 25 ff = FamRZ 15, 2117; dazu *Koechel* FamRZ 16, 438; *Dutta* ZEuP 16, 427/445; *Hilbig-Lugani* GPR 16, 199/202).

38 Um eine die Ausübung der elterlichen Verantwortung iSv Art 1 Abs 1 lit b betreffende Maßnahme handelt es sich daher auch bei der **Genehmigung einer Vereinbarung zur Erbauseinandersetzung,** die ein für ein minderjähriges Kind bestellter Verfahrenspfleger für dieses abgeschlossen hat. Eine solche Genehmigung ist nicht deshalb, weil sie im Rahmen eines Nachlassverfahrens beantragt wird und das zu genehmigende Geschäft erbrechtlicher Natur ist, nach Art 1 Abs 3 lit f vom Anwendungsbereich der Verordnung ausgeschlossen; denn es handelt sich um eine Maßnahme zum Schutz des Kindes, die unter Berücksichtigung von dessen Geschäfts- und Handlungsfähigkeit getroffen wird und mit der Verwaltung und Erhaltung des Kindesvermögens oder der Verfügung darüber iSv Abs 2 lit e im Zusammenhang steht (EuGH C-404/14 – *Matoušková,* NJW 16, 387 Rn 28 ff, 31 = NZFam 15, 1030 m Anm *Hilbig-Lugani;* dazu *Dutta* ZEuP 16, 427/443).

39 Auch eine Entscheidung über die Anordnung einer *kafala* nach islamischem Recht ist – trotz ihrer Nähe zur Adoption – eine Entscheidung über die elterliche Verantwortung iSv Art 1 Abs 1 lit b. Dies gilt auch für die Aufhebung einer von einem algerischen Gericht angeordneten *kafala,* durch die den Großeltern – bei Aufrechterhaltung der familiären Beziehungen zu den Eltern – die Ausübung der Sorge für die Erziehung, den Unterhalt und den Schutz von Kindern zuerkannt wurde (App Limoges 25.1.11, unalex FR-2318).

40 **b) Einzelaspekte, Abs 2.** Wichtige Verfahren, die den Bereich der elterlichen Verantwortung betreffen, zählt die Verordnung in Abs 2 auf. Diese Aufzählung ist allerdings **nicht abschließend** („insbesondere", vgl EuGH C-435/06 aaO, FamRZ 08, 125 Rn 30; EuGH C-215/15 aaO, NJW 16, 1007 Rn 27; *Gruber* IPRax 05, 293/296). Sie orientiert sich stark an Art 3 KSÜ, auf dessen Auslegung daher ergänzend zurückgegriffen werden kann (NK-BGB/*Gruber* Rn 24; → Rn 389 ff). Außer den ausdrücklich genannten Streitigkeiten sind etwa auch solche erfasst, die auf eine **gerichtliche Vermittlung** zwischen den Eltern (zB beider Ausübung des Umgangsrechts) gerichtet sind (AG Leverkusen IPRspr 2006 Nr 148; Althammer/*Arnold* Rn 31). Wie sich mittelbar aus Art 10 entnehmen lässt, ist die Verordnung auch auf die **Herausgabe des Kindes,** namentlich in Fällen der Kindesentführung, anwendbar (OLG München IPRax 16, 379 Rn 21 m Anm *Siehr* 344). Demgegenüber fällt das Verfahren über die **Rückführung** entführter Kinder in den Anwendungsbereich des Haager Kindesentführungsübereinkommens; insoweit gelten lediglich die ergänzenden Bestimmungen in Art 11 der Verordnung (öst OGH 1.4.08, unalex AT-566).

558

I. Internationale Zuständigkeit: EuEheVO Art 1 **41–46 F**

aa) Sorge- und Umgangsrecht, lit a. Die bei weitem größte praktische Bedeutung haben 41 Streitigkeiten über das Sorge- und das Umgangsrecht (vgl zu letzterem OLG Saarbrücken FamRZ 10, 2085). Diese werden von der EuEheVO unabhängig davon erfasst, ob sie im Zusammenhang mit einer Ehesache oder isoliert ausgetragen werden. Ferner müssen die betroffenen Kinder – ebenfalls anders als noch nach der EheVO 2000 – auch nicht mehr aus der Ehe der Parteien hervorgegangen sein; es kann sich vielmehr auch um nichteheliche Kinder oder Stiefkinder handeln. Die Art 8 ff gelten daher auch für sorge- und umgangsrechtliche Streitigkeiten zwischen Partnern einer **gleichgeschlechtlichen Ehe** oder einer **eingetragenen oder faktischen Lebensgemeinschaft.**

Unter dem in Art 2 Nr 9 (→ Rn 63 f) definierten **Sorgerecht** ist in lit a die Personensorge 42 gemeint, während die Vermögenssorge in lit e gesondert angesprochen wird. Die Personensorge wird dabei in einem umfassenden Sinne verstanden; sie schließt insbesondere auch das **Aufenthaltsbestimmungsrecht** mit ein. Im **deutschen Recht** erfasst lit a insbesondere die Übertragung der elterlichen Sorge aus Anlass einer Trennung oder Scheidung (§ 1371 BGB), Maßnahmen bei Gefährdung des Kindeswohls (§§ 1666, 1666a BGB), die Kindesherausgabe (§ 1632 BGB), Regelungen zur Ausübung der elterlichen Sorge (§§ 1687 ff BGB), Streitigkeiten über das Ruhen der elterlichen Sorge (OLG Saarbrücken FamRZ 10, 2085) sowie die gerichtliche Entscheidung bei Meinungsverschiedenheiten der Eltern (§ 1628 BGB; vgl OLG Köln NJW-RR 05, 90).

Das in Art 2 Nr 10 (→ Rn 65) definierte **Umgangsrecht** ist das Recht zum persönlichen 43 Umgang mit dem Kind, sei es durch Besuche oder durch briefliche oder telefonische Kontakte. Es umfasst auch das Recht, das Kind für begrenzte Zeit an einen anderen Ort als seinen gewöhnlichen Aufenthaltsort zu verbringen. Das Umgangsrecht ist auch dann Verfahrensgegenstand und der sachliche Anwendungsbereich der EuEheVO damit eröffnet, wenn eine Klage auf Ersatz der in Ausübung des Umgangsrechts entstandenen **Kosten** erhoben wird (Legfelsöbb Biróság 10.2.08, unalex HU-45).

bb) Vormundschaft und Pflegschaft, lit b. In den sachlichen Anwendungsbereich der 44 Verordnung fällt auch die Anordnung einer Vormundschaft sowie die Auswahl und Überwachung eines Vormunds, der anstelle der Eltern handelt, wenn diese verstorben sind oder wenn ihnen das Sorgerecht entzogen worden ist, sowie die Entscheidung über die Bendigung einer solchen Vormundschaft (OLG Bremen BeckRS 17, 101891 [*Gambia*]; OLG Bremen FamRZ 16, 990 [*Guinea*]; OLG Bremen FamRZ 13, 312 [*Liberia*]). Gleiches gilt für die Bestellung eines (Ergänzungs-) Pflegers, der die Rechte des Kindes in Bezug auf bestimmte Geschäfte wahrnimmt, zB weil die Eltern aufgrund einer Interessenkollision von der Vertretung des Kindes ausgeschlossen sind (vgl auch Art 3 lit c KSÜ). Als „entsprechendes Rechtsinstitut" iSv lit b kommt etwa die **Beistandschaft** nach deutschem Recht (§§ 1712 ff BGB) in Betracht (Althammer/*Arnold* Rn 24).

cc) Vertretung des Kindes, lit c. Erfasst wird auch der gesamte Bereich der gesetzlichen 45 Vertretung des Kindes in persönlicher wie vermögensrechtlicher Hinsicht, sowohl durch die sorgeberechtigten Eltern (lit a) wie durch einen Vormund oder Pfleger (lit b), aber auch einen Beistand (vgl §§ 1712 ff BGB; NK-BGB/*Gruber* Rn 21). Dies betrifft insbesondere auch die **gerichtliche Genehmigung bestimmter Rechtsgeschäfte** des gesetzlichen Vertreters, von deren Erteilung die Wirksamkeit des Rechtsgeschäfts nach dem Vertretungsstatut abhängt (vgl im deutschen Recht §§ 1643, 1821 ff BGB; dazu EuGH C-404/14 – *Matoušková*, NJW 16, 387 Rn 28 ff; EuGH C-215/15 – *Gogova/Iliev*, NJW 16, 1007 Rn 26; Reithmann/Martiny/*Hausmann* IVR Rn 7.964; Zö/*Geimer* Art 8 Rn 1).

dd) Unterbringung des Kindes, lit d. Auch die Unterbringung eines Kindes in einer 46 Pflegefamilie oder in einem Heim betrifft einen Teilaspekt der elterlichen Verantwortung. Dazu gehört auch die vorherige **Inobhutnahme eines Kindes** durch eine Gemeindebehörde und seine anschließende **Unterbringung in einer Pflegefamilie,** selbst wenn die Entscheidung im Rahmen des dem **öffentlichen Recht** unterliegenden Kinderschutzes getroffen worden ist (EuGH C-435/06 – *C*, Slg 07 I-10141; EuGH C-523/07 – *A*, Slg 09 I-2805 Rn 23 ff = FamRZ 09, 843). Gleiches gilt für die Entscheidung, mit der die Unterbringung des Kindes in einer geschlossenen Therapie- und Erziehungseinrichtung in einem anderen Mitgliedstaat angeordnet wird, die zu dessen eigenem Schutz für bestimmte Zeit mit einer **Freiheitsentziehung** verbunden ist (EuGH C-92/12 PPU – *Health Service Executive*, FamRZ 12, 1466 Rn 63 ff). Demgegenüber gilt die Verordnung nicht für eine grenzüberschreitende Unterbringung des

559

F 47–53   1. Teil. Erkenntnisverfahren F. Kindschaftssachen

Kindes, die eine spätere Adoption vorbereiten soll (Abs 3 lit b) oder die sich an eine strafrechtliche Maßnahme anschließt (Abs 3 lit g; NK-BGB/*Gruber* Rn 23).

47   **ee) Vermögensverwaltung, lit e.** Bezüglich des Vermögens des Kindes ist die Verordnung nach ihrem ErwG 9 (→ Anh I) **nur auf Maßnahmen zum Schutz des Kindes** anwendbar, nämlich einerseits auf die Auswahl und die Bestimmung des Aufgabenbereichs einer Person oder Stelle, die mit dieser Vermögensverwaltung und der Vertretung des Kindes betraut ist (lit c), andererseits auf Maßnahmen zur Verwaltung und Erhaltung des Kindesvermögens und die Verfügung darüber (lit e), zB in Fällen, in denen sich die Eltern über die erforderlichen Maßnahmen nicht verständigen können (vgl EuGH C-404/14 – *Matoušková*, NJW 16, 387 Rn 31). Für sonstige Maßnahmen betreffend das Kindesvermögen, die keinen Schutzcharakter haben, verbleibt es hingegen bei der Geltung der EuGVVO (ErwG 9; → Anh I).

48   **c) Ausgeschlossene Streitigkeiten, Abs 3.** In Abs 3 schließt die Verordnung bestimmte Rechtsgebiete ausdrücklich aus ihrem sachlichen Anwendungsbereich aus. Die Aufzählung entspricht, soweit es um die Eingrenzung der „elterlichen Verantwortung" iSv Abs 2 geht, weitgehend derjenigen in Art 4 KSÜ, auf dessen Auslegung daher wiederum ergänzend rekurriert werden kann (→ Rn 400 ff; vgl ferner den ErwG 10; → Anh I). Abs 3 greift allerdings nur ein, wenn über die dort genannten Materien **in der Hauptsache** (und nicht nur als Vorfrage) gestritten wird.

49   **aa) Feststellung und Anfechtung der Abstammung, lit a.** Die Verordnung regelt mit dem Begriff der elterlichen Verantwortung nur bestimmte *Wirkungen* eines Kindschaftsverhältnisses und setzt dessen Bestehen voraus. Auf Streitigkeiten, welche die vorgelagerte Frage der Begründung oder Änderung des Status eines Kindes betreffen, ist sie daher nicht anwendbar. Für die nach lit a aus dem sachlichen Anwendungsbereich der EuEheVO ausgeschlossenen Abstammungssachen wird die internationale Zuständigkeit der deutschen Gerichte in § 100 FamFG geregelt (→ G Rn 5 ff).

50   **bb) Adoption, lit b.** Die Verordnung schließt nicht nur die Entscheidung über eine Adoption (öst OGH 2.9.03, unalex AT-152) bzw über die Ungültigerklärung oder den Widerruf einer Adoption aus ihrem Anwendungsbereich aus, sondern ausdrücklich auch „Maßnahmen zur Vorbereitung einer Adoption", wie etwa die Unterbringung des Kindes in der künftigen Adoptivfamilie (Trib da Relação Lisboa 6.10.09, unalex PT-174). Die internationale Zuständigkeit der deutschen Gerichte für die nach lit b ausgeschlossenen Adoptionssachen bestimmt sich nach § 101 FamFG (→ H Rn 5 ff). Nach einer wirksamen Adoption unterliegen **Schutzmaßnahmen für das adoptierte Kind** jedoch in vollem Umfang der Verordnung. Das der Adoption nahestehende Rechtsinstitut der **Kafala** nach islamischem Recht wird hingegen von der Verordnung erfasst (App Limoges 25.1.11, unalex FR-2318; vgl auch Art 3 lit e KSÜ).

51   **cc) Namensfragen, lit c.** Auch die Bestimmung des Namens oder Vornamens eines Kindes wird in lit c als Spezialmaterie aus dem Anwendungsbereich der Verordnung ausgenommen. Anwendbar bleibt die EuEheVO hingegen auf die gerichtliche Bestimmung desjenigen gesetzlichen Vertreters, der (zB bei Uneinigkeit der Eltern über die Wahl des Vornamens) die Namensentscheidung treffen soll.

52   **dd) Volljährigkeitserklärung, lit d.** Ähnlich wie Namensfragen werden auch Fragen der Geschäftsfähigkeit nicht der Eltern-Kind-Beziehung zugeordnet, sondern dem für das betroffene Kind maßgeblichen allgemeinen Personenrecht; dies gilt auch für die vorzeitige Erreichung voller Geschäftsfähigkeit durch Volljährigerklärung. Die internationale Zuständigkeit der deutschen Gerichte für eine Volljährigerklärung nach dem ausländischen Heimatrecht des Kindes dürfte in entsprechender Anwendung von § 99 FamFG zu beurteilen sein (vgl Staud/*Hausmann* Art 7 EGBGB Rn 141).

53   **ee) Unterhaltspflichten, lit e.** Zwar kommt auch dem Unterhaltsrecht eine Schutzfunktion für unterhaltsberechtigte Kinder zu. Wegen seiner existentiellen Bedeutung für den Unterhaltsberechtigten hat das Unterhaltsrecht allerdings schon seit langem auf internationaler und europäischer Ebene eigenständige Regelungen erfahren und ist wegen deren Spezialität nach lit e aus dem Anwendungsbereich der EuEheVO ausgeschlossen (OLG Nürnberg NJW 05, 1054; Aud Prov Madrid 26.9.08, unalex ES-427; **aA** zu Unrecht Aud Prov Valladolid 21.2.11, unalex ES-523). Die internationale Zuständigkeit für Unterhaltssachen beurteilt sich in den EU-Mitgliedstaaten für seit dem 18.6.2011 eingeleitete Unterhaltsverfahren in erster Linie nach **Art 3 ff EuUntVO** (→ C Rn 72 ff) bzw Art 2 ff LugÜ 2007 (→ C Rn 339 ff; vgl auch ErwG 11; → Anh I).

560

I. Internationale Zuständigkeit: EuEheVO Art 2 **F**

ff) Trusts und Erbschaften, lit f. Ausgeklammert aus der EuEheVO bleibt auch das gesamte 54
Gebiet des Erbrechts einschließlich von *trusts*. Dies betrifft auch Maßnahmen zum Schutz
minderjähriger Erben. Eine Ausnahme gilt allerdings für die gerichtliche Genehmigung von
erbrechtlichen Rechtsgeschäften, die von Minderjährigen abgeschlossen werden (EuGH C-404/
14 – *Matoušková*, NJW 16, 387 Rn 28 ff). In gleicher Weise betrifft auch der gemeinsame Antrag
der Eltern auf Genehmigung der Erbausschlagung für das Kind nicht das Erbrecht, sondern eine
Schutzmaßnahme zugunsten des Kindes iSv Art 1 Abs 1 lit b und Abs 2 lit e (EuGH C-565/16,
unalex EU-752 Rn 18f). Die internationale Zuständigkeit, die Anerkennung und Vollstreckung
von Entscheidungen und die Annahme und Vollstreckung öffentlicher Urkunden in Erbsachen
beurteilen sich nach der EuErbVO (ABl EU 2012 L 201, 107 = *Jayme/Hausmann* Nr 61), die für
die Mitgliedstaaten mit Ausnahme von *Dänemark, Irland* und dem *Vereinigten Königreich* seit dem
17.8.2015 gilt. Im Übrigen, insbesondere auf dem Gebiet von *trusts*, verbleibt es insoweit bei der
Anwendbarkeit des staatsvertraglichen bzw autonomen internationalen Privat- und Verfahrensrechts der Mitgliedstaaten.

gg) Straftaten, lit g. Maßnahmen, die von Gerichten oder Behörden als Reaktion auf von 55
Kindern begangene Straftaten ergriffen werden, haben ihre Grundlage im Strafrecht der Mitgliedstaaten. Auf sie findet die nach dem Einleitungssatz von Art 1 Abs 1 auf Zivilsachen
beschränkte Verordnung keine Anwendung. Dies gilt insbesondere für eine strafrechtlich motivierte Heimunterbringung von Kindern.

hh) Sonstiges. In ErwG 10 stellt der Verordnungsgeber weiterhin klar, dass die EuEheVO 56
weder für Bereiche wie **soziale Sicherheit** oder Maßnahmen allgemeiner Art des öffentlichen
Rechts in Angelegenheiten der Erziehung und Gesundheit noch für Entscheidungern über
Asylrecht und Einwanderung gelten soll.

EuEheVO Art 2. Begriffsbestimmungen

Für die Zwecke dieser Verordnung bezeichnet der Ausdruck

1. „Gericht" alle Behörden der Mitgliedstaaten, die für Rechtssachen zuständig sind,
   die gemäß Artikel 1 in den Anwendungsbereich dieser Verordnung fallen;
2. „Richter" einen Richter oder Amtsträger, dessen Zuständigkeiten denen eines
   Richters in Rechtssachen entsprechen, die in den Anwendungsbereich dieser Verordnung fallen;
3. „Mitgliedstaat" jeden Mitgliedstaat mit Ausnahme Dänemarks;
4. „Entscheidung" jede von einem Gericht eines Mitgliedstaats erlassene Entscheidung [...] über die elterliche Verantwortung, ohne Rücksicht auf die Bezeichnung
   der jeweiligen Entscheidung, wie Urteil oder Beschluss;
5. „Ursprungsmitgliedstaat" den Mitgliedstaat, in dem die zu vollstreckende Entscheidung ergangen ist;
6. „Vollstreckungsmitgliedstaat" den Mitgliedstaat, in dem die Entscheidung vollstreckt werden soll;
7. „elterliche Verantwortung" die gesamten Rechte und Pflichten, die einer natürlichen oder juristischen Person durch Entscheidung oder kraft Gesetzes oder durch
   eine rechtlich verbindliche Vereinbarung betreffend die Person oder das Vermögen
   eines Kindes übertragen wurden. Elterliche Verantwortung umfasst insbesondere
   das Sorge- und das Umgangsrecht;
8. „Träger der elterlichen Verantwortung" jede Person, die die elterliche Verantwortung für ein Kind ausübt;
9. „Sorgerecht" die Rechte und Pflichten, die mit der Sorge für die Person eines
   Kindes verbunden sind, insbesondere das Recht auf die Bestimmung des Aufenthaltsortes des Kindes;
10. „Umgangsrecht" insbesondere auch das Recht, das Kind für eine begrenzte Zeit
    an einen anderen Ort als seinen gewöhnlichen Aufenthaltsort zu bringen;
11. „widerrechtliches Verbringen oder Zurückhalten eines Kindes" das Verbringen
    oder Zurückhalten eines Kindes, wenn
    a) dadurch das Sorgerecht verletzt wird, das aufgrund einer Entscheidung oder
       kraft Gesetzes oder aufgrund einer rechtlich verbindlichen Vereinbarung nach
       dem Recht des Mitgliedstaats besteht, in dem das Kind unmittelbar vor dem
       Verbringen oder Zurückhalten seinen gewöhnlichen Aufenthalt hatte,

F 57–62   1. Teil. Erkenntnisverfahren F. Kindschaftssachen

b) **das Sorgerecht zum Zeitpunkt des Verbringens oder Zurückhaltens allein oder gemeinsam tatsächlich ausgeübt wurde oder ausgeübt worden wäre, wenn das Verbringen oder Zurückhalten nicht stattgefunden hätte. [3] Von einer gemeinsamen Ausübung des Sorgerechts ist auszugehen, wenn einer der Träger der elterlichen Verantwortung aufgrund einer Entscheidung oder kraft Gesetzes nicht ohne die Zustimmung des anderen Trägers der elterlichen Verantwortung über den Aufenthaltsort des Kindes bestimmen kann.**

1. Gericht, Richter, Nr 1–2

57   Die Definitionen von „Gericht" und „Richter" in Nr 1 und Nr 2 sind weit und umfassen auf dem Gebiet der elterlichen Sorge – ebenso wie in Ehesachen (→ A Rn 20 f) – auch **behördliche Verfahren** (zB von Jugendbehörden), selbst wenn diese im nationalen Recht eines Mitgliedstaats öffentlich-rechtlich eingeordnet werden (→ Rn 28 ff). Dabei ist es unerheblich, ob die Behörde konstitutiv oder nur deklaratorisch mitwirkt (*Hau* FamRZ 99, 483/485; ThP/*Hüßtege* Art 1 Rn 8).

2. Mitgliedstaat, Nr 3

58   Nr 3 stellt klar, dass *Dänemark* auch in Verfahren der elterlichen Verantwortung nicht als Mitgliedstaat der Verordnung anzusehen ist (vgl auch ErwG 31; → Anh I). *Dänemark* ist allerdings mit Wirkung v 1.10.2011 (BGBl 12 II, 102) dem KSÜ beigetreten, so dass sich die internationale Zuständigkeit dänischer Gerichte in Fragen der elterlichen Verantwortung seither nach Art 5 ff KSÜ bestimmt. Deutsche Gerichte haben demgegenüber die Art 8 ff EuEheVO auch dann zugrunde zu legen, wenn Kind und Eltern die dänische Staatsangehörigkeit besitzen, sofern sich das Kind im Inland oder in einem anderen Mitgliedstaat der Verordnung gewöhnlich aufhält (näher → Rn 353 ff).

3. Entscheidung, Nr 4–6

59   Die Begriffe „Entscheidung", „Ursprungs- und Vollstreckungsmitgliedstaat" haben im Wesentlichen nur Bedeutung für die **Anerkennung und Vollstreckung** von Entscheidungen aus anderen Mitgliedstaaten. Sie werden daher in jenem Zusammenhang kommentiert (→ N Rn 36 ff).

4. Elterliche Verantwortung, Nr 7–8

60   Von zentraler Bedeutung für die internationale Zuständigkeit nach Art 8–15 ist die Definition der „elterlichen Verantwortung" in Nr 7. Der Begriff wird in der Verordnung – in weitgehender Übereinstimmung mit Art 1 Abs 2 KSÜ (*Andrae* ERA-Forum 03, 28/36; → Rn 384 f) – **weit ausgelegt** (EuGH C-435/06 aaO, Rn 49; EuGH C-92/12 PPU – *Health Service Executive*, FamRZ 12, 1466 Rn 59; EuGH C-215/15 – *Gogova/Dimitrov*, NJW 16, 1007 Rn 27). Er umfasst daher sämtliche Rechte und Pflichten, die dem Träger der elterlichen Verantwortung – also nicht nur den Eltern, sondern auch Vormündern, Pflegern, juristischen Personen etc (Nr 8) – in Bezug auf die Person oder das Vermögen des Kindes zustehen (öst OGH 27.4.16, unalex AT-1051; Aud Prov Madrid 21.6.12, unalex ES-763). Diese Rechte und Pflichten beziehen sich vor allem auf die Erziehung des Kindes, die Förderung seiner intellektuellen und sozialen Fähigkeiten, die Kontrolle seiner Beziehungen zu Dritten sowie die gesetzliche Vertretung des Kindes im Rechtsverkehr (vgl Art 1 Abs 2 lit c). Auf die rechtliche Grundlage der elterlichen Verantwortung für eine bestimmte Person kommt es nicht an; diese kann sich – wie Nr 7 klarstellt – unmittelbar aus dem Gesetz, aus einer gerichtlichen bzw behördlichen Entscheidung oder einer rechtsverbindlichen Vereinbarung (zB der Eltern) ergeben.

61   Wichtigste Ausprägungen der elterlichen Verantwortung sind das Sorge- und das Umgangsrecht, die ihrerseits in Nr 9 und Nr 10 definiert werden. Allerdings ist die elterliche Verantwortung in der Verordnung als **einheitlicher Begriff** zu verstehen und nicht in ihre einzelnen Aspekte nach Maßgabe des nationalen Rechts aufzuspalten. Dies ist insbesondere von Bedeutung für die Bestimmung des Verfahrensgegenstands („Anspruchs") für die Zwecke entgegenstehender Rechtshängigkeit in Art 19 Abs 2 (öst OGH 16.4.16, unalex AT-1051; näher → Rn 297 ff).

62   Der Begriff **„Träger der elterlichen Verantwortung"** nach Nr 8 dient in der Verordnung als Kürzel für die unterschiedlichen natürlichen und juristischen Personen, welche die elterliche

562

I. Internationale Zuständigkeit: EuEheVO Art 2   **63–66 F**

Verantwortung für ein Kind ausüben können. Träger der elterlichen Verantwortung sind daher nicht nur die Eltern des Kindes, sondern zB auch ein Vormund oder Pfleger (vgl Art 1 Abs 2 lit b); die elterliche Verantwortung kann aber – wie ihre Definition in Nr 7 klarstellt – auch einer juristischen Person übertragen sein.

5. Sorge- und Umgangsrecht, Nr 9–10

Die Begriffe „Sorgerecht" und „Umgangsrecht", die den Hauptinhalt der elterlichen Ver- **63** antwortung ausmachen, werden in Nr 9 und Nr 10 in Übereinstimmung mit Art 3 lit b KSÜ (→ Rn 392 f) definiert. Trotz sprachlicher Abweichungen sind die Begriffe ebenso wie in Art 5 HKÜ (→ U Rn 139 ff) auszulegen (High Court Ireland 4.3.08, unalex IE-68). Der Inhalt dieser Begriffe ist für die Zwecke der Verordnung **autonom** zu bestimmen (EuGH C-400/10 PPU – *McB*, Slg 10 I-8965 Rn 41 = JZ 11, 145; vgl dazu die Vorlage des irischen Supreme Court v 30.7.10, unalex IE-49; ferner High Court Ireland 26.1.10, unalex IE-57; krit dazu – und für Rückgriff auf das von Art 15 ff KSÜ bestimmte nationale Recht – *Siehr* IPRax 12, 316/318 f; Aud Prov Cádiz 12.3.10, unalex ES-544). Die EuEheVO erfasst auch Anträge auf **Abänderung** einer früheren Sorgerechts- oder Umgangsregelung (AG Leverkusen IPRax 08, 274).

Vor allem im Hinblick auf Kindesentführungen wird klargestellt, dass das **Sorgerecht** auch das **64** **Recht zur Bestimmung des Aufenthalts** des Kindes umfasst. Das Aufenthaltsbestimmungsrecht ist insbesondere dafür maßgebend, ob einem Elternteil das *alleinige* Sorgerecht zusteht (VerwG Berlin 30.9.10, unalex DE-3126). Daneben kommt es darauf an, ob dem anderen Elternteil sonstige maßgebliche Mitentscheidungsrechte – zB in Bezug auf Schule und Ausbildung oder Heilbehandlung zustehen (VerwG Berlin 24.5.12, unalex DE-3117). Die EuEheVO erfasst daher auch Verfahren, in denen um die Erteilung des Aufenthaltsbestimmungsrechts (zB zum Zwecke einer Reise oder der Auswanderung eines Elternteils mit dem Kind in anderes Land, vgl EuGH C-215/15 – *Gogova/Dimitrov*, NJW 16, 1007 Rn 25 ff; OLG Zweibrücken NJW-RR 04, 1588; OLG Köln ZKJ 07, 204; OLG München FamRZ 08, 1774) oder um dessen Entziehung (vgl BGH NJW 05, 672) gestritten wird (EuGH C-376/14 PPU – *C/M*, FamRZ 15, 107 Rn 63 ff).

Der Definition des **Umgangsrechts** in Nr 10 kommt vor allem für die Sonderregel zur **65** internationalen Zuständigkeit in **Art 9** Bedeutung zu. Nach dieser Definition ist der Umgangsberechtigte nicht darauf beschränkt, das Kind an dessen gewöhnlichem Aufenthaltsort zu besuchen, sondern er darf es auch für eine begrenzte Zeit an einen anderen Ort bringen. Eine Beschränkung des Umgangsrechts auf die Eltern des Kindes sieht die Verordnung nicht vor; daher erfassen die Art 8 ff auch die internationale Zuständigkeit für Anträge auf Umgang durch andere Verwandte des Kindes (zB Großeltern, Geschwister), denen nach dem vom Gericht anzuwendenden Recht ein solches Umgangsrecht zusteht (vgl im deutschen Recht § 1665 BGB; NK-BGB/*Gruber* Rn 4; Staud/*Pirrung* Rn C 44; Rauscher/*Rauscher* Art 1 Rn 27; **aA** *Finger* FamRBInt 05, 13/16 mwN). Die EuEheVO gilt auch für die **Abänderung** der in einem anderen Mitgliedstaat getroffenen Umgangsregelung durch deutsche Gerichte, wenn die Erstentscheiung im Inland anerkennungsfähig ist (OLG Hamm FuR 15, 56; OLG Stuttgart FamRZ 18, 39 [LS]), ferner für eine Klage auf Ersatz der in Ausübung des Umgangsrechts entstandenen Kosten (Lefelsöbb Bíróság 10.12.08, unalex HU-45) sowie für die Festsetzung eines Zwangsgelds zur Durchsetzung einer Umgangsregelung (EuGH C-563/15 – *Boherz/Wiertz*, NJW 16, 226; zust *Dutta* ZEuP 16, 427/453).

6. Widerrechtliches Verbringen oder Zurückhalten, Nr 11

a) Sorgerechtsverletzung. Die in Nr 11 gegebene Definition des „widerrechtlichen Ver- **66** bringens oder Zurückhaltens" eines Kindes lehnt sich in lit a und lit b Satz 1 eng an Art 3 HKÜ (→ U Rn 91 ff) und Art 7 Abs 2 KSÜ (→ Rn 449) an. Zur Auslegung dieser Begriffe kann daher auf die reichhaltige Judikatur zu Art 3 HKÜ zurückgegriffen werden. Bei Differenzen in der Auslegung hat allerdings Art 2 Nr 11 Vorrang (EuGH C-400/10 PPU – *McB/L*, IPRax 12, 345 Rn 36 m Anm *Siehr* 316; High Court Ireland 28.4.10, unalex IE-50). Maßgebend ist danach, dass durch das Verbringen oder Zurückhalten **das Sorgerecht** eines Trägers der elterlichen Verantwortung iSv Nr 9 verletzt wurde, das aufgrund einer gerichtlichen Entscheidung oder kraft Gesetzes oder aufgrund einer rechtlich verbindlichen Vereinbarung (zB der Eltern) im Zeitpunkt der Entführung bestanden hat (EuGH C-85/18 PPU, unalex EU-753 Rn 39; frz Cass 14.7.17 unalex FR-2535; vgl App Bruxelles 5.5.09, unalex BE-528; Aud Prov Madrid 10.4.07, unalex ES-196). Die Verletzung eines bloßen **Umgangsrechts** reicht nicht aus (EuGH C-376/14 PPU

563

F 67–70   1. Teil. Erkenntnisverfahren F. Kindschaftssachen

– *C/M*, FamRZ 15, 107 Rn 61; High Court Ireland aaO); ebensowenig der Entzug der bisher nur faktisch wahrgenommenen Personensorge (Court of Appeal 11.6.13, unalex UK-517). Die Widerrechtlichkeit entfällt, wenn der (mit-)sorgeberechtigte Elternteil das Verbringen nachträglich genehmigt (Aud Prov Barcelona 20.12.10, unalex ES-485; App Bruxelles aaO). Überlässt der Vater eines seiner Kinder der Mutter, damit die Geschwister nicht getrennt aufwachsen, so liegt darin noch keine Zustimmung zur Verbringung der Kinder in ein anderes Land; diese bleibt vielmehr widerrechtlich (Trib gr inst Lille 31.1.08, unalex FR-543). Dies gilt erst recht, wenn ein mitsorgerechtiger Elternteil dem anderen lediglich mitteilt, er habe das Kind in einen anderen Mitgliedstaat verbracht (Aud Prov Palma de Mallorca 28.7.10, unalex ES-540).

67   An der Widerrechtlichkeit fehlt es, wenn einem Elternteil **von einem Gericht im bisherigen Aufenthaltsstaat des Kindes gestattet** wurde, den Wohnsitz des Kindes in einen anderen Mitgliedstaat zu verlegen; dies gilt auch dann, wenn diese Entscheidung im Zeitpunkt des Verbringens noch nicht rechtskräftig, sondern nur vorläufig vollstreckbar war und nachträglich im Rechtsmittelverfahren aufgehoben wurde (EuGH C-376/14 PPU – *C/M*, FamRZ 15, 107 Rn 44 = IPRax 15, 239 m Anm *Pirrung* 207; Aud Prov Sevilla 24.2.12, unalex ES-766). Wird nach der Aufhebung dieser Entscheidung der Aufenthalt des Kindes bei dem im Ursprungsmitgliedstaat wohnenden Elternteil bestimmt, so ist jedoch die unterlassene Rückführung des Kindes in diesen Mitgliedstaat widerrechtlich (EuGH aaO, Rn 62 f).

68   **b) Gesamtverweisung.** Über die Frage, wem das Sorgerecht unmittelbar vor der Entziehung zugestanden hat, entscheidet nach lit a das **nationale Recht** desjenigen Mitgliedstaats, in dem das Kind unmittelbar vor dem Verbringen oder Zurückhalten seinen gewöhnlichen Aufenthalt hatte (EuGH C-400/10 PPU aaO, Rn 43 f; Tribunal da Relação Porto 7.4.11, unalex PT-178; High Court Ireland 26.1.10, unalex IE-57). Unter dem „Recht" dieses Staates ist nicht dessen Sachrecht, sondern – ebenso wie in Art 3 HKÜ (→ U Rn 110 ff) – die gesamte Rechtsordnung einschließlich des internationalen Privatrechts zu verstehen; eine **Rück- oder Weiterverweisung** durch das IPR des früheren Aufenthaltsstaates ist also grundsätzlich zu beachten (EuGH aaO; Staud/*Pirrung* Rn C 46; NK-BGB/*Gruber* Rn 5; MüKoBGB/*Heiderhoff* Rn 9). Ist der Staat, in dem das Kind unmittelbar vor der Entführung seinen gewöhnlichen Aufenthalt hatte, ein Vertragsstaat des KSÜ (→ Rn 367 f), so sind dessen Art 15 ff anzuwenden. Diese enthalten nach Art 21 Abs 1 KSÜ grundsätzlich Sachnormverweisungen; eine Ausnahme gilt gem Art 21 Abs 2 KSÜ nur, wenn das von Art 16 KSÜ zur Anwendung berufene Recht auf das Recht eines Nichtvertragsstaats verweist (näher → Rn 685 f).

69   **c) Gewöhnlicher Aufenthalt" des Kindes.** Der Begriff des gewöhnlichen Aufenthalts in Art 2 Nr 11 (und in Art 11) kann keinen anderen als den in der EuGH-Rechtsprechung zu Art 8 und 10 erläuterten Inhalt (dazu näher → Rn 87 ff) haben. Daher hat das mit einem Rückgabeantrag nach dem HKÜ und nach Art 11 der Verordnung befasste Gericht des Mitgliedstaats, in den das Kind verbracht worden ist, unter Berücksichtigung aller besonderen tatsächlichen Umstände des Einzelfalls und unter Heranziehung der vom EuGH in seiner bisherigen Rechtsprechung genannten Beurteilungskriterien (vgl frz Cass 4.3.15, unalex FR-2463) zu prüfen, ob das Kind **unmittelbar vor dem behaupteten widerrechtlichen Verbringen oder Zurückhalten** seinen gewöhnlichen Aufenthalt im Ursprungsmitgliedstaat hatte (NK-BGB/*Gruber* Rn 5). Im Rahmen der Beurteilung eines Rückgabeantrags geht somit die Bestimmung des gewöhnlichen Aufenthalts des Kindes der Ermittlung eines etwa verletzten Sorgerechts voraus (EuGH C-111/17 PPU – *OL/PQ*, FamRZ 17, 1506 Rn 53).

70   Bei der Prüfung der Gründe für den Aufenthalt des Kindes in dem Mitgliedstaat, in den es verbracht wurde, und der Absicht des Elternteils, der es dorthin mitgenommen hat, ist zu berücksichtigen, ob die **gerichtliche Entscheidung,** die die Verbringung gestattet hat, **rechtskräftig oder nur vorläufig vollstreckbar** und mit einem Rechtsmittel angefochten war. Im letzteren Fall kann idR nicht auf eine Verlagerung des gewöhnlichen Aufenthalts des Kindes geschlossen werden, da die gerichtliche Entscheidung nur vorläufiger Natur war und der verbringende Elternteil zum Zeitpunkt der Verbringung nicht sicher sein konnte, dass der Aufenthalt in diesem Mitgliedstaat nicht nur vorübergehend sein würde. In Anbetracht der Notwendigkeit, das Wohl des Kindes zu schützen, sind diese Gesichtspunkte bei der Beurteilung aller besonderen Umstände des Einzelfalls gegen andere Gesichtspunkte abzuwägen, die eine gewisse Integration des Kindes in ein soziales und familiäres Umfeld seit seiner Verbringung belegen können, wie namentlich die Zeit, die zwischen der Verbringung und der gerichtlichen Entscheidung vergangen ist, mit der die erstinstanzliche Entscheidung aufgehoben und der Aufenthalt des Kindes beim im Ursprungsmitgliedstaat wohnenden Elternteil bestimmt wurde.

I. Internationale Zuständigkeit: EuEheVO Art 2　　　　　　　　　　71–75　**F**

Dagegen darf die Zeit, die seit dieser Entscheidung vergangen ist, keinesfalls berücksichtigt werden (EuGH C-376/14 PPU – *C/M,* FamRZ 15, 107 Rn 54 ff = IPRax 15, 239 m Anm *Pirrung* 207; dazu *Dimmler* FamRB 15, 128).

d) Schranken der Anwendung nationalen Rechts. Der EuGH ist zwar nicht berechtigt, **71** die vom anwendbaren nationalen Recht getroffene Wertung des Verhaltens eines Elternteils als rechtmäßiges oder widerrechtliches Verbringen zu überprüfen. Er hat jedoch zu beurteilen, ob die in Art 2 Nr 11 ausgesprochene Verweisung auf nationales Recht zu einem Ergebnis führt, das mit der **Charta der Grundrechte** oder den durch die **EMRK** garantierten Menschenrechten in Widerspruch steht. Dies trifft etwa im Falle der Verweisung auf ein Recht zu, das – wie das frühere deutsche Recht – dem leiblichen Vater mangels Zustimmung der Mutter keine Möglichkeit eröffnet, das (Mit-) Sorgerecht für sein Kind zu erlangen; denn darin liegt eine mit Art 14 iVm Art 8 EMRK nicht zu vereinbarende Diskriminierung des mit der Mutter nicht verheirateten Vaters (EuGH C-400/10 PPU – *McB/L,* IPRax 12, 345 Rn 56 unter Hinweis auf den EGMR in der Sache *Zaunegger/Deutschland* von 2009). Der Wesensgehalt des Rechts des Vaters auf Achtung seines Privat- und Familienlebens nach Art 8 EMRK/Art 7 Charta der Grundrechte wird jedoch nicht schon dadurch berührt, dass er nicht *automatisch* Inhaber des Sorgerechts für sein Kind wird, sondern hierzu eine Entscheidung des zuständigen nationalen Gerichts erwirken muss. Solange der Vater eine Sorgerechtsentscheidung zu seinen Gunsten nicht erreicht hat, bleibt die Mutter dann alleinige Inhaberin des Sorgerechts und kann das Kind daher rechtmäßig in einen anderen Staat verbringen; sie macht damit nur von ihrem in Art 20 Abs 2 lit a und Art 21 AEUV niedergelegten Recht auf Freizügigkeit und ihrem alleinigen Recht auf Bestimmung des Aufenthalts des Kindes Gebrauch. Einer solche Auslegung von Art 2 Nr 11 steht auch Art 24 der Charta der Grundrechte nicht entgegen (EuGH C-400/10 PPU aaO, Rn 57 ff unter Hinweis auf den EGMR in der Sache *Guichard/Frankreich* von 2003; dazu die Vorlage des irischen Supreme Court v 30.7.10, unalex IE-49; krit dazu *Siehr* IPRax 12, 316/319 f).

e) Tatsächliche Ausübung des Sorgerechts. Das Sorgerecht muss nach lit b S 1 – ebenso **72** wie nach Art 3 Abs 1 lit b HKÜ – grundsätzlich im Zeitpunkt des widerrechtlichen Verbringens oder Zurückhaltens allein oder gemeinsam tatsächlich ausgeübt worden sein. Gemäß lit b S 2 ist von einer **gemeinsamen Ausübung** des Sorgerechts auch dann auszugehen, wenn ein Träger der elterlichen Verantwortung (Nr 8) aufgrund einer Entscheidung oder kraft Gesetzes nicht ohne die Zustimmung eines anderen Trägers der elterlichen Verantwortung **über den Aufenthaltsort des Kindes bestimmen** kann (Staud/*Pirrung* Rn C 49). Es ist danach also nicht erforderlich, dass derjenige Elternteil, dem das Kind entzogen oder vorenthalten wird, die elterliche Sorge tatsächlich noch ausgeübt hat; ausreichend ist vielmehr schon, dass er weiterhin über den Aufenthaltsort des Kindes (mit-)bestimmen durfte (NK-BGB/*Gruber* Rn 6). Das Verbringen oder Zurückhalten des Kindes ist ihm gegenüber also schon dann widerrechtlich, wenn der andere – sorgeberechtigte – Elternteil sich über dieses Aufenthaltsmitbestimmungsrecht hinweggesetzt hat (OLG Naumburg FamRZ 07, 1586; Aud Prov Cadíz 12.3.10, unalex ES-544; G/Sch/*Dilger,* IRV Rn 14; zu Einzelheiten → U Rn 94 ff).

Im Übrigen sind an die tatsächliche Ausübung der elterlichen Sorge **keine hohen Anforde-** **73** **rungen** zu stellen. Insbesondere muss sich der (mit-)sorgeberechtigte Elternteil an der täglichen Ausübung der Personensorge nicht beteiligt haben, weil dies bei getrennt lebenden Eltern häufig überhaupt nicht möglich ist. Ausreichend ist daher ein Mindestkontakt mit dem Kind im Umfang eines Umgangsrechts (frz Cass 14.7.17, unalex FR-2535; näher → U Rn 117).

f) Zustimmung aller Sorgeberechtigten. Erfolgt eine auf Dauer angelegte Ausreise des **74** Kindes mit Zustimmung aller Sorgeberechtigten, so ist dessen Verbringen ebenso wenig widerrechtlich wie dessen dauerhafter Aufenthalt im Verbringungsstaat. Der Aufenthalt wird auch nicht dadurch nachträglich widerrechtlich, dass ein Sorgeberechtigter nach der Ausreise – zB wegen einer zwischenzeitlichen Trennung der Eltern – nicht mehr mit dem weiteren Aufenthalt des Kindes im Verbingungsstaat einverstanden ist oder dessen Rückkehr fordert (BGH FamRZ 11, 542 Rn 31; OLG Karlsruhe FamRZ 09, 239).

7. Kind

Der Begriff „Kind" wird in der Verordnung nicht definiert. Da die Volljährigkeit in allen **75** Mitgliedstaaten der EU indes mit **Vollendung des 18. Lebensjahres** erreicht wird (vgl Staud/*Hausmann* Anh zu Art 7 EGBGB), wird man diese Altersgrenze auch bei der Auslegung des Begriffs „Kind" in Rechtsinstrumenten der EU auf dem Gebiet des internationalen Privat- und

565

F 78   1. Teil. Erkenntnisverfahren F. Kindschaftssachen

Verfahrensrecht heranziehen dürfen (G/Sch/*Dilger*, IRV Rn 11 ff; Zö/*Geimer* Art 1 Rn 30 und Art 8 Rn 1; *Andrae*, IntFamR § 6 Rn 16; *Siehr* IPRax 10, 583/584 mwN). Wird das Kind daher nach seinem Heimatrecht erst später volljährig, so finden die Art 8 ff ab Vollendung des 18. Lebensjahres keine Anwendung mehr und es ist auf das nationale Verfahrensrecht der *lex fori* – in Deutschland also auf § 99 Abs 1 S 1 Nr 2 FamFG – zurückzugreifen (Staud/*Henrich* Art 21 EGBGB Rn 145; MüKoFamFG/*Gottwald* Art 8 Rn 3; Zö/*Geimer* Art 8 Rn 1; im Erg auch BGH FamRZ 18, 457 m Anm *Hüßtege*). Der Kommissionsvorschlag für eine Neufassung der EuEheVO stellt dies in Art 2 Nr 7 ausdrücklich klar (KOM [2016] 411).

76   Überwiegend wird bei Angehörigen von Drittstaaten demgegenüber bisher eine Vorfragenanknüpfung mit Hilfe des Kollisionsrechts der *lex fori* befürwortet, so dass Schutzmaßnahmen im Inland auch für über 18 Jahre alte Personen ergriffen werden können, die nach ihrem Heimatrecht (Art 7 Abs 1 EGBGB) noch minderjährig sind (OLG Bremen FamRZ 17, 1227/1228; OLG Bremen FamRZ 16, 990; OLG Bremen FamRZ 13, 312; OLG Karlsruhe FamRZ 15, 1820/1822; OLG Koblenz FamRZ 17, 1229; *Spellenberg* FS Sonnenberger [2004] 677/691; *Solomon* FamRZ 04, 1409/1410 f; NK-BGB/*Gruber* Rn 3; MüKoBGB/*Heiderhoff* Art 2 Rn 16 f; ThP/*Hüßtege* Art 1 Rn 7). Der BGH hat die Geltung der EuEheVO für über 18 Jahre alte Personen, die nach ihrem Heimatrecht noch minderjährig sind, zuletzt offengelassen (BGH FamRZ 18, 457 Rn 10 m Anm *Hüßtege*). Die Altersgrenze in Art 4 S 2 HKÜ (Geltung nur bis zur Vollendung des 16. Lebensjahrs) gilt im Rahmen der Verordnung jedoch nicht, selbst wenn die EuEheVO im Fall einer Kindesentführung nach ihren Art 10, 11 ergänzend zum HKÜ zur Anwendung kommt; denn der Begriff „Kind" kann für die Zwecke der EuEheVO nur einheitlich bestimmt werden (ThP/*Hüßtege* aaO; *Siehr* IPRax 10, 583/584 f; HK-ZPO/*Dörner* Art 1 Rn 11; **aA** öst OGH IPRax 10, 551/552). Auf den **Status** des Kindes – ehelich, nichtehelich, Adoptiv-, Stiefkind – kommt es nicht an.

77   Ob es sich bei der Person, zu deren Gunsten eine Schutzmaßnahme ergriffen werden soll, noch um ein „Kind" iS der Verordnung handelt, kann für die Zwecke der Annahme der internationalen Zuständigkeit nach Art 8 ff als sog **doppelrelevante Tatsache** unterstellt werden (BGH FamRZ 18, 457 Rn 15; OLG Bremen FamRZ 17, 1227/1228; OLG Bremen FamRZ 16, 990; OLG Karlsruhe FamRZ 15, 2182/2183; allg BGH NJW 10, 873 Rn 14).

Kapitel II. Zuständigkeit
Abschnitt 1. Ehescheidung, Trennung ohne Auflösung des Ehebandes und Ungültigerklärung einer Ehe

EuEheVO Art 3–7

(betreffen Ehesachen; abgedruckt und kommentiert → A Rn 44 ff)

Abschnitt 2. Elterliche Verantwortung

Vorbemerkung

Schrifttum: *Finger,* Internationale gerichtliche Zuständigkeit in kindschaftsrechtlichen Streitverfahren nach Brüssel IIa, FamRBint 05, 13 und 36; *ders,* Internationale Zuständigkeit nach der Brüssel IIa-VO, FamRBint 08, 90; *Fleige,* Die Zuständigkeit für Sorgerechtsentscheidungen und die Rückführung von Kindern nach Entführungen nach europäischem IZVR (2006); *Kress,* Internationale Zuständigkeit für elterliche Verantwortung in der EU (2006); *Gruber,* Die perpetuatio fori im Spannungsfeld von EuEheVO und Haager Kinderschutzabkommen, IPRax 13, 441; *Mankowski,* Der gewöhnliche Aufenthalt eines verbrachten Kindes unter der Brüssel IIa-VO, GPR 11, 209; *Motzer,* Die Restzuständigkeiten der deutschen Familiengerichte nach inländischem Verfahrensrecht, FamRBint 07, 20; *Niklas,* Die europäische Zuständigkeitsordnung in Ehe- und Kindschaftsverfahren (2003); *Pirrung,* Internationale Zuständigkeit in Sorgerechtssachen nach der VO (EG) 2201/2003, FS Schlosser (2005), 695; *ders,* Der gewöhnliche Aufenthalt des Kindes in internationalen Sorgerechtssachen, FS Kühne (2009) 843; *ders,* Zur *perpetuatio fori* in europäischen grenzüberschreitenden Sorgerechtssachen, FS Kerameus (2009); *Spellenberg,* Die Annexzuständigkeit nach Art 3 EheVO, FS Sonnenberger (2004) 679.

78   Wegen des engen Bezugs von Maßnahmen zum Schutz von Kindern zu Ehesachen regelt der europäische Gesetzgeber die internationale Zuständigkeit für beide Bereiche zwar gemeinsam in einer Verordnung. Um die Gleichbehandlung aller Kinder sicherzustellen, gelten die Art 8 ff jedoch – anders als die Zuständigkeitsvorschriften der EheVO 2000 – **ohne Rücksicht darauf, ob eine Verbindung zu einem Verfahren in Ehesachen besteht** und ob die Eltern verheiratet sind oder nicht (Erwägungsgründe 5 und 6; → Anh I). Die Zuständigkeitsvorschriften

I. Internationale Zuständigkeit: EuEheVO Art 8   **82 F**

der Verordnung für die elterliche Verantwortung orientieren sich dabei – dem Wohl des Kindes entsprechend – insbesondere am Kriterium der räumlichen Nähe (ErwG 12; → Anh I). Sie sind von den Gerichten der Mitgliedstaaten **zwingend** anzuwenden; die Lehre vom *forum non conveniens* findet – vorbehaltlich des Art 15 – auch in Verfahren der elterlichen Verantwortung keine Anwendung (High Court Ireland 1.7.08, unalex IE-53).

Anders als in Ehesachen (Art 3; → A Rn 46 ff) knüpft die internationale Zuständigkeit für **79** Fragen der elterlichen Verantwortung daher nicht an die Lebensumstände der Eltern an; im Mittelpunkt steht vielmehr das Kind. Maßgebend ist nach Art 8 Abs 1 aus Gründen der Sach- und Beweisnähe grundsätzlich der **gewöhnliche Aufenthalt des Kindes;** denn die dortigen Gerichte können aufgrund ihrer geografischen Nähe zum Kind am besten beurteilen, welche Maßnahmen in Interesse des Kindes anzuordnen sind (EuGH C-499/15 – *W und V/X,* FamRZ 17, 734 Rn 51 f m Anm *Mankowski).* Auf die Staatsangehörigkeit des Kindes kommt es für die Bestimmung der internationalen Zuständigkeit – anders als nach autonomem deutschen Verfahrensrecht (§ 99 Abs 1 Nr 1 FamFG) – hingegen grundsätzlich nicht an. Sie kann lediglich in die Bestimmung des gewöhnlichen Kindesaufenthalts einfließen. Der sachliche Anwendungsbereich der Zuständigkeitsregelung in Art 8–15 folgt aus Art 1 Abs 1 lit b und Abs 2 (→ Rn 28 ff). Wichtige Begriffsbestimmungen enthält Art 2 in Nr 7–11 (→ Rn 60 ff).

Die Gerichte des Staates, in dem das Kind zur Zeit der Antragstellung seinen gewöhnlichen **80** Aufenthalt hat, sind allerdings nach Art 8 Abs 2 nur **vorbehaltlich der Art 9, 10 und 12** international zuständig. **Art 9** knüpft unter bestimmten Voraussetzungen für Entscheidungen über das Umgangsrecht an einen (rechtmäßigen) früheren gewöhnlichen Aufenthalt des Kindes in einem anderen Mitgliedstaat an. Nach **Art 10** ist in Fällen der Kindesentführung der (rechtswidrig herbeigeführte) Wechsel des gewöhnlichen Aufenthalts des Kindes auf die internationale Zuständigkeit für Entscheidungen über die elterliche Verantwortung ohne Einfluss. **Art 11** ergänzt im Verhältnis der Mitgliedstaaten zueinander die Zuständigkeitsvorschriften des HKÜ. **Art 12** lässt schließlich in engen Grenzen Gerichtsstandsvereinbarungen durch die Eltern bzw die sonstigen Träger der elterlichen Verantwortung zu; auf diese Weise wird insbesondere eine Entscheidung über die elterliche Verantwortung im Entscheidungsverbund durch das für die Ehesache der Eltern zuständige Gericht ermöglicht, wenn die Scheidung, gerichtliche Trennung oder Aufhebung der Ehe nicht im Staat des gewöhnlichen Kindesaufenthalts anhängig ist. Im Rahmen des Art 12 kann ausnahmsweise auch die Staatsangehörigkeit des Kindes Bedeutung erlangen (vgl Abs 3 lit a). Eine **rügelose Einlassung** ist hingegen auch in Verfahren betreffend die elterliche Verantwortung grundsätzlich ausgeschlossen; ihr kommt nur in Umgangssachen nach Maßgabe von Art 9 Abs 2 eine gewisse Bedeutung zu. Deshalb wird die internationale Zuständigkeit auch nicht dadurch begründet, dass die zunächst erhobene Zuständigkeitsrüge im Verlauf des Verfahrens zurückgenommen wird (**aA** Aud Prov Madrid 28.1.11, unalex ES-520).

In den seltenen Fällen, in denen ein gewöhnlicher Aufenthalt des Kindes nicht festgestellt **81** werden kann oder das Kind Flüchtling bzw Vertriebener ist, eröffnet Art 13 eine **Hilfszuständigkeit** im Staat des schlichten Kindesaufenthalts. Fehlt es auch daran, so verbleibt es nach Art 14 bei einer **Restzuständigkeit** nach dem autonomen Verfahrensrecht der *lex fori* bzw nach den im Gerichtsstaat vorrangig geltenden Staatsverträgen, insbesondere dem KSÜ. Schließlich hat das nach Art 8 ff international zuständige Gericht unter den Voraussetzungen des Art 15 die Möglichkeit, die Entscheidung an das Gericht eines anderen Mitgliedstaats abzugeben, das den Fall besser beurteilen kann.

EuEheVO Art 8. Allgemeine Zuständigkeit

(1) **Für Entscheidungen, die die elterliche Verantwortung betreffen, sind die Gerichte des Mitgliedstaats zuständig, in dem das Kind zum Zeitpunkt der Antragstellung seinen gewöhnlichen Aufenthalt hat.**

(2) **Absatz 1 findet vorbehaltlich der Artikel 9, 10 und 12 Anwendung.**

1. Allgemeines

In Abs 1 wird die in langjähriger Praxis derjenigen Mitgliedstaaten, die bisher Vertragsstaaten **82** des MSA oder des KSÜ waren, bewährte **Anknüpfung an den gewöhnlichen Aufenthalt des Kindes** in Verfahren betreffend die elterliche Verantwortung übernommen. Sie ermöglicht ein rasches Eingreifen eines sachnahen Gerichts und hält die mit einem solchen Verfahren für das Kind verbundenen Belastungen gering (ErwG 12; → Anh I). Außerdem wird die Kommunikati-

567

F 83–86   1. Teil. Erkenntnisverfahren F. Kindschaftssachen

on mit den zuständigen Behörden der Jugendhilfe erleichtert (*Coester-Waltjen* FamRZ 05, 241/ 242). Schließlich wird aufgrund der in allen Mitgliedstaaten geltenden Kollisionsnorm des Art 15 Abs 1 KSÜ (→ Rn 624 ff) idR ein Gleichlauf von *forum* und *ius* erzielt. Der Staatsangehörigkeit des Kindes kommt – anders als bisher nach Art 3, 4 MSA – nur noch im Rahmen von Art 12 Abs 3 lit a eine beschränkte Bedeutung zu. Art 8 begründet die internationale Zuständigkeit in einem Mitgliedstaat daher auch dann, wenn sämtliche Beteiligte einem anderen Mitgliedstaat (Krajský soud České Budějov 14.1.09, unalex CZ-40 [*Tschechen* mit gewöhnlichem Aufenthalt in *Österreich*]) oder einem Drittstaat angehören (App Lyon 9.5.11, unalex FR-2250 [*Türken* mit gewöhnlichem Aufenthalt in *Frankreich*]). Nach Abs 2 wird die Aufenthaltszuständigkeit allerdings in den Fällen der Art 9, 10 und 12 eingeschränkt.

2. Anwendungsbereich

83   **a) Internationale Zuständigkeit.** Die Verordnung regelt in Art 8 Abs 1 nur die internationale Zuständigkeit, während die örtliche, sachliche und funktionale Zuständigkeit durch das nationale Verfahrensrecht der *lex fori* bestimmt wird (ital Cass 16.9.16, unalex IT-772 und 25.11.15, unalex IT-778; MüKoBGB/*Heiderhoff* Rn 4). In Deutschland gelten insoweit die §§ 152, 153 FamFG, § 23a Abs 1 Nr 1 GVG. Die Prüfung der internationalen Zuständigkeit hat nach Art 17 (→ Rn 274 ff) **von Amts wegen** zu erfolgen, und zwar in jeder Lage des Verfahrens (Zö/*Geimer* Rn 1).

84   Hat das angerufene Gericht über die elterliche Verantwortung für mehrere Kinder zu entscheiden, so hat es die internationale Zuständigkeit **für jedes Kind gesondert** zu prüfen; liegen die Voraussetzungen des Art 8 Abs 1 nur in Bezug auf ein Kind vor, so folgt daraus nicht die internationale (Annex-)Zuständigkeit zur Entscheidung über die elterliche Verantwortung auch für weitere Kinder, die ihren gewöhnlichen Aufenthalt nicht im Gerichtsstaat haben (Zö/*Geimer* Rn 2). Allerdings bietet sich in diesem Fall das Instrument der Verweisung nach Art 15 an, um eine einheitliche Entscheidung über das Sorgerecht in Bezug auf alle Kinder zu erreichen (NK-BGB/*Gruber* Rn 8). Die internationale Zuständigkeit nach Art 8 Abs 1 setzt aber nicht voraus, dass das Kind selbst Partei des Rechtsstreits ist (ThP/*Hüßtege* Rn 1); die Vorschrift gilt vielmehr auch in einem Sorgerechtsstreit, der nur zwischen den Eltern als Parteien geführt wird (Althammer/*Schäuble* Rn 1).

85   Die Zuständigkeit nach Art 8 Abs 1 gilt auch für Maßnahmen des **einstweiligen Rechtsschutzes.** Da einstweilige Maßnahmen, die von einem in der Hauptsache zuständigen Gericht getroffen wurden, nach Art 21 ff auch in den anderen Mitgliedstaaten anzuerkennen und zu vollstrecken sind, während dies für einstweilige Maßnahmen, die von einem lediglich nach Art 20 iVm nationalem Recht zuständigen Gericht getroffen wurden, nicht gilt (→ Rn 335 ff), hat das angerufene Gericht stets vorrangig zu prüfen, ob es nach Art 8 auch für die Hauptsacheentscheidung zuständig wäre. Es kann sich nicht auf die Feststellung beschränken, dass jedenfalls eine Zuständigkeit nach Art 20 gegeben sei (öst OGH 15.5.12, unalex EU-821).

86   **b) Elterliche Verantwortung.** Die Entscheidung muss die elterliche Verantwortung für ein Kind betreffen. Damit sind alle Verfahren in den von Art 1 Abs 2 aufgezählten Rechtsgebieten, insbesondere auch umgangsrechtliche Streitigkeiten (OLG Saarbrücken FamRZ 10, 2085) und Verfahren zur **Abänderung** der in einem anderen (Mitglied- oder Dritt-) Staat getroffenen Regelung des Sorge- oder Umgangsrechts gemeint (OLG Hamm FuR 15, 58; OLG Stuttgart FamRZ 18, 39 [LS]); OLG Nürnberg BeckRS 16, 112546; AG Leverkusen IPRax 08, 274; Aud Prov Toledo 21.2.11, unalex ES-529; Aud Prov Madrid 28.5.10, unalex ES-543; Aud Prov Madrid 10.2.10, unalex ES-528). Erfasst wird aber auch zB die Entscheidung über die Beendigung einer angeordneten Vormundschaft (OLG Bremen FamRZ 16, 990). Hierzu wird auf die Kommentierung von Art 1 Abs 2 (→ Rn 40 ff) und die Definitionen der dort verwendeten Begriffe in Art 2 Nr 7–10 verwiesen (→ Rn 60 ff). Zum Verständnis des in der Verordnung nicht definierten Begriffs „Kind" → Rn 75 f. Ist zweifelhaft, ob das Kind im Zeitpunkt der Entscheidung noch minderjährig ist, so ist die Zuständigkeit als **doppelrelevante Tatsache** zu unterstellen (BGH FamRZ 18, 457 m Anm *Hüßtege;* OLG Bremen FamRZ 17, 1227/1228 und FamRZ 16, 990; OLG Karlsruhe NJW 16, 87 Rn 26; allg BGH NJW 10, 873 Rn 14).

3. Gewöhnlicher Aufenthalt

Schrifttum: *Baetge,* Auf dem Weg zu einem gemeinsamen europäischen Verständnis des gewöhnlichen Aufenthalts, FS Kropholler [2008] 77; *Heiderhoff,* Perpetuatio fori im Sorgerechtsstreit, IPRax 16, 372; *Hilbig-*

568

I. Internationale Zuständigkeit: EuEheVO Art 8   **87–90 F**

Lugani, Neue Herausforderungen des Begiffs des gewöhnlichen Aufenthalts im europäischen Familienrecht, FS Brudermüller (2014) 323; *dies,* Divergenz und Transparenz: Der Begriff des gewöhnlichen Aufenthalts der privat handelnden natürlichen Personen im jüngeren EuIPR und EuZPR, GPR 14, 8; *Kränzle,* Heimat als Rechtsbegriff? (2014); *Weller,* Plädoyer für einen willenszentrierten Aufenthaltsbegriff, in: Leible/Unberath (Hrsg), Brauchen wir eine Rom 0-Verordnung (2013) 293.

a) Begriff. Zentrales Anknüpfungsmerkmal für die internationale Zuständigkeit in Verfahren **87** betreffend die elterliche Verantwortung ist – in Übereinstimmung mit Art 5 KSÜ – der gewöhnliche Aufenthalt des Kindes (vgl MüKoBGB/*Heiderhoff* Rn 6 ff). Deutsche Gerichte sind daher immer dann international zuständig, wenn das Kind seinen gewöhnlichen Aufenthalt im Inland hat (BGH FamRZ 11, 796/797 Rn 12 = FamFR 11, 213 m Anm *Finger;* OLG Karlsruhe FamRZ 11, 1963 f; OLG München FamRZ 11, 1887). Der *Staatsangehörigkeit* des Kindes kommt – anders als noch in Art 3 MSA – für die internationale Zuständigkeit grundsätzlich keine Bedeutung mehr zu (OLG Nürnberg BeckRS 16, 112546), so dass im Gerichtsstand des Art 8 auch die elterliche Verantwortung über Kinder geregelt werden kann, die nicht die Staatsangehörigkeit eines Mitgliedstaats haben. Auch vom *Wohnsitzbegriff* der nationalen Rechte ist der europäische Begriff des gewöhnlichen Aufenthalts deutlich zu unterscheiden (Aud Prov Madrid 29.12.09, unalex ES-529; Maakohus Viru 15.5.09, unalex EE-15). Auf diese Weise soll die Aufklärung der familiären und sozialen Verhältnisse des Kindes erleichtert und beschleunigt und dessen Belastung durch das Verfahren möglichst gering gehalten werden (*Coester-Waltjen* FamRZ 05, 441/442; HK-ZPO/*Dörner* Rn 1). Der gewöhnliche Aufenthalt des Kindes ist dabei grundsätzlich **eigenständig,** dh unabhängig von dem der Eltern, zu bestimmen (EuGH C-497/10 PPU – *Mercredi,* FamRZ 11, 617 Rn 56; OLG Saarbrücken NZFam 16, 528; OLG Karlsruhe NJW-RR 15, 1415 Rn 30; Pal/*Thorn* Art 5 EGBGB Rn 10 mwN; s aber zum gewöhnlichen Aufenthalt von Kleinkindern auch → Rn 91).

aa) Autonome Auslegung. Der Begriff des gewöhnlichen Aufenthalts ist *autonom,* dh **88** losgelöst vom nationalen Begriffsverständnis, auszulegen (EuGH – C-497/10 PPU – *Mercredi,* FamRZ 11, 617 Rn 45; EuGH C-111/17 PPU – *OL/PQ,* FamRZ 17, 1506 Rn 40; öst OGH 25.8.16, unalex AT-1076; öst OGH 19.3.15, unalex AT-979); dabei ist dem ErwG 12 zur Verordnung (→ Anh I) Rechnung zu tragen, wonach die Zuständigkeitsvorschriften „dem Wohl des Kindes entsprechend und insbesondere nach dem Kriterium der räumlichen Nähe" ausgestaltet sind (EuGH C-523/07 – *A,* Slg 09 I-2805 Rn 34 ff = IPRax 11, 76 m Anm *Pirrung* 50). Vor allem dem Kindeswohl kommt bei der Auslegung der Art 8 ff überragende Bedeutung zu (vgl GA *Bott* zu EuGH C-184/14). Der gewöhnliche Aufenthalt in Art 8 Abs 1 entspricht auch nicht unbedingt dem Verständnis dieses Begriffs in anderen Rechtsinstrumenten der EU, sondern muss im Lichte der besonderen Zwecke dieser Zuständigkeitsregelung bestimmt werden (EuGH C-523/07 aaO, Rn 36; krit dazu *Pirrung* IPRax 11, 50/53). Dagegen bestehen keine Bedenken, insoweit das zu den kindschaftsrechtlichen Haager Übereinkommen (MSA, KSÜ, HKÜ) entwickelte Begriffsverständnis (vgl aus der deutschen Rechtsprechung BGHZ 78, 293 ff = IPRax 81, 139 m Anm *Henrich* 125; BGHZ 151, 63 = FamRZ 02, 1182; OLG Frankfurt FamRZ 06, 883; OLG Hamm FamRZ 91, 1466 m Anm *Henrich*) ergänzend heranzuziehen (OLG Stuttgart NJW 12, 2043/2044 = FamFR 12, 288 m Anm *Finger; Winkler v Mohrenfels* FPR 01, 189/190; Rauscher/*Rauscher* Rn 11; NK-BGB/*Gruber* Rn 7; vgl zum KSÜ → Rn 420 ff).

bb) Soziale Integration. Die **körperliche Anwesenheit** des Kindes in einem Mitgliedstaat **89** ist zur Begründung eines dortigen gewöhnlichen Aufenthalts zwar erforderlich (EuGH C-497/10 PPU aaO, Rn 49; EuGH C-499/15 – *W und V/X,* FamRZ 17, 734 Rn 61 m Anm *Mankowski;* s a → Rn 96), wie sich aus der gegenüber Art 8 subsidiären Regelung in Art 13 Abs 1 ergibt, aber nicht ausreichend (Aud Prov Madrid 21.6.12, unalex ES-763). Es müssen vielmehr weitere Kriterien hinzutreten, aus denen sich entnehmen lässt, dass es sich nicht nur um eine vorübergehende oder gelegentliche Anwesenheit handelt; der Aufenthalt muss vielmehr Ausdruck einer gewissen Integration des Kindes in ein soziales und familiäres Umfeld sein (EuGH C-376/14 PPU – *C/M,* FamRZ 15, 107 = IPRax 15, 239 m Anm *Pirrung* 207). Es geht also um die Feststellung des **Lebensmittelpunkts des Kindes** (OLG Karlsruhe NJW-RR 15, 1415 Rn 23; OLG Stuttgart NJW 12, 2043).

Als **Kriterien** für eine soziale Integration sind insbesondere die Dauer, die Regelmäßigkeit **90** und die Umstände des Aufenthalts in einem Mitgliedstaat sowie die Gründe für diesen Aufenthalt, die Staatsangehörigkeit des Kindes (zust Rauscher/*Rauscher* Rn 11; krit hingegen *Pirrung* IPRax 11, 50/53), Ort und Umstände der Einschulung (frz Cass 25.3.15, unalex FR-2461; App Liège 29.6.10, unalex BE-641), die Sprachkenntnisse sowie die familiären und sozialen Bindun-

F 91–93   1. Teil. Erkenntnisverfahren F. Kindschaftssachen

gen des Kindes in dem betreffenden Staat zu berücksichtigen (EuGH C-523/07 aaO, Rn 37 ff; ebenso EuGH C-497/10 PPU – *Mercredi,* Slg 10 I-14309 Rn 47 ff = FamRZ 11, 617 m Anm *Henrich* und Anm *Siehr* IPRax 12, 316/317; vgl auch OLG Stuttgart FamRZ 14, 1930 m Anm *Helms* IPRax 15, 217; öst OGH 19.3.15, unalex AT-979; öst OGH 16.2.12, unalex AT-815; Nejvyšší soud 31.10.12, unalex CZ-62; Neivyšši soud 27.9.11, unalex CZ-42; Aud Prov Valladolid 21.2.11, unalex ES-523; *Finger* FamRBint 05, 13/14). Fallen der familiäre und der schulische Lebensmittelpunkt – wie im Falle eines Internatbesuchs – auseinander, so überwiegen idR **die familiären Bindungen** (OLG Hamm FamRZ 12, 143 = FamFR 11, 480 m Anm *Rieck;* OLG Rostock FamRZ 01, 642; HK-ZPO/*Dörner* Rn 4; vgl auch BGH FamRZ 08, 45/46).

91   Die Feststellung einer hinreichenden Integration des Kindes und damit eines gewöhnlichen Aufenthalts ist **Sache der nationalen Gerichte** der Mitgliedstaaten, denen damit ein gewisser Beurteilungspielraum eingeräumt wird (EuGH C-523/07 aaO, Rn 44; *Dutta* StAZ 10, 193/202). Sie haben hierbei **sämtliche Umstände des Einzelfalls** zu berücksichtigen (EuGH C-523/07 aaO, Rn 39; EuGH C-497/10 PPU aaO, Rn 47; Rauscher/*Rauscher* Rn 11b). Als ein solcher Umstand kann etwa die – zB in der Anmietung einer Wohnung zum Ausdruck kommende – Absicht der Eltern des Kindes, sich dauerhaft mit dem Kind in einem Mitgliedstaat niederzulassen, in die Wertung einbezogen werden (EuGH C-523/07 aaO, Rn 39; EuGH C-497/10 PPU aaO, Rn 50; frz Cass 13.12.17, unalex FR-2541; OLG Stuttgart FamRZ 14, 1930 m Anm *Helms* IPRax 15, 217). Bei der Beurteilung der Integration eines Kindes in sein neues soziales und familiäres Umfeld muss vor allem auch das **Alter des Kindes** berücksichtigt werden. Während es bei älteren Kindern auf deren eigene Integration in Schule, Freundeskreis etc ankommt, ist bei einem Kleinkind auf die familiäre Integration der Eltern bzw der es betreuenden Mutter abzustellen (OLG Hamm FamRZ 12, 143; Aud Prov Barcelona 30.6.15, unalex ES-1041; Aud Prov Burgos 29.7.10, unalex ES-539). Dabei sind die Gründe für den Umzug der Mutter in den Staat des neuen Aufenthalts, die geografische und familiäre Herkunft der Mutter sowie deren familiäre und soziale Bindungen in dem neuen Aufenthaltsstaat zu berücksichtigen (EuGH C-497/10 PPU aaO, Rn 53 ff). Soll der Aufenthalt in einem anderen Staat von vornehrein nur vorübergehend sein, so wird dort ein gewöhnlicher Aufenthalt nicht begründet (BGH NJW 08, 369 Rn 8, 12). Durch die **polizeiliche Anmeldung** des Kindes in einem anderen Mitgliedstaat wird dessen gewöhnlicher Aufenthalt nicht geändert (MüKoBGB/*Heiderhoff* Rn 14; vgl App Luxembourg 20.10.10, unalex LU-247; Najvyšší súd 12.3.09, unalex SK-76), ebensowenig durch eine nur kurzfristige Unterbrechung der Anwesenheit im Aufenthaltsstaat (OLG Oldenburg FamRZ 07, 1827).

92   **b) Einzelfragen. aa) Dauer des Aufenthalts.** Der gewöhnliche Aufenthalt muss grundsätzlich von einer **gewissen Dauer** sein. Eine nur vorübergehende oder gelegentliche Anwesenheit genügt nicht (EuGH C-497/10 PPU aaO, Rn 47 ff; Aud Prov Sevilla 19.11.10, unalex ES-522; MüKoBGB/*Heiderhoff* Rn 15 ff); dies gilt auch dann, wenn sich das Kind vorübergehend überwiegend in einem anderen Staat aufhält (BGH 11.9.07, unalex DE-1757). Eine Mindestdauer schreibt die Verordnung jedoch nicht vor (EuGH C-497/10 PPU, aaO, Rn 51). Die deutsche Praxis geht regelmäßig nach ca **sechsmonatiger Aufenthaltsdauer** des Kindes in einem Staat vom Erwerb eines gewöhnlichen Aufenthalts aus (OLG Karlsruhe NJW-RR 15, 1415 Rn 25; OLG Karlsruhe FamRZ 14, 1565 Rn 31; OLG Oldenburg FamRZ 07, 1827; ebenso schon zum MSA BGHZ 151, 63 = FamRZ 02, 1182 Rn 11; BGH NJW 97, 3024/3025; zum HKÜ OLG Karlsruhe FamRZ 10, 1577 Rn 42 f; OLG Karlsruhe FamRZ 08, 2223 Rn 15; OLG Frankfurt/M FamRZ 06, 883). Allerdings ist auch die Dauer des Aufenthalts nur ein Indiz für die Beständigkeit des Aufenthalts, so dass im Einzelfall von der Sechsmonatsfrist nach oben und nach unten abgewichen werden kann (OLG Stuttgart NJW 12, 2043/2044 m Anm *Finger* FPR 12, 288; MüKoBGB/*Heiderhoff* Rn 19). So ist Art 9 Abs 1 zu entnehmen, dass bei einem rechtmäßigen Umzug des Kindes in einen anderen Mitgliedstaat schon nach weniger als drei Monaten dort ein neuer gewöhnlicher Aufenthalt begründet werden kann.

93   In bestimmten Situationen wird überhaupt **keine Aufenthaltsdauer** vorausgesetzt. So erwirbt ein Kind mit seiner Geburt sofort einen gewöhnlichen Aufenthalt in dem Staat, in dem sich seine Eltern gewöhnlich aufhalten (*Siehr* IPRax 12, 316/317). Auch bei einem **Umzug des Kindes** in einen anderen Mitgliedstaat sind an die dortige Dauer des Aufenthalts nur geringe Anforderungen zu stellen, wenn dieser von vornehrein auf längere Dauer angelegt und die Ausreise rechtmäßig, dh mit Zustimmung aller Sorgeberechtigten, erfolgt ist (BGHZ 188, 270 Rn 35 = FamRZ 11, 542 Rn 35; öst OGH 19.3.15, unalex AT-979; ital Cass 20.10.15, unalex IT-777; OLG Bamberg

570

I. Internationale Zuständigkeit: EuEheVO Art 8 **94–96 F**

FamRZ 18, 38; OLG Karlsruhe NJW-RR 15, 1415 Rn 24; OLG Karlsruhe FamRZ 14, 1565; OLG Karlsruhe FamRZ 12, 1955 Rn 20; OLG Stuttgart NJW 12, 2043/2044; ebenso zum MSA BGHZ 163, 248/257 = FamRZ 2005, 1540; BGHZ 78, 293 ff = NJW 81, 520; zum HKÜ OLG Karlsruhe FamRZ 09, 239; OLG Frankfurt FamRZ 06, 883). Bei einem **Kleinkind** kommt es darauf an, dass die Eltern (bzw der sorgeberechtigte Elternteil) die Absicht hatten, im Aufnahmestaat den neuen Lebensmittelpunkt der Familie zu begründen (EuGH C-497/10 PPU aaO, Rn 50; öst OGH 19.3.15, unalex AT-979; *Dutta/Schulz* ZEuP 12, 526/535). Diese Absicht kann zB im Anmieten einer Wohnung zum Ausdruck kommen (EuGH C-523/07 aaO, Rn 40). Näher zum gewöhnlichen Aufenthalt von Säuglingen *Heiderhoff* IPRax 12, 523 ff.

Ein **beruflich bedingter Auslandsaufenthalt** der Eltern von begrenzter zeitlicher Dauer **94** reicht hingegen für die Begründung eines gewöhnlichen Aufenthalts des Kindes am ausländischen Arbeitsort der Eltern nicht aus (Aud Prov Burgos 29.7.10, unalex ES-539); ein Zeitraum von zwei Jahren ist jedoch nicht mehr vorübergehend (Aud Prov Barcelona 26.3.12, unalex ES-736). Auch wenn die Verlegung des Kindesaufenthalts auf der Grundlage einer nur **vorläufigen** (und noch anfechtbaren bzw angefochtenen) **gerichtlichen Anordnung** erfolgt, kann der sich auf diese Anordnung stützende Elternteil nicht sicher sein, dass der Aufenthalt des Kindes in dem Mitgliedstaat, in den es verbracht wird, von Dauer sein wird. In einem solchen Fall ist daher sorgfältig zu prüfen, ob das Kind einen neuen gewöhnlichen Aufenthalt begründet oder diesen im Ursprungsmitgliedstaat behalten hat (EuGH C-376/14 PPU – *C/M,* FamRZ 15, 107 Rn 55 ff m insoweit krit Anm *Pirrung* IPRax 15, 207; dazu *Dimmler* FamRB 15, 128); idR kann hiervon nicht ausgegangen werden (öst OGH 26.2.15, unalex AT-978). Im Fall eines **zwangsweisen Verbringens** des Kindes in ein anderes Land wird ein gewöhnlicher Aufenthalt erst nach einer längeren Verweildauer begründet (OLG Oldenburg FGPrax 14, 212; OLG Jena IPRspr 15 Nr 122).

bb) Willensmoment. Auch wenn bei der Bestimmung des gewöhnlichen Aufenthalts eines **95** Kindes objektive Kriterien im Vordergrund stehen (OLG Bamberg FamRZ 16, 1270; ThP/ *Hüßtege* Rn 4), ist die Beachtung von subjektiven Elementen nicht ausgeschlossen, denn die Begründung eines gewöhnlichen Aufenthalts ist auch willensbestimmt (vgl insbes *Weller* FS Coester-Waltjen [2015] 897/906 f; *Rentsch* ZEuP 15, 288/308). Insbesondere in Umzugsfällen kommt es auf den Willen des sorgeberechtigten Elternteils an, den Mittelpunkt der Interessen des Kindes in dem neuen Aufenthaltsstaat in der Absicht zu begründen, ihm Beständigkeit zu verleihen (EuGH C-497/10 PPU aaO Rn 51; App Bruxelles 5.5.09, unalex BE-528; Rauscher/ *Rauscher* Rn 11d; Althammer/*Schäuble* Rn 6). Ein *rechtsgeschäftlicher* Wille, den Aufenthaltsort zum Schwerpunkt der Lebensverhältnisse des Kindes zu machen, ist aber nicht erforderlich (OLG Karlsruhe NJW-RR 15, 1415 Rn 27; HK-ZPO/*Dörner* Rn 3). Der gewöhnliche Aufenthalt des Kindes ist zwar nicht vom Wohnsitz oder Aufenthalt der Eltern (oder des betreuenden Elternteils) abhängig, sondern für das Kind **eigenständig** zu ermitteln (OLG Karlsruhe NJW-RR 15, 1415 Rn 30 f; OLG Hamm FamRZ 12, 143; MüKoBGB/*Heiderhoff* Rn 10; ebenso schon zum MSA BGHZ 78, 293/295 ff; OLG Hamm NJW-RR 97, 5), so dass das Kind sich in einem Staat gewöhnlich aufhalten kann, in dem kein Elternteil sich (mehr) gewöhnlich aufhält (BGH NJW 97, 3024/3025; OLG Hamm IPRspr 11 Nr 249; *Baetge* IPRax 06, 313; Zö/ *Geimer* Rn 5). In subjektiver Hinsicht kommt es jedoch – insbesondere in Fällen der Aufenthaltsverlegung in ein anderes Land – auf den **Willen der Eltern** bzw des sorgeberechtigten Elternteils an; ein entgegenstehender Wille des Kindes bleibt außer Betracht (Zö/*Geimer* Rn 5).

Die Intention der Eltern ist jedoch grundsätzlich für sich genommen bei der Bestimmung des **96** gewöhnlichen Aufenthalts eines Kindes iS der Verordnung nicht entscheidend, sondern stellt **nur ein Indiz** dar, das ein Bündel anderer übereinstimmender Gesichtspunkte vervollständigen kann. Der Wille der Eltern in Bezug auf die Begründung des gewöhnlichen Kindesaufenthalts setzt sich insbesondere nicht gegen die soziale Integration des Kindes in einem anderen Mitgliedstaat durch. Wurde das Kind daher im Einklang mit dem gemeinsamen Willen seiner Eltern in einem anderen Mitgliedstaat als dem, in dem die Eltern vor seiner Geburt ihren gewöhnlichen Aufenthalt hatten, geboren und hat es sich dort nach der Geburt mehrere Monate lang ununterbrochen mit seiner Mutter aufgehalten, so lässt die ursprüngliche Intention der Eltern, dass die Mutter mit dem Kind in den früheren Aufenthaltsstaat der Eltern zurückkehren sollte, nicht den Schluss zu, dass das Kind dort seinen gewöhnlichen Aufenthalt iS der Verordnung hat (EuGH C-111/17 PPU – *OL/PQ,* FamRZ 17, 1506 Rn 70 m Anm *Rentsch;* dazu den Schlussantrag des Generalanwalts NZFam 17, 695 m Anm *Riegner*). Damit schließt der EuGH einen gewöhnlichen Aufenthalt von Kindern in einem Staat, in dem sie sich nie tatsächlich aufgehalten haben, zu Recht aus.

F 97–101 1. Teil. Erkenntnisverfahren F. Kindschaftssachen

97   **cc) Mehrfacher gewöhnlicher Aufenthalt.** Ferner dürfte auch im Geltungsbereich der EuEheVO ein mehrfacher gewöhnlicher Aufenthalt des Kindes nicht anzuerkennen sein (Court of Appeal [Civ Div] 21.8.12, unalex UK-597; *Holzmann* FPR 10, 497/498; Rauscher/*Rauscher* Rn 11; HK-ZPO/*Dörner* Rn 4; Staud/*Pirrung* Rn C 54; **aA** OLG Frankfurt FPR 01, 233; MüKoBGB/*Heiderhoff* Rn 20 ff; dazu allg *Andrae,* IntFamR § 6 Rn 41 mwN). Lebt ein Kind daher nach dem übereinstimmenden Willen seiner Eltern abwechselnd bei dem einen oder dem anderen Elternteil, so hat es seinen gewöhnlichen Aufenthalt dort, wo es sich zu dem Zeitpunkt befand, als der vereinbarte regelmäßige Ortswechsel begann (OLG Rostock FamRZ 01, 642 = IPRax 01, 588 m Anm *Baetge* 573; vgl auch OLG Karlsruhe FamRZ 03, 955 [jeweils zum HKÜ]; Zö/*Geimer* Rn 5). Lässt sich ein gewöhnlicher Aufenthalt des Kindes nicht feststellen, so ist hilfsweise an den **einfachen Aufenthalt** nach Art 13 anzuknüpfen (EuGH C-523/07 aaO, Rn 43; → Rn 221 ff).

98   **dd) Rechtmäßigkeit des Aufenthalts.** Schließlich hängt die Begründung des gewöhnlichen Kindesaufenthalts nicht davon ab, dass dieser rechtmäßig erfolgt ist, weil der entgegenstehende Wille eines (mit-)sorgeberechtigten Elternteils die Integration des Kindes im Verbringungsstaat nicht auf Dauer hindern kann (öst OGH 19.12.12, unalex AT-824; Rauscher/*Rauscher* Rn 12; MüKoBGB/*Heiderhoff* Rn 28 ff; vgl auch zum MSA BGHZ 78, 293/275 ff; BGHZ 163, 248 = FamRZ 05, 1540 Rn 18; OLG Bremen NJW 16, 655 Rn 10 m Anm *Rauscher* NZFam 16, 143). In **Kindesentführungsfällen** kann ergänzend auf die Rechtsprechung der Vertragsstaaten zu Art 3, 4 HKÜ (→ U Rn 128 ff) rekurriert werden. Ist das Kind allerdings gegen den Willen eines (mit-)sorgeberechtigten Elternteils in ein anderes Land entführt worden, so wird ein neuer gewöhnlicher Aufenthalt erst nach Ablauf einer „nicht geringen Zeitdauer" und nach einer entsprechenden sozialen Eingliederung im Verbringungsstaat begründet (OLG Koblenz FamRZ 16, 995; OLG Nürnberg IPRspr 10 Nr 242; OLG Stuttgart FamRZ 97, 52; OLG Hamm NJW-RR 97, 6; jeweils zum MSA; Staud/*Henrich* Art 21 EGBGB Rn 18; gegen verschärfte Anforderungen an die Integration in Kindesentführungsfällen aber BGHZ 151, 63 = FamRZ 02, 1182 [zum MSA]). Als Anhaltspunkt kann hier die Jahresfrist des Art 12 Abs 1 HKÜ dienen, auf die auch Art 10 lit b (i) EuEheVO Bezug nimmt (vgl öst OGH 19.3.15, unalex AT-979; Rauscher/*Rauscher* Rn 13).

99   Eine Änderung der internationalen Zuständigkeit tritt in Fällen der **Entführung in einen anderen Mitgliedstaat** allerdings nur unter den engen Voraussetzungen des Art 10 (→ Rn 133 ff) ein (frz Cass 13.5.15, unalex FR-2460 und 5.3.14, unalex FR-2388), bei Entführung in einen Vertragsstaat des KSÜ gilt entsprechendes nach Art 7 KSÜ (öst OGH 19.12.12, unalex AT-824). Hat ein Gericht im Ursprungsmitgliedstaat einem Elternteil in einer nur **vorläufig vollstreckbaren Entscheidung** die Übersiedlung mit dem Kind in einen anderen Mitgliedstaat erlaubt, wurde diese Entscheidung jedoch anschließend im Rechtsmittelzug aufgehoben, so ist unter Berücksichtigung aller Umstände des Einzelfalls zu prüfen, ob das Kind seinen gewöhnlichen Aufenthalt in den anderen Mitgliedstaat verlegt oder ihn im Ursprungsmitgliedstaat beibehalten hat (EuGH C-376/14 – *C,* FamRZ 15, 107 Rn 54 ff (→ Rn 70 f).

100   Kinder von **Asylbewerbern,** deren Aufenthalt im Inland lediglich auf einem vorübergehenden Aufenthaltstitel (Duldung) beruht, können dennoch hier einen gewöhnlichen Aufenthalt haben, wenn sie hinreichend sozial integriert sind und eine Verlängerung des ausländerrechtlichen Aufenthaltstitels zumindest nicht ausgeschlossen ist (OLG Schleswig FamRZ 16, 321). Sogar ein als Asylbewerber abgelehntes Kind kann bei hinreichender Integration einen gewöhnlichen Aufenthalt im Inland haben (OLG Koblenz FamRZ 16, 995 Rn 7 m Anm *Oeley* = IPRax 17, 40 m Anm *Mankowski;* anders bei nur einmonatigem Aufenthalt vor Stellung des Asylantrags zu Recht OLG Koblenz FamRZ 17, 1229). Fehlt es an einem gewöhnlichen Aufenthalt, so bleibt für Flüchtlinge und Asylbewerber jedoch die Zuständigkeit nach Art 13 Abs 2 zu prüfen (vgl zu einem unbegleiteten syrischen Flüchtlingskind OLG Bamberg FamRZ 16, 1270 Rn 15).

4. Maßgeblicher Zeitpunkt

101   **a) Grundsatz.** Der gewöhnliche Aufenthalt des Kindes muss nach Art 8 Abs 1 grundsätzlich im **Zeitpunkt der Antragstellung** gegeben sein. Als Zeitpunkt der Antragstellung gilt die Anrufung des Gerichts iSv Art 16 (EuGH C-497/10 PPU aaO, FamRZ 11, 617 Rn 42 f; EuGH C-499/15 – *W und V/X,* FamRZ 17, 734 Rn 53 m Anm *Mankowski;* öst OGH 27.4.16, unalex AT-1051). Um die internationale Zuständigkeit der deutschen Gerichte zu sichern, ist es also im Fall eines Wegzugs des Kindes ins Ausland wesentlich, den Antrag so rechtzeitig zu stellen, dass das Kind im Ausland noch keinen neuen gewöhnlichen Aufenthalt begründet hat (NK-BGB/

I. Internationale Zuständigkeit: EuEheVO Art 8   **102–106 F**

Gruber Rn 4). Denn ein Wechsel des gewöhnlichen Aufenthalts des Kindes **vor Antragstellung** führt dazu, dass die Gerichte des bisherigen Aufenthaltsstaates ihre internationale Zuständigkeit verlieren; diese steht vielmehr bei einem auf Dauer angelegten Umzug des Kindes in einen anderen Mitgliedstaat automatisch den Gerichten des neuen Aufenthaltsstaates zu, ohne dass hierfür eine gewisse Mindestaufenthaltsdauer erfüllt werden müsste (Staud/*Pirrung* Rn C 56; s a → Rn 92 f).

b) *Perpetuatio fori.* Eine Verlegung des gewöhnlichen Kindesaufenthalts in einen anderen **102** Mitgliedstaat erst **nach Antragstellung** lässt die internationale Zuständigkeit des angerufenen Gerichts hingegen – anders als bisher nach Art 1 MSA (vgl BGHZ 151, 63/68 f = FamRZ 02, 1184 m zust Anm *Henrich;* BGH NJW 05, 3424 Rn 19; OLG Bremen NJW 16, 655 Rn 9 m Anm *Rauscher* NZFam 16, 143; OLG Stuttgart FamRZ 13, 49 Rn 17) – unberührt. Es gilt also im Anwendungsbereich der Verordnung der Grundsatz der *perpetuatio fori* (OLG Köln FamRZ 17, 1514/1515; OLG Nürnberg FamRZ 15, 1908 (LS) = unalex DE-3248; KG IPRspr 14 Nr 221; OLG Hamm FamRZ 12, 143; OLG München FamRZ 11, 1887; öst OGH 25.8.2016, unalex AT -1076 und 27.4.16, unalex AT-1051; Najvyssí súd 12.3.09, unalex SK-76; Aud Prov Baleares 17.11.09, unalex ES-532; *Andrae,* IntFamR § 6 Rn 27, 49; ThP/*Hüßtege* Rn 5; HK-ZPO/*Dörner* Rn 6; Staud/*Pirrung* Rn C 55; vgl auch – zur EuGVVO aF – BGHZ 184, 269 Rn 9 = NJW 10, 1351 m Anm *Peschel-Gutzeit*). Ob die Einleitung eines Verfahrens des einstweiligen Rechtsschutzes den Fortbestand der internationalen Zuständigkeit auch für das Hauptsacheverfahren begründet, wenn das Kind bei Antragstellung in der Hauptsache seinen gewöhnlichen Aufenthalt bereits in einen anderen Mitgliedstaat verlegt hatte (so Aud Prov Madrid 16.11.12, unalex ES-786), erscheint hingegen fraglich.

Ist in Deutschland daher von einem Elternteil ein Sorgerechtsverfahren eingeleitet worden, so **103** bleibt die internationale Zuständigkeit des damit befassten deutschen Familiengerichts auch dann erhalten, wenn der andere Elternteil, dem das alleinige Aufenthaltsbestimmungsrecht (zB kraft einstweiliger Anordnung) zusteht, mit dem Kind anschließend in einen anderen Mitgliedstaat verzieht und das Kind dort rechtmäßig einen neuen gewöhnlichen Aufenthalt begründet. Die internationale Zuständigkeit bleibt in diesem Fall auch für ein erst nach dem Aufenthaltswechsel eingeleitetes **Rechtsbehelfsverfahren** erhalten (öst OGH 26.8.16, unalex AT-1076; HR NIPR 11, 150; Rauscher/*Rauscher* Rn 9). Einem vor den Gerichten des neuen Aufenthaltsstaates eingeleiteten Sorgerechtsverfahren steht daher der Rechtshängigkeitseinwand nach Art 19 Abs 2 entgegen, solange der Antrag vor dem deutschen Gericht nicht zurückgenommen wird (NK-BGB/*Gruber* Rn 3).

Demgegenüber endet die nach Art 8 Abs 1 begründete internationale Zuständigkeit eines **104** deutschen Gerichts dann, wenn das Kind seinen gewöhnlichen Aufenthalt nach Einleitung des Verfahrens in einen **Vertragsstaat des KSÜ** (Art 5 Abs 2 KSÜ; vgl KG FamRZ 15, 1214/1215 = IPRax 16, 372 m zust Anm *Heiderhoff* 335 und *Rentsch* NZFam 15, 474 [*Russland*]; OLG Karlsruhe FamRZ 14, 1565 m Anm *Stockmann* FamRB 14, 208 [*Schweiz*]; ebenso öst OGH 19.12.12, unalex AT-824; → Rn 355 f mwN) oder des **MSA** verlegt, der nicht Mitgliedstaat der EuEheVO ist (OLG Stuttgart FamRZ 13, 49 f [*Türkei*]; BGHZ 151, 63 = FamRZ 02, 1182; *Benicke* IPRax 13, 44/52; Staud/*Henrich* Art 21 EGBGB Rn 159; krit *Gruber* IPRax 13, 409/411). Dies gilt auch dann, wenn der Aufenthaltswechsel erst in der Rechtsmittelinstanz eintritt (OLG Stuttgart aaO).

Der Grundsatz der *perpetuatio fori* nach Art 8 Abs 1 dürfte hingegen auch dann zur Anwen- **105** dung kommen, wenn das Kind seinen gewöhnlichen Aufenthalt nach Verfahrensbeginn in einem **Drittstaat** begründet, der weder dem KSÜ noch dem MSA angehört, so dass durch die Fortsetzung des Verfahrens keine völkerrechtlichen Verpflichtungen verletzt werden (Trib Cuneo 22.9.16, unalex IT-808 [*Moldau*]; offengelassen von öst OGH 19.2.14, unalex AT-931; **aA** [*obiter*] OLG Stuttgart FamRZ 13, 49 f; OLG Brandenburg BeckRS 14, 06655).

Der Grundsatz der *perpetuatio fori* wird freilich auch im Geltungsbereich der EuEheVO **unter 106 den Voraussetzungen der Art 9, 10 oder 12 eingeschränkt.** Er wird ferner durch Art 15 abgeschwächt; denn hiernach hat das nach Art 8 Abs 1 an sich weiterhin zuständige deutsche Gericht die Möglichkeit, den Fall an die Gerichte des neuen Aufenthaltsstaates des Kindes abzugeben, sofern das Kind zu diesem Staat eine besondere Bindung hat (*Busch*/*Rölke* FamRZ 04, 1338/1341; NK-BGB/*Gruber* Rn 5); Voraussetzung ist freilich, dass es sich bei dem neuen Aufenthaltsstaat des Kindes um einen Mitgliedstaat der Verordnung handelt. Nach dem Kommissionsvorschlag zur **Neufassung der EuEheVO** v 30.6.2016 (KOM [2016] 411) wird der Grundsatz der *perpetuatio fori* ganz aufgegeben; in Übereinstimmung mit Art 5 Abs 2 KSÜ

573

F   1. Teil. Erkenntnisverfahren F. Kindschaftssachen

(→ Rn 428 ff) soll der Umzug des Kindes in einen anderen Mitgliedstaat daher auch zu einer Änderung der internationalen Zuständigkeit führen (Art 7 S 2 nF).

107   Schließlich gilt der Fortbestand der internationalen Zuständigkeit nur innerhalb eines bestimmten Verfahrens bis zu dessen rechtskräftigem Abschluss (High Court 1.2.2003, unalex UK -278). Hingegen ist das Gericht, das über die elterliche Verantwortung rechtskräftig entschieden hat, nicht mehr dafür zuständig, über eine **Abänderung dieser Entscheidung** aufgrund veränderter Umstände zu befinden, wenn das Kind seinen gewöhnlichen Aufenthalt inzwischen in einen anderen Mitgliedstaat verlegt hat. Für die Entscheidung über den Abänderungsantrag sind vielmehr die Gerichte im neuen Aufenthaltsstaat des Kindes zuständig (EuGH C-499/15 –*W* und *V/X,* FamRZ 17, 734 Rn 70 m Anm *Mankowski;* vgl auch Aud Prov Toledo 21.2.11, unalex ES-524; Aud Prov Madrid 10.2.10, unalex ES-528). Daran ändert auch der Umstand, dass die abzuändernde Entscheidung im neuen Aufenthaltsstaat des Kindes nicht anerkannt worden ist, nichts (EuGH aaO).

108   **c) Begründung des gewöhnlichen Aufenthalts nach Verfahrensbeginn.** Hat das Kind seinen gewöhnlichen Aufenthalt im Zeitpunkt der Antragstellung noch nicht im Gerichtsstaat, so ist das angerufene Gericht aus Gründen der Prozessökonomie auch dann international zuständig, wenn das Kind diesen gewöhnlichen Aufenthalt jedenfalls noch **im Laufe des Verfahrens** – spätestens bis zu dem Zeitpunkt, in dem die Entscheidung getroffen wird – begründet (BGHZ 184, 269 Rn 9 = FamRZ 10, 720 m Anm *Stößer;* OLG Karlsruhe IPRspr 15 Nr 129; *Solomon* FamRZ 04, 1409/1411; Staud/*Pirrung* Rn C 55; HK-ZPO/*Dörner* Rn 7). Ist dies nicht der Fall, so ist der Antrag als unzulässig abzuweisen. Gleiches gilt auch dann, wenn das Kind zwar im Laufe des im Inland anhängig gemachten Verfahrens hier seinen gewöhnlichen Aufenthalt begründet hat, zuvor jedoch bereits wegen desselben Anspruchs ein Verfahren vor der Gerichten eines anderen Mitgliedstaats eingeleitet worden war, in dem das Kind zur Zeit der dortigen Antragstellung seinen gewöhnlichen Aufenthalt hatte (BGH aaO; ThP/*Hüßtege* Rn 5; Rauscher/*Rauscher* Rn 10; vgl zur parallelen Problematik in Eheverfahren nach Art 3 Abs 1 lit a → A Rn 82 f).

5. Fehlen eines gewöhnlichen Aufenthalts

109   Lässt sich ein gewöhnlicher Aufenthalt des Kindes im Gerichtsstaat nicht feststellen, so ist der Antrag gem Art 17 als unzulässig abzuweisen, wenn das Kind seinen gewöhnlichen Aufenthalt in einem anderen Mitgliedstaat der Verordnung hat oder wenn eine sonstige Zuständigkeit in einem anderen Mitgliedstaat nach Art 9–12 besteht; eine **Verweisung** an die Gerichte dieses Mitgliedstaats kommt nicht in Betracht (EuGH C-523/07 aaO, Rn 67 ff). Nur wenn dies nicht der Fall ist, kann das angerufene Gericht sich hilfsweise auf Art 13 stützen (EuGH aaO, Rn 43).

6. Vorrang der Art 9, 10 und 12 Abs 2

110   Die allgemeine Zuständigkeit am gewöhnlichen Aufenthalt des Kindes wird unter den Voraussetzungen der Art 9, 10 oder 12 durch die dort normierten besonderen Zuständigkeiten verdrängt (vgl zu Art 12 OLG Saarbrücken 1.4.11, unalex DE-2134 = FamRZ 11, 1514 [LS]; AG Steinfurt 8.1.08, unalex DE-2129; MüKoBGB/*Heiderhoff* Rn 41; **aA** [konkurrierende Zuständigkeiten] Rauscher/*Rauscher* Rn 18). Praktisch bedeutsam ist insbesondere Art 12, der eine Annexzuständigkeit in dem Mitgliedstaat eröffnet, in dem ein Eheverfahren der Eltern anhängig ist, und zudem eine Zuständigkeitsvereinbarung zugunsten der Gerichte des Staates zulässt, zu dem das Kind eine sonstige wesentliche Beziehung hat (vgl EuGH C-436/14 – *E/B,* NJW 14, 3355 Rn 40 ff). Da die Zuständigkeit auf dem Gebiet der elterlichen Verantwortung nach dem ErwG 12 S 2 „vorzugsweise dem Mitgliedstaat des gewöhnlichen Aufenthalts des Kindes vorbehalten sein" soll, sind die in Abs 2 genannten Ausnahmen jedoch eng auszulegen.

EuEheVO Art 9. Aufrechterhaltung der Zuständigkeit des früheren gewöhnlichen Aufenthaltsortes des Kindes

(1) **Beim rechtmäßigen Umzug eines Kindes von einem Mitgliedstaat in einen anderen, durch den es dort einen neuen gewöhnlichen Aufenthalt erlangt, verbleibt abweichend von Artikel 8 die Zuständigkeit für eine Änderung einer vor dem Umzug des Kindes in diesem Mitgliedstaat ergangenen Entscheidung über das Umgangsrecht während einer Dauer von drei Monaten nach dem Umzug bei den Gerichten des**

I. Internationale Zuständigkeit: EuEheVO Art 9   111–115 **F**

früheren gewöhnlichen Aufenthalts des Kindes, wenn sich der laut der Entscheidung über das Umgangsrecht umgangsberechtigte Elternteil weiterhin gewöhnlich in dem Mitgliedstaat des früheren gewöhnlichen Aufenthalts des Kindes aufhält.

(2) Absatz 1 findet keine Anwendung, wenn der umgangsberechtigte Elternteil im Sinne des Absatzes 1 die Zuständigkeit der Gerichte des Mitgliedstaats des neuen gewöhnlichen Aufenthalts des Kindes dadurch anerkannt hat, dass er sich an Verfahren vor diesen Gerichten beteiligt, ohne ihre Zuständigkeit anzufechten.

1. Allgemeines

Art 9 enthält eine – im MSA und KSÜ nicht vorgesehene – Sonderregel für die internationale **111** Zuständigkeit zur Regelung des Umgangsrechts. Diese bleibt trotz des rechtmäßigen Umzugs des Kindes in einen anderen Mitgliedstaat und der Begründung eines dortigen neuen gewöhnlichen Aufenthalts in dessen früherem Aufenthaltsstaat für **Entscheidungen zur Änderung des Umgangsrechts** während eines Zeitraums von drei Monaten erhalten.

a) Normzweck. Ziel der Vorschrift ist die Wahrung einer gewissen Kontinuität bei Ent- **112** scheidungen über das Umgangsrecht (NK-BGB/*Gruber* Rn 1), zumal über Art 15 Abs 1 KSÜ in allen EU-Mitgliedstaaten sichergestellt wird, dass das zuständige Gericht weiterhin sein eigenes Recht anwendet (→ Rn 624 ff). Außerdem soll einem *forum shopping* des allein sorgeberechtigten Elternteils mit dem Ziel einer kurzfristigen Änderung des Umgangsrechts zu seinen Gunsten vorgebeugt werden (*Coester-Waltjen* FamRZ 05, 241/244; HK-ZPO/*Dörner* Rn 1). Damit dient die Vorschrift vor allem dem Schutz des Umgangsberechtigten, der sich einer Verlegung des gewöhnlichen Kindesaufenthalts durch den allein sorgeberechtigten Elternteil in ein anderes Land – und der damit verbundenen Erschwerung einer Ausübung seines Umgangsrechts – nicht widersetzen kann (OLG Koblenz NJW 08, 238/240; öst OGH 23.10.07, unalex AT-580; Rauscher/*Rauscher* Rn 1). Er soll daher zumindest für eine Übergangszeit weiterhin das Gericht anrufen können, das die abzuändernde Entscheidung zum Umgangsrecht getroffen hat. Er ist hierzu allerdings nicht verpflichtet, sondern kann sich – wie aus Abs 2 zu entnehmen ist – auch an die Gerichte im neuen Aufenthaltsstaat des Kindes wenden (Althammer/*Schäuble* Rn 1).

b) Begriff des Umgangsrechts. Dieser wird zwar in der Verordnung nicht abschließend **113** definiert; umfasst aber nach Art 2 Nr 10 insbesondere das Recht, das Kind für eine begrenzte Zeit an einen anderen Ort als seinen gewöhnlichen Aufenthaltsort zu bringen. Dieser andere Ort kann auch außerhalb des Staates liegen, in dem das Kind seinen gewöhnlichen Aufenthalt hat. Obwohl die Vorschrift nach ihrem deutschen Wortlaut nur vom „umgangsberechtigten Elternteil" spricht, gilt sie – wie die übrigen Sprachfassungen zeigen – zugunsten jedes Inhabers eines Umgangsrechts (NK-BGB/*Gruber* Rn 2; HK-ZPO/*Dörner* Rn 8; Althammer/*Schäuble* Rn 11; **aA** Zö/*Geimer* Rn 4; Rauscher/*Rauscher* Rn 10; Staud/*Pirrung* Rn C 57). Auf Entscheidungen über das **Sorgerecht** oder andere Fragen der elterlichen Verantwortung (zB die Anordnung einer Pflegschaft oder die Unterbringung in einem Heim, vgl Art 1 Abs 2) ist die Vorschrift nicht anwendbar (*Solomon* FamRZ 04, 1409/1412). Diese können auch schon vor Ablauf der Dreimonatsfrist gem Art 8 Abs 1 durch die Gerichte am neuen Wohnort des Kindes getroffen werden, sofern das Kind dort seinen gewöhnlichen Aufenthalt begründet hat.

Auch eine Klage auf Ersatz der in Ausübung des Umgangsrechts entstandenen **Kosten** fällt in **114** den Bereich der elterlichen Verantwortung und ist keine eigenständige zivilrechtliche Schadenersatzklage. International zuständig sind daher die in Art 8, 9 bestimmten Gerichte (Legfelsőbb Bíróság 10.12.08, unalex HU-45).

c) Abänderung des Umgangsrechts. Darüber hinaus regelt Art 9 Abs 1 nur die fortbeste- **115** hende internationale Zuständigkeit der Gerichte im Staat des früheren gewöhnlichen Aufenthalts des Kindes für die Abänderung einer von diesen zuvor getroffenen Entscheidung über das Umgangsrecht. Hierfür ist nicht die Einleitung eines neuen Verfahrens erforderlich; vielmehr reicht es auch aus, wenn die Abänderung durch **Einlegung eines Rechtsmittels** gegen die erstinstanzliche Entscheidung erstrebt wird. Die Gerichte des früheren Aufenthaltsstaats sollen also die Möglichkeit haben, ihre Entscheidung an die durch den Umzug des Kindes in einen anderen Mitgliedstaat veränderte Situation anzupassen (öst OGH 23.10.07, unalex AT-580; Rauscher/*Rauscher* Rn 1). Auf die erstmalige Entscheidung über den Umgang ist die Vorschrift nicht anwendbar; insoweit verbleibt es vielmehr grundsätzlich bei der Zuständigkeit nach Art 8 Abs 1.

575

F   116–120   1. Teil. Erkenntnisverfahren F. Kindschaftssachen

116   Die Vorschrift gilt auch nicht für die Abänderung einer Entscheidung, die im früheren
Aufenthaltsstaat aufgrund der *perpetuatio fori-*Regel (→ Rn 102 ff) erst nach dem Umzug des
Kindes getroffen wurde (öst OGH 23.10.07, unalex AT-580; HK–ZPO/*Dörner* Rn 4). Die
Besonderheit des Art 9 Abs 1 besteht vielmehr darin, dass die Zuständigkeit der Gerichte des
bisherigen Aufenthaltsstaats erhalten bleibt, obwohl im Zeitpunkt des Umzugs noch kein Verfahren anhängig war (*Dutta/Schulz* ZEuP 12, 526/531; Althammer/*Schäuble* Rn 2). Diese Zuständigkeit wird allerdings durch die rügelose Einlassung des bisher umgangsberechtigten Elternteils vor einem Gericht im neuen Aufenthaltsstaat des Kindes nach Maßgabe von Abs 2 ausgeschlossen.

2. Abänderungszuständigkeit, Abs 1

117   **a) Voraussetzungen. aa) Umzug in einen anderen Mitgliedstaat.** Die Zuständigkeit zur
Abänderung einer Umgangsentscheidung nach Abs 1 setzt zunächst einen Umzug des Kindes in
einen anderen Mitgliedstaat (Art 2 Nr 3) als denjenigen, dessen Gericht die Entscheidung über
das Umgangsrecht getroffen hatte, voraus. Der Umzug in einen **Drittstaat** begründet die
Zuständigkeit nach Abs 1 nicht (*Coester-Waltjen* FamRZ 05, 241/244; G/Sch/*Dilger*, IRV Rn 7;
Rauscher/*Rauscher* Rn 14). Für diesen Fall beurteilt sich die internationale Zuständigkeit zur
Abänderung einer Umgangsentscheidung gem Art 14 grundsätzlich nach dem nationalen Verfahrensrecht der *lex fori* bzw vorrangig geltenden Staatsverträgen. Verzieht das Kind daher in
einen nicht der EuEheVO angehörenden Vertragsstaat des KSÜ, so werden die Gerichte des
neuen Aufenthaltsstaats nach Maßgabe von Art 5 Abs 2 KSÜ für die Regelung des Umgangsrechts international zuständig.

118   **bb) Begründung eines neuen gewöhnlichen Kindesaufenthalts.** Durch diesen Umzug
muss das Kind in dem anderen Mitgliedstaat bereits einen neuen gewöhnlichen Aufenthalt
(→ Rn 87 ff) erlangt haben (*Gruber* IPRax 05, 293/297); ein schlichter Aufenthalt genügt nicht.
Hat das Kind noch keinen gewöhnlichen Aufenthalt in dem anderen Mitgliedstaat erworben, so
ergibt sich die internationale Zuständigkeit der Gerichte des bisherigen Aufenthaltsstaates bereits
aus Art 8 Abs 1, solange der dortige gewöhnliche Aufenthalt fortbesteht. Besteht er nicht mehr
fort, ohne dass im neuen Aufenthaltsstaat bereits ein gewöhnlicher Aufenthalt begründet wurde,
so sollte Art 9 zumindest *analog* angewendet werden (*Coester-Waltjen* FamRZ 05, 241/244; G/
Sch/*Dilger*, IRV vor Art 9 Rn 6; **aA** [Fortbestand des früheren gewöhnlichen Aufenthalts bis zur
Begründung eines neuen] HK–ZPO/*Dörner* Rn 6); denn andernfalls wären die Gerichte im
Zuzugsstaat aufgrund des schlichten Aufenthalts des Kindes nach Art 13 zuständig, während
ihnen die Zuständigkeit bei Begründung eines gewöhnlichen Aufenthalts des Kindes wegen
Art 9 Abs 1 fehlen würde.

119   **cc) Rechtmäßigkeit des neuen gewöhnlichen Aufenthalts.** Ferner muss dieser neue
gewöhnliche Aufenthalt rechtmäßig sein; er darf also nicht durch ein rechtswidriges Verbringen
oder Zurückhalten iSv Art 2 Nr 11 (→ Rn 66 ff) begründet worden sein (Najvyssí súd 12.3.09,
unalex SK-76). Die Widerrechtlichkeit ist gem Art 2 Nr 11 lit a nach dem Recht zu beurteilen,
das vom IPR des bisherigen Aufenthaltsstaats des Kindes als Sorgerrechtsstatut zur Anwendung
berufen ist. Die Rechtmäßigkeit kann sich insbesondere aus einer Zustimmung des anderen
Elternteils oder einer im bisherigen Aufenthaltsstaat ergangenen bzw anerkannten gerichtlichen
Entscheidung ergeben. An ihr fehlt es, wenn die maßgebende *lex causae* die mangelnde Rücksicht auf das bestehende Umgangsrecht des anderen Elternteils als **Auswanderungshindernis**
wertet (Rauscher/*Rauscher* Rn 6; Zö/*Geimer* Rn 2). Ist der Umzug nicht rechtmäßig, so bleiben
die Gerichte des bisherigen Aufenthaltsstaates des Kindes idR auch für Änderungen
des Umgangsrechts international zuständig (Staud/*Pirrung* Rn C 57). Soweit dies – wie zB nach
Art 10 lit a (nachträgliche Zustimmung) – ausnahmsweise nicht der Fall ist, dürfte Art 9 Abs 1
analog anzuwenden sein (NK–BGB/*Gruber* Rn 10; Althammer/*Schäuble* Rn 8).

120   **dd) Vor dem Umzug ergangene Entscheidung im füheren Aufenthaltsstaat.** Weiterhin
muss bereits eine – gerichtliche oder behördliche – Entscheidung über das Umgangsrecht (Art 2
Nr 4) in dem Mitgliedstaat getroffen worden sein, in dem das Kind zu diesem Zeitpunkt seinen
gewöhnlichen Aufenthalt hatte; diese Entscheidung muss nach Art 41 Abs 1 S 1 (→ N
Rn 235 ff) in allen anderen Mitgliedstaaten vollstreckbar sein. Die Entscheidung muss ferner
bereits vor dem Umzug des Kindes ergangen sein; eine auf die *perpetuatio fori* nach Art 8 Abs 1
gestützte Entscheidung, die erst nach dem Umzug getroffen wurde, genügt nicht (öst OGH
23.10.07, unalex AT-580; Rauscher/*Rauscher* Rn 9; Zö/*Geimer* Rn 3). Nicht vorausgesetzt wird

I. Internationale Zuständigkeit: EuEheVO Art 9 **121–125 F**

hingegen die Rechtskraft der Entscheidung. Nach dem Zweck der Vorschrift muss es vielmehr ausreichen, dass der Umzug des Kindes in der – zB auf eine Rechtsprüfung beschränkten – Entscheidung nicht mehr berücksichtigt werden konnte (Rauscher/*Rauscher* Rn 9; NK-BGB/ *Gruber* Rn 3).

„Entscheidung" ist auch eine zu gerichtlichem Protokoll erklärte Vereinbarung der Eltern. **121** Nicht ausreichend ist es hingegen, wenn die Eltern das Umgangsrecht lediglich in einer **außergerichtlichen Vereinbarung** geregelt hatten, deren Abänderung nunmehr von einem Elternteil verlangt wird; hierfür sind nur die Gerichte in dem Mitgliedstaat zuständig, in dem das Kind zur Zeit der Antragstellung seinen (ggfs neuen) gewöhnlichen Aufenthalt hat (G/Sch/ *Geimer* Rn 1; NK-BGB/*Gruber* Rn 3).

ee) Dreimonatsfrist. Die Zuständigkeit nach Abs 1 besteht nur, wenn seit dem Umzug des **122** Kindes **nicht mehr als drei Monate** vergangen sind (Aud Prov Madrid 2.6.09, unalex ES-535; Maakohus Viru 15.10.09, unalex EE-19). Unter „Umzug" ist dabei nur die rein tatsächliche Ortsveränderung zu verstehen; ob das Kind durch diesen Umzug seinen bisherigen gewöhnlichen Aufenthalt verloren oder bereits einen neuen gewöhnlichen Aufenthalt in dem anderen Mitgliedstaat begründet hat, ist nicht entscheidend (NK-BGB/*Gruber* Rn 4; Rauscher/*Rauscher* Rn 17). Die Dreimonatsfrist rechnet von diesem Umzug **bis zur Stellung des Antrags** auf Abänderung der Umgangsentscheidung bei dem zuständigen Gericht. Maßgebend ist also die fristgerechte Anrufung des Gerichts iSv Art 16 (OLG München FamRZ 11, 1887; Althammer/ *Schäuble* Rn 10); die Abänderungsentscheidung muss hingegen nicht mehr innerhalb der Dreimonatsfrist erlassen werden (*perpetuatio fori;* vgl *Solomon* FamRZ 04, 1409/1412; *Gruber* IPRax 05, 293/297; *Rauscher* EuLF 05 I-37/39; G/Sch/*Dilger,* IRV Rn 12; Zö/*Geimer* Rn 8; **aA** Staud/*Pirrung* Rn C 57).

ff) Fortbestehender gewöhnlicher Aufenthalt des umgangsberechtigten Elternteils 123 im Gerichtsstaat. Schließlich setzt die Zuständigkeit nach Art 9 Abs 1 voraus, dass der umgangsberechtigte Elternteil (oder der sonstige Träger der elterlichen Verantwortung, → Rn 62) sich schon vor dem Umzug gewöhnlich in dem Mitgliedstaat des früheren gewöhnlichen Aufenthalts des Kindes aufgehalten hat und sich dort weiterhin, dh ununterbrochen aufhält (*Solomon* FamRZ 04, 1409/1412; NK-BGB/*Gruber* Rn 6); denn nur dann besteht der hinreichende Bezug zu diesem Staat, der die fortdauernde Zuständigkeit zur Abänderung der von einem Gericht dieses Staates getroffenen Entscheidung rechtfertigt (Zö/*Geimer* Rn 11; krit Rauscher/*Rauscher* Rn 11).

b) Wirkungen. Liegen alle vorgenannten Voraussetzungen nach Abs 1 vor, so verbleibt die **124** *internationale* Abänderungszuständigkeit für einen Zeitraum von drei Monaten bei den Gerichten des früheren Aufenthaltsstaates des Kindes (OLG Köln FamRZ 17, 1514/1515; OLG Stuttgart NJW 12, 2043; OLG München FamRZ 11, 1887). Fehlt auch nur eine dieser Voraussetzungen, sind die Gerichte im Staat des neuen gewöhnlichen Aaufenthalts des Kindes zuständig. Die *örtliche* Zuständigkeit bestimmt sich nach dem autonomen Verfahrensrecht dieses Staates; danach muss nicht notwendig das Gericht zuständig sein, das die abzuändernde Entscheidung getroffen hat. Sieht das nationale Verfahrensrecht des bisherigen Aufenthaltsstaates allerdings eine örtliche Zuständigkeit für die Abänderung nicht vor, so sollte im Wege der Rechtsfortbildung dasjenige Gericht für zuständig erklärt werden, das die abzuändernde Entscheidung erlassen hat (Rauscher/*Rauscher* Rn 16; zust Zö/*Geimer* Rn 13). Art 9 Abs 1 verdrängt gemäß Art 8 Abs 2 als *lex specialis* die allgemeine Zuständigkeit nach Art 8 Abs 1, so dass eine konkurrierende Zuständigkeit der Gerichte des neuen Aufenthaltsstaates des Kindes zur Abänderung der Umgangsentscheidung nicht besteht (Althammer/*Schäuble* Rn 12; ThP/*Hüßtege* Rn 3; Staud/*Pirrung* Rn C 57). Diese werden – vorbehaltlich des Abs 2 – erst nach Ablauf der Dreimonatsfrist für eine Abänderung der im früheren Aufenthaltsstaat getroffenen Umgangsregelung zuständig.

Die fortbestehende Zuständigkeit des bisherigen Aufenthaltsstaates ist allerdings auf Fragen des **125** **Umgangsrechts** beschränkt. Für alle anderen Aspekte der elterlichen Verantwortung, insbesondere für eine (Neu-) Regelung des Sorgerechts sind die Gerichte des Zuzugsstaates international zuständig, und zwar nach Art 8 Abs 1, wenn das Kind dort bereits einen gewöhnlichen Aufenthalt begründet hat, ansonsten nach Art 13 (G/Sch/*Dilger,* IRV Rn 11; Rauscher/*Rauscher* Rn 18). Wird ein solches Sorgerechtsverfahren im Zuzugsstaat innerhalb der Dreimonatsfrist des Art 9 Abs 1 anhängig gemacht, so sperrt es wegen der insoweit bestehenden Identität des Streitgegenstands nach Art 19 Abs 2 (→ Rn 301) ein erst danach anhängig gemachtes umgangs-

577

F   1. Teil. Erkenntnisverfahren F. Kindschaftssachen

rechtliches Verfahren im Wegzugsstaat (NK-BGB/*Gruber* Rn 8; Zö/*Geimer* Rn 7; Althammer/
Schäuble Rn 1 aE; **aA** [teleologische Reduktion von Art 19 Abs 2] Rauscher/*Rauscher* Rn 21);
letzteres ist daher auszusetzen, soweit keine Zuständigkeitsübertragung nach Art 15 in Betracht
kommt. Umgekehrt steht auch das zuerst anhängig gemachte umgangsrechtliche Verfahren im
Wegzugstaat nach Art 19 Abs 2 einem späteren Sorgerechtsverfahren im Zuzugsstaat entgegen;
die Gerichte im Zuzugsstaat sind vielmehr bis zur Entscheidung über das Umgangsrecht auf
Maßnahmen des einstweiligen Rechtsschutzes beschränkt (NK-BGB/*Gruber* Rn 9).

3. Rügelose Einlassung im neuen Aufenthaltsstaat, Abs 2

126   Die Abänderungszuständigkeit nach Abs 1 besteht dann nicht, wenn der umgangsberechtigte
Elternteil sich an einem umgangsrechtlichen Verfahren vor den Gerichten des Mitgliedstaats, in
dem das Kind seinen neuen gewöhnlichen Aufenthalt begründet hat, beteiligt, „ohne ihre
Zuständigkeit anzufechten." Gemeint ist mit dieser Einschränkung in Abs 2, dass eine rügelose
Einlassung des umgangsberechtigten Elternteils in einem von dem anderen Elternteil im Staat des
neuen gewöhnlichen Aufenthalts des Kindes eingeleiteten Verfahren mit dem Ziel einer Ab-
änderung der bestehenden Entscheidung zum Umgangsrecht die nach Abs 1 fortbestehende
Zuständigkeit der Gerichte des früheren Aufenthaltsstaates entfallen lässt (*Solomon* FamRZ 05,
1409/1412). Hinsichtlich der Voraussetzungen einer „rügelosen Einlassung" kann auf die zu
Art 24 EuGVVO aF entwickelten Grundsätze zurückgegriffen werden (Althammer/*Schäuble*
Rn 13).

127   Der rügelosen Einlassung steht es gleich, wenn der umgangsberechtigte Elternteil **selbst den
Abänderungsantrag** vor dem nunmehr nach Art 8 Abs 1 zuständigen Gericht stellt (Aud Prov
Toledo 21.2.11, unalex ES-524; Rauscher/*Rauscher* Rn 22; MüKoFamFG/*Gottwald* Rn 9).
Beantragt der umgangsberechtigte Elternteil im neuen Aufenthaltsstaat des Kindes hingegen
dessen Rückführung nach dem HKÜ oder die Vollstreckung einer im früheren Aufenthaltsstaat
ergangenen Umgangsregelung, so liegt darin noch keine „Anerkennung" der Zuständigkeit iSv
Art 9 Abs 2 (Aud Prov Barcelona 20.12.10, unalex ES-485).

4. Verweisung nach Art 15

128   Art 9 Abs 1 schließt es auch nicht aus, dass das hiernach zuständige Gericht im bisherigen
Aufenthaltsstaat des Kindes das Verfahren an ein Gericht des neuen Aufenthaltsstaates verweist.
Denn Art 15 Abs 4 UAbs 2 und Abs 5 S 3 beziehen sich ausdrücklich auf alle Zuständigkeiten
nach Art 8–14 und erfassen damit auch den in Art 9 Abs 1 geregelten Fall. Da nach Art 15
Abs 3 lit a vermutet wird, dass eine besondere Bindung zu dem Staat besteht, in dem das Kind
seinen neuen gewöhnlichen Aufenthalt begründet hat, ist das Gericht zu einer Abgabe des
Verfahrens berechtigt, wenn es zu der Überzeugung gelangt, dass die Gerichte im Staat des neuen
gewöhnlichen Aufenthalts den Fall besser beurteilen können. Dies kommt insbesondere in
Betracht, wenn in dem neuen Aufenthaltsstaat bereits ein Sorgerechtsverfahren anhängig ist
(NK-BGB/*Gruber* Rn 11). Allerdings muss in diesem Fall das Verfahren nach Art 15 eingehalten
werden. Sind die Gerichte im neuen Aufenthaltsstaat des Kindes daher nicht bereit, das Verfahren
zu übernehmen, so muss das angerufene Gericht im früheren Aufenthaltsstaat seine Zuständigkeit nach Art 9 Abs 1 zwingend wahrnehmen und darf sich nicht für unzuständig erklären (belg
Cass 21.11.07, unalex BE-498).

EuEheVO Art 10. Zuständigkeit in Fällen von Kindesentführung

**Bei widerrechtlichem Verbringen oder Zurückhalten eines Kindes bleiben die Ge-
richte des Mitgliedstaats, in dem das Kind unmittelbar vor dem widerrechtlichen
Verbringen oder Zurückhalten seinen gewöhnlichen Aufenthalt hatte, so lange zuständig, bis das Kind einen gewöhnlichen Aufenthalt in einem anderen Mitgliedstaat
erlangt hat und**

**a) jede sorgeberechtigte Person, Behörde oder sonstige Stelle dem Verbringen oder
Zurückhalten zugestimmt hat
oder**

**b) das Kind sich in diesem anderen Mitgliedstaat mindestens ein Jahr aufgehalten hat,
nachdem die sorgeberechtigte Person, Behörde oder sonstige Stelle seinen Aufenthaltsort kannte oder hätte kennen müssen und sich das Kind in seiner neuen Umgebung eingelebt hat, sofern eine der folgenden Bedingungen erfüllt ist:**

I. Internationale Zuständigkeit: EuEheVO Art 10 **129–131 F**

i) **Innerhalb eines Jahres, nachdem der Sorgeberechtigte den Aufenthaltsort des Kindes kannte oder hätte kennen müssen, wurde kein Antrag auf Rückgabe des Kindes bei den zuständigen Behörden des Mitgliedstaats gestellt, in den das Kind verbracht wurde oder in dem es zurückgehalten wird;**

ii) **ein von dem Sorgeberechtigten gestellter Antrag auf Rückgabe wurde zurückgezogen, und innerhalb der in Ziffer i) genannten Frist wurde kein neuer Antrag gestellt;**

iii) **ein Verfahren vor dem Gericht des Mitgliedstaats, in dem das Kind unmittelbar vor dem widerrechtlichen Verbringen oder Zurückhalten seinen gewöhnlichen Aufenthalt hatte, wurde gemäß Artikel 11 Absatz 7 abgeschlossen;**

iv) **von den Gerichten des Mitgliedstaats, in dem das Kind unmittelbar vor dem widerrechtlichen Verbringen oder Zurückhalten seinen gewöhnlichen Aufenthalt hatte, wurde eine Sorgerechtsentscheidung erlassen, in der die Rückgabe des Kindes nicht angeordnet wird.**

Schrifttum: *Coester,* Kooperation statt Konfrontation; Die Rückgabe entführter Kinder nach der Brüssel IIa-VO, FS Schlosser (2005) 135; *Eppler,* Grenzüberschreitende Kindesentführung (2015); *Finger,* Internationale Kindesentführung – HKindEntÜ, VO Nr 2201/2003 und dt. IntFamRVG, FuR 05, 443; *Fleige,* Die Zuständigkeit für Sorgerechtsentscheidungen und die Rückführung von Kindern nach europäischem IZVR (2006); *Gruber,* Effektive Antworten des EuGH auf Fragen zur Kindesentführung, IPRax 09, 413; *Holl,* Funktion und Bestimmung des gewöhnlichen Aufenthalts bei internationalen Kindesentführungen (2001); *Janzen/Gärtner,* Rückführungsverweigerung bei vorläufigerr Zustimmung und internationale Zuständigkeit im Fall von Kindesentführungen IPRax 11, 412; *Holzmann,* Brüssel IIa-VO, elterliche Verantwortung und internationale Kindesentführungen (2008); *Keese,* Die Kindesentführung durch einen Elternteil im europäischen und internationalen Zivilprozessrecht (2011); *Lowe,* A Review oft he Application of Article 11 of the Revised Brussels II Regulation, IntFamL 09, 27; *McEleavy,* The New Child Abduction Regime in the European Union: Symbiotic Relationship or Forced Partnership, JPrivIntL 05, 5; 22; *Mankowski,* Der gewöhnliche Aufenthalt eines verbrachten Kindes unter der Brüssel IIa-VO, GPR 11, 209; *Rieck,* Kindesentführung und die Konkurrenz zwischen dem HKÜ und der EheEuGVVO 2003 (Brüssel IIa), NJW 08, 182; *Schulz,* Das Haager Kindesentführungsübereinkommen und die Brüssel IIa-VO, FS Kropholler (2008), 435; *Siehr,* Zum persönlichen Anwendungsbereich des Haager Kindesentführungsübereinkommens von 1980 und der EuEheVO, IPRax 10, 583; *ders,* Kindesentführung und EuEheVO, IPRax 12, 316; *Völker,* Die wesentlichen Aussagen des BVerfG zum Haager Kindesentführungsübereinkommen – zugleich ein Überblick über die Neuerungen im HKÜ-Verfahren aufgrund der Brüssel IIa-Verordnung, FamRZ 10, 157.

1. Allgemeines

a) Normzweck. In Anlehnung an Art 7 KSÜ (→ Rn 442 ff; zur Abgrenzung → Rn 152) **129** enthält Art 10 eine gegenüber Art 8 Abs 1 vorrangige Sonderregelung im Falle einer **Kindesentführung,** dh eines widerrechtlichen Verbringens oder Zurückhaltens des Kindes iSv Art 2 Nr 11. Wie Art 7 KSÜ dient die Vorschrift dem Schutz des Trägers der elterlichen Verantwortung, dessen Sorgerecht durch die Entführung verletzt wurde (*Solomon* FamRZ 04, 1409/1417; HK-ZPO/*Dörner* Rn 1). Sie stärkt aus diesem Grunde die Bedeutung der internationalen Zuständigkeit des bisherigen Aufenthaltsstaats, um zu verhindern, dass der entführende Elternteil aus seinem widerrechtlichen Verhalten einen Vorteil zieht (NK-BGB/*Gruber* Rn 2). Stimmt der in seinem (Mit-) Sorgerecht verletzte Elternteil dem widerrechtlichen Verbringen/Zurückhalten nachträglich zu, so entfällt dementsprechend die Zuständigkeit nach Art 10 und es gilt wieder die allgemeine Regelung des Art 8 Abs 1 (Aud Prov Barcelona 20.12.10, unalex ES-485).

b) Verhältnis zum HKÜ. Die Vorschrift ergänzt im Verhältnis der Mitgliedstaaten zueinan- **130** der die Art 12, 13 HKÜ, die in allen Mitgliedstaaten gelten, aber nur die **Rückführung des Kindes** nicht die internationale Zuständigkeit für eine Sorgerechtsentscheidung regeln (vgl High Court Ireland 24.8.06, unalex IE-64). Art 10 bestimmt demgegenüber nur die internationale Zuständigkeit für sorge- und umgangsrechtliche Entscheidungen, während sich die internationale Zuständigkeit für die Anordnung einer Rückführung des Kindes auch im Geltungsbereich der EuEheVO weiterhin nach Art 12 HKÜ beurteilt (EuGH C-376/14 – *C,* FamRZ 15, 107 Rn 41; App Bruxelles 11.3.09, unalex BE-622; Rauscher/*Rauscher* Rn 12; Zö/ *Geimer* Rn 3); danach kommt es nicht auf den gewöhnlichen Aufenthalt des Kindes im Verbringungsstaat, sondern nur auf dessen **schlichte Anwesenheit** an (OLG Frankfurt OLGR 06, 878; Zö/*Geimer* Rn 3; → U Rn 178).

Das HKÜ wird allerdings auf dem Gebiet der Kindesrückführung im Verhältnis der EU- **131** Mitgliedstaaten zueinander durch **Art 11 Abs 8 EuEheVO** überlagert; danach sind auch die

579

F 132–134   1. Teil. Erkenntnisverfahren F. Kindschaftssachen

Gerichte des bisherigen Aufenthaltsstaates des Kindes für eine Entscheidung über die Rückführung international zuständig (High Court [Fam Div] 8.3. und 31.5.11, unalex UK-436, 438; → Rn 181 ff). Abweichend von Art 4 S 2 HKÜ gilt Art 10 jedoch in persönlicher Hinsicht nicht nur für Kinder bis zur Vollendung des 16. Lebensjahrs, sondern bis zur Vollendung des 18. Lebensjahres (*Siehr* IPRax 10, 583/585; HK-ZPO/*Dörner* Rn 1; ThP/*Hüßtege* Rn 1; **aA** öst OGH IPRax 10, 551/552); die Anwendbarkeit des HKÜ ist mithin keine notwendige Voraussetzung für die Anwendung von Art 10 (*Rausch* FuR 05, 53/57; Rauscher/*Rauscher* Rn 13; MüKoBGB/*Heiderhoff* Rn 1).

132   **c) Widerrechtliches Verbringen oder Zurückhalten.** Art 10 setzt voraus, dass das Kind aus dem Mitgliedsataat, in dem es einen gewöhnlichen Aufenthalt hatte, widerrechtlich in einen anderen Staat verbracht wurde oder dort widerrechtlich zurückgehalten wird. Der Begriff des widerrechtlichen Verbringens bzw Zurückhaltens wird in **Art 2 Nr 11** definiert (→ Rn 66 ff; dazu öst OGH 29.11.16, unalex AT-1087; App Bruxelles 5.5.09, unalex BE-528); auf die dortigen Ausführungen wird verwiesen. Der Umstand, dass sich der gewöhnliche Aufenthalt des Kindes im Anschluss an ein erstinstanzliches Urteil während des Rechtsmittelverfahrens geändert hat und dass das mit einem Rückgabeantrag nach dem HKÜ befasste Gericht diese Änderung gegebenenfalls feststellt, kann allerdings kein Gesichtspunkt sein, auf den sich der Elternteil, der ein Kind unter Verletzung des Sorgerechts zurückhält, berufen kann, um die durch sein rechtswidriges Handeln geschaffene Sachlage aufrechtzuerhalten und sich der Vollstreckung der im Ursprungsmitgliedstaat ergangenen Entscheidung über die elterliche Verantwortung zu widersetzen. Der in Abschnitt 2 des Kapitels III (Art 28 ff) vorgesehene Mechanismus würde nämlich umgangen und ausgehöhlt, wenn die von einem mit einem solchen Antrag befassten Gericht im Verbringungsstaat getroffene Feststellung, dass sich der gewöhnliche Aufenthalt des Kindes geändert hat, es ermöglichen würde, diese Sachlage aufrechtzuerhalten und die Vollstreckung der Entscheidung des Ursprungsmitgliedstaats zu verhindern. Dies gilt auch bei Einlegung eines Rechtsbehelfs gegen eine solche Entscheidung des Ursprungsmitgliedstaats (EuGH C-376/14 – *C/M,* FamRZ 15, 107 Rn 66 ff; dazu *Dimmler* FamRB 15, 128). Fehlt es an der Widerrechtlichkeit, so verbleibt es bei den allgemeinen Zuständigkeitsregeln der Art 8 Abs 1 und 9.

2. Aufrechterhaltung der internationalen Zuständigkeit im bisherigen Aufenthaltsstaat des entführten Kindes

133   Art 10 stellt klar, dass ein unter Verletzung des (Mit-)Sorgerechts bewirkter Wechsel des gewöhnlichen Aufenthalts des Kindes grundsätzlich keinen Wegfall der internationalen Zuständigkeit der Gerichte des bisherigen Aufenthaltsstaats zur Folge hat (frz Cass 5.3.14, unalex FR-2388). Auf diese Weise soll es dem Entführer jedenfalls innerhalb der Europäischen Union verwehrt sein, durch sein widerrechtliches Verhalten eine Änderung der internationalen Zuständigkeit für die Entscheidung über die elterliche Verantwortung zu seinen Gunsten herbeizuführen, während ein Rückführungsverfahren nach dem HKÜ anhängig ist oder solange ein solches gem Art 12 Abs 1 HKÜ noch anhängig gemacht werden kann (Staud/*Pirrung* Rn C 59). Denn ein widerrechtliches Verbringen des Kindes nimmt diesem meist die Möglichkeit, regelmäßige persönliche Beziehungen zu beiden Elternteilen zu pflegen und verletzt damit ein in Art 24 Abs 3 der EU-Grundrechtecharta niedergelegtes Grundrecht des Kindes (EuGH C-403/09 PPU – *Detiček,* Slg 09 I-12193 Rn 56 = FamRZ 10, 525 m Anm *Henrich*). Die Verordnung hat daher „ein System geschaffen, nach dem im Fall einer unterschiedlichen Beurteilung durch das Gericht des gewöhnlichen Aufenthalts des Kindes und das Gericht des Ortes, an dem es sich widerrechtlich befindet, das erstgenannte Gericht für die Entscheidung über die Rückkehr des Kindes ausschließlich zuständig bleibt" (EuGH C-491/10 PPU – *Aguirre Zarraga,* Slg 10 I-14247 Rn 44 = FamRZ 11, 355).

134   Von diesem Grundsatz wird Art 10 auch dann noch nicht abgewichen, wenn das **Kind im Verbringungsstaat einen neuen gewöhnlichen Aufenthalt begründet** hat (öst OGH 13.10.09, unalex AT-676; MüKoBGB/*Heiderhoff* Rn 6). Denn es soll verhindert werden, dass das Sorgerecht dort neu geregelt wird, bevor über die Rückgabe des Kindes nach dem HKÜ (bzw nach Art 11 Abs 8 EuEheVO) entschieden worden ist. Zu diesem Zweck wird die Zuständigkeit des früheren Aufenthaltsstaates nach Art 10 grundsätzlich für die Dauer eines Jahres aufrechterhalten. Während dieser Zeit ist das mit dem Rückführungsantrag befasste Gericht im Verbringungsstaat nicht berechtigt, über das Sorgerecht für das Kind zu entscheiden (frz Cass 17.12.08, unalex FR-1039). Etwas anderes gilt ausnahmsweise nur dann, wenn außerdem alternativ die in lit a oder lit b genannten Voraussetzungen erfüllt sind. Weitere Ausnahmen

580

I. Internationale Zuständigkeit: EuEheVO Art 10   **135–138 F**

gelten im Fall einer Gerichtsstandsvereinbarung nach Art 12 (→ Rn 194 ff) sowie in Verfahren des einstweiligen Rechtsschutzes nach Art 20 (→ Rn 325 ff).

3. Voraussetzungen für eine Änderung des gewöhnlichen Aufenthalts des entführten Kindes

a) Gewöhnlicher Aufenthalt im Verbringungsstaat. aa) Grundsatz. Zu einem Wechsel **135** der internationalen Zuständigkeit infolge einer Kindesentführung kann es nach Art 10 nur kommen, wenn das Kind in dem Verbringungsstaat einen neuen gewöhnlichen Aufenthalt begründet hat. Dies wird durch die Widerrechtlichkeit des Verhaltens desjenigen Elternteils, der das Kind in diesen Staat entführt hat oder dort zurückhält, nicht ausgeschlossen (EuGH C-211/10 PPU – *Povse/Alpago,* Slg 10 I-6673 Rn 43 f = FamRZ 10, 1229 m Anm *Schulz* 1307; NK-BGB/*Gruber* Rn 3; Zö/*Geimer* Rn 6). Für den Erwerb des gewöhnlichen Aufenthalts kommt es vielmehr – wie auch sonst (vgl zu Art 8 Abs 1 → Rn 87 ff) – allein auf die hinreichende Eingliederung des Kindes in sein neues soziales und familiäres Lebensumfeld an. Allerdings werden an die soziale Integration des Kindes strengere Anforderungen gestellt als bei einem rechtmäßigen Aufenthaltswechsel (→ Rn 98 f). Diesbezüglich kann auch auf die Rechtsprechung und Literatur zu **Art 4 HKÜ** zurückgegriffen werden (→ U Rn 125 ff). Solange das Kind seinen gewöhnlichen Aufenthalt noch in seinem bisherigen Aufenthaltsstaat hat, bleiben dessen Gerichte schon nach Art 8 für Entscheidungen über die elterliche Verantwortung international zuständig (Zö/*Geimer* Rn 6).

bb) Beschränkung auf Mitgliedstaaten. Art 10 kommt ferner nur im Verhältnis zwischen **136** Mitgliedstaaten der Verordnung zur Anwendung. Das Kind muss daher aus einem Mitgliedstaat entführt worden sein und nach dieser Entführung in einem anderen Mitgliedstaat einen neuen gewöhnlichen Aufenthalt begründet haben. Wurde das Kind in einen **Drittstaat** entführt, findet Art 10 keine Anwendung; die deutschen Gerichte bleiben in diesem Fall nur solange für eine Sorgerechtsregelung nach Art 8 Abs 1 international zuständig, bis das Kind im Verbringungsstaat einen neuen gewöhnlichen Aufenthalt erworben hat. Danach kann sich ihre fortbestehende internationale Zuständigkeit nur noch als Restzuständigkeit nach Art 14 aus staatsvertraglichen Vorschriften (zB aus Art 5 ff KSÜ; → Rn 416 ff) und hilfsweise aus dem autonomen deutschen Recht (§ 99 FamFG; → Rn 578 ff) ergeben (NK-BGB/*Gruber* Rn 11). Wurde das Kind in einen anderen Vertragsstaat des KSÜ entführt, ist insbesondere Art 7 KSÜ zu beachten (Rauscher/ *Rauscher* Rn 5; Zö/*Geimer* Rn 4; → Rn 442 ff). Im Fall der Entführung **aus einem Drittstaat** in einen Mitgliedstaat werden die Gerichte dieses Mitgliedstaats nach Art 8 Abs 1 international zuständig, wenn das Kind dort seinen gewöhnlichen Aufenthalt begründet hat; Art 10 ist auch in diesem Fall nicht anwendbar (Althammer/*Schäuble* Rn 7 MüKoBGB/*Heiderhoff* Rn 5).

cc) Maßgeblicher Zeitpunkt. Die Sonderregelung in Art 10 greift nur dann ein, wenn das **137** Kind den neuen gewöhnlichen Aufenthalt erworben hat, bevor ein Antrag auf Regelung des Sorge- oder Umgangsrechts bei einem Gericht des früheren Aufenthaltsstaats gestellt wurde. Erwirbt das Kind den neuen gewöhnlich Aufenthalt erst nach der Antragstellung, so bleibt die internationale Zuständigkeit des angerufenen Gerichts im früheren Aufenthaltsstaat bereits im Hinblick auf den Grundsatz der *perpetuatio fori* nach Art 8 Abs 1 in jedem Fall erhalten (NK-BGB/*Gruber* Rn 10; Zö/*Geimer* Rn 7; ThP/*Hüßtege* Rn 1). Dieses Verfahren blockiert daher nach Art 19 Abs 2 jedes später im Verbringungsstaat eingeleitete Verfahren über den gleichen Gegenstand.

b) Erfüllung der Voraussetzungen nach lit a oder lit b. Auch wenn das Kind im Ver- **138** bringungsstaat einen neuen gewöhnlichen Aufenthalt erworben hat, noch bevor im früheren Aufenthaltsstaat ein Antrag auf Regelung der elterlichen Verantwortung gestellt wurde, führt dies innerhalb der Europäischen Union nur dann zu einer Änderung der internationalen Zuständigkeit für eine solche Regelung, wenn außerdem **alternativ** die Voraussetzungen nach Art 10 lit a oder lit b erfüllt sind (EuGH C-85/18 PPU, unalex EU-753 Rn 46 ff; öst OGH 13.10.09, unalex AT-676; G/Sch/*Dilger,* IRV Rn 4). Diese Voraussetzungen sind wegen ihres Ausnahmecharakters *restriktiv* auszulegen (EuGH C-211/10 PPU – *Povse/Alpago,* Slg 10 I-6673 Rn 44 ff; frz Cass Gaz Pal 13./15.14, 32). Sie verhindern damit einen vorschnellen Wegfall der internationalen Zuständigkeit des bisherigen Aufenthaltsstaates. War im bisherigen Aufenthaltsstaat des Kindes im Zeitpunkt der Entführung bereits ein Verfahren anhängig, so folgt die fortbestehende Zuständigkeit des befassten Gerichts bereits aus dem Grundsatz dere *perpetuatio fori* (*Gruber* Rpfleger 02, 545/547; Zö/*Geimer* Rn 7).

581

F 139–144 1. Teil. Erkenntnisverfahren F. Kindschaftssachen

139 **aa) Zustimmung aller Sorgeberechtigten, lit a.** In Anlehnung an Art 13 Abs 1 lit a HKÜ ist es zum einen ausreichend, dass jede sorgeberechtigte Person, Behörde oder sonstige Stelle dem Verbringen oder Zurückhalten zugestimmt hat. Erforderlich ist insbesondere die Zustimmung desjenigen sorgeberechtigten Elternteils, ohne dessen Einverständnis das Kind zunächst in einen anderen Mitgliedstaat verbracht oder dort zurückgehalten wurde. Ebenso wie nach Art 13 HKÜ muss auch nach Art 10 lit a EuEheVO die **nachträgliche Genehmigung** ausreichen (App Bruxelles 5.5.09, unalex BE-528; G/Sch/*Dilger*, IRV Rn 11; Zö/*Geimer* Rn 12), denn im Falle einer vorherigen Zustimmung würde es regelmäßig bereits an der Widerrechtlichkeit des Verbringens/Zurückhaltens fehlen und Art 10 überhaupt keine Anwendung finden. Wird die Zustimmung erteilt, so entfällt die Zuständigkeit des früheren Aufenthaltsstaates nach Art 10 und die Gerichte des neuen Aufenthaltsstaates werden nach Art 8 international zuständig (Aud Prov Barcelona 20.12.10, unalex ES-485; App Bruxelles 5.5.09 aaO). Zu den Anforderungen an eine Zustimmung kann auf die Auslegung von Art 13 Abs 1 lit a HKÜ ergänzend zurückgegriffen werden (→ U Rn 201 ff). Danach kann die Zustimmung zwar auch konkludent erteilt werden (Althammer/*Schäuble* Rn 11); hierfür genügt bloße Untätigkeit des zurückgebliebenen Elternteils jedoch nicht (Rauscher/*Rauscher* Rn 20).

140 **bb) Einjähriger Mindestaufenthalt und soziale Eingliederung, lit b.** Liegt die Zustimmung auch nur einer (mit-) sorgeberechtigten Person oder Stelle nach lit a nicht vor, so genügt es nach lit b – in Übereinstimmung mit Art 7 Abs 1 lit b KSÜ (→ Rn 447 f) und in Anlehnung an Art 12 Abs 1 und 2 HKÜ (→ U Rn 170 ff) – auch, wenn die folgenden Voraussetzungen **kumulativ** erfüllt sind:

141 Das Kind muss sich in dem Mitgliedstaat seines neuen gewöhnlichen Aufenthalts **mindestens ein Jahr aufgehalten** haben, nachdem die sorgeberechtigte Person, Behörde oder sonstige Stelle seinen Aufenthaltsort (und nicht nur den Aufenthaltsstaat) kannte oder hätte kennen müssen. Wird das Kind zunächst mit Einverständnis des (mit-) sorgeberechtigten Elternteils vorübergehend in einen anderen Mitgliedstaat verbracht und widerspricht dieser Elternteil später einem weiteren Verbleib des Kindes in diesem Staat, so beginnt die Jahresfrist erst mit dem Widerspruch (Supremo Trib de Justica 5.11.09, unalex PT-164). Nicht erforderlich ist, dass das Kind während der gesamten Jahresfrist bereits seinen *gewöhnlichen* Aufenthalt im Verbringungsstaat hatte; vielmehr reicht insoweit ein schlichter Aufenthalt aus (*Solomon* FamRZ 04, 1409/1417; ThP/ *Hüßtege* Rn 4; Althammer/*Schäuble* Rn 13). Allerdings findet ein Wechsel der internationalen Zuständigkeit nur statt, wenn das Kind inzwischen einen gewöhnlichen Aufenthalt im Verbringungsstaat begründet hat.

142 Außerdem muss sich das Kind **in seiner neuen Umgebung eingelebt** haben. Zum Begriff des Einlebens kann auf die Auslegung dieses Tatbestandsmerkmals in Art 12 Abs 2 HKÜ verwiesen werden (→ U Rn 180 ff). Danach muss sich das Kind in das familiäre, soziale und kulturelle Umfeld im Verbringungsstaat integriert haben. Im Regelfall ergibt sich die Erfüllung dieses Tatbestandsmerkmals bereits aus der Begründung des gewöhnlichen Aufenthalts im Verbringungsstaat (*Coester-Waltjen* FS Geimer [2002] 139/148; *Solomon* FamRZ 04, 1409/1417).

143 **cc) Zusätzliche Bedingungen.** Darüber hinaus muss aber nach lit b – zT über Art 7 Abs 1 lit b KSÜ hinausgehend – wiederum **alternativ** eine der zusätzlichen Voraussetzungen nach lit i–lit iv erfüllt sein (vgl *Janzen*/*Gärtner* IPRax 11, 412 f):

144 **(1) Passivität des Sorgeberechtigten.** Nach den Buchstaben i–iii soll vor allem die Passivität des Sorgeberechtigten sanktioniert werden. Demgemäß reicht es für den Wegfall der internationalen Zuständigkeit des bisherigen Aufenthaltsstaats des Kindes aus, wenn zu dem einjährigen Mindestaufenthalt des Kindes in seinem neuen Aufenthaltsstaat und seiner dortigen sozialen Eingliederung hinzutritt, dass

– der Sorgeberechtigte innerhalb eines Jahres, seitdem er den Aufenthaltsort des Kindes kannte oder hätte kennen müssen, bei den zuständigen Behörden des Mitgliedstaates, in den das Kind widerrechtlich verbracht oder in dem es widerrechtlich zurückgehalten wurde, **keinen Antrag auf Rückgabe des Kindes** gestellt hat (lit i; vgl schon zu Art 3 Abs 1 EheVO 2000 BGH FamRZ 05, 1540/1544; OLG Nürnberg FamRZ 03, 163/164); oder

– der Sorgeberechtigte den zunächst gestellten **Antrag auf Rückgabe des Kindes wieder zurückgezogen** und innerhalb der Jahresfrist gemäß lit i keinen neuen Antrag gestellt hat (lit ii; vgl öst OGH 10.6.08, unalex AT-674); oder

– der Sorgeberechtigte innerhalb der ihm von dem Gericht oder der Zentralen Behörde des früheren Aufenthaltsstaates des Kindes nach Art 11 Abs 7 S 1 bestimmten Dreimonatsfrist

I. Internationale Zuständigkeit: EuEheVO Art 10   **139–149 F**

keinen Sorgerechtsantrag gestellt hat und das Verfahren aus diesem Grunde nach Art 11 Abs 7 S 2 abgeschlossen worden ist (lit iii).

Mit Erfüllung der Voraussetzungen nach lit b i–iii sind nicht nur die Erfolgsaussichten für **145** einen erneuten Rückführungsantrag des Sorgeberechtigten im Verbringungsstaat gering; dieser hat vielmehr auch das Recht verloren, für die Entscheidung über das Sorgerecht die Zuständigkeit der Gerichte in dem Staat in Anspruch zu nehmen, in dem sich das Kind vor dem widerrechtlichen Verbringen gewöhnlich aufgehalten hatte. Stattdessen muss der Sorgeberechtigte sein Recht nunmehr gem dem wieder anwendbaren Art 8 Abs 1 unter erschwerten Bedingungen vor den Gerichten des Verbringungsstaates durchsetzen (öst OGH 28.8.14, unalex AT-961).

(2) Sorgerechtsentscheidung im früheren Aufenthaltsstaat des Kindes. Ist keine der **146** Voraussetzungen nach lit i – lit iii erfüllt, so tritt die Änderung der internationalen Zuständigkeit zugunsten des neuen Aufenthaltsstaates des Kindes nach lit iv auch dann ein, wenn die Gerichte des Mitgliedstaats, in dem das Kind unmittelbar vor dem widerrechtlichen Verbringen oder Zurückhalten seinen gewöhnlichen Aufenthalt hatte, eine Sorgerechtsentscheidung erlassen haben, in der die **Rückgabe des Kindes nicht angeordnet** wurde. Wesentlich ist, dass nach dieser Vorschrift nur Sorgerechtsentscheidungen der **Gerichte des früheren Aufenthaltsstaates** des Kindes einen Wechsel der Zuständigkeit zugunsten des neuen Aufenthaltsstaates herbeiführen können. Nicht genügend hierfür sind hingegen Entscheidungen von Gerichten des Verbringungsstaates, in denen die Rückführung des Kindes – zB nach Art 12, 13 oder 20 HKÜ – abgelehnt worden ist (NK-BGB/*Gruber* Rn 6).

Im Hinblick auf den Ausnahmecharakter dieser Vorschrift muss die Entscheidung des Gerichts **147** im früheren Aufenthaltsstaat freilich nach Ansicht des EuGH (C-211/10 PPU – *Povse/Alpago,* FamRZ 10, 1229 Rn 46 ff) **in einem Hauptsacheverfahren** auf der Grundlage einer umfassenden Prüfung aller Umstände des Falles getroffen worden sein. Wird die Rückführung des Kindes von einem Gericht des bisherigen Aufenthaltsstaates hingegen lediglich in einer vorläufigen Entscheidung, zB in einer **einstweiligen Anordnung,** abgelehnt, so wird hierdurch ein Zuständigkeitswechsel zugunsten der Gerichte des neuen Aufenthaltsstaates nach lit iv nicht ausgelöst (zust High Court [Fam Div] 16.09.11, unalex UK-533; ebenso schon öst OGH 20.4.10, unalex AT-667 [Vorlagebeschluss]; *Schulz* FS Kropholler [2008] 435/442). Andernfalls würde sich das zuständige Gericht im vormaligen Aufenthaltsstaat durch seine vorläufige Entscheidung zugunsten des Entführer-Elternteils selbst die Zuständigkeit für eine endgültige Entscheidung nehmen und deswegen im Zweifel auf eine vorläufige Entscheidung ganz verzichten, was nicht im Interesse des Kindes liegt (EuGH C-211/10 PPU aaO, Rn 47; dazu *Gruber* GPR 11, 153; *Schulz* FamRZ 10, 1307; zum Begriff der „vorläufigen Entscheidung" in diesem Sinne näher EuGH C-211/10 PPU aaO, Rn 46 ff). Darüber hinaus wird man die **Unanfechtbarkeit** der Entscheidung verlangen müssen (so auch Aud Prov Barcelona 18.12.13, unalex ES.989).

c) Keine Bindung an Entscheidungen des neuen Aufenthaltsstaates. Die Gerichte des **148** früheren Aufenthaltsstaates sind bei ihrer Prüfung, ob die allgemeinen und besonderen Voraussetzungen des Art 10 für einen Wechsel der internationalen Zuständigkeit (→ Rn 135 ff) vorliegen, nicht an Entscheidungen der Gerichte des neuen Aufenthaltsstaates gebunden (EuGH C-497/10 – *Mercredi/Chaffe,* Slg 10 I-14309 Rn 62 ff = FamRZ 11, 617). Dies gilt nicht nur hinsichtlich der Beurteilung der Sorgeberechtigung des einen oder anderen Elternteils, sondern auch in Bezug auf die Frage, ob überhaupt ein **widerrechtliches Verbringen oder Zurückhalten** des Kindes iSv Art 10 stattgefunden hat. Die Verneinung dieser Frage durch die Gerichte des neuen Aufenthaltsstaates (und die hierauf gestützte Ablehnung einer Rückführung des Kindes) hindert die Gerichte des früheren Aufenthaltsstaates also nicht, die Zuständigkeit nach Art 10 in Anspruch zu nehmen, wenn sie die Voraussetzungen einer Entführung bejahen (NK-BGB/*Gruber* Rn 13).

4. Wirkungen des Art 10

a) Änderung der internationalen Zuständigkeit. Liegen die Voraussetzungen nach Art 10 **149** lit a oder lit b vor, so geht die internationale Zuständigkeit für Entscheidungen auf dem Gebiet der elterlichen Verantwortung auf die Gerichte des Mitgliedstaats über, in den das Kind widerrechtlich verbracht wurde oder in dem es widerrechtlich zurückgehalten wird. Zugleich verlieren die Gerichte im Herkunftstaat die internationale Zuständigkeit für solche Entscheidungen, soweit nicht der Grundsatz der *perpetuatio fori* eingreift.

F 150–153   1. Teil. Erkenntnisverfahren F. Kindschaftssachen

150 **b) Beibehaltung der bisherigen internationalen Zuständigkeit.** Sind die Voraussetzungen nach Art 10 lit a oder lit b hingegen nicht erfüllt, so bleiben die Gerichte des früheren Aufenthaltsstaates weiterhin zur Entscheidung über Fragen der elterlichen Verantwortung international zuständig, auch wenn das Kind im Verbringungsstaat einen neuen gewöhnlichen Aufenthalt begründet hat (High Court [Fam Div] 28.5.04, unalex UK–282; → Rn 133 f). Art 10 verdrängt also für diesen Fall gem Art 8 Abs 2 die Grundsatzzuständigkeit nach Art 8 Abs 1. Wurde inzwischen schon ein Sorgerechtsverfahren im neuen Aufenthaltsstaat des Kindes eingeleitet, so hat das angerufene Gericht dieses Verfahren nicht nur auszusetzen, sondern es hat sich nach Art 17 von Amts wegen für unzuständig zu erklären und die Klage abzuweisen (öst OGH 13.10.09, unalex AT–676; Zö/*Geimer* Rn 9). Dies ist eine notwendige Konsequenz des in allen Mitgliedstaaten geltenden Art 16 HKÜ (→ U Rn 237 ff), wonach die Gerichte im Verbringungsstaat trotz des zwischenzeitlich dort begründeten gewöhnlichen Aufenthalts des Kindes über das Sorge- oder Umgangsrecht nicht befinden dürfen, bevor nicht über einen dort gestellten Rückführungsantrag entschieden worden ist (MüKoBGB/Staudinger Rn 4). Etwas anderes gilt nur dann, wenn der Elternteil, gegen dessen Willen das Kind in einen anderen Staat entführt wurde, diesen Aufenthaltswechsel gem Art 13 Abs 1 lit a HKÜ (→ U Rn 201 ff) nachträglich genehmigt (Aud Prov Barcelona 20.12.10, unalex ES–485).

151 Dies ändert freilich nichts daran, dass auch das nach Art 10 weiterhin zuständige Gericht im Herkunftstaat des Kindes sein Verfahren **nach Art 19 Abs 2 aussetzen** muss, wenn das (nach Art 10 unzuständige) Gericht im Verbringungsstaat zuerst angerufen wurde (OLG Hamm IPRspr 05 Nr 204). Zwar ist eine Verweisung auch des Sorgerechtsverfahrens an die Gerichte dieses Staates nach Art 15 nicht ausgeschlossen. Nach dem Schutzzweck des Art 10 wird sie jedoch nur in seltenen Ausnahmefallen in Betracht kommen (NK-BGB/*Gruber* Rn 12; Althammer/*Schäuble* Rn 17).

5. Verhältnis zu Staatsverträgen

152 **a) Haager Kinderschutzübereinkommen.** Art 7 Abs 1 KSÜ enthält eine Parallelvorschrift zu Art 10 und verwehrt dem Entführer ebenfalls grundsätzlich das Recht, sich auf eine Änderung der internationalen Zuständigkeit für die Regelung der elterlichen Verantwortung aufgrund des von ihm selbst widerrechtlich herbeigeführten Wechsels des gewöhnlichen Aufenthalts des Kindes zu berufen (→ Rn 443 ff). Allerdings wird der Wechsel der Zuständigkeit durch Art 10 lit b i–iv gegenüber Art 7 Abs 1 KSÜ innerhalb der Europäischen Union weiter erschwert. Dies gilt insbesondere für die Regelung in lit b iv. Denn anders als nach dieser Vorschrift bleiben die Gerichte des bisherigen Aufenthaltsstaates nach Art 7 Abs 1 lit b KSÜ nur solange zuständig, bis kein während des einjährigen Aufenthalts des Kindes im Verbringungsstaat gestellter Rückführungsantrag mehr anhängig ist; der Wechsel der internationalen Zuständigkeit tritt nach Art 7 Abs 1 KSÜ also auch dann ein, wenn ein Gericht oder eine Behörde des Staates, in den das Kind entführt worden ist, den fristgerecht gestellten Antrag auf Rückführung (zB nach Art 12, 13 HKÜ) abgelehnt hat (NK-BGB/*Gruber* Rn 6). Art 7 Abs 1 KSÜ kommt freilich als Restzuständigkeit iSv Art 14 nur dann zur Anwendung, wenn das Kind in einen Vertragsstaat des KSÜ entführt worden ist, der **kein Mitgliedstaat der EuEheVO** ist (→ Rn 375), und wenn das Kind außerdem in diesem Staat bereits einen gewöhnlichen Aufenthalt begründet hat. Denn bis zu diesem Zeitpunkt sind im Fall der Entführung aus einem Mitgliedstaat der EuEheVO weiterhin die dortigen Gerichte nach Art 8 für eine Entscheidung über die elterliche Verantwortung zuständig (Art 61 lit a EuEheVO; vgl Zö/*Geimer* Rn 4; Rauscher/*Rauscher* Rn 5).

153 **b) Haager Kindesentführungsübereinkommen.** Der Ausgang eines Verfahrens über die Rückführung des Kindes kann zwar nach Maßgabe von lit b iv Einfluss auf die Aufrechterhaltung der internationalen Zuständigkeit des früheren Aufenthaltsstaates des Kindes in Verfahren betreffend das Sorge- oder Umgangsrecht haben. Beide Verfahren sind jedoch grundsätzlich strikt auseinander zu halten. Art 10 regelt – wie schon erwähnt (→ Rn 130 f) – nur den Fortbestand bzw die Änderung der internationalen Zuständigkeit **auf dem Gebiet der elterlichen Verantwortung,** nicht hingegen die internationale Zuständigkeit für die Rückführung des Kindes. Letztere beurteilt sich in allen EU-Mitgliedstaaten nach Art 12 ff HKÜ iVm Art 11 EuEheVO (öst OGH 1.4.08, unalex AT–566; *Solomon* FamRZ 04, 1409/1417). Die Zuständigkeit der Gerichte im Verbringungsstaat, über die Rückführung des Kindes nach Art 12, 13 HKÜ zu entscheiden, wird also durch Art 10 nicht berührt (App Bruxelles 11.3.09, unalex BE–622; High Court Ireland 24.8.06, unalex IE–64). Der Träger der elterlichen Verantwortung ist somit nicht daran gehindert, neben dem Antrag auf Rückführung des Kindes im neuen Aufenthaltsstaat

584

I. Internationale Zuständigkeit: EuEheVO Art 11 **F**

auch einen Sorgerechtsantrag gem Art 10 vor den Gerichten des früheren Aufenthaltsstaats zu stellen (NK-BGB/*Gruber* Rn 1).

Anders als Art 11 setzt Art 10 freilich die Anwendbarkeit des HKÜ nicht zwingend voraus **154** (*Siehr* IPRax 10, 583/585; ThP/*Hüßtege* Rn 1; **aA** öst OGH IPRax 10, 551; Rauscher/*Rauscher* Rn 6). Die Vorschrift bleibt mithin auch dann anwendbar, wenn das Kind bereits das 16. Lebensjahr vollendet hat und deshalb eine Rückführung auf der Grundlage des HKÜ ausscheidet (Art 4 S 2 HKÜ; → U Rn 138). Für diesen Fall muss der sorgeberechtigte Elternteil den Rückführungsantrag bei den Gerichten im neuen Aufenthaltsstaat gegebenenfalls auf der Grundlage des dortigen nationalen Rechts stellen.

EuEheVO Art 11. Rückgabe des Kindes

(1) **Beantragt eine sorgeberechtigte Person, Behörde oder sonstige Stelle bei den zuständigen Behörden eines Mitgliedstaats eine Entscheidung auf der Grundlage des Haager Übereinkommens vom 25. Oktober 1980 über die zivilrechtlichen Aspekte internationaler Kindesentführung (nachstehend „Haager Übereinkommen von 1980" genannt), um die Rückgabe eines Kindes zu erwirken, das widerrechtlich in einen anderen als den Mitgliedstaat verbracht wurde oder dort zurückgehalten wird, in dem das Kind unmittelbar vor dem widerrechtlichen Verbringen oder Zurückhalten seinen gewöhnlichen Aufenthalt hatte, so gelten die Absätze 2 bis 8.**

(2) **Bei Anwendung der Artikel 12 und 13 des Haager Übereinkommens von 1980 ist sicherzustellen, dass das Kind die Möglichkeit hat, während des Verfahrens gehört zu werden, sofern dies nicht aufgrund seines Alters oder seines Reifegrads unangebracht erscheint.**

(3) **Das Gericht, bei dem die Rückgabe eines Kindes nach Absatz 1 beantragt wird, befasst sich mit gebotener Eile mit dem Antrag und bedient sich dabei der zügigsten Verfahren des nationalen Rechts.**

Unbeschadet des Unterabsatzes 1 erlässt das Gericht seine Anordnung spätestens sechs Wochen nach seiner Befassung mit dem Antrag, es sei denn, dass dies aufgrund außergewöhnlicher Umstände nicht möglich ist.

(4) **Ein Gericht kann die Rückgabe eines Kindes aufgrund des Artikels 13 Buchstabe b) des Haager Übereinkommens von 1980 nicht verweigern, wenn nachgewiesen ist, dass angemessene Vorkehrungen getroffen wurden, um den Schutz des Kindes nach seiner Rückkehr zu gewährleisten.**

(5) **Ein Gericht kann die Rückgabe eines Kindes nicht verweigern, wenn der Person, die die Rückgabe des Kindes beantragt hat, nicht die Gelegenheit gegeben wurde, gehört zu werden.**

(6) [1] **Hat ein Gericht entschieden, die Rückgabe des Kindes gemäß Artikel 13 des Haager Übereinkommens von 1980 abzulehnen, so muss es nach dem nationalen Recht dem zuständigen Gericht oder der Zentralen Behörde des Mitgliedstaats, in dem das Kind unmittelbar vor dem widerrechtlichen Verbringen oder Zurückhalten seinen gewöhnlichen Aufenthalt hatte, unverzüglich entweder direkt oder über seine Zentrale Behörde eine Abschrift der gerichtlichen Entscheidung, die Rückgabe abzulehnen, und die entsprechenden Unterlagen, insbesondere eine Niederschrift der Anhörung, übermitteln.** [2] **Alle genannten Unterlagen müssen dem Gericht binnen einem Monat ab dem Datum der Entscheidung, die Rückgabe abzulehnen, vorgelegt werden.**

(7) **Sofern die Gerichte des Mitgliedstaats, in dem das Kind unmittelbar vor dem widerrechtlichen Verbringen oder Zurückhalten seinen gewöhnlichen Aufenthalt hatte, nicht bereits von einer der Parteien befasst wurden, muss das Gericht oder die Zentrale Behörde, das/die die Mitteilung gemäß Absatz 6 erhält, die Parteien hiervon unterrichten und sie einladen, binnen drei Monaten ab Zustellung der Mitteilung Anträge gemäß dem nationalen Recht beim Gericht einzureichen, damit das Gericht die Frage des Sorgerechts prüfen kann.**

Unbeschadet der in dieser Verordnung festgelegten Zuständigkeitsregeln schließt das Gericht den Fall ab, wenn innerhalb dieser Frist keine Anträge bei dem Gericht eingegangen sind.

F 155–158 1. Teil. Erkenntnisverfahren F. Kindschaftssachen

(8) **Ungeachtet einer nach Artikel 13 des Haager Übereinkommens von 1980 ergangenen Entscheidung, mit der die Rückgabe des Kindes verweigert wird, ist eine spätere Entscheidung, mit der die Rückgabe des Kindes angeordnet wird und die von einem nach dieser Verordnung zuständigen Gericht erlassen wird, im Einklang mit Kapitel III Abschnitt 4 vollstreckbar, um die Rückgabe des Kindes sicherzustellen.**

Schrifttum: Siehe zunächst → vor Rn 129; ferner *Honorati,* La prassi italiana sul ritorno del minore sottratto ai sensi dell'art 11 par 8 del Regolamento Bruxelles II-bis, Riv dir int priv proc 15, 275; *Pirrung,* EuEheVO und HKÜ: Steine statt Brot, IPRax 15, 107; *Rieck,* Neues Eilvorlageverfahren zum EuGH; Kindesrückgabe nach Art 11 VIII, 42 EheVO, NJW 08, 2958.

1. Allgemeine Voraussetzungen für die Anwendung von Art 11, Abs 1

155 Grundsätzlich lässt die EuEheVO zwar nach Art 60 lit e, 62 die Vorschriften des Haager Kindesentführungsübereinkommens von 1980 **(HKÜ)** über die Rückführung von Kindern (näher → U Rn 148 ff) unberührt. Art 11 ergänzt diese Vorschriften jedoch für diejenigen Fälle, in denen das Kind von einem Mitgliedstaat der Verordnung in einen anderen entführt worden ist oder in einem solchen widerrechtlich zurückgehalten wird (öst OGH 1.4.08, unalex AT-566); solche ergänzenden Regelungen sind nach Art 36 HKÜ zulässig. Daher ist der EuGH auch zur Auslegung des HKÜ im Vorabentscheidungsverfahren zuständig, soweit dies für eine einheitliche Auslegung des Zusammenspiels zwischen der Verordnung und dem HKÜ in der Union erforderlich ist (EuGH C-400/10 PPU – *McB,* Slg 10 I-8965 Rn 32 ff; EuGH C-376/14 PPU – *C/M,* FamRZ 15, 107 Rn 58 m Anm *Pirrung* IPRax 15, 207).

156 Im Verhältnis zu **Drittstaaten,** die zwar dem HKÜ oder dem EuSorgeRÜ, nicht aber der EU angehören, bleibt es hingegen bei der alleinigen Geltung dieser Übereinkommen (*Solomon* FamRZ 04, 1409/1417); dies gilt auch im Verhältnis zu *Dänemark* (öst OGH 18.7.11, unalex AT-746). Anders als Art 10 setzt Art 11 **die räumlich-persönliche Geltung des HKÜ** voraus; daher darf das Kind im Zeitpunkt der Entscheidung des Gerichts das 16. Lebensjahr noch nicht vollendet haben (*Siehr* IPRax 10, 583/585; ThP/*Hüßtege* Rn 1; Rauscher/*Rauscher* Rn 8).

157 Art 11 regelt **nicht die internationale Zuständigkeit,** sondern enthält für den Fall, dass bei einem mitgliedstaatlichen Gericht ein Antrag auf Rückführung des Kindes nach dem HKÜ anhängig ist, **zusätzliche Verfahrensregeln** mit dem Ziel, das rechtliche Gehör des Kindes und anderer Beteiligter zu stärken (Abs 2 und 5), die Rückgabe des Kindes zu beschleunigen (Abs 3) und die Auswirkungen der Art 12, 13 HKÜ zur Verweigerung der Kindesrückführung im Verhältnis der EU-Mitgliedstaaten zueinander einzuschränken (Abs 4; vgl ErwG 17; → Anh I). Die wichtigste Neuerung gegenüber dem Rückführungsverfahren nach dem HKÜ besteht freilich darin, dass die Gerichte desjenigen Mitgliedstaats, in dem sich das Kind vor der Entführung gewöhnlich aufgehalten hat, in Bezug auf dessen Rückführung **das „letzte Wort"** haben (Rauscher/*Rauscher* Rn 1; näher → Rn 181 ff). Beschränkt sich der Antragsteller auf die Durchsetzung der in einem anderen Mitgliedstaat zu seinen Gunsten ergangenen Sorgerechtsentscheidung, ohne einen Rückgabeantrag nach Art 12 HKÜ zu stellen, findet Art 11 keine Anwendung (*Janzen/Gärtner* IPRax 11, 158/161). Die Beschleunigung und effizientere Ausgestaltung des Verfahrens in Fällen der Kindesentführung nach Art 11 bildet einen wesentlichen Schwerpunkt des Vorschlags zur **Reform der EuEheVO** v 30.6.2016 (KOM [2016] 441; dazu Rn → 193a-c).

158 Die Anwendung der Verfahrensvorschriften in Art 11 Abs 2–8 setzt nach Abs 1 voraus, dass eine sorgeberechtigte Person, Behörde oder Stelle eine Entscheidung über die Rückführung eines widerrechtlich in einen anderen Mitgliedstaat verbrachten oder dort zurückgehaltenen Kindes in den Herkunft-Mitgliedstaat nach Maßgabe der Art 8 ff HKÜ beantragt hat (vgl Trib da Relação Porto 7.4.11, unalex PT-178). Die Voraussetzungen einer solchen Rückführung beurteilen sich nach dem HKÜ (näher → U Rn 150 ff). Wie sich sowohl aus Abs 1 wie aus Art 2 Nr 11 ergibt, können die Vorschriften der Absätze 2–5 jedoch nur angewandt werden kann, um dem Rückgabeantrag stattzugeben, wenn das Kind unmittelbar vor dem behaupteten widerrechtlichen Verbringen oder Zurückhalten seinen gewöhnlichen Aufenthalt im Ursprungsmitgliedstaat hatte. Ist die Verbringung des Kindes im Einklang mit einer **vorläufig vollstreckbaren gerichtlichen Entscheidung** erfolgt, die später durch eine gerichtliche Entscheidung aufgehoben wurde, mit welcher der Aufenthalt des Kindes bei dem im Ursprungsmitgliedstaat wohnenden Elternteil bestimmt wurde, so ist die unterlassene Rückführung des Kindes in diesen Mitgliedstaat im Anschluss an diese zweite Entscheidung widerrechtlich iSv

I. Internationale Zuständigkeit: EuEheVO Art 11   **159–162 F**

Art 11 Abs 1 (EuGH C-376/14 PPU – *C/M*, FamRZ 15, 107 Rn 49 = IPRax 15, 239 m Anm *Pirrung* 207).

Wurde ein Kind im Einklang mit dem gemeinsamen Willen seiner Eltern in einem anderen **159** Mitgliedstaat als dem, in dem die Eltern vor seiner Geburt ihren gewöhnlichen Aufenthalt hatten, geboren und hat es sich dort mehrere Monate lang ununterbrochen mit seiner Mutter aufgehalten, so lässt die ursprüngliche Intention der Eltern, dass die Mutter mit dem Kind in den früheren Aufenthaltsstaat der Eltern zurückkehren sollte, nicht den Schluss zu, dass das Kind dort seinen „gewöhnlichen Aufenthalt" im Sinne der Verordnung hat. Infolgedessen kann in einer solchen Situation die Weigerung der Mutter, mit dem Kind in diesen Mitgliedstaat zurück-zukehren, nicht als „widerrechtliches Verbringen oder Zurückhalten" des Kindes im Sinne von Art 11 Abs 1 angesehen werden (EuGH C–111/17 PPU – *OL/PQ*, FamRZ 17, 1506 Rn 70). Im Übrigen hat der Begriff „gewöhnlicher Aufenthalt" des Kindes in Art 11 Abs 1 den gleichen Inhalt wie ihn der EuGH zu Art 8 und 10 der Verordnung näher erläutert hat (EuGH C-376/14 aaO Rn 54; dazu → Rn 87 ff). Haben beide Eltern das Sorgerecht über die Kinder, so kann ein Elternteil daher den gewöhnlichen Aufenthalt eines Kindes nicht einseitig ändern. Es ist hierfür mindestens das stillschweigende Einverständnis des anderen Elternteils oder ein Gerichtsent-scheid erforderlich (High Court Ireland 8.6.12, unalex IE-76).

2. Ergänzende Verfahrensregeln zum HKÜ-Rückführungsverfahren, Abs 2–5

a) Anhörung des Kindes, Abs 2. Nach Abs 2 haben die Gerichte des Mitgliedstaats, in den **160** das Kind entführt worden ist oder in dem es widerrechtlich zurückgehalten wird, im Rahmen des Verfahrens zur Rückführung des Kindes nach Art 12, 13 HKÜ sicherzustellen, dass das Kind vor einer Entscheidung über die Rückgabe angehört wird. Auf eine solche Anhörung kann nur ausnahmsweise dann verzichtet werden, wenn dies aufgrund des zu geringen Alters oder Reife-grads des Kindes unangebracht erscheint (ital Cass 11.8.11, unalex IT-792; OLG Saarbrücken IPRspr 10 Nr 121 [14 Monate]; App Grenoble 4.6.08, unalex FR-1090 [vier und sechs Jahre]; diesbezüglich kann auch auf die Auslegung von Art 13 Abs 2 HKÜ rekurriert werden (→ U Rn 223 ff).Von weiteren Voraussetzungen darf die Anhörung nicht abhängig gemacht werden. Die Pflicht zur Anhörung des Kindes besteht ferner unabhängig davon, welche Bedeu-tung das Gericht den Ansichten des Kindes beimisst (High Court Ireland 3.12.08, unalex IE-61). Die Anhörung kann auch nicht wegen der Eilbedürftigkeit der Entscheidung unterbleiben (Rauscher/*Rauscher* Rn 13; Althammer/*Schäuble* Rn 8); allerdings ist das Beschleunigungsgebot des Abs 3 bei der Entscheidung über die Notwendigkeit einer Anhörung des Kindes mit zu berücksichtigen (High Court Ireland aaO).

Durch die EuEheVO wird freilich – wie ErwG 19 (→ Anh I) klarstellt – das **Verfahren der** **161** **Anhörung** nicht harmonisiert; dessen Ausgestaltung bleibt vielmehr weiterhin dem nationalen Prozessrecht im Verbringungsmitgliedstaat vorbehalten (Aud Prov Baleares 22.12.10, unalex ES-521; Rauscher/*Rauscher* Rn 12). Dieses ist auch dafür maßgebend, ab welchem Alter Kinder anzuhören sind (Supremo Trib de Justiça 5.11.09, unalex PT-164). In Deutschland gilt daher § 159 FamFG. Danach ist außer dem Kind auch dessen Verfahrensbeistand zu hören (OLG Naumburg FamRZ 07, 1586/1587; MüKoFamFG/*Gottwald* Rn 5). Die Anhörung muss nicht notwendig durch den für die Rückgabeentscheidung zuständigen Richter erfolgen (*Rauscher* EuLF 05, 37/44). Das Gericht muss jedoch sicherstellen, dass das Kind unter Berücksichtigung der zur Verfügung stehenden Mittel des nationalen Verfahrensrechts und der Instrumente der internationalen gerichtlichen Zusammenarbeit eine wirksame Möglichkeit hat, sich frei zur Sache zu äußern. Diese Entscheidung ist unter Berücksichtigung aller Umstände des Einzelfalls und unter Beachtung des Kindeswohls zu treffen (EuGH C-491/10 PPU – *Aguirre Zarraga*, Slg 10 I-14247 Rn 62 ff, 68 = FamRZ 11, 355 m Anm *Schulz; Schulz* FamRZ 03, 1351/1352). Da ErwG 33 ausdrücklich die Wahrung der Grundrechte des Kindes iSv Art 24 der EU-Grund-rechtecharta fordert, hat das Gericht Abs 2 außerdem so auszulegen, dass Art 24 EU-Grund-rechtecharta Wirkung verliehen wird (High Court Ireland 3.12.08, unalex IE-61).

Damit hat sich für Entführungsfälle innerhalb der EU die im Rahmen des HKÜ umstrittene **162** Frage erledigt, ob sich eine entsprechende Anhörungspflicht nicht bereits aus Art 13 Abs 2 HKÜ, Art 8 EMRK oder Art 12 des UN-Übk über die Rechte des Kindes v 10.11.1989 (BGBl 92 II, 121) ergibt (bejahend HK-ZPO/*Dörner* Rn 3; *Schulz* FamRZ 03, 336/342) oder jedenfalls aus dem nationalen Verfahrensrecht des angerufenen Gerichts abgeleitet werden kann (für das deutsche Verfahrensrecht abl OLG Stuttgart FamRZ 00, 374/375). Der Charakter des Rück-führungsverfahrens nach dem HKÜ als **Eilverfahren** steht einer Anhörung des Kindes nicht

587

F 163–167   1. Teil. Erkenntnisverfahren F. Kindschaftssachen

entgegen (öst OGH 24.9.09, unalex AT-749), zumal ein Verstoß gegen das Beschleunigungsgebot des Art 11 HKÜ im Rechtsmittelverfahren ohnedies nicht mehr ungeschehen gemacht
werden kann. Weitergehende Pflichten zur Anhörung auch von Vertretern und Beiständen des
Kindes können sich aus dem Europäischen Übk über die Ausübung von Kinderrechten v
25.1.1996 (BGBl 01 II, 1074) ergeben.

163   **b) Verpflichtung zur Verfahrensbeschleunigung, Abs 3.** Abs 3 Uabs 1 verpflichtet das
mitgliedstaatliche Gericht, bei dem der Antrag auf Rückgabe des Kindes gestellt worden ist,
diesen Antrag „mit gebotener Eile" und zu behandeln und sich dabei „der zügigsten Verfahren
des nationalen Rechts" zu bedienen (zu diesem „Beschleunigungsgebot" EuGH C-491/10 PPU
aaO, Rn 45). Diese Verpflichtung ergibt sich freilich bereits aus Art 2 S 2 und Art 11 Abs 1
HKÜ. Aus ihr folgt, dass das mit der Rückführung befasste Gericht auf die Einholung zeitrau-
bender Sachverständigengutachten oder die Anordnung des persönlichen Erscheinens von in
fernen Ländern lebenden Beteiligten möglichst verzichten sollte (Staud/*Pirrung* Rn C 65). Denn
internationale Kindschaftskonflikte sind stets ein „Kampf gegen die Uhr" (*Dutta*/*Schulz* ZEuP
12, 526/528). So wurde eine Frist von drei Wochen zwischen der Ladung der Partei, der die
Kindesentführung vorgeworfen wird, und dem Termin zu ihrer Anhörung als ausreichend
angesehen (App Bukarest 23.2.09, unalex RO-38). Zum Inhalt des Beschleunigungsgebots und
zu seiner Umsetzung durch deutsche Gerichte näher *Gruber* FamRZ 05, 1603 ff; Zö/*Geimer*
Rn 3 ff.

164   Weitergehend setzt Abs 3 UAbs 2 allerdings eine zeitliche Obergrenze für die Rückgabeentscheidung fest, die nicht mehr als **sechs Wochen ab Antragstellung** betragen darf, sofern nicht
außergewöhnliche Umstände dies unmöglich machen. Wird gegen die Entscheidung ein
Rechtsbehelf eingelegt, so gilt auch in den nachfolgenden Instanzen jeweils diese Sechswochenfrist, die sich also nicht auf die Durchführung des gesamten Verfahrens bezieht (OLG Bamberg
FamRZ 16, 835 Rn 15; *Völker* FamRZ 10, 157/158; ThP/*Hüßtege* Rn 3). Ist das Kind nach
Deutschland entführt worden oder wird es hier zurückgehalten, wird Art 11 Abs 3 durch
§§ 38 ff IntFamRVG konkretisiert und ergänzt (dazu näher → U Rn 324 ff). Danach hat das
OLG als Beschwerdegericht unverzüglich zu prüfen, ob eine sofortige Wirksamkeit der angefochtenen Entscheidung anzuordnen ist, weil die Beschwerde offensichtlich unbegründet ist oder
die Rückgabe des Kindes schon vor der Entscheidung über die Beschwerde unter Berücksichtigung der berechtigten Interessen der Beteiligten mit dem Wohl des Kindes zu vereinbaren
ist (§ 40 Abs 3 IntFamRVG).

165   Für die **Vollstreckung der Rückgabeentscheidung** gilt die Frist nach UAbs 2 nicht, wohl
aber das Beschleunigungsgebot nach UAbs 1 (öst OGH 8.5.13, unalex AT-889; *Gruber* FPR 08,
214/216; Rauscher/*Rauscher* Rn 15). Im Hinblick darauf ist die Ermächtigung des Gerichtsvollziehers, der Mutter das Kind zum Zwecke der Rückführung auch unter Gewaltanwendung
wegzunehmen, jedenfalls dann verhältnismäßig, wenn der Mutter zunächst eine angemessene
Frist zur freiwilligen Rückführung des Kindes gesetzt worden ist (OLG Brandenburg 22.9.06,
unalex DE-1008).

166   **c) Angemessene Vorkehrungen zum Schutz des Kindes, Abs 4.** Nach Art 13 Abs 1 lit b
HKÜ kann die Rückgabe des Kindes verweigert werden, wenn sie mit der schwerwiegenden
Gefahr eines körperlichen oder seelischen Schadens für das Kind verbunden wäre oder das Kind
auf andere Weise in eine unzumutbare Lage bringen würde. Die Vorschrift wird allerdings in der
Praxis der Vertragsstaaten des HKÜ verhältnismäßig restriktiv angewandt, weil eine Verweigerung der Rückgabe immer nur *ultima ratio* sein kann (vgl aus deutscher Sicht BVerfGE 99, 145/
159 = NJW 99, 631; BVerfG NJW 96, 1402/1403; näher → U Rn 207 ff mwN). Daran knüpft
Art 11 Abs 4 an, indem er das mit dem Antrag auf Rückgabe des Kindes befasste mitgliedstaatliche Gericht verpflichtet, diesem Antrag zu entsprechen, wenn durch entsprechende Vor-
kehrungen im früheren Aufenthaltsstaat des Kindes sichergestellt wird, dass ein Schaden iSv
Art 13 Abs 1 lit b HKÜ für das Kind nicht eintreten kann (vgl öst OGH 23.11.10, unalex AT-
704; frz Cass 20.10.10, unalex FR-2185; Aud Prov Valencia 26.3.09, unalex ES-537; OLG
Brandenburg 22.9.06, unalex DE-1008). Die Vorschrift ist auf den Fall, dass die Ablehnung der
Rückgabe nicht auf Art 13, sondern auf Art 20 HKÜ gestützt wird, entsprechend anzuwenden
(*Solomon* FamRZ 04,1409/1417; HK-ZPO/*Dörner* Rn 8).

167   Das Gericht darf also auch dann, wenn es die Voraussetzungen des Art 13 Abs 1 lit b HKÜ für
gegeben erachtet, die Rückgabe des Kindes nicht verweigern, wenn sich eine Gefährdung des
Kindeswohls dadurch vermeiden lässt, dass die Rückgabe an die **Erfüllung bestimmter Auf-
lagen/Bedingungen** durch den Antragsteller geknüpft oder dieser zu bestimmten Handlungen

588

I. Internationale Zuständigkeit: EuEheVO Art 11   **168–170** **F**

verpflichtet wird (*Schulz* FamRZ 03, 1351/1353; NK-BGB/*Gruber* Rn 10). Hierfür reicht es zB aus, wenn sichergestellt wird, dass der Mutter für ein fünfjähriges Kind und dessen erst weniger als ein Jahr alte Schwester sowie für sich selbst bei ihrer Rückkehr in einen anderen Mitgliedstaat ausreichender Unterhalt gewährt wird und von den dortigen Behörden geeignete Maßnahmen zum Schutz der Kinder getroffen wurden (frz Cass 20.3.13, unalex FR-1469). Als geeignete Maßnahme wird insbesondere die Unterstellung des Kindes unter die Aufsicht einer Behörde (OLG Naumburg FamRZ 07, 1586/1587) oder die Erklärung des Kindes zum Mündel des Gerichts nach englischem Recht (*„ward of court"*) erachtet (frz Cass 8.7.10, unalex FR-1133). Die Vorbereitung der Rückführung durch Anbahnung eines Kontakts zwischen dem diese Rückführung anstrebenden Elternteil und dem entführten Kind im Verbringungsstaat gehört jedoch nicht dazu; diese fällt in die Zuständigkeit der Behörden jenes Staats, aus dem das Kind entführt wurde. Andernfalls würden die dem HKÜ und den Art 10, 11 EuEheVO immanenten Ziele einer raschen Rückführung des Kindes unterlaufen (öst OGH 28.8.13, unalex AT-926 und 8.5.13, unalex AT-889; ebenso Rauscher/*Rauscher* Rn 24b).

Abs 4 bildet insbesondere die rechtliche Grundlage für die Zulässigkeit von sog *„underta-* **168** *kings",* durch die der Antragsteller in Verfahren vor Gerichten des anglo-amerikanischen Rechtskreises bestimmte Verpflichtungen gegenüber dem Gericht übernimmt (*Schulz* FamRZ 03, 1351/1352 f; *Völker* FamRZ 10, 157/158; eingehend zu *„undertakings"* im Rahmen des HKÜ *Mäsch* FamRZ 03, 1069 f, sowie → U Rn 213). In Rückgabeverfahren vor deutschen Gerichten kann eine vergleichbare Wirkung durch den Abschluss einer Prozessvereinbarung zwischen den Eltern des entführten Kindes – zB über die Zahlung von Unterhalt an das Kind oder die Verhinderung von Kontakten des Kindes zu bestimmten Personen, die sein Wohl gefährden – erzielt werden (NK-BGB/*Gruber* Rn 11). Ebenfalls anerkannt wird durch Abs 4 die in Common Law-Jurisdiktionen verbreitete Praxis von sog *„safe harbour orders"* oder *„mirror orders",* mit denen das Gericht im Zufluchtsmitgliedstaat die Anordnung der Rückgabe des Kindes davon abhängig macht, dass im Herkunftsmitgliedstaat bestimmte Schutzmaßnahmen zugunsten des Kindes angeordnet werden (vgl *Völker* FamRZ 10, 157/159; HK-ZPO/*Dörner* Rn 9).

Eine „angemessene Vorkehrung" iSv Abs 4 kann auch die **Kontaktaufnahme** des Gerichts **169** im Verbringungsstaat **mit Gerichten oder Behörden im früheren Aufenthaltsstaat des Kindes** sein, um die Rahmenbedingungen günstig zu beeinflussen dem Kindeswohl abträgliche Auswirkungen einer Rückgabeentscheidung auszuschließen oder abzumildern (öst OGH 8.5.13, unalex AT-889; *Völker* FamRZ 10, 157/159). Hat die Mutter das Kind entführt, so kann das Gericht etwa darauf hinwirken, dass ein im früheren Aufenthaltsstaat bestehender Haftbefehl gegen die Mutter aufgehoben wird, um auch dieser die Rückkehr zu ermöglichen und damit zu vermeiden, dass die Rückgabe des Kindes zwangsläufig mit einer Trennung von seiner Mutter als Bezugsperson verbunden ist (öst OGH 28.8.13, unalex AT-926; *Siehr* IPRax 02, 199; *Winkler v Mohrenfels* IPRax 02, 372/373). Besteht in diesem Fall die Gefahr von Gewalttätigkeiten des im früheren Aufenthaltsstaat verbliebenen Vaters gegen das Kind, so kann diesen dadurch vorgebeugt werden, dass die Rückgabe von der Anordnung eines Kontaktverbots zwischen Vater und Kind für die Zeit des Sorgerechtsverfahrens durch die dortigen Gerichte abhängig gemacht wird (NK-BGB/*Gruber* Rn 11; ThP/*Hüßtege* Rn 4; vgl auch OLG Rostock IPRax 02, 218 m krit Anm *Siehr* 199 und zust Anm *Winkler v Mohrenfels* 372). Die Unterbringung in einem Heim ist einem bisher zu Hause betreuten Kind jedoch nicht zumutbar (öst OGH ÖJZ 14, 168; MüKoBGB/*Heiderhoff* Rn 8).

Die Prüfung nach Abs 4 hat das das mit dem Rückführungsantrag befasste Gericht **von Amts 170 wegen** vorzunehmen. Dieses Gericht kann sich also nicht darauf beschränken, entsprechende Vorschläge desjenigen Elternteils abzuwarten, in dessen (Mit-)Sorgerecht durch die Entführung eingegriffen wurde. (öst OGH 28.8.13, unalex AT-926). Die **Beweislast** dafür, dass angemessene Vorkehrungen getroffen wurden, trägt der Antragsteller (ThP/*Hüßtege* Rn 4). Diese Vorkehrungen müssen bereits **tatsächlich ergriffen** worden sein; die bloße Möglichkeit, solche Maßnahmen aufgrund der im Herkunftsland geltenden Gesetze ergreifen zu können oder der Anhängigkeit eines hierauf gerichteten Verfahrens im Herkunftsmitgliedstaat reichen nicht aus (öst OGH 7.7.17, unalex AT-1123; OLG Hamm NJW-RR 13, 69; App Mons 5.3.07, unalex BE-469; Rauscher/*Rauscher* Rn 22). Die Gerichte im Verbringungsmitgliedstaat haben gem Abs 4 auch zu prüfen, ob die nachgewiesenen Vorkehrungen im Wegzugsmitgliedstaat zum Schutz des Kindes ausreichen. Bei dieser Entscheidung sind sie nicht an die Auffassung der Gerichte im Wegzugsmitgliedstaat gebunden (App Luxembourg Pas lux 14, 427; Rauscher/ *Rauscher* Rn 26; Althammer/*Schäuble* Rn 13).

F 171–176   1. Teil. Erkenntnisverfahren F. Kindschaftssachen

171   **d) Pflicht zur Anhörung des Antragstellers, Abs 5.** In Abs 5 wird die Ablehnung einer
Rückgabe des Kindes verfahrensrechtlich weiter dadurch erschwert, dass sie nur ausgesprochen
werden darf, wenn auch dem Antragsteller zuvor Gelegenheit gegeben worden ist, angehört zu
werden (öst OGH 24.9.09, unalex AT-749). Eine bestimmte Art der Anhörung oder ein bestimm-
tes Verfahren schreibt die Verordnung jedoch nicht vor (High Court Ireland 21.10.09, unalex IE-
58). Die Anhörung kann daher auch im Rahmen einer Videokonferenz erfolgen (ThP/*Hüßtege*
Rn 5). Ist der Antragsteller angehört worden und wird erst danach das Kind angehört, so liegt ein
Verfahrensverstoß nicht darin, dass der Antragsteller nicht erneut angehört worden ist, um zu den
Aussagen des Kindes Stellung zu nehmen oder um Umstände geltend zu machen, die nach seiner
Anhörung eingetreten sind (High Court Ireland 21.5.08, unalex IE-54). Wird gegen das Anhö-
rungsrecht nach Abs 5 verstoßen, ist die ablehnende Entscheidung schon aus diesem Grund
aufzuheben und die Rückgabe anzuordnen (Aud Prov Baleares 22.12.10, unalex ES-521).

3. Verfahren nach Ablehnung der Kindesrückführung, Abs 6–8

172   **a) Mitteilung an das Gericht oder die Zentrale Behörde des früheren Aufenthaltsstaates, Abs 6.** Lehnt das Gericht eines Mitgliedstaats die Rückgabe des Kindes nach Art 13
HKÜ ab, so muss es gemäß Abs 6 S 1 nach seinem nationalen Recht dem zuständigen Gericht
(vgl OLG Hamm BeckRS 06, 00753) oder der Zentralen Behörde des früheren Aufenthaltsstaats
des Kindes – in *Deutschland* dem Bundesamt für Justiz in Bonn – unverzüglich eine Abschrift
seiner Entscheidung und der entsprechenden Unterlagen, insbesondere der Niederschriften über
die Anhörungen des Kindes und des Antragstellers (Abs 2, 5), direkt oder über seine Zentrale
Behörde übermitteln Eine Verpflichtung des Gerichts, das die Rückgabe des Kindes abgelehnt
hat, die vorgenannten Unterlagen in die Sprache des früherern Aufenthaltsstaates des Kindes zu
übersetzen, ergibt sich aus Abs 6 jedoch nicht (Althammer/*Schäuble* Rn 16 aE).

173   Alle vorgenannten Unterlagen müssen dem Gericht gemäß Abs 6 S 2 **spätestens binnen
Monatsfrist** seit dem Zeitpunkt der Ablehnungsentscheidung vorgelegt werden. Sie dienen vor
allem dazu, das Gericht im früheren Aufenthaltsstaat des Kindes in die Lage zu versetzen, die
Gründe und Beweismittel zu beurteilen, die der Entscheidung zugrunde liegen, mit welcher die
Rückgabe des Kindes abgelehnt worden ist (EuGH C-195/08 PPU – *Rinau*, Slg 08 I-5271
Rn 78 = NJW 08, 2973 m Anm *Rieck* 2958), und auf dieser Grundlage zu einer raschen
Entscheidung über das elterliche Sorgerecht zu kommen. Denn die internationale Zuständigkeit
dieses Gerichts für die Entscheidung über die elterliche Sorge wird durch die Entführung des
Kindes in einen anderen Mitgliedstaat nicht beeinflusst, sondern bleibt nach Maßgabe von Art 10
(→ Rn 133 f) grundsätzlich erhalten. Das Gericht im Herkunftsmitgliedstaat kann sich dann nach
Abs 8 auch über die im Verbringungsmitgliedstaat getroffene Entscheidung, mit der die Rück-
gabe des Kindes abgelehnt wurde, hinwegsetzen (→ Rn 181 ff).

174   Die Benachrichtigungspflicht besteht allerdings nur, wenn die Rückführung gem **Art 13
HKÜ** abgelehnt worden ist, nicht hingegen, wenn bereits die Widerrechtlichkeit des Verbringens oder Zurückhaltens des Kindes iSv Art 3 HKÜ verneint wurde (ThP/*Hüßtege* Rn 6).
Ergänzend zu Abs 6 bestimmt **§ 39 IntFamRVG,** dass von einer die Rückführung des Kindes
ablehnenden Entscheidung eines inländischen Gerichts zusätzlich eine Abschrift an das Bundesamt für Justiz als Zentraler Behörde zu übersenden ist (→ U Rn 328).

175   **b) Verfahren nach Ablehnung der Rückführung. aa) Aufforderung zur Einreichung
von Sorgerechtsanträgen, Abs 7.** Hatte kein Elternteil die Gerichte des Staates, in dem das
Kind unmittelbar vor dem widerrechtlichen Verbringen oder Zurückhalten seinen gewöhnlichen
Aufenthalt hatte, schon vor der Entscheidung, mit der die Rückgabe des Kindes abgelehnt
wurde, wegen einer Sorgerechtsregelung befasst, so verpflichtet Abs 7 UAbs 1 das Gericht oder
die Zentrale Behörde, welche(s) die Mitteilung nach Abs 6 erhält, die Parteien hierüber zu
unterrichten und sie einzuladen, **binnen drei Monaten** ab Zustellung der Mitteilung entsprechende **Sorgerechtsanträge** nach nationalem Recht zu stellen. Diese „Einladung" ist auch
dann erforderlich, wenn im früheren Aufenthaltsstaat des Kindes bereits ein *amtswegiges* Sorgerechtsverfahren anhängig ist (Rauscher/*Rauscher* Rn 38). War das Sorgerechtsverfahren hingegen dort auf Antrag einer der Parteien bereits anhängig, bevor über die Rückgabe des Kindes
im Verbringungsstaat entschieden worden ist, so bedarf es einer „Einladung" zur Stellung von
Sorgerechtsanträgen nach Abs 7 UAbs 1 nicht.

176   **bb) Zuständiges Gericht.** Die Bestimmung des im Rahmen des Verfahrens nach Art 11
Abs 6–8 für die Prüfung der Rückgabe des Kindes oder des Sorgerechts zuständigen nationalen

590

I. Internationale Zuständigkeit: EuEheVO Art 11 **177–181 F**

Gerichts obliegt dabei den Mitgliedstaaten. Dies gilt selbst dann, wenn zum Zeitpunkt der Übermittlung der Entscheidung, mit der die Rückgabe verweigert wurde, bereits ein Gericht mit einem Hauptsacheverfahren über die elterliche Verantwortung in Bezug auf dieses Kind befasst wurde. Wenn ein Mitgliedstaat für diesen Fall die Zuständigkeit für die Prüfung von Fragen der Rückgabe des Kindes oder des Sorgerechts einem **spezialisierten anderen Gericht** überträgt, so kann dies die praktische Wirksamkeit der Verordnung nicht beeinträchtigen und ist deshalb zulässig (EuGH C-498/14 PPU – *Bradbrooke/Aleksandrowicz*, NJW 15, 1809 Rn 49 ff).

cc) Beendigung des Verfahrens. Werden innerhalb der Dreimonatsfrist ab Zustellung der **177** Mitteilung keine Sorgerechtsanträge gestellt, so hat das Gericht das **Verfahren nach Abs 7 UAbs 2 abzuschließen.** Einer förmlichen Entscheidung hierüber bedarf es nicht (*Rauscher/Rauscher* Rn 44). Eine Entscheidung über das Sorgerecht ergeht also dann im Herkunftsmitgliedstaat nicht und das Kind behält seinen gewöhnlichen Aufenthalt im Verbringungsstaat. Die Eltern sind freilich auch nach Ablauf der Dreimonatsfrist nicht gehindert, ein neues Sorgerechtsverfahren vor den Gerichten des Herkunftsstaats anhängig zu machen, sofern deren internationale Zuständigkeit nach Art 10 fortbesteht und die weiteren Voraussetzungen für ein solches Verfahren nach dem nationalen Recht erfüllt sind (*Rauscher/Rauscher* Rn 46; *Althammer/Schäuble* Rn 22).

dd) Fortsetzung des Verfahrens. Werden Sorgerechtsanträge von den Parteien rechtzeitig **178** gestellt, so sind die Gerichte des früheren Aufenthaltsstaates des Kindes freilich nach Abs 7 S 2 nur „unbeschadet der in dieser Verordnung festgelegten Zuständigkeitsregeln" zu einer Entscheidung berechtigt. Sie haben daher insbesondere unter Zugrundelegung von Art 10 zu prüfen, ob sie zu einer Entscheidung über die elterliche Verantwortung (noch) **international zuständig** sind. Daran fehlt es, wenn das angerufene Gericht zu dem Ergebnis gelangt, dass das Kind seinen gewöhnlichen Aufenthalt unmittelbar vor dem Verbringen oder Zurückhalten nicht (mehr) im Gerichtsstaat hatte, mithin von einer Widerrechtlichkeit iS der Art 10, 11 Abs 1 EuEheVO, Art 3 lit a HKÜ nicht ausgegangen werden kann. Liegt hingegen nach Ansicht des mit dem Sorgerechtsstreit befassten Gerichts im Herkunftsmitgliedstaat eine Kindesentführung vor, so hat dieses Gericht außerdem noch zu prüfen, ob die internationale Zuständigkeit nicht nach Maßgabe von Art 10 lit a oder lit b zwischenzeitlich auf die Gerichte des Staates übergegangen ist, in den das Kind entführt worden ist.

Ist das Gericht im Herkunftsmitgliedstaat für die Sorgerechtsentscheidung nach Art 10 wei- **179** terhin international zuständig und entscheidet es **zugunsten des entführenden Elternteils,** indem es diesem das alleinige Aufenthaltsbestimmungsrecht für das Kind überträgt und/oder eine Herausgabe des Kindes an den anderen Elternteil nicht anordnet, so bleibt das Kind im Verbringungsstaat. Ergeht diese Entscheidung zu einem Zeitpunkt, zu dem das Rückführungsverfahren noch nicht rechtskräftig abgeschlossen ist, so ist der Rückführungsantrag in entsprechender Anwendung von Art 13 Abs 1 lit a HKÜ als unbegründet zurückzuweisen (*Schulz* FamRZ 08, 1733; HK-ZPO/*Dörner* Rn 13).

Trifft das Gericht im Herkunftsmitgliedstaat hingegen eine **Sorgerechtsentscheidung zu- 180 gunsten des die Entführung angreifenden Elternteils,** so ist diese Entscheidung in allen anderen Mitgliedstaaten – einschließlich des Verbringungsmitgliedstaates, in dem das Kind sich gewöhnlich aufhält – nach Art 21, 23 ff anzuerkennen.

c) Anordnung der Rückgabe durch die Gerichte des früheren Aufenthaltsstaates, 181 Abs 8. aa) Grundsatz. Auch wenn die Rückgabe des Kindes durch ein Gericht des Mitgliedstaats, in den es widerrechtlich verbracht wurde oder in dem es widerrechtlich zurückgehalten wird, nach Art 13 HKÜ verweigert wurde, sind die Gerichte im Herkunftsmitgliedstaat allerdings nicht auf eine Entscheidung über die Zuweisung des Sorgerechts beschränkt. Vielmehr sind sie – wie Abs 8 klarstellt – berechtigt, ihrerseits die Rückgabe des entführten Kindes anzuordnen. Auch diese Entscheidung ist sodann in allen anderen Mitgliedstaaten – einschließlich des jetzigen Aufenthaltsstaates des Kindes – nach Art 21, 23 ff anzuerkennen. Das Gericht im Herkunftsmitgliedstaat kann zu diesem Zweck nicht nur diejenigen Beweise erneut prüfen, die ihm von dem Gericht, das die Rückgabe verweigert hat, übermittelt wurden, sondern es kann auch selbst weitere Beweise sammeln und sodann auf der Grundlage des anwendbaren nationalen Rechts, des HKÜ und der Verordnung zu einer eigenen Entscheidung gelangen, mit der es die Nichtrückgabeentscheidung entweder bestätigt oder durch eine Rückgabeanordnung ersetzt (ital Cass 14.7.10, unalex IT-797).

591

F 182–186 1. Teil. Erkenntnisverfahren F. Kindschaftssachen

182   Soweit in dieser Entscheidung die Rückgabe des Kindes angeordnet wird, ist diese Anordnung nach Abs 8 iVm Kapitel III Abschnitt 4, dh nach Art 40 Abs 1 lit a, 42 in den anderen Mitgliedstaaten unmittelbar vollstreckbar. Sie bedarf nach Art 42 Abs 1 also **keiner Vollstreckbarerklärung** und die Anerkennung kann im Vollstreckungsmitgliedstaat nicht angefochten werden (EuGH C-195/08 PPU – *Rinau,* Slg 08 I-5271 Rn 84 = NJW 08, 2973 m Anm *Rieck* 2958 = FamRZ 08, 1729 m Anm *Schulz;* EuGH C-211/10 PPU– *Povse,* Slg 10 I-6673 Rn 70 ff = FamRZ 10, 1229 m Anm *Schulz* 1307; EuGH C-491/10 PPU – *Aguirre Zarraga,* Slg 10 I-14247 Rn 48 = FamRZ 11, 355 m Anm *Schulz;* näher → N Rn 250 ff). Wurde im Ursprungsmitgliedstaat die Bescheinigung nach Art 42 Abs 2 ausgestellt, so kann das Gericht des Vollstreckungsmitgliedstaats nur noch die Vollstreckbarkeit der Entscheidung feststellen.

183   **bb) Voraussetzungen.** Die erleichterte Vollstreckung der Rückgabeentscheidung nach Art. 42 Abs. 2 Brüssel IIa-VO setzt allerdings voraus, dass die von Abs 8 vorausgesetzte **Abfolge der Entscheidungen** beachtet wird. Danach muss der von der Entführung betroffene Träger der elterlichen Sorge also zuerst die Rückführung des Kindes vor den Gerichten des neuen Aufenthaltsstaates beantragen und darf **erst nach der Ablehnung dieses Antrags** gem Art 13 HKÜ den Rückführungsantrag bei einem Gericht im früheren Aufenthaltsstaat des Kindes stellen (arg: „spätere Entscheidung", EuGH C-195/08 PPU aaO, Rn 69 ff; öst OGH 30.7.14, unalex AT-958; High Court [Fam Div] 31.5.11, unalex UK-438). Denn nur in diesem Fall kann das letztgenannte Gericht – wie in Art 42 Abs 2 lit c vorgesehen – bei seiner Entscheidung die Gründe und Beweismittel berücksichtigen, die der nach Art 13 HKÜ ergangenen Entscheidung des Gerichts im neuen Aufenthaltsstaat des Kindes zugrunde gelegt wurden (EuGH C-211/10 PPU aaO, Rn 58; EuGH C-455/15 PPU – *P/Q,* FamRZ 16, 111 Rn 52; Aud Prov Huelva 2.2.12, unalex ES-759). Außerdem soll hierdurch ein unkordiniertes Nebeneinander von Rückführungsverfahren nach dem HKÜ und Sorgerechtsverfahren im Herkunftstaat vermieden werden (*Keese* 202 ff). Solange die Gerichte im Verbringungsstaat die Rückführung nicht abgelehnt haben, ist für eine Entscheidung der Gerichte im Herkunftsstaat nach Art 11 Abs 8 kein Raum (öst OGH 20.3.13, unalex AT-862).

184   Geht der Antragsteller umgekehrt vor und erreicht er die Entscheidung im früheren Aufenthaltsstaat des Kindes schon vor der ablehnenden Entscheidung durch ein Gericht des neuen Aufenthaltsstaates, so findet Abs 8 iVm Art 42 Abs 1 keine Anwendung (öst OGH 7.7.17, unalex AT-1122 und 20.3.13, unalex AT-862). Die Anerkennung und Vollstreckung der Rückführungsentscheidung eines Gerichts des bisherigen Aufenthaltsstaates richtet sich dann nach den allgemeinen Vorschriften und kann daher nach Art 23 lit a am *ordre public* des neuen Aufenthaltsstaates des Kindes scheitern (NK-BGB/*Gruber* Art 10 Rn 9). Maßgebend ist allerdings allein die Abfolge der *Entscheidungen;* unschädlich ist es hingegen, wenn das Verfahren im Herkunftsmitgliedstaat bereits früher als das Rückführungsverfahren im Verbringungsmitgliedstaat *anhängig* gemacht worden ist.

185   Der Anordnung der Rückgabe des Kindes durch ein Gericht des früheren Aufenthaltsstaates nach Abs 8 muss in diesem Staat **keine Entscheidung über das Sorgerecht vorausgegangen** sein. Etwas anderes folgt auch nicht aus Abs 7. Die Regelung des Sorgerechts ist zwar das Endziel der Verfahren nach Art 10, 11. Sie ist jedoch keine Vorbedingung für die Rückführungsentscheidung, die ihrerseits nur ein Zwischenschritt auf dem Weg zu diesem Endziel ist (EuGH C-211/10 PPU aaO, FamRZ 10, 1229 Rn 51 ff, 67 m Anm *Schulz* 1307; EuGH C-498/14 – *Bradbrooke/ Aleksandrowicz,* FamRZ 15, 562 Rn 47; öst OGH 30.7.14, unalex AT-958; **aA** noch öst OGH 20.4.10, unalex AT-667 [Vorlagebeschluss]). Die Möglichkeit, dass das Sorgerecht letztendlich doch dem „Entführer"-Elternteil zugesprochen werden könnte und der damit verbundene wiederholte Ortswechsel des Kindes sind dabei in Kauf zu nehmen (EuGH C-211/10 PPU aaO, Rn 63).

186   Ferner kommt es für die automatische Vollstreckbarkeit der die Rückgabe des Kindes nach Abs 8 anordnenden Entscheidung eines Gerichts des früheren Aufenthaltsstaates im neuen Aufenthaltsstaat des Kindes nicht darauf an, dass die von den Gerichten des letzteren getroffene Entscheidung, mit der die Rückgabe des Kindes nach Art 13 HKÜ verweigert wurde, endgültig Bestand hat, insbesondere **rechtskräftig** geworden ist. Auch wenn diese Entscheidung nachträglich ausgesetzt, abgeändert, aufgehoben oder gar durch eine die Rückgabe anordnende Entscheidung ersetzt worden ist, muss die Entscheidung des früheren Aufenthaltsstaats nach Art 42 Abs 1 im neuen Aufenthaltsstaat anerkannt und vollstreckt werden, wenn das Kind nicht inzwischen tatsächlich zurückgegeben worden ist (EuGH C-195/08 PPU aaO, NJW 08, 2973 Rn 80, 89 m Anm *Rieck* 2958; dazu auch *Schulz* FamRZ 08, 1729/1732; *Gruber* IPRax 09, 413/415; *Völker* FamRBInt 09, 53 f).

I. Internationale Zuständigkeit: EuEheVO Art 11 **187–191 F**

cc) Zuständigkeitsverteilung. Die EuEheVO geht daher von einer klaren Zuständigkeits- **187** verteilung zwischen den Gerichten des Ursprungsmitgliedstaats, der die Rückführung angeordnet hat, und des Vollstreckungsmitgliedstaats aus, um die rasche Rückgabe des Kindes zu erreichen. Danach sind alle Fragen, die die Rechtmäßigkeit der die Rückgabe anordnenden Entscheidung betreffen, nur vor den Gerichten des Ursprungsmitgliedstaats geltend zu machen (EuGH C-211/10 PPU aaO, Rn 74; EuGH C-491/10 PPU aaO, Rn 51). Dabei ist es nicht Sache dieser Gerichte, im Rahmen der nach Abs 8 zu treffenden Entscheidung erneut die Voraussetzungen des Art 13 HKÜ umfassend zu prüfen; sie haben vielmehr die Rückgabe des Kindes anzuordnen, wenn die Widerrechtlichkeit des Verbringens des Kindes festgestellt worden ist (App Grenoble 4.6.08, unalex FR-1090). Zur Widerrechtlichkeit vgl Art 2 Nr 11 (→ Rn 66 ff, 132).

Soweit die Voraussetzungen des Art 42 Abs 1 vorliegen, haben die Gerichte des Vollstre- **188** ckungsmitgliedstaates daher keine Möglichkeit, die Vollstreckung einer nach Abs 8 getroffenen Rückgabeentscheidung des früheren Aufenthaltsstaates des Kindes zu verweigern. Sie haben insbesondere keine Befugnis, die in Art 42 Abs 2 für die Ausstellung der Bescheinigung nach Art 42 Abs 1 aufgestellten Voraussetzungen zu überprüfen (EuGH C-491/10 PPU aaO, Rn 54), und können deshalb zB nicht geltend machen, das Kind sei − entgegen Art 42 Abs 2 lit a − in dem Verfahren vor dem Gericht des Ursprungsmitgliedstaates **nicht ausreichend angehört** worden; die diesbezügliche Kontrolle obliegt vielmehr allein diesem Gericht (EuGH C-491/10 PPU aaO, Rn 52 ff).

Auch ein Rückgriff auf den vollstreckungsrechtlichen **ordre public** des neuen Aufenthalts- **189** staates kommt insoweit nicht Betracht. Denn das System der Anerkennung und Vollstreckung nach der EuEheVO beruht auf dem Grundsatz des gegenseitigen Vertrauens zwischen den Mitgliedstaaten sowie darauf, dass die nationalen Rechte einen gleichwertigen und wirksamen Schutz der auf Unionsebene, insbesondere in der Charta der Grundrechte, anerkannten Grundrechte gewährleisten (EuGH C-491/10 PPU aaO, Rn 59 ff, 70; NK-BGB/*Gruber* Rn 17; *Solomon* FamRZ 04, 1409/1419; **aA** Rauscher/*Rauscher* Art 42 Rn 4). Aus diesem Grunde verstößt eine auf Art 11 Abs 8 gestützte Entscheidung auch nicht gegen **Art 8 EMRK** (EGMR Nr 3890/11− *Povse/Austria,* FamRZ 13, 1793). Verfahrensbeteiligte, die einen Verstoß gegen die Rechtmäßigkeit einer nach Art 42 Abs 2 ausgestellten Bescheinigung geltend machen, müssen hierfür somit grundsätzlich die Rechtsschutzmöglichkeiten vor den Gerichten des Ursprungsmitgliedstaats nutzen, die diese Bescheinigung aufgrund ihrer Zuständigkeit nach Abs 8 ausgestellt haben.

Im Ergebnis wird daher die Wirkung einer auf Art 13 HKÜ gestützten Entscheidung der **190** Gerichte des derzeitigen Aufenthaltsstaates des Kindes, mit der die Rückgabe des Kindes abgelehnt wird, durch Abs 8 erheblich eingeschränkt (*Dutta/Schulz* ZEuP 12, 526/547). Denn der in seinem Sorgerecht verletzte Träger der elterlichen Verantwortung im früheren Aufenthaltsstaat des Kindes wird hierdurch nicht gehindert, nachträglich die dortigen Gerichte anzurufen, um die Rückgabe des Kindes doch noch zu erreichen. Sind diese Gerichte nach Art 10 weiterhin international zuständig, so können sie sich über die im neuen Aufenthaltsstaat getroffene Entscheidung hinwegsetzen und ihrerseits die Rückgabe des Kindes − auch im Wege des einstweiligen Rechtsschutzes (High Court 8.3.11, unalex UK-436) − anordnen, wenn sie die Voraussetzungen des Art 13 HKÜ verneinen. Da diese Anordnung auch im derzeitigen Aufenthaltsstaat des Kindes nach Maßgabe von Art 42 Abs 1 automatisch und uneingeschränkt vollstreckbar ist, haben die Gerichte des früheren Aufenthaltsstaates des Kindes insoweit **„das letzte Wort"** (vgl ErwG 17; EuGH C-491/10 PPU aaO, Rn 70 ff; OLG Hamm BeckRS 06, 00753; *Gruber* IPRax 09, 413/414; *Helms* FamRZ 02, 1593/1602; *Rauscher* FamFR 11, 94). Dies ist deshalb gerechtfertigt, weil nur das nach Art 10 zuständige Gericht im früheren Aufenthaltsstaat des Kindes befugt ist, eine am langfristigen Kindeswohl orientierte Sorgerechtsentscheidung zu treffen, während es im Rückführungsverfahren nach Art 12, 13 HKÜ lediglich um die Wiederherstellung des tatsächlichen Zustandes vor der Entführung geht (*Solomon* FamRZ 04, 1409/1417; HK-ZPO/*Dörner* Rn 14; krit *Coester-Waltjen* FamRZ 05, 241/247).

d) Analoge Anwendung von Abs 6−8. Wird die Ablehnung einer Rückführung des Kindes **191** nicht auf Art 13 HKÜ, sondern **auf Art 12 Abs 2** gestützt, greift Art 11 Abs 6−8 seinem Wortlaut nach nicht ein. Es spricht freilich vieles dafür, dass der Verordnungsgeber mit der Verweisung auf Art 13 HKÜ nur den in der Praxis bei weitem wichtigsten Fall einer Ablehnung der Kindesrückgabe ansprechen wollte. Aus diesem Grunde sollte man die Abs 6−8 auch auf

593

F 192–193c
1. Teil. Erkenntnisverfahren F. Kindschaftssachen

andere Fälle, in denen eine Rückgabe des Kindes nach dem HKÜ verweigert wird, analog anwenden. Dies gilt insbesondere, wenn das Gericht im Verbringungsmitgliedstaat die Rückgabe gem Art 12 Abs 2 HKÜ deshalb verweigert, weil das Kind sich in seine neue Umgebung schon eingelebt habe (*Solomon* FamRZ 04, 1409/1417; NK-BGB/*Gruber* Rn 18; Zö/*Geimer* Rn 11; ThP/*Hüßtege* Rn 7; **aA** Rauscher/*Rauscher* Rn 32; *Völker* FamRZ 10, 157/159 mwN).

192 Ebenso ist zu entscheiden, wenn die Rückgabe unter Hinweis auf den *ordre public* des Verbringungsmitgliedstaates nach **Art 20 HKÜ** oder die inzwischen eingetretene Vollendung des 16. Lebensjahres des Kindes (Art 4 S 2 HKÜ) versagt worden ist (ThP/*Hüßtege* Rn 7; Zö/ *Geimer* Rn 12; G/Sch/*Dilger*, IRV Rn 22; **aA** [Preisgabe des nach Art 20 HKÜ geschützten *ordre public* des Verbringungsstaates] Staud/*Pirrung* Rn C 69; Rauscher/*Rauscher* Rn 32, 58). Andernfalls müsste jeweils an Hand der Entscheidungsgründe aufwändig ermittelt werden, auf welchen Versagungsgrund das Gericht sich primär gestützt hat (*Gruber* IPRax 05, 291/300). Außerdem könnte das Gericht im Verbringungsstaat die gesamte Regelung in Art 11 Abs 6–8 dadurch aushebeln, dass es die Ablehnung der Rückführung nicht auf Art 13 HKÜ, sondern auf seinen *ordre public* stützt.

4. Deutsches Ausführungsgesetz

193 Ergänzende Ausführungsbestimmungen zum Rückführungsverfahren nach dem HKÜ und zu Art 11 EuEheVO enthalten die **§§ 37–41 IntFamRVG;** sie sind unter → U Rn 323 ff kommentiert.

5. Reform

193a Im Zuge der von der EU-Kommission am 30.6.2016 vorgeschlagenen Reform der EuEheVO (KOM [2016] 411) sollen die bisherigen Vorschriften des Art 11 in ein eigenständiges Kapitel III unter dem Titel „Kindesentführung" (Art 21–26 nF) eingestellt und mit dem Ziel geändert werden, das Verfahren der Rückgabe eines entführten Kindes effizienter zu gestalten und die Probleme im Zusammenhang mit der Komplexität des „übergeordneten Verfahrens" nach Art 11 Abs 8 der geltenden Fassung zu beheben. Zu diesem Zweck präzisiert der Vorschlag die **Fristen für den Erlass einer vollstreckbaren Rückgabeanordnung.** Danach gilt eine gesonderte sechswöchige Frist für Verfahren vor dem Gericht erster Instanz bzw vor dem Berufungsgericht (Art 23 Abs 1 nF). Darüber hinaus sind die Zentralen Behörden verpflichtet, innerhalb einer sechswöchigen Frist den Antrag entgegenzunehmen und zu bearbeiten, den Antragsgegner und das Kind ausfindig zu machen, eine Mediation zu fördern und dabei sicherzustellen, dass das Verfahren hierdurch nicht verzögert wird, und – je nach nationalem Rechtssystem – den Antragsteller an einen qualifizierten Anwalt zu verweisen oder den Antrag bei Gericht einzureichen (Art 63 nF). Nach dieser neuen „6 +6 +6-Frist" ist daher eine Frist von insgesamt höchstens 18 Wochen für alle möglichen Stufen vorgesehen, anstelle der derzeitigen durchschnittlichen Verfahrensdauer von bis zu 165 Tagen.

193b Die vorgeschlagenen Maßnahmen umfassen außerdem eine Verpflichtung für die Mitgliedstaaten, eine **Zuständigkeit für Fälle von Kindesentführungen** unter Beachtung der Struktur des jeweiligen Rechtssystems bei einer begrenzten Zahl von Gerichten **zu bündeln,** damit Richter über Rückgabeanträge entscheiden, die Erfahrung mit dieser sehr speziellen Verfahrensart haben (Art 22 nF). Außerdem wird die Zahl der möglichen Rechtsbehelfe gegen eine Rückgabeentscheidung **auf einen Rechtsbehelf beschränkt** (Art 25 Abs 4 nF) und das zuständige Gericht ist zur Prüfung verpflichtet, ob eine Rückgabeanordnung vorläufig vollstreckbar sein sollte (Art 25 Abs 3 nF). Zudem enthält der Vorschlag eine Reihe von Präzisierungen der geltenden Vorschriften. So ist der Mitgliedstaat, in dem das Kind unmittelbar vor dem widerrechtlichen Verbringen oder Zurückhalten seinen gewöhnlichen Aufenthalt hatte, verpflichtet, das Kindeswohl sorgfältig zu prüfen, bevor die endgültige Sorgerechtsentscheidung ergeht, die möglicherweise die Rückgabe des Kindes impliziert (Art 26 Abs 4 nF). Im Zuge dieser Prüfung hat **jedes Kind,** das fähig ist, sich seine eigene Meinung zu bilden, **das Recht, gehört zu werden,** selbst wenn es physisch nicht anwesend ist, wobei angemessene alternative Mittel wie Videokonferenzen einzusetzen sind (Art 24 nF).

193c Schließlich soll die Zusammenarbeit zwischen den Zentralen Behörden oder die direkte Kommunikation zwischen einem Richter und dem zuständigen Gericht im Ursprungsmitgliedstaat erleichtert werden, um die „**angemessenen Vorkehrungen**" zu bewerten, die in dem Mitgliedstaat getroffen wurden, in den das Kind zurückgebracht werden soll. Wäre das Kind

594

I. Internationale Zuständigkeit: EuEheVO Art 12 **F**

möglicherweise dem schwerwiegenden Risiko einer Schädigung ausgesetzt oder anderweitig in eine unzumutbare Situation versetzt, wenn es ohne Garantien in das Land seines gewöhnlichen Aufenthalts verbracht würde, soll es dem **Gericht des Verbringungsstaates** zudem möglich sein, dringende **notwendige Schutzmaßnahmen anzuordnen,** die das Kind in den Staat des gewöhnlichen Aufenthalts „begleiten" können, wenn dort eine abschließende Entscheidung in der Sache getroffen werden muss (Art 25 Abs 1 nF). Eine solche dringende Maßnahme wird kraft Gesetzes in dem Mitgliedstaat anerkannt, in dem das Kind unmittelbar vor dem widerrechtlichen Verbringen oder Zurückhalten seinen gewöhnlichen Aufenthalt hatte, tritt jedoch außer Kraft, sobald die Gerichte dieses Staates die gebotenen Maßnahmen ergriffen haben. So kann zB das Gericht, vor dem ein Rückgabeverfahren anhängig ist, einem Elternteil das Umgangsrecht zusprechen, und diese Entscheidung ist dann auch in dem Mitgliedstaat des gewöhnlichen Aufenthalts des Kindes vollstreckbar, bis das Gericht dieses Landes eine abschließende Entscheidung über den Umgang trifft.

EuEheVO Art 12. Vereinbarung über die Zuständigkeit

(1) Die Gerichte des Mitgliedstaats, in dem nach Artikel 3 über einen Antrag auf Ehescheidung, Trennung ohne Auflösung des Ehebandes oder Ungültigerklärung einer Ehe zu entscheiden ist, sind für alle Entscheidungen zuständig, die die mit diesem Antrag verbundene elterliche Verantwortung betreffen, wenn

a) zumindest einer der Ehegatten die elterliche Verantwortung für das Kind hat und

b) die Zuständigkeit der betreffenden Gerichte von den Ehegatten oder von den Trägern der elterlichen Verantwortung zum Zeitpunkt der Anrufung des Gerichts ausdrücklich oder auf andere eindeutige Weise anerkannt wurde und im Einklang mit dem Wohl des Kindes steht.

(2) Die Zuständigkeit gemäß Absatz 1 endet,

a) sobald die stattgebende oder abweisende Entscheidung über den Antrag auf Ehescheidung, Trennung ohne Auflösung des Ehebandes oder Ungültigerklärung einer Ehe rechtskräftig geworden ist,

b) oder in den Fällen, in denen zu dem unter Buchstabe a) genannten Zeitpunkt noch ein Verfahren betreffend die elterliche Verantwortung anhängig ist, sobald die Entscheidung in diesem Verfahren rechtskräftig geworden ist,

c) oder sobald die unter den Buchstaben a) und b) genannten Verfahren aus einem anderen Grund beendet worden sind.

(3) Die Gerichte eines Mitgliedstaats sind ebenfalls zuständig in Bezug auf die elterliche Verantwortung in anderen als den in Absatz 1 genannten Verfahren, wenn

a) eine wesentliche Bindung des Kindes zu diesem Mitgliedstaat besteht, insbesondere weil einer der Träger der elterlichen Verantwortung in diesem Mitgliedstaat seinen gewöhnlichen Aufenthalt hat oder das Kind die Staatsangehörigkeit dieses Mitgliedstaats besitzt, und

b) alle Parteien des Verfahrens zum Zeitpunkt der Anrufung des Gerichts die Zuständigkeit ausdrücklich oder auf andere eindeutige Weise anerkannt haben und die Zuständigkeit in Einklang mit dem Wohl des Kindes steht.

(4) Hat das Kind seinen gewöhnlichen Aufenthalt in einem Drittstaat, der nicht Vertragspartei des Haager Übereinkommens vom 19. Oktober 1996 über die Zuständigkeit, das anzuwendende Recht, die Anerkennung, Vollstreckung und Zusammenarbeit auf dem Gebiet der elterlichen Verantwortung und der Maßnahmen zum Schutz von Kindern ist, so ist davon auszugehen, dass die auf diesen Artikel gestützte Zuständigkeit insbesondere dann in Einklang mit dem Wohl des Kindes steht, wenn sich ein Verfahren in dem betreffenden Drittstaat als unmöglich erweist.

Schrifttum: *Abendroth,* Parteiautonome Zuständigkeitsbestimmung im Euroäischen Zivilverfahrensrecht (2016); *Heinig,* Grenzen von Gerichtsstandsvereinbarungen im IZPR (2010); *Koechel,* FamRZ 16, 438; *Marino,* La portata della proroga del foro nelle controversie sulla responsabilità genitoriale, Riv dir int priv proc 15, 349.

595

F   194–197   1. Teil. Erkenntnisverfahren F. Kindschaftssachen

1. Allgemeines

194   **a) Zulässigkeit von Gerichtsstandsvereinbarungen.** Anders als in Ehesachen (→ A Rn 46) lässt die Verordnung auf dem Gebiet der elterlichen Verantwortung unter den in Art 12 Abs 1 und 3 genannten Voraussetzungen Gerichtsstandsvereinbarungen zu (EuGH C-656/13 – *L/M,* NJW 15, 40 Rn 41 ff; *Coester-Waltjen* FamRZ 05, 241/244). Diese können insbesondere zwischen den Eltern des Kindes, aber auch zwischen anderen Trägern der elterlichen Verantwortung (vgl OLG Düsseldorf FamRZ 10, 915: Vereinbarung zwischen Mutter und Jugendamt) mit dem Ziel getroffen werden, die Zuständigkeit der Gerichte eines Mitgliedstaats zu erreichen, in dem das **Kind keinen gewöhnlichen Aufenthalt** hat. Dahinter steht die Überlegung, dass es dem Wohl des Kindes nur dienen kann, wenn die Eltern Einvernehmen über das Gericht erzielen, das über das Sorge- und/oder Umgangsrecht entscheiden soll.

195   **b) Unterscheidung zwischen verbundenen und isolierten Verfahren.** Die Vorschrift unterscheidet danach, ob das Verfahren betreffend die elterliche Verantwortung mit einem **Eheverfahren** verbunden ist (Abs 1, 2) oder von den Eltern **isoliert** in einem Mitgliedstaat anhängig gemacht wird, zu dem das Kind eine wesentliche Bindung hat (Abs 3). In beiden Fällen ist für die Gültigkeit der Vereinbarung zusätzlich erforderlich, dass die Zuständigkeit im **Einklang mit dem Kindeswohl** steht; diese Voraussetzung wird in Abs 4 für den Sonderfall, dass sich das Kind in einem weder der EuEheVO noch dem KSÜ angehörenden Drittstaat aufhält, näher präzisiert. Die Zuständigkeiten nach Abs 1 und Abs 3 konkurrieren untereinander sowie mit den Zuständigkeiten nach Art 9 und 10. Allerdings wird es im Falle einer wirksamen Gerichtsstandsvereinbarung nach Art 12 praktisch nur selten zur Anrufung eines anderen Gerichts kommen (Staud/*Pirrung* Rn C 72).

196   **c) Vorrang vor Art 8 Abs 1.** Die Zuständigkeit nach Art 12 hat **Vorrang** vor der allgemeinen Zuständigkeit am gewöhnlichen Aufenthalt des Kindes (Art 8 Abs 2; vgl OLG Saarbrücken FamRZ 11, 1514 [LS] m Anm *Mach-Hour* FamFR 11, 262; MüKoBGB/*Heiderhoff* Rn 3; **aA** [Konkurrenz] Rauscher/*Rauscher* Art 8 Rn 18). Dies gilt allerdings dann nicht, wenn das Verfahren bei dem nach Art 12 zuständigen Gericht später eingeleitet wurde als das Verfahren vor dem nach Art 8 Abs 1 zuständigen Gericht am gewöhnlichen Aufenthalt des Kindes in einem anderen Mitgliedstaat; Art 19 Abs 2 setzt sich vielmehr auch in diesem Fall durch (**aA** AG Steinfurt IPRspr 08 Nr 150). Eine Bindung an die Gerichtsstandsvereinbarung tritt allerdings erst mit Anrufung des Gerichts ein, da sie vorher nach Abs 1 lit b bzw Abs 3 lit b jederzeit widerrufen werden kann (Althammer/*Schäuble* Rn 3; → Rn 204, 218). Art 12 greift – wie Abs 4 verdeutlicht – auch dann ein, wenn das Kind seinen gewöhnlichen Aufenthalt nicht in einem Mitgliedstaat der Verordnung, sondern in einem **Drittstaat** hat (Supreme Court 1.12.09, unalex UK-395 gegen Court of Appeal 21.7.09, unalex UK-391 [*Pakistan*]). Hat das Kind seinen gewöhnlichen Aufenthalt in einem nicht der EuEheVO angehörenden Vertragsstaat des KSÜ (→ Rn 375), so hat allerdings Art 10 KSÜ Vorrang (→ Rn 474 ff).

2. Gerichtsstandsvereinbarung bei Anhängigkeit einer Ehesache, Abs 1

197   **a) Verordnungszuständigkeit des Gerichts für die Ehesache.** Nach Abs 1 haben Ehegatten die Möglichkeit, den Antrag auf Entscheidung über die elterliche Verantwortung mit dem Antrag auf Ehescheidung, Trennung ohne Auflösung des Ehebandes oder Ungültigerklärung einer Ehe (Art 1 Abs 1 lit a; → A Rn 20 ff) zu verbinden, auch wenn das Kind seinen gewöhnlichen Aufenthalt nicht in dem Mitgliedstaat hat, dessen Gerichte in der Ehesache angerufen worden sind (OLG Saarbrücken aaO; vgl *Tödter* FamRZ 05, 1687/1690). Diese Möglichkeit besteht nach dem Wortlaut von Abs 1 nur dann, wenn die **Zuständigkeit des Gerichts in der Ehesache nach Art 3** gegeben ist (EuGH C-656/13 – *L/M,* NJW 15, 40 Rn 42; → A Rn 45 ff). Ausreichend ist jedoch auch eine Zuständigkeit des vereinbarten Gerichts nach Art 4 oder 5 (HK-ZPO/*Dörner* Rn 5; Rauscher/*Rauscher* Rn 8), während eine bloße Restzuständigkeit nach nationalem Prozessrecht gem Art 6, 7 Abs 1 nicht genügt (Zö/*Geimer* Rn 3; Rauscher/*Rauscher* Rn 9; NK-BGB/*Gruber* Rn 3). Im letzteren Fall (zB bei Zuständigkeit der deutschen Gerichte nach Art 7 iVm § 98 Abs 1 FamFG für die Ehesache) ist auch über die Annexzuständigkeit für die Kindschaftssache nach dem autonomen Verfahrensrecht (zB nach § 137 Abs 3 FamFG) zu entscheiden (MüKoBGB/*Heiderhoff* Rn 6). Ferner muss es sich nach Abs 1 um ein „verbundenes Verfahren" handeln und die Voraussetzungen nach lit a und lit b, die weitgehend dem Art 10 Abs 1 KSÜ entlehnt sind, müssen *kumulativ* erfüllt sein.

596

I. Internationale Zuständigkeit: EuEheVO Art 12   **198–202 F**

b) Verbundenes Verfahren. Die Zuständigkeit nach Art 12 Abs 1 wird nur begründet, wenn **198** der mit der Ehesache verbundene Antrag die elterliche Verantwortung in dem von Art 1 Abs 2 lit a beschriebenen Sinne, also das **Sorge- und/oder Umgangsrecht** betrifft, weil über die in Art 1 Abs 2 lit b – lit e genannten Maßnahmen der elterlichen Verantwortung nicht im Zusammenhang mit einem Eheverfahren entschieden wird (OLG Düsseldorf FamRZ 10, 915; ThP/ *Hüßtege* Rn 3a). Ferner muss der Antrag auf Entscheidung über die elterliche Verantwortung nach dem Wortlaut des Abs 1 mit dem Antrag im Eheverfahren (zB dem Scheidungsantrag) „verbunden" sein, dh entweder gleichzeitig mit dem Antrag in der Ehesache oder während des schon anhängigen Eheverfahrens gestellt werden (EuGH C-656/13 – *L/M*, NJW 15, 40 Rn 42; *Spellenberg* FS Sonnenberger [2004] 677/692 f; NK-BGB/*Gruber* Rn 3). Hingegen dürfte es nicht ausreichen, dass erst im Anschluss an das bereits anhängige Verfahren über die elterliche Verantwortung noch eine Ehesache anhängig gemacht wird (vgl zu Art 11 EheVO 2000 *Gruber* IPRax 04, 507/508 f gegen OLG Karlsruhe IPRax 04, 524/526 m Anm *Hohloch* JuS 04, 1104). Ein förmlicher Verfahrensverbund – wie zB nach § 137 FamFG – wird hingegen nicht vorausgesetzt (G/ Sch/*Dilger*, IRV Rn 7; Rauscher/*Rauscher* Rn 6; Staud/*Pirrung* Rn C 72). Über die Zulässigkeit des Verbunds entscheidet das nationale Verfahrensrecht; ist er danach zulässig, verdrängt Abs 1 das nationale Zuständigkeitsrecht (zB § 98 Abs 2 FamFG; vgl Rauscher/*Rauscher* Rn 5).

c) Elterliche Verantwortung zumindest eines Ehegatten, lit a. Das Recht, ein Sorge- **199** oder Umgangsrechtsverfahren mit dem Antrag auf Scheidung, gerichtliche Trennung oder Ungültigerklärung der Ehe zu verbinden und damit für die Entscheidung über die elterliche Verantwortung die Gerichte eines Mitgliedstaats zu wählen, bei denen nach der Grundregel des Art 8 Abs 1 an sich international nicht zuständig wären, besteht nach Abs 1 lit a nur dann, wenn zumindest einer der Ehegatten die elterliche Verantwortung für das Kind innehat. Diese muss nicht umfassend sein, sondern kann auf die Personen- oder Vermögenssorge beschränkt sein (Staud/*Pirrung* Rn C 74; Althammer/*Schäuble* Rn 8). Hingegen genügt es nicht, dass einem Elternteil lediglich ein Umgangsrecht mit dem Kind zusteht, während die elterliche Sorge von einem Dritten (zB einer Behörde) ausgeübt wird (Rauscher/*Rauscher* Rn 15). Die Vorschrift gilt auch, wenn über die elterliche Verantwortung für Adoptiv-, Stief- oder Pflegekinder zu entscheiden ist.

Über die Vorfrage, ob zumindest ein Ehegatte kraft Gesetzes oder aufgrund einer Vereinbarung **200** Inhaber des Sorgerechts über das Kind ist, entscheidet das mit dem Antrag befasste Gericht mit Hilfe des **Kollisionsrechts der *lex fori*.** Deutsche Gerichte beantworten diese Frage seit dem 1.1.2011 gem **Art 16 KSÜ** nach dem Recht des Staates, in dem das Kind seinen gewöhnlichen Aufenthalt hat (HK-ZPO/*Dörner* Rn 7), auch wenn dies das Recht eines Nichtvertragsstaats ist (Art 20 KSÜ; → Rn 636 ff). Denn Art 16 KSÜ verdrängt immer dann, wenn sich die internationale Zuständigkeit des Gerichts aus den Art 8–14 EuEheVO ergibt, die autonome deutsche Kollisionsnorm in Art 21 EGBGB (→ Rn 597, 618 ff). Ist über die elterliche Sorge für das Kind bereits durch ein in- oder ausländisches Gericht entschieden worden, so ist diese Entscheidung maßgebend. Für ausländische Entscheidungen gilt dies allerdings nur dann, wenn sie nach den Art 21, 23 ff oder auf der Grundlage eines mit dem Entscheidungsstaat geschlossenen Staatsvertrags (zB Art 23 ff KSÜ, Art 7 MSA, Art 7 f EuSorgeRÜ; → N Rn 355 ff, 428 ff), oder hilfsweise nach §§ 108, 109 FamFG (→ N Rn 609 ff) im Inland anzuerkennen sind (ThP/ *Hüßtege* Rn 4).

d) Anerkennung der Zuständigkeit, lit b. Von einer „Gerichtsstandsvereinbarung" kann **201** nur gesprochen werden, wenn die Ehegatten oder die sonstigen Träger der elterlichen Verantwortung (Art 2 Nr 8) die Zuständigkeit des angerufenen Gerichts im Zeitpunkt der Einleitung des Verfahrens über die elterliche Verantwortung „ausdrücklich oder auf andere eindeutige Weise anerkannt" haben (öst OGH 13.10.09, unalex AT-676; App Lyon 17.1.08, unalex FR-544; Aud Prov Valencia 14.10.09, unalex ES-533). Die Gerichtsstandsvereinbarung bedarf – anders als nach Art 25 Abs 1 EuGVVO nF oder Art 4 EuUntVO – keiner besonderen Form (MüKoBGB/ *Heiderhoff* Rn 5). Fehlt es an einer wirksamen Anerkennung der Zuständigkeit, so wird der Verbund aufgelöst und es bleibt für die Entscheidung über die elterliche Verantwortung bei der Zuständigkeit nach Art 8–10 (EuGH C-604/17 – *PM/AH*, unalex EU-746 Rn 29 f; ital Cass 7.9.16, unalex IT-771).

aa) Konkludente Anerkennung. Die „Anerkennung" kann daher auch durch konkludentes **202** Verhalten erfolgen, sofern sie das Einverständnis mit der Zuständigkeit des angerufenen Gerichts eindeutig zum Ausdruck bringt (BGH NJW 05, 3424/3428). Dieses Einverständnis muss sich allerdings gerade auf die Entscheidung über das Sorge- oder Umgangsrecht – und nicht nur auf

597

F 203–205   1. Teil. Erkenntnisverfahren F. Kindschaftssachen

die Durchführung des Scheidungsverfahrens – beziehen (Court of Appeal 24.7.08, unalex UK-363; ital Cass Riv dir int priv proc 13, 126/129; Rauscher/*Rauscher* Rn 21). Deshalb kann von einer eindeutigen Anerkennung der Zuständigkeit durch beide Ehegatten dann nicht ausgegangen werden, wenn beide zwar erklären, die internationale Zuständigkeit eines Gerichts ihres gemeinsamen Heimatstaats zur Verhandlung des Scheidungsantrags im Gerichtsstand des Art 3 Abs 1 lit b zu akzeptieren, jedoch keine Zustimmung zur Verhandlung über die elterliche Verantwortung vor demselben Gericht gemäß Art 12 Abs 1 erklären (frz Cass 13.5.15, unalex FR-2434). Eine Anerkennung der Zuständigkeit liegt auch nicht in der Einreichung eines Trennungs- und Sorgerechtsantrags durch einen Elternteil bei einem deutschen Gericht, wenn dieser erst danach seinen und den gewöhnlichen Aufenthalt des Kindes rechtmäßig ins Ausland verlegt hat (OLG München 20.11.07, unalex DE-1004). Gegen eine konkludente Anerkennung spricht es ferner, wenn ein Elternteil in Fragen des Sorge- oder Umgangsrechts bereits ein anderes Gericht angerufen hat.

203   **bb) Zuständigkeitsrüge und rügelose Einlassung.** An einer Anerkennung der Zuständigkeit fehlt es auch dann, wenn letztere von einem Elternteil gerügt wird; die hilfsweise Einlassung zur Sache vor diesem Gericht ändert daran nichts (OLG Stuttgart NJW 12, 2043/2044). Auch eine rügelose Einlassung des Antragsgegners auf das Verfahren ist noch keine „Anerkennung" der Zuständigkeit (ital Cass 30.12.11, unalex IT-793; *Coester-Waltjen* FamRZ 05, 241/242; NK-BGB/*Gruber* Rn 7; Rauscher/*Rauscher* Rn 20; **aA** *Solomon* FamRZ 04, 1409/1413). Dies gilt insbesondere, wenn der Antragsgegner die Zuständigkeit zwar nicht ausdrücklich rügt, aber zuvor bereits eigene Sorgerechtsanträge bei einem Gericht eines anderen Mitgliedstaats angebracht hatte (BGHZ 163, 248/263 = FamRZ 05, 1540 [zu Art 3 Abs 2 EheVO 2000]). Hätte der Verordnungsgeber dies anders gesehen, hätte er eine ähnliche Formulierung wie in Art 9 Abs 2 verwendet (Zö/*Geimer* Rn 9). Wurde für den Antragsgegner ein **Abwesenheitspfleger** von Amts wegen bestellt, weil dem Antragsgegner der Antrag nicht zugestellt werden konnte, so liegt eine Anerkennung der Zuständigkeit auch nicht schon darin, dass der Abwesenheitpfleger die Unzuständigkeit des Gerichts nicht gerügt hat (EuGH C-215/15 – *Gogova/Dimitrov*, NJW 16, 1007 Rn 42 ff; dazu *Koechel* FamRZ 16, 438).

204   **cc) Maßgebender Zeitpunkt.** Nach dem Wortlaut von Abs 1 lit b müssen beide Verfahrensbeteiligten die Zuständigkeit des Ehegerichts bereits zum Zeitpunkt der **Anrufung des Gerichts** anerkannt haben. Dieser Zeitpunkt ist in entsprechender Anwendung von Art 16 zu bestimmen (EuGH C-436/13 – *E/B*, NJW 14, 3355 Rn 38; *Solomon* FamRZ 04, 1409/1413; ThP/*Hüßtege* Rn 8). Bei dieser wörtlichen Auslegung wäre der Anwendungsbereich der Vorschrift allerdings sehr eingeschränkt, weil der Antragsgegner bis zur Anrufung des Gerichts durch den Antragsteller häufig noch keine Gelegenheit hatte, sein Einverständnis mit dieser Gerichtswahl zu äußern (vgl HK-ZPO/*Dörner* Rn 12, der von einem Redaktionsversehen ausgeht). Deshalb sollte auch eine danach erklärte Anerkennung noch ausreichen, solange der Antrag noch nicht abgewiesen ist (OLG Düsseldorf FamRZ 10, 915; *Rauscher* EuLF 05 I-37/40; G/Sch/*Dilger,* IRV Rn 22; Zö/*Geimer* Rn 12; HK-ZPO/*Dörner* Rn 12; NK-BGB/*Gruber* Rn 8; **aA** Staud/*Pirrung* Rn C 75; ThP/*Hüßtege* Rn 12; wohl auch EuGH C-656/13 – *L/M,* NJW 15, 40 Rn 56; dazu *Andrae* IPRax 15, 212; *Dutta* ZEuP 16, 427/448). Ein vor der Anrufung des Gerichts erklärte Anerkennung bindet den Erklärenden hingegen nicht; dieser kann sein Einverständnis mit der Gerichtswahl vielmehr bis zur Anrufung des Gerichts noch zurückziehen (*Solomon* FamRZ 04, 1409/1413; G/Sch/*Dilger,* IRV Rn 23; Althammer/*Schäuble* Rn 13). Dies hindert jedoch eine anschließende Verweisung an das ursprünglich vereinbarte Gericht nach Art 15 nicht (*Schulz* FS Kropholler [2008] 435/438).

205   **e) Einklang mit dem Kindeswohl.** Schließlich muss die Wahl des von den Beteiligten einvernehmlich bestimmten Gerichts im Einklang mit dem Kindeswohl stehen. Diese Einschränkung ist vor dem Hintergrund zu sehen, dass die Eltern in Ehesachen gemäß Art 3 die Wahl zwischen verschiedenen alternativ zuständigen Gerichten haben und vermieden werden soll, dass sie sich für die Entscheidung über das Sorgerecht auf die Zuständigkeit des Gerichts eines Mitgliedstaates verständigen, zu dem das Kind nur besonders schwach ausgeprägte Beziehungen hat (Court of Appeal [Civ Div] 21.7.09, unalex UK-391; *Coester-Waltjen* FamRZ 05, 241/243; HK-ZPO/*Dörner* Rn 13). Der Begriff des Kindeswohls ist in Anlehnung an Art 10 KSÜ zu bestimmen (*Borrás*-Bericht Rn 38; → Rn 483). Bei dieser Kontrolle am Maßstab des Kindeswohls stehen also die **zuständigkeitsrechtlichen Interessen des Kindes** im Vordergrund (*Coester-Waltjen* aaO; *Dutta* FS Kropholler [2008] 281/286 ff; ThP/*Hüßtege* Rn 6; Rauscher/

598

I. Internationale Zuständigkeit: EuEheVO Art 12   **206–210 F**

Rauscher Rn 25). Berücksichtigt werden kann auch die Staatsangehörigkeit des Kindes und der enge Bezug der zu treffenden Schutzmaßnahme zum Gerichtsstaat (EuGH C-565/16, unalex EU-752 Rn 35 ff).

Interessen des Kindes können der Gerichtswahl etwa dann entgegenstehen, wenn das Kind zu **206** seiner Anhörung sehr **weit anreisen** muss oder – anders als bei einer Anhörung in seinem Aufenthaltsstaat – die **Hilfe eines Dolmetschers** benötigt (NK-BGB/*Gruber* Rn 9; Rauscher/ *Rauscher* Rn 26). Ferner kann berücksichtigt werden, ob das vereinbarte Gericht aufgrund der Entfernung zum Staat des gewöhnlichen Kindesaufenthalts überhaupt in der Lage ist, eine an den Kindesinteressen ausgerichtete sachgerechte Entscheidung über das Sorgerecht zu treffen (HK-ZPO/*Dörner* Rn 13; vgl auch App Reims 29.10.10, Clunet 12, 677: Vorrang des Kindes- interesses an einem nahen Gericht vor dem Elterninteresse der Konzentration aller Folgesachen beim gleichen Gericht). Dagegen steht die Zuständigkeit eines Gerichts des Staates, in dem die Eltern bis zur Trennung gemeinsam gewohnt haben und dessen Staatangehörigkeit sowohl die Eltern als auch die Kinder besitzen, im Einklang mit dem Kindeswohl, auch wenn die Mutter mit den Kindern inzwischen in einen anderen Mitgliedstaat verzogen ist (App Bruxelles 6.4.06, unalex BE-199). Grundsätzlich kann eine zwischen den Eltern getroffene Zuständigkeitsver- einbarung iSv Art 12 jedoch nur in Ausnahmefällen wegen Unvereinbarkeit mit dem Kindes- wohl für unwirksam erklärt werden (OLG Düsseldorf FamRZ 10, 915; Zö/*Geimer* Rn 13; MüKoBGB/*Heiderhoff* Rn 13; **aA** NK-BGB/*Gruber* Rn 9).

Hat das Kind seinen gewöhnlichen Aufenthalt in einem **Drittstaat,** der auch nicht Vertrags- **207** staat des KSÜ ist, so stellt die Auslegungsregel in Abs 4 klar, dass die auf Art 12 gestützte Zuständigkeit insbesondere dann im Einklang mit dem Wohl des Kindes steht, wenn sich ein Verfahren in dem betreffenden Drittstaat – zB wegen bürgerkriegsähnlicher Verhältnisse oder einer korrupten bzw extrem langsam arbeitenden Justiz – als unmöglich erweist. Dem dürfte auch der Fall gleichstehen, dass die drittstaatlichen Gerichte ihre Entscheidung nicht am Kindes- wohl, sondern zB an der **Religionszugehörigkeit** des jeweiligen Elternteils ausrichten (Mü- KoBGB/*Heiderhoff* Rn 7).

3. Dauer der Zuständigkeit, Abs 2

Die nach Art 12 Abs 1 getroffene Gerichtsstandsvereinbarung überdauert das Verfahren, für **208** das sie getroffen wurde, nicht. Abs 2 sieht dementsprechend **drei Gründe** vor, die zu einer Beendigung der auf Abs 1 gestützten Zuständigkeit für das Verfahren der elterlichen Verantwor- tung führen:

a) Rechtskraft der Entscheidung in der Ehesache, lit a. Ist die Entscheidung über den **209** Antrag auf Ehescheidung, Trennung ohne Auflösung des Ehebandes oder Ungültigerklärung einer Ehe rechtskräftig geworden, so kann es zu einem „verbundenen" Verfahren nicht mehr kommen; aus diesem Grunde endet – in Übereinstimmung mit Art 10 Abs 2 KSÜ (→ Rn 485 f) – gem lit a die Zuständigkeit des nach Art 3 in der Ehesache zuständigen Gerichts zur Ent- scheidung über die elterliche Verantwortung. Dabei kommt es nicht darauf an, ob dem Antrag in der Ehesache stattgegeben oder ob er abgewiesen worden ist (Staud/*Pirrung* Rn C 77; Rauscher/ *Rauscher* Rn 30). Wie sich aus lit b ergibt, bedeutet das „Ende" der Zuständigkeit aber nicht, dass das im Zeitpunkt des Eintritts der Rechtskraft der Entscheidung in der Ehesache noch anhängige Verfahren über die elterliche Sorge nicht mehr zu Ende geführt werden könnte (vgl lit b; Althammer/*Schäuble* Rn 16 MüKoBGB/*Heiderhoff* Rn 16). Gemeint ist lediglich, dass nach diesem Zeitpunkt ein Verfahren zur elterlichen Verantwortung nicht mehr im Gerichtsstand des Abs 1 anhängig gemacht werden kann (NK-BGB/*Gruber* Rn 10; ThP/*Hüßtege* Rn 6). Die Frage, wann Rechtskraft eintritt, entscheidet das Verfahrensrecht des in der Ehesache zuständigen Gerichts. Dabei ist auf den Zeitpunkt abzustellen, bis zu dem noch ordentliche Rechtsbehelfe gegen das Urteil eingelegt werden können; außerordentliche Rechtsbehelfe – wie die Wieder- aufnahme des Verfahrens – bleiben außer Betracht (HK-ZPO/*Dörner* Rn 16).

b) Rechtskraft der Entscheidung über die elterliche Verantwortung, lit b. Wird die **210** Entscheidung in der Ehesache rechtskräftig, bevor in dem noch anhängigen Verfahren über die elterliche Verantwortung entschieden worden ist, so bleibt die Zuständigkeit des angerufenen Gerichts nach Abs 1 – abweichend von Art 10 Abs 2 KSÜ (→ Rn 485) – gem Abs 2 lit b solange erhalten, bis auch die Entscheidung über die elterliche Verantwortung rechtskräftig geworden ist. Es gilt also auch insoweit der Grrundatz der *perpetuatio fori* (AG Leverkusen FamRZ 03,1569/1570; Rauscher/*Rauscher* Rn 31). Die Frage, ob das Verfahren über die

599

F 211–215   1. Teil. Erkenntnisverfahren F. Kindschaftssachen

elterliche Verantwortung zu dem nach lit a maßgeblichen Zeitpunkt noch „anhängig" war, beurteilt sich nach Art 16 analog (*Hau* FamRZ 00, 1333/1340; ThP/*Hüßtege* Rn 8; NK–BGB/ *Gruber* Rn 11). Die Zuständigkeitsvereinbarung gilt also nicht für ein erst nach rechskräftigem Abschluss des Sorge- oder Umgangsrechtsverfahrens eingeleitetes Abänderungsverfahren (BGH FamRZ 14, 927 m Anm *Götz*).

211   **c) Beendigung der Verfahren aus anderen Gründen, lit c.** Die Zuständigkeit nach Abs 1 endet schließlich gem Abs 2 lit c auch dann, wenn die in lit a und lit b genannten Verfahren aus anderen Gründen beendet worden sind. Als solche kommen insbesondere eine Antragsrücknahme oder der Tod eines Ehegatten/Elternteils in Betracht (*Borrás*-Bericht Rn 39; Staud/ *Pirrung* C 79).

4. Gerichtsstandsvereinbarung in isolierten Sorgerechtsverfahren, Abs 3

212   **a) Allgemeines.** Gerichtsstandsvereinbarungen sind unter der Geltung der EuEheVO – anders als zuvor nach der EheVO 2000 und nach Art 10 KSÜ – in Verfahren betreffend die elterliche Verantwortung nach Abs 3 auch dann möglich, wenn **keine Verbindung mit einem Eheverfahren** besteht, um den Parteien auch in solchen isolierten Verfahren der elterlichen Verantwortung eines gewisse Autonomie einzuräumen (krit zu dieser Neuerung *Coester-Waltjen* FS Heldrich [2005] 549/559; Staud/*Pirrung* Rn C 80). Dies dient insbesondere dem in ErwG 5 betonten Ziel, die Gleichbehandlung aller Kinder ohne Rücksicht darauf sicherzustellen, ob eine Verbindung zu einem Verfahren in Ehesachen besteht. Eine Zuständigkeitsvereinbarung nach Abs 3 kann also auch zugunsten eines Gerichts getroffen werden, bei dem bisher **noch kein Verfahren anhängig** ist, weil auch eine solche Vereinbarung dem Wohl des Kindes entsprechen kann (EuGH C–656/13 – *L/M,* NJW 15, 40 Rn 40 ff = IPRax 15, 247 m Anm *Andrae* 212; dazu *Dutta* ZEuP 16, 427/448).

213   Da Art 12 gem Art 8 Abs 2 als Ausnahmevorschrift zur Grundsatzzuständigkeit in Art 8 Abs 1 konzipiert ist, geht es um die Vereinbarung einer Zuständigkeit außerhalb des Mitgliedstaates, in dem das Kind seinen gewöhnlichen Aufenthalt hat (vgl OLG Düsseldorf FamRZ 10, 915: Vereinbarung der Zuständigkeit deutscher Gerichte zwischen Mutter und Jugendamt zur Regelung des Umgangsrechts für das in einer Pflegefamilie in den *Niederlanden* untergebrachte Kind). Damit fehlt es aus der Sicht des Kindes in diesem Fall an dem Kriterium der räumlichen Nähe für die Zuständigkeitsbegründung; deshalb ist Abs 3 als Ausnahmevorschrift zum Grundsatz in Art 8 Abs 1 **eng auszulegen** (EuGH C–215/15 – *Gogova/Dimitrov,* NJW 16, 1007 Rn 41). Zur Wirksamkeit einer Vereinbarung nach Abs 3 ist erforderlich, dass die in lit a und lit b bestimmten Voraussetzungen *kumulativ* vorliegen:

214   **b) Voraussetzungen. aa) Wesentliche Bindung des Kindes, lit a.** Nach lit a muss zunächst eine wesentliche Bindung des Kindes zu dem Mitgliedstaat bestehen, dessen Gerichte angerufen werden sollen. Eine solche wird insbesondere durch den **gewöhnlichen Aufenthalt eines Elternteils** (erst recht beider Eltern, vgl Aud Prov Zaragoza 19.6.12, unalex ES–774) bzw eines sonstigen Trägers der elterlichen Verantwortung (Art 2 Nr 8; vgl Aud Prov Madrid 28.1.11, unalex ES–520 [Großeltern]) oder durch die **Staatsangehörigkeit des Kindes** (OLG Düsseldorf FamRZ 10, 915) hergestellt. In Betracht kommen aber auch andere Anknüpfungskriterien (NK–BGB/*Gruber* Rn 13), zB die gemeinsame Staatsangehörigkeit der Eltern, wenn auch das Kind zu dem betreffenden Staat enge Beziehungen aufgebaut hat, ferner ein langjähriger früherer gewöhnlicher Aufenthalt des Kindes (Staud/*Pirrung* Rn C 81) oder der gewöhnliche Aufenthalt anderer Bezugspersonen des Kindes, zB der Großeltern oder des nicht sorgeberechtigten Elternteils (Althammer/*Schäuble* Rn 20). Andererseits begründet allein die Staatsangehörigkeit des Kindes nicht in jedem Fall eine wesentliche Bindung zu seinem Heimatstaat, insbesondere wenn das Kind seinen Lebensmittelpunkt schon seit Jahren in einem anderen Staat hat oder wenn es sich um eine ineffektive Staatsangehörigkeit handelt (MüKoBGB/ *Heiderhoff* Rn 20; **aA** Zö/*Geimer* Rn 19); dies gilt selbst dann, wenn es um die Abänderung einer von dem angerufenen Gericht des Heimatstaates früher getroffenen Sorgerechtsregelung geht (Krajský soud 24.5.07, unalex CZ–22 und Krajský soud České Budejov 14.1.09, unalex CZ–40).

215   **bb) Anerkennung der Zuständigkeit, lit b.** Die Zuständigkeit muss ferner – abweichend von Abs 1 – nur von allen am Verfahren beteiligten Parteien, also nicht von am Verfahren unbeteiligten Trägern der elterlichen Verantwortung, ausdrücklich oder auf andere Weise eindeutig anerkannt worden sein (öst OGH 13.10.09, unalex AT–676; Krajský soud 31.7.09, unalex CZ–21; Trib da Relação Lisboa 16.9.10, unalex PT–171; Althammer/*Schäuble* Rn 22;

I. Internationale Zuständigkeit: EuEheVO Art 12 **216–218 F**

→ Rn 201 ff). Eine solche eindeutige Anerkennung der Zuständigkeit durch die Eltern des Kindes liegt jedenfalls dann vor, wenn die Eltern bei einem Gericht einen gemeinsamen Antrag stellen (EuGH C-565/16, unalex EU-752 Rn 25). Anders als nach Abs 1 können Parteien des Verfahrens aber nicht nur die Eltern, sondern alle natürlichen oder juristischen Personen sein, denen die elterliche Verantwortung für das Kind zusteht (NK-BGB/*Gruber* Rn 14). Darüber hinaus ist auch der **Staatsanwalt,** der nach dem nationalen Recht am Gerichtsort Partei des Verfahrens ist, auch Partei iSv Art 12 Abs 3 lit b, so dass sein Widerspruch einer Prorogation nach dieser Vorschrift entgegensteht (EuGH C-565/16 aaO, Rn 28f). Eine „ausdrückliche oder auf andere Weise eindeutige" Anerkennung setzt zumindest voraus, dass der Antragsgegner Kenntnis von dem eingeleiteten Verfahren hat. Daran fehlt es, wenn der verfahrenseinleitende Schriftsatz ihm (zB wegen unbekannten Wohnsitzes) nicht zugestellt worden ist, auch wenn der vom Gericht für den Antragsgegner bestellte Abwesenheitsvertreter die Unzuständigkeit nicht gerügt hat (EuGH C-215/15 – *Gogova/Dimitrov,* NJW 16, 1007 Rn 42 ff im Anschluss an EuGH C-112/13 – *A,* EuZW 14, 950 Rn 55 [zu Art 24 EuGVVO aF]). Die Zuständigkeit des von einer Partei angerufenen Gerichts für ein Verfahren betreffend die elterliche Verantwortung wurde jedenfalls dann nicht im Sinne von Abs 3 von „alle[n] Parteien des Verfahrens … ausdrücklich oder auf andere eindeutige Weise anerkannt," wenn der Antragsgegner in diesem Verfahren vor demselben Gericht später ein anderes Verfahren anhängig macht und im Rahmen der ersten von ihm in dem früheren Verfahren vorzunehmenden Handlung die Unzuständigkeit dieses Gerichts geltend macht (EuGH C-656/13 – *L/M,* NJW 15, 40 Rn 53 ff, 59 m Anm *Mankowski* NZFam 15, 94).

cc) Kindeswohl. Jede von den Trägern der elterlichen Verantwortung abweichend vom **216** Grundsatz des Art 8 Abs 1 vereinbarte Zuständigkeit muss schließlich im **Einklang mit dem Kindeswohl** stehen (EuGH C-436/14 – *E/B,* NJW 14, 3355 Rn 44 f); insoweit gilt das zu Abs 1 lit d Gesagte entsprechend (→ Rn 205 ff). Die Auslegungsregel nach Abs 4 gilt auch hier. Hat das Kind seinen gewöhnlichen Aufenthalt in einem Mitgliedstaat der Verordnung, so bedarf die Frage, ob die Zuständigkeit der Gerichte eines anderen Mitgliedstaats dem Kindeswohl entspricht, sorgfältiger Prüfung; dies gilt insbesondere, wenn sie nur auf die Staatsangehörigkeit des Kindes gestützt wird (*Rauscher* EuLF 05 I-37/41; HK-ZPO/*Dörner* Rn 23). Die Zuständigkeit des Gerichts am Wohnsitz eines Elternteils eines Kindes kann allerdings auch dann nach der Ausnahmevorschrift des Art 12 Abs 3 begründet sein, wenn bereits ein längerer Zeitraum vergangen ist, in dem das Kind seinen gewöhnlichen Aufenthalt durchgängig in einem anderen Mitgliedstaat als seine Eltern hatte (Aud Prov Zaragoza 19.6.12, unalex ES-774: 10 Jahre).

Für ein Verfahren betreffend die elterliche Verantwortung kann die Zuständigkeit eines Gerichts **217** eines Mitgliedstaats, der nicht der Staat des gewöhnlichen Aufenthalts des Kindes ist, auch dann nach Abs 3 begründet werden, wenn bei dem gewählten Gericht **kein anderes Verfahren anhängig** ist. Denn nur durch eine solche Auslegung wird die praktische Wirksamkeit dieser Bestimmung gewahrt. Würde man nämlich ihren Anwendungsbereich auf Situationen beschränken, in denen das Verfahren betreffend die elterliche Verantwortung mit einem anderen, bereits anhängigen Verfahren verknüpft werden kann, würden die Möglichkeiten, eine entsprechende Zuständigkeitsvereinbarung zu treffen, erheblich reduziert. Insbesondere würde für Fragen betreffend die elterliche Verantwortung solcher Eltern, die nie verheiratet waren oder bereits geschieden sind oder getrennt leben oder deren Ehe für ungültig erklärt wurde, jede Möglichkeit einer Zuständigkeitsvereinbarung nach dieser Vorschrift ausgeschlossen, was im Widerspruch zum Ziel der Gleichbehandlung aller Kinder stünde (EuGH C-656/13 – *L/M,* NJW 15, 40 Rn 43 ff, 52).

c) Maßgeblicher Zeitpunkt. Für die Anerkennung der Zuständigkeit durch die Parteien ist **218** – ebenso wie nach Abs 1 lit b – grundsätzlich auf den Zeitpunkt der Anrufung des Gerichts abzustellen, der nach Art 16 zu bestimmen ist (EuGH C-436/13 – *E/B,* NJW 14, 3355 Rn 38 = IPRax 15, 244 m Anm *Andrae* 212). Deshalb reicht eine vorprozessuale Gerichtsstandsvereinbarung auch nach Abs 3 nicht aus, wenn eine der Parteien im Zeitpunkt der Einleitung des Verfahrens die Zuständigkeit des gewählten Gerichts nicht mehr anerkennt (*Solomon* FamRZ 04, 1409/1413). Allerdings sollte man es aus Gründen der Prozessökonomie auch hier genügen lassen, dass beide Parteien sich noch nachträglich auf die Zuständigkeit des angerufenen Gerichts verständigen, denn andernfalls könnte der wegen mangelnder internationaler Zuständigkeit als unzulässig abgewiesene Antrag sofort neu gestellt werden (OLG Düsseldorf FamRZ 10, 915; NK-BGB/*Gruber* Rn 8, 14). Nach Ansicht des EuGH muss zwar „spätestestens zu dem Zeitpunkt, zu dem das verfahrenseinleitende Schriftstück oder ein gleichwertiges Schriftstück bei dem gewählten Gericht eingereicht wird, das Bestehen einer ausdrücklichen oder zumindest

601

F 221, 222
1. Teil. Erkenntnisverfahren F. Kindschaftssachen

eindeutigen Vereinbarung zwischen allen Parteien des Verfahrens über die Zuständigkeit dieses Gerichts nachgewiesen werden" (EuGH C-656/13 – *L/M,* NJW 15, 40 Rn 56; ebenso ThP/ *Hüßtege* Rn 12); die Entscheidung betraf jedoch einen Sachverhalt, in dem es auch anschließend nicht mehr zu einer Gerichtsstandsvereinbarung kam. Andererseits schließt der Widerspruch des Staatsanwalts, der nach der lex fori Partei des Verfahrens ist, eine Prorogation durch die Eltern des Kindes auch dann aus, wenn dieser Widerspruch erst nach der Anrufung des Gerichts erklärt wird (EuGH C-565/16 aaO, Rn 32). Eine **rügelose Einlassung** reicht hingegen auch hier keinesfalls aus (→ Rn 203; **aA** MüKoFamFG/*Gottwald* Rn 13). Die Zuständigkeit endet mit der Entscheidung des vereinbarten Gerichts.

219   **d) Dauer der Zuständigkeit.** Die nach Abs 3 vereinbarte Zuständigkeit eines von den Trägern der elterlichen Verantwortung einvernehmlich angerufenen Gerichts eines Mitgliedstaats für Entscheidungen betreffend die elterliche Verantwortung endet **mit dem Erlass einer rechtskräftigen Entscheidung** in diesem Verfahren. Die Zuständigkeit des gewählten Gerichts kann also jeweils nur für ein bestimmtes Verfahren betreffend die elterliche Verantwortung vereinbart werden. Die Zuständigkeitsvereinbarung gilt hingegen nicht für ein nach dessen rechtskräftigem Abschluss eingeleitetes neues Verfahren weiter, weil nicht davon ausgegangen werden kann, dass die vereinbarte Zuständigkeit auch dann noch – oder gar während der gesamten Kindheit des betroffenen Kindes – dessen Wohl entspricht. Vielmehr muss für jedes spätere Verfahren erneut eine Zuständigkeitsvereinbarung getroffen werden; andernfalls gilt für dieses Verfahren wieder die allgemeine Zuständigkeit nach Art 8 Abs 1 (EuGH C-436/14 – *E/B,* NJW 14, 3355 Rn 46 ff = IPRax 15, 244 m Anm *Andrae* 212; BGH FamRZ 14, 927 m Anm *Götz*).

5. Gewöhnlicher Aufenthalt des Kindes in einem Drittstaat, Abs 4

220   Die internationale Zuständigkeit nach Art 12 besteht auch dann, wenn sich das Kind in einem Staat gewöhnlich aufhält, der weder Mitgliedstaat der EuEheVO (Supreme Court 1.12.09, unalex UK-3495; Aud Prov Barcelona 8.1.15, unalex ES-999), noch Vertragsstaat des KSÜ (→ Rn 367 f) ist. In diesem Fall besteht nach Abs 4 eine Vermutung dafür, dass die Anerkennung der Zuständigkeit in einem Mitgliedstaat sowohl nach Abs 1 wie nach Abs 3 dem Kindeswohl entspricht, wenn sich die Durchführung des Verfahrens in dem Drittstaat als unmöglich erweist (vgl auch → Rn 207). Bei der Beurteilung dieser „Unmöglichkeit" steht dem vereinbarten mitgliedstaatlichen Gericht ein weites Ermessen zu. Aus der Vorschrift ist zu entnehmen, dass sie in den Mitgliedstaaten der EuEheVO die Art 5 ff KSÜ verdrängt, wenn sich das Kind in einem Drittstaat gewöhnlich aufhält (*Benicke* IPRax 13, 44/53).

EuEheVO Art 13. Zuständigkeit aufgrund der Anwesenheit des Kindes

(1) **Kann der gewöhnliche Aufenthalt des Kindes nicht festgestellt werden und kann die Zuständigkeit nicht gemäß Artikel 12 bestimmt werden, so sind die Gerichte des Mitgliedstaats zuständig, in dem sich das Kind befindet.**

(2) **Absatz 1 gilt auch für Kinder, die Flüchtlinge oder, aufgrund von Unruhen in ihrem Land, ihres Landes Vertrieben sind.**

1. Allgemeines

221   Art 13 begründet eine **Auffangzuständigkeit** für Fälle, in denen ein gewöhnlicher Aufenthalt des Kindes nicht festgestellt werden kann und deshalb insbesondere **keine Zuständigkeit nach Art 8–10** in einem Mitgliedstaat der Verordnung gegeben ist (Rauscher/*Rauscher* Rn 3 ff; NK-BGB/*Gruber* Rn 2). Außerdem muss es auch an einer wirksamen Vereinbarung der Zuständigkeit eines mitgliedstaatlichen Gerichts nach Art 12 fehlen (Abs 1). Diese Zuständigkeit wird in Abs 2 auch auf **Flüchtlingskinder** ausgedehnt. Ebenso wie Art 8 Abs 1 regelt auch Art 13 nur die *internationale* Zuständigkeit; die örtliche Zuständigkeit bleibt dem autonomen Recht des zuständigen Mitgliedstaats überlassen.

2. Hilfszuständigkeit im Mitgliedstaat des schlichten Kindesaufenthalts, Abs 1

222   Kann ein gewöhnlicher Aufenthalt des Kindes (→ Rn 87 ff) – und damit eine internationale Zuständigkeit nach Art 8 Abs 1, 9 oder 10 – in keinem Mitgliedstaat der Verordnung festgestellt werden und haben sich die Eltern oder sonstigen Träger der elterlichen Verantwortung auch nicht nach Maßgabe von Art 12 auf die Zuständigkeit eines mitgliedstaatlichen Gerichts ver-

I. Internationale Zuständigkeit: EuEheVO Art 13 **223–227 F**

ständigt, so eröffnet Art 13 Abs 1 – in Übereinstimmung mit Art 6 Abs 2 KSÜ (→ Rn 439 ff) –
eine subsidiäre internationale Zuständigkeit in dem Mitgliedstaat, in dem sich das Kind auch nur
vorübergehend tatsächlich aufhält. Auch diese allein durch den **schlichten Aufenthalt** des
Kindes in einem Mitgliedstaat begründete Zuständigkeit hat Vorrang vor den Restzuständigkeiten des nationalen Rechts nach Art 14.

Die **praktische Bedeutung** dieser subsidiären Zuständigkeit ist jedoch gering. Denn ins- **223**
besondere in den Fällen des Familienumzugs von einem (Mitglied-)Staat in einen anderen
verliert das Kind seinen bisherigen gewöhnlichen Aufenthalt im Regelfall erst in dem Zeitpunkt,
zu dem es einen neuen gewöhnlichen Aufenthalt begründet (NK-BGB/*Gruber* Rn 1). Bis dahin
besteht die internationale Zuständigkeit nach Art 8 Abs 1 im bisherigen Aufenthaltsstaat fort.
Nicht festzustellen ist ein gewöhnlicher Aufenthalt daher idR nur dann, wenn das Kind – in der
Diktion des EuGH (C-523/07 – *A,* Slg 09 I-2805 Rn 41 ff = FamRZ 09, 843) – ein **„Wanderleben"** von Staat zu Staat führt. Art 13
Abs 1 gilt aber auch dann, wenn das Kind in keinem Staat einen gewöhnlichen Aufenthalt hat
(MüKoBGB/*Heiderhoff* Rn 4), was freilich nur in seltenen Ausnahmefällen in Betracht kommt
(vgl aber High Court Ireland 27.7.10, unalex IE-56).

Nach dem Wortlaut der Vorschrift steht auch der gewöhnliche Aufenthalt des Kindes **in 224
einem Drittstaaat** ihrer Anwendung entgegen (OLG Koblenz FamRZ 17, 1229; Zö/*Geimer*
Rn 1; Rauscher/*Rauscher* Rn 11a). Dies gilt insbesondere, wenn ein Kind aus einem Drittstaat,
in dem es seinen gewöhnlichen Aufenthalt hatte, in einen Mitgliedstaat entführt worden ist und
bei Einleitung des Verfahrens in diesem Mitgliedstaat mangels sozialer Integration noch keinen
neuen gewöhnlichen Aufenthalt erworben hat (frz Cass 13.5.15, unalex FR-2460).

Die Zuständigkeit nach Art 13 besteht ferner nur dann, wenn es auch an einer wirksamen **225**
Prorogation nach Art 12 fehlt. Ein **Vorrang von Art 12 vor Art 13** besteht freilich nicht schon
dann, wenn die Parteien im Vorfeld des Verfahrens eine Gerichtsstandsvereinbarung getroffen
haben. Da die Träger der elterlichen Verantwortung die Anerkennung des vereinbarten Gerichts
iSv Art 12 Abs 1 lit b oder Abs 3 lit b nämlich bis zu dessen Anrufung jederzeit widerrufen
können, wird Art 13 erst mit Anrufung des vereinbarten Gerichts (oder einer amtswegigen
Einleitung des Verfahrens durch dieses Gericht) verdrängt (Rauscher/*Rauscher* Rn 5 ff; NK-
BGB/*Gruber* Rn 3; Althammer/*Schäuble* Rn 7).

Ob der Grundsatz der *perpetuatio fori* auch für die Hilfszuständigkeit nach Art 13 gilt, ist **226**
umstritten. Teilweise wird dies bejaht und eine Fortdauer dieser Zuständigkeit auch dann
angenommen, wenn das Kind im Laufe des Verfahrens einen gewöhnlichen Aufenthalt in einem
anderen Mitgliedstaat oder in einem Drittstaat begründet (G/Sch/*Dilger,* IRV Rn 4; NK-BGB/
Gruber Rn 5). Da Art 13 jedoch – anders als Art 8 Abs 1 – nicht auf den Zeitpunkt der Antragstellung abstellt, endet die auf Art 13 gestützte internationale Zuständigkeit wegen ihrer Subsidiarität in diesem Fall automatisch (MüKoFamFG/*Gottwald* Rn 6; HK-ZPO/*Dörner* Rn 4;
Staud/*Pirrung* Rn C 84; Althammer/*Schäuble* Rn 8). Dies kann freilich dann nicht gelten, wenn
ein Träger der elterlichen Verantwortung erst nach Rechtshängigkeit des Verfahrens im Gerichtsstand des Art 13 ein gem Art 12 Abs 1 oder 2 vereinbartes Gericht anruft (Rauscher/*Rauscher*
Rn 8; HK-ZPO/*Dörner* Rn 3; **aA** MüKoBGB/*Heiderhoff* Rn 8; Staud/*Pirrung* aaO). Dieses hat
das Verfahren dann nach Art 19 Abs 2 auszusetzen. Im Regelfall wird freilich dann eine Verweisung an das prorogierte Gericht nach Art 15 angezeigt sein (Zö/*Geimer* Rn 2).

3. Flüchtlingskinder, Abs 2

Kinder, die aus ihren Heimatstaaten geflohen sind oder vertrieben wurden, sind besonders **227**
schutzbedürftig, weil sie durch die Flucht nicht selten von ihren Eltern oder sonstigen Trägern
der elterlichen Verantwortung getrennt werden, so dass Schutzmaßnahmen für sie rasch getroffen
werden müssen. Auch für diese Kinder sind daher – im Anschluss an Art 6 Abs 1 KSÜ – in
Fragen der elterlichen Verantwortung gem Abs 2 die Gerichte des Mitgliedstaats international
zuständig, in dessen Staatsgebiet diese Kinder sich nur tatsächlich aufhalten; eine Verfestigung
dieses schlichten Aufenthalts iS einer sozialen Eingliederung der Kinder in ihr neues Lebensumfeld ist also nicht erforderlich. Die Regelung hat freilich nur praktische Bedeutung, wenn das
Flüchtlingskind seinen **gewöhnlichen Aufenthalt noch in seinem Herkunftstaat** hat. Hat es
nämlich im Verbringungsstaat schon einen gewöhnlichen Aufenthalt begründet, so gilt Art 8
Abs 1 (OLG Bamberg FamRZ 16, 1270 Rn 15; Rauscher/*Rauscher* Rn 13). Kann der gewöhnliche Aufenthalt eines Flüchtlingskindes nicht festgestellt werden, so gilt Abs 1 (HK-ZPO/*Dörner*
Rn 5).

F 229–232 1. Teil. Erkenntnisverfahren F. Kindschaftssachen

228 Der in der Verordnung nicht definierte **Flüchtlingsbegriff** in Art 6 Abs 1 entspricht demjenigen der Genfer Flüchtlingskonvention v 28.7.1951 (BGBl 53 II, 560) und des Genfer Flüchtlingsprotokolls v 31.1967 (BGBl 70 II, 194; vgl MüKoFamFG/*Gottwald* Rn 8). Eine Flucht aus Angst vor Strafverfolgung oder aus rein wirtschaftlichen Motiven reicht zur Begründung der internationalen Zuständigkeit nach Abs 1 jedoch nicht aus (OLG Koblenz FamRZ 17, 1229 f). Ferner ist auch nicht erforderlich, dass die Kinder ihr Herkunftsland ohne Begleitung ihrer Eltern oder sonstiger Sorgeberechtigten verlassen haben (so aber der *Lagarde*-Bericht Rn 44 zur Parallelvorschrift in Art 6 Abs 1 KSÜ); denn es besteht kein Grund, Flüchtlingskindern in diesem Fall den Schutz des Abs 2 vorzuenthalten und sie auf die nationalen Restzuständigkeiten nach Art 14 zu verweisen (HK-ZPO/*Dörner* Rn 6).

EuEheVO Art 14. Restzuständigkeit

Soweit sich aus den Artikeln 8 bis 13 keine Zuständigkeit eines Gerichts eines Mitgliedstaats ergibt, bestimmt sich die Zuständigkeit in jedem Mitgliedstaat nach dem Recht dieses Staates.

1. Anwendung des nationalen Zuständigkeitsrechts

229 Nur wenn sich aus den Vorschriften der Art 8–13 keine internationale Zuständigkeit der Gerichte eines Mitgliedstaats der Verordnung ergibt, eröffnet Art 14 in Fragen der elterlichen Verantwortung – ebenso wie Art 7 in Ehesachen (→ A Rn 123 ff) – die Möglichkeit zu einem Rückgriff auf das nationale Zuständigkeitsrecht im Mitgliedstaat des angerufenen Gerichts (frz Cass 12.1.11, unalex FR-2179; OLG Jena IPRspr 01 Nr 207; AG Ludwigshafen IPRspr 12 Nr 246). Dies trifft insbesondere zu, wenn das Kind seinen gewöhnlichen Aufenthalt nicht in einem Mitgliedstaat der Verordnung, sondern in *Dänemark* oder in einem nicht der EU angehörenden **Drittstaat** hat (BGH FamRZ 15, 2147 Rn 16 [*VR China*]; OLG Bremen NJW-RR 17, 1155 Rn 15 [*Mexiko*]; Trib Roma 17.2.16, unalex IT-662 [*Australien*]) und auch eine Zuständigkeit nach Art 13 in einem Mitgliedstaat nicht eröffnet ist. Ferner dürfen die Eltern auch die Zuständigkeit eines mitgliedstaatlichen Gerichts nicht wirksam nach Art 12 vereinbart haben, es sei denn die Anwendung des Art 12 wird durch vorrangige Staatsverträge ausgeschlossen. Letzteres ist nach Art 60 lit a bzw Art 61 der Fall, wenn das Kind seinen gewöhnlichen Aufenthalt in einem Vertragsstaat des MSA bzw des KSÜ hat (NK-BGB/*Gruber* Rn 3; näher → Rn 348 ff, 353 ff).

230 Wird nach Art 14 auf das nationale Recht des Gerichtsstaates verwiesen, so gehören zum „Recht dieses Staates" freilich auch die von diesem Staat abgeschlossenen und für ihn in Kraft getretenen **Staatsverträge** (öst OGH 30.5.11, unalex AT-1096). Wird daher ein deutsches Gericht angerufen, so hat es gemäß § 97 FamFG vorrangig zu prüfen, ob sich seine internationale Zuständigkeit nicht aus dem **KSÜ** (→ Rn 412 ff) oder aus dem **MSA** (→ Rn 554 f) ergibt. Dies folgt auch (und sogar vorrangig) aus den Vorschriften der Verordnung zur Abgrenzung gegenüber anderen Rechtsinstrumenten (Art 59 ff; → Rn 344 ff). Bei gewöhnlichem Aufenthalt des Kindes in einem nicht der EuEheVO angehörenden Vertragsstaat des KSÜ (→ Rn 375) gelten die Art 5 ff KSÜ, bei gewöhnlichem Aufenthalt in einem Drittstaat die Art 11, 12 KSÜ. Erst wenn auch diese Prüfung negativ verläuft, ist das angerufene deutsche Gericht berechtigt, seine internationale Zuständigkeit auf § 99 FamFG – zB auf die deutsche Staatsangehörigkeit des Kindes (§ 99 Abs 1 Nr 1 FamFG) – zu stützen (→ Rn 576 ff).

2. Konsequenzen für die Anerkennung und Vollstreckung

231 Entscheidungen deutscher Gerichte, die auf der Grundlage von Art 14 iVm dem in Deutschland geltenden staatsvertraglichen oder nationalen Zuständigkeitsrecht gesprochen werden, sind freilich in den anderen Mitgliedstaaten in gleicher Weise nach Art 21, 23 ff anzuerkennen und zu vollstrecken wie wenn die internationale Zuständigkeit nach Art 8–13 EuEheVO begründet gewesen wäre (NK-BGB/*Gruber* Rn 1).

3. Inländerbehandlung von Angehörigen anderer Mitgliedstaaten

232 Art 14 enthält keine dem Art 7 Abs 2 in Ehesachen (→ A Rn 128 ff) korrespondierende Vorschrift. Demnach könnte sich ein Angehöriger eines Mitgliedstaats, der sich in einem anderen Mitgliedstaat gewöhnlich aufhält, auch unter den Voraussetzungen von Art 14 nicht auf die

I. Internationale Zuständigkeit: EuEheVO Art 15　　　　　　　　**233　F**

nationalen Zuständigkeitsvorschriften dieses Staates wie ein Inländer berufen. Ein Grund für diese Differenzierung ist freilich nicht ersichtlich (Staud/*Pirrung* Rn C 86).

EuEheVO Art 15. Verweisung an ein Gericht, das den Fall besser beurteilen kann

(1) **In Ausnahmefällen und sofern dies dem Wohl des Kindes entspricht, kann das Gericht eines Mitgliedstaats, das für die Entscheidung in der Hauptsache zuständig ist, in dem Fall, dass seines Erachtens ein Gericht eines anderen Mitgliedstaats, zu dem das Kind eine besondere Bindung hat, den Fall oder einen bestimmten Teil des Falls besser beurteilen kann,**

a) **die Prüfung des Falls oder des betreffenden Teils des Falls aussetzen und die Parteien einladen, beim Gericht dieses anderen Mitgliedstaats einen Antrag gemäß Absatz 4 zu stellen, oder**

b) **ein Gericht eines anderen Mitgliedstaats ersuchen, sich gemäß Absatz 5 für zuständig zu erklären.**

(2) **Absatz 1 findet Anwendung**

a) **auf Antrag einer der Parteien oder**

b) **von Amts wegen oder**

c) **auf Antrag des Gerichts eines anderen Mitgliedstaats, zu dem das Kind eine besondere Bindung gemäß Absatz 3 hat.**

Die Verweisung von Amts wegen oder auf Antrag des Gerichts eines anderen Mitgliedstaats erfolgt jedoch nur, wenn mindestens eine der Parteien ihr zustimmt.

(3) **Es wird davon ausgegangen, dass das Kind eine besondere Bindung im Sinne des Absatzes 1 zu dem Mitgliedstaat hat, wenn**

a) **nach Anrufung des Gerichts im Sinne des Absatzes 1 das Kind seinen gewöhnlichen Aufenthalt in diesem Mitgliedstaat erworben hat oder**

b) **das Kind seinen gewöhnlichen Aufenthalt in diesem Mitgliedstaat hatte oder**

c) **das Kind die Staatsangehörigkeit dieses Mitgliedstaats besitzt oder**

d) **ein Träger der elterlichen Verantwortung seinen gewöhnlichen Aufenthalt in diesem Mitgliedstaat hat oder**

e) **die Streitsache Maßnahmen zum Schutz des Kindes im Zusammenhang mit der Verwaltung oder der Erhaltung des Vermögens des Kindes oder der Verfügung über dieses Vermögen betrifft und sich dieses Vermögen im Hoheitsgebiet dieses Mitgliedstaats befindet.**

(4) **Das Gericht des Mitgliedstaats, das für die Entscheidung in der Hauptsache zuständig ist, setzt eine Frist, innerhalb deren die Gerichte des anderen Mitgliedstaats gemäß Absatz 1 angerufen werden müssen.**

Werden die Gerichte innerhalb dieser Frist nicht angerufen, so ist das befasste Gericht weiterhin nach den Artikeln 8 bis 14 zuständig.

(5) [1] **Diese Gerichte dieses anderen Mitgliedstaats können sich, wenn dies aufgrund der besonderen Umstände des Falls dem Wohl des Kindes entspricht, innerhalb von sechs Wochen nach ihrer Anrufung gemäß Absatz 1 Buchstabe a) oder b) für zuständig erklären.** [2] **In diesem Fall erklärt sich das zuerst angerufene Gericht für unzuständig.** [3] **Anderenfalls ist das zuerst angerufene Gericht weiterhin nach den Artikeln 8 bis 14 zuständig.**

(6) **Die Gerichte arbeiten für die Zwecke dieses Artikels entweder direkt oder über die nach Artikel 53 bestimmten Zentralen Behörden zusammen.**

Schrifttum: *Falconi,* Il trasferimento di competenza nell'interesse del minore alla luce dell'interpretazione della Corte di giustizia, Riv dir int priv proc 17, 662; *König,* Die Anwendbarkeit des *forum non conveniens* im deutschen und europäischen Zivilverfahrensrecht (2012); H *Roth,* Zur Anfechtbarkeit von Zwischenentscheidungen nach Art 15 Abs 1 lit b EuEheVO, IPRax 09, 56.

1. Allgemeines

Die anglo-amerikanische Lehre vom *forum non conveniens* (dazu *Heinze/Dutta* IPRax 05, **233** 224 ff; *König* 23 ff; *Coester-Waltjen* FamRZ 05, 241/245) ist im deutschen und europäischen

605

F 234–237   1. Teil. Erkenntnisverfahren F. Kindschaftssachen

Zivilprozessrecht bisher nur auf wenig Gegenliebe gestoßen (vgl zur EuGVVO aF EuGH C-281/02 – *Owusu*, Slg 05 I-1383 Rn 36 ff; ferner OLG München IPRax 84, 319). Art 15 weist zwar eine gewisse Ähnlichkeit mit dieser Lehre auf, wenn er dem nach Art 8 ff in der Hauptsache zuständigen Gericht – in Übereinstimmung mit Art 8, 9 KSÜ (→ Rn 457 ff) – die Möglichkeit eröffnet, ein Verfahren betreffend die elterliche Verantwortung an das Gericht eines anderen Mitgliedstaats zu verweisen, das den Fall „besser beurteilen" kann (*Coester-Waltjen* FamRZ 05, 241/245; NK-BGB/*Gruber* Rn 1). Durch den Verweisungsmechanismus der Vorschrift werden jedoch Rechtsschutzlücken vollständig ausgeschlossen, so dass man nicht von einer europäisierten Variante der *forum non conveniens*-Doktrin sprechen kann (*Gössl* FamRZ 16, 2075). Vielmehr vervollständigt Art 15 die in den Art 8 bis 14 des Kapitels II enthaltenen Zuständigkeitsregeln durch einen Mechanismus der Zusammenarbeit zwischen den Gerichten der Mitgliedstaaten (EuGH C-455/15 PPU – *P/Q*, FamRZ 16, 111 Rn 44).

234   Die Vorschrift ist nach ihrem Abs 1 nur „in Ausnahmefällen" anzuwenden (vgl ErwG 15; → Anh I) und deshalb **restriktiv auszulegen,** um einerseits die Grundentscheidung der Verordnung für die Anknüpfung an den gewöhnlichen Kindesaufenthalt nicht in Frage zu stellen (EuGH C-428/15 – *Child and Family Agency,* FamRZ 16, 2071 Rn 48; öst OGH 25.8.16, unalex AT-1076; Trib Supremo 7.7.11, unalex ES-623; Court of Appeal 21.7.09, unalex UK-391; KG NJW 06, 3503; *Solomon* FamRZ 04, 1409/1414; Rauscher/*Rauscher* Rn 7; Staud/*Pirrung* Rn C 89; *Schulz* FS Kropholler [2008] 435/436), andererseits die damit notwendigerweise verbundene Verzögerung des Verfahrens auf Ausnahmefälle zu beschränken (MüKoBGB/*Heiderhoff* Rn 3). Möchte das nach Art 8 Abs 1 zuständige Gericht den Fall an das Gericht eines anderen Mitgliedstaats verweisen, so muss es daher die **starke Vermutung** widerlegen, die für die Beibehaltung seiner eigenen Zuständigkeit spricht (EuGH aaO, Rn 49; zust *Pirrung* IPRax 17, 562/564). Dies kommt insbesondere im Fall einer zwischenzeitlichen Verlegung des gewöhnlichen Kindesaufenthalt in in einen anderen Mitgliedstaat in Betracht. Mit Hilfe des Art 15 kann dann der sonst eingreifende Grundsatz der *perpetuati fori* durchbrochen werden (öst OGH FamRZ 16, 543/544 m Anm *Mankowski*).

235   Der Begriff der **„Verweisung"** in Art 15 ist freilich nicht im Sinne des nationalen Verfahrensrechts der Mitgliedstaaten zu verstehen und entspricht deshalb auch nicht der in § 281 ZPO geregelten Verweisung bei Anrufung eines örtlich oder sachlich unzuständigen deutschen Gerichts. Es geht weder um die nach der englischen *forum non conveniens*-Lehre mögliche, nach Art 15 hingegen unzulässige Ablehnung der der nach Art 8 ff gegebenen Zuständigkeit durch das angerufene Gericht, noch besteht eine Bindung des Gerichts, an welches der Rechtsstreit übertragen werden soll, an die vom Gericht eines anderen Mitgliedstaats ausgesprochene „Verweisung"(*Mankowski* FamRZ 16, 545/546). Die Übertragung der Zuständigkeit hängt vielmehr von der ausdrücklichen Annahme der „Verweisung" durch dieses Gericht (Abs 5) und der Zustimmung mindestens einer Partei (Abs 2 S 2) ab (belg Cass 21.11.07, unalex BE-498; HK-ZPO/*Dörner* Rn 1; Rauscher/*Rauscher* Rn 1; *König* 165).

2. Entscheidungsalternativen, Abs 1

236   **a) Aussetzung des Verfahrens, lit a.** Liegen die Verweisungsvoraussetzungen (→ Rn 241 ff) vor, so kann das für die Entscheidung in der Hauptsache zuständige Gericht nach Abs 1 lit a das Verfahren aussetzen und die Parteien einladen, bei einem Gericht eines anderen Mitgliedstaats einen Antrag zu stellen. Hierfür ist den Beteiligten gem Abs 4 UAbs 1 eine Frist zu setzen. Diese sollte zur Vermeidung einer Verfahrensverschleppung kurz bemessen werden. In der Literatur wird – in Anlehnung an den nicht übernommenen Vorschlag des Europäischen Parlaments – eine Höchstfrist von einem Monat zugrundegelegt (NK-BGB/*Gruber* Rn 2; G/Sch/*Dilger,* IRV Rn 15). Wird der Antrag bei dem anderen Gericht innerhalb dieser Frist nicht gestellt, so bleibt es bei der Zuständigkeit des zuerst angerufenen Gerichts (Abs 4 UAbs 2).

237   **b) Ersuchen um Übernahme, lit b.** Alternativ zur Aussetzung des Verfahrens kann das angerufene Gericht sich entweder direkt oder unter Einschaltung der Zentralen Behörde (Abs 6 iVm Art 53) – in Deutschland also des Bundesamts für Justiz (§ 3 Abs 1 Nr 1 IntFamRVG) – an das Gericht eines anderen Mitgliedstaats wenden und dieses ersuchen, sich für zuständig zu erklären. Dieses Ersuchen kann sich auf die vollständige Übernahme des Verfahrens beziehen, kann aber auch auf einzelne Schutzmaßnahmen (zB nur die Regelung des Umgangs) beschränkt werden. Für deutsche Gerichte wird sich idR diese unmittelbare Kontaktaufnahme mit dem ausländischen Gericht nach lit b empfehlen (Staud/*Pirrung* Rn C 93). Das Ersuchen muss nicht

I. Internationale Zuständigkeit: EuEheVO Art 15   **238–242 F**

ausdrücklich gestellt werden, sondern kann sich auch im Wege der Auslegung aus einem Gerichtsbeschluss ergeben (BGH 2.4.08, unalex DE-1015).

In welcher **Form** ein Übernahmeersuchen gemäß Abs 1 lit b und die Zuständigkeitserklärung **238** des (ersuchten) Gerichts des Zweitstaats zu erfolgen haben, ist in der Verordnung nicht geregelt und daher nach dem jeweiligen **nationalen Verfahrensrecht** zu beurteilen (öst OGH FamRZ 16, 543/544 m Anm *Mankowski*). Nach deutschem Recht hat das Familiengericht das Übernahmeersuchen in der Form eines Beschlusses zu fassen (vgl § 13a Abs 4 und 5 IntFamRVG).

3. Initiative zur Abgabe/Übernahme des Verfahrens, Abs 2

Die Entscheidung nach Abs 1 trifft das angerufene Gericht gem Abs 2 S 1 entweder **auf** **239** **Antrag einer der Parteien** (lit a) oder **von Amts wegen** (lit b) oder **auf Antrag des Gerichts eines anderen Mitgliedstaats,** zu dem das Kind eine besondere Bindung gem Abs 3 hat (lit c). In den beiden letztgenannten Fällen erfolgt die Verweisung nach Abs 2 S 2 jedoch nur, wenn mindestens eine der Parteien zustimmt. Damit wird eine Verweisung des Verfahrens an das Gericht eines anderen Mitgliedstaats gegen den Willen beider Parteien ausgeschlossen. Der Begriff der „Partei" iSv Art 15 wird in der Verordnung nicht autonom definiert; seine Ausfüllung wird vielmehr dem nationalen Recht überlassen. Im deutschen Recht sind dies die Beteiligten iSv § 7 Abs 1 und Abs 2 Nr 1 FamFG (§ 13a Abs 6 S 1 IntFamRVG; MüKoBGB/ *Heiderhoff* Rn 6; **aA** NK-BGB/*Gruber* Rn 4, der eine Parteistellung des betroffenen Kindes ausschließt).

Von Bedeutung ist insbesondere, dass die Initiative zur Übernahme des Verfahrens – in **240** Anlehnung an Art 9 KSÜ – gem Abs 2 lit c auch von dem **Gericht eines anderen Mitgliedstaats** ausgehen kann, welches das Gericht, das in der Hauptsache nach Art 8 ff zuständig ist, um die Übernahme des Verfahrens ersuchen kann. Dabei ist von dem weiten Gerichtsbegriff iSv Art 2 Nr 1 auszugehen, so dass die Initiative auch von Jugendämtern oder vergleichbaren ausländischen **Kinderschutzbehörden** (zB von der englischen *Child and Family Agency,* vgl EuGH C-428/15, FamRZ 16, 2071) ausgehen kann. Voraussetzung ist eine besondere Bindung des Kindes zum Staat des ersuchenden Gerichts iSv Abs 3 (→ Rn 242 ff). Das ersuchte Gericht ist jedoch auch dann nicht verpflichtet, dem Ersuchen Folge zu leisten, sondern kann das Verfahren fortsetzen, wenn es dies für zweckmäßig hält (Trib civ Bruxelles 25.4.06, unalex BE-197). Bevor ein Gericht wegen einer Veränderung der Umstände nach bereits erfolgter Ablehnung einer Verweisung durch das ausländische Gericht einen erneuten Antrag nach Abs 2 lit c stellen kann, muss geprüft werden, ob die Veränderung so erheblich ist, es in hohem Maße wahrscheinlich ist, dass das ersuchte Gericht nunmehr zu einer anderen Entscheidung kommen wird (High Court [Fam Div] 1.12.08, unalex UK-360).

4. Voraussetzungen der Verweisung, Abs 1 iVm Abs 3

a) Zuständigkeit des verweisenden Gerichts nach Art 8–14. Verweisen kann nach Art 15 **241** Abs 1 nur ein Gericht, das nach der Verordnung **in der Hauptsache zuständig** ist (öst OGH FamRZ 16, 543/544 m Anm *Mankowski*); andernfalls ist der Antrag nach Art 17 als unzulässig abzuweisen (Zö/*Geimer* Rn 2). Unerheblich ist, auf welche Vorschrift der Verordnung das Gericht seine Zuständigkeit stützt; auch das nach Art 12 Abs 1 zuständige Gericht der Ehesache kann also – anders als nach dem KSÜ (→ Rn 457 ff) – von der Abgabemöglichkeit nach Art 15 Gebrauch machen (Staud/*Pirrung* C 89; MüKoBGB/*Heiderhoff* Rn 2). Gleiches gilt für ein Gericht, das lediglich eine Restzuständigkeit nach Art 14 iVm nationalem Recht in Anspruch nimmt (HK-ZPO/*Dörner* Rn 4). Hingegen setzt die Verweisung des Falles an das Gericht eines anderen Mitgliedstaats nicht notwendig voraus, dass auch jenes Gericht nach der Verordnung international zuständig ist (Althammer/*Schäuble* Rn 9; **aA** Trib da Relação Lisboa 16.9.10, unalex PT-171). Ein Ersuchen gemäß Art 15 kann **in jedem Verfahrensstadium** gestellt werden (High Court [Fam Div] 23.10.14, unalex UK-1471), in *Deutschland* also auch noch vom Beschwerdegericht (OLG Karlsruhe IPRspr 14 Nr 222). Solange noch kein Verfahren anhängig ist, kommt eine Verweisung nach Art 15 jedoch nicht Betracht (NK-BGB/*Gruber* Rn 11).

Es müssen jedoch die folgenden **drei weiteren Voraussetzungen** *kumulativ* vorliegen:

b) Besondere Bindung des Kindes zu einem anderen Mitgliedstaat, Abs 3. Das Kind **242** muss zunächst nach Abs 1 eine „besondere Bindung" zu dem anderen Mitgliedstaat haben, an dessen Gerichte das Verfahren abgegeben werden soll. Zu der Frage, wann hiervon ausgegangen werden kann, nennt Abs 3 in lit a – lit e **fünf Kriterien:**

607

F 243–250 1. Teil. Erkenntnisverfahren F. Kindschaftssachen

243   Danach besteht eine solche besondere Bindung vor allem dann, wenn das Kind nach Anrufung des zuerst befassten Gerichts seinen **gewöhnlichen Aufenthalt in dem anderen Mitgliedstaat** begründet hat (lit a; vgl öst OGH 25.8.16, unalex AT-1076; App Bruxelles 4.4.07, unalex BE-206). Dabei kommt es nicht auf die bisherige Dauer dieses neuen Aufenthalts an, sondern darauf, ob dieser der tatsächliche beständige Mittelpunkt der Beziehungen und Interessen des Kindes werden kann (ital Cass 4.12.12, unalex IT-786). Auf diese Weise kann der nach Art 8 Abs 1 geltende Grundsatz der *perpetuatio fori* mit Hilfe von Art 15 überwunden werden (öst OGH 24.6.15, unalex AT-1013; MüKoBGB/*Heiderhoff* Rn 11). Ausreichend ist auch, dass das Kind seinen gewöhnlichen Aufenthalt *früher* in diesem Mitgliedstaat hatte (lit b).

244   Eine besondere Bindung kann auch durch die **Staatsangehörigkeit** des Kindes begründet werden (lit c; öst OGH 25.8.16, unalex AT-1076). Ist das Kind Mehrstaater, so dürfte idR nur die effektive Staatsangehörigkeit eine besondere Bindung iSv Abs 3 lit c schaffen (*Hau* IPRax 10, 50/53; Althammer/*Schäuble* Rn 7; im Erg auch NK-BGB/*Gruber* Rn 6 Fn 471; aA Staud/ *Pirrung* Rn C 101; Rauscher/*Rauscher* Rn 14). Der Umstand, dass das Kind die Staatsangehörigkeit des Staates hat, in dem der Wohnsitz eines der gemeinsam sorgeberechtigten Elternteile belegen ist, begründet jedoch für sich allein keine Verweisung nach Art 15 (Maakohus Harju 30.6.09, unalex EE-18).

245   Als weiterer Anknüpfungspunkt kommt nach Abs 3 lit d der **gewöhnliche Aufenthalt eines Trägers der elterlichen Verantwortung** in Betracht; danach wird also die Nähebeziehung des Kindes zu einem bestimmten Mitgliedstaat durch einen Familienangehörigen vermitttelt (krit dazu Rauscher/*Rauscher* Rn 1.

246   Schließlich kann auch die **Belegenheit von Kindesvermögen** in dem anderen Mitgliedstaat in Betracht eine besondere Bindung. begründen (lit e); dies jedoch nur dann, wenn es um die Anordnung von Maßnahmen zum Schutz des Kindes im Zusammenhang mit der Verwaltung oder Erhaltung des Kindesvermögens oder der Verfügung hierüber geht.

247   Die Aufzählung in Abs 3 ist **abschließend.** Fälle, in denen keiner in lit a – lit e genannten Gesichtspunkte vorliegt, sind daher von vorneherein vom Verweisungsmechanismus des Art 15 ausgeschlossen (EuGH C-428/15 – *Child and Family Agency,* FamRZ 16, 2071 Rn 51 m Anm *Gössl;* Staud/*Pirrung* Rn C 89; Rauscher/*Rauscher* Rn 8; **aA** ThP/*Hüßtege* Rn 2; NK-BGB/ *Gruber* Rn 6; MüKoFamFG/*Gottwald* Rn 7; *König* 165). Damit weicht Art 15 Abs 3 von Art 8 KSÜ ab, der sich auf das generalklauselartige Erfordernis einer „engen Verbindung" des Kindes zu dem anderen Vertragsstaat beschränkt, die im Einzelfall vom Gericht auszufüllen ist.

248   Das Vorliegen eines der Anknüpfungsmomente iSv Abs 3 begründet jedoch **nicht in jedem Fall** eine „besondere Bindung" des Kindes zu dem anderen Mitgliedstaat, die eine Verweisung an dessen Gerichte rechtfertigt. Es ist vielmehr Aufgabe des zuständigen Gerichts, im Rahmen der Anwendung von Art 15 das Gewicht und die Intensität der *„allgemeinen"* Nähebeziehung" gemäß Art 8 Abs 1, die das Kind mit dem Gericht im Staat seines gewöhnlichen Aufenthalts verbindet, mit dem Gewicht und der Intensität der *„besonderen"* Nähebeziehung zu vergleichen, die durch einen oder mehrere der in Abs 3 aufgeführten Umstände zu einem anderen Mitgliedstaat hergestellt wird (EuGH C-428/15 aaO, Rn 54; vgl zu dieser Abwägung eingehend High Court [Fam Div] 23.10.14, unalex UK-1471).

249   **c) Bessere Beurteilung des Falles.** Auch eine nach den Umständen des Falles erwiesene „besondere Bindung" des Kindes zu einem anderen Mitgliedstaat greift freilich der Frage nicht vor, ob ein Gericht dieses Mitgliedstaats den Fall iSv Abs 1 auch „besser beurteilen" kann als das zuständige Gericht. Vielmehr hat das zuständige Gericht diese Frage eigenständig zu prüfen und zu diesem Zweck festzustellen, ob die Verweisung an das andere Gericht geeignet ist, im Vergleich zur Beibehaltung seiner eigenen Zuständigkeit einen **„realen und konkreten Mehrwert"** für eine das Kind betreffende Entscheidung zu erbringen (EuGH C-428/15 aaO, Rn 57). Maßgebliche Kriterien dafür sind vor allem die **größere Sach- und Beweisnähe** dieses Gerichts, zB das Erfordernis, Zeugen oder Sachverständige aus diesem Staat vernehmen zu müssen, die auch nur die Sprache dieses Staates sprechen. In diesem Zusammenhang kann das zuständige Gericht auch Verfahrensvorschriften des anderen Mitgliedstaats, insbesondere auf dem Gebiet des Beweisrechts, berücksichtigen. Weitere Gründe können der Sachzusammenhang mit in dem anderen Mitgliedstaat bereits anhängigen Verfahren (zB zum Sorgerecht für Geschwisterkinder) oder die Belegenheit von Kindesvermögen sein, wenn es um darauf bezogene Schutzmaßnahmen geht (Staud/*Pirrung* Rn C 90).

250   Demgegenüber ist das zuständige Gericht nach Ansicht des EuGH daran gehindert, in diesem Zusammenhang auch das von dem Gericht des anderen Mitgliedstaats im Falle der Verweisung

I. Internationale Zuständigkeit: EuEheVO Art 15   **251–255 F**

anzuwendende materielle Recht zu berücksichtigen, weil dies den Grundsätzen des gegenseitigen Vertrauens zwischen den Mitgliedstaaten und der gegenseitigen Anerkennung gerichtlicher Entscheidungen widerspräche, auf denen die Verordnung beruhe (EuGH C-428/15 aaO, Rn 57). Ebensowenig kommt es darauf an, dass dem ersuchten Gericht möglicherweise nicht alle Entscheidungsmöglichkeiten wie im Rechtssystem des verweisenden Gerichts zu Verfügung stehen (High Court [Fam Div] 23.10.14, unalex UK-1471).

d) Beachtung des Kindeswohls. Die Verweisung muss schließlich nach Abs 1 dem Kindes- **251** wohl entsprechen. Auch diese Voraussetzung ist nicht schon deshalb erfüllt, weil das Kind zu dem anderen Mitgliedstaat eine besondere Bindung hat (EuGH C-428 aaO, Rn 55). Vielmehr muss sich das zuständige Gericht zu diesem Zweck vergewissern, dass dass die von ihm erwogene Verweisung an ein Gericht eines anderen Mitgliedstaats nicht die **Gefahr nachteiliger Auswirkungen** auf die Lage des Kindes – insbesondere auf dessen emotionale, familäre und soziale Beziehungen sowie auf seine materielle Lage – in sich birgt (EuGH C-428 aaO, Rn 58 f; UK Supreme Court [2016] UKSC 15 m Anm *Pirrung* IPRax 17, 566 f; High Court [Fam Div] 10.1.17, unalex UK-1495). In diesem Zusammenhang hat das zuständige Gericht auch mögliche nachteilige Auswirkungen der Verweisung auf die **Freizügigkeit des Kindes** zu berücksichtigen, nicht hingegen Auswirkungen auf die Rechte anderer Beteiligter. Daher bleiben auch mögliche nachteilige Auswirkungen der Verweisung auf die Freizügigkeit der Mutter des Kindes außer Betracht, soweit sie nicht geeignet sind, sich nachteilig auf die Lage des Kindes auszuwirken (EuGH C-428/15 aaO, Rn 63 ff).

Dem Kindeswohl kann eine Verweisung nach Art 15 auch dann widersprechen, wenn zum **252** Schutz des Kindes eine zügige Entscheidung des zuerst angerufenen Gerichts erforderlich ist und eine Verweisung zu einer erheblichen **Verzögerung des Verfahrens** führen würde (Trib Supremo 7.7.11, unalex ES-623). Dies gilt insbesondere in Verfahren des einstweiligen Rechtsschutzes nach art 20 (App Bruxelles Rev trim dr fam 13, 617/626; Rauscher/*Rauscher* Rn 19). Das Kindeswohl kann es im Einzelfall auch nahelegen, das Gericht eines anderen Mitgliedstaats nicht um die Übernahme des gesamten Falls, sondern – wie in Abs 1 ausdrücklich vorgesehen – nur um die **Entscheidung bestimmter Teilaspekte** des Falles zu ersuchen (EuGH C-428/15 aaO, Rn 60). So kann das angerufene Gericht zB die Entscheidung über das Sorgerecht selbst treffen, zur Entscheidung über das Umgangsrecht jedoch die Gerichte des Staates ersuchen, in dem der umgangsberechtigte Elternteil seinen gewöhnlichen Aufenthalt hat (vgl Aud Prov A Coruña 25.2.11, unalex ES-505). Im Übrigen gilt zur Auslegung des Begriffs „Kindeswohl" das zu Art 12 Abs 1 lit b Gesagte (→ Rn 205 ff) auch hier entsprechend.

5. Reaktion des ersuchten Gerichts, Abs 5

a) Prüfung des Kindeswohls. Das ersuchte Gericht hat seine Entscheidung ebenfalls primär **253** am Wohl des Kindes auszurichten. Aus diesem Grund hat es nach Abs 5 S 1 noch einmal zu prüfen, ob die Übernahme des Verfahrens wirklich dem Kindeswohl entspricht. Dabei ist es an die Beurteilung des verweisenden Gerichts nicht gebunden (MüKoFamFG/*Gottwald* Rn 14; Zö/*Geimer* Rn 8).

b) Zuständigkeitserklärung. Stimmt das ersuchte Gericht mit dem erstbefassten Gericht **254** darin überein, dass es den Fall besser beurteilen kann und die Übernahme des Verfahrens daher dem Kindeswohl entspricht, so hat es sich **innerhalb von sechs Wochen** für zuständig zu erklären (Abs 5 S 1; vgl Aud Prov A Coruña 25.2.11, unalex ES-5). In diesem Fall hat sich das zuerst angerufene Gericht nach Art 17 von Amts wegen für unzuständig zu erklären (Abs 5 S 2). Über diese Klageabweisung ist das zuständige Gericht eines anderen Mitgliedstaats über die Zentrale Behörde zu informieren, wenn eine gerichtliche Anordnung aus Gründen des Kindeswohls geboten erscheint (MüKoFamFG/*Gottwald* Rn 6; Althammer/*Schäuble* Rn 3). Hatte das ersuchende Gericht schon Maßnahmen des einstweiligen Rechtsschutzes getroffen, so bleiben diese solange wirksam, bis sie von dem ersuchten Gericht geändert oder aufgehoben werden (vgl Aud Prov Barcelona 18.12.13, unalex ES-989).

c) Ablehnung der Zuständigkeit. Lehnt das ersuchte Gericht eine Übernahme des Ver- **255** fahrens ab, so bleibt das zuerst angerufene Gericht weiterhin nach Art 8–14 zuständig (Abs 5 S 3). Gleiches gilt auch dann, wenn das ersuchte Gericht binnen sechs Wochen nach Eingang des Antrags der Parteien (Abs 1 lit a) oder des Ersuchens des erstbefassten Gerichts (Abs 1 lit b) hierauf nicht reagiert (Althammer/*Schäuble* Rn 15 aE). Eine **Weiterverweisung** des ersuchten

609

F 259 1. Teil. Erkenntnisverfahren F. Kindschaftssachen

Gerichts an ein aus seiner Sicht noch besser geeignetes Gericht eines weiteren Mitgliedstaats ist hingegen ausgeschlossen (ErwG 13 S 2; Rauscher/*Rauscher* Rn 35; NK–BGB/*Gruber* Rn 7).

6. Rechtsbehelfe

256   Welche Rechtsbehelfe den Parteien gegen die auf der Grundlage von Art 15 gefassten Beschlüsse der beteiligten Gerichte zustehen, ist in der Verordnung selbst nicht geregelt, sondern dem nationalen Recht überlassen (öst OGH FamRZ 16, 543/544 m Anm *Mankowski;* NK–BGB/*Gruber* Rn 9). Das deutsche Recht hat diese Frage mit Wirkung v 1.1.2011 in **§ 13a Abs 4 und 5 IntFamRVG** (→ Rn 564) geregelt. Nach § 13a Abs 4 S 1 IntFamRVG sind Beschlüsse des Familiengerichts, mit denen es das Gericht eines anderen Mitgliedstaats nach Abs 1 lit b um Übernahme der Zuständigkeit ersucht (Nr 1), oder das Verfahren nach Abs 1 lit a aussetzt (Nr 2), oder das zuständige ausländische Gericht nach Abs 2 lit c um Abgabe der Zuständigkeit ersucht (Nr 3) mit der **sofortigen Beschwerde** in entsprechender Anwendung der §§ 567–572 ZPO anfechtbar. Die Rechtsprechung des BGH, der nach früherem deutschen Recht eine Anfechtung der Zwischenentscheidung nach Abs 1 lit b nicht zugelassen hatte (BGHZ 176, 135 Rn 6 ff = FamRZ 08, 1168 m Anm H *Roth* IPRax 09, 56) ist damit überholt. Die **Rechtsbeschwerde** ist hingegen in jedem Falle ausgeschlossen (§ 13a Abs 4 S 2 Int-FamRVG; Zö/*Geimer* Rn 1; ebenso schon BGH aaO).

257   Sämtliche anderen Beschlüsse nach Art 15 sind im Interesse der Verfahrensbeschleunigung gem § 13a Abs 5 IntFamRVG unanfechtbar (OLG Stuttgart IPRax 15, 251 Rn 30 = FamRZ 14, 1930; MüKoFamFG/*Gottwald* § 13a IntFamRVG Rn 3). Dies gilt – anders als nach bisherigem Recht (BGH aaO; H *Roth* IPRax 09, 56/57) – insbesondere für den Beschluss, in dem sich das deutsche Familiengericht nach Übernahme des Verfahrens durch das Gericht eines anderen Mitgliedstaats für unzuständig erklärt oder – umgekehrt – auf Ersuchen des Gerichts eines anderen Mitgliedstaats seine eigene Zuständigkeit bejaht (NK–BGB/*Gruber* Rn 9). Gleiches gilt für den Beschluss, das Verfahren nicht nach Abs 1 lit a auszusetzen (OLG Stuttgart aaO).

258   Nach § 13a Abs 4 S 3 IntFamRVG werden die nach S 1 der Vorschrift mit der sofortigen Beschwerde anfechtbaren Beschlüsse des Familiengerichts **erst mit ihrer Rechtskraft wirksam,** worauf nach S 4 in dem Beschluss hinzuweisen ist. Solange die Notfrist nach § 269 Abs 1 ZPO nicht abgelaufen bzw über die sofortige Beschwerde vom OLG nicht rechtskräftig entschieden ist, dürfen die Anträge nach Art 15 Abs 1 lit a oder lit b an das Gericht eines anderen Mitgliedstaats nicht gestellt werden.

Abschnitt 3. Gemeinsame Bestimmungen

EuEheVO Art 16. Anrufung eines Gerichts

Ein Gericht gilt als angerufen

a) **zu dem Zeitpunkt, zu dem das verfahrenseinleitende Schriftstück oder ein gleichwertiges Schriftstück bei Gericht eingereicht wurde, vorausgesetzt, dass der Antragsteller es in der Folge nicht versäumt hat, die ihm obliegenden Maßnahmen zu treffen, um die Zustellung des Schriftstücks an den Antragsgegner zu bewirken, oder**

b) **falls die Zustellung an den Antragsgegner vor Einreichung des Schriftstücks bei Gericht zu bewirken ist, zu dem Zeitpunkt, zu dem die für die Zustellung verantwortliche Stelle das Schriftstück erhalten hat, vorausgesetzt, dass der Antragsteller es in der Folge nicht versäumt hat, die ihm obliegenden Maßnahmen zu treffen, um das Schriftstück bei Gericht einzureichen.**

Schrifttum: *Nordmeier,* Eintritt und Fortbestand der Rechtshängigkeit nach Art 16 EuEheVO und Art 32 EuGVVO – insbesondere bei Verfahrensaussetzung, IPRax 16, 329.

1. Normzweck

259   Art 16 enthält eine **Legaldefinition** des Zeitpunkts, zu dem in einem Verfahren betreffend die elterliche Verantwortung Rechtshängigkeit bei dem Gericht eines Mitgliedstaats eintritt. Zur Vermeidung einer uneinheitlichen Handhabung in den Mitgliedstaaten ist der Begriff der „Anrufung des Gerichts" in dieser Vorschrift **autonom** auszulegen (High Court Ireland 2.12.15, unalex IE–117). Vorbild für die Vorschrift war Art 30 EuGVVO aF. Maßgebend sind also allein die Kriterien nach lit a bzw litb; auf Zustellungsvoraussetzungen nach nationalem Recht kommt

610

I. Internationale Zuständigkeit: EuEheVO Art 16   **260–264 F**

es nicht an (Zö/*Geimer* Rn 7). Die zu dieser Vorschrift ergangene und künftig zu Art 32 EuGVVO nF ergehende Rechtsprechung und Literatur ist daher auch für die Auslegung von Art 16 relevant (Rauscher/*Rauscher* Rn 3; ThP/*Hüßtege* Rn 1). Entsprechende Regelungen finden sich heute auch in anderen EU-Verordnungen auf dem Gebiet des internationalen Familien- und Erbrechts (Art 9 EuUntVO, Art 14 EuGüVO, Art 14 EuErbVO).

Die Vorschrift harmonisiert allerdings nicht das nationale Verfahrensrecht in dieser Frage, **260** sondern strebt lediglich einen Ausgleich zwischen den unterschiedlichen nationalen Modellen zur Bestimmung des Beginns der Rechtshängigkeit an (Zö/*Geimer* Rn 1). Danach wird durch eine **Rückwirkungsfiktion** ein möglichst früher Zeitpunkt der Rechtshängigkeit festgelegt. Der Zweck der Vorschrift besteht also darin, Schutz gegen Missbrauch des Verfahrensrechts zu gewährleisten. Daher sind bei der Prüfung ihrer Voraussetzungen keine Verzögerungen zu berücksichtigen, die auf das betreffende Gerichtssystem zurückzuführen sind, sondern nur ein etwaiger Mangel an Sorgfalt des Antragstellers (EuGH C-173/16 – *M H/ M H*, unalex EU-701 Rn 27).

Art 16 hat insbesondere Bedeutung im Rahmen der Bestimmung des zuerst angerufenen **261** Gerichts im Falle **doppelter Rechtshängigkeit** nach Art 19 Abs 1 (öst OGH 27.4.16, unalex AT-1051; näher → Rn 291 ff). Durch die Regelung wird der häufige Wettlauf der Parteien um die frühere Rechtshängigkeit („*race to the courthouse!*") entschärft, weil diese nicht mehr – wie nach der früheren EuGH-Rechtsprechung zum EuGVÜ (EuGH Rs 128/83 – *Zelger/Sanitri*, Slg 84, 2397/2414 = IPRax 85, 336 m Anm *Rauscher* 317) – davon abhängt, ob die jeweilige *lex fori* sie schon mit Einreichung des Antrags bei Gericht oder – wie in Deutschland (§ 113 Abs 1 S 2 FamFG iVm §§ 253 Abs 1, 261 Abs 1 ZPO) – erst mit Zustellung an den Antragsgegner eintreten lässt. Der Vorschrift kommt darüber hinaus Bedeutung auch bei der Bestimmung der internationalen Zuständigkeit nach Art 3–7 (insbesondere bei Anwendung des *perpetuatio fori*-Grundsatzes) und des zeitlichen Anwendungsbereichs der Verordnung nach Art 64 zu (G/Sch/ *Dilger*, IRV Rn 3; NK-BGB/*Gruber* Rn 2; → Rn 101 und → Rn 361).

Darüber hinaus sollte man sie als Ausdruck des harmonisierten europäischen Verfahrensrechts **262** auch bei der **Auslegung des nationalen Verfahrensrechts** zugrundelegen, soweit es um die Bestimmung des für die Rechtshängigkeit maßgebenden Zeitpunkts geht (*Geimer* FamRZ 16, 840/841; *Haidmayer* IPRax 18, 35/38 f; ThP/*Hüßtege* Rn 1; **aA** die bisher hM [§ 261 ZPO analog]; vgl in Ehesachen KG FamRZ 16, 384).

2. Maßgeblicher Zeitpunkt

a) Alternative Bestimmung. In Anbetracht der unterschiedlichen Voraussetzungen für den **263** Eintritt der Rechtshängigkeit in den nationalen Prozessrechten der Mitgliedstaaten stellt Art 16 für die Anrufung des Gerichts alternativ auf den Zeitpunkt ab, zu dem

– entweder das **verfahrenseinleitende Schriftstück** (oder ein gleichwertiges Schriftstück) **bei Gericht eingereicht** worden ist (lit a)
– oder **die für die Zustellung verantwortliche Stelle das Schriftstück erhalten hat,** falls die Zustellung an den Antragsgegner nach der *lex fori* vor Einreichung des Schriftstücks bei Gericht zu bewirken ist (lit b).

Maßgebend ist also die **Übergabe des Schriftstücks an das erste nach der *lex fori* zu 264 beteiligende Rechtspflegeorgan.** Damit wird der Eintritt der Rechtshängigkeit von der Dauer und der Ordnungsmäßigkeit der Zustellung durch die zuerst beteiligte Behörde gelöst und Waffengleichheit zwischen den Parteien hergestellt. Daraus folgt, dass nach der Klärung, für welche der beiden in der Verordnung vorgesehenen Optionen sich der betreffende Mitgliedstaat entschieden hat, der Zeitpunkt, zu dem ein Gericht angerufen wurde, im Rahmen der in lit a geregelten ersten Option allein auf der objektiven Feststellung beruht, zu welchem Zeitpunkt das verfahrenseinleitende Schriftstück oder ein gleichwertiges Schriftstück bei diesem Gericht eingereicht wurde. Dies gilt unabhängig von jeder nationalen Verfahrensvorschrift, die bestimmt, wann und unter welchen Umständen das Verfahren eröffnet ist oder als anhängig gilt, sofern der Antragsteller in der Folge das Erfordernis der Zustellung dieses Schriftstücks an den Antragsgegner beachtet hat (EuGH C-173/16 – *M H/M H*, unalex EU-701 Rn 28). Der Zeitpunkt der Einreichung ist also auch dann maßgeblich, wenn damit nach der *lex fori* des angerufenen Gerichts das Verfahren noch nicht rechtshängig geworden ist (vgl die Abschlussentscheidung des Irish Court of Appeal Dublin 24.1.17, unalex IE-123). Entsprechendes gilt auch für die Übergabe des Schriftstücks an die für die Zustellung zuständige Stelle. Eine **Zeitverschiebung** zwischen zwei Mitgliedstaaten bleibt bei der Feststellung des für die Rechtshängigkeit maßgeblichen Zeitpunkts außer Betracht (EuGH C-489/14 – *A/B*, NJW 15, 3776 Rn 44).

F 265–269 1. Teil. Erkenntnisverfahren F. Kindschaftssachen

265   Vor den **deutschen Gerichten** bestimmt sich der Rechtshängigkeitszeitpunkt nach lit a; maßgeblich ist also der Zeitpunkt der Einreichung des verfahrenseinleitenden Schriftstücks bei Gericht, weil diese vor der Zustellung zu erfolgen hat (NK-BGB/*Gruber* Rn 5). Rechtshängigkeit tritt durch Einreichung des verfahrenseinleitenden Schriftstücks bei dem Gericht eines Mitgliedstaats auch dann ein, wenn dieses nach seiner *lex fori* **örtlich unzuständig** ist und das Verfahren deshalb an das örtlich zuständige Gericht verweist (Trib d'arrondissement 22.5.08, unalex LU-201; Althammer/*Schäuble* Rn 5). Art 16 bestimmt den maßgebenden Zeitpunkt für die Rechtshängigkeit auch dann, wenn das **Verfahren** auf Initiative des Antragstellers **ausgesetzt** worden ist, selbst wenn das verfahrenseinleitende Schriftstück dem Antragsgegner nicht zugestellt wurde und dieser auch sonst keine Kenntnis von dem Verfahren erlangt hat (EuGH C-507/14 – *P/M,* FamRZ 15, 1865 Rn 43 m Anm *Mankowski* 1895 = IPRax 16, 371 m Anm *Nordmeier* 329). Art 16 ist auch für **Maßnahmen des einstweiligen Rechtsschutzes** maßgebend (Aud Prov Madrid 21.1.10, unalex ES-545).

266   **b) Verfahrenseinleitendes Schriftstück.** Als solches ist bei der gebotenen autonomen Auslegung jedes Schriftstück anzusehen, durch das der Antragsgegner von der Einleitung des Verfahrens Kenntnis erhält. Er muss hierdurch über „die wesentlichen Elemente des Rechtsstreits" in Kenntnis gesetzt werden (vgl zum EuGVÜ EuGH C-474/93 – *Hengst Import,* Slg 95 I-2113 Rn 19; EuGH C-172/91 – *Sonntag,* Slg 93 I-1963 Rn 39 = NJW 93, 2091). Es genügt, wenn das Schriftstück diejenigen Angaben enthält, die dem Antragsgegner, die sachgerechte Entscheidung darüber ermöglichen, ob er sich auf das Verfahren einlässt (BGHZ 141, 286 = IPRax 01, 230/231). Das Schriftstück muss daher zumindest den Antragsteller, das angerufene Gericht, den Gegenstand der Klage und deren wesentlichen Klagegrund enthalten, ferner den Hinweis, dass es sich um ein gerichtliches Verfahren handelt und der Adressat sich verteidigen könne (EuGH C-14/07 – *Weiss,* IPRax 08, 419 m zust Anm *Hess;* Staud/*Spellenberg* Rn 6). Welches Schriftstück das konkrete Verfahren einleitet, sagt das nationale Verfahrensrecht.

267   Der Antrag auf Gewährung von **Verfahrenskostenhilfe** ist zwar kein verfahrenseinleitendes Schriftstück. Er sollte aber zum Schutz des Antragstellers vor einem sonst vorrangigen Antrag des Gegners zum Gericht eines anderen Mitgliedstaats als „gleichwertiges" Schriftstück angesehen werden (Staud/*Spellenberg* Rn 11; NK-BGB/*Gruber* Rn 3; **aA** OLG Stuttgart NJW 13, 398; Aud Prov Teruel 25.11.10, unalex ES-518; *Dimmler/Bißmaier* FamRBint 12, 66 ff). Zum Begriff des „gleichwertigen Schriftstücks" vgl auch → Rn 284.

3. Erforderliche Maßnahmen des Antragstellers

268   Weitere Voraussetzung ist in beiden Fällen, dass der Antragsteller es in der Folge nicht versäumt, die ihm obliegenden Maßnahmen zu treffen, um entweder die nachträgliche Zustellung des Schriftstücks an den Antragsgegner zu bewirken (lit a) oder das Schriftstück bei Gericht einzureichen (lit b;. Welche Maßnahmen dem Antragsteller obliegen, richtet sich nach der jeweiligen **lex fori** (*Hausmann* EuLF 00/01, 345/346; *Gruber* FamRZ 00, 1129/1133; ThP/*Hüßtege* Rn 2; Staud/*Spellenberg* Rn 23). Diese entscheidet auch über die Frage, bis zu welchem **Zeitpunkt** die Maßnahmen zu treffen sind (NK-BGB/*Gruber* Rn 3). Sieht das nationale Recht – wie das englische Verfahrensrecht in Familiensachen – **keine Frist** für die nach Einreichung des Schriftstücks zu bewirkende Zustellung vor, so hat der Antragsteller diese Maßnahmen innerhalb vertretbarer Zeit einzuleiten (High Court [Fam Div] 21.10.16, unalex UK-1474: vier Monate sind ausreichend).

269   Ob eine Verzögerung der Zustellung nach Abs 1 lit a den Eintritt der Rechtshängigkeit hindert, hängt nach der insoweit gebotenen europäisch-autonomen Auslegung davon ab, ob sie auf einer Obliegenheitsverletzung beruht, die dem Antragsteller **zugerechnet** werden kann. Die Zurechnung setzt nicht notwendig ein Verschulden voraus. Ein Antrag auf Verfahrensaussetzung für einen begrenzten Zeitraum zum Zweck der außergerichtlichen Streitschlichtung hat auf die Rechtshängigkeit jedoch keinen Einfluss, wenn die Verhandlungen ernsthaft geführt werden. Art 16 bestimmt den maßgebenden Zeitpunkt für die Rechtshängigkeit sowohl nach lit a wie nach lit b im Falle einer **Verfahrensaussetzung** auf Initiative des Antragstellers selbst dann, wenn das verfahrenseinleitende Schriftstück dem Antragsgegner nicht zugestellt wurde und dieser auch sonst keine Kenntnis von dem Verfahren erlangt hat, sofern der Antragsteller es in der Folge nicht versäumt, die ihm obliegenden Maßnahmen zu treffen, um die Zustellung an den Antragsgegner zu bewirken (EuGH C-507/14 – *P/M,* FamRZ 15, 1865 Rn 43 m Anm *Mankowski* 1895 = IPRax 16, 371 m Anm *Nordmeier* 329). Durch das Gericht verursachte Verzögerungen sind dem Antragsteller grundsätzlich nicht zurechenbar.

I. Internationale Zuständigkeit: EuEheVO Art 17 **F**

Nach **deutschem Recht** hat der Antragsteller die ihm obliegenden Maßnahmen zu treffen, **270** um die Zustellung des Schriftstücks an den Antragsgegner zu bewirken. Hinweise für die erforderlichen Maßnahmen und die für ihre Vornahme einzuhaltenden Fristen können aus der Rechtsprechung zu § 167 ZPO („demnächst") gewonnen werden (*Gruber* FamRZ 00, 1129/ 1133; Staud/*Spellenberg* Rn 25). Danach hat der Antragsteller zB die richtige Zustelladresse des Antragsgegners anzugeben (NK-BGB/*Gruber* Rn 4; Zö/*Geimer* Rn 4) oder dessen Zustellungs- bevollmächtigten zu benennen (vgl KG NJW-RR 05, 881). Ferner hat er den **Verfahrens- kostenvorschuss** nach § 14 FamGKG einzubezahlen, ggf nach Aufforderung durch das Gericht gem §§ 9 Abs 2, 55 FamGKG (*Wagner* FPR 04, 286/289; ThP/*Hüßtege* Rn 3). Dazu gehört aber nicht die Vorlage der für die Zustellung erforderlichen **Abschriften** der Antragsschrift, da diese auf Kosten des Antragstellers von der Geschäftsstelle angefertigt werden können (vgl § 124 S 2 FamFG iVm § 253 Abs 5 ZPO, FamGKG-Kostenverzeichnis Teil 2 Nr 2000; so auch MüKoFamFG/*Gottwald* Rn 4; Staud/*Spellenberg* Rn 23; *Wagner* FPR 04, 286/289; **aA** NK- BGB/*Gruber* Rn 4; ThP/*Hüßtege* Rn 3; Althammer/*Schäuble* Rn 7). Wird ein Antrag auf Ge- währung von **Verfahrenskostenhilfe** gestellt, so hat der Antragsteller alle zur Entscheidung notwendigen Angaben, insbesondere zu seinen Einkommens- und Vermögensverhältnissen, zu machen (*Gruber* FamRZ 00, 1129/1133; Zö/*Geimer* Rn 3; MüKoFamFG/*Gottwald* Rn 2).

Hat der Antragsteller seinem Antrag eine für die Zustellung erforderliche **Übersetzung** nicht **271** beigefügt, aber kurze Zeit später nachgereicht, so wird die Zustellung dadurch geheilt und der Zeitpunkt der Rechtshängigkeit nach Art 16 lit a bleibt erhalten (Rauscher/*Rauscher* Rn 8). Ergreift der Antragsteller die ihm obliegenden Maßnahmen nicht, so tritt keine Rechtshängig- keit ein; ein Rückgriff auf das nationale Recht der *lex fori* ist auch insoweit ausgeschlossen. Werden die erforderlichen **Maßnahmen später nachgeholt,** aber erst nach Ablauf der hierfür von der *lex fori* vorgeschriebenen Frist oder sonst zurechenbar zu spät, so wird das Verfahren zu dem Zeitpunkt rechtshängig, zu dem der Mangel behoben wurde (ThP/*Hüßtege* Rn 3; NK- BGB/*Gruber* Rn 6; G/Sch/*Dilger,* IRV Rn 7). Ein zwischenzeitlich in einem anderen Mitglied- staat anhängig gemachtes Verfahren hat daher Vorrang (Zö/*Geimer* Rn 5).

4. Einleitung des Verfahrens von Amts wegen

In Verfahren der elterlichen Verantwortung werden Verfahren nicht selten von Amts wegen **272** eingeleitet. Für diesen Fall sieht Art 16 keine Regelung über den Zeitpunkt vor, zu dem das Verfahren rechtshängig wird. Sind Entscheidungen – zB über das Sorgerecht – von Amts wegen im Rahmen eines Scheidungsverfahrens zu treffen, so liegt es nahe, auf den Zeitpunkt der Rechtshängigkeit des Scheidungsantrags abzustellen (NK-BGB/*Gruber* Rn 8). Werden Verfahren der elterlichen Verantwortung – wie zB die Anordnung einer Vormundschaft oder Pflegschaft, die Entziehung des elterlichen Sorgerechts oder die Unterbringung des Kindes in einer Pflegefa- milien oder in einem Heim – unabhängig von einem Scheidungsverfahren von Amts wegen eingeleitet, so dürfte in Anlehnung an Art 14 lit c EuGüVO (→ B Rn 185) auf den Zeitpunkt abzustellen sein, zu dem der Beschluss über die Einleitung des Verfahrens vom Gericht gefasst oder, wenn ein solcher Beschluss nicht erforderlich ist, zu dem Zeitpunkt, zu dem die Sache beim Gericht eingetragen worden ist.In diesem Fall ist dann Sache des Gerichts, die Beteiligten über das anhängige Verfahren zu informieren.

5. Einstweiliger Rechtsschutz

Der Zeitpunkt der Anhängigkeit eines sorge- oder umgangsrechtlichen Verfahrens kann **273** gemäß Art 16 auch auf den Zeitpunkt der Anhängigkeit zuvor beantragter **einstweiliger An- ordnungen** vorverlegt werden, wenn diese beiden Verfahren als einheitliches Verfahren angese- hen werden können (Aud Prov Madrid 21.1.10, unalex ES-545). Dies ist jedoch nicht der Fall, wenn die einstweiligen Anordnungen bei Beginn des Hauptsacheverfahrens bereits ihre Wirkung verloren haben.

EuEheVO Art 17. Prüfung der Zuständigkeit

Das Gericht eines Mitgliedstaats hat sich von Amts wegen für unzuständig zu erklären, wenn es in einer Sache angerufen wird, für die es nach dieser Verordnung keine Zuständigkeit hat und für die das Gericht eines anderen Mitgliedstaats aufgrund dieser Verordnung zuständig ist.

F 274–277   1. Teil. Erkenntnisverfahren F. Kindschaftssachen

1. Prüfung von Amts wegen

274   Art 17 enthält eine Parallelvorschrift zu Art 27, 28 Abs 1 EuGVVO nF und bestimmt, dass das
angerufene Gericht eines Mitgliedstaats in Verfahren betreffend die elterliche Verantwortung
seine Zuständigkeit von Amts wegen zu prüfen hat. Dies bedeutet in erster Linie, dass das
Gericht seine internationale Unzuständigkeit nach der Verordnung auch dann festzustellen hat,
wenn sich der Antragsgegner hierauf nicht berufen hat (Aud Prov Madrid 21.6.12, unalex ES-
763; NK-BGB/*Gruber* Rn 1; Zö/*Geimer* Rn 2). Eine Begründung der Zuständigkeit kraft
rügeloser Einlassung scheidet damit in Verfahren der elterlichen Verantwortung aus (HK-
ZPO/*Dörner* Rn 1; Rauscher/*Rauscher* Rn 6; schon → Rn 203). Möglich ist allerdings – anders
als in Ehesachen – eine Gerichtsstandsvereinbarung nach Maßgabe von Art 12.

2. Prüfungsumfang

275   Prüfung von Amts wegen meint **keine Amtsermittlung von Tatsachen,** sondern nur die
Prüfung von Zweifeln am Vorliegen der Zuständigkeitsvoraussetzungen (MüKoFamFG/*Gottwald*
Rn 1; HK-ZPO/*Dörner* Rn 2). Ob das Gericht Tatsachen von Amts wegen ermitteln muss,
beurteilt sich nach der jeweiligen *lex fori* (Althammer/*Schäuble* Rn 2; Staud/*Spellenberg* Rn 9).
Nach deutschem Recht hat das Gericht in Verfahren der elterlichen Verantwortung die zur
Feststellung der entscheidungserheblichen Tatsachen erforderlichen Ermittlungen nach § 26
FamFG von Amts wegen durchzuführen. Die amtswegige Prüfung hat insbesondere zu erfolgen,
wenn das Gericht seine Zuständigkeit aus Art 8–13 herzuleiten beabsichtigt und zu diesem
Zweck zu prüfen hat, ob das Kind seinen gewöhnlichen Inhalt im Inland oder in einem anderen
Mitgliedstaat hat (Aud Prov Donostia-San Sebastián 22.5.14, unalex ES-990). Gleiches gilt aber
auch dann, wenn das Gericht sich auf Art 14 iVm Vorschriften seines nationalen Zuständigkeitsrechts stützen möchte. Im letzteren Fall erstreckt sich diese Prüfung allerdings nur darauf, ob
nicht ein Gericht eines anderen Mitgliedstaats nach Art 8 – 13 international zuständig ist. Auf
die Frage, ob eine **(Rest-)Zuständigkeit nach nationalem Recht** (zB in Deutschland nach
§ 99 FamFG) begründet ist, bezieht sich die Prüfung nach Art 17 hingegen nicht; insoweit gilt
für den Umfang der Prüfungspflicht vielmehr die jeweilige *lex fori* (Zö/*Geimer* Rn 2).

276   Die amtswegige Prüfung hat in jedem Verfahrensabschnitt, also **auch in der Rechtsmittelinstanz** – in Deutschland also im Beschwerde- und Rechtsbeschwerdeverfahren – zu erfolgen
(Rauscher/*Rauscher* Rn 18; Staud/*Spellenberg* Rn 14; vgl zum EuGVÜ BGHZ 169, 240 =
FamRZ 07, 109). Eine Verpflichtung dazu besteht für das angerufene Gericht freilich nur, wenn
es über die sachlich unter Art 1 Abs 1 lit b fallenden Anträge in der **Hauptsache** entscheidet;
bei der Entscheidung über bloße Vorfragen findet keine Prüfung von Amts wegen nach Art 17
statt (Rauscher/*Rauscher* Rn 14; HK-ZPO/*Dörner* Rn 1; MüKoFamFG/*Gottwald* Rn 1). Führt
die Prüfung zu dem Ergebnis, dass angerufene Gericht **konkurrierend** neben den Gerichten
eines anderen Mitgliedstaats zuständig ist, findet Art 17 selbstverständlich keine Anwendung; ein
positiver Kompetenzkonflikt ist dann über Art 19 Abs 2 zu lösen. Ferner kommt unter den
Voraussetzungen des Art 15 eine Abgabe an das andere Gericht in Betracht. Für die Prüfung der
örtlichen und sachlichen Zuständigkeit bleibt es bei der Maßgeblichkeit des nationalen Rechts
(Zö/*Geimer* Art 1 Rn 10). In Deutschland beurteilt sich die örtliche Zuständigkeit in Kindschaftssachen nach § 122 FamFG.

3. Entscheidung

277   Das Gericht weist den Antrag als **unzulässig** zurück, wenn es nach Art 8–13 nicht zuständig
ist *und* gleichzeitig die Zuständigkeit des Gerichts eines anderen Mitgliedstaats nach einer dieser
Vorschriften gegeben ist, so dass auch ein Rückgriff auf das nationale Zuständigkeitsrecht der *lex
fori* nach Art 14 ausscheidet (Court of Appeal [Civ Div] 13.11.13, unalex UK-505; Krajský soud
České Budějov 14.1.09, unalex CZ-40; Aud Prov Donostia-San Sebastian 22.5.14, unalex ES-
990; HK-ZPO/*Dörner* Rn 1; vgl auch EuGH C-68/07 – *Sundelind Lopez*, Slg 07 I-10403
Rn 19 f = FamRZ 08, 128 [Ehesache]). Eine **Verweisung** an das zuständige Gericht in einem
anderen Mitgliedstaat ist nicht vorgesehen (EuGH C-523/07-*A*, Slg 09 I-2805 Rn 69 = FamRZ
09, 843; Zö/*Geimer* Rn 5). Jedoch besteht uU eine Verpflichtung, das zuständige Gericht von
der Unzuständigkeitserklärung in Kenntnis zu setzen (EuGH C-523/07 aaO, Rn 71). Das
Gericht eines Mitgliedstaats kann auch nicht verlangen, dass die Gerichte eines anderen Mitgliedstaats sich für unzuständig erklären sollen (Aud Prov Madrid 20.7.10, unalexES-541). Es

614

I. Internationale Zuständigkeit: EuEheVO Art 18   279–281 **F**

überschreitet vielmehr seine Kompetenz, wenn es außerhalb des bei ihm anhängigen Verfahrens verbindliche Erklärungen zur Frage der internationalen Zuständigkeit abgibt (Court of Appeal aaO). Auch zu einer Zurückweisung des Antrags durch *Sachurteil* ist das international unzuständige Gericht nicht befugt.

Fehlt es hingegen auch an der internationalen Zuständigkeit der Gerichte anderer Mitglied- **278** staaten nach Art 8–13, so hat das angerufene Gericht gem Art 14 zu prüfen, ob es nicht nach seinem **autonomen Verfahrensrecht** – zB in Deutschland nach § 99 Abs 1 FamFG – international zuständig ist. Nur wenn auch dies nicht der Fall ist, weist es den Antrag nach Maßgabe seines nationalen Prozessrechts als unzulässig ab (Zö/*Geimer* Rn 6; Staud/*Spellenberg* Rn 7; dies gilt unabhängig davon, ob Gerichte eines anderen Mitgliedstaats nach ihrem autonomen Recht zuständig sind.

EuEheVO Art 18. Prüfung der Zulässigkeit

(1) **Lässt sich ein Antragsgegner, der seinen gewöhnlichen Aufenthalt nicht in dem Mitgliedstaat hat, in dem das Verfahren eingeleitet wurde, auf das Verfahren nicht ein, so hat das zuständige Gericht das Verfahren so lange auszusetzen, bis festgestellt ist, dass es dem Antragsgegner möglich war, das verfahrenseinleitende Schriftstück oder ein gleichwertiges Schriftstück so rechtzeitig zu empfangen, dass er sich verteidigen konnte, oder dass alle hierzu erforderlichen Maßnahmen getroffen wurden.**

(2) **Artikel 19 der Verordnung (EG) Nr. 1348/2000 findet statt Absatz 1 Anwendung, wenn das verfahrenseinleitende Schriftstück oder ein gleichwertiges Schriftstück nach Maßgabe jener Verordnung von einem Mitgliedstaat in einen anderen zu übermitteln war.**

(3) **Sind die Bestimmungen der Verordnung (EG) Nr. 1348/2000 nicht anwendbar, so gilt Artikel 15 des Haager Übereinkommens vom 15. November 1965 über die Zustellung gerichtlicher und außergerichtlicher Schriftstücke im Ausland in Zivil- und Handelssachen, wenn das verfahrenseinleitende Schriftstück oder ein gleichwertiges Schriftstück nach Maßgabe des genannten Übereinkommens ins Ausland zu übermitteln war.**

1. Normzweck

Art 18 orientiert sich an Art 28 Abs 2–4 EuGVVO nF. Parallelvorschriften finden sich in **279** Art 11 EuUntVO, Art 17 EuGüVO und Art 16 EuErbVO. Die Vorschrift soll einerseits das Recht des Antragsgegners auf **rechtliches Gehör** bei der Verfahrenseinleitung gewährleisten (NK-BGB/*Gruber* Rn 1). Andererseits soll sichergestellt, dass die Anerkennung der späteren Entscheidung nicht an Art 23 lit c scheitert (HK-ZPO/*Dörner* Rn 1; Rauscher/*Rauscher* Rn 1; Staud/*Spellenberg* Rn 3 f). Hierfür enthält Abs 1 eine eigenständige Regelung, die jedoch **nur subsidiär** zur Anwendung kommt, soweit nicht die unionsrechtlichen bzw staatsvertraglichen Vorschriften betreffend die Zustellung verfahrenseinleitender Schriftstücke eingreifen, auf die in den Absätzen 2 und 3 verwiesen wird.

Bei der Prüfung des Art 18 ist daher im ersten Schritt zu klären, ob auf die Zustellung gem **280** Abs 2 die Verordnung (EG) Nr 1393/2007 über die Zustellung gerichtlicher und außergerichtlicher Schriftstücke in Zivil- oder Handelssachen in den Mitgliedstaaten v 13.11.2007 (ABl EU L 324, 79 = *Jayme/Hausmann* Nr 224; **EuZVO**) anwendbar ist (→ A Rn 161 f). Ist dies zu verneinen, ist im nächsten Schritt gem Abs 3 zu prüfen, ob auf die Zustellung das Haager Übereinkommen über die Zustellung gerichtlicher und außergerichtlicher Schriftstücke im Ausland in Zivil- oder Handelssachen v 15.11.1965 (BGBl 77 II, 1453 = *Jayme/Hausmann* Nr 211; **HZÜ**) anwendbar ist (→ A Rn 164 ff). Nur wenn auch dies nicht der Fall ist, findet hilfsweise Abs 1 Anwendung. Auch im Rahmen der Anerkennung von Entscheidungen zur elterlichen Verantwortung darf das Zweitgericht die Ordnungsmäßigkeit der Zustellung nur nach Maßgabe von Art 18 prüfen (vgl zum EuGVÜ EuGH C-522/03 – *Scania/Rockinger*, Slg 05 I-8639 Rn 26 ff = NJW 05, 3627).

2. Prüfung der Zulässigkeit, Abs 1

a) Nichteinlassung. Eine Nichteinlassung iSv Abs 1 liegt dann vor, wenn sich der Antrags- **281** gegner weder selbst noch durch einen von ihm beauftragten Bevollmächtigten (vgl zur EuGVVO

615

F 282–287   1. Teil. Erkenntnisverfahren F. Kindschaftssachen

aF EuGH C-78/95 – *Hendrikman/Magenta,* Slg 96 I-4943 Rn 18 ff = IPRax 97, 333 m Anm *Rauscher* 314) am Verfahren beteiligt (näher zum Begriff der Einlassung in Verfahren der elterlichen Verantwortung → K Rn 81 zu Art 22 lit c). Eine Verfahrensbeteiligung liegt noch nicht in der Rüge der Zuständigkeit des Gerichts. Auch der bloße Hinweis des Antragsgegners darauf, dass er von dem Verfahren zu spät Kenntnis erlangt habe und sich daher nicht rechtzeitig verteidigen konnte, stellt keine Einlassung dar (NK-BGB/*Gruber* Rn 2; Rauscher/*Rauscher* Rn 8).

282   Die Vorschrift ist nach ihrem Wortlaut nur dann anwendbar, wenn der Antragsgegner seinen **gewöhnlichen Aufenthalt** (→ Rn 55 ff) **nicht im Gerichtsstaat** hat. Nicht erforderlich ist – abweichend von Art 28 Abs 1 EuGVVO nF – ein Wohnsitz oder gewöhnlicher Aufenthalt in einem anderen *Mitgliedstaat,* vielmehr reicht auch ein solcher in einem Drittstaat aus (G/Sch/ *Dilger,* IRV Rn 3; Zö/*Geimer* Rn 1; HK-ZPO/*Dörner* Rn 2; ebenso jetzt auch NK-BGB/*Gruber* Rn 3). Teilweise wird die Vorschrift – weitergehend – ganz unabhängig vom gewöhnlichen Aufenthalt des Antragsgegners angewandt (vgl Staud/*Spellenberg* Rn 96; M/M/*Mankowski* Rn 17).

283   **b) Aussetzung des Verfahrens.** Liegen die Voraussetzungen nach Abs 1 vor, so hat das nach Art 8–13 zuständige Gericht das Verfahren **von Amts wegen** auszusetzen, um Feststellungen darüber treffen zu können,

– dass es dem Antragsgegner möglich war, das verfahrenseinleitende Schriftstück oder ein gleichwertiges Schriftstück so rechtzeitig zu empfangen, dass er sich verteidigen konnte, oder
– dass zumindest alle hierzu erforderlichen Maßnahmen getroffen wurden.

284   **aa) Verfahrenseinleitende Schriftstücke.** Dies sind Urkunden, die alle wesentlichen Elemente des Rechtsstreits charakterisieren und durch deren Zustellung der Antragsgegner erstmals von dem Verfahren Kenntnis erlangt. Hierzu gehören insbesondere die Antragsschrift und die Terminsladung, wenn sie die wesentlichen Informationen über den Gegenstand des Rechtsstreits enthalten. Eine Antragsbegründung ist zwar nicht zwingend erforderlich; das Schriftstück muss dem Antragsgegner aber erlauben, eine Entscheidung zu treffen, ob er sich auf das Verfahren einlassen möchte oder nicht (BGHZ 141, 286/295 f; Kropholler/*v Hein* Art 34 EuGVVO aF Rn 30). **Gleichwertige Schriftstücke** sind insbesondere solche, durch die der Antragsteller während des schon laufenden Verfahrens von wesentlichen Änderungen des Verfahrensgegenstandes Kenntnis erlangt (Rauscher/*Rauscher* Rn 16; G/Sch/*Dilger,* IRV Rn 6; vgl zur Auslegung dieser Begriffe auch → K Rn 82 [zu Art 22 lit c]).

285   **bb) Rechtzeitigkeit des Empfangs.** Bei deren Prüfung kommt es maßgeblich darauf an, ob der Antragsgegner von dem Schriftstück zu einem Zeitpunkt Kenntnis erlangte, der ihm noch eine ausreichende Vorbereitung seiner Verteidigung ermöglichte (G/Sch/*Dilger* IRV Rn 7; Rauscher/*Rauscher* Rn 17; näher → K Rn 83 ff). Dies ist eine Tatsachenfrage, über die das Gericht nach pflichtgemäßem Ermessen im Wege autonomer Auslegung zu entscheiden hat. Dabei spielt insbesondere eine Rolle, ob das Schriftstück in einer für den Antragsgegner **verständlichen Sprache** abgefasst war und ob ihm genügend Zeit zur Kontaktaufnahme mit einem Rechtsanwalt verblieben ist. Bei ordnungsgemäßer Zustellung ist auf den Zeitpunkt abzustellen, in dem das Schriftstück an den Antragsgegner zugestellt wurde und er deshalb Kenntnis erlangen konnte; auf den Zeitpunkt einer späteren tatsächlichen Kenntnisnahme kommt es in diesem Fall nicht an (Rauscher/*Rauscher* Rn 17). Ist die Zustellung hingegen fehlerhaft, so ist der Zeitpunkt der tatsächlichen Kenntnisnahme maßgeblich (G/Sch/*Dilger* aaO; Rauscher/*Rauscher* aaO).

286   Auch wenn das Gericht keine sicheren Feststellungen darüber treffen kann, ob dem Antragsgegner die Kenntnisnahme tatsächlich möglich war, kann es dem Verfahren seinen Fortgang geben, wenn es jedenfalls festgestellt hat, dass **alle erforderlichen Maßnahmen** ergriffen wurden, um dieses Ziel zu erreichen. Dies setzt zumindest voraus, dass die Zustellung des einleitenden Schriftstücks **ordnungsgemäß** erfolgt ist (Rauscher/*Rauscher* Rn 18).

3. Vorrang der EU-Zustellungsverordnung

287   Die Regelung in Abs 1 wird gem Abs 2 durch das vorrangige sekundäre EU-Recht verdrängt, wenn die Zustellung von einem in einen anderen Mitgliedstaat zu bewirken ist. Abs 2 verweist insoweit auf Art 19 der Verordnung (EG) Nr 1348/2000 v 29.5.2000 (ABl L 160, 37; **EuZVO 2000;** vgl dazu ErwG 15; → Anh 1). Die EuZVO 2000 ist mit Wirkung v 13.11.2008 durch die Verordnung (EG) Nr 1393/2007 über die Zustellung gerichtlicher und außergerichtlicher

I. Internationale Zuständigkeit: EuEheVO Art 19   289–291 **F**

Schriftstücke in Zivil- oder Handelssachen in den Mitgliedstaaten v 13.11.2007 (ABl L 324, 79; **EuZVO**) ersetzt worden. Nach Art 25 Abs 2 EuZVO gelten Verweisungen auf die EuZVO 2000 als Bezugnahmen auf die EuZVO nach Maßgabe der Entsprechungstabelle in Anh III. Der in seinem Wortlaut unverändert gebliebene **Art 19 EuZVO** (abgedruckt → A Rn 163) sieht ebenfalls eine Aussetzung im Fall der Nichteinlassung des Antragsgegners vor; allerdings darf unter bestimmten Voraussetzungen nach Ablauf von wenigstens sechs Monaten auch ohne Zustellungsnachweis sachlich entschieden werden (vgl zu Einzelheiten Staud/*Spellenberg* Rn 24 ff).

4. Vorrang des Haager Zustellungsübereinkommens

Ist die EuZVO nicht anwendbar, verweist Abs 3 auf Art 15 des Haager Zustellungsübereinkommens (HZÜ) v 15.11.1965 (BGBl 77 II, 1453), wenn das Schriftstück nach Maßgabe des HZÜ ins Ausland zu übermitteln war (zu den Vertragsstaaten des HZÜ → A Rn 165). Der Wortlaut des Art 15 HZÜ ist abgedruckt unter → A Rn 166. Auch diese Regelung hat Vorrang vor Abs 1. **288**

EuEheVO Art 19. Rechtshängigkeit und abhängige Verfahren

(1) *(betrifft Verfahren in Ehesachen; abgedruckt und kommentiert → A Rn 169 ff)*

(2) **Werden bei Gerichten verschiedener Mitgliedstaaten Verfahren bezüglich der elterlichen Verantwortung für ein Kind wegen desselben Anspruchs anhängig gemacht, so setzt das später angerufene Gericht das Verfahren von Amts wegen aus, bis die Zuständigkeit des zuerst angerufenen Gerichts geklärt ist.**

(3) **Sobald die Zuständigkeit des zuerst angerufenen Gerichts feststeht, erklärt sich das später angerufene Gericht zugunsten dieses Gerichts für unzuständig.**

In diesem Fall kann der Antragsteller, der den Antrag bei dem später angerufenen Gericht gestellt hat, diesen Antrag dem zuerst angerufenen Gericht vorlegen.

1. Allgemeines

a) Normzweck. Art 19 regelt das Verfahren in Fällen doppelter Rechtshängigkeit vor Gerichten verschiedener Mitgliedstaaten mit dem Ziel, Parallelverfahren vor Gerichten verschiedener Mitgliedstaaten und daraus resultierende gegensätzliche Entscheidungen möglichst zu verhindern (EuGH C-296/10 – *Purrucker*, Slg 10 I-11163 Rn 64 = NJW 11, 363). Die Vorschrift überträgt in Abs 2 und Abs 3 S 1 die diesbezüglichen Regeln des Art 27 EuGVVO aF auf Verfahren betreffend die elterliche Verantwortung. Erforderlich ist daher – anders als in Ehesachen (→ A Rn 178) – zwar keine Parteiidentität, wohl aber eine **Identität des Streitgegenstands.** Dabei geht die Verordnung – wiederum in Übereinstimmung mit Art 27 EuGVVO aF – von einem weiten Streitgegenstandsbegriff (→ Rn 297 ff) aus. Die praktische Bedeutung des Art 19 Abs 2 ist freilich deutlich geringer als jene des Art 19 Abs 1, denn anders als in Ehesachen (vgl Art 3; → A Rn 49, 55 ff) vermeidet die Verordnung in Verfahren der elterlichen Verantwortung bereits durch die Zuständigkeitsregelung in Art 8–14 weitgehend Parallelverfahren vor Gerichten unterschiedlicher Mitgliedstaaten (NK-BGB/*Gruber* Rn 11). **289**

b) Konkurrierende mitgliedstaatliche Verfahren. Art 19 Abs 2 betrifft nur konkurrierende Verfahren betreffend die elterliche Verantwortung, die **in verschiedenen Mitgliedstaaten** der Verordnung eingeleitet werden (Rauscher/*Rauscher* Rn 37). Die Frage, ob ein deutsches Gericht auch die frühere Rechtshängigkeit eines vor einem *drittstaatlichen* Gericht (auch vor einem *dänischen* Gericht, Art 2 Nr 3) begonnenen Sorge- oder Umgangsrechtsverfahrens zu beachten hat, beurteilt sich daher weiterhin nach den hierfür im deutschen autonomen Recht entwickelten Grundsätzen (§ 261 Abs 3 Nr 1 ZPO analog; → Rn 582), sofern nicht vorrangig geltende staatsvertragliche Vorschriften – wie zB Art 13 KSÜ (→ Rn 512 ff) – eingreifen. Art 19 Abs 2 ist auch dann anzuwenden, wenn das zuerst angerufene Gericht seine internationale Zuständigkeit nicht aus Art 8–13, sondern aus Art 14 iVm den autonomen Zuständigkeitsvorschriften der *lex fori* abgeleitet hat (NK-BGB/*Gruber* Rn 5; ebenso zur EuGVVO aF EuGH C-351/89 – *Overseas Union*, Slg 91 I-3317 Rn 13 = NJW 92, 3221). **290**

c) Prioritätsprinzip. Die Regelung beruht auf dem Prioritätsprinzip, wonach dem zuerst vor einem zuständigen Gericht eines Mitgliedstaats rechtshängig gewordenen Verfahren Vorrang **291**

617

F 292–296   1. Teil. Erkenntnisverfahren F. Kindschaftssachen

gebührt. Dies ist für die Verfahren betreffend die elterliche Sorge in Abs 2 festgelegt. Der Zeitpunkt, zu dem die konkurrierenden Verfahren rechtshängig geworden sind, wird **autonom in Art 16** definiert (EuGH C-489/14 – *A/B,* NJW 15, 3776 Rn 31 f [Ehesache]; **aA** [Zustellung des Antrags erforderlich] Trib d'arrondissement Luxembourg 2.6.08, unalex LU-202; → Rn 259 ff). Hierüber entscheiden die konkurrierenden Gerichte **von Amts wegen** selbständig und ohne Bindung an die Entscheidung der Gerichte anderer Mitgliedstaaten. Wird die Regelung des Sorge- oder Umgangsrechts im Rahmen eines Scheidungsverfahrens verlangt, so kommt es nicht darauf an, wann das Scheidungsverfahren anhängig gemacht wurde; abzustellen ist vielmehr auf die Anhängigkeit der Folgesache elterliche Verantwortung.

292   Wurden beide Verfahren **am gleichen Tag** anhängig gemacht und weist der Antragsgegner nach, zu welcher Uhrzeit sein Antrag zum Gericht eines anderen Mitgliedstaats zugestellt wurde, so ist es Sache des Antragstellers nachzuweisen, dass sein Antrag zum inländischen Gericht früher rechtshängig geworden ist (frz Cass 11.6.08, unalex FR-1014; krit zu dieser Lösung aber G/Sch/ *Dilger* Rn 33; Staud/*Spellenberg* Rn 27 f; NK-BGB/*Gruber* Rn 1). Eine **Zeitverschiebung** zwischen zwei Mitgliedstaaten bleibt bei der Feststellung der chronologischen Priorität außer Betracht (EuGH C-489/14 aaO, Rn 44).

293   Entfällt eines der beiden konkurrierenden Verfahren durch **Erledigung,** so kommt automatisch dem anderen – bis dahin unzulässigen – Verfahren Priorität zu, auch wenn dieses als das später eingeleitete Verfahren bis zur Erledigung des früheren Verfahrens keine Wirkungen entfalten konnte (EuGH C-489/14 – *A/B,* NJW 15, 3776 Rn 37 ff [Ehesache]; krit *Rieck* NJW 15, 3779). Art 19 ist auch dann nicht anzuwenden, wenn das durch die zuerst erhobene Klage eingeleitete Verfahren eingestellt wurde, weil die Klage nicht innerhalb der durch das nationale Recht festgelegten Frist erhoben worden war (Aud Prov Barcelona 26.7.07, unalex ES-194). Ist das ausländische Parallelverfahren im Zeitpunkt der Entscheidung des inländischen Gerichts über die Zulässigkeit einer Fortsetzung seines Verfahrens bereits **beendet,** so findet Art 19 keine Anwendung mehr; vielmehr kommt es dann darauf an, ob die ausländische Entscheidung anzuerkennen ist und ihre Rechtskraft dem inländischen Verfahren entgegensteht (frz Cass 3.12.14, unalex FR-2401).

294   **d) Keine Anerkennungsprognose.** Demgegenüber kommt es – abweichend vom autonomen deutschen Prozessrecht – auf eine positive Anerkennungsprognose nicht an; das später angerufene deutsche Gericht hat also nicht zu prüfen, ob mit einer Anerkennung der Entscheidung in dem früher in einem anderen Mitgliedstaat eingeleiteten Verfahren nach Art 23 voraussichtlich zu rechnen ist. Insbesondere ist ein möglicher ordre public-Verstoß der ergehenden ausländischen Entscheidung in diesem Zusammenhang nicht zu prüfen (*Hau* FamRZ 00, 1333/1339; ThP/*Hüßtege* Rn 1; Zö/*Geimer* Rn 2; Rauscher/*Rauscher* Rn 6; NK-BGB/*Gruber* Rn 15 mwN).

295   **e) Rechtsfolge.** Als Rechtsfolge sieht die Vorschrift eine **Aussetzung des Verfahrens** durch das später angerufene Gericht bis zur Klärung der internationalen Zuständigkeit des zuerst angerufenen Gerichts vor. Erst wenn das zuerst angerufene Gericht seine internationale Zuständigkeit rechtskräftig festgestellt hat, erklärt sich das später angerufene Gericht für unzuständig (Abs 3 S 1). Ob eine zeitlich frühere Rechtshängigkeit eines Gerichts eines anderen Mitgliedstaats vorliegt, ist als Zulässigkeitsvoraussetzung des Antrags im Verfahren vor einem deutschen Gericht **von Amts wegen** zu prüfen. Hierzu muss diejenige Partei, die sich auf Art 19 Abs 2 beruft, die früher im Ausland eingetretene Rechtshängigkeit substantiiert darlegen (EuGH C-296/10 aaO, Rn 81; NK-BGB/*Gruber* Rn 9; ThP/*Hüßtege* Rn 1).

2. Konkurrierende Verfahren betreffend die elterliche Verantwortung

296   Die konkurrierenden Verfahren müssen zunächst beide die elterliche Verantwortung iSv Art 1 Abs 1 lit b betreffen. Die Verpflichtung zur Aussetzung des Verfahrens nach Abs 2 erstreckt sich daher nicht auf andere in dem gleichen Eheverfahren anhängig gemachte Scheidungsfolgen (Szegedi Városi Bíróság 4.5.06, unalex HU-46). Anders als in Ehesachen nach Art 19 Abs 1 (→ A Rn 179 ff) genügt es für die Erhebung des Einwands der anderweitigen Rechtshängigkeit in Verfahren der elterlichen Verantwortung aber auch nicht, dass die beiden Verfahren nur überhaupt die elterliche Verantwortung für das gleiche Kind zum Gegenstand haben; vielmehr müssen die Verfahren nach Abs 2 – wie in allgemeinen Zivilsachen nach Art 29 Abs 1 EuGVVO nF – „denselben Anspruch" betreffen.

618

I. Internationale Zuständigkeit: EuEheVO Art 19   **297–302 F**

a) Identität des Streitgegenstands. aa) Qualifikation. Zur Beantwortung der Frage, ob **297** der gleiche Anspruch betroffen ist, ist nicht der Streitgegenstandsbegriff des deutschen oder eines anderen nationalen Verfahrensrechts maßgebend; vielmehr ist eine **autonome Auslegung** in Anlehnung an die Rechtsprechung des EuGH zu Art 21 EuGVÜ/Art 27 EuGVVO aF geboten (EuGH C-296/10 – *Purrucker*, Slg 10 I-11163 Rn 67 f = NJW 11, 363; NK-BGB/*Gruber* Rn 12; ThP/*Hüßtege* Rn 4; vgl auch allg *Borrás*-Bericht Rn 6). Danach müssen die Anträge auf derselben Grundlage beruhen und denselben Gegenstand haben (*„même cause et même objet"*, vgl EuGH C-144/86 – *Gubisch/Palumbo*, Slg 87, 4861 Rn 14 = NJW 89, 665; EuGH C-406/92 – *Tatry/Maciej Rataj*, Slg 95 I-5439 Rn 38 = JZ 95, 616). Dabei sind mit „Grundlage" der Sachverhalt und die Rechtsvorschriften gemeint, die dem Antrag zugrunde liegen (EuGH aaO); demgegenüber soll mit dem „Gegenstand" das vom Antragsteller verfolgte verfahrensrechtliche Ziel umschrieben werden (EuGH C-406/92 aaO, Rn 41; dazu auch Rauscher/*Leible* Art 29 EuGVVO nF Rn 13 ff).

Dabei kommt es auf eine vollständige Identität von Klagegrund und Klagegegenstand nicht an; **298** vielmehr müssen beide Anträge bei einer wertenden Betrachtung nur im Kern den gleichen Gegenstand haben (sog **„Kernpunkttheorie";** vgl NK-BGB/*Gruber* Rn 12; unalexK/*Simons* Art 27 EuGVVO aF Rn 30 ff mwN). Um die Identität des Streitgegenstands zu beurteilen, ist auf das verfahrenseinleitende Schriftstück abzustellen; eine nachträgliche Antragserweiterung bleibt ebenso außer Betracht (vgl zu Art 27 EuGVVO aF OLG Düsseldorf GRUR-RR 09, 401) wie etwaige Einwendungen des Antragsgegners (EuGH C-111/01 – *Gantner*, Slg 03 I-4207 Rn 30; G/Sch/*Geimer* Rn 32; unalexK/*Simons* Rn 56, jeweils zu Art 27 EuGVVO aF). Die anderweitige Rechtshängigkeit iSv Art 19 Abs 2 greift auch ein, wenn vor einem mitgliedstaatlichen Gericht eine Klage erhoben wird, die denselben Streitgegenstand betrifft wie eine durch ein Gericht eines anderen Mitgliedstaates erlassene Entscheidung, deren **Anerkennung** im Zweitstaat rechtshängig ist (Aud Prov San Sebastián 15.1.10, unalex ES-546).

bb) Einzelfälle. Derselbe Anspruch iSv Abs 2 ist grundsätzlich immer (und auch nur) dann **299** betroffen, wenn Eltern über das Sorge- oder das Umgangsrecht in Bezug auf **das gleiche Kind** streiten (OLG Hamm FamRZ 06, 1043; Staud/*Pirrung* Rn C 111; Rauscher/*Rauscher* Rn 38). Dabei kommt es auch nicht darauf an, ob die Verfahren von Amts wegen oder auf entsprechende Anträge der Parteien durchgeführt werden (ThP/*Hüßtege* Rn 4; Rauscher/*Rauscher* Rn 40). Anträge in Bezug auf verschiedene Kinder betreffen hingegen nie „denselben Anspruch" (M/M/*Mankowski* Rn 45).

Die gestellten Anträge müssen sich hingegen inhaltlich nicht in dem Sinne decken, dass jeder **300** Elternteil zB die Übertragung des Sorgerechts auf sich beantragt. Um denselben Anspruch geht es vielmehr auch dann, wenn ein Elternteil einen Antrag auf Übertragung des **Sorgerechts,** der andere einen Antrag auf **Herausgabe des Kindes** gestellt hat; denn über den Herausgabeanspruch kann nicht losgelöst vom Sorgerecht entschieden werden (NK-BGB/*Gruber* Rn 13).

Gleiches kann auch zutreffen, wenn ein Elternteil einen Antrag auf **Regelung des Umgangs,** **301** der andere einen weitergehenden **Sorgerechtsantrag** stellt; in diesem Fall blockiert also das früher eingeleitete Verfahren betreffend das Umgangsrecht das später in einem anderen Mitgliedstaat eingeleitete Sorgerechtsverfahren (ThP/*Hüßtege* Rn 4; Staud/*Spellenberg* Rn 55; Rauscher/*Rauscher* Rn 40; **aA** OLG Karlsruhe FamRZ 11, 1528/1529; *Andrae,* IntFamR § 2 Rn 84). Ebenso ist auch im umgekehrten Fall zu entscheiden: Werden also zunächst Sorgerechtsanträge vor den Gerichten eines Mitgliedstaats gestellt, so können auch spätere Anträge zum Umgangsrecht nur im gleichen Verfahren, nicht hingegen vor den Gerichten eines anderen Mitgliedstaats gestellt werden, in den das Kind nachträglich seinen gewöhnlichen Aufenthalt verlegt hat; denn Verfahrensgegenstand ist jeweils die elterliche Verantwortung im umfassenden Sinn von Art 2 Nr 7 (öst OGH 26.2.15, unalex AT-978; NK-BGB/*Gruber* Rn 13). Mit den späteren Anträgen zum Umgangsrecht wird daher kein neues Verfahren eingeleitet, sondern das mit den früheren Anträgen zum Sorgerecht bereits eingeleitete Verfahren weitergeführt (öst OGH 27.4.16, unalex AT-1051). Identität des Streitgegenstands besteht auch zwischen einem isolierten Sorgerechtsverfahren im Mitgliedstaat A und einem Sorgerechtsantrag, der im Scheidungsverbund vor einem Gericht im Mitgliedstaat B gestellt wird (Rauscher/*Rauscher* Rn 41).

Hingegen haben ein Verfahren zur **grenzüberschreitenden Unterbringung des Kindes** **302** und ein Umgangsverfahren nicht den gleichen Gegenstand (OLG München IPRspr 05 Nr 198 = unalex DE-975). Auch eine **Klage auf Rückführung** des widerrechtlich in einen anderen Mitgliedstaat verbrachten oder dort zurückgehaltenen Kindes in den Ursprungsmitgliedstaat hat nicht denselben Anspruch zum Gegenstand wie eine Klage auf Entscheidung über die elterliche

619

F 303–305   1. Teil. Erkenntnisverfahren F. Kindschaftssachen

Verantwortung. Außerdem ist nach Art 19 HKÜ die aufgrund dieses Übereinkommens getroffe-ne Entscheidung über die Rückgabe nicht als Entscheidung über das Sorgerecht anzusehen (Zö/ *Geimer* Rn 8; → U Rn 247 f). Daher kann im Verhältnis zwischen der Klage auf Rückführung des Kindes und einer die elterliche Verantwortung betreffenden Klage keine Rechtshängigkeit iSv Art 19 Abs 2 vorliegen (EuGH C-296/10 – *Purrucker,* NJW 11, 363 Rn 68; EuGH C-376/ 14 PPU – *C/M,* FamRZ 15, 107 Rn 40 = IPRax 15, 239 m Anm *Pirrung* 207; öst OGH 26.2.15, unalex AT-978). Wird jedoch im Fall des widerrechtlichen Verbringens oder Zurück-haltens eines Kindes das Gericht im Verbringungsstaat zuerst angerufen, so hat auch das nach Art 10 weiterhin zuständige, aber später angerufene Gericht am bisherigen gewöhnlichen Auf-enthalt des Kindes das Verfahren gem Art 19 Abs 2 dann auszusetzen, wenn Gegenstand in beiden Verfahren die Zuweisung der elterlichen Verantwortung ist (OLG Hamm 23.12.05, unalex DE-1003). Zum Antrag auf Gewährung von Verfahrenskostenhilfe → Rn 267.

303   **cc) Einstweiliger Rechtsschutz.** Konkurriert auf dem Gebiet der elterlichen Verantwortung ein Verfahren des einstweiligen Rechtsschutzes mit einem Hauptsacheverfahren in einem ande-ren Mitgliedstaat, so ist nach der Rechtsprechung des EuGH danach zu unterscheiden, ob das auf einstweiligen Rechtsschutz in Anspruch genommene Gericht seine internationale Zuständig-keit auf die Verordnung (Art 8–14) oder nach Maßgabe von Art 20 nur auf sein nationales Recht stützen kann (EuGH C-296/10 aaO, Rn 57 ff; → Rn 335 ff). Im erstgenannten Fall, in dem die einstweilige Maßnahme bei einem auch **für die Hauptsache zuständigen Gericht** beantragt worden ist, kann diese durchaus Sperrwirkung iSv Art 19 Abs 2 gegenüber dem später vor einem ebenfalls nach Art 8–14 zuständigen Gericht eines anderen Mitgliedstaats eingeleiteten Hauptsacheverfahren entfalten. Denn für diesen Fall unterscheidet die Verordnung nicht zwi-schen Verfahren des vorläufigen Rechtsschutzes und Hauptsacheverfahren. Dies gilt insbesondere dann, wenn die einstweilige Maßnahme die Entscheidung in der Hauptsache vorbereitet und mit dieser eine **verfahrensrechtliche Einheit** bildet (NK-BGB/*Gruber* Rn 14; **aA** Rauscher/ *Rauscher* Rn 43). Demgemäß kann die von einem nach Art 8–14 zuständigen Gericht eines Mitgliedstaats erlassene einstweilige Anordnung, die das Sorge- oder Umgangsrecht der Mutter zugesprochen hat, der Einleitung eines Hauptsacheverfahrens in einem anderen Mitgliedstaat mit dem Ziel einer Übertragung des Sorgerechts auf den Vater entgegenstehen (vgl Aud Prov Madrid 21.1.10, unalex ES-545).

304   Anders liegt es dann, wenn das auf einstweiligen Rechtsschutz in Anspruch genomme Gericht seine Zuständigkeit nur auf Art 20 iVm dem **staatsvertraglichen oder autonomen Recht** eines Mitgliedstaats gestützt hat (öst OGH 28.10.09, unalex AT-681). Für diesen Fall wird das Verhältnis zwischen diesem Gericht und dem für die Hauptsache zuständigen Gericht abschließend durch Art 20 Abs 2 geregelt. Danach treten die Maßnahmen des nur nach Art 20 zuständigen Gerichts automatisch außer Kraft, sobald das für die Hauptsache zuständige Gericht eine Maßnahme getroffen hat, die es für angemessen hält (EuGH C-296/10 aaO, Rn 80). Daraus folgt, dass eine nur auf der Grundlage von Art 20 getroffene einstweilige Maßnahme ein später in einem anderen Mitgliedstaat mit der gleichen Sache befasstes Hauptsachegericht an einer Sachentscheidung nicht hindern kann. Das Hauptsachegericht bleibt vielmehr befugt, sowohl seinerseits einstweiligen Rechtsschutz zu gewähren (Trib d'arrondissement Luxembourg 22.5.08, unalex LU-201) als auch in der Hauptsache zu entscheiden (EuGH C-296/10 aaO, Rn 69 ff; zust *Dutta/Schulz* ZEuP 12, 526/542; NK-BGB/*Gruber* Rn 14). Außerdem ist ein nur nach Art 20 zuständiges Gericht durch Art 19 Abs 2 daran gehindert, einweiligen Rechtsschutz zu gewähren, wenn die gleichen Anträge beim Hauptsachegericht bereits früher gestellt wurden (Trib d'arrondissement Luxembourg 22.5.08 aaO).

305   Aus der vom EuGH mit guten Gründen vorgenommenen Differenzierung folgt für das später angerufene deutsche Hauptsachegericht die **Pflicht zur sorgfältigen Prüfung,** ob das zuvor mit einer Maßnahme des einstweiligen Rechtsschutzes befasste Gericht eines anderen Mitglied-staats sich auf eine konkurrierende Zuständigkeit nach Art 8–12 oder nur auf eine Zuständigkeit nach Art 20 iVm nationalem Recht gestützt hat, weil davon abhängt, ob dem ausländischen Verfahren des einstweiligen Rechtsschutzes eine Sperrwirkung in Bezug auf das inländische Hauptsacheverfahren zukommen kann. Kann das später angerufene Gericht trotz seiner Bemü-hungen keine hinreichenden Informationen über den Gegenstand des in einem andere Mitglied-staat anhängigen Verfahrens des einstweiligen Rechtsschutzes und insbesondere über die dort vom Gericht in Anspruch genommene Zuständigkeit erlangen, so ist es nach Ansicht des EuGH jedoch berechtigt, das bei ihm eingeleitete **Verfahren fortzusetzen,** wenn dies aus Gründen des Kindeswohls geboten erscheint. Allerdings soll eine Fortsetzung erst nach Ablauf einer

620

I. Internationale Zuständigkeit: EuEheVO Art 19 **306–311 F**

angemessen Frist seit dem Beginn der Informationsbemühungen des später angerufenen Gerichts erfolgen; auch die Angemessenheit der Frist hat sich am Kindeswohl zu orientieren (EuGH C-296/10 aaO, Rn 81 ff).

b) Keine Identität der Parteien. Anders als in Ehesachen nach Abs 1, wo die Anträge **306** „zwischen denselben Parteien" gestellt worden sein müssen, wird diese Voraussetzung von Abs 2 in Verfahren der elterlichen Verantwortung nicht aufgestellt. Daraus wird zu Recht geschlossen, dass die Rechtshängigkeitssperre nach dieser Vorschrift auch dann eingreifen kann, wenn die Parteien in dem inländischen und dem ausländischen Verfahren nicht identisch sind (ThP/ *Hüßtege* Rn 4; NK-BGB/*Gruber* Rn 13).

3. Rechtsfolgen

a) Aussetzung des späteren Verfahrens, Abs 1. Liegen die Voraussetzungen nach Abs 2 **307** vor, so weist das später angerufene deutsche Gericht den Antrag nicht – wie nach dem autonomen *deutschen* Verfahrensrecht – als unzulässig ab, sondern setzt das bei ihm anhängige Verfahren zunächst nur von Amts wegen aus (OLG Bamberg FamRZ 18, 38; OLG Karlsruhe FamRZ 11, 1528). Für die Aussetzung selbst gelten die Vorschriften des nationalen Prozessrechts, in Deutschland also in Verfahren der elterlichen Verantwortung – anders als in Ehesachen (→ A Rn 187) – nicht § 148 ZPO, sondern § 21 FamFG analog. Ist die Regelung des Sorge- oder Umgangsrechts Teil eines umfassenden **Verbundverfahrens,** so ist die Aussetzung nach Abs 2 auf den sachlich von Art 19 Abs 2 erfassten Antrag zu beschränken; die Fortführung des Scheidungsverfahrens und die Regelung der vermögensrechtlichen Scheidungsfolgen werden hierdurch nicht betroffen (Szegedi Városi Bíróság 4.5.06, unalex HU-46). Die Pflicht zur Aussetzung des Hauptsacheverfahrens betreffend die elterliche Verantwortung hindert das später angerufene Gericht jedoch nicht, in dringenden Fällen **einstweiligen Rechtsschutz** nach Art 20 zu gewähren (ital Cass 21.10.09, unalex IT-788; Trib Milano 16.7.14, unalex SS-914).

Die Aussetzung dauert nach Abs 2 bis zur Klärung der internationalen Zuständigkeit durch **308** das zuerst angerufene Gericht (OLG Hamm BeckRS 06, 754). Auf diese Weise soll vermieden werden, dass die Klage erneut erhoben werden muss, wenn dieses Gericht sich für nicht zuständig hält (*Gruber* FamRZ 00, 1129/1133). Ein für das später anhängig gemachte Verfahren gestellter Antrag auf **Verfahrenskostenhilfe** kann aber nicht allein wegen entgegenstehender Rechtshängigkeit des früheren Verfahrens abgewiesen werden, solange das spätere Verfahren nur ausgesetzt ist und das zuerst angerufene Gericht noch nicht über seine Zuständigkeit entschieden hat (OLG Stuttgart FamRZ 16, 1601 m Anm *Finger* FamRB 16, 376; ThP/*Hüßtege* Rn 5; **aA** *Heiter* FamRZ 14, 861).

Grundsätzlich kann das später angerufene Gericht das Verfahren auch bei **unangemessen 309 langer Hinauszögerung der Entscheidung** durch das zuerst angerufene Gericht über seine Zuständigkeit fortsetzen (vgl EuGH C-116/02 – *Gasser*, Slg 04 I-9686 Rn 70 ff = EuLF 04, 50/54 zu Art 21 EuGVÜ). Der Antragsteller hat vielmehr die ihm im Erstverfahren zur Verfügung stehenden Rechtsbehelfe zur Beschleunigung des dortigen Verfahrens auszuschöpfen (OLG Hamm 23.12.05, unalex DE-1003). Davon kann nur in „krassen" Ausnahmefällen, dh bei einer Verletzung von Art 6 Abs 1 EMRK, abgewichen werden (vgl EGMR NJW 97, 2809 f; ThP/*Hüßtege* Rn 6 aE; Rauscher/*Rauscher* Rn 49; Staud/*Spellenberg* Rn 25 f; HK-ZPO/*Dörner* Rn 5; Rauscher/*Rauscher* Rn 49; **aA** *Thiele* RIW 04, 285 f). Eine Pflicht zur Aussetzung besteht nicht mehr, wenn das Verfahren vor dem zuerst befassten Gericht inzwischen – zB durch Antragsrücknahme – beendet worden ist.

b) Antragsabweisung, Abs 3 UAbs 1. Erst wenn das zuerst angerufene Gericht seine **310** internationale Zuständigkeit positiv festgestellt hat, wird der vor dem später angerufenen deutschen Gericht gestellte Antrag nach Abs 3 UAbs 1 wegen entgegenstehender Rechtshängigkeit von Amts wegen (Rauscher/*Rauscher* Rn 48) als unzulässig abgewiesen (Hig Court [Fam Div] 4.12.15, unalex UK-1491; AG Schleswig IPRspr 08 Nr 185; NK-BGB/*Gruber* Rn 18; ThP/ *Hüßtege* Rn 6). Dies gilt freilich nur, wenn das zweitbefasste Gericht ebenfalls nach Art 8–14 international zuständig ist. Fehlt es hieran, wie dies in Kindschaftssachen regelmäßig zutrifft, so hat dieses Gericht sein Verfahren nicht nur auszusetzen, sondern die Klage sofort nach Art 17 abzuweisen (OLG Stuttgart FamRZ 16, 1601/1602 [Ehesache]; HK-ZPO/*Dörner* Rn 1; Staud/ *Spellenberg* Rn 37; **aA** offenbar OLG Bamberg FamRZ 18, 38).

Die Prüfung, ob das erstbefasste Gericht nach Art 8–13 bzw nach Art 14 iVm nationalem **311** Recht international zuständig ist, obliegt allein diesem (bzw dem ihm übergeordneten) Gericht

621

F 312–317   1. Teil. Erkenntnisverfahren F. Kindschaftssachen

(unstreitig, vgl Staud/*Spellenberg* Rn 36 m ausf Nachw). Das zweitbefasste Gericht kann auf diese Entscheidung keinen Einfluss nehmen (High Court Ireland 27.7.10, unalex IE–56); insbesondere kann es nicht verlangen, dass das zuerst angerufene Gericht sich für unzuständig erklären möge. Für die Zuständigkeit des erstbefassten Gerichts kommt es auf den Zeitpunkt der dortigen Verfahrenseinleitung nach Art 16 an. Bejaht das erstbefasste Gericht einen gewöhnlichen Aufenthalt des Kindes in seinem Staatsgebiet, so ist das zweitbefasste Gericht hieran gebunden und kann nicht etwa deshalb sein eigenes Verfahren fortsetzen, weil es die Frage des gewöhnlichen Aufenthalts anders beurteilt (High Court Ireland aaO).

312   Das zuerst angerufene Gericht wird über die Frage seiner internationalen Zuständigkeit idR durch eine **Zwischenentscheidung** befinden, soweit eine solche nach der *lex fori* vorgesehen ist. In Deutschland ist diese Zwischenentscheidung über die internationale Zuständigkeit nach § 113 Abs 1 S 2 FamFG iVm § 280 Abs 2 ZPO selbständig anfechtbar (OLG Oldenburg FamRZ 13, 481). Wird die internationale Zuständigkeit des erstbefassten Gerichts hingegen erst **im Endurteil** rechtskräftig festgestellt, so ist Abs 3 nicht anwendbar. Denn hier steht einer Entscheidung durch das zweitbefasste Gericht nicht mehr der Einwand der Rechtshängigkeit, sondern die Rechtskraft einer Entscheidung in derselben Sache entgegen (NK-BGB/*Gruber* Rn 18). Zur Möglichkeit der Fortführung des Zweitverfahrens in diesem Fall → Rn 316 f).

313   Zur Vermeidung eines Kompetenzkonflikts wurde bisher überwiegend eine formell **rechtskräftige Entscheidung** des Erstgerichts verlangt (OLG Karlsruhe FamRZ 11, 1528; *Wagner* FPR 04, 286/288; *Heiter* FamRZ 14, 861; Rauscher/*Rauscher* Rn 46; Althammer/*Althammer* Rn 21). Dem ist der EuGH unter Hinweis auf seine Rechtsprechung zu Art 27 EuGVVO aF (EuGH C-109/14 – *Cartier parfums-lunettes,* EuZW 14, 340 Rn 44 m abl Anm *Thormeyer* = IPRax 14, 428 m Anm *Koechel* 394) entgegengetreten. Danach ist die Zuständigkeit iSv Art 19 Abs 2 bereits dann geklärt, wenn sich das zuerst angerufene Gericht nicht von Amts wegen für unzuständig erklärt hat und keine der Parteien den Mangel seiner Zuständigkeit vor oder mit der Stellungnahme geltend gemacht hat, die nach dem innerstaatlichen Recht als das erste Verteidigungsvorbringen vor diesem Gericht anzusehen ist (EuGH C-489/14 – *A/B,* NJW 15, 3776 Rn 34 m Anm *Rieck* und Anm *Althammer* FamRZ 15, 2036 auf Vorlage des High Court [Fam Div] 21.10.14, unalex UK-1496; **aA** NK-BGB/*Gruber* Rn 19 unter Hinweis auf die fehlende Möglichkeit einer rügelosen Einlassung nach der EuEheVO).

314   **c) Vorlage an das zuerst angerufene Gericht, Abs 3 UAbs 2.** Hat das erstbefasste Gericht seine internationale Zuständigkeit bejaht und hat sich das später angerufene Gericht daraufhin rechtskräftig für unzuständig erklärt, so kann der Antragsteller des späteren Verfahrens seinen Antrag gem Abs 3 UAbs 2 dem zuerst angerufenen Gericht vorlegen (vgl *Borrás*-Bericht, Rn 55; NK-BGB/*Gruber* Rn 21; ThP/*Hüßtege* Rn 7). Die Möglichkeit zur Antragsvorlage endet, sobald das erstbefasste Gericht eine rechtskräftige Sachentscheidung getroffen hat. Die Vorschrift schafft allerdings keinen weiteren Gerichtsstand; eine Vorlage des Antrags an das zuerst befasste Gericht setzt also voraus, dass dieses zur Entscheidung darüber nach Art 8 ff auch international zuständig ist (*Wagner* FPR 04, 286/288; NK-BGB/*Gruber* Rn 23; HK-ZPO/*Dörner* Rn 8).

315   Die genaue Bedeutung der Vorschrift ist unklar. Nach hM verdrängt die Regelung in ihrem Anwendungsbereich die *lex fori* des zuerst angerufenen Gerichts; insbesondere können aus dieser keine Einwendungen (zB Verspätung oder Verfristung) gegen den Antrag hergeleitet werden (*Hausmann* EuLF 00/01, 345/347; *Borrás*-Bericht Rn 55; *Gruber* FamRZ 00, 1129/1134; HK-ZPO/*Dörner* Rn 7; **aA** *Vogel* MDR 00, 1045/1049, nach dessen Ansicht das erstbefasste Gericht frei nach seiner *lex fori* entscheiden kann, inwieweit der Antrag einer Sachentscheidung zugänglich ist). Praktische Bedeutung kommt der Regelung in Abs 3 UAbs 2 vor allem dann zu, wenn der Gegenantrag über den beim zuerst angerufenen Gericht gestellten Antrag hinausgeht (NK-BGB/*Gruber* Rn 25).

316   **d) Fortsetzung des später begonnenen Verfahrens.** Das ausgesetzte Verfahren vor dem später angerufenen Gericht kann fortgesetzt werden, wenn das zuerst angerufene Gericht eines anderen Mitgliedstaats seine **Unzuständigkeit rechtskräftig festgestellt** hat. Gleiches gilt, wenn das erstbefasste Gericht in der Sache entschieden hat, diese Entscheidung aber im Mitgliedstaat des zweitbefassten Gerichts nicht anerkannt wird (Aud Prov San Sebastián 15.1.10, unalex ES-546).

317   Eine Fortsetzung kommt aber auch dann in Betracht, wenn das erstbefasste Gericht in der Sache entschieden und dem **Antrag stattgegeben** hat. Die Rechtskraftwirkung dieser Entscheidung wird nämlich in ihrer sachlichen Reichweite nicht selten hinter der von der Verordnung angeordneten Rechtshängigkeitswirkung zurückbleiben. Denn während letztere stets

622

I. Internationale Zuständigkeit: EuEheVO Art 20

autonom nach Art 19 Abs 2 zu bestimmen ist, beurteilt sich die Rechtskraftwirkung der im Verfahren vor dem zuerst angerufenen Gericht ergehenden Entscheidung nach der dortigen *lex fori* („Wirkungserstreckung", vgl *Hausmann* EuLF 00/01, 345/347; Rauscher/*Rauscher* Rn 27). Daraus folgt, dass nach Abschluss des Verfahrens vor dem erstbefassten Gericht durch rechtskräftige Entscheidung ein während der Rechtshängigkeit dieses Verfahrens gesperrter Antrag auf Durchführung eines Verfahrens betreffend die elterliche Verantwortung mit einem **weiterreichenden Ziel** vor dem Gericht eines anderen Mitgliedstaats wieder aufgenommen werden kann (NK-BGB/*Gruber* Rn 28). Hat das zuerst angerufene Gericht zB rechtskräftig über den dort gestellten Antrag auf Regelung des Umgangs mit dem Kind entschieden, so kann nunmehr das hierdurch bisher blockierte Sorgerechtsverfahren vor dem später angerufenen Gericht fortgesetzt werden.

e) Verstoß gegen die Aussetzungspflicht. Keine Regelung trifft Art 19 für den Fall, dass 318 sich das später angerufene Gericht – zB weil es sich für eindeutig international zuständig hält – über seine Aussetzungspflicht hinwegsetzt und in der Sache entscheidet. Hat dieses Gericht etwa den Antrag auf sofortige Rückführung des Kindes in den Zuständigkeitsbereich des Gerichts eines anderen Mitgliedstaats abgelehnt und dabei inzident auch über die elterliche Sorge entschieden, so hat dies nach Ansicht des EuGH (C-400/10 PPU – *McB/E*, Slg 10 I-8965 Rn 68 ff = JZ 11, 145; EuGH C-497/10 – *Mercredi*, FamRZ 11, 617 Rn 70) keine Auswirkung auf die von diesem anderen Gericht zu treffende Entscheidung über das elterliche Sorgerecht, wenn das dortige Sorgerechtsverfahren bereits früher rechtshängig gemacht worden war. Damit erkennt der EuGH der Sache nach das in § 109 Abs 1 Nr 3 FamFG vorgesehene Anerkennungshindernis der früheren inländischen Rechtshängigkeit an, obwohl ein solches in Art 23 nicht vorgesehen ist. Das zuerst angerufene Gericht ist also zur Anerkennung der Entscheidung des später befassten Gerichts nicht verpflichtet, sondern kann in der Sache ohne Rücksicht auf die unter Verstoß gegen Abs 1 ergangene Entscheidung befinden (*Dutta/Schulz* ZEuP 12, 526/538; Rauscher/ *Rauscher* Rn 60; Staud/*Spellenberg* Rn 40).

EuEheVO Art 20. Einstweilige Maßnahmen einschließlich Schutzmaßnahmen

(1) Die Gerichte eines Mitgliedstaats können in dringenden Fällen ungeachtet der Bestimmungen dieser Verordnung die nach dem Recht dieses Mitgliedstaats vorgesehenen einstweiligen Maßnahmen einschließlich Schutzmaßnahmen in Bezug auf in diesem Staat befindliche Personen oder Vermögensgegenstände auch dann anordnen, wenn für die Entscheidung in der Hauptsache gemäß dieser Verordnung ein Gericht eines anderen Mitgliedstaats zuständig ist.

(2) Die zur Durchführung des Absatzes 1 ergriffenen Maßnahmen treten außer Kraft, wenn das Gericht des Mitgliedstaats, das gemäß dieser Verordnung für die Entscheidung in der Hauptsache zuständig ist, die Maßnahmen getroffen hat, die es für angemessen hält.

Schrifttum: *Binder* zur Reichweite einer Schutzmaßnahme iSv Art 20 VO Brüssel IIa, iFamZ 10; *Fuchs/ Tölg*, Die einstweiligen Maßnahmen nach der EuEheVO (EuGV-VO II), ZfRV 02, 95; *Gruber*, Die Anerkennung einstweiliger Maßnahmen in der EuEheVO, IPRax 17, 467; *Martiny*, Kindesentführung, vorläufige Sorgerechtsregelung und einstweilige Maßnahmen nach der Brüssel IIa-VO, FPR 10, 493; *Pauly*, Einstweilige Maßnahmen im Lichte der Verordnung (EG) Nr. 2201/2203, Diss. Konstanz (2009); *Pirrung*, Grundsatzurteil des EuGH zur Durchsetzung einstweiliger Maßnahmen in Sorgerechtssachen in anderen Mitgliedstaaten nach der EuEheVO, IPRax 11, 351; *Spellenberg*, Einstweilige Maßnahmen nach Art 12 EheGVO, FS Beys, Bd II (2003) 1583; *ders*, Die zwei Arten einstweiliger Maßnahmen der EheGVO, FS Coester-Waltjen (2015) 813; *Stadler*, Erlass und Freizügigkeit einstweiliger Maßnahmen im Anwendungsbereich des EuGVÜ, JZ 99, 1089.

1. Allgemeines

Art 20 lehnt sich an das Vorbild in Art 31 EuGVVO aF (Art 35 EuGVVO nF) an. Danach 319 können die Gerichte der Mitgliedstaaten einstweilige Maßnahmen (einschließlich von Sicherungsmaßnahmen) in Verfahren betreffend die elterliche Verantwortung nicht nur erlassen, wenn sie auch die Entscheidungskompetenz für ein Hauptsacheverfahren nach Art 8–14 besitzen. Das gleiche Recht steht ihnen vielmehr nach Art 20 auch dann zu, wenn sie für den Erlass der einstweiligen Maßnahme lediglich nach ihrem jeweiligen nationalen Verfahrensrecht zuständig sind. Insbesondere können solche Maßnahmen auch dann auf **nationales Zuständigkeitsrecht**

623

F 320–323 1. Teil. Erkenntnisverfahren F. Kindschaftssachen

gestützt werden, wenn eine Zuständigkeit für das Hauptsacheverfahren nach Art 14 iVm nationalem Recht daran scheitert, dass hierfür die Gerichte eines anderen Mitgliedstaats nach Art 8–13 zuständig sind. Voraussetzung ist allerdings, dass es sich um einen „dringenden Fall" (→ Rn 328 ff) handelt und dass sich die von der Maßnahme betroffene Person bzw ihr Vermögen in dem Staat befindet, dessen Gerichte die Zuständigkeit nach Art 20 Abs 1 in Anspruch nehmen (ErwG 16; → Anh I). Für diesen Fall ist es Sache des anwendbaren nationalen Verfahrensrechts, die Maßnahmen zu bezeichnen, die die nationalen Behörden treffen dürfen, und die verfahrensrechtlichen Modalitäten ihrer Durchführung festzulegen (EuGH C-523/07 – A, Slg 09 I-2805 Rn 51 = FamRZ 09, 843). Die auf Abs 1 gestützten Maßnahmen treten dem Abs 2 außer Kraft, sobald das Hauptsachegericht die ihm angemessen erscheinenden Maßnahmen getroffen hat. Im autonomen deutschen Verfahrensrecht wird Art 20 ergänzt durch § 15 IntFamRVG (→ Rn 565 f).

Nach dem Vorschlag der EU-Kommission v 30.6.2016 (KOM [2016] 411) für eine **Neufassung der EuEheVO** soll Art 20 dahin umgestaltet werden, dass die Behörden eines Mitgliedstaats, in dem sich das Kind oder Vermögensgegenstände des Kindes befinden, bereits **nach der Verordnung** zuständig sind, einstweilige Maßnahmen in Bezug auf das Kind und seine Vermögensgegenstände zu ergreifen; ein Rückgriff auf nationales Recht soll dadurch vollständig ausgeschlossen werden (Art 12 nF).

2. Anwendungsbereich

320 **a) Einstweilige Maßnahmen.** Der Begriff der einstweiligen Maßnahme ist **autonom** auszulegen, wobei die Rechtsprechung des EuGH zu Art 24 EuGVÜ/Art 31 EuGVVO aF entsprechend herangezogen werden kann (Rauscher/*Rauscher* Rn 4; vgl insbesondere EuGH C-391/95 – *van Uden/Deco-Line,* Slg 98 I-7091 Rn 37= JZ 1999, 1103 m Anm *Stadler* 1089; EuGH C-99/96 – *Mietz,* Slg 99 I-2277 Rn 34 ff = IPRax 00, 411 m Anm *Hess* 370; Staud/*Spellenberg* Rn 3). Hiernach werden grundsätzlich alle Maßnahmen erfasst, die dem Antragsteller einen nur **vorläufigen Rechtsschutz** gewähren sollen (EuGH Rs C-256/09 – *Purrucker,* Slg 10 I-7353 Rn 77 = NJW 10, 2861; Rauscher/*Rauscher* Rn 5 ff; unalexK/*Tsikrikas/Hausmann* Art 31 EuGVVO aF Rn 7; *Stadler* JZ 99, 1089/1095).

321 Art 20 schafft allerdings **keine eigenständigen Typen** von einstweiligen Maßnahmen, sondern verweist für die Art der zu treffenden Maßnahmen auf die *lex fori* des anordnenden Gerichts (*Spellenberg* FS Beys [2003] 1583/1597 f; Rauscher/*Rauscher* Rn 8). Allein das jeweilige nationale Verfahrensrecht des angerufenen Gerichts bestimmt daher über Art, Inhalt und Bindungswirkung solcher Maßnahmen (vgl auch EuGH C-523/07 – *A,* FamRZ 09, 843 Rn 51 f). Klargestellt wird lediglich, dass zu diesen Maßnahmen auch Schutz- und Sicherungsmaßnahmen gehören. Im deutschen Recht ist in Kindschaftssachen nur die **einstweilige Anordnung** gem §§ 49 ff FamFG zulässig; Arrest und einstweilige Verfügung sind hingegen ausgeschlossen (ThP/*Reichold* vor § 49 FamFG Rn 8).

322 **b) Beschränkung auf Maßnahmen im sachlichen Anwendungsbereich der EuEheVO.** Art 20 bezieht sich zunächst nur auf Maßnahmen, die im Zusammenhang mit einem Hauptsacheverfahren getroffen werden, das in den sachlichen Anwendungsbereich der EuEheVO fällt. Ein solches Verfahren muss aber nicht bereits anhängig sein (Rauscher/*Rauscher* Rn 9; MüKo-FamFG/*Gottwald* Rn 3). Vielmehr genügt es für den erforderlichen Zusammenhang, dass in der Hauptsache ein Antrag auf Verfahrenskostenhilfe gestellt wurde. Einstweilige Maßnahmen nach Art 20 können aber auch ganz unabhängig von der Einleitung eines Hauptsachverfahrens beantragt werden, sofern sie nur die elterliche Verantwortung zum Gegenstand haben. Die in Ehesachen umstrittene Frage, ob auch der **Gegenstand** der einstweiligen Maßnahme selbst in den sachlichen Anwendungsbereich der EuEheVO fallen muss (→ A Rn 206 ff), hat auf dem Gebiet der elterlichen Verantwortung keine Bedeutung, weil der weite Anwendungsbereich der Verordnung nach Art 1 Abs 1 lit b, Abs 2 (→ Rn 35 ff) alle diesbezüglichen Maßnahmen umfasst (vgl zur vorläufigen Unterbringung eines adoptierten Kindes frz Cass 8.7.10, unalex FR-1133).

3. Internationale Zuständigkeit

323 **a) Zuständigkeit des Hauptsachegerichts.** Art 20 Abs 1 beeinflusst das Zuständigkeitssystem der EuEheVO nicht; die Vorschrift ermöglicht lediglich einstweiligen Rechtsschutz auch „ungeachtet der Bestimmungen dieser Verordnung". Alle nach der EuEheVO für das Hauptsacheverfahren zuständigen Gerichte können daher auch einstweilige Maßnahmen anordnen

I. Internationale Zuständigkeit: EuEheVO Art 20   **324–327 F**

(EuGH C-256/09 – *Purrucker,* Slg 10 I-7353 Rn 62 ff = NJW 10, 2861; BGHZ 188, 270 Rn 15 = FamRZ 11, 542; Staud/*Spellenberg* Rn 47; zum EuGVÜ *Stadler* JZ 99, 1089/1094 f), und zwar auch dann, wenn ein Hauptsacheverfahren noch nicht anhängig ist. Ist ein solches bereits anhängig, so kann nicht nur das angerufene Gericht, sondern auch jedes andere für die Hauptsache alternativ gemäß Art 8–13 ebenfalls zuständige Gericht eines anderen Mitgliedstaats einstweiligen Rechtsschutz gewähren (vgl EuGH Rs C-256/09 – *Purrucker,* Slg 10 I-7353 Rn 62 ff = NJW 10, 2861; BGHZ 188, 270 Rn 15 = NJW 11, 855/856; zum EuGVÜ *Stadler* JZ 99, 1089/1094 f).

Ferner ist die Zuständigkeit der für die Hauptsache zuständigen Gerichte zur Gewährung von **324** einstweiligem Rechtsschutz nicht davon abhängig, dass die Maßnahmen im Gerichtsstaat befindliche Personen oder Vermögensgegenstände betreffen (NK-BGB/*Gruber* Rn 1; Rauscher/*Rauscher* Rn 25; vgl dagegen zu diesem Erfordernis der „realen Verknüpfung" für Maßnahmen, die auf Art 20 Abs 1 gestützt werden, → Rn 333). Aus diesem Grunde (und wegen der Auswirkung auf die Anerkennung und Vollstreckung → Rn 335 ff), hat das angerufene Gericht in einem ersten Schritt stets zu prüfen, ob es nach der Verordnung international zuständig ist; die Feststellung, dass die Zuständigkeit jedenfalls nach Art 20 bestehe, genügt nicht (öst OGH 15.5.12, unalex AT-821; Althammer/*Schäuble* Rn 15). Als Zuständigkeiten in der Hauptsache kommen für Verfahren betreffend die elterliche Verantwortung dabei nicht nur die Art 8–13 in Betracht (vgl zur Zuständigkeit des Gerichts der Ehesache nach Art 12 Trib d'arrondissement Luxemburg 3.10.07, unalex LU-194), sondern unter den Voraussetzungen des Art 14 (→ Rn 229 ff) auch Zuständigkeiten nach dem nationalen Verfahrensrecht einschließlich von Staatsverträgen (**aA** Staud/*Spellenberg* Rn 46).

b) Zuständigkeit nach nationalem Recht, Abs 1. aa) Bedeutung. Die Bedeutung des **325** Art 20 Abs 1 liegt darin, dass die Gerichte der Mitgliedstaaten auf dem Gebiet des einstweiligen Rechtsschutzes in Verfahren betreffend die elterliche Verantwortung auf ihr nationales Zuständigkeitsrecht nicht nur insoweit zurückgreifen können, als die Verordnung diese Möglichkeit nach Art 14 für das Hauptsacheverfahren eröffnet, sondern auch in Fällen, in denen für die Hauptsache die Zuständigkeit der Gerichte eines anderen Mitgliedstaats nach Art 8–13 begründet ist (EuGH C-403/09 PPU – *Detiček,* Slg 09 I-12193 Rn 38 = FamRZ 10, 525 m Anm *Henrich;* App Liège 29.6.10, unalex BE-641). Die mitgliedstaatlichen Gerichte können also in dringenden Fällen einstweilige Maßnahmen ohne die in Art 14 normierte Beschränkung nach ihrem – staatsvertraglichen oder innerstaatlichen – Recht treffen. Damit ist auch Art 17 in einem auf Art 20 gestützten einstweiligen Verfahren nicht anwendbar (Supreme Court Ireland 28.7.16, unalex IE-120). Da die Vorschrift damit von der durch die Verordnung geschaffenen Zuständigkeitsordnung abweicht, ist sie **restriktiv auszulegen** (EuGH C-403/09 PPU, aaO). Ihre Anwendung ist ferner nach Art 19 Abs 2 ausgeschlossen, wenn entsprechende Maßnahmen bereits vor dem in der Hauptsache zuständigen Gericht beantragt worden sind (Trib d'arrondissement Luxembourg 22.5.08, unalex LU-201).

bb) Öffnungsklausel. Art 20 Abs 1 verweist diesbezüglich auf die *lex fori* des angerufenen **326** Gerichts, begründet also **keine eigenständige Zuständigkeit iS der Verordnung** (EuGH C-256/09 – *Purrucker,* Rn 61, 87; BGH FamRZ 11, 542 Rn 17; öst OGH 15.5.12, unalex AT-821; Staud/*Spellenberg* Rn 50; Rauscher/*Rauscher* Rn 17; G/Sch/*Dilger,* IRV Rn 1; NK-BGB/*Gruber* Rn 8; **aA** noch *Andrae* IPRax 06, 82/85 f; Staud/*Pirrung* Rn C 113). Die Vorschrift hat also die Funktion einer Öffnungsklausel (BGH NJW 16, 1445 Rn 18; BGH FamRZ 11, 542 Rn 18), die unter den dort genannten Voraussetzungen den Rückgriff auf Staatsverträge oder nationale Rechtsvorschriften zulässt, die für Streitigkeiten in der Hauptsache durch die Verordnung verdrängt werden. In *Deutschland* sind daher **vorrangig die Zuständigkeitsvorschriften des KSÜ,** insbesondere dessen Art 11 zur Eilzuständigkeit, und nur hilfsweise § 99 FamFG maßgebend (ebenso für *Österreich* OGH 15.5.12 aaO).

cc) Voraussetzungen. Nach der Rechtsprechung des EuGH (C-523/07 – *A,* FamRZ 09, **327** 843 Rn 47 ff; dazu *Pirrung* IPRax 11, 50/54; C-403/09 PPU – *Detiček,* Slg 09 I-12193 Rn 39; C-256/09 – *Purrucker,* FamRZ 10, 1521 Rn 77) ist die Anordnung einstweiliger Maßnahmen nach Art 20 Abs 1 nur zulässig, wenn **drei Voraussetzungen kumulativ** erfüllt sind:

– die Maßnahmen müssen **dringend** sein,
– sie müssen in Bezug auf **Personen oder Vermögensgegenstände** getroffen werden, die sich **im Gerichtsstaat,** dh in dem Mitgliedstaat befinden, dessen Gerichte angerufen worden sind, und
– sie müssen **vorübergehender Art** sein.

F 328–331   1. Teil. Erkenntnisverfahren F. Kindschaftssachen

Fehlt auch nur eine dieser drei Voraussetzungen, kann die begehrte Maßnahme nicht unter Art 20 fallen (dazu auch EuGH C-403/09 PPU – *Detiček,* FamRZ 10, 525 Rn 39 f; BGH NJW 16, 1445 Rn 20; BGHZ 188, 270 Rn 19 = FamRZ 11, 542).

328 **(1) Dringlichkeit.** Der Rückgriff auf nationales Zuständigkeitsrecht ist nach Art 20 Abs 1 nur „in dringenden Fällen" möglich. Insoweit handelt es sich um ein zusätzliches – *autonom und eng* auszulegendes (öst OGH 31.1.12, unalex AT-800; *Martiny* FPR 10, 493/497; Staud/*Pirrung* Rn C 113) – Tatbestandsmerkmal, das insbesondere dann Bedeutung erlangt, wenn die vom nationalen Recht vorgesehene Maßnahme keine Dringlichkeit voraussetzt (*Fuchs*/*Tölg* ZfRV 02, 95/99; Rauscher/*Rauscher* Rn 15; NK-BGB/*Gruber* Rn 3). Die Dringlichkeit bezieht sich dabei sowohl auf die Lage, in der sich das Kind befindet, als auch auf die praktische Unmöglichkeit, den Antrag vor dem Hauptsachegericht zu stellen (EuGH C-403/09 PPU – *Detiček,* FamRZ 10, 525 Rn 42; EuGH C-256/09 – *Purrucker,* FamRZ 10, 1521 Rn 94; BGH NJW 16, 1445 Rn 21 m Anm *Gruber* IPRax 17, 467; öst OGH 15.5.12, unalex AT-821). Ein dringender Fall ist daher anzunehmen, wenn das Abwarten der Entscheidung eines nach Art 8–14 zuständigen Gerichts in der Hauptsache keinen ausreichenden Rechtsschutz bieten würde, sondern einer Verweigerung effektiven Rechtsschutzes gleichkäme (öst OGH 31.1.12, unalex AT-800; HK-ZPO/*Dörner* Rn 2). Nach der Formulierung des EuGH liegt er dann vor, wenn sich die Kinder „in einer Situation befinden, die geeignet ist, ihrem Wohlergehen, einschließlich ihrer Gesundheit und ihrer Entwicklung, schweren Schaden zuzufügen" (EuGH C-523/07 – *A,* FamRZ 09, 843 Rn 48). Auf die Dringlichkeit kommt es zwar nach dem Wortlaut des Art 20 dann nicht an, wenn die einstweilige Maßnahme durch ein nach Art 8 ff zuständiges Hauptsachegericht getroffen werden soll; sie ist jedoch auch in diesem Fall grundsätzlich zu fordern (G/Sch/*Dilger,* IRV Rn 27; ThP/*Hüßtege* Rn 2; Staud/*Spellenberg* Rn 21 ff).

329 Einstweilige Maßnahmen können daher insbesondere bei einem **widerrechtlichen Verbringen** des Kindes in einen anderen Mitgliedstaat durch die Gerichte des Herkunftsstaates getroffen werden, um eine Verfestigung der aus rechtswidrigem Handeln entstandenen tatsächlichen Situation und die damit verbundene Stärkung der Position des hierfür verantwortlichen Elternteils zu vermeiden (EuGH C-403/09 PPU aaO, FamRZ 10, 525 Rn 49, 57; BGH NJW 16, 1445 Rn 21, 26; OLG München FamRZ 15, 777/778; App Liège 20.6.10, unalex BE-641). Allerdings kann es an der Dringlichkeit auch deshalb fehlen, weil der Antragsteller es versäumt hat, rechtzeitig vor dem zuständigen Hauptsachegericht Anträge zu stellen, damit dieses die erforderlichen Maßnahmen ergreifen kann.

330 Zu den nach Art 20 in Betracht kommenden Maßnahmen gehört auch die **vorläufige Zuweisung des Sorgerechts** (öst OGH 15.5.12, unalex AT-821) oder der Obhut (frz Cass 8.7.10, unalex FR-1133). Hat allerdings das für die Hauptsache zuständige Gericht das Sorgerecht bereits vorläufig auf einen Elternteil übertragen, so kann grundsätzlich das Gericht eines anderen Mitgliedstaats nicht unter Hinweis auf die Dringlichkeit eine einstweilige Maßnahme treffen, mit der das Sorgerecht vorläufig dem anderen Elternteil übertragen wird; denn dies würde dem Prinzip der wechselseitigen Anerkennung von Entscheidungen aus Mitgliedstaaten zuwiderlaufen (EuGH C-403/09 PPU aaO, Rn 45). Art 20 Abs 1 darf den Gerichten im ersuchten Mitgliedstaat also nicht als Vorwand dienen, um die Vollstreckung der (bereits für vollstreckbar erklärten) Entscheidung des Hauptsachegerichts zu blockieren; daran ändert auch die zwischenzeitliche Integration des Kindes in seiner neuen Umgebung im ersuchten Mitgliedstaat nichts. Dies muss jedenfalls dann gelten, wenn das Kind widerrechtlich iSv Art 2 Nr 11 in den ersuchten Mitgliedstaat verbracht wurde, weil ansonsten die der Verordnung zugrundeliegenden Prinzipien unterminiert würden (EuGH C-403/09 PPU aaO, Rn 47 ff; zust *Henrich* FamRZ 10, 526 f; MüKoBGB/*Heiderhoff* Rn 11). Danach sind insbesondere einstweilige Maßnahmen unzulässig, die zu einer Umgehung oder Erschwerung der Rückführung widerrechtlich in einen anderen Mitgliedstaat verbrachter Kinder führen (öst OGH 31.1.12, unalex AT-800; öst OGH 15.5.12, unalex AT-821).

331 Anders kann es aber dann liegen, wenn nachträglich **neue Tatsachen** eingetreten oder bekannt geworden sind, die ein erneutes rasches Tätigwerden der Gerichte erfordern und die Anordnung der notwendigen Maßnahmen durch das Hauptsachegericht deshalb nicht abgewartet werden kann (*Janzen*/*Gärtner* IPRax 11, 158/162 ff; NK-BGB/*Gruber* Rn 7). Die Zuständigkeit für dringliche Maßnahmen nach Art 20 Abs 1 kann ferner ausnahmsweise zu einer abweichenden Regelung des elterlichen Sorgerechts dann in Anspruch genommen werden, wenn die vom Hauptsachegericht früher getroffene Entscheidung in dem Mitgliedstaat, in dem sich das Kind befindet, wegen Verstoßes gegen den *ordre public* nicht anerkannt wird (*Henrich* FamRZ 10, 526/527).

I. Internationale Zuständigkeit: EuEheVO Art 20   **332–335 F**

(2) Reale Verknüpfung. Im Anschluss an die EuGH Rechtsprechung zu Art 31 EuGVVO **332** aF beschränkt Art 20 die Zulässigkeit von Maßnahmen des einstweiligen Rechtsschutzes, die lediglich auf nationales Zuständigkeitsrecht gestützt werden, ferner auf Personen oder Vermögensgegenstände, die sich in dem Mitgliedstaat befinden, in dem das mit der Sache befasste Gericht seinen Sitz hat (EuGH C-256/09 – *Purrucker,* Slg 10 I-7535 Rn 77 = NJW 10, 2861; EuGH C-523/07 – *A,* FamRZ 09, 843 Rn 47, 65; BGH FamRZ 11, 542 Rn 19). Fehlt es daher an der erforderlichen Inlandsbeziehung, weil das Kind sich im Zeitpunkt der Anordnung der einstweiligen Maßnahme überhaupt nicht (mehr) im Gerichtsstaat befindet, so liegen die Voraussetzungen des Art 20 Abs 1 nicht vor (EuGH C-92/12 PPU – *Health Service Executive,* FamRZ 12, 1466/1471 Rn 130 f; OLG Karlsruhe FamRZ 14, 1565; Trib d'arrondissement Luxembourg 4.3.08, unalex LU-199 und 17.6.08, unalex LU-203; aA für Rückführungsanordnung App Liège 29.6.10, unalex BE-641). Eine solche Maßnahme ist daher auch in anderen Mitgliedstaaten nicht anzuerkennen oder zu vollstrecken (BGH FamRZ 11, 542 Rn 39). Wird die Ausübung des Umgangsrechts in einer bestimmten Wohnung geregelt, so muss diese sich in dem Mitgliedstaat befinden, dessen Gericht nach Abs 1 angerufen ist (Trib d'arrondissement Luxembourg 4.10.07, unalex LU-195). Wird eine einstweilige Maßnahme bezüglich der **elterlichen Sorge** getroffen, so setzt Art 20 voraus, dass sich nicht nur das Kind und der Elternteil, dem die Sorge übertragen wird, im Gerichtsstaat befinden; vielmehr muss auch der Elternteil, dem das Sorgerecht entzogen wird, in diesem Staat anwesend sein (EuGH C-403/09 PPU – *Detiček,* FamRZ 10, 525 Rn 50 ff; BGH NJW 16, 1445 Rn 22, 27 m Anm *Gruber* IPRax 17, 467; öst OGH 15.5.12, unalex AT-821; *Rauscher/Rauscher* Rn 21; *Staud/Spellenberg* Rn 44; krit *Henrich* FamRZ 10, 526/527; NK-BGB/*Gruber* Rn 6; *Andrae* NZFam 16, 310).

4. Spätere Entscheidung durch das Gericht der Hauptsache, Abs 2

Das nur nach Art 20 Abs 1 zuständige Gericht ist nicht verpflichtet, den Rechtsstreit nach **333** Durchführung der Schutzmaßnahme an das zuständige (Hauptsache-) Gericht eines anderen Mitgliedstaats zu **verweisen;** dies ergibt sich aus einem Umkehrschluss zu Art 15 (EuGH C-523/07 – *A,* FamRZ 09, 843 Rn 53 ff). Allerdings kann es der Schutz des Kindeswohls erfordern, dass ein Gericht, das nach Art 20 einstweilige Maßnahmen angeordnet und durchgeführt hat, das in der Hauptsache zuständige Gericht eines anderen Mitgliedstaats hierüber entweder direkt oder durch Einschaltung der Zentralen Behörde informieren muss (EuGH C-523/07 – *A,* FamRZ 09, 843 Rn 57 ff).

Nach Art 20 Abs 2 tritt die von einem nur nach Abs 1 zuständigen Gericht getroffene **334** einstweilige Maßnahme jedoch außer Kraft, wenn das nach der Verordnung in der Hauptsache zuständige Gericht danach die von ihm für angemessen erachteten Maßnahmen – sei es im Hauptsacheverfahren oder in einem Verfahren des einstweiligen Rechtsschutzes – angeordnet hat (EuGH C-296/10 – *Purrucker,* Slg 10 I-11163 Rn 71 = NJW 11, 363; frz Cass 8.7.10, unalex FR-1133; ital Cass Riv dir int priv proc 10, 463/465; *Rauscher/Rauscher* Rn 28). Voraussetzung ist freilich, dass die vom Hauptsachegericht angeordneten Maßnahmen mit den zuvor vom Gericht eines anderen Mitgliedstaats nach nationalem Recht getroffenen Maßnahmen nicht vereinbar sind. Ferner ist Art 20 Abs 2 dahin auszulegen, dass die Anordnung von auf nationales Recht gestützten einstweiligen Maßnahmen grundsätzlich auszuscheiden hat, wenn das Hauptsachegericht bereits eine anerkennungsfähige und vollstreckbare Maßnahme getroffen hat, es sei denn die tatsächliche Situation des Kindes hat sich seither wesentlich geändert (*Janzen/Gärtner* IPRax 11, 158/162 f). Maßnahmen, die nicht in den sachlichen Anwendungsbereich der Verordnung fallen, treten nach dem jeweiligen nationalen Recht außer Kraft (EuGH C-523/07 – *A,* FamRZ 09, 843 Rn 51).

5. Anerkennung und Vollstreckung einstweiliger Maßnahmen

Die Frage, ob von mitgliedstaatlichen Gerichten getroffene einstweilige Maßnahmen auf dem **335** Gebiet der elterlichen Verantwortung in anderen Mitgliedstaaten nach Maßgabe der Art 21, 23 ff anzuerkennen und zu vollstrecken sind, war lange Zeit umstritten (abl etwa *Fuchs/Tölg* ZfRV 02, 95/101 f mit der Begründung, dass einstweilige Maßnahmen von der Definition der „Entscheidung" in Art 2 Nr 4 nicht erfasst seien). Auf Vorlage des BGH (FamRZ 09, 1297 m Anm *Helms* 1401 und *Gruber* LMK 09, 287772; dazu auch *Pirrung* FS Spellenberg [2010] 467/476 f) hat der EuGH in der Rechtssache *Purrucker/Valléz Pérez* (C-256/09, Slg 10 I-7352 Rn 57 ff = NJW 10, 2861; dazu *Huter* ELR 10, 332; *Heiderhoff* LMK 10, 30; *Pirrung* IPRax 11, 351) entschieden, dass

627

F 336–341   1. Teil. Erkenntnisverfahren F. Kindschaftssachen

insoweit **zu differenzieren** ist (vgl dazu auch die Abschlussentscheidung BGHZ 188, 270 = FamRZ 11, 542):

336   **a) Maßnahmen des Hauptsachegerichts.** Die von einem nach der Verordnung (Art 8–13) zuständigen Hauptsachegericht erlassene einstweilige Anordnung ist eine „Entscheidung" iSv Art 2 Nr 4, die unter den Voraussetzungen des Art 23 grundsätzlich auch grenzüberschreitende Wirkung in den anderen Mitgliedstaaten entfaltet,ohne dass das Anerkennungsgericht zur Überprüfung der Zuständigkeit des Gerichts im Ursprungsmitgliedstaat berechtigt ist (EuGH C-256/ 09 – *Purrucker* aaO, Rn 70 ff, 76; BGHZ 205, 10 Rn 19 = NJW 15, 160319 m Anm *Hau* FamRZ 15, 1101 und *Siehr* IPRax 17, 77; BGH IPRax 17, 98 Rn 19 m Anm *Siehr* 77; BGHZ 188, 270 Rn 16 = FamRZ 11, 542 m Anm *Helms;* BGH FamRZ 11, 959 Rn 9 ff m Anm *Schulz* FamRZ 11, 1046 und *Pirrung* IPRax 11, 351; OLG Stuttgart FamRZ 14, 1567/1568; Staud/*Spellenberg* Rn 43 mwN). Voraussetzung hierfür ist freilich, dass die einstweilige Maßnahme in einem Verfahren nach **Gewährung rechtlichen Gehörs** für beide Parteien ergangen ist (vgl Art 23 lit c; ThP/*Hüßtege* Art 2 Rn 6; *Schulz* FamRBint 10, 82; Rauscher/*Rauscher* Rn 24 aE; Staud/*Spellenberg* Rn 62; NK-BGB/*Andrae* Art 21 Rn 5; vgl zum EuGVÜ EuGH Rs C-125/79 – *Denilauler,* Slg 1980, 1553 Rn 17 f m Anm *Hausmann* IPRax 1981, 79).

337   **b) Maßnahmen auf der Grundlage von Art 20 Abs 1.** Einstweiligen Anordnungen, die nur auf die durch die Öffnungsklausel des Art 20 Abs 1 erweiterten Zuständigkeiten nach nationalem Recht gestützt werden können, kommt hingegen grundsätzlich nur eine **auf den Anordnungsstaat beschränkte territoriale Wirkung** zu. Sie können daher in anderen Mitgliedstaaten weder nach Art 21 ff anerkannt noch nach Art 28 ff vollstreckt werden (EuGH C-256/09 09 – *Purrucker* aaO, Rn 83 ff, 100; zust BGH NJW 16, 1445 Rn 14 m Anm *Gruber* IPRax 17, 467; BGHZ 188, 270 Rn 17 f = FamRZ 11, 542, jeweils m Anm *Pirrung* IPRax 11, 351; OLG München FamRZ 15, 777 Rn 25, 29 = IPRax 16, 379 m Anm *Siehr* 344; *Helms* FamRZ 09, 1400/1401; NK-BGB/*Gruber* Rn 16, 20; G/Sch/*Dilger*, IRV Rn 34, 41).

338   Nicht ausgeschlossen ist dadurch freilich, dass solche Maßnahmen auf der Grundlage von **nachrangigen Staatsverträgen** oder nach dem **nationalen Recht** des Vollstreckungsmitgliedstaates anerkannt und vollstreckt werden (EuGH C-256/09 – *Purrucker* aaO, Rn 92). Art 20 eröffnet also nicht nur die internationale Zuständigkeit für Maßnahmen des einstweiligen Rechtsschutzes nach Maßgabe der nach Art 59–63 durch die EuEheVO verdrängten Staatsverträge, sondern ermöglicht auch die Anerkennung und Vollstreckung dieser Maßnahmen auf der Grundlage solcher Staatsverträge, zB nach Art 23 KSÜ oder Art 7 EuSorgeRÜ (EuGH C-256/ 09 aaO Rn 92; BGH NJW 16, 1445 Rn 18; BGH FamRZ 11, 542 Rn 18; OLG München aaO, Rn 27 aE; OLG Stuttgart FamRZ 14, 1567/1568; *Andrae* NZFam 16, 310; Staud/*Spellenberg* Rn 63), oder auf der Grundlage des autonomen Rechts des Vollstreckungsmitgliedstaats (zB in Deutschland nach §§ 108, 109 FamFG; vgl EuGH C-256/09 aaO, Rn 92; einschränkend Staud/*Spellenberg* Rn 63).

339   Allerdings wird auch für die Anerkennung und Vollstreckung einer solchen nach Art 20 Abs 1 erlassenen einstweiligen Maßnahme vorausgesetzt, dass sie **dringlich** war (→ Rn 328 ff) und dass sie sich auf Personen oder Vermögensgegenstände bezieht, die sich bei Erlass der Maßnahme in dem Mitgliedstaat befanden, in dem das Ursprungsgericht seinen Sitz hat (→ Rn 333). Sind diese Voraussetzungen des Art 20 nicht gegeben, kommt eine Anerkennung und Vollstreckung der von einem nach der Verordnung unzuständigen Gericht erlassenen einstweiligen Maßnahme nicht in Betracht. Vielmehr bleibt es dann bei dem abschließenden Charakter der Verordnung (BGH NJW 16, 1445 Rn 28; BGHZ 188, 270 = FamRZ 2011, 542 Rn 19; *Helms* FamRZ 11, 546).

340   **c) Abgrenzungskriterien.** Das Gericht, das über die Anerkennung und Vollstreckung von Maßnahmen des einstweiligen Rechtsschutzes nach der EuEheVO zu entscheiden hat, darf die internationale Zuständigkeit des Erstgerichts gem Art 24 S 1 nicht nachprüfen, wenn es sich um eine auf die Art 8–13 gestützte Maßnahme des Hauptsachegerichts handelt. Etwas anderes gilt jedoch dann, wenn um die Frage geht, ob bei Erlass der Maßnahme die Voraussetzungen des Art 20 vorgelegen haben. Denn da die Art 21 ff für auf Art 20 gestützte Maßnahmen nicht gelten, greift insoweit auch Art 24 nicht ein (BGHZ 188, 270 Rn 20 = FamRZ 11, 542). Aus diesem Grunde ist es aus der Sicht des Zweitgerichts von entscheidender Bedeutung, **auf welcher Zuständigkeitsgrundlage** das Erstgericht die einstweilige Maßnahme getroffen hat.

341   Für die hiernach vorzunehmende Abgrenzung kommt es nicht darauf an, ob das Erstgericht objektiv nach der Verordnung in der Hauptsache zuständig war (BGHZ 188, 270 Rn 22; *Dutta/*

628

I. Internationale Zuständigkeit: EuEheVO Art 59   **F**

Schulz ZEuP 12, 526/546). Entscheidend ist vielmehr, ob das Erstgericht seine internationale Zuständigkeit **auf die Art 8 ff gestützt** hat oder nicht (EuGH C-256/09 aaO, Rn 62 f, 83 ff; BGH NJW 16, 1445 Rn 14; BGHZ 205, 10 Rn 19 = FamRZ 15, 1011; BGHZ 188, 270 = FamRZ 11, 542 Rn 23; OLG München FamRZ 15, 777 Rn 24; Staud/*Spellenberg* Rn 9). War dies nämlich der Fall, so ist das Gericht des Vollstreckungsmitgliedstaates aufgrund des Grundsatzes des gegenseitigen Vertrauens, der dem Anerkennungsregime der Verordnung zugrunde liegt (EuGH C-256/09 aaO, Rn 71 f, 74; EuGH C-403/09 PPU aaO, FamRZ 10, 525 Rn 45; BGH FamRZ 11, 542 Rn 22) nach Art 24 an diese Beurteilung der Zuständigkeit gebunden (vgl (BGHZ 188, 270 = FamRZ 11, 542 Rn 22; BGH NJW-RR 11, 865 Rn 10; BGH NJW 15, 1603 Rn 19).

Ist jedoch **zweifelhaft, worauf das Ursprungsgericht seine Zuständigkeit gestützt** hat, **342** verbietet es Art 24 nicht, an Hand des Inhalts der Entscheidung des Ursprungsgerichts zu prüfen, ob dieses seine Zuständigkeit auf eine Vorschrift der EuEheVO stützen wollte oder nicht (BGH NJW 16, 1445 Rn 14 m Anm *Gruber* IPRax 17, 467; BGHZ 205, 10 Rn 19 = NJW 15, 1603 m Anm *Siehr* IPRax 17, 77; BGHZ 188, 270 Rn 23 f = FamRZ 11, 542; BGH FamRZ 11, 959 Rn 9; OLG München FamRZ 15, 777 Rn 24). Denn damit ist keine Nachprüfung der Zuständigkeit iSv Art 24 verbunden; die Prüfung dient vielmehr nur der Ermittlung der Grundlagen für die Annahme der Zuständigkeit durch das Ursprungsgericht als Voraussetzung für die Entscheidung des Zweitgerichts, ob die Art 21 ff anwendbar sind (EuGH C-256/09 aaO, Rn 75). Lässt sich der zu vollstreckenden Maßnahme keine eindeutige Begründung für die in Anspruch genommene Zuständigkeit entnehmen und liegt auch nicht offenkundig eine Zuständigkeit iSv Art 8–14 vor, so ist davon auszugehen, dass das Ursprungsgericht seine Zuständigkeit **lediglich auf Art 20** iVm dem nationalen Zuständigkeitsrecht gestützt hat (Staud/*Spellenberg* Rn 10). Das Zweitgericht hat sich dann auf die Prüfung zu beschränken, ob die Voraussetzungen dieser Öffnungsklausel vorliegen (EuGH C-256/09 aaO, Rn 76; BGH NJW 16, 1445 Rn 14; BGH FamRZ 11, 542 Rn 24).

Es besteht mithin **keine Vermutung** dafür, dass das Gericht des Ursprungsstaates seiner **343** Entscheidung eine Zuständigkeit der Verordnung zugrunde gelegt hat. Eine solche Vermutung folgt insbesondere nicht aus dem Grundsatz des gegenseitigen Vertrauen, weil dessen Geltung gerade voraussetzt, dass das Gericht, welches die einstweilige Maßnahme angeordnet hat, sich nachweislich den Zuständigkeitsvorschriften der Art 8 ff hat unterwerfen wollen (EuGH C-265/09 aaO, Rn 68, 73; BGH FamRZ 11, 542 Rn 26; krit Rauscher/*Rauscher* Rn 24a). Um die Anerkennung und Vollstreckung ihrer einstweiligen Maßnahmen in anderen Mitgliedstaaten sicherzustellen, sollten deutsche Gerichte daher in der Entscheidungsbegründung jeweils deutlich zum Ausdruck bringen, ob sie sich auf Art 8–14 oder auf Art 20 Abs 1 stützen (NK-BGB/*Gruber* Rn 19). Liegen auch die Voraussetzungen des Art 20 nicht vor, so hat die Anerkennung und Vollstreckung der von einem nach der EuEheVO unzuständigen Gericht eines anderen Mitgliedstaats erlassenen einstweiligen Maßnahme im Inland auszuscheiden (BGH NJW 16, 1445 Rn 28).

Kapitel III. Anerkennung und Vollstreckung

EuEheVO Art 21–52

(abgedruckt und kommentiert → N Rn 51 ff)

Kapitel IV. Zusammenarbeit zwischen den zentralen Behörden bei Verfahren betreffend die elterliche Verantwortung

EuEheVO Art 53–58

(abgedruckt und kommentiert → U Rn 9 ff)

Kapitel V. Verhältnis zu anderen Rechtsinstrumenten

EuEheVO Art 59. Verhältnis zu anderen Rechtsinstrumenten

(1) Unbeschadet der Artikel 60, 61, 62 und des Absatzes 2 des vorliegenden Artikels ersetzt diese Verordnung die zum Zeitpunkt des Inkrafttretens dieser Verordnung bestehenden, zwischen zwei oder mehr Mitgliedstaaten geschlossenen Übereinkünfte, die in dieser Verordnung geregelte Bereiche betreffen.

F 344–346   1. Teil. Erkenntnisverfahren F. Kindschaftssachen

(2)

a) [1] Finnland und Schweden können erklären, dass das Übereinkommen vom 6. Februar 1931 zwischen Dänemark, Finnland, Island, Norwegen und Schweden mit Bestimmungen des internationalen Verfahrensrechts über Ehe, Adoption und Vormundschaft einschließlich des Schlussprotokolls anstelle dieser Verordnung ganz oder teilweise auf ihre gegenseitigen Beziehungen anwendbar ist. [2] Diese Erklärungen werden dieser Verordnung als Anhang beigefügt und im Amtsblatt der Europäischen Union veröffentlicht. [3] Die betreffenden Mitgliedstaaten können ihre Erklärung jederzeit ganz oder teilweise widerrufen.

b) Der Grundsatz der Nichtdiskriminierung von Bürgern der Union aus Gründen der Staatsangehörigkeit wird eingehalten.

c) Die Zuständigkeitskriterien in künftigen Übereinkünften zwischen den in Buchstabe a) genannten Mitgliedstaaten, die in dieser Verordnung geregelte Bereiche betreffen, müssen mit den Kriterien dieser Verordnung im Einklang stehen.

d) *(abgedruckt und kommentiert → N Rn 328)*

(3) Die Mitgliedstaaten übermitteln der Kommission

a) eine Abschrift der Übereinkünfte sowie der einheitlichen Gesetze zur Durchführung dieser Übereinkünfte gemäß Absatz 2 Buchstaben a) und c),

b) jede Kündigung oder Änderung dieser Übereinkünfte oder dieser einheitlichen Gesetze.

1. Vorrang der Verordnung

344   Gemäß Abs 1 ersetzt die EuEheVO die zum Zeitpunkt ihres Inkrafttretens (→ Art 72) zwischen zwei oder mehreren Mitgliedstaaten bestehenden Staatsverträge, soweit sie die in Art 1 Abs 1 geregelten Bereiche betreffen (→ Art 62). Der Vorrang der Verordnung vor den in Abs 1 genannten Übereinkommen gilt allerdings nur, soweit sich der sachliche, räumliche und zeitliche Anwendungsbereich der konkurrierenden Rechtsinstrumente deckt (vgl → Rn 15 ff; dazu Rauscher/*Rauscher* Rn 3 ff). Er besteht ohne Rücksicht auf den Inhalt der mit der EuEheVO konkurrierenden Staatsverträge, dh auch dann, wenn der Staatsvertrag weitergehende Zuständigkeiten einräumt.

345   Da das Verhältnis der EuEheVO zu den multilateralen Staatsverträgen, welche die internationale Zuständigkeit auf dem Gebiet elterlicher Verantwortung bestimmen (KSÜ, MSA), in Art 60, 61 gesondert geregelt wird, betrifft Art 59 vor allem das Verhältnis zu **bilateralen Abkommen.** Die von der *Bundesrepublik Deutschland* insoweit geschlossenen Abkommen betreffen freilich nur das Kollisionsrecht (→ Rn 708 ff) sowie die Anerkennung und Vollstreckung von Entscheidungen (näher → N Rn 10, 324 f). Bilaterale Abkommen auf dem Gebiet der (direkten) internationalen Zuständigkeit in Sorge- und Umgangsrechtssachen bestehen nicht; sie können von den Mitgliedstaaten wegen der diesbezüglich bestehenden Außenkompetenz der EU auch künftig nicht mehr geschlossen werden.

2. Sonderregelung im Verhältnis zu Finnland und Schweden, Abs 2

346   Die Absätze 2 und 3 enthalten eine Sonderregelung für die beiden skandinavischen Mitgliedstaaten *Finnland* und *Schweden*. Diese haben von der ihnen in Abs 2 lit a eingeräumten Möglichkeit Gebrauch gemacht, auf ihre gegenseitigen Beziehungen anstelle der Verordnung das Übereinkommen zwischen den skandinavischen Staaten vom 6.2.1931 anzuwenden, das auch die internationale Zuständigkeit auf dem Gebiet der elterlichen Verantwortung und der Vormundschaft regelt (vgl Anh VI zur EuEheVO). Da es sich um die einzige Ausnahme von dem in Abs 1 normierten Grundsatz des Vorrangs der EuEheVO vor zwischen Mitgliedstaaten abgeschlossenen Staatsverträgen handelt, ist die Vorschrift eng auszulegen. Ferner haben die an der nordischen Zusammenarbeit beteiligten Mitgliedstaaten bei der Anwendung dieses Übereinkommens die **Grundsätze des EU-Rechts** zu beachten (vgl zur Anerkennung einer Entscheidung über die Unterbringung eines Kindes in einem anderen Mitgliedstaat EuGH C-435/06, Slg 07 I-10141 Rn 60 ff = FamRZ 08, 125 m Anm *Dutta* 835; vgl auch *Gruber* IPRax 08, 490). Danach ist insbesondere der Grundsatz der **Nichtdiskriminierung von EU-Bürgern** einzuhalten (lit b).

I. Internationale Zuständigkeit: EuEheVO Art 60

EuEheVO Art 60. Verhältnis zu bestimmten multilateralen Übereinkommen

Im Verhältnis zwischen den Mitgliedstaaten hat diese Verordnung vor den nachstehenden Übereinkommen insoweit Vorrang, als diese Bereiche betreffen, die in dieser Verordnung geregelt sind:

a) Haager Übereinkommen vom 5. Oktober 1961 über die Zuständigkeit der Behörden und das anzuwendende Recht auf dem Gebiet des Schutzes von Minderjährigen,

b)–d) (*betreffen die Anerkennung und Vollstreckung von Entscheidungen; abgedruckt und kommentiert → K Rn 145 f und → N Rn 326 ff*)

e) Haager Übereinkommen vom 25. Oktober 1980 über die zivilrechtlichen Aspekte internationaler Kindesentführung.

1. Allgemeines

Die in Art 60 genannten multilateralen Übereinkommen werden im Verhältnis der Mitglied- **347** staaten durch die EuEheVO in deren sachlichem, räumlichem und und zeitlichem Anwendungsbereich grundsätzlich verdrängt. Auf dem Gebiet der internationalen Zuständigkeit in Fragen der elterlichen Verantwortung interessieren nur die in lit a und lit e genannten Übereinkommen.

2. Verhältnis zum Haager Minderjährigenschutzabkommen, lit a

Gem lit a hat die EuEheVO auf dem Gebiet der internationalen Zuständigkeit grundsätzlich **348** Vorrang vor dem MSA. Dies gilt freilich nach dem Einleitungssatz zu Art 60 nur „im Verhältnis zwischen den Mitgliedstaaten". Daraus wird man folgern müssen, dass die EuEheVO in die Rechte und Pflichten derjenigen Mitgliedstaaten, die zugleich Vertragsstaaten des MSA sind, gegenüber solchen Vertragsstaaten des MSA, die der EU nicht angehören, nicht eingreifen wollte (*Andrae* IPRax 06, 82/84; Rauscher/*Rauscher* Art 60/61 Rn 6; Staud/*Pirrung* Rn C 211; NK-BGB/*Benicke* Art 21 EGBGB Rn 7; **aA** P/H/*Hau* § 99 FamFG Rn 21). Aus deutscher Sicht betrifft dies freilich nach dem Beitritt der *Schweiz* und der *Türkei* zum KSÜ (→ Rn 367 f) nur noch das Verhältnis zur chinesischen Sonderverwaltungsregion *Macau*. Die Fortgeltung des MSA in diesem Verhältnis folgt, wenn man den Wortlaut des Art 60 insoweit für nicht eindeutig hält (dazu NK-BGB/*Gruber* Art 59/60 Rn 5), zumindest aus einer **völkerrechtskonformen Auslegung** dieser Vorschrift. Danach sollen Mitgliedstaaten durch das Inkrafttreten der EuEheVO nicht gezwungen werden, ihre völkerrechtlichen Pflichten gegenüber nicht der EU angehörenden Vertragsstaaten des MSA zu verletzen (vgl im Verhältnis zur *Türkei* OLG Stuttgart FamRZ 13, 49/ 50 = IPRax 13, 441 m zust Anm *Gruber;* OLG Zweibrücken FamRZ 14, 1555; NK-BGB/*Gruber* Art 59/60 Rn 5; *Siehr* FS Schwab [2005] 1267/1270; **aA** Althammer/*Großerichter* Rn 3).

Daraus folgt, dass die EuEheVO auf Minderjährige iSv Art 12 MSA, die ihren **gewöhnlichen** **349** **Aufenthalt in** *China/Macau* haben, keine Anwendung findet, auch wenn im Inland eine Zuständigkeit nach der Verordnung (zB nach Art 12) begründet wäre. Zuständig sind vielmehr dann nach Art 1 MSA die *chinesischen* Behörden. Dies gilt auch dann, wenn das Kind seinen gewöhnlichen Aufenthalt erst nach Rechtshängigkeit eines Verfahrens in Deutschland nach Macau verlegt. Der nach der Verordnung maßgebliche Grundsatz der *perpetuatio fori* greift in diesem Fall nicht ein, weil er im MSA nicht gilt; der Wechsel des gewöhnlichen Aufenthalts des Kindes lässt daher die internationale Zuständigkeit der deutschen Gerichte entfallen (vgl OLG Stuttgart FamRZ 13, 49/50; NK-BGB/*Gruber* Art 59/60 Rn 6). Deutsche Gerichte können ihre Zuständigkeit in einem solchen Fall jedoch weiterhin auf die Heimatzuständigkeit nach Art 4 MSA oder auf die Gefährdungs- bzw Eilzuständigkeit nach Art 8, 9 MSA stützen (NK-BGB/*Benicke* Art 21 EGBGB Rn 7); an deren Vorliegen sind jedoch strenge Anforderungen zu stellen (OLG Zweibrücken FamRZ 14, 1555/1556).

Ob die deutschen Gerichte darüber hinaus auch auf Minderjährige, die die **Staatsangehörig-** **350** **keit** von *China/Macau* besitzen, jedoch ihren gewöhnlichen Aufenthalt in Deutschland haben, weiterhin das MSA anzuwenden haben (so die hM, vgl *Andrae* IPRax 06, 82/84; Rauscher/ *Rauscher* Art 60, 61 Rn 6; NK-BGB/*Gruber* Art 59/60 Rn 4; *Henrich,* IntSchR Rn 287, 289), erscheint hingegen fraglich (abl *Solomon* FamRZ 04, 1409/1414; P/H/*Hau* § 99 FamFG Rn 20). Sie haben jedoch auch in diesem Fall eine von den dortigen Behörden in Anspruch genommene Heimatzuständigkeit nach Art 4 MSA zu respektieren (*Andrae* aaO; Staud/*Pirrung* Rn C 211; NK-BGB/*Benicke* Art 21 EGBGB Rn 7). Das Problem des Verhältnisses zwischen

F 352, 353   1. Teil. Erkenntnisverfahren F. Kindschaftssachen

EuEheVO und MSA hat sich durch den Beitritt fast aller Vertragsstaaten des MSA zum KSÜ nahezu erledigt.

3. Verhältnis zum Haager Kindesentführungsübereinkommen, lit e

351   Das HKÜ regelt die internationale Zuständigkeit in Sorge- und Umgangsrechtsstreitigkeiten nicht, sondern beschränkt sich hauptsächlich auf die Sicherstellung einer raschen Rückführung von entführten Kindern in den Staat, in dem sie sich zuletzt rechtmäßig gewöhnlich aufgehalten haben (näher → U Rn 65 ff). In die nach dem HKÜ bestehenden Rechte des Elternteils, gegen dessen Willen das Kind ins Ausland entführt wurde, wollte die EuEheVO nicht eingreifen (öst OGH 1.4.08, unalex AT-566). Sie hat die Rechte dieses Elternteils im Verhältnis der Mitgliedstaaten zueinander durch die Regelungen in Art 10, 11 lediglich weiter verstärkt und hat insoweit Vorrang vor dem HKÜ (öst OGH 1.4.08, unalex AT-566). Damit schränkt die Verordnung die völkerrechtlichen Pflichten, die sich für die Mitgliedstaaten aus dem HKÜ ergeben, nicht ein (ital. Cass 14.7.10, unalex IT-797). Insbesondere enthält die Verordnung keine Regelung zur internationalen Zuständigkeit für das Rückführungsverfahren, die sich aus dem HKÜ ergibt (→ U Rn 150).

EuEheVO Art 61. Verhältnis zum Haager Übereinkommen vom 19. Oktober 1996 über die Zuständigkeit, das anzuwendende Recht, die Anerkennung, Vollstreckung und Zusammenarbeit auf dem Gebiet der elterlichen Verantwortung und der Maßnahmen zum Schutz von Kindern

Im Verhältnis zum Haager Übereinkommen vom 19. Oktober 1996 über die Zuständigkeit, das anzuwendende Recht, die Anerkennung, Vollstreckung und Zusammenarbeit auf dem Gebiet der elterlichen Verantwortung und der Maßnahmen zum Schutz von Kindern ist diese Verordnung anwendbar,

a) wenn das betreffende Kind seinen gewöhnlichen Aufenthalt im Hoheitsgebiet eines Mitgliedstaats hat;

b) in Fragen der Anerkennung und der Vollstreckung einer von dem zuständigen Gericht eines Mitgliedstaats ergangenen Entscheidung im Hoheitsgebiet eines anderen Mitgliedstaats, auch wenn das betreffende Kind seinen gewöhnlichen Aufenthalt im Hoheitsgebiet eines Drittstaats hat, der Vertragspartei des genannten Übereinkommens ist.

1. Allgemeines

352   Während auf dem Gebiet des internationalen Minderjährigenschutzrechts lange Zeit das Haager MSA von 1961 im Vordergrund stand, wurde dieses Übereinkommen aus deutscher Sicht mit Wirkung vom 1.1.2011 durch das Haager Kinderschutzübereinkommen (KSÜ) von 1996 ersetzt. Seit diesem Zeitpunkt ist im Verhältnis zu Vertragstaaten des KSÜ, die auch dem MSA angehören (näher → Rn 378), gemäß Art 51 KSÜ nur noch das KSÜ anzuwenden. Während die EuEheVO das MSA aber nach Art 60 grundsätzlich verdrängt, enthält Art 61 für das Verhältnis der Verordnung zum KSÜ eine differenzierende Regelung, die insbesondere zwischen der internationalen Zuständigkeit (lit a) und der Anerkennung/Vollstreckung von Entscheidungen (lit b) unterscheidet.

2. Internationale Zuständigkeit

353   Auf dem Gebiet der internationalen Zuständigkeit verdrängt die EuEheVO gem lit a das KSÜ immer dann, wenn das **Kind seinen gewöhnlichen Aufenthalt in einem Mitgliedstaat** der Verordnung, zB in Deutschland hat (BGH FamRZ 11, 796/797 Rn 31 ff m Anm *Völker*; BGH FamRZ 14, 927 m Anm *Götz;* OLG Bremen FamRZ 17, 1227 und FamRZ 16, 990; OLG Nürnberg FamRZ 15, 1908 (LS) – unalex DE-3242; OLG Karlsruhe NJW 16, 87 Rn 13 und FamRZ 11, 1963 Rn 21 m Anm *Henrich; Wagner* NJW 11, 1404/1406; ThP/*Hüßtege* Rn 2; vgl auch öst OGH 25.8.16, unalex AT-1076). Dies gilt auch dann, wenn das Kind die (zB schweizerische oder türkische) Staatsangehörigkeit eines nicht der EU angehörenden Vertragsstaats des KSÜ besitzt (*Benicke* IPRax 13, 44/52 f; NK-BGB/*Gruber* Rn 2; **aA** *Andrae* IPRax 06,

632

I. Internationale Zuständigkeit: EuEheVO Art 61

82/84). Mit dieser Regelung hat die EU von der ihr in der Öffnungsklausel des Art 52 Abs 2, 4 KSÜ eingeräumten Befugnis Gebrauch gemacht. Das Kapitel II (Art 5–14) des KSÜ kommt daher vor deutschen Gerichten grundsätzlich nur zur Anwendung, wenn das Kind seinen gewöhnlichen Aufenthalt in einem Vertragsstaat des KSÜ hat, der – wie zB *Dänemark* (vgl OLG Karlsruhe NJW-RR 15, 1415 Rn 19 f), die *Russische Föderation* (OLG Saarbrücken NZFam 16, 528), die *Schweiz* oder die *Türkei;* zu weiteren Staaten → Rn 375) – nicht zugleich Mitgliedstaat der EuEheVO ist (NK-BGB/*Gruber* Rn 2; ThP/*Hüßtege* Rn 3; *Henrich,* IntSchR Rn 287). Der Vorrang des KSÜ bleibt in diesem Fall auch dann erhalten, wenn im Inland eine internationale Zuständigkeit nach der EuEheVO begründet ist, die nicht auf den gewöhnlichen Aufenthalt des Kindes abstellt, zB eine nach Art 12 zwischen den Eltern vereinbarte Zuständigkeit (NK-BGB/*Benicke* Art 1 KSÜ Rn 11). Denn Art 61 lit a EuEheVO beschränkt den Vorrang der Verordnung vor dem KSÜ auf dem Gebiet der internationalen Zuständigkeit ausdrücklich auf Fälle, in denen das Kind seinen gewöhnlichen Aufenthalt in einem Mitgliedstaat der Verordnung hat.

3. Maßgebender Zeitpunkt

Art 61 lit a äußert sich allerdings nicht zur der Frage, zu welchem **Zeitpunkt** der gewöhnli- **354** che Aufenthalt des Kindes in einem Mitgliedstaat vorliegen muss (*Heindler* IPRax 14, 201/203 f). Insoweit ist zu unterscheiden:

a) Zuzugsfälle. Verlegt ein Kind während eines Verfahrens, das in *Dänemark,* der *Schweiz,* der *Türkei* oder in einem anderen nicht der EU angehörenden Vertragsstaat des KSÜ anhängig ist, seinen gewöhnlichen Aufenthalt **nach Deutschland** oder in einen anderen Mitgliedstaat der EuEheVO, so endet hierdurch gem Art 5 Abs 2 KSÜ die internationale Zuständigkeit des bisher mit dem Fall befassten Gerichts (→ Rn 428 ff). In diesem Fall steht daher einer Anwendung der Zuständigkeitsvorschriften der Art 8 ff EuEheVO bereits vom Zeitpunkt der Begründung des gewöhnlichen Kindesaufenthalts in einem Mitgliedstaat der Verordnung nichts entgegen (öst OGH 19.12.12, unalex AT-824; *Andrae* IPRax 06, 82/85; *Benicke* IPRax 13, 44/52; NK-BGB/*Gruber* Rn 6; Staud/*Pirrung* Rn C 217).

b) Wegzugsfälle. Schwieriger ist der umgekehrte Fall eines **Wegzugs des Kindes** aus einem **355** Mitgliedstaat der EuEheVO nach *Dänemark,* in die *Schweiz,* die *Türkei* oder in einen anderen nicht der EU angehörenden Vertragsstaat des KSÜ zu beurteilen. Denn abweichend vom KSÜ gilt im Rahmen der Verordnung der Grundsatz der *perpetuatio fori;* ein Wechsel des gewöhnlichen Aufenthalts des Kindes erst nach Antragstellung lässt also die internationale Zuständigkeit unberührt (→ Rn 102 ff). Ob dieser Grundsatz auch für die Frage der Abgrenzung zwischen Art 8 ff EuEheVO und Art 5 ff KSÜ herangezogen werden kann mit der Folge, dass das im Zeitpunkt der Antragstellung nach Art 8 ff EuEheVO international zuständige Gericht – ebenso wie bei einem Wegzug des Kindes in einen anderen Mitgliedstaat der EuEheVO – auch dann weiter zuständig bleibt, wenn das Kind seinen gewöhnlichen Aufenthalt in einen nicht der EuEheVO angehörenden Vertragsstaat des KSÜ verlegt (so NK-BGB/*Gruber* Rn 3 f), erscheint allerdings fraglich. Denn durch die weitere Inanspruchnahme seiner Zuständigkeit würde das mitgliedstaatliche Gericht die sich aus dem KSÜ ergebenden Pflichten gegenüber dem neuen Aufenthaltsstaat des Kindes verletzen (vgl Art 52 Abs 3 KSÜ; *Andrae* IPRax 06, 82/85; *Benicke* IPRax 13, 44/52; Staud/*Pirrung* Rn C 217; vgl idS auch zum Wegzug in einen MSA-Vertragsstaat OLG Stuttgart FamRZ 13, 49 f [*Türkei*]).

Gemäß Art 61 lit a besteht ein Vorrang der EuEheVO gegenüber dem KSÜ nur dann, wenn **356** und solange das betreffende Kind seinen gewöhnlichen Aufenthalt im Hoheitsgebiet eines Mitgliedstaats hat. Dabei kommt es auf den gewöhnlichen Aufenthalt **im Zeitpunkt der Sachentscheidung** an, so dass nach einem Aufenthaltswechsel aus einem Mitgliedstaat der EuEheVO in einen Vertragsstaat des KSÜ, der nicht zugleich Mitgliedstaat der EuEheVO ist, eine *perpetuatio fori* ausscheidet (KG FamRZ 15, 1214/1215 = IPRax 16, 372 m Anm *Heiderhoff* 335 [*Russland*]; OLG Karlsruhe FamRZ 14, 1565 [*Schweiz*]; OLG Saarbrücken NZFam 16, 528 m Anm *Breidenstein* [*Russland*]; öst OGH 19.12.12, unalex AT-824 [*Dänemark*]; *Heindler* IPRax 14, 201 ff; MüKoFamFG/*Rauscher* § 99 Rn 38; P/H/*Hau,* Vor §§ 98–106 FamFG Rn 12; Staud/*Henrich* Art 21 EGBGB Rn 160a). Im gleichen Sinne hat die Rechtsprechung schon bisher zum Wegzug des Kindes in einen anderen Vertragsstaat des MSA entschieden (BGHZ 151, 63/68 f = FamRZ 02, 1184 m zust Anm *Henrich;* BGH NJW 05, 3424 Rn 19; OLG Stuttgart FamRZ 13, 49 Rn 17 m Anm *Gruber* IPRax 13, 409; OLG Bremen NJW 16, 655 Rn 9 m Anm *Rauscher* NZFam 16, 143). Dafür spricht auch, dass die nur auf die *perpetuatio fori* gestützte Entscheidung

F 1. Teil. Erkenntnisverfahren F. Kindschaftssachen

eines mitgliedstaatlichen Gerichts im Staat des neuen gewöhnlichen Kindesaufenthalts nach Art 23 Abs 2 lit a KSÜ voraussichtlich nicht anerkennungsfähig ist (vgl NK–BGB/*Gruber* Rn 5, der aus diesem Grunde für eine einvernehmliche Bestimmung der Zuständigkeit durch die beteiligten Gerichte nach Art 8, 9 KSÜ plädiert).

4. Rechtshängigkeit

357 Zu einem positiven Kompetenzkonflikt zwischen dem mitgliedstaatlichen Gericht, das vom Grundsatz der *perpetuatio fori* ausgeht, und dem Gericht in einem nicht der EU angehörenden Vertragsstaat des KSÜ, in dem das Kind inzwischen seinen gewöhnlichen Aufenthalt begründet hat, kann es freilich idR nicht kommen, weil das Gericht im neuen Aufenthaltsstaat des Kindes durch Art 13 Abs 1 KSÜ daran gehindert ist, seine Zuständigkeit nach Art 5 Abs 1 KSÜ in Anspruch zu nehmen, solange das mitgliedstaatliche Gericht im früheren Aufenthaltsstaat das Verfahren unter Berufung auf den Grundsatz der *perpetuatio fori* nach Art 8 Abs 1 EuEheVO fortsetzt. Dies muss jedenfalls dann gelten, wenn das Gericht des EU-Mitgliedstaats sich auf Art 8 EuEheVO oder eine andere auch nach Art 5–10 KSÜ anerkannte Zuständigkeit gestützt hat (NK-BGB/*Gruber* Rn 7).

5. Anerkennung und Vollstreckung, lit b

358 *Vgl dazu die Kommentierung → N Rn 330 f.*

EuEheVO Art. 62. Fortbestand der Wirksamkeit

(1) **Die in Artikel 59 Absatz 1 und den Artikeln 60 und 61 genannten Übereinkünfte behalten ihre Wirksamkeit für die Rechtsgebiete, die durch diese Verordnung nicht geregelt werden.**

(2) **Die in Artikel 60 genannten Übereinkommen, insbesondere das Haager Übereinkommen von 1980, behalten vorbehaltlich des Artikels 60 ihre Wirksamkeit zwischen den ihnen angehörenden Mitgliedstaaten.**

359 Da sich der sachliche Anwendungsbereich des KSÜ/MSA und der EuEheVO auf dem Gebiet der elterlichen Verantwortung weitgehend deckt (vgl zB → Rn 28 ff zur EuEheVO einerseits, → Rn 384 f, 389 ff zum KSÜ andererseits), ergibt sich auch nach Art 62 Abs 1 aus diesen Übereinkommen keine weitergehende Zuständigkeit als aus Art 8 ff EuEheVO. Unglücklich formuliert ist Abs 2, der offenbar zum Asdruck bringen will, dass die in Art 60 genannten Übereinkommen ihre Wirksamkeit im Verhältnis zwischen den nicht der EuEheVO angehörenden Vertragsstaaten behalten (Althammer/*Großerichter* Rn 1), was aber ohnehin selbstverständlich ist. Das HKÜ bleibt aber, soweit es die internationale Zuständigkeit für das Rückführungsverfahren regelt, unberührt.

Der unglücklich formulierte Abs 2 will offenbar – wie schon Abs 1 – zum Ausdruck bringen, dass die in Art 60 genannten Übereinkommen (insbesondere das MSA und das HKÜ) ihre Wirksamkeit im Verhältnis zwischen den Mitgliedstaaten behalten, soweit sie nicht nach Art 60 durch die EuEheVO verdrängt werden (Staud/*Spellenberg* Rn 2; **aA** Althammer/*Großerichter* Rn 1).

EuEheVO Art 63

(betrifft Entscheidungen über die Ungültigkeit der Ehe; abgedruckt und kommentiert → K Rn 149 ff)

Kapitel VI. Übergangsvorschriften
EuEheVO Art 64. Übergangsvorschriften

(1) **Diese Verordnung gilt nur für gerichtliche Verfahren, öffentliche Urkunden und Vereinbarungen zwischen den Parteien, die nach Beginn der Anwendung dieser Verordnung gemäß Artikel 72 eingeleitet, aufgenommen oder getroffen wurden.**

(2)–(4) (abgedruckt und kommentiert → N Rn 336 ff)

634

I. Internationale Zuständigkeit: EuEheVO Art 65–72 **F**

1. Internationale Zuständigkeit

Art 64 regelt den zeitlichen Anwendungsbereich der Verordnung. Diese gilt auf dem Gebiet **360** der internationalen Zuständigkeit nach ihrem Abs 1 nur für **gerichtliche Verfahren,** die nach ihrem Inkrafttreten, dh am **1.3.2005** oder später (→ Art 72 S 2), eingeleitet wurden (KG EuLF 07 II-120; OLG Koblenz FamRZ 09, 611). Im Rahmen eines solchen Verfahrens kann allerdings auch eine vor dem 1.3.2005 getroffene Gerichtsstandsvereinbarung nach Art 12 berücksichtigt werden (Staud/*Pirrung* Rn C 222). Für zuvor eingeleitete Verfahren in Kindschaftssachen gilt das frühere Recht, dh in *Deutschland* idR das MSA (vgl frz Cass 22.2.05, D 05, 666).

Wie im Rahmen von Art 66 Abs 1 EuGVVO aF ist auch für Art 64 Abs 1 umstritten, ob der **361** **Zeitpunkt der Verfahrenseinleitung** nach der jeweiligen nationalen *lex fori* zu bestimmen ist (so noch *Hausmann* EuLF 00/01, 271/275; *Wagner* IPRax 01, 73/80; ebenso zum EuGVÜ BGH NJW 96, 1411/1412; zur EuGVVO Rauscher/*Staudinger* Art 66 Rn 2), oder autonom unter entsprechender Heranziehung des unmittelbar nur für die Anwendung von Art 19 geltenden Art 16 (so zu Art 66 EuGVVO aF BGH NJW 04, 1652/1653; BGH IPRax 06, 602; öst OGH ZfRV 04, 32; G/Sch/*Geimer* Rn 2; Kropholler/*v Hein* Rn 2). Im Interesse einer einheitlichen Bestimmung des zeitlichen Anwendungsbereichs der Verordnung ist der letzteren Ansicht der Vorzug zu geben (ebenso *Dilger* Rn 170 ff; HK-ZPO/*Dörner* Rn 3; MüKoFamFG/*Gottwald* Rn 3; ThP/*Hüßtege* Rn 2; NK-BGB/*Gruber* Rn 1).

Auf **öffentliche Urkunden oder Vereinbarungen** zwischen den Parteien iSv Art 46 ist die **362** Verordnung anwendbar, wenn diese am oder nach dem 1.3.2005 errichtet bzw geschlossen wurden. Für die Einleitung von Verfahren, die Errichtung von Urkunden und den Abschluss von Vereinbarungen vor Gerichten oder Behörden von Mitgliedstaaten, die – wie *Bulgarien*, *Rumänien* und *Kroatien* – erst nach dem 1.3.2005 der EG/EU beigetreten sind, ist auf den Zeitpunkt des späteren Beitritts abzustellen (vgl MüKoFamFG/*Gottwald* Rn 2; Rauscher/*Rauscher* Rn 3). Für Verfahren, die vor dem 1.3.2005, aber nach dem 1.3.2001 eingeleitet wurden, verbleibt es bei der Geltung der EheVO 2000, die auf dem Gebiet der internationalen Zuständigkeit für Verfahren betreffend die elterliche Verantwortung allerdings eine von Art 8–13 EuEheVO zT abweichende Regelung enthielt.

2. Rechtshängigkeit

Für die Beurteilung der anderweitigen Rechtshängigkeit gilt die Verordnung in jedem Falle, **363** wenn beide Verfahren vor Gerichten verschiedener Mitgliedstaaten nach ihrem Inkrafttreten eingeleitet wurden. Wurde ein Verfahren vor dem 1.3.2005 im Mitgliedstaat A, das zweite Verfahren nach dem 1.3.2005 im Mitgliedstaat B eingeleitet, so ist Art 19 von dem später angerufenen Gericht im Mitgliedstaat B dann anzuwenden, wenn sich die Zuständigkeit des zuerst angerufenen Gerichts im Mitgliedstaat A aus Vorschriften ergibt, die mit den Art 8 ff EuEheVO übereinstimmen (vgl zum EuGVÜ EuGH C-163/95 – *Horn/Cinnamond* – Slg 97 I-5467 Rn 19 ff, 27 = IPRax 99, 100 m Anm *Rauscher* 80). Dies trifft häufig zu, wenn im Mitgliedstaat A vor dem 1.3.2005 die EheVO 2000 gegolten hat. Hat das zuerst angerufene Gericht über seine Zuständigkeit noch nicht entschieden, so erfolgt die in Art 19 Abs 1 vorgeschriebene Aussetzung durch das später angerufene Gericht zunächst nur vorläufig (EuGH aaO, Rn 22; MüKoFamFG/*Gottwald* Rn 4; NK-BGB/*Gruber* Rn 4; G/Sch/*Dilger,* IRV Rn 5).

3. Anerkennung und Vollstreckung

Sonderregeln zur intertemporalen Geltung der Verordnung auf dem Gebiet der Anerkennung **364** und Vollstreckung von Entscheidungen in Verfahren betreffend die elterliche Verantwortung enthält Art 64 in den Absätzen 2–4. Sie werden im dortigen Zusammenhang kommentiert (→ N Rn 336 ff).

Kapitel VII. Schlussbestimmungen
EuEheVO Art 65–72

(abgedruckt und kommentiert → A Rn 231 ff)

F 365–367   1. Teil. Erkenntnisverfahren F. Kindschaftssachen

3. Staatsverträge

Überblick

365   Auf dem Gebiet der internationalen Zuständigkeit in Verfahren betreffend die elterliche Verantwortung gelten für die *Bundesrepublik Deutschland* derzeit nur zwei Staatsverträge, nämlich das Haager Kinderschutzübereinkommen **(KSÜ)** v 19.10.1996 (→ Rn 366 ff) und das Haager Minderjährigenschutzübereinkommen **(MSA)** v 5.10.1961 (→ Rn 554 f). Allerdings hat die EuEheVO im Verhältnis der Mitgliedstaaten zueinander grundsätzlich auch Vorrang vor diesen beiden Staatsverträgen (→ Rn 348 ff, 353 ff), jedenfalls wenn das Kind seinen gewöhnlichen Aufenthalt in einem Mitgleisdtaat der Verordnung hat.

340. Haager Übereinkommen über die Zuständigkeit, das anzuwendende Recht, die Anerkennung, Vollstreckung und Zusammenarbeit auf dem Gebiet der elterlichen Verantwortung und der Maßnahmen zum Schutz von Kindern (KSÜ)

Vom 19. Oktober 1996 (BGBl 2009 II, 603)

Schrifttum: Siehe zunächst das Schrifttum → vor Rn 1; ferner *Benicke,* Haager Kinderschutzübereinkommen, IPRax 13, 44; *Finger,* Die Haager Übereinkommen zum Schutz von Kindern, ZKJ 08, 353; *ders,* Das Haager Kinderschutzübereinkommen (KSÜ) vom 15.10.1996, FamRBint 10, 95; *Heindler,* Vorrang des Haager KSÜ vor der EuEheVO bei Wegzug, IPRax 2014, 201; *Krah,* Das Haager Kinderschutzübereinkommen (2004); *Kropholler,* Das Haager Kinderschutzübereinkommen von 1996 – Wesentliche Verbesserungen im Minderjährigenschutz, FS Siehr (2000), 379; *Lagarde,* La nouvelle convention de la Haye sur la protection des mineurs, Rev crit 97, 217; *Nigh,* The Hague Convention on the Protection of Children, NILR 98, 1; *Picone,* La nuova convenzione dell'Aja sulla protezione dei minori, Riv dir int priv proc 96, 705; *Pirrung,* Das Haager Kinderschutzübereinkommen vom 19. Oktober 1996, FS Rolland (1999) 277; *Rauscher,* Haager Kinderschutzübereinkommen und Auswanderungsmotive in der Sorgerechtsregelung, NJW 11, 2332; *Roth/Döring,* Das Haager Abkommen über den Schutz von Kindern, öst JBl 99, 758; *Schulz,* Haager Kinderschutzübereinkommen von 1996: Im Westen nichts Neues, FamRZ 06, 1309; *dies,* Inkrafttreten des Haager Kinderschutzübereinkommens vom 15.10.1996, FamRZ 11, 156; *Schwarz,* Das Haager Kinderschutzübereinkommen – ein Überblick über die Jugendhilfe, JAmt 11, 438; *Siehr,* Das neue Haager Übk von 1996 über den Schutz von Kindern, RabelsZ 62 [1998] 464; *ders,* Das neue Haager Kinderschutzübereinkommen von 1996, DEuFamR 00, 125; *ders,* Internationale Kindesentführung und Kinderschutzübereinkommen – Zur Koordination von Staatsverträgen, FS W Lorenz (2001) 578; *Traar,* Das Haager Kinderschutzübereinkommen, FamZ 11, 44; *Wagner/Janzen,* Die Anwendung des Haager Kinderschutzübereinkommens in Deutschland, FPR 11, 110.

Vorbemerkung

1. Ziele des Übereinkommens

366   Als die mit dem Übk verfolgten wesentlichen Ziele nennen die Unterzeichnerstaaten in der **Präambel** des KSÜ:

– die Verbesserung des Schutzes von Kindern im internationalen Bereich,
– die Vermeidung von Konflikten zwischen ihren Rechtssystemen in bezug auf die Zuständigkeit, das anzuwendende Recht sowie die Anerkennung und Vollstreckung von Maßnahmen zum Schutz von Kindern und

    die Notwendigkeit zu einer Überarbeitung der Regeln des Haager Minderjährigenschutzübereinkommens von 1961 (vgl auch Art 1 Abs 1; → Rn 382 f).

    Die Ausarbeitung der neuen Regeln sollte sich vor allem am **Wohl des Kindes** orientieren und die Bestimmungen des UN-Übereinkommens über die Rechte des Kindes v 20.11.1989 (BGBl 92 II, 122) berücksichtigen.

2. Vertragsstaaten

367   Das KSÜ ist für die *Bundesrepublik Deutschland* am 1.1.2011 in Kraft getreten (BGBl 10 II, 1527). Es gilt seit diesem Zeitpunkt im Verhältnis zu folgenden Staaten, für die das Übk früher oder gleichzeitig in Kraft getreten ist: *Albanien* (1.4.2007), *Armenien* (1.5.2008), *Australien* (1.8.2003), *Bulgarien* (1.2.2007), die *Dominikanische Republik* (1.10.2010), *Ecuador* (1.9.2003), *Estland* (1.6.2003), *Irland* (1.1.2011), *Kroatien* (1.1.2010), *Lettland* (1.4.2003), *Litauen* (1.9.2004),

636

I. Internationale Zuständigkeit   368–373 **F**

Luxemburg (1.12.2010), *Marokko* (1.12.2002), *Monaco* (1.1.2002), *Polen* (1.11.2010), *Rumänien* (1.1.2011), die *Schweiz* (1.7.2009), die *Slowakei* (1.1.2002), *Slowenien* (1.2.2005), *Spanien* (1.1.2011), die *Tschechische Republik* (1.1.2002), die *Ukraine* (1.2.2008), *Ungarn* (1.5.2006), *Uruguay* (1.3.2010) und *Zypern* (1.11.2010, jeweils BGBl 10 II, 1527).

Das Übk ist seither ferner im Verhältnis zu folgenden weiteren Staaten in Kraft getreten: **368** *Belgien* (seit 1.9.2014, BGBl II, 526), *Dänemark* (seit 1.10.2011, BGBl 12 II, 102), *Finnland* (seit 1.3.2011) und *Frankreich* (seit 1.2.2011, jeweils BGBl II, 842), *Georgien* (seit 1.3.2015, BGBl II, 60), *Griechenland* (seit 1.6.2012, BGBl II, 465), *Italien* (seit 1.1.2016, BGBl 15 II, 1565), *Kuba* (seit 1.12.2017, BGBl II, 1344), *Lesotho* (seit 1.6.2013, BGBl II, 421), *Malta* (seit 1.1.2012, BGBl 11 II, 842), *Montenegro* (seit 1.1.2013, BGBl II, 155), die *Niederlande* (seit 1.5.2011, BGBl II, 842), *Norwegen* (seit 1.7.2016, BGBl II, 472), *Österreich* (seit 1.4.2011) und *Portugal* (seit 1.8.2011, jeweils BGBl II, 842), die *Russische Föderation* (seit 1.6.2013, BGBl II, 421), *Schweden* (seit 1.1.2013, BGBl II, 155), *Serbien* (seit 1.11.2016, BGBl II, 1199), die *Türkei* (seit 1.2.2017, BGBl 16 II, 1263) und das *Vereinigte Königreich* (seit 1.11.2012, BGBl 13 II, 155). Es wird ferner für *Honduras* am 1.8.2018 in Kraft treten.

Da dem KSÜ nur souveräne Staaten beitreten können, konnte die **Europäische Union** selbst **369** ihren Beitritt nicht erklären. Aufgrund der bestehenden Außenkompetenz der EU für das internationale Privat- und Verfahrensrecht der elterlichen Verantwortung war jedoch die Ermächtigung der Mitgliedstaaten zur Ratifikation des Übk durch die EU erforderlich. Der Rat hat daher am 5.6.2008 (ABl EU L 151, 36) diejenigen Mitgliedstaaten, die dem KSÜ nicht bereits vorher beigetreten waren, ermächtigt, dieses Übk im Interesse der Gemeinschaft zu ratifizieren oder ihm beizutreten. Von dieser Möglichkeit haben inzwischen sämtliche Mitgliedstaaten der EU Gebrauch gemacht. Damit hat das KSÜ für die beigetretenen EU-Mitgliedstaaten die **Qualität sekundären Unionsrechts**.

3. Anwendungsbereich

a) Sachlicher Anwendungsbereich. Der sachliche Anwendungsbereich des KSÜ be- **370** schränkt sich auf das Gebiet der **elterlichen Verantwortung** in dem von Art 1 Abs 2 definierten Sinne. Die einzelnen auf diesem Gebiet zu treffenden Schutzmaßnahmen werden exemplarisch in Art 3 aufgelistet (näher → Rn 389 ff). Für diese bestimmt das KSÜ die internationale Zuständigkeit der Gerichte der Vertragsstaaten in seinem Kapitel II (Art 5–14).

b) Räumlich-persönlicher Anwendungsbereich. Persönlich ist das Übk auf Kinder von **371** der Geburt bis zur Vollendung des 18. Lebensjahrs anwendbar (Art 2). Seinen räumlichen Anwendungsbereich bestimmt das KSÜ nicht ausdrücklich. Er ist für die einzelnen Regelungsbereiche des Übk unterschiedlich. Für den Bereich der internationalen Zuständigkeit knüpft Art 5 – ebenso wie Art 8 Abs 1 EuEheVO (→ Rn 87 ff) – primär an den **gewöhnlichen Aufenthalt des Kindes** an. Damit setzt die Anwendung des Kapitels II grundsätzlich voraus, dass sich das Kind in einem Vertragsstaat des KSÜ gewöhnlich aufhält (NK-BGB/*Benicke* Art 1 Rn 6). Lediglich wenn dieser nicht festgestellt werden kann oder wenn es sich um Flüchtlingskinder handelt, genügt nach Art 6 auch der schlichte Aufenthalt in einem Vertragsstaat. Zusätzliche Voraussetzungen gelten für die Übernahme von Verfahren nach Art 8, 9 (näher → Rn 457 ff).

Auf die **Staatsangehörigkeit** des Kindes kommt es hierbei nicht an. Das KSÜ regelt die **372** internationale Zuständigkeit auf dem Gebiet des Sorge- und Umgangsrechts daher auch für die Angehörigen von Drittstaaten. Gehört das Kind einem Vertragsstaat des MSA, der dem KSÜ noch nicht beigetreten ist, so sind allerdings die sich aus dem MSA ergebenden Schranken (zB durch eine von den dortigen Gerichten in Anspruch genommene Heimatzuständigkeit nach Art 4 MSA) zu beachten (NK-BGB/*Benicke* Art 1 Rn 6); dies trifft allerdings nur noch auf *China-Macau* zu. Die internationale Zuständigkeit der deutschen Gerichte nach Art 5 ff KSÜ setzt im Übrigen – wie auch jene nach Art 8 ff EuEheVO (vgl BGH NJW-RR 08, 1169/1170; Staud/*Pirrung* Rn C 17) – keinen kompetenzrechtlichen Bezug zu einem weiteren Vertragsstaat voraus.

c) Zeitlicher Anwendungsbereich. In zeitlicher Hinsicht gelten die Zuständigkeitsnormen **373** des KSÜ nur für Schutzmaßnahmen, die nach dem Inkrafttreten des Übk in einem Vertragsstaat getroffen wurden (Art 53 Abs 1; → Rn 549 f). In Deutschland können die Gerichte sich daher erst seit dem 1.1.2011 auf die Art 5 ff stützen. Dies gilt auch für zu diesem Zeitpunkt – auch in der Rechtsmittelinstanz – bereits anhängige Verfahren. Anders als nach Art 64 Abs 1 EuEheVO (→ Rn 360 ff) kommt es also übergangsrechtlich nicht auf den Zeitpunkt der Einleitung des Verfahrens an.

637

F 374–378   1. Teil. Erkenntnisverfahren F. Kindschaftssachen

4. Verhältnis zu anderen Rechtsinstrumenten

374   Das Verhältnis zu anderen Staatsverträgen und zum EU-Recht regelt das KSÜ in seinem Kapitel VI, insbesondere in Art 50–52 (→ Rn 538 ff). Danach gilt auf dem Gebiet der **internationalen Zuständigkeit** für Schutzmaßnahmen nach Art 3 Folgendes:

375   **a) EuEheVO.** Die Zuständigkeitsregelung im Kapitel II des Übk (Art 5–14) wird gem Art 61 lit a EuEheVO (→ 352 ff) durch die Art 8–15 EuEheVO verdrängt, wenn das Kind seinen gewöhnlichen Aufenthalt im Hoheitsgebiet eines EU-Mitgliedstaats (mit Ausnahme *Dänemarks*) hat. Aus deutscher Sicht kommt das Kapitel II des KSÜ daher grundsätzlich nur dann zur Anwendung, wenn das Kind sich in einem Vertragsstaat gewöhnlich aufhält, der **nicht zugleich Mitgliedstaat der EuEheVO** ist (Erman/*Hohloch* Anh Art 24 EGBGB Rn 12). Dies sind derzeit *Albanien, Armenien, Australien, Dänemark* (vgl OLG Karlsruhe NJW-RR 15, 1415 Rn 19 f), die *Dominikanische Republik, Ecuador, Georgien, Lesotho, Marokko* (OLG Frankfurt FamRZ 13, 1225), *Monaco, Montenegro, Norwegen,* die *Russische Föderation,* die *Schweiz, Serbien,* die *Türkei,* die *Ukraine* und *Uruguay.* Der Vorrang des KSÜ bleibt in diesem Fall auch dann erhalten, wenn im Inland eine internationale Zuständigkeit nach der EuEheVO begründet ist, die nicht auf den gewöhnlichen Aufenthalt des Kindes abstellt, zB eine nach Art 12 EuEheVO zwischen den Eltern vereinbarte Zuständigkeit. Denn Art 61 lit a EuEheVO beschränkt den Vorrang der Verordnung vor dem KSÜ auf dem Gebiet der internationalen Zuständigkeit ausdrücklich auf Fälle, in denen das Kind seinen gewöhnlichen Aufenthalt in einem Mitgliedstaat der Verordnung hat (NK-BGB/*Benicke* Art 1 Rn 11; Staud/*Henrich* Art 21 EGBGB Rn 141; P/H/*Hau* § 99 FamFG Rn 22; **aA** [Analogie zu Art 61 EuEheVO] Rauscher/*Hilbig-Lugani,* Einl Rn 19).

376   Hat das Kind daher seinen **gewöhnlichen Aufenthalt in Deutschland,** so ist für eine Anwendung der Art 5 ff KSÜ kein Raum. Dies gilt – trotz des auf das Verhältnis der Mitgliedstaaten zueinander beschränkten Vorrangs der EuEheVO – auch dann, wenn Schutzmaßnahmen für ein Kind getroffen werden sollen, das die *Staatsangehörigkeit* eines Vertragsstaats des KSÜ besitzt, der nicht Mitgliedstaat der EuEheVO ist (vgl idS P/H/*Hau* § 99 FamFG Rn 22; *Benicke* IPRax 13, 44/52 f; G/Sch/*Gruber* Art 5 KSÜ Rn 3; Rauscher/*Hilbig-Lugani* Einl Rn 19; Beck-OK-BGB/*Heiderhoff* Art 21 EGBGB Rn 22a). Demgegenüber fehlt dem Unionsgesetzgeber nach der Gegenmeinung die Kompetenz, auch für diesen Fall einen Vorrang der EuEheVO vor dem KSÜ durchzusetzen (*Andrae* IPRax 06, 82/84; Erman/*Hohloch* Anh Art 24 EGBGB Rn 23; Althammer/*Schäuble* Vorbem Art 8 ff Rn 4). Eine so weit reichende Bedeutung kommt der Staatsangehörigkeit indessen im System des KSÜ nicht zu (NK-BGB/*Benicke* Art 1 Rn 11). Unter welchen Voraussetzungen ein deutsches Gericht die Zuständigkeit an das Gericht eines KSÜ-Vertragsstaats übertragen kann, der nicht Mitgliedstaat der EuEheVO ist, bestimmt sich jedoch auch dann nach Art 8, 9, wenn das Kind seinen gewöhnlichen Aufenthalt in Deutschland hat; denn Art 15 EuEheVO gilt nur im Verhältnis der Mitgliedstaaten dieser Verordnung (NK-BGB/*Gruber* Art 61 EuEheVO Rn 5; **aA** NK-BGB/*Benicke* Art 21 EGBGB Rn 10).

377   Hat das Kind seinen **gewöhnlichen Aufenthalt in einem Drittstaat,** der weder EU-Mitgliedstaat noch KSÜ-Vertragsstaat ist, so greifen aus deutscher Sicht die Restzuständigkeiten nach Art 14 EuEheVO ein, wenn keine wirksame Vereinbarung eines mitgliedstaatlichen Gerichts nach Art 12 getroffen worden ist. Als solche kommen auch die Art 11, 12 KSÜ in Betracht, die keinen gewöhnlichen Aufenthalt des Kindes in einem Vertragsstaat erfordern (*Andrae* IPRax 06, 82/84; *Benicke* IPRax 13, 44/53). Bei Flüchtlingskindern kommt es auch insoweit statt auf den gewöhnlichen auf den schlichten Aufenthalt an.

378   **b) Haager Minderjährigenschutzabkommen.** Das MSA wird nach Art 51 KSÜ (→ Rn 540 f) im Verhältnis der Vertragsstaaten des KSÜ zueinander durch das KSÜ vollständig ersetzt. Das MSA hatte daher auf dem Gebiet der internationalen Zuständigkeit für Maßnahmen betreffend die elterliche Verantwortung bis zum 31.1.2017 vor allem noch Bedeutung, wenn das Kind seinen gewöhnlichen Aufenthalt in der *Türkei* hatte (öst OGH IPRax 15, 574 m Anm *Odendahl* 575; OLG Stuttgart FamRZ 13, 49 Rn 17; OLG Bremen NJW 16, 655 Rn 9). Derzeit gilt das MSA **nur noch im Verhältnis zu** *China/Macau* hat, das dem KSÜ bisher nicht beigetreten ist. Hält sich das Kind gewöhnlich im Inland auf, so gelten hingegen vor deutschen Gerichten vorrangig die Art 8 ff EuEheVO; dies auch dann, wenn das Kind einem Vertragsstaat des MSA angehört, der weder Mitgliedstaat der EuEheVO noch Vertragsstaat des KSÜ ist. Die sich aus Art 3 ff MSA ergebenden Schranken sind jedoch auch dann zu beachten (→ Rn 348 ff).

638

I. Internationale Zuständigkeit: KSÜ Art 1   **382, 383**   **F**

c) Haager Kindesentführungsübereinkommen. Nach seinem Art 50 lässt das KSÜ das **379** HKÜ unberührt. Mögliche Konflikte zwischen beiden Übereinkommen auf dem Gebiet der internationalen Zuständigkeit werden ferner durch die Regelung in Art 7 KSÜ (→ Rn 442 ff) ausgeschlossen (*Siehr* RabelsZ 62 [1998] 464/472).

5. Auslegung

Für das KSÜ gelten die allgemeinen Grundsätze zur Auslegung von Staatsverträgen. Soweit die **380** Zuständigkeitsregeln in Art 5 ff KSÜ mit jenen im 2. Kapitel der EuEheVO übereinstimmen, kann auch die Rechtsprechung und Literatur zur Auslegung von Art 8–15 EuEheVO, insbesondere die einschlägige EuGH-Rechtsprechung, mit herangezogen werden. Dies folgt nicht zuletzt daraus, dass auch das KSÜ die Qualität von sekundärem EU-Recht hat (→ Rn 369) und Fragen zu seiner Auslegung von den Gerichten der EU-Mitgliedstaaten daher dem EuGH zur Vorabentscheidung vorgelegt werden können. Auch die Rechtsprechung und Literatur zum MSA kann für die Auslegung des KSÜ weiter herangezogen werden, soweit sich die Regelungen und die in ihnen verwendeten Begriffe ähneln (Rauscher/*Hilbig-Lugani*, Einl Rn 17). Das KSÜ ist in einer englischen und einer französischen Originalfassung (http://www.hcch.net Nr 34) beschlossen worden, die heranzuziehen sind, wenn die deutsche Übersetzung zu Zweifeln Anlass gibt.

6. Deutsches Ausführungsgesetz

Ausführungsbestimmungen zum KSÜ in der *Bundesrepublik Deutschland* enthält das Interna- **381** tionale FamilienrechtsverfahrensG v 26.1.2005 (Art 1 Nr 2; → Rn 561 ff), das aus Anlass des deutschen Beitritts zu diesem Übk mit Wirkung v 1.11.2011 durch Gesetz v 25.6.2009 (BGBl I, 1594) neu gefasst worden ist (dazu *Wagner/Janzen* FPR 11, 113 ff).

Kapitel I. Anwendungsbereich

KSÜ Art 1. [Ziele des Übereinkommens]

(1) **Ziel dieses Übereinkommens ist es,**

a) **den Staat zu bestimmen, dessen Behörden zuständig sind, Maßnahmen zum Schutz der Person oder des Vermögens des Kindes zu treffen;**

b) **das von diesen Behörden bei der Ausübung ihrer Zuständigkeit anzuwendende Recht zu bestimmen;**

c) **das auf die elterliche Verantwortung anzuwendende Recht zu bestimmen;**

d) **die Anerkennung und Vollstreckung der Schutzmaßnahmen in allen Vertragsstaaten sicherzustellen;**

e) **die zur Verwirklichung der Ziele dieses Übereinkommens notwendige Zusammenarbeit zwischen den Behörden der Vertragsstaaten einzurichten.**

(2) **Im Sinn dieses Übereinkommens umfasst der Begriff „elterliche Verantwortung" die elterliche Sorge und jedes andere entsprechende Sorgeverhältnis, das die Rechte, Befugnisse und Pflichten der Eltern, des Vormunds oder eines anderen gesetzlichen Vertreters in Bezug auf die Person oder das Vermögen des Kindes bestimmt.**

1. Ziele des Übereinkommens, Abs 1

Im Lichte der nach der Präambel mit der Ausarbeitung des KSÜ verfolgten Zwecke **382** (→ Rn 366) nennt Abs 1 die **vier Hauptgegenstände,** für die das internationale Privat- und Verfahrensrecht der Vertragsstaaten durch das Übk vereinheitlicht werden soll. Dies sind:

– Die Regelung der **internationalen Zuständigkeit** für Maßnahmen zum Schutz der Person und des Vermögens des Kindes, lit a. Diese findet sich in Kapitel II des Übk (Art 5– 14) und ist im Anschluss kommentiert (→ Rn 412 ff).

– Die Regelung des auf Schutzmaßnahmen und die elterliche Verantwortung **anzuwendenden** **383** **Rechts.** Diese Regelung findet sich in Kapitel III des Übk (Art 15–22) und ist im Teil II dieses Abschnitts (→ Rn 604 ff) kommentiert. Insoweit unterscheidet Abs 1 zwischen dem Recht, das die nach lit a zuständigen Behörden bei der Anordnung von Schutzmaßnahmen anzuwenden haben (Art 15, 18, 20 ff) in lit b und dem Recht, das unabhängig von zu treffenden Schutzmaßnahmen auf die elterliche Sorge anzuwenden ist (Art 16, 17, 19 ff) in lit c.

639

F 386–388 1. Teil. Erkenntnisverfahren F. Kindschaftssachen

– Die Regelung der **Anerkennung und Vollstreckung von Schutzmaßnahmen** der Behörden eines Vertragsstaats in allen anderen Vertragsstaaten, lit d. Diese Regelung findet sich in Kapitel IV (Art 23–28) und ist im Abschnitt N (→ Rn 355 ff) kommentiert.
– Die Regelung der zur Verwirklichung der Ziele des Übk notwendigen **Zusammenarbeit zwischen den Behörden** der Vertragsstaaten, lit e. Diese Regelung findet sich im Kapitel V des Übk (Art 29–39) und ist im Abschnitt U (→ Rn 29 ff) kommentiert.

2. Begriff der elterlichen Verantwortung, Abs 2

384   Von zentraler Bedeutung für den sachlichen Anwendungsbereich des KSÜ ist die Definition der **„elterlichen Verantwortung"** in Abs 2, die im Wesentlichen in Art 2 Nr 7 EuEheVO übernommen wurde (→ Rn 60 f). Durch diesen Begriff soll im Anschluss an Art 18 des New Yorker UN-Übk über die Rechte des Kindes v 20.11.1989 (BGBl 92 II, 122) und Art 2 lit b des Straßburger Europäischen Übk über die Ausübung von Kinderrechten v 25.1.1996 (BGBl 01 II, 1075) zum Ausdruck gebracht werden, dass im Eltern-Kind-Verhältnis die Pflichten der Eltern im Vordergrund stehen und die Elternrechte dahinter zurückzutreten haben (Staud/*Pirrung* Rn G 21).

385   Der Begriff wird für die Zwecke des KSÜ – nicht anders als im Rahmen der EuEheVO – **weit** verstanden (*Lagarde*-Bericht Rn 14; Rauscher/*Hilbig-Lugani* Rn 7). Er umfasst daher in sachlicher Hinsicht sämtliche Rechte, Befugnisse und Pflichten, die dem Inhaber der elterlichen Verantwortung in Bezug auf die Person oder das Vermögen des Kindes zustehen. Diese Rechte und Pflichten beziehen sich vor allem auf die Erziehung des Kindes, die Förderung seiner intellektuellen und sozialen Fähigkeiten, die Kontrolle seiner Beziehungen zu Dritten sowie die gesetzliche Vertretung des Kindes im Rechtsverkehr (Art 3 lit d; vgl OLG München FamRZ 17, 1220 Rn 24; *Schäuble* BWNotZ 16, 5/7). Inhaber der elterlichen Verantwortung sind nicht nur die Eltern des Kindes, sondern – wie Abs 2 klarstellt – auch ein Vormund oder ein anderer gesetzlicher Vertreter (zB ein Pfleger). Die elterliche Verantwortung kann aber auch kraft Gesetzes anderen Personen (zB den Großeltern, vgl *Benicke* IPRax 13, 44/45) zustehen oder einer juristischen Person übertragen sein. Auf die rechtliche Grundlage der Übertragung elterlicher Verantwortung auf eine bestimmte Person kommt es nicht an; diese kann sich unmittelbar aus dem Gesetz, aus einer gerichtlichen bzw behördlichen Entscheidung oder einer rechtsverbindlichen Vereinbarung (zB der Eltern) ergeben. Wichtigste Ausprägungen der elterlichen Verantwortung sind das Sorge- und das Umgangsrecht (vgl Art 3 lit b).

KSÜ Art 2. [Begriff des Kindes]

Dieses Übereinkommen ist auf Kinder von ihrer Geburt bis zur Vollendung des 18. Lebensjahrs anzuwenden.

1. Erfasste Kinder

386   Das KSÜ ist – wie schon das MSA und die EuEheVO (→ Rn 75 ff) – in persönlicher Hinsicht auf alle Kinder ohne Rücksicht auf ihren **Status** anzuwenden, dh auf eheliche wie nichteheliche Kindern, leibliche wie Adoptiv-, Stief- oder Pflegekinder (BeckOGK/*Markwardt* Rn 6), auch unter *Kafala* (Art 3 lit e) stehende Kinder (Rauscher/*Hilbig-Lugani* Rn 9).

387   Auch die **Staatsangehörigkeit** des Kindes ist unerheblich; das Kapitel II regelt die internationale Zuständigkeit für Schutzmaßnahmen also auch für Kinder, die keinem Vertragsstaat des KSÜ angehören. Während die Kollisionsnormen des Übk auf dem Gebiet der elterlichen Verantwortung grundsätzlich auch ohne Rücksicht auf den **gewöhnlichen Aufenthalt** des Kindes anzuwenden sind, gilt die Zuständigkeitsordnung des KSÜ grundsätzlich nur für Kinder, die ihren gewöhnlichen Aufenthalt (Art 5), zumindest aber ihren schlichten Aufenthalt (Art 6), in einem Vertragsstaat haben.

2. Altersgrenze

388   Während das MSA noch den Begriff des Minderjährigen verwandte und mit Hilfe einer Kollisionsnorm (Art 12; → Rn 559) bestimmte, erfasst das KSÜ aus Gründen der Rechtsvereinfachung alle Kinder von ihrer Geburt bis zur Vollendung des 18. Lebensjahrs. Diese Altersgrenze entspricht zwar in fast allen Vertragsstaaten dem Volljährigkeitsalter. Auf Minderjährigkeit nach dem Personalstatut des „Kindes" kommt es jedoch für die Zwecke des KSÜ nicht an.

640

I. Internationale Zuständigkeit: KSÜ Art 3 389, 390 **F**

Dieses findet daher auf noch nicht 18-jährige Personen auch dann Anwendung, wenn diese nach dem auf ihre Geschäftsfähigkeit anzuwendenden Recht bereits vorzeitig – zB infolge von Eheschließung oder Emanzipation – die Rechtsstellung eines Volljährigen oder voll Geschäftsfähigen erlangt haben. Umgekehrt endet die Anwendbarkeit des Übk zwingend, sobald das Kind das 18. Lebensjahr vollendet hat, auch wenn es nach seinem Heimatrecht noch minderjährig ist (BGH FamRZ 18, 457 Rn 11 m Anm *Hüßtege;* OLG Karlsruhe BeckRS 17, 132307; OLG Bremen FamRZ 17, 1227/1228; OLG Bremen FamRZ 16, 990; OLG Hamm BeckRS 18, 3993 m FamRZ 15, 1635; OLG Bremen FamRZ 16, 990 und FamRZ 13, 312; *Rauscher/ Hilbig-Lugani* Rn 1). Dies gilt auch für Maßnahmen, die bereits vor diesem Zeitpunkt eingeleitet worden waren (Staud/*Pirrung* Rn G 23). Im Falle fortbestehender Schutzbedürftigkeit sind nach Vollendung des 18. Lebensjahrs sind Maßnahmen nach dem Haager Übk über den internationalen Schutz Erwachsener (ErwSÜ) v 13.1.2000 (BGBl 07 II, 323; → J Rn 4 ff) zu treffen. Möglich ist aber auch die Aufrechterhaltung von zuvor unter dem KSÜ getroffenen Maßnahmen, sofern sie nach dem ErwSÜ anzuerkennen sind (Art 2 Abs 2 ErwSÜ; → J Rn 22 f; vgl NK–BGB/*Benicke* Rn 1).

KSÜ Art 3. [Schutzmaßnahmen]

Die Maßnahmen, auf die in Artikel 1 Bezug genommen wird, können insbesondere folgendes umfassen:

a) **die Zuweisung, die Ausübung und die vollständige oder teilweise Entziehung der elterlichen Verantwortung sowie deren Übertragung;**

b) **das Sorgerecht einschließlich der Sorge für die Person des Kindes und insbesondere des Rechts, den Aufenthalt des Kindes zu bestimmen, sowie das Recht zum persönlichen Umgang einschließlich des Rechts, das Kind für eine begrenzte Zeit an einen anderen Ort als den seines gewöhnlichen Aufenthalts zu bringen;**

c) **die Vormundschaft, die Pflegschaft und entsprechende Einrichtungen;**

d) **die Bestimmung und den Aufgabenbereich jeder Person oder Stelle, die für die Person oder das Vermögen des Kindes verantwortlich ist, das Kind vertritt oder ihm beisteht;**

e) **die Unterbringung des Kindes in einer Pflegefamilie oder einem Heim oder seine Betreuung durch *Kafala* oder eine entsprechende Einrichtung;**

f) **die behördliche Aufsicht über die Betreuung eines Kindes durch jede Person, die für das Kind verantwortlich ist;**

g) **die Verwaltung und Erhaltung des Vermögens des Kindes oder die Verfügung darüber.**

1. Allgemeines

Das KSÜ definiert den Begriff der von seinen Regeln erfassten „Schutzmaßnahmen" ebenso **389** wenig wie bisher das MSA. Es überlässt die Ausfüllung dieses Begriffs aber – im Gegensatz zum MSA – auch nicht vollständig der Rechtsprechung und Literatur der Vertragsstaaten, sondern listet in Art 3 die wichtigsten dieser Maßnahmen auf. Diese können – in weitgehender Übereinstimmung mit der EuEheVO (Art 1 Abs 2; → Rn 40 ff) – sowohl zum Schutz der Person wie zum Schutz des Vermögens des Kindes getroffen werden. Das im Einleitungssatz verwendete Wort „insbesondere" verdeutlicht, dass die Aufzählung in lit a bis lit g **nicht abschließend** gemeint ist (*Siehr* RabelsZ 62 [1998] 464/476; Pal/*Thorn* Anh Art 24 EGBGB Rn 16), sondern auch andere Maßnahmen getroffen werden können, die in ihrer Zielrichtung den in Art 3 ausdrücklich genannten Maßnahmen vergleichbar sind. Diese Maßnahmen können auch **Eingriffscharakter** haben (vgl zur „Inobhutnahme" eines ausländischen Kindes, dessen Sorgeberechtigte sich nicht im Inland aufhalten, durch das Jugendamt nach § 42 Abs 1 S 1 Nr 3 SGB VIII Staud/*Pirrung* Rn G 25). Ferner lassen sich die aufgeführten Maßnahmen nicht immer scharf von einander trennen, sondern überschneiden sich teilweise (zB lit d mit lit b und lit c). Zur Auslegung von Art 3 kann auch an die reichhaltige Rechtsprechung zum Begriff der Schutzmaßnahmen iSv Art 1 MSA angeknüpft werden (vgl dazu Erman/*Hohloch* Anh Art 24 EGBGB Rn 19 ff m umf Nachw).

Allgemeine Voraussetzung einer Schutzmaßnahme iSv Art 3 ist ein **Gestaltungs- oder 390 Regelungscharakter** der Maßnahme (*Dutta* StAZ 10, 193/196; *Rauscher/Hilbig-Lugani* Rn 2). Diese muss also zum Schutz des Kindeswohls in die kraft Gesetzes bestehenden Rechte der

641

F 391–394   1. Teil. Erkenntnisverfahren F. Kindschaftssachen

Sorgeberechtigten eingreifen und diese entziehen, inhaltlich ändern oder zumindest konkretisieren. Nicht erfasst werden daher rein deklaratorisch wirkende Maßnahmen, die eine kraft Gesetzes bereits eingetretene Rechtsfolge lediglich feststellen (vgl zu einem „Obsorgedekret" öst OGH IPRax 10, 542/543 m zust Anm *Hohloch* 567). Im Übrigen ist der Begriff jedoch im Kindesinteresse *weit* zu fassen (vgl zum MSA BGHZ 60, 68). Er schließt insbesondere auch Maßnahmen ein, die im nationalen Recht der Vertragsstaaten **öffentlich-rechtlich** qualifiziert werden (*Schulz* FamRZ 11, 156; *Andrae,* IntFamR § 6 Rn 9; Pal/*Thorn* Anh Art 24 EGBGB Rn 16).

2. Die einzelnen Maßnahmen

391   **a) Zuweisung, Ausübung, Entziehung und Übertragung der elterlichen Verantwortung, lit a.** In lit a nennt das KSÜ – in Übereinstimmung mit Art 1 Abs 1 lit b EuEheVO (→ Rn 40 ff) – die von Gerichten oder Behörden zu treffenden Maßnahmen, die in besonders schwerwiegender Weise in die Rechtsbeziehungen zwischen Kind und Sorgeberechtigtem eingreifen. Diese betreffen zum einen die Auswahl der Sorgeberechtigten, sei es positiv durch Zuweisung oder Übertragung des Sorgerechts oder negativ durch Entziehung des Sorgerechts. Schutzmaßnahmen sind daher insbesondere gerichtliche oder behördliche Eingriffe in die elterliche Sorge während bestehender Ehe, bei Getrenntleben und nach Ehescheidung (wie die Übertragung der elterlichen Sorge auf einen Elternteil, wenn er sie kraft Gesetzes nicht besitzt), Eingriffe bei Versagen und Verhinderung der Eltern oder eines Elternteils (zB Ersetzung von Zustimmungen oder Entziehung der Vertretungsmacht (vgl §§ 1666 Abs 2, 1629 Abs 2 S. 3 BGB) bzw die Entziehung der Vermögenssorge (vgl §§ 1666 Abs 2, 1667 Abs 1–3 BGB), die Entziehung der elterlichen Sorge oder des Aufenthaltsbestimmungsrechts und deren/dessen Übertragung auf einen Elternteil (vgl §§ 1678 Abs 2, 1680, 1681 BGB), sowie vor allem die Regelung der Elternrechte nach einer Trennung oder Scheidung der Eltern bzw nach Aufhebung oder Nichtigerklärung ihrer Ehe (vgl §§ 1671, 1672 BGB).

392   **b) Sorge- und Umgangsrecht, lit b.** Die bei weitem größte praktische Bedeutung haben Streitigkeiten über das Sorge- und Umgangsrecht. Die diesbezüglich zu treffenden Maßnahmen stehen daher im Mittelpunkt des Übk. Unter dem **Sorgerecht** wird in lit b vor allem die Personensorge verstanden, während die Vermögenssorge in lit g gesondert angesprochen wird. Die Personensorge wird dabei in einem umfassenden Sinne verstanden; sie schließt – wie lit b klarstellt – insbesondere auch das Aufenthaltsbestimmungsrecht mit ein, ferner etwa das Recht, über die religiöse Erziehung des Kindes zu entscheiden (vgl Staud/*Henrich* Art 21 EGBGB Rn 99), und die Befugnis zur Einwilligung in ärztliche Eingriffe. Schutzmaßnahme ist daher insbesondere die Ausübung des Sorgerechts durch Festlegung der Befugnisse des Berechtigten einschließlich ihrer Schranken (zB durch vormundschafts-/familiengerichtliche Genehmigungen).

393   Auch die Regelung des **Rechts zum persönlichen Umgang** mit dem Kind, sei es durch Besuche oder durch briefliche oder telefonische Kontakte aus der Ferne (*Lagarde*-Bericht Rn 20), ist nach lit b eine typische Schutzmaßnahme iS des KSÜ. Gleiches gilt für Kontakte mit Hilfe moderner Kommunikationsmittel (e-mail, SMS; vgl öst OGH 20.11.12, IPRax 14, 183 m Anm *Heindler* 201; *Rauscher/Hilbig-Lugani* Rn 6). Ferner wird klargestellt, dass der Umgangsberechtigte nicht darauf beschränkt ist, das Kind an dessen gewöhnlichem Aufenthaltsort zu besuchen, sondern es auch für eine begrenzte Zeit an einen anderen Ort bringen darf. Eine Beschränkung des Umgangsrechts auf die Eltern des Kindes sieht das KSÜ nicht vor; erfasst wird daher auch die Regelung des Umgang durch andere Verwandte des Kindes, denen nach dem vom Gericht anzuwendenden Recht ein solches Umgangsrecht zusteht.

394   **c) Vormundschaft und Pflegschaft, lit c.** Gegenstand von Schutzmaßnahmen nach dem Übk kann auch die Auswahl und Überwachung eines Vormunds sein, der anstelle der Eltern handelt, wenn diese verstorben sind oder wenn ihnen das Sorgerecht entzogen worden ist (BGH FamRZ 18, 457 Rn 20 m Anm *Hüßtege*). Gleiches gilt für die Bestellung eines (Ergänzungs-) Pflegers, der die Rechte des Kindes in Bezug auf die Vornahme bestimmter Geschäfte wahrnimmt, zB weil die Eltern aufgrund einer Interessenkollision von der Vertretung des Kindes ausgeschlossen sind. Gesetzliche Vormundschaften und Pflegschaften fallen zwar ebenfalls in den sachlichen Anwendungsbereich des KSÜ (vgl Art 16); sie sind jedoch keine Schutzmaßnahmen iSv lit c.

642

I. Internationale Zuständigkeit: KSÜ Art 4 **F**

d) Gesetzliche Vertretung, lit d. Schutzmaßnahmen können auch den gesamten Bereich **395**
der gesetzlichen Vertretung des Kindes in persönlicher wie vermögensrechtlicher Hinsicht
betreffen, und zwar sowohl durch die sorgeberechtigten Eltern (lit b) wie durch einen Vormund
oder Pfleger (lit c) oder ein Gericht bzw eine Behörde. Dies gilt insbesondere für die Auswahl
dieser Person oder Behörde wie für die Festlegung ihres Aufgabenbereichs. Schutzmaßnahme
iSv lit d ist auch die gerichtliche Genehmigung bestimmter Rechtsgeschäfte des gesetzlichen
Vertreters, von deren Erteilung die Wirksamkeit des Rechtsgeschäfts nach dem Vertretungsstatut
abhängt. Erfasst werden auch **Beistandschaften** (zB die Beistandschaft des Jugendamts nach
§§ 1712 ff BGB oder die Verfahrensbeistandschaft nach § 158 FamFG, vgl Rauscher/*Hilbig-
Lugani* Rn 8 mwN).

e) Unterbringung des Kindes, lit e. Auch die Unterbringung eines Kindes in einer Pflege- **396**
familie oder in einem Heim betrifft einen Teilaspekt der elterlichen Verantwortung. Dazu gehört
auch die vorherige **Inobhutnahme eines Kindes** durch eine Gemeindebehörde und seine
anschließende Unterbringung in einer Pflegefamilie, selbst wenn die Entscheidung im Rahmen
des dem **öffentlichen Recht** unterliegenden Kinderschutzes getroffen worden ist (vgl zur
EuEheVO EuGH C-523/07 – *A*, Slg 09 I-2805 Rn 23 ff = FamRZ 09, 843/844). Demgegenüber gilt die Verordnung nicht für eine Heimunterbringung des Kindes, die eine spätere **Adoption vorbereiten** soll (Art 4 lit b) oder die sich an eine strafrechtliche Maßnahme anschließt
(Art 4 lit i).

Ausdrücklich erwähnt das KSÜ in lit e das islamische Rechtsinstitut der **„Kafala".** Dabei **397**
handelt es sich um die von einem Gericht oder einer Behörde angeordnete Betreuung des Kindes
in einer islamischen Familie oder in einer öffentlichen bzw sozialen Einrichtung. Die Betreuung
umfasst die Personen- und die Vermögenssorge für das Kind, lässt aber die Rechtsbeziehungen
des Kindes zu seinen leiblichen Eltern bestehen (vgl *Lagarde*-Bericht Rn 23). Bedeutung hat das
Rechtsinstitut derzeit allein im Verhältnis zum Vertragsstaat *Marokko* (BeckOGK/*Markwardt*
Rn 7). Es tritt in den islamischen Staaten an die Stelle der dort verbotenen Adoption.

f) Behördliche Aufsicht der Kindesbetreuung, lit f. Obwohl die behördliche Aufsicht **398**
über die Personen, die – wie die Eltern, ein Vormund oder Pfleger – für das Kind verantwortlich
sind, schon von lit a–lit c mitumfasst wird, hebt lit f diese Aufsicht als Schutzmaßnahme noch
einmal besonders hervor.

g) Vermögensverwaltung, lit g. Maßnahmen zum Schutz des Kindes können nach lit g **399**
auch die Verwaltung und Erhaltung des Kindesvermögens sowie die Verfügung darüber betreffen. Dies gilt einerseits für die Auswahl und die Bestimmung des Aufgabenbereichs einer Person
oder Stelle, die mit dieser Vermögensverwaltung betraut ist, andererseits für die Entscheidung
von Streitigkeiten betreffend die Vermögensverwaltung, zB in Fällen, in denen sich die Eltern
über die erforderlichen Maßnahmen nicht verständigen können. Hierher gehören auch **gerichtliche Genehmigungen** für einzelne Maßnahmen der Vermögensverwaltung (zB für die Veräußerung von Grundbesitz des Kindes), soweit sie in den sachlichen Anwendungsbericht des
KSÜ fallen (OLG Frankfurt FamRZ 13, 1225; Staud/*Pirrung* Rn G 32).

KSÜ Art 4. [Ausgeschlossene Bereiche]

Dieses Übereinkommen ist nicht anzuwenden
a) auf die Feststellung und Anfechtung des Eltern-Kind-Verhältnisses;
**b) auf Adoptionsentscheidungen und Maßnahmen zur Vorbereitung einer Adoption
sowie auf die Ungültigerklärung und den Widerruf der Adoption;**
c) auf Namen und Vornamen des Kindes;
d) auf die Volljährigerklärung;
e) auf Unterhaltspflichten;
f) auf trusts und Erbschaften;
g) auf die soziale Sicherheit;
**h) auf öffentliche Maßnahmen allgemeiner Art in Angelegenheiten der Erziehung und
Gesundheit;**
i) auf Maßnahmen infolge von Straftaten, die von Kindern begangen wurden;
j) auf Entscheidungen über Asylrecht und Einwanderung.

F 400–405   1. Teil. Erkenntnisverfahren F. Kindschaftssachen

1. Allgemeines

400   In Art 4 schließt das Übk – in weitgehender Übereinstimmung mit Art 1 Abs 3 EuEheVO (→ Rn 48 ff) – bestimmte Rechtsgebiete ausdrücklich aus seinem sachlichen Anwendungsbereich aus **(Negativkatalog).** Dies gilt zum einen für Bereiche, die entweder dem besonderen Verwaltungsrecht (Soziale Sicherheit, (Schul-) Erziehung, Gesundheit, Asylrecht, lit g, h, j) oder dem Strafrecht (lit i) zuzurechnen sind, weil Maßnahmen auf diesen Gebieten vornehmlich öffentlich-rechtliche Zwecke verfolgen und deshalb Hoheitsinteressen des Staates berührt sind. Zum anderen werden aber auch bestimmte Spezialmaterien des Zivilrechts ausgeklammert, weil es diesbezüglich entweder am Schutzcharakter der zu treffenden Maßnahmen fehlt (zB im Namens- oder Abstammungsrecht, lit a und lit c) oder weil Konflikte mit anderen – spezielleren – Staatsverträgen vermieden werden sollen (zB im Adoptions-, Unterhalts- und Erbrecht, lit b, e und f). Der Katalog des Art 4 ist hinsichtlich der für Kinder zu treffenden Schutzmaßnahmen *abschließend* (*Lagarde*-Bericht Rn 26; Staud/*Pirrung* Rn G 33).

401   Art 4 greift nur ein, wenn über die dort ausgeschlossenen Materien **in der Hauptsache** – und nicht nur als Vorfrage für eine vom Übk erfasste Maßnahme – gestritten wird (Rauscher/ *Hilbig Lugani* Rn 1; Staud/*Pirrung* Rn G 33). Die gesetzliche Vertretung unterliegt daher auch dann dem von Art 15 ff zur Anwendung berufenen Recht, wenn Gegenstand des Vertreterhandelns eine nach Art 4 aus dem Anwendungsbereich des KSÜ ausgeschlossene Maßnahme ist (*Lagarde*-Bericht Rn 32).

2. Die einzelnen ausgenommenen Bereiche

402   **a) Feststellung und Anfechtung der Abstammung.** Das KSÜ regelt mit dem Begriff der elterlichen Verantwortung nur **bestimmte Wirkungen eines Kindschaftsverhältnisses** und setzt dessen Bestehen voraus. Auf Streitigkeiten, welche die vorgelagerte Frage der Begründung oder Änderung des Status eines Kindes betreffen, ist das Übk daher nach lit a nicht anwendbar. Der Ausschluss erstreckt sich auch auf die Erteilung von Zustimmungserklärungen des Kindes zu einer Statusänderung (zB zum Anerkenntnis der Vaterschaft durch den nicht mit der Mutter verheirateten Vater, vgl Staud/*Pirrung* Rn G 34). Für die nach lit a aus dem sachlichen Anwendungsbereich des KSÜ ausgeschlossenen Abstammungssachen wird die internationale Zuständigkeit der deutschen Gerichte in § 100 FamFG geregelt (→ G Rn 5 ff); das anwendbare Recht bestimmt sich nach Art 19, 20 EGBGB (→ G Rn 41 ff). Die **gesetzliche Vertretung** des Kindes in Verfahren betreffend die Feststellung oder Anfechtung der Vaterschaft wird hingegen vom Übk erfasst (*Lagarde*-Bericht Rn 27).

403   **b) Adoption.** Um Überschneidungen mit dem Haager Übk über den Schutz von Kindern und die Zusammenarbeit auf dem Gebiet der internationalen Adoption v 29.5.1993 (BGBl 01 II, 1035; → P Rn 5 ff) zu vermeiden, werden auch Adoptionssachen in lit b aus dem sachlichen Anwendungsbereich des KSÜ ausgenommen (BeckOGK/*Markwardt* Rn 13). Dies gilt nicht nur die Entscheidung über eine Adoption bzw über die Ungültigerklärung oder den Widerruf einer Adoption, sondern ausdrücklich auch für „Maßnahmen zur Vorbereitung einer Adoption", wie etwa die **Unterbringung des Kindes in der künftigen Adoptivfamilie,** obwohl eine solche Unterbringung an sich nach Art 3 lit e zu den Schutzmaßnahmen iS des Übk gehört (*Lagarde*-Bericht Rn 28; krit *Krah* 66 ff; zu Abgrenzungsproblemen *Siehr* RabelsZ 62 [1998] 462/477; *Janzen* FamRZ 11, 157). Wie Art 3 lit e zeigt, fällt die islamrechtliche *Kafala* nicht unter den Ausschlusstatbestand von lit b, weil sie eine Adoption nicht vorbereitet, sondern ersetzt. Die internationale Zuständigkeit der deutschen Gerichte für die nach lit b ausgeschlossenen Adoptionssachen bestimmt sich nach § 101 FamFG (→ H Rn 5 ff), das anwendbare Recht nach Art 22 EGBGB (→ H Rn 26 ff).

404   **c) Namensfragen.** Auch die Bestimmung des Namens oder Vornamens eines Kindes wird in lit c als Spezialmaterie aus dem Anwendungsbereich des Übk ausgenommen (vgl OLG Köln StAZ 13, 319 Rn 9). Anwendbar ist das KSÜ hingegen auf die gerichtliche Bestimmung desjenigen gesetzlichen Vertreters, der (zB bei Uneinigkeit der Eltern über die Wahl des Vornamens) die Namensentscheidung treffen soll (Staud/*Pirrung* Rn G 36). Kollisionsrechtlich verbleibt es aus deutscher Sicht bei der Maßgeblichkeit von Art 10 EGBGB.

405   **d) Volljährigerklärung.** Ähnlich wie Namensfragen werden auch Fragen der Geschäftsfähigkeit nicht der Eltern-Kind-Beziehung zugeordnet, sondern dem für das betroffene Kind maß-

I. Internationale Zuständigkeit: KSÜ Art 4 **406–411 F**

geblichen allgemeinen Personenrecht (OLG Brandenburg StAZ 17, 111; Staud/*Hausmann* Art 7 Rn 12). Dies gilt nach lit d auch für die vorzeitige Erreichung voller Geschäftsfähigkeit durch Volljährigerklärung. Eine solche kennt zwar das deutsche Recht nicht mehr; sie kommt jedoch vor allem in den romanischen Rechten aus Anlass der Eheschließung von Minderjährigen vor (Emanzipation, vgl Staud/*Hausmann* Art 7 EGBGB Rn 136 ff). Die internationale Zuständigkeit für die Volljährigerklärung beurteilt sich in Deutschland analog § 99 FamFG. Auch kollisionsrechtlich werden Fragen der Geschäftsfähigkeit in den meisten Vertragsstaaten gesondert angeknüpft; in Deutschland gilt insoweit Art 7 EGBGB.

e) Unterhaltspflichten. Zwar kommt auch dem Unterhaltsrecht eine besonders wichtige **406** Schutzfunktion für unterhaltsberechtigte Kinder zu. Wegen seiner existentiellen Bedeutung für den Unterhaltsberechtigten hat das Unterhaltsrecht allerdings schon seit langem auf internationaler und europäischer Ebene eigenständige Regelungen erfahren. Die internationale Zuständigkeit für die nach lit e aus dem Anwendungsbereich des KSÜ ausgeschlossenen Unterhaltssachen beurteilte sich in den EU-Mitgliedstaaten bis zum 18.6.2011 nach Art 2 und Art 5 Nr 2 EuGVVO aF; für danach eingeleitete Unterhaltsverfahren gelten heute in erster Linie die Art 3 ff EuUnthVO (→ C Rn 72 ff) bzw die Art 2 ff LugÜ 2007 (→ C Rn 339 ff). Das anwendbare Recht bestimmt sich in den EU-Mitgliedstaaten (mit Ausnahme *Dänemarks* und des *Vereinigten Königreichs*) seit dem 18.6.2011 nach dem Haager Unterhaltsprotokoll (→ C Rn 489 ff).

f) Trusts und Erbschaften. Ausgeklammert aus dem KSÜ bleibt nach lit f auch das gesamte **407** Gebiet des Erbrechts einschließlich von *trusts*. Dies gilt auch für Maßnahmen zum Schutz minderjähriger Erben. Hierdurch sollen Überschneidungen mit dem Haager Übk über das auf *trusts* anzuwendende Recht und über ihre Anerkennung v 1.7.1985 und mit dem Haager Übk über das auf die Rechtsnachfolge von Todes wegen anzuwendende Recht v 1.8.1989 vermieden werden. Beide Übk sind allerdings für die *Bundesrepublik Deutschland* nicht in Kraft getreten. Zur Regelung der internationalen Zuständigkeit und des anwendbaren Rechts in Erbsachen wurde am 4.7.2012 die **EuErbVO** Nr 650/2012 beschlossen (ABl EU L 201, 107 = *Jayme/Hausmann* Nr 61), die für die Mitgliedstaaten mit Ausnahme von *Dänemark, Irland* und dem *Vereinigten Königreich* seit dem 17.8.2015 gilt. Im Übrigen verbleibt es aus deutscher Sicht insoweit bei der Anwendbarkeit des autonomen internationalen Privat- und Verfahrensrechts.

g) Soziale Sicherheit. In Übereinstimmung mit Art 1 Abs 2 lit c EuGVVO/LugÜ wird der **408** gesamte Bereich des Sozialversicherungsrechts nach lit g auch aus dem KSÜ ausgeschlossen. Gleiches gilt nach ErwG 10 auch für die EuEheVO, obwohl ein entsprechender Ausschlusstatbestand in Art 1 Abs 3 EuEheVO fehlt.

h) Öffentliche Maßnahmen auf dem Gebiet der Erziehung und Gesundheit. Gleiches **409** gilt gemäß lit h für behördliche Maßnahmen „allgemeiner Art" auf den Gebieten der Erziehung (zB des Schulwesens) und der Gesundheitsfürsorge (zB ärztliche Untersuchungs- und Impfpflichten). Demgegenüber fallen konkrete Maßnahmen für ein individuelles Kind auch dann in den sachlichen Anwendungsbereich des KSÜ, wenn es um Fragen der Erziehung (zB die Auswahl einer weiterführenden Schule) oder der Gesundheit (zB die Zustimmung zu einer Operation) geht (*Lagarde*-Bericht Rn 34; *Benicke* IPRax 13, 44/45). Die Abgrenzung hat sich daran zu orientieren, ob das Schutzbedürfnis des Kindes (nur) in einer ganz bestimmten Situation besteht (Rauscher/*Hilbig-Lugani* Rn 12).

i) Maßnahmen infolge von Straftaten. Ausgeschlossen sind nach lit i auch sämtliche **410** (Erziehungs-) Maßregeln, die gegen Kinder als Rechtsfolge einer Straftat verhängt werden. Voraussetzung für den Ausschluss ist die **Strafbarkeit** des Verhaltens nach dem anwendbaren Strafrecht. Maßnahmen, die als Sanktion für ungehöriges (Schuleschwänzen, Ausreißen) oder Schäden verursachendes Verhalten von Kindern ergriffen werden, fallen hingegen in den Anwendungsbereich des KSÜ, wenn es an der Strafbarkeit des Verhaltens fehlt (BeckOGK/*Markwardt* Rn 13). Hingegen kommt es nicht darauf an, ob das Verhalten im konkreten Fall strafrechtlich sanktioniert werden kann; auch Maßregeln, die wegen eines strafbaren Verhaltens gegen noch nicht strafmündige Kinder ergriffen werden, können daher nicht auf das KSÜ gestützt werden (*Lagarde*-Bericht Rn 35; Rauscher/*Hilbig-Lugani* Rn 13).

j) Asylrecht und Einwanderung. Der Ausschluss von Maßnahmen auf dem Gebiet des **411** Asyl- und Einwanderungsrechts, die primär hoheitliche Zwecke des anordnenden Staates verfolgen, aus einem vornehmlich dem zivilrechtlichen Schutz von Kindern dienenden Staatsvertrag versteht sich von selbst.

645

F   1. Teil. Erkenntnisverfahren F. Kindschaftssachen

Kapitel II. Zuständigkeit

Schrifttum: *Pirrung,* Zur *perpetuatio fori* in europäischen grenzüberschreitenden Sorgerechtssachen, FS Kerameus (2009).

Vorbemerkung

412   In seinem Kapitel II regelt das KSÜ die internationale Zuständigkeit der Gerichte für Schutz-maßnahmen iSv Art 3. Die Art 5–14 sind als geschlossene und verbindliche Zuständigkeitsord-nung für Kinder konzipiert, die ihren gewöhnlichen Aufenthalt in einem Vertragsstaat haben (Rauscher/*Hilbig-Lugani* Rn 1). Für diesen Fall darf das angerufene Gericht in einem anderen Vertragsstaat also seine Zuständigkeit nur in Anspruch nehmen, wenn die Art 6 ff dies gestatten. Andererseits dürfen die Gerichte der Vertragsstaaten ihre Zuständigkeit auch nicht ablehnen, wenn das Kapitel II eine solche eröffnet; die Lehre vom *forum non conveniens* gilt im Anwendungs-bereich des KSÜ nicht. Da das Übk für Kinder mit gewöhnlichem Aufenthalt in einem Vertrags-staat die Zuständigkeit lückenlos regelt, erübrigt sich insoweit eine Öffnungsklausel zugunsten des nationalen Zuständigkeitsrechts der Vertragsstaaten wie sie Art 14 EuEheVO vorsieht (Rau-scher/*Hilbig-Lugani* Rn 1).

413   Ausgangspunkt und Grundregel für die Bestimmung der internationalen Zuständigkeit ist die Anknüpfung an den **gewöhnlichen Aufenthalt** des Kindes in einem Vertragsstaat (Art 5). Die bisher in Art 3 und 4 MSA vorgesehenen Einschränkungen zugunsten des Heimatbehörden des Kindes wurden wegen der hierdurch in der Praxis der Vertragsstaaten verursachten Auslegungs-probleme bewusst nicht in das KSÜ übernommen. Die Zuständigkeit im Staat des gewöhnlichen Kindesaufenthalts wird in den Art 6–10 nur durch wenige – eng auszulegende (Staud/*Pirrung* Rn G 44) – Ausnahmen durchbrochen, in denen die Gerichte eines anderen Vertragsstaats international zuständig sein können. Hält sich das Kind in einem **Drittstaat** auf, beurteilt sich die internationale Zuständigkeit für Schutzmaßnahmen weiterhin nach dem innerstaatlichen Zuständigkeitsrecht der angerufenen Behörde (*Lagarde*-Bericht Rn 84; Rauscher/*Hilbig-Lugani* Rn 4). Einschränkungen gelten nur für einstweilige und vorläufige Maßnahmen nach Art 11 und 12.

414   Die Zuständigkeitsregelung nach Art 5–14 KSÜ wird allerdings gem Art 61 lit a EuEheVO (→ Rn 353 ff) **durch die Art 8–15 EuEheVO verdrängt,** wenn das Kind seinen gewöhnlichen Aufenthalt im Hoheitsgebiet eines EU-Mitgliedstaats (mit Ausnahme *Dänemarks*) hat. Dies ist deshalb von Bedeutung, weil die Zuständigkeitsordnung der EuEheVO in Kindschaftssachen nicht unerheblich von derjenigen des KSÜ abweicht (vgl dazu näher Rauscher/*Hilbig-Lugani* Rn 5). Aus *deutscher* Sicht kommt das Kapitel II des KSÜ daher nur dann zur Anwendung, wenn das Kind sich in einem Vertragsstaat gewöhnlich aufhält, der nicht zugleich Mitgliedstaat der EuEheVO ist (→ Rn 375 ff). Besitzt das Kind hingegen nur die Staatsangehörigkeit eines KSÜ-Vertragsstaats, wird hierdurch kein Vorrang des KSÜ vor der EuEheVO begründet, wenn das Kind seinen gewöhnlichen Aufenthalt in *Deutschland* oder einem anderen Mitgliedstaat der EuEheVO hat, weil die Staatsangehörigkeit nach dem KSÜ nicht zuständigkeitsbegründend wirkt (Rauscher/*Hilbig-Lugani* Art 5 Rn 3; näher → Rn 355).

415   Im Gegensatz zur Zuständigkeitsregelung in Art 8–15 EuEheVO wirkt sich die Zuständig-keitsregelung in Art 5–14 KSÜ auch auf die **Anerkennung und Vollstreckung** der getroffenen Maßnahmen in anderen Vertragsstaaten aus, weil die Einhaltung dieser Zuständigkeitsvorschrif-ten nach Art 23 Abs 2 lit a KSÜ (→ N Rn 361 ff) – anders als nach Art 23 EuEheVO (→ N Rn 113 ff) – Voraussetzung für deren Anerkennung ist. Die internationale Zuständigkeit nach Art 5 ff KSÜ setzt jedoch keinen kompetenzrechtlichen Bezug zu einem weiteren Vertragsstaat voraus.

KSÜ Art 5. [Aufenthaltszuständigkeit]

(1) **Die Behörden, seien es Gerichte oder Verwaltungsbehörden, des Vertragsstaats, in dem das Kind seinen gewöhnlichen Aufenthalt hat, sind zuständig, Maßnahmen zum Schutz der Person oder des Vermögens des Kindes zu treffen.**

(2) **Vorbehaltlich des Artikels 7 sind bei einem Wechsel des gewöhnlichen Aufent-halts des Kindes in einen anderen Vertragsstaat die Behörden des Staates des neuen gewöhnlichen Aufenthalts zuständig.**

I. Internationale Zuständigkeit: KSÜ Art 5   **416–421 F**

1. Allgemeines

In Übereinstimmung mit Art 8 Abs 1 EuEheVO sind auch nach Art 5 KSÜ grundsätzlich die **416** Gerichte/Behörden des Staates für das Ergreifen von Schutzmaßnahmen zugunsten eines Kindes international zuständig, in dem dieses Kind seinen gewöhnlichen Aufenthalt hat (OLG Karlsruhe FamRZ 16,248). Hat das Kind allerdings seinen gewöhnlichen Aufenthalt in *Deutschland* oder in einem anderen Mitgliedstaat der EuEheVO, so hat Art 8 EuEheVO grundsätzlich Vorrang (BeckOGK/*Markwardt* Rn 4). Art 5 kommt daher vor deutschen Gerichten nur zur Anwendung, wenn das Kind seinen gewöhnlichen Aufenthalt in einem Vertragsstaat des KSÜ hat, der nicht zugleich Mitgliedstaat der EuEheVO ist (OLG Karlsruhe NJW-RR 15, 1415 Rn 19 f [*Dänemark*]; zur Abgrenzung näher → Rn 374 ff). Ferner stellt Art 5 Abs 1 klar, dass für die Zwecke des KSÜ der durchgängig verwendete Begriff **„Behörden"** sowohl Gerichte wie Verwaltungsbehörden (zB Jugendämter, Staud/*Pirrung* Rn G 45) umfasst. Damit knüpft das KSÜ an die Tradition des MSA (Art 1) an. Demgegenüber spricht die EuEheVO zwar durchgängig von „Gerichten", meint damit aber auch Verwaltungsbehörden (Art 2 Nr 1 EuEheVO).

2. Anwendungsbereich

a) Internationale Zuständigkeit. Art 5 regelt nur die internationale Zuständigkeit, während **417** die *örtliche* Zuständigkeit durch das nationale Verfahrensrecht der *lex fori* bestimmt wird; in Deutschland gelten insoweit die §§ 152 ff FamFG (Rauscher/*Hilbig-Lugani* Rn 1).

Hat das angerufene Gericht über **Schutzmaßnahmen für mehrere Kinder** zu entscheiden, **418** so hat es die internationale Zuständigkeit für jedes Kind gesondert zu prüfen. Liegen die Voraussetzungen des Art 5 Abs 1 beim angerufenen Gericht nur in Bezug auf ein Kind vor, so folgt daraus nicht die internationale Zuständigkeit zur Entscheidung über Maßnahmen auch für weitere Kinder, die ihren gewöhnlichen Aufenthalt nicht im Gerichtsstaat haben (Rauscher/ *Hilbig-Lugani* Rn 12). Allerdings bietet sich in diesem Fall das Instrument der Zuständigkeits- übertragung nach Art 8 an, um eine einheitliche Entscheidung über das Sorgerecht in Bezug auf alle Kinder zu erreichen. Die internationale Zuständigkeit nach Art 5 setzt auch nicht voraus, dass das Kind selbst Partei des Rechtsstreits ist; die Vorschrift gilt vielmehr auch in einem Sorgerechtsstreit, der nur zwischen den Eltern als Parteien geführt wird.

b) Schutzmaßnahmen. Die Entscheidung muss eine Maßnahme zum Schutz der Person **419** oder des Vermögens des Kindes betreffen. Damit sind alle in Art 3 aufgezählten (→ Rn 389 ff) – und nicht in Art 4 ausgeschlossenen (→ Rn 400 ff) – Maßnahmen gemeint. Zum Begriff „Kind" im Übk vgl Art 2 (→ Rn 386 ff).

3. Gewöhnlicher Aufenthalt des Kindes, Abs 1

Schrifttum: → A vor Rn 45 und → F vor Rn 87.

Zentrales Anknüpfungsmerkmal für die internationale Zuständigkeit ist – ebenso wie schon **420** bisher nach Art 1 MSA – der gewöhnliche Aufenthalt des Kindes (OLG Karlsruhe NJW-RR 15, 1415 Rn 22 ff). Angeknüpft wird also an die Lebensumstände des Kindes selbst, nicht an diejenigen seiner Eltern oder anderer Träger der elterlichen Verantwortung. Durch die Anknüp- fung an das Kriterium des gewöhnlichen Kindesaufenthalts wird sichergestellt, dass die zuständi- gen Gerichte und Behörden rasch und damit effektiv eingreifen können. Aufgrund ihrer Sach- und Beweisnähe erhöht sich auch die Richtigkeitsgewähr für die zu treffende Entscheidung.

Der **Begriff** des gewöhnlichen Aufenthalts wird im KSÜ ebenso wenig wie im MSA definiert. **421** Einigkeit besteht darüber, dass insoweit eine **konventionsautonome Auslegung** geboten ist. Diese kann sich jedoch durchaus an der Auslegung von Art 1 MSA (vgl OLG Saarbrücken NZFam 16, 528; Staud/*Pirrung* Rn G 47) und von anderen kindschafts- und unterhaltsrecht- lichen Haager Übereinkommen orientieren (Rauscher/*Hilbig-Lugani* Rn 7). Herangezogen wer- den kann aber auch die Rechtsprechung des EuGH und der mitgliedstaatlichen Gerichte zu Art 8 Abs 1 EuEheVO (→ Rn 87 ff) sowie die Praxis zum autonomen deutschen internationalen Privat- und Verfahrensrecht, weil diese sich maßgeblich an den Vorgaben der Haager Über- einkommen orientiert (OLG Karlsruhe NJW-RR 15, 1415 Rn 22 ff; KG IPRspr 14 Nr 221; *Siehr* RabelsZ 62 [1998] 464/478; NK-BGB/*Benicke* Rn 7; Erman/*Hohloch* Anh Art 24 EGBGB Rn 17).

647

F 422–427 1. Teil. Erkenntnisverfahren F. Kindschaftssachen

422 Wie sich aus der gegenüber Art 5 subsidiären Regelung in Art 6 Abs 2 ergibt, reicht die bloße körperliche Anwesenheit des Kindes in einem Veretragsstaat nicht aus. Es müssen vielmehr weitere Kriterien hinzutreten, aus denen sich entnehmen lässt, dass es sich nicht nur um eine vorübergehende oder gelegentliche Anwesenheit handelt, der Aufenthalt vielmehr Ausdruck einer gewissen **Integration des Kindes in ein soziales und familiäres Umfeld** ist (Beck-OGK/*Markwardt* Rn 8; vgl zum KSÜ KG FamRZ 15, 1214/1215 m Anm *Rentsch* NZFam 15, 474 und *Heiderhoff* IPRax 16, 335 [*Russland*]; OLG München FamRZ 15, 777 Rn 33; OLG Karlsruhe NJW-RR 15, 1415 Rn 22; KG IPRspr 14 Nr 221; öst OGH IPRax 14, 183/185 m Anm *Heindler* 201). Diese Integration ist an Hand aller tatsächlichen Umstände des Einzelfalles im Wege einer Gesamtbetrachtung festzustellen. Dabei sind insbesondere die Dauer und die Gründe für diesen Aufenthalt, sowie die familiären und sozialen Bindungen des Kindes (Familie, Kindergarten/Schule, Freundschaften etc) in dem betreffenden Staat zu berücksichtigen. Maßgebend ist daher der tatsächliche Mittelpunkt der Lebensführung des Kindes (NK-BGB/*Benicke* Rn 7; Staud/*Pirrung* Rn G 47; vgl auch BGH NJW 02, 2955 [zum MSA]).

423 Der gewöhnliche Aufenthalt ist für das **Kind selbst** festzustellen; er wird also – anders als der Wohnsitz – nicht vom jeweiligen Sorgeberechtigten abgeleitet (öst OGH IPRax 14, 183 Ls 3; OLG Karlsruhe NJW-RR 15, 1415 Rn 30; KG IPRspr 14 Nr 221). Soweit es allerdings – wie bei einem Umzug in einen anderen Vertragsstaat – auf den Bleibewillen *("animus manendi")* ankommt, gibt jedoch nicht der Wille des Kindes, sondern derjenige des zur Aufenthaltsbestimmung berechtigten Elternteils den Ausschlag (OLG Saarbrücken BeckRS 16, 07949 Rn 19). Aus diesem Grunde scheidet in Fällen einer Kindesentführung die sofortige Begründung eines neuen gewöhnlichen Aufenthalts im Verbringungsstaat aus, selbst wenn das Kind in diesem Staat bleiben will (NK-BGB/*Benicke* Rn 8; ebenso zum MSA OLG Hamm NJW-RR 97, 5/6). Auch im Übrigen wird der Lebensmittelpunkt des Kindes idR mit dem des Sorgeberechtigten übereinstimmen (Staud/*Pirrung* Rn G 47; NK-BGB/*Benicke* Rn 8).

424 Bei einem **Umzug** des Kindes in einen anderen Vertragsstaat erwirbt das Kind grundsätzlich erst dann einen neuen gewöhnlichen Aufenthalt, wenn es dort sozial integriert ist. Von einer solchen sozialen Integration des Kindes ist idR nach einer **sechsmonatigen Aufenthaltsdauer** auszugehen (OLG Karlsruhe NJW-RR 15, 1415 Rn 25; KG FamRZ 15, 1214/1215; NK-BGB/*Benicke* Rn 9). Dabei handelt es sich jedoch nur um eine Faustregel, von der im Einzelfall nach oben oder unten abgewichen werden kann (vgl OLG Hamm FamFR 12, 431 Rn 58 [zum HKÜ]; OLG Hamm NJW-RR 97, 5/6; *Baetge* IPRax 01, 573/575; gegen die Anwendung einer solchen Faustregel oder Vermutung aber Rauscher/*Hilbig-Lugani* Rn 8). An die Dauer des Aufenthalts sind jedoch geringere Anforderungen zu stellen, wenn dieser von vornherein auf längere Dauer angelegt und die Ausreise rechtmäßig, dh mit Zustimmung aller Sorgeberechtigten, erfolgt ist. Längere Auslandsaufenthalte zu Urlaubszwecken oder im Rahmen eines Schüleraustauschs führen nicht zu einem Verlust des gewöhnlichen Aufenthalts, wenn die Abwesenheit von vornherein zeitlich begrenzt und eine Rückkehr an den früheren Aufenthaltsort beabsichtigt ist (Staud/*Pirrung* Rn G 46; BeckOGK/*Markwardt* Rn 8). Anders kann es aber bei einem längeren Auslandsstudium liegen (OLG Karlsruhe aaO Rn 29).

425 Die Faustregel von sechs Monaten gilt auch in Fällen der **Kindesentführung.** Die in Art 12 Abs 1 HKÜ bestimmte Jahresfrist ist nur für die sofortige Rückgabe des Kindes relevant, hat jedoch keinen Einfluss auf die Begründung des gewöhnlichen Aufenthalts (OLG Düsseldorf FamRZ 94, 107; NK-BGB/*Benicke* Rn 10). Dieser hängt jedoch auch nicht davon ab, dass der Aufenthaltswechsel rechtmäßig erfolgt ist (OLG Bremen NJW 16, 655 m Anm *Rauscher* NZFam 16, 143 [zum MSA]; Rauscher/*Hilbig-Lugani* Rn 8; vgl auch BGHZ 163, 248 = FamRZ 05, 1541; OLG Hamm NJW-RR 97, 5/6, jeweils zum MSA mwN). Selbst wenn das Kind aber einen neuen gewöhnlichen Aufenthalt im Entführungsstaat begründet haben sollte, führt dies nur unter den zusätzlichen Voraussetzungen des Art 7 (→ Rn 442 ff) zu einer Änderung der internationalen Zuständigkeit.

426 Ein **mehrfacher gewöhnlicher Aufenthalt** des Kindes ist auch im Rahmen des KSÜ nicht anzuerkennen. Lebt das Kind daher entsprechend der Vereinbarung der Eltern abwechselnd im Aufenthaltsstaat der Mutter und des Vaters, so ändert sich jeweils auch sein gewöhnlicher Aufenthalt (*Baetge* IPRax 01, 573/575; NK-BGB/*Benicke* Rn 11; **aA** Rauscher/*Hilbig-Lugani* Rn 11 unter Hinweis auf den *Lagarde*-Bericht Rn 87 und die Schwierigkeiten, die sich bei wechselndem gewöhnlichen Aufenthalt bei länger währenden Sorgerechtsverfahren aus Art 5 Abs 2 ergeben; ebenso grundsätzlich auch OLG Karlsruhe NJW-RR 15, 1415 Rn 40).

427 Hält sich das Kind in einem **Mehrrechtsstaat** gewöhnlich auf, so ist zur Bestimmung des international zuständigen Gerichts Art 47 ergänzend heranzuziehen. Danach ist die Verweisung

I. Internationale Zuständigkeit: KSÜ Art 5   **428–430** **F**

auf den gewöhnlichen Aufenthalt in einem solchen Staat als Verweisung auf den gewöhnlichen Aufenthalt in einer Gebietseinheit zu verstehen (Nr 1; BeckOGK/*Markwardt* Rn 9).

4. Aufenthaltswechsel, Abs 2

Während der gewöhnliche Aufenthalt des Kindes nach Art 8 Abs 1 EuEheVO im Zeitpunkt **428** der Antragstellung gegeben sein muss und eine danach eintretende Änderung des gewöhnlichen Aufenthalts die internationale Zuständigkeit des angerufenen mitgliedstaatlichen Gerichts unberührt lässt (→ Rn 101 ff), gilt der **Grundsatz der** *perpetutatio fori* **nach dem KSÜ nicht.** Denn es fehlt in diesem Fall an der die Zuständigkeit legitimierenden räumlichen Nähe des Kindes zu dem angerufenen Gericht (Rauscher/*Hilbig-Lugani* Rn 15). Deshalb führt ein (rechtmäßiger) Wechsel des gewöhnlichen Aufenthalts des Kindes nach Abs 2 auch zu einer sofortigen Änderung der internationalen Zuständigkeit (*Lagarde*-Bericht Rn 16; *Andrae* IPRax 06, 82/83; *Schulz* FamRZ 11, 156/158 f; G/Sch/*Gruber*, IRV Rn 5; NK-BGB/*Benicke* Rn 3). Dies gilt auch dann, wenn das Verfahren im früheren Aufenthaltsstaat des Kindes im Zeitpunkt des Aufenthaltswechsels bereits anhängig war (vgl zum Wegzug aus Deutschland KG FamRZ 15, 1214/1215 = IPRax 16, 372 m Anm *Heiderhoff* 335 [*Russland*]; OLG Saarbrücken NZFam 16, 528 m Anm *Breidenstein* [*Russland*]; OLG Karlsruhe FamRZ 14, 1565 [*Schweiz*]; ferner öst OGH IPRax 14, 183/186 m Anm *Heindler* 201; *Siehr* RabelsZ 62 [1998] 464/478; *Roth/Döring* FuR 99, 195/199 f). Ist daher in der *Schweiz* von einem Elternteil ein Sorgerechtsverfahren eingeleitet worden, so entfällt die internationale Zuständigkeit des damit befassten schweizerischen Gerichts, wenn der andere Elternteil, dem das alleinige Aufenthaltsbestimmungsrecht (zB kraft einstweiliger Anordnung) zusteht, mit dem Kind anschließend nach *Deutschland* verzieht und das Kind dort rechtmäßig einen neuen gewöhnlichen Aufenthalt begründet. In diesem Sinne hatte die deutsche Rechtsprechung zuletzt auch für das **MSA** entschieden und einen Wegfall der internationalen Zuständigkeit der deutschen Gerichte bejaht, wenn das Kind seinen gewöhnlichen Aufenthalt wärend des hier anhängigen Verfahrens ins Ausland verlegt hatte (vgl BGH FamRZ 02, 1182/1184 m Anm *Henrich*; BGH FamRZ 05, 1540/1543; OLG Bremen NJW 16, 655 Rn 9 m Anm *Rauscher* NZFam 16, 143; OLG Stuttgart FamRZ 13, 49/50; OLG Nürnberg IPRax 03, 147/148; Erman/*Hohloch* Anh Art 24 EGBGB Rn 22 mwN).

Im Rahmen von Art 5 Abs 2 ist mithin nicht der Zeitpunkt der Antragstellung, auch noch **429** nicht der Zeitpunkt der letzten mündlichen Verhandlung in der Tatsacheninstanz (so NK-BGB/*Benicke* Rn 4; Erman/*Hohloch* Anh Art 24 EGBGB Rn 18; ebenso zum MSA OLG Rostock IPRax 01, 588 m Anm *Baetge* 573), sondern im Hinblick auf den Wortlaut von Art 14 der Zeitpunkt der **Verkündung der Entscheidung durch die letzte Tatsacheninstanz** maßgebend (Rauscher/*Hilbig-Lugani* Rn 14; vgl auch öst OGH IPRax 14, 183, der auf den Erlass der Entscheidung 1. Instanz abstellt). Wird der gewöhnliche Aufenthalt des Kindes daher erst nach Erlass der erstinstanzlichen Entscheidung in einen anderen Vertragsstaat verlegt, so behält diese Entscheidung nach Art 14 ihre Wirksamkeit, bis sie von den Behörden des neuen Aufenthaltsstaates aufgehoben oder abgeändert wird (BeckOGK/*Markwardt* Rn 13). Wird gegen die Entscheidung nach dem Aufenthaltswechsel im früheren Aufenthaltsstaat ein Rechtsbehelf eingelegt, so hat das Rechtsbehelfsgericht den gestellten Antrag wegen nunmehr fehlender internationaler Zuständigkeit nur dann zurückzuweisen, wenn es nicht– wie das Rechtsbeschwerdegericht – auf eine rein rechtliche Nachprüfung beschränkt ist (OLG Bremen NJW 16, 655 m Anm *Rauscher* NZFam 16, 143 [zum MSA]; G/Sch/*Gruber* IRV Rn 6; aA NK-BGB/*Benicke* Rn 4). Wird umgekehrt der gewöhnliche Aufenthalt des Kindes erst während der zweiten Tatsacheninstanz im Gerichtsstaat begründet, reicht dies für eine Sachentscheidung durch das Rechtsmittelgericht aus (NK-BGB/*Benicke* Rn 5; ebenso zum MSA OLG Hamm FamRZ 91, 1466/1467 f und FamRZ 92, 208/209).

Zu einem solchen Wechsel der internationalen Zuständigkeit aufgrund der Verlegung des **430** gewöhnlichen Kindesaufenthalts während eines bereits anhängigen Verfahrens betreffend die elterliche Verantwortung kommt es auch dann, wenn dieses Verfahren vor dem Gericht eines Vertragsstaats des KSÜ anhängig ist, der – wie die *Bundesrepublik Deutschland* – zugleich **Mitgliedstaat der EuEheVO** ist. Denn nach Art 61 lit a EuEheVO besteht ein Vorrang der EuEheVO und des nach ihr geltenden Grundsatzes der *perpetuatio fori* gegenüber dem KSÜ nur dann, wenn das betreffende Kind seinen gewöhnlichen Aufenthalt im Hoheitsgebiet eines Mitgliedstaats hat. Insoweit kommt es auf den gewöhnlichen Aufenthalt im Zeitpunkt der Sachentscheidung an, so dass nach einem Aufenthaltswechsel aus einem Mitgliedstaat der EuEheVO in einen nicht der EU angehörenden Vertragsstaat des KSÜ eine *perpetuatio fori* ausscheidet. Mit

649

F 435   1. Teil. Erkenntnisverfahren F. Kindschaftssachen

dem Wegzug des Kindes aus Deutschland und der Begründung seines neuen gewöhnlichen Aufenthalts in einem nicht der EuEheVO angehörenden Vertragsstaat des KSÜ besteht gem Art 5 KSÜ eine internationale Zuständigkeit der dortigen Gerichte, auch wenn diese erst nach Einleitung des deutschen Verfahrens begründet wurde (OLG Saarbrücken BeckRS 16, 07949 Rn 14 [*Russland*]; KG FamRZ 15, 1214/1215 [*Russland*]; OLG Karlsruhe FamRZ 14, 1565 Rn 23, 27 f [*Schweiz*]; öst OGH IPRax 14, 183/186 m Anm *Heindler* 201 [*Dänemark*]; MüKo-FamFG/*Rauscher* § 99 Rn 38; P/H/*Hau* vor §§ 98–106 Rn 12 mwN).

431   Keine Anwendung findet Art 5 Abs 2 hingegen, wenn das Kind seinen gewöhnlichen Aufenthalt von einem Vertragsstaat in einen **Nichtvertragsstaat** verlegt (öst OGH 19.2.14, unalex AT-931). Für diesen Fall entfällt die Anwendbarkeit des KSÜ insgesamt und es gilt fortan – vorbehaltlich vorrangiger anderer Staatsverträge – das autonome Zuständigkeitsrecht (Rauscher/*Hilbig-Lugani* Rn 17). Ist das Verfahren allerdings in *Deutschland* oder in einem anderen Mitgliedstaat der EuEheVO anhängig, so dürfte es beim Grundsatz der *perpetuatio fori* nach Art 8 Abs 1 EuEheVO verbleiben, dessen Geltung in diesem Fall nicht durch Art 5 Abs 2 KSÜ verdrängt wird (offengelassen von öst OGH 19.2.14 aaO). Demgegenüber endet die Zuständigkeit des deutschen Gerichts – ebenso wie nach Art 5 Abs 2 KSÜ – wenn das Kind seinen gewöhnlichen Aufenthalt in einem Vertragsstaat des **MSA** begründet (OLG Stuttgart FamRZ 13, 49/50 [*Türkei*]; vgl schon KG FamRZ 98, 440/441 mwN). Dies gilt auch dann, wenn der Aufenthalts-wechsel erst während des Rechtsmittelverfahrens stattfindet (OLG Stuttgart aaO). Bei Geltung des autonomen deutschen Verfahrensrechts bleiben die deutschen Gerichte jedenfalls dann weiterhin zuständig, wenn das Kind die deutsche Staatsangehörigkeit besitzt (§ 99 Abs 1 Nr 1 FamFG; NK-BGB/*Benicke* Rn 6).

5. Verhältnis zu anderen Zuständigkeiten

432   Die Zuständigkeit der Behörden im Staat des gewöhnlichen Aufenthalts des Kindes nach Art 5 bildet den Ausgangspunkt und die **Grundregel der Zuständigkeitsordnung** des KSÜ. Daraus folgt, dass die hiervon abweichenden besonderen Zuständigkeiten in Art 8 ff, die diesen Grund-satz einschränken, *restriktiv* auszulegen sind (*Roth/Döring* öst JBl 99, 758/761; NK-BGB/*Benicke* Rn 13; Rauscher/*Hilbig-Lugani* Rn 1).

433   Der Grundsatz des Art 5 Abs 2, wonach ein Wechsel des gewöhnlichen Aufenthalts des Kindes die internationale Zuständigkeit des bisherigen Aufenthaltsstaates entfallen lässt, steht unter dem **Vorbehalt des Art 7**. Danach gilt für den Fall eines widerrechtlichen Verbringens des Kindes in einen anderen Staat auch im Rahmen des KSÜ ausnahmsweise der Grundsatz der *perpetuatio fori* (*Lagarde*-Bericht Rn 42; Staud/*Pirrung* Rn G 49; → Rn 443 ff).

434   Hat das Kind seinen gewöhnlichen Aufenthalt in einem Vertragsstaat, der zugleich Mitglied-staat der EuEheVO ist, so ist die Sonderregelung der *perpetuatio fori* für die Abänderung einer Umgangsregelung nach **Art 9 EuEheVO** zu beachten. Diese greift allerdings nur ein, wenn das Kind seinen gewöhnlichen Aufenthalt in einen anderen Mitgliedstaat dieser Verordnung verlegt (→ Rn 117). Zieht das Kind hingegen in einen nicht der EU angehörenden Vertragsstaat des KSÜ (zB in die *Schweiz* oder die *Türkei*) um, so endet gem Art 5 Abs 2 mit der Begründung des neuen gewöhnlichen Aufenthalts die internationale Zuständigkeit der Behörden des früheren Aufenthaltsstaats. Für eine Abänderung der Umgangsregelung sind dann – vorbehaltlich des Art 11 – nur noch die Gerichte im neuen Aufenthaltsstaat zuständig (*Coester-Waltjen* FamRZ 05, 241/244; NK-BGB/*Benicke* Rn 15).

KSÜ Art 6. [Flüchtlingskinder]

(1) **Über Flüchtlingskinder und Kinder, die infolge von Unruhen in ihrem Land in ein anderes Land gelangt sind, üben die Behörden des Vertragsstaats, in dessen Ho-heitsgebiet sich die Kinder demzufolge befinden, die in Artikel 5 Absatz 1 vorgesehene Zuständigkeit aus.**

(2) **Absatz 1 ist auch auf Kinder anzuwenden, deren gewöhnlicher Aufenthalt nicht festgestellt werden kann.**

1. Allgemeines

435   Nach Art 6 wird in zwei Fällen an den schlichten statt an den gewöhnlichen Aufenthalt angeknüpft, nämlich einerseits bei Flüchtlingskindern und ihnen gleichgestellten Kindern (Abs 1), andererseits bei Kindern, deren gewöhnlicher Aufenthalt nicht festgestellt werden kann

650

I. Internationale Zuständigkeit: KSÜ Art 6 **436–441 F**

(Abs 2). Beide Absätze haben allerdings eine **unterschiedliche Funktion:** Bei Abs 1 handelt es sich um eine Spezialvorschrift zu Art 5, die auch eingreift, wenn das Kind einen gewöhnlichen Aufenthalt in einem anderen Vertragsstaat hat. Demgegenüber enthält Abs 2 eine Auffangvorschrift für Fälle, in denen ein gewöhnlicher Aufenthalt nicht festgestellt werden kann und Art 5 deshalb nicht eingreift.

Das **Verhältnis zur EuEheVO** wird durch Art 61 lit a EuEheVO bestimmt. Danach kommt **436** Art 6 Abs 1 nur zur Anwendung, wenn das Kind seinen gewöhnlichen Aufenthalt nicht in einem Mitgliedstaat der EuEheVO hat (BeckOGK/*Markwardt* Rn 3; übersehen von OLG Karlsruhe IPRspr 15 Nr 129). Kann der gewöhnliche Aufenthalt des Kindes nicht festgestellt werden, so ist für die Abgrenzung zwischen Art 6 Abs 2 KSÜ und Art 13 Abs 1 EuEheVO in entsprechender Anwendung von Art 61 lit a EuEheVO darauf abzustellen, ob das Kind seinen schlichten Aufenthalt in einem Mitgliedstaat der EuEheVO hat oder nicht (Rauscher/*Hilbig-Lugani* Rn 6).

2. Flüchtlingskinder, Abs 1

Kinder, die aus ihren Heimatstaaten geflohen oder vertrieben worden sind, sind besonders **437** schutzbedürftig, weil sie durch die Flucht nicht selten von ihren Eltern oder sonstigen Trägern der elterlichen Verantwortung getrennt werden, so dass Schutzmaßnahmen für sie rasch getroffen werden müssen (*Lagarde*-Bericht Rn 44). Um dies zu ermöglichen, sind für diese Kinder daher die Gerichte der Vertragsstaaten in Fragen der elterlichen Verantwortung gem Abs 1 schon dann international zuständig, wenn die Kinder sich nur tatsächlich im Staatsgebiet aufhalten; eine Verfestigung dieses schlichten Aufenthalts iS einer sozialen Eingliederung der Kinder in ihr neues Lebensumfeld ist also nicht erforderlich. Ferner handelt es sich auch nicht um eine bloße Hilfszuständigkeit; vielmehr verdrängt Abs 1 die Zuständigkeit im Staat des (früheren) gewöhnlichen Aufenthalts (Staud/*Pirrung* Rn G 50; NK-BGB/*Benicke* Rn 1).

Der im KSÜ nicht definierte **Flüchtlingsbegriff** in Art 6 Abs 1 entspricht demjenigen der **438** Genfer Flüchtlingskonvention v 28.7.1951 (BGBl 53 II, 560) und des Genfer Flüchtlingsprotokolls v 31.1967 (BGBl 70 II, 194). Flüchtlingskinder sowohl Kinder, die einen von ihren Eltern abgeleiteten Flüchtlingsstatus haben, als auch Kinder, die selbst Flüchtlinge sind (BeckOGK/*Markwardt* Rn 4). Flüchtlingskindern gleichgestellt sind Kinder, die infolge von Unruhen in ihrem Land in ein anderes Land gelangt sind. Entfällt der (originäre oder abgeleitete) Flüchtlingsstatus des Kindes, so endet auch die internationale Zuständigkeit des Gerichts; der Grundsatz der *perpetuatio fori* gilt auch insoweit nicht (Rauscher/*Hilbig-Lugani* Rn 8).

3. Nicht feststellbarer gewöhnlicher Kindesaufenthalt, Abs 2

Kann ein gewöhnlicher Aufenthalt des Kindes (→ Rn 420ff) – und damit eine internationale **439** Zuständigkeit nach Art 5 oder 7 – in keinem Vertragsstaat festgestellt werden und haben sich die Eltern auch nicht nach Maßgabe von Art 10 auf die Zuständigkeit eines Gerichts verständigt, so eröffnet Abs 2 eine subsidiäre internationale Zuständigkeit in dem Vertragsstaat, in dem sich das Kind – und sei es auch nur vorübergehend – tatsächlich aufhält. Die Regelung der *örtlichen* Zuständigkeit bleibt – ebenso wie nach Art 5 – wiederum dem autonomen Recht des international zuständigen Vertragsstaats überlassen.

Die **praktische Bedeutung** des Abs 2 ist gering. Denn insbesondere in den Fällen des **440** Familienumzugs von einem (Mitglied-)Staat in einen anderen verliert das Kind seinen bisherigen gewöhnlichen Aufenthalt im Regelfall erst in dem Zeitpunkt, zu dem es infolge hinreichender sozialer Integration einen neuen gewöhnlichen Aufenthalt begründet hat. Ferner greift die Vorschrift nur dann ein, wenn das Kind überhaupt keinen gewöhnlichen Aufenthalt hat; hingegen reicht es nicht aus, dass – wie häufig in Entführungsfällen – lediglich unklar ist, in welchem von zwei Staaten das Kind sich gewöhnlich aufhält (*Siehr* RabelsZ 62 [1998] 464/479; NK-BGB/*Benicke* Rn 2).

Der Grundsatz der *perpetuatio fori* gilt für die Hilfszuständigkeit nach Abs 2 ebenso wenig wie **441** für die allgemeine Zuständigkeit nach Art 5. Die auf Abs 2 gestützte internationale Zuständigkeit endet daher automatisch, wenn das Kind einen gewöhnlichen Aufenthalt – sei es in einem anderen Vertragsstaat oder in einem Drittstaat – begründet (Staud/*Pirrung* Rn G 51; BeckOGK/*Markwardt* Rn 10).

651

F 442, 443   1. Teil. Erkenntnisverfahren F. Kindschaftssachen

KSÜ Art 7. [Kindesentführung]

(1) Bei widerrechtlichem Verbringen oder Zurückhalten des Kindes bleiben die Behörden des Vertragsstaats, in dem das Kind unmittelbar vor dem Verbringen oder Zurückhalten seinen gewöhnlichen Aufenthalt hatte, so lange zuständig, bis das Kind einen gewöhnlichen Aufenthalt in einem anderen Staat erlangt hat und

a) jede sorgeberechtigte Person, Behörde oder sonstige Stelle das Verbringen oder Zurückhalten genehmigt hat, oder

b) das Kind sich in diesem anderen Staat mindestens ein Jahr aufgehalten hat, nachdem die sorgeberechtigte Person, Behörde oder sonstige Stelle seinen Aufenthaltsort kannte oder hätte kennen müssen, kein während dieses Zeitraums gestellter Antrag auf Rückgabe mehr anhängig ist und das Kind sich in seinem neuen Umfeld eingelebt hat.

(2) Das Verbringen oder Zurückhalten eines Kindes gilt als widerrechtlich, wenn

a) dadurch das Sorgerecht verletzt wird, das einer Person, Behörde oder sonstigen Stelle allein oder gemeinsam nach dem Recht des Staates zusteht, in dem das Kind unmittelbar vor dem Verbringen oder Zurückhalten seinen gewöhnlichen Aufenthalt hatte, und

b) dieses Recht im Zeitpunkt des Verbringens oder Zurückhaltens allein oder gemeinsam tatsächlich ausgeübt wurde oder ausgeübt worden wäre, falls das Verbringen oder Zurückhalten nicht stattgefunden hätte.

Das unter Buchstabe a genannte Sorgerecht kann insbesondere kraft Gesetzes, aufgrund einer gerichtlichen oder behördlichen Entscheidung oder aufgrund einer nach dem Recht des betreffenden Staates wirksamen Vereinbarung bestehen.

(3) Solange die in Absatz 1 genannten Behörden zuständig bleiben, können die Behörden des Vertragsstaats, in den das Kind verbracht oder in dem es zurückgehalten wurde, nur die nach Artikel 11 zum Schutz der Person oder des Vermögens des Kindes erforderlichen dringenden Maßnahmen treffen.

Schrifttum: *Eppler*, Grenzüberschreitende Kindesentführung (2015); *Keese*, Die Kindesentführung durch einen Elternteil im europäischen und internationalen Zivilprozessrecht (2011). Vgl auch das Schrifttum zu Art 10 EuEheVO → vor Rn 129.

1. Normzweck

442   Art 7 Abs 1 enthält eine gegenüber Art 5 vorrangige Sonderregelung im Falle einer **Kindesentführung,** dh eines widerrechtlichen Verbringens oder Zurückhaltens des Kindes iSv Abs 2, durch die das Zuständigkeitsregime des KSÜ mit den Regeln des HKÜ in Einklang gebracht werden soll. Die Vorschrift stellt in Fortführung der Zielsetzung des Art 16 HKÜ klar, dass ein hierdurch bewirkter Wechsel des gewöhnlichen Aufenthalts des Kindes – abweichend vom Grundsatz des Art 5 Abs 2 – keinen Wegfall der internationalen Zuständigkeit des bisherigen Aufenthaltsstaats zur Folge hat (öst OGH 19.12.12, unalex AT-824). Auf diese Weise soll es dem Entführer jedenfalls im Anwendungsbereich des KSÜ verwehrt sein, durch sein widerrechtliches Verhalten eine Änderung der internationalen Zuständigkeit für eine Sorgerechtsentscheidung zu seinen Gunsten herbeizuführen, während ein Rückführungsverfahren nach dem HKÜ anhängig ist oder solange ein solches gem Art 12 Abs 1 HKÜ noch anhängig gemacht werden kann (*Lagarde*-Bericht Rn 46 ff; NK-BGB/*Benicke* Rn 1; Staud/*Pirrung* Rn G 52). Von diesem Grundsatz wird nur ausnahmsweise unter den in Abs 1 lit a oder lit b genannten Voraussetzungen (→ Rn 443 ff) oder im Fall einer Gerichtsstandsvereinbarung nach Art 10 abgewichen. Zur Auslegung von Art 7 Abs 1 und 2 kann in weitem Umfang ergänzend auf die Kommentierung zu **Art 10 EuEheVO** verwiesen werden (→ Rn 129 ff).

2. Voraussetzungen für einen Wegfall der internationalen Zuständigkeit des früheren Aufenthaltsstaats, Abs 1

443   **a) Begründung eines neuen gewöhnlichen Aufenthalts durch das Kind. aa) Gewöhnlicher Aufenthalt.** Zu einem Wechsel der internationalen Zuständigkeit infolge einer Kindesentführung kann es nach Art 7 Abs 1 nur kommen, wenn das Kind in dem Zufluchtsstaat einen neuen gewöhnlichen Aufenthalt begründet hat. Dies wird durch die Widerrechtlichkeit des

652

I. Internationale Zuständigkeit: KSÜ Art 7　　　　　　　　**444–448 F**

Verhaltens desjenigen Elternteils, der das Kind in diesen Staat entführt hat oder dort zurückhält, nicht ausgeschlossen (NK-BGB/*Benicke* Rn 3; Erman/*Hohloch* Anh Art 24 EGBGB Rn 27a m ausf Nachw). Für den Erwerb des gewöhnlichen Aufenthalts kommt es vielmehr – wie auch sonst (vgl zu Art 5 Abs 1 → Rn 422 ff) – maßgeblich auf die Eingliederung des Kindes in sein neues soziales und familiäres Lebensumfeld an. Diesbezüglich kann auch auf die Rechtsprechung und Literatur zu Art 4 HKÜ zurückgegriffen werden (→ U Rn 125 ff).

bb) Keine Beschränkung auf Entführung in einen Vertragsstaat. Während die korres- **444** pondierende Vorschrift in Art 10 EuEheVO nur zur Anwendung kommt, wenn das Kind aus einem Mitgliedstaat in einen anderen Mitgliedstaat der Verordnung entführt worden ist (→ Rn 136), setzt Art 7 Abs 1 nur voraus, dass das Kind seinen gewöhnlichen Aufenthalt vor der Entführung in einem Vertragsstaat des KSÜ hatte; die *perpetuatio fori* greift daher auch dann ein, wenn das Kind seinen gewöhnlichen Aufenthalt infolge der Entführung in einem *Drittstaat* begründet hat (arg: „in einem anderen Staat"; öst OGH 28.8.14, unalex AT-960; *Benicke* IPRax 13, 44/46).

b) Zusätzliche Voraussetzungen nach lit a und lit b. Auch wenn das Kind im Ver- **445** bringungsstaat einen neuen gewöhnlichen Aufenthalt erworben hat, noch bevor im früheren Aufenthaltsstaat ein Antrag auf eine Sorgerechtsregelung gestellt wurde, führt dies nur dann zu einer Änderung der internationalen Zuständigkeit für eine solche Regelung, wenn **alternativ** die Voraussetzungen nach Art 7 Abs 1 lit a oder lit b erfüllt sind. Diese Voraussetzungen sind wegen ihres Ausnahmecharakters *restriktiv* auszulegen (vgl zu Art 10 EuEheVO EuGH C-211/10 PPU – *Povse*, Slg 10 I-6673 Rn 45 = FamRZ 10, 1229 m Anm *Schulz* 1307). Sie verhindern einen vorschnellen Wegfall der internationalen Zuständigkeit des bisherigen Aufenthaltsstaates.

aa) Genehmigung aller Sorgeberechtigten, lit a. In Anlehnung an Art 13 Abs 1 lit a **446** HKÜ ist zum einen ausreichend, dass jede sorgeberechtigte Person, Behörde oder sonstige Stelle das Verbringen oder Zurückhalten nachträglich genehmigt hat. Erforderlich ist insbesondere die Genehmigung desjenigen sorgeberechtigten Elternteils, ohne dessen Einverständnis das Kind zunächst in einen anderen Staat verbracht wurde oder dort zurückgehalten wird. Lag die Zustimmung schon zur Zeit der Verbringung des Kindes in den anderen Staat vor, so fehlt es hingegen bereits an der Widerrechtlichkeit iSv Abs 2 und Art 7 findet keine Anwendung.

bb) Einjähriger Mindestaufenthalt und soziale Eingliederung, lit b. Hat auch nur eine **447** (mit-) sorgeberechtigte Person oder Stelle nach lit a das Verbringen oder Zurückhalten nicht genehmigt, so entfällt die internationale Zuständigkeit im früheren Aufenthaltsstaat des Kindes nach lit b nur dann, wenn die folgenden **drei Voraussetzungen kumulativ** vorliegen (vgl öst OGH 28.8.14, unalex AT-960; OLG Karlsruhe NJW-RR 15, 1415 Rn 42):

(1) das Kind hat sich im Staat seines neuen gewöhnlichen Aufenthalts **mindestens ein Jahr aufgehalten** hat, nachdem die sorgeberechtigte Person, Behörde oder sonstige Stelle seinen Aufenthaltsort (und nicht nur den Aufenthaltsstaat) kannte oder hätte kennen müssen, und

(2) innerhalb der Jahresfrist nach (1) wurde **kein Antrag auf Rückgabe des Kindes** gestellt bzw ein gestellter Antrag wurde zurückgezogen und ist deshalb nicht mehr anhängig, und

(3) das Kind hat sich **in seiner neuen Umgebung eingelebt** hat. Nicht erforderlich ist, dass das Kind sich während der einjährigen Frist bereits *gewöhnlich* in dem neuen Mitgliedstaat aufgehalten hat; insoweit ist vielmehr ein schlichter Aufenthalt ausreichend (*Solomon* FamRZ 04, 1409/1417).

Die Regelung in lit b lehnt sich zwar an **Art 12 Abs 2 HKÜ** (→ U Rn 180 ff) an. Abwei- **448** chend von dieser Vorschrift beginnt die Jahresfrist allerdings nicht schon mit der Entführung des Kindes, sondern erst in dem Zeitpunkt, zu dem die sorgeberechtigte Person, Behörde oder Stelle den Aufenthaltsort des Kindes kannte oder hätte kennen müssen. Aus diesem Grunde ist es nicht ausgeschlossen, dass die Rückgabe des Kindes von den Gerichten des Verbringungsstaates wegen Fristablaufs nach Art 12 Abs 2 HKÜ versagt wird, die Gerichte des bisherigen Aufenthaltsstaates des Kindes diese Rückgabe jedoch aufgrund ihrer noch fortbestehenden internationalen Zuständigkeit nach Art 7 anordnen. Diese Rückgabeanordnung ist dann auch im Verbringungsstaat nach Maßgabe der Art 23 ff anzuerkennen und zu vollstrecken (*Lagarde*-Bericht, Rn 49; Staud/*Pirrung* Rn G 55; NK-BGB/*Benicke* Rn 4). Haben die Gerichte des Vertragsstaats, in dem das Kind unmittelbar vor dem widerrechtlichen Verbringen oder Zurückhalten seinen gewöhnlichen Aufenthalt hatte, hingegen eine Sorgerechtsentscheidung erlassen, in der die Rückgabe des Kindes **nicht** angeordnet wurde, so tritt hierdurch – anders als nach Art 10 lit b (iv) EuEheVO –

653

F 449–453   1. Teil. Erkenntnisverfahren F. Kindschaftssachen

eine Änderung der internationalen Zuständigkeit zugunsten des neuen Aufenthaltsstaates des Kindes nicht ein.

3. Widerrechtlichkeit, Abs 2

449   In Abs 2 definiert das KSÜ die Widerrechtlichkeit des Verbringens bzw Zurückhaltens in wörtlicher Übereinstimmung mit Art 3 HKÜ; auf die dortige Kommentierung kann daher verwiesen werden (→ U Rn 91 ff). Ferner kann auch die Praxis zur Auslegung von Art 2 Nr 11 EuEheVO berücksichtigt werden (→ Rn 66 ff). Die Verweisung auf das „Recht" des Staats des bisherigen gewöhnlichen Aufenthalts des Kindes ist eine **Gesamtverweisung,** die auch das Kollisionsrecht mit umfasst (vgl näher zu Art 3 HKÜ → U Rn 110 ff). Art 21 Abs 1, der für das KSÜ den Grundsatz der Sachnormverweisung normiert, gilt nur für die Kollisionsnormen des III. Kapitels, nicht für Art 7 Abs 2 (**aA** öst OGH 19.12.12, unalex AT-824). Von einem widerrechtlichen Verbringen oder Zurückhalten des Kindes ist insbesondere dann nicht auszugehen, wenn einem Elternteil durch einstweilige Anordnung das Aufenthaltsbestimmungsrecht für das Kind vorläufig allein übertragen worden ist; denn dies schließt das Recht ein, das Kind ins Ausland zu verbringen. Etwas anderes gilt nur dann, wenn das durch einstweilige Anordnung begründete alleinige Aufenthaltsbestimmungsrecht auf das Gebiet des bisherigen Aufenthaltsstaates beschränkt und ggf durch eine Grenzsperre gesichert worden ist (KG FamRZ 15, 1214/ 1215 m Anm *Heiderhoff* IPRax 16, 335).

4. Keine Bindung an Entscheidungen des neuen Aufenthaltsstaates

450   Die Gerichte des früheren Aufenthaltsstaates sind bei ihrer Prüfung, ob die allgemeinen und besonderen Voraussetzungen des Art 7 Abs 1 und 2 für einen Wechsel der internationalen Zuständigkeit vorliegen, nicht an Entscheidungen der Gerichte des neuen Aufenthaltsstaates gebunden (vgl zu Art 10 EuEheVO EuGH C-497/10 – *Mercredi/Chaffe,* Slg 10 I-14309 Rn 62 ff = FamRZ 11, 617). Dies gilt nicht nur hinsichtlich der Beurteilung der Sorgeberechtigung des einen oder anderen Elternteils, sondern auch in Bezug auf die Frage, ob überhaupt ein widerrechtliches Verbringen oder Zurückhalten des Kindes iSv Abs 2 stattgefunden hat. Die Verneinung dieser Frage durch die Gerichte des neuen Aufenthaltsstaates (und die hierauf gestützte Ablehnung einer Rückführung des Kindes) hindert die Gerichte des früheren Aufenthaltsstaates also nicht, ihre Zuständigkeit nach Art 7 Abs 1 in Anspruch zu nehmen, wenn sie die Voraussetzungen einer Entführung bejahen.

5. Rechtsfolgen

451   **a) Grundsatz.** Die Gerichte des früheren Aufenthaltsstaates des Kindes bleiben im Falle eines widerrechtlichen Verbringens oder Zurückhaltens des Kindes nach Art 7 Abs 1 grundsätzlich weiterhin zur Entscheidung über Fragen der elterlichen Verantwortung international zuständig. Art 7 Abs 1 verdrängt also dann die sich nach Art 5 Abs 1 begründete Zuständigkeit der Gerichte im Verbringungsstaat; insoweit gilt auch im Rahmen des KSÜ ausnahmweise der Grundsatz der *perpetuatio fori.* Die Gerichte des Staates, in den das Kind entführt worden ist, sind mithin trotz des zwischenzeitlich dort begründeten gewöhnlichen Aufenthalts des Kindes nicht zuständig. Eine Übertragung des Verfahrens an die Gerichte dieses Staates nach Art 8, 9 ist ausgeschlossen, weil sie nur den nach Art 5 oder 6 zuständigen Behörden eingeräumt wird.

452   **b) Eilzuständigkeit des Verbringungsstaats, Abs 3.** Art 7 Abs 1 schließt nicht nur die allgemeine Zuständigkeit der Gerichte des Verbringungsstaats nach Art 5 Abs 1, sondern auch dort begründete besondere Zuständigkeiten aus. Dies gilt insbesondere auch für das Recht dieser Gerichte, vorläufige gebietsbeschränkte Schutzmaßnahmen nach Art 12 zu ergreifen (vgl Art 12 Abs 1: „vorbehaltlich des Art 7 …"). Ausgenommen ist nach Abs 3 lediglich die Eilzuständigkeit nach Art 11; danach können die Gerichte des Verbringungsstaates also dringende Maßnahmen zum Schutz der Person oder des Vermögens des Kindes treffen, auch wenn ihnen im Übrigen die Zuständigkeit fehlt.

453   **c) Wechsel der Zuständigkeit.** Ein solcher tritt erst dann ein, wenn entweder die Voraussetzung nach lit a oder die Voraussetzungen nach lit b erfüllt sind. In beiden Fällen endet die Zuständigkeit der Gerichte im früheren Aufenthaltsstaat des Kindes und die Gerichte im Verbringungsstaat werden für alle Fragen der elterlichen Verantwortung international zuständig.

I. Internationale Zuständigkeit: KSÜ Art 8 **F**

6. Verhältnis zur EuEheVO

Art 10 EuEheVO enthält eine Parallelvorschrift zu Art 7 KSÜ. Allerdings wird der Wechsel **454** der Zuständigkeit durch Art 10 lit b i–iv gegenüber Art 7 Abs 1 KSÜ innerhalb der Europäischen Union weiter erschwert. Denn anders als nach diesen Vorschriften bleiben die Gerichte des bisherigen Aufenthaltsstaates gem Art 7 Abs 1 lit b KSÜ nur solange zuständig, bis kein während des einjährigen Aufenthalts des Kindes im Verbringungsstaat gestellter Rückführungsantrag mehr anhängig ist. Der Wechsel der internationalen Zuständigkeit tritt also nach Art 7 Abs 1 KSÜ auch dann ein, wenn ein Gericht oder eine Behörde des Verbringungsstaates den fristgerecht gestellten Antrag auf Rückführung des Kindes (zB nach Art 12, 13 HKÜ) abgelehnt hat. Art 7 Abs 1 KSÜ kommt freilich als Restzuständigkeit iSv Art 14 EuEheVO nur dann zur Anwendung, wenn das Kind seinen gewöhnlichen Aufenthalt im Zeitpunkt der Entscheidung in einem Vertragsstaat des KSÜ oder in einem Drittstaat (→ Rn 444) hat, der **kein Mitgliedstaat der EuEheVO** ist (Art 61 lit a EuEheVO; → Rn 353 ff). Für diesen Fall verdrängt Art 7 allerdings Art 10 EuEheVO auch dann, wenn das Kind in diesen Staat aus einem Mitgliedstaat der EuEheVO widerrechtlich verbracht wurde (*Benicke* IPRax 13, 44/52). Etwas anderes gilt wegen des *perpetuatio fori*-Grundsatzes in Art 8 Abs 2 EuEheVO nur dann, wenn das Verfahren in dem EU-Mitgliedstaat im Zeitpunkt des widerrechtlichen Verbringens/Zurückhaltens bereits rechtshängig war (Rauscher/*Hilbig-Lugani* Rn 4).

7. Verhältnis zum Haager Kindesentführungsübereinkommen

Art 7 regelt nur den Fortbestand bzw die Änderung der internationalen Zuständigkeit auf **455** dem Gebiet der elterlichen Verantwortung, nicht hingegen die internationale Zuständigkeit für die Rückführung des Kindes. Letztere beurteilt sich in allen Vertragsstaaten des KSÜ nach Art 12 ff HKÜ. Die sorgeberechtigte Person oder Stelle ist also nicht daran gehindert, neben dem Antrag auf Rückgabe des Kindes im neuen Aufenthaltsstaat auch einen Sorgerechtsantrag gem Art 7 vor den Gerichten des früheren Aufenthaltsstaats zu stellen.

Ferner setzt die Inanspruchnahme der Zuständigkeit nach Art 7 die Anwendbarkeit des HKÜ **456** nicht zwingend voraus. Die Vorschrift bleibt mithin auch dann anwendbar, wenn das Kind bereits **das 16. Lebensjahr vollendet** hat und deshalb eine Rückführung auf der Grundlage des HKÜ ausscheidet (Art 4 S 2 HKÜ; → U Rn 138). Für diesen Fall muss der sorgeberechtigte Elternteil den Rückführungsantrag bei den Gerichten im neuen Aufenthaltsstaat gegebenenfalls auf der Grundlage des dortigen nationalen Rechts stellen.

KSÜ Art 8. [Abgabe des Verfahrens]

(1) **Ausnahmsweise kann die nach Artikel 5 oder 6 zuständige Behörde eines Vertragsstaats, wenn sie der Auffassung ist, dass die Behörde eines anderen Vertragsstaats besser in der Lage wäre, das Wohl des Kindes im Einzelfall zu beurteilen,**

– **entweder diese Behörde unmittelbar oder mit Unterstützung der Zentralen Behörde dieses Staates ersuchen, die Zuständigkeit zu übernehmen, um die Schutzmaßnahmen zu treffen, die sie für erforderlich hält,**

– **oder das Verfahren aussetzen und die Parteien einladen, bei der Behörde dieses anderen Staates einen solchen Antrag zu stellen.**

(2) **Die Vertragsstaaten, deren Behörden nach Absatz 1 ersucht werden können, sind**

a) **ein Staat, dem das Kind angehört,**

b) **ein Staat, in dem sich Vermögen des Kindes befindet,**

c) **ein Staat, bei dessen Behörden ein Antrag der Eltern des Kindes auf Scheidung, Trennung, Aufhebung oder Nichtigerklärung der Ehe anhängig ist,**

d) **ein Staat, zu dem das Kind eine enge Verbindung hat.**

(3) **Die betreffenden Behörden können einen Meinungsaustausch aufnehmen.**

(4) **Die nach Absatz 1 ersuchte Behörde kann die Zuständigkeit anstelle der nach Artikel 5 oder 6 zuständigen Behörde übernehmen, wenn sie der Auffassung ist, dass dies dem Wohl des Kindes dient.**

655

F 457–462   1. Teil. Erkenntnisverfahren F. Kindschaftssachen

1. Allgemeines

457   In Anlehnung an die anglo-amerikanische Lehre vom *forum non conveniens* (dazu *Heinze/Dutta*
IPRax 05, 224 ff; *König* 23 ff), die im deutschen und kontinentaleuropäischen Zivilprozessrecht
bisher auf wenig Gegenliebe gestoßen (vgl OLG München IPRax 84, 319) und vom EuGH im
Anwendungsbereich der EuGVVO aF ausdrücklich abgelehnt worden ist (EuGH C-281/02 –
Owusu, Slg 05 I-1383 Rn 36 ff), räumt Art 8 dem nach Art 5 oder 6 zuständigen Gericht die
Möglichkeit ein, die Zuständigkeit für ein Verfahren betreffend die elterliche Verantwortung an
das Gericht eines anderen Mitgliedstaats abzugeben, das besser in der Lage ist, das Wohl des
Kindes im Einzelfall zu beurteilen. Diese Flexibilisierung des Zuständigkeitsrechts aus Gründen
des Kindeswohls galt im deutschen Recht schon bisher für Vormundschaften und Pflegschaften
(vgl § 47 Abs 2 FGG/§ 99 Abs 3 FamFG; → Rn 589 f) und wurde auch in Art 15 EuEheVO
übernommen (→ Rn 233 ff). Die Vorschrift ist nach ihrem Abs 1 nur „ausnahmsweise" anzuwenden und deshalb restriktiv auszulegen (Staud/*Pirrung* Rn G 59; NK-BGB/*Benicke* Rn 2;
vgl auch zu Art 15 EuEheVO KG NJW 06, 3503). Sie wird aus deutscher Sicht durch **§ 13a
IntFamRVG** ergänzt, der insbesondere die Bestimmung von **Fristen** vorschreibt (Abs 1 und 2)
und die **Rechtsbehelfe** gegen die Entscheidungen des Familiengerichts regelt (Abs 4 und 5;
→ Rn 562 ff).

458   Durch Art 8 und 9 wird die ansonsten zwingende Zuständigkeit im Staat des gewöhnlichen
Aufenthalt des Kindes nach Art 5 (bzw des schlichten Aufenthalts von Flüchtlingskindern nach
Art 6) im Interesse des Kindeswohls aufgelockert. Andererseits bleibt aber gewährleistet, dass die
Behörden im Staat des gewöhnlichen Aufenthalts des Kindes ihre Zuständigkeit nur verlieren,
wenn sie der Übernahme des Verfahrens durch die Gerichte eines anderen Vertragsstaats zu-
stimmen (*Schulz* FamRZ 03, 336/345; NK-BGB/*Benicke* Rn 1). Außerdem soll durch die
Vorschriften der **Meinungsaustausch zwischen den Behörden** derjenigen Vertragsstaaten, die
einen engen Bezug zum Kind haben, gefördert werden (vgl Art 8 Abs 3, 9 Abs 3).

459   Im Verhältnis zwischen Vertragsstaaten, die zugleich **Mitgliedstaaten der EU** (mit Ausnahme
von *Dänemark*) sind, werden die Art 8, 9 gemäß Art 61 lit a EuEheVO durch **Art 15 EuEheVO**
(→ Rn 233 ff) verdrängt, wenn das Kind seinen gewöhnlichen Aufenthalt in einem Mitgliedstaat
der EuEheVO hat. Ist nur einer der beiden beteiligten Vertragsstaaten zugleich Mitgliedstaat der
EuEheVO, so bleibt es hingegen bei der Anwendung von Art 8 und 9. Im Übrigen setzen beide
Vorschriften voraus, dass sowohl der abgebende wie der übernehmende Staat ein Vertragsstaat
des KSÜ ist. Eine Abgabe an die Behörden eines Nichtvertragsstaats scheidet daher nach diesen
Vorschriften aus (*Krah* 167 f; NK-BGB/*Benicke* Rn 1).

2. Übertragung der Zuständigkeit, Abs 1

460   **a) Bessere Beurteilung des Kindeswohls.** Das nach Art 5 oder 6 zuständige Gericht eines
Vertragsstaats muss die Überzeugung gewinnen, dass die Behörden eines anderen Vertragsstaats
den Fall (oder einen bestimmten Ausschnitt des Falles) besser beurteilen können. Maßgebliche
Kriterien dafür sind vor allem die **größere Sach- und Beweisnähe** dieses Gerichts, zB auf-
grund der Anwendbarkeit des in dem anderen Vertragsstaat geltenden materiellen Kindschaftsrechts, der dortigen Belegenheit des zu verwaltenden Kindesvermögens oder aufgrund der
Notwendigkeit, Zeugen oder Sachverständige aus diesem Staat zu vernehmen, die auch nur die
Sprache dieses Staates sprechen. In Betracht kommt auch eine Abgabe der Zuständigkeit an die
Behörden eines anderen Vertragsstaats kraft Sachzusammenhangs, weil zB dort über das Sorgerecht für Geschwister des Kindes entschieden wird (Staud/*Pirrung* Rn G 60) oder weil dort die
einzigen nahen Angehörigen des Kindes leben (*Lagarde*-Bericht Rn 53).

461   **b) Entscheidungsalternativen.** Ist die im Staat des gewöhnlichen oder schlichten Kindesaufenthalts zuständige Behörde der Ansicht, dass die Behörde eines anderen Vertragsstaats besser
in der Lage wäre, das Wohl des Kindes im Einzelfall zu beurteilen, so hat sie zwei gleichwertige
(*Lagarde*-Bericht Rn 54) Entscheidungsoptionen:

462   **aa) Ersuchen um Übernahme.** Die angerufene Behörde kann sich entweder unmittelbar
(vgl dazu Staud/*Pirrung* Rn G 62) oder mit Unterstützung der Zentralen Behörde (Art 29 ff) –
in Deutschland also des Bundesamts für Justiz (§ 3 Abs 1 Nr 2 IntFamRVG) – an die Behörde
des anderen Vertragsstaats wenden und sie ersuchen, die Zuständigkeit zu übernehmen, um
diejenigen Schutzmaßnahmen zu treffen, die sie für erforderlich hält. Ein solches Ersuchen kann

656

I. Internationale Zuständigkeit: KSÜ Art 8   **463–470** **F**

die Behörde von Amts wegen stellen; abweichend von Art 15 Abs 2 EuEheVO ist das Einverständnis wenigstens einer Partei nicht erforderlich (*Schulz* FamRZ 11, 156/158).

bb) Aussetzung des Verfahrens. Stattdessen kann die nach Art 5 oder 6 zuständige Behörde **463** auch das Verfahren aussetzen und die Parteien einladen, bei der Behörde dieses anderen Staates einen entsprechenden Antrag zu stellen. Diese zweite Variante wird freilich eher in Common Law-Jurisdiktionen gewählt werden; deutsche Gerichte werden im Regelfall den unmittelbaren Kontakt mit der ausländischen Behörde suchen.

cc) Fristsetzung. Anders als Art 15 Abs 4 EuEheVO schreibt Art 8 nicht zwingend vor, dass **464** der ersuchten Behörde für die Übernahme des Verfahrens oder den Beteiligten für die Antragstellung bei der Behörde des anderen Vertragsstaats Fristen zu setzen sind. Zur Vermeidung einer Verfahrensverschleppung ordnet § 13a Abs 1 IntFamRVG eine solche Fristbestimmung jedoch an, wenn ein deutsches Familiengericht das Ersuchen stellt (S 1) oder das Verfahren aussetzt (S 2; näher → Rn 562).

3. Enger Bezug des Sachverhalts zu dem anderen Vertragsstaat, Abs 2

Während Art 15 Abs 1 EuEheVO die Verweisung an das Gericht eines anderen Mitgliedstaats **465** nur vorsieht, wenn das Kind eine „besondere Bindung" iSv Abs 3 der Vorschrift zu dem ersuchten Mitgliedstaat aufweist, trifft Abs 2 diesbezüglich eine etwas großzügigere Regelung. Danach reicht es aus, wenn alternativ eine der folgenden Voraussetzungen erfüllt ist:

a) Staatsangehörigkeit des Kindes, lit a. Die Möglichkeit der Abgabe des Verfahrens an **466** den Heimatstaat des Kindes ersetzt bis zu einem gewissen Grad – allerdings in deutlich abgeschwächter Form (*Lagarde*-Bericht Rn 55) –die im KSÜ aus dem MSA (Art 4) nicht übernommene Zuständigkeit der Heimatbehörden (*Schulz* FamRZ 03, 336/345). Ist das Kind **Mehrstaater,** so genügt es, dass es auch Angehöriger des ersuchten Staates ist; dies muss nicht die effektive Staatsangehörigkeit sein (*Lagarde*-Bericht Rn 55; *Siehr* RabelsZ 62 [1998] 464/481; NK-BGB/*Benicke* Rn 3).

b) Belegenheit von Kindesvermögen, lit b. Auch ein effektiver Schutz des Kindesver- **467** mögens ist häufig nur durch ein sachnahes Gericht möglich. Deshalb kommt für Schutzmaßnahmen in diesem Bereich auch die Abgabe an die Gerichte des Staates in Betracht, in dem das zu schützende Vermögen des Kindes belegen ist. Diese Gerichte sind allerdings nach Art 11, 12 ohnehin zuständig, in dringenden Fällen oder durch vorläufige Maßnahmen das Kindesvermögen zu schützen. Daher setzt die Abgabe an das Belegenheitsgericht nach Art 8 voraus, dass solche Eil- oder vorläufigen Maßnahmen im Belegenheitsstaat hierfür nicht ausreichen(Staud/ *Pirrung* Rn G 65). Im Vordergrund stehen Maßnahmen zum Schutz des Kindesvermögens im Belegenheitsstaat, zB die familiengerichtliche Genehmigung des Verkaufs eines Grundstücks des Kindes.

c) Anhängigkeit einer Ehesache, lit c. Abweichend von Art 15 EuEheVO wird der hinrei- **468** chende Bezug zu dem anderen Vertragsstaat auch dadurch hergestellt, dass dort ein Eheverfahren der Eltern des Kindes anhängig ist. Die Abgabe an das Gericht der Ehesache kommt freilich nur in Betracht, wenn nicht bereits die Voraussetzungen für die internationale Zuständigkeit dieses Gerichts nach Art 10 (→ Rn 474 ff) erfüllt sind. Fehlt es an diesen Voraussetzungen, so werden freilich auch nur selten hinreichende Gründe vorliegen, das Verfahren dennoch an das Ehegericht zu übertragen (Staud/*Pirrung* Rn G 66).

d) Sonstige enge Verbindung des Kindes, lit d. Im Interesse der erforderlichen Flexibilität **469** lässt lit d schließlich in Form einer Generalklausel auch eine andere enge Verbindung des Sachverhalts zu dem anderen Vertragsstaat ausreichen. Diese kann etwa durch einen früheren gewöhnlichen Aufenthalt des Kindes, den gewöhnlichen Aufenthalt anderer wichtiger Bezugspersonen des Kindes oder die Staatsangehörigkeit der Eltern hergestellt werden (NK-BGB/ *Benicke* Rn 3; Rauscher/*Hilbig-Lugani* Rn 11).

4. Reaktion des ersuchten Gerichts, Abs 4

a) Prüfung des Kindeswohls. Das ersuchte Gericht hat seine Entscheidung ebenfalls primär **470** am Wohl des Kindes auszurichten. Aus diesem Grund hat es nach Abs 4 noch einmal zu prüfen, ob die Übernahme des Verfahrens wirklich dem Kindeswohl entspricht.

F 474   1. Teil. Erkenntnisverfahren F. Kindschaftssachen

471   **b) Zuständigkeitserklärung.** Stimmt die ersuchte Behörde mit der erstbefassten Behörde darin überein, dass es den Fall besser beurteilen kann und die Übernahme des Verfahrens daher dem Kindeswohl entspricht, so hat es sich für zuständig zu erklären. Eine Frist ist auch dafür – anders als nach Art 15 Abs 5 EuEheVO – in Art 8 nicht vorgesehen. Wird ein deutsches Familiengericht vom Gericht eines anderen Vertragsstaats nach Art 8 um Übernahme ersucht oder von den Parteien des Verfahrens in dem anderen Vertragsstaat angerufen, so hat es sich gem § 13a Abs 2 IntFamRVG innerhalb einer Frist von *sechs Wochen* zu entscheiden, ob dem Ersuchen bzw Antrag Folge geleistet werden soll.

472   **c) Ablehnung der Zuständigkeit.** Das ersuchte Gericht ist allerdings zu einer Übernahme des Verfahrens nicht verpflichtet. Lehnt es diese ab, so bleibt das zuerst angerufene Gericht weiterhin nach Art 5 bzw 6 zuständig. Einer Ablehnung der Übernahme durch das von einem deutschen Familiengericht ersuchte ausländische Gericht steht es nach § 13a Abs 1 S 3 Int-FamRVG gleich, wenn die diesem Gericht bestimmte Frist ohne Reaktion abgelaufen ist. Bei der Zuständigkeit des deutschen Familiengerichts bleibt es nach § 13a Abs 1 S 4 IntFamRVG auch dann, wenn im Fall der Verfahrensaussetzung nach Abs 1, 2. Spiegelstrich keine Partei das ausländische Gericht innerhalb der gesetzten Frist angerufen hat. Eine Weiterverweisung des ersuchten Gerichts an ein aus seiner Sicht noch besser geeignetes drittes Gericht ist ausgeschlossen.

5. Rechtsbehelfe

473   Welche Rechtsbehelfe den Parteien gegen die auf der Grundlage von Art 8 gefassten Beschlüsse der beteiligten Gerichte zustehen, ist im Übk selbst nicht geregelt, sondern dem nationalen Recht überlassen. Das deutsche Recht hat diese Frage mit Wirkung v 1.1.2011 in **§ 13a Abs 4 und 5 IntFamRVG** geregelt. Wegen der Einzelheiten wird auf die Kommentierung zu Art 15 EuEheVO (→ Rn 233 ff) verwiesen.

KSÜ Art 9. [Übernahme des Verfahrens]

(1) Sind die in Artikel 8 Absatz 2 genannten Behörden eines Vertragsstaats der Auffassung, dass sie besser in der Lage sind, das Wohl des Kindes im Einzelfall zu beurteilen, so können sie

– entweder die zuständige Behörde des Vertragsstaats des gewöhnlichen Aufenthalts des Kindes unmittelbar oder mit Unterstützung der Zentralen Behörde dieses Staates ersuchen, ihnen zu gestatten, die Zuständigkeit auszuüben, um die von ihnen für erforderlich gehaltenen Schutzmaßnahmen zu treffen,

– oder die Parteien einladen, bei der Behörde des Vertragsstaats des gewöhnlichen Aufenthalts des Kindes einen solchen Antrag zu stellen.

(2) Die betreffenden Behörden können einen Meinungsaustausch aufnehmen.

(3) Die Behörde, von welcher der Antrag ausgeht, darf die Zuständigkeit anstelle der Behörde des Vertragsstaats des gewöhnlichen Aufenthalts des Kindes nur ausüben, wenn diese den Antrag angenommen hat.

1. Ersuchen um Ausübung der Zuständigkeit, Abs 1 und 2

474   Art 9 ergänzt die Regelung in Art 8. Danach kann die Initiative für die Übernahme des Verfahrens – ebenso wie nach Art 15 Abs 2 lit c EuEheVO – auch von den Behörden eines Vertragsstaates ausgehen, in dem das Kind sich nicht gewöhnlich aufhält, mit dem der Sachverhalt aber aufgrund eines der in Art 8 Abs 2 genannten Kriterien auf andere Weise eng verbunden ist. Die Behörden eines solchen Vertragsstaates können sich also aus eigener Entschließung an die Behörden desjenigen Vertragsstaats wenden, in dem das Kind seinen gewöhnlichen Aufenthalt hat, und diese ersuchen, ihnen zu gestatten, die Zuständigkeit für die von ihnen für erforderlich erachteten Schutzmaßnahmen auszuüben. Stattdessen können sie auch die Parteien einladen, bei den Behörden im Staat des gewöhnlichen Aufenthalts des Kindes einen entsprechenden Antrag zu stellen. Vorausgesetzt wird auch hier, dass die Behörden des ersuchenden Vertragsstaats der Überzeugung sind, dass sie selbst besser in der Lage sind, das Wohl des Kindes im Einzelfall zu beurteilen als die Behörden im Staat des gewöhnlichen Kindesaufenthalts. Von der Möglichkeit nach Art 9 ist jedoch noch einschränkender Gebrauch zu machen als von der Abgabemöglichkeit nach Art 8 (Staud/*Pirrung* Rn G 70).

658

I. Internationale Zuständigkeit: KSÜ Art 10   **476a, 476b** **F**

Für das **Verfahren der Übernahme** gelten die Ausführungen zu Art 8 im Wesentlichen **475** entsprechend. Gleiches gilt auch für die ergänzenden Regeln des deutschen Rechts in **§ 13a IntFamRVG** hinsichtlich der Fristen (Abs 3 iVm Abs 1 und 2) und der Rechtsbehelfe (Abs 4 und 5).

2. Annahme des Ersuchens, Abs 3

In Abs 3 wird noch einmal ausdrücklich klargestellt, dass die Ausübung der internationalen **476** Zuständigkeit durch Behörden in einem an sich nach Art 5, 6 nicht zuständigen Vertragsstaat nur mit Zustimmung der Behörden im Vertragsstaat des gewöhnlichen (bzw im Fall des Art 6 auch schlichten) Aufenthalts des Kindes zulässig ist. Ohne diese ausdrückliche Annahme des Antrags durch die eigentlich zuständige Behörde können die Behörden in einem anderen Vertragsstaat nur aufgrund des Bestehens einer engen Verbindung iSv Art 8 Abs 2 nicht tätig werden. Werden sie dennoch tätig, ist die Maßnahme zwar im Staat der anordnenden Behörde wirksam; ihr kann die Anerkennung jedoch in einem anderen Vertragsstaat nach Art 23 Abs 2 lit a versagt werden.

KSÜ Art 10. [Verbund mit einem Eheverfahren]

(1) **Unbeschadet der Artikel 5 bis 9 können die Behörden eines Vertragsstaats in Ausübung ihrer Zuständigkeit für die Entscheidung über einen Antrag auf Scheidung, Trennung, Aufhebung oder Nichtigerklärung der Ehe der Eltern eines Kindes, das seinen gewöhnlichen Aufenthalt in einem anderen Vertragsstaat hat, sofern das Recht ihres Staates dies zulässt, Maßnahmen zum Schutz der Person oder des Vermögens des Kindes treffen, wenn**

a) **einer der Eltern zu Beginn des Verfahrens seinen gewöhnlichen Aufenthalt in diesem Staat und ein Elternteil die elterliche Verantwortung für das Kind hat und**

b) **die Eltern und jede andere Person, welche die elterliche Verantwortung für das Kind hat, die Zuständigkeit dieser Behörden für das Ergreifen solcher Maßnahmen anerkannt haben und diese Zuständigkeit dem Wohl des Kindes entspricht.**

(2) **Die in Absatz 1 vorgesehene Zuständigkeit für das Ergreifen von Maßnahmen zum Schutz des Kindes endet, sobald die stattgebende oder abweisende Entscheidung über den Antrag auf Scheidung, Trennung, Aufhebung oder Nichtigerklärung der Ehe endgültig geworden ist oder das Verfahren aus einem anderen Grund beendet wurde.**

1. Allgemeines

Während die Zuständigkeitsordnung des KSÜ grundsätzlich „kindzentriert" ist (*Schulz* **476a** FamRZ 11, 156/57), normiert Art 10 Abs 1 – in Übereinstimmung mit Art 12 Abs 1 und 2 EuEheVO – als einzige Ausnahme hiervon eine **konkurrierende Zuständigkeit** der Gerichte des Vertragsstaats, in dem eine Ehesache der Eltern des Kindes anhängig ist (*Benicke* IPRax 13, 44/48; dazu KG FamRZ 15, 1214/1215 f). Dem Antragsteller steht es also frei, Schutzmaßnahmen trotz Anhängigkeit einer Ehesache in einem anderen Vertragsstaat nach Art 5, 7–9 zu beantragen. Positive Kompetenzkonflikte sind dann mit Hilfe von Art 13 zu lösen (*Lagarde*-Bericht Rn 63; *Siehr* RabelsZ 62 [1998] 464/484; NK-BGB/*Benicke* Rn 5). Die in Art 12 Abs 3 EuEheVO vorgesehene weitergehende Möglichkeit, auch unabhängig von der Anhängigkeit einer Ehesache der Eltern die Zuständigkeit der Gerichte eines Mitgliedstaats zu vereinbaren, zu dem das Kind eine wesentliche Bindung hat, besteht im Rahmen des KSÜ nicht.

Abweichend von der nach Art 8 und 9 begründeten ist die Zuständigkeit nach Art 10 Abs 1 **476b** nicht davon abhängig, dass die Behörden im Staat des gewöhnlichen Kindesaufenthalts ihr Einverständnis erklärt haben. Der Rückgriff auf Art 8 und 9 bleibt jedoch zur Begründung der internationalen Zuständigkeit des Gerichts der Ehesache möglich, wenn die Voraussetzungen des Art 10 Abs 1 nicht erfüllt sind (NK-BGB/*Benicke* Rn 3). Art 10 KSÜ kommt freilich als Restzuständigkeit iSv Art 14 EuEheVO in den Mitgliedstaaten dieser Verordnung nur dann zur Anwendung, wenn das Kind seinen gewöhnlichen Aufenthalt im Zeitpunkt der Entscheidung in einem Vertragsstaat des KSÜ hat, der **kein Mitgliedstaat der EuEheVO** ist (Art 61 lit a EuEheVO; → Rn 375.

659

F 476c–481   1. Teil. Erkenntnisverfahren F. Kindschaftssachen

2. Voraussetzungen der Verbundzuständigkeit, Abs 1

476c   Nach Abs 1 haben die Eltern des Kindes die Möglichkeit, den Antrag auf Entscheidung über Maßnahmen zum Schutz der Person oder des Vermögens des Kindes mit dem Antrag auf Ehescheidung, Trennung, Aufhebung oder Nichtigerklärung der Ehe zu verbinden, auch wenn das Kind seinen gewöhnlichen Aufenthalt iSv Art 5 Abs 1 nicht in dem Vertragsstaat hat, dessen Gerichte in der Ehesache angerufen worden sind. Als derartige Schutzmaßnahmen kommen grundsätzlich nur Regelungen des **Sorge- und/oder Umgangsrechts** in Betracht, weil über die anderen in Art 3 genannten Schutzmaßnahmen nicht im Verbund mit einem Eheverfahren entschieden zu werden pflegt (OLG Düsseldorf FamRZ 10, 915; **aA** NK-BGB/*Benicke* Rn 4). Zur Begründung der Zuständigkeit nach Art 10 Abs 1 müssen die folgenden Voraussetzungen nach lit a und lit b **kumulativ** erfüllt sein (vgl *Siehr* RabelsZ 62 [1998] 464/483; NK-BGB/ *Benicke* Rn 2):

477   **a) Gewöhnlicher Aufenthalt des Kindes in einem Vertragsstaat.** Die Zuständigkeit nach Art 10 Abs 1 ist grundsätzlich nur eröffnet, wenn das Kind seinen gewöhnlichen Aufenthalt iSv Art 5 Abs 1 in einem anderen Vertragsstaat des KSÜ hat. Nur in den Fällen des Art 6 genügt auch ein schlichter Aufenthalt. Hat das Kind hingegen seinen gewöhnlichen Aufenthalt in einem Nichtvertragsstaat oder ist sein gewöhnlicher Aufenthalt nicht bekannt, so scheidet eine Anwendung von Art 10 von vornherein aus (Staud/*Pirrung* Rn G 74); anwendbar ist vielmehr Art 12 EuEheVO (vgl *Benicke* IPRax 13, 44/53).

478   **b) Anhängigkeit der Ehesache in einem anderen Vertragsstaat.** Die Ehesache (Scheidung, Trennung, Aufhebung oder Nichtigerklärung der Ehe) muss in einem vom gewöhnlichen Aufenthaltsstaat des Kindes verschiedenen Vertragsstaat anhängig sein (vgl KG FamRZ 15, 1214 Rn 13). Anders als die EuEheVO regelt das KSÜ die internationale Zuständigkeit in Ehesachen nicht. Diese kann sich also aus Art 3 ff EuEheVO, einem Staatsvertrag oder aus dem autonomen Zuständigkeitsrecht des betreffenden Vertragsstaats (in Deutschland zB aus § 98 FamFG) ergeben. Auch eine Vereinbarung der Eltern über die Zuständigkeit nach Art 12 EuEheVO reicht für die Begründung der Zuständigkeit nach Art 10 aus, wenn das Kind seinen gewöhnlichen Aufenthalt in einem Vertragsstaat hat, der nicht zugleich Mitgliedstaat der Verordnung ist.

479   **c) Verbundenes Verfahren.** Ferner muss der Antrag auf Entscheidung über das Sorge- oder Umgangsrecht mit dem Antrag im Eheverfahren (zB dem Scheidungsantrag) verbunden sein, dh die *lex fori* des angerufenen Gerichts muss eine solche Verbindung zulassen (*Lagarde*-Bericht Rn 62). Erforderlich ist also, dass die Schutzmaßnahmen entweder gleichzeitig mit dem Antrag in der Ehesache oder während des schon anhängigen Eheverfahrens beantragt werden. Hingegen reicht es nicht aus, dass erst im Anschluss an ein bereits anhängiges Sorgerechtsverfahren noch eine Ehesache anhängig gemacht wird (KG FamRZ 15, 1214/1215 m Anm *Rentsch* NZFam 15, 474 und *Heiderhoff* IPRax 16, 335 [*Russland*]; ebenso zu Art 11 EheVO 2000 *Gruber* IPRax 04, 507 gegen Rn G 75; OLG Karlsruhe IPRax 04, 524/526 m Anm *Hohloch* JuS 04, 1104). Ein förmlicher Verfahrensverbund – wie zB nach § 137 FamFG – wird hingegen ebenso wenig wie nach Art 12 EuEheVO (→ Rn 198) vorausgesetzt (Staud/*Pirrung* Rn G 72; Rauscher/*Hilbig-Lugani* Rn 15; **aA** *Bucher* SZIER 97, 67/86). Auch ist unerheblich, ob das nationale Verfahrensrecht des Gerichtsstaats – wie im deutschen Recht § 98 Abs 3 FamFG – eine Verbundzuständigkeit für Sorgerechtsstreitigkeiten vorsieht (**aA** Erman/*Hohloch* Anh Art 24 EGBGB Rn 31).

480   **d) Gewöhnlicher Aufenthalt eines Elternteils im Gerichtsstaat.** Gem Abs 1 lit a muss ein Elternteil seinen gewöhnlichen Aufenthalt zu Beginn des Verfahrens im Gerichtsstaat gehabt haben. Ein anschließender Umzug dieses Elternteils in einen anderen Vertragsstaat oder einen Drittstaat ändert daran nichts; insoweit gilt also der Grundsatz der *perpetuatio fori* (Staud/*Pirrung* Rn G 75). Andererseits heilt die Begründung des gewöhnlichen Aufenthalts durch einen Elternteil erst während des Verfahrens die Unzuständigkeit des Gerichts nach Art 10 Abs 1 nicht (Staud/*Pirrung* Rn G 75; Rauscher/*Hilbig-Lugani* Rn 12).

481   **e) Elterliche Verantwortung zumindest eines Ehegatten.** Ebenfalls nach lit a muss einer der am Eheverfahren beteiligten Ehegatten – nicht notwendig derjenige, der sich im Gerichtsstaat gewöhnlich aufhält (*Lagarde*-Bericht Rn 64) – die elterliche Verantwortung für das Kind innehaben. Maßgebender Zeitpunkt ist auch hier grundsätzlich der Beginn des Verfahrens (Staud/*Pirrung* Rn G 76; BeckOGK/*Markwardt* Rn 13); nach dem Normzweck sollte es aber ausreichen, wenn die elterliche Sorge durch einen Ehegatten erst während des Verfahrens

660

I. Internationale Zuständigkeit: KSÜ Art 10 **482–486 F**

erworben wird (Rauscher/*Hilbig-Lugani* Rn 12a). Ob zumindest ein Ehegatte kraft Gesetzes oder aufgrund einer Vereinbarung Inhaber des Sorgerechts über das Kind ist, ist gemäß Art 16 grundsätzlich nach dem Recht des Staates zu beurteilen, in dem das Kind seinen gewöhnlichen Aufenthalt hat, auch wenn dies das Recht eines Nichtvertragsstaats ist (Art 20; → Rn 636 ff). Ist über die elterliche Sorge für das Kind bereits durch ein ausländisches Gericht entschieden worden, so ist diese Entscheidung maßgebend, sofern sie nach Art 23 ff oder hilfsweise nach dem autonomen Verfahrensrecht im Gerichtsstaat anzuerkennen ist.

f) Anerkennung der Zuständigkeit. Beide Elternteile und – wenn ein Elternteil nicht **482** sorgeberechtigt ist – jeder sonstige Träger der elterlichen Verantwortung müssen die Zuständigkeit des angerufenen Ehegerichts für das Ergreifen solcher Maßnahmen anerkannt haben, lit b Var 1. Die Anerkennung bedarf keiner besonderen Form; sie kann auch durch konkludentes Verhalten erfolgen, sofern sie das Einverständnis mit der Zuständigkeit des angerufenen Gerichts eindeutig zum Ausdruck bringt. Hierfür dürfte – anders als nach Art 12 Abs 1 EuEheVO (→ Rn 203) – auch eine rügelose Einlassung des Antragsgegners auf das Verfahren ausreichen (Staud/*Pirrung* Rn G 77; Rauscher/*Hilbig-Lugani* Rn 13; **aA** G/Sch/*Gruber* IRV Rn 5). Denn lit b verlangt – im Gegensatz zu Art 12 Abs 1 lit b EuEheVO – nicht, dass die Eltern die Zuständigkeit bereits „zum Zeitpunkt der Anrufung des Gerichts" anerkannt haben müssen; es genügt vielmehr die Anerkennung zu irgendeinem Zeitpunkt des Verfahrens.

g) Einklang mit dem Kindeswohl. Schließlich muss die (Verbunds-) Zuständigkeit des **483** Gerichts der Ehesache gem lit b Var 2 im Einklang mit dem Kindeswohl stehen. Insoweit stehen die zuständigkeitsrechtlichen Interessen des Kindes im Vordergrund (*Coester-Waltjen* FamRZ 05, 241/243; *Dutta* FS Kropholler [2008] 281/287 ff). Diese können der Zuständigkeit nach Art 10 Abs 1 etwa dann entgegenstehen, wenn das Kind zu seiner Anhörung sehr weit anreisen muss oder – anders als bei einer Anhörung in seinem Aufenthaltsstaat – die Hilfe eines Dolmetschers benötigt. Hat das Kind seinen gewöhnlichen Aufenthalt in einem Drittstaat, so dürfte die Regelung in Art 12 Abs 4 EuEheVO auch im Rahmen von Art 10 KSÜ entsprechend gelten. Danach steht die Zuständigkeit nach Abs 1 insbesondere dann im Einklang mit dem Kindeswohl, wenn sich ein Verfahren in dem betreffenden Drittstaat – zB wegen eines Bürgerkriegs – als unmöglich oder unzumutbar erweist.

3. Gegenstand und Dauer der Zuständigkeit, Abs 2

Die Zuständigkeit des Gerichts nach Abs 10 Abs 1 ist nicht auf die Zuweisung des Sorgerechts **484** und die Regelung des Umgangs beschränkt, sondern bezieht sich, wie Abs 2 klarstellt, auf „Maßnahmen zum Schutz des Kindes" jeglicher Art. Zur Beendigung dieser Zuständigkeit, die auch für Änderungsanträge gilt, sieht Abs 2 zwei Gründe vor:

a) Rechtskraft der Entscheidung in der Ehesache. Ist die Entscheidung über den Antrag **485** auf Ehescheidung, Trennung, Aufhebung oder Nichtigerklärung der Ehe rechtskräftig geworden, so kann es zu einem „verbundenen" Verfahren nicht mehr kommen; aus diesem Grunde endet die Zuständigkeit des in der Ehesache zuständigen Gerichts auch für die Entscheidung über die elterliche Verantwortung. Dabei kommt es nicht darauf an, ob dem Antrag in der Ehesache stattgegeben oder ob er abgewiesen worden ist (*Helms* FamRZ 02, 1593/1597; G/Sch/*Gruber*, IRV Rn 9; Staud/*Pirrung* Rn G 79; **aA** *Krah* 185). Das „Ende" der Zuständigkeit bedeutet freilich nicht, dass das im Zeitpunkt des Eintritts der Rechtskraft der Entscheidung in der Ehesache noch anhängige Verfahren über das Sorgerecht nicht mehr zu Ende geführt werden könnte (NK-BGB/*Benicke* Rn 6). Gemeint ist – in Übereinstimmung mit der insoweit klareren Regelung in Art 12 Abs 2 lit b EuEheVO (→ Rn 210) – lediglich, dass nach diesem Zeitpunkt ein Verfahren zur elterlichen Verantwortung nicht mehr im Gerichtsstand des Abs 1 anhängig gemacht werden kann (einschränkend Rauscher/*Hilbig-Lugani* Rn 17, die eine Fortführung des Sorgerechtsverfahrens nur unter den Voraussetzungen der Art 8, 9 für zulässig hält).

b) Beendigung des Verfahrens aus anderen Gründen. Die Zuständigkeit nach Abs 1 **486** endet nach Abs 2 auch dann, wenn das Verfahren in der Ehesache aus anderen Gründen beendet worden ist. Als solche kommen insbesondere eine Antragsrücknahme oder der Tod eines Ehegatten in Betracht (Staud/*Pirrung* Rn G 80).

F 487–490   1. Teil. Erkenntnisverfahren F. Kindschaftssachen

KSÜ Art 11. [Zuständigkeit für dringliche Schutzmaßnahmen]

(1) **In allen dringenden Fällen sind die Behörden jedes Vertragsstaats, in dessen Hoheitsgebiet sich das Kind oder ihm gehörendes Vermögen befindet, zuständig, die erforderlichen Schutzmaßnahmen zu treffen.**

(2) **Maßnahmen nach Absatz 1, die in Bezug auf ein Kind mit gewöhnlichem Aufenthalt in einem Vertragsstaat getroffen wurden, treten außer Kraft, sobald die nach den Artikeln 5 bis 10 zuständigen Behörden die durch die Umstände gebotenen Maßnahmen getroffen haben.**

(3) **Maßnahmen nach Absatz 1, die in Bezug auf ein Kind mit gewöhnlichem Aufenthalt in einem Nichtvertragsstaat getroffen wurden, treten in jedem Vertragsstaat außer Kraft, sobald dort die durch die Umstände gebotenen und von den Behörden eines anderen Staates getroffenen Maßnahmen anerkannt werden.**

1. Allgemeines

487   In Art 11 Abs 1 und 2 hat das KSÜ im Wesentlichen die Regelung der Eilzuständigkeit in Art 9 MSA übernommen. Auf die Auslegung dieser Vorschrift durch Rechtsprechung und Lehre kann daher weiterhin zurückgegriffen werden. Die Vorschrift soll Schutzlücken vermeiden, wenn das Kind oder sein Vermögen sich in einem vom gewöhnlichen Aufenthaltsstaat des Kindes verschiedenen Vertragsstaat befinden und rascher Handlungsbedarf besteht (Rauscher/*Hilbig-Lugani* Rn 1). Die Eilzuständigkeit nach Art 11 tritt dann **konkurrierend** neben die Zuständigkeiten nach Art 5–10.

488   Die Eilzuständigkeit nach Abs 1 setzt als räumlichen Bezug nur voraus, dass sich entweder das Kind oder ihm gehörendes Vermögen im Zeitpunt der Beantragung der einstweiligen Maßnahme im Hoheitsgebiet des betreffenden Vertragsstaats befindet (OLG Saarbrücken BeckRS 16, 07949 Rn 15; OLG Karlsruhe FamRZ 14, 1565). Entbehrlich ist damit nicht nur ein gewöhnlicher Aufenthalt des Kindes in diesem Vertragsstaat (sonst käme schon Art 5 Abs 1 zur Anwendung), sondern auch ein gewöhnlicher Aufenthalt des Kindes in irgendeinem anderen Vertragsstaat des KSÜ. Abweichend von den meisten sonstigen Zuständigkeitsvorschriften des Kapitels II findet Art 11 mithin auch dann Anwendung, wenn sich das Kind in einem Nichtvertragsstaat gewöhnlich aufhält (Abs 3; *Lagarde*-Bericht Rn 67; *Siehr* RabelsZ 62 [1998] 464/485; NK-BGB/*Benicke* Rn 1). Das Recht, dringliche Maßnahmen nach Art 11 zu treffen, haben auch die Behörden des Staates, in den das Kind widerrechtlich verbracht worden ist (Art 7 Abs 3; OLG München FamRZ 15, 777 Rn 38).

489   Für die Abgrenzung zwischen Art 11 und **Art 20 EuEheVO** kommt es darauf an, in welchem Staat das Kind seinen gewöhnlichen Aufenthalt hat. Ist dies ein Mitgliedstaat der EuEheVO, so hat Art 20 EuEheVO gem Art 61 lit a EuEheVO Vorrang vor Art 11 KSÜ (vgl *Coester-Waltjen* FamRZ 05, 241/245; NK-BGB/*Benicke* Rn 2). Als Öffnungsklausel ermöglicht Art 20 EuEheVO jedoch den Gerichten der Mitgliedstaaten, die zugleich Vertragsstaaten des KSÜ sind, wiederum den Rückgriff auf die Zuständigkeit nach Art 11 (öst OGH 15.3.12, unalex AT-821; Rauscher/*Hilbig-Lugani* Rn 3; → Rn 326). Art 11 verdrängt Art 20 EuEheVO nur, wenn das Kind sich in einem Vertragsstaat des KSÜ gewöhnlich aufhält, der nicht zugleich Mitgliedstaat der EuEheVO ist (→ Rn 353 ff). Ergänzend gilt im deutschen Recht § 15 **IntFamRVG** (→ Rn 565 f).

2. Voraussetzungen der Zuständigkeit, Abs 1

490   **a) Hinreichender Bezug zum Gerichtsstaat.** Auch für dringliche Maßnahmen sind die Gerichte eines Vertragsstaats nur zuständig, wenn der Sachverhalt einen hinreichenden Bezug zu diesem Vertragsstaat aufweist. Dieser Bezug wird nach Art 11 Abs 1 – ähnlich wie für die reale Verknüpfung nach Art 20 EuEheVO (→ Rn 333) – entweder durch den (schlichten) Aufenthalt des Kindes (OLG Karlsruhe FamRZ 14, 1565) oder (bei vermögensbezogenen Maßnahmen) durch die Belegenheit von Kindesvermögen hergestellt. Auf die Frage, in welchem Staat das Kind seinen durch gewöhnlichen Aufenthalt hat, kommt es im Rahmen von Art 11 nicht an. Dieser kann sich in einem anderen Vertragsstaat, in einem Drittstaat oder sogar im Gerichtsstaat befinden, wenn er dort ausnahmsweise – wie zB im Fall eines widerrechtlichen Verbringens oder Zurückhaltens iSv Art 7 – keine allgemeine Zuständigkeit nach Art 5 eröffnet. Der Begriff des Kindesvermögens ist weit zu verstehen. Er umfasst außer dem Eigentum jede andere vermögens-

662

I. Internationale Zuständigkeit: KSÜ Art 11   491–497 **F**

werte Rechtsposition. Über die Frage, wo das Kindesvermögen belegen ist, sollte nicht die jeweilige *lex rei sitae,* sondern eine übereinkommensautonome Auslegung entscheiden (Rauscher/*Hilbig Lugani* Rn 6; **aA** BeckOGK/*Markwardt* Rn 7).

b) Dringender Fall. Die Zuständigkeit nach Art 11 besteht – im Gegensatz zu den Zu- **491** ständigkeiten nach Art 5–10 – nicht umfassend für Schutzmaßnahmen jeglicher Art zugunsten des Kindes, sondern nur für besonders dringliche. Der Begriff des „dringenden Falles" ist ebenso wie bisher in Art 9 MSA zu verstehen; ferner kann auch auf die Rechtsprechung des EuGH zur Auslegung dieses Begriffs in Art 20 EuEheVO zurückgegriffen werden (→ Rn 328 ff). Insoweit sind grundsätzlich strenge Anforderungen zu stellen, um das Zuständigkeitssystem des Kapitels II nicht auszuhebeln, zumal idR auch die Möglichkeit besteht, nur vorläufige und territorial begrenzte Maßnahmen nach Art 12 (→ Rn 499 ff) zu treffen (*Lagarde*-Bericht Rn 68; Rauscher/ *Hilbig Lugani* Rn 7).

Dringlich ist eine Schutzmaßnahme nur, wenn ein **unverzügliches Einschreiten der** **492** **Behörde** zum Schutz der Person (zB bei chirurgischen Eingriffen, vgl Staud/*Pirrung* Rn G 82) oder des Vermögens des Kindes erforderlich ist und die Gefahr besteht, dass das Kind bis zu einer Entscheidung des in der Hauptsache zuständigen Gerichts im Staat seines gewöhnlichen Aufenthalts (Art 5) oder in einem anderen nach Art 6–10 zuständigen Vertragsstaat schweren Schaden nehmen könnte (OLG München FamRZ 15, 777 Rn 38; Rauscher/*Hilbig Lugani* Rn 7). Eine ernstliche Gefährdung iSv Art 8 MSA wird zwar nicht vorausgesetzt (NK-BGB/ *Benicke* Rn 3); sie reicht jedoch in jedem Fall für die Begründung der Zuständigkeit nach Art 11 aus. Dringlichkeit ist daher regelmäßig gegeben, wenn Maßnahmen nach §§ 1666 ff BGB ergriffen werden müssen (Staud/*Pirrung* Rn G 82; BeckOGK/*Markwardt* Rn 7; vgl auch BGH FamRZ 05, 344: drohende Beschneidung eines Mädchens während eines Besuchs in *Gambia*).

c) Erforderlichkeit der Maßnahme. Die Zuständigkeit der Gerichte nach Art 11 Abs 1 **493** beschränkt sich darauf, die „erforderlichen Schutzmaßnahmen" zu treffen. Die Maßnahmen dürfen also keinerlei Aufschub dulden und müssen unerlässlich sein, um Gefahren für das Kind zu vermeiden (Staud/*Pirrung* Rn G 84). Art 11 sieht allerdings keine Beschränkung auf bestimmte Typen von Maßnahmen vor (*Lagarde*-Bericht Rn 68; Rauscher/*Hilbig Lugani* Rn 8). Ferner dürfen dringliche Maßnahmen iSv Art 11 – anders als vorläufige Maßnahmen nach Art 12 – durchaus von Maßnahmen abweichen, die zuvor von einem in der Hauptsache nach Art 5–10 zuständigen Gericht getroffen wurden.

Die Zuständigkeit nach Art 11 kann **gleichzeitig in mehreren Vertragsstaaten** eröffnet **494** sein, zB wenn der Aufenthaltsstaat des Kindes und der Belegenheitsstaat von Kindesvermögen auseinanderfällt oder wenn Kindesvermögen in mehreren Vertragsstaaten belegen ist (Staud/ *Pirrung* Rn G 83; NK-BGB/*Benicke* Rn 3; Rauscher/*Hilbig Lugani* Rn 11). Ferner ist das nach Art 11 zuständige Gericht – anders als ein nach Art 20 EuEheVO zuständiges Gericht (→ Rn 333) – nicht darauf beschränkt, Maßnahmen nur in bezug auf im Gerichtsstaat befindliche Personen oder Vermögensgegenstände zu treffen, sondern kann auch Maßnahmen mit **extraterritorialer Wirkung** ergreifen (*Lagarde*-Bericht Rn 68; NK-BGB/*Benicke* Rn 4; Rauscher/*Hilbig Lugani* Rn 12).

d) Vorbehalt nach Art 55 lit a. Soweit die zu treffende Maßnahme nicht die Person, **495** sondern das Vermögen des Kindes betrifft, kann die Zuständigkeit nach Art 11 nur in Anspruch genommen werden, wenn der Belegenheitsstaat nicht den Vorbehalt nach Art 55 lit a erklärt und sich die ausschließliche Zuständigkeit für Maßnahmen in bezug auf das in seinem Territorium belegene Kindesvermögen vorbehalten hat (dazu → Rn 552 f).

3. Außerkrafttreten der Schutzmaßnahmen

Für das Außerkrafttreten von dringlichen Maßnahmen iSv Art 11 gilt nicht die allgemeine **496** Regelung in Art 13. Vielmehr sieht Art 11 in Abs 2 und 3 hierfür Sonderregeln vor, die danach unterscheiden, ob das Kind seinen gewöhnlichen Aufenthalt in einem Vertragsstaat hat oder nicht.

a) Gewöhnlicher Aufenthalt des Kindes in einem Vertragsstaat, Abs 2. Hat das Kind **497** seinen gewöhnlichen Aufenthalt in einem Vertragsstaat des KSÜ, so können die nach Art 5–10 zuständigen Behörden eines anderen Vertragsstaats jederzeit nachträglich „die durch die Umstände gebotenen Maßnahmen" treffen. Für diesen Fall treten die nur aus Gründen der Dringlichkeit gem Art 11 getroffenen Maßnahmen gemäß Abs 2 außer Kraft. Denn insbesondere wenn die

663

F 499, 500   1. Teil. Erkenntnisverfahren F. Kindschaftssachen

sachnäheren Gerichte im Staat des gewöhnlichen Kindesaufenthalts tätig geworden sind, besteht kein Grund mehr, die zuvor getroffenen dringlichen Maßnahmen der Gerichte anderer Vertragsstaaten weiter aufrecht zu erhalten (*Lagarde*-Bericht Rn 71). Dies kommt freilich nur in Betracht, wenn die dringliche Maßnahme wieder rückgängig gemacht werden kann; daran fehlt es zB bei der nach Art 11 Abs 1 erteilten Zustimmung zu einem chirurgischen Eingriff (*Lagarde*-Bericht Rn 71; Rauscher/*Hilbig Lugani* Rn 17).

498   b) Gewöhnlicher Aufenthalt des Kindes in einem Drittstaat, Abs 3. Hat das Kind seinen gewöhnlichen Aufenthalt in einem Drittstaat, so greifen zum einen die allgemeinen Zuständigkeitsvorschriften der 5–10 nicht ein; zum anderen ist nicht gesichert, dass die von den Gerichten dieses Drittstaats getroffenen Maßnahmen in den Vertragsstaaten des KSÜ anerkannt werden, weil das Übk die Regeln zur Anerkennung drittstaatlicher Entscheidungen nicht harmonisiert hat. Für diesen Fall treten die von den Behörden eines Vertragsstaats nach Art 11 Abs 1 getroffenen (und in den übrigen Vertragsstaaten nach Art 23 anerkannten) dringlichen Maßnahmen gemäß Abs 3 erst außer Kraft, wenn die durch die Umstände gebotenen und von den Behörden eines anderen (Vertrags- oder Dritt-) Staates angeordneten Maßnahmen in dem betreffenden Vertragsstaat **anerkannt** worden sind. Über die Anerkennung entscheidet das autonome Recht dieses Vertragsstaats, wenn die anzuerkennende Maßnahme von den Behörden eines Drittstaats getroffen worden ist. Demgegenüber werden Maßnahmen der Behörden eines anderen Vertragsstaats nach Art 23 anerkannt, wenn diese Behörden sich auf eine Zuständigkeit nach dem Kapitel II des KSÜ gestützt haben. Die Anerkennung nach dem Übk scheitert in Bezug auf Kinder, die sich in einem Drittstaat gewöhnlich aufhalten, daher nicht notwendig an Art 23 Abs 2 lit a.

KSÜ Art 12. [Zuständigkeit für vorläufige Schutzmaßnahmen]

(1) **Vorbehaltlich des Artikels 7 sind die Behörden eines Vertragsstaats, in dessen Hoheitsgebiet sich das Kind oder ihm gehörendes Vermögen befindet, zuständig, vorläufige und auf das Hoheitsgebiet dieses Staates beschränkte Maßnahmen zum Schutz der Person oder des Vermögens des Kindes zu treffen, soweit solche Maßnahmen nicht mit den Maßnahmen unvereinbar sind, welche die nach den Artikeln 5 bis 10 zuständigen Behörden bereits getroffen haben.**

(2) **Maßnahmen nach Absatz 1, die in bezug auf ein Kind mit gewöhnlichem Aufenthalt in einem Vertragsstaat getroffen wurden, treten außer Kraft, sobald die nach den Artikeln 5 bis 10 zuständigen Behörden eine Entscheidung über die Schutzmaßnahmen getroffen haben, die durch die Umstände geboten sein könnten.**

(3) **Maßnahmen nach Absatz 1, die in bezug auf ein Kind mit gewöhnlichem Aufenthalt in einem Nichtvertragsstaat getroffen wurden, treten in dem Vertragsstaat außer Kraft, in dem sie getroffen worden sind, sobald dort die durch die Umstände gebotenen und von den Behörden eines anderen Staates getroffenen Maßnahmen anerkannt werden.**

1. Allgemeines

499   Art 12 ähnelt in Struktur und Funktion der Eilzuständigkeit nach Art 11. Wie Art 11 Abs 1 setzt auch Art 12 Abs 1 nur voraus, dass sich entweder das Kind oder ihm gehörendes Vermögen im Gerichtsstaat befinden. Ferner korrespondieren die Regeln in Art 12 Abs 2 und 3, die das Verhältnis zu Maßnahmen des Staates des gewöhnlichen Aufenthalts des Kindes regeln, den Vorschriften in Art 11 Abs 2 und 3. Allerdings verzichtet Art 12 Abs 1 auf das Erfordernis der Dringlichkeit. Dafür kann das nach Art 12 Abs 1 zuständige Gericht nur vorläufige und auf das Gebiet des Gerichtsstaates beschränkte Maßnahmen zum Schutz der Person oder des Vermögens des Kindes treffen, um eine allzu starke Einschränkung der allgemeinen Zuständigkeiten nach Art 5–6, 8–10 zu verhindern. In die EuEheVO wurde eine dem Art 12 KSÜ entsprechende Vorschrift nicht übernommen; die Zuständigkeit für einstweilige Maßnahmen nach Art 20 EuEheVO setzt stets Dringlichkeit voraus (→ Rn 328 ff).

500   Wie Art 11 Abs 1 betrifft auch Art 12 Abs 1 Fälle, in denen der gewöhnliche und der schlichte Aufenthalt des Kindes auseinanderfallen. Entbehrlich ist auch nach Art 12 nicht nur ein gewöhnlicher Aufenthalt des Kindes im Staat des angerufenen Gerichts (sonst käme schon Art 5 Abs 1 zur Anwendung), sondern auch ein gewöhnlicher Aufenthalt des Kindes in irgendeinem

664

I. Internationale Zuständigkeit: KSÜ Art 12   **501–506** **F**

anderen Vertragsstaat des KSÜ. In Übereinstimmung mit Art 11 – und abweichend von den meisten sonstigen Zuständigkeitsvorschriften des Kapitels II – findet Art 12 mithin auch dann Anwendung, wenn sich das Kind in einem **Nichtvertragsstaat** gewöhnlich aufhält (*Lagarde*-Bericht Rn 74; Rauscher/*Hilbig Lugani* Rn 2).

Die Zuständigkeit nach Art 12 tritt **konkurrierend** neben die allgemeinen Zuständigkeiten **501** nach Art 5–6 und Art 8–10. Durch den Vorbehalt zugunsten von Art 7 wird sie allerdings in **Entführungsfällen** ausgeschlossen. Die Behörden des Verbringungsstaats sind also darauf beschränkt, dringliche Maßnahmen unter den Voraussetzungen des Art 11 zu treffen (*Lagarde*-Bericht Rn 75; Staud/*Pirrung* Rn G 87). Der Vorbehalt hindert allerdings Vertragsstaaten, in denen sich das Kind weder vor noch nach der Entführung gewöhnlich aufgehalten hat, nicht, vorläufige Maßnahmen zum Schutz des in ihrem Hoheitsgebiet belegenen Kindesvermögens nach Art 12 zu treffen (Rauscher/*Hilbig Lugani* Rn 3).

Für die Abgrenzung zwischen Art 12 und **Art 20 EuEheVO** kommt es wiederum darauf an, **502** in welchem Staat das Kind seinen gewöhnlichen Aufenthalt hat. Ist dies ein Mitgliedstaat der EuEheVO, so hat Art 20 EuEheVO gem Art 61 lit a EuEheVO Vorrang vor Art 12 KSÜ. Art 12 kommt daher nur zur Anwendung, wenn das Kind sich in einem Vertragsstaat des KSÜ gewöhnlich aufhält, der nicht zugleich Mitgliedstaat der EuEheVO ist (Rauscher/*Hilbig Lugani* Rn 5; → Rn 353 ff).

2. Voraussetzungen für die Zuständigkeit, Abs 1

a) Hinreichender Bezug zum Gerichtsstaat. Auch für vorläufige Maßnahmen nach **503** Art 12 sind die Gerichte eines Vertragsstaats nur zuständig, wenn der Sachverhalt einen hinreichenden Bezug zu diesem Vertragsstaat aufweist. Dieser Bezug wird – ebenso wie nach Art 11 Abs 1 – entweder durch den (schlichten) Aufenthalt des Kindes oder die Belegenheit von Kindesvermögen hergestellt (dazu → Rn 490).

b) Beschränkung auf vorläufige Maßnahmen. Art 12 Abs 1 hat vor allem Fälle im Auge, **504** in denen Maßnahmen für ein Kind getroffen werden müssen, das sich nur vorübergehend in einem Vertragsstaat aufhält, ohne dass eine Dringlichkeit iSv Art 11 gegeben ist (*Lagarde*-Bericht Rn 74; NK-BGB/*Benicke* Rn 1). In diesen Fällen können die Behörden des Staates, in dem sich das Kind vorübergehend aufhält, vorläufige Maßnahmen treffen, die eine endgültige Entscheidung (zB über das Sorge- oder Umgangsrecht) nicht vorwegnehmen. In Betracht kommen etwa die Bestellung eine Beistands oder (Ergänzungs-) Pflegers, die einstweilige Unterbringung des Kindes in einem Heim oder ein zeitlich befristetes Verbot, über bestimmte Gegenstände des Kindesvermögens zu verfügen (Staud/*Pirrung* Rn G 88; *Benicke* IPRax 13, 44/48).

c) Territoriale Beschränkung der Maßnahmen. Maßnahmen nach Art 12 dürfen nur **505** zum Schutz der Person und des Vermögens des Kindes getroffen werden. Ihre Wirkung wird ferner in Abs 1 ausdrücklich auf das Hoheitsgebiet der anordnenden Behörde territorial beschränkt. In anderen Vertragsstaaten sind diese Maßnahmen daher – ebenso wie auf Art 20 Abs 1 EuEheVO gestüze einstweilige Maßnahmen (→ Rn 337 ff) – weder anerkennungs- noch vollstreckungsfähig.

d) Vereinbarkeit mit Maßnahmen der nach Art 5–10 zuständigen Behörden. Die **506** Behörde eines Vertragsstaats, die eine vorläufige Maßnahme nach Art 12 Abs 1 anordnen möchte, hat schließlich zu prüfen, ob die nach Art 5–10 primär zuständigen Behörden nicht bereits Schutzmaßnahmen getroffen haben. Ist dies der Fall und sind diese im Staat der nach Art 12 angerufenen Behörde anzuerkennen, so darf diese Behörde grundsätzlich nur solche vorläufigen Maßnahmen treffen, die mit den bereits früher angeordneten Maßnahmen des nach Art 5–10 zuständigen Gerichts nicht unvereinbar sind. Der Begriff der Unvereinbarkeit ist weit zu fassen; er erstreckt sich auf alle Maßnahmen, die geeignet sind, die Zwecke der zuvor von einem nach Art 5–10 zuständigen Gericht getroffenen Maßnahme zu beeinträchtigen (Staud/*Pirrung* Rn G 90; Rauscher/*Hilbig Lugani* Rn 11). Auf die Vereinbarkeit mit einer zuvor von einem nur nach Art 11 zuständigen Gericht getroffenen dringlichen Maßnahme kommt es nach dem eindeutigen Wortlaut des Abs 1 hingegen nicht an (Rauscher/*Hilbig Lugani* Rn 12; **aA** Staud/*Pirrung* Rn G 90). Eine Ausnahme ist ferner dann anzuerkennen, wenn sich die tatsächlichen Umstände seit der Anordnung der Maßnahmen durch die nach Art 5–10 zuständigen Behörden wesentlich geändert haben (*Siehr* RabelsZ 62 [1998] 464/485; NK-BGB/*Benicke* Rn 5; BeckOGK/*Markwardt* Rn 7).

F 510, 511   1. Teil. Erkenntnisverfahren F. Kindschaftssachen

3. Außerkrafttreten der Maßnahmen

507   **a) Gewöhnlicher Aufenthalt des Kindes in einem Vertragsstaat, Abs 2.** Hat das Kind seinen gewöhnlichen Aufenthalt in einem Vertragsstaat des KSÜ, so können auch die nach Art 5–10 zuständigen Behörden eines anderen Vertragsstaats jederzeit nachträglich Schutzmaßnahmen treffen. Für diesen Fall treten die auf der Grundlage von Art 12 getroffenen vorläufigen Schutzmaßnahmen gem Abs 2 außer Kraft, sobald eine nach den allgemeinen Vorschriften zuständige Behörde eine Entscheidung über die durch die Umstände gebotenen Maßnahmen getroffen hat. Diese Entscheidung kann – anders als nach Art 11 Abs 2 – auch darin bestehen, dass bewusst von der Anordnung einer Maßnahme abgesehen wird (*Lagarde*-Bericht Rn 76; Staud/*Pirrung* Rn G 91). Jede von einer nach Art 5–10 zuständigen Behörde getroffene Entscheidung lässt also die vorläufige Maßnahme entfallen.

508   **b) Gewöhnlicher Aufenthalt des Kindes in einem Drittstaat, Abs 3.** Hat das Kind seinen gewöhnlichen Aufenthalt in einem Drittstaat, so greifen zum einen die allgemeinen Zuständigkeitsvorschriften der 5–10 nicht ein; zum anderen ist nicht gesichert, dass die von den Gerichten dieses Drittstaats getroffenen Maßnahmen in dem Vertragsstaat des KSÜ, der die vorläufige Maßnahme nach Art 12 Abs 1 getroffen hat, anerkannt werden, weil das Übk die Regeln zur Anerkennung drittstaatlicher Entscheidungen nicht harmonisiert hat. Für diesen Fall treten die von den Behörden eines Vertragsstaats nach Art 12 Abs 1 getroffenen vorläufigen Maßnahmen gemäß Abs 3 erst außer Kraft, wenn die durch die Umstände gebotenen und von den Behörden eines anderen (Vertrags- oder Dritt-) Staates angeordneten Maßnahmen in dem betreffenden Vertragsstaat **anerkannt** worden sind. Über die Anerkennung entscheidet das autonome Recht dieses Vertragsstaats, wenn die anzuerkennende Maßnahme von den Behörden eines Drittstaats getroffen worden ist. Demgegenüber werden Maßnahmen der Behörden eines anderen Vertragsstaats nach Art 23 anerkannt, wenn diese Behörden sich auf eine Zuständigkeit nach dem Kapitel II des KSÜ gestützt haben. Die Anerkennung nach dem KSÜ scheitert in Bezug auf Kinder, die sich in einem Drittstaat gewöhnlich aufhalten, daher nicht notwendig an Art 23 Abs 2 lit a.

4. Weitergehende Zuständigkeit für Maßnahmen zum Schutz des Kindesvermögens, Art 55 Abs 1 lit a

509   Nach Art 55 lit a können sich die Vertragsstaaten die Zuständigkeit ihrer Behörden vorbehalten, jederzeit Maßnahmen zum Schutz des in ihrem Hoheitsgebiet befindlichen Vermögens eines Kindes zu treffen. Diese Zuständigkeit ist zwar – wie jene nach Art 12 Abs 1 – territorial beschränkt; sie gilt jedoch – abweichend von Art 12 Abs 1 – nicht für vorläufige Maßnahmen.

KSÜ Art 13. [Ausschluss der Zuständigkeit]

(1) **Die Behörden eines Vertragsstaats, die nach den Artikeln 5 bis 10 zuständig sind, Maßnahmen zum Schutz der Person oder des Vermögens des Kindes zu treffen, dürfen diese Zuständigkeit nicht ausüben, wenn bei Einleitung des Verfahrens entsprechende Maßnahmen bei den Behörden eines anderen Vertragsstaats beantragt worden sind, die in jenem Zeitpunkt nach den Artikeln 5 bis 10 zuständig waren, und diese Maßnahmen noch geprüft werden.**

(2) **Absatz 1 ist nicht anzuwenden, wenn die Behörden, bei denen Maßnahmen zuerst beantragt wurden, auf ihre Zuständigkeit verzichtet haben.**

1. Allgemeines

510   **a) Normzweck.** Ähnlich wie Art 19 Abs 2, 3 EuEheVO (→ Rn 289 ff) verfolgt Art 13 den Zweck, Zuständigkeitskonflikte zwischen den nach Art 5–10 zuständigen Gerichten bzw Behörden zweier Vertragsstaaten, bei denen Schutzmaßnahmen mit ähnlichem Inhalt beantragt wurden, zu lösen und einander widersprechende Entscheidungen dieser Behörden nach Möglichkeit zu verhindern.

511   **b) Prioritätsprinzip.** Ausgangspunkt für die Lösung eines solchen positiven Kompetenzkonflikts ist in Fällen konkurrierender Verfahren, die vor Gerichten verschiedener Vertragsstaaten anhängig gemacht wurden, nach Abs 1 das Prioritätsprinzip (NK-BGB/*Benicke* Rn 1; Rau-

666

I. Internationale Zuständigkeit: KSÜ Art 13   **512–516 F**

scher/*Hilbig Lugani* Rn 1). Vorrang kommt mithin demjenigen Verfahren zu, das zuerst vor dem Gericht eines Vertragsstaats anhängig gemacht wurde. Dem später angerufenen Gericht eines anderen Vertragsstaats ist es dann untersagt, seine ebenfalls begründete internationale Zuständigkeit auszuüben.

c) Verhältnis zu Art 19 Abs 2 EuEheVO. Besteht das Konkurrenzverhältnis zwischen den 512 Behörden von Vertragsstaaten des KSÜ, die zugleich Mitgliedstaaten der EuEheVO sind, wird Art 13 durch Art 19 Abs 2, 3 iVm Art 16 EuEheVO verdrängt, wenn das Kind seinen gewöhnlichen Aufenthalt im Hoheitsgebiet eines Mitgliedstaats hat. Aus deutscher Sicht findet Art 13 daher nur Anwendung, wenn das Parallelverfahren vor den Behörden eines Vertragsstaats des KSÜ anhängig ist, der nicht Mitgliedstaat der EuEheVO ist (→ Rn 375; G/Sch/*Gruber,* IRV Rn 2; NK-BGB/*Benicke* Rn 12); dies trifft auch auf Parallelverfahren in *Dänemark* zu.

Darüber hinaus gilt Art 13 gem Abs 1 nur dann, wenn die Behörden eines Vertragsstaats **nach** 513 **Art 5–10 international zuständig** sind. Nehmen deutsche Gerichte daher eine internationale Zuständigkeit nach der EuEheVO in Anspruch, die keine Entsprechung in Art 5–10 KSÜ hat, so beurteilt sich die Berücksichtigung des in einem anderen Vertragsstaat anhängigen Verfahrens nach dem autonomen Verfahrensrecht, dh nach § 113 FamFG iVm § 261 Abs 3 ZPO analog, soweit jener Vertragsstaat kein Mitgliedstaat der EuEheVO ist (G/Sch/*Gruber* IRV Rn 3).

2. Anwendungsbereich

Der Anwendungsbereich des Prioritätsprinzips nach Abs 1 ist freilich eng begrenzt. Er be- 514 schränkt sich im Wesentlichen auf das Verhältnis der Aufenthaltszuständigkeiten nach Art 5, 6 zur vereinbarten Zuständigkeit des Ehegerichts nach Art 10. Demgegenüber kann es zu einem Konflikt zwischen den nach Art 5 und nach Art 6 zuständigen Behörden nicht kommen, weil Art 6 Abs 1 vorrangig und Art 6 Abs 2 nur subsidiär zu Art 5 anwendbar ist. Ein Kompetenzkonflikt scheidet auch wischen dem nach Art 5, 6 zuständigen Gericht im Staat des gewöhnlichen oder schlichten Kindesaufenthalts und einem nach Art 8 oder 9 zuständigen Gericht aus, weil die Abgabe/Übernahme der Zuständigkeit nur im gegenseitigen Einvernehmen der beteiligten Gerichte erfolgen kann. Weitgehend ausgeschlossen ist ein Zuständigkeitskonflikt auch im Verhältnis der Art 5, 6 einerseits und des Art 7 andererseits, weil diese Zuständigkeiten sich gegenseitig ausschließen. Eine Ausnahme gilt nur dann, wenn die hiernach jeweils zuständigen Behörden die maßgeblichen Tatsachen (zB den gewöhnlichen Aufenthalt des Kindes oder die Widerrechtlichkeit des Verbringens) unterschiedlich beurteilen (dazu näher *Lagarde*-Bericht Rn 78; Rauscher/*Hilbig Lugani* Rn 4; NK-BGB/*Benicke* Rn 5 ff mwN).

Art 13 setzt ferner voraus, dass die Behörden der konkurrierenden Verfahren in beiden 515 Vertragsstaaten ihre internationale Zuständigkeit auf Art 5–10 stützen. Die Vorschrift findet daher keine Anwendung, wenn in einem der beiden Vertragsstaaten lediglich **Eilmaßnahmen nach Art 11 oder vorläufige Anordnungen nach Art 12** getroffen werden sollen. Für diese Fälle wird vielmehr in Art 11 Abs 2, 12 Abs 2 klargestellt, dass die dringlichen bzw vorläufigen Maßnahmen außer Kraft treten, sobald eine nach Art 5–10 in der Hauptsache zuständige Behörde tätig geworden ist (→ Rn 496 f, 507). Daraus folgt, dass ein nach Art 5–10 zuständiges deutsches Gericht Schutzmaßnahmen auch dann anordnen kann, wenn bereits zuvor in einem anderen Vertragsstaat ein Verfahren auf der Grundlage von Art 11 oder 12 anhängig gemacht oder sogar bereits durch Erlass einer Maßnahme abgeschlossen worden ist (NK-BGB/*Benicke* Rn 3).

3. Voraussetzungen der Anhängigkeitssperre, Abs 1

a) Entsprechende Maßnahmen. Zu einem Kompetenzkonflikt zwischen den Behörden 516 unterschiedlicher Vertragsstaaten kann es ferner nur kommen, wenn es in beiden Verfahren um die Anordnung sich entsprechender Schutzmaßnahmen geht. Dies ist grundsätzlich immer dann der Fall, wenn Eltern **gegenläufige Anträge zum Sorge- oder Umgangsrecht in Bezug auf das gleiche Kind** stellen. Diese Anträge müssen sich jedoch inhaltlich nicht in dem Sinne decken, dass jeder Elternteil zB die Übertragung des Sorgerechts auf sich beantragt. Ausreichend ist vielmehr auch, wenn ein Elternteil einen Antrag auf Übertragung des Sorgerechts, der andere einen Antrag auf Herausgabe des Kindes gestellt hat; denn über den Herausgabeanspruch kann nicht losgelöst vom Sorgerecht entschieden werden. Gleiches kann auch zutreffen, wenn ein Elternteil einen Antrag auf Regelung des Umgangs, der andere einen weitergehenden Sor-

667

F 517–522   1. Teil. Erkenntnisverfahren F. Kindschaftssachen

gerechtsantrag stellt; in diesem Fall blockiert also das früher eingeleitete Verfahren betreffend das Umgangsrecht das später in einem anderen Vertragsstaat eingeleitete Sorgerechtsverfahren.

517   Demgegenüber schließt ein früher in einem anderen Vertragsstaat eingeleitetes Sorgerechts-verfahren konkrete Maßnahmen zum Schutz des inländischen Kindesvermögens durch deutsche Gerichte nicht aus (*Lagarde*-Bericht Rn 79; Staud/*Pirrung* Rn G 95). „Entsprechende Maß-nahmen" liegen daher immer dann vor, wenn die vor der zweitbefassten Behörde beantragte Maßnahme geeignet ist, in einen **inhaltlichen Widerspruch** zu der vor der erstbefassten Behörde begehrten Entscheidung zu geraten (Rauscher/*Hilbig Lugani* Rn 11 mit weiteren Beispielen). Anträge in Bezug auf verschiedene Kinder sind hingegen nie „entsprechende Maßnahmen" iSv Abs 1. Ergänzend kann die Rechtsprechung des EuGH zur Anspruchsidentität in Art 19 Abs 2 EuEheVO (→ Rn 297 ff) herangezogen werden.

518   **b) Zuständigkeit der konkurrierenden Gerichte.** Das Verfahrenshindernis des Art 13 Abs 1 besteht für das später angerufene Gericht ferner nur dann, wenn die Gerichte in dem zuerst befassten Vertragsstaat für die Entscheidung im Zeitpunkt der dortigen Antragstellung nach Art 5–10 zuständig waren. Außerdem muss auch das zweitbefasste Gericht sich auf eine Zuständigkeit nach Art 5–10 stützen können (Rauscher/*Hilbig Lugani* Rn 10).

519   **c) Frühere Anhängigkeit des Verfahrens vor dem erstbefassten Gericht.** Die Sperre nach Art 13 besteht nur dann, wenn entsprechenden Maßnahmen schon im Zeitpunkt der Einleitung des Verfahrens vor dem später angerufenen Gericht bei den Behörden eines anderen Vertragsstaats beantragt worden sind und zu diesem Zeitpunkt von dem zuerst befassten Gericht „noch geprüft werden". Im Gegensatz zur EuEheVO bestimmt das KSÜ den Zeitpunkt, zu dem ein Verfahren als „eingeleitet" gilt, nicht näher. Es liegt jedoch nahe, die Bestimmung dieses Zeitpunkts nicht der jeweiligen *lex fori* zu überlassen, sondern vertragsautonom in Anlehnung an Art 16 lit a bzw lit b EuEheVO (→ Rn 259 ff) festzulegen (so auch G/Sch/*Gruber* IRV Rn 6; Staud/*Pirrung* Rn G 93; Rauscher/*Hilbig Lugani* Rn 9). Maßgebend ist daher grundsätzlich der Eingang des Antrags bei der zuständigen Behörde. Ist die Zustellung an den Antragsgegner ausnahmsweise vor Antragseingang bei Gericht zu bewirken, so kommt es darauf an, wann der Antrag bei der für die Zustellung zuständigen Behörde eingegangen ist. Bei der Einleitung eines Verfahrens von Amts wegen ist maßgebend, wann die zuständige Behörde erstmals offiziell mit der beantragten Maßnahme befasst wurde. Ist das Verfahren vor dem erstbefassten Gericht im Zeitpunkt der späteren Anrufung des Gerichts eines anderen Vertragsstaats unterbrochen oder wird es nicht fortgeführt, findet Abs 1 keine Anwendung. Denn die Vorschrift soll in Verfahren der elterlichen Sorge nicht als „Torpedo" benutzt werden können, um Verfahren vor Behörden anderer Vertragsstaaten auf längere Zeit zu blockieren (*Siehr* RabelsZ 62 [1998] 464/486; *Krah* 198; NK-BGB/*Benicke* Rn 10).

520   **d) Andauernde Prüfung des Antrags vor dem erstbefassten Gericht.** Die Anhängig-keitssperre dauert nach Abs 1 nur solange wie vor dem erstbefassten Gericht „diese Maßnahmen noch geprüft werden". Durch diese Voraussetzung soll sichergestellt werden, dass bei einer Untätigkeit dieses Gerichts die Sperre nach Art 13 nicht zeitlich unbegrenzt aufrecht erhalten bleibt.

4. Kein Verzicht des erst befassten Gerichts, Abs 2

521   Abs 1 ist gem Abs 2 dann nicht anzuwenden, wenn die Behörden, bei denen Maßnahmen zuerst beantragt wurden, auf ihre Zuständigkeit verzichten. Ein solcher Verzicht kommt ins-besondere in Betracht, wenn die Behörde in dem zuerst befassten Vertragsstaat das Verfahren **von Amts wegen** eingeleitet hat. Kommt sie im weiteren Verlauf zu dem Ergebnis, dass das Ver-fahren bei der später befassten Behörde in einem anderen Vertragsstaat (zB aufgrund eines Aufenthaltswechsels des Kindes) besser aufgehoben ist, so kann sie auf die Fortführung des von ihr eingeleiteten Verfahrens verzichten. Dem Verzicht hat daher in jedem Fall eine **Kindeswohl-prüfung** vorauszugehen (*Lagarde*-Bericht Rn 80; Rauscher/*Hilbig Lugani* Rn 13). Er kann ferner zur Vermeidung einer Rechtsverweigerung erst erklärt werden, nachdem die zweite Behörde angerufen wurde (Rauscher/*Hilbig Lugani* Rn 15; **aA** Staud/*Pirrung* Rn G 96; Beck-OGK/*Markwardt* Rn 14).

522   Ob ein solcher Verzicht auf die Zuständigkeit auch möglich ist, wenn einer der Beteiligten einen **Antrag** auf Anordnung einer bestimmten Schutzmaßnahme zuerst bei einem nach Art 5–10 zuständigen Gericht eines Vertragsstaats gestellt hat, ist hingegen umstritten. Teilweise wird dies mit dem Argument abgelehnt, es könne nicht angenommen werden, dass durch Art 13

668

I. Internationale Zuständigkeit: KSÜ Art 14   524–526 **F**

Abs 2 die englische Lehre vom *forum non conveniens* auch in den kontinentaleuropäischen Vertragsstaaten des KSÜ eingeführt werden sollte. Denn danach könnte der Antrag allein wegen des Verzichts des Gerichts auf seine Zuständigkeit als unzulässig abgewiesen werden. Das zuerst angerufene Gericht könne daher nur von den ihm in Art 8 und 9 eröffneten Möglichkeiten der Abgabe des Verfahrens an das später angerufene Gericht Gebrauch machen, wenn dieses besser in der Lage sei, das Wohl des Kindes zu beurteilen (Staud/*Pirrung* Rn G 96; NK-BGB/*Benicke* Rn 9). Dagegen spricht indessen, dass der Wortlaut des Abs 2 für eine Beschränkung auf Amtsverfahren – und die damit verbundene gravierende Einschränkung seines Anwendungsbereichs – keinerlei Anhalt bietet. Außerdem sind die Art 8, 9 auf diese Konstellation nicht zugeschnitten, weil sie die urprüngliche Unzuständigkeit des Gerichts, an welches das Verfahren übertragen werden soll, voraussetzen; demgegenüber erfordert Art 13 gerade, dass das zweitbefasste Gericht ebenfalls nach Art 5–10 zuständig ist (zutr Rauscher/*Hilbig Lugani* Rn 14; *Krah* 198).

5. Rechtsfolgen der Anhängigkeitssperre

Hinsichtlich der Rechtsfolgen der früheren Befassung von Behörden eines anderen Vertrags- **523** staats ordnet Abs 1 nur an, dass das später angerufene Gericht seine „Zuständigkeit nicht ausüben" darf. Abweichend von Art 19 Abs 2 EuEheVO enthält Art 13 allerdings keine Regelung zur Frage, welche verfahrensrechtlichen Konsequenzen das später angerufene Gericht in diesem Fall zu ziehen hat. Das KSÜ überlässt es daher dem **nationalen Verfahrensrecht** der *lex fori,* ob das Gericht den Antrag als unzulässig zurückzuweisen oder das Verfahren lediglich auszusetzen hat, bis die Zuständigkeit des zuerst angerufenen Gerichts geklärt ist (G/Sch/*Gruber* IRV Rn 7; Rauscher/*Hilbig Lugani* Rn 16; **aA** [Pflicht zur Aussetzung] Staud/*Pirrung* Rn G 92; Beck-OGK/*Markwardt* Rn 4).

KSÜ Art 14. [Fortgeltung von Maßnahmen]

Selbst wenn durch eine Änderung der Umstände die Grundlage der Zuständigkeit wegfällt, bleiben die nach den Artikeln 5 bis 10 getroffenen Maßnahmen innerhalb ihrer Reichweite so lange in Kraft, bis die nach diesem Übereinkommen zuständigen Behörden sie ändern, ersetzen oder aufheben.

1. Allgemeines

In Anlehnung an Art 5 Abs 1 MSA ordnet Art 14 die Fortgeltung von Schutzmaßnahmen, **524** die von einer nach Art 5–10 zuständigen Behörde getroffen worden sind, auch für den Fall an, dass die Zuständigkeit dieser Behörde infolge einer Änderung der tatsächlichen Umstände nachträglich entfällt. Für diesen Fall bleiben die Maßnahmen der inzwischen unzuständig gewordenen Behörde solange in Kraft, bis die nach dem KSÜ nunmehr zuständigen Behörden sie ersetzen, aufheben oder ändern. **Rechtskraft** der getroffenen Schutzmaßnahme ist für die Anwendung von Art 14 nicht erforderlich (öst OGH IPRax 14, 183/186 m Anm *Heindler* 201). Zweck der Regelung ist es, insbesondere bei einem Wechsel des gewöhnlichen Aufenthalts des Kindes eine Schutzlücke zu vermeiden, solange die Behörden des neuen Aufenthaltsstaates noch nicht tätig geworden sind (Staud/*Pirrung* Rn G 97). Art 14 wurde in die EuEheVO – wohl vor allem im Hinblick auf den dort geltenden Grundsatz der *perpetuatio fori* – nicht übernommen.

Kollisionsrechtlich wird Art 14 durch Art 15 Abs 3 ergänzt, der die Anwendungsbedingungen **525** der vor dem Wechsel des gewöhnlichen Aufenthalts getroffenen Maßnahmen vom Zeitpunkt des Wechsels an dem Recht des neuen gewöhnlichen Aufenthalts unterstellt (→ Rn 633 ff).

2. Fortgeltung der bisherigen Schutzmaßnahmen

Der Grundsatz des Art 14 gilt für alle Maßnahmen iSv Art 3, also insbesondere für eine **526** Regelung des **elterlichen Sorge- oder Umgangsrechts** (*Lagarde*-Bericht Rn 81; Staud/ *Pirrung* Rn G 98), aber auch für die Bestellung eines Vormunds oder Pflegers, die Unterbringung des Kindes in einer Pflegefamilie oder in einem Heim oder für Maßnahmen der Verwaltung des Kindesvermögens. Der Grund für den Wegfall der bisherigen Zuständigkeit ist unerheblich. Wichtigster Anwendungsfall ist die Verlegung des gewöhnlichen Kindesaufenthalts von einem Vertragsstaat in einen anderen nach Art 5 Abs 2. In Betracht kommt aber auch ein Wechsel des schlichten Aufenthalts nach Art 6, der Verlust der Flüchtlingseigenschaft nach Art 6 Abs 1, die Erfüllung der Voraussetzungen für einen Wechsel des gewöhnlichen Aufenthalts nach Art 7 oder

669

F   1. Teil. Erkenntnisverfahren F. Kindschaftssachen

der Wegfall der besonderen Verbindung des Kindes zu einem bestimmten Staat nach Art 8 Abs 2 (vgl Rauscher/*Hilbig Lugani* Rn 8; BeckOGK/*Markwardt* Rn 5).

527   Die von einem nach Art 5–10 zuständigen Gericht getroffene Maßnahme setzt sich für diesen Fall auch gegenüber einer hiervon abweichenden **gesetzlichen Regelung** im neuen Aufenthaltsstaat durch. So bleibt die von einem nach Art 5 zuständigen Gericht getroffene Regelung der elterlichen Sorge nach einem Umzug in einen anderen Vertragsstaat auch dann weiter in Kraft, wenn das Sorgerecht nach dem Recht des neuen Aufenthaltsstaates kraft Gesetzes dem anderen Ehegatten zustehen würde. Die bloße Veränderung der tatsächlichen Umstände soll also nicht geeignet sein, einer nach dem KSÜ wirksam getroffenen Maßnahme die Grundlage zu entziehen; hierfür ist vielmehr die Entscheidung einer Behörde im neuen Aufenthaltsstaat des Kindes erforderlich (*Lagarde*-Bericht Rn 81; NK-BGB/*Benicke* Rn 2; Rauscher/*Hilbig Lugani* Rn 5).

528   Der Grundsatz der Fortgeltung von Schutzmaßnahmen bis zu ihrer Ersetzung, Aufhebung oder Änderung durch die nunmehr zuständigen Behörden gilt allerdings nur **„innerhalb ihrer Reichweite".** Damit soll insbesondere klargestellt werden, dass Art 14 nicht zu einer Erweiterung des räumlichen oder gegenständlichen Geltungsbereichs der getroffenen Maßnahmen führt. Waren diese etwa ausdrücklich auf das Hoheitsgebiet des Anordnungsstaats beschränkt, so hat Art 14 nicht zur Folge, dass sie auch außerhalb dieses Staates Wirkungen entfalten (vgl *Lagarde*-Bericht Rn 82; Rauscher/*Hilbig Lugani* Rn 9).

529   Eine **Ausnahme vom Grundsatz des Art 14** gilt allein für dringende und vorläufige Schutzmaßnahmen nach Art 11 und 12. Diese treten gem Art 11 Abs 2, 3 bzw Art 12 Abs 2, 3 automatisch außer Kraft, sobald die nach Art 5–10 zuständigen Behörden des neuen Aufenthaltsstaates ihrerseits Maßnahmen getroffen haben (→ Rn 496 ff und 507 ff).

3. Abänderung der Schutzmaßnahmen

530   Die nach dem Wegfall der Zuständigkeit in einem Vertragsstaat nunmehr gem Art 5–10 zuständigen Behörden in einem anderen Vertragsstaat sind jedoch nach Art 14 jederzeit berechtigt, die von den früher zuständigen Behörden getroffenen Maßnahmen zu ändern, zu ersetzen oder aufzuheben. Dies gilt nicht nur, wenn sich die tatsächlichen Umstände geändert haben, sondern auch dann, wenn die jetzt zuständigen Behörden bei gleich gebliebener Sachlage die Schutzbedürfnisse des Kindes anders beurteilen (*Lagarde*-Bericht Rn 43; NK-BGB/*Benicke* Rn 3; **aA** *Siehr* RabelsZ 62 [1998] 464/486). Insoweit ist Art 14 Ausdruck des dem KSÜ zugrundeliegenden Prinzips des Vorrangs der zuletzt von einer zuständigen Behörde eines Vertragsstaats getroffenen Maßnahme (*Krah* 255; *Siehr* RabelsZ 62 [1998] 464/493; Rauscher/*Hilbig Lugani* Rn 10).

Kapitel III. Anzuwendendes Recht
KSÜ Art 15–22

(abgedruckt und kommentiert → Rn 624 ff)

Kapitel IV. Anerkennung und Vollstreckung
KSÜ Art 23–28

(abgedruckt und kommentiert → N Rn 355 ff)

Kapitel V. Zusammenarbeit
KSÜ Art 29–39

(abgedruckt und kommentiert → U Rn 29 ff)

Kapitel VI. Allgemeine Bestimmungen
KSÜ Art 40. [Bescheinigung]

(1) Die Behörden des Vertragsstaats, in dem das Kind seinen gewöhnlichen Aufenthalt hat oder in dem eine Schutzmaßnahme getroffen wurde, können dem Träger der elterlichen Verantwortung oder jedem, dem der Schutz der Person oder des Ver-

I. Internationale Zuständigkeit: KSÜ Art 42   535   **F**

mögens des Kindes anvertraut wurde, auf dessen Antrag eine Bescheinigung über seine
Berechtigung zum Handeln und die ihm übertragenen Befugnisse ausstellen.

(2) Die Richtigkeit der Berechtigung zum Handeln und der Befugnisse, die bescheinigt sind, wird bis zum Beweis des Gegenteils vermutet.

(3) Jeder Vertragsstaat bestimmt die für die Ausstellung der Bescheinigung zuständigen Behörden.

1. Bescheinigung, Abs 1

Um den Schutz des Rechtsverkehrs im Geltungsbereich des KSÜ über Art 19 (→ Rn 667 ff) **531**
hinaus weiter zu verbessern, führt Art 40 eine Bescheinigung ein, durch die der Träger der
elterlichen Verantwortung oder sonstige Personen, denen der Schutz der Person oder des Vermögens des Kindes anvertraut wurde, ihre Berechtigung zum Handeln für das Kind und den
Umfang ihrer Befugnisse nachweisen können. Die Bescheinigung wird nach Abs 1 von den
Behörden des Vertragsstaats ausgestellt, in dem sich das Kind gewöhnlich aufhält. Die Ausstellung
steht im Ermessen der zuständigen Behörde; ein Rechtsanspruch hierauf besteht nicht (*Lagarde*-
Bericht Rn 154; Staud/*Pirrung* Rn G 176).

2. Richtigkeitsvermutung, Abs 2

Die Bescheinigung nach Abs 1 begründet bis zum Beweis des Gegenteils die Vermutung ihrer **532**
Richtigkeit, dh der Rechtsverkehr kann sich darauf verlassen, dass der in der Bescheinigung
genannte Träger der elterlichen Verantwortung zum Handeln für das Kind berechtigt ist und die
in der Bescheinigung angegebenen Befugnisse hat. Dritte, die im Vertrauen auf die Richtigkeit
der Bescheinigung mit einem gesetzlichen Vertreter des Kindes Geschäfte abschließen, werden
nach Maßgabe von Art 19 geschützt, wenn sich die Bescheinigung als unrichtig erweist (Staud/
Pirrung Rn G 177).

3. Zuständigkeit, Abs 3

Die Bestimmung der für die Ausstellung der Bescheinigung nach Art 40 zuständigen Behör- **533**
den überlässt Abs 3 den Vertragsstaaten. In *Deutschland* ist hierfür bisher im IntFamRVG keine
Zuständigkeit bestimmt worden, so dass zweifelhaft ist, ob Bescheinigungen nach Art 40 von
deutschen Gerichten, Notaren oder Jugendämtern ausgestellt werden können (vgl Staud/*Pirrung*
Rn G 176).

KSÜ Art 41. [Datenschutz]

**Die nach diesem Übereinkommen gesammelten oder übermittelten personenbezo-
genen Daten dürfen nur für die Zwecke verwendet werden, zu denen sie gesammelt
oder übermittelt wurden.**

Personenbezogene Daten, die für die Zwecke des KSÜ gesammelt oder übermittelt worden **534**
sind, dürfen ohne Rücksicht auf die Reichweite des Datenschutzes nach dem Recht des
jeweiligen Vertragsstaats gemäß Art 41 nicht für andere Zwecke verwendet werden. Dabei ist es
unerheblich, auf welche Person sich die gesammelten Daten beziehen; dies kann das Kind, ein
Träger der elterlichen Verantwortung oder ein an einem Rechtsgeschäft mit dem Kind beteiligter
Dritter sein (Staud/*Pirrung* Rn G 179).

KSÜ Art 42. [Vertrauliche Behandlung]

**Behörden, denen Informationen übermittelt werden, stellen nach dem Recht ihres
Staates deren vertrauliche Behandlung sicher.**

Anders als für den Datenschutz nach Art 41 konnten sich die Vertragsstaaten auf einheitliche **535**
Regeln über die Vertraulichkeit im Umgang mit Informationen, die im Rahmen des Übk von
ihren Behörden erlangt werden, nicht verständigen (*Lagarde*-Bericht Rn 157). Aus diesem
Grunde verweist Art 42 insoweit auf das nationale Recht des Staates der mit dem Fall befassten
Behörde.

F 538, 539   1. Teil. Erkenntnisverfahren F. Kindschaftssachen

KSÜ Art 43. [Befreiung von Legalisation]

Die nach diesem Übereinkommen übermittelten oder ausgestellten Schriftstücke sind von jeder Legalisation oder entsprechenden Förmlichkeit befreit.

536   Alle nach dem Übk übermittelten oder ausgestellten Schriftstücke – zB gerichtliche oder behördliche Entscheidungen oder die Bescheinigung nach Art 40 – bedürfen keiner Legalisation oder sonstigen Förmlichkeit; daher ist auch die Apostille nach dem Haager Übk zur Befreiung ausländischer öffentlicher Urkunden von der Legalisation v 5.10.1961 (BGBl 65 II 876 = *Jayme/Hausmann* Nr 250) nicht erforderlich. Dies schließt freilich die Einholung von Auskünften zur Echtheit einer Urkunde nicht aus, wenn die befasste Behörde diesbezüglich Zweifel hat (*Lagarde*-Bericht Rn 158).

KSÜ Art 44. [Bestimmung von Behörden]

Jeder Vertragsstaat kann die Behörden bestimmen, an die Ersuchen nach den Artikeln 8, 9 und 33 zu richten sind.

537   Eine Erklärung nach Art 44 zu den nach Art 8, 9 und 33 zuständigen Behörden haben *Belgien, Georgien, Italien, Norwegen,* die *Tschechische Republik* und die *Ukraine* abgegeben.

KSÜ Art 45. [Mitteilung der Behörden]

(1) Die nach den Artikeln 29 und 44 bestimmten Behörden werden dem Ständigen Büro der Haager Konferenz für Internationales Privatrecht mitgeteilt.

(2) Die Erklärung nach Artikel 34 Absatz 2 wird gegenüber dem Verwahrer dieses Übereinkommens abgegeben.

KSÜ Art 46–49

(abgedruckt und kommentiert → Rn 692 ff)

KSÜ Art 50. [Verhältnis zum HKÜ]

¹Dieses Übereinkommen lässt das Übereinkommen vom 25. Oktober 1980 über die zivilrechtlichen Aspekte internationaler Kindesentführung im Verhältnis zwischen den Vertragsparteien beider Übereinkommen unberührt. ²Einer Berufung auf Bestimmungen dieses Übereinkommens zu dem Zweck, die Rückkehr eines widerrechtlich verbrachten oder zurückgehaltenen Kindes zu erwirken oder das Recht zum persönlichen Umgang durchzuführen, steht jedoch nichts entgegen.

1. Vorrang des HKÜ, S 1

538   Das KSÜ lässt dem HKÜ, dem sämtliche Vertragstaaten des KSÜangehören, als dem auf dem Gebiet internationaler Kindesentführungen spezielleren Übereinkommen nach S 1 grundsätzlich den Vortritt. Denn in Fällen eines widerrechtlichen Verbringens des Kindes in einen anderen Staat geht es primär um dessen Rückführung nach dem HKÜ und erst nachrangig um die Anordnung weiterer Schutzmaßnahmen nach dem KSÜ (Rauscher/*Hilbig-Lugani* Rn 2). Die Vorschrift hat freilich nur in den seltenen Fällen praktische Bedeutung, in denen beide Übereinkommen miteinander in Konflikt geraten können. Denkbar ist dies zB wegen der unterschiedlichen Altersgrenzen in beiden Übereinkommen (Art 4 S 2 HKÜ: 16 Jahre; Art 2 KSÜ: 18 Jahre). Da im Fall der Entführung eines siebzehnjährigen Kindes eine Rückgabe nach dem HKÜ nicht mehr angeordnet werden kann, dürfte auch die weitere Inanspruchnahme der Zuständigkeit nach Art 7 KSÜ durch ein Gericht eines KSÜ-Vertragsstaats auszuscheiden haben (Staud/*Pirrung* Rn G 189).

2. Günstigkeitsprinzip, S 2

539   Im Verhältnis von Staaten, die beide Übereinkommen ratifiziert haben, steht es jedoch den zuständigen Behörden nach S 2 frei, sich auch auf die Vorschriften des KSÜ (zB auf dessen Art 7) zu berufen, um die Rückkehr eines widerrechtlich verbrachten oder zurückgehaltenen

672

I. Internationale Zuständigkeit: KSÜ Art 52　　　　　　　　　**542　F**

Kindes zu erwirken oder das Recht zum persönlichen Umgang mit dem Kind durchzuführen (*Lagarde*-Bericht Rn 168).

KSÜ Art 51. [Verhältnis zum MSA]

Im Verhältnis zwischen den Vertragsstaaten ersetzt dieses Übereinkommen das Übereinkommen vom 5. Oktober 1961 über die Zuständigkeit der Behörden und das anzuwendende Recht auf dem Gebiet des Schutzes von Minderjährigen und das am 12. Juni 1902 in Den Haag unterzeichnete Abkommen zur Regelung der Vormundschaft über Minderjährige, unbeschadet der Anerkennung von Maßnahmen, die nach dem genannten Übereinkommen vom 5. Oktober 1961 getroffen wurden.

Auf dem Gebiet der internationalen Zuständigkeit für Schutzmaßnahmen ersetzt das KSÜ **540** grundsätzlich das MSA. Dies gilt freilich nur „im Verhältnis zwischen den Vertragsstaaten". Daraus wird man folgern müssen, dass das KSÜ in die Rechte und Pflichten derjenigen Vertragsstaaten, die zugleich dem MSA angehören, gegenüber Vertragsstaaten des MSA, die dem KSÜ bisher nicht beigetreten sind, nicht eingreifen wollte. Aus deutscher Sicht betrifft dies freilich wegen des Vorrangs der EuEheVO vor dem MSA (Art 60 lit a EuEheVO; → Rn 348 f) und nach dem Beitritt der *Schweiz* und der *Türkei* zum KSÜ (→ Rn 367 f) nur noch das Verhältnis zur chinesischen Sonderverwaltungsregion *Macau*. Die Fortgeltung des MSA in diesem Verhältnis folgt jedenfalls aus einer völkerrechtskonformen Auslegung des Art 51. Danach sollen Vertragsstaaten des KSÜ nicht gezwungen werden, ihre völkerrechtlichen Pflichten gegenüber diesem Übk nicht angehörenden Vertragsstaaten des MSA zu verletzen (BeckOK-BGB/*Heiderhoff* Art 21 EGBGB Rn 6a; dazu auch → Rn 368).

Dementsprechend finden die Art 5–14 KSÜ auf Minderjährige iSv Art 12 MSA, die ihren **541** **gewöhnlichen Aufenthalt in *Macau*** haben, keine Anwendung. Primär zuständig sind vielmehr nach Art 1 MSA die dortigen Behörden (vgl im Verhältnis zur *Türkei* vor deren Beitritt zum KSÜ OLG Stuttgart FamRZ 13, 49/50; *Henrich* IntSchR Rn 302). Deutsche Gerichte können ihre Zuständigkeit in einem solchen Fall jedoch weiterhin auf die Heimatzuständigkeit nach Art 4 MSA oder auf die Gefährdungs- bzw Eilzuständigkeit nach Art 8, 9 MSA stützen. Ob die deutschen Gerichte darüber hinaus auch auf einen Minderjährigen aus *Macau,* der seinen gewöhnlichen Aufenthalt im Inland hat, stets nur das MSA anzuwenden haben (so *Andrae* IPRax 06, 82/84), erscheint hingegen fraglich. Sie haben jedoch auch in diesem Fall eine von den chinesischen Behörden in Anspruch genommene Heimatzuständigkeit nach Art 4 MSA zu respektieren (*Andrae* aaO; Staud/*Pirrung* Rn G 191).

KSÜ Art 52. [Verhältnis zu sonstigen Übereinkünften]

(1) Dieses Übereinkommen lässt internationale Übereinkünfte unberührt, denen Vertragsstaaten als Vertragsparteien angehören und die Bestimmungen über die im vorliegenden Übereinkommen geregelten Angelegenheiten enthalten, sofern die durch eine solche Übereinkunft gebundenen Staaten keine gegenteilige Erklärung abgeben.

(2) Dieses Übereinkommen lässt die Möglichkeit unberührt, dass ein oder mehrere Vertragsstaaten Vereinbarungen treffen, die in bezug auf Kinder mit gewöhnlichem Aufenthalt in einem der Staaten, die Vertragsparteien solcher Vereinbarungen sind, Bestimmungen über die in diesem Übereinkommen geregelten Angelegenheiten enthalten.

(3) Künftige Vereinbarungen eines oder mehrerer Vertragsstaaten über Angelegenheiten im Anwendungsbereich dieses Übereinkommens lassen im Verhältnis zwischen solchen Staaten und anderen Vertragsstaaten die Anwendung der Bestimmungen des Übereinkommens unberührt.

(4) Die Absätze 1 bis 3 gelten auch für Einheitsrecht, das auf besonderen Verbindungen insbesondere regionaler Art zwischen den betroffenen Staaten beruht.

1. Vorrang früherer Übereinkünfte, Abs 1

Sieht man vom Verhältnis zum HKÜ und zum MSA ab, das in Art 50, 51 gesondert geregelt **542** wird, lässt das KSÜ nach Abs 1 zwei- oder mehrseitige Staatsverträge unberührt, die von Vertragsstaaten schon früher abgeschlossen worden sind und die Bestimmungen über die auch im

673

F 543–548   1. Teil. Erkenntnisverfahren F. Kindschaftssachen

KSÜ geregelten Angelegenheiten enthalten. Das KSÜ tritt also gegenüber solchen früheren Übereinkünften zurück, sofern die an eine solche Übereinkunft gebundenen Staaten keine gegenteilige Erklärung abgeben.

543   Aus deutscher Sicht hat daher auf dem Gebiet des Kollisionsrechts das **deutsch-iranische Niederlassungsabkommen** von 1929 Vorrang vor den Art 15 ff KSÜ (näher → Rn 708 ff). Auf dem Gebiet der internationalen Zuständigkeit für vormundschaftsgerichtliche Angelegenheiten gilt dieser Vorrang etwa für das zwischen den skandinavischen Staaten geschlossene Abkommen v 6.2.1931, das aufgrund entsprechender Erklärungen von *Finnland* und *Schweden* gem Art 59 Abs 2 EuEheVO auch Vorrang vor der EuEheVO hat (→ Rn 346). Dieses Übk hat daher im Verhältnis zwischen *Dänemark, Finnland* und *Schweden* Vorrang vor dem KSÜ, da diese Staaten keine gegenteiligen Erklärungen abgegeben haben.

2. Zulässigkeit künftiger Vereinbarungen zwischen Vertragsstaaten, Abs 2

544   Das KSÜ behält einem oder mehreren Vertragsstaaten auch für die Zukunft das Recht vor, Vereinbarungen abzuschließen, die Bestimmungen über die in diesem Übk geregelte Angelegenheiten enthalten. Von diesem Recht kann allerdings nur in Bezug auf Kinder Gebrauch gemacht werden, die ihren gewöhnlichen Aufenthalt in einem derjenigen Vertragsstaaten haben, die sich an einer solchen künftigen Vereinbarung beteiligen. Hingegen können die Vertragsstaaten des KSÜ in dessen sachlichem Anwendungsbereich weder untereinander noch mit Drittstaaten vorrangige Vereinbarungen in Bezug auf Kinder schließen, die sich gewöhnlich in einem an einer solchen Vereinbarung nicht beteiligten Vertragsstaat des KSÜ oder in einem Drittstaat aufhalten, mag das Kind auch die Staatsangehörigkeit eines an der Vereinbarung beteiligten Staates besitzen (*Lagarde*-Bericht Rn 172; Staud/*Pirrung* Rn G 194).

545   Abs 2 enthält in erster Linie eine **Öffnungsklausel für** die dem KSÜ angehörenden **Mitgliedstaaten der EU,** die in ihrem Verhältnis zueinander sowohl ergänzende wie auch abweichende Regelungen in Bezug auf Kinder vereinbaren können, die sich in einem Mitgliedstaat (mit Ausnahme *Dänemarks*) gewöhnlich aufhalten. Hiervon hat der europäische Gesetzgeber – wie bei den Beratungen des KSÜ bereits geplant – auf dem Gebiet der internationalen Zuständigkeit sowie der Anerkennung und Vollstreckung von Entscheidungen auf dem Gebiet der elterlichen Verantwortung durch Verabschiedung der EuEheVO Gebrauch gemacht. Art 61 lit a EuEheVO trägt dabei der in Art 52 Abs 2 festgelegten Beschränkung Rechnung (→ Rn 353 ff).

546   Unter Bezugnahme auf Art 52 Abs 1 und 2 haben sämtliche EU-Mitgliedstaaten in Übereinstimmung mit Art 61 lit b EuEheVO erklärt, dass Urteile aus anderen Mitgliedstaaten, die in den sachlichen Anwendungsbereich des KSÜ fallen, nur nach den Regeln des Unionsrechts – dh nach Kapitel III der EuEheVO – anerkannt und vollstreckt werden. Ferner haben die *Niederlande* zu Abs 1 erklärt, dass das KSÜ Vorrang vor dem Europäischen Sorgerechtsübk v 20.5.1980 hat.

3. Vorrang des KSÜ im Verhältnis zu nicht an die künftigen Vereinbarungen gebundenen Vertragsstaaten, Abs 3

547   Der Vorrang der von Vertragsstaaten des KSÜ untereinander oder mit Drittstaaten nach Maßgabe von Abs 2 geschlossenen künftigen Vereinbarungen im sachlichen Anwendungsbereich des KSÜ gilt nur im Verhältnis zwischen den Vertragsstaaten einer solchen Vereinbarung. Demgegenüber bleibt die mit der Ratifizierung des KSÜ übernommene Verpflichtung zur Anwendung der Bestimmungen dieses Übk im Verhältnis zu anderen Vertragsstaaten, die an einer solchen Vereinbarung nicht beteiligt sind, nach Abs 3 unberührt. Sondervereinbarungen zwischen einer bestimmten Gruppe von Vertragsstaaten sollen also das System des KSÜ im Übrigen nicht in Frage stellen. Demgemäß haben auch die Mitgliedstaaten der EuEheVO, die zugleich Vertragsstaaten des KSÜ sind, die auf Art 5 ff KSÜ gestützte internationale Zuständigkeit der Gerichte eines nicht der EU angehörenden KSÜ-Vertragsstaats zu respektieren.

4. Geltung der Absätze 1–3 für Einheitsrecht, Abs 4

548   Abs 4 stellt klar, dass die Absätze 1–3 nicht nur das Verhältnis des KSÜ zu völkerrechtlichen Vereinbarungen der Vertragsstaaten betreffen, sondern auch für Einheitsrecht gelten, das „auf besonderen Verbindungen regionaler Art" zwischen den betroffenen Staaten beruht. Durch Abs 4 wird insbesondere das **Einheitsrecht der skandinavischen Staaten** auf dem durch das KSÜ geregelten Rechtsgebiet den völkerrechtlichen Vereinbarungen nach Abs 2 und 3 gleichgestellt (Rauscher/*Hilbig-Lugani* Rn 4).

I. Internationale Zuständigkeit: KSÜ Art 55   552, 553 **F**

KSÜ Art 53. [Zeitlicher Anwendungsbereich]

(1) Dieses Übereinkommen ist nur auf Maßnahmen anzuwenden, die in einem Staat getroffen werden, nachdem das Übereinkommen für diesen Staat in Kraft getreten ist.

(2) *(abgedruckt und kommentiert → N Rn 398)*

Sowohl für die **internationale Zuständigkeit** wie für das **anwendbare Recht** bestimmt das **549** KSÜ seinen zeitlichen Geltungsbereich danach, wann die Maßnahme von dem angerufenen Gericht getroffen wird. Hat in diesem Zeitpunkt das KSÜ für den Vertragsstaat, in dem das Gericht seinen Sitz hat, schon gegolten, so hat das Gericht seiner Entscheidung sowohl die Zuständigkeits- als auch die Kollisionsnormen des Übk zugrundezulegen. Abweichend von Art 64 Abs 1 EuEheVO (→ Rn 360 ff) kommt es also nicht darauf an, wann das Verfahren vor diesem Gericht eingeleitet wurde (öst OGH IPRax 14, 183; Pal/*Thorn* Anh Art 24 EGBGB Rn 17). Das KSÜ ist vielmehr von deutschen Gerichten auch in Verfahren, die bereits vor dem 1.1.2011 anhängig gemacht wurden, immer dann anzuwenden, wenn die Entscheidung erst nach diesem Zeitpunkt getroffen wird. Eine *perpetuatio fori* auf der Grundlage des zuvor geltenden staatsvertraglichen (zB MSA) oder autonomen Zuständigkeitsrechts hat daher auszuscheiden (Staud/*Pirrung* Rn G 197).

Dies gilt auch dann, wenn das Verfahren am 1.1.2011 vor einem deutschen Gericht bereits in **550** der **Rechtsmittelinstanz** anhängig war. Auch in diesem Fall bestimmt sich das auf Schutz- maßnahmen anwendbare Recht von diesem Zeitpunkt an nach Art 15 (BGH FamRZ 11, 796 Rn 31 m Anm *Völker;* OLG Saarbrücken FF 11, 326 = FamRZ 11, 1514 (LS); OLG Karlsruhe FamRZ 11, 1963/1964 m zust Anm *Henrich*). Auf die Zuweisung der elterlichen Sorge **kraft Gesetzes** (Art 16) ist Art 53 Abs 1 zumindest analog anwendbar (BGH aaO; näher → Rn 641 ff). Ferner wird das angerufene Gericht von diesem Zeitpunkt an nach Maßgabe der Art 5 ff international zuständig, auch wenn es zuvor noch nicht zuständig und der Antrag deshalb abweisungsreif war.

KSÜ Art 54. [Sprachenregelung]

(1) Mitteilungen an die Zentrale Behörde oder eine andere Behörde eines Vertrags- staats werden in der Originalsprache zugesandt; sie müssen von einer Übersetzung in die Amtssprache oder eine der Amtssprachen des anderen Staates oder, wenn eine solche Übersetzung nur schwer erhältlich ist, von einer Übersetzung ins Französische oder Englische begleitet sein.

(2) Ein Vertragsstaat kann jedoch einen Vorbehalt nach Artikel 60 anbringen und darin gegen die Verwendung des Französischen oder Englischen, jedoch nicht beider Sprachen, Einspruch erheben.

Den Vorbehalt nach Art 54 Abs 2 haben bisher die *Bundesrepublik Deutschland* sowie *Albanien,* **551** *Armenien, Dänemark, Estland, Georgien, Lettland, Litauen, Malta, Norwegen, Österreich,* die *Russische Föderation, Schweden,* die *Türkei, Ungarn,* das *Vereinigte Königreich* und *Zypern* in Bezug auf die französische Sprache erklärt.

KSÜ Art 55. [Vorbehalte]

(1) Ein Vertragsstaat kann sich nach Artikel 60
a) Hoheitsgebiet befindlichen Vermögens eines Kindes zu treffen;
b) vorbehalten, die elterliche Verantwortung oder eine Maßnahme nicht anzuerken- nen, soweit sie mit einer von seinen Behörden in bezug auf dieses Vermögen getroffenen Maßnahme unvereinbar ist.

(2) Der Vorbehalt kann auf bestimmte Vermögensarten beschränkt werden.

Den Vorbehalt nach Art 55 Abs 1 lit a und lit b haben bisher *Albanien, Armenien, Bulgarien,* **552** *Italien, Kroatien, Malta, Montenegro, Polen, Rumänien,* die *Russische Föderation, Serbien,* die *Slowakei, Spanien,* die *Türkei,* die *Ukraine, Ungarn* und *Zypern* erklärt. *Lettland* und *Litauen* haben den Vorbehalt auf lit a, die *Schweiz* hat ihn auf lit b beschränkt.

Nach Abs 2 haben *Kroatien, Lettland, Polen, die Slowakei* und die *Ukraine* den Vorbehalt auf **553** unbewegliches Vermögen beschränkt. *Rumänien* hat diese Beschränkung nur für bewegliches Vermögen erklärt.

675

F   1. Teil. Erkenntnisverfahren F. Kindschaftssachen

KSÜ Art 56. [Überprüfung]

Der Generalsekretär der Haager Konferenz für Internationales Privatrecht beruft in regelmäßigen Abständen eine Spezialkommission zur Prüfung der praktischen Durchführung dieses Übereinkommens ein.

Kapitel VII. Schlussbestimmungen

KSÜ Art 57. [Unterzeichnung]

(1) Dieses Übereinkommen liegt für die Staaten, die zur Zeit der Achtzehnten Tagung der Haager Konferenz für Internationales Privatrecht Mitglied der Konferenz waren, zur Unterzeichnung auf.

(2) Es bedarf der Ratifikation, Annahme oder Genehmigung; die Ratifikations-, Annahme- oder Genehmigungsurkunden werden beim Ministerium für Auswärtige Angelegenheiten des Königreichs der Niederlande, dem Verwahrer dieses Übereinkommens, hinterlegt.

KSÜ Art 58. [Beitritt]

(1) Jeder andere Staat kann diesem Übereinkommen beitreten, sobald es nach Artikel 61 Absatz 1 in Kraft getreten ist.

(2) Die Beitrittsurkunde wird beim Verwahrer hinterlegt.

(3) [1] Der Beitritt wirkt nur im Verhältnis zwischen dem beitretenden Staat und den Vertragsstaaten, die innerhalb von sechs Monaten nach Eingang der in Artikel 63 Buchstabe b vorgesehenen Notifikation keinen Einspruch gegen den Beitritt erhoben haben. [2] Nach dem Beitritt kann ein solcher Einspruch auch von jedem Staat in dem Zeitpunkt erhoben werden, in dem er dieses Übereinkommen ratifiziert, annimmt oder genehmigt. [3] Die Einsprüche werden dem Verwahrer notifiziert.

KSÜ Art 59. [Erklärung von Mehrrechtsstaaten]

(1) Ein Staat, der aus zwei oder mehr Gebietseinheiten besteht, in denen für die in diesem Übereinkommen behandelten Angelegenheiten unterschiedliche Rechtssysteme gelten, kann bei der Unterzeichnung, der Ratifikation, der Annahme, der Genehmigung oder dem Beitritt erklären, dass das Übereinkommen auf alle seine Gebietseinheiten oder nur auf eine oder mehrere davon erstreckt wird; er kann diese Erklärung durch Abgabe einer neuen Erklärung jederzeit ändern.

(2) Jede derartige Erklärung wird dem Verwahrer unter ausdrücklicher Bezeichnung der Gebietseinheiten notifiziert, auf die dieses Übereinkommen angewendet wird.

(3) Gibt ein Staat keine Erklärung nach diesem Artikel ab, so ist dieses Übereinkommen auf sein gesamtes Hoheitsgebiet anzuwenden.

KSÜ Art 60. [Vorbehaltserklärungen]

(1) [1] Jeder Staat kann spätestens bei der Ratifikation, der Annahme, der Genehmigung oder dem Beitritt oder bei Abgabe einer Erklärung nach Artikel 59 einen der in Artikel 54 Absatz 2 und Artikel 55 vorgesehenen Vorbehalte oder beide anbringen. [2] Weitere Vorbehalte sind nicht zulässig.

(2) [1] Jeder Staat kann einen von ihm angebrachten Vorbehalt jederzeit zurücknehmen. [2] Die Rücknahme wird dem Verwahrer notifiziert.

(3) Die Wirkung des Vorbehalts endet am ersten Tag des dritten Kalendermonats nach der in Absatz 2 genannten Notifikation.

KSÜ Art 61. [Inkrafttreten]

(1) Dieses Übereinkommen tritt am ersten Tag des Monats in Kraft, der auf einen Zeitabschnitt von drei Monaten nach der in Artikel 57 vorgesehenen Hinterlegung der dritten Ratifikations-, Annahme- oder Genehmigungsurkunde folgt.

676

I. Internationale Zuständigkeit   **F**

(2) Danach tritt dieses Übereinkommen in Kraft

a) für jeden Staat, der es später ratifiziert, annimmt oder genehmigt, am ersten Tag des Monats, der auf einen Zeitabschnitt von drei Monaten nach Hinterlegung seiner Ratifikations-, Annahme-, Genehmigungs- oder Beitrittsurkunde folgt;

b) für jeden Staat, der ihm beitritt, am ersten Tag des Monats, der auf einen Zeitabschnitt von drei Monaten nach Ablauf der in Artikel 58 Absatz 3 vorgesehenen Frist von sechs Monaten folgt;

c) für die Gebietseinheiten, auf die es nach Artikel 59 erstreckt worden ist, am ersten Tag des Monats, der auf einen Zeitabschnitt von drei Monaten nach der in jenem Artikel vorgesehenen Notifikation folgt.

KSÜ Art 62. [Kündigung]

(1) ¹Jeder Vertragsstaat kann dieses Übereinkommen durch eine an den Verwahrer gerichtete schriftliche Notifikation kündigen. ²Die Kündigung kann sich auf bestimmte Gebietseinheiten beschränken, auf die das Übereinkommen angewendet wird.

(2) ¹Die Kündigung wird am ersten Tag des Monats wirksam, der auf einen Zeitabschnitt von zwölf Monaten nach Eingang der Notifikation beim Verwahrer folgt. ²Ist in der Notifikation für das Wirksamwerden der Kündigung ein längerer Zeitabschnitt angegeben, so wird die Kündigung nach Ablauf des entsprechenden Zeitabschnitts wirksam.

KSÜ Art 63. [Notifikation]

Der Verwahrer notifiziert den Mitgliedstaaten der Haager Konferenz für Internationales Privatrecht sowie den Staaten, die nach Artikel 58 beigetreten sind,

a) jede Unterzeichnung, Ratifikation, Annahme und Genehmigung nach Artikel 57;

b) jeden Beitritt und jeden Einspruch gegen einen Beitritt nach Artikel 58;

c) den Tag, an dem dieses Übereinkommen nach Artikel 61 in Kraft tritt;

d) jede Erklärung nach Artikel 34 Absatz 2 und Artikel 59;

e) jede Vereinbarung nach Artikel 39;

f) jeden Vorbehalt nach Artikel 54 Absatz 2 und Artikel 55 sowie jede Rücknahme eines Vorbehalts nach Artikel 60 Absatz 2;

g) jede Kündigung nach Artikel 62.

Zu Urkund dessen haben die hierzu gehörig befugten Unterzeichneten dieses Übereinkommen unterschrieben.

350. Haager Übereinkommen über die Zuständigkeit der Behörden und das anzuwendende Recht auf dem Gebiet des Schutzes vom Minderjährigen (MSA)

Vom 5. Oktober 1961 (BGBl 1971 II, 217)

Schrifttum: Zum älteren Schrifttum siehe Staudinger/*Kropholler* (2003), Vorbem zu Art 19 EGBGB Rn 25; ferner *Allinger,* Das Haager Minderjährigenschutzabkommen. Probleme, Tendenzen und Perspektiven (1988); *Andrae,* Zum interlokalen und internationalen Privatrecht des Minderjährigenschutzes, IPRax 92, 117; *Barrière-Brousse,* L'enfant et les conventions internationales, Rev crit 96, 843; *Boelck,* Reformüberlegungen zum Haager Minderjährigenschutzabkommen von 1961 (1994); *Cannone,* L'affidamento dei minori nel diritto internazionale privato e processuale (2000); *Coester,* Sorgerecht und Ehewohnung bei getrennt lebender iranischer Familie, IPRax 91, 236; *Coester-Waltjen,* Die Anwendung des Haager Minderjährigenschutzabkommens auf türkische Kinder in der Bundesrepublik Deutschland, ZfJ 90, 641; *Dörner,* Kindesherausgabe contra Sorgerechtsänderung nach Inkrafttreten der Entführungsübereinkommen, IPRax 93, 83; *Finger,* Zuständigkeiten nach dem MSA und anderen kindschaftsrechtlichen Übereinkommen, FPR 02, 621; *Kropholler,* Gedanken zur Reform des Haager Minderjährigenschutzabkommens, RabelsZ 94, 1; *Mottl,* Kindesverbringung und Heimatstaatzuständigkeit nach dem Minderjährigenschutzabkommen, IPRax 92, 178; *dies,* Aufenthalts- und Gefährdungszuständigkeiten nach dem Haager Minderjährigenschutzabkommen im Vergleich, IPRax 94, 60; *Oberloskamp,* Reformüberlegungen zum Haager Minderjährigenschutzabkommen von 1961, FamRZ 96, 918; *Odendahl,* Das Haager Minderjährigenschutzabkommen (MSA) von 1961 – Wie lebendig ist das Fossil?, IPRax 15, 575; *Oelkers/Kraeft,* Die deutsche internationale Zuständigkeit nach dem Haager Minderjährigenschutzabkommen (MSA), FuR 01, 344; *Pirrung,* Sorgerechts- und Adoptionsübereinkommen der Haager Konferenzen und des Europarats, RabelsZ 93, 124; *Roth/Döring,* Zur geplanten Revision des Haager Minderjährigenschutzabkommens von 1961, FuR 99, 195; *Siehr,* Kindesentführung und

677

F   554–558   1. Teil. Erkenntnisverfahren F. Kindschaftssachen

Minderjährigenschutz, StAZ 00, 330; *ders,* Die Rechtslage der Minderjährigen im internationalen Recht und die Entwicklung in diesem Bereich, FamRZ 96, 1047; *Wanner-Laufer,* Inhalt und Bedeutung von Art. 3 Haager Minderjährigenschutzabkommen (1992); *U. Wolf,* „Gesetzliche Gewaltverhältnisse", ordre public und Kindeswohl im Internationalen Privatrecht, FamRZ 93, 874.

Vorbemerkung

1. Vertragsstaaten

554   Das Übk ist für die *Bundesrepublik Deutschland* am 17.9.1971 im Verhältnis zu *Luxemburg, Portugal* und der *Schweiz* in Kraft getreten (Bek v 11.10.1971, BGBl II, 1150). Es gilt heute ferner im Verhältnis zu *Frankreich* (seit 10.11.1972, BGBl II, 1558), *Italien* (seit 23.4.1995, BGBl II, 330), *Lettland* (seit 11.9.2001, BGBl II, 1221), *Litauen* (seit 8.3.2002, BGBl II, 747), der *Niederlande* (seit 18.9.1971, BGBl II, 15), *Österreich* (seit 11.5.1975, BGBl II, 699), *Polen* (seit 13.11.1993, BGBl II, 388), *Spanien* (seit 21.7.1987, BGBl II, 449) und der *Türkei* (seit 16.4.1984, BGBl II, 460). *Portugal* hat das Übk mit Wirkung v 4.2.1969 auf *Macau* erstreckt. Das Übk gilt auch nach dem Übergang der Souveränitätsrechte für *Macau* von *Portugal* auf *China* mit Wirkung v 20.12.1999 im Verhältnis zur chinesischen Sonderverwaltungsregion *Macau* fort (BGBl 03 II, 789, 797).]

2. Verhältnis zu anderen Rechtsinstrumenten

555   **a) EuEheVO.** Auf dem Gebiet der internationalen Zuständigkeit für Entscheidungen betreffend die elterliche Verantwortung werden die Art 1 ff MSA gem Art 60 lit a EuEheVO (→ Rn 348 ff) durch die Art 8–15 EuEheVO verdrängt, wenn das Kind seinen gewöhnlichen Aufenthalt im Hoheitsgebiet eines EU-Mitgliedstaats (mit Ausnahme *Dänemarks*) hat. Aus deutscher Sicht kamen die Zuständigkeitsvorschriften des MSA daher nach Art 60 lit a EuEheVO seit Geltung der EuEheVO nur noch zur Anwendung, wenn das Kind sich in der *Schweiz,* in der *Türkei* (OLG Oldenburg FamRZ 07, 1827; OLG Stuttgart FamRZ 13, 49/50; OLG Zweibrücken FamRZ 14, 1555) oder in der chinesischen Sonderverwaltungsregion *Macau* gewöhnlich aufhielt oder wenn es bei gewöhnlichem Aufenthalt im Inland die Staatsangehörigkeit eines dieser Staaten besaß.

556   **b) Haager Kinderschutzübereinkommen.** Das MSA wird jedoch nach Art 51 KSÜ (→ 540 f) im Verhältnis der Vertragsstaaten zueinander inzwischen ferner weitgehend durch das KSÜ ersetzt. Dies gilt – außer im Verhältnis zu denjenigen Vertragsstaaten, die der EU angehören und für die das MSA schon durch die EuEheVO nach deren Art 60 lit a verdrängt wird (→ Rn 348 ff), inzwischen auch im Verhältnis zur *Schweiz* und zur *Türkei,* so dass das Übk heute **nur noch im Verhältnis zu** *China/Macau* Anwendung findet (BGH FamRZ 15, 2141 Rn 16 m Anm *Giers*).

557   **c) Haager Kindesentführungsübereinkommen.** Nach seinem Art 34 S 1 geht das HKÜ dem MSA vor, soweit die Staaten Vertragsparteien beider Übereinkommen sind. Zu Überschneidungen kommt es freilich auf dem Gebiet der internationalen Zuständigkeit für sorge- und umgangsrechtliche Streitigkeiten zwischen beiden Übereinkommen nicht, weil das HKÜ diese nicht regelt.

3. Verzicht auf Kommentierung

558   Da sich eine auf das MSA gestützte internationale Zuständigkeit der deutschen Gerichte wegen der vorrangigen Anwendung der EuEheVO und des KSÜ im Wesentlichen auf Fälle beschränkt, in denen sich Minderjährige mit deutscher Staatsangehörigkeit in der chinesischen Sonderverwaltungsregion *Macau* gewöhnlich aufhalten und deutsche Gerichte die Heimatzuständigkeit nach Art 4 Abs 1 in Anspruch nehmen wollen, wird wegen der Seltenheit solcher Fälle auf eine Einzelkommentierung der Vorschriften des MSA zur internationalen Zuständigkeit verzichtet (vgl aber zum deutsch-türkischen Verhältnis zuletzt noch OLG Zweibrücken FamRZ 14, 1555). Nachfolgend wird lediglich der Wortlaut der einschlägigen Vorschriften des Übk wiedergegeben.

I. Internationale Zuständigkeit: MSA Art 5 **F**

a) Zuständigkeit

MSA Art 1. [Internationale Zuständigkeit]

Die Behörden, seien es Gerichte oder Verwaltungsbehörden, des Staates, in dem ein Minderjähriger seinen gewöhnlichen Aufenthalt hat, sind vorbehaltlich der Bestimmungen der Artikel 3, 4 und 5 Absatz 3 dafür zuständig, Maßnahmen zum Schutz der Person und des Vermögens des Minderjährigen zu treffen.

MSA Art 2

(abgedruckt → Rn 706)

MSA Art 3. [Nach Heimatrecht bestehendes Gewaltverhältnis]

Ein Gewaltverhältnis, das nach dem innerstaatlichen Recht des Staates, dem der Minderjährige angehört, kraft Gesetzes besteht, ist in allen Vertragsstaaten anzuerkennen.

MSA Art 4. [Eingreifen der Heimatbehörden]

(1) Sind die Behörden des Staates, dem der Minderjährige angehört, der Auffassung, dass das Wohl des Minderjährigen es erfordert, so können sie nach ihrem innerstaatlichen Recht zum Schutz der Person oder des Vermögens des Minderjährigen Maßnahmen treffen, nachdem sie die Behörden des Staates verständigt haben, in dem der Minderjährige seinen gewöhnlichen Aufenthalt hat.

(2) *(abgedruckt → Rn 706)*

(3) Für die Durchführung der getroffenen Maßnahmen haben die Behörden des Staates zu sorgen, dem der Minderjährige angehört.

(4) Die nach den Absätzen 1 bis 3 getroffenen Maßnahmen treten an die Stelle von Maßnahmen, welche die Behörden des Staates getroffen haben, in dem der Minderjährige seinen gewöhnlichen Aufenthalt hat.

Zur Zuständigkeit deutscher Gerichte und Behörden für die Mitteilungen nach Abs 1 siehe **559** Art 2 des deutschen ZustimmungsG v 30.4.1971 (BGBl II, 217):

Art 2.

(1) Für die in Artikel 4 Abs 1, Artikel 5 Abs 2, Artikel 10 und Artikel 11 Abs 1 des Übereinkommens vorgesehenen Mitteilungen sind die deutschen Gerichte und Behörden zuständig, bei denen ein Verfahren nach dem Übereinkommen anhängig ist oder in den Fällen des Artikels 5 Abs 2 zur Zeit des Aufenthaltswechsels des Minderjährigen anhängig war.

(2) Ist ein Verfahren im Geltungsbereich dieses Gesetzes nicht anhängig, so ist für den Empfang der Mitteilungen nach Artikel 4 Abs 1 und Artikel 11 Abs 1 das Jugendamt zuständig, in dessen Bezirk der Minderjährige seinen gewöhnlichen Aufenthalt hat. Für den Empfang der Mitteilungen, die nach Artikel 11 Abs 1 vom Übereinkommens an die Behörden des Staates zu richten sind, dem der Minderjährige angehört, ist, wenn im Geltungsbereich dieses Gesetzes weder ein Verfahren anhängig ist noch der Minderjährige seinen gewöhnlichen Aufenthalt hat, das Landesjugendamt Berlin zuständig.

(3) Die Mitteilungen können unmittelbar gegeben und empfangen werden.

(4) (aufgehoben)

MSA Art 5. [Verlegung des Aufenthalts in einen anderen Vertragsstaat]

(1) Wird der gewöhnliche Aufenthalt eines Minderjährigen aus einem Vertragsstaat in einen anderen verlegt, so bleiben die von den Behörden des Staates des früheren gewöhnlichen Aufenthalts getroffenen Maßnahmen so lange in Kraft, bis die Behörden des neuen gewöhnlichen Aufenthalts sie aufheben oder ersetzen.

(2) Die von den Behörden des Staates des früheren gewöhnlichen Aufenthalts getroffenen Maßnahmen dürfen erst nach vorheriger Verständigung dieser Behörden aufgehoben oder ersetzt werden.

679

F

1. Teil. Erkenntnisverfahren F. Kindschaftssachen

(3) Wird der gewöhnliche Aufenthalt eines Minderjährigen, der unter dem Schutz der Behörden des Staates gestanden hat, dem er angehört, verlegt, so bleiben die von diesen nach ihrem innerstaatlichen Recht getroffenen Maßnahmen im Staate des neuen gewöhnlichen Aufenthaltes in Kraft.

MSA Art 6. [Übertragung der Durchführung von Maßnahmen]

(1) Die Behörden des Staates, dem der Minderjährige angehört, können im Einvernehmen mit den Behörden des Staates, in dem er seinen gewöhnlichen Aufenthalt hat oder Vermögen besitzt, diesen die Durchführung der getroffenen Maßnahmen übertragen.

(2) Die gleiche Befugnis haben die Behörden des Staates, in dem der Minderjährige seinen gewöhnlichen Aufenthalt hat, gegenüber den Behörden des Staates, in dem der Minderjährige Vermögen besitzt.

MSA Art 7.

(abgedruckt und kommentiert → N Rn 517)

MSA Art 8. [Maßnahmen des Aufenthaltsstaates bei Gefährdung des Minderjährigen]

(1) Die Artikel 3, 4 und 5 Absatz 3 schließen nicht aus, dass die Behörden des Staates, in dem der Minderjährige seinen gewöhnlichen Aufenthalt hat, Maßnahmen zum Schutz des Minderjährigen treffen, soweit er in seiner Person oder in seinem Vermögen ernstlich gefährdet ist.

(2) Die Behörden der anderen Vertragsstaaten sind nicht verpflichtet, diese Maßnahmen anzuerkennen.

MSA Art 9. [Eilzuständigkeit]

(1) In allen dringenden Fällen haben die Behörden jedes Vertragsstaates, in dessen Hoheitsgebiet sich der Minderjährige oder ihm gehörendes Vermögen befindet, die notwendigen Schutzmaßnahmen zu treffen.

(2) Die nach Absatz 1 getroffenen Maßnahmen treten, soweit sie keine endgültigen Wirkungen hervorgebracht haben, außer Kraft, sobald die nach diesem Übereinkommen zuständigen Behörden die durch die Umstände gebotenen Maßnahmen getroffen haben.

MSA Art 10. [Meinungsaustausch mit den Behörden anderer Vertragsstaaten]

Um die Fortdauer der dem Minderjährigen zuteil gewordenen Betreuung zu sichern, haben die Behörden eines Vertragsstaates nach Möglichkeit Maßnahmen erst dann zu treffen, nachdem sie einen Meinungsaustausch mit den Behörden der anderen Vertragsstaaten gepflogen haben, deren Entscheidungen noch wirksam sind.

MSA Art 11. [Anzeige von Schutzmaßnahmen an die Behörden des Heimatstaates]

(1) Die Behörden, die auf Grund dieses Übereinkommens Maßnahmen getroffen haben, haben dies unverzüglich den Behörden des Staates, dem der Minderjährige angehört, und gegebenenfalls den Behörden des Staates seines gewöhnlichen Aufenthalts mitzuteilen.

(2) Jeder Vertragsstaat bezeichnet die Behörden, welche die in Absatz 1 erwähnten Mitteilungen unmittelbar geben und empfangen können. Er notifiziert diese Bezeichnung dem Ministerium für auswärtige Angelegenheiten der Niederlande.

I. Internationale Zuständigkeit: MSA Art 17   **F**

b) Anwendungsbereich

MSA Art 12. [Begriff des Minderjährigen]

Als „Minderjähriger" im Sinne dieses Übereinkommens ist anzusehen, wer sowohl nach dem innerstaatlichen Recht des Staates, dem er angehört, als auch nach dem innerstaatlichen Recht des Staates seines gewöhnlichen Aufenthalts minderjährig ist.

MSA Art 13. [Räumlich-persönlicher Anwendungsbereich]

(1) Dieses Übereinkommen ist auf alle Minderjährigen anzuwenden, die ihren gewöhnlichen Aufenthalt in einem der Vertragsstaaten haben.

(2) Die Zuständigkeiten, die nach diesem Übereinkommen den Behörden des Staates zukommen, dem der Minderjährige angehört, bleiben jedoch den Vertragsstaaten vorbehalten.

(3) Jeder Vertragsstaat kann sich vorbehalten, die Anwendung dieses Übereinkommens auf Minderjährige zu beschränken, die einem der Vertragsstaaten angehören.

c) Allgemeine Bestimmungen

MSA Art 14. [Minderjähriger als Angehöriger eines Mehrrechtsstaates]

Stellt das innerstaatliche Recht des Staates, dem der Minderjährige angehört, keine einheitliche Rechtsordnung dar, so sind im Sinne dieses Übereinkommens als „innerstaatliches Recht des Staates, dem der Minderjährige angehört" und als „Behörden des Staates, dem der Minderjährige angehört" das Recht und die Behörden zu verstehen, die durch die im betreffenden Staat geltenden Vorschriften und, mangels solcher Vorschriften, durch die engste Bindung bestimmt werden, die der Minderjährige mit einer der Rechtsordnungen dieses Staates hat.

MSA Art 15. [Vorbehalt zugunsten der Ehegerichte]

(1) Jeder Vertragsstaat, dessen Behörden dazu berufen sind, über ein Begehren auf Nichtigerklärung, Auflösung oder Lockerung des zwischen den Eltern eines Minderjährigen bestehenden Ehebandes zu entscheiden, kann sich die Zuständigkeit dieser Behörden für Maßnahmen zum Schutz der Person oder des Vermögens des Minderjährigen vorbehalten.

(2) Die Behörden der anderen Vertragsstaaten sind nicht verpflichtet, diese Maßnahmen anzuerkennen.

Den Vorbehalt nach Art 15 Abs 1 hatten zunächst acht Staaten erklärt, von denen ihn vier (die **559a** *Niederlande* mWv 30.3.1982, *Frankreich* mWv 28.4.1984, die *Schweiz* mWv 28.5.1993 und *Spanien* mWv 19.8.1995) wieder zurückgenommen haben; er gilt noch für *Litauen, Luxemburg, Polen* und die *Türkei.* Zum aktuellen Stand (Status table): www.hcch.net.

MSA Art 16. [Ordre public]

Die Bestimmungen dieses Übereinkommens dürfen in den Vertragsstaaten nur dann unbeachtet bleiben, wenn ihre Anwendung mit der öffentlichen Ordnung offensichtlich unvereinbar ist.

d) Übergangsrecht

MSA Art 17. [Zeitlicher Anwendungsbereich]

(1) Dieses Übereinkommen ist nur auf Maßnahmen anzuwenden, die nach seinem Inkrafttreten getroffen worden sind.

(2) Gewaltverhältnisse, die nach dem innerstaatlichen Recht des Staates, dem der Minderjährige angehört, kraft Gesetzes bestehen, sind vom Inkrafttreten des Übereinkommens an anzuerkennen.

681

F 560   1. Teil. Erkenntnisverfahren F. Kindschaftssachen

e) Schlussvorschriften

MSA Art 18. [Verhältnis zu anderen Staatsverträgen]

(1) Dieses Übereinkommen tritt im Verhältnis der Vertragsstaaten zueinander an die Stelle des am 12. Juni 1902 im Haag unterzeichneten Abkommens zur Regelung der Vormundschaft über Minderjährige.

(2) Es lässt die Bestimmungen anderer zwischenstaatlicher Übereinkünfte unberührt, die im Zeitpunkt seines Inkrafttretens zwischen den Vertragsstaaten gelten.

MSA Art 19. [Zeichnung und Ratifizierung]

(1) Dieses Übereinkommen liegt für die bei der Neunten Tagung der Haager Konferenz für Internationales Privatrecht vertretenen Staaten zur Unterzeichnung auf.

(2) Es bedarf der Ratifizierung; die Ratifikationsurkunden sind beim Ministerium für Auswärtige Angelegenheiten der Niederlande zu hinterlegen.

MSA Art 20. [Inkrafttreten]

(1) Dieses Übereinkommen tritt am sechzigsten Tag nach der in Art. 19 Absatz 2 vorgesehenen Hinterlegung der dritten Ratifikationsurkunde in Kraft.

(2) Das Übereinkommen tritt für jeden Unterzeichnerstaat, der es später ratifiziert, am sechzigsten Tag nach Hinterlegung seiner Ratifikationsurkunde in Kraft.

MSA Art 21. [Beitritt]

(1) [1]Jeder auf der Neunten Tagung der Haager Konferenz für Internationales Privatrecht nicht vertretene Staat kann diesem Übereinkommen beitreten, nachdem es gemäß Art. 20 Absatz 1 in Kraft getreten ist. [2]Die Beitrittsurkunde ist beim Ministerium für Auswärtige Angelegenheiten der Niederlande zu hinterlegen.

(2) [1]Der Beitritt wirkt nur im Verhältnis zwischen dem beitretenden Staat und den Vertragsstaaten, die erklärt haben, diesen Beitritt anzunehmen. [2]Die Annahmeerklärung ist dem Ministerium für Auswärtige Angelegenheiten der Niederlande zu notifizieren.

(3) Das Übereinkommen tritt zwischen dem beitretenden Staat und dem Staat, der diesen Beitritt anzunehmen erklärt hat, am sechzigsten Tag nach der in Absatz 2 vorgesehenen Notifikation in Kraft.

MSA Art 22. [Räumlicher Anwendungsbereich]

(1) [1]Jeder Staat kann bei der Unterzeichnung, bei der Ratifizierung oder beim Beitritt erklären, dass dieses Übereinkommen auf alle oder auf einzelne der Hoheitsgebiete ausgedehnt werde, deren internationale Beziehungen er wahrnimmt. [2]Eine solche Erklärung wird wirksam, sobald das Übereinkommen für den Staat, der sie abgegeben hat, in Kraft tritt.

(2) Später kann dieses Übereinkommen auf solche Hoheitsgebiete durch eine an das Ministerium für Auswärtige Angelegenheiten der Niederlande gerichtete Notifikation ausgedehnt werden.

(3) [1]Wird die Erklärung über die Ausdehnung durch einen Staat abgegeben, der das Übereinkommen unterzeichnet und ratifiziert hat, so tritt das Übereinkommen für die in Betracht kommenden Hoheitsgebiete gemäß Artikel 20 in Kraft. [2]Wird die Erklärung über die Ausdehnung durch einen Staat abgegeben, der dem Übereinkommen beigetreten ist, so tritt das Übereinkommen für die in Betracht kommenden Hoheitsgebiete gemäß Artikel 21 in Kraft.

560 Die *Niederlande* haben das Übk auf die *Niederländischen Antillen* erstreckt (BGBl 72 II, 15). *Portugal* hat das Übk mit Wirkung v 4.2.1969 auf *Macau* erstreckt. Das Übk gilt auch nach dem Übergang der Souveränitätsrechte für *Macau* von *Portugal* auf *China* mit Wirkung v 20.12.1999 im Verhältnis zur chinesischen Sonderverwaltungsregion *Macau* fort (BGBl 03 II, 789, 797).

I. Internationale Zuständigkeit

F

MSA Art 23. [Vorbehalte]

(1) ¹Jeder Staat kann spätestens bei der Ratifizierung oder dem Beitritt die in den Artikeln 13 Abs. 3 und 15 Abs. 1 vorgesehenen Vorbehalte erklären. ²Andere Vorbehalte sind nicht zulässig.

(2) Ebenso kann jeder Vertragsstaat bei der Notifikation einer Ausdehnung des Übereinkommens gemäß Artikel 22 diese Vorbehalte für alle oder einzelne der Hoheitsgebiete, auf die sich die Ausdehnung erstreckt, erklären.

(3) ¹Jeder Vertragsstaat kann einen Vorbehalt, den er erklärt hat, jederzeit zurückziehen. ²Diese Zurückziehung ist dem Ministerium für Auswärtige Angelegenheiten der Niederlande zu notifizieren.

(4) Die Wirkung des Vorbehaltes erlischt am sechzigsten Tag nach der in Absatz 3 vorgesehenen Notifikation.

MSA Art 24. [Geltungsdauer, Kündigung]

(1) Dieses Übereinkommen gilt für die Dauer von fünf Jahren, gerechnet von seinem Inkrafttreten gemäß Artikel 20 Absatz 1, und zwar auch für Staaten, die es später notifiziert haben oder ihm später beigetreten sind.

(2) Die Geltungsdauer des Übereinkommens verlängert sich, außer im Fall der Kündigung, stillschweigend um jeweils fünf Jahre.

(3) Die Kündigung ist spätestens sechs Monate, bevor der Zeitraum von fünf Jahren jeweils abläuft, dem Ministerium für Auswärtige Angelegenheiten der Niederlande zu notifizieren.

(4) Sie kann sich auf bestimmte Hoheitsgebiete, auf die das Übereinkommen anzuwenden ist, beschränken.

(5) ¹Die Kündigung wirkt nur für den Staat, der sie notifiziert hat. ²Für die anderen Vertragsstaaten bleibt das Übereinkommen in Kraft.

MSA Art 25. [Notifikation]

Das Ministerium für Auswärtige Angelegenheiten der Niederlande notifiziert den in Artikel 19 bezeichneten Staaten sowie den Staaten, die gemäß Art 11 Absatz 2 beigetreten sind:

a) die Notifikationen gemäß Artikel 11 Absatz 2;

b) die Unterzeichnungen und die Ratifikationen gemäß Artikel 19;

c) den Tag, an dem dieses Übereinkommen gemäß Artikel 20 Absatz 1 in Kraft tritt;

d) die Beitritts- und die Annahmeerklärungen gemäß Artikel 21 sowie den Tag, an dem sie wirksam werden;

e) die Erklärungen über die Ausdehnung gemäß Artikel 22 sowie den Tag, an dem sie wirksam werden;

f) die Vorbehalte und die Zurückziehungen von Vorbehalten gemäß Artikel 23; die Kündigungen gemäß Artikel 24 Absatz 3.

4. Autonomes Zivilverfahrensrecht

360. Gesetz zur Aus- und Durchführung bestimmter Rechtsinstrumente auf dem Gebiet des internationalen Familienrechts (Internationales Familienrechtsverfahrensgesetz – IntFamRVG)

Vom 26. Januar 2005 (BGBl I, 162)

Schrifttum: *Gruber,* Das neue Internationale Familienrechtsverfahrensgesetz, FamRZ 05, 1603; *ders,* Das HKÜ, die Brüssel II-VO und das IntFamRVG, FPR 08, 214; *Wagner,* Kommentar zum IntFamRVG (2011).

683

F

Abschnitt 1. Anwendungsbereich; Begriffsbestimmungen

IntFamRVG § 1. Anwendungsbereich

Dieses Gesetz dient

1. der Durchführung der Verordnung (EG) Nr. 2201/2003 des Rates vom 27. November 2003 über die Zuständigkeit und die Anerkennung und Vollstreckung von Entscheidungen in Ehesachen und in Verfahren betreffend die elterliche Verantwortung und zur Aufhebung der Verordnung (EG) Nr. 1347/2000 (ABl. EU Nr. L 338 S. 1);
2. der Ausführung des Haager Übereinkommens vom 19. Oktober 1996 über die Zuständigkeit, das anzuwendende Recht, die Anerkennung, Vollstreckung und Zusammenarbeit auf dem Gebiet der elterlichen Verantwortung und der Maßnahmen zum Schutz von Kindern (BGBl. 2009 II S. 602, 603) – im Folgenden: Haager Kinderschutzübereinkommen;
3. der Ausführung des Haager Übereinkommens vom 25. Oktober 1980 über die zivilrechtlichen Aspekte internationaler Kindesentführung (BGBl. 1990 II S. 207) – im Folgenden: Haager Kindesentführungsübereinkommen;
4. er Ausführung des Luxemburger Europäischen Übereinkommens vom 20. Mai 1980 über die Anerkennung und Vollstreckung von Entscheidungen über das Sorgerecht für Kinder und die Wiederherstellung des Sorgeverhältnisses (BGBl. 1990 II S. 220) – im Folgenden: Europäisches Sorgerechtsübereinkommen.

561   Das IntFamRVG dient auf dem Gebiet der elterlichen Verantwortung vor allem zur Ausführung der EuEheVO und der in Nr 2 und Nr 4 genannten Staatsverträge auf dem Gebiet der **Anerkennung und Vollstreckung** von Entscheidungen der Mitglied- bzw Vertragsstaaten. Es ist insoweit unter → N Rn 518 ff abgedruckt und kommentiert. Soweit es Ausführungsbestimmungen zum Haager Kindesentführungsübereinkommen (Nr 3) enthält, sind diese unter → U Rn 303 ff abgedruckt und kommentiert. Auf dem Gebiet der internationalen Zuständigkeit ergänzt das Gesetz in seinem § 13a vor allem die Vorschriften in Art 15 EuEheVO und in Art 8, 9 KSÜ zur grenzüberschreitenden Abgabe von Verfahren.

Abschnitt 2. Gerichtliche Zuständigkeit und Zuständigkeitskonzentration

IntFamRVG § 13a. Verfahren bei grenzüberschreitender Abgabe

(1) [1]Ersucht das Familiengericht das Gericht eines anderen Vertragsstaats nach Artikel 8 des Haager Kinderschutzübereinkommens um Übernahme der Zuständigkeit, so setzt es eine Frist, innerhalb derer das ausländische Gericht die Übernahme der Zuständigkeit mitteilen kann. Setzt das Familiengericht das Verfahren nach Artikel 8 des Haager Kinderschutzübereinkommens aus, setzt es den Parteien eine Frist, innerhalb derer das ausländische Gericht anzurufen ist. [2]Ist die Frist nach Satz 1 abgelaufen, ohne dass das ausländische Gericht die Übernahme der Zuständigkeit mitgeteilt hat, so ist in der Regel davon auszugehen, dass das ersuchte Gericht die Übernahme der Zuständigkeit ablehnt. [3]Ist die Frist nach Satz 2 abgelaufen, ohne dass eine Partei das ausländische Gericht angerufen hat, bleibt es bei der Zuständigkeit des Familiengerichts. [4]Das Gericht des ersuchten Staates und die Parteien sind auf diese Rechtsfolgen hinzuweisen.

(2) Ersucht ein Gericht eines anderen Vertragsstaats das Familiengericht nach Artikel 8 des Haager Kinderschutzübereinkommens um Übernahme der Zuständigkeit oder ruft eine Partei das Familiengericht nach dieser Vorschrift an, so kann das Familiengericht die Zuständigkeit innerhalb von sechs Wochen übernehmen.

(3) Die Absätze 1 und 2 sind auf Anträge, Ersuchen und Entscheidungen nach Artikel 9 des Haager Kinderschutzübereinkommens entsprechend anzuwenden.

(4) [1]Der Beschluss des Familiengerichts,

1. das ausländische Gericht nach Absatz 1 Satz 1 oder nach Artikel 15 Absatz 1 Buchstabe b der Verordnung (EG) Nr. 2201/2003 um Übernahme der Zuständigkeit zu ersuchen,
2. das Verfahren nach Absatz 1 Satz 2 oder nach Artikel 15 Absatz 1 Buchstabe a der Verordnung (EG) Nr. 2201/2003 auszusetzen,

I. Internationale Zuständigkeit: IntFamRVG § 15   **F**

3. das zuständige ausländische Gericht nach Artikel 9 des Kinderschutzübereinkommens oder nach Artikel 15 Absatz 2 Buchstabe c der Verordnung (EG) Nr. 2201/2003 um Abgabe der Zuständigkeit zu ersuchen,

4. die Parteien einzuladen, bei dem zuständigen ausländischen Gericht nach Artikel 9 des Haager Kinderschutzübereinkommens die Abgabe der Zuständigkeit an das Familiengericht zu beantragen, oder

5. die Zuständigkeit auf Ersuchen eines ausländischen Gerichts oder auf Antrag der Parteien nach Artikel 9 des Haager Kinderschutzübereinkommens an das ausländische Gericht abzugeben,

ist mit der sofortigen Beschwerde in entsprechender Anwendung der §§ 567 bis 572 der Zivilprozessordnung anfechtbar. [2] Die Rechtsbeschwerde ist ausgeschlossen. [3] Die in Satz 1 genannten Beschlüsse werden erst mit ihrer Rechtskraft wirksam. [4] Hierauf ist in dem Beschluss hinzuweisen.

(5) Im Übrigen sind Beschlüsse nach den Artikeln 8 und 9 des Haager Kinderschutzübereinkommens und nach Artikel 15 der Verordnung (EG) Nr. 2201/2003 unanfechtbar.

(6) [1] Parteien im Sinne dieser Vorschrift sowie der Artikel 8 und 9 des Haager Kinderschutzübereinkommens und des Artikels 15 der Verordnung (EG) Nr. 2201/2003 sind die in § 7 Absatz 1 und 2 Nummer 1 des Gesetzes über das Verfahren in Familiensachen und in den Angelegenheiten der freiwilligen Gerichtsbarkeit genannten Beteiligten. [2] Die Vorschriften über die Hinzuziehung weiterer Beteiligter bleiben unberührt.

1. Allgemeines

Die durch Gesetz v 25.6.2009 mit Wirkung zum 1.1.2011 neu eingefügte Vorschrift ergänzt **562** die Vorschriften in Art 15 EuEheVO und in Art 8, 9 KSÜ über die Abgabe des Verfahrens an ein Gericht eines anderen Mitgliedstaats/Vertragsstaats. Sie verpflichtet die deutschen Gerichte einerseits in Abs 1–3 zur Beschleunigung der Verfahren nach Art 8, 9 KSÜ durch das Setzen von Fristen und regelt andererseits sowohl für Entscheidungen nach Art 15 EuEheVO wie nach Art 8, 9 KSÜ in Abs 4–6 die Zulässigkeit von Rechtsbehelfen.

2. Fristsetzung bei Verfahrensübernahme nach Art 8, 9 KSÜ

Während Art 15 Abs 4 EuEheVO vorschreibt, dass den Parteien zur Anrufung des besser **563** geeigneten Gerichts eines anderen Mitgliedstaats eine Frist zu setzen ist, fehlt eine entsprechende Vorschrift in Art 8, 9 KSÜ. § 13a Abs 1 verpflichtet das deutsche Gericht daher im Fall des Art 8 KSÜ, sowohl den Parteien eine Frist zur Anrufung dieses anderen Gerichts als auch dem ausländischen Gericht selbst eine Frist zur Übernahme zu setzen. Ferner werden auch die Rechtsfolgen der Fristversäumnis geregelt. Für den umgekehrten Fall eines Übernahmeersuchens durch ein Gericht eines anderen Vertragsstaats verpflichtet Abs 2 das deutsche Gericht zu einer Entscheidung binnen sechs Wochen. Beide Absätze gelten auch für die Fälle des Art 9 KSÜ, Abs 3.

3. Rechtsbehelfe gegen Entscheidungen nach Art 15 EuEheVO und Art 8, 9 KSÜ

Abs 4 listet abschließend diejenigen Entscheidungen nach Art 15 EuEheVO bzw Art 8, 9 **564** KSÜ auf, die mit der **sofortigen Beschwerde** entsprechend §§ 567 ff ZPO angefochten werden können. Zugleich wird die Rechtsbeschwerde ausdrücklich ausgeschlossen. Die in Nr 1–5 genannten Entscheidungen werden daher erst mit ihrer Rechtskraft wirksam, worauf im Beschluss hinzuweisen ist. Alle anderen Beschlüsse nach Art 15 EuEheVO und Art 8, 9 KSÜ sind hingegen unanfechtbar, Abs 5. Dazu näher → Rn 256 ff.

IntFamRVG § 15. Einstweilige Anordnungen

Das Gericht kann auf Antrag oder von Amts wegen einstweilige Anordnungen treffen, um Gefahren von dem Kind abzuwenden oder eine Beeinträchtigung der Interessen der Beteiligten zu vermeiden, insbesondere um den Aufenthaltsort des

F   1. Teil. Erkenntnisverfahren F. Kindschaftssachen

Kindes während des Verfahrens zu sichern oder eine Vereitelung oder Erschwerung der Rückgabe zu verhindern; Abschnitt 4 des Buches 1 des Gesetzes über das Verfahren in Familiensachen und in den Angelegenheiten der freiwilligen Gerichtsbarkeit gilt entsprechend.

565   Die Befugnis für den Erlass einstweiliger Anordnungen, um Gefahren von dem Kind abzuwenden oder eine Beeinträchtigung der Interessen der Beteiligten zu vermeiden, ergibt sich bereits aus Art 20 EuEheVO bzw aus Art 11 KSÜ, Art 7 Abs 2 lit b HKÜ oder Art 5 Abs 1 lit b EuSorgeRÜ. Sie wird durch § 15 über diese Vorschriften der EuEheVO bzw der Staatsverträge hinaus nicht erweitert. Hs 1 stellt lediglich klar, dass einstweilige Anordnungen mit diesem Ziel nicht nur auf Antrag eines Beteiligten, sondern **auch von Amts wegen** getroffen werden können. Gedacht ist insbesondere an einstweilige Anordnungen, die den Aufenthalt des Kindes während des Verfahrens sichern und eine Vereitelung oder Erschwerung der Rückgabe des Kindes verhindern, die also einer drohenden Kindesentführung ins Ausland vorbeugen, welche dem inländischen Verfahren die Grundlage entziehen könnte (Staud/*Pirrung* Rn F 38).

566   Für das **Verfahren** verweist Hs 2 auf Abschnitt 4 des Buches 1 des FamFG. Danach sind einstweilige Anordnungen gem § 15 nur ausnahmsweise anfechtbar, wenn sie aufgrund einer mündlichen Erörterung ergangen sind (§ 57 S 1 FamFG).

370. Gesetz über das Verfahren in Familiensachen und in den Angelegenheiten der freiwilligen Gerichtsbarkeit (FamFG)

Vom 17. Dezember 2008 (BGBl I, 2586)

Buch 1. Allgemeiner Teil

Abschnitt 4. Einstweilige Anordnung

FamFG § 50. Zuständigkeit

(1) ¹**Zuständig ist das Gericht, das für die Hauptsache im ersten Rechtszug zuständig wäre. ²Ist eine Hauptsache anhängig, ist das Gericht des ersten Rechtszugs, während der Anhängigkeit beim Beschwerdegericht das Beschwerdegericht zuständig.**

(2) ¹**In besonders dringenden Fällen kann auch das Amtsgericht entscheiden, in dessen Bezirk das Bedürfnis für ein gerichtliches Tätig werden bekannt wird oder sich die Person oder die Sache befindet, auf die sich die einstweilige Anordnung bezieht. ²Es hat das Verfahren unverzüglich von Amts wegen an das nach Absatz 1 zuständige Gericht abzugeben.**

567   Nach Maßgabe von Art 20 Abs 1 EuEheVO können in dringenden Fällen die im Recht eines Mitgliedstaats vorgesehenen einstweiligen Maßnahmen in Verfahren der elterlichen Verantwortung bei den nur nach nationalem Recht zuständigen Gerichten dieses Staates beantragt werden, auch wenn in der Hauptsache nach Art 8 ff EuEheVO ein Gericht eines anderen Mitgliedstaates zuständig ist. In Deutschland sind dann für einstweilige Anordnungen in Ehesachen insbesondere die Amtsgerichte nach Maßgabe von § 50 Abs 2 FamFG zuständig. Die Vorschrift enthält eine Regelung nur zur örtlichen, sachlichen und funktionellen Zuständigkeit. Sie regelt hingegen **nicht die internationale Zuständigkeit** (OLG Karlsruhe FamRZ 14, 1565; Mu/*Borth/Grandel* Rn 11; Keidel/*Giers* Rn 2; MüKoFamFG/*Soyka* Rn 15).

Abschnitt 9. Verfahren mit Auslandsbezug

Schrifttum: Vgl das allg Schrifttum zu Verfahren mit Auslandsbezug im FamFG → A vor Rn 239.

Unterabschnitt 1. *Verhältnis zu völkerrechtlichen Vereinbarungen und Rechtsakten der Europäischen Gemeinschaft*

FamFG § 97. Vorrang und Unberührtheit

(1) ¹**Regelungen in völkerrechtlichen Vereinbarungen gehen, soweit sie unmittelbar anwendbares innerstaatliches Recht geworden sind, den Vorschriften dieses Gesetzes vor. ²Regelungen in Rechtsakten der Europäischen Gemeinschaft bleiben unberührt.**

686

I. Internationale Zuständigkeit   568–573 **F**

(2) **Die zur Umsetzung und Ausführung von Vereinbarungen und Rechtsakten im Sinne des Absatzes 1 erlassenen Bestimmungen bleiben unberührt.**

1. Allgemeines

§ 97 macht nicht hinreichend deutlich, dass der Regelung in §§ 98 Abs 2, § 99 auf dem **568** Gebiet der internationalen Zuständigkeit in Kindschaftssachen nur noch eine Lückenfunktion im Rahmen von Art 14 EuEheVO zukommt (*Hau* FamRZ 09, 821 f; Bassenge/Roth/*Althammer* Rn 1). Vorzuziehen wäre daher eine Konkretisierung in Anlehnung an Art 3 EGBGB, durch die klargestellt wird, welche EG-/EU-Verordnung bzw welcher Staatsvertrag Vorrang vor welchen Vorschriften des FamFG hat.

2. Elterliche Verantwortung

a) Anwendungsvorrang von EU-Recht, Abs 1 S 2. Für Verfahren auf dem Gebiet der **569** elterlichen Verantwortung iSv Art 1 Abs 1 lit b, Abs 2 EuEheVO (→ Rn 32 ff), die nach dem 1.3.2005 eingeleitet worden sind, werden die §§ 98 Abs 2, 99 FamFG durch die vorrangig geltenden Art 8–13 EuEheVO verdrängt (ThP/*Hüßtege* Rn 4). Die autonomen Vorschriften bestimmen die internationale Zuständigkeit der deutschen Gerichte in sorge- und umgangsrechtlichen Streitigkeiten daher nur noch in den Fällen, in denen die Verordnung dem nationalen Recht als Restzuständigkeit nach Art 14 Raum gibt. Daran fehlt es immer dann, wenn

(1) das Kind seinen **gewöhnlichen Aufenthalt in Deutschland** oder in einem anderen EU-Mitgliedstaat (mit Ausnahme *Dänemarks,* Art 2 Nr 3 EuEheVO) hat (Art 8 EuEheVO; → Rn 82 ff),

(2) die wirksame **Gerichtsstandsvereinbarung** nach Art 12 EuEheVO getroffen worden ist (→ Rn 194 ff) oder

(3) das Kind unter den Voraussetzungen des Art 13 seinen **schlichten Aufenthalt in einem Mitgliedstaat** hat (→ Rn 221 ff).

In Betracht kommen insbesondere Fälle, in denen das Kind seinen **gewöhnlichen Aufent-** **570** **halt in einem nicht der EU angehörenden Drittstaat** hat, der auch nicht Vertragsstaat des KSÜ ist (vgl OLG Stuttgart FamRZ 17, 237 [USA]; ferner → Rn 229 mwN). Außerdem ist § 99 auf diejenigen Kindschaftssachen anwendbar, die vom **sachlichen Anwendungsbereich** der EuEheVO nicht erfasst werden, weil sie nicht die elterliche Verantwortung in dem von der Verordnung (Art 2 Nr 7–10 EuEheVO; → Rn 32 ff, 60 ff) definierten Sinne betreffen. Dies sind insbesondere die dem Familiengericht in § 151 Nr 7 zugewiesene freiheitsentziehende Unterbringung von Minderjährigen nach den Landesgesetzen über die Unterbringung psychisch Kranker und die Aufgaben nach dem Jugendgerichtsgesetz (Nr 8).

b) Vorrang von Staatsverträgen, Abs 1 S 1. Im Bereich der Restzuständigkeiten nach **571** Art 14 EuEheVO haben wiederum – wie Abs 1 S 1 klarstellt – Staatsverträge Vorrang vor dem autonomen deutschen Zuständigkeitsrecht nach §§ 98 Abs 2, 99 FamFG. Dies gilt in erster Linie für Art 5–14 KSÜ (→ Rn 412 ff) und nur noch im Verhältnis zu *China/Macau* für Art 1 ff MSA (→ Rn 556; vgl OLG Schleswig OLGR 05, 744).

c) Geltung von deutschen Umsetzungs- und Ausführungsgesetzen, Abs 2. Deutsche **572** Ausführungsbestimmungen iSv § 97 Abs 2 enthält auf dem Gebiet der elterlichen Verantwortung das IntFamRVG v 26.1.2005; sie werden durch das FamFG nicht berührt. Auf dem Gebiet der internationalen Zuständigkeit ist insbesondere § 13a IntFamRVG in Ergänzung zu Art 15 EuEheVO und Art 8, 9 KSÜ zu beachten (→ Rn 562 ff).

Unterabschnitt 2. *Internationale Zuständigkeit*

1. Kindschaftssachen

Der Begriff der Kindschaftssachen in § 99 bestimmt sich nach der deutschen *lex fori* (*Althammer* **573** IPRax 09, 381/383). Maßgebend ist daher die Begriffsbestimmung in § 151; ausgenommen sind lediglich die Verfahren nach § 151 Nr 7 (Abs 1). Der deutsche Begriff der Kindschaftssachen stimmt zwar mit dem europäischen und staatsvertraglichen Begriff der Verfahren betreffend die elterliche Verantwortung weithin überein, geht jedoch zT auch darüber hinaus:

687

F 576   1. Teil. Erkenntnisverfahren F. Kindschaftssachen

FamFG § 151. Kindschaftssachen

Kindschaftssachen sind die dem Familiengericht zugewiesen Verfahren, die

1. **die elterliche Sorge,**
2. **das Umgangsrecht,**
3. **die Kindesherausgabe,**
4. **die Vormundschaft,**
5. **die Pflegschaft oder die gerichtliche Bestellung eines sonstigen Vertreters für einen Minderjährigen oder eine Leibesfrucht,**
6. **die Genehmigung der freiheitsentziehenden Unterbringung eines Minderjährigen (§§ 1631b, 1800 und 1915 des Bürgerlichen Gesetzbuchs,**
7. **die Anordnung der freiheitsentziehenden Unterbringung eines Minderjährigen nach den Landesgesetzen über die Unterbringung psychisch Kranker oder**
8. **die Aufgaben nach dem Jugendgerichtsgesetz betreffen.**

574   § 151 klammert – abweichend vom bisherigen Recht (§ 640 Abs 2 ZPO aF) – insbesondere die Abstammungssachen aus dem Begriff der Kindschaftssachen aus (vgl dazu jetzt § 100 iVm § 169 FamFG; → G Rn 5 ff). Letztere umfassen – in weitgehender Übereinstimmung mit Art 1 Abs 2 EuEheVO und Art 3 KSÜ – einerseits die bisher schon in § 621 Abs 1 Nr 1–3 ZPO genannten Kindschaftssachen (elterliche Sorge, Umgangsrecht, Kindesherausgabe), andererseits weitere bisher überwiegend dem durch die Reform abgeschafften Vormundschaftsgericht zugewiesenen Aufgaben, wie die Vormundschaft, die Pflegschaft und die freiheitsentziehende Unterbringung eines Minderjährigen. Über den Begriff der elterlichen Verantwortung in der EuEhe-VO und im KSÜ hinaus geht § 151 insbesondere insoweit, als er in Nr 7 auch die Anordnung einer freiheitsentziehenden Unterbringung eines Minderjährigen und in Nr 8 auch **Erziehungsmaßregeln aufgrund einer Straftat** des Jugendlichen nach § 9 JGG umfasst. Ferner kann „Kind" iSd Vorschrift auch eine Person sein, die das 18. Lebensjahr vollendet hat, sofern sie nach ihrem Heimatrecht (Art 7 EGBGB) noch minderjährig ist (BGH FamRZ 18, 457 m Anm *Hüßtege;* OLG Karlsruhe FamRZ 18, 440 (LS); Zö/*Geimer* Art 8 Rn 1; Staud/*Henrich* Art 21 EGBGB Rn 145; **aA** P/H/*Hau* § 99 Rn 34). Ferner ist der Begriff der Kindschaftssache nicht auf das Erkenntnisverfahren beschränkt. Vielmehr erfasst er auch die Angelegenheiten, die in einem engen sachlichen und verfahrensrechtlichen Zusammenhang mit diesem Verfahrensgegenstand stehen. Das ist auch in **Verfahren der Vollstreckung** von Entscheidungen iSv § 151 der Fall (vgl zum Umgangsrecht nach Nr 2 BGH NJW-RR 16, 69 Rn 18; *Keidel/Engelhardt* Rn 3a; MüKoFamFG/*Heilmann* Rn 8; dazu → Rn 593 f).

575   Im Erkenntnisverfahren ist auch in Kindschaftssachen für die internationale Zuständigkeit danach zu **unterscheiden,** ob sie im Verbund mit einer anhängigen Ehesache oder isoliert anhängig gemacht werden.

FamFG § 98. Ehesachen; Verbund von Scheidungs- und Folgesachen

(1)–(2) *(betrifft Ehesachen; abgedruckt und kommentiert → A Rn 248 ff)*

(3) Die Zuständigkeit der deutschen Gerichte nach Absatz 1 erstreckt sich im Fall des Verbunds von Scheidungs- und Folgesachen auf die Folgesachen.

FamFG § 137. Verbund von Scheidungs- und Folgesachen

(1) **Über Scheidung und Folgesachen ist zusammen zu verhandeln und zu entscheiden (Verbund).**

(2) *(nicht abgedruckt)*

(3) **Folgesachen sind auch Kindschaftssachen, die die Übertragung oder Entziehung der elterlichen Sorge, das Umgangsrecht oder die Herausgabe eines gemeinschaftlichen Kindes der Ehegatten oder das Umgangsrecht eines Ehegatten mit dem Kind des anderen Ehegatten betreffen, wenn ein Ehegatte vor Schluss der mündlichen Verhandlung im ersten Rechtszug in der Scheidungssache die Einbeziehung in den Verbund beantragt, es sei denn, das Gericht hält die Einbeziehung aus Gründen des Kindeswohls nicht für sachgerecht.**

2. Vorrang der EuEheVO und von Staatsverträgen

576   Auch die Verbundszuständigkeit nach § 98 Abs 3 tritt als nationales Recht zurück, soweit die Anwendbarkeit der EuEheVO bzw des KSÜ/MSA reicht. Vgl dazu die vorstehende Kommentierung zu § 97; → Rn 568 ff.

I. Internationale Zuständigkeit: FamFG § 99

3. Verbundszuständigkeit

Wird die Einbeziehung der in § 137 Abs 3 genannten Kindschaftssachen (elterliche Sorge, **577** Umgangsrecht, Kindesherausgabe) in den **Scheidungsverbund** von einem Ehegatten vor dem Schluss der mündlichen Verhandlung im ersten Rechtszug beantragt und widerspricht sie nicht dem Kindeswohl, so bestimmt sich die internationale Zuständigkeit der deutschen Gerichte hierfür nach § 98 Abs 3. Zuständig ist daher dasjenige Gericht, bei dem die Ehescheidung anhängig gemacht wurde, sofern die deutschen Gerichte für die Scheidung international zuständig sind. Die internationale Zuständigkeit für die Scheidung selbst beurteilt sich in erster Linie nach europäischem Recht, nämlich nach Art 3 ff EuEheVO (→ A Rn 44 ff), und nur in den engen Grenzen der Art 6, 7 EuEheVO (→ A Rn 123 ff) nach § 98 Abs 1 FamFG (→ A Rn 248 ff). Die internationale Verbundszuständigkeit nach § 98 Abs 3 ist also nicht davon abhängig, dass sich die internationale Zuständigkeit für die Scheidung aus § 98 Abs 1 ergibt; sie greift vielmehr auch dann ein, wenn das deutsche Familiengericht für die Scheidung nach Art 3 ff EuEheVO international zuständig ist (OLG Jena NJW 15, 2270 m Anm *Finger* NZFam 15, 687; *Hau* FamRZ 09, 821/823; ThP/*Hüßtege* § 98 Rn 6; Bamberger/Roth/*Althammer* § 98 Rn 12). Die Verbundszuständigkeit bleibt auch nach Rechtskraft des Scheidungsausspruchs bestehen (OLG Hamm FamRZ 99, 1519 mwN). Die internationale Verbundszuständigkeit ist nach § 106 nicht ausschließlich. Die örtliche Zuständigkeit ergibt sich für diesen Fall aus § 262 Abs 1; sie ist danach ausschließlich.

FamFG § 99. Kindschaftssachen

(1) **Die deutschen Gerichte sind außer in Verfahren nach § 151 Nr. 7 zuständig, wenn das Kind**

1. Deutscher ist oder
2. seinen gewöhnlichen Aufenthalt im Inland hat.
Die deutschen Gerichte sind ferner zuständig, soweit das Kind der Fürsorge durch ein deutsches Gericht bedarf.

(2) **Sind für die Anordnung einer Vormundschaft sowohl die deutschen Gerichte als auch die Gerichte eines anderen Staates zuständig und ist die Vormundschaft in dem anderen Staat anhängig, kann die Anordnung der Vormundschaft im Inland unterbleiben, wenn dies im Interesse des Mündels liegt.**

(3) [1] **Sind für die Anordnung einer Vormundschaft sowohl die deutschen Gerichte als auch die Gerichte eines anderen Staates zuständig und besteht die Vormundschaft im Inland, kann das Gericht, bei dem die Vormundschaft anhängig ist, sie an den Staat, dessen Gerichte für die Anordnung der Vormundschaft zuständig sind, abgeben, wenn dies im Interesse des Mündels liegt, der Vormund seine Zustimmung erteilt und dieser Staat sich zur Übernahme bereit erklärt.** [2] **Verweigert der Vormund oder, wenn mehrere Vormünder die Vormundschaft gemeinschaftlich führen, einer von ihnen seine Zustimmung, so entscheidet an Stelle des Gerichts, bei dem die Vormundschaft anhängig ist, das im Rechtszug übergeordnete Gericht.** [3] **Der Beschluss ist nicht anfechtbar.**

(4) **Die Absätze 2 und 3 gelten entsprechend für Verfahren nach § 151 Nr. 5 und 6.**

1. Allgemeines

Nur in den verbleibenden Fällen, dh bei der isolierten Einleitung von Verfahren in Kind- **578** schaftssachen **außerhalb eines anhängigen Scheidungsverfahrens,** bestimmt sich die internationale Zuständigkeit nach § 99 (*Althammer* IPRax 09, 381/383). Diese Vorschrift regelt nur die **internationale Zuständigkeit;** die örtliche Zuständigkeit ergibt sich aus § 152. Die Zuständigkeiten nach § 99 sind gem § 106 **nicht ausschließlich,** hindern also die Anerkennung der Entscheidung eines ausländischen Gerichts nicht, wenn dieses nach § 109 Abs 1 Nr 1 iVm § 99 ebenfalls international zuständig ist. § 99 sieht ferner nur objektive Zuständigkeitsanknüpfungen vor; weder eine Gerichtsstandsvereinbarung noch eine rügelose Einlassung begründen die Zuständigkeit.

a) Vorrang der EuEheVO und von Staatsverträgen. Vgl die vorstehende Kommentierung **579** zu § 97; → Rn 568 ff.

F 580–585   1. Teil. Erkenntnisverfahren F. Kindschaftssachen

580   **b) Prüfung.** Die internationale Zuständigkeit ist in Kindschaftssachen **in jeder Lage des Verfahrens,** dh auch in der Beschwerde- und der Rechtsbeschwerdeinstanz, **von Amts wegen** zu prüfen (BGH FamRZ 15, 2147 Rn 13 m Anm *Giers;* BGHZ 184, 245 Rn 7 = FamRZ 10, 720; BGHZ 160, 332/334 = FamRZ 04, 1952 m Anm *Henrich;* BGH FamRZ 07, 113/114). Dabei ist auf den Tag abzustellen, an dem Rechtshängigkeit erstmals eingetreten ist (§ 113 Abs 1 S 2 FamFG iVm § 261 Abs 2 Nr 3 ZPO). Grundsätzlich ist die internationale dabei vor der örtlichen Zuständigkeit zu prüfen (Bassenge/Roth/*Althammer,* vor §§ 97 ff Rn 3).

581   **c) *Perpetuatio fori.*** Ob der Grundsatz der *perpetuatio fori* für die internationale Zuständigkeit nach § 99 gilt, ist streitig. Während dies im Anwendungsbereich der EuEheVO der Fall ist (→ Rn 101 ff), bleibt die internationale Zuständigkeit bei einem Aufenthaltswechsel des Kindes nach dem KSÜ (Art 5 Abs 2; → Rn 428 ff) und dem MSA (Art 5) nicht bestehen. Für das autonome Recht erlangt diese Fragen dann Bedeutung, wenn das Kind seinen gewöhnlichen Aufenthalt während des im Inland anhängigen Verfahrens in einen Staat verlegt, der weder Mitgliedstaat der EuEheVO, noch Vertragsstaat des KSÜ bzw des MSA ist (vgl dazu – in Bezug auf das MSA – BGH NJW 02, 2955/2956; KG IPRax 98, 274 m Anm *Henrich* 247; OLG München IPRax 94, 42 m Anm H *Roth* 19). Während teilweise dafür plädiert wird, den in § 2 Abs 2 FamFG für die örtliche Zuständigkeit normierten Grundsatz der *perpetuatio fori* auf die internationale Zuständigkeit zu erstrecken (OLG Brandenburg BeckRS 14, 06655; ThP/*Hüßtege* § 2 FamFG Rn 4; NK-BGB/*Benicke* Art 21 EGBGB Rn 69), verdient im Interesse des Kindeswohls die Lösung des KSÜ auch für das autonome deutsche Verfahrensrecht den Vorzug (BeckOK-FamFG/*Sieghörtner* Rn 24; MüKoFamFG/*Rauscher* Rn 58; vgl auch *Rathjen* FF 07, 27 ff mwN). Danach endet die internationale Zuständigkeit der deutschen Gerichte, wenn keine Zuständigkeitsanknüpfung nach § 99 mehr besteht.

582   **d) Ausländische Rechtshängigkeit.** Auf dem Gebiet der Rechtshängigkeit hat Art **19 Abs 2 EuEheVO A**nwendungsvorrang, wenn das konkurrierende Verfahren betreffend die elterliche Verantwortung vor dem Gericht eines anderen EU-Mitgliedstaats (mit Ausnahme *Dänemarks*) eingeleitet worden ist (→ Rn 289 ff). Entsprechendes gilt für **Art 13 KSÜ,** wenn das andere Verfahren in einem nicht der EuEheVO angehörenden Vertragsstaat dieses Übereinkommens anhängig ist (→ Rn 510 ff).

583   Ist das parallele Verfahren früher vor dem **Gericht eines Drittstaats** eingeleitet worden, so enthält das FamFG zwar keine ausdrückliche Regelung über die Beachtung der ausländischen Rechtshängigkeit; sie sollte jedoch entsprechend dem in § 261 Abs 1 Nr 1 ZPO zum Ausdruck kommenden Gedanken von dem später befassten deutschen Familiengericht auch in Kindschaftssachen beachtet werden (OLG Bremen FamRZ 16, 1189 m Anm *Eicher;* Hau FamRZ 09, 821/824; Staud/*Henrich* Art 21 EGBGB Rn 169 f; NK-BGB/*Benicke* Art 21 EGBGB Rn 70; ebenso zum früheren Recht OLG Nürnberg FamRZ 00, 369). Voraussetzung ist freilich eine **positive Anerkennungsprognose,** dh es muss mit einer Anerkennung der in dem drittstaatlichen Verfahren ergehenden Entscheidung im Inland gerechnet werden können (OLG Bremen aaO; Hau aaO). Darüber hinaus muss der Streitgegenstand in dem drittstaatlichen Verfahren – ebenso wie nach Art 19 Abs 2 EuEheVO – identisch mit demjenigen in dem deutschen Verfahren sein; insoweit ist allerdings der Streitgegenstandsbegriff des autonomen deutschen Verfahrensrechts zugrunde zu legen. Die Rechtshängigkeit eines Sorgerechtsverfahrens im Ausland hindert das deutsche Gericht jedoch nicht daran, in einem dringenden Fall Maßnahmen des einstweiligen Rechtschutzes zu ergreifen (NK-BGB/*Benicke* Art 21 EGBGB Rn 71).

584   **e) Beschwerde.** Nach dem FamFG sind Zwischenentscheidungen über die Zulässigkeit des Antrags zwar grundsätzlich nur in Ehesachen und in Familienstreitsachen gesondert anfechtbar (§ 113 Abs 1 S 2 FamFG iVm § 280 Abs 2 ZPO). Eine Ausnahme von diesem Grundsatz wird jedoch für **Zwischentscheidungen über die internationale Zuständigkeit** gemacht. Diese sind auch in Familiensachen der freiwilligen Gerichtsbarkeit – und damit auch in Kindschaftssachen – mit der Beschwerde nach § 58 anfechtbar (OLG Stuttgart IPRax 15, 251 m zust Anm *Helms* 217).

2. Die einzelnen Zuständigkeitsanknüpfungen, Abs 1

585   **a) Heimatzuständigkeit, Abs 1 UAbs 1 Nr 1. aa) Voraussetzungen.** Die internationale Zuständigkeit der deutschen Gerichte ist nach Nr 1 begründet, wenn das Kind die **deutsche Staatsangehörigkeit** besitzt oder Deutscher iSv Art 116 GG ist (OLG Bremen FamRZ 16, 1189 Rn 15 ff m Anm *Eicher*). Auf den Wohnsitz oder gewöhnlichen Aufenthalt des Kindes kommt es insoweit nicht an (BayObLG Rpfleger 97, 260); die Zuständigkeit besteht daher auch

690

I. Internationale Zuständigkeit: FamFG § 99   586–590 **F**

dann, wenn das Kind im Ausland lebt (OLG Bremen NJW-RR 17, 1155 Rn 15 [*Mexiko*]).
Besitzt das Kind neben einer oder mehreren ausländischen Staatsangehörigkeit(en) jedenfalls
auch die deutsche Staatsangehörigkeit, so reicht dies zur Begründung der internationalen Zuständigkeit nach Nr 1 aus. Dies gilt auch dann, wenn das Kind mit dem Land seiner ausländischen Staatsangehörigkeit wesentlich enger verbunden ist; die deutsche Staatsangehörigkeit
muss also **nicht effektiv** sein (OLG Bremen FamRZ 16, 1189 Rn 25 m Anm *Eicher;* ebenso
schon zu Art 4 MSA BGH NJW-RR 92, 578; BGH FamRZ 97, 1070/1071; ferner BeckOK-
FamFG/*Sieghörtner* Rn 26; Bassenge/Roth/*Althammer* Rn 20). Zwar findet Art 5 Abs 1 S 2
EGBGB insoweit keine entsprechende Anwendung; daraus folgt jedoch nicht, dass es auch für
deutsch-ausländische Doppelstaater auf die effektive Staatsangehörigkeit ankäme (so aber KG
NJW 98, 1565 m abl Anm *Henrich* IPRax 98, 247). Die Staatsangehörigkeit des Kindes hat das
Gericht für die Zwecke der Nr 1 von Amts wegen zu ermitteln.

Den Kindern mit deutscher Staatsangehörigkeit stehen **Statusdeutsche** iSv Art 116 GG **586**
gleich (Art 9 Abs 2 Nr 5 FamRÄndG). Das gleiche gilt – ebenso wie nach Art 5 Abs 1 EGBGB
– für heimatlose Ausländer iSd Gesetzes v 25.4.1951 (BGBl I 269; vgl BGH NJW 85, 1283)
sowie für Vertriebene und Spätaussiedler (§ 4 BVFG). Auf internationale **Flüchtlinge** iS des
Genfer UN-Abkommens über die Rechtsstellung der Flüchtlinge v 28.7.1951 (BGBl 53 II, 560;
vgl Art 16 Abs 2 des Abkommens) und Asylberechtigte iSv §§ 1–3 AsylVerfG v 2.9.2008
(BGBl I, 1798) ist Nr 1 jedenfalls dann anzuwenden, wenn diese ihren gewöhnlichen Aufenthalt
noch im Inland haben (**aA** [Anwendung von Nr 3] noch OLG München IPRax 89, 238/239).

Maßgebender Zeitpunkt ist grundsätzlich der Eintritt der Rechtshängigkeit des Verfahrens **587**
Es genügt aber auch, wenn das Kind die deutsche Staatsangehörigkeit erst im Laufe des Ver-
fahrens bis zum Schluss der letzten mündlichen Verhandlung erwirbt. Anders als in Ehesachen
(→ A Rn 255) ist hingegen zweifelhaft, ob die Zuständigkeit auch dann erhalten bleibt, wenn
das Kind die deutsche Staatsangehörigkeit im Laufe des Verfahrens verliert (für *perpetuatio fori*
Roth IPRax 94, 19/20; **aA** KG NJW 98, 1565/1566).

bb) Verhältnis zur EuEheVO und zum KSÜ/MSA. Wegen des Vorrangs von EuEheVO, **588**
KSÜ und MSA (§ 97; → Rn 568 ff) können deutsche Gerichte ihre internationale Zuständigkeit
nur dann noch auf Nr 1 stützen, wenn

(1) der **sachliche Anwendungsbereich** der Verordnung bzw der Staatsverträge nicht eröffnet
ist (zB für Verfahren nach § 151 Nr 8 FamFG; → Rn 574), oder
(2) das Kind seinen **gewöhnlichen Aufenthalt weder in Deutschland noch in einem
anderen Mitgliedstaat der EuEheVO** hat; und
(3) das Kind seinen **gewöhnlichen Aufenthalt auch nicht in einem Vertragsstaat des KSÜ
bzw des MSA** hat, der nicht zugleich Mitgliedstaat der EuEheVO ist.

b) Aufenthaltszuständigkeit, Abs 1 UAbs 1 Nr 2. Die Aufenthaltszuständigkeit nach Nr 2 **589**
begründet die internationale Zuständigkeit der deutschen Gerichte nur noch ausnahmsweise in
Verfahren, die nicht in den sachlichen Anwendungsbereich der EuEheVO bzw des KSÜ/MSA
fallen, also vor allem für die in § 151 Nr 8 genannten Verfahren. In Betracht kommen ferner
Verfahren, die über 18 Jahre alte Personen betreffen, die nach ihrem Heimatrecht (Art 7
EGBGB) noch minderjährig sind (BGH FamRZ 18, 457 Rn 14 m Anm *Hüßtege;* OLG Karlsruhe BeckRS 17, 132307).

c) Fürsorgezuständigkeit, Abs 1 UAbs 2. Ausnahmsweise sind deutsche Gerichte nach **590**
UAbs 2 in Kindschaftssachen auch dann international zuständig, wenn ein Kind, das weder die
deutsche Staatsangehörigkeit besitzt (sonst Nr 1) und auch keinen gewöhnlichen Aufenthalt im
Inland hat (sonst Nr 2), der Fürsorge durch ein deutsches Gericht bedarf. Wegen des Vorrangs
der EuEheVO und der Staatsverträge kann auch diese Fürsorgezuständigkeit von deutschen
Gerichten nur in Anspruch genommen werden, wenn das Kind seinen gewöhnlichen Aufenthalt
weder in einem Mitgliedstaat der EuEheVO noch in einem Vertragsstaat des KSÜ bzw MSA hat.
Sie kommt zB in Betracht, wenn die Eltern eines asylsuchenden Kindes sich im Inland aufhalten
(BeckOK-FamFG/*Sieghörtner* Rn 30) oder wenn das auf die gesetzliche Vertretung anwendbare
deutsche Recht die Wirksamkeit eines Rechtsgeschäfts von der Erteilung einer familiengerichtlichen Genehmigung abhängig macht und weder die Behörden des Aufenthaltsstaates noch die
Heimatbehörden diese Genehmigung erteilen wollen bzw können (H/O/*Hausmann* § 5 Rn 31;
vgl auch (MüKoFamFG/*Rauscher* Rn 56). Die örtliche Zuständigkeit folgt in diesem Fall aus
§ 152 Abs 3 FamFG, der als Auffangtatbestand weit auszulegen ist (OLG Hamm FamRZ 16,
1391; OLG Stuttgart FamRZ 17, 237/238; OLG Bremen NJW-RR 17, 1155 Rn 17).

691

F 591–594   1. Teil. Erkenntnisverfahren F. Kindschaftssachen

3. Konkurrierende in- und ausländische Zuständigkeit in Vormundschafts- und Pflegschaftssachen, Abs 2–4

591   Abs 2 und 3 enthalten Sonderregeln für den Fall, dass sowohl die deutschen als auch die Gerichte eines anderen Staates für die Anordnung einer Vormundschaft (oder Pflegschaft, Abs 4) zuständig sind. Auch diese Vorschriften kommen nur noch in den seltenen Fällen zur Anwendung, in denen sich das Mündel in einem Staat gewöhnlich aufhält, der weder Mitgliedstaat der EuEheVO noch Vertragsstaat des KSÜ bzw des MSA ist. Für diesen Fall kann die Anordnung einer Vormundschaft im Inland unterbleiben, wenn das ausländische Gericht aus deutscher Sicht – dh in spiegelbildlicher Anwendung von § 99 Abs 1 – für die Anordnung der Vormundschaft international zuständig ist, das dortige Verfahren bereits anhängig ist und der Verzicht auf die Anordnung durch das deutsche Gericht im Interesse des Mündels liegt.

592   Auch wenn das Verfahren auf Anordnung der Vormundschaft bereits bei dem hierfür nach § 99 international zuständigen deutschen Gericht anhängig ist, kann die Vormundschaft **an ein ausländisches Gericht abgegeben** werden, wenn

(1) das ausländische Gericht aus deutscher Sicht (→ Rn 585 ff) für die Anordnung der Vormundschaft international zuständig ist,
(2) die Abgabe im Interesse des Mündels liegt,
(3) der Vormund seine Zustimmung erteilt und
(4) das ausländische Gericht sich zur Übernahme bereit erklärt.

Verweigert der Vormund die Zustimmung, so kann diese durch gerichtliche Entscheidung ersetzt werden. Im Geltungsbereich der EuEheVO werden die Abs 2–4 durch Art 15 EuEheVO (→ Rn 233 ff), im Anwendungsbereich des KSÜ durch die Art 8, 9 KSÜ (→ Rn 457 ff) verdrängt.

4. Anwendung der Vorschrift im Vollstreckungsverfahren

593   § 99 Abs 1 regelt die internationale Zuständigkeit **auch für die Vollstreckung von Entscheidungen über das Umgangsrecht.** Denn Verfahren betreffend das Umgangsrecht gehören gemäß § 151 Nr 2 zu den Kindschaftssachen. Dabei ist der Begriff der Kindschaftssache nicht auf das Erkenntnisverfahren beschränkt. Vielmehr erfasst er auch die Angelegenheiten, die in einem engen sachlichen und verfahrensrechtlichen Zusammenhang mit diesem Verfahrensgegenstand stehen. Das ist beim Vollstreckungsverfahren der Fall (BGH FamRZ 15, 2147 Rn 17 ff = NZFam 15, 1121 m Anm *Ruetten; Rauscher* NZFam 15, 95; Keidel/*Engelhardt* § 151 Rn 3a; MüKoFamFG/*Heilmann* § 151 Rn 8). Dies entsprach bereits der Auffassung zum früheren Recht (vgl BGH NJW 78, 1112). Die vom OLG Bremen (FamRZ 15, 776 = NZFam 15, 95 m Anm *Rauscher*) vertretene gegenteilige Auffassung liefe dem Grundsatz zuwider, dass ein nach § 86 Abs 2 mit seiner Wirksamkeit vollstreckbarer Umgangstitel auch einer effektiven Durchsetzungsmöglichkeit bedarf (vgl BGH FamRZ 14, 732 Rn 16 und BGH FamRZ 12, 533 Rn 22; ferner BT-Drs 16/6308, 218 und 16/9733, 292). Denn ein deutsches Gericht könnte danach zwar den Umgang mit einem deutschen Kind ohne Rücksicht auf dessen Aufenthalt regeln, jedoch keine Maßnahmen zur Durchsetzung dieser Regelung treffen; dies würde selbst dann gelten, wenn sich das Kind vorübergehend in Deutschland aufhielte oder der aus dem Umgangstitel Verpflichtete seinen gewöhnlichen Aufenthalt in Deutschland hätte (BGH FamRZ 15, 2147 Rn 20; *Rauscher* NZFam 15, 95).

594   Der internationalen Zuständigkeit der deutschen Gerichte für die Vollstreckung des Umgangstitels steht auch nicht entgegen, dass die den Umgang ermöglichende Handlung oder Duldung im Ausland zu erfolgen hat. Die staatliche Zwangsgewalt ist zwar auf das Inland beschränkt, weil durch von deutschen Gerichten angeordnete Vollstreckungsmaßnahmen nicht in die Hoheitsgewalt eines anderen Staates eingegriffen werden darf (BGH FamRZ 15, 2147 Rn 21; BGH NJW-RR 10, 279 Rn 11 mwN). Die Anordnung eines Ordnungsgelds gemäß § 89 Abs 1 S 1 gegen einen aus einem Umgangstitel Verpflichteten, der im Ausland wohnhaft ist, betrifft jedoch, soweit die Entscheidung nicht in dem ausländischen Staat für vollstreckbar erklärt worden ist, nur den inländischen Geltungsbereich und ist **auf Deutschland beschränkt** (BGH FamRZ 15, 2147 [Vollstreckung eines deutschen Umgangstitels gegen den deutschen Vater, der sich mit den ebenfalls deutschen Kindern in der *VR China* gewöhnlich aufhält]; BGH NJW-RR 10, 279 Rn 18 f mwN zu § 890 ZPO). Völkerrechtliche Schranken schließen mithin insoweit nicht die Vollstreckung durch deutsche Gerichte aus (*Rauscher* NZFam 15, 95).

II. Internationales Privatrecht · 595–599 · **F**

II. Internationales Privatrecht

Schrifttum: Vgl zunächst das Schrifttum → vor Rn 1; ferner *Andrae,* Zur Abgrenzung des räumlichen Anwendungsbereichs von EheVO, MSA, KSÜ, und autonomem IZPR/IPR, IPRax 06, 82; *Baetge,* Der gewöhnliche Aufenthalt im IPR (1994); *ders,* Auf dem Weg zu einem gemeinsamen europäischen Verständnis des gewöhnlichen Aufenthalts, FS Kropholler (2008) 77; *Breuer,* Gemeinsame elterliche Sorge – Geltung für ausländische Staatsanghörige in Deutschland, FPR 05, 74; *Büren,* Das auf die Regelung der elterlichen Sorge anzuwendende Recht (2010); *Dutta,* Die Inzidentprüfung der elterlichen Sorge bei Fällen mit Auslandsbezug – eine Skizze, StAZ 10, 193; *Gärtner,* Elterliche Sorge bei Personenstandsfällen mit Auslandsberührung – Änderungen durch das Inkrafttreten des Kinderschutzübereinkommens, StAZ 11, 65; *Helms,* Primat des Kindeswohls und seine grenzen im internationalen Kindschaftsrecht, StAZ 17, 1; *Looschelders,* Fortbestand oder Verlust der elterlichen Sorge bei Wechsel des gewöhnlichen Aufenthalts, IPRax 14, 152; *Martiny,* Kindesentziehung – „Brüssel II" und die Staatsverträge, ERA-Forum 1/03, 97; *ders,* Elterliche Verantwortung und Sorgerecht im ausländischen Recht, FamRZ 12, 1765; *Motzer/Kugler,* Kindschaftsrecht mit Auslandsbezug (2003); *Schäuble,* Die gesetzliche Vertretung Minderjähriger in der notariellen Praxis in Fällen mit Auslandsbezug, BWNotZ 16, 5; *Schulz,* Internationale Regelungen zum Sorge- und Umgangsrecht, FPR 04, 299; *dies,* The New Brussels II Regulation and the Hague Conventions of 1980 and 1996, Int Fam L 04, 22; 3, 1351; R *Wagner,* Zu den Chancen der Rechtsvereinheitlichung im internationalen Familienrecht, StAZ 07, 101; *Wagner/Janzen,* Die Anwendung des Haager Kinderschutzübereinkommens in Deutschland, FPR 11, 110; *Winkel,* Grenzüberschreitendes Sorge- und Umgangsrecht und dessen Vollstreckung (2001).

1. Einführung

a) EU-Recht. Die Europäische Union hat auf dem Gebiet der elterlichen Verantwortung **595** bisher nur die Regeln über die internationale Zuständigkeit sowie über die Anerkennung und Vollstreckung von Entscheidungen und die Zusammenarbeit der Behörden in der EuEheVO harmonisiert. Die Vereinheitlichung des Kollisionsrechts hat sie hingegen – ähnlich wie im Unterhaltsrecht (HUP; → C Rn 489 ff) – der Haager Konferenz überlassen. Da sie selbst dem Haager Kinderschutzübereinkommen v 19.10.1996 (KSÜ) nicht beitreten konnte, hat sie mit Ratsbeschluss v 5.6.2008 (ABl EU L 151, 36) alle Mitgliedstaaten, die das KSÜ bis dahin noch nicht ratifiziert hatten, zum Beitritt ermächtigt. Das KSÜ hat damit die Qualität von sekundärem EU-Recht.

b) Staatsverträge. Das **Haager Kinderschutzübereinkommen** v 19.10.1996 (KSÜ) ist für **596** die *Bundesrepublik Deutschland* am 1.1.2011 in Kraft getreten. Da es sich bei den Kollisionsnormen des KSÜ um eine *„loi uniforme"* handelt, die auch dann zur Anwendung kommt, wenn auf das Recht eines Nichtvertragsstaats verwiesen wird (Art 20 KSÜ), ist das internationale Privatrecht der elterlichen Verantwortung für Maßnahmen, die nach dem 1.1.2011 von einem deutschen Gericht getroffen werden (Art 53 Abs 1 KSÜ; → Rn 549 f), vorrangig dem Kapitel III (Art 15, 20 ff) dieses Übereinkommens zu entnehmen. Gleiches gilt für die Beurteilung der kraft Gesetzes (oder kraft Vereinbarung) bestehenden elterlichen Verantwortung gemäß Art 16–18 sowie des Verkehrsschutzes bei Rechtsgeschäften, die ein gesetzlicher Vertreter des Kindes mit einem Dritten abschließt (Art 19).

Auch das **Haager Minderjährigenschutzabkommen** v 5.10.1961 (MSA) enthält in Art 2 **597** und Art 4 Abs 2 Kollisionsregeln für die Anordnung von Schutzmaßnahmen, die – wie Art 15 Abs 1 KSÜ – am Gleichlaufgrundsatz orientiert sind. Demgegenüber wird die Anwendbarkeit von Art 3 MSA auf die Beurteilung von gesetzlichen Gewaltverhältnissen ohne Bezug zur Anordnung von Schutzmaßnahmen überwiegend abgelehnt. Auf dem Gebiet des Kollisionsrechts wird das MSA jedoch gem Art 51 KSÜ (→ Rn 540 f) im Verhältnis der Vertragsstaaten des KSÜ zueinander durch das KSÜ ersetzt. Das MSA hat daher aus deutscher Sicht nur noch kollisionsrechtliche Bedeutung, wenn es um die Anordnung von Schutzmaßnahmen für deutsche Kinder geht, die sich in *China/Macau* gewöhnlich aufhalten (→ Rn 702).

Im Verhältnis zum Iran hat das **deutsch-iranische Niederlassungsabkommen** v 17.2.1929 **598** (RGBl 30 II, 1006; → Rn 708 ff) Vorrang sowohl vor dem MSA (Art 18 Abs 2 MSA) wie vor dem KSÜ (Art 52 Abs 1 KSÜ) und dem autonomen IPR (Art 3 Nr 2 EGBGB).

c) Autonomes deutsches Kollisionsrecht. Wegen des universellen Geltungsanspruchs der **599** Kollisionsnormen des KSÜ haben die Art 21, 24 EGBGB seit dem 1.1.2011 ihre praktische

693

F 600–603   1. Teil. Erkenntnisverfahren F. Kindschaftssachen

Bedeutung weitgehend verloren. Dies gilt insbesondere für die Beurteilung der *kraft Gesetzes* bestehenden elterlichen Verantwortung (Reithmann/Martiny/*Hausmann*, IVR Rn 7.994). Demgegenüber kommt eine Anwendung der Art 21, 24 EGBGB auf die von deutschen Gerichten zu treffenden *Schutzmaßnahmen* ausnahmsweise noch in Betracht, wenn die internationale Zuständigkeit weder auf die Art 8 ff EuEheVO noch auf die Art 5 ff KSÜ/Art 1 ff MSA gestützt werden kann und deshalb auf §§ 98 Abs 2, 99 FamFG zurückgegriffen werden muss. Darüber hinaus bleiben die Art 21, 24 EGBGB weiter anwendbar auf „Kinder", die nach ihrem Heimatrecht (Art 7 EGBGB) die Volljährigkeit erst später als mit 18 Jahren erreichen (OLG Bamberg StAZ 17, 111). Allerdings ist in diesen Fällen der Vorrang des Haager ErwSÜ zu beachten (Art 2 Abs 2; → J Rn 22).

600   **d) Prüfungsreihenfolge.** (1) Geht es um die Beurteilung der kraft Gesetzes (bzw kraft Vereinbarung) bestehenden elterlichen Verantwortung oder um die Anordnung von Schutzmaßnahmen durch ein Gericht oder eine Behörde?

601   (2) Im ersteren Fall bestimmt sich das anwendbare Recht nach Art 16, 17 KSÜ, auch wenn auf das Recht eines Nichtvertragsstaats verwiesen wird. Ein Rückgriff auf nationales Kollisionsrecht (Art 21 EGBGB) kommt nicht in Betracht. Die Art 16, 17 KSÜ treten gem Art 52 Abs 1 KSÜ nur gegenüber Art 8 Abs 3 des **deutsch-iranischen Niederlassungsabkommens** zurück, soweit es um die Beurteilung der elterlichen Verantwortung in einer rein iranischen Familie geht.

602   (3) Soll hingegen eine Schutzmaßnahme angeordnet werden, so kommt es darauf an, auf **welche Zuständigkeitsvorschrift** das angerufene deutsche Gericht sich stützen kann:

a) Folgt die internationale Zuständigkeit aus **Art 5–12 KSÜ,** so wendet das Gericht grundsätzlich sein eigenes, dh deutsches materielles Recht an (Art 15 Abs 1 KSÜ), kann aber in Ausnahmefällen auf ein anderes Recht ausweichen, zu dem der Sachverhalt eine enge Verbindung aufweist (Art 15 Abs 2 KSÜ).

b) Folgt die internationale Zuständigkeit – wie meist – aus **Art 8–15 EuEheVO,** so gilt nach inzwischen hM das Gleiche (→ Rn 614 ff). Art 15 KSÜ ist also in diesem Fall entsprechend anzuwenden, auch wenn die vom Gericht in Anspruch genommene Zuständigkeit keine Entsprechung in Art 5–12 KSÜ hat.

c) Folgt die internationale Zuständigkeit hingegen aus **§ 98 Abs 2 oder § 99 FamFG,** weil weder die Art 5 ff KSÜ noch die Art 8 ff EuEheVO eine Zuständigkeit des angerufenen deutschen Gerichts begründen, so bestimmt sich das anwendbare Recht nach Art 21, 24 EGBGB.

d) Vorrang sowohl vor Art 15 KSÜ wie vor Art 21, 24 EGBGB hat wiederum das **deutsch-iranische Niederlassungsabkommen** (→ Rn 708 ff).

603   (4) Ist das Kind nach seinem Heimatrecht trotz Vollendung des 18. Lebensjahres noch nicht volljährig? Dann ist das KSÜ gem Art 2 persönlich nicht anwendbar und es gilt sowohl für die Anordnung von Schutzmaßnahmen wie für die Beurteilung der kraft Gesetzes bestehenden elterlichen Verantwortung weiter Art 21 EGBGB.

2. Staatsverträge

380. Haager Übereinkommen über die Zuständigkeit, das anzuwendende Recht, die Anerkennung, Vollstreckung und Zusammenarbeit auf dem Gebiet der elterlichen Verantwortung und der Maßnahmen zum Schutz von Kindern (KSÜ)

Vom 19. Oktober 1996 (BGBl 2009 II, 603)

Schrifttum: Siehe zunächst das Schrifttum → vor Rn 595; ferner *Benicke,* Haager Kinderschutzübereinkommen, IPRax 13, 44; *Bucher,* La Dix-huitième session de la Conférence de La Haye de droit international privé, SZIER 97, 67; *ders.,* L'enfant en droit international privé (2003); *Clive,* The New Hague Convention on Children, Jur.Rev. 98, 169; *Coester,* Sorgerechtsstreitigkeiten unter dem KSÜ – erste Entscheidung des BGH, FF 11, 285; *Finger,* Die Haager Übereinkommen zum Schutz von Kindern, ZKJ 08, 353; *ders.,* Das Haager Kinderschutzübereinkommen (KSÜ) vom 15.10.1996, FamRBint 10, 95; *Gärtner,* Elterliche Sorge bei Personenstandsfällen mit Auslandsbezug – Änderungen durch das Inkrafttreten des Kinderschutzübereinkommens StAZ 11, 65; *Heiderhoff,* Keine Rückwirkung des Art. 16 Abs. 3 KSÜ, IPRax 15, 326; *Iterson,* The New Hague Convention on the Protection of Children: A view from the Netherlands, Rev.dr.uniforme 97, 474; *Krah,* Das Haager Kinderschutzübereinkommen (2004); *Kropholler,* Das Haager Kinderschutzübereinkommen von 1996 – Wesentliche Verbesserungen im Minderjährigenschutz, FS Siehr (2000) 379; *Lagarde,*

694

II. Internationales Privatrecht   604–608 **F**

La nouvelle convention de La Haye sur la protection des mineurs, Rev crit1997, 217; *Lowe,* The 1996 Hague Convention on the protection of children – a fresh appraisal, Child and Family L. Q. (2002) 191; *Nygh,* The Hague Convention on the Protection of Children, NILR 1998, 1; *Picone,* La nuova convenzione dell'Aja sulla protezione dei minori, Riv.dir.int.priv.proc. 1996, 705; *Pirrung,* Das Haager Kinderschutzübereinkommen vom 19. Oktober 1996, FS Rolland (1999) 277; *Rauscher,* Haager Kinderschutzübereinkommen und Auswanderungsmotive in der Sorgerechtsregelung, NJW 11, 2332; *Roth/Döring,* Das Haager Abkommen über den Schutz von Kindern, öst JBl 99, 758; *Schulz,* Haager Kinderschutzübereinkommen von 1996: Im Westen nichts Neues, FamRZ 06, 1309; *dies,* Inkrafttreten des Haager Kinderschutzübereinkommens vom 15.10.1996, FamRZ 11, 156; *Siehr,* Das neue Haager Übk von 1996 über den Schutz von Kindern, RabelsZ 62 [1998] 464; *ders,* Internationale Kindesentführung und Kinderschutzübereinkommen – Zur Koordination von Staatsverträgen, FS W Lorenz (2001) 578; *Silberman,* The 1996 Convention for the Protection of Children: A Perspective from the United States, FS Siehr (2000) 703; *Sturm,* Stellungnahme zum Vorentwurf eines Übk über den Schutz von Kindern, IPRax 97, 10; *Wagner/Janzen,* Die Anwendung des Haager Kinderschutzübereinkommens in Deutschland, FPR 11, 110.

Vorbemerkung

1. Entstehungsgeschichte und Ziel des Übereinkommens

Zu den Zielen des KSÜ gehört auch die Verbesserung des Schutzes von Kindern durch die **604** einheitliche Bestimmung des auf die elterliche Verantwortung anzuwendenden Rechts (Art 1 Abs 1 lit c). Die Verbesserung gegenüber dem Haager Minderjährigenschutzabkommen (MSA) besteht vor allem darin, dass das anwendbare Recht nicht nur für die von den Gerichten der Vertragsstaaten zu treffenden Schutzmaßnahmen harmonisiert wird (Art 15), sondern auch für die Zuweisung, das Erlöschen und die Ausübung der elterlichen Verantwortung kraft Gesetzes, dh ohne Einschreiten eines Gerichts oder einer Behörde (Art 16, 17).

2. Vertragsstaaten

Das KSÜ ist für die *Bundesrepublik Deutschland* am 1.1.2011 in Kraft getreten (BGBl 10 II, **605** 1527); zu den übrigen Vertragsstaaten → Rn 367 f).

3. Anwendungsbereich

a) Sachlicher Anwendungsbereich. Der sachliche Anwendungsbereich des KSÜ be- **606** schränkt sich auf das Gebiet der **elterlichen Verantwortung** in dem von Art 1 Abs 2 (→ Rn 384 ff) definierten Sinne. Hierfür bietet das KSÜ ein umfassendes kollisionsrechtliches System (*Schulz* FamRZ 11, 156/159). Dabei geht es von den schon im MSA für die Aufenthalts- und Heimatzuständigkeit (Art 2, 4) normierten Gleichlaufprinzip aus, erstreckt dieses jedoch in Art 15 Abs 1 auf alle Zuständigkeiten des Kapitels II und mildert es gleichzeitig in Art 15 Abs 2 durch eine Ausweichklausel ab. Darüber hinaus wird – abweichend vom MSA – auch das auf die Zuweisung, das Erlöschen und die Ausübung der elterlichen Verantwortung kraft Gesetzes (oder Vereinbarung) anwendbare Recht in Art 16, 17 geregelt. Schließlich enthält das KSÜ in Art 19 eine Verkehrsschutzregel zugunsten Dritter, die gutgläubig mit einem gesetzlichen Vertreter eines Kindes ein Rechtsgeschäft abgeschlossen haben.

Das KSÜ enthält keine Regelung für die von seinen Kollisionsnormen aufgeworfenen **Vor-** **607** **fragen** – wie zB die Abstammung oder Adoption des Kindes bzw die Wirksamkeit einer Ehe oder eingetragenen Lebenspartnerschaft (*Siehr* RabelsZ 1998, 464 (474). Nach dem insoweit maßgebenden autonomen deutschen IPR sind diese Vorfragen im Interesse des internen Entscheidungseinklangs grundsätzlich **selbständig** anzuknüpfen (*Andrae,* IntFamR § 6 Rn 121; **aA** Pal/*Thorn* Anh Art 24 EGBGB Rn 16; allg H/O/*Hausmann* § 3 Rn 48). Das Kindeswohl kann auf dem Gebiet der elterlichen Verantwortung jedoch im Einzelfall auch eine unselbständige Anknüpfung von statusrechtlichen Vorfragen gebieten. Eine solche ist auch dann vorzunehmen, wenn das auf die Hauptfrage der elterlichen Verantwortung maßgebliche ausländische Recht insoweit noch zwischen ehelichen und nichtehelichen Kindern unterscheidet, denn das deutsche IPR enthält zur Beantwortung dieser Vorfrage keine Kollisionsnorm mehr (*Andrae,* IntFamR § 6 Rn 121).

b) Räumlicher Anwendungsbereich. Seinen räumlichen Anwendungsbereich bestimmt **608** das KSÜ nicht ausdrücklich. Er ist für die einzelnen im Übk geregelten Bereiche unterschiedlich (*Benicke* IPRax 13, 44/46). Auf dem Gebiet des Kollisionsrechts muss insoweit zwischen einer Beurteilung der *kraft Gesetzes* bestehenden elterlichen Verantwortung und der Anordnung von

695

F 609–613   1. Teil. Erkenntnisverfahren F. Kindschaftssachen

Schutzmaßnahmen durch ein Gericht oder eine Behörde unterschieden werden: Das auf die Zuweisung, das Erlöschen oder die Ausübung der **elterlichen Verantwortung kraft Gesetzes** (oder Vereinbarung) anzuwendende Recht wird in den Art 16, 17 für die Gerichte und Behörden der Vertragsstaaten abschließend geregelt. Diese Kollisionsnormen finden ohne Rücksicht darauf Anwendung, ob das Kind die Staatsangehörigkeit eines Vertragsstaats besitzt oder seinen gewöhnlichen Aufenthalt in einem Vertragsstaat hat (universelle Anwendung, vgl Art 20).

609   Demgegenüber gilt für die **Anordnung von Schutzmaßnahmen** nach Art 15 Abs 1 der Gleichlaufgrundsatz, dh die Behörden der Vertragsstaaten wenden grundsätzlich ihr eigenes Recht an. Dies setzt jedoch deren internationale Zuständigkeit nach dem Kapitel II voraus, dh das Kind muss entweder seinen gewöhnlichen Aufenthalt in einem Vertragsstaat haben (Art 5 Abs 1) oder es muss eine der sonstigen Anknüpfungen für die internationale Zuständigkeit nach Art 6–12 in einem Vertragsstaat gegeben sein. Dem steht es gleich, wenn eine Zuständigkeit nach Art 8–15 EuEheVO in einem Vertragsstaat besteht (→ Rn 614 ff).

610   **c) Persönlicher Anwendungsbereich.** In persönlicher Hinsicht ist das Überereinkommen nach seinem Art 2 auf Kinder beschränkt, die das **18. Lebensjahr noch nicht vollendet** haben. Für Kinder, die älter, aber nach ihrem Heimatrecht noch nicht volljährig sind und deshalb gesetzlich vertreten werden müssen, beurteilt sich die gesetzliche Vertretung nach dem autonomen Kollisionsrecht der Vertragsstaaten, in *Deutschland* also nach dem von Art 21, 24 EGBGB für maßgeblich erklärten Recht. Die Frage, wann die für einen minderjährigen Ausländer angeordnete Vormundschaft endet, unterliegt daher, nachdem dieser das 18. Lebensjahr vollendet hat, gemäß Art 24 Abs 1 EGBGB dem Heimatrecht des Betroffenen (OLG Bremen BeckRS 17, 101891 [*Gambia*]; OLG Bremen FamRZ 16, 990 [*Guinea*]; OLG Hamm FamRZ 15, 1635 [*Guinea*]; OLG Bremen FamRZ 13, 312 [*Liberia*]). Demgegenüber bestimmt sich der Inhalt der Vormundschaft, also die Auswahl und Bestellung des Vormunds sowie seine Rechte und Pflichten, gemäß Art 24 Abs 3 EGBGB nach dem Recht des anordnenden Staates (OLG Bremen jeweils aaO; Erman/ *Hohloch* Art 24 EGBGB Rn 13; → Rn 735 f). Das Aufenthaltsrecht kommt nur zur Anwendung, wenn die Vormundschaft für einen Minderjährigen angeordnet wurde, der den Status als internationaler Flüchtling oder Asylberechtigter innehat (BGH FamRZ 18, 457 Rn 24 m Anm *Hüßtege*). Daneben kommen bei gewöhnlichem Aufenthalt im Inland auch Schutzmaßnahmen nach dem Haager Übk über den internationalen Schutz Erwachsener **(ErwSÜ)** v 13.1.2000 in Betracht, sofern dessen Anwendungsvoraussetzungen erfüllt sind (→ J Rn 4 ff).

611   Auch auf noch nicht 18-jährige Kinder ist das KSÜ dann nicht mehr anwendbar, wenn diese – zB durch Eheschließung, Emanzipation oder Volljährigerklärung – **vorzeitig die volle Geschäftsfähigkeit** erlangt haben und deshalb nicht mehr gesetzlich vertreten werden müssen. Auf den Status des Kindes – als eheliches, nichteheliches, Adoptiv-, Stief- oder Pflegekind – kommt es hingegen nicht an.

612   **d) Zeitlicher Anwendungsbereich.** In zeitlicher Hinsicht gilt das KSÜ für die Beurteilung des auf die elterliche Verantwortung anzuwendenden Rechts für alle **Schutzmaßnahmen,** die in einem Vertragsstaat getroffen werden, nachdem das Übk für diesen Staat in Kraft getreten ist (Art 53 Abs 1). In *Deutschland* sind die Art 15 ff KSÜ demgemäß einerseits für alle Maßnahmen zugrunde zu legen, die nach dem 1.1.2011 getroffen wurden oder werden. Abweichend von Art 64 Abs. 1 EuEheVO kommt es also nicht darauf an, wann das Verfahren vor diesem Gericht eingeleitet wurde; eine *perpetuatio fori* auf der Grundlage des bei Verfahrenseinleitung maßgeblichen staatsvertraglichen (zB MSA) oder autonomen Zuständigkeitsrechts ist daher nicht anzuerkennen (BGH NJW 11, 2360 Rn 31 ff = FamRZ 11, 796 m Anm *Völker;* öst OGH IPRax 14, 183; OLG Saarbrücken FamRZ 11, 1514; OLG Karlsruhe FamRZ 11, 1963 m Anm *Henrich* = IPRax 14, 178 m Anm *Looschelders* 152; Pal/*Thorn,* Anh Art 24 EGBGB Rn 17). Dies gilt auch dann, wenn das Verfahren am 1.1.2011 vor einem deutschen Gericht bereits in der Rechtsmittelinstanz anhängig war. Auch in diesem Fall bestimmt sich das auf Schutzmaßnahmen anzuwendende Recht von diesem Zeitpunkt an nach Art 15, 17 KSÜ (BGH NJW 11, 2360 Rn 31; OLG Karlsruhe FamRZ 11, 1963 Rn 23; OLG Karlsruhe FamRZ 13, 1238). Zur intertemporalen Anwendung der Anknüpfung nach Art 16 zur elterlichen Verantwortung kraft Gesetzes → Rn 641 f.

4. Verhältnis zu anderen Rechtsinstrumenten

613   Das Verhältnis zu anderen Staatsverträgen und zum EU-Recht regelt das KSÜ in seinem Kapitel VI, insbesondere in Art 50–52 (→ Rn 538 ff). Danach gilt auf dem Gebiet des auf die elterliche Verantwortung anzuwendenden Rechts folgendes:

696

II. Internationales Privatrecht

a) EuEheVO. Anders als die internationale Zuständigkeit und die Anerkennung/Vollstreckung von Entscheidungen regelt die EuEheVO das auf die elterliche Verantwortung anzuwendende Recht nicht. Aus diesem Grunde besteht weitgehend Einigkeit darüber, dass die Kollisionsnormen des Kapitels III des KSÜ auch dann anwendbar sind, wenn das Kind seinen gewöhnlichen Aufenthalt in einem EU-Mitgliedstaat hat und die internationale Zuständigkeit sich daher nicht aus den Art 5 ff KSÜ, sondern aus den Art 8 ff EuEheVO ergibt. Dies gilt jedenfalls für die Vorschriften in Art 16, 17 KSÜ, die das auf die elterliche Verantwortung **kraft Gesetzes** (oder kraft Vereinbarung) anzuwendende Recht regeln. Diese verdrängen mithin wegen ihrer universellen Geltung (Art 20 KSÜ) das autonome Kollisionsrecht der Vertragsstaaten vollständig. **614**

Schwieriger ist die Frage zu beantworten, ob die Vorschrift des Art 15 Abs 1 KSÜ, die bezüglich der Anordnung von Schutzmaßnahmen für das Kind in Anlehnung an Art 2 MSA den Gleichlaufgrundsatz normiert, auch dann Anwendung finden kann, wenn das angerufene Gericht seine Zuständigkeit – wie regelmäßig in den Mitgliedstaaten der EU (mit Ausnahme *Dänemarks*) – nicht auf das KSÜ, sondern auf die EuEheVO stützt. Hierzu wird teilweise unter Berufung auf den Wortlaut des Art 15 Abs 1 (… „bei der Ausübung ihrer Zuständigkeit nach Kapitel II") und die Systematik des KSÜ eine Verknüpfung des *lex fori*-Grundsatzes in Art 15 Abs 1 mit einer nur aufgrund der EuEheVO bestehenden internationalen Zuständigkeit abgelehnt und zur Bestimmung des anwendbaren Rechts weiterhin auf Art 21 EGBGB zurückgegriffen, wenn die Zuständigkeit nicht zumindest hypothetisch auch aus Art 5 ff KSÜ folgt (so *Rauscher/Rauscher* Art 8 EuEheVO Rn 24 f; *Solomon* FamRZ 04, 1409/1416; *Schulz* FPR 04, 299/301; *Henrich,* IntSchR Rn 305; BeckOK-BGB/*Heiderhoff* Art 21 EGBGB Rn 12a; früher auch *Hausmann* EuLF 01/02, 345/353; ebenso zu Art 2 MSA AG Leverkusen IPRax 08, 274). **615**

Demgegenüber hat sich inzwischen zu Recht die Gegenauffassung durchgesetzt, die Art 15 KSÜ in jedem Fall anwendet, in dem Gerichte eines Vertragsstaates Maßnahmen zum Schutz eines Kindes iSv Art 3 KSÜ treffen. Die Anwendung der *lex fori* hängt also nicht davon ab, ob im konkreten Fall auch eine Zuständigkeit nach Art 5 ff KSÜ begründet gewesen wäre; vielmehr reicht es hierfür auch aus, dass sich die internationale **Zuständigkeit des angerufenen Gerichts allein aus den Art 8 ff EuEheVO** ergibt, weil ansonsten der Gleichlaufgrundsatz des Art 15 Abs 1 KSÜ häufig leerliefe (*Andrae* IPRax 06, 82/87 f; *Benicke* IPRax 13, 44/53; *Wagner/Janzen* FPR 11, 110/111 f; *Schulz* FamRZ 11, 156/159; *Schulte-Bunert* FuR 15, 685; Pal/*Thorn* Anh Art 24 EGBGB Rn 21; Erman/*Hohloch* Anh Art 24 EGBGB Rn 39; MüKoBGB/*Helms* Art 21 EGBGB Rn 10; MüKoBGB/*Heiderhoff* Art 15 KSÜ Rn 2; NK-BGB/*Gruber* Art 8 EuEheVO Rn 10 und Art 61 EuEheVO Rn 13 ff; Staud/*Pirrung* Rn C 216; Zö/*Geimer* Art 8 EuEheVO Rn 11 ff; zust OLG Köln FamRZ 17, 1514/1515; OLG Karlsruhe FamRZ 15, 2182 und 1723; OlG Karlsruhe NJW-RR 13, 1157 Rn 11 m Anm *Heiderhoff* IPRax 15, 326; AG Otterndorf FamRZ 12, 1140/1141). Für diese Lösung sprechen einerseits Praktikabilitätserwägungen, weil ein deutsches Gericht andernfalls nach der Prüfung seiner internationalen Zuständigkeit auf der Grundlage der Art 8–14 EuEheVO allein zum Zwecke der Ermittlung des anwendbaren Rechts jeweils noch hypothetisch seine Zuständigkeit auch nach Maßgabe der Art 5–12 KSÜ feststellen müsste; das Kindeswohl erfordert aber eine rasche und unkomplizierte kollisionsrechtliche Prüfung (NK-BGB/*Benicke* Art 21 EGBGB Rn 15). Andererseits dürfte es kaum der Intentionen der Väter des KSÜ entsprochen haben, dass in allen Vertragsstaaten, die zugleich der EU angehören, weiterhin das unvereinheitlichte nationale Kollisionsrecht auf die Anordnung von Schutzmaßahmen Anwendung findet (Rauscher/*Hilbig-Lugani* Art 15 KSÜ Rn 3). Zudem eröffnet auch das KSÜ vom gewöhnlichen Aufenthalt des Kindes losgelöste Zuständigkeiten und erklärt auch für diese die *lex fori*-Anknüpfung für maßgebend (Zö/*Geimer* Art 8 EuEheVO Rn 13). Nach beiden Auffassungen ist Art 15 KSÜ in Verfahren vor deutschen Gerichten jedenfalls dann anwendbar, wenn das Kind – wie zumeist – seinen gewöhnlichen Aufenthalt im Gerichtsstaat hat und deshalb eine hypothetische Zuständigkeit nach Art 5, 6 KSÜ besteht (BGH FamRZ 18, 457 Rn 20 m Anm *Hüßtege;* BGH FamRZ 11, 796; OLG Hamm FamRZ 12, 143; OLG Karlsruhe NJW 16, 87 Rn 17f und FamRZ 13, 1238 Rn 11; OLG Bamberg FamRZ 16, 1270 Rn 18; Reithmann/Martiny/*Hausmann,* IVR Rn 7.969). **616**

b) Haager Minderjährigenschutzabkommen. Das MSA enthielt den in Art 15 KSÜ niedergelegten Gleichlaufgrundsatz bereits in Art 2 und Art 4 Abs 2. Auch auf dem Gebiet des Kollisionsrechts wird das MSA jedoch gem Art 51 KSÜ (→ Rn 540 f) im Verhältnis der Vertragsstaaten des KSÜ zueinander durch das KSÜ ersetzt. Das MSA hat daher nach dem Inkrafttreten des KSÜ für *Italien* am 1.1.2016 und für die *Türkei* am 1.2.2017 (vgl dazu noch öst OGH IPRax 15, 274 m Anm *Odendahl*) aus deutscher Sicht nur noch insoweit praktische Bedeutung, als es **617**

F   1. Teil. Erkenntnisverfahren F. Kindschaftssachen

um die Anordnung von Schutzmaßnahmen für deutsche Kinder geht, die sich in **China/Macau** gewöhnlich aufhalten. Für diese – seltenen – Fälle verdrängt die Kollisionsregel in Art 4 Abs 2 MSA die Regelung in Art 15 KSÜ. Im Übrigen ist der Konflikt zwischen den Zuständigkeitsvorschriften der EuEheVO und dem in Art 2 MSA normierten Gleichlaufprinzip im gleichen Sinne zu lösen wie im Fall des Art 15 KSÜ, dh die Gerichte der Vertragsstaaten haben ohne Rücksicht darauf, ob sich ihre internationale Zuständigkeit aus dem MSA oder aus der EuEheVO ergibt, in jedem Fall ihr eigenes Recht anzuwenden (Zö/*Geimer* Art 8 EuEheVO Rn 11 ff; *Kropholler* FS Schlosser [2005] 449/456; **aA** [Anwendung von Art 21 EGBGB, wenn hypothetisch keine Zuständigkeit nach dem MSA gegeben wäre] Staud/*Henrich* Art 21 EGBGB Rn 81).

618   **c) Haager Kindesentführungsübereinkommen.** Nach seinem Art 50 lässt das KSÜ das HKÜ unberührt. Zu einer Überschneidung beider Übereinkommen kommt es auf dem Gebiet des Kollisionsrechts der elterlichen Verantwortung praktisch nur bei der Beurteilung der Widerrechtlichkeit einer Kindesentführung. Ob dem KSÜ insoweit Vorrang zukommt (so Pal/*Thorn* Anh Art 24 EGBGB Rn 27), kann letztlich dahinstehen, weil Art 3 Abs 1 HKÜ diesbezüglich eine Gesamtverweisung ausspricht (→ U Rn 110 ff), so dass bei Verweisung auf deutsches Recht oder das Recht eines anderen Vertragsstaats des KSÜ wiederum die Art 16, 17 KSÜ heranzuziehen sind.

619   **d) Bilaterale Staatsverträge.** An bilateralen Staatsverträgen hat allein das **deutsch-iranische Niederlassungsabkommen** (→ Rn 708 ff) Vorrang sowohl vor dem MSA (Art 18 Abs 2 MSA) wie vor dem KSÜ (Art 52 Abs 1 KSÜ; vgl NK-BGB/*Hilbig-Lugani* Art 15 Rn 9).

620   **e) Autonomes Kollisionsrecht.** Da das KSÜ in Art 20 die universelle Geltung seines Kapitels III vorschreibt, so dass die Gerichte der Vertragsstaaten die Art 16 ff KSÜ auch dann anzuwenden haben, wenn das Recht eines Nichtvertragsstaats zur Anwendung berufen wird, bleibt für das autonome Kollisionsrecht der Vertragsstaaten auf dem Gebiet der elterlichen Verantwortung nur noch ein sehr schmaler Anwendungsbereich. Von deutschen Gerichten sind die Art 21, 24 EGBGB daher auf die Anordnung von **Schutzmaßnahmen** seit dem 1.1.2011 nur dann noch anzuwenden, wenn deren internationale Zuständigkeit weder auf die Art 5–12 KSÜ noch auf die Art 8–15 EuEheVO gestützt werden kann, sondern sich ausnahmsweise aus § 98 Abs 2 FamFG (Verbundzuständigkeit), § 99 Abs 1 UAbs 1 Nr 1 (Heimatzuständigkeit) oder UAbs 2 FamFG (Fürsorgezuständigkeit) ergibt (NK-BGB/*Benicke* Art 21 EGBGB Rn 16; → Rn 714 ff). Dies setzt insbesondere voraus, dass sich das Kind weder in einem Mitgliedstaat der EuEheVO noch in einem Vertragsstaat des KSÜ gewöhnlich aufhält.

621   Demgegenüber hängt die Anwendung der Art 16, 17 KSÜ auf die Beurteilung der **elterlichen Verantwortung kraft Gesetzes** (oder Vereinbarung) gem Art 20 nicht davon ab, wo das Kind seinen gewöhnlichen Aufenthalt hat. Diesbezüglich bleibt also für die Anwendung des nationalen Kollisionsrechts der Vertragsstaaten – in *Deutschland* von Art 21, 24 EGBGB – auf Kinder iSv Art 2 KSÜ keinerlei Raum.

622   Schließlich können die Art 21, 24 EGBGB auch in den seltenen Fällen weiter Anwendung finden, in denen ein über 18-jähriges Kind nach seinem Heimatrecht (Art 7 EGBGB) **noch nicht volljährig** ist und deshalb der gesetzlichen Vertretung bedarf (NK-BGB/*Benicke* Art 21 EGBGB Rn 17, 19; vgl OLG Bremen FamRZ 13, 312 Rn f 8). Denn auf solche „Kinder" findet das KSÜ nach seinem Art 2 keine Anwendung (→ Rn 386 ff; vgl das Beispiel bei H/O/ *Hausmann* § 5 Rn 12). In Betracht kommt in diesem Fall aber auch eine Maßnahme nach dem Haager ErwSÜ (vgl Art 2 Abs 2 ErwSÜ; dazu→ J Rn 22).

5. Deutsches Ausführungsgesetz

623   Ausführungsbestimmungen zum KSÜ in der *Bundesrepublik Deutschland* enthält das Internationale Familienrechtsverfahrensgesetz **(IntFamRVG)** v 26.1.2005 (Art 1 Nr 2; → Rn 561 ff), das aus Anlass des deutschen Beitritts zum KSÜ mit Wirkung v 1.11.2011 durch Gesetz v 25.6.2009 (BGBl I, 1594) neu gefasst worden ist. Diese betreffen allerdings nur das Verfahrensrecht, nicht das Kollisionsrecht.

Kapitel I. Anwendungsbereich
KSÜ Art 1–4

(abgedruckt und kommentiert → Rn 382 ff)

698

II. Internationales Privatrecht: KSÜ Art 15   **624–626 F**

Kapitel II. Zuständigkeit

KSÜ Art 5–14

(abgedruckt und kommentiert → Rn 416 ff)

Kapitel III. Anzuwendendes Recht

KSÜ Art 15. [Gleichlaufgrundsatz]

(1) **Bei der Ausübung ihrer Zuständigkeit nach Kapitel II wenden die Behörden der Vertragsstaaten ihr eigenes Recht an.**

(2) **Soweit es der Schutz der Person oder des Vermögens des Kindes erfordert, können sie jedoch ausnahmsweise das Recht eines anderen Staates anwenden oder berücksichtigen, zu dem der Sachverhalt eine enge Verbindung hat.**

(3) **Wechselt der gewöhnliche Aufenthalt des Kindes in einen anderen Vertragsstaat, so bestimmt das Recht dieses anderen Staates vom Zeitpunkt des Wechsels an die Bedingungen, unter denen die im Staat des früheren gewöhnlichen Aufenthalts getroffenen Maßnahmen angewendet werden.**

1. Allgemeines

Für die Anordnung von Schutzmaßnahmen gelten auf dem Gebiet der elterlichen Verant- **624** wortung seit dem 1.1.2011 vor deutschen Gerichten die Kollisionsnormen des Art 15. Sie verdrängen – außer im Verhältnis zu *China/Macau* (→ Rn 554 ff) – die bisherige staatsvertragliche Kollisionsnorm in Art 2 MSA sowie das autonome Kollisionsrecht in Art 21, 24 EGBGB. Art 15 enthält in Abs 1 die Grundsatzanknüpfung an die *lex fori,* in Abs 2 eine Ausweichklausel und in Abs 3 eine Regelung zu den Folgen eines Wechsels des gewöhnlichen Kindesaufenthalts. Die Anwendung dieser Kollisionsregeln ist **zwingend;** eine hiervon abweichende Rechtswahlmöglichkeit eröffnet das KSÜ nicht (*Lagarde*-Bericht Rn 88; *Rauscher/Hilbig-Lugani* Rn 9). Die Verweisung ist auf das **Sachrecht** der *lex fori* gerichtet; deren Kollisionsrecht bleibt nach Art 21 Abs 1 außer Betracht.

In **Übergangsfällen** kommt es nach Art 53 Abs 1 (→ Rn 549 f) darauf an, ob das angerufene **625** deutsche Gericht die Maßnahme vor oder nach dem 1.11.2011 getroffen hat. Abweichend von Art 64 Abs 1 EuEheVO (→ Rn 360 ff) ist also nicht entscheidend, wann das Verfahren vor diesem Gericht eingeleitet wurde. Art 15 ist vielmehr von deutschen Gerichten auch in Verfahren, die bereits vor dem 1.1.2011 anhängig gemacht wurden, immer dann anzuwenden, wenn die Entscheidung erst nach diesem Zeitpunkt getroffen wird. Dies gilt selbst dann, wenn das Verfahren am 1.1.2011 bereits in der Rechtsmittelinstanz anhängig war. Auch in diesem Fall bestimmt sich das auf Schutzmaßnahmen anzuwendende Recht also von diesem Zeitpunkt an nach Art 15 (BGH FamRZ 11, 796/798 m Anm *Völker;* OLG Saarbrücken FamRZ 11, 1514 (LS); OLG Karlsruhe FamRZ 11, 1963/1964 m zust Anm *Henrich;* **aA** Aud Prov Zaragoza 20.4.12, unalex ES-754).

2. Gleichlaufgrundsatz, Abs 1

In Übereinstimmung mit Art 2 MSA (vgl BGH FamRZ 07, 1969; BGH FamRZ 05, 344/ **626** 345) folgt auch das KSÜ in Abs 1 dem Grundsatz des Gleichlaufs von internationaler Zuständigkeit und anwendbarem Recht. Die für die Anordnung einer **Schutzmaßnahme** nach Art 5 ff international zuständigen Gerichte und Behörden wenden also ihr **eigenes materielles Recht** an (öst OGH BeckRS 16, 81210; OLG Köln FamRZ 17, 1514/1515; OLG Karlsruhe FamRZ 15, 1723 und FamRZ 13, 1238 Rn 13; OLG Hamm FamRZ 12, 143; *Benicke* IPRax 13, 44/ 49). Deutsche Gerichte entscheiden demgemäß stets auf der Grundlage des deutschen Kindschaftsrechts. Dieses regelt sowohl die Voraussetzungen wie den Inhalt und die Wirkungen der zu treffenden Schutzmaßnahmen. Auf diese Weise wird deren Anordnung in Fällen mit Auslandsberührung erleichtert und beschleunigt, weil die häufig schwierige kollisionsrechtliche Prüfung entfällt (Staud/*Pirrung* Rn G 100; NK-BGB/*Benicke* Rn 1). Ferner sind die auf das materielle Recht des Gerichtsstaats gestützten Maßnahmen in diesem Staat leichter und schneller durchzusetzen als Maßnahmen, die ihre Grundlage im ausländischen Recht haben (*Lagarde*-Bericht Rn 86; *Rauscher/Hilbig-Lugani* Rn 6). Aus diesem Grunde verzichtet das KSÜ auch auf

699

F   627–630   1. Teil. Erkenntnisverfahren F. Kindschaftssachen

den in Art 3 MSA noch enthaltenen Vorbehalt zugunsten eines gesetzlichen Gewaltverhältnisses nach dem Heimatrecht des Kindes, der bei der Anwendung des Gleichlaufgrundsatzes nach Art 2 MSA zu erheblichen Anwendungs- und Auslegungsproblemen geführt hatte (MüKoBGB/*Staudinger* Rn 10). Auf die Staatsangehörigkeit des Kindes kommt es daher für die Anwendung von Art 15 Abs 1 nicht an; dieses kann auch einem Drittstaat angehören (OLG Bamberg FamRZ 16, 270: syrisches Flüchtlingskind).

627   Der Gleichlaufgrundsatz nach Abs 1 führt in dem häufigsten Fall, in dem das Gericht seine Zuständigkeit auf Art 5 Abs 1 (bzw auf Art 8 Abs 1 EuEheVO) stützt, in Übereinstimmung mit Art 21 EGBGB zur Anwendung des Rechts **am gewöhnlichen Aufenthalt des Kindes** (zu dessen Bestimmung im KSÜ näher → Rn 420 ff). Auf die *Staatsangehörigkeit* des Kindes oder der Eltern kommt es dabei nicht an (OLG Karlsruhe FamRZ 13, 1238 Rn 13; Pal/*Thorn* Anh Art 24 EGBGB Rn 18 aE). Da Abs 1 die Geltung des Gleichlaufgrundsatzes indessen nicht auf die Fälle des Art 5 Abs 1 beschränkt, sondern ihn auf sämtliche Zuständigkeiten des Kapitels II ausdehnt, kann die Kollisionsregel auch zur Anwendung eines vom Recht des gewöhnlichen Aufenthalts des Kindes **abweichenden Recht** führen (*Lagarde*-Bericht Rn 88; Rauscher/*Hilbig-Lugani* Rn 5; vgl auch zu Art 8 EuEheVO NK-BGB/*Gruber* Rn 11). Dies gilt insbesondere dann, wenn das angerufene Gericht Maßnahmen auf die Staatsangehörigkeit des Kindes (Art 8 Abs 1, 2 lit a), den Zusammenhang mit einem anhängigen Scheidungs- oder Trennungsverfahren (Art 8 Abs 1, 2 lit c und Art 10) oder die Belegenheit von Kindesvermögen (Art 11) stützt. Auch in diesen Fällen dient der Gleichlaufgrundsatz der Erleichterung der Rechtsanwendung (*Lagarde*-Bericht Rn 87).

628   Die praktische Bedeutung des Gleichlaufgrundsatzes wäre freilich stark eingeschränkt, wenn dieser – dem Wortlaut des Abs 1 entsprechend – nur zur Anwendung käme, wenn das angerufene Gericht seine Zuständigkeit auf die Art 5–12 stützen kann. Denn die Anwendung des Kapitels II wird derzeit in 25 EU-Mitgliedstaaten, die zugleich Mitgliedstaaten der EuEheVO und Vertragsstaaten des KSÜ sind, gem Art 61 lit a EuEheVO durch die **Art 8 ff EuEheVO** verdrängt, wenn das Kind seinen gewöhnlichen Aufenthalt in einem Mitgliedstaat der Verordnung hat. Im Interesse der durch das KSÜ bezweckten Vereinheitlichung des Kollisionsrechts auf dem Gebiet der elterlichen Verantwortung innerhalb der EU findet Abs 1 daher auch dann entsprechende Anwendung, wenn die internationale Zuständigkeit des angerufenen Gerichts nicht aus Art 5 ff KSÜ, sondern aus Art 8 ff EuEheVO folgt. Dies gilt nicht nur, soweit die Anknüpfung der internationalen Zuständigkeit in beiden Rechtsinstrumenten übereinstimmt (so BGH FamRZ 18, 457 m Anm *Hüßtege;* OLG Bamberg FamRZ 16, 1270 Rn 18; OLG Karlsruhe FamRZ 13, 1238; Aud Prov Zaragoza 20.4.12, unalex ES-754), sondern auch dann, wenn die vom Gericht nach der EuEheVO in Anspruch genommene Zuständigkeit keine Entsprechung in Art 5–12 KSÜ hat (NK-BGB/*Benicke* Rn 3; näher → Rn 614 ff mwN).

3. Ausweichklausel, Abs 2

629   Anstelle des starren Vorbehalts zugunsten gesetzlicher Gewaltverhältnisse nach dem Heimatrecht des Kindes in Art 3 MSA sieht Abs 2 eine offen formulierte Ausweichklausel (dazu H/O/*Hausmann* § 2 Rn 83 f) vor, die den Gerichten der Vertragsstaaten eine gewisse Flexibilität bei der Bestimmung des in der Sache anwendbaren Rechts einräumt. Danach gilt der Gleichlaufgrundsatz nach Abs 1 nicht zwingend; vielmehr kann das Gericht ausnahmsweise auch das Recht eines anderen Staates anwenden oder berücksichtigen, zu dem der Sachverhalt eine enge Beziehung hat, soweit der Schutz der Person oder des Vermögens des Kindes dies erfordern. Unter „Berücksichtigung" ist insbesondere die Beachtung ausländischen (auch drittstaatlichen, Art 20) Rechts im Rahmen der Ausfüllung von Generalklauseln und unbestimmten Rechtsbegriffen der „angewandten" *lex fori* zu verstehen (Pal/*Thorn* Anh Art 24 EGBGB Rn 19; BeckOGK/*Markwardt* Rn 16). Auch die Verweisung in Abs 2 auf ausländisches Recht ist in jedem Fall **Sachnormverweisung,** weil die in Art 21 Abs 2 normierte Ausnahme nur für die Anknüpfung der elterlichen Verantwortung kraft Gesetzes nach Art 16 gilt.

630   Da Abs 2 nach dem ausdrücklichen Wortlaut eine **Ausnahme** vom Gleichlaufgrundsatz des Abs 1 bildet, ist von der Ausweichklausel nur zurückhaltend Gebrauch zu machen (*Lagarde*-Bericht Rn 89; Staud/*Pirrung* Rn G 102 f; *Andrae,* IntFamR § 6 Rn 107), auch wenn – anders als zB in Art 4 Abs 3 Rom I-VO/Rom II-VO – keine „offensichtlich" engere Verbindung mit einem anderen Recht gefordert wird. Dies spricht dafür, ausländisches Recht anstelle der *lex fori* nur dann „anzuwenden", wenn dessen bloße Berücksichtigung zum Schutz des der Person oder des Vermögens des Kindes nicht ausreicht.

700

II. Internationales Privatrecht: KSÜ Art 15   **631–635**   **F**

Wird ein Gericht im Staat des gewöhnlichen oder schlichten Kindesaufenthalts nach Art 5, 6 **631** angerufen, so kann zur Konkretisierung der von Abs 2 vorausgesetzten **„engen Verbindung"** des Kindes zu einer von der *lex fori* des angerufenen Gerichts abweichenden Rechtsordnung auf die Kriterien des Art 8 Abs 2 Bezug genommen werden. In Betracht kommt daher eine Anwendung des *Heimatrechts* des Kindes, zB wenn das Kind in einer im Aufenthaltsstaat noch nicht integrierten Familie nach den Sitten und Gebräuchen seines Heimatrechts erzogen wird (*Siehr* RabelsZ 62 [1998] 464/489; Pal/*Thorn* Anh Art 24 EGBGB Rn 19) oder wenn eine baldige Rückkehr des Kindes in seinen Heimatstaat bevorsteht (*Lagarde*-Bericht Rn 89; NK-BGB/*Benicke* Rn 4). Denkbar ist auch eine Anwendung der *lex rei sitae,* wenn Schutzmaßnahmen für das in einem anderen Staat belegene Kindesvermögen angeordnet werden sollen, zB für die Bestellung eines nur dort tätigen Verwalters (*Lagarde*-Bericht Rn 89; *Siehr* RabelsZ 62 [1998] 464/488). Schließlich kann auch der Umstand, dass ein Eheverfahren der Eltern des Kindes in einem anderen Vertragsstaat anhängig ist, die Anwendung der Ausweichklausel begründen.

Noch näher liegt eine Anwendung der Ausweichklausel freilich im umgekehrten Fall, dh **632** wenn Maßnahmen bei einem Gericht außerhalb des gewöhnlichen Aufenthaltsstaats des Kindes (zB bei dem in der Ehesache nach Art 10 KSÜ bzw Art 12 EuEheVO angerufenen Gericht oder bei dem nach einem Aufenthaltswechsel des Kindes aufgrund des *perpetuatio fori*-Grundsatzes nach Art 8 Abs 1 EuEheVO maßgebenden Recht am früheren gewöhnlichen Aufenthalt des Kindes) beantragt werden. Denn für diesen Fall ermöglicht es Abs 2 dem angerufenen Gericht, unter Verzicht auf die Verfahrenserleichterung durch Anwendung seiner *lex fori* das **Recht am gewöhnlichen Aufenthalt des Kindes** zugrunde zu legen, wenn dort der Schwerpunkt der von der beantragten Maßnahme betroffenen Rechtsbeziehungen liegt (*Lagarde*-Bericht Rn 89; Erman/*Hohloch* Anh Art 24 EGBGB Rn 41; Rauscher/*Hilbig-Lugani* Rn 14 mwN).

4. Wechsel des gewöhnlichen Aufenthalts des Kindes, Abs 3

Verlegt das Kind nach Anordnung einer Maßnahme seinen gewöhnlichen Aufenthalt in einen **633** anderen Vertragsstaat, so bleibt diese Maßnahme, sofern sie dort anerkannt wird (→ N Rn 356 ff), gem Art 14 solange in Kraft, bis eine nach Art 5 -10 zuständige Behörde des neuen Aufenthaltsstaats sie ändert, ersetzt oder aufhebt. Dies gilt auch dann, wenn sie von der gesetzlichen Regelung im neuen Aufenthaltsstaat abweicht (*Lagarde*-Bericht Rn 51). Ein Aufenthaltswechsel ist also auf den **Bestand** oder den **Inhalt** der im früheren Aufenthaltsstaat getroffenen Maßnahme ohne Einfluss. Allerdings bestimmt das neue Aufenthaltsrecht vom Zeitpunkt des Aufenthaltswechsels an gem Abs 3 „die Bedingungen, unter denen die im Staat des früheren gewöhnlichen Aufenthalts getroffenen Maßnahmen angewendet werden". Gemeint ist damit die **Art und Weise,** in der die getroffenen Maßnahmen künftig ausgeübt bzw durchgeführt werden sollen (*Siehr* RabelsZ 62 [1998] 464/488). Da nur die Behörden von Vertragsstaaten an das KSÜ gebunden sind, gilt Abs 3 im Fall der Verlegung des gewöhnlichen Aufenthalts in einen Nichtvertragsstaat nicht; maßgebend ist vielmehr das Kollisionsrecht des neuen Aufenthaltsstaats (Rauscher/*Hilbig-Lugani* Rn 18; Pal/*Thorn* Anh Art 24 EGBGB Rn 20).

Hat ein Gericht des bisherigen Aufenthaltsstaates daher die elterliche Sorge der Mutter allein **634** übertragen, so bestimmt nunmehr das **neue Aufenthaltsrecht** darüber, welche Rechte mit dieser alleinigen Innehabung der elterlichen Sorge verbunden sind und welche Schranken dem Sorgerecht der Mutter durch verbleibende Rechte des Vaters oder durch gerichtliche Genehmigungserfordernisse gezogen sind (*Lagarde*-Bericht Rn 91; NK-BGB/*Benicke* Rn 5). Im Fall der Zuweisung gemeinsamer elterlicher Sorge regelt das neue Aufenthaltsrecht die Modalitäten von deren Ausübung (Staud/*Pirrung* Rn G 102; vgl im deutschen Recht § 1627 BGB). Hat ein Gericht des früheren Aufenthaltsstaates einen **Vormund** für das Kind bestellt, so ist dem neuen Aufenthaltsrecht zu entnehmen, für welche Geschäfte der Vormund einer gerichtlichen Genehmigung bedarf (*Lagarde*-Bericht Rn 91; NK-BGB/*Benicke* Rn 5) und wann er von einer gesetzlichen Vertretung des Kindes ganz ausgeschlossen ist. Auch die Berichtspflichten eines Vormunds oder Pflegers gegenüber den Vormundschaftsbehörden oder Jugendämtern sind an das neue Aufenthaltsrecht anzupassen (*Schulz* FamRZ 11, 156/159; Pal/*Thorn* Anh Art 24 EGBGB Rn 20). Konsequenz dieses Statutenwechsels ist es, dass sich auch die Voraussetzungen und Sanktionen für Pflichtverletzungen (zB der Eltern gegenüber dem Kind) nach dem Recht des neuen Aufenthaltsstaates richten (Erman/*Hohloch* Anh Art 24 EGBGB Rn 42 aE).

Die Behörden des neuen Aufenthaltsstaates sind freilich durch Art 15 Abs 3 nicht daran **635** gehindert, die Ausübung der elterlichen Verantwortung durch **Eilmaßnahmen** nach Art 11

701

F 638, 639   1. Teil. Erkenntnisverfahren F. Kindschaftssachen

oder **vorläufige Anordnungen** nach Art 12 abweichend zu regeln, sofern die Voraussetzungen
für eine Zuständigkeit nach diesen Vorschriften vorliegen (*Siehr* RabelsZ 62 [1998] 464/489;
Pal/*Thorn* Anh Art 24 EGBGB Rn 20).

5. Wirkungen von Schutzmaßnahmen

636   Das Haager Minderjährigenschutzabkommen (MSA) bestimmt in Art 2 Abs 2 S 2 und Art 4
Abs 2 S 2 ausdrücklich, dass die *lex fori* der eine Schutzmaßnahme anordnenden Behörde auch
die Wirkungen dieser Maßnahme regelt, und zwar sowohl im Verhältnis zwischen dem Minderjährigen und den Personen, denen er anvertraut ist, als auch im Verhältnis zu Dritten. Eine
solche Bestimmung fehlt zwar in Art 15 KSÜ; eine Änderung in der Sache ist damit jedoch
nicht bezweckt. Wird daher einem Elternteil die elterliche Sorge gerichtlich übertragen oder
wird eine Vormundschaft oder (Ergänzungs-) Pflegschaft für das Kind angeordnet, so beurteilen
sich auch die Befugnisse des Inhabers der elterlichen Verantwortung nach dem **Recht des
Gerichts** oder der Behörde, welche die entsprechende Anordnung getroffen hat (MüKoBGB/
Staudinger Rn 13) bzw – ausnahmsweise –nach dem Recht, zu dem nach Ansicht dieser Behörde
eine engere Beziehung iSv Art 15 Abs 2 besteht.

637   Die *lex fori* des anordnenden Gerichts gilt insbesondere für den Umfang der gesetzlichen
Vertretung der gerichtlich bestimmten Sorgeberechtigten (Elternteil, Vormund, Ergänzungspfle-
ger) und ist ferner dafür maßgebend, unter welchen Voraussetzungen dieser gesetzliche Vertreter
einer vormundschafts- oder **familiengerichtlichen Genehmigung** für den Abschluss von
Verträgen im Namen des Minderjährigen bedarf (OLG Frankfurt FamRZ 13, 1225; NK-BGB/
Benicke Rn 5; Reithmann/Martiny/*Hausmann,* IVR Rn 7.971; **aA** *Andrae,* IntFamR § 6
Rn 130: Anwendung von Art 17). Dies gilt auch für die Genehmigung einer Vereinbarung zur
Erbauseinandersetzung durch einen Verfahrenspfleger, die in den Anwendungsbereich der EuEhe-
VO und des KSÜ fällt und nicht erbrechtlich iSd EuErbVO zu qualifizieren ist (EuGH C-404/
14 – *Matoušková,* ZEV 16, 147 Rn 27 ff m Anm *Hilbig-Lugani* NZFam 15, 1030).

KSÜ Art 16. [Elterliche Verantwortung kraft Gesetzes]

(1) **Die Zuweisung oder das Erlöschen der elterlichen Verantwortung kraft Gesetzes
ohne Einschreiten eines Gerichts oder einer Verwaltungsbehörde bestimmt sich nach
dem Recht des Staates des gewöhnlichen Aufenthalts des Kindes.**

(2) **Die Zuweisung oder das Erlöschen der elterlichen Verantwortung durch eine
Vereinbarung oder ein einseitiges Rechtsgeschäft ohne Einschreiten eines Gerichts
oder einer Verwaltungsbehörde bestimmt sich nach dem Recht des Staates des gewöhnlichen Aufenthalts des Kindes in dem Zeitpunkt, in dem die Vereinbarung oder
das einseitige Rechtsgeschäft wirksam wird.**

(3) **Die elterliche Verantwortung nach dem Recht des Staates des gewöhnlichen
Aufenthalts des Kindes besteht nach dem Wechsel dieses gewöhnlichen Aufenthalts in
einen anderen Staat fort.**

(4) **Wechselt der gewöhnliche Aufenthalt des Kindes, so bestimmt sich die Zuweisung der elterlichen Verantwortung kraft Gesetzes an eine Person, die diese Verantwortung nicht bereits hat, nach dem Recht des Staates des neuen gewöhnlichen Aufenthalts.**

1. Allgemeines

638   **a) Normzweck.** Art 16 regelt in Abs 1 die Zuweisung und das Erlöschen der elterlichen
Verantwortung kraft Gesetzes, dh ohne Einschreiten eines Gerichts oder einer Verwaltungsbehörde. Eine entsprechende Regelung trifft Abs 2 für die elterliche Verantwortung kraft Vereinbarung oder einseitigen Rechtsgeschäfts. In den Absätzen 3 und 4 werden die Rechtsfolgen
eines Wechsels des gewöhnlichen Aufenthalts des Kindes bestimmt. Demgegenüber wird die
Ausübung der elterlichen Verantwortung in Art 17, 18 gesondert angeknüpft.

639   **b) Verhältnis zu Art 3 MSA.** Während ein Ausbau von Art 3 MSA, der die Anerkennung
von gesetzlichen Gewaltverhältnissen nach Maßgabe des Heimatrechts des Kindes vorschrieb, zu
einer auch außerhalb der Anordnung von Schutzmaßnahmen geltenden allgemeinen Kollisionsnorm überwiegend abgelehnt wurde (vgl *Siehr* RabelsZ 62 [1998] 464/489), enthält das KSÜ in
Art 16 eine **allseitige Kollisionsnorm** für die Beurteilung der kraft Gesetzes oder aufgrund

II. Internationales Privatrecht: KSÜ Art 16   **640–643 F**

einer Vereinbarung bestehenden elterlichen Verantwortung. Diese knüpft auch nicht mehr an die Staatsangehörigkeit, sondern an den **gewöhnlichen Aufenthalt des Kindes** an. Auf diese Weise erreicht das KSÜ im Regelfall die einheitliche Beurteilung der elterlichen Verantwortung kraft Gesetzes nach Art 16, die regelmäßig als Vorfrage für die Anordnung von Schutzmaßnahmen durch das nach Art 5 Abs 1 zuständige Gericht zu beantworten ist, als auch für die Anordnung der Schutzmaßnahme nach Art 15 (Staud/*Pirrung* Rn G 106; Rauscher/*Hilbig-Lugani* Rn 7). Im Verhältnis zu den Vertragsstaaten des MSA wird Art 3 MSA seit dem 1.1.2011 durch Art 16, 17 KSÜ verdrängt (Art 51 KSÜ; OLG Frankfurt FamRZ 15, 1633/1634).

c) Verhältnis zum nationalen Kollisionsrecht. Aufgrund der universellen Anwendbarkeit **640** von Art 16 (Art 20; → Rn 680 f) ist daneben für die Anwendungen nationalen Kollisionsrechts kein Raum mehr. In *Deutschland* wird daher die autonome Kollisionsnorm des Art 21 EGBGB für die Beurteilung der elterlichen Verantwortung kraft Gesetzes oder kraft Vereinbarung durch Art 16 vollständig verdrängt, wenn der (noch nicht 18-jährige; → Rn 622) Minderjährige seinen gewöhnlichen Aufenthalt im Inland oder in einem anderen Vertragsstaat des KSÜ hat (NK-BGB/*Benicke* Rn 6). Entsprechendes gilt für Art 24 EGBGB, soweit es um die Vormundschaft oder Pflegschaft für ein Kind geht (Rauscher/*Hilbig-Lugani* Rn 2). Der Unterschied ist freilich im Ergebnis gering, weil übereinstimmend an das Recht des gewöhnlichen Kindesaufenthalts angeknüpft wird. Abweichungen ergeben sich lediglich bezüglich der Beachtung einer Rück- oder Weiterverweisung (→ Rn 722).

d) Intertemporales Recht. Eine ausdrückliche Regelung zur intertemporalen Geltung von **641** Art 16 fehlt. Art 53 Abs 1 regelt das Übergangsrecht auf dem Gebiet des Kollisionsrechts nur für (Schutz-) Maßnahmen nach Art 15 (BT-Drs 16/12068, 72; OLG Karlsruhe FamRZ 13, 1238 Rn 17; OLG Frankfurt FamRZ 15, 1633 Rn 15; *Rauscher* NJW 11, 2332/2333; Staud/*Pirrung* Rn G 199; **aA** BGH NJW 11, 2360 Rn 31). Art 53 Abs 1 ist jedoch auf kraft Gesetzes bestehende Sorgeverhältnisse analog anzuwenden. Allerdings sollten hierbei die Grundsätze der Art 16 Abs 3 und 4 ebenfalls entsprechend herangezogen werden, die den Grundsatz der Wandelbarkeit des Sorgerechtsstatuts auch in Übergangsfällen einschränken (*Lagarde*-Bericht Rn 179; *Rauscher* aaO; Pal/*Thorn* Anh Art 24 EGBGB Rn 17). Danach hat Art 16 zwar für die Beurteilung der elterlichen Sorge ab dem 1.1.2011 sowohl die autonome Kollisionsnorm in Art 21 EGBGB wie die staatsvertragliche Kollisionsnorm in Art 3 MSA abgelöst. Da ein Statutenwechsel aber nach Abs 4 nur zum Erwerb, nicht zum Verlust des Sorgerechts führen kann (→ Rn 659 f), sollte dies auch in Übergangsfällen gelten. Eine vor dem 1.1.2011 unter Geltung von Art 21 EGBGB bzw Art 3 MSA kraft Gesetzes erworbene sorgerechtliche Position sollte daher im Interesse der Kontinuität und des Kindeswohls auch nach diesem Zeitpunkt erhalten bleiben, selbst wenn sie nach dem nunmehr von Art 16 Abs 1 KSÜ zur Anwendung berufenen neuen Aufenthaltsrecht nicht bestünde (OLG Frankfurt FamRZ 15, 1633/1634; *Rauscher* NJW 11, 2332/2333; *Benicke* IPRax 13, 44/46; Rauscher/*Hilbig-Lugani* Rn 3; *Andrae*, IntFamR § 6 Rn 113). Lediglich der Eintritt neuer sorgerechtlicher Tatbestände unterliegt nunmehr Abs 1.

Ob etwas anderes gilt, wenn der **Aufenthaltswechsel noch vor Inkrafttreten des KSÜ** im **642** neuen Aufenthaltsstaat stattgefunden hat, hat der BGH (NJW 11, 2360 Rn 31 ff = FamRZ 11, 796 m Anm *Völker*) offengelassen. Nach den allgemeinen Grundsätzen zum Statutenwechsel (H/O/*Hausmann* § 3 Rn 72 ff) wirkt ein Staatsvertrag auf vor seinem Inkrafttreten bereits abgeschlossene Sachverhalte nicht zurück (OLG Karlsruhe FamRZ 13, 1238 Rn 24). Daher bleibt ein nach Art 3 MSA bzw Art 21 EGBGB vor dem 1.1.2011 wirksam entstandenes gesetzliches Gewaltverhältnis auch nach Inkrafttreten des KSÜ bestehen, bis es nach Art 18 KSÜ durch die nunmehr zuständigen Behörden aufgehoben oder geändert wird (OLG Frankfurt FamRZ 15, 1633/1634; *Heiderhoff* IPRax 15, 326/327 f; Pal/*Thorn* Anh Art 24 EGBGB Rn 17; Rauscher/*Hilbig-Lugani* Rn 27). In *Österreich* hat der Gesetzgeber diese Rechtsfolge ausdrücklich in § 53 Abs 2 IPRG angeordnet (vgl öst OGH BeckRS 16, 81210).

Auch die Wirksamkeit von **Sorgeerklärungen** ist nicht nach dem Recht des jeweiligen **643** gewöhnlichen Aufenthalts des Kindes zu beurteilen mit der Folge, dass am 1.1.2011 insoweit ein Statutenwechsel eingetreten wäre (so aber BGH NJW 11, 2360 Rn 33; Staud/*Pirrung* Rn G 199). Denn Abs 2 unterwirft die Zuweisung der elterlichen Sorge durch Vereinbarung der Eltern dem Recht des gewöhnlichen Aufenthalt des Kindes beim Wirksamwerden der Vereinbarung; ein Wechsel des gewöhnlichen Aufenthalts des Kindes ist hierauf ohne Einfluss, weil weder Abs 1 noch Abs 4 für die Zuweisung des Sorgerechts durch Vereinbarung gelten. Diese **Unwandelbarkeit der Anknüpfung** (→ Rn 654 ff) ist auch in Übergangsfällen zu beachten. Ein Sor-

703

F 644–647   1. Teil. Erkenntnisverfahren F. Kindschaftssachen

gerecht, das vor dem 1.1.2011 unter Geltung von Art 21 EGBGB durch wirksam abgegebene
Sorgeerklärungen erworben wurde, bleibt daher auch nach diesem Zeitpunkt unter Geltung von
Art 16 bestehen (*Rauscher* NJW 11, 2332/2333; *Benicke* IPRax 13, 44/46 Rauscher/*Hilbig-
Lugani* Rn 3).

2. Elterliche Verantwortung kraft Gesetzes, Abs 1

644   **a) Sachlicher Anwendungsbereich.** Die Anknüpfung an das Recht des Staates, in dem das
Kind seinen gewöhnlichen Aufenthalt hat, gilt gem Abs 1 zunächst für die **Zuweisung** (vgl im
deutschen Recht §§ 1626, 1626a Abs 1 Nr 2 und Abs 3 BGB) und das **Erlöschen** der elterlichen Verantwortung kraft Gesetzes (zB durch Tod oder Todeserklärung eines Elternteils, vgl im
deutschen Recht §§ 1680 Abs 1, 1681 Abs 1 BGB, oder durch Volljährigkeit des Kindes), dh
ohne dass ein Gericht oder eine Verwaltungsbehörde eine diesbezügliche (rechtsgestaltende)
Regelung trifft (OLG Karlsruhe NJW-RR 13, 1157 Rn 17; *Lagarde*-Bericht Rn 91 ff; Erman/
Hohloch Anh Art 24 EGBGB Rn 44). Daher bestimmt sich auch die Frage, ob die elterliche
Sorge nach einer Trennung oder Scheidung der Ehe weiterhin beiden Eltern gemeinsam zusteht,
nach dem Recht am gewöhnlichen Kindesaufenthalt; auf die Staatsangehörigkeit des Kindes oder
diejenige seiner Eltern kommt es nicht an. Gleiches gilt für die Beschränkung der elterlichen
Sorge über verheiratete Minderjährige nach §§ 1800, 1633 BGB (OLG Bamberg FamRZ 16,
270 m Anm *Hilbig-Lugani* NZFam 16, 807). Auch wenn sich ein Gericht auf die rein **deklaratorische Feststellung** des kraft Gesetzes bestehenden Sorgerechts beschränkt, ist dies keine
Maßnahme iSv Art 15, sondern es gilt das von Art 16 zur Anwendung berufene Recht (öst
OGH IPRax 11, 542 m Anm *Hohloch* 567/571 f; Pal/*Thorn* Anh Art 24 EGBGB Rn 22).

645   Die Verweisung nach Abs 1 erstreckt sich entgegen dem zu eng gefassten Wortlaut der
Vorschrift ferner auf den **Inhalt der elterlichen Verantwortung,** dh auf die Rechte und
Pflichten derjenigen Personen, denen die elterliche Verantwortung kraft Gesetzes zusteht; dies
folgt aus der umfassenden Definition der elterlichen Verantwortung in Art 1 Abs 2 (G/Sch/
Gruber, IRV Rn 2; NK-BGB/*Benicke* Rn 1; MüKoBGB/Staudinger Rn 6; **aA** [Anwendung
von Art 17] Rauscher/*Hilbig-Lugani* Art 17 Rn 4). Das von Abs 1 für anwendbar erklärte Recht
bestimmt daher nicht nur, wer kraft Gesetzes Inhaber der elterlichen Verantwortung für ein Kind
ist, sondern auch, welche Aufgaben und Befugnisse dieser Träger der elterlichen Verantwortung
hat. Dieses Recht beherrscht insbesondere die **Vermögenssorge** für das Kind, zB die Fragen,
ob das Kind für die in seinem Namen durch die Eltern begründeten Verbindlichkeiten haftet, ob
die Eltern für Pflichtverletzungen dem Kind gegenüber haften (vgl BGH NJW 93, 2305) und ob
den Eltern kraft Gesetzes ein Nutznießungsrecht am Kindesvermögen zusteht. Darüber hinaus
unterliegen dem von Art 16 zur Anwendung berufenen Recht alle mit der **gesetzlichen Vertretung** des Kindes zusammenhängenden Fragen, wie zB deren Beschränkungen durch das
Erfordernis vormundschafts- oder **familiengerichtlicher Genehmigungen** (näher H/O/
Hausmann § 5 Rn 57 ff; vgl OLG Stuttgart NJW-RR 96, 1288 zu Art 21 EGBGB; **aA** [Anwen-
dung von Art 17] MüKoBGB/*Staudinger* Art 17 Rn 1; Rauscher/*Hilbig-Lugani* Art 17 Rn 3)).
Gleiches gilt für Auswirkungen einer Eheschließung der Eltern auf das Sorge- und Umgangsrecht, die Ausgestaltung der gemeinsamen Ausübung des Sorgerechts durch die Eltern einschließlich der Regelung von Meinungsverschiedenheiten und von Auskunftsansprüchen.

646   Art 16 gilt– anders als Art 21 EGBGB (→ Rn 715 ff) – nicht nur im Eltern-Kind-Verhältnis
(ohne Rücksicht auch dessen Entstehungsgrund, zB auch Adoption), sondern bestimmt auch,
wer kraft Gesetzes für das Kind verantwortlich ist, wenn dieses keine Eltern hat oder diese von
der elterlichen Verantwortung ausgeschlossen sind. Das Recht am gewöhnlichen Aufenthalt des
Kindes entscheidet daher über die Entstehung und den Inhalt **gesetzlicher Vormundschaften**
sowie über eine die elterliche Sorge oder Vormundschaft ergänzende **Beistandschaft,** wie zB
diejenige des Jugendamts nach §§ 1712 ff BGB auf Antrag eines Elternteils. Da eine Rückverweisung auf deutsches Recht durch das ausländische Aufenthaltsrecht des Kindes – anders als
noch unter Geltung von Art 21 EGBGB (vgl NK-BGB/*Benicke* Art 21 EGBGB Rn 32) – nach
Art 16, 21 KSÜ nicht mehr beachtet wird, beschränkt sich die Bedeutung der Sachvorschrift in
§ 1717 BGB, der zufolge die Beistandschaft mit der Verlegung des gewöhnlichen Aufenthalts des
Kindes ins Ausland endet, seit dem 1.1.2011 auf den Fall des Statutenwechsels nach Abs 3
(→ Rn 654 ff).

647   **b) Anknüpfung. aa) Gewöhnlicher Aufenthalt.** Die elterliche Verantwortung kraft Gesetzes unterliegt seit dem Inkrafttreten des KSÜ gem Abs 1 dem Recht am gewöhnlichen
Aufenthalt des Kindes. Zum Begriff des gewöhnlichen Aufenthalts im KSÜ wird auf die

704

II. Internationales Privatrecht: KSÜ Art 16   648–652 **F**

Kommentierung zu Art 5 verwiesen (→ Rn 420 ff). Von dieser Anknüpfung haben die Gerichte der Vertragsstaaten gem Art 20 auch dann auszugehen, wenn das Kind seinen gewöhnlichen Aufenthalt in einem Nichtvertragsstaat hat. Die Verweisung ist gem Art 21 Abs 1 grundsätzlich auf das innerstaatliche – materielle – Recht der elterlichen Verantwortung im Aufenthaltsstaat des Kindes gerichtet; eine Rückverweisung durch das IPR dieses Staates ist daher überhaupt nicht, eine **Weiterverweisung** durch das IPR eines Drittstaats nur in den engen Grenzen des Art 21 Abs 2 (→ Rn 683 f) zu beachten. Die Möglichkeit einer Rechtswahl sieht das KSÜ auf dem Gebiet der elterlichen Verantwortung nicht vor.

bb) Wandelbarkeit. Die Anknüpfung nach Abs 1 ist – wie jene nach Art 21 EGBGB **648** (→ Rn 723) – wandelbar, so dass es sich mit der Verlegung des gewöhnlichen Kindesaufenthalts in einen anderen Staat grundsätzlich *ex nunc* ändert; es kommt mithin auf den **jeweiligen gewöhnlichen Aufenthalt des Kindes** an (BGH NJW 11, 2360 Rn 32; OLG Karlsruhe FamRZ 13, 1238 Rn 17 m Anm *Heiderhoff* IPRax 15, 326; *Finger* FamRBint 10, 95/99; *Schwarz* NDV 11, 39/40). Wer mit der Geburt des Kindes die elterliche Verantwortung erwirbt, beurteilt sich daher nach Recht des Staates, in dem das Kind nach dem Willen seiner Eltern den ersten Lebensmittelpunkt haben soll; dies ist nicht notwendig der Geburtsort (zB wenn die Mutter sich nur zur Entbindung in eine ausländische Klinik begeben hat).

Ob und wie sich **später eintretende Ereignisse** – zB die Heirat der Eltern oder die **649** Anerkennung der Vaterschaft zu einem nichtehelichen Kind – auf die elterliche Verantwortung auswirken, bestimmt sich dann nach dem Recht des Staates, in dem das Kind sich bei Eintritt dieses Ereignisses gewöhnlich aufhält (Staud/*Pirrung* Rn G 107; NK-BGB/*Benicke* Rn 3). Abs 1 schließt allerdings nicht aus, dass ein Recht, das erst nach einem Aufenthaltswechsel des Kindes anwendbar geworden ist, auch Ereignissen rechtliche Bedeutung beimisst, die bereits unter Geltung eines früheren Aufenthaltsrechts des Kindes eingetreten sind. Hat eine Familie ihren gewöhnlichen Aufenthalt daher erst nach der Anerkennung der Vaterschaft aus einem anderen (Vertrags- oder Dritt-) Staat nach Deutschland verlegt, so bestimmt nunmehr das neue deutsche Aufenthaltsrecht darüber, ob das Vaterschaftsanerkenntnis dem nicht mit der Mutter verheirateten Vater auch die elterliche Sorge verschafft hat (*Lagarde*-Bericht Rn 100; Rauscher/*Hilbig-Lugani* Rn 11; *Andrae,* IntFamR § 6 Rn 110). Die mit der Wandelbarkeit des Sorgerechtsstatuts verbundene Rechtsunsicherheit (zur Kritik *Looschelders* IPRax 99, 420/423 f und IPRax 14, 152/154) wird allerdings unter der Geltung des KSÜ durch Art 16 Abs 2–4 sowie Art 19 begrenzt.

cc) Vorfragen. Die – selbständige oder unselbständige – Anknüpfung von Vorfragen regelt **650** das KSÜ nicht, sondern überlässt die Entscheidung der *lex fori* des angerufenen Gerichts (*Lagarde*-Bericht Rn 102; Rauscher/*Hilbig-Lugani* Rn 12). Aus deutscher Sicht sind für die elterliche Verantwortung zu beantwortende Vorfragen – wie zB die Wirksamkeit einer Eheschließung oder die Abstammung des Kindes – grundsätzlich selbständig anzuknüpfen (→ Rn 607; vgl auch OLG Köln StAZ 13, 319 Rn 16).

3. Elterliche Verantwortung kraft Vereinbarung, Abs 2

Das Recht am gewöhnlichen Aufenthalt des Kindes entscheidet nach Abs 2 auch über die **651** Wirksamkeit der Zuweisung oder des Erlöschens der elterlichen Verantwortung durch eine zwischen den Eltern getroffene **Vereinbarung** (zB eine Sorgerechts- oder Umgangsregelung im Rahmen einer Scheidungsvereinbarung) oder durch **einseitiges Rechtsgeschäft** eines Elternteils. Als solches kommt etwa der Verzicht auf die Ausübung eines Mitsorge- oder Umgangsrechts (Erman/*Hohloch* Anh Art 24 EGBGB Rn 45) oder die Bestimmung eines Vormunds für das Kind in einer Verfügung von Todes wegen in Betracht (*Lagarde*-Bericht Rn 103; zum Einfluss der gerichtlichen Mitwirkung bei der Bestellung des Vormunds nach deutschem Recht vgl Rauscher/*Hilbig-Lugani* Rn 16).

Dies gilt auch dann, wenn die Vereinbarung oder die einseitige Erklärung **durch eine** **652** **Behörde beurkundet** oder gegenüber einer Behörde abgegeben werden muss, wie dies im deutschen Recht für die **Sorgeerklärungen unverheirateter Eltern** nach § 1626a Abs 1 Nr 1 BGB zutrifft (KG FamRZ 11, 1516; AG Pankow/Weißensee FamRZ 16, 145 m Anm *Dutta*; NK-BGB/*Benicke* Rn 2). Ist die Mitwirkung der Behörde hingegen nicht nur aus formellen Gründen vorgeschrieben, sondern ist sie – zB in Gestalt eines Zustimmungserfordernisses (vgl für Sorgerechtsvereinbarungen nach deutschem Recht: §§ 1671 Abs 1 S 2 Nr 1, Abs 2 S 2 Nr 1 BGB) – *materielle* Wirksamkeitsvoraussetzung des Rechtsgeschäfts, so handelt es sich um

F 653–656 1. Teil. Erkenntnisverfahren F. Kindschaftssachen

eine Schutzmaßnahme, für die nicht Art 16, sondern Art 15 maßgebend ist (*Lagarde*-Bericht Rn 103; *Benicke* IPRax 13, 44/49; Staud/*Pirrung* Rn G 109; *Andrae* IntFamR § 6 Rn 114). Auch Vereinbarungen, die in der Form eines gerichtlichen Vergleichs abgeschlossen werden (vgl im deutschen Recht § 156 FamFG), fallen wegen der damit verbundenen gerichtlichen Prüfungspflicht nicht mehr in den Anwendungsbereich des Art 16 Abs 2 (Rauscher/*Hilbig-Lugani* Rn 17).

653 Maßgebend für die Zuweisung oder das Erlöschen der elterlichen Verantwortung durch Vereinbarung oder einseitiges Rechtsgeschäft ist nach Abs 2 der **Zeitpunkt,** zu dem die Vereinbarung oder das Rechtsgeschäft **wirksam** wird. Wann die Wirksamkeit eintritt, wird man im Vorgriff nach dem von Art 16 zur Anwendung berufenen Recht zu beurteilen haben (Rauscher/*Hilbig-Lugani* Rn 19). Dies muss nicht in jedem Fall der Zeitpunkt sein, zu dem das Rechtsgeschäft vorgenommen wird. Wird die elterliche Verantwortung etwa in einer Scheidungsvereinbarung geregelt, so wird diese idR erst wirksam, wenn die Scheidung ausgesprochen worden ist (*Lagarde*-Bericht Rn 104; *Krah* 229). Werden Sorgeerklärungen nach deutschem Recht (§ 1626a BGB) von den Eltern getrennt abgegeben, so werden sie gem § 1626d BGB erst zu dem Zeitpunkt wirksam, zu dem die *spätere* Erklärung öffentlich beurkundet wird (*Benicke* IPRax 13, 44/50). Eine vor der Geburt des Kindes abgegebene Sorgeerklärung (§ 1626b Abs 2 BGB) wird erst mit der Geburt wirksam (KG FamRZ 11, 1516). In all diesen Fällen wirkt sich eine Verlegung des gewöhnlichen Kindesaufenthalts im Zeitraum zwischen der Abgabe und der Wirksamkeit der Erklärungen daher auf das anwendbare Recht aus. Ist die Elternvereinbarung hingegen nach Abs 2 wirksam geworden, so behält sie diese Wirksamkeit aufgrund der **Unwandelbarkeit** der Anknüpfung auch dann, wenn das Kind anschließend einen neuen gewöhnlichen Aufenthalt begründet (*Dutta* StAZ 10, 193/201).

4. Wechsel des gewöhnlichen Aufenthalts des Kindes, Abs 3, 4

654 **a) Fortbestand der elterlichen Verantwortung, Abs 3.** Im Interesse der Kontinuität wirksam begründeter Eltern-Kind-Beziehungen und zur Vermeidung von Schutzlücken bestimmt Abs 3, dass die nach dem Recht am gewöhnlichen Aufenthalt des Kindes entstandene elterliche Verantwortung – anders als bisher nach Art 21 EGBGB (→ Rn 724) – auch nach einem Wechsel des gewöhnlichen Aufenthalts in einen anderen (Vertrags- oder Dritt-) Staat fortbesteht, und zwar auch dann, wenn nach dem neuen Aufenthaltsrecht eine solche elterliche Verantwortung – zB das (Mit-) Sorgerecht eines Elternteils – kraft Gesetzes nicht entstanden wäre. Das Kind verliert also nicht allein durch den Aufenthaltswechsel einen Sorgeberechtigten (OLG Karlsruhe FamRZ 11, 1963 m Anm *Henrich;* OLG Karlsruhe FamRZ 13, 1238 Rn 23 m Anm *Heiderhoff* IPRax 15, 326; OLG Stuttgart FamRZ 14, 1930 m Anm *Helms* IPRax 15, 217; OLG Frankfurt FamRZ 15, 1633; *Lagarde*-Bericht Rn 107; *Finger* FamRBint 10, 95/100; *Rauscher* NJW 11, 2332/2333; *Schulz* FamRZ 11, 156/159; BeckOK-BGB/*Heiderhoff* Art 21 EGBGB Rn 13b; Pal/*Thorn* Anh Art 24 EGBGB Rn 23). Dies gilt auch in Fällen, in denen der Aufenthaltswechsel bereits vor Inkrafttreten des KSÜ für den neuen Aufenthaltsstaat stattgefunden hat (→ Rn 642).

655 Lediglich die **Ausübung des Sorgerechts** bestimmt sich in diesem Fall gemäß Art 17 nach dem Recht des neuen gewöhnlichen Aufenthalts. Ist also nach Art 16 Abs 3 KSÜ das Recht eines früheren gewöhnlichen Aufenthalts des Kindes für die Zuweisung und den Inhalt der elterlichen Verantwortung maßgebend, so kommt es für das Erfordernis einer **gerichtlichen Genehmigung** auf das Recht des neuen gewöhnlichen Aufenthalts an, weil es sich um einen Aspekt der „Ausübung" der elterlichen Verantwortung iSv Art 17 KSÜ handelt (*Lagarde*-Bericht Rn 109; *Krah* 125; Erman/*Hohloch* Anh Art 24 EGBGB Rn 49; → Rn 663). Zur Anwendung dieser Regeln auf einen bereits vor Inkrafttreten des KSÜ vollzogenen Aufenthaltswechsel; → Rn 642).

656 Abs 3 gilt – anders als Abs 4 – nicht nur für die Zuweisung der elterlichen Sorge kraft Gesetzes nach Abs 1, sondern auch für die **Zuweisung durch Vereinbarung** nach Abs 2. Keine Anwendung findet Abs 3 hingegen auf die **gesetzliche Beistandschaft** des Jugendamts nach §§ 1712 ff BGB; diese endet vielmehr gem § 1717 BGB, wenn das Kind seinen gewöhnlichen Aufenthalt ins Ausland verlegt. Für die gerichtlich angeordnete elterliche Verantwortung gilt der entsprechende Grundsatz gem Art 14. Ferner bleiben auch **abgeschlossene tatsächliche Vorgänge** – zB eine Verletzung des Umgangs- oder Sorgerechts – von einem Statutenwechsel unberührt (MüKoBGB/*Helms* Art 21 EGBGB Rn 16; BeckOK-BGB/*Heiderhoff* Art 21 EGBGB Rn 13c).

II. Internationales Privatrecht: KSÜ Art 16   **657–660 F**

Praktische Bedeutung erlangt diese Vorschrift insbesondere für die **elterliche Sorge von** **657** **Vätern,** die mit der Mutter des Kindes **nicht verheiratet** sind (*Lagarde*-Bericht Rn 107). Denn die Voraussetzungen für den Erwerb der elterlichen Sorge durch solche Väter sind in den einzelnen Staaten noch immer sehr unterschiedlich geregelt. Während Väter, deren Vaterschaft wirksam anerkannt oder festgestellt worden ist, nach manchen Rechten – zB nach *französischem* (Art 372 Abs 1 CC, vgl BGH NJW 11, 2360 Rn 38) oder *italienischem* Recht (Art 317bis CC) – die elterliche Sorge kraft Gesetzes automatisch erlangen, machen andere Staaten – wie das bisherige deutsche Recht – den Erwerb der elterlichen Sorge von der Zustimmung der Mutter abhängig. Ferner kennen manche Rechte eine gemeinsame elterliche Sorge unverheirateter Eltern entweder überhaupt nicht oder fordern hierfür – wie zB das *österreichische* (§ 167 ABGB) oder *schweizerische* Recht (Art 298a ZGB) – eine gerichtliche Zuweisung.

Hatten die Eltern nach dem Recht des Staates, in dem das Kind bei der Geburt seinen **658** gewöhnlichen Aufenthalt hatte, kraft Gesetzes die **gemeinsame elterliche Verantwortung** **erworben,** so ging diese nach bisherigem deutschen Kollisionsrecht (Art 21 EGBGB) bei einem Umzug des Kindes nach Deutschland wieder verloren, wenn der Vater keine Sorgeerklärungen nach § 1626a BGB abgegeben hatte (→ Rn 724). Demgegenüber stellt Abs 3 nunmehr klar, dass die elterliche Sorge, die nach dem Recht am bisherigen gewöhnlichen Aufenthalt des Kindes wirksam begründet worden war, allein infolge des Statutenwechsels nicht endet. Hatte der Vater mit der Anerkennung des Kindes daher nach dem bisherigen Aufenthaltsrecht des Kindes die elterliche Sorge erworben, so bleibt diese auch bei einem Umzug der Familie nach Deutschland erhalten, selbst wenn keine Sorgeerklärungen nach §§ 1626a ff BGB abgegeben werden (OLG Karlsruhe FamRZ 11, 1963 Rn 26 = IPRax 14, 178 m krit Anm *Looschelders;* OLG Karlsruhe NJW-RR 13, 1157 Rn 23; *Lagarde*-Bericht Rn 107; *Andrae,* IntFamR § 6 Rn 134; *Schulz* FamRZ 11, 156/159; *Benicke* IPRax 13, 44/50; *Henrich,* IntSchR Rn 305; vgl das Beispiel bei H/O/*Hausmann* § 5 Rn 47). Die nach dem Art 16 Abs 3 zur Anwendung berufenen Recht am früheren gewöhnlichen Aufenthalt des Kindes fortbestehende elterliche Verantwortung kann durch Schutzmaßnahmen der nunmehr nach Art 5 ff KSÜ zuständigen Behörden allerdings jederzeit geändert oder entzogen werden (Art 18; → Rn 664 ff).

b) Erwerb der elterlichen Verantwortung, Abs 4. Umgekehrt erwirbt ein Elternteil, der **659** die elterliche Verantwortung nach dem Recht am bisherigen gewöhnlichen Aufenthalt des Kindes nicht innehatte, diese bei einem Aufenthaltswechsel des Kindes, wenn ihm das Recht des neuen gewöhnlichen Aufenthaltsrecht das Sorgerecht kraft Gesetzes zuweist (OLG Stuttgart FamRZ 14, 1930 m Anm *Helms* IPRax 15, 217; *Schulz* FamRZ 11, 156/159; Pal/*Thorn* Anh Art 24 EGBGB Rn 23). Hatte der Vater eines außerhalb der Ehe geborenen Kindes daher die elterliche Sorge zB nach bisherigem deutschen Recht mangels Abgabe einer entsprechenden Sorgeerklärung der Mutter gem § 1626a Abs 1 Nr 1 BGB nicht erworben, so erlangt er diese infolge eines Aufenthaltswechsels des Kindes gem Abs 4 automatisch, wenn er hierfür nach dem neuen (zB *italienischen*) Aufenthaltsrecht weder einer Zustimmung der Mutter bedarf noch eine Sorgeerklärung abgeben muss. Entsprechend erwirbt die Mutter bei einem Aufenthaltswechsel der Familie aus einem *islamischen* Land nach Deutschland die Mitsorge kraft Gesetzes, wenn diese nach dem bisherigen Aufenthaltsrecht nur dem Vater zustand (OLG Karlsruhe NJW 13, 1157 Rn 23; Erman/*Hohloch,* Anh Art 24 EGBGB Rn 47). Der Aufenthaltswechsel des Kindes erweitert mithin uU den Kreis der kraft Gesetzes (Mit-) Sorgeberechtigten, schränkt ihn aber keinesfalls ein (*Wagner/Janzen* FPR 11, 110/112; *Gärtner* StAZ 11, 65/68; *Schulz* FamRZ 11, 156/159; *Andrae,* IntFamR § 6 Rn 112; Rauscher/*Hilbig-Lugani* Rn 24). Kommt es infolge der kumulativen Anwendung von Abs 3 und 4 zu Konflikten zwischen verschiedenen Trägern der elterlichen Verantwortung, so müssen diese durch Schutzmaßnahmen der Behörden des neuen Aufenthaltsstaates gelöst werden (*Lagarde*-Bericht Rn 108).

Zu beachten ist, dass sich Abs 4 wie Abs 3 nur mit der elterlichen Verantwortung **kraft 660** **Gesetzes** befasst. Ist diese hingegen im Staat des früheren gewöhnlichen Aufenthalts durch ein Gericht oder eine Behörde geregelt worden, so richtet sich die Frage, welche Wirkungen diese Schutzmaßnahme im Staat des neuen gewöhnlichen Aufenthalts entfaltet, allein nach den Anerkennungsvorschriften der Art 21, 23. Ist die elterliche Verantwortung daher im Staat des bisherigen gewöhnlichen Aufenthalts des Kindes einem Elternteil allein übertragen worden, so führt der Umstand, dass das Recht des neuen gewöhnlichen Aufenthalts kraft Gesetzes die gemeinsame elterliche Sorge anordnet, nicht zu einem *ex lege*-Erwerb des Sorgerechts durch den anderen Elternteil (Rauscher/*Hilbig-Lugani* Rn 25).

707

F

1. Teil. Erkenntnisverfahren F. Kindschaftssachen

KSÜ Art 17. [Ausübung der elterlichen Verantwortung]

[1] Die Ausübung der elterlichen Verantwortung bestimmt sich nach dem Recht des Staates des gewöhnlichen Aufenthalts des Kindes. [2] Wechselt der gewöhnliche Aufenthalt des Kindes, so bestimmt sie sich nach dem Recht des Staates des neuen gewöhnlichen Aufenthalts.

1. Ausübung der elterlichen Verantwortung, S 1

661   Art 16 regelt zwar – wie gezeigt (→ Rn 645) – neben der Zuweisung und dem Erlöschen auch den Inhalt der elterlichen Verantwortung. Für deren „Ausübung" enthält Art 17 hingegen eine **eigenständige Kollisionsnorm,** die allerdings in S 1 ebenfalls auf das Recht am gewöhnlichen Aufenthalt des Kindes verweist. Solange das Kind seinen gewöhnlichen Aufenthalt in dem Staat beibehält, dessen Recht nach Art 16 für die Zuweisung und den Inhalt der elterlichen Verantwortung maßgebend ist, wirkt sich die Sonderanknüpfung in Art 17 S 1 daher nicht aus.

2. Einfluss eines Aufenthaltswechsels, S 2

662   Die eigenständige Anknüpfung der Ausübung der elterlichen Verantwortung erlangt Bedeutung erst zu dem Zeitpunkt, zu dem das Kind seinen gewöhnlichen Aufenthalt **in einen anderen Staat verlegt.** Während sich nämlich durch einen solchen Aufenthaltswechsel an der gesetzlichen Zuweisung der elterlichen Verantwortung gem Art 16 Abs 3 nichts ändert (→ Rn 654 ff), unterliegt deren Ausübung gem S 2 von nun an dem Recht am neuen gewöhnlichen Aufenthalt. Die Vorschrift hat mithin in Bezug auf die gesetzliche Anknüpfung der elterlichen Verantwortung die gleiche Funktion wie Art 15 Abs 3 in Bezug auf behördliche Maßnahmen. Um den Beteiligten die Anpassung an die Verhältnisse in ihrem neuen Aufenthaltsstaat zu erleichtern, werden jedenfalls die **Modalitäten der Ausübung** der elterlichen Verantwortung, dem neuen Aufenthaltsrecht entnommen. Das Ausübungsstatut des Art 17 ist damit wandelbar (Rauscher/*Hilbig-Lugani* Rn 8).

3. Abgrenzung zwischen Zuweisung und Ausübung der elterlichen Verantwortung

663   Die Ausübung der elterlichen Verantwortung umfasst die Wahrnehmung aller Rechte und Pflichten aus dem Eltern-Kind-Verhältnis (Erman/*Hohloch,* Anh zu Art 24 EGBGB Rn 49). Dies gilt insbesondere für die **gesetzliche Vertretung** des Kindes und die Verwaltung seines Vermögens (*Andrae,* IntFamR § 6 Rn 117; Reithmann/Martiny/*Hausmann,* IVR Rn 7.968), für die Möglichkeit der alleinigen Entscheidung durch einen Elternteil trotz gemeinsamen Sorgerechts (NK-BGB/*Benicke* Rn 1), aber auch für Beschränkungen, die einer **gesetzlichen Vertretung** des Kindes durch die Eltern gezogen sind, zB bei Insichgeschäften oder durch das Erfordernis einer familiengerichtlichen Genehmigung (OLG München FamRZ 17, 1220 Rn 25; *Lagarde*-Bericht Rn 109; *Krah* 235; Staud/*Pirrung* Rn G 112; BeckOGK/*Markwardt* Rn 2; vgl auch das Beispiel bei H/O/*Hausmann* § 5 Rn 51). Die Gegenmeinung geht von einem weiten Verständnis der „Ausübung" aus und rechnet den gesamten Inhalt der elterlichen Verantwortung hierher (so Rauscher/*Hilbig-Lugani* Rn 4 ff; weitergehend auch Erman/*Hohloch* Anh Art 24 EGBGB Rn 49 aE, der die Pflichten der Eltern gegenüber dem Kind der „Ausübung" iSv Art 17 zuordnet). Im Fall der Anordnung einer Vormundschaft oder Pflegschaft beurteilt sich auch die Ausübung der gesetzlichen Vertretung des Kindes durch den Vormund oder Pfleger bei einem Aufenthaltswechsel des Kindes nach Art 17 KSÜ.

KSÜ Art 18. [Behördliche Eingriffe in die kraft Gesetzes bestehende elterliche Verantwortung]

Durch Maßnahmen nach diesem Übereinkommen kann die in Artikel 16 genannte elterliche Verantwortung entzogen oder können die Bedingungen ihrer Ausübung geändert werden.

II. Internationales Privatrecht: KSÜ Art 19   **667, 668** **F**

1. Grundsatz

Die Vorschrift bringt eine Klarstellung zum Verhältnis zwischen der kraft Gesetzes bestehen- **664** den elterlichen Verantwortung nach Art 16, 17 und Maßnahmen, die diesbezüglich von den nach dem Übk zuständigen Behörden getroffen werden (Erman/*Hohloch* Anh Art 24 EGBGB Rn 51). Sie geht dabei von dem Grundsatz aus, dass behördliche Eingriffe in die kraft Gesetzes bestehende elterliche Verantwortung grundsätzlich jederzeit zulässig sind (*Lagarde*-Bericht Rn 110; *Krah* 236 f; Staud/*Pirrung* Rn G 113; Rauscher/*Hilbig-Lugani* Rn 1). Dies entspricht der zum MSA überwiegend vertretenen sog **Anerkennungstheorie** (vgl NK–BGB/*Benicke* Art 1 MSA Rn 8).

2. Anwendbares Recht

Ausgangspunkt für die kollisionsrechtliche Beurteilung ist **Art 16**. Das wegen der Anordnung **665** einer Maßnahme nach Art 5 ff KSÜ (oder Art 8 ff EuEheVO; → Rn 616) angerufene Gericht hat also seiner Entscheidung die Regelung der elterlichen Verantwortung zugrunde zu legen, wie sie kraft Gesetzes nach dem Recht im Staat des gewöhnlichen Aufenthalts des Kindes besteht; dies gilt auch dann, wenn das Gericht seinen Sitz nicht in diesem Staat hat, sondern seine Zuständigkeit zB auf Art 10–12 KSÜ beruht (NK–BGB/*Benicke* Rn 3).

Für die von dem Gericht anzuordnende Maßnahme, die in die elterliche Verantwortung nach **666** dem von Art 16 zur Anwendung berufenen Recht eingreift, bestimmt sich das anwendbare Recht hingegen nach **Art 15**. Das Gericht wendet mithin gem Abs 1 grundsätzlich sein eigenes Recht, also die *lex fori* an. Es ist aber berechtigt, stattdessen ausnahmsweise nach Maßgabe der Ausweichklausel in Art 15 Abs 2 auch ein anderes Recht anzuwenden oder zu berücksichtigen. Dies kann auch die nach Art 16 maßgebliche *lex causae* sein.

KSÜ Art 19. [Verkehrsschutz bei Abschluss von Rechtsgeschäften durch einen gesetzlichen Vertreter]

(1) **Die Gültigkeit eines Rechtsgeschäfts zwischen einem Dritten und einer anderen Person, die nach dem Recht des Staates, in dem das Rechtsgeschäft abgeschlossen wurde, als gesetzlicher Vertreter zu handeln befugt wäre, kann nicht allein deswegen bestritten und der Dritte nicht nur deswegen verantwortlich gemacht werden, weil die andere Person nach dem in diesem Kapitel bestimmten Recht nicht als gesetzlicher Vertreter zu handeln befugt war, es sei denn, der Dritte wusste oder hätte wissen müssen, dass sich die elterliche Verantwortung nach diesem Recht bestimmte.**

(2) **Absatz 1 ist nur anzuwenden, wenn das Rechtsgeschäft unter Anwesenden im Hoheitsgebiet desselben Staates geschlossen wurde.**

1. Allgemeines

Art 19 enthält eine Regelung zum **Schutz des Rechtsverkehrs** in dem Staat, in dem von **667** einem gesetzlichen Vertreter ein Rechtsgeschäft für das Kind vorgenommen wird, **gegenüber unbekannten Regelungen der gesetzlichen Vertretung nach ausländischem Recht**. Wird also für ein Kind im Inland ein Vertrag durch seinen gesetzlichen Vertreter abgeschlossen, so wird der gutgläubige Vertragspartner in seinem Vertrauen darauf geschützt, dass der Vertreter zum Abschluss des Vertrages berechtigt ist, wenn dies nach deutschem Recht der Fall wäre (Reithmann/Martiny/*Hausmann,* IVR Rn 7.1010). Die Vorschrift orientiert sich an dem Vorbild in Art 11 EVÜ (jetzt Art 13 Rom I-VO), beschränkt den Schutz allerdings auf Mängel der gesetzlichen Vertretungsmacht. Auf diese wird Art 13 Rom I-VO, der den Rechtsverkehr im Abschlussstaat des Vertrages nach seinem Wortlaut nur vor der mangelnden Geschäftsfähigkeit eines Minderjährigen nach ausländischem Recht schützen soll, zwar ebenfalls analog angewandt (vgl Pal/*Thorn* Art 13 Rom I-VO Rn 3; Staud/*Hausmann* Art 13 Rom I-VO Rn 26 f mwN; **aA** MüKoBGB/*Spellenberg* Art 13 Rom I-VO Rn 49). Im Verhältnis der Vertragsstaaten des KSÜ zueinander hat Art 19 jedoch als *lex specialis* Vorrang vor einer solchen analogen Anwendung von Art 13 Rom I-VO (Staud/*Hausmann* Art 13 Rom I-VO Rn 29).

Die Verfasser des KSÜ hatten als Anwendungsfall für Art 19 vor allem die Situation vor **668** Augen, dass sich die gesetzliche Vertretung des Kindes nach einem Umzug der Familie in einen anderen Vertragsstaat gem Art 16 Abs 3 weiterhin nach dem Recht des früheren Aufenthaltsstaats

F 669–674 1. Teil. Erkenntnisverfahren F. Kindschaftssachen

des Kindes beurteilt. Sind die Eltern des Kindes nicht miteinander verheiratet und stand die elterliche Verantwortung nach dem Recht des früheren Aufenthaltsstaates Vater und Mutter kraft Gesetzes nur gemeinsam zu, so verbleibt es dabei gem Art 16 Abs 3 auch dann, wenn die Familie ihren gewöhnlichen Aufenthalt in einen Staat verlegt hat, in dem noch immer der Mutter das alleinige Sorgerecht für ihr nichteheliches Kind zusteht (→ Rn 658). Schließt die Mutter in diesem Staat nunmehr ein Rechtsgeschäft mit einem Dritten ab, so wird dieser in seinem guten Glauben an die alleinige gesetzliche Vertretungsmacht der Mutter geschützt (vgl *Lagarde*-Bericht Rn 111; NK-BGB/*Benicke* Rn 2).

2. Anwendungsbereich

669   **a) Gesetzliche Vertretung.** Art 19 regelt den Verkehrsschutz ausschließlich in Fällen der **mangelnden Vertretungsmacht** des für das Kind handelnden gesetzlichen Vertreters. Dieser Mangel der Vertretungsmacht kann sich entweder kraft Gesetzes aus dem gemäß Art 16, 17 auf die elterliche Verantwortung anwendbaren Recht oder aus einer im gewöhnlichen Aufenthaltsstaat des Kindes ergangenen oder dort anerkannten Schutzmaßnahme iSv Art 3 ergeben. Geschützt wird also auch der gute Glaube daran, dass keine behördliche Maßnahme nach Art 15 getroffen wurde (G/Sch/*Gruber*, IRV Rn 5; Rauscher/*Hilbig-Lugani* Rn 2).

670   **b) Erfasste Rechtsgeschäfte.** Während der Anwendungsbereich von Art 13 Rom I-VO und Art 12 EGBGB auf sog Verkehrsgeschäfte beschränkt ist und insbesondere familien- und erbrechtliche Geschäfte aus dem sachlichen Anwendungsbereich dieser Verkehrsschutznormen ausgeklammert werden, gilt eine entsprechende Einschränkung für Art 19 nicht. Dieser gilt vielmehr für **Rechtsgeschäfte jeder Art,** auch für solche auf den Gebieten des Immobiliarsachenrechts, des Familien- und Erbrechts (*Lagarde*-Bericht Rn 114; Staud/*Pirrung* Rn G 115; NK-BGB/*Benicke* Rn 3).

3. Voraussetzungen des Verkehrsschutzes

671   **a) Rechtsgeschäft unter Anwesenden im Hoheitsgebiet desselben Staates, Abs 2.** Der Verkehrsschutz nach Abs 1 greift gem Abs 2 nur bei Rechtsgeschäften ein, die von den Beteiligten im Hoheitsgebiet desselben Staates abgeschlossen wurden. Erforderlich ist also die **persönliche Anwesenheit des gesetzlichen Vertreters** und des Drittkontrahenten in demselben Staat. Ausgeschlossen aus dem Anwendungsbereich der Vorschrift sind damit – wie nach Art 13 Rom I-VO (dazu Staud/*Hausmann* Rn 37 ff) – vor allem grenzüberschreitende Distanzgeschäfte. Soweit Abs 2 weitergehend den Abschluss eines Rechtsgeschäfts *unter Anwesenden* fordert, ist dies nicht in dem Sinne zu verstehen, dass gesetzlicher Vertreter und Vertragspartner sich am gleichen Ort aufgehalten haben müssen. Aus der englischen und französischen Originalfassung der Vorschrift geht vielmehr unmissverständlich hervor, dass die Anwesenheit im gleichen Staat genügt; der Drittkontrahent wird daher auch dann geschützt, wenn Angebot und Annahme zB per Brief oder e-mail an verschiedenen Orten innerhalb des gleichen Staates abgegeben werden (*Lagarde*-Bericht Rn 114; Staud/*Pirrung* Rn G 114; NK-BGB/*Benicke* Rn 4; Rauscher/*Hilbig-Lugani* Rn 5).

672   Im Rahmen von Abs 2 ist allerdings allein auf die **Anwesenheit des gesetzlichen Vertreters,** nicht auf diejenige des vertretenen Kindes abzustellen. Schließt der gesetzliche Vertreter daher im Inland einen Vertrag mit einem Dritten ab, so wird letzterer auch dann geschützt, wenn das vertretene Kind sich bei Vertragsschluss im Ausland aufgehalten hat. Insoweit gilt Art 19 auch für Distanzgeschäfte (NK-BGB/*Benicke* Rn 4; ebenso zu Art 13 Rom I-VO Staud/*Hausmann* Rn 44; aA *Krah* 238; G/Sch/*Gruber*, IRV Rn 11).

673   Da Abs 2 lediglich auf den Vertragsschluss zwischen dem gesetzlichen Vertreter und dem Drittkontrahenten im gleichen Staat abstellt, sind andere Anknüpfungskriterien unerheblich; dies gilt insbesondere für die **Staatsangehörigkeit** und den **gewöhnlichen Aufenthalt** oder Wohnsitz der Beteiligten. Der Verkehrsschutz greift mithin bei einem Vertragsschluss im Inland auch dann ein, wenn alle Beteiligten Ausländer sind und ihren gewöhnlichen Aufenthalt im Ausland haben. Geschützt wird aufgrund der allseitigen Fassung der Vorschrift aber nicht nur der inländische, sondern **auch der ausländische Rechtsverkehr.** Der Schutz ist ferner auch nicht auf Vertragsschlüsse in einem Vertragsstaat des KSÜ beschränkt (Reithmann/Martiny/*Hausmann*, IVR Rn 7.1013).

674   **b) Gutgläubigkeit des Drittkontrahenten.** Der Verkehrsschutz durch Art 19 setzt allerdings – wie jener nach Art 13 Rom I-VO – voraus, dass der Drittkontrahent gutgläubig ist, dh

710

II. Internationales Privatrecht: KSÜ Art 19   675–678 **F**

weder wusste noch wissen konnte, dass sich die gesetzliche Vertretung nicht nach dem Recht des Staates beurteilt, in dem das Rechtsgeschäft vorgenommen wurde. Am guten Glauben fehlt es bereits dann, wenn der Drittkontrahent wusste oder wissen konnte, dass Vertretungsstatut nicht das Recht des Vornahmestaates, sondern ausländisches Recht ist. Sein guter Glaube, dass die Regelung der gesetzlichen Vertretung im ausländischen Recht derjenigen des Vornahmestaates entspricht, wird nicht geschützt (G/Sch/*Gruber* IRV Rn 14; NK-BGB/*Benicke* Rn 7). Der fehlende gute Glaube ist von derjenigen Partei zu **beweisen,** die sich auf die mangelnde gesetzliche Vertretungsmacht beruft (G/Sch/*Gruber* IRV Rn 15; Rauscher/*Hilbig-Lugani* Rn 10).

aa) Kenntnis. Da Art 19 den Rechtsverkehr im Vornahmestaat vor dort unbekannten Re- **675** gelungen oder Beschränkungen der gesetzlichen Vertretung schützen soll, sind **nur Rechtsirrtümer,** nicht hingegen Irrtümer über Tatsachen relevant. Ein beachtlicher Rechtsirrtum kann sich gleichermaßen auf das Kollisions- wie das Sachrecht beziehen (vgl zu Art 13 Rom I-VO Staud/*Hausmann* Rn 53 ff). In Betracht kommt etwa ein Irrtum über den Träger der elterlichen Verantwortung (zB wenn einem Elternteil durch ein ausländisches Gericht die elterliche Verantwortung nach Art 15 entzogen worden war) oder über die Reichweite der gesetzlichen Vertretungsbefugnis, wenn das Rechtsgeschäft außerhalb Staates geschlossen wurde, in dem das Kind seinen gewöhnlichen Aufenthalt hat (Rauscher/*Hilbig-Lugani* Rn 6 f). Praktisch bedeutsam ist insbesondere der Irrtum über die **alleinige Vertretungsberechtigung,** wenn infolge eines Wechels des gewöhnlichen Kindesaufenthalts nach dem von Art 16 Abs 4 zur Anwendung berufenen Recht weitere Träger der elterlichen Verantwortung hinzugekommen sind (→ Rn 659 f), von denen der Dritte nichts wusste (Staud/*Pirrung* Rn G 115). Solche Irrtümer sind auch nicht deshalb ausgeschlossen, weil die am Vertragsschluss Beteiligten die gleiche Staatsangehörigkeit besitzen. Demgegenüber sind Irrtümer über die Staatsangehörigkeit oder den gewöhnlichen Aufenthalt des Kindes oder des gesetzlichen Vertreters unbeachtliche Tatsachenirrtümer.

bb) Fahrlässige Unkenntnis. Nach Abs 1 schadet nicht nur positive Kenntnis, sondern auch **676** fahrlässige Unkenntnis der mangelnden gesetzlichen Vertretungsmacht nach fremdem Recht. Der anzulegende Sorgfaltsmaßstab ist nicht dem Recht des Vornahmestaates – in Deutschland also den §§ 122 Abs 2, 276 BGB – zu entnehmen, sondern ist **autonom** zu bestimmen (vgl zu Art 13 Rom I-VO Staud/*Hausmann* Rn 57). Danach schadet bereits **leichte Fahrlässigkeit** (G/Sch/*Gruber* Rn 15; Erman/*Hohloch* Anh Art 24 EGBGB Rn 52; Rauscher/*Hilbig-Lugani* Rn 12). Der Vertragspartner ist nur schutzwürdig, wenn man ihm nicht zumuten kann, sich über das auf die gesetzliche Vertretung anzuwendende Recht selbst zu informieren. Eine solche Erkundigungspflicht besteht jedenfalls bei alltäglichen Markt- und Ladengeschäften nicht. Im Übrigen kommt es auf die wirtschaftliche Bedeutung des Geschäfts, die Geschäftsgewandtheit des Drittkontrahenten, die zur Verfügung stehende Verhandlungszeit und die Üblichkeit rechtlicher Beratung bei Rechtsgeschäften der betreffenden Art an.

Demgemäß ist bei **Transaktionen mit erheblichem wirtschaftlichem Gewicht** ein stren- **677** gerer Sorgfaltsmaßstab anzulegen als bei Verbrauchergeschäften des täglichen Lebens (*Lagarde*-Bericht Rn 114; NK-BGB/*Benicke* Rn 9). Auch können von einem Kaufmann weitergehende Nachforschungen verlangt werden als von einem mit den Gefahren des internationalen Rechtsverkehrs nicht vertrauten Privatmann (vgl zu Art 13 Rom I-VO Staud/*Hausmann* Rn 58 mwN). Ist es verkehrsüblich, bei Geschäften der in Rede stehenden Art rechtskundigen Rat einzuholen, so scheidet ein Verkehrsschutz nach Art 19 aus, wenn auf eine entsprechende rechtliche Beratung verzichtet wird.

Eine solche Informationspflicht besteht insbesondere bei Grundstücksgeschäften; auf Risiken **678** der mangelnden gesetzlichen Vertretungsmacht der für eine Vertragspartei handelnden Person hat auch der beurkundende Notar hinzuweisen. Die bloße **Kenntnis der Ausländereigenschaft** des Kontrahenten rechtfertigt den Vorwurf der fahrlässigen Unkenntnis zwar idR nicht, weil es für die Anknüpfung der gesetzlichen Vertretungsmacht nach Art 16 auf die Staatsangehörigkeit der Beteiligten nicht ankommt. Ist dem Drittkontrahenten hingegen bei Abschluss eines Geschäfts von wirtschaftlichem Gewicht bekannt, dass das vertretene Kind seinen gewöhnlichen Aufenthalt im Ausland hat oder bis vor kurzem hatte, so besteht grundsätzlich eine Erkundigungspflicht (Rauscher/*Hilbig-Lugani* Rn 13). Zu seiner Absicherung sollte der Vertragspartner sich vom gesetzlichen Vertreter dann eine **Vertreterbescheinigung** nach Art 40 vorlegen lassen (NK-BGB/*Benicke* Rn 10; BeckOGK/*Markwardt* Rn 10).

F 680, 681 1. Teil. Erkenntnisverfahren F. Kindschaftssachen

4. Rechtsfolgen

679   Liegen die Voraussetzungen des Art 19 vor, so beurteilt sich die gesetzliche Vertretungsmacht im Interesse einer Begünstigung des Zustandekommens des Geschäfts **alternativ** nach dem Recht des Vornahmestaates. War der Vertreter nach diesem Recht (allein) vertretungsberechtigt, so ist das von ihm getätigte Rechtsgeschäft mit Wirkung für und gegen das vertretene Kind gültig. An diesen Scheinvertreter können daher von gutgläubigen Vertragspartnern im Vornahmestaat auch Zahlungen mit befreiender Wirkung vorgenommen werden (*Lagarde*-Bericht Rn 112; NK-BGB/*Benicke* Rn 14). Fehlt es sowohl nach dem Vertretungs- wie nach dem Abschlussstatut an der Vertretungsbefugnis, so treten nach dem Günstigkeitsprinzip die Rechtsfolgen des weniger strengen Rechts ein (G/Sch/*Gruber* Rn 17; Rauscher/*Hilbig-Lugani* Rn 13). Ist das Geschäft wegen fehlender gesetzlicher Vertretungsmacht unwirksam, so sind die Rechtsfolgen (Nichtigkeit, Anfechtbarkeit etc) dem jeweiligen **Wirkungsstatut** des Geschäfts zu entnehmen (H/O/*Hausmann* § 5 Rn 60; Erman/*Hohloch* Anh Art 24 EGBGB Rn 52).

KSÜ Art 20. [Universelle Geltung]

Dieses Kapitel ist anzuwenden, selbst wenn das darin bestimmte Recht das eines Nichtvertragsstaats ist.

1. Elterliche Verantwortung kraft Gesetzes

680   Art 20 ordnet für die Anknüpfung der elterlichen Verantwortung im Kapitel III des KSÜ die universelle Anwendung an, ähnlich wie dies Art 4 Rom III-VO für das IPR der Ehescheidung (→ A Rn 348 ff) oder Art 2 HUP für das IPR der Unterhaltspflichten (→ C Rn 557) bestimmt. Die Art 16 ff gelten daher insbesondere ohne Rücksicht auf die Staatsangehörigkeit des Kindes. Praktische Bedeutung hat dies insbesondere für **Flüchtlingskinder** mit gewöhnlichem Aufenthalt im Inland (OLG Bamberg FamRZ 16, 1270 m Anm *Mankowski;* vgl auch *Schulte-Bunert* FuR 15, 685; *Andrae* NZFam 16, 923). Zweck der allseitigen Anwendung der Kollisionsnormen des KSÜ ist es, eine Spaltung des Kollisionsrechts der elterlichen Verantwortung in den Vertragsstaaten nach Möglichkeit zu vermeiden, weil eine solche die Rechtsanwendung erheblich erschweren würde. Dies wird für die Anknüpfung der elterlichen Verantwortung kraft Gesetzes nach Art 16 auch erreicht; insoweit wird Art 21 EGBGB also auch dann verdrängt, wenn auf das Recht eines Nichtvertragsstaats verwiesen wird (AG Regensburg FamRZ 14, 1556 [*VR China*]). In der Sache ändert sich dadurch freilich nicht viel, weil auch Art 21 EGBGB wandelbar an das Recht des gewöhnlichen Kindesaufenthalts anknüpft.

2. Schutzmaßnahmen

681   Demgegenüber kann das von Art 15 Abs 1 für die Anordnung von Schutzmaßnahmen befolgte Gleichlaufprinzip immer nur zur Anwendung des **Rechts eines Vertragsstaats** führen, weil die internationale Zuständigkeit durch den Staatsvertrag nur für Gerichte von Vertragsstaaten geregelt werden kann. Aus diesem Grunde wurde auch die Kollisionsnorm in Art 15 Abs 3 auf den Fall beschränkt, dass das Kind seinen gewöhnlichen Aufenthalt von einem Vertragsstaat in einen anderen verlegt; denn den Gerichten von Drittstaaten können durch einen Staatsvertrag keine Vorgaben gemacht werden (*Lagarde*-Bericht Rn 92). Eröffnet das Kapitel II daher keine internationale Zuständigkeit für die Anordnung von Schutzmaßnahmen, weil das Kind seinen gewöhnlichen Aufenthalt in einem Drittstaat hat, und nimmt das Gericht eines Vertragsstaates für diesen Fall eine ergänzende Zuständigkeit nach autonomem Zivilverfahrensrecht in Anspruch (zB in Deutschland nach § 99 Abs 1 UAbs 1 Nr 1 FamFG), so findet Art 15 KSÜ keine Anwendung. In diesem Fall bestimmt sich das auf die Anordnung der Schutzmaßnahme anzuwendende Recht daher nach dem autonomen IPR des Gerichtsstaats, in Deutschland nach Art 21, 24 EGBGB. Bedeutung erlangt Art 20 für Schutzmaßnahmen vor allem im Fall der **Ausweichklausel des Art 15 Abs 2,** wenn das Gericht im gewöhnlichen Aufenthaltsstaat des Kindes ausnahmsweise das Recht eines Nichtvertragsstaats anwendet oder berücksichtigt, weil der Sachverhalt zu diesem Recht eine besonders enge Verbindung aufweist.

II. Internationales Privatrecht: KSÜ Art 21   **683–685** **F**

3. Vorrang von Staatsverträgen

Zu einer Spaltung des Kollisionsrechts kann es in den Vertragsstaaten ferner auch dann noch **682** kommen, wenn das KSÜ nach Art 52 gegenüber bestehenden Staatsverträgen zurücktritt. In Deutschland ist dies nur im Verhältnis zum *Iran* der Fall, wo das **deutsch-iranische Nieder-lassungsabkommen von 1929** gegenüber den Art 15 ff KSÜ Vorrang genießt (→ Rn 708 ff).

KSÜ Art 21. [Ausschluss des Renvoi]

(1) **Der Begriff „Recht" im Sinn dieses Kapitels bedeutet das in einem Staat geltende Recht mit Ausnahme des Kollisionsrechts.**

(2) **Ist jedoch das nach Artikel 16 anzuwendende Recht das eines Nichtvertragsstaats und verweist das Kollisionsrecht dieses Staates auf das Recht eines anderen Nichtver-tragsstaats, der sein eigenes Recht anwenden würde, so ist das Recht dieses anderen Staates anzuwenden. Betrachtet sich das Recht dieses anderen Nichtvertragsstaats als nicht anwendbar, so ist das nach Artikel 16 bestimmte Recht anzuwenden.**

1. Sachnormverweisung, Abs 1

Der im KSÜ verwendete Begriff „Recht eines Staates" ist nach Abs 1 – wie auch in anderen **683** Haager Übereinkommen (vgl zB Art 12 HUP; → C Rn 741) – grundsätzlich so zu verstehen, dass damit die in diesem Staat geltenden Rechtsnormen unter Ausschluss derjenigen des Interna-tionalen Privatrechts gemeint sind. Das KSÜ spricht damit im Interesse der Vereinfachung und Beschleunigung der Rechtsanwendung grundsätzlich nur sog **Sachnormverweisungen** auf das jeweilige *materielle* Recht der elterlichen Verantwortung aus. Sowohl eine Rück- wie eine Weiterverweisung durch das IPR der zur Anwendung berufenen Rechtsordnung bleiben also außer Betracht (*Breuer* FPR 05, 74/77). Dies gilt uneingeschränkt für die Anordnung von Schutzmaßnahmen nach Art 15 Abs 2. Der Ausschluss des Renvoi nach Abs 1 ist aber auch für die Beurteilung der elterlichen Verantwortung kraft Gesetzes nach Art 16 unproblematisch, soweit die Kollisionsnormen des Kapitels III auf das Recht eines anderen **Vertragsstaats** ver-weisen; denn wegen der Vereinheitlichung des Kollisionsrechts durch das KSÜ kann es in diesem Fall zu einer Rück- oder Weiterverweisung nicht kommen (NK-BGB/*Benicke* Rn 1; Beck-OGK/*Markwardt* Rn 5).

Weniger überzeugend ist ein vollständiger Ausschluss des Renvoi in Fällen der Verweisung auf **684** das Recht eines **Drittstaats,** wie er zB im internationalen Ehescheidungsrecht (Art 11 Rom III-VO; → A Rn 463 ff), im internationalen Ehegüterrecht (Art 32 EuGüVO; → B Rn 386) oder im internationalen Unterhaltsrecht (Art 12 HUP; → C Rn 741) vorgesehen ist. Verweist nämlich das IPR dieses Drittstaats auf das Recht des Gerichtsstaates zurück, so sprechen gute Gründe dafür, eine solche Rückverweisung anzunehmen (dazu allg Staud/*Hausmann* Art 4 EGBGB Rn 17 ff). Denn zum einen hat der Drittstaat selbst kein Interesse an der Anwendung seines Sachrechts im Verfahren vor dem angerufenen Gericht eines Vertragsstaats, zum anderen würde die Annahme der Rückverweisung dem Gericht und den Parteien die Schwierigkeiten und Kosten der Ermittlung des drittstaatlichen Sachrechts ersparen. Auch Art 21 KSÜ verzichtet freilich im Interesse der Rechtsvereinfachung auf die Beachtung einer **Rückverweisung** durch das IPR eines Drittstaats. Dem Entscheidungseinklang mit den übrigen Vertragsstaaten wird also höher bewertet als der Entscheidungseinklang mit dem Drittstaat, auf dessen Recht verwiesen wird.

2. Gesamtverweisung, Abs 2

Der grundsätzliche Ausschluss des Renvoi wird in Abs 2 S 1 jedoch zumindest für den Fall **685** einer **Weiterverweisung** durch das drittstaatliche Kollisionsrecht eingeschränkt: Verweist näm-lich Art 16 Abs 1 für die Beurteilung der elterlichen Verantwortung kraft Gesetzes auf das Recht eines Nichtvertragsstaats und verweist das Kollisionsrecht dieses Staates auf das **Recht eines anderen Nichtvertragsstaats** weiter, der diese Weiterverweisung annimmt und sein eigenes Sachrecht anwenden würde, so ist das Recht dieses anderen Staates anzuwenden (S 1; *Lagarde*-Bericht Rn 116; *Siehr* RabelsZ 62 [1998] 464/487; krit *Andrae,* IntFamR § 6 Rn 120). Gleiches gilt im Fall der Verweisung auf das Recht eines Drittstaats, das die durch durch Vereinbarung begründete elterliche Verantwortung nach Art 16 Abs 2 beherrscht (*Rauscher/Hilbig-Lugani*

713

F   687–690   1. Teil. Erkenntnisverfahren F. Kindschaftssachen

Rn 3; **aA** *G/Sch/Gruber* Rn 2; *Krah* 230). Durch diese Beachtung der Weiterverweisung soll der internationale Entscheidungseinklang zwischen den beiden Nichtvertragsstaaten nicht gestört und von dem Gericht des Vertragsstaats ebenso entschieden werden wie die Gerichte in den beiden Nichtvertragsstaaten entscheiden würden (*Lagarde*-Bericht Rn 116; NK–BGB/*Benicke* Rn 2).

686   Nimmt der andere Nichtvertragsstaat die Weiterverweisung hingegen nicht an, so verbleibt es bei der Anwendung des Sachrechts desjenigen (Nichtvertrags-) Staats, auf den Art 16 verweist (S 2), dh idR beim Recht des Staates, in dem das Kind seinen gewöhnlichen Aufenthalt hat. Dies gilt nicht nur, wenn das Kollisionsrecht des Staates, auf dessen Recht weiterverwiesen wird, auf das Recht des weiterverweisenden (Nichtvertrags-) Staats zurückverweist, sondern auch dann, wenn es seinerseits auf das Recht eines dritten Nichtvertragsstaats weiterverweist (G/Sch/ *Gruber,* IRV Rn 3). Nichts anderes gilt aber auch dann, wenn auf das Recht eines Vertragsstaats weiterverwiesen wird; die Beachtung einer solchen Weiterverweisung in analoger Anwendung von Abs 2 wird zu Recht abgelehnt (*Lagarde*-Bericht Rn 116; NK–BGB/*Benicke* Rn 3; vgl zu den einzelnen Konstellationen näher Rauscher/*Hilbig-Lugani* Rn 7).

KSÜ Art 22. [Ordre public]

Die Anwendung des in diesem Kapitel bestimmten Rechts darf nur versagt werden, wenn sie der öffentlichen Ordnung (ordre public) offensichtlich widerspricht, wobei das Wohl des Kindes zu berücksichtigen ist.

1. Allgemeines

687   Art 22 enthält die in kollisionsrechtlichen Haager Übereinkommen übliche Vorbehaltsklausel, die – ebenso wie die verfahrensrechtliche Vorbehaltsklausel in Art 23 Abs 2 lit d (→ N Rn 370) – die besondere **Berücksichtigung des Kindeswohls** vorschreibt. Wegen der allgemeinen Grundsätze zur Anwendung des *ordre public* wird auf die Kommentierung zu Art 12 Rom III-VO verwiesen (→ A Rn 467 ff). Insbesondere ist auch Art 22 als Ausnahmevorschrift *eng* auszulegen (Staud/*Pirrung* Rn G 121; Rauscher/*Hilbig-Lugani* Rn 2).

2. Einzelfälle

688   Praktische Bedeutung hat die Vorbehaltsklausel in Art 22 – wie bisher in Art 16 MSA bzw Art 6 EGBGB – auf dem Gebiet der elterlichen Verantwortung vor allem im Rahmen der Anwendung **islamischen Kindschaftsrechts.** Nach diesem steht die tatsächliche Personensorge („*hadana*") für Kinder bis zu einem bestimmten Alter der Mutter zu, wobei die Altersgrenze in den einzelnen islamischen Rechtsordnungen unterschiedlich festgelegt wird. Während des Bestehens der *hadana* ist der Vater Inhaber der Vermögenssorge und der Erziehungsgewalt und übt damit die Aufsicht über die Erziehung und Ausbildung des Kindes aus. Nach dem Ende der *hadana* bis zur Volljährigkeit des Kindes steht die elterliche Sorge allein dem Vater zu (vgl Staud/ *Henrich* Art 21 EGBGB Rn 41 ff).

689   Bei einer hinreichenden **Inlandsbeziehung** des Sachverhalts, dh wenn die Eltern und/oder das Kind entweder die deutsche Staatsangehörigkeit oder ihren gewöhnlichen Aufenthalt im Inland haben, kann die Anwendung dieser islamischen Regelung des Sorgerechts im Einzelfall gegen den deutschen *ordre public* verstoßen, sofern das Kindeswohl eine andere Sorgerechtsregelung gebietet (BGHZ 120, 29/37 = FamRZ 93, 316 m Anm *Henrich* IPRax 93, 81; BGH FamRZ 93, 1053/1054; OLG Karlsruhe FamRZ 92, 1465/1466 f [jeweils zum Iran]; Staud/ *Henrich* Art 21 EGBGB Rn 48). Hierfür reicht es zwar nicht aus, dass das islamische Recht Vater und Mutter in sorgerechtlicher Hinsicht unterschiedlich behandelt (BGH aaO; OLG Karlsruhe aaO; Staud/*Henrich* Art 21 EGBGB Rn 50 f; **aA** *Andrae,* IntFamR § 6 Rn 122); andererseits wird auch eine Gefährdung des Kindeswohls durch die Anwendung des islamischen Rechts nicht zwingend vorausgesetzt (BGH aaO; OLG Bremen FamRZ 99, 1529; **aA** OLG Saarbrücken IPRax 93, 100/101).

690   Als problematisch wird insbesondere die Beschränkung der mütterlichen Personensorge durch die kraft Gesetzes bestehende Erziehungsgewalt des Vaters angesehen. Vor einer vollständigen Ausschaltung des islamischen Rechts und seiner Ersetzung durch das deutsche Recht ist allerdings zu prüfen, ob nicht durch eine **Anpassung** des von Art 16, 17 zur Anwendung berufenen Rechts eines islamischen Staates eine mit dem deutschen *ordre public* noch zu vereinbarende Lösung gefunden werden kann. In diesem Sinne hat sich der BGH dafür ausgespro-

II. Internationales Privatrecht: KSÜ Art 47 **F**

chen, der Mutter die vollständige Personensorge (einschließlich der gesetzlichen Vertretung in Unterhaltssachen) zu übertragen und das Erziehungsrecht des Vaters auf die Vermögenssorge zu beschränken (BGH FamRZ 93, 316/318; OLG Koblenz FamRZ 09, 611/615; zust NK-BGB/ *Benicke* Art 21 EGBGB Rn 52). Ein Verstoß gegen den deutschen *ordre public* kann ferner darin liegen, dass der Übergang der alleinigen elterlichen Sorge auf den Vater von dem anzuwendenden Auslandsrecht an eine starre Altersgrenze geknüpft wird und keine Berücksichtigung der Umstände des Einzelfalles, insbesondere der Entwicklung des Kindes und der Eignung von Vater und Mutter zur Warnehmung der elterlichen Sorge, stattfindet (vgl OVG Berlin-Brandenburg FamRZ 15, 66 [*Afghanistan*]).

Soweit das islamische Recht die Übertragung des Sorgerechts auf die Mutter davon abhängig **691** macht, dass sich die Mutter (weiterhin) zum **islamischen Glauben** bekennt, ist diese Verknüpfung der Erziehungsfähigkeit der Mutter mit ihrer Zugehörigkeit zur islamischen Religion mit dem Benachteiligungsverbot nach Art 3 Abs 3 GG nicht vereinbar und verstößt daher bei hinreichender Inlandsbeziehung gegen den deutschen *ordre public* (OLG Hamm FamRZ 90, 781/782; OLG Düsseldorf FamRZ 94, 644 [jeweils *Jordanien*]; *Andrae,* IntFamR § 6 Rn 122).

Kapitel IV. Anerkennung und Vollstreckung
KSÜ Art 23–28

(abgedruckt und kommentiert → N Rn 355 ff*)*

Kapitel V. Zusammenarbeit
KSÜ Art 29–39

(abgedruckt und kommentiert → U Rn 38 ff*)*

Kapitel VI. Allgemeine Bestimmungen
KSÜ Art 40–45

(abgedruckt und kommentiert → Rn 531 ff*)*

KSÜ Art 46. [Innerstaatliche Rechtskollisionen]

Ein Vertragsstaat, in dem verschiedene Rechtssysteme oder Gesamtheiten von Regeln für den Schutz der Person und des Vermögens des Kindes gelten, muss die Regeln dieses Übereinkommens nicht auf Kollisionen anwenden, die allein zwischen diesen verschiedenen Rechtssystemen oder Gesamtheiten von Regeln bestehen.

Nach Art 46 sind Vertragsstaaten, in deren Gebiet – wie zB in *Australien* oder *Spanien* – **692** unterschiedliches Verfahrens- oder materielles Recht der elterlichen Verantwortung gilt, nicht verpflichtet, die Vorschriften des KSÜ auch auf interlokale Sachverhalte anzuwenden, die keinen Bezug zu einem anderen Vertragsstaat aufweisen. Die Entscheidung, welches Teilrecht in solchen Fällen anzuwenden ist, bleibt vielmehr dem jeweiligen Mehrrechtsstaat überlassen.

KSÜ Art 47. [Maßgebliche Gebietseinheit eines Mehrrechtsstaates]

Gelten in einem Staat in bezug auf die in diesem Übereinkommen geregelten Angelegenheiten zwei oder mehr Rechtssysteme oder Gesamtheiten von Regeln in verschiedenen Gebietseinheiten, so ist jede Verweisung

1. **auf den gewöhnlichen Aufenthalt in diesem Staat als Verweisung auf den gewöhnlichen Aufenthalt in einer Gebietseinheit zu verstehen;**
2. **auf die Anwesenheit des Kindes in diesem Staat als Verweisung auf die Anwesenheit des Kindes in einer Gebietseinheit zu verstehen;**
3. **auf die Belegenheit des Vermögens des Kindes in diesem Staat als Verweisung auf die Belegenheit des Vermögens des Kindes in einer Gebietseinheit zu verstehen;**
4. **auf den Staat, dem das Kind angehört, als Verweisung auf die von dem Recht dieses Staates bestimmte Gebietseinheit oder, wenn solche Regeln fehlen, als Verweisung auf die Gebietseinheit zu verstehen, mit der das Kind die engste Verbindung hat;**

F 693–697   1. Teil. Erkenntnisverfahren F. Kindschaftssachen

5. auf den Staat, bei dessen Behörden ein Antrag auf Scheidung, Trennung, Aufhebung oder Nichtigerklärung der Ehe der Eltern des Kindes anhängig ist, als Verweisung auf die Gebietseinheit zu verstehen, bei deren Behörden ein solcher Antrag anhängig ist;

6. auf den Staat, mit dem das Kind eine enge Verbindung hat, als Verweisung auf die Gebietseinheit zu verstehen, mit der das Kind eine solche Verbindung hat;

7. auf den Staat, in den das Kind verbracht oder in dem es zurückgehalten wurde, als Verweisung auf die Gebietseinheit zu verstehen, in die das Kind verbracht oder in der es zurückgehalten wurde;

8. auf Stellen oder Behörden dieses Staates, die nicht Zentrale Behörden sind, als Verweisung auf die Stellen oder Behörden zu verstehen, die in der betreffenden Gebietseinheit handlungsbefugt sind;

9. auf das Recht, das Verfahren oder die Behörde des Staates, in dem eine Maßnahme getroffen wurde, als Verweisung auf das Recht, das Verfahren oder die Behörde der Gebietseinheit zu verstehen, in der diese Maßnahme getroffen wurde;

10. auf das Recht, das Verfahren oder die Behörde des ersuchten Staates als Verweisung auf das Recht, das Verfahren oder die Behörde der Gebietseinheit zu verstehen, in der die Anerkennung oder Vollstreckung geltend gemacht wird.

1. Allgemeines

693   Die Vorschrift betrifft den Fall, dass die Kollisionsnormen der Art 15 ff auf die Rechtsordnung eines Staates verweisen, dessen materielles Kindschaftsrecht territorial gespalten ist. Für diesen Fall verlängert Art 47 diese Verweisungen mit Hilfe von Unteranknüpfungen bis hin zu einer bestimmten Gebietseinheit (Teilrechtsordnung) dieses Mehrrechtsstaates. Vorrang vor den autonomen Unteranknüpfungen nach Art 47 hat allerdings gem Art 48 lit a das interlokale Privatrecht des Mehrrechtsstaates.

2. Räumliche Anknüpfungen, Nr 1–3

694   Die Ermittlung der maßgebenden Teilrechtsordnung fällt nicht schwer, wenn die einschlägige Kollisionsnorm ein **räumliches Anknüpfungskriterium** verwendet, denn die Verweisung muss dann lediglich bis zu der durch dieses Kriterium bezeichneten Gebietseinheit des Mehrrechtsstaates verlängert werden. Wird daher gem Art 16 Abs 1 oder Art 17 Abs 1 auf das Recht des Staates verwiesen, in dem das Kind seinen gewöhnlichen Aufenthalt hat und lebt das Kind in den *Vereinigten Staaten,* die kein Kindschaftsrecht auf Bundesebene kennen, so ist diese Verweisung nach Nr 1 als eine solche auf das Recht desjenigen US-Bundesstaats zu verstehen, in dem sich das Kind gewöhnlich aufhält. Entsprechendes gilt für die Unteranknüpfungen in Nr 2 (schlichter Aufenthalt des Kindes) und Nr 3 (Belegenheit von Kindesvermögen).

3. Anknüpfung an die Staatsangehörigkeit, Nr 4

695   Größere Schwierigkeiten bereitet die Unteranknüpfung, wenn – zB im Rahmen der Ausweichklausel des Art 15 Abs 2 – an die Staatsangehörigkeit des Kindes angeknüpft wird. Insoweit verweist Nr 4 primär auf das interlokale Privatrecht des Mehrrechtsstaates. Nur für den Fall, dass ein solches – wie zB in den *USA* – fehlt, entscheidet die engste Verbindung des Kindes zu einer bestimmten Teilrechtsordnung.

4. Anknüpfung an den Sitz eines Gerichts oder einer Behörde, Nr 5, 8–10

696   Wird auf einen Staat verwiesen, in dem ein Gericht oder eine Behörde tätig geworden ist, zB weil dort ein Eheverfahren anhängig ist (Nr 5), eine Schutzmaßnahme getroffen (Nr 9) oder deren Anerkennung und Vollstreckung beantragt worden ist (Nr 10), so ist die Verweisung jeweils auf diejenige Gebietseinheit gerichtet, in der das betreffende Gericht oder die Behörde seinen/ihren Sitz hat.

697   Wegen weiterer Einzelheiten zur Unteranknüpfung wird auf die ausführliche Kommentierung der Parallelvorschriften auf dem Gebiet des Ehescheidungsrechts in **Art 14 Rom III-VO** (→ A Rn 505 ff) verwiesen.

II. Internationales Privatrecht: KSÜ Art 57–63 **F**

KSÜ Art 48. [Territoriale Rechtsspaltung]

Hat ein Staat zwei oder mehr Gebietseinheiten mit eigenen Rechtssystemen oder Gesamtheiten von Regeln für die in diesem Übereinkommen geregelten Angelegenheiten, so gilt zur Bestimmung des nach Kapitel III anzuwendenden Rechts folgendes:

a) Sind in diesem Staat Regeln in Kraft, die das Recht einer bestimmten Gebietseinheit für anwendbar erklären, so ist das Recht dieser Einheit anzuwenden;
b) fehlen solche Regeln, so ist das Recht der in Artikel 47 bestimmten Gebietseinheit anzuwenden.

Die autonomen Unteranknüpfungen des Art 47 kommen freilich – wie Art 48 lit b klarstellt – **698** **nur subsidiär** zur Anwendung, wenn der Mehrrechtsstaat über keine eigenen Vorschriften des interlokalen Privatrechts verfügt, wie dies etwa auf *Australien, Kanada* oder *die USA* zutrifft. Regelt der Mehrrechtsstaat, auf dessen Recht nach Art 3 ff verwiesen ist, hingegen – wie zB *Spanien* – die Frage, welche seiner Teilrechtsordnungen zur Anwendung kommen soll, durch eigene interlokale Vorschriften, so haben diese gem lit a Vorrang vor den Unteranknüpfungen nach Art 47. Dies entspricht grundsätzlich der Regelung in Art 4 Abs 3 S 1 EGBGB, die sich allerdings bei der Verwendung *räumlicher* Anknüpfungskriterien durch das deutsche Kollisionsrecht über das interlokale Privatrecht des Mehrrechtsstaats hinwegsetzt. Da die Bestimmung der *„vecindad civil"* für ausländische Staatsangehörige nach spanischem interlokalen Privatrecht (Art 16 Cc) erhebliche Schwierigkeiten bereitet, weichen allerdings auch die spanischen Gerichte auf Art 48 lit b iVm Art 47 aus (vgl Aud Prov Zaragoza 20.4.12, unalex ES-754).

KSÜ Art 49. [Personale Rechtsspaltung]

Hat ein Staat zwei oder mehr Rechtssysteme oder Gesamtheiten von Regeln, die auf verschiedene Personengruppen hinsichtlich der in diesem Übereinkommen geregelten Angelegenheiten anzuwenden sind, so gilt zur Bestimmung des nach Kapitel III anzuwendenden Rechts folgendes:

a) Sind in diesem Staat Regeln in Kraft, die bestimmen, welches dieser Rechte anzuwenden ist, so ist dieses anzuwenden;
b) fehlen solche Regeln, so ist das Rechtssystem oder die Gesamtheit von Regeln anzuwenden, mit denen das Kind die engste Verbindung hat.

Während die Art 47, 48 die territoriale Rechtsspaltung regeln, bezieht sich Art 49 auf die **699** **personale Rechtsspaltung.** Im Vordergrund steht die vor allem in islamischen Ländern verbreitete Anwendung unterschiedlichen Rechts auf die Angehörigen verschiedener Religionsgruppen. Die Vorschrift überlässt die Bestimmung des auf diese Personengruppen jeweils anwendbaren Rechts der elterlichen Verantwortung in lit a primär dem interpersonalen Recht des betreffenden Staates. Nur hilfsweise, wenn solche Regeln fehlen, sind die Vorschriften derjenigen Religionsgemeinschaft oder sonstigen Personengruppe anzuwenden, zu der das Kind die engste Verbindung hat.

Zu Einzelheiten der Anwendung interpersonalen Rechts wird auf die Kommentierung der **700** Parallelvorschrift auf dem Gebiet des Ehescheidungsrechts in Art 15 Rom III-VO verwiesen (→ A Rn 518 ff).

KSÜ Art 50–56

(abgedruckt und kommentiert → Rn 538 ff)

Kapitel VII. Schlussbestimmungen
KSÜ Art 57–63

(abgedruckt → Rn 553)

717

F 701–705   1. Teil. Erkenntnisverfahren F. Kindschaftssachen

390. Haager Übereinkommen über die Zuständigkeit der Behörden und das anzuwendende Recht auf dem Gebiet des Schutzes von Minderjährigen (MSA)

Vom 5. Oktober 1961 (BGBl 1971 II, 217)

Vorbemerkung

Schrifttum: Vgl das Schrifttum → vor Rn 554; ferner *Boelck,* Reformüberlegungen zum Haager MSA von 1961 (1994); *Dörner,* Der Anwendungsbereich von Art. 3 MSA, JR 1988, 265; *Schwimann,* Vormundschaftsgerichtliche Genehmigungen nach dem Haager MSA, FamRZ 1978, 303; *Sturm,* Bei der elterlichen Sorge irrlichtert Art. 3 MSA nicht mehr, IPRax 1991, 231; *Warner-Laufer,* Inhalt und Bedeutung von Art. 3 MSA (1992).

1. Vertragsstaaten

701   Dazu → Rn 554.

2. Verhältnis zu anderen Rechtsinstrumenten

702   **a) Haager Kinderschutzübereinkommen.** Das MSA wird nach Art 51 KSÜ (→ Rn 540f) im Verhältnis der Vertragsstaaten zueinander durch das KSÜ ersetzt. Das MSA hat daher nach dem Beitritt *Italiens* (seit 1.1.2016) und der *Türkei* (seit 1.2.2017) zum KSÜ auf dem Gebiet des Kollisionsrechts nur noch Bedeutung, wenn das Kind seinen gewöhnlichen Aufenthalt in der chinesischen Sonderverwaltungsregion *Macau* hat. Diese Bedeutung ist ferner auf die **Anordnung von Schutzmaßnahmen** und deren Wirkungen begrenzt. Die Vertretung von Kindern durch ihre Eltern kraft Gesetzes bestimmt sich hingegen auch dann nach Art 16, 17 KSÜ, wenn die Kinder die Staatsangehörigkeit von *China-Macau* besitzen.

703   **b) Haager Kindesentführungsübereinkommen.** Nach seinem Art 34 S 1 geht das HKÜ dem MSA vor, soweit die Staaten Vertragsparteien beider Übereinkommen sind. Zu Überschneidungen kommt es freilich auf dem Gebiet des anwendbaren Rechts für sorge- und umgangsrechtliche Streitigkeiten sowie in sonstigen Fragen der elterlichen Verantwortung zwischen beiden Übereinkommen praktisch nicht, weil das HKÜ das Kollisionsrecht – außer für die Zwecke der Bestimmung der Widerrechtlichkeit des Verbringens bzw Zurückhaltens eines Kindes nach Art 3 (→ U Rn 91 ff) – nicht regelt.

704   **c) Deutsch-iranisches Niederlassungsabkommen.** Die Geltung des deutsch-iranischen Niederlassungsabkommens von 1929 wird gem Art 18 Abs 2 MSA durch das MSA nicht berührt.

3. Verzicht auf Kommentierung

705   Eine auf das MSA gestützte internationale Zuständigkeit der deutschen Gerichte ist wegen der vorrangigen Anwendung der EuEheVO und des KSÜ im Wesentlichen auf Fälle beschränkt, in denen sich Minderjährige mit deutscher Staatsangehörigkeit in *China/Macau* gewöhnlich aufhalten und deutsche Gerichte die Heimatzuständigkeit nach Art 4 Abs 1 MSA in Anspruch nehmen wollen. Nur in diesen seltenen Fällen kommt daher auch eine Weiteranwendung der Kollisionsnormen in Art 4 Abs 1 und 2 MSA in Betracht (vgl im Verhältnis zur *Türkei* OLG Stuttgart FamRZ 13, 49/50; öst OGH IPRax 15, 574 m Anm *Odendahl; Benicke* IPRax 13, 44/ 51; NK-BGB/*Benicke* Art 21 EGBGB Rn 7; MüKoBGB/*Helms* Art 21 EGBGB Rn 4, 11). Maßgebend ist dann der **Gleichlaufgrundsatz;** das deutsche Gericht entscheidet also auf der Grundlage des deutschen Rechts (vgl BGH FamRZ 07, 1969 m Anm *Zenz* 2060; BGH FamRZ 05, 344/345), und zwar auch über die Notwendigkeit einer familiengerichtlichen Genehmigung für vom gesetzlichen Vertreter im Namen des Minderjährigen abzuschließende Rechtsgeschäfte. Dies gilt – ebenso wie nach dem KSÜ (→ Rn 616) – auch dann, wenn das deutsche Gericht seine Zuständigkeit auf eine Bestimmung der EuEheVO stützt, selbst wenn diese im MSA keine Entsprechung hat (Zö/*Geimer* Art 8 EuEheVO Rn 11 ff; **aA** [Anwendung von Art 21 EGBGB] AG Leverkusen IPRax 08, 274; Staud/*Henrich* Art 21 EGBGB Rn 81; vgl auch OLG Saarbrücken FamRZ 10, 2084 und 2085, wo die Anknüpfung nach Art 2 MSA oder Art 21 EGBGB offengelassen wird, wenn das Kind seinen gewöhnlichen Aufenthalt im Inland hat). Abweichend vom KSÜ hat das Gericht dabei jedoch nach Art 3 MSA ein nach dem Heimatrecht des Kindes

718

II. Internationales Privatrecht: MSA Art 17 **F**

bestehendes gesetzliches Gewaltverhältnis zu beachten (*Benicke* IPRax 13, 44/46; MüKoBGB/
Helms Art 21 EGBGB Rn 14).

Wegen der geringen verbliebenen Bedeutung des MSA wird auf eine Einzelkommentierung **706**
seiner Vorschriften zum kollisionsrechtlichen Gleichlaufprinzip verzichtet. Nachfolgend wird
lediglich der Wortlaut der einschlägigen Vorschriften des Übk wiedergegeben.

Textauszug

MSA Art 1. [Internationale Zuständigkeit]

Die Behörden, seien es Gerichte oder Verwaltungsbehörden, des Staates, in dem ein
Minderjähriger seinen gewöhnlichen Aufenthalt hat, sind vorbehaltlich der Bestim-
mungen der Artikel 3, 4 und 5 Absatz 3 dafür zuständig, Maßnahmen zum Schutz der
Person und des Vermögens des Minderjährigen zu treffen.

MSA Art 2. [Anwendung des Aufenthaltsrechts]

Die nach Artikel 1 zuständigen Behörden haben die nach ihrem innerstaatlichen
Recht vorgesehenen Maßnahmen zu treffen.

MSA Art 3. [Nach Heimatrecht bestehendes Gewaltverhältnis]

Ein Gewaltverhältnis, das nach dem innerstaatlichen Recht des Staates, dem der
Minderjährige angehört, kraft Gesetzes besteht, ist in allen Vertragsstaaten anzuerkennen.

MSA Art 4. [Eingreifen der Heimatbehörden]

(1) Sind die Behörden des Staates, dem der Minderjährige angehört, der Auffassung,
dass das Wohl des Minderjährigen es erfordert, so können sie nach ihrem innerstaatlichen Recht zum Schutz der Person oder des Vermögens des Minderjährigen Maßnahmen treffen, nachdem sie die Behörden des Staates verständigt haben, in dem der
Minderjährige seinen gewöhnlichen Aufenthalt hat.

(2) [1]Dieses Recht bestimmt die Voraussetzungen für die Anordnung, die Änderung
und die Beendigung dieser Maßnahmen. [2]Es regelt auch deren Wirkungen sowohl im
Verhältnis zwischen dem Minderjährigen und den Personen oder den Einrichtungen,
denen er anvertraut ist, als auch im Verhältnis zu Dritten.

MSA Art 4 (3)–6

(abgedruckt → Rn 558 f)

MSA Art 7

(abgedruckt → N Rn 517)

MSA Art 8–15

(abgedruckt → Rn 559)

MSA Art 16. [Ordre public]

Die Bestimmungen dieses Übereinkommens dürfen in den Vertragsstaaten nur dann
unbeachtet bleiben, wenn ihre Anwendung mit der öffentlichen Ordnung offensichtlich unvereinbar ist.

MSA Art 17

(abgedruckt → Rn 559)

F 709   1. Teil. Erkenntnisverfahren F. Kindschaftssachen

MSA Art 18. [Verhältnis zu anderen Staatsverträgen]

(1) **Dieses Übereinkommen tritt im Verhältnis der Vertragsstaaten zueinander an die Stelle des am 12. Juni 1902 im Haag unterzeichneten Abkommens zur Regelung der Vormundschaft über Minderjährige.**

(2) **Es lässt die Bestimmungen anderer zwischenstaatlicher Übereinkünfte unberührt, die im Zeitpunkt seines Inkrafttretens zwischen den Vertragsstaaten gelten.**

707   Unberührt bleiben nach dem authentischen französischen Wortlaut des Art 18 Abs 2 auch zwischenstaatliche Übereinkünfte zwischen Vertragsstaaten und Drittstaaten. Aus deutscher Sicht geht daher insbesondere das Niederlassungsabkommen mit dem **Iran** v 17.2.1929 (→ Rn 708 ff) dem Übk vor.

MSA Art 19–25

(abgedruckt → Rn 559)

400. Niederlassungsabkommen zwischen dem Deutschen Reich und dem Kaiserreich Persien

Vom 17. Februar 1929 (RGBl 30 II, 1006)

Schrifttum: → A vor Rn 534.

708   Im deutsch-iranischen Verhältnis hat das durch Protokoll v 4.11.1954 (BGBl 55 II, 829) wieder in Kraft gesetzte und auch nach der iranischen Revolution von 1979 fortgeltende deutsch-iranische Niederlassungsabkommen v 17.2.1929 (RGBl 30 II, 1006) nicht nur für die bis zum 1.11.2011 eingeleiteten Verfahren gem Art 18 Abs 2 MSA Vorrang vor Art 2, 4 MSA und gem Art 3 Nr 2 EGBGB Vorrang vor Art 21, 24 EGBGB; es hat vielmehr auch für danach eingeleitete Verfahren gemäß **Art 52 Abs 1 KSÜ** Vorrang vor den Kollisionsnormen der Art 15 ff KSÜ (*Henrich,* IntSchR Rn 306; vgl auch → Rn 542 f). Das Abkommen enthält zwar keine Regelung der internationalen Zuständigkeit, so dass auch für sorge- oder umgangsrechtliche Streitigkeiten zwischen iranischen Staatsangehörigen die Art 8 ff EuEheVO gelten, wenn das Kind seine gewöhnlichen Aufenthalt in Deutschland hat (OLG Koblenz FamRZ 09, 611/613); es enthält jedoch in Art 8 Abs 3 eine umfassende Kollisionsregel zum Personen-, Familien- und Erbrecht.

Art 8. [Inländerbehandlung; Anknüpfung im Personen-, Familien- und Erbrecht]

(3) **¹In Bezug auf das Personen-, Familien- und Erbrecht bleiben die Angehörigen jedes der vertragschließenden Staaten im Gebiet des anderen Staates jedoch den Vorschriften ihrer heimischen Gesetze unterworfen. ²Die Anwendung dieser Gesetze kann von dem anderen vertragschließenden Staat nur ausnahmsweise und nur insoweit ausgeschlossen werden, als ein solcher Ausschluss allgemein gegenüber jedem anderen fremden Staat erfolgt.**

709   Eine zu dem Geltungsbereich dieses Artikels abgegebene Erklärung, die nach dem Schlussprotokoll (RGBl 30 II, 1012) „einen Teil des Abkommens selbst bildet", lautet:

> *„Die vertragschließenden Staaten sind sich darüber einig, dass das Personen-, Familien- und Erbrecht, das heißt das Personalstatut, die folgenden Angelegenheiten umfasst: Ehe, eheliches Güterrecht, Scheidung, Aufhebung der ehelichen Gemeinschaft, Mitgift, Vaterschaft, Abstammung, Annahme an Kindes Statt, Geschäftsfähigkeit, Volljährigkeit, Vormundschaft und Pflegschaft, Entmündigung, testamentarische und gesetzliche Erbfolge, Nachlassabwicklungen und Erbauseinandersetzungen, ferner alle anderen Angelegenheiten des Familienrechts unter Einschluss aller den Personenstand betreffenden Fragen. "*

720

II. Internationales Privatrecht: Art 8   **710–715 F**

1. Anwendungsbereich

Das Abk ist in sachlicher Hinsicht auf **das gesamte Familienrecht** anwendbar; es gilt daher auch **710** für Verfahren der elterlichen Verantwortung, auch wenn diese in der zitierten deutsch-iranischen Erklärung zu dem Abk nicht ausdrücklich erwähnt werden (BGHZ 120, 29/30 f = FamRZ 93, 316; BGH FamRZ 04, 1952/1958; OLG Koblenz FamRZ 09, 611/615). In persönlicher Hinsicht ist Art 8 Abs 3 auf dem Gebiet des Familienrechts allerdings nur auf solche Rechtsverhältnisse anwendbar, deren Beteiligte gemeinsam nur entweder die iranische oder die deutsche Staatsangehörigkeit besitzen (BGH FamRZ 86, 345; *Schotten/Wittkowski* FamRZ 95, 264/265).

Vor deutschen Gerichten ist Art 8 Abs 3 somit auf Verfahren zur elterlichen Verantwortu ng **711** grundsätzlich nur dann anwendbar, wenn sowohl die Eltern als auch das Kind **ausschließlich die iranische Staatsangehörigkeit** besitzen (OLG Koblenz FamRZ 09, 611/615; OLG Düsseldorf FamRZ 03, 379/380 f und FamRZ 98, 1113/1114; OLG Bremen FamRZ 99, 1520; OLG Zweibrücken FamRZ 01, 920; OLG Celle IPRax 91, 258 m Anm *Coester* 236 [alle zur elterlichen Sorge]; OLG Celle FamRZ 90, 1131 [Umgangsrecht]; OLG Celle IPRax 89, 390 m Anm *Siehr* 373 [Kindesherausgabe]; Staud/*Hausmann* Anh Art 4 EGBGB Rn 775 mwN). Demgegenüber ist das Abk auf die Regelung des Sorgerechts in **deutsch-iranischen Mischehen nicht** anwendbar (vgl zur gesetzlichen Vertretung BGH FamRZ 86, 345 m Anm *Nolting*). Haben die Kinder iranischer Eltern teils die iranische, teils die deutsche Staatsangehörigkeit, so ist im Verhältnis zu einem iranischen Kind das Abkommen, im Verhältnis zu einem (auch) deutschen Kind Art 15 KSÜ auf die Sorgerechtsregelung anzuwenden (OLG Koblenz FamRZ 09, 611/615 zum MSA).

Auch auf Verfahren zur elterlichen Verantwortung, an denen **Doppelstaater** beteiligt sind, **712** die sowohl die deutsche als auch die iranische Staatsangehörigkeit besitzen, ist das Abkommen nicht anwendbar (OLG Koblenz aaO; KG OLGZ 79, 187 [jeweils zum Sorgerecht]; *Schotten/ Wittkowski* aaO; Staud/*Hausmann* Anh Art 4 EGBGB Rn 776). Hat ein Beteiligter jedoch neben der iranischen Staatsangehörigkeit diejenige eines dritten Staates, so bleibt das Abk anwendbar, wenn es sich bei der iranischen Staatsangehörigkeit um seine effektive Staatsangehörigkeit handelt (vgl zum Erbrecht AG Hamburg IPRax 16, 472 m Anm *Wurmnest* 447).

Schließlich scheidet die Anwendung des Abkommens auch auf Beteiligte, die ausschließlich **713** die iranische Staatsangehörigkeit besitzen, dann aus, wenn einer oder beide Elternteile oder das Kind die **Rechtsstellung als Flüchtlinge** iS der Genfer Flüchtlingskonvention oder als **Asylberechtigte** iSv §§ 2, 3 AsylG erlangt und ihren gewöhnlichen Aufenthalt im Inland haben (vgl BGH FamRZ 90, 32/33; BayObLGZ 00, 335/338; OLG München IPRax 89, 238/240 m Anm *Jayme* 223 [jeweils zur Ehescheidung]; *Schotten/Wittkowski* FamRZ 95, 264/266).

2. Verweisung auf das Heimatrecht

Art 8 Abs 3 des Abkommens enthält in Fragen der elterlichen Verantwortung eine **Sach-** **714** **normverweisung** auf das iranische Recht, wenn beide Ehegatten nur die iranische Staatsangehörigkeit besitzen. Eine Rück- oder Weiterverweisung findet nicht statt (Staud/*Hausmann* Anh Art 4 EGBGB Rn 777). Da das iranische Familienrecht **religiös gespalten** ist (vgl Art 12, 13 der iranischen Verfassung v 15.11.1979), hat der deutsche Richter das maßgebende Sachrecht auch im Rahmen des deutsch-iranischen Niederlassungsabkommens mit Hilfe einer Unteranknüpfung gem Art 49 KSÜ zu bestimmen (vgl BGHZ 120, 29/32 = IPRax 93 102 m Anm *Henrich;* BGH FamRZ 04, 1952/1954 [jeweils zu Art 4 Abs 3 EGBGB]); diese führt im Regelfall zur Anwendung des islamisch-schiitischen Kindschaftsrechts.

3. Ordre public-Vorbehalt

Nach Art 8 Abs 3 S. 2 des Abkommens kann die Anwendung der iranischen Gesetze in **715** Verfahren vor deutschen Gerichten nur ausnahmsweise und nur insoweit ausgeschlossen werden, als ein solcher Ausschluss allgemein gegenüber jedem anderen fremden Staat erfolgt. Die Auslegung dieser Vorschrift führt zu dem Ergebnis, dass es sich hierbei um eine besondere Ausprägung des *„ordre public"*-Vorbehalts handelt (*Krüger* FamRZ 72, 6/7 ff). Ausnahmevorschriften iSv Art 8 Abs 3 S 2 sind somit die allgemeinen und besonderen *„ordre public"*-Klauseln des deutschen bzw iranischen Rechts. Aus diesem Grunde finden insbesondere Art 6 EGBGB bzw Art 22 KSÜ auch im Geltungsbereich von Art 8 Abs 3 S. 2 des deutsch-iranischen Niederlassungsabkommens Anwendung, wenn das maßgebliche iranische religiöse Kindschaftsrecht zu

721

F 717–720   1. Teil. Erkenntnisverfahren F. Kindschaftssachen

einem Ergebnis führt, das mit wesentlichen Grundsätzen des deutschen Rechts offensichtlich unvereinbar ist (BGH FamRZ 93, 316/317 f; OLG Koblenz FamRZ 09, 611/615; OLG Düsseldorf FamRZ 03, 379/381; *Schotten/Wittkowski* FamRZ 95, 264/267).

3. Autonomes Kollisionsrecht

Überblick

716   Der Anwendungsbereich des nationalen Kollisionsrechts ist auf dem Gebiet der elterlichen Verantwortung nach dem Inkrafttreten des KSÜ nur noch sehr schmal; dazu → Rn 599; ferner BeckOK-BGB/*Heiderhoff* Art 21 EGBGB Rn 2 f.

410. Einführungsgesetz zum Bürgerlichen Gesetzbuch (EGBGB)

idF vom 21. September 1994 (BGBl I, 2494)

EGBGB Art 21. Wirkungen des Eltern-Kind-Verhältnisses

Das Rechtsverhältnis zwischen einem Kind und seinen Eltern unterliegt dem Recht des Staates, in dem das Kind seinen gewöhnlichen Aufenthalt hat.

1. Sachlicher Anwendungsbereich

717   **a) Elterliche Verantwortung kraft Gesetzes.** Die „Wirkungen des Eltern-Kind-Verhältnisses" iSv Art 21 umfassen grundsätzlich den gesamten Bereich der elterlichen Verantwortung iSv Art 3 KSÜ (→ Rn 389 ff), soweit das Verhältnis zu den Eltern – und nicht zu sonstigen Trägern der elterlichen Verantwortung – betroffen ist (MüKoBGB/*Helms* Rn 19; BeckOK-BGB/*Heiderhoff* Rn 17). Das von Art 21 bezeichnete Recht entscheidet darüber, welcher Elternteil Inhaber des Sorgerechts für ein Kind ist und welchen Inhalt und Umfang das Sorgerecht hat. Hierher gehört insbesondere das Recht, den Aufenthalt des Kindes zu bestimmen sowie die gesetzliche Vertretung des Kindes in persönlichen und vermögensrechtlichen Angelegenheiten (OLG Hamm FamRZ 01, 1533; OLG München FamRZ 12, 1505), zB die Einwilligung in ärztliche Behandlungen oder der Abschluss von Verträgen für das Kind. Soweit die Beendigung der elterlichen Sorge von der Erreichung der Volljährigkeit abhängt, ist dies eine selbständig nach Art 7 EGBGB anzuknüpfende Vorfrage (OLG Brandenburg StAZ 17, 111; Staud/*Hausmann* Art 7 Rn 42; BeckOK-BGB/*Heiderhoff* Rn 3; MüKoBGB/*Lipp* Art 7 Rn 49).

718   Auch diesbezügliche **Beschränkungen der gesetzlichen Vertretungsmacht** der Eltern, zB durch das Erfordernis einer vormundschafts- oder familiengerichtlichen Genehmigung, sind weder dem Geschäftsfähigkeitsstatut des Art 7 EGBGB, noch dem jeweiligen Geschäftsstatut (OLG Stuttgart NJW-RR 96, 1288; Pal/*Thorn* Rn 5; **aA** offenbar BGH ZEV 03, 375), sondern dem Kindschaftsstatut zu entnehmen. Nach Art 21 richtet sich insbesondere die **Vermögenssorge** für das Kind, zB die Frage, ob das Kind für die durch seine Eltern begründeten Verbindlichkeiten haftet (Pal/*Thorn* Rn 5) oder ob den Eltern ein Nießbrauchsrecht am Kindesvermögen zusteht (Staud/*Henrich* Rn 102). Gleiches gilt für die Frage, ob die sorgeberechtigten Eltern für Pflichtverletzungen gegenüber dem Kind haften (BGH NJW 93, 2306/2307; NK-BGB/*Benicke* Rn 26). Allerdings wird Art 21 auf dem Gebiet der elterlichen Verantwortung *kraft Gesetzes* praktisch vollständig durch Art 16, 17 KSÜ verdrängt (→ Rn 640).

719   **b) Schutzmaßnahmen.** Das Kindschaftsstatut des Art 21 bildet auch die Grundlage für Schutzmaßnahmen für das Kind, soweit Art 15 KSÜ bzw Art 2, 4 MSA nicht eingreifen, dh wenn das Kind seinen gewöhnlichen Aufenthalt weder in einem Vertragsstaat des KSÜ noch des MSA hat. Dies gilt etwa für die Zuweisung der elterlichen Sorge aus Anlass einer Trennung oder Scheidung der Eltern, für die Entziehung der elterlichen Sorge bei Gefährdung des Kindeswohls, die Herausgabe des Kindes (OLG Nürnberg IPRspr 10 Nr 242) oder die Regelung des Umgangsrechts (NK-BGB/*Benicke* Rn 29).

720   Demgegenüber unterliegt die Anordnung einer **Vormundschaft** oder **Pflegschaft** für das Kind – anders als nach Art 3 lit c KSÜ – im autonomen Kollisionsrecht nicht dem Kindschaftsstatut des Art 21, sondern wird gem Art 24 Abs 1 EGBGB nach dem Heimatrecht des Kindes beurteilt. Eine Ausnahme gilt nur dann, wenn ein Elternteil zum Vormund bestellt wird (Staud/*Henrich* Rn 96).

II. Internationales Privatrecht: EGBGB Art 21   721–726 **F**

2. Anknüpfung

a) Grundsatz. In Übereinstimmung mit Art 15 Abs 1 (iVm Art 5 Abs 1) bzw Art 16 Abs 1   **721**
KSÜ knüpft auch Art 21 an den gewöhnlichen Aufenthalt des Kindes an. Damit gilt das Recht
des Staates, in dem das Kind seinen Lebensmittelpunkt hat. Dieser leitet sich nicht vom
gewöhnlichen Aufenthalt des sorgeberechtigten Elternteils ab und kann auch gegen dessen
Willen begründet werden (BGH IPRax 16, 467 m Anm *Siehr*). Zur Bestimmung des gewöhnlichen Kindesaufenthalts wird im Übrigen auf die Kommentierung zu Art 5 KSÜ (→ Rn 420 ff)
bzw Art 8 EuEheVO (→ Rn 87 ff) verwiesen (vgl auch Staud/*Henrich* Rn 215 ff).

b) Rück- und Weiterverweisung. Abweichend von Art 16, 17 KSÜ, die im Regelfall   **722**
Sachnormverweisungen aussprechen (Art 21 Abs 1 KSÜ; → Rn 683 f), verweist Art 21 auf das
Aufenthaltsrecht des Kindes einschließlich des dort geltenden Kollisionsrechts. Rück- und
Weiterverweisung sind mithin gem Art 4 Abs 1 EGBGB zu beachten (BGH FamRZ 16, 1747
Rn 19; OLG Brandenburg IPRspr 14 Nr 220; BeckRS 14, 06655; AG Regensburg FamRZ 14,
1556 Rn 324 ff; OLG Koblenz IPRspr 05 Nr 71; *Dutta* FamRZ 16, 146 f; Staud/*Henrich*
Rn 32 ff). Dem Sinn der Verweisung iSv Art 4 Abs 1 S 1 EGBGB widerspricht dies nicht (BGH
aaO; Pal/*Thorn* Rn 1; Staud/*Henrich* Rn 32 ff; Erman/*Hohloch* Rn 4; NK-BGB/*Benicke* Rn 39;
MüKoBGB/*Helms* Rn 17). In Betracht kommt insbesondere eine Rückverweisung auf das
deutsche Heimatrecht des Kindes (so zB im *belgischen* IPR, Art 63 Nr 3 IPRG und im *italienischen* IPR, Art 36 IPRG) oder auf das Ehewirkungsstatut (vgl Reithmann/Martiny/*Hausmann*
IVR Rn 7.995 mwN). Hat das Kind seinen gewöhnlichen Aufenthalt in den *USA* oder *Kanada,*
so kommt auch eine Rückverweisung auf die deutsche *lex rei sitae* als Wirkungsstatut in Betracht,
soweit die gesetzliche Vertretung bei schuld- oder sachenrechtlichen Geschäften über deutsche
Grundstücke in Rede steht.

c) Statutenwechsel. Art 21 knüpft an den jeweiligen gewöhnlichen Aufenthalt des Kindes   **723**
an; das Kindschaftsstatut ist also **wandelbar** (OLG Karlsruhe FamRZ 10, 1577/1578; *Andrae,*
IntFamR § 6 Rn 105; NK-BGB/*Benicke* Rn 41). Anders als das KSÜ (Art 16 Abs 3, 4 und
Art 17 S 2; → Rn 654 ff, 662) unterscheidet das deutsche autonome internationale Kindschaftsrecht bei einem Wechsel des gewöhnlichen Aufenthalts des Kindes weder zwischen der Zuweisung und der Ausübung der elterlichen Verantwortung, noch enthält es für diesen Fall
besondere Kollisionsregeln zur Aufrechterhaltung eines unter dem früheren Aufenthaltsrecht
erworbenen Sorgerechts. Der Statutenwechsel kann daher insbesondere für nicht miteinander
verheiratete Eltern sowohl zu einem Verlust wie zu einem erstmaligen Erwerb des elterlichen
Sorgerechts führen.

Stand dem Vater daher etwa nach dem Recht am bisherigen gewöhnlichen Aufenthalt des   **724**
Kindes – wie zB nach *italienischem* Recht (Art 317bis CC) – kraft Gesetzes die elterliche Sorge
zu, so verlor er dieses Sorgerecht, wenn die Familie nach Deutschland übersiedelte, sofern keine
Sorgeerklärungen nach §§ 1626a–e BGB abgegeben wurden (*Henrich* FamRZ 98, 1401/1404;
Finger FamRBint 10, 95/100; Staud/*Henrich* Rn 26). Umgekehrt erwarb der Vater, dem nach
deutschem Recht mangels Abgabe von Sorgeerklärungen keine elterliche Sorge zustand, diese
automatisch, wenn das Kind seinen gewöhnlichen Aufenthalt von Deutschland in einen Staat
verlegte, der – wie *Italien* – das Sorgerecht kraft Gesetzes beiden Elternteilen zuwies. Hatten die
Eltern in Deutschland Sorgeerklärungen nach §§ 1626a ff BGB abgegeben, so konnte der Vater
auch das hierdurch begründete Sorgerecht verlieren, wenn das Kind seinen gewöhnlichen Aufenthalt in einen Staat verlegte, der – wie zB *Österreich* (§ 167 ABGB) oder die *Schweiz* (Art 298a
ZGB) – eine gemeinsame elterliche Sorge unverheirateter Eltern entweder überhaupt nicht oder
nur aufgrund gerichtlicher Zuweisung – vorsah (vgl NK-BGB/*Benicke* Rn 42).

Seit dem 1.1.2011 ist diese Problematik weitgehend entschärft, weil Art 21 hinsichtlich der   **725**
Zuweisung bzw des Erlöschens der elterlichen Verantwortung *kraft Gesetzes* fast vollständig durch
Art 16 KSÜ verdrängt wird, der die Rechtsfolgen eines Statutenwechsels in Abs 3 und 4
ausdrücklich regelt (→ Rn 654 ff).

d) Vorfragen. Die von Art 21 bzw dem als Kindschaftsstatut zur Anwendung berufenen   **726**
materiellen Recht am gewöhnlichen Aufenthalt des Kindes aufgeworfenen Vorfragen sind
grundsätzlich *selbständig* anzuknüpfen (BeckOK-BGB/*Heiderhoff* Rn 19). Dies gilt insbesondere
für das von Art 21 selbst vorausgesetzte Bestehen einer Eltern-Kind-Beziehung. Maßgebend
hierfür ist daher das **Abstammungsstatut** der Art 19, 20 (Staud/*Henrich* Rn 58) bzw – in
Bezug auf das Rechtsverhältnis zu einem adoptierten Kind – das **Adoptionsstatut** des Art 22.

723

F 728–731 1. Teil. Erkenntnisverfahren F. Kindschaftssachen

727 Ein Eltern-Kind-Verhältnis iSv Art 21 besteht nur bis zur **Volljährigkeit** des Kindes. Auch die Vorfrage, wann ein Kind volljährig wird, ist gesondert nach Art 7 EGBGB anzuknüpfen (NK-BGB/*Benicke* Rn 48).

EGBGB Art 24. Vormundschaft, Betreuung und Pflegschaft

(1) Die Entstehung, die Änderung und das Ende der Vormundschaft, Betreuung und Pflegschaft sowie der Inhalt der gesetzlichen Vormundschaft und Pflegschaft unterliegen dem Recht des Staates, dem der Mündel, Betreute oder Pflegling angehört. Für einen Angehörigen eines fremden Staates, der seinen gewöhnlichen Aufenthalt oder, mangels eines solchen, seinen Aufenthalt im Inland hat, kann ein Betreuer nach deutschem Recht bestellt werden.

(2) Ist eine Pflegschaft erforderlich, weil nicht feststeht, wer an einer Angelegenheit beteiligt ist, oder weil ein Beteiligter sich in einem anderen Staat befindet, so ist das Recht anzuwenden, das für die Angelegenheit maßgebend ist.

(3) Vorläufige Maßregeln sowie der Inhalt der Betreuung und der angeordneten Vormundschaft und Pflegschaft unterliegen dem Recht des anordnenden Staates.

1. Verbleibender Anwendungsbereich

728 Eine Vormundschaft oder Pflegschaft kann für ein Kind grundsätzlich nur dann noch nach Art 24 **angeordnet** (bzw geändert oder aufgehoben) werden, wenn die internationale Zuständigkeit des deutschen Gerichts weder auf die Art 5–12 KSÜ noch auf die Art 8–15 EuEheVO gestützt werden kann, sondern sich ausnahmsweise aus § 98 Abs 2 FamFG (Verbundzuständigkeit), § 99 Abs 1 UAbs 1 Nr 1 (Heimatzuständigkeit) oder UAbs 2 FamFG (Fürsorgezuständigkeit) ergibt, also nur noch in den seltenen Fällen, in denen sich das Kind weder in einem Mitgliedstaat der EuEheVO noch in einem Vertragsstaat des KSÜ gewöhnlich aufhält. Eine Ausnahme gilt wegen Art 2 KSÜ nur für sich im Inland aufhaltende über 18-jährige Personen, die nach ihrem Heimatrecht (Art 7 EGBGB) noch nicht volljährig sind (vgl zur Beendigung der im Inland angeordneten Vormundschaft über solche Personen BGH FamRZ 18, 457 Rn 18 m Anm *Hüßtege* [*Guinea*]; OLG Bremen BeckRS 17, 101891 [*Gambia*]; OLG Bremen FamRZ 16, 990 [*Guinea*]; OLG Hamm FamRZ 15, 1635 [*Guinea*]; OLG Bremen FamRZ 13, 312 [*Liberia*]; NK-BGB/*Benicke* Art 21 EGBGB Rn 17, 19). Auch in diesen Fällen ist allerdings der Vorrang des Haager ErwSÜ zu beachten (vgl Art 2 Abs 2 ErwSÜ; → J Rn 22).

729 Noch enger ist der Anwendungsbereich von Art 24 auf dem Gebiet der **gesetzlichen Vormundschaft und Pflegschaft**. Denn diesbezüglich wird das autonome Kollisionsrecht durch die universell anwendbaren Art 16, 17 KSÜ auch dann verdrängt, wenn das Kind seinen gewöhnlichen Aufenthalt in einem Drittstaat hat (MüKoBGB/*Lipp* Rn 12; Pal/*Thorn* Rn 2). Ein schmaler Anwendungsbereich bleibt wiederum für nur für Personen, die 18 Jahre oder älter sind und deshalb vom KSÜ (Art 2) in persönlicher Hinsicht nicht mehr erfasst werden, die nach ihrem Heimatrecht jedoch noch „Kinder" sind und deshalb der gesetzlichen Vertretung bedürfen.

2. Anwendung des Heimatrechts, Abs 1 S 1

730 **a) Grundsatz.** Die Voraussetzungen für die Anordnung einer Vormundschaft oder Plegschaft sowie deren Änderung oder Beendigung bestimmen sich gemäß Abs 1 S 1 grundsätzlich nach dem Heimatrecht des Betreuten (MüKoBGB/*Lipp* Rn 25 ff; Staud/*v Hein* Rn 4, 26 ff). Eine Rück- oder Weiterverweisung durch dieses Recht ist nach Art 4 Abs 1 EGBGB jedoch zu beachten (*Hüßtege* FamRZ 18, 461; Pal/*Thorn* Rn 1; BeckOK-BGB/*Heiderhoff* Rn 8). Für Staatenlose, Mehrstaater und internationale Flüchtllinge sind ergänzend die Vorschriften des Art 5 zu beachten.

731 **b) Reichweite der Anknüpfung. aa) Entstehung, Änderung und Beendigung einer angeordneten Vormundschaft oder Pflegschaft.** Abs 1 S 1 gilt für die Entstehung, Änderung und Beendigung einer *gerichtlich angeordneten* Vormundschaft oder Pflegschaft. Soweit die Beendigung der Vormundschaft von der Erreichung der Volljährigkeit abhängt, ist dies eine selbständig nach Art 7 EGBGB bzw – bei Flüchtlingen und Asylberechtigten – nach Art 12 GFK anzuknüpfende Vorfrage (BGH FamRZ 18, 457 Rn 21 m Anm *Hüßtege;* OLG Hamm BeckRS 18, 3993 Rn 13; OLG Oldenburg FamRZ 18, 440; OLG Brandenburg StAZ 17, 111;

II. Internationales Privatrecht: EGBGB Art 24   **732–736**   **F**

OLG Karlsruhe FamRZ 15, 1820 Rn 12 m Anm *v Hein;* BeckOK-BGB/*Heiderhoff* Rn 9; MüKoBGB/*Lipp* Rn 28; **aA** [Anwendung von Art 24 EGBGB als *lex specialis* auch auf die Frage der Volljährigkeit] zu Unrecht OLG Bremen FamRZ 17, 1227 und FamRZ 16, 990).

bb) Inhalt der gesetzlichen Vormundschaft und Pflegschaft. Weiterhin ist das von Abs 1 **732**
S 1 zur Anwendung berufene Heimatrecht des Erwachsenen für den Inhalt einer **kraft Gesetzes** entstandenen Vormundschaft oder Pflegschaft maßgebend. Demgegenüber unterliegt der Inhalt einer gerichtlich angeordneten Vormundschaft oder Pflegschaft nach Abs 3 der *lex fori.*

3. Anwendung der lex fori, Abs 3

a) Grundsatz. Nach Abs 3 werden bestimmte Fragen der Anknüpfung an das Heimatrecht **733**
des Mündels in Abs 1 S 1 entzogen und dem Recht des anordnenden Gerichts unterstellt.

b) Reichweite der Anknüpfung. aa) Vorläufige Maßregeln. Abs 3 gilt für vorläufige **734**
Maßregeln, wie zB die Hinterlegung von Geld oder Wertpapieren des Mündels oder die Errichtung eines Inventars über sein Vermögen (Pal/*Thorn* Rn 7; Staud/*v Hein* Rn 59 ff). Abs 3 wird allerdings in Bezug auf vorläufige Maßregeln durch den Gleichlaufgrundsatz in Art 15 KSÜ vollständig verdrängt, wenn man die internationale Zuständigkeit für vorläufige Maßnahmen nach Art 12 KSÜ mit der hM auch auf Maßnahmen zugunsten eines Kindes mit gewöhnlichem Aufenthalt in einem Drittstaat erstreckt (→ Rn 500).

bb) Inhalt der angeordneten Vormundschaft oder Pflegschaft. Auch Inhalt und Durch- **735**
führung einer angeordneten Vormundschaft oder Pflegschaft unterliegt gemäß Abs 3 dem Recht des anordnenden Staates (vgl zum Inhalt der Vormundschaft über nach ihrem Heimatrecht noch minderjährige Ausländer nach Vollendung des 18. Lebensjahrs OLG Bremen BeckRS 17, 10189; OLG Bremen, FamRZ 16, 990 und FamRZ 13, 312; Erman/*Hohloch* Art 24 EGBGB Rn 13; Staud/*v Hein* Rn 36 ff; Pal/*Thorn* Rn 4; MüKoBGB/*Lipp* Rn 37 ff, 42). Der Begriff des „Inhalts" wird in diesem Zusammenhang weit verstanden. Dazu gehören die **Auswahl und Bestellung** des Vormunds/Pflegers (Reg Begr BT-Drs 10/504, 73; Staud/*v Hein* Rn 38), Fragen seiner Vergütung sowie seine Beaufsichtigung durch ein Gericht. Auch die **Rechte und Pflichten** des Vormunds/Pflegers gegenüber dem Mündel, insbesondere zur Verwaltung von dessen Vermögen (vgl OLG München FamRZ 09, 731 m Anm *Hoyer* IPRax 10, 232) und dessen **Haftung** (zB nach § 1833 BGB) gehören hierher.

Das Recht des anordnenden Staates entscheidet auch, bei welchen Geschäften der Vormund/ **736**
Pfleger zur **gesetzlichen Vertretung** des Mündels berechtigt ist und welche gesetzlichen Schranken seiner Vertretungsmacht gezogen sind. Bei Anordnung der Vormundschaft oder Pflegschaft durch ein deutsches Gericht gelten daher für den Umfang der gesetzlichen Vertretung einschließlich etwaiger gerichtlicher **Genehmigungserfordernisse** in jedem Fall, dh auch wenn die Voraussetzungen der Anordnung ausnahmsweise nach Abs 1 S 1 einem ausländischem Recht entnommen wurden, die §§ 1793 ff, 1821 ff BGB, ggf iVm § 1915 BGB.

G. Abstammungssachen

Übersicht

	Rn.
I. Internationale Zuständigkeit	1
1. Einführung	1
2. Autonomes Zivilverfahrensrecht	4
FamFG (Text-Nr 420)	4
Buch 1. Abschnitt 9: Verfahren mit Auslandsbezug (§§ 97, 100, 169)	4
II. Internationales Privatrecht	21
1. Einführung	21
2. Staatsverträge	25
a) CIEC-Übk zur Anerkennung nichtehelicher Kinder v 14.9.1961 (Text-Nr 430)	25
Vorbemerkung	25
Art 1–5	28
b) CIEC-Übk zur Feststellung der mütterlichen Abstammung v 12.9.1962 (Text-Nr 440)	30
Vorbemerkung	30
Art 1–5	34
c) Deutsch-iranisches Niederlassungsabkommen v 17.2.1929 (Text-Nr 450)	39
3. Autonomes Kollisionsrecht	41
EGBGB (Text-Nr 460)	41
a) Abstammung (Art 19)	41
Allgemeines	41
Anknüpfung der Abstammung	44
Verhältnis der Anknüpfungen zueinander	55
Reichweite des Abstammungsstatuts	73
Schranken des ordre public	84
Verpflichtungen des Vaters gegenüber der Mutter	88
b) Anfechtung der Abstammung (Art 20)	91
Allgemeines	91
Anknüpfung der Anfechtung	93
Schranken des ordre public	99
Reichweite des Anfechtungsstatuts	101
c) Zustimmung des Kindes (Art 23)	103
Kumulative Anwendung des Heimatrechts	103
Schranken des Kindeswohls	112

Der Abschnitt G beschränkt sich auf die Behandlung von Abstammungssachen im **Erkenntnisverfahren,** nämlich auf Fragen der internationalen Zuständigkeit (→ Rn 1 ff) und des anwendbaren Rechts (→ Rn 21 ff). Die **Anerkennung und Vollstreckung** ausländischer Entscheidungen in Abstammungssachen wird im **Abschnitt O** dargestellt.

I. Internationale Zuständigkeit

1. Einführung

a) EU-Recht. Regelungen des sekundären Unionsrechts finden auf dem Gebiet der internationalen Zuständigkeit in Abstammungssachen derzeit noch keine Anwendung. Diese sind aus dem sachlichen Anwendungsbereich der **EuGVVO** nach deren Art 1 Abs 2 lit a ausgeschlossen. Auch die bisher auf dem Gebiet des Ehe- und Familienrechts in Kraft getretenen EG-/EU-Verordnungen erfassen Abstammungssachen nicht. Insbesondere die **EuEheVO** nimmt die Feststellung und die Anfechtung des Eltern-Kind-Verhältnisses in Art 1 Abs 2 lit a ausdrücklich aus ihrem Anwendungsbereich aus. Die **EuUntVO** regelt zwar die internationale Zuständigkeit auch für Unterhaltsansprüche im Eltern-Kind-Verhältnis, nicht aber für die Frage nach dem Bestehen eines solchen Verhältnisses. Sie stellt vielmehr in Art 22 ausdrücklich klar, dass auch die

727

G 5   1. Teil. Erkenntnisverfahren G. Abstammungssachen

Anerkennung und Vollstreckung einer Unterhaltsentscheidung nach der Verordnung „in keiner Weise die Anerkennung von Familien-, Verwandtschafts- oder eherechtlichen Verhältnissen ..., die der Unterhaltspflicht zugrunde liegen" mit umfasst (dazu → M Rn 132 f).

2   **b) Staatsverträge.** Die internationale Zuständigkeit in Abstammungssachen ist bisher auch nicht in Staatsverträgen geregelt, die von der *Bundesrepublik Deutschland* abgeschlossen worden sind. Insbesondere sind sie aus dem **Luganer Übereinkommen** von 2007 in gleichem Umfang ausgeschlossen wie aus der EuGVVO (Art 1 Abs 1 lit a LugÜ 2007). Auch aus dem **KSÜ** sind sie nach Art 4 lit a ausgenommen.

3   **c) Autonomes Zivilverfahrensrecht.** Bis zu einer Regelung der internationalen Zuständigkeit für Abstammungssachen durch den europäischen Gesetzgeber bestimmt diese sich daher nach dem autonomen Verfahrensrecht der Mitgliedstaaten. In Deutschland ist hierfür § 100 FamFG maßgebend (→ Rn 5 ff).

2. Autonomes Zivilverfahrensrecht

420. Gesetz über das Verfahren in Familiensachen und in den Angelegenheiten der freiwilligen Gerichtsbarkeit (FamFG)

Vom 17. Dezember 2008 (BGBl I, 2586)

Buch 1. Allgemeiner Teil
Abschnitt 9. Verfahren mit Auslandsbezug

Schrifttum: Vgl das allg Schrifttum zu Verfahren mit Auslandsbezug im FamFG → A vor Rn 239.

Unterabschnitt 1. *Verhältnis zu völkerrechtlichen Vereinbarungen und Rechtsakten der Europäischen Gemeinschaft*

FamFG § 97. Vorrang und Unberührtheit

(1) ¹**Regelungen in völkerrechtlichen Vereinbarungen gehen, soweit sie unmittelbar anwendbares innerstaatliches Recht geworden sind, den Vorschriften dieses Gesetzes vor.** ²**Regelungen in Rechtsakten der Europäischen Gemeinschaft bleiben unberührt.**

(2) **Die zur Umsetzung und Ausführung von Vereinbarungen und Rechtsakten im Sinne des Absatzes 1 erlassenen Bestimmungen bleiben unberührt.**

4   Vorrangiges EU-Recht oder Staatsverträge auf dem Gebiet der internationalen Zuständigkeit in Abstammungssachen gelten derzeit nicht (→ Rn 1 f). Insbesondere erfassen sowohl die EuEheVO wie auch das KSÜ/MSA nur Kindschaftssachen, nicht Abstammungssachen (vgl Art 1 Abs 3 lit a EuEheVO, Art 4 lit a KSÜ).

Unterabschnitt 2. *Internationale Zuständigkeit*

FamFG § 100. Abstammungssachen

Die deutschen Gerichte sind zuständig, wenn das Kind, die Mutter, der Vater oder der Mann, der an Eides statt versichert, der Mutter während der Empfängniszeit beigewohnt zu haben,

1. Deutscher ist oder
2. seinen gewöhnlichen Aufenthalt im Inland hat.

1. Allgemeines

5   In Ermangelung von EU-Recht und einschlägigen Staatsverträgen beurteilt sich auch die internationale Zuständigkeit der deutschen Gerichte in Abstammungssachen weiterhin nach dem autonomen Verfahrensrecht. § 100 regelt nur die **internationale Zuständigkeit;** die örtliche Zuständigkeit in Abstammungssachen ergibt sich aus § 170 FamFG. Die Zuständigkeiten nach § 100 sind **nicht disponibel,** so dass Gerichtsstandsvereinbarungen und rügelose Einlassung ausgeschlossen sind (MüKoFamFG/*Rauscher* Rn 21). Sie sind ferner gemäß § 106 **nicht aus-**

728

I. Internationale Zuständigkeit: FamFG § 100 **6–12 G**

schließlich, hindern also die Anerkennung der Entscheidung eines ausländischen Gerichts nicht, wenn dieses nach § 109 Abs 1 Nr 1 iVm § 100 ebenfalls international zuständig ist. Auf die Anerkennung der deutschen Entscheidung im Heimatstaaten eines Beteiligten kommt es – anders als in Ehesachen (§ 98 Abs 1 Nr 4) – in Abstammungssachen nicht an.

§ 100 regelt die internationale Zuständigkeit in Abstammungssachen grundsätzlich **abschlie- 6 ßend.** Sollte jedoch ausnahmsweise ein Bedürfnis für ein Tätigwerden deutscher Gerichte bestehen, obwohl keine internationale Zuständigkeit nach § 100 eröffnet ist (zB zugunsten von Flüchtlingskindern mit nur schlichtem Aufenthalt im Inland), so ist in Analogie zu § 99 Abs 1 Nr 3 eine entsprechende **Notzuständigkeit** anzunehmen (MüKoFamFG/*Rauscher* Rn 19; P/ H/*Hau* Rn 6).

2. Abstammungssachen

Der Begriff der Abstammungssachen in § 100 bestimmt sich nach der deutschen *lex fori* **7** (*Althammer* IPRax 09, 381/383); maßgebend ist daher die Begriffsbestimmung in § 169 FamFG:

FamFG § 169. Abstammungssachen. Abstammungssachen sind Verfahren
**1. auf Feststellung des Bestehens oder Nichtbestehens eines Eltern-Kind-Verhältnisses, ins-
   besondere der Wirksamkeit oder Unwirksamkeit einer Anerkennung der Vaterschaft,**
**2. auf Ersetzung der Einwilligung in eine genetische Abstammungsuntersuchung und Anordnung
   der Duldung einer Probeentnahme,**
3. auf Einsicht in ein Abstammungsgutachten oder Aushändigung einer Abschrift oder
4. auf Anfechtung der Vaterschaft.

§ 169 zählt enumerativ diejenigen Verfahren auf, die Abstammungssachen iS des FamFG sind. **8** Nach Nr 1 kann die isolierte Feststellung eines Eltern-Kind-Verhältnisses auch außerhalb des Statusverfahrens nach § 1600d BGB begehrt werden. Dies kommt insbesondere bei Zweifelsfragen im Zusammenhang mit der Anwendbarkeit ausländischen Rechts oder bei der vorgelagerten Frage nach dem anwendbaren Abstammungsstatut in Betracht (BGH NJW 16, 2322 Rn 21; Keidel/*Engelhardt* § 169 Rn 7 f).

In den Anwendungsbereich von § 169 fallen aber darüber hinaus auch solche Verfahren, die mit **9** Abstammungsverfahren in einem **Sach- oder Verfahrenszusammenhang** stehen, wie zB der Antrag auf Verfahrenskostenhilfe für ein Abstammungsverfahren oder das Verfahren zur Anerkennung einer ausländischen Vaterschaftsfeststellung (BGH VersR 00, 613; ThP/*Hüßtege* § 169 Rn 2).

3. Die einzelnen Zuständigkeitsanknüpfungen

a) Beteiligte. Nach § 100 FamFG ist die internationale Zuständigkeit in Abstammungssachen **10** dann gegeben, wenn das Kind, die Mutter, der Vater oder der Mann, der an Eides statt versichert, der Mutter während der Empfängniszeit beigewohnt zu haben, Deutscher ist oder seinen gewöhnlichen Aufenthalt im Inland hat. Dabei genügt es, wenn nur *einer* der genannten materiell Beteiligten Deutscher ist oder seinen gewöhnlichen Aufenthalt im Inland hat (MüKoFamFG/ *Rauscher* Rn 8; MüKoBGB/*Helms* Art 19 EGBGB Rn 64). Die internationale Zuständigkeit der deutschen Gerichte nach § 101 Nr 1 besteht daher auch für einen Antrag, mit dem ein deutscher **Samenspender** die Feststellung seiner Vaterschaft für einen im Ausland extrakorporal aufbewahrten Embryo begehrt (BGH NJW 16, 3174 Rn 8).

Wer **Vater und Mutter** iSv § 100 ist, bestimmt sich nach dem von Art 19 EGBGB zur **11** Anwendung berufenen Recht. Dies sind nicht nur diejenigen Personen, die diese Rechtsstellung bereits innehaben, sondern auch diejenigen, die sie – zB in einem Verfahren auf Feststellung der Vater- oder Mutterschaft – erst anstreben. Materiell Beteiligte sind aber auch diejenigen, die ihre Rechtsstellung als Vater oder Mutter im Wege der Anfechtungsklage zu beseitigen wünschen. Die deutschen Gerichte sind daher für den Antrag auf Anfechtung der Vaterschaft durch einen Mann, der Deutscher ist oder seinen gewöhnlichen Aufenthalt im Inland hat, international zuständig, auch wenn dessen Rechtsstellung als Vater beim Erfolg des Antrags entfällt (MüKo-FamFG/*Rauscher* Rn 9).

Auf die Zuständigkeit nach § 100 kann sich in Leihmutterschaftsfällen auch eine Frau stützen, **12** die nach Maßgabe des von Art 19 EGBGB zur Anwendung berufenen ausländischen Rechts auf **Feststellung ihrer genetischen Mutterschaft** klagt, obwohl sie das Kind nicht geboren hat. Gleiches gilt für die Klage einer solchen Frau auf Anfechtung der Mutterschaft derjenigen Frau, die das Kind als Leihmutter geboren hat. Auch insoweit begründet also die deutsche Staatsangehörigkeit oder der gewöhnliche Aufenthalt der Antragstellerin im Inland die internationale

729

G 13–19   1. Teil. Erkenntnisverfahren G. Abstammungssachen

Zuständigkeit der deutschen Gerichte, obwohl das deutsche materielle Recht (§ 1591 BGB) solche Anträge nicht zulässt (MüKoFamFG/*Rauscher* Rn 11).

13   Als Beteiligter ausdrücklich erwähnt ist auch der Mann, der an Eides statt versichert, der Mutter während der Empfängniszeit beigewohnt zu haben, also der sog „**biologische**" **Vater.** Er hat diese Beteiligtenstellung jedoch nur für Verfahren, in denen er selbst entweder die Feststellung seiner Vaterschaft begehrt oder die Vaterschaft eines anderen Mannes (zB des Ehemanns der Mutter) anficht. Wird die Vaterschaft hingegen vom rechtlichen Vater, von der Mutter oder vom Kind angefochten, so muss die Zuständigkeitsanknüpfung in einer dieser Personen erfüllt sein; die deutsche Staatsangehörigkeit oder der gewöhnliche Inlandsaufenthalt allein des biologischen Vaters reicht in diesem Fall zur Begründung der internationalen Zuständigkeit nach § 100 nicht aus (MüKoFamFG/*Rauscher* Rn 12; P/H/*Hau* Rn 4).

14   **b) Deutsche Staatsangehörigkeit, Nr 1.** Die internationale Zuständigkeit der deutschen Gerichte in Abstammungssachen wird zunächst durch die deutsche Staatsangehörigkeit (oder die Rechtsstellung als Deutscher iSv Art 116 Abs 1 GG) eines der in § 100 genannten Beteiligten begründet. Im Falle der **Mehrstaatigkeit** eines Beteiligten genügt es, wenn dieser neben einer ausländischen auch die deutsche Staatsangehörigkeit besitzt, selbst wenn er mit seinem ausländischen Heimatrecht enger verbunden ist (Keidel/*Engelhardt* Rn 4; Zö/*Geimer* Rn 4). Staatenlose, internationale Flüchtlinge iSv Art 12 der Genfer Flüchtlingskonvention und anerkannte Asylberechtigte stehen deutschen Staatsangehörigen gleich, wenn sie ihren gewöhnlichen Aufenthalt im Inland haben.

15   **c) Gewöhnlicher Aufenthalt im Inland, Nr 2.** Der Begriff des gewöhnlichen Aufenthalts ist **ebenso** wie in §§ 98, 99 zu bestimmen (→ Rn A 268 f), allerdings sind Besonderheiten bei der Ermittlung des gewöhnlichen Aufenthalts von Kleinkindern zu beachten (→ Rn 44 ff). Aufgrund der alternativen Anknüpfung in § 100 reicht bereits der gewöhnliche Aufenthalt der Mutter im Inland zur Begründung der internationalen Zuständigkeit der deutschen Gerichte aus, auch wenn die an der streitigen Abstammungsbeziehung allein Beteiligten, nämlich der Vater und das Kind, beide ihren gewöhnlichen Aufenthalt im Ausland haben.

4. Verfahrensgrundsätze

16   **a) Prüfung.** Die internationale Zuständigkeit in Abstammungssachen nach § 100 ist in jeder Lage des Verfahrens, dh auch in der Beschwerde- und der Rechtsbeschwerdeinstanz, **von Amts wegen** zu prüfen (OLG Jena FamRZ 17, 1232; ThP/*Hüßtege* § 170 Rn 1). § 65 Abs 4 gilt insoweit nicht (Mu/*Borth*/*Grandel* Rn 1). Dabei ist auf den Tag abzustellen, an dem das Verfahren eingeleitet worden ist. Grundsätzlich ist die internationale dabei vor der örtlichen Zuständigkeit zu prüfen (Bassenge/Roth/*Althammer* vor §§ 97 ff Rn 3). Ob die Abstammung selbst im Verfahren der streitigen oder der freiwilligen Gerichtsbarkeit festzustellen ist, beurteilt sich nach der *lex fori* (Erman/*Hohloch* Art 19 EGBGB Rn 28; NK-BGB/*Bischoff* Art 19 EGBGB Rn 42).

17   **b) Perpetuatio fori.** In Abstammungssachen gilt der Grundsatz der *perpetuatio fori*. Die internationale Zuständigkeit nach § 100 bleibt also bestehen, wenn die als Anknüpfungskriterium herangezogene deutsche Staatsangehörigkeit oder der gewöhnliche Inlandsaufenthalt eines Beteiligten während des Verfahrens entfällt (MüKoFamFG/*Rauscher* Rn 22; P/H/*Hau* Rn 5). Diese Frage erlangt allerdings idR nur dann Bedeutung, wenn Anknüpfungspunkt für das im Inland anhängige Verfahren der gewöhnliche Aufenthalt eines Beteiligten ist, der diesen Aufenthalt während des Verfahrens ins Ausland verlegt hat. Auch in diesem Fall kommt es auf den grundsatz der *perpetuatio fori* nur an, wenn die fortbestehende Zuständigkeit des angerufenen Gerichts nicht auf die deutsche Staatsangehörigkeit dieses oder eines anderen Beteiligten iSv § 100 Nr 1 oder den gewöhnlichen Aufenthalt eines anderen Beteiligten iSv § 100 Nr 2 gestützt werden kann.

18   **c) Ausländische Rechtshängigkeit.** Ist das parallele Verfahren früher im Ausland eingeleitet worden, so enthält das FamFG zwar keine ausdrückliche Regelung über die Beachtung der dortigen Rechtshängigkeit; diese sollte jedoch entsprechend dem in § 261 Abs 1 Nr 1 ZPO zum Ausdruck kommenden Gedanken von dem später befassten deutschen Familiengericht auch in Abstammungssachen beachtet werden. Voraussetzung ist freilich eine positive Anerkennungsprognose, dh es muss mit einer Anerkennung der in dem ausländischen Verfahren ergehenden Entscheidung im Inland gerechnet werden können.

19   **d) Duldung von Untersuchungen.** Die Pflicht zur Duldung von Untersuchungen nach § 178 Abs 1 (zB einer Blutentnahme) ist **verfahrensrechtlich** zu qualifizieren. Die Vorschrift ist

730

II. Internationales Privatrecht   **20 G**

daher in Abstammungssachen vor deutschen Gerichten auch anzuwenden, wenn der Betroffene
(idR der Vater) Ausländer ist oder seinen gewöhnlichen Aufenthalt im Ausland hat. Dies gilt
auch dann, wenn die Abstammung nach Art 19 EGBGB einem ausländischen Recht unterliegt,
das eine solche Duldungspflicht nicht kennt (OLG Bremen FamRZ 09, 802; MüKoFamFG/
Rauscher Rn 24). Lässt sich eine Blutentnahme im Ausland im Rechtshilfeweg nicht durchsetzen
und weigert sich der potentielle Vater, an einer solchen nach § 178 Abs 1 im Inland mitzuwirken, so kann dies im Rahmen der Beweiswürdigung zu seinem Nachteil verwertet werden,
dh es wird dann vermutet, dass keine schwerwiegenden Zweifel an seiner Vaterschaft bestehen
(vgl BGH IPRax 87, 176/178 m Anm *Schlosser;* BGH FamRZ 93, 691/693; OLG Stuttgart
FamRZ 12, 1510/1511; P/H/*Hau* Rn 9; NK-BGB/*Bischoff* Art 19 EGBGB Rn 47).

In gleicher Weise ist auch die Frage, ob heimlich eingeholte **DNA-Analysen** im Vaterschafts-   **20**
anfechtungsverfahren verwertet werden dürfen, verfahrensrechtlich zu qualifizieren (Pal/*Thorn*
Art 20 EGBGB Rn 3). In Verfahren vor deutschen Gerichten ist dies daher ausgeschlossen
(BGHZ 162, 1 = FamRZ 05, 340), auch wenn in der Sache nach Art 20 EGBGB ausländisches
Anfechtungsrecht zur Anwendung kommt.

II. Internationales Privatrecht

Schrifttum: a) Allgemeines: *Andrae,* Die gesetzliche Zordnung des Kindes nach ausländischem Recht
bei lesbischer institutioneller Partnerschaft, StAZ 15, 163; *Backmann,* Künstliche Fortpflanzung und Internationales Privatrecht, Diss München (2002); *Budzikiewicz,* Materielle Statuseinheit und kollisionsrechtliche
Statusverbesserung, Diss Köln (2005); *Coester-Waltjen,* Die Mitmutterschaft nach südafrikanischem Recht im
deutschen Geburtsregister, IPRax 16, 132; *Dethloff,* Konkurrenz von Vaterschaftsvermutung und Anerkennung der Vaterschaft, IPRax 05, 326; *Dörner,* Probleme des neuen internationalen Kindschaftsrechts, FS
Henrich (2000) 119; *Dutta,* Konkurrierende Vaterschaften bei scheidungsnah geboren Kindern mit Auslandsbezug: divergierende obergerichtliche Rechtsprechung, StAZ 16, 200; *Frank,* Die unglückselige Mehrfachanknüpfung in Art. 19 EGBGB, StAZ 09, 65; *Freitag,* Das Kuckuckskind im IPR – Kollisionsrechtliche
Betrachtungen zum scheidungsakzessorischen Statuswechsel bzw. zur qualifizierten (konsensualen) Vater-
schaftsanerkennung, StAZ 13, 353; *Frie,* Die Mitmutter kraft ausländischen Rechts, FamRZ 15, 889; *dies,*
Wer ist der richtige Vater? Streit um das „Günstigkeitsprinzip" in Art 19 Abs 1 EGBGB in der aktuellen
obergerichtlichern Rechtsprechung, StAZ 17, 103; *Heiderhoff,* Der gewöhnliche Aufenthalt von Säuglingen,
IPRax 12, 523; *Helms,* Aktuelle Fragen des internationalen Abstammungsrechts, StAZ 09, 293; *ders,* Im
Ausland begründete – im Inland unbekannte Statusverhältnisse, StAZ 12, 2; *Henrich,* Das Kollisionsrecht im
Kindschaftsrechtsreformgesetz, StAZ 1998, 1; *ders,* Kindschaftsrechtsreform und IPR, FamRZ 1998, 1401;
ders, Legitimationen nach ausländischem Recht, sind sie noch zu beachten?, FS Sturm (1999) 1505; *ders,* Zum
Schutz des Scheinvaters durch den deutschen ordre public, IPRax 02, 118; *ders,* Das Kind mit zwei Müttern
(und zwei Vätern) im internationalen Privatrecht, FS Schwab (2005) 1141; *ders,* Kollisionsrechtliche Fragen
bei medizinisch assistierter Zeugung, FS Frank (2008) 249; *Hepting,* Konkurrierende Vaterschaften in
Auslandsfällen, StAZ 00, 33; *ders,* Folgeprobleme der Kindschaftsrechtsreform: Legitimation, Abstammung
und Namenserteilung StAZ 02, 129; *ders,* Mehrfachanknüpfung und doppelte Vaterschaft im Abstammungsrecht, IPRax 02, 388; *Krömer,* Abstammung des Kindes einer von ihrem italienischen Ehemann gerichtlich
getrennt lebenden Italienerin; Anerkennung der Vaterschaft durch einen Dritten mit italienischer Staatsangehörigkeit, StAZ 12, 320; *Looschelders,* Alternative und sukzessive Anwendung mehrerer Rechtsordnungen
nach dem neuen internationalen Kindschaftsrecht, IPRax 99, 420; *Mansel,* Reform des internationalen
Abstammungs- und Adoptionsrechts des EGBGB, IPRax 15, 185; *Mayer,* Vaterschaftsfestellung für Embryonen: Qualifikation, Kollisionsrecht, Sachrecht, IPRax 16, 432; *Nordmeier,* Unionsbürgerschaft, EMRK und
ein Anerkennungsprinzip: Folgen der namensrechtlichen EuGH-Rechtsprechung für Statusentscheidungen,
StAZ 11, 129; *Oprach,* Das Abstammungsstatut nach Art. 19 EGBGB alter und neuer Fassung im deutsch-
italienischen Rechtsverkehr, IPRax 01, 325; *Pfeiffer,* Internationalprivat- und verfahrensrechtliches zu „heim-
lichen" Vaterschaftstests, FS Laufs (2006) 1193; *Rauscher,* Vaterschaft auf Grund Ehe mit der Mutter, FPR 02,
352; *ders,* Zur Anerkennung der Eltern-Kind-Zuordnung zur Ehefrau der Mutter anach südafrikanischem
Recht, NJW 16, 2327; *Siehr,* Zur Reform des deutschen internationalen Abstammungsrechts (Art 19 und 20
EGBGB), FS Coester-Waltjen (2015) 769; *ders,* Das internationale Abstammungsrecht im EGBGB – Vorschläge zur Reform der Art 19–20, 23 EGBGB, StAZ 15, 258; *Sturm,* Alternatives Abstammungsstatut und
Erwerb der deutschen Staatsangehörigkeit – Zum neugefassten Art. 19 Abs. 1 EGBGB und der Staatsangehö-
rigkeitsnovelle (1999), FS Stoll (2001) 451; *ders,* Das Abstammungsstatut und seine alternative Anknüpfung,
StAZ 03, 353; *Waldburg,* Anpassungsprobleme im internationalen Abstammungsrecht, Diss. Heidelberg
(2000); *Wedemann,* Konkurrierende Vaterschaften und doppelte Mutterschaften im Internationalen Abstammungsrecht (2006); *dies,* Die kollisionsrechtliche Behandlung der qualifizierten Drittanerkennung nach
§ 1999 Abs 2 BGB sowie vergleichbarer ausländischer Rechtsinstitute, StAZ 12, 225.

b) Leihmutterschaft: *Benicke,* Kollisionsrechtliche Fragen der Leihmutterschaft, StAZ 13, 101; *Dethloff,*
Leihmütter, Wunscheltern und ihre Kinder, JZ 14, 922; *Duden,* Ausländische Leihmutterschaft: Elternschaft

731

G 21–23   1. Teil. Erkenntnisverfahren G. Abstammungssachen

durch verfahrensrechtliche Anerkennung, StAZ 14, 164; *ders,* Internationale Leihmutterschaft: Der frühe Schutz der tatsächlichen Familie, StAZ 15, 201; *ders,* Leihmutterschaft im Internationalen Privat- und Verfahrensrecht (2015); *ders,* Zweifel an der Elternschaft bei internationaler Leihmutterschaft, StAZ 17, 225; *Engel,* Internationale Leihmutterschaft und Kindeswohl, ZEuP 14, 538; *Heiderhoff,* Rechtliche Abstammung im Ausland geborener Leihmutterkinder; NJW 14, 2673; *Helms,* Leihmutterschaft – ein rechtsvergleichender Überblick, StAZ 13, 114; *Henrich,* Leihmütterkinder: Wessen Kinder?, IPRax 15, 229; *Lagarde,* Die Leihmutterschaft: Probleme des Sach- und des Kollisionsrechts, ZEuP 15, 233; *Lederer,* Grenzenloser Kinderwunsch – Leihmutterschaft im nationalen, europäischen und globalen rechtlichen Spannungsfeld (2016); *Lurger,* Das österreichische IPR bei Leihmutterschaften im Ausland – das Kindeswohl zwischen Anerkennung, europäischen Grundrechten und inländischem Leihmutterschaftsverbot, IPRax 13, 282; *Mayer,* Sachwidrige Differenzierungen in internationalen Leihmutterschaftsfällen, IPRax 14, 57; *dies,* Ordre public und Anerkennung der rechtlichen Elternschaft in internationalen Leihmutterschaftsfällen, RabelsZ 78 (2014) 551; *Rauscher,* Anerkennung zweier Väter kraft kalifornischer Leihmuttervereinbarung, JR 16, 97; *Sitter,* Grenzüberschreitende Leihmutterschaft – Eine Untersuchung des materiellen und internationalen Abstammungsrechts Deutschlands und der USA (2017); *Sturm,* Dürfen Kinder ausländischer Leihmütter zu ihren genetischen Eltern nach Deutschland verbracht werden?, FS Kühne (2009) 919; *Thomale,* Mietmutterschaft – Eine international-privatrechtliche Kritik (2015); *ders,* Das Kinderwohl ex ante – Straßburger zeitgemäße Betrachtungen zur Leihmutterschaft, IPRax 17, 583; *Wagner,* Abstammungsfragen bei Leihmutterschaften in internationalen Sachverhalten – Bemühungen der Haager Konferenz für Internationales Privatrecht, StAZ 12, 294; *Woitge,* Der Status von Kindern ausländischer Leihmütter in Deutschland, Jura 15, 496.

1. Einführung

21   **a) EU-Recht.** Das auf Fragender Abstammung anwendbare Recht ist bisher nicht durch EU-Recht geregelt.

22   **b) Staatsverträge. aa) Kollisionsrecht.** Auf dem Gebiet des Abstammungskollisionsrechts sind aus deutscher Sicht vor allem folgenden Staatsverträge nach Art 3 Nr 2 EGBGB vorrangig zu beachten:

– das Römische CIEC-Übereinkommen über die Erweiterung der Zuständigkeit der Behörden, vor denen nichteheliche Kinder anerkannt werden können, v 14.9.1961 (BGBl 65 II, 19; → Rn 25 ff).

– das Brüsseler CIEC-Übereinkommen über die Feststellung der mütterlichen Abstammung nichtehelicher Kinder v 12.9.1962 (BGBl 65 II, 23; → Rn 30 ff).)

– das deutsch-iranische Niederlassungsabkommen v 17.2.1929 (RGBl 30 II, 1006; → Rn 39 f).

Demgegenüber ist das Münchener CIEC-Übk über die freiwillige Anerkennung nichtehelicher Kinder v 5.9.1980 zwar von der *Bundesrepublik Deutschland* gezeichnet, aber bisher nur von *Frankreich* und der *Türkei* ratifiziert worden; es ist noch nicht in Kraft getreten. Text (französisch): http://www.ciecl.org (Nr 18).

23   **bb) Materielles Recht.** Auf dem Gebiet der Vereinheitlichung des materiellen Kindschaftsrechts sind vor allem folgende Übereinkommen zu berücksichtigen:

– Das **Straßburger Europäische Übk über die Rechtsstellung nichtehelicher Kind**er v 15.10.1975 ist von der *Bundesrepublik Deutschland* bisher nicht gezeichnet worden. Es ist am 11.8.1978 für *Norwegen, Schweden* und die *Schweiz* in Kraft getreten. Das Übk gilt heute ferner für *Albanien* (seit 10.12.2011), *Aserbaidschan* (seit 29.6.2000), *Dänemark* (seit 19.4.1979), *Georgien* (seit 31.7.2002), *Griechenland* (seit 16.9.1988), *Irland* (seit 6.1.1989), *Lettland* (seit 2.10.2003), *Liechtenstein* und *Litauen* (jeweils seit 18.7.1997), *Luxemburg* (seit 2.7.1982), *Mazedonien* (seit 1.3.2003), die Republik *Moldau* (seit 15.6.2002), *Österreich* (seit 29.8.1980), *Polen* (seit 22.9.1996), *Portugal* (seit 8.8.1982), *Rumänien* (seit 1.3.1993), die *Tschechische Republik* (seit 8.6.2001), die *Ukraine* (seit 27.6.2009), das *Vereinigte Königreich* (seit 25.5.1981) und *Zypern* (seit 12.10.1979). Text (englisch/französisch): http://conventions.coe.int (Nr. 85).

– Das **New Yorker UN-Übk über die Rechte des Kindes** v. 20.11.1989 (BGBl 92 II, 122) ist für die *Bundesrepublik Deutschland* am 5.4.1992 in Kraft getreten (Bek v 10.7.1992, BGBl II, 990). Bei der Hinterlegung hat Deutschland u.a. die Erklärung abgegeben, dass das Übk innerstaatlich keine unmittelbare Anwendung findet. Eine Übersicht über die fast 200 weiteren Vertragsstaaten findet sich im Fundstellennachweis B zum BGBl 16 II, 879.

– Das **Straßburger Europäische Übk über die Ausübung von Kinderrechten** v 25.1.1996 (BGBl 01 II, 1075) ist für die *Bundesrepublik Deutschland* am 1.8.2002 im Verhältnis zu *Griechenland, Lettland, Polen, Slowenien* und der *Tschechischen Republik* in Kraft getreten (Bek v 26.11.2003, BGBl II, 2167). Es gilt inzwischen ferner für *Albanien* (seit 1.2.2012, BGBl II,

II. Internationales Privatrecht: Art 1 **G**

147), *Finnland* (seit 1.3.2011, BGBl II, 280), *Frankreich* (seit 1.1.2008, BGBl II, 164), *Italien* (seit 1.11.2003, BGBl II, 2167), *Kroatien* (seit 1.8.2010, BGBl II, 280), *Malta* (seit 1.7.2015, BGBl II, 481), *Mazedonien* (seit 1.5.2003, BGBl II, 420), *Montenegro* (seit 1.2.2011, BGBl II, 280), *Österreich* (seit 1.10.2008, BGBl 09 II, 1268), *Portugal* (seit 1.7.2014, BGBl II, 355), *Spanien* (seit 1.4.2015, BGBl II, 68), die *Türkei* (seit 1.10.2002, BGBl II, 2800), die *Ukraine* (seit 1.4.2007, BGBl 08 II, 164) und *Zypern* (seit 1.2.2006, BGBl II, 128).

– Das **Straßburger Europäische Übereinkommen über den Umgang von und mit Kindern** v 15.5.2003 ist von der *Bundesrepublik Deutschland* hingegen bisher nicht gezeichnet worden. Es ist am 1.9.2005 für *Albanien, San Marino* und die *Tschechische Republik* in Kraft getreten. Es gilt inzwischen ferner für *Bosnien und Herzegowina* (seit 1.3.2013), *Kroatien* (seit 1.6.2009), *Malta* (seit 1.6.2015), *Rumänien* (seit 1.11.2007), die *Türkei* (seit 1.5.2012) und die *Ukraine* (seit 1.4.2007). Text (englisch/französisch): http://conventions.coe.int (Nr. 192).

c) Autonomes Kollisionsrecht. Greift – wie im Regelfall – weder EU-Recht noch ein **24** Staatsvertrag ein, so ist das auf die Abstammung anzuwendende Recht mit Hilfe des autonomen deutschen Kollisionsrechts zu bestimmen. Einschlägig sind dann die Art 19, 20 EGBGB.

2. Staatsverträge

430. Römisches CIEC-Übereinkommen über die Erweiterung der Zuständigkeit der Behörden, vor denen nichteheliche Kinder anerkannt werden können

Vom 14. September 1961 (BGBl 1965 II, 19)

Vorbemerkung

1. Anwendungsbereich

a) Vertragsstaaten. Das Übk ist für die *Bundesrepublik Deutschland* am 24.7.1965 im Verhältnis **25** zu *Frankreich,* den *Niederlanden,* der *Schweiz* und der *Türkei* in Kraft getreten (Bek v 17.8.1965, BGBl II, 1162). Es gilt heute ferner im Verhältnis zu *Belgien* (seit 16.9.1967, BGBl II, 2376), *Griechenland* (seit 22.7.1979, BGBl II, 1024), *Italien* (seit 5.8.1981, BGBl II, 625), *Portugal* (seit 4.7.1984, BGBl II, 875) und *Spanien* (seit 5.8.1987, BGBl II, 448). Der zwischenzeitliche Austritt der *Bundesrepublik Deutschland* aus der CIEC lässt die Geltung des Übk für *Deutschland* unberührt (BGH FamRZ 17, 1682 Rn 19; *Kohler/Pintens* FamRZ 15, 1537/1545).

b) Sachlicher Anwendungsbereich. Das Übk ist vor dem Hintergrund geschlossen worden, **26** dass es damals einerseits Staaten gab, die an ein Vaterschaftsanerkenntnis weitreichende Standesfolgen, insbesondere gegenseitige Unterhalts- und Erbansprüche knüpften, andererseits Staaten, deren Recht nur die sog „Zahlvaterschaft" kannte und einem Vaterschaftsanerkenntnis nur die Wirkung beilegte, Unterhaltsansprüche des Kindes gegen den Vater zu begründen. Ziel des Übk war es daher, eine Anerkennung mit Standesfolge auch in den Staaten zu ermöglichen, die nur die Anerkennung ohne Standesfolge kannten und umgekehrt (Art 2–4 S 1). Das Anerkenntnis sollte aber nach Art 4 S 2 immer nur diejenige Wirkung haben, die es gehabt hätte, wenn es im Heimatstaat des anerkennenden Vaters abgegeben worden wäre (Staud/*Henrich* Vorbem Art 19 EGBGB Rn 3 f; MüKoBGB/*Helms* Art 19 EGBGB Anh II Rn 1).

Da aber ein Vaterschaftsanerkenntnis heute in allen Vertragsstaaten nur noch mit Standesfolge **27** abgegeben werden kann (Staud/*Henrich* Vorbem Art 19 EGBGB Rn 5) und sich daran auch in Zukunft kaum etwas ändern wird, hat das Übk **keine praktische Bedeutung mehr** (MüKoBGB/*Helms* Art 19 EGBGB Anh II Rn 2). Auf eine nähere Kommentierung wird daher verzichtet.

2. Auslegung

Für die Auslegung ist zu berücksichtigen, dass authentisch allein der französische Text des Übk **28** ist (http://www.ciecl.org, Nr 5).

Art 1. [Anerkennung mit und ohne Standesfolge]

Im Sinne dieses Übereinkommens wird die urkundliche Erklärung eines Mannes, der Vater eines nichtehelichen Kindes zu sein, als „Anerkennung mit Standesfolge"

733

G 30, 31 1. Teil. Erkenntnisverfahren G. Abstammungssachen

oder „Anerkennung ohne Standesfolge" bezeichnet, je nachdem, ob durch die Erklärung familienrechtliche Bande zwischen dem Anerkennenden und dem nichtehelichen Kind, auf das sich die Erklärung bezieht, hergestellt werden sollen oder nicht.

Art 2. [Anerkennung mit Standesfolge]

Angehörige von Vertragsstaaten, deren Recht die Anerkennung mit Standesfolge vorsieht, können eine solche Anerkennung auch im Hoheitsgebiet von Vertragsstaaten vornehmen, deren Recht nur die Anerkennung ohne Standesfolge vorsieht.

Art 3. [Anerkennung ohne Standesfolge]

Angehörige von Vertragsstaaten, deren Recht die Anerkennung ohne Standesfolge vorsieht, können eine solche Anerkennung auch im Hoheitsgebiet von Vertragsstaaten vornehmen, deren Recht nur die Anerkennung mit Standesfolge vorsieht.

Art 4. [Form und Wirkungen der Anerkennung]

Die in den Artikeln 2 und 3 vorgesehenen Erklärungen werden von dem Standesbeamten und jeder anderen zuständigen Behörde in der Form öffentlich beurkundet, die das Ortsrecht vorschreibt; in der Urkunde ist stets die Staatsangehörigkeit zu vermerken, die der Erklärende für sich in Anspruch nimmt. Die Erklärungen haben die gleichen Wirkungen, wie wenn sie vor der zuständigen Behörde des Heimatstaats des Erklärenden abgegeben worden wären.

29   Ein in der Ortsform eines Vertragsstaats abgegebenes Vaterschaftsanerkenntnis ist nach Art 4 in allen anderen Vertragstaaten als formwirksam anzuerkennen (BGH FamRZ 17, 1682/1683: Eintragung des Vaters in der Geburtsurkunde des Kindes nach spanischem Recht).

Art 5. [Befreiung von der Legalisation]

Ausfertigungen oder Auszüge der Urkunden über die in den Artikeln 2 und 3 vorgesehenen Erklärungen bedürfen im Hoheitsgebiet der Vertragsstaaten keiner Legalisation, wenn sie durch Unterschrift und Dienstsiegel oder -stempel der ausstellenden Behörde beglaubigt sind.

Art 6–11

(nicht abgedruckt)

440. Brüsseler CIEC-Übereinkommen über die Feststellung der mütterlichen Abstammung nichtehelicher Kinder

Vom 12. September 1962 (BGBl 1965 II, 23)

Vorbemerkung

1. Anwendungsbereich

30   **a) Vertragsstaaten.** Das Übk ist für die *Bundesrepublik Deutschland* am 24.7.1965 im Verhältnis zu den *Niederlanden* und zur *Schweiz* in Kraft getreten (Bek v 17.8.1965, BGBl II, 1163). Es gilt heute ferner im Verhältnis zu *Griechenland* (seit 22.7.1979, BGBl II, 1024), *Luxemburg* (seit 28.6.1981, BGBl II, 457), *Spanien* (seit 16.3.1984, BGBl II, 229) und der *Türkei* (seit 12.1.1966, BGBl II, 105). Der zwischenzeitliche Austritt der *Bundesrepublik Deutschland* aus der CIEC lässt die Geltung des Übk für Deutschland unberührt (BGH FamRZ 17, 1682 Rn 19; *Kohler Pintens* FamRZ 15, 1537/1545).

31   **b) Sachlicher Anwendungsbereich.** In sachlicher Hinsicht gilt das Übk für die Feststellung der rechtlichen Abstammung eines nichtehelichen Kindes von seiner Mutter und strebt diesbezüglich eine Angleichung der verschiedenen Systeme der rechtlichen Mutter-Kind-Zuordnung – nämlich des „Abstammungssystems" einerseits, des „Anerkennungssystems" andererseits – an. Hingegen erstreckt sich der Anwendungsbereich des Übk nicht auf die Anerkennung einer Mit-

734

II. Internationales Privatrecht: Art 3

oder Co-Mutterschaft der mit der genetischen Mutter verheirateten oder in eingetragener Lebenspartnerschaft verbundenen Frau (BGHZ 210, 59 Rn 24 = NJW 16, 2322; KG FamRZ 15, 943 m Anm *Coester-Waltjen* IPRax 16, 160; OLG Celle FamRZ 11, 1518; *Frie* FamRZ 15, 889/890; *Fötschl* FamRZ 13, 1445/1447; *Heiderhoff* IPRax 12, 523/524; Staud/*Henrich* Vorbem Art 19 Rn 17; MüKoBGB/*Helms* Art 19 EGBGB Anh II Rn 2).

c) Persönlicher Anwendungsbereich. Dieser ist in den Vertragstaaten umstritten (vgl **32** MüKoBGB/*Helms* Art 19 EGBGB Anh II Rn 2; Staud/*Henrich* Vorbem Art 19 Rn 20 ff, jeweils m Nachw). Nach in Deutschland hM reicht es für die Anwendbarkeit des Übk aus, dass die Mutter im Geburtseintrag des Kindes genannt ist oder dass sie das Kind anerkennen möchte, ohne dass es darauf ankommt, ob der Heimatstaat der Mutter Vertragstaat des Übk sind und ob der Geburtseintrag in einem Vertragssstaat vorgenommen wurde (MüKoBGB/*Helms* aaO m ausf Nachw zum älteren Schrifttum). Die Gegenmeinung wendet das Übk nur an, wenn das nationale IPR (in *Deutschland* also Art 19 Abs 1 EGBGB) auf das Recht eines Vertragsstaats verweist (so OLG Stuttgart IPRax 90, 334; Staud/*Henrich* Vorbem Art 19 EGBGB Rn 23).

2. Auslegung

Für die Auslegung ist zu berücksichtigen, dass authentisch allein der französische Text des Übk **33** ist (http://www.ciecl.org, Nr 6).

Art 1. [Eintragung der Mutter im Geburtseintrag]

Ist im Geburtseintrag eines nichtehelichen Kindes eine Frau als Mutter des Kindes bezeichnet, so gilt die mütterliche Abstammung durch diese Bezeichnung als festgestellt. Diese Abstammung kann jedoch bestritten werden.

Art 1 erleichtert die Feststellung der mütterlichen Abstammung.Denn nach S 1 gilt die **34** mütterliche Abstammung in allen Vertragsstaaten schon dann als festgestellt, wenn die Mutter eines nichtehelichen Kindes im Geburtseintrag als solche bezeichnet ist. Ein nach dem vom nationalen IPR eines Vertragsstaats (in Deutschland also von Art 19 Abs 1 EGBGB) auf die Abstammung zur Anwendung berufenen Recht erforderliches Mutterschaftsanerkenntnis wird damit entbehrlich (Pal/*Thorn* Art 19 EGBGB Rn 3).

Art 1 begründet jedoch lediglich eine **Vermutung** zugunsten der Mutterschaft der im **35** Geburtseintrag bezeichneten Mutter, die jedoch – wie S 2 klarstellt – bestritten werden kann, also widerleglich ist (Pal/*Thorn* Art 19 EGBGB Rn 3; Staud/*Henrich* Vorbem Art 19 EGBGB Rn 26). Bestreiten kann die eingetragene Mutter ihre Mutterschaft vor deutschen Gerichten nur nach dem von Art 20 EGBGB zur Anwendung berufenen Recht. In **Leihmutterschaftsfällen** begründet Art 1 jedoch keine rechtliche Zuordnung zur Wunschmutter, die mit dem maßgeblichen Abstammungsstatut nicht in Einklang steht.

Art 2. [Anerkennung der Mutterschaft]

Ist die Mutter im Geburtseintrag des Kindes nicht bezeichnet, so kann sie vor der zuständigen Behörde jedes Vertragsstaats die Mutterschaft anerkennen.

Ein Mutterschaftsanerkenntnis nach Art 2 ist nur erforderlich, wenn die Mutter nicht im **36** Geburtseintrag bezeichnet ist. Für diesen Fall kann die Mutter ihre Mutterschaft vor der zuständigen Behörde eines jeden Vertragsstaats anerkennen. Diese Möglichkeit besteht auch dann, wenn das Heimatrecht der Mutter ein solches Anerkenntnis nicht fordert.

Art 3. [Anerkennung der Mutterschaft trotz Eintragung]

Ist die Mutter im Geburtseintrag des Kindes bezeichnet und legt sie dar, dass eine Anerkennung der Mutterschaft gleichwohl notwendig ist, um den gesetzlichen Erfordernissen eines Nichtvertragsstaats zu genügen, so kann sie vor der zuständigen Behörde jedes Vertragsstaats die Mutterschaft anerkennen.

Art 3 ermöglicht die Anerkennung der Mutterschaft auch dann, wenn die Mutter im Geburts- **37** eintrag des Kindes bezeichnet ist und die Mutterschaft damit in den Vertragsstaaten nach Abs 1 feststeht, sofern die Anerkennung nach dem Recht eines Nichtvertragsstaats gleichwohl notwen-

G

1. Teil. Erkenntnisverfahren G. Abstammungssachen

dig ist. Auch in diesem Fall kann die Anerkennung vor der zuständigen Behörde jedes Vertragsstaats erklärt werden.

Art 4. [Rechtswirksamkeit des Mutterschaftsanerkenntnisses]

Die Artikel 2 und 3 lassen die Frage unberührt, ob die Anerkennung der Mutterschaft rechtswirksam ist.

38   Die Rechtswirksamkeit des nach Art 2 oder 3 abgegebenen Anerkenntnisses wird im Übk nicht geregelt; insoweit verbleibt es bei dem nach nationalem IPR auf die mütterliche Abstammung anzuwendenden Recht. In Deutschland ist insoweit Art 19 Abs 1 EGBGB anzuwenden.

Art 5. [Zeitlicher Anwendungsbereich]

Artikel 1 gilt, für jeden Vertragsstaat, nur für Kinder, die nach Inkrafttreten dieses Übereinkommens geboren sind.

Art 6–10.

(nicht abgedruckt)

450. Niederlassungsabkommen zwischen dem Deutschen Reich und dem Kaiserreich Persien

Vom 17. Februar 1929 (RGBl 30 II, 1006)

Schrifttum: → A vor Rn 534.

39   Im deutsch-iranischen Verhältnis hat das durch Protokoll v 4.11.1954 (BGBl 55 II, 829) wieder in Kraft gesetzte und auch nach der iranischen Revolution von 1979 fortgeltende deutsch-iranische Niederlassungsabkommen v 17.2.1929 (RGBl 30 II, 1006) Vorrang vor den autonomen Kollisionsnormen der Art 19, 20 EGBGB. Das Abk regelt zwar nicht die internationale Zuständigkeit, so dass auch in Abstammungssachen von iranischen Staatsangehörigen § 100 FamFG gilt. Danach sind die deutschen Gerichten zuständig, wenn das Kind, die Mutter, der Vater oder der Mann, der an Eides statt versichert, der Mutter während der Empfängniszeit beigewohnt zu haben, ihren gewöhnlichen Aufenthalt im Inland haben.

40   Das Abk enthält jedoch in Art 8 Abs 3 eine umfassende **Kollisionsregel** zum Personen-, Familien- und Erbrecht, die sich nach dem Schlussprotokoll ausdrücklich auch auf die Vaterschaft und die Abstammung bezieht. Sie gilt gleichermaßen für die Begründung der Abstammung wie für ihre Anfechtung. Wegen der Einzelheiten zur Anwendung des Abkommens wird auf dessen Kommentierung zum Kindschaftsrecht (→ F Rn 708 ff) verwiesen.

3. Autonomes Kollisionsrecht

460. Einführungsgesetz zum Bürgerlichen Gesetzbuch (EGBGB)

idF vom 21. September 1994 (BGBl I, 2494)

a) Abstammung

EGBGB Art 19. Abstammung

(1) Die Abstammung eines Kindes unterliegt dem Recht des Staates, in dem das Kind seinen gewöhnlichen Aufenthalt hat. Sie kann im Verhältnis zu jedem Elternteil auch nach dem Recht des Staates bestimmt werden, dem dieser Elternteil angehört. Ist die Mutter verheiratet, so kann die Abstammung ferner nach dem Recht bestimmt werden, dem die allgemeinen Wirkungen ihrer Ehe bei der Geburt nach Artikel 14 Abs. 1 unterliegen; ist die Ehe vorher durch Tod aufgelöst worden, so ist der Zeitpunkt der Auflösung maßgebend.

736

II. Internationales Privatrecht: EGBGB Art 19   **41–45 G**

(2) **Sind die Eltern nicht miteinander verheiratet, so unterliegen Verpflichtungen des Vaters gegenüber der Mutter auf Grund der Schwangerschaft dem Recht des Staates, in dem die Mutter ihren gewöhnlichen Aufenthalt hat.**

1. Allgemeines

a) Begriff der Abstammung. aa) Natürliche Abstammung. Traditionell regelte Art 19 **41** nur die „natürliche" Abstammung des Kindes von seinen leiblichen Eltern. Die rechtliche Elternschaft musste danach auf der vermuteten oder behaupteten natürlichen Abstammung beruhen; eine bloße sozial-familiäre Verbundenheit sollte dafür nicht ausreichen (*Andrae* StAZ 15, 163/168; MüKoBGB/*Coester* Art 17b Rn 71). Art 19 gilt dabei gleichermaßen für innerhalb und außerhalb einer Ehe geborene Kinder.

bb) Sonstige rechtliche Eltern-Kind-Zuordnung. Der Begriff der Abstammung in Art 19 **42** ist jedoch weiter als im deutschen materiellen Recht. Er erfasst daher auch Formen der rechtlichen Eltern-Kind-Zuordnung kraft ausländischen Rechts, die dem deutschen Abstammungsrecht nicht bekannt sind. Dies gilt insbesondere für die Feststellung der **Co-Mutterschaft** einer Frau, die mit der Mutter des Kindes in gleichgeschlechtlicher Ehe oder eingetragener Lebenspartnerschaft lebt (BGHZ 210, 59 Rn 27 = NJW 16, 2322 m Anm *Rauscher;* KG FamRZ 15, 943 m Anm *Coester-Waltjen* IPRax 16, 160; *Frie* FamRZ 15, 889/890; *Coester-Waltjen* IPRax 16, 132/133 f). Denn auch insoweit geht es um eine Eltern-Kind-Zuordnung kraft Gesetzes und nicht – wie im Fall der Adoption – um eine solche kraft gestaltender Gerichtsentscheidung oder kraft Vertrages (Pal/*Thorn* Rn 1; **aA** *Andrae* StAZ 15, 163/167 ff; *dies,* IntFamR § 5 Rn 54).

cc) Leihmutterschaft. Auch die Frage, ob das von einer Leihmutter geborene Kind kraft **43** Vereinbarung oder genetischer Abstammung einer anderen Frau (Wunschmutter) rechtlich zugeordnet werden kann, beurteilt sich nach den von Art 19 Abs 1 zur Anwendung berufenen Rechten (OLG Celle FamRZ 17, 1496; OVG Münster FamRZ 16, 2130/2131). Während dies nach deutschem Recht (§ 1591 BGB) ausgeschlossen ist, lassen manche ausländischen Rechte eine solche Zuordnung zu. In der Praxis steht im Mittelpunkt die Frage, ob die rechtliche Zuordnung des von einer Leihmutter geboren Kindes zu einem deutschen Wunschelternteil durch eine gerichtliche oder behördliche Entscheidung im gewöhnlichen Aufenthaltsstaat der Leihmutter gegen den deutschen *ordre public* verstößt. Diese Frage wird unter → O Rn 22 ff behandelt.

2. Anknüpfung der Abstammung, Abs 1

a) Grundsatzanknüpfung an den gewöhnlichen Aufenthalt des Kindes, Satz 1. Die **44** Abstammung eines Kindes vom Vater wie von der Mutter unterliegt nach Satz 1 dem Recht des Landes, in dem das Kind seinen gewöhnlichem Aufenthalt hat. Dieser ist dort begründet, wo das Kind seinen **Daseinsmittelpunkt** hat. Zwar ist dieser – anders als der Wohnsitz – für das Kind grundsätzlich eigenständig zu bestimmen (BGH FamRZ 75, 272/273; Staud/*Henrich* Rn 13). Da Säuglinge und Kleinkinder jedoch in den ersten Lebensjahren soziale Kontakte zu anderen Personen als den Eltern kaum entwickeln, wird ihr gewöhnlicher Aufenthalt idR durch denjenigen der Eltern bzw des betreuenden Elternteils (zumeist der Mutter) bestimmt (EuGH C-497/10 PPU – *Mercredi,* FamRZ 11, 617/619 Rn 55; OLG Bremen NJW 16, 655; OLG Köln SAZ 12, 1406/1407; *Heiderhoff* IPRax 12, 523 ff; MüKoBGB/*Helms* Rn 8; *Andrae,* IntFamR § 5 Rn 12 ff). Begibt sich die Mutter daher nur zur Entbindung für einen kurzen Zeitraum in ein anderes Land, so begründet das Kind mit der Geburt seinen gewöhnlichen Aufenthalt nicht dort, sondern in dem Staat, in dem die Mutter ihren gewöhnlichen Aufenthalt hat und in den sie mit dem Kind nach der Geburt wieder zurückkehrt (OLG Celle FamRZ 11, 1518/1519; KG StAZ 13, 348/351; *Benicke* StAZ 13, 101/107; BeckOK-BGB/*Heiderhoff* Rn 11; **aA** *Andrae,* IntFamR § 5 Rn 13). Anders liegt es, wenn die Mutter – entgegen der mit ihrem Partner getroffenen Abmachung – mit dem Kind nach der Geburt nicht in ihren früheren Aufenthaltsstaat zurückkehrt, sondern im Geburtsland mit diesem einen neuen gewöhnlichen Aufenthalt begründet (EuGH C-499/15 – *W und V/X,* FamRZ 17, 734 Rn 61 m Anm *Mankowski*).

Demgegenüber begründet das Kind einer ausländischen **Leihmutter** mit der Geburt einen **45** gewöhnlichen Aufenthalt zunächst in dem Staat, in dem die Leihmutter es ausgetragen und geboren hat (MüKoBGB/*Helms* Rn 8; NK-BGB/*Bischoff* Rn 14). Eine Ausnahme gilt jedoch dann, wenn der Umzug des Kindes in den Staat, in dem die Wunscheltern ihren gewöhnlichen Aufenthalt haben, wie von Anfang an geplant unmittelbar nach der Geburt stattfindet. In diesem Fall wird der gewöhnliche Aufenthalt bereits mit der Geburt bei den Wunscheltern begründet

737

G 46–50   1. Teil. Erkenntnisverfahren G. Abstammungssachen

(OLG München FamRZ 18, 696/697; OLG Celle FamRZ 17, 1496 und FamRZ 11, 1518 ff; KG StAZ 13, 348 ff; *Benicke* StAZ 13, 101/107; *Dethloff* JZ 14, 922/929)).

46   Zum **Begriff des gewöhnlichen Aufenthalts** von Kleinkindern in Art 19 Abs 1 EGBGB kann im Übrigen die reichhaltige Rechtsprechung des EuGH und der mitgliedstaatlichen Gerichte zur internationalen Zuständigkeit in Kindschaftssachen (Art 8 Abs 1 EuEheVO, Art 5 KSÜ) herangezogen werden (näher → F Rn 87 ff, 420 ff). Reist ein Kind mit seiner Mutter mit einem Touristenvisum ohne realistische Perspektive auf einen dauernden Aufenthalt nach Deutschland, so behält es seinen gewöhnlichen Aufenthalt im Herkunftsstaat (OLG Karlsruhe FamRZ 17, 2026/2028).

47   Da Abs 1 S 1 keinen Anknüpfungszeitpunkt bestimmt, kommt es auf den gewöhnlichen Aufenthalt des Kindes im Zeitpunkt der Feststellung der Abstammung durch gesetzliche Vermutung, Anerkenntnis oder gerichtliche Entscheidung an; das Abstammungsstatut ist damit **wandelbar** (BGH FamRZ 17, 1682 Rn 15; OLG Hamm FamRZ 12, 1504/1505 und FamRZ 09, 126/127; OLG Celle FamRZ 11, 1518; Pal/*Thorn* Rn 4; MüKoBGB/*Helms* Rn 26 mwN). Daraus folgt, dass im Fall einer Verlegung des gewöhnlichen Kindesaufenthalts in einen anderen Staat, die auch noch zu beachten ist, wenn sie erst während des anhängigen Abstammungsverfahrens erfolgt (OLG Karlsruhe FamRZ 17, 2026/2028), uU nach dem neuen Aufenthaltsrecht eine Abstammung festgestellt werden kann, die nach dem früheren Aufenthaltsrecht nicht bestand oder ungeklärt war (*Henrich* StAZ 98, 1/2 ff). Umgekehrt könnte eine nach dem bisherigen Aufenthaltsrecht bestehende Abstammung entfallen, wenn das neue Aufenthaltsrecht sie nicht anerkennt (so OLG Hamm FamRZ 12, 1504/1505; Pal/*Thorn* Rn 4; Erman/*Hohloch* Rn 9), sofern sie nicht nach den von S 2 und S 3 zur Anwendung berufenen weiteren Rechten aufrechterhalten werden kann. Zum Schutz des Kindes sollte allerdings die Wandelbarkeit des Abstammungsstatuts mit dem Ziel eingeschränkt werden, ihm einen einmal erworbenen Status zu erhalten (vgl idS OLG Hamm FamRZ 05, 291/292 f; OLG Karlsruhe FamRZ 99, 1370/1371; *Looschelders* IPRax 99, 420/423 f; *Andrae,* IntFamR § 5 Rn 16 f; NK-BGB/*Bischoff* Rn 15; MüKoBGB/*Helms* Rn 26 mwN). Dies muss auch für die nach dem ausländischen Aufenthaltsrecht des Kindes eingetretene rechtliche Zuordnung zu einer Co-Mutter oder Wunschmutter gelten, wenn das Kind anschließend seinen gewöhnlichen Aufenthalt nach Deutschland verlegt (BeckOK-BGB/*Heiderhoff* Rn 15; vgl BGHZ 210, 59 Rn 29 = FamRZ 16, 1251 m zust Anm *Dutta*).

48   **b) Zusatzanknüpfungen. aa) Staatsangehörigkeit eines jeden Elternteils, Satz 2.** Vor allem um dem Kind möglichst zu einem Vater zu verhelfen, stellt Abs 1 **alternative Anknüpfungen** für die Feststellung der Abstammung zur Verfügung. So kann diese nach Satz 2 zusätzlich im Verhältnis zu jedem Elternteil – auch zu einem Wunschelternteil im Fall der Leihmutterschaft (*Benicke* StAZ 13, 101/106 f) – nach dem Recht des Staates festgestellt werden, dem dieser Elternteil angehört (OLG Karlsruhe FamRZ 15, 1636; OLG Schleswig IPRax 03, 460). In der Praxis greift Satz 2 vor allem dann häufig ein, wenn nach dem hiernach zur Anwendung berufenen ausländischen Recht zugunsten des Ehemannes der Mutter trotz inzwischen erfolgter Ehescheidung eine gesetzliche Vaterschaftsvermutung besteht (vgl BGH FamRZ 17, 1687 Rn 12 ff; OLG Hamm StAZ 14, 239/240 und FamRZ 09, 126/128; OLG Köln StAZ 13, 319/320; OLG Nürnberg FamRZ 05, 1697/1698; OLG Frankfurt FamRZ 02, 688/689; BayObLG IPRax 02, 405/407). Als „Vater" iSv S 2 kommt aber auch in Betracht, wer als solcher ein Anerkenntnis abgibt oder auf Feststellung der Vaterschaft in Anspruch genommen weird (Staud/*Henrich* Rn 15; MüKoBGB/*Helms* Rn 9). Allein S 2 bestimmt das Abstammungsstatut in Bezug auf extrakorporal aufbewahrte Embryos (BGH NJW 16, 3174 Rn 12 ff, 16 ff m zust Anm *Dutta/Hammer* 1852; BeckOK-BGB/*Heiderhoff* Rn 18; → Rn 83).

49   Ist ein Elternteil **Mehrstaater, Staatenloser, internationaler Flüchtling** oder anerkannter Asylberechtigter, so sind die Regeln in Art 5 ergänzend heranzuziehen (Staud/*Henrich* Rn 16 ff; BeckOK-BGB/*Heiderhoff* Rn 17). Das Heimatrecht eines anderen Mannes, der auch als Vater in Betracht kommt, dessen Vaterschaft aber nicht festgestellt werden soll, hat außer Betracht zu bleiben (AG Berlin-Schöneberg StAZ 13, 260 m Anm *Helms*). Auch das Abstammungstatut nach Satz 2 ist im Falle eines Wechsels der Staatsangehörigkeit (bzw des gewöhnlichen Aufenthalts bei Staatenlosen oder Flüchtlingen) **wandelbar** (OLG Hamm FamRZ 09, 126/127; Pal/*Thorn* Rn 5; NK-BGB/ *Bischoff* Rn 16; *Andrae,* IntFamR § 15 Rn 18).

50   **bb) Ehewirkungsstatut bei verheirateten Müttern, Satz 3.** Ist die Mutter zur Zeit der Geburt des Kindes verheiratet, so kann die Abstammung gemäß S 3 auch nach dem gesetzlichen Ehewirkungsstatut des Art 14 Abs 1 EGBGB zur Zeit der Geburt des Kindes festgestellt werden

738

II. Internationales Privatrecht: EGBGB Art 19　　　　　　　　　**51–54** **G**

(KG FPR 11, 410). Ist die Ehe schon vor der Geburt des Kindes durch den **Tod eines Ehegatten** aufgelöst worden, so ist der Zeitpunkt der Auflösung maßgebend. Die Anknüpfung nach Satz 3 ist mithin – anders als die Anknüpfungen nach den Sätzen 1 und 2 – **unwandelbar** (Staud/*Henrich* Rn 21; Pal/*Thorn* Rn 5; MüKoBGB/*Helms* Rn 27 mwN). Ist die Ehe schon vor der Geburt des Kindes durch Scheidung aufgelöst worden, so findet Satz 3 keine Anwendung (OLG Hamm FamRZ 12, 1504; Staud/*Henrich* Rn 21). Im Hinblick auf die Zielsetzung dieser Anknüpfung an das „Familienstatut" dürfte sie in sachlicher Hinsicht **auf die Feststellung der Abstammung zum Ehemann der Mutter beschränkt s**ein (*Hepting* StAZ 00, 33/34; MüKoBGB/*Helms* Rn 10, 31 f; NK-BGB/*Bischoff* Rn 18; BeckOK-BGB/*Heiderhoff* Rn 9; **aA** OLG Stuttgart FamRZ 04, 1986; Staud/*Henrich* Rn 19; Pal/*Thorn* Rn 7; Erman/*Hohloch* Rn 23).

Maßgebend ist damit die Anknüpfungsleiter in Art 14 Abs 1 Nr 1–3. Ein von den Ehegatten **51** durch **Rechtswahl** gemäß Art 14 Abs 2–4 bestimmtes Ehewirkungsstatut ist hingegen bei der Anknüpfung des Abstammungsstatuts nicht zu berücksichtigen (Pal/*Thorn* Rn 5; Erman/*Hohloch* Rn 15; NK-BGB/ *Bischoff* Rn 21; MüKoBGB/*Helms* Rn 10). Danach gilt für die Abstammung nach Satz 3

- auf der **ersten Stufe** das Recht des Staates, dem die Ehegatten gemeinsam angehören;
- auf der **zweiten Stufe** das Recht des Staates, dem die Ehegatten während der Ehe zuletzt angehört haben, sofern ein Ehegatte diese Staatsangehörigkeit bis zur Geburt des Kindes ununterbrochen beibehalten hat;
- auf der **dritten Stufe** das Recht des Staates, in dem beide Ehegatten ihren gewöhnlichen Aufenthalt haben;
- auf der **vierten Stufe** das Recht des Staates, in dem die Ehegatten zuletzt während der Ehe einen gemeinsamen gewöhnlichen Aufenthalt hatten, sofern ihn ein Ehegatte bis zur Geburt des Kindes ununterbrochen beibehalten hat;
- auf der **fünften und letzten Stufe** das Recht des Staates, mit dem die Ehegatten auf andere Weise gemeinsam am engsten verbunden sind.

Wegen der Einzelheiten zur Auslegung von Art 14 Abs 1, insbesondere zur Behandlung von Mehrstaatern, Staatenlosen und Flüchtlingen, wird auf die Kommentierung unter → B Anh Rn 610 ff verwiesen. Für die Beachtung eines Renvoi kommt es nicht auf das ausländische Ehewirkungs- sondern auf das Abstammungsstatut an.

Die von Abs 1 S 3 aufgeworfene **Vorfrage** nach einer gültigen Eheschließung der Kindseltern **52** ist *selbständig* nach Art 11, 13 anzuknüpfen (OLG Hamburg FamRZ 14, 1563; OLG Müchen FamRZ 08, 1772; OLG Hamm FamRZ 07, 656; Pal/*Thorn* Rn 5; Erman/*Hohloch* Rn 6; BeckOK-BGB/*Heiderhoff* Rn 19; differenzierend MüKoBGB/*Helms* Rn 40 ff, 45 mwN). Die Scheidung der Ehe durch ein deutsches Gericht ist von anderen deutschen Gerichten auch dann zu beachten, wenn das deutsche Scheidungsurteil in dem Staat, dessen Recht als Abstammungsstatut nach Abs 1 S 3 berufen ist, (noch) nicht anerkannt ist. Entsprechend sind ausländische Scheidungsurteile nur beachtlich, wenn sie nach Art 21 ff EuEheVO im Inland anzuerkennen sind bzw wenn ihre Anerkennung nach §§ 107, 109 FamFG von der zuständigen deutschen Landesjustizverwaltung festgestellt worden ist (OLG Hamburg FamRZ 14, 1563; Staud/*Henrich* Rn 30, 35; Erman/*Hohloch* Rn 12; MüKoBGB/*Helms* Rn 49).

Erstreckt man den Anwendungsbereich des Art 19 Abs 1 mit dem BGH (BGHZ 210, 59 **53** Rn 27 = NJW 16, 2322 m Anm *Rauscher*) auf die rechtliche Zuordnung des Kindes zu Eltern, die in einer **gleichgeschlechtlichen Ehe** leben, so stellt sich allerdings die Frage, ob Satz 3 auch in diesen Fällen Anwendung finden kann. Denn die dortige Verweisung auf Art 14 EGBGB steht im Widerspruch zur gesetzlichen Anordnung in Art 17b Abs 4 EGBGB, wo für die allgemeinen Wirkungen einer gleichgeschlechtlichen Ehe gerade nicht auf Art 14, sondern auf Art 17b Abs 1 verwiesen wird. Will man die Partnern einer gleichgeschlechtlichen Ehe nicht dadurch diskriminieren, dass man ihnen die dritte Anknüpfungsmöglichkeit in Art 19 Abs 1 ganz vorenthält, so kommt nur eine richterliche Rechtsfortbildung in Betracht, derzufolge die Abstammung in gleichgeschlechtlichen Ehen auch nach dem von Art 17b Abs 1 zur Anwendung berufenen Registrierungsstatut festgestellt werden kann (vgl idS auch *Mankowski* IPRax 17, 541/ 544 f; BeckOK-BGB/*Heiderhoff* Rn 20; **aA** MüKoBGB/*Helms* Rn 48; Erman/*Hohloch* Art 17b Rn 35; vgl auch OLG Celle FamRZ 11, 1518/1521, wo die Frage offengelassen wird).

Eine entsprechende Anwendung von Satz 3 auf die Abstammung von Kindern, die in einer **54** **nichtehelichen Lebensgemeinschaft** geboren werden, hat hingegen grundsätzlich auszuscheiden (Pal/*Thorn* Rn 5; Erman/*Hohloch* Rn 11; NK-BGB/*Bischoff* Rn 20). Eine Ausnahme kommt aber dann in Betracht, wenn das von S 3 zur Anwendung berufene Recht zugunsten des

G 55–57   1. Teil. Erkenntnisverfahren G. Abstammungssachen

Kindes aus einer solchen Verbindung eine besondere Abstammungsregelung vorsieht (Staud/ *Henrich* Rn 59; BeckOK-BGB/*Heiderhoff* Rn 20).

3. Verhältnis der Anknüpfungen zueinander

55   **a) Gleichrangigkeit.** Wie sich aus der Entstehungsgeschichte von Abs 1 ergibt (vgl *Looschelders* IPRax 99, 420/421; BeckOK-BGB/*Heiderhoff* Rn 22; Staud/*Henrich* Rn 22), stehen die Anknüpfungen nach S 1, 2 und 3 nicht in einer bestimmten Hierarchie, sondern haben den gleichen Rang. Die Abstammung kann daher nach jeder dieser alternativen Anknüpfungen festgestellt werden (BGHZ 210, 59 Rn 28 = NJW 16, 2322 m Anm *Rauscher* = FamRZ 16, 1251 m Anm *Dutta;* BGHZ 168, 79 = FamRZ 06, 1745 Rn 12; BGH NJW 16, 3171 Rn 8; BayObLGZ 02, 4/7; OLG Nürnberg FamRZ 16, 920/922 und FamRZ 05, 1697; KG FamRZ 16, 922 und FPR 11, 410; OLG Karlsruhe FamRZ 15, 1636; OLG Hamm FamRZ 14, 1559, FamRZ 09,126/127 und FamRZ 05, 291/292; OLG Schleswig FamRZ 03, 781; OLG Frankfurt FamRZ 02, 688/689; *Hepting* StAZ 02, 129/131; Staud/*Henrich* Rn 22 f; MüKoBGB/*Helms* Rn 12; Pal/*Thorn* Rn 6; **aA** [Vorrang der Anknüpfung an den gewöhnlichen Kindesaufenthalt nach S 1] *Dethloff* IPRax 05, 326/329; *v Hoffmann/Thorn,* IPR § 8 Rn 131 ff; *Andrae,* IntFamR § 5 Rn 33 ff). Ist die Feststellung nach dem Recht am gewöhnlichen Aufenthalt des Kindes also nicht möglich, so kann auf die Anknüpfungen nach S 2 oder S 3 ausgewichen werden.

56   **b) Günstigkeitsprinzip.** Für den Fall, dass die alternativen Anknüpfungen nach Abs 1 S 1 – S 3 zwar jeweils eine Feststellung der Abstammung ermöglichen, aber zu unterschiedlichen Ergebnissen – also zur Feststellung unterschiedlicher Väter (oder Mütter) – führen, bietet das Gesetz keine Lösung an. Es besteht jedoch weithin Einigkeit darüber, dass insoweit das Günstigkeitsprinzip gilt. Zur Anwendung kommt also dasjenige Recht, das die Feststellung der dem Kindeswohl am besten entsprechenden Abstammung erlaubt (BGHZ 168, 79 = FamRZ 06, 1745; BayObLGZ 02, 4/7 f; OLG München FamRZ 17, 1691; OLG Nürnberg FamRZ 16, 920/922 und FamRZ 05, 291/292; KG FamRZ 16, 922; OLG Karlsruhe FamRZ 15, 182/183 und 1636; OLG Hamm FamRZ 14, 1559/1560 und FamRZ 09, 126/128; OLG München FamRZ 12, 1503; OLG Celle StAZ 07, 82; OLG Schleswig FamRZ 03, 781; OLG Frankfurt FamRZ 02, 688/689; *Henrich* StAZ 98, 1/4; *Hepting* StAZ 02, 129; *Helms* StAZ 09, 293/294; Pal/*Thorn* Rn 6; NK-BGB/*Bischoff* Rn 23; krit zum Günstigkeitsprinzip MüKoBGB/*Helms* Rn 14 („untaugliche Leerformel"). Dabei ist aus Gründen der Rechtssicherheit nicht auf die konkreten Umstände des Einzelfalls – zB das Vermögensverhältnisse oder das persönliche Interesse der in Betracht kommenden Väter am Kind –. abzustellen, sondern es ist ein abstrakter Maßstab anzulegen (KG FamRZ 17, 814; MüKoBGB/*Helms* Rn 14). Die Frage, welches Recht im konkreten Fall das Kind am meisten begünstigt, dh welchem der konkurrierenden Abstammungsstatute der Vorrang gebührt, ist freilich umstritten.

57   **c) Lösungsmöglichkeiten. aa) Vorrang der zuerst festgestellten Abstammung.** Nach bisher überwiegender Meinung in Rechtsprechung und Literatur gilt im Falle konkurrierender Rechte nach Art 19 Abs 1 das **Prioritätsprinzip.** Maßgebend ist also diejenige Rechtsordnung, nach der die Abstammung zuerst, dh idR bereits mit der Geburt, festgestellt worden ist oder festgestellt werden kann (so BayObLGZ 00, 205/208 = StAZ 00, 369; KG FamRZ 16, 922/924 und FamRZ 17, 814; OLG Nürnberg FamRZ 16, 920/922 und FamRZ 05, 1697/1698; OLG Hamm FamRZ 14, 1559/1560 und FamRZ 09, 126/128; OLG Köln StAZ 13, 319/320; OLG München FamRZ 12, 1503; OLG Celle StAZ 07, 82; OLG Schleswig FamRZ 03, 781; zust *Dutta* StAZ 16, 200/201 f; Erman/*Hohloch* Rn 17; BeckOK-BGB/*Heiderhoff* Rn 23; NK-BGB/ *Bischoff* Rn 23 f; MüKoBGB/*Helms* Rn 16). Denn die rechtliche Zuordnung zu einem Vater nach einem Recht sei schon im Hinblick auf die unterhalts- und erbrechtlichen Konsequenzen für das Kind günstiger als die Vaterlosigkeit nach dem anderen Recht (BayObLGZ 02, 4/8 = FamRZ 02, 686; OLG Hamm FamRZ 14, 1559/1560; OLG Frankfurt FamRZ 02, 688/689; krit zu dieser Begründung *Frank* StAZ 09, 65/67). Unerheblich ist es insoweit, auf welche Weise die Abstammung zuerst festgestellt worden ist; es macht also keinen Unterschied, ob diese Vaterschaft aufgrund einer gesetzlichen Vermutung (zB zugunsten des Ehemannes der Mutter), durch Anerkennung oder durch gerichtliche Feststellung begründet worden ist. Kann die Abstammung im Wege der Anerkennung festgestellt werden, ist dies aber im Zweifel für das Kind günstiger als die Durchführung eines gerichtlichen Feststellungsverfahrens (BayObLG FamRZ 01, 1543; KG FamRZ 11, 1518). Ist die gerichtliche Vaterschaftsfeststellung im Ausland

740

II. Internationales Privatrecht: EGBGB Art 19   **58–61 G**

erfolgt, so ist deren Anerkennung im Inland nach den hierfür geltenden Regeln (zB nach §§ 108, 109 FamFG) erforderlich (Pal/*Thorn* Rn 6).

Danach hat also auch die nach einer der alternativen Anknüpfungen des Abs 1 im Zeitpunkt **58** der Geburt des Kindes eingreifende rechtliche **Vaterschaftsvermutung Vorrang vor einem späteren Vaterschaftsanerkenntnis** des „wahren" Vaters (KG FamRZ 17, 814; OLG Köln StAZ 13, 319; OLG Nürnberg FamRZ 05, 1697/1698). Die Anwendung eines anderen nach Abs 1 maßgeblichen Rechts kommt erst in Betracht, wenn die zuerst festgestellte Abstammung durch gerichtliche Anfechtung wieder beseitigt worden ist (BayObLGZ 02, 4/9; *Frank* StAZ 65/67; *Helms* StAZ 09, 293/294; Erman/*Hohloch* Rn 17; NK-BGB/*Bischoff* Rn 25). Ist nach einer der alternativen Anknüpfungen deutsches Recht anwendbar, so steht § 1594 Abs 2 BGB der Wirksamkeit eines Vaterschaftsanerkenntnisses auch dann entgegen, wenn die Vaterschaft nach ausländischem Recht feststeht (OLG Hamm FamRZ 09, 126; *Hepting* StAZ 00, 33/39; *Looschelders* IPRax 99, 420/422). Unter den verbleibenden alternativen Anknüpfungen hat dann wieder diejenige Vorrang, die zuerst zu einer Feststellung der Abstammung geführt hat oder führt (Pal/*Thorn* Rn 6).

Versagt das Prioritätsprinzip, weil zB nach den von Abs 1 S 1 – S 3 zur Anwendung berufenen **59** Rechten bereits im Zeitpunkt der Geburt des Kindes verschiedene Personen als Väter gelten, zB im Falle der Konkurrenz einer gesetzlichen Vaterschaftsvermutung mit einem pränatalen Vaterschaftsanerkenntnis (vgl im deutschen Recht § 1594 Abs 4 BGB), so wird dem Kind zT ein **Wahlrecht** mit dem Argument eingeräumt, dass die alternativen Anknüpfungen in seinem Interesse vorgesehen seien (so Pal/*Thorn* Rn 6; Erman/*Hohloch* Rn 17; PWW/*Martiny* Rn 12). Dies führt jedoch zu Problemen, weil das Wahlrecht durch den gesetzlichen Vertreter des Kindes, idR also durch die Mutter, ausgeübt werden müsste, die an einer bestimmten Abstammung ein eigenes Interesse haben kann (vgl NK-BGB/*Benicke* Rn 27 mwN). Nach zutreffender Ansicht ist in einem solchen Fall daher dasjenige Recht maßgebend, nach dem eine wirksame Vaterschaftsanerkennung erfolgt ist (**Prinzip der Abstammungswahrheit,** vgl BayObLGZ 02, 4/8 f; OLG München FamRZ 17, 1691/1692 und StAZ 12, 208; OLG Hamm StAZ 14, 239 und FamRZ 09, 126/128; OLG Köln StAZ 13, 319/320; OLG Celle StAZ 07, 82; OLG Frankfurt FamRZ 02, 688/689; AG Schöneberg IPRspr 15 Nr 101; *Hepting* StAZ 00, 33/35; Mü-KoBGB/*Helms* Rn 18; NK-BGB/*Bischoff* Rn 28; BeckOK-BGB/*Heiderhoff* Rn 26).

bb) Vorrang des wahren Vaters. Da das Prioritätsprinzip zT mitunter zu zufälligen Ergeb- **60** nissen führt, weil zB die vermutete Vaterschaft des Ehemannes der Mutter nur dann hinter die anerkannte Vaterschaft des „wahren" Vaters zurücktritt, wenn letzterer nach dem maßgeblichen Abstammungsstatut die Möglichkeit hatte, das Anerkenntnis schon vor der Geburt des Kindes zu erklären, hat in jüngster Zeit die vor allem von *Henrich* (FamRZ 98, 1401/1402) entwickelte Auffassung an Boden gewonnen, die derjenigen der alternativen Anknüpfungen in Abs 1 den Vorzug gibt, die möglichst schnell und ohne Belastung mit (durch ein Vaterschaftsanfechtungsverfahren verursachten) unnötigen Kosten zur Feststellung der Abstammung vom (vermutlich) wahren Vater führt. Denn bei der Beurteilung des Kindeswohls kommt es nicht allein auf die möglichst frühzeitige Begründung von unterhalts- und erbrechtlichen Ansprüchen an; vielmehr ist auch das Interesse des Kindes an der möglichst raschen und unkomplizierten Feststellung des „richtigen" (biologischen) Vaters zu berücksichtigen (OLG München FamRZ 17, 1691 f; OLG München FamRZ 16, 1599/1600 m zust Anm *Henrich;* OLG Karlsruhe FamRZ 15, 1636/1638; *Henrich* FamRZ 16, 926; Staud/*Henrich* Rn 43; juris-PK-BGB/*Duden* Rn 68; ebenso schon früher AG Osnabrück FamRZ 08, 1771; AG Leverkusen FamRZ 07, 2087; AG Karlsruhe FamRZ 07, 1585/1586; *Looschelders* IPRax 99, 421). Danach setzt sich also nicht nur ein pränatales Vaterschaftsanerkenntnis gegen die nur vermutete Vaterschaft des Ehemannes der Mutter durch, sondern auch die im Zeitpunkt der Geburt des Kindes nur erklärte Bereitschaft des (vermutlich) biologischen Vaters, die Vaterschaft „zeitnah", jedenfalls vor der Beurkundung der Geburt durch den Standesbeamten, anzuerkennen.

cc) Vorrang des Aufenthaltsrechts. Eine dritte Ansicht gibt schließlich im Konfliktfall dem **61** Recht am gewöhnlichen Aufenthalt des Kindes nach S 1 stets den Vorzug und begründet dies damit, dass das Kind auf diese Weise den aus der Sicht seines Umweltrechts „richtigen" Vater erhalte (so *Andrae*, IntFamR § 5 Rn 27, 33 ff; *Dethloff* IPRax 05, 326/329; zust OVG Münster FamRZ 16, 2130/2131; AG Heidelberg IPRspr 14 Nr 97). Dagegen spricht freilich, dass sich ein Vorrang der Anknüpfung an den gewöhnlichen Kindesaufenthalt aus dem Wortlaut von Art 19 Abs 1 nicht ableiten lässt (OLG Karlsruhe FamRZ 15, 1626; näher dazu MüKoBGB/*Helms* Rn 12).

G 62–66 1. Teil. Erkenntnisverfahren G. Abstammungssachen

62 **dd) Entscheidung des BGH zugunsten des Prioritätsprinzips.** Der BGH hatte sich einer Entscheidung dieses Meinungsstreits lange enthalten, weil die Abstammung in den ihm bis 2016 vorgelegten Fällen jeweils nur nach *einem* Recht festgestellt werden konnte (vgl zuletzt BGH NJW 16, 3171 Rn 14 f; ferner BGHZ 168, 79 = NJW 06, 3416). Dies traf allerdings richtigerweise schon in der Entscheidung zur Co-Mutterschaft nach südafrikanischem Recht (BGHZ 210, 59 Rn 29 = NJW 16, 2322 m Anm *Rauscher* = FamRZ 16, 1251 m Anm *Dutta*) nicht zu, denn auch das in diesem Fall nach Abs 1 S 2 alternativ zum südafrikanischen Aufenthaltsrecht anwendbare deutsche Heimatrecht der Mutter sah durchaus eine – vom südafrikanischen Recht abweichende – Eltern-Kind-Zuordnung, nämlich nur zu seiner biologischen Mutter vor (zutr *Thorn/Paffhausen* IPRax 17, 590/595). Die Lösung hätte daher auch in diesem Fall mit Hilfe des Günstigkeitsprinzips entwickelt werden müssen. Danach wird das Kind durch die Anwendung desjenigen Rechts begünstigt, nach dem es von Anfang *zwei* rechtliche Mütter hat (*Thorn/Paffhausen* aaO).

63 In einer Grundsatzentscheidung vom 19.7.2017 (FamRZ 17, 1687 m Anm *Duden* und *Henrich*) hat sich der BGH nunmehr der hM angeschlossen. Da die statusrechtliche Eltern-Kind-Zuordnung kraft Gesetzes erfolge, sei diese bereits mit Erlangung der Rechtsfähigkeit durch das Kind, dh **zum Zeitpunkt der Geburt des Kindes,** festzustellen. Dies gelte auch für die kollisionsrechtliche Regelung in Art 19 Abs 1 EGBGB. Dementsprechend könne die Vaterschaft weder schon vor der Geburt des Kindes festgestellt werden (vgl dazu BGH FamRZ 16, 1849 Rn 28 m Anm *Dutta/Hammer*), noch könne mit einer Vaterschaftszuordnung abgewartet werden, bis das Aufenthaltsstatut nach Art 19 Abs 1 S 1 ebenfalls eine rechtliche Vater-Kind-Zuordnung ermögliche (BGH aaO, Rn 19; **aA** *Dethloff* IPRax 05, 326/329 f).

64 Bedeutung erlangt diese Frage insbesondere in den häufigen Fällen, in denen ein Kind mit inländischem gewöhnlichen Aufenthalt erst **nach der Scheidung der Mutter geboren** wird und deshalb nach dem von Abs 1 S 1 zur Anwendung berufenen deutschen Recht (§ 1592 Nr 1 BGB) auch dann nicht mehr als Kind des geschiedenen Ehemanns der Mutter angesehen wird, wenn die Empfängniszeit noch in die Ehe fiel; das Kind kann vielmehr in diesem Fall nach deutschem materiellen Recht (§§ 1599 Abs 2, 1594, 1595, 1597 BGB) auch ohne vorherige Vaterschaftsanfechtung jederzeit vom „wahren" Vater anerkannt werden. Besteht in einem solchen Fall allerdings nach dem ausländischen Heimatrecht des Ehemanns der Mutter – wie im deutschen Recht vor der Kindschaftsrechtsreform – weiterhin eine Vermutung zugunsten von dessen Vaterschaft, so setzt sich diese nach hM als zuerst festgestellte Abstammung gegen das deutsche Aufenthaltsrecht und das deutsche Heimatrecht des biologischen Vaters durch und schließt die Wirksamkeit einer nachträglichen Anerkennung durch letzteren aus (vgl KG FamRZ 17, 814 und FamRZ 16, 922/924; OLG Hamm StAZ 14, 239/240 und FamRZ 09, 126/128; OLG Köln StAZ 13, 319/320; OLG Nürnberg FamRZ 05, 1697/1698; OLG Frankfurt FamRZ 02, 688/689; BayObLG IPRax 02, 405/407; NK-BGB/*Bischoff* Rn 24). Umgekehrt steht auch die Vaterschaftsvermutung nach dem deutschem Aufenthaltsrecht (§ 1592 Nr 1 BGB) der Wirksamkeit eines nachträglichen Vaterschaftsanerkenntnisses nach dem ausländischen Heimatrecht des biologischen Vaters entgegen (BGH FamRZ 17, 1848 Rn 17 ff m Anm *Henrich* [*Italien*]).

65 Dies widerspricht indes der Wertung des deutschen KindRG, welches das Kind gerade deshalb nicht dem geschiedenen Ehemann der Mutter zuordnet, um dem vermutlich „wahren" Vater eine rasche Anerkennung der Vaterschaft zu ermöglichen und ihm die Durchführung eines Anfechtungsverfahrens zu ersparen. Die vorübergehende Vaterlosigkeit wird für diesen Fall vom deutschen Recht bewusst in Kauf genommen. Um dieser Wertung auch im Kollisionsrecht Rechnung zu tragen, wurde der maßgebliche Zeitpunkt für die Feststellung der Vaterschaft in der jüngeren Rechtsprechung zT bis zur **Eintragung des Kindes im Geburtenbuch** hinausgeschoben. Hatte der genetische Vater also die Vaterschaft zwar erst nach der Geburt des Kindes, aber vor deren Eintragung im Geburtenregister anerkannt, so wurde diesem Anerkenntnis Vorrang vor der Vermutung der Vaterschaft des geschiedenen Ehemannes der Mutter nach ausländischem Recht eingeräumt (so OLG München FamRZ 17, 1691/1692 f und FamRZ 16, 1599/1600; OLG Karlsruhe FamRZ 15, 1636/1638; *Henrich* FamRZ 16, 1601; Staud/*Henrich* Rn 43, 45 f). Nur wenn ein Vaterschaftsanerkenntnis eines anderen Mannes auch bis zum Zeitpunkt der Eintragung der Geburt nicht erklärt wird, hat es danach bei der gesetzlichen Vermutung der Vaterschaft nach einem der von Art 19 Abs 1 zur Anwendung berufenen Rechte zu verbleiben (OLG Karlsruhe FamRZ 16, 924 Rn 21).

66 Der BGH hat nunmehr leider auch diesen Weg zur unkomplizierten Festellung der Abstammung vom „wahren" Vater aus Gründen der Rechtssicherheit versperrt. Seiner Ansicht nach ist

742

II. Internationales Privatrecht: EGBGB Art 19   **67–69 G**

eine erneute Beurteilung der Vater-Kind-Zuordnung zum Zeitpunkt der Eintragung in das Geburtenregister nicht vorzunehmen. Die erstmalige Festlegung der Vaterschaft dürfe nicht bis zur späteren Eintragung der Geburt im Geburtenregister in der Schwebe bleiben. Andernfalls sei das Kind bis zur späteren Eintragung vaterlos, was nach dem Sinn und Zweck der alternativen Anknüpfung in Art 19 Abs 1 gerade vermieden werden solle. Außerdem sei der Zeitpunkt der Eintragung der Geburt auch deshalb kein geeigneter zeitlicher Anknüpfungspunkt, weil der Eintragung hinsichtlich der Eltern-Kind-Zuordnung **keine konstitutive Wirkung** zu komme (BGH FamRZ 17, 1687 Rn 21; BGH FamRZ 17, 1848 Rn 14; ebenso schon KG FamRZ 17, 814/815; KG FamRZ 16, 922/924; OLG Nürnberg StAZ 16, 117/118 f; abl auch OLG Hamm FamRZ 09, 126/128; *Andrae,* IntFamR § 5 Rn 30; MüKoBGB/*Helms* Rn 19 mwN). Darüber hinaus sei bei der Geburt zunächst ungewiss, ob eine Vaterschaftsanerkennung erfolgen werde und ob der potentiell Anerkennende der „wirkliche" (biologische) Vater sei.

In diesem Fall steht der Vaterschaftsanerkennung nach Ansicht des BGH auch § 1594 Abs 2 **67** BGB entgegen, wenn nach einer der alternativen Anknüpfungen des Art 19 Abs 1 **deutsches Recht** zur Anwendung berufen sei. Dies gelte auch dann, wenn die Vaterschaft sich nicht aus dem deutschen Recht, sondern aus einem alternativ zur Anwendung berufenen ausländischen Recht ergebe (BGH FamRZ 17, 1687 Rn 25 f; ebenso schon BayObLGZ 02, 686; KG FamRZ 16, 922/924; OLG Köln StAZ 13, 319; OLG Hamm FamRZ 09, 126; *Dutta* StAZ 16, 200/201). Die Möglichkeit, die Sperrwirkung des § 1594 Abs 2 BGB nur auf eine nach *deutschem* Recht eingreifende Vaterschaftsvermutung zu beschränken, weil dies der in Art 19 Abs 1 angeordneten und am Günstigkeitsprinzip orientierten alternativen Anknüpfung besser entspräche (vgl MüKoBGB/*Helms* Rn 16), zieht der BGH nicht in Betracht. Das Erfordernis der Durchführung eines – uU langwierigen und kostspieligen – Vaterschaftsanfechtungsverfahrens durch den geschiedenen Ehemann der Mutter, dessen Vaterschaft nach ausländischem Recht vermutet wird, um die Anerkennung durch den biologischen Vater zu ermöglichen, müsse hingenommen werden (krit dazu und für eine Abmilderung der Sperrwirkung der vermuteten Vaterschaft nach ausländischem Recht *de lege ferenda Duden* FamRZ 17, 1690 f; *Löhnig* NZFam 17, 1050/1051).

ee) Statusändernde Anerkennung nach § 1599 Abs 2 BGB. Einen anderen Weg zu **68** einem sog „scheidungsakzessorischen Statuswechsel" des Kindes ohne das Erfordernis der Anfechtungsklage hat der BGH allerdings über § 1599 Abs 2 BGB eröffnet. Denn die qualifizierte Vaterschaftsanerkennung nach dieser Vorschrift besteht aus zwei Komponenten, die nicht nur die Anerkennung der Vaterschaft, sondern auch die Beseitigung der bestehenden Vaterschaft umfasst (vgl BGH FamRZ 12, 616/617 m Anm *Helms* = StAZ 12, 225 m Anm *Wedemann;* BGH FamRZ 17, 41). Im Hinblick auf die letztgenannte Komponente kann aber zur Bestimmung des anwendbaren Rechts auf den Rechtsgedanken des – eigentlich nur für ein gerichtliches Anfechtungsverfahren geltenden – Art 20 EGBGB zurückgegriffen werden. Wie die Abstammung nach jedem Recht angefochten werden kann, aus dem sich ihre Voraussetzungen ergeben (→ Rn 93 ff), muss auch eine statusändernde Anerkennung nach § 1599 Abs 2 BGB immer dann möglich sein, wenn sich die Abstammung des Kindes zumindest auch aus dem deutschen Recht ergibt. Ist letzteres der Fall, zB weil das Kind hier seinen gewöhnlichen Aufenthalt hat (Satz 1) oder der Anerkennende deutscher Staatsangehöriger ist (Satz 2), so ist eine statusändernde Anerkennung nach § 1599 Abs 2 BGB auch dann möglich, wenn nach einem alternativ ebenfalls anwendbaren ausländischen Recht der Ehemann der Mutter als Vater des Kindes vermutet wird und er diese Vermutung nur durch ein Anfechtungsverfahren beseitigen kann. Der Ehemann der Mutter hat daher in einem solchen Fall die Wahl zwischen der Durchführung des Anfechtungsverfahrens nach ausländischem Recht und der Erteilung der Zustimmung zum Vaterschaftsanerkenntnis durch den biologischen Vater nach deutschem Recht (BGH aaO Rn 17 ff: Zulässigkeit der Anerkennung nach § 1599 Abs 2 BGB durch einen deutschen Staatsangehörigen, obwohl die Mutter und ihr – noch nicht geschiedener – Ehemann polnische Staatsanghörige waren und der Ehemann nach polnischem Recht als Vater des Kindes vermutet wurde). Der letztere Weg hat den Vorteil, dass weder ein Gericht noch das Kind an der Statusänderung beteiligt werden müssen (zust Staud/*Henrich* Rn 41).

Dieser Weg ist jedoch nicht gangbar, wenn sich die Vaterschaft des (geschiedenen) Ehemanns **69** der Mutter nur aus einem von Art 19 Abs 1 berufenen *ausländischen,* nicht hingegen zugleich auch aus dem *deutschen* Recht ergibt; in einem solchen Fall kommt eine statusdurchbrechende Anerkennung nur in Betracht, wenn sie auch in dem die Abstammung begründenden ausländischen Recht vorgesehen ist, was nur ausnahmsweise (wie zB im *österreichischen* Recht, § 163e Abs 2 ABGB) der Fall sein wird (OLG München FamRZ 17, 1691/1692; *Helms* StAZ 12, 618;

743

G 70–74 1. Teil. Erkenntnisverfahren G. Abstammungssachen

Staud/*Henrich* Rn 42). Ferner müssen die Voraussetzungen des § 1599 Abs 2 BGB erfüllt sein, dh die Vaterschaft muss innerhalb eines Jahres nach der Scheidung der Ehe der Kindsmutter anerkannt werden; ein späteres Anerkenntnis genügt nicht (KG FamRZ 17, 814). Auch ein Vaterschaftsanerkenntnis innerhalb eines Jahres nach einer bloßen **gerichtlichen Ehetrennung** der Kindsmutter soll nicht ausreichen (BGH FamRZ 17, 1848 Rn 18; für analoge Anwendung dagegen zu Recht *Henrich* FamRZ 17, 1850; jurisPK-BGB/*Gärtner* Rn 72).

70 **d) Konkurrierende Mutterschaften.** Vor allem in internationalen Leihmutterschaftsfällen kann es im Rahmen der alternativen Anknüpfungen nach Art 19 Abs 1 zu einer Konkurrenz der Abstammung von Leihmutter und Wunschmutter kommen. Vor dem Hintergrund der gesetzlichen Wertung des deutschen Rechts in § 1591 BGB hat man lange Zeit der rechtlichen Zuordnung des Kindes zu der Mutter, die es geboren hat, den Vorzug gegeben (vgl *Looschelders* IPRax 99, 420/422 f; NK-BGB/*Bischoff* Rn 29). Diese einseitig an der Durchsetzung des deutschen Verbots der Leihmutterschaft orientierte Auffassung berücksichtigt indessen nicht hinreichend die Interessen des betroffenen Kindes; diese dürften idR für eine rechtliche Zuordnung zur Wunschmutter sprechen (*Mayer* RabelsZ 78 [2014] 551/580; MüKoBGB/*Helms* Rn 25; Staud/*Henrich* Rn 78, BeckOK-BGB/*Heiderhoff* Rn 30 f). Etwas anderes hat allerdings dann zu gelten, wenn die Leihmutter das Kind behalten möchte.

71 **e) Rück- und Weiterverweisung.** Sämtliche alternativen Anknüpfungen in Art 19 Abs 1 enthalten **Gesamtverweisungen,** so dass Rück- und Weiterverweisung nach Art 4 Abs 1 grundsätzlich zu beachten sind. Dies gilt auch für die Verweisung auf das Recht am ausländischen gewöhnlichen Aufenthalt des Kindes. Auch ein *renvoi* durch das nach S 1 zur Anwendung berufene Recht ist daher grundsätzlich zu beachten und verstößt insbesondere nicht gegen den „Sinn der Verweisung" (Staud/*Hausmann* Art 4 Rn 269; MüKoBGB/*Helms* Rn 28, jeweils mwN). Gleiches gilt für die Verweisung auf ausländisches Recht nach S 2 (Staud/*Hausmann* Art 4 Rn 270) oder nach S 3 (Staud/*Hausmann* Art 4 Rn 271; **aA** für für die Anknüpfung an die engste Verbindung nach Art 14 Abs 1 Nr 3 Pal/*Thorn* Rn 2; BeckOK-BGB/*Heiderhoff* Rn 30).

72 Einschränkungen für die Beachtung eines *renvoi* ergeben sich jedoch aus dem mit den **alternativen Anknüpfungen** nach Abs 1 verfolgten Zweck, die Feststellung der Abstammung des Kindes zu begünstigen. Denn danach ist die Beachtung einer Rück- oder Weiterverweisung nur dann mit dem Sinn dieser Verweisungen iSv Art 4 Abs 1 S 1 vereinbar, wenn sie den Kreis der auf die Feststellung der Abstammung anwendbaren Rechtsordnungen erweitert, nicht aber verengt. Lässt daher das nach Satz 2 maßgebliche *materielle* Heimatrecht des Vaters oder der Mutter die Festellung der Abstammung zu, so ist eine etwaige Rückverweisung durch das *internationale* Privatrecht dieses Heimatstaates auf das Recht am gewöhnlichen Aufenthalt des Kindes unbeachtlich (BGH NJW 17, 1687 Rn 27; BGH NJW 16, 3171 Rn 16; OLG München FamRZ 16, 1599; OLG Karlsruhe FamRZ 16, 924; OLG Nürnberg FamRZ 16, 920/922 und FamRZ 05, 1697; OLG Celle StAZ 11, 152; OLG Hamm FamRZ 09, 126/127; Pal/*Thorn* Rn 2; Staud/*Henrich* Rn 25; näher dazu Staud/*Hausmann* Art 4 Rn 270; einschränkend MüKoBGB/*Helms* Rn 29). Gleiches gilt aber auch bei der Verweisung auf ausländisches Recht nach S 1 (Staud/*Hausmann* Art 4 Rn 269; Staud/*Henrich* Rn 25) oder nach S 3 (Staud/*Hausmann* Art 4 Rn 271).

4. Reichweite des Abstammungsstatuts

73 **a) Voraussetzungen der Abstammung.** Das von Art 19 Abs 1 zur Anwendung berufene Recht gilt insbesondere für die Voraussetzungen der Abstammung. Es beherrscht daher die Fage nach der Notwendigkeit, den materiellen Voraussetzungen und der Wirksamkeit eines **Vater- oder Mutterschaftsanerkenntnisses** (OLG Celle NJW-RR 07, 1456/1457; Staud/*Henrich* Rn 62). Erfasst wird auch die Legitimanerkennung des islamischen Rechts, soweit es die Abstammung vom Vater begründet. (MüKoBGB/*Helms* Rn 33; BeckOK-BGB/*Heiderhoff* Rn 8). Die **Form** der Vaterschaftsanerkennung bestimmt sich hingegen nach Art 4 des CIEC-Übk v 14.9.1961 (→ Rn 29) bzw nach Art 11 Abs 1 EGBGB (BGH FamRZ 17, 1682 Rn 19 f; OLG Hamm StAZ 91, 193/195; Staud/*Henrich* Rn 68; MüKoBGB/*Helms* Rn 53). Auch bei Geltung deutschen Abstammungsstatuts ist daher die Einhaltung der ausländischen Ortsform nach Art 11 Abs 1 S 1 ausreichend (BGH aaO).

74 Auch die Frage, welche **Zustimmungserklärungen** von Beteiligten (Mutter, Kind) zur Anerkennung erforderlich sind, ob sie einer gerichtlichen Genehmigung bedürfen und ob sie

744

II. Internationales Privatrecht: EGBGB Art 19   **75–80** **G**

gerichtlich ersetzt werden können, entscheidet primär das Abstammungsstatut (Staud/*Henrich* Rn 62 ff, 65; MüKoBGB/*Helms* Rn 36; *Andrae,* IntFamR § 5 Rn 43, 46 f). Ergänzend ist insoweit jedoch das **Heimatrecht des Kindes nach Art 23** heranzuziehen, soweit dieses zusätzliche Zustimmungserfordernisse aufstellt (Pal/*Thorn* Rn 7; Staud/*Henrich* Rn 62; dazu → Rn 103 ff). Die Form dieser Zustimmungserklärungen beurteilt sich wiederum nach Art 11 Abs 1 EGBGB (BGH FamRZ 17, 1682 Rn 21 f; *Andrae,* IntFamR § 5 Rn 45).

Die Vorfrage der **Geschäftsfähigkeit** für Anerkennungs- und Zustimmungserklärungen ist **75** selbständig nach Art 7 EGBGB anzuknüpfen, soweit es danach auf die *allgemeine* Geschäftsfähigkeit ankommt (Pal/*Thorn* Rn 7; jurisPK/*Gärtner* Rn 101); sieht das ausländische Abstammungsstatut hierfür *besondere* Altersgrenzen vor, so sind diese maßgebend (MüKoBGB/*Helms* Rn 51). Die **gesetzliche Vertretung** des Vaters bei der Abgabe des Anerkenntnisses oder des Kindes und der Mutter bei der Erklärung der Zustimmung beurteilt sich nach Art 16, 17 KSÜ, hilfsweise nach Art 21, 24 EGBGB (Staud/*Henrich* Rn 63).

Das Abstammungsstatut regelt ferner, unter welchen Voraussetzungen eine **gerichtliche Fest- 76 stellung** der Vater- bzw Mutterschaft (zu letzterer näher Staud/*Henrich* Rn 70 ff) zulässig ist, zB Beiwohnungs-, Empfängnis- und Vaterschaftsvermutungen sowie ihre Widerlegung, die Berechnung von Empfängniszeiten (Pal/*Thorn* Rn 7; BeckOK-BGB/*Heiderhoff* Rn 7), Antragsrechte und Antragsfristen sowie materiellrechtliche Beweisregeln (MüKoBGB/*Helms* Rn 33; näher dazu Staud/*Henrich* Rn 69a–c).

b) Wirkungen der Abstammung. Nach dem von Art 19 Abs 1 zur Anwendung berufenen **77** Recht beurteilen sich auch die Wirkungen der festgestellten Abstammung im Verhältnis zwischen Eltern und Kind. Dieses Recht gilt ferner auch für die Frage, zu welchen weiteren Personen das Kind aufgrund der festgestellten Abstammung von der Mutter bzw vom Vater in einem Verwandtschafts- oder Schwägerschaftsverhältnis steht (Erman/*Hohloch* Rn 21; MüKoBGB/*Helms* Rn 39).

c) Einzelfragen. aa) Ehelichkeit/Nichtehelichkeit. Da das deutsche Sachrecht seit der **78** Reform des Kindschaftsrechts durch das KindRG v 16.1.1997 nicht mehr zwischen ehelichen und nichtehelichen Kindern unterscheidet, enthält auch das deutsche IPR diesbezüglich keine unterschiedlichen Kollisionsnormen mehr. Knüpft eine ausländische Rechtsordnung daher an die Ehelichkeit eines Kindes weiterhin besondere Rechtsfolgen (zB im Unterhalts-, Erb- oder Sorgerecht), ist die Vorfrage der Ehelichkeit *unselbständig* anzuknüpfen, dh nach dem auf die jeweilige Hauptfrage anzuwendenden Recht zu beantworten (AG Gießen StAZ 05, 362; *Dutta* FamRZ 16, 1256; *Hepting* StAZ 99, 97; Staud/*Henrich* Rn 34; Pal/*Thorn* Rn 8; NK-BGB/ *Bischoff* Rn 13; MüKoBGB/*Helms* Rn 54; **aA** *Sturm* StAZ 98, 313; jurisPK-BGB/*Gärtner* Rn 103). Demgegenüber ist die vom ausländischen Recht aufgeworfene Vorfrage, ob die Eltern miteinander eine wirksame Ehe geschlossen haben, selbständig nach Art 11, 13 EGBGB anzuknüpfen (OLG Celle StAZ 11, 153; OLG München FamRZ 08, 1772; Pal/*Thorn* aaO). Über die Vorfrage einer wirksamen Auflösung der Ehe durch Scheidung ist nach den verfahrensrechtlichen Anerkennungsregeln zu entscheiden (Art 21 ff EuEheVO; §§ 107, 109 FamFG; vgl OLG Hamburg FamRZ 14, 1563).

bb) Legitimation. Probleme kann auch die im deutschen Recht abgeschaffte, in auslän- **79** dischen Rechten aber weiterhin vorgesehene Legitimation, insbesondere durch nachfolgende Eheschließung der Eltern, aufwerfen. Die Wirksamkeit der Legitimation ist analog Art 15, 16 KSÜ bzw Art 21 EGBGB nach dem Recht am gewöhnlichen Aufenthalt des Kindes zu beurteilen, weil die Kindesinteressen bei der Anknüpfung vorrangig zu berücksichtigen sind (Pal/ *Thorn* Rn 8; Erman/*Hohloch* Rn 22; BeckOK-BGB/*Heiderhoff* Rn 40; **aA** [Vorrang des Personalstatuts des Vaters] noch BayObLGZ 99, 163/168; BayObLG IPRax 00, 135/138). Die Vorfrage der Legitimation ist für deren Rechtsfolgen nach ausländischem Recht – zB für die Staatsangehörigkeit, den Namen oder das Erbrecht des Kindes – wiederum *unselbständig* anzuknüpfen (*Henrich* FamRZ 98, 1401/1404; *Hepting* StAZ 99, 97; BeckOK-BGB/*Heiderhoff* Rn 39).

Die früher umstrittene Frage, ob sie als **Personenstandsänderung im Geburtseintrag** des **80** Kindes beizuschreiben ist (dafür BayObLG FamRZ 99, 1443; BayObLG IPRax 00, 135/138; AG Heilbronn IPRax 99, 114; *Hepting* StAZ 99, 97/98) oder nicht (so OLG Köln FamRZ 99, 528/530; OLG Stuttgart FamRZ 00, 436/437) wird heute überwiegend im letzteren Sinne entschieden (dazu näher MüKoBGB/*Helms* Rn 54, 73; NK-BGB/*Bischoff* Rn 54; BeckOK-BGB/*Heiderhoff* Rn 40; Staud/*Henrich* Rn 79 ff; **aA** Pal/*Thorn* Rn 8).

745

G 81–85 1. Teil. Erkenntnisverfahren G. Abstammungssachen

81 **cc) Zuordnung zu einem gleichgeschlechtlichen Lebenspartner.** Dem von Art 19 Abs 1 bestimmten Abstammungsstatut unterliegt auch die Frage, ob eine Frau, die mit der Mutter des Kindes in gleichgeschlechtlicher Ehe oder eingetragener Lebenspartnerschaft lebt, als **Co-Mutter** festgestellt werden kann (BGHZ 210, 59 Rn 27 = FamRZ 16, 1251 m zust Anm *Dutta* = NJW 16, 2322 m Anm *Rauscher;* OLG Celle FamRZ 11, 1518; *Frie* FamRZ 15, 889/890; *Coester-Waltjen* IPRax 16, 132/133 f). Denn auch insoweit geht es um die Eltern-Kind-Zuordnung kraft Gesetzes und nicht – wie im Fall der Adoption – um eine solche kraft gestaltender Gerichtsentscheidung oder kraft Vertrages (Pal/*Thorn* Rn 1; MüKoBGB/*Helms* Rn 34; **aA** [Art 22 analog] *Andrae* StAZ 15, 163/167 ff; *dies,* IntFamR § 5 Rn 54). Hatte das Kind daher seinen gewöhnlichen Aufenthalt im Ausland (S 1) oder hatte ein Elternteil die dortige Staatsangehörigkeit (S 2), so ist die nach dem ausländischen Recht erfolgte rechtliche Zuordnung des Kindes zu diesem Elternteil – vorbehaltlich des deutschen *ordre public* (→ Rn 86) – auch im Inland zu übernehmen. Die Co-Mutter ist dann neben der genetischen Mutter im Wege der Nachbeurkundung nach § 36 PStG im im deutschen Geburtenbuch einzutragen (BGH NJW 16, 2322; KG FamRZ 15, 943; *Coester-Waltjen* IPRax 16, 132).

82 **dd) Leihmutterschaft.** Auch die Frage, ob in Leihmutterschaftsfällen die Frau, die das Kind ausgetragen und geboren hat oder die genetische Mutter, deren Eizelle der Leihmutter eingepflanzt wurde, als Mutter im Rechtssinne zu gelten hat, bestimmt sich nach dem von Art 19 Abs 1 zur Anwendung berufenen Recht (BGHZ 203, 350 Rn 55 ff = FamRZ 15, 240 m Anm *Helms* und *Henrich* IPRax 15, 229 = DNotZ 15, 296 m Anm *Schall;* OVG Münster FamRZ 16, 2130/2131; OLG Stuttgart FamRZ 12, 1740; *Benicke* StAZ 13, 101/106; MüKoBGB/*Helms* Rn 33), das allerdings wiederum am inländischen *ordre public* zu messen ist (→ Rn 97).

83 **ee) Extrakorporal aufbewahrter Embryo.** Begehrt ein Samenspender die Feststellung seiner Vaterschaft für einen im Ausland extrakorporal aufbewahrten kryokonservierten Embryo, so ist das hierauf anwendbare Recht ebenfalls mit Hilfe von Art 19 Abs 1 EGBGB zu bestimmen. Zwar kommt eine unmittelbare Anwendung der Vorschrift nicht in Betracht, weil diese sich nur auf die Abstammung von „Kindern" bezieht, dh eine Geburt des Kindes voraussetzt. In Bezug auf die Abstammung von ungeborenem Leben enthält Art 19 Abs 1 jedoch eine unbewusste Regelungslücke, die im Wege einer analogen Anwendung zu schließen ist. Die hierfür erforderliche Vergleichbarkeit des Sachverhalts ist allerdings für die Anknüpfungen nach Abs 1 S 1 und S 3 nicht gegeben, weil ein extrakorporal aufbewahrter Embryo keinen gewöhnlichen Aufenthalt iSv S 1 haben kann und S 3 ausdrücklich auf das Ehewirkungsstatut im Zeitpunkt der Geburt des Kindes abstellt. Damit kann die Vaterschaft des Samenspenders allein in entsprechender Anwendung von dessen Heimatrecht nach S 2 festgestellt werden (BGH NJW 16, 3174 Rn 12 ff, 16 ff m zust Anm *Dutta/Hammer* 1852; **aA** noch die Vorinstanz OLG Düsseldorf FamRZ 15, 1979 m Anm *Mankowski;* dazu auch *Coester-Waltjen* IPRax 16, 466).

5. Schranken des deutschen ordre public

84 **a) Allgemeines.** Zu den allgemeinen Voraussetzungen und Wirkungen einer Anwendung der Vorbehaltsklausel → A Rn 467 ff). Abweichungen ausländischer Rechte vom deutschen Recht in Bezug auf das Bestehen oder Nichtbestehen von **Abstammungsvermutungen** verstoßen grundsätzlich nicht gegen den deutschen *ordre public* (NK-BGB/*Benicke* Rn 37; Staud/*Henrich* Rn 104 ff). Gleiches gilt für die nach ausländischem Recht zulässige Feststellung der Abstammung des Samenspenders im Falle einer künstlichen Befruchtung (Staud/*Henrich* Rn 109).

85 **b) Einschränkungen der Abstammungsfeststellung.** Da das Kind ein durch die Verfassung und die UN-Kinderrechtekonvention geschütztes Recht darauf hat, Abstammungsbeziehungen zu beiden Elternteilen zu begründen, verstoßen ausländische Rechte, die eine Durchsetzung dieses Rechts unangemessen erschweren, gegen den deutschen *ordre public*. Dies gilt etwa für Vorschriften, welche die Anerkennung oder Feststellung der Vaterschaft von Ehebruchskindern verbieten oder einschränken (MüKoBGB/*Helms* Rn 56; NK-BGB/*Bischoff* Rn 38). Gleiches gilt für einen Ausschluss der Vaterschaftsfeststellung nach dem Tod des Putativvaters (vgl EGMR Nr 58757/00, FamRZ 06, 1354 f – *Jäggi/Schweiz*) oder für starre Ausschlussfristen, die unabhängig von der Kenntnis der Mutter oder des Kindes zu laufen beginnen (MüKoBGB/*Helms* Rn 56 mit Hinweisen auf die Rechtsprechung des EGMR; Staud/*Henrich* Rn 110). Auch das vom ausländischen Recht vorgeschriebene Mutterschaftsankenntnis kann gegen den inländi-

II. Internationales Privatrecht: EGBGB Art 19   **86–90 G**

schen *ordre public* verstoßen, wenn dessen Notwendigkeit nicht ausnahmweise durch gewichtige Interessen gerechtfertigt ist (jurisPK-BGB/*Gärtner* Rn 110; Staud/*Henrich* Rn 107).

c) Zuordnung zu einem gleichgeschlechtlichen Lebenspartner. Die rechtliche Zuord- **86** nung eines Kindes zu gleichgeschlechtlichen Eltern verstößt nicht gegen den deutschen *ordre public.* Die Verhältnisse in einer gleichgeschlechtlichen Ehe oder eingetragenen Lebenspartnerschaft können das Aufwachsen von Kindern ebenso fördern wie diejenigen in einer traditionellen Ehe (vgl BGHZ 203, 350 = FamRZ 15, 240 Rn 43; BGHZ 206, 86 = FamRZ 15, 1479 Rn 35). Aus diesem Grunde kann auch der vom ausländischen Recht angeordneten Abstammung des Kindes von seiner Co-Mutter die Anerkennung in Deutschland nicht unter Berufung auf Art 6 EGBGB versagt werden (BGHZ 210, 59 Rn 51 f = FamRZ 16, 1251 m zust Anm *Dutta; Coester-Waltjen* IPRax 16, 132/136 ff; MüKoBGB/*Helms* Rn 57; BeckOK-BGB/*Heiderhoff* Rn 43; **aA** *Andrae* StAZ 15, 163/171). Denn auch nach deutschem Recht kann dieses Ziel im Wege einer Stiefkind- bzw Skuzessivadoption erreicht werden (§ 9 Abs 7 S 1 LPartG; *Helms* StAZ 12, 2/8). Die Frage, ob die Anerkennung dieser Wirkung gegen die Kappungsgrenze des Art 17b Abs 4 EGBGB aF verstoßen hat (dazu → I Rn 262 ff), hat sich mit Aufhebung dieser Vorschrift zum 1.10.2017 erledigt.

d) Leihmutterschaft. Vor dem Hintergrund des Verbots der Leihmutterschaft nach deut- **87** schem Recht (§ 1 Abs 1 Nr 7 EschG; §§ 13c und 13d iVm § 14d AdVermiG) ist es stark umstritten, ob die von § 1591 BGB abweichende **Zuordnung des Kindes zur Wunschmutter** nach ausländischem Recht, wie sie etwa das kalifonische oder das israelische Recht kennen, gegen den deutschern *ordre public* verstößt. Die Frage hat sich in der deutschen Gerichtspraxis bisher meist unter dem Gesichtspunkt der Anerkennung einer diesbezüglichen gerichtlichen Entscheidung oder der konstitutiven Eintragung im ausländischen Personenstandsregister im Rahmen von § 109 Nr 4 FamFG gestellt und wird insoweit im dortigen Zusammenhang behandelt (→ O Rn 22 ff). Im Lichte der neueren Entwicklung zur Anerkennung ausländischer Entscheidungen zur rechtlichen Feststellung einer Wunschmutterschaft ist auch eine Heranziehung der kollisionsrechtlichen Vorbehaltsklausel des Art 6 EGBGB gegenüber der Anwendung eines von § 1591 BGB abweichenden ausländischen Recht abzulehnen, weil es im Rahmen der *orde public*-Kontrolle nicht um die Durchsetzung generalpräventiver Erwägungen zur Bekämpfung der Leihmutterschaft, sondern um das Wohl des konkret betroffenen Kindes geht (so auch *Heiderhoff* IPRax 12, 523/526; BeckOK-BGB/*Heiderhoff* Rn 30 ff, 42; *Henrich* FS Schwab [2005] 1141/1152; MüKoBGB/*Helms* Rn 58; Staud/*Henrich* Rn 110a; dazu auch *Andrae*, IntFamR § 5 Rn 52; **aA** *Benicke* StAZ 13, 111 mwN).

6. Verpflichtungen des Vaters gegenüber der Mutter, Abs 2

Ansprüche der Mutter gegen den mit ihr nicht verheirateten Vater, die ihren Grund in der **88** Schwangerschaft haben, unterliegen gem Abs 2 dem Recht des Staates, in dem die Mutter ihren gewöhnlichen Aufenthalt hat. Bei einer Verlegung des gewöhnlichen Aufenthalts gilt für danach entstehende Ansprüche das neue Aufenthaltsrecht; die Anknüpfung ist also **wandelbar** (Pal/*Thorn* Rn 9; NK-BGB/*Bischoff* Rn 31; MüKoBGB/*Helms* Rn 78).

Von Abs 2 erfasst werden insbesondere Ansprüche auf Ersatz der Kosten von Entbindung und **89** Schwangerschaft (vgl § 1615i BGB), Ansprüche bei Tod oder Fehlgeburt des Kindes (vgl § 1615n BGB) sowie Ansprüche auf Ersatz von Beerdigungskosten, wenn die Mutter aufgrund der Schwangerschaft oder der Entbindung stirbt (vgl § 1615m BGB). Demgegenüber sind Ansprüche aus einem Verlöbnis oder deliktische Ansprüche gesondert nach dem Verlöbnis- bzw Deliktsstatut anzuknüpfen (MüKoBGB/*Helms* Rn 79).

Abs 2 gilt allerdings nur für solche Ansprüche, die **keinen Unterhaltscharakter** haben. Für **90** Unterhaltsleistungen vor oder nach der Geburt, insbesondere für Betreuungsunterhalt (zB nach § 1615l BGB), gelten hingegen vorrangig die Kollisionsnormen des Haager Unterhaltsprotokolls (OLG Karlsruhe FamRZ 18, 200; MüKoBGB/*Helms* Rn 80; dazu → C Rn 550). Zwar führt auch Art 3 Abs 1 lit a HUP zur Anwendung des Rechts am gewöhnlichenAufenthalt der unterhaltsberechtigten Mutter. Abweichungen können sich aber insbesondere aus einer nach Art 7, 8 HUP getroffenen Rechtswahl ergeben. Außerdem spricht Abs 2 eine **Gesamtverweisung** aus, während eine Rück- oder Weiterverweisung nach Art 12 HUP unbeachtlich ist (NK-BGB/*Bischoff* Rn 35; Staud/*Henrich* Rn 102).

747

G 91–94
1. Teil. Erkenntnisverfahren G. Abstammungssachen

b) Anfechtung der Abstammung

EGBGB Art 20. Anfechtung der Abstammung

Die Abstammung kann nach jedem Recht angefochten werden, aus dem sich ihre Voraussetzungen ergeben. Das Kind kann die Abstammung in jedem Fall nach dem Recht des Staates anfechten, in dem es seinen gewöhnlichen Aufenthalt hat.

Schrifttum: → vor Rn 21.

1. Allgemeines

91 Art 20 ist durch das KindRG mit Wirkung v 1.7.1998 neu gefasst worden. Die Vorschrift gilt seither auch für die Anfechtung der Abstammung von Kindern, die bereits vor dem 1.7.1998 geboren worden sind (vgl Art 224 § 1 Abs 2 EGBGB; OLG Köln FamRZ 03, 1857; OLG Hamm FamRZ 05, 291; Pal/*Thorn* Rn 1). Art 20 ist nicht nur auf die Anfechtung der Vaterschaft anwendbar, sondern auch auf die Anfechtung einer nach ausländischem Recht vorgeschriebenen Anerkennung der Mutterschaft (zB durch die Wunschmutter, wenn das Kind von einer Leihmutter im Ausland ausgetragen wurde, vgl NK-BGB/*Bischoff* Rn 18; Staud/*Henrich* Rn 45, 48).

92 Die Vorschrift unterscheidet nicht danach, ob die anzufechtende Abstammung durch eine gesetzliche Vermutung, durch Anerkennung oder durch gerichtliche Feststellung begründet wurde (NK-BGB/*Bischoff* Rn 3). Sie differenziert auch nicht zwischen in oder außerhalb der Ehe geborenen Kindern. Nimmt das von Art 20 zur Anwendung berufene Recht diese Unterscheidung weiterhin vor, so ist dem zu folgen; die vom ausländischen Anfechtungsrecht aufgeworfene Vorfrage der Ehelichkeit ist dann unselbständig anzuknüpfen (Pal/*Thorn* Rn 1). Insgesamt begünstigt Art 20 die Anfechtung der Abstammung stark, indem die Anfechtenden mehrere **alternative Anküpfungen** zur Verfügung gestellt werden (MüKoBGB/*Helms* Rn 1; BeckOK-BGB/*Heiderhoff* Rn 2).

2. Grundsatzanknüpfung, Satz 1

93 Die Anfechtung der Abstammung unterliegt nach Satz 1 jedenfalls derjenigen Rechtsordnung, nach der sie im konkreten Fall festgestellt worden ist. Ist dies durch Anerkennung der Vaterschaft geschehen, so ist die Anfechtung also nach dem auf dieses Vaterschaftsanerkenntnis anwendbaren Recht möglich (OLG Celle NJW-RR 07, 1456/1457). Darüber hinaus kann die Abstammung aber auch nach jedem anderen von Art 19 Abs 1 zur Anwendung berufenen Recht angefochten werden, nach dem sie auch begründet wäre. Wird die Vaterschaft also nach deutschem Recht (§ 1592 Nr 1 BGB) vermutet, weil das Kind seinen gewöhnlichen Aufenthalt im Inland hat (Art 19 Abs 1 S 1), so kann der Ehemann der Mutter die Vaterschaft nicht nur nach deutschem Recht anfechten, sondern zB auch nach seinem ausländischen Heimatrecht (Art 19 Abs 1 S 2) oder nach dem Ehewirkungsstatut (Art 19 Abs 1 S 3), wenn seine Vaterschaft auch nach jedem dieser Rechte hätte festgestellt werden können (BGH 1127 = NZFam 17, FamRZ 18, 41; BGH FamRZ 12, 616 Rn 18 m Anm *Helms;* OLG Karlsruhe FamRZ 17, 2026/2027; OLG Hamburg FamRZ 12, 568; MüKoBGB/*Helms* Rn 2 f; ausf Staud/*Henrich* Rn 10 ff, 14, 16 f). Die Anfechtung nach einem konkurrierenden ausländischen Recht ist insbesondere geboten, wenn zB die Anfechtungsfrist nach dem deutschen Recht am gewöhnlichen Aufenthalt des Kindes versäumt worden ist (OLG Karlsruhe FamRZ 17, 2026/2027; OLG Hamburg FamRZ 12, 568; OLG Karlsruhe FamRZ 00, 107; BeckOK-BGB/*Heiderhoff* Rn 8). Die von Art 20 aufgeworfene **Vorfrage der Abstammung** ist nach Art 190 zu beurteilen (NZFam 17, 1127 m Anm *Löhnig* = FamRZ 18, 41).

94 Kommt die **Anfechtung nach mehreren Rechten** in Betracht, so ist sie also nicht nur dann möglich, wenn alle diese Rechte sie zulassen (kumulative Anwendung); vielmehr kann die Anfechtung nach Wahl des Anfechtenden **alternativ** auf jede einzelne dieser Rechtsordnungen gestützt werden (BGH FamRZ 12, 616/617; OLG Karlsruhe FamRZ 17, 2026/2027; OLG Stutttgart FamRZ 99, 610 und ZAR 11, 67; MüKoBGB/*Helms* Rn 3; Pal/*Thorn* Rn 2). Dabei hat der Anfechtende keine bestimmte Reihenfolge der in Betracht kommenden Rechte einzuhalten (LG Saarbrücken StAZ 05, 18/19; Staud/*Henrich* Rn 12; NK-BGB/*Bischoff* Rn 12; **aA** *Andrae,* IntFamR § 5 Rn 62 f). Insbesondere muss die Anfechtung nicht vorrangig auf das Recht gestützt werden, nach dem sie im konkreten Fall festgestellt worden ist. Hingegen scheiden von Art 19 Abs 1 zur Anwendung berufene Rechte, nach denen die Vaterschaft nicht besteht, als Anfechtungsstatut aus (NK-BGB/*Bischoff* Rn 11). Der Antragsteller muss sich zwischen den

748

II. Internationales Privatrecht: EGBGB Art 20   **95–100 G**

konkurrierenden Rechten im Anfechtungsverfahren nicht selbst entscheiden; vielmehr ist es Sache des Gerichts, dasjenige Recht anzuwenden, das der Anfechtung möglichst zum Erfolg verhilft (Günstigkeitsprinzip zugunsten der Anfechtung, vgl OLG Karlsruhe FamRZ 00, 107; Staud/*Henrich* Rn 18; BeckOK-BGB/*Heiderhoff* Rn 8; MüKoBGB/*Helms* Rn 3).

Auch Art 20 S 1 spricht eine **Gesamtverweisung** aus (Pal/*Thorn* Rn 1; Erman/*Hohloch* **95** Rn 4; Staud/*Henrich* Rn 23). Soll daher die Vermutung zugunsten einer Vaterschaft des (geschiedenen) Ehemannes der Mutter nach dessen ausländischem Heimatrecht durch Anfechtung ausgeschaltet werden, so ist zunächst das ausländische Kollisionsrecht zur Bestimmung des Abstammungsstatuts zu befragen (KG FamRZ 16, 922/924 [*Polen*]). Da Art 20 S 1 auf die von Art 19 Abs 1 zur Anwendung berufenen Rechte verweist, gilt allerdings für die eingeschränkte Beachtung einer Rück- oder Weiterverweisung in Fällen alternativer Verweisung wegen eines Widerspruchs zum „Sinn der Verweisung" (Art 4 Abs 1 S 1 EGBGB) das zu Art 19 Gesagte entsprechend (→ Rn 72). Durch die Beachtung einer Rück- oder Weiterverweisung darf also kein Anfechtungsstatut verloren gehen Staud/*Henrich* Rn 23; Staud/*Hausmann* Art 4 Rn 278).

Die auf die Beseitigung der Vaterschaftszuordnung anwendbare Rechtsordnung ist auch dann **96** nach Art 20 zu bestimmen, wenn diese nicht über ein gerichtliches Anfechtungsverfahren, sondern – wie etwa nach § 1599 Abs 2 BGB – im Wege **rechtsgeschäftlicher Erklärung** möglich ist (sog vaterschaftsändernde oder -durchbrechende Anerkennung, vgl BGH FamRZ 17, 1848 Rn 15 m Anm *Henrich;* BGH FamRZ 17, 1687 Rn 28 ff m Anm *Duden* und *Henrich;* BGH FamRZ 12, 616 Rn 19; dazu schon → Rn 68 f). Auf die Anerkennung dieser Art der vereinfachten Beseitigung der Vaterschaft in dem ausländischen Recht, nach dem diese weiterbesteht, kommt es nicht an.

3. Zusatzanknüpfung, Satz 2

Nur das **Kind** kann seineAbstammung zusätzlich auch nach dem Recht des Staates anfechten, **97** in dem es seinen gewöhnlichen Aufenthalt hat. Auch diese Anknüpfung ist durch eine Verlegung des gewöhnlichen Kindesaufenthalts **wandelbar** (BeckOK-BGB/*Heiderhoff* Rn 11) und wird nur *subsidiär* eingeräumt, setzt also voraus, dass die Anfechtung nach den von Satz 1 iVm Art 19 zur Anwendung berufenen Rechten nicht möglich ist. Das Recht des Kindes zur Anfechtung nach Satz 2 besteht – anders als nach Satz 1 iVm Art 19 Abs 1 S 1 – auch dann, wenn nach dem Recht am gewöhnlichen Aufenthalt des Kindes keine Abstammungsvermutung besteht und die Abstammung auch sonst nicht festgestellt werden kann, die Abstammung aber nach einem von Art 19 Abs 1 S 2 oder S 3 zur Anwendung berufenen Recht feststeht (*Henrich* FamRZ 98, 1401/1403; Pal/*Thorn* Rn 2; NK-BGB/*Bischoff* Rn 5).

Rück- und Weiterverweisung sind auch im Rahmen der Anknüpfung nach Satz 2 zu **98** beachten; allerdings darf der Kreis der anwendbaren Rechtsordnungen hierdurch wiederum nicht vermindert und die Anfechtung damit eingeschränkt werden (OLG Karlsruhe FamRZ 17, 2026/2028 f; OLG Hamburg FamRZ 12, 568; OLG Stuttgart FamRZ 01, 246; Pal/*Thorn* Rn 1; MüKoBGB/*Helms* Rn 2; Staud/*Henrich* Rn 23 ff; **aA** *Andrae,* IntFamR § 5 Rn 67).

4. Schranken des ordre public

a) Anfechtungsgründe. Eine Beschränkung der Anfechtungsgründe nach ausländischem **99** Recht kann im Hinblick auf den vom BVerfG und EGMR betonten Grundsatz der Abstammungswahrheit gegen die Grund- und Menschenrechte des rechtlichen Vaters, des Kindes, aber auch des biologischen Erzeugers und damit gegen Art 6 EGBGB verstoßen (vgl *Helms* FS Frank [2008] ff m Nachw). In der Praxis wirkt sich dies allerdings nur selten aus, da wegen der alternativen Anknüpfungen des Art 20 zumeist auch deutsches Recht oder ein anderes ausländisches Recht zur Anwendung berufen ist, das die Anfechtung ermöglicht (NK-BGB/*Bischoff* Rn 15).

b) Anfechtungsfristen. Anders als früher (vgl BGH NJW 75, 32/43 f = NJW 79, 1776) geht **100** es im internationalen Abstammungsrecht heute nicht mehr vorrangig um die Erhaltung eines bestimmten (ehelichen) Status des Kindes, sondern vor allem um die Abstammungswahrheit (vgl BVerfG NJW 16, 1939 Rn 234 ff; BeckOK-BGB/*Heiderhoff* Rn 14). Dieser Grundsatz steht auch der Anwendung von *kenntnisunabhängigen* Anfechtungsfristen nach ausländischem Recht durch deutsche Gerichte regelmäßig entgegen (Staud/*Henrich* Rn 55). So verstößt der Ablauf der Anfechtungsfrist für den rechtlichen Vater ein Jahr nach der Geburt des Kindes unabhängig von der Kenntnis von Umständen, die gegen die Vaterschaft sprechen, gegen Art 8 EMRK

749

G 103, 104 1. Teil. Erkenntnisverfahren G. Abstammungssachen

(EGMR 24.11.05, Nr 14826/01 – *Shofmann/Russland*, FamRZ 06, 181 m Anm *Henrich*; MüKoBGB/*Helms* Rn 16). Ferner dürfen auch kenntnisabhängige Fristen nicht zu kurz bemessen sein, um dem Anfechtungsberechtigten eine ausreichende Zeit zur Überlegung einzuräumen (OLG Stuttgart FamRZ 91, 246; NK-BGB/*Bischoff* Rn 16; Staud/*Henrich* Rn 56; *Andrae*, IntFamR § 5 Rn 69; MüKoBGB/*Helms* Rn 2f). Unterschiedlich lange Fristen für verschiedene Anfechtungsberechtigte können hingegen sachlich gerechtfertigt sein (Staud/*Henrich* Rn 58). Die Vereinbarkeit unbefristeter Anfechtungsrechte mit dem deutschen *ordre public* ist umstritten (bejahend MüKoBGB/*Helms* Rn 17; verneinend Staud/*Henrich* Rn 51f; zweifelnd BeckOK-BGB/*Heiderhoff* Rn 15).

5. Reichweite des Anfechtungsstatuts

101   Dem von Art 20 berufenen Recht sind insbesondere die **Anfechtungsgründe** (Pal/*Thorn* Rn 3; MüKoBGB/*Helms* Rn 7) und die **Anfechtungsfristen** (einschließlich einer etwaigen Hemmung oder Unterbrechung, vgl OLG Hamm FamRZ 96, 422 und FamRZ 98, 1133f; OLG Düsseldorf FamRZ 98, 1133; Pal/*Thorn* Rn 3; Staud/*Henrich* Rn 36) zu entnehmen, und zwar auch für die nach ausländischem Recht zulässige Anfechtung der Mutterschaft (Staud/*Henrich* Rn 42ff). Es bestimmt ferner über die Art und Weise einer Geltendmachung der Anfechtung (zB durch Anfechtungserklärung, gerichtliche Klage oder Geltendmachung in einem beliebigen Verfahren, MüKoBGB/*Helms* Rn 10). Im Rahmen von Satz 1 entscheidet das hiernach anzuwendende Recht auch über den Kreis der **zur Anfechtung berechtigten Personen** einschließlich eines behördlichen Anfechtungsrechts (Pal/*Thorn* Rn 3; BeckOK-BGB/*Heidehoff* Rn 6; Staud/*Henrich* Rn 30ff) und den Anfechtungsgegner (NK-BGB/*Bischoff* Rn 10). Art 20 erfasst auch materielle Beweislastregeln und Vermutungen (Staud/*Henrich* Rn 4; Erman/*Hohloch* Rn 13).

102   Soll nicht die Abstammung, sondern nur ein **Vaterschaftsanerkenntnis** angefochten werden, so gilt dafür nicht Art 20, sondern Art 19 (Pal/*Thorn* Rn 3; NK-BGB/*Bischoff* Rn 9). Die gesetzliche Vertretung des Kindes im Anfechtungsverfahren bestimmt sich nach Art 16, 17 KSÜ (→ F Rn 638ff).

c) Zustimmung des Kindes
EGBGB Art 23. Zustimmung

Die Erforderlichkeit und die Erteilung der Zustimmung des Kindes und einer Person, zu der das Kind in einem familienrechtlichen Verhältnis steht, zu einer Abstammungserklärung, Namenserteilung oder Annahme als Kind unterliegen zusätzlich dem Recht des Staates, dem das Kind angehört. Soweit es zum Wohl des Kindes erforderlich ist, ist stattdessen das deutsche Recht anzuwenden.

Schrifttum: *Frie*, Hinkende Vaterschaften zu deutschen Kindern aufgrund des Art 23 EGBGB – Probleme und Lösungsansätze, StAZ 16, 161; *Sturm*, Das Günstigkeitsprinzip und die Zustimmung nach Art 23 EGBGB, StAZ 97, 261.

1. Kumulative Anwendung des Heimatrechts des Kindes, Satz 1

103   **a) Normzweck.** Die Zustimmung der Mutter und/oder des Kindes zu einer Änderung von dessen Status durch Abstammungserkärungen, insbesondere durch die Anerkennung der Vater- oder Mutterschaft, unterliegt zwar grundsätzlich dem Abstammungsstatut des Art 19 (→ Rn 74). Art 23 erklärt jedoch zum Schutz des Kindes insoweit zusätzlich das Recht des Staates für anwendbar, dem das Kind angehört. Fallen also Abstammungs- und Zustimmungsstatut auseinander, so sind bezüglich dieser Zustimmungserfordernisse die Anforderungen beider Rechte *kumulativ* zu erfüllen (*Andrae*, IntFamR § 5 Rn 46; BeckOK-BGB/*Heiderhoff* Rn 1; MüKoBGB/*Helms* Rn 5; vgl auch zur Adoption BayObLGZ 04, 368/370 = FamRZ 05, 1694; OLG Hamm FamRZ 06, 1463; AG Celle FamRZ 17, 1500/1503; zur Namenserteilung OLG Köln StAZ 13, 319/320). Damit werden die kollisionsrechtlichen Interessen des Kindes und seiner Mutter berücksichtigt, deren Rechtsbeziehungen zum Vater durch ein Vaterschaftsanerkenntnis nicht entgegen dem Heimatrecht des Kindes begründet oder geändert werden sollen (BeckOK-BGB/*Heiderhoff* Rn 1).

104   Anders als im internationalen Namensrecht können nationale Kollisionsregeln, die – wie Art 23 – die Anerkennung einer Statusänderung im Abstammungsrecht von der Erfüllung

750

II. Internationales Privatrecht: EGBGB Art 23   **105–110 G**

bestimmter Zustimmungserfordernisse abhängig machen, nicht wegen Verstoßes gegen die europarechtliche **Freizügigkeit** (Art 21 AEUV) unangewendet bleiben (*Frie* StAZ 16, 161/166; BeckOK-BGB/*Heiderhoff* Rn 4; **aA** wohl KG NJW 11, 535).

b) Heimatrecht des Kindes. Art 23 S 1 beruft zusätzlich das Recht des Staates zur Anwen- **105** dung, dem das Kind angehört. Maßgebend ist das Heimatrecht im Zeitpunkt der Statusänderung; die erst durch die Statusänderung erworbene Staatsangehörigkeit des Kindes bleibt daher außer Betracht (OLG Frankfurt FamRZ 97, 241/243; Pal/*Thorn* Rn 3; Erman/*Hohloch* Rn 8; Mü-KoBGB/*Helms* Rn 3). Ist das Kind Mehrstaater, Staatenloser oder Flüchtling, so sind ergänzend Art 5 Abs 1 und 2 sowie die einschlägigen Staatsverträge (Genfer Flüchtlingskonvention, New Yorker Übk über die Rechtsstellung der Staatenlosen, vgl *Jayme*/*Hausmann* Nr 10, 12) heran-zuziehen (Staud/*Henrich* Rn 5).

c) Form der Zustimmung. Für die Form von Zustimmungserklärungen gilt alternativ zum **106** Heimatrecht des Kindes nach Art 11 Abs 1 das Ortsrecht (OLG Hamm FamRZ 05, 291/291; OLG Stuttgart IPRax 90, 332/333; *Jayme* IPRax 90, 309/310; Staud/*Henrich* Rn 9; NK-BGB/ *Benicke* Rn 12; MüKoBGB/*Helms* Rn 10). Die im Inland erklärte Zustimmung der Mutter bzw des Kindes ist daher immer dann formgültig, wenn sie öffentlich beurkundet wurde, § 1597 Abs 1 BGB.

d) Rück- und Weiterverweisung. Die Beachtung eines Renvoi ist im Anwendungsbereich **107** des Art 23 S 1 umstritten. Die Vorschrift wird in der deutschen Praxis zT als Sachnormver-weisung angesehen, so dass Rück- und Weiterverweisungen durch das Heimatrecht des Kindes nicht beachtet werden (OLG Stuttgart IPRax 90, 332/333; ebenso zur Adoption BayObLG FamRZ 88, 868/870; BayObLGZ 04, 368/370 = FamRZ 05, 1694; LG Bielefeld FamRZ 98, 1338; zust Pal/*Thorn* Rn 2). Dies vermag freilich nicht zu überzeugen, weil es nicht sinnvoll ist, ein Vaterschaftsanerkenntnis an einer fehlenden Zustimmung nach dem Heimatrecht des Kindes scheitern zu lassen, obwohl dieses Recht gar nicht angewandt sein will, sondern auf deutsches Recht zurückverweist. Der Entscheidungseinklang mit dem Heimatrecht sollte in diesem Fall Vorrang haben (AG Bielefeld IPRax 89, 172; AG Siegen IPRax 92, 259 m zust Anm *Jayme; Hohnerlein* IPRax 94, 197; Münch/*Süß* § 20 Rn 358; Erman/*Hohloch* Rn 4; NK-BGB/*Benicke* Rn 19 f; Staud/*Henrich* Rn 6; Staud/*Hausmann* Art 4 EGBGB Rn 292 mwN). Die Beachtung einer Rückverweisung sollte auch nicht auf den Fall beschränkt werden, dass das von Art 23 zur Anwendung berufene Heimatrecht des Kindes ebenfalls eine besondere Kollisionsnorm für die Zustimmung vorsieht (MüKoBGB/*Helms* Rn 4; **aA** *Andrae*, IntFamR § 7 Rn 58; BeckOK-BGB/*Heiderhoff* Rn 19).

e) Anwendungsbereich. Nach dem Heimatrecht des Kindes beurteilt sich nicht nur die **108** **Erforderlichkeit,** sondern auch die **Wirksamkeit** der Zustimmung des Kindes und derjenigen Personen, zu denen das Kind in einem familienrechtlichen Verhältnis steht, also insbesondere seiner Mutter, zu einem Vaterschaftsanerkenntnis (OLG Hamm FamRZ 05, 291; OLG Stuttgart IPRax 90, 332/333), sowie die Zulässigkeit einer **Ersetzung** dieser Zustimmung (vgl OLG Köln StAZ 13, 319/320 [Namenserteilung]; BayObLG FamRZ 02, 1142 und OLG Hamm FamRZ 06, 1463 [Adoption]; Pal/*Thorn* Rn 3; NK-BGB/*Benicke* Rn 9; MüKoBGB/*Helms* Rn 8 f, 11; BeckOK-BGB/*Heiderhoff* Rn 15). Einer Zustimmung der Mutter bedarf es jedoch dann nicht, wenn dieser die Elternrechte entzogen wurden und das Heimatrecht des Kindes deshalb ihre Zustimmung für entbehrlich hält (OLG Köln FamRZ 99, 889 f; NK-BGB/*Benicke* Rn 9). Auf das Alter des betroffenen Kindes kommt es in diesem Zusammenhang nicht an, so dass die Anwendung von Art 23 auch durch die Volljährigkeit des „Kindes" nicht ausgeschlossen wird (BayObLG NJW-RR 1995, 1287/1288 [Adoption]; MüKoBGB/*Helms* Rn 6).

Die **Vorfrage,** ob das von Art 23 vorausgesetzte familienrechtliche Verhältnis besteht, ist **109** *unselbständig* anzuknüpfen, dh nach dem Recht zu entscheiden, das vom Heimatrecht des Kindes für maßgebend erklärt wird (NK-BGB/*Benicke* Rn 15, 34; MüKoBGB/*Helms* Rn 7; BeckOK-BGB/*Heiderhoff* Rn 11). Gleiches sollte auch für die vom Heimatrecht vorausgesetzte Geschäfts-fähigkeit und das Erfordernis und die Wirksamkeit einer gesetzlichen Vertretung gelten (Mü-KoBGB/*Helms* Rn 9; Staud/*Henrich* Rn 10; BeckOK-BGB/*Heiderhoff* Rn 10; **aA** [selbständige Anknüpfung] Pal/*Thorn* Rn 3; Erman/*Hohloch* Rn 10).

Auch die Frage, ob und welche Zustimmungserklärungen zu einer Abstammungserklärung **110** einer **familiengerichtlichen Genehmigung** bedürfen und von welchen Voraussetzungen die Erteilung einer solchen Genehmigung abhängt, richtet sich zusätzlich nach Art 23 (OLG Köln StAZ 13, 319 [Namenserteilung]; OLG Hamm FamRZ 06, 1463 [Adoption]; Pal/*Thorn* Rn 3;

751

G 111–113   1. Teil. Erkenntnisverfahren G. Abstammungssachen

MüKoBGB/*Helms* Rn 9; NK-BGB/*Benicke* Rn 9; → Rn 74). Auch insoweit ist also neben dem Abstammungsstatut das Heimatrecht des Kindes zu berücksichtigen. Das für die Zustimmung maßgebliche Abstammungs- bzw Zustimmungsstatut beantwortet auch die Frage, ob die gerichtliche Genehmigung der Zustimmungserklärung vorangehen oder ihr nachfolgen muss (vgl OLG Köln FamRZ 99, 889 f).

111   Schließlich entscheidet das Heimatrecht des Kindes nach Art 23 auch darüber, welche **Rechtsfolgen** das Fehlen einer erfoderlichen Zustimmung hat (Staud/*Henrich* Rn 25; Mü-KoBGB/*Helms* Rn 12; BeckOK-BGB/*Heiderhoff* Rn 16; **aA** NK-BGB/*Benicke* Rn 35).

2. Schranke des Kindeswohls, Satz 2

112   Hilfsweise gilt nach Art 23 S 2 sowohl für die Erforderlichkeit wie für die Erteilung der Zustimmung **deutsches Recht,** wenn dies zum Wohl des Kindes erforderlich ist, weil die Zustimmungserfordernisse nach dem von Art 19 zur Anwendung berufenen Recht gar nicht, nur unter unverhältnismäßigen Schwierigkeiten oder jedenfalls nicht binnen angemessener Zeit erfüllt werden können (BayObLG FamRZ 02, 1282/1284 [Adoption]; Staud/*Henrich* Rn 32), zB weil keine Ersetzungsmöglichkeit besteht (BayObLGZ 94, 332/336; Pal/*Thorn* Rn 6). Die Anwendung deutschen Rechts darf nur aus Gründen des **Kindeswohls** erfolgen (OLG Hamm FamRZ 05, 291 und OLG Frankfurt FamRZ 97, 241, jeweils zum Vaterschaftsanerkenntnis).

113   Die Vorschrift ist als spezielle Ausprägung des *ordre public* zu betrachten und verdrängt als solche die allgemeine Vorbehaltsklausel in Art 6 EGBGB (OLG Köln StAZ 13, 319; Erman/*Hohloch* Rn 16; BeckOG-BGB/*Heiderhoff* Rn 20). Da es sich um eine Ausnahmeregelung zum Grundsatz in Satz 1 handelt, sind an ihre Anwendung **strenge Maßstäbe** anzulegen sind (OLG Frankfurt FamRZ 97, 241/243; OLG Celle StAZ 89, 9/10; *Henrich* StAZ 95, 284/286; vgl auch BayObLG NJW-RR 95, 327/329 [Adoption]). Erforderlich ist danach, dass dem Kind andernfalls ernsthafte Nachteile drohen (OLG Köln StAZ 13, 319 [Namenserteilung]; MüKoBGB/*Helms* Rn 28; Staud/*Henrich* Rn 29).

H. Adoptionssachen

Übersicht

	Rn.
I. Internationale Zuständigkeit	1
1. Einführung	1
2. Autonomes Zivilverfahrensrecht	4
FamFG (Text-Nr 470)	4
Buch 1. Abschnitt 9: Verfahren mit Auslandsbezug (§§ 97, 101)	4
II. Internationales Privatrecht	21
1. Einführung	21
2. Autonomes Kollisionsrecht	26
EGBGB (Text-Nr 480)	26
a) Art 22	26
Allgemeines	26
Anknüpfung	33
Reichweite des Adoptionsstatuts	59
b) Art 23	93

Der Abschnitt H beschränkt sich auf die Behandlung von Adoptionssachen im **Erkenntnisverfahren,** nämlich auf Fragen der internationalen Zuständigkeit (→ Rn 1 ff) und des anwendbaren Rechts (→ Rn 21 ff). Die **Anerkennung und Vollstreckung** ausländischer Entscheidungen in Adoptionssachen wird im **Abschnitt** P, die internationale **Behördenzusammenarbeit** im **Abschnitt V** dargestellt.

I. Internationale Zuständigkeit

1. Einführung

a) EU-Recht. Die internationale Zuständigkeit in Adoptionssachen ist bisher nicht auf EU-Ebene geregelt. Die EuEheVO regelt zwar die internationale Zuständigkeit auf dem Gebiet der elterlichen Verantwortung, schließt aber nach Art 1 Abs 3 lit b „Adoptionsentscheidungen und Maßnahmen zur Vorbereitung einer Adoption sowie die Ungültigkeit und den Widerruf einer Adoption" ausdrücklich aus ihrem Anwendungsbereich aus (→ F Rn 50). **1**

b) Staatsverträge. Auch die für die *Bundesrepublik Deutschland* geltenden Staatsverträge regeln die internationale Zuständigkeit in Adoptionssachen nicht (*Althammer* IPRax 09, 381/384; ThP/*Hüßtege* § 101 Rn 1; Keidel/*Engelhardt* Rn 2). Dies gilt insbesondere für das Haager Übereinkommen über den Schutz von Kindern und die Zusammenarbeit auf dem Gebiet der internationalen Adoption v 29.5.1993 (**HAdoptÜ;** BGBl 2001 II, 1005), das in seinem II. Kapitel (Art 4, 5) nur ein Vermittlungsverfahren für die Adoption von Kindern mit gewöhnlichem Aufenthalt in anderen Vertragsstaaten und in seinem Kapitel IV (Art 14–22) bestimmte verfahrensrechtliche Voraussetzungen der internationalen Adoption vorschreibt (→ V Rn 23 ff), sowie in seinem Kapitel V die Anerkennung und die Wirkungen von Auslandsadoptionen regelt (→ P Rn 28 ff). Ferner enthält auch Art 4 lit b **KSÜ** für die Adoption einen mit Art 1 Abs 3 lit b EuEheVO identischen Ausschlusstatbestand. Dieser gilt auch für die grenzüberschreitende Unterbringung zum Zwecke der anschließenden Adoption (P/H/*Hau* Rn 4). **2**

c) Autonomes deutsches Verfahrensrecht. Bis zu einer Regelung der internationalen Zuständigkeit in Adoptionssachen durch den europäischen Gesetzgeber bestimmt diese sich allein nach dem autonomen Verfahrensrecht der Mitgliedstaaten. In Deutschland ist hierfür § 101 FamFG maßgebend (→ Rn 5 ff). **3**

H 5, 6 1. Teil. Erkenntnisverfahren H. Adoptionssachen

2. Autonomes Zivilverfahrensrecht

470. Gesetz über das Verfahren in Familiensachen und in den Angelegenheiten der freiwilligen Gerichtsbarkeit (FamFG)

Vom 17. Dezember 2008 (BGBl I, 2586)

Buch 1. Allgemeiner Teil
Abschnitt 9. Verfahren mit Auslandsbezug

Schrifttum: Vgl das allg Schrifttum zu Verfahren mit Auslandsbezug im FamFG → A vor Rn 239; ferner *Baumann*, Verfahren und anwendbares Recht bei Adoptionen mit Auslandsberührung (1992); *Bienentreu*, Grenzüberschreitende Adoptionen, JAmt 08, 57; *Emmerling de Oliveira*, Adoptionen mit Auslandsberührung, MittBayNot 10, 429; *Wedemann*, Volljährigenadoption im Ausland – ein Bereich für forum shopping?, FamRZ 15, 33; *Zimmermann*, Das Adoptionsverfahren mit Auslandsberührung, NZFam 16, 150 und 249.

Unterabschnitt 1. *Verhältnis zu völkerrechtlichen Vereinbarungen und Rechtsakten der Europäischen Gemeinschaft*

FamFG § 97. Vorrang und Unberührtheit

(1) [1]Regelungen in völkerrechtlichen Vereinbarungen gehen, soweit sie unmittelbar anwendbares innerstaatliches Recht geworden sind, den Vorschriften dieses Gesetzes vor. [2]Regelungen in Rechtsakten der Europäischen Gemeinschaft bleiben unberührt.

(2) Die zur Umsetzung und Ausführung von Vereinbarungen und Rechtsakten im Sinne des Absatzes 1 erlassenen Bestimmungen bleiben unberührt.

4   Die internationale Zuständigkeit in Adoptionssachen ist weder durch vorrangiges EU-Recht noch durch völkerrechtliche Verträge geregelt (→ Rn 1 f). Dem in § 97 betonten Vorrang von staatsvertraglichen Regelungen kommt daher nur auf dem Gebiet der Anerkennung von ausländischen Adoptionsentscheidungen (dazu → P Rn 5 ff) sowie bei der internationalen Behördenzusammenarbeit in Adoptionssachen (→ V Rn 4 ff) Bedeutung zu.

Unterabschnitt 2. *Internationale Zuständigkeit*

FamFG § 101. Adoptionssachen

Die deutschen Gerichte sind zuständig, wenn der Annehmende, einer der annehmenden Ehegatten oder das Kind

1. Deutscher ist oder

2. seinen gewöhnlichen Aufenthalt im Inland hat.

1. Allgemeines

5   In Ermangelung von EU-Recht und einschlägigen Staatsverträgen beurteilt sich auch die internationale Zuständigkeit der deutschen Gerichte in Adoptionssachen weiterhin nach dem autonomen Verfahrensrecht. § 101 regelt nur die **internationale Zuständigkeit;** die örtliche Zuständigkeit in Adoptionssachen ergibt sich aus § 187 FamFG. Die Zuständigkeiten nach § 101 sind **nicht disponibel,** so dass Gerichtsstandsvereinbarungen und rügelose Einlassung ausgeschlossen sind. Sie sind ferner gemäß § 106 **nicht ausschließlich,** hindern also die Anerkennung der Entscheidung eines ausländischen Gerichts nicht, wenn dieses nach § 109 Abs 1 Nr 1 iVm § 101 ebenfalls international zuständig ist.

2. Adoptionssachen

6   Der Begriff der Adoptionssachen in § 101 bestimmt sich nach der deutschen *lex fori* (*Althammer* IPRax 09, 381/383); maßgebend ist daher die Begriffsbestimmung in § 186 FamFG:

754

I. Internationale Zuständigkeit: FamFG § 101 **7–12 H**

FamFG § 186. Adoptionssachen

Adoptionssachen sind Verfahren, die
1. die Annahme als Kind,
2. die Ersetzung der Einwilligung zur Annahme als Kind,
3. die Aufhebung des Annahmeverhältnisses oder
4. die Befreiung vom Eheverbot des § 1308 Absatz 1 des Bürgerlichen Gesetzbuchs
betreffen.

§ 186 zählt enumerativ diejenigen Verfahren auf, die Adoptionssachen iS des FamFG sind. **7** Hierzu gehören aber darüber hinaus auch solche Verfahren, die mit Adoptionsverfahren in einem Sach- oder Verfahrenszusammenhang stehen, wie zB die Verfahrenskostenhilfe in Adoptionssachen und die Anerkennung ausländischer Adoptionen (ThP/*Hüßtege* Vorbem § 186 Rn 4; **aA** *Braun* FamRZ 11, 81/83: Familiensache *sui generis*).

Adoptionssachen sind die Annahme als Kind (Nr 1), die aber auch die **Annahme Volljäh- 8 riger** umfasst (BT-Drs 16/6308; P/H/*Hau* Rn 8), also insbesondere der Ausspruch der Annahme (vgl §§ 1752, 1767 Abs 2, 1768 BGB), sowie die Aufhebung des Annahmeverhältnisses (Nr 3). Gesondert genannt werden ferner die Ersetzung der Einwilligung zur Annahme als Kind (Nr 2; vgl die selbständigen Verfahren nach §§ 1748, 1749 Abs 1 S 2 BGB; dazu BayObLG FamRZ 02, 1142/1143; Staud/*Henrich* Art 22 EGBGB Rn 30, 77)) und die Befreiung vom Eheverbot des § 1308 Abs 1 BGB für Personen, deren Verwandtschaft durch die Annahme als Kind begründet wurde (Nr 4).

Demgegenüber handelt es sich bei dem Verfahren auf **Rückübertragung der elterlichen 9 Sorge** nach § 1751 Abs 3 BGB um eine Kindschaftssache iSv § 151, für die sich die internationale Zuständigkeit nach § 99 bestimmt (MüKoFamFG/*Rauscher* Rn 5). Entsprechendes gilt für eine bloße Pflegekindschaft oder eine *Kafala* des islamischen Rechts (P/H/*Hau* Rn 9).

Die Zuständigkeit nach § 101 ist auch für Adoptionen nach **ausländischem Recht** gege- **10** ben, solange dem deutschen Gericht keine wesensfremde Tätigkeit abverlangt wird. Daher kann ein deutsches Gericht auch nach Maßgabe eines ausländischen Adoptionsstatuts von einem Adoptionshindernis befreien (NK-BGB/*Benicke* Rn 77; MüKo/*Helms* Rn 63; Staud/ *Henrich* Rn 73, jeweils zu Art 22 EGBGB). Kommt die Adoption nach dem ausländischen Adoptionsstatut nicht durch gestaltende Gerichtsentscheidung, sondern durch **Vertrag** zustande, so erstreckt sich die internationale Zuständigkeit des deutschen Gerichts auch auf die vom Adoptionsstatut vorgeschriebene gerichtliche Mitwirkung, wie zB die Genehmigung oder Bestätigung des Adoptionsvertrages (Keidel/*Engelhardt* Rn 5; MüKoFamFG/*Rauscher* Rn 7). Die deutschen Gerichte sind ferner für eine Adoption auch dann international zuständig, wenn das nach Art 22 EGBGB maßgebende Recht – wie zB die meisten islamischen Rechtsordnungen – dieses Rechtsinstitut nicht kennt und die Adoption daher wegen Unvereinbarkeit des ausländischen Rechts mit dem deutschen *ordre public* (Art 6 EGBGB) ersatzweise nach deutschem Recht vorgenommen wird (OLG Schleswig JAmt 08, 98; MüKoFamFG/*Rauscher* Rn 9).

3. Die einzelnen Zuständigkeitsanknüpfungen

Nach § 101 FamFG ist die internationale Zuständigkeit dann gegeben, wenn der Annehmen- **11** de, einer der annehmenden Ehegatten oder das Kind entweder Deutscher iSv Art 116 Abs 1 GG ist oder seinen gewöhnlichen Aufenthalt im Inland hat. Diese Vorschrift ist gemäß § 103 Abs 3 FamFG auch für die Adoption durch **eingetragene Lebenspartner** und Partner einer gleichgeschlechtlichen Ehe maßgebend. Dabei genügt es, wenn nur *einer* der genannten Beteiligten Deutscher ist oder seinen gewöhnlichen Aufenthalt im Inland hat (*Braun* FamRZ 11, 81/82). Darüber hinaus sollte die Vorschrift im Fall der **Stiefkindadoption** die internationale Zuständigkeit der deutschen Gerichte – über ihren Wortlaut hinaus – auch dann begründen, wenn nur der nicht adoptierende Elternteil des Kindes die Anknüpfung nach Nr 1 oder Nr 2 erfüllt (MüKoFamFG/*Rauscher* Rn 14). Die Zuständigkeit ist nach § 106 nicht ausschließlich, steht also der Anerkennung einer ausländischen Adoption nicht entgegen.

a) Deutsche Staatsangehörigkeit eines Beteiligten, Nr 1. Die internationale Zuständig- **12** keit der deutschen Gerichte in Adoptionssachen wird zunächst durch die deutsche Staatsangehörigkeit des Annehmenden, eines der annehmenden Ehegatten/Lebenspartner oder des Kindes begründet. Im Falle der **Mehrstaatigkeit** eines der genannten Beteiligten genügt es, wenn dieser neben einer ausländischen auch die deutsche Staatsangehörigkeit besitzt, selbst wenn er mit

755

H 13–17 1. Teil. Erkenntnisverfahren H. Adoptionssachen

seinem ausländischen Heimatrecht enger verbunden ist (OLG Düsseldorf FamRZ 17, 976; Keidel/*Engelhardt* Rn 6; MüKoFamFG/*Rauscher* Rn 16; NK-BGB/*Benicke* Art 22 EGBGB Rn 66).

13 **b) Gewöhnlicher Aufenthalt eines Beteiligten im Inland, Nr 2.** Alternativ begründet auch der gewöhnliche Aufenthalt eines der in § 101 genannten Beteiligten im Inland die internationale Zuständigkeit der deutschen Gerichte in Adoptionssachen. Der Begriff des gewöhnlichen Aufenthalts ist wie in §§ 98, 99 zu bestimmen (→ A Rn 268 f; vgl ausf zum gewöhnlichen Aufenthalt von Kindern → F Rn 87 ff). Maßgebend ist also auch hier der Daseinsmittelpunkt (OLG Jena IPRspr 14 Nr 122).

14 Auf die **Anerkennungsfähigkeit** der Inlandsadoption in dem Staat, dessen Recht nach Art 22 Abs 1 EGBGB als Adoptionsstatut zur Anwendung berufen ist, kommt es nach § 101 nicht an (P/H/*Hau* Rn 12; MüKoFamFG/*Rauscher* Rn 21; Staud/*Henrich* Art 22 EGBGB Rn 74). Die internationale Zuständigkeit nach § 101 wird daher nicht dadurch ausgeschlossen, dass dieser Staat eine *ausschließliche* Zuständigkeit für sich in Anspruch nimmt (P/H/*Hau* Rn 12; MüKoBGB/*Helms* Art 22 EGBGB Rn 67 mwN). Umgekehrt reicht die Geltung deutschen Rechts als Adoptionsstatut nach Art 22 EGBGB aber auch zur Begründung der internationalen Zuständigkeit deutscher Gerichte nicht mehr aus. Denn die Regelung in § 101 ist **abschließend** (MüKoFamFG/*Rauscher* § 101 Rn 18 ff; MüKoBGB/*Helms* Art 22 EGBGB Rn 65).

4. Örtliche Zuständigkeit

15 Örtlich ist für Adoptionssachen nach § 187 Abs 1 das Gericht ausschließlich zuständig, in dessen Bezirk der Annehmende oder einer der annehmenden Ehegatten (oder Lebenspartner) seinen gewöhnlichen Aufenthalt hat. Ist danach die Zuständigkeit eines deutschen Gerichts nicht gegeben, kommt es auf den gewöhnlichen Aufenthalt des anzunehmenden Kindes an.

16 Besonderheiten gelten für die örtliche Zuständigkeit, wenn die Adoptionsentscheidung durch deutsche Gerichte auf der Grundlage **ausländischen Sachrechts** zu treffen ist. In diesem Fall ist sie nach § 187 Abs 4 FamFG iVm § 5 Abs 1 S 1, Abs 2 AdWirkG (→ P Rn 92) beim Familiengericht am Sitz des Oberlandesgerichts **konzentriert,** in dessen Bezirk die Anknüpfungskriterien für die örtliche Zuständigkeit nach § 187 Abs 1 oder 2 FamFG erfüllt sind, dh in dem der Annehmende oder – bei der Adoption durch Ehegatten oder eingetragene Lebenspartner – einer der Annehmenden oder hilfsweise das Kind seinen gewöhnlichen Aufenthalt hat. Die Reichweite dieser Zuständigkeitskonzentration ist umstritten. Nach ihrem Zweck – Konzentration der Verfahren bei Gerichten mit Auslandserfahrung – ist sie *weit* auszulegen. Sie gilt daher nicht nur bei einer Verweisung durch Art 22 EGBGB auf ein ausländisches Adoptionsstatut, sondern auch bei Geltung deutschen Adoptionsstatuts, wenn Art 23 S 1 EGBGB hinsichtlich der Zustimmungserfordernisse auf das ausländische Heimatrecht des Kindes verweist (BayObLG FamRZ 05, 1994; OLG Stuttgart FamRZ 12, 658; OLG Frankfurt StAZ 11, 333; OLG Düsseldorf FamRZ 11, 59; OLG München NJW-RR 09, 592; OLG Karlsruhe FamRZ 06, 1464; OLG Hamm FamRZ 06, 1463; Th/P/*Hüßtege* § 187 FamFG Rn 6; Pal/*Thorn* Art 22 EGBGB Rn 9; Staud/*Henrich* Art 22 EGBGB Rn 73; Münch/*Süß* § 20 Rn 360, jeweils mwN; **aA** OLG Schleswig FamRZ 06, 1142; OLG Karlsruhe StAZ 06, 234). Die Zuständigkeitskonzentration entfällt auch dann nicht, wenn das Gericht nach Art 23 S 2 EGBGB auf die Zustimmungserfordernisse anstelle des ausländischen Heimatrechts deutsches Recht anwendet (Behrentin/*Andrae* C Rn 3).

17 Ferner reicht die (Gesamt-)Verweisung auf ausländisches Recht für die Zuständigkeitskonzentration auch dann aus, wenn dieses seinerseits **auf deutsches Recht zurückverweist;** denn auch die Prüfung des ausländischen Kollisionsrechts setzt eine besondere Sachkunde voraus (OLG Frankfurt StAZ 11, 333/334; OLG Karlsruhe FamRZ 05, 1695 und StAZ 07, 84/85; Staud/*Henrich* Art 22 EGBGB Rn 73; **aA** OLG Hamm FamRZ 03, 1042). Nicht ausreichend ist jedoch, dass lediglich über Vorfragen für die Adoption nach ausländischem Recht zu entscheiden ist (NK-BGB/*Benicke* Art 22 EGBGB Rn 72; *Andrae,* IntFamR § 7 Rn 20). Die Verweisung in § 187 Abs 4 FamFG auf § 5 AdWirkG greift auch dann ein, wenn der Angenommene im Zeitpunkt der Annahme bereits sein **18. Lebensjahr vollendet** hat (§ 1 S 2 AdWirkG, vgl OLG Stuttgart FamRZ 12, 658; OLG Köln FamRZ 11, 311/312; OLG Düsseldorf FamRZ 11, 59/60; Pal/*Thorn* aaO mwN; **aA** OLG Köln IPRax 07, 338 m zust Anm *Henrich;* P/H/*Hau* Rn 16; NK-BGB/*Benicke* Art 22 EGBGB Rn 71).

II. Internationales Privatrecht   18–20 **H**

5. Verfahrensgrundsätze

a) Prüfung. Die internationale Zuständigkeit in Adoptionssachen nach § 101 ist in jeder Lage **18**
des Verfahrens, dh auch in der Beschwerde- und der Rechtsbeschwerdeinstanz, **von Amts
wegen** zu prüfen (ThP/*Hüßtege* § 187 Rn 1). § 65 Abs 4 gilt insoweit nicht (Mu/Borth/*Borth/
Grandel* Rn 1). Dabei ist auf den Tag abzustellen, an dem der Adoptionsantrag bei Gericht
eingegangen ist (*Braun* FamRZ 11, 81/83). Grundsätzlich ist die internationale dabei vor der
örtlichen Zuständigkeit zu prüfen (Bassenge/Roth/*Althammer* vor §§ 97 ff Rn 3).

b) *Perpetuatio fori.* Ob der Grundsatz der *perpetuatio fori* für die internationale Zuständigkeit **19**
in Adoptionssachen nach § 101 gilt, ist streitig. Diese Frage erlangt allerdings idR nur dann
Bedeutung, wenn Anknüpfungspunkt für das im Inland anhängige Verfahren der gewöhnliche
Aufenthalt eines Beteiligten ist, der diesen Aufenthalt während des Verfahrens ins Ausland verlegt
hat; ferner darf die fortbestehende Zuständigkeit des angerufenen Gerichts auch nicht auf die
deutsche Staatsangehörigkeit dieses oder eines anderen Beteiligten iSv § 101 Nr 1 oder den
gewöhnlichen Aufenthalt eines anderen Beteiligten iSv § 101 Nr 2 gestützt werden können.
Teilweise wird in diesem Fall der in § 2 Abs 2 FamFG für die örtliche Zuständigkeit normierten
Grundsatz der *perpetuatio fori* auf die internationale Zuständigkeit erstreckt (ThP/*Hüßtege* § 2
FamFG Rn 4). Dies kann freilich nur dann gelten; wenn das Verfahren weit fortgeschritten ist,
die Beteiligten eine Entscheidung des deutschen Gerichts über die Adoption weiterhin wün-
schen und mit deren Anerkennung in ihrem neuen Aufenthaltsstaat gerechnet werden kann.
Ansonsten sollten die in Kindschaftssachen geltenden Grundsätze (dazu → F Rn 579) auch in
Adoptionssachen zugrunde gelegt werden (MüKoFamFG/*Rauscher* Rn 22; für Abwägung im
Einzelfall NK-BGB/*Benicke* Rn 69; MüKoBGB/*Helms* Rn 66, jeweils zu Art 22 EGBGB).

c) Ausländische Rechtshängigkeit. Ist das parallele Verfahren früher im Ausland eingeleitet **20**
worden, so enthält das FamFG zwar keine ausdrückliche Regelung über die Beachtung der
dortigen Rechtshängigkeit; diese sollte jedoch entsprechend dem in § 261 Abs 1 Nr 1 ZPO
zum Ausdruck kommenden Gedanken von dem später befassten deutschen Familiengericht auch
in Adoptionssachen beachtet werden. Voraussetzung ist freilich eine positive Anerkennungsprognose, dh es muss mit einer Anerkennung der in dem ausländischen Verfahren ergehenden
Entscheidung im Inland gerechnet werden können.

II. Internationales Privatrecht

Schrifttum: *Baumann,* Verfahren und anwendbares Recht bei Adoptionen mit Auslandsberührung (1992);
Benicke, Typenmehrheit im Adoptionsrecht und deutsches IPR (1995); *ders,* Die Anknüpfung der Adoption
durch eingetragene Lebenspartner in Art. 22 Abs. 1 S. 3 EGBGB, IPRax 15, 393; *Brandt,* Die Adoption durch eingetragene Lebenspartner im Internationalen Privat- und Verfahrensrecht (2004); *Dietz,* Das Erbrecht des
Adoptivkindes im Internationalen Privatrecht (2006); *Emmerling de Oliveira,* Adoptionen mit Auslandsberührung, MittBayNot 10, 429, *Heiderhoff,* Das Erbrecht des adoptierten Kindes nach der Neuregelung des
internationalen Adoptionsrechts, FamRZ 02, 1682; *Helms,* Sind die am Staatsangehörigkeitsprinzip orientierten Anknüpfungsregeln der Art. 22, 23 EGBGB noch zeitgemäß?, FS Hahne (2012), 69; *ders.,* Vorschlag zur
Reform des internationalen Adoptionsrechts, StAZ 15, 97; *Hohnerlein,* Internationale Adoption und Kindeswohl (1991); Klingenstein, Kulturelle Identität und Kindeswohl im deutschen internationalen Adoptionsrecht, Diss Heidelberg (2000); *Lorenz,* Adoptionswirkungen, Vorfragenanknüpfung und Substitution im
internationalen Adoptionsrecht nach der Umsetzung des Haager Adoptionsübereinkommens v. 19.5.1993, FS
Sonnenberger (2004) 497; *Ludwig,* Internationales Adoptionsrecht in der notariellen Praxis nach dem Adop-
tionswirkungsgesetz, RNotZ 02, 353; *Menhofer,* Zur Kafala des marokkanischen Rechts vor deutschen
Gerichten IPRax 97, 252; Müller, Erbrechtliche Konsequenzen der Adoption im Internationalen Privatrecht,
NJW 85, 2056; *Mottl,* Zur Vorfrage nach der Wirksamkeit der Auslandsadoption, IPRax 97, 294; *Najurieta,*
L'adoption internationale des mineurs et les droit de l'enfant, Rec des cours 16, 199; *Staudinger/Winkelsträter,*
Grenzüberschreitende Adoptionen in Deutschland, FamRBint 05, 84; *Steiger,* Das neue Recht der internationalen Adoption und Adoptionsvermittlung(2002); *ders,* Im alten Fahrwasser zu neuen Ufern: Neuregelungen im Recht der internationalen Adoption mit Erläuterungen für die notarielle Praxis, DNotZ 02, 184;
ders, Das neue Recht der internationalen Adoption (2002); *Wandel,* Auslandsadoption, Anerkennung und
erbrechtliche Auswirkungen im Inlandserbfall, BWNotZ 92, 17; *Wedemann,* Volljährigenadoption im Ausland
– ein Bereich für *forum shopping?,* FamRZ 15, 2106.

757

H

1. Teil. Erkenntnisverfahren H. Adoptionssachen

1. Einführung

21 **a) EU-Recht.** Das internationale Privatrecht der Adoption ist bisher nicht Gegenstand von Bemühungen zur Rechtsharmonisierung in der Europäischen Union.

22 **b) Staatsverträge.** Auch mehrseitige Staatsverträge, die das auf die Adoption anwendbare Recht regeln, gelten für die *Bundesrepublik Deutschland* derzeit nicht. Insbesondere enthält das Haager Übereinkommen über den Schutz von Kindern und die Zusammenarbeit auf dem Gebiet der internationalen Adoption v 29.5.1993 (**HAdoptÜ;** BGBl 2001 II, 1005) keine Kollisionsnormen. Aus dem Anwendungsbereich des **KSÜ** ist die Adoption ausdrücklich ausgeschlossen, vgl Art 4 lit b KSÜ.

23 Das **Straßburger Europäische Übereinkommen über die Adoption von Kindern** vom 24.4.1967 (BGBl 80 II, 1094), das für die *Bundesrepublik Deutschland* am 11.2.1981 in Kraft getreten ist (BGBl 81 II, 72), harmonisiert nur das materielle Adoptionsrecht; es ist in Deutschland bereits durch das Adoptionsgesetz vom 2.7.1976 in deutsches Recht umgesetzt worden. Das Übk wird im Verhältnis der Vertragsstaaten zueinander durch das revidierte Straßburger Europäische Übk über die Adoption von Kindern v. 27.11.2008 (BGBl 15 II, 2) abgelöst, das für die *Bundesrepublik Deutschland* am 1.7.2015 im Verhältnis zu *Dänemark, Finnland,* der *Niederlande, Norwegen, Rumänien, Spanien* und der *Ukraine* in Kraft getreten ist. Das Übk gilt inzwischen ferner für *Belgien* und *Malta.* Es wirkt sich insbesondere auf die Auslegung des *ordre public-*Vorbehalts in Art 6 EGBGB aus (vgl BGH NJW 15, 2800 Rn 40 ff m Anm *Kemper*).

24 Das **deutsch-iranische Niederlassungsabkommen vom 17.2.1929** (RGBl 30 II, 1006) erfasst sachlich das gesamte Familienrecht und damit auch die Adoption (*Schotten/Wittkowski* FamRZ 95, 264/268; *Erman/Hohloch* Art 22 EGBGB Rn 4). Obwohl das islamische Recht das Rechtsinstitut der Adoption nicht kennt, wird die Annahme an Kindes Statt in der zu Art 8 Abs 3 des Abkommens abgegebenen Erklärung, die nach dem Schlussprotokoll einen Teil des Abkommens selbst bildet, ausdrücklich aufgeführt. Das Abkommen gilt allerdings nur bei ausschließlich deutscher oder iranischer Staatsangehörigkeit der an der Adoption beteiligten Personen, also nicht bei der Adoption eines deutschen Kindes durch einen Iraner oder eines iranischen Kindes durch einen Deutschen (*Baumann* 18; H/O/*Hausmann* § 14 Rn 15; *Erman/Hohloch* Art 22 EGBGB Rn 4). Auch deutsch-iranische Doppelstaater fallen nicht unter das Abkommen, ohne dass es auf die Effektivität der Staatsangehörigkeit ankäme. Schließlich gilt das Abkommen auch dann nicht, wenn ein an der Adoption Beteiligter die Rechtsstellung als Flüchtling iS der Genfer Flüchtlingskonvention oder als anerkannter Asylberechtigter erlangt hat (näher zu den allg Anwendungsvoraussetzungen → A Rn 534 ff).

25 **c) Autonomes deutsches Kollisionsrecht.** Sieht man vom deutsch-iranischen Niederlassungsabkommen ab, so bleiben Grundlage für die Anknüpfung internationaler Adoptionen daher vorerst die Art 22 und 23 EGBGB. Sie gelten für alle im Inland durchzuführenden Adoptionen, also auch für solche, die in den Anwendungsbereich des HAdoptÜ fallen.

2. Autonomes Kollisionsrecht

480. Einführungsgesetz zum Bürgerlichen Gesetzbuch (EGBGB)
idF vom 21. September 1994 (BGBl I, 2494)

EGBGB Art 22. Annahme als Kind

(1) **Die Annahme als Kind unterliegt dem Recht des Staates, dem der Annehmende bei der Annahme angehört. Die Annahme durch einen oder beide Ehegatten unterliegt dem Recht, das nach Artikel 14 Abs. 1 für die allgemeinen Wirkungen der Ehe maßgebend ist. Die Annahme durch einen Lebenspartner unterliegt dem Recht, das nach Artikel 17b Absatz 1 Satz 1 für die allgemeinen Wirkungen der Lebenspartnerschaft maßgebend ist.**

(2) **Die Folgen der Annahme in bezug auf das Verwandtschaftsverhältnis zwischen dem Kind und dem Annehmenden sowie den Personen, zu denen das Kind in einem familienrechtlichen Verhältnis steht, unterliegen dem nach Absatz 1 anzuwendenden Recht.**

II. Internationales Privatrecht: EGBGB Art 22　　　　　　　　　　　　　　　　　　**26–31　H**

(3) **In Ansehung der Rechtsnachfolge von Todes wegen nach dem Annehmenden, dessen Ehegatten, Lebenspartner oder Verwandten steht der Angenommene ungeachtet des nach den Absätzen 1 und 2 anzuwendenden Rechts einem nach den deutschen Sachvorschriften angenommenen Kind gleich, wenn der Erblasser dies in der Form einer Verfügung von Todes wegen angeordnet hat und die Rechtsnachfolge deutschem Recht unterliegt. Satz 1 gilt entsprechend, wenn die Annahme auf einer ausländischen Entscheidung beruht. Die Sätze 1 und 2 finden keine Anwendung, wenn der Angenommene im Zeitpunkt der Annahme das achtzehnte Lebensjahr vollendet hatte.**

1. Allgemeines

a) Begriff der Adoption. Unter „Annahme als Kind" wird in Art 22 jede **Begründung** **26** **eines dauerhaften Eltern-Kind-Verhältnisses** verstanden, das keine natürliche Verwandtschaft voraussetzt (BT-Drs 10/504, 70; *Andrae*, IntFamR § 7 Rn 21; MüKoBGB/*Helms* Rn 6 mwN). Erfasst wird – wie im deutschen Sachrecht (§§ 1741 ff, 1767 ff BGB) – sowohl die **Minderjährigen-** wie die **Volljährigenadoption.** Hinzukommen muss bei der Minderjährigenadoption die vollständige Übertragung der elterlichen Rechte auf die Annehmenden und die Begründung von deren vorrangiger Unterhaltspflicht (*Hohnerlein* 43; *Ludwig* RNotZ 02, 203/204; *Andrae*, IntFamR § 7 Rn 21). Der vollständige Abbruch der Rechtsbeziehungen zur leiblichen Familie ist hingegen nicht erforderlich. Bleiben zu dieser eingeschränkte familien- oder erbrechtliche Rechte und Pflichten bestehen, stehen diese also einer Adoption nicht entgegen (MüKoBGB/*Helms* Rn 6). Auch die Begründung von Rechtsbeziehungen zwischen dem Adoptivkind und den Aszendenten des Annehmenden oder zwischen dem Annehmenden und den Abkömmlingen des Adoptivkindes wird nicht vorausgesetzt. Art 22 gilt daher gleichermaßen **für starke wie schwache Adoptionen** (BeckOK-BGB/*Heiderhoff* Rn 9; NK-BGB/ *Benicke* Rn 2; Behrentin/*Andrae* C Rn 12 f).

Eine Adoption kann nicht nur – wie nach geltendem deutschen Recht (§ 1752 Abs 1 BGB) – **27** durch Entscheidung eines Gerichts oder einer Behörde herbeigeführt werden (sog. **„Dekretadoption"**), sondern auch durch private Willenserklärungen der Beteiligten **(„Vertragsadoption")**.

Die Art 22, 23 sind auch auf solche adoptionsähnliche Rechtsinstitute des ausländischen **28** Rechts analog anzuwenden, die auf andere Weise eine Eltern-Kind-Beziehung oder ein Verwandtschaftsverhältnis zwischen Personen begründen, die zuvor in keinem solchen Verhältnis zueinander standen. Demgegenüber werden reine **Pflegekindschaften nicht** erfasst (Pal/*Thorn* Rn 1; Erman/*Hohloch* Rn 12; Staud/*Henrich* Rn 2; *Andrae*, IntFamR § 7 Rn 23). Das Problem der Qualifikation der *kafala* des islamischen Rechts hat sich mit Inkrafttreten des KSÜ für die *Bundesrepublik Deutschland* am 1.1.2011 erledigt; seither ist die *kafala* nicht mehr als adoptionsähnliches Rechtsinstitut, sondern als Schutzmaßnahme im Sinne dieses Übereinkommens zu werten (Art 3 lit e KSÜ; vgl Staud/*Henrich* Rn 2; MüKoBGB/*Helms* Rn 8; BeckOK-BGB/ *Heiderhoff* Rn 12). Dagegen wird das Rechtsinstitut *„sarparasti"* des iranischen Rechts als schwache Adoption qualifiziert (OLG Köln StAZ 12, 339).

b) Die Kollisionsregeln des Art 22 Abs 1 und 2. Abs 1 unterscheidet für die Annahme als **29** Kind zwischen drei Konstellationen, nämlich

- der Adoption durch **Alleinstehende** (Satz 1; → Rn 49 ff),
- der Adoption durch **Ehegatten** (Satz 2; → Rn 33 ff) und
- seit dem 27.6.2014 der Adoption durch **eingetragene Lebenspartner** (Satz 3; → Rn 44 ff).

Während für die Adoption durch Alleinstehende ausschließlich an die **Staatsangehörigkeit** **30** des Annehmenden angeknüpft wird, wird in Satz 2 und Satz 3 jeweils das Statut der **allgemeinen Wirkungen der Ehe** (Art 14 Abs 1) bzw der Lebenspartnerschaft (Art 17b Abs 1 S 1) für maßgeblich erklärt. Art 22 Abs 1 gilt für die **Voraussetzungen** der Adoption. Deren Wirkungen im Verhältnis des Kindes zum Annehmenden und zu seinen leiblichen Eltern unterliegen gemäß Art 22 Abs 2 dem gleichen Recht (→ Rn 70 ff).

c) Ergänzende Sachnorm des deutschen Erbrechts. Abs 3 enthält schließlich keine **31** Kollisions-, sondern eine Sachnorm mit dem Ziel, für das durch eine „schwache" Adoption nach ausländischem Recht angenommene Kind in der Erbfolge nach dem Annehmenden, dessen Ehegatten, Lebenspartner oder Verwandten eine Gleichstellung mit einem nach deutschem Recht angenommenen Kind zu erreichen (näher → Rn 80 ff).

759

H 32–36   1. Teil. Erkenntnisverfahren H. Adoptionssachen

32   **d) Sonderanknüpfung von Zustimmungserklärungen.** Ergänzt wird Art 22 durch die in Art 23 vorgeschriebene kumulative Anknüpfung von Zustimmungserklärungen (näher → Rn 93 ff). Danach unterliegen die Erforderlichkeit und die Erteilung der Zustimmung des Kindes und seiner leiblichen Eltern zur Adoption zusätzlich dem Recht des Staates, dem das Kind angehört (Satz 1). Ist danach ausländisches Recht maßgeblich, so kann dieses aus Gründen des Kindeswohls durch das deutsche Recht ersetzt werden (Satz 2).

2. Die Anknüpfung der Adoption, Abs 1

33   **a) Ehegattenadoption, S 2.** In der Praxis steht die Adoption durch Ehegatten nach Art 22 Abs 1 S 2 im Vordergrund, obwohl sie im Gesetz lediglich als Ausnahme zur Grundregel in Satz 1 normiert ist. Auf die Adoption durch Partner einer **gleichgeschlechtlichen Ehe** (→ Rn 46) dürfte die Vorschrift auch nicht analog anwendbar sein (AG Nürnberg FamRZ 11, 308). Dem in Art 17b Abs 4 zum Ausdruck kommenden Willen des deutschen Gesetzgebers dürfte es vielmehr entsprechen, die gleichgeschlechtliche Ehe für den gesamten Anwendungsbereich des autonomen deutschen Kollisionsrechts einer eingetragenen Lebenspartnerschaft gleichzustellen, so dass auf sie nicht Satz 2, sondern Satz 3 anzuwenden ist (so auch *Mankowski* FamRZ 17, 541/544; Erman/*Hohloch* Rn 7; **aA** MüKoBGB/*Helms* Rn 9a).

34   **aa) Anwendungsbereich.** Abs 1 S 2 gilt insbesondere für die **gemeinschaftliche Annahme** eines Kindes durch Ehegatten (vgl OLG Stuttgart FamRZ 15, 1987), beschränkt sich aber nicht auf diesen Fall. Die Vorschrift erfasst vielmehr auch die Adoption eines Kindes des einen Ehegatten durch den anderen („*Stiefkindadoption*"; vgl § 1741 Abs 2 S 3 BGB; dazu BayObLG FamRZ 05, 921/922; OLG Hamm FamRZ 06, 1463; Münch/*Süß* § 20 Rn 353; Pal/*Thorn* Rn 7; BeckOK-BGB/*Heiderhoff* Rn 42; MüKoBGB/*Helms* Rn 9), sowie die Annahme eines Kindes, das in keiner familienrechtlichen Beziehung zu den Ehegatten steht, durch einen Ehegatten allein. Abs 1 S 2 ist mithin auf **alle Fälle der Einzeladoption durch eine verheiratete Person** anzuwenden (BayObLG FamRZ 05, 921; LG Hamburg FamRZ 99, 253/254; *Lorenz* IPRax 94, 193/194; *Winkelsträter* 63 f; Pal/*Thorn* Rn 7; BeckOK-BGB/*Heiderhoff* Rn 42; Staud/*Henrich* Rn 7). Ist deutsches Recht Adoptionsstatut, so kommt die Annahme durch einen Ehegatten allein allerdings nur in Betracht, wenn der andere Ehegatte nicht geschäftsfähig oder noch nicht 21 Jahre alt ist (§ 1741 Abs 2 S 4 BGB). Ferner ist eine Stiefkindadoption nach deutschem Recht nur zulässig, wenn der/die Annehmende im Zeitpunkt der Annahme mit der Mutter bzw dem Vater des anzunehmenden Kindes bereits verheiratet ist, vor der Eheschließung ist eine solche Adoption – als aufschiebend bedingt iSv § 1752 Abs 2 BGB – unwirksam (KG FamRZ 13, 642).

35   **bb) Anwendbares Recht.** Die Adoption durch beide Ehegatten gemeinsam oder durch einen Ehegatten allein unterliegt im Interesse der Familieneinheit nach Abs 1 S 2 dem **objektiven Ehewirkungsstatut** zur Zeit ihrer Vornahme. Maßgebend ist damit die Anknüpfungsleiter in Art 14 Abs 1 Nr 1–3 (OLG Stuttgart FamRZ 15, 1987 Rn 8; AG Celle FamRZ 17, 1500/1501). Ein von den Ehegatten durch **Rechtswahl** gemäß Art 14 Abs 2–4 bestimmtes Ehewirkungsstatut ist hingegen bei der Anknüpfung des Adoptionsstatuts nicht zu berücksichtigen (*Andrae,* IntFamR § 7 Rn 26; Staud/*Henrich* Rn 7; Erman/*Hohloch* Rn 11; BeckOK-BGB/*Heiderhoff* Rn 43; MüKoBGB/*Helms* Rn 11); das gewählte Recht bleibt vielmehr auf die persönlichen und güterrechtlichen Beziehungen der Ehegatten zueinander beschränkt.

36   **(1) Anknüpfungsleiter.** Danach gilt für die Ehegattenadoption

- auf der **ersten Stufe** das Recht des Staates, dem die annehmenden Ehegatten gemeinsam angehören (AG Celle FamRZ 17, 1500/1501);
- auf der **zweiten Stufe** das Recht des Staates, dem die Ehegatten während der Ehe zuletzt angehört haben, sofern ein Ehegatte diese Staatsangehörigkeit bis zur Adoption ununterbrochen beibehalten hat (LG Hamburg FamRZ 99, 253);
- auf der **dritten Stufe** das Recht des Staates, in dem beide Ehegatten ihren gewöhnlichen Aufenthalt haben (vgl BGH NJW 97, 3024; BGH NJW 93, 2047/2048; OLG Hamm FamRZ 06, 1463);
- auf der **vierten Stufe** das Recht des Staates, in dem die Ehegatten zuletzt während der Ehe einen gemeinsamen gewöhnlichen Aufenthalt hatten, sofern ihn ein Ehegatte bis zur Adoption ununterbrochen beibehalten hat;
- auf der **fünften und letzten Stufe** das Recht des Staates, mit dem die Ehegatten auf andere Weise gemeinsam am engsten verbunden sind.

760

II. Internationales Privatrecht: EGBGB Art 22   **37–42 H**

Im Fall der **Einzeladoption durch nur einen Ehegatten** ist die Anknüpfungsleiter des **37** Art 14 Abs 1 entsprechend auf den Annehmenden und seinen Ehegatten anzuwenden.

Wegen der Einzelheiten zur Auslegung von Art 14 Abs 1, insbesondere zur Behandlung von **38** Mehrstaatern, Staatenlosen und Flüchtlingen, wird auf die Kommentierung von Art 14 (→ B Anh Rn 610 ff) verwiesen (vgl zum Vorrang der deutschen Staatsangehörigkeit, wenn ein annehmender Ehegatte neben dieser eine ausländische Staatsangehörigkeit besitzt, BGH FamRZ 94, 434; OLG München FamRZ 12, 1142; OLG Hamm FamRZ 11, 220 Rn 14; zur Maßgeblichkeit der effektiven ausländischen Staatsangehörigkeit eines annehmenden Ehegatten AG Freiburg FamRZ 02, 888; dazu näher Behrentin/*Andrae* C Rn 32 ff). Zur Anknüpfung der **Vorfrage** einer wirksamen Eheschließung → Rn 48.

Haben die Ehegatten weder eine gemeinsame Staatsangehörigkeit, noch einen gemeinsamen **39** gewöhnlichen Aufenthalt, so kommt es für die Anwendung von Art 22 S 2 iVm Art 14 Abs 1 Nr 3 darauf an, mit welchem Staat die Ehegatten im Zeitpunkt der Entscheidung über den Adoptionsantrag gemeinsam **am engsten verbunden** sind. Dabei sind nicht nur die bisherigen Verbindungen zu einem der beiden Heimat-/Aufenthaltsstaaten der Annehmenden zu berücksichtigen, in dem diese zB geheiratet und ihre gemeinsame Zeit bisher miteinander verbracht haben. Vielmehr sind zur Ermittlung der engsten Verbindung auch die Zukunftspläne der Annehmenden in die Betrachtung einzubeziehen. Hatte der deutsche Ehemann daher von Anfang an die Absicht, die Familie mit seiner asiatischen Ehefrau und dem gemeinsam adoptierten Kind in Deutschland zusammenzuführen, unterliegt die Adoption dem deutschen Recht (KG FamRZ 13, 642). Das Heimatrecht des Kindes ist nur ergänzend als Zustimmungsstatut nach Art 23 S 1 heranzuziehen.

Die Anknüpfung an die gemeinsame Staatsangehörigkeit der annehmenden Ehegatten ist **40** allerdings **nicht mehr zeitgemäß**, nachdem das Staatsangehörigkeitsprinzip im internationalen Kindschaftsrecht inzwischen weitgehend durch das Aufenthaltsprinzip verdrängt worden ist und von Art 14 als ehemals zentraler familienrechtlicher Kollisionsnorm der IPR-Reform von 1986 heute nur noch Restbestände erhalten geblieben sind. *De lege ferenda* bietet sich daher für Art 22 Abs 1 S 1 und S 2 ein Übergang zur Anknüpfung an den gewöhnlichen Aufenthalt der Beteiligten oder an die *lex fori* des angerufenen Gerichts an (so auch *Helms* FS Hahne [2012] 69 ff; *ders,* StAZ 15, 97 ff; *Andrae*, IntFamR § 7 Rn 27; *Staud/Henrich* Vorbem Art 22 Rn 14).

(2) Unwandelbarkeit. Maßgebender Zeitpunkt für das Vorliegen der Anknüpfungsmomente **41** des Art 14 Abs 1 ist die Vornahme der Adoption. Obwohl Art 22 Abs 1 diesen Grundsatz der Unwandelbarkeit des Adoptionsstatuts (dazu allg *Andrae,* IntFamR § 7 Rn 24; *v Hoffmann/ Thorn,* IPR § 8 Rn. 143; *Staud/Henrich* Rn 5; *Pal/Thorn* Rn 3) nur in Satz 1 ausdrücklich bestimmt, gilt er auch im Fall des Satzes 2 (LG Hamburg FamRZ 99, 253/254; *Staud/Henrich* Rn 7; MüKoBGB/*Helms* Rn 14). Danach kommt es darauf an, wann das letzte Tatbestandsmerkmal der Adoption – also das Wirksamwerden der gerichtlichen Entscheidung bei der Dekretadoption (vgl im deutschen Recht § 197 Abs 2 FamFG) oder der gerichtlichen Bestätigung bei der Vertragsadoption – erfüllt wird (BT-Drs 10/504, 71; *Andrae,* IntFamR § 7 Rn. 24). Ein nachträglicher Statutenwechsel ist auf die Wirksamkeit oder Unwirksamkeit der Adoption ohne Einfluss. Dies gilt auch bei der Anerkennung einer ausländischen Vertragsadoption (AG Frankfurt/M FamRZ 18, 365/366). Die von Art 22 Abs 1 S 2 aufgeworfene **Erstfrage** nach der Wirksamkeit der geschlossenen Ehe ist in diesem Zusammenhang grundsätzlich selbständig, dh nach Art 13 EGBGB anzuknüpfen (*Andrae,* IntFamR § 7 Rn 32; *v Hoffmann/Thorn,* IPR § 8 Rn. 143; BeckOK-BGB/*Heiderhoff* Rn 44; *Staud/Henrich* Rn 24; *Erman/Hohloch* Rn 7; für eine alternative Anknüpfung nach dem Günstigkeitsprinzip hingegen MüKoBGB/*Helms* Rn. 9).

(3) Rück- und Weiterverweisung. Bei der Anwendung sämtlicher nach Art 22 Abs 1 S 2 **42** iVm Art 14 Abs 1 berufenen Rechte sind nach dem Grundsatz des Art 4 Abs 1 (dazu allg Staud/ *Hausmann* Art 4 Rn 47 ff) Rück- und Weiterverweisungen zu beachten, soweit diese nicht im Einzelfall dem Sinn der Verweisung widersprechen (OLG Stuttgart FamRZ 15, 1987 Rn. 8; Staud/*Hausmann* Art 4 Rn 284 ff; Pal/*Thorn* Rn 2; *Staud/Henrich* Rn 13; BeckOK-BGB/*Heiderhoff* Rn 45; MüKoBGB/*Helms* Rn 15; *Andrae,* IntFamR § 7 Rn 36.). Ein solcher Widerspruch ist auch im Fall der Anknüpfung nach Art 14 Abs 1 Nr 3 nicht anzunehmen (Erman/ *Hohloch* Rn 5; BeckOK-BGB/*Heiderhoff* Rn 45; *Staud/Henrich* Rn 16; MüKoBGB/*Helms* Rn 15). Obwohl Art 22 Abs 1 S 2 auf Art 14 Abs 1 verweist, entscheidet über den Renvoi in der zur Anwendung berufenen ausländischen Rechtsordnung nicht die Kollisionsnorm für die allgemeinen Ehewirkungen, sondern im Interesse des internationalen Entscheidungseinklangs jene zur Adoption (BayObLG FamRZ 97, 841; LG Hamburg FamRZ 99, 253/254; Staud/

761

H 43–45   1. Teil. Erkenntnisverfahren H. Adoptionssachen

Hausmann Art 4 Rn 285; Staud/*Henrich* Rn 14; BeckOK-BGB/*Heiderhoff* Rn 46; MüKoBGB/
Helms Rn 15; *Andrae*, IntFamR § 7 Rn 36).

43   Im Verhältnis zu den Rechtsordnungen des *Common Law* kann es auf dem Gebiet der
Adoption auch zu einer **„versteckten Rückverweisung"** kommen, denn diese Rechte regeln
nur ihre *„jurisdiction"* für Adoptionen mit Auslandsberührung und gehen im Übrigen davon aus,
dass die zuständigen Gerichte oder Behörden stets ihr eigenes Recht anwenden. Besitzen die
deutschen Gerichte daher aus der Sicht des nach Art 22 Abs 1 S 2 zur Anwendung berufenen
Rechts die – ausschließliche oder konkurrierende – Zuständigkeit für die Adoption und ist mit
der Anerkennung der vom deutschen Gericht in Anwendung deutschen Rechts ausgesprochenen Adoption zu rechnen, so kann die Adoption nach deutschem Recht vorgenommen werden
(zur „versteckten Rückverweisung" auf dem Gebiet des Adoptionsrechts AG Nürnberg FamRZ
11, 308; AG Hannover FamRZ 00, 1576; AG Heidelberg IPRax 92, 327; *Andrae,* IntFamR § 7
Rn 37 ff; Staud/*Hausmann* Art 4 Rn 288 f; Staud/*Henrich* Rn 17 ff; BeckOK-BGB/*Heiderhoff*
Rn 47 f). Allein die Anerkennungsfähigkeit der deutschen Adoption – trotz internationaler
Unzuständigkeit der deutschen Gerichte aus der Sicht des von Art 22 Abs 1 zur Anwendung
berufenen Rechts – dürfte hingegen für die Annahme einer versteckten Rückverweisung nicht
ausreichen (BeckOK-BGB/*Heiderhoff* Rn 48; H/O/*Hausmann* § 14 Rn 34; **aA** NK-BGB/*Benicke* Rn 59; Staud/*Henrich* Rn 19).

44   **b) Adoption durch eingetragene Lebenspartner, S 3. aa) Allgemeines.** Welches Recht
auf die Adoption durch eingetragene Lebenspartner anwendbar sein sollte, war in der deutschen
Rechtsprechung und Literatur bis vor kurzem heftig umstritten. Während teilweise für eine
analoge Anwendung von Art 22 Abs 1 S 2 iVm Art 17b Abs 1 plädiert wurde (so *Brandt* 108;
ausf *Schotten/Schmellenkamp,* IPR Rn 249c mwN), lehnten andere eine solche Analogie ab und
wandten Art 22 Abs 1 S 1 mit der Folge an, dass sich die Voraussetzungen für eine gemeinsame
Adoption durch eingetragene Lebenspartner kumulativ nach den Heimatrechten beider Partner
richteten (so AG Nürnberg FamRZ 11, 308; *Staudinger/Winkelsträter* FamRBint 05, 84/87; NK-
BGB/*Benicke* Rn 54 f; Staud/*Mankowski* Art 17b Rn 94; Münch/*Süß* § 20 Rn 354; *Andrae,*
IntFamR § 7 Rn 28 f mwN). Durch das Gesetz zur Umsetzung der Entscheidung des BVerfG
zur Sukzessivadoption durch Lebenspartner v 20.6.2014 (BGBl I, 786) wurde in Art 22 Abs 1
S 3 mit Wirkung v 27.6.2014 nunmehr eine Sonderregelung für die Adoption durch einge-
tragene Lebenspartner eingefügt. Danach unterliegt diese dem Recht, das nach Art 17b Abs 1
S 1 für die allgemeinen Wirkungen der Lebenspartnerschaft maßgebend ist (OLG Düsseldorf
FamRZ 17, 976). Damit hat der Gesetzgeber die Konsequenzen aus der Entscheidung des
BVerfG gezogen, die § 9 Abs 7 LPartG insoweit für verfassungswidrig erklärt hatte, als diese
Vorschrift eine **Sukzessivadoption** durch eingetragene Lebenspartner nicht zuließ (BVerfG
FamRZ 13, 521).

45   **bb) Anwendungsbereich.** Die neue Regelung beschränkt sich zwar bewusst (BT-Drs 18/
841, 6; *Benicke* IPRax 15, 393/394) auf die **Adoption nur durch „einen" Lebenspartner,**
weil auch das deutsche Sachrecht (§ 1741 Abs 2 S 1 BGB) bisher nur diese zulässt. Dies dürfte
allerdings aus verfassungsrechtlichen Gründen kaum haltbar sein; deshalb hat der öst VerfGH hat
das Verbot der gemeinschaftlichen Adoption durch eingetragene Lebenspartner in § 191 Abs 2
S 1 ABGB mit Entscheidung v 11.12.2014 wegen Verletzung von Art 8 iVm Art 14 EMRK für
verfassungswidrig erklärt und die Bestimmung mit Wirkung zum 31.12.2015 aufgehoben (vgl
Ferrari FamRZ 15, 1556/1557).

Auch der deutsche Gesetzgeber wird daher schon in naher Zukunft an der Einführung der
gemeinschaftlichen Adoption durch eingetragene Lebenspartner nicht vorbeikommen. Lässt das
nach Art 22 Abs 1 S 3 maßgebende ausländische Recht daher eine **gemeinschaftliche Adoption** durch eingetragene Lebenspartner zu, so ist dieses Recht auch von deutschen Gerichten
und Behörden zur Beurteilung der Wirksamkeit einer solchen Adoption zugrunde zu legen.
Denn die dem Wortlaut entsprechende kumulative Anwendung der Heimatrechte beider Lebenspartner nach Art 22 Abs 1 S 1 würde diese gegenüber Ehegatten in einer mit der Verfassung
schwerlich zu vereinbarenden Weise diskriminieren. Aus diesem Grunde sollte Art 22 Abs 1 S 3
daher auf die gemeinschaftliche Adoption durch eingetragene Lebenspartner bereits *de lege lata*
entsprechend angewandt werden (ebenso *Benicke* IPRax 15, 393/395; MüKoBGB/*Helms* Rn 9;
BeckOK-BGB/*Heiderhoff* Rn 41; MüKoBGB/*Coester* Art 17b Rn 75; **aA** Erman/*Hohloch*
Rn 10 und Art 17b Rn 36). Dem steht weder der deutsche *ordre public* (vgl BGH NJW 15, 2800
Rn 35), noch stand die bisherige „Kappungsgrenze" nach Art 17b Abs 4 aF entgegen, weil es
nicht um Wirkungen der Lebenspartnerschaft im engeren Sinne geht (*Benicke* IPRax 15, 393/

II. Internationales Privatrecht: EGBGB Art 22   **46–51 H**

395 f; *Andrae*, IntFamR § 7 Rn 29; BeckOK BGB/*Heiderhoff* Rn 41; **aA** noch Staud/*Henrich* Rn 6; NK-BGB/*Benicke* Rn 55; dazu auch → I Rn 257 ff mwN).

Behandelte man die im Ausland geschlossene **homosexuelle Ehe** mit der in *Deutschland* **46** bisher hM (BGHZ 210, 77 = FamRZ 16, 1251 m Anm *Dutta;* BGH FamRZ 16, 1761; OLG Zweibrücken NJW-RR 11, 1256; OLG München FGPrax 11, 249; KG StAZ 11, 181; dazu näher → I Rn 269 f mwN) als eingetragene Lebenspartnerschaft iSv Art 17b, so galt Art 22 Abs 1 Satz 3 – und nicht Satz 2 – schon seit dem 20.6.2014 auch für die Adoption durch die Partner einer solchen Ehe (so auch BeckOK-BGB/*Heiderhoff* Rn 41; MüKoBGB/*Helms* Rn 9; Behrentin/*Andrae* C Rn 23; vgl dazu das Beispiel bei H/O/*Hausmann* § 14 Rn 38). Obwohl der deutsche Gesetzgeber anlässlich der Einführung der „Ehe für alle" in Art 17b Abs 4 nF nur die analoge Anwendung von Art 17b Abs 1–3 auf gleichgeschlechtliche Ehen mit Wirkung v 1.10.2017 angeordnet hat, gilt Satz 3 auch weiterhin für die Adoption durch die Partner einer solchen Ehe, und zwar auch wenn diese nach *inländischem* Recht geschlossen wurde. Denn der Wille des Gesetzgebers geht ersichtlich dahin, gleichgeschlechtliche Ehen im gesamten autonomen Kollisionsrecht wie eingetragene Lebenspartnerschaften zu behandeln (so auch *Mankowski* IPRax 17, 541/544).

cc) Anwendbares Recht. Die Adoption durch einen (oder beide) eingetragenen Lebens- **47** partner unterliegt dem Recht, das nach Art 17b Abs 1 S 1 für die allgemeinen Wirkungen der Lebenspartnerschaft maßgebend ist. Dies ist das **Recht des registerführenden Staates** (näher → I Rn 220 f). Da Art 17b Abs 1 S 1 auf die „Sachvorschriften" dieses Staates verweist und damit eine Rück- oder Weiterverweisung hinsichtlich der allgemeinen Wirkungen der Lebenspartnerschaft ausschließt (→ I Rn 214), erstreckt sich dieser **Ausschluss des Renvoi** auch auf die Adoption durch eingetragene Lebenspartner nach Art 22 Abs 1 S 3 (MüKoBGB/*Helms* Rn 17; Behrentin/*Andrae* C Rn 49). Durch die Möglichkeit, ein adoptionsfreundliches Land für die Registrierung ihrer Partnerschaft zu wählen und dieses Registrierungsstatut ggf durch eine erneute Registrierung nach Art 17b Abs 3 (→ I Rn 255 f) auch zu ändern, können Lebenspartner mittelbar erheblichen Einfluss auf das Adoptionsstatut nehmen (krit zu dieser Anknüpfung aber Behrentin/*Andrae* C Rn 18 ff).

Die von Satz 3 aufgeworfene **Erstfrage** nach der Wirksamkeit der eingetragenen Lebenspart- **48** nerschaft bzw gleichgeschlechtlichen Ehe ist in diesem Zusammenhang grundsätzlich selbständig, dh nach Art 17b EGBGB anzuknüpfen. Insoweit gilt nichts anderes als für die Wirksamkeit der Ehe im Rahmen von Satz 2, die sich nach Art 11, 13 EGBGB beurteilt (*Andrae*, IntFamR § 7 Rn 32; *v Hoffmann/Thorn*, IPR § 8 Rn 143; Staud/*Henrich* Rn 24; Erman/*Hohloch* Rn 7; für eine alternative Anknüpfung nach dem Günstigkeitsprinzip hingegen MüKoBGB/*Helms* Rn 10 aE).

c) Adoption durch Alleinstehende, S 1. Nur wenn Einzelpersonen adoptieren, die **weder** **49** **verheiratet** sind, **noch in einer eingetragenen Lebenspartnerschaft** leben, kommt die Grundregel des Art 22 Abs 1 S 1 zur Anwendung, weil die Sätze 2 und 3 auch auf Einzeladoptionen durch einen Ehegatten bzw Lebenspartner Anwendung finden. Danach unterliegt die Adoption dem Recht des Staates, dem der Annehmende bei der Annahme angehört. Maßgebend ist also das Heimatrecht des Annehmenden im Zeitpunkt der Erfüllung der letzten für die Wirksamkeit der Adoption erforderlichen Voraussetzung; das Adoptionsstatut ist damit auch in diesem Fall **unwandelbar** (*Baumann* 19 f; Pal/*Thorn* Rn 3; Erman/*Hohloch* Rn 10; Staud/ *Henrich* Rn 5; MüKoBGB/*Helms* Rn 60).

Ist der Annehmende Mehrstaater, Staatenloser oder Flüchtling, so gelten ergänzend die Vor- **50** schriften des Art 5 (dazu H/O/*Hausmann* § 2 Rn 33 ff). Bei **Mehrstaatern** ist daher nach Art 5 Abs 1 S 1 grundsätzlich die effektive Staatsangehörigkeit maßgeblich; die deutsche Staatsangehörigkeit hat allerdings nach S 2 stets Vorrang. Für internationale Flüchtlinge und anerkannte Asylberechtigte wird das Adoptionsstatut durch Anknüpfung an den gewöhnlichen Aufenthalt bestimmt (näher Behrentin/*Andrae* Rn 24 ff).

Auch bei der Adoption durch Alleinstehende sind **Rück- oder Weiterverweisungen** – zB **51** auf das Heimatrecht des Kindes oder das Aufenthalts-/Wohnsitzrecht der Beteiligten – zu beachten (AG Heidelberg IPRax 92, 327 m Anm *Otto* 309; *v Bar*, IPR II Rn 321; Staud/*Henrich* Rn 14 ff; Staud/*Hausmann* Art 4 Rn 286 f). Im Verhältnis zu den Staaten des *Common Law*-Rechtskreises kann es auch hier zu einer „versteckten" Rückverweisung auf deutsches Recht kommen, wenn die deutschen Gerichte aus der Sicht des von Art 22 Abs 1 S 1 EGBGB zur Anwendung berufenen Rechts für die Vornahme der Adoption (zumindest konkurrierend) international zuständig sind (BayObLGZ 68, 331/336; KG IPRax 82, 246; AG Nürnberg

763

H 52–57   1. Teil. Erkenntnisverfahren H. Adoptionssachen

FamRZ 11, 308; NK-BGB/*Benicke* Rn 59; Erman/*Hohloch* Rn 5; Staud/*Hausmann* Art 4 Rn 288 f mwN).

52   Art 22 Abs 1 geht – vor dem Hintergrund des deutschen Sachrechts (§ 1741 Abs 2 S 2 BGB) – von der Annahme aus, dass mehrere Personen gemeinsam ein Kind nur adoptieren können, wenn sie miteinander verheiratet sind. Während auf die gemeinsame Adoption durch eingetragene Lebenspartner heute Art 22 Abs 1 S 3 analog angewandt werden kann (→ Rn 45), kommt eine Analogie zu Art 22 Abs 1 S 2 oder S 3 für die Adoption durch mehrere Personen, die weder in einer Ehe noch in einer Lebenspartnerschaft (bzw einer ihr gleichgestellten homosexuellen Ehe) zusammenleben, nicht in Betracht. Auf eine solche Adoption – zB durch die Partner einer nur **faktischen Lebensgemeinschaft,** die von ausländischen Rechten zT zugelassen wird – ist vielmehr die Grundregel des Art 22 Abs 1 S 1 anzuwenden. Besitzen die Annehmenden daher nicht die gleiche Staatsangehörigkeit, so ist die Adoption nur zulässig, wenn sie von beiden Heimatrechten erlaubt ist (Staud/*Henrich* Rn 6; BeckOK-BGB/*Heiderhoff* Rn 40; MüKoBGB/*Helms* Rn 59; *Andrae,* IntFamR § 7 Rn 29). Ist einer der Annehmenden Deutscher, scheidet eine solche gemeinschaftliche Adoption daher nach geltendem Recht aus.

53   **e) Die Schranke des ordre public.** Der *ordre public* wird in der deutschen Praxis vornehmlich im Zusammenhang mit der Anerkennung ausländischer Adoptionen herangezogen (→ P Rn 128 ff). Bei der Adoption Minderjähriger durch inländische Gerichte nach ausländischem Recht ist insbesondere zu prüfen, ob die Annahme dem **Wohl des Kindes** entspricht. Ist dies nicht der Fall, weil kein Eltern-Kind-Verhältnis hergestellt, sondern andere Zwecke mit der Adoption verfolgt werden, kann deren Vornahme bei hinreichendem Inlandsbezug unter Berufung auf den deutschen *ordre public* nach Art 6 abgelehnt werden (OLG Schleswig FamRZ 02, 698; BeckOK-BGB/*Heiderhoff* Rn 51; NK-BGB/*Benicke* Rn 62; *Andrae,* IntFamR § 7 Rn 41). Aus diesem Grunde verstößt etwa der **Vollzug einer reinen Vertragsadoption** nach ausländischem Recht im Inland gegen den deutschen *ordre public,* weil bei einer solchen Adoption die Wahrung des Kindeswohls nicht gewährleistet ist (AG Frankfurt/M FamRZ 18, 365/366; Erman/*Hohloch* Rn 16; Staud/*Henrich* Rn 78 aE; BeckOK-BGB/*Heiderhoff* Rn 55 aE; *Andrae,* IntFamR § 7 Rn 46).

54   Auch eine übermäßige Erschwerung der Adoption von Minderjährigen nach ausländischem Recht kann mit der deutschen öffentlichen Ordnung unvereinbar sein. Dies gilt etwa für das Erfordernis der **Kinderlosigkeit** der in Deutschland lebenden Annehmenden als Voraussetzung für die Adoption nach dem von Art 22 Abs 1 zur Anwendung berufenen Recht (OLG Schleswig FamRZ 02, 698; AG Siegen IPRax 93, 184 m Anm *Schurig* 169; NK-BGB/*Benicke* Rn 62) oder für ein sehr **hohes Mindestalter** der Annehmenden (Staud/*Henrich* Rn 71).

55   Demgegenüber verstößt das **Verbot der Volljährigenadoption** nach ausländischem Recht nicht gegen den deutschen *ordre public* (*Emmerling de Oliveira* MittBayNot 10, 429/430; *Andrae,* IntFamR § 7 Rn 41; BeckOK-BGB/*Heiderhoff* Rn 51). Gleiches gilt für die Vornahme einer „schwachen" Inlandsadoption nach ausländischem Recht (VGH Kassel FamRZ 94, 956/958; BeckOK-BGB/*Heiderhoff* Rn 52), da deren Wirkungen durch eine Umwandlung nach § 3 AdWirkG verstärkt werden können (→ P Rn 77 ff).

56   Auch die gemeinschaftliche Adoption eines Kindes durch **eingetragene Lebenspartner** oder durch die Partner einer nur **faktischen Lebensgemeinschaft** aufgrund eines ausländischen Rechts, das eine solche Adoption zulässt, ist heute mit der deutschen öffentlichen Ordnung nicht mehr unvereinbar (vgl BGH NJW 15, 2800 Rn 35 ff zur Anerkennung einer südafrikanischen Adoption durch nur faktisch zusammenlebende gleichgeschlechtliche Partner).

57   Teilweise wird der *ordre public* auch bemüht, um das **Verbot der Adoption nach den islamischen Rechten** zu überwinden (so OLG Schleswig FamRZ 08, 1104; AG Hagen IPRax 84 m Anm *Jayme;* NK-BGB/*Benicke* Rn 62; MüKoBGB/*Helms* Rn 50), die anstelle der Adoption das Rechtsinstitut der *kafala* kennen, welche keine verwandtschaftlichen Beziehungen zwischen dem Kind und dem Annehmenden begründet, sondern nur die dauerhafte Versorgung und Erziehung des Kindes sichert. Die *kafala* verstößt als solche sicher nicht gegen den deutschen *ordre public* (OLG Karlsruhe FamRZ 98, 56; Staud/*Henrich* Rn 71; BeckOK-BGB/*Heiderhoff* Rn 51). Das Problem besteht jedoch darin; dass sie nicht als Adoption zu qualifizieren, sondern als Schutzmaßnahme dem Bereich der elterlichen Sorge zuzuordnen ist (vgl Art 3 lit c KSÜ). Welche Schutzmaßnahmen getroffen werden können, richtet sich aber bei gewöhnlichem Aufenthalt des Kindes im Inland nach dem deutschen *lex fori* (Art 15 Abs 1 KSÜ; → F Rn 624 ff). Es liegt also ein Fall des **Normenmangels** vor, wenn das islamische Heimatrecht der Annehmenden keine Adoption kennt, die von diesem Recht stattdessen vorgesehene *kafala* aber wegen der

II. Internationales Privatrecht: EGBGB Art 22   58–62 **H**

Geltung deutschen Rechts für Schutzmaßnahmen nicht angeordnet werden kann. Dieser Normenmangel ist daher im Wege der kollisionsrechtlichen **Angleichung** (→ allg H/O/*Hausmann* § 3 Rn 59 ff.) zu beheben, indem das Adoptionsstatut nicht an das Heimatrecht der Annehmenden, sondern an den gewöhnlichen Aufenthalt des Kindes angeknüpft wird (*Andrae,* IntFamR § 7 Rn 41, Beispiel 6).

Schließlich ist der Umstand, dass das **Kind in gesetzeswidriger Weise** – insbesondere unter **58** Verstoß gegen die Art 4 ff HAdoptÜ – **nach Deutschland verbracht** wurde, auch im Rahmen der Anwendung deutschen Sachrechts (§ 1741 BGB) kein hinreichender Grund, eine Inlandsadoption zu versagen, wenn das Kind bereits emotionale Bindungen zu den Adoptionsbewerbern entwickelt hat, deren Abbruch dem Kindeswohl zuwiderliefe (vgl AG Celle FamRZ 17, 1500/1501).

3. Reichweite des Adoptionsstatuts

a) Voraussetzungen der Adoption. aa) Grundsatz. Das nach Art 22 Abs 1 maßgebende **59** Adoptionsstatut bestimmt, ob eine Adoption überhaupt **zulässig** ist (Kegel/*Schurig,* IPR § 20 VIII 2b; *v Bar,* IPR II Rn 326; BeckOK-BGB/*Heiderhoff* Rn 15; MüKoBGB/*Helms* Rn 18) und ob sie in den Fällen des S 2 und S 3 nur gemeinschaftlich oder auch durch einen Ehegatten/Lebenspartner allein vorgenommen werden kann (OLG Hamm FamRZ 94, 657/658; *Kropholler,* IPR § 49 III 2a; Pal/*Thorn* Rn 8; Erman/*Hohloch* Rn 14). Ausländische Adoptionsverbote unterliegen allerdings der Kontrolle am Maßstab des deutschen *ordre public* (zuvor → Rn 531 f).

Das Adoptionsstatut bestimmt auch die zulässigen **Typen** der Adoption (Volladoption, schwa- **60** che Adoption) und regelt deren jeweilige **Voraussetzungen,** wie zB Alterserfordernisse, Altersunterschiede, Kinderlosigkeit und sonstige Eigenschaften des/der Annehmenden (BayObLG NJW-RR 97, 644/645; BayObLG FamRZ 02, 1142/1143; OLG Hamm FamRZ 94, 657; AG Siegen IPRax 93, 184; Pal/*Thorn* Rn 4; BeckOK-BGB/*Heiderhoff* Rn 16; Staud/*Henrich* Rn 23) und des Anzunehmenden (zB Minderjährigkeit). Es legt ferner fest, wer antragsberechtigt ist (Pal/*Thorn* Rn 5; BeckOK-BGB/*Heiderhoff* Rn 17; NK-BGB/*Benicke* Rn 6, 75; aA [*lex fori*] BayObLG FamRZ 82, 1133) und welche Erklärungen der Beteiligten für die Vornahme der Adoption notwendig sind. Auch die Rechtsfolgen des Fehlens einzelner der vorgenannten Voraussetzungen der Adoption für deren Wirksamkeit (zB Nichtigkeit, Anfechtbarkeit, Aufhebbarkeit) sowie etwaige Befreiungsmöglichkeiten regelt das Adoptionsstatut (MüKoBGB/*Helms* Rn 18; Staud/*Henrich* Rn 36; BeckOK-BGB/*Heiderhoff* Rn 35). Ferner bestimmt das Adoptionsstatut auch darüber, ob Ehegatten nur gemeinsam oder einzeln adoptieren können und ob dieses Recht auch den Partnern einer eingetragenen Lebenspartnerschaft oder einer gleichgeschlechtlichen Ehe zusteht.

bb) Vertrags-/Dekretadoption. Nach dem Adoptionsstatut zu beurteilen ist auch die **Art** **61** **und Weise des Zustandekommens** einer Adoption, insbesondere, ob dazu ein Vertrag zwischen dem Annehmenden und dem Angenommenen oder eine gerichtliche Entscheidung erforderlich ist (BayObLG StAZ 90, 69/70; Pal/*Thorn* Rn 5; Erman/*Hohloch* Rn 15; Staud/*Henrich* Rn 33). Bei Geltung deutschen Adoptionsstatuts erfolgt die Adoption durch Beschluss des Familiengerichts, §§ 1752 BGB, 197 FamFG. Ist nach Art 22 Abs 1 ausländisches Adoptionsrecht maßgeblich und folgt dieses – wie zB das *österreichische* Recht – dem Vertragssystem, so entscheidet es auch darüber, ob der Adoptionsvertrag gerichtlich bestätigt oder registriert werden muss. Die nach ausländischem Recht erforderliche gerichtliche Bestätigung des Adoptionsvertrages kann dann auch durch das nach § 101 FamFG international zuständige deutsche Familiengericht erfolgen (*Andrae,* IntFamRG § 7 Rn 49; → Rn 5 ff).

Auch wenn das ausländische Adoptionsstatut eine gerichtliche Bestätigung nicht vorschreibt, **62** hat das deutsche Familiengericht nach Prüfung des wirksamen Zustandekommens des Adoptionsvertrages auf der Grundlage des fremden Rechts die Annahme als Kind auf Antrag durch Beschluss auszusprechen; denn § 1752 Abs 1 BGB hat insoweit auch **verfahrensrechtlichen Charakter** (BayObLGZ 82, 318/320 f; BayObLGZ 97, 85/87 f; *Ludwig* RNotZ 02, 353/376; *Henrich,* IntFamR § 8 III 2a; Pal/*Thorn* Rn 5; Erman/*Hohloch* Rn 16). Nach der Gegenmeinung ist ein solcher Beschluss zwar möglich und empfehlenswert, aber zur Wirksamkeit der Vertragsadoption nach ausländischem Recht nicht erforderlich, weil es – anders als zB bei der Ehescheidung (Art 17 Abs 2 EGBGB) – an einer Regelung fehle, die den Vollzug einer Adoption nach ausländischem Recht zwingend dem inländischen Recht unterwirft (BeckOK-BGB/*Heiderhoff* Rn 24, 55; NK-BGB/*Benicke* Rn 74; MüKoBGB/*Helms* Rn 19; *Andrae,* IntFamR § 7 Rn 44 ff).

765

H 63–68 1. Teil. Erkenntnisverfahren H. Adoptionssachen

63 **cc) Zustimmungserfordernisse.** Auch die Frage, ob zur Adoption die Zustimmung des Kindes, seiner Eltern und sonstiger Dritter erforderlich ist, beurteilt sich grundsätzlich nach dem Adoptionsstatut des Art 22 Abs 1 EGBGB (BayObLG FamRZ 02, 1142/1143; *Andrae*, IntFamR § 7 Rn 42; Staud/*Henrich* Rn 23; MüKoBGB/*Helms* Rn 24). Dieses entscheidet ferner über die Widerruflichkeit und Anfechtbarkeit von Zustimmungserklärungen (*Benicke* 88 ff), sowie darüber, wann diese ausnahmsweise entbehrlich sind und unter welchen Voraussetzungen eine erforderliche Zustimmung durch das Familiengericht **ersetzt** werden kann (BayObLG FamRZ 02, 1142/1143; Pal/*Thorn* Rn 5; Erman/*Hohloch* Rn 15; MüKoBGB/*Helms* Rn 25). Daher kommt § 1748 BGB nur bei Geltung deutschen Adoptionsstatuts zur Anwendung (vgl BayObLG FamRZ 02, 1142; Staud/*Henrich* Rn 30).

64 Das Adoptionsstatut beherrscht schließlich auch die **Rechtsfolgen einer fehlenden Zustimmung** (OLG Hamm FamRZ 96, 435; Pal/*Thorn* Rn 4; BeckOK-BGB/*Heiderhoff* Rn 35; MüKoBGB/*Helms* Rn 44). Die nach dem ausländischen Adoptionsstatut erforderlichen Zustimmungen sind auch dann einzuholen, wenn sie die Adoption erheblich erschweren. Die Erleichterung nach Art 23 S 2 für die vom Heimatrecht des Kindes vorgeschriebenen Zustimmungen (→ Rn 103 ff) gilt insoweit nicht; das Adoptionsstatut kann also für diesen Fall nicht durch das deutsche Recht ersetzt werden (*Andrae*, IntFamR § 7 Rn 57). Allerdings kommt uU eine Substitution der vom Adoptionsstatut geforderten Zustimmung durch funktionsäquivalente verfahrensrechtliche Feststellungen in Betracht (vgl zur Ersetzung der Einwilligung der leiblichen Mutter durch eine gerichtliche Verlassenheitserklärung nach chilenischem Recht AG Plettenberg IPRax 94, 218 m Anm *Hohnerlein* 197; zust *Andrae,* IntFamR § 7 Rn 60). Die **Form** der Zustimmungserklärung beurteilt sich nach Art 11 Abs 1 EGBGB (BayObLG FamRZ 69, 225/229; OLG Frankfurt FamRZ 92, 985; Staud/*Henrich* Rn 27). Zur zusätzlichen Anwendung des Heimatrechts des Kindes nach Art 23 → Rn 93 ff.

65 **dd) Familiengerichtliche Genehmigung.** Auch die Frage, ob und welche Zustimmungserklärungen der Beteiligten einer familiengerichtlichen Genehmigung bedürfen und von welchen Voraussetzungen die Erteilung einer solchen Genehmigung abhängt, richtet sich – wie die Zustimmungserklärung selbst – ebenfalls nach Art 22 Abs 1. Auch insoweit ist kumulativ das Heimatrecht des Kindes nach Art 23 anzuwenden (Pal/*Thorn* Rn 5; MüKoBGB/*Helms* Rn 28; BeckOK-BGB/*Heiderhoff* Rn 19).

66 **ee) Vorfragen.** Die Gültigkeit einer Eheschließung stellt sich im internationalen Adoptionsrecht nicht nur als Erstfrage bei der Anwendung von Art 22 Abs 1 S 2 EGBGB (→ Rn 48), sondern häufig auch als Vorfrage im Rahmen der Anwendung des ausländischen materiellen Adoptionsrechts, weil dort – ebenso wie im deutschen Recht (vgl §§ 1741 Abs 2, 1742, 1743, 1755 Abs 2, 1756 Abs 2 BGB) – für die Adoption durch Verheiratete andere Regeln gelten als für die Adoption durch Unverheiratete. Diese Vorfrage ist grundsätzlich **selbständig** nach Art 13 anzuknüpfen (BayObLG StAZ 96, 171; *v Bar*, IPR II Rn 321; Kegel/*Schurig*, IPR § 20 VIII 2b; *Schotten/Schmellenkamp*, IPR Rn 249a; BeckOK-BGB/*Heiderhoff* Rn 49; Erman/*Hohloch* Rn 7, 14; *Baumann* 87 ff mwN). Eine unselbständige Anknüpfung (dafür grundsätzlich Staud/*Henrich* Rn 31) ist ausnahmsweise in Betracht zu ziehen, wenn der Inlandsbezug des Sachverhalts nur sehr schwach ausgeprägt ist und deshalb das Interesse am internationalen Entscheidungseinklang mit dem Heimatstaat des Annehmenden deutlich überwiegt (so auch *Andrae,* IntFamR § 7 Rn 35). Teilweise wird auch insoweit eine alternative Anknüpfung nach dem Günstigkeitsprinzip befürwortet (MüKoBGB/*Helms* Rn 23).

67 Kommt es für die Adoption darauf an, ob der Angenommene noch **minderjährig oder bereits volljährig** ist, weil – wie im Regelfall – für die Minderjährigenadoption andere Regeln gelten als für die Erwachsenenadoption, wird überwiegend danach unterschieden, ob die Vorfrage vom deutschen Recht (dann selbständige Anknüpfung nach Art 7, vgl OLG Köln StAZ 12, 88 Rn 3; OLG Bremen FamRZ 07, 930 (LS); OLG Karlsruhe FamRZ 00, 768/769, BayObLG FamRZ 96, 183 und FamRZ 97, 638; *Andrae,* IntFamR § 7 Rn 33; Pal/*Thorn* Rn 1; Erman/*Hohloch* Rn 14) oder vom ausländischen Adoptionsrecht aufgeworfen wird (dann unselbständige Anknüpfung, vgl NK-BGB/*Benicke* Rn 60; Staud/*Henrich* Rn 31; *Andrae,* IntFamR § 7 Rn 35). Wegen des engen Zusammenhangs zwischen dem jeweiligen Adoptionstyp und den materiell-rechtlichen Folgen spricht freilich vieles dafür, auch darüber das Adoptionsstatut (bei deutschem Adoptionsstatut also § 2 BGB) entscheiden zu lassen (MüKoBGB/*Helms* Rn 20; NK-BGB/*Benicke* Rn 7, 60).

68 Das von Art 22 Abs 1 (oder Art 23; → Rn 93 ff) EGBGB berufene Recht ist auch dafür maßgebend, ob **Stellvertretung** bei Adoptionserklärungen notwendig bzw zulässig ist (Erman/

766

II. Internationales Privatrecht: EGBGB Art 22   **69–74 H**

Hohloch Rn 15; MüKoBGB/*Helms* Rn 21) und ab wann ein Beteiligter die erforderliche Geschäftsfähigkeit erreicht, um die erforderlichen Erklärungen selbst abzugeben (MüKoBGB/*Helms* Rn 21). Nur wenn das Adoptionsstatut insoweit auf die allgemeinen Vorschriften zur Geschäftsfähigkeit bzw gesetzlichen Vertretung verweist, ist diese Vorfrage selbständig nach Art 7 EGBGB bzw Art 16 ff KSÜ anzuknüpfen (*Baumann* 87 ff; *Benicke* 109 f; *Andrae,* IntFamR § 7 Rn 33; Staud/*Henrich* Rn 25, 31; BeckOK-BGB/*Heiderhoff* Rn 18, 49).

Die **Form** der für eine Adoption erforderlichen Erklärungen beurteilt sich hingegen stets nach **69** Art 11 EGBGB (KG FamRZ 93, 1363; BayObLG FamRZ 69, 225/229; *Lorenz* IPRax 94, 193/195; Pal/*Thorn* Rn 5; Staud/*Henrich* Rn 27; MüKoBGB/*Helms* Rn 21).

b) Wirkungen der Adoption, Abs 2. aa) Grundsatz. Nach dem Adoptionsstatut beur- **70** teilen sich gemäß dem durch Gesetz v 5.11.2001 (BGBl I, 2950) mit Wirkung v 1.1.2002 eingefügten Abs 2 auch die Wirkungen der Adoption. Dieser Grundsatz beschränkt sich allerdings im Wesentlichen darauf, welche Wirkungen die Adoption auf den **Status des Angenommenen** hat (BT-Drs 10/504, 72; Pal/*Thorn* Rn 6; Erman/*Hohloch* Rn 17; NK-BGB/*Benicke* Rn 14; Staud/*Henrich* Rn 44; MüKoBGB/*Helms* Rn 31), also darauf, ob die bisherigen verwandtschaftlichen Rechtsbeziehungen zur leiblichen Familien erlöschen oder eingeschränkt werden, ob das angenommene Kind einem leiblichen Kind des Annehmenden in jeder Hinsicht gleichsteht, also eine Volladoption eintritt, und in welcher Rechtsbeziehung das angenommene Kind zu einem Ehegatten oder eingetragenen Lebenspartner und den Verwandten des Annehmenden steht (*Henrich,* IntFamR § 8 III 5a; *v Bar,* IPR II Rn 329; *Andrae,* IntFamR § 7 Rn 62).

Abs 2 gilt ferner nur für die **Inlandsadoption** und die im Ausland vorgenommene Vertrags- **71** adoption (NK-BGB/*Benicke* Rn 17). Die Wirkungen einer ausländischen Dekretadoption im Inland hängen hingegen von ihrer verfahrensrechtlichen Anerkennung nach Art 23 ff HAdoptÜ (→ P Rn 28 ff) bzw §§ 108, 109 FamFG (→ P Rn 98 ff45) ab. Die Feststellung dieser Wirkungen nach § 2 AdWirkG (→ Rn 65 ff) und die Umwandlung einer nach ausländischem Recht ausgesprochenen Adoption nach § 3 AdWirkG (→ P Rn 77 ff) modifizieren das von Abs 2 bestimmte Statut der Adoptionswirkungen (MüKoBGB/*Helms* Rn 31).

Spricht ein deutsches Gericht eine Adoption nach Maßgabe *ausländischen* Adoptionsrechts aus, **72** so hat es zugleich eine **Feststellung der Wirkungen** nach § 2 Abs 2 AdWirkG zu treffen (näher → P Rn 71 ff). Unterliegt die Inlandsadoption dem HAdoptÜ, so hat die zuständige deutsche Behörde die – für die Anerkennung der Adoption in anderen Vertragsstaaten erforderliche – **Bescheinigung nach Art 23 HAdoptÜ** auszustellen, wonach die Adoption in Übereinstimmung mit den Vorgaben des Übereinkommens zustande gekommen ist. Zur Zuständigkeit für diese Bescheinigung vgl § 8 AdÜbAG (→ P Rn 58).

bb) Sonderanknüpfungen. Soweit das Adoptivkind – wie heute nach den meisten Rechten **73** – einem leiblichen Kind des Annehmenden weitgehend gleichgestellt wird, beurteilen sich die Rechtsbeziehungen zwischen ihm und dem/den Annehmenden grundsätzlich nach Art 21 EGBGB, dh nach dem Recht am gewöhnlichen Aufenthalt des Adoptivkindes (Pal/*Thorn* Rn 6; BeckOK-BGB/*Heiderhoff* Rn 26; Staud/*Henrich* Rn 46; vgl auch → F Rn 721 ff). Dies hat zur Folge, dass diese Wirkungen – abweichend von den Voraussetzungen der Adoption nach Abs 1 – *wandelbar* angeknüpft werden Auch Art 21 EGBGB wird jedoch heute in erheblichem Umfang durch Sonderanknüpfungen bestimmter Adoptionswirkungen eingeschränkt:

(1) Name. Der Name einer Person beurteilt sich auch dann nach Art 10 Abs 1 EGBGB, **74** wenn und soweit er durch eine Adoption verändert wird. Maßgebend ist daher das Recht des Staates, dem das Adoptivkind angehört (OLG Karlsruhe IPRax 98, 110/111 m Anm *Henrich* 96; AG Rottweil StAZ 06, 144/145; Pal/*Thorn* Rn 6; Erman/*Hohloch* Rn 18; NK-BGB/*Benicke* Rn 23; MüKoBGB/*Helms* Rn 36; Staud/*Hepting/Hausmann* Art 10 Rn 442 ff mwN). Hat sich die Staatsangehörigkeit des Angenommenen durch die Adoption geändert (→ Rn 77 ff), so ist dessen neues Heimatrecht maßgebend (NK-BGB/*Benicke* Rn 23; Staud/*Henrich* Rn 47; Staud/ *Hepting/Hausmann* Art 10 Rn. 443; zur Vorfragenanknüpfung in diesem Zusammenhang NK-BGB/*Benicke* Rn 25 ff). Unterscheidet das von Art 10 EGBGB zur Anwendung berufene Recht hinsichtlich der Namensfolgen zwischen starken und schwachen Adoptionen, so kommt es darauf an, welche Art von Adoption im konkreten Fall ausgesprochen wurde (*Henrich,* IntFamR § 8 III Rn 5b; NK-BGB/*Benicke* Rn 28; MüKoBGB/*Helms* Rn 36; Staud/*Hepting/Hausmann* Art 10 Rn 453 ff).

767

H 75–78   1. Teil. Erkenntnisverfahren H. Adoptionssachen

75   **(2) Unterhalt.** Für Unterhaltsansprüche des Adoptivkindes gegen den Annehmenden sowie gegen dessen Ehegatten oder Lebenspartner gilt nach Art 3 Abs 1 Nr 1 und Nr 2 EGBGB vorrangig das **Haager Unterhaltsprotokoll** (Pal/*Thorn* Rn 6; Erman/*Hohloch* Rn 18, näher → C Rn 45).

76   **(3) Elterliche Sorge.** Fragen der elterlichen Sorge bestimmen sich heute nach **Art 15 ff KSÜ;** diese staatsvertragliche Regelung verdrängt nach Art 3 Nr 2 EGBGB die autonome Kollisionsnorm in Art 21 EGBGB fast vollständig (→ näher F Rn 620). Dies gilt auch für das durch Adoption begründete Sorgerechtsverhältnis. Umstritten ist in diesem Zusammenhang die Qualifikation von **§ 1751 Abs 1 BGB,** der das Ruhen der elterlichen Sorge eines Elternteils anordnet, der seine Einwilligung in die Adoption des Kindes erteilt hat, mit der Folge, dass zunächst das Jugendamt kraft Gesetzes Vormund wird. Während zT eine Anknüpfung an das Sorgerechtsstatut nach Art 16 KSÜ befürwortet wird (so *Andrae,* IntFamR § 7 Rn 42; Staud/*Henrich* Rn 28), spricht die systematische Stellung der Vorschrift für eine adoptionsrechtliche Einordnung (so Pal/*Thorn* Rn 5; BeckOK BGB/*Heiderhoff* Rn 22; MüKoBGB/*Helms* Rn 35). Damit steht die gesetzliche Vertretung des anzunehmenden Kindes nach Erteilung der Einwilligung durch den sorgeberechtigten Elternteil auch dann dem Jugendamt als Amtsvormund zu, wenn das Kind eine ausländische Staatsangehörigkeit besitzt, vorausgesetzt deutsches Recht ist nach Art 22 Abs 1 Adoptionsstatut. Dies gilt freilich im Hinblick auf § 6 Abs 1 S 2 SGB VIII nur dann, wenn das Kind seinen gewöhnlichen Aufenthalt im Inland hat (Staud/*Henrich* Art 21 Rn 93; Erman/*Hohloch* Rn 15; MüKoBGB/*Helms* Rn 35).

77   **(4) Staatsangehörigkeit.** Ein ausländisches (oder staatenloses) Kind, das zur Zeit der Beantragung der Adoption – genauer: im Zeitpunkt des Eingangs des notariell beurkundeten Annahmeantrags beim Familiengericht (vgl BVerwGE 119, 111 = FamRZ 04, 194; BVerwGE 108, 216 = NJW 99, 1347) – das 18. Lebensjahr noch nicht vollendet hat, erwirbt, wenn es **durch einen Deutschen** adoptiert wird, nach § 6 StAG die deutsche Staatsangehörigkeit. Nicht erforderlich hierfür ist hingegen, dass das Kind nach dem von Art 7 EGBGB zur Anwendung berufenen Recht noch minderjährig ist (vgl Staud/*Henrich* Rn 58; zum Einfluss des Eintritts der Volljährigkeit im Lauf des Adoptionsverfahrens BVerwG StAZ 12, 149). Im Fall der gemeinschaftlichen Adoption durch Ehegatten oder Lebenspartner genügt es, wenn nur einer der beiden Annehmenden Deutscher ist (MüKoBGB/*Helms* Rn 41; vgl auch BayVGH NJW 89, 3107). Das deutsche Staatsangehörigkeitsrecht setzt hierfür eine „nach den deutschen Gesetzen wirksame Annahme als Kind" voraus. Dies ist jedenfalls dann gewährleistet, wenn sich die statusrechtlichen Wirkungen der Adoption nach deutschem Recht richten. Eine Inlandsadoption muss daher nach § 197 Abs 2 FamFG wirksam geworden sein. Darüber hinaus genügt zum Erwerb der deutschen Staatsangehörigkeit aber auch eine nur **nach ausländischem Recht wirksame Adoption,** wenn diese einer solchen nach deutschem Recht **gleichwertig** ist, dh wenn es sich um eine Volladoption handelt (OVG Hamburg StAZ 07, 86; BayVGH StAZ 89, 287/288; Staud/*Henrich* Rn 61; BeckOK-BGB/*Heiderhoff* Rn 33; NK-BGB/*Benicke* Rn 34).

78   Ist die **Adoption im Ausland** erfolgt, so muss sie daher als Dekretadoption nach Art 23 ff HAdoptÜ (dazu → P Rn 28 ff) bzw nach §§ 108, 109 FamFG (dazu → P Rn 98 ff) im Inland anzuerkennen sein oder als Vertragsadoption den Erfordernissen der Art 22, 23 EGBGB genügen. Die Gleichwertigkeit ist jedenfalls gegeben, wenn es sich um eine Volladoption handelt. Auch eine Adoption mit schwächeren Wirkungen kann jedoch zum Erwerb der deutschen Staatsangehörigkeit nach § 6 StAG genügen, da an die Gleichwertigkeit keine allzu hohen Anforderungen zu stellen sind. Ausreichend muss sein, dass das Adoptivkind im Verhältnis zum Annehmenden einem leiblichen Kind gleichsteht (vgl §§ 1754, 1755 BGB); unschädlich ist es dann, dass gewisse, insbesondere erbrechtliche, Beziehungen zu den leiblichen Eltern bestehen bleiben (BVerwG FamRZ 07, 1550/1551; BayVGH NJW 89, 3107/3109 ff; *Andrae,* IntFamR § 7 Rn 110; Staud/*Henrich* Rn 61; MüKoBGB/*Helms* Rn 41 mwN). Demgegenüber hat sich in der verwaltungsgerichtlichen Judikatur zuletzt eine restriktivere Betrachtungsweise durchgesetzt. Danach erfordert die Wirkungsgleichheit einer Auslandsadoption mit einer Minderjährigenadoption nach deutschem Recht grundsätzlich, dass das Eltern-Kind-Verhältnis des Adoptierten zu seinen leiblichen Eltern iSv § 1755 BGB erlischt (so zuletzt BVerwG FamRZ 18, 359 Rn 21; ebenso schon OVG Münster NZFam 18, 140 m zust Anm *Mayer;* OVG Hamburg IPRax 08, 261). Wegen der insoweit bestehenden Rechtsunsicherheit sollte in der notariellen Praxis nach Möglichkeit die Umwandlung einer schwachen Auslandsadoption in eine deutsche Volladoption gemäß § 3 AdWirkG (dazu → P Rn 77 ff) angestrebt werden (*Busch* StAZ 03, 297/299 f; *Schotten/Schmellenkamp,* IPR Rn 249a).

II. Internationales Privatrecht: EGBGB Art 22   **79–84** **H**

Wird – umgekehrt – ein deutsches Kind **durch einen Ausländer** adoptiert, so verliert es nach **79**
§ 27 S 1 StAG die deutsche Staatsangehörigkeit, wenn es hierdurch die Staatsangehörigkeit des
Annehmenden erwirbt. Eine Ausnahme gilt nach § 27 S 2 StAG nur dann, wenn ein deutscher
Elternteil vorhanden ist und die verwandtschaftlichen Beziehungen zu diesem durch die Adoption nicht beendet werden. Dies trifft insbesondere bei einer Stiefkindadoption oder bei einer
„schwachen" Adoption nach ausländischem Recht zu (Staud/*Henrich* Rn 62; BeckOK-BGB/
Heiderhoff Rn 34; MüKoBGB/*Helms* Rn 42).

cc) Erbrechtliche Wirkungen der Adoption. (1) Qualifikation. Über die mit einer **80**
Adoption verbundenen erbrechtlichen Konsequenzen entscheidet zwar grundsätzlich das Erbstatut. Dieses bestimmt insbesondere, ob Adoptivkinder zum Kreis der gesetzlichen Erben nach
dem Annehmenden gehören, welche Erbquoten ihnen als solche zustehen und ob sie ein Pflichtteilsrecht haben. Gleiches gilt für die Fragen, ob auch die Verwandten des Kindes nach dem
Annehmenden und die Verwandten des Annehmenden nach dem Adoptivkind erbberechtigt
sind und wie sich die Adoption auf das gesetzliche Erbrecht des Kindes nach seinen leiblichen
Verwandten auswirkt (*Ludwig* RNotZ 02, 353/379 ff). Andererseits kann auch das Adoptionsrecht nicht völlig unberücksichtigt bleiben, weil es die Wirkungen der Adoption bestimmt, zu
deren wichtigsten das Erbrecht nach dem Annehmenden gehört.

Erb- und Adoptionsstatut sind daher in der Weise miteinander zu kombinieren, dass dem von **81**
Art 22 Abs 1 bestimmten Adoptionsstatut zu entnehmen ist, ob zwischen dem Erblasser und
dem Adoptivkind durch die Adoption eine so starke Rechtsbeziehung begründet worden ist,
wie sie das Erbstatut für eine Beteiligung an der Erbfolge voraussetzt (BGH FamRZ 89, 378/379
= IPRax 90, 55; OLG Düsseldorf FamRZ 98, 1627/1628 f = IPRax 99, 380; *Steiger* DNotZ
02,184/188; *Andrae*, IntFamR § 7 Rn 113; Pal/*Thorn* Rn 6; Erman/*Hohloch* Rn 19; BeckOK-
BGB/*Heiderhoff* Rn 28; NK-BGB/*Benicke* Rn 38; Staud/*Henrich* Rn 64 ff; MüKoBGB/*Helms*
Rn 37). Ein wichtiges Indiz (aber keine notwendige Voraussetzung) hierfür ist insbesondere, ob
das als Adoptionsstatut maßgebende Recht das Adoptivkind auch am Nachlass des Erblassers
ähnlich wie ein leibliches Kind beteiligen würde.

Ist **Erbstatut das deutsche Recht**, so wird für die Substitution daher grundsätzlich eine **82**
Volladoption nach ausländischem Recht vorausgesetzt. Sieht das nach Art 22 Abs 1 zur Anwendung berufene ausländische Recht hingegen nur eine schwache Adoption vor, die das angenommene Kind einem leiblichen Kind nicht gleichstellt, so hat das Adoptivkind auch kein gesetzliches Erbrecht oder Pflichtteilsrecht nach dem Annehmenden, dessen Ehegatten oder Verwandten
nach deutschem Erbrecht. An dieser Beurteilung ist auch unter Geltung der EuErbVO festzuhalten. Entsprechend besteht auch ein **Erbrecht der leiblichen Verwandten** des Angenommenen nach diesem nur, wenn das Erbstatut ein solches kennt und die Adoption das vom
Erbstatut vorausgesetzte Verwandtschaftsverhältnis nicht beseitigt hat (NK-BGB/*Benicke* Rn 43;
MüKoBGB/*Helms* Rn 39, Staud/*Henrich* Rn 69).

Bei im Ausland vorgenommenen und im Inland anerkannten Adoptionen ist in diesem **83**
Zusammenhang nicht von dem nach Art 22 Abs 1 zur Anwendung berufenen, sondern von dem
vom ausländischen Gericht oder der ausländischen Behörde auf die Adoption **tatsächlich
angewandten Recht** auszugehen; denn nur auf dessen Wirkungen waren die erteilten Einwil-
ligungen bezogen (NK-BGB/*Benicke* Rn 38; MüKoBGB/*Helms* Rn 38). Nur wenn dieses
Recht dem Adoptivkind ein Erbrecht nach dem Annehmenden einräumt, kann es Grundlage für
eine Erbberechtigung nach deutschem Recht sein (BGH IPRax 90, 55 f; OLG Düsseldorf IPRax
90, 380/381 m Anm *Klinkhardt* 356; NK-BGB/*Benicke* Rn 38; MüKoBGB/*Helms* Rn 38).
Handelt es sich hingegen um eine schwache Auslandsadoption, so ist zur Begründung eines
gesetzlichen Erbrechts des Adoptivkindes deren Umwandlung in eine starke Inlandsadoption
nach § 3 AdWirkG erforderlich (*Heiderhoff* FamRZ 02, 1682; dazu → P Rn 77 ff).

(2) Erbrechtliche Gleichstellung, Abs 3. Einen weiteren Weg, dem durch eine nur **84**
„schwache" Adoption im In- oder Ausland angenommenen Kind zu einem gesetzlichen Erb-
recht zu verhelfen, eröffnet Art 22 Abs 3, der durch Gesetz v. 5.11.2001 (BGBl I, 2950) mit
Wirkung v 1.1.2002 eingefügt wurde. Danach kann der Erblasser – ohne Rücksicht auf das nach
Art 22 Abs 1 und 2 maßgebliche Adoptionsstatut – durch Verfügung von Todes wegen die
erbrechtliche Gleichstellung des Kindes mit einem nach deutschem Sachrecht angenommenen
Kind (vgl § 1754 BGB) anordnen, wenn für die Erbfolge nach Art 21 ff EuErbVO oder Art 25
EGBGB aF deutsches Recht als Erbstatut berufen ist (S 1) und der Angenommene im Zeitpunkt
der Annahme das achtzehnte Lebensjahr noch nicht vollendet hatte (S 3). Bei Art 22 Abs 3
handelt es sich um eine **Sachnorm des deutschen Erbrechts** (BT-Drucks 14/6011, 58; *Ludwig*

769

H 85–90 1. Teil. Erkenntnisverfahren H. Adoptionssachen

RNotZ 02, 353/383; *Steiger* DNotZ 02, 184/207). Im Fall der Nachlassspaltung – zB kraft Teilrückverweisung nach Art 34 Abs 1 EuErbVO – beschränkt sich die erbrechtliche Gleichstellung daher auf den Nachlassteil, der dem deutschen Recht unterliegt (Pal/*Thorn* Rn 6; *Schotten/Schmellenkamp*, IPR Rn 254).

85 Die wichtigste Funktion der Gleichstellung nach Abs 3 besteht darin, dass sie dem Adoptivkind nicht nur ein gesetzliches Erbrecht, sondern – anders als eine bloße Erbeinsetzung – auch ein **Pflichtteilsrecht** verschafft, ohne dass zu diesem Zweck das Umwandlungsverfahren nach § 3 AdWirkG durchgeführt werden müsste (*Heiderhoff* FamRZ 02, 1682/1684 f; S. *Lorenz,* FS Sonnenberger [2004] 497/518 f; Staud/*Henrich* Rn 68). Die Gleichstellungsanordnung ist andererseits aber auch **keine Erbeinsetzung.** Wird sie in einem gemeinschaftlichen Testament oder in einem Erbvertrag angeordnet, so hat sie daher keine Bindungswirkung iSv §§ 2270 Abs 3, 2278 Abs 2 BGB (*Ludwig* RNotZ 02, 383/383; *Süß* MittBayNot 02, 88/92). Vorsorglich sollte neben der Gleichstellung aber auch eine Erbeinsetzung des Adoptivkindes vorgenommen werden (*Schotten/Schmellenkamp* Rn 254).

86 Die Gleichstellung kann ferner nur für die **Erbfolge nach dem Annehmenden, dessen Ehegatten, Lebenspartner oder Verwandten** bestimmt werden und gilt nur im Verhältnis zu derjenigen der vorgenannten Personen, die sie durch Verfügung von Todes wegen angeordnet hat; sie lässt daher insbesondere das Erbrecht des Adoptivkindes nach seinen leiblichen Verwandten unberührt (Pal/*Thorn* Rn 6; Staud/*Henrich* Rn 70; MüKoBGB/*Helms* Rn 40). Gemäß Abs 3 S 2 EGBGB kann die Erbfolge auch dann angeordnet werden, wenn die Adoption auf einer – im Inland anzuerkennenden – ausländischen Entscheidung beruht. Die vollständige erbrechtliche Gleichstellung des nach ausländischem Recht angenommenen Kindes mit einem nach inländischem Recht adoptierten Kind kann jedoch nur durch die Umwandlung der ausländischen Adoption in eine deutsche Volladoption nach § 3 AdWirkG erreicht werden (*Heiderhoff* FamRZ 02, 1682/1684 f; Staud/*Henrich* Rn 68; NK-BGB/*Benicke* Rn 46 ff).

87 **c) Aufhebung der Adoption.** Ist die an Mängeln leidende Adoption durch eine – auch auf ausländisches Recht gestützte – inländische oder eine im Inland anzuerkennende ausländische Gerichtsentscheidung herbeigeführt worden, so kann sie nach **deutschem Verfahrensrecht** auch nur durch eine solche Entscheidung wieder aufgehoben werden (§§ 186 Nr 3, 198 Abs 2 FamFG; vgl Staud/*Henrich* Rn 36; MüKoBGB/*Helms* Rn 45; NK-BGB/*Benicke* Rn 9 f). Die internationale Zuständigkeit der deutschen Gerichte für die Aufhebung ergibt sich aus § 101 FamFG (OLG Hamm FamRZ 96, 435; Staud/*Henrich* Rn 71; → Rn 5 ff).

88 Die Aufhebung einer **ausländischen Dekretadadoption** setzt voraus, dass diese in Deutschland anerkennungsfähig ist. Im Aufhebungsverfahren ist über das Vorliegen eines Begründungsmangels dann bei inländischen Adoptionen nach dem gemäß Art 22 EGBGB maßgeblichen Recht und bei einer Auslandsadoption nach dem Recht zu entscheiden, das der Adoption vom ausländischen Gericht tatsächlich zugrunde gelegt wurde (*Hohnerlein* 246; *Andrae*, IntFamR § 7 Rn 98; *Kropholler*, IPR § 49 III 2d; NK-BGB/*Benicke* Rn 11; MüKoBGB/*Helms* Rn 45, 107; **aA** [Adoptionsstatut nach Art 22 Abs 1] Pal/*Thorn* Rn 4; Staud/*Henrich* Rn 37; differenzierend Erman/*Hohloch* Rn 17). Demgegenüber sind die Folgen nachträglicher Mängel nach dem im Zeitpunkt der Aufhebung von Art 22 zur Anwendung berufenen Recht zu beurteilen (Pal/ *Thorn* Rn 4; Erman/*Hohloch* Rn 17; BeckOK-BGB/*Heiderhoff* Rn 37; Staud/*Henrich* Rn 40 f).

89 Die Aufhebung der **von einem deutschen Gericht ausgesprochenen Adoption** unterliegt dem Adoptionsstatut des Art 22 Abs 1, ohne dass nach den Gründen für die Aufhebung zu unterscheiden ist (OLG Hamm FamRZ 96, 435 [LS]; differenzierend zwischen Begründungsmängeln und nachträglichen Mängeln nach insoweit MüKoBGB/*Helms* Rn 44 f). Bei deutschem Adoptionsstatut sind daher die §§ 1759 ff BGB maßgebend. Ist die Adoption wegen der fehlenden Zustimmung des Kindes oder einer Person, zu der das Kind in einem familienrechtlichen Verhältnis steht, aufzuheben, so kann sich dieser Begründungsmangel auch aus dem von Art 23 EGBGB zur Anwendung berufenen Recht ergeben (*Henrich,* IntFamR § 8 III 4; MüKoBGB/ *Helms* Rn 44). Stellen das Adoptionsstatut nach Art 22 Abs 1 und das Einwilligungsstatut nach Art 23 diesbezüglich unterschiedliche Anforderungen, so setzt sich das „strengere" Recht durch (Staud/*Henrich* Rn 38; Pal/*Thorn* Art 23 Rn 3).

90 **d) Anerkennung ausländischer Vertragsadoptionen.** Während sich die Anerkennung ausländischer Dekretadoptionen nach verfahrensrechtlichen Grundsätzen (Art 23 ff HAdoptÜ bzw §§ 108, 109 FamFG; dazu → P Rn 28 ff, 98 ff) bestimmt, werden ausländische Vertragsadoptionen **kollisionsrechtlich** anerkannt. Dies gilt allerdings nur für reine Vertragsadoptionen, an denen kein Gericht und keine Behörde konstitutiv mitgewirkt haben. Bedarf der Adoptions-

II. Internationales Privatrecht: EGBGB Art 23   **93–95 H**

vertrag hingegen nach dem von Art 22 Abs 1 zur Anwendung berufenen Recht einer gerichtlichen Genehmigung oder Bestätigung, die nur erteilt wird, wenn bestimmte gesetzliche Voraussetzungen erfüllt sind, so finden die für Dekretadoptionen maßgeblichen verfahrensrechtlichen Anerkennungsvorschriften (Art 23 ff HAdoptÜ, §§ 108, 109 FamFG) Anwendung (OLG Düsseldorf StAZ 11, 82/83, KG StAZ 07, 205; BayObLG FamRZ 01, 164; Staud/*Henrich* Rn 98).

Die Wirksamkeit des in einem ausländischen Staat geschlossenen Adoptionsvertrags setzt die **91** Einhaltung der Voraussetzungen des von Art 22 Abs 1 und Art 23 EGBGB zur Anwendung berufenen Rechts voraus (Pal/*Thorn* Rn 11; Erman/*Hohloch* Rn 27; Staud/*Henrich* Rn 98). Ist daher **deutsches Recht** auf die Adoption anzuwenden, weil der Annehmende Deutscher ist oder weil bei einer Adoption durch Ehegatten das deutsche Recht die allgemeinen Wirkungen der Ehe im Zeitpunkt der Annahme beherrscht, ist eine im Ausland durchgeführte Vertragsadoption aus der Sicht des deutschen Rechts unwirksam und deshalb nicht anzuerkennen, weil § 1752 Abs 1 BGB insoweit auch materiellen Charakter hat (OLG Hamm FamRZ 15, 427; KG FamRZ 06, 1405; *Andrae,* IntFamR § 7 Rn 83; Münch/*Süß* § 20 Rn 362; BeckOK-BGB/ *Heiderhoff* Rn 63; Pal/*Thorn* Rn 11, jeweils mwN). Darüber hinaus verstößt die Vertragsadoption eines Minderjährigen, auch wenn sie nach dem von Art 22 Abs 1 zur Anwendung berufenen ausländischen Recht noch erlaubt ist, häufig gegen den inländischen *ordre public,* weil eine hinreichende Prüfung des Kindeswohls nicht gesichert ist.

Ist eine im Ausland durchgeführte Vertragsadoption in Deutschland anzuerkennen, so unter- **92** liegen auch die **Folgen der Annahme** in Bezug auf das Verwandtschaftsverhältnis zwischen dem Kind und dem Annehmenden sowie zu den Personen, zu denen das Kind in einem familienrechtlichen Verhältnis steht, gemäß Art 22 Abs 2 dem ausländischen Adoptionsstatut.

EGBGB Art 23. Zustimmung

Die Erforderlichkeit und die Erteilung der Zustimmung des Kindes und einer Person, zu der das Kind in einem familienrechtlichen Verhältnis steht, zu einer Abstammungserklärung, Namenserteilung oder Annahme als Kind unterliegen zusätzlich dem Recht des Staates, dem das Kind angehört. Soweit es zum Wohl des Kindes erforderlich ist, ist stattdessen das deutsche Recht anzuwenden.

1. Kumulative Anwendung des Heimatrechts des Kindes, Satz 1

a) Normzweck. Die Zustimmung des Kindes und derjenigen Personen, zu denen das Kind **93** in einem familienrechtlichen Verhältnis steht, insbesondere seiner leiblichen Eltern, zur Adoption unterliegen zwar grundsätzlich dem Adoptionsstatut (→ Rn 63 f). Art 23 erklärt jedoch zum Schutz des Kindes insoweit zusätzlich das Recht des Staates für anwendbar, dem das Kind angehört. Fallen also Adoptions- und Zustimmungsstatut auseinander, so sind bezüglich der Zustimmungserfordernisse die Anforderungen beider Rechte *kumulativ* zu erfüllen (BayObLGZ 04, 368/370 = FamRZ 05, 1694; OLG Hamm FamRZ 06, 1463; AG Celle FamRZ 17, 1500/ 1503; *Andrae,* IntFamR § 7 Rn 52 ff; BeckOK-BGB/*Heiderhoff* Rn 1; MüKoBGB/*Helms* Rn 26). Damit werden die kollisionsrechtlichen Interessen des Kindes und seiner leiblichen Familie berücksichtigt, deren Rechtsbeziehungen zum Kind durch die Adoption nicht entgegen dem Heimatrecht des Kindes beendet oder stark eingeschränkt werden sollen. Kennt das Heimatrecht des Kindes – wie die meisten *islamischen* Rechte – eine Adoption nicht und sieht es deshalb auch keine Zustimmungserklärungen vor, so läuft die Verweisung nach Satz 1 ins Leere. Es bleibt daher bei den vom Adoptionsstatut vorgeschriebenen Zustimmungen; ein Rückgriff auf Satz 2 ist in diesem Fall entbehrlich (LG Kassel StAZ 92, 308/309; *Lorenz* IPRax 94, 193/ 195; Staud/*Henrich* Rn 19; NK-BGB/*Benicke* Rn 7). Ob es einer Zustimmung der leiblichen Eltern auch dann bedarf, wenn diesen die Elternrechte entzogen wurden, entscheidet das Zustimmungsstatut nach Satz 1 (OLG Köln FamRZ 99, 889 f).

Anders als im internationalen Namensrecht können nationale Kollisionsregeln, die – wie **94** Art 23 – die Anerkennung einer Statusänderung durch Adoption von der Erfüllung bestimmter Zustimmungserfordernisse nach dem Heimatrecht des Kindes abhängig machen, nicht wegen Verstoßes gegen die europarechtliche **Freizügigkeit** (Art 21 AEUV) unangewendet bleiben (*Frie* StAZ 16, 161/166; BeckOK-BGB/*Heiderhoff* Rn 4; **aA** wohl KG NJW 11, 535).

b) Heimatrecht des Kindes. Art 23 S 1 beruft zusätzlich das Recht des Staates zur Anwen- **95** dung, dem das Kind angehört. Maßgebend ist das Heimatrecht im **Zeitpunkt der Adoption;** die erst durch die Adoption erworbene Staatsangehörigkeit des Kindes bleibt daher außer

771

H 96–100   1. Teil. Erkenntnisverfahren H. Adoptionssachen

Betracht (Pal/*Thorn* Rn 3; Erman/*Hohloch* Rn 8; MüKoBGB/*Helms* Rn 3; vgl auch OLG Frankfurt FamRZ 97, 241/243). Ist das Kind Mehrstaater, Staatenloser oder Flüchtling, so sind ergänzend Art 5 Abs 1 und 2 sowie die einschlägigen Staatsverträge (Genfer Flüchtlingskonvention, New Yorker Übk über die Rechtsstellung der Staatenlosen, vgl *Jayme*/*Hausmann* Nr 10, 12) heranzuziehen (Staud/*Henrich* Rn 5). Ist das Kind auch Deutscher, so bleiben daher die Zustimmungserfordernisse nach dem Recht seiner weiteren Staatsangehörigkeit(en) außer Betracht (OLG Düsseldorf FamRZ 17, 976).

96   **c) Form.** Für die Form der Zustimmungserklärungen gilt alternativ zum Heimatrecht des Kindes nach Art 11 Abs 1 das Ortsrecht (*Jayme* IPRax 90, 309/310; Staud/*Henrich* Rn 15; NK-BGB/*Benicke* Rn 12). Die im Inland erklärte Zustimmung zu einer Adoption ist daher immer formgültig, wenn sie notariell beurkundet wurde, § 1750 Abs 1 S 2 BGB.

97   **d) Rück- und Weiterverweisung.** Die Beachtung eines Renvoi ist im Anwendungsbereich des Art 23 S 1 umstritten. Die Vorschrift wird in der deutschen Praxis zT als Sachnormverweisung angesehen, so dass Rück- und Weiterverweisungen durch das Heimatrecht des Kindes nicht beachtet werden (BayObLG FamRZ 88, 868/870; BayObLGZ 04, 368/370 FamRZ 05, 1694; zust Pal/*Thorn* Rn 2). Dies vermag freilich nicht zu überzeugen, weil es nicht sinnvoll ist, die Adoption an einer fehlenden Zustimmung nach dem Heimatrecht des Kindes scheitern zu lassen, obwohl dieses Recht gar nicht angewandt sein will, sondern auf deutsches Recht zurückverweist. Der Entscheidungseinklang mit dem Heimatrecht sollte in diesem Fall Vorrang haben (AG Bielefeld IPRax 89, 172; AG Siegen IPRax 92, 259 m Anm *Jayme*; *Hohnerlein* IPRax 94, 197; Münch/*Süß* § 20 Rn 358; Erman/*Hohloch* Rn 4; NK-BGB/*Benicke* Rn 19 ff; Staud/*Henrich* Rn 6; Staud/*Hausmann* Art 4 Rn 292 mwN). Die Beachtung einer Rückverweisung sollte auch nicht auf den Fall beschränkt werden, dass das von Art 23 zur Anwendung berufene Heimatrecht des Kindes ebenfalls eine besondere Kollisionsnorm für die Zustimmung vorsieht (MüKoBGB/*Helms* Rn 4; aA *Andrae,* IntFamR § 7 Rn 58; BeckOK-BGB/*Heiderhoff* Rn 19).

98   **e) Anwendungsbereich.** Nach dem Heimatrecht des Kindes beurteilt sich nicht nur die **Erforderlichkeit,** sondern auch die **Wirksamkeit** der Zustimmung des Kindes und derjenigen Personen, zu denen das Kind in einem familienrechtlichen Verhältnis steht, also insbesondere seiner leiblichen Eltern (vgl OLG Hamm FamRZ 05, 291 und OLG Stuttgart IPRax 90, 332/333, jeweils zur Zustimmung zum Vaterschaftsanerkenntnis), sowie die Zulässigkeit einer **Ersetzung** dieser Zustimmung (BayObLG FamRZ 02, 1142 und OLG Hamm FamRZ 06, 1463; Pal/*Thorn* Rn 3; NK-BGB/*Benicke* Rn 9; MüKoBGB/*Helms* Rn 8 f, 11; BeckOK-BGB/*Heiderhoff* Rn 15; vgl auch OLG Köln StAZ 13, 319/320 [Namenserteilung]). Einer Zustimmung der leiblichen Eltern bedarf es jedoch dann nicht, wenn diesen die Elternrechte entzogen wurden und das Heimatrecht des Kindes deshalb ihre Zustimmung für entbehrlich hält (OLG Köln FamRZ 99, 889 f; NK-BGB/*Benicke* Rn 9). Auf das Alter des betroffenen Kindes kommt es in diesem Zusammenhang nicht an, so dass die Anwendung von Art 23 auch durch die Volljährigkeit des „Kindes" nicht ausgeschlossen wird (BayObLG NJW-RR 1995, 1287/1288; MüKoBGB/*Helms* Rn 6).

99   Die **Vorfrage,** ob das von Art 23 vorausgesetzte familienrechtliche Verhältnis besteht, ist *unselbständig* anzuknüpfen, dh nach dem Recht zu entscheiden, das vom Heimatrecht des Kindes für maßgebend erklärt wird (NK-BGB/*Benicke* Rn 15, 34; MüKoBGB/*Helms* Rn 7; BeckOK-BGB/*Heiderhoff* Rn 11). Gleiches sollte auch für die vom Heimatrecht vorausgesetzte Geschäftsfähigkeit und das Erfordernis und die Wirksamkeit einer gesetzlichen Vertretung gelten (MüKoBGB/*Helms* Rn 9; Staud/*Henrich* Rn 16; BeckOK-BGB/*Heiderhoff* Rn 10; **aA** [selbständige Anknüpfung] Pal/*Thorn* Rn 3; Erman/*Hohloch* Rn 10).

100   Auch die Frage, ob und welche Zustimmungserklärungen der Beteiligten einer **familiengerichtlichen Genehmigung** bedürfen und von welchen Voraussetzungen die Erteilung einer solchen Genehmigung abhängt, richtet sich zusätzlich nach Art 23 (OLG Hamm FamRZ 06, 1463; Pal/*Thorn* Rn 3; MüKoBGB/*Helms* Rn 9; NK-BGB/*Benicke* Rn 9; vgl auch OLG Köln StAZ 13, 319 [Namenserteilung]). Auch insoweit ist also neben dem Adoptionsstatut das Heimatrecht des Kindes zu berücksichtigen. Ergänzend ist das sachrechtliche Zustimmungserfordernis in **§ 1746 Abs. 1 S 4 BGB** zu beachten, wenn deutsches Recht zwar nicht als Adoptionsstatut nach Art 22 Abs 1, wohl aber als Zustimmungsstatut nach Art 23 zur Anwendung berufen ist (Staud/*Frank* § 1746 BGB Rn 37; MüKoBGB/*Helms* Art 22 Rn 29). Richtet sich die Adoption nach deutschem Recht, bedarf es einer familiengerichtlichen Genehmigung nach § 1746 Abs 1 S 4 BGB deshalb nicht, weil eine Kindeswohlprüfung dann bereits nach § 1741

772

II. Internationales Privatrecht: EGBGB Art 23   **101–105 H**

BGB vorgeschrieben ist (vgl BT-Drs 13/4899, 156). Nach § 1746 Abs 1 S 4 BGB, der an die Stelle von Art 22 Abs 2 S 2 EGBGB aF getreten ist, bedarf insbesondere die Adoption eines *deutschen* Kindes durch ausländische Annehmende der familiengerichtlichen Genehmigung.

Gleiches gilt aber auch in anderen Fällen, in denen das angenommene Kind und der Anneh- **101** mende ein **unterschiedliches Personalstatut** haben (*Henrich,* IntFamR § 8 IV 3; MüKoBGB/ *Helms* Rn 29). Damit soll gewährleistet werden, dass die wesentlichen Voraussetzungen der Adoption nach deutschem Recht – insbesondere deren Vereinbarkeit mit dem Kindeswohl – auch bei einer Adoption nach ausländischem Recht eingehalten werden. Das für die Einwilligung maßgebliche Adoptions- bzw Zustimmungsstatut beantwortet auch die Frage, ob die gerichtliche Genehmigung der Zustimmungserklärung vorangehen oder ihr nachfolgen muss(vgl OLG Köln FamRZ 99, 889 f).

Schließlich entscheidet das Heimatrecht des Kindes nach Art 23 auch darüber, welche **102** **Rechtsfolgen** das Fehlen einer erforderlichen Zustimmung hat (Staud/*Henrich* Rn 25; Mü-KoBGB/*Helms* Rn 12; BeckOK-BGB/*Heiderhoff* Rn 16; **aA** NK-BGB/*Benicke* Rn 35).

2. Schranke des Kindeswohls, Satz 2

Hilfsweise gilt nach Art 23 S 2 EGBGB sowohl für die Erforderlichkeit wie für die Erteilung **103** und Ersetzung der Zustimmung **deutsches Recht,** wenn dies zum Wohl des Kindes erforderlich ist. Ziel der Bestimmung ist es insbesondere, die Eingliederung eines ausländischen Kindes in eine Pflegefamilie zu ermöglichen, in deren Obhut es sich befindet (BT-Drucks 10/504, 73; BayObLG FamRZ 1988, 870), etwa in Fällen, in denen das Kind nach Abbruch aller Beziehungen zu seiner Heimat nach Deutschland gekommen ist, um hier adoptiert zu werden (BayObLG FamRZ 02, 1282/1284; BayObLG FamRZ 1995, 634/636; Staud/*Henrich* Rn 33). Eine Ersetzungsmöglichkeit besteht jedoch nur bei der Minderjährigenadoption (BayObLG NJW-RR 95, 327; Erman/*Hohloch* Rn 16; BeckOK-BGB/*Heiderhoff* Rn 21). Kann die Zustimmung bereits nach dem deutschen Adoptionsstatut (§ 1748 BGB) nicht ersetzt werden, kommt es auf Beurteilung nach dem Heimatrecht des Kindes nicht mehr an (BayObLG FamRZ 02, 1142/1143; vgl auch das Beispiel bei H/O/*Hausmann* § 14 Rn 50).

Der Rückgriff auf das deutsche Recht kommt insbesondere bei **Inlandsadoptionen von** **104** **ausländischen Kindern** in Betracht, wenn die Zustimmungserfordernisse nach dem Heimatrecht gar nicht, nur unter unverhältnismäßigen Schwierigkeiten oder jedenfalls nicht binnen angemessener Zeit erfüllt werden können(BayObLG FamRZ 02, 1282/1284; Staud/*Henrich* Rn 32), zB weil keine Ersetzungsmöglichkeit besteht (BayObLGZ 94, 332/336; Pal/*Thorn* Rn 6). Die Anwendung deutschen Rechts darf nur aus Gründen des **Kindeswohls** erfolgen (OLG Hamm FamRZ 05, 291 und OLG Frankfurt FamRZ 97, 241, jeweils zum Vaterschaftsanerkenntnis).

Die Vorschrift ist als spezielle Ausprägung des *ordre public* zu betrachten und verdrängt als solche **105** die allgemeine Vorbehaltsklausel in Art 6 EGBGB (OLG Köln StAZ 13, 319; Erman/*Hohloch* Rn 16; BeckOG-BGB/*Heiderhoff* Rn 20). Da es sich um eine Ausnahmeregelung zum Grundsatz in Satz 1 handelt, ist sie grundsätzlich *restriktiv* zu handhaben, dh es sind an das Vorliegen ihrer Voraussetzungen **strenge Maßstäbe** anzulegen (BayObLGZ 94, 332/337 = NJW-RR 95, 327/329; vgl auch OLG Frankfurt FamRZ 97, 241 [Vaterschaftsanerkenntnis]). Erforderlich ist danach, dass dem Kind andernfalls ernsthafte Nachteile drohen (OLG Köln StAZ 13, 319 [Namenserteilung]; MüKoBGB/*Helms* Rn 28; Staud/*Henrich* Rn 29). Befindet sich das Kind schon seit längerer Zeit in der Obhut der neuen Familie im Inland, wird das adoptionsfeindliche ausländische Recht allerdings regelmäßig als mit dem Kindeswohl unvereinbar ausgeschaltet; dies gilt jedenfalls dann, wenn nach den Maßstäben des deutschen Rechts von einer Zustimmung abgesehen oder diese ersetzt werden könnte (AG Celle FamRZ 17, 1500/1503; MüKoBGB/ *Helms* Rn 29). Art 23 S 2 kann auch angewandt werden, wenn das (ausländische) Adoptionsstatut und das Heimatrecht des Kindes zusammenfallen und Art 23 S 1 deshalb leerläuft (Pal/ *Thorn* Rn 1).

773

I. Lebenspartnerschaftssachen

Übersicht

	Rn.
I. Internationale Zuständigkeit	1
1. Einführung	1
2. EU-Recht	11
EuPartVO (Text-Nr 490)	11
Kap. I: Anwendungsbereich und Begriffsbestimmungen (Art 1–3)	27
Kap. II: Gerichtliche Zuständigkeit (Art 4–19)	43
Kap. VI: Allgemeine und Schlussbestimmungen (Art 61–65, 67–69 I, 70)	88
3. Autonomes Zivilverfahrensrecht	92
FamFG (Text-Nr 500)	92
Buch 2. Abschnitt 12: Verfahren in Lebenspartnerschaftssachen	92
Buch 1. Abschnitt 9: Verfahren mit Auslandsbezug (§§ 97, 103, 269, 270)	99
II. Internationales Privatrecht	122
1. Einführung	122
2. EU-Recht	129
EuPartVO (Text-Nr 510)	129
Vorbemerkung	129
Kap.I: Anwendungsbereich und Begriffsbestimmungen (Art 1, 3 I)	139
Kap. III: Anzuwendendes Recht (Art 20–35)	161
Kap. VI: Allgemeine und Schlussbestimmungen (Art 62, 69 III)	197
3. Autonomes Kollisionsrecht	199
EGBGB (Text-Nr 520)	199
Art 17b	
Allgemeines	199
Persönlicher Anwendungsbereich	203
Recht des registerführenden Staates	213
Sonderanknüpfungen	233
Verkehrsschutz	252
Mehrfachregistrierung	
Kappungsgrenze	257
Gleichgeschlechtliche Ehe	267
Anh: Faktische Lebensgemeinschaft	283

Der Abschnitt I beschränkt sich auf die Behandlung von Lebenspartnerschaftssachen im **Erkenntnisverfahren,** nämlich auf Fragen der internationalen Zuständigkeit (→ Rn 1 ff) und des anwendbaren Rechts (→ Rn 122 ff). Die **Anerkennung und Vollstreckung** ausländischer Entscheidungen in Lebenspartnerschaftssachen werden im **Abschnitt Q** dargestellt.

I. Internationale Zuständigkeit

1. Einführung

Schrifttum: *Basedow/Hopt/Koetz/Dopffel* (Hrsg), Die Rechtsstellung gleichgeschlechtlicher Lebensgemeinschaften (2000); *Brandt,* Die Adoption durch eingetragene Lebenspartner im internationalen Privat- und Verfahrensrecht (2004); *Carsten,* Gleichgeschlechtliche Ehen, Zusammenlebende und registrierte Partnerschaften im schwedischen Familienrecht, StAZ 10, 173; *ders,* Gleichgeschlechtliche Ehen in Island, StAZ 10, 297; *Ferrand,* Das französische Gesetz über den pacte civil de solidarité, FamRZ 00, 517; *Frank,* Die eingetragene Lebenspartnerschaft unter Beteiligung von Ausländern, MittBayNot-Sonderheft 01, 35; *Gergen,* Das Lebenspartnerschaftsgesetz auf den Balearen, FPR 10, 214; *ders,* Der französische PACS – Inhalt und Neuerungen bei der Registrierung, FPR 10, 219; *Kessler,* Les partenariats enregistrés en droit international privé (2004); *Scherpe,* Die deutsche eingetragene Lebenspartnerschaft im internationalen Vergleich, FPR 10, 211.

a) EU-Recht. aa) Statusverfahren. Wie in Ehesachen muss auch in Lebenspartnerschafts- **1** sachen sorgfältig zwischen der Statusentscheidung (Aufhebung der Lebenspartnerschaft) und

775

I 2–6   1. Teil. Erkenntnisverfahren I. Lebenspartnerschaftssachen

deren Rechtsfolgen unterschieden werden. Regelungen des sekundären Unionsrechts finden auf dem Gebiet der internationalen Zuständigkeit für Verfahren zur **Aufhebung von registrierten Lebenspartnerschaften** derzeit keine Anwendung. Die EuEheVO regelt die internationale Zuständigkeit nur für die Scheidung, Trennung oder Aufhebung von Ehen; die Art 3–7 EuEheVO sind hingegen auf eingetragene Lebenspartnerschaften auch nicht entsprechend anzuwenden (näher → A Rn 34).

2   **bb) Unterhaltsrecht.** Eine andere Beurteilung gilt hingegen zT für die **Rechtsfolgen** einer Aufhebung von registrierten Lebenspartnerschaften. So gelten für die internationale Zuständigkeit auf dem Gebiet der **Unterhaltspflichten** zwischen den (ehemaligen) Lebenspartnern und im Verhältnis zwischen diesen und ihren gemeinsamen Kindern seit dem 18.6.2011 die Vorschriften der **Art 3 ff EuUntVO** (NK-BGB/*Gebauer* Art 17b EGBGB Rn 82; näher → Rn 233 ff und → C Rn 49).

3   **cc) Güterrecht.** Die güterrechtlichen Beziehungen zwischen eingetragenen Lebenspartnern waren – in entsprechender Anwendung des unmittelbar nur für die ehelichen Güterstände geltenden Ausschlusstatbestandes in Art 1 Abs 2 lit a – schon aus dem Anwendungsbereich der **EuGVVO** aF ausgeschlossen. Dies wird in der am 20.12.2012 beschlossenen Neufassung der EuGVVO Nr 1215/2012 (ABl EU L 351, 1) in Art 1 Abs 2 lit a ausdrücklich klargestellt, die auch „Güterstände aufgrund von Verhältnissen, die nach dem auf diese Verhältnisse anzuwendenden Recht mit der Ehe vergleichbare Wirkungen entfalten", aus ihrem Anwendungsbereich ausnimmt. Dieser Ausschluss umfasst alle vermögensrechtlichen Beziehungen zwischen den Lebenspartnern, die sich unmittelbar aus der eingetragenen Lebenspartnerschaft oder deren Auflösung ergeben (vgl zum Ehegüterrecht EuGH Rs 143/78 – *de Cavel I*, Slg 79, 1055 Rn 7; EuGH C-67/17 – *Iliev/Ilieva*, FamRZ 17, 1913 Rn 28 ff m Anm *Musseva* 2009; zu Einzelheiten unalexK/*Hausmann* Art 1 Rn 58 ff). Ist allerdings im Rahmen einer vermögensrechtlichen Streitigkeit über Fragen des Güterrechts eingetragener Lebenspartner lediglich als Vorfrage zu entscheiden, so wird hierdurch die Anwendbarkeit der EuGVVO nicht in Frage gestellt (vgl zum EuGVÜ OLG Stuttgart IPRax 01, 152: Streit zwischen Ehegatten über gemeinsames Bankkonto; ferner unalexK/*Hausmann* Art 1 Rn 44 f mwN).

4   Auch die bisher auf dem Gebiet des **Ehe- und Familienrechts** geltenden EG-/EU-Verordnungen erfassen das Güterrecht eingetragener Lebenspartner nicht. Dies gilt insbesondere für die **EuEheVO,** die schon persönlich nur auf Ehegatten, nicht auf eingetragene Lebenspartner anzuwenden ist (→ A Rn 34). Demgegenüber gilt die **EuUntVO** zwar auch in den Rechtsbeziehungen zwischen eingetragenen Lebenspartnern, aber eben nur für Unterhaltspflichten, die von güterrechtlichen Ansprüchen namentlich im Rahmen der vermögensrechtlichen Abwicklung von eingetragenen Lebenspartnerschaften aus Anlass der Trennung zu unterscheiden sind, mag dies auch (insbesondere nach dem Recht der Common Law-Staaten) nicht immer leicht fallen (näher → C Rn 50 ff).

5   Die internationale Zuständigkeit in Güterrechtssachen eingetragener Lebenspartner richtet sich in Verfahren, die **ab dem 29.1.2019** vor einem deutschen Familiengericht oder dem Gericht eines anderen teilnehmenden Mitgliedstaats (→ Rn 20) eingeleitet werden, vorrangig nach dem II. Kapitel (Art 4–19) der Verordnung (EU) 2016/1104 zur Durchführung einer Verstärkten Zusammenarbeit im Bereich der Zuständigkeit, des anzuwendenden Rechts und der Anerkennung und Vollstreckung von Entscheidungen in Fragen güterrechtlicher Wirkungen eingetragener Partnerschaften **(EuPartVO)** v 24.6.2016 (ABl EU L 183, 30; vgl Art 69 Abs 1 iVm Art 70 Abs 2 EuPartVO; → Rn 91). Diese Verordnung gilt dann in allen teilnehmenden Mitgliedstaaten unmittelbar und genießt als Teil des sekundären Unionsrechts **Anwendungsvorrang** vor dem jeweiligen autonomen Zuständigkeitsrecht. In *Deutschland* werden demgemäß die Regelungen in § 103 FamFG für ab dem 29.1.2019 eingeleitete Verfahren in Güterrechtssachen eingetragener Lebenspartner durch die Art 4 ff EuPartVO weitgehend verdrängt. Die Zuständigkeitsregelung der Verordnung wird daher nachfolgend schon kommentiert (→ Rn 11 ff, 43 ff).

6   Die Regelung der internationalen Zuständigkeit ist in Güterrechtssachen eingetragener Partner durch die EuPartVO voll harmonisiert worden und damit grundsätzlich **abschließend.** Die Verordnung sieht in Art 4 und 5 insbesondere **akzessorische Zuständigkeiten** vor, wenn ein Gericht in einer Güterrechtssache im Zusammenhang mit der Rechtsnachfolge von Todes wegen eines Partners oder im Zusammenhang mit der Auflösung oder Ungültigerklärung einer eingetragenen Partnerschaft angerufen wird. Ansonsten sind die deutschen Gerichte in Fragen der güterrechtlichen Wirkungen einer eingetragenen Partnerschaft nach Art 6 vor allem interna-

776

I. Internationale Zuständigkeit
7–10 **I**

tional zuständig, wenn die Partner ihren **gemeinsamen gewöhnlichen Aufenthalt** in Deutschland haben oder zuletzt hatten. Fehlt es daran, so kann auch an den inländischen gewöhnlichen Aufenthalt des Antragsgegners und subsidiär an die gemeinsame Staatsangehörigkeit der Ehegatten angeknüpft werden. Darüber hinaus kann die internationale Zuständigkeit auch durch eine **Gerichtsstandsvereinbarung** oder durch **rügelose Einlassung** begründet werden (Art 7 und 8). Hilfsweise sieht die Verordnung in Art 10 und 11 **Auffang- und Notzuständigkeiten** vor.

dd) Elterliche Verantwortung. Auch soweit aus Anlass der Aufhebung einer eingetragenen **7** Lebenspartnerschaft über die **elterliche Sorge,** das Umgangsrecht oder die Herausgabe in Bezug auf ein gemeinschaftliches Kind gestritten wird, beurteilt sich die internationale Zuständigkeit inzwischen nach europäischem Recht, nämlich nach **Art 8 ff EuEheVO;** denn anders als für die die internationale Zuständigkeit in Ehesachen nach Art 3 ff EuEheVO macht es für die Anwendbarkeit der Art 8 ff EuEheVO in Verfahren der elterlichen Verantwortung keinen Unterschied, ob die Eltern des Kindes in einer Ehe, einer eingetragenen Lebenspartnerschaft oder einer formlosen Lebensgemeinschaft zusammengelebt haben (→ F Rn 50).

ee) Erbrecht. Schließlich beurteilt sich die internationale Zuständigkeit in Erbsachen einge- **8** tragener Lebenspartner seit dem 17.8.2015 nach Art 4 ff der Verordnung (EU) Nr 650/2012 über die Zuständigkeit, das anzuwendende Recht, die Anerkennung und Vollstreckung von Entscheidungen und die Annahme und Vollstreckung öffentlicher Urkunden in Erbsachen sowie zur Einführung eines Europäischen Nachlasszeugnisses v 4.7.2012 (**EuErbVO;** ABl EU L 201, 107).

b) Staatsverträge. Die internationale Zuständigkeit für die **Aufhebung** von Lebenspart- **9** nerschaften ist bisher auch nicht in Staatsverträgen geregelt, die von der *Bundesrepublik Deutschland* abgeschlossen worden sind. Auf dem Gebiet der **Folgesachen** sind insbesondere das Haager Kinderschutzübereinkommen von 1996 (**KSÜ;** → F Rn 366 ff) und das Haager Minderjährigenschutzabkommen von 1961 (**MSA;** → F Rn 554 ff) zu beachten, soweit es um die elterliche Sorge und das Umgangsrecht der Partner in Bezug auf gemeinsame oder einseitige Kinder geht und die vorrangig anzuwendende EuEheVO nicht eingreift. Demgegenüber ist die internationale Zuständigkeit für die vermögensrechtlichen Konsequenzen der Aufhebung von eingetragenen Lebenspartnerschaften bisher staatsvertraglich nicht geregelt. Insbesondere ist das Güterrecht der Partner aus dem Luganer Übereinkommen von 2007 in gleichem Umfang ausgeschlossen wie aus der EuGVVO (Art 1 Abs 2 lit a LugÜ 2007).

c) Autonomes Zivilverfahrensrecht. Die internationale Zuständigkeit in Lebenspartner- **10** schaftssachen bestimmt sich daher vor deutschen Gerichten mit den genannten Einschränkungen bezüglich der Rechtsfolgen im Güter-, Unterhalts- und Sorgerecht weiterhin nach dem im FamFG geregelten autonomen Verfahrensrecht.

2. EU-Recht

490. Verordnung (EU) 2016/1104 des Rates zur Durchführung der Verstärkten Zusammenarbeit im Bereich der Zuständigkeit, des anzuwendenden Rechts und der Anerkennung und Vollstreckung von Entscheidungen in Fragen güterrechtlicher Wirkungen eingetragener Partnerschaften (EuPartVO)

Vom 24. Juni 2016 (ABl EU L 183, 30.)

Schrifttum: *Buschbaum/Simon,* Die Vorschläge der EU-Kommission zur Harmonisierung des Güterkollisionsrechts für Ehen und eingetragene Partnerschaften – eine erste kritische Analyse, GPR 2011, 262 und 305; *Coester,* Besonderheiten der Verordnung für das Güterrecht eingetragener Partnerschaften, in: Dutta/Weber (Hrsg), Die europäischen Güterrechtsverordnungen (2017); *Dengel,* Die europäische Vereinheitlichung des Internationalen Ehegüterrechts und des Internationalen Güterrechts eingetragener Partnerschaften (2014); *Dutta,* Das neue internationale Güterrecht der Europäischen Union, FamRZ 16, 1973; *Finger,* FuR 16, 640; *Heiderhoff,* Vorschläge zur Durchführung der EU-Güterrechtsverordnungen, IPRax 17, 231; *dies,* Die EU-Güterrechtsverordnungen, IPRax 18, 1; *Kohler/Pintens,* Entwicklungen im europäischen Personen- und Familienrecht, FamRZ 2011, 1433; *dies,* FamRZ 14, 1498; *dies,* FamRZ 16, 1509; *Martiny,* Die Kommissionsvorschläge für das internationale Ehegüterrecht sowie für das internationale Güterrecht eingetragener Partnerschaften, IPRax 11, 437; *Weber,* Die Europäischen Güterrechtsverordnungen: Eine erste Annäherung, DNotZ 16, 659.

777

Vorbemerkung

1. Entstehungsgeschichte

11 Die Verordnungen zum Güterrecht von Ehegatten und eingetragenen Lebenspartnern hatten von Anfang an eine gemeinsame Entstehungsgeschichte, die mit der Annahme beider – großenteils identischer – Verordnungen durch den Europäischen Rat am 24.6.2016 endete. Insoweit kann daher auf die Ausführungen zur EuGüVO verwiesen werden (→ B Rn 9 ff).

12 Beide Verordnungen fassen nach dem Vorbild der EuErbVO Nr 650/2012 v 4.7.2012 (ABl L 201, 107) die **Regeln zum internationalen Verfahrensrecht** (Gerichtszuständigkeit, Anerkennung, Vollstreckbarkeit und Vollstreckung von Entscheidungen, öffentlichen Urkunden und gerichtlichen Vergleichen) **und zum Kollisionsrecht jeweils in einem Rechtsinstrument** zusammen, um für verheiratete und eingetragene Paare ein hohes Maß an Rechtssicherheit und Vorhersehbarkeit in Bezug auf ihr Vermögen zu erreichen (Erwägungsgründe 15 und 16; → Anh V). In den nicht teilnehmenden Mitgliedstaaten verbleibt es bis zu einem nach Art 328 Abs 1 AEUV jederzeit möglichen nachträglichen Beitritt vorerst bei der Geltung des nationalen IPR und IZPR.

2. Ziele

13 Auf dem Gebiet der Güterstände eingetragener Partner strebt die EuPartVO im Interesse einer Erleichterung des freien Personenverkehrs und des reibungslosen Funktionierens des Binnenmarkts in der EU (ErwG 16; → Anh V) eine Harmonisierung der Regeln über die internationale Zuständigkeit, das anwendbare Recht sowie über die Anerkennung von Entscheidungen im Verhältnis der Mitgliedstaaten an. Ziele der Verordnung sind also insbesondere die Verbesserung der Freizügigkeit innerhalb der Union durch die Möglichkeit für Partner, ihre vermögensrechtlichen Beziehungen untereinander sowie gegenüber Dritten während ihres Zusammenlebens sowie zum Zeitpunkt der Auseinandersetzung ihres Vermögens zu regeln und auf diese Weise eine bessere Vorhersehbarkeit des anzuwendenden Rechts und eine größere Rechtssicherheit zu erreichen (Erwägunggründe 15 und 70; → Anh V).

3. Anwendungsbereich

14 **a) Sachlicher Anwendungsbereich.** Die EuPartVO bestimmt ihren sachlichen Anwendungsbereich in Art 1 Abs 1; danach gilt sie für die „Güterstände eingetragener Partnerschaften." Dieser autonom **und weit** auszulegende Begriff wird in Art 3 lit b dahin definiert, dass er „die vermögensrechtlichen Regelungen, die im Verhältnis der Partner untereinander und in ihren Beziehungen zu Dritten aufgrund des mit der Eintragung der Partnerschaft oder ihrer Auflösung begründeten Rechtsverhältnisses gelten," umfasst (dazu näher → Rn 35 f). Die Verordnung enthält ferner in Art 1 Abs 2 einen Katalog derjenigen Gegenstände, die aus ihrem sachlichen Anwendungsbereich ausdrücklich ausgeschlossen sind (→ Rn 29 f).

15 **b) Persönlicher Anwendungsbereich.** Ihren persönlichen Anwendungsbereich normiert die EuPartVO nicht ausdrücklich. Aus der parallel verabschiedeten Verordnung zum Ehegüterrecht (EuGüVO; → B Rn 9 ff) ergibt sich jedoch, dass sie **nur für eingetragene Lebenspartner** gilt. Der Begriff der „Ehe" wird allerdings in beiden Verordnungen bewusst nicht definiert, sondern bleibt dem nationalen Recht der Mitgliedstaaten überlassen (ErwG 17 zur EuGüVO; → Anh IV; *Weber* DNotZ 16, 659/669).

16 Damit werden auch die güterrechtlichen Beziehungen zwischen **gleichgeschlechtlichen Ehepartnern** in denjenigen teilnehmenden Mitgliedstaaten, die – wie die *Bundesrepublik Deutschland* seit dem 1.10.2017 – das Rechtsinstitut der Ehe auf solche Paare ausgedehnt haben (*Dethloff* FS v Hoffmann [2011] 73/77; zu weiteren Mitgliedstaaten → Rn 257) von der EuGüVO erfasst. Demgegenüber sollen Mitgliedstaaten, die das Rechtsinstitut der gleichgeschlechtlichen Ehe bisher nicht in ihr nationales Eherecht eingeführt haben, nicht gezwungen werden, die EuGüVO auf solche Ehen anzuwenden; sie sollen vielmehr berechtigt bleiben, insoweit die EuPartVO heranzuziehen. Auch die Abgrenzung zwischen Ehegatten und eingetragenen Lebenspartnern – und damit zwischen der EuGüVO und der EuPartVO – wird damit nicht autonom vorgenommen, sondern bleibt **Sache des nationalen Rechts der teilnehmenden Mitgliedstaaten** (*Simotta* ZVglRWiss 17, 44/47; *Andrae,* IntFamR § 10 Rn 11). Maßgebend ist insoweit die Qualifikation nach der *lex fori* (*Kohler/Pintens* FamRZ 16, 1509/1510; *Weber* DNotZ

I. Internationale Zuständigkeit | 17–21 **I**

16, 659/669; BeckOK-BGB/*Heiderhoff* Rn 13; **aA** [Qualifikationsverweisung auf das Recht des Staates der Erstregistrierung] *Dutta* FamRZ 16,1573/1576).

Der Umstand, dass der *deutsche* Gesetzgeber sich im autonomen IPR dafür entschieden hat, **17** die gleichgeschlechtliche Ehe wie eine eingetragene Lebenspartnerschaft anzuknüpfen (Art 17b Abs 4 EGBGB nF; dazu → Rn 260 ff), könnte dafür sprechen, in Verfahren vor deutschen Gerichten auf die güterrechtlichen Beziehungen in einer solchen Ehe die EuPartVO anzuwenden. Der Erwägungsgrund 17 ist indessen nicht so zu verstehen, dass das nationale IPR auch darüber zu befinden hat, welche güterrechtlichen Wirkungen einer gleichgeschlechtlichen Ehe im Einzelnen zukommen. Wie sich vor allem aus der Regelung der alternativen Zuständigkeit in Art 9 Abs 1 EuGüVO ergibt, ist dem nationalen IPR lediglich die Entscheidung überlassen, ob es eine gleichgeschlechtliche Ehe „anerkennt".oder nicht. Wird sie im Gerichtsstaat – wie in *Deutschland* – anerkannt, so findet daher auf die güterrechtlichen Verhältnisse in einer solchen Ehe insgesamt, dh auch auf die internationale Zuständigkeit, **die EuGüVO, nicht die EuPart-VO** Anwendung (*Mankowski* IPRax 17, 541/548; im Erg auch *Döbereiner* MittBayNot 11, 463/ 464; *Dutta* FamRZ 16, 1973/1976).

Im Übrigen wird der Begriff der „eingetragenen Partnerschaft" in Art 3 Abs 1 lit a verord- **18** nungsautonom definiert (dazu → Rn 32 ff). Danach findet die EuPartVO ganz bewusst nur auf *eingetragene* Partnerschaften, nicht hingegen auf sonstige **nichteheliche Lebensgemeinschaften** Anwendung. Dies gilt unabhängig davon, wie nichteheliche Lebensgemeinschaften in den einzelnen Mitgliedstaaten ausgestaltet und wie stark sie verrechtlicht sind. Auch in Mitgliedstaaten, in denen sie eine nähere gesetzliche Regelung erfahren haben, kommt eine Anwendung der EuPartVO auf die güterrechtlichen Verhältnisse solcher Lebensgemeinschaften nicht in Betracht, wenn es an einer Registrierung fehlt (ErwG 16; → Anh V; für eine analoge Anwendung aber *Heiderhoff* IPRax 18, 1/4). Hingegen unterscheidet die EuPartVO **nicht nach dem Geschlecht** der Partner, gilt also gleichermaßen für homo- wie heterosexuelle eingetragene Partnerschaften (*Dutta* FamRZ 16, 1973/1976).

Im Übrigen ergibt sich der räumlich-persönliche Anwendungsbereich der Verordnung in **19** Güterrechtssachen eingetragener Partner mittelbar aus den Zuständigkeitsvorschriften des Art 6. Nach Art 6 lit a – c wird **primär an den gewöhnlichen Aufenthalt** der Partner bzw des Antragsgegners angeknüpft, ohne dass es insoweit auf die Staatsangehörigkeit ankäme. Die Verordnung regelt die internationale Zuständigkeit in Güterrechtssachen daher auch für die **Angehörigen von Drittstaaten.** Die internationale Zuständigkeit der deutschen Gerichte nach Art 4 ff EuPartVO setzt auch im Übrigen keinen kompetenzrechtlichen Bezug zu einem anderen an der Verstärkten Zusammenarbeit teilnehmenden Mitgliedstaat der Verordnung voraus.

c) Räumlicher Anwendungsbereich. Aus ihrer Entstehungsgeschichte folgt, dass die Eu- **20** PartVO in räumlicher Hinsicht *nicht* in allen 28 EU-Mitgliedstaaten gilt, sondern nur in den 18 Mitgliedstaaten, die an der Verstärkten Zusammenarbeit auf diesem Gebiet derzeit teilnehmen; dies sind – außer der *Bundesrepublik Deutschland* – *Belgien, Bulgarien, Finnland, Frankreich, Griechenland, Italien, Kroatien, Luxemburg, Malta, die Niederlande, Österreich, Portugal, Schweden, Slowenien, Spanien, die Tschechische Republik und Zypern*. Gemäß Art 328 Abs 1 AEUV steht eine Verstärkte Zusammenarbeit bei ihrer Begründung allen Mitgliedstaaten offen, sofern sie die in dem hierzu ermächtigenden Beschluss festgelegten Teilnahmevoraussetzungen erfüllen. Das gilt auch zu jedem anderen Zeitpunkt, sofern sie neben den genannten Voraussetzungen auch die in diesem Rahmen bereits erlassenen Rechtsakte beachten. Die Kommission und die an einer Verstärkten Zusammenarbeit teilnehmenden Mitgliedstaaten sollen dafür sorgen, dass die Teilnahme möglichst vieler Mitgliedstaaten gefördert wird. Diese Verordnung ist aber nur in den Mitgliedstaaten in allen ihren Teilen verbindlich, die kraft des Beschlusses (EU) Nr 2016/954 oder kraft eines gemäß Art 331 Abs 1 UAbs 2 oder 3 AEUV künftig erlassenen Beschlusses an der Verstärkten Zusammenarbeit im Bereich der Gerichtszuständigkeit, des anzuwendenden Rechts und der Anerkennung und Vollstreckung von Entscheidungen in Fragen der Güterstände internationaler Paare teilnehmen (ErwG 13; → Anh V).

Das **Hoheitsgebiet der teilnehmenden Mitgliedstaaten** ergibt sich aus Art 355 AEUV; es **21** umfasst neben dem jeweiligen Mutterland zT auch weitere Territorien, zB die überseeischen Départements *Frankreichs* (Guadeloupe, Frz-Guayana, Martinique, Réunion, Saint-Barthélemy, Saint-Martin), Madeira, die Azoren und die Kanarischen Inseln (vgl Art 355 Abs 1 AEUV), ferner die europäischen Hoheitsgebiete, deren auswärtige Beziehungen ein Mitgliedstaat wahrnimmt (zB die Balearen und Gibraltar, Art 355 Abs 3 AEUV; zu Einzelheiten unalexK/*Hausmann* Einl Rn 39 f).

I   1. Teil. Erkenntnisverfahren I. Lebenspartnerschaftssachen

22   **d) Zeitlicher Anwendungsbereich.** In zeitlicher Hinsicht gilt die EuPartVO auf dem Gebiet der **internationalen Zuständigkeit** für gerichtliche (und diesen gleichgestellte behördliche, Art 3 Abs 2) Verfahren, die zwischen den Parteien **am 29. Januar 2019 oder danach** eingeleitet werden, ferner für ab diesem Zeitpunkt aufgenommene öffentliche Urkunden oder gebilligte Vergleiche (Art 69 Abs 1 iVm Art 70 Abs 2; zur abweichenden zeitlichen Geltung der Kollisionsnormen in Art 20 ff nach Art 69 Abs 3 → Rn 135).

4. Verhältnis zu anderen Rechtsinstrumenten

23   Mit der EuPartVO konkurrierende Rechtsinstrumente gibt es auf dem Gebiet der internationalen Zuständigkeit in Güterrechtssachen nicht. Insbesondere ist die *Bundesrepublik Deutschland* auch an Staatsverträgen auf diesem Gebiet nicht beteiligt.

5. Auslegung

24   Für die Auslegung der EuPartVO gelten die vom EuGH zu anderen Rechtsakten des sekundären Gemeinschafts- und Unionsrechts auf dem Gebiet der justiziellen Zusammenarbeit – insbesondere zur Brüssel I-VO – entwickelten Grundsätze entsprechend. Danach sind auch die Begriffe dieser Verordnung **autonom** unter Berücksichtigung ihrer – in den Erwägungsgründen (→ Anh V) erläuterten – Ziele und ihrer Systematik auszulegen (*Weber* DNotZ 16, 659/660 f; vgl zur EuEheVO EuGH C-435/06 – *C*, Slg 07 I-10141 Rn 45 ff = IPRax 08, 509 m Anm *Gruber* 490; EuGH C-523/07 – *A*, Slg 09 I-2805 Rn 27 = FamRZ 09, 843/844; EuGH C-168/08 – *Hadadi/Mesko*, Slg 09 I-1571 Rn 38 = FamRZ 09, 1571).

25   Zweifelsfragen zur Auslegung der Verordnung können von den mitgliedstaatlichen Gerichten nach Art 267 Abs 1 lit b AEUV dem EuGH zur **Vorabentscheidung** vorgelegt werden. Das Recht zur Vorlage steht in Deutschland nicht nur dem BGH und den Oberlandesgerichten, sondern auch den Familiengerichten zu. Für Gerichte, deren Entscheidung nicht mehr mit ordentlichen Rechtsmitteln angegriffen werden können, besteht bei Auslegungszweifeln eine Vorlagepflicht nach Art 267 Abs 3 AEUV.

6. Deutsches Ausführungsgesetz

26   Das deutsche Ausführungsgesetz zur EuPartVO ist bisher im Parlament noch nicht verabschiedet worden. Es ist zu erwarten, dass der Gesetzgeber sich diesbezüglich an den bisherigen Ausführungsgesetzen zu familien- und erbrechtlichen EU-Verordnungen (IntFamRVG, IntErbRVG, AUG) orientieren und ein gemeinsames Ausführungsgesetz zur EuGüVO und zur EuPartVO erlassen wird.

Kapitel I. Anwendungsbereich und Begriffsbestimmungen

EuPartVO Art 1. Anwendungsbereich

(1) **Diese Verordnung findet auf die Güterstände eingetragener Partnerschaften Anwendung.**

Sie gilt nicht für Steuer- und Zollsachen sowie verwaltungsrechtliche Angelegenheiten.

Vom Anwendungsbereich dieser Verordnung ausgenommen sind:

a) **die Rechts-, Geschäfts- und Handlungsfähigkeit der Partner,**
b) **das Bestehen, die Gültigkeit oder die Anerkennung einer eingetragenen Partnerschaft,**
c) **die Unterhaltpflichten,**
d) **die Rechtsnachfolge nach dem Tod eines Partners,**
e) **die soziale Sicherheit,**
f) **die Berechtigung, Ansprüche auf Alters- oder Erwerbsunfähigkeitsrente, die während der eingetragenen Partnerschaft erworben wurden und die während der eingetragenen Partnerschaft zu keinem Renteneinkommen geführt haben, im Falle der Auflösung oder der Ungültigerklärung der eingetragenen Partnerschaft zwischen den Partnern zu übertragen oder anzupassen,**
g) **die Art der dinglichen Rechte an Vermögen und**

780

I. Internationale Zuständigkeit: EuPartVO Art 3 **I**

h) jede Eintragung von Rechten an beweglichen oder unbeweglichen Vermögens-gegenständen in ein Register, einschließlich der gesetzlichen Voraussetzungen für eine solche Eintragung, sowie die Wirkungen der Eintragung oder der fehlenden Eintragung solcher Rechte in ein Register.

1. Beschränkung auf die „Güterstände eingetragener Partnerschaften", Abs 1

In **persönlicher** Hinsicht gilt die Verordnung nur für „eingetragene Partnerschaften". Dieser **27** autonom auszulegende Begriff wird in Art 3 lit a definiert; dazu → Rn 32 ff.

In **sachlicher** Hinsicht findet die Verordnung nach ihrem Art 1 Abs 1 auf „die Güterstände" **28** eingetragener Partnerschaften Anwendung. Auch dieser Begriff ist autonom auszulegen und wird in Art 3 lit a dahin konkretisiert, dass er „die vermögensrechtlichen Regelungen, die im Ver-hältnis der Partner untereinander und in ihren Beziehungen zu Dritten aufgrund des mit der Eintragung der Partnerschaft oder ihrer Auflösung begründeten Rechtsverhältnisses gelten", umfasst. Diese Definition knüpft an die weite Auslegung des Begriffs der ehelichen Güterstände in Art 1 Abs 2 lit a EuGVÜ durch den EuGH (Rs 143/78 − de *Cavel I*, Slg 79, 1055 Rn 7; EuGH C-67/17 − *Iliev/Ilieva*, FamRZ 17, 1913 Rn 28 ff m Anm *Mussewa* 2009; zu Einzelheiten unalexK/*Hausmann* Art 1 EuGVVO Rn 58 ff) an. Gemeint ist daher **nicht nur das Güterrecht im engeren Sinne,** dh die in den Mitgliedstaaten für eingetragene Partner vorgesehenen gesetzlichen und vertraglichen Güterstände. Der europäische Begriff des Güterrechts erstreckt sich vielmehr nach ErwG 18 (→ Anh V) auf „alle zivilrechtlichen Aspekte der Güterstände eingetragener Partnerschaften", soweit sie nicht in Art 1 Abs 2 aus dem Anwendungsbereich der Verordnung ausgeschlossen werden. Mit Hilfe dieser weiten Auslegung, die auch das Recht der allgemeinen Wirkungen der eingetragenen Partnerschaft *("régime primaire")* einbezieht, soweit vermögensrechtliche Aspekte betroffen sind (dazu näher → Rn 35 f), sollen Zuständigkeitslücken im Grenzbereich zwischen der EuGVVO, der EuUntVO und der EuGPartVO vermieden werden. Das gleiche Ziel wird auf dem Gebiet des Kollisionsrechts im Verhältnis zur Rom I-VO angestrebt.

2. Ausgeschlossene Rechtsgebiete

Die EuPartVO soll nach ihrem ErwG 19 (→ Anh V) nicht für Bereiche des Zivilrechts gelten, **29** die nicht die güterrechtlichen Wirkungen eingetragener Partnerschaften betreffen. Aus Gründen der Klarheit wird daher eine Reihe von Fragen, die als mit den güterrechtlichen Wirkungen eingetragener Partnerschaften zusammenhängend betrachtet werden könnten, ausdrücklich vom Anwendungsbereich der Verordnung ausgenommen.

Die in Abs 2 lit a–lit h ausgeschlossenen Bereiche entsprechen nahezu wörtlich den in Art 1 **30** Abs 2 EuGüVO genannten. Auf die dortige Kommentierung wird daher verwiesen (→ B Rn 26 ff). Vgl auch zum Kollisionsrecht → Rn 140 ff.

EuPartVO Art 2. Zuständigkeit für Fragen der güterrechtlichen Wirkungen eingetragener Partnerschaften innerhalb der Mitgliedstaaten

Diese Verordnung berührt nicht die Zuständigkeit der Behörden der Mitgliedstaaten für Fragen der güterrechtlichen Wirkungen eingetragener Partnerschaften.

Die Verordnung stellt in Art 2 ausdrücklich klar, dass die Regelung der *örtlichen* Zuständigkeit **31** in Güterrechtssachen den teilnehmenden Mitgliedstaaten vorbehalten bleibt. Das II. Kapitel beschränkt sich daher fast durchgängig auf die Regelung der internationalen Zuständigkeit in Güterrechtssachen. Ausnahmen gelten lediglich für die rügeloseEinlassung nach Art 8 und die Widerklage nach Art 12.

EuPartVO Art 3. Begriffsbestimmungen

(1) Im Sinne dieser Verordnung bezeichnet der Ausdruck

a) „eingetragene Partnerschaft" eine rechtlich vorgesehene Form der Lebensgemein-schaft zweier Personen, deren Eintragung nach den betreffenden rechtlichen Vor-schriften verbindlich ist und welche die in den betreffenden Vorschriften vorgesehe-nen rechtlichen Formvorschriften für ihre Begründung erfüllt;

781

I 32   1. Teil. Erkenntnisverfahren I. Lebenspartnerschaftssachen

b) „güterrechtliche Wirkungen einer eingetragenen Partnerschaft" die vermögens-rechtlichen Regelungen, die im Verhältnis der Partner untereinander und in ihren Beziehungen zu Dritten aufgrund des mit der Eintragung der Partnerschaft oder ihrer Auflösung begründeten Rechtsverhältnisses gelten;

c) „Vereinbarung über den Güterstand einer eingetragenen Partnerschaft" jede Vereinbarung zwischen Partnern oder künftigen Partnern, mit der sie die güterrecht-lichen Wirkungen ihrer eingetragenen Partnerschaft regeln;

d) „öffentliche Urkunde" ein die güterrechtlichen Wirkungen einer eingetragenen Partnerschaft betreffendes Schriftstück, das als öffentliche Urkunde in einem Mitgliedstaat förmlich errichtet oder eingetragen worden ist und dessen Beweiskraft

    i) sich auf die Unterschrift und den Inhalt der öffentlichen Urkunde bezieht und

    ii) durch eine Behörde oder eine andere vom Ursprungsmitgliedstaat hierzu er-mächtigte Stelle festgestellt worden ist;

e) „Entscheidung" jede von einem Gericht eines Mitgliedstaats über die güterrecht-lichen Wirkungen einer eingetragenen Partnerschaft erlassene Entscheidung ohne Rücksicht auf ihre Bezeichnung, einschließlich des Kostenfestsetzungsbeschlusses eines Gerichtsbediensteten;

f) „gerichtlicher Vergleich" einen von einem Gericht gebilligten oder vor einem Gericht im Laufe eines Verfahrens geschlossenen Vergleich über die güterrecht-lichen Wirkungen einer eingetragenen Partnerschaft;

g) „Ursprungsmitgliedstaat" den Mitgliedstaat, in dem die Entscheidung ergangen, die öffentliche Urkunde errichtet oder der gerichtliche Vergleich gebilligt oder geschlossen worden ist;

h) „Vollstreckungsmitgliedstaat" den Mitgliedstaat, in dem die Anerkennung und/ oder Vollstreckung der Entscheidung, der öffentlichen Urkunde oder des gericht-lichen Vergleichs betrieben wird.

(2) Im Sinne dieser Verordnung bezeichnet der Ausdruck „Gericht" jedes Gericht und alle anderen Behörden und Angehörigen von Rechtsberufen mit Zuständigkeiten in Fragen der güterrechtlichen Wirkungen, die gerichtliche Funktionen ausüben oder in Ausübung einer Befugnisübertragung durch ein Gericht oder unter der Aufsicht eines Gerichts handeln, sofern diese anderen Behörden und Angehörigen von Rechts-berufen ihre Unparteilichkeit und das Recht der Parteien auf rechtliches Gehör ge-währleisten und ihre Entscheidungen nach dem Recht des Mitgliedstaats, in dem sie tätig sind,

  i) vor einem Gericht angefochten oder von einem Gericht nachgeprüft werden kön-nen und

  ii) vergleichbare Rechtskraft und Rechtswirkung haben wie eine Entscheidung eines Gerichts in der gleichen Sache.

Die Mitgliedstaaten teilen der Kommission nach Artikel 64 die in Unterabsatz 1 ge-nannten anderen Behörden und Angehörigen von Rechtsberufen mit.

1. Eingetragene Partnerschaft, lit a

32   Als „eingetragene Partnerschaft" versteht die Verordnung nach lit a eine rechtlich vorgesehene Form der Lebensgemeinschaft zweier Personen, deren Eintragung verbindlich ist und welche die Formvorschriften für ihre Begründung erfüllt. Auf das Geschlecht der Partner kommt es nicht an, so dass die Verordnung gleichermaßen für **homo- und heterosexuelle Partnerschaften** gilt (*Weber* DNotZ 16, 659/693; vgl schon *Buschbaum* GPR 11, 262/264). Die wirksame Begründung einer eingetragenen Partnerschaft wird von der Verordnung selbst nicht geregelt, sondern ist als Vorfrage aus ihrem Anwendungsbereich ausgeschlossen (Art 1 lit b). Maßgebend bleibt insoweit das nationale Recht der Mitgliedstaaten (ErwG 17 S 3; → Anh V) einschließlich des internationalen Privatrechts. Aus *deutscher* Sicht beurteilt sich das wirksame Bestehen einer eingetragenen Partnerschaft daher nach dem von Art 17b Abs 1 EGBGB zur Anwendung berufenen Recht (*Weber* DNotZ 16, 659/693 f; → Rn 217 ff). Maßgebend für die als Voraus-setzung für die Anwendung der Verordnung zu beantwortenden Vorfragen, ob die Eintragung der Partnerschaft verbindlich ist und welche Formvorschriften für ihre Begründun eingehalten werden müssen, ist daher das **Registrierungsstatut**.

782

I. Internationale Zuständigkeit: EuPartVO Art 3   **33–37 I**

Der Begriff „eingetragene Partnerschaft" wird in lit a nur **für die Zwecke dieser Verord-** 33 **nung,** dh nur für die internationale Zuständigkeit, das anwendbare Recht sowie die Anerkennung und Vollstreckung von Entscheidungen *in Güterrechtssachen*, definiert(ErwG 17 S 2; → Anh V). Nicht nur hinsichtlich der Voraussetzungen, sondern auch der sonstigen Wirkungen einer eingetragenen Partnerschaft bleibt es hingegen bei der Geltung des autonomen Rechts der Mitgliedstaaten. Dieses wird allerdings – zB auf den Gebieten des Unterhalts- und Erbrechts – zT durch andere EU-Verordnungen (EuUntVO, EuErbVO) überlagert. Die EuPartVO verpflichtet jedoch einen Mitgliedstaat, dessen Recht das Institut der eingetragenen Partnerschaft nicht regelt, nicht dazu, dieses Rechtsinstitut in sein nationales Recht einzuführen (ErwG 17 S 4; → Anh V).

Wie bereits erwähnt (→ Rn 18) findet die Verordnung auf **nichteheliche Lebensgemein-** 34 **schaften,** die nicht in einem Register eingetragen sind, keine Anwendung (*Süß* § 20 Rn 304 ff; *Weber* DNotZ 16, 659/693). Daran ändert sich auch nichts, wenn sie nach dem insoweit anzuwendenden Recht (dazu → Rn 273 ff) gesetzlich geregelt sind und vergleichbare Wirkungen entfalten wie eine eingetragene Partnerschaft (ErwG 16 S 2; → Anh V; für Einbeziehung von faktischen Paarbeziehungen, die rechtlich wie Ehen behandelt werden, aber *Dutta* FamRZ 16, 1973/1976 f). Demgegenüber können **gleichgeschlechtliche Ehen** nicht als eingetragene Partnerschaften iSv lit a qualifiziert werden, wenn das für ihre rechtliche Einordnung maßgebliche nationale Recht sie – wie das deutsche Recht – als „Ehen" anerkennt; die abweichende Anknüpfung im autonomen deutschen IPR (Art 17b Abs 4 EGBGB nF) ändert daran nichts (→ Rn 17).

2. Güterrechtliche Wirkungen einer eingetragenen Partnerschaft, lit b

Für die Zwecke der Verordnung ist der Begriff „güterrechtliche Wirkungen einer einge- 35 tragenen Partnerschaft" **autonom auszulegen.** Wie für Ehegatten (ErwG 18 S 2 zur EuGüVO; → Anh IV) umfasst dieser Begriff nicht nur (zwingende) Regelungen, von denen die Partner nicht abweichen dürfen, sondern auch fakultative Regelungen, die sie nach Maßgabe des anzuwendenden Rechts vereinbaren können, sowie die Auffangregelungen des anzuwendenden Rechts. Die güterrechtlichen Wirkungen einer eingetragenen Partnerschaft im Sinne der Verordnung schließen auch nicht nur vermögensrechtliche Regelungen ein, die bestimmte einzelstaatliche Rechtsordnungen speziell und ausschließlich für die eingetragene Partnerschaft vorsehen, sondern auch sämtliche vermögensrechtlichen Verhältnisse, die zwischen den Partnern und in ihren Beziehungen gegenüber Dritten infolge der eingetragenen Partnerschaft oder ihrer Auflösung gelten, auch wenn sie außerhalb des Güterrechts geregelt sind. Dies gilt insbesondere für die **Vermögensauseinandersetzung** aus Anlass der Trennung oder Aufhebung der Partnerschaft, die daher der Verordnung unabhängig davon unterliegt, ob sie auf die Vorschriften eines besonderen Güterstands oder auf allgemeine schuld- oder sachenrechtliche Anspruchsgrundlagen gestützt wird. Demgemäß betrifft auch die Teilung einer beweglichen Sache, die von einem Partner während der Ehe mit gemeinsamen Mitteln erworben wurde, aus Anlass der Trennung die güterrechtlichen Wirkungen der eingetragenen Partnerschaft iSv Art 3 lit a (vgl für Ehegatten EuGH C-67/17 – *Iliev/Ilieva*, FamRZ 17, 1913 Rn 28 ff m Anm *Musseva* 2009 [zu Art 1 Abs 2 lit a EuGVVO nF]).

Die EuPartVO gilt daher nicht nur für die vermögensrechtlichen Beziehungen, insbesondere 36 die Zuordnung und Verwaltung des Vermögens, der Partner während bestehender Ehe, sondern auch für die Vermögensauseinandersetzung bei Auflösung der Partnerschaft durch Trennung oder Tod (ErwG 18; → Anh V) sowie für die Rechtsbeziehungen zu Dritten, die ihren Grund in der eingetragenen Partnerschaft haben. Dieser **weite Begriff des Güterrechts** in der Verordnung erfasst daher auch Streitigkeiten über die Schlüsselgewalt, Eigentumsvermutungen und Verpflichtungs-/Verfügungsbeschränkungen, die im autonomen deutschen Kollisionsrecht bisher als **allgemeine Wirkungen der Partnerschaft** iSv Art 17b Abs 1 S 1 EGBGB qualifiziert wurden, ferner etwa auch Streitigkeiten über die Nutzungsbefugnisse an der **Ehewohnung** und an Haushaltsgegenständen, die bisher nach Art 17b Abs 2 iVm Art 17a EGBGB beurteilt wurden, sowie die islamrechtliche Morgengabe.

3. Vereinbarung über den Güterstand einer eingetragenen Partnerschaft, lit c

Vgl dazu die Kommentierung im Kapitel II zum IPR (→ Rn 154 f).   37

783

I 1. Teil. Erkenntnisverfahren I. Lebenspartnerschaftssachen

4. Öffentliche Urkunde, lit d

38 Vgl dazu die Kommentierung zu Art 3 lit c und Art 58 f EuGüVO (→ B Rn 39 f und → L Rn 25 f).

5. Entscheidung, lit e

39 Vgl dazu die Kommentierung zu Art 2 lit d EuGüVO (→ L Rn 27 f).

6. Gerichtlicher Vergleich, lit f

40 Vgl dazu die Kommentierung zu Art 2 lit e EuGüVO (→ L Rn 29).

7. Ursprungs-, Vollstreckungsmitgliedstaat, lit g und h

41 Vgl dazu die Kommentierung zu Art 2 lit f, g EuGüVO (→ L Rn 30).

8. Gericht, Abs 2

42 Um den verschiedenen Systemen zur Regelung der Güterstände eingetragener Partnerschaften in den Mitgliedstaaten Rechnung zu tragen, ist der Begriff „Gericht" für die Zwecke der EuPartVO weit auszulegen. Er schließt daher nach Abs 2 auch **andere Behörden und Angehörige von Rechtsberufen** mit Zuständigkeiten in Fragen des ehelichen Güterstands ein, soweit diese entweder gerichtliche Funktionen ausüben oder in Ausübung einer Befugnisübertragung durch ein Gericht oder unter der Aufsicht eines Gerichts handeln. Dies gilt insbesondere für **Notare**, die in manchen Mitgliedstaaten auch gerichtliche Funktionen innehaben (ErwG 29; → Anh V). Wegen weiterer Einzelheiten wird auf die Kommentierung des Begriffs „Gericht" in der EuGüVO (→ B Rn 44 ff) und die Erwägungsgründe 29–31 (→ Anh V) Bezug genommen.

Kapitel II. Gerichtliche Zuständigkeit

Vorbemerkung

43 Das Kapitel II der EuPartVO über die internationale Zuständigkeit in güterrechtlichen Streitigkeiten eingetragener Lebenspartner stimmt in großen Teilen nahezu wörtlich mit dem Kapitel II der EuGüVO überein. Um unnötige Wiederholungen zu vermeiden, wird daher nachfolgend im Wesentlichen auf die parallele Kommentierung der EuGüVO verwiesen. Jedoch werden auch die wenigen Abweichungen von der Zuständigkeit in Ehegüterrechtssachen verdeutlicht.

44 Zu den allgemeinen Grundsätzen und dem System der Zuständigkeiten in der EuPartVO vgl die Kommentierung zur EuGüVO → B Rn 46 ff.

EuPartVO Art 4. Zuständigkeit im Fall des Todes eines Partners

Wird ein Gericht eines Mitgliedstaats im Zusammenhang mit der Rechtsnachfolge von Todes wegen nach der Verordnung (EU) Nr. 650/2012 angerufen, so sind die Gerichte dieses Staates auch für Entscheidungen über die güterrechtlichen Wirkungen der eingetragenen Partnerschaft in Verbindung mit diesem Nachlass zuständig.

45 Vgl die Kommentierung zu Art 4 EuGüVO (→ B Rn 61 ff) sowie Erwägungsgründe 32 und 33 (→ Anh V).

EuPartVO Art 5. Zuständigkeit im Fall der Auflösung oder Ungültigerklärung der eingetragenen Partnerschaft

(1) Wird ein Gericht eines Mitgliedstaats zur Entscheidung über die Auflösung oder Ungültigerklärung einer eingetragenen Partnerschaft angerufen, so sind die Gerichte dieses Staates auch für Entscheidungen über Fragen der güterrechtlichen Wirkungen der eingetragenen Partnerschaft in Verbindung mit dieser Auflösung oder Ungültigerklärung zuständig, wenn die Partner dies vereinbaren.

I. Internationale Zuständigkeit: EuPartVO Art 5

(2) **Wird eine Vereinbarung nach Absatz 1 des vorliegenden Artikels geschlossen, bevor das Gericht zur Entscheidung über die güterrechtlichen Wirkungen der eingetragenen Partnerschaft angerufen wird, so muss die Vereinbarung den Anforderungen des Artikels 7 entsprechen.**

1. Annexzuständigkeit, Abs 1

a) Allgemeines. Fragen der güterrechtlichen Wirkungen eingetragener Partnerschaften, die **46** sich im Zusammenhang mit einem Verfahren ergeben, das bei einem mit einem Antrag auf Auflösung oder Ungültigerklärung einer eingetragenen Partnerschaft befassten Gericht eines Mitgliedstaats anhängig ist, fallen nach Abs 1 in die Zuständigkeit der Gerichte dieses Mitgliedstaats; dies gilt jedoch nur dann, wenn die Partner dies vereinbaren (ErwG 34; → Anh V). Ergänzend wird daher auf die Kommentierung zu Art 5 Abs 2 EuGüVO (→ B Rn 73 ff) verwiesen.

b) Abweichung von Art 5 EuGüVO. Abweichend von Art 5 EuGüVO unterscheidet **47** Abs 1 nicht zwischen Zuständigkeiten, die kraft Gesetzes gelten, und anderen Zuständigkeiten, die eine Verbundszuständigkeit für Fragen des Güterrechts nur dann begründen, wenn die Partner dies vereinbaren. Vielmehr ist in der eingetragenen Lebenspartnerschaft für die Begründung einer solchen Annexzuständigkeit **stets eine hierauf gerichtete Vereinbarung der Partner** erforderlich (*Dutta* FamRZ 16, 1573/1578). Die Zuständigkeit nach Abs 1 kann von den Gerichten der teilnehmenden Mitgliedstaaten daher nicht gegen den Willen des Antragsgegners in Anspruch genommen werden. Diese Abweichung ist vor dem Hintergrund zu sehen, dass die internationale Zuständigkeit in Ehesachen durch die Art 3–5 EuEheVO in weitem Umfang auf europäischer Ebene harmonisiert ist, während sie für die Aufhebung einer eingetragenen Partnerschaft weiterhin einer Regelung durch das nationale Recht der einzelnen Mitgliedstaaten überlassen ist (*Kroll-Ludwigs* NZFam 16, 1161/1162; vgl zum deutschen Recht § 103 FamFG; → Rn 103 ff).

c) Ausschließliche Zuständigkeit. Die Verordnung hat die Verbundszuständigkeit in Art 5 **48** – wie jene nach Art 4 – als *ausschließliche* Zuständigkeit ausgestaltet. Sind die Voraussetzungen dieses Gerichtsstands gegeben, so finden nämlich die allgemeinen Zuständigkeiten nach Art 6 gemäß dem Einleitungssatz dieser Vorschrift keine Anwendung. Ferner sind auch Gerichtsstandsvereinbarungen nach Art 7 Abs 1 nur „in den Fällen des Art 6", also nicht in den Fällen der Art 4 und 5 zulässig. Eine rügelose Einlassung wird hingegen nach Art 8 Abs 1 S 2 nur für den Fall ausgeschlossen, dass ein Gericht eines anderen Mitgliedstaats nach Art 4 zuständig ist, so dass die Zuständigkeit nach Art 5 durch rügelose Einlassung abbedungen werden kann.

2. Vereinbarung vor Anrufung des Gerichts, Abs 2

Die Vereinbarung der Partner nach Abs 1 bedarf keiner besonderen Form, wenn sie erst nach **49** Anhängigkeit der Güterrechtssache getroffen wird. Maßgebend inswoweit ist die jeweilige *lex fori*. Wird die Gerichtsstandsvereinbarung hingegen bereits geschlossen, bevor das Gericht eines teilnehmenden Mitgliedstaats in Bezug auf den Güterstand eingetragener Partner angerufen wird, so muss sie den Anforderungen des Art 7 Abs 2 entsprechen, dh sie bedarf der Schriftform und muss datiert und von beiden Parteien unterzeichnet sein (dazu → Rn 64).

Während Art 5 Abs 3 EuGüVO nur auf die Formvorschrift des Art 7 Abs 2 verweist, ist die **50** Verweisung in Art 5 Abs 2 auf alle „Anforderungen des Art 7" gerichtet. Dies bedeutet, dass eingetragene Partner vor Anrufung des Gerichts auch eine Vereinbarung nach Art 5 Abs 1 nur treffen können, wenn die Gerichte des für die Aufhebung der Partnerschaft zuständigen Mitgliedstaats zugleich die Gerichte des Mitgliedstaats, dessen Recht nach Art 22 oder Art 26 Abs 1 anzuwenden ist, oder die Gerichte des Mitgliedstaats, in dem die eingetragene Partnerschaft begründet wurde. Daraus wird sich freilich nur selten eine zusätzliche Schranke ergeben, da die Partner nur ausnahmsweise die Aufhebung ihrer Partnerschaft bei einem Gericht eines Mitgliedstaates beantragen werden, in dem kein Partner seinen gewöhnlichen Aufenthalt, dessen Staatsangehörigkeit kein Partner besitzt und in dem die Partnerschaft auch nicht begründet wurde.

I 1. Teil. Erkenntnisverfahren I. Lebenspartnerschaftssachen

EuPartVO Art 6. Zuständigkeit in anderen Fällen

In Fällen, in denen kein Gericht eines Mitgliedstaats nach den Artikeln 4 und 5 zuständig ist, oder in anderen als den in diesen Artikeln geregelten Fällen sind für Entscheidungen über Fragen der güterrechtlichen Wirkungen einer eingetragenen Partnerschaft die Gerichte des Mitgliedstaats zuständig,

a) in dessen Hoheitsgebiet die Partner zum Zeitpunkt der Anrufung des Gerichts ihren gewöhnlichen Aufenthalt haben oder anderenfalls

b) in dessen Hoheitsgebiet die Partner zuletzt ihren gewöhnlichen Aufenthalt hatten, sofern einer von ihnen zum Zeitpunkt der Anrufung des Gerichts dort noch seinen gewöhnlichen Aufenthalt hat, oder anderenfalls

c) in dessen Hoheitsgebiet der Antragsgegner zum Zeitpunkt der Anrufung des Gerichts seinen gewöhnlichen Aufenthalt hat oder anderenfalls

d) dessen Staatsangehörigkeit beide Partner zum Zeitpunkt der Anrufung des Gerichts a besitzen oder anderenfalls

e) nach dessen Recht die eingetragene Partnerschaft begründet wurde.

1. Allgemeines

51   Stehen Fragen der güterrechtlichen Wirkungen eingetragener Partnerschaften nicht im Zusammenhang mit einem bei einem Gericht eines Mitgliedstaats anhängigen Verfahren über die Rechtsnachfolge von Todes wegen nach einem Partner (Art 4) oder über die Auflösung oder Ungültigerklärung einer eingetragenen Partnerschaft (Art 5), so sieht die Verordnung in Art 6 weitere gesetzliche Zuständigkeiten vor. Diese Zuständigkeiten stehen den Partnern allerdings **nicht wahlweise** zur Verfügung; vielmehr legt Art 6 hierfür eine **Rangfolge der Anknüpfungspunkte** fest. Ist also nach lit a ein Gericht im Mitgliedstaat des gewöhnlichen Aufenthalts der Partner zum Zeitpunkt der Anrufung des Gerichts international zuständig, so sind hierdurch die weiteren Zuständigkeiten nach lit b – lit d ausgeschlossen usw. Die Anknüpfungspunkte nach Art 6 sollen die zunehmende Mobilität der Bürger widerspiegeln und eine wirkliche Verbindung zwischen den Partnern und dem Mitgliedstaat, in dem die Zuständigkeit ausgeübt wird, gewährleisten (ErwG 35; → Anh V). Zu weiteren Einzelheiten → B Rn 76 ff.

2. Die einzelnen Zuständigkeiten, lit a – lit e

52   Art 6 knüpft primär an den gewöhnlichen Aufenthalt der Partner zur Zeit der Anrufung des Gerichts an (lit a), hilfsweise an den letzten gemeinsamen gewöhnlichen Aufenthalt, sofern ihn ein Partner bis zur Anrufung des Gerichts beibehalten hat (lit b), und wiederum hilfsweise an den gewöhnlichen Aufenthalt des Antragsgegners zur Zeit der Anrufung des Gerichts (lit c). Nur wenn keine dieser Aufenthaltszuständigkeiten eröffnet ist, darf nach lit d auf die Gerichte im gemeinsamen Heimatstaat der Partner zurückgegriffen werden. Zur Auslegung dieser auch in Art 6 lit a–lit d EuGüVO vorgesehenen Anknüpfungspunkte für die internationale Zuständigkeit wird auf die dortige Kommentierung (→ B Rn 81 ff) verwiesen. Zusätzlich dazu sieht Art 6 lit e EuPartVO auf der letzten Stufe eine internationale Zuständigkeit in dem Mitgliedstaat vor, nach dessen Recht die eingetragene Partnerschaft begründet wurde; diese Zuständigkeit fehlt in der EuGüVO.

EuPartVO Art 7. Gerichtsstandsvereinbarung

(1) In Fällen des Artikels 6 können die Parteien vereinbaren, dass die Gerichte des Mitgliedstaats, dessen Recht nach Artikel 22 oder Artikel 26 Absatz 1 anzuwenden ist, oder die Gerichte des Mitgliedstaats, in dem die eingetragene Partnerschaft begründet wurde, für Entscheidungen über Fragen der güterrechtlichen Wirkungen ihrer eingetragenen Partnerschaft ausschließlich zuständig sein sollen.

(2) Die in Absatz 1 genannte Vereinbarung bedarf der Schriftform, ist zu datieren und von den Parteien zu unterzeichnen. Elektronische Übermittlungen, die eine dauerhafte Aufzeichnung der Vereinbarung ermöglichen, sind der Schriftform gleichgestellt.

786

I. Internationale Zuständigkeit: EuPartVO Art 7   **53–58 I**

1. Allgemeines

Zwar haben internationale Gerichtsstandsvereinbarungen in Güterrechtssachen eingetragener 53
Partner bisher nur eine ganz untergeordnete Rolle gespielt, denn das Güterrecht war nach Art 1
Abs 2 lit a aus dem sachlichen Anwendungsbereich der EuGVVO ausgeschlossen und eine
Prorogation war nach dem autonomen deutschen Verfahrensrecht (§ 103 Abs 3 iVm §§ 105,
§ 262 Abs 2 FamFG iVm § 38 Abs 2 ZPO) nur in engen Grenzen zugelassen. Obwohl Art 7
Abs 1 Gerichtsstandsvereinbarungen in Güterrechtssachen eingetragener Partner auch nur einge-
schränkt zulässt, steht zu erwarten, dass ihre praktische Bedeutung im Rahmen von Partnerschaftsverträgen und Trennungsvereinbarungen aufgrund der nunmehrigen ausdrücklichen Regelung in der EuPartVO zunehmen wird. Dies nicht zuletzt auch wegen der Möglichkeit, die
Gerichtswahl künftig mit einer auf sie abgestimmten Rechtswahl nach Art 22 zu kombinieren.

Durch eine Gerichtsstandsvereinbarung können die Partner von den gesetzlichen Zuständig- 54
keitsanknüpfungen nach Art 6 abweichen. Auf diese Weise wird einerseits größere **Rechtssicherheit** durch Vorhersehbarkeit des anwendbaren Rechts geschaffen, andererseits die **Entscheidungsfreiheit und Eigenverantwortlichkeit** der Beteiligten gestärkt (ErwG 37; → Anh
V). Denn die Vereinbarung legt den Gerichtsstand unabhängig von der nicht vorhersehbaren
späteren Parteirolle und von einer Veränderung der tatsächlichen Verhältnisse (zB einem Wechsel
des gewöhnlichen Aufenthalts) verbindlich fest (vgl zu Art 25 EuGVVO nF Staud/*Hausmann*,
IntVertrVerfR Rn 296).

Zu weiteren allgemeinen Aspekten von Gerichtsstandsvereinbarungen in Güterrechtssachen 55
→ B Rn 91 ff.

2. Voraussetzungen und Schranken der Prorogation, Abs 1

a) Keine vorrangige Zuständigkeit nach Art 4 und 5. Gerichtsstandsvereinbarungen 56
können auch in Güterrechtssachen eingetragener Partnerschaften nach Art 7 nur „in Fällen des
Art 6" getroffen werden. Art 6 findet aber wiederum nur in Fällen Anwendung, in denen „kein
Gericht eines Mitgliedstaats nach den Art 4 und 5 zuständig ist". Ist daher die Annexzuständigkeit eines Gerichts eines teilnehmenden Mitgliedstaats für die Güterrechtssache wegen des
bestehenden Zusammenhangs mit einer Erbsache oder einer Entscheidung über die Aufhebung
oder Ungültigerklärung einer eingetragenen Partnerschaft nach Art 4 oder 5 begründet, so bleibt
eine Gerichtsstandsvereinbarung, welche die internationale Zuständigkeit eines hiervon abweichenden Gerichts in einem anderen Mitgliedstaat bestimmt, ohne Wirkung.

b) Vereinbarung der Gerichte eines teilnehmenden Mitgliedstaats. Nach Abs 1 müssen 57
die Parteien die Zuständigkeit der Gerichte eines an der Verstärkten Zusammenarbeit auf dem
Gebiet der güterrechtlichen Wirkungen eingetragener Partnerschaften teilnehmenden Mitgliedstaats der Verordnung (→ Rn 20) vereinbart haben. Anders als Art 4 EuUntVO in Unterhaltssachen (→ C Rn 145) regelt Art 7 nur die Vereinbarung der **internationalen Zuständigkeit**
(arg: „Gerichte des Mitgliedstaats"). Haben die Parteien die Zuständigkeit eines bestimmten
Gerichts in einem Mitgliedstaat vereinbart, so ist daraus zwar zu entnehmen, dass sie die internationale Zuständigkeit des betreffenden Mitgliedstaats iSv Art 7 bestimmen wollten; ob das vereinbarte Gericht auch *örtlich* zuständig ist, entscheidet hingegen nach Art 2 das autonome
Verfahrensrecht im Staat des prorogierten Gerichts.

Auf die Vereinbarung eines Gerichtsstands in einem an der Verordnung nicht teilnehmenden 58
Mitgliedstaat **oder in einem Drittstaat** ist Art 7 dagegen nach seinem klaren Wortlaut ebenso
wenig anwendbar wie Art 25 EuGVVO nF oder Art 4 EuUntVO. Wird daher das Gericht eines
teilnehmenden Mitgliedstaats entgegen einer solchen Vereinbarung angerufen, so muss es die
Wirksamkeit der *Prorogation* – ebenso wie das prorogierte Gericht selbst – nach dem am
gewählten Gerichtsort geltenden Recht prüfen (vgl zu Art 23 EuGVVO aF öst OGH 6.2.96,
unalex AT-672; *Schaper/Eberlein* RIW 12, 543/545; MüKoZPO/*Gottwald* Rn 9). Ob das Gericht die Wirksamkeit der Derogation in diesem Fall nach seinem *autonomen* internationalen
Privat- und Verfahrensrecht zu beurteilen hat, ist im Rahmen der EuGVVO umstritten. Da die
Zuständigkeitsvorschriften der EuPartVO universell anwendbar sind und die internationale
Zuständigkeit auch in Drittstaatsfällen abschließend regeln, hat jedenfalls im Anwendungsbereich
dieser Verordnung – ebenso wie im Rahmen der EuUntVO (dazu → C Rn 136) – ein Rückgriff
auf nationales Recht auszuscheiden. Spricht man daher einer Vereinbarung der Zuständigkeit
drittstaatlicher Gerichte die derogierende Wirkung nicht ganz ab (so zu Art 4 EuUntVO

787

I 59–64   1. Teil. Erkenntnisverfahren I. Lebenspartnerschaftssachen

Rauscher FamFR 13, 25/27), so sind Zulässigkeit, Form und Wirkungen einer solchen Derogation vielmehr in entsprechender Anwendung von Art 7 zu beurteilen. Ist die Vereinbarung danach gültig, weil zB das Recht eines Drittstaats wirksam nach Art 22 gewählt und die Form nach Art 7 Abs 2 gewahrt wurde, so schaltet sie die gesetzlichen Gerichtsstände nach Art 6 in den teilnehmenden Mitgliedstaaten aus.

59   **c) Die einzelnen Anknüpfungskriterien.** Art 7 setzt – anders als bisher Art 23 EuGVVO aF – nicht voraus, dass mindestens eine der Parteien ihren Wohnsitz oder gewöhnlichen Aufenthalt im Hoheitsgebiet eines Mitgliedstaats hat. Allerdings räumt auch Art 7 den Partnern **keine freie Gerichtswahl** ein. Diese wird vielmehr in Abs 1 auf die Gerichte eines teilnehmenden Mitgliedstaats beschränkt, dessen Recht entweder von den Partnern nach Art 22 als Güterrechtsstatut gewählt wurde oder das in Ermangelung einer Rechtswahl nach Art 26 Abs 1 objektiv auf die güterrechtlichen Wirkungen der eingetragenen Partnerschaft anzuwenden ist. Alternativ kann auch das Recht des Mitgliedstaats gewählt werden, in dem die eingetragene Partnerschaft begründet wurde. Wesentliches Ziel der Prorogation nach Art 7 ist daher eine Erzielung des Gleichlaufs von *forum* und *ius,* weil hierdurch Zeit und Kosten gespart werden und eine höhere Gewähr für eine richtige Sachentscheidung besteht. Eine Rangfolge zwischen den nach Abs 1 eröffneten Wahlmöglichkeiten besteht dabei nicht. Zum maßgebenden Zeitpunkt für das Vorliegen des Bezugspunkts → B Rn 110 f.

60   **aa) Nach Art 22 gewähltes Recht.** In erster Linie können die Partner die Zuständigkeit der Gerichte des Staates vereinbaren, dessen Recht sie in einer nach Art 22 getroffenen Rechtswahl (→ Rn 165 ff) als Güterrechtsstatut vereinbart haben. In der Praxis wird es sich häufig empfehlen, Rechts- und Gerichtswahl in einem Partnerschaftsvertrag zu kombinieren. Auf diese Weise wird sichergestellt, dass über die Gültigkeit der Rechtswahl ein an die EuPartVO gebundenes Gericht eines teilnehmenden Mitgliedstaats entscheiden wird, das die Rechtswahl beachten wird, wenn sie den Anforderungen der Art 22, 23 genügt.

61   **bb) Nach Art 26 Abs 1 anzuwendendes Recht.** Fehlt es an einer Rechtswahl nach Art 22, so können die Partner auch die Zuständigkeit der Gerichte des Staates vereinbaren, nach dessen Recht die eingetragene Partnerschaft begründet wurde (Registrierungsstatut), Art 26 Abs 1. Auch hierdurch soll der Gleichlauf von internationaler Zuständigkeit und anwendbarem Recht gefördert werden. Eine Zuständigkeitsvereinbarung zugunsten der Gerichte im Registrierungsstaat nach Art 7 Abs 1 iVm Art 26 Abs 1 bleibt jedoch auch dann wirksam, wenn das Gericht von der Ausweichklausel nach Art 26 Abs 2 Gebrauch macht und die güterrechtlichen Beziehungen der Partner dem Recht am letzten gemeinsamen gewöhnlichen Aufenthalt der Ehegatten unterwirft. Die Zuständigkeit der Gerichte in diesem Staat kann jedoch nach Art 7 Abs 1 nicht gewählt werden.

62   **cc) Recht des Registrierungsstaates.** Schließlich können die Partner nach Art 7 Abs 1 in jedem Fall die Zuständigkeit der Gerichte des Staates vereinbaren, in dem die eingetragene Partnerschaft begründet wurde. Damit wird die Prorogationsfreiheit der Partner zwar im Fall der objektiven Anknüpfung der güterrechtlichen Wirkungen ihrer eingetragenen Partnerschaft nicht erweitert, weil bereits Art 26 Abs 1 diese Möglichkeit eröffnet. Bedeutung erlangt diese zusätzliche Option jedoch dann, wenn die Partner nach Art 22 ein vom Recht des Registrierungsstaates abweichendes Recht gewählt haben. Denn der Gleichlauf von *forum* und *ius* ist keine notwendige Voraussetzung für die Wirksamkeit einer Gerichtsstandsvereinbarung nach Art 7.

63   Zu weiteren Voraussetzungen einer gültigen Gerichtsstandsvereinbarung in Güterrechtssachen (Bestimmtheit, Zustandekommen, materielle Wirksamkeit etc) wird auf die Kommentierung zu Art 6 EuGüVO (→ B Rn 109 ff) verwiesen.

3. Form der Gerichtsstandsvereinbarung, Abs 2

64   Für Gerichtsstandsvereinbarungen in Güterrechtssachen eingetragener Partner ist nach Art 7 Abs 2 die Einhaltung der Schriftform erforderlich, der nur die **elektronische Form** gleichsteht. Demgegenüber reicht die Wahrung der sonstigen Formalternativen des Art 25 Abs 1 EuGVVO nicht aus. Dies gilt insbesondere für die sog „halbe Schriftlichkeit", also die schriftliche Bestätigung einer nur mündlich getroffenen Gerichtsstandsvereinbarung (zu dieser Formvariante näher Staud/*Hausmann* IntVertrVerfR Rn 355 ff). Zu den Formerfordernissen im Einzelnen wird auf die Kommentierung von Art 6 Abs 2 EuGüVO verwiesen (→ B Rn 118 ff).

788

I. Internationale Zuständigkeit: EuPartVO Art 9   **I**

4. Wirkungen der Gerichtsstandsvereinbarung

a) Ausschließlichkeit. Anders als nach Art 25 Abs 1 EuGVVO und Art 4 Abs 1 UAbs 3 **65** EuUntVO begründet eine Gerichtsstandsvereinbarung in Güterrechtssachen eingetragener Lebenspartner nicht nur eine Vermutung zugunsten der ausschließlichen Zuständigkeit des vereinbarten Gerichts; diese wird vielmehr in Art 7 Abs 1 zwingend angeordnet. Durch eine wirksame Gerichtsstandsvereinbarung werden daher alle gesetzlichen Zuständigkeiten der Verordnung verdrängt und die Parteien sind auch nicht berechtigt, einen Gerichtsstand zu vereinbaren, der nur konkurrierend neben die sonstigen Zuständigkeiten der Verordnung tritt.

b) Rügelose Einlassung. Sie ist in Güterrechtssachen eingetragener Partner nach Art 8 nur **66** möglich, wenn das Gericht eines teilnehmenden Mitgliedstaats, dessen Recht nach Art 22 oder Art 26 Abs 1 lit anzuwenden ist, nicht bereits nach anderen Vorschriften der Verordnung zuständig ist. Eine solche andere Vorschrift ist auch Art 7. Eine wirksame Gerichtsstandsvereinbarung zugunsten der Gerichte des Mitgliedstaats, dessen Recht in der Sache nach Art 22 oder Art 26 Abs 1 anzuwenden ist, kann daher durch rügelose Einlassung vor einem anderen Gericht nicht überwunden werden

EuPartVO Art 8. Zuständigkeit aufgrund rügeloser Einlassung

(1) Sofern das Gericht eines Mitgliedstaats, dessen Recht nach Artikel 22 oder Artikel 26 Absatz 1 anzuwenden ist, nicht bereits nach anderen Vorschriften dieser Verordnung zuständig ist, wird es zuständig, wenn sich der Beklagte vor ihm auf das Verfahren einlässt. Dies gilt nicht, wenn der Beklagte sich einlässt, um den Mangel der Zuständigkeit geltend zu machen, oder in den Fällen des Artikels 4.

(2) Bevor sich das Gericht nach Absatz 1 für zuständig erklärt, stellt es sicher, dass der Beklagte über sein Recht, die Unzuständigkeit des Gerichts geltend zu machen, und über die Folgen der Einlassung oder Nichteinlassung auf das Verfahren belehrt wird.

Nach Art 8 Abs 1 ist auch in Güterrechtssachen eingetragener Lebenspartner – wie in sons- **67** tigen Zivilsachen, aber anders als in Ehesachen und in Verfahren betreffend die elterliche Verantwortung (→ A Rn 46; → F Rn 80) – eine Zuständigkeitsbegründung durch rügelose Einlassung möglich. Sie ist allerdings – abweichend von Art 5 EuUntVO in Unterhaltssachen – nicht vor jedem mitgliedstaatlichen Gericht zulässig, sondern nur vor einem solchen, dessen **Recht nach Art 22 oder nach Art 26 Abs 1 anzuwenden** ist. Art 8 kann insbesondere nicht entsprechend auf Fälle angewandt werden, in denen ein Gericht in dem Staat angerufen wurde, dessen Recht nur nach Art 26 Abs 2 (Ausweichklausel) für die güterrechtlichen Wirkungen einer eingetragenen Lebenspartnerschaft maßgebend ist. Das Erfordernis der **Belehrung** des Beklagten über sein Recht, die Unzuständigkeit des Gerichts geltend zu machen, und über die Folgen der Einlassung oder Nichteinlassung auf das Verfahren orientiert sich an Art 26 Abs 2 EuGVVO nF.

Zur Auslegung der Vorschrift wird auf die Kommentierung zu Art 8 EuEheVO (→ B **68** Rn 136 ff) und ergänzend auf die Rechtsprechung und Literatur zu Art 24 EuGVVO aF verwiesen (vgl statt vieler unalexK/*Queirolo/Hausmann* Rn 1 ff). Eine Abweichung ergibt sich lediglich daraus, dass in Ermangelung einer Rechtswahl nach Art 22 gem Art 26 Abs 1 nicht – wie im Ehegüterrecht (Art 26 Abs 1 lit a bzw lit b EuGüVO) – auf das Recht am ersten gemeinsamen gewöhnlichen Aufenthalt der Partner nach Begründung der eingetragenen Partnerschaft oder (hilfsweise) auf das Recht von deren gemeinsamen Staatsangehörigkeit zu diesem Zeitpunkt verwiesen wird, sondern auf das Recht des Registrierungsstaates.

EuPartVO Art 9. Alternative Zuständigkeit

(1) Wenn ein Gericht eines Mitgliedstaats, das nach Artikel 4, Artikel 5 oder Artikel 6 Buchstaben a, b, c oder d zuständig ist, feststellt, dass sein Recht das Institut der eingetragenen Partnerschaft nicht vorsieht, kann es sich für unzuständig erklären. Beschließt das Gericht, sich für unzuständig zu erklären, so tut es das unverzüglich.

(2) Erklärt sich ein in Absatz 1 des vorliegenden Artikels genanntes Gericht für unzuständig und vereinbaren die Parteien, die Zuständigkeit den Gerichten eines anderen Mitgliedstaats nach Artikel 7 zu übertragen, so sind die Gerichte dieses

789

I 69–73   1. Teil. Erkenntnisverfahren I. Lebenspartnerschaftssachen

anderen Mitgliedstaats für Entscheidungen über die güterrechtlichen Wirkungen der eingetragenen Partnerschaft zuständig.

In anderen Fällen sind für Entscheidungen über die güterrechtlichen Wirkungen einer eingetragenen Partnerschaft die Gerichte eines anderen Mitgliedstaats nach Artikel 6 oder 8 zuständig.

(3) Dieser Artikel findet keine Anwendung, wenn die Parteien eine Auflösung oder Ungültigerklärung der eingetragenen Partnerschaft erwirkt haben, die im Mitgliedstaat des angerufenen Gerichts anerkannt werden kann.

1. Allgemeines

69   Nach Art 9 Abs 1 kann sich ein nach Art 4, 5 oder 6 lit a – lit d zuständiges Gericht ausnahmsweise für unzuständig erklären, wenn seiner *lex fori* das **Rechtsinstitut der eingetragenen Partnerschaft nicht bekannt** ist. Die Vorschrift will damit vermeiden, dass Gerichte eines teilnehmenden Mitgliedstaates, der eingetragene Lebenspartnerschaften überhaupt nicht vorsieht, gezwungen ist, güterrechtliche Streitigkeiten zwischen den Partnern nach den Zuständigkeits- und Kollisionsregeln der Verordnung mit Ausnahme von *Bulgarien* alle bisher teilnehmenden Mitgliedstaaten das Rechtsinstitut der eingetragenen Partnerschaft kennen (→ Rn 203 ff) und kaum zu erwarten ist, das Mitgliedstaaten, die – wie zB *Polen* – dieses Rechtsinstitut ablehnen, künftig an der der EuPartVO teilnehmen werden.

2. Unzuständigerklärung, Abs 1

70   Voraussetzung für die Unzuständigerklärung nach Abs 1 S 1 ist die internationale Zuständigkeit des angerufenen Gerichts nach Art 4, 5 oder 6 lit a – lit d. Anders als im Ehegüterrecht findet die alternative Zuständigkeit nach Art 9 also auch in Fällen der Verbundszuständigkeit nach Art 5 Anwendung. Hingegen ist sie – wiederum abweichend vom Ehegüterrecht – nicht eröffnet, wenn die Zuständigkeit des angerufenen Gerichts auf einer Gerichtsstandsvereinbarung nach Art 7 oder einer rügelosen Einlassung nach Art 8 beruht. Ferner hat auch das nach Art 6 lit e zuständige Gericht des Staates, in dem die Partnerschaft begründet wurde, nicht das Recht zur Unzuständigerklärung nach Abs 1.

71   Weiterhin darf das Rechtsinstitut der eingetragenen Partnerschaft im Recht des angerufenen Gerichts „nicht vorgesehen" sein. Die Gerichte von teilnehmenden Mitgliedstaaten, die – wie nunmehr auch die Bundesrepublik *Deutschland* mit Wirkung v 1.10.2017 – das Rechtsinstitut der eingetragenen Partnernerschaft mit Einführung der gleichgeschechtlichen Ehe abgeschafft und auf Altfälle beschränkt haben, können sich jedoch nicht deshalb auf Art 9 berufen. Denn diese Staaten erkennen im Ausland eingetragene Lebenspartnerschaften weiterhin als solche an (*Dutta* FamRZ 16, 1672/1579). Um das Verfahren nicht zu verzögern hat ein Gericht, das sich auf Art 9 berufen möchte, die Entscheidung über die Unzuständigkeit nach S 2 **unverzüglich** zu treffen.

3. Ersatzzuständigkeiten, Abs 2

72   **a) Gerichtsstandsvereinbarung nach Art 7, UAbs 1.** Erklärt sich ein Gericht nach Abs 1 für unzuständig, so soll der Antragsteller die Möglichkeit haben, die Güterrechtssache in jedem anderen Mitgliedstaat, dessen gerichtliche Zuständigkeit aufgrund eines Anknüpfungspunkts nach der Verordnung begründet ist, anhängig zu machen, wobei es nicht auf die Rangfolge der Zuständigkeitskriterien ankommt und zugleich die Parteiautonomie zu wahren ist (ErwG 36 S 3; → Anh V). Der Wahrung der Parteiautonomie dient insbesondere Abs 2 UAbs 1, der in den Fällen der Unzuständigerklärung durch ein an sich nach Abs 1 zuständiges Gerichts primär dasjenige Gericht ersatzweise für zuständig erklärt, das die Partner in einer nach Art 7 wirksamen Gerichtsstandsvereinbarung bestimmt haben.

73   **b) Zuständigkeiten nach Art 6 oder Art 8, UAbs 2.** In Ermangelung einer nach Art 7 wirksamen Gerichtsstandsvereinbarung sind nach Abs 2 UAbs 2 für Entscheidungen über die güterrechtlichen Wirkungen einer eingetragenen Partnerschaft die Gerichte des Mitgliedstaats international zuständig, die sich auf eine gesetzliche Zuständigkeit nach Art 6 stützen können oder vor denen sich der Beklagte wirksam nach Art 8 rügelos eingelassen hat. Durch die Kombination der verschiedenen Zuständigkeitsregeln soll gewährleistet werden, dass die Parteien

I. Internationale Zuständigkeit: EuPartVO Art 11 **I**

zumindest ein Gericht eines Mitgliedstaats anrufen können, das sich zur Entscheidung über die güterrechtlichen Wirkungen ihrer eingetragnenen Partnerschaft für zuständig erklärt.

c) Erneute Unzuständigerklärung. Nach einer Unzuständigkeitserklärung gem Abs 1 darf **74** sich allerdings auch jedes andere Gericht, das nicht ein Gericht des Mitgliedstaates ist, in dem die eingetragene Partnerschaft begründet wurde, und das aufgrund einer Gerichtsstandsvereinbarung oder aufgrund rügeloser Einlassung nach Abs 2 ersatzweise zuständig ist, unter denselben Bedingungen ebenfalls ausnahmsweise für unzuständig erklären (ErwG 36 S 3; → Anh V).

4. Unanwendbarkeit, Abs 3

Das Recht der mitgliedstaatlichen Gerichte, sich nach Abs 1 für unzuständig zu erklären, **75** besteht nach Abs 3 dann nicht, wenn die Parteien zwischenzeitlich eine **Auflösung oder Ungültigerklärung der eingetragenen Partnerschaft** erwirkt haben, die im Mitgliedstaat des angerufenen Gerichts anerkannt werden kann. Insoweit kommt es nicht darauf an, ob die Entscheidung über die Aufhebung oder Ungültigerklärung der eingetragenen Partnerschaft in einem Mitgliedstaat der Verordnung oder in einem nicht teilnehmenden Mitgliedstaat bzw in einem Drittstaat erwirkt wurde. Denn die Anerkennung dieser Entscheidung beurteilt sich nicht nach der Verordnung, sondern nach dem autonomen Recht des angerufenen Gerichts (einschließlich eines dort geltenden Staatsvertrags).

EuPartVO Art 10. Subsidiäre Zuständigkeit

Ist kein Gericht eines Mitgliedstaats nach den Artikeln 4 bis 8 zuständig oder haben sich alle Gerichte gemäß Artikel 9 für unzuständig erklärt und ist kein Gericht eines Mitgliedstaats nach Artikel 6 Buchstabe e, Artikel 7 oder Artikel 8 zuständig, so sind die Gerichte eines Mitgliedstaats zuständig, in dessen Hoheitsgebiet unbewegliches Vermögen eines oder beider Partner belegen ist; in diesem Fall ist das angerufene Gericht nur für Entscheidungen über dieses unbewegliche Vermögen zuständig.

Wie die EuGüVO enthält auch die EuPartVO einen abschließenden Katalog der interna- **76** tionalen Wie die EuGüVO enthält auch die EuPartVO einen **abschließenden Katalog** der internationalen Gerichtsstände und lässt einen Rückgriff auf nationale (Rest-)Zuständigkeiten nicht mehr zu Da die Art 4–6 nicht stets einen Gerichtsstand in einem teilnehmenden Mitgliedstaat begründen, sieht Art 10 für Fälle, in denen es auch an einer Gerichtsstandsvereinbarung nach Art 7 bzw einer rügelosen Einlassung nach Art 8 fehlt, eine **Auffangzuständigkeit** der Gerichte des Mitgliedstaats vor, in dessen Hoheitsgebiet unbewegliches Vermögen eines oder beider Ehegatten belegen ist (ErwG 39; → Anh V). Gleiches gilt für den – extrem seltenen – Fall, dass sich alle angerufenen Gerichte gem Art 9 für unzuständig erklärt haben und kein Gericht eines Mitgliedstaats nach Art 6 lit e, 7 oder 8 zuständig ist. Die *deutschen* Gerichte können daher auch dann, wenn die eingetragene Partnerschaft in einem Drittstaat begründet wurde, die Partner außerdem auch ihren gewöhnlichen Aufenthalt in einem Drittstaat haben und auch nicht gemeinsam die Staatsangehörigkeit eines teilnehmenden Mitgliedstaats besitzen, nach Art 10 für deren Güterrechtssachen international zuständig sein, sofern nur unbewegliches Vermögen der Partner im Inland belegen ist.

Das nur subsidiär nach Art 10 angerufene Gericht ist nur für Entscheidungen über das **in** **77** **seinem Hoheitsgebiet belegene unbewegliche Vermögen** eines oder beider Partner zuständig.

Zur Auslegung von Art 10 wird im Übrigen auf die Kommentierung zu Art 10 EuGüVO (→ B Rn 160 ff) verwiesen.

EuPartVO Art 11. Notzuständigkeit *(forum necessitatis)*

Ist kein Gericht eines Mitgliedstaats nach den Artikeln 4, 5, 6, 7, 8 oder 10 zuständig oder haben sich alle Gerichte gemäß Artikel 9 für unzuständig erklärt und ist kein Gericht eines Mitgliedstaats nach Artikel 6 Buchstabe e, Artikel 7, 8 oder 10 zuständig, so können die Gerichte eines Mitgliedstaats ausnahmsweise über die güterrechtlichen Wirkungen der eingetragenen Partnerschaft entscheiden, wenn es nicht zumutbar ist oder es sich als unmöglich erweist, ein Verfahren in einem Drittstaat, zu dem die Sache einen engen Bezug aufweist, einzuleiten oder zu führen.

I 1. Teil. Erkenntnisverfahren I. Lebenspartnerschaftssachen

Die Sache muss einen ausreichenden Bezug zu dem Mitgliedstaat des angerufenen Gerichts aufweisen.

78   Durch die Notzuständigkeit nach Art 11 soll der **Justizgewährungsanspruch** des Antragstellers iSv Art 6 Abs 1 EMRK und Art 47 Grundrechte-Charta auch in güterrechtlichen Streitigkeiten zwischen Partnern einer eingetragenen Lebenspartnerschaft gewährleistet und eine Rechtsschutzverweigerung verhindert werden (ErwG 40 S 1; → Anh V). Denn die EuPartVO enthält keine subsidiäre Verweisung auf die nationalen Zuständigkeitsvorschriften der Mitgliedstaaten. Damit ist auch ein Rückgriff auf die dort anerkannten Notzuständigkeiten – zB in Fällen, in denen der Antragsteller aufgrund von Krieg, Bürgerkrieg oder Stillstand der Rechtspflege sein Recht vor den eigentlich zuständigen Gerichten eines Drittstaats nicht durchsetzen kann (vgl im deutschen Recht BAG JZ 79, 647; OLG Frankfurt aM IPRax 99, 247/249) – ausgeschlossen. Deshalb soll ein Gericht eines Mitgliedstaats in besonderen Ausnahmefällen auch über die güterrechtlichen Wirkungen einer eingetragenen Partnerschaft entscheiden können, der einen engen Bezug zu einem Drittstaat aufweist.

79   Die Notzuständigkeit nach Art 11 setzt zunächst voraus, dass kein mitgliedstaatliches Gericht nach den Art 4–8 oder 10 international zuständig ist. Sie greift außerdem auch dann ein, wenn sich alle Gerichte nach 9 für unzuständig erklärt haben und kein Gericht eines Mitgliedstaats nach Art 6 lit e, 7, 8 oder 10 zuständig ist. Das gem Art 11 angerufene *deutsche* Gericht hat **von Amts wegen** zu prüfen, ob diese Voraussetzungen erfüllt sind. Zur Auslegung der Vorschrift wird im Übrigen auf die Kommentierung zu Art 11 EuGüVO (→ B Rn 164 ff) verwiesen.

EuPartVO Art 12. Widerklagen

Das Gericht, bei dem ein Verfahren aufgrund der Artikel 4 bis 8, 10 oder 11 anhängig ist, ist auch für eine Widerklage zuständig, sofern diese in den Anwendungsbereich dieser Verordnung fällt.

80   Zur Auslegung der Vorschrift wird auf die Kommentierung zu Art 12 EuGüVO (→ B Rn 173) verwiesen.

EuPartVO Art 13. Beschränkung des Verfahrens

(1) Umfasst der Nachlass des Erblassers, der unter die Verordnung (EU) Nr. 650/2012 fällt, Vermögenswerte, die in einem Drittstaat belegen sind, so kann das zu den güterrechtlichen Wirkungen der eingetragenen Partnerschaft angerufene Gericht auf Antrag einer der Parteien beschließen, über einen oder mehrere dieser Vermögenswerte nicht zu befinden, wenn zu erwarten ist, dass seine Entscheidung in Bezug auf diese Vermögenswerte in dem betreffenden Drittstaat nicht anerkannt oder gegebenenfalls nicht für vollstreckbar erklärt wird.

(2) Absatz 1 berührt nicht das Recht der Parteien, den Gegenstand des Verfahrens nach dem Recht des Mitgliedstaats des angerufenen Gerichts zu beschränken.

81   Zur Auslegung der Vorschrift wird auf die Kommentierung zu Art 13 EuGüVO (→ B Rn 174 ff) verwiesen.

EuPartVO Art 14. Anrufung eines Gerichts

Für die Zwecke dieses Kapitels gilt ein Gericht als angerufen:

a) zu dem Zeitpunkt, zu dem das verfahrenseinleitende Schriftstück oder ein gleichwertiges Schriftstück bei Gericht eingereicht worden ist, vorausgesetzt, der Antragsteller hat es in der Folge nicht versäumt, die ihm obliegenden Maßnahmen zu treffen, um die Zustellung des Schriftstücks an den Antragsgegner zu bewirken, oder,

b) falls die Zustellung vor Einreichung des Schriftstücks bei Gericht zu bewirken ist, zu dem Zeitpunkt, zu dem die für die Zustellung verantwortliche Stelle das Schriftstück erhalten hat, vorausgesetzt, der Antragsteller hat es in der Folge nicht versäumt, die ihm obliegenden Maßnahmen zu treffen, um das Schriftstück bei Gericht einzureichen, oder,

I. Internationale Zuständigkeit: EuPartVO Art 17   85 **I**

c) falls das Gericht das Verfahren von Amts wegen einleitet, zu dem Zeitpunkt, zu dem der Beschluss über die Einleitung des Verfahrens vom Gericht gefasst oder, wenn ein solcher Beschluss nicht erforderlich ist, zu dem Zeitpunkt, zu dem die Sache beim Gericht eingetragen worden ist.

Zur Auslegung der Vorschrift wird auf die Kommentierung zu Art 14 EuGüVO (→ B **82** Rn 178 ff) verwiesen.

EuPartVO Art 15. Prüfung der Zuständigkeit

Das Gericht eines Mitgliedstaats, das in einem Rechtsstreit über die güterrechtlichen Wirkungen einer eingetragenen Partnerschaft angerufen wird, für die es nach dieser Verordnung nicht zuständig ist, erklärt sich von Amts wegen für unzuständig.

Zur Auslegung der Vorschrift wird auf die Kommentierung zu Art 15 EuGüVO (→ B **83** Rn 190 ff) verwiesen.

EuPartVO Art 16 Prüfung der Zulässigkeit

(1) Lässt sich der Beklagte, der seinen gewöhnlichen Aufenthalt in einem anderen Staat als dem Mitgliedstaat hat, in die Klage erhoben wurde, auf das Verfahren nicht ein, so setzt das nach dieser Verordnung zuständige Gericht das Verfahren so lange aus, bis festgestellt ist, dass es dem Beklagten möglich war, das verfahrenseinleitende Schriftstück oder ein gleichwertiges Schriftstück so rechtzeitig zu empfangen, dass er sich verteidigen konnte oder dass alle hierzu erforderlichen Maßnahmen getroffen wurden.

(2) Anstelle des Absatzes 1 des vorliegenden Artikels findet Artikel 19 der Verordnung (EG) Nr. 1393/2007 des Europäischen Parlaments und des RatesAnwendung, wenn das verfahrenseinleitende Schriftstück oder ein gleichwertiges Schriftstück nach der genannten Verordnung von einem Mitgliedstaat in einen anderen zu übermitteln war.

(3) Ist die Verordnung (EG) Nr. 1393/2007 nicht anwendbar, so gilt Artikel 15 des Haager Übereinkommens vom 15. November 1965 über die Zustellung gerichtlicher und außergerichtlicher Schriftstücke im Ausland in Zivil- und Handelssachen, wenn das verfahrenseinleitende Schriftstück oder ein gleichwertiges Schriftstück nach Maßgabe dieses Übereinkommens ins Ausland zu übermitteln war.

Zur Auslegung der Vorschrift wird auf die Kommentierung zu Art 16 EuGüVO (→ B **84** Rn 196 ff) verwiesen.

EuPartVO Art 17. Rechtshängigkeit

(1) Werden bei Gerichten verschiedener Mitgliedstaaten Verfahren wegen desselben Anspruchs zwischen denselben Parteien anhängig gemacht, so setzt jedes später angerufene Gericht das Verfahren von Amts wegen aus, bis die Zuständigkeit des zuerst angerufenen Gerichts feststeht.

(2) In den in Absatz 1 genannten Fällen teilt das in der Rechtssache angerufene Gericht auf Antrag eines anderen angerufenen Gerichts diesem unverzüglich mit, wann es angerufen wurde.

(3) Sobald die Zuständigkeit des zuerst angerufenen Gerichts feststeht, erklärt sich das später angerufene Gericht zugunsten dieses Gerichts für unzuständig.

Art 17 regelt das Verfahren in Fällen doppelter Rechtshängigkeit von Güterrechtsverfahren **85** vor Gerichten verschiedener Mitgliedstaaten. Die Vorschrift überträgt die diesbezüglichen Regeln des Art 29 EuGVVO nF auf Güterrechtssachen eingetragener Lebenspartner. Normzweck ist es, im **Interesse einer geordneten Rechtspflege** zu vermeiden, dass in den Mitgliedstaaten Entscheidungen ergehen, die miteinander unvereinbar sind (ErwG 41; → Anh V). Zur Auslegung der Vorschrift wird auf die Kommentierung zu Art 17 EuGüVO (→ B Rn 206 ff) verwiesen.

793

I   1. Teil. Erkenntnisverfahren I. Lebenspartnerschaftssachen

EuPartVO Art 18. Im Zusammenhang stehende Verfahren

(1) Sind bei Gerichten verschiedener Mitgliedstaaten Verfahren, die im Zusammenhang stehen, anhängig, so kann jedes später angerufene Gericht das Verfahren aussetzen.

(2) Sind die in Absatz 1 genannten Verfahren in erster Instanz anhängig, so kann sich jedes später angerufene Gericht auf Antrag einer Partei auch für unzuständig erklären, wenn das zuerst angerufene Gericht für die betreffenden Verfahren zuständig ist und die Verbindung der Verfahren nach seinem Recht zulässig ist.

(3) Für die Zwecke dieses Artikels gelten Verfahren als im Zusammenhang stehend, wenn zwischen ihnen eine so enge Beziehung gegeben ist, dass eine gemeinsame Verhandlung und Entscheidung geboten erscheint, um zu vermeiden, dass in getrennten Verfahren widersprechende Entscheidungen ergehen.

86   Zur Auslegung der Vorschrift wird auf die Kommentierung zu Art 18 EuGüVO (→ B Rn 230 ff) verwiesen.

EuPartVO Art 19. Einstweilige Maßnahmen einschließlich Sicherungsmaßnahmen

Die im Recht eines Mitgliedstaats vorgesehenen einstweiligen Maßnahmen einschließlich Sicherungsmaßnahmen können bei den Gerichten dieses Staates auch dann beantragt werden, wenn für die Entscheidung in der Hauptsache nach dieser Verordnung die Gerichte eines anderen Mitgliedstaats zuständig sind.

87   Zur Auslegung der Vorschrift wird auf die Kommentierung zu Art 19 EuGüVO (→ B Rn 236 ff) verwiesen.

Kapitel III. Anzuwendendes Recht

EuPartVO Art 20 – 35

(abgedruckt und kommentiert → Rn 161 ff)

Kapitel IV. Anerkennung, Vollstreckbarkeit und Vollstreckung von Entscheidungen

EuPartVO Art 36 – 57

(abgedruckt und kommentiert → Q Rn 30 ff)

Kapitel V. Öffentliche Urkunden und gerichtliche Vergleiche

EuPartVO Art 58 – 60

(abgedruckt und kommentiert → Q Rn 52 ff)

Kapitel VI. Allgemeine und Schlussbestimmungen

EuPartVO Art 61. Legalisation oder ähnliche Förmlichkeiten

Im Rahmen dieser Verordnung bedarf es für Urkunden, die in einem Mitgliedstaat ausgestellt werden, weder der Legalisation noch einer ähnlichen Förmlichkeit.

88   Die Vorschrift entspricht Art 61 EuGVVO, Art 52 EuEheVO und Art 65 EuUntVO. Vgl → K Rn 138 und → C Rn 313 f).

EuPartVO Art 62. Verhältnis zu bestehenden internationalen Übereinkünften

(1) Diese Verordnung lässt unbeschadet der Verpflichtungen der Mitgliedstaaten nach Artikel 351 AEUV die Anwendung bilateraler oder multilateraler Übereinkünfte unberührt, denen ein oder mehrere Mitgliedstaaten zum Zeitpunkt des Erlasses dieser

794

I. Internationale Zuständigkeit: EuPartVO Art 68   **I**

Verordnung oder eines Beschlusses nach Artikel 331 Absatz 1 Unterabsatz 2 oder 3 AEUV angehören und die Bereiche betreffen, die in dieser Verordnung geregelt sind.

(2) Ungeachtet des Absatzes 1 hat diese Verordnung im Verhältnis zwischen den Mitgliedstaaten Vorrang vor Übereinkünften, denen die Mitgliedstaaten angehören und die Bereiche betreffen, die in dieser Verordnung geregelt sind.

Zur Auslegung der Vorschrift wird auf die Kommentierung zu Art 62 EuGüVO (→ B **89** Rn 248 ff) verwiesen. Die *Bundesrepublik Deutschland* ist auf dem Gebiet der internationalen Zuständigkeit für Güterrechtssachen eingetragener Lebenspartner an konkurrierenden Staatsverträgen nicht beteiligt.

EuPartVO Art 63 Informationen für die Öffentlichkeit

Die Mitgliedstaaten übermitteln der Kommission eine kurze Zusammenfassung ihrer nationalen Vorschriften und Verfahren betreffend die güterrechtlichen Wirkungen eingetragener Partnerschaften, einschließlich Informationen zu der Art von Behörde, die für Fragen der güterrechtlichen Wirkungen eingetragener Partnerschaften zuständig ist, und zu den Wirkungen gegenüber Dritten gemäß Artikel 28, damit die betreffenden Informationen der Öffentlichkeit im Rahmen des Europäischen Justiziellen Netzes für Zivil- und Handelssachen zur Verfügung gestellt werden können.

Die Mitgliedstaaten halten die Informationen stets auf dem neuesten Stand.

Zur Auslegung der Vorschrift wird auf die Kommentierung zu Art 63 EuGüVO (→ B **90** Rn 251) verwiesen; vgl auch ErwG 65; → Anh V.

EuPartVO Art 64. Angaben zu Kontaktdaten und Verfahren

(abgedruckt → Q Rn 57)

EuPartVO Art 65. Erstellung und spätere Änderung der Liste der in Artikel 3 Absatz 2 vorgesehenen Informationen

(1) Die Kommission erstellt anhand der Mitteilungen der Mitgliedstaaten die Liste der in Artikel 3 Absatz 2 genannten anderen Behörden und Angehörigen von Rechtsberufen.

(2) Die Mitgliedstaaten teilen der Kommission spätere Änderungen der in dieser Liste enthaltenen Angaben mit. Die Kommission ändert die Liste entsprechend.

(3) Die Kommission veröffentlicht die Liste und etwaige spätere Änderungen im *Amtsblatt der Europäischen Union.*

(4) Die Kommission stellt der Öffentlichkeit alle nach den Absätzen 1 und 2 mitgeteilten Angaben auf andere geeignete Weise, insbesondere über das Europäische Justizielle Netz für Zivil- und Handelssachen, zur Verfügung.

EuPartVO Art 66. Erstellung und spätere Änderung der Bescheinigungen und der Formblätter nach Artikel 45 Absatz 3 Buchstabe b und den Artikeln 58, 59 und 60

(abgedruckt und kommentiert → Q Rn 58)

EuPartVO Art 67. Ausschussverfahren

(1) Die Kommission wird von einem Ausschuss unterstützt. Dieser Ausschuss ist ein Ausschuss im Sinne der Verordnung (EU) Nr. 182/2011.

(2) Wird auf diesen Absatz Bezug genommen, so gilt Artikel 4 der Verordnung (EU) Nr. 182/2011.

EuPartVO Art 68. Überprüfungsklausel

(1) Die Kommission legt dem Europäischen Parlament, dem Rat und dem Europäischen Wirtschafts- und Sozialausschuss spätestens bis zum 29. Januar 2027 und danach

795

I 1. Teil. Erkenntnisverfahren I. Lebenspartnerschaftssachen

alle fünf Jahre einen Bericht über die Anwendung dieser Verordnung vor. Dem Bericht werden gegebenenfalls Vorschläge zur Änderung dieser Verordnung beigefügt.

(2) Die Kommission legt dem Europäischen Parlament, dem Rat und dem Europäischen Wirtschafts- und Sozialausschuss spätestens bis zum 29. Januar 2024 einen Bericht über die Anwendung der Artikel 9 und 38 dieser Verordnung vor. In diesem Bericht wird insbesondere bewertet, inwieweit die genannten Artikel den Zugang zur Justiz sichergestellt haben.

(3) Für die Zwecke der in den Absätzen 1 und 2 genannten Berichte übermitteln die Mitgliedstaaten der Kommission sachdienliche Angaben zu der Anwendung dieser Verordnung durch ihre Gerichte.

EuPartVO Art 69. Übergangsbestimmungen

(1) Diese Verordnung ist vorbehaltlich der Absätze 2 und 3 nur auf Verfahren, öffentliche Urkunden oder gerichtliche Vergleiche anzuwenden, die am 29. Januar 2019 oder danach eingeleitet, förmlich errichtet oder eingetragen beziehungsweise gebilligt oder geschlossen worden sind.

(2) *(abgedruckt und kommentiert → Q Rn 59)*

(3) *(abgedruckt und kommentiert → Rn 198)*

91 Zur Auslegung der Vorschrift wird auf die Kommentierung zu Art 69 Abs 1 EuGüVO (→ B Rn 252 f) verwiesen.

EuPartVO Art 70. Inkrafttreten

Diese Verordnung tritt am zwanzigsten Tag nach ihrer Veröffentlichung im *Amtsblatt der Europäischen Union* in Kraft.

(2) Diese Verordnung gilt in den Mitgliedstaaten, die an der durch Beschluss (EU) 2016/954 begründeten Verstärkten Zusammenarbeit im Bereich der Zuständigkeit, des anzuwendenden Rechts und der Anerkennung und Vollstreckung von Entscheidungen in Fragen der Güterstände internationaler Paare (eheliche Güterstände und Güterstände eingetragener Lebenspartnerschaften) teilnehmen.

Sie gilt ab 29. Januar 2019 mit Ausnahme der Artikel 63 und 64, die ab 29. April 2018 gelten, und der Artikel 65, 66 und 67, die ab 29. Juli 2016 gelten. Für diejenigen Mitgliedstaaten, die sich aufgrund eines nach Artikel 331 Absatz 1 Unterabsatz 2 oder Unterabsatz 3 AEUV angenommenen Beschlusses der Verstärkten Zusammenarbeit anschließen, gilt diese Verordnung ab dem in dem betreffenden Beschluss angegebenen Tag.

Diese Verordnung ist in allen ihren Teilen verbindlich und gilt gemäß den Verträgen unmittelbar in den teilnehmenden Mitgliedstaaten.

3. Autonomes Zivilverfahrensrecht

500. Gesetz über das Verfahren in Familiensachen und in den Angelegenheiten der freiwilligen Gerichtsbarkeit (FamFG)

Vom 17. Dezember 2008 (BGBl I, 2586)

Buch 2. Verfahren in Familiensachen
Abschnitt 12. Verfahren in Lebenspartnerschaftssachen

FamFG § 269. Lebenspartnerschaftssachen

(1) Lebenspartnerschaftssachen sind Verfahren, welche zum Gegenstand haben:
1. die Aufhebung der Lebenspartnerschaft auf Grund des Lebenspartnerschaftsgesetzes,
2. die Feststellung des Bestehens oder Nichtbestehens einer Lebenspartnerschaft,
3. die elterliche Sorge, das Umgangsrecht oder die Herausgabe in Bezug auf ein gemeinschaftliches Kind,
4. die Annahme als Kind und die Ersetzung der Einwilligung zur Annahme als Kind,

796

I. Internationale Zuständigkeit   92–94 **I**

5. Wohnungszuweisungssachen nach § 14 oder § 17 des Lebenspartnerschaftsgesetzes,
6. Haushaltssachen nach § 13 oder § 17 des Lebenspartnerschaftsgesetzes,
7. den Versorgungsausgleich der Lebenspartner,
8. die gesetzliche Unterhaltspflicht für ein gemeinschaftliches minderjähriges Kind der Lebenspartner,
9. die durch die Lebenspartnerschaft begründete gesetzliche Unterhaltspflicht,
10. Ansprüche aus dem lebenspartnerschaftlichen Güterrecht, auch wenn Dritte an dem Verfah-
    ren beteiligt sind,
11. Entscheidungen nach § 6 des Lebenspartnerschaftsgesetzes in Verbindung mit § 1365 Abs. 2,
    § 1369 Abs. 2 und den §§ 1382 und 1383 des Bürgerlichen Gesetzbuchs,
12. Entscheidungen nach § 7 des Lebenspartnerschaftsgesetzes in Verbindung mit den §§ 1426,
    1430 und 1452 des Bürgerlichen Gesetzbuchs oder mit § 1509 des Bürgerlichen Gesetzbuchs
    und Artikel 5 Absatz 2, Artikel 12 Abs 2 Satz 2 oder Artikel 17 des Abkommens vom 4. Februar
    2010 zwischen der Bundesrepublik Deutschland und der Französischen Republik über den
    Güterstand der Wahl-Zugewinngemeinschaft.
(2) Sonstige Lebenspartnerschaftssachen sind Verfahren, welche zum Gegenstand haben:
1. Ansprüche nach § 1 Abs. 4 Satz 2 des Lebenspartnerschaftsgesetzes in Verbindung mit den
   §§ 1298 bis 1301 des Bürgerlichen Gesetzbuchs,
2. Ansprüche aus der Lebenspartnerschaft,
3. Ansprüche zwischen Personen, die miteinander eine Lebenspartnerschaft führen oder geführt
   haben, oder zwischen einer solchen Person und einem Elternteil im Zusammenhang mit der
   Trennung oder Aufhebung der Lebenspartnerschaft,
   sofern nicht die Zuständigkeit der Arbeitsgerichte gegeben ist oder das Verfahren eines der in
   § 348 Abs. 1 Satz 2 Nr. 2 Buchstabe a bis k der Zivilprozessordnung genannten Sachgebiete,
   das Wohnungseigentumsrecht oder das Erbrecht betrifft und sofern es sich nicht bereits nach
   anderen Vorschriften um eine Lebenspartnerschaftssache handelt.

(3) Sonstige Lebenspartnerschaftssachen sind auch Verfahren über einen Antrag nach § 8 Abs. 2
des Lebenspartnerschaftsgesetzes in Verbindung mit § 1357 Abs. 2 Satz 1 des Bürgerlichen
Gesetzbuchs.

FamFG § 270. Anwendbare Vorschriften

(1) [1]In Lebenspartnerschaftssachen nach § 269 Abs. 1 Nr. 1 sind die für Verfahren auf Scheidung
geltenden Vorschriften, in Lebenspartnerschaftssachen nach § 269 Abs. 1 Nr. 2 die für Verfahren
auf Feststellung des Bestehens oder Nichtbestehens einer Ehe zwischen den Beteiligten geltenden Vorschriften entsprechend anzuwenden. [2]In den Lebenspartnerschaftssachen nach § 269
Abs. 1 Nr. 3 bis 11 sind die in Familiensachen nach § 111 Nr. 2, 4, 5 und 7 bis 9 jeweils geltenden
Vorschriften entsprechend anzuwenden.

(2) In sonstigen Lebenspartnerschaftssachen nach § 269 Abs. 2 und 3 sind die in sonstigen
Familiensachen nach § 111 Nr. 10 geltenden Vorschriften entsprechend anzuwenden.

1. Lebenspartnerschaftssachen

a) Gewöhnliche Lebenspartnerschaftssachen, §§ 269 Abs 1, 270 Abs 1. Der Begriff der   92
Lebenspartnerschaftssachen ist in § 269 FamFG näher bestimmt. Er umfasst nur die in dieser
Vorschrift legal definierten und abschließend aufgezählten Angelegenheiten (*Heiter* FamRB 10,
22/23). Dies sind gemäß Abs 1 insbesondere Verfahren, welche die Aufhebung der Lebenspartnerschaft (Nr 1), die Feststellung ihres Bestehens oder Nichtbestehens (Nr 2), die elterliche
Sorge, das Umgangsrecht oder die Herausgabe in Bezug auf ein gemeinschaftliches Kind (Nr 3),
die Adoption durch eingetragene Lebenspartner (Nr 4), Ehewohnungs- und Haushaltssachen
(Nr 5, 6), den Versorgungsausgleich zwischen den Lebenspartnern (Nr 7), die gesetzliche Unterhaltspflicht für gemeinschaftliche minderjährige Kinder und für den Lebenspartner (Nr 8, 9)
sowie Ansprüche aus dem lebenspartnerschaftlichen Güterrecht (Nr 10–12) zum Gegenstand
haben; insoweit handelt es sich um **gewöhnliche Familiensachen.**

Auf diese Verfahren sind gemäß § 270 Abs 1 die für die Scheidung und die für Familiensachen   93
nach § 111 Nr 2, 4, 5 7–9 geltenden Vorschriften entsprechend anzuwenden. Die internationale
Zuständigkeit ist allerdings in § 103 eigenständig geregelt.

b) Sonstige Lebenspartnerschaftssachen, §§ 269 Abs 2 und 3, 270 Abs 2. Infolge der   94
Einführung des „großen Familiengerichts" sind „sonstige Lebenspartnerschaftssachen" auch die
in § 269 Abs 2 und 3 im Einzelnen aufgeführten vermögensrechtlichen Ansprüche mit Bezug
zur Lebenspartnerschaft (BT-Drucks 16/6308, 263). Diese sind **Familienstreitsachen** iSv § 112
Nr 3 und entsprechen den sonstigen Familiensachen in § 266 Abs 1 Nr 1–3. Dementsprechend
wird in § 270 Abs 2 auf die nach § 111 Nr 10 geltenden Vorschriften für sonstige Familiensachen verwiesen.

797

I 1. Teil. Erkenntnisverfahren I. Lebenspartnerschaftssachen

2. Verfahrensrechtlicher und materiell-rechtlicher Begriff der Lebenspartnerschaft

95 Der verfahrensrechtliche Begriff der Lebenspartnerschaft in § 269 FamFG ist **weiter** als der materiell-rechtliche Begriff im Lebenspartnerschaftsgesetz (§ 1 LPartG) zu verstehen. Er umfasst neben eingetragenen Lebenspartnerschaften im deutschen Rechtssinne auch **ausländische Rechtsinstitute,** die gleichgeschlechtlichen Paaren die Eingehung einer – wie auch immer gestalteten – behördlich beurkundeten und registrierten Verbindung gestatten (*Wagner* IPRax 01, 281/282; ThP/*Hüßtege* Rn 2; MüKoFamFG/*Rauscher* Rn 6).

96 Hierzu gehörte nach bisher überwiegender Auffassung auch die **gleichgeschlechtliche Ehe,** die schon vor ihrer gesetzlichen Anerkennung in Deutschland durch das „Gesetz zur Einführung des Rechts auf Eheschließung für Personen gleichen Geschlechts" v 20.7.2017 (BGBl I, 2787) in mehreren EU-Mitgliedstaaten gesetzlich zugelassen und geregelt war (*Vlassopoulou* FamFR 10, 167; *Wiggerich* FamRZ 12, 1116/1118; *Hau* FamRZ 13, 249/251; BeckOK-FamFG/*Sieghörtner* Rn 3; MüKoFamFG/*Rauscher* Rn 7; näher → Rn 257ff). Daran kann jedoch nach dem Inkrafttreten dieses Gesetzes am 1.10.2017 nicht mehr festgehalten werden. Denn das Gesetz stellt die gleichgeschlechtliche Ehe in Art 17b Abs 4 EGBGB nF ausdrücklich nur für die Zwecke des *Kollisionsrechts* der eingetragenen Lebenspartnerschaft gleich (näher → Rn 267 ff) und hat den Begriff der Lebenspartnerschaftssachen in § 269 FamFG nicht auf die gleichgeschlechtliche Ehe erweitert. Soweit nicht bereits vorrangiges europäisches Recht eine Gleichstellung mit heterosexuellen Ehen gebietet (vgl zur EuEheVO näher → A Rn 32 f), muss diese Gleichstellung auch im autonomen internationalen Verfahrensrecht gelten. Die internationale Zuständigkeit für die Scheidung einer gleichgeschlechtlichen Ehe beurteilt sich daher nicht nach § 103 FamFG, sondern nach § 98 FamFG, soweit nicht die EuEheVO vorrangig zur Anwendung kommt (P/H/*Hau* Rn 5).

97 Die §§ 269, 270 sind auch analog auf eingetragene **heterosexuelle Partnerschaften** anzuwenden (BeckOK-FamFG/*Sieghörtner* Rn 3; MüKoFamFG/*Rauscher* Rn 8; aA [§ 98 analog] P/H/*Hau* Rn 5; vgl zum französischen PACS *Gergen* FPR 10, 219 sowie *Ferrand* FamRZ 00, 517; zur Rechtslage in *Dänemark, Norwegen,* den *Niederlanden, Spanien, Finnland, Großbritannien* und zahlreichen anderen Staaten vgl *Frank* MittBayNot-Sonderheft 01, 35 sowie *Scherpe* FPR 10, 211; zur *balearischen* Regelung der sog *„parelles estables",* bei denen es sich – wie beim französischen PACS – um eingetragene Lebenspartnerschaften handelt, die homo- wie heterosexuellen Partnern gleichermaßen offenstehen, vgl *Gergen* FPR 10, 214; zur Regelung eingetragener heterosexueller Partnerschaften in anderen spanischen Foralrechten *Hierneis,* in: Ferid/Firsching/Dörner/Hausmann, Internationales Erbrecht, Spanien [Stand: 15.5.2017] Grdz D Rn 107 ff). Dieser erweiterten Auslegung ist zuzustimmen, soweit die heterosexuelle Partnerschaft durch einen förmlichen staatlichen Akt begründet wird, da sie insofern mit einer eingetragenen gleichgeschlechtlichen Partnerschaft vergleichbar ist (vgl zum IPR → Rn 206 ff).

98 Auf **nichteheliche oder faktische Lebensgemeinschaften,** in denen homo- oder heterosexuelle Partner dauerhaft zusammenleben, ohne die Verbindung vor einer staatlichen Stelle registriert zu haben, sind die Vorschriften der §§ 269, 270 und § 103 grundsätzlich nicht anwendbar. Etwas anderes sollte allerdings für solche Lebensgemeinschaften gelten, die einem Recht unterliegen, das an das tatsächliche dauerhafte Zusammenleben zweier Personen statusrechtliche Wirkungen knüpft (vgl zum IPR → Rn 212, 272 ff).

Abschnitt 9. Verfahren mit Auslandsbezug

Schrifttum: Vgl das allg Schrifttum zu Verfahren mit Auslandsbezug im FamFG → A vor Rn 239; ferner *Finger,* Verfahrensrecht der Lebenspartnerschaft, FPR 01, 460.

Unterabschnitt 1. *Verhältnis zu völkerrechtlichen Vereinbarungen und Rechtsakten der Europäischen Gemeinschaft*

FamFG § 97. Vorrang und Unberührtheit

(1) [1]**Regelungen in völkerrechtlichen Vereinbarungen gehen, soweit sie unmittelbar anwendbares innerstaatliches Recht geworden sind, den Vorschriften dieses Gesetzes vor.** [2]**Regelungen in Rechtsakten der Europäischen Gemeinschaft bleiben unberührt.**

I. Internationale Zuständigkeit: FamFG § 103 **103 I**

(2) **Die zur Umsetzung und Ausführung von Vereinbarungen und Rechtsakten im Sinne des Absatzes 1 erlassenen Bestimmungen bleiben unberührt.**

Vorrangige Regelungen des EU-Rechts bzw in völkerrechtlichen Vereinbarungen gelten auf **99** dem Gebiet der internationalen Zuständigkeit in Lebenspartnerschaftssachen iSv **§ 269 Abs 1 Nr 1 und Nr 2** (Aufhebung der Lebenspartnerschaft oder Feststellung ihres Bestehens/Nichtbestehens) bisher nicht. Etwas anderes gilt lediglich für die gleichgeschlechtliche Ehe (→ A Rn 32 f).

Nach Abs 1 S 2 bleiben jedoch auf dem Gebiet der internationalen Zuständigkeit nach dem **100** eingangs Gesagten (→ Rn 1 ff) vor allem in den folgenden Lebenspartnerschaftssachen **Regelungen des EU-Rechts** unberührt:
– in Bezug auf die **elterliche Sorge,** das Umgangsrecht oder die Herausgabe eines gemeinschaftlichen Kindes (§ 269 Abs 1 Nr 3) die Art 8 ff **EuEheVO** (→ F Rn 78 ff),
– in Bezug auf **Wohnungszuweisungssachen** nach §§ 14, 17 LPartG, **Haushaltssachen** nach §§ 13, 17 LPartG und Ansprüche aus dem lebenspartnerschaftlichen **Güterrecht** (§ 269 Abs 1 Nr 5, 6 und Nr 10–12) die **EuPartVO** (→ Rn 11 ff),
– in Bezug auf die **gesetzliche Unterhaltspflicht** für ein gemeinschaftliches minderjähriges Kind der Lebenspartner und die durch die Lebenspartnerschaft begründete gesetzliche Unterhaltspflicht (§ 269 Abs 1 Nr 8, 9) die Art 3 ff **EuUntVO** (→ C Rn 89 ff),

Soweit der räumlich-persönliche, sachliche und zeitliche Anwendungsbereich der genannten **101** EU-Verordnungen eröffnet ist, werden die Zuständigkeitsregeln in § 103 durch das Verordnungsrecht verdrängt.

Unterabschnitt 2. *Internationale Zuständigkeit*

Das deutsche Recht regelt die internationale Zuständigkeit für die in § 269 aufgeführten **102** Lebenspartnerschaftssachen in § 103 Abs 1; diese Zuständigkeit wird sodann im Falle des Verbunds von Aufhebungs- und Folgesachen – wie in § 98 Abs 2 für Scheidungsfolgesachen – in § 103 Abs 2 auf die Folgen der Auflösung einer Lebenspartnerschaft erstreckt.

FamFG § 103. Lebenspartnerschaftssachen

(1) **Die deutschen Gerichte sind in Lebenspartnerschaftssachen, die die Aufhebung der Lebenspartnerschaft auf Grund des Lebenspartnerschaftsgesetzes oder die Feststellung des Bestehens oder Nichtbestehens einer Lebenspartnerschaft zum Gegenstand haben, zuständig, wenn**

1. ein Lebenspartner Deutscher ist oder bei Begründung der Lebenspartnerschaft war,
2. einer der Lebenspartner seinen gewöhnlichen Aufenthalt im Inland hat oder
3. die Lebenspartnerschaft vor einer zuständigen deutschen Stelle begründet worden ist.

(2) **Die Zuständigkeit der deutschen Gerichte nach Absatz 1 erstreckt sich im Falle des Verbunds von Aufhebungs- und Folgesachen auf die Folgesachen.**

(3) **Die §§ 99, 101, 102 und 105 gelten entsprechend.**

1. Aufhebung der Lebenspartnerschaft oder Feststellung ihres Bestehens/ Nichtbestehens, Abs 1

a) **Allgemeines.** Die internationale Zuständigkeit für Verfahren, die den Status von einge- **103** tragenen Lebenspartnern feststellen oder gestalten, ist derzeit noch nicht auf der Ebene des Unionsrechts geregelt. Insbesondere sind die Art 3 ff EuEheVO nicht anwendbar, denn die Verordnung findet nach bisher hM nur auf Ehen und nicht auf eingetragene Lebenspartnerschaften Anwendung (Keidel/*Engelhardt* Rn 2; MüKoFamFG/*Rauscher* Rn 10; ThP/*Hüßtege* § 270 Rn 2; *Heiter* FamRB 10, 22/24; MüKoBGB/*Coester* Rn 112; Pal/*Thorn* Rn 11; Erman/*Hohloch* Rn 18, jeweils zu Art 17b EGBGB; ebenso zur Frage einer Ausdehnung der EuEheVO auf gleichgeschlechtliche Ehen aber näher → A Rn 32 f). Da auch die EuGVVO nach ihrem Art 1 Abs 2 lit a nicht anwendbar ist (BeckOK-FamFG/*Sieghörtner* Rn 4; Haußleiter/*Gomille* Rn 2; *Rausch* FPR 06, 441/445), verbleibt es bei der Geltung des autonomen Zuständigkeitsrechts der Mitgliedstaaten.

799

I 103a–108   1. Teil. Erkenntnisverfahren I. Lebenspartnerschaftssachen

103a   Zu beachten ist allerdings, dass seit der Einführung der „Ehe für alle" durch Gesetz v 20.7.2017 (BGBl I, 2787) mit Wirkung v 1.10.2017 neue Lebenspartnerschaften in Deutschland nicht mehr eingetragen werden können (Art 3 Abs 3 des Gesetzes). Ferner können zuvor eingetragene Lebenspartnerschaften in gleichgeschlechtliche Ehen umgewandelt werden (§ 20a LPartG). Da sich die internationale Zuständigkeit für die Scheidung, gerichtliche Trennung oder Aufhebung gleichgeschlechtlicher Ehen aber nach Art 3 ff EuEheVO bzw nach § 98 FamFG beurteilt (→ A Rn 32 f, 253), wird die praktische Bedeutung von § 103 in Zukunft stark zurückgehen. Bedeutung behält die Vorschrift vor allem noch für die Auflösung von vor dem 1.10.2017 im Inland oder von im Ausland registrierten Lebenspartnerschaften.

104   **b) Die einzelnen Zuständigkeitsanknüpfungen.** Nur die internationale Zuständigkeit für Verfahren, welche die Aufhebung der Lebenspartnerschaft oder die Feststellung ihres Bestehens bzw Nichtbestehens zum Gegenstand haben (§ 269 Abs 1 Nr 1 und 2), ist in Abs 1 geregelt. Demgegenüber gelten für sonstige Lebenspartnerschaftssachen die Abs 2 und 3. Nach Abs 1 sind die deutschen Gerichte zuständig, wenn

(1) ein Lebenspartner Deutscher ist oder dies bei Begründung der Lebenspartnerschaft war,
(2) einer der Lebenspartner seinen gewöhnlichen Aufenthalt im Inland hat oder
(3) die Lebenspartnerschaft vor einer zuständigen deutschen Stelle begründet worden ist.

105   Die internationale Zuständigkeit gemäß § 103 Abs 1 ist, wie sich aus § 106 FamFG ergibt, **nicht ausschließlich.** Es gilt außerdem der Grundsatz der *perpetuatio fori.* Verlegt ein Lebenspartner also seinen gewöhnlichen Aufenthalt nach dem Eintritt der Rechtshängigkeit ins Ausland oder verliert er die deutsche Staatsbürgerschaft, so lässt dies die Zuständigkeit der deutschen Gerichte nicht entfallen (Haußleiter/ *Gomille* Rn 4; MüKoFamFG/ *Rauscher* Rn 19).

106   **Nr 1** erklärt – in Übereinstimmung mit der für Ehesachen geltenden Regelung in § 98 Abs 1 Nr 1 – die deutschen Gerichte für zuständig, wenn *einer* der Lebenspartner – ohne Rücksicht auf seine Parteirolle – spätestens im Zeitpunkt der letzten mündlichen Verhandlung die **deutsche Staatsangehörigkeit** besitzt oder bei der Registrierung der Lebenspartnerschaft Deutscher war („Antrittszuständigkeit"). Bei *Mehrstaatern* genügt es, wenn sie zumindest auch die deutsche Staatsangehörigkeit besitzen. Auf die Effektivität dieser Staatsangehörigkeit kommt es für die Bestimmung der internationalen Zuständigkeit nach Nr 1 – anders als im internationalen Privatrecht (Art 5 Abs 1 EGBGB) – nicht an (BeckOK-FamFG/ *Sieghörtner* Rn 6; Keidel/ *Engelhardt* Rn 3; Zö/ *Geimer* Rn 11). Für Staatenlose, Asylberechtigte und internationale Flüchtlinge iS der Genfer Flüchtlingskonvention gilt Nr 1 entsprechend; für diesen Personenkreis ergibt sich die internationale Zuständigkeit allerdings idR aus Nr 2. Hingegen sind Staatsangehörige anderer EU-Mitgliedstaaten mit gewöhnlichem Aufenthalt im Inland in Lebenspartnerschaftssachen – anders als in Ehesachen (Art 7 Abs 2 EuEheVO) – deutschen Staatsangehörigen nicht gleichgestellt (MüKoFamFG/ *Rauscher* Rn 12).

107   Ferner sind die deutschen Gerichte gemäß **Nr 2** international zuständig, wenn nur *einer* der Lebenspartner seinen **gewöhnlichen Aufenthalt im Inland** hat (zum Begriff des gewöhnlichen Aufenthalts näher → A Rn 55 ff). Abweichend von der für Ehesachen in § 98 Abs 1 Nr 4 getroffenen Regelung (→ A Rn 274 ff) kommt es nicht darauf an, dass die deutsche Entscheidung über die Aufhebung der eingetragenen Lebenspartnerschaft in einem der Heimatstaaten der Partner anerkannt wird, weil dadurch der Rechsschutz ausländischer Partner zu stark beschnitten würde (*Wagner* IPRax 01, 281/287; *Henrich* FamRZ 02, 137/141; (MüKo-FamFG/ *Rauscher* Rn 14; MüKoBGB/ *Coester* Art 17b EGBGB Rn 115). Ebenso wenig ist es erforderlich, das der ausländische Registrierungsstaat die deutsche Entscheidung voraussichtlich anerkennen wird. Verfassungsrechtliche Bedenken gegen diese großzügigere Eröffnung der internationalen Zuständigkeit für Lebenspartner als für Ehegatten sind nicht begründet (P/H/ *Hau* Rn 7).

108   Schließlich sind die deutschen Gerichte auch zuständig, wenn die Lebenspartnerschaft **vor einer zuständigen deutschen Stelle begründet** worden ist **(Nr 3;** vgl AG Schwäbisch-Hall IPRax 15, 452); dies ist nach Maßgabe des Landesrechts idR der Standesbeamte, kann aber auch ein Notar sein (§ 1 LPartG). Hierdurch soll sichergestellt werden, dass Lebenspartnerschaften, die in deutsche Register eingetragen worden sind, unabhängig von der Staatsangehörigkeit oder dem gewöhnlichen Aufenthalt der Beteiligten in jedem Fall auf Antrag eines der Partner wieder aufgelöst werden können (*Thorn* IPRax 02, 349/355; Erman/ *Hohloch* Art 17b EGBGB Rn 18; NK-BGB/ *Gebauer* Art 17b EGBGB Rn 83).

I. Internationale Zuständigkeit: FamFG § 103   109–115 **I**

2. Andere Lebenspartnerschaftssachen (Folgesachen), Abs 2, 3

a) Allgemeines. In anderen Lebenspartnerschaftssachen hängt die internationale Zuständig- **109** keit davon ab, ob das Verfahren kraft Gesetzes oder auf Antrag in den **Verbund von Auf- hebungs- und Folgesachen** (§ 270 Abs 1 iVm § 137 Abs 2, 3) fällt oder nicht. Im ersteren Fall erstreckt sich die internationale Zuständigkeit der deutschen Gerichte für die Aufhebung der Lebenspartnerschaft – dem Vorbild des § 98 Abs 3 entsprechend – gemäß Abs 2 auch auf die Folgesache. Die deutschen Gerichte sind in diesem Fall also auch dann für die Verhandlung der anderen Lebenspartnerschaftssache zuständig sind, wenn sie für ein isoliertes Verfahren nicht zuständig wären.

Fällt eine Lebenspartnerschaftssache **nicht in den Verbund,** richtet sich die internationale **110** Zuständigkeit gemäß § 103 Abs 3 FamFG nach den allgemeinen Vorschriften der §§ 99, 101, 102, 105, soweit keine vorrangigen Rechtsakte der EU oder Staatsverträge eingreifen. Die Verweisungen auf §§ 99, 101 und 102 sind allerdings insoweit irreführend, als sich die gleiche Rechtsfolge bereits aus § 270 Abs 1 S 2 ergibt (krit deshalb P/H/*Hau* Rn 22 ff). Insbesondere gibt es **keine isolierte Verbundzuständigkeit** der deutschen Gerichte. Das mit einer (ver- bundfähigen) isolierten Lebenspartnerschaftssache befasste Gericht ist daher nicht allein deshalb international zuständig, weil ein deutsches Gericht hypothetisch zuständig wäre, wenn eine Aufhebungssache anhängig gemacht würde, aber nicht anhängig gemacht worden ist (Keidel/ *Engelhardt* Rn 6; Haußleiter/*Gomille* Rn 7; P/H/*Hau* Rn 11).

Der **Grundsatz der *perpetuatio fori*** gilt nicht nur für die Bestimmung der internationalen **111** Zuständigkeit in Verfahren auf Aufhebung oder Feststellung des Bestehens oder Nichtbestehens einer Lebenspartnerschaft, sondern auch in anderen Lebenspartnerschaftssachen iSv § 269. Eine Veränderung der zuständigkeitsbegründenden Tatsachen nach Eintritt der Rechtshängigkeit lässt daher die einmal gegebene Zuständigkeit der deutschen Gerichte nicht entfallen (Haußleiter/ *Gomille* Rn 4; MüKoFamFG/*Rauscher* Rn 18). Die internationale Zuständigkeit der deutschen Gerichte ist, soweit sie sich aus den Vorschriften des FamFG ergibt, nicht ausschließlich (§ 106 FamFG).

b) Die einzelnen Lebenspartnerschaftssachen. aa) Elterliche Verantwortung. In Ver- **112** fahren, welche die elterliche Sorge, das Umgangsrecht oder die Herausgabe in Bezug auf ein gemeinschaftliches Kind (§ 269 Abs 1 Nr 3) zum Gegenstand haben, bestimmt sich die interna- tionale Zuständigkeit **vorrangig nach Art 8 ff EuEheVO** (ThP/*Hüßtege* § 270 Rn 3; näher → F Rn 78 ff). Danach sind die deutschen Gerichte international zuständig, wenn das Kind im Zeitpunkt der Antragstellung seinen gewöhnlichen Aufenthalt in Deutschland hat (Art 8 Abs 1 EuEheVO). Ebenfalls Vorrang genießen die **Art 5 ff KSÜ** (näher → F Rn 412 ff), die grund- sätzlich auch eine Zuständigkeit der Gerichte im Aufenthaltsstaat des Kindes vorsehen (MüKo- FamFG/*Rauscher* Rn 25). Gleiches gilt schließlich nach Art 1 ff MSA, wenn das Kind seinen gewöhnlichen Aufenthalt in einem Vertragsstaat des MSA hat, der nicht zugleich Vertragsstaat des KSÜ ist (→ F Rn 458).

Ist ausnahmsweise weder die EuEheVO noch das KSÜ/MSA anwendbar, weil das Kind seinen **113** gewöhnlichen Aufenthalt in einem Drittstaat hat, sind die deutschen Gerichte international zuständig, wenn entweder das Kind Deutscher ist oder der Fürsorge im Inland bedarf, Abs 3 iVm § 99 Abs 1 (näher → F Rn 578 ff). Soll ein Verfahren betreffend die elterliche Sorge, das Umgangsrecht oder die Herausgabe in Bezug auf ein gemeinschaftliches Kind (auf Antrag eines Lebenspartners, vgl § 137 Abs 3) **im Verbund** mit der Aufhebung der Lebenspartnerschaft von einem deutschen Gericht entschieden werden, ist das für die Aufhebung nach Abs 2 zuständige Gericht auch für die Kindschaftssache zuständig. Die in Art 12 EuEheVO und Art 10 KSÜ geregelten akzessorischen Zuständigkeiten sind hingegen spezifisch auf Ehesachen zugeschnitten und daher in Lebenspartnerschaftssachen nicht anwendbar.

bb) Adoption. Für Verfahren, welche die Annahme als Kind und die Ersetzung der Einwil- **114** ligung zur Annahme als Kind betreffen (§ 269 Abs 1 Nr 4), sind die deutschen Gerichte zuständig, wenn einer der annehmenden Lebenspartner oder das Kind entweder (1) Deutscher ist oder (2) seinen gewöhnlichen Aufenthalt im Inland hat, Abs 3 iVm § 101 (krit *Hau* FamRZ 09, 821/822; dazu näher → H Rn 5 ff).

cc) Ehewohnung und Haushaltsgegenstände. In (isolierten) Wohnungszuweisungs- und **115** Haushaltssachen nach §§ 13, 14, 17 LPartG (§ 269 Abs 1 Nr 5, 6) gelten für die Bestimmung der internationalen Zuständigkeit – vorbehaltlich einer unterhaltsrechtlichen Qualifikation

801

I 116–119   1. Teil. Erkenntnisverfahren I. Lebenspartnerschaftssachen

(→ Rn 117) – ab dem 29.1.2019 die **Art 4 ff EuPartVO** (näher→ Rn 36). Für bis zu diesem Zeitpunkt eingeleitete Verfahren verbleibt es hingegen beim autonomen deutschen Verfahrensrecht (Abs 3 iVm §§ 105, 201), weil Wohnungszuweisungs- und Haushaltssachen auch zwischen eingetragenen Lebenspartnern aus dem Anwendungsbereich der EuGVVO und des LugÜ 2007 ausgeschlossen sind (Rauscher/*Mankowski* Art 1 EuGVVO Rn 62; **aA** P/H/*Hau* Rn 16). Danach sind die deutschen Gerichte zuständig, wenn die gemeinsame Wohnung der Lebenspartner, subsidiär der gewöhnliche Aufenthalt des Antragsgegners, oder (wiederum subsidiär) der gewöhnliche Aufenthalt des Antragstellers im Zuständigkeitsbereich eines deutschen Gerichts belegen ist (näher → E Rn 17 f). Wird über Wohnungszuweisungs- oder Haushaltssachen **im Verbund** verhandelt und entschieden, ist das Gericht zuständig, bei dem die Aufhebung der Lebenspartnerschaft anhängig ist (Abs 2). Zum Grundsatz der Doppelfunktionalität der Vorschriften über die örtliche Zuständigkeit gem § 105 → C Rn 465 ff.

116   dd) Versorgungsausgleich. In (isolierten) Verfahren betreffend den Versorgungsausgleich der Lebenspartner (§ 269 Abs 1 Nr 7) sind die deutschen Gerichte international zuständig, wenn (1) der Antragsteller oder der Antragsgegner seinen gewöhnlichen Aufenthalt im Inland hat, (2) über inländische Anrechte zu entscheiden ist oder (3) ein deutsches Gericht die Lebenspartnerschaft zwischen Antragsteller und Antragsgegner aufgehoben hat (Abs 3 iVm § 102; näher → D Rn 15 ff). Zum Begriff des gewöhnlichen Aufenthalts siehe → C Rn 101 ff. Wird über den Versorgungsausgleich – wie im Regelfall – **im Verbund** mit der Aufhebung der Lebenspartnerschaft entschieden, sind die deutschen Gerichte für die Durchführung des Versorgungsausgleichs zuständig, wenn sie auch für die Aufhebung der Lebenspartnerschaft international zuständig sind (Abs 2).

117   ee) Unterhalt. In (isolierten) Verfahren, welche die gesetzliche Unterhaltspflicht für ein gemeinschaftliches minderjähriges Kind der Lebenspartner oder die durch die Lebenspartnerschaft begründete gesetzliche Unterhaltspflicht betreffen (§ 269 Abs 1 Nr 8, 9 FamFG), richtet sich die internationale Zuständigkeit seit dem 18.6.2011 grundsätzlich nach **Art 3 ff EuUntVO** (→ C Rn 89 ff), die als Vorschriften des sekundären Unionsrechts dem nationalen Recht vorgehen (§ 2 AUG). Danach sind die deutschen Gerichte insbesondere international zuständig, wenn der gewöhnliche Aufenthalt des Antragsgegners oder des Unterhaltsberechtigten im Inland liegt (Art 3 lit a, b EuUntVO); ferner kommt auch eine Annexzuständigkeit des Gerichts in Betracht, das nach § 103 Abs 1 FamFG für die Aufhebung der Lebensgemeinschaft international zuständig ist (Art 3 lit c EuUntVO; vgl § 25 Abs 1 Nr 1 lit c AUG). Nur soweit die EuUntVO ausnahmsweise nicht anwendbar ist, gilt für isolierte Unterhaltsverfahren Abs 3 iVm §§ 105, 232 (näher → C Rn 465 ff). Danach folgt die internationale Zuständigkeit aus der örtlichen Zuständigkeit. Für die vorgenannten Verfahren in Unterhaltssachen, mit Ausnahme des vereinfachten Verfahrens über den Unterhalt Minderjähriger, die im Verbund mit einem Verfahren auf Aufhebung der Lebenspartnerschaft verhandelt und entschieden werden (§ 137), gilt Abs 2.

118   ff) Güterrecht. Die internationale Zuständigkeit für Ansprüche aus dem lebenspartnerschaftlichen Güterrecht ist derzeit noch nicht auf der Ebene des Unionsrechts geregelt. Diese Ansprüche sind insbesondere nach Art 1 Abs 2 lit a („Güterstände aufgrund von Verhältnissen, die nach dem auf diese Verhältnisse anzuwendenden Recht mit der Ehe vergleichbare Wirkungen entfalten") aus dem Anwendungsbereich der **EuGVVO** und des **LugÜ 2007** (MüKoFamFG/*Rauscher* Rn 24; unalexK/*Hausmann* Art 1 EuGVVO Rn 70 mwN; **aA** P/H/*Hau* Rn 18; ausgeschlossen; ThP/*Hüßtege* § 270 Rn 8; vgl → Rn 3). Der Ausschluss umfasst alle vermögensrechtlichen Beziehungen zwischen den Lebenspartnern, die sich unmittelbar aus der Lebenspartnerschaft oder deren Auflösung ergeben (vgl zum ehelichen Güterrecht EuGH 143/78 – *de Cavel I,* Slg 79, 1055 Rn 7; ferner unalexK/*Hausmann* Art 1 Rn 58 ff). Ist allerdings im Rahmen einer vermögensrechtlichen Streitigkeit zwischen Lebenspartnern über Fragen des Güterrechts lediglich als Vorfrage zu entscheiden, so wird hierdurch die Anwendbarkeit der EuGVVO nicht in Frage gestellt (vgl OLG Stuttgart IPRax 01, 152: Streit zwischen Ehegatten über gemeinsames Bankkonto; unalexK/*Hausmann* Art 1 Rn 44 f mwN).

119   Diese Rechtslage wird sich allerdings mit Geltung der **EuPartVO ab dem 29.1.2019** ändern. Die Zuständigkeitsordnung dieser Verordnung (Art 4 ff) verdrängt für die ab diesem Stichtag eingeleiteten Verfahren in den an der Verstärkten Zusammenarbeit teilnehmenden Mitgliedstaaten das autonome Recht der internationalen Zuständigkeit für Verfahren, die das Güterrecht der Partner zum Gegenstand haben (näher → Rn 43 ff).

II. Internationales Privatrecht 120–125 **I**

Bis zum Inkrafttreten der EuPartVO beurteilt sich die internationale Zuständigkeit für Ver- **120** fahren, in denen Ansprüche aus dem lebenspartnerschaftlichen Güterrecht erhoben werden, nach **nationalem Recht.** Vor deutschen Gerichten gilt daher Abs 2, sofern über güterrechtliche Konsequenzen **im Verbund** mit der Aufhebung der Lebenspartnerschaft verhandelt und entschieden wird. Für isolierte güterrechtliche Verfahren zwischen Lebenspartnern gilt Abs 3 iVm §§ 105, § 262 Abs 2 FamFG, §§ 12 ff ZPO (näher → B Rn 267). Diese Zuständigkeiten bestehen auch dann, wenn Dritte an dem Verfahren beteiligt sind (§ 269 Abs 1 Nr 10 FamFG).

gg) Andere Lebenspartnerschaftssachen. Für andere Lebenspartnerschaftssachen, also ins- **121** besondere Entscheidungen nach § 6 LPartG iVm §§ 1365 Abs 2, 1369 Abs 2 und §§ 1382, 1383 BGB (§ 269 Abs 1 Nr 11), Entscheidungen nach § 7 LPartG iVm §§ 1426, 1430 und 1452 BGB (§ 269 Abs 1 Nr 12) sowie sonstige Lebenspartnerschaftssachen iSv § 269 Abs 2 gelten §§ 103 Abs 3, 105 FamFG, soweit nicht auch insoweit ab dem 29.1.2019 vorrangig die EuPartVO eingreift.

II. Internationales Privatrecht

1. Einführung

a) EU-Recht. aa) Statusverfahren. Regelungen des sekundären Unionsrechts finden auf **122** dem Gebiet des auf die **Aufhebung von registrierten Lebenspartnerschaften** anzuwenden-den Rechts derzeit keine Anwendung. Die Rom III-VO regelt das Kollisionsrecht nur für die Scheidung und die Trennung von Ehen. Sie kann zwar in den Mitgliedstaaten, die gleich-geschlechtliche Ehen zulassen, auch auf deren Scheidung angewandt werden (näher → A Rn 314 ff). In *Deutschland* wird sie jedoch bisher überwiegend als eingetragene Lebenspart-nerschaft qualifiziert (zur Kritik → Rn 259 ff). Das Kollisionsrecht der eingetragenen Lebenspart-nerschaft ist aber in der EU bisher nicht vereinheitlicht. In Deutschland gilt Art 17b EGBGB, der in seinem Abs 4 idF des Gesetzes v 20.7.2017 ausdrücklich klarstellt, dass auch gleich-geschlechtliche Ehen für die Zwecke des internationalen Privatrechts als eingetragene Lebens-partnerschaften zu behandeln sind.

bb) Unterhaltsrecht. Eine andere Beurteilung gilt hingegen für wichtige Folgen einer Auf- **123** hebung von registrierten Lebenspartnerschaften. So gelten für das internationale Privatrecht der Unterhaltspflichten zwischen den (ehemaligen) Lebenspartnern und im Verhältnis zwischen diesen und ihren Kindern seit dem 18.6.2011 die Vorschriften des **Haager Unterhaltspro-tokolls,** dem die Qualität von sekundärem Unionsrecht zukommt (näher → C Rn 489 ff).

cc) Güterrecht. Das Kollisionsrecht der **vermögensrechtlichen Beziehungen** zwischen **124** eingetragenen Lebenspartnern, die ihre Partnerschaft ab dem 29.1.2019 eintragen lassen, beur-teilt sich in Verfahren vor einem deutschen Familiengericht ab diesem Stichtag nach dem Kapitel III der Verordnung (EU) 2016/1104 zur Durchführung der Verstärkten Zusammenarbeit im Bereich der Zuständigkeit, des anzuwendenden Rechts und der Anerkennung und Vollstreckung von Entscheidungen in Fragen güterrechtlicher Wirkungen eingetragener Partnerschaften **(Eu-PartVO)** v 24.6.2016 (ABl L 183, 1; vgl Art 69 Abs 3 iVm Art 70 Abs 2 EuPartVO; → B Rn 393). Die Art 20–35 dieser Verordnung gelten dann in allen an der Verordnung teilnehmen-den Mitgliedstaaten unmittelbar und genießen als Teil des sekundären Unionsrechts **Anwen-dungsvorrang** vor dem autonomen Kollisionsrecht der Mitgliedstaaten, in *Deutschland* also vor Art 17b EGBGB. Darüber hinaus gilt das Kapitel III der EuPartVO auch für Partnerschaften, die bereits vor dem 29.1.2019 registriert worden sind, soweit die Partner nach diesem Stichtag eine Rechtswahl treffen. Diese ist mithin dann nur wirksam, wenn sie den Erfordernissen der Art 22 ff EuPartVO entspricht. Das Kollisionsrecht der Verordnung wird daher nachfolgend schon kom-mentiert (→ Rn 129 ff). Bis zur Geltung der EuPartVO verbleibt es auf dem Gebiet des Güter-rechts eingetragener Partnerschaften bei der Geltung des nationalen Kollisionsrechts der teilneh-menden Mitgliedstaaten, in Deutschland also bei Art 17b Abs 1 S 1 EGBGB.

dd) Erbrecht. Schließlich beurteilt sich das auf die Rechtsnachfolge von Todes wegen eines **125** eingetragenen Lebenspartners anwendbare Recht nach Art 20 ff der Verordnung (EU) Nr 650/ 2012 über die Zuständigkeit, das anzuwendende Recht, die Anerkennung und Vollstreckung von Entscheidungen und die Annahme und Vollstreckung öffentlicher Urkunden in Erbsachen

803

I 126–131   1. Teil. Erkenntnisverfahren I. Lebenspartnerschaftssachen

sowie zur Einführung eines Europäischen Nachlasszeugnisses v 4.7.2012 (**EuErbVO;** ABl EU L 201, 107), wenn der Erbfall ab dem 17.8.2015 eingetreten ist.

126   **b) Staatsverträge.** Das internationale Privatrecht der **Aufhebung** von eingetragenen Lebenspartnerschaften ist bisher auch nicht in Staatsverträgen geregelt, die von der *Bundesrepublik Deutschland* abgeschlossen worden sind.

127   Auf dem Gebiet der **Folgesachen** sind insbesondere das Haager Kinderschutzübereinkommen von 1996 (**KSÜ;** → F Rn 624 ff) und das Haager Minderjährigenschutzabkommen von 1961 (**MSA;** → F Rn 701 ff) zu beachten, soweit es um die **elterliche Sorge und das Umgangsrecht** der Lebenspartner in Bezug auf gemeinsame oder einseitige Kinder geht. Denn insoweit macht es keinen Unterschied, ob die Eltern des Kindes in einer Ehe, einer eingetragenen Lebenspartnerschaft oder einer formlosen Lebensgemeinschaft zusammengelebt haben.

128   **c) Autonomes Kollisionsrecht.** Das Kollisionsrecht der – im In- oder Ausland – eingetragenen Lebenspartner bestimmt sich daher in Bezug auf deren Begründung und Auflösung vor deutschen Gerichten weiterhin nach Art 17b EGBGB. Gleiches gilt nach der Klarstellung in Art 17b Abs 4 EGBGB nF auch für **gleichgeschlechtliche Ehen.** Demgegenüber gilt Art 17b EGBGB für Folgesachen nur mit den vorgenannten Einschränkungen durch geltende EU-Verordnungen und Staatsverträge.

2. EU-Recht

510. Verordnung (EU) 2016/1104 des Rates zur Durchführung der Verstärkten Zusammenarbeit im Bereich der Zuständigkeit, des anzuwendenden Rechts und der Anerkennung und Vollstreckung von Entscheidungen in Fragen güterrechtlicher Wirkungen eingetragener Partnerschaften (EuPartVO)

Vom 24. Juni 2016 (ABl EU L 183, 30)

Vorbemerkung

Schrifttum: Vgl zunächst das Schrifttum → vor Rn 11; ferner *Kroll-Ludwigs,* Die Rolle der Parteiautonomie im europäischen Kollisionsrecht (2013); *dies,* Vereiheitlichung des Güterkollisionsrechts in Europa, GPR 16, 231; *dies,* Stärkung der Parteiautonomie durch die europäischen Güterrechtsverordnungen, NZFam 16, 1061.

1. Entstehungsgeschichte

129   Vgl dazu → Rn 11 f.

2. Ziele

130   Hauptziel der kollisionsrechtlichen Regelung im Kapitel III der Verordnung ist es, den Partnern im Voraus Klarheit über das in ihrem Fall anzuwendende Güterrecht zu verschaffen, damit sie die Vorteile des Binnenmarkts ohne Einbußen an Rechtssicherheit nutzen können. Zu diesem Zweck werden harmonisierte Kollisionsnormen eingeführt, um einander widersprechende Ergebnisse vor den Gerichten der teilnehmenden Mitgliedstaaten zu vermeiden. Diese sollen auch sicherstellen, dass der eheliche Güterstand einem Recht unterliegt, zu dem eine enge Verbindung besteht (ErwG 42 S 3 ; → Anh V).

3. Anwendungsbereich

131   **a) Sachlicher Anwendungsbereich.** Die EuPartVO bestimmt ihren sachlichen Anwendungsbereich in Art 1 Abs 1; danach gilt auch das Kapitel III nur für die „Güterstände eingetragener Partner." Dieser autonom und **weit** auszulegende Begriff wird in Art 3 lit b dahin definiert, dass er **„vermögensrechtlichen Regelungen, die im Verhältnis der Partner untereinander und in ihren Beziehungen zu Dritten aufgrund des mit der Eintragung der Partnerschaft oder ihrer Auflösung begründeten Rechtsverhältnisses gelten",** umfasst (dazu näher → Rn 152 f). Die Verordnung enthält ferner in Art 1 Abs 2 einen Katalog derjenigen Gegenstände, die aus ihrem sachlichen Anwendungsbereich ausdrücklich ausgeschlossen sind (→ Rn 140 ff).

804

II. Internationales Privatrecht
132–138 I

b) Persönlicher Anwendungsbereich. Ihren persönlichen Anwendungsbereich normiert **132** die EuPartVO nicht ausdrücklich. Aus der parallel verabschiedeten Verordnung zum Ehegüterrecht (EuGüVO; → B Rn 14 ff) ergibt sich jedoch, dass sie **nur für eingetragene Lebenspartner** gilt. Der Begriff der „Ehe" wird allerdings in beiden Verordnungen bewusst nicht definiert, sondern bleibt dem nationalen Recht der Mitgliedstaaten überlassen(ErwG 17 zur EuGüVO; → Anh IV; *Weber* DNotZ 16, 659/669). Dies gilt auch für die umstrittene Frage einer Anwendung der EuGüVO oder der EuPartVO auf **gleichgeschlechtlichen Ehen.** Danach sind diese auch für die Zwecke des Kollisionsrechts – trotz Art 17 Abs 4 EGBGB nF – als „Ehen" iS der EuGüVO, nicht als eingetragne Partnerschaften iS der EuPartVO zu qualifizieren (dazu näher → Rn 15 ff). Nicht erfasst werden hingegen **nichteheliche Lebensgemeinschaften,** die in kein Register eingetragen sind (→ Rn 18).

Im Übrigen stellt Art 20 klar, dass die Verordnung auf dem Gebiet des Kollisionsrechts **133 universelle Geltung** beansprucht. Das von ihr bezeichnete Recht gilt also auch dann, wenn es nicht das Recht eines an der verstärkten Zusammenarbeit teilnehmenden Mitgliedstaats ist. Auf die Staatsangehörigkeit der Ehegatten kommt es daher insoweit nicht an. Die Verordnung regelt das anwendbare Recht in Güterrechtssachen vielmehr auch für die **Angehörigen von Drittstaaten.**

c) Räumlicher Anwendungsbereich. Die EuPartVO gilt aufgrund ihrer Entstehungs- **134** geschichte (→ Rn 11 f) in räumlicher Hinsicht *nicht* in allen 28 EU-Mitgliedstaaten, sondern nur in den 18 Mitgliedstaaten, die an der Verstärkten Zusammenarbeit auf diesem Gebiet derzeit teilnehmen. Dies sind – außer der *Bundesrepublik Deutschland* – *Belgien, Bulgarien, Finnland, Frankreich, Griechenland, Italien, Kroatien, Luxemburg, Malta,* die *Niederlande, Österreich, Portugal, Schweden, Slowenien, Spanien,* die *Tschechische Republik* und *Zypern* (dazu schon → Rn 20 und (ErwG 13; → Anh V). Vor deutschen Gerichten ist die Anwendbarkeit der Kollisionsnormen der Verordnung jedoch wegen deren universeller Geltung nicht davon abhängig, dass der Sachverhalt einen Bezug zu einem der vorgenannten teilnehmenden Mitgliedstaaten aufweist.

d) Zeitlicher Anwendungsbereich. Der zeitliche Anwendungsbereich der Verordnung auf **135** dem Gebiet des Kollisionsrechts wird in Art 69 Abs 3 stark eingeschränkt. Denn danach sind die Kollisionsnormen der Art 20–35 auch ab dem 29.1.2019 nur auf solche **Partnerschaften** anzuwenden, die **nach diesem Stichtag begründet** werden. Damit verbleibt es also für die Beurteilung der güterrechtlichen Wirkungen in allen zuvor eingetragenen Partnerschaften aus deutscher Sicht auch nach dem 29.1.2019 bei der Geltung von Art 17b Abs 1 S 1 EGBGB. Eine Ausnahme gilt nur für **Rechtswahlvereinbarungen,** die zwischen den Partnern erst ab dem 29.1.2019 getroffen werden; denn deren Voraussetzungen und Wirkungen unterliegen auch in vor diesem Stichtag begründeten Partnerschaften in jedem Fall den Art 22 ff EuPartVO.

4. Verhältnis zu anderen Rechtsinstrumenten

Die EuPartVO lässt nach ihrem 62 Abs 1 auf dem Gebiet der güterrechtlichen Wirkungen **136** eingetragener Partnerschaften multi- und bilaterale Staatsverträge, denen ein oder mehrere Mitgliedstaaten zum Zeitpunkt des Erlasses dieser Verordnung oder eines Beschlusses nach Art 331 Abs 1 UAbs 2 oder 3 AEUV angehören, unberührt. Die *Bundesrepublik Deutschland* ist solchen Staatsverträgen jedoch nicht beteiligt.

5. Auslegung

Vgl → Rn 24 f. **137**

6. Grundprinzipien

Inhaltlich ruht die kollisionsrechtliche Regelung der EuPartVO im Wesentlichen auf **vier 138 Pfeilern,** nämlich den Grundsätzen der Einheitlichkeit des Güterrechtsstatuts (Art 21), der Unwandelbarkeit des Güterrechtsstatuts (Art 26 Abs 1), der großzügigen Einräumung von Rechtswahlmöglichkeiten (Art 22–24) und der objektiven Anknüpfung an den Registrierungsort (Art 26 Abs 1).

I 139, 140 1. Teil. Erkenntnisverfahren I. Lebenspartnerschaftssachen

Kapitel I. Anwendungsbereich und Begriffsbestimmungen

EuPartVO Art 1. Anwendungsbereich

(1) Diese Verordnung findet auf die Güterstände eingetragener Partnerschaften Anwendung.

Sie gilt nicht für Steuer- und Zollsachen sowie verwaltungsrechtliche Angelegenheiten.

Vom Anwendungsbereich dieser Verordnung ausgenommen sind:

a) die Rechts-, Geschäfts- und Handlungsfähigkeit der Partner,
b) das Bestehen, die Gültigkeit oder die Anerkennung einer eingetragenen Partnerschaft,
c) die Unterhaltspflichten,
d) die Rechtsnachfolge nach dem Tod eines Partners,
e) die soziale Sicherheit,
f) die Berechtigung, Ansprüche auf Alters- oder Erwerbsunfähigkeitsrente, die während der eingetragenen Partnerschaft erworben wurden und die während der eingetragenen Partnerschaft zu keinem Renteneinkommen geführt haben, im Falle der Auflösung oder der Ungültigerklärung der eingetragenen Partnerschaft zwischen den Partnern zu übertragen oder anzupassen,
g) die Art der dinglichen Rechte an Vermögen und
h) jede Eintragung von Rechten an beweglichen oder unbeweglichen Vermögensgegenständen in ein Register, einschließlich der gesetzlichen Voraussetzungen für eine solche Eintragung, sowie die Wirkungen der Eintragung oder der fehlenden Eintragung solcher Rechte in ein Register.

1. Beschränkung auf die „Güterstände eingetragener Partnerschaften", Abs 1

139   In **sachlicher** Hinsicht findet die Verordnung nach Art 1 Abs 1 auf die „Güterstände eingetragener Partnerschaften" Anwendung. Dieser autonom auszulegende Begriff wird in Art 3 lit a dahin definiert, dass er **„die vermögensrechtlichen Regelungen, die im Verhältnis der Partner untereinander und in ihren Beziehungen zu Dritten aufgrund des mit der Eintragung der Partnerschaft oder ihrer Auflösung begründeten Rechtsverhältnisses gelten",** umfasst. Gemeint ist daher nicht nur das Güterrecht im engeren Sinne, dh die in den Mitgliedstaaten für eingetragene Partner vorgesehenen gesetzlichen und vertraglichen Güterstände. Der europäische Begriff des Güterrechts erstreckt sich vielmehr nach ErwG 18 (→ Anh V) auf „alle zivilrechtlichen Aspekte der Güterstände eingetragener Partnerschaften", soweit sie nicht in Abs 2 aus dem Anwendungsbereich der Verordnung ausgeschlossen werden. Mit Hilfe dieser weiten Auslegung, die auch das Recht der allgemeinen Wirkungen der eingetragenen Partnerschaft *(„régime primaire")* einbezieht, soweit vermögensrechtliche Aspekte betroffen sind (dazu → Rn 152 f), sollen Qualifikationskonflikte im Verhältnis der Rom I-VO, des Haager Unterhaltsprotokolls und der EuPartVO möglichst vermieden werden. Zu Einzelheiten → B Rn 294, 312 f. Die Reichweite des Güterrechtsstatuts wird in Art 27 näher konkretisiert.

2. Ausgeschlossene Regelungsgegenstände, Abs 2

140   Die EuPartVO beschränkt ihren sachlichen Anwendungsbereich in Art 1 Abs 2 durch eine abschließende Aufzählung derjenigen Bereiche, die zwar einen Bezug zum ehelichen Güterrecht haben, von ihrer Anwendung aber ausdrücklich ausgenommen sind (ErwG 19; → Anh IV). Dabei handelt es sich vor allem um Fragen, die bereits **Gegenstand anderer Rechtsinstrumente des Unionsrechts** sind, wie die im Haager Unterhaltsprotokoll von 2007 geregelten Unterhaltspflichten (lit c) und die von der EuErbVO abgedeckten Ansprüche des überlebenden Partners auf eine Beteiligung am Nachlass des verstorbenen Partners (lit d; vgl ErwG 22; → Anh V). Nicht mehr im Ausnahmekatalog enthalten sind hingegen die im Vorschlag vom 16.3.2011 (Art 1 Abs 3 lit c) noch genannten **Schenkungen** und sonstigen unentgeltlichen Zuwendungen zwischen Partnern unter Lebenden. Sie werden daher von den Kollisionsnormen der Art 20 ff erfasst, soweit sie ihren Grund in der eingetragenen Partnerschaft oder deren Auflösung haben; insoweit verdrängt die EuPartVO künftig die Rom I-VO als *lex specialis.*

806

II. Internationales Privatrecht: EuPartVO Art 3   **I**

a) Rechts-, Geschäfts- und Handlungsfähigkeit. Ausgenommen ist nach lit a zunächst die **141** allgemeine Rechts-, Geschäfts- und Handlungsfähigkeit der Partner (lit a); diese unterliegt weiterhin dem autonomen Kollisionsrecht der teilnehmenden Mitgliedstaaten, in *Deutschland* also dem Art 7 EGBGB. Demgegenüber gilt für **besondere Geschäftsfähigkeiten** auf dem Gebiet des Güterrechts (zB für die Fähigkeit zum Abschluss von Partnerschaftsverträgen) das nach der Verordnung zu bestimmende Güterrechtsstatut. Letzteres ist auch für spezifische Befugnisse und Rechte eines oder beider Partner – im Verhältnis untereinander oder gegenüber Dritten – in Bezug auf das Vermögen maßgebend, zB für Verfügungs- und Verpflichtungsbeschränkungen, die ihre Grundlage im Güterrecht haben (ErwG 20; → Anh IV).

b) Gültigkeit und Anerkennung eingetragener Partnerschaften. Auch Vorfragen – wie **142** insbesondere das Bestehen, die Gültigkeit oder die Anerkennung einer eingetragenen Partnerschaft – sind gem Art 1 Abs 2 lit b weiterhin nach dem nationalen IPR der teilnehmenden Mitgliedstaaten zu beantworten (ErwG 21; → Anh V). In *Deutschland* bleibt es insoweit bei der Anwendung von Art 17b Abs 1 EGBGB. Für die gleichgeschlechtliche Ehe gilt dies vor deutschen Gerichten auch nach ihrer Gleichstellung durch Gesetz v 20.7.2017 (BGBl I, 2787) im Hinblick auf Art 17b Abs 4 EGBGB nF (→ Rn 260).

c) Unterhaltspflichten. Ausgeschlossen sind nach lit c weiterhin die im Haager Unterhalts- **143** protokoll von 2007 geregelten Unterhaltspflichten. Diese beurteilen sich im Verhältnis der Partner untereinander sowohl während bestehender Lebenspartnerschaft wie nach ihrer Aufhebung gem Art 3 und 5 HUP (ErwG 22; → Anh V). Allerdings wirft die Abgrenzung zwischen Unterhalts- und Ehegüterrecht, namentlich in den vom Common Law geprägten Rechtsordnungen, zT schwierige Qualifikationsfragen auf (näher → C Rn 50 ff).

d) Rechtsnachfolge von Todes wegen. In gleicher Weise sind auch Fragen des auf die **144** Rechtsnachfolge nach dem Tod eines Partners anwendbaren Rechts gem lit d aus dem sachlichen Anwendungsbereich der EuPartVO ausgeschlossen, weil insoweit für seit dem 15.8.2015 eingetretene Erbfälle die EuErbVO Nr 650/2012 gilt, die das Kollisionsrecht auch für eingetragene Lebenspartner in ihrem Kapitel III (Art 20 – 38) ausführlich regelt. Auch insoweit wird es freilich in Zukunft zu Qualifikationsproblemen im Grenzbereich beider Verordnungen kommen. Dies gilt aus deutscher Sicht insbesondere für die Frage, ob die **Erhöhung des gesetzlichen Erbteils des überlebenden Partners** nach § 6 S 2 LPartG iVm § 1371 Abs 1 BGB güter- oder erbrechtlich zu qualifizieren ist (vgl zum Ehegüterrecht → B Rn 547).

e) Soziale Sicherheit. Vgl dazu die Kommentierung zu Art 1 Abs 2 lit e EuGüVO (→ B **145** Rn 31).

f) Übertragung und Anpassung von Versorgungsanwartschaften. Vgl dazu die Kom- **146** mentierung zu Art 1 Abs 2 lit f EuGüVO (→ B Rn 302) sowie ErwG 23; → Anh V.

g) Art der dinglichen Rechte. Vgl dazu die Kommentierung zu Art 1 Abs 2 lit g EuGüVO **147** (→ B Rn 303 f), die Erwägungsgründe 24–26; → Anh V, sowie die Kommentierung zu Art 29; → B Rn 378 ff).

h) Registereintragungen. Vgl dazu die Kommentierung zu Art 1 Abs 2 lit h EuGüVO (→ B **148** Rn 305 ff) sowie die Erwägungsgründe 27 und 28; → Anh V.

EuPartVO Art 2

(abgedruckt und kommentiert → Rn 31)

EuPartVO Art 3. Begriffsbestimmungen

(1) **Im Sinne dieser Verordnung bezeichnet der Ausdruck**

a) **„eingetragene Partnerschaft" eine rechtlich vorgesehene Form der Lebensgemeinschaft zweier Personen, deren Eintragung nach den betreffenden rechtlichen Vorschriften verbindlich ist und welche die in den betreffenden Vorschriften vorgesehenen rechtlichen Formvorschriften für ihre Begründung erfüllt;**

b) **„güterrechtliche Wirkungen einer eingetragenen Partnerschaft" die vermögensrechtlichen Regelungen, die im Verhältnis der Partner untereinander und in ihren Beziehungen zu Dritten aufgrund des mit der Eintragung der Partnerschaft oder ihrer Auflösung begründeten Rechtsverhältnisses gelten;**

I 149, 150   1. Teil. Erkenntnisverfahren I. Lebenspartnerschaftssachen

c) „Vereinbarung über den Güterstand einer eingetragenen Partnerschaft" jede Vereinbarung zwischen Partnern oder künftigen Partnern, mit der sie die güterrechtlichen Wirkungen ihrer eingetragenen Partnerschaft regeln;

d) „öffentliche Urkunde" ein die güterrechtlichen Wirkungen einer eingetragenen Partnerschaft betreffendes Schriftstück, das als öffentliche Urkunde in einem Mitgliedstaat förmlich errichtet oder eingetragen worden ist und dessen Beweiskraft

     i) sich auf die Unterschrift und den Inhalt der öffentlichen Urkunde bezieht und

     ii) durch eine Behörde oder eine andere vom Ursprungsmitgliedstaat hierzu ermächtigte Stelle festgestellt worden ist;

e) „Entscheidung" jede von einem Gericht eines Mitgliedstaats über die güterrechtlichen Wirkungen einer eingetragenen Partnerschaft erlassene Entscheidung ohne Rücksicht auf ihre Bezeichnung, einschließlich des Kostenfestsetzungsbeschlusses eines Gerichtsbediensteten;

f) „gerichtlicher Vergleich" einen von einem Gericht gebilligten oder vor einem Gericht im Laufe eines Verfahrens geschlossenen Vergleich über die güterrechtlichen Wirkungen einer eingetragenen Partnerschaft;

g) „Ursprungsmitgliedstaat" den Mitgliedstaat, in dem die Entscheidung ergangen, die öffentliche Urkunde errichtet oder der gerichtliche Vergleich gebilligt oder geschlossen worden ist;

h) „Vollstreckungsmitgliedstaat" den Mitgliedstaat, in dem die Anerkennung und/oder Vollstreckung der Entscheidung, der öffentlichen Urkunde oder des gerichtlichen Vergleichs betrieben wird.

(2) Im Sinne dieser Verordnung bezeichnet der Ausdruck „Gericht" jedes Gericht und alle anderen Behörden und Angehörigen von Rechtsberufen mit Zuständigkeiten in Fragen der güterrechtlichen Wirkungen, die gerichtliche Funktionen ausüben oder in Ausübung einer Befugnisübertragung durch ein Gericht oder unter der Aufsicht eines Gerichts handeln, sofern diese anderen Behörden und Angehörigen von Rechtsberufen ihre Unparteilichkeit und das Recht der Parteien auf rechtliches Gehör gewährleisten und ihre Entscheidungen nach dem Recht des Mitgliedstaats, in dem sie tätig sind,

 i) vor einem Gericht angefochten oder von einem Gericht nachgeprüft werden können und

 ii) vergleichbare Rechtskraft und Rechtswirkung haben wie eine Entscheidung eines Gerichts in der gleichen Sache.

Die Mitgliedstaaten teilen der Kommission nach Artikel 64 die in Unterabsatz 1 genannten anderen Behörden und Angehörigen von Rechtsberufen mit.

1. Eingetragene Partnerschaft, lit a

149   Als „eingetragene Partnerschaft" versteht die Verordnung nach lit a eine rechtlich vorgesehene Form der Lebensgemeinschaft zweier Personen, deren Eintragung verbindlich ist und welche die Formvorschriften für ihre Begründung erfüllt. Die wirksame Begründung einer eingetragenen Partnerschaft wird von der Verordnung selbst nicht geregelt, sondern ist als Vorfrage aus ihrem Anwendungsbereich ausgeschlossen (Art 1 lit b). Maßgebend bleibt insoweit das nationale Recht der Mitgliedstaaten (ErwG 17 S 3; → Anh V) einschließlich des internationalen Privatrechts. Aus *deutscher* Sicht beurteilt sich das wirksame Bestehen einer eingetragenen Partnerschaft daher nach dem von Art 17b Abs 1 EGBGB zur Anwendung berufenen Recht (→ Rn 217 ff). Maßgebend für die als Voraussetzung für die Anwendung der Verordnung zu beantwortenden Vorfragen, ob die Eintragung der Partnerschaft verbindlich ist und welche Formvorschriften für ihre Begründung eingehalten werden müssen, ist daher das **Registrierungsstatut**.

150   Der Begriff „eingetragene Partnerschaft" wird in lit a nur **für die Zwecke dieser Verordnung,** dh nur für die internationale Zuständigkeit, das anwendbare Recht sowie die Anerkennung und Vollstreckung von Entscheidungen in Güterrechtssachen, definiert(ErwG 17 S 2; → Anh V). Hinsichtlich der Voraussetzungen und sonstigen Wirkungen einer eingetragenen Partnerschaft bleibt es hingegen bei der Geltung des autonomen Rechts der Mitgliedstaaten. Dieses wird allerdings – zB auf den Gebieten des Unterhalts- und Erbrechts – zT durch andere EU-Verordnungen überlagert. Die EuPartVO verpflichtet jedoch einen Mitgliedstaat, dessen

II. Internationales Privatrecht: EuPartVO Art 3 **151–155 I**

Recht das Institut der eingetragenen Partnerschaft nicht regelt, nicht dazu, dieses Rechtsinstitut in sein nationales Recht einzuführen (ErwG 17 S 4; → Anh V).

Wie bereits erwähnt (→ Rn 18) findet die Verordnung auf **nichteheliche Lebensgemein-** **151** **schaften,** die nicht in einem Register eingetragen sind, keine Anwendung. Daran ändert sich auch nichts, wenn sie nach dem insoweit anzuwendenden Recht (dazu → Rn 272 ff) gesetzlich geregelt sind und vergleichbare Wirkungen entfalten wie eine eingetragene Partnerschaft (ErwG 16 S 2; → Anh V). Demgegenüber können **gleichgeschlechtliche Ehen** nur dann als eingetragene Partnerschaften iSv lit a qualifiziert werden, wenn das für ihre rechtliche Einordnung maßgebliche nationale Recht sie nicht als Ehe anerkennt. In *Deutschland* wird die gleichgeschlechtliche Ehe – trotz der Sonderbehandlung im autonomen Kollisionsrecht (Art 17b Abs 4 EGBGB nF) – seit dem 1.10.2017 als Ehe anerkannt; so dass auf die güterrechtlichen Beziehungen der Ehegatten die EuGüVO, nicht die EuPartVO anzuwenden ist (→ Rn 15 ff).

2. Güterrechtliche Wirkungen einer eingetragenen Partnerschaft, lit b

a) Qualifikation. Zentrale Bedeutung für den sachlichen Anwendungsbereich der Verord- **152** nung kommt dem in Abs 1 lit a definierten Begriff der „güterrechtlichen Wirkungen einer eingetragenen Partnerschaft" zu. Dieser ist für die Zwecke der Verordnung und damit auch für die Reichweite ihrer Kollisionsnormen **autonom** auszulegen; es besteht somit keine Qualifikationsverweisung auf die *lex causae*. Wie für Ehegatten (ErwG 18 S 2 zur EuGüVO; → Anh IV) umfasst dieser Begriff nicht nur (zwingende) Regelungen, von denen die Partner nicht abweichen dürfen, sondern auch fakultative Regelungen, die sie nach Maßgabe des anzuwendenden Rechts vereinbaren können, sowie die Auffangregelungen des anzuwendenden Rechts. Die güterrechtlichen Wirkungen einer eingetragenen Partnerschaft iS der Verordnung schließen auch nicht nur vermögensrechtliche Regelungen ein, die bestimmte einzelstaatliche Rechtsordnungen speziell und ausschließlich für die eingetragene Partnerschaft vorsehen, sondern auch **sämtliche vermögensrechtlichen Verhältnisse,** die zwischen den Partnern und in ihren Beziehungen gegenüber Dritten direkt infolge der eingetragenen Partnerschaft oder ihrer Auflösung gelten, auch wenn sie außerhalb des Güterrechts geregelt sind.

b) Rechtsfolgen. Die EuPartVO gilt daher nicht nur für die vermögensrechtlichen Bezie- **153** hungen der Partner, insbesondere die Zuordnung und Verwaltung des Vermögens, während bestehender Partnerschaft, sondern auch für die **Vermögensauseinandersetzung bei deren Auflösung** durch Trennung oder Tod (ErwG 18; → Anh V), sowie für die Rechtsbeziehungen zu Dritten, die ihren Grund in der eingetragenen Partnerschaft haben. Dieser weite Begriff des Güterrechts in der Verordnung erfasst daher auch die Schlüsselgewalt, Eigentumsvermutungen und Verpflichtungs-/Verfügungsbeschränkungen, die im autonomen deutschen Kollisionsrecht bisher als **allgemeine Wirkungen der Partnerschaft** iSv Art 17b Abs 1 S 1 EGBGB qualifiziert wurden, ferner etwa auch die Nutzungsbefugnisse an der Wohnung und an Haushaltsgegenständen, die bisher nach Art 17b Abs 2 iVm Art 17a EGBGB beurteilt wurden, sowie die islamrechtliche Morgengabe. In ihrem Anwendungsbereich verdrängt die Verordnung daher künftig die Sonderanknüpfung in Art 17a EGBGB, die nur noch für vor dem 29.1.2019 begründete Partnerschaften sowie für die dort ebenfalls geregelten Betretungs-, Näherungs- und Kontaktverbote weiter anwendbar bleibt.

3. Vereinbarung über den Güterstand einer eingetragenen Partnerschaft, lit c

Die EuPartVO bestimmt das anwendbare Recht auch für Vereinbarungen, in denen die **154** Partner die güterrechtlichen Wirkungen ihrer Partnerschaft regeln. Dies gilt gleichermaßen für deren Formgültigkeit (Art 25; → Rn 179) als auch für deren materielle Wirksamkeit (Art 27 lit g; → Rn 187 f). Auch der Begriff „Vereinbarung über den Güterstand einer eingetragenen Partnerschaft" ist in diesen Vorschriften *autonom* auszulegen und wird von der Verordnung in einem weiten Sinne verstanden. Er umfasst daher nicht nur die Begründung, Änderung oder Aufhebung eines bestimmten gesetzlichen oder vertraglichen Güterstands, sondern nach lit b „jede Vereinbarung zwischen Partnern oder künftigen Partnern, mit der sie die güterrechtlichen Wirkungen ihrer eingetragenen Partnerschaft regeln", wobei die „güterrechtlichen Wirkungen" wiederum im weiten Sinne von lit a auszulegen sind.

Dazu gehören insbesondere auch Vereinbarungen, in denen die Partner die vermögensrecht- **155** lichen Konsequenzen einer in Aussicht genommenen Trennung oder Aufhebung der Partnerschaft regeln. So betrifft etwa auch die in einer **Trennungsvereinbarung** geregelte Zuweisung

809

I 161, 162   1. Teil. Erkenntnisverfahren I. Lebenspartnerschaftssachen

der Ehewohnung oder die Verteilung der Haushaltsgegenstände die „güterrechtlichen Wirkungen der eingetragenen Partnerschaft" und unterliegt damit den Art 25, 27 lit g. Werden in einen Partnerschaftsvertrag oder in eine Trennungsvereinbarung allerdings – wie in der Praxis verbreitet – auch Regelungen zu anderen Scheidungsfolgen (zB zum Unterhalt oder zum Versorgungsausgleich) aufgenommen, so sind deren Inhaltskontrolle und Wirksamkeit gesondert nach dem Haager Unterhaltsprotokoll (→ C Rn 289 ff) bzw nach Art 17b Abs 1 S 2 und 3 EGBGB (→ Rn 243 f) anzuknüpfen (vgl *Hausmann* FS Geimer [2017] 199 ff).

4. Öffentliche Urkunde, lit d

156   Vgl dazu die Kommentierung zu Art 3 lit c und Art 58 f EuGüVO (→ B Rn 33 f und → L Rn 27 f).

5. Entscheidung, lit e

157   Vgl dazu die Kommentierung zu Art 2 lit d EuGüVO (→ L Rn 27).

6. Gerichtlicher Vergleich, lit f

158   Vgl dazu die Kommentierung zu Art 2 lit e EuGüVO (→ L Rn 29).

7. Ursprungs-, Vollstreckungsmitgliedstaat, lit g und h

159   Vgl dazu die Kommentierung zu Art 2 lit f, g EuGüVO (→ L Rn 30).

8. Gericht, Abs 2

160   Um den verschiedenen Systemen zur Regelung der Güterstände eingetragener Partnerschaften in den Mitgliedstaaten Rechnung zu tragen, ist der Begriff „Gericht" für die Zwecke der EuPartVO weit auszulegen. Er schließt daher nach Abs 2 auch **andere Behörden und Angehörige von Rechtsberufen** mit Zuständigkeiten in Fragen des ehelichen Güterstands ein, soweit diese entweder gerichtliche Funktionen ausüben oder in Ausübung einer Befugnisübertragung durch ein Gericht oder unter der Aufsicht eines Gerichts handeln. Dies gilt insbesondere für **Notare,** die in manchen Mitgliedstaaten auch gerichtliche Funktionen innehaben (ErwG 29; → Anh V). Wegen weiterer Einzelheiten wird auf die Kommentierung des gleichlautenden Begriffs „Gericht" in der EuGüVO (→ B Rn 38 f) und auf die Erwägungsgründe 29–31 (→ Anh V) Bezug genommen.

Kapitel II. Gerichtliche Zuständigkeit

EuPartVO Art 4 – 19

(abgedruckt und kommentiert → Rn 45 ff).

Kapitel III. Anzuwendendes Recht

Vorbemerkung

Schrifttum: Vgl das Schrifttum → vor Rn 129; ferner *Buschbaum/Simon,* Die Vorschläge der EU-Kommission zur Harmonisierung des Güterkollisionsrechts für Ehen und eingetragene Partnerschaften – eine erste kritische Analyse, GPR 2011, 262 und 305; *Martiny,* Die Kommissionsvorschläge für das internationale Ehegüterrecht sowie für das internationale Güterrecht eingetragener Partnerschaften, IPRax 11, 437.

161   Damit die Bürger die Vorteile des Binnenmarkts ohne Einbußen bei der Rechtssicherheit nutzen können, soll die EuPartVO den Partnern im Voraus Klarheit über das in ihrem Fall auf die güterrechtlichen Wirkungen ihrer eingetragenen Partnerschaft anzuwendende Recht verschaffen. Zu diesem Zweck werden harmonisierte Kollisionsnormen eingeführt, um einander widersprechende Ergebnisse zu vermeiden (ErwG 42 S 1 und 2; → Anh V).

162   Das Kapitel III der EuPartVO über das auf die güterrechtlichen Wirkungen eingetragener Lebenspartnerschaften anwendbare Recht stimmt in großen Teilen nahezu wörtlich mit dem entsprechenden Kapitel der EuGüVO überein. Um unnötige Wiederholungen zu vermeiden, wird daher nachfolgend im Wesentlichen auf die parallele Kommentierung der EuGüVO verwiesen. Jedoch werden auch die Abweichungen der EuPartVO von der EuGüVO verdeutlicht.

II. Internationales Privatrecht: EuPartVO Art 22   165–167 **I**

EuPartVO Art 20. Universelle Anwendung

Das nach dieser Verordnung bezeichnete Recht ist auch dann anzuwenden, wenn es nicht das Recht eines Mitgliedstaats ist.

Zur Auslegung der Vorschrift wird auf die Kommentierung zu Art 20 EuGüVO (→ B **163** Rn 322) sowie auf ErwG 43 (→ Anh V) verwiesen.

EuPartVO Art 21. Einheit des anzuwendenden Rechts

Das auf die güterrechtlichen Wirkungen einer eingetragenen Partnerschaft anzuwendende Recht gilt für sämtliche unter diese Wirkungen fallenden Vermögensgegenstände ohne Rücksicht auf deren Belegenheit.

Zur Auslegung der Vorschrift wird auf die Kommentierung zu Art 21 EuGüVO (→ B **164** Rn 323) sowie auf ErwG 42 S 4 (→ Anh V) verwiesen

EuPartVO Art 22. Rechtswahl

(1) Die Partner oder künftigen Partner können das auf die güterrechtlichen Wirkungen ihrer eingetragenen Partnerschaft anzuwendende Recht durch Vereinbarung bestimmen oder ändern, sofern dieses Recht güterrechtliche Wirkungen an das Institut der eingetragenen Partnerschaft knüpft und es sich dabei um das Recht eines der folgenden Staaten handelt:

a) das Recht des Staates, in dem die Partner oder künftigen Partner oder einer von ihnen zum Zeitpunkt der Rechtswahl ihren/ seinen gewöhnlichen Aufenthalt haben/ hat, oder

b) das Recht eines Staates, dessen Staatsangehörigkeit einer der Partner oder künftigen Partner zum Zeitpunkt der Rechtswahl besitzt, oder

c) das Recht des Staates, nach dessen Recht die eingetragene Partnerschaft begründet wurde.

(2) Sofern die Partner nichts anderes vereinbaren, gilt eine während der Partnerschaft vorgenommene Änderung des auf die güterrechtlichen Wirkungen der eingetragenen Partnerschaft anzuwendenden Rechts nur für die Zukunft.

(3) Eine rückwirkende Änderung des anzuwendenden Rechts nach Absatz 2 darf Ansprüche Dritter, die sich aus diesem Recht ableiten, nicht beeinträchtigen.

1. Allgemeines

Um den Partnern die Regelung ihrer güterrechtlichen Beziehungen und die Verwaltung ihres **165** Vermögens zu erleichtern, räumt die Verordnung die **Parteiautonomie** in Art 22 weiten Raum ein (*Kroll-Ludwigs,* Die Rolle der Parteiautonomie im europäischen Kollisionsrecht [2013]; *dies* NZFam 16, 1061). Abweichend vom bisherigen autonomen deutschen Kollisionsrecht (Art 17b Abs 1 S 1; → Rn 222 f) EGBGB und vom Kommissionsvorschlag von 2011 (Art 15 ff) haben eingetragene Partner daher nach Art 22 ähnlich weitreichende Rechtswahlmöglichkeiten wie Ehegatten (*Kroll-Ludwigs* NZFam 16, 1061/1064). Wie jene sollen sie allerdings nur solche Rechte wählen dürfen, die mit ihrer realen Lebenssituation und ihrer künftigen Lebensplanung einen hinreichenden Zusammenhang aufweisen. Diese enge Verbindung kann nach Abs 1 nur durch den gewöhnlichen Aufenthalt oder die Staatsangehörigkeit der Partner oder durch den Ort der Begründung ihrer Partnerschaft hergestellt werden; demgegenüber kommt es wegen Art 21 auf die Art oder Belegenheit des dem Güterstand unterliegenden Vermögens nicht an.

Die Verordnung regelt das Ehegüterrecht zwar nur in Fällen mit **grenzüberschreitendem 166 Bezug** (ErwG 14; → Anh V). Im Fall einer Rechtswahl muss dieser internationale Sachverhalt jedoch nicht bereits bei Abschluss der Rechtswahlvereinbarung vorliegen; ebenso wie bei der scheidungsrechtlichen Rechtswahl nach Art 5 Rom III-VO (→ A Rn 353) ist es vielmehr zulässig, die Rechtswahl im Hinblick auf einen künftigen grenzüberschreitenden Bezug (zB die Verlegung des gewöhnlichen Aufenthalts ins Ausland) vorsorglich zu treffen (*Weber* DNotZ 16, 659/677).

Abweichend vom Kommissionsvorschlag von 2011 (Art 19 Abs 2, 1. HS) schreibt Art 22 **167** nicht mehr vor, dass die Rechtswahl ausdrücklich getroffen werden muss. Im Gegensatz etwa zu Art 3 Abs 1 Rom I-VO, Art 14 Abs 1 S 2 Rom II-VO oder Art 22 Abs 2, 2. Fall EuErbVO

811

I 168–173 1. Teil. Erkenntnisverfahren I. Lebenspartnerschaftssachen

wird aber auch nicht klargestellt, dass eine **stillschweigende Rechtswahl** genügt, wenn sie sich nur eindeutig aus dem Inhalt der getroffenen Vereinbarung oder den Umständen des Falles ergibt. Unter der letztgenannten Voraussetzung sollte man indes auch eine stillschweigende Rechtswahl des Güterrechtsstatuts zulassen, sofern die Form nach Art 23 gewahrt ist (*Weber* DNotZ 16, 659/680 f). Dafür spricht insbesondere die Sonderanknüpfung in Art 24 Abs 2, die nur bei einer stillschweigenden Rechtswahl Bedeutung erlangen kann. Allerdings sind insoweit ähnlich strenge Anforderungen zu stellen wie bisher nach autonomem Kollisionsrecht (näher → B Rn 463 ff).

168   Schließlich wird die Rechtswahl in Abs 1 auf Rechte beschränkt, die einer eingetragenen Partnerschaft auch **güterrechtliche Wirkungen** beilegen. Denn anders als in der Ehe ist dies angesichts der unterschiedlichen Dichte einer Verrechtlichung eingetragener Lebenspartnerschaften in den nationalen Rechtsordnungen nicht in jedem Fall gewährleistet. Nicht erforderlich ist allerdings, dass die eingetragene Partnerschaft ehegleiche güterrechtliche Wirkungen zeitigt. Auch die Anordnung von Gütertrennung ist daher – nicht anders als im Ehegüterrecht mancher Staaten – ausreichend. Haben die Partner hingegen ein Recht gewählt, das an die Partnerschaft keine güterrechtlichen Wirkungen knüpft, ist die Rechtswahl unwirksam (ErwG 44 S 2; → Anh V). Es gilt dann das von Art 26 Abs 1 zur Anwendung berufene Recht des Registrierungsstaates.

169   Die Rechtswahl kann **jederzeit** vor der Eintragung der Partnerschaft, zum Zeitpunkt der Eintragung der Partnerschaft oder auch während des Bestehens der eingetragenen Partnerschaft erfolgen (ErwG 44 S 3; → Anh V). Sie kann auch jederzeit wieder geändert oder aufgehoben werden, allerdings nicht zu Lasten Dritter (→ Rn 176).

2. Die wählbaren Rechte, Abs 1

170   Die Partner können sich nach Abs 1 nur zwischen folgenden Rechten entscheiden:

   a) Gewöhnlicher Aufenthalt eines oder beider Partner, lit a. Die Partner können zunächst das Recht des Staates wählen, in dem sie zur Zeit der Rechtswahl ihren **gemeinsamen gewöhnlichen Aufenthalt** (zum Begriff → B Rn 81 ff) haben. Auf den gemeinsamen gewöhnlichen Aufenthalt bei Abschluss der Rechtswahlvereinbarung kommt es auch an, wenn die Partner die Rechtswahl schon vor der Begründung ihrer Partnerschaft getroffen haben. Die Verordnung setzt nicht voraus, dass dieser gewöhnliche Aufenthalt auch noch zur Zeit der Eintragung ihrer Partnerschaft fortbesteht. Planen die Partner einen Umzug ins Ausland, so dürfte es auch zulässig sein, das künftige gemeinsame Aufenthaltsrecht bereits vor dem Umzug aufschiebend bedingt zu wählen; die Wirksamkeit einer solchen bedingten Rechtswahl beurteilt sich dann nach Art 24 Abs 1 nach dem gewählten Recht.

171   Haben die Partner zum Zeitpunkt der Rechtswahl (noch) **keinen gemeinsamen gewöhnlichen Aufenthalt,** so können sie auch für das Recht optieren, in dem nur der eine oder der andere von ihnen zur Zeit der Rechtswahl seinen gewöhnlichen Aufenthalt hat (lit a).

172   **b) Staatsangehörigkeit eines Partners, lit b.** Zulässig ist auch die Wahl des Rechts des Staates, dessen Staatsangehörigkeit einer der Partner zur Zeit der Rechtswahl besitzt. Gehört ein Partner **mehreren Staaten** an, so sind die Partner berechtigt, jedes seiner Heimatrechte als Güterrechtsstatut zu wählen. Sie sind also nicht auf die Wahl des effektiven Heimatrechts des Mehrstaater-Partners beschränkt. Dies stellt die EuPartVO zwar – anders als die EuErbVO in Art 22 Abs 1 UAbs 2 – im Text nicht ausdrücklich klar. In ErwG 49 S 2 (→ Anh V) wird aber darauf hingewiesen, dass die in S 1 dieses Erwägungsgrunds enthaltene Verweisung auf das nationale Recht der Mitgliedstaaten hinsichtlich der Behandlung von Mehrstaatern „keine Auswirkung auf die Gültigkeit einer Rechtswahl haben [soll], nach der diese Verordnung getroffen wurde". Dies ist aber daher so zu verstehen, dass Art 5 Abs 1 S 1 EGBGB nur für die objektive Anknüpfung nach Art 26 Abs 1 lit b herangezogen werden kann, während nach Art 22 Abs 1 lit b auch ein nicht-effektives Heimatrecht eines Ehegatten wirksam gewählt werden kann (*Weber* DNotZ 16, 659/677 f).

173   **c) Recht des Registrierungsstaates.** Zusätzlich zu den auch Ehegatten zustehenden Rechtswahlmöglichkeiten nach lit a und lit b wird eingetragenen Partnern in lit c das Recht eingeräumt, auch das Recht des Staates zu wählen, nach dessen Recht die eingetragene Partnerschaft begründet wurde. Dieses Recht gilt zwar auch ohne Rechtswahl nach Art 26 Abs 1 EuPartVO. Eine Wahl dieses Rechts erhöht jedoch die Rechtssicherheit, weil damit die nur schwer kalkulierbare Anwendung der Ausweichklausel nach Art 26 Abs 2 durch das zuständige Gericht ausgeschaltet wird (*Dutta* FamRZ 16, 1973/1981). Außerdem wird durch die Wahl des

812

II. Internationales Privatrecht: EuPartVO Art 24 **I**

Registrierungsstatuts sichergestellt, dass die güterrechtlichen Wirkungen der Partnerschaft jedenfalls einem Recht unterliegen, das der Partnerschaft solche Wirkungen auch beilegt. Schließlich werden die Partner die nach dem Recht des Registrierungsstaates eintretenden Wirkungen der Partnerschaft im Regelfall auch kennen, was in den Fällen der Rechtswahl nach lit a oder lit b nicht immer gewährleistet ist.

3. Schranken

Im Hinblick auf den Grundsatz der Einheitlichkeit des Güterrechtsstatuts nach Art 21 kann **174** die Rechtswahl jedoch **nur für das gesamte Vermögen** der Partner – ohne Rücksicht auf dessen Belegenheit – getroffen werden (ErwG 44 S 1; → Anh V). Ausgeschlossen ist daher unter Geltung der Verordnung nicht nur die Wahl des jeweiligen Belegenheitsrechts für unbewegliches Vermögen, sondern auch jede territoriale Beschränkung einer nach Art 26 Abs 1 getroffenen Rechtswahl.

Eine **gerichtliche Kontrolle der Rechtswahl** auf ihre Billigkeit – nach dem Vorbild von **175** Art 8 Abs 5 des Haager Unterhaltsprotokolls (dazu → C Rn 689 ff) – ist nicht vorgesehen (krit dazu *Dethloff* FS v Hoffmann [2011] 73/77 f). Das Zustandekommen und die materielle Wirksamkeit der Rechtswahl beurteilen sich gem Art 24 Abs 1 nach dem gewählten Recht; die Form wird in Art 23 geregelt.

4. Wirkung einer während der Partnerschaft getroffenen Rechtswahl, Abs 2, 3

Zur Frage der *ex nunc*- bzw *ex tunc*-Wirkung einer während der Partnerschaft getroffenen **176** Rechtswahl (auch gegenüber Dritten) wird auf die Auslegung von Art 22 Abs 2 und 3 EuGüVO (→ B Rn 332 ff) verwiesen.

EuPartVO Art 23. Formgültigkeit der Rechtswahlvereinbarung

(1) **Eine Vereinbarung nach Artikel 22 bedarf der Schriftform, ist zu datieren und von beiden Partnern zu unterzeichnen. Elektronische Übermittlungen, die eine dauerhafte Aufzeichnung der Vereinbarung ermöglichen, sind der Schriftform gleichgestellt.**

(2) **Sieht das Recht des Mitgliedstaats, in dem beide Partner zum Zeitpunkt der Rechtswahl ihren gewöhnlichen Aufenthalt haben, zusätzliche Formvorschriften für Vereinbarungen über die güterrechtlichen Wirkungen einer eingetragenen Partnerschaft vor, so sind diese Formvorschriften anzuwenden.**

(3) **Haben die Partner zum Zeitpunkt der Rechtswahl ihren gewöhnlichen Aufenthalt in verschiedenen Mitgliedstaaten und sieht das Recht beider Staaten unterschiedliche Formvorschriften für Vereinbarungen über die güterrechtlichen Wirkungen einer eingetragenen Partnerschaft vor, so ist die Vereinbarung formgültig, wenn sie den Vorschriften des Rechts eines dieser Mitgliedstaaten genügt.**

(4) **Hat zum Zeitpunkt der Rechtswahl nur einer der Partner seinen gewöhnlichen Aufenthalt in einem Mitgliedstaat und sind in diesem Staat zusätzliche Formvorschriften für Vereinbarungen über den Güterstand einer eingetragenen Partnerschaft vorgesehen, so sind diese Formvorschriften anzuwenden.**

Zur Auslegung der Vorschrift wird auf die Kommentierung zu Art 23 EuGüVO (→ B **177** Rn 336 ff) sowie auf ErwG 46 (→ Anh V) verwiesen.

EuPartVO Art 24. Einigung und materielle Wirksamkeit

(1) **Das Zustandekommen und die Wirksamkeit einer Rechtswahlvereinbarung oder einer ihrer Bestimmungen bestimmen sich nach dem Recht, das nach Artikel 22 anzuwenden wäre, wenn die Vereinbarung oder die Bestimmung wirksam wäre.**

(2) **Ein Partner kann sich jedoch für die Behauptung, er habe der Vereinbarung nicht zugestimmt, auf das Recht des Staates berufen, in dem er zum Zeitpunkt der Anrufung des Gerichts seinen gewöhnlichen Aufenthalt hat, wenn sich aus den Umständen ergibt. dass es nicht angemessen wäre, die Wirkung seines Verhaltens nach dem in Absatz 1 bezeichneten Recht zu bestimmen.**

813

I   1. Teil. Erkenntnisverfahren I. Lebenspartnerschaftssachen

178   Zur Auslegung der Vorschrift wird auf die Kommentierung von Art 24 EuGüVO (→ B Rn 341 ff) verwiesen.

EuPartVO Art 25. Formgültigkeit einer Vereinbarung über den Güterstand einer eingetragenen Partnerschaft

(1) Die Vereinbarung über die güterrechtlichen Wirkungen einer eingetragenen Partnerschaft bedarf der Schriftform, ist zu datieren und von beiden Partnern zu unterzeichnen. Elektronische Übermittlungen, die eine dauerhafte Aufzeichnung der Vereinbarung ermöglichen, sind der Schriftform gleichgestellt.

(2) Sieht jedoch das Recht des Mitgliedstaats, in dem beide Partner zum Zeitpunkt der Rechtswahl ihren gewöhnlichen Aufenthalt haben, zusätzliche Formvorschriften für Vereinbarungen über die güterrechtlichen Wirkungen einer eingetragenen Partnerschaft vor, so sind diese Formvorschriften anzuwenden.

Haben die Partner zum Zeitpunkt der Vereinbarung ihren gewöhnlichen Aufenthalt in verschiedenen Mitgliedstaaten und sieht das Recht beider Staaten unterschiedliche Formvorschriften für Vereinbarungen über die güterrechtlichen Wirkungen einer eingetragenen Partnerschaft vor, so ist die Vereinbarung formgültig, wenn sie den Vorschriften des Rechts eines dieser Mitgliedstaaten genügt.

Hat zum Zeitpunkt der Vereinbarung nur einer der Partner seinen gewöhnlichen Aufenthalt in einem Mitgliedstaat und sieht dieses in diesem Staat zusätzliche Formvorschriften für Vereinbarungen über die güterrechtlichen Wirkungen einer eingetragenen Partnerschaft vorgesehen, so sind diese Formvorschriften anzuwenden.

(3) Sieht das auf die güterrechtlichen Wirkungen einer eingetragenen Partnerschaft anzuwendende Recht zusätzliche Formvorschriften vor, so sind diese Formvorschriften anzuwenden.

179   Zur Auslegung der Vorschrift wird auf die Kommentierung zu Art 25 EuGüVO (→ B Rn 344) sowie auf ErwG 47 (→ Anh V) verwiesen.

EuPartVO Art 26. Mangels Rechtswahl der Parteien anzuwendendes Recht

(1) Mangels einer Rechtswahlvereinbarung nach Artikel 22 unterliegen die güterrechtlichen Wirkungen einer eingetragenen Partnerschaft dem Recht des Staates, nach dessen Recht die eingetragene Partnerschaft begründet wurde.

(2) Ausnahmsweise kann das Gericht, das für Fragen der güterrechtlichen Wirkungen der eingetragenen Partnerschaft zuständig ist, auf Antrag eines der Partner entscheiden, dass das Recht eines anderen Staates als des Staates, dessen Recht nach Absatz 1 anzuwenden ist, für die güterrechtlichen Wirkungen der eingetragenen Partnerschaft gilt, sofern das Recht dieses anderen Staates güterrechtliche Wirkungen an das Institut der eingetragenen Partnerschaft knüpft und sofern der Antragsteller nachweist, dass

a) die Partner ihren letzten gemeinsamen gewöhnlichen Aufenthalt über einen erheblich langen Zeitraum in diesem Staat hatten und

b) beide Partner auf das Recht dieses anderen Staates bei der Regelung oder Planung ihrer güterrechtlichen Beziehungen vertraut hatten.

Das Recht dieses anderen Staates gilt ab dem Zeitpunkt der Begründung der eingetragenen Partnerschaft, es sei denn, einer der Partner ist damit nicht einverstanden. Im letzteren Fall gilt das Recht dieses anderen Staates ab Begründung des letzten gemeinsamen gewöhnlichen Aufenthalts in diesem anderen Staat.

Die Anwendung des Rechts des anderen Staates darf die Rechte Dritter, die sich auf das nach Absatz 1 anzuwendende Recht gründen, nicht beeinträchtigen.

Dieser Absatz gilt nicht, wenn die Partner vor der Begründung ihres letzten gemeinsamen gewöhnlichen Aufenthalts in diesem anderen Staat eine Vereinbarung über die güterrechtlichen Wirkungen der eingetragenen Partnerschaft getroffen haben.

II. Internationales Privatrecht: EuPartVO Art 26   180–185 **I**

1. Allgemeines

In Ermangelung einer Rechtswahl werden die güterrechtlichen Wirkungen einer eingetrage- **180**
nen Partnerschaft nach Art 26 im Interesse der Rechtssicherheit und Vorhersehbarkeit des
anzuwendenden Rechts und unter Berücksichtigung der tatsächlichen Lebensumstände der
Partner objektiv angeknüpft und einem Recht unterworfen, zu dem eine enge Verbindung
besteht (ErwG 42 S 3; → Anh V). Diesbezüglich hat sich der europäische Gesetzgeber allerdings
nicht an der im Ehegüterrecht nach Art 26 Abs 1 EuGüVO maßgebenden Anknüpfungsleiter
orientiert, sondern hat – in Übereinstimmung mit Art 17b Abs 1 S 1 EGBGB – die einheitliche
Anknüpfung an das Recht des Staates angeordnet, nach dessen Recht die eingetragene Partnerschaft begründet wurde.

2. Anknüpfung an das Recht des Registrierungsstaates, Abs 1

In Abs 1 wird im Hinblick auf die Vereinbarkeit von Rechtssicherheit und Vorhersehbarkeit **181**
des anzuwendenden Rechts mit den tatsächlichen Lebensumständen des Paares vorgesehen, dass
auf die güterrechtlichen Wirkungen einer eingetragenen Partnerschaft das Recht des Staates
anzuwenden ist, nach dessen Recht die verbindliche Eintragung zum Zwecke der Begründung
der Partnerschaft vorgenommen wurde (ErwG 48; → Anh V). Durch diese Anknüpfung soll
insbesondere sichergestellt werden, dass ein Recht zur Anwendung kommt, dem dieses Rechtsinstitut bekannt ist. Haben die Partner sich im Inland registrieren lassen, so wird daher auf das
materielle *deutsche* Recht, insbesondere auf die Vorschriften des LPartG verwiesen. Weder der
Staatsangehörigkeit noch dem gewöhnlichen Aufenthalt oder Wohnsitz der Lebenspartner
kommt Bedeutung für die Anknüpfung nach Abs 1 zu. Die Registrierung im Inland steht daher
auch ausländischen Lebenspartnern offen, ohne dass eine hinreichende Inlandsbeziehung vorausgesetzt würde.

Bei Art 26 Abs 1 handelt es sich nach Art 20 um eine **allseitige Kollisionsnorm,** die auch **182**
das Recht eines drittstatlichen Registrierungsstaates zur Anwendung beruft. Unter der von der
Verordnung vorausgesetzten Eintragung der Partnerschaft ist jede Eintragung in amtliche Bücher
durch ein Gericht, eine Behörde oder einen Notar zu verstehen. Die Verweisung auf das Recht
eines ausländischen Registrierungsstaates ist nach Art 32 stets **Sachnormverweisung.**

Die Anknüpfung an das Registerstatut nach Abs 1 ist **unwandelbar.** Ein Statutenwechsel **183**
kann nur durch Neuregistrierung in einem anderen Mitgliedstaat oder durch eine Rechtswahl
nach Art 22 herbeigeführt werden. Im Interesse der Sicherheit des Rechtsverkehrs und um zu
verhindern, dass sich das auf die güterrechtlichen Wirkungen einer eingetragenen Partnerschaft
anzuwendende Recht ändert, ohne dass die Partner darüber unterrichtet werden, kann ein
Wechsel des auf die güterrechtlichen Wirkungen der eingetragenen Partnerschaft anzuwendenden Rechts also nur im Einvernehmen der Partner herbeigeführt werden (ErwG 45; → Anh V).

3. Ausweichklausel, Abs 2

Wie in Art 26 Abs 3 EuGüVO zur objektiven Aknüpfung des Ehegüterrechts hat der europäi- **184**
sche Gesetzgeber in Art 26 Abs 2 EuPartVO auch für die Anknüpfung der güterrechtlichen
Wirkungen einer eingetragenen Partnerschaft eine Ausweichklausel aufgenommen. Danach kann
das zuständige Gericht ausnahmsweise **auf Antrag** eines Partners – also nicht von Amts wegen –
von der Primäranknüpfung an das Recht des Registrierungsstaates nach Abs 1 zugunsten des
Rechts des Staates absehen, in dem die Partner ihren **letzten gemeinsamen gewöhnlichen
Aufenthalt** hatten, sofern dieser „über einen erheblich langen Zeitraum" angedauert hat (UAbs
1 lit a), *und* beide Partner bei der Regelung oder Planung ihrer güterrechtlichen Beziehungen
auf die Geltung dieses Rechts am letzten gemeinsamen gewöhnlichen Aufenthalt vertraut haben
(UAbs 1 lit b).

Anhaltspunkte dafür, was unter einem „erheblich langen Zeitraum" zu verstehen ist, gibt die **185**
Verordnung nicht. Man wird jedoch einen Zeitraum von mindestens 2–3 Jahren verlangen
müssen. Ferner kann von der Ausweichklausel nach Abs 2 in Bezug auf eingetragene Partnerschaften nur Gebrauch gemacht werden, wenn das Recht des letzten gemeinsamen gewöhnlichen Aufenthalts der Partner an das Institut der eingetragenen Partnerschaft überhaupt güterrechtliche Wirkungen küpft. Ist dies nicht der Fall, verbleibt es bei der Geltung des Registrierungsstatuts nach Abs 1.

I   1. Teil. Erkenntnisverfahren I. Lebenspartnerschaftssachen

186   Im Übrigen wird zur Auslegung der Voraussetzungen und Wirkungen der Ausweichklausel
nach Abs 2 auf die Kommentierung zu Art 26 Abs 3 EuGüVO (→ B Rn 356 ff) sowie auf ErwG
50 (→ Anh V) verwiesen.

EuPartVO Art 27. Reichweite des anzuwendenden Rechts

**Das nach dieser Verordnung auf die güterrechtlichen Wirkungen eingetragener Part-
nerschaften anzuwendende Recht regelt unter anderem**

**a) die Einteilung des Vermögens eines oder beider Partner in verschiedene Kategorien
während und nach der eingetragenen Partnerschaft,**

b) die Übertragung von Vermögen von einer Kategorie in die andere,

c) die Haftung des einen Partners für die Verbindlichkeiten und Schulden des anderen,

**d) die Befugnisse, Rechte und Pflichten eines oder beider Partner in Bezug auf das
Vermögen,**

**e) die Teilung, Aufteilung oder Abwicklung des Vermögens bei Auflösung der einge-
tragenen Partnerschaft,**

**f) die Wirkungen der güterrechtlichen Wirkungen s eingetragener Partnerschaften auf
ein Rechtsverhältnis zwischen einem Partner und Dritten und**

**g) die materielle Wirksamkeit einer Vereinbarung über die güterrechtlichen Wirkun-
gen einer eingetragenen Partnerschaft.**

1. Allgemeines

187   Der Anwendungsbereich des nach der Verordnung auf die güterrechtlichen Wirkungen
eingetragener Partnerschaften anzuwendenden Rechts ist nach Art 27 umfassend. Er bezieht
sich auf die güterrechtlichen Beziehungen der Partner von der Begründung des Güterstands
und der daraus folgenden Einteilung des Vermögens in verschiedene Kategorien über die
Rechte und Pflichten der Partner während der Partnerschaft einschließlich von Haftungsfragen
bis hin zur Auflösung des Güterstands (ErwG 51 S 1; → Anh V). Erfasst ist sowohl die
Verwaltung des Vermögens der Partner im Alltag als auch die güterrechtliche Auseinandersetzung infolge der Trennung des Paares oder des Todes eines Partners(ErwG 18; → Anh V).
Die in lit a bis lit g aufgezählten Einzelaspekte sind nur beispielhaft gemeint („unter anderem")
und schließen die Anwendung des Güterrechtsstatuts auf weitere dort nicht genannte Aspekte
keinesfalls aus. Aufgrund des weiten Güterrechtsbegriffs der Verordnung (Art 3 Abs 1 lit b)
reicht der sachliche Anwendungsbereich des Güterrechtsstatuts ferner insofern über die bisher
von Art 17b Abs 1 S 1 EGBGB abgedeckten „güterrechtlichen Wirkungen" hinaus, als er sich
auch auf die von der Vorschrift ebenfalls erfassten „allgemeinen Wirkungen" der eingetragenen
Lebenspartnerschaft erstreckt, soweit deren vermögensrechtliche Aspekte betroffen sind (näher
→ Rn 152 f).

2. Beispielsfälle

188   Zur Auslegung der Beispielsfälle in lit a-lit g wird auf die Kommentierung zu Art 27 EuGüVO
(→ B Rn 364) verwiesen.

EuPartVO Art 28. Wirkungen gegenüber Dritten

**(1) Ungeachtet des Artikels 27 Buchstabe f darf ein Partner in einer Streitigkeit
zwischen einem Dritten und einem oder beiden Partnern das für die güterrechtlichen
Wirkungen seiner eingetragenen Partnerschaft maßgebende Recht dem Dritten nicht
entgegenhalten, es sei denn, der Dritte hatte Kenntnis von diesem Recht oder hätte bei
gebührender Sorgfalt davon Kenntnis haben müssen.**

**(2) Es wird davon ausgegangen, dass der Dritte Kenntnis von den güterrechtlichen
Wirkungen des anzuwendenden Rechts hat, wenn**

a) dieses Recht das Recht des Staates ist,

**i) dessen Recht auf das Rechtsgeschäft zwischen einem Partner und dem Dritten
anzuwenden ist,**

**ii) in dem der vertragschließende Partner und der Dritte ihren gewöhnlichen Auf-
enthalt haben, oder**

816

II. Internationales Privatrecht: EuPartVO Art 31 192 **I**

iii) in dem die Vermögensgegenstände – im Fall von unbeweglichem Vermögen – sgegenstände belegen sind,

oder

b) einer der Partner die geltenden Anforderungen in Bezug auf die Publizität oder Registrierung der güterrechtlichen Wirkungen der eingetragenen Partnerschaft eingehalten hat, die vorgesehen sind im Recht des Staates,
   i) dessen Recht auf das Rechtsgeschäft zwischen einem Partner und dem Dritten anzuwenden ist,
   ii) in dem der vertragschließende Partner und der Dritte ihren gewöhnlichen Aufenthalt haben, oder
   iii) in dem die Vermögensgegenstände – im Fall von unbeweglichem Vermögen – belegen sind.

(3) Kann ein Partner das auf seine güterrechtlichen Wirkungen anzuwendende Recht einem Dritten nach Absatz 1 nicht entgegenhalten, so unterliegen die güterrechtlichen Wirkungen gegenüber dem Dritten dem Recht des Staates,

a) dessen Recht auf das Rechtsgeschäft zwischen einem Partner und dem Dritten anzuwenden ist oder

b) in dem die Vermögensgegenstände – im Fall von unbeweglichem Vermögen – belegen sind oder, im Fall eingetragener Vermögenswerte oder im Fall von Rechten, in dem diese Vermögenswerte oder Rechte eingetragen sind.

Zur Auslegung der Vorschrift wird auf die Kommentierung zu Art 28 EuGüVO (→ B **189** Rn 372 ff) sowie auf ErwG 51 S 2 (→ Anh V) verwiesen.

EuPartVO Art 29. Anpassung dinglicher Rechte

Macht eine Person ein dingliches Recht geltend, das ihr nach dem auf die güterrechtlichen Wirkungen einer eingetragenen Partnerschaft anzuwendenden Recht zusteht, und kennt das Recht des Mitgliedstaats, in dem das Recht geltend gemacht wird, das betreffende dingliche Recht nicht, so ist dieses Recht, soweit erforderlich und möglich, an das in der Rechtsordnung dieses Mitgliedstaats am ehesten vergleichbare Recht anzupassen, wobei die mit dem besagten dinglichen Recht verfolgten Ziele und Interessen und die mit ihm verbundenen Wirkungen zu berücksichtigen sind.

Zur Auslegung der Vorschrift wird auf die Kommentierung zu Art 29 EuGüVO (→ B **190** Rn 378 ff) sowie auf ErwG 25 (→ Anh V) verwiesen.

EuPartVO Art 30. Eingriffsnormen

(1) Diese Verordnung berührt nicht die Anwendung der Eingriffsnormen des Rechts des angerufenen Gerichts.

(2) Eine Eingriffsnorm ist eine Vorschrift, deren Einhaltung von einem Mitgliedstaat als so entscheidend für die Wahrung seines öffentlichen Interesses, insbesondere seiner politischen, sozialen oder wirtschaftlichen Ordnung, angesehen wird, dass sie ungeachtet des nach Maßgabe dieser Verordnung auf die güterrechtlichen Wirkungen einer eingetragenen Partnerschaft anzuwendenden Rechts auf alle Sachverhalte anzuwenden ist, die in ihren Anwendungsbereich fallen.

Zur Auslegung der Vorschrift wird auf die Kommentierung zu Art 30 EuGüVO (→ B **191** Rn 383 ff) sowie auf ErwG 52 (→ Anh V) verwiesen.

EuPartVO Art 31. Öffentliche Ordnung (ordre public)

Die Anwendung einer Vorschrift des nach dieser Verordnung bezeichneten Rechts eines Staates darf nur versagt werden, wenn ihre Anwendung mit der öffentlichen Ordnung (ordre public) des Staates des angerufenen Gerichts offensichtlich unvereinbar ist.

Zur Auslegung der Vorschrift wird auf die Kommentierung zu Art 31 EuGüVO (→ B **192** Rn 385) sowie auf ErwG 53 (→ Anh V) verwiesen.

817

I 196   1. Teil. Erkenntnisverfahren I. Lebenspartnerschaftssachen

EuPartVO Art 32. Ausschluss der Rück- und Weiterverweisung

Unter dem nach dieser Verordnung anzuwendenden Recht eines Staates sind die in diesem Staat geltenden Rechtsnormen unter Ausschluss derjenigen seines Internationalen Privatrechts zu verstehen.

193   Zur Auslegung der Vorschrift wird auf die Kommentierung zu Art 32 EuGüVO (→ B Rn 386) verwiesen.

EuPartVO Art 33. Staaten mit mehr als einem Rechtssystem – interlokale Kollisionsvorschriften

(1) Verweist diese Verordnung auf das Recht eines Staates, der mehrere Gebietseinheiten umfasst, von denen jede eigene Rechtsvorschriften für die güterrechtlichen Wirkungen Güterstände eingetragener Partnerschaften hat, so bestimmen die internen Kollisionsvorschriften dieses Staates die Gebietseinheit, deren Rechtsvorschriften anzuwenden sind.

(2) In Ermangelung solcher internen Kollisionsvorschriften gilt:

a) Jede Bezugnahme auf das Recht des in Absatz 1 genannten Staates ist für die Bestimmung des anzuwendenden Rechts aufgrund von Vorschriften, die sich auf den gewöhnlichen Aufenthalt der Partner beziehen, als Bezugnahme auf das Recht der Gebietseinheit zu verstehen, in der die Partner ihren gewöhnlichen Aufenthalt haben.

b) Jede Bezugnahme auf das Recht des in Absatz 1 genannten Staates ist für die Bestimmung des anzuwendenden Rechts aufgrund von Bestimmungen, die sich auf die Staatsangehörigkeit der Partner beziehen, als Bezugnahme auf das Recht der Gebietseinheit zu verstehen, zu der die Partner die engste Verbindung haben.

c) Jede Bezugnahme auf das Recht des in Absatz 1 genannten Staates ist für die Bestimmung des anzuwendenden Rechts aufgrund sonstiger Bestimmungen, die sich auf andere Anknüpfungspunkte beziehen, als Bezugnahme auf das Recht der Gebietseinheit zu verstehen, in der sich der einschlägige Anknüpfungspunkt befindet.

194   Zur Auslegung der Vorschrift wird auf die Kommentierung zu Art 33 EuGüVO (→ B Rn 87 f) verwiesen.

EuPartVO Art 34. Staaten mit mehr als einem Rechtssystem – interpersonale Kollisionsvorschriften

Gelten in einem Staat für die güterrechtlichen Wirkungen eingetragener Partnerschaften zwei oder mehr Rechtssysteme oder Regelwerke für verschiedene Personengruppen, so ist jede Bezugnahme auf das Recht dieses Staates als Bezugnahme auf das Rechtssystem oder das Regelwerk zu verstehen, das die in diesem Staat geltenden Vorschriften zur Anwendung berufen. In Ermangelung solcher Vorschriften ist das Rechtssystem oder das Regelwerk anzuwenden, zu dem die Partner die engste Verbindung haben.

195   Zur Auslegung der Vorschrift wird auf die Kommentierung zu Art 34 EuGüVO (→ B Rn 389) verwiesen.

EuPartVO Art 35. Nichtanwendung dieser Verordnung auf innerstaatliche Kollisionen

Ein Mitgliedstaat, der mehrere Gebietseinheiten umfasst, von denen jede eigene Rechtsvorschriften für güterrechtlichen Wirkungen eingetragener Partnerschaften hat, ist nicht verpflichtet, diese Verordnung auf Kollisionen zwischen den Rechtsordnungen dieser Gebietseinheiten anzuwenden.

196   Zur Auslegung der Vorschrift wird auf die Kommentierung zu Art 35 EuGüVO (→ B Rn 390) verwiesen.

II. Internationales Privatrecht: EuPartVO Art 69   **I**

Kapitel IV. Anerkennung, Vollstreckbarkeit und Vollstreckung von Entscheidungen

EuPartVO Art 35–57

(*abgedruckt und kommentiert* → *Q Rn 30 ff*)

Kapitel V. Öffentliche Urkunden und gerichtliche Vergleiche

EuPartVO Art 58–60

(*abgedruckt und kommentiert* → *Q Rn 52 ff*)

Kapitel VI. Allgemeine und Schlussbestimmungen

EuPartVO Art 61

(*abgedruckt und kommentiert* → *Q Rn 88*)

EuPartVO Art 62. Verhältnis zu bestehenden internationalen Übereinkünften

(1) Diese Verordnung lässt unbeschadet der Verpflichtungen der Mitgliedstaaten nach Artikel 351 AEUV die Anwendung bilateraler oder multilateraler Übereinkünfte unberührt, denen ein oder mehrere Mitgliedstaaten zum Zeitpunkt des Erlasses dieser Verordnung oder eines Beschlusses nach Artikel 331 Absatz 1 Unterabsatz 2 oder 3 AEUV angehören und die Bereiche betreffen, die in dieser Verordnung geregelt sind.

(2) Ungeachtet des Absatzes 1 hat diese Verordnung im Verhältnis zwischen den Mitgliedstaaten Vorrang vor Übereinkünften, denen die Mitgliedstaaten angehören und die Bereiche betreffen, die in dieser Verordnung geregelt sind.

Zur Auslegung der Vorschrift wird auf die Kommentierung zu Art 62 EuGüVO (→ B **197** Rn 391 f) verwiesen. Die *Bundesrepublik Deutschland* ist auf dem Gebiet des auf die güterrechtlichen Wirkungen eingetragener Partnerschaften anzuwendenden Rechts an konkurrierenden Staatsverträgen nicht beteiligt.

EuPartVO Art 63

(*abgedruckt und kommentiert* → *Rn 90*)

EuPartVO Art 64

(*abgedruckt* → *Q Rn 57*)

EuPartVO Art 65

(*abgedruckt* → *Rn 90*)

EuPartVO Art 66

(*abgedruckt* → *Q Rn 58*)

EuPartVO Art 67–68

(*abgedruckt* → *Rn 90*)

EuPartVO Art 69. Übergangsbestimmungen

(1) (*abgedruckt und kommentiert* → *Rn 91*)

(2) (*abgedruckt und kommentiert* → *Q Rn 59*)

(3) Kapitel III gilt nur für Partner, die am 29. Januar 2019 oder danach ihre Partnerschaft haben eintragen lassen oder eine Rechtswahl des auf die güterrechtlichen Wirkungen ihrer eingetragenen Partnerschaft anzuwendenden Rechts getroffen haben.

819

I   1. Teil. Erkenntnisverfahren I. Lebenspartnerschaftssachen

198   Zur Auslegung der Vorschrift wird auf die Kommentierung zu Art 69 Abs 3 EuGüVO (→ B Rn 393) verwiesen.

EuPartVO Art 70. Inkrafttreten

(1) **Diese Verordnung tritt am zwanzigsten Tag nach ihrer Veröffentlichung im *Amtsblatt der Europäischen Union* in Kraft.**

(2) **Diese Verordnung gilt in den Mitgliedstaaten, die an der durch Beschluss (EU) 2016/954 begründeten Verstärkten Zusammenarbeit im Bereich der Zuständigkeit, des anzuwendenden Rechts und der Anerkennung und Vollstreckung von Entscheidungen in Fragen der Güterstände internationaler Paare (eheliche Güterstände und Güterstände eingetragener Lebenspartnerschaften) teilnehmen.**

Sie gilt ab 29. Januar 2019 mit Ausnahme der Artikel 63 und 64, die ab 29. April 2018 gelten, und der Artikel 65, 66 und 67, die ab 29. Juli 2016 gelten. Für diejenigen Mitgliedstaaten, die sich aufgrund eines nach Artikel 331 Absatz 1 Unterabsatz 2 oder Unterabsatz 3 AEUV angenommenen Beschlusses der Verstärkten Zusammenarbeit anschließen, gilt diese Verordnung ab dem in dem betreffenden Beschluss angegebenen Tag.

Diese Verordnung ist in allen ihren Teilen verbindlich und gilt gemäß den Verträgen unmittelbar in den teilnehmenden Mitgliedstaaten.

3. Autonomes Kollisionsrecht

520. Einführungsgesetz zum Bürgerlichen Gesetzbuch (EGBGB)

idF vom 21. September 1994 (BGBl I, 2494)

EGBGB Art 17b. Eingetragene Lebenspartnerschaft und gleichgeschlechtliche Ehe

(1) [1]Die Begründung, die allgemeinen und die güterrechtlichen Wirkungen sowie die Auflösung einer eingetragenen Lebenspartnerschaft unterliegen den Sachvorschriften des Register führenden Staates. [2]Der Versorgungsausgleich unterliegt dem nach Satz 1 anzuwendenden Recht; er ist nur durchzuführen, wenn danach deutsches Recht anzuwenden ist und das Recht eines der Staaten, denen die Lebenspartner im Zeitpunkt der Rechtshängigkeit des Antrags auf Aufhebung der Lebenspartnerschaft angehören, einen Versorgungsausgleich zwischen Lebenspartnern kennt. [3]Im Übrigen ist der Versorgungsausgleich auf Antrag eines Lebenspartners nach deutschem Recht durchzuführen, wenn einer der Lebenspartner während der Zeit der Lebenspartnerschaft ein Anrecht bei einem inländischen Versorgungsträger erworben hat, soweit die Durchführung des Versorgungsausgleichs insbesondere im Hinblick auf die beiderseitigen wirtschaftlichen Verhältnisse während der gesamten Zeit der Lebenspartnerschaft der Billigkeit nicht widerspricht.

(2) [1]Artikel 10 Abs. 2 und Artikel 17a gelten entsprechend. [2]Unterliegen die allgemeinen Wirkungen der Lebenspartnerschaft dem Recht eines anderen Staates, so ist auf im Inland befindliche bewegliche Sachen § 8 Abs. 1 des Lebenspartnerschaftsgesetzes und auf im Inland vorgenommene Rechtsgeschäfte § 8 Abs. 2 des Lebenspartnerschaftsgesetzes in Verbindung mit § 1357 des Bürgerlichen Gesetzbuchs anzuwenden, soweit diese Vorschriften für gutgläubige Dritte günstiger sind als das fremde Recht. [3]Unterliegen die güterrechtlichen Wirkungen einer eingetragenen Lebenspartnerschaft dem Recht eines anderen Staates und hat einer der Lebenspartner seinen gewöhnlichen Aufenthalt im Inland oder betreibt er hier ein Gewerbe, so ist § 7 Satz 2 des Lebenspartnerschaftsgesetzes in Verbindung mit § 1412 des Bürgerlichen Gesetzbuchs entsprechend anzuwenden; der fremde Güterstand steht einem vertragsmäßigen gleich.

(3) Bestehen zwischen denselben Personen eingetragene Lebenspartnerschaften in verschiedenen Staaten, so ist die zuletzt begründete Lebenspartnerschaft vom Zeitpunkt ihrer Begründung an für die in Absatz 1 umschriebenen Wirkungen und Folgen maßgebend.

820

II. Internationales Privatrecht: EGBGB Art 17b

(4) Die Bestimmungen der Absätze 1 bis 3 gelten für die gleichgeschlechtliche Ehe entsprechend.

Schrifttum: *Becker,* Die Qualifikation der cohabitation légale des belgischen Rechts im deutschen IPR (2011); *Boele-Woelki/Fuchs* (Hrsg), Legal Recognition of Same Sex Couples in Europe (2003); *Brandt,* Die Adoption durch eingetragene Lebenspartner im internationalen Privat- und Verfahrensrecht (2004); *Buschbaum,* Kollisionsrecht der Partnerschaften außerhalb der traditionellen Ehe, RNotZ 10, 73 und 149; *Campiglio,* La disciplina delle unioni civili transnazionali e dei matrimoni esteri tra persone dello stesso sesso, Riv dir int priv proc 17, 33; *Coester,* Die kollisionsrechtliche Bedeutung des Bundesverfassungsgerichtsurteils zur Lebenspartnerschaft, FS Sonnenberger (2004) 321; *ders,* Art 17b EGBGB unter dem Einfluss des Europäischen Kollisionsrechts, IPRax 13, 114; *ders,* Das Erbrecht registrierter Lebenspartner unter der EU-Erbrechtsverordnung, ZEV 13, 115; *Coester-Waltjen/Coester,* Ehe und eingetragene Lebenspartnerschaft, sachrechtliche Visionen und kollisionsrechtliche Konsequenzen, FS Brudermüller (2014) 73; *Dethloff,* Registrierte Partnerschaften in Europa, ZEuP 04, 59; *Dörner,* Grundfragen der Anknüpfung gleichgeschlechtlicher Partnerschaften, FS Jayme (2004) 143; *Finger,* Das neue Internationale Privat- und Verfahrensrecht zur eingetragenen Lebenspartnerschaft, IPRax 01, 281; *Forkert,* Eingetragene Lebenspartnerschaften im deutschen IPR, Art 17b EGBGB (2003); *Frank,* Die eingetragene Lebenspartnerschaft unter Beteiligung von Ausländern, MittBayNot 01 (Sonderheft Lebenspartnerschaften), 30; *Gebauer/Staudinger,* Registrierte Lebenspartnerschaft und die Kappungsregel des Art 17b Abs 4 EGBGB, IPRax 02, 275; *Hausmann,* Überlegungen zum Kollisionsrecht registrierter Partnerschaften, FS Henrich (2000) 241; *Henrich,* Kollisionsrechtliche Fragen der eingetragenen Lebenspartnerschaft, FamRZ 02, 137; *ders,* Im Ausland begründete und im Inland fortgeführte heterosexuelle Lebenspartnerschaften, FS Coester-Waltjen (2015) 443; *Hohloch/Kjelland,* The new German conflict rules for registered partnerships, in: *Sarčević/Volken* (Hrsg) Yb Priv Int L Vol III (2001) 223; *Jakob,* Die eingetragene Lebenspartnerschaft im internationalen Privatrecht (2002); *Jessurun d'Oliveira,* Registered Partnerships, Pacses and Private International Law, Riv.dir.int.priv.proc. 00, 293; *Kessler,* Les partenariats enregistrés en droit international privé (2004); *Khairaliah,* Les „partenariats organisés" en droit international privé (Propos autour de la loi du 15 novembre 1999 sur le pacte civil de solidarité), Rev crit 00, 317; *Kostkiewics,* Registrierte Partnerschaften gleichgeschlechtlicher Personen aus der Sicht des IPR (de lege lata), SZIER 01, 101; *Markus,* Registrierte Partnerschaften — Handlungsbedarf und Handlungsmöglichkeiten im IPR, SZIER 01, 109; *Martiny,* Internationales Privatrecht, in: *Hausmann/Hohloch* (Hrsg), Das Recht der nichtehelichen Lebensgemeinschaften² (2004), 773; *Mignot,* Le partenariat enregistré en droit international privé, Rev.int.dr.comp. 01, 601; *Péroz,* La loi applicable aux partenariats enregistrés, Clunet 10, 399; *Röthel,* Registrierte Partnerschaften im internationalen Privatrecht, IPRax 00, 74; *Schotten,* Lebenspartnerschaften im Internationalen Privatrecht, FPR 01, 458; *Schwander,* Registrierte Partnerschaften im internationalen Privat- und Zivilprozessrecht, AJP 01, 350; *Sonnenberger,* Die Eingehung einer Ehe und anderer personaler Lebens- und Risikogemeinschaften als Anknüpfungsgegenstände des internationalen Privatrechts, FS Martiny (2014) 181; *Süß,* Notarieller Gestaltungsbedarf bei Eingetragenen Lebenspartnerschaften mit Ausländern, DNotZ 01, 168; *Wagner,* Das neue internationale Privat- und Verfahrensrecht zur eingetragenen Lebenspartnerschaft, IPRax 01, 281*Wintemute/Andenæs,* Legal recognition for same-sex partnerships (2001).
Vgl auch das Schrifttum zur gleichgeschlechtlichen Ehe → vor Rn 257.

1. Allgemeines

Das Rechtsinstitut der eingetragenen Lebenspartnerschaft ist in Deutschland durch das „Gesetz **199** zur Beendigung der Diskriminierung gleichgeschlechtlicher Lebensgemeinschaften: Lebenspartnerschaften" v 16.2.2001 (BGBl I, 266) eingeführt worden. Mit diesem Gesetz trat am 1.8.2001 auch die vom Gesetzgeber neu konzipierte Kollisionsnorm für eingetragene Lebenspartnerschaften (Art 3 § 25 LPartG) in Kraft, die allerdings erst nach Einfügung der neu geschaffenen Kollisionsnorm des Art 17a für die Zuweisung einer im Inland belegenen Ehewohnung und von Hausrat (Gesetz v 11.12.2001, BGBl I, 3513) mit Wirkung v 1.1.2002 ihren heutigen Standort in Art 17b gefunden hat. Die Regelungen zum **Versorgungsausgleich** in Abs 1 S 3 und S 4 wurden angefügt durch Gesetz v 13.12.2004 (BGBl I, 3396) mit Wirkung v. 1.1.2005; Satz 4 wurde geändert durch Gesetz zur Strukturreform des Versorgungsausgleichs v 3.4.2009 (BGBl I, 700) mit Wirkung v. 1.9.2009 und erneut durch Gesetz v 23.1.2013 (BGBl I, 101) mit Wirkung v. 29.1.2013.

Infolge des Inkrafttretens der EuUntVO und des Haager Unterhaltsprotokolls sowie der **200** EuErbVO wurde der frühere Satz 2, der bezüglich der **unterhalts- und erbrechtlichen Folgen** der eingetragenen Lebenspartnerschaft auf die „allgemeinen Vorschriften" (Art 18, 25 f EGBGB aF) verwiesen hatte, bezüglich des Unterhalts durch das AUG v 23.5.2011 (BGBl I, 898) mit Wirkung v 18.6.2011 und bezüglich des Erbrechts durch Gesetz v 29.6.2015 (BGBl I, 1042) mit Wirkung v 17.8.2015 aufgehoben. Außerdem wurde Abs 2 S 3 durch Gesetz v 20.11.2015 (BGBl I, 2010) mit Wirkung v 26.11.2015 angefügt, um den Rechtsschutz Dritter gegenüber güterrechtlichen Beschränkungen der Partner zu verbessern.

I 201–205   1. Teil. Erkenntnisverfahren I. Lebenspartnerschaftssachen

201   Schließlich wurde die in Deutschland durch Gesetz v 20.7.2017 (BGBl I, 2787) eingeführte **Ehe zwischen Personen gleichen Geschlechts** durch den neu gefassten Art 17b Abs 4 EGBGB in kollisionsrechtlicher Hinsicht einer eingetragenen Lebenspartnerschaft gleichgestellt. Dementsprechend sind auf das Zustandekommen und die Wirkungen einer gleichgeschlechtlichen Ehe nicht die Art 13–17a EGBGB, sondern die nachfolgend kommentierten Absätze 1–3 des Art 17b EGBGB entsprechend anzuwenden, soweit nicht vorrangiges EU-Verordnungsrecht eingreift. Zugleich wurde in Art 3 Abs 3 des Gesetzes festgelegt, dass in *Deutschland* ab dem 1.10.2017 gleichgeschlechtliche Lebenspartnerschaften nicht mehr registriert werden können, sondern nur noch gleichgeschlechtliche Ehen (→ Rn 267 ff). Die Partner von zuvor eingetragenen Lebenspartnerschaften können gemäß dem neu eingefügten § 20a LPartG deren **Umwandlung** in eine gleichgeschlechtliche Ehe durch gemeinsame Erklärung vor dem Standesamt beantragen. Machen sie von dieser Möglichkeit keinen Gebrauch, bleiben sie auch in Zukunft dem Regime des Lebenspartnerschaftsgesetzes und des Art 17b Abs 1–3 EGBGB unterworfen. Im Übrigen hat Art 17b in Zukunft nur noch Bedeutung für die kollisionsrechtliche Behandlung von im Ausland registrierten Lebenspartnerschaften und von gleichgeschlechtlichen Ehen.

202   Grundsätzlicher Anknüpfungspunkt ist – abweichend vom internationalen Eherecht – weder die Staatsangehörigkeit noch der gewöhnliche Aufenthalt der Lebenspartner, sondern das Recht des Staates, in dem die Partner ihre Lebenspartnerschaft haben registrieren lassen. Diese **Anknüpfung an das Recht des Register führenden Staates** dient vor allem der Rechtssicherheit, weil durch sie gewährleistet ist, das ein Recht zur Anwendung kommt, welches das Rechtinstitut der eingetragenen Lebenspartnerschaft kennt.

2. Persönlicher Anwendungsbereich

203   **a) Homosexuelle eingetragene Lebenspartnerschaften.** Art 17b gilt unmittelbar jedenfalls für alle Formen gleichgeschlechtlicher Lebenspartnerschaften, die im In- oder Ausland durch einen Registrierungsakt formalisiert worden sind. Solche institutionalisierten Formen für Lebensgemeinschaften gleichgeschlechtlicher Paare sind heute in den meisten Mitgliedstaaten der Europäischen Union bekannt. Dies gilt etwa für *Belgien* (Art 1475 – 1479 Cc idF v 23.11.1998), *Dänemark* (Gesetz v 7.6.1989; dazu *Wacke* FamRZ 90, 357; *Jayme* IPRax 90, 197; *Ring/Olsen-Ring* ZRP 99, 459; *Scherpe* FPR 01, 439), *Estland* (Gesetz v 2016), *Finnland* (Gesetz v 9.11.2001), *Griechenland* (Gesetz v 24.12.2015; dazu *Koutsouradis* FamRZ 16, 1529/1531 f), *Irland* (Civil Partnership Act 2010; dazu *Sloan* FamRZ 16, 1533), *Kroatien* (Gesetz v 14.7.2003), *Luxemburg* (Gesetz v 9.7.2004), *Malta* (Gesetz v 14.4.2014), *die Niederlande* (Gesetz v 5.7.1997; dazu *Buschbaum* RNotZ 10, 73/76), *Österreich* (Gesetz v 30.12.2009; dazu *Gröger* ÖJZ 10, 197; *Aichhorn* FPR 10, 217), *Schweden* (Gesetz v 23.6.1994), *Slowenien* (Gesetz über die Partnerverbindung v 21.4.2016, in Kraft seit 24.2.2017; dazu *Novak* FamRZ 17, 1479/1484; *Zadravec* StAZ 17, 314), *Tschechien* (Gesetz v 26.1.2006), *Ungarn* (Gesetz v 17.12.2007; dazu *Weiss* FamRZ 08, 1724 und FamRZ 09, 1544) und das *Vereinigte Königreich (Civil Partnership Act 2004),* vgl *Martiny* FF 11, 345/347; Staud/*Mankowski* Rn 10. Zum französischen „*pacte civil de solidarité,,* (PACS) nach Art 515-1 ff Cc idF v 15.11.1999 vgl *Ferrand* FamRZ 00, 517; *Hauser* DEuFamR 00, 29; Staud/*Mankowski* Rn 19 ff. Zu eingetragenen Lebenspartnerschaften in den *spanischen* Foralrechten vgl *Hierneis,* in: Ferid/Firsching/Dörner/Hausmann, Intern Erbrecht, Spanien, Grdz Rn 472 ff; Staud/*Mankowski* Rn 15.

204   Mit Wirkung v 5.6.2017 wurde die eingetragene Lebenspartnerschaft *(„unione civile")* auch in *Italien* eingeführt (Gesetz Nr 76 v 20.5.2016; dazu *Cubeddu Wiedemann* FamRZ 16, 1535 ff; *Patti* FamRZ 17, 1463 f). Sie ist heute auch in weiteren europäischen Staaten, zB in *Island* (Gesetz v 12.6.1996), *Norwegen* (Gesetz v 30.4.1993) und der *Schweiz* (Bundesgesetz v 18.6.2004; dazu *Hausheer* FamRZ 06, 246; *Widmer* IPRax 07, 155; *Heussler* StAZ 07, 361) sowie in vielen außereuropäischen Staaten (vgl zur Einführung von *civil unions* bzw *domestic partnerships* in zahlreichen US-Bundesstaaten und kanadischen Provinzen Staud/*Mankowski* Rn 11 f) gesetzlich geregelt. Die Gesetze über die registrierte homosexuelle Partnerschaft wurden in den Ländern, die zwischenzeitlich die **gleichgeschlechtlichen Ehe** eingeführt haben (dazu → Rn 257) wieder aufgehoben oder ihre Geltung wurde – wie in *Deutschland* – auf Altfälle beschränkt. Dies gilt etwa für *Dänemark, Finnland, Island, Luxemburg und Schweden.*

205   Zur Beschränkung des Art 17b auf **homosexuelle Partnerschaften** kann man auf den Titel des Gesetzes vom 16.2.2001 und den sachlichen Zusammenhang mit dem in Art 1 dieses Gesetzes enthaltenen „Gesetz zur Beendigung der Diskriminierung gleichgeschlechtlicher Le-

822

II. Internationales Privatrecht: EGBGB Art 17b   **206–209 I**

benspartnerschaften" (LPartG) verweisen (*Wagner* IPRax 01, 281/288; Pal/*Thorn* Rn 1; Staud/ *Mankowski* Rn 7). Unerheblich ist dabei, ob die Wirkungen einer im Ausland registrierten homosexuellen Partnerschaft von denjenigen nach dem deutschen LPartG abweichen, insbesondere hinter diesen zurückbleiben. Denn gerade für diesen Fall ermöglicht Art 17b Abs 3 durch die Neuregistrierung im Inland eine Anhebung der Wirkungen auf das deutsche Niveau (zum Erfordernis einer weiten Auslegung des Begriffs „eingetragene Lebenspartnerschaft" statt vieler MüKoBGB/*Coester* Rn 10 ff; Staud/*Mankowski* Rn 19 ff; *Andrae*, IntFamR § 10 Rn 3). Der Begriff der eingetragenen Lebenspartnerschaft ist daher in Abs 1 losgelöst vom deutschen LPartG und **weit** zu verstehen, um die unterschiedlichen Ausformungen solcher Partnerschaften in ausländischen Rechten zu erfassen (BeckOK-BGB/*Heiderhoff* Rn 14).

b) Heterosexuelle eingetragene Lebenspartnerschaften. In manchen Staaten steht das **206** Rechtsinstitut der eingetragenen Lebenspartnerschaft auch heterosexuellen Paaren alternativ zur Ehe (und mit geringeren Rechtswirkungen) zur Verfügung, so zB in *Belgien* („*cohabitation légale*", Art 1475 Cc), in *Frankreich* („*Pacte civil de solidarité, PACS*", Art 515.1 Cc), in *Griechenland* (seit 2008; dazu *Koutsouradis* StAZ 09, 299), in *Luxemburg* (Gesetz v 9.7.2004, in Kraft seit 1.11.2004), in *Malta* (Gesetz v 14.4.2014) oder in den *Niederlanden* („*geregistreerd partnerschap*", Art 80a Abs 3 Buch I BW) sowie in den Foralrechtsgebieten (Aragonien, Balearen, Baskenland Galizien, Katalonien, Navarra und Valencia) sowie in den Autonomen Gemeinschaften *Spaniens* (Andalusien, Asturien, Extremadura, Kanarische Inseln, Kantabrien und Madrid; vgl *Hierneis,* in: Ferid/ Firsching/Dörner/Hausmann, Spanien 15.5.2017] Grdz. D 107 ff).

Gegen die auch insoweit vertretene **analoge Anwendung der Art 13 ff EGBGB** (dafür **207** Hausmann/Hohloch/*Martiny,* Hdb NeLG Kap 12 Rn 63; Kegel/*Schurig,* IPR § 20 III; Staud/ *Mankowski* Rn 101 f) spricht, dass die eingetragene Lebenspartnerschaft von Mann und Frau nach den Rechten, die sie kennen, gerade keine Ehe ist, sondern eine Alternative zu der auch möglichen traditionellen Ehe mit abgeschwächten Wirkungen (MüKoBGB/*Coester* Rn 95). Außerdem würde damit zB deutschen Staatsangehörigen die Eingehung einer solchen Partnerschaft unmöglich gemacht. Gegen eine analoge Anwendung des internationalen Eherechts auf heterosexuelle Lebenspartnerschaften sprechen daher die gleichen Gründe, die den deutschen Gesetzgeber dazu bewogen haben, die Art 13 ff auch auf gleichgeschlechtliche Ehen nicht anzuwenden. Nicht überzeugend ist aber auch die zT vertretene Anwendung der Kollisionsregeln für faktische Lebensgemeinschaften (dafür *Wagner* IPRax 01, 281/295; Staud/*Mankowski* Rn 99 ff; Münch/*Süß* § 20 Rn 323 ff), denn damit wird der staatlichen Registrierung dieser Lebensgemeinschaften jede rechtliche Relevanz abgesprochen. Auch der europäische Gesetzgeber unterscheidet in der EuPartVO nur zwischen eingetragenen und nicht eingetragenen Partnerschaften ohne Rücksicht auf das Geschlecht der Partner (→ Rn 18).

Den Vorzug verdient daher insoweit die Anwendung von Art 17b EGBGB. Der Wortlaut **208** steht einer *unmittelbaren* Anwendung nicht entgegen, weil die Vorschrift – anders als § 1 LPartG – keine ausdrückliche Beschränkung auf gleichgeschlechtliche Lebenspartnerschaften enthält (*Thorn* IPRax 02, 349/355; *Buschbaum* RNotZ 10, 73/83; BeckOK-BGB/*Heiderhoff* Rn 18 f; NK-BGB/*Gebauer* Rn 10). Geht man davon aus, dass der Gesetzgeber bei der im Jahre 2001 eingeführten Kollisionsnorm des Art 17b EGBGB dennoch nur homosexuelle Partnerschaften im Blick hatte, so bietet sich jedenfalls eine *analoge* Anwendung der Vorschrift auf heterosexuelle eingetragene Partnerschaften an (dafür *Buschbaum* RNotZ 10, 73/83; *Coester* FS Sonnenberger [2004] 321/331; *Dörner* FS Jayme [2004] 143/151; *Wagner* IPRax 01, 281/289 f; *Andrae,* IntFamR § 10 Rn 61; Pal/*Thorn* Rn 1, 12; Erman/*Hohloch* Rn 6; MüKoBGB/*Coester* Rn 96; hilfsweise auch NK-BGB/*Gebauer* Rn 11 ff m ausf Begründung). Dafür spricht insbesondere das Argument der Rechtssicherheit, weil mit der Registrierung ein eindeutiges und leicht feststellbares Anknüpfungsmerkmal gegeben ist. Ferner wird eine kollisionsrechtliche Spaltung von ausländischen Rechtsinstituten vermieden, die – wie der französische „*Pacte civil de solidarité*" (*PACS;* dazu *Ferrand* FamRZ 00, 517 ff; Staud/*Mankowski* Rn 19) – die Registrierung und deren Rechtswirkungen einheitlich für homo- wie heterosexuelle Partnerschaften geregelt haben.

Nicht anwendbar auf heterosexuelle registrierte Partnerschaften war allerdings die **Kappungs- 209 regel des Art 17b Abs 4 EGBGB aF** (dazu unten → Rn 257 ff), weil Maßstab hierfür die nur auf gleichgeschlechtliche Lebenspartnerschaften passenden Sachvorschriften des deutschen LPartG waren (*Wagner* IPRax 01, 281/292; *Andrae,* IntFamR § 10 Rn 62; NK-BGB/*Gebauer* Rn 16). Der grundgesetzlich gebotene Schutz der Ehe (Art 6 Abs 1 GG) gegenüber konkurrierenden ausländischen Rechtsinstituten konnte hinreichend mit dem *ordre public*-Vorbehalt des Art 6 EGBGB gewährleistet werden. Eine Diskriminierung gleichgeschlechtlicher Partnerschaf-

823

I 210–215   1. Teil. Erkenntnisverfahren I. Lebenspartnerschaftssachen

ten, deren Wirkungen über Art 17b Abs 4 EGBGB aF uU weitergehend beschnitten wurden als
diejenigen von heterosexuellen Partnerschaften über Art 6 EGBGB, lag darin nicht (zutr Mü-
KoBGB/*Coester* Rn 128). Das Problem hat sich mit der Aufhebung der Kappungsregel durch das
Gesetz v 20.7.2017 (BGBl I, 2787) mit Wirkung v 1.10.2017 erledigt.

210   Beurteilen sich einzelne **Wirkungen** einer im Ausland registrierten heterosexuellen Partnerschaft aufgrund von Sonderanknüpfungen nach **deutschem Recht**, so passen die auf gleichgeschlechtliche Lebensgemeinschaften zugeschnittenen Vorschriften des LPartG nicht. Stattdessen bietet sich insoweit eine entsprechende Anwendung des Eherechts im Wege der **Substitution** (dazu H/O/*Hausmann* § 3 Rn 89 ff) jedenfalls dann an, wenn die registrierte Partnerschaft
nach dem auf ihre Begründung anwendbaren ausländischen Recht einer Ehe nahesteht (Mü-
KoBGB/*Coester* Rn 100 ff). Bleibt sie hingegen – wie der französische PACS – in ihren
Wirkungen deutlich hinter einer Ehe zurück, so bietet sich als Ausweg nur die Anwendung der
deutschen Vorschriften über faktische Lebensgemeinschaften (→ Rn 283 ff) an (krit zu dieser
Lösung MüKoBGB/*Coester* Rn 133).

211   **c) Gleichgeschlechtliche Ehe.** Sie hat mit Wirkung v 1.10.2017 in Abs 4 eine eigene
kollisionsrechtliche Regelung erfahren; zu deren Inhalt und Reichweite näher → Rn 267 ff.

212   **d) Formlose (faktische) Lebensgemeinschaften.** Keine Anwendung findet Art 17b
EGBGB hingegen auf formlose nichteheliche Lebensgemeinschaften, weil die Vorschrift eine
Registrierung als zentrales Anknüpfungsmerkmal zwingend voraussetzt (*Buschbaum* RNotZ 10,
149/153 ff; Pal/*Thorn* Rn 12). Dies gilt gleichermaßen für homo- wie heterosexuelle Verbindungen. Zur Anknüpfung der Wirkungen solcher faktischer Lebensgemeinschaften → Rn 283 ff.

3. Anknüpfung an das Recht des registerführenden Staates

213   **a) Grundsatz.** Die Begründung, Wirkung und Aufhebung einer eingetragenen Lebenspartnerschaft wird nach Art 17b Abs 1 S 1 EGBGB grundsätzlich nach den **Sachvorschriften des
Register führenden Staates** beurteilt. Da das Rechtsinstitut der eingetragenen Lebenspartnerschaft noch immer nicht in allen Staaten anerkannt ist, soll durch diese Anknüpfung sichergestellt werden, dass ein Recht zur Anwendung kommt, dem dieses Rechtsinstitut bekannt ist
(BT-Drs 14/3751, 60; *Wagner* IPRax 01, 281/288; *Forkert* 88 f; NK-BGB/*Gebauer* Rn 39).
Haben die Partner sich im Inland registrieren lassen, so wird daher auf das materielle deutsche
Recht, insbesondere auf die Vorschriften des LPartG verwiesen. Dabei kommt weder der Staatsangehörigkeit noch dem gewöhnlichen Aufenthalt oder Wohnsitz der Lebenspartner Bedeutung
für das Kollisionsrecht zu. Die Registrierung im Inland steht daher auch *ausländischen* Lebens-
partnern offen, ohne dass eine hinreichende Inlandsbeziehung vorausgesetzt würde würde
(*Wagner* IPRax 01, 281/287; krit *Thorn* FS Jayme [2004] 959 ff). Zu beachten ist freilich, dass der
Registrierungsort nicht zwingend im Gebiet des Register führenden Staates liegen muss. So
besteht zB die Möglichkeit, einen französischen PACS auch vor ausländischen französischen
Konsulaten abzuschließen (vgl Art 515-3 Abs 8 und Art 515-7 Abs 7 Cc; dazu MüKoBGB/
Coester Rn 20).

214   Bei Art 17b Abs 1 S 1 EGBGB handelt es sich um eine **allseitige Kollisionsnorm,** die auch
das Recht eines ausländischen Registrierungsstaates zur Anwendung beruft (Pal/*Thorn* Rn 2;
MüKoBGB/*Coester* Rn 13). Unter Registrierung ist jede Eintragung in amtliche Bücher durch
ein Gericht, eine Behörde oder einen Notar zu verstehen (MüKoBGB/*Coester* Rn 23). Die
Verweisung auf das Recht eines ausländischen Registrierungsstaates ist stets **Sachnormverweisung** iSv Art 3a Abs 1 EGBGB. Rück- oder Weiterverweisung sind also nicht zu beachten. Dies
erleichtert die Ermittlung des anwendbaren Rechts, weil es in zahlreichen Rechten noch an
ausdrücklichen Kollisionsnormen zur Beurteilung von eingetragenen Lebenspartnerschaften
fehlt, auch wenn diese im Sachrecht dieser Staaten bereits eingeführt worden sind (MüKoBGB/
Coester Rn 14; NK-BGB/*Gebauer* Rn 21). Der inländische Rechtsverkehr wird allerdings
gegenüber einem ausländischen Registerstatut nach Maßgabe von Art 17b Abs 2 S 2 und 3
(→ Rn 252 ff) geschützt.

215   Während das Scheidungsstatut nach Art 5 ff Rom III-VO heute zunehmend durch Rechtswahl der Parteien bestimmt wird (→ A Rn 352 ff), wird nicht nur die Begründung, sondern auch
die Aufhebung einer eingetragenen Lebenspartnerschaft nach Abs 1 S 1 **ausschließlich objektiv angeknüpft.** Gleiches gilt – im Gegensatz zu den allgemeinen und güterrechtlichen *Ehe*-
wirkungen (Art 14 Abs 2–4, 15 Abs 2 EGBGB) – auch für die Wirkungen der Eintragung (krit
Forkert 117 ff; Staud/*Mankowski* Rn 41). Die Partner können das anwendbare Recht allerdings

824

II. Internationales Privatrecht: EGBGB Art 17b   **216–220 I**

mittelbar dadurch beeinflussen, dass sie entscheiden können, in welchem Staat sie ihre Lebenspartnerschaft registrieren lassen wollen (MüKoBGB/*Coester* Rn 22; Staud/*Mankowski* Rn 4). Ferner haben sie die Möglichkeit, das auf die Wirkungen und die Aufhebung ihrer Lebenspartnerschaft anwendbare Recht dadurch zu ändern, dass sie sich nachträglich noch einmal in einem anderen Staat registrieren lassen (Abs 3; → Rn 255 f); das kommt im Ergebnis einer Rechtswahl nahe (BT-Drs 14/3751, 60; Pal/*Thorn* Rn 3; Erman/*Hohloch* Rn 7).

Die Anknüpfung an das Registerstatut ist **unwandelbar** (BT-Drs 14/3751, 60; Pal/*Thorn* **216** Rn 3; BeckOK-BGB/*Heiderhoff* Rn 30). Ein Statutenwechsel kann nur durch Neuregistrierung gem Abs 3 (→ Rn 255 f) herbeigeführt werden. Durch diese Möglichkeit wird der Grundsatz der Unwandelbarkeit allerdings stark relativiert (MüKoBGB/*Coester* Rn 16).

b) Einzelfälle, Abs 1 S 1. aa) Begründung der Lebenspartnerschaft, Alt 1. Das Recht **217** des Register führenden Staates gilt zunächst für die Begründung der Lebenspartnerschaft. Es beherrscht daher – ähnlich wie Art 13 EGBGB bezüglich der Eheschließung – sowohl die in der Person der Partner erforderlichen sachlichen Voraussetzungen als auch den Inhalt und die Form der hierfür erforderlichen Erklärungen. Eine Sonderanknüpfung der **Form** nach Art 11 EGBGB findet also nicht statt, weil die *lex causae* mit dem Recht des Vornahmeorts *(lex loci)* notwendig zusammenfällt, wenn sie – wie in Art 17b Abs 1 S 1 – durch den Ort der Registrierung bestimmt wird (*Forkert* 92; Pal/*Thorn* Rn 3; MüKoBGB/*Coester* Rn 25; Staud/*Mankowski* Rn 36; NK-BGB/*Gebauer* Rn 28). Der Registrierungsstaat kann hierfür auch die Form der Eheschließung vorschreiben; darin liegt kein Verstoß gegen den deutschen *ordre public (Wasmuth* FS Kegel [2002] 237). Abs 1 S 1 schließt allerdings die Registrierung nach ausländischem Recht auf deutschem Boden nicht aus. Wird ein PACS vor einem französischen Konsulat in Deutschland registriert, so ist Frankreich der Register führende Staat; das französische Recht bestimmt daher über die materiellen Voraussetzungen und die Form dieser Registrierung (MüKoBGB/*Coester* Rn 26).

Zu den **materiellen Voraussetzungen** der wirksamen Eingehung einer Lebenspartnerschaft **218** gehören – in Anlehnung an § 1 LPartG – insbesondere das Geschlecht der Partner, der Konsens und etwaige Eingehungshindernisse, wie eine bestehende Ehe oder eine anderweitige Lebenspartnerschaft sowie etwa verwandtschaftliche Beziehungen zwischen den Partnern (MüKoBGB/*Coester* Rn 27; Erman/*Hohloch* Rn 11; Staud/*Mankowski* Rn 30 ff). Das Recht des Register führenden Staates entscheidet auch darüber, ob die Partner eine durch ihre Staatsangehörigkeit oder ihren gewöhnlichen Aufenthalt begründete hinreichende Beziehung zu diesem Staat haben, wenn hiervon – anders als nach deutschem Recht – die Registrierung abhängt (Staud/*Mankowski* Rn 31; *Andrae,* IntFamR § 10 Rn 31). Dieses Recht regelt schließlich auch die Rechtsfolgen des Fehlens einer vorgeschriebenen Voraussetzung im Falle einer dennoch erfolgten Registrierung (NK-BGB/*Gebauer* Rn 41).

Die **Vorfrage,** ob ein Partner im Zeitpunkt der Registrierung im Ausland noch an eine **219** wirksam geschlossene Ehe oder eine bereits früher registrierte Lebenspartnerschaft mit einem anderen Partner gebunden war, ist nicht unselbständig nach der *lex causae* (dem Recht des registerführenden Staates), sondern **selbständig** nach deutschem IPR anzuknüpfen (BT-Drs 143/3751, 60; *Hausmann* FS Henrich [2000] 241/256; *Wagner* IPRax 01, 281/288; MüKoBGB/*Coester* Rn 29; NK-BGB/*Gebauer* Rn 42). Welche Auswirkungen das Bestehen einer solchen früheren Verbindung auf die Gültigkeit der registrierten neuen Lebenspartnerschaft hat, bestimmt hingegen das ausländische Registrierungsstatut (NK-BGB/*Gebauer* Rn 23). Der Grundsatz der selbständigen Vorfragenanknüpfung gilt auch für sonstige vom ausländischen Registerstatut aufgeworfene Vorfragen (zB nach der Geschäftsfähigkeit eines Partners).

bb) Allgemeine Wirkungen, Alt 2. Auch die allgemeinen Wirkungen einer eingetragenen **220** Lebenspartnerschaft unterliegen dem Sachrecht des Register führenden Staates. **Rechtswahlmöglichkeiten,** wie sie für Ehegatten in Art 14 Abs 2 und 3 EGBGB vorgesehen sind, bestehen für eingetragene Lebenspartner **nicht** (*Henrich* FamRZ 02, 139; *Coester* IPRax 13, 114/118M BeckOK-BGB/*Heiderhoff* Rn 23). Die allgemeinen Wirkungen umfassen insbesondere die in §§ 2, 4, 8 und 11 LPartG geregelten Fragen, also die gegenseitige Verpflichtung zur Fürsorge und Unterstützung und zur gemeinsamen Lebensgestaltung, Haftungsbeschränkungen bei der Erfüllung der Verpflichtungen aus der Lebenspartnerschaft, Eigentumsvermutung und die Berechtigung, den Partner aus Geschäften zur Deckung des gemeinsamen Lebensbedarfs zu verpflichten (**Schlüsselgewalt**). Ausgenommen sind auch das **Unterhaltsrecht** und das **Namensrecht,** die gesondert angeknüpft werden (→ Rn 233 ff und → Rn 245 ff).

I 221–226 1. Teil. Erkenntnisverfahren I. Lebenspartnerschaftssachen

221 Zu beachten ist freilich, dass die zuletzt genannten vermögensrechtlichen Wirkungen einer Lebenspartnerschaft, die erst ab dem 29.1.2019 eingetragen wird, vom **Anwendungsbereich der EuPartVO** erfasst wird (→ Rn 131 ff). Daraus ergibt sich zwar im Falle von deren objektiver Anknüpfung idR keine Änderung, da auch Art 26 Abs 1 EuPartVO grundsätzlich auf das Recht des Registrierungsstaates abstellt. Allerdings ermöglicht die Ausweichklausel des Art 26 Abs 2 EuPartVO auch eine abweichende Anknüpfung (→ Rn 184 ff). Vor allem aber haben die Partner – und zwar auch solche, die sich schon vor dem 29.1.2019 haben registrieren lassen – unter der Geltung der EuPartVO die Möglichkeit, nach deren Art 22 ein vom Registerstatut abweichendes Recht für die vermögensrechtlichen Wirkungen ihrer Partnerschaft zu wählen, auch soweit diese unter Art 17b EGBGB bisher als allgemeine Ehewirkungen iSv Abs 1 S 1 zu qualifizieren waren (→ Rn 165 ff).

222 **cc) Güterrechtliche Wirkungen, Alt 3.** Auch die güterrechtlichen Wirkungen der eingetragenen Lebenspartnerschaft unterliegen nach Abs 1 S 1 zwingend dem Recht des Registrierungsstaates. Die für Ehegatten bestehende Möglichkeit, das Güterrechtsstatut nach Maßgabe von Art 15 Abs 2 durch Rechtswahl zu bestimmen (→ B Rn 459 ff), wird eingetragenen Lebenspartnern nach Art 17b Abs 1 S 1 nicht eingeräumt (*Süß* DNotZ 01, 16871689; *Erman/Hohloch* Rn 13; zu Recht krit dazu *Forkert* 117 ff, 134; *Hausmann/Hohloch/Martiny,* Hdb NELG Kap 12 Rn 88; *Staud/Mankowski* Rn 419). Dies ist insbesondere bei der Abfassung von Partnerschaftsverträgen zu beachten. Der deutsche Gesetzgeber hielt es insoweit für ausreichend, dass die Partner durch die Wahl des Registrierungsstaates mittelbar auch das Güterrechtsstatut festlegen können. Da es sich um eine bewusste gesetzgeberische Entscheidung handelt, kommt mangels Regelungslücke auch eine analoge Anwendung von Art 15 Abs 2 nicht in Betracht (Mü-KoBGB/*Coester* Rn 42; NK-BGB/*Gebauer* Rn 45; **aA** Staud/*Mankowski* Rn 41).

223 *De lege ferenda* wurde freilich schon länger die Einführung der güterrechtlichen Rechtswahl auch für eingetragene Lebenspartner befürwortet (*Hausmann* FS Henrich [2000] 241/259; *Forkert* 137 ff; *Henrich* FamRZ 02, 137/140; NK-BGB/*Gebauer* Rn 44). Dieser Forderung hat der europäische Gesetzgeber – anders als noch der Kommissionsvorschlag von 2011 – in **Art 22 EuPartVO** Rechnung getragen und eingetragenen Lebenspartnern im gleichen Umfang Parteiautonomie eingeräumt wie Ehegatten. Von dieser Rechtswahlmöglichkeit können ab dem 29.1.2019 auch Partner Gebrauch machen, die sich schon vor diesem Stichtag haben eintragen lassen (vgl Art 69 Abs 3 EuPartVO). Zu den Voraussetzungen, Schranken und der Form der Rechtswahl nach Art 22, 23 EuPartVO näher → Rn 165 ff.

224 Ebenso wie das Güterrechtsstatut von Ehegatten nach Art 15 EGBGB kann allerdings auch das durch das Recht des Registrierungsstaates nach Art 17b Abs 1 S 1 EGBGB bestimmte Güterrechtsstatut von eingetragenen Lebenspartnern durch den **Vorrang des Einzelstatuts** nach Art 3a Abs 2 EGBGB verdrängt werden (*Gebauer/Staudinger* IPRax 02, 275/279; Staud/*Mankowski* Rn 52, 66; *Andrae,* IntFamR § 10 Rn 36; **aA** *Forkert* 135 ff, 230 f). Demgegenüber setzt sich für Lebenspartner, die erst ab dem 29.1.2019 eingetragen werden, der Grundsatz der Einheit des Güterrechtsstatuts in Art 21 EuPartVO auch gegenüber dem Einzelstatut der zum Vermögen der Partner gehörenden Gegenstände durch.

225 Der **Begriff der güterrechtlichen Wirkungen** – in Abgrenzung zu den allgemeinen Wirkungen – einer Lebenspartnerschaft ist ebenso zu ziehen wie in der Ehe (näher → B Rn 516 ff); die Abgrenzung hat wegen der einheitlichen Anknüpfung in Abs 1 S 1 allerdings keine praktische Bedeutung. Zu den güterrechtlichen Wirkungen gehört insbesondere die Frage, ob die Partner **kraft Gesetzes** in einem bestimmten Güterstand leben oder ob hierfür – wie nach dem früheren deutschen Recht (§ 6 LPartG aF) – eine Erklärung erforderlich ist. Ferner entscheidet das Recht des Register führenden Staates darüber, unter welchen Voraussetzungen die Partner **durch Vertrag** den gesetzlichen Güterstand ändern oder ausschließen können (vgl § 7 LPartG; Staud/*Mankowski* Rn 39). Dieses Recht beherrscht ferner die Fragen, welche Gütermassen zu unterscheiden sind, wie die Verwaltungs- und Nutzungsbefugnisse geregelt sind und nach welchen Regeln die Vermögensauseinandersetzung bei Auflösung der Partnerschaft vorzunehmen ist (*Forkert* 125 ff; NK-BGB/*Gebauer* Rn 44). Für ab dem 29.1.2019 eingetragene Lebenspartnerschaften wird die Reichweite von deren „güterrechtlichen Wirkungen" in Art 27 EuPartVO (→ Rn 187 f) festgelegt.

226 Geht man mit dem BGH von einer güterrechtlichen Qualifikation von **§ 1371 Abs 1 BGB** aus (dazu näher → B Rn 547), so erhöht sich das gesetzliche Erbrecht des überlebenden Partners nur dann um ein Viertel, wenn die **Lebenspartnerschaft im Inland registriert** wurde und ihre güterrechtlichen Wirkungen daher dem deutschen Recht unterliegen. Führt dies in Ver-

826

II. Internationales Privatrecht: EGBGB Art 17b   227–231 **I**

bindung mit einem nach der EuErbVO maßgeblichen ausländischen gesetzlichen Erbrecht insgesamt zu einer höheren Beteiligung des überlebenden Partners am Nachlass als bei Geltung deutschen Erbrechts, so sind die Auswirkungen des § 1371 Abs 1 BGB im Wege der Anpassung zu begrenzen (MüKoBGB/*Coester* Rn 60). Voraussetzung für diese Lösung ist allerdings, dass an der güterrechtlichen Qualifikation des § 1371 Abs 1 BGB auch bei der gebotenen autonomen Auslegung der EuErbVO – künftig in Abgrenzung zur EuPartVO – festgehalten werden kann. Dies ist aber aus den vom BGH angeführten Gründen zu befürworten.

dd) Auflösung der Lebenspartnerschaft, Alt 4. Um sicherzustellen, dass eine eingetragene **227** Lebenspartnerschaft auch wieder aufgelöst werden kann, unterstellt Abs 1 S 1 die Auflösung dem gleichen Recht wie die Begründung der Partnerschaft (*Hausmann* FS Henrich [2000] 241/ 262; *Wagner* IPRax 01, 281/289). Diese Anknüpfung ist zwingend; eine Rechtswahlmöglichkeit wird den Lebenspartnern insoweit – anders als Ehegatten für die Ehescheidung nach Art 5 Rom III-VO (→ A Rn 352 ff) – nicht eingeräumt. Dem Recht des Register führenden Staates unterliegen daher insbesondere die **materiell-rechtlichen Voraussetzungen** der Auflösung, also die Frage, ob diese jederzeit ohne Begründung oder erst nach Ablauf von Trennungsfristen oder nur bei Unzumutbarkeit einer Fortsetzung der Lebenspartnerschaft (vgl § 15 Abs 2 LPartG) verlangt werden kann (*Henrich* FamRZ 02, 137/140; MüKoBGB/*Coester* Rn 35).

Auch die Frage, ob die Lebenspartnerschaft **durch Eheschließung** oder durch Eingehung **228** einer neuen Lebenspartnerschaft mit einem anderen Partner von Rechts wegen aufgelöst wird (vgl im frz Recht Art 515-7 Abs 7 Nr 3 Cc), unterliegt dem Registerstatut (vgl *Henrich* FamRZ 02, 137/140 f; Staud/*Mankowski* Rn 45; MüKoBGB/*Coester* Rn 34). Die Vorfrage, ob eine Ehe trotz Bestehens einer eingetragenen Lebenspartnerschaft wirksam geschlossen werden konnte (vgl im deutschen Recht § 1 Abs 2 Nr 1 LPartG), ist selbständig nach Art 13 EGBGB anzuknüpfen (Staud/*Mankowski* Rn 46; NK-BGB/*Gebauer* Rn 49). Liegen die Voraussetzungen für eine Auflösung der Lebenspartnerschaft nach deutschem Recht (§ 15 LPartG) vor, so können ihrer Vornahme im Inland nach Aufhebung der Kappungsregelung in Abs 4 etwaige strengere Anforderungen nach dem Recht des ausländischen Registrierungsstaates entgegenstehen; nur in Härtefällen kann mit dem *ordre public* geholfen werden.

Das Recht des Register führenden Staates regelt auch die **Art und Weise,** in der eine **229** Lebenspartnerschaft aufgelöst wird, also insbesondere die Frage, ob dies durch Rechtsgeschäft (einvernehmliche Erklärung, Kündigung), gegebenenfalls unter Mitwirkung einer (Registrierungs-) Behörde, oder nur – wie im deutschen materiellen Recht (§ 15 Abs 1 LPartG) – durch rechtsgestaltende Gerichtsentscheidung erfolgen kann. Zwar könnte man insoweit an eine verfahrensrechtliche Qualifikation denken, so dass auch eine im Ausland registrierte Lebenspartnerschaft in Deutschland gemäß § 15 Abs 1 LPartG nur durch gerichtliches Urteil aufgelöst werden könnte (so Pal/*Thorn* Rn 6). Dagegen spricht freilich, dass Art 17b offenbar bewusst keine dem Art 17 Abs 2 EGBGB für die Ehescheidung entsprechende Kollisionsnorm (dazu → A Rn 562 ff) enthält. § 15 Abs 1 LPartG ist vielmehr eine dem § 1564 S 1 BGB für die Ehescheidung korrespondierende materiell-rechtliche Vorschrift, die auf die Auflösung von Lebenspartnerschaften nur bei Geltung deutschen Rechts, dh nur im Falle ihrer **Registrierung im Inland,** Anwendung findet (*Hausmann* FS Henrich [2000] 241/262 f; Hausmann/Hohloch/ *Martiny*, Hdb NeLG Kap 12 Rn 105; MüKoBGB/*Coester* Rn 38 f; Staud/*Mankowski* Rn 44 f).

Das Tätigwerden eines deutschen Gerichts ist allerdings hierfür nicht zwingend erforderlich; **230** vielmehr kann eine im Inland registrierte Lebenspartnerschaft auch durch eine – nach §§ 108, 109 FamFG im Inland anzuerkennende – **Entscheidung eines ausländischen Gerichts** aufgelöst werden. Eine rechtsgeschäftliche Auflösung der im Inland registrierten Partnerschaft scheitert hingegen an dem auf die Auflösung nach Abs 1 S 1 anzuwendenden § 15 Abs 1 LPartG. Dies gilt auch dann, wenn das hierauf gerichtete Rechtsgeschäft in einem Staat vorgenommen wird, der diese Art der Auflösung eingetragener Lebenspartnerschaften kennt und für wirksam hält. Umgangen werden kann dies nur dadurch, dass die Partner sich zuvor nach Abs 3 in dem betreffenden ausländischen Staat neu registrieren lassen (vgl MüKoBGB/ *Coester* Rn 39).

Umgekehrt kann eine **im Ausland registrierte Lebenspartnerschaft** im Inland nicht nur **231** durch ein deutsches Gericht, sondern auch durch privates Rechtsgeschäft aufhoben werden, wenn das Registrierungsstatut eine gerichtliche Mitwirkung nicht verlangt (*Henrich* FamRZ 02, 137/141; *Buschbaum* RNotZ 10, 73/94; *Andrae,* IntFamR § 10 Rn 46; MüKoBGB/*Coester* Rn 38, 40; NK-BGB/*Gebauer* Rn 48; BeckOK BGB/*Heiderhoff* Rn 26). Lässt das ausländische Registerstatut eine rechtsgeschäftliche Auflösung der Lebenspartnerschaft zu, so regelt es auch,

827

ob es hierfür der Mitwirkung eines Gerichts oder einer Behörde (zB durch Registrierung) bedarf. Ist dies der Fall, so genügt es zwar in jedem Fall, wenn die Lebenspartner die vorgeschriebene Mitwirkung der zuständigen Behörde im ausländischen Registrierungsstaat in Anspruch nehmen. Sie sind jedoch nicht gezwungen, sich zum Zwecke der Auflösung ihrer Partnerschaft in den ausländischen Registrierungsstaat zu begeben, sondern können sich zB für deren vorgeschriebene Registrierung auch an die entsprechenden deutschen Behörden wenden (für Zulässigkeit einer solchen Substitution *Henrich* FamRZ 02, 137/141; *Buschbaum* RNotZ 2010, 73/94; Hausmann/Hohloch/*Martiny,* Hdb NeLG Kap 12 Rn 105; MüKoBGB/*Coester* Rn 40; NK-BGB/*Gebauer* Rn 48; einschränkend *Andrae,* IntFamR § 10 Rn 45).

232   Das Registerstatut beherrscht schließlich auch die **Rechtsfolgen der Aufhebung** einer Lebenspartnerschaft, soweit diese nicht – wie zB die unterhalts- und erbrechtlichen Folgen sowie künftig auf die güterrechtliche Auseinandersetzung– gesondert nach euroäischem Recht angeknüpft werden (MüKo/*Coester* Rn 34; Staud/*Mankowski* Rn 44). Dies gilt insbesondere für den Versorgungsausgleich nach Abs 1 S 2 und 3. Die Reichweite dieser Anknüpfung entspricht im Wesentlichen derjenigen von Art 17 Abs 1 EGBGB nF im Fall der Ehescheidung (→ A Rn 551 ff).

4. Sonderanknüpfungen

233   **a) Unterhaltsrecht.** Das Kollisionsrecht der Unterhaltspflichten wird in Deutschland seit dem 18.6.2011 mit universeller Wirkung durch das **Haager Unterhaltsprotokoll** (HUP) bestimmt (→ C Rn 488 ff). Dieses erfasst alle Unterhaltspflichten, die sich aus Beziehungen der Familie ergeben und damit auch die Unterhaltspflichten zwischen eingetragenen Lebenspartnern sowohl während des Bestehens der Partnerschaft wie auch nach deren Auflösung (vgl *Coester* IPRax 13, 114/119 f; näher → C Rn 545 ff). Wegen dieser vorrangigen Geltung des HUP hat der deutsche Gesetzgeber nicht nur Art 18 EGBGB aF aufgehoben, sondern auch die früher in Art 17b Abs 1 S 2 enthaltene unterhaltsrechtliche Komponente dieser Vorschrift gestrichen (Art 12 Nr 2 G v 23.5.2011, BGBl I, 898; vgl BT-Drs 17/4887, 52). Kennt das nach Art 3 HUP maßgebliche gesetzliche Unterhaltsstatut **keine Unterhaltspflicht zwischen eingetragenen Lebenspartnern,** so kann daher nicht mehr – wie früher (Abs 1 S 2 Hs 2 aF) – ohne weiteres zum Schutz des unterhaltsberechtigten Lebenspartners auf das Registrierungsstatut zurückgegriffen werden.

234   Obwohl sich die Unterhaltspflichten zwischen eingetragenen Lebenspartnern nicht aus einer Ehe, sondern nur aus einer ihr ähnlichen Familienbeziehung ergeben, sollte **Art 5 HUP** auch insoweit **entsprechende Anwendung** finden (BeckOK-BGB/*Heiderhoff* Rn 21; MüKoBGB/ *Coester* Rn 49 f; Pal/*Thorn* Rn 9, näher → C Rn 609 f). Danach kann sich auch ein eingetragener Lebenspartner darauf berufen, dass eine engere Verbindung der Lebenspartnerschaft zum Registrierungsstaat besteht als zu demjenigen Staat, in dem der Unterhaltsgläubiger seinen gewöhnlichen Aufenthalt iSv Art 3 HUP hat (näher → C Rn 613 ff). Auf diese Weise soll es dem Unterhaltsberechtigten erschwert werden, durch den einseitigen Umzug nach der Trennung höhere Unterhaltsansprüche durchzusetzen (BeckOK-BGB/*Heiderhoff* Rn 36). Die Registrierung in einem bestimmten Staat begründet für sich allein allerdings noch nicht die von Art 5 HUP geforderte „engere Verbindung" zu diesem Staat; vielmehr ist hierfür eine Verstärkung durch weitere Faktoren erforderlich (*Coester* IPRax 13, 114/120; Pal/*Thorn* HUP Rn 21). In Härtefällen bleibt nur die Anwendung des *ordre public* (Art 13 HUP; → C Rn 742).

235   Die vom Haager Unterhaltsprotokoll in Art 7 und Art 8 eingeräumten **Rechtswahlmöglichkeiten** stehen auch eingetragenen Lebenspartnern offen. Diese können daher in einem Partnerschaftsvertrag für ihre unterhaltsrechtlichen Beziehungen während und nach Beendigung der Lebenspartnerschaft das Recht des Staates wählen, dem entweder zumindest ein Lebenspartner angehört oder in dem zumindest ein Lebenspartner seinen gewöhnlichen Aufenthalt hat (Art 8 Abs 1 lit a und lit b HUP). Demgegenüber stehen die Rechtswahlmöglichkeiten nach Art 8 Abs 1 lit c, 1. Fall und lit d, 1. Fall HUP eingetragenen Lebenspartnern nicht zur Verfügung, weil diese – anders als Ehegatten – weder das auf ihre güterrechtlichen Beziehungen noch das auf die Aufhebung ihrer Lebenspartnerschaft anzuwendende Recht wählen können; vielmehr werden beide Aspekte nach Abs 1 S 1 zwingend objektiv an das Registerstatut angeknüpft (→ Rn 213 ff, 222 f). Dies ändert sich auf dem Gebiet des Güterrechts erst mit Geltung der EuPartVO (Art 22; → Rn 165 ff) ab dem 29.1.2019 für nach diesem Stichtag eingetragene Lebenspartnerschaften. Hingegen bestehen keine Bedenken, auch eingetragenen Lebenspartnern zu gestatten, das von einem Gericht tatsächlich auf ihren Güterstand oder die Aufhebung ihrer Lebenspartnerschaft

II. Internationales Privatrecht: EGBGB Art 17b   **236–241 I**

angewandte Recht des Registrierungsstaates nach Art 8 Abs 1 lit c, 2. Fall bzw lit d, 2. Fall HUP auch für den nachpartnerschaftlichen Unterhalt zu vereinbaren.

b) Erbrecht. Zum Schutz Dritter sowie im Interesse einer in sich stimmigen Nachlassvertei- **236** lung wurden auch die erbrechtlichen Folgen der eingetragenen Lebenspartnerschaft schon bisher grundsätzlich nicht dem Recht des Register führenden Staates unterworfen; vielmehr verblieb es insoweit bei den *„allgemeinen Vorschriften"*. Das Erbstatut war daher – vorbehaltlich vorrangig eingreifender Staatsverträge – für Erbfälle, die bis zum 17.8.2015 eingetreten sind, nach den **Art 25, 26 EGBGB aF** zu bestimmen (vgl statt vieler NK-BGB/*Gebauer* Rn 57 ff). Wenn das nach den allgemeinen erbrechtlichen Kollisionsregeln zur Anwendung berufene Recht ein gesetzliches Erbrecht des überlebenden Lebenspartners nicht begründete, war nach Abs 1 S 2, 2. HS zur Bestimmung der erbrechtlichen Folgen der eingetragenen Lebenspartnerschaft jedoch **hilfsweise** auf **das Registerstatut** zurückzugreifen, um ein Recht zur Anwendung zu bringen, welches das Rechtsinstitut der eingetragenen Lebenspartnerschaft kennt. Diese Hilfsanknüpfung setzte voraus, dass dem überlebenden Partner nach dem von Art. 25, 26 EGBGB aF bezeichne- ten Recht überhaupt **kein gesetzliches Erbrecht** zustand; das bloße Fehlen von Pflichtteils- ansprüchen reichte hierfür nicht aus (MüKoBGB/*Coester*[6] Rn 57; Staud/*Mankowski* Rn 61).

Ob eine **testamentarische Bedenkung** des überlebenden Partners dessen Recht, sich auf die **237** Hilfsanknüpfung nach Abs 1 S 2 zu berufen, ausschloss, war umstritten (bejahend BeckOK- BGB/*Heiderhoff* Rn 40; MüKoBGB/*Coester* Rn 57; **aA** Staud/*Mankowski* Rn 64; NK-BGB/ *Gebauer* Rn 60). Durch diese Hilfsanknüpfung wurde aber nur bestimmt, ob und in welchem Umfang **der überlebende Partner** kraft Gesetzes am Nachlass seines verstorbenen Partners beteiligt war. Hinsichtlich der Erbfolge in den restlichen Nachlass verblieb es hingegen bei dem von den allgemeinen erbrechtlichen Kollisionsnormen berufenen Recht, das lediglich bezüglich des Ausschnitts „gesetzliches Erbrecht des Partners" durch das Recht des Register führenden Staates überlagert wurde („Normenmix"; *Süß* DNotZ 01, 168/172; NK-BGB/*Gebauer* Rn 63).

Die Sonderregelung in Abs 1 S 2 für die Beerbung eingetragener Lebenspartner ist durch **238** Art 15 Ziff 3 des Gesetzes zum internationalen Erbrecht v 29.6.2015 (BGBl 15 I, 1042) mit Wirkung ab Inkrafttreten der Verordnung (EU) Nr 650/2012 v 4.7.2012 (**EuErbVO**, ABl EU L 201, 107) am 17.8.2015 für die unter der Verordnung neu eintretenden Erbfälle **aufgehoben** worden. Denn die EuErbVO regelt das Kollisionsrecht der gesetzlichen und gewillkürten Erb- folge umfassend und damit auch für eingetragene Lebenspartner (Art 23 Abs 2 lit b EuErbVO und ErwG 12; ferner *Dörner* ZEV 12, 505 ff; *Bruns* ZErb 14, 181 ff; MüKoBGB/*Coester* Rn 54 ff). Auch für sie gilt daher in Ermangelung einer Rechtswahl nach Art 22 EuErbVO grundsätzlich das Recht am letzten gewöhnlichen Aufenthalt des Erblassers (Art 21 Abs 1 EuErbVO). Liegt dieser in einem Drittstaat, so handelt es sich um eine Gesamtverweisung, so dass – anders als für das bisher hilfsweise geltende Registrierungsstatut nach Art 17b Abs 1 S 2 Hs 2 EGBGB aF – auch **Rück- oder Weiterverweisungen** nach Maßgabe von Art 34 EuErbVO zu beachten sind.

Die vom ausländischen Erbstatut aufgeworfene **Vorfrage** nach dem wirksamen Bestand der **239** Lebenspartnerschaft im Zeitpunkt des Todes des Erblassers (zB im Fall einer nachträglichen Eheschließung des Erblassers) ist auch unter Geltung der EuErbVO selbständig anzuknüpfen (BeckOK-BGB/*Heiderhoff* Rn 39; NK-BGB/*Gebauer* Rn 25 ff, 58; **aA** für die Frage der Auf- lösung der Lebenspartnerschaft nach bisherigem Recht *Henrich* FamRZ 02, 137/143). Hatte der verstorbene Lebenspartner seinen letzten gewöhnlichen Aufenthalt in einem Staat, der das Rechtsinstitut der eingetragenen Lebenspartnerschaft nicht kennt, so ist seine Erbberechtigung ungesichert (vgl MüKoBGB/*Dutta* Art 23 EuErbVO Rn 11).

Kennt das nach 21 EuErbVO maßgebliche Sachrecht – wie das deutsche Recht (§ 10 LPartG) **240** – ein gesetzliches Erbrecht von eingetragenen Lebenspartnern, so muss allerdings entschieden werden, ob dies auch dem überlebenden Partner einer *im Ausland registrierten* Lebenspartnerschaft zusteht. Dies ist nur dann der Fall, wenn das ausländische Registerstatut der Lebenspartnerschaft vergleichbare erbrechtliche Wirkungen wie das deutsche Recht beimisst. Daran fehlt es zB beim PACS des *französischen* Rechts, der kein gesetzliches Erbrecht begründet. Haben sich die Partner aber für die Eingehung einer solchen Lebenspartnerschaft im Ausland mit schwächeren Rechts- wirkungen entschieden, können ihnen nicht die stärkeren Wirkungen des deutschen LPartG übergestülpt werden. Dies ist nur im Falle einer Neuregistrierung in Deutschland nach Art 17b Abs 3 EGBGB gerechtfertigt.

Beurteilt sich die Erbfolge hingegen – umgekehrt – gem Art 21 EuErbVO nach einem Recht, **241** das ein gesetzliches Erb- und Pflichtteilsrecht eingetragener Lebenspartner **nicht kennt,** so steht

829

I 242–245   1. Teil. Erkenntnisverfahren I. Lebenspartnerschaftssachen

dem überlebenden Partner ein solches auch nicht mehr zu. Dies gilt – abweichend vom bisherigen Recht – auch dann, wenn die Lebenspartnerschaft im Inland registriert wurde, weil das deutsche Recht als Registerstatut auf dem Gebiet des Erbrechts durch die EuErbVO vollständig verdrängt wird. In Härtefällen kann nur noch mit der Vorbehaltsklausel des Art 35 EuErbVO geholfen werden (MüKoBGB/*Coester* Rn 56).

242   Für Erbfälle von **iranischen und türkischen Erblassern** haben die bilateralen Staatsverträge mit dem *Iran* und der *Türkei* auf dem Gebiet des internationalen Erbrechts auch nach dem 17.8.2015 Vorrang vor der EuErbVO (Art 75 Abs 1 EuErbVO) und können in gemischtnationalen Lebenspartnerschaften zu einer Ungleichbehandlung des jeweils überlebenden Partners beim Erbfall führen (vgl zum bisherigen Recht *Süß* DNotZ 01, 168/174; *Gebauer/Staudinger* IPRax 02, 275/279). Dem kann nur durch eine (allerdings nur in den Grenzen des jeweiligen Erbstatuts zulässige) testamentarische Gestaltung oder durch Vorsorge zu Lebzeiten begegnet werden (NK-BGB/*Gebauer* Rn 61).

243   c) Versorgungsausgleich, Abs 1 Sätze 2 und 3. aa) Durchführung von Amts wegen, Satz 2. Der Versorgungsausgleich – wie auch die Voraussetzungen für seinen Ausschluss durch Ehevertrag oder Scheidungsvereinbarung (Pal/*Thorn* Rn 8) – unterliegen zwar nach Abs 1 S 2 Hs 1 grundsätzlich dem von S 1 berufenen Sachrecht des Register führenden Staates. Er ist nach Hs 2 jedoch nur durchzuführen, wenn danach **deutsches Recht anzuwenden** ist und das Recht eines der Staaten, denen die Lebenspartner im Zeitpunkt der Rechtshängigkeit des Antrags auf Aufhebung der Lebenspartnerschaft angehören, einen Versorgungsausgleich zwischen Lebenspartnern kennt. Die einschränkende Regelung in Hs 2 entspricht weithin Art 17 Abs 3 S 1 Hs 2 EGBGB zum Versorgungsausgleich zwischen Ehegatten; auf die dortige Kommentierung – namentlich zur Vergleichbarkeit ausländischer Rechtsinstitute mit dem deutschen Versorgungsausgleich – kann daher verwiesen werden (→ D Rn 37 ff). Dies bedeutet, dass ein Versorgungsausgleich von Amts wegen nur stattfindet, wenn die Lebenspartnerschaft **im Inland registriert** worden ist und deshalb deutsches Recht gilt (MüKoBGB/*Coester* Rn 46; Erman/ *Hohloch* Rn 15). Ferner muss das Heimatrecht zumindest eines Partners das Rechtsinstitut des Versorgungsausgleichs zwischen Lebenspartnern kennen. Dies bedeutet zunächst, dass dieses Heimatrecht das Rechtsinstut der eingetragenen Lebenspartnerschaft kennen muss (MüKoBGB/ *Coester* Rn 47): Es muss darüber hinaus aber auch das Rechtsinstitut des Versorgungsausgleich zwischen Lebenspartnern – und nicht nur zwischen geschiedenen Ehegatten – kennen (Beck-OK-BGB/*Heiderhoff* Rn 38; Erman/*Hohloch* Rn 15).

244   bb) Durchführung auf Antrag nach deutschem Recht, Satz 3. In weitgehender Anlehnung an Art 17 Abs 3 S 2 kommt ein Versorgungsausgleich gem Abs 1 S 4 auf Antrag eines Lebenspartners ausnahmsweise auch dann nach deutschem Recht in Betracht, wenn die Lebenspartnerschaft **im Ausland registriert** worden ist(und damit ein Recht gilt, das idR keinen Versorgungsausgleich im deutschen Sinne vorsieht). Vorausgesetzt wird hierfür, dass einer der Lebenspartner während bestehender Lebenspartnerschaft inländische Versorgungsanwartschaften erworben hat und die Durchführung des Versorgungsausgleichs im Hinblick auf die beiderseitigen wirtschaftlichen Verhältnisse während der gesamten Zeit der Lebenspartnerschaft der Billigkeit entspricht. Die Regelung in Satz 4 entspricht Art 17 Abs 3 S 2 EGBGB zum Versorgungsausgleich zwischen Ehegatten; auf die dortige Kommentierung kann daher wiederum verwiesen werden (→ D Rn 68 ff). Die Vorschrift wurde durch das Gesetz zur Anpassung des deutschen IPR an die Rom III-VO geringfügig modifiziert. Danach ist es nicht mehr erforderlich, dass der *Antragsgegner* die inländischen Versorgungsanwartschaften erworben hat; vielmehr reicht es auch aus, wenn nur der *Antragsteller* während der Lebenspartnerschaftszeit Anrechte bei einem inländischen Versorgungsträger erworben hat. Die Neufassung gilt gemäß Art 229 § 29 EGBGB nur in Verfahren, die ab dem 21.6.2012 eingeleitet worden sind.

245   d) Namensrecht, Abs 2 S 1, Alt 1. Das Namensrecht wird für eingetragene Lebenspartner in Art 17b nicht eigenständig geregelt. Vielmehr verweist Abs 2 S 1 diesbezüglich nur auf die **Rechtswahlmöglichkeiten von Ehegatten** nach Art 10 Abs 2 EGBGB, die im gleichen Umfang auch eingetragenen Lebenspartnern eingeräumt werden. Danach können diese entweder den Namen nach dem Heimatrecht eines der Partner wählen, und zwar im Falle der Mehrstaatigkeit auch den Namen nach einem nicht effektiven Heimatrecht (Art 10 Abs 2 Nr 1; vgl *Thorn* IPRax 02, 349/352; Staud/*Hepting/Hausmann* Art 10 Rn 248 mwN) oder den sich nach deutschem Recht ergebenden Namen, wenn einer der Partner seinen gewöhnlichen Aufenthalt in Deutschland hat (Art 10 Abs 2 Nr 2). Auf die Frage, ob die Lebenspartnerschaft im

830

II. Internationales Privatrecht: EGBGB Art 17b · · · 246–251 **I**

In- oder Ausland registriert worden ist, kommt es insoweit nicht an (NK-BGB/*Gebauer* Rn 66; Pal/*Thorn* Rn 7). Die Partner können ihren Namen daher auch nach einer Registrierung im Ausland durch Erklärung gegenüber dem zuständigen deutschen Standesamt oder der sonst nach Landesrecht zur Registrierung zuständigen Behörde (zB einem Notar in Bayern) durch Rechtswahl ändern, wenn sie ihren gewöhnlichen Aufenthalt im Inland begründen (Pal/*Thorn* Rn 7; Staud/*Mankowski* Rn 70).

Art 10 Abs 2 EGBGB gestattet nur die **kollisionsrechtliche Rechtswahl.** Das von den **246** Partnern gewählte Recht bestimmt sodann, ob und in welchen Grenzen die Wahl eines gemeinsamen Lebenspartnerschaftsnamens auch *materiell-rechtlich* zulässig ist (*Rauhmeier* StAZ 2011, 117; Pal/*Thorn* Rn 7; Staud/*Hepting/Hausmann*, Art 10 Rn 265). Bei einer Wahl deutschen Rechts gilt dann § 3 LPartG (MüKoBGB/*Coester* Rn 60).

Machen die Partner von der Rechtswahlmöglichkeit analog Art 10 Abs 2 EGBGB keinen **247** Gebrauch, so bestimmt sich der Name eines jeden Partners gem Art 10 Abs 1 EGBGB nach seinem **Heimatrecht;** dabei handelt es sich um eine Gesamtverweisung, so dass eine etwaige Rück- oder Weiterverweisung zu beachten ist (Staud/*Hepting/Hausmann*, Art 10 Rn 114 ff mwN). Die Grundsatzanknüpfung an das Sachrecht des Registrierungsstaates findet insoweit keine Anwendung (BT-Drucks 14/3751, 60; *Henrich* FamRZ 02, 137/138; Pal/*Thorn* Rn 7; MüKoBGB/*Coester* Rn 59; NK-BGB/*Gebauer* Rn 65). Die **Vorfrage** nach dem Bestand oder der Auflösung der Lebensgemeinschaft ist selbständig anzuknüpfen (NK-BGB/*Mankowski* Art 10 Rn 17 f; Staud/*Hepting/Hausmann* Art 10 Rn 129 ff m ausf Begründung; anders die noch hM, zB BGHZ 90, 129/140 =StAZ 84, 194; BayObLGZ 02, 299 = StAZ 03, 13; OLG Hamm StAZ 04, 171; Pal/*Thorn*, Art 10 EGBGB Rn 2; MüKoBGB/*Coester* Rn 59; offenlassend zuletzt BGH NJW 16, 2953 Rn 12).

e) Wohnung, Haushalt und Gewaltschutz, Abs 2 S 1 Alt 2. Die Zuweisung der bisheri- **248** gen Wohnung und der Haushaltsgegenstände an einen der Lebenspartner aus Anlass der Trennung oder Aufhebung der Partnerschaft sowie etwaige damit zusammenhängende Betreungs-, Näherungs- und Kontaktverbote unterliegen aufgrund der Verweisung in Abs 2 S 1 auf Art 17a EGBGB dem deutschen Recht, wenn die Partnerschaftswohnung oder der Hausrat **im Inland belegen** sind (näher → E Rn 29 ff). Ist die Wohnung oder der Hausrat **im Ausland belegen,** so gilt sowohl während bestehender Lebenspartnerschaft wie auch nach deren Aufhebung die Grundsatzanknüpfung an das Recht des Register führenden Staates (*Forkert* 114 ff, 276 ff; Pal/ *Thorn* Rn 7; NK-BGB/*Gebauer* Rn 69). Unter der Geltung der **EuPartVO** ab dem 29.1.2019 ist die Zuweisung der Wohnung und der Haushaltsgegenstände an einen eingetragenen Lebenspartner als eine güterrechtliche Wirkung iS der weiten Definition in Art 3 lit b EuPartVO zu qualifizieren (BeckOK-BGB/*Heiderhoff* Rn 43); dies gilt allerdings nur in nach diesem Stichtag registrierten Partnerschaften (Art 69 Abs 3 EuPartVO).

f) Sorgerecht. Das Recht des Registrierungsstaates erstreckt sich auch nicht auf die Wirkun- **249** gen der Partnerschaft auf dem Gebiet der **elterlichen Sorge** und des Umgangs mit in der Partnerschaft lebenden Kindern. Da insoweit die Rechtsbeziehungen der Partner zum (Stief-) Kind im Vordergrund stehen, gilt stattdessen das von Art 15 ff KSÜ, hilfsweise von Art 21, 24 EGBGB zur Anwendung berufene Kindschaftsstatut (MüKoBGB/*Coester* Rn 73; Staud/*Mankowski* Rn 93; NK-BGB/*Gebauer* Rn 43; BeckOK-BGB/*Heiderhoff* Rn 23, 48; Erman/*Hohloch* Rn 12; **aA** *Forkert* 113; näher → F Rn 624 und 717 ff).

g) Abstammung. Fragen der Abstammung des in einer eingetragenen Lebenspartnerschaft **250** geborenen Kindes und seiner rechtlichen Zuordnung zur Lebenspartnerin der Mutter bzw zum Lebenspartner des Vaters sind ebenfalls keine Wirkungen der Lebenspartnerschaft iSv Art 17b Abs 1, sondern sind **nach Art 19 EGBGB gesondert anzuknüpfen** (BGHZ 210, 59 Rn 41 ff, 48 = NJW 16, 2322; *Coester-Waltjen* IPRax 16, 132/135; *Frie* FamRZ 15, 889/892 f; *Helms* StAZ 12, 2/7 f; *Andrae* StAZ 15, 163/167; **aA** OLG Celle FamRZ 11, 1518/1521; *Heiderhoff* IPRax 12, 523/524; MüKoBGB/*Coester* Rn 70; Pal/*Thorn* Rn 4; dazu näher → G Rn 41 ff). Deshalb fand auch die Kappungsgrenze des Abs 4 aF diesbezüglich keine Anwendung (BGH aaO Rn 43).

h) Adoption. Die Frage, ob eingetragene Lebenspartner berechtigt sind, einzeln oder ge- **251** meinschaftlich Kinder zu adoptieren, beurteilt sich nach dem **Adoptionsstatut.** Dieses ist durch Reformgesetz vom 20.6.2014 (BGBl I, 786) in Art 22 Abs 1 S 3 EGBGB erstmals für die Adoption durch eingetragene Lebenspartner eigenständig geregelt worden (näher → H Rn 44 ff.). Danach unterliegt die **Einzeladoption** durch einen Lebenspartner ausdrücklich

831

I 252–254 1. Teil. Erkenntnisverfahren I. Lebenspartnerschaftssachen

dem allgemeinen Wirkungsstatut der Lebenspartnerschaft, dh dem Recht des Register führenden Staates. Dieses Recht sollte in entsprechender Anwendung von Art 22 Abs 1 S 3 EGBGB auch für eine **gemeinschaftliche Adoption** durch beide Lebenspartner gelten, soweit sie nach dem hiernach maßgeblichen ausländischen Recht zulässig ist (MüKoBGB/*Coester* Rn 75 f; MüKoBGB/*Helms* Art 22 Rn 9; BeckOK-BGB/*Heiderhoff* Rn 49; **aA** Pal/*Thorn* Rn 4). Gegenüber einem ausländischen Recht, das – abweichend vom deutschen Sachrecht – die gemeinschaftliche Adoption durch eingetragene Lebenspartner zulässt oder die Einzeladoption von geringeren Voraussetzungen abhängig macht, fand auch die Kappungsgrenze des Art 17b Abs 4 aF keine Anwendung, weil mit ihrer Hilfe nur solche Wirkungen beschränkt werden konnten, die sich aus einem ausländischen Registerstatut ergaben (*Andrae,* IntFamR § 10 Rn 25; näher → Rn 261). Dies traf aber für Adoptionswirkungen nicht zu, auch wenn diesbezüglich nach der Neuregelung in Art 22 Abs 1 S 3 EGBGB auf das Registerstatut verwiesen wird.

5. Verkehrsschutz, Abs 2 S 2 und 3

252 **a) Allgemeine Wirkungen.** Unabhängig von der früheren Kappungsgrenze nach Abs 4 aF erklärt Abs 2 S 2 – in Anlehnung an die Verkehrsschutzvorschrift für die allgemeinen Ehewirkungen in Art 16 Abs 2 EGBGB – die deutschen Verkehrsschutzvorschriften in § 8 Abs 1 LPartG (Eigentumsvermutungen) und § 8 Abs 2 LPartG (Schlüsselgewalt) bei der Vornahme von Inlandgeschäften für anwendbar, wenn die allgemeinen Wirkungen der Lebenspartnerschaft **ausländischem Recht** unterliegen und die deutschen Vorschriften für gutgläubige Dritte **günstiger** sind als das ausländische Recht des Registrierungsstaates. Vorausgesetzt wird lediglich ein hinreichender **Inlandsbezug,** der für § 8 Abs 1 LPartG durch die Inlandsbelegenheit der beweglichen Sachen und für § 8 Abs. 2 LPartG durch die Vornahme des Rechtsgeschäfts im Inland hergestellt wird. Auf diese Weise soll der inländische Rechtsverkehr vor überraschenden allgemeinen Wirkungen eines ausländischen Lebenspartnerschaftsrechts im gleichen Umfang geschützt werden wie vor entsprechenden Ehewirkungen nach Art 16 Abs 2 EGBGB (*Forkert* 282 ff; MüKoBGB/*Coester* Rn 44; Erman/*Hohloch* Rn 8; näher → B Anh Rn 665 ff). Der erforderliche Günstigkeitsvergleich folgt daher den zum Eherecht entwickelten Grundsätzen (BeckOK-BGB/*Heiderhoff* Rn 32; *Andrae,* IntFamR § 10 Rn 38).

253 **b) Güterrechtliche Wirkungen.** Hingegen wurde ein dem Art 16 Abs 1 EGBGB entsprechender Verkehrsschutz gegenüber den Wirkungen eines ausländischen Güterstands der Lebenspartner zunächst nicht angeordnet, weil bei Einführung des Art 17b im Jahr 2001 das Güterrechtsregister den Lebenspartnern nicht offenstand. Letzteres hat sich zwar mit der Reform des deutschen materiellen Lebenspartnerschaftsrechts durch Gesetz v 15.12.2004 (BGBl I, 3396) ab dem 1.1.2005 geändert; denn seither ist gesetzlicher Güterstand auch für eingetragene Lebenspartner die Zugewinngemeinschaft (§ 7 S 1 LPartG) und § 7 S 2 LPartG verweist ausdrücklich auf § 1412 BGB. Dennoch hat der Gesetzgeber auf eine Anpassung von Art 17b Abs 2 EGBGB an das neue deutsche Sachrecht auch im Reformgesetz von 2004 verzichtet, weil seiner Ansicht nach der Verkehrsschutz hinreichend durch die Kappungsgrenze in Art 17b Abs 4 sichergestellt war (BT-Drucks 14/3571, 60; *Wagner* IPRax 01, 281/290; *Andrae,* IntFamR § 10 Rn 39). Vorzuziehen war freilich im Lichte des geänderten deutschen Sachrechts eine entsprechende Anwendung von Art 16 Abs 1 (so auch MüKoBGB/*Coester* Rn 45, 99). Dieser Auffassung hat sich schließlich auch der deutsche Gesetzgeber angeschlossen, indem er durch das „Gesetz zur Bereinigung des Rechts der Lebenspartner" vom 20.11.2015 (BGBl 15 I, 2010) an den Abs 2 einen neuen Satz 3 angefügt hat, der den Inhalt von Art 16 Abs 1 EGBGB (dazu → B Rn 563 ff) in das Recht der eingetragenen Lebenspartnerschaft übernimmt (dazu *Grziwotz* FamRZ 15, 2014 f).

254 Die **EuPartVO** lässt den Verkehrsschutz nach Abs 2 S 2 und S 3 unberührt, soweit die Lebenspartnerschaft vor dem 29.1.2019 eingetragen wurde. Demgegenüber richtet sich der Schutz gutgläubiger Dritter gegenüber Beschränkungen, die sich aus einem fremden Güterrecht oder aus allgemeinen vermögensrechtlichen Wirkungen eines ausländischen Partnerschaftsrechts ergeben, ab dem 29.1.2019 nach Art 28 EuPartVO, wenn die Partnerschaft nach diesem Tag registriert worden ist. Zum Drittschutz gegenüber güterrechtlichen Beschränkungen in gleichgeschlechtlichen Ehen → Rn 281.

832

II. Internationales Privatrecht: EGBGB Art 17b 255–258 **I**

6. Mehrfachregistrierung, Abs 3

Lebenspartner können nicht daran gehindert werden, ihre Partnerschaft in mehreren Ländern **255** nacheinander registrieren zu lassen. Um zu verhindern, dass in einem solchen Falle die – sich uU widersprechenden – Rechte dieser mehreren Staaten *kumulativ* gelten, stellt Abs 3 klar, dass sich die Wirkungen der Lebenspartnerschaft und ihre Aufhebung nur nach dem Recht des Staates richten, in dem die **letzte Registrierung** vorgenommen wurde (krit dazu Staud/*Mankowski* Rn 76 ff, 79; *Andrae,* IntFamR § 10 Rn 19). Damit haben Lebenspartner die Möglichkeit, die Wirkungen ihrer Partnerschaft dem jeweiligen Umweltrecht anzupassen. Auf diese Weise können insbesondere Lebenspartner, die ihre Partnerschaft ursprünglich im Ausland haben registrieren lassen, sich **mit Wirkung *ex nunc*** dem deutschen Recht unterstellen, wenn sie anschließend ihren gewöhnlichen Aufenthalt ins Inland verlegen (NK-BGB/*Gebauer* Rn 71; Staud/*Mankowski* R 80; MüKoBGB/*Coester* Rn 16; Pal/*Thorn* Rn 3). Dies hatte bisher vor allem den Vorteil, dass sie damit die Risiken und Unwägbarkeiten der Kappungsgrenze in Abs 4 aF ausschalten konnten (Pal/*Thorn* Rn 4; Staud/*Mankowski* Rn 83).

Die Frage, ob und unter welchen Voraussetzungen die **erneute Registrierung einer Le- 256 benspartnerschaft zulässig** ist, beurteilt sich nach dem Recht des Staates, in dem sie vorgenommen werden soll (Hausmann/Hohloch/*Martiny,* Hdb Kap 12 Rn 78; Staud/*Mankowski* Rn 79; *Andrae,* IntFamR § 10 Rn 22). Während das deutsche Recht die erneute Registrierung im Inland stark begünstigt, indem es hierfür keinerlei Inlandsbezug der Lebenspartner voraussetzt, wird eine Registrierung im Ausland zumeist davon abhängig gemacht, dass die Lebenspartner entweder die Staatsangehörigkeit des Registrierungsstaates besitzen oder dort ihren gewöhnlichen Aufenthalt begründet haben. Zu beachten ist auch, dass die Regelung in Abs 3 nur für deutsche Gerichte und Behörden verbindlich ist. Ob der Statutenwechsel auch in anderen Staaten – insbesondere im Staat einer früheren Registrierung – anerkannt wird, ist keineswegs gesichert (MüKoBGB/*Coester* Rn 18; vgl auch das Beipiel bei H/O/*Hausmann* § 13 Rn 50).

7. Kappungsgrenze, Abs 4 aF

a) Allgemeines. Die Wirkungen einer im Ausland eingetragenen Lebenspartnerschaft wur- 257 den bis zum 1.10.2017 gemäß Art 17b Abs 4 aF im Inland nicht in einem weiteren Umfang anerkannt als das deutsche Recht, insbesondere das LPartG, einer Lebenspartnerschaft Wirkungen im Falle einer Inlandsregistrierung beilegt. Durch diese sog „Kappungsgrenze" wurden mithin auf der Grundlage eines abstrakten Normenvergleichs alle Wirkungen des ausländischen Rechts abgeschnitten, die über die im deutschen Recht durch die Registrierung ausgelösten Wirkungen hinausgingen. Damit verwirklichte Abs 4 aF im Ergebnis den **Grundsatz des schwächeren Rechts** (MüKoBGB/*Coester*6 Rn 78; Pal/*Thorn* Rn 4; Staud/*Mankowski* Rn 86). Während der Gesetzgeber die Regelung mit der „Sicherheit und Leichtigkeit des Rechtsverkehrs im Inland" gerechtfertigt hat (RegBegr BT-Drucks 14/3751, 61), hat man in der Literatur vor allem die Befürchtung geäußert, die weitergehenden Wirkungen einer eingetragenen Lebenspartnerschaft nach ausländischem Recht könnten diese auf eine Stufe mit der Ehe stellen und deshalb gegen den verfassungsrechtlichen Schutz der Ehe nach Art 6 Abs 1 GG, nämlich das sog. „Abstandsgebot" verstoßen (*Wagner* IPRax 01, 281/291 f; *Süß* DNotZ 01, 168/172; *Henrich* FamRZ 02, 137/144; *Thorn* IPRax 02, 349/355; NK-BGB/*Gebauer* Rn 72).

b) Sachlicher Anwendungsbereich. In sachlicher Hinsicht war die Anwendung der Kap- 258 pungsgrenze nach Abs 4 aF auf diejenigen Wirkungen einer im Ausland eingetragenen Lebenspartnerschaft begrenzt, die von den Verweisungen in Abs 1 und 2 erfasst sind. Ausgenommen waren hingegen Wirkungen, die einer nationalen Regelung durch den deutschen Gesetzgeber deshalb entzogen sind, weil sie **in EU-Verordnungen oder in Staatsverträgen** enthalten sind, die keine solche Kappungsgrenze vorsehen. Aus diesem Grunde griff Abs 4 etwa gegenüber weitergehenden *unterhaltsrechtlichen* Wirkungen eingetragener Lebenspartnerschaften nach ausländischem Recht nicht ein; weil Deutschland diesbezüglich an das Haager Unterhaltsprotokoll (→ C Rn 488 ff) gebunden ist, das die Anerkennung dieser Wirkungen nach Maßgabe des ausländischen Unterhaltsstatuts – in den Grenzen des deutschen *ordre public* (Art 13 HUP) – vorschreibt (vgl MüKoBGB/*Coester* Rn 83; NK-BGB/*Gebauer* Rn 74). Gleiches galt für die Anerkennung der *erbrechtlichen* Wirkungen einer eingetragenen Lebenspartnerschaft nach Maßgabe des ausländischen Erbstatuts seit Inkrafttreten der EuErbVO.

833

259   Obwohl Abs 4 aF nur die **Wirkungen** einer im Ausland registrierten Lebenspartnerschaft erwähnte, war die Vorschrift auch auf die **materiellen Voraussetzungen** der Registrierung anzuwenden (BGHZ 210, 59 Rn 39 = NJW 16, 2322). Denn wenn eine Partnerschaft nach deutschem Recht überhaupt nicht registriert werden konnte, hätte sie auch keine Wirkungen entfalten können. Soweit das nach Abs 1 S 1 maßgebliche ausländische Recht daher geringere Anforderungen an die Registrierung als das deutsche Recht stellte, waren die Rechtsfolgen eines Verstoßes gegen ein inländisches Registrierungshindernis dem strengeren deutschen Recht zu entnehmen (MüKoBGB/*Coester*⁶ Rn 94). Gleiches galt auch dann, wenn gegen eine in beiden Rechten übereinstimmende Registrierungsvoraussetzung verstoßen wurde und lediglich die Wirkungen dieses Verstoßes nach dem ausländischen Recht hinter dem deutschen Recht zurückblieben (*Andrae,* IntFamR § 10 Rn 34).

260   **c) Persönlicher Anwendungsbereich.** In persönlicher Hinsicht galt Art 17b zwar auch für **registrierte heterosexuelle Lebenspartnerschaften** entsprechend (→ Rn 206 ff). Diese analoge Anwendung war jedoch auf die Kappungsgrenze in Abs 4 aF nicht zu erstrecken. Zwar hätte sich die gesetzgeberische Zielvorstellung, mit Hilfe dieser Regelung einen gewissen Abstand zwischen Ehe und eingetragener Lebenspartnerschaft zu wahren (vgl dazu MüKoBGB/*Coester*⁶ Rn 135; Staud/*Mankowski* Rn 84), durchaus auch auf heterosexuelle Lebenspartnerschaften übertragen lassen. Der von Abs 4 aF vorausgesetzte Vergleich mit der korrespondierenden Regelung der Wirkungen im deutschen Recht war jedoch notwendig auf solche Typen von Lebenspartnerschaften beschränkt, die das deutsche Recht überhaupt kennt. Da heterosexuelle registrierte Lebenspartnerschaften als familienrechtliche Statusbeziehungen im deutschen Recht bisher nicht anerkannt sind, fehlt es naturgemäß an einer Regelung ihrer Wirkungen. Die Anwendung der Kappungsgrenze des Abs 4 aF hätte mithin zu dem Ergebnis geführt, dass im Ausland registrierte Lebenspartnerschaften zwischen Personen verschiedenen Geschlechts in Deutschland **überhaupt keine Wirkungen** hätten entfalten können. Eine derart weitreichende Wirkung des Abs 4 aF war indes ganz offenbar nicht beabsichtigt (ebenso *Buschbaum* RNotZ 10, 88; NK-BGB/*Gebauer* Rn 16, 79; MüKoBGB/*Coester*⁶ Rn 127 f; *Andrae,* IntFamR § 10 Rn 62; **aA** BeckOK-BGB/*Heiderhoff* Rn 51).

261   **d) Teleologische Reduktion.** Zur Vermeidung von Wertungswidersprüchen war der Anwendungsbereich von Abs 4 aF auch in dem hiernach verbleibenden Anwendungsbereich schon bisher weiter teleologisch zu reduzieren. Entgegen der Auffassung, die alle Wirkungen einer im Ausland registrierten Lebenspartnerschaft der Beschränkung durch Abs 4 unterwarf (so *Henrich* FamRZ 02, 137/140; *Gebauer/Staudinger* IPRax 02, 275/276; Hausmann/Hohloch/ *Martiny,* Hdb Kap 12 Rn 71; Staud/*Mankowski* Rn 84), war die Kappungsregelung richtigerweise auf solche Wirkungen zu beschränken, die sich aus deutscher Sicht **nach dem Recht des ausländischen Registrierungsstaates** beurteilten. Dies traf gemäß Abs 1 S 1 aber nur auf die allgemeinen und güterrechtlichen Wirkungen der eingetragenen Lebenspartnerschaft sowie neuerdings auch auf die Wirkungen einer Adoption durch Lebenspartner zu (→ Rn 251). Keine Begrenzung durch das deutsche LPartG kam hingegen für solche Wirkungen in Betracht, die nach deutschem IPR **gesondert angeknüpft** werden, denn andernfalls wären im Ausland registrierte Lebenspartnerschaften gegenüber im Inland registrierten in unzulässiger Weise diskriminiert worden (vgl zur Abstammung BGH NJW 16, 2322 Rn 36; KG IPRax 16, 160/162; *Coester-Waltjen* IPRax 16, 132/135; allg *Andrae,* IntFamR § 10 Rn 26; NK-BGB/*Gebauer* Rn 77; MüKoBGB/*Coester*⁶ Rn 85 ff; BeckOK-BGB/*Heiderhoff* Rn 52; **aA** *Thorn/Paffhausen* IPRax 17, 590/594 f; Pal/*Thorn* Rn 10). Hinsichtlich der praktisch besonders wichtigen unterhalts- und erbrechtlichen Wirkungen stand schon der Vorrang des Haager Unterhaltsprotokolls bzw der EuErbVO vor dem nationalen Kollisionsrecht einer Anwendung der Kappungsgrenze des Abs 4 aF entgegen.

262   Da Abs 4 aF die Funktion einer speziellen *ordre public*-Klausel hatte (BGH NJW 16, 2322 Rn 41), wurde ferner zu Recht gefordert, von der Vorschrift nur dann Gebrauch zu machen, wenn der Sachverhalt einen hinreichenden **Inlandsbezug** aufwies (*Andrae,* IntFamR § 10 Rn 27; Pal/*Thorn* Rn 4; NK-BGB/*Gebauer* Rn 77; MüKoBGB/*Coester*⁶ Rn 90; BeckOK-BGB/*Heiderhoff* Rn 54; Staud/*Mankowski* Rn 86; **aA** *Wagner* IPRax 01, 281/292; *Süß* DNotZ 01, 168/171; Erman/*Hohloch,* Rn 10). Auch auf dem Gebiet der allgemeinen und güterrechtlichen Wirkungen wurde Abs 4 aF ferner auf das **Verhältnis der Lebenspartner zu Dritten** beschränkt. Die Vorschrift hatte daher zur Folge, dass Verpflichtungs- und Verfügungsbeschränkungen nach dem Recht des ausländischen Registrierungsstaates im Inland nicht in weiterem Umfang anerkannt werden konnten, als sie nach deutschem Recht vorgesehen waren. Hingegen

II. Internationales Privatrecht: EGBGB Art 17b   263–266 **I**

bestand kein Grund, diese Wirkungen mit Hilfe der Kappungsgrenze zu beschränken, soweit es nur um die Beziehungen der Lebenspartner im Innenverhältnis ging (*Süß* DNotZ 01, 168/171; *Andrae,* IntFamR § 10 Rn 37).

e) Vergleichsmaßstab. Als Vergleichsmaßstab nannte Abs 4 aF nur das BGB und das LPartG. **263** Es bestandt jedoch Einigkeit darüber, dass das **gesamte deutsche Recht** zur eingetragenen Lebenspartnerschaft heranzuziehen war (MüKoBGB/*Coester* Rn 91; Pal/*Thorn* Rn 4).

f) Schutz durch erneute Inlandsregistrierung. Hinreichende Rechtssicherheit wurde frei- **264** lich auch durch die – zudem umstrittene – teleologische Reduktion des Anwendungsbereichs von Abs 4 aF nicht erreicht. So war in Ermangelung einschlägiger Rechtsprechung völlig offen, wie ein nach dem Recht des ausländischen Registrierungsstaates kraft Gesetzes eintretender Güterstand der Gütergemeinschaft auf das nach deutschem Recht gerade noch zulässige Maß „gekappt" werden sollte (vgl dazu *Süß* DNotZ 01, 168/170; *Gebauer/Staudinger* IPRax 02, 275/280; NK-BGB/*Gebauer* Rn 75), zumal ein ausländischer Güterstand im Wege einer materiellen Verweisung (mit der Schranke des § 1419 BGB) von eingetragenen Lebenspartnern auch bei Geltung deutschen Registrierungsstatuts vereinbart werden konnte (MüKoBGB/*Coester* Rn 99). Nicht zuletzt vor diesem Hintergrund sind auch die Bemühungen des europäischen Gesetzgebers um eine einheitliche europäische Regelung der Anknüpfung des Güterrechts eingetragener Lebenspartnerschaften zu sehen (oben → Rn 129 ff.). Partnern, die ihren gewöhnlichen Aufenthalt nach einer Registrierung im Ausland ins Inland verlegten, wurde daher dringend empfohlen, eine erneute Registrierung vor den zuständigen deutschen Behörden vorzunehmen (Erman/*Hohloch* Rn 10 aE). Die Inlandsregistrierung führte dann güterrechtlich zu einem **Statutenwechsel** wie er vergleichbar bei einer Wahl deutschen Güterrechts durch Ehegatten nach Art 15 Abs 2 EGBGB eintritt, die zuvor in einem ausländischen Güterstand gelebt haben (→ B Rn 491 ff).

g) Kritk und Aufhebung. Die Kappungsgrenze wurde in der Literatur zu Recht schon lange **265** kritisiert weil ihre tatbestandliche Reichweite unklar und ihre Anwendung deshalb kompliziert war; außerdem führte sie zu **Wertungswidersprüchen** und diskriminierte bestimmte Lebensformen. Der mit ihr bezweckte Schutz des inländischen Rechtsverkehrs (BT-Drs 14/3751, 61) wurde aus diesem Grunde nicht erreicht. Dem zur Rechtfertigung bemühten vermeintlichen „Abstandsgebot" zwischen Ehe und eingetragener Lebenspartnerschaft hatte das BVerfG inzwischen eine deutliche Absage erteilt (vgl schon BVerfGE 105, 313 = NJW 02, 2543). Weitergehend hatte das BVerfG in seiner jüngeren Rechtsprechung klargestellt, dass jede Ungleichbehandlung der eingetragenen Lebenspartnerschaft gegenüber der Ehe einem „strengen Rechtfertigungsmaßstab" unterliegt, um eine nach Art 3 GG verfassungswidrige Diskriminierung zu vermeiden (BVerfGE 124, 199 Rn 87 = NJW 10, 1439; näher zur Entwicklung der Rechtsprechung des BVerfG zur eingetragenen Lebenspartnerschaft *Bömelburg* NJW 12, 2753 ff). Das BVerfG hatte daher zuletzt in der Ungleichbehandlung von eingetragenen Lebenspartnern im Erbschaft- und Schenkungsteuerrecht (BVerfGE 126, 400 Rn 87 ff = NJW 10, 2783), bei der Grunderwerbsteuer (BVerfG NJW 12, 2719), beim Familienzuschlag für Beamte (BVerfG NVwZ 12, 1304) und in ihrem Ausschluss vom Ehegattensplitting (BVerfG NJW 13, 2257 Rn 84 ff) eine unzulässige Benachteiligung dieser Lebensform gesehen.

Der deutsche **Gesetzgeber** hat die eingetragene Lebenspartnerschaft daher durch das „Gesetz **266** zur Bereinigung des Rechts der Lebenspartner" v 20.11.2015 (BGBl I, 2010) in vielen Bereichen der Ehe gleichgestellt. Vor diesem Hintergrund wurde *de lege ferenda* mit guten Gründen für eine Aufhebung der Kappungsgrenze plädiert (vgl schon *Hausmann,* FS Henrich [2000] 241/252; *Süß* DNotZ 01, 168/170 f; ebenso *Coester* FS Sonnenberger [2004] 321/324 ff; *ders* IPRax 13, 114/121; *Buschbaum* RNotZ 10, 73/86; *Andrae,* IntFamR § 10 Rn 25; NK-BGB/*Gebauer* Rn 73 ff, jeweils mwN). Angesichts ihres begrenzten Anwendungsbereichs wegen der weitgehenden Annäherung der Wirkungen einer eingetragenen Lebenspartnerschaft an die Ehe durch die Gesetze v 15.12.2004 (BGBl 04 I, 3396) und v 20.11.2015 und ihrer geringen Bedeutung in der Rechtspraxis bedurfte es einer solchen Regelung in der Tat nicht. Die allgemeine Vorbehaltsklausel des Art 6 EGBGB reicht vielmehr völlig aus, um mit deutschen Rechtsvorstellungen nicht zu vereinbarende Wirkungen einer im Ausland registrierten Lebenspartnerschaft abzuwehren (*Gebauer/Staudinger* IPRax 02, 275/282; MüKoBGB/*Coester* Rn. 82). Aus diesem Grunde hat der Gesetzgeber die Regelung in Art 17b Abs 4 aF durch Gesetz v 20.7.2017 (BGBl I, 2787) mit Wirkung v 1.10.2017 auch für bis zu diesem Zeitpunkt eingetragene Lebenspartnerschaften ersatzlos aufgehoben.

835

I 267–270 1. Teil. Erkenntnisverfahren I. Lebenspartnerschaftssachen

8. Gleichgeschlechtliche Ehe, Abs 4 nF

Schrifttum: *Andrae/Abbas,* Personenstandsrechtliche Behandlung einer gleichgeschlechtlichen Eheschließung, StAZ 11, 97; *Kaiser,* Gleichgeschlechtliche Ehe – nicht ganz gleich und nicht für alle, FamRZ 17, 1889; *dies,* Umwandlung einer Lebenspartnerschaft in eine gleichgeschlechtliche Ehe, FamRZ 17, 1985; *Löhnig,* Die gleichgeschlechtliche Ehe im Internationalen Privatrecht, NZFam 17, 1785; *Mankowski,* Das Gesetz über die „Ehe für alle", seine Folgen und sein europäisches Umfeld im internationalen Privat- und Prozessrecht, IPRax 17, 541; *Mankowski/Höffmann,* Scheidung ausländischer gleichgeschlechtlicher Ehen in Deutschland?, IPRax 11, 247; *Mayer,* Gleichgeschlechtliche Ehe unabhängig vom Ehebegriff des Art 6 Abs 1 GG verfassungsgemäß?, FamRZ 17,1281; *Spernat,* Die gleichgeschlechtliche Ehe im internationalen Privatrecht (2011); *Röthel,* Gleichgeschlechtliche Ehe und ordre public, IPRax 02, 496; *Schmidt,* Ehe für alle: Ende der Diskriminnierung oder Verfassungsbruch, NJW 17, 2225; *Schwab,* Eheschließung für Personen gleichen Geschlechts, FamRZ 17, 1284; *Spellenberg,* Pacs und die Ehe für alle in Frankreich, StAZ 17, 193; *Thorn/ Paffhausen,* Eine Ehe ist keine Ehe ist eine Ehe – Zur Qualifikation gleichgeschlechtlicher Ehen nach altem und neuem Kollisionsrecht, IPRax 17, 590; *Wasmuth,* Eheschließung unter Gleichgeschlechtlichen in den Niederlanden und deutscher ordre public, FS Kegel (2002) 237; *Wiggerich,* Bis dass der Tod euch scheidet – Probleme der Scheidung inländischer gleichgeschlechtlicher Ehen am Beispiel Kanadas, FamRZ 12, 1116.

267 **a) Rechtsvergleichung.** Eine zunehmende Zahl von **ausländischen Rechten** ermöglicht gleichgeschlechtlichen Paaren nicht nur die Registrierung als Lebenspartnerschaft, sondern eröffnet ihnen das Recht zur Eheschließung im gleichen Umfang wie heterosexuellen Paaren. In der Europäischen Union gilt dies inzwischen für *Belgien* (Gesetz v 13.2.2003; dazu *Pintens/Scherpe* StAZ 03, 321; *dies,* FamRZ 04, 290; *Pintens* FamRZ 12, 1434), *Dänemark* (Gesetz Nr 532 v 12.6.2012; dazu *Scherpe* FamRZ 12, 1434; *Ring/Olsen-Ring* StAZ 12, 264), *Finnland* (Gesetz Nr 156/2015, in Kraft seit 1.3.2017), *Frankreich* (Gesetz Nr 404 v 17.5.2013, dazu *Ougier* StAZ 14, 8; *Ferrand/Francoz-Terminal,* FamRZ 13, 1448), *Irland* (Marriage Act 2015), *Luxemburg* (Art 143 ff Cc idF des Gesetzes v 4.7.2014, in Kraft seit 1.1.2015), die *Niederlande* (Gesetz v 21.12.2000, vgl Art 1: 30 NBW; dazu *Winkler v Mohrenfels* FS Ansay [2006], 527/528 f), *Österreich* (vgl ist VerfGH FamRZ 18, 191 m Anm *Ferrari*) *Portugal* (Gesetz Nr 9/2010 v 31.5.2010; dazu *de Oliveira* StAZ 10, 251), *Schweden* (Gesetz v 2009, in Kraft seit 1.5.2009; dazu *Ring/Olsen-Ring* ZEV 09, 508; *Carsten* StAZ 10, 173; *Jänterä-Jareborg* FamRZ 10, 173 und 1505; *Helms* StAZ 12, 2/4 ff), *Spanien* (Gesetz 13/2005, in Kraft seit 3.7.2005, vgl Art 44 Abs 2 Cc; dazu *Martín-Casals/Ribots* FamRZ 06, 1331; *Winkler v Mohrenfels* FS Ansay [2006] 527/529 f) und das *Vereinigte Königreich* mit Ausnahme von Nordirland (Marriage [Same Sex Couples] Act 2013; dazu *Sloan* StAZ 14, 136; *Scherpe/Sloan* FamRZ 13, 1469).Mit Wirkung v 1.1.2019 können gleichgeschechtliche Paare auch in *Österreich* die Ehe schließen (öst VfGH FamRZ 18, 191 m Anm *Ferrari*).

268 Außerhalb der EU sind gleichgeschlechtliche Ehen ferner zugelassen in *Island* (Gesetz Nr 65/ 2010 v 27.6.2010), *Norwegen* (Gesetz v 27.6.2008, vgl § 1 EheG; dazu *Frantzen* FamRZ 08, 1707; *Ring/Olsen-Ring* StAZ 08, 304), *Kanada* (Civil Marriage Act 2005), zahlreichen Bundesstaaten der *USA* (zB Connecticut, Iowa, Massachussetts, New Hampshire, New York, Vermont; dazu *Buschbaum* RNotZ 10, 73 ff; *Andrae/Abbas* StAZ 11, 97 ff; *Mankowski/Höffmann* IPRax 11, 247/248 ff; Staud/*Mankowski* Rn 22a-22e; BeckOK-BGB/*Heiderhoff* Rn 7.1), sowie in *Argentinien, Brasilien, Kolumbien, Mexiko, Uruguay* und in *Südafrika* (Civil Union Act 2006; dazu BGHZ 210, 59 Rn 33 ff = FamRZ 16, 1251; *Coester-Waltjen* FamRZ 16, 132/134). In den meisten Staaten, welche die gleichgeschlechtliche Ehe zugelassen haben, wurden mit ihrer Einführung zugleich die dort zuvor geltenden Gesetze über die gleichgeschlechtliche eingetragene Lebenspartnerschaft aufgehoben bzw ihre Geltung wurde – wie nach deutschem Recht – auf Altfälle beschränkt, so zB in *Dänemark, Finnland, Luxemburg* und *Schweden*. Die EMRK verpflichtet Mitgliedstaaten zwar nicht zur Einführung der gleichgeschechtlichen Ehe, wohl aber zur rechtlichen Anerkennung solcher von eigenen Staatangehörigen im Ausland geschlossenen Ehen zumindest als eingetragene Lebenspartnerschaften (EGMR Nr. 26431/12 – *Orlandi/Italien,* FamRZ 18, 249).

269 **b) Qualifikation.** Der Funktion der gleichgeschlechtlichen Ehe in diesen Staaten würde eigentlich eine Einordnung unter den kollisionsrechtlichen **Ehebegriff der Art 13 ff EGBGB** entsprechen (vgl idS *Forkert* 78 ff; *Röthel* IPRax 02, 496/498; *Gebauer/Staudinger* IPRax 02, 275/277; *Kissner* StAZ 10, 119; NK-BGB/*Gebauer* Rn 18 f; *Winkler v Mohrenfels,* FS Ansay [2006] 527/537; für analoge Anwendung der Art 13 ff EGBGB NK-BGB/*Gebauer* Rn 18 f; Pal/*Thorn* Rn 1; Erman/*Hohloch* Rn 6).

270 Aus **deutscher Sicht** wurden gleichgeschlechtliche Ehen, die im Ausland als solche wirksam geschlossen wurden, demgegenüber insbesondere in der Rechtsprechung schon bisher über-

836

II. Internationales Privatrecht: EGBGB Art 17b   **271–274 I**

wiegend als **eingetragene Lebenspartnerschaften** qualifiziert (BGHZ 210, 50 Rn 36 = FamRZ 16, 1251 m zust Anm *Dutta* = NJW 16, 2322 m Anm *Rauscher* = NZFam 16, 652 m Anm *Fischer;* BGH NJW 16, 2953 Rn 13; ferner KG FamRZ 15, 943 und 667 sowie FamRZ 11, 1525/1526; OLG Zweibrücken NJW-RR 11, 1156; OLG München FamRZ 11, 1526/1527 m Anm *Rieck* FamFR 11, 382; LG Kaiserslautern StAZ 11, 114; *Wiggerich* FamRZ 12, 1116/1117; *Andrae/Abbas* StAZ 11, 97/102 f und IPRax 11, 247/250 f; *Mankowski/Höffmann* IPRax 11, 247/250 ff; *Kissner* StAZ 2010, 159 f; *Buschbaum* RNotZ 10, 73/80 f; *Breuer* StAZ 10, 187 f; *Bruns* StAZ 10, 187/188; Hausmann/Hohloch/*Martiny,* Hdb NeLG Kap 12 Rn 62; *Dörner* FS Jayme [2004] 143/150 f; *Henrich* FamRZ 02, 137/138; BeckOK-BGB/*Heiderhoff* Rn 17; MüKoBGB/*Coester*[6] Rn 137 ff; **aA** *Thorn/Paffhausen* IPRax 17, 590/592 f). Zur Begründung wurde insbesondere darauf verwiesen, dass die Geschlechtsverschiedenheit ein konstitutives Merkmal einer „Ehe" im deutschen Verständnis dieses Rechtsinstituts sei (vgl BVerfGE 105, 313/345 = NJW 02, 2543; BVerfG FamRZ 08, 1593 Rn 45; BGHZ 210, 59 Rn 36; BayObLG FamRZ 93, 558; KG StAZ 94, 220; OLG Köln FamRZ 93, 1081; OLG Celle FamRZ 93, 1082). Ferner wurde aus der Kappungsgrenze des Art 17b Abs 4 aF entnommen, dass gleichgeschlechtlichen Partnerschaften nach ausländischem Recht durchaus weitergehende Wirkungen zukommen könnten, als sie das deutsche Recht vorsieht (BGHZ 210, 59 Rn 38; MüKoBGB/*v Hein* Einl IPR Rn 121).

Diese Qualifikation hat der deutsche Gesetzgeber durch **Einführung der Ehe zwischen 271 Personen gleichen Geschlechts** (Gesetz v 20.7.2017, BGBl I, 2787) mit Wirkung v 1.10.2017 ausdrücklich bekräftigt. Denn in dem neu gefassten Art 17b Abs 4 EGBGB wird die gleichgeschlechtliche Ehe für die Zwecke des Kollisionsrechts ausdrücklich einer eingetragenen Lebenspartnerschaft gleichgestellt. Dies bedeutet, dass weder auf das Zustandekommen einer solchen Ehe Art 13 EGBGB anzuwenden ist, noch unterliegen ihre allgemeinen und güterrechtlichen Wirkungen den Art 14–16 EGBGB. Vielmehr gelten stattdessen die vorstehend kommentierten Absätze 1–3 des Art 17b EGBGB entsprechend, soweit nicht vorrangiges EU-Verordnungsrecht eingreift (→ Rn 122 ff). Grundsätzlich wird daher im Wege der **Sachnormverweisung** das Recht des Register führenden Staates zur Anwendung berufen (Erman/*Hohloch* Rn 20).

c) Sachlicher Anwendungsbereich. Um die sachliche Reichweite dieser Regelung richtig 272 zu erfassen, ist einerseits zu beachten, dass sie – wie ihre systematische Stellung in Art 17b und die Verweisung auf dessen Absätze 1–3 deutlich macht – nur für das **Kollisionsrecht,** nicht hingegen für das internationale Verfahrensrecht gilt. Andererseits wird die Verweisung in Abs 4 auch auf dem Gebiet des Kollisionsrechts in vielfacher Hinsicht durch vorrangige EU-Verordnungen und Staatsverträge verdrängt.

aa) Eingehung der Ehe. Insbesondere die sachlichen Voraussetzungen der Eingehung einer 273 homosexuellen Ehe beurteilen sich daher auch weiterhin nicht nach dem jeweiligen Heimatrecht der Nupturienten, sondern in entsprechender Anwendung von Art 17b Abs 1 S 1 nach dem Recht des Staates, in dem die gleichgeschlechtliche Ehe geschlossen und registriert wurde. Denn bei einer entsprechenden Anwendung von Art 13 Abs 1 EGBGB könnten solche Ehen im Inland immer dann keine Anerkennung finden, wenn auch nur ein Partner einem Staat angehört, der dieses Rechtsinstitut nicht kennt (BGHZ 210, 59 Rn 36= FamRZ 16, 1251 m Anm *Dutta;* OLG München StAZ 11, 308/309; AG Münster IPRax 11, 269; BeckOK-BGB/*Heiderhoff* Rn 17). Durch die Anknüpfung an das Registrierungsstatut ist hingegen gewährleistet, dass die gleichgeschlechtliche Ehe einem Recht untersteht, das diese Art der Ehe kennt und deren Voraussetzungen und Wirkungen regelt (*Mankowski* IPRax 17, 541/543). Das Recht des Registrierungsstaates gilt daher für die materiellen Voraussetzungen und die Form der Eingehung einer gleichgeschlechtlichen Ehe. Es beherrscht auch die Frage, welche Rechtsfolgen eintreten, wenn die Ehe Mängel aufweist (Erman/*Hohloch* Rn 21). Wegen der Einzelheiten zur Reichweite des Eheschließungsstatuts wird auf → Rn 217 ff und → A Rn 586 ff verwiesen.

bb) Allgemeine Ehewirkungen. Auch die allgemeinen Wirkungen einer gleichgeschlecht- 274 lichen Ehe unterliegen nach Abs 4 iVm Abs 1 S 1 dem Sachrecht des Register führenden Staates. Rechtswahlmöglichkeiten, wie sie für heterosexuelle Ehen nach Art 14 Abs 2 und 3 EGBGB vorgesehen sind, bestehen damit für die Partner einer gleichgeschlechtlichen Ehe nicht. Die allgemeinen Wirkungen umfassen insbesondere die gegenseitige Verpflichtung zur Fürsorge und Unterstützung und zur gemeinsamen Lebensgestaltung, Haftungsbeschränkungen bei Erfüllung

837

I 275–278   1. Teil. Erkenntnisverfahren I. Lebenspartnerschaftssachen

der Ehepflichten, Eigentumsvermutungen und die Berechtigung, den Ehegatten aus Geschäften zur Deckung des gemeinsamen Lebensbedarfs zu verpflichten **(Schlüsselgewalt).**

275   Zu beachten ist freilich, dass die zuletzt genannten vermögensrechtlichen Wirkungen einer gleichgeschlechtlichen Ehe, die erst ab dem 29.1.2019 geschlossen wird, vom **Anwendungsbereich der EuGüVO** (und nicht der EuPartVO; näher → B Rn 16) erfasst werden (Erman/ *Hohloch* Rn 22). Diese Verordnung hat dann Anwendungsvorrang vor Art 17b Abs 4. Danach haben die Ehegatten, und zwar auch solche, die schon vor dem 29.1.2019 die Ehe geschlossen haben, die Möglichkeit, für die güterrechtlichen Wirkungen ihrer Ehe eine Rechtswahl nach Art 22 EuGüVO zu treffen (→ B Rn 324 ff). Diese Rechtswahl erfasst aufgrund des weiten Begriffs des Güterrechts nach Art 3 lit a EuGüVO (→ B Rn 312) auch vermögensrechtliche Ehewirkungen, die unter Geltung von Art 17b EGBGB als „allgemeine Ehewirkungen" zu qualifizieren waren. In Ermangelung einer Rechtswahl gilt für diese vermögensrechtlichen allgemeinen Ehewirkungen einer ab dem 29.1.2019 geschlossenen gleichgeschlechtlichen Ehe − abweichend von Art 17b Abs 4 iVm Abs 1 S 1 − auch nicht mehr das Recht des Registrierungstaates, sondern die Anknüpfungsleiter des Art 26 EuGüVO (→ B Rn 350 ff).

276   **cc) Güterrecht.** Auch die im engeren Sinne güterrechtlichen Wirkungen der gleichgeschlechtlichen Ehe unterliegen nach Abs 4 iVm Abs 1 S 1 zwingend dem Recht des Registrierungstaates. Die für Partner einer heterosexuellen Ehe bestehende Möglichkeit, das Güterrechtsstatut nach Maßgabe von Art 15 Abs 2 Nr 1–3 durch Rechtswahl zu bestimmen (→ B Rn 459 ff), wird gleichgeschlechtlichen Ehegatten damit nicht eingeräumt (Erman/ *Hohloch* Rn 23). Dies ist insbesondere von Notaren bei der Abfassung von Eheverträgen zu beachten. Der deutsche Gesetzgeber hielt es insoweit für ausreichend, dass die Ehegatten durch die Wahl des Registrierungsstaates mittelbar auch das Güterrechtsstatut festlegen können. Mangels einer Regelungslücke kommt auch eine analoge Anwendung von Art 15 Abs 2 nicht in Betracht.

277   In ab dem 29.1.2019 geschlossenen gleichgeschlechtlichen Ehen gilt Art 17b Abs 4 für die Bestimmung des Güterrechtsstatuts allerdings nicht mehr. Denn von diesem Zeitpunkt an ist jedenfalls in EU-Mitgliedstaaten, die − wie *Deutschland* − die gleichgeschlechtliche Ehe eingeführt haben, für die güterrechtlichen Beziehungen in einer solchen Ehe die EuGüVO in gleichem Umfang maßgebend wie in heterosexuellen Ehen; hingegen findet die EuPartVO auf gleichgeschlechtliche Ehen keine Anwendung (Erman/*Hohloch* Rn 23; näher → B Rn 16). Die objektive Anknüpfung des Güterrechtsstatuts bestimmt sich daher nach der Anknüpfungsleiter des Art 26 EuGüVO (→ B Rn 350 ff). Ferner bestehen die Rechtswahlmöglichkeiten nach Art 22 ff EuGüVO, und zwar auch für Ehegatten, die schon vor dem 29.1.2019 geheiratet haben (vgl Art 69 Abs 3 EuGüVO). Zu den Voraussetzungen, Schranken und der Form der güterrechtlichen Rechtswahl nach Art 22, 23 EuGüVO näher → B Rn 324 ff).

278   **dd) Eheauflösung.** Demgegenüber ist die Auflösung gleichgeschlechtlicher Ehen in Staaten, die − wie die Bundesrepublik *Deutschland* − diese Ehen anerkennen und im Sachrecht der traditionellen Ehe gleichstellen, nach richtiger Ansicht schon heute der Regelung des autonomen Kollisionsrechts entzogen. In Deutschland geschlossene gleichgeschlechtliche Ehen sind daher nicht aufgrund der Verweisung in Art 17b Abs 4 auf Abs 1 S 1 zwingend in entsprechender Anwendung der für heterosexuelle Ehen geltenden §§ 1564 ff BGB zu scheiden (so aber Erman/*Hohloch* Rn 24). Ihre Auflösung unterliegt vielmehr, wie sich insbesondere dem Art 13, 2. Fall Rom III-VO entnehmen lässt, den Kollisionsnormen dieser Verordnung (*Coester-Waltjen* FS Brudermüller [2014] 73/77; NK-BGB/*Gebauer* Rn 49; *Löhnig* NZFam 17, 1785/1786; dazu näher → A Rn 314 ff, 317 mwN). Insoweit kann daher an der vor Einführung der gleichgeschlechtlichen Ehe in Deutschland überwiegend vertretenen gegenteiligen Ansicht (vgl AG Münster FamRZ 10, 1580 = IPRax 11, 269 m zust Anm *Mankowski*/*Höffmann* IPRax 11, 247 ff; *Helms* FamRZ 11, 1765/1766) nicht länger festgehalten werden. Die nach ErwG 10 zur Rom III-VO anzustrebende einheitliche Auslegung des sachlichen Anwendungsbereichs von Rom III-VO und EuEheVO spricht nicht gegen diese Lösung, sondern dafür, die gebotene dynamische Auslegung des europäischen Ehebegriffs auch der EuEheVO zugrunde zu legen (dazu näher → A Rn 31 ff). Auf den im Gesetz zur Einführung der Ehe für Personen gleichen Geschlechts zum Ausdruck kommenden Willen des deutschen Gesetzgebers, die Auflösung gleichgeschlechtlicher Ehen dem Recht des Registrierungsstaates zu unterstellen, kommt es insoweit nicht an (**aA** Erman/*Hohloch* Rn 24); denn der im Wege autonomer Auslegung zu bestimmende sachliche Anwendungsbereich der Rom III-VO kann durch nationale Gesetze der

II. Internationales Privatrecht: EGBGB Art 17b 279–282 **I**

Mitgliedstaaten nicht eingeschränkt werden. Schließlich wäre es auch widersprüchlich, gleichgeschlechtliche Ehen zwar in den Anwendungsbereich der EuGüVO, nicht aber in jenen der Rom III-VO einzubeziehen.

ee) Versorgungsausgleich. Unterliegt die Auflösung gleichgeschlechtlicher Ehen nicht dem **279** nationalen Kollisionsrecht der Mitgliedstaaten, sondern dem von der Rom III-VO zur Anwendung berufenen Recht, so hat dies auch Auswirkungen auf die Anknüpfung des Versorgungsausgleichs in solchen Ehen. Denn die akzessorische Anknüpfung des Versorgungsausgleichs an das Recht des registerführenden Staates in Art 17b Abs 1 S 2, die nach Abs 4 seit dem 1.10.2017 auch für gleichgeschlechtliche Ehen gelten soll, macht nur dann Sinn, wenn die gleichgeschlechtliche Ehe auch gemäß Abs 4 iVm Abs 1 S 1 nach dem Recht dieses Staates aufgelöst worden ist (so – konsequent – Erman/*Hohloch* Rn 26). Ist dies hingegen nicht der Fall, weil die Auflösung solcher Ehen in kollisionsrechtlicher Hinsicht durch die Rom III-VO geregelt wird und hiernach einem anderen Recht – zB dem gemeinsamen Heimatrecht der Ehegatten nach Art 8 lit c Rom III-VO – unterliegt, so muss dies auch für die akzessorische Anknüpfung des Versorgungsausgleichs gelten. Dieser ist also dann auch in einer gleichgeschlechtlichen Ehe in entsprechender Anwendung von Art 17 Abs 3 EGBGB nach dem auf die Eheauflösung gemäß der Rom III-VO anzuwendenden Recht vorzunehmen. Für die Frage, ob iSv Art 17 Abs 3 S 1, 2. HS zumindest das Heimatrecht eines Ehegatten den Versorgungsausgleich „kennt", kommt es dann darauf an, dass dieses Recht den Versorgungsausgleich gerade auch bei Auflösung einer gleichgeschlechtlichen Ehen vorsieht (was praktisch kaum vorkommen dürfte).

ff) Sonderanknüpfungen. Soweit bestimmte Wirkungen eingetragener Lebenspartnerschaf- **280** ten – wie das Unterhaltsrecht, das Erbrecht, das Abstammungs- und Adoptionsrecht sowie das Namensrecht – nicht dem Recht des Registrierungsstaates unterliegen, sondern gesondert nach europäischen, staatsvertraglichen oder autonomen Kollisionsnormen angeknüpft werden, gilt dies auch für gleichgeschlechtliche Ehen entsprechend. Vgl dazu → Rn 233–251; ferner Erman/ *Hohloch* Rn 31 ff.

gg) Ehewohnung, Hausrat, Verkehrsschutz. Die Verweisung in Abs 4 auf Abs 2 erstreckt **281** einerseits die Geltung des Art 17a über die Nutzungsbefugnis an einer im Inland belegenen Ehewohnung und an im Inland befindlichen Haushaltsgegenständen (und damit zusammenhängende Betretungs-, Näherungs- und Kontaktverbote), andererseits die Verkehrsschutzvorschriften in Abs 2 S 2 und 3 auf gleichgeschlechtliche Ehen. Dies gilt allerdings nur für bis zum 28.1.2019 geschlossene Ehen. In nach diesem Stichtag eingegangenen gleichgeschlechtlichen Ehen beurteilt sich die Zuweisung der Ehewohnung und des Hausrats nach dem von der EuGüVO bestimmten Güterrechtsstatut, weil der weite Güterrechtsbegriff der Verordnung auch diese Fragen umfasst (→ E Rn 30 f). Ferner gilt für den Verkehrsschutz gegenüber Beschränkungen sowohl durch ausländisches Güterrecht ieS als auch durch ausländisches allgemeines Ehewirkungsrecht, soweit es das Vermögen der Ehegatten betrifft (zB Schlüsselgewalt), die Regelung in Art 28 EuGüVO (→ B Rn 372 ff).

hh) Mehrfachregistrierung. Der Verweisung in Abs 4 auf die in Abs 3 eröffnete Möglich- **282** keit der Mehrfachregistrierung dürfte für gleichgeschlechtliche Ehen nur geringe praktische Bedeutung zukommen. Denn diese Möglichkeit wurde vor dem Hintergrund geschaffen, dass diejenigen Rechtsordnungen, die eingetragene Lebenspartnerschaften kennen, an deren Registrierung zT ganz unterschiedlich weitreichende Rechtsfolgen knüpfen. Dies trifft aber für gleichgeschlechtliche Ehen nicht zu; diese entfalten vielmehr in allen Staaten, die sie bisher eingeführt haben, die gleichen vollen Wirkungen wie Ehen zwischen verschiedengeschlechtlichen Partnern. Ferner werden diese Wirkungen – insbesondere im Unterhalts-, Güter- und Erbrecht – inzwischen durch europäisches Kollisionsrecht geregelt; gleiches gilt für die Auflösung der Ehe, so dass der Effekt einer Neuregistrierung gering bleibt. Außerdem wird auch die Eingehung einer gleichgeschlechtlichen Ehe in allen Rechten, die sie kennen, von der Erfüllung der gleichen materiellen Voraussetzungen abhängig gemacht wie eine Eheschließung zwischen Mann und Frau. Danach kann aber auch eine solche Ehe nicht erneut geschlossen werden, solange die zuvor in einem anderen Staat eingegangene Ehe zwischen den gleichen Partnern noch besteht (**aA** offenbar Erman/*Hohloch* Rn 30, der eine parallele Mehrfachregistrierung gleichgeschlechtlicher Ehen für zulässig hält).

I 283–286   1. Teil. Erkenntnisverfahren I. Lebenspartnerschaftssachen

9. Anhang: Faktische Lebensgemeinschaften

Schrifttum: *Henrich,* Ansprüche bei Auflösung einer nichtehelichen Lebensgemeinschaft in Fällen mit Auslandsberührung, FS Kropholler (2008) 305; *Martiny,* Internationales Privatrecht, in: *Hausmann/Hohloch* (Hrsg.), Das Recht der nichtehelichen Lebensgemeinschaften, 2. Aufl. (2004), Kap. 12; *ders.,* Europäische Vielfalt – Paare, Kulturen und das Recht, FF 01, 345; *Schaal,* International-Privatrechtliche Probleme der nichtehelichen Lebensgemeinschaft in der notariellen Praxis – Teil 1, ZNotP 09, 290; Teil II, ZNotP 10, 207 und 246; *Scherpe/Yassari,* Die Rechtsstellung nichtehelicher Lebensgemeinschaften – The Legal Status of Cohabitants (2005); *Schümann,* Nichteheliche Lebensgemeinschaften und ihre Einordnung im internationalen Privatrecht (2001); *Spickhoff,* Zur Qualifikation der nichtehelichen Lebensgemeinschaft im europäischen Zivilprozess- und Kollisionsrecht, FS Schurig (2012) 285; *Striewe,* Ausländisches und Internationales Privatrecht der nichtehelichen Lebensgemeinschaft (1986).

283   Während der deutsche Gesetzgeber faktische Lebensgemeinschaften im Familienrecht bisher weitgehend ignoriert, werden ihnen inzwischen in zahlreichen ausländischen Rechtsordnungen zT weitreichende statusrechtliche Wirkungen, zB Ansprüche auf B eteiligung an während des Zusammenlebens geschaffenen Vermögenswerten oder Unterhaltsansprüche nach der Trennung, zugebilligt. Solche Regeln bestehen schon seit längerem in den Nachfolgestaaten des ehemaligen Jugoslawien (zB in *Kroatien, Serbien* und *Slowenien*), aber auch etwa in *Portugal* (Gesetz über Maßnahmen zum Schutz der faktischen Lebensgemeinschaft v 1.5.2011 idF v 29.2.2016), *Schweden* (Gesetz über Zusammenlebende Nr 376/2003)) und einigen Foralrechtsgebieten *Spaniens.* Zuletzt hat auch der *italienische* Gesetzgeber die faktische Lebensgemeinschaft *(„convivenza di fatto")* zwischen homo- und heterosexuellen Partnern näher ausgestaltet (Gesetz Nr 76 v 20.5.2016; dazu *Cubeddu Wiedemann* FamRZ 16, 1535 ff; *Patti* FamRZ 17, 163 ff).

284   Die Rechtsprobleme faktischer Lebensgemeinschaften sind bisher auch im deutschen **Kollisionsrecht** nicht gesetzlich geregelt. Wie das deutsche Recht beschränkt auch die EuPartVO ihren persönlichen Anwendungsbereich auf eingetragene Lebenspartner (→ Rn 18). Während der BGH aber inzwischen zu den praktisch wichtigen Fragen der vermögensrechtlichen Auseinandersetzung solcher Lebensgemeinschaften nach Trennung der Partner im deutschen Sachrecht klare Leitlinien entwickelt hat (vgl BGH FamRZ 08, 1823 und 1828 m Anm *Grziwotz;* BGH FamRZ 09, 849 m Anm *Grziwotz;* Pal/*Brudermüller* Einf vor § 1297 BGB Rn 33 f mwN), fehlt zur internationalprivatrechtlichen Einordnung faktischer Lebensgemeinschaften auch eine gesicherte höchstrichterliche Rechtsprechung. Wegen der unterschiedlich weitreichenden Integration faktischer Lebensgemeinschaften in das Familienrecht ausländischer Staaten (dazu *Henrich* FS Kropholler [2008] 305 ff), besteht bei einem grenzüberschreitenden Umzug einerseits die Gefahr des Verlusts gesichert geglaubter Rechtspositionen, andererseits einer von den Partnern nicht erwarteten Übernahme von familienrechtlichen Pflichten (zutr Münch/*Süß* § 20 Rn 303).

285   **1. Qualifikation.** Die Qualifikation faktischer Lebensgemeinschaften ist umstritten. In Betracht kommt eine Anlehnung an das Eherecht (Art 14 ff EGBGB), an das Recht der registrierten Lebenspartnerschaft (Art 17b EGBGB) oder die Entwicklung eigenständiger Kollisionsregeln im Wege der Rechtsfortbildung. In der Literatur werden die Rechtsbeziehungen zwischen den Lebensgefährten teilweise nach den allgemeinen Vorschriften des **Schuld- und Sachenrechts** unterworfen (Pal/*Thorn* Rn 13 und Art 13 EGBGB Rn 3; Erman/*Hohloch,* vor Art 13 EGBGB Rn 13). Dieser Auffassung scheint auch der BGH jedenfalls für Ausgleichsansprüche nach Auflösung der Lebensgemeinschaft zuzuneigen. Da diese Ansprüche nach deutschem Sachrecht vornehmlich mit Hilfe der Lehre vom Wegfall der Geschäftsgrundlage, der BGB-Innengesellschaft oder der *condictio ob rem* (§ 812 Abs 1 S 1, 2. Fall BGB) zugebilligt werden (vgl Hausmann/Hohloch/*Hausmann,* Hdb Kap 4; *Hausmann* FS Strätz [2009] 209 ff), hat der BGH in einem deutsch-schweizerischen Fall den Vermögensausgleich dem der Zuwendung zugrundeliegenden Kausalgeschäft bzw dem Bereicherungsstatut des Art 10 Abs 2 Rom II-VO unterstellt (BGH FamRZ 05, 1151 = IPRax 05, 545 m Anm *Lorenz/Unberath* 51). Diese Einordnung hilft freilich nicht weiter, wenn nach Auflösung der Lebensgemeinschaft familienrechtliche Ansprüche – zB Unterhalt, Zugewinn- oder Versorgungsausgleich – erhoben werden. Dies kommt insbesondere dann in Betracht, wenn die Lebensgemeinschaft in einem Staat begründet worden ist, der sie als ein Institut des Familienrechts gesetzlich geregelt hat, dh allein an das langjährige faktische Zusammenleben die Entstehung eheähnlicher Rechte und Pflichten knüpft.

286   Im Hinblick darauf, dass für die Lebenspartner die persönlichen Beziehungen ganz im Vordergrund stehen (vgl dazu schon ausführlich *Hausmann,* Nichteheliche Lebensgemeinschaft und Vermögensausgleich [1989], passim), befürwortet die inzwischen ganz hL zu Recht eine **familienrechtliche Qualifikation** (so schon *Hausmann* FS Henrich [2000] 241/249); ferner Haus-

840

II. Internationales Privatrecht: EGBGB Art 17b 287–290 I

mann/Hohloch/*Martiny,* Hdb Kap 12 Rn 7 ff; *v Bar,* IPR II Rn 121; Kegel/*Schurig,* IPR § 20 III; *Kropholler,* IPR § 46 V; Staud/*Mankowski* Anh Art 13 Rn 61 ff; MüKoBGB/*Coester* Rn 111; NK-BGB/*Andrae,* Anh II Art 13 Rn 2 ff). Nur eine solche Qualifikation wird der Funktion solcher Gemeinschaften gerecht, die als Vorstufe oder Alternative zur Ehe gelebt werde. Dem trägt auch die deutsche Gesetzgebung und Rechtsprechung zum materiellen Recht inzwischen Rechnung, die sowohl im Kindschaftsrecht wie beim vermögensrechtlichen Ausgleich zwischen den Partnern eine allmähliche Annäherung an das Eherecht vollzieht (vgl BGHZ 177, 193 = NJW 08, 3277; BGH NJW 08, 3282; dazu *Hausmann,* FS Strätz [2009] 209/223 f).

2. Anknüpfung der Wirkungen. Über die genauen Konsequenzen der familienrechtlichen **287** Qualifikation sind die Ansichten freilich geteilt. Da in Ermangelung eines rechtlichen Status eine Anwendung von Art 13 EGBGB nicht Betracht kommt, wurde bisher überwiegend eine entsprechende Anwendung der Vorschriften des **internationalen Ehewirkungsrechts** (Art 14 ff EGBGB) befürwortet (so schon *Hausmann* FS Henrich [2000], 241/249; ferner *Wagner* IPRax 01, 281/282, 284; Hausmann/Hohloch/*Martiny,* Hdb Kap 12 Rn 23; *v Bar,* IPR II Rn 122; Staud/*Mankowski* Anh Art 13 Rn 82). Danach wäre auf die allgemeinen und güterrechtlichen Wirkungen einer faktischen Lebensgemeinschaft primär das Recht der gemeinsamen Staatsangehörigkeit der Partner anzuwenden.

Vorzuziehen ist demgegenüber die Bildung einer **eigenständigen Kollisionsnorm,** die an **288** den **gemeinsamen gewöhnlichen Aufenthalt** der Lebensgefährten, dh an das Recht des Staates anknüpft, in dem diese ihre Lebensgemeinschaft tatsächlich führen bzw geführt haben (vgl schon *Hausmann* FS Henrich [2000 241/251; *Thorn* IPRax 02, 349/355; *Dörner* FS Jayme [2004] 143/152; MüKoBGB/*Coester* Rn 112 ff; Erman/*Hohloch,* Vor Art 13–24 Rn 12; NK-BGB/*Andrae* Art 13 Anh II Rn 14; *Münch/Süß* § 20 Rn 308; ausführlich *Schümann,* Nichteheliche Lebensgemeinschaften [2001] 150 ff). Dafür spricht insbesondere, dass das Staatsangehörigkeitsprinzip derzeit sowohl im nationalen wie im europäischen Kollisionsrecht schrittweise durch das Aufenthaltsprinzip ersetzt wird. Das Recht des gewöhnlichen Aufenthalts ist ferner objektive Primäranknüpfung im internationalen Unterhaltsrecht nach dem Haager Unterhaltsprotokoll, das auch für Unterhaltsansprüche zwischen Lebensgefährten gilt (→ C Rn 44), sowie im internationalen Erbrecht nach Art 21 Abs 1 EuErbVO und im internationalen Güterrecht nach Art 26 Abs 1 lit a EuGüVO. In Bezug auf Ausgleichansprüche nach Auflösung der Lebensgemeinschaft verringert die familienrechtliche Anknüpfung an den gewöhnlichen Aufenthalt auch den Unterschied zur schuldvertraglichen Anknüpfung nach Art 4 Rom I-VO und zur bereicherungsrechtlichen Anknüpfung nach Art 10 Rom II-VO, die ebenfalls auf den gewöhnlichen Aufenthalt abstellen.

Die Anknüpfung an den (jeweiligen) gemeinsamen gewöhnlichen Aufenthalt sollte **einheit- 289 lich für alle – persönlichen und vermögensrechtlichen – Wirkungen** der Lebensgemeinschaft gelten (MüKoBGB/*Coester* Rn 113). Denn der für Ehegatten und eingetragene Lebenspartner geltende Grundsatz der Unwandelbarkeit des Güterrechtsstatuts passt für faktische Lebensgemeinschaften schlecht, weil es einen hinreichend sicher feststellbaren Zeitpunkt der Begründung einer solchen Gemeinschaft häufig nicht gibt; die Verrechtlichung faktischer Lebensgemeinschaft erfolgt vielmehr schrittweise. Auch die vermögensrechtlichen Wirkungen sollten daher – **wandelbar** – dem jeweiligen gewöhnlichen Aufenthalt der Lebensgefährten unterliegen. Dies spricht auch gegen eine analoge Anwendung von Art 26 EuPartVO (erwogen von *Heiderhoff* IPRax 18, 1/9). Besitzt keiner der Lebensgefährten die Staatsangehörigkeit des gemeinsamen Aufenthaltsstaates, so sollte man ihnen schließlich in Anlehnung an Art 14 Abs 3 S 1 Nr 1 EGBGB (→ B Anh Rn 628 ff) die Möglichkeit einräumen, eine **Rechtswahl** zugunsten ihres gemeinsamen Heimatrechts oder zugunsten des Heimatrechts eines Partners zu treffen (MüKoBGB/*Coester* Rn 114).

3. Vorfrage der wirksamen Begründung der Lebensgemeinschaft? Wenig geklärt ist **290** bisher auch, ob faktische Lebensgemeinschaften überhaupt die Vorfrage nach ihrer wirksamen Begründung aufwerfen und ob diese Vorfrage gegebenenfalls selbständig oder unselbständig angeknüpft werden sollte. Eine selbständige Anknüpfung dieser Vorfrage hätte zur Folge, dass das Zustandekommen einer nichtehelichen Lebensgemeinschaft – entweder in Analogie zum Eherecht (Art 13 EGBGB) oder nach Maßgabe des Rechts am gewöhnlichen Aufenthalt der Lebensgefährten im Zeitpunkt der Aufnahme der Lebensgemeinschaft – einem **eigenen Begründungsstatut** unterworfen würde. Nur eine nach diesem Recht wirksam zustande gekommene Lebensgemeinschaft könnte dann Grundlage für unterhalts-, güter- oder erbrechtliche Ansprüche eines Lebensgefährten sein, auch wenn diese Rechtswirkungen einem hiervon

841

abweichenden Recht unterliegen (dafür Staud/*Mankowski* Anh Art 13 Rn 79). Diese Lösung bereitet freilich erhebliche Schwierigkeiten, weil die Voraussetzungen für die Begründung einer wirksamen faktischen Lebensgemeinschaft in den meisten Rechten nicht geregelt sind; nur in wenigen Staaten ist eine zu erfüllende Mindestdauer des Zusammenlebens gesetzlich vorgeschrieben (vgl zum spanischen Recht Staud/*Mankowski* Rn 15). Außerdem stehen die rechtlichen Wirkungen einer faktischen Lebensgemeinschaft in einem engen Zusammenhang mit den Anforderungen an das Zustandekommen einer solchen Lebensgemeinschaft. Dies spricht dafür, die Anforderungen an ihre Existenz jeweils demjenigen **Sachrecht** zu entnehmen, das die streitgegenständliche Wirkung beherrscht, also dem Unterhalts-, Güterrechts- oder schuldrechtlichen Ausgleichsstatut (idS schon *Hausmann* FS Henrich [2000] 241/253; ferner Hausmann/Hohloch/*Martiny*, Hdb Kap 12 Rn 22; *Schaal* ZNotP 09, 290/293; *Andrae*, IntFamR § 9 Rn 39; NK-BGB/*Andrae*, Art 13 Anh II Rn 7; MüKoBGB/*Coester* Rn 108; Münch/*Süß* § 20 Rn 310).

J. Betreuungssachen

Übersicht

	Rn.
I. Internationale Zuständigkeit	1
1. Einführung	1
2. Staatsverträge	4
ErwSÜ (Text-Nr 530)	4
Vorbemerkung	4
Kap. I: Anwendungsbereich (Art 1–4)	13
Kap. II: Zuständigkeit (Art 5–12)	49
Kap. VI: Allgemeine Bestimmungen (Art 38–43)	138
Kap. VII: Schlussbestimmungen (Art 53–59)	146
3. Autonomes Zivilverfahrensrecht	147
FamFG (Text-Nr 540)	147
Buch 1. Abschnitt 9: Verfahren mit Auslandsberührung (§§ 97, 104)	147
II. Internationales Privatrecht	159
1. Einführung	159
2. Staatsverträge	164
ErwSÜ (Text-Nr 550)	164
Vorbemerkung	164
Kap. III: Anzuwendendes Recht (Art 13–21)	173
Kap. VI: Allgemeine Bestimmungen (Art 44–52)	248
3. Autonomes Kollisionsrecht	267
EGBGB (Text-Nr 560)	267
Art 24	

Der Abschnitt J beschränkt sich auf die Behandlung von Betreuungssachen im **Erkenntnis-verfahren,** nämlich auf Fragen der internationalen Zuständigkeit (→ Rn 1 ff) und des anwendbaren Rechts (→ Rn 159 ff). Die **Anerkennung und Vollstreckung** ausländischer Entscheidungen in Betreuungssachen wird im **Abschnitt S,** die internationale **Behördenzusammenarbeit** im **Abschnitt W** dargestellt.

I. Internationale Zuständigkeit

1. Einführung

Schrifttum: *Hellmann,* Rechtliche Unterstützung und Vertretung für Menschen mit geistiger Behinderung in den EU-Staaten, BtPrax 06, 87; *Oberhammer/Graf/Slonina,* Sachwalterschaft für Deutsche und Schweizer in Österreich, ZfRV 07, 133; *Röthel,* Erwachsenenschutz in Europa: Von paternalistischer Bevormundung zu gestaltbarer Fürsorge, FamRZ 04, 999; *Spickhoff,* Selbstbestimmung im Alter – Möglichkeiten und Grenzen, ZfRV 08, 33; *v Hein,* Zur Anordnung von Maßnahmen zum Schutz deutscher Erwachsener durch österreichische Gerichte, IPRax 09, 173.

a) EU-Recht. Die internationale Zuständigkeit für Maßnahmen zum Schutz von Erwachsenen **1** ist bisher auf EU-Ebene nicht vereinheitlicht. Fragen der Vormundschaft, Pflegschaft und Betreuung Erwachsener sind insbesondere aus der EuGVVO Nr 1215/2012 v 12.12.2012 gemäß deren Art 1 Abs 2 lit a ausgenommen, weil sie die „gesetzliche Vertretung natürlicher Personen" betreffen (EuGH C-386/122 – *Schneider,* FamRZ 13, 1873 Rn 17 ff; Staud/*v Hein* Vorbem Art 24 EGBGB Rn 1a). Die EuEheVO regelt nach ihrem Art 1 Abs 2 lit b zwar auch „die Vormundschaft, die Pflegschaft und entsprechende Rechtsinstitute". Damit wird jedoch nur Art 1 Abs 1 lit b konkretisiert, der sich nur auf die elterliche Verantwortung bezieht, dh nur auf Schutzmaßnahmen für **Kinder** (Staud/*v Hein* Vorbem Art 24 EGBGB Rn 5; dazu näher → F Rn 32 ff).

b) Staatsverträge. Die Vereinheitlichung des internationalen Privat- und Verfahrensrechts **2** auf dem Gebiet des Schutzes körperlich oder geistig behinderter volljähriger Personen hat sich hingegen das **Haager Übereinkommen über den internationalen Schutz Erwachsener**

843

J 3–5   1. Teil. Erkenntnisverfahren J. Betreuungssachen

(ErwSÜ) v 13.1.2000 (BGBl 07 I, 323; → Rn 4 ff) zum Ziel gesetzt. Dieses Übk ersetzt nach seinem Art 48 das Haager Entmündigungsübereinkommen v 17.6.2005, das nach Abschaffung der Entmündigung im deutschen Recht von der *Bundesrepublik Deutschland* zum 23.8.1992 gekündigt worden war (BGBl 1992 II, 272). Im Gegensatz zum Haager Kinderschutzübereinkommen von 1996 **(KSÜ)** ist das ErwSÜ allerdings bisher nur für wenige Staaten in Kraft getreten (→ Rn 5).

3   **c) Autonomes deutsches Verfahrensrecht.** Wegen des Vorrangs des ErwSÜ bestimmt sich die internationale Zuständigkeit deutscher Gerichte in Betreuungssachen nur dann noch nach dem autonomen deutschen Verfahrensrecht, wenn das II. Kapitel des Übk nicht eingreift. Dies setzt voraus, dass der schutzbedürftige Erwachsene seinen gewöhnlichen Aufenthalt weder im Inland noch in einem anderen Vertragsstaat des Übk hat (→ Rn 51 ff). Praktische Bedeutung hat dann vor allem § 104 Abs 1 Nr 1 FamFG, der bereits die **deutsche Staatsangehörigkeit des Erwachsenen** als Anknüpfung für die internationale Zuständigkeit der deutschen Gerichte ausreichen lässt (näher → Rn 152).

2. Staatsverträge

530. Haager Übereinkommen über den internationalen Schutz von Erwachsenen (ErwSÜ)

Vom 13. Januar 2000 (BGBl 2007 II, 323)

Vorbemerkung

   Schrifttum: *Bucher,* La convention de La Haye sur la protection internationale des adultes, SZIER 2000, 37; *Clive,* The New Hague Convention on the Protection of Adults, YbPIL II (2000), 1; *Füllemann,* Das internationale Privat- und Zivilprozessrecht des Erwachsenenschutzes (2008); *Guttenberger,* Das Haager Übereinkommen über den internationalen Schutz von Erwachsenen (2004); *ders.,* Das Haager Übereinkommen über den internationalen Schutz von Erwachsenen, BtPrax 06, 83; *v Hein,* Betreuungsrechtliche Genehmigungserfordernisse zur Veräußerung von Immobilien – Internationale Zuständigkeit und anwendbares Recht, IPRax 15, 198; *Helms,* Reform des internationalen Betreuungsrechts durch das Haager Erwachsenenschutzabkommen, FamRZ 08, 1995; *Lagarde,* La Convention de La Haye du 13 janvier 2000 sur la protection internationale des adultes, Rev crit 00, 159; *Revillard,* La Convention de la Haye sur la protection des adultes et la pratique du mandat inaptitude, FS Lagarde (2005) 725; *Röthel/Woitge,* Das ESÜ-Ausführungsgesetz – effiziente Kooperation im internationalen Erwachsenenschutz, IPRax 10, 494; *Siehr,* Das Haager Übereinkommen über den internationalen Schutz Erwachsener, RabelsZ 64 (2000) 715; *ders,* Der internationale Schutz Erwachsener nach dem Haager Übereinkommen, FS Henrich (2000) 567; *Traar,* Das Haager Erwachsenenschutzübereinkommen – Bevorstehende Neuordnung des internationalen Erwachsenenschutzes, iFamZ 09, 113; *Wagner,* Die Regierungsentwürfe zur Ratifikation des Haager Übereinkommens vom 13.1.2000 zum internationalen Schutz Erwachsener, IPRax 07, 11; *Wagner/Beyer,* Das Haager Übereinkommen vom 13.11.2000 zum internationalen Schutz Erwachsener, BtPrax 07, 231.

1. Entstehungsgeschichte

4   In Aufbau und Inhalt lehnt sich das Übk eng an das Haager Kinderschutzübereinkommen von 1996 **(KSÜ;** → F Rn 366 ff) an (MüKoBGB/*Lipp* Vorbem ErwSÜ Rn 17, 20 Staud/*v Hein* Vorbem Art 24 EGBGB Rn 15 f). Wie dort sind insbesondere Regelungen zur internationalen Zuständigkeit, zum anwendbaren Recht, zur Anerkennung und Vollstreckung von Schutzmaßnahmen und zur internationalen Behördenkooperation vorgesehen (vgl Art 1 Abs 2).

2. Vertragsstaaten

5   Das Übk ist für die *Bundesrepublik Deutschland* am 1.1.2009 im Verhältnis zu *Frankreich* und dem *Vereinigten Königreich* in Kraft getreten (Bek v 12.12.08, BGBl 09 II, 39). Das *Vereinigte Königreich* hat hierzu erklärt, dass das Übk nur für *Schottland* gilt (Bek v 12.12.08, BGBl 09 II, 40). Es gilt inzwischen ferner für *Estland* (seit 1.11.2011) und *Finnland* (seit 1.3.2011, jeweils BGBl II, 363), *Lettland* (seit 1.3.2018, BGBl II, 108), *Monaco* (seit 1.7.2016, BGBl II, 515), *Österreich* (seit 1.2.2014, BGBl II, 180), die *Schweiz* (seit 1.7.2009, BGBl II, 1143) und die *Tschechische Republik* (seit 1.8.2012, BGBl II, 589); am 1.7.2018 wird es ferner für *Portugal* in Kraft treten (BGBl II, 141).

844

I. Internationale Zuständigkeit   6–12 **J**

3. Anwendungsbereich

a) Sachlicher Anwendungsbereich. Der sachliche Anwendungsbereich des ErwSÜ bezieht **6** sich nach Art 1 Abs 1 auf **Schutzmaßnahmen für Erwachsene,** die aufgrund einer Beeinträchtigung oder der Unzulänglichkeit ihrer persönlichen Fähigkeiten nicht in der Lage sind, ihre Interessen selbst zu schützen (näher → Rn 14 ff). Er deckt sich im Wesentlichen mit demjenigen von § 1896 Abs 1 S 1 BGB (*Helms* FamRZ 08, 1995; Pal/*Thorn* Anh Art 24 EGBGB Rn 2). Die einzelnen auf diesem Gebiet zu treffenden Schutzmaßnahmen werden exemplarisch in Art 3 aufgelistet (näher → Rn 24 ff). Für diese bestimmt das ErwSÜ die internationale Zuständigkeit der Gerichte der Vertragsstaaten in seinem Kapitel II (Art 5–12; → Rn 49 ff). Das Übk regelt ferner auch das auf diese Schutzmaßnahmen anzuwendende Recht in seinem Kapitel III (Art 13–21; → Rn 173 ff), die Voraussetzungen ihrer Anerkennung und Vollstreckung in seinem Kapitel IV (Art 22–27; → S Rn 12 ff) und die internationale Behördenzusammenarbeit in seinem Kapitel V (Art 28–37; → W Rn 11 ff).

b) Persönlicher Anwendungsbereich. Persönlich ist das ErwSÜ auf Erwachsene ab der **7** Vollendung des 18. Lebensjahrs anwendbar (Art 2 Abs 1; → Rn 22 f). Damit schließt das ErwSÜ an den bis zur Vollendung des 18. Lebensjahres durch das KSÜ gewährleisteten Schutz an. Auf die Frage, zu welchem Zeitpunkt die Personen nach dem vom nationalen Kollisionsrecht zur Anwendung berufenen Recht volljährig und damit geschäftsfähig wird, kommt es insoweit nicht an (*Siehr* RabelsZ 64 [2000] 715/721; MüKoBGB/*Lipp* Art 1–4 Rn 4; **aA** zu Unrecht OLG Bremen FamRZ 13, 212 f).

c) Räumlicher Anwendungsbereich. Diesen bestimmt das ErwSÜ nicht ausdrücklich. Er **8** ist für seine einzelnen Regelungsbereiche unterschiedlich. Für die internationale Zuständigkeit knüpft Art 5 primär an den **gewöhnlichen Aufenthalt des Erwachsenen** an. Während aber die Anwendung von Kapitel II des KSÜ grundsätzlich voraussetzt, dass sich das Kind in einem Vertragsstaat des Übk gewöhnlich aufhält (→ F Rn 413), wird diese Voraussetzung im ErwSÜ nicht aufgestellt. Dessen Kapitel II ist schon dann anwendbar, wenn irgendeine der Zuständigkeiten nach Art 5–11 in einem Vertragsstaat erfüllt ist (NK-BGB/*Benicke* Art 1 Rn 9), mag der Erwachsene auch seinen gewöhnlichen Aufenthalt in einem Drittstaat haben (zu Einzelheiten → Rn 49 ff). Zusätzliche Voraussetzungen gelten für die Übernahme von Verfahren nach Art 8 (näher → Rn 89 ff).

Auf die **Staatsangehörigkeit** des Erwachsenen kommt es für die Anwendung der Zuständig- **9** keitsvorschriften des Kapitels II grundsätzlich nicht an. Das ErwSÜ regelt die internationale Zuständigkeit auf dem Gebiet des Erwachsenenschutzes daher auch für die Angehörigen von Drittstaaten. Eine Ausnahme gilt nur unter den Voraussetzungen von Art 7. Die internationale Zuständigkeit der deutschen Gerichte nach Art 5 ff ErwSÜ setzt jedoch keinen kompetenzrechtlichen Bezug zu einem weiteren Vertragsstaat voraus (P/H/*Hau* § 104 FamFG Rn 12).

d) Zeitlicher Anwendungsbereich. Auch bezüglich des zeitlichen Anwendungsbereichs ist **10** zwischen den einzelnen Kapiteln des ErwSÜ zu unterscheiden. Die Regeln des des ErwSÜ zur internationalen Zuständigkeit in Kapitel II gelten nur für Schutzmaßnahmen, die nach dem Inkrafttreten des Übk in einem Vertragsstaat getroffen wurden (Art 50 Abs 1; → Rn 145). In Deutschland können sich die Gerichte daher seit dem 1.1.2009 auf die Art 5 ff stützen. Dies gilt auch für zu diesem Zeitpunkt – auch in der Rechtsmittelinstanz – bereits anhängige Verfahren. Übergangsrechtlich kommt es also nicht auf den Zeitpunkt der Einleitung des Verfahrens an.

4. Auslegung

Für das ErwSÜ gelten die allgemeinen Grundsätze zur Auslegung von Staatsverträgen. Das **11** Übk ist in einer englischen und einer französischen Originalfassung (http://www.hcch.net Nr 35) beschlossen worden, die heranzuziehen sind, wenn die deutsche Übersetzung zu Zweifeln Anlass gibt

5. Deutsches Ausführungsgesetz

Gleichzeitig mit dem Übk ist das deutsche Ausführungsgesetz (ErwSÜAG) v 17.3.2007 in **12** Kraft getreten (BGBl 07 I, 314; dazu *Wagner* IPRax 07, 11/14 f). Zur Änderung durch Gesetz v 17.12.2008 (BGBl I, 2586) vgl *Röthel/Woitge* IPRax 10, 494 ff. Das Gesetz ist abgedruckt unter → S Rn 50 ff und → W Rn 36 ff.

Kapitel I. Anwendungsbereich des Übereinkommens

ErwSÜ Art 1. [Sachlicher Anwendungsbereich; Ziele]

(1) Dieses Übereinkommen ist bei internationalen Sachverhalten auf den Schutz von Erwachsenen anzuwenden, die aufgrund einer Beeinträchtigung oder der Unzulänglichkeit ihrer persönlichen Fähigkeiten nicht in der Lage sind, ihre Interessen zu schützen.

(2) Sein Ziel ist es,

a) den Staat zu bestimmen, dessen Behörden zuständig sind, Maßnahmen zum Schutz der Person oder des Vermögens des Erwachsenen zu treffen;

b) das von diesen Behörden bei der Ausübung ihrer Zuständigkeit anzuwendende Recht zu bestimmen;

c) das auf die Vertretung des Erwachsenen anzuwendende Recht zu bestimmen;

d) die Anerkennung und Vollstreckung der Schutzmaßnahmen in allen Vertragsstaaten sicherzustellen;

e) die zur Verwirklichung der Ziele dieses Übereinkommens notwendige Zusammenarbeit zwischen den Behörden der Vertragsstaaten einzurichten.

1. Internationaler Sachverhalt

13   Die Anwendung des ErwSÜ setzt nach Abs 1 einen „internationalen Sachverhalt" voraus, der also Bezugspunkte zu mindestens zwei Staaten aufweist. Ein solcher ist insbesondere gegeben, wenn Staatsangehörigkeit und gewöhnlicher Aufenthalt des Erwachsenen divergieren (*Wagner* IPRax 07, 11/13; BeckOK-BGB/*Heiderhoff* Art 24 EGBGB Rn 24). Darüber hinaus sollte aber auch die Belegenheit von Vermögen des Erwachsenen in einem anderen Vertragsstaat als seinem Aufenthaltsstaat hierfür ausreichen (Staud/*v Hein* Vorbem Art 24 EGBGB Rn 28 unter Hinweis auf Art 10 Abs 2 ErwSÜ; *Ludwig* DNotZ 09, 251/259 f; MüKoBGB/*Lipp* Art 1–4 Rn 36; **aA** *Siehr* RabelsZ 64 [2000] 715/722; *Wagner* IPRax 07, 11/13). Der räumlich-persönliche Anwendungsbereich des Übereinkommens wird allerdings nicht abstrakt bestimmt, sondern für die internationale Zuständigkeit, das anwendbare Recht und die Anerkennung und Vollstreckung von Schutzmaßnahmen jeweils gesondert festgelegt (NK-BGB/*Benicke* Rn 9). Ausreichend ist auch, dass der Erwachsene erst nach Erlass der Maßnahme ins Ausland verzieht und ein reiner Inlandsfall dadurch nachträglich eine internationale Dimension erlangt. Im Anordnungsstaat ist daher die Internationalität des Sachverhalts keine eigenständige Anwendungsvoraussetzung (NK-BGB/*Benicke* Rn 9; MüKoBGB/*Lipp* Art 1–4 Rn 36; Staud/*v Hein,* Vorbem Art 24 EGBGB Rn 28 f; **aA** *Siehr* RabelsZ 64 [2000] 715/722; *Wagner* IPRax 07, 11/13).

2. Schutzbedürftigkeit

14   Das Übk ist nach Abs 1 auf den **Schutz von Erwachsenen** (Art 2 Abs 1) anzuwenden, die „aufgrund einer Beeinträchtigung oder der Unzulänglichkeit ihrer persönlichen Fähigkeiten nicht in der Lage sind, ihre Interessen zu schützen." Die Schutzbedürftigkeit wird danach bewusst **autonom** umschrieben; auf die Rechts-, Geschäfts- oder Handlungsfähigkeit nach nationalem Recht kommt es nicht an (*Lagarde*-Bericht Rn 9). Sie ist auch weniger eine Frage des persönlichen (so aber Staud/*v Hein* Vorbem Art 24 EGBGB Rn 22), als vielmehr des *sachlichen* Anwendungsbereichs der Übereinkommens (MüKoBGB/*Lipp* Art 1–4 Rn 9; Pal/*Thorn* Rn 21). Dieser wird durch die nach Art 3 vom ErwSÜ erfassten Maßnahmen einerseits und die in Art 4 aus dessen Anwendungsbereich ausgeschlossenen Maßnahmen andererseits näher konkretisiert.

15   Nach Abs 1 muss es sich um eine Beeinträchtigung oder Unzulänglichkeit der **persönlichen Fähigkeiten** des Erwachsenen handeln. Die beeinträchtigten persönlichen Fähigkeiten müssen also einen Bezug zum Körper oder der Psyche des Erwachsenen haben (*Siehr* RabelsZ 64 [2000] 715/721; MüKoBGB/*Lipp* Art 1–4 Rn 11). Der Begriff der **„Beeinträchtigung"** erfasst sowohl eine körperliche wie eine geistige Behinderung. Demgegenüber zielt die **„Unzulänglichkeit"** vor allem auf altersbedingte Einschränkungen (*Lagarde*-Bericht Rn 9; NK-BGB/*Benicke* Rn 13). Die Abgrenzung zwischen beiden Beschränkungen ist fließend; auf sie kommt es aber auch nicht an, weil letztlich alle Fälle erfasst werden sollen, in denen ein Erwachsener wegen beschränkter persönlicher Fähigkeiten nicht mehr in der Lage ist, seine Interessen zu wahren.

I. Internationale Zuständigkeit: ErwSÜ Art 2   **20 J**

Insoweit ist daher auch nicht entscheidend, ob die Beeinträchtigung dauerhafter oder nur vorübergehender Natur ist (Staud/*v Hein* Vorbem Art 24 EGBGB Rn 24). Ausgeschlossen sind hingegen Maßnahmen zum Schutz des Erwachsenen gegen Angriffe **Dritter,** zB gegen häusliche Gewalt des Ehegatten (*Lagarde*-Bericht Rn 9; MüKoBGB/*Lipp* Art 1–4 Rn 12; Staud/*v Hein* Vorbem Art 24 EGBGB Rn 23).

Das Übk gilt daher weder für einen Nachlass-, noch für einen Abwesenheitspfleger, weil es **16** insoweit an der Hilfsbedürftigkeit aufgrund einer physischen oder psychischen Unzulänglichkeit fehlt. Auch die Pflegschaft für Verschwender fällt nur ausnahmsweise in den sachlichen Anwendungsbereich des ErwSÜ, wenn die Verschwendungssucht Folge der Hilfsbedürftigkeit ist (*Lagarde*-Bericht Rn 9). Die Anwendung des ErwSÜ auf die Ernennung eines Ergänzungspflegers, Sachwalters oder Beistands für einen Vertreter des Erwachsenen wegen **Interessenkonflikts** ist hingegen nicht ausgeschlossen (→ Rn 30).

Die nach dem Übk zu schützenden **Interessen** sind in einem weiten Sinne zu verstehen. Sie **17** können sowohl die Person wie das Vermögen des Erwachsenen betreffen (*Lagarde*-Bericht Rn 10; NK-BGB/*Benicke* Rn 14). Es muss jedoch stets um seine eigenen Interessen gehen; die mangelnde Fähigkeit des Erwachsenen, die Interessen Dritter – zB eines Ehegatten oder eines Kindes – zu schützen, reicht nicht aus (Staud/*v Hein* Vorbem Art 24 EGBGB Rn 27).

3. Ziele des Übereinkommens, Abs 2

Abs 2 nennt die **vier Hauptgegenstände,** für die das internationale Privat- und Verfahrens- **18** recht der Vertragsstaaten auf dem Gebiet des Erwachsenenschutzes durch das Übk vereinheitlicht werden soll. Dies sind:

– Die Regelung der **internationalen Zuständigkeit** für Maßnahmen zum Schutz der Person und des Vermögens des Erwachsenen, lit a. Diese Regelung findet sich Kapitel II des Übk (Art 5–12) und ist im Anschluss kommentiert (→ Rn 49 ff).
– Die Regelung des auf solche Schutzmaßnahmen **anzuwendenden Rechts,** lit b. Diese Regelung findet sich in Kapitel III des Übk (Art 13–14, 18–21) und ist im Teil II dieses Abschnitts (→ Rn 159 ff) kommentiert. Im Gegensatz zum KSÜ enthält das ErwSÜ keine Regelung über das kraft Gesetzes auf den Schutz von Erwachsenen anzuwendende Recht.
– Die Regelung der auf die **Vertretung** von schutzbedürftigen Erwachsenen anzuwendenden Rechts, lit c. Diese findet sich ebenfalls in Kapitel III des Übk (Art 15–21) und ist im Teil II dieses Abschnitts (→ Rn 190 ff) kommentiert.
– Die Regelung der **Anerkennung und Vollstreckung von Schutzmaßnahmen** der Behörden eines Vertragsstaats in allen anderen Vertragsstaaten, lit d. Diese Regelung findet sich in Kapitel IV (Art 22–27) und ist im Abschnitt S (→ Rn 12 ff) kommentiert.
– Die Regelung der zur Verwirklichung der Ziele des Übk notwendigen **Zusammenarbeit zwischen den Behörden** der Vertragsstaaten, lit e. Diese Regelung findet sich im Kapitel V des Übk (Art 28–37) und ist im Abschnitt W (→ Rn 11 ff) kommentiert.

Die Problematik des internationalen Erwachsenenschutzes rührt vor allem daher, dass zwar die **19** frühere Entmündigung in einer zunehmenden Zahl von Staaten allmählich durch flexiblere Rechtsinstitute ersetzt worden ist, die der Autonomie der betroffenen Erwachsenen stärker Rechnung tragen. Die Unterschiede zwischen den einzelnen Rechtsordnungen sind jedoch auf dem Gebiet des Erwachsenenschutzes wesentlich größer als auf dem Gebiet des Kinderschutzes (vgl näher MüKoBGB/*Lipp* Vorbem ErwSÜ Rn 1 ff), so dass der Bestimmung der internationalen Zuständigkeit und des anwendbaren Rechts weitreichende Bedeutung zukommt.

ErwSÜ Art 2. [Persönlicher Anwendungsbereich]

(1) **Im Sinn dieses Übereinkommens ist ein Erwachsener eine Person, die das 18. Lebensjahr vollendet hat.**

(2) **Dieses Übereinkommen ist auch auf Maßnahmen anzuwenden, die hinsichtlich eines Erwachsenen zu einem Zeitpunkt getroffen worden sind, in dem er das 18. Lebensjahr noch nicht vollendet hatte.**

1. Begriff des Erwachsenen, Abs 1

Erwachsene iS des Übk sind nach Abs 1 Personen, die das **18. Lebensjahr vollendet** haben. **20** Dies gilt auch dann, wenn sie nach ihrem Heimatrecht oder dem Recht ihres gewöhnlichen

847

J 21–23   1. Teil. Erkenntnisverfahren J. Betreuungssachen

Aufenthalts erst zu einem späteren Zeitpunkt volljährig werden (*Siehr* RabelsZ 64 [2000] 715/ 721; Staud/*v Hein* Vorbem Art 24 EGBGB Rn 33) oder wenn sie – umgekehrt – bereits zu einem früheren Zeitpunkt – zB aufgrund von Eheschließung, Volljährigerklärung oder Emanzipation – einem Volljährigen gleichgestellt sind (*Lagarde*-Bericht Rn 15; NK-BGB/*Benicke* Rn 1; MüKoBGB/*Lipp* Art 1–4 Rn 4). Aus diesem Grunde kommt es auf die Staatsangehörigkeit des Erwachsenen im Rahmen von Abs 1 nicht an (*Lagarde*-Bericht Rn 17; *Helms* FamRZ 08, 1995; *Wagner* IPRax 07, 11/12). Durch diese klare Eingrenzung des zeitlichen Anwendungsbereichs des ErwSÜ wird dessen einheitliche Anwendung in den Vertragsstaaten und ein nahtloser Übergang zwischen dem KSÜ, das nach seinem Art 2 nur auf Personen bis zur Vollendung des 18. Lebensjahrs anwendbar ist (→ F Rn 388), und dem ErwSÜ ohne Schutzlücke gewährleistet (*Lagarde*-Bericht Rn 15).

21   Das ErwSÜ gilt nur für Maßnahmen zum Schutz des Erwachsenen zu dessen Lebzeiten. Daher sind **postmortale Vollmachten** aus seinem Anwendungsbereich ausgeschlossen (*Lagarde*-Bericht Rn 16). Die Vertretungsmacht eines vom Erwachsenen zu Lebzeiten bestellten oder vom Gericht zu seinem Schutz eingesetzten Vertreters beurteilt sich daher ab dem Tod des Erwachsenen nicht mehr nach dem ErwSÜ, sondern nach dem vom nationalen Kollisionsrecht des Forums zur Anwendung berufenen Recht (NK-BGB/*Benicke* Rn 2; Staud/*v Hein* Vorbem Art 24 EGBGB Rn 34).

2. Vor Vollendung des 18 Lebensjahres getroffene Maßnahmen, Abs 2

22   Abs 2 regelt den Fall, dass Schutzmaßnahmen bereits getroffen werden, bevor der Betroffene das 18. Lebensjahr vollendet hatte, und soll für diesen Fall die Kontinuität dieses Schutzes auch für die Zeit danach sicherstellen. Zu diesem Zweck wird die Anwendung des ErwSÜ auch auf solche Maßnahmen erstreckt mit der Folge, dass sich die Anerkennung, Durchführung, Änderung oder Aufhebung dieser – idR auf das KSÜ gestützten – Maßnahmen ab der Vollendung des 18. Lebensjahres nach dem ErwSÜ richten (*Lagarde*-Bericht Rn 15; MüKoBGB/*Lipp* Art 1–4 Rn 6; NK-BGB/*Benicke* Rn 3). Voraussetzung für die Fortgeltung ist selbstverständlich, dass die Maßnahme nach dem zugrunde gelegten Recht auch über die Vollendung des 18. Lebensjahres durch den Betroffenen hinauswirkt und auch vom Gericht nicht auf die Zeit bis zur Erreichung dieses Alters beschränkt worden ist (NK-BGB/*Benicke* Rn 7). So kann etwa das nach Art 5 KSÜ international zuständige deutsche Gericht bereits ab Vollendung des 17. Lebensjahres nach § 1908a BGB vorsorglich einen Betreuer bestellen und einen Einwilligungsvorbehalt anordnen; diese Maßnahmen werden allerdings erst mit Erreichung des 18. Lebensjahres durch den Betreuten wirksam (MüKoBGB/*Lipp* Art 1–4 Rn 6). Auch in Abs 2 geht es allerdings nur um Maßnahmen in dem von Art 1 des Übk umschriebenen Rahmen. Denn mit der Vorschrift soll allein der Fall geregelt werden, dass die zuständigen Behörden in Anwendung des KSÜ Maßnahmen getroffen haben, die auf den Schutz eines *behinderten* Kindes abzielen und dabei vorsehen, dass diese Maßnahmen nach der Volljährigkeit des Kindes weiterhin durchgeführt werden oder mit seiner Volljährigkeit wirksam werden. Auf die weitere Durchführung einer lediglich wegen der Minderjährigkeit des Betroffenen angeordneten Vormundschaft und ihre Aufhebung, nachdem der Minderjährige das 18. Lebensjahrvollendet hat, ist das ErwSÜ hingegen nicht anwendbar (BGH FamRZ 18, 457 Rn 32 m Anm *Hüßtege;* OLG Karlsruhe BeckRS 17, 132307 Rn 13; **aA** *v Hein* FamRZ 15, 1822).

23   Die Anerkennung solcher Maßnahmen in anderen Vertragsstaaten nach Art 23 Abs 2 lit a ErwSÜ setzt aber in diesem Fall nicht voraus, dass die Maßnahme in einem anderen Vertragsstaat auf die Zuständigkeitsvorschriften von dessen Kapitel II gestützt wurde, die im Hinblick auf Abs 1 ausgeschlossen ist. Vielmehr muss es ausreichen, dass bei hypothetischer Anwendbarkeit der Art 5–11 ErwSÜ eine Zuständigkeit der ausländischen Behörde gegeben gewesen wäre (NK-BGB/*Benicke* Rn 4; Staud/*v Hein* Vorbem Art 24 EGBGB Rn 35). Ist dies nicht der Fall, weil die Maßnahme auf eine zwar im KSÜ, nicht aber im ErwSÜ vorgesehene Zuständigkeit gestützt worden war (zB auf Art 10 KSÜ), so scheidet ihre Anerkennung nach dem ErwSÜ aus (*Lagarde*-Bericht Rn 119; MüKoBGB/*Lipp* Art 1–4 Rn 6; einschränkend NK-BGB/*Benicke* Rn 5). Nach dem Günstigkeitsprinzip reicht jedoch auch die Anerkennungsfähigkeit nach dem autonomen Verfahrensrecht des Anerkennungsstaates aus (*Lagarde*-Bericht Rn 118; NK-BGB/*Benicke* Rn 6; näher → S Rn 3).

I. Internationale Zuständigkeit: ErwSÜ Art 3

24–26 J

ErwSÜ Art 3. [Schutzmaßnahmen]

Die Maßnahmen, auf die in Artikel 1 Bezug genommen wird, können insbesondere Folgendes umfassen:

a) die Entscheidung über die Handlungsunfähigkeit und die Einrichtung einer Schutzordnung;

b) die Unterstellung des Erwachsenen unter den Schutz eines Gerichts oder einer Verwaltungsbehörde;

c) die Vormundschaft, die Pflegschaft und entsprechende Einrichtungen;

d) die Bestimmung und den Aufgabenbereich jeder Person oder Stelle, die für die Person oder das Vermögen des Erwachsenen verantwortlich ist, den Erwachsenen vertritt oder ihm beisteht;

e) die Unterbringung des Erwachsenen in einer Einrichtung oder an einem anderen Ort, an dem Schutz gewährt werden kann;

f) die Verwaltung und Erhaltung des Vermögens des Erwachsenen oder die Verfügung darüber;

g) die Erlaubnis eines bestimmten Einschreitens zum Schutz der Person oder des Vermögens des Erwachsenen.

1. Allgemeines

Das ErwSÜ definiert den Begriff der von seinen Regeln erfassten „Schutzmaßnahmen" **24** ebenso wenig wie das KSÜ. Es überlässt die Ausfüllung dieses Begriffs aber auch nicht vollständig der Rechtsprechung und Literatur der Vertragsstaaten, sondern listet in Art 3 die wichtigsten dieser Maßnahmen – in bewusster enger Anlehnung an Art 3 KSÜ (→ F Rn 389 ff) auf. Diese können sowohl zum Schutz der Person wie zum Schutz des Vermögens des Erwachsenen getroffen werden. Das im Einleitungssatz verwendete Wort „insbesondere" verdeutlicht, dass die Aufzählung in lit a bis lit g **nicht abschließend** gemeint ist (Staud/*v Hein* Vorbem Art 24 EGBGB Rn 37; Pal/*Thorn* Anh Art 24 EGBGB Rn 2), sondern auch andere Maßnahmen getroffen werden können, die in ihrer Zielrichtung den in Art 3 ausdrücklich genannten Maßnahmen vergleichbar sind. Diese Maßnahmen können – wie die in lit e genannte Unterbringung des Erwachsenen in einer Einrichtung zeigt – auch **Eingriffscharakter** haben. Ferner lassen sich die aufgeführten Maßnahmen nicht immer scharf voneinander trennen, sondern überschneiden sich teilweise; dies ist wegen der umfassenden Geltung des ErwSÜ indessen unschädlich (NK-BGB/*Benicke* Rn 1).

Allgemeine Voraussetzung einer Schutzmaßnahme iSv Art 3 ist ein **Gestaltungs- oder 25 Regelungscharakter** der Maßnahme. Diese muss also zum Schutz des Erwachsenen in dessen kraft Gesetzes bestehende Rechte eingreifen und diese entziehen, inhaltlich ändern oder zumindest konkretisieren. Nicht erfasst werden daher rein *deklaratorisch* wirkende Maßnahmen, die eine kraft Gesetzes bereits eingetretene Rechtsfolge lediglich feststellen. Im Übrigen ist der Begriff der Schutzmaßnahme jedoch im Interesse des schutzbedürftigen Erwachsenen *weit* zu fassen. Er schließt insbesondere auch Maßnahmen ein, die im nationalen Recht der Vertragsstaaten **öffentlich-rechtlich** qualifiziert werden (Staud/*v Hein* Vorbem Art 24 EGBGB Rn 42 mwN). Ferner ist das ErwSÜ unabhängig vom positiven oder negativen Inhalt der getroffenen Entscheidung über eine Schutzmaßnahme anwendbar, erfasst also auch Entscheidungen, mit denen die Anordnung einer Schutzmaßnahme **abgelehnt** wird (*Lagarde*-Bericht Rn 28; Staud/*v Hein* Vorbem Art 24 EGBGB Rn 43).

2. Die einzelnen Maßnahmen

Die Aufzählung der Maßnahmen in Abs 2 unterscheidet zwischen solchen, die – wie die in lit **26** a-lit d genannten – eine ganze **Schutzordnung** schaffen, und anderen, die nur zur Regelung eines Einzelfalls dienen; wie die in lit e-lit g aufgezählten Maßnahmen (MüKoBGB/*Lipp* Art 1–4 Rn 24). Keine Schutzmaßnahmen sind hingegen rein tatsächliche Maßnahmen, wie zB **medizinische Maßnahmen.** Erfasst wird nur die von der Fürsorgeperson (zB dem Betreuer) oder vom Gericht erteilte Einwilligung in eine bestimmte medizinische Behandlung (*Lagarde*-Bericht Rn 26, 42; *Siehr* RabelsZ 64 [2000] 715/727 f; MüKoBGB/*Lipp* Art 1–4 Rn 17).

849

J 27–32 1. Teil. Erkenntnisverfahren J. Betreuungssachen

27 **a) Entscheidung über die Handlungsunfähigkeit.** Dies sind alle Maßnahmen, welche die rechtliche Handlungsfähigkeit eines Erwachsenen ganz oder teilweise einschränken oder diese Beschränkung wieder aufheben (*Lagarde*-Bericht Rn 20). Erfasst wird von lit a insbesondere die in zahlreichen Rechten noch immer zulässige **Entmündigung** einschließlich der danach erforderlichen Bestellung eines Vormunds (*Röthel/Woitge* IPRax 10, 409/410). Gleiches gilt für die inzwischen an die Stelle der Entmündigung getretenen moderneren Schutzordnungen, wie zB die Anordnung eines **Einwilligungsvorbehalts** nach deutschem Recht (§ 1903 BGB; vgl Staud/*v Hein* Vorbem Art 24 EGBGB Rn 44), der Sachwalterschaft nach österreichischem Recht (§ 280 ABGB) oder der Beistandschaft nach schweizerischem Recht (Art 398 ZGB, vgl MüKoBGB/*Lipp* Art 1–4 Rn 20).

28 **b) Unterstellung unter gerichtlichen/behördlichen Schutz.** Sie betrifft Fälle, in denen kein Vormund, Pfleger oder Betreuer bestellt wird, sondern der Erwachsene gerichtlicher oder behördlicher Fürsorge unterstellt wird. Während die Maßnahmen nach lit a mit einer Beschränkung der Geschäfts- oder Handlungsfähigkeit des betroffenen Erwachsenen einhergehen, bezieht sich lit b auf Schutzmaßnahmen, die eine solche Beschränkung nicht notwendig zur Folge haben, wie die im *Lagarde*-Bericht (Rn 21) ausdrücklich erwähnte Maßnahme des *„placement sous sauvegarde de justice"* nach französischem Recht.

29 **c) Vormundschaft und Pflegschaft.** Gegenstand von Schutzmaßnahmen nach dem ErwSÜ kann insbesondere auch die Bestellung, Überwachung oder Abberufung eines Vormunds bzw Pflegers sein, der anstelle des schutzbedürftigen Erwachsenen handelt. Gleiches gilt für die in Rechten der Vertragsstaaten der Vormundschaft oder Pflegschaft „entsprechenden Einrichtungen". Hierzu gehört auch das deutsche Rechtsinstitut der **Betreuung** (allgM, *Lagarde*-Bericht Rn 18; *Siehr* RabelsZ 64 [2000] 715/726 f; *Helms* FamRZ 08, 1995; *Schulte-Bunert* FuR 14, 334/335; Pal/*Thorn* Anh Art 24 EGBGB Rn 2; Staud/*v Hein* Vorbem Art 24 EGBGB Rn 48 mwN).

30 **d) Auffangregelung.** Wenn lit d als Maßnahmen iSv Art 1 Abs 1 „die Bestimmung und den Aufgabenbereich jeder Person oder Stelle, die für die Person oder das Vermögen des Erwachsenen verantwortlich ist, den Erwachsenen vertritt oder ihm beisteht", nennt, so kommt der Vorschrift insofern eine Auffangfunktion zu, als sie – über die schon nach lit a- lit c möglichen Schutzmaßnahmen hinaus – Maßnahmen erfasst, die eine ähnliche Zielrichtung haben. Dies gilt etwa für die Bestellung eines **Ergänzungsbetreuers** (§ 1899 BGB) oder eines ihm entsprechenden Ergänzungspflegers nach ausländischem Recht, der die Rechte des schutzbedürftigen Erwachsenen wahrnimmt, wenn der Betreuer, Vormund oder Pfleger wegen einer Interessenkollision an der Wahrnehmung seiner Aufgaben gehindert ist (*Lagarde*-Bericht Rn 23; MüKoBGB/ *Lipp* Art 1–4 Rn 23; Staud/*v Hein* Vorbem Art 24 EGBGB Rn 47; **aA** *Siehr* RabelsZ 64 [2000] 715/721; *Ludwig* DNotZ 09, 251/262; Pal/*Thorn* Anh Art 24 EGBGB Rn 2).

31 Darüber hinaus stellt lit d klar, dass die Maßnahmen nach lit a –lit d sowohl die **Auswahl** der jeweiligen Fürsorgeperson als auch die Bestimmung ihres **Aufgabenkreises** umfassen. Gleiches gilt für die Abberufung und Neubestellung dieser Fürsorgepersonen und die Änderung ihres Aufgabenbereichs.). Schutzmaßnahmen können außerdem den gesamten Bereich der **gesetzlichen Vertretung** des Erwachsenen in persönlicher wie in vermögensrechtlicher Hinsicht betreffen, und zwar durch jede Person (Betreuer, Vormund, Pfleger) oder Stelle (Gericht, Behörde). Einbezogen ist auch die gerichtliche Genehmigung bestimmter Rechtsgeschäfte des gesetzlichen Vertreters, von deren Erteilung die Wirksamkeit des Rechtsgeschäfts nach dem Vertretungsstatut abhängt (vgl zur Parallelvorschrift in Art 1 Abs 2 lit c EuEheVO EuGH C-404/14 – *Matoušková*, NJW 16, 387 Rn 28 ff; EuGH C-215/15 – *Gogova/Iliev*, NJW 16, 1007 Rn 26).

32 **e) Unterbringung des Erwachsenen.** Auch die Unterbringung des Erwachsenen in einer Einrichtung (zB in einem Heim, vgl § 1906 BGB) oder an einem anderen Ort, an dem Schutz gewährt werden kann, ist nach lit e eine unter das ErwSÜ fallende Schutzmaßnahme. Dies gilt auch dann, wenn diese Maßnahme nach dem anwendbaren nationalen Recht einen **öffentlichen-rechtlichen Charakter hat** (Staud/*v Hein* Vorbem Art 24 EGBGB Rn 50; MüKoBGB/*Lipp* Art 1–4 Rn 25; vgl auch zur Unterbringung von Kindern nach der EuEheVO EuGH C-523/07 – *A*, Slg 09 I-2805 Rn 23 ff = FamRZ 09, 843/844). Die Anwendung der Vorschrift ist auch nicht auf Maßnahmen beschränkt, die mit Einverständnis des betroffenen Erwachsenen erfolgen, sondern betrifft gleichermaßen die Unterbringung in einer geschlossenen Einrichtung, die zum Schutz des Erwachsenen (zB wegen Selbstgefährung) für bestimmte Zeit

850

I. Internationale Zuständigkeit: ErwSÜ Art 3   **33–37** **J**

mit einer **Freiheitsentziehung** verbunden ist (vgl im deutschen Recht § 1906 BGB; dazu *Lagarde*-Bericht Rn 24; MüKoBGB/*Lipp* Art 1–4 Rn 25; ebenso zur Unterbringung von Kindern nach der EuEheVO EuGH C-92/12 PPU – *Health Service Executive,* FamRZ 12, 1466 Rn 63 ff). Die Unterbringung muss jedoch primär den Schutz des Erwachsenen vor Selbstgefährdung bezwecken; eine Unterbringung zum Schutz vor Fremdgefährdung oder aus stafrechtlichen Gründen wird vom ErwSÜ nicht erfasst.

f) Vermögensverwaltung. Maßnahmen zum Schutz des Erwachsenen können nach lit f **33** auch die Verwaltung und Erhaltung des Vermögens sowie die Verfügung darüber betreffen. Dies gilt einerseits für die Auswahl und die Bestimmung des Aufgabenbereichs einer Person oder Stelle, die mit dieser Vermögensverwaltung betraut ist, andererseits für die Entscheidung von Streitigkeiten betreffend die Vermögensverwaltung, zB in Fällen, in denen sich der Betreuer und der betreute Erwachsene über die erforderlichen Maßnahmen nicht verständigen können. Hierher gehören auch gerichtliche Genehmigungen für einzelne Maßnahmen der Vermögensverwaltung (zB für die Veräußerung von Grundbesitz des Erwachsenen), soweit sie in den sachlichen Anwendungsbericht des ErwSÜ fallen. In das Eigentum oder Sachenrechte greift das ErwSÜ hingegen nicht ein (*Lagarde*-Bericht Rn 37).

g) Einschreiten zum Schutz des Erwachsenen. Schließlich nennt lit g auch die Erlaubnis **34** eines bestimmten Einschreitens zum Schutz der Person oder des Vermögens des Erwachsenen.

3. Insbesondere: Entmündigung

Auch Entmündigungen fallen grundsätzlich in den sachlichen Anwendungsbereich des ErwSÜ **35** (vgl lit a, b und d). Sind danach deutsche Gerichte international zuständig, so können sie eine Entmündigung idR schon deshalb nicht mehr vornehmen, weil sie nach Art 13 Abs 1 grundsätzlich *deutsches* Recht als *lex fori* anzuwenden haben und dieses das Rechtsinstitut der Entmündigung nicht mehr kennt. Nichts anderes gilt aber auch dann, wenn ein deutsches Gericht nach Art 13 Abs 2 ausnahmsweise *ausländisches* Recht anzuwenden hat, welches die Entmündigung noch kennt. Denn die Anordnung von Beschränkungen der Geschäftsfähigkeit nach ausländischem Recht, die über die mit der Anordnung eines Einwilligungsvorbehalts nach § 1903 BGB verbundenen Wirkungen hinausgehen, verstößt heute offensichtlich gegen den inländischen **ordre public** (Art 21; vgl zum autonomen IPR Pal/*Thorn* Art 7 EGBGB Rn 3; Erman/*Hohloch* Art 8 EGBGB Rn 2; Staud/*Hausmann* Art 7 EGBGB Rn 151; Staud/*v Hein* Art 24 EGBGB Rn 5; *v Bar,* IPR II Rn 47; **aA** Soergel/*Kegel* Anh Art 7 EGBGB Rn 13 ff; BeckOK-BGB/*Mäsch* Art 7 EGBGB Rn 50; *Röthel* IPRax 06, 90/91. Vgl auch EGMR Nr 44009/05 [*Shtukaturov*], FamRZ 08, 1734/1735: Verstoß der Entmündigung eines Erwachsenen gegen Art 8 EMRK).

4. Gesetzlicher Erwachsenenschutz

Dem unmittelbar kraft Gesetzes eintretenden Erwachsenenschutz kommt in ausländischen **36** Rechten zT eine erhebliche größere Bedeutung als im deutschen Recht. Während alle Rechte Vorschriften kennen, welche die Unwirksamkeit oder Anfechtbarkeit von Rechtsgeschäften anordnen, wenn ein Erwachsener alters- oder krankheitsbedingt zu einer freien Willensbestimmung nicht mehr in der Lage ist (vgl im deutschen Recht §§ 104 Nr 2, 105, 1304, 2229 Abs 4 BGB), sehen manche ausländische Rechte eine – dem deutschen Recht nicht bekannte – **gesetzliche Vertretungsmacht** von Ehegatten, Lebenspartnern oder nahen Familienangehörigen für einen handlungsunfähigen Erwachsenen vor; dies gilt etwa in *Österreich* (§§ 248b ff ABGB; zur Reform mit Wirkung v 1.8.2017 vgl *Ferrari*/*Guggenberger* FamRZ 17, 1468 ff) und in der *Schweiz* (Art 374, 378 ZGB).

Die gesetzliche Vertretung von Erwachsenen ist zwar nicht ausdrücklich aus dem sachlichen **37** Anwendungsbereich des ErwSÜ ausgeschlossen. Das Übk beschränkt sich jedoch sowohl auf dem Gebiet der internationalen Zuständigkeit wie des Kollisionsrecht auf die Regelung von **Schutzmaßnahmen.** Es besteht jedoch Einigkeit darüber, dass es sich bei der unmittelbar kraft Gesetzes eintretenden Nichtigkeit oder Anfechtbarkeit der von einem schutzbedürftigen Erwachsenen getätigten Geschäfte nicht um Schutzmaßnahmen iSv Art 3 handelt (*Lagarde*-Bericht Rn 19, 25; Staud/*v Hein* Vorbem Art 24 EGBGB Rn 40; MüKoBGB/*Lipp* Art 1–4 Rn 27; zum Kollisionsrecht näher → Rn 175). Auch wird das anwendbare Recht für eine gesetzliche Vertretung Erwachsener im ErwSÜ – anders als für Kinder in Art 16 ff KSÜ – nicht bestimmt; insoweit verbleibt es daher beim autonomen IPR der Vertragsstaaten.

851

J 38–40
1. Teil. Erkenntnisverfahren J. Betreuungssachen

ErwSÜ Art 4. [Ausgeschlossene Bereiche]

(1) Dieses Übereinkommen ist nicht anzuwenden

a) auf Unterhaltspflichten;

b) auf das Eingehen, die Ungültigerklärung und die Auflösung einer Ehe oder einer ähnlichen Beziehung sowie die Trennung;

c) auf den Güterstand einer Ehe oder vergleichbare Regelungen für ähnliche Beziehungen;

d) auf Trusts und Erbschaften;

e) auf die soziale Sicherheit;

f) auf öffentliche Maßnahmen allgemeiner Art in Angelegenheiten der Gesundheit;

g) auf Maßnahmen, die hinsichtlich einer Person infolge ihrer Straftaten ergriffen wurden;

h) auf Entscheidungen über Asylrecht und Einwanderung;

i) auf Maßnahmen, die allein auf die Wahrung der öffentlichen Sicherheit gerichtet sind.

(2) Absatz 1 berührt in den dort erwähnten Bereichen nicht die Berechtigung einer Person, als Vertreter des Erwachsenen zu handeln.

1. Allgemeines

38   Art 4 schließt bestimmte Rechtsgebiete ausdrücklich aus dem sachlichen Anwendungsbereich des Übk aus **(Negativkatalog).** Dies gilt zum einen für Bereiche, die entweder dem besonderen Verwaltungsrecht (Soziale Sicherheit, Gesundheit, Asylrecht, öffentliche Sicherheit, lit e, f, h, i) oder dem Strafrecht (lit g) zuzurechnen sind, weil Maßnahmen auf diesen Gebieten vornehmlich öffentlich-rechtliche Zwecke verfolgen und deshalb Hoheitsinteressen des Staates berührt sind. Zum anderen werden aber auch bestimmte Spezialmaterien des Zivilrechts ausgeklammert, weil es diesbezüglich entweder am Schutzcharakter der zu treffenden Maßnahmen fehlt oder weil Konflikte mit anderen – spezielleren – Staatsverträgen vermieden werden sollen (zB im Unterhalts-, Ehe-, Güter- und Erbrecht, lit a–d, *Lagarde*-Bericht Rn 33 f, 38). Der Katalog des Art 4 ist hinsichtlich der für Erwachsene zu treffenden Schutzmaßnahmen **abschließend** (*Lagarde*-Bericht Rn 29; MüKoBGB/*Lipp* Art 1–4 Rn 31). Der Ausschluss einer Materie nach Abs 1 aus dem sachlichen Anwendungsbereich des ErwSÜ hat jedoch – wie Abs 2 klarstellt – nicht zur Folge, dass eine für den Erwachsenen bestellte Fürsorgeperson diesen auf den ausgeschlossenen Gebieten nicht vertreten könnte (*Helms* FamRZ 08, 1995/1996; näher → Rn 48).

2. Die einzelnen ausgenommenen Bereiche

39   **a) Unterhaltspflichten.** In Übereinstimmung mit Art 4 lit e KSÜ werden zunächst Maßnahmen auf dem Gebiet Unterhaltsrechts auch aus dem Anwendungsbereich des ErwSÜ ausgenommen. Zwar kommt auch dem Unterhaltsrecht eine Schutzfunktion für unterhaltsberechtigte Erwachsene zu. Wegen seiner existentiellen Bedeutung für den Unterhaltsberechtigten hat das Unterhaltsrecht allerdings schon seit langem auf internationaler und europäischer Ebene eine eigenständige Regelung erfahren. Die internationale Zuständigkeit für die nach lit a ausgeschlossenen Unterhaltssachen beurteilte sich in den EU-Mitgliedstaaten bis zum 18.6.2011 nach Art 2 und Art 5 Nr 2 EuGVVO aF; für danach eingeleitete Unterhaltsverfahren gelten vor deutschen Gerichten in erster Linie die Art 3 ff EuUnthVO (→ C Rn 72 ff) bzw die Art 2 ff LugÜ 2007 (→ C Rn 356 ff). Das anwendbare Recht bestimmt sich in den EU-Mitgliedstaaten (mit Ausnahme *Dänemarks* und des *Vereinigten Königreichs*) seit dem 18.6.2011 nach dem Haager Unterhaltsprotokoll (→ C Rn 488 ff).

40   **b) Ehe- und Lebenspartnerschaftsrecht.** Ausgenommen sind nach lit b auch eherechtliche Statusentscheidungen (Eingehung, Ungültigerklärung und Scheidung einer Ehe sowie Ehetrennung). Die internationale Zuständigkeit für diese Entscheidungen beurteilt sich in den Mitgliedstaaten der EU (mit Ausnahme *Dänemarks*) nach Art 3 ff EuEheVO (→ A Rn 44 ff). Das anwendbare Recht bestimmt sich diesbezüglich in Deutschland für die Eingehung und die Ungültigerklärung der Ehe nach Art 13 EGBGB (→ A Rn 584 ff), für die Auflösung und Trennung der Ehe nach der Rom III-VO (→ A Rn 287 ff). Darüber hinaus schließt lit b solche Entscheidungen auch in Bezug auf „der Ehe ähnliche Beziehungen" aus. Gemeint ist insbesondere die Einge-

852

I. Internationale Zuständigkeit: ErwSÜ Art 4 **41–47 J**

hung, Ungültigerklärung oder Auflösung einer eingetragenen Lebenspartnerschaft. Aus deutscher Sicht gelten insoweit § 103 FamFG für die internationale Zuständigkeit und Art 17b Abs 1 EGBGB für das Kollisionsrecht (→ I Rn 103 ff und 213 ff).

c) Güterrecht. Aus dem sachlichen Anwendungsbereich des ErwSÜ ausgenommen ist nach **41** lit c auch der Güterstand einer Ehe oder vergleichbare Regelungen für eheähnliche Beziehungen. Die internationale Zuständigkeit der deutschen Gerichte für güterrechtliche Streitigkeiten zwischen Ehegatten beurteilt sich derzeit noch nach §§ 98, 105 iVm § 262 FamFG (→ B Rn 65 ff), für das Güterrecht von eingetragenen Lebenspartnern nach § 103 FamFG (→ I Rn 103 ff). Ab dem 29.1.2019 gelten insoweit die Art 4 ff EuGüVO (→ B Rn 46 ff) bzw Art 4 ff EuPartVO (→ I Rn 43 ff). Nicht ausgeschlossen ist hingegen das Recht der **persönlichen Ehewirkungen,** da es auch Schutzvorschriften für den Ehegatten enthalten kann (Staud/*v Hein* Vorbem Art 24 EGBGB Rn 56).

d) Trusts und Erbschaften. Wie aus dem KSÜ (Art 4 lit f) bleibt das gesamte Gebiet des **42** Erbrechts einschließlich von *trusts* auch aus dem ErwSÜ ausgeklammert. Dies gilt auch für Maßnahmen, die auf diesem Gebiet zum Schutz von Erben getroffen werden, die schutzbedürftig iSv Art 1 Abs 1 sind. Hierdurch sollen Überschneidungen mit dem Haager Übk über das auf *trusts* anzuwendende Recht und über ihre Anerkennung v 1.7.1985 und mit dem Haager Übk über das auf die Rechtsnachfolge von Todes wegen anzuwendende Recht v 1.8.1989 vermieden werden. Beide Übk sind allerdings für die *Bundesrepublik Deutschland* nicht in Kraft getreten. Zur Regelung der internationalen Zuständigkeit und des anwendbaren Rechts in Erbsachen wurde am 4.7.2012 die **EuErbVO** Nr 650/2012 beschlossen (ABl EU L 201, 107 = *Jayme/Hausmann* Nr 61), die für die Mitgliedstaaten mit Ausnahme von *Dänemark, Irland* und dem *Vereinigten Königreich* seit dem 17.8.2015 gilt. Im Übrigen verbleibt es aus deutscher Sicht insoweit bei der Anwendbarkeit des autonomen internationalen Privat- und Verfahrensrechts.

e) Soziale Sicherheit. In Übereinstimmung mit Art 1 Abs 2 lit c EuGVVO/LugÜ und **43** Art 4 lit g KSÜ wird weiterhin der gesamte Bereich des Sozialversicherungsrechts auch aus dem ErwSÜ ausgeschlossen.

f) Öffentliche Maßnahmen auf dem Gebiet der Gesundheit. Gleiches gilt für behördli- **44** che Maßnahmen *„allgemeiner Art"* auf dem Gebiet der Gesundheitsfürsorge (zB ärztliche Untersuchungs- und Impfpflichten, vgl Staud/*v Hein* Vorbem Art 24 EGBGB Rn 63).). Demgegenüber fallen konkrete Maßnahmen für einen schutzbedürftigen Erwachsenen auch dann in den sachlichen Anwendungsbereich des ErwSÜ, wenn es um Fragen der Gesundheit geht, wie zB die Zustimmung durch einen Betreuer oder ein Gericht zu einer Operation oder zu einer sonstigen medizinischen Behandlung des Erwachsenen (NK-BGB/*Benicke* Rn 2). Die Durchführung der medizinischen Behandlung selbst ist hingegen keine Schutzmaßnahme iS des ErwSÜ (*Lagarde*-Bericht Rn 42). Die Abgrenzung hat sich daran zu orientieren, ob das Schutzbedürfnis (nur) in einer ganz bestimmten Situation besteht.

g) Maßnahmen infolge von Straftaten. Ausgeschlossen sind auch sämtliche Maßregeln, die **45** gegen einen Erwachsenen als Rechtsfolge einer Straftat verhängt werden. Voraussetzung für den Ausschluss ist die Strafbarkeit des Verhaltens nach dem anwendbaren Strafrecht. Maßnahmen, die als Sanktion für ungehöriges oder Schäden verursachendes Verhalten ergriffen werden, fallen hingegen in den Anwendungsbereich des ErwSÜ, wenn es an der Strafbarkeit des Verhaltens fehlt. Hingegen kommt es nicht darauf an, ob das Verhalten im konkreten Fall strafrechtlich sanktioniert werden kann; auch Maßregeln, die wegen eines strafbaren Verhaltens gegen einen wegen geistiger Störungen nicht schuldfähigen Erwachsenen ergriffen werden, können daher nicht auf das ErwSÜ gestützt werden.

h) Asylrecht und Einwanderung. Der Ausschluss von Maßnahmen auf dem Gebiet des **46** Asyl- und Einwanderungsrechts, die primär hoheitliche Zwecke des anordnenden Staates verfolgen, aus einem vornehmlich dem zivilrechtlichen Schutz von Kindern dienenden Staatsvertrag versteht sich von selbst.

i) Maßnahmen zur Wahrung der öffentlichen Sicherheit. Gemeint sind nur Maßnah- **47** men, die ausschließlich wegen der Gefährdung der Allgemeinheit angeordnet werden. Soll die Maßnahme hingegen den Erwachsenen auch vor einer Selbstgefährdung schützen, wie dies idR auf die zwangsweise Unterbringung eines geistig gestörten Erwachsenen in einer psychiatrischen Anstalt zutrifft, so ist der Anwendungsbereich des ErwSÜ eröffnet (NK-BGB/*Benicke* Rn 3).

853

J 48–52 1. Teil. Erkenntnisverfahren J. Betreuungssachen

3. Einschränkung für die Vertretung, Abs 2

48 Art 4 greift nur ein, wenn über die dort ausgeschlossenen Materien **in der Hauptsache** – und nicht nur als Vorfrage für eine vom ErwSÜ erfasste Maßnahme – zu entscheiden ist. Die rechtsgeschäftliche oder gesetzliche Vertretung eines schutzbedürftigen Erwachsenen unterliegt daher – wie Abs 2 klarstellt – auch dann dem von Art 13 ff zur Anwendung berufenen Recht, wenn Gegenstand des Vertreterhandelns eine nach Art 4 aus dem Anwendungsbereich des ErwSÜ ausgeschlossene Maßnahme ist (zB die Bestellung eines Betreuers zur Geltendmachung von Unterhalts- oder güterrechtlichen Ansprüchen für den Erwachsenen oder zu seiner Vertretung in einem Asylverfahren, vgl MüKoBGB/*Lipp* Art 1–4 Rn 33). In diesem Fall unterliegt zwar der geltend gemachte Anspruch seinem eigenen Recht (zB dem Unterhalts- oder Güterrechtsstatut), die gesetzliche oder rechtsgeschäftliche Vertretung des Erwachsenen hingegen dem ErwSÜ. Umstritten ist jedoch, ob dies auch für das *Erfordernis* einer Vertretung und die *Befugnisse* des Vertreters in einer nach Art 4 Abs 1 aus dem Anwendungsbereich des Übk ausgeschlossenen Angelegenheit (einschließlich der Notwendigkeit einer [betreuungs-] gerichtlichen Genehmigung des Vertreterhandelns) gilt (abl *Lagarde*-Bericht Rn 33, 46; *Siehr* RabelsZ 64 [2000] 715/728; *Helms* FamRZ 08, 1995/1996; Staud/v *Hein* Vorbem Art 24 EGBGB Rn 67; **aA** MüKoBGB/*Lipp* Art 1–4 Rn 33).

Kapitel II. Zuständigkeit

Vorbemerkung

1. Allgemeines

49 In seinem Kapitel II regelt das ErwSÜ die internationale Zuständigkeit der Gerichte für Schutzmaßnahmen iSv Art 3. Das Zuständigkeitssystem des ErwSÜ weicht von dem sehr stark am gewöhnlichen Aufenthalt ausgerichteten System des KSÜ ab und hat auf Grund von Meinungsunterschieden bei seiner Ausarbeitung deutlichen Kompromisscharakter (*Lagarde*-Bericht Rn 47 f; *Guttenberger* 87 ff; Staud/v *Hein* Vorbem Art 24 EGBGB Rn 68 ff). Die primäre Zuständigkeit am gewöhnlichen Aufenthalt des Erwachsenen wird mit konkurrierenden subsidiären Zuständigkeiten im Heimatstaat des Erwachsenen (Art 7) und im Staat der Belegenheit von Vermögen (Art 9) sowie mit Eilzuständigkeiten (Art 10) und einer Zuständigkeit für vorläufige Maßnahmen (Art 11) kombiniert. Als Ausnahmen vom Grundsatz des Art 5 sind diese Zuständigkeiten *restriktiv* auszulegen sind. Die Inanspruchnahme der Zuständigkeiten nach Art 5 ff setzt jedoch nicht notwendig einen kompetenzrechtlichen Bezug zu einem weiteren Vertragsstaat voraus.

50 Die Art 5–12 sind in den Vertragsstaaten als verbindliche Zuständigkeitsordnung für schutzbedürftige Erwachsene konzipiert, die ihren gewöhnlichen Aufenthalt in einem Vertragsstaat haben (vgl *Siehr* RabelsZ 64 [2000] 715/728 ff; *Helms* FamRZ 08, 1995/1996 ff). Für diesen Fall darf das angerufene Gericht in einem anderen Vertragsstaat also seine Zuständigkeit nur in Anspruch nehmen, wenn die Art 7–11 dies gestatten. Andererseits dürfen die Gerichte der Vertragsstaaten ihre Zuständigkeit auch nicht ablehnen, wenn das Kapitel II eine solche eröffnet; die Lehre vom *forum non conveniens* gilt im Anwendungsbereich des ErwSÜ nicht. Da das Übk für Erwachsene mit gewöhnlichem Aufenthalt in einem Vertragsstaat die Zuständigkeit lückenlos regelt, erübrigt sich insoweit eine Öffnungsklausel zugunsten des nationalen Zuständigkeitsrechts der Vertragsstaaten.

2. Verhältnis zum autonomen Verfahrensrecht der Vertragsstaaten

51 Der räumliche Anwendungsbereich wird im ErwSÜ nicht für alle Zuständigkeiten nach Art 5 ff einheitlich bestimmt; vielmehr wird er für die einzelnen Zuständigkeitsvorschriften unterschiedlich weit gezogen. Einigkeit besteht darüber, dass die Zuständigkeitsvorschriften der Art 5–11 immer zur Anwendung kommen, wenn der Erwachsene seinen **gewöhnlichen Aufenthalt in einem Vertragsstaat** des Übk hat. Für diesen Fall ist die Zuständigkeitsordnung des ErwSÜ abschließend und lässt keine Raum für das autonome Zuständigkeitsrecht der Vertragsstaaten (*Lagarde*-Bericht Rn 89; *Ludwig* DNotZ 09, 251/264; MüKoBGB/*Lipp* Vorbem Art 5 ff Rn 8).

52 Demgegenüber ist der Rückgriff auf das autonome Zuständigkeitsrecht der Vertragsstaaten grundsätzlich möglich, wenn der Erwachsene seinen **gewöhnlichen Aufenthalt in einem**

854

I. Internationale Zuständigkeit: ErwSÜ Art 5 **J**

Drittstaat hat (*Lagarde*-Bericht Rn 52, 89). Umstritten ist hingegen, ob und in welchem Umfang auch die Art 7–11 in diesem Fall neben dem autonomen Recht angewandt werden können. Die Anwendbarkeit der Eilzuständigkeit nach Art 10 wird im Hinblick auf die ausdrückliche Regelung in Art 10 Abs 3 auch für den Fall bejaht, dass der Erwachsene seinen gewöhnlichen Aufenthalt in einem Drittstaat hat (*Lagarde*-Bericht Rn 81, 89; *Siehr* RabelsZ 64 [2000] 715/734; *Guttenberger* 116; NK-BGB/*Benicke* Art 10 Rn 2; MüKoBGB/*Lipp* Vorbem Art 5 ff Rn 10 f). Gleiches wird unter Hinweis auf die Entstehungsgeschichte des Übk ganz überwiegend auch für die Zuständigkeit nach Art 12 für vorläufige Maßnahmen angenommen (*Lagarde*-Bericht Rn 81, 89; *Guttenberger* 122; NK-BGB/*Benicke* Art 11 Rn 3 ff; **aA** *Siehr* RabelsZ 64 [2000] 715/735; Staud/*v Hein* Vorbem Art 24 EGBGB Rn 128).

Demgegenüber ist die Begründung einer **Heimatzuständigkeit nach Art 7** und einer **53** Zuständigkeit im Staat der Vermögensbelegenheit nach Art 9 ausgeschlossen, wenn der Erwachsene seinen gewöhnlichen Aufenthalt in einem Drittstaat hat. Denn die in beiden Vorschriften angeordneten weitreichenden Pflichten zur Unterrichtung der Behörden im Staat des gewöhnlichen Aufenthalts des Erwachsenen bestehen nur im Verhältnis der Vertragsstaaten zueinander. Maßgebend ist in beiden Fällen vielmehr allein das autonome Verfahrensrecht der angerufenen Behörde (*Lagarde*-Bericht Rn 59, 89; *Siehr* RabelsZ 64 [2000] 715/731; *Wagner* IPRax 07, 11/13, *Helms* FamRZ 08, 1995/1998; *Guttenberger* 106 und 110; NK-BGB/*Benicke* Art 7 Rn 2 und Art 9 Rn 3; MüKoFamFG/*Rauscher* § 104 Rn 11; Staud/*v Hein* Vorbem Art 24 EGBGB Rn 85 und 115; **aA** MüKoBGB/*Lipp* Vorbem Art 5 ff Rn 12 m ausf Begründung). In Deutschland ist also jeweils § 104 FamFG anzuwenden.

Die praktischen Auswirkungen der beiden unterschiedlichen Auffassungen sind aus deutscher **54** Sicht allerdings begrenzt. Denn die in Art 7 geregelte **internationale Zuständigkeit** der Heimatgerichte des Erwachsenen kennt auch das deutsche autonome Verfahrensrecht in § 104 Abs 1 Nr 1 FamFG (→ Rn 149 ff). Ferner können auch die in § 9 geregelten Maßnahmen zum Schutz des in Deutschland belegenen Vermögens eines schutzbedürftigen Erwachsenen idR aufgrund der Fürsorgezuständigkeit nach § 104 Abs 1 Nr 3 FamFG getroffen werden, wenn der Erwachsene seinen gewöhnlichem Aufenthalt in einem Drittstaat hat (*v Hein* IPRax 15, 198/200; Staud/*v Hein* Vorbem Art 24 EGBGB Rn 118).

Gewisse Abweichungen können sich zwar hinsichtlich des auf die Schutzmaßnahmen **an- 55 zuwendenden Rechts** ergeben. Denn das nach Art 7 oder 9 ErwSÜ angerufene Gericht trifft die erforderlichen Maßnahmen gem Art 13 Abs 1 ErwSÜ grundsätzlich nach seiner *lex fori.* Demgegenüber hat das nach § 104 FamFG zuständige deutsche Gericht die autonome Kollisionsnorm in Art 24 EGBGB zugrunde zu legen. Die Abweichung betrifft jedoch nur die Voraussetzungen für die Entstehung, Änderung und Beendigung einer Betreuung, die gem Art 24 Abs 1 EGBGB nicht der *lex fori,* sondern dem Heimatrecht des Betreuten zu entnehmen sind; demgegenüber unterwirft auch das autonome Kollisionsrecht den Inhalt der Betreuung in Art 24 Abs 3 EGBGB dem Recht des anordnenden Staates.

Schließlich wirkt sich der Meinungsstreit auch auf die **Anerkennung und Vollstreckung** der **56** getroffenen Maßnahmen in anderen Vertragsstaaten aus. Denn diese können nur dann, wenn sie auf die Art 5–9 gestützt worden sind, nach Art 22 Abs 2 lit a (→ S Rn 16 ff) in anderen Vertragsstaaten anerkannt werden, während sie dann, wenn sie auf der Grundlage nationalen Zuständigkeitsrechts (§ 104 FamFG) getroffen wurden, auch nur nach Maßgabe des nationalen Verfahrensrechts anerkannt und vollstreckt werden können. Die Anerkennungsversagungsgründe nach § 109 FamFG stimmen indes mit den staatsvertraglichen in Art 22 weithin überein, so das sich auch insoweit keine nennenswerten Unterschiede ergeben.

ErwSÜ Art. 5 [Aufenthaltszuständigkeit]

(1) **Die Behörden, seien es Gerichte oder Verwaltungsbehörden, des Vertragsstaats, in dem der Erwachsene seinen gewöhnlichen Aufenthalt hat, sind zuständig, Maßnahmen zum Schutz der Person oder des Vermögens des Erwachsenen zu treffen.**

(2) **Bei einem Wechsel des gewöhnlichen Aufenthalts des Erwachsenen in einen anderen Vertragsstaat sind die Behörden des Staates des neuen gewöhnlichen Aufenthalts zuständig.**

855

J 57–63 1. Teil. Erkenntnisverfahren J. Betreuungssachen

1. Allgemeines

57   In Übereinstimmung mit Art 5 Abs 1 KSÜ sind auch für das Ergreifen von Schutzmaßnahmen zugunsten eines Erwachsenen nach Abs 1 primär die Gerichte/Behörden des Staates international zuständig, in dem dieser seinen gewöhnlichen Aufenthalt hat. Ein Bezug zu einem anderen Vertragsstaat ist hierfür nicht erforderlich; auch Schutzmaßnahmen zugunsten von Drittstaatsangehörigen können daher von den nach Abs 1 zuständigen Gerichten angeordnet werden (NK-BGB/*Benicke* Rn 1). Die Zuständigkeit der Behörden im Staat des gewöhnlichen Aufenthalts des Erwachsenen nach Art 5 bilden also den Ausgangspunkt und die **Grundregel der Zuständigkeitsordnung** des ErwSÜ. Die konkurrierenden Zuständigkeiten nach Art 7 und 9–11 treten hinter diese Zuständigkeit zurück (→ Rn 51). Für Flüchtlinge und Personen, deren gewöhnlicher Aufenthalt nicht festgestellt werden kann, gilt Art 6.

58   Ferner stellt Art 5 Abs 1 klar, dass für die Zwecke des ErwSÜ der durchgängig verwendete Begriff „**Behörden**" sowohl Gerichte wie Verwaltungsbehörden umfasst.

2. Anwendungsbereich

59   **a) Internationale Zuständigkeit.** Art 5 regelt nur die *internationale* Zuständigkeit, während die *örtliche* Zuständigkeit durch das nationale Verfahrensrecht der *lex fori* bestimmt wird; in *Deutschland* gilt insoweit § 272 FamFG.

60   **b) Schutzmaßnahmen.** Die Entscheidung muss eine Maßnahme zum Schutz der Person oder des Vermögens des Erwachsenen iSv Art 1 Abs 1 betreffen. Damit sind alle in Art 3 aufgezählten (→ Rn 24 ff) – und nicht in Art 4 ausgeschlossenen (→ Rn 38 ff) – Maßnahmen gemeint. Zum Begriff „Erwachsener" im ErwSÜ vgl Art 2 (→ Rn 20 f).

3. Gewöhnlicher Aufenthalt des Erwachsenen, Abs 1

61   Zentrales Anknüpfungsmerkmal für die internationale Zuständigkeit zur Anordnung, Durchführung, Änderung oder Beendigung ist der gewöhnliche Aufenthalt des Erwachsenen (MüKoBGB/*Lipp* Rn 3; NK-BGB/*Benicke* Rn 1). Durch diese Anknüpfung wird sichergestellt, dass die zuständigen Gerichte und Behörden zum Schutz des Erwachsenen rasch und damit effektiv eingreifen können. Aufgrund ihrer Sach- und Beweisnähe erhöht sich auch die Richtigkeitsgewähr für die zu treffende Entscheidung.

62   **a) Begriff des gewöhnlichen Aufenthalts.** Dieser wird im ErwSÜ ebenso wenig wie im KSÜ, MSA oder anderen Haager Übereinkommen definiert. Einigkeit besteht darüber, dass insoweit eine **konventionsautonome Auslegung** geboten ist (*Helms* FamRZ 08, 1995/1996). Diese kann sich jedoch an der Auslegung von anderen (zB kindschafts- und unterhaltsrechtlichen) Haager Übereinkommen orientieren. Herangezogen werden kann aber auch die Rechtsprechung des EuGH und der mitgliedstaatlichen Gerichte zum Begriff des gewöhnlichen Aufenthalts in EU-Verordnungen auf dem Gebiet des internationalen Familienrechts sowie die Praxis zum autonomen deutschen internationalen Privat- und Verfahrensrecht, weil diese maßgeblich an den Vorgaben der Haager Übereinkommen ausgerichtet war. Dabei ist allerdings zu beachten, dass der Begriff des gewöhnlichen Aufenthalts nicht in all diesen Rechtsinstrumenten einheitlich ausgelegt, sondern je nach der geregelten Rechtsmaterie unterschiedlich verstanden wird. Insbesondere ist der überwiegend auf Kleinkinder zugeschnittene Aufenthaltsbegriff in Art 8 EuEheVO (→ F Rn 87 ff) und Art 5 KSÜ (→ F Rn 420 ff) nicht ohne weiteres auf Erwachsene übertragbar.

63   Wie sich aus der gegenüber Art 5 subsidiären Regelung in Art 6 Abs 2 ergibt, reicht die bloße körperliche Anwesenheit des Erwachsenen in einem Vertragsstaat nicht aus. Es müssen vielmehr weitere Kriterien hinzutreten, aus denen sich entnehmen lässt, dass es sich nicht um eine vorübergehende oder gelegentliche Anwesenheit handelt, der Aufenthalt vielmehr Ausdruck einer gewissen **Integration des Erwachsenen in ein soziales und familiäres Umfeld** ist (*Helms* FamRZ 08, 1995/1996 f; *Wagner* IPRax 07, 11/13; *Guttenberger* 90 f; MüKoBGB/*Lipp* Rn 4 ff; ebenso zum gewöhnlichen Aufenthalt des Kindes nach Art 5 KSÜ KG FamRZ 15, 1214/1215; OLG München FamRZ 15, 777 Rn 33; öst OGH IPRax 14, 183/185 m Anm *Heindler* 201). Diese Integration ist an Hand aller tatsächlichen Umstände des Einzelfalles im Wege einer Gesamtbetrachtung festzustellen. Dabei sind insbesondere die Dauer und die Gründe für diesen Aufenthalt, sowie die familiären und sozialen Bindungen des Erwachsenen in dem

I. Internationale Zuständigkeit: ErwSÜ Art 5

64–69 J

betreffenden Staat zu berücksichtigen. Maßgebend ist daher der tatsächliche Mittelpunkt der Lebensführung des Erwachsenen.

Auch im Falle eines **Umzugs** von einem Vertragsstaat in einen anderen erwirbt der Erwachse- 64 ne grundsätzlich erst dann einen neuen gewöhnlichen Aufenthalt, wenn er an dem neuen Aufenthaltsort sozial integriert ist. Von einer solchen sozialen Integration ist idR nach einer **sechsmonatigen Aufenthaltsdauer** auszugehen (vgl zum Kindesaufenthalt OLG Karlsruhe NJW-RR 15, 1415 Rn 25; KG FamRZ 15, 1214/1215). Dabei handelt es sich jedoch nur um eine Faustregel, von der im Einzelfall nach oben oder unten abgewichen werden kann. Auch längere Auslandsaufenthalte aus beruflichen Gründen oder zu Urlaubszwecken führen nicht zu einem Verlust des gewöhnlichen Aufenthalts, wenn die Abwesenheit von vornherein zeitlich begrenzt und eine Rückkehr an den früheren Aufenthaltsort beabsichtigt ist. Ist der Umzug in ein anderes Land hingegen auf Dauer geplant, so wird der neue gewöhnliche Aufenthalt hingegen dort sofort erworben. Dem **Willen** zur Begründung eines gewöhnlichen Aufenthalt in einem bestimmten Staat ist insoweit bei Erwachsenen ein größeres Gewicht beizumessen als bei Kindern (MüKoBGB/*Lipp* Rn 5). Dabei kommt es auf den natürlichen, nicht einen rechtsgeschäftlichen Willen an, so dass auch alters- oder krankheitsbedingt in der Geschäftsfähigkeit beschränkte Erwachsene einen solchen Willen noch haben können.

Da Erwachsene sich nicht selten über jeweils mehrere Monate in verschiedenen Ländern 65 aufhalten (zB im Winter auf Mallorca, im Sommer in Deutschland), stellt sich die Frage, ob in diesen Fällen auf dem Gebiet der internationalen Zuständigkeit ein **mehrfacher gewöhnlicher Aufenthalt** anerkannt werden kann. Ein solcher sollte jedenfalls nicht vorschnell angenommen werden, da der Erwachsene in aller Regel in einem der beiden Aufenthaltsstaaten aufgrund seiner Sprache, seiner Familienbeziehungen und/oder der Belegenheit seines Hauptvermögens stärker integriert sein wird (MüKoBGB/*Lipp* Rn 6; *Guttenberger* 91). In den verbleibenden Fällen ist die Annahme eines jeweils *alternierenden* gewöhnlichen Aufenthalts derjenigen eines mehrfachen gewöhnlichen Aufenthalts vorzuziehen, weil das ErwSÜ für Zuständigkeitskonflikte zwischen den Gerichten parallel zuständiger Gerichte verschiedener Vertragsstaaten keine Regelung vorsieht (NK-BGB/*Benicke* Rn 9 ff; **aA** Staud/*v Hein* Vorbem Art 24 EGBGB Rn 74).

Hält sich der Erwachsene in einem **Mehrrechtsstaat** gewöhnlich auf, so sind zur Bestimmung 66 der international zuständigen Behörde die Art 45, 46 ergänzend heranzuziehen. Danach ist die Verweisung auf den gewöhnlichen Aufenthalt in einem solchen Staat als Verweisung auf den gewöhnlichen Aufenthalt in einer Gebietseinheit zu verstehen (Art 46 lit b iVm Art 45 lit a), sofern der Mehrrechtsstaat die interlokale Anknüpfung nicht selbst abweichend regelt (Art 46 lit a; → Rn 249 ff).

4. Aufenthaltswechsel, Abs 2

a) Wegfall der internationalen Zuständigkeit. Ein Wechsel des gewöhnlichen Aufenthalts 67 des Erwachsenen nach Abs 2 führt grundsätzlich auch zu einer sofortigen Änderung der internationalen Zuständigkeit. Allerdings bleiben die im früheren Aufenthaltsstaat getroffen Maßnahmen nach Art 12 solange in Kraft, bis sie von den nunmehr zuständigen Behörden im neuen Aufenthaltsstaat aufgehoben oder abgeändert werden.

Dies gilt auch dann, wenn das Verfahren im früheren Aufenthaltsstaat des Erwachsenen im 68 Zeitpunkt des Aufenthaltswechsels bereits anhängig war. Wie im Anwendungsbereich von Art 5 KSÜ (dazu KG FamRZ 15, 1214/1215; OLG Karlsruhe FamRZ 14, 1565; öst OGH IPRax 14, 183/186 m Anm *Heindler* 201; → F Rn 428 ff) gilt der **Grundsatz der *perpetutatio fori*** also auch nach dem ErwSÜ **nicht** (*Lagarde*-Bericht Rn 51; *Füllemann* 160 f; MüKoBGB/*Lipp* Rn 8; NK-BGB/*Benicke* Rn 7). Denn es fehlt in diesem Fall an der die Zuständigkeit legitimierenden räumlichen Nähe des Erwachsenen zu der angerufenen Behörde (Staud/*v Hein* Vorbem Art 24 EGBGB Rn 76). Diese hat sich daher von Amts wegen für unzuständig zu erklären.

b) Maßgebender Zeitpunkt. Für den Wegfall der internationalen Zuständigkeit nach Art 5 69 Abs 2 durch Wechsel des gewöhnlichen Aufenthalts in einem laufenden Verfahren ist nicht der Zeitpunkt der Antragstellung, auch noch nicht der Zeitpunkt der letzten mündlichen Verhandlung in der Tatsacheninstanz, sondern im Hinblick auf den Wortlaut von Art 11 Abs 1 („getroffene Maßnahme") der Zeitpunkt der **Verkündung der Entscheidung durch die letzte Tatsacheninstanz** maßgebend (vgl zu Art 5 Abs 2 KSÜ Rauscher/*Hilbig-Lugani* Rn 14; ferner öst OGH IPRax 14, 183, wo auf den Erlass der Entscheidung in erster Instanz abgestellt wird). Wird der gewöhnliche Aufenthalt des Erwachsenen daher erst nach diesem Zeitpunkt in einen anderen Vertragsstaat verlegt, so behält diese Entscheidung nach Art 12 ihre Wirksamkeit, bis sie

857

J 72　　　　　　　　　　　　　　1. Teil. Erkenntnisverfahren J. Betreuungssachen

von den Behörden des neuen Aufenthaltsstaates aufgehoben, ersetzt oder abgeändert wird. Wird gegen die Entscheidung nach dem Aufenthaltswechsel im früheren Aufenthaltsstaat ein **Rechtsbehelf** eingelegt, so hat das Rechtsbehelfsgericht den gestellten Antrag wegen nunmehr fehlender internationaler Zuständigkeit zurückzuweisen. Etwas anderes gilt nur dann, wenn es – wie das Rechtsbeschwerdegericht – auf eine rein rechtliche Nachprüfung beschränkt ist (Staud/*v Hein* Vorbem Art 24 EGBGB Rn 77; MüKoFamFG/*Rauscher* § 104 Rn 13; **aA** MüKoBGB/*Lipp* Rn 12). Wird umgekehrt der gewöhnliche Aufenthalt des Erwachsenen erst während der zweiten Tatsacheninstanz im Gerichtsstaat begründet, reicht dies für eine Sachentscheidung durch das Rechtsmittelgericht aus.

70　　**c) Wechsel in einen anderen Vertragsstaat.** Wird der neue gewöhnliche Aufenthalt in einem anderen Vertragsstaat begründet, so sind nunmehr die Behörden dieses Vertragsstaats nach Art 5 Abs 2 international zuständig. Ist also für einen schutzbedürftigen Erwachsenen in *Deutschland* ein Betreuungsverfahren eingeleitet worden, so entfällt die auf Art 5 Abs 1 gestützte internationale Zuständigkeit des befassten deutschen Gerichts, wenn der Erwachsene im Laufe des Verfahrens nach *Österreich* verzieht und dort einen neuen gewöhnlichen Aufenthalt begründet. Eine fortbestehende Zuständigkeit des deutschen Gerichts kann in diesem Fall wegen des Vorrangs der Aufenthaltszuständigkeit nach Art 5 auch nicht auf andere Vorschrift des Kapitels II, zB auf die **deutsche Staatsangehörigkeit** des Erwachsenen nach Art 7, gestützt werden (MüKoBGB/*Lipp* Rn 11). Die nunmehr nach Art 5 Abs 1 zuständigen österreichischen Gerichte können jedoch das deutsche Gericht um eine Fortsetzung des Verfahrens nach Art 8 Abs 2 ersuchen (NK-BGB/*Benicke* Rn 7).

71　　**d) Wechsel in einen Nichtvertragsstaat.** Keine Anwendung findet Art 5 Abs 2 hingegen, wenn der Erwachsene seinen gewöhnlichen Aufenthalt von einem Vertragsstaat in einen Nichtvertragsstaat verlegt (vgl zu Art 5 Abs 2 KSÜ öst OGH 19.2.14, unalex AT-931). Ob die Behörden am neuen gewöhnlichen Aufenthalt zuständig sind, beurteilt sich nach dem autonomen Recht dieses Drittstaats. Die internationale Zuständigkeit der bisher nach Art 5 Abs 1 zuständigen Behörde in einem Vertragsstaat entfällt jedoch nur dann, wenn diese ihre Zuständigkeit auch weder auf eine andere Vorschrift des II. Kapitels, noch auf ihr autonomes Verfahrensrecht stützen kann. Ausreichend für eine *perpetuatio fori* nach Kapitel II ist nicht nur eine fortbestehende Zuständigkeit nach Art 10 oder 11 (so aber NK-BGB/*Benicke* Rn 14), sondern auch eine solche nach Art 7 oder 9 (MüKoBGB/*Lipp* Rn 14). Eine Zuständigkeit nach dem ErwSÜ hat in diesem Fall Vorrang vor dem autonomen Zuständigkeitsrecht des angerufenen Gerichts (MüKoBGB/*Lipp* vor Art 5 Rn 9 ff; **aA** *Lagarde*-Bericht Rn 52; *Helms* FamRZ 08, 1995/1996). Auf nationales Recht ist nur zurückzugreifen, wenn sich aus dem Kapitel II auch keine andere Zuständigkeit zur Fortsetzung des Verfahrens ergibt. Bei bisheriger Zuständigkeit eines *deutschen* Gerichts bleibt dieses jedenfalls dann weiterhin zuständig, wenn der Erwachsene die deutsche Staatsangehörigkeit besitzt (Art 7 ErwSÜ) oder der Fürsorge durch das deutsche Gericht bedarf (§ 104 Abs 1 S 2 FamFG; → Rn 154 f). Die deutsche Entscheidung, die nur auf der Grundlage von § 104 FamFG ergangen ist, muss freilich dann in anderen Vertragsstaaten nicht nach Art 22 ff anerkannt werden (Staud/*v Hein* Vorbem Art 24 EGBGB Rn 78).

ErwSÜ Art 6. [Zuständigkeit für Flüchtlinge]

(1) Über Erwachsene, die Flüchtlinge sind oder die infolge von Unruhen in ihrem Land in ein anderes Land gelangt sind, üben die Behörden des Vertragsstaats, in dessen Hoheitsgebiet sich die Erwachsenen demzufolge befinden, die in Artikel 5 Absatz 1 vorgesehene Zuständigkeit aus.

(2) Absatz 1 ist auch auf Erwachsene anzuwenden, deren gewöhnlicher Aufenthalt nicht festgestellt werden kann.

1. Allgemeines

72　　Art 6 übernimmt die Regelung in Art 6 KSÜ. Danach wird in zwei Fällen an den schlichten statt an den gewöhnlichen Aufenthalt angeknüpft, nämlich einerseits bei Flüchtlingen und ihnen gleichgestellten Personen (Abs 1), andererseits bei Erwachsenen, deren gewöhnlicher Aufenthalt nicht festgestellt werden kann (Abs 2). Beide Absätze haben allerdings eine **unterschiedliche Funktion:** Bei Abs 1 handelt es sich um eine Spezialvorschrift zu Art 5 Abs 1, die eine primäre Zuständigkeit begründet und damit Vorrang vor den Zuständigkeiten nach Art 7, 9, 10 und 11

858

I. Internationale Zuständigkeit: ErwSÜ Art 7   **J**

hat (Staud/*v Hein* Vorbem Art 24 EGBGB Rn 80, 82; MüKoBGB/*Lipp* Rn 2). Demgegenüber enthält Abs 2 eine Auffangvorschrift für Fälle, in denen ein gewöhnlicher Aufenthalt nicht festgestellt werden kann und Art 5 deshalb nicht eingreift. Wie die Zuständigkeit nach Art 5 verdrängt auch diejenige nach Art 6 die konkurrierenden Zuständigkeiten nach Art 7, 9, 10 und 11 (Staud/*v Hein* vor Art 24 EGBGB Rn 80 ff; MüKoBGB/*Lipp* Rn 2).

2. Flüchtlinge, Abs 1

Erwachsene, die aus ihren Heimatstaaten geflohen oder vertrieben worden sind, sind beson- 73 ders schutzbedürftig, so dass Schutzmaßnahmen für sie zumeist rasch getroffen werden müssen. Um dies zu ermöglichen, sind daher die Behörden der Vertragsstaaten für Maßnahmen zum Schutz der Person oder des Vermögens von Flüchtlingen gemäß Abs 1 schon dann international zuständig, wenn der Erwachsene sich nur tatsächlich im Staatsgebiet aufhält; eine Verfestigung dieses schlichten Aufenthalts iS einer sozialen Eingliederung des Erwachsenen in sein neues Lebensumfeld ist also nicht erforderlich. Da es sich auch nicht um eine bloße Hilfszuständigkeit handelt; verdrängt Abs 1 die Zuständigkeit sowohl im Staat des (früheren) gewöhnlichen Aufenthalts wie im Heimatstaat.

Der im ErwSÜ nicht definierte **Flüchtlingsbegriff** in Art 6 Abs 1 entspricht demjenigen der 74 Genfer Flüchtlingskonvention v 28.7.1951 (BGBl 53 II, 560) und des Genfer Flüchtlingspro- tokolls v 31.1967 (BGBl 70 II, 194; vgl Staud/*v Hein* Vorbem Art 24 EGBGB Rn 79). Eine Flucht aus Angst vor Strafverfolgung oder aus rein wirtschaftlichen Motiven reicht zur Begrün- dung der internationalen Zuständigkeit nach Abs 1 jedoch nicht aus (OLG Koblenz FamRZ 17, 1229 f).Flüchtlingen gleichgestellt sind Erwachsene, die infolge von Unruhen in ihrem Land in ein anderes Land gelangt sind. Gemeint mit „ihrem Land" ist nicht der Staat, mit dem der Erwachsene durch seine Staatsangehörigkeit verbunden ist, sondern der Staat seines bisherigen gewöhnlichen Aufenthalts vor der Flucht (*Lagarde*-Bericht Rn 54; MüKoBGB/*Lipp* Rn 4; NK- BGB/*Benicke* Rn 3; **aA** *Guttenberg* 94 f; Staud/*v Hein* Vorbem Art 24 EGBGB Rn 79), der allerdings häufig mit dem Heimatstaat zusammenfallen wird. Entfällt der Flüchtlingsstatus des Erwachsenen, so endet auch die internationale Zuständigkeit des Gerichts nach Art 6 Abs 1; der Grundsatz der *perpetuatio fori* gilt auch insoweit nicht.

3. Nicht feststellbarer gewöhnlicher Aufenthalt, Abs 2

Kann ein gewöhnlicher Aufenthalt des Erwachsenen (→ Rn 62 ff) − und damit eine interna- 75 tionale Zuständigkeit nach Art 5 − weder in einem Vertragsstaat noch in einem Drittstaat (MüKoBGB/*Lipp* Rn 4; vgl auch Art 13 Abs 2 EuEheVO → F Rn 224) festgestellt werden, so eröffnet Abs 2 eine *subsidiäre* internationale Zuständigkeit in dem Vertragsstaat, in dem sich der Erwachsene − und sei es auch nur vorübergehend − tatsächlich aufhält. Die Regelung der *örtlichen* Zuständigkeit bleibt − ebenso wie nach Art 5 − wiederum dem autonomen Recht des international zuständigen Vertragsstaats überlassen.

Die **praktische Bedeutung** des Abs 2 ist gering. Denn insbesondere in den Fällen des 76 Umzugs von einem (Vertrags-)Staat in einen anderen verliert der Erwachsene seinen bisherigen gewöhnlichen Aufenthalt im Regelfall erst in dem Zeitpunkt, in dem er infolge hinreichender sozialer Integration einen neuen gewöhnlichen Aufenthalt begründet hat (*Lagarde*-Bericht Rn 55; MüKoBGB/*Lipp* Rn 7; NK-BGB/*Benicke* Rn 5). Ferner greift die Vorschrift nur dann ein, wenn der Erwachsene überhaupt keinen gewöhnlichen Aufenthalt hat. Hingegen reicht es nicht aus, dass lediglich unklar ist, in welchem von zwei Staaten er sich − zB bei jahreszeitlich wechselndem Aufenthalt − gewöhnlich aufhält. Denn insoweit handelt es sich um eine Wer- tungsfrage, auf deren Beantwortung Abs 2 keine Anwendung findet (NK-BGB/*Benicke* Rn 5).

Der Grundsatz der **perpetuatio fori** gilt für die Hilfszuständigkeit nach Abs 2 ebenso wenig wie 77 für die allgemeine Zuständigkeit nach Art 5. Die auf Abs 2 gestützte internationale Zuständigkeit endet daher automatisch, wenn der Erwachsene einen gewöhnlichen Aufenthalt in einem anderen Vertragsstaat oder in einem Drittstaat begründet.

ErwSÜ Art 7. [Zuständigkeit der Heimatbehörden]

(1) **Die Behörden eines Vertragsstaats, dem der Erwachsene angehört, sind zustän- dig, Maßnahmen zum Schutz der Person oder des Vermögens des Erwachsenen zu treffen, wenn sie der Auffassung sind, dass sie besser in der Lage sind, das Wohl des Erwachsenen zu beurteilen, und nachdem sie die nach Artikel 5 oder Artikel 6 Ab-**

859

J 78–82
1. Teil. Erkenntnisverfahren J. Betreuungssachen

satz 2 zuständigen Behörden verständigt haben; dies gilt nicht für Erwachsene, die Flüchtlinge sind oder die infolge von Unruhen in dem Staat, dem sie angehören, in einen anderen Staat gelangt sind.

(2) Diese Zuständigkeit darf nicht ausgeübt werden, wenn die nach Artikel 5, Artikel 6 Absatz 2 oder Artikel 8 zuständigen Behörden die Behörden des Staates, dem der Erwachsene angehört, unterrichtet haben, dass sie die durch die Umstände gebotenen Maßnahmen getroffen oder entschieden haben, dass keine Maßnahmen zu treffen sind, oder ein Verfahren bei ihnen anhängig ist.

(3) Die Maßnahmen nach Absatz 1 treten außer Kraft, sobald die nach Artikel 5, Artikel 6 Absatz 2 oder Artikel 8 zuständigen Behörden die durch die Umstände gebotenen Maßnahmen getroffen oder entschieden haben, dass keine Maßnahmen zu treffen sind. Diese Behörden haben die Behörden, die in Übereinstimmung mit Absatz 1 Maßnahmen getroffen haben, entsprechend zu unterrichten.

1. Allgemeines

78 Abweichend vom KSÜ sieht Art 7 Abs 1 eine konkurrierende Zuständigkeit der Behörden im Heimatstaat des schutzbedürftigen Erwachsenen vor. Mit deren Hilfe soll insbesondere die Übernahme der Fürsorge durch die im Heimatstaat lebenden Angehörigen erleichtert werden (*Lagarde*-Bericht Rn 60; NK-BGB/*Benicke* Rn 1).

79 Die Zuständigkeit nach Art 7 Abs 1 ist – wie die Aufenthaltszuständigkeit nach Art 5 – eine **allgemeine Zuständigkeit,** die zur Anordnung aller Maßnahmen zum Schutz der Person und des Vermögens des Erwachsenen berechtigt (*Lagarde*-Bericht Rn 57; NK-BGB/*Benicke* Rn 10). Sie ist insbesondere nicht, wie Zuständigkeiten nach Art 10 und 11, auf einstweilige oder vorläufige Maßnahmen beschränkt (*Lagarde*-Bericht Rn 56 f; MüKoFamG/*Lipp* Rn 1). Die Zuständigkeit ist allerdings nach Maßgabe von Abs 2 und 3 *subsidiär* gegenüber den Zuständigkeiten der Aufenthaltsbehörden nach Art 5 und Art 6 Abs 2, ferner auch gegenüber der Zuständigkeit eines nach Art 8 Abs 2 durch die Aufenthaltsbehörde ersuchten Gerichts (NK-BGB/*Benicke* Rn 11). Es handelt sich jedoch um eine *originäre* Zuständigkeit, so dass zur ihrer Wahrnehmung – anders als nach Art 8 Abs 2 – eine vorherige Zustimmung der –Aufenthaltsbehörden nicht eingeholt werden muss (MüKoFamG/*Rauscher* § 104 Rn 15; Staud/*v Hein* Vorbem Art 24 EGBGB Rn 84).

80 In **räumlich-persönlicher Hinsicht** setzt Art 7 voraus, dass der Erwachsene die Staatsangehörigkeit eines Vertragsstaats besitzt, jedoch seinen gewöhnliche Aufenthalt (bzw seinen schlichten Aufenthalt im Fall des Art 6) in einem anderen Vertragsstaat hat. Hat der Erwachsene hingegen seinen **gewöhnlichen Aufenthalt in einem Nichtvertragsstaat,** findet Art 7 Abs 1 keine Anwendung. Es kommt vielmehr das autonome Zuständigkeitsrecht der Vertragsstaaten zur Anwendung (→ Rn 53 ff); ferner *Lagarde*-Bericht Rn 59; NK-BGB/*Benicke* Rn 3; MüKoFamFG/*Rauscher* § 104 Rn 15; Staud/*v Hein* Vorbem Art 24 EGBGB Rn 85 mwN; **aA** MüKoBGB/*Lipp* Rn 17). Deutsche Gerichte können ihre Zuständigkeit daher auf die Heimatzuständigkeit nach § 104 Abs 1 Nr 1 FamFG stützen. Die Unterrichtungspflicht nach Art 7 Abs 1, 1. HS besteht gegenüber den Behörden eines Drittstaats, in dem sich der Erwachsene (gewöhnlich) aufhält, nicht. Ferner gelten auch die Schranken der Heimatzuständigkeit nach Abs 2 und 3 nur im Verhältnis zwischen Vertragsstaaten.

2. Zuständigkeit der Heimatbehörden, Abs 1

81 **a) Staatsangehörigkeit.** Die Zuständigkeit nach Abs 1 knüpft an die Staatsangehörigkeit des schutzbedürftigen Erwachsenen an. Ist dieser Doppel- oder **Mehrstaater,** so kann jeder seiner Heimatstaaten die Zuständigkeit nach Abs 1 in Anspruch nehmen (arg: „eines Vertragsstaats"; *Lagarde*-Bericht Rn 57; MüKoBGB/*Lipp* Rn 4; NK-BGB/*Benicke* Rn 4; Staud/*v Hein* Vorbem Art 24 EGBGB Rn 86). Auf die häufig nur schwer feststellbare effektive Staatsangehörigkeit kommt es also nicht an. Die Zuständigkeit besteht nach Abs 1, 2. HS jedoch dann nicht, wenn der Erwachsene aus seinem Heimatstaat geflohen oder vertrieben worden ist.

82 **b) Bessere Beurteilung des Wohls des Erwachsenen.** Auf die Heimatzuständigkeit kann nach Abs 1 kann sich die Behörde ferner nur stützen, wenn sie der Auffassung ist, dass sie besser in der Lage sind, das Wohl des Erwachsenen zu beurteilen als die nach Art 5 oder 6 Abs 2 zuständigen Aufenthaltsbehörden. Dies kommt insbesondere in Betracht, wenn nur im Heimatstaat Angehörige leben, die zur Übernahme der Fürsorge bereit sind oder wenn der Erwachsene

I. Internationale Zuständigkeit: ErwSÜ Art 7   83–86 **J**

sehr lange in seinem Heimatstaat gelebt hatte und seinen gewöhnlichen Aufenthalt in einem anderen Vertragsstaat erst seit kurzer Zeit innehat (NK-BGB/*Benicke* Rn 5). Gleiches gilt etwa, wenn der Erwachsene die baldige Rückkehr in seinen Heimatstaat bereits vorbereitet hat oder in einer dortigen Einrichtung untergebracht werden soll (vgl Art 33; MüKoBGB/*Lipp* Rn 5). Liegen solche besonderen Anknüpfungspunkte an den Heimatstaat nicht vor, kann das nach Art 7 angerufene Gericht seine Zuständigkeit als *forum non conveniens* ablehnen (*Lagarde*-Bericht Rn 60; Staud/*v Hein* Vorbem Art 24 EGBGB Rn 89).

c) Verständigung der nach Art 5 und Art 6 Abs 2 zuständigen Behörden. Anders als **83** die Zuständigkeit des ersuchten Gerichts nach Art 8 hängt die Zuständigkeit der Heimatbehörden nach Art 7 nicht von einer vorherigen *Zustimmung* der Aufenthaltsbehörden ab (*Guttenberger* 103 f; NK-BGB/*Benicke* Rn 7). Die Heimatbehörde hat die nach Art 5 Abs 1 zuständige Behörde des Aufenthaltsstaates lediglich zu informieren, dass sie die Anordnung einer Schutzmaßnahme beabsichtigt, Abs 1. Denn eine solche Information ist erforderlich, damit die Aufenthaltsbehörden, wenn sie selbst tätig werden wollen oder bereits tätig geworden sind, die in Abs 2 und Abs 3 geregelten Mitteilungen an die Heimatbehörde machen können. Die Benachrichtigung hat nach den Regeln des Kapitels W über die internationale Behördenzusammenarbeit zu erfolgen (vgl Art 32; → W Rn 21 ff). Sie kann mit einem Ersuchen nach Art 8 Abs 1 S 1und Abs 2 lit a um Übertragung der Zuständigkeit verbunden werden.

3. Nichtausübung der Zuständigkeit, Abs 2

Die Zuständigkeit nach Abs 1 darf nicht ausgeübt werden, wenn die nach Art 5, 6 oder 8 **84** zuständigen Behörden die Behörden des Heimatstaates unterrichtet haben, dass sie die durch die Umstände gebotenen Maßnahmen bereits getroffen oder entschieden haben, dass keine Maßnahmen zu treffen sind, oder das ein diesbezügliches Verfahren bei ihnen anhängig ist. Das Verbot der Zuständigkeitsausübung nach Abs 2 knüpft also an die **förmliche Mittteilung** der nach Art 5, 6 oder 8 zuständigen Behörden an; es reicht nicht aus, dass die Heimatbehörden auf andere Weise (zB durch Verfahrensbeteiligte) von den im Aufenthaltsstaat getroffenen oder beabsichtigten Maßnahmen erfahren haben (*Lagarde*-Bericht Rn 62; NK-BGB/*Benicke* Rn 12; MüKoBGB/*Lipp* Rn 10). Unterbleibt eine förmliche Mitteilung, so sind die nach Art 5, 6 oder 8 zuständigen Behörden und die nach Art 7 zuständigen Heimatbehörden nebeneinander zuständig (MüKoBGB/*Lipp* Rn 10; **aA** [Vorrang der Heimatbehörden] NK-BGB/*Benicke* Rn 15).

Ist ein Verfahren bei einer nach Art 5, 6 oder 8 zuständigen Behörden noch anhängig, so **85** entfaltet die Mitteilung nach Abs 2 eine **umfassende Sperrwirkung** für Schutzmaßnahmen durch die Heimatbehörden; es kommt also nicht darauf an, ob beide Verfahren genau den gleichen Gegenstand haben (MüKoBGB/*Lipp* Rn 12). Die Heimatbehörde muss das bei ihr anhängige Verfahren zumindest bis zur Beendigung des Verfahrens vor der nach Art 5, 6 oder 8 zuständigen Behörden aussetzen (NK-BGB/*Benicke* Rn 13). Haben die nach Art 5, 6 oder 8 zuständigen Behörden hingegen eine Maßnahme bereits getroffen, bleibt die Heimatbehörde für solche Maßnahmen zuständig, die mit der getroffenen Maßnahme vereinbar sind, diese zB nur ergänzen (NK-BGB/*Benicke* Rn 13). De Unvereinbarkeit kann sich allerdings auch daraus ergeben, dass die nach Art 5, 6 oder 8 zuständigen Behörden entschieden haben, dass keine Maßnahmen zu ergreifen sind.

4. Außerkrafttreten der Maßnahmen, Abs 3

Die von den Heimatbehörden nach Abs 1 getroffenen Maßnahmen treten nach Abs 3 S 1 **86** außer Kraft, sobald die nach Art 5, 6 oder 8 zuständigen Behörden die durch die Umstände gebotenen Maßnahmen getroffen oder entschieden haben, dass keine Maßnahmen zu treffen sind. Damit wird die Subsidiarität der Zuständigkeit nach Art 7 Abs 1 bestätigt. Abs 3 wirkt aber nur für die Zukunft *(„ex nunc");* bereits eingetretene Wirkungen von Maßnahmen der Heimatbehörden bleiben also bestehen; NK-BGB/*Benicke* Rn 20; MüKoBGB/*Lipp* Rn 15). Die nach Art 5, 6 oder 8 zuständigen Behörden haben die Behörden des Heimatstaats, die nach Abs 1 bereits Schutzmaßnahmen getroffen haben, zwar nach Abs 3 S 2 entsprechend zu unterrichten. Die Maßnahmen der Heimatbehörden treten jedoch nicht erst dann außer Kraft, wenn die nach Art 5, 6 oder 8 zuständigen Behörden ihre Entscheidung den Heimatbehörden förmlich mitgeteilt haben, sondern bereits mit Erlass der Entscheidung (*Lagarde*-Bericht Rn 64; NK-BGB/*Benicke* Rn 18; Staud/*v Hein* Vorbem Art 24 EGBGB Rn 94). Die Maßnahme der nach Art 5, 6 oder 8 zuständigen Behörde setzt die zuvor getroffene Maßnahme der Heimatbehörde

861

J 87–90 1. Teil. Erkenntnisverfahren J. Betreuungssachen

jedoch nur insoweit außer Kraft, als die Maßnahmen den gleichen Gegenstand betreffen und nicht miteinander vereinbar sind (NK-BGB/*Benicke* Rn 19).

ErwSÜ Art 8. [Ersuchen der Behörden eines anderen Vertragsstaats]

(1) Die nach Artikel 5 oder 6 zuständigen Behörden eines Vertragsstaats können, wenn sie der Auffassung sind, dass es dem Wohl des Erwachsenen dient, von Amts wegen oder auf Antrag der Behörden eines anderen Vertragsstaats die Behörden eines der in Absatz 2 genannten Staaten ersuchen, Maßnahmen zum Schutz der Person oder des Vermögens des Erwachsenen zu treffen. Das Ersuchen kann sich auf den gesamten Schutz oder einen Teilbereich davon beziehen.

(2) Die Vertragsstaaten, deren Behörden nach Absatz 1 ersucht werden können, sind

a) ein Staat, dem der Erwachsene angehört;

b) der Staat, in dem der Erwachsene seinen vorherigen gewöhnlichen Aufenthalt hatte;

c) ein Staat, in dem sich Vermögen des Erwachsenen befindet;

d) der Staat, dessen Behörden schriftlich vom Erwachsenen gewählt worden sind, um Maßnahmen zu seinem Schutz zu treffen;

e) der Staat, in dem eine Person, die dem Erwachsenen nahesteht und bereit ist, seinen Schutz zu übernehmen, ihren gewöhnlichen Aufenthalt hat;

f) hinsichtlich des Schutzes der Person des Erwachsenen der Staat, in dessen Hoheitsgebiet sich der Erwachsene befindet.

(3) Nimmt die nach den Absätzen 1 und 2 bezeichnete Behörde die Zuständigkeit nicht an, so behalten die Behörden des nach Artikel 5 oder 6 zuständigen Vertragsstaats die Zuständigkeit.

1. Allgemeines

87 In Anlehnung an die anglo-amerikanische Lehre vom *forum non conveniens* (dazu *Heinze*/*Dutta* IPRax 05, 224 ff; *König* 23 ff), die im deutschen und kontinentaleuropäischen Zivilverfahrensrecht bisher auf wenig Gegenliebe gestoßen (vgl OLG München IPRax 84, 319) und vom EuGH im Anwendungsbereich der EuGVVO aF ausdrücklich abgelehnt worden ist (EuGH C-281/02 – *Owusu*, Slg 05 I-1383 Rn 36 ff), räumt Art 8 dem nach Art 5 oder 6 zuständigen Gericht eines Vertragsstaats die Möglichkeit ein, die Zuständigkeit für Maßnahmen zum Schutz der Person oder des Vermögens eines Erwachsenen an das Gericht eines anderen Vertragsstaats abzugeben, wenn sie der Auffassung sind, dass es dem Wohl des Erwachsenen dient. Die Vorschrift ist – anders als die Parallelvorschriften in Art 8, 9 KSÜ – nicht nur „ausnahmsweise" anzuwenden und deshalb nicht unbedingt restriktiv auszulegen.

88 Durch Art 8 wird die ansonsten zwingende Zuständigkeit im Staat des gewöhnlichen Aufenthalts des Erwachsenen nach Art 5 (bzw des schlichten Aufenthalts von Flüchtlingen nach Art 6 Abs 1) im Interesse des Wohls des Erwachsenen aufgelockert (*Lagarde*-Bericht Rn 66; NK-BGB/*Benicke* Rn 1). Andererseits bleibt aber durch Abs 3 gewährleistet, dass die Behörden im Staat des gewöhnlichen Aufenthalts des Kindes (bzw des schlichten Aufenthalts von Flüchtlingen) ihre Zuständigkeit nur verlieren, wenn die Behörden des ersuchten Vertragsstaats der Übernahme des Verfahrens zustimmen (MüKoBGB/*Lipp* Rn 3). Außerdem soll durch Art 8 der **Meinungsaustausch zwischen den Behörden** derjenigen Vertragsstaaten, die einen engen Bezug zu dem Erwachsenen haben, gefördert werden, auch wenn dies – anders als in Art 8 Abs 3und 9 Abs 3 KSÜ – nicht ausdrücklich bestimmt ist.

2. Voraussetzungen für eine Übertragung der Zuständigkeit, Abs 1

89 **a) Zuständigkeit der ersuchenden Behörde.** Das Recht, ein Ersuchen nach Abs 1 zu stellen, hat nur die nach Art 5 oder nach Art 6 zuständige Aufenthaltsbehörde. Daraus folgt, dass insbesondere die Heimatbehörde im Fall des Art 7 kein Ersuchen um Übernahme der Zuständigkeit stellen kann (*Lagarde*-Bericht Rn 66; NK-BGB/*Benicke* Rn 1; Staud/*v Hein* Vorbem Art 24 EGBGB Rn 96).

90 **b) Wohl des Erwachsenen.** Das nach Art 5 oder 6 zuständige Gericht eines Vertragsstaats muss die Überzeugung gewinnen, dass es dem Wohl des Erwachsenen dient, wenn die Behörden eines anderen Vertragsstaats die zum Schutz seiner Person oder seines Vermögens erforderlichen

862

I. Internationale Zuständigkeit: ErwSÜ Art 8   **91–95 J**

Maßnahmen treffen. Maßgebliche Kriterien dafür sind vor allem die **größere Sach- und Beweisnähe** dieses Gerichts, zB aufgrund der Anwendbarkeit des in dem anderen Vertragsstaat geltenden materiellen Rechts, der dortigen Belegenheit des zu verwaltenden Vermögens des Erwachsenen oder aufgrund der Notwendigkeit, Zeugen oder Sachverständige aus diesem Staat zu vernehmen, die auch nur die Sprache dieses Staates sprechen.

c) Ersuchen um Übernahme. Gelangt das nach Art 5 oder 6 angerufene Gericht zu der **91** Auffassung, dass die Übertragung der Zuständigkeit auf die Behörden eines anderen Vertragsstaats dem Wohl des Erwachsenen dient, so kann es diese Behörden entweder **von Amts wegen oder auf Antrag** der Behörden eines anderen Vertragsstaats ersuchen, die notwendigen Schutzmaßnahmen zu ergreifen. Das Einverständnis des betroffenen Erwachsenen ist hingegen zur Übertragung der Zuständigkeit nicht erforderlich. Anders als nach Art 8 Abs 1 KSÜ kann das zuständige Gericht auch nicht das Verfahren aussetzen und den Erwachsenen einladen, bei der Behörde dieses anderen Staates selbst einen entsprechenden Antrag zu stellen. Der Betroffene selbst oder eine betreuungswillige Person haben hingegen kein Antragsrecht (Staud/*v Hein* Vorbem Art 24 EGBGB Rn 97).

3. Enger Bezug des Sachverhalts zu dem anderen Vertragsstaat, Abs 2

Ersucht werden können nur die Behörden eines Vertragsstaats zu dem der schutzbedürftige **92** Erwachsene oder sein Vermögen eine hinreichend enge Verbindung haben. Die hierfür maßgeblichen Kriterien werden in Abs 2 **abschließend** aufgeführt (*Lagarde*-Bericht Rn 67; NK-BGB/*Benicke* Rn 8; MüKoBGB/*Lipp* Rn 12). Abweichend von Art 8 Abs 2 lit d KSÜ verzichtet das ErwSÜ auf eine Generalklausel, der zufolge auch eine andere enge Verbindung des Sachverhalts zu dem anderen Vertragsstaat ausreicht. Nach Abs 2 muss alternativ eine der folgenden Voraussetzungen erfüllt sein:

a) Staatsangehörigkeit des Erwachsenen. Die Möglichkeit der Abgabe des Verfahrens an **93** den Heimatstaat des Erwachsenen nach lit a ergänzt die Zuständigkeit der Heimatbehörden nach Art 7. Sie erlangt insbesondere Bedeutung, wenn die Voraussetzungen für eine Inanspruchnahme der Zuständigkeit durch die Heimatbehörden nach Art 7 im konkreten Fall nicht erfüllt sind. Außerdem entfällt aufgrund eines Ersuchens nach Art 8 die Subsidiarität der Zuständigkeit nach Art 7 Abs 1 gegenüber der Zuständigkeit nach Art 5 und 6 (*Lagarde*-Bericht Rn 68; NK-BGB/ *Benicke* Rn 8; MüKoBGB/*Lipp* Rn 12 Staud/*v Hein* Vorbem Art 24 EGBGB Rn 99). Ist der Erwachsene **Mehrstaater,** so genügt es, dass er auch Angehöriger des ersuchten Staates ist; dies muss nicht die effektive Staatsangehörigkeit sein (MüKoBGB/*Lipp* Rn 14; NK-BGB/*Benicke* Rn 8).

b) Vorheriger gewöhnlicher Aufenthalt Erwachsenen. Ersucht werden kann nach lit b **94** auch der Staat, in dem der Erwachsene seinen vorherigen gewöhnlichen Aufenthalt hatte. Dies ist nicht jeder Staat, in dem der Erwachsene zuvor einmal seinen gewöhnlichen Aufenthalt hatte, sondern nur derjenige, in dem er sich gewöhnlich aufgehalten hat, unmittelbar bevor er seinen derzeitigen gewöhnlichen Aufenthalt begründet hat (*Lagarde*-Bericht Rn 69; NK-BGB/*Benicke* Rn 10). Auf diese Weise sollen insbesondere Härten des Ausschlusses einer *perpetuatio fori* nach Art 5 Abs 2 abgemildert werden, wenn noch ein Verfahren im früheren Aufenthaltsstaat anhängig ist (Staud/*v Hein* Vorbem Art 24 EGBGB Rn 101). Da lit b nur auf den früheren *gewöhnlichen* Aufenthalt verweist, dürfte der schlichte Aufenthalt des Erwachsenen in einem Vertragsstaat auch in den Fällen des Art 6 für ein Ersuchen nicht ausreichen (Staud/*v Hein* Vorbem Art 24 EGBGB Rn 100; MüKoBGB/*Lipp* Rn 14; aA NK-BGB/*Benicke* Rn 11).

c) Belegenheit von Vermögen des Erwachsenen. Auch ein effektiver Schutz des Ver- **95** mögens des Erwachsenen ist häufig nur durch ein sachnahes Gericht möglich. Deshalb kommt für Schutzmaßnahmen in diesem Bereich nach lit c auch die Abgabe an die Behörden des Staates in Betracht, in dem das zu schützende Vermögen belegen ist. Zwar sind diese Behörden nach Art 9 auch *originär* zuständig, das in ihrem Staat belegene Vermögen des Erwachsenen zu schützen. Das Ersuchen lässt jedoch auch in diesem Fall – wie nach lit a – die Subsidiarität dieser Zuständigkeit entfallen (*Lagarde*-Bericht Rn 70). Außerdem kommt es im Falle der derivativen Belegenheitszuständigkeit nach Art 8 Abs 2 lit c nicht auf die Vereinbarkeit der angeordneten Maßnahme mit Maßnahmen der nach Art 5–8 zuständigen Behörden an (Staud/*v Hein* Vorbem Art 24 EGBGB Rn 109). Schließlich kann das Ersuchen auch auf darauf gerichtet sein, Maßnahmen zum Schutz des gesamten – auch des außerhalb des nach lit c ersuchten Vertragsstaats

863

J 96–102   1. Teil. Erkenntnisverfahren J. Betreuungssachen

belegenen – Vermögens des Erwachsenen zu treffen, um Parallelprozesse in verschiedenen Staaten zu vermeiden (NK-BGB/*Benicke* Rn 13).

96   **d) Gerichtswahl durch den Erwachsenen.** Ersucht werden kann nach lit d auch eine Behörde des Staates, dessen Zuständigkeit der Erwachsene in schriftlicher Form prorogiert hat. Damit wird einerseits der Parteiautonomie in begrenztem Umfang Raum gegeben, andererseits wird es dem Erwachsenen ermöglicht, in Bezug auf eine Vorsorgevollmacht einen Gleichlauf zwischen dem von ihm nach Art 15 Abs 2 gewählten Recht und der Zuständigkeit der Behörde zu erreichen, was den Vorteil hat, dass das prorogierte Gericht sein eigenes Recht anwenden kann (MüKoBGB/*Lipp* Rn 16; NK-BGB/*Benicke* Rn 15). Die Wirksamkeit der Gerichtswahl setzt allerdings voraus, dass sowohl die Zuständigkeit der Aufenthaltsbehörden nach dem dort geltenden Verfahrensrecht wirksam derogiert wurde (*Lagarde*-Bericht Rn 71), als auch die Zuständigkeit der Behörden des prorogierten Staates nach dem dort geltenden Verfahrensrecht wirksam begründet wurde (MüKoBGB/*Lipp* Rn 16; NK-BGB/*Benicke* Rn 14). Die Prorogation wird in Abs 2 lit d nur hinsichtlich der internationalen Zuständigkeit eingeräumt; für die örtliche Zuständigkeit ist in Deutschland ggf auf die Auffangzuständigkeit nach § 272 Abs 1 Nr 4 FamFG zu rekurrieren (Staud/*v Hein* Vorbem Art 24 EGBGB Rn 106).

97   **e) Gewöhnlicher Aufenthalt einer nahestehenden Person.** Um einer betreuungswilligen Person die Übernahme einer Betreuung zu erleichtern, können nach lit e auch die Behörden des Staates um Übernahme des Verfahrens ersucht werden, in dem diese Person ihren gewöhnlichen Aufenthalt hat. Nicht erforderlich ist, dass dieser gewöhnliche Aufenthalt im Heimatstaat (lit a) oder im letzten Aufenthaltsstaat (lit b) des Erwachsenen besteht.

98   **aa) Nahestehende Person.** Lit e verlangt ein gewisses Näheverhältnis zwischen dem Erwachsenen und der Person, die seinen Schutz übernehmen soll. Vorausgesetzt wird jedoch weder Verwandtschaft oder Schwägerschaft, noch eine Ehe oder ein eheähnliches Verhältnis. Vielmehr reicht auch ein freundschaftliches oder nachbarschaftliches Verhältnis aus (*Lagarde*-Bericht Rn 72; NK-BGB/*Benicke* Rn 19).

99   **bb) Bereitschaft zur Schutzübernahme.** Ein Ersuchen nach lit e setzt weiterhin voraus, dass die nahestehende Person im ersuchten Staat auch zur Übernahme des Schutzes bereit und in der Lage ist. Welche Prüfungspflichten der ersuchenden Behörde im Aufenthaltsstaat des Erwachsenen diesbezüglich obliegen, dürfte vor allem davon abhängen, ob ernsthafte Alternativen zur Gewährleistung dieses Schutzes gegeben sind. Ist dies der Fall, so wird die Aufenthaltsbehörde im Rahmen ihrer Ermessensentscheidung auf eine sorgfältige Prüfung der Bereitschaft und Fähigkeit der nahestehenden Person zur Übernahme des Schutzes nicht verzichten können. Fehlen hingegen solche Alternativen, so wird sie diese Prüfung weitgehend den Behörden im ersuchten Staat überlassen können, die auf Grund ihrer räumlichen Nähe zu dieser Person für eine solche Prüfung besser geeignet sind (vgl dazu NK-BGB/*Benicke* Rn 20; Staud/*v Hein* Vorbem Art 24 EGBGB Rn 109).

100   **f) Schlichter Aufenthalt des Erwachsenen.** Im Staat des schlichten Aufenthalts des Erwachsenen können Schutzmaßnahmen zwar auch originär nach Art 6, 10 oder 11 ergriffen werden. Lit f erweitert diese Zuständigkeiten jedoch dadurch, dass der Erwachsene abweichend von Art 6 Abs 1 kein Flüchtling sein muss und auch nicht gefordert wird, dass sein gewöhnlicher Aufenthalt nicht festgestellt werden kann. Abweichend von Art 10 setzt ein Ersuchen nach lit f auch keinen dringenden Fall voraus und das ersuchte Gericht ist abweichend von Art 11 auch nicht auf vorläufige und territorial begrenzte Maßnahmen beschränkt. Schließlich ist wird die Zuständigkeit nach lit f – anders als jene nach Art 10 und 11 – dem ersuchten Gericht auch nicht nur *subsidiär* eingeräumt (vgl NK-BGB/*Benicke* Rn 21; Staud/*v Hein* Vorbem Art 24 EGBGB Rn 111).

4. Reaktion der ersuchten Behörde, Abs 3

101   **a) Zuständigkeitserklärung.** Stimmt die ersuchte Behörde mit der erstbefassten Aufenthaltsbehörde darin überein, dass eine Übernahme des Verfahrens dem Wohl des Erwachsenen entspricht, so hat es sich für zuständig zu erklären. Eine Frist ist dafür nicht vorgesehen. Die Erklärung sollte unter Verwendung des hierfür entwickelten Formblatts erfolgen.

102   **b) Ablehnung der Zuständigkeit.** Die ersuchte Behörde ist allerdings zu einer Übernahme des Verfahrens nicht verpflichtet (*Lagarde*-Bericht Rn 74; MüKoBGB/*Lipp* Rn 9). Lehnt sie eine

I. Internationale Zuständigkeit: ErwSÜ Art 9

solche ausdrücklich ab, so bleibt die zuerst angerufene Behörde im Aufenthaltsstaat des Erwachsenen gemäß Abs 3 weiterhin nach Art 5 bzw 6 zuständig. Als konkludente Ablehnung ist es zu werten, wenn die ersuchte Behörde auf das Ersuchen nicht binnen angemessener Frist reagiert (NK-BGB/*Benicke* Rn 24). Eine Weiterverweisung des ersuchten Gerichts an ein aus seiner Sicht noch besser geeignetes drittes Gericht ist ausgeschlossen.

5. Rechtsbehelfe

Welche Rechtsbehelfe den Parteien gegen die auf der Grundlage von Art 8 gefassten Be- **103** schlüsse der beteiligten Gerichte zustehen, ist im Übk selbst nicht geregelt, sondern dem nationalen Recht überlassen. Anders als das IntFamRVG, das in in § 13a Abs 4 und 5 eine entsprechende Regelung für Rechtsbehelfe gegen Entscheidungen im Verfahren nach Art 8, 9 KSÜ enthält (→ F Rn 564), hat der deutsche Gesetzgeber die Rechtshelfe gegen Beschlüsse nach Art 8 im ErwSÜAG nicht gesondert geregelt. Es bleibt daher insoweit bei den allgemeinen Vorschriften der §§ 59 ff FamFG.

ErwSÜ Art 9. [Zuständigkeit der Vermögensbelegenheit]

Die Behörden eines Vertragsstaats, in dem sich Vermögen des Erwachsenen befindet, sind zuständig, Maßnahmen zum Schutz dieses Vermögens zu treffen, soweit sie mit den Maßnahmen vereinbar sind, die von den nach den Artikeln 5 bis 8 zuständigen Behörden getroffen wurden.

1. Allgemeines

Art 9 begründet eine *originäre* Zuständigkeit der Behörden des Vertragsstaats, in dem sich **104** Vermögen des Erwachsenen befindet, für Maßnahmen zum Schutz dieses Vermögens. Diese Zuständigkeit ist jedoch insofern *subsidiär* gegenüber den Zuständigkeiten nach Art 5–8 als im Vermögensgerichtsstand keine Maßnahmen getroffen werden dürfen, die mit Maßnahmen der Aufenthalts- oder Heimatbehörden unvereinbar sind.

Zweck der Vorschrift ist die Erleichterung solcher Schutzmaßnahmen, die von den Gerichten **105** des Belegenheitsstaates aufgrund der räumlichen Nähe rasch in Anwendung der *lex rei sitae* getroffen werden können (*Lagarde*-Bericht Rn 75). Damit werden Verzögerungen und Unwägbarkeiten, die durch das Erfordernis einer Anerkennung und Vollstreckung von Maßnahmen der Aufenthalts- oder Heimatbehörden im Belegenheitsstaat verursacht werden können, ausgeschaltet. Der im KSÜ nicht vorgesehene Gerichtsstand wurde in das ErwSÜ deshalb aufgenommen, weil gerade schutzbedürftige ältere Erwachsene – im Gegensatz zu Kindern – häufig über erhebliches Vermögen verfügen, dessen Schutz die Anordnung von behördlichen Maßnahmen erfordern kann.

In **räumlich-persönlicher Hinsicht** setzt Art 9 voraus, dass sich das Vermögen in einem **106** Vertragsstaat und der gewöhnliche Aufenthalt des Erwachsenen (bzw sein schlichter Aufenthalt im Fall des Art 6) in einem anderen Vertragsstaat befindet. Denn nur in diesem Fall kann die nach dem 2. Halbsatz vorgeschriebene Prüfung der Vereinbarkeit mit Maßnahmen der nach Art 5–8 zuständigen Behörden vorgenommen werden (→ Rn 109; *Siehr* RabelsZ 64 [2000] 715/734; NK-BGB/*Benicke* Rn 3; Staud/*v Hein* Vorbem Art 24 EGBGB Rn 115 mwN; **aA** MüKoBGB/*Lipp* Rn 6). Deutsche Gerichte können ihre Zuständigkeit daher auf die Fürsorgezuständigkeit nach § 104 Abs 1 Nr 3 FamFG stützen, wenn dies zum Schutz des inländischen Vermögens des Erwachsenen erforderlich ist. Die Schranken der Vermögenszuständigkeit nach Art 9, 2. HS gelten hingegen nur im Verhältnis zwischen Vertragsstaaten.

2. Voraussetzungen

Die Zuständigkeit nach Art 9 setzt lediglich voraus, dass sich in dem betreffenden Vertragsstaat **107** Vermögen des Erwachsenen befindet; auf dessen Art oder Unfang kommt es nicht an (*Guttenberger* 110; MüKoBGB/*Lipp* Rn 2). Anders als die Heimatbehörden nach Art 7 Abs 1 sind die nach Art 9 zuständigen Behörden der Vermögensbelegenheit nicht verpflichtet, die Aufenthaltsbehörden über die zu treffenden oder getroffenen Maßnahmen zu unterrichten.

J 110, 111   1. Teil. Erkenntnisverfahren J. Betreuungssachen

3. Reichweite der Zuständigkeit

108   Im Gegensatz zu den Aufenthaltszuständigkeiten nach Art 5, 6 und der Heimatzuständigkeit nach Art 7 handelt es sich bei der Vermögenszuständigkeit nach Art 9 nicht um eine allgemeine Zuständigkeit, denn sie ist auf dasjenige Vermögen des Erwachsenen beschränkt, das **im Gerichtsstaat belegen** ist.

109   Die **Subsidiarität der Zuständigkeit** kommt darin zum Ausdruck, dass Maßnahmen der nach Art 5–8 zuständigen Behörden stets Vorrang haben. Dies gilt also nicht nur für Maßnahmen der Aufenthaltsbehörden nach Art 5 oder 6, sondern auch für solche der Heimatbehörden nach Art 7 und der ersuchten Behörden nach Art 8. Der Vorrang nach dem 2. HS ist nicht nur dann zu beachten, die nach Art 5–8 zuständigen Behörden eine Maßnahme bereits getroffen haben, sondern auch dann, wenn sie erst nachträglich eine Maßnahme ergreifen, die mit der zuvor im Gerichtsstand des Art 9 erlassenen Maßnahme nicht vereinbar ist. Im letzteren Fall treten die von den (MüKoBGB/*Lipp* Rn 5; NK–BGB/*Benicke* Rn 5).

ErwSÜ Art 10. [Zuständigkeit für dringliche Schutzmaßnahmen]

(1) **In allen dringenden Fällen sind die Behörden jedes Vertragsstaats, in dessen Hoheitsgebiet sich der Erwachsene oder ihm gehörendes Vermögen befindet, zuständig, die erforderlichen Schutzmaßnahmen zu treffen.**

(2) **Maßnahmen nach Absatz 1, die in Bezug auf einen Erwachsenen mit gewöhnlichem Aufenthalt in einem Vertragsstaat getroffen wurden, treten außer Kraft, sobald die nach den Artikeln 5 bis 9 zuständigen Behörden die durch die Umstände gebotenen Maßnahmen getroffen haben.**

(3) **Maßnahmen nach Absatz 1, die in Bezug auf einen Erwachsenen mit gewöhnlichem Aufenthalt in einem Nichtvertragsstaat getroffen wurden, treten in jedem Vertragsstaat außer Kraft, sobald dort die durch die Umstände gebotenen und von den Behörden eines anderen Staates getroffenen Maßnahmen anerkannt werden.**

(4) **Die Behörden, die nach Absatz 1 Maßnahmen getroffen haben, haben nach Möglichkeit die Behörden des Vertragsstaats des gewöhnlichen Aufenthalts des Erwachsenen von den getroffenen Maßnahmen zu unterrichten.**

1. Allgemeines

110   In Art 10 Abs 1–3 hat das ErwSÜ im Wesentlichen die Regelung der Eilzuständigkeit in Art 11 Abs 1–3 KSÜ übernommen. Auf die Auslegung dieser Vorschrift durch Rechtsprechung und Lehre kann daher auch im Rahmen des ErwSÜ zurückgegriffen werden. Art 10 soll Schutzlücken vermeiden, wenn der Erwachsene oder sein Vermögen sich in einem vom gewöhnlichen Aufenthaltsstaat des Erwachsenen verschiedenen Vertragsstaat befinden und rascher Handlungsbedarf besteht. Die Eilzuständigkeit nach Art 10 tritt dann **konkurrierend** neben die Zuständigkeiten nach Art 5–9.

111   Die Eilzuständigkeit nach Abs 1 setzt als räumlichen Bezug nur voraus, dass sich entweder der Erwachsene oder ihm gehörendes Vermögen im Hoheitsgebiet des betreffenden Vertragsstaats befindet. Entbehrlich ist damit nicht nur ein gewöhnlicher Aufenthalt des Erwachsenen in diesem Vertragsstaat (sonst käme schon Art 5 Abs 1 zur Anwendung), sondern – wie sich aus Abs 3 ergibt – auch ein gewöhnlicher Aufenthalt des Erwachsenen in irgendeinem anderen Vertragsstaat des ErwSÜ. Abweichend von den meisten sonstigen Zuständigkeitsvorschriften des Kapitels II finden Art 10 Abs 1 und 3 mithin auch dann Anwendung, wenn sich der **Erwachsene in einem Nichtvertragsstaat** gewöhnlich aufhält (*Helms* FamRZ 08, 1995/1998; *Althammer* IPRax 09, 381/385; *Guttenberger* 116, 122; MüKoBGB/*Lipp* Rn 10; **aA** *Ludwig* DNotZ 09, 251/266); dies gilt hingegen nicht für Art 10 Abs 2 und 4, die nur im Verhältnis der Vertragsstaaten zueinander gelten. Weitergehende Zuständigkeiten nach nationalem Recht (zB nach § 104 FamFG) werden jedoch auch durch Art 10 Abs 1 und 3 nicht verdrängt, wenn der Erwachsene sich in einem Nichtvertragsstaat gewöhnlich aufhält (*Lagarde*-Bericht Rn 89; NK–BGB/*Benicke* Rn 2; Staud/*v Hein* Vorbem Art 24 EGBGB Rn 119 mwN).

I. Internationale Zuständigkeit: ErwSÜ Art 10

2. Voraussetzungen der Zuständigkeit, Abs 1

a) Dringender Fall. Die Zuständigkeit nach Art 10 besteht – im Gegensatz zu den Zuständigkeiten nach Art 5–8 – nicht umfassend für Schutzmaßnahmen jeglicher Art zugunsten des Erwachsenen, sondern nur für besonders dringliche. Der Begriff des „dringenden Falles" ist ebenso wie in Art 11 KSÜ (→ F Rn 491 f) zu verstehen. Insoweit sind grundsätzlich **strenge Anforderungen** zu stellen, um das Zuständigkeitssystem des Kapitels II nicht auszuhebeln, zumal idR auch die Möglichkeit besteht, nur vorläufige und territorial begrenzte Maßnahmen nach Art 11 (→ Rn 120 ff) zu treffen (*Lagarde*-Bericht Rn 78 f; *Guttenberger* 114). Dringlich ist eine Schutzmaßnahme nur, wenn ein unverzügliches Einschreiten der Behörde zum Schutz der Person (zB bei lebensrettenden chirurgischen Eingriffen, vgl NK-BGB/*Benicke* Rn 4) oder des Vermögens des Erwachsenen erforderlich ist, weil die Gefahr besteht, dass der Erwachsene bis zu einer Entscheidung des in der Hauptsache zuständigen Gerichts im Staat seines gewöhnlichen Aufenthalts (Art 5) oder in einem anderen nach Art 6–9 zuständigen Vertragsstaat schweren Schaden nehmen könnte (NK-BGB/*Benicke* Rn 3; MüKoBGB/*Lipp* Rn 5; Staud/*v Hein* Vorbem Art 24 EGBGB Rn 120). Eine ernstliche Gefährdung wird zwar nicht notwendig vorausgesetzt; sie reicht jedoch in jedem Fall für die Begründung der Zuständigkeit nach Art 10 aus.

b) Hinreichender Bezug zum Gerichtsstaat. Auch für dringliche Maßnahmen sind die Gerichte eines Vertragsstaats nur zuständig, wenn der Sachverhalt einen hinreichenden Bezug zu diesem Vertragsstaat aufweist. Dieser Bezug wird nach Art 10 Abs 1 entweder durch den (schlichten) **Aufenthalt** des Erwachsenen oder die Belegenheit von ihm gehörendem **Vermögen** hergestellt. Der Begriff des Vermögens ist weit zu verstehen. Er umfasst außer dem Eigentum jede andere vermögenswerte Rechtsposition. Über die Frage, wo das Vermögen des Erwachsenen belegen ist, sollte nicht die jeweilige *lex rei sitae,* sondern eine übereinkommensautonome Auslegung entscheiden. Die Zuständigkeit nach Art 10 ist – unabhängig davon, welcher der beiden Bezugspunkte zum Gerichtsstaat besteht – umfassend. Auch wenn nur Vermögen des Erwachsenen in diesem Staat belegen ist, kann das dort angerufen Gericht dringliche Maßnahmen mithin auch zum Schutz der Person des Erwachsenen treffen (*Lagarde*-Bericht Rn 78; NK-BGB/*Benicke* Rn 5; Staud/*v Hein* Vorbem Art 24 EGBGB Rn 121).

c) Erforderlichkeit der Maßnahme. Die Zuständigkeit der Gerichte nach Art 10 Abs 1 beschränkt sich darauf, die „erforderlichen Schutzmaßnahmen" zu treffen. Die Maßnahmen dürfen also keinerlei Aufschub dulden und müssen unerlässlich sein, um Gefahren von dem Erwachsenen abzuwenden. Art 10 sieht allerdings keine Beschränkung auf bestimmte Typen von Maßnahmen vor. Ferner dürfen dringliche Maßnahmen iSv Art 10 – anders als vorläufige Maßnahmen nach Art 11 – durchaus von Maßnahmen abweichen, die zuvor von einem in der Hauptsache nach Art 5–9 zuständigen Gericht getroffen wurden. Schließlich sezt die Inanspruchnahme der Eilzuständigkeit nach Art 10 nicht voraus, dass die nach Art 5–9 primär zuständigen Gerichte von der besichtigten Maßnahme *vorher* unterrichtet wurden (*Helms* FamRZ 08, 1995/1998; Staud/*v Hein* Vorbem Art 24 EGBGB Rn 120; vgl aber Abs 4; → Rn 119).

Die Zuständigkeit nach Art 10 kann **gleichzeitig in mehreren Vertragsstaaten** eröffnet sein, zB wenn der Aufenthaltsstaat des Erwachsenen und der Belegenheitsstaat von Vermögen auseinanderfällt oder wenn Vermögen des Erwachsenen in mehreren Vertragsstaaten belegen ist. Ferner ist die nach Art 10 zuständige Behörde – anders als die nach 11 zuständige – nicht darauf beschränkt, Maßnahmen nur in Bezug auf im Gerichtsstaat befindliche Personen oder Vermögensgegenstände zu treffen, sondern kann auch Maßnahmen mit **extraterritorialer Wirkung** ergreifen.

3. Außerkrafttreten der Schutzmaßnahmen

Um die Subsidiarität der Zuständigkeit nach Art 10 Abs 1 zu verdeutlichen, sieht Art 10 in Abs 2 und 3 Sonderregeln für das Außerkrafttreten der getroffenen dringlichen Maßnahmen vor, wenn eine vorrangig zuständige Behörde tätig wird. Diese Vorschriften unterscheiden danach, ob der Erwachsene seinen gewöhnlichen Aufenthalt in einem Vertragsstaat hat oder nicht. Im ersteren Fall wird der Vorrang allen nach Art 5–9 in einem anderen Vertragsstaat zuständigen Behörden eingeräumt. Hat der Erwachsene seinen gewöhnlichen Aufenthalt in einem Drittstaat, so kommt es hingegen darauf an, ob die in einem anderen Staat getroffene Maßnahme im dem Staat anerkannt wird, das aufgrund der Dringlichkeit nach Art 19 entschieden hatte.

867

J   1. Teil. Erkenntnisverfahren J. Betreuungssachen

117   **a) Gewöhnlicher Aufenthalt des Erwachsenen in einem Vertragsstaat, Abs 2.** Hat der
Erwachsene seinen gewöhnlichen Aufenthalt in einem Vertragsstaat des ErwSÜ, so können die
nach Art 5–9 zuständigen Behörden eines anderen Vertragsstaats jederzeit *nachträglich* „die durch
die Umstände gebotenen Maßnahmen" treffen. Für diesen Fall treten die nur aus Gründen der
Dringlichkeit gemäß Art 10 getroffenen Maßnahmen gemäß Abs 2 außer Kraft. Denn insbesondere wenn die sachnäheren Behörden im Staat des gewöhnlichen Aufenthalts des Erwachsenen
tätig geworden sind, besteht kein Grund mehr, die zuvor getroffenen dringlichen Maßnahmen
der Gerichte anderer Vertragsstaaten weiter aufrecht zu erhalten. Dies kommt freilich nur in
Betracht, wenn die dringliche Maßnahme überhaupt wieder rückgängig gemacht werden kann;
daran fehlt es zB bei der nach Art 10 Abs 1 erteilten Zustimmung zu einem inzwischen bereits
durchgeführten chirurgischen Eingriff.

118   **b) Gewöhnlicher Aufenthalt des Erwachsenen in einem Drittstaat, Abs 3.** Hat der
Erwachsene seinen gewöhnlichen Aufenthalt in einem Drittstaat, so greifen zum einen nach hM
die allgemeinen Zuständigkeitsvorschriften der 5–8 nicht ein; zum anderen ist nicht gesichert,
dass die von den Behörden dieses Drittstaats getroffenen Maßnahmen in den Vertragsstaaten des
ErwSÜ anerkannt werden, weil das Übk die Regeln zur Anerkennung drittstaatlicher Entscheidungen nicht harmonisiert hat. Für diesen Fall treten die von den Behörden eines Vertragsstaats nach Art 10 Abs 1 getroffenen (und in den übrigen Vertragsstaaten nach Art 23 anzuerkennenden) dringlichen Maßnahmen gemäß Abs 3 erst außer Kraft, wenn die durch die
Umstände gebotenen und von den Behörden eines anderen (Vertrags- oder Dritt-) Staates
angeordneten Maßnahmen in dem betreffenden Vertragsstaat **anerkannt** worden sind. Über die
Anerkennung entscheidet das autonome Recht dieses Vertragsstaats (zB in Deutschland die
§§ 108, 109 FamFG), wenn die anzuerkennende Maßnahme von den Behörden eines Drittstaats
getroffen worden ist (*Lagarde*-Bericht Rn 81; MüKoBGB/*Lipp* Rn 9). Demgegenüber werden
Maßnahmen der Behörden eines anderen Vertragsstaats nach Art 23 anerkannt, wenn diese
Behörden sich auf eine Zuständigkeit nach dem Kapitel II des ErwSÜ gestützt haben. Die
Anerkennung scheitert in Bezug auf Erwachsene, die sich in einem Drittstaat gewöhnlich
aufhalten, auch im Verhältnis der Vertragsstaaten zueinander nicht notwendig an Art 23 Abs 2
lit a.

4. Informationpflicht, Abs 4

119   Anders als die Heimatzuständigkeit nach Art 7 Abs 1 hängt die Zuständigkeit für dringliche
Maßnahmen nach Art 10 nicht davon ab, dass die Gerichte des gewöhnlichen Aufenthaltsstaates
des Erwachsenen bereits *vor* der Entscheidung über die Maßnahme unterrichtet werden (Mü-
KoBGB/*Lipp* Rn 6; NK-BGB/*Benicke* Rn 12). Eine solche Informationspflicht besteht viel-
mehr nach Abs 4 erst, *nachdem* die dringliche Maßnahme getroffen wurde. Sie erfolgt nach den
Regeln über die internationale Behördenzusammenarbeit des Kapitels V auf dem hierfür ent-
wickelten Formblatt. Zu informieren sind nach dem Wortlaut des Abs 4 nur die nach Art 5
zuständigen Behörden im Staat des gewöhnlichen Aufenthalts des Erwachsenen. In gleicher
Weise sollten jedoch auch die nach Art 6 zuständigen Behörden unterrichtet werden, wenn der
Erwachsene Flüchtling ist oder keinen gewöhnlichen Aufenthalt hat (MüKoBGB/*Lipp* Rn 8;
Staud/*v Hein* Vorbem Art 24 EGBGB Rn 126). Eine Informationspflicht nach Abs 4 besteht
jedoch nicht gegenüber den Behörden eines Drittstaates, in dem sich der Erwachsene gewöhnlich aufhält.

ErwSÜ Art 11. [Zuständigkeit für vorläufige Schutzmaßnahmen]

(1) **Ausnahmsweise sind die Behörden des Vertragsstaats, in dessen Hoheitsgebiet
sich der Erwachsene befindet, nach Verständigung der nach Artikel 5 zuständigen
Behörden zuständig, zum Schutz der Person des Erwachsenen auf das Hoheitsgebiet
dieses Staates beschränkte Maßnahmen vorübergehender Art zu treffen, soweit sie mit
den Maßnahmen vereinbar sind, die von den nach den Artikeln 5 bis 8 zuständigen
Behörden bereits getroffen wurden.**

(2) **Maßnahmen nach Absatz 1, die in Bezug auf einen Erwachsenen mit gewöhnlichem Aufenthalt in einem Vertragsstaat getroffen wurden, treten außer Kraft, sobald
die nach den Artikeln 5 bis 8 zuständigen Behörden eine Entscheidung über die
Schutzmaßnahmen getroffen haben, die durch die Umstände geboten sein könnten.**

I. Internationale Zuständigkeit: ErwSÜ Art 11   **120–125 J**

1. Allgemeines

Art 11 orientiert sich an Art 12 KSÜ, ist allerdings auf Maßnahmen zum Schutz der *Person* des **120**
Erwachsenen beschränkt. Auch Art 11 begründet eine originäre, aber gegenüber den Zuständigkeiten nach Art 5–8 *subsidiäre* und in mehrerer Hinsicht weiter eingeschränkte Zuständigkeit. Sie
wird nach Abs 1 nur *„ausnahmsweise"* eingeräumt, wenn Schutzmaßnahmen amOrt des schlichten Aufenthalts des Erwachsenen erforderlich werden, obwohl keine Dringlichkeit iSv Art 10
vorliegt (*Lagarde*-Bericht Rn 83; Staud/*v Hein* Vorbem Art 24 EGBGB Rn 127).

Wie Art 10 Abs 1 setzt auch Art 11 Abs 1 nur voraus, dass sich der Erwachsene im Gerichts- **121**
staat befindet. Ferner korrespondiert auch Art 11 Abs 2, der das Verhältnis zu Maßnahmen des
Staates regelt, in dem der Erwachsene seinen gewöhnlichen Aufenthalt hat, der Vorschrift in
Art 10 Abs 2. Demgegenüber fehlt eine dem Art 10 Abs 3 entsprechende Vorschrift zum
Außerkrafttreten von nach Art 11 getroffenen Maßnahmen zum Schutz eines Erwachsenen mit
gewöhnlichem Aufenthalt in einem Drittstaat. Auch verzichtet Art 11 Abs 1 auf das Erfordernis
der Dringlichkeit; dafür kann das nach dieser Vorschrift zuständige Gericht nur Maßnahmen
„vorübergehender Art" treffen, die außerdem auf das Hoheitsgebiet des Gerichtsstaates beschränkt sind. Auf diese Weise soll eine allzu starke Einschränkung der allgemeinen Zuständigkeiten nach Art 5–8 verhindert werden.

Entbehrlich ist ein gewöhnlicher Aufenthalt des Erwachsenen im Staat der angerufenen **122**
Behörde, weil sonst schon Art 5 Abs 1 zur Anwendung käme. Umstritten ist hingegen der
räumlich-persönliche Anwendungsbereich der Vorschrift für den Fall, dass der Erwachsene
seinen gewöhnlichen Aufenthalt auch in keinem anderen Vertragsstaat des ErwSÜ, sondern in
einem Drittstaat hat. Gegen eine Anwendung könnte sprechen, dass die Koordinierung von
vorläufigen Maßnahmen nach Art 11 in Abs 1 und 2 nur mit Maßnahmen geregelt wird, die
von den nach Art 5- 8 zuständigen Behörden anderer Vertragsstaaten getroffen wurden und dass
Art 11 keine dem Art 10 Abs 3 entsprechende Vorschrift enthält. Eine solche Regelung ist
indessen in Art 11 entbehrlich, weil die getroffenen Maßnahmen auf das Hoheitsgebiet der
anordnenden Behörde beschränkt sind. Außerdem wäre die ausdrückliche Beschränkung der
Subsidiarität auf Maßnahmen, die in Bezug auf einen Erwachsenen mit gewöhnlichem Aufenthalt in einem Vertragsstaat getroffen wurden, überflüssig, wenn die Vorschrift überhaupt nur
diesen Fall regeln würde. Ebenso wie Art 10 findet mithin auch Art 11 selbst dann Anwendung,
wenn sich der Erwachsene in einem Nichtvertragsstaat gewöhnlich aufhält (*Lagarde*-Bericht
Rn 85, 89; *Helms* FamRZ 08, 1995/1998; NK-BGB/*Benicke* Rn 3 ff; MüKoBGB/*Lipp* Rn 11;
aA m ausf Begründung Staud/*v Hein* Vorbem Art 24 EGBGB Rn 128).

2. Voraussetzungen für die Zuständigkeit, Abs 1

a) **Schlichter Aufenthalt im Gerichtsstaat.** Auch für vorübergehende Maßnahmen nach **123**
Art 11 sind die Behörden eines Vertragsstaat nur zuständig, wenn der Sachverhalt einen hinreichenden Bezug zu diesem Vertragsstaat aufweist. Dieser Bezug wird – anders als nach Art 10
Abs 1 – nur durch den (schlichten) Aufenthalt des Erwachsenen hergestellt. Abweichend von
Art 10 Abs 1 und von Art 12 Abs 1 KSÜ erstreckt sich Art 11 Abs 1 nicht auf den Fall, dass sich
im Gerichtsstaat nur Vermögen des Erwachsenen befindet, weil dieser Fall bereits durch Art 9
geregelt wird.

b) **Informationspflicht.** Abweichend von Art 10 Abs 4 hat die Behörde, die eine Zuständig- **124**
keit nach Art 11 Abs 1 in Anspruch nehmen möchte, die nach Art 5 zuständige Behörde im Staat
des gewöhnlichen Aufenthalts des Erwachsenen bereits **vor der Entscheidung** über die Maßnahme zu unterrichten. Diese Unterrichtung ist notwendige Voraussetzung für die Wahrnehmung
der Zuständigkeit nach Art 11 Abs 1 (Staud/*v Hein* Vorbem Art 24 EGBGB Rn 129; Mü-
KoBGB/*Lipp* Rn 5). Einer Zustimmung der nach Art 5 zuständigen Behörde oder einer Übertragung der Zuständigkeit durch diese bedarf es jedoch nicht, um ein zügiges Handeln der nach
Art 11 zuständigen Behörde zu ermöglichen (MüKoBGB/*Lipp* Rn 2; NK-BGB/*Benicke* Rn 7).

3. Beschränkung der zulässigen Maßnahmen

a) **Maßnahmen zum Schutz der Person.** Maßnahmen nach Art 11 dürfen nur zum Schutz **125**
der *Person* des Erwachsenen getroffen werden. Gedacht ist vor allem an **medizinische Behandlungen** von schutzbedürftigen Erwachsenen im Staat ihres jeweiligen schlichten Aufenthalts. Für
Maßnahmen zum Schutz des Vermögens bedarf es dieser Zuständigkeit im Hinblick auf Art 9 nicht.

869

J 126–130   1. Teil. Erkenntnisverfahren J. Betreuungssachen

126   **b) Vorübergehende Maßnahmen.** Art 11 Abs 1 hat Fälle im Auge, in denen Maßnahmen für einen Erwachsenen getroffen werden müssen, der sich nur vorübergehend in einem Vertragsstaat aufhält, ohne dass eine Dringlichkeit iSv Art 10 gegeben ist, wie zB die Zustimmung zu einem kleineren medizinischen Eingriff anlässlich einer Erkrankung des Erwachsenen auf einer Auslandsreise oder seine vorläufige Unterbringung in einem Heim nach einem Suizidversuch. In solchen Fällen können auch die Behörden des Staates, in dem sich der Erwachsene nur vorübergehend aufhält, jedenfalls solche Maßnahmen treffen, die eine endgültige Entscheidung nicht vorwegnehmen. Um einer zu extensiven Auslegung des Begriffs der „Dringlichkeit" in Art 10 vorzubeugen, wird man auch die Zustimmung zu nicht endgültigen, dh nicht mehr rückgängig zu machenden medizinischen Maßnahme unter Art 11 subsumieren können , wenn diese – anders als etwa eine Sterilisation oder Amputation – keine dauerhaften negativen Auswirkungen für den betroffenen Erwachsenen hat (vgl idS mit näherer Begründung *Guttenberger* 121 f; NK-BGB/*Benicke* Rn 9 f; im Erg auch MüKoBGB/*Lipp* Rn 8, der zu Recht betont, dass es weniger um die Endgültigkeit der medizinischen Behandlung als um die endgültige oder nur vorübergehende Wirkung der Schutzmaßnahme gehe; **aA** [nur konservierende Behandlung] Staud/*v Hein* Vorbem Art 24 EGBGB Rn 130; MüKoFamFG/*Rauscher* § 104 Rn 18).

127   **c) Vereinbarkeit mit Maßnahmen der nach Art 5–8 zuständigen Behörden.** Die Behörde eines Vertragsstaats, die eine vorläufige Maßnahme nach Art 11 Abs 1 anordnen möchte, hat schließlich zu prüfen, ob eine nach Art 5–8 vorrangig zuständige Behörde nicht bereits eine Schutzmaßnahme getroffen hat. Ist dies der Fall und ist die Maßnahme im Staat der nach Art 11 angerufenen Behörde anzuerkennen, so darf die letztgenannte Behörde grundsätzlich nur solche vorläufigen Maßnahmen treffen, die mit den bereits *früher angeordneten* Maßnahmen des nach Art 5–8 primär zuständigen Gerichts vereinbar sind. Zu einer Aufhebung dieser Maßnahmen ist das nur nach Art 11 zuständige Gericht nicht berechtigt (*Lagarde*-Bericht Rn 84). Der Begriff der Vereinbarkeit ist eng zu fassen; er schließt die Anordnung von Maßnahmen aus, die geeignet sind, die Zwecke der zuvor von einem nach Art 5–8 zuständigen Gericht getroffenen Maßnahme zu beeinträchtigen. Auf die Vereinbarkeit mit einer zuvor von einem nur nach Art 10 zuständigen Gericht getroffenen dringlichen Maßnahme kommt es nach dem eindeutigen Wortlaut des Abs 1 hingegen nicht an. Eine Ausnahme ist ferner dann anzuerkennen, wenn sich die tatsächlichen Umstände seit der Anordnung der Maßnahmen durch die nach Art 5–8 zuständigen Behörden wesentlich geändert haben.

128   **d) Territoriale Beschränkung der Maßnahmen.** Die Wirkung vorläufiger Maßnahmen nach Art 11 wird schließlich in Abs 1 ausdrücklich auf das Hoheitsgebiet der anordnenden Behörde territorial beschränkt. Solche Maßnahmen können daher nur in diesem Staat vorzunehmende medizinische Eingriffe oder eine Unterbringung des Erwachsenen in einer Einrichtung im Gerichtsstaat betreffen (NK-BGB/*Benicke* Rn 11; Staud/*v Hein* Vorbem Art 24 EGBGB Rn 131). Auf andere Vertragsstaaten können die Wirkungen dieser Maßnahmen daher nicht erstreckt werden.

4. Außerkrafttreten der Maßnahmen, Abs 2

129   **a) Gewöhnlicher Aufenthalt des Erwachsenen in einem Vertragsstaat, Abs 2.** Hat der Erwachsene seinen gewöhnlichen Aufenthalt in einem Vertragsstaat des ErwSÜ, so können auch die nach Art 5–8 zuständigen Behörden eines anderen Vertragsstaats jederzeit *nachträglich* Schutzmaßnahmen treffen. Für diesen Fall treten die auf der Grundlage von Art 11 getroffenen vorläufigen Schutzmaßnahmen gemäß Abs 2 außer Kraft, sobald eine nach den allgemeinen Vorschriften zuständige Behörde eine Entscheidung über die durch die Umstände gebotenen Maßnahmen getroffen hat. Diese Entscheidung kann – anders als nach Art 10 Abs 2 – auch darin bestehen, dass bewusst von der Anordnung einer Maßnahme abgesehen wird (*Lagarde*-Bericht Rn 85; MüKoBGB/*Lipp* Rn 10). Jede von einer nach Art 5–8 zuständigen Behörde getroffene Entscheidung lässt also die vorläufige Maßnahme jedenfalls dann entfallen, soweit sie mit dieser nicht vereinbar ist.

130   **b) Gewöhnlicher Aufenthalt des Erwachsenen in einem Drittstaat.** Hat der Erwachsene seinen gewöhnlichen Aufenthalt in einem Drittstaat, so können vorläufige Maßnahmen zwar auch auf Art 11 gestützt werden (→ Rn 122). In diesem Fall greifen jedoch einerseits die allgemeinen Zuständigkeitsvorschriften der 5–8 nicht ein, so dass die in Abs 1 vorgeschriebene Prüfung der Vereinbarkeit mit Maßnahmen der nach diesen Vorschriften zuständigen Behörden und deren Unterrichtung entfällt. Zum anderen ist nicht gesichert, dass die von den Gerichten

870

I. Internationale Zuständigkeit: ErwSÜ Art 12

131–134 J

im (Dritt-)Staat des gewöhnlichen Aufenthalts des Erwachsenen getroffenen Maßnahmen in dem Vertragsstaat, der die vorläufige Maßnahme nach Art 11 Abs 1 getroffen hat, anerkannt werden, weil das Übk die Regeln zur Anerkennung drittstaatlicher Entscheidungen nicht harmonisiert hat. In diesem Fall kommt es daher darauf an, ob die Maßnahme des Aufenthaltsstaats in dem nach Art 11 zuständigen Vertragsstaat nach dessen autonomen Anerkennungsvorschriften anerkannt werden kann. Ist dies (zB in Deutschland nach §§ 108, 109 FamFG) der Fall, so hat die anerkannte drittstaatliche Maßnahme auch Vorrang vor der nur auf Art 11 gestützten vorläufigen Maßnahme (*Lagarde*-Bericht Rn 85; MüKoBGB/*Lipp* Rn 12; Staud/*v Hein* Vorbem Art 24 EGBGB Rn 131).

ErwSÜ Art 12. [Fortgeltung von Maßnahmen]

Selbst wenn durch eine Änderung der Umstände die Grundlage der Zuständigkeit wegfällt, bleiben vorbehaltlich des Artikels 7 Absatz 3 die nach den Artikeln 5 bis 9 getroffenen Maßnahmen innerhalb ihrer Reichweite so lange in Kraft, bis die nach diesem Übereinkommen zuständigen Behörden sie ändern, ersetzen oder aufheben.

1. Allgemeines

In enger Anlehnung an Art 14 KSÜ ordnet Art 12 die Fortgeltung von Schutzmaßnahmen, **131** die von einer nach Art 5–9 zuständigen Behörde getroffen worden sind, auch für den Fall an, dass die Zuständigkeit dieser Behörde infolge einer Änderung der tatsächlichen Umstände nachträglich entfällt. Für diesen Fall bleiben die Maßnahmen der inzwischen unzuständig gewordenen Behörde vielmehr solange in Kraft, bis die nach Art 5 ff nunmehr zuständigen Behörden sie ersetzen, aufheben oder ändern. Rechtskraft der getroffenen Schutzmaßnahme ist für die Anwendung von Art 12 nicht erforderlich. Zweck der Regelung ist es, insbesondere bei einem Wechsel des gewöhnlichen Aufenthalts des Erwachsenen eine Schutzlücke zu vermeiden, solange die Behörden des neuen Aufenthaltsstaates noch nicht tätig geworden sind (*Lagarde*-Bericht Rn 86; NK-BGB/*Benicke* Rn 1).

2. Fortgeltung der bisherigen Schutzmaßnahmen

Der Grundsatz des Art 12 gilt für alle Maßnahmen iSv Art 3, also insbesondere für die **132** Bestellung eines Betreuers oder Pflegers, die Unterbringung des Erwachsenen in einem Heim oder für Maßnahmen der Verwaltung seines Vermögens. Der Grund für den Wegfall der bisherigen Zuständigkeit ist unerheblich. Wichtigster Anwendungsfall ist die Verlegung des gewöhnlichen Aufenthalts des Erwachsenen von einem Vertragsstaat in einen anderen nach Art 5 Abs 2. Als Änderung der Umstände iSv Art 12 kommen aber auch ein Wechsel des schlichten Aufenthalts nach Art 6, der Verlust der Flüchtlingseigenschaft nach Art 6 Abs 1, der Verlust der Staatsangehörigkeit nach Art 7, der Wegfall der besonderen Verbindung des Erwachsenen zu einem bestimmten Staat nach Art 8 Abs 2 oder die Verbringung des für die Zuständigkeitsanknüpfung nach Art 9 maßgeblichen Vermögens in einen anderen Staat in Betracht (vgl NK-BGB/*Benicke* Rn 4).

Die von einer nach Art 5–9 zuständigen Behörde getroffene Maßnahme setzt sich für diesen **133** Fall auch gegenüber einer hiervon abweichenden **gesetzlichen Regelung** im neuen Aufenthaltsstaat durch. So bleibt die von einem nach Art 5 zuständigen Gericht getroffene Anordnung der Betreuung des Erwachsenen nach dessen Umzug in einen anderen Vertragsstaat auch dann weiter in Kraft, wenn das Recht des neuen Aufenthaltsstaates ein gesetzliches Schutzregime für betreuungsbedürftige Erwachsene vorsehen sollte. Die bloße Veränderung der tatsächlichen Umstände soll also nicht geeignet sein, einer nach dem ErwSÜ wirksam getroffenen Maßnahme die Grundlage zu entziehen; hierfür ist vielmehr nach Art 12 immer die Entscheidung einer Behörde im neuen Aufenthaltsstaat des Erwachsenen erforderlich.

Der Grundsatz der Fortgeltung von Schutzmaßnahmen bis zu ihrer Ersetzung, Aufhebung **134** oder Änderung durch die nunmehr zuständigen Behörden gilt allerdings nur **„innerhalb ihrer Reichweite"**. Damit soll insbesondere klargestellt werden, dass Art 12 nicht zu einer Erweiterung des räumlichen oder gegenständlichen Geltungsbereichs der getroffenen Maßnahmen führt. Waren diese etwa ausdrücklich auf das Hoheitsgebiet des Anordnungsstaats beschränkt, so hat Art 12 nicht zur Folge, dass sie auch außerhalb dieses Staates Wirkungen entfalten (vgl *Lagarde*-Bericht Rn 88; NK-BGB/*Benicke* Rn 7). Außerderm werden Fälle erfasst, in denen eine Behörde, die nur auf ihrem Hoheitsgebiet tätig werden darf, Betreuungsaufgaben wahrnimmt, (*Lagarde*-Bericht Rn 88; Staud/*v Hein* Vorbem Art 24 EGBGB Rn 138).

871

J   1. Teil. Erkenntnisverfahren J. Betreuungssachen

135   Eine **Ausnahme vom Grundsatz des Art 12** gilt nach dem ausdrücklich vorbehaltenen Art 7 Abs 3 für Maßnahmen der Heimatbehörden, die automatisch außer Kraft treten, wenn die nach Art 5, 6 Abs 2 oder 8 zuständigen Behörden Maßnahmen ergriffen haben (→ Rn 86). Gleiches gilt für dringende und vorläufige Schutzmaßnahmen nach Art 10 Abs 1 und Art 11 Abs 1. Denn auch sie treten gemäß Art 10 Abs 2, 3 bzw Art 11 Abs 2 automatisch außer Kraft, sobald die nach Art 5–9 zuständigen Behörden ihrerseits Maßnahmen getroffen haben (*Lagarde*-Bericht Rn 87; MüKoBGB/*Lipp* Rn 4; → Rn 116 ff, 129 f). Einer Änderung, Ersetzung oder Aufhebung bedarf es in diesen Fällen nicht.

136   Die Zuständigkeit nach Art 5 oder 6 kann auch dadurch entfallen, dass der Erwachsene seinen (gewöhnlichen) Aufenthalt in einen **Nichtvertragsstaat** verlegt. Mit Wirkung für diesen Staat kann Art 12 aber die Fortgeltung der in einem Vertragsstaat nach Art 5–9 getroffenen Maßnahmen nicht anordnen. Vielmehr ist nach dem autonomen Verfahrensrecht des neuen Aufenthaltsstaates darüber zu entscheiden, ob die Maßnahme dort überhaupt anerkennungsfähig ist und wie lange sie ggfs fortgilt (MüKoBGB/*Lipp* Rn 6). Demgegenüber ist die Maßnahme in den anderen Vertragsstaaten auch dann nach Art 12 weiter anzuerkennen, wenn der Erwachsene seinen (gewöhnlichen) Aufenthalt in einen Nichtvertragsstaat verlegt hat (NK-BGBG/*Benicke* Rn 3).

3. Abänderung der Schutzmaßnahmen

137   Die nach dem Wegfall der Zuständigkeit in einem Vertragsstaat nunmehr gem Art 5–9 zuständigen Behörden in einem anderen Vertragsstaat sind nach Art 12 jederzeit berechtigt, die von den früher zuständigen Behörden getroffenen Maßnahmen zu ändern, zu ersetzen oder aufzuheben. Dies gilt nicht nur, wenn sich die tatsächlichen Umstände geändert haben, sondern auch dann, wenn die jetzt zuständigen Behörden bei gleich gebliebener Sachlage die Schutzbedürfnisse des Erwachsenen anders beurteilen. Insoweit ist Art 12 Ausdruck des dem ErwSÜ zugrundeliegenden Prinzips des Vorrangs der zuletzt von einer zuständigen Behörde eines Vertragsstaats getroffenen Maßnahme.

Kapitel III. Anzuwendendes Recht

ErwSÜ Art 13–21

(abgedruckt und kommentiert → Rn 159 ff)

Kapitel IV. Anerkennung und Vollstreckung

ErwSÜ Art 22–27

(abgedruckt und kommentiert → S Rn 12 ff)

Kapitel V. Zusammenarbeit

ErwSÜ Art 28–37

(abgedruckt und kommentiert → W Rn 11 ff)

Kapitel VI. Allgemeine Bestimmungen

ErwSÜ Art 38. [Bescheinigung]

(1) **Die Behörden des Vertragsstaats, in dem eine Schutzmaßnahme getroffen oder eine Vertretungsmacht bestätigt wurde, können jedem, dem der Schutz der Person oder des Vermögens des Erwachsenen anvertraut wurde, auf dessen Antrag eine Bescheinigung über seine Berechtigung zum Handeln und die ihm übertragenen Befugnisse ausstellen.**

(2) **Bis zum Beweis des Gegenteils wird vermutet, dass die bescheinigte Berechtigung zum Handeln und die bescheinigten Befugnisse vom Ausstellungsdatum der Bescheinigung an bestehen.**

(3) **Jeder Vertragsstaat bestimmt die für die Ausstellung der Bescheinigung zuständigen Behörden.**

I. Internationale Zuständigkeit: ErwSÜ Art 40

142 J

1. Bescheinigung, Abs 1

Um den Schutz des Rechtsverkehrs im Geltungsbereich des ErwSÜ über Art 17 **138**
(→ **Rn 159 ff**) hinaus weiter zu verbessern, führt Art 38 eine Bescheinigung ein, durch die
Personen oder Einrichtungen, denen der Schutz der Person oder des Vermögens des Erwachsenen anvertraut wurde, ihre Berechtigung zum Handeln für den Erwachsenen und den Umfang
ihrer Befugnisse nachweisen können. Die Bescheinigung wird nach Abs 1 von den Behörden
des Vertragsstaats ausgestellt, in dem eine Schutzmaßnahme iSv Art 3 getroffen oder eine Vertretungsmacht iSv Art 15 bestätigt wurde. Die Ausstellung steht im Ermessen der zuständigen
Behörde; ein Rechtsanspruch hierauf besteht nicht (*Lagarde*-Bericht Rn 144; Staud/*v Hein*
Vorbem Art 24 EGBGB Rn 329).

2. Richtigkeitsvermutung, Abs 2

Die Bescheinigung nach Abs 1 begründet bis zum Beweis des Gegenteils die Vermutung ihrer **139**
Richtigkeit, dh der Rechtsverkehr kann sich darauf verlassen, dass die in der Bescheinigung
genannte Person oder Einrichtung zum Handeln für den Erwachsenen berechtigt ist und die in
der Bescheinigung angegebenen Befugnisse hat. Dritte, die im Vertrauen auf die Richtigkeit der
Bescheinigung mit einem gesetzlichen Vertreter des Erwachsenen Geschäfte abschließen, werden
nach Maßgabe von Art 17 geschützt, wenn sich die Bescheinigung als unrichtig erweist
(→ Rn 219 ff).

3. Zuständigkeit, Abs 3

Die Bestimmung der für die Ausstellung der Bescheinigung nach Art 38 zuständigen Behör- **140**
den überlässt Abs 3 den Vertragsstaaten. Zuständig ist nach Abs 1 der Vertragsstaat, in dem eine
Schutzmaßnahme getroffen oder eine Vertretungsmacht bestätigt wurde. Für die Ausstellung
einer Bescheinigung über die Bestätigung einer Vorsorgevollmacht ist der Vertragsstaat zuständig,
dessen Recht nach Art 15 auf die Vorsorgevollmacht Anwendung findet (*Lagarde*-Bericht
Rn 146). In *Deutschland* wird die Bescheinigung nach § 13 Abs 1 ErwSÜAG vom Urkundsbeamten der Geschäftsstelle des Gerichts des ersten Rechtszugs und, wenn das Verfahren bei
einem höheren Gericht anhängig ist, von dem Urkundsbeamten der Geschäftsstelle diese
Gerichts ausgestellt. Für die Berichtigung der Bescheinigung gilt § 319 ZPO entsprechend (§ 13
Abs 2 ErwSÜAG).

ErwSÜ Art 39. [Datenschutz]

**Die nach diesem Übereinkommen gesammelten oder übermittelten personenbezo-
genen Daten dürfen nur für die Zwecke verwendet werden, zu denen sie gesammelt
oder übermittelt wurden.**

Personenbezogene Daten, die für die Zwecke des ErwSÜ gesammelt oder übermittelt worden **141**
sind, dürfen ohne Rücksicht auf die Reichweite des Datenschutzes nach dem Recht des
jeweiligen Vertragsstaats gemäß Art 39 nicht für andere Zwecke verwendet werden (Grundsatz
der Zweckbindung). Dabei ist es unerheblich, auf welche Person sich die gesammelten Daten
beziehen; dies kann der Erwachsene, sein Betreuer oder ein an einem Rechtsgeschäft mit dem
Erwachsenen beteiligter Dritter sein.

ErwSÜ Art 40. [Vertrauliche Behandlung]

**Behörden, denen Informationen übermittelt werden, stellen nach dem Recht ihres
Staates deren vertrauliche Behandlung sicher.**

Anders als für den Datenschutz nach Art 39 konnten sich die Vertragsstaaten auf einheitliche **142**
Regeln über die Vertraulichkeit im Umgang mit Informationen, die im Rahmen des Übk von
ihren Behörden erlangt werden, nicht verständigen. Aus diesem Grunde verweist Art 40 insoweit
auf das nationale Recht des Staates der mit dem Fall befassten Behörde.

873

J 145   1. Teil. Erkenntnisverfahren J. Betreuungssachen

ErwSÜ Art 41. [Befreiung von der Legalisation]

Die nach diesem Übereinkommen übermittelten oder ausgestellten Schriftstücke sind von jeder Legalisation oder entsprechenden Förmlichkeit befreit.

143   Alle nach dem Übk übermittelten oder ausgestellten Schriftstücke – zB gerichtliche oder behördliche Entscheidungen oder die Bescheinigung nach Art 38 – bedürfen in Übereinstimmung mit Art 43 KSÜ keiner Legalisation oder sonstigen Förmlichkeit; daher ist auch die Apostille nach dem Haager Übk zur Befreiung ausländischer öffentlicher Urkunden von der Legalisation v 5.10.1961 (BGBl 65 II 876 = *Jayme/Hausmann* Nr 250) nicht erforderlich. Dies schließt freilich die Einholung von Auskünften zur Echtheit einer Urkunde nicht aus, wenn die befasste Behörde diesbezüglich Zweifel hat (*Lagarde*-Bericht Rn 150).

ErwSÜ Art 42. [Bestimmung von Behörden]

Jeder Vertragsstaat kann die Behörden bestimmen, an die Ersuchen nach den Artikeln 8 und 33 zu richten sind.

144   Erklärungen nach Art 42 zu den nach Art 8 und 33 zuständigen Behörden haben bisher nur *Deutschland, Frankreich* und die *Tschechische Republik* abgegeben. In Deutschland können Ersuchen nach Art 8 unmittelbar an das zuständige Betreuungsgericht gerichtet werden.

ErwSÜ Art 43. [Mitteilung der Behörden]

(1) Die nach den Artikeln 28 und 42 bestimmten Behörden werden dem Ständigen Büro der Haager Konferenz für Internationales Privatrecht spätestens bei der Hinterlegung der Ratifikations-, Annahme-, Genehmigungs- oder Beitrittsurkunde mitgeteilt. Jede Änderung wird dem Ständigen Büro ebenfalls mitgeteilt.

(2) Die Erklärung nach Artikel 32 Absatz 2 wird gegenüber dem Verwahrer dieses Übereinkommens abgegeben.

ErwSÜ Art 44–49

(abgedruckt und kommentiert → Rn 248 ff)

ErwSÜ Art 50. [Zeitlicher Anwendungsbereich]

(1) Dieses Übereinkommen ist nur auf Maßnahmen anzuwenden, die in einem Staat getroffen werden, nachdem das Übereinkommen für diesen Staat in Kraft getreten ist.

(2) *(abgedruckt und kommentiert → S Rn 49)*

(3) *(abgedruckt und kommentiert → Rn 264)*

145   Für die **internationale Zuständigkeit** bestimmt das ErwSÜ seinen zeitlichen Geltungsbereich grundsätzlich danach, wann die Maßnahme von dem angerufenen Gericht getroffen wird. Hat in diesem Zeitpunkt das ErwSÜ für den Vertragsstaat, in dem das Gericht seinen Sitz hat, schon gegolten, so hat das Gericht seiner Entscheidung die Zuständigkeitsnormen des Übk zugrunde zu legen. Es kommt also nicht darauf an, wann das Verfahren vor diesem Gericht eingeleitet wurde. Das ErwSÜ ist vielmehr von deutschen Gerichten auch in Verfahren, die bereits vor dem 1.1.2009 anhängig gemacht wurden, immer dann anzuwenden, wenn die Entscheidung erst nach diesem Zeitpunkt getroffen wird. Eine *perpetuatio fori* auf der Grundlage des zuvor geltenden autonomen Zuständigkeitsrechts hat daher auszuscheiden. Dies gilt auch dann, wenn das Verfahren am 1.1.2009 vor einem deutschen Gericht bereits in der **Rechtsmittelinstanz** anhängig war. Auch in diesem Fall wird das angerufene deutsche Gericht vom 1.1.2009 an nach Maßgabe der Art 5 ff international zuständig, auch wenn es zuvor noch nicht zuständig und der Antrag deshalb abweisungsreif war.

874

I. Internationale Zuständigkeit: ErwSÜ Art 55 **J**

ErwSÜ Art 51. [Sprachliche Anforderungen für Mitteilungen an die Zentrale Behörde]

(1) Mitteilungen an die Zentrale Behörde oder eine andere Behörde eines Vertrags-staats werden in der Originalsprache zugesandt; sie müssen von einer Übersetzung in die Amtssprache oder eine der Amtssprachen des anderen Staates oder, wenn eine solche Übersetzung nur schwer erhältlich ist, von einer Übersetzung ins Französische oder Englische begleitet sein.

(2) Ein Vertragsstaat kann jedoch einen Vorbehalt nach Artikel 56 anbringen und darin gegen die Verwendung des Französischen oder Englischen, jedoch nicht beider Sprachen, Einspruch erheben.

Die *Bundesrepublik Deutschland* hat gemäß Abs 2 der Verwendung der *französischen* Sprache **146** widersprochen (Bek v. 12.12.2008, BGBl 09 II, 39). Gleiches gilt für *Estland, Lettland, Österreich,* die *Tschechische Republik* und das *Vereinigte Königreich.*

ErwSÜ Art 52. [Prüfung der praktischen Durchführung des Übereinkommens]

Der Generalsekretär der Haager Konferenz für Internationales Privatrecht beruft in regelmäßigen Abständen eine Spezialkommission zur Prüfung der praktischen Durch-führung dieses Übereinkommens ein.

Kapitel VII. Schlussbestimmungen

ErwSÜ Art 53. [Unterzeichnung]

(1) Dieses Übereinkommen liegt für die Staaten, die am 2. Oktober 1999 Mitglied der Haager Konferenz für Internationales Privatrecht waren, zur Unterzeichnung auf.

(2) Es bedarf der Ratifikation, Annahme oder Genehmigung; die Ratifikations-, Annahme- oder Genehmigungsurkunden werden beim Ministerium für Auswärtige Angelegenheiten des Königreichs der Niederlande, dem Verwahrer dieses Überein-kommens, hinterlegt.

ErwSÜ Art 54. [Beitritt]

(1) Jeder andere Staat kann diesem Übereinkommen beitreten, sobald es nach Ar-tikel 57 Absatz 1 in Kraft getreten ist.

(2) Die Beitrittsurkunde wird beim Verwahrer hinterlegt.

(3) Der Beitritt wirkt nur im Verhältnis zwischen dem beitretenden Staat und den Vertragsstaaten, die innerhalb von sechs Monaten nach Eingang der in Artikel 59 Buchstabe b vorgesehenen Notifikation keinen Einspruch gegen den Beitritt erhoben haben. Nach dem Beitritt kann ein solcher Einspruch auch von jedem Staat in dem Zeitpunkt erhoben werden, in dem er dieses Übereinkommen ratifiziert, annimmt oder genehmigt. Die Einsprüche werden dem Verwahrer notifiziert.

ErwSÜ Art 55. [Erklärung von Mehrrechtsstaaten]

(1) Ein Staat, der aus zwei oder mehr Gebietseinheiten besteht, in denen für die in diesem Übereinkommen behandelten Angelegenheiten unterschiedliche Rechtssyste-me gelten, kann bei der Unterzeichnung, der Ratifikation, der Annahme, der Geneh-migung oder dem Beitritt erklären, dass das Übereinkommen auf alle seine Gebiets-einheiten oder nur auf eine oder mehrere davon erstreckt wird; er kann diese Erklä-rung durch Abgabe einer neuen Erklärung jederzeit ändern.

(2) Jede derartige Erklärung wird dem Verwahrer unter ausdrücklicher Bezeichnung der Gebietseinheiten notifiziert, auf die dieses Übereinkommen angewendet wird.

(3) Gibt ein Staat keine Erklärung nach diesem Artikel ab, so ist dieses Überein-kommen auf sein gesamtes Hoheitsgebiet anzuwenden.

J

1. Teil. Erkenntnisverfahren J. Betreuungssachen

ErwSÜ Art 56. [Vorbehaltserklärungen]

(1) Jeder Staat kann spätestens bei der Ratifikation, der Annahme, der Genehmigung oder dem Beitritt oder bei Abgabe einer Erklärung nach Artikel 55 den in Artikel 51 Absatz 2 vorgesehenen Vorbehalt anbringen. Weitere Vorbehalte sind nicht zulässig.

(2) Jeder Staat kann den von ihm angebrachten Vorbehalt jederzeit zurücknehmen. Die Rücknahme wird dem Verwahrer notifiziert.

(3) Die Wirkung des Vorbehalts endet am ersten Tag des dritten Kalendermonats nach der in Absatz 2 genannten Notifikation.

ErwSÜ Art 57. [Inkrafttreten]

(1) Dieses Übereinkommen tritt am ersten Tag des Monats in Kraft, der auf einen Zeitabschnitt von drei Monaten nach der in Artikel 53 vorgesehenen Hinterlegung der dritten Ratifikations-, Annahme- oder Genehmigungsurkunde folgt.

(2) Danach tritt dieses Übereinkommen in Kraft

a) für jeden Staat, der es später ratifiziert, annimmt oder genehmigt, am ersten Tag des Monats, der auf einen Zeitabschnitt von drei Monaten nach Hinterlegung seiner Ratifikations-, Annahme-, Genehmigungs- oder Beitrittsurkunde folgt;

b) für jeden Staat, der ihm beitritt, am ersten Tag des Monats, der auf einen Zeitabschnitt von drei Monaten nach Ablauf der in Artikel 54 Absatz 3 vorgesehenen Frist von sechs Monaten folgt;

c) für die Gebietseinheiten, auf die es nach Artikel 55 erstreckt worden ist, am ersten Tag des Monats, der auf einen Zeitabschnitt von drei Monaten der in jenem Artikel vorgesehenen Notifikation folgt.

ErwSÜ Art 58. [Kündigung]

(1) Jeder Vertragsstaat kann dieses Übereinkommen durch eine an den Verwahrer gerichtete schriftliche Notifikation kündigen. Die Kündigung kann sich auf bestimmte Gebietseinheiten beschränken, auf die das Übereinkommen angewendet wird.

(2) Die Kündigung wird am ersten Tag des Monats wirksam, der auf einen Zeitabschnitt von zwölf Monaten nach Eingang der Notifikation beim Verwahrer folgt. Ist in der Notifikation für das Wirksamwerden der Kündigung ein längerer Zeitabschnitt angegeben, so wird die Kündigung nach Ablauf des entsprechenden Zeitabschnitts wirksam.

ErwSÜ Art 59. [Notifikation]

Der Verwahrer notifiziert den Mitgliedstaaten der Haager Konferenz für Internationales Privatrecht sowie den Staaten, die nach Artikel 54 beigetreten sind,

a) jede Unterzeichnung, Ratifikation, Annahme und Genehmigung nach Artikel 53;

b) jeden Beitritt und jeden Einspruch gegen einen Beitritt nach Artikel 54;

c) den Tag, an dem dieses Übereinkommen nach Artikel 57 in Kraft tritt;

d) jede Erklärung nach Artikel 32 Absatz 2 und Artikel 55;

e) jede Vereinbarung nach Artikel 37;

f) jeden Vorbehalt nach Artikel 51 Absatz 2 sowie jede Rücknahme eines Vorbehalts nach Artikel 56 Absatz 2;

g) jede Kündigung nach Artikel 58.

Zu Urkund dessen haben die hierzu gehörig befugten Unterzeichneten dieses Übereinkommen unterschrieben.

Geschehen in Den Haag am 13. Januar 2000 in französischer und englischer Sprache, wobei jeder Wortlaut gleichermaßen verbindlich ist, in einer Urschrift, die im Archiv der Regierung des Königreichs der Niederlande hinterlegt und von der jedem Staat, der am 2. Oktober 1999 Mitglied der Haager Konferenz für Internationales Privatrecht war, auf diplomatischem Weg eine beglaubigte Abschrift übermittelt wird.

876

I. Internationale Zuständigkeit: FamFG § 104

J

3. Autonomes Zivilverfahrensrecht

540. Gesetz über das Verfahren in Familiensachen und in den Angelegenheiten der freiwilligen Gerichtsbarkeit (FamFG)

Vom 17. Dezember 2008 (BGBl I, 2586)

Buch 1 Allgemeiner Teil
Abschnitt 9. Verfahren mit Auslandsbezug

Schrifttum: Vgl das allg Schrifttum zu Verfahren mit Auslandsbezug im FamFG → A vor Rn 239.

Unterabschnitt 1. *Verhältnis zu völkerrechtlichen Vereinbarungen und Rechtsakten der Europäischen Gemeinschaft*

FamFG § 97. Vorrang und Unberührtheit

(1) [1]Regelungen in völkerrechtlichen Vereinbarungen gehen, soweit sie unmittelbar anwendbares innerstaatliches Recht geworden sind, den Vorschriften dieses Gesetzes vor. [2]Regelungen in Rechtsakten der Europäischen Gemeinschaft bleiben unberührt.

(2) Die zur Umsetzung und Ausführung von Vereinbarungen und Rechtsakten im Sinne des Absatzes 1 erlassenen Bestimmungen bleiben unberührt.

1. Vorrang von Staatsverträgen, Abs 1

Auch in Betreuungssachen haben – wie Abs 1 S 1 klarstellt – Staatsverträge Vorrang vor dem **147** autonomen deutschen Zuständigkeitsrecht nach § 104 FamFG. Dies gilt im Wesentlichen nur für die Art 5–12 ErwSÜ, die jedenfalls dann die autonome Vorschrift in § 104 FamFG verdrängen, wenn der Erwachsene seinen gewöhnlichen Aufenthalt in einem Vertragsstaat dieses Übk hat (näher zum räumlichen Anwendungsbereich der Zuständigkeitsregelung des ErwSÜ und zur Abgrenzung gegenüber dem autonomen Zuständigkeitsrecht → Rn 49 ff; ferner P/H/*Hau* Rn 16 ff). Dies gilt nicht nur für die internationale Zuständigkeit nach § 104 Abs 1, sondern auch für die Vorschriften zur Koordinierung von Verfahren mit im Ausland zuständigen Behörden nach § 104 Abs 2 iVm § 99 Abs 2 und 3, die im Verhältnis der Vertragsstaaten durch Art 8 ErwSÜ verdrängt werden (P/H/*Hau* Rn 21).

2. Geltung von deutschen Umsetzungs- und Ausführungsgesetzen, Abs 2

Deutsche Ausführungsbestimmungen iSv § 97 Abs 2 enthält in Betreuungssachen das ErwSÜ- **148** AG v 17.3.2007; sie werden durch das FamFG nicht berührt. Das ErwSÜAG regelt freilich die internationale Zuständigkeit in Betreuungssachen nicht, sondern lediglich die sachliche und örtliche Zuständigkeit für die Anerkennung und Vollstreckung von Entscheidungen sowie für Konsultationsverfahren (§§ 6, 7 ErwSÜAG; → S Rn 50 ff).

Unterabschnitt 2. *Internationale Zuständigkeit*

FamFG § 104. Betreuungs- und Unterbringungssachen; Pflegschaft für Erwachsene

(1) Die deutschen Gerichte sind zuständig, wenn der Betroffene oder der volljährige Pflegling
1. Deutscher ist oder
2. seinen gewöhnlichen Aufenthalt im Inland hat.
Die deutschen Gerichte sind ferner zuständig, soweit der Betroffene oder der volljährige Pflegling der Fürsorge durch ein deutsches Gericht bedarf.

(2) § 99 Abs. 2 und 3 gilt entsprechend.

(3) Die Absätze 1 und 2 sind im Fall einer Unterbringung nach § 312 Nr. 3 nicht anzuwenden.

877

J 149–153   1. Teil. Erkenntnisverfahren J. Betreuungssachen

1. Allgemeines

149   Das Betreuungsverfahren ist nicht mehr – wie das frühere Entmündigungsverfahren – ein Verfahren der streitigen, sondern ein solches der **freiwilligen Gerichtsbarkeit** (vgl §§ 271 ff FamFG). Die internationale Zuständigkeit in Betreuungs-, Unterbringungs- und Pflegschaftssachen, die Erwachsene betreffen, ist seit dem 1.9.2009 selbständig in § 104 Abs 1 FamFG geregelt. Wird die Fürsorge für den Erwachsenen bereits durch ausländische Behörden geleistet, verweist Abs 2 auf die entsprechenden Vorschriften in Kindschaftssachen (§ 99 Abs 2 und 3). Die Zuständigkeiten sind – wie § 106 FamFG klarstellt – konkurrierend, schließen also eine gleichzeitige Zuständigkeit ausländischer Gerichte nicht aus. Die **örtliche Zuständigkeit** ergibt sich aus § 272 FamFG. Verbringen deutsche Staatsangehörige unter Aufgabe ihres Lebensmittelpunkts in Deutschland ihren Lebensabend im Ausland, ist in Betreuungssachen grundsätzlich das AG Berlin-Schöneberg gemäß § 272 Abs 1 Nr 4 FamFG zuständig (OLG Köln NZFam 18, 142).

2. Anwendungsbereich

150   **a) Betreuungssachen.** § 104 gilt vor allem für Betreuungssachen iSv § 271 FamFG:

FamFG § 271. Betreuungssachen

Betreuungssachen sind

1. Verfahren zur Bestellung eines Betreuers und zur Aufhebung der Betreuung,
2. Verfahren zur Anordnung eines Einwilligungsvorbehalts sowie
3. sonstige Verfahren, die die rechtliche Betreuung eines Volljährigen (§§ 1896 bis 1908i des Bürgerlichen Gesetzbuchs) betreffen, soweit es sich nicht um eine Unterbringungssache handelt.

151   **b) Unterbringungssachen.** § 104 gilt ferner auch für Unterbringungssachen iSv § 312 FamFG, soweit diese sich auf Erwachsene beziehen:

FamFG § 312. Unterbringungssachen

Unterbringungssachen sind Verfahren, die die Genehmigung oder Anordnung einer

1. freiheitsentziehenden Unterbringung nach § 1906 Absatz 1 und 2 auch in Verbindung mit Absatz 5 des Bürgerlichen Gesetzbuchs,
2. freiheitsentziehenden Maßnahme nach § 1906 Absatz 4 auch in Verbindung mit Absatz 5 des Bürgerlichen Gesetzbuchs,
3. ärztlichen Zwangsmaßnahme, auch einschließlich einer Verbringung zu einem stationären Aufenthalt, nach § 1906a Absatz 1, 2 und 4 auch in Verbindung mit Absatz 5 des Bürgerlichen Gesetzbuchs oder
4. freiheitsentziehenden Unterbringung und einer ärztlichen Zwangsmaßnahme bei Volljährigen nach den Landesgesetzen über die Unterbringung psychisch Kranker

betreffen.

152   **c) Pflegschaftssachen.** Mit dem Begriff der „Pflegschaft für Erwachsene" bezeichnet § 104 alle Verfahren, die als betreuungsrechtliche Zuweisungssachen iSv § 340 Nr 1 FamFG den Betreuungsgerichten obliegen (MüKoFamFG/*Rauscher* Rn 4):

FamFG § 340. Betreuungsgerichtliche Zuweisungssachen

Betreuungsgerichtliche Zuweisungssachen sind

1. Verfahren, die die Pflegschaft mit Ausnahme der Pflegschaft für Minderjährige oder für eine Leibesfrucht betreffen,
2, 3 ....

soweit es sich nicht um Betreuungssachen oder Unterbringungssachen handelt.

153   **d) Begriff des „Erwachsenen".** Die Frage, wer iSv § 104 als „erwachsen" zu gelten hat, dh die Abgrenzung zwischen Erwachsenen und Minderjährigen, wird von der hM nach der deutschen *lex fori* beurteilt; damit würde auf § 2 BGB verwiesen (Zö/*Geimer* Rn 2; P/H/*Hau* Rn 6). Gute Gründe sprechen freilich dafür, die staatsvertragliche Abgrenzung nach Art 2 KSÜ und Art 2 Abs 1 ErwSÜ auch zur Auslegung von § 104 heranzuziehen (dazu näher MüKo-FamFG/*Rauscher* Rn 5). Im Ergebnis übereinstimmend sind daher „Erwachsene" iSv § 104 grundsätzlich alle Personen die das 18. Lebensjahr vollendet haben. Für die Aufhebung einer Vormundschaft, die für einen Minderjährigen angeordnet wurde, gilt hingegen auch dann, wenn

878

II. Internationales Privatrecht　　　　　　　　　　　　　　　　　　　　154–158 **J**

er inzwischen das 18. Lebensjahr vollendet hat, nicht § 104, sondern § 99, wenn er nach seinem Heimatrecht (Art 7 EGBGB) noch minderjährig ist (BGH FamRZ 18, 457 Rn 14 m Anm *Hüßtege;* OLG Karlsruhe BeckRS 17, 132307 Rn 14; Zö/*Geimer* Art 8 EuEheVO Rn 1; MüKoFamFG/*Sieghörtner* § 99 Rn 23).

3. Die einzelnen Zuständigkeiten, Abs 1

§ 104 Abs 1 FamFG begründet **drei gleichrangige Zuständigkeiten** (MüKoFamFG/*Rau-* **154** *scher* Rn 20), nämlich die Heimatzuständigkeit (Nr 1), die Aufenthaltszuständigkeit (Nr 2) und die Fürsorgebedürfniszuständigkeit (Nr 3). Zur Auslegung kann auf die Parallelanknüpfungen für die internationale Zuständigkeit in Kindschaftssachen (§ 99 Abs 1) verwiesen werden(→ F Rn 578 ff).

Die Inanspruchnahme der Aufenthaltszuständigkeit nach § 104 Nr 2 FamFG scheidet aller- **155** dings wegen des Vorrangs des ErwSÜ vor deutschen Gerichten aus. Ferner ergibt sich auch eine internationale Zuständigkeit der deutschen Gerichte nach § 104 Nr 1 oder Nr 3 FamFG nur noch in Fällen, in denen sich der zu betreuende Erwachsene nicht in einem anderen Vertragsstaat des ErwSÜ gewöhnlich aufhält (vgl näher Staud/*v Hein* Vorbem Art 24 EGBGB Rn 102 ff).

4. Konkurrierende in- und ausländische Zuständigkeit, Abs 2

Abs 2 erklärt im Übrigen die Vorschriften des § 99 Abs 2 und 3 in Kindschaftssachen) für **156** entsprechend anwendbar. Diese enthalten Sonderregeln für den Fall, dass sowohl die deutschen als auch die Gerichte eines anderen Staates für die Anordnung einer Schutzmaßnahme zuständig sind. Auch diese Vorschriften kommen nur noch zur Anwendung, wenn sich der Erwachsene nicht in einem Vertragsstaat des Haager ErwSÜ gewöhnlich aufhält. Für diesen Fall kann die Anordnung einer Betreuung im Inland unterbleiben, wenn das ausländische Gericht aus deutscher Sicht – dh in spiegelbildlicher Anwendung von § 104 Abs 1 – für die Anordnung der Betreuung international zuständig ist, das dortige Verfahren bereits anhängig ist und der Verzicht auf die Anordnung durch das deutsche Gericht im Interesse des Erwachsenen liegt.

Auch wenn das Verfahren auf Anordnung der Betreuung bereits bei dem hierfür nach § 104 **157** international zuständigen deutschen Gericht anhängig ist, kann es in entsprechender Anwendung von § 99 Abs 3 S 1 **an ein ausländisches Gericht abgegeben** werden, wenn

(1) das ausländische Gericht aus deutscher Sicht (→ Rn 154 ff) für die Anordnung der Betreuung international zuständig ist,
(2) die Abgabe im Interesse des schutzbedürftigen Erwachsenen liegt,
(3) der Betreuer seine Zustimmung erteilt und
(4) das ausländische Gericht sich zur Übernahme bereit erklärt.

Verweigert der Betreuer die Zustimmung, so kann diese entsprechend § 99 Abs 3 S 2 durch gerichtliche Entscheidung ersetzt werden.

5. Ausschluss der Unterbringung nach § 312 Nr 3, Abs 3

Abs 3 schließt die Anwendung der Absätze 1 und 2 auf (landesrechtlich geregelte) freiheits- **158** entziehende Unterbringungsmaßnahmen iSv § 312 Nr 3 aus. Die internationale Zuständigkeit für solche Maßnahmen beurteilt sich nach § 105 iVm § 313 Abs 3 (MüKoFamFG/*Rauscher* Rn 25; P/H/*Hau* Rn 26).

II. Internationales Privatrecht

1. Einführung

Schrifttum: *Dutoit,* La protection des incapables majeurs en droit international privé, Rev crit. 67, 465; *Ganner,* Das österreichische Sachwalterrecht, BtPrax 07, 238 und 08, 3; *v Hein,* Zur Anordnung von Maßnahmen zum Schutz deutscher Erwachsener durch österreichische Gerichte, IPRax 09, 173; *ders,* Betreuungsrechtliche Genehmigungserfordernisse zur Veräußerung von Immobilien – Internationale Zuständigkeit und anwendbares Recht, IPRax 15, 198; *Hellmann,* Rechtliche Unterstützung und Vertretung für Menschen mit geistiger Behinderung in den EU-Staaten, BtPrax 06, 87; *Kirchhoff,* Das Rechtsfolgenstatut der beschränkten Geschäftsfähigkeit und der Geschäftsunfähigkeit – Ein Beitrag zur Auslegung der Art. 7 und 24 EGBGB (2005); *Nitzinger,* Das Betreuungsrecht im internationalen Privatrecht (1998); *Oberhammer/Graf/Slonina,*

879

J 159–163   1. Teil. Erkenntnisverfahren J. Betreuungssachen

Sachwalterschaft für Deutsche und Schweizer in Österreich, ZfRV 07, 133; *Oelkers,* Internationales Betreuungsrecht (1996); *Ofner,* Gesetzliche Vertretung für psychisch Kranke und geistig Behinderte im internationalen Vergleich, ÖJZ 05, 775; *Röthel,* Erwachsenenschutz in Europa: Von paternalistischer Bevormundung zu gestaltbarer Fürsorge, FamRZ 04, 999; *Spickhoff,* Selbstbestimmung im Alter – Möglichkeiten und Grenzen, ZfRV 08, 33; *Van Boxstael,* L'administration de la personne et des biens des incapables, in: Verwilghen/De Volkeneer (Hrsg), Relations familiales internationales (Brüssel 1993) 191.

159   **a) EU-Recht.** Wie die internationale Zuständigkeit ist auch das Kollisionsrecht für Maßnahmen zum Schutz von Erwachsenen bisher auf EU-Ebene nicht vereinheitlicht.

160   **b) Staatsverträge. aa) Haager ErwSÜ.** Die Vereinheitlichung des internationalen Privatrechts auf dem Gebiet des Schutzes körperlich oder geistig behinderter volljähriger Personen hat sich hingegen das Haager Übk über den internationalen Schutz Erwachsener (ErwSÜ) vom 13.1.2000 (BGBl 07 I, 323) zum Ziel gesetzt. Das Übk ist allerdings – Im Gegensatz zum Haager Kinderschutzübereinkommen von 1996 **(KSÜ)** – bisher nur für wenige Staaten in Kraft getreten.

161   **bb) Deutsch-iranisches Niederlassungsabkommen.** Im Verhältnis zum *Iran* hat allerdings das deutsch-iranische Niederlassungsabkommen vom 17.2.1929 (RGBl 30 II, 1006) Vorrang sowohl vor dem Haager ErwSÜ (Art 49 ErwSÜ) als auch vor dem autonomen IPR (Art 3 Nr 2 EGBGB; vgl *Schaub* IPRax 16, 207/208; dazu allg BGHZ 120, 29/31 = FamRZ 93, 316m Aufs U. *Wolf* 874 = IPRax 93, 102 m Anm *Henrich* 81; BGH FamRZ 93, 1053; OLG Zweibrücken FamRZ 01, 920). Das Abk erfasst nach seinem Schlussprotokoll auf dem Gebiet des Familienrechts auch die Vormundschaft und die Pflegschaft und knüpft in Art 8 Abs 3 S 1 an das Heimatrecht des schutzbedürftigen Erwachsenen an. Ob und ggf welche Schutzmaßnahmen für einen erwachsenen Iraner von deutschen Gerichten angeordnet werden können und welche Wirkungen sie haben, beurteilt sich daher – abweichend von Art 13 Abs 1 ErwSÜ – nicht nach der deutschen *lex fori,* sondern nach iranischem Recht (BeckOK-BGB/*Heiderhoff* Art 24 EGBGB Rn 6). Ferner kann für einen erwachsenen Iraner – entgegen Art 24 Abs 1 S 2 EGBGB – auch kein Betreuer nach deutschem Recht bestellt werden; etwas anderes kann auch nicht aus der *ordre public*-Klausel des Art 8 Abs 3 S 2 hergeleitet werden (Staud/*v Hein* vor Art 24 EGBGB Rn 8; **aA** PWW/*Martiny* Art 24 4n 8; *Rausch* BtPrax 04, 137/139). Wegen der Einzelheiten zur Anwendung des Abkommens, insbesondere auf Mehrstaater und Flüchtlinge, vgl (→ A Rn 534 ff).

162   **c) Autonomes deutsches Kollisionsrecht.** Das deutsche autonome Kollisionsrecht regelt die gesetzliche Vertretung von Erwachsenen durch einen Betreuer in Art 24 EGBGB. Die Bedeutung dieser Vorschrift ist freilich mit Inkrafttreten des Haager ErwSÜ am 1.1.2009 stark eingeschränkt worden. Denn die Kollisionsnormen des Übk verdrängen das autonome deutsche IPR gemäß Art 3 Nr 2 EGBGB immer dann, wenn deutsche Gerichte ihre internationale Zuständigkeit auf das Übk stützen, also insbesondere dann, wenn der **Erwachsene** seinen **gewöhnlichen Aufenthalt im Inland** hat (Art 5 Abs 1 ErwSÜ). Gleiches gilt aber auch dann, wenn die internationale Zuständigkeit der deutschen Gerichte für Maßnahmen aus der deutschen Staatsangehörigkeit des schutzbedürftigen Erwachsenen (Art 7 ErwSÜ) oder der Belegenheit von dessen Vermögen im Inland (Art 9 ErwSÜ) abgeleitet wird. Art 24 EGBGB ist also auf Schutzmaßnahmen für Erwachsene nur noch anzuwenden, wenn sich die internationale Zuständigkeit der deutschen Gerichte ausnahmsweise aus § 104 FamFG ergibt (MüKoBGB/*Lipp* Art 24 EGBGB Rn 13).

163   Denn die Kollisionsregeln des Übk gelten nach Art 18 als „*loi uniforme*", dh auch dann, wenn auf das **Recht eines Nichtvertragsstaats** verwiesen wird. Art 24 Abs 1 S 1 EGBGB ist daher auf die Anordnung einer Betreuung durch deutsche Gerichte nur noch anwendbar, wenn für einen Deutschen mit gewöhnlichem Aufenthalt in einem Nichtvertragsstaat ein Betreuer bestellt werden soll (*Lagarde*-Bericht Rn 89; *Siehr* RabelsZ 64 [2000] 715/736; *Helms* FamRZ 08, 1995/1998; *Ludwig* DNotZ 09, 251/258). Darüber hinaus ist die Vorschrift bei der Anordnung von Schutzmaßnahmen für Deutsche in Nichtvertragsstaaten des Haager ErwSÜ heranzuziehen, soweit das dortige IPR eine Gesamtverweisung auf das deutsche Heimatrecht ausspricht (vgl zur Anordnung einer Betreuung über eine in *Österreich* lebende Deutsche vor Inkrafttreten des Haager ErwSÜ öst OGH IPRax 09, 169 m Anm *v Hein* 173).

II. Internationales Privatrecht   164–169 **J**

2. Staatsverträge

550. Haager Übereinkommen über den internationalen Schutz von Erwachsenen (ErwSÜ)

Vom 13. Januar 2000 (BGBl 07 II, 323)

Vorbemerkung

Schrifttum: Vgl zunächst das Schrifttum → vor Rn 4; ferner *Ludwig,* Der Erwachsenenschutz im internationalen Privatrecht nach Inkrafttreten des Haager Erwachsenenschutzübereinkommens, DNotZ 09, 251.

Vgl auch das spezielle Schrifttum zur Vorsorgevollmacht → vor Rn 190.

1. Entstehungsgeschichte

Vgl dazu → vor Rn 4.   **164**

2. Vertragsstaaten

Das ErwSÜ ist für die *Bundesrepublik Deutschland* am 1.1.2009 in Kraft getreten (BGBl II, 39); **165** zu den übrigen Vertragsstaaten → Rn 5.

3. Anwendungsbereich

a) Sachlicher Anwendungsbereich. Der sachliche Anwendungsbereich des ErwSÜ be- **166** schränkt sich auch auf dem Gebiet des Kollisionsrechts auf den Schutz von Erwachsenen nach Maßgabe von Art 1 Abs 1, dh auf Personen, die „aufgrund einer Beeinträchtigung oder der Unzulänglichkeit ihrer persönlichen Fähigkeiten nicht in der Lage sind, ihre Interessen zu schützen" (zur Schutzbedürftigkeit näher Staud/*v Hein* Vorbem Art 24 EGBGB Rn 22 ff; ferner → Rn 14 ff). Das Übk bestimmt das anzuwendende Recht in Art 13 f allerdings nur für die Voraussetzungen und Wirkungen der Anordnung sowie die Änderung und und Aufhebung von **Schutzmaßnahmen,** sowie für das Bestehen, den Umfang und die Beendigung einer **Vorsorgevollmacht.** Abweichend von Art 16, 17 KSÜ fehlt hingegen eine allgemeine Kollisionsnorm für den Erwachsenenschutz, der *kraft Gesetzes* eintritt.

b) Räumlicher Anwendungsbereich. Die Anwendung des ErwSÜ setzt nach Art 1 Abs 1 **167** einen **„internationalen Sachverhalt"** voraus, der also Bezugspunkte zu mindestens zwei Staaten aufweist. Ein solcher ist insbesondere gegeben, wenn Staatsangehörigkeit und gewöhnlicher Aufenthalt des Erwachsenen divergieren. Darüber hinaus dürfte aber auch die Belegenheit von Vermögen des Erwachsenen in einem anderen Vertragsstaat hierfür ausreichen (Staud/*v Hein* Vorbem Art 24 EGBGB Rn 28 unter Hinweis auf Art 10 Abs 2 ErwSÜ; *Ludwig* DNotZ 09, 251/259 f; MüKoBGB/*Lipp,* Art 1–4 ErwSÜ Rn 36; **aA** *Siehr* RabelsZ 64 [2000] 715/722; *Wagner* IPRax 07, 11/13).

Der räumlich-persönliche Anwendungsbereich wird allerdings nicht für das gesamte Übk **168** einheitlich bestimmt, sondern wird für die internationale Zuständigkeit, das anwendbare Recht und die Anerkennung und Vollstreckung von Schutzmaßnahmen jeweils gesondert festgelegt (NK-BGB/*Benicke* Art 1 Rn 9). Auf dem Gebiet des **Kollisionsrechts** gilt für die Anordnung von Schutzmaßnahmen nach Art 13 Abs 1 der **Gleichlaufgrundsatz,** dh die Behörden der Vertragsstaaten wenden grundsätzlich ihr eigenes Recht an. Dies setzt jedoch deren internationale Zuständigkeit nach Kapitel II voraus, dh der schutzbedürftige Erwachsene muss entweder seinen gewöhnlichen Aufenthalt in einem Vertragsstaat haben (Art 5 Abs 1) oder es muss eine der sonstigen Anknüpfungen für die internationale Zuständigkeit nach Art 6–11 in einem Vertragsstaat gegeben sein.

c) Persönlicher Anwendungsbereich. Persönlich ist das Übk nach seinem Art 2 Abs 1 nur **169** auf Personen anwendbar, die das **18. Lebensjahr vollendet** haben (Art 2 Abs 1 ErwSÜ), auch wenn sie nach ihrem Heimatrecht oder dem Recht ihres gewöhnlichen Aufenthalts erst zu einem späteren Zeitpunkt volljährig werden; deshalb kommt es auf die Staatsangehörigkeit des Erwachsenen nicht an (*Lagarde*-Bericht Rn 17; *Helms* FamRZ 08, 1995; *Wagner* IPRax 07, 11/12). Um einen nahtlosen Übergang vom KSÜ auf das ErwSÜ zu gewährleisten, ist das ErwSÜ nach Art 2

881

J 173, 174   1. Teil. Erkenntnisverfahren J. Betreuungssachen

Abs 2 allerdings auch auf Maßnahmen anzuwenden, die hinsichtlich eines Erwachsenen zu einem Zeitpunkt getroffen wurden, in dem er das 18. Lebensjahr noch nicht vollendet hatte (→ Rn 22 f).

170   **d) Zeitlicher Anwendungsbereich.** In zeitlicher Hinsicht ist das ErwSÜ nach seinem Art 50 Abs 1 hinsichtlich des anwendbaren Rechts nur auf Schutzmaßnahmen anzuwenden, die in einem Vertragsstaat getroffen werden, nachdem das Übk für diesen Staat in Kraft getreten ist (→ Rn 264). Demgegenüber wirkt das Übk für das IPR der **Vorsorgevollmacht** in gewissem Umfang zurück; denn es ist insoweit nach Art 50 Abs 3 ab seinem Inkrafttreten in einem Vertragsstaat auch auf die Vertretungsmacht anzuwenden, die zuvor unter Bedingungen einge- räumt wurde, die denen des Art 15 ErwSÜ entsprechen (näher Staud/*v Hein* Vorbem Art 24 EGBGB Rn 171 ff; → Rn 265).

4. Verhältnis zu anderen Rechtsinstrumenten

171   Das Verhältnis zu anderen Staatsverträgen regelt das ErwSÜ in seinem Kapitel VI, insbesonde- re in Art 48 und 49 (→ Rn 258 ff). Danach hat auf dem Gebiet des Kollisionsrechts aus deutscher Sicht allein das **deutsch-iranische Niederlassungsabkommen** (→ Rn 161) Vorrang vor dem Übk.

5. Deutsches Ausführungsgesetz

172   Ausführungsbestimmungen zum ErwSÜ in der *Bundesrepublik Deutschland* enthalten die §§ 6 ff ErwSÜAG v 17.3.2007 (BGBl I, 314; → S Rn 50 ff). Diese betreffen allerdings nur das Ver- fahrensrecht, nicht das Kollisionsrecht.

Kapitel I. Anwendungsbereich des Übereinkommens
ErwSÜ Art 1–4

(abgedruckt und kommentiert → Rn 13 ff)

Kapitel II. Zuständigkeit
ErwSÜ Art 5–12

(abgedruckt und kommentiert → Rn 49 ff)

Kapitel III. Anzuwendendes Recht
ErwSÜ Art 13. [Gleichlaufgrundsatz]

(1) **Bei der Ausübung ihrer Zuständigkeit nach Kapitel II wenden die Behörden der Vertragsstaaten ihr eigenes Recht an.**

(2) **Soweit es der Schutz der Person oder des Vermögens des Erwachsenen erfordert, können sie jedoch ausnahmsweise das Recht eines anderen Staates anwenden oder berücksichtigen, zu dem der Sachverhalt eine enge Verbindung hat.**

1. Allgemeines

173   Für die Anordnung von Schutzmaßnahmen gelten auf dem Gebiet des Erwachsenenschutzes seit dem 1.1.2009 vor deutschen Gerichten die Kollisionsnormen des Art 13. Sie verdrängen – ebenso wie Art 15 Abs 1 und 2 KSÜ – das autonome Kollisionsrecht in Art 21, 24 EGBGB. Art 13 enthält in Abs 1 die Grundsatzanknüpfung an die *lex fori* und in Abs 2 eine Ausweich- klausel. Die in Art 15 Abs 3 KSÜ enthaltene Regelung zu den Auswirkungen eines Wechsels des gewöhnlichen Aufenthalts des Erwachsenen auf die Durchführung von Schutzmaßnahmen findet sich in Art 14 ErwSÜ. Die Anwendung dieser Kollisionsregeln ist **zwingend**; eine hiervon abweichende Rechtswahlmöglichkeit eröffnet das Übk nicht (*Lagarde*-Bericht Rn 91). Auch aus der Ausweichklausel in Abs 2 folgt nichts anderes (Staud/*v Hein* Vorbem Art 24 EGBGB Rn 153; MüKoBGB/*Lipp* Rn 6).

174   Sowohl die Verweisung auf die *lex fori* nach Abs 1 wie die Anwendung der Ausweichklausel nach Abs 2 setzt voraus, dass das angerufene Gericht seine Zuständigkeit aus den Art 5- 11 ErwSÜ ableitet. Ist nach diesen Vorschriften keine Zuständigkeit des angerufenen deutschen

882

II. Internationales Privatrecht: ErwSÜ Art 13 **175–177 J**

Gerichts (oder des Gerichts eines anderen Vertragsstaats) begründet, so kann dieses Gericht seine Zuständigkeit zwar auf das autonome Verfahrensrecht (§ 104 FamFG) stützen. Für diesen Fall bestimmt sich das anwendbare Recht jedoch nach Art 24 EGBGB (*Ludwig* DNotZ 09, 251/267; Staud/*v Hein* Vorbem Art 24 EGBGB Rn 148; Pal/*Thorn* Rn 7; Erman/*Hohloch* Anh Art 24 EGBGB Rn 84; dazu → Rn 266 ff). Dies kommt insbesondere in Betracht, wenn Schutzmaßnahmen für Erwachsene mit deutscher Staatsangehörigkeit angeordnet werden sollen, die sich außerhalb der Vertragsstaaten des ErwSÜ gewöhnlich aufhalten. Gleiches gilt für die Aufhebung einer Vormundschaft, die für nicht hilfsbedürftige Minderjährige im Inland angeordnet wurde, sofern diese inzwischen das 18. Lebensjahr vollendet haben, aber nach ihrem Heimatrecht (Art 7 EGBGB) noch minderjährig sind (BGH FamRZ 18, 457 Rn 30 m Anm *Hüßtege*).

2. Beschränkung auf Schutzmaßnahmen

Das ErwSÜ regelt das anwendbare Recht nur für die Voraussetzungen und Wirkungen der **175** Anordnung und Aufhebung von Schutzmaßnahmen sowie für das Bestehen, den Umfang und die Beendigung einer Vorsorgevollmacht. Abweichend von Art 16, 17 KSÜ (→ F Rn 638 ff) fehlt hingegen eine allgemeine Kollisionsnorm für den Erwachsenenschutz, der *kraft Gesetzes* eintritt (*Lagarde*-Bericht Rn 19; *Helms* FamRZ 08, 1995/1999; *Ludwig* DNotZ 09, 251/268 f). Insbesondere enthält das ErwSÜ keine Vorschriften zur Anknüpfung der gesetzlichen Vertretung von nicht (voll) geschäftsfähigen Erwachsenen, die unabhängig von der Anordnung von Schutzmaßnahmen anzuwenden sind. Gleiches gilt für die Anknüpfung von Vorschriften, die bei Handlungsunfähigkeit eines Erwachsenen eine Betreuung kraft Gesetzes auslösen (wie zB §§ 284b ff öst ABGB, vgl *Guttenberger* 186). Regelungslücken, die sich daraus in Fällen ergeben können, in denen Volljährigkeit nach dem Heimatrecht des Betroffenen erst später als mit 18 Jahren eintritt, sind mit Hilfe des nationalen Kollisionsrechts – in Deutschland also mit Hilfe von Art 21, 24 EGBGB – zu schließen (vgl OLG Bremen FamRZ 16, 990: Beendigung der Vormundschaft für einen 19-jährigen Guineer; OLG Bremen BeckRS 12, 14694: Beendigung der Vormundschaft für einen 19-jährigen Liberianer; Pal/*Thorn* Anh Art 24 EGBGB Rn 3).

3. Gleichlaufgrundsatz, Abs 1

Wie das KSÜ (Art 15 Abs 1; → F Rn 624 ff) folgt auch das ErwSÜ in Abs 1 dem Grundsatz **176** des Gleichlaufs von internationaler Zuständigkeit und anwendbarem Recht. Die für die Anordnung einer Schutzmaßnahme nach Art 5 ff international zuständigen Gerichte und Behörden wenden also grundsätzlich ihr **eigenes materielles Recht** an (Pal/*Thorn* Anh Art 24 EGBGB Rn 4; MüKoBGB/*Lipp* Rn 1 f). Die Verweisung ist auf das **Sachrecht** der *lex fori* gerichtet; deren Kollisionsrecht bleibt nach Art 19 außer Betracht. Deutsche Gerichte entscheiden demgemäß stets auf der Grundlage des deutschen Betreuungs- und Vormundschaftsrechts. Dieses regelt sowohl die Voraussetzungen wie den Inhalt und die Wirkungen der zu treffenden Schutzmaßnahmen. Auf diese Weise wird deren Anordnung in Fällen mit Auslandsberührung erleichtert und beschleunigt, weil die häufig schwierige kollisionsrechtliche Prüfung und die Ermittlung ausländischen Rechts entfallen (NK-BGB/*Benicke* Rn 2). Ferner sind die auf das materielle Recht des Gerichtsstaats gestützten Maßnahmen in diesem Staat leichter und schneller durchzusetzen als Maßnahmen, die ihre Grundlage im ausländischen Recht haben (*Lagarde*-Bericht Rn 91).

Der Gleichlaufgrundsatz nach Abs 1 führt in dem häufigsten Fall, in dem das Gericht seine **177** Zuständigkeit auf Art 5 Abs 1 stützt, zur Anwendung des Rechts am *gewöhnlichen Aufenthalt* des Erwachsenen (zu dessen Bestimmung im ErwSÜ → 62 ff) im Gerichtsstaat. Auf die *Staatsangehörigkeit* des Erwachsenen kommt es dabei nicht an; dieser muss keinem Vertragsstaat angehören (Pal/*Thorn* Anh Art 24 EGBGB Rn 4 aE). Da Abs 1 die Geltung des Gleichlaufgrundsatzes indessen nicht auf die Fälle des Art 5 Abs 1 beschränkt, sondern ihn auf **sämtliche Zuständigkeiten** des Kapitels II ausdehnt, kann die Kollisionsregel auch zur Anwendung eines vom Recht des gewöhnlichen Aufenthalts des Erwachsenen **abweichenden Recht** führen (MüKoBGB/*Lipp* Rn 4; NK-BGB/*Benicke* Rn 3; *Guttenberger* 141 f). Dies gilt insbesondere dann, wenn das angerufene Gericht Maßnahmen auf die Staatsangehörigkeit des Erwachsenen (Art 7) oder die Belegenheit von dessen Vermögen (Art 9) stützt. In diesen Fällen führt der Gleichlaufgrundsatz zwar nicht notwendig zur Anwendung eines sachnahen Rechts, dient aber auch der Erleichterung der Rechtsanwendung (*Lagarde*-Bericht Rn 91).

883

J 178–183   1. Teil. Erkenntnisverfahren J. Betreuungssachen

178   Sowohl die Voraussetzungen als auch der Inhalt einer von deutschen Gerichten angeordneten Betreuung (zB die Zulässigkeit der Anordnung eines Einwilligungsvorbehalts) unterliegen daher dem *deutschen* Recht. Dieses gilt dann insbesondere auch für den **Umfang der gesetzlichen Vertretungsmacht** des Betreuers und deren Beschränkung durch gerichtliche Genehmigungserfordernisse.

4. Ausweichklausel

179   **a) Allgemeines.** Das starre Gleichlaufprinzip wird in Abs 2 durch eine offen formulierte Ausweichklausel (dazu H/O/*Hausmann* § 2 Rn 83 f) aufgelockert, die den Gerichten der Vertragsstaaten eine gewisse **Flexibilität** bei der Bestimmung des in der Sache anwendbaren Rechts einräumt. Danach gilt der Gleichlaufgrundsatz nach Abs 1 also nicht zwingend; vielmehr kann das Gericht ausnahmsweise auch das Recht eines anderen Staates anwenden oder berücksichtigen, zu dem der Sachverhalt eine enge Beziehung hat, soweit der Schutz der Person oder des Vermögens des Erwachsenen dies erfordern. Dies kann nach Art 18 auch das Recht eines Drittstaats sein (Staud/*v Hein* Vorbem Art 24 EGBGB Rn 149; MüKoBGB/*Lipp* Rn 9; *Guttenberger* 143 ff). Auch die Verweisung in Abs 2 auf ausländisches Recht ist nach Art 19 **Sachnormverweisung;** eine etwaige Rück- oder Weiterverweisung ist also nicht zu beachten.

180   Von der Ausweichklausel soll nach Abs 2 nur Gebrauch gemacht werden, „soweit es der Schutz der Person oder des Vermögens des Erwachsenen erfordert". Bezweckt wird also weniger die Anwendung eines sachnäheren Rechts (wie zB in Art 4 Abs 3 Rom III-VO), als vielmehr die **Verbesserung des materiellen Erwachsenenschutzes** (*Lagarde*-Bericht Rn 92; MüKoBGB/*Lipp* Rn 4; NK-BGB/*Benicke* Rn 5).

181   **b) Anwendung oder Berücksichtigung.** Unter „Berücksichtigung" ist insbesondere die Beachtung ausländischen (auch drittstaatlichen, Art 20) Rechts im Rahmen der Ausfüllung von Generalklauseln und unbestimmten Rechtsbegriffen der „angewandten" *lex fori* zu verstehen (Pal/*Thorn* Anh Art 24 EGBGB Rn 5). Die bloße Berücksichtigung von ausländischem Recht vermindert den für seine „Anwendung" erforderlichen Aufwand zur Ermittlung seines Inhalts (NK-BGB/*Benicke* Rn 7). Auf diese Weise kann auch die nach einem von der *lex fori* abweichenden Recht kraft Gesetzes bestehende Vertretungsmacht „berücksichtigt" werden (Staud/*v Hein* Vorbem Art 24 EGBGB Rn 152).

182   Da Abs 2 nach seinem ausdrücklichen Wortlaut eine **Ausnahme** vom Gleichlaufgrundsatz des Abs 1 bildet, ist von der Ausweichklausel nur **zurückhaltend Gebrauch** zu machen, auch wenn – anders als zB in Art 4 Abs 3 Rom I-VO/Rom II-VO – keine „offensichtlich" engere Verbindung mit einem anderen Recht gefordert wird. Dies spricht dafür, ausländisches Recht anstelle der *lex fori* nur dann „anzuwenden", wenn dessen bloße Berücksichtigung zum Schutz des der Person oder des Vermögens des Kindes nicht ausreicht. Die Anwendung der Ausweichklausel ist jedoch bei jeder Zuständigkeit des Kapitels II möglich (MüKoBGB/*Lipp* Rn 4).

183   Wird ein Gericht im Staat des gewöhnlichen oder schlichten Aufenthalts des Erwachsenen nach Art 5 oder 6 Abs 2 angerufen, so kann zur Konkretisierung der von Abs 2 vorausgesetzten **„engen Verbindung"** des Erwachsenen zu einer von der *lex fori* des angerufenen Gerichts abweichenden Rechtsordnung auf die Kriterien des Art 8 Abs 2 Bezug genommen werden. In Betracht kommt daher eine Anwendung des *Heimatrechts* des Erwachsenen, wenn dessen baldige Rückkehr in seinen Heimatstaat bevorsteht oder die Anwendung des *künftigen Aufenthaltsrechts,* wenn der Umzug dorthin unmittelbar bevorsteht(NK-BGB/*Benicke* Rn 6; MüKoBGB/*Lipp* Rn 7). Denkbar ist auch eine Anwendung der **lex rei sitae,** wenn Schutzmaßnahmen für das in einem anderen Staat belegene Vermögen des Erwachsenen angeordnet werden sollen, zB für die Bestellung eines Betreuers oder Pflegers, der nur dort tätig werden soll (*Lagarde*-Bericht Rn 92) oder wenn eine betreuungsgerichtlichen Genehmigung nur nach der *lex rei sitae* des zu veräußernden Gegenstands, nicht aber nach dem für die Betreuung maßgeblichen Gesamtstatut erforderlich ist (Staud/*v Hein* Vorbem Art 24 EGBGB Rn 150). In Betracht kommt eine Anwendung der Ausweichklausel freilich auch im umgekehrten Fall, dh wenn Maßnahmen bei einem Gericht außerhalb des gewöhnlichen Aufenthaltsstaats des Erwachsenen (zB in dessen Heimatstaat nach Art 7 oder im Belegenheitsstaat von Vermögen nach Art 9) beantragt werden. Für diesen Fall ermöglicht es Abs 2 dem angerufenen Gericht, unter Verzicht auf die Verfahrenserleichterung durch Anwendung seiner *lex fori* das **Recht am gewöhnlichen Aufenthalt des Erwachsenen** zugrunde zu legen, wenn dort der Schwerpunkt der von der beantragten Maßnahme betroffenen Rechtsbeziehungen liegt; auch dies sollte jedoch nicht die Regel sein (Staud/*v Hein* aaO; NK-BGB/*Benicke* Rn 5).

II. Internationales Privatrecht: ErwSÜ Art 14

185–188 **J**

5. Wirkungen von Schutzmaßnahmen

Wird von dem nach Art 5 ff zuständigen Gericht eine Betreuung für den Erwachsenen **184** angeordnet, so beurteilen sich auch die Befugnisse des Betreuers nach dem **Recht des Gerichts** oder der Behörde, welche die entsprechende Anordnung getroffen hat bzw – ausnahmsweise –nach dem Recht, zu dem nach Ansicht dieser Behörde eine engere Beziehung iSv Abs 2 besteht. Dieses Recht gilt insbesondere für den Umfang der gesetzlichen Vertretungsbefugnis des Betreuers und ist ferner dafür maßgebend, unter welchen Voraussetzungen dieser einer **betreuungsgerichtlichen Genehmigung** für den Abschluss von Verträgen im Namen des Erwachsenen bedarf.

ErwSÜ Art 14. [Durchführung von Maßnahmen in einem anderen Vertragsstaat]

Wird eine in einem Vertragsstaat getroffene Maßnahme in einem anderen Vertragsstaat durchgeführt, so bestimmt das Recht dieses anderen Staates die Bedingungen, unter denen sie durchgeführt wird.

1. Allgemeines

Verlegt ein Erwachsener nach Anordnung einer Maßnahme seinen **gewöhnlichen Aufent-** **185** **halt in einen anderen Vertragsstaat,** bleibt diese Maßnahme, sofern sie dort anerkannt wird (→ S Rn 12 ff, 78 ff), nach Art 12 solange in Kraft, bis eine zuständige Behörde des neuen Aufenthaltsstaats sie ändert, ersetzt oder aufhebt. Ein Aufenthaltswechsel ist also auf den **Bestand** und den **Inhalt** der im früheren Aufenthaltsstaat getroffenen Maßnahme ohne Einfluss. Allerdings bestimmt nach Art 14 – in Anlehnung an Art 15 Abs 3 KSÜ – das neue Aufenthaltsrecht vom Zeitpunkt des Aufenthaltswechsels an die **Bedingungen,** unter denen sie im neuen Aufenthaltsstaat durchgeführt wird. Damit erübrigt sich ein Verfahren zur Anpassung der ausländischen Maßnahme an das neue Aufenthaltsrecht zum Zwecke ihrer angemessenen Durchführung (Staud/*v Hein* Vorbem Art 24 EGBGB Rn 154).

Art 14 gilt jedoch nicht nur im Falle eines Statutenwechsels durch Verlegung des gewöhnli- **186** chen Aufenthalts in einen anderen Vertragsstaat, sondern auch in jedem anderen Fall, in dem die in einem Vertragsstaat getroffene Maßnahme in einem anderen Vertragsstaat durchgeführt werden soll (*Lagarde*-Bericht Rn 93 f; NK–BGB/*Benicke* Rn 3; Staud/ *v Hein* Vorbem Art 24 EGBGB Rn 156). Dies trifft aufgrund der unterschiedlichen Zuständigkeiten des Kapitels II nicht selten zu, etwa wenn im **Heimatstaat** des Erwachsenen nach Art 7 getroffene Maßnahmen von vorneherein im Staat seines gewöhnlichen Aufenthalts durchgeführt werden sollen oder wenn das nach Art 5 Abs 1 zuständige Gericht im Staat des gewöhnlichen Aufenthalts des Erwachsenen Schutzmaßnahmen für dessen **im Ausland belegenes Vermögen** anordnet, die im Belegenheitsstaat dieses Vermögens umzusetzen sind (Pal/*Thorn* Anh Art 24 EGBGB Rn 6).

Zweck der Regelung ist es, die Durchführung von Maßnahmen der Behörden anderer Ver- **187** tragsstaaten dadurch zu erleichtern und zu beschleunigen, dass die mit der Durchführung befassten Behörden ihr eigenes Recht anwenden können (Staud/*v Hein* Vorbem Art 24 EGBGB Rn 154; NK–BGB/*Benicke* Rn 2). Dies hat ferner den Vorteil, dass Maßnahmen von eigenen und von ausländischen Behörden im Durchführungsstaat nach den gleichen Regeln umgesetzt werden; die hiermit befassten Behörden im Durchführungsstaat sind daher nicht gezwungen, die einer Durchführung der Maßnahmen nach dem eigenen Recht gezogenen Schranken (zB gerichtliche Genehmigungserfordernisse) als Eingriffsnormen (Art 20) oder mit Hilfe des *ordre public* durchzusetzen (MüKoBGB/*Lipp* Rn 2 f).

2. Bedingungen der Durchführung

Da Gerichtsentscheidungen zum ErwSÜ bisher Mangelware sind, ist wenig geklärt, was genau **188** unter den „Bedingungen der Durchführung" einer Schutzmaßnahme zu verstehen ist. Gemeint sein dürfte vor allem die **Art und Weise,** in der die getroffene Maßnahme in einem vom Gesamtstatut der Betreuung abweichenden Vertragsstaat durchgeführt werden soll. Dazu gehören insbesondere **gerichtliche Genehmigungserfordernisse** zu Maßnahmen, die ein im Inland bestellter Betreuer in einem anderen Vertragsstaat im Interesse des Betreuten/Mündels zu treffen hat, wie zB zu Verfügungen über Grundbesitz oder zur Einwilligung in medizinische Maßnahmen (*Lagarde*-Bericht Rn 93 f; *Siehr* RabelsZ 64 [2000] 715/738; *Helms* FamRZ 08, 1995/

885

J 190

1. Teil. Erkenntnisverfahren J. Betreuungssachen

1999; *Ludwig* DNotZ 09, 251/268 f; *v Hein* IPRax 15, 198/202; Pal/*Thorn* Anh Art 24 EGBGB Rn 6; Staud/*v Hein* Vorbem Art 24 EGBGB Rn 159). Im deutschen Recht fallen insbesondere die betreuungsgerichtlichen Genehmigungen nach §§ 1904–1908 BGB unter Art 14 (Mü-KoBGB/*Lipp* Rn 6 f; NK-BGB/*Benicke* Rn 4). Ferner bedarf auch der in einem anderen Vertragsstaat bestellte Betreuer oder Sachwalter zum Verkauf eines deutschen Grundstücks des betreuten Erwachsenen der Genehmigung nach § 1908i Abs 1 S 1 iVm § 1821 Abs 1 Nr 1 BGB (OLG Zweibrücken FGPrax 16, 73 [*Österreich*]; MüKoBGB/*Lipp* Rn 7).

189   Demgegenüber richten sich der Bestand und die Wirkungen der ausländischen Schutzmaßnahme nach dem Recht des Staates, dessen Behörden sie angeordnet haben. Gleiches sollte auch für die **Rechte und Pflichten** der bestellten Fürsorgeperson (zB zur Inventarerrichtung oder Rechnungslegung) sowie für ihre **Vergütung und Haftung** als Bestandteil der angeordneten Schutzordnung gelten (MüKoBGB/*Lipp* Rn 11; **aA** Staud/*v Hein* Vorbem Art 24 EGBGB Rn 162; differenzierend NK-BGB/*Benicke* Rn 5). Aber auch gerichtliche Genehmigungserfordernisse nach dem Recht des Anordnungsstaates konkretisieren die Befugnisse, insbesondere die gesetzliche Vertretungsmacht, der bestellten Fürsorgeperson. Deshalb müssen auch sie zur Durchführung der Maßnahme – ggfs zusätzlich zu den Genehmigungserfordernissen nach dem Recht des Durchführungsstaates – beachtet werden. Die damit verbundene Erschwernis der grenzüberschreitenden Durchführung von Schutzmaßnahmen ist im Interesse des durch diese Genehmigungserfordernisse geschützten Erwachsenen hinzunehmen (NK-BGB/*Benicke* Rn 6; *Guttenberger* 150 f; **aA** MüKoBGB/*Lipp* Rn 9; Staud/*v Hein* Vorbem Art 24 Rn Rn 161; Pal/*Thorn* Anh Art 24 EGBGB Rn 6).

ErwSÜ Art 15. [Vorsorgevollmacht]

(1) **Das Bestehen, der Umfang, die Änderung und die Beendigung der von einem Erwachsenen entweder durch eine Vereinbarung oder ein einseitiges Rechtsgeschäft eingeräumten Vertretungsmacht, die ausgeübt werden soll, wenn dieser Erwachsene nicht in der Lage ist, seine Interessen zu schützen, werden vom Recht des Staates bestimmt, in dem der Erwachsene im Zeitpunkt der Vereinbarung oder des Rechtsgeschäfts seinen gewöhnlichen Aufenthalt hatte, es sei denn, eines der in Absatz 2 genannten Rechte wurde ausdrücklich schriftlich gewählt.**

(2) **Die Staaten, deren Recht gewählt werden kann, sind**

a) ein Staat, dem der Erwachsene angehört;

b) der Staat eines früheren gewöhnlichen Aufenthalts des Erwachsenen;

c) ein Staat, in dem sich Vermögen des Erwachsenen befindet, hinsichtlich dieses Vermögens.

(3) **Die Art und Weise der Ausübung einer solchen Vertretungsmacht wird vom Recht des Staates bestimmt, in dem sie ausgeübt wird.**

Schrifttum: *Müller G,* Aktuelle Probleme der Vorsorgevollmacht und der Patientenverfügung, ZNotP 12, 404; *Ramser,* Grenzüberschreitende Vorsorgevollmachten in Europa im Licht des Haager Abkommens über den internationalen Schutz von Erwachsenen vom 13. Januar 2000 (2010); *Röthel/Woitge,* Das Kollisionsrecht der Vorsorgevollmacht, IPRax 10, 494; *Schaub,* Kollisionsrechtliche Probleme bei Vorsorgevollmachten, IPRax 16, 207; *Spickhoff,* Vorsorgeverfügungen im Internationalen Privatrecht, FS Coester-Waltjen (2015) 825; *Wedemann,* Vorsorgevollmachten im internationalen Rechtsverkehr, FamRZ 10, 785.

1. Allgemeines

190   Eine praktisch wichtige Sonderanknüpfung sieht das ErwSÜ in Art 15 für die von einem Erwachsenen erteilte Vorsorgevollmacht vor (vgl im deutschen Recht §§ 1896 Abs 2 S 2, 1901c S 2 BGB; dazu rechtsvergleichend *Ludwig* DNotZ 09, 251/269 ff; Staud/*v Hein* Vorbem Art 24 EGBGB Rn 165–168). Der Begriff der Vorsorgevollmacht wird in Abs 1 dahin umschrieben, dass sie ausgeübt werden soll, wenn der Erwachsene nicht in der Lage ist, seine Interessen selbst zu schützen (zu dieser Voraussetzung näher Staud/*v Hein* Vorbem Art 24 EGBGB Rn 174 ff). Der Stärkung der Selbstbestimmung des Erwachsenen durch eine Vorsorgevollmacht im materiellen Recht entspricht im Kollisionsrecht die ihm in Abs 2 eingeräumte Rechtswahlmöglichkeit (NK-BGB/*Benicke* Rn 1). In Ermangelung einer Rechtswahl gilt nach Abs 1 das Recht am gewöhnlichen Aufenthalt des Erwachsenen im Zeitpunkt der Erteilung der Vorsorgevollmacht. Gesondert angeknüpft wird nach Abs 3 die Art und Weise einer Ausübung der Vollmacht. Für die Aufhebung und Änderung der Vollmacht gilt ergänzend Art 16.

886

II. Internationales Privatrecht: ErwSÜ Art 15

191–197 **J**

Art 15 kommt als **allseitige Kollisionsnorm** in den Vertragsstaaten unabhängig davon zur **191**
Anwendung, ob der Betroffene seinen gewöhnlichen Aufenthalt in einem Vertragsstaat hat und
ob das angerufene Gericht sich auf eine Zuständigkeit nach dem Übk stützen kann (*Guttenberger*
153 f; *Helms* FamRZ 08, 1995/1998; *Wedemann* FamRZ 10, 785/787; MüKoBGB/*Lipp* Rn 25;
Pal/*Thorn* Anh Art 24 EGBGB Rn 8; Staud/*v Hein* Vorbem Art 24 EGBGB Rn 170 mwN).
Nach der Gegenmeinung ist dann, wenn der Erwachsene seinen gewöhnlichen Aufenthalt nicht
in einem Vertragsstaat des ErwSÜ hat, das nationale Kollisionsrecht anzuwenden (so *Ludwig*
DNotZ 09, 251/258; *Röthel/Woitge* IPRax 10, 494/496; *Müller* ZNotP 12, 404/405; BeckOK-
BGB/*Heiderhoff* Art 24 EGBGB Rn 49).

2. Erfasste Vollmachten

Auch der Begriff der „Vorsorgevollmacht" ist für die Zwecke des ErwSÜ **autonom** aus- **192**
zulegen (MüKoBGB/*Lipp* Rn 10). Art 15 bezieht sich nur auf Vollmachten, die dann ausgeübt
werden sollen, wenn der Erwachsene (Art 2 Abs 1) nicht (mehr) in der Lage ist, seine Interessen
selbst zu schützen (MüKoBGB/*Lipp* Rn 8–10; NK-BGB/*Benicke* Rn 6). Ferner muss diese
Unfähigkeit zum Schutz der eigenen Interessen auf der einer Beeinträchtigung oder Unzulänglichkeit der persönlichen Fähigkeiten iSv Art 1Abs 1 beruhen (MüKoBGB/*Lipp* Rn 8). Demgegenüber kommt es auf den Verlust der Geschäfts- oder Handlungsfähigkeit des Erwachsenen
nicht an. Art 15 gilt hingegen nicht für Vollmachten, die für die Fälle einer längeren **Abwesenheit** erteilt werden (NK-BGB/*Benicke* Rn 6). Werden mit der Erteilung der Vollmacht unterschiedliche Zwecke verfolgt – wie zB im Fall einer kombinierten General- und Vorsorgevollmacht –, gilt Art 15 nur für die Vorsorgevollmacht, während das Vollmachtsstatut im Übrigen
gemäß Art 8 EGBGB nF durch das Recht des Wirkungslandes bestimmt wird (*Röthel/Woitge*
IPRax 10, 494/496 ff; *Guttenberger* 36 ff; MüKoBGB/*Lipp* Rn 9).

Die Vollmacht kann sich auf *persönliche* Belange (zB Entscheidungen über ärztliche Behand- **193**
lungen) beschränken; sie kann aber auch (oder nur) *vermögensrechtliche* Angelegenheiten umfassen
(*Lagarde*-Bericht Rn 96; NK-BGB/*Benicke* Rn 9; MüKoBGB/*Lipp* Rn 11). Es muss jedoch
einer anderen Person **Vertretungsmacht** eingeräumt werden. Auf reine **Betreuungs- oder
Patientenverfügungen** ist die Vorschrift daher nicht anwendbar, weil der Verfügende darin nur
seine Wünsche in Bezug auf die Auswahl eines Betreuers und dessen Tätigkeit (vgl § 1903 Abs 3
BGB) oder in Bezug auf seine künftige ärztliche Behandlung zum Ausdruck bringt, aber keine
Vertretungsmacht einräumt (vgl *Helms* FamRZ 08, 1995/1999; *Röthel* FPR 07, 79/81; *Wede-
mann* FamRZ 10, 785/787; *Schaub* IPRax 16, 207/209 f; MüKoBGB/*Lipp* Rn 16 ff; Pal/*Thorn*
Anh Art 24 EGBGB Rn 8; Erman/*Hohloch* Anh Art 24 EGBGB Rn 86; Staud/*v Hein* Vorbem
Art 24 EGBGB Rn 178 f mwN).

Soll die Vollmacht schon **vor Eintritt der Urteilsunfähigkeit** gelten, so beurteilt sie sich für **194**
diesen Zeitraum nach dem autonomen IPR der Vertragsstaaten, in Deutschland also nach dem
von Art 8 EGBGB nF bestimmten Recht. Erst aber Eintritt der Urteilsunfähigkeit gilt Art 15
und es kommt deshalb uU zu einem Statutenwechsel (*Lagarde*-Bericht Rn 97; *Helms* FamRZ 08,
1995/1999 f; *Wedemann* FamRZ 10, 785/786; NK-BGB/*Benicke* Rn 7; Staud/*v Hein* Vorbem
Art 24 EGBGB Rn 175). Eine zwar sofort wirksame Vollmacht, die aber im Innenverhältnis auf
den Vorsorgefall beschränkt wird, sollte hingegen einheitlich dem ErwSÜ unterstellt werden (vgl
Ludwig DNotZ 09, 251/273; *Schaub* IPRax 16, 207/209).

Art 15 gilt ferner nicht in der Zeit nach dem Tod des Vollmachtgebers (MüKoBGB/*Lipp* **195**
Rn 8; H/O/*Schäuble* § 7 Rn 5), so dass wiederum das nationale Kollisionsrecht maßgebend
wird, das für die transmortale Vollmacht zu einem erneuten Statutenwechsel führen kann.

Auch auf bloße **Vorschläge** des Erwachsenen zur Person eines künftigen Betreuers (Betreu- **196**
ungsverfügung) bezieht sich Art 15 nicht. Die Bindungswirkung eines solchen Vorschlags für das
Betreuungsgericht beurteilt sich daher nach dem von Art 13 zur Anwendung berufenen Recht
(*Wedemann* FamRZ 10, 785 f; NK-BGB/*Benicke* Rn 10; Staud/*v Hein* vor Art 24 EGBGB
Rn 177).

Schließlich ist der Anwendungsbereich des Art 15 auf die Vertretungsmacht des Bevoll- **197**
mächtigten im Außenverhältnis zu Dritten beschränkt, erfasst hingegen nicht die der Vorsorgevollmacht im **Innenverhältnis** zwischen dem Erwachsenen und dem Bevollmächtigten
zugrundeliegende Rechtsbeziehung (Staud/*v Hein* Vorbem Art 24 EGBGB Rn 174; *Schaub*
IPRax 16, 207/209); diese ist vielmehr eigenständig anzuknüpfen (dazu näher MüKoBGB/*Lipp*
Rn 14).

J 198–202   1. Teil. Erkenntnisverfahren J. Betreuungssachen

3. Objektive Anknüpfung, Abs 1

198   **a) Gewöhnlicher Aufenthalt des Erwachsenen.** Nach Abs 1 unterliegen das Bestehen, der Umfang, die Änderung und die Beendigung einer Vorsorgevollmacht – abweichend von den allgemeinen Grundsätzen zur Anknüpfung der rechtsgeschäftlichen Vertretung (dazu H/O/ *Hausmann* § 6 Rn 5 ff) – nicht dem Recht der Niederlassung des berufsmäßigen Vertreters (zB des als Betreuer bestellten Rechtsanwalts oder Notars) oder – vorbehaltlich von Abs 3 – dem Recht des Gebrauchsorts der Vollmacht, sondern dem Recht des Staates, in dem der **Erwachsene** (Vollmachtgeber) im Zeitpunkt der Vollmachtserteilung **seinen gewöhnlichen Aufenthalt** hat (zum Begriff des gewöhnlichen Aufenthalts für die Zwecke des Art 15 vgl *Schaub* IPRax 16, 207/210). Die einheitliche Anknüpfung an das Aufenthaltsrecht des Vollmachtgebers gilt unabhängig davon, ob die Vorsorgevollmacht durch zweiseitige Vereinbarung oder – wie nach deutschem Recht – durch einseitiges Rechtsgeschäft erteilt worden ist. Entspricht die Vorsorgevollmacht den Anforderungen des Abs 1, so bleibt sie auch dann wirksam, wenn sie bereits vor dem Inkrafttreten des ErwSÜ erteilt wurde (Art 50 Abs 3).

199   **b) Unwandelbarkeit.** Das Statut der Vorsorgevollmacht ist nach Abs 1 unwandelbar. Ist die Vollmacht daher nach dem Recht des Staates, in dem der Erwachsene zur Zeitpunkt ihrer Erteilung seinen gewöhnlichen Aufenthalt hatte, zulässig und wirksam, so bleibt sie dies auch, wenn der Erwachsene seinen gewöhnlichen Aufenthalt anschließend in einen Staat verlegt, nach dessen Recht sie nicht hätte erteilt werden können. Dabei kommt es nicht darauf an, ob der Statutenwechsel vor oder nach Eintritt des Fürsorgebedürfnisses erfolgt. Umgekehrt tritt auch keine Heilung durch Statutenwechsel ein, wenn die Vorsorgevollmacht nach dem von Abs 1 bestimmten Recht nicht wirksam erteilt wurde, selbst wenn sie nach dem neuen Aufenthaltsrecht des Erwachsenen wirksam wäre (*Lagarde*-Bericht Rn 98; MüKoBGB/*Lipp* Rn 33; NK-BGB/*Benicke* Rn 14; *Schaub* IPRax 16, 207/210 mwN). In diesem Fall hilft nur eine Neuerteilung der Vollmacht, sofern der Erwachsene hierzu noch in der Lage ist.

4. Rechtswahl, Abs 2

200   Der Erwachsene hat allerdings die Möglichkeit, von der Geltung des Aufenthaltsrechts nach Abs 1 durch Rechtswahl abzuweichen (dazu näher Staud/*v Hein* Vorbem Art 24 EGBGB Rn 185 ff mwN). Diese Möglichkeit besteht vor allem dann, wenn das nach Abs 1 anzuwendende Recht des Staates, in dem sich der Erwachsene gewöhnlich aufhält, Vorsorgevollmachten nicht zulässt; in diesem Fall kann eine Vorsorgevollmacht durch die Wahl eines Rechts, das sie kennt, wirksam erteilt werden (*Lagarde*-Bericht Rn 104; NK-BGB/*Benicke* Rn 20; MüKoBGB/ *Lipp* Rn 34; vgl auch das Fallbeispiel bei H/O/*Hausmann* § 5 Rn 108).

201   **a) Form.** Die Rechtswahl muss aus Gründen der Rechtssicherheit **ausdrücklich und schriftlich** erfolgen; sie kann also nicht stillschweigend erklärt (*Lagarde*-Bericht Rn 101) werden, bedarf andererseits aber auch nicht der notariellen Beurkundung (zur Schriftform der Rechtswahl *Wedemann* FamRZ 10, 785/788 mwN). Da das Übk selbst keine Vorgaben für die Einhaltung der Schriftform enthält, müssen diese in Zweifelsfällen – zB bei Verwendung elektronischer Medien – im Wege autonomer Auslegung ermittelt werden (*Wedemann* FamRZ 10, 785/786; Staud/*v Hein* Vorbem Art 24 EGBGB Rn 170; **aA** [alternativer Rückgriff auf das gewählte Recht oder das Recht am Vornahmeort] NK-BGB/*Benicke* Rn 22). Dabei kann insbesondere auf die Anforderungen an die Schriftform in anderen Haager Übereinkommen – zB auf Art 3 lit c des Haager Übk über Gerichtsstandsvereinbarungen v 30.6.2005; Art 7 Abs 2, 8 Abs 2 HUP (→ C Rn 645, 658 f)– zurückgegriffen werden.

202   **b) Materielle Wirksamkeit.** Die materielle Wirksamkeit der Rechtswahl beurteilt sich hingegen – wie im internationalen Vertragsrecht (Art 3 Abs. 5 iVm Art 10 Abs 1 Rom I-VO) – nach dem gewählten Recht (*Schaub* IPRax 16, 207/211; Staud/*v Hein* Vorbem Art 24 EGBGB Rn 187). Dieses befindet daher etwa über Willensmängel und die Inhaltskontrolle einer vorformulierten Rechtswahlklausel. Da das Übk keinen Zeitpunkt für die Rechtswahl bestimmt, kann diese auch noch nach Erteilung der Vorsorgevollmacht getroffen werden (*Schaub* IPRax 16, 207/211). Die Rechtswahl kann ferner jederzeit geändert oder aufgehoben werden (*Ludwig* DNotZ 09, 251/277).

888

II. Internationales Privatrecht: ErwSÜ Art 15   203–210 **J**

c) Schranken. Die Rechtswahlfreiheit wird allerdings nicht unbeschränkt eingeräumt. Der **203**
Erwachsene kann vielmehr **nur zwischen den in Abs 2 genannten Rechten** wählen, nämlich
den Rechten
– eines Staates, dem der Erwachsene angehört (lit a);
– des Staates eines früheren gewöhnlichen Aufenthalts des Erwachsenen (lit b);
– eines Staates, in dem sich Vermögen des Erwachsenen befindet, hinsichtlich dieses Vermögens
(lit c).
Das gewählte Recht kann auch dasjenige eines Nichtvertragsstaat sein (Art 18).

aa) Staatsangehörigkeit. Besitzt der Erwachsene zwei oder **mehrere Statsangehörigkei- 204
ten,** so kann er nach lit a jede dieser Staatsangehörigkeiten wählen; er ist also nicht auf die Wahl
der effektiven Staatsangehörigkeit beschränkt (*Lagarde*-Bericht Rn 102 Fn 66; NK-BGB/*Benicke*
Rn 24; MüKoBGB/*Lipp* Rn 35).

bb) Früherer gewöhnlicher Aufenthalt. Nach lit b ist kann der Erwachsene nicht nur das **205**
Recht seines zeitlich letzten vorangegangenen gewöhnlichen Aufenthalt wählen; vielmehr kann
das Recht eines jeden Staates gewählt werden, in dem früher einmal ein gewöhnlicher Aufenthalt
bestanden hat (*Lagarde*-Bericht Rn 102 Fn 67; Staud/*v Hein* Vorbem Art 24 EGBGB Rn 190;
NK-BGB/*Benicke* Rn 25).

cc) Vermögensbelegenheit. Die Rechtswahl nach lit c ist auf das in diesem Staat belegene **206**
Vermögen beschränkt. Das Vermögen muss allerdings dort nicht schon im Zeitpunkt der Vollmachtserteilung vorhanden sein; es genügt vielmehr, wenn zB ein im Belegenheitsstaat bestehendes Bankkonto des Vollmachtgebers erst im Zeitpunkt des Gebrauchs der Vollmacht ein Guthaben aufweist (NK-BGB/*Benicke* Rn 26; **aA** MüKoBGB/*Lipp* Rn 36).

dd) Nichtbeachtung der Schranken. Andere als die in lit a – lit c genannten Rechte **207**
können nicht gewählt werden. Dies gilt insbesondere für das Recht des Staates, in dem der
Erwachsene derzeit seinen gewöhnlichen Aufenthalt hat oder in dem er einen solchen erst in
Zukunft begründen möchte (*Lagarde*-Bericht Rn 102; *Guttenberger* 159; MüKoBGB/*Lipp*
Rn 36) oder in dem der Bevollmächtigte seinen gewöhnlichen Aufenthalt hat oder früher hatte.
Die Rechtswahl ist in einem solchen Fall unwirksam und es gilt das objektive Vollmachtsstatut
nach Art 15 Abs 1. Dieses entscheidet dann nicht nur über die Zulässigkeit und die wirksame
Erteilung der Vorsorgevollmacht, sondern auch über die Auslegungsfrage, ob die Unwirksamkeit
der Rechtswahl zugleich die Unwirksamkeit der erteilten Vorsorgevollmacht zur Folge hat; nach
deutschem Recht ist davon im Zweifel nicht auszugehen (§ 139 BGB; NK-BGB/*Benicke*
Rn 28).

d) Teilrechtswahl. Abs 2 lässt auch eine Teilrechtswahl in der Weise zu, dass zB für die **208**
Personen- und Vermögenssorge unterschiedliche Personen nach unterschiedlichem Recht bevollmächtigt werden (*Lagarde*-Bericht Rn 103; MüKoBGB/*Lipp* Rn 37; *Schaub* IPRax 16, 207/
211). Für die Vermögenssorge in unterschiedlichen Ländern folgt dies bereits aus lit c. Auch eine
Aufspaltung der Personensorge auf mehrere Personen ist nicht ausgeschlossen (*Lagarde*-Bericht
Rn 103; *Guttenberger* 159 f; NK-BGB/*Benicke* Rn 29). Auch im Übrigen können die verschiedenen Rechtswahlmöglichkeiten nach Abs 2 miteinander kombiniert werden.

5. Reichweite des Vollmachtstatuts

Das nach Abs 1 objektiv bestimmte wie das nach Abs 2 wirksam gewählte Recht gilt für das **209**
Bestehen, den Umfang, die Änderung und die Beendigung einer Vorsorgevollmacht. Es regelt
daher insbesondere die Frage, ob die Erteilung einer solchen Vollmacht nach dem maßgeblichen
Recht überhaupt **zulässig** ist (*Lagarde*-Bericht Rn 98; Staud/*v Hein* Vorbem Art 24 EGBGB
Rn 180; 244 ff; NK-BGB/*Benicke* Rn 13). Kennt dieses Recht das Institut der Vorsorgevollmacht nicht, so kann sie auch nicht erteilt werden. Ist sie nach dem Vollmachtsstatut zulässig,
muss sie nach Art 15 in den Rechten aller anderen Vertragsstaaten anerkannt werden, auch wenn
diese sie bisher nicht vorgesehen haben (MüKoBGB/*Lipp* Rn 23; NK-BGB/*Benicke* Rn 13).
Das Vollmachtstatut bestimmt auch die Voraussetzungen einer wirksamen **Erteilung** der Voll- **210**
macht, zB durch Vertrag oder einseitiges Rechtsgeschäft (NK-NBGB/*Benicke* Rn 12) einschließlich einer vorgeschriebenen behördlichen Bestätigung (Staud/*v Hein* Vorbem Art 24
EGBGB Rn 181; MüKoBGB/*Lipp* Rn 29). Zur wirksamen Erteilung zählt – in Ermangelung
spezieller Formvorschriften im ErwSÜ – auch die **Form** der Vorsorgevollmacht, so dass die

889

J 215   1. Teil. Erkenntnisverfahren J. Betreuungssachen

alternative Anknüpfung der Form von Rechtsgeschäften nach nationalem Kollisionsrecht (zB nach Art 11 Abs 1 EGBGB) durch Art 15 Abs 1 und 2 verdrängt wird (*Guttenberger* 153; *Ludwig* DNotZ 09, 251/274 ff; *Wedemann* FamRZ 10, 785/787; NK-BGB/*Benicke* Rn 15; Staud/*v Hein* Vorbem Art 24 EGBGB Rn 181 mwN). Wird die Vorsorgevollmacht – wie in der deutschen Praxis üblich – als im Außenverhältnis sofort wirksame Vollmacht erteilt, die lediglich durch Anweisungen im Innenverhältnis auf einen Gebrauch ab Eintritt der Betreuungsbedürftigkeit beschränkt wird, so sind möglichst sowohl die Formvorschriften des von Art 15 wie von Art 11 EGBGB zur Anwendung berufenen Rechts zu beachten (H/O/*Schäuble* § 7 Rn 5).

211   Das Vollmachtstatut gilt schließlich auch für den **Umfang** der Vorsorgevollmacht, zB die Zulässigkeit der Vornahme von Schenkungen aus dem Vermögen des Vollmachtgebers oder der Erteilung von Untervollmacht (*Wedemann* FamRZ 10, 785/788; Staud/*v Hein* Vorbem Art 24 EGBGB Rn 207). Der Umfang ist von der Art und Weise ihrer Ausübung nach Abs 3 abzugrenzen (*Lagarde*-Bericht Rn 99; Staud/*v Hein* Vorbem Art 24 EGBGB Rn 182).

212   Schließlich ist auch eine **Änderung oder Beendigung** der Vorsorgevollmacht nach dem von Art 15 bestimmten Vollmachtstatut zu beurteilen (NK-BGB/*Benicke* Rn 18). Insoweit sind aber die Beschränkungen gemäß der Sonderregelung in Art 16 zu beachten.

6. Recht des Gebrauchsorts, Abs 3

213   Lediglich für die **Art und Weise der Ausübung** einer Vorsorgevollmacht gilt nach Abs 3 das Recht des Gebrauchsorts der Vollmacht. Die Abgrenzung zwischen Art 15 Abs 1 und Abs 3 ist allerdings bisher ebenso wenig geklärt wie das Verhältnis von Art 13 zu Art 14. Überwiegend werden Rechnungslegungspflichten der Fürsorgeperson hierher gerechnet (*Guttenberger* 162; *Helms* FamRZ 98, 1995/2000; *Wedemann* FamRZ 10, 785/788; **aA** zu Recht MüKoBGB/*Lipp* Rn 51 unter Hinweis auf die praktischen Schwierigkeiten im Falle eines in mehreren Staaten tätigen Vertreters).

214   Besonders umstritten ist die Anknüpfung von **Genehmigungserfordernissen.** Da das Erfordernis einer betreuungs- oder vormundschaftsgerichtlichen Genehmigung bestimmter vom Bevollmächtigten vorzunehmender Rechtsgeschäfte den Umfang der Vorsorgevollmacht einschränkt, sollte insoweit das nach Abs 1 maßgebliche Recht am gewöhnlichen Aufenthalt des Erwachsenen bzw das wirksam von ihm nach Abs 2 gewählte Recht gelten (*Lagarde*-Bericht Rn 99, 107; *Guttenberger* IPRax 06, 83/86; *Ludwig* DNotZ 09, 251/278 f; *Wedemann* FamRZ 10, 785/789; Staud/*v Hein* Vorbem Art 24 EGBGB Rn 204 f; MüKoBGB/*Lipp* Rn 47; NK-BGB/*Benicke* Rn 33; *Schaub* IPRax 16, 207/211; **aA** [Anwendung von Abs 3] *Guttenberger* BtPrax 06, 83/86; *Helms* FamRZ 08, 1995/2000; *Röthel/Woitge* IPRax 10, 494/496; Pal/*Thorn* Anh Art 24 EGBGB Rn 8). Macht der Bevollmächtigte daher von der Vorsorgevollmacht in einem anderen Staat Gebrauch, so ist ihm im Hinblick auf diesen Meinungsstreit zu raten, zusätzlich auch die nach dem Recht des Gebrauchsorts vorgeschriebenen Genehmigungen einzuholen.

ErwSÜ Art 16. [Aufhebung/Änderung der Vollmacht]

Wird eine Vertretungsmacht nach Artikel 15 nicht in einer Weise ausgeübt, die den Schutz der Person oder des Vermögens des Erwachsenen ausreichend sicherstellt, so kann sie durch Maßnahmen einer nach diesem Übereinkommen zuständigen Behörde aufgehoben oder geändert werden. Bei der Aufhebung oder Änderung dieser Vertretungsmacht ist das nach Artikel 15 maßgebliche Recht so weit wie möglich zu berücksichtigen.

1. Allgemeines

215   Art 16 regelt die Änderung oder Aufhebung einer vom Erwachsenen erteilten Vorsorgevollmacht durch die zuständige Behörde, wenn deren Ausübung durch den Bevollmächtigten die Interessen des vertretenen Erwachsenen gefährdet. Zu diesem Zweck werden einerseits die Voraussetzungen für ein Eingreifen der Behörde geregelt (S 1), andererseits wird das insoweit anzuwendende Recht bestimmt (S 2).

890

II. Internationales Privatrecht: ErwSÜ Art 17　　　　　　　　　　　219 **J**

2. Voraussetzungen, S 1

Eine Aufhebung oder Änderung der erteilten Vorsorgevollmacht durch die nach dem Übk **216** zuständige Behörde ist nach S 1 nur zulässig, wenn die Vertretungsmacht vom Bevollmächtigten „nicht in einer Weise ausgeübt [wird], die den Schutz der Person oder des Vermögens des Erwachsenen ausreichend sicherstellt". Hierfür ist grundsätzlich eine **objektive Gefährdung** der Person oder des Vermögens des Erwachsenen erforderlich (*Lagarde*-Bericht Rn 108; NK-BGB/*Benicke* Rn 3; MüKoBGB/*Lipp* Rn 6 ff). Diese kann einerseits darin bestehen, dass der Bevollmächtigte die Vollmacht missbraucht oder überschreitet, insbesondere die ihm im Innenverhältnis gezogenen Schranken für ihre Ausübung nicht beachtet; andererseits kann auch die Untätigkeit des Bevollmächtigten die zu einer Gefährdung führen, wenn dringender Handlungsbedarf für die Ergreifung von Maßnahmen zum Schutz des Erwachsenen in Wahrnehmung der Vorsorgevollmacht besteht. Schließlich kann auch ein Konflikt zwischen den Interessen des Erwachsenen und den Eigeninteressen des Bevollmächtigten ein Eingreifen der zuständen Behörde rechtfertigen (MüKoBGB/*Lipp* 7; Staud/*v Hein* Vorbem Art 24 EGBGB Rn 210).

3. Berücksichtigung des Vollmachtstatuts, S 2

Bei der Aufhebung bzw Änderung der Vorsorgevollmacht handelt es sich um Schutzmaß- **217** nahme iSv Art 3; diese hat daher gemäß Art 13 grundsätzlich nach Maßgabe der *lex fori* der zuständigen Behörde zur erfolgen: Um den in der Erteilung der Vollmacht zum Ausdruck kommenden Willen des Erwachsenen zu respektieren, ordnet S 2 jedoch an, dass die zuständige Behörde bei der Änderung oder Aufhebung der Vollmacht das nach Art 15 maßgebliche Vollmachtsstatut zu berücksichtigen hat (*Lagarde*-Bericht Rn 108; NK-BGB/*Benicke* Rn 6).

Die Einzelheiten dieser „Berücksichtigung", dh des Zusammenspiels von *lex fori* und Voll- **218** machtsstatut, wenn diese beiden Rechte auseinanderfallen, sind noch weitgehend ungeklärt. Einigkeit besteht aber darüber, dass im Falle einer Aufhebung der Vollmacht für die Bestellung eines neuen Vertreters durch die zuständige Behörde dann kein Raum ist, wenn der Erwachsene in der Vorsorgevollmacht bereits selbst eine Ersatzpersonen benannt hat, die die Aufgaben des Bevollmächtigten bei dessen im Wegfall oder Verhinderung übernehmen soll (vgl Staud/*v Hein* vor Art 24 EGBGB Rn 213; NK-BGB/*Benicke* Rn 7). Fehlt es daran, so kann die zuständige Behörde nach Aufhebung der Vollmacht einen neuen Vertreter nach Maßgabe der *lex fori* bestellen (NK-BGB/ *Benicke* Rn 8; Staud/*v Hein* Vorbem Art 24 EGBGB Rn 213; **aA** [Vollmachtstatut] *Siehr* RabelsZ 64 [2000] 715/741); sie kann sich aber auch darauf beschränken, einen Betreuer zu bestellen, der lediglich die Tätigkeit des Bevollmächtigten kontrolliert, oder sie kann die Vornahme bestimmter Maßnahmen des Bevollmächtigten von der vorherigen Einholung einer gerichtlichen Genehmigung abhängig machen (*Wedemann* FamRZ 785/790; MüKoBGB/*Lipp* Rn 5, 15).

ErwSÜ Art 17. [Schutz des Rechtsverkehrs]

(1) **Die Gültigkeit eines Rechtsgeschäfts zwischen einem Dritten und einer anderen Person, die nach dem Recht des Staates, in dem das Rechtsgeschäft abgeschlossen wurde, als Vertreter des Erwachsenen zu handeln befugt wäre, kann nicht allein deswegen bestritten und der Dritte nicht nur deswegen verantwortlich gemacht werden, weil die andere Person nach dem in diesem Kapitel bestimmten Recht nicht als Vertreter des Erwachsenen zu handeln befugt war, es sei denn, der Dritte wusste oder hätte wissen müssen, dass sich diese Vertretungsmacht nach diesem Recht bestimmte.**

(2) **Absatz 1 ist nur anzuwenden, wenn das Rechtsgeschäft unter Anwesenden im Hoheitsgebiet desselben Staates geschlossen wurde.**

1. Allgemeines

Gesetzliche Vorschriften oder Gerichtsentscheidungen, welche die Vertretungsmacht eines **219** Betreuers oder eines sonstigen gesetzlichen Vertreters eines Erwachsenen einschränken, betreffen weder die Geschäftsfähigkeit des Vertretenen, noch diejenige des gesetzlichen Vertreters. Im Rechtsverkehr macht es allerdings keinen wesentlichen Unterschied, ob sich die Unwirksamkeit eines Rechtsgeschäfts aus der mangelnden Geschäftsfähigkeit einer Person ergibt, wenn diese selbst handelt, oder aus Vorschriften, die lediglich die **gesetzliche Vertretungsmacht** des für sie gerichtlich bestellten Betreuers (zB durch das Erfordernis einer betreuungsgerichtlichen

891

J 220–224   1. Teil. Erkenntnisverfahren J. Betreuungssachen

Genehmigung) betreffen. Bei Abschluss eines Vertrages ist der inländische Vertragspartner in beiden Fällen mit einer unübersichtlichen kollisions- und materiell-rechtlichen Situation konfrontiert, die ihren Grund letztlich in der mangelnden oder beschränkten Geschäftsfähigkeit des anderen Teils nach ausländischem Recht hat.

220   Art 17 enthält daher eine Regelung zum **Schutz des Rechtsverkehrs** in dem Staat, in dem von einem Betreuer oder einem anderen gesetzlichen Vertreter ein Rechtsgeschäft für den Erwachsenen vorgenommen wird, **gegenüber unbekannten Regelungen der gesetzlichen Vertretung nach ausländischem Recht.** Wird also für den Erwachsenen im Inland ein Vertrag durch seinen gesetzlichen Vertreter abgeschlossen, so wird der gutgläubige Vertragspartner in seinem Vertrauen darauf geschützt, dass der Vertreter zum Abschluss des Vertrages berechtigt ist, wenn dies nach deutschem Recht der Fall wäre (Reithmann/Martiny/*Hausmann,* IVR Rn 7.010). Die Vorschrift entspricht Art 19 KSÜ und orientiert sich ebenfalls an dem Vorbild in Art 11 EVÜ (jetzt Art 13 Rom I-VO; vgl *Lagarde*-Bericht Rn 109), beschränkt den Schutz allerdings auf Mängel der gesetzlichen Vertretungsmacht. Auf diese wird Art 13 Rom I-VO, der den Rechtsverkehr im Abschlussstaat des Vertrages nach seinem Wortlaut nur vor der mangelnden Geschäftsfähigkeit eines Minderjährigen nach ausländischem Recht schützen soll, zwar ebenfalls analog angewandt (vgl Pal/*Thorn* Art 13 Rom I-VO Rn 3; Staud/*Hausmann* Art 13 Rom I-VO Rn 26 f mwN; **aA** MüKoBGB/*Spellenberg* Art 13 Rom I-VO Rn 49). Im Verhältnis der Vertragsstaaten des ErwSÜ zueinander hat Art 17 jedoch als *lex specialis* Vorrang vor einer solchen analogen Anwendung von Art 13 Rom I-VO (Staud/*Hausmann* Art 13 Rom I-VO Rn 29).

2. Anwendungsbereich

221   **a) Gesetzliche Vertretung.** Art 17 regelt den Verkehrsschutz ausschließlich in Fällen der mangelnden Vertretungsmacht des für einen schutzbedürftigen Erwachsenen handelnden gesetzlichen Vertreters. Kontrahiert der Dritte hingegen nicht mit dem gesetzlichen Vertreter, sondern **mit dem Erwachsenen selbst,** so findet Art 17 keine Anwendung (MüKoBGB/*Lipp* Rn 5; NK-BGB/*Benicke* Rn 4); der inländische Rechtskehr wird in diesem Fall durch Art 13 Rom I-VO bzw Art 12 EGBGB geschützt.

222   Ein Mangel der Vertretungsmacht kann sich vor allem aus einer nach Maßgabe der jeweiligen *lex fori* (Art 13) von einer nach Art 5 ff zuständigen Behörde getroffenen **Schutzmaßnahme** iSv Art 3 oder aus der Erteilung einer **Vorsorgevollmacht** nach dem Vollmachtstatut (Art 15) ergeben. Geschützt wird dann der gute Glaube daran, dass eine solche behördliche Maßnahme oder eine erteilte Vorsorgevollmacht keine weitergehenden oder anderen Wirkungen hat als nach dem Recht des Staates, in dem der Vertreter gehandelt hat. Darüber hinaus ist Art 17 aber auch auf Beschränkungen anwendbar, die einer **kraft Gesetzes bestehenden Vertretungsmacht** für den Erwachsenen nach ausländischem Recht gezogen sind; denn auch wenn das ErwSÜ diese Vertretung – anders als das KSÜ –nicht in eigenen Kollisionsnormen regelt, ist daraus nicht auf einen Ausschluss der kraft Gesetzes bestehenden Vertretungsmacht auch aus der Vekehrsschutzvorschrift des Art 17 zu schließen (MüKoBGB/*Lipp* Rn 4; NK-BGB/*Benicke* Rn 2; Staud/*v Hein* Vorbem Art 24 EGBGB Rn 218).

223   **b) Erfasste Rechtsgeschäfte.** Während der Anwendungsbereich von Art 13 Rom I-VO und Art 12 EGBGB auf sog *Verkehrsgeschäfte* beschränkt ist und insbesondere familien- und erbrechtliche Geschäfte aus dem sachlichen Anwendungsbereich dieser Verkehrsschutznormen ausgeklammert werden, gilt eine entsprechende Einschränkung für Art 17 nicht. Die Vorschrift gilt vielmehr – wie Art 19 KSÜ – für **Rechtsgeschäfte jeder Art,** auch für solche auf den Gebieten des Immobiliarsachenrechts, des Familien- und Erbrechts (NK-BGB/*Benicke* Rn 5). Darüber hinaus, werden auch sonstige Rechtshandlungen des Vertreters für den Erwachsenen erfasst, die keine Rechtsgeschäftsqualität iS des deutschen Rechts haben, wie insbesondere Einwilligungserklärungen (zB in eine Operation), vgl *Lagarde*-Bericht Rn 109; MüKoBGB/*Lipp* Rn 8; NK-BGB/*Benicke* Rn 5).

3. Voraussetzungen des Verkehrsschutzes

224   **a) Rechtsgeschäft unter Anwesenden im Hoheitsgebiet desselben Staates, Abs 2.** Der Verkehrsschutz nach Abs 1 greift gem Abs 2 nur bei Rechtsgeschäften ein, die von den Beteiligten im Hoheitsgebiet desselben Staates abgeschlossen wurden. Erforderlich ist also die **persönliche Anwesenheit des gesetzlichen Vertreters** und des Drittkontrahenten in demselben Staat. Ausgeschlossen aus dem Anwendungsbereich der Vorschrift sind damit – wie nach Art 13

892

II. Internationales Privatrecht: ErwSÜ Art 17   225–230 **J**

Rom I-VO (dazu Staud/*Hausmann* Rn 37 ff) – vor allem grenzüberschreitende Distanzgeschäfte. Soweit Abs 2 weitergehend den Abschluss eines Rechtsgeschäfts *unter Anwesenden* fordert, ist dies nicht in dem Sinne zu verstehen, dass gesetzlicher Vertreter und Drittkontrahent sich am gleichen Ort aufgehalten haben müssen. Aus der englischen und französischen Originalfassung der Vorschrift geht vielmehr unmissverständlich hervor, dass die Anwesenheit im gleichen Staat genügt; der Drittkontrahent wird daher auch dann geschützt, wenn Angebot und Annahme zB per Brief oder e-mail an verschiedenen Orten innerhalb des gleichen Staates abgegeben werden (NK-BGB/*Benicke* Rn 10; MüKoBGB/*Lipp* Rn 10).

Im Rahmen von Abs 2 ist allerdings allein auf die **Anwesenheit des gesetzlichen Ver-** 225 **treters,** nicht auf diejenige des vertretenen Erwachsenen abzustellen. Schließt der gesetzliche Vertreter daher im Inland einen Vertrag mit einem Dritten ab, so wird letzterer auch dann geschützt, wenn der vertretene Erwachsene sich bei Vertragsschluss im Ausland aufgehalten hat. Insoweit gilt Art 19 auch für Distanzgeschäfte (vgl zu Art 13 Rom I-VO Staud/*Hausmann* Rn 44; **aA** zu Art 19 KSÜ *Krah* 238; G/Sch/*Gruber,* IRV Rn 11).

Da Abs 2 lediglich auf den Vertragsschluss zwischen dem gesetzlichen Vertreter und dem 226 Drittkontrahenten im gleichen Staat abstellt, sind andere Anknüpfungskriterien unerheblich; dies gilt insbesondere für die **Staatsangehörigkeit** und den **gewöhnlichen Aufenthalt** oder Wohnsitz der Beteiligten. Der Verkehrsschutz greift mithin bei einem Vertragsschluss im Inland auch dann ein, wenn alle Beteiligten Ausländer sind und ihren gewöhnlichen Aufenthalt im Ausland haben. Andererseits wird der Dritte nicht geschützt, wenn das Geschäft zwar vom Vertreter im Staat des gewöhnlichen Aufenthalts des Dritten geschlossen wird, dieser sich aber zur Zeit des Vertragsschlusses nicht in diesem Staat aufhält, sondern zB auf Geschäfts- oder Urlaubsreise im Ausland weilt (NK-BGB/*Benicke* Rn 11; MüKoBGB/*Lipp* Rn 13).

Geschützt wird aufgrund der allseitigen Fassung der Vorschrift nicht nur der inländische, 227 sondern auch der **ausländische Rechtsverkehr.** Der Schutz ist im Hinblick auf Art 18 insbesondere nicht auf Vertragsschlüsse in einem Vertragsstaat des ErwSÜ beschränkt (NK-BGB/*Benicke* Rn 3; MüKoBGB/*Lipp* Rn 7; Staud/*v Hein* Vorbem Art 24 EGBGB Rn 217; Reithmann/Martiny/*Hausmann* IVR Rn 7.1013; **aA** *Siehr* RabelsZ 64 [2000] 715/741). Er wird in den Vertragsstaaten auch dann gewährt, wenn die Beschränkung durch die Behörde eines Nichtvertragsstaats angeordnet wurde oder sich aus dem Recht eines Nichtvertragsstaats als Vollmachtstatut iSv Art 15 ergibt (NK-BGB/*Benicke* aaO).

b) Gutgläubigkeit des Drittkontrahenten. Der Verkehrsschutz durch Art 17 setzt aller- 228 dings – wie jener nach Art 13 Rom I-VO oder Art 19 KSÜ – voraus, dass der Drittkontrahent gutgläubig ist, dh weder wusste noch wissen konnte, dass sich die gesetzliche Vertretung nicht nach dem Recht des Staates beurteilt, in dem das Rechtsgeschäft vorgenommen wurde. Am guten Glauben fehlt es bereits dann, wenn der Drittkontrahent wusste oder wissen konnte, dass Vertretungsstatut nicht das Recht des Vornahmestaates, sondern ausländisches Recht ist. Der fehlende gute Glaube ist von derjenigen Partei zu **beweisen,** die sich auf die mangelnde gesetzliche Vertretungsmacht beruft, dh von dem vertretenen Erwachsenen oder dem Vertreter (MüKoBGB/*Lipp* Rn 17; Staud/*v Hein* Vorbem Art 24 EGBGB Rn 224).

aa) Kenntnis. Da Art 19 den Rechtsverkehr im Vornahmestaat vor dort unbekannten Re- 229 gelungen oder Beschränkungen der gesetzlichen Vertretung schützen soll, sind **nur Rechtsirrtümer,** nicht hingegen Irrtümer über Tatsachen relevant. Ein beachtlicher Rechtsirrtum kann sich gleichermaßen auf das Kollisions- wie das Sachrecht beziehen (vgl zu Art 13 Rom I-VO Staud/*Hausmann* Rn 53 ff). In Betracht kommt insbesondere ein Irrtum über die Reichweite der Vertretungsbefugnis des bestellten Betreuers oder des Bevollmächtigten nach ausländischem Recht. Dieser muss seinen Grund darin haben, dass der Dritte nicht wusste, dass sich die Vertretungsbefugnis nach einem vom Recht des Vornahmestaates abweichenden Recht beurteilt. War ihm dies hingegen bekannt, so wird er nicht allein deshalb geschützt, weil er über den Inhalt des anwendbaren ausländischen Vertretungsstatuts geirrt hat (Staud/*v Hein* Vorbem Art 24 EGBGB Rn 224; MüKoBGB/*Lipp* Rn 17; NK-BGB/*Benicke* Rn 7). Ein beachtlicher Rechtsirrtum ist allerdings nicht schon deshalb ausgeschlossen, weil die am Vertragsschluss Beteiligten die gleiche Staatsangehörigkeit besitzen. Demgegenüber sind Irrtümer über die Staatsangehörigkeit oder den gewöhnlichen Aufenthalt des Erwachsenen oder seines gesetzlichen Vertreters unbeachtliche Tatsachenirrtümer.

bb) Fahrlässige Unkenntnis. Nach Abs 1 schadet nicht nur positive Kenntnis, sondern auch 230 fahrlässige Unkenntnis der mangelnden gesetzlichen Vertretungsmacht nach fremdem Recht.

893

J 235   1. Teil. Erkenntnisverfahren J. Betreuungssachen

Der anzulegende Sorgfaltsmaßstab ist nicht dem Recht des Vornahmestaates – in Deutschland also den §§ 122 Abs 2, 276 BGB – zu entnehmen, sondern ist **autonom** zu bestimmen (vgl zu Art 13 Rom I-VO Staud/*Hausmann* Rn 57). Danach schadet bereits **leichte Fahrlässigkeit** (Staud/*v Hein* vor Art 24 EGBGB Rn 224; MüKoBGB/*Lipp* Rn 14; NK-BGB/*Benicke* Rn 6). Der Vertragspartner ist nur schutzwürdig, wenn man ihm nicht zumuten kann, sich über das auf die gesetzliche Vertretung anzuwendende Recht selbst zu informieren. Eine solche Erkundigungspflicht besteht jedenfalls bei alltäglichen Markt- und Ladengeschäften nicht. Im Übrigen kommt es auf die wirtschaftliche Bedeutung des Geschäfts, die Geschäftsgewandtheit des Drittkontrahenten, die zur Verfügung stehende Verhandlungszeit und die Üblichkeit rechtlicher Beratung bei Rechtsgeschäften der betreffenden Art an.

231   Demgemäß ist bei **Transaktionen mit erheblichem wirtschaftlichem Gewicht** ein strengerer Sorgfaltsmaßstab anzulegen als bei Verbrauchergeschäften des täglichen Lebens (NK-BGB/*Benicke* Rn 8; MüKoBGB/*Lipp* Rn 15). Auch können von einem Kaufmann weitergehende Nachforschungen verlangt werden als von einem mit den Gefahren des internationalen Rechtsverkehrs nicht vertrauten Privatmann (vgl zu Art 13 Rom I-VO Staud/*Hausmann* Rn 58 mwN). Ist es verkehrsüblich, bei Geschäften der in Rede stehenden Art rechtskundigen Rat einzuholen, so scheidet ein Verkehrsschutz nach Art 19 aus, wenn auf eine entsprechende rechtliche Beratung verzichtet wird.

232   Eine solche Informationspflicht besteht insbesondere bei Grundstücksgeschäften; auf Risiken der mangelnden gesetzlichen Vertretungsmacht der für eine Vertragspartei handelnden Person hat auch der beurkundende Notar hinzuweisen. Die bloße **Kenntnis der Ausländereigenschaft** des Erwachsenen rechtfertigt den Vorwurf der fahrlässigen Unkenntnis zwar idR nicht, weil es auf dessen Staatsangehörigkeit nach Art 17 nicht ankommt. Ist dem Drittkontrahenten hingegen bei Abschluss eines Geschäfts von wirtschaftlichem Gewicht bekannt, dass der vertretene Erwachsene seinen gewöhnlichen Aufenthalt im Ausland hat oder bis vor kurzem hatte, so besteht grundsätzlich eine Erkundigungspflicht (NK-BGB/*Benicke* Rn 9; MüKoBGB/*Lipp* Rn 15). Zu seiner Absicherung sollte der Vertragspartner sich vom gesetzlichen Vertreter dann eine **Vertreterbescheinigung** nach Art 38 17 (→ Rn 138 ff) vorlegen lassen.

4. Rechtsfolgen

233   Liegen die Voraussetzungen des Art 17 vor, so beurteilt sich die gesetzliche Vertretungsmacht des Betreuers im Interesse einer Begünstigung des Zustandekommens des Geschäfts **alternativ** nach dem Recht des Vornahmestaates. War der Vertreter nach diesem Recht (allein) vertretungsberechtigt, so ist das von ihm getätigte Rechtsgeschäft mit Wirkung für und gegen den von ihm vertretenen Erwachsenen gültig, auch wenn seine Vertretungsbefugnis nach dem ausländischen Recht der anordnenden Behörde oder nach dem ausländischem Vollmachtstatut (zB durch gerichtliche Genehmigungserfordernisse) eingeschränkt war (NK-BGB/*Benicke* Rn 12; MüKoBGB/*Lipp* Rn 165; Staud/*v Hein* Vorbem Art 24 EGBGB Rn 224). An diesen Scheinvertreter können daher von gutgläubigen Vertragspartnern im Vornahmestaat auch Zahlungen mit befreiender Wirkung vorgenommen werden. Fehlt es sowohl nach dem Vertretungs- wie nach dem Abschlussstatut an der Vertretungsbefugnis, so treten nach dem Günstigkeitsprinzip die Rechtsfolgen des weniger strengen Rechts ein. Ist das Geschäft wegen fehlender gesetzlicher Vertretungsmacht unwirksam, so sind die Rechtsfolgen (Nichtigkeit, Anfechtbarkeit etc) dem jeweiligen **Wirkungsstatut** des Geschäfts zu entnehmen (Erman/*Hohloch* Anh Art 24 EGBGB Rn 10).

234   Rechtsschutz nach Art 17 wird allerdings nur dann gewährt, wenn die Unwirksamkeit oder Fehlerhaftigkeit des vom Vertreter getätigten Geschäfts ihren Grund darin hat, dass das Recht des Vornahmestaates vom Vertretungsstatut nach Art 13 bzw Art 15 inhaltlich abweicht. Dies trifft zB dann nicht zu, wenn das Geschäft deshalb nicht wirksam zustande gekommen ist, weil der Vertreter seine Vertretungsmacht missbraucht oder überschritten hat (NK-BGB/*Benicke* Rn 12).

ErwSÜ Art 18. [Allseitige Anwendung]

Dieses Kapitel ist anzuwenden, selbst wenn das darin bestimmte Recht das eines Nichtvertragsstaats ist.

1. Allseitige Anwendung

235   Art 18 ordnet für die Anknüpfungen im Kapitel III des ErwSÜ die universelle Anwendung an, ähnlich wie dies Art 20 KSÜ für die elterliche Verantwortung (→ F Rn 680 ff), Art 4

II. Internationales Privatrecht: ErwSÜ Art 19   **239, 240** **J**

Rom III-VO für die Ehescheidung (→ A Rn 348 ff) oder Art 2 HUP für Unterhaltspflichten (→ C Rn 557) bestimmen. Zweck dieser allseitigen Anwendung ist es, eine Spaltung des Kollisionsrechts in den Vertragsstaaten des Übk nach Möglichkeit zu vermeiden, weil eine solche die Rechtsanwendung erheblich erschweren würde. Die praktische Bedeutung der Vorschrift ist im ErwSÜ allerdings wesentlich geringer als im KSÜ, weil das ErwSÜ keine Kollisionsnormen zur Vertretung schutzbedürftiger Erwachsener kraft Gesetzes enthält.

Für die Anordnung von Schutzmaßnahmen befolgt Art 13 Abs 1 aber das Gleichlaufprinzip, **236** das immer nur zur Anwendung des **Rechts eines Vertragsstaats** führen kann, weil die internationale Zuständigkeit durch das Übk nur für Gerichte von Vertragsstaaten geregelt werden kann (MüKoBGB/*Lipp* Rn 2). Eröffnet das Kapitel II daher keine internationale Zuständigkeit für die Anordnung von Schutzmaßnahmen in einem Vertragsstaat, weil der Erwachsene seinen gewöhnlichen Aufenthalt in einem Drittstaat hat, und nimmt das Gericht eines Vertragsstaats für diesen Fall eine ergänzende Zuständigkeit nach seinem autonomem Zivilverfahrensrecht in Anspruch (zB in Deutschland nach § 104 Abs 1 Nr 1 FamFG), so findet Art 13 ErwSÜ keine Anwendung. In diesem Fall bestimmt sich das auf die Anordnung der Schutzmaßnahme anzuwendende Recht daher nach dem autonomen IPR des Gerichtsstaats, in Deutschland nach Art 24 EGBGB.

Bedeutung erlangt Art 18 vor allem im Fall der **Ausweichklausel des Art 13 Abs 2,** wenn **237** das Gericht im gewöhnlichen Aufenthaltsstaat des Erwachsenen ausnahmsweise das Recht eines Nichtvertragsstaats anwendet oder berücksichtigt, weil der Sachverhalt zu diesem Recht eine besonders enge Verbindung aufweist.

2. Vorrang von Staatsverträgen

Zu einer Spaltung des Kollisionsrechts kann es in den Vertragsstaaten ferner auch dann noch **238** kommen, wenn das ErwSÜ nach Art 49 gegenüber bestehenden Staatsverträgen zurücktritt. In Deutschland ist dies nur im Verhältnis zum Iran der Fall, wo das **deutsch-iranische Niederlassungsabkommen von 1929** gegenüber den Art 13 ff ErwSÜ Vorrang genießt (→ **Rn 161**).

ErwSÜ Art 19. [Sachnormverweisungen]

Der Begriff „Recht" im Sinn dieses Kapitels bedeutet das in einem Staat geltende Recht mit Ausnahme des Kollisionsrechts.

Der im ErwSÜ verwendete Begriff „Recht eines Staates" ist nach Art 19 – wie auch in **239** anderen Haager Übereinkommen (zB in Art 12 HUP; → C Rn 741) – grundsätzlich so zu verstehen, dass damit die in diesem Staat geltenden Rechtsnormen unter Ausschluss derjenigen des Internationalen Privatrechts gemeint sind. Das Übk spricht damit im Interesse der Vereinfachung und Beschleunigung der Rechtsanwendung grundsätzlich nur sog **Sachnormverweisungen** auf das jeweilige *materielle* Recht des Erwachsenenschutzes aus. Sowohl eine Rück- wie eine Weiterverweisung durch das IPR der zur Anwendung berufenen Rechtsordnung bleiben also außer Betracht (*Breuer* FPR 05, 74/77). Dies gilt insbesondere für die Anknüpfung der **Vorsorgevollmacht** nach Art 15 sowie für die Anordnung von Schutzmaßnahmen, wenn in Anwendung der Ausweichklausel des Art 13 Abs 2 ausnahmsweise ausländisches Recht angewandt wird. Der Ausschluss des Renvoi nach Abs 1 ist unproblematisch, soweit die Kollisionsnormen des Kapitels III auf das Recht eines anderen **Vertragsstaats** verweisen; denn wegen der Vereinheitlichung des Kollisionsrechts durch das ErwSÜ kann es in diesem Fall zu einer Rück- oder Weiterverweisung nicht kommen.

Weniger überzeugend ist ein vollständiger Ausschluss des Renvoi in Fällen der Verweisung auf **240** das Recht eines **Drittstaats.** Verweist nämlich das IPR dieses Drittstaats auf das Recht des Gerichtsstaates zurück, so sprechen gute Gründe dafür, eine solche Rückverweisung anzunehmen (dazu allg Staud/*Hausmann* Art 4 EGBGB Rn 17 ff). Denn zum einen hat der Drittstaat selbst kein Interesse an der Anwendung seines Sachrechts im Verfahren vor dem angerufenen Gericht eines Vertragsstaats, zum anderen würde die Annahme der Rückverweisung dem Gericht und den Parteien die Schwierigkeiten und Kosten der Ermittlung des drittstaatlichen Sachrechts ersparen. Während Art 21 Abs 2 KSÜ in engen Grenzen zumindest die Befolgung eine Weiterverweisung durch das von Art 16 KSÜ zur Anwendung berufene Recht anordnet (→ F Rn 685 f), schließt Art 19 im Interesse der Rechtsvereinfachung die Beachtung einer **Rück- wie einer Weiterverweisung** durch das IPR eines Drittstaats aus. Ähnlich wie im internationalen Ehescheidungsrecht (Art 11 Rom III-VO; → A Rn 463 ff), im internationalen Ehegüterrecht (Art 32 EuGüVO; → C Rn 386)) oder im internationalen Unterhaltsrecht (Art 12 HUP; → C Rn 741) wird der Ent-

895

J 241–245   1. Teil. Erkenntnisverfahren J. Betreuungssachen

scheidungseinklang mit den übrigen Vertragsstaaten also höher bewertet als der Entscheidungseinklang mit dem Drittstaat, auf dessen Recht verwiesen wird.

ErwSÜ Art 20. [Eingriffsnormen]

**Dieses Kapitel steht den Bestimmungen des Rechts des Staates, in dem der Erwach-
sene zu schützen ist, nicht entgegen, deren Anwendung unabhängig vom sonst maßgebenden Recht zwingend ist.**

1. Allgemeines

241   Nach Art 20 bleiben die international zwingenden Vorschriften des Staates, in dem der
Erwachsene zu schützen ist, unberührt. Die Vorschrift soll vor allem ein Gegengewicht zu der
für die Vorsorgevollmacht in Art 15 Abs 2 eingeräumten Rechtswahl bilden. Den Beteiligten
soll es mithin nicht erlaubt sein, die unabdingbaren Vorschriften des Staates, in dem der Schutz
des Erwachsenen verwirklicht werden soll, durch eine Rechtswahl auszuschalten.

2. Eingriffsnormen

242   Die in Art 20 vorbehaltenen „Bestimmungen …, deren Anwendung unabhängig vom sonst
maßgeblichen Recht ist", entsprechen funktional den Eingriffsnormen der EU-Verordnungen
(Staud/*v Hein* Vorbem Art 24 EGBGB Rn 233; MüKoBGB/*Lipp* Rn 4; NK-BGB/*Benicke*
Rn 2). In Anlehnung an Art 9 Abs 1 Rom I-VO und Art 30 Abs 2 EuGüVO handelt es sich um
Vorschriften, deren Einhaltung von einem Vertragsstaat als so entscheidend für die Wahrung seines
öffentlichen Interesses, insbesondere seiner politischen, sozialen oder wirtschaftlichen Ordnung,
angesehen wird, dass sie ungeachtet des nach Maßgabe des Übk auf den Schutz des Erwachsenen
anzuwendenden Rechts auf alle Sachverhalte anzuwenden sind, die in ihren Anwendungsbereich
fallen. Solche international zwingenden Normen werden insbesondere gegenüber einem nach
Art 15 Abs 2 gewählten Recht durchgesetzt, haben aber auch Vorrang vor dem objektiv nach
Art 14 oder 15 anwendbaren Recht (MüKoBGB/*Lipp* Rn 2 f; NK-BGB/*Benicke* Rn 4).

243   Bei der Aufnahme des Art 20 in das ErwSÜ wurde in erster Linie an Eingriffsnormen auf dem
Gebiet von **medizinischen Maßnahmen** gedacht (*Lagarde*-Bericht Rn 113; MüKoBGB/*Lipp*
Rn 5). Die Vorschrift ist aber nicht auf diesen Bereich beschränkt worden, sondern wurde
allgemein gefasst und erstreckt sich deshalb auch auf sonstige Maßnahmen des Erwachsenen-
schutzes. Daher kommen etwa auch Vorschriften in Betracht, die eine Unterbringung des
Erwachsenen nur nach vorheriger gerichtlicher Genehmigung zulassen (*Lagarde*-Bericht
Rn 113; NK-BGB/*Benicke* Rn 3). Im deutschen Recht werden etwa die Genehmigungserfor-
dernisse nach §§ 1904, 1905 BGB als Eingriffsnormen qualifiziert (Staud/*v Hein* Vorbem Art 24
EGBGB Rn 234; MüKoBGB/*Lipp* Rn 5).

3. Schutzstatut

244   Anders als nach Art 9 Rom I-VO oder Art 30 EuGüVO werden nach Art 20 nicht die
Eingriffsnormen der *lex fori* gegen das nach Art 14, 15 anwendbare Recht durchgesetzt, sondern
die Eingriffsnormen „des Staates, in dem der Erwachsene zu schützen ist". Dies ist derjenige
Staat, in dem eine in einem anderen Vertragsstaat angeordnete Maßnahme nach Art 14 durchgeführt wird oder in dem eine Vorsorgevollmacht nach Art 15 Abs 3 ausgeübt wird (NK-BGB/
Benicke Rn 6). Das Recht dieses Staates ist freilich schon nach Art 14 bzw 15 Abs 3 maßgebend,
wenn die Ausführungsbedingungen iSv Art 14 oder die Art und Weise der Ausübung der
Vorsorgevollmacht iSv Art 15 Abs 3 betroffen sind, so dass es dann eines Rückgriffs auf Art 20
nicht bedarf (*Guttenberger* 177 f; MüKoBGB/*Lipp* Rn 2).

245   Art 20 ermöglicht somit dem angerufenen Gericht nicht nur die Durchsetzung der eigenen
Eingriffsnormen, wenn der Erwachsene im Gerichtsstaat zu schützen ist, sondern auch der
Eingriffsnormen des Staates, in dem die Maßnahme später durchgeführt werden soll. Die
Möglichkeit zur Anwendung des Rechts dieses Staates wird allerdings bereits durch die Aus-
weichklausel in Art 13 Abs 2 eröffnet (NK-BGB/*Benicke* Rn 7).

896

II. Internationales Privatrecht: ErwSÜ Art 45

J

ErwSÜ Art 21. [Ordre public]

Die Anwendung des in diesem Kapitel bestimmten Rechts darf nur versagt werden, wenn sie der öffentlichen Ordnung (ordre public) offensichtlich widerspricht.

1. Allgemeines

Art 21 enthält die in kollisionsrechtlichen Haager Übereinkommen übliche Vorbehaltsklausel; **246** ihr korrespondiert im Rahmen der Anerkennung und Vollstreckung von Entscheidungen aus anderen Vertragsstaaten die verfahrensrechtliche Vorbehaltsklausel in Art 22 Abs 2 lit c (→ S Rn 22). Wegen der allgemeinen Grundsätze zur Anwendung des *ordre public* – Vorbehalts wird auf die Kommentierung zu Art 12 Rom III-VO verwiesen (→ A Rn 467 ff). Insbesondere ist auch Art 21 als Ausnahmevorschrift *eng* auszulegen. Eine besondere Berücksichtigung des Wohls des Erwachsenen wird – anders in Bezug auf das Kindeswohl in der Parallelvorschrift des Art 22 KSÜ – nicht vorgeschrieben.

2. Einzelfälle

Einzelfälle zur Anwendung der Vorbehaltsklausel auf dem Gebiet des Erwachsenenschutzes **247** sind bisher nicht bekannt geworden.

Kapitel IV. Anerkennung und Vollstreckung
ErwSÜ Art 22–27

(abgedruckt und kommentiert → S Rn 12 ff)

Kapitel V. Zusammenarbeit

ErwSÜ Art 28–37

(abgedruckt und kommentiert → W Rn 12 ff)

Kapitel VI. Allgemeine Bestimmungen
ErwSÜ Art 38–42.

(abgedruckt und kommentiert → Rn 138 ff)

ErwSÜ Art 44. [Innerstaatliche Rechtskollisionen]

Ein Vertragsstaat, in dem verschiedene Rechtssysteme oder Gesamtheiten von Regeln für den Schutz der Person und des Vermögens des Erwachsenen gelten, muss die Regeln dieses Übereinkommens nicht auf Kollisionen anwenden, die allein zwischen den verschiedenen Rechtssystemen oder Gesamtheiten von Regeln bestehen.

Nach Art 44 sind Vertragsstaaten, in deren Gebiet unterschiedliches Verfahrens- oder mate- **248** rielles Recht der elterlichen Verantwortung gilt, nicht verpflichtet, die Vorschriften des ErwSÜ auch auf interlokale Sachverhalte anzuwenden, die keinen Bezug zu einem anderen Vertragsstaat aufweisen. Die Entscheidung, welches Teilrecht in solchen Fällen anzuwenden ist, bleibt vielmehr dem jeweiligen Mehrrechtsstaat überlassen. Derzeit gehört dem ErwSÜ indessen kein Mehrrechtsstaat an, weil das *Vereinigte Königreich* die Geltung des Übk auf *Schottland* beschränkt hat.

ErwSÜ Art 45. [Maßgebliche Gebietseinheit eines Mehrrechtsstaates]

Gelten in einem Staat in Bezug auf die in diesem Übereinkommen geregelten Angelegenheiten zwei oder mehr Rechtssysteme oder Gesamtheiten von Regeln in verschiedenen Gebietseinheiten, so ist jede Verweisung

a) auf den gewöhnlichen Aufenthalt in diesem Staat als Verweisung auf den gewöhnlichen Aufenthalt in einer Gebietseinheit zu verstehen;

b) auf die Anwesenheit des Erwachsenen in diesem Staat als Verweisung auf die Anwesenheit des Erwachsenen in einer Gebietseinheit zu verstehen;

897

J 249–251 1. Teil. Erkenntnisverfahren J. Betreuungssachen

c) auf die Belegenheit des Vermögens des Erwachsenen in diesem Staat als Verweisung auf die Belegenheit des Vermögens des Erwachsenen in einer Gebietseinheit zu verstehen;

d) auf den Staat, dem der Erwachsene angehört, als Verweisung auf die von dem Recht dieses Staates bestimmte Gebietseinheit oder, wenn solche Regeln fehlen, als Verweisung auf die Gebietseinheit zu verstehen, mit welcher der Erwachsene die engste Verbindung hat;

e) auf den Staat, dessen Behörden vom Erwachsenen gewählt worden sind, als Verweisung auf die Gebietseinheit zu verstehen, wenn der Erwachsene die Behörden dieser Gebietseinheit gewählt hat; auf die Gebietseinheit, mit welcher der Erwachsene die engste Verbindung hat, zu verstehen, wenn der Erwachsene die Behörden des Staates gewählt hat, ohne eine bestimmte Gebietseinheit innerhalb des Staates anzugeben;

f) auf das Recht eines Staates, mit dem der Sachverhalt eine enge Verbindung hat, als Verweisung auf das Recht der Gebietseinheit zu verstehen, mit welcher der Sachverhalt eine enge Verbindung hat;

g) des Staates, in dem eine Maßnahme getroffen wurde, als Verweisung auf das Recht, das Verfahren oder die Behörde der Gebietseinheit zu verstehen, in der diese Maßnahme getroffen wurde;

h) auf das Recht, das Verfahren oder die Behörde des ersuchten Staates als Verweisung auf das Recht, das Verfahren oder die Behörde der Gebietseinheit zu verstehen, in der die Anerkennung oder Vollstreckung geltend gemacht wird;

i) auf den Staat, in dem eine Schutzmaßnahme durchzuführen ist, als Verweisung auf die Gebietseinheit zu verstehen, in der die Maßnahme durchzuführen ist;

j) auf Stellen oder Behörden dieses Staates, die nicht Zentrale Behörden sind, als Verweisung auf die Stellen oder Behörden zu verstehen, die in der betreffenden Gebietseinheit handlungsbefugt sind.

1. Allgemeines

249 Die Vorschrift betrifft den Fall, dass die Kollisionsnormen der Art 13 ff auf die Rechtsordnung eines Staates verweisen, dessen materielles Erwachsenenschutzrecht **territorial gespalten** ist. Für diesen Fall verlängert Art 45 diese Verweisungen mit Hilfe von Unteranknüpfungen bis hin zu einer bestimmten Gebietseinheit (Teilrechtsordnung) dieses Mehrrechtsstaates. Vorrang vor diesen autonomen Unteranknüpfungen des Art 45 hat allerdings gemäß Art 46 lit a das interlokale Privatrecht des Mehrrechtsstaates. Da die Kollisionsnormen des Kapitels II auch dann anzuwenden sind, wenn das darin bestimmte Recht dasjenige eines Nichtvertragsstaats ist (Art 18), hat Art 45 durchaus praktische Bedeutung, obwohl bisher kein Vertragsstaat des ErwSÜ ein Mehrrechtsstaat ist.

2. Räumliche Anknüpfungen, lit a – lit c

250 Die Ermittlung der maßgebenden Teilrechtsordnung fällt nicht schwer, wenn die einschlägige Kollisionsnorm ein **räumliches Anknüpfungskriterium** verwendet, denn die Verweisung muss dann lediglich bis zu der durch dieses Kriterium bezeichneten Gebietseinheit des Mehrrechtsstaates verlängert werden. Wird daher auf das Recht des Staates verwiesen, in dem der Erwachsene seinen gewöhnlichen Aufenthalt hat und hat dieser seinen gewöhnlichen Aufenthalt in den *Vereinigten Staaten,* die kein Erwachsenenschutzrecht auf Bundesebene kennen, so ist diese Verweisung nach lit a als eine solche auf das Recht desjenigen US-Bundesstaats zu verstehen, in dem der Erwachsene sich gewöhnlich aufhält. Entsprechendes gilt für die Unteranknüpfungen in lit b (schlichter Aufenthalt des Erwachsenen, Art 6 und 11) und lit c (Belegenheit von Vermögen des Erwachsenen, Art 9).

3. Anknüpfung an die Staatsangehörigkeit, lit d

251 Größere Schwierigkeiten bereitet die Unteranknüpfung, wenn – zB nach Art 7 – an die Staatsangehörigkeit des Erwachsenen angeknüpft wird. Insoweit verweist lit d primär auf das interlokale Privatrecht des Mehrrechtsstaates. Nur für den Fall, dass ein solches – wie zB in den *USA* – fehlt, entscheidet die **engste Verbindung** des Erwachsenen zu einer bestimmten Teilrechtsordnung.

898

II. Internationales Privatrecht: ErwSÜ Art 47 **256 J**

4. Anknüpfung an eine Rechtswahl, lit e

Die Möglichkeit einer Rechtswahl wird dem Erwachsenen nur in Art 15 Abs 2 in Bezug auf **252** die Erteilung, den Umfang, die Änderung und die Beendigung einer Vorsorgevollmacht eröffnet (→ **Rn 200 ff**). Wählt er das Recht eines Mehrrechtsstaates, so ist nach lit e zu differenzieren: Hat er die Behörden einer bestimmten Gebietseinheit gewählt, so ist das dort maßgebende Recht maßgebend. Hat er hingegen die Behörden des Mehrrechtsstaates gewählt, ohne eine bestimmte Gebietseinheit innerhalb dieses Staates anzugeben, so ist das Recht derjenigen Gebietseinheit anzuwenden, mit welcher der Erwachsene die engste Verbindung hat.

5. Anknüpfung an das Recht des Staates, in dem Schutzmaßnahmen getroffen, durchgeführt oder vollstreckt werden, lit g–lit i

Wird auf das Recht eines Mehrrechtsstaates verwiesen, in dem eine Schutzmaßnahme getroffen **253** wurde oder auszuführen ist oder in dem ihre Anerkennung und Vollstreckung beantragt wurde, so ist die Verweisung jeweils auf diejenige Gebietseinheit gerichtet, in der die Maßnahme getroffen wurde (lit g), auszuführen ist (lit i) oder in der ihre Anerkennung/Vollstreckung geltend gemacht wird (lit h).

Wegen weiterer Einzelheiten zur Unteranknüpfung wird auf die ausführliche Kommentierung **254** der Parallelvorschriften auf dem Gebiet des Ehescheidungsrechts in **Art 14 Rom III-VO** (→ A Rn 505 ff) verwiesen.

ErwSÜ Art 46. [Territoriale Rechtsspaltung]

Hat ein Staat zwei oder mehr Gebietseinheiten mit eigenen Rechtssystemen oder Gesamtheiten von Regeln für die in diesem Übereinkommen geregelten Angelegenheiten, so gilt zur Bestimmung des nach Kapitel III anzuwendenden Rechts Folgendes:

a) Sind in diesem Staat Regeln in Kraft, die das Recht einer bestimmten Gebietseinheit für anwendbar erklären, so ist das Recht dieser Einheit anzuwenden;

b) fehlen solche Regeln, so ist das Recht der in Artikel 45 bestimmten Gebietseinheit anzuwenden.

Die autonomen Unteranknüpfungen des Art 45 kommen freilich – wie Art 46 lit b klarstellt – **255** **nur subsidiär** zur Anwendung, wenn der Mehrrechtsstaat über keine eigenen Vorschriften des interlokalen Privatrechts verfügt, wie dies etwa auf *Australien, Kanada* oder *die USA* zutrifft. Regelt der Mehrrechtsstaat, auf dessen Recht nach Art 13 ff verwiesen ist, hingegen – wie zB *Spanien* – die Frage, welche seiner Teilrechtsordnungen zur Anwendung kommen soll, durch eigene interlokale Vorschriften, so haben diese gem lit a Vorrang vor den Unteranknüpfungen nach Art 45. Dies entspricht grundsätzlich der Regelung in Art 4 Abs 3 S 1 EGBGB, die sich allerdings bei der Verwendung *räumlicher* Anknüpfungskriterien durch das deutsche Kollisionsrecht über das interlokale Privatrecht des Mehrrechtsstaats hinwegsetzt.

ErwSÜ Art 47. [Personale Rechtsspaltung]

Hat ein Staat zwei oder mehr Rechtssysteme oder Gesamtheiten von Regeln, die auf verschiedene Personengruppen hinsichtlich der in diesem Übereinkommen geregelten Angelegenheiten anzuwenden sind, so gilt zur Bestimmung des nach Kapitel III anzuwendenden Rechts Folgendes:

a) Sind in diesem Staat Regeln in Kraft, die bestimmen, welches dieser Rechte anzuwenden ist, so ist dieses anzuwenden;

b) fehlen solche Regeln, so ist das Rechtssystem oder die Gesamtheit von Regeln anzuwenden, mit denen der Erwachsene die engste Verbindung hat.

Während die Art 45, 46 die territoriale Rechtsspaltung regeln, bezieht sich Art 47 auf die **256** **personale Rechtsspaltung.** Im Vordergrund steht die vor allem in islamischen Ländern verbreitete Anwendung unterschiedlichen Rechts auf die Angehörigen verschiedener Religionsgruppen. Die Vorschrift überlässt die Bestimmung des auf diese Personengruppen jeweils anwendbaren Rechts auf dem Gebiet des Erwachsenenschutzes in lit a primär dem interpersonalen Recht des betreffenden Staates. Nur hilfsweise, wenn solche Regeln fehlen, sind die Vorschriften

899

J 259, 260 1. Teil. Erkenntnisverfahren J. Betreuungssachen

derjenigen Religionsgemeinschaft oder sonstigen Personengruppe anzuwenden, zu der der Erwachsene die engste Verbindung hat.

257 Zu Einzelheiten der Anwendung interpersonalen Rechts wird auf die Kommentierung der Parallelvorschrift auf dem Gebiet des Ehescheidungsrechts in Art 15 Rom III-VO verwiesen (→ A Rn 518 ff).

ErwSÜ Art 48. [Ersetzung des Haager Entmündigungsabkommens]

Im Verhältnis zwischen den Vertragsstaaten ersetzt dieses Übereinkommen das am 17. Juli 1905 in Den Haag unterzeichnete Abkommen über die Entmündigung und gleichartige Fürsorgemaßregeln.

258 Das ErWSÜ tritt im Verhältnis der Vertragsstaaten an die Stelle des Haager Entmündigungsabkommens von 1905. Dieses Abk war von der *Bundesrepublik Deutschland* am 21.1.1991 gekündigt worden und ist für *Deutschland* am 23.8.1992 außer Kraft getreten. Das Abk galt nur für Angehörige von Vetragsstaaten mit gewöhnlichem Aufenthalt in einem anderen Vertragsstaat (Art 14) und entsprach sachlich nicht mehr den Anforderungen an einen zeitgemäßen grenzüberschreitenden Erwachsenenschutz.

ErwSÜ Art 49. [Verhältnis zu sonstigen Übereinkünften]

(1) Dieses Übereinkommen lässt andere internationale Übereinkünfte unberührt, denen Vertragsstaaten als Vertragsparteien angehören und die Bestimmungen über die in diesem Übereinkommen geregelten Angelegenheiten enthalten, sofern die durch eine solche Übereinkunft gebundenen Staaten keine gegenteilige Erklärung abgeben.

(2) Dieses Übereinkommen lässt die Möglichkeit unberührt, dass ein oder mehrere Vertragsstaaten Vereinbarungen treffen, die in Bezug auf Erwachsene mit gewöhnlichem Aufenthalt in einem der Staaten, die Vertragsparteien solcher Vereinbarungen sind, Bestimmungen über in diesem Übereinkommen geregelte Angelegenheiten enthalten.

(3) Künftige Vereinbarungen eines oder mehrerer Vertragsstaaten über Angelegenheiten im Anwendungsbereich dieses Übereinkommens lassen im Verhältnis zwischen solchen Staaten und anderen Vertragsstaaten die Anwendung der Bestimmungen dieses Übereinkommens unberührt.

(4) Die Absätze 1 bis 3 gelten auch für Einheitsrecht, das auf besonderen Verbindungen insbesondere regionaler Art zwischen den betroffenen Staaten beruht.

1. Vorrang früherer Übereinkünfte, Abs 1

259 Sieht man vom Verhältnis zum Haager Entmündigungsübereinkommen von 1905 ab, das in Art 48 gesondert geregelt wird, lässt das ErWSÜ nach Abs 1 zwei- oder mehrseitige Staatsverträge unberührt, die von Vertragsstaaten schon früher abgeschlossen worden sind und die Bestimmungen über die auch im ErWSÜ geregelten Angelegenheiten enthalten. Das ErWSÜ tritt also gegenüber solchen früheren Übereinkünften zurück, sofern die an eine solche Übereinkunft gebundenen Staaten keine gegenteilige Erklärung abgeben. Aus deutscher Sicht hat daher auf dem Gebiet des Kollisionsrechts das **deutsch-iranische Niederlassungsabkommen** von 1929 Vorrang vor den Art 13 ff ErWSÜ (Pal/*Thorn* Anh Art 24 EGBGB Rn 11; Staud/*v Hein* Vorbem Art 24 EGBGB Rn 352 mwN; näher → Rn 161).

2. Zulässigkeit künftiger Vereinbarungen zwischen Vertragsstaaten, Abs 2

260 Das ErWSÜ behält einem oder mehreren Vertragsstaaten auch für die Zukunft das Recht vor, Vereinbarungen abzuschließen, die Bestimmungen über die in diesem Übk geregelten Angelegenheiten enthalten. Von diesem Recht kann allerdings nur in Bezug auf Erwachsene Gebrauch gemacht werden, die ihren gewöhnlichen Aufenthalt in einem derjenigen Vertragsstaaten haben, die sich an einer solchen künftigen Vereinbarung beteiligen. Hingegen können die Vertragsstaaten des ErWSÜ in dessen sachlichem Anwendungsbereich weder untereinander noch mit Drittstaaten vorrangige Vereinbarungen in Bezug auf Erwachsene schließen, die sich gewöhnlich in einem an einer solchen Vereinbarung nicht beteiligten Vertragsstaat des ErWSÜ oder in einem

900

II. Internationales Privatrecht: ErwSÜ Art 50   **264, 265 J**

Drittstaat aufhalten, mag der Erwachsene auch die Staatsangehörigkeit eines an der Vereinbarung beteiligten Staates besitzen (*Lagarde*-Bericht Rn 162).

Abs 2 enthält in erster Linie eine **Öffnungsklausel** für die dem ErwSÜ angehörenden **Mit- 261 gliedstaaten der EU,** die in ihrem Verhältnis zueinander sowohl ergänzende wie auch abweichende Regelungen in Bezug auf Erwachsene vereinbaren können, die sich in einem Mitgliedstaat (mit Ausnahme *Dänemarks*) gewöhnlich aufhalten. Hiervon hat der europäische Gesetzgeber allerdings bisher – anders als nach Art 52 Abs 2 KSÜ auf dem Gebiet des Kinderschutzes (→ F Rn 545 f) – noch keinen Gebrauch gemacht.

3. Vorrang des ErwSÜ im Verhältnis zu nicht an die künftigen Vereinbarungen gebundenen Vertragsstaaten, Abs 3

Der Vorrang der von Vertragsstaaten des ErwSÜ untereinander oder mit Drittstaaten nach **262** Maßgabe von Abs 2 geschlossenen künftigen Vereinbarungen im sachlichen Anwendungsbereich des Übk gilt nur im Verhältnis zwischen den Vertragsstaaten einer solchen Vereinbarung. Demgegenüber bleibt die mit der Ratifizierung des ErwSÜ übernommene Verpflichtung zur Anwendung der Bestimmungen dieses Übk im Verhältnis zu anderen Vertragsstaaten, die an einer solchen Vereinbarung nicht beteiligt sind, nach Abs 3 unberührt. Sondervereinbarungen zwischen einer bestimmten Gruppe von Vertragsstaaten sollen also das System des ErwSÜ im Übrigen nicht in Frage stellen.

4. Geltung der Absätze 1–3 für Einheitsrecht, Abs 4

Abs 4 stellt klar, dass die Absätze 1–3 nicht nur das Verhältnis des KSÜ zu völkerrechtlichen **263** Vereinbarungen der Vertragsstaaten betreffen, sondern auch für Einheitsrecht gelten, das „auf besonderen Verbindungen regionaler Art" zwischen den betroffenen Staaten beruht. Durch Abs 4 wird insbesondere das **Einheitsrecht der skandinavischen Staaten** auf dem durch das ErwSÜ geregelten Rechtsgebiet des Erwachsenenschutzes den völkerrechtlichen Vereinbarungen nach Abs 2 und 3 gleichgestellt.

ErwSÜ Art 50. [Zeitlicher Anwendungsbereich]

(1) **Dieses Übereinkommen ist nur auf Maßnahmen anzuwenden, die in einem Staat getroffen werden, nachdem das Übereinkommen für diesen Staat in Kraft getreten ist.**

(2) *(abgedruckt und kommentiert → S Rn 49)*

(3) **Dieses Übereinkommen ist ab dem Zeitpunkt seines Inkrafttretens in einem Vertragsstaat auf die Vertretungsmacht anzuwenden, die zuvor unter Bedingungen erteilt wurde, die denen des Artikels 15 entsprechen.**

1. Grundsatz, Abs 1

Ebenso wie für die internationale Zuständigkeit (→ Rn 145) bestimmt das ErwSÜ seinen **264** zeitlichen Geltungsbereich auch für das **anwendbare Recht** grundsätzlich danach, wann die Maßnahme von dem angerufenen Gericht getroffen wird. Hat in diesem Zeitpunkt das ErwSÜ für den Vertragsstaat, in dem das Gericht seinen Sitz hat, schon gegolten, so hat das Gericht seiner Entscheidung die Kollisionsnormen des Übk zugrunde zu legen. Es kommt also nicht darauf an, wann das Verfahren vor diesem Gericht eingeleitet wurde. Das ErwSÜ ist vielmehr von deutschen Gerichten auch in Verfahren, die bereits vor dem 1.1.2009 anhängig gemacht wurden, immer dann anzuwenden, wenn die Entscheidung erst nach diesem Zeitpunkt getroffen wird. Dies gilt auch dann, wenn das Verfahren am 1.1.2009 vor einem deutschen Gericht bereits in der **Rechtsmittelinstanz** anhängig war. Auch in diesem Fall bestimmt sich das auf Schutzmaßnahmen anwendbare Recht von diesem Zeitpunkt an nach Art 13 (vgl zur Parallelvorschrift in Art 53 KSÜ BGH FamRZ 11, 796 Rn 31 m Anm *Völker;* OLG Saarbrücken FF 11, 326 = FamRZ 11, 1514 (LS); OLG Karlsruhe FamRZ 11, 1963/1964 m zust Anm *Henrich*).

2. Sonderregelung für die Vorsorgevollmacht, Abs 3

In Abs 3 erweitert das Übk seinen zeitlichen Anwendungsbereich für die von einem Erwach- **265** senen durch Vereinbarung oder einseitiges Rechtsgeschäft eingeräumte Vertretungsmacht. Denn anders als für Schutznahmen gilt das Übk für Vollmachten nicht nur dann, wenn diese nach dem

901

J 267   1. Teil. Erkenntnisverfahren J. Betreuungssachen

Inkrafttreten des Übk in einem Vertragsstaat erteilt wurden. Art 15 ist vielmehr auf die Vertretungsmacht auch dann anzuwenden, wenn diese zuvor – in *Deutschland* also vor dem 1.1.2009 – unter Bedingungen erteilt wurde, die denen des Art 15 entsprechen.

ErwSÜ Art 51. [Sprachliche Anforderungen für Mitteilungen an die Zentrale Behörde]

(1) Mitteilungen an die Zentrale Behörde oder eine andere Behörde eines Vertragsstaats werden in der Originalsprache zugesandt; sie müssen von einer Übersetzung in die Amtssprache oder eine der Amtssprachen des anderen Staates oder, wenn eine solche Übersetzung nur schwer erhältlich ist, von einer Übersetzung ins Französische oder Englische begleitet sein.

(2) Ein Vertragsstaat kann jedoch einen Vorbehalt nach Artikel 56 anbringen und darin gegen die Verwendung des Französischen oder Englischen, jedoch nicht beider Sprachen, Einspruch erheben.

266   Die *Bundesrepublik Deutschland* hat gemäß Abs 2 der Verwendung der französischen Sprache widersprochen (Bek v. 12.12.2008, BGBl 09 II, 39). Gleiches gilt für *Estland, Österreich, die Tschechische Republik* und das *Vereinigte Königreich*.

ErwSÜ Art 52. [Prüfung der praktischen Durchführung des Übereinkommens]

Der Generalsekretär der Haager Konferenz für Internationales Privatrecht beruft in regelmäßigen Abständen eine Spezialkommission zur Prüfung der praktischen Durchführung dieses Übereinkommens ein.

Kapitel VII. Schlussbestimmungen

ErwSÜ Art 53 – 59

(abgedruckt → Rn 146)

3. Autonomes Kollisionsrecht

560. Einführungsgesetz zum Bürgerlichen Gesetzbuch (EGBGB)

idF vom 21. September 1994 (BGBl I, 2494)

EGBGB Art 24. Vormundschaft, Betreuung und Pflegschaft

(1) Die Entstehung, die Änderung und das Ende der Vormundschaft, Betreuung und Pflegschaft sowie der Inhalt der gesetzlichen Vormundschaft und Pflegschaft unterliegen dem Recht des Staates, dem der Mündel, Betreute oder Pflegling angehört. Für einen Angehörigen eines fremden Staates, der seinen gewöhnlichen Aufenthalt oder, mangels eines solchen, seinen Aufenthalt im Inland hat, kann ein Betreuer nach deutschem Recht bestellt werden.

(2) Ist eine Pflegschaft erforderlich, weil nicht feststeht, wer an einer Angelegenheit beteiligt ist, oder weil ein Beteiligter sich in einem anderen Staat befindet, so ist das Recht anzuwenden, das für die Angelegenheit maßgebend ist.

(3) Vorläufige Maßregeln sowie der Inhalt der Betreuung und der angeordneten Vormundschaft und Pflegschaft unterliegen dem Recht des anordnenden Staates.

1. Allgemeines

267   a) Einführung der Betreuung im deutschen Sach- und Kollisionsrecht. Durch das Betreuungsgesetz (BtG) vom 12.9.1990 (BGBl I, 2002) hat der deutsche Gesetzgeber das Rechtsinstitut der Entmündigung mit Wirkung v 1.1.1992 abgeschafft. Zugleich wurden die Vormundschaft über Volljährige sowie die Gebrechlichkeitspflegschaft durch das einheitliche Rechtsinstitut der **Betreuung** (§§ 1896–1908i BGB) ersetzt. Voraussetzung für die Anordnung einer Betreuung

902

II. Internationales Privatrecht: EGBGB Art 24

ist, dass ein Volljähriger aufgrund einer psychischen Krankheit oder einer körperlichen, geistigen oder seelischen Behinderung seine Angelegenheiten ganz oder teilweise nicht zu besorgen vermag (§ 1896 Abs 1 BGB). Der gerichtlich bestellte Betreuer ist in seinem Aufgabenkreis **gesetzlicher Vertreter** des Betreuten (§ 1902 BGB). Die Anordnung einer Betreuung wirkt sich allerdings – vorbehaltlich der §§ 104 Nr 2, 105 BGB – auf die **Geschäftsfähigkeit** des Betreuten nicht aus, und zwar auch nicht für die Vornahme von Geschäften innerhalb des Aufgabenkreises, für den der Betreuer bestellt wurde (MüKoBGB/*Schwab* Rn 140; Pal/*Götz* Rn 5, jeweils zu § 1896 BGB). Nur soweit dies zur Abwendung einer erheblichen Gefahr für die Person oder das Vermögen des Betreuten erforderlich ist, kann das Betreuungsgericht gemäß § 1903 BGB einen **Einwilligungsvorbehalt** anordnen. Dieser bewirkt, dass der Betreute – entsprechend der Regelung bei der beschränkten Geschäftsfähigkeit (§§ 108 ff BGB) – zu einer Willenserklärung, die den Aufgabenkreis des Betreuers betrifft, dessen Einwilligung bedarf.

Da die Betreuung die Funktion der bisherigen Vormundschaft über Volljährige bzw der **268** Gebrechlichkeitspflegschaft übernimmt, hat der deutsche Gesetzgeber sie auch **kollisionsrechtlich an die Seite der Vormundschaft** und der Pflegschaft gestellt. Er hat daher die zuvor für die Entmündigung geltenden Kollisionsregeln des aufgehobenen Art 8 EGBGB nahezu wortgleich in den Art 24 Abs 1 S 2 und Abs 3 EGBGB übernommen.

b) Eingeschränkte Bedeutung des autonomen Kollisionsrechts. Die Bedeutung von **269** Art 24 EGBGB auf dem Gebiet des Erwachsenenschutzes ist freilich seit Inkrafttreten des Haager ErwSÜ am 1.1.2009 stark eingeschränkt. Denn die Kollisionsnormen des Übereinkommens verdrängen das autonome deutsche IPR gemäß Art 3 Nr 2 EGBGB immer dann, wenn deutsche Gerichte ihre internationale Zuständigkeit auf das Übereinkommen stützen, also insbesondere dann, wenn der **Erwachsene** seinen **gewöhnlichen Aufenthalt im Inland** hat (Art 13 Abs 1 iVm Art 5 Abs 1 ErwSÜ). Gleiches gilt aber auch dann, wenn die internationale Zuständigkeit der deutschen Gerichte für Maßnahmen aus der deutschen Staatsangehörigkeit des schutzbedürftigen Erwachsenen (Art 7 ErwSÜ) oder der Belegenheit von dessen Vermögen im Inland (Art 9 ErwSÜ) abgeleitet wird. Art 24 ist also auf Schutzmaßnahmen für Erwachsene nur noch anzuwenden, wenn sich die internationale Zuständigkeit der deutschen Gerichte aus § 104 FamFG ergibt (MüKoBGB/*Lipp* Rn 13).

Die Kollisionsregeln des ErwSÜ gelten nach dessen Art 18 als *„loi uniforme"*, dh auch dann, **270** wenn auf das Recht eines Nichtvertragsstaats verwiesen wird. Art 24 Abs 1 S 1 ist daher auf die Anordnung einer Betreuung durch deutsche Gerichte insbesondere noch anwendbar, wenn für einen Deutschen mit **gewöhnlichem Aufenthalt in einem Nichtvertragsstaat** durch das nach § 104 Abs 1 Nr 1 FamFG zuständige deutsche Gericht ein Betreuer bestellt werden soll (vgl zur Anordnung einer Betreuung über eine in *Österreich* lebende Deutsche vor Inkrafttreten des Haager ErwSÜ öst OGH IPRax 09, 169 m Anm *v Hein* 173).

2. Anwendung des Heimatrechts, Abs 1 S 1

a) Grundsatz. Die Voraussetzungen für die Anordnung einer Betreuung sowie deren Änderung oder Beendigung bestimmen sich gemäß Abs 1 S 1 grundsätzlich nach dem Heimatrecht **271** des Betreuten (MüKoBGB/*Lipp* Rn 25 ff; Staud/*v Hein* Rn 4, 26 ff; *Oelkers* 224 ff). Eine Rückoder Weiterverweisung durch dieses Recht ist nach Art 4 Abs 1 EGBGB jedoch zu beachten (*Oelkers* 255 ff; Pal/*Thorn* Rn 1; BeckOK-BGB/*Heiderhoff* Rn 8). Für Staatenlose, Mehrstaater und internationale Flüchtlinge sind ergänzend die Vorschriften des Art 5 zu beachten.

b) Reichweite der Anknüpfung. aa) Entstehung, Änderung und Beendigung einer **272** **angeordneten Vormundschaft, Betreuung und Pflegschaft.** Abs 1 S 1 gilt für die Entstehung, Änderung und Beendigung einer *gerichtlich angeordneten* Vormundschaft, Betreuung und Pflegschaft. Soweit die Beendigung der Vormundschaft von der Erreichung der Volljährigkeit abhängt, ist dies eine selbständig nach Art 7 EGBGB anzuknüpfende Vorfrage (OLG Karlsruhe FamRZ 15, 1820 Rn 12; **aA** [Anwendung von Art 24 EGBGB auch auf die Frage der Volljährigkeit] OLG Bremen BeckRS 17, 101891; OLG Bremen FamRZ 16, 990; OLG Bremen FamRZ 13, 312).

bb) Inhalt der gesetzlichen Vormundschaft und Pflegschaft. Weiterhin ist das von Abs 1 **273** S 1 zur Anwendung berufene Heimatrecht des Erwachsenen für den Inhalt einer **kraft Gesetzes** entstandenen Vormundschaft oder Pflegschaft maßgebend. Demgegenüber unterliegt der Inhalt einer Betreuung sowie einer gerichtlich angeordneten Vormundschaft oder Pflegschaft nach Abs 3 der *lex fori*.

J 274–280   1. Teil. Erkenntnisverfahren J. Betreuungssachen

3. Anwendung des Aufenthaltsrechts, Abs 1 S 2

274   Allerdings konnte gemäß Abs 1 S 2 für einen Angehörigen eines fremden Staates, der seinen gewöhnlichen Aufenthalt oder – mangels eines solchen – seinen schlichten Aufenthalt im Inland hatte, ein **Betreuer auch nach deutschem Recht** bestellt werden (vgl dazu BayObLGZ 01, 324). Daraus folgte, dass zwar für Deutsche eine Betreuung nur unter den Voraussetzungen der §§ 1896 ff BGB angeordnet werden konnte. Demgegenüber konnten deutsche Gerichte für Ausländer eine Betreuung *wahlweise* nach deren Heimatrecht oder nach deutschem Recht anordnen (*Röthel* BTPrax 06, 90/91; *v Hein* IPRax 09, 173/177; *Nitzinger* 106; *Kegel/Schurig* IPR § 20 XIV 1; *Kropholler* IPR § 50 II 3; Pal/*Thorn* Rn 4; MüKoBGB/*Lipp* Rn 33 ff; Staud/*v Hein* Rn 31; BeckOK-BGB/*Heiderhoff* Rn 21; **aA** [ausschließliche Geltung deutschen Rechts] *v Bar* IPR II Rn 50 ff; Erman/*Hohloch* Rn 15; Soergel/*Kegel* Rn 4). Da es im Ausland jedoch an einem der Betreuung entsprechenden Rechtsinstitut häufig fehlt, hat die Praxis im Regelfall eine Betreuung gemäß Art 24 Abs 1 S 2 nur nach Maßgabe des deutschen Rechts angeordnet.

275   Seit Inkrafttreten des **Haager ErwSÜ** für die *Bundesrepublik Deutschland* am 1.1.2009 ist die Möglichkeit zur Anordnung einer Betreuung nach Art 24 Abs 1 S 2 EGBGB jedoch entfallen. Denn die Art 13 ff ErwSÜ haben auch für die Anordnung der Betreuung für Angehörige von Nichtvertragsstaaten, die ihren gewöhnlichen (Art 5 ErwSÜ) oder schlichten Aufenthalt (Art 6 ErwSÜ) im Inland haben, Vorrang vor dem autonomen Kollisionsrecht (Staud/*v Hein* Rn 31 f; MüKoBGB/*Lipp* Rn 35). In der Sache ergibt sich freilich idR kein Unterschied, weil auch nach Art 13 Abs 1 ErwSÜ das Recht am gewöhnlichen Aufenthalt des Betreuten anzuwenden ist. Etwas anderes kann sich nur bei Anwendung der Ausweichklausel nach Art 13 Abs 2 ErwSÜ ergeben.

4. Anwendung der lex fori, Abs 3

276   **a) Grundsatz.** Nach Abs 3 werden bestimmte Fragen der Anknüpfung an das Heimatrecht des Schützlings in Abs 1 S 1 entzogen und – in Übereinstimmung mit Art 13 Abs 1 ErwSÜ – dem Recht des anordnenden Gerichts unterstellt.

277   **b) Reichweite der Anknüpfung. aa) Vorläufige Maßregeln.** Abs 3 gilt für vorläufige Maßregeln, wie zB die Hinterlegung von Geld oder Wertpapieren des Betreuten oder die Errichtung eines Inventars über sein Vermögen (Pal/*Thorn* Rn 7; Staud/*v Hein* Rn 59 ff). Abs 3 wird allerdings in Bezug auf vorläufige Maßregeln durch den Gleichlaufgrudsatz in Art 13 ErwSÜ vollständig verdrängt, wenn man die internationale Zuständigkeit für vorläufige Maßnahmen nach Art 11 ErwSÜ mit der hM auch auf Maßnahmen zugunsten eines Erwachsenen mit gewöhnlichem Aufenthalt in einem Drittstaat erstreckt (→ Rn 122).

278   **bb) Inhalt der Betreuung.** Auch der Inhalt der angeordneten Betreuung unterliegt gemäß Abs 3 dem Recht des anordnenden Staates (Staud/*v Hein* Rn 36 ff; Pal/*Thorn* Rn 4; MüKoBGB/ *Lipp* Rn 36 ff, 41). Der Begriff des „Inhalts der Betreuung" wird weit verstanden. Dazu gehören die **Auswahl und Bestellung** des Betreuers (Reg Begr BT-Drs 10/504, 73; *Röthel* BtPrax 06, 90/ 92; Staud/*v Hein* Rn 38), Fragen seiner Vergütung sowie seine Beeaufsichtigung durch ein Gericht. Auch die **Rechte und Pflichten** des Betreuers gegenüber dem Betreuten, insbesondere zur Verwaltung von dessen Vermögen (vgl OLG München FamRZ 09, 731 m Anm *Hoyer* IPRax 10, 232) und dessen **Haftung** (zB nach § 1908i Abs 1 iVm § 1833 BGB) gehören hierher.

279   Das Recht des anordnenden Staates entscheidet auch, bei welchen Geschäften der Betreuer zur **gesetzlichen Vertretung** des Betreuten berechtigt ist und welche gesetzlichen Schranken seiner Vertretungsmacht gezogen sind. Bei Anordnung der Betreuung durch ein deutsches Betreuungsgericht gelten daher für den Umfang der gesetzlichen Vertretung einschließlich etwaiger gerichtlicher **Genehmigungserfordernisse** in jedem Fall, dh auch wenn die Voraussetzungen der Betreuung ausnahmsweise nach Abs 1 S 1 einem ausländischem Recht entnommen wurden, die §§ 1902 f, 1908i Abs 1 S 1 BGB mit der Verweisung auf das Vormundschaftsrecht. Beschränkungen der Geschäftsfähigkeit des Betreuten aufgrund der Anordnung ergeben sich daher nur, wenn das Betreuungsgericht zugleich einen **Einwilligungsvorbehalt** nach § 1903 BGB verfügt hat; denn auch dieser gehört zum „Inhalt" der Betreuung iSv Abs 3 (*Oelkers* 245 ff; Staud/*v Hein* Rn 43; Staud/*Hausmann* Art 7 Rn 155).

280   **cc) Inhalt der angeordneten Vormundschaft und Pflegschaft.** Schließlich beurteilt sich auch der Inhalt einer gerichtlich angeordneten Vormundschaft oder Pflegschaft, soweit eine solche für Erwachsene überhaupt noch in Betracht kommt, nach der lex *fori*.

2. Teil. Anerkennung und Vollstreckung ausländischer Entscheidungen

K. Ehesachen

Übersicht

	Rn.
I. Einführung	
1. EU-Recht	1
2. Staatsverträge	2
3. Autonomes Zivilverfahrensrecht	3
4. Prüfungsreihenfolge	4
II. EU-Recht	8
EuEheVO (Text-Nr 570)	8
Vorbemerkung	8
Kap. I: Anwendungsbereich und Begriffsbestimmungen (Art 1–2)	15
Kap. III: Anerkennung und Vollstreckung (Art 21–22, 24–27, 37–39, 49–50, 52)	36
Kap. V: Verhältnis zu anderen Rechtsinstrumenten (Art 59–60)	139
Kap. VI: Übergangsvorschriften (Art 64)	150
III. Staatsverträge	156
Überblick	156
1. Deutsch-schweizerisches Anerkennungs- und Vollstreckungsabkommen v 2.11.1929 (Text-Nr 580) Art 3–5	158
2. Deutsch-tunesischer Anerkennungs- und Vollstreckungsvertrag v 19.7.1966 (Text-Nr 590) Art 27–30, 32–33	169
IV. Autonomes Zivilverfahrensrecht	175
1. IntFamRVG (Text-Nr 600)	175
Abschnitt 1: Anwendungsbereich; Begriffsbestimmungen (§§ 1–2)	176
Abschnitt 3: Gerichtliche Zuständigkeit und Zuständigkeitskonzentration (§§ 10, 12)	180
Abschnitt 4: Allgemeine gerichtliche Verfahrensvorschriften (§ 14)	186
Abschnitt 5: Zulassung der Zwangsvollstreckung usw (§ 32)	187
Abschnitt 10: Kosten (§ 54)	188
2. FamFG (Text-Nr 610)	
Buch 1. Abschnitt 9: Verfahren mit Auslandsbezug (§§ 97, 106–109)	189
Anhang: Anerkennung von Privatscheidungen	291

Der Abschnitt K beschränkt sich auf die Darstellung der **Anerkennung und Vollstreckung** ausländischer Entscheidungen in Ehesachen. Zur Behandlung von Ehesachen im **Erkenntnisverfahren** (internationale Zuständigkeit, anwendbares Recht) siehe den **Abschnitt A**.

I. Einführung

Schrifttum: *Dornblüth,* Die europäische Regelung der Anerkennung und Vollstreckbarerklärung von Ehe- und Kindschaftsentscheidungen (2003); *Dutta/Schwab/Henrich/Gottwald/Löhnig* (Hrsg.) Scheidung ohne Gericht? – Neue Entwicklungen im europäischen Scheidungsrecht (2017); *Elmaliah/Thomas,* Die Anerkennung von Ehescheidungen aus dem außereuropäischen Ausland – am Beispiel der israelischen Scheidung, FamRZ 18, 739; *Funken,* Das Anerkennungsprinzip im IPR – Perspektiven eines europäischen Anerkennungsrechts für Statusfragen (2009); *Gärtner,* Die Privatscheidung im deutschen und gemeinschaftsrechtlichen Internationalen Privat- und Verfahrensrecht (2008); *Hajnczyk,* Die Zuständigkeit für Entscheidungen in Ehesachen und in anderen Familiensachen aus Anlass von Ehesachen sowie deren Anerkennung und Vollstreckung in der EG und in der Schweiz (2003); *Heiderhoff,* Die Anerkennung ausländischer Entscheidungen in Ehesachen, StAZ 09, 328; *Lippke,* Der Status im EuZVR – Scheidung und Scheidungsfolgen im Anerkennungsrecht (2008). Zur EuEheVO s a das Schrifttum → vor Rn 8.

905

K 1–7   2. Teil. Anerkennung/Vollstreckung K. Ehesachen

1. EU-Recht

1   Die Anerkennung von Entscheidungen in Ehesachen richtet sich in der Bundesrepublik Deutschland heute vorrangig nach der **EuEheVO,** soweit der Erststaat Mitgliedstaat der EU (mit Ausnahme *Dänemarks*) ist. Die EuEheVO gilt nach Art 64 Abs 1 jedenfalls, wenn das Verfahren, in dem das ausländische Eheurteil gesprochen wurde, erst nach dem 1.3.2005 eingeleitet worden ist. Darüberhinaus sind aber auch Entscheidungen, die in vor diesem Zeitpunkt eingeleiteten Verfahren ergangen sind, unter den Voraussetzungen des Art 64 Abs 2–4 EuEheVO nach Maßgabe des III. Kapitels dieser Verordnung anzuerkennen (näher → Rn 153 ff). Entscheidungen in Ehesachen werden nach Art 21 Abs 1 EuEheVO anerkannt, ohne dass es hierfür eines besonderen Verfahrens bedarf; daher entfällt in Deutschland insbesondere die verbindliche Feststellung der Anerkennung durch die zuständige Landesjustizverwaltung nach § 107 FamFG.

2. Staatsverträge

2   An *multilateralen* Übereinkommen über die Anerkennung von Entscheidungen in Ehesachen (vgl Art 60 lit b und c EuEheVO; dazu → Rn 145) ist die *Bundesrepublik Deutschland* nicht beteiligt. Die meisten der von ihr abgeschlossenen *bilateralen* Anerkennungs- und Vollstreckungsabkommen werden, soweit sie auch Entscheidungen in Ehesachen erfassen, gemäß Art 59 Abs 1 EuEheVO durch die Art 21–22, 24–27 EuEheVO verdrängt (zu Einzelheiten → Rn 140 ff). Praktische Bedeutung behalten hingegen diejenigen bilateralen Abkommen, die von der Bundesrepublik Deutschland mit Drittstaaten – wie der *Schweiz* (→ Rn 158 ff) und *Tunesien* (→ Rn 169 ff) – abgeschlossen wurden.

3. Autonomes Zivilverfahrensrecht

3   Das autonome Recht der Mitgliedstaaten gilt nur noch für die Anerkennung von *dänischen* und von **drittstaatlichen Entscheidungen** in Ehesachen sowie für die Anerkennung von mitgliedstaatlichen Entscheidungen, die in Verfahren ergangen sind, die vor dem 1.3.2005 eingeleitet wurden, soweit diese nicht deshalb nach Art 64 Abs 2–4 EuEheVO gem Art 21 ff EuEheVO anerkannt werden können, weil im Ursprungsstaat zuvor die Vorgänger-Verordnung Nr 1347/2000 galt (→ Rn 153 ff). In Deutschland sind dann – vorbehaltlich vorrangiger bilateraler Übereinkommen (zB mit der *Schweiz* und *Tunesien*) – die §§ 107–109 FamFG anzuwenden. Danach hängt die Anerkennung grundsätzlich weiterhin von einer entsprechenden Feststellung der zuständigen Landesjustizverwaltung ab (§ 107 Abs 1 FamFG; → Rn 194 ff). Das Feststellungsverfahren nach § 107 FamFG ist auch dann durchzuführen, wenn sich die sachlichen Voraussetzungen der Anerkennung nach staatsvertraglichen Vorschriften beurteilen.

4. Prüfungsreihenfolge

4   Geht es um die Anerkennung einer ausländischen Entscheidung in einer Ehesache, so ergibt sich daher folgende Prüfungsreihenfolge:

5   (1) Ist die Entscheidung in einem **EU-Mitgliedstaat** – mit Ausnahme *Dänemarks* – gesprochen worden, so gelten vorrangig die Art 21 f, 24 ff EuEheVO; sie verdrängen gem Art 59 Abs 1 EuEheVO sowohl ein von der *Bundesrepublik Deutschland* mit dem betreffenden Mitgliedstaat abgeschlossenes bilaterales Anerkennungs- und Vollstreckungsabkommen als auch das autonome deutsche Verfahrensrecht (§§ 107–109 FamFG). Dies gilt freilich nur im sachlichen Anwendungsbereich der EuEheVO, also nicht für Feststellungs- und antragsabweisende Entscheidungen (näher → Rn 8, 15, 16 ff, 29 ff).

6   (2) Scheidet die Anwendung der EuEheVO aus, so ist im zweiten Schritt zu prüfen, ob mit dem Erststaat ein **bilaterales Anerkennungs- und Vollstreckungsübereinkommen** besteht, weil dieses nach § 97 Abs 1 S 1 FamFG ebenfalls Vorrang vor § 109 FamFG hat, soweit es die Anerkennung begünstigt. Das Feststellungsverfahren nach § 107 FamFG ist freilich auch in diesem Fall durchzuführen. Einschlägige Abkommen hat die Bundesrepublik Deutschland in Ehesachen nur mit der *Schweiz* und *Tunesien* geschlossen (→ 148 ff, 159 ff).

7   (3) Handelt es sich um eine *dänische* oder eine drittstaatliche Entscheidung aus einem Staat, mit dem kein bilaterales Anerkennungs- und Vollstreckungsübereinkommen besteht, so richtet sich die Anerkennung nach dem **autonomen deutschen Verfahrensrecht.** Dieses hat auch Vorrang vor den vorgenannten beiden bilateralen Abkommen, soweit es die Anerkennung erleichtert. Auch in diesem Fall ist die Feststellung der Anerkennungsvoraussetzungen nach § 109 FamFG gem § 107 FamFG weiterhin bei der zuständigen Landesjustizverwaltung monopolisiert.

II. EU-Recht

8, 9 **K**

II. EU-Recht

570. Verordnung Nr 2201/2003 des Rates über die Zuständigkeit und die Anerkennung und Vollstreckung von Entscheidungen in Ehesachen und Verfahren betreffend die elterliche Verantwortung und zur Aufhebung der Verordnung (EG) Nr 1347/2000 (EuEheVO)

Vom 27. November 2003 (ABl EU L 338, 1)

Vorbemerkung

Schrifttum: Vgl zunächst das allg Schrifttum zur EuEheVO in Ehesachen → A vor Rn 9; ferner *Andrae,* Anerkennung und Vollstreckung von Entscheidungen sowie die Beachtung der früheren Rechtshängigkeit nach der EheVO (Brüssel II-Verordnung), ERA-Forum 1/03, 28; *Dornblüth,* Die europäische Regelung der Anerkennung und Vollstreckbarerklärung von Ehe- und Kindschaftsentscheidungen (2003); *Gissl,* „Anerkennung" ausländischer Ehescheidungen und der EuGH – Lost in Translation?!, StAZ 16, 232; *Hausmann,* Neues internationales Eheverfahren in der Europäischen Union, Teil II, EuLF 00/01, 345; *Helms,* Die Anerkennung ausländischer Entscheidungen im europäischen Eheverfahrensrecht, FamRZ 01, 257; *ders,* Die Neubewertung von Privatscheidungen nach ausländischem Recht vor dem Hintergrund der Entwicklungen im deutschen Sach-, Kollisions- und Verfahrensrecht, FS Coester-Waltjen (2015) 431; *Hub,* Die Neuregelung der Anerkennung und Vollstreckung in Zivil- und Handelssachen und das familienrechtliche Anerkennungs- und Vollstreckungsverfahren, NJW 01, 3145; *Kohler,* Internationales Verfahrensrecht für Ehesachen in der Europäischen Union: Die Verordnung „Brüssel II", NJW 01, 10; *ders,* Systemwechsel im europäischen Anerkennungsrecht: Von der EuGVVO zur Abschaffung des Exequaturs, in *Baur/Mansel* (Hrsg), Systemwechsel im europäischen Kollisionsrecht nach Amsterdam und Nizza (2002) 147; *Krömer* Anerkennung ausländischer Entscheidung in Ehesachen nach der EU-Erweiterung, StAZ 05, 129; *Mosconi,* Un confronto tra la disciplina del riconoscimento e dell'esecuzione delle decisioni straniere nei recenti regolamenti, Riv. dir. int. priv. proc. 01, 545; *Paulino Pereira,* La reconnaissance mutuelle des décisions de divorce et de responsabilité parentale dans l'union Européenne, Rev Marché commun 99, 489; *Spellenberg,* Anerkennung eherechtlicher Entscheidungen nach der EheGVO, ZZP Int 6 [2001] 109; *Sturm,* Brüssel II und der europäische Standesbeamte, StAZ 02, 193; R. *Wagner,* Die Anerkennung und Vollstreckung von Entscheidungen nach der Brüssel II-Verordnung, IPRax 01, 73.

Vgl auch die speziellen Schrifttumshinweise zum Entscheidungsbegriff → vor Rn 17 und zu den Versagungsgründen → vor Rn 62.

1. Anwendungsbereich

a) Sachlicher Anwendungsbereich. In sachlicher Hinsicht gilt die EuEheVO nach Art 1 **8** Abs 1 lit a für die Ehescheidung, die Trennung ohne Auflösung des Ehebandes und die Ungültigerklärung einer Ehe (zu Einzelheiten → A Rn 26 ff). Dementsprechend regelt die Verordnung auch die Anerkennung von Entscheidungen in Ehesachen nur, soweit diese die von Art 1 Abs 1 lit a erfassten Zivilsachen zum Gegenstand haben. Bei der Prüfung, ob der sachliche Anwendungsbereich der Verordnung eröffnet ist, besteht keine Bindung der Gerichte im Zweitstaat an die Beurteilung des Gerichts im Ursprungsmitgliedstaat (vgl zur EuGVVO BGH 17.9.08, unalex DE-1592 Rn 9; Schlosser/Hess/*Schlosser* Art 1 Rn 10).

b) Persönlicher Anwendungsbereich. Der persönliche Anwendungsbereich der EuEhe- **9** VO bereitet auf dem Gebiet der Anerkennung von Entscheidungen in Ehesachen keine Probleme. Vorausgesetzt wird nur, dass die Entscheidung von einem **Gericht eines Mitgliedstaats** der Verordnung erlassen worden ist und in einem anderen Mitgliedstaat der Verordnung anerkannt werden soll. Unerheblich ist hingegen, ob die Parteien die Staatsangehörigkeit eines Mitgliedstaats der Verordnung besitzen (ThP/*Hüßtege* Vorbem Art 1 Rn 15), ihren gewöhnlich Aufenthalt im Ursprungsstaat oder in einem anderen EU-Mitgliedstaat haben oder ob der zugrundeliegende Sachverhalt überhaupt einen Auslandsbezug aufweist. Die Art 21 ff gelten daher auch für die Anerkennung von Entscheidungen, die in reinen Inlandsfällen ergangen sind. Auf die Anerkennung von Drittstaatsentscheidungen sind sie hingegen nicht anwendbar.

907

K   2. Teil. Anerkennung/Vollstreckung K. Ehesachen

10   **c) Räumlicher Anwendungsbereich.** Da das **Vereinigte Königreich und Irland** von
ihrer *opt-in*-Möglichkeit nach Art 4 des Protokolls zum EG-Vertrag Gebrauch gemacht haben
und sich an der Anwendung der EuEheVO beteiligen (vgl Erwägungsgrund 30; → Anh I), gilt
die Verordnung gem Art 288 Abs 2 AEUV in allen Mitgliedstaaten der EU mit Ausnahme von
Dänemark (vgl Art 2 Nr 3 und Erwägungsgrund 31; → Anh I) unmittelbar. Das **Hoheitsgebiet
der Mitgliedstaaten** ergibt sich aus Art 355 AEUV; es umfasst neben den jeweiligen Mutterland zT auch weitere Territorien, zB die überseeischen Départements Frankreichs mit Ausnahme
von St Pierre et Miquelon und Mayotte (Guadeloupe, Guayana, Martinique, Réunion, Saint-
Barthélemy, Saint-Martin, vgl Art 355 Abs 1 AEUV), Madeira, die Azoren, die Kanarischen
Inseln, die Balearen und Gibraltar (Art 355 Abs 3 AEUV). Für die britischen Kanalinseln, die
Isle of Man und die Hoheitszonen des Vereinigten Königreichs auf Zypern gilt sie hingegen
nicht (Art 355 Abs 5 lit b und c AEUV; zu Einzelheiten unalexK/*Hausmann* Einl Rn 39 f).

11   **d) Zeitlicher Anwendungsbereich.** In zeitlicher Hinsicht gilt die EuEheVO grundsätzlich
nur für gerichtliche Verfahren in Ehesachen, die **ab dem 1. März 2005** eingeleitet wurden
(Art 64 Abs 1 iVm Art 72 S 2). Eheentscheidungen aus *Bulgarien* und *Rumänien* werden nach
der EuEheVO anerkannt, wenn sie ab dem 1.1.2007 ergangen sind; Entscheidungen aus *Kroatien,*
wenn sie ab dem 1.7.2013 ergangen sind (OLG Stuttgart FamRZ 17, 1518/1519). Der zeitliche
Anwendungsbereich der Verordnung wird allerdings in Bezug auf die Anerkennung von Entscheidungen in Ehesachen im Verhältnis der Mitgliedstaaten zueinander nach Maßgabe von
Art 64 Abs 2–4 erweitert.

12   Nach **Art 64 Abs 2** gilt die EuEheVO auch für die Anerkennung von Entscheidungen, die
nach dem 1.3.2005 in Eheverfahren ergangen sind, die bereits vor diesem Zeitpunkt, aber nach
dem 31.5.2002 eingeleitet worden sind, sofern das Erstgericht aufgrund von Vorschriften
zuständig war, die mit den Zuständigkeitsvorschriften der EuEheVO (Art 3–7) oder der Ehe-
VO2000 oder eines Abkommens übereinstimmen, das zum Zeitpunkt der Einleitung des Verfahrens zwischen dem Ursprungsmitgliedstaat und dem ersuchten Staat in Kraft war. Ferner
können auch Entscheidungen, die bereits vor dem 1.3.2005 in Eheverfahren ergangen sind, die
nach dem 31.5.2002 eingeleitet wurden, gem **Art 64 Abs 3** nach Maßgabe des III. Kapitels der
EuEheVO anerkannt werden. Eine noch weiter gehende Rückwirkung des Kapitels III der
EuEheVO für die Anerkennung von Entscheidungen in Ehesachen sieht schließlich **Art 64
Abs 4** vor (dazu näher → Rn 153 ff).

2. Auslegung

13   Es gelten die allg Grundsätze zur Auslegung des sekundären EU-Rechts; dazu näher → A
Rn 18 f.

3. Deutsches Ausführungsgesetz

14   Zur Ausführung der Vorschriften der EuEheVO auf dem Gebiet der Anerkennung von
Entscheidungen in Ehesachen und der Vollstreckung diesbezüglicher Kostenentscheidungen
dient in Deutschland das IntFamRVG v 26.1.2005 (→ Rn 175 ff).

Kapitel I. Anwendungsbereich und Begriffsbestimmungen

EuEheVO Art 1. Anwendungsbereich

(1) **Diese Verordnung gilt ungeachtet der Art der Gerichtsbarkeit für Zivilsachen mit
folgendem Gegenstand:**

**a) die Ehescheidung, die Trennung ohne Auflösung des Ehebandes und die Ungültig-
erklärung einer Ehe;**

b) *(abgedruckt und kommentiert → F Rn 32 ff)*

(2) *(abgedruckt und kommentiert → F Rn 40 ff)*

(3) **Diese Verordnung gilt nicht für**

a)–d) *(betrifft die elterliche Verantwortung; abgedruckt und kommentiert → F Rn 48 ff),*

   e) Unterhaltspflichten,

   f) Trusts und Erbschaften,

   g) *(betrifft die elterliche Verantwortung; abgedruckt und kommentiert → F Rn 55)*

II. EU-Recht: EuEheVO Art 2   **17 K**

Der Begriff der **Ehesachen** ist für die Zwecke der Anerkennung und Vollstreckung von **15** Entscheidungen aus anderen Mitgliedstaaten nicht anders zu verstehen wie für die Zwecke der internationalen Zuständigkeit. Insoweit kann daher in vollem Umfang auf das im Abschnitt A Gesagte verwiesen werden (→ A Rn 26 ff). Danach sind insbesondere gerichtliche Ehetrennungsurteile auch in Mitgliedstaaten anzuerkennen, denen das Rechtsinstitut der gerichtlichen Trennung einer Ehe nicht bekannt ist (Trib Dolj 24.1.08, unalex RO-11). Auch die Art 21, 22 gelten andererseits nicht für die Anerkennung von Entscheidungen, in denen das Bestehen oder Nichtbestehen einer Ehe lediglich **festgestellt** worden ist (*Helms* FamRZ 01, 257/259; Staud/ *Spellenberg* Art 1 Rn 35; Zö/*Geimer* Art 21 Rn 4 **aA** MüKoFamFG/*Gottwald* Art 1 Rn 8; näher dazu → A Rn 35). Zum **Ehebegriff** der EuEheVO → A Rn 31 ff.

Die Verordnung gilt nach Art 1 Abs 3 lit e insbesondere *nicht* für die Anerkennung und **16** Vollstreckung von **Unterhaltsentscheidungen,** auch wenn über den Ehegatten- oder Kindesunterhalt vom ausländischen Gericht im Verbund mit einer Ehesache entschieden wurde. Maßgebend hierfür ist innerhalb der EU die EuUntVO (dazu → M Rn 48 ff), ansonsten sind das Lugano Übk von 2007, die einschlägigen Haager Unterhaltsvollstreckungsübereinkommen (→ M Rn 387, 472 ff) bzw das autonome deutsche Zivilverfahrensrecht anzuwenden (→ M Rn 606 ff). Entsprechend gilt für die Anerkennung **erbrechtlicher Entscheidungen** innerhalb der EU nach lit f nicht die EuEheVO, sondern die EuErbVO, ansonsten auch das nationale Verfahrensrecht. Obwohl nicht ausdrücklich erwähnt, sind auch **güterrechtliche Entscheidungen** aus dem sachlichen Anwendungereich der EuEheVO ausgeschlossen (EuGH C-67/17 – *Iliev/Ilieva*, FamRZ 17, 1913 Rn 31 m Anm *Musseva* 2009); ihre Anerkennung richtet sich ab dem 29.1.2019 innerhalb der EU nach der EuGüVO (→ L Rn 34 ff), ansonsten ebenfalls nach dem autonomen deutschen Zivilverfahrensrecht (→ L Rn 177 ff).

EuEheVO Art 2. Begriffsbestimmungen

Für die Zwecke dieser Verordnung bezeichnet der Ausdruck

1.–3. *(abgedruckt und kommentiert → A Rn 40 ff)*
4. „Entscheidung" jede von einem Gericht eines Mitgliedstaats erlassene Entscheidung über die Ehescheidung, die Trennung ohne Auflösung des Ehebandes oder die Ungültigerklärung einer Ehe […], ohne Rücksicht auf die Bezeichnung der jeweiligen Entscheidung, wie Urteil oder Beschluss;
5. „Ursprungsmitgliedstaat" den Mitgliedstaat, in dem die zu vollstreckende Entscheidung ergangen ist;
6. „Vollstreckungsmitgliedstaat" den Mitgliedstaat, in dem die Entscheidung vollstreckt werden soll;
7.–11. *(abgedruckt und kommentiert → F Rn 60 ff und N Rn 45 ff)*

Schrifttum: *Antomo,* Anerkennung ausländischer Privatscheidungen – Rom III-Verordnung analog? NJW 18, 435; *dies,* Reformbedarf bei der Anerkennung von Privatscheidungen NZFam 18, 243; *Gärtner,* Die Privatscheidung im deutschen und gemeinschaftsrechtlichen Internationalen Privat- und Verfahrensrecht (2008); *Hammje,* Le divorce par consentement mutuel extrajudiciaire et le droit international privé. Les aléas d'un divorce sans for, Rev crit 17, 143; *Helms,* Neubewertung von Privatscheidungen nach ausländischem Recht vor dem Hintergrund der Entwicklungen im deutschen Sach-, Kollisions- und Verfahrensrecht, FS Coester-Waltjen (2015) 431; *Kontogeorgou,* Die neue einvernehmliche Scheidung in Griechenland im Spiegel der EuEheVO, NZFam 18, 385; *Wall,* Fallen EU-Entscheidungen über die Anerkennung von Drittstaaten-Scheidungen in den Anwendungsbereich der EuEheVO?, StAZ 12, 27.

1. Der Begriff der Entscheidung, Nr 4

a) Entscheidung eines staatlichen Gerichts. Der in Nr 4 definierte Begriff der „Entschei- **17** dung" verdeutlicht zunächst, dass die Entscheidung von einem staatlichen Gericht oder einer staatlichen Behörde (zum Gerichtsbegriff siehe Art 2 Nr 1; → A Rn 20 f) erlassen worden sein muss (OLG Frankfurt IPRax 08, 325), so dass die Verordnung nicht für die **Anerkennung von Privatscheidungen** aus anderen Mitgliedstaaten gilt, auch wenn eine staatliche Behörde durch Registrierung an ihr mitgewirkt hat (EuGH C-372/16 – *Sahyouni*, FamRZ 18, 169 Rn 41 m Anm *Mayer* = NZFam 18, 126 m Anm *Rieck;* öst OGH 13.10.11, unalex AT-796; Rauscher/*Rauscher* Rn 9; NK-BGB/*Andrae* Art 21 Rn 9; Staud/*Spellenberg* Art 21 Rn 16; HK-ZPO/*Dörner* vor Art 21–27 Rn 4; *Kontogeorgou,* NZFam 18, 385/386 f; **aA** *Pika/Weller* IPRax 17, 65/70 ff). Während solche Privatscheidungen den Rechten der Mitgliedstaaten bisher unbekannt waren, haben in jüngster Zeit *Italien, Frankreich, Spanien* und *Griechenland* rechtsgeschäftliche Scheidungen eingeführt.

909

K 18–21   2. Teil. Anerkennung/Vollstreckung K. Ehesachen

18 Bezüglich der in **Italien** durch Gesetzesdekret Nr 132 v 12.9.2014 eingeführten und mit kleineren Änderungen in das Gesetz v 10.11.2014, Nr 162 übernommenen Regelung der Privatscheidung oder -trennung ist für die Zwecke der Anerkennung in anderen Mitgliedstaaten zu unterscheiden:

Nach Art 12 des Gesetzesdekrets können Ehegatten, die keine minderjährigen bzw betreuungsbedürftigen oder wirtschaftlich abhängigen Kindern haben, vor dem Bürgermeister ihres Wohnorts (oder des Wohnorts eines Ehegatten) als Standesbeamtem eine Vereinbarung über die Ehetrennung oder die Beendigung der zivilrechtlichen Wirkungen der Ehe abschließen. Die hierauf gerichteten Erklärungen sind gegenüber dem Standesbeamten von jedem Ehegatten persönlich abzugeben; die Mitwirkung von Anwälten ist fakultativ. Die Vereinbarung darf keine Regelungen in Bezug auf die Übertragung von Vermögen enthalten. Die Vereinbarung wird nur wirksam, wenn sie von den Ehegatten binnen einer Frist von nicht weniger als 30 Tagen vor dem Standesbeamten noch einmal bestätigt wird. Sie hat dann die gleiche Wirkung wie eine gerichtliche Ehetrennung oder Ehescheidung. Auf die Anerkennung einer solchen Privatscheidung in Deutschland oder in anderen Mitgliedstaaten finden weder die Art 21 ff EuEheVO noch die Art 5 ff Rom III-VO Anwendung (EuGH C-322/16 aaO, Rn 39 ff, 49). Maßgebend ist vielmehr das **nationale Anerkennungsrecht** der Mitgliedstaaten. Aus deutscher Sicht sind italienische Privatscheidungen daher – in Ermangelung einer autonomen Kollisionsnorm – in entsprechender Anwendung der Rom III-VO durch die zuständige Landesjustizverwaltung nach § 107 FamFG anzuerkennen, wenn nach Art 5 oder Art 8 Rom III-VO auf italienisches Recht verwiesen wird und die Vereinbarung nach diesem Recht wirksam ist (vgl idS *Cubeddu-Wiedemann/Henrich* FamRZ 15, 1253/1259; ThP/*Hüßtege* vor Art 21 Rn 1b; NK-BGB/*Andrae* Art 21 Rn 9a).

19 Demgegenüber bedarf die Scheidungsvereinbarung bei Vorhandensein von minderjährigen bzw betreuungsbedürftigen oder wirtschaftlich abhängigen Kindern nach Art 6 Abs 3 S 2 des Gesetzesdekrets zu ihrer Wirksamkeit zwingend der Mitwirkung von Anwälten auf beiden Seiten *(„convenzione di negoziazione assistita")* sowie der **Genehmigung des zuständigen Staatsanwalts,** die nur zu erteilen ist, wenn die Verereinbarung dem Kindeswohl entspricht. Wird die Genehmigung verweigert, entscheidet der zuständige Gerichtspräsident. Da die Genehmigung des Staatsanwalts *konstitutive* Wirkung hat, ist der Staatsanwalt als „Gericht" iSv Art 2 Nr 1 anzusehen. Die von ihm genehmigte Ehetrennung oder -scheidung ist daher eine „Entscheidung" iSv Art 2 Nr 4 und unterliegt der Anerkennung nach Art 21 ff EuEheVO (NK-BGB/*Andrae* Art 21 Rn 9a).

20 Gleiches gilt auch für den Fall, dass Ehegatten ohne minderjährige, betreuungsbedürftige oder wirtschaftlich abhängige Kinder, die Scheidungsvereinbarung nicht persönlich gegenüber dem Zivilstandsbeamten, sondern nach Art 6 Abs 1 S 1 schriftlich unter (obligatorischer) Mitwirkung von Anwälten abschließen. Denn auch diese Vereinbarung ist von den Anwälten an den Staatsanwalt des zuständigen Gerichts zu übermitteln, der, wenn er keine Unregelmäßigkeit feststellt, die Anwälte ermächtigt, eine beglaubigte Abschrift der Vereinbarung binnen 10 Tagen an den Standesbeamten am Eheschließungsort zu übermitteln. Die Vereinbarung der Parteien entfaltet in diesem Fall nach Art 6 Abs 3 S 1 die gleichen Wirkungen wie eine entsprechende Gerichtsentscheidung. Auch die Unbedenklichkeitserklärung *(„nullaosta")* des Staatsanwalts ist aber als eine konstitutive staatliche Mitwirkung zu werten.

21 Auch in **Frankreich** ist durch Gesetz Nr 1547 v 18.11.2016 die Privatscheidung eingeführt und in Art 229-1 – 229-4 Cc näher geregelt worden (vgl dazu näher *Ferrand/Francoz-Terminal* FamRZ 17, 1456 ff). Nach Art 229-1 können sich die Ehegatten unter obligatorischer Mitwirkung ihrer Anwälte über die Beendigung der Ehe und ihrer Wirkungen in einer prviatschriftlichen Vereinbarung verständigen, die von den Anwälten gegenzuzeichnen ist. Die rechtsgeschäftliche Scheidung ist nach Art 229-2 Cc nur ausgeschlossen, wenn entweder aus der Ehe ein minderjähriges Kind hervorgegangen ist, das seine Anhörung durch einen Richter verlangt, oder wenn ein Ehegatte ein schutzbedürftiger Erwachsener iSv Art 425 ff Cc ist. Der Entwurf der Scheidungsvereinbarung ist dem von ihm vertretenen Ehegatten von seinem Anwalt nach Art 229-4 Cc vorab mit einerÜberlegungsfrist von mindestens 15 Tagen zuzuleiten; andernfalls ist die Vereinbarung nichtig. Die Scheidungsvereinbarung ist sodann nach Art 229-1 Abs 2 Cc bei einem Notar zu hinterlegen, der die Beachtung der Formvorschriften des Art 229-3 Cc kontrolliert. Auch bei dieser Form der Privatscheidung fehlt es an einer *konstitutiven* Mitwirkung des Notars oder einer sonstigen staatlichen Behörde, so dass eine Anerkennung in anderen Mitgliedstaaten nach Art 21 ff ausscheidet. Es bleibt nur die kollisionsrechtliche Anerkennung der Scheidungsvereinbarung in entsprechender Anwendung der Rom III-VO, die von der zuständigen Landesjustizverwaltung nach § 107 FamFG festzustellen ist.

II. EU-Recht: EuEheVO Art 2   **22–27** **K**

Auch in **Spanien** haben Ehegatten durch das Gesetz Nr 15/2015 v 2.7.15 die Möglichkeit **22** erhalten sich ohne Mitwirkung eines Gerichts über die Trennung oder Scheidung ihrer Ehe zu verständigen. Die Vereinbarung kann nach Art 87 vor dem *Secretario judicial* oder in öffentlicher Urkunde vor einem Notar geschlossen werden. Sie bedarf nach Art 82 Abs 1 UAbs 2 Cc der Zustimmung der volljährigen und emanzipierten Kinder, deren Wohnrecht im Elternhaus durch die Scheidungsvereinbarung betroffen ist und sie kann nach Art 82 Abs 2 Cc nicht abgeschlossen werden, wenn aus der Ehe minderjährige, nicht emanzipierte Kinder oder Kinder hervorgegangen sind, die gerichtlich in ihrer Geschäftsfähigkeit beschränkt worden und von den Eltern abhängig sind. In der Vereinbarung haben die Ehegatten auch die Folgen der Scheidung zu regeln (*Henrich* FamRZ 15, 1572 f; *Ferrer I Riba* FamRZ 16, 1557 ff). Für die Anerkennung dieser Privatscheidung in anderen Mitgliedstaaten gilt das zuvor zur französischen Privatscheidung Gesagte entsprechend.

Schließlich hat auch **Griechenland** unlängst in Art 1441 BGB eine Form der Privatscheidung **22a** eingeführt, an der ein Notar lediglich registrierend mitwirkt (vgl. näher *Kontogeorgou* NZ Fam 18, 385 ff).

Die Art 21 ff gelten auch nicht für die Anerkennung von **Entscheidungen kirchlicher** **23** **Gerichte,** wohl aber für Entscheidungen staatlicher Gerichte, durch die der Entscheidung eines kirchlichen Gerichts zivilrechtliche Wirkungen verliehen werden (vgl zur Delibationsentscheidung eines staatlichen griechischen Gerichts, mit der die Scheidung der Ehe von Griechen durch ein religiöses (islamisches) Gericht anerkannt wurde, *Jayme/Nordmeier* IPRax 08, 369 f gegen OLG Frankfurt IPRax 08, 325; ferner *Rauscher/Rauscher* Rn 7; *Staud/Spellenberg* Art 21 Rn 22). Eine Ausnahme gilt gem Art 63 für die Entscheidungen kirchlicher Ehegerichte aufgrund der Konkordate *Italiens, Portugals* und *Spaniens* mit dem Heiligen Stuhl (→ Rn 149).

b) Anforderungen an die Bestandskraft. aa) Grundsatz. Der Begriff der Entscheidung **24** setzt **formelle Rechtskraft** nach dem Recht des Erstgerichts **nicht** voraus (OLG Stuttgart FamRZ 14, 1567; *Zö/Geimer* Art 21 Rn 12; *Staud/Spellenberg* Art 21 Rn 52). Eine Ausnahme gilt nur dann, wenn die Entscheidung Grundlage für die Beischreibung in einem Personenstandsbuch sein soll (Art 21 Abs 2; → Rn 43). Ferner stellt Art 2 Nr 4 klar, dass es auf die Bezeichnung der Entscheidung – zB als Urteil oder Beschluss – nicht ankommt. Im deutschen Recht werden Entscheidungen in Ehesachen stets nur durch Beschluss getroffen (§ 38 FamFG). Von der Rechtskraft zu unterscheiden ist das Erfordernis einer **Registrierung** des Scheidungsurteils im Usprungsstaat. Ist diese dort Voraussetzung für dessen rechtsgestaltende Wirkung, so kann auch eine Anerkennung vor der Registrierung nicht erfolgen (*Staud/Spellenberg* Rn 53; *Rauscher/Rauscher* Rn 28).

bb) Kostenfestsetzung. Auch der in einer Ehesache verkündete Kostenfestsetzungsbeschluss **25** ist – wie sich aus Art 49 (→ Rn 132 ff) ergibt – als „Entscheidung" iSv Art 2 Nr 4 nach Art 21 ff anzuerkennen und nach Art 28 ff EuEheVO in den anderen Mitgliedstaaten für vollstreckbar zu erklären (*Wagner* IPRax 01, 73/79). Die Bedeutung von öffentlichen Urkunden und vollstreckbaren Vereinbarungen iSv Art 46 beschränkt sich hingegen im Wesentlichen auf Verfahren der elterlichen Verantwortung (→ N Rn 284 ff).

cc) Einstweiliger Rechtsschutz. Einstweilige Anordnungen oder sonstige vorläufige Maß- **26** nahmen werden in Nr 4 nicht ausdrücklich aus dem Anwendungsbereich der Vorschrift ausgenommen. Insoweit ist danach zu differenzieren, ob sie von einem in der Hauptsache nach Art 3 ff zuständigen Gericht oder aber nach Art 20 Abs 1 von einem nur nach seinem **nationalen Prozessrecht** zuständigen Gericht getroffen wurden. Im letzteren Falle sind sie von einer Anerkennung nach Art 21 ff ausgeschlossen (*Helms* FamRZ 01, 257/260; NK-BGB/*Andrae* Art 21 Rn 4; ebenso zu einstweiligen Maßnahmen hinsichtlich des Sorgerechts EuGH C-256/ 09 – *Purrucker*, Slg 10 I-7353 Rn 100 = NJW 10, 2861); sie können jedoch uU auf der Grundlage von Staatsverträgen oder des autonomen Rechts anerkannt und vollstreckt werden (EuGH C-256/09 aaO, Rn 92; näher dazu → A Rn 218 ff).

Demgegenüber sind vom **Hauptsachegericht** getroffene einstweilige Maßnahmen grund- **27** sätzlich nach Art 21 ff anerkennungsfähig (EuGH aaO, Rn 71 ff; BGH FamRZ 11, 542 Rn 16 und FamRZ 11, 959 Rn 9; OLG Stuttgart FamRZ 14, 1567; HK-ZPO/*Dörner* vor Art 21–27 Rn 3; NK-BGB/*Andrae* Art 21 Rn 4). Dies gilt jedenfalls dann, wenn die Maßnahme in einem Verfahren nach Gewährung rechtlichen Gehörs für beide Parteien ergangen ist (ThP/*Hüßtege* Rn 6; NK-BGB/*Andrae* Art 21 Rn 5, jeweils unter Hinweis auf EuGH 125/79 – *Denilauler*, Slg 80, 1553 m Anm *Hausmann* IPRax 81, 79).

K 28–33 2. Teil. Anerkennung/Vollstreckung K. Ehesachen

28 Ausgenommen sind jedoch **Leistungsverfügungen;** diese entfalten grundsätzlich Wirkungen nur in dem Mitgliedstaat, dessen Gerichte sie getroffen haben (vgl EuGH C-391/95 – *Van Uden,* Slg 98 I-7091 Rn 45 ff = JZ 99, 1103 m Anm *Stadler* 1089 und EuGH C-99/96 – *Mietz,* Slg 99 I-2543 Rn 42 f, 54 = EuZW 99, 727). Praktische Bedeutung hat die Anerkennung von einstweiligen Maßnahmen freilich weniger in Ehesachen als vielmehr auf dem Gebiet der elterlichen Verantwortung (näher → F Rn 335 ff) und des Unterhaltsrechts (näher → M Rn 50).

29 **c) Nicht erfasste Entscheidungen. aa) Antragsabweisende Entscheidungen.** Auch wenn sich dies dem deutschen Wortlaut von Art 2 Nr 4 nicht unbedingt entnehmen lässt, ergibt sich doch aus der Entstehungsgeschichte der Verordnung und den übrigen Sprachfassungen, dass in Ehesachen nur einem Antrag stattgebende, also den Status der Ehegatten verändernde Entscheidungen erfasst werden, die entweder die Ehe mit Wirkung *ex nunc* oder *ex tunc* auflösen oder das eheliche Band durch gerichtliche Trennung zumindest lockern. Bei Geltung deutschen Sachrechts sind dies die Ehescheidung (§ 1564 BGB) und, obwohl nicht ausdrücklich genannt, die Aufhebung der Ehe (§§ 1313 ff BGB). Antragsabweisende, die Ehe erhaltende Entscheidungen sind hingegen nach der EuEheVO nicht anerkennungsfähig (*Hausmann* EuLF 00/01, 345/348; Zö/*Geimer* Rn 5; HK-ZPO/*Dörner* Rn 5; Rauscher/*Rauscher* Rn 10; Staud/*Spellenberg* Art 21 Rn 31; M/M/*Pintens* Rn 13; krit *Hau* FS Spellenberg [2010] 435/444; NK-BGB/*Andrae* Art 21 Rn 7). Die Gerichte in einem Mitgliedstaat mit einem liberalen Scheidungsrecht sollen nämlich nicht deshalb an der Scheidung einer Ehe gehindert sein, weil zuvor ein nach Art 3 ebenfalls zuständiges Gericht eines anderen Mitgliedstaats mit strengerem Scheidungsrecht den – auch auf die gleichen Gründe gestützten – Scheidungsantrag abgewiesen hatte (Zö/*Geimer* Rn 5).

30 Aus dieser *ratio legis* wird zT gefolgert, dass im Verhältnis der Mitgliedstaaten zueinander eine Anerkennung klageabweisender bzw eheerhaltender Entscheidungen auch nach den von der Verordnung verdrängten multi- oder bilateralen Übereinkommen bzw nach dem nationalen Anerkennungsrecht der Mitgliedstaaten auszuscheiden habe (so *Kohler* NJW 01, 10/14 Fn 58). Ein soweit gehendes Nichtanerkennungsgebot kann indessen aus dem Unionsrecht nicht abgeleitet werden. In *Deutschland* sind solche Entscheidungen daher nach §§ 107–109 FamFG anerkennungsfähig (*Helms* FamRZ 02, 1593/1598; ThP/*Hüßtege* Rn 4; Zö/*Geimer* Art 21 Rn 9; G/Sch/*Paraschas,* IRV Rn 8 f; NK-BGB/*Andrae* Art 21 Rn 8).

31 **bb) Feststellungsentscheidungen.** Mangels Gestaltungswirkung sind auch Urteile über die Feststellung des Bestehens oder Nichtbestehens einer Ehe nach Art 21 nicht anerkennungsfähig (str; wie hier Staud/*Spellenberg* Art 1 Rn 18 und Art 21 Rn 35; MüKoFamFG/*Gottwald* Rn 4; Zö/*Geimer* Art 21 Rn 4; aA ThP/*Hüßtege* vor Art 21 Rn 1b; dazu näher → A Rn 35).Gleiches gilt für Entscheidungen, die lediglich das **Getrenntleben** gestatten (vgl § 1353 Abs 2 BGB; Zö/*Geimer* Rn 6).

32 **cc) Entscheidungen über Folgesachen.** Nach der EuEheVO anzuerkennen ist in Ehesachen ferner nur die Statusentscheidung als solche; die Anerkennung erstreckt sich also nicht auf (Neben-) Entscheidungen über **vermögensrechtliche Scheidungsfolgen** (Unterhalt, Güterrecht, Versorgungsausgleich, Ehewohnung und Hausrat, Schadensersatz), auch wenn diese im Eheurteil mitgeregelt worden sind (Trib d'arrondissement Luxembourg 2.5.12, unalex LU-265; ThP/*Hüßtege* vor Art 21 Rn 1b; HK-ZPO/*Dörner* Rn 6). Hierfür gilt das spezielle Anerkennungsregime der EuUntVO und (ab dem 29.1.2019) der EuGüVO, hilfsweise das staatsvertragliche und autonome Anerkennungsrecht; vgl dazu die Kommentierung in den Abschnitten → L bis R). Demgegenüber erfasst die Anerkennung jedoch einen in dem ausländischen Urteil enthaltenen **Schuldspruch** (aA NK-BGB/*Andrae* Rn 3; *Borrás*-Bericht Rn 22). Ferner sind die Art 21, 23 ff auch auf die Anerkennung von Entscheidungen betreffend die **elterliche Verantwortung** anwendbar (dazu näher → N Rn 51 ff).

33 **dd) Anerkennungsentscheidungen.** Die Anerkennung der Entscheidung eines Mitgliedstaats, mit der dort die in einem anderen Mitgliedstaat ergangene Entscheidung in einer Ehesache anerkannt worden ist, kommt nicht in Frage. Denn es gibt keine „Anerkennung der Anerkennung" (Zö/*Geimer* Art 21 Rn 25; NK-BGB/*Andrae* Art 21 Rn 3; Staud/*Spellenberg* Art 21 Rn 4). Die Feststellung eines österreichischen Gerichts, dass ein italienisches Scheidungsurteil anzuerkennen sei, weil Versagungsgründe nach Art 22 fehlten, ist in ihren Wirkungen auf das österreichische Staatsgebiet beschränkt; ein deutsches Gericht ist an die tatsächlichen oder rechtlichen Festellungen des österreichischen Gerichts zur Anerkennungsfähigkeit des italienischen Scheidungsurteils nicht gebunden (näher *Wall* StAZ 12, 27 ff).

912

II. EU-Recht: EuEheVO Art 21   **K**

ee) Drittstaatliche Entscheidungen. Nach der Verordnung anerkannt und gegebenenfalls **34** vollstreckt werden nur Entscheidungen aus anderen **Mitgliedstaaten** mit Ausnahme *Dänemarks* (Art 2 Nr 3; Zö/*Geimer* Rn 24). Für die Anerkennung von *dänischen* und drittstaatlichen Entscheidungen in Ehesachen verbleibt es bei der Geltung des autonomen Prozessrechts der Mitgliedstaaten bzw vorrangiger Staatsverträge (EuGH C-281/15 – *Sahyouni,* IPRax 17, 90 Rn 20 ff; OLG München FamRZ 16, 1363). Auch die Entscheidung eines mitgliedstaatlichen Gerichts, die ein drittstaatliches Scheidungsurteil anerkennt, kann nicht ihrerseits gem Art 21 in anderen Mitgliedstaaten anerkannt werden (*Wall* StAZ 12, 27 f; Staud/*Spellenberg* Einl Rn 47). Für die Anerkennung nach Art 21 ff muss der Streitgegenstand jedoch keinen Bezug zu einem weiteren Mitgliedstaat aufweisen (NK-BGB/*Andrae* Art 21 Rn 2); erfasst sind auch Entscheidungen, die im Ursprungsstaat über einen Drittstaatensachverhalt ergangen sind (zB Anerkennung der durch ein österreichisches Gericht ausgesprochenen Ehescheidung zwischen serbischen Eheleuten in Deutschland).

2. Ursprungsmitgliedstaat/Vollstreckungsmitgliedstaat, Nr 5, 6

Diese Begriffe werden zwar in Art 2 Nr 5 und Nr 6 allein im Hinblick auf die Vollstreckung **35** mitgliedstaatlicher Entscheidungen definiert. Vom Ursprungsmitgliedstaat kann jedoch auch gesprochen werden, wenn die Entscheidung – wie ein Scheidungsurteil – keinen vollstreckungsfähigen Inhalt hat und deshalb nur nach Art 21 ff anerkannt wird. Gleichbedeutend werden in der nachfolgenden Kommentierung auch die Begriffe „Erststaat" und „Zweitstaat" verwendet.

Kapitel II. Zuständigkeit

EuEheVO Art 3–7

(abgedruckt und kommentiert → A Rn 44 ff)

EuEheVO Art 8–15

(abgedruckt und kommentiert → F Rn 78 ff)

EuEheVO Art 16–20

(abgedruckt und kommentiert → A Rn 133 ff und → F Rn 259 ff)

Kapitel III. Anerkennung und Vollstreckung

Abschnitt 1. Anerkennung

EuEheVO Art 21. Anerkennung einer Entscheidung

(1) Die in einem Mitgliedstaat ergangenen Entscheidungen werden in den anderen Mitgliedstaaten anerkannt, ohne dass es hierfür eines besonderen Verfahrens bedarf.

(2) Unbeschadet des Absatzes 3 bedarf es insbesondere keines besonderen Verfahrens für die Beschreibung in den Personenstandsbüchern eines Mitgliedstaats auf der Grundlage einer in einem anderen Mitgliedstaat ergangenen Entscheidung über Ehescheidung, Trennung ohne Auflösung des Ehebandes oder Ungültigerklärung einer Ehe, gegen die nach dem Recht dieses Mitgliedstaats keine weiteren Rechtsbehelfe eingelegt werden können.

(3) Unbeschadet des Abschnitts 4 kann jede Partei, die ein Interesse hat, gemäß den Verfahren des Abschnitts 2 eine Entscheidung über die Anerkennung oder Nichtanerkennung der Entscheidung beantragen.

Das örtlich zuständige Gericht, das in der Liste aufgeführt ist, die jeder Mitgliedstaat der Kommission gemäß Artikel 68 mitteilt, wird durch das nationale Recht des Mitgliedstaats bestimmt, in dem der Antrag auf Anerkennung oder Nichtanerkennung gestellt wird.

(4) Ist in einem Rechtsstreit vor einem Gericht eines Mitgliedstaats die Frage der Anerkennung einer Entscheidung als Vorfrage zu klären, so kann dieses Gericht hierüber befinden.

913

K 36–40   2. Teil. Anerkennung/Vollstreckung K. Ehesachen

1. Allgemeines

36   Art 21 bestätigt im Verhältnis der Mitgliedstaaten zueinander den **Grundsatz der automatischen Anerkennung** von Entscheidungen in Ehesachen, Abs 1. Dieser ist nach Ansicht des EuGH (C-256/09 – *Purrucker,* Slg 10 I-7353 Rn 70 = NJW 10, 2861) für die Schaffung eines echten europäischen Rechtsraums unverzichtbar. Auch zur Beischreibung mitgliedstaatlicher Entscheidungen in Personenstandsbüchern ist daher kein besonderes Anerkennungsverfahren durchzuführen, Abs 2. Ein solches kann allerdings von Personen, die hieran ein rechtliches Interesse haben, beantragt werden, Abs 3. Hängt der Ausgang eines Verfahrens von der Anerkennung einer mitgliedstaatlichen Entscheidung in einer Ehesache ab, so kann das mit dem Rechtsstreit befasste Gericht hierüber inzidenter entscheiden, Abs 4.

2. Begriff der Entscheidung

37   Vgl dazu die vorstehende Kommentierung zu Art 2 Nr 4 (→ Rn 17 ff). Die automatische Anerkennung nach Abs 1 setzt – anders als die Beischreibung nach Abs 2 – insbesondere **keine Rechtskraft** der Entscheidung voraus (vgl Art 27 Abs 1; **aA** Trib Teramo 8.7.13, unalex IT-824). Zur Anerkennung von öffentlichen Urkunden vgl Art 46 (→ N Rn 284 ff); zu Kostenfestsetzungsbeschlüssen vgl Art 49 (→ Rn 132 ff).

3. Begriff der Anerkennung

38   Der Begriff der Anerkennung ist in der EuEheVO nicht ausdrücklich geregelt. Nach allgemeiner Ansicht ist darunter – wie auch nach Art 36 EuGVVO nF (vgl Rauscher/*Mankowski* Rn 4 mwN) – **Wirkungserstreckung** zu verstehen; dh kraft der Anerkennung nach Art 21 werden die prozessualen Wirkungen der Entscheidung in der Ehesache – wie die materielle Rechtskraft, die Präklusions- oder Gestaltungswirkung – auf das Gebiet des Zweitstaats erstreckt (öst OGH 24.3.09, unalex AT-680; *Helms* FamRZ 01, 257/258; Zö/*Geimer* Rn 2; NK-BGB/ *Andrae* Rn 16; Staud/*Spellenberg* Rn 57 mwN). Anerkennung bedeutet demnach nicht die Gleichstellung des ausländischen mit einem entsprechenden inländischen Urteil (*Spellenberg* ZZP Int 01, 109/113); vielmehr werden nur diejenigen Wirkungen, die eine Entscheidung nach dem Recht des Ursprungsmitgliedstaats hat, auf andere Mitgliedstaaten ausgedehnt. Andererseits ist die Anerkennung in ihrem Umfang nicht auf diejenigen Wirkungen beschränkt, die ein entsprechendes inländisches Urteil entfalten würde (vgl zur EuGVVO aF BGH FamRZ 08, 400).

39   Der EuGH hat den Grundsatz der Wirkungserstreckung allerdings jüngst bezüglich der **objektiven Grenzen der Rechtskraft** eingeschränkt. Danach sind diese autonom nach dem Unionrecht zu bestimmen und haben die Gründe einzubeziehen, „die den Tenor tragen und von ihm daher nicht zu trennen sind" (EuGH C-456/11 – *Gothaer Allg/Samskip,* EuZW 13, 60 m Anm *Bach* 562 = IPRax 14, 163 Rn 39 f m Anm H *Roth* 136). Damit werden die objektiven Wirkungen der Rechtskraft in einer Weise bestimmt, die weder dem Recht des Ursprungsstaates noch dem Recht des Anerkennungsstaates entspricht (*Bach* EuZW 13, 56/57 f; H *Roth* IPRax 14, 136/138).

4. Grundsatz: Ipso iure-Anerkennung, Abs 1

40   Nach Abs 1 gilt der Grundsatz, dass Entscheidungen in Ehesachen aus anderen Mitgliedstaaten **automatisch** anerkannt werden. Die Durchführung eines besonderen Anerkennungsverfahrens ist dazu nicht erforderlich und darf vom nationalen Recht nicht vorgeschrieben werden; die Anerkennung erfolgt vielmehr *ipso iure* (öst OGH 22.2.05, unalex AT-157; ital Cass Riv dir int priv proc 07, 1095/1097; Aud Prov Logroño 27.2.09, unalex ES-405; Trib Ialomița 1.9.08, unalex RO-9; Trib Sibiu 20.9.07, unlex RO-1; ThP/*Hüßtege* Rn 2; Rauscher/*Rauscher* Rn 15; NK-BGB/*Andrae* Rn 15). Danach kann sich jede Person, deren Ehe in einem Mitgliedstaat geschieden, getrennt oder für ungültig erklärt worden ist, in allen anderen Mitgliedstaaten der Verordnung auf die Wirkungen berufen, die dem Urteil im Entscheidungsstaat zukommen (öst OGH 24.3.09, unalex AT-680). Der Grundsatz der *ipso iure*-Anerkennung gilt hinsichtlich der Entscheidung in der Ehesache auch dann, wenn das Gericht im Verbund zugleich über **Scheidungsfolgen** entschieden hat, die ihrerseits der Vollstreckbarerklärung im Zweitstaat bedürfen (App Timișoara 16.09.08, unalex RO-35; Trib d'arrondissement Luxembourg 2.5.12, unalex LU-265). Auch wenn die Verbundentscheidung hinsichtlich einzelner Scheidungsfolgen nicht

914

II. EU-Recht: EuEheVO Art 21   41–45 **K**

anerkannt werden kann, hindert dies eine **Teilanerkennung** der Statusentscheidung über die
Ehescheidung oder Ehetrennung nicht (Trib Dolj 24.1.08, unalex RO-30).

Damit ist für das deutsche Recht klargestellt, dass das **Anerkennungsverfahren in Ehesa-** **41**
chen nach § 107 FamFG vor der zuständigen Landesjustizverwaltung (dazu → Rn 194 ff) im
Anwendungsbereich der Verordnung nicht mehr stattfindet (*Andrae/Heidrich* FPR 04, 292; öst
OGH 24.3.09 aaO). Über die Anerkennungsfähigkeit von Entscheidungen aus anderen Mitgliedstaaten wird vielmehr inzident in dem jeweiligen Hauptsacheverfahren entschieden. Im
standesamtlichen Verfahren ist den Parteien rechtliches Gehör nach § 26 FamFG zu gewähren,
vgl §§ 48 Abs 2, 12 ff PStG. Im Zweifelsfall hat der Standesbeamte die Anerkennungsfrage dem
zuständigen Amtsgericht nach § 45 Abs 2 PStG vorzulegen. Die Gründe, die ausnahmsweise zur
Versagung der Anerkennung einer mitgliedstaatlichen Entscheidung in Ehesachen führen können, sind in Art 22 abschließend aufgezählt (→ Rn 62 ff).

Die Anerkennung eines mitgliedstaatlichen Scheidungsurteils im Inland hat freilich nicht **42**
zwingend zur Folge, dass die geschiedenen Ehegatten im Inland eine **neue Ehe** eingehen
können. Hierüber entscheidet vielmehr das von Art 13 Abs 1 EGBGB zur Anwendung berufene
Heimatrecht. Wird das Scheidungsurteil im Heimatstaat des in einem anderen Mitgliedstaat
geschiedenen Ehegatten nicht anerkannt, so kommt eine Wiederheirat im Inland nur unter den
Voraussetzungen des Art 13 Abs 2 EGBGB in Betracht (BGH FamRZ 97, 542/544; NK-BGB/
Andrae Rn 17). Danach ist die Versagung einer neuen Eheschließung mit Art 6 Abs 1 GG
unvereinbar, wenn der andere Verlobte Deutscher ist oder einer der Verlobten seinen gewöhnlichen im Inland hat und der geschiedene Verlobte die erforderlichen Schritte zur Anerkennung
des Scheidungsurteils in seinem Heimatstaat unternommen hat (*Pal/Thorn* Art 13 EGBGB
Rn 17; näher → A Rn 603 ff).

5. Beischreibung in Personenstandsbüchern, Abs 2

Einen wesentlichen Fortschritt gegenüber dem autonomen Recht der meisten Mitgliedstaaten **43**
bringt Abs 2. Danach darf auch für die Beischreibung in den Personenstandsbüchern eines
Mitgliedstaats, die auf die Grundlage einer Entscheidung eines anderen Mitgliedstaats in einer
Ehesache erfolgen soll, ein besonderes Verfahren nicht vorgeschrieben werden. Ausreichend für
die Beischreibung ist vielmehr eine Entscheidung, gegen die nach dem Recht des Erststaats keine
weiteren (ordentlichen, vgl Art 27 Abs 1 → Rn 113 f) Rechtsbehelfe mehr eingelegt werden
können, die also **formell rechtskräftig** ist (Aud Prov Barcelona 28.2.02, unalex ES-28;
Rauscher/*Rauscher* Rn 27; MüKoFamFG/*Gottwald* Rn 6). Die Rechtskraft wird durch die
Bescheinigung nach Art 39 nachgewiesen (G/Sch/*Paraschas*, IRV Rn 57). Wird die Beischreibung abgelehnt, kann der Antragsteller das förmliche Feststellungsverfahren nach Abs 3 durchführen (NK-BGB/*Andrae* Rn 18).

6. Selbständiges Anerkennungsverfahren, Abs 3

a) Voraussetzungen. In Anlehnung an Art 33 Abs 2 EuGVVO aF räumt die Verordnung **44**
den Beteiligten in Abs 3 auch die Möglichkeit ein, einen **Antrag auf förmliche Entschei-**
dung über die Anerkennung der Entscheidung eines anderen Mitgliedstaats zu stellen. Sie
stellt – insoweit über Art 33 Abs 2 EuGVVO aF hinausgehend – ferner klar, dass der Feststellungsantrag auch auf die **Nichtanerkennung** einer mitgliedstaatlichen Entscheidung gerichtet sein kann. Es handelt sich um ein von der Verordnung selbst geregeltes Verfahren, das
in seinem Anwendungsbereich das autonome Recht der Mitgliedstaaten – zB in Deutschland
das Feststellungsverfahren nach § 107 FamFG (*Finger* FuR 10, 3/8; NK-BGB/*Andrae* Rn 20)
oder nach § 121 Abs 3 FamFG (Zö/*Geimer* Rn 28) – verdrängt. Das fakultative Feststellungsverfahren führt zu einer rechtskräftigen Entscheidung über die Anerkennung/Nichtanerken-
nung der ausländischen Entscheidung, die insbesondere Bedeutung für solche Entscheidungen
erlangt, die – wie die Scheidung, Trennung oder Aufhebung einer Ehe – lediglich **gestalten-**
de Wirkung und deshalb keinen vollstreckungsfähigen Inhalt haben (MüKoFamFG/*Gottwald*
Rn 10).

b) Verfahren. Über den Feststellungsantrag ist nach Abs 3 UAbs 1 im Verfahren nach Ab- **45**
schnitt 2, dh in entsprechender Anwendung der Vorschriften über die Vollstreckbarerklärung
(Art 28–36; dazu → N Rn 126 ff) zu entscheiden. Ergänzend gilt das Recht des Mitgliedstaats, in
dem der Feststellungsantrag gestellt wird, Abs 3 UAbs 1 iVm Art 30 Abs 1. In Deutschland
verweist § 32 IntFamRVG insoweit auf die Vorschriften über die Zulassung der Zwangsvollstre-

915

K 46–52   2. Teil. Anerkennung/Vollstreckung K. Ehesachen

ckung im 1. Rechtszug (§§ 16–23 IntFamRVG; → N Rn 584 f); ergänzend gilt nach § 14 Nr 1 IntFamRVG das Verfahren gemäß dem FamFG.

46   Anders als die Beischreibung nach Abs 2 setzt die Einleitung des förmlichen Feststellungsverfahrens nach Abs 3 **keine formelle Rechtskraft** der anzuerkennenden Entscheidung voraus; das Anerkennungsfeststellungsverfahren kann vielmehr schon vorher eingeleitet werden (OLG Stuttgart FamRZ 14, 1567/1569; Rauscher/*Rauscher* Rn 12; NK-BGB/*Andrae* Rn 25). Wird gegen die Entscheidung im Erststaat ein Rechtsbehelf eingelegt, so kommt eine Aussetzung des Verfahrens nach Art 27 in Betracht.

47   **aa) Sachliche Zuständigkeit.** Sachlich zuständig für das Verfahren nach Abs 3 ist in Deutschland gemäß § 23a Abs 1 S 1 Nr 1 GVG *ausschließlich* (§ 23a Abs 1 S 2 GVG) das Amtsgericht; funktional zuständig ist nach § 14 IntFamRVG das Familiengericht.

48   **bb) Örtliche Zuständigkeit.** Das örtlich zuständige Gericht wird nach Art 21 Abs 3 UAbs 2 durch das nationale Recht des Mitgliedstaats bestimmt, in dem der Antrag auf Anerkennung oder Nichtanerkennung gestellt wird. Die hiernach zuständigen Gerichte haben die Mitgliedstaaten der Kommission nach Art 68 mitzuteilen. Diese Mitteilungen sind im Internet veröffentlicht im Europäischen Gerichtsatlas für Zivilsachen (https//e-justice.europa.eu/content_matrimonial_matters_and_matters_of_parental_responsibility).

49   In **Deutschland** ist gemäß § 10 Nr 1 iVm § 12 Abs 1 IntFamRVG das Familiengericht örtlich ausschließlich zuständig, in dessen Bezirk das **OLG seinen Sitz** hat, zu dessen Zuständigkeitsbereich der gewöhnliche Aufenthaltsort des Antragsgegners gehört. Hat dieser seinen gewöhnlichen Aufenthalt im Ausland, so entscheidet nach § 10 Nr 3 iVm § 12 Abs 2 IntFamRVG das Familiengericht Pankow/Weißensee (näher → Rn 183 f). Sobald ein förmliches Verfahren nach Abs 3 anhängig ist, ist die Entscheidung über die Anerkennung dem nach §§ 10, 12 IntFamRVG ausschließlich zuständigen Familiengericht vorbehalten; andere Gerichte und Behörden sind von diesem Zeitpunkt an gehindert, die ausländische Entscheidung inzident anzuerkennen (*Sturm* StAZ 02, 193/199; ThP/*Hüßtege* Rn 6).

50   **cc) Antrag.** Für die Stellung des Antrags ist nach Abs 3 iVm Art 30 Abs 1 das Recht des Mitgliedstaats maßgebend, in dem die Feststellung begehrt wird. In **Deutschland** ist der Antrag auf Feststellung der Anerkennung oder Nichtanerkennung ist bei dem zuständigen Familiengericht **schriftlich** einzureichen oder mündlich zu Protokoll der Geschäftsstelle zu erklären (§ 16 Abs 2 IntFamRVG). Er ist nach § 184 GVG **in deutscher Sprache** abzufassen; andernfalls kann das Gericht dem Antragsteller aufgeben, eine Übersetzung des Antrags beizubringen, deren Richtigkeit von einer hierzu befugten Person bestätigt worden ist (§ 16 Abs 3 IntFamRVG). Die Nichtanerkennung kann beantragt werden, ohne dass zuvor ein Anerkennungsantrag gestellt wurde. Dem Antrag sind nach Abs 3 iVm Art 30 Abs 3 die in Art 37, 39 bezeichneten Urkunden beizufügen.

51   **dd) Rechtliches Interesse.** Erforderlich für für eine Feststellung nach Abs 3 ist weiterhin ein rechtliches Interesse des Antragstellers an der Klärung der Frage, ob die Voraussetzungen für die Anerkennung/Nichtanerkennung vorliegen oder nicht. Ein solches dürfte insbesondere dann gegeben sein, wenn Gerichte oder Behörden im Anerkennungsstaat die Frage, ob die ausländische Entscheidung anzuerkennen ist, unterschiedlich beurteilen. Ausreichend ist aber auch, dass ein Ehegatte die Anerkennungsfähigkeit der ausländischen Entscheidung im Inland bestreitet (ThP/*Hüßtege* Rn 7; für weite Auslegung auch MüKoBGB/*Heiderhoff* Rn 5)). Antragsteller und Antragsgegner müssen nicht zwingend die Parteien des erststaatlichen Verfahrens sein (MüKo-FamFG/*Gottwald* Rn 9). Antragsberechtigt können etwa auch Kinder oder Erben eines Ehegatten sowie solche Dritten sein, deren Rechtsstellung von der Anerkennung beeinflusst wird (zB die Verlobte bezüglich der Anerkennung der Auslandsscheidung einer Vorehe ihres Partners, vgl HK-ZPO/*Dörner* Rn 7). Auch ein rechtliches Interesse von Behörden (zB Standesbeamten) ist denkbar (*Helms* FamRZ 01, 257/261; *Hub* NJW 01, 3145/3149; MüKoFamFG/*Gottwald* Rn 10; **aA** Staud/*Spellenberg* Rn 97; Rauscher/*Rauscher* Rn 36 mwN). Ergänzend kann sich das deutsche Gericht insoweit auch an der Auslegung des rechtlichen Interesses in § 107 Abs 4 S 2 FamFG orientieren (*Helms* aaO; NK-BGB/*Andrae* Rn 30).

52   **ee) Einseitiges Verfahren.** Das Gericht entscheidet über die Feststellung in entsprechender Anwendung von Art 31 Abs 1 ohne Verzug und grundsätzlich im einseitigen Verfahren, dh **ohne Anhörung des Antragsgegners** (§ 18 Abs 1 S 1 IntFamRVG; krit dazu Staud/*Spellenberg* Rn 99). Die Entscheidung ergeht grundsätzlich ohne mündliche Verhandlung; eine mündli-

916

II. EU-Recht: EuEheVO Art 21 53–59 **K**

che Erörterung mit dem Antragsteller kann jedoch stattfinden, wenn dies der Beschleunigung dient (§ 18 Abs 1 S 2 IntFamRVG). Abweichend von § 130 Abs 1 FamFG besteht in diesem Verfahren **kein Anwaltszwang** (§ 18 Abs 2 IntFamRVG). Das Gericht prüft nur an Hand der vorgelegten Urkunden, ob Anerkennungshindernisse nach Art 22 vorliegen. Nur wenn dies der Fall ist, darf es den Antrag nach Abs 3 ablehnen (Art 31 Abs 2). Keinesfalls darf es die Entscheidung in der Sache nachprüfen (Art 31 Abs 3). Im Übrigen gilt für das Verfahren das FamFG.

ff) Kosten. Für die Kosten des selbständigen Anerkennungsverfahrens in Ehesachen gilt gem **53** § 20 Abs 2 IntFamRVG, Hs 2 die Vorschrift des § 788 ZPO entsprechend. Die Gerichtsgebühr beträgt gem Anlage 1 zu § 3 Abs 2 FamGKG im erstinstanzlichen Verfahren einheitlich 200 EUR (Nr 1710 ff KV), im Beschwerdeverfahren 300 EUR (Nr 1720 KV).

gg) Rechtsbehelfe. Gegen die Entscheidung des Familiengerichts über den Festellungsantrag **54** nach Abs 3 kann jede Partei einen Rechtsbehelf einlegen. Für das Rechtsbehelfsverfahren sind die Vorschriften der Art 33, 34 entsprechend anzuwenden. In **Deutschland** sind als Rechtsbehelfe die **Beschwerde** zum OLG und die **Rechtsbeschwerde** zum BGH statthaft, § 32 iVm §§ 24 ff, 28 ff IntFamRVG (→ N Rn 584). Die Rechtsbeschwerde ist auch gegen die Entscheidung über die Nichtanerkennung eröffnet (BGH FamRZ 12, 1561).

hh) Aussetzung des Verfahrens. Wird gegen die Entscheidung, die Gegenstand des förmli- **55** chen Festellungsverfahrens nach Art 21 Abs 3 ist, **im Ursprungsmitgliedstaat ein ordentlicher Rechtsbehelf** eingelegt, so kann das mit dem Festellungsantrag befasste Gericht das Verfahren nach Art 27 Abs 1 aussetzen, bis über den Rechtsbehelf entschieden worden ist (→ Rn 113 f).

c) Wirkung. Im Gegensatz zur Feststellung der Anerkennung durch die Landesjustizverwal- **56** tung nach § 107 Abs 9 FamFG (→ Rn 233 f) kommt der Entscheidung im Festellungsverfahren nach Art 21 Abs 3 **keine erga omnes-Wirkung** zu; sie wirkt vielmehr Rechtskraft nur zwischen den Parteien (*Hausmann* EuLF 00/01, 345/351; ThP/*Hüßtege* Rn 7; Zö/*Geimer* Rn 14; NK-BGB/*Andrae* Rn 38). Von der Möglichkeit, die Allgemeinverbindlichkeit einer solchen Festellungsentscheidung nach nationalem Recht anzuordnen, hat der deutsche Gesetzgeber keinen Gebrauch gemacht. Insbesondere kann die *erga omnes* Wirkung auch nicht durch eine Festellungsklage nach § 121 Nr 3 FamFG erreicht werden, weil das spezielle Anerkennungsfestellungsverfahren nach Art 21 Abs 3 vorrangig ist. Dies führt zu einem erheblichen Verlust an Rechtssicherheit, da nun die Gefahr widersprechender Entscheidungen selbst im innerstaatlichen Bereich besteht (*Geimer* IPRax 05, 325/326). Deshalb wird in der Literatur zT eine Bindung der inländischen Behörden an die Festellungsentscheidung befürwortet (so *Dutta* StAZ 10, 193/ 197 Fn 40; Rauscher/*Rauscher* Rn 33; NK-BGB/*Andrae* Rn 39) oder eine fakultative Anwendung von § 107 FamFG für zulässig errachtet (so *Hau* FS Spellenberg [2010] 435/448 mwN). Aus Art 21 ergibt sich für diese Ansicht kein Anhalt (Staud/*Spellenberg* Rn 100).

Wird die Entscheidung, deren Anerkennung festgestellt werden soll, **im Urprungsmitglied-** **57** **staat aufgehoben oder abgeändert** worden, so kann dies bis zur Rechtskraft der förmlichen Festellungsentscheidung nach Abs 3 noch in dem anhängigen Festellungsverfahren geltend gemacht werden (NK-BGB/*Andrae* Rn 42). Ist die Festellungsentscheidung hingegen bereits in Rechtskraft erwachsen, so kann der Antragsgegner die Aufhebung oder Änderung dieser Entscheidung in Deutschland in dem besonderen Verfahren nach § 34 Abs 1 S 2 IntFamRVG beantragen (→ N Rn 588 f).

7. Inzidente Anerkennungsentscheidung, Abs 4

Ist die Frage der Anerkennung einer Entscheidung aus einem anderen Mitgliedstaat der **58** Verordnung als Vorfrage in einem inländischen Verfahren zu klären, so ermächtigt Abs 4 das mit dieser Klärung befasste Gericht zur Inzidentanerkennung. Die Regelung ist eine notwendige Konsequenz aus dem Grundsatz der automatischen Anerkennung. Denn wenn ein besonderes Anerkennungsverfahren grundsätzlich nicht stattfinden soll, bleibt nur die Inzidentanerkennung (Rauscher/*Rauscher* Rn 19).

a) Grundsatz. Art 21 Abs 4 betrifft den Fall, dass sich die Frage nach der Anerkennung oder **59** Nichtanerkennung einer ausländischen Entscheidung in einer Ehesache im Rahmen eines Prozesses stellt, welcher der Klärung einer anderen – zB erb-, sozial- unterhalts- oder steuerrechtlichen – Frage als Hauptfrage dient. Von einer **Vorfrage** in diesem Sinne kann nur gesprochen

917

K 62   2. Teil. Anerkennung/Vollstreckung K. Ehesachen

werden, wenn die Entscheidung der Hauptfrage von ihrer Beantwortung, dh von der Anerkennung des Eheurteils in Inland abhängt. Dies kann zB der Fall sein, wenn nach einer Entscheidung in einer Ehesache durch das Gericht eines anderen Mitgliedstaats im Inland eine Folgesache (zB auf Durchführung des Versorgungsausgleichs) anhängig gemacht wird, oder die entgegenstehende Rechtskraft des ausländischen Eheurteils zu prüfen ist, wenn ein gleichartiger Antrag im Inland erneut gestellt wird (vgl Rauscher/*Rauscher* Rn 20). Ist die Erheblichkeit zu bejahen, so obliegt dem Gericht die Prüfung der Anerkennung **von Amts wegen,** dh auch dann, wenn keine der Parteien sie bestreitet (NK-BGB/*Andrae* Rn 41).

60   Die Inzidententscheidung nach Abs 4 entfaltet **keine Rechtskraft,** so dass andere staatliche Stellen nicht durch sie gebunden sind und abweichend entscheiden können (NK-BGB/*Andrae* Rn 41; Rauscher/*Rauscher* Rn 21; ThP/*Hüßtege* Rn 14; **aA** *Vogel* MDR 00, 1045/1049). Auch ein förmliches Feststellungsverfahren nach Abs 3 kann weiterhin durchgeführt werden.

61   **b) Zwischenfeststellungsentscheidung.** Rechtskraft kommt jedoch einer Zwischenfeststellungsentscheidung nach §§ 113 Abs 1 FamFG, 256 Abs 2 ZPO zu. Ein hierauf gerichteter Antrag ist alternativ zum Antrag auf Feststellung im fakultativen Verfahren nach Abs 3 im Interesse der Prozessökonomie grundsätzlich zulässig (*Hausmann* EuLF 00/01, 345/351; HK-ZPO/*Dörner* Rn 11; Rauscher/*Rauscher* Rn 22 f; vgl auch MüKoZPO/*Gottwald* Art 33 EuGVVO aF Rn 23). Dies dürfte freilich im Hinblick auf die ausschließliche Zuständigkeit für die Feststellung der Anerkennung nach §§ 10, 12 IntFamRVG nur dann gelten, wenn der Antrag in der Hauptsache vor dem für die Anerkennung ausschließlich zuständigen Familiengericht anhängig gemacht worden ist (*Helms* FamRZ 01, 257/262; NK-BGB/*Andrae* Rn 41; Rauscher/*Rauscher* Rn 24; Staud/*Spellenberg* Rn 104; dagegen für Zulassung des Antrags auch vor anderen Gerichten *Vogel* MDR 00, 1045/1049).

EuEheVO Art 22. Gründe für die Nichtanerkennung einer Entscheidung über eine Ehescheidung, Trennung ohne Auflösung des Ehebandes oder Ungültigerklärung einer Ehe

Eine Entscheidung, die die Ehescheidung, die Trennung ohne Auflösung des Ehebandes oder die Ungültigerklärung einer Ehe betrifft, wird nicht anerkannt,

a) wenn die Anerkennung der öffentlichen Ordnung des Mitgliedstaats, in dem sie beantragt wird, offensichtlich widerspricht;

b) wenn dem Antragsgegner, der sich auf das Verfahren nicht eingelassen hat, das verfahrenseinleitende Schriftstück oder ein gleichwertiges Schriftstück nicht so rechtzeitig und in einer Weise zugestellt wurde, dass er sich verteidigen konnte, es sei denn, es wird festgestellt, dass er mit der Entscheidung eindeutig einverstanden ist;

c) wenn die Entscheidung mit einer Entscheidung unvereinbar ist, die in einem Verfahren zwischen denselben Parteien in dem Mitgliedstaat, in dem die Anerkennung beantragt wird, ergangen ist; oder

d) wenn die Entscheidung mit einer früheren Entscheidung unvereinbar ist, die in einem anderen Mitgliedstaat oder in einem Drittstaat zwischen denselben Parteien ergangen ist, sofern die frühere Entscheidung die notwendigen Voraussetzungen für ihre Anerkennung in dem Mitgliedstaat erfüllt, in dem die Anerkennung beantragt wird.

Schrifttum: *Schulze,* You'll never walk alone? Verstoß gegen Unionsrecht und Rechtsbehelfsobliegenheit in der Urteilsanerkennung, IPRax 16, 234.

1. Allgemeines

62   Art 22 ist Art 34 EuGVVO aF (jetzt Art 45 EuGVVO) nachgebildet. Für die Auslegung der Anerkennungshindernisse in lit a–d kann daher auch auf die bisherige Auslegung der korrespondierenden Versagungsgründe in Art 34 Nr 1–4 EuGVVO aF und deren Auslegung durch den EuGH (dazu statt vieler unalexK/*Teixeira de Sousa/Hausmann* Art 34 Rn 1 ff m ausf Nachw) zurückgegriffen werden. Art 22 regelt die Anerkennung nur für die in der Vorschrift genannten **Entscheidungen in Ehesachen.** Ob der damit bestimmte sachliche Anwendungsbereich der Vorschrift eröffnet ist, kann vom Zweitgericht selbständig überprüft werden. Für Entscheidungen betreffend die elterliche Verantwortung gilt die Parallelvorschrift in Art 23, die zusätzlich am

918

II. EU-Recht: EuEheVO Art 22   63–68 **K**

Kindeswohl orientiert ist (→ N Rn 76 ff). Auf die Anerkennung der inzwischen in mehreren Mitgliedstaaten eingeführten **Privatscheidung** ohne konstitutive Beteiligung eines Gerichts oder einer Behörde findet Art 22 keine Anwendung (dazu → Rn 17 ff).

Die Aufzählung der Anerkennungsversagungsgründe in Art 22 **ist abschließend** (Zö/*Geimer* **63** Rn 1; Rauscher/*Rauscher* Rn 3; Staud/*Spellenberg* Rn 10; ebenso zu Art 34 EuGVVO aF EuGH C-302/13 – *flyLal*, EuZW 15, 76 Rn 46; vgl aber zum Verstoß des später angerufenen Gerichts gegen die Aussetzungspflicht nach Art 19 als zusätzlichen – ungeschriebenen – Anerkennungsversagungsgrund (→ Rn 95). Dabei hat die anerkennungsfreundliche Grundtendenz der EuEheVO (NK-BGB/*Andrae* Rn 1), die Ausdruck des gegenseitigen Vertrauens zwischen den Mitgliedstaaten ist (vgl zu Art 23 EuGH C-256/09 – *Purrucker*, Slg 10 I-7353 Rn 73 ff = FamRZ 10, 1521) zur Folge, dass die Anerkennungsversagungsgründe auf ein Mindestmaß reduziert sind und ihre Auslegung sich stets an dem Ziel einer möglichst weitgehenden Freizügigkeit von Entscheidungen innerhalb der EU zu orientieren hat (vgl zum Grundsatz der engen Auslegung von Anerkennungsversagungsgründen nach Art 23 lit a EuEheVO EuGH C-455/15 PPU – *P/Q*, NJW 16, 307 Rn 36; ebenso zu Art 34 Nr 1 EuGVVO aF EuGH C-681/13 – *Diageo Brands*, EuZW 15, 713 Rn 40 f m Anm *Schulze* IPRax 16, 234; EuGH C-157/12 – *Salzgitter Mannesmann*, NJW 14, 203 Rn 28 m Anm *Mäsch* EuZW 13, 905; EuGH C-619/10 – *Trade Agency*, EuZW 12, 912 Rn 48; vgl ferner Art 81 Abs 1 und Abs 2 lit a AEUV).

Insbesondere die **internationale Zuständigkeit** des Erststaates wird – wie Art 24 S 1 klar- **64** stellt (→ Rn 105 ff) – im Rahmen der Anerkennung einer Entscheidung in Ehesachen nach der EuEheVO nicht nachgeprüft (High Court [Fam Div] 5.8.05, unalex UK-274; Zö/*Geimer* Rn 2). Ausnahmen von diesem Grundsatz gelten nur für einstweilige Maßnahmen nach Art 20 (→ F Rn 340 ff) und für Altentscheidungen nach Art 64 Abs 2 und 4 (→ Rn 153 ff). Außerdem hat eine *révision au fond* nach Art 26 in jedem Fall auszuscheiden. Schließlich ist auch die Rechts- oder Bestandskraft der ausländischen Entscheidung im Ursprungsstaat keine Voraussetzung für deren Anerkennung, wie sich schon aus Art 27 Abs 1 ergibt.

Die Anerkennungsversagungsgründe hat das deutsche Zweitgericht **von Amts wegen zu** **65** **prüfen** (*Borrás*-Bericht Rn 67; NK-BGB/*Andrae* Rn 1; ebenso zu Art 34 EuGVVO aF BGHZ 191, 9 = NJW 11, 3103 Rn 24; BGH NJW-RR 12, 1013 Rn 9; BGH NJW 16, 169 Rn 9). Dies wird zwar zT geleugnet, wenn der betroffene Versagungsgrund – wie in den Fällen der Versagung rechtlichen Gehörs im erststaatlichen Verfahren nach lit c – allein dem Schutz des Beklagten, nicht aber auch innerstaatlichen Belangen des Vollstreckungsmitgliedstaats dient (vgl zu Art 34 EuGVVO aF G/*Sch*/*Geimer* Rn 101; zu Art 45 EuGVVO nF Rauscher/*Leible* Rn 41). Die hM hält demgegenüber unter Berufung auf den Wortlaut der Vorschrift („wird nicht anerkannt") an der amtswegigen Prüfung aller Versagungsgründe fest (Rauscher/*Rauscher* Rn 3; zu Art 34 Nr 2 EuGVVO aF BGH NJW-RR 08, 526 Rn 24 f m ausf Nachw).

Es hat die zugrundeliegenden Tatsachen jedoch **nicht von Amts wegen zu ermitteln** **66** (Staud/*Spellenberg* Rn 113); die Art und Weise der Tatsachenermittlung richtet sich vielmehr grundsätzlich nach dem autonomen Verfahrensrecht des Anerkennungsstaats (BGH NJW-RR 12, 1013 Rn 9; BGH NJW-RR 08, 586 Rn 26). Ohne Sachvortrag zu den entscheidungserheblichen Tatsachen findet daher eine Prüfung von Anerkennungshindernissen von Amts wegen nicht statt (BGH NJW 16, 160 Rn 10; BGH NJW-RR 12, 1013). Eine Bindung des Zweitgerichts an die tatsächlichen Feststellungen des Erstgerichts besteht nicht.

Die **Beweislast** für das Vorliegen von Versagungsgründen trägt grundsätzlich diejenige Partei, **67** die sich der Anerkennung der ausländischen Entscheidung widersetzt (NK-BGB/*Andrae* Rn 1; MüKoFamFG/*Gottwald* Rn 3; zu Art 34 EuGVVO aF BGH NJW 06, 701; OLG Saarbrücken NJOZ 11, 1243/1246; einschränkend aber Staud/*Spellenberg* Rn 117 f mwN). Eine Ausnahme gilt lediglich für die in Art 37–39 bezeichneten Urkunden, die der Antragsteller vorzulegen hat.

2. Ordre public, lit a

a) Allgemeines. Der *ordre public*-Vorbehalt sichert die grundlegenden und unverzichtbaren **68** Werte des Sach- und Verfahrensrechts des Anerkennungsstaates. Er hat gegenüber den anderen Versagungsgründen **Auffangcharakter.** Dabei ist es zwar grundsätzlich Sache der Mitgliedstaaten, den Inhalt ihrer öffentlichen Ordnung iSv Art 22 lit a selbst festzulegen. Prüfungsmaßstab vor deutschen Gerichten ist daher der deutsche *ordre public* (MüKoFamFG/*Gottwald* Rn 4; NK-BGB/*Andrae* Rn 3). Die Mitgliedstaaten sind in dieser Entscheidung jedoch nicht völlig frei; vielmehr überwacht der EuGH die ihnen diesbezüglich gezogenen Grenzen (vgl zu Art 23 lit a EuGH C-455/15 PPU – *P/Q*, NJW 16, 307 Rn 37; ebenso zu Art 27 Nr 1 EuGVÜ/Art 34

919

K 69–73   2. Teil. Anerkennung/Vollstreckung K. Ehesachen

Nr 1 EuGVVO aF EuGH C-7/98 – *Krombach,* Slg 00 I-1935 Rn 22 = NJW 00, 1853; EuGH C-38/98 – *Renault/Maxicar,* Slg 00 I-2973 Rn 27 = NJW 00, 2185; EuGH C-420/07 – *Apostolides,* Slg 09 I-3571 Rn 57 = NJW 09, 1938; EuGH C-619/10 – *Trade Agency,* EuZW 12, 912 Rn 49 m Anm *Bach;* EuGH C-302/13 – *flyLal,* EuZW 15, 76 Rn 47; EuGH C-681/13 – *Diageo Brands,* EuZW 15, 713 Rn 42 m Anm *Dietze* 717 und Anm *Schulze* IPRax 16, 234; *Rauscher/Leible* Art 45 EuGVVO nF Rn 12).

69   Einigkeit besteht darüber, dass dem Urteil eines anderen Mitgliedstaats **nur in Ausnahmefällen** unter Berufung auf den *ordre public* des Zweitstaats die Anerkennung versagt werden darf (EuGH C-420/07 – *Apostolides* aaO, Rn 55; EuGH C-681/13 – *Diageo Brands,* Rn 41; Aud Prov Zaragoza 2.5.12, unalex EU-732); dies folgt nicht zuletzt daraus, dass lit a einen „offensichtlichen" Verstoß gegen die öffentliche Ordnung verlangt (NK-BGB/*Andrae* Rn 3; Staud/*Spellenberg* Rn 12; vgl zu Art 34 Nr 1 EuGVVO aF EuGH C-7/98 – *Krombach* aaO, Rn 37; EuGH C-38/98 aaO, Rn 26; EuGH C-619/10 – *Trade Agency* aaO, Rn 48; BGH NJW-RR 12, 1013 Rn 10). Die Anerkennung der Entscheidung muss vor dem Hintergrund des Verbots einer sachlichen Nachprüfung der Entscheidung (Art 26; → Rn 111 f) gegen einen **wesentlichen Rechtsgrundsatz** des Anerkennungsstaates verstoßen und deshalb mit dessen Rechtsordnung schlichtweg unvereinbar sein (vgl EuGH C-7/98 – *Renault/Maxicar* aaO, Rn 37; EuGH C-420/07 – *Apostolides* aaO, Rn 60 ff; EuGH C-619/10 – *Trade Agency* aaO, Rn 51; EuGH C-559/14 – *Meroni/Recoletos Ltd.,* EuZW 16, 713 Rn 42; BGH NJW 16, 160 Rn 11). Es muss sich maW um eine offensichtliche Verletzung einer in der Rechtsordnung des Anerkennungsstaats als wesentlich geltenden Rechtsnorm oder eines dort als grundlegend anerkannten Rechts handeln (vgl zu Art 23 lit a EuEheVO EuGH C-455/15 PPU – *P/Q,* NJW 16, 307 Rn 39; zu Art 34 Brüssel I-VO EuGH C-302/13 – *flyLal,* EuZW 15, 76 Rn 49; EuGH C-681/13 – *Diageo Brands,* EuZW 15, 713 Rn 44; BGH NJW 16, 160 Rn 11).

70   Für eine Versagung der Anerkennung unter Berufung auf den deutschen *ordre public* nach Art 22 lit a ist nur Raum, wenn die durch sie **im Inland hervorgerufenen Auswirkungen** den grundlegenden Wertungen des deutschen Eherechts offensichtlich widersprechen würden. Hingegen reicht es nicht aus, dass nur der Inhalt der ausländischen Entscheidung oder der Vorschriften des ausländischen Rechts, auf denen sie beruht, mit der inländischen öffentlichen Ordnung unvereinbar ist (vgl zu Art 34 Nr 1 EuGVVO aF BGH NJW-RR 12, 1013 Rn 27). Da es um den deutschen *ordre public* geht, kann ergänzend auf die Auslegung von § 109 Abs 1 Nr 4 FamFG zurückgegriffen werden (→ Rn 283 ff).

71   **b) Materieller ordre public.** Zum materiellen ordre public stellt Art 25 klar, dass die Anerkennung einer Entscheidung in einer Ehesache nicht allein deshalb abgelehnt werden darf, weil sie nach dem Sachrecht des Anerkennungsstaates unter Zugrundelegung des gleichen Sachverhalts so nicht ergangen wäre. Daher kann die Anerkennung einer gerichtlichen Ehetrennung nicht deshalb versagt werden, weil dieses Rechtsinstitut im Anerkennungsstaat nicht bekannt ist. Auch die unrichtige Anwendung von Unionsrecht reicht für einen *ordre public*-Verstoß nicht aus; denn das in allen Mitgliedstaaten eingerichtete Rechtsbehelfssystem, ergänzt durch das Vorabentscheidungsverfahren nach Art 267 AEUV, bietet den Unionsbürgern gegen die unrichtige Anwendung materiellen Rechts durch ein Gericht hinreichenden Rechtsschutz (EuGH C-681/13 – *Diageo Brands,* EuZW 15, 713 Rn 48 f).

72   Aus Art 25 folgt auch das **Verbot einer kollisionsrechtlichen Kontrolle** (*Hausmann* EuLF 00/01, 345/349; *Helms* FamRZ 01, 257/263). Damit wird der Anwendung des *ordre public* durch Mitgliedstaaten mit konservativem Scheidungsrecht gegenüber Entscheidungen aus liberaleren Mitgliedstaaten ein Riegel vorgeschoben. Die Anwendung des *ordre public* kann daher nicht etwa mit kürzeren Trennungsfristen für die Ehescheidung oder der großzügigen Zulassung einverständlicher Scheidungen im Erststaat begründet werden (*Helms* FamRZ 01, 257/263; *Rauscher/Rauscher* Rn 8), andererseits aber auch nicht mit der Fortgeltung des Verschuldensprinzips im Ursprungsmitgliedstaat (vgl auch → A Rn 487 f). In *Deutschland* hat die Versagung der Anerkennung ausländischer Eheurteile aus Gründen des materiellen *ordre public* daher heute keine praktische Bedeutung mehr (*Hausmann* EuLF 00/01, 345/349; *Rauscher/Rauscher* Rn 9; NK-BGB/*Andrae* Rn 4).

73   **c) Verfahrensrechtlicher ordre public.** Einer ausländischen Entscheidung in Ehesachen kann die Anerkennung nach lit a auch nicht schon deshalb versagt werden, weil diese in einem Verfahren ergangen ist, das von zwingenden Vorschriften des zweitstaatlichen Prozessrechts abweicht. Erforderlich ist vielmehr, dass das ihr zugrundeliegende Verfahren von den Grundprinzipien des Verfahrensrechts im Anerkennungsstaat derart abweicht, dass es nicht mehr als ein

II. EU-Recht: EuEheVO Art 22   74–78 **K**

geordnetes, rechtsstaatlichen Anforderungen genügendes Verfahren angesehen werden kann (vgl zu Art 23 lit a BGHZ 205, 10 Rn 37 = NJW 15, 1603 m Anm *Siehr* IPRax 17, 77; zu § 328 Abs 1 Nr 4 ZPO BGHZ 182, 188 Rn 25 = FamRZ 09, 1816 m Anm *Henrich* [Vaterschaft]; zu Art 34 Nr 1 EuGVVO aF BGH NJW 16, 160 Rn 12; BGH NJW-RR 12, 1013 Rn 11; BGH NJW 10, 153 Rn 24; BGH FamRZ 10, 966 Rn 19; BGHZ 182, 188 Rn 25 = FamRZ 09, 1816 m Anm *Henrich* [Unterhalt]; zu Art 27 Nr 1 EuGVÜ BGHZ 48, 327/333; BGH NJW 90, 2201/2202 f; dazu Rauscher/*Leible* Art 45 EuGVVO nF Rn 15 mwN; ähnlich Aud Prov Zaragoza 2.5.12, unalex ES-732). Einem ausländischen Scheidungsurteil kann daher die Anerkennung nicht deshalb versagt werden, weil es – abweichend vom deutschen Verbundprinzip – nicht zugleich über das Sorgerecht für gemeinsame Kinder oder über den Kindesunterhalt entschieden hat (vgl Trib Belluno 24.8.16, Riv dir int priv proc 17, 113 = unalex IT-676).

Bedeutung kommt insoweit vor allem einer Verletzung von Grundrechten oder von Garantien **74** der **EMRK** zu. Im Vordergrund stehen insbesondere Verstöße gegen das **rechtliche Gehör** (Art 103 Abs 1 GG) und gegen den Anspruch auf ein **faires Verfahren** (Art 6 EMRK iVm Art 47 Abs 2 EU-Grundrechte-Charta, vgl EuGH C-619/10 – *Trade Agency,* EuZW 12, 912 Rn 52; allg zur Erweiterung des nationalen *ordre public* durch europäische Standards Staud/*Spellenberg* Rn 18 f). Der verfahrensrechtliche *ordre public* ist ferner betroffen, wenn das Grundrecht eines Verfahrensbeteiligten auf Achtung seiner Menschenwürde dadurch verletzt wird, dass er zum bloßen Verfahrensobjekt herabgewürdigt wird, indem ihm keinerlei aktiver Einfluss auf die Verfahrensgestaltung eingeräumt wird (BGH FamRZ 09, 1816 Rn 29; BGH NJW 10, 153 Rn 28; BGH NJW-RR 12, 1013 Rn 12). Zuständigkeitsfragen gehören hingegen gem Art 24 S 2 in keinem Fall zum *ordre public.*

Allerdings gilt für die **Gewährung rechtlichen Gehörs im Zeitraum der Verfahrens-** **75** **einleitung** (ordnungsgemäße und rechtzeitige Zustellung des verfahrenseinleitenden Schriftstücks) die **Sonderregelung in lit b** (vgl zum EuGVÜ EuGH C-78/95 – *Hendrikmann,* Slg 96 I-4943 Rn 23 = NJW 97, 1061). Auch ansonsten führt eine Verletzung des rechtlichen Gehörs des Antragsgegners nicht in jedem Fall zu einem *ordre public*-Verstoß. Es muss sich vielmehr um einen im Lichte von Art 103 GG besonders gravierenden Verstoß handeln. Hierfür reicht der Ausschluss eines Rechtsbehelfs gegen die erstinstanzliche Entscheidung (OLG Düsseldorf RIW 95, 324/325) oder das Übergehen von tatsächlichem Vorbringen oder von Beweisanträgen durch das Gericht des Erststaates (OLG Düsseldorf EuZW 97, 284) nicht immer aus. Etwas anderes gilt jedoch bei einem Verstoß gegen den Grundsatz des rechtlichen Gehörs, der sich als Ausprägung des **Willkürverbots** darstellt (BGH FamRZ 09, 1816 Rn 31 ff; OLG Hamm RIW 94, 243/245; MüKoFamFG/*Gottwald* Art 34 EuGVVO aF Rn 17).

Der Anspruch auf ein faires Verfahren verlangt grundsätzlich eine **Begründung jeder ge-** **76** **richtlichen Entscheidung,** damit der Beklagte die Gründe seiner Verurteilung verstehen und zweckdienliche Rechtsmittel gegen sie einlegen kann (Staud/*Spellenberg* Rn 25; vgl zu Art 34 Nr 1 EuGVVO aF EuGH C-302/13 – *flyLal,* EuZW 15, 76 Rn 51; BGH NJW 16, 160 Rn 23; **aA** noch Rauscher/*Leible* Rn 20). Dies gilt zwar nicht für den Erlass eines Versäumnisurteils (vgl EuGH C-619/10 – *Trade Agency,* EuZW 12, 912 Rn 58, 62 m Anm *Bach* 915 und *Roth* IPRax 13, 402); andere liegt es jedoch dann, wenn nach dem Gesamtwürdigung des Verfahrens und unter Berücksichtigung aller relevanten Umstände Anhaltspunkte dafür bestehen, dass diese Entscheidung eine offensichtliche und unverhältnismäßige Beeinträchtigung des Rechts des Antragsgegners auf ein faires Verfahren iSv Art 47 Abs 2 der EU-Grundrechte-Charta darstellt, weil es dem Antragsgegner nicht möglich war, gegen diese Entscheidung in zweckdienlicher und wirksamer Weise Rechtsmittel einzulegen (EuGH C-619/10 aaO, Rn 59 ff). Die Entscheidung eines mitgliedstaatlichen Gerichts, die weder allein noch zusammen mit anderen vorgelegten Urkunden den zugrundeliegenden Sachverhalt erkennen lässt, verstößt daher gegen den deutschen verfahrensrechtlichen *ordre public* (BGH NJW 16, 160 Rn 22 ff, 28).

Eine Verletzung des deutschen *ordre public* kann auch darin liegen, dass das Erstgericht gegen **77** seine **Vorlagepflicht** nach Art 267 Abs 3 AEUV – und damit aus deutscher Sicht gegen das Recht auf den gesetzlichen Richter nach Art 101 Abs 2 GG – verstoßen hat (*Dietze* EuZW 15, 717; ThP/*Hüßtege* Art 45 EuGVVO Rn 7).

Schließlich hindert lit a die Anerkennung von Entscheidungen grundsätzlich nur dann, wenn **78** der Verstoß des ausländischen Verfahrens gegen den inländischen *ordre public* im **Inhalt der ausländischen Rechtsnormen** wurzelt. Hat er seinen Grund hingegen in einer Missachtung oder fehlerhaften Anwendung dieser Vorschriften im Einzelfall durch das Erstgericht, so kommt es darauf an, ob der betroffenen Partei **Rechtsbehelfe** dagegen zur Verfügung standen. Nur wenn dies nicht der Fall ist oder sie erfolglos eingelegt wurden, kommt eine Versagung der

921

K 79–81 2. Teil. Anerkennung/Vollstreckung K. Ehesachen

Anerkennung unter Berufung auf den verfahrensrechtlichen *ordre public* nach lit a in Betracht (vgl zu Art 34 Nr 1 EuGVVO aF EuGH C-681/13 – *Diageo Brands,* EuZW 15, 713 Rn 49, 61 ff m Anm *Schulze* IPRax 16, 234; EuGH C-559/14 – *Meroni/Recoletos Ltd,* EuZW 16, 713 Rn 48 m Anm *Mäsch;* KG FamRZ 04, 275; G/Sch/*Geimer* Rn 30). Denn es ist in erster Linie Sache der Parteien, durch aktive Teilnahme am Verfahren auf die Vermeidung von Fehlern des Ursprungsgerichts oder deren Korrektur durch die Einlegung von Rechtsmitteln hinzuwirken (vgl zur EuUntVO OLG Karlsruhe NJW-RR 12, 331; ebenso schon zum EuGVÜ BGH NJW 90, 2201/2203). Es ist dem Schuldner damit verwehrt, sich im Rahmen der Anerkennung auf einen Verfahrensfehler zu berufen, den er im Erstverfahren nicht in zumutbarer Weise gerügt oder nicht durch die Einlegung von Rechtsmitteln geltend gemacht hat (BGH NJW 90, 2201/2203; MüKoZPO/*Gottwald* Art 45 EuGVVO Rn 17). Dies gilt auch für die Behauptung, das Urteil sei durch Prozessbetrug erschlichen worden (BGH BeckRS 12, 04575; OLG Frankfurt BeckRS 12, 09281; OLG Köln NJW-RR 09, 1074).

79   Hierfür ist jedoch erforderlich, dass der Antragsgegner nicht nur von der Entscheidung, sondern auch von ihrem Inhalt so rechtzeitig Kenntnis erlangt hat, dass er noch **Rechtsmittel einlegen** konnte (BGHZ 191, 9 Rn 23 = FamRZ 11, 1568; dazu *Heiderhoff* NJW 11, 3103; BGH IPRax 11, 265). Darüber hinaus hat jede Partei selbst nach besten Kräften für ihre eigene ordnungsgemäße Vertretung in einem ihr bekannten Gerichtsverfahren zu sorgen (BGHZ 182, 188 = FamRZ 09, 1816 Rn 27; BGH NJW 10, 153 Rn 26). Durch Untätigkeit kann sie sich ihren Mitwirkungsobliegenheiten nicht entziehen (BGH NJW 06, 701 Rn 17). Die vorstehend in Rn 73 ff hauptsächlich zu Art 34 EuGVVO aF entwickelten Grundsätze gelten auch für Art 22 EuEheVO entsprechend (NK-BGB/*Andrae* Rn 5; **aA** Staud/*Spellenberg* Rn 29).

3. Verletzung des rechtlichen Gehörs im Fall der Säumnis, lit b

80   **a) Allgemeines.** Durch den Versagungsgrund in lit b soll – in Anlehnung an Art 34 Nr 2 EuGVVO aF (dazu EuGH C-619/10 – *Trade Agency,* EuZW12, 912 Rn 32) – sichergestellt werden, dass dem Antragsgegner in der Phase der Einleitung des Verfahrens rechtliches Gehör gewährt wird, so dass dieser sich wirksam verteidigen kann. Das Recht auf rechtliches Gehör genießt im deutschen(Art 103 GG) und europäischen Recht (Art 6 EMRK) Verfassungsrang; Art 22 lit b ist damit zugleich eine besondere Ausprägung des verfahrensrechtlichen *ordre public* iSv lit a (Staud/*Spellenberg* Rn 30). Die Vorschrift findet auf alle Verfahren Anwendung, die infolge der fehlenden Mitwirkung des Gegners einseitig geblieben sind, also insbesondere auf **Versäumnisurteile.** Auch dieser Versagungsgrund ist nach hM nicht nur auf Einrede des Antragsgegners, sondern **von Amts wegen** zu berücksichtigen (*Helms* FamRZ 01, 257/264; NK-BGB/*Andrae* Rn 7; Rauscher/*Rauscher* Rn 12; vgl zur EuGVVO aF BGH NJW-RR 08, 586 Rn 22 ff mwN; **aA** G/Sch/*Geimer* Art 34 Rn 101 ff). Verstöße gegen das rechtliche Gehör im späteren Verlauf des Verfahrens können die Anerkennung nur gem lit a (verfahrensrechtlicher *ordre public*) hindern (vgl zu Art 27 Nr 2 EuGVÜ/Art 34 Nr 1 EuGVVO aF EuGH C-78/95 – *Hendrikmann/Magenta,* Slg 1996 I-493 = NJW 97, 1061; BGH NJW 06, 701; BGH NJW 90, 2201/2202). Die Verteidigungsrechte des Antragsgegners werden zwar bereits im erststaatlichen Verfahren durch Art 18 EuEheVO (bzw Art 19 EuZustVO, Art 15 HZÜ) geschützt (→ A Rn 153 ff). Lit b räumt den Gerichten im Anerkennungsstaat jedoch das Recht ein, die Einhaltung dieser Vorschriften im Ursprungsstaat zu kontrollieren.

81   **b) Nichteinlassung.** Der Versagungsgrund nach lit b greift nur ein, wenn der Antragsgegner sich auf das Eheverfahren vor dem Ursprungsgericht nicht eingelassen hat, also **säumig** geblieben ist. Der Begriff der Einlassung ist **autonom und weit** auszulegen (vgl zu Art 34 EuGVVO BGHZ 191, 9 Rn 19 = NJW 11, 3103; BGH NJW-RR 09, 1292 m Anm *Geimer* IPRax 10, 224). Danach gilt als Einlassung jedes Verhandeln des Antragsgegners (auch durch einen von ihm beauftragten Rechtsanwalt, OLG Stuttgart FamRZ 14, 1567/1568), aus dem sich ergibt, dass er von dem gegen ihn eingeleiteten Verfahren Kenntnis erlangt und die Möglichkeit der Verteidigung gegen den Angriff des Antragstellers erhalten hat (BGH aaO; G/Sch/*Geimer* Art 34 EuGVVO aF Rn 109 ff). Eine Einlassung kann auch in der Einlegung eines Rechtsmittels gegen den Erlass eines Versäumnisurteils liegen; denn damit sind die Verteidigungsrechte des Beklagten hinreichend gewahrt (BGH NJW 14, 2365 Rn 4). An ihr fehlt es hingegen, wenn der Antragsgegner zwar erschienen ist, sich aber darauf beschränkt hat, die nach dem Recht des Ursprungsstaats fehlerhafte oder verspätete Zustellung der Klage zu rügen (Staud/*Spellenberg* Rn 74; vgl zu Art 34 Nr 2 EuGVVO aF BGH NJW 11, 3103 Rn 19; OLG Köln IPRax 91, 114 m Anm *Linke* 92; **aA** Mu/V/*Stadler* Art 45 EuGVVO Rn 7; Rauscher/*Leible* Art 45 EuGVVO Rn 52;

II. EU-Recht: EuEheVO Art 22   82–86 **K**

G/Sch/*Geimer* Rn 112). Auch die bloße Rüge der internationalen Unzuständigkeit des Gerichts begründet noch keine Einlassung (EuGH C-39/02 – *Mærsk Olie & Gas,* Slg 04 I-9657 Rn 57 = EuLF 04, 282 m Anm *Smeele* IPRax 06, 229; BGH NJW 11, 3101 Rn 19; **aA** Staud/*Spellenberg* Rn 77 mwN).

c) Verfahrenseinleitendes Schriftstück. Das verfahrenseinleitende Schriftstück ist das vom **82** Prozessrecht des Erststaates vorgesehene Schriftstück, durch das der Antragsgegner erstmalig von dem der Entscheidung zugrundeliegenden Verfahren Kenntnis erlangen soll, damit er dort seine Rechte wahrnehmen kann (G/Sch/*Paraschas,* IRV Rn 16; NK-BGB/*Andrae* Rn 9). Das Schriftstück muss nicht zwingend eine Begründung des Antrags enthalten; es muss aber so bestimmt sein, dass der Antragsgegner über die wesentlichen Elemente des Rechtsstreits informiert ist (vgl zum EuGVÜ EuGH C-172/91 – *Sonntag,* Slg 93 I-1963 Rn 39 = NJW 93, 2091). Dem Schriftstück müssen sich daher zumindest Gegenstand und Grund des Antrags sowie die Aufforderung entnehmen lassen, sich auf das Verfahren einzulassen (BGH NJW 11, 3103 Rn 13; dazu näher → A Rn 158). Welches Schriftstück dem Beklagten zur Einleitung des Verfahrens zugestellt wird, bestimmt das Recht des Erststaates. Die Zustellung eines „gleichwertigen Schriftstücks" genügt.

d) Rechtzeitige und ordnungsgemäße Zustellung. Die Rechtzeitigkeit und die Ord- **83** nungsmäßigkeit der Zustellung waren unter Geltung von Art 27 Nr 2 EuGVÜ *kumulative* Voraussetzungen einer der lit b genügenden Zustellung des verfahrenseinleitenden Schriftstücks an den Antragsgegner. Die Anerkennung war daher zu versagen, wenn die Zustellung zwar ordnungsgemäß, aber nicht rechtzeitig erfolgt war, und umgekehrt (vgl EuGH C-305/88 – *Lancray,* Slg 90 I-2725 Rn 15 ff = EuZW 90, 362 m Anm *Geimer;* EuGH C-123/91 – *Minalmet,* Slg 92 I-5661 Rn 13 = EuZW 93, 39). Demgegenüber wird die Ordnungsmäßigkeit der Zustellung in Art 22 lit b – wie in Art 34 Nr 2 EuGVVO aF/Art 45 Abs 1 lit b EuGVVO nF (vgl BGH NJW-RR 10, 1001 Rn 9) – nicht mehr ausdrücklich gefordert; sie hat nur noch **Indizwirkung** für die Wahrung des rechtlichen Gehörs des Beklagten (vgl zu Art 34 Nr 2 EuGVVO aF BGH NJW 11, 3103 Rn 13; BGH NJW-RR 08, 586 Rn 27 f). Jedenfalls die Beantwortung der Frage, ob das verfahrenseinleitende Schriftsück dem Antragsgegner überhaupt zugestellt wurde, erfordert eine tatsächliche Wertung, die das Gericht im Zweitstaat eigenständig vorzunehmen hat (EuGH C-619/10 – *Trade Agency,* EuZW 12, 912 Rn 33).

aa) Rechtzeitigkeit. Durch das Erfordernis einer rechtzeitigen Zustellung soll gewährleistet **84** werden, dass dem Antragsgegner bis zu dem vom Gericht bestimmten Verhandlungstermin genügend Zeit verbleibt, um seine Verteidigung – zB durch Beauftragung eines Anwalts – vorzubereiten und den Erlass einer Versäumnisentscheidung zu verhindern (BGH NJW 06, 701 Rn 12 ff zum EuGVÜ; Staud/*Spellenberg* Rn 62 ff mwN). Über die Rechtzeitigkeit ist an Hand der **tatsächlichen Umstände des Einzelfalls** im Lichte des Rechts des Anerkennungsstaates zu entscheiden. Bei dieser Entscheidung ist das Zweitgericht nicht an das Verfahrensrecht des Erststaates und die tatsächlichen Feststellungen des Erstgerichts gebunden (Staud/*Spellenberg* Rn 70; vgl OLG Düsseldorf IPRax 13, 345; OLG Köln NJW-RR 02, 360).

Im Regelfall beginnt der Zeitraum **mit der ordnungsgemäßen Zustellung** am Wohnsitz **85** des Antragsgegners; in Ausnahmefällen können aber außergewöhnliche Umstände (zB ein Krankenhausaufenthalt) dazu führen, dass auch eine nach dem maßgeblichen Verfahrensrecht ordnungsgemäße Zustellung nicht genügt, um dem Antragsgegner hinreichend Zeit für die Vorbereitung seiner Verteidigung zu lassen (vgl zum EuGVÜ EuGH 166/80 – *Klomps,* Slg 81, 1593 Rn 18 ff = IPRax 82, 14 m Anm *Nagel* 5; ferner Rauscher/*Leible* Art 45 EuGVVO Rn 48). Nicht erforderlich für die rechtzeitige Zustellung ist es, dass der Antragsgegner von dem Antrag und der Ladung **tatsächlich Kenntnis** genommen hat (EuGH C-166/80 aaO, Rn 19). Steht fest, dass eine andere Form der Zustellung – zB wegen unbekannten Aufenthalts des Antragsgegners – nicht oder nur schwer durchführbar wäre, so kann auch eine öffentliche oder fiktive Zustellung (zB durch Aufgabe zur Post) ausreichen, um das Erfordernis der Rechtzeitigkeit iSv lit b zu erfüllen (BGH IPRax 93, 324). Allerdings wird der Antragsgegner in einem solchen Fall zumeist darauf verweisen können, er habe sich nicht ausreichend auf seine Verteidigung vorbereiten können (BGH FamRZ 08, 390 Rn 31; *Micklitz/Rott* EuZW 02, 15/20).

bb) Ordnungsmäßigkeit. Ebenso wie im Rahmen von Art 34 Nr 2 EuGVVO aF– und **86** damit anders als noch nach Art 27 Nr 2 EuGVÜ – wird die Ordnungsmäßigkeit der Ladung (dazu EuGH C-305/88 – *Lancray/Peters,* Slg 90 I-2725 Rn 15 ff = EuZW 90, 352 m Anm *Geimer* 354 und *Rauscher* IPRax 91, 155) nicht mehr in jedem Fall geprüft. Sie ist vielmehr neben der Rechtzeitigkeit der Zustellung nur dann noch eine eigenständige Voraussetzung der

K 87–91

2. Teil. Anerkennung/Vollstreckung K. Ehesachen

Anerkennung, wenn der Antragsgegner gerade wegen der nicht ordnungsgemäßen Art und Weise der Zustellung an seiner Verteidigung gehindert war (öst OGH 23.10.03, unalex AT-156). Dies wird insbesondere dann zutreffen, wenn die Antragsschrift nicht in einer dem Antragsgegner **verständlichen Sprache** oder in der Amtssprache des Empfangsmitgliedstaats abgefasst und auch keine Übersetzung in eine dieser Sprachen beigefügt ist (vgl Art 8 Abs 1 EuZVO; dazu *Helms* FamRZ 01, 257/264; ThP/*Hüßtege* Rn 2; HK-ZPO/*Dörner* Rn 3), oder wenn der Antragsteller die Zustellung an den Antragsgegner arglistig hintertreibt (vgl BayObLG FamRZ 05, 638 f und FamRZ 05, 923/924 f).

87   Hat die Zustellung des verfahrenseinleitenden Schriftstücks dem Antragsgegner hingegen trotz eines formalen Verstoßes gegen Zustellungsvorschriften des Erststaates tatsächlich die Möglichkeit zu seiner ausreichenden Verteidigung eröffnet und war damit ein faires Verfahren garantiert, kann dem Urteil die Anerkennung nach lit b nicht versagt werden (NK-BGB/*Andrae* Rn 11; vgl zur EuGVVO aF BGH NJW 11, 3103 Rn 13 ff m Anm *Sujeki* 3105 und *Heiderhoff* FamRZ 11, 1571; BGH NJW-RR 10, 1001 Rn 9 ff m Anm *Bach* IPRax 11, 241; OLG Zweibrücken NJW-RR 06, 207/208). Dies gilt auch dann, wenn der Antragsgegner von dem Titel erst im Rahmen des Anerkennungsverfahrens Kenntnis erlangt hat. Allerdings sind Zustellungsmängel ein Indiz für eine Verletzung des rechtlichen Gehörs (BGH NJW-RR 08, 586 Rn 28 m Anm *Roth* IPRax 08, 501), wie umgekehrt eine ordnungsgemäße Zustellung nahelegt, dass eine ausreichende Verteidigung möglich war (NK-BGB/*Andrae* Rn 11; Rauscher/*Rauscher* Rn 18).

88   Die Gerichte des Zweitstaats haben die Ordnungsmäßigkeit der Zustellung, soweit es nach dem zuvor Gesagten noch auf diese ankommt, nach Maßgabe der **Zustellungsvorschriften des Erststaates** zu prüfen (vgl zum EuGVÜ EuGH C-305/88 aaO, Rn 29 = EuZW 90, 352; OLG Köln NJW-RR 95, 446; H *Roth* IPRax 08, 501). Sie sind dabei nicht an die tatsächlichen Feststellungen des Ursprungsgerichts gebunden (BGH NJW 08, 1531 Rn 14 m Anm *Heiderhoff* IPRax 10, 343). Das Zustellungsrecht des Ursprungsmitgliedstaates gilt einschließlich der in diesem Staat anzuwendenden EU-Verordnungen bzw Staatsverträge. Im Verhältnis der Mitgliedstaaten zueinander ist daher in erster Linie die Verordnung (EG) Nr 1393/2007 über die Zustellung gerichtlicher und außergerichtlicher Schriftstücke in Zivil- oder Handelssachen **(EuZVO)** v 13.11.2007 (ABl EU L 324, 79) heranzuziehen. Mit ihr übereinstimmende Vorschriften gelten aufgrund eines zwischen der EU und *Dänemark* abgeschlossenen Übereinkommens v 19.10.2005 (ABl EU L 300, 55) seit dem 1.7.2007 auch im Verhältnis zu *Dänemark*. Die EuZVO genießt Vorrang gegenüber dem nationalen Zustellungsrecht der Mitgliedstaaten (EuGH C-443/05 – *Leffler,* Slg 05 I-6985 Rn 50 = EuZW 05, 753 m zust Anm *Stadler* IPRax 06, 116 und *Heiderhoff* EuZW 06, 235; OLG Karlsruhe RIW 99, 538).

89   Da die EuZVO **fiktive Formen der Zustellung** (öffentliche Zustellung, *remise au parquet*) nicht zulässt, sind diese in ihrem Geltungsbereich nicht ordnungsgemäß (EuGH C-522/03 – *Scania/Rockinger,* Slg 05 I-8639 Rn 26 ff = NJW 05, 3627 Rn 26 ff m zust Anm *Stadler* IPRax 06, 116). Eine Ausnahme gilt nur, wenn der Wohnsitz oder gewöhnliche Aufenthalt des Empfängers unbekannt ist oder wenn dieser einen Bevollmächtigten in dem Mitgliedstaat benannt hat, in dem das Gerichtsverfahren stattfindet (EuGH C-325/11 – *Alder/Orlowska,* IPRax 13, 157 m Anm *Heinze* 132). Ein wesentlicher Zustellungsmangel liegt ferner dann vor, wenn der Antragsgegner die Antragsschrift deshalb nicht verstehen konnte, weil sie nicht in einer der in Art 8 EuZVO genannten **Sprachen** verfasst oder in eine solche übersetzt worden ist (ThP/*Hüßtege* Rn 2; NK-BGB/*Andrae* Rn 11; vgl auch zur EuGVVO aF OLG Celle IPRax 05, 450/451m zust Anm H *Roth* 438; *Rauscher* JZ 06, 251) und der Empfänger die Annahme aus diesem Grunde verweigert hat. Hingegen reicht die fehlende Übersetzung nicht aus, wenn die Annahme aus einem anderen Grund verweigert wird (BGH NJW 11, 3103 Rn 16).

90   Subsidiär ist das Haager Übereinkommen über die Zustellung gerichtlicher und außergerichtlicher Schriftstücke im Ausland in Zivil- oder Handelssachen **(HZÜ)** v 15.11.1965 (BGBl 77 II 1453 = *Jayme/Hausmann* Nr 211) anzuwenden. Auch dieses Übk regelt die Ordnungsmäßigkeit der Zustellung für die Zwecke von lit b im Verhältnis der Vertragsstaaten abschließend (EuGH C-522/03 aaO).

91   Auch die Frage, ob ein **Zustellungsmangel** im weiteren Verlauf des Verfahrens **geheilt** worden ist, beurteilt sich nach dem Recht des Erststaates einschließlich der dort geltenden Staatsverträge (vgl zum EuGVÜ EuGH C-305/88 aaO, Rn 31; BGH NJW 91, 641 f). Eine solche Heilung sehen zwar weder die EuZVO noch das HZÜ vor (BGHZ 120, 305/311 f = FamRZ 93, 311; *Brand* NJW 04, 1138). Die Fiktion der Heilung nach § 189 ZPO durch tatsächlichen Zugang des Schriftstücks beim Empfänger kommt jedoch auch insoweit in Betracht, wenn den Anforderungen der EuZVO bzw des HZÜ genügt worden ist und lediglich

II. EU–Recht: EuEheVO Art 22   92–96 **K**

nationale Verfahrensvorschriften des Zustellungsstaates verletzt wurden (BGH NJW 11, 3581 Rn 33 ff m zust Anm *Rauscher;* vgl auch zu Art 47 Nr 1 EuGVÜ OLG Hamm IPRax 97, 421 m Anm H *Roth* 407). Auf eine Heilung des Zustellungsmangels kommt es allerdings dann nicht an, wenn der Antragsgegner durch die fehlerhafte Art und Weise der Zustellung an seiner Verteidigung nicht gehindert wurde (vgl Rauscher/*Leible* Rn 46 aE).

e) Einverständnis des Antragsgegners mit der Entscheidung. Gemäß Art 22 lit b letzter **92** Hs ist dieser Versagungsgrund nicht anwendbar, wenn der Antragsgegner mit der Entscheidung „eindeutig einverstanden" ist. Ein solches eindeutiges Einverständnis setzt voraus, dass der Antragsgegner seinen diesbezüglichen Willen unmissverständlich zum Ausdruck gebracht hat. Dies muss nicht ausdrücklich, sondern kann auch konkludent geschehen, zB durch Anmeldung einer neuen Eheschließung, das Verlangen von nachehelichem Unterhalt oder die Durchführung des Versorgungsausgleichs bzw der güterrechtlichen Auseinandersetzung (*Borrás*-Bericht Rn 70; Staud/*Spellenberg* Rn 87; G/Sch/*Paraschas* Rn 29; HK-ZPO/*Dörner* Rn 3).

Anders als nach Art 34 Nr 2 EuGVVO aF (vgl dazu BGH NJW-RR 10, 1001 Rn 13 ff mwN) **93** und Art 24 lit b EuUntVO (→ M Rn 174) begründet der bloße **Verzicht auf die Einlegung eines möglichen Rechtsmittels** gegen die Entscheidung des ausländischen Gerichts jedoch noch kein „eindeutiges" Einverständnis im Sinne von Art 22 lit b letzter Hs. Die Abweichung im Wortlaut beruht insoweit auf einer bewussten Entscheidung des Verordnungsgebers (*Borrás*-Bericht Rn 70; *Helms* FamRZ 01, 257/264; ThP/*Hüßtege* Rn 2; Rauscher/*Rauscher* Rn 19 f; NK-BGB/*Andrae* Rn 12 mwN; **aA** Zö/*Geimer* Rn 5).

4. Unvereinbarkeit mit einer Entscheidung aus dem Anerkennungsstaat, lit c

a) Entscheidungsbegriff. Der Begriff der Entscheidung in Art 22 lit c ist weiter als derjenige **94** in Art 2 Nr 4. Durch die Beschränkung auf Entscheidungen über die Ehescheidung, die Trennung ohne Auflösung des Ehebandes und die Ungültigerklärung einer Ehe bekräftigt Art 2 Nr 4 nur den sachlichen Anwendungsbereich der EuEheVO auch für die Zwecke der Anerkennung und Vollstreckung. Demgegenüber geht es bei dem Versagungsgrund in lit c darum, die Geltung von sich widersprechenden Entscheidungen im Anerkennungsstaat zu verhindern. Ein solcher Widerspruch kann aber durch die Anerkennung eines Eheurteils iSv Art 2 Nr 4 auch dann eintreten, wenn dessen Wirkungen mit einer im Zweitstaat ergangenen Entscheidung unvereinbar sind, die ihrerseits nicht in den Anwendungsbereich der EuEheVO fällt (Rauscher/*Rauscher* Rn 21; G/Sch/*Geimer* Rn 11; NK-BGB/*Andrae* Rn 13). Einer Anerkennung entgegenstehen können daher alle von Behörden oder Gerichten des Anerkennungsmitgliedstaats getroffenen Entscheidungen, die zwischen denselben Personen ergangen sind und die mit der Entscheidung des Ursprungsmitgliedstaats unvereinbar sind, deren Anerkennung begehrt wird; dies können auch Feststellungs- und klageabweisende Sachentscheidungen in Ehesachen sein (str, wie hier *Helms* FamRZ 01, 257/265; Staud/*Spellenberg* Rn 92 f; näher → Rn 99).

Die **frühere Anhängigkeit eines inländischen Verfahrens,** in dem voraussichtlich eine mit **95** der ausländischen Entscheidung nicht zu vereinbarende Entscheidung ergehen wird, begründet zwar nach dem Wortlaut von lit c kein Anerkennungshindernis. Der EuGH wertet allerdings in Kindschaftssachen den Verstoß des später angerufenen Gerichts eines Mitgliedstaats gegen die Aussetzungspflicht nach Art 19 als einen zusätzlichen Anerkennungsversagungsgrund iSv Art 23 EuEheVO (vgl EuGH C-497/10 PPU – *Mercredi,* FamRZ 11, 617 Rn 69 f m Anm *Henrich;* Rauscher/*Rauscher* Rn 22a). Ob dies auch in Ehesachen gilt, ist allerdings zweifelhaft. Der Anerkennung eines Scheidungsurteils aus einem anderen Mitgliedstaat steht es jedenfalls nicht entgegen, dass im Zweitstaat bereits vor der Einleitung des dortigen Scheidungsverfahrens ein auf gerichtliche Trennung gerichtetes Verfahren anhängig gemacht worden war (Trib Roma 19.1.16, unalex IT-810; **aA** aber Trib Teramo 8.7.13, unalex IT-824).

b) Unvereinbarkeit. Der Begriff der „Unvereinbarkeit" ist *autonom* auszulegen. Mit einander **96** unvereinbar sind Entscheidungen dann, wenn sich deren Urteilswirkungen gegenseitig ausschließen oder widersprechen (unstr, vgl Rauscher/*Rauscher* Rn 22; Staud/*Spellenberg* Rn 93, jeweils mwN; vgl zum EuGVÜ EuGH C-145/86 – *Hoffmann/Krieg,* Slg 88, 645 Rn 22 = NJW 89, 663; EuGH C-80/00 – *Italian Leather,* Slg 02 I-4995 Rn 40, 47 = NJW 02, 2087). Der Begriff stimmt mit dem eine entgegenstehende Rechtshängigkeit begründenden Gegenstandsbegriff in Art 19 Abs 1 nicht überein, sondern ist *enger* zu fassen (*Gruber* FamRZ 00, 1134). Miteinander unvereinbar sind Entscheidungen in Ehesachen grundsätzlich dann, wenn sie einen unterschiedlichen Personenstand derselben Parteien für denselben Zeitraum herbeiführen (NK-BGB/*Andrae*

925

K 97–101   2. Teil. Anerkennung/Vollstreckung K. Ehesachen

Rn 15). Bei der Prüfung dieser Frage ist das Gericht im Anerkennungsstaat nicht an die diesbezügliche Bewertung des Ursprungsgerichts gebunden, sondern kann die tatbestandlichen Voraussetzungen dieses Versagungsgrundes eigenständig prüfen. Darin liegt auch kein Verstoß gegen das Verbot der *révision au fond* in Art 40 (BGH RIW 17, 78 Rn 20 ff = IPRax 17, 488 m Anm *Thomale* 463).

97   Allerdings können solche Urteile dann nebeneinander bestehen bleiben, wenn das spätere eine **weitergehende Statuswirkung** entfaltet als das vorangehende, so dass zB die im Anerkennungsstaat getroffene Entscheidung über die Trennung von Tisch und Bett nicht die spätere Anerkennung der in einem anderen Mitgliedstaat ausgesprochenen Scheidung hindert (*Borrás*-Bericht, Rn 71; *Helms* FamRZ 01, 257/265; ThP/*Hüßtege* Rn 3; Staud/*Spellenberg* Rn 94 f; **aA** MüKoFamFG/*Gottwald* Rn 13). Erst recht steht eine inländische Entscheidung, in der die Gültigkeit der Ehe zwischen den Parteien festgestellt wurde, der Anerkennung der späteren gerichtlichen Trennung oder Scheidung dieser Ehe durch Gerichte eines anderen Mitgliedstaats nicht entgegen, wohl aber der Anerkennung einer Entscheidung, in der die Ehe für ungültig erklärt wird (Rauscher/*Rauscher* Rn 23; NK-BGB/*Andrae* Rn 16). Eine inländische Entscheidung über die Eheaufhebung schließt die Anerkennung einer später in einem anderen Mitgliedstaat erwirkten Ehescheidung aus, weil es dann an einer noch zu scheidenden Ehe fehlt (Staud/*Spellenberg* Rn 98 f); umgekehrt gilt dies wegen der idR weitergehenden Wirkungen des ausländischen Aufhebungsurteils jedoch nicht (Staud/*Spellenberg* aaO).

98   Demgegenüber steht eine inländische Entscheidung, die das Bestehen einer Ehe lediglich als **Vorfrage** inzident bejaht hat, der Anerkennung einer späteren ausländischen Entscheidung, welche die Ungültigerklärung der Ehe rechtskräftig feststellt, nicht entgegen. Wurde einem Ehegatten vom deutschen Gericht Trennungsunterhalt zugesprochen, so wird durch diese Unterhaltsentscheidung die Anerkennung einer späteren ausländischen Entscheidung, in der die Ungültigkeit der geschlossenen Ehe festgestellt wird, nicht ausgeschlossen; vielmehr setzt sich die Statusentscheidung grundsätzlich durch (Rauscher/*Rauscher* Rn 29). Auch hindert ein ablehnender inländischer Beschluss zur **Verfahrenskostenhilfe** die Anerkennung einer gegenteiligen Hauptsacheentscheidung des Gerichts eines anderen Mitgliedstaats nicht.

99   Umstritten ist in diesem Zusammenhang die Frage, ob eine **antragsabweisende Entscheidung** im Anerkennungsmitgliedstaat ein Hindernis für die spätere Anerkennung der Entscheidung eines anderen Mitgliedstaats ist, mit der die Ehe getrennt oder aufgelöst worden ist. Dies wird wegen der Gefahr der Schaffung „hinkender Ehen" zT verneint (*Kohler* NJW 01, 10/13; ThP/*Hüßtege* Rn 3; HK-ZPO/*Dörner* Rn 5). Demgegenüber wird die Entstehung hinkender Ehen von der Verordnung durch den in lit c betonten absoluten Vorrang der im Anerkennungsstaat ergangenen Entscheidung bewusst in Kauf genommen. Wenn antragsabweisende Entscheidungen auch in anderen Mitgliedstaaten der Verordnung nicht nach Art 21, 22 anerkennungsfähig sind (→ Rn 29 ff), hat dies doch nicht zur Folge, dass sie auch im Rahmen von lit c außer Betracht zu bleiben hätten (*Hausmann* EuLF 00/01, 345/350; *Helms* FamRZ 01, 257/265; Rauscher/*Rauscher* Rn 27; NK-BGB/*Andrae* Rn 13; G/W/*Frank* Kap 29 Rn 69). Allerdings wird es an der von lit c vorausgesetzten Unvereinbarkeit schon deshalb häufig fehlen, weil der Antragsteller seinen Antrag in dem neuen Scheidungsverfahren auf einen anderen Scheidungsgrund (zB den Ablauf einer längeren Trennungsfrist) stützen wird. Eine Unvereinbarkeit aus dem Grund, dass die Scheidung im zweiten Verfahren auf ein anderes materielles Scheidungsrecht gestützt worden ist, ist hingegen in den durch die Rom III-VO gebundenen Mitgliedstaaten stark eingeschränkt.

100   **c) Zeitliche Reihenfolge.** Für das Bestehen eines Anerkennungshindernisses nach lit c ist der Umstand, in welcher zeitlichen Reihenfolge die Entscheidungen aus dem Ursprungs- und dem Anerkennungsstaat ergangen sind, grundsätzlich unerheblich. Das Prioritätsprinzip findet insoweit mithin keine Anwendung, so dass **auch die spätere inländische Entscheidung** der Anerkennung einer früher in einem anderen Mitgliedstaat ergangenen Entscheidung entgegensteht (ThP/*Hüßtege* Rn 3; NK-BGB/*Andrae* Rn 14; Staud/*Spellenberg* Rn 105).

101   **d) Rechtsfolge.** Liegt das Anerkennungshindernis nach lit c vor, so ist die Anerkennung zwingend abzulehnen; ein Ermessen des Anerkennungsgerichts besteht insoweit nicht (EuGH C-80/00 – *Italian Leather*, NJW 02, 2087 Rn 50 ff). Die miteinander unvereinbaren Entscheidungen bleiben dann auf das Hoheitsgebiet des jeweiligen Ursprungsstaates beschränkt (BGH WM 16, 2272 Rn 21).

II. EU-Recht: EuEheVO Art 24   **105 K**

5. Unvereinbarkeit mit einer früheren anerkennungsfähigen Entscheidung eines anderen Staates, lit d

a) Allgemeines. Art 22 lit d ergänzt lit c und regelt das Verhältnis zwischen der Entscheidung **102** des Ursprungsmitgliedstaats, um deren Anerkennung es geht, und Entscheidungen zwischen denselben Parteien, die in anderen Staaten als dem Anerkennungsstaat ergangen sind. Dies können sowohl Entscheidungen aus anderen Mitgliedstaaten als auch Entscheidungen aus **Drittstaaten** sein. Lit d erfasst hingegen nicht den Fall, dass die anzuerkennende Entscheidung mit einer anderen *im Ursprungsstaat* ergangenen oder dort anerkannten Entscheidung unvereinbar ist (vgl zu Art 34 Nr 4 EuGVVO aF EuGH C-157/12 – *Salzgitter Mannesmann,* NJW 14, 203 Rn 30 ff m Anm *Mäsch* EuZW 13, 905; vgl dazu den Vorlagebeschluss BGH WM 12, 662). Im Übrigen gilt für den maßgeblichen Begriff der „Entscheidung" und die Auslegung der „Unvereinbarkeit" und die zwingende Anwendung das vorstehend zu lit c Gesagte entsprechend.

b) Prioritätsprinzip. Abweichend von lit c gilt im Rahmen von lit d das Prioritätsprinzip, **103** so dass stets die früher ergangene Entscheidung anzuerkennen ist. Konkurrieren daher Entscheidungen aus einem anderen Mitgliedstaat und aus einem Drittstaat, so kommt nicht etwa der mitgliedstaatlichen Entscheidung Vorrang zu; vielmehr setzt sich auch die nach autonomem Recht anzuerkennende frühere Entscheidung eines Drittstaats gegenüber der späteren mitgliedstaatlichen Entscheidung durch (MüKoFamFG/*Gottwald* Rn 16; Rauscher/*Rauscher* Rn 30; Staud/*Spellenberg* Rn 111). Maßgebender Zeitpunkt ist dabei der Erlass der Entscheidung.

c) Anerkennungsfähigkeit. Die Anwendbarkeit von lit d setzt nach dem letzten Halbsatz **104** voraus, dass die frühere Entscheidung im Übrigen die notwendigen Voraussetzungen für ihre Anerkennungsfähigkeit im Zweitstaat erfüllt. Dies beurteilt sich für die Entscheidungen aus anderen Mitgliedstaaten nach Art 21, 22, für Entscheidungen aus Drittstaaten nach dem autonomen Anerkennungsrecht des Zweitstaats. In *Deutschland* sind daher – vorbehaltlich vorrangig zu beachtender bilateraler Anerkennungs- und Vollstreckungsabkommen (dazu → Rn 156 ff) – insoweit die §§ 107, 109 FamFG maßgebend (→ Rn 194 ff, 254 ff). Handelt es sich um eine drittstaatliche Entscheidung in einer Ehesache, so kann über deren Unvereinbarkeit mit der Entscheidung eines anderen Mitgliedstaats erst entschieden werden, wenn das förmliche Anerkennungsverfahren nach § 107 FamFG durchgeführt worden ist (Rauscher/*Rauscher* Rn 31). Ist die früher ergangene Entscheidung hiernach nicht anerkennungsfähig, so ist die spätere Entscheidung anzuerkennen.

EuEheVO Art 23. Gründe für die Nichtanerkennung einer Entscheidung über die elterliche Verantwortung

(abgedruckt und kommentiert → N Rn 76 ff)

EuEheVO Art 24. Verbot der Nachprüfung der Zuständigkeit des Gerichts des Ursprungsmitgliedstaats

[1] **Die Zuständigkeit des Gerichts des Ursprungsmitgliedstaats darf nicht überprüft werden.** [2] **Die Überprüfung der Vereinbarkeit mit der öffentlichen Ordnung gemäß Artikel 22 Buchstabe a) [....] darf sich nicht auf die Zuständigkeitsvorschriften der Artikel 3 bis 14 erstrecken.**

1. Keine Prüfung der internationalen Zuständigkeit

Satz 1 hat lediglich **deklaratorische Bedeutung,** denn das Verbot der Überprüfung der **105** internationalen Zuständigkeit des Erstgerichts ergibt sich schon aus dem abschließenden Charakter der Aufzählung der Anerkennungshindernisse in Art 22 (NK-BGB/*Andrae* Rn 1). Das Verbot gilt unabhängig davon, ob das Gericht des Ursprungsmitgliedstaats seine Zuständigkeit aus der EuEheVO (Art 3–5) oder über Art 7 Abs 1 aus seinem nationalen Recht hergeleitet hat (*Helms* FamRZ 01, 257/262; ThP/*Hüßtege* Rn 1; Staud/*Spellenberg* Rn 2); es greift selbst dann ein, wenn das Gericht des Ursprungsmitgliedstaats den Vorrang der EuEheVO übersehen und seine internationale Zuständigkeit unter Verletzung der Art 3 ff und deren Ausschließlichkeit nach Art 6 auf Vorschriften seines nationalen Rechts gestützt hat (*Hausmann* EuLF 00/01, 345/ 348; *Hau* FamRZ 99, 484/487; Rauscher/*Rauscher* Rn 2). Der Antragsgegner kann die Un-

927

K 109, 110   2. Teil. Anerkennung/Vollstreckung K. Ehesachen

zuständigkeit des Gerichts des Ursprungsmitgliedstaats daher stets nur mit den im dortigen Recht vorgesehenen Rechtsmitteln geltend machen.

106   Auf dem Gebiet des **einstweiligen Rechtsschutzes** gilt Art 24 S 1 uneingeschränkt, wenn es um die Anerkennung von Maßnahmen des nach Art 3–5 zuständigen Hauptsachegerichts geht. Hingegen finden die Art 21 ff – und damit auch Art 24 S 1 – nach der Rechtsprechung des EuGH (→ F Rn 340 ff) keine Anwendung, wenn einstweilige Maßnahmen anerkannt werden sollen, die das Ursprungsgericht gemäß Art 20 auf sein nationales Verfahrensrecht gestützt hat. Die aufgrund dieser Rechtsprechung erforderliche Prüfung, ob das Ursprungsgericht seine Zuständigkeit auf eine Vorschrift der EuEheVO oder auf Art 20 iVm mit seinem nationalen Recht gegründet hat, verstößt nicht gegen Art 24 S 1, weil nicht die Zuständigkeit als solche nachgeprüft wird (NK-BGB/*Andrae* Rn 1; Staud/*Spellenberg* Rn 3).

2. Kein Rückgriff auf den *ordre public*

107   Satz 2 stellt klar, dass die Überprüfung der Zuständigkeit durch das zweitstaatliche Gericht auch nicht über den „Umweg" der Annahme eines Verstoßes gegen den **ordre public** des Anerkennungsstaats vorgenommen werden darf. Die Vorschrift verweist zwar in Ehesachen nur auf die Art 3–7 der Verordnung; sie schließt aber damit eine *ordre public*-Widrigkeit der anzuerkennenden Entscheidung auch dann aus, wenn das Erstgericht sich auf eine über Art 7 Abs 1 anwendbare exorbitante Zuständigkeitsvorschrift seines nationalen Rechts gestützt hat (NK-BGB/*Andrae* Rn 2). Gleiches gilt im Falle der – zB wegen Verletzung von Art 6 – grob fehlerhaften Inanspruchnahme einer nationalen Restzuständigkeit durch das Erstgericht (*Hausmann* EuLF 00/01, 345/348; *Helms* FamRZ 01, 257/262; ThP/*Hüßtege* Rn 1). Eine Ausnahme kommt allenfalls bei einem betrügerischen Erschleichen der Zuständigkeit in Betracht (Rauscher/*Rauscher* Rn 3; Staud/*Spellenberg* Rn 5).

3. Sonderregelung in Skandinavien

108   Das Verbot der Nachprüfung der internationalen Zuständigkeit durch die Gerichte des Anerkennungsstaates wird im Verhältnis der **skandinavischen Mitgliedstaaten** zueinander durch das zwischen ihnen geltende Übereinkommen vom 6.2.1931 eingeschränkt, dem nach Maßgabe von Art 59 Vorrang vor der EuEheVO zukommt (→ Rn 143 f).

EuEheVO Art 25. Unterschiede beim anzuwendenden Recht

Die Anerkennung einer Entscheidung darf nicht deshalb abgelehnt werden, weil eine Ehescheidung, Trennung ohne Auflösung des Ehebandes oder Ungültigerklärung einer Ehe nach dem Recht des Mitgliedstaats, in dem die Anerkennung beantragt wird, unter Zugrundelegung desselben Sachverhalts nicht zulässig wäre.

109   Die Vorschrift begrenzt die Möglichkeit einer Berufung auf den *ordre public*-Vorbehalt nach Art 22 lit a. Sie will ausschließen, dass eine Entscheidung aus einem Mitgliedstaat mit einem liberalen Eherecht in einem anderen Mitgliedstaat mit strengeren Scheidungs-, Trennungs- oder Eheungültigkeitsvoraussetzungen für *ordre public*-widrig erklärt wird (Borrás-Bericht Rn 76; ThP/*Hüßtege* Rn 1). Das Gericht des Zweitstaats kann mithin die Anerkennung einer Entscheidung nicht unter Berufung auf seinen *ordre public* nach Art 22 lit a mit dem Argument versagen, es hätte dem Antrag in der Ehesache, wenn es selbst angerufen worden wäre, nach seinem nationalen Recht nicht stattgegeben (NK-BGB/*Andrae* Rn 1; vgl auch zur EuGVVO EuGH C-681/13 – *Diageo Brands,* EuZW 15, 713 Rn 48 f). Praktische Bedeutung erlangt die Regelung insbesondere dann, wenn im Anerkennungsstaat ein strengeres Scheidungsrecht gilt, das zB längere Trennungsfristen vorschreibt oder eine einverständliche Ehescheidung verbietet (HK-ZPO/*Dörner* Rn 1; Rauscher/*Rauscher* Rn 4). Außerdem kann die Anerkennung einer in einem anderen Mitgliedstaat ergangenen Entscheidung, die die Trennung der Ehegatten anordnet, nicht mit der Begründung verweigert werden, dass in der Rechtsordnung des Anerkennungsstaats eine gerichtliche Ehetrennung nicht vorgesehen sei (Trib Dolj 24.1.08, unalex RO-11).

110   Der Begriff „Recht" des Mitgliedstaats, in dem die Anerkennung beantragt wird, umfasst nicht nur das materielle Eherecht, sondern auch die IPR-Vorschriften des Anerkennungsstaats, so dass auch eine **kollisionsrechtliche Kontrolle** durch dessen Gerichte entfällt. Die Anerkennung darf also nicht deshalb versagt werden, weil das Gericht des Ursprungsstaats aufgrund

928

II. EU-Recht: EuEheVO Art 27   **113, 114 K**

seines abweichenden Kollisionsrecht s auf die Ehescheidung oder -trennung ein anderes –
strengeres oder liberaleres – Scheidungsrecht angewandt als das vom IPR des Anerkennungsstaats
zur Awendung berufene (*Borrás* Bericht Rn 76; *Hausmann* EuLF 00/01, 345/349; *Helms* FamRZ
01, 257/263; Staud/*Spellenberg* Rn 4).

EuEheVO Art 26. Ausschluss einer Nachprüfung in der Sache

Die Entscheidung darf keinesfalls in der Sache nachgeprüft werden.

Art 26 verbietet eine *révision au fond,* dh eine inhaltliche Nachprüfung der anzuerkennenden **111**
Entscheidung in einer Ehesache. Damit wird insbesondere klargestellt, dass das Zweitgericht
auch den *ordre public*-Vorbehalt des Art 22 lit a nicht zu einer verkappten Überprüfung der
ausländischen Entscheidung in der Sache nutzen darf. Das Verbot betrifft gleichermaßen Tatsa-
chen- wie Rechtsfragen. Ausgeschlossen ist daher sowohl eine Prüfung, ob das Gericht des
Ursprungsmitgliedstaats die Tatsachen richtig festgestellt und gewürdigt hat, wie eine Kontrolle,
ob das Kollisions- und Sachrecht einschließlich des EU-Rechts fehlerfrei angewandt wurde
(EuGH C-559/14 – *Meroni/Recoletos Ltd,* EuZW 16, 713 Rn 41 m Anm *Mäsch;* EuGH C-420/
07 – *Apostolides,* NJW 09, 1938 Rn 58; Aud Prov Zaragoza 2.5.12, unalex ES-732; Staud/
Spellenberg Rn 2).

Eine weitergehende Anwendung der *ordre public*-Klausel in Art 22 lit a EuEheVO kommt auch **112**
nicht etwa deshalb in Betracht, weil das Erstgericht nach Ansicht des Zweitgerichts das **EU-**
Recht falsch angewandt hat (vgl zur EuGVVO aF EuGH C-681/13 – *Diageo Brands,* EuZW 15,
713 Rn 48 f m Anm *Schulze* IPRax 16, 234; EuGH C-619/10 – *Trade Agency,* EuZW 12, 912
Rn 50). Dies gilt jedenfalls dann, wenn die **Entscheidung begründet** wurde (vgl zur
EuGVVO EuGH C-302/13 – *flyLal,* EuZW 15, 76 Rn 53 ff). Schließlich kann auch ein Verstoß
des Erstgerichts gegen Verfahrensvorschriften nur in den engen Grenzen des verfahrensrecht-
lichen *ordre public* die Nichtanerkennung rechtfertigen (*Geimer* IPRax 98, 175; näher
→ Rn 73 ff).

EuEheVO Art 27. Aussetzung des Verfahrens

(1) **Das Gericht eines Mitgliedstaats, vor dem die Anerkennung einer in einem**
anderen Mitgliedstaat ergangenen Entscheidung beantragt wird, kann das Verfahren
aussetzen, wenn gegen die Entscheidung ein ordentlicher Rechtsbehelf eingelegt wur-
de.

(2) **Das Gericht eines Mitgliedstaats, bei dem die Anerkennung einer in Irland oder**
im Vereinigten Königreich ergangenen Entscheidung beantragt wird, kann das Ver-
fahren aussetzen, wenn die Vollstreckung der Entscheidung im Ursprungsmitgliedstaat
wegen der Einlegung eines Rechtsbehelfs einstweilen eingestellt ist.

1. Allgemeines

Die dem Art 37 EuGVVO aF nachgebildete Vorschrift soll einen Ausgleich dafür bieten, dass **113**
Entscheidungen in Ehesachen – abgesehen vom Fall des Art 21 Abs 2 (Beischreibung in Personenstandsbüchern) – auch dann anerkannt werden, wenn sie noch **keine Rechtskraft** erlangt
haben. Durch die Aussetzungsmöglichkeit nach Abs 1 soll daher verhindert werden, dass im
Zweitstaat eine Entscheidung anerkannt wird, die im Erststaat später abgeändert oder aufgehoben
wird. Damit soll der Gefahr sich widersprechender Entscheidungen vorgebeugt werden.

2. Anwendungsbereich

Die Vorschrift betrifft in Ehesachen in erster Linie die Aussetzung des förmlichen **Anerken-** **114**
nungsfeststellungsverfahrens nach Art 21 Abs 3. Sie hat insofern aufgrund ihrer systematischen Stellung Vorrang vor Art 35, der erst im Rechtsbehelfsverfahren gilt (Rauscher/*Rauscher*
Rn 2; **aA** HK-ZPO/*Dörner* Rn 1). Eine Aussetzung kommt jedoch auch im Rahmen von
Verfahren in Betracht, deren Ausgang iSv Art 21 Abs 4 von der **Vorfrage** der Anerkennungsfähigkeit einer mitgliedstaatlichen Entscheidung in einer Ehesache abhängt (NK-BGB/*Andrae*
Rn 1; Staud/*Spellenberg* Rn 2).

929

K 2. Teil. Anerkennung/Vollstreckung K. Ehesachen

3. Ordentlicher Rechtsbehelf

115   Der Begriff des ordentlichen Rechtsbehelfs ist – ebenso wie in Art 51 EuGVVO nF (vgl zum EuGVÜ BGH NJW 86, 3026/3027; OLG Stuttgart NJW-RR 98, 280/282) – **autonom und weit** auszulegen. Gemeint ist jeder Rechtsbehelf, der im Erststaat Teil des gewöhnlichen Verlaufs eines Rechtsstreits ist und zur Aufhebung oder Abänderung der Entscheidung führen kann und für den dort eine **gesetzliche Frist bestimmt** ist, die durch die Entscheidung selbst in Lauf gesetzt wird (vgl zum EuGVÜ EuGH Rs 43/77 – *Industrial Diamond Supplies,* Slg 77, 2175 Rn 37 ff = NJW 1978, 1107 [LS]). Wird das Gericht im Zweitstaat erst zu einem Zeitpunkt mit der Anerkennung befasst, zu dem im Ursprungsstaat bereits ein Rechtsmittel gegen die Entscheidung eingelegt wurde, kommt es auf die Fristgebundenheit des Rechtsbehelfs nicht mehr an (NK-BGB/*Andrae* Rn 2). Außergewöhnliche Rechtsbehelfe, wie die Wiederaufnahme des Verfahrens, die Verfassungs- oder Menschenrechtsbeschwerde, sind nicht erfasst.

116   Das Verfahren kann nach Art 27 Abs 1 nur ausgesetzt werden, wenn der Rechtsbehelf gegen die Entscheidung im Erststaat **tatsächlich eingelegt** worden und noch anhängig ist (Staud/*Spellenberg* Rn 12); hiervon hat sich das Zweitgericht zu überzeugen (App Iasi 29.1.09, unalex RO-31). Maßgebend ist hierfür das Recht des Ursprungsmitgliedstaats; Art 16 gilt insoweit auch nicht entsprechend (Rauscher/*Rauscher* Rn 5). Abweichend von Art 35 EuGVVO reicht der bloße Umstand, dass die Frist für die Einlegung noch nicht abgelaufen ist, hierfür nicht aus.

4. Ermessensentscheidung

117   Ein **Antrag** einer Partei ist für die Aussetzung des Verfahrens durch das zweitstaatliche Gericht nicht erforderlich (ThP/*Hüßtege* Rn 4). Die Entscheidung über die Aussetzung (analog § 148 ZPO) steht im Ermessen des Gerichts (Staud/*Spellenberg* Rn 15; vgl zum EuGVÜ OLG Saarbrücken RIW 98, 632/633; OLG Frankfurt NJW-RR 05, 1375), welches die **mutmaßlichen Erfolgsaussichten** des Rechtsbehelfs im Erststaat und im inländischen Anerkennungsverfahren zu berücksichtigen hat (OLG Stuttgart FamRZ 14, 1567/1568; ebenso zum EuGVÜ OLG Düsseldorf NJW-RR 01, 1575/1576; *Stadler* IPRax 95, 220/222). Insoweit hat das Gericht des Anerkennungsstaates wegen des Verbots der *révision au fond* aber nur solche Gründe zu beachten, die der Antragsgegner vor dem Gericht des Erststaates noch nicht geltend machen konnte (vgl zum EuGVÜ EuGH C-183/90 – *Van Dalfsen,* Slg 91 I-4743 Rn 30 ff; BGH NJW 94, 2156/2157; OLG Düsseldorf NJW-RR 06, 1079). Grundsätzlich gilt, dass eine Aussetzung des Verfahrens die Ausnahme ist, weshalb sie nur bei erkennbarer Fehlerhaftigkeit der anzuerkennenden Entscheidung in Betracht kommt (*Stadler* aaO).

5. Sonderregelung für Entscheidungen aus Irland und dem Vereinigten Königreich, Abs 2

118   Die Vorschrift hat in Ehesachen keine Bedeutung; sie betrifft die vorläufige Einstellung der Zwangsvollstreckung aus einer in *Irland* oder dem *Vereinigten Königreich* ergangenen Entscheidung über die elterliche Verantwortung.

Abschnitt 2. Antrag auf Vollstreckbarerklärung

EuEheVO Art 28–36

(betrifft Vollstreckbarerklärung von Entscheidungen zur elterlichen Verantwortung; abgedruckt und kommentiert → N Rn 126 ff)

Abschnitt 3. Gemeinsame Bestimmungen für die Abschnitte 1 und 2

EuEheVO Art 37. Urkunden

(1) **Die Partei, die die Anerkennung oder Nichtanerkennung einer Entscheidung oder deren Vollstreckbarerklärung erwirken will, hat Folgendes vorzulegen:**

a) **eine Ausfertigung der Entscheidung, die die für ihre Beweiskraft erforderlichen Voraussetzungen erfüllt,**

und

b) **die Bescheinigung nach Artikel 39.**

930

II. EU-Recht: EuEheVO Art 37   119–123 **K**

(2) **Bei einer im Versäumnisverfahren ergangenen Entscheidung hat die Partei, die die Anerkennung einer Entscheidung oder deren Vollstreckbarerklärung erwirken will, ferner Folgendes vorzulegen:**

a) **die Urschrift oder eine beglaubigte Abschrift der Urkunde, aus der sich ergibt, dass das verfahrenseinleitende Schriftstück oder ein gleichwertiges Schriftstück der Partei, die sich nicht auf das Verfahren eingelassen hat, zugestellt wurde,**

oder

b) **eine Urkunde, aus der hervorgeht, dass der Antragsgegner mit der Entscheidung eindeutig einverstanden ist.**

1. Vorlage von Urkunden, Abs 1

Abs 1 lit a stellt klar, dass diejenige Partei, die die Anerkennung oder Nichtanerkennung einer **119** Entscheidung in einer Ehesache erwirken will, eine **Ausfertigung** dieser Entscheidung vorlegen muss; die Vorlage von Kopien oder Abschriften der Entscheidung reicht nicht aus (Rauscher/ *Rauscher* Rn 6; NK-BGB/*Andrae* Rn 2). Die Vorlagepflicht besteht nicht nur im besonderen Verfahren der Anerkennungsfeststellung nach Art 21 Abs 3, sondern auch dann, wenn das Gericht nur inzidenter nach Art 21 Abs 4 über die Anerkennung entscheidet (Rauscher/*Rauscher* Rn 3). Welche Voraussetzungen für die Beweiskraft einer Ausfertigung zu erfüllen sind, bestimmt sich gemäß der Regel *locus regit actum* nach dem Recht des Staates, in dem die Entscheidung ergangen ist (*Borrás*-Bericht Rn 103); für deutsche Entscheidungen ist § 317 Abs 3 ZPO maßgebend. Eine Legalisation kann nach Art 52 nicht verlangt werden, wohl aber eine Übersetzung nach § 32 iVm § 16 Abs 3 IntFamRVG (Staud/*Spellenberg* Rn 1).

Darüber hinaus ist gem Abs 1 lit b die **Bescheinigung nach Art 39** (→ Rn 129 ff vorzule- **120** gen, und zwar für Entscheidungen in Ehesachen gem Muster in Anh I. Wird sie nicht vorgelegt, verfährt das Gericht nach Art 38 Abs 1. Nach Art 38 Abs 2 kann das Anerkennungsgericht eine Übersetzung der Bescheinigung verlangen. Das Zweitgericht ist allerdings an die Richtigkeit der nach Art 39 erteilten Bescheinigung nicht gebunden, sondern kann die darin enthaltenen Angaben eigenständig überpüfen (Staud/*Spellenberg* Rn 3; vgl zur Bescheinigung nach Art 54 EuGVVO aF EuGH C-619/10 – *Trade Agency*, EuZW 12, 912 Rn 34 ff; **aA** noch OLG Stuttgart DJ 09, 344). Auch der zum Zweck der Eintragung in ein Personenstandsregister nach Art 21 Abs 2 erforderliche Nachweis der formellen Rechtskraft der Eheentscheidung wird durch die Bescheinigung nach Art 39 (Anh I Nr 7) erbracht.

2. Versäumnisentscheidung, Abs 2

a) **Begriff.** Die Vorschrift erweitert die Vorlagepflicht des Antragstellers erfasst nicht nur für **121** Versäumnisurteile im engeren Sinn, sondern nach ihrem Zweck auch für jede andere Entscheidung, die in einem **einseitigen Verfahren** ergangen ist, auf das sich der Antragsgegner nicht eingelassen hat (NK-BGB/*Andrae* Rn 3; ThP/*Hüßtege* Rn 4; vgl zum EuGVÜ OLG Düsseldorf RIW 96, 67). Sie gilt hingegen nicht für einstweilige Anordnungen in Ehesachen, die ohne Anhörung des Antragsgegners erlassen worden sind, sowie für Kostenfestsetzungsbeschlüsse im Anschluss an ein streitiges Verfahren (Rauscher/*Rauscher* Rn 10).

b) **Zustellungsnachweis.** Das Erfordernis eines Zustellungsnachweises gemäß lit a durch **122** Vorlage eines Schriftstücks in Urschrift oder beglaubigter Abschrift, ggf mit Übersetzung (Art 38 Abs 2), hat Bedeutung für den **Versagungsgrund in Art 22 lit b** und soll einer darauf gestützten Versagung der Anerkennung vorbeugen. Aus der Urkunde muss hervorgehen, dass das den Rechtsstreit einleitende Schriftstück (→ Rn 82) oder ein gleichwertiges Schriftstück dem Antragsgegner tatsächlich zugestellt worden ist. Da die von Art 22 lit b geforderte Rechtzeitigkeit der Zustellung vom Zweitrichter selbstständig und ohne Bindung an die Feststellungen des Erstgerichts geprüft wird (→ Rn 88), braucht sie sich hingegen aus der Urkunde nicht zu ergeben, sondern kann auch in anderer Weise nachgewiesen werden (Staud/*Spellenberg* Rn 8; ThP/*Hüßtege* Rn 6).

c) **Eindeutigen Einverständnis.** Zum Nachweis des eindeutigen Einverständnisses iSv lit b **123** ist die Vorlage einer öffentlichen Urkunde nicht erforderlich; es genügen vielmehr auch private Urkunden (zB Briefe, vgl NK-BGB/*Andrae* Rn 3; ThP/*Hüßtege* Rn 7).

K 124–128 2. Teil. Anerkennung/Vollstreckung K. Ehesachen

EuEheVO Art 38. Fehlen von Urkunden

(1) **Werden die in Artikel 37 Absatz 1 Buchstabe b) oder Absatz 2 aufgeführten Urkunden nicht vorgelegt, so kann das Gericht eine Frist setzen, innerhalb deren die Urkunden vorzulegen sind, oder sich mit gleichwertigen Urkunden begnügen oder von der Vorlage der Urkunden befreien, wenn es eine weitere Klärung nicht für erforderlich hält.**

(2) **[1] Auf Verlangen des Gerichts ist eine Übersetzung der Urkunden vorzulegen. [2] Die Übersetzung ist von einer hierzu in einem der Mitgliedstaaten befugten Person zu beglaubigen.**

1. Nachweiserleichterungen, Abs 1

124 **a) Allgemeines.** Die Nachweiserleichterungen nach Abs 1 sollen verhindern, dass ein begründeter Antrag aus rein formellen Gründen abgelehnt werden muss (MüKoFamFG/*Gottwald* Rn 2; Althammer/*Schäuble* Rn 1). Sie beziehen sich allerdings nur auf die Urkunden nach Art 37 Abs 1 lit b iVm Art 39 sowie den Nachweis der Zustellung des verfahrenseinleitenden Schriftstücks oder des Einverständnisses des Antragsgegners mit einer Säumnisentscheidung nach Art 37 Abs 2. Auf andere Urkunden – insbesondere die Ausfertigung der Entscheidung nach Art 37 Abs 1 lit a – sind sie auch nicht entsprechend anwendbar; auf deren Vorlage kann daher in keinem Fall verzichtet werden (NK-BGB/*Andrae* Rn 1; Staud/*Spellenberg* Rn 1).

125 **b) Handlungsalternativen des Gerichts.** Insoweit stehen dem Gericht bzw der sonst befugten Stelle **drei Möglichkeiten** alternativ zur Verfügung:

(1) Nachfristsetzung zur Vorlage;
(2) Aufforderung zur Vorlage gleichwertiger Urkunden, zB Abschriften aus Gerichtsakten (vgl BGH NJW-RR 08, 586 Rn 17), oder Vorlage von Privaturkunden, oder
(3) Befreiung von der Vorlage, wenn eine weitere Klärung nicht erforderlich ist.

Die Wahl zwischen diesen Möglichkeiten trifft das Gericht nach seinem **Ermessen**.

126 Legt der Antragsteller die erforderlichen Urkunden auch innerhalb der – ggf auch verlängerten – Nachfrist nicht vor, sind die Ersatzurkunden nicht ausreichend und/oder lehnt das Gericht eine Befreiung von der Vorlagepflicht ab, so ist der Antrag auf Feststellung der Anerkennung/Nichtanerkennung als **unzulässig** abzuweisen (*Borrás*-Bericht Rn 107; NK-BGB/*Andrae* Rn 2); er kann jedoch erneut gestellt werden (öst OGH 20.4.10, unalex AT-679; vgl zum EuGVÜ OLG Frankfurt aM IPRspr 88 Nr 198). Die Urkunden können auch noch im Beschwerdeverfahren nachgereicht werden (OLG Koblenz EuZW 90, 486). Hat das Gericht von der Vorlage einer Bescheinigung befreit, so steht deren Fehlen einer Vollstreckbarerklärung nicht entgegen (vgl BGH NJW-RR 08, 251 Rn 14 ff).

2. Beglaubigte Übersetzung, Abs 2

127 Der Begriff der Urkunden in Abs 2 erfasst alle **in Art 37 und 39 genannten Urkunden,** also – anders als Abs 1 – auch die Ausfertigung der Entscheidung nach Abs 1 lit a. Aus der Formulierung der Norm lässt sich im Umkehrschluss entnehmen, dass die Urkunden grundsätzlich in der **Originalsprache** vorgelegt werden können. Allerdings kann das Gericht, das über die Feststellung der Anerkennung eines Eheurteils aus einem anderen Mitgliedstaat nach Art 21 Abs 3 entscheidet, in jedem Verfahrensstadium nach seinem **Ermessen** (Rauscher/*Rauscher* Rn 9) die Vorlage einer Übersetzung verlangen, die nach Abs 2 S 2 grundsätzlich von einer hierzu in einem Mitgliedstaat befugten Person beglaubigt sein muss. Diese Person muss lediglich in *irgendeinem* Mitgliedstaat zur Vornahme von Beglaubigungen befugt sein, also nicht notwendigerweise im Ursprungsmitgliedstaat oder im ersuchten Staat (NK-BGB/*Andrae* Rn 3; *Borrás*-Bericht Rn 108).

128 Aufgrund des ihm eingeräumten Ermessens kann das zuständige Gericht freilich auch eine **unbeglaubigte Übersetzung** genügen lassen (vgl zum EuGVÜ BGH NJW 80, 527/528). Ferner kann das Gericht auch auf eine Übersetzung ganz **verzichten;** dies kommt insbesondere bei der Bescheinigung nach Art 39 in Betracht, da sie in allen Amtssprachen gleich gefasst ist, so dass ihr Inhalt ohne weiteres erfasst werden kann (OLG München FamRZ 15, 777; Th/P/ *Hüßtege* Art 39 Rn 1; *Hess* JZ 2001, 573/577; *Sturm* StAZ 2002, 193).

II. EU-Recht: EuEheVO Art 49 **K**

EuEheVO Art 39. Bescheinigung bei Entscheidungen in Ehesachen und bei Entscheidungen über die elterliche Verantwortung

Das zuständige Gericht oder die Zuständige Behörde des Ursprungsmitgliedstaats stellt auf Antrag einer berechtigten Partei eine Bescheinigung unter Verwendung des Formblatts in Anhang I (Entscheidungen in Ehesachen) oder Anhang II (Entscheidungen über die elterliche Verantwortung) aus.

Schrifttum: *Dutta,* Die Entscheidungsbescheinigung nach der Brüssel IIa-Verordnung – ein Erfolgsmodell?, StAZ 11, 33.

Zweck der Vorschrift ist es, die Nachprüfung der Formalien der im Ursprungsmitgliedstaat **129** getroffenen Entscheidung, die in einem anderen Mitgliedstaat der Verordnung anerkannt werden soll, für die Behörden im Zweitstaat zu vereinfachen (Rauscher/*Rauscher* Rn 1). Erreicht wird dies in Ehesachen durch die Verwendung des **einheitlichen Formblatts gem Anh I** zur Verordnung für die gem Art 37 Abs 1 lit b iVm Art 39 vorzulegende Bescheinigung. Denn dieses Formblatt ist in allen Amtssprachen der Union im Europäischen Justizportal (https://e-justice.europa.eu/Dynamische Formulare) abrufbar und kann überwiegend durch bloßes Ankreuzen international verständlich ausgefüllt werden (OLG München FamRZ 15, 777; ThP/ *Hüßtege* Rn 1). Damit soll insbesondere den Standesbeamten im Zweitstaat die Arbeit erleichtert werden (*Hess* JZ 01, 573/577; *Sturm* StAZ 02, 193).

Das mit der Anerkennung befasste Zweitgericht ist allerdings an die Richtigkeit der nach **130** Art 39 erteilten Bescheinigung nicht gebunden, sondern kann die darin enthaltenen Angaben eigenständig voll überprüfen (Staud/*Spellenberg* Rn 3; vgl zur Bescheinigung nach Art 54 EuGVVO aF EuGH C-619/10 – *Trade Agency,* EuZW 12, 912 Rn 34 ff; **aA** noch zu Art 39 OLG Stuttgart DJ 09, 344). In der Praxis spielen Bescheinigungen nach Art 39 freilich bisher keine große Rolle (*Dutta* StAZ 11, 33 ff).

Wer innerstaatlich für die Ausstellung der Bescheinigung nach Art 39 zuständig ist, be- **131** stimmt das jeweilige nationale Recht; in Deutschland ist insoweit **§ 48 IntFamRVG** maßgeblich (→ N Rn 601 f). Der Antrag auf die Ausstellung einer solchen Bescheinigung ist nicht fristgebunden.

Abschnitt 4. Vollstreckbarkeit bestimmter Entscheidungen über das Umgangsrecht und bestimmter Entscheidungen, mit denen die Rückgabe des Kindes angeordnet wird

EuEheVO Art 40–45

(abgedruckt und kommentiert → N Rn 229 ff)

Abschnitt 5. Öffentliche Urkunden und Vereinbarungen

EuEheVO Art 46

(abgedruckt und kommentiert → N Rn 284 ff)

Vereinbarungen über eine einvernehmliche Scheidung, wie sie inzwischen in mehreren Mit- **131a** gliedstaaten zugelassen sind (→ Rn 17 ff), sind mangels eines vollstreckbaren Inhalts auch dann keine öffentlichen Urkunden iSv Art 46, wenn sie von einem Notar beurkundet worden sind (*Kontogeorgou* NZ Fam 18, 385/387).

Abschnitt 6. Sonstige Bestimmungen

EuEheVO Art 47–48

(abgedruckt und kommentiert unter N Rn 298 ff)

EuEheVO Art 49. Kosten

Die Bestimmungen dieses Kapitels mit Ausnahme der Bestimmungen des Abschnitts 4 gelten auch für die Festsetzung der Kosten für die nach dieser Verordnung eingeleiteten Verfahren und die Vollstreckung eines Kostenfestsetzungsbeschlusses.

933

K 135, 136   2. Teil. Anerkennung/Vollstreckung K. Ehesachen

1. Anwendungsbereich

132   **a) Erfasste Verfahren.** Die Vorschrift gilt für alle Kostengrund- und Kostenhöheentscheidungen im Rahmen von Hauptsacheverfahren, die in den zeitlichen und sachlichen Anwendungsbereich der EuEheVO fallen, also insbesondere auch für Entscheidungen über die Kosten eines Scheidungsverfahrens („nach dieser Verordnung eingeleitete Verfahren", vgl Art 1 Abs 1 lit a, 64; dazu BGH NJW 05, 3424/3428 f). Darüber hinaus werden auch **Kostenentscheidungen** erfasst, die in Bezug auf eine eheerhaltende Entscheidung (zB die Abweisung eines Scheidungsantrags) getroffen werden (ThP/*Hüßtege* Rn 1; Rauscher/*Rauscher* Rn 4). Bei Hauptsacheentscheidungen, die nur zum Teil in den Anwendungsbereich der EuEheVO fallen – etwa ein Unterhaltsurteil im Scheidungsverbund – wird dennoch die gesamte Kostenentscheidung von Art 49 erfasst; diese wird also im Interesse der Erleichterung des Rechtsverkehrs zwischen den Mitgliedstaaten nicht aufgespalten (NK-BGB/*Andrae* Rn 1; vgl auch zur EuGVVO aF Kropholler/*v Hein* Art 32 Rn 11; ebenso, aber nur für den Fall, dass die Kosten nicht abtrennbar sind, BGH FamRZ 05, 1540/1545; Rauscher/*Rauscher* Rn 6; Staud/*Spellenberg* Rn 2).

133   **b) Kostenfestsetzung.** Um eine Festsetzung der Kosten iSv Art 49 handelt es sich dann, wenn sie von einem Rechtsprechungsorgan in einem justizförmigen Verfahren unter Wahrung des rechtlichen Gehörs vorgenommen wurde (NK-BGB/*Andrae* Rn 2; zur EuGVVO aF Kropholler/*v Hein* Art 32 Rn 9). Nicht nach der EuEheVO, sondern nach der EuGVVO wird daher etwa die deutsche **Gerichtskostenrechnung** vollstreckt (ThP/*Hüßtege* Rn 1). Gleiches gilt für die Festsetzung der Vergütung des eigenen Anwalts, zB der Kosten eines französischen Korrespondenzanwalts durch den Vorsitzenden der französischen Anwaltskammer (vgl OLG Koblenz IPRax 87, 24; H *Schmidt* RIW 91, 626/629; NK-BGB/*Andrae* Rn 2).

2. Rechtsfolge

134   Auf Kostenentscheidungen nach Art 49 sind die allgemeinen Bestimmungen der EuEheVO über die Anerkennung, Vollstreckbarerklärung und Vollstreckung (Art 21 f, 28 ff) anwendbar (NK-BGB/*Andrae* Rn 1). Obwohl Scheidungsurteile gem Art 21 ohne besonderes Verfahren in allen Mitgliedstaaten anzuerkennen sind, bedarf es also zur Durchsetzung der Kostenentscheidung im Zweitstaat gem Art 49 iVm Art 28 ff der vorherigen **Vollstreckbarerklärung** (aA zu Unrecht Supremo Tribunal de Justiça 15.4.08, unalex PT-130; Trib da Relação Coimbra 15.4.08, unalex PT-181). Entspricht die ausländische Kostenentscheidung – zB im Hinblick auf den Mehrwertsteuersatz oder die Zinsen – nicht den **Bestimmtheitserfordernissen** des deutschen Rechts, so ist der Titel im Vollstreckbarerklärungsverfahren entsprechend zu konkretisieren (ThP/*Hüßtege* Rn 2; näher → M Rn 225 ff).

EuEheVO Art 50. Prozesskostenhilfe

Wurde dem Antragsteller im Ursprungsmitgliedstaat ganz oder teilweise Prozesskostenhilfe oder Kostenbefreiung gewährt, so genießt er in den Verfahren nach den Artikeln 21, 28, 41, 42 und 48 hinsichtlich der Prozesskostenhilfe oder der Kostenbefreiung die günstigste Behandlung, die das Recht des Vollstreckungsmitgliedstaats vorsieht.

1. Anwendungsbereich

135   Nach Art 50 kann der Antragsteller im zweitstaatlichen Anerkennungsverfahren Prozesskostenhilfe oder sonstige Kostenbefreiung im gleichen Umfang beanspruchen wir im erststaatlichen Verfahren. Die Vorschrift gilt also nur für den **Antragsteller.** Erfasst werden auch nur die in ihr ausdrücklich genannten **erstinstanzlichen** Verfahren im Zweitstaat, in Ehesachen also allein das Anerkennungsfeststellungsverfahren nach Art 21 Abs 3. Art 50 findet daher keine Anwendung auf die Rechtsbehelfsinstanzen, in denen das zuständige Gericht demzufolge ggf erneut über die Gewährung von Verfahrenskostenhilfe zu entscheiden hat.

2. Gewährung von Prozesskostenhilfe

136   Die von Art 50 angeordnete „günstigste Behandlung" des Antragstellers im Zweitstaat bedeutet, dass immer dann, wenn ihm im Ursprungsmitgliedstaat ganz oder teilweise Verfahrenskostenhilfe oder Kostenbefreiung gewährt worden ist, ihm diese im gleichen Umfang auch im Zweit-

II. EU-Recht: EuEheVO Art 59 **K**

staat zugebilligt werden muss. Der Nachweis der Gewährung von Verfahrenskostenhilfe oder Kostenbefreiung im erststaatlichen Verfahren ist durch Vorlage der **Bescheinigung nach Art 39** zu führen. Die Frage, ob das Erstgericht die Verfahrenskostenhilfe nach dem in den Mitgliedstaaten inzwischen weithin vereinheitlichten Recht (vgl die Richtlinie 2003/8/EG zur Verbesserung des Zugangs zum Recht bei Streitsachen mit grenzüberschreitendem Bezug durch Festlegung gemeinsamer Mindestvorschriften für die Verfahrenskostenhilfe in derartigen Streitsachen v 27.1.2003 [ABl EG L 26, 41]; in Deutschland umgesetzt in §§ 1076–1078 ZPO) zu Recht gewährt hat, darf durch das zweitstaatliche Gericht nicht überprüft werden (NK-BGB/*Andrae* Rn 1); vielmehr ist die Verfahrenskostenhilfe im Zweitstaat nach erfolgtem Nachweis *ipso iure* von Amts wegen zu gewähren (*Gottwald* IPRax 91, 285/286). Die Norm schließt es freilich nicht aus, dass einem Antragsteller, der im Erststaat **nur teilweise** Verfahrenskostenhilfe erhalten hat, im Zweitstaat volle Verfahrenskostenhilfe gewährt wird. Denn deren Umfang und Ausgestaltung richten sich nach dem Recht des Zweitstaates, in welchem dem Antragsteller die günstigste Behandlung zu gewähren ist (NK-BGB/*Andrae* Rn 2).

3. Günstigeres autonomes Recht

Da Art 50 keine abschließende Regelung enthält, bleibt die Gewährung von Prozesskosten- **137** hilfe außerhalb der EuEheVO nach den Vorschriften des **autonomen Rechts** immer dann möglich, wenn sie den Antragsteller über den Mindestschutz des Art 50 hinaus begünstigt. Dies trifft insbesondere für die Rechtsmittelinstanzen im zweitstaatlichen Anerkennungsfeststellungsverfahren zu, für die der Antragsteller im Erststaat keine Prozesskostenhilfe erhalten konnte sowie für den Fall, dass der Antragsteller im Erststaat keine Prozesskostenhilfe in Anspruch genommen hatte.

EuEheVO Art 51

(abgedruckt und kommentiert → N Rn 318 f)

EuEheVO Art 52. Legalisation oder ähnliche Förmlichkeit

Die in den Artikeln 37, 38 und 45 aufgeführten Urkunden sowie die Urkunde über die Prozessvollmacht, falls eine solche erteilt wird, bedürfen weder der Legalisation noch einer ähnlichen Förmlichkeit.

Für ausländische Urkunden gilt gemäß § 438 ZPO grundsätzlich nicht die Vermutung der **138** Echtheit, wie sie § 437 Abs 1 ZPO für inländische Urkunden anordnet. Sie bedürfen daher grundsätzlich eines Echtheitsnachweises in Form der Legalisation durch den zuständigen deutschen Konsularbeamten im Errichtungsstaat bzw in der erleichterten Form der Apostille, wie sie das Haager Übereinkommen zur Befreiung ausländischer öffentlicher Urkunden von der Legalisation vom 5.10.1961 (BGBl 65 II 876) vorsieht. Von diesen Erfordernissen befreit die Vorschrift alle in den Art 37, 38 und 45 aufgeführten Urkunden, die in einem anderen Mitgliedstaat ausgestellt wurden. Sie werden dadurch inländischen Urkunden gleichgestellt, so dass für sie ebenfalls die Echtheitsvermutung des § 437 ZPO gilt (NK-BGB/*Andrae* Rn 1; ebenso zur EuGVVO ThP/*Hüßtege* Art 61 Rn 1; einschränkend Staud/*Spellenberg* Rn 2).

Kapitel IV. Zusammenarbeit zwischen den zentralen Behörden betreffend die elterliche Verantwortung
EuEheVO Art 53–58

(abgedruckt und kommentiert → U Rn 9 ff)

Kapitel V. Verhältnis zu anderen Rechtsinstrumenten

EuEheVO Art 59. Verhältnis zu anderen Rechtsinstrumenten

(1) Unbeschadet der Artikel 60, 61, 62 und des Absatzes 2 des vorliegenden Artikels ersetzt diese Verordnung die zum Zeitpunkt des Inkrafttretens dieser Verordnung bestehenden, zwischen zwei oder mehr Mitgliedstaaten geschlossenen Übereinkünfte, die in dieser Verordnung geregelte Bereiche betreffen.

935

K 139–142   2. Teil. Anerkennung/Vollstreckung K. Ehesachen

(2)

a) [1]Finnland und Schweden können erklären, dass das Übereinkommen vom 6. Februar 1931 zwischen Dänemark, Finnland, Island, Norwegen und Schweden mit Bestimmungen des internationalen Verfahrensrechts über Ehe, Adoption und Vormundschaft einschließlich des Schlussprotokolls anstelle dieser Verordnung ganz oder teilweise auf ihre gegenseitigen Beziehungen anwendbar ist. [2]Diese Erklärungen werden dieser Verordnung als Anhang beigefügt und im Amtsblatt der Europäischen Union veröffentlicht. [3]Die betreffenden Mitgliedstaaten können ihre Erklärung jederzeit ganz oder teilweise widerrufen.

b) Der Grundsatz der Nichtdiskriminierung von Bürgern der Union aus Gründen der Staatsangehörigkeit wird eingehalten.

c) Die Zuständigkeitskriterien in künftigen Übereinkünften zwischen den in Buchstabe a) genannten Mitgliedstaaten, die in dieser Verordnung geregelte Bereiche betreffen, müssen mit den Kriterien dieser Verordnung im Einklang stehen.

d) Entscheidungen, die in einem der nordischen Staaten, der eine Erklärung nach Buchstabe a) abgegeben hat, aufgrund eines Zuständigkeitskriteriums erlassen werden, das einem der in Kapitel II vorgesehenen Zuständigkeitskriterien entspricht, werden in den anderen Mitgliedstaaten gemäß den Bestimmungen des Kapitels III anerkannt und vollstreckt.

(3) Die Mitgliedstaaten übermitteln der Kommission

a) eine Abschrift der Übereinkünfte sowie der einheitlichen Gesetze zur Durchführung dieser Übereinkünfte gemäß Absatz 2 Buchstaben a) und c),

b) jede Kündigung oder Änderung dieser Übereinkünfte oder dieser einheitlichen Gesetze.

1. Grundsatz, Abs 1

139   Gemäß Abs 1 ersetzt die EuEheVO die zum Zeitpunkt ihres Inkrafttretens (Art 72) zwischen zwei oder mehreren Mitgliedstaaten bestehenden Staatsverträge, soweit sie die in Art 1 Abs 1 lit a geregelten Ehesachen betreffen. Der Vorrang der Verordnung vor den in Abs 1 genannten Übereinkommen gilt allerdings nur, soweit sich der sachliche, räumliche und zeitliche Anwendungsbereich der konkurrierenden Rechtsinstrumente deckt (vgl → Rn 8, 15 f; dazu Rauscher/*Rauscher* Rn 3 ff). Er besteht ohne Rücksicht auf den Inhalt der mit der EuEheVO konkurrierenden Staatsverträge, dh auch dann, wenn der Staatsvertrag im konkreten Fall anerkennungsfreundlicher sein sollte (Rauscher/*Rauscher* Rn 2; Althammer/*Großerichter* Rn 1; Staud/*Spellenberg* Rn 4).

140   Aus deutscher Sicht verdrängt die EuEheVO auf dem Gebiet der Anerkennung von Entscheidungen in Ehesachen daher – vorbehaltlich des Art 62 – insbesondere die **bilateralen Anerkennungs- und Vollstreckungsabkommen** der Bundesrepublik Deutschland mit

- *Belgien* (Abk v 30.6.1958, BGBl 59 II, 766; in Kraft seit 27.1.1961),
- *Griechenland* (Vertrag v 4.11.1961, BGBl 63 II, 110; in Kraft seit 18.9.1963),
- *Italien* (Abk v 9.3.1936, RGBl 37 II, 145; nach dem 2. Weltkrieg wieder in Kraft seit 1.10.1952),
- *Spanien* (Vertrag v 14.11.1983, BGBl 87 II, 35; in Kraft seit 18.4.1988) und dem
- *Vereinigten Königreich* (Abk v 14.6.1960, BGBl 61 II, 302; in Kraft seit 15.7.1961).

141   **Kein Konkurrenzverhältnis** besteht hingegen mit solchen bilateralen Anerkennungs- und Vollstreckungsabkommen, die Ehesachen ausdrücklich aus ihrem sachlichen Anwendungsbereich ausschließen. Dies sind die Abkommen der Bundesrepublik Deutschland mit:

- den *Niederlanden* (Vertrag v 30.8.1962, BGBl 65 II, 27; in Kraft seit 15.9.1965), vgl Art 1 Abs 3 lit b, und
- *Österreich* (Vertrag v 6.6.1959, BGBl 60 II, 1246; in Kraft seit 29.5.1960), vgl Art 14 Abs 1 Nr 1.

142   Nicht berührt durch die EuEheVO werden hingegen Anerkennungs- und Vollstreckungsübereinkommen der Mitgliedstaaten mit **Drittstaaten**. Aus deutscher Sicht sind dies die Abkommen mit

- der *Schweiz* (Abk v 2.11.1929, RGBl 30 II, 1066; in Kraft seit 1.12.1930; → Rn 158 ff) und
- *Tunesien* (Vertrag v 19.7.1966, BGBl 69 II, 890; in Kraft seit 13.3.1970; → Rn 169 ff).

936

II. EU-Recht: EuEheVO Art 60   **145, 146 K**

2. Sonderregelung für die skandinavischen Staaten, Abs 2, 3

Die Absätze 2 und 3 enthalten eine Sonderregelung für die Mitgliedstaaten *Finnland* und **143**
Schweden. Diese haben von der ihnen in Abs 2 lit a eingeräumten Möglichkeit Gebrauch
gemacht, auf ihre gegenseitigen Beziehungen anstelle der Verordnung das Übk zwischen
zwischen den skandinavischen Staaten mit Bestimmungen des internationalen Verfahrensrechts
über Ehe, Adoption und Vormundschaft vom 6.2.1931 weiter anzuwenden, das auch Ehesachen
regelt (vgl Anh VI zur EuEheVO). Das nordische Übk ist allerdings nach seinem Art 7 nur
anwendbar, wenn die Parteien Angehörige von *Finnland* oder *Schweden* sind und ihren gewöhnlichen Aufenthalt in einem dieser beiden Staaten haben.

Da es sich um die einzige Ausnahme von dem in Abs 1 normierten Grundsatz des Vorrangs **144**
der EuEheVO vor zwischen Mitgliedstaaten geschlossenen Staatsverträgen handelt, ist die Vorschrift eng auszulegen und es sind die sich aus Abs 2 lit b–lit d ergebenden Schranken und
Ergänzungen, insbesondere die **Grundsätze des EU-Rechts,** zu beachten (vgl EuGH C-435/
06-C, Slg 07 I-10141 Rn 60 ff = FamRZ 08, 125 m Anm *Dutta* 835). Der Grundsatz der
Nichtdiskriminierung von EU-Bürgern (Art 18 AEUV) wird allerdings – wie lit b klarstellt
– in diesem Übk eingehalten. Auch die Zuständigkeitsregeln des Art 3 EuEheVO wurden im
Jahr 2001 in das nordische Übk übernommen (Staud/*Spellenberg* Rn 10); dies muss nach lit c
auch in künftigen zwischen *Finnland* und *Schweden* geschlossenen Übereinkünften in Ehesachen
sichergestellt werden. Ist eine Entscheidung in einer Ehesache in *Finnland* oder *Schweden* zwar
auf der Grundlage des nordischen Übereinkommens, aber aufgrund einer Zuständigkeitsanknüpfung ergangen, die in Kapitel II der Verordnung eine Entsprechung hat, so muss sie nach lit d in
allen anderen Mitgliedstaaten – und damit auch in *Deutschland* – gemäß den Bestimmungen des
Kapitels III der EuEheVO anerkannt werden.

EuEheVO Art 60. Verhältnis zu bestimmten multilateralen Übereinkommen

**Im Verhältnis zwischen den Mitgliedstaaten hat diese Verordnung vor den nach-
stehenden Übereinkommen insoweit Vorrang, als diese Bereiche betreffen, die in
dieser Verordnung geregelt sind**

a) *(abgedruckt und kommentiert → N Rn 326 f)*
**b) Luxemburger Übereinkommen vom 8. September 1967 über die Anerkennung von
Entscheidungen in Ehesachen,**
**c) Haager Übereinkommen vom 1. Juni 1970 über die Anerkennung von Ehescheidun-
gen und der Trennung von Tisch und Bett,**
d) *(abgedruckt und kommentiert → N Rn 326, 328)*
und
e) *(abgedruckt und kommentiert → N Rn 326, 329)*

Im Rahmen ihres sachlichen (Art 1) und zeitlichen (Art 64) Anwendungsbereichs verdrängt die **145**
EuEheVO die in Art 60 aufgeführten mehrseitigen Staatsverträge, die von den Mitgliedstaaten
abgeschlossen worden sind. Auf dem Gebiet der Anerkennung von Entscheidungen in Ehesachen
sind dies nur die unter lit b und lit c aufgeführten Übereinkommen, dh das Luxemburger CIEC-
Übereinkommen über die Anerkennung von Entscheidungen in Ehesachen vom 8.9.1967 (im
Internet abrufbar unter http://www.ciec1.org, Nr 11) und das Haager Übereinkommen über die
Anerkennung von Ehescheidungen und der Trennung von Tisch und Bett vom 1.6.1970 (im
Internet abrufbar unter http://www.hcch.net, Nr 18). Beide Staatsverträge gelten freilich für die
Bundesrepublik Deutschland nicht, so dass Art 60 aus deutscher Sicht in Ehesachen keine Bedeutung
hat. Sie werden ferner auch in den Mitgliedstaaten, die sie ratifiziert haben, nur insoweit verdrängt,
als es um die Anerkennung von Entscheidungen in Ehesachen aus Vertragsstaaten geht, die
zugleich Mitgliedstaaten der EuEheVO sind. Die beiden Staatsverträge gelten in diesen Mitgliedstaaten hingegen weiter für die Anerkennung von Entscheidungen aus Vertragsstaaten, die nicht
der EU angehören oder in denen – wie in *Dänemark* – jedenfalls die EuEheVO nicht gilt (vgl HK-
ZPO/*Dörner* Rn 2; ThP/*Hüßtege* Rn 1). Sie behalten ferner eine gewisse Bedeutung auch für die
Anerkennung von Entscheidungen aus EU-Mitgliedstaaten, soweit ihr sachlicher Anwendungsbereich weiter reicht als derjenige der Verordnung (vgl Art 62 Abs 1; → Rn 147 f).

Die in Art 60 lit a, lit d und lit e genannten Übereinkommen betreffen keine Ehesachen, **146**
sondern die **elterliche Verantwortung** und den Kinderschutz; insoweit ist Art 60 unter → N
Rn 326 ff abgedruckt und kommentiert.

K   2. Teil. Anerkennung/Vollstreckung K. Ehesachen

EuEheVO Art 61. Verhältnis zum Haager Übereinkommen vom 19. Oktober 1996 über die Zuständigkeit, das anzuwendende Recht, die Anerkennung, Vollstreckung und Zusammenarbeit auf dem Gebiet der elterlichen Verantwortung und der Maßnahmen zum Schutz von Kindern

(abgedruckt und kommentiert → N Rn 330f)

EuEheVO Art 62. Fortbestand der Wirksamkeit

(1) **Die in Artikel 59 Absatz 1 und den Artikeln 60 und 61 genannten Übereinkünfte behalten ihre Wirksamkeit für die Rechtsgebiete, die durch diese Verordnung nicht geregelt werden.**

(2) **Die in Artikel 60 genannten Übereinkommen, insbesondere das Haager Übereinkommen von 1980, behalten vorbehaltlich des Artikels 60 ihre Wirksamkeit zwischen den ihnen angehörenden Mitgliedstaaten.**

147   Auch Art 62 hat seine Hauptbedeutung aus deutscher Sicht auf dem Gebiet der elterlichen Verantwortung und ist insoweit unter → N Rn 332 kommentiert. Die in Art 60 lit b und lit c genannten **multilateralen Übereinkommen** auf dem Gebiet der Anerkennung von Entscheidungen in Ehesachen gelten in Deutschland nicht, so dass Art 62 Abs 2 insoweit vor deutschen Gerichten keine Anwendung findet.

148   Die von Deutschland mit anderen EU-Mitgliedstaaten abgeschlossenen **bilateralen Anerkennungs- und Vollstreckungsabkommen** (→ Rn 140 ff) behalten ihre Wirksamkeit in Ehesachen insoweit, als ihr sachlicher Anwendungsbereich über Art 1 Abs 1 lit a EuEheVO hinausgeht und zB auch Feststellungsurteile oder antragsabweisende Entscheidungen umfasst.

EuEheVO Art 63. Verträge mit dem Heiligen Stuhl

(1) **Diese Verordnung gilt unbeschadet des 7. Mai 1940 in der Vatikanstadt zwischen dem Heiligen Stuhl und Portugal unterzeichneten Internationalen Vertrags (Konkordat).**

(2) **Eine Entscheidung über die Ungültigkeit der Ehe gemäß dem in Absatz 1 genannten Vertrag wird in den Mitgliedstaaten unter den in Kapitel III Abschnitt 1 vorgesehenen Bedingungen anerkannt.**

(3) **Die Absätze 1 und 2 gelten auch für folgende internationalen Verträge (Konkordate) mit dem Heiligen Stuhl:**

a) **Lateranvertrag vom 11. Februar 1929 zwischen Italien und dem Heiligen Stuhl, geändert durch die am 18. Februar 1984 in Rom unterzeichnete Vereinbarung mit Zusatzprotokoll,**

b) **Vereinbarung vom 3. Januar 1979 über Rechtsangelegenheiten zwischen dem Heiligen Stuhl und Spanien,**

c) **Vereinbarung zwischen dem HeiligenStuhl und Malta über die Anerkennung der zivilrechtlichen Wirkungen von Ehen, die nach kanonischem Recht geschlossen wurden, sowie von diese Ehen betreffenden Entscheidungen der Kirchenbehörden und -gerichte, einschließlich des Anwendungsprotokolls vom selben Tag, zusammen mit dem zweiten Zusatzprotokoll vom 6. Januar 1995.**

(4) **Für die Anerkennung der Entscheidungen im Sinne des Absatzes 2 können in Spanien, Italien oder Malta dieselben Verfahren und Nachprüfungen vorgegeben werden, die auch für Entscheidungen der Kirchengerichte gemäß den in Absatz 3 genannten internationalen Verträgen mit dem Heiligen Stuhl gelten.**

(5) **Die Mitgliedstaaten übermitteln der Kommission**

a) **eine Abschrift der in den Absätzen 1 und 3 genannten Verträge,**
b) **jede Kündigung oder Änderung dieser Verträge.**

II. EU-Recht: EuEheVO Art 64 **K**

1. Allgemeines

Art 63 regelt das Verhältnis der EuEheVO zu **Konkordatsverträgen,** die *Italien, Malta,* **149** *Portugal* und *Spanien* mit dem *Heiligen Stuhl* geschlossen haben. Die Konkordate enthalten Regelungen über die Ungültigerklärung von nach katholischem Ritus geschlossenen und zivil-rechtlich anerkannten Ehen. Nach Art XXV des Konkordats mit *Portugal* sind für die Annullie-rung von römisch-kahtholischen Ehen die Kirchengerichte *ausschließlich* zuständig; deren Ent-scheidungen werden staatlicherseits ohne Überprüfung anerkannt und bestätigt. Demgegenüber ist die Zuständigkeit der Kirchengerichte nach den Konkordaten mit *Italien* (Art 34), *Spanien* (Art VI/2) und *Malta* (Art 5) *nicht ausschließlich;* außerdem bedürfen die kirchengerichtlichen Entscheidungen in diesen drei Staaten noch der förmlichen Anerkennung (Delibation) durch ein staatliches Gericht und der Eintragung in das staatliche Personenstandsregister, um zivilrechtlich Wirkungen zu entfalten.

2. Anerkennung von Entscheidungen über die Ungültigerklärung von Konkordatsachen aus anderen Mitgliedstaaten in Konkordatsehen

Der Vorbehalt zugunsten des Konkordats vom 7.5.1940 in Abs 1 berechtigt *Portugal,* der in **149a** einem anderen Mitgliedstaat ausgesprochenen Ungültigerklärung einer Konkordatsehen die Anerkennung zu versagen, wenn für diese nach dem Konkordat die portugiesischen Kirchenge-richte ausschließlich zuständig waren oder wenn die Ungültigerklärung auf andere als die nach dem Konkordat zugelassenen Gründe gestützt worden ist (*Borras*-Bericht Rn 121 ff). Da die Kirchengerichte nach den Konkordaten mit *Italien, Spanien* und *Malta* nicht ausschließlich zuständig sind, kann die in einem anderen Mitgliedstaat ausgesprochene Ungültigerklärung einer nach katholischem Ritus geschlossenen Ehe in diesen drei Staaten nur verweigert werden, wenn der zugrunde gelegte Ungültigkeitsgrund in dem jeweiligen Konkordat nicht vorgesehen ist (*Rauscher/Rauscher* Rn 6; *Zö/Geimer* Rn 3). Denn nach Abs 4 können diese drei Staaten im Rahmen der Anerkennung von Entscheidungen aus anderen Mitgliedstaaten nach Art 21, 22 dieselben Verfahren und Nachprüfungen anwenden, die für kirchengerichtliche Entscheidungen nach dem jeweiligen Konkordat gelten.

3. Anerkennung kirchengerichtlicher Entscheidungen aus Konkordatsstaaten in anderen Mitgliedstaaten

Darüber hinaus bezweckt die Vorschrift, die Anerkennung von in *Portugal, Italien, Spanien* und **149b** *Malta* aufgrund der Konkordate ergangenen kirchengerichtlichen Entscheidungen in den übri-gen Mitgliedstaaten sicherzustellen. Daher sind alle anderen Mitgliedstaaten gem Abs 2 ver-pflichtet, die Ungültigerklärung einer Ehe durch ein kirchliches Gericht anzuerkennen, wenn sie im Rahmen der in Abs 1 und Abs 3 genannten Konkordate ausgesprochen worden ist und in dem betreffenden Konkordatsstaat zivilrechtliche Wirkungen entfaltet (NK-BGB/*Gruber* Rn 1; dazu Aud Prov Guadalajara 6.4.11, unalex ES-500). Aus der Sicht der übrigen Mitgliedstaaten stellt somit in *Italien, Spanien* und *Malta* erst die staatliche Delibationsentscheidung den Anerken-nungsgegenstand dar (*Rauscher/Rauscher* Rn 8; *Zö/Geimer* Rn 4). Die Entscheidungen *portugie-sischer* Kirchengerichte sind dagegen als solche unmittelbar anzuerkennen (näher *Althammer/ Großerichter* Rn 1 ff).

Kapitel VI. Übergangsvorschriften

EuEheVO Art 64

(1) **Diese Verordnung gilt für gerichtliche Verfahren, öffentliche Urkunden und Ver-einbarungen zwischen den Parteien, die nach Beginn dieser Verordnung eingeleitet, aufgenommen oder getroffen wurden.**

(2) **Entscheidungen, die nach Beginn der Anwendung dieser Verordnung im Ver-fahren ergangen sind, die vor Beginn der Anwendung dieser Verordnung, aber nach Inkrafttreten der Verordnung (EG) Nr. 1347/2000 eingeleitet wurden, werden nach Maßgabe des Kapitels III der vorliegenden Verordnung anerkannt und vollstreckt, sofern das Gericht aufgrund von Vorschriften zuständig war, die mit den Zuständig-keitsvorschriften des Kapitels II der vorliegenden Verordnung oder der Verordnung (EG) Nr. 1347/2000 oder eines Abkommens übereinstimmen, das zum Zeitpunkt der**

K 150–152 2. Teil. Anerkennung/Vollstreckung K. Ehesachen

Einleitung des Verfahrens zwischen dem Ursprungsmitgliedstaat und dem ersuchten Mitgliedstaat in Kraft war.

(3) Entscheidungen, die vor Beginn der Anwendung dieser Verordnung in Verfahren ergangen sind, die nach Inkrafttreten der Verordnung (EG) Nr. 1347/2000 eingeleitet wurden, werden nach Maßgabe des Kapitels III der vorliegenden Verordnung anerkannt und vollstreckt, sofern sie eine Ehescheidung, Trennung ohne Auflösung des Ehebandes oder Ungültigerklärung einer Ehe oder eine aus Anlass eines solchen Verfahrens in Ehesachen ergangene Entscheidung über die elterliche Verantwortung für die gemeinsamen Kinder zum Gegenstand haben.

(4) Entscheidungen, die vor Beginn der Anwendung dieser Verordnung, aber nach Inkrafttreten der Verordnung (EG) Nr. 1347/2000 in Verfahren ergangen sind, die vor Inkrafttreten der Verordnung (EG) Nr. 1347/2000 eingeleitet wurden, werden nach Maßgabe des Kapitels III der vorliegenden Verordnung anerkannt und vollstreckt, sofern sie eine Ehescheidung, Trennung ohne Auflösung des Ehebandes oder Ungültigerklärung einer Ehe oder eine aus Anlass eines solchen Verfahrens in Ehesachen ergangene Entscheidung für die elterliche Verantwortung für die gemeinsamen Kinder zum Gegenstand haben und Zuständigkeitsvorschriften angewandt wurden, die mit denen des Kapitels III der vorliegenden Verordnung oder der Verordnung (EG) Nr. 1347/2000 oder eines Abkommens übereinstimmen, das zum Zeitpunkt der Einleitung des Verfahrens zwischen dem Ursprungsmitgliedstaat und dem ersuchten Mitgliedstaat in Kraft war.

1. Grundsatz, Abs 1

150   Art 64 bestimmt den zeitlichen Anwendungsbereich der EuEheVO. Für die Anerkennung und Vollstreckung von Entscheidungen gilt nach Abs 1 zunächst der allgemeine Grundsatz, dass die Art 21 ff jedenfalls auf solche Entscheidungen in Ehesachen anzuwenden sind, die in gerichtlichen Verfahren ergangen sind, die erst nach Beginn der Anwendung der Verordnung, dh **nach dem 1.3.2005** (vgl Art 72 S 2) in einem der damaligen Mitgliedstaaten eingeleitet worden sind. Vorbehaltlich der Abs 2–4 beurteilt sich die Anerkennung von Entscheidungen in Ehesachen, die vor diesem Zeitpunkt eingeleitet wurden, daher im Anerkennungsmitgliedstaat nach der EheVO 2000 oder nach dem dortigen staatsvertraglichen oder autonomen Recht (öst OGH 29.8.07, unalex AT-224; Supreme Court Ireland 29.7.08, unalex IE-52). Der Zeitpunkt des Inkrafttretens der Verordnung nach Art 72 S 1 (1.8.2004) ist für deren zeitlichen Anwendungsbereich nicht maßgebend (öst OGH 19.12.05, unalex AT-251).

151   Umstritten ist, auf welchen Zeitpunkt für die **Einleitung des Verfahrens** abzustellen ist. Besteht noch Einigkeit darüber, dass insoweit die Zustellung des verfahrenseinleitenden Schriftstücks keine unabdingbare Voraussetzung ist, werden im Übrigen unterschiedliche Meinungen vertreten. Während früher aufgrund der systematische Stellung des Art 16 im Kapitel II der Verordnung eine Anwendung der Vorschrift im Rahmen von Art 64 abgelehnt und auf das nationale Verfahrensrecht des angerufenen Erstgerichts abgestellt wurde (*Hausmann* EuLF 00/01, 271/275; *Wagner* IPRax 01, 73/80), hat sich inzwischen die analoge Anwendung von Art 16 durchgesetzt (Rauscher/*Rauscher* Rn 5; ThP/*Hüßtege* Rn 2; NK-BGB/*Gruber* Rn 1; Staud/ *Spellenberg* Rn 36). Wann die Entscheidung „ergangen" ist, beurteilt sich hingegen nach der *lex fori* des Ursprungsmitgliedstaates (ThP/*Hüßtege* Rn 3; Rauscher/*Rauscher* Rn 10; Staud/*Spellenberg* Rn 22). Allerdings hat der EuGH klargestellt, dass es insoweit nur auf die Verkündung, dh das Wirksamwerden, nicht hingegen auf die Rechtskraft der Entscheidung ankommt (EuGH C-168/08 – *Hadadi/Mesko*, Slg 09 I-1571 Rn 28 = FamRZ 09, 1571; Althammer/*Großerichter* Rn 3).

152   Vom Grundsatz der Nichtrückwirkung nach Abs 1 sehen die Abs 2–4 jedoch **Ausnahmen** vor, die den zeitlichen Anwendungsbereich der Anerkennungs- und Vollstreckungsregeln der EuEheVO vorverlagern. Diese gelten jedoch auch nur für Entscheidungen, die in den sachlichen Anwendungsbereich der EuEheVO fallen, also nicht für Entscheidungen in einer mit einer Ehesache verbundenen Unterhaltssache (irischer Supreme Court 29.7.2008 – *T/L*, unalex IE-52). Greift keine dieser Ausnahmevorschriften ein, so bleibt es bei dem vor Geltung der EuEheVO und der EheVO 2000 maßgeblichen nationalen Recht (öst OGH 29.08.07, unalex AT-224).

940

II. EU-Recht: EuEheVO Art 65–72 **K**

2. Anerkennung von Entscheidungen, die nach dem 1.3.2005 in nach dem 1.3.2001 eingeleiteten Verfahren unter Geltung der EheVO 2000 ergangen sind, Abs 2

Entscheidungen, die in einer Ehesache iSv Art 1 Abs 1 lit a (1) **nach dem 1.3.2005** in **153** Verfahren ergangen sind, die (2) vor diesem Zeitpunkt, aber erst nach dem Inkrafttreten der Verordnung (EG) Nr 1347/2000 (EheVO 2000) am 1.3.2001 eingeleitet wurden, werden gemäß Abs 2 nach Maßgabe der Art 21 f, 24 ff EuEheVO anerkannt, wenn (3) das Gericht des Ursprungsmitgliedstaats aufgrund von Vorschriften zuständig war, die entweder mit den Art 3–7 EuEheVO (bzw den identischen Vorschriften der EheVO 2000) oder mit den Zuständigkeitsvorschriften eines Staatsvertrags übereinstimmen, der im Zeitpunkt der Einleitung des Verfahrens zwischen dem Ursprungs- und dem Anerkennungsstaat in Kraft war. Die vorgenannten drei Voraussetzungen müssen **kumulativ** erfüllt sein (vgl EuGH C-435/06 – *C*, Slg 07 I-10141, Rn 69 f = FamRZ 08, 125 m Anm *Dutta* 835). In diesem Fall ist das Zweitgericht daher – abweichend von Art 24 S 1 – ausnahmsweise zu einer Nachprüfung der internationalen Zuständigkeit des Erstgerichts (einschließlich der zugrunde liegenden Tatsachenfeststellungen) befugt, weil diese im Erkenntnisverfahren – mangels damaliger Geltung der EuEheVO – nicht hatte geprüft werden können (Rauscher/*Rauscher* Rn 11).

3. Anerkennung von Entscheidungen, die vor dem 1.3.2005 in nach dem 1.3.2001 eingeleiteten Verfahren unter Geltung der EheVO 2000 ergangen sind, Abs 3

In gleicher Weise werden auch Entscheidungen in Ehesachen iSv Art 1 Abs 1 lit a, die vor **154** Beginn der Anwendung der EuEheVO am 1.3.2005 in Verfahren ergangen sind, die **nach Inkrafttreten der EheVO 2000 am 1.3.2001 eingeleitet** wurden, nach Maßgabe des Kapitels III (Art 21 f, 24 ff) der EuEheVO in Deutschland anerkannt und vollstreckt. Eine Überprüfung der internationalen Zuständigkeit des Ursprungsgerichts findet nach Abs 3 – anders als nach Abs 2 und Abs 4 – nicht statt.

4. Anerkennung von Entscheidungen, die vor dem 1.3.2005 in vor dem 1.3.2001 eingeleiteten Verfahren auf der Grundlage des nationalen Zuständigkeitsrechts ergangen sind, Abs 4

Schließlich kommt eine Anerkennung nach Maßgabe des III. Kapitels der EuEheVO für **155** Entscheidungen in den von Art 1 Abs 1 lit a erfassten Ehesachen auch dann Betracht, wenn diese im Zeitraum zwischen dem 1.3.2001 und dem 1.3.2005 in Verfahren ergangen sind, die schon **vor Geltung der EheVO 2000 eingeleitet** wurden. Voraussetzung hierfür ist freilich, dass das Ursprungsgericht Zuständigkeitsvorschriften zugrunde gelegt hat, die entweder mit den Art 3–7 EuEheVO oder mit denjenigen eines Staatsvertrags übereinstimmen, der zum Zeitpunkt der Einleitung des Verfahrens zwischen dem Ursprungs- und dem Anerkennungsmitgliedstaat in Kraft war. Abweichend vom Grundsatz des Art 24 S 1 hat das Zweitgericht also auch in diesem Fall eine Kontrolle der internationalen Zuständigkeit des Erstgerichts vorzunehmen und dabei spiegelbildlich die Art 3 ff EuEheVO zugrunde zu legen. Dabei spielt es keine Rolle, welche Zuständigkeitsregeln das Ursprungsgericht konkret angewandt hat; entscheidend ist allein, dass die Zuständigkeit nach Art 3 ff EuEheVO begründet gewesen wäre (EuGH C-168/08 – *Hadadi/ Mesko*, Slg 09 I-1571 Rn 30 = FamRZ 09, 1571). Soweit es danach darauf ankommt, ob die Ehegatten iSv Art 3 Abs 1 lit b gemeinsam die Staatsangehörigkeit des Ursprungsstaates innehatten, genügt eine nicht effektive gemeinsame Staatsangehörigkeit, auch wenn ein Ehegatte zugleich die Staatsangehörigkeit des Anerkennungsmitgliedstaates besitzt (EuGH C-168/08 aaO, Rn 43).

Kapitel VII. Schlussbestimmungen

EuEheVO Art 65–72

(abgedruckt und kommentiert → A Rn 231 ff)

K
2. Teil. Anerkennung/Vollstreckung K. Ehesachen

III. Staatsverträge

Überblick

156 An **multilateralen** Übereinkommen über die Anerkennung von Entscheidungen in Ehesachen (vgl Art 60 lit b und c EuEheVO; → Rn 145) ist die *Bundesrepublik Deutschland* nicht beteiligt. Die meisten der von ihr abgeschlossenen **bilateralen** Anerkennungs- und Vollstreckungsabkommen werden, soweit sie überhaupt Entscheidungen in Ehesachen erfassen, gemäß Art 59 Abs 1 EuEheVO durch die Art 21–22, 24–27 EuEheVO verdrängt (zu Einzelheiten → Rn 139 ff). Praktische Bedeutung behalten hingegen diejenigen bilateralen Abkommen, die von der *Bundesrepublik Deutschland* mit **Drittstaaten** abgeschlossen wurden. Dies sind in Ehesachen nur die Abkommen mit der *Schweiz* und *Tunesien*.

157 Für das Verhältnis dieser beiden bilateralen Übereinkommen zum autonomen deutschen Anerkennungsrecht (§ 109 FamFG) gilt das **Günstigkeitsprinzip,** dh der Rückgriff auf das staatsvertragliche Anerkennungsrecht ist nur erforderlich, soweit dieses im konkreten Fall die Anerkennung gegenüber einer Anwendung von § 109 FamFG erleichtert (vgl zum früheren Recht [§ 328 ZPO] BGH NJW 87, 3083 = IPRax 89, 104/106 m Anm *Siehr* 93; BayObLG FamRZ 00, 1170 und NJW-RR 90, 842/843; JM BW FamRZ 00, 1015/1016).

580. Abkommen zwischen dem Deutschen Reich und der Schweizerischen Eidgenossenschaft über gegenseitige Anerkennung und Vollstreckung von gerichtlichen Entscheidungen und Schiedsgerichte

Vom 2. November 1929 (RGBl 1930 II, 1066)

Schrifttum: *Hauser,* Schweizerische Rechtsprechung zum deutsch-schweizerischen Anerkennungs- und Vollstreckungsabkommen, JR 1987, 353.

Vorbemerkung

158 Das Abkommen ist am 1.12.1930 in Kraft getreten (Bek v 5.11.1930, RGBl II, 1270). Es wird durch das LugÜ 2007 nach Maßgabe von dessen Art 65 iVm Anh VII ersetzt; es behält seine Wirksamkeit gem Art 66 Abs 1 LugÜ für die Rechtsgebiete, auf die sich das LugÜ nicht erstreckt. Dies gilt insbesondere für die nach Art 1 Abs 2 lit a LugÜ aus dessen Anwendungsbereich ausgeschlossenen Personenstandssachen, zu denen auch Ehesachen gehören (OLG München FamRZ 09, 2104).

159 Das Abkommen wird in Deutschland ergänzt durch die **AusführungsVO v 23.8.1930** (RGBl II, 1209). Nach dem **Günstigkeitsprinzip** kann die Anerkennung statt auf das Abkommen auch auf die §§ 107–109 FamFG (→ Rn 194 ff) gestützt werden. Dies wird sich im Regelfall empfehlen (Keidel/*Zimmermann* § 107 FamFG Rn 7; Staud/*Spellenberg* § 107 FamFG Rn 7).

Art 1–2

(betreffen vermögensrechtliche Ansprüche; nicht abgedruckt)

Art 3. [Nicht vermögensrechtliche Streitigkeiten]

[1] Die in nicht vermögensrechtlichen Streitigkeiten zwischen Angehörigen eines der beiden Staaten oder beider Staaten ergangenen rechtskräftigen Entscheidungen der bürgerlichen Gerichte des einen Staates werden im Gebiet des anderen Staates anerkannt, es sei denn, dass an dem Rechtsstreit ein Angehöriger des Staates, in dem die Entscheidung geltend gemacht wird, beteiligt war und nach dem Rechte dieses Staates die Zuständigkeit eines Gerichts des anderen Staates nicht begründet war. [2] Dies gilt auch insoweit, als die in einer nicht vermögensrechtlichen Streitigkeit ergangene Entscheidung sich auf einen vermögensrechtlichen Anspruch miterstreckt, der von dem in ihr festgestellten Rechtsverhältnisse abhängt.

942

III. Staatsverträge: Art 4　　　　　　　　　　　　　　　　　**163　K**

1. Anwendungsbereich

Das Abk ist nicht auf die in Art 1 und 2 geregelte Anerkennung und Vollstreckung von **160** Entscheidungen über vermögensrechtliche Ansprüchen beschränkt, sondern bezieht sachlich in Art 3 auch Entscheidungen in nicht-vermögensrechtlichen Streitigkeiten ein, zu denen auch Ehesachen gehören. Allerdings wird der Anwendungsbereich des Abk in Ehesachen nach Satz 1 **in persönlicher Hinsicht eingeschränkt:** Anerkannt werden nur Entscheidungen, wenn an dem Eheverfahren entweder nur deutsche oder nur schweizerische Ehegatten beteiligt sind oder wenn es sich um die Scheidung bzw Aufhebung einer gemischten deutsch-schweizerischen Ehe handelt. Ist einer oder sind beide Ehegatten Mehrstaater, so genügt es, dass sie zumindest auch die deutsche oder schweizerische Staatsangehörigkeit besitzen; es muss sich also nicht um die effektive Staatsangehörigkeit handeln. Ist ein Ehegatte nur Angehöriger eines Drittstaats, so findet das Abk hingegen keine Anwendung.

2. Anerkennungszuständigkeit, S 1

War an dem erststaatlichen Verfahren ein Angehöriger des Anerkennungsstaates beteiligt, so ist **161** Voraussetzung für die Anerkennung nach Satz 1, dass der Erststaat aus der Sicht des Zweitstaats für dieses Verfahren international zuständig war. Soll daher in Deutschland ein schweizerisches Ehescheidungsurteil nach dem Abkommen anerkannt werden, so ist hierfür – in Übereinstimmung mit § 109 Abs 1 Nr 1 FamFG – erforderlich, dass die schweizerischen Gerichte in spiegelbildlicher Anwendung von § 98 Abs 1 FamFG für das Scheidungsverfahren international zuständig waren (vgl OLG München FamRZ 09, 2104 zu § 606a Abs 1 Nr 1 ZPO).

3. Vermögensrechtliche Nebenentscheidungen, S 2

Die vorgenannten Einschränkungen der Anerkennung von Entscheidungen in Ehesachen **162** gelten nach S 2 auch für die Anerkennung von vermögensrechtlichen Neben- oder Folgeentscheidungen, die von der Entscheidung in der Ehesache abhängen. Allerdings ist insoweit wiederum der Vorrang des Luganer Übk zu beachten. Die Einschränkung nach S 2 gilt daher – im Hinblick auf den Ausschluss des Ehegüterrechts aus dem sachlichen Anwendungsbereich des Luganer Übk, Art 1 Abs 2 lit a LugÜ – etwa für eine güterrechtliche Folgeentscheidung, nicht hingegen für eine im Scheidungsverbund ergangene Entscheidung über nacheheliche Unterhalt, weil das Abk insoweit durch das LugÜ verdrängt wird, Art 65 LugÜ.

Art 4. [Anerkennungshindernisse]

(1) **Die Anerkennung ist zu versagen, wenn durch die Entscheidung ein Rechtsverhältnis zur Verwirklichung gelangen soll, dem im Gebiete des Staates, wo die Entscheidung geltend gemacht wird, aus Rücksichten der öffentlichen Ordnung oder der Sittlichkeit die Gültigkeit, Verfolgbarkeit oder Klagbarkeit versagt ist.**

(2) **Sie ist ferner zugunsten eines inländischen Beteiligten zu versagen, wenn in der Entscheidung bei Beurteilung seiner Handlungsfähigkeit oder seiner gesetzlichen Vertretung oder bei Beurteilung eines für den Anspruch maßgebenden familien- oder erbrechtlichen Verhältnisses oder der dafür maßgebenden Feststellungen des Todes einer Person zu seinem Nachteil andere als die nach dem Rechte des Staates, wo die Entscheidung geltend gemacht wird, anzuwendenden Gesetze zugrunde gelegt sind.**

(3) **Hat sich der Beklagte auf den Rechtsstreit nicht eingelassen, so ist die Anerkennung zu versagen, wenn die Zustellung der den Rechtsstreit einleitenden Ladung oder Verfügung an den Beklagten oder seinen zur Empfangnahme berechtigten Vertreter nicht rechtzeitig oder lediglich im Wege der öffentlichen Zustellung oder im Ausland auf einem anderen Wege als dem der Rechtshilfe bewirkt worden ist.**

1. Ordre Public, Abs 1

Die Anerkennung kann nach Abs 1 wegen Verstoßes gegen die öffentliche Ordnung des **163** Anerkennungsstaates versagt werden. Der **materielle** *ordre public* spielt freilich im deutschschweizerischen Rechtsverkehr wegen der übereinstimmenden eherechtlichen Grundüberzeugungen in beiden Ländern praktisch keine Rolle mehr. Er steht der Anerkennung eines deutschen Scheidungsurteils in der Schweiz wegen möglicherweise neu aufgetretener Gesichtspunkte auch

943

K 168, 169   2. Teil. Anerkennung/Vollstreckung K. Ehesachen

dann nicht entgegen, wenn ein schweizerisches Gericht die Ehescheidung der Eheleute zuvor
abgelehnt hatte (BGE 109 I b, 232 ff). Auch der im schweizerischen Recht geltende Grundsatz der
Einheit der Scheidung, wonach die finanziellen Folgen der Scheidung im Scheidungsurteil mitgeregelt werden müssen, wird vom schweizerischen *ordre public* nicht erfasst (BGE aaO).

164   In Betracht kommt daher allenfalls ein Verstoß gegen den **verfahrensrechtlichen ordre
public** in Fällen grober Verfahrensverstöße des erststaatlichen Verfahrens. Insoweit kann auf das
zu Art 22 lit a EuEheVO Gesagte (→ Rn 73 ff) verwiesen werden.

2. Kollisionsrechtliche Kontrolle, Abs 2

165   Nach Abs 2 kann die Anerkennung eines Eheurteils im deutsch-schweizerischen Verhältnis
auch daran scheitern, dass das Gericht des Erststaates zum Nachteil eines Angehörigen des
Zweitstaats entweder in der Ehesache selbst oder hinsichtlich der Beurteilung einer personen-
oder familienrechtlichen Vorfrage (Handlungsfähigkeit, gesetzliche Vertretung, Wirksamkeit der
Eheschließung) ein anderes Recht zugrunde gelegt hat als dasjenige, welches nach dem Kollisionsrecht des Zweitstaats anzuwenden gewesen wäre. Insoweit greift freilich regelmäßig das
anerkennungsrechtliche **Günstigkeitsprinzip** ein. Weil § 109 FamFG ein solches Anerkennungshindernis nicht mehr vorsieht (→ Rn 254 ff), ist ein schweizerisches Scheidungsurteil, das
zum Nachteil eines deutschen Ehegatten die Ehe – abweichend von dem nach Art 17 EGBGB
bzw künftig den Kollisionsnormen der Rom III-VO anwendbaren deutschen Recht – nach
schweizerischem Recht geschieden hat, im Zweifel nach den Vorschriften des autonomen
deutschen Rechts anzuerkennen.

3. Rechtliches Gehör des Antragsgegners, Abs 3

166   Abs 3 soll das Recht des Antragsgegners zu seiner angemessen Verteidigung im Rahmen der
Verfahrenseinleitung gewährleisten. Die Vorschrift entspricht im Wesentlichen Art 22 lit b
EuEheVO; auf die dortige Kommentierung (→ Rn 80 ff) wird daher verwiesen.

Art 5. [Keine Bindung des Zweitgerichts an tatsächliche Feststellungen des Erstgerichts]

**¹Das Gericht des Staates, wo die Entscheidung geltend gemacht wird, ist bei der
Prüfung der die Zuständigkeit eines Gerichts des anderen Staates begründenden
Tatsachen und der Versagungsgründe an die tatsächlichen Feststellungen der Entscheidungen nicht gebunden. ²Eine weitere Nachprüfung der Gesetzmäßigkeit der Entscheidung findet nicht statt.**

167   Die Vorschrift entspricht den Grundsätzen, die auch im Rahmen der Anerkennung von
Eheentscheidungen nach Art 22, 26 EuEheVO gelten; auf die dortigen Ausführungen wird
daher Bezug genommen.

Art 6–10

(nicht abgedruckt)

168   Die Art 6–9 regeln das Verfahren der Vollstreckbarerklärung von Entscheidungen nach dem
Abkommen, das in Ehesachen allenfalls bezüglich der Kostenentscheidung eine Rolle spielt.

590. Vertrag zwischen der Bundesrepublik Deutschland und der Tunesischen Republik über Rechtsschutz und Rechtshilfe, die Anerkennung und Vollstreckung gerichtlicher Entscheidungen in Zivil- und Handelssachen sowie über die Handelsschiedsgerichtsbarkeit

Vom 19. Juli 1966 (BGBl 1969 II, 890)

Vorbemerkung

169   Der Vertrag ist am 13.3.1970 in Kraft getreten (Bek v 2.3.1970, BGBl II, 125). Er wird in
Deutschland ergänzt durch das **Ausführungsgesetz** v 29.4.1969 (BGBl I, 133 und 79 I, 307).

III. Staatsverträge: Art 29 **K**

Zur Erläuterung des Vertrages vgl die Deutsche Denkschrift (BT-Drucks V Nr 3167; abgedruckt bei W/S/*Schütze,* Bd VI, S 1350 ff). Der Vertrag gilt gem Art 28 Abs 1 auf dem Gebiet des Familienrechts nur für Ehe- und Unterhaltssachen.

Nach dem **Günstigkeitsprinzip** kann die Anerkennung statt auf das Abkommen auch auf die **170** §§ 107–109 FamFG (→ Rn 194 ff) gestützt werden (OLG Düsseldorf FamRZ 11, 1965/1966 m Anm *Kondring;* JM BW FamRZ 01, 1015/1016). Dies wird sich im Regelfall empfehlen (Keidel/*Zimmermann* § 107 FamFG Rn 7; Staud/*Spellenberg* § 107 FamFG Rn 7).

Art 1–26

(nicht abgedruckt)

Die Art 1–26 betreffen den deutsch-tunesischen Rechtshilfeverkehr. **171**

Art 27. [Grundsatz; Begriff der Entscheidung]

(1) **In Zivil- und Handelssachen werden Entscheidungen der Gerichte des einen Staates in dem anderen Staate anerkannt, wenn sie Rechtskraft erlangt haben.**

(2) **¹Unter Entscheidungen im Sinne dieses Kapitels sind alle gerichtlichen Entscheidungen ohne Rücksicht auf ihre Benennung (Urteile, Beschlüsse, Vollstreckungsbefehle) und ohne Rücksicht darauf zu verstehen, ob sie in einem Verfahren der streitigen oder der freiwilligen Gerichtsbarkeit ergangen sind. ²Ausgenommen sind jedoch diejenigen Entscheidungen der freiwilligen Gerichtsbarkeit, die in einem einseitigen Verfahren erlassen sind.**

(3) **Als gerichtliche Entscheidungen gelten auch Beschlüsse der Urkundsbeamten, durch die der Betrag der Kosten des Prozesses später festgesetzt wird.**

(4) **Einstweilige Anordnungen, die auf eine Geldleistung lauten, werden anerkannt auch wenn sie die Rechtskraft noch nicht erlangt haben.**

Art 28. [Ehe- und Unterhaltssachen]

(1) **In Angelegenheiten, die den Ehe- oder Familienstand, die Rechts- oder Handlungsfähigkeit oder die gesetzliche Vertretung einer Person betreffen, gilt dieser Titel nur für Entscheidungen in Ehe- oder Unterhaltssachen.**

(2) *(betrifft Konkursrecht und soziale Sicherheit; nicht abgedruckt)*

Nach Abs 1 gilt der Vertrag im deutsch-tunesischen Rechtsverkehr auch für die gegenseitige **172** Anerkennung von Entscheidungen in Ehesachen.

Art 29. [Anerkennungshindernisse]

(1) **Die Anerkennung der Entscheidung darf nur versagt werden:**
1. **wenn für die Gerichte des Entscheidungsstaates eine Zuständigkeit im Sinne der Artikel 31 und 32 nicht anzuerkennen ist;**
2. **wenn die Anerkennung der öffentlichen Ordnung des Anerkennungsstaates widerspricht**
3. **wenn die Entscheidung durch betrügerische Machenschaften erwirkt worden ist;**
4. **wenn ein Verfahren zwischen denselben Parteien und wegen desselben Gegenstandes vor einem Gericht des Anerkennungsstaates anhängig ist und wenn dieses Gericht zuerst angerufen wurde;**
5. **wenn die Entscheidung mit einer im Anerkennungsstaat ergangenen rechtskräftigen Entscheidung unvereinbar ist.**

(2) **¹Hat sich der Beklagte auf das Verfahren nicht eingelassen, so kann die Anerkennung der Entscheidung auch versagt werden, wenn die Klage, die Vorladung oder ein anderes der Einleitung des Verfahrens dienendes Schriftstück dem Beklagten nicht nach dem Recht des Entscheidungsstaates und, wenn er sich im Zeitpunkt der Einleitung des Verfahrens im Anerkennungsstaat befand, nicht auf einem der in den Artikeln 8 bis 16 vorgesehenen Wege zugestellt worden ist. ²Auch wenn die Zustellung auf diese Weise durchgeführt worden ist, darf die Anerkennung versagt werden, wenn**

945

K 174   2. Teil. Anerkennung/Vollstreckung K. Ehesachen

der Beklagte nachweist, dass er ohne sein Verschulden von der Klage, der Vorladung oder dem anderen der Einleitung des Verfahrens dienenden Schriftstück nicht zeitig genug Kenntnis erhalten hat.

(3) ¹Die Anerkennung von Entscheidungen, durch welche die Kosten dem mit der Klage abgewiesenen Kläger auferlegt wurden, kann nur abgelehnt werden, wenn sie der öffentlichen Ordnung des Anerkennungsstaates widerspricht. ²Diese Bestimmung ist auch auf die in Art. 27 Abs. 3 angeführten Entscheidungen anzuwenden.

173   Die unmittelbare Zustellung des Scheidungsantrags auf dem Postweg durch ein tunesisches Gericht an den Antragsgegner mit gewöhnlichem Aufenthalt in Deutschland entspricht nicht den Art 8–16 des Vertrages (JM BW FamRZ 01, 1015/1016). Vgl zu den Voraussetzungen einer ordnungsgemäßen Zustellung des verfahrenseinleitenden Schriftstücks und der Möglichkeit einer Heilung von Zustellungsmängeln im deutsch-tunesischen Rechtsverkehr näher OLG Düsseldorf FamRZ 11, 1965/1966 f m Anm *Kondring*.

Art 30. [Einfluss des angewandten Rechts auf die Anerkennung]

(1) Die Anerkennung darf nicht allein deshalb versagt werden, weil das Gericht, das die Entscheidung erlassen hat, nach den Regeln seines internationalen Privatrechts andere Gesetze angewendet hat, als sie nach dem internationalen Privatrecht des Anerkennungsstaates anzuwenden gewesen wären.

(2) ¹Die Anerkennung darf jedoch aus den in Absatz 1 genannten Gründen versagt werden, wenn die Entscheidung auf der Beurteilung eines ehe- oder sonstigen familienrechtlichen Verhältnisses, der Rechts- oder Handlungsfähigkeit, der gesetzlichen Vertretung oder eines erbrechtlichen Verhältnisses eines Angehörigen des Anerkennungsstaates beruht. ²Das gleiche gilt für eine Entscheidung, die auf der Beurteilung der Rechts- oder Handlungsfähigkeit einer juristischen Person, einer Gesellschaft oder einer Vereinigung beruht, sofern diese nach dem Recht des Anerkennungsstaates errichtet ist und in diesem Staate ihren Sitz oder ihre Hauptniederlassung hat. ³Die Entscheidung ist dennoch anzuerkennen, wenn sie auch bei Anwendung des internationalen Privatrechts des Anerkennungsstaates gerechtfertigt wäre.

Art 31

(nicht abgedruckt; betrifft Zuständigkeit des Erststaates in vermögensrechtlichen Streitigkeiten)

Art 32. [Zuständigkeit des Entscheidungsstaates in Ehesachen]

(1) In Ehesachen sind die Gerichte des Entscheidungsstaates im Sinne dieses Titels zuständig, wenn beide Ehegatten nicht die Staatsangehörigkeit des Anerkennungsstaates besitzen; gehören beide Ehegatten einem dritten Staate an, so wird die Zuständigkeit der Gerichte des Entscheidungsstaates nicht anerkannt, wenn die Entscheidung nicht in dem dritten Staate anerkannt werden würde.

(2) Besaß auch nur einer der beiden Ehegatten die Staatsangehörigkeit des Anerkennungsstaates, so sind die Gerichte des Entscheidungsstaates im Sinne dieses Titels zuständig, wenn der Beklagte zur Zeit der Einleitung des Verfahrens seinen gewöhnlichen Aufenthalt im Entscheidungsstaat hatte oder wenn die Ehegatten ihren letzten gemeinsamen gewöhnlichen im Entscheidungsstaat hatten und einer der Ehegatten zur Zeit der Einleitung des Verfahrens sich im Entscheidungsstaat aufhielt.

174   Die Anerkennungszuständigkeit nach Art 29 Abs 1 Nr 1 ist in Ehesachen nur am Maßstab des Art 32 – und nicht auch des Art 31 – zu prüfen (**aA** OLG Düsseldorf FamRZ 11, 1965/1966). Art 32 Abs 2 greift auch dann ein, wenn ein Ehegatte die Staatsangehörigkeit des Anerkennungsstaates neben der Staatsangehörigkeit des Ursprungsstaates besitzt (OLG Düsseldorf aaO). Den tunesischen Gerichten fehlt hingegen die internationale Anerkennungszuständigkeit nach Art 32, wenn nur ein Ehegatte die tunesische Staatsangehörigkeit besitzt und der gemeinsame gewöhnliche Aufenthalt im Inland liegt (JM BW FamRZ 01, 1015/1016).

946

IV. Autonomes Zivilverfahrensrecht: IntFamRVG § 1

Art 33. [Keine révision au fond]

Wird die in einem Staate ergangene Entscheidung in dem anderen Staate geltend gemacht, so darf nur geprüft werden, ob einer der in Artikel 29 und in Artikel 30 Abs. 2 genannten Versagungsgründe vorliegt.

IV. Autonomes Zivilverfahrensrecht

600. Gesetz zur Aus- und Durchführung bestimmter Rechtsinstrumente auf dem Gebiet des internationalen Familienrechts (Internationales Familienrechtsverfahrensgesetz – IntFamRVG)

Vom 26. Januar 2005 (BGBl I, 162)

Vorbemerkung

Schrifttum: *Finger,* Das internationale Familienverfahrensgesetz, ZFJ 05, 144; *Gruber,* Das neue Internationale Familienrechtsverfahrensgesetz, FamRZ 05, 1603; *ders,* Die neue EheVO und die deutschen Ausführungsgesetze, IPRax 05, 293; *Schlauss,* Neuordnung des internationalen Familienrechts – der Entwurf eines Familienrechts-Ausführungsgesetzes, FPR 04, 278; *Schulz,* Das internationale Familienverfahrensgesetz, FamRZ 11, 1273; *Wagner,* Kommentar zum IntFamRVG (2011).

Das IntFamRVG wurde in erster Linie als Ausführungsgesetz zur EuEheVO erlassen und ist **175** gleichzeitig mit dieser am 1.3.2005 in Kraft getreten. Es gilt nach seinem § 1 zwar auch für die Ausführung von vier Staatsverträgen, die allerdings nur Verfahren auf dem Gebiet der elterlichen Verantwortung betreffen. Das Gesetz wurde aus Anlass des Inkrafttretens des FamFG mit Wirkung zum 1.9.2009 neu gefasst.

Abschnitt 1. Anwendungsbereich; Begriffsbestimmungen

IntFamRVG § 1. Anwendungsbereich

Dieses Gesetz dient

1. **der Durchführung der Verordnung (EG) Nr. 2201/2003 des Rates vom 27. November 2003 über die Zuständigkeit und die Anerkennung und Vollstreckung von Entscheidungen in Ehesachen und in Verfahren betreffend die elterliche Verantwortung und zur Aufhebung der Verordnung (EG) Nr. 1347/2000 (ABl. EU Nr. L 338 S. 1);**
2. **der Ausführung des Haager Übereinkommens vom 19. Oktober 1996 über die Zuständigkeit, die anzuwendende Recht, die Anerkennung, Vollstreckung und Zusammenarbeit auf dem Gebiet der elterlichen Verantwortung und der Maßnahmen zum Schutz von Kindern (BGBl. 2009 II S. 602, 603) – im Folgenden: Haager Kinderschutzübereinkommen;**
3. **der Ausführung des Haager Übereinkommens vom 25. Oktober 1980 über die zivilrechtlichen Aspekte internationaler Kindesentführung (BGBl. 1990 II S. 207) – im Folgenden: Haager Kindesentführungsübereinkommen;**
4. **der Ausführung des Luxemburger Europäischen Übereinkommens vom 20. Mai 1980 über die Anerkennung und Vollstreckung von Entscheidungen über das Sorgerecht für Kinder und die Wiederherstellung des Sorgeverhältnisses (BGBl. 1990 II S. 220) – im Folgenden: Europäisches Sorgerechtsübereinkommen.**

Die Vorschrift regelt den Anwendungsbereich des IntFamRVG. Das Gesetz bezweckt eine **176** **Bündelung der Verfahren** in Ehesachen und auf dem Gebiet der elterlichen Verantwortung mit Auslandsbezug.

1. EU-Recht, Nr 1

Auf dem Gebiet der Anerkennung- und Vollstreckung von Entscheidungen in Ehesachen **177** bezweckt das IntFamRVG vor allem die Durchführung des einschlägigen sekundären Unionsrechts, das bisher ausschließlich aus der EuEheVO (Nr 1; → Rn 8 ff) besteht.

K   2. Teil. Anerkennung/Vollstreckung K. Ehesachen

2. Staatsverträge, Nr 2–4

178 Die in Nr 2–4 aufgeführten Staatsverträge betreffen die **elterliche Verantwortung:** Soweit das Gesetz deren Ausführung auf dem Gebiet der Anerkennung und Vollstreckung von Entscheidungen regelt, ist es unter → N Rn 538 ff abgedruckt und kommentiert. Die ergänzenden Vorschriften des Gesetzes zum Haager Kindesentführungsübereinkommen sind unter → N Rn 279 ff abgedruckt und kommentiert.

IntFamRVG § 2. Begriffsbestimmungen

> **Im Sinne dieses Gesetzes sind „Titel" Entscheidungen, Vereinbarungen und öffentliche Urkunden, auf welche die durchzuführende EG-Verordnung oder das jeweils auszuführende Übereinkommen Anwendung findet.**

179 Der im IntFamRVG verwendete Begriff „Titel" umfasst sowohl gerichtliche Entscheidungen iSv Art 2 Nr 4 EuEheVO (→ Rn 17 ff) wie auch Vereinbarungen der Parteien und öffentliche Urkunden iSv Art 46 EuEheVO (→ N Rn 284 ff).

Abschnitt 2. Zentrale Behörde; Jugendamt
IntFamRVG §§ 3–9

(abgedruckt und kommentiert → U Rn 304 ff)

Abschnitt 3. Gerichtliche Zuständigkeit und Zuständigkeitskonzentration

IntFamRVG § 10. Örtliche Zuständigkeit für die Anerkennung und Vollstreckung

> **Örtlich ausschließlich zuständig für Verfahren nach**
> **– Artikel 21 Abs. 3 [...] der Verordnung (EG) Nr. 2201/2003,**
> **– ...**
> **– ...**
> **ist das Familiengericht, in dessen Zuständigkeitsbereich zum Zeitpunkt der Antragstellung**
> **1. die Person, gegen die sich der Antrag richtet [...], sich gewöhnlich aufhält oder**
> **2. bei Fehlen einer Zuständigkeit nach Nummer 1 das Interesse an der Feststellung hervortritt [...],**
> **3. sonst das im Bezirk des Kammergerichts zur Entscheidung berufene Gericht.**

1. Anwendungsbereich

180 In Ehesachen regelt die Vorschrift allein die örtliche Zuständigkeit für das **gesonderte Anerkennungsfeststellungsverfahren** nach Art 21 Abs 3 EuEheVO. Die nicht abgedruckten Teile der Vorschrift betreffen Entscheidungen auf dem Gebiet der elterlichen Verantwortung (insoweit abgedruckt kommentiert unter → N Rn 523 ff).

2. Örtliche Zuständigkeit

181 Ausschließlich örtlich zuständig für die Durchführung des Anerkennungsfeststellungsverfahren ist das Gericht am gewöhnlichen Aufenthaltort des Antragsgegners, dh idR des anderen Ehegatten, Nr 1. Fehlt ein solcher im Inland, so kommt es darauf an, wo das Interesse an der Feststellung hervortritt, Nr 2. Dies wird idR am gewöhnlichen inländischen Aufenthaltsort des Antragstellers der Fall sein. Eine Hilfszuständigkeit besteht bei dem im Bezirk des Berliner Kammergerichts zur Entscheidung berufenen Gericht, Nr 3.

182 Ergänzend ist allerdings die **Zuständigkeitskonzentration nach § 12** zu beachten.

IntFamRVG § 11

(abgedruckt und kommentiert → U Rn 315 f)

948

IV. Autonomes Zivilverfahrensrecht: IntFamRVG § 14 **K**

IntFamRVG § 12. Zuständigkeitskonzentration

(1) **In Verfahren über eine in den §§ 10 und 11 bezeichnete Sache [...] entscheidet das Familiengericht, in dessen Bezirk ein Oberlandesgericht seinen Sitz hat, für den Bezirk dieses Oberlandesgerichts.**

(2) **Im Bezirk des Kammergerichts entscheidet das Familiengericht Pankow/Weißensee.**

(3) [1]**Die Landesregierungen werden ermächtigt, diese Zuständigkeit durch Rechtsverordnung einem anderen Familiengericht des Oberlandesgerichtsbezirks oder, wenn in einem Land mehrere Oberlandesgerichte errichtet sind, einem Familiengericht für die Bezirke aller oder mehrerer Oberlandesgerichte zuzuweisen.** [2]**Sie können die Ermächtigung auf die Landesjustizverwaltungen übertragen.**

1. Zuständigkeitskonzentration, Abs 1

Aufgrund der in Abs 1 angeordneten Zuständigkeitskonzentration ist für das in § 10, 1. Spie- **183** gelstrich genannte gesonderte Anerkennungsfeststellungsverfahren nach Art 21 Abs 3 EuEheVO in Ehesachen dasjenige Familiengericht, in dessen Bezirk das OLG seinen Sitz hat, für den gesamten OLG-Bezirk örtlich **ausschließlich** zuständig. Auf diese Weise sollten die Spezialkenntnisse und praktischen Erfahrungen zur Bearbeitung von Fällen mit Auslandsberührung in jedem OLG-Bezirk bei einem Familiengericht gebündelt werden (BT-Drs 15/3981, 22). Hat ein anderes Familiengericht entschieden, so ist die Sache auf sofortige Beschwerde vom OLG an das ausschließlich zuständige Familiengericht abzugeben (OLG Oldenburg FamRZ 03, 1479). Im Rahmen von § 10 ist mithin nur zu prüfen, **in welchem OLG-Bezirk** sich der Antragsgegner gewöhnlich aufhält (Nr 1) oder hilfsweise das Feststellungsinteresse hervortritt (Nr 2). Im Bezirk des Kammergerichts (§ 10 Nr 3) entscheidet gem Abs 2 das Familiengericht Pankow/Weißensee.

Hinsichtlich des **maßgeblichen Zeitpunkts,** zu dem der gewöhnliche Aufenthalt in einem **184** OLG Bezirk vorliegen muss, ist zu differenzieren: Es genügt zunächst, dass der gewöhnliche Aufenthalt des Antragsgegners im Zeitpunkt der Antragstellung im OLG-Bezirk gegeben ist. Durch einen Wechsel des gewöhnlichen Aufenthalts wird das Gericht nach dem auch im Rahmen des Art 21 Abs 3 EuEheVO und der §§ 10, 12 Abs 1 und 2 IntFamRVG geltenden Grundsatzes der *perpetuatio fori* (BGH EWS 97, 359) nicht unzuständig. Unerheblich ist daher, ob der Antragsgegner seinen gewöhnlichen Aufenthalt innerhalb der Bundesrepublik Deutschland wechselt oder in das Ausland oder an einen unbekannten Ort verlegt. Andernfalls könnte er sich dem Feststellungsverfahren leicht durch Verlassen des Gerichtsortes entziehen. Andererseits genügt es, wenn der gewöhnliche Aufenthalt im Laufe des Verfahrens im Gerichtsbezirk begründet wird.

2. Ermächtigung der Landesregierungen, Abs 2

Durch Abs 2 werden die Landesregierungen ermächtigt, die in Abs 1 angeordnete Konzen- **185** tration der Zuständigkeit zu ändern oder einzuschränken. Von dieser Möglichkeit hat bisher nur das Land **Niedersachsen** Gebrauch gemacht; danach ist das AG Celle für alle drei OLG-Bezirke zuständig (*Schulz* FS Kropholler [2008] 435/448).

IntFamRVG §§ 13, 13a

(abgedruckt und kommentiert → N Rn 531 ff und F Rn 562 ff)

Abschnitt 4. Allgemeine gerichtliche Verfahrensvorschriften

IntFamRVG § 14. Familiengerichtliches Verfahren

Soweit nicht anders bestimmt, entscheidet das Familiengericht

1. **über eine in den §§ 10 und 12 bezeichnete Ehesache nach den hierfür geltenden Vorschriften des Gesetzes über das Verfahren in Familiensachen und in den Angelegenheiten der freiwilligen Gerichtsbarkeit,**

2. *(abgedruckt und kommentiert → N Rn 535)*

K

2. Teil. Anerkennung/Vollstreckung K. Ehesachen

186 Für das Verfahren in Ehesachen verweist die Vorschrift auf § 113 FamFG. Danach gelten in Ehesachen die allgemeinen Vorschriften der ZPO und deren Vorschriften über das Verfahren vor den Landgerichten entsprechend, allerdings mit Ausnahme der in § 113 Abs 4 FamFG genannten Vorschriften.

IntFamRVG § 15

(abgedruckt und kommentiert → N Rn 536f)

Abschnitt 5. Zulassung der Zwangsvollstreckung, Anerkennungsfeststellung
IntFamRVG §§ 16–31

(abgedruckt und kommentiert → N Rn 538ff)

Unterabschnitt 4. *Feststellung der Anerkennung*

IntFamRVG § 32. Anerkennungsfeststellung

[1] Auf das Verfahren über einen gesonderten Feststellungsantrag nach Artikel 21 Absatz 3 der Verordnung (EG) Nr. 2201/2003, nach Artikel 24 des Haager Kinderschutzübereinkommens oder nach dem Europäischen Sorgerechtsübereinkommen, einen Titel aus einem anderen Staat anzuerkennen oder nicht anzuerkennen, sind die Unterabschnitte 1 bis 3 entsprechend anzuwenden. [2] § 18 Absatz 1 Satz 1 ist nicht anzuwenden, wenn die antragstellende Person die Feststellung begehrt, dass ein Titel aus einem anderen Staat nicht anzuerkennen ist. [3] § 18 Absatz 1 Satz 3 ist in diesem Falle mit der Maßgabe anzuwenden, dass die mündliche Erörterung auch mit weiteren Beteiligten stattfinden kann.

187 Satz 1 entspricht § 25 AVAG. Danach sind auf das besondere Verfahren der Anerkennungsfeststellung gem Art 21 Abs 3 EuEheVO in Ehesachen in weitem Umfang die Vorschriften über das Vollstreckbarerklärungsverfahren (§§ 16–31; → N Rn 538ff) entsprechend anzuwenden. Sätze 2 und 3 betreffen nur Verfahren zur elterlichen Verantwortung (→ N Rn 585).

IntFamRVG § 33–36

(abgedruckt und kommentiert → N Rn 586ff)

Abschnitt 6. Verfahren nach dem Haager Kindesentführungsübereinkommen
IntFamRVG §§ 37–43

(abgedruckt und kommentiert → U Rn 323ff)

Abschnitt 7. Vollstreckung
IntFamRVG § 44

(abgedruckt und kommentiert → N Rn 593ff).

Abschnitt 8. Grenzüberschreitende Unterbringung
IntFamRVG §§ 45–47

(abgedruckt und kommentiert → U Rn 341ff)

Abschnitt 9. Bescheinigungen zu inländischen Entscheidungen nach der Verordnung (EG) Nr 2201/2003
IntFamRVG §§ 48–49

(abgedruckt und kommentiert → N Rn 601ff)

950

IV. Autonomes Zivilverfahrensrecht **K**

Abschnitt 10. Kosten

IntFamRVG §§ 50–53

(aufgehoben)

IntFamRVG § 54. Übersetzungen

Die Höhe der Vergütung für die von der Zentralen Behörde veranlassten Übersetzungen richtet sich nach dem Justizvergütungs- und -entschädigungsgesetz.

Die Vergütungshöhe für die von der zentralen Behörde veranlassten Übersetzungen richtet **188** sich nach dem JVEG. Da die Zentrale Behörde im Bereich des Justizverwaltungsverfahrens tätig wird, richten sich etwaige Rechtsbehelfe richten sich nach den §§ 23 ff EGGVG.

Abschnitt 11. Übergangsvorschriften

IntFamRVG §§ 55–56

(abgedruckt → N Rn 605)

610. Gesetz über das Verfahren in Familiensachen und in den Angelegenheiten der freiwilligen Gerichtsbarkeit (FamFG)

Vom 17. Dezember 2008 (BGBl I, 2586)

Buch 1. Allgemeiner Teil

Abschnitt 9. Verfahren mit Auslandsbezug

Schrifttum: **1. Allgemein:** *Althammer,* Verfahren mit Auslandsbezug nach dem neuen FamFG, IPRax 09, 381; *Coester-Waltjen,* Anerkennung im Internationalen Personen-, Familien- und Erbrecht und das europäische Kollisionsrecht, IPRax 06, 392; *Dötsch,* Verfahren mit Auslandsbezug nach dem neuen FamFG, NJW-Spezial 09, 724; *Finger,* Familienrechtliche Verfahren mit Auslandsbezug, FuR 09, 601; *Funken,* Das Anerkennungsprinzip im IPR – Perspektiven eines europäischen Anerkennungsrechts für Statusfragen (2009); *Hau,* Das Internationale Zivilverfahrensrecht im FamFG, FamRZ 09, 821; *Krömer,* Neue Regelungen für die Anerkennung ausländischer Entscheidungen nach dem Inkrafttreten des FamFG, StAZ 10, 375; *Niethammer-Jürgens,* Die Verfahren mit Auslandsbezug nach dem FamFG, FamRBInt 09, 80; *Rausch,* Familiensachen mit Auslandsbezug, vor und nach dem FamG, FPR 06, 441; *Streicher/Köblitz,* Familiensachen mit Auslandsberührung (2008); *Wagner,* Anerkennung und Wirksamkeit ausländischer familienrechtlicher Rechtsakte nach autonomem deutschen Recht, FamRZ 06, 744; Die Anerkennung im Ausland begründeter Statusverhältnisse – Neue Wege?, StAZ 12, 133; *ders,* Ausländische Entscheidungen, Rechtsgeschäfte und Rechtslagen im Familienrecht aus der Sicht des autonomen deutschen Rechts, FamRZ 13, 1620.
2. Ehesachen: *Andrae/Heidrich,* Anerkennung ausländischer Entscheidungen in Ehe- und Lebenspartnerschaftssachen, FPR 04, 292; *dies,* Aktuelle Fragen zum Anwendungsbereich des Verfahrens nach Art 7 § 1 FamRÄndG, FamRZ 04, 1622; *dies,* Zur Zukunft des förmlichen Anerkennungsverfahrens gemäß Art 7 FamRÄndG nach der großen Justizreform, FPR 06, 222; *Gärtner,* Die Privatscheidung im deutschen und gemeinschaftsrechtlichen Internationalen Privat- und Verfahrensrecht (2008); *Gottwald,* Zur Anerkennung ausländischer Ehescheidungen –verfahrens- und kollisionsrechtliche Fragen FS Rüssmann (2013) 771; *Haecker,* Die Anerkennung ausländischer Entscheidungen in Ehesachen[3] (2009); *Hau,* Zum Anwendungsbereich des obligatorischen Anerkennungsverfahrens für ausländische Ehestatusentscheidungen, FS Spellenberg (2010) 403; *Hausmann,* Die kollisionsrechtlichen Schranken der Gestaltungskraft von Scheidungsurteilen (1980); *Heiderhoff,* Die Anerkennung ausländischer Entscheidungen in Ehesachen, StAZ 09, 328; *Kissner,* Anerkennung ausländischer Entscheidungen in Ehesachen nach § 107 FamFG, StAZ 10, 95; *Schack,* Das Anerkennungsverfahren in Ehesachen nach § 107 FamFG – ein Vorbild für Europa?, FS Spellenberg (2010) 497; *Wall,* Sind die Art 3 ff EuEheVO nach § 109 Abs 1 Nr 1 FamFG zu spiegeln?, FamRBint 11, 15, *ders,* Maßgeblicher Zeitpunkt für das Vorliegen einer Heimatstaatenentscheidung iS von § 107 Abs 1 S 2 FamFG, StAZ 13, 146.

951

K 193   2. Teil. Anerkennung/Vollstreckung K. Ehesachen

Unterabschnitt 1. *Verhältnis zu völkerrechtlichen Vereinbarungen und Rechtsakten der Europäischen Gemeinschaft*

FamFG § 97. Vorrang und Unberührtheit

(1) ¹Regelungen in völkerrechtlichen Vereinbarungen gehen, soweit sie unmittelbar anwendbares innerstaatliches Recht geworden sind, den Vorschriften dieses Gesetzes vor. ²Regelungen in Rechtsakten der Europäischen Gemeinschaft bleiben unberührt.

(2) Die zur Umsetzung und Ausführung von Vereinbarungen und Rechtsakten im Sinne des Absatzes 1 erlassenen Bestimmungen bleiben unberührt.

1. Vorrang von EU-Recht und Staatsverträgen, Abs 1

189 Die Anerkennung ausländischer Entscheidungen in Ehesachen beurteilt sich – wie Abs 1 S 2 deklaratorisch klarstellt – vorrangig nach der **EuEheVO** (Art 21 ff EuEheVO). Danach erfolgt die Anerkennung *ipso iure,* dh die Durchführung eines förmlichen Anerkennungsverfahrens nach nationalem Recht ist weder erforderlich noch zulässig (→ Rn 40 ff). Im räumlichen und zeitlichen Geltungsbereich der EuEheVO findet das förmliche Feststellungsverfahren nach § 107 daher keine Anwendung (ThP/*Hüßtege* Rn 4; Staud/*Spellenberg* § 107 Rn 4 ff). Sachlich gilt dies allerdings nur für statusändernde Entscheidungen, so dass für feststellende und klageabweisende Entscheidungen § 107 anwendbar sein kann, auch wenn sie in Mitgliedstaaten der EuEheVO gefällt wurden (→ Rn 203).

190 Bezüglich der Anerkennung von Entscheidungen in Ehesachen aus *Dänemark* und aus Staaten, die nicht der EU angehören, ist zwischen dem Anerkennungsverfahren und den sachlichen Voraussetzungen der Anerkennung zu unterscheiden. In **verfahrensrechtlicher Hinsicht** ist – mit Ausnahme von Entscheidungen des gemeinsamen Heimatstaats der Ehegatten (§ 107 Abs 1 S 2) – das förmliche Feststellungsverfahren nach § 107 FamFG durchzuführen. Vorrangige staatsvertragliche Regelungen, die – wie Art 21 Abs 1 EuEheVO – den Verzicht auf die Durchführung dieses Verfahrens anordnen, bestehen nicht.

191 Demgegenüber werden die **sachlichen Voraussetzungen** der Anerkennung gem Abs 1 S 1 vorrangig nach den bilateralen Abkommen beurteilt, welche die *Bundesrepublik Deutschland* auf diesem Gebiet abgeschlossen hat, soweit sie nicht ihrerseits durch die EuEheVO (Art 59; → Rn 139 ff) verdrängt werden. Nur soweit kein Staatsvertrag eingreift oder das autonome deutsche Recht die Anerkennung oder Vollstreckung der ausländischen Entscheidung im Verhältnis zu den Vorschriften eines anwendbaren Staatsvertrags im konkreten Fall erleichtert **(Günstigkeitsprinzip),** kann auf § 109 FamFG zurückgegriffen werden (*Rausch* FPR 06, 441/446; ebenso zum früheren Recht BGH IPRax 89, 104/106 m Anm *Siehr* 93; BayObLG FamRZ 90, 897/898).

2. Nationale Ausführungsgesetze, Abs 2

192 Nach Abs 2 unberührt bleibt vor allem das zur Ausführung der EuEheVO in Deutschland erlassene **IntFamRVG** v 26.1.2005 (→ Rn 175 ff). Die Hauptbedeutung dieses Gesetzes liegt freilich auf dem Gebiet der Vollstreckbarerklärung und Vollstreckung von Entscheidungen betr die elterliche Verantwortung (→ N Rn 538 ff).

Unterabschnitt 2. *Internationale Zuständigkeit*

FamFG § 98

(abgedruckt und kommentiert → A Rn 248 ff)

FamFG § 106. Keine ausschließliche Zuständigkeit

Die Zuständigkeiten in diesem Unterabschnitt sind nicht ausschließlich.

193 Die internationale Zuständigkeit der deutschen Gerichte in Ehesachen nach § 98 ist nicht ausschließlich. Dies ist insbesondere im Hinblick auf die Prüfung der **Anerkennungszuständigkeit** des ausländischen Gerichts nach § 109 Abs 1 Nr 1 gem dem sog Spiegelbildprinzip von Bedeutung. Die Anerkennung einer ausländischen Eheentscheidung ist daher nicht schon des-

952

IV. Autonomes Zivilverfahrensrecht: FamFG § 107

halb zu versagen, weil eine konkurrierende internationale Zuständigkeit eines deutschen Gerichts nach § 98 Abs 1 oder 2 gegeben ist (Mu/*Borth/Grandel* § 109 Rn 8).

Unterabschnitt 3. *Anerkennung und Vollstreckbarkeit ausländischer Entscheidungen*

FamFG § 107. Anerkennung ausländischer Entscheidungen in Ehesachen

(1) [1]Entscheidungen, durch die im Ausland eine Ehe für nichtig erklärt, aufgehoben, dem Ehebande nach oder unter Aufrechterhaltung des Ehebandes geschieden oder durch die das Bestehen oder Nichtbestehen einer Ehe zwischen den Beteiligten festgestellt worden ist, werden nur anerkannt, wenn die Landesjustizverwaltung festgestellt hat, dass die Voraussetzungen für die Anerkennung vorliegen. [2]Hat ein Gericht oder eine Behörde des Staates entschieden, dem beide Ehegatten zur Zeit der Entscheidung angehört haben, hängt die Anerkennung nicht von einer Feststellung der Landesjustizverwaltung ab.

(2) [1]Zuständig ist die Justizverwaltung des Landes, in dem ein Ehegatte seinen gewöhnlichen Aufenthalt hat. [2]Hat keiner der Ehegatten seinen gewöhnlichen Aufenthalt im Inland, ist die Justizverwaltung des Landes zuständig, in dem eine neue Ehe geschlossen oder eine Lebenspartnerschaft begründet werden soll; die Landesjustizverwaltung kann den Nachweis verlangen, dass die Eheschließung oder die Begründung der Lebenspartnerschaft angemeldet ist. [3]Wenn eine andere Zuständigkeit nicht gegeben ist, ist die Justizverwaltung des Landes Berlin zuständig.

(3) [1]Die Landesregierungen können die den Landesjustizverwaltungen nach dieser Vorschrift zustehenden Befugnisse durch Rechtsverordnung auf einen oder mehrere Präsidenten der Oberlandesgerichte übertragen. [2]Die Landesregierungen können die Ermächtigung nach Satz 1 durch Rechtsverordnung auf die Landesjustizverwaltungen übertragen.

(4) [1]Die Entscheidung ergeht auf Antrag. [2]Den Antrag kann stellen, wer ein rechtliches Interesse an der Anerkennung glaubhaft macht.

(5) Lehnt die Landesjustizverwaltung den Antrag ab, kann der Antragsteller beim Oberlandesgericht die Entscheidung beantragen.

(6) [1]Stellt die Landesjustizverwaltung fest, dass die Voraussetzungen für die Anerkennung vorliegen, kann ein Ehegatte, der den Antrag nicht gestellt hat, beim Oberlandesgericht die Entscheidung beantragen. [2]Die Entscheidung der Landesjustizverwaltung wird mit der Bekanntgabe an den Antragsteller wirksam. [3]Die Landesjustizverwaltung kann jedoch in ihrer Entscheidung bestimmen, dass die Entscheidung erst nach Ablauf einer von ihr bestimmten Frist wirksam wird.

(7) [1]Zuständig ist ein Zivilsenat des Oberlandesgerichts, in dessen Bezirk die Landesjustizverwaltung ihren Sitz hat. [2]Der Antrag auf gerichtliche Entscheidung hat keine aufschiebende Wirkung. [3]Für das Verfahren gelten die Abschnitte 4 und 5 sowie § 14 Abs. 1 und 2 und § 48 Abs. 2 entsprechend.

(8) Die vorstehenden Vorschriften sind entsprechend anzuwenden, wenn die Feststellung begehrt wird, dass die Voraussetzungen für die Anerkennung einer Entscheidung nicht vorliegen.

(9) Die Feststellung, dass die Voraussetzungen für die Anerkennung vorliegen oder nicht vorliegen, ist für Gerichte und Verwaltungsbehörden bindend.

(10) War am 1. November 1941 in einem deutschen Familienbuch (Heiratsregister) auf Grund einer ausländischen Entscheidung die Nichtigerklärung, Aufhebung, Scheidung oder Trennung oder das Bestehen oder Nichtbestehen einer Ehe vermerkt, steht der Vermerk einer Anerkennung nach dieser Vorschrift gleich.

1. Allgemeines

Außerhalb des Geltungsbereichs der EuEheVO werden ausländische Entscheidungen in Ehesachen in Deutschland nur anerkannt, wenn die zuständige Landesjustizverwaltung in einem förmlichen Verfahren festgestellt hat, dass die Anerkennungsvoraussetzungen vorliegen. Dieses zwingend vorgeschriebene Verfahren (Zö/*Geimer* Rn 5) war bis zum 1.9.2009 in Art 7 § 1 FamRÄndG 1961 geregelt und ist mit nur marginalen Änderungen in § 107 FamFG über-

K 195–198   2. Teil. Anerkennung/Vollstreckung K. Ehesachen

nommen worden. Für die Auslegung dieser Vorschrift kann daher auch weiterhin auf die Rechtsprechung und Literatur zum früheren Recht zurückgegriffen werden. Bei der Feststellung der Anerkennungsvoraussetzungen handelt es sich zwar materiell um eine Rechtsprechungsaufgabe; die Delegation an (Justiz-) Verwaltungsbehörden wird dennoch überwiegend als **verfassungsgemäß** angesehen, weil Abs 5 die Überprüfung durch ein Gericht ermöglicht (BGHZ 82, 34/ 39 ff = NJW 82, 517; MüKoFamFG/*Rauscher* Rn 13; NK-BGB/*Andrae* §§ 107–109 Rn 6 mwN; **aA** Zö/*Geimer* Rn 3).

195   Der **Zweck des Verfahrens** besteht darin, sich widersprechende Entscheidungen der deutschen Gerichte und Verwaltungsbehörden (zB Standesämter) über die Frage der Anerkennung ausländischer Entscheidungen in Ehesachen zu vermeiden. Denn diese Frage kann sich in ganz unterschiedlichem Kontext stellen, zB anlässlich der Wiederheirat eines im Ausland geschiedenen Ehegatten, im gesetzlichen Ehegattenerbrecht und im Pflichtteilsrecht, im Sozial- und Steuerrecht sowie im Ausländer- und Aufenthaltsrecht. Es wäre äußerst misslich, wenn die jeweils befassten Gerichte und Behörden die Ehe aufgrund einer Inzidentprüfung der Anerkennungsfähigkeit der ausländischen Entscheidung zT als wirksam geschieden, zT als fortbestehend ansehen würden. Es besteht daher ein öffentliches Interesse an einer einheitlichen und verbindlichen Entscheidung über die Anerkennung bzw Nichtanerkennung ausländischer Entscheidungen in Ehesachen (Staud/*Spellenberg* Rn 1 f mwN).

196   Dieses Ziel wird dadurch erreicht, dass die Entscheidung über die Anerkennung/Nichtanerkennung bei einer Behörde, nämlich der für die Ehegatten zuständigen Landesjustizverwaltung, **monopolisiert** wird, um zu gewährleisten, dass diese Fragen von erfahrenen und sachkundigen Spezialisten beurteilt werden (BGHZ 82, 34/44). Dies bedeutet einerseits, dass keine andere Behörde und kein Gericht berechtigt ist, über die Anerkennung der ausländischen Entscheidung, von welcher der Ausgang des anhängigen Gerichts- oder Verwaltungsverfahrens abhängt, selbst inzident zu entscheiden (näher → Rn 214 ff). Daher ist ein diesbezüglicher Feststellungsantrag zu den ordentlichen Gerichten unzulässig (OLG Köln FamRZ 98, 1303/1304; BeckOK-FamFG/ *Sieghörtner* Rn 7) und die ausländische Entscheidung ist vor der Feststellung ihrer Anerkennung durch die Landesjustizverwaltung im Inland nicht zu beachten (BGHZ 64, 19/22; OLG Hamburg NZFam 14, 814 m Anm *Gutmann*). Andererseits ist die von der Landesjustizverwaltung getroffene Entscheidung über die Anerkennung/Nichtanerkennung gem Abs 9 für alle deutschen Gerichte und Verwaltungsbehörden bindend (näher → Rn 233 ff). Im Fall der Nichtanerkennung gilt die Ehe für das Inland als fortbestehend, bis sie durch ein deutsches Gericht (oder eine andere anerkennungsfähige ausländische Entscheidung) geschieden wird (ThP/*Hüßtege* Rn 2).

2. Anwendungsbereich, Abs 1 und 8

197   a) **Ehesachen, Abs 1 S 1.** Dem förmlichen Feststellungsverfahren unterliegen nach Abs 1 S 1 nur Entscheidungen, durch die im Ausland eine Ehe für nichtig erklärt, aufgehoben, dem Ehebande nach oder unter Aufrechterhaltung des Ehebandes geschieden oder durch die das Bestehen oder das Nichtbestehen einer Ehe zwischen den Beteiligten festgestellt worden ist (vgl zur (Nicht-) Anerkennung eines ausländischen Ehefeststellungsurteils KG FamRZ 16, 1585; OLG München FamRZ 15, 2056; LJV BW FamRZ 90, 1015/1016). Erfasst sind also auch ausländische Entscheidungen über die gerichtliche **Ehetrennung** (vgl BayObLG FamRZ 90, 897/898; Erman/*Hohloch* Art 17 EGBGB Rn 72 f). Die verbindliche Klärung der Anerkennung/Nichtanerkennung durch die Landesjustizverwaltung beschränkt sich allerdings auf die Entscheidung über die Statusfrage, ob die Ehe im Ausland wirksam geschlossen, geschieden, getrennt, aufgehoben oder für nichtig erklärt worden ist. Feststellungswirkung in diesem Sinne kann auch ein den Antrag abweisendes Sachurteil haben (P/H/*Hau* Rn 19).

198   Demgegenüber nehmen die in dem ausländischen Urteil getroffenen **Nebenentscheidungen zu Scheidungsfolgen** (zB über elterliche Sorge, Unterhalt, Güterrecht etc) an der Bindungswirkung nach § 107 Abs 8 nicht teil, weil ein öffentliches Interesse an einer einheitlichen Feststellung diesbezüglich nicht besteht (OLG München OLGR 09, 116/117; ThP/*Hüßtege* Rn 7; Staud/*Spellenberg* Rn 83 mwN). Hängt die Anerkennung der Folgeentscheidung davon ab, dass die Ehe auch für das Inland als aufgelöst anzusehen ist, wie zB im Fall der Anerkennung einer Entscheidung über nacheheliche Unterhalt, so kann die Entscheidung in der Folgesache erst anerkannt werden, wenn die zuständige LJV zuvor die Anerkennung der Ehescheidung festgestellt hat (BGH NJW 75, 1072; OLG Hamburg FamRZ 14, 814 m Anm *Gutmann;* ThP/ *Hüßtege* Rn 7). In diesem Fall empfiehlt sich eine Aussetzung des Verfahrens betr die Anerken-

954

IV. Autonomes Zivilverfahrensrecht: FamFG § 107   199–203 **K**

nung der Folgeentscheidung, bis die Landesjustizverwaltung verbindlich im Verfahren nach § 107 über die Anerkennung des Eheurteils entschieden hat (*Geimer* NJW 75, 2141; *Heiderhoff* StAZ 09, 328/329 f; *Zö/Geimer* Rn 15; vgl auch → M Rn 846 f; gegen eine Aussetzung von Amts wegen aber BGH NJW 83, 514/516; OLG Hamburg NZFam 14, 814 m Anm *Gutmann,* weil eine solche mit der dispositiven Ausgestaltung des Anerkennungsverfahrens nach § 107 nicht in Einklang stehen würde). Nicht erfasst wird auch ein im Scheidungsurteil enthaltener **Schuldspruch** (BGH NJW-RR 07, 722; MüKoFamFG/*Rauscher* Rn 29; NK-BGB/*Andrae* §§ 107–109 Rn 9).

Zwar spricht der Normzweck des § 107 dafür, die Vorschrift auch auf die Anerkennung von **199** Entscheidungen in **Lebenspartnerschaftssachen** entsprechend anzuwenden (vgl zu Art 7 § 1 FamRÄndG *Hausmann* FS Henrich [2000] 241/265; *Andrae/Heidrich* FamRZ 04, 1622/1624 f). Der Gesetzgeber hat allerdings anlässlich der Neuregelung des Verfahrens in § 107 FamFG in voller Kenntnis der Problematik von einer Ausdehnung der Vorschrift auf Entscheidungen über die Auflösung von eingetragenen Lebenspartnerschaften abgesehen; dies spricht für seinen Willen, das Verfahren auf Entscheidungen in Ehesachen zu beschränken (*Hau* FamRZ 09, 821/ 825; *Althammer* IPRax 09, 381/386; MüKoFamFG/*Rauscher* Rn 4; Staud/*Spellenberg* Rn 54 mwN). Darüber hinaus eröffnet das neu eingeführte fakultative Anerkennungsverfahren in § 108 Abs 2 (näher → Rn 243 ff) nunmehr die Möglichkeit, auch für Entscheidungen in Lebenspart- nerschaftssachen eine allgemein verbindliche gerichtliche Entscheidung über die Anerkennung/ Nichtanerkennung zu erreichen; denn gem § 108 Abs 2 S 2 gilt § 107 Abs 9 in diesem Ver- fahren entsprechend (ThP/*Hüßtege* Rn 10; NK-BGB/*Andrae* §§ 107–109 Rn 10; dazu → Q Rn 74).

Aufgrund der engen Wechselwirkungen zwischen internationalem Privat- und Verfahrens- **200** recht könnte man zwar daran denken, die Entscheidung des deutschen Gesetzgebers, **gleich- geschlechtliche Ehen** kollisionsrechtlich nicht als Ehen, sondern als eingetragene Lebenspart- nerschaften zu behandeln, auch für das internationale Zivilverfahrensrecht zu übernehmen. Dagegen spricht freilich, dass der Gesetzgeber die entsprechende Anwendung des Lebenspart- nerschaftsrechts ausdrücklich auf das Kollisionsrecht beschränkt hat. Auch der Normzweck des Feststellungsverfahrens (→ Rn 195) legt eine Einbeziehung der Auflösung gleichgeschlechtlicher Ehen nahe. Auch für sie gilt daher nicht § 108, sondern § 107 (P/H/*Hau* Rn 22; Zö/*Geimer* Rn 21). *De lege ferenda* wäre freilich eine gesetzliche Klarstellung dieser Frage wünschenswert (so auch *Mankowski* IPRax 17, 541/545 f). Ferner wäre auch eine Erstreckung auf andere rechtlich verfestigte Paarbeziehungen zu erwägen (*Hau* FS Spellenberg [2010] 435/438).

b) Erfasste Entscheidungen. Der Begriff der „Entscheidung" in § 107 ist weit auszulegen. **201** Er erfasst in erster Linie Entscheidungen **staatlicher Gerichte,** darüber hinaus aber auch von ausländischen staatlichen Behörden getroffene konstitutive Entscheidungen (OLG Schleswig NJW-RR 08, 1390 [Scheidung durch den norwegischen „*Fylkesmann*"]; ThP/*Hüßtege* Rn 16; BeckOK-FamFG/*Sieghörtner* Rn 8 mwN; **aA** OLG Koblenz FamRZ 05, 1692/1693 m abl Anm *Gottwald*). Auch Entscheidungen **kirchlicher Gerichte** können im Verfahren nach § 107 anerkannt werden, wenn diese nach der Rechtsordnung des Erlassstaates zur Nichtigerklärung oder Auflösung von Ehen auch mit Wirkung für den staatlichen Bereich befugt sind (BGHZ 176, 365 = FamRZ 08, 1409; OLG München FamRZ 15, 2056 m Anm *Andrae* NZFam 15, 920). Die Mitwirkung des kirchlichen Gerichts muss jedoch für die Scheidung konstitutiv sein; daran fehlt es bei der Scheidung nach jüdischem Recht vor dem Rabbinatsgericht, weil diesem Gericht keine rechtsgestaltende Funktion zukommt (BGHZ 176, 365 Rn 32 ff = FamRZ 08, 1409 m Anm *Henrich*).

Die Entscheidung muss nach der *lex fori* des Ursprungsstaates materiell und formell **rechts-** **202** **kräftig** sein; denn ein förmliches Feststellungsverfahren für Entscheidungen, die im Erstaat noch aufgehoben werden können, macht keinen Sinn (OLG Koblenz FamRZ 05, 1692/1693; Bay- ObLG FamRZ 90, 897/898 f; MüKoFamFG/*Rauscher* Rn 21; NK-BGB/*Andrae* §§ 107–109 Rn 11). Dies ist ggf vom Antragsteller nachzuweisen (BayObLG aaO).

Ferner beschränkt sich das Verfahren nach Art 107 auf Entscheidungen, die den Status der **203** Ehegatten entweder geändert oder festgestellt haben. Es gilt daher nicht für Entscheidungen, die den gestellten Antrag als unzulässig oder unbegründet zurückgewiesen haben (BGH NJW 85, 552 f; Zö/*Geimer* Rn 43; Erman/*Hohloch* Art 2 Rom III-VO Rn 13; einschränkend Staud/ *Spellenberg* Rn 78 ff, 80 mwN). Über die Anerkennung solcher **klageabweisender Entschei- dungen** kann daher jedes Gericht und jede Behörde nach Maßgabe von §§ 108, 109 selbst inzident entscheiden (*Andrae/Heidrich* FamRZ 04, 1622/1628; ThP/*Hüßtege* Rn 8). Fehlt es an

955

K 204–207 2. Teil. Anerkennung/Vollstreckung K. Ehesachen

einer anerkennungsfähigen ausländischen Entscheidung, so kann auch die nachfolgende Registrierung der Ehescheidung im Personenstandsregister nicht Gegenstand der Anerkennung im Verfahren nach § 107 sein (KG FamRZ 07, 1828 f).

204 **c) Privatscheidungen.** Durch die EuGH-Entscheidung in der Sache *Sahyouni* (EuGH C-372/16, FamRZ 18, 169 Rn 41 = NZFam 18, 126 m Anm *Rieck*) ist klargestellt, dass Privatscheidungen sowohl aus dem Anwendungsbereich der Rom III-VO wie der EuEheVO ausgeschlossen sind, auch wenn eine Behörde an ihnen registrierend mitgewirkt hat; damit steht einer Anwendung von § 107 auf Privatscheidungen – auch aus anderen Mitgliedstaaten – jedenfalls kein vorrangiges europäisches Recht entgegen. Die Frage, ob im Verfahren nach § 107 auch die Wirksamkeit bzw Unwirksamkeit einer im Ausland durch Rechtsgeschäft vollzogenen Privatscheidung (zB einer Verstoßung nach islamischem Recht) mit *erga omnes*-Wirkung geklärt werden kann, ist nach wie vor umstritten. Der Wortlaut des Abs 1, der sich auf „Entscheidungen" bezieht, spricht eigentlich dagegen; deshalb wird zT aus systematischen Erwägungen eine Anwendung von § 107 auf Privatscheidungen gänzlich abgelehnt (vgl *Rauscher* IPRax 00, 391 f; *Kegel/Schurig*, IPR 825). Demgegenüber bezieht die hM Privatscheidungen zu Recht jedenfalls dann in den sachlichen Anwendungsbereich des Verfahrens nach § 107 ein, wenn eine **Behörde zumindest deklaratorisch** (zB durch Registrierung) **mitgewirkt** hat. Dies wird zT auf Fälle beschränkt, in denen die behördliche Mitwirkung zwingend vorgeschrieben ist (so OLG Celle FamRZ 98, 686 [*Japan*]). Überwiegend ließ man es jedoch unter Geltung von Art 7 § 1 FamRÄndG genügen, dass eine ausländische Behörde nur überhaupt – sei es auch fakultativ – an der Privatscheidung beteiligt war (BGHZ 110, 267/270 f = NJW 90, 2194 [*Thailand*]; OLG Düsseldorf FamRZ 03, 381 [LS; *Libanon*]; BayObLG FamRZ 03, 381/382 [*Jordanien*] und NJW-RR 94, 771 [*Syrien*]; KG FamRZ 02, 840 f [*Marokko*]; OLG Stuttgart IPRax 00, 427 m Anm *Rauscher* 391 [*Jordanien*]). An dieser Auffassung hält die Praxis bisher auch unter Geltung von § 107 FamFG fest (OLG München FamRZ 16, 1363 [*Syrien*] und FamRZ 12, 1142 m Anm *Henrich* = MittBayNot 12, 306 m Anm *Süß* [*Ägypten*]; KG FamRZ 13, 1484 [*Thailand*]; zust ThP/*Hüßtege* Rn 6; Zö/*Geimer* Rn 24; Keidel/*Zimmermann* Rn 19; P/H/*Hau* Rn 26; Staud/*Spellenberg* Rn 58 mwN).

205 Vorzugswürdig ist freilich die Auffassung, welche die Anerkennung jeglicher Art von ausländischen Privatscheidungen zwingend dem förmlichen Feststellungsverfahren nach § 107 unterwirft, dh auch von solchen Privatscheidungen, an denen überhaupt **keine Behörde mitgewirkt** hat. Denn der Normzweck dieses Verfahrens, eine einheitliche und verbindliche Entscheidung über die Auflösung von Ehen im Ausland zu gewährleisten, gilt in diesen Fällen nicht minder. Gerade wenn eine ausländische Behörde die Privatscheidung nicht einmal registriert oder beurkundet hat, wirft die Prüfung ihrer Wirksamkeit nicht selten erhebliche kollisionsrechtliche Probleme auf, die zweckmäßigerweise von hierauf spezialisierten Behörden verbindlich gelöst werden sollten (vgl OLGPräs Frankfurt/M StAZ 03, 137; *Andrae/Heidrich* FamRZ 04, 1622/1626; *Gottwald* FS Rüssmann [2013] 771/773; NK-BGB/*Andrae* §§ 107–109 Rn 13; MüKo-FamFG/*Rauscher* Rn 28; Erman/*Hohloch* Art 2 Rom III-VO Rn 17, jeweils mwN; **aA** aber Zö/*Geimer* Rn 23 ff; Th/P/*Hüßtege* Rn 6; Staud/*Spellenberg* Rn 69; zu den Voraussetzungen der (kollisionsrechtlichen) Anerkennung von Privatscheidungen → Rn 291 ff).

206 Das Feststellungsverfahren nach § 107 findet – entgegen seinem Wortlaut – auch nicht nur auf eine „im Ausland" vollzogene Privatscheidung Anwendung, sondern gilt entsprechend auch für **inländische Privatscheidungen,** an denen **ausländische Behörden mitgewirkt** haben (vgl zur Scheidung vor dem thailändischen Generalkonsulat in Frankfurt/M OLG Nürnberg NJW-RR 17, 69 Rn 6; ferner Pal/*Thorn* Art 17 EGBGB Rn 7; MüKoBGB/*Winkler v Mohrenfels* Art 17 EGBGB Rn 13; Staud/*Spellenberg* Rn 64; ebenso schon zu Art 7 FamRÄndG BGHZ 82, 34/41 f = NJW 82, 517 [Scheidung vor der thailändischen Botschaft in Bonn). Die Anerkennung scheitert zwar in diesem Fall an Art 17 Abs 2 EGBGB (→ A Rn 562 ff). Diese Feststellung kann allerdings nicht inzident in dem anschließend von einem Ehegatten eingeleiteten Scheidungsverfahren vom Familiengericht, sondern nur im Verfahren nach § 107 von der zuständigen LJV getroffen werden (OLG Nürnberg aaO).

207 Auch die in jüngster Zeit in mehreren **EU-Mitgliedstaaten** eingeführten Privatscheidungen können, soweit an ihnen Gerichte/Behörden nicht konstitutiv mitwirken, in Deutschland nicht nach Art 21 ff EuEheVO anerkannt werden (→ Rn 18 ff). Die Anerkennung richtet sich vielmehr nach kollisionsrechtlichen Grundsätzen, dh nach Art 5 und 8 Rom III-VO (ggf in entsprechender Anwendung; → A Rn 319 ff) und ist im Verfahren nach § 107 festzustellen. Dies gilt etwa für die Privatscheidung nach *italienischem* Recht (Art 12 Gesetzesdekret Nr 1132 v

956

IV. Autonomes Zivilverfahrensrecht: FamFG § 107   208–212 **K**

12.9.2014), an welcher der Standesbeamte nur registrierend als Behörde mitwirkt (*Cubeddu-Wiedemann/Henrich* FamRZ 15, 1253/1259; ThP/*Hüßtege* Rn 4). Gleiches gilt für die durch Gesetz Nr 2016-1547 v 18.11.2016 eingeführte Privatscheidung in *Frankreich* nach Art 229-1 Cc, bei der die Erfüllung der in Art 229-3 Cc normierten formellen Voraussetzungen zwar durch einen Notar kontrolliert wird und die zu ihrer Wirksamkeit der Hinterlegung bei einem Notar bedarf, Art 229-1 Abs 2 und 3 Cc; darin liegt jedoch keine konstitutive Mitwirkung des Notars als staatliche Behörde an der Scheidung. Auch an der Privatscheidung nach *spanischem* Recht (Art 87 CC nF; → Rn 22) und nach *griechischem* Recht (Art 1491 BGB) fehlt es an einer konstituiven Mitwirkung staatlicher Behörden.

d) Entscheidungen des gemeinsamen Heimatstaats, Abs 1 S 2. Ist die Entscheidung **208** durch eine Gericht oder eine Behörde des Staates getroffen worden, dem beide Ehegatten zur Zeit der Entscheidung angehört haben, so ist die Durchführung des Feststellungsverfahrens nach Abs 1 S 2 nicht zwingend vorgeschrieben. Die Gefahr sich widersprechender Entscheidungen inländischer Gerichte oder Behörden ist in diesem Fall so gering, dass diese das Recht haben, jeweils inzident über die Anerkennung/Nichtanerkennung zu entscheiden (vgl OLG Schleswig FamRZ 15, 76; OVG Lüneburg NJW 15, 717; LSG Nordrhein-Westfalen IPRspr 15 Nr 270; zum früheren Recht BGHZ 82, 34/44 f = FamRZ 82, 44; OLG Bamberg FamRZ 97, 95/96; krit Staud/*Spellenberg* Rn 86). Voraussetzung ist, dass die Eheleute die gemeinsame Staatsangehörigkeit noch im Zeitpunkt der Verkündung des ausländischen Urteils gehabt haben (NK-BGB/*Andrae* Rn 15). Als Ausnahmevorschrift ist Abs 1 S 2 **restriktiv auszulegen;** bestehen daher Zweifel, ob eine Heimatstaatentscheidung vorliegt, ist das Verfahren zwingend durchzuführen (OLG Schleswig FamRZ 15, 76; Präs OLG Frankfurt IPRax 00, 124 Staud/*Spellenberg* Rn 89).

Aus diesem Grunde ist auch bei der Auslandsscheidung von **Mehrstaatern** Art 5 Abs 1 **209** EGBGB nicht analog anzuwenden. Wegen der häufig schwierigen Entscheidung, welche Staatsangehörigkeit eines Ehegatten als effektiv anzusehen ist, ist das Feststellungsverfahren stets durchzuführen, wenn auch nur ein Ehegatte Doppel- oder Mehrstaater ist. Auf die Effektivität der gemeinsamen Staatsangehörigkeit kommt es dabei nicht an (OLG Schleswig FamRZ 15, 76; Zö/*Geimer* Rn 42; **aA** *Heiderhoff* StAZ 09, 328/331; BeckOK-FamFG/*Sieghörtner* Rn 14; Staud/*Spellenberg* Rn 94, 96). Dies gilt insbesondere, wenn ein Ehegatte auch die **deutsche Staatsangehörigkeit** besitzt (BGH NJW 83, 514/515; OLG Hamburg FamRZ 14, 1563 m Anm *Gutmann* NZFam 14, 814; BayObLG FamRZ 98, 1594/1595; BayObLG NJW-RR 90, 842/843; NK-BGB/*Andrae* §§ 107–109 Rn 15; einschränkend für den Fall effektiver ausländischer Staatsangehörigkeit, wenn kein Ehegatte zugleich Deutscher ist, MüKoFamFG/*Rauscher* Rn 36).

Besitzen die Ehegatten gemeinsam die Staatsangehörigkeit eines **Mehrrechtsstaats** (zB der **210** USA) an, so hat die restriktive Auslegung von Abs 1 S 2 zur Folge, dass das Feststellungsverfahren nur entfällt, wenn beide Ehegatten auch mit der gleichen Teilrechtsordnung am engsten verbunden sind (ThP/*Hüßtege* Rn 5). Lässt sich ein New Yorker daher von seiner kalifornischen Ehefrau in Florida scheiden, so greift Abs 1 S 2 nicht ein.

Abs 1 S 2 beschränkt die Ausnahme vom Erfordernis des Feststellungsverfahrens auf Fälle, **211** in denen ein Gericht oder eine Behörde des gemeinsamen Heimatstaats der Ehegatten „entschieden" hat. Damit sind **Privatscheidungen** im gemeinsamen Heimatstaat der Ehegatten, selbst wenn eine Behörde daran registrierend mitgewirkt hat, vom Ausnahmetatbestand nicht erfasst. Dafür spricht insbesondere, dass inländische Gerichte und Behörden, die sonst über die Anerkennung einer solchen Privatscheidung als Vorfrage zu befinden hätte, mit dieser kollisions- wie materiellrechtlich häufig schwierigen Entscheidung überfordert wären (OLG Frankfurt/M FamRZ 05, 989; NK-BGB/*Andrae* §§ 107–109 Rn 14, 16); **aA** KG FamRZ 17, 1912 = NZFam 17, 533 m zust Anm *Majer;* MüKoFamFG/*Rauscher* Rn 26 ff; P/H/*Hau* Rn 34).

e) Freiwilliges Feststellungsverfahren. Zu Art 7 § 1 FamRÄndG war anerkannt, dass ein **212** Feststellungsverfahren vor der Landesjustizverwaltung nicht nur durchgeführt werden konnte, wenn es von dieser Vorschrift zwingend vorgeschrieben war, sondern auf entsprechenden Antrag auch als freiwilliges Verfahren (BGHZ 112, 127/130 f, 134 f = NJW 90, 3081; BayObLG FamRZ 02, 1637/1638; BayObLG NJW 90, 3081/3082; **aA** OLG Frankfurt NJW 71, 1528). In Betracht kamen für ein solches freiwilliges Feststellungsverfahren insbesondere Entscheidungen des gemeinsamen Heimatstaats der Ehegatten (Abs 1 S 2) sowie Fälle, in denen eine gesetzliche Pflicht zur Durchführung des Verfahrens zumindest fraglich war. Der Entscheidung

957

K 213–217 · 2. Teil. Anerkennung/Vollstreckung K. Ehesachen

der Landesjustizverwaltung kam in diesen Fällen die gleiche Bindungswirkung zu wie einer gesetzlich vorgeschriebenen Feststellung (BayObLG NJW 90, 3081/3082).

213 Ob daran auch unter Geltung des FamFG festzuhalten ist, wird zT mit dem Hinweis bezweifelt, dass den Ehegatten hierfür nunmehr das fakultative **Anerkennungsfeststellungsverfahren nach § 108 Abs 2** zur Verfügung stünde (NK-BGB/*Andrae* §§ 107–109 Rn 17; abl auch Zö/*Geimer* Rn 38). Für dieses Verfahren ist freilich das in § 108 Abs 3 bestimmte Familiengericht ausschließlich zuständig (→ Rn 246 f), dem häufig die bei den Landesjustizverwaltungen konzentrierte Fachkompetenz auf dem Gebiet der Anerkennung ausländischer Eheurteile fehlen wird. Man sollte den Ehegatten daher auch weiterhin die Möglichkeit belassen, statt dieses Verfahrens das freiwillige Anerkennungsverfahren nach § 107 zu wählen (so auch OLG Stuttgart FamRZ 17, 1518/1519; KG FamRZ 17, 1412 = NZFam 17, 353 m Anm *Majer*; OLG Schleswig FamRZ 15, 76; AG Oldenburg StAZ 17, 178 f; *Heiderhoff* StAZ 09, 328/332; *Gottwald* FS Rüssmann [2013] 771/773; P/H/*Hau* Rn 32; MüKoFamFG/*Rauscher* Rn 34; Staud/*Spellenberg* Rn 100 mwN).

3. Auswirkungen des Entscheidungsmonopols der Landesjustizverwaltung vor der Feststellungsentscheidung

214 **a) Zwingendes Feststellungsverfahren.** Soweit die Durchführung des Feststellungsverfahrens nach Abs 1 S 1 zwingend vorgeschrieben ist, bestehen unterschiedliche Auffassungen zu der Frage, wie sich dieses Feststellungsmonopol der LJV auf ein anhängiges Verfahren auswirkt, dessen Ausgang von der Entscheidung über die Vorfrage der Anerkennung/Nichtanerkennung des ausländischen Eheurteils abhängt. In der Rechtsprechung wird eine Pflicht von Gerichten oder Behörden, das anhängige Verfahren bis zu einer Entscheidung der zuständigen Landesjustizverwaltung *von Amts wegen* auszusetzen, überwiegend verneint. Die Entscheidung über die Aussetzung liege vielmehr nach § 113 Abs 1 S 2 FamFG iVm § 148 ZPO **im Ermessen des angerufenen Gerichts,** das aus prozessökonomischen Gründen auf eine Aussetzung verzichten könne, wenn es zu der Überzeugung gelange, dass die Voraussetzungen der Anerkennung **offensichtlich** nicht vorlägen (BGH NJW 1983, 514/515; OLG Nürnberg FamRZ 09, 637; OLG Köln FamRZ 98, 1303/1304). In einem solchen Fall könne das deutsche Gericht daher von der Inexistenz des ausländischen Scheidungsurteils ausgehen und die Ehe erneut scheiden. Ferner sei in einem Unterhaltsverfahren vom Fortbestand der ehelichen Unterhaltspflicht auszugehen (OLG Hamm FamRZ 96, 178/179).

215 Der Wortlaut der Vorschrift bietet für diese Auslegung indessen keinen Anhaltspunkt; sie vermag auch im Interesse der Rechtssicherheit nicht zu überzeugen, denn gerade der Streit über die Frage, wann eine Entscheidung „offensichtlich" nicht anerkennungsfähig ist, soll durch das Feststellungsverfahren gerade vorgebeugt werden (*Hau* FS Spellenberg [2010]435/446; ThP/*Hüßtege* Rn 9; Zö/*Geimer* Rn 10). Die besseren Argumente sprechen daher für eine **Pflicht zur Aussetzung,** da nur auf diese Weise die mit § 107 bezweckte einheitliche und bindende Klärung der Anerkennungsfrage erreicht werden kann. Inländische Gerichte sind also durch das Feststellungsmonopol der LJV nach Abs 1 nicht nur daran gehindert, selbst inzident das Vorliegen der Anerkennungsvoraussetzungen nach § 109 zu bejahen (unstreitig, vgl OLG Köln aaO); sie haben vielmehr auch nicht das Recht, aufgrund eigener Wertung deren Vorliegen zu verneinen und vom Fortbestand der im Ausland aufgelösten Ehe auszugehen. Das Prüfungs- und Feststellungsmonopol der LJV bildet vielmehr auch insoweit ein **Verfahrenshindernis** (OLG Koblenz FamRZ 05, 1692/1694 m Anm *Geimer* IPRax 15, 325; KG FamRZ 69, 96/98; Zö/*Geimer* Rn 8 ff; MüKoFamFG/*Rauscher* Rn 17; NK-BGB/*Andrae* Rn 23; Staud/*Spellenberg* Rn 32 ff, 37 mwN; **aA** OLG Hamburg FamRZ 14, 1563 m Anm *Gutmann* NZFam 14, 814).

216 In jedem Fall ist das anhängige Verfahren nach dem Rechtsgedanken der §§ 113 Abs 1 S 2 FamFG, 154 ZPO auszusetzen, wenn eine Partei einen entsprechenden **Antrag** stellt (OLG Celle FamRZ 08, 430; OLG Karlsruhe FamRZ 00, 1021; ThP/*Hüßtege* Rn 37; NK-BGB/*Andrae* Rn 20). Auf das Erfordernis der Durchführung des Feststellungsverfahrens nach § 107 hat das Gericht gem §§ 113 Abs 1 S 2 FamFG, 139 ZPO hinzuweisen (OLG Köln FamRZ 98, 1303/1304) und hierfür gegebenenfalls eine Frist zu bestimmen (BGH NJW 83, 514/515). Ein Antrag auf Verfahrenskostenhilfe für ein Scheidungsverfahren im Inland ist zurückzuweisen, solange der Antragsteller das Verfahren nach § 107 vor der zuständigen LJV nicht durchgeführt hat (OLG Nürnberg FamRZ 17, 360/361).

217 **b) Freiwilliges Feststellungsverfahren.** Unterliegt die ausländische Entscheidung – wie zB eine Heimatstaatscheidung nach Abs 1 S 2 – nicht dem Feststellungsmonopol der LJV, so gilt der

958

IV. Autonomes Zivilverfahrensrecht: FamFG § 107　　　　　**218–222　K**

Grundsatz der *ipso iure*-Anerkennung nach § 108 Abs 1. In diesem Fall ist das Gericht also grundsätzlich verpflichtet, selbst inzident über die Frage der Anerkennungsfähigkeit zu entscheiden (NK-BGB/*Andrae* Rn 21). Gleiches gilt für inländische Behörden, zB für den Standesbeamten, vor dem der im Ausland geschiedene Ehegatte eine neue Ehe eingehen möchte. Ist allerdings ein freiwilliges Feststellungsverfahren bei der LJV bereits anhängig, so kommt auch eine Aussetzung des anhängigen Gerichts- oder Verwaltungsverfahrens bis zur Entscheidung der LJV in Betracht, um widersprüchliche Entscheidungen über die Inlandswirkung des ausländischen Eheurteils zu vermeiden.

4. Durchführung des Verwaltungsverfahrens, Abs 2–7

a) Zuständigkeit. aa) Örtliche Zuständigkeit, Abs 2. Örtlich zuständig ist die LJV des **218** Landes, in dem **ein Ehegatte seinen gewöhnlichen Aufenthalt** hat, Abs 2 S 1. Daraus folgt eine konkurrierende Zuständigkeit zweier Justizverwaltungen, wenn die Ehegatten ihren gewöhnlichen Aufenthalt in verschiedenen Bundesländern haben. In diesem Fall kommt es darauf an, bei welcher der beiden Justizverwaltungen der Antrag zuerst gestellt wurde; deren Zuständigkeit schließt dann analog § 2 Abs 1 FamFG die Zuständigkeit der später angerufenen anderen LJV aus (MüKoFamFG/*Rauscher* Rn 39; NK-BGB/*Andrae* §§ 107–109 Rn 25). Der gewöhnliche Aufenthalt eines Ehegatten in dem betreffenden Bundesland muss im **Zeitpunkt der Antragstellung** gegeben sein; fällt er später weg, so schadet dies nach dem auch insoweit geltenden Grundsatz der *perpetuatio fori* nicht (BayObLG FamRZ 79, 1015/1016; *Krzywon* StAZ 89, 93/97).

Bedarf es einer Feststellung der Anerkennung des ausländischen Eheurteils im Inland, obwohl **219** hier **keiner der Ehegatten einen gewöhnlichen Aufenthalt** hat, so ist primär die LJV des Landes zuständig, in dem einer der Ehegatten eine neue Ehe schließen oder eine Lebenspartnerschaft begründen möchte; in diesem Fall kann die LJV den Nachweis verlangen, dass die Eheschließung bzw die Begründung der Lebenspartnerschaft bereits angemeldet worden ist, Abs 2 S 2. Hilfsweise ist für im Ausland lebende Ehegatten die LJV Berlin zuständig, Abs 2 S 3 (Staud/*Spellenberg* Rn 146 f).

bb) Sachliche Zuständigkeit, Abs 3. Sachlich sind für die Durchführung des Feststellungs- **220** verfahrens die Landesjustizverwaltungen zuständig, die ihre Befugnisse nach Abs 3 durch Rechtsverordnung auf einen oder mehrere **OLG-Präsidenten** delegieren können. Von dieser Möglichkeit haben mit Ausnahme von Berlin, Hamburg, Mecklenburg-Vorpommern und Schleswig-Holstein alle Bundesländer Gebrauch gemacht. Danach sind für die Durchführung des Verwaltungsverfahrens nach Abs 1 die Präsidenten folgender Oberlandesgerichte zuständig: in Baden-Württemberg: OLG Karlsruhe für Baden, OLG Stuttgart für Württemberg; in Bayern: OLG München; in Bandenburg: Brandenburgisches OLG; in Bremen: Hanseatisches OLG Bremen; in Hessen: OLG Frankfurt; in Niedersachsen: Oberlandesgerichte Braunschweig, Celle und Oldenburg; in Nordrhein-Westfalen: OLG Düsseldorf; in Rheinland-Pfalz: OLG Koblenz; im Saarland: Saarländisches OLG; in Sachsen: OLG Dresden; in Sachsen-Anhalt: OLG Naumburg; in Thüringen: OLG Thüringen. Eine Sonderzuständigkeit im gerichtlichen Verfahren besteht in Rheinland-Pfalz gem § 4 Abs 3 Nr 2 GerichtsorganisationsG beim OLG Zweibrücken (nähere Angaben bei NK-BGB/*Andrae* §§ 107–109 Rn 86 f; Staud/*Spellenberg* Rn 142).

b) Antrag. aa) Antragserfordernis, Abs 4 S 1. Das Verfahren setzt nach Abs 4 S 1 einen **221** Antrag voraus. Dieser kann von einer beteiligungsfähigen (§ 8) und verfahrensfähigen (§ 9) Person oder Behörde formlos unmittelbar bei der nach Abs 2 zuständigen Behörde gestellt werden. Die Vertretung durch einen Rechtsanwalt ist hierfür nicht erforderlich. Auch **Antragsfristen** sind nicht einzuhalten (BayObLG FamRZ 00, 1170). Je nach Interessenlage kann der Antrag auf die positive Feststellung gerichtet sein, dass die Voraussetzungen für die Anerkennung vorliegen (Abs 1) oder auf die negative Feststellung, dass sie nicht vorliegen (Abs 8; vgl schon JM Baden-Württemberg IPRax 90, 51). Eine Rücknahme des Antrags ist bis zur Entscheidung durch die LJV jederzeit möglich (BeckOK-FamFG/*Sieghörtner* Rn 19; Keidel/*Zimmermann* Rn 29).

Zur Antragstellung sollte das von den Landesjustizverwaltungen bereit gehaltene **Formular** **222** verwendet werden. Aus diesem ist auch ersichtlich, welche Urkunden und sonstigen Nachweise vom Antragsteller vorgelegt werden müssen. Unabdingbar ist die Vorlage einer vollständigen Ausfertigung der ausländischen Entscheidung, möglichst mit Rechtskraftvermerk, im Original; die Vorlage einer Kopie reicht nicht aus. Fremdsprachige Urkunden sind von einem öffentlich

959

K 223–228 2. Teil. Anerkennung/Vollstreckung K. Ehesachen

bestellten Übersetzer ins Deutsche zu übersetzen; auf eine Übersetzung englischsprachiger Urkunden wird allerdings heute überwiegend verzichtet (zu Einzelheiten NK-BGB/*Andrae* §§ 107–109 Rn 88 f).

223 **bb) Antragsberechtigung, Abs 4 S 2.** Den Antrag kann nach Abs 4 S 2 stellen, wer ein **rechtliches Interesse** an der Anerkennung glaubhaft machen kann. Dies sind unstreitig die Parteien des ausländischen Verfahrens, also zB die im Ausland geschiedenen Ehegatten (OLG München FamRZ 15, 2056). Darüber hinaus können aber auch **Dritte** die Feststellung der Anerkennung beantragen, sofern ihre Rechte hierdurch betroffen sein können. Dies wird etwa für den Partner einer neuen Ehe (oder Lebenspartnerschaft) des im Ausland geschiedenen Ehegatten sowie für seine Kinder oder Erben angenommen (NK-BGB/*Andrae* Rn 26; Erman/ *Hohloch* Art 2 Rom III-VO Rn 13). Gleiches gilt für die Parteien eines im Inland anhängigen (Folge-) Verfahrens, dessen Ausgang von der Anerkennung des ausländischen Eheurteils beein- flusst wird, wie zB ein inländisches Scheidungsverfahren nach ausländischer gerichtlicher Ehe- trennung (BayObLG FamRZ 90, 897/898) oder ein inländisches Sorgerechtsverfahren nach ausländischer Ehetrennung oder –scheidung (BayObLG FamRZ 02, 1637/1638 und FamRZ 01, 1622). Hingegen ist der Verlobte, der den im Ausland geschiedenen Ehegatten heiraten möchte, im Verfahren nach § 107 nicht antragsbefugt (KG FamRZ 17, 638/639; Staud/*Spellenberg* Rn 166; Keidel/*Zimmermann* Rn 43; **aA** MüKoFamFG/*Rauscher* Rn 43).

224 Antragsberechtigt sind auch staatliche **Behörden,** soweit deren Entscheidung von der Vorfrage abhängt, ob die im Ausland geschiedene Ehe auch mit Wirkung für das Inland aufgelöst ist. Anerkannt ist dies etwa für die Verwaltungsbehörde, die wegen des Ehehindernisses der Doppe- lehe (§ 1306 BGB) die Eheaufhebung nach § 1316 Abs 1 Nr 1 BGB beantragt oder für die Staatsanwaltschaft, die ein Strafverfahren wegen Mehrehe (§ 172 StGB) einleiten möchte. Auch Sozialversicherungsbehörden wird ein Antragsrecht zugebilligt (KG OLGZ 84, 38; Erman/ *Hohloch* aaO). Für Finanzämter und Standesbeamte ist dies hingegen streitig (bejahend *Gottwald* FS Rüssmann [2013] 771/779; Erman/*Hohloch* aaO; NK-BGB/*Andrae* §§ 107–109 Rn 27; ThP/*Hüßtege* Rn 19; **aA** MüKoFamFG/*Rauscher* Rn 43; Staud/*Spellenberg* Rn 172, 174). Kein Antragsrecht haben Gerichte (BGH NJW 83, 514/515).

225 **cc) Verwirkung.** Eine Verwirkung des Antragsrechts – mit der Folge einer Unzulässigkeit des Antrags – hat auszuscheiden, weil sie mit dem Sinn und Zweck des Feststellungsverfahrens nicht vereinbar wäre; die wünschenswerte verbindliche Klärung der Anerkennungsfrage sollte nicht wegen des Verhaltens des Antragstellers scheitern (JM BW FamRZ 95, 1411/1412; Zö/*Geimer* Rn 55; MüKoFamFG/*Rauscher* Rn 42; ThP/*Hüßtege* Rn 20; **aA** OLG Düsseldorf FamRZ 88, 198).

226 **c) Verfahrensgrundsätze.** Das Verfahren wird in entsprechender Anwendung der landes- rechtlichen Gesetze zum Verwaltungsverfahren (VwVfG) durchgeführt. Die Vorschriften des Allgemeinen Teils des FamFG sind jedoch entsprechend anzuwenden, soweit sie auch für behördliche Verfahren passen (ThP/*Hüßtege* Rn 15). Danach wird das Verfahren grundsätzlich **nur schriftlich** durchgeführt, dh auf eine mündliche Anhörung der Beteiligten wird verzichtet. Allerdings ist sowohl beiden Ehegatten (BayObLG FamRZ 00, 485) als auch allen anderen Personen, auf deren Rechte sich die Entscheidung auswirkt, **rechtliches Gehör** zu gewähren (NK-BGB/*Andrae* Rn 30).

227 Die LJV hat den Sachverhalt, insbesondere zu den Anerkennungshindernissen nach § 109, **von Amts wegen** analog § 26 FamFG zu ermitteln (Staud/*Spellenberg* Rn 180 ff). Der Antrag- steller trägt jedoch die Feststellungslast für die ihm günstigen Tatsachen; ihm kann daher die Pflicht zur Beibringung der für deren Nachweis erforderlichen Unterlagen aufgegeben werden. Beruft er sich auf einen Versagungsgrund nach § 109, so ist er hierfür beweisbelastet (BGH NJW 06, 701 Rn 18; ThP/*Hüßtege* Rn 23). Die vorgelegten Unterlagen und Urkunden unterliegen der **freien Beweiswürdigung;** daher steht es im pflichtgemäßen Ermessen der LJV, ob sie eine amtliche Beglaubigung (Legalisation) von ausländischen Urkunden oder die Übersetzung fremd- sprachiger Dokumente verlangt.

228 **d) Wirksamkeit der Entscheidung, Abs 6.** Die Entscheidung der LJV wird grundsätzlich mit der Bekanntgabe (§ 15 Abs 1) an den Antragsteller wirksam, Abs 6 S 2. Die Bekanntgabe hat wegen des fristgebundenen Antrags auf gerichtliche Entscheidung (→ Rn 230) gemäß § 15 Abs 2 FamFG durch Zustellung gem §§ 166 ff ZPO oder durch Aufgabe zur Post bzw nach den Verwaltungszustellungsgesetzen der Länder zu erfolgen. Die LJV kann jedoch gem Abs 6 S 3 in ihrer Entscheidung auch bestimmen, dass die Entscheidung erst nach Ablauf einer bestimmten

960

IV. Autonomes Zivilverfahrensrecht: FamFG § 107   229–233 **K**

Frist wirksam werden soll. Der gegen die Entscheidung der LJV gestellte Antrag auf gerichtliche Entscheidung hat gem Abs 7 S 2 **keine aufschiebende Wirkung.** Das OLG hat jedoch die Möglichkeit, durch Erlass einer einstweiligen Anordnung gem Abs 7 S 3 iVm § 64 Abs 3 FamFG die Wirksamkeit der Entscheidung der LJV vorläufig auszusetzen (NK-BGB/*Andrae* Rn 31).

5. Gerichtliches Verfahren, Abs 5–7

a) Antragsbefugnis. Zur Stellung des Antrags auf Überprüfung der Entscheidung der LJV **229** durch das OLG ist einerseits der **Antragsteller** berechtigt, wenn sein Antrag (auf Anerkennung oder Nichtanerkennung) abgelehnt worden ist (Abs 5); andererseits steht dieses Recht auch **dem anderen Ehegatten,** der den Antrag nicht gestellt hat, dann zu, wenn die LJV festgestellt hat, dass die Voraussetzungen der Anerkennung vorliegen (Abs 6 S 1). Darüber hinaus können auch alle sonstigen Personen das OLG anrufen, die im Zeitpunkt dieser Anrufung noch wirksam einen Antrag auf Anerkennung/Nichtanerkennung bei der LJV stellen könnten (OLG Schleswig FamRZ 15, 76; KG FamRZ 04, 275/276; OLG Koblenz IPRax 88, 359/360 m Anm *Richter/Krzywon* 349; *Hau* FamRZ 09, 821/825; MüKoFamFG/*Rauscher* Rn 54; Staud/*Spellenberg* Rn 223; einschränkend ThP/*Hüßtege* Rn 30).

b) Form und Frist des Antrags. Abweichend vom bisherigen Recht gelten für den Antrag **230** auf gerichtliche Entscheidung die Vorschriften über die Beschwerde (§§ 58 ff FamFG) entsprechend. Danach ist der Antrag **binnen der Monatsfrist** des § 63 Abs 1 zu stellen (ThP/*Hüßtege* Rn 29; NK-BGB/*Andrae* Rn 33). Nach Ablauf der Frist kommt nur noch eine Wiederaufnahme gem Abs 7 S 3 iVm § 48 Abs 2 FamFG und §§ 578 ff ZPO in Betracht. Der Antrag ist – abweichend von § 64 FamFG – nicht bei der LJV, sondern nach Abs 5 beim OLG (BGH NJW-RR 11, 721 Rn 7) schriftlich oder zu Protokoll der Geschäftsstelle zu stellen (Abs 7 S 3 iVm § 64 Abs 2). Für die Antragsrücknahme gilt § 22 analog (P/H/*Hau* Rn 60; **aA** NK-BGB/*Andrae* §§ 107–109 Rn 34).

c) Verfahrensdurchführung. Zuständig für die Durchführung des Verfahrens ist ein Zivil- **231** senat des Oberlandesgerichts, in dessen Bezirk die LJV ihren Sitz hat bzw dessen Präsident entschieden hat, Abs 7 S 1. Der Antrag auf gerichtliche Entscheidung hat keine aufschiebende Wirkung, Abs 7 S 2. Im Übrigen sind die für das Verfahren passenden Vorschriften des FamFG heranzuziehen. Demnach sind als Beteiligte die LJV sowie diejenigen Personen beizuladen, die an der Anerkennung/Nichtanerkennung ein rechtliches Interesse haben (NK-BGB/*Andrae* §§ 107–109 Rn 34). Anwaltszwang besteht insoweit nicht. Eine mündliche Verhandlung ist nicht obligatorisch, ihre Anordnung steht vielmehr im Ermessen des OLG (MüKoFamFG/*Rauscher* Rn 58). Aufgrund der Verweisung in Abs 7 S 3 auf die Vorschriften über das Beschwerdeverfahren entscheidet das OLG als Tatsachengericht (§ 65) und hat deshalb den Sachverhalt **von Amts wegen** zu ermitteln (§ 68 Abs 3 iVm § 26). Die **Beweisaufnahme** erfolgt nach den Grundsätzen des Freibeweises, §§ 26 ff. Entschieden wird durch zu begründenden Beschluss (§ 69 Abs 2; Keidel/*Zimmermann* Rn 48).

Abweichend von dem bis zum 31.8.2009 geltenden Recht ist die die Entscheidung des OLG **232** aufgrund der Verweisung in Abs 7 S 3 auf den gesamten 5. Abschnitt nunmehr mit der **Rechtsbeschwerde zum BGH** nach §§ 70 ff FamFG anfechtbar, wenn diese vom OLG zugelassen wird (BGH FamRZ 11, 788; MüKoFamFG/*Rauscher* Rn 59). Die LJV ist jedoch nicht beschwerdebefugt, auch wenn das OLG ihren Bescheid aufgehoben hat (BGH NJW 16, 250 m Anm *Althammer* NZFam 16, 27).

6. Wirkungen der Feststellungsentscheidung, Abs 9

a) Bindungswirkung. Die Feststellung, dass die Voraussetzungen für die Anerkennung vor- **233** liegen oder nicht vorliegen, ist nach Abs 9 für alle Gerichte und Behörden verbindlich. Ihnen ist es daher untersagt, diese Frage in einem anhängigen Gerichts- oder Verwaltungsverfahren abweichend zu beurteilen. Dies gilt auch dann, wenn das Verfahren nur fakultativ (→ Rn 212 f) durchgeführt worden ist (Erman/*Hohloch* Art 2 Rom III-VO Rn 13). Keine Bindungswirkung entfaltet hingegen die Entscheidung der LJV, die den Antrag lediglich aus verfahrensrechtlichen Gründen (zB wegen fehlender Antragsberechtigung) zurückweist. Wird der Antrag aus materiellrechtlichen Gründen zurückgewiesen, so hat diese Entscheidung die gleiche Bindungswirkung wie eine Entscheidung, die dem gegenteiligen Antrag stattgegeben hat (MüKoFamFG/*Rauscher* Rn 45; **aA** NK-BGB/*Andrae* §§ 107–109 Rn 36).

961

K 237   2. Teil. Anerkennung/Vollstreckung K. Ehesachen

234   **b) Rückwirkung.** Die Feststellung des Vorliegens der Anerkennungsvoraussetzungen wirkt auf den Zeitpunkt zurück, zu dem die Wirkungen der Eheentscheidung im Ursprungsstaat eingetreten sind. Die Ehe gilt mithin für diesen Fall als zu dem Zeitpunkt für das Inland geschieden, zu dem das Scheidungsurteil im Ursprungsstaat Rechtskraft erlangt hat (BGH NJW 83, 514/515; Erman/*Hohloch* Art 2 Rom III-VO Rn 13). Die LJV kann die Rückwirkung jedoch nach Abs 3 S 3 auch einschränken.

235   **c) Bestandskraft der Entscheidung der LJV.** Der Bescheid der LJV wird formell bestandskräftig, sobald er – insbesondere wegen Ablaufs der Frist nach § 63 – nicht mehr durch Anrufung des OLG angefochten werden kann. Stellt sich nachträglich die Rechtswidrigkeit des Bescheids heraus, so ist fraglich, ob er analog § 48 VwVfG zurückgenommen werden kann (so BayObLG FamRZ 00, 836/837; ThP/*Hüßtge* Rn 35; B/L/*Hartmann* Rn 20). Vorzuziehen ist eine Abänderung nach § 48 Abs 1 S 2 bzw eine Wiederaufnahme nach § 48 Abs 2 FamFG, soweit die Voraussetzungen hierfür erfüllt sind (NK-BGB/*Andrae* Rn 37; einschränkend MüKoFamFG/ *Rauscher* Rn 48 f: Abänderung nur noch auf Antrag).

236   **d) Rechtskraft der OLG-Entscheidung.** Die Entscheidung des OLG über die Anerkennung/Nichtanerkennung wird mit Ablauf der Rechtsbeschwerdefrist nach § 71 Abs 1 formell und materiell rechtskräftig. Die Rechtskraft wirkt allerdings – anders als die Bindung nach Abs 9 – **nur** *inter partes,* so dass andere, am Verfahren nicht beteiligte, Antragsberechtigte auch nach Erlass der OLG-Entscheidung nicht gehindert sind, ihrerseits das OLG anzurufen; Voraussetzung ist lediglich, dass die Frist zur Einlegung der Beschwerde gegen die Entscheidung der LJV noch nicht abgelaufen ist. Danach kommt – etwa im Fall einer Aufhebung des anerkannten Scheidungsurteils im Ursprungsstaat – nur noch eine Wiederaufnahme des Verfahrens gem § 107 Abs 7 iVm § 48 Abs 2 in Betracht (NK-BGB/*Andrae* §§ 107–109 Rn 39; vgl auch zu Art 21 Abs 3 EuEheVO die Regelung in § 34 IntFamRVG; → N Rn 588 f).

FamFG § 108. Anerkennung anderer ausländischer Entscheidungen

(1) **Abgesehen von Entscheidungen in Ehesachen werden ausländische Entscheidungen anerkannt, ohne dass es hierfür eines besonderen Verfahrens bedarf.**

(2) [1]**Beteiligte, die ein rechtliches Interesse haben, können eine Entscheidung über die Anerkennung oder Nichtanerkennung einer ausländischen Entscheidung nicht vermögensrechtlichen Inhalts beantragen.** [2] **§ 107 Abs. 9 gilt entsprechend.** [3] **[....]**

(3) **Für die Entscheidung über den Antrag nach Absatz 2 Satz 1 ist das Gericht örtlich zuständig, in dessen Bezirk zum Zeitpunkt der Antragstellung**

1. der Antragsgegner oder die Person, auf die sich die Entscheidung bezieht, sich gewöhnlich aufhält oder

2. bei Fehlen einer Zuständigkeit nach Nummer 1 das Interesse an der Feststellung bekannt wird oder das Bedürfnis der Fürsorge besteht.

Diese Zuständigkeiten sind ausschließlich.

Schrifttum: Vgl das Schrifttum zu § 107; → vor Rn 189; ferner *Althammer,* Verfahren mit Auslandsbezug nach dem neuen FamFG, IPRax 09, 381; *Klinck,* Das neue Verfahren zur Anerkennung ausländischer Entscheidungen nach § 108 II S. 1 FamFG, FamRZ 09, 741; *Krömer,* Neue Regelungen für die Anerkennung ausländischer Entscheidungen nach dem Inkrafttreten des FamFG, StAZ 10, 375.

1. Anwendung in Ehesachen

237   Gegenstand der Anerkennung nach § 108 sind ausländische Entscheidungen, die aus deutscher Sicht eine Familiensache iSv § 1 betreffen; darüber ist im Wege funktionaler Qualifikation zu entscheiden (*Althammer* IPRax 09, 381/387). Die Überschrift des § 108 („Anerkennung anderer ausländischer Entscheidungen" – gemeint: anderer als in Ehesachen) und Abs 1 scheinen zwar auf den ersten Blick Entscheidungen in Ehesachen aus dem Anwendungsbereich der Vorschrift auszuschließen. Dies trifft jedoch bei näherer Betrachtung nicht zu. Abs 1 stellt vielmehr nur klar, dass der Grundsatz der automatischen Anerkennung ausländischer Entscheidungen in Ehesachen durch § 107 eingeschränkt wird. Dieser Grundsatz gilt hingegen auch in Ehesachen, soweit das förmliche Feststellungsverfahren durch die Landesjustizverwaltung nicht eingreift, also insbesondere für Entscheidungen aus dem gemeinsamen Heimatstaat der Ehegatten (§ 107 Abs 1

962

IV. Autonomes Zivilverfahrensrecht: FamFG § 108   238–242 **K**

S 2) und für Entscheidungen, die den Antrag auf Ehescheidung, Ehetrennung etc als unbegründet zurückweisen (Staud/*Spellenberg* Rn 1 f, 130).

2. Begriff der Entscheidung

Anerkannt werden nach § 108 **nur Sachentscheidungen** (*Klinck* FamRZ 09, 741/743; **238** ThP/*Hüßtege* Rn 1; MüKoFamFG/*Rauscher* Rn 15 mwN). Dies sind Entscheidungen, die endgültig über den Verfahrensgegenstand befinden; diese Entscheidungen können sowohl rechtsbegründende wie lediglich feststellende Wirkung haben (BGH NJW 15, 479 Rn 22 m Anm *Henrich* IPRax 15, 229 [Leihmutterschaft]; *Duden* StAZ 14, 164/166; *Zwißler* NZFam 15, 118; *Coester-Waltjen* FF 15, 186; *Dethloff* JZ 16, 207). Nicht anerkennungsfähig sind hingegen Prozessurteile/-beschlüsse (MüKoFamFG/*Rauscher* Rn 18; Mu/*Borth/Grandel* Rn 2; Geimer IZPR Rn 2788 ff), verfahrensleitende Entscheidungen oder gerichtliche Tathandlungen (MüKoFamFG/*Rauscher* Rn 15). Auch ausländische Entscheidungen, welche die Anerkennung einer drittstaatlichen Entscheidung feststellen, sind nicht nach § 108 anerkennungsfähig. Solche Entscheidungen haben keinen anerkennungsfähigen Inhalt, sondern ordnen die Anerkennung nur beschränkt auf das eigene Hoheitsgebiet an (Staud/*Spellenberg* Rn 137).

Ob die Entscheidung im Ursprungsstaat von einem **Gericht** im eigentlichen Sinne, einer **239** Behörde oder einem Notariat erlassen wurde, ist nicht entscheidend. § 108 erfasst auch Entscheidungen solcher Behörden, die in ihrer Stellung deutschen Gerichten entsprechen (BayObLGZ 99, 352; Keidel/*Zimmermann* Rn 6; Staud/*Spellenberg* Rn 102 ff). Dabei kommt es nicht darauf an, ob die Entscheidung in einem Verfahren der streitigen oder der freiwilligen Gerichtsbarkeit oder in einem verwaltungsgerichtlichen Verfahren ergangen ist. Gerichtliche oder behördliche Entscheidungen werden jedoch nur erfasst, wenn die Ehescheidung durch **konstitutiven Hoheitsakt** herbeiführt worden ist (OLG Schleswig FamRZ 09, 609/610 [norwegischer *Fylkesmann*]). Wirkt die Behörde hingegen nur registrierend an einer rechtsgeschäftlichen (Privat-) Scheidung mit, so wird diese nicht nach § 109, sondern nach dem in entsprechender Anwendung der Rom III-VO bestimmten Scheidungsstatut anerkannt (→ Rn 292 ff; vgl BayObLG FamRZ 03, 381/382). Anerkennungsfähig sind nicht nur die auch im deutschen Recht bekannten Entscheidungen über die Scheidung oder Aufhebung der Ehe, sondern auch Entscheidungen, die lediglich eine **Trennung der Ehegatten** unter Aufrechterhaltung des Ehebandes ausgesprochen haben (BayObLG NJW-RR 90, 842/843). Schießlich sind auch Entscheidungen über die **Feststellung** des Bestehens/Nichtbestehens einer Ehe einer Anerkennung nach § 108 FamFG zugänglich.

Die Entscheidung muss von einer **ausländischen Stelle** getroffen worden sein. Auch dies ist **240** funktional iS der Zuordnung dieser Stelle zu einer ausländischen Hoheitsgewalt zu verstehen. Damit erfasst § 108 auch Entscheidungen, die durch eine ausländische (Konsular-) Behörde im Inland ergangen sind (MüKoFamFG/*Rauscher* Rn 11; Staud/*Spellenberg* Rn 120 ff).

In Ehesachen wurden früher nur Entscheidungen anerkannt, die formell **rechtskräftig** waren, **241** dh mit einem ordentlichen Rechtsbehelf im Ursprungsstaat nicht mehr angefochten werden konnten (OLG KG FamRZ 07, 1828; Koblenz FamRZ 05, 1692/1693; BayObLG NJW-RR 92, 1354/1355 und 90, 842/843; ebenso noch NK-BGB/*Andrae* §§ 107–109 Rn 11; Staud/*Spellenberg* Rn 141 ff mwN). Demgegenüber muss es ausreichen, dass die Entscheidung der Rechtskraft fähig und wirksam, dh nicht nichtig oder unwirksam ist, zB weil sie im Ursprungsstaat im Rechtsmittelverfahren wieder aufgehoben worden ist (BGHZ 118, 312/318 = NJW 92, 3096; MüKoFamFG/*Rauscher* Rn 14 f).

3. Automatische Anerkennung, Abs 1

Soweit Entscheidungen in Ehesachen nicht dem förmlichen Feststellungsverfahren nach § 107 **242** unterliegen (→ Rn 208 ff), gilt auch für sie der Grundsatz, dass sie *ipso iure* im Inland anerkannt werden, dh ihre Wirkungen werden auf das Inland erstreckt, ohne dass es hierfür eines besonderen Verfahrens bedarf (MüKoFamFG/*Rauscher* Rn 18 f). Jedes Gericht und jede Behörde, für deren Entscheidung in der Hauptsache es auf die Vorfrage der Anerkennung ankommt, kann daher inzident darüber entscheiden, ob der Anerkennung Versagungsgründe nach § 109 entgegenstehen (*Klinck* FamRZ 09, 741/744).

963

K 243–248   2. Teil. Anerkennung/Vollstreckung K. Ehesachen

4. Fakultatives Anerkennungsfeststellungsverfahren, Abs 2, 3

243 **a) Allgemeines.** Erstmals durch § 108 Abs 2 FamFG wurde im deutschen Recht ein Verfahren zur verbindlichen Feststellung der Anerkennung oder Nichtanerkennung (vgl AG Stuttgart JAmt 13, 273 m Anm *Weitzel* 238) einer ausländischen Entscheidung nicht vermögensrechtlichen Inhalts eingeführt. Diesem Verfahren kommt zwar insbesondere für Entscheidungen betreffend die elterliche Verantwortung (Sorgerecht, Umgangsrecht, Kindesherausgabe) praktische Bedeutung zu (→ N Rn 618 ff). Es steht jedoch auch in Ehesachen – neben der freiwilligen Durchführung des Verfahrens vor der Landesjustizverwaltung (→ Rn 212 f) – zur Verfügung, soweit die ausländische Entscheidung nicht dem zwingenden Feststellungsverfahren nach § 107 unterliegt, also insbesondere bei Entscheidungen des gemeinsamen Heimatstaats und bei Privatscheidungen, an denen eine ausländische Behörde zumindest registrierend mitgewirkt hat (NK-BGB/*Andrae* §§ 107–109 Rn 40; **aA** [Vorrang des fakultativen Anerkennungsverfahrens nach § 107] allerdings die hM, vgl OLG Schleswig FamRZ 15, 76; Staud/*Spellenberg* Rn 166; ThP/*Hüßtege* Rn 1; MüKoFamFG/*Rauscher* Rn 34; P/H/*Hau* § 107 Rn 32; Keidel/*Zimmermann* § 107 Rn 20). Gleiches gilt für Entscheidungen über die Auflösung eingetragener Lebenspartnerschaften und **gleichgeschlechtlicher Ehen,** soweit man diese nicht in den Anwendungsbereich von § 107 einbezieht. Durch die verbindliche Feststellung der Anerkennung bzw Nichtanerkennung sollen die Beteiligten auch außerhalb von § 107 die Möglichkeit haben, Rechtsklarheit über die Inlandsgeltung einer ausländischen Statusentscheidung in Ehesachen zu schaffen.

244 **b) Fakultatives Verfahren.** Im Gegensatz zum Verfahren nach § 107 ist das Verfahren nach § 108 Abs 2 nicht obligatorisch, sondern fakultativ. Es liegt daher allein in der Hand der betroffenen Ehegatten, ob sie ein solches Verfahren durchführen wollen oder nicht. Das Gericht, für dessen Entscheidung in der Hauptsache es auf die Frage ankommt, ob die ausländische Entscheidung anzuerkennen ist oder nicht, kann der Beantwortung dieser Frage also nicht ausweichen, indem es die Parteien auf die Durchführung des Verfahrens nach Abs 2 verweist (NK-BGB/*Andrae* §§ 107–109 Rn 42). Es ist allerdings verpflichtet, das bei ihm anhängige Verfahren auszusetzen, wenn eine Partei dies unter Hinweis darauf beantragt, dass ein Feststellungsverfahren nach Abs 2 anhängig gemacht werden soll oder bereits anhängig ist.

245 **c) Rechtliches Interesse.** Erforderlich für eine Feststellung nach Abs 2 ist ein rechtliches Interesse des Antragstellers an der Klärung der Frage, ob die Voraussetzungen für die Anerkennung vorliegen oder nicht (vgl MüKoFamFG/*Rauscher* Rn 26; vgl auch OLG Düsseldorf NJW 15, 3382 m Anm *Frie* [zur Leihmutterschaft]). Ein solches ist insbesondere dann gegeben sein, wenn inländische Gerichte oder Behörden die Frage, ob die ausländische Eheentscheidung anzuerkennen ist, unterschiedlich beurteilen. Ausreichend ist aber auch, dass ein Ehegatte die Anerkennungsfähigkeit der ausländischen Entscheidung im Inland bestreitet oder durch diese sonst in seinen Rechte betroffen ist (*Klinck* FamRZ 09, 741/748), zB weil er diese gegenüber einer Behörde geltend machen möchte (OLG Nürnberg FamRZ 16, 1605) oder weil ihre Geltung im Inland von einer Behörde bestritten wird (AG Neuss FamRZ 14, 1127; ThP/*Hüßtege* Rn 12).

246 **d) Zuständigkeit.** Für die Feststellung nach Abs 2 S 1 sind – anders als nach § 107 Abs 2 – nicht die Justizverwaltungen der Länder, sondern die Gerichte zuständig. Sachlich und funktionell zuständig ist das Amtsgericht als **Familiengericht** (§§ 23a, 23b GVG). Abs 3 Nr 1 ordnet hierfür die **ausschließliche örtliche Zuständigkeit** des Gerichts an, in dessen Bezirk der Antragsgegner sich gewöhnlich aufhält. Nur wenn dieser sich im Ausland gewöhnlich aufhält, ist subsidiär das Gericht zuständig, in dessen Bezirk das Feststellungsinteresse hervortritt, zB weil dort eine neue Ehe geschlossen werden soll.

247 Die **internationale Zuständigkeit** deutscher Gerichte für das Anerkennungsfeststellungsverfahren nach Abs 2 richtet sich nach den für ein entsprechendes Erkenntnisverfahren einschlägigen Bestimmungen (BT-Drs 16/9733 zu § 108 Abs 3 FamFG; Keidel/*Zimmermann* Rn 79; Mu/*Borth*/*Grandel* Rn 5), in Ehesachen daher nach § 98 Abs 1 (ThP/*Hüßtege* Rn 8; → A Rn 182 ff). Um Zuständigkeitslücken zu vermeiden wird demgegenüber vorgeschlagen, über § 105 FamFG die Zuständigkeiten nach Abs 3 doppelfunktional auch für die internationale Zuständigkeit zu verwenden (MüKoFamFG/*Rauscher* Rn 31).

248 **e) Prüfungsmaßstab.** Der Prüfungsmaßstab im Verfahren nach Abs 2 ist derselbe wie im Verfahren vor der Landesjustizverwaltung nach § 107. Vorbehaltlich bilateraler Anerkennungsabkommen gilt daher wiederum § 109.

IV. Autonomes Zivilverfahrensrecht: FamFG § 109 **K**

f) Verfahren. Besondere Regeln für die Durchführung des fakultativen Verfahrens zur Fest- **249** stellung der Anerkennungsvoraussetzungen einer nicht-vermögensrechtlichen Entscheidung nach Abs 2 enthält das FamFG nicht. Das Verfahren folgt daher den Vorschriften, die gelten würden, wenn das vor dem ausländischen Ursprungsgericht geführte Verfahren stattdessen vor einem deutschen Gericht geführt worden wäre. Danach besteht in Ehesachen **Anwaltszwang** gem § 114 Abs 1 (NK-BGB/*Andrae* §§ 107–109 Rn 45; vgl ThP/*Hüßtege* § 114 Rn 2). Es handelt sich um ein selbständiges Verfahren, das durch Beschluss abgeschlossen wird (§ 38).

g) Rechtswirkungen der Feststellung. Hinsichtlich der Rechtswirkungen der Feststellung **250** verweist Abs 2 S 2 auf § 107 Abs 9. Danach ist die positive oder negative Anerkennungsfeststellung **für alle Gerichte und Behörden bindend,** dh sie wirkt *inter omnes* (Abs 2 S 2 iVm § 107 Abs 9; ThP/*Hüßtege* Rn 16; NK-BGB/*Andrae* §§ 107–109 Rn 10; Zö/*Geimer* Rn 4). Sobald die Entscheidung über die Anerkennungsfeststellung wirksam ist, ist eine abweichende Inzidentfeststellung in einem anderen gerichtlichen oder behördlichen Verfahren ausgeschlossen (MüKoFamFG/*Rauscher* Rn 33). Die Bindungswirkung entfällt, wenn die ausländische Entscheidung im Erststaat aufgehoben oder abgeändert wird (*Klinck* FamRZ 09, 741/749).

h) Sonstiges. Für die Kosten gelten die §§ 80 ff (ThP/*Hüßtege* Rn 15). Die Entscheidung ist **251** mit den allgemeinen Rechtsbehelfen nach dem FamFG (Beschwerde, Rechtsbeschwerde) angreifbar (*Althammer* IPRax 09, 381/387; ThP/*Hüßtege* Rn 17).

5. Rechtsfolgen der Anerkennung

Anerkennung bedeutet im Ausgangspunkt **Wirkungserstreckung** (OLG München NJW- **252** RR 15, 1349 Rn 20; OLG Köln FamRZ 10, 1590/1591; MüKoFamFG/*Rauscher* Rn 18; Mu /*Borth*/*Grandel* Rn 8; ausf Staud/*Spellenberg* Rn 173 ff; ebenso schon zu § 328 ZPO BGHZ 118, 312/318 = NJW 92, 3096). Danach entfaltet die ausländische Entscheidung auch für das inländische Recht diejenigen verfahrensrechtlichen Wirkungen, die ihr nach dem ausländischen Verfahrensrecht des Ursprungsstaats zukommen. Bleiben diese hinter den Wirkungen einer vergleichbaren deutschen Entscheidung zurück, erfolgt keine entsprechende Aufwertung der ausländischen Entscheidung (OLG Hamm FamRZ 14, 1935). Zu den weiteren Anerkennungstheorien → N Rn 623 ff.

Auch wenn die Anerkennung nicht *ipso iure* erfolgt, sondern in einem gesonderten Fest- **253** stellungsverfahren (wie zB nach § 107 oder § 108 Abs 2), wirkt die Feststellung, dass die Voraussetzungen für die Anerkennung vorliegen, auf den Zeitpunkt der Rechtskraft der ausländischen Entscheidung zurück (BGH NJW 83, 514/515; NK-BGB/*Andrae* §§ 107–109 Rn 73). Ob die Ehe durch die ausländische Entscheidung mit Wirkung *ex nunc* oder *ex tunc* aufgelöst worden ist, ist dem Inhalt der Entscheidung und der ihr zugrunde gelegten *lex causae* zu entnehmen.

FamFG § 109. Anerkennungshindernisse

(1) **Die Anerkennung einer ausländischen Entscheidung ist ausgeschlossen,**
1. **wenn die Gerichte des anderen Staates nach deutschem Recht nicht zuständig sind;**
2. **wenn einem Beteiligten, der sich zur Hauptsache nicht geäußert hat und sich hierauf beruft, das verfahrenseinleitende Dokument nicht ordnungsgemäß oder nicht so rechtzeitig mitgeteilt worden ist, dass er seine Rechte wahrnehmen konnte;**
3. **wenn die Entscheidung mit einer hier erlassenen oder anzuerkennenden früheren ausländischen Entscheidung oder wenn das ihr zugrunde liegende Verfahren mit einem früher hier rechtshängig gewordenen Verfahren unvereinbar ist;**
4. **wenn die Anerkennung der Entscheidung zu einem Ergebnis führt, das mit wesentlichen Grundsätzen des deutschen Rechts offensichtlich unvereinbar ist, insbesondere wenn die Anerkennung mit den Grundrechten unvereinbar ist.**

(2) [1]**Der Anerkennung einer ausländischen Entscheidung in einer Ehesache steht § 98 Abs. 1 Nr. 4 nicht entgegen, wenn ein Ehegatte seinen gewöhnlichen Aufenthalt in dem Staat hatte, dessen Gerichte entschieden haben.** [2]**Wird eine ausländische Entscheidung in einer Ehesache von den Staaten anerkannt, denen die Ehegatten angehören, steht § 98 der Anerkennung der Entscheidung nicht entgegen.**

(3) *(betrifft Lebenspartnerschaftssachen; abgedruckt und kommentiert → Q vor Rn 76, Rn 81)*

965

K 254–257   2. Teil. Anerkennung/Vollstreckung K. Ehesachen

(4) *(betrifft Familienstreit- und Lebenspartnerschaftssachen; abgedruckt und kommentiert → M Rn 876 ff und → Q vor Rn 76, 85, 89)*

(5) **Eine Überprüfung der Gesetzmäßigkeit der ausländischen Entscheidung findet nicht statt.**

1. Allgemeines

254 **a) Allgemeines.** § 109 liegt – wie bisher § 328 ZPO – das Prinzip zugrunde, dass ausländische Entscheidungen in Ehesachen im Inland anzuerkennen sind, sofern keines der in Abs 1 abschließend aufgezählten Anerkennungshindernisse besteht. Diese Versagungsgründe sind – mit Ausnahme von Abs 1 Nr 2 (→ Rn 267) – **von Amts wegen** zu prüfen (BGHZ 189, 87/91 = FamRZ 11, 788 Rn 23; MüKoFamFG/*Rauscher* Rn 9; Staud/*Spellenberg* Rn 9 ff); ein Verzicht auf ihre Geltendmachung ist daher nicht wirksam. Auch der Versagungsgrund nach Abs 1 Nr 1 (fehlende internationale (Anerkennungs-) Zuständigkeit) unterliegt in Ehesachen nicht der Parteidisposition, weil nach der für deutsche Gerichte maßgebenden Zuständigkeitsvorschrift (§ 98; → A Rn 248 ff) eine Gerichtsstandsvereinbarung oder eine rügelose Einlassung nicht möglich ist (vgl BayObLG NJW-RR 92, 514 f m zust Anm *Henrich* IPRax 92, 178; NK-BGB/*Andrae* §§ 107–109 Rn 53; **aA** OLG Schleswig FamRZ 09, 609/610; Zö/*Geimer* § 328 ZPO Rn 142). Jedenfalls der Vorrang konkurrierender Entscheidungen und Verfahren (Abs 1 Nr 3) und der Vorbehalt des *ordre public* (Abs 1 Nr 4) bestehen in jedem Fall auch im öffentlichen Interesse und sind deshalb nicht disponibel (MüKoFamFG/*Rauscher* Rn 9; Staud/*Spellenberg* Rn 17).

255 Die **Beweislast** für die tatsächlichen Voraussetzungen eines Versagungsgrundes nach Abs 1 trägt grundsätzlich diejenige Partei, die sich auf einen solchen beruft (ThP/*Hüßtege* § 108 Rn 5; dazu ausf Staud/*Spellenberg* Rn 31 ff mwN; vgl zu § 328 ZPO OLG Koblenz RIW 04, 302;). Dabei besteht keine Bindung an die in der anzuerkennenden Entscheidung getroffenen tatsächlichen und rechtlichen Feststellungen (Staud/*Spellenberg* Rn 19). Das Gericht, das über die Anerkennung zu entscheiden hat, kann und muss nach pflichtgemäßem Ermessen ggfs neue Beweise erheben (Zö/*Geimer* § 328 ZPO Rn 145), wobei der Grundsatz des Freibeweises gilt (BGH NJW 00, 289/290).

256 Maßgebend ist grundsätzlich das Anerkennungsrecht, das in dem **Zeitpunkt** galt, in dem die ausländische Entscheidung in Rechtskraft erwachsen ist (KG FamRZ 04, 275/276; NK-BGB/*Andrae* §§ 107–109 Rn 48). § 109 ist damit auf alle nach dem 1.9.2009 rechtskräftig gewordenen Entscheidungen anzuwenden. Eine Ausnahme gilt nur für den Verstoß gegen den *ordre public* nach Abs 1 Nr 4; insoweit kommt es auf die im Anerkennungszeitpunkt maßgeblichen deutschen Rechtsvorstellungen an (KG FamRZ 06, 1405/12407; BayObLG FamRZ 02, 1637/1639; MüKoFamFG/*Rauscher* Rn 38). Wegen des im Anerkennungsrecht geltenden Günstigkeitsprinzips ist darüber hinaus jede nachträgliche Rechtsänderung, die zu einer Erleichterung der Anerkennung führt, zu berücksichtigen (vgl aber → Rn 260).

2. Anerkennungshindernisse, Abs 1

257 **a) Fehlende Anerkennungszuständigkeit, Nr 1. aa) Spiegelbildprinzip.** Während die internationale (Anerkennungs-) Zuständigkeit im Rahmen der EuEheVO (Art 24 S 1; → Rn 105 f) nicht mehr geprüft werden darf, ist die Anerkennung ausländischer Entscheidungen in Ehesachen nach dem autonomen deutschen Recht gem dem sog „Spiegelbildprinzip" zu versagen, wenn unter hypothetischer Zugrundelegung der inländischen Vorschriften über die internationale Zuständigkeit kein Gericht des Ursprungsstaates für die Entscheidung zuständig war (BGHZ 189, 87 = FamRZ 11, 788 Rn 23; ausf Staud/*Spellenberg* Rn 69 ff). Unerheblich ist dagegen die sachliche, örtliche oder funktionelle Zuständigkeit (OLG München FamRZ 12, 1512/1513; OLG Bamberg FamRZ 00, 1289; Zö/*Geimer* § 328 ZPO Rn 106). Die für die deutschen Gerichte geltenden Zuständigkeitsvorschriften werden für die Anerkennungsprüfung gem Nr 1 so gespiegelt, als wären sie im Entscheidungsstaat anzuwenden gewesen (BayObLGZ 99, 352; OLG Celle FamRZ 08, 430/431; KG FamRZ 04, 275/276). Auch darauf, ob die Gerichte des Ursprungsstaates nach ihrer eigenen *lex fori* zuständig waren, kommt es nicht an (OLG Karlsruhe FamRZ 14, 791; KG NJW 88, 649/650; OLG Bamberg FamRZ 00, 1098 (LS); Keidel/*Zimmermann* Rn 3); eine Ausnahme gilt nur dann, wenn die Verletzung des eigenen Verfahrensrechts nach der ausländischen *lex fori* so schwer wiegt, dass sie zur Unwirksamkeit der Entscheidung führt (MüKoFamFG/*Rauscher* Rn 11).

966

IV. Autonomes Zivilverfahrensrecht: FamFG § 109   258–261 **K**

bb) Prüfungsmaßstab. Prüfungsmaßstab für die internationale Anerkennungszuständigkeit **258**
in Ehesachen ist nach deutschem Recht § 98 FamFG (→ A Rn 248 ff). Diese Vorschrift wird
zwar zur Bestimmung der direkten internationalen Zuständigkeit deutscher Gerichte weitgehend
durch die Vorschriften der EuEheVO (Art 3–7; → A Rn 267) verdrängt. Daraus wird zT abgeleitet, dass allein diese Vorschriften der Verordnung auch zur Bestimmung der internationalen
Anerkennungszuständigkeit nach Abs 1 Nr 1 heranzuziehen seien (*Wall* FamRBint 11, 15 ff;
ebenso zur EuGVVO *Fernández Arroyo/Schmidt* IPRax 09, 499/500; *Kern* ZZP 120 [2007] 31/
49 ff; Mu/V/*Stadler* § 328 ZPO Rn 10). Die Art 3 ff EuEheVO dienen indessen nur zur Abgrenzung der Entscheidungszuständigkeit zwischen den EU-Mitgliedstaaten. Auch lässt sich die
Regelung der ausschließlichen und Restzuständigkeit in Art 6, 7 EuEheVO nur mit Mühe zur
Begründung der Anerkennungszuständigkeit drittstaatlicher Gerichte anwenden. Dies spricht
dafür, im Rahmen von § 109 Abs 1 Nr 1 weiterhin das **autonome deutsche Zuständigkeitsrecht,** in Ehesachen also § 98 FamFG, zu spiegeln (so zu Recht OLG Düsseldorf IPRax 14, 286
m Anm *Heiderhoff* 264; OLG Karlsruhe FamRZ 14, 791; *Riegner* FPR 13, 4/8; ThP/*Hüßtege*
Rn 3; NK-BGB/*Andrae* §§ 107–109 Rn 51; Zö/*Geimer* Rn 4; Staud/*Spellenberg* Rn 70; ebenso
zu § 328 ZPO St/J/*Roth* Rn 74; MüKoZPO/*Gottwald* Rn 88; *Schärtl* IPRax 06, 438/442; vgl
auch BGH FamRZ 11, 788 Rn 23; für konkurrierende Anwendbarkeit von Art 3 ff EuEheVO
und § 98 FamFG MüKoFamFG/*Rauscher* Rn 12; P/H/*Hau* Rn 20a).

Die Anerkennungszuständigkeit wird in Ehesachen durch **§ 109 Abs 2** gegenüber § 98 Abs 1 **259**
in zwei Fällen erweitert (→ Rn 263 f). Eine konkurrierende Zuständigkeit von deutschen und
ausländischen Gerichten steht der Anerkennung nicht entgegen (vgl § 106; OLG Hamm
FamRZ 76, 528/530). Für **doppelrelevante Tatsachen,** die die Zuständigkeit des angerufenen
ausländischen Gerichts begründen, genügt im Rahmen der Anerkennung nicht die schlüssige
Behauptung; vielmehr muss die Tatsache zur Überzeugung des die Anerkennung prüfenden
Gerichts nachgewiesen sein (BGHZ 124, 237 = IPRax 95, 101 m Anm *Gottwald* 75; *Geimer*
IZPR Rn 2906).

cc) Maßgebender Zeitpunkt. Für das Vorliegen der Anerkennungszuständigkeit bzw der **260**
entsprechenden Anknüpfungstatsachen ist grundsätzlich der Zeitpunkt der **Erhebung des Antrags im ausländischen Verfahren** maßgebend (OLG München FamRZ 15, 2056; Zö/*Geimer*
Rn 31; MüKoZPO/*Gottwald* § 328 Rn 94). Demgemäß schadet ein späterer Wegfall der zuständigkeitsbegründenden Tatsachen entsprechend dem für deutsche Gerichte geltenden Grundsatz der *perpetuatio fori* nicht (§ 113 Abs 1 iVm § 261 Abs 3 Nr 2 ZPO; vgl BGHZ 141, 286/
290 = BGH NJW 99, 3198; BayObLG FamRZ 93, 1469, jeweils zu § 328 ZPO; MüKo-
FamFG/*Rauscher* Rn 13; NK-BGB/*Andrae* §§ 107–109 Rn 53). Andererseits genügt es jedoch,
wenn die Zuständigkeit zwar noch nicht bei Antragstellung vor dem ausländischen Gericht,
wohl aber zum Zeitpunkt des Erlasses der ausländischen Entscheidung vorgelegen hat (P/H/*Hau*
Rn 22; **aA** [letzte mündliche Verhandlung] Staud/*Spellenberg* Rn 102). Die im Zeitpunkt der
Verkündung der ausländischen Entscheidung gegebene Anerkennungsfähigkeit wird jedoch
durch eine spätere Rechtsänderung im Zweitstaat nicht mehr beseitigt (KG NJW 88, 649m zust
Anm *Geimer*). Ob es darüber hinaus auch ausreicht, wenn das ausländische Gericht aufgrund
einer Gesetzesänderung im Zweitstaat erst im Zeitpunkt der Anerkennungsprüfung zuständig
geworden ist (so BayObLG NJW 88, 2178/2179 und NJW-RR 92, 514) erscheint zumindest
fraglich, weil der Antragsgegner im ausländischen Verfahren darauf vertrauen konnte, dass die
Entscheidung in Deutschland nicht anerkennungsfähig sein würde und seine Verteidigungsstrategie darauf ausgerichtet hat (*Geimer* NJW 88, 651 f; KG FamRZ 04, 275/276; Keidel/
Zimmermann Rn 3; MüKoFamFG/*Rauscher* Rn 13; BeckOK-FamFG/*Sieghörtner* Rn 20; **aA**
Bumiller/Harders/*Schwamb* Rn 6).

dd) Die einzelnen Fälle des § 109 Abs 1 Nr 1 und Abs 2 iVm § 98 Abs 1. Die interna- **261**
tionale Anerkennungszuständigkeit des ausländischen Gerichts ist in Ehesachen in folgenden
Fällen gegeben:

(1) Wenigstens ein Ehegatte besaß die **Staatsangehörigkeit** des Ursprungsstaats (OLG München FamRZ 15, 2056 und FamRZ 12, 1512/1513; OVG Lüneburg FamRZ 15, 429; OLG
Stuttgart FamRZ 14, 792; OLG Celle FamRZ 08, 430/431; BayObLG FamRZ 01, 1622 und
FamRZ 02, 1637/1638) oder hat diese zumindest zur Zeit der Eheschließung besessen („Antrittszuständigkeit"), § 98 Abs 1 Nr 1 (vgl OLG Düsseldorf IPRax 14, 286; Staud/*Spellenberg*
Rn 74, 77). Ist dies der Fall, so ist die Entscheidung nach § 109 Abs 1 Nr 1 auch dann
anzuerkennen, wenn dieser Ehegatte **Doppel- oder Mehrstaater** war, dh neben der Staatsangehörigkeit des Gerichtsstaates auch die deutsche oder eine weitere Staatsangehörigkeit besitzt;

967

K 262–267   2. Teil. Anerkennung/Vollstreckung K. Ehesachen

Art 5 Abs 1 EGBGB hat insoweit außer Betracht zu bleiben (Bamberger/Roth/*Althammer* Rn 2; Staud/*Spellenberg* Rn 78 f; vgl auch OLG Koblenz FamRZ 89, 204/206 [Sorgerecht]).

262   Ist die Entscheidung in einem **Mehrrechtsstaat** mit eigener Gerichtsbarkeit der Teil- bzw Bundesstaaten (zB USA, Kanada) ergangen, so genügt es, wenn ein Ehegatte die Staatsangehörigkeit des Gesamtstaates besitzt, denn die interne Organisation des ausländischen Staates ist im Stadium der Entscheidungsanerkennung nicht zu bewerten (BGHZ 141, 286/289 ff = NJW 99, 3198 f; dazu *Haas* IPRax 01, 195; LJV BW FamRZ 90, 1015/1017; NK-BGB/*Andrae* §§ 107–109 Rn 52; Keidel/*Zimmermann* Rn 3; **aA** OLG Hamm IPRax 98, 474/476 f).

263   (2) Wenigstens ein Ehegatte hatte seinen **gewöhnlichen Aufenthalt** im Ursprungsstaat, § 98 Abs 1 Nr 2–4 iVm § 109 Abs 2 S 1 (vgl OLG Schleswig FamRZ 09, 609/610; KG FamRZ 04, 275/276). Auf das weitere Erfordernis für die internationale *Entscheidungs*zuständigkeit nach § 98 Abs 1 Nr 4, dass die zu fällende Entscheidung in diesem Fall zumindest im Heimatstaat eines der Ehegatten anerkannt würde, wird nach Abs 2 S 1 im Rahmen der Prüfung der *Anerkennungs*zuständigkeit verzichtet (OLG Celle FamRZ 08, 430/431; ThP/*Hüßtege* Rn 4). Der gewöhnliche Aufenthalt ist in diesem Zusammenhang nach deutschem Recht zu bestimmen (BayObLG NJW-RR 92, 514 und NJW 90, 3099; Staud/*Spellenberg* Rn 85 mwN). Danach reicht die Begründung des Aufenthalts nur zu dem Zweck, im Gerichtsstaat die Scheidung zu erreichen, nicht aus (BayObLG NJW 90, 3099; OLG Frankfurt NJW 89, 3101/3102). Auf die Staatsangehörigkeit der Ehegatten kommt es hier nicht an, so dass auch die Scheidung von Deutschen anzuerkennen ist, wenn einer der Ehegatten seinen gewöhnlichen Aufenthalt im Ursprungsstaat hatte (Zö/*Geimer* Rn 22; Staud/*Spellenberg* Rn 83 f).

264   (3) Die Entscheidung wird **von beiden Heimatstaaten der Ehegatten anerkannt,** § 109 Abs 2 S 2. Dabei wird vorausgesetzt, dass keiner der Ehegatten die deutsche Staatsangehörigkeit besitzt (BayObLG NJW-RR 92, 514; NK-BGB/*Andrae* §§ 107–109 Rn 52). Ist ein Ehegatte oder sind beide Ehegatten **Mehrstaater,** so dürfte es auf die Anerkennung im Staat der effektiven Staatsangehörigkeit ankommen (MüKoFamFG/*Rauscher* Rn 19; Staud/*Spellenberg* Rn 93; **aA** Zö/*Geimer* Rn 12; P/H/*Hau* Rn 28). Maßgebend ist das Heimatrecht zu der Zeit, zu der das ausländische Urteil erlassen wurde (Zö/*Geimer* Rn 13).

265   (4) Das ausländische Gericht hat zu Recht eine **Notzuständigkeit** in Anspruch genommen (BayObLG NJW-RR 92, 514). Auch hierüber ist gem dem Spielbildprinzip aus der Sicht des deutschen (Not-) Zuständigkeitsrechts zu entscheiden.

266   **b) Verletzung des rechtlichen Gehörs bei Verfahrenseinleitung, Nr 2. aa) Allgemeines.** Die Vorschrift hat ihr Vorbild in § 328 Abs 1 Nr 2 ZPO und entspricht – allerdings mit gewissen Abweichungen – Art 22 lit b EuEheVO; auf die dortige Kommentierung kann daher ergänzend verwiesen werden (→ Rn 80 ff). Sie schützt das rechtliche Gehör des Antragsgegners im Stadium der Verfahrenseinleitung. Es soll sichergestellt werden, dass der Antragsgegner vom ausländischen Verfahren Kenntnis erhalten hat, damit er seine Rechte in diesem wahrnehmen konnte (OLG Hamm FamRZ 93, 339/340). Die Norm ist eine spezielle Ausprägung des verfahrensrechtlichen *ordre public* nach Nr 4. Wurde das rechtliche Gehör des Antragsgegners erst verletzt, nachdem ihm das verfahrenseinleitende Dokument ordnungsgemäß und rechtzeitig bekannt gemacht wurde, so kann die Anerkennung zwar nicht nach Nr 2, wohl aber nach Nr 4 ausgeschlossen sein. Hierfür reichen aber Fehler bei der Zustellung späterer Schriftsätze nicht aus (BGH NJW-RR 87, 377/378). Nr 2 sperrt jedoch die (von Amts wegen vorzunehmende) Anwendung des *ordre public*-Einwandes nach Nr 4 nicht (OLG Hamm FamRZ 96, 178/179; Keidel/*Zimmermann* Rn 9; MüKoFamFG/*Rauscher* Rn 24).

267   Das Anerkennungshindernis gem Nr 2 wird – anders als dies der hM zu Art 22 lit b EuEheVO entspricht (→ Rn 80) – grundsätzlich **nur auf Rüge** des Antragsgegners hin beachtet („sich hierauf beruft"; Bamberger/Roth/*Althammer* Rn 3; Zö/*Geimer* Rn 67). Auf diese Rüge kann daher verzichtet werden. Ferner kann einer Erhebung der Rüge der Einwand **unzulässiger Rechtsausübung** entgegenstehen; dies allerdings nur dann, wenn sich aus anderen Umständen hinreichend klar ergibt, dass der rügeberechtigte Beteiligte die ausländische Entscheidung gegen sich gelten lassen wollte (BGH FamRZ 90, 1100/1101; Haußleiter/*Gomille* Rn 8; s a → Rn 276). Die Rüge kann auch rechtsmissbräuchlich sein, wenn der Antragsgegner inzwischen die Scheidung im Inland auf der Grundlage des gleichen Scheidungsrechts beantragt hat, das von dem ausländischen Gericht zugrunde gelegt wurde (OLG Stuttgart FamRZ 03, 1019; BayObLG FamRZ 02, 1637/1638; NK-BGB/*Andrae* §§ 107–109 Rn 56). Anders kann es liegen, wenn der Antragsgegner die Scheidung in Deutschland aufgrund eines hiervon abweichenden (zB des deutschen) Rechts anstrebt (BGH NJW 93, 598/599; JM BW FamRZ 01, 1015/1017). Die

IV. Autonomes Zivilverfahrensrecht: FamFG § 109   268–270 **K**

Beweislast für die Ordnungsmäßigkeit und Rechtszeitigkeit der Zustellung des verfahrenseinleitenden Schriftstücks trägt der Antragsteller im erstgerichtlichen Verfahren (OLG Stuttgart FamRZ 17, 1518/1521; Staud/*Spellenberg* Rn 44; *Geimer,* IZPR Rn 2938).

bb) Fehlerhafte Mitteilung des verfahrenseinleitenden Dokuments. (1) Unter dem **268** „verfahrenseinleitenden Dokument" ist das Schriftstück zu verstehen, durch das der Antragsgegner nach der *lex fori* des Ursprungsstaates (BayObLG FamRZ 00, 1170; OLG München FamRZ 12, 1512/1513; P/H/*Hau* Rn 33) erstmalig über das der Entscheidung zugrundeliegende Verfahren informiert werden soll. Wie im Rahmen der korrespondierenden europäischen Vorschriften (zB Art 22 lit b EuEheVO; → Rn 82) kann ein Dokument nur dann als „verfahrenseinleitend" qualifiziert werden, wenn es so konkret ist, dass es den Antragsgegner durch seine Zustellung über die wesentlichen Elemente des Rechtsstreits in Kenntnis setzt, so dass er seine Rechte im erststaatlichen Erkenntnisverfahren geltend machen kann (OLG München FamRZ 12, 1512 Rn 15; MüKoFamFG/*Rauscher* Rn 27). Dies setzt idR voraus, dass ihm außer dem Antrag auch die wesentlichen Gründe mitgeteilt werden (Staud/*Spellenberg* Rn 144). Eine **Antragserweiterung** oder eine Antragsänderung hat hingegen keinen verfahrenseinleitenden Charakter (**aA** Keidel/*Zimmermann* Rn 11; MüKoFamFG/*Rauscher* Rn 27 für Antragserweiterungen bzw –änderungen, die den Verfahrensgegenstand berühren). Diesbezüglich kommt bei Verstößen gegen grundlegende Prinzipien des deutschen Verfahrensrechts die Anwendung der Vorbehaltsklausel nach Nr 4 in Betracht.

(2) Nr 2 erfordert eine **ordnungsgemäße und rechtzeitige** Mitteilung des verfahrens **269** einleitenden Dokuments. Dies wurde bisher ganz vorherrschend in dem Sinne verstanden, dass es sich bei der Ordnungsgemäßheit und der Rechtzeitigkeit der Mitteilung um **kumulative Voraussetzungen** handelt; trotz Rechtzeitigkeit der Mitteilung war die Anerkennung daher zu versagen, wenn die Mitteilung nicht ordnungsgemäß erfolgt war und umgekehrt (vgl zu § 328 ZPO BGHZ 120, 305/310 unter Hinweis auf EuGH C 305/88 – *Lancray,* Slg 90 I-2725 Rn 15 ff = EuZW 90, 352 [zu Art 27 Nr 2 EuGVÜ]; OLG Köln FamRZ 95, 306/307). Demgegenüber verlangt Art 22 lit b EuEheVO (wie Art 34 Nr 2 EuGVVO aF/Art 45 Abs 1 lit b EuGVVO nF) für die Anerkennung von Entscheidungen in Ehesachen aus EU-Mitgliedstaaten nur noch, dass das verfahrenseinleitende Schriftstück so rechtzeitig und in einer Weise zugestellt worden ist, dass der Antragsgegner sich verteidigen konnte. Der Ordnungsgemäßheit der Zustellung kommt damit im Rahmen des Art 22 lit b EuEheVO keine eigenständige Bedeutung mehr zu (→ Rn 83). In Anlehnung an das europäische Recht wird zT gefordert, auch § 109 Abs 1 Nr 2 einschränkend in dem Sinne auszulegen, dass die fehlende Ordnungsmäßigkeit der Zustellung eine Anerkennung der ausländischen Entscheidung nur hindert, wenn der Antragsgegner gerade deshalb nicht in der Lage war, sich angemessen zu verteidigen (*Geimer* IPRax 04, 97; Zö/*Geimer* § 328 ZPO Rn 157 ff; *Henrich,* IntSchR Rn 53). Dagegen spricht freilich, dass der deutsche Gesetzgeber in voller Kenntnis dieser europäischen Regelungen in § 109 Abs 1 Nr 2 FamFG an der bisherigen Formulierung in § 328 Abs 1 Nr 2 ZPO festgehalten hat. Dahinter dürfte die Überlegung stehen, dass die Lockerung des Erfordernisses einer ordnungsgemäßen Zustellung in Art 45 Abs 1 lit b EuGVVO, 22 lit b EuEheVO Ausdruck eines besonderen Vertrauens zwischen den EU-Mitgliedstaaten ist, das den Gerichten von Drittstaaten nicht ohne weiteres entgegengebracht werden kann (OLG Stuttgart FamRZ 17, 1518/1520; OLG Bremen FamRZ 13, 808; MüKoFamFG/*Rauscher* Rn 28; NK-BGB/*Andrae* §§ 107–109 Rn 60; Staud/*Spellenberg* Rn 146 mwN).

(3) Ob das verfahrenseinleitende Dokument dem Antragsgegner **ordnungsgemäß** mitgeteilt **270** wurde, bestimmt sich nach dem **Recht des Ursprungsstaates** (BGH NJW 97, 2051/2052; BGHZ 120, 305/311 = FamRZ 93, 311; BayObLG FamRZ 00, 1170 f und NJOZ 04, 4290/4292; OLG Düsseldorf FamRZ 96, 176/177; Staud/*Spellenberg* Rn 147 mwN). Hierfür ist zwar eine förmliche Zustellung nicht unbedingt notwendig (MüKoFamFG/*Rauscher* Rn 29; NK-BGB/*Andrae* §§ 107–109 Rn 61); andererseits reicht eine bloße informelle Mitteilung des Antragstellers nicht aus (OLG München FamRZ 12, 1512; Keidel/*Zimmermann* Rn 11). Soweit eine Zustellung erforderlich ist, sind auch die für diesen Staat geltenden völkerrechtlichen Abkommen zu beachten (BayObLG FamRZ 00, 1170 f; Haußleiter/*Gomille* Rn 10). Von Bedeutung sind in diesem Zusammenhang insbesondere das Haager Übk über die Zustellung gerichtlicher und außergerichtlicher Schriftstücke im Ausland in Zivil- oder Handelssachen v 15.11.1965 (**HZÜ;** BGBl 77 II 1453 = *Jayme/Hausmann* Nr 211) und das Haager Übk über den Zivilprozess v 1.3.1954 (**HZPÜ;** BGBl 58 II 577= *Jayme/Hausmann* Nr 210, jeweils mit Hin-

969

K 271–274 2. Teil. Anerkennung/Vollstreckung K. Ehesachen

weisen zum Anwendungsbereich und den Vertragsstaaten), die eine unmittelbare Zustellung durch die Post an Empfänger in *Deutschland* nicht zulassen (OLG Stuttgart FamRZ 17, 1518/1520; vgl schon BGH FamRZ 93, 311 Rn 13). Nach Maßgabe des Rechts des Entscheidungsstaates kann auch eine **Ersatzzustellung** (zB eine öffentliche Zustellung) ordnungsgemäß sein (NK-BGB/*Andrae* §§ 107–109 Rn 61; MüKoZPO/*Gottwald* § 328 Rn 100; **aA** OLG Hamm NJW-RR 96, 773/774); allerdings wird es dann häufig an der Rechtzeitigkeit fehlen. Die Ordnungsmäßigkeit der Zustellung ist vom Zweitgericht ohne Bindung an die Feststellungen des Ursprungsgerichts zu beurteilen (BGHZ 120, 305/311 = NJW 93, 598; BGH FamRZ 08, 390; OLG Stuttgart FamRZ 17, 1518/1520; OLG Bremen FamRZ 13, 808; P/H/*Hau* Rn 35).

271 Eine mögliche **Heilung von Zustellungsfehlern** beurteilt sich ebenfalls nach dem Recht des Ursprungsstaats einschließlich der von diesem Staat ratifizierten völkerrechtlichen Verträge (BGHZ 120, 305/311 f = NJW 93, 598; MüKoFamFG/*Rauscher* Rn 29). Daneben kommt bei Zustellungen nach Deutschland gemäß dem Günstigkeitsprinzip auch eine Heilung in analoger Anwendung von § 189 ZPO in Betracht. Dies gilt freilich nicht, soweit die Zustellung auf staatsvertraglicher Grundlage erfolgt und der Staatsvertrag – wie das HZÜ – eine solche Heilung nicht vorsieht (BGHZ 191, 59/68 Rn 33 ff = NJW 11, 3581 Rn 33 ff m zust Anm *Rauscher* = FamRZ 11, 1860 m zust Anm *Kondring;* BGHZ 120, 305/312 f = FamRZ 93, 311; OLG München FamRZ 17, 131/133 m zust Anm *Gruber;* OLG Stuttgart FamRZ 17, 1518/1520 f; MüKoFamFG/*Rauscher* Rn 29).

272 **(4) Rechtzeitig** ist die Mitteilung dann, wenn dem Antragsgegner genügend Zeit zur Vorbereitung seiner Verteidigung und zur Vermeidung eines Versäumnisurteils verblieben ist. Dabei ist der Zeitraum zwischen der Zustellung der Ladung und dem Termin, in dem das Versäumnisurteil ergeht, zugrunde zu legen (BGH NJW 06, 701 Rn 12 ff). Die Praxis geht im Regelfall von einer Mindestfrist von 15–25 Tagen aus (BayObLG FamRZ 00, 1170/1172; vgl auch LJV BW FamRZ 90, 1015/1018 f). Die Frist beginnt idR mit der ordnungsgemäßen Mittteilung; im Fall einer fiktiven Zustellung kommt es auf den Zeitpunkt der tatsächlichen Kenntnisnahme durch den Antragsgegner an (BayObLG FamRZ 02, 1423/1424; OLG Saarbrücken NJOZ 01, 1233/1237). Entscheidend ist aber der jeweilige Einzelfall (J/H/*Henrich* Rn 6). Dabei hat das Zweitgericht auch **außergewöhnliche Umstände** einzubeziehen, die erst nach der ordnungsgemäßen Zustellung eingetreten sind (vgl zu Art 27 EuGVÜ EuGH C-49/84 – *Debaecker,* Slg 85, 1779 Rn 27; Haußleiter/*Gomille* Rn 12; vgl auch BayObLG FamRZ 00, 1170/1171: Haft des Empfängers). Auch müssen die durch eine Prozessführung im Ausland auftretenden Schwierigkeiten für die Verteidigung, etwa die fremde Sprache oder das ungewohnte Verfahrensrecht, berücksichtigt werden. Daher darf nicht lediglich auf die formale Einhaltung von Ladungs- und Einlassungsfristen nach dem Recht des Erststaates (dazu OLG Koblenz RIW 88, 476; BayObLG FamRZ 01, 1170/1171; BeckOK-FamFG/*Sieghörtner* Rn 23) oder des Zweitstaates abgestellt werden (Mu/V/*Stadler* Art 45 EuGVVO Rn 9).

273 Die **gesetzlichen Ladungs- oder Einlassungsfristen** des Erst- oder des Zweitstaates werden jedoch zumindest als Anhaltspunkt für die Rechtzeitigkeit herangezogen (OLG Köln IPRax 00, 528; BayObLG FamRZ 00, 1170/1172). Sind die Fristen des Zweitstaats nicht gewahrt, so kann dies daher als ein wichtiges Indiz für die fehlende Rechtzeitigkeit herangezogen werden (vgl zu Art 27 EuGVÜ etwa BGH WM 86, 539; OLG Düsseldorf RIW 01, 143/144). Für die Beteiligten des Erstverfahrens besteht allerdings auch eine Obliegenheit, das Verfahren zu fördern und nicht zu torpedieren; deshalb kann bei zurechenbarer Zugangsvereitelung durch den Antragsgegner Rechtzeitigkeit angenommen werden (BayObLG FamRZ 05, 638/639 und 923/925; MüKoFamFG/*Rauscher* Rn 29). Umgekehrt fehlt es an der Rechtzeitigkeit, wenn der Antragsteller dem Gericht die Zustelladresse der Antragsgegnerin vorsätzlich verschweigt (BayObLG FamRZ 02, 1423/1424). Eine Verwirkung des Einwands der nicht ordnungsgemäßen Zustellung ist auch möglich, wenn der Antragsgegner die Annahme des verfahrenseinleitenden Dokuments ohne Grund verweigert hat (OLG Zweibrücken FamRZ 05, 997/998). Bei der Prüfung der Rechtzeitigkeit der Mitteilung ist der Anerkennungsrichter nicht an die Beurteilung des Erstgerichts gebunden (BayObLG FamRZ 02, 1423/1424 und FamRZ 00, 1170/1171; P/H/*Hau* Rn 35).

274 **cc) Fehlende Einlassung des Antragsgegners.** Der Antragsgegner kann sich nur dann auf den Versagungsgrund nach Nr 2 berufen, wenn er sich im Ursprungsstaat nicht **zur Hauptsache** geäußert hat. Eine Äußerung zu Verfahrensfragen, zB zur Zuständigkeit, zur fehlerhaften Zustellung (LJV BW FamRZ 90, 1015/1018; P/H/*Hau* Rn 36), zur Richterablehnung, zur

IV. Autonomes Zivilverfahrensrecht: FamFG § 109   275–279   **K**

Prozesskostenhilfe oder zu einer einstweiligen Anordnung, hindern hingegen die Anwendung der Nr 2 – anders als bisher nach § 328 Nr 2 ZPO, wo schon eine Einlassung auf das „Verfahren" ausreicht – nicht (Haußleiter/*Gomille* Rn 7; Keidel/*Zimmermann* Rn 8). Die Bestellung eines Vertreters für den Antragsgegner im ausländischen Verfahren ohne dessen Mitwirkung ist keinesfalls eine Einlassung (OLG Hamm NJW-RR 96, 773/774).

Die Einlassung, auch wenn sie ggf in einem Neben- oder Vorverfahren erfolgt ist, muss sich   **275** auf den **Verfahrensgegenstand** der anzuerkennenden Entscheidung bezogen haben (MüKo-FamFG/*Rauscher* Rn 31). Hat ein Neben- oder Folgeverfahren einen anderen Verfahrensgegenstand, so gilt für dieses Verfahren Nr 2 gesondert. Daher kann beispielsweise der Anerkennung einer selbstständigen Entscheidung über die Kosten des Verfahrens an Nr 2 scheitern, wenn der Antragsgegner sich nicht zu dieser, sondern nur zu dem ihr zugrundliegenden Rechtsstreit in der Ehesache geäußert hat.

dd) Unterlassung der Einlegung von Rechtsbehelfen im Ursprungsstaat. Nr 2 steht   **276** einer Anerkennung auch dann entgegen, wenn der Antragsgegner nachträglich von der Entscheidung Kenntnis erlangt hat und gegen diese im Ursprungsstaat noch Rechtsbehelfe hätte einlegen können, dies aber unterlassen hat (BGHZ 120, 305/313 ff = NJW 93, 598 unter Hinweis auf EuGH C 123/91 – *Minalmet,* Slg 92 I-5661 Rn 13 = EuZW 93, 39; BayObLG FamRZ 04, 274/275; FamRZ 02, 1637/1639; FamRZ 00, 1170/1172; Bamberger/Roth/*Althammer* Rn 3). In der Literatur wird zwar auch insoweit eine an Art 34 Nr 2 EuGVVO orientierte Auslegung befürwortet (*Geimer* IPRax 04, 97; Zö/*Geimer* § 328 ZPO Rn 163). Der deutsche Gesetzgeber hat indessen eine Obliegenheit des Antragsgegners zur Einlegung von Rechtsbehelfen im erststaatlichen Verfahren offenbar bewusst nicht in § 109 Abs 1 Nr 2 FamFG übernommen, zumal sie auch in Art 22 lit b EuEheVO nicht vorgesehen ist (OLG Stuttgart FamRZ 17, 1518/1521; OLG München FamRZ 12, 1512 Rn 16; NK-BGB/*Andrae* §§ 107–109 Rn 57; P/H/*Hau* Rn 36; Keidel/*Zimmermann* Rn 5 f). In Anlehnung an Art 22 lit b EuEheVO ist jedoch von einer Verwirkung des Einwands nach Nr 2 auszugehen, wenn festgestellt wird, dass der Antragsgegner mit der Entscheidung eindeutig einverstanden war (vgl BayObLG FamRZ 02, 1637/1639).

c) Unvereinbare Entscheidungen oder Verfahren, Nr 3. aa) Allgemeines. Die Vor-   **277** schrift entspricht § 328 Abs 1 Nr 3 ZPO, für den seinerseits Art 27 Nr 3 und Nr 5 EuGVÜ Vorbild war. Die korrespondierenden europäischen Vorschriften finden sich heute in Art 22 lit c und lit d EuEheVO. Daher kann ergänzend auf die vom EuGH zu diesen Vorschriften entwickelten Grundsätze (→ Rn 94 ff, 102 ff) zurückgegriffen werden.

bb) Unvereinbarkeit. Erforderlich ist nach Nr 3 **keine Identität des Verfahrensgegen-   278 stands.** Miteinander unvereinbar sind Entscheidungen vielmehr schon dann, wenn sich deren Wirkungen (Rechtsfolgen) widersprechen (OLG Bremen FamRZ 17, 2042/2043; Bamberger/Roth/*Althammer* Rn 4; vgl zum EuGVÜ EuGH 145/86 – *Hoffmann/Krieg,* Slg 88, 645 Rn 22 = NJW 89, 663; EuGH C-80/00 – *Italian Leather,* Slg 02 I-4995 Rn 40, 47 = NJW 02, 2087 m Anm *Hess* IPRax 05, 23; zu § 328 Abs 1 Nr 3 ZPO OLG Hamm FamRZ 01, 1015). Gefragt werden muss also, ob der dem anzuerkennenden ausländischen Urteil zugrundeliegende Antrag vor einem deutschen Gericht noch gestellt werden könnte oder ob er wegen des Widerspruchs zur Rechtskraft- oder Gestaltungswirkung einer inländischen oder einer anzuerkennenden früheren ausländischen Entscheidung unzulässig wäre (NK-BGB/*Andrae* §§ 107–109 Rn 66). Dabei ist nicht nur der Tenor beider Entscheidungen zu vergleichen; vielmehr kann sich die Unvereinbarkeit auch aus den Entscheidungsgründen bzw aus Widersprüchen bezüglich präjudizieller Rechtsverhältnisse ergeben (MüKoFamFG/*Rauscher* Rn 35).

Eine inländische Entscheidung, die den Scheidungsantrag – zB wegen Nichterfüllung der   **279** gesetzlich vorgeschriebenen Trennungsfrist – abgewiesen hat, ist daher mit der Anerkennung eines späteren ausländischen Scheidungsurteils durchaus vereinbar. Demgegenüber steht ein inländisches Scheidungsurteil der Anerkennung eines späteren ausländischen Urteils, das die Ehe aufhebt, für nichtig erklärt oder ihre Ungültigkeit feststellt entgegen; gleiches gilt auch umgekehrt (vgl NK-BGB/*Andrae* §§ 107–109 Rn 67). Eine inländische Entscheidung über die Gewährung von **Verfahrenskostenhilfe** (BGH NJW 84, 568 f; Keidel/*Zimmermann* Rn 14) oder eine inländische **einstweilige Anordnung** schließt die Anerkennung der ausländischen Hauptsacheentscheidung nicht aus, wohl aber eine inländische einstweilige Anordnung der Anerkennung einer mit ihr unvereinbaren ausländischen (BGH NJW 92, 3108; Keidel/*Zimmermann* Rn 15).

K 280–284   2. Teil. Anerkennung/Vollstreckung K. Ehesachen

280 **cc) Die einzelnen Fälle.** Die Vorschrift unterscheidet drei Konstellationen:

(1) Eine **inländische Entscheidung** setzt sich – in Übereinstimmung mit Art 22 lit c EuEhe-VO (→ Rn 94 ff) – gegenüber der Anerkennung einer ausländischen Entscheidung, die mit ihr nicht zu vereinbaren ist, in jedem Fall durch. Dabei kommt es auf die zeitliche Reihenfolge der Entscheidungen nicht an. Der Vorrang der inländischen Entscheidung gilt mithin auch dann, wenn sie erst nach der ausländischen Entscheidung ergangen ist oder wenn im deutschen Verfahren die frühere Rechtshängigkeit des ausländischen Verfahrens übersehen oder missachtet worden ist (LJV BW FamRZ 90, 1015/1018; Keidel/*Zimmermann* Rn 15; P/H/*Hau* Rn 41).

281 (2) Für konkurrierende **ausländische Entscheidungen,** deren Anerkennung im Inland begehrt wird, gilt hingegen – wie nach Art 22 lit d EuEheVO (→ Rn 102 ff) – das **Prioritätsprinzip.** Die Anerkennung einer ausländischen Entscheidung ist mithin ausgeschlossen, wenn eine mit ihr konkurrierende – ebenfalls anerkennungsfähige – ausländische Entscheidung früher erlassen wurde. Dies gilt auch, wenn die frühere ausländische Eheentscheidung in einem Mitgliedstaat der EuEheVO erlassen wurde und deshalb nach Art 22 dieser Verordnung anzuerkennen ist. Für die Priorität ist auf den Zeitpunkt abzustellen, zu dem die Entscheidungen nach ihrer jeweiligen *lex fori* in Rechtskraft erwachsen sind (OLG Bamberg FamRZ 00, 1289/1290; NK-BGB/*Andrae* §§ 107–109 Rn 65).

282 (3) Schließlich steht nach Abs 3, 2. HS auch die **frühere Rechtshängigkeit des inländischen Eheverfahrens** der Anerkennung entgegen, wenn diese von dem ausländischen Gericht missachtet wurde, dessen Entscheidung nunmehr anerkannt werden soll. Dies gilt auch dann, wenn das verfahrenseinleitende Schriftstück im ausländischen Verfahren zwar früher, aber fehlerhaft zugestellt wurde (OLG München FamRZ 17, 131/133 m zust Anm *Gruber*). Denn ebenso wie deutsche Gerichte eine ausländische Rechtshängigkeit (bei einer positiven Anerkennungsprognose) beachten, können sie auch erwarten, dass ausländische Gerichte eine frühere Rechtshängigkeit in Deutschland respektieren. Das Anerkennungshindernis besteht aber auch dann, wenn dem ausländischen Gericht die frühere Rechtshängigkeit in Deutschland nicht bekannt war (BeckOK-FamFG/*Sieghörtner* Rn 30). Die Frage, wann die konkurrierenden Verfahren rechtshängig geworden sind, bestimmt sich nach der jeweiligen *lex fori* (BGH FamRZ 92, 1058; BGH NJW 87, 3083; KG FamRZ 16, 836; dazu → A Rn 256 ff). Die hierauf gestützte Versagung der Anerkennung setzt voraus, dass das Verfahren vor den deutschen Gerichten noch immer rechtshängig ist; ist es inzwischen rechtskräftig abgeschlossen, so setzt sich das inländische Urteil entsprechend dem zu (1) Gesagten in jedem Fall durch. Auch dieser Versagungsgrund ist von Amts wegen zu beachten, ohne dass es darauf ankommt, wie stark der Inlandsbezug des Falles ist (**aA** OLG Bamberg FamRZ 97, 95/96, das die die Nichtbeachtung der früheren deutschen Rechtshängigkeit als Frage des verfahrensrechtlichen *ordre public* iSv Nr 4 sieht).

283 **d) Verstoß gegen den ordre public, Nr. 4. aa) Allgemeines.** Die ausländische Eheentscheidung ist – in Übereinstimmung mit Art 22 lit a EuEheVO – weiterhin nicht anerkennungsfähig, wenn sie mit wesentlichen Grundsätzen des deutschen Rechts offensichtlich unvereinbar ist, wozu – ebenso wie nach Art 6 EGBGB – insbesondere die **Grundrechte** des GG und der EU-Charta sowie die zur Auslegung der Grundrechte heranzuziehenden Gewährleistungen der **EMRK** gehören. Nr 4 stellt in gewissem Umfang eine Ausnahme von dem Verbot der *révision au fond* (Abs 5) dar. Der *ordre public*-Einwand greift nur in Ausnahmefällen ein (BGHZ 189, 87 = FamRZ 11, 788 Rn 25). Er ist ferner im Anerkennungsrecht strikter zu handhaben als im Kollisionsrecht (BGH NJW 15, 479 Rn 28; vgl auch BGH NJW 15, 2800 Rn 34 m Anm *Kemper* [Adoption]). Die Entscheidung muss mit den der inländischen Rechtsordnung zugrundeliegenden Gerechtigkeitsvorstellungen in einer Weise in Widerspruch steht, dass sie schlichtweg untragbar erscheint (BGH NJW 02, 960/961; KG FamRZ 16, 1585 und FamRZ 04, 275/277). Maßgebend für die Beurteilung ist der Zeitpunkt der Entscheidung über die Anerkennung (BayObLG FamRZ 01, 1622 f und FamRZ 02, 1637/1639; vgl auch OLG Celle FamRZ 12, 1226/1228 [Adoption]; OLG Stuttgart FamRZ 05, 636 [Abstammung]).

284 Wegen der Einzelheiten wird auf die Kommentierung zu Art 22 lit a EuEheVO (→ Rn 68 ff) und Art 12 Rom III-VO (→ A Rn 467 ff) verwiesen. Die Anerkennung einer ausländischen Entscheidung, mit der die Wirksamkeit einer bigamischen Ehe festgestellt wird, kann gegen den inländischen *ordre public* iSv § 109 Abs 1 Nr 4 verstoßen, wenn sie die Aufhebung der Ehe wegen Bigamie ausschließt (OLG München NJW-RR 15, 1349 = NZFam 15, 920 m Anm *Andrae;* vgl aber auch KG FamRZ 16, 1585/1586).

972

IV. Autonomes Zivilverfahrensrecht: FamFG § 109   285–290 **K**

bb) Verfahrensrechtlicher ordre public. Ein Verstoß gegen den verfahrensrechtlichen *ordre* **285**
public ist gegeben, wenn die Entscheidung auf einem Verfahren beruht, das von den Grundprinzipien des deutschen Verfahrensrechts in einem Maße abweicht, dass es nach der deutschen
Rechtsordnung nicht als in einer geordneten, rechtsstaatlichen Weise ergangen angesehen werden kann (BGH NJW 10, 153/155; BGHZ 118, 312/320 f; BayObLGZ 99, 211/214; Staud/
Spellenberg Rn 293 ff mwN). Die Anerkennung müsste also die Grundlagen des deutschen
staatlichen oder wirtschaftlichen Lebens angreifen (BayObLG FamRZ 02, 1637/1639). Ein
solcher Verstoß kann darin liegen, dass einem Beteiligten jede Möglichkeit genommen wird,
Rechtsmittel gegen eine Entscheidung einzulegen, oder dass ein von ihm eingelegtes Rechtsmittel unbeachtet bleibt (BayObLG FamRZ 02, 1637/1639 und FamRZ 00, 836/837). Die
Anerkennung kann hingegen nicht schon deshalb versagt werden, weil die ausländische Entscheidung in einem Verfahren erlassen worden ist, das von zwingenden Vorschriften des deutschen Prozessrechts abweicht (BGH NJW 10, 153/155; BGHZ 118, 312/320 f).

In Betracht kommt insbesondere ein Verstoß gegen das Gebot des **rechtlichen Gehörs,** zB **286**
durch das Übergehen von Beweisanträgen (OLG Köln FamRZ 95, 306/307; Staud/*Spellenberg*
Rn 309 ff mwN). Voraussetzung ist freilich, dass der Betroffene alle ihm im erststaatlichen
Verfahren zur Verfügung stehenden und zumutbaren **Rechtsbehelfe ausgeschöpft** hat, um sich
rechtliches Gehör zu verschaffen und Verfahrensfehler zu korrigieren (BGH NJW 97, 2051/
2052; OLG Celle FamRZ 14, 142/143; KG FamRZ 04, 275/277; BayObLG FamRZ 02,
1637/1639; OLG Düsseldorf FamRZ 96, 176/177; NK-BGB/*Andrae* §§ 107–109 Rn 70
mwN).

Der Umstand, dass die Ehescheidung – abweichend vom deutschen Recht (§ 1564 BGB) – **287**
nicht durch ein Gericht, sondern durch konstitutiven Hoheitsakt einer Verwaltungsbehörde
ausgesprochen worden ist, verstößt nicht gegen den deutschen *ordre public* (OLG Schleswig
FamRZ 09, 609/610 f). Ferner reicht auch die die Behauptung eines Ehegatten, auf ihn sei im
ausländischen Scheidungsverfahren massiver Druck zum Abschluss einer Scheidungsfolgenvereinbarung ausgeübt worden, jedenfalls dann nicht aus, um dem Scheidungsurteil die Anerkennung nach § 109 Nr 4 zu versagen, wenn dieser Vorwurf nicht bereits im erststaatlichen Verfahren erhoben wurde (BayObLG FamRZ 01, 1622/1623).

cc) Materiellrechtlicher ordre public. Eine Verletzung des materiellrechtlichen *ordre public* **288**
kommt in Ehesachen vor allem in Betracht, wenn das ausländische Urteil gegen Verbürgungen
von Grundrechten der deutschen Verfassung, wie die Eheschließungsfreiheit, die Religionsfreiheit oder die Gleichberechtigung von Mann und Frau verstößt. Dies trifft etwa auf die
Ungültigerklärung einer Ehe wegen Verstoßes gegen das Ehehindernis der Religionsverschiedenheit zu (NK-BGB/*Andrae* §§ 107–109 Rn 71; vgl auch Staud/*Spellenberg* Rn 267 ff).

3. Kein Erfordernis der Gegenseitigkeit, Abs 4

Die Verbürgung der Gegenseitigkeit ist kein generelles Anerkennungshindernis in Familien- **289**
sachen, sondern nur bei der Anerkennung von Entscheidungen zu prüfen, die einen der in Abs 4
aufgezählten Verfahrensgegenstände betreffen. Hierzu gehören neben bestimmten Lebenspartnerschaftssachen (Nr 2–5) nur Familienstreitsachen (Nr 1). Dies sind im Wesentlichen nur
Unterhalts- und Güterrechtssachen (§ 112 Nr 1 und Nr 2). Demgegenüber sind Ehesachen iSv
§ 121 FamFG keine Familienstreitsachen, sodass es insoweit auf eine Verbürgung der Gegenseitigkeit mit dem Ursprungsstaat der Entscheidung nicht ankommt.

4. Verbot der *révision au fond,* Abs 5

Eine Überprüfung der Entscheidung in der Sache ist – wie schon nach bisheriger Rechtslage **290**
§ 328 ZPO) – ausgeschlossen. Nach dem Vorbild in Art 26 EuEheVO ist dieser Grundsatz
nunmehr in Abs 5 ausdrücklich normiert. Das Verbot der *révision au fond* schließt insbesondere
eine Nachprüfung der Entscheidung auf materielle oder verfahrensrechtliche Fehler des Erstgerichts bei der Rechtsanwendung aus; vorbehalten bleibt lediglich die Kontrolle am Maßstab
des deutschen *ordre public* (Abs 1 Nr 4; vgl OVG Lüneburg NJW 15, 717). Das Verbot betrifft
jedoch auch die Frage der Anwendung des „richtigen" Rechts. Die Anerkennung von Entscheidungen in Ehesachen nach §§ 107, 109 kann daher heute nicht mehr deshalb abgelehnt
werden, weil das ausländische Gericht die Ehescheidung unter Zugrundelegung eines anderen
Rechts ausgesprochen hat, als es aus deutscher Sicht (Art 5 ff Rom III-VO) anwendbar gewesen

973

K 291–293   2. Teil. Anerkennung/Vollstreckung K. Ehesachen

wäre. Die Entbehrlichkeit einer solchen kollisionsrechtlichen Konformität wird für Ehesachen in Art 25 EuEheVO (→ Rn 109 f) noch einmal ausdrücklich klargestellt.

Anhang: Anerkennung von Privatscheidungen

Schrifttum: *Rauscher,* Talaq und deutscher ordre public, IPRax 00, 391; *Siehr,* Ehescheidung deutscher Juden, IPRax 09, 332.

1. Allgemeines

291   Im Hinblick auf Art 17 Abs 2 EGBGB, der aus Anlass des Inkrafttretens der Rom III-VO keine Veränderung erfahren hat, werden **im Inland** vollzogene Privatscheidungen nicht anerkannt, entfalten mithin in Deutschland keine Wirkungen, mögen sie auch nach dem von der Rom III-VO als Scheidungsstatut bezeichneten Recht voll wirksam sein (näher → A Rn 562 ff). Anerkennungsfähig sind demgegenüber **im Ausland** durchgeführte Privatscheidungen (zur Abgrenzung zwischen Inlands- und Auslandsvollzug einer Privatscheidung → A Rn 571 f). Auch sie unterliegen dem obligatorischen Anerkennungsverfahren durch die Landesjustizverwaltung nach § 107 FamFG (näher → Rn 204 ff). Da es sich im Regelfall um rechtsgeschäftliche Scheidungen handelt, an denen eine ausländische Behörde allenfalls registrierend, nicht aber konstitutiv mitwirkt, ist Prüfungsmaßstab für die Anerkennung allerdings nicht § 109 FamFG, sondern das in entsprechender Anwendung der Rom III-VO bestimmte Scheidungsstatut (OLG München FamRZ 16, 1363; *Dimmler* FamRB 15, 367; *Gärtner* StAZ 12, 357/363; MüKo-FamG/*Rauscher* § 107 FamFG Rn 15; Mu/*Borth*/*Grandel* § 107 FamFG Rn 26; **aA** *Elmaliah*/*Thomas* FamRZ 18, 739/746; MüKoBGB/*Winkler v Mohrenfels* Art 1 Rom III-VO Rn 12). Da der EuGH indessen einer unmittelbaren Anwendung der Rom III-VO auf die Anerkennung von Privatscheidungen eine Absage erteilt hat (EuGH C-372/16 – *Sahyouni* FamRZ 18, 169 Rn 67 m Anm *Mayer* = NZFam 18, 126 m Anm *Rieck*), ist zumindest eine analoge Anwendung der Verordnung kraft einer diesbezüglichen deutschen richterrechtlichen Kollisionsnorm geboten (ähnlich *Gössl* StAZ 16, 332/235; NK-BGB/*Andrae* §§ 107–109 Rn 80).

2. Scheidungsstatut als Prüfungsmaßstab

292   Eine im Ausland vollzogene Privatscheidung löst die Ehe daher mit Wirkung auch für das deutsche Recht daher auf, wenn sie nach dem Scheidungsstatut materiell und formell wirksam ist. Dementsprechend wurde die Anerkennung von Privatscheidungen bis zum 20.6.2012 an dem von Art 17 Abs 1 S 1 EGBGB aF zur Anwendung berufenen Recht gemessen (BGHZ 176, 365 Rn 35 = FamRZ 08, 1409 m Anm *Henrich;* BGHZ 110, 267/273 = NJW 90, 2194; BGHZ 82, 34/45; BGH FamRZ 94, 434/435; OLG München FamRZ 12, 1142/1143; OLG Düsseldorf FamRZ 03, 381 [LS]; BayObLG FamRZ 98, 1594/1595 und FamRZ 94, 1263/1264; OLG Celle FamRZ 98, 686). Stattdessen ist Prüfungsmaßstab nunmehr kraft deutschen Richterrechts das von der **Rom III-VO** als Scheidungsstatut bezeichnete Recht (*Gössl* StAZ 16, 232/235; *Majer* NZFam 17, 1010; *Pika*/*Weller* IPRax 17, 65/71; *Antomo* NJW 18, 435/437; BeckOK – BGB/*Heiderhoff* Art 1 Rom III-VO Rn 34; MüKoBGB/*Winkler*/*v Mohrenfels* Art 1 Rom III-VO Rn 14; NK-BGB/*Gruber* Art 1 Rom III-VO Rn 69; **aA** [Weiteranwendung von Art 17 EGBGB aF] OLG München NZFam 18, 376 m Anm. *Rieck*; → A Rn 319 ff, 566 ff). Übergangsrechtlich gelten die Art 5 ff Rom III-VO in entsprechender Anwendung von Art 18 Abs 1 Rom III-VO jedenfalls, wenn das konstitutive Rechtsgeschäft – zB die rechtsgeschäftliche Scheidung nach thailändischem Recht – erst nach dem 21.6.2012 vorgenommen wurde. Bei einem mehraktigen Tatbestand der Privatscheidung sollte es aber auch ausreichen, wenn nur der letzte nach dem Scheidungsstatut erforderliche Teilakt – zB die Registrierung bei der ausländischen Behörde – unter der Geltung der Rom III-VO verwirklicht worden ist.

293   **Maßgebender Zeitpunkt** für die Bestimmung des Scheidungsstatuts ist nach der Rom III-VO die „Anrufung des Gerichts". Diese nur auf gerichtliche Scheidungen abzielende Regelung muss für die Anerkennung von Privatscheidungen modifiziert werden. Abzustellen ist insoweit auf den Zeitpunkt der Scheidungserklärung, genauer auf den Zugang dieser Erklärung bei dem anderen Ehegatten. In diesem Sinne hatte die deutsche Praxis bereits zu Art 17 Abs 1 EGBGB aF entschieden (BGHZ 110, 267/273 f = NJW 90, 2194; BayObLG FamRZ 98, 1594/1595; OLG Celle FamRZ 98, 686). Ist der Zugang nicht erfolgt oder wird er bestritten, so ist

Anhang: Anerkennung von Privatscheidungen   294, 295 **K**

stattdessen der Zeitpunkt der Registrierung der Scheidung maßgebend (BayObLG FamRZ 94, 1263/1264; NK-BGB/*Andrae* §§ 107–109 Rn 78).

Unterliegt die im Ausland vorgenommene Privatscheidung allerdings nach den Kollisions- **294** normen der Rom III-VO dem **deutschen Scheidungsrecht,** so scheitert ihre Anerkennung an § 1564 Abs 1 BGB, weil danach eine Ehe nur auf Antrag durch gerichtliche Entscheidung geschieden werden kann. Diese Vorschrift wird wegen ihrer engen Verknüpfung mit dem deutschen Scheidungsrecht zu Recht auch materiellrechtlich qualifiziert (vgl zu Art 17 EGBGB aF BGHZ 176, 365 Rn 36 ff = FamRZ 08, 1409; dazu *Siehr* IPRax 09, 332; BGHZ 110, 267/ 272 f = NJW 90, 2194; BayObLG FamRZ 03, 381/383, FamRZ 98, 1594/1595 und FamRZ 94, 1263/1264; KG FamRZ 02, 840/841; OLG Braunschweig FamRZ 01, 561; OLG Celle FamRZ 98, 686 f; P/H/*Hau* § 109 FamFG Rn 56; Erman/*Hohloch* Art 2 Rom III-VO Rn 16 mwN); hieran hat auch das Inkrafttreten der Rom III-VO nichts geändert (Reg Begr zum AusfG Rom III unter A I 3a). Während nach bisherigem Recht (Art 17 Abs 1 S 1 iVm Art 14 Abs 1 Nr 1, 5 Abs 1 S 2 EGBGB) vor allem die (auch nicht effektive) **deutsche Staatsangehörigkeit** eines Ehegatten zu einer Unwirksamkeit der Privatscheidung – und damit zu einer „hinkenden Inlandsehe“ – führen konnte (vgl BGH FamRZ 94, 434/435; BayObLG FamRZ 03, 381/382; KG FamRZ 02, 840/841; OLG Braunschweig FamRZ 01, 561 f; OLG Celle FamRZ 98, 686; NK-BGB/*Andrae* §§ 107–109 Rn 78 mwN), steht nach der Rom III-VO die Anknüpfung an den gewöhnlichen Aufenthalt im Vordergrund, so dass – vorbehaltlich der Schranken des Art 10, 2. Fall oder des *ordre public* (Art 12 Rom III-VO; → A Rn 467 ff) – uU selbst die im Ausland vollzogene Privatscheidung zwischen deutschen Ehegatten im Inland anzuerkennen ist, wenn die Ehegatten ihren (letzten) gemeinsamen gewöhnlichen Aufenthalt in dem Staat hatten, nach dessen Recht die Privatscheidung vorgenommen wurde (vgl Art 8 lit a, b Rom III-VO). Andererseits ist die Anerkennung trotz ausländischer Staatsangehörigkeit der Ehegatten ausgeschlossen, wenn diese ihren gemeinsamen gewöhnlichen Aufenthalt im Zeitpunkt der ausländischen Privatscheidung im Inland hatten (vgl zum früheren Recht OLG München FamRZ 15, 1611 m Anm *Henrich*).

3. Die Schranke des ordre public

Die Anerkennung von Privatscheidungen, die Ehefrauen diskriminieren, ist nicht schon nach **295** Art 10, 2. Fall Rom III-VO (dazu → A Rn 454 ff) ausgeschlossen; denn insoweit fehlt es im deutschen Kollisionsrecht an einer Regelungslücke, die durch die analoge Anwendung dieser Vorschrift geschlossen werden müsste (zutr *Antomo* NJW 18, 435/437; MüKoBGB/*Winkler/v. Mohrenfels* Art 1 Rom III-VO Rn 17; **aA** *Pika/Willer* IPRax 17, 65/72). Stattdessen sind ausländische Privatscheidungen am Maßstab des inländischen *ordre public* (Art 6 EGBGB) zu messen. Voraussetzung ist ein hinreichender **Inlandsbezug** sowohl im Zeitpunkt der Scheidung wie der Anerkennung. Auch die Anerkennung einer **im Ausland vollzogenen Verstoßungsscheidung** *(talaq)* verstößt nur dann gegen den *ordre public,* wenn eine hinreichend starke Inlandsbeziehungen besteht (vgl OLG Stuttgart FamRZ 00, 171; NK-BGB/*Andrae* §§ 107–109 Rn 82; ebenso zum öst Recht OGH 13.10.11 unalex AT-796). Ein solcher ist jedenfalls dann gegeben, wenn einer oder beide Ehegatten die deutsche Staatsangehörigkeit besitzen oder ihren gewöhnlichen Aufenthalt in Deutschland haben (OLG München IPRax 89, 238/241; Erman/ *Hohloch* Art 2 Rom III-VO Rn 16). Da § 1564 Abs 1 BGB zu den Grundlagen des deutschen Scheidungsrechts gehört, von denen nicht abgewichen werden kann (BGHZ 110, 267/276), verstößt die Vornahme einer Privatscheidung unter Beteiligung **deutscher Ehegatten,** insbesondere die Verstoßung einer deutschen Frau gegen ihren Willen, gegen den deutschen *ordre public* (BayObLG IPRax 82, 104/105). Hingegen fehlt es an einem Verstoß gegen die deutsche öffentliche Ordnung, wenn die deutsche Ehefrau mit der im Ausland vollzogenen Verstoßung einverstanden war (OLG München IPRax 89, 238/241; OLG Frankfurt NJW 85, 1293/1294) oder wenn die Voraussetzungen für die Ehescheidung auch nach deutschem Recht vorgelegen haben (OLG Koblenz FamRZ 93, 563; vgl auch schon → A Rn 490 ff mwN).

L. Güterrechtssachen

Übersicht

	Rn.
I. Einführung	1
1. EU-Recht	1
2. Staatsverträge	6
3. Autonomes Zivilverfahrensrecht	11
II. EU-Recht	13
EuGüVO (Text-Nr 620)	13
Vorbemerkung	13
Kap. I: Anwendungsbereich und Begriffsbestimmungen (Art 1–2)	23
Kap. IV: Anerkennung, Vollstreckbarkeit und Vollstreckung (Art 36–57)	34
Kap. V: Öffentliche Urkunden und Prozessvergleiche (Art 58–60)	155
Kap. VI: Allgemeine und Schlussbestimmungen (Art 61–70)	165
III. Autonomes Zivilverfahrensrecht	174
FamFG (Text-Nr 630)	174
Buch 1. Abschnitt 9: Verfahren mit Auslandsbezug (§§ 97, 106, 108–110)	174

Der Abschnitt L beschränkt sich auf die Darstellung der **Anerkennung und Vollstreckung** ausländischer Entscheidungen in Güterrechtssachen. Zur Behandlung von Güterrechtssachen im **Erkenntnisverfahren** (internationale Zuständigkeit, anwendbares Recht) siehe den **Abschnitt B.**

I. Einführung

1. EU–Recht

a) EuGVVO. Regelungen des sekundären Unionsrechts finden auf dem Gebiet der Anerken- **1** nung und Vollstreckung von güterrechtlichen Entscheidungen derzeit noch keine Anwendung. Die ehelichen Güterstände sind insbesondere aus dem Anwendungsbereich der EuGVVO nF nach deren Art 1 Abs 2 lit a ausdrücklich ausgeschlossen. Dieser Ausschlusstatbestand ist weit auszulegen; er umfasst alle vermögensrechtlichen Beziehungen zwischen Ehegatten, die sich unmittelbar aus der Ehe oder ihrer Auflösung ergeben (EuGH 143/78 – *de Cavel I,* Slg 79, 1055 Rn 7; zu Einzelheiten unalexK/*Hausmann* Art 1 EuGVVO aF Rn 58 ff).). Demgemäß betrifft auch die Teilung einer beweglichen Sache, die von einem Ehegatten während der Ehe mit gemeinsamen Mitteln erworben wurde, aus Anlass der Ehescheidung die ehelichen Güterstände iSv Art 3 lit a (EuGH C-67/17 – *Iliev/Ilieva,* FamRZ 17, 1913 Rn 28 ff m Anm *Musseva* 2009 [zu Art 1 Abs 2 lit a EuGVVO nF]). Ist allerdings im Erststaat in einer vermögensrechtlichen Streitigkeit über Fragen des Ehegüterrechts lediglich als **Vorfrage** entschieden worden, so wird hierdurch die Anwendbarkeit der EuGVVO auf die Anerkennung und Vollstreckung des Urteils nicht in Frage gestellt (unalexK/*Hausmann* Art 1 EuGVVO aF Rn 67 mwN).

In gleicher Weise wie aus der EuGVVO sind die ehelichen Güterstände auch aus der Ver- **2** ordnung (EG) Nr 805/2004 zur Einführung eines Europäischen Vollstreckungstitels für unbestrittene Forderungen **(EuVTVO)** v 21.4.2004 (ABl L 143, 15; vgl Art 2 Abs 2 lit a), der Verordnung (EG) Nr 1896/2006 zur Einführung eines Europäischen Mahnverfahrens **(EuMVVO)** v 12.12.2006 (ABl L 399, 1; vgl Art 2 Abs 2 lit a), der Verordnung (EG) Nr 861/2007 zur Einführung eines europäischen Verfahrens für geringfügige Forderungen **(EuGFVO)** v 11.7.2007 (ABl L 199, 1; vgl Art 2 Abs 2 lit b) und der Verordnung (EU) Nr 655/2014 zur Einführung eines Verfahrens für einen Europäischen Beschluss zur vorläufigen Kontenpfändung im Hinblick auf die Erleichterung der grenzüberschreitenden Eintreibung von Forderungen un Zivil- und Handelssachen **(EuBvKpfVO)** v 15.5.2014 (ABl L 189, 59; vgl Art 2 Abs 2 lit a) ausgeschlossen. Dies gilt auch für einen vertraglichen Anspruch auf Wertsicherung einer vereinbarten Zugewinnausgleichsforderung (vgl zur EuVTVO KG FamRZ 10, 1596).

977

L 3–7   2. Teil. Anerkennung/Vollstreckung L. Güterrechtssachen

3   **b) EuEheVO/EuUntVO.** Auch die bisher auf dem Gebiet des **Ehe- und Familienrechts** in Kraft getretenen EG-/EU-Verordnungen erfassen das eheliche Güterrecht nicht. Dies gilt insbesondere für die EuEheVO, die überhaupt keine vermögensrechtlichen Scheidungsfolgen regelt (vgl ErwG 8 → Anh I; öst OGH 28.4.11, unalex AT-729; näher → A Rn 37 f). Auch der Anwendungsbereich der EuUntVO ist nach deren Art 1 Abs 1 auf das Unterhaltsrecht beschränkt. Die Abgrenzung zwischen Ehegattenunterhalt und Ehegüterrecht wirft allerdings, namentlich im Rahmen der vermögensrechtlichen Abwicklung von Ehen aus Anlass der Scheidung nach dem Recht der Common Law-Staaten, erhebliche Probleme auf (näher → C Rn 50 ff).

4   **c) EuGüVO.** Die Anerkennung und Vollstreckung von Entscheidungen in Güterrechtssachen richtet sich, wenn das zugrundeliegende Verfahren **ab dem 29.1.2019** in einem an dieser Verordnung teilnehmenden Mitgliedstaat eingeleitet wurde, vorrangig nach dem IV. Kapitel (Art 36–57) der Verordnung (EU) 2016/1103 zur Durchführung einer Verstärkten Zusammenarbeit im Bereich der Zuständigkeit, des anzuwendenden Rechts und der Anerkennung und Vollstreckung von Entscheidungen in Fragen des ehelichen Güterstands **(EuGüVO)** v 24.6.2016 (ABl L 183, 1; vgl Art 69 Abs 1 iVm Art 70 Abs 2 EuGüVO; → Rn 170 ff). Die Verordnung gilt von diesem Zeitpunkt an in allen teilnehmenden Mitgliedstaaten unmittelbar und genießt als Teil des sekundären Unionsrechts **Anwendungsvorrang** vor dem autonomen Anerkennungsrecht. In Deutschland werden demgemäß die Regelungen in §§ 108–110 FamFG für die Anerkennung und Vollstreckung von Entscheidungen in Güterrechtssachen, die in einem teilnehmenden Mitgliedstaat nach dem 29.1.2019 ergangen sind, durch die Art 36 ff EuGüVO weitgehend verdrängt. Gleiches gilt nach der Übergangsvorschrift in Art 69 Abs 2 EuGüVO auch für Entscheidungen, die in vor dem 29.1.2019 eingeleiteten Verfahren nach diesem Zeitpunkt ergangen sind, sofern die vom Ursprungsgericht angewandten Zuständigkeitsvorschriften mit denjenigen des Kapitels II der EuGüVO übereinstimmen (→ Rn 173).

5   **d) EuErbVO.** Demgegenüber nimmt die Verordnung (EU) Nr 650/2012 über die Zuständigkeit, das anzuwendende Recht, die Anerkennung und Vollstreckung von Entscheidungen und die Annahme und Vollstreckung öffentlicher Urkunden in Erbsachen sowie zur Einführung eines Europäischen Nachlasszeugnisses v 4.7.2012 **(EuErbVO**; ABl EU L 201, 107) Fragen des ehelichen Güterrechts in Art 1 Abs 2 lit d ausdrücklich aus ihrem sachlichen Anwendungsbereich aus. Die Abgrenzung zwischen dem Güterrechts- und dem Erbstatut – und damit zwischen der EuGüVO und der EuErbVO – wirft allerdings z T schwierige Qualifikationsfragen auf, die aber vornehmlich das Kollisionsrecht betreffen (dazu → B Rn 50 ff).

2. Staatsverträge

6   Die Anerkennung und Vollstreckung von Entscheidungen in Güterrechtssachen ist bisher auch nicht in **multilateralen Staatsverträgen** geregelt, die von der *Bundesrepublik Deutschland* abgeschlossen worden sind. Insbesondere ist das eheliche Güterrecht aus den beiden Luganer Übereinkommen von 1988 und 2007 in gleichem Umfang ausgeschlossen wie aus der EuGVVO (Art 1 Abs 2 lit a LugÜ 1988/2007).

7   Dagegen sind die von der *Bundesrepublik Deutschland* mit ausländischen Staaten abgeschlossenen **bilateralen Anerkennungs- und Vollstreckungsverträge** in Güterrechtssachen grundsätzlich anwendbar, da diese vermögensrechtliche Ansprüche in Zivilsachen betreffen. Das jeweilige Übereinkommen darf jedoch das eheliche Güterrecht betreffende Entscheidungen nicht von seinem Anwendungsbereich ausgenommen haben. Die bilateralen Verträge mit folgenden Staaten erstrecken sich auch auf Güterrechtssachen:

– **Belgien** (Abk v 30.6.1958, BGBl 59 II, 766; BGBl 60 II, 2408; AusführungsG v 26.6.1959, BGBl I, 425),
– **Griechenland** (Vertrag v 4.11.1961, BGBl 63 II, 110, 1278; AusführungsG v 5.2.1963, BGBl I, 129),
– **Italien** (Abk v 9.3.1936, RGBl 37 II, 145; wieder in Kraft seit 1.10.1952, BGBl II, 986; AusführungsVO v 18.5.1937, RGBl II, 143; BGBl 50 I, 455, 533),
– **Niederlande** (Vertrag v 30.8.1962, BGBl 65 II 27, 1155; AusführungsG v 15.1.1965, BGBl I, 17)
– **Norwegen** (Vertrag v 17.6.1977, BGBl 81 II, 342, 901; Ausführung gemäß den Vorschriften des AVAG, § 1 Abs 1 Nr 1 lit c,

978

II. EU-Recht   8–12 **L**

– **Österreich** (Vertrag v 6.6.1959, BGBl 60 II, 1246, 1523; AusführungsG v 8.3.1960, BGBl I,
  1); vgl OGH 28.4.11 unalex AT-729 [zur Rechtshängigkeit]),
– **Schweiz** (Abk v 2.11.1929, RGBl 30 II, 1066, 1270; Ausführungs-VO v 23.8.1930, RGBl II,
  1209; → K Rn 158 ff),
– **Spanien** (Vertrag v 14.11.1983, BGBl 87 II, 35; BGBl 88 II, 375; Ausführung gemäß den
  Vorschriften des AVAG, § 1 Abs 1 Nr 1 lit e,
– **Vereinigtes Königreich** (Abk v 14.6.1960, BGBl 61 II, 302, 1025; AusführungsG v
  28.3.1961, BGBl I, 301).

Mit Geltung der EuGüVO ab dem 29.1.2019 werden die vorgenannten bilateralen Abkom-   **8**
men mit den an dieser Verordnung teilnehmenden Mitgliedstaaten *Belgien, Griechenland, Italien,
Niederlande, Österreich* und *Spanien* gemäß Art 62 Abs 2 EuGüVO durch die Verordnung verdrängt, soweit sie auch auf Güterrechtssachen anwendbar waren. Demgegenüber gelten die
Abkommen mit *Norwegen,* der *Schweiz* und dem *Vereinigten Königreich* weiter.

Der Vertrag mit **Israel** v 20.7.1977 (BGBl 80 II, 925, 1531; → M Rn 696 ff) schließt in Art 4   **9**
Abs 1 Nr 1 Entscheidungen in Angelegenheiten des ehelichen Güterrechts ausdrücklich aus
seinem Anwendungsbereich aus. Der Begriff des Familienstands ist aus israelischer Sicht weiter
als aus deutscher Sicht. Er erfasst etwa auch Unterhaltssachen, die nur kraft ihrer ausdrücklichen
Einbeziehung in Art 4 Abs 2 in den Anwendungsbereich des Vertrags fallen (Denkschrift zu
Art 4, BT-Drucks 8 Nr 3866).

Auch der Vertrag mit **Tunesien** v 19.7.1966 (BGBl 69 II, 890; BGBl 70 II, 125; → M   **10**
Rn 699 ff) ist nach seinem Art 28 in Angelegenheiten, die den Ehe- oder Familienstand betref-
fen mit Ausnahme von Ehe- und Unterhaltsentscheidungen nicht anwendbar. Die Einbeziehung
güterrechtlicher Verfahren hielt man für nicht notwendig, da die Anerkennung in diesem
Bereich schon durch das jeweilige nationale Recht gesichert sei (Denkschrift zu Art 28, BT-
Drs 5 Nr 3167).

3. Autonomes Zivilverfahrensrecht

Für die Anwendung des deutschen autonomen Anerkennungsrechts bleibt nur insoweit   **11**
Raum, als es um Entscheidungen geht, die nicht in einem der an der EuGüVO teilnehmenden
EU-Mitgliedstaaten ab dem 29.1.2019 ergangen sind. Neben den vorgenannten bilateralen
Abkommen kann das autonome Anerkennungsrecht jedoch gemäß dem **Günstigkeitsprinzip**
Bedeutung erlangen. Für die praktische Rechtsanwendung bedeutet dies, dass nach der An-
erkennung aufgrund des Abkommens nicht gefragt zu werden braucht, soweit bereits aus dem
nationalen Vorschriften eine Anerkennungspflicht folgt.

Auf die Anerkennung und Vollstreckung ausländischer Entscheidungen in Güterrechtssachen   **12**
sind nicht die §§ 328, 722 f ZPO, sondern die §§ 108 ff FamFG (→ Rn 177 ff) anzuwenden.
Zwar verweist § 113 Abs 1 S 2 in Ehe- und Familienstreitsachen (und damit auch in Güterrechtssachen nach § 261 Abs 1) u a auf § 328 ZPO. Diese Verweisung gilt aber nur, soweit das
FamFG keine Sondervorschriften enthält. Als solche Sondervorschriften sind in Verfahren mit
Auslandsbezug aber die §§ 108, 109 FamFG anzusehen (J/H/*Henrich* Rn 18; **aA** *Klinck* FamRZ
09, 745 f). Diese sind auch dann anzuwenden, wenn nach der ausländischen *lex fori* über Güter-
rechtssachen im streitigen Verfahren entschieden worden ist. Gleiches gilt für § 110 FamFG im
Verhältnis zu 120 Abs 1 FamFG iVm §§ 722, 723 ZPO.

II. EU-Recht

620. Verordnung (EU) 2016/1103 zur Durchführung der Verstärkten Zusammenarbeit im Bereich der Zuständigkeit, des anzuwendenden Rechts und der Anerkennung und Vollstreckung von Entscheidungen in Fragen des ehelichen Güterstands (EuGüVO)

Vom 24. Juni 2016 (ABl L 182, 1)

Schrifttum: Vgl das allg Schrifttum → B vor Rn 9.

979

L 13–17　　　2. Teil. Anerkennung/Vollstreckung L. Güterrechtssachen

Vorbemerkung

1. Entstehungsgeschichte

13　Vgl → B Rn 9 f.

2. Ziele

14　Auf dem Gebiet des internationalen Ehegüterrechts strebt die EuGüVO im Interesse einer Erleichterung des freien Personenverkehrs in der EU (ErwG 1; → Anh IV) nicht nur eine Harmonisierung der Regeln über die internationale Zuständigkeit und das anwendbare Recht an, sondern auch über die Anerkennung von Entscheidungen im Verhältnis der Mitgliedstaaten nach dem Vorbild anderer Rechtsinstrumente der Union im Bereich der justiziellen Zusammenarbeit in Zivilsachen an (ErwG 56; → Anh IV).

3. Anwendungsbereich

15　**a) Sachlicher Anwendungsbereich.** In sachlicher Hinsicht gilt die EuGüVO nach Art 1 Abs 1 für die „ehelichen Güterstände." Dieser autonom und weit auszulegende Begriff wird in Art 3 lit a dahin definiert, dass er „sämtliche vermögensrechtlichen Regelungen, die zwischen den Ehegatten und in ihren Beziehungen zu Dritten aufgrund der Ehe oder der Auflösung der Ehe gelten," umfasst (dazu näher → B Rn 36 f). Die Verordnung enthält ferner in Art 1 Abs 2 einen Katalog derjenigen Gegenstände, die aus ihrem sachlichen Anwendungsbereich ausdrücklich ausgeschlossen sind (→ B Rn 26 ff). Dementsprechend regelt die EuGüVO auch die Anerkennung, Vollstreckbarerklärung und Vollstreckung von Entscheidungen nur, soweit diese die von Art 1 Abs 1 erfassten ehelichen Güterstände betreffen. Bei der Prüfung, ob der sachliche Anwendungsbereich der Verordnung eröffnet ist, besteht keine Bindung der Gerichte im Zweitstaat an die Beurteilung des Gerichts im Ursprungsmitgliedstaat (vgl zur EuGVVO aF BGH 17.9.08, unalex DE-1592).

16　**b) Persönlicher Anwendungsbereich.** Ihren persönlichen Anwendungsbereich normiert die EuGüVO nicht ausdrücklich. Aus der parallel verabschiedeten Verordnung zu den güterrechtlichen Wirkungen eingetragener Partnerschaften (EuPartVO; → I Rn 11 ff) ergibt sich jedoch, dass sie **nur für Ehegatten,** nicht für eingetragene Lebenspartner gilt. Der Begriff der „Ehe" wird allerdings bewusst nicht definiert, sondern bleibt dem nationalen Recht der Mitgliedstaaten überlassen (ErwG 17; → Anh IV; *Andrae,* IntFamR § 10 Rn 11). Damit werden auch die güterrechtlichen Beziehungen zwischen **gleichgeschlechtlichen Ehepartnern** in denjenigen teilnehmenden Mitgliedstaaten, die das Rechtsinstitut der Ehe auf solche Paare ausgedehnt haben, von der EuGüVO erfasst (*Dethloff* FS v Hoffmann [2011] 73/77; zu diesen Mitgliedstaaten → I Rn 267). Demgegenüber sind teilnehmende Mitgliedstaaten, die das Rechtsinstitut der gleichgeschlechtlichen Ehe bisher nicht in ihr nationales Eherecht eingeführt haben, nicht gezwungen, die Verordnung auf solche Ehen anzuwenden, sondern sind berechtigt, insoweit die Parallelverordnung zum Güterrecht eingetragener Lebenspartner heranzuziehen. Die Abgrenzung zwischen Ehegatten und eingetragenen Lebenspartnern – und damit zwischen der EuGüVO und der EuPartVO – wird damit **nicht auf europäischer Ebene** vorgenommen, sondern bleibt Sache des nationalen Rechts der teilnehmenden Mitgliedstaaten (ebenso *Andrae,* IntFamR § 10 Rn 11).

17　Der **deutsche Gesetzgeber** hat zwar die gleichgeschlechtliche Ehe durch das Gesetz zur Einführung des Rechts auf Eheschließung für Personen gleichen Geschlechts v 20.7.2017 (BGBl I, 2787) mit Wirkung v 1.10.2017 anerkannt. Er hat sie jedoch für die Zwecke des Kollisionsrechts in Art 17b Abs 4 EGBGB nF durch die Verweisung auf Art 17b Abs 1–3 EGBGB (anstatt auf Art 13–16 EGBGB) **einer eingetragenen Lebenspartnerschaft gleichgestellt** (dazu → I Rn 269 ff). Dies könnte dafür sprechen, in Verfahren vor deutschen Gerichten auch auf die güterrechtlichen Beziehungen in einer solchen Ehe die EuPartVO anzuwenden. Der Erwägungsgrund 17 ist indessen nicht so zu verstehen, dass das nationale IPR auch darüber zu befinden hat, welche Wirkungen einer gleichgeschlechtlichen Ehe im Einzelnen zukommen. Wie sich vor allem aus der Regelung der alternativen Zuständigkeit in Art 9 Abs 1 ergibt, ist dem nationalen IPR lediglich die Entscheidung überlassen, ob es eine gleichgeschlechtliche Ehe „anerkennt" oder nicht. Wird sie in einem Mitgliedstaat – wie in *Deutschland* – anerkannt, so findet daher auf die güterrechtlichen Verhältnisse in einer solchen Ehe **insgesamt die**

980

II. EU-Recht: EuGüVO Art 1–2 **L**

EuGüVO, nicht die EuPartVO Anwendung (*Mankowski* IPRax 17, 541/548; im Erg auch *Döbereiner* MittBayNot 11, 463/464; *Dutta* FamRZ 16, 1973/1976). Die praktischen Auswirkungen dieser Einordnung sind auf dem Gebiet der Anerkennung und Vollstreckung von Entscheidungen in Güterrechtssachen allerdings marginal, weil die diesbezüglichen Regeln in beiden Verordnungen nahezu vollständig übereinstimmen.

c) Räumlicher Anwendungsbereich. Aus der Entstehungsgeschichte der EuGüVO folgt, **18** dass diese in räumlicher Hinsicht *nicht in* allen 28 EU-Mitgliedstaaten gilt, sondern nur in den 18 Mitgliedstaaten, die an der Verstärkten Zusammenarbeit auf diesem Gebiet derzeit teilnehmen. Dies sind – außer der *Bundesrepublik Deutschland* – Belgien, Bulgarien, Finnland, Frankreich, Griechenland, Italien, Kroatien, Luxemburg, Malta, die Niederlande, Österreich, Portugal, Schweden, Slowenien, Spanien, die Tschechische Republik und Zypern. Auf dem Gebiet der Anerkennung und Vollstreckung wird vorausgesetzt, dass die Entscheidung von einem Gericht eines teilnehmenden Mitgliedstaats der Verordnung erlassen worden ist und in einem anderen teilnehmenden Mitgliedstaat anerkannt und vollstreckt werden soll. Unerheblich ist hingegen, ob die Parteien die Staatsangehörigkeit eines teilnehmenden Mitgliedstaats der Verordnung besitzen oder ob der zugrundeliegende Sachverhalt einen Auslandsbezug aufweist. Die Art 36 ff gelten daher auch für die Anerkennung und Vollstreckung von güterrechtlichen Entscheidungen, die in reinen Inlandsfällen ergangen sind. Auf die Anerkennung und Vollstreckung von Entscheidungen *drittstaatlicher* Gerichte sind sie hingegen nicht anwendbar, auch wenn am Verfahren Angehörige von teilnehmenden Mitgliedstaaten beteiligt waren. Zum Hoheitsgebiet der Mitgliedstaaten → B Rn 19.

d) Zeitlicher Anwendungsbereich. In zeitlicher Hinsicht gilt die EuGüVO grundsätzlich **19** nur für gerichtliche Verfahren, gebilligte oder geschlossene gerichtliche Vergleiche und öffentliche Urkunden, die ab dem 29. Januar 2019 eingeleitet, aufgenommen oder ausgestellt wurden (Art 69 Abs 1 iVm Art 70 Abs 2). Der zeitliche Anwendungsbereich der Verordnung wird allerdings in Bezug auf die Anerkennung und Vollstreckung von Entscheidungen im Verhältnis der teilnehmenden Mitgliedstaaten zueinander gemäß Art 69 Abs 2 erweitert. Danach gilt die EuGüVO für die Anerkennung und Vollstreckung von ab dem 29.1.2019 in einem teilnehmenden Mitgliedstaat ergangenen Entscheidungen auch dann, wenn das Verfahren schon vor diesem Zeitpunkt eingeleitet worden ist, sofern die vom Ursprungsgericht angewandten Zuständigkeitsvorschriften mit denen des Kapitels II (Art 4–11) übereinstimmen (näher → Rn 173). Anders als die EuUntVO (Art 75 Abs 2 lit a) gilt die EuGüVO hingegen nicht auch für Entscheidungen, die zwar vor ihrer Geltung ergangen sind, deren Anerkennung bzw Vollstreckbarerklärung aber erst nach diesem Zeitpunkt beantragt worden ist.

4. Verhältnis zu anderen Rechtsinstrumenten

Die EuGüVO tritt gemäß Art 62 Abs 1 gegenüber Staatsverträgen zurück, an denen nicht nur **20** teilnehmende EU-Mitgliedstaaten, sondern auch Drittstaaten beteiligt sind (näher → Rn 166 f). Demgegenüber hat sie gemäß Art 62 Abs 2 zwischen den Mitgliedstaaten Vorrang vor Übereinkünften, denen nur Mitgliedstaaten angehören; sie verdrängt daher insbesondere die in → Rn 8 genannten bilateralen Anerkennungs- und Vollstreckungsverträge zwischen der *Bundesrepublik Deutschland* und anderen teilnehmenden Mitgliedstaaten. Vgl. → Rn 167.

5. Auslegung

Vgl → B Rn 22 f. **21**

6. Deutsches Ausführungsgesetz

Das deutsche Ausführungsgesetz zur EuGüVO ist bisher nicht verkündet worden. Es ist aber **22** zu erwarten, dass es sich weitgehend an den Ausführungsgesetzen zu anderen EU-Verordnungen auf dem Gebiet des internationalen Familien- und Erbrechts (IntFamRVG, AUG, IntErbRVG) orientieren wird.

Kapitel I. Geltungsbereich und Begriffsbestimmungen
EuGüVO Art 1–2

(abgedruckt und kommentiert → B Rn 25 ff)

981

L 24, 25   2. Teil. Anerkennung/Vollstreckung L. Güterrechtssachen

23   Vgl zum Begriff der Güterrechtssachen näher → B Rn 25, 36 f. Ist die Entscheidung über den ehelichen Güterstand als Annex zur Entscheidung in einer Erbsache (Art 4) oder zu einer Ehesache (Art 5) ergangen, so ist die Anwendung der Art 36 ff auf die Anerkennung, Vollstreckbarkeit und Vollstreckung der **Verurteilung zur Erfüllung von güterrechtlichen Pflichten** beschränkt. Demgegenüber richtet sich die Anerkennung und Vollstreckbarkeit der Hauptsacheentscheidung in der Erbsache nach Art 39 ff EuErbVO, in der Ehesache nach Art 21 ff EuEheVO.

EuGüVO Art 3. Begriffsbestimmungen

(1) Im Sinne dieser Verordnung bezeichnet der Ausdruck

a) „ehelicher Güterstand" sämtliche vermögensrechtlichen Regelungen, die zwischen den Ehegatten und in ihren Beziehungen zu Dritten aufgrund der Ehe oder der Auflösung der Ehe gelten;

b) „Vereinbarung über den ehelichen Güterstand" jede Vereinbarung zwischen Ehegatten oder künftigen Ehegatten, mit der sie ihren ehelichen Güterstand regeln;

c) „öffentliche Urkunde" ein den ehelichen Güterstand betreffendes Schriftstück, das als öffentliche Urkunde in einem Mitgliedstaat förmlich errichtet oder eingetragen worden ist und dessen Beweiskraft
    i) sich auf die Unterschrift und den Inhalt der öffentlichen Urkunde bezieht und
    ii) durch eine Behörde oder eine andere vom Ursprungsmitgliedstaat hierzu ermächtigte Stelle festgestellt worden ist;

d) „Entscheidung" jede von einem Gericht eines Mitgliedstaats in Bezug auf den ehelichen Güterstand erlassene Entscheidung ungeachtet ihrer Bezeichnung, einschließlich des Kostenfestsetzungsbeschlusses eines Gerichtsbediensteten;

e) „gerichtlicher Vergleich" einen von einem Gericht gebilligten oder vor einem Gericht im Laufe eines Verfahrens geschlossenen Vergleich in Bezug auf den ehelichen Güterstand;

f) „Ursprungsmitgliedstaat" den Mitgliedstaat, in dem die Entscheidung ergangen, die öffentliche Urkunde errichtet oder der gerichtliche Vergleich gebilligt oder geschlossen worden ist;

g) „Vollstreckungsmitgliedstaat" den Mitgliedstaat, in dem die Anerkennung und/oder Vollstreckung der Entscheidung, der öffentlichen Urkunde oder des gerichtlichen Vergleichs betrieben wird.

(2) Im Sinne dieser Verordnung bezeichnet der Ausdruck „Gericht" jedes Gericht und alle anderen Behörden und Angehörigen von Rechtsberufen mit Zuständigkeiten in Fragen des ehelichen Güterstands, die gerichtliche Funktionen ausüben oder in Ausübung einer Befugnisübertragung durch ein Gericht oder unter der Aufsicht eines Gerichts handeln, sofern diese anderen Behörden und Angehörigen von Rechtsberufen ihre Unparteilichkeit und das Recht der Parteien auf rechtliches Gehör gewährleisten und ihre Entscheidungen nach dem Recht des Mitgliedstaats, in dem sie tätig sind,
    i) vor einem Gericht angefochten oder von einem Gericht nachgeprüft werden können und
    ii) vergleichbare Rechtskraft und Rechtswirkung haben wie eine Entscheidung eines Gerichts in der gleichen Sache.

Die Mitgliedstaaten teilen der Kommission nach Artikel 64 die in Unterabsatz 1 genannten anderen Behörden und Angehörigen von Rechtsberufen mit.

24   Zur Auslegung der Begriffe „ehelicher Güterstand" (lit a) und „Vereinbarung über den ehelichen Güterstand" (lit b) wird auf die Kommentierung der Vorschrift im Abschnitt B (→ Rn 36 ff und → Rn 294, 310 ff) verwiesen. Diese Begriffsbestimmungen sind im Hinblick auf die Anerkennung und Vollstreckung von güterrechtlichen Entscheidungen wie folgt zu ergänzen:

1. Öffentliche Urkunde, Abs 1 lit c

25   Wie gerichtliche Vergleiche sind auch öffentliche Urkunden, die eine güterrechtliche Verpflichtung zum Gegenstand haben, nach Art 59 in anderen teilnehmenden Mitgliedstaaten vollstreckbar. Die Begriffsbestimmung in Abs 1 lit c orientiert sich an Art 4 Nr 3 EuVTVO und der Rechtsprechung des EuGH zu Art 50 EuGVÜ/Art 57 EuGVVO aF (EuGH C-260/97 – *Uni-*

982

II. EU-Recht: EuGüVO Art 3   26–30 **L**

bank/Flemming, Slg 99-I, 3715 Rn 14 = IPRax 00, 409). Gemeint sind danach Urkunden, die
im Ursprungsmitgliedstaat **förmlich errichtet oder in ein Register eingetragen** wurden.
Die Beurkundung oder Registrierung hat durch eine Behörde oder eine andere gemäß der
Rechtsordnung des Ursprungsmitgliedstaats hierzu ermächtigte Stelle, etwa durch einen Notar,
zu erfolgen (sublit ii). In *Deutschland* sind dies Urkunden, die von einem Notar oder einem
Gericht errichtet wurden (§§ 794 Nr 5 ZPO, 62, 56 Abs 4 BeurkG). Privaturkunden, insbesondere der **Anwaltsvergleich,** werden vom Begriff der öffentlichen Urkunde nicht erfasst.
Etwas anderes gilt jedoch dann, wenn der Anwaltsvergleich von einem Notar für vollstreckbar
erklärt wurde (§ 796c ZPO). Wird er hingegen vom Gericht nach deutschem Recht für vollstreckbar erklärt (§ 796a ZPO), ist er als gerichtlich gebilligter Vergleich iSv Nr 2 anzusehen (vgl
unalexK/*ten Wolde/Knot/Hausmann* Art 57 EuGVVO aF Rn 14).

Die **Beweiskraft** der öffentlichen Urkunde muss sich gleichermaßen auf die Unterschrift wie   **26**
auf den Inhalt beziehen und muss durch eine Behörde oder eine andere hierzu ermächtigte Stelle
festgestellt worden sein. Eine bloße **Unterschriftsbeglaubigung,** die lediglich die Echtheit der
Unterschrift bestätigt, ist daher keine öffentliche Urkunde iSv Abs 1 lit c.

2. Entscheidung, Abs 1 lit d

Die Definition der „Entscheidung" ist aus Art 32 EuGVVO aF/Art 2 Abs 1 Nr 1 EuUntVO   **27**
übernommen worden. Ergänzend kann daher auf die Rechtsprechung zu diesen Vorschriften
zurückgegriffen werden. Danach ist der Begriff der Entscheidung **autonom und weit auszulegen;** die Aufzählung in Abs 1 lit d ist daher nicht abschließend. Erfasst sind nicht nur
Endurteile, sondern auch Kostenfestsetzungsbeschlüsse. Der Begriff des „Gerichts" ist in Abs 2
teilweise erläutert (→ Rn 31 ff).

Auch Maßnahmen des **einstweiligen Rechtsschutzes** in Güterrechtssachen (Art 19; näher   **28**
→ B Rn 236 ff) können nach Art 36 ff anerkannt und vollstreckt werden, sofern ihnen extraterritoriale Geltung zukommen soll. Voraussetzung für eine grenzüberschreitende Wirkung von
Maßnahmen des einstweiligen Rechtsschutzes (zB eines Arrests oder einer einstweiligen An-
ordnung) und damit für eine **Vollstreckbarerklärung** nach Art 42 ff ist freilich die Wahrung
des **rechtlichen Gehörs** des Schuldners in einem kontradiktorischen Verfahren (vgl zum
EuGVÜ EuGH C-125/79 – *Denilauler,* Slg 80, 1553 Rn 17 f = IPRax 81, 95 m Anm *Hausmann*
79; BGH NJW 99, 2372; OLG Karlsruhe FamRZ 01, 1623/1624; ebenso zur EuGVVO aF
BGH NJW-RR 07, 1573 Rn 11 ff; zur EuEheVO BGH FamRZ 09, 1297/1299). Diese
Anhörung muss allerdings nicht notwendig bereits vor Erlass der einstweiligen Maßnahme im
Ursprungsmitgliedstaat erfolgen. Anerkannt werden können vielmehr auch sog *ex-parte-*Entscheidungen, sofern der Schuldner nur vor der Anerkennung oder Vollstreckung in einem
anderen Mitgliedstaat die Möglichkeit hatte, seinen Anspruch auf rechtliches Gehör im Ursprungsmitgliedstaat durch Einlegung eines Rechtsbehelfs gegen die Entscheidung durchzusetzen
(vgl zur EuGVVO aF EuGH C-39/02 – *Mærsk Olie & Gas,* Slg 04 I-9657 Rn 50 f = EuLF 04,
282; dazu Anm *Smeele* IPRax 06, 229).

3. Gerichtlicher Vergleich, Abs 1 lit e

Die EuGüVO gilt nach Art 60 auch für die Anerkennung und Vollstreckung gerichtlicher   **29**
Vergleiche (ErwG 13; → Anh III). Die Definition des „gerichtlichen Vergleichs" lehnt sich an
Art 58 EuGVVO aF an. Erfasst wird gleichermaßen der von einem Gericht gebilligte wie der
von den Parteien im Laufe eines Verfahrens vor Gericht geschlossene und von diesem lediglich
protokollierte Vergleich über güterrechtliche Fragen. Dieser muss in Präzisierung des Wortlauts
vor dem **Gericht eines teilnehmenden Mitgliedstaats** geschlossen oder von einem solchen
gebilligt worden sein. Der Begriff ist ebenfalls autonom und weit auszulegen. **Anwalts- und
Mediationsvergleiche** sind jedoch keine gerichtlichen Vergleiche (vgl unalexK/*ten Wolde/
Knot/Hausmann* Art 58 EuGVVO aF Rn 7 ff).

4. Ursprungs-/Vollstreckungsmitgliedstaat, Abs 1 lit f, g

Die Definitionen des Ursprungs- und des Vollstreckungsmitgliedstaats in Abs 1 lit f und lit g   **30**
und Nr 5, die nur im Rahmen der Anerkennung und Vollstreckung von Unterhaltsentscheidungen Bedeutung erlangen, sind aus sich heraus verständlich.

983

L 34, 35   2. Teil. Anerkennung/Vollstreckung L. Güterrechtssachen

5. Gericht, Abs 2

31   Um den verschiedenen Systemen zur Regelung des ehelichen Güterstands in den Mitgliedstaaten Rechnung zu tragen, ist der Begriff „Gericht" für die Zwecke der EuGüVO weit auszulegen. Er schließt daher nach Abs 2 auch **andere Behörden und Angehörige von Rechtsberufen** mit Zuständigkeiten in Fragen des ehelichen Güterstands ein, soweit diese entweder gerichtliche Funktionen ausüben oder in Ausübung einer Befugnisübertragung durch ein Gericht oder unter der Aufsicht eines Gerichts handeln. Dies gilt insbesondere für **Notare,** die in manchen Mitgliedstaaten auch gerichtliche Funktionen innehaben (ErwG 29; → Anh IV).

32   Voraussetzung dafür ist in jedem Falle, dass die in der Vorschrift näher beschriebenen **Garantien für ein rechtstaatliches Verfahren,** insbesondere die Unparteilichkeit und die Gewährung rechtlichen Gehörs, eingehalten werden und eine Überprüfung der behördlichen oder notariellen Entscheidung durch ein Gericht vorgesehen ist. Außerdem muss die behördliche Entscheidung vergleichbare Rechtskraft und Rechtswirkung haben wie eine Entscheidung eines Gerichts in der gleichen Sache (vgl ErwG 31; → Anh IV). Diejenigen Behörden und Angehörigen von Rechtsberufen, die den Voraussetzungen des Abs 2 genügen, sind der Kommission von den Mitgliedstaaten nach Art 64 mitzuteilen. Dadurch werden den Gerichten der übrigen Mitgliedstaaten klare Kriterien an die Hand gegeben, in welchen Fällen Entscheidungen von Verwaltungsbehörden oder Notaren in den Anwendungsbereich der Verordnung fallen.

33   Üben **Notare** gerichtliche Funktionen aus, so sind auch sie durch die Zuständigkeitsregeln der Verordnung gebunden, und die von ihnen erlassenen Entscheidungen verkehren nach den Bestimmungen der Verordnung über die Anerkennung, Vollstreckbarkeit und Vollstreckung von Entscheidungen (Art 36 ff). Üben Notare hingegen keine gerichtlichen Funktionen aus, so sind sie nicht durch diese Zuständigkeitsregeln gebunden und die von ihnen errichteten öffentlichen Urkunden verkehren nach den Bestimmungen der Verordnung über öffentliche Urkunden (Art 59; vgl ErwG 30 und 31; → Anh IV).

Kapitel II. Gerichtliche Zuständigkeit

EuGüVO Art 4 – 19

(abgedruckt und kommentiert → B Rn 61 ff)

Kapitel III. Anwendbares Recht

EuGüVO Art 20 – 35

(abgedruckt und kommentiert → B Rn 321 ff)

Kapitel IV. Anerkennung, Vollstreckbarkeit und Vollstreckung von Entscheidungen

EuGüVO Art 36. Anerkennung

(1) **Die in einem Mitgliedstaat ergangenen Entscheidungen werden in den anderen Mitgliedstaaten anerkannt, ohne dass es hierfür eines besonderen Verfahrens bedarf.**

(2) **Jede Partei, die die Anerkennung einer Entscheidung zu einem zentralen Element des Streitgegenstands macht, kann in den Verfahren der Artikel 44 bis 57 die Anerkennung der Entscheidung beantragen.**

(3) **Hängt der Ausgang eines Verfahrens vor dem Gericht eines Mitgliedstaats von der Entscheidung über die inzidente Frage der Anerkennung ab, so ist dieses Gericht für die Entscheidung über die Anerkennung zuständig.**

1. Begriff der Entscheidung

34   Vgl dazu die Kommentierung zu Art 3 lit d (→ Rn 27 f).

2. Begriff der Anerkennung

35   Der Begriff der Anerkennung ist in der EuGüVO nicht ausdrücklich geregelt. Nach allg Ansicht ist darunter – wie nach Art 36 EuGVVO – **Wirkungserstreckung** zu verstehen, dh

984

II. EU-Recht: EuGüVO Art 36　　　　　　　　　　　　　　　　　**36–40** **L**

kraft der Anerkennung nach Art 36 werden die prozessualen Wirkungen einer Güterrechtsentscheidung auf das Gebiet des Zweitstaats erstreckt (vgl zum EuGVÜ EuGH C-145/86 – *Hoff-
mann/Krieg,* Slg 88, 645 Rn 11 = NJW 89, 663; zur EuGVVO EuGH Rs C-420/07 –
Apostolides, Slg 09 I-3571 Rn 66; Rauscher/*Mankowski* Art 36 Rn 4 mwN). Einer Anerkennung
fähig sind nur verfahrensrechtliche Urteilswirkungen, insbesondere die materielle Rechtskraft,
die Präklusionswirkung und prozessuale Drittwirkungen, ferner die Interventions- und Streitverkündungswirkung, sowie schließlich auch die Gestaltungswirkung, nicht aber die Tatbestandswirkung. Ausgenommen ist lediglich die Vollstreckungswirkung. Die Grenzen der auf
das Inland zu erstreckenden verfahrensrechtlichen Urteilswirkungen bestimmen sich nach dem
Recht des Entscheidungsstaates; eine Kappung dieser Urteilswirkungen gemäß der zum autonomen Recht vertretenen *Kumulationstheorie* findet im europäischen Anerkennungsrecht nicht
statt (Rauscher/*Mankowski* Art 36 EuGVVO Rn 4). Wegen der Einzelheiten wird auf die
Parallelvorschrift in Art 16, 23 EuUntVO (→ M Rn 48, 238) verwiesen.

Die Anerkennung und Vollstreckung einer Entscheidung über den ehelichen Güterstand nach **36**
Maßgabe der Verordnung ist in ihren Wirkungen auf das Güterrecht beschränkt. Sie impliziert in
keiner Weise die Anerkennung der Ehe, die dem ehelichen Güterstand, der Anlass zu der
Entscheidung gegeben hat, zugrunde liegt (ErwG 64; → Anh IV). Die Gültigkeit dieser Ehe
kann daher trotz Anerkennung einer Entscheidung über den ehelichen Güterstand von den
Gerichten im Anerkennungsstaat verneint werden, wenn sie dort Gegenstand eines Eheverfahrens ist.

3. Ipso iure–Anerkennung, Abs 1

Nach Art 36 Abs 1 gilt der Grundsatz, dass auch Entscheidungen in Güterrechtssachen in **37**
jedem anderen Mitgliedstaat **automatisch** anerkannt werden; dh mit Eintritt der verfahrensrechtlichen Wirkungen der Entscheidung im Ursprungsmitgliedstaat erstrecken sich diese
Wirkungen gleichzeitig auch auf den Anerkennungsstaat. Die Durchführung eines besonderen
Anerkennungsverfahrens ist dazu nicht erforderlich und darf vom nationalen Recht des Zweitstaats nicht vorgeschrieben werden. Im deutschen Recht war ein besonderes Anerkennungsverfahren für güterrechtliche Entscheidungen schon bisher nicht vorgesehen. Die Gründe, die
ausnahmsweise zur Versagung der Anerkennung einer güterrechtlichen Entscheidung führen
können, sind in Art 37 abschließend aufgezählt (→ Rn 50 ff). Die **Beweislast** für diese Versagungsgründe trägt diejenige Partei, die sich gegen die Anerkennung wendet.

4. Selbständiges Anerkennungsverfahren, Abs 2

a) Voraussetzungen. In Anlehnung an Art 36 Abs 2 EuGVVO, Art 21 Abs 3 EuEheVO **38**
und Art 23 Abs 2 EuUntVO räumt die Verordnung den Parteien in Abs 2 auch die Möglichkeit
ein, einen Antrag auf förmliche Entscheidung über die Anerkennung einer güterrechtlichen
Entscheidung zu stellen. Zulässig ist der Antrag, wenn für die Feststellung ein allgemeines
Rechtsschutzinteresse besteht; ein besonderes Feststellungsinteresse wie im Rahmen von
§ 256 Abs 1 ZPO ist dagegen nicht erforderlich (Rauscher/*Leible* Art 36 EuGVVO nF Rn 17).
Ein rechtliches Interesse des Antragstellers an der Klärung der Frage, ob die Voraussetzungen für
die Anerkennung vorliegen, dürfte insbesondere dann gegeben sein, wenn Gerichte oder
Behörden im Anerkennungsstaat diese Frage unterschiedlich beurteilen. Ausreichend ist aber
auch, dass der Antragsgegner die Anerkennungsfähigkeit der ausländischen Entscheidung im
Inland bestreitet. Praktische Bedeutung hat das fakultative Anerkennungsfeststellungsverfahren
vor allem bei Entscheidungen, die keinen vollstreckbaren Inhalt haben, zB bei negativen Fest-
stellungsurteilen.

b) Verfahren. Über den Feststellungsantrag ist gemäß Abs 2 in entsprechender Anwendung **39**
der Vorschriften über das Verfahren der Vollstreckbarerklärung (Art 44–57; → Rn 107 ff) zu
entscheiden. Die ergänzenden deutschen Ausführungsvorschriften zur Vollstreckbarerklärung
von Entscheidungen nach der EuGüVO stehen noch aus.

aa) Sachliche Zuständigkeit. Sachlich zuständig für das Verfahren nach Art 36 Abs 2 ist in **40**
Deutschland gemäß § 23a Abs 1 Nr 1 GVG *ausschließlich* (§ 23a Abs 1 S 2 GVG) das Amtsgericht; funktional zuständig ist nach § 23b Abs 1 GVG das Familiengericht. Die in anderen
Mitgliedstaaten zuständigen Gerichte sind der Kommission nach Art 64 zu notifizieren, Abs 2
iVm Art 44 Abs 1.

985

L 41–49   2. Teil. Anerkennung/Vollstreckung L. Güterrechtssachen

41   **bb) Örtliche Zuständigkeit.** Das örtlich zuständige Gericht wird gemäß Art 44 Abs 2 durch den Wohnsitz (nicht den gewöhnlichen Aufenthalt) der Partei, gegen die die Feststellung erwirkt werden soll oder durch den Ort, an dem die anschließende Vollstreckung durchgeführt werden soll, bestimmt.

42   **cc) Antrag.** Der Antrag auf Feststellung der Anerkennung dürfte – wie in Unterhaltssachen (§ 55 Abs 1 iVm § 36 Abs 2 AUG; → M Rn 757) – bei dem zuständigen Familiengericht schriftlich einzureichen oder mündlich zu Protokoll der Geschäftsstelle zu erklären sein. Er ist nach § 184 GVG in deutscher Sprache abzufassen; andernfalls kann das Gericht dem Antragsteller aufgeben, eine Übersetzung des Antrags beizubringen, deren Richtigkeit von einer hierzu befugten Person bestätigt worden ist. Den Antrag kann **jeder Beteiligte** stellen; dies kann eine Partei des Ausgangsverfahrens, ihr Rechtsnachfolger, aber auch ein Dritter sein (MüKoZPO/*Gottwald*⁴ Art 33 EuGVVO aF Rn 11).

43   **dd) Einseitiges Verfahren.** Das Gericht entscheidet über die Feststellung im einseitigen Verfahren, dh **ohne Anhörung des Antragsgegners,** Art 47 S 2. Gelegenheit, sich zu äußern, erhält nur der Antragsteller. Die Entscheidung ergeht grundsätzlich ohne mündliche Verhandlung. Das Gericht prüft in erster Instanz nur, ob die Formalien des Art 45 erfüllt sind (vgl Art 47 S 1).

44   **ee) Rechtsbehelfe.** Gegen die Entscheidung des Familiengerichts sind als Rechtsbehelfe in Deutschland die **Beschwerde** zum OLG und die **Rechtsbeschwerde** zum BGH statthaft (Art 49 Abs 1 und 2). Erst im Rechtsbehelfsverfahren wird in entsprechender Anwendung von Art 51 an Hand der vorgelegten Urkunden geprüft, ob Anerkennungsversagungsgründe nach Art 37 vorliegen.

45   **ff) Aussetzung des Verfahrens.** Wird gegen die Entscheidung, die Gegenstand des förmlichen Feststellungsverfahrens nach Abs 2 ist, im Ursprungsmitgliedstaat ein ordentlicher Rechtsbehelf eingelegt, so hat das mit dem Feststellungsantrag befasste Gericht das Verfahren nach Art 41 auszusetzen, bis über den Rechtsbehelf entschieden worden ist (→ Rn 82 ff).

46   **c) Verhältnis zu anderen Anträgen. aa) Feststellungsantrag nach § 256 Abs 1 ZPO.** Abs 2 verdrängt in seinem Anwendungsbereich das autonome Recht, in Deutschland § 113 Abs 1 S 2 FamFG iVm § 256 ZPO (MüKoZPO/*Gottwald*⁴ Art 33 EuGVVO aF Rn 10). Nach dem Wortlaut der Vorschrift ist – anders als in Ehesachen (Art 21 Abs 3 EuEheVO; → K Rn 44) – lediglich ein positiver Feststellungsantrag, nicht jedoch ein negativer Antrag zulässig. Ob dennoch auch ein Antrag auf Nichtanerkennung gestellt werden kann, ist von der Rechtsprechung auch zu Art 33 Abs 2 EuGVVO aF nicht geklärt worden (dafür G/*Sch*/*Geimer* Rn 85 f; **aA** MüKoZPO/*Gottwald*⁴ Rn 13).

47   **bb) Antrag auf Klauselerteilung nach Art 47 ff.** Der Feststellungsantrag gemäß Abs 2 kann sowohl selbständig, wie auch neben einem Antrag auf Vollstreckbarerklärung nach Art 47 ff gestellt werden. Denn der Beschluss, der die Klauselerteilung anordnet, stellt das Bestehen der Anerkennungsvoraussetzungen nur inzident für das nachfolgende Vollstreckungsverfahren fest. Soweit es neben der Durchsetzung des güterrechtlichen Anspruchs im Inland auf die Feststellungswirkung des Titels ankommt, besteht daher ein Rechtsschutzinteresse für die zusätzliche Feststellung der Anerkennung (MüKoZPO/*Gottwald*⁴ Art 33 EuGVVO aF Rn 14).

48   **cc) Leistungsantrag.** Eine hilfsweise Antragshäufung von Feststellungsantrag und ursprünglichem Leistungsantrag für den Fall der Ablehnung der Anerkennung ist unzulässig, weil insoweit unterschiedliche Verfahrensarten gegeben sind, §§ 113 Abs 1 S 2 FamFG iVm § 260 ZPO Rauscher/*Leible* Art 36 EuGVVO nF Rn 18; MüKoZPO/*Gottwald*⁴ Art 33 EuGVVO aF Rn 15)

5. Inzidentanerkennung, Abs 3

49   Abs 3 betrifft den Fall, dass sich die Frage nach der Anerkennung einer güterrechtlichen Entscheidung im Rahmen eines Prozesses stellt, welcher der Klärung einer anderen – zB sozial- oder steuerrechtlichen – Frage als Hauptfrage dient. Von einer **Vorfrage** in diesem Sinne kann nur gesprochen werden, wenn die Entscheidung der Hauptfrage von der Anerkennung der Entscheidung im Inland abhängt. Ist die Erheblichkeit zu bejahen, so obliegt dem Gericht die Prüfung der Anerkennung **von Amts wegen,** dh auch dann, wenn keine der Parteien sie bestreitet. Auch im Rahmen der Inzidentanerkennung sind dann die in Art 45 Abs 3 vorgesehe-

986

II. EU-Recht: EuGüVO Art 37   50–53 L

nen Urkunden vorzulegen. Die Inzidententscheidung nach Abs 3 entfaltet **keine Rechtskraft,** so dass andere staatliche Stellen nicht durch sie gebunden sind und abweichend entscheiden können. Auch ein förmliches Feststellungsverfahren nach Abs 2 kann weiterhin durchgeführt werden. Zu weiteren Einzelheiten → M Rn 153 f.

EuGüVO Art 37. Gründe für die Nichtanerkennung

Eine Entscheidung wird nicht anerkannt, wenn

a) **die Anerkennung der öffentlichen Ordnung** (*ordre public*) **des Mitgliedstaats, in dem sie beantragt wird, offensichtlich widersprechen würde;**

b) **dem Beklagten, der sich auf das Verfahren nicht eingelassen hat, das verfahrenseinleitende Schriftstück oder ein gleichwertiges Schriftstück nicht so rechtzeitig und in einer Weise zugestellt worden ist, dass er sich verteidigen konnte, es sei denn, der Beklagte hat die Entscheidung nicht angefochten, obwohl er die Möglichkeit dazu hatte;**

c) **sie mit einer Entscheidung unvereinbar ist, die in einem Verfahren zwischen denselben Parteien in dem Mitgliedstaat, in dem die Anerkennung beantragt wird, ergangen ist;**

d) **sie mit einer früheren Entscheidung unvereinbar ist, die in einem anderen Mitgliedstaat oder in einem Drittstaat in einem Verfahren zwischen denselben Parteien wegen desselben Anspruchs ergangen ist, sofern die frühere Entscheidung die notwendigen Voraussetzungen für ihre Anerkennung in dem Mitgliedstaat, in dem die Anerkennung geltend gemacht wird, erfüllt.**

1. Allgemeines

Art 37 ist Art 34 EuGVVO aF/Art 45 Abs 1 EuGVVO nF nachgebildet. Anders als nach **50** Art 35 Abs 1 und 2 EuGVVO aF/Art 45 Abs 1 lit e und Abs 2 EuGVVO nF findet eine Überprüfung der **internationalen Zuständigkeit** des Erstgerichts jedoch nach Art 39 Abs 1 nicht statt. Zusätzlich wird in Art 38 ausdrücklich darauf hingewiesen, dass Art 37 von den Gerichten und anderen zuständigen Behörden der Mitgliedstaaten unter Beachtung der in der EU-Charta anerkannten Grundrechte und Grundsätze, insbesondere des Grundsatzes der Nichtdiskriminierung in Art 21 der Charta, anzuwenden ist. Für die Auslegung der Anerkennungshindernisse in Art 37 kann ergänzend auf die Auslegung der korrespondierenden Versagungsgründe in Art 34 Nr 1–4 EuGVVO aF (dazu statt vieler unalexK/*Teixeira de Sousa/Hausmann* Rn 1 ff m ausf Nachw) und in Art 24 UAbs 1 EuUntVO durch den EuGH zurückgegriffen werden (OLG Karlsruhe FamRZ 12, 660/661; Rauscher/*Andrae/Schimrick* Rn 1; → M Rn 155 ff).

Art 37 regelt die Anerkennungshindernisse für güterrechtliche Entscheidungen **abschlie- 51 ßend.** Auch ein behaupteter Prozessbetrug eines Ehegatten im erststaatlichen Verfahren hindert die Anerkennung daher nur dann, wenn die Voraussetzungen eines *ordre public*-Verstoßes iSv S 1 lit a erfüllt sind (vgl zu Art 24 EuUntVO App Paris 21.4.05, unalex FR-422). Dabei führt die anerkennungsfreundliche Grundtendenz der EuGüVO, die Ausdruck des gegenseitigen Vertrauens zwischen den Mitgliedstaaten ist (vgl zur EuEheVO EuGH C-256/09 – *Purrucker,* Slg 10 I-7353 Rn 71 ff = FamRZ 10, 1229) dazu, dass die Anerkennungsversagungsgründe auf ein Mindestmaß reduziert sind und ihre Auslegung sich stets an dem Ziel einer möglichst weitgehenden Freizügigkeit von Entscheidungen innerhalb der EU zu orientieren hat (vgl zu Art 34 Nr 1 EuGVVO aF EuGH C-681/13 – *Diageo Brands,* EuZW 15, 713 Rn 41; EuGH C-157/12 – *Salzgitter Mannesmann,* NJW 14, 203 Rn 28 m Anm *Mäsch* EuZW 13, 905; ferner Art 81 Abs 1 und Abs 2 lit a AEUV). Diese Gründe haben also **Ausnahmecharakter** und sind deshalb eng auszulegen (vgl zu Art 27 EuGVÜ EuGH C-414/92 – *Solo Kleinmotoren,* Slg 94 I-2237 Rn 20 = NJW 95, 38; EuGH C-7/98 – *Krombach,* Slg 00 I-1935 Rn 21 = NJW 00, 1853; zu Art 34 Nr EuGVVO aF EuGH C-420/07 – *Apostolides,* Slg 09 I-3571 Rn 55).

Außer dem Nichtvorliegen von Anerkennungshindernissen nach Art 37 setzt die Anerken- **52** nung voraus, dass die Entscheidung in den **sachlichen, räumlichen und zeitlichen Anwendungsbereich** der Verordnung fällt (dazu → B Rn 13 ff). Die Entscheidung muss ferner nach dem Recht des Erststaates **wirksam,** aber nicht notwendig rechtskräftig sein.

Die Prüfung der Anerkennungsvoraussetzungen hat nach hM **von Amts wegen** zu erfolgen **53** (vgl zu Art 34 EuGVVO aF BGHZ 191, 9 = NJW 11, 3103 Rn 24; BGH NJW 16, 169 Rn 9; BGH NJW-RR 12, 1013 Rn 9; BGH NJW-RR 08, 586 Rn 25 mwN; **aA** Rauscher/*Leible*

L 54–58 2. Teil. Anerkennung/Vollstreckung L. Güterrechtssachen

Art 45 EuGVVO Rn 41; G/Sch/*Geimer* Art 34 EuGVVO aF Rn 62 ff). Eine **Amtsermitt-lungspflicht** besteht dagegen nicht; die Art und Weise der Tatsachenermittlung richtet sich vielmehr grundsätzlich nach dem autonomen Verfahrensrecht des Zweitstaats (BGH NJW-RR 12, 1013 Rn 9; BGH NJW-RR 08, 586 Rn 26). In Güterrechtsverfahren gilt nach deutschem Recht der **Beibringungsgrundsatz,** § 113 Abs 1 FamFG.

54 Die Darlegungs- und **Beweislast** für das Vorliegen eines Versagungsgrundes nach Art 37 trägt der Antragsgegner, der sich der Anerkennung der ausländischen Entscheidung widersetzt; denn wegen der anerkennungsfreundlichen Tendenz der Güterrechtsverordnung besteht nach Art 36 Abs 1 eine Vermutung zu Gunsten der Anerkennung (vgl zum EuGVÜ/zur EuGVVO BGH NJW 93, 3269/3270; OLG Saarbrücken NJOZ 11, 1243/1246; Mu/V/*Stadler* Art 45 Rn 1). Eine Ausnahme gilt lediglich für die in Art 45 Abs 3 bezeichneten Urkunden, die der Antragsteller vorzulegen hat. Im Vollstreckbarerklärungsverfahren werden die Anerkennungsversagungsgründe jedoch erst in der **Beschwerdeinstanz** geprüft (Art 47 S 1, 51).

2. Verstoß gegen den ordre public, lit a

55 **a) Allgemeines.** Der *ordre public*-Vorbehalt sichert die grundlegenden und unverzichtbaren Werte des Sach- und Verfahrensrechts des Anerkennungsstaates. Er hat gegenüber den anderen Versagungsgründen Auffangcharakter (Schlosser/Hess/*Schlosser* Art 45 EuGVVO Rn 2). Dabei ist es zwar grundsätzlich Sache der Mitgliedstaaten, den Inhalt ihrer öffentlichen Ordnung iSv lit a selbst festzulegen. Sie sind in dieser Entscheidung jedoch nicht völlig frei; vielmehr überwacht der EuGH im Rahmen seiner Auslegungskompetenz die den Mitgliedstaaten diesbezüglich gezogenen Grenzen (vgl zu Art 27 Nr 1 EuGVÜ/Art 34 Nr 1 EuGVVO aF EuGH C- 7/98 − *Krombach,* Slg 00 I-1935 Rn 23 = NJW 00, 1853; EuGH C-38/98 − *Renault,* Slg 00 I-2973 Rn 28 = NJW 00, 2185; EuGH C-420/07 − *Apostolides,* Slg 09 I-3571 Rn 57 = NJW 09, 1938; EuGH C-619/10 − *Trade Agency,* EuZW 12, 912 Rn 49 m Anm *Bach;* EuGH C-302/13 − *flyLal,* EuZW 15, 76 Rn 47; EuGH C-681/13 − *Diageo Brands,* EuZW 15, 713 Rn 42 m Anm *Dietze* 717; Rauscher/*Leible* Art 45 EuGVVO Rn 6).

56 Einigkeit besteht darüber, dass dem Urteil eines anderen Mitgliedstaats **nur in Ausnahmefällen** unter Berufung auf den *ordre public* des Zweitstaats die Anerkennung versagt werden darf (MüKoZPO/*Gottwald* Art 45 EuGVVO Rn 12); dies folgt nicht zuletzt daraus, dass lit a einen „offensichtlichen" Verstoß gegen die öffentliche Ordnung verlangt (vgl zu Art 27 Nr 1 EuGVÜ EuGH C-7/98 aaO, Rn 37 und C-38/98 aaO, Rn 26; zu Art 34 Nr 1 EuGVVO aF BGH NJW-RR 12, 1013 Rn 10). Die Anerkennung der Entscheidung muss also − auch vor dem Hintergrund des Verbots einer sachlichen Nachprüfung der Entscheidung (Art 40; → Rn 81) − gegen einen **wesentlichen Rechtsgrundsatz** des Anerkennungsstaates verstoßen und deshalb mit dessen Rechtskultur schlichtweg unvereinbar sein (vgl zu Art 34 Nr 1 EuGVVO aF EuGH C-394/07 − *Gambazzi,* Slg 09 I-2582 Rn 27 = NJW 09, 1938; EuGH C-302/13 − *flyLal,* EuZW 15, 76 Rn 49; EuGH C-681/13 − *Diageo Brands,* EuZW 15, 713 Rn 44; BGH NJW 16, 160 Rn 11).

57 Für eine Versagung der Anerkennung unter Berufung auf den deutschen *ordre public* nach Art 37 lit a ist auch nur dann Raum, wenn die durch die Anerkennung der Entscheidung **im Inland hervorgerufenen Auswirkungen** den grundlegenden Wertungen des deutschen Güterrechts offensichtlich widersprechen würden. Hingegen reicht es nicht aus, dass nur der Inhalt des ausländischen Rechts, auf dem die Entscheidung beruht, mit der inländischen öffentlichen Ordnung unvereinbar ist (vgl zu Art 34 Nr 1 EuGVVO aF BGH NJW-RR 12, 1013 Rn 27). Die Anerkennung der ausländischen Entscheidung als solche muss gegen ein „grundlegendes Prinzip" der Rechtsordnung des Anerkennungsstaates verstoßen (EuGH C-420/07 aaO, Rn 60 ff). Da es um den deutschen *ordre public* geht, kann ergänzend auf die Auslegung von § 109 Abs 1 Nr 4 FamFG zurückgegriffen werden.

58 **b) Materiell-rechtlicher ordre public.** Ein *ordre public*-Verstoß kann sich zunächst aus der materiellen Rechtsanwendung durch das Gericht des Erststaates ergeben. Der anerkennungsrechtliche *ordre public* ist allerdings noch restriktiver als der kollisionsrechtliche nach Art 31 (zu diesem → B Rn 385; vgl Schlosser/Hess/*Schlosser* Art 45 EuGVVO Rn 2). Daher sind auch zum bisher anwendbaren § 109 Abs 1 Nr 4 FamFG in den letzten Jahren keine deutschen Entscheidungen mehr bekannt geworden, in denen ausländischen güterrechtlichen Entscheidungen die Anerkennung wegen Verstoßes gegen den materiellen *ordre public* versagt worden wäre. *Ordre public*-widrig ist allerdings die Anerkennung eines durch **Prozessbetrug** oder sonstige Täuschung erschlichenen Urteils (vgl zu Art 34 Nr 1 EuGVVO aF OLG Düsseldorf OLGR 09,

II. EU-Recht: EuGüVO Art 37   **59–63** L

299; OLG Zweibrücken NJW-RR 06, 207; zu § 328 Abs 1 Nr 4 ZPO BGHZ 141, 286/304 = IPRax 01, 230; BGH WM 86, 1370/1371). Der Beklagte ist daher in einem solchen Fall nicht auf eine Abwehrklage nach § 826 BGB zu verweisen (MüKoZPO/*Gottwald* Art 45 EuGVVO Rn 14).

c) **Verfahrensrechtlicher ordre public.** Einer ausländischen Güterrechtsentscheidung kann **59** die Anerkennung nach lit a auch nicht schon deshalb versagt werden, weil diese in einem Verfahren erlassen worden ist, das von zwingenden Vorschriften des deutschen Prozessrechts abweicht (BGH NJW 10, 153 Rn 24). Erforderlich ist vielmehr, dass das ihr zugrundeliegende Verfahren von den Grundprinzipien des Verfahrensrechts im Anerkennungsstaat derart abweicht, dass es nicht mehr als ein geordnetes, rechtsstaatlichen Anforderungen genügendes Verfahren angesehen werden kann (zu Art 34 Nr 1 EuGVVO aF BGH NJW 16, 160 Rn 12; BGH NJW-RR 12, 1013 Rn 11; BGH NJW 10, 153 Rn 24; BGH FamRZ 10, 966 Rn 19; BGHZ 182, 188 Rn 25 = FamRZ 09, 1816 m Anm *Henrich;* OLG Stuttgart FamRZ 12, 999 Rn 14; ebenso schon zum EuGVÜ BGHZ 48, 327/333 = NJW 1968, 354; BGH NJW 90, 2201/2202 f; dazu Rauscher/*Leible* Art 45 EuGVVO nF Rn 15 mwN). Zuständigkeitsfragen gehören allerdings gem Art 39 Abs 2 in keinem Fall zum *ordre public.*

Bedeutung kommt insoweit vor allem Verstößen gegen das **rechtliche Gehör** (Art 103 Abs 1 **60** GG; BGH FamRZ 09, 2069 Rn 22; OLG Hamm NJW-RR 07, 1722) und gegen den Anspruch auf ein **faires Verfahren** (Art 6 EMRK iVm Art 47 Abs 2 EU-Charta, vgl EuGH C-619/10 – *Trade Agency,* EuZW 12, 912 Rn 52) zu. Der verfahrensrechtliche *ordre public* ist ferner betroffen, wenn das Grundrecht eines Verfahrensbeteiligten auf Achtung seiner Menschenwürde dadurch verletzt wird, dass er zum bloßen Verfahrensobjekt herabgewürdigt wird, indem ihm keinerlei aktiver Einfluss auf die Verfahrensgestaltung eingeräumt wird (BGHZ 118, 312/321 = NJW 92, 3096; BGH FamRZ 09, 1816 Rn 29; BGHZ 182, 204 Rn 28 = NJW 10, 153; BGH NJW-RR 12, 1013 Rn 12).

Allerdings gilt für die Gewährung rechtlichen Gehörs im Zeitraum der **Verfahrenseinleitung** **61** (ordnungsgemäße und rechtzeitige Zustellung des verfahrenseinleitenden Schriftstücks) die **Sonderregelung in lit b** (vgl zum EuGVÜ EuGH C-78/95 – *Hendrikmann,* Slg 96 I-4943 Rn 23 = NJW 97, 1061). Auch ansonsten führt eine Verletzung des rechtlichen Gehörs des Antragsgegners nicht in jedem Fall zu einem *ordre public*-Verstoß; insbesondere erstreckt sich der Schutz des rechtlichen Gehörs nicht auf eine bestimmte Verfahrensgestaltung (BGH NJW 10, 153 Rn 25). Es muss sich vielmehr um einen im Lichte von Art 103 GG besonders gravierenden Verstoß handeln. Hierfür reicht der Ausschluss eines Rechtsbehelfs gegen die erstinstanzliche Entscheidung (OLG Düsseldorf RIW 95, 324/325) oder das Übergehen von tatsächlichem Vorbringen oder von Beweisanträgen durch das Gericht des Erststaates (OLG Düsseldorf EuZW 97, 284) nicht in jedem Fall aus. Mit dem *ordre public* vereinbar ist es deshalb auch, wenn ein ohne Zustellung an die Betroffenen erlassenes Verfügungsverbot erst mit Parteizustellung an diese wirksam werden soll und den Betroffenen die Möglichkeit eingeräumt ist, die Anordnung anzufechten bzw ihre Abänderung zu beantragen (EuGH C-559/14 – *Rudolfs Meroni,* RIW 16, 424 Rn 49 f). Etwas anderes gilt jedoch bei einem Verstoß gegen den Grundsatz des rechtlichen Gehörs, der sich als Ausprägung des **Willkürverbots** darstellt (BGH FamRZ 09, 1816 Rn 31 ff; OLG Hamm RIW 94, 243/245).

Im Hinblick auf die Gewährleistung des rechtlichen Gehörs nach Art 103 Abs 1 GG kann im **62** Einzelfall (unter Abwägung aller Umstände) die Ausgestaltung des Verfahrens im *Vereinigten Königreich,* in dem das Gericht als prozessuale Sanktion bei Nichtbefolgung seiner Anordnungen den vollständigen Ausschluss einer ungehorsamen Partei vom weiteren Verfahren wegen **Missachtung des Gerichts** (*„contempt of court"*) verfügt, gegen den deutschen verfahrensrechtlichen *ordre public* verstoßen, wenn diese Anordnung sich als unverhältnismäßig erweist und dem Antragsgegner auch in der Rechtsmittelinstanz kein rechtliches Gehör gewährt wird (BGH NJW 10, 153 Rn 28 ff = FamRZ 09, 2069 m zust Anm *Gottwald [Australien]* unter Hinweis auf EuGH C-394/07 – *Gambazzi,* Slg 09 I-2563 Rn 29 ff = NJW 09, 1938; *Botur* FPR 10, 519/521). Ein solcher Verstoß kann auch vorliegen, wenn die Frist zur Einzahlung des Prozesskostenvorschusses für die Einlegung der Berufung so knapp bemessen wird, dass ihre Einhaltung praktisch unmöglich ist (BGH NJW-RR 10, 1221).

Ferner hindert lit a die Anerkennung von Entscheidungen grundsätzlich nur dann, wenn der **63** Verstoß des ausländischen Verfahrens gegen den inländischen *ordre public* im **Inhalt der ausländischen Rechtsnormen** wurzelt. Hat er seinen Grund hingegen in einer Missachtung oder fehlerhaften Anwendung von Rechtsvorschriften im Einzelfall durch das Erstgericht, so kommt

989

L   64–68   2. Teil. Anerkennung/Vollstreckung L. Güterrechtssachen

es darauf an, ob der betroffenen Partei **Rechtsmittel gegen die Entscheidung** zur Verfügung standen. Nur wenn dies nicht der Fall ist oder sie erfolglos eingelegt wurden, kommt eine Versagung der Anerkennung aufgrund von lit a in Betracht (vgl zu Art 34 Nr 1 EuGVVO aF EuGH C-681/13 – *Diageo Brands,* EuZW 15, 713 Rn 65; BGH FamRZ 11, 1568 Rn 23; BGHZ 182, 188/202 = FamRZ 09, 1816 Rn 40 mwN). Denn es ist in erster Linie Sache der Parteien, durch aktive Teilnahme am Verfahren auf die Vermeidung von Fehlern des Ursprungs-gerichts oder deren Korrektur durch die Einlegung von Rechtsmitteln hinzuwirken (OLG Karlsruhe FamRZ 12, 660/661; ebenso zu Art 34 Nr 1 EuGVVO aF KG FamRZ 04, 275; G/Sch/*Geimer* Rn 30).

64   Es ist dem Schuldner damit verwehrt, sich im Rahmen der Anerkennung auf einen Ver-fahrensfehler zu berufen, den er im Erstverfahren nicht **in zumutbarer Weise gerügt** oder nicht durch die Einlegung von Rechtsmitteln geltend gemacht hat (BGH NJW 90, 2201/2203; MüKoZPO/*Gottwald* Art 45 EuGVVO Rn 18). Dies gilt auch für die Behauptung, das Urteil sei durch Prozessbetrug erschlichen worden (BGH BeckRS 12, 04575; OLG Frankfurt BeckRS 12, 09281; OLG Köln NJW-RR 09, 1074). Hierfür ist jedoch erforderlich, dass der Antrags-gegner nicht nur von der Entscheidung, sondern auch von ihrem Inhalt so **rechtzeitig Kennt-nis** erlangt hat, dass er noch Rechtsmittel einlegen konnte (BGHZ 191, 9 Rn 23 = FamRZ 11, 1568; dazu *Heiderhoff* NJW 11, 3103; BGH IPRax 11, 265). Darüber hinaus hat jede Partei selbst nach besten Kräften für ihre eigene ordnungsgemäße Vertretung in einem ihr bekannten Gerichtsverfahren zu sorgen (BGHZ 141, 286/297 f; BGH FamRZ 09, 1816 Rn 27 und NJW 10, 153 Rn 26). Durch Untätigkeit kann sie sich ihren Mitwirkungsobliegenheiten nicht entziehen (BGH NJW 06, 701).

3. Nichteinlassung des Antragsgegners, lit b

65   **a) Allgemeines.** Durch den Versagungsgrund in lit b soll – in Anlehnung an Art 34 Nr 2 EuGVVO aF – sichergestellt werden, dass dem Antragsgegner in der Phase der Einleitung des Verfahrens rechtliches Gehör gewährt wird, so dass dieser sich wirksam verteidigen kann. Die Vorschrift findet auf alle Verfahren Anwendung, die infolge der fehlenden Mitwirkung des Gegners einseitig geblieben sind, also insbesondere auf **Versäumnisurteile;** dies selbst dann, wenn für den Antragsgegner ein nicht bevollmächtigter Vertreter verhandelt hat (EuGH C-78/95 – *Hendrikmann,* Slg 96 I-4943 Rn 21 = NJW 97, 1061 m Anm *Rauscher* IPRax 97, 314). Soweit Entscheidungen des einstweiligen Rechtsschutzes ordnungsgemäß in einem einseitigen Verfahren erlassen werden (Arrest, einstweilige Anordnung), sind sie nach Ansicht des EuGH vom Anwendungsbereich des Kapitels IV ausgenommen (vgl zum EuGVÜ EuGH C-125/79 – *Denilauler,* Slg 81, 1593 Rn 11 = RIW 81, 781). Verstöße gegen das rechtliche Gehör im späteren Verlauf des Verfahrens können die Anerkennung hingegen nur gem lit a (verfahrens-rechtlicher *ordre public*) hindern (BGH NJW 06, 701; BGH NJW 90, 2201/2202 [jeweils zum EuGVÜ]).

66   **b) Prüfung von Amts wegen.** Auch der Anerkennungsversagungsgrund gem lit b ist nach hM nicht – wie im Rahmen von § 109 Abs 1 Nr 2 FamFG (→ M Rn 863) – lediglich auf Rüge des Antragsgegners, sondern (im Rechtsbehelfsverfahren nach Art 32 Abs 1) **von Amts wegen** zu prüfen (vgl zu Art 34 Nr 2 EuGVVO aF BGH NJW-RR 08, 586 Rn 25 m abl Anm *Gottwald*). Eine Pflicht zur Amtsermittlung besteht aber nicht, so dass nur die von den Parteien vorgetragenen Tatsachen zu berücksichtigen sind.

67   **c) Einzelheiten.** Wegen der Einzelheiten zur Auslegung dieses Versagungsgrundes wird auf die Kommentierung des nahezu wortgleichen Art 24 UAbs 1 lit b EuUntVO (→ M Rn 175 ff) verwiesen.

4. Unvereinbarkeit mit einer Entscheidung des Anerkennungsstaates, lit c

68   **a) Allgemeines.** Wie Art 45 Abs 1 EuGVVO und Art 24 EuUntVO unterscheidet auch Art 37 EuGüVO danach, ob eine Unvereinbarkeit mit einer im Anerkennungsstaat (lit c) oder einer in einem anderen (Mitglied- oder Dritt-)Staat (lit d) ergangenen Entscheidung vorliegt. Nach lit c kommt einer inländischen Entscheidung der uneingeschränkte Vorrang zu, also **unabhängig von der zeitlichen Reihenfolge,** in der die Entscheidungen ergangen sind. Auch eine spätere inländische Entscheidung steht daher der Anerkennung der früher gesprochenen ausländischen Entscheidung in einer Güterrechtssache entgegen, wenn beide Entscheidungen nicht miteinander vereinbar sind.

990

II. EU-Recht: EuGüVO Art 37   69–75 **L**

b) Entscheidung. Maßgebend ist der Entscheidungsbegriff in Art 3 Abs 1 lit d (→ Rn 27 f). **69**
Nach der Rechtsprechung des EuGH zu Art 27 EuGVÜ wird die Kollision einer Entscheidung
mit einem **Prozessvergleich** nicht von lit c erfasst (EuGH C-414/92 – *Solo Kleinmotoren*, Slg 94
I-2237 Rn 35 = NJW 95, 38). Die Begründung dieser Entscheidung lässt sich zwar auch auf die
EuGüVO übertragen, hat aber wegen der Gleichstellung der in einem Mitgliedstaat vollstreck-
baren gerichtlichen Vergleiche und öffentlichen Urkunden gemäß Art 58 ff (→ Rn 155 ff) an
Bedeutung verloren.

c) Parteienidentität. Die Entscheidung muss *zwischen denselben Parteien* ergangen sein (→ B **70**
Rn 211 f). Teilidentität ist insoweit ausreichend. „Ergangen" ist die Entscheidung, sobald sie
nach der *lex fori* Wirkungen entfaltet. Sie muss nicht notwendig *rechtskräftig* sein (MüKoZPO/
Gottwald Art 45 EuGVVO Rn 45; **aA** OLG Karlsruhe FamRZ 94, 1477).

d) Unvereinbarkeit. Der Begriff der „Unvereinbarkeit" ist autonom auszulegen. Mit einan- **71**
der unvereinbar sind Entscheidungen dann, wenn sich deren Urteilswirkungen gegenseitig ausschließen oder widersprechen (vgl zum EuGVÜ EuGH C-145/86 – *Hoffmann/Krieg*, Slg 88, 645
Rn 22 = NJW 89, 663; EuGH C-80/00 – *Italian Leather*, Slg 02 I-4995 Rn 40, 47 = NJW 02,
2087; ferner HK-ZPO/*Dörner* Art 45 EuGVVO Rn 23). Dies ist jedenfalls dann der Fall, wenn
über denselben Anspruch zwischen denselben Parteien gegenläufig entschieden worden ist (BGH
RIW 17, 78 Rn 15 f = IPRax 17, 488 m Anm *Thomale* 463). Bei der Prüfung der Unvereinbarkeit iSv lit c ist das Gericht im Anerkennungsstaat nicht an die diesbezügliche Bewertung
des Ursprungsgerichts gebunden, sondern kann die tatbestandlichen Voraussetzungen dieses
Versagungsgrundes eigenständig prüfen. Darin liegt auch kein Verstoß gegen das Verbot der
révision au fond in Art 40 (BGH RIW 17, 78 Rn 20 ff).

Ein Widerspruch iSv lit c kann durch die Anerkennung einer güterrechtlichen Entscheidung **72**
auch dann eintreten, wenn deren Wirkungen mit einer im Anerkennungsstaat ergangenen
Entscheidung unvereinbar sind, die **nicht in den Anwendungsbereich der EuGüVO** fällt.
Einer Anerkennung entgegenstehen können daher alle von Behörden oder Gerichten des
Anerkennungsmitgliedstaats getroffenen Entscheidungen, die mit der Entscheidung des Ursprungsmitgliedstaats unvereinbar sind, deren Anerkennung begehrt wird. Ein ablehnender
inländischer PKH-Beschluss hindert die Anerkennung einer gegenteiligen Hauptsacheentscheidung des Gerichts eines anderen Mitgliedstaats jedoch nicht (BGHZ 88, 17 = NJW 84, 568).

e) Rechtsfolge. Liegt das Anerkennungshindernis nach lit c vor, so ist die Anerkennung **73**
zwingend abzulehnen; ein Ermessen dees Anerkennungsgerichts besteht insoweit nicht (EuGH
C-80/00 – *Italian Leather*, NJW 02, 2087 Rn 50 ff). Die miteinander unvereinbaren Entscheidungen bleiben dann auf das Hoheitsgebiet des jeweiligen Ursprungsstaates beschränkt (BGH
WM 16, 2272 Rn 21).

5. Unvereinbarkeit mit einer früheren anerkennungsfähigen Entscheidung eines anderen Staates, lit d

a) Allgemeines. Art 22 lit d ergänzt lit c und regelt das Verhältnis zwischen der Entscheidung **74**
des Ursprungsmitgliedstaats, um deren Anerkennung es geht, und Entscheidungen zwischen
denselben Parteien, die in anderen Staaten als dem Anerkennungsstaat ergangen sind. Dies
können sowohl Entscheidungen aus anderen **Mitgliedstaaten** als auch Entscheidungen aus
Drittstaaten sein. Lit d erfasst hingegen nicht den Fall, dass die anzuerkennende Entscheidung
mit einer anderen *im Ursprungsstaat* ergangenen oder dort anerkannten Entscheidung unvereinbar
ist (vgl zu Art 34 Nr 4 EuGVVO aF EuGH C-157/12 – *Salzgitter Mannesmann*, NJW 14, 203
Rn 30 ff m Anm *Mäsch* EuZW 13, 905; vgl dazu den Vorlagebeschluss BGH WM 12, 662). Im
Übrigen gilt für den maßgeblichen Begriff der „Entscheidung" und die Auslegung der „Unvereinbarkeit" und die zwingende Anwendung das vorstehend zu lit c Gesagte entsprechend.

b) Prioritätsprinzip. Abweichend von lit c gilt im Rahmen von lit d das Prioritätsprinzip, **75**
so dass stets die früher ergangene Entscheidung anzuerkennen ist. Konkurrieren daher Entscheidungen aus einem anderen Mitgliedstaat und aus einem Drittstaat, so kommt nicht etwa der
mitgliedstaatlichen Entscheidung Vorrang zu; vielmehr setzt sich auch die nach autonomem
Recht anzuerkennende frühere Entscheidung eines Drittstaats gegenüber der späteren mitgliedstaatlichen Entscheidung durch. Maßgebender Zeitpunkt ist dabei der Erlass der Entscheidung.
Das Prioritätsprinzip gilt allerdings nicht im Verhältnis zwischen güterrechtlichen und **Statusentscheidungen.** Vielmehr entzieht auch eine im Anerkennungsstaat anerkannte spätere Status-

991

L 78–80 2. Teil. Anerkennung/Vollstreckung L. Güterrechtssachen

entscheidung aus einem anderen Mitglied- oder Drittstaat der früheren güterrechtlichen Entscheidung den Boden, wenn in letzterer inzident über die Statusfrage (zB die Gültigkeit einer Ehe) abweichend entschieden wurde.

76 Die Anwendbarkeit von lit d setzt nach dem letzten Halbsatz voraus, dass die frühere Entscheidung im Übrigen die notwendigen Voraussetzungen für ihre **Anerkennungsfähigkeit im Zweitstaat** erfüllt. Dies beurteilt sich für die Entscheidungen aus anderen Mitgliedstaaten nach Art 36, 37, für Entscheidungen aus Drittstaaten nach dem autonomen Anerkennungsrecht des Zweitstaats. In *Deutschland* sind daher – vorbehaltlich vorrangig zu beachtender bilateraler Anerkennungs- und Vollstreckungsabkommen (dazu → Rn 7 ff) – insoweit die §§ 108, 109 FamFG maßgebend (→ Rn 177 ff). Ist die früher ergangene Entscheidung hiernach nicht anerkennungsfähig, so ist die spätere Entscheidung anzuerkennen.

EuGüVO Art 38 Grundrechte

Artikel 37 dieser Verordnung ist von den Gerichten und anderen zuständigen Behörden der Mitgliedstaaten unter Beachtung der in der Charta anerkannten Grundrechte und Grundsätze anzuwenden, insbesondere des Grundsatzes der Nichtdiskriminierung in Artikel 21 der Charta.

77 Der erstmals im Rahmen der EuGüVO ausdrücklich aufgenommene Hinweis, dass die Versagungsgründe nach Art 37 unter Beachtung der in der Charta anerkannten Grundrechte und Grundsätze anzuwenden sind, entspricht der bisherigen Auslegung der Anerkennungsversagungsgründe in anderen EU-Verordnungen (EuGVVO, EuEheVO, EuUntVO) durch den EuGH. Außer dem ausdrücklich erwähnten Grundsatz der Nichtdiskriminierung in Art 21 der Charta kommnt insbesondere der Pflicht zur Gewährung rechtlichen Gehörs durch das Ursprungsgericht (Art 47 Abs 2 Charta iVm Art 6 EMRK) wesentliche Bedeutung zu (vgl EuGH C-619/10 – *Trade Agency,* EuZW 12, 912 Rn 52).

EuGüVO Art 39. Ausschluss der Nachprüfung der Zuständigkeit des Gerichts des Ursprungsmitgliedstaats

(1) Die Zuständigkeit des Gerichts des Ursprungsmitgliedstaats darf nicht nachgeprüft werden.

(2) Das Kriterium der öffentlichen Ordnung *(ordre public)* in Artikel 37 findet keine Anwendung auf die Zuständigkeitsvorschriften in den Artikeln 4 bis 11.

1. Keine Prüfung der internationalen Zuständigkeit, Abs 1

78 Satz 1 hat lediglich **deklaratorische Bedeutung,** denn das Verbot der Überprüfung der internationalen Zuständigkeit des Erstgerichts ergibt sich schon aus dem abschließenden Charakter der Aufzählung der Anerkennungshindernisse in Art 37. Das Verbot gilt selbst dann, wenn das Gericht des Ursprungsmitgliedstaats den Vorrang der EuGüVO übersehen und seine internationale Zuständigkeit auf Vorschriften seines nationalen Rechts gestützt hat (vgl zu Art 24 S 1 EuEheVO *Hausmann* EuLF 00/01, 345/348). Der Antragsgegner kann die Unzuständigkeit des Gerichts des Ursprungsmitgliedstaats daher ausschließlich mit den im dortigen Recht vorgesehenen Rechtsbehelfen geltend machen.

79 Auf dem Gebiet des **einstweiligen Rechtsschutzes** gilt Art 39 Abs 1 uneingeschränkt, wenn es um die Anerkennung von Maßnahmen des nach Art 4–11 zuständigen Hauptsachegerichts geht. Hingegen finden die Art 36 ff – und damit auch Art 39 Abs 1 – nach der auf die EuGüVO entsprechend anzuwendenden Rechtsprechung des EuGH zur EuEheVO (→ N Rn 39 ff) keine Anwendung, wenn einstweilige Maßnahmen anerkannt werden sollen, die das Ursprungsgericht gemäß Art 19 nur auf sein nationales Verfahrensrecht gestützt hat. Die hiernach erforderliche Prüfung, ob das Ursprungsgericht seine Zuständigkeit auf eine Vorschrift der EuGüVO oder auf Art 19 iVm mit seinem nationalen Recht gegründet hat, verstößt nicht gegen Art 39 Abs 1, weil nicht die Zuständigkeit als solche nachgeprüft wird.

2. Kein Rückgriff auf den *ordre public,* Abs 2

80 Abs 2 stellt klar, dass die Überprüfung der Zuständigkeit durch das zweitstaatliche Gericht auch nicht über den „Umweg" der Annahme eines Verstoßes gegen den **ordre public** (Art 37

II. EU-Recht: EuGüVO Art 41   82–85 **L**

lit a) des Anerkennungsstaats vorgenommen werden darf. Dies gilt auch dann, wenn das Erstgericht sich auf eine durch die Art 4–11 verdrängte exorbitante Zuständigkeitsvorschrift seines nationalen Rechts gestützt hat.

EuGüVO Art 40. Ausschluss der Nachprüfung in der Sache

Die in einem Mitgliedstaat ergangene Entscheidung darf keinesfalls in der Sache selbst nachgeprüft werden.

Art 40 verbietet eine *révision au fond,* dh eine inhaltliche Nachprüfung der anzuerkennenden **81** Entscheidung auf dem Gebiet des Güterrechts. Damit wird insbesondere klargestellt, dass das Zweitgericht auch den *ordre public*-Vorbehalt des Art 37 lit a nicht zu einer verkappten Überprüfung der ausländischen Entscheidung in der Sache nutzen darf. Das Verbot betrifft gleichermaßen Tatsachen- wie Rechtsfragen. Ausgeschlossen ist daher sowohl eine Prüfung, ob das Gericht des Ursprungsstaats die Tatsachen richtig festgestellt und gewürdigt hat (vgl OLG Stuttgart FamRZ 14, 1567/1568), wie eine Kontrolle, ob das Kollisions- und Sachrecht einschließlich des EU-Rechts richtig angewandt wurde. Schließlich kann auch ein Verstoß des Erstgerichts gegen Verfahrensvorschriften nur in den engen Grenzen des verfahrensrechtlichen *ordre public* die Nichtanerkennung rechtfertigen (*Geimer* IPRax 98, 175).

EuGüVO Art 41. Aussetzung des Anerkennungsverfahrens

Das Gericht eines Mitgliedstaats, vor dem die Anerkennung einer in einem anderen Mitgliedstaat ergangenen Entscheidung geltend gemacht wird, kann das Verfahren aussetzen, wenn im Ursprungsmitgliedstaat gegen die Entscheidung ein ordentlicher Rechtsbehelf eingelegt worden ist.

1. Allgemeines

Die Art 37 EuGVVO aF/Art 25 EuUntVO nachgebildete Vorschrift soll einen Ausgleich **82** dafür bieten, dass güterrechtliche Entscheidungen auch dann anerkannt werden, wenn sie **noch keine Rechts- oder Bestandskraft** erlangt haben. Durch die Aussetzungsmöglichkeit nach Abs 1 soll daher verhindert werden, dass im Zweitstaat eine Entscheidung anerkannt wird, die nach Einlegung eines Rechtsbehelfs im Erststaat später abgeändert oder aufgehoben wird.

2. Anwendungsbereich

Die Vorschrift betrifft in erster Linie die Aussetzung des förmlichen **Anerkennungsfest-** **83** **stellungsverfahrens nach Art 36 Abs 2.** Darüber hinaus schafft die Vorschrift eine Kompensationsmöglichkeit für den nach Art 36 Abs 1 geltenden Grundsatz der automatischen Anerkennung. Da hiernach nämlich auch vorläufige und nicht rechtskräftige Entscheidungen anzuerkennen sind, sollen durch die Aussetzungspflicht widersprüchliche Entscheidungen in den Mitgliedstaaten und daraus resultierende Nachteile für die Beteiligten vermieden werden. Aus diesem Grunde sollte die Aussetzungsmöglichkeit nach Art 41 auch in Fällen der **Inzidentanerkennung** nach Art 36 Abs 1 und 3 zur Verfügung stehen. Aus der gegenüber Art 27 EuEheVO enger gefassten Überschrift kann keine Beschränkung auf Verfahren nach Art 36 Abs 2 hergeleitet werden.

3. Ordentlicher Rechtsbehelf

Der Begriff des „ordentlichen" Rechtsbehelfs ist – ebenso wie in der EuGVVO (vgl zum **84** EuGVÜ BGH NJW 86, 3026/3027; OLG Stuttgart NJW 98, 280/282) – **autonom und weit auszulegen.** Gemeint ist jeder Rechtsbehelf, der im Erststaat Teil des gewöhnlichen Verlaufs eines Rechtsstreits ist und zur Aufhebung oder Abänderung der Entscheidung führen kann und für den dort eine **gesetzliche Frist** bestimmt ist, die durch die Entscheidung selbst in Lauf gesetzt wird (vgl zum EuGVÜ EuGH Rs 43/77 – *Industrial Diamond Supplies,* Slg 77, 2175 Rn 37 ff = NJW 1978, 1107 (LS); ferner OLG Köln IPRax 11, 184/185 m Anm *Pirrung* 149). Außergewöhnliche Rechtsbehelfe, wie die Wiederaufnahme des Verfahrens, die Verfassungs- oder Menschenrechtsbeschwerde, sind nicht erfasst.

Das Verfahren kann nach Art 40 nur ausgesetzt werden, wenn der Rechtsbehelf gegen die **85** Entscheidung im Erststaat **tatsächlich eingelegt** worden ist; hiervon hat sich das Zweitgericht

L 88–90   2. Teil. Anerkennung/Vollstreckung L. Güterrechtssachen

zu überzeugen. Maßgebend ist hierfür das Recht des Ursprungsmitgliedstaats; Art 14 gilt insoweit auch nicht entsprechend. Der bloße Umstand, dass die Frist für die Einlegung des Rechtsbehelfs noch nicht abgelaufen ist, reicht nicht aus (NK-BGB/*Andrae* Rn 2).

4. Ermessensentscheidung

86   Ein **Antrag** einer Partei ist für die Aussetzung des Verfahrens durch das zweitstaatliche Gericht nicht erforderlich. Die Entscheidung über die Aussetzung steht im Ermessen des Gerichts (vgl zum EuGVÜ OLG Saarbrücken RIW 98, 632/633; zur EuGVVO aF OLG Frankfurt NJW-RR 05, 1375), welches vor allem die **mutmaßlichen Erfolgsaussichten** des Rechtsbehelfs im Erststaat und im deutschen Anerkennungsverfahren zu berücksichtigen hat (vgl zur EuEheVO OLG Stuttgart FamRZ 14, 1567/1568; ebenso zum EuGVÜ OLG Düsseldorf NJW-RR 01, 1575/1576). Insoweit hat das Gericht des Anerkennungsstaates wegen des Verbots der *révision au fond* aber nur solche Gründe zu beachten, die der Antragsgegner vor dem Gericht des Erststaates noch nicht geltend machen konnte (vgl zum EuGVÜ EuGH C-183/90 – *van Dalfsen,* Slg 91 I-4743 Rn 30 ff; BGH NJW 94, 2156/2157; OLG Düsseldorf NJW-RR 06, 1079). Grundsätzlich ist eine Aussetzung des Verfahrens die Ausnahme, weshalb sie nur bei erkennbarer Fehlerhaftigkeit der anzuerkennenden Entscheidung in Betracht kommt.

5. Verfahren

87   Das Verfahren und die Aufhebung der Aussetzung richten sich, soweit die Verordnung keine zwingenden Vorgaben macht, nach dem nationalen Prozessrecht, in Deutschland nach den §§ 148 ff ZPO, 113 Abs 1 S 2 FamFG (MüKoZPO/*Gottwald*⁴ Art 37 EuGVVO aF Rn 2).

EuGüVO Art 42. Vollstreckbarkeit

Die in einem Mitgliedstaat ergangenen und in diesem Staat vollstreckbaren Entscheidungen sind in einem anderen Mitgliedstaat vollstreckbar, wenn sie auf Antrag eines Berechtigten dort nach den Verfahren der Artikel 44 bis 57 für vollstreckbar erklärt worden sind.

1. Allgemeines

88   Die Vorschrift entspricht Art 38 Abs 1 EuGVVO aF und Art 26 EuUntVO. Danach wird durch das Verfahren nach Art 42 ff die Zwangsvollstreckung von güterrechtlichen Entscheidungen aus anderen Mitgliedstaaten durch ein eigenständiges und in sich geschlossenes **einseitiges Klauselerteilungsverfahren** nach dem Vorbild der EuGVVO aF (vgl EuGH C-167/08 – *Draka NK Cables Ltd,* Slg 09 I-3477 Rn 26 f = NJW 09, 1937 m Anm *Roth* IPRax 10, 154) vereinheitlicht. Die Durchführung eines solchen Verfahrens ist andererseits für güterrechtliche Entscheidungen – anders als zB für Unterhaltsentscheidungen aus den Mitgliedstaaten, die an das HUP gebunden sind (Art 16 ff EuUntVO; → M Rn 65 ff) – weiterhin zwingend für deren Vollstreckung in anderen Mitgliedstaaten vorgeschrieben.

89   **a) Vollstreckbarerklärungsverfahren.** Die nach ausländischem Recht bestehende Vollstreckbarkeit wird – anders als sonstige verfahrensrechtliche Urteilswirkungen – nicht nach den Art 23 ff auf das Inland erstreckt. Sie wird für das Inland wird vielmehr erst durch die Vollstreckbarerklärung eines deutschen Gerichts (Gestaltungsentscheidung) konstitutiv begründet. Der EuGH hat daraus zur EuGVVO aF gefolgert, dass der für vollstreckbar erklärte ausländische Titel aufgrund der Vollstreckbarerklärung für die Zwangsvollstreckung im Inland in jeglicher Hinsicht wie ein inländischer Vollstreckungstitel zu behandeln sei (EuGH C-130/10 – *Prism Investments,* NJW 11, 3506 Rn 40 m Anm *Wagner* IPRax 12, 326). Demgegenüber geht die bisher in Deutschland hM davon aus, dass Grundlage für die Vollstreckung der ausländischen Entscheidung im Inland nicht der ausländische Titel, sondern allein die inländische Entscheidung über die Vollstreckbarerklärung sei (BGH NJW 86, 1440/1441; MüKoZPO/*Gottwald*⁴ Art 38 EuGVVO aF Rn 11 f).

90   Das Verfahren nach den Art 42 ff ist **einfach und effizient** ausgestaltet und beschränkt sich auf eine formale Prüfung der Schriftstücke, die für die Erteilung der Vollstreckbarerklärung erforderlich sind (vgl EuGH C-130/10 aaO, Rn 27 f). Der Gläubiger kann in einem einseitigen Verfahren praktisch in wenigen Tagen die Vollstreckbarerklärung erlangen. Möchte er in Forderungen vollstrecken, ist der sicherste Weg: Vollstreckbarerklärung, Vorpfändung, Zustellung der

994

II. EU-Recht: EuGüVO Art 42   **91–97** L

Vollstreckbarerklärung an den Schuldner und Hauptpfändung (*Schlosser*[3] Art 38 EuGVVO aF Rn 16). Das Verfahren auf Vollstreckbarerklärung nach Art 42 ff verdrängt in seinem Anwendungsbereich das **nationale Recht** vollständig (EuGH C-167/08 aaO, Rn 27). Der Gläubiger kann daher auch in zweifelhaften Fällen keinen Vollstreckungsantrag nach § 110 FamFG stellen (vgl zu Art 38 EuGVVO aF MüKoZPO/*Gottwald*[4] Rn 4).

b) Wahlrecht des Gläubigers. Der Gläubiger ist frei darin, seinen Titel in jedem Mitglied- **91** staat (und ggf auch in Drittstaaten) für vollstreckbar erklären lassen (MüKoZPO/*Gottwald* Art 38 EuGVVO aF Rn 6); allerdings muss in jedem Staat die Vollstreckung auch gesondert betrieben werden. Zwischen den Anträgen auf Vollstreckbarerklärung in verschiedenen Mitgliedstaaten besteht auch dann keine Verfahrensidentität iSd Art 17, 18, wenn der Schuldner die gleichen Einwendungen geltend macht; denn die einzelnen Vollstreckbarerklärungsverfahren wirken nur territorial beschränkt. Auch ein Anerkennungsfeststellungsverfahren nach Art 36 Abs 2 hat einen anderen Verfahrensgegenstand. Ein besonderes Rechtsschutzbedürfnis ist für die Vollstreckbarerklärung nicht nachzuweisen (MüKoZPO/*Gottwald*[4] Art 38 EuGVVO aF Rn 6).

2. Voraussetzungen der Vollstreckbarerklärung

a) Allgemeines. Über die Frage, in welcher Form die ausländische Entscheidung für voll- **92** streckbar erklärt wird, entscheidet in den Grenzen der Art 42 ff das jeweilige nationale Verfahrensrecht, Art 45 Abs 1. In *Deutschland* erfolgt die Vollstreckbarerklärung in einem Klauselerteilungsverfahren, das ein (besonderes) formalisiertes erstinstanzliches Erkenntnisverfahren darstellt (*Rauscher*/*Mankowski* Vorbem Art 39 ff EuGVVO nF Rn 16

Für die Vollstreckbarerklärung ist Folgendes zu prüfen: **93**

aa) Verfahrensgegenstand. Der Verfahrensgegenstand der erststaatlichen Entscheidung muss in den räumlichen, zeitlichen und sachlichen Anwendungsbereich der EuGüVO (→ B Rn 13 ff) fallen. Dabei ist das Gericht des Zweitstaates nicht an die Beurteilung des Erstgerichts gebunden. Auch wenn das letztere davon ausgeht, die Entscheidung betreffe eine Güterrechtssache iSv Art 1 Abs 1 EuGüVO, kann das Gericht im Vollstreckungsmitgliedstaat etwa zu dem Ergebnis gelangen, dass bei autonomer Auslegung des Art 1 EuUntVO eine (teilweise) unterhaltsrechtliche Angelegenheit vorliegt (vgl BGH NJW-RR 10, 1 Rn 13 ff).

bb) Entscheidung. Es muss eine Entscheidung iSv Art 3 Abs 1 lit d vorliegen. Bedeutung **94** gewinnt diese Voraussetzung insbesondere in Verfahren des **einstweiligen Rechtsschutzes** (→ B Rn 236 ff). Die Entscheidung muss ferner noch wirksam sein. Ist sie im Erststaat aufgehoben worden, scheidet eine Vollstreckbarerklärung aus; dies ist in allen Instanzen des Vollstreckbarerklärungsverfahrens von Amts wegen zu beachten (BGH NJW-RR 10, 1079). Wird die Entscheidung im Erststaat erst nach der Vollstreckbarerklärung im Inland aufgehoben, so wird das deutsche Ausführungsgesetz voraussichtlich eine dem § 67 AUG entsprechende Regelung vorsehen.

Anerkannt und vollstreckt werden nicht nur gerichtliche Entscheidungen, sondern in gleicher **95** Weise auch **öffentliche Urkunden** und **Prozessvergleiche,** vgl Art 58–60 (→ Rn 155 ff; zu den Begriffen auch Art 3 Abs 1 lit c und lit e; → Rn 25 f, 29).

cc) Antrag. Es muss ein Antrag des nach dem Titel Berechtigten vorliegen. Antragsberechtigt **96** ist jeder, der sich im Ursprungsstaat auf die Entscheidung berufen kann, dh für und gegen den das ausländische Urteil wirkt. Dies beurteilt sich nach dem Recht des Ursprungsstaates. Im Regelfall ist dies der Titelgläubiger (OLG Frankfurt FamRZ 16, 1603). Antragsberechtigt kann auch ein Dritter sein, der nach dem Recht des Ursprungsstaates den Titel geltend machen kann, etwa ein **Rechtsnachfolger.** Das Vollstreckbarerklärungsverfahren erster Instanz ist zwar ein einseitiges Verfahren; dennoch ist der im Titel bezeichnete Schuldner oder sein Rechtsnachfolger als Antragsgegner zu bezeichnen (MüKoZPO/*Gottwald*[4] Art 38 EuGVVO aF Rn 17).

Die Regelung von **Form und Sprache** des Antrags sind dem nationalen Recht des Vollstre- **97** ckungsstaates vorbehalten. Das deutsche Ausführungsgesetz zur EuGüVO wird voraussichtlich eine dem § 16 Abs 2 und 3 IntFamRVG entsprechende Regelung vorsehen, so dass der Antrag schriftlich oder mündlich zu Protokoll der Geschäftsstelle gestellt werden kann. Sofern er nicht in deutscher Sprache gefasst ist, kann eine **Übersetzung** verlangt werden. Ein in *Deutschland* gestellter Antrag ist nach dem gem Art 45 Abs 1 anwendbaren deutschen Recht **bedingungsfeindlich;** er kann daher nicht unter der Voraussetzung der Bewilligung von Prozesskostenhilfe gestellt werden (vgl BGH FamRZ 09, 1816 Rn 20). Der Antrag muss bei der nach Art 44

995

L   2. Teil. Anerkennung/Vollstreckung L. Güterrechtssachen

zuständigen Stelle eingereicht werden; in *Deutschland* wird diese durch das künftige Ausführungsgesetz zur EuGüVO bezeichnet.

98   **dd) Vollstreckbarkeit.** Die Entscheidung muss im Erststaat (noch) vollstreckbar sein (vgl zur EuGVVO aF OLG Köln IPRspr 10 Nr 273). Dies hat der Antragsteller durch Vorlage der in Art 45 Abs 3 genannten Urkunden nachzuweisen (→ Rn 113). Das Recht des Erststaates entscheidet über die Vollstreckbarkeit als solche und über deren Art und Umfang.

99   **Rechtskraft** der ausländischen Entscheidung wird nicht vorausgesetzt, so dass auch die vorläufige Vollstreckbarkeit ausreicht (vgl zur EuGVVO aF BGH NJW-RR 06, 1290). Geprüft wird nur, ob der Titel selbst **formell** vollstreckbar ist, nicht ob materiell noch eine Vollstreckungsberechtigung besteht (vgl zum EuGVÜ EuGH C-267/97 – *Coursier,* Slg 99 I-2543 Rn 29 = IPRax 00, 18 m Anm *Linke* 8; BGH NJW-RR 06, 1290; ebenso zum LugÜ BGH NJW-RR 09, 565).

100   **ee) Bestimmtheit.** Nach deutschem Vollstreckungsrecht kann ein Titel nur dann die Grundlage für eine Vollstreckung bilden, wenn er inhaltlich hinreichend bestimmt ist (OLG Köln FamRZ 12, 384; vgl BGH NJW 66, 1755). Für ausländische Titel gelten insoweit die gleichen Anforderungen wie für inländische Titel; auch sie müssen daher dem Bestimmtheitsgrundsatz gerecht werden. Die erforderliche Konkretisierung ist im Rahmen des Vollstreckbarerklärungsverfahrens vorzunehmen (BGHZ 122, 16/17). Zu Einzelheiten → M Rn 225 ff.

101   **b) Kein Erfordernis der Zustellung des Titels.** Anders als nach der EuEheVO (vgl Art 37, 39; → N Rn 144) ist die vorherige Zustellung des für vollstreckbar zu erklärenden Titels an den Schuldner nach der EuGüVO keine Voraussetzung für die Vollstreckbarerklärung. Dies folgt schon aus Art 48 Abs 2, wonach die zugrundeliegende Entscheidung dem Schuldner erst gemeinsam mit dem Beschluss über die Vollstreckbarerklärung zugestellt wird (ebenso zur EuGVVO aF BGH NJW-RR 05, 295; OLG Düsseldorf IPRax 04, 251).

3. Verfahren

102   Auch eine Zustellung des Antrags an den Schuldner findet im erstinstanzlichen Verfahren wegen Art 47 S 2 nicht statt (vgl zur EuGVVO aF OLG München NJW-RR 08, 756). Das Zweitgericht darf nur kontrollieren, ob die zuvor unter → Rn 92 ff genannten Förmlichkeiten für die Vollstreckbarerklärung erfüllt sind. Insbesondere die Versagungsgründe nach Art 37 dürfen gem Art 47 S 1, 51 erst im Rechtsbehelfsverfahren berücksichtigt werden. Eine **Erledigung des Rechtsstreits** in erster Instanz anlog § 91a ZPO scheidet mangels eines kontradiktorischen Verfahrens aus (BGH WM 10, 433 m Anm *Streicher* FamRBint 10, 30).

103   Ein **Fremdwährungstitel** ist hinsichtlich der darin titulierten Forderung unverändert für vollstreckbar zu erklären. Eine Umrechnung der Fremdwährungsforderung in Euro findet im Klauselerteilungsverfahren nicht statt.

4. Entscheidung

104   Das erstinstanzliche Vollstreckbarerklärungsverfahren endet mit dem Beschluss, den Titel mit der Klausel zu versehen, und deren tatsächlicher Erteilung durch den Urkundsbeamten der Geschäftsstelle. Liegen die Voraussetzungen für die Klauselerteilung nicht vor, lehnt das Gericht den Antrag mit zu begründendem Beschluss ab und legt dem Antragsteller die Kosten des Verfahrens auf. Die Einzelheiten werden im deutschen Ausführungsgesetz zur EuGüVO geregelt werden.

5. Kostenerstattung

105   Die Erstattung der im Klauselerteilungsverfahren entstehenden Kosten richtet sich nach dem autonomen Recht des jeweiligen Vollstreckungsstaates. In *Deutschland* sind die Kosten nach erstattungsfähige Vollstreckungskosten.

EuGüVO Art 43. Bestimmung des Wohnsitzes

Ist zu entscheiden, ob eine Partei für die Zwecke der Verfahren nach den Artikeln 44 bis 57 im Hoheitsgebiet des Vollstreckungsmitgliedstaats einen Wohnsitz hat, so wendet das befasste Gericht sein innerstaatliches Recht an.

II. EU-Recht: EuGüVO Art 45 **L**

Soweit es im Vollstreckbarerklärungsverfahren nach Art 44–57 darauf ankommt, ob eine Partei **106** ihren Wohnsitz im Hoheitsgebiet des Vollstreckungsmitgliedstaats hat, verweist Art 43 auf das innerstaatliche Recht dieses Staates. Praktische Bedeutung hat diese Verweisung insbesondere für die Bestimmung des örtlich zuständigen Gerichts nach Art 44 Abs 2. Vor deutschen Gerichten sind für die Wohnsitzbestimmung die §§ 7 ff BGB maßgebend.

EuGüVO Art 44. Örtlich zuständiges Gericht

(1) Der Antrag auf Vollstreckbarerklärung ist an das Gericht oder die zuständige Behörde des Vollstreckungsmitgliedstaats zu richten, die der Kommission nach Artikel 64 von diesem Mitgliedstaat mitgeteilt wurden.

(2) Die örtliche Zuständigkeit wird durch den Ort des Wohnsitzes der Partei, gegen die die Vollstreckung erwirkt werden soll, oder durch den Ort, an dem die Vollstreckung durchgeführt werden soll, bestimmt.

1. Sachliche Zuständigkeit, Abs 1

Sachlich zuständig für die Vollstreckbarerklärung von güterrechtlichen Entscheidungen nach **107** Art 42 ff ist in *Deutschland* ausschließlich das **Amtsgericht**. Hat das Verfahren der Vollstreckbarerklärung eine notarielle Urkunde zum Gegenstand, so kann diese im Anwendungsbereich der EuGüVO auch von einem Notar für vollstreckbar erklärt werden. Dies hat die *Bundesrepublik Deutschland* der Kommission nach Art 64 zu notifizieren.

2. Örtliche Zuständigkeit, Abs 2

Die örtliche Zuständigkeit richtet sich primär nach Abs 2. Maßgebend ist danach der Ort des **108** Wohnsitzes des Vollstreckungsschuldners oder der Ort, an dem die Vollstreckung durchgeführt werden soll. Liegen beide Orte im Vollstreckungsmitgliedstaat, so kann der Titelgläubiger zwischen beiden Zuständigkeiten wählen. Innerhalb des von Art 44 Abs 2 vorgegebenen Rahmens wird das deutsche Ausführungsgesetz zur EuGüVO voraussichtlich eine **Zuständigkeitskonzentration** nach dem Vorbild der §§ 12 IntFamRVG, 35 AUG bei dem Amtsgericht vorsehen, das für den Sitz des OLG zuständig ist. Dementsprechend würde die Feststellung des Wohnsitzes des Vollstreckungsschuldners in einem bestimmten OLG-Bezirk genügen; eine genauere Lokalisierung wäre nicht notwendig. Gleiches gälte für den Ort der Zwangsvollstreckung.

a) Wohnsitz des Schuldners. Abweichend von § 27 Abs 2 EuUntVO knüpft Abs 2 die **109** örtliche Zuständigkeit für die Vollstreckbarerklärung von güterrechtlichen Entscheidungen nicht an den gewöhnlichen Aufenthalt, sondern an den Wohnsitz an, der nach dem von Art 43 zur Anwendung berufenen Recht zu bestimmen ist. Hinsichtlich des Zeitpunkts, zu dem der Wohnsitz der Partei, gegen welche die Vollstreckung erwirkt werden soll, vorliegen muss, ist zu differenzieren: Es genügt zunächst, dass dieser Wohnsitz im Zeitpunkt der Antragstellung gegeben ist. Durch einen Wohnsitzwechsel nach Antragstellung wird das Gericht gemäß dem auch im Rahmen von Art 44 Abs 2 geltenden Grundsatzes der *perpetuatio fori* nicht unzuständig. Unerheblich ist daher, ob der Schuldner seinen Wohnsitz nach Antragstellung innerhalb Deutschlands wechselt oder in das Ausland oder an einen unbekannten Ort verlegt. Andernfalls könnte er sich leicht einer Vollstreckbarerklärung des Titels durch Verlassen des Gerichtsortes entziehen. Andererseits genügt es, wenn der Wohnsitz im Laufe des Verfahrens im Gerichtsbezirk begründet wird.

b) Ort der Zwangsvollstreckung. Dies ist idR der Ort, an dem das Vermögen des Schuld- **110** ners belegen ist. Es genügt die schlüssige Behauptung, im Gerichtsbezirk vollstrecken zu wollen (MüKoZPO/*Gottwald*[4] Art 39 EuGVVO aF Rn 10). Da bereits die hierauf gerichtete Absicht des Gläubigers ausreicht, ist es nicht erforderlich, dass der Vollstreckungsschuldner schon gegenwärtig Vermögen in diesem Bezirk hat (BGH EuZW 99, 224).

EuGüVO Art 45 Verfahren

(1) Für das Verfahren der Antragstellung ist das Recht des Vollstreckungsmitgliedstaats maßgebend.

997

L 114   2. Teil. Anerkennung/Vollstreckung L. Güterrechtssachen

(2) **Von dem Antragsteller kann nicht verlangt werden, dass er im Vollstreckungsmitgliedstaat über eine Postanschrift oder einen bevollmächtigten Vertreter verfügt.**

(3) **Dem Antrag sind die folgenden Schriftstücke beizufügen:**

a) **eine Ausfertigung der Entscheidung, die die für die Feststellung ihre Beweiskraft erforderlichen Voraussetzungen erfüllt;**

b) **die Bescheinigung, die von dem Gericht oder der zuständigen Behörde des Ursprungsmitgliedstaats unter Verwendung des – nach dem Beratungsverfahren nach Artikel 67 Absatz 2 erstellten – Formulars ausgestellt wurde, unbeschadet des Artikels 46.**

1. Anwendung des Rechts des Vollstreckungsmitgliedstaats, Abs 1

111   Abs 1 lehnt sich an Art 40 EuGVVO aF und Art 30 Abs 1 EuEheVO an. Danach gilt für das Verfahren der Vollstreckbarerklärung das Recht des Vollstreckungsmitgliedstaats. Die Verweisung gilt insbesondere für die Form und den Inhalt des Antrags und die Sprache, in der der Antrag abgefasst werden muss. Die ergänzenden Ausführungsvorschriften zum deutschen Recht wird das Ausführungsgesetz zur EuGüVO enthalten. Auch das Erfordernis der **anwaltlichen Vertretung** bestimmt sich nach der *lex fori* des Vollstreckungsmitgliedstaats.

2. Kein Wahldomizil, Abs 2

112   Im Interesse einer zügigen Durchführung des Vollstreckbarerklärungsverfahrens verpflichtet Art 30 Abs 2 EuEheVO den Antragsteller, im Vollstreckungsmitgliedstaat für eine Zustellungsadresse zu sorgen. Demgegenüber verzichtet die EuGüVO – in Übereinstimmung mit Art 41 Abs 3 EuGVVO nF – auf dieses Erfordernis. Nach Abs 2 kann von dem Antragsteller daher nicht verlangt werden, dass er im Vollstreckungsmitgliedstaat über eine Postanschrift oder einen bevollmächtigten Vertreter verfügt.

3. Urkundenvorlage, Abs 3

113   Die in Abs 3 bezeichneten Urkunden, nämlich eine Ausfertigung der Entscheidung, welche die für die Feststellung ihre Beweiskraft erforderlichen Voraussetzungen erfüllt (lit a), und die vom Gericht des Ursprungsmitgliedstaats auszustellende Bescheinigung (lit b), sind **notwendige Bestandteile des Antrags.** Werden sie nicht beigefügt, so kann das Gericht gem Art 46 Abs 1 eine Frist zur Vorlage bestimmen. Wird diese Frist nicht eingehalten, so kann der Antrag als unzulässig zurückgewiesen werden, wenn sich das Gericht nicht mit gleichwertigen Urkunden begnügt oder auf eine Vorlage verzichtet, weil es die erforderlichen Informationen auf anderem Wege erlangt hat. Ein wegen fehlender Urkundenvorlage zurückgewiesener Antrag kann jedoch erneut gestellt werden.

EuGüVO Art 46 Nichtvorlage der Bescheinigung

(1) **Wird die Bescheinigung nach Artikel 45 Absatz 3 Buchstabe b nicht vorgelegt, kann das Gericht oder die sonst befugte Stelle eine Frist bestimmen, innerhalb deren die Bescheinigung vorzulegen ist, oder eine gleichwertige Urkunde akzeptieren oder von der Vorlage der Bescheinigung absehen, wenn es bzw. sie keinen weiterer Klärungsbedarf sieht..**

(2) **Auf Verlangen des Gerichts oder der zuständigen Behörde ist eine Übersetzung oder Transkription der Schriftstücke vorzulegen. Die Übersetzung ist von einer Person zu erstellen, die zur Anfertigung von Übersetzungen in einem der Mitgliedstaaten befugt ist.**

1. Nichtvorlage der Bescheinigung, Abs 1

114   Die Vorschrift enthält gegenüber Art 45 Abs 3 eine **Auflockerung der Urkundenvorlagepflicht,** um nicht auf Kosten eines übertriebenen Formalismus die Verwirklichung eines vereinfachten europäischen Rechtsschutzes zu verhindern. Danach führt die Nichtvorlage der Bescheinigung nach Art 45 Abs 3 lit b nicht zwingend zu einer Zurückweisung des Antrags auf Vollstreckbarerklärung. Das Gericht kann vielmehr eine Frist zur Nachreichung der grundsätzlich erforderlichen Bescheinigung bestimmen. Ebenso kann es die Vorlage gleichwertiger

998

II. EU-Recht: EuGüVO Art 48 **L**

Schriftstücke als ausreichend erachten bzw den Antragsteller von der Vorlagepflicht gänzlich befreien, wenn es eine weitere Klärung nicht für erforderlich hält. Die in Abs 1 vorgesehenen Verfahrensmöglichkeiten haben abschließenden Charakter. Das Gericht kann zwischen ihnen frei wählen, eine Rangfolge besteht nicht. Wird hingegen die Ausfertigung der Entscheidung nach Art 45 Abs 3 lit a nicht vorgelegt, so ist der Antrag auf Vollstreckbarerklärung in jedem Fall zurückzuweisen.

2. Übersetzung, Abs 2

Auf Verlangen des Gerichts oder der zuständigen Behörde hat der Antragsteller nach S 1 eine **115** Übersetzung oder Transkription der in Art 45 Abs 3 bezeichneten Schriftstücke vorzulegen. Die Übersetzung muss nach S 2 von einer hierzu in einem beliebigen Mitgliedstaat – also nicht notwendig im Vollstreckungsmitgliedstaat – befugten Person erstellt werden.

EuGüVO Art 47. Vollstreckbarerklärung

Sobald die in Artikel 45 vorgesehenen Förmlichkeiten erfüllt sind, wird die Entscheidung unverzüglich für vollstreckbar erklärt, ohne dass eine Prüfung nach Artikel 37 erfolgt. Die Partei, gegen die die Vollstreckung erwirkt werden soll, erhält in diesem Abschnitt des Verfahrens keine Gelegenheit, eine Erklärung abzugeben.

1. Allgemeines

Die Vorschrift entspricht weitgehend Art 41 EuGVVO aF und Art 30 EuUntVO. Sie enthält **116** zwingende Vorschriften für die nach Art 44 zur Antragsentgegennahme zuständigen Gerichte oder Behörden im ersten Rechtszug des Vollstreckbarerklärungsverfahrens und bezweckt eine deutliche Verkürzung und Beschleunigung dieses Verfahrens in Güterrechtssachen. Danach hat die Vollstreckbarerklärung **unverzüglich** zu erfolgen, sobald die Förmlichkeiten nach Art 45 Abs 3 (→ Rn 113) erfüllt und nachgewiesen sind. Abweichend von Art 30 EuUntVO sieht Art 47 hierfür jedoch **keine Frist** vor, die nur bei Vorliegen außergewöhnlicher Umstände überschritten werden darf.

2. Keine Prüfung von Anerkennungshindernissen, S 1

Das erstinstanzliche Gericht darf nicht prüfen, ob Anerkennungshindernisse nach Art 37 vor- **117** liegen. Diese werden – wie nach Art 30 S 1 EuUntVO – erst in einem eventuellen Rechtsbehelfsverfahren gemäß Art 49 geprüft. Zulässig ist jedoch eine Ablehnung der Vollstreckbarerklärung wegen **Nichterfüllung der Formalien nach Art 45 Abs 3.** Bis zur Entscheidung über den Rechtsbehelf ist der Vollstreckungsschuldner durch Art 53 Abs 3 geschützt (→ Rn 149), denn bis zu diesem Zeitpunkt ist lediglich eine Sicherungsvollstreckung zulässig.

3. Keine Anhörung des Schuldners, S 2

Der Schuldner wird nach S 2 im Vollstreckbarerklärungsverfahren der ersten Instanz nicht **118** angehört. Der zuständigen Stelle ist es dementsprechend verwehrt, den Schuldner zur Stellungnahme bezüglich des Antrags auf Erteilung einer Vollstreckbarerklärung aufzufordern. Ein Verstoß gegen das Recht auf rechtliches Gehör (Art 103 Abs 1 GG) liegt hierin nicht; denn der Vollstreckungsschuldner hat gem Art 49 das Recht auf ein kontradiktorisches Rechtsbehelfsverfahren. Wegen der Einseitigkeit des erstinstanzlichen Vollstreckbarerklärungsverfahrens kommt eine **Erledigungserklärung** analog § 91a ZPO in diesem Verfahren nicht in Betracht (vgl BGH FamRZ 10, 553 m Anm *Streicher* FamRBint10, 30).

EuGüVO Art 48 Mitteilung der Entscheidung über den Antrag auf Vollstreckbarerklärung

(1) Die Entscheidung über den Antrag auf Vollstreckbarerklärung wird dem Antragsteller unverzüglich nach dem Verfahren mitgeteilt, das das Recht des Vollstreckungsmitgliedstaats vorsieht.

(2) Die Vollstreckbarerklärung und, soweit dies noch nicht geschehen ist, die Entscheidung werden der Partei, gegen die die Vollstreckung erwirkt werden soll, zugestellt.

999

L 121–123　　　　　　　　2. Teil. Anerkennung/Vollstreckung L. Güterrechtssachen

1. Mitteilung der Entscheidung an den Antragsteller, Abs 1

119　　Die Vorschrift entspricht Art 42 Abs 1 EuGVVO aF und Art 31 EuUntVO. Nach Abs 1 ist die Entscheidung über den Antrag auf Vollstreckbarerklärung dem Antragsteller unverzüglich in der Form mitzuteilen, die das Recht des Vollstreckungsmitgliedstaats vorsieht. Nach *deutschem* Recht ist dem Antragsteller eine beglaubigte Abschrift des Beschlusses, die mit der Vollstreckungsklausel versehene Ausfertigung des Titels und die Bescheinigung über die bewirkte Zustellung an den Schuldner zu übersenden.

2. Zustellung an den Schuldner, Abs 2

120　　Dem Vollstreckungsschuldner ist die Vollstreckbarerklärung nach Abs 2 zuzustellen, damit er sich sachgerecht gegen diese durch Einlegung eines Rechtsbehelfs wehren kann. Für die Vollstreckbarerklärung durch deutsche Gerichte wird die Vorschrift durch das Ausführungsgesetz zur EuGüVO nach dem Vorbild der §§ 21 IntFamRVG, 42 AUG näher ausgestaltet werden.

EuGüVO Art 49 Rechtsbehelf gegen die Entscheidung über den Antrag auf Vollstreckbarerklärung

(1) **Gegen die Entscheidung über den Antrag auf Vollstreckbarerklärung kann jede Partei einen Rechtsbehelf einlegen.**

(2) **Der Rechtsbehelf wird bei dem Gericht eingelegt, das der betreffende Mitgliedstaat der Kommission nach Artikel 64 mitgeteilt hat.**

(3) **Über den Rechtsbehelf wird nach den Vorschriften entschieden, die für Verfahren mit beiderseitigem rechtlichem Gehör maßgebend sind.**

(4) **Lässt sich die Partei, gegen die die Vollstreckung erwirkt werden soll, auf das Verfahren vor dem mit dem Rechtsbehelf des Antragstellers befassten Gericht nicht ein, so ist Artikel 16 auch dann anzuwenden, wenn die Partei, gegen die die Vollstreckung erwirkt werden soll, in keinem Mitgliedstaat einen Wohnsitz hat.**

(5) **Der Rechtsbehelf gegen die Vollstreckbarerklärung ist innerhalb von 30 Tagen nach ihrer Zustellung einzulegen. Hat die Partei, gegen die die Vollstreckung erwirkt werden soll, ihren Wohnsitz im Hoheitsgebiet eines anderen Mitgliedstaats als dem, in dem die Vollstreckbarerklärung ergangen ist, so beträgt die Frist für den Rechtsbehelf 60 Tage und beginnt mit dem Tag, an dem die Vollstreckbarerklärung ihr entweder in Person oder in ihrer Wohnung zugestellt worden ist. Eine Verlängerung dieser Frist wegen weiter Entfernung ist ausgeschlossen.**

1. Allgemeines

121　　Die Vorschrift entspricht Art 43 EuGVVO aF und Art 32 EuUntVO. Sie eröffnet sowohl dem Vollstreckungsschuldner einen Rechtsbehelf gegen die Vollstreckbarerklärung wie auch dem Vollstreckungsgläubiger einen Rechtsbehelf gegen die Entscheidung, mit der die Vollstreckbarerklärung ganz oder teilweise abgelehnt worden ist. In **Deutschland** wird dies in beiden Fällen die **Beschwerde** sein. Nicht erfasst sind Rechtsbehelfe im eigentlichen Zwangsvollstreckungsverfahren. Diese richten sich wie das gesamte Zwangsvollstreckungsverfahren nach dem Recht des Vollstreckungsstaates.

2. Rechtsbehelfsverfahren, Abs 1–3

122　　Das in den Art 49 ff geregelte Verfahren stellt ein eigenständiges und geschlossenes System dar (vgl zum EuGVÜ EuGH C-172/91 – *Sonntag,* Slg 93 I-1963 Rn 35 = IPRax 94, 37). Durch die Einlegung eines Rechtsbehelfs wird gem Abs 3 ein **kontradiktorisches Verfahren** eingeleitet. Die Vorschrift verweist mit den Modifikationen der Abs 4 und 5 auf das Verfahrensrecht des Vollstreckungsstaates für zweiseitige Verfahren. Insoweit besteht eine unionsrechtliche Vorgabe. Innerhalb des von der Verordnung gesetzten Rahmens bleibt die Ausgestaltung des Verfahrens dem Recht des Vollstreckungsstaates überlassen. In **Deutschland** wird das Ausführungsgesetz zur EuGüVO die Einzelheiten regeln; subsidiär gelten die Vorschriften des FamFG.

123　　**Beschwerdeberechtigt** sind nach Abs 1 nur die Parteien (bzw in der Terminologie des FamFG: die Beteiligten) des erstinstanzlichen Vollstreckbarerklärungsverfahrens. Rechtsbehelfe

1000

II. EU-Recht: EuGüVO Art 49   **124–130 L**

Dritter sind damit ausgeschlossen (vgl zu Art 36 EuGVÜ EuGH C-172/91 aaO, Slg 93 I-1963 Rn 35 = IPRax 94, 37; zu Art 43 EuGVVO aF EuGH C-167/08 – *Draka NK Cables Ltd,* Slg 09 I-3477 Rn 27 = NJW 09, 1937 m Anm *Roth* IPRax 10, 154; OLG Düsseldorf IPRax 07, 453 m Anm *Roth* 423). Auf die Parteistellung im ausländischen Erkenntnisverfahren sowie auf die Parteirolle kommt es nicht an.

Beschwerdegericht iSv Abs 2 ist in Deutschland das Oberlandesgericht. Die Einzelheiten **124** zur Form und zur Frist für die Einlegung der Beschwerde, zum Erfordernis eines Beschwerdewerts und einer anwaltlichen Vertretung werden in dem deutschen Ausführungsgesetz zur EuGüVO geregelt werden.

Die Beschwerde ist dem Beschwerdegegner **von Amts wegen zuzustellen.** Für die Zu- **125** stellung in anderen EU-Mitgliedstaaten gilt die EG-Verordnung Nr 1393/2007 v 13.11.2007 (ABl EU L 342, 79; **EuZVO**), in den Vertragsstaaten des Haager Zustellungsübereinkommens v 15.11.1965 (BGBl 77 II, 1453; **HZÜ**) gelten die Vorschriften dieses Übereinkommens. Eine Heilung von Zustellungsmängeln allein durch tatsächliche Kenntniserlangung (zB nach § 189 ZPO) kommt zwar bei einem Verstoß gegen die Vorschriften der EuZVO oder des HZÜ nicht in Betracht (vgl zum EuGVÜ EuGH C-3/05 – *Verdoliva,* Slg 06 I-1579 Rn 33 ff = NJW 06, 1114 m Anm *Heiderhoff* IPRax 07, 202; BGHZ 120, 305), wohl aber bei einem bloßen Verstoß gegen nationale Zustellungsvorschriften (BGH NJW 11, 3581 Rn 24 ff m Anm *Rauscher*).

Über die Beschwerde ist nach Abs 3 in einem Verfahren mit **beiderseitigem rechtlichen** **126** **Gehör** zu entscheiden, dessen Ausgestaltung dem nationalen Verfahrensrecht überlassen bleibt. Ausnahmen von der Anhörung des Beschwerdegegners sind unzulässig (vgl zu Art 43 EuGVVO aF EuGH 178/83 – *P/K,* Slg 84, 3971 Rn 11 = IPRax 85, 274 m Anm *Stürner* 254; einschränkend OLG Düsseldorf IPRax 04, 251 m krit Anm *Mankowski* 220). Der Prüfungsumfang des Beschwerdegerichts ist nach Maßgabe von Art 51 beschränkt (→ Rn 140 ff).

Die **Entscheidung über die Beschwerde** ergeht unverzüglich (Art 51 S 2) durch einen mit **127** Gründen zu versehenden Beschluss. Einzelheiten zur Zustellung des Beschlusses an den Antragsteller und den Antragsgegner, die Zuständigkeit für die Ausstellung der Vollstreckungsklausel im Beschwerdeverfahren und die Möglichkeit einer Beschränkung der Zwangsvollstreckung auf Sicherungsmaßnahmen wird das deutsche Ausführungsgesetz zur EuGüVO regeln.

3. Aussetzung des Verfahrens, Abs 4

Lässt sich der Schuldner auf das Verfahren vor dem mit dem Rechtsbehelf des Antragstellers **128** befassten Gericht nicht ein, so setzt dieses das Verfahren gem Art 16 aus, um festzustellen, ob dem Schuldner die Beschwerdeschrift so rechtzeitig zugestellt worden ist, dass er sich verteidigen konnte. Dies gilt nach Abs 4 auch dann, wenn der Schuldner seinen Wohnsitz nicht im Hoheitsgebiet eines Mitgliedstaats hat.

4. Rechtsbehelfsfristen, Abs 5

a) Rechtsbehelf des Schuldners. Grundsätzlich beginnt die Rechtsbehelfsfrist für den **129** Schuldner mit einer ordnungsgemäßen Zustellung der Entscheidung über die Vollstreckbarerklärung. Durch eine fehlerhafte oder unterbliebene Zustellung wird sie nicht in Gang gesetzt, auch wenn der Schuldner von der Entscheidung anderweitig Kenntnis erlangt hat (vgl zu Art 43 EuVVO aF EuGH C-3/05 – *Verdoliva,* Slg 06 I-1579 Rn 38 = NJW 06, 1114). Für die Fristberechnung ist – anders als im Rahmen von Art 43 Abs 5 EuGVVO aF – nicht das Recht des Vollstreckungsstaates maßgebend. Nach ErwG 69 (→ Anh IV) soll die Berechnung der in der Verordnung vorgesehenen Fristen vielmehr nach Maßgabe der Verordnung (EG) Nr 1182/71 v 3.6.1971 erfolgen. Eine Wiedereinsetzung in den vorigen Stand ist nach § 113 Abs 1 S 2 FamFG iVm §§ 233 ff ZPO möglich (vgl zu Art 43 EuGVVO aF G/Sch/*Geimer* Rn 28); denn die Beschwerdefrist für den Schuldner ist als Notfrist anzusehen. Abs 5 S 3 steht dem nicht entgegen, soweit die Wiedereinsetzung nicht damit begründet wird, dass der gewöhnliche Aufenthalt des Schuldners weit entfernt liegt.

Für den Fristbeginn und die Dauer der Frist ist zwischen **drei Konstellationen** zu unterschei- **130** den:

(1) Hat der Schuldner seinen **Wohnsitz im Vollstreckungsmitgliedstaat,** so beträgt die Frist gem Abs 5 S 1 30 Tage ab Zustellung. Insoweit genügt jede nach dem Recht des Vollstreckungsstaates ordnungsgemäße Zustellung; diese muss also – anders als nach Abs 5 S 2 – nicht notwendig in Person oder in der Wohnung des Schuldners erfolgen.

1001

L   2. Teil. Anerkennung/Vollstreckung L. Güterrechtssachen

131 **(2)** Hat der Schuldner seinen **Wohnsitz in einem anderen Mitgliedstaat,** so beträgt die Rechtsbehelfsfrist gem Abs 5 S 260 Tage ab Zustellung an den Schuldner entweder in Person oder in seiner Wohnung. Andere Zustellungsformen sind im Rahmen von S 2 unzulässig (vgl zu Art 43 EuGVVO aF MüKoZPO/*Gottwald*[4] Rn 4).

132 **(3)** Hat der Schuldner seinen **Wohnsitz in einem Drittstaat,** gilt nach der Gesetzessystematik des Abs 5 eigentlich die Frist des Satz 1, weil die Ausnahmevorschrift des Satz 2 auf Fälle beschränkt ist, in denen der Schuldner seinen Wohnsitz in einem vom Vollstreckungsmitgliedstaat verschiedenen *Mitgliedstaat* hat. Nach dem Sinn und Zweck der Regelung sollte hingegen die längere Frist entsprechend auf die Fälle erstreckt werden, in denen der Schuldner seinen Wohnsitz in einem Drittstaat hat.

133   Die Einhaltung der durch Abs 5 S 2 modifizierten Zustellungsvorschriften ist richtigerweise nur Voraussetzung für den **Lauf der Beschwerdefrist,** nicht auch für die Zwangsvollstreckung (*Schlosser*[3] Art 43 EuGVVO aF Rn 5). Diese Vorschriften verbieten demgemäß nicht andere Zustellungsarten (etwa die öffentliche Zustellung). Solche Zustellungsvarianten setzen lediglich die Rechtsbehelfsfrist nicht in Gang (G/Sch/*Geimer* Art 43 EuGVVO aF Rn 35).

134   Die Rechtsbehelfsfrist von 60 Tagen (wenn der Schuldner seinen Wohnsitz in einem anderen Mitgliedstaat oder Drittstaat hat) ist gem Abs 5 S 3 **unabänderlich,** kann also vom Gericht nicht verlängert werden. Diese Schranke bezieht sich allerdings nach ihrem Wortlaut und ihrer Entstehungsgeschichte nicht auf die 30-tägige Frist des Satz 1.

135   **b) Rechtsbehelf des Gläubigers.** Für den Rechtsbehelf des Gläubigers gegen die (teilweise) Ablehnung seines Antrags sieht Art 45 hingegen keine Frist vor. Ob der Rechtsbehelf des Gläubigers daher unbefristet möglich ist, erscheint allerdings fraglich. Aufgrund des auch im Unionsrecht anerkannten Bedürfnisses nach Rechtssicherheit wird man davon ausgehen dürfen, dass die EuGüVO insoweit nicht gezielt einen unbefristeten Rechtsbehelf des Unterhaltsgläubigers vorsehen wollte, sondern die Fristbestimmung dem nationalen Gesetzgeber überlassen hat. Maßgebend ist daher in Deutschland die Monatsfrist des § 63 Abs 1 FamFG (so auch zu Art 32 EuUntVO BT-Drs 14/4887 S 46 f; *Heger/Selg* FamRZ 11, 1101/1109).

EuGüVO Art 50. Rechtsbehelf gegen die Entscheidung über den Rechtsbehelf

Gegen die über den Rechtsbehelf ergangene Entscheidung kann ein Rechtsbehelf nur nach dem Verfahren eingelegt werden, das der betreffende Mitgliedstaat der Kommission nach Artikel 64 mitgeteilt hat.

136   Die Vorschrift entspricht Art 44 EuGVVO aF und Art 33 EuUntVO. Danach kann die nach Art 49 ergangene Beschwerdeentscheidung in *Deutschland* mit der **Rechtsbeschwerde zum BGH** angefochten werden. Die Einzelheiten zu Form, Frist und Begründung der Rechtsbeschwerde und zu einem etwaigen Erfordernis ihrer Zulassung durch das OLG werden in dem deutschen Ausführungsgesetz zur EuGüVO geregelt werden.

137   Als „über den Rechtsbehelf ergangene Entscheidung" kommt nur eine Entscheidung des Beschwerdegerichts in Betracht, die über die **Begründetheit des Rechtsbehelfs gegen die Zulassung der Vollstreckung** nach Art 49 befunden hat. Nicht erfasst ist hingegen eine Entscheidung über die Aussetzung des Verfahrens nach Art 52, die mit der Rechtsbeschwerde nicht angefochten werden kann (vgl zu Art 37 EuGVÜ EuGH C-432/93 – *SISRO,* Slg 95 I-2269 Rn 28 ff; zu Art 44, 46 EuGVVO aF BGH RIW 17, 78 Rn 8 ff = IPRax 17, 488 m Anm *Thomale* 463). Diese Rechtsprechung ist auf die EuGüVO wegen des identischen Normzwecks der Art 50, 52 zu übertragen.

138   Der **Prüfungsumfang** des BGH als Rechtsbeschwerdegericht ist nach Maßgabe von Art 51 S 1 EuGüVO beschränkt (→ Rn 140 ff). Der BGH hat die Entscheidung **unverzüglich** zu erlassen (Art 51 S 2). Weitere Einzelheiten zur Entscheidung und zum Verfahren bestimmen sich ebenfalls nach dem künftigen Ausführungsgesetz zur EuGüVO.

EuGüVO Art 51. Versagung oder Aufhebung einer Vollstreckbarerklärung

Die Vollstreckbarerklärung darf von dem mit einem Rechtsbehelf nach Artikel 49 oder 50 befassten Gericht nur aus einem der in Artikel 37 aufgeführten Gründe versagt oder aufgehoben werden. Das Gericht erlässt seine Entscheidung unverzüglich.

II. EU-Recht: EuGüVO Art 51   139–144 **L**

1. Allgemeines

Die Vorschrift ist an Art 45 Abs 1 EuGVVO aF und Art 34 EuUntVO angelehnt. Satz 1 **139**
verlagert die Prüfung von Anerkennungshindernissen nach Art 37 – abweichend von Art 31
Abs 2 EuEheVO (→ N Rn 164) – auf die Beschwerdeinstanz und gibt den mit einem Rechtsbehelf befassten Gerichten eine nur eingeschränkte Prüfungskompetenz. Der Schuldner kann
danach nur vortragen, dass Anerkennungshindernisse nach Art 37 (→ Rn 50 ff) vorliegen; denn
diese durfte das Gericht erster Instanz noch nicht prüfen (→ Rn 117). Satz 2 dient der Beschleunigung des Verfahrens.

2. Prüfungsumfang, Satz 1

a) **Versagungsgründe nach Art 37.** Die Vollstreckbarerklärung darf gem Satz 1 vom Be- **140**
schwerde- oder Rechtsbeschwerdegericht nur aus einem der in Art 37 aufgeführten Gründe
(→ Rn 50 ff) versagt oder aufgehoben werden. Die Aufzählung dieser Gründe ist **abschließend**
(vgl zu Art 45 EuGVVO aF EuGH C-139/10 – *Prism Investments,* NJW 11, 3506 Rn 33). Die
ausländische Entscheidung darf insbesondere nach Art 40 keinesfalls in der Sache selbst nachgeprüft werden. Auch eine Überprüfung der internationalen Zuständigkeit des Ursprungsgerichts hat auszuscheiden (Art 39 Abs 1).

Die Prüfung der Versagungsgründe nach Art 37 durch das (Rechts-) Beschwerdegericht **141**
erfolgt **von Amts wegen** (BGH FamRZ 08, 586/588). Eine Pflicht zur Amtsermittlung der
entscheidungserheblichen Tatsachen sieht die EuGüVO hingegen nicht vor. Insoweit gilt daher
das autonome Verfahrensrecht des Vollstreckungsmitgliedstaats. Da das deutsche Recht Güterrechtssachen als **Familienstreitsachen** (§ 112 Nr 2 FamFG) qualifiziert, ist diese Einordnung
auch für das entsprechende Vollstreckbarerklärungsverfahren maßgebend. Danach gilt der **Beibringungsgrundsatz** der ZPO, dh zu berücksichtigen sind nur die vom Schuldner vorgetragenen Tatsachen, aus denen sich Anerkennungshindernisse ergeben können.

Neben den Versagungsgründen nach Art 37 darf das Beschwerdegericht auch prüfen, ob die **142**
Entscheidung im Ursprungsmitgliedstaat (noch) **vollstreckbar** ist. Dies ist letztlich eine Konsequenz des Grundsatzes der Wirkungserstreckung. Zwar wird die Vollstreckbarkeit – anders als
die materielle Rechtskraft – nicht auf das Gebiet des Zweitstaats erstreckt, sondern dem ausländischen Urteil originär verliehen. Dies setzt aber voraus, dass das Urteil auch im Erststaat
vollstreckbar ist, weil ihm sonst durch die Vollstreckbarerklärung Wirkungen verliehen würden,
die es im Erststaat nicht hat (EuGH C-139/10 aaO, Rn 38).

b) **Materiell-rechtliche Einwendungen.** Die Aufzählung der Gründe, auf die eine Ableh- **143**
nung der Vollstreckbarerklärung eines Urteils aus einem anderen Mitgliedstaat gestützt werden
kann, ist in Art 51 abschließend. Die Verordnung enthält keine Vorschrift, die eine Vollstreckbarerklärung einer Entscheidung schon deshalb verbietet, weil ihr in der Zwischenzeit nachgekommen worden ist; die Befolgung der Entscheidung nimmt dieser nicht die Eigenschaft eines
Vollstreckungstitels. Dies hat der EuGH zur Parallelvorschrift des Art 45 EuGVVO aF entschieden (EuGH C-139/10 – *Prism Investments,* NJW 11, 3506 Rn 37, 39 m Anm *Bach* EuZW
11, 871). Die Grundsätze dieser Entscheidung gelten aber auch für Art 34 Abs 1 EuUntVO
(→ M Rn 272 ff) und Art 51 EuGüVO. Auch im Geltungsbereich der EuGüVO kann der
Schuldner daher etwaige materiell-rechtliche Einwendungen nicht im Verfahren der Vollstreckbarerklärung, sondern erst im eigentlichen Vollstreckungsverfahren geltend machen. Nach deutschem Recht steht ihm hierzu die Vollstreckungsabwehrklage nach § 120 FamFG iVm § 767
ZPO zur Verfügung.

c) **Formelle Mängel des Antrags.** Über den Wortlaut des Abs 1 hinausgehend darf das **144**
Beschwerdegericht allerdings auch diejenigen Voraussetzungen prüfen, die Prüfungsmaßstab des
Gerichts erster Instanz waren. Dies betrifft insbesondere die schon im erstinstanzlichen Verfahren
zu prüfenden Förmlichkeiten für die Stellung eines Antrags auf Vollstreckbarerklärung
(→ Rn 92 ff), zumal dem Antragsgegner hierzu im erstinstanzlichen Verfahren kein rechtliches
Gehör gewährt wird (vgl zu Art 45 EuGVVO aF EuGH C-619/10 – *Trade Agency,* EuZW 12,
912 Rn 28 f m Anm *Bach;* BGH NJW-RR 08, 586 Rn 15; G/Sch/*Geimer* Rn 7 f; Kropholler/
v Hein Rn 5). Aus der *Prism Investment*-Entscheidung des EuGH (C-139/10, NJW 11, 3506
Rn 30) ergibt sich nichts anderes, weil diese sich nur auf materiell-rechtliche Einwendungen
bezogen hat.

1003

L 149 2. Teil. Anerkennung/Vollstreckung L. Güterrechtssachen

3. Beschleunigung, Satz 2

145 Nach Satz 2 hat das (Rechts-) Beschwerdegerichtz die Entscheidung über den Rechtsbehelf unverzüglich zu erlassen.

EuGüVO Art 52. Aussetzung des Verfahrens

Das nach Artikel 49 oder 50 mit dem Rechtsbehelf befasste Gericht setzt das Verfahren auf Antrag der Partei, gegen die die Vollstreckung erwirkt werden soll, aus, wenn die Entscheidung im Ursprungsmitgliedstaat wegen der Einlegung eines Rechtsbehelfs vorläufig nicht vollstreckbar ist.

1. Allgemeines

146 Die Vorschrift orientiert sich an Art 35 EuUntVO. Normzweck ist einerseits der Schutz des Schuldners; dieser soll nicht die Vollstreckung aus einer Entscheidung im Zweitstaat dulden müssen, obwohl die die Entscheidung im Ursprungsmitgliedstaat wegen der Einlegung eines Rechtsbehelfs vorläufig nicht mehr vollstreckbar ist. Die Vorschrift dient aber auch dem Gläubigerschutz, weil ohne die Aussetzungsmöglichkeit der Antrag idR wegen Fehlens eines vollstreckbaren Titels abzuweisen wäre.

2. Voraussetzungen

147 Die Aussetzung erfolgt nur auf **Antrag des Schuldners,** nicht des Gläubigers. Sie setzt voraus, dass im Vollstreckungsmitgliedstaat ein Rechtsbehelfsverfahren nach Art 49 oder Art 50 anhängig ist; im erstinstanzlichen Vollstreckbarerklärungsverfahren ist die Vorschrift nicht anwendbar. Ferner muss im Ursprungsmitgliedstaat ein Rechtsbehelf gegen die Entscheidung eingelegt und die Zwangsvollstreckung dort aus diesem Grunde vorläufig eingestellt worden sein. Der Begriff des **Rechtsbehelfs** ist weit auszulegen. Anders als Art 46 Abs 1 EuGVVO aF verlangt Art 52 nicht die Einlegung eines „ordentlichen" Rechtsbehelfs. Es genügt daher jeder Rechtsbehelf, der im Erststaat zur Aufhebung oder Abänderung der Entscheidung führen kann.

3. Entscheidung

148 Die Aussetzung des Rechtsbehelfsverfahrens (nicht der Zwangsvollstreckung) ist bei Vorliegen der tatbestandlichen Voraussetzungen von Art 52 **zwingend.** Ein Ermessen des Beschwerdegerichts wie nach Art 46 Abs 1 EuGVVO aF oder Art 35 Abs 1 EuEheVO (→ N Rn 207) besteht also nicht; deshalb sind auch die mutmaßlichen Erfolgsaussichten des Rechtsbehelfs im Erststaat vom Beschwerdegericht nicht zu prüfen. Ebenfalls abweichend von Art 46 Abs 3 EuGVVO aF sieht Art 35 nur eine Aussetzung des Verfahrens, nicht jedoch die Möglichkeit vor, diese von einer Sicherheitsleistung abhängig zu machen.

EuGüVO Art 53. Einstweilige Maßnahmen einschließlich Sicherungsmaßnahmen

(1) Ist eine Entscheidung nach diesem Kapitel anzuerkennen, so ist der Antragsteller nicht daran gehindert, einstweilige Maßnahmen einschließlich Sicherungsmaßnahmen nach dem Recht des Vollstreckungsmitgliedstaats in Anspruch zu nehmen, ohne dass es einer Vollstreckbarerklärung nach Artikel 46 bedarf.

(2) Die Vollstreckbarerklärung umfasst von Rechts wegen die Befugnis, alle Sicherungsmaßnahmen zu veranlassen.

(3) Solange die in Artikel 49 Absatz 5 vorgesehene Frist für den Rechtsbehelf gegen die Vollstreckbarerklärung läuft und solange über den Rechtsbehelf nicht entschieden ist, darf die Zwangsvollstreckung in das Vermögen der Partei, gegen die die Vollstreckung erwirkt werden soll, nicht über Sicherungsmaßnahmen hinausgehen.

149 Die Vorschrift entspricht Art 47 EuGVVO aF und Art 53 EuUntVO. Sie regelt den einstweiligen Rechtsschutz für den Gläubiger, solange eine nach den Art 36 ff anzuerkennende Entscheidung noch nicht für vollstreckbar erklärt wurde bzw noch keine formelle Rechtskraft der Vollstreckbarerklärung eingetreten ist (MüKoZPO/*Gottwald*[4] Art 47 EuGVVO aF Rn 1). Zu

1004

II. EU-Recht: EuGüVO Art 57   **154 L**

ihrer Auslegung wird auf die ausführliche Kommentierung von Art 36 EuUntVO verwiesen (→ M Rn 290 ff).

EuGüVO Art 54. Teilvollstreckbarkeit

(1) **Ist durch die Entscheidung über mehrere Ansprüche erkannt worden und kann die Vollstreckbarerklärung nicht für alle Ansprüche erteilt werden, so erteilt das Gericht oder die zuständige Behörde sie für einen oder mehrere dieser Ansprüche.**

(2) **Der Antragsteller kann beantragen, dass die Vollstreckbarerklärung nur für einen Teil des Gegenstands der Entscheidung erteilt wird.**

Die Vorschrift entspricht Art 48 EuGVVO aF und Art 37 EuUntVO. Sie ermöglicht es dem **150** Gericht, im Falle einer objektiven Klagehäufung, ohne dass es eines hierauf gerichteten Antrags bedarf, dh **von Amts wegen,** eine Teil-Vollstreckungsklausel zu erteilen. Eine solche kommt auch in Betracht, wenn die EuGüVO nur auf einen Teil der zugesprochenen Forderungen anwendbar ist (vgl EuGH C-220/95 – *van den Boogard*, Slg 97 I-1147 Rn 21 = EuZW 97, 242 m Anm *Dietzel/Schnichels* EuZW 98, 485 f).

Dem Gläubiger steht es allerdings auch frei, lediglich einen **Antrag** auf Teilexequatur zu **151** stellen. Ein solcher Antrag ist sowohl im Falle einer einheitlichen, teilbaren Forderung als auch im Falle einer Anspruchshäufung möglich, und zwar auch dann, wenn die Voraussetzungen für die Vollstreckbarerklärung der gesamten Entscheidung vorliegen.

EuGüVO Art 55. Prozesskostenhilfe

Ist dem Antragsteller im Ursprungsmitgliedstaat ganz oder teilweise Prozesskostenhilfe oder Kosten- oder Gebührenbefreiung gewährt worden, so genießt er im Vollstreckbarerklärungsverfahren hinsichtlich der Prozesskostenhilfe oder der Kosten- oder Gebührenbefreiung die günstigste Behandlung, die das Recht des Vollstreckungsmitgliedstaats vorsieht.

Die Vorschrift entspricht Art 47 Abs 2 EuUntVO. Vgl dazu → C Rn 834 ff.   **152**

EuGüVO Art 56. Keine Sicherheitsleistung oder Hinterlegung

Der Partei, die in einem Mitgliedstaat die Anerkennung, Vollstreckbarerklärung oder Vollstreckung einer in einem anderen Mitgliedstaat ergangenen Entscheidung beantragt, darf wegen ihrer Eigenschaft als Ausländer oder wegen Fehlens eines inländischen Wohnsitzes oder Aufenthalts im Vollstreckungsmitgliedstaat keine Sicherheitsleistung oder Hinterlegung, unter welcher Bezeichnung es auch sei, auferlegt werden.

Das Diskriminierungsverbot entspricht Art 56 EuGVVO nF. Danach darf dem Antragsteller **153** wegen seiner ausländisschen Staatsangehörigkeit oder seines ausländischen Wohnsitzes keine Sicherheitsleistung oder Hinterlegung auferlegt werden. Dieser Schutz wird nicht nur Angehörigen der an der Verordnung teilnehmenden Mitgliedstaaten gewährt, sondern auch den Angehörigen oder Bewohnern von Drittstaaten. Das Diskriminierungsverbot gilt jedoch nur für die Verfahren der Anerkennung, Vollstreckbarerklärung und Vollstreckung, nicht für das erststaatliche Erkenntnisverfahren.

EuGüVO Art 57. Keine Stempelabgaben oder Gebühren

Im Vollstreckungsmitgliedstaat dürfen in Vollstreckbarerklärungsverfahren keine nach dem Streitwert abgestuften Stempelabgaben oder Gebühren erhoben werden.

Die Vorschrift entspricht Art 52 EuGVVO aF und Art 57 EuUntVO. Sie bezweckt die **154** Reduzierung von Verfahrenskosten, die mit der Vollstreckbarerklärung einer Entscheidung verbunden sind. Die Gerichtskosten richten sich in *Deutschland* nach **FamGKG-KV Nr 1710 ff.** Nicht erfasst sind die Gebühren und Honorare von Anwälten.

1005

L 155–157   2. Teil. Anerkennung/Vollstreckung L. Güterrechtssachen

Kapitel V. Öffentliche Urkunden und gerichtliche Vergleiche

EuGüVO Art 58. Annahme öffentlicher Urkunden

(1) Eine in einem Mitgliedstaat errichtete öffentliche Urkunde hat in einem anderen Mitgliedstaat die gleiche formelle Beweiskraft wie im Ursprungsmitgliedstaat oder die damit am ehesten vergleichbare Wirkung, sofern dies der öffentlichen Ordnung *(ordre public)* des betreffenden Mitgliedstaats nicht offensichtlich widerspricht.

Eine Person, die eine öffentliche Urkunde in einem anderen Mitgliedstaat verwenden möchte, kann die Behörde, die die öffentliche Urkunde im Ursprungsmitgliedstaat errichtet, ersuchen, das nach dem Beratungsverfahren nach Artikel 67 Absatz 2 erstellte Formblatt auszufüllen, das die formelle Beweiskraft der öffentlichen Urkunde in ihrem Ursprungsmitgliedstaat beschreibt.

(2) Einwände gegen die Authentizität einer öffentlichen Urkunde sind bei den Gerichten des Ursprungsmitgliedstaats zu erheben; über diese Einwände wird nach dem Recht dieses Staates entschieden. Eine öffentliche Urkunde, gegen die solche Einwände erhoben wurden, entfaltet in einem anderen Mitgliedstaat keine Beweiskraft, solange die Sache bei dem zuständigen Gericht anhängig ist.

(3) Einwände gegen die in einer öffentlichen Urkunde beurkundeten Rechtsgeschäfte oder Rechtsverhältnisse sind bei den nach dieser Verordnung zuständigen Gerichten zu erheben; über diese Einwände wird nach dem nach Kapitel III anzuwendenden Recht entschieden. Eine öffentliche Urkunde, gegen die solche Einwände erhoben wurden, entfaltet in einem anderen als dem Ursprungsmitgliedstaat hinsichtlich des bestrittenen Umstands keine Beweiskraft, solange die Sache bei dem zuständigen Gericht anhängig ist.

(4) Hängt der Ausgang eines Verfahrens vor dem Gericht eines Mitgliedstaats von der Klärung einer Vorfrage im Zusammenhang mit den in einer öffentlichen Urkunde beurkundeten Rechtsgeschäften oder Rechtsverhältnissen betreffend den ehelichen Güterstand ab, so ist dieses Gericht für die Entscheidung über diese Vorfrage zuständig.

1. Allgemeines

155   Um den verschiedenen Systemen zur Regelung von Fragen des ehelichen Güterstands in den Mitgliedstaaten Rechnung zu tragen, gewährleistet die EuGüVO die Annahme und Vollstreckbarkeit von den ehelichen Güterstand betreffenden öffentlichen Urkunden in sämtlichen Mitgliedstaaten (ErwG 57; → Anh IV). Die Regelung ist wesentlich detaillierter als in Art 58 EuGVVO nF und Art 48 EuUntVO. Zum Begriff der „öffentlichen Urkunde" vgl die Definition in Art 3 lit c (dazu → Rn 25 f).

2. Beweiskraft öffentlicher Urkunden, Abs 1

156   In einem Mitgliedstaat errichtete öffentliche Urkunden entfalten in einem anderen Mitgliedstaat nach Abs 1 UAbs 1 grundsätzlich die gleiche formelle Beweiskraft wie im Ursprungsmitgliedstaat oder die damit am ehesten vergleichbare Wirkung. Art und Umfang der formellen Beweiskraft solcher öffentlichen Urkunden (oder die damit am ehesten vergleichbare Wirkung) beurteilen sich daher auch in einem anderen Mitgliedstaat nach dem **Recht des Ursprungsmitgliedstaats** (ErwG 58; → Anh IV). Diese Wirkung kann einer öffentlichen Urkunde in einem anderen Mitgliedstaat nur abgesprochen werden, wenn deren Anerkennung dem *ordre public* des betreffenden Mitgliedstaats offensichtlich widerspricht. Zum Nachweis von Art und Umfang der formellen Beweiskraft einer öffentlichen Urkunde in anderen Mitgliedstaaten stellt die Ausstellungsbehörde auf Antrag der Person, die die Urkunde in einem anderen Mitgliedstaat verwenden möchte, das in UAbs 2 genannte Formblatt aus.

3. Einwände gegen die Authentizität einer öffentlichen Urkunde, Abs 2

157   Der **Begriff der „Authentizität"** einer öffentlichen Urkunde ist *autonom* auszulegen. Er umfasst Aspekte wie die Echtheit der Urkunde, die Formerfordernisse für die Urkunde, die Befugnisse der Behörde, die die Urkunde errichtet hat, und das Verfahren, nach dem die

1006

II. EU-Recht: EuGüVO Art 59 **L**

Urkunde errichtet wurde. Der Begriff soll ferner die von der betreffenden Behörde in der öffentlichen Urkunde beurkundeten Vorgänge erfassen, wie zB die Tatsache, dass die in der Urkunde bezeichneten Parteien an dem genannten Tag vor dieser Behörde erschienen sind und die von ihr beurkundeten Erklärungen abgegeben haben (ErwG 59; → Anh IV). Eine Partei, die Einwände gegen die Authentizität einer öffentlichen Urkunde erheben möchte, muss dies nach Abs 2 S 1 bei dem zuständigen Gericht im Ursprungsmitgliedstaat der öffentlichen Urkunde nach dem Recht dieses Mitgliedstaats tun. In einem anderen Mitgliedstaat, in dem von der öffentlichen Urkunde Gebrauch gemacht werden soll, können Rechtsbehelfe gegen deren Authentizität hingegen nicht erhoben werden. Eine öffentliche Urkunde, gegen die solche Einwände erhoben wurden, entfaltet in einem anderen Mitgliedstaat allerdings nach Abs 2 S 2 keine Beweiskraft, solange die Sache bei dem zuständigen Gericht im Ursprungsmitgliedstaat anhängig ist.

4. Einwände gegen die in einer öffentlichen Urkunde beurkundeten Rechtsgeschäfte oder Rechtsverhältnisse, Abs 3

Einwände gegen die in einer öffentlichen Urkunde beurkundeten Rechtsgeschäfte oder **158** Rechtsverhältnisse, dh den materiellen Inhalt der öffentlichen Urkunde (ErwG 60; → Anh IV), sind demgegenüber bei den nach Art 4 ff dieser Verordnung zuständigen Gerichten zu erheben. Über diese Einwände wird auf der Grundlage des nach Kapitel III (Art 20 ff) anzuwendenden Güterrechtsstatuts entschieden. Eine öffentliche Urkunde, gegen die solche Einwände erhoben wurden, entfaltet in einem anderen als dem Ursprungsmitgliedstaat nur hinsichtlich des bestrittenen Umstands keine Beweiskraft, solange die Sache bei dem zuständigen Gericht anhängig ist. Im Übrigen ist die Beweiskraft der öffentlichen Urkunde in anderen Mitgliedstaaten nicht eingeschränkt (ErwG 62; → Anh IV).

5. Einwände gegen den Inhalt der öffentlichen Urkunde als Vorfrage, Abs 4

Das nach dem Kapitel II zuständige Gericht eines Mitgliedstaats ist nach Abs 3 allerdings nur **159** dann zuständig, wenn der Inhalt der öffentlichen Urkunde zum Gegenstand eines auf dessen Feststellung gerichteten Hauptsacheverfahrens gemacht wird. Hängt der Ausgang eines Verfahrens vor dem Gericht eines Mitgliedstaats hingegen lediglich von der Klärung einer **Vorfrage** im Zusammenhang mit den in einer öffentlichen Urkunde beurkundeten Rechtsgeschäften oder Rechtsverhältnissen betreffend den ehelichen Güterstand ab, so ist dieses Gericht für die Entscheidung über diese Vorfrage zuständig (ErwG 61; → Anh IV).

6. Mit einander unvereinbare öffentliche Urkunden

Werden einer Behörde im Rahmen der Anwendung dieser Verordnung zwei nicht miteinan- **160** der zu vereinbarende öffentliche Urkunden vorgelegt, so sollte sie die Frage, welcher Urkunde gegebenenfalls Vorrang einzuräumen ist, unter Berücksichtigung aller Umstände des jeweiligen Falls beurteilen. Geht aus diesen Umständen nicht eindeutig hervor, welche Urkunde Vorrang haben sollte, so sollte diese Frage von den nach Kapitel II dieser Verordnung zuständigen Gerichten oder, wenn die Frage als Vorfrage im Laufe eines Verfahrens vorgebracht wird, von dem mit diesem Verfahren befassten Gericht geklärt werden. Im Falle der Unvereinbarkeit einer öffentlichen Urkunde mit einer gerichtlichen Entscheidung sollten die Gründe für die Nichtanerkennung von Entscheidungen nach dieser Verordnung berücksichtigt werden (ErwG 63; → Anh IV).

EuGüVO Art 59. Vollstreckbarkeit öffentlicher Urkunden

(1) **Öffentliche Urkunden, die im Ursprungsmitgliedstaat vollstreckbar sind, werden in einem anderen Mitgliedstaat auf Antrag eines Berechtigten nach den Verfahren der Artikel 44 bis 57 für vollstreckbar erklärt.**

(2) **Für die Zwecke des Artikels 45 Absatz 3 Buchstabe bestellt die Behörde, die die öffentliche Urkunde errichtet hat, auf Antrag eines Berechtigten eine Bescheinigung unter Verwendung des nach dem Beratungsverfahren nach Artikel 67 Absatz 2 erstellten Formblatts aus.**

(3) **Die Vollstreckbarerklärung wird von dem mit einem Rechtsbehelf nach Artikel 49 oder 50 befassten Gericht nur versagt oder aufgehoben, wenn die Vollstreckung**

1007

L 164   2. Teil. Anerkennung/Vollstreckung L. Güterrechtssachen

der öffentlichen Urkunde der öffentlichen Ordnung (ordre public) des Vollstreckungsmitgliedstaats offensichtlich widersprechen würde.

1. Vollstreckbarerkärung öffentlicher Urkunden, Abs 1, 2

161   **a) Allgemeines.** Die im Ursprungsmitgliedstaat vollstreckbaren öffentlichen Urkunden wer-
den in einem anderen Mitgliedstaat auf Antrag eines Berechtigten nach den Verfahren der
Art 44–57 für vollstreckbar erklärt. Zu diesem Zweck muss die öffentliche Urkunde in einem
Mitgliedstaat der EuGüVO errichtet worden sein. Auf die Staatsangehörigkeit oder den gewöhnlichen Aufenthalt der Beteiligten sowie das in der Sache anwendbare Recht kommt es nicht an.
Konsularische Urkunden sind dem Entsendestaat zuzurechnen, sofern der Konsul nach dem
Völkervertragsrecht – insbesondere dem Wiener Übk über konsularische Beziehungen v
24.4.1963 (BGBl 69 II, 1585) – zur Aufnahme vollstreckbarer Urkunden im Empfangsstaat
berechtigt war. Eine Urkunde, die in einem *Drittstaat* aufgenommen wurde, fällt auch dann nicht
in den Anwendungsbereich des Art 59, wenn sie in einem Mitgliedstaat für vollstreckbar erklärt
worden ist (vgl zu Art 46 EuEheVO NK-BGB/*Andrae* Rn 9).

162   **b) Vollstreckbarkeit.** Die Urkunde muss ferner im Ursprungsstaat nach den dort geltenden
Regeln ordnungsgemäß errichtet worden und (abstrakt) vollstreckbar sein. Ist sie im Erststaat
unwirksam oder nicht vollstreckbar, so kann sie auch im Zweitstaat nicht für vollstreckbar erklärt
werden. Die Vollstreckbarkeit der öffentlichen Urkunde ist gegeben, wenn aus ihr im Ausstellungsstaat ohne weiteres vollstreckt werden könnte. Die bloße Möglichkeit, die Urkunde im
Ausstellungsstaat titulieren zu können, reicht nicht aus (*Geimer* IPRax 00, 366/367). Wurde die
Urkunde im Ausstellungsstaat nur im Hinblick auf ihre Vollstreckbarkeit in einem anderen
Mitgliedstaat errichtet, so genügt dies nur, wenn sie auch im Ausstellungsstaat vollstreckbar ist;
die Vollstreckbarkeit allein in dem hiervon verschiedenen Mitgliedstaat, in dem sie vollstreckt
werden soll, reicht nicht aus (vgl zur EuGVVO ThP/*Hüßtege* Art 58 Rn 4; unalexK/*ten Wolde/
Knot/Hausmann* Art 57 aF Rn 17). Zum Nachweis der Vollstreckbarkeit nach Art 45 Abs 3 lit b
hat die Behörde, die die öffentliche Urkunde errichtet hat, gem Abs 2 auf Antrag eines
Berechtigten eine Bescheinigung unter Verwendung des hierfür entwickelten Formblatts auszustellen.

2. Versagung der Vollstreckbarkeit, Abs 3

163   Während Art 46 EuEheVO für die Versagung der Vollstreckbarerklärung von öffentlichen
Urkunden auf dem Gebiet der elterlichen Verantwortung in vollem Umfang auf die Gründe
verweist, die nach Art 23 auch der Anerkennung und Vollstreckung von Entscheidungen entgegenstehen können, kann die Vollstreckbarerklärung von öffentlichen Urkunden in Güterrechtssachen nach Art 59 Abs 3 – wie nach Art 58 Abs 1 S 2 EuGVVO nF – nur versagt
werden, wenn die Zwangsvollstreckung aus der Urkunde oder dem Vergleich dem *ordre public*
des Vollstreckungsmitgliedstaats offensichtlich widersprechen würde. Zuständig hierfür ist
das mit einem Rechtsbehelf nach Art 49 oder 50 befasste Gericht.

EuGüVO Art. 60. Vollstreckbarkeit gerichtlicher Vergleiche

(1) **Gerichtliche Vergleiche, die im Ursprungsmitgliedstaat vollstreckbar sind, werden in einem anderen Mitgliedstaat auf Antrag eines Berechtigten nach den Verfahren
der Artikel 44 bis 57 für vollstreckbar erklärt.**

(2) **Für die Zwecke des Artikels 45 Absatz 3 Buchstabe b stellt das Gericht, das den
Vergleich gebilligt hat oder vor dem der Vergleich geschlossen wurde, auf Antrag eines
Berechtigten eine Bescheinigung unter Verwendung des nach dem Beratungsverfahren
nach Artikel 67 Absatz 2 erstellten Formblatts aus.**

(3) **Die Vollstreckbarerklärung wird von dem mit einem Rechtsbehelf nach Artikel 49 oder 50 befassten Gericht nur versagt oder aufgehoben, wenn die Vollstreckung
des gerichtlichen Vergleichs der öffentlichen Ordnung (*ordre public*) des Vollstreckungsmitgliedstaats offensichtlich widersprechen würde.**

164   In gleicher Weise wie öffentliche Urkunden werden auch gerichtliche Vergleiche, die im
Ursprungsmitgliedstaat vollstreckbar sind, in einem anderen Mitgliedstaat auf Antrag eines
Berechtigten nach den Verfahren der Art 44–57 für vollstreckbar erklärt. Die zum Nachweis der

1008

II. EU-Recht: EuGüVO Art 62   **166–168** L

Vollstreckbarkeit nach Art 45 Abs 3 lit b erforderliche Bescheinigung stellt in diesem Fall auf Antrag eines Berechtigten das Gericht aus, das den Vergleich gebilligt hat oder vor dem er geschlossen wurde, Abs 2. Für die Versagung der Vollstreckbarerklärung enthält Abs 3 eine mit Art 59 Abs 3 übereinstimmende Regelung.

Kapitel VI. Allgemeine und Schlussbestimmungen

EuGüVO Art 61. Legalisation oder ähnliche Förmlichkeiten

Im Rahmen dieser Verordnung bedarf es für Urkunden, die in einem Mitgliedstaat ausgestellt werden, weder der Legalisation noch einer ähnlichen Förmlichkeit.

Die Vorschrift entspricht Art 52 EuEheVO. Vgl dazu → K Rn 138.   **165**

EuGüVO Art 62. Verhältnis zu bestehenden internationalen Übereinkünften

(1) Diese Verordnung lässt unbeschadet der Verpflichtungen der Mitgliedstaaten nach Artikel 351 AEUV die Anwendung bilateraler oder multilateraler Übereinkünfte unberührt, denen ein oder mehrere Mitgliedstaaten zum Zeitpunkt des Erlasses dieser Verordnung oder eines Beschlusses nach Artikel 331 Absatz 1 Unterabsatz 2 oder 3 AEUV angehören und die Bereiche betreffen, die in dieser Verordnung geregelt sind.

(2) Ungeachtet des Absatzes 1 hat diese Verordnung im Verhältnis zwischen den Mitgliedstaaten Vorrang vor Übereinkünften, denen die Mitgliedstaaten angehören und die Bereiche betreffen, die in dieser Verordnung geregelt sind.

(3) Diese Verordnung steht der Anwendung des Übereinkommens vom 6. Februar 1931 zwischen Dänemark, Finnland, Island, Norwegen und Schweden mit Bestimmungen des Internationalen Privatrechts über Eheschließung, Adoption und Vormundschaft in der Fassung von 2006, des Übereinkommens vom 19. November 1934 zwischen Dänemark, Finnland, Island, Norwegen und Schweden mit Bestimmungen des Internationalen Privatrechts über Rechtsnachfolge von Todes wegen, Testamente und Nachlassverwaltung in der Fassung von Juni 2012 und des Übereinkommens vom 11. Oktober 1977 zwischen Dänemark, Finnland, Island, Norwegen und Schweden über die Anerkennung und Vollstreckung von Entscheidungen in Zivilsachen durch die ihnen angehörenden Mitgliedstaaten nicht entgegen, soweit sie vereinfachte und zügigere Verfahren für die Anerkennung und Vollstreckung von Entscheidungen in Fragen des ehelichen Güterstands vorsehen.

1. Grundsatz, Abs 1, 2

Die Vorschrift regelt das Verhältnis zwischen der EuGüVO und Staatsverträgen auf dem Gebiet **166** der Anerkennung und Vollstreckung von Entscheidungen in Güterrechtssachen eingetragener Partner umfassend, wobei nicht zwischen zwei- und mehrseitigen Übereinkommen unterschieden wird, denen ein Mitgliedstaat oder mehrere Mitgliedstaaten angehören. Gilt das Übereinkommen nur zwischen an der Verordnung teilnehmenden Mitgliedstaaten, so wird es nach Abs 2 durch die EuGüVO verdrängt. Dies trifft auf die **bilateralen Anerkennungs- und Vollstreckungsabkommen** der Bundesrepublik Deutschland mit *Belgien, Griechenland, Italien, der Niederlande, Österreich* und *Spanien* zu (→ Rn 7 f).

Ist an dem Übereinkommen hingegen (auch) ein **Drittstaat** beteiligt, so ist zu unterscheiden: **167** Im Verhältnis zu diesem Drittstaat tritt die EuGüVO nach Abs 1 zurück, lässt also die Geltung des Übereinkommens unberührt. Daher gelten die bilateralen Anerkennungs- und Vollstreckungsabkommen mit *Norwegen,* der *Schweiz* und dem *Vereinigten Königreich* in Güterrechtssachen weiter. Ist hingegen nur das Verhältnis zu einem anderen Mitgliedstaat der Verordnung betroffen, so hat die Verordnung wiederum Vorrang vor dem Staatsvertrag, soweit es um die in ihr geregelten Bereiche geht.

2. Sonderregelung für die skandinavischen Staaten, Abs 3

Abs 3 enthält eine Sonderregelung für die Mitgliedstaaten *Finnland* und *Schweden.* Diese haben **168** danach die Möglichkeit, auf ihre gegenseitigen Beziehungen anstelle der Verordnung bestimmte Übereinkommen zwischen den skandinavischen Staaten weiter anzuwenden, nämlich

1009

L   2. Teil. Anerkennung/Vollstreckung L. Güterrechtssachen

– das Übk v 6.2.1931 mit Bestimmungen des Internationalen Privatrechts über Eheschließung, Adoption und Vormundschaft idF v 2006,
– das Übk v 19.11.1934 mit Bestimmungen des Internationalen Privatrechts über Rechtsnachfolge von Todes wegen, Testamente und Nachlassverwaltung idF v Juni 2012 und
– das Übk v 11.10.1977 über die Anerkennung und Vollstreckung von Entscheidungen in Zivilsachen.

Diese Möglichkeit besteht allerdings nur, soweit diese Übereinkommen vereinfachte und zügigere Verfahren für die Anerkennung und Vollstreckung von Entscheidungen in Fragen des ehelichen Güterstands vorsehen als die Verordnung (ErwG 66; → Anh IV).

EuGüVO Art 63. Informationen für die Öffentlichkeit

(abgedruckt und kommentiert → B Rn 251)

EuGüVO Art 64. Angaben zu Kontaktdaten und Verfahren

(1) **Die Mitgliedstaaten teilen der Kommission bis zum 29. April 2018 Folgendes mit:**
a) **die für Anträge auf Vollstreckbarerklärung gemäß Artikel 44 Absatz 1 und für Rechtsbehelfe gegen Entscheidungen über derartige Anträge gemäß Artikel 49 Absatz 2 zuständigen Gerichte oder Behörden;**
b) **die in Artikel 50 genannten Rechtsbehelfe gegen die Entscheidung über den Rechtsbehelf.**
Die Mitgliedstaaten unterrichten die Kommission über spätere Änderungen dieser Informationen.

(2) **Die Kommission veröffentlicht die nach Absatz 1 übermittelten Angaben im** *Amtsblatt der Europäischen Union,* **mit Ausnahme der Anschriften und sonstigen Kontaktdaten der in Absatz 1 Buchstabe a genannten Gerichte und Behörden.**

(3) **Die Kommission stellt der Öffentlichkeit alle nach Absatz 1 übermittelten Angaben auf geeignete Weise, insbesondere über das Europäische Justizielle Netz für Zivil- und Handelssachen, zur Verfügung.**

EuGüVO Art 65. Erstellung und spätere Änderung der Liste der in Artikel 3 Absatz 2 vorgesehenen Informationen

(abgedruckt → B Rn 251)

EuGüVO Art 66. Erstellung und spätere Änderung der Bescheinigungen und der Formblätter nach Artikel 45 Absatz 3 Buchstabe b und den Artikeln 58, 59 und 60

Die Kommission erlässt Durchführungsrechtsakte zur Erstellung und späteren Änderung der Bescheinigungen und der Formulare nach Artikel 45 Absatz 3 Buchstabe b und den Artikeln 58, 59 und 60. Diese Durchführungsrechtsakte werden nach dem in Artikel 67 Absatz 2 genannten Beratungsverfahren erlassen.

169   Um die Anwendung der Verordnung zu erleichtern und um die Nutzung moderner Kommunikationstechnologien zu ermöglichen, sollen Standardformulare für die Bescheinigungen, die im Zusammenhang mit einem Antrag auf Vollstreckbarerklärung einer Entscheidung, einer öffentlichen Urkunde oder eines gerichtlichen Vergleichs vorzulegen sind, entwickelt werden (ErwG 68; Anh IV). Diese Aufgabe hat nach Art 66 die Kommission wahrzunehmen.

EuGüVO Art 67–68

(abgedruckt → B Rn 251)

1010

II. EU-Recht: EuGüVO Art 70

L

EuGüVO Art 69. Übergangsbestimmungen

(1) **Diese Verordnung ist vorbehaltlich der Absätze 2 und 3 nur auf Verfahren, öffentliche Urkunden und gerichtliche Vergleiche anzuwenden, die am 29. Januar 2019 oder danach eingeleitet, förmlich errichtet oder eingetragen beziehungsweise gebilligt oder geschlossen worden sind.**

(2) **Ist das Verfahren im Ursprungsmitgliedstaat vor dem 29. Januar 2019 eingeleitet worden, so werden an oder nach diesem Tag ergangene Entscheidungen nach Maßgabe des Kapitels IV anerkannt und vollstreckt, soweit die angewandten Zuständigkeitsvorschriften mit denen des Kapitels II übereinstimmen.**

(3) *(abgedruckt und kommentiert → B Rn 393)*

1. Grundsatz der Nichtrückwirkung, Abs 1

Vorbehaltlich der Sonderregel in Abs 2 ist auch für die zeitliche Geltung der EuGüVO auf **170** dem Gebiet der Anerkennung und Vollstreckung von Entscheidungen, gerichtlichen Vergleichen und öffentlichen Urkunden der **Grundsatz der Nichtrückwirkung** gem Abs 1 maßgebend. Danach ist die intertemporale Geltung der Verordnung an den Tag ihrer Anwendbarkeit (Art 70 Abs 3) geknüpft. Das IV. Kapitel ist daher im Verhältnis der teilnehmenden Mitgliedstaaten zueinander jedenfalls auf die Anerkennung und Vollstreckung solcher Entscheidungen anwendbar, die in ab dem **29.1.2019** eingeleiteten Verfahren ergangen sind. Demgegenüber verbleibt es für Entscheidungen, die in am 29.1.2019 bereits anhängigen Verfahren ergangen sind, vorbehaltlich des Abs 2 bei der Geltung des autonomen Anerkennungsrechts der Mitgliedstaaten bzw vorrangiger Staatsverträge.

Wie im Rahmen von Art 66 Abs 1 EuGVVO ist auch für Art 69 Abs 1 unklar, ob der **171** **Zeitpunkt der Verfahrenseinleitung** nach der jeweiligen nationalen *lex fori* zu bestimmen ist (so HK-ZPO/*Dörner* Rn 2; ebenso zum EuGVÜ BGH NJW 96, 1411/1412) oder autonom unter entsprechender Heranziehung des unmittelbar nur für die Anwendung der Art 17, 18 geltenden Art 14 (so zu Art 66 EuGVVO aF BGH NJW 13, 2587; BGH IPRax 06, 602; öst OGH ZfRV 04, 32; G/Sch/*Geimer* Rn 2; Kropholler/*v Hein* Rn 2; zu Art 66 EuGVVO nF ThP/*Hüßtege* Art 66 Rn 2; Zö/*Geimer* Rn 1; vgl auch Rauscher/*Staudinger* Art 66 Rn 2). Im Interesse einer einheitlichen Bestimmung des zeitlichen Anwendungsbereichs der Verordnung ist der letzteren Ansicht der Vorzug zu geben.

Für **öffentliche Urkunden** ist auf den Tag der Ausstellung abzustellen, nicht auf den späteren **172** Tag der Vollstreckbarkeit. Wird ein **Prozessvergleich** vor Gericht abgeschlossen, ist der Tag des Abschlusses maßgeblich. Wird ein außergerichtlich geschlossener Prozessvergleich vom Gericht anschließend gebilligt, so kommt es auf den Zeitpunkt der Billigung an.

2. Erweiterte Anerkennung und Vollstreckung, Abs 2

Abs 2 erweitert die Möglichkeit zur Anerkennung und Vollstreckung von güterrechtlichen **173** Entscheidungen nach Maßgabe der Verordnung (Art 36 ff) auf Entscheidungen, die in einem Verfahren ergangen sind, das in einem teilnehmenden Mitgliedstaat bereits vor dem 29.1.2019 eingeleitet worden ist, sofern die Entscheidung erst am 29.1.2019 oder danach ergangen ist. Voraussetzung hierfür ist allerdings, dass die vom Ursprungsgericht in diesem Verfahren angewandten Zuständigkeitsvorschriften des autonomen oder staatsvertraglichen Rechts mit denen des Kapitels II (Art 4–11) übereinstimmen. In diesem Fall ist das Anerkennungsgericht also zur Prüfung berechtigt (und verpflichtet), auf welcher Grundlage das Ursprungsgericht seine internationale Zuständigkeit angenommen hat. Ein Verstoß gegen Art 39 Abs 1 liegt darin nicht.

EuGüVO Art 70. Inkrafttreten

(abgedruckt → B Rn 256)

1011

L 176   2. Teil. Anerkennung/Vollstreckung L. Güterrechtssachen

III. Autonomes Zivilverfahrensrecht

630. Gesetz über das Verfahren in Familiensachen und in den Angelegenheiten der freiwilligen Gerichtsbarkeit (FamFG)

Vom 17. Dezember 2008 (BGBl I, 2586)

Buch 1. Allgemeiner Teil

Abschnitt 9. Verfahren mit Auslandsbezug

Schrifttum: Vgl das allg Schrifttum zur Anerkennung ausländischer Entscheidungen in Familiensachen nach dem FamFG → K vor Rn 189.

Unterabschnitt 1. *Verhältnis zu völkerrechtlichen Vereinbarungen und Rechtsakten der Europäischen Gemeinschaft*

FamFG § 97. Vorrang und Unberührtheit

(1) [1]Regelungen in völkerrechtlichen Vereinbarungen gehen, soweit sie unmittelbar anwendbares innerstaatliches Recht geworden sind, den Vorschriften dieses Gesetzes vor. [2]Regelungen in Rechtsakten der Europäischen Gemeinschaft bleiben unberührt.

(2) Die zur Umsetzung und Ausführung von Vereinbarungen und Rechtsakten im Sinne des Absatzes 1 erlassenen Bestimmungen bleiben unberührt.

174   Auf dem Gebiet der Anerkennung und Vollstreckung ausländischer güterrechtlicher Entscheidungen bleiben die Regelungen des **Kapitels IV der EuGüVO** nach § 97 Abs 1 S 2 unberührt. Sie haben nach Art 69 Abs 1 EuGüVO (→ Rn 170 ff) **Anwendungsvorrang** vor dem autonomen deutschen Verfahrensrecht, wenn die anzuerkennende Entscheidung in einem Verfahren ergangen ist, das ab dem 29.1.2019 in einem anderen an der Verordnung teilnehmenden Mitgliedstaat eingeleitet worden ist. Wurde das Verfahren im Ursprungsmitgliedstaat bereits vor dem 29.1.2019 eingeleitet, so werden nach Art 69 Abs 2 EuGüVO (→ Rn 173) auch nach diesem Zeitpunkt ergangene Entscheidungen nach Maßgabe des Kapitels IV der EuGüVO anerkannt und vollstreckt, soweit die angewandten Zuständigkeitsvorschriften mit denen des Kapitels II übereinstimmen. Den Vorschriften der EuGüVO kommt in deren räumlichem und zeitlichem Anwendungsbereich auf dem Gebiet der Anerkennung und Vollstreckung güterrechtlicher Entscheidungen gemäß Art 62 Abs 2 EuGüVO (→ Rn 166 f) auch **Vorrang vor den bilateralen Staatsverträgen** mit *Belgien, Griechenland, Italien, der Niederlande, Österreich* und *Spanien* (→ Rn 7 f) zu.

175   Das **autonome deutsche Verfahrensrecht** (§§ 108 ff FamFG) behält seine Bedeutung auch nach dem 29.1.2019 auf dem Gebiet der Anerkennung und Vollstreckung güterrechtlicher Entscheidungen, die in nicht an der EuGüVO teilnehmenden Mitgliedstaaten sowie in Drittstaaten ergangen sind. Die von der EuGVÜ nicht verdrängten bilateralen Staatsverträge mit *Norwegen*, der *Schweiz* und dem *Vereinigten Königreich* gehen dem autonomen Anerkennungsrecht nur vor, wenn sie die Anerkennung und Vollstreckung der ausländischen Entscheidung begünstigen.

Unterabschnitt 2. *Internationale Zuständigkeit*

FamFG § 105

(abgedruckt und kommentiert → C Rn 465 f)

FamFG § 106. Keine ausschließliche Zuständigkeit

Die Zuständigkeiten in diesem Unterabschnitt sind nicht ausschließlich.

176   Die internationale Zuständigkeit der deutschen Gerichte in Güterrechtssachen nach §§ 98 Abs 3, 105 ist nicht ausschließlich. Dies ist insbesondere im Hinblick auf die Prüfung der

1012

III. Autonomes Zivilverfahrensrecht: FamFG § 109   **179, 180 L**

Anerkennungszuständigkeit des ausländischen Gerichts nach § 109 Abs 1 Nr 1 gem dem sog Spiegelbildprinzip von Bedeutung. Die Anerkennung einer ausländischen Entscheidung betreffend das eheliche Güterrecht ist daher nicht schon deshalb zu versagen, weil eine konkurrierende internationale Zuständigkeit eines deutschen Gerichts nach § 98 Abs 3 oder nach § 105 gegeben ist.

Unterabschnitt 3. *Anerkennung und Vollstreckbarkeit ausländischer Entscheidungen*

FamFG § 107. Anerkennung ausländischer Entscheidungen in Ehesachen

(abgedruckt und kommentiert → K Rn 194 ff)

FamFG § 108. Anerkennung anderer ausländischer Entscheidungen

(1) **Abgesehen von Entscheidungen in Ehesachen werden ausländische Entscheidungen anerkannt, ohne dass es hierfür eines besonderen Verfahrens bedarf.**

(2)–(3) *(abgedruckt und kommentiert → N Rn 618 ff)*

Vgl zu Abs 1 die Ausführungen zur *ipso iure*-Anerkennung von Unterhaltsentscheidungen **177** nach § 108 (→ M Rn 836 ff), die für die Anerkennung von Entscheidungen zum ehelichen Güterrecht entsprechend gelten.

Das fakultative Anerkennungsfeststellungsverfahren nach § 108 Abs 2, 3 wird gemäß Abs 2 **178** S 1 nur für Entscheidungen **nicht vermögensrechtlichen Inhalts** eröffnet; es kommt daher für die Anerkennung güterrechtlicher Entscheidungen nicht in Betracht.

FamFG § 109. Anerkennungshindernisse

(1) **Die Anerkennung einer ausländischen Entscheidung ist ausgeschlossen,**
1. **wenn die Gerichte des anderen Staates nach deutschem Recht nicht zuständig sind;**
2. **wenn einem Beteiligten, der sich zur Hauptsache nicht geäußert hat und sich hierauf beruft, das verfahrenseinleitende Dokument nicht ordnungsgemäß oder nicht so rechtzeitig mitgeteilt worden ist, dass er seine Rechte wahrnehmen konnte;**
3. **wenn die Entscheidung mit einer hier erlassenen oder anzuerkennenden früheren ausländischen Entscheidung oder wenn das ihr zugrunde liegende Verfahren mit einem früher hier rechtshängig gewordenen Verfahren unvereinbar ist;**
4. **wenn die Anerkennung der Entscheidung zu einem Ergebnis führt, das mit wesentlichen Grundsätzen des deutschen Rechts offensichtlich unvereinbar ist, insbesondere wenn die Anerkennung mit den Grundrechten unvereinbar ist.**

(2) *(abgedruckt und kommentiert → K Rn 261 ff)*

(3) *(abgedruckt und kommentiert → Q Rn 81 ff)*

(4) **Die Anerkennung einer ausländischen Entscheidung, die**
1. **Familienstreitsachen,**
2.–5. *(abgedruckt und kommentiert → Q Rn 89)*
betrifft, ist auch dann ausgeschlossen, wenn die Gegenseitigkeit nicht verbürgt ist.

(5) **Eine Überprüfung der Gesetzmäßigkeit der ausländischen Entscheidung findet nicht statt.**

1. Grundsatz

Zu den Anerkennungsversagungsgründen nach § 109 wird auf die Kommentierung der Vor- **179** schrift im Unterhaltsrecht (→ M Rn 848 ff) verwiesen. Nachfolgend werden daher nur die Abweichungen dargestellt, die sich in Güterrechtssachen gegenüber den Voraussetzungen der Anerkennung von Entscheidungen in Unterhaltssachen im Rahmen von § 109 ergeben.

2. Die einzelnen Anerkennungsversagungsgründe

a) Fehlende Anerkennungszuständigkeit, Abs 1 Nr 1. Vgl zunächst → M Rn 851 ff. **180** Prüfungsmaßstab für die internationale Anerkennungszuständigkeit in Güterrechtssachen sind nicht die EuUntVO oder § 105 iVm § 232 FamFG, sondern die **§§ 98 Abs 3, 105 iVm §§ 262 Abs 2 FamFG, §§ 12 ff ZPO** (näher → B Rn 265 ff). Die internationale Anerkennungszustän-

1013

L   2. Teil. Anerkennung/Vollstreckung L. Güterrechtssachen

digkeit des ausländischen Gerichts für eine Entscheidung auf dem Gebiet des ehelichen Güterrechts liegt danach aufgrund spiegelbildlicher Anwendung der genannten Vorschriften in folgenden Fällen vor:

181   **aa) Scheidungsverbund.** Hat das ausländische Gericht über güterrechtliche Fragen als Folgesache im Rahmen eines Scheidungsverfahrens entschieden, so ist es international zuständig iSv
§ 109 Abs 1 Nr 1 iVm § 98 Abs 3, wenn ein dem deutschen Scheidungsverbund funktional
entsprechender Zusammenhang zwischen Haupt- und Nebenverfahren bestanden hat (vgl § 137
Abs 2 Nr 4) und das Gericht für die Ehescheidung in spiegelbildlicher Anwendung von § 98
Abs 1 (→ K Rn 257 ff) international zuständig war. Insoweit begründet also auch die Staatsangehörigkeit nur eines der Ehegatten eine hinreichende Verknüpfung mit dem Ursprungsstaat
für die Anerkennungszuständigkeit in Güterrechtssachen.

182   **bb) Isoliertes Verfahren betreffend das eheliche Güterrecht.** Demgegenüber bildet selbst
die gemeinsame Staatsangehörigkeit der Ehegatten keine ausreichende Grundlage für die internationale Anerkennungszuständigkeit in Fällen einer isolierten Entscheidung über die güterrechtlichen Konsequenzen einer Ehescheidung oder Ehetrennung. Insoweit ergibt sich eine
internationale Anerkennungszuständigkeit nur kraft spiegelbildlicher Anwendung von § 105
iVm § 262 Abs 2 FamFG, §§ 12 ff ZPO. Danach ist das ausländische Gericht iSv Nr 1 insbesondere zuständig, wenn

    (1) der Antragsgegner seinen **gewöhnlichen Aufenthalt im Ursprungsstaat hatte,** § 105
    iVm § 260 Abs 2 FamFG, §§ 12, 13 ZPO. Der gewöhnliche Aufenthalt ist in diesem
    Zusammenhang nach deutschem Recht zu bestimmen.
    (2) die Parteien die Zuständigkeit der Gerichte des Ursprungsstaats **wirksam vereinbart** hatten,
    § 105 iVm § 262 Abs 2 FamFG, § 38 ZPO;
    (3) der Antragsgegner sich auf das Verfahren vor dem Gericht des Ursprungsstaats **rügelos
    eingelassen** hat, § 105 iVm § 262 Abs 2 FamFG, § 39 ZPO.

183   **b) Verletzung des rechtlichen Gehörs bei Verfahrenseinleitung, Nr 2.** Vgl → M
Rn 863 ff.

184   **c) Unvereinbare Entscheidungen oder Verfahren, Nr 3.** Vgl → M Rn 666 ff.

185   **d) Verstoß gegen den ordre public, Nr 4.** Vgl → M Rn 873. In den letzten Jahren sind
keine deutschen Entscheidungen mehr bekannt geworden, in denen ausländischen güterrechtlichen Entscheidungen die Anerkennung wegen Verstoßes gegen den materiellen *ordre public*
versagt worden wäre. Zum verfahrensrechtlichen *ordre public* gilt das zu Art 37 lit a EuGüVO
Gesagte entsprechend (→ Rn 59 ff).

186   **e) Erfordernis der Gegenseitigkeit, Abs 4.** Die Verbürgung der Gegenseitigkeit ist kein
generelles Anerkennungshindernis in Familiensachen, sondern nur bei der Anerkennung von
Entscheidungen zu prüfen, die einen der in Abs 4 aufgezählten Verfahrensgegenstände betreffen.
Nach Abs 4 Nr 1 muss die Gegenseitigkeit in **Familienstreitsachen** verbürgt sein. Zu diesen
zählen gemäß § 112 Nr 2 die in § 261 Abs 1 genannten Güterrechtssachen, dh Verfahren, die
Ansprüche aus dem – deutschen oder ausländischen – ehelichen Güterrecht zum Gegenstand
haben, auch wenn Dritte an dem Verfahren beteiligt sind.

187   **f) Verbot der révision au fond, Abs 5.** Eine Überprüfung der Entscheidung in der Sache
ist auch in Bezug auf Entscheidungen in Güterrechtssachen – wie schon nach bisheriger Rechtslage (§ 328 ZPO) – ausgeschlossen.

§ 110. Vollstreckbarkeit ausländischer Entscheidungen

    **(1) Eine ausländische Entscheidung ist nicht vollstreckbar, wenn sie nicht anzuer-
kennen ist.**

    (2) [1]**Soweit die ausländische Entscheidung eine in § 95 Abs. 1 genannte Verpflich-
tung zum Inhalt hat, ist die Vollstreckbarkeit durch Beschluss auszusprechen.** [2]**Der
Beschluss ist zu begründen.**

    (3) [1]**Zuständig für den Beschluss nach Absatz 2 ist das Amtsgericht, bei dem der
Schuldner seinen allgemeinen Gerichtsstand hat, und sonst das Amtsgericht, bei dem
nach § 23 der Zivilprozessordnung gegen den Schuldner Klage erhoben werden kann.**

1014

III. Autonomes Zivilverfahrensrecht: § 110　　　　　　　　　　　　**188** L

²Der Beschluss ist erst zu erlassen, wenn die Entscheidung des ausländischen Gerichts nach dem für dieses Gericht geltenden Recht die Rechtskraft erlangt hat.

Zur Vollstreckbarerklärung ausländischer Entscheidungen in Güterrechtssachen nach auto- **188** nomem Recht kann auf die Kommentierung von § 110 im Rahmen des Unterhaltsrechts (→ M Rn 881 ff) verwiesen werden.

M. Unterhaltssachen

Übersicht

	Rn.
I. Einführung	1
1. EU-Recht	2
2. Staatsverträge	12
3. Autonomes Zivilverfahrensrecht	15
4. Prüfungsreihenfolge	16
II. EU-Recht	27
EuUntVO (Text-Nr 640)	27
Vorbemerkung	27
Kap. I: Geltungsbereich und Begriffsbestimmungen (Art 1–2)	35
Kap. IV: Anerkennung, Vollstreckbarkeit und und Vollstreckung (Art 16–43)	48
Kap. VI: Gerichtliche Vergleiche und öffentlicher Urkunden (Art 48)	325
Kap. VIII: Öffentliche Aufgaben wahrnehmende Einrichtungen (Art 64)	338
Kap. IX: Allgemeine und Schlussbestimmungen (Art 65–75)	347
III. Staatsverträge	386
Überblick	386
1. Multilaterale Staatsverträge	387
a) LugÜ 2007 (Text-Nr 650)	387
Vorbemerkung	387
Titel III: Anerkennung und Vollstreckung (Art 32–56)	398
Titel IV: Öffentliche Urkunden und Prozessvergleiche (Art 57–58)	446
Titel VI: Übergangsvorschriften (Art 63)	455
Titel VII: Verhältnis zur EuGVVO und zu anderen Rechtsinstrumenten (Art 64–68)	459
b) HUÜ 2007 (Text-Nr 660)	472
Vorbemerkung	472
Kap. I: Ziel, Anwendungsbereich und Begriffsbestimmungen (Art 1–3)	482
Kap. V: Anerkennung und Vollstreckung (Art 19–31)	513
Kap. VI: Vollstreckung durch den Vollstreckungsstaat (Art 32–35)	583
Kap. VII: Öffentliche Aufgaben wahrnehmende Einrichtungen (Art 36)	591
Kap. VIII: Allgemeine Bestimmungen (Art 37–57)	592
Kap. IX: Schlussbestimmungen (Art 58–65)	622
c) HUntVÜ 1973 (Text-Nr 670)	624
Vorbemerkung	624
Kap. I: Anwendungsbereich (Art 1–3)	632
Kap. II: Voraussetzungen der Anerkennung und Vollstreckung von Entscheidungen (Art 4–12)	639
Kap. III: Verfahren der Anerkennung und Vollstreckung von Entscheidungen (Art 13–17)	658
Kap. IV: Öffentliche Aufgaben wahrnehmende Einrichtungen (Art 18–20)	677
Kap. V: Vergleiche (Art 21)	678
Kap. VI: Verschiedene Bestimmungen (Art 22–29)	679
Kap. VII: Schlussbestimmungen (Art 30–37)	685
d) HKUntVÜ (Text-Nr 680)	686
Vorbemerkung	686
Art 1–12, 18	686
2. Bilaterale Anerkennungs- und Vollstreckungsverträge	694
Überblick	694
a) Deutsch-israelischer Vertrag v 20.7.1977 (Text-Nr 690)	696
Vorbemerkung	696
Text (Art 1–20, 22–26)	697
b) Deutsch-tunesischer Vertrag v 19.7.1966 (Text-Nr 700)	699
Vorbemerkung	699
Art 27–31, 33–46	699
IV. Autonomes Zivilverfahrensrecht	703
1. AUG (Text-Nr 710)	703
Vorbemerkung	703
Kap. 1: Allgemeiner Teil (§§ 1–3)	704

1017

M 1　　　　　　　　　　　　　　　2. Teil. Anerkennung/Vollstreckung M. Unterhaltssachen

Kap. 2: Anerkennung und Vollstreckung von Entscheidungen (§§ 30–64) 718
Kap. 3: Vollstreckung, Vollstreckungsabwehrantrag, besonderes Verfahren, Schadensersatz (§§ 65–75) 817
Kap. 5: Kosten, Übergangsvorschriften (§§ 76–77) 828
2. FamFG (Text-Nr 720) 830
Buch 1. Abschnitt 9: Verfahren mit Auslandsbezug (§§ 106, 108–110)............ 830

Der Abschnitt M beschränkt sich auf die Darstellung der **Anerkennung und Vollstreckung** ausländischer Entscheidungen in Unterhaltssachen. Zur Behandlung von Unterhaltssachen im **Erkenntnisverfahren** (internationale Zuständigkeit, anwendbares Recht, Zugang zum Recht) siehe den **Abschnitt C.** Die internationale **Behördenzusammenarbeit** in Unterhaltssachen wird im **Abschnitt T** erläutert.

I. Einführung

Schrifttum: Vgl zunächst das Schrifttum zu → C vor Rn 1; ferner *Ancel,* Des conditions d'exequatur des décisions étrangères fixant le montant d'une pension alimentaire, Rev crit 95, 68; *Baumann,* Die Anerkennung und Vollstreckung ausländischer Entscheidungen in Unterhaltssachen (1989); *Bajons,* Von der Internationalen zur Europäischen Urteilsanerkennung und -vollstreckung, FS Rechberger (2005), 1; *Beaumont/Hess/Walker/ Spancken* (Hrsg), The Recovery of Maintenance in the EU and Worldwide (2014); *Botur,* Aktuelle Probleme der grenzüberschreitenden Vollstreckung europäischer Unterhaltstitel nach der EuGVVO, FamRZ 10, 1860; *ders,* Besonderheiten bei der Vollstreckbarerklärung englischer Unterhaltsentscheidungen in Deutschland, FPR 10, 519; *Breuer,* Übernationale Rechtsgrundlagen für die Anerkennung und Vollstreckbarerklärung von Unterhaltstiteln FamRB 14, 30; *Conti,* Grenzüberschreitende Durchsetzung von Unterhaltsansprüchen in Europa (2011); *Eames,* Maintenance Enforcement: The 2007 Hague Convention and the EC Regulation, Int Fam L 09, 102; *Faetan,* Internationale Rechtsgrundlagen im Unterhaltsrecht sowie europäische und internationale Vollstreckungsübereinkommen, JAmt 07, 181; *Gallant,* Coopération d' autorités et rencontrement international des aliments, J. Priv. Int. L. 12, 54; *Gebauer,* Vollstreckung von Unterhaltstiteln nach der EuVTVO und der geplanten Unterhaltsverordnung, FPR 06, 252; *Geimer,* Anerkennung und Vollstreckbarerklärung von ex-parte Unterhaltsentscheidungen aus EuGVÜ-Vertragsstaaten, IPRax 92, 5; *ders,* Anerkennung und Vollstreckung polnischer Vaterschaftsurteile mit Annexentscheidung über den Unterhalt, IPRax 04, 419; *Gruber,* Die Vollstreckbarkeit ausländischer Unterhaltstitel – altes und neues Recht, IPRax 13, 325; *Hausmann,* Zur Anerkennung von Annex-Unterhaltsentscheidungen nach dem EG-Gerichtsstands- und Vollstreckungsübereinkommen, IPRax 81, 5; *Heiderhoff,* Vollstreckbarerklärung von Titeln auf Kindesunterhalt im Verhältnis zwischen Deutschland und Österreich, IPRax 04, 99; *dies,* Zur Versagung der Anerkennung eines polnischen Unterhaltstitels gem Art 34 Nr 2 EuGVVO, FamRZ 11, 1571; *dies,* Wann ist ein „Clean Break" unterhaltsrechtlich zu qualifizieren?, IPRax 11, 156; *Henrich,* Zur Anerkennung und Abänderung ausländischer Unterhaltsurteile, die unter Nichtbeachtung früherer deutscher Unterhaltsurteile ergangen sind, IPRax 88, 21; *Hohloch,* Grenzüberschreitende Unterhaltsvollstreckung, FPR 04, 315; *Kropholler/Blobel,* Unübersichtliche Gemengelage im IPR durch EG-Verordnungen und Staatsverträge – dargestellt am Beispiel des internationalen Unterhaltsvollstreckungsrechts, FS Sonnenberger (2004), 453; *Malatesta,* La convenzione e il protocollo dell'Aja di 2007 in materia di alimenti, Riv dir int priv proc 09, 829; *Mankowski,* Im Dschungel der für die Vollstreckbarerklärung ausländischer Unterhaltsentscheidungen einschlägigen Abkommen und ihrer Ausführungsgesetze, IPRax 00, 188; *Martiny,* Grenzüberschreitende Unterhaltsdurchsetzung nach europäischem und internationalem Recht, FamRZ 08, 1681; C *Schmidt* (Hrsg), Internationale Unterhaltsrealisierung (2011); *Strasser,* Abänderung und Vollstreckung von Unterhaltstiteln aus dem EU-Ausland in Deutschland, FPR 07, 451; *Wagner,* Zur Vollstreckung deutscher dynamisierter Unterhaltstitel im Ausland, FS Sonnenberger (2004) 727.

1　　Die Anerkennung und Vollstreckung ausländischer Unterhaltstitel richtet sich nach einer Vielzahl von Rechtsinstrumenten des EU-Rechts, des staatsvertraglichen und des autonomen Rechts (Keidel/*Zimmermann* § 110 FamFG Rn 30: „für den Praktiker kaum durchschaubar"). Maßgebend für die Abgrenzung ist vor allem die Frage, aus welchem Staat der Titel stammt. Weiter ist danach zu differenzieren, um was für einen Titel (gerichtliche/behördliche Entscheidung, Prozessvergleich, öffentliche Urkunde) es sich handelt. Das sekundäre Unionsrecht hat in bestimmtem Umfang eine Freizügigkeit von Unterhaltstiteln unter Verzicht auf ein Exequaturverfahren geschaffen. In Zweifelsfällen kann eine Anfrage beim Bundesamt für Justiz (Auslandsunterhalt) in Bonn helfen.

I. Einführung   2–7 **M**

1. EU-Recht

a) EuUntVO. Die Anerkennung und Vollstreckung von Entscheidungen in Unterhaltsachen   **2**
richtet sich jedenfalls dann, wenn diese in Verfahren ergangen sind, die ab dem 18.6.2011 vor
dem Gericht eines Mitgliedstaats eingeleitet worden sind (Art 75 Abs 1 iVm Art 76; dazu und
zu den Ausnahmen → Rn 373 ff), vorrangig nach dem IV. Kapitel der EG-Verordnung Nr 4/
2009 des Rates über die Zuständigkeit, das anwendbare Recht, die Anerkennung und Vollstreckung von Entscheidungen und die Zusammenarbeit in Unterhaltssachen v 18.12.2008 (ABl EU
L 7, 1; **EuUntVO**). Diese verdrängt nach Maßgabe von Art 68 Abs 1 die zuvor auch auf die
Anerkennung und Vollstreckung von Entscheidungen in Unterhaltssachen anwendbare
EuGVVO aF. Die EuUntVO gilt in allen Mitgliedstaaten (mit Ausnahme *Dänemarks*) unmittelbar
und genießt als Teil des sekundären Unionsrechts Anwendungsvorrang vor dem jeweiligen
autonomen Recht. Im Ergebnis findet das Kapitel IV zur Anerkennung und Vollstreckung von
Unterhaltsentscheidungen jedoch aufgrund einer entsprechenden Erklärung *Dänemarks* auch im
Verhältnis zu diesem Mitgliedstaat Anwendung (→ C Rn 26). In *Deutschland* haben demgemäß
die Art 16 ff EuUntVO in Unterhaltssachen Anwendungsvorrang vor der Regelung in §§ 108,
109 FamFG.

Das Regime der Anerkennung und Vollstreckung von Unterhaltsentscheidungen ist allerdings   **3**
gem Art 16 **innerhalb der EuUntVO gespalten:** Entscheidungen aus Mitgliedstaaten, die
durch das Haager Unterhaltsprotoll von 2007 gebunden sind, werden in den übrigen Mitgliedstaaten gem Art 16 Abs 2 iVm Art 17 Abs 2 vollstreckt, ohne dass es hierfür eines besonderen
(Vollstreckbarerklärungs-)Verfahrens bedarf. Demgegenüber ist ein solches Verfahren nach
Art 16 Abs 3 iVm Art 26 ff weiterhin durchzuführen, wenn eine Unterhaltsentscheidung aus
einem Mitgliedstaat vollstreckt werden soll, der nicht an das Haager Unterhaltsprotokoll 2007
gebunden ist. Dies trifft nur auf Entscheidungen aus *Dänemark* und dem *Vereinigten Königreich* zu,
die dem Haager Unterhaltsprotokoll bisher nicht beigetreten sind (näher → Rn 53 ff).

b) EuGVVO. Entscheidungen in Unterhaltsverfahren, die vor dem 18.6.2011 anhängig   **4**
gemacht worden sind und für die im Zeitpunkt ihrer Einleitung noch die EG-Verordnung
Nr 44/2001 des Rates über die gerichtliche Zuständigkeit und die Anerkennung und Vollstreckung von Entscheidungen in Zivil- und Handelssachen v 22.12.2000 (ABl EG 2001 L 12, 1;
EuGVVO) galt, werden in den übrigen Mitgliedstaaten grundsätzlich weiterhin nach Art 33 ff
EuGVVO aF anerkannt und für vollstreckbar erklärt. Sie werden jedoch unter den Voraus-
setzungen des Art 75 Abs 2 EuUntVO dem Regime der Art 23 ff EuUntVO unterworfen
(→ Rn 376 ff). Für die Anerkennung und Vollstreckung von Unterhaltsentscheidungen aus
anderen EU-Mitgliedstaaten, die in ab dem 18.6.2011 anhängig gemachten Verfahren ergangen
sind, gilt hingegen nur noch die EuUntVO. Auf solche Entscheidungen kam schon die
EuGVVO aF nicht mehr zur Anwendung. Die seit dem 10.1.2015 an ihre Stelle getretene
Neufassung schließt Unterhaltsansprüche in ihrem Art 1 Abs 2 lit e ausdrücklich aus ihrem
sachlichen Anwendungsbereich aus.

c) EuVTVO. Das Verhältnis zwischen der EuUntVO und der EG-Verordnung Nr 805/2004   **5**
zur Einführung eines Europäischen Vollstreckungstitels für unbestrittene Forderungen v
21.4.2004 (ABl EU L 143, 15; EuVTVO) wird in Art 68 Abs 2 EuUntVO geregelt. Danach tritt
die EuUntVO in Unterhaltssachen mit Wirkung v 18.6.2011 an die Stelle der EuVTVO. Dies
gilt auch für die Anerkennung und Vollstreckung von Unterhaltsentscheidungen, allerdings nur
im Verhältnis zu den Mitgliedstaaten, die auch durch das Haager Unterhaltsprotokoll von 2007
gebunden sind. Dies sind alle EU-Mitgliedstaaten mit Ausnahme von *Dänemark* und dem *Vereinigten Königreich* (näher → Rn 53 ff); für sie ist die EuVTVO auf Unterhaltssachen seit dem
18.6.2011 nicht mehr anwendbar.

Europäische Vollstreckungstitel, die in Unterhaltssachen im **Vereinigten Königreich** aus-   **6**
gestellt werden, können hingegen auch weiterhin nach Art 5 EuVTVO in Deutschland vollstreckt werden, wenn sie die Voraussetzungen hierfür nach der EuVTVO erfüllen. In **Dänemark** findet die EuVTVO hingegen gem ihrem Art 1 Abs 3 keine Anwendung. Dänische
Unterhaltstitel können daher in den übrigen Mitgliedstaaten nur nach Maßgabe der Art 23 ff
EuUntVO anerkannt und für vollstreckbar erklärt werden.

d) EuMVVO. Die EG-Verordnung Nr 1896/2006 zur Einführung eines Europäischen   **7**
Mahnverfahrens v 12.12.2006 (ABl EG L 399, 1; EuMVVO) findet in Unterhaltssachen jeden-

1019

M 8–13   2. Teil. Anerkennung/Vollstreckung M. Unterhaltssachen

falls insoweit Anwendung, als Unterhaltsansprüche von den Parteien zum Gegenstand einer Vereinbarung oder eines Schuldanerkenntnisses gemacht worden sind. Hierauf gestützte Europäische Zahlungsbefehle sind in den anderen Mitgliedstaaten daher nach Art 19 EuMVVO vollstreckbar, ohne dass es einer Vollstreckbarerklärung bedarf.

8   Beruhen die Ansprüche hingegen nur **auf dem Gesetz,** so wird gegen ihre Einbeziehung in den sachlichen Anwendungsbereich der EuMVVO angeführt, dass die Verordnung in Art 2 Abs 2 lit d Ansprüche aus außervertraglichen Schuldverhältnissen, zu denen bei einem weiten Verständnis auch gesetzliche Unterhaltsansprüche gehören, aus ihrem Anwendungsbereich ausschließt (so ThP/*Hüßtege* Art 2 EuMVVO Rn 2; HK-ZPO/*Dörner* vor EuUntVO Rn 6). Der europäische Gesetzgeber geht indessen bisher – zB in der Rom II-VO – ersichtlich von einem engeren Begriff der außervertraglichen Schuldverhältnisse aus, der Unterhaltsansprüche nicht umfasst. Hätte er einen praktisch so wichtigen Bereich wie das Unterhaltsrecht aus der EuMVVO ausklammern wollen, so hätte es daher nahegelegen, dieses neben den ehelichen Güterständen und dem Erbrecht in Art 2 Abs 2 lit a ausdrücklich zu nennen, wie dies auch in Art 2 Abs 2 lit b EuGFVO geschehen ist.

9   **e) EuGFVO.** Die EG-Verordnung Nr 861/2007 zur Einführung eines europäischen Verfahrens für geringfügige Forderungen v 11.7.2007 (ABl EU L 199, 1; EuGFVO) findet nach ihrem Art 2 Abs 2 lit b in Unterhaltssachen keine Anwendung (*Martiny* FamRZ 08, 1691/1692).

10   **f) EuGüVO.** Die Verordnung (EU) 2016/1103 zur Durchführung einer Verstärkten Zusammenarbeit im Bereich der Zuständigkeit, des anzuwendenden Rechts und der Anerkennung und Vollstreckung von Entscheidungen in Fragen des ehelichen Güterstands v 24.6.2016 (ABl L 183, 1; EuGüVO), die ab dem 29.1.2019 in den teilnehmenden Mitgliedstaaten gilt (Art 70 Abs 2 EuGüVO; → B Rn 256), regelt die Anerkennung und Vollstreckung von Entscheidungen nur auf dem Gebiet des Ehegüterrechts. Die Abgrenzung zwischen Ehegattenunterhalt und Ehegüterrecht – und damit zwischen EuUntVO und EuGüVO – wirft allerdings namentlich im Rahmen der vermögensrechtlichen Abwicklung von Ehen aus Anlass der Scheidung nach dem Recht der Common Law-Staaten erhebliche Probleme auf (näher → C Rn 50 ff).

11   **g) EuErbVO.** Auch die Verordnung (EU) Nr 650/2012 über die Zuständigkeit, das anzuwendende Recht, die Anerkennung und Vollstreckung von Entscheidungen und die Annahme und Vollstreckung öffentlicher Urkunden in Erbsachen sowie zur Einführung eines Europäischen Nachlasszeugnisses v 4.7.2012 (EuErbVO; ABl EU L 201, 107) nimmt Unterhaltspflichten in Art 1 Abs 2 lit e grundsätzlich aus ihrem sachlichen Anwendungsbereich aus. Eine Ausnahme gilt lediglich für solche Unterhaltspflichten, die erst mit dem Tod des Verpflichteten entstehen (vgl dazu → C Rn 9).

2. Staatsverträge

12   **a) Luganer Übereinkommen.** Die EuUntVO hat gem Art 69 Abs 2 Vorrang vor Staatsverträgen in Unterhaltssachen, die nur im Verhältnis zwischen den Mitgliedstaaten gelten. Sie berührt hingegen gem Art 69 Abs 1 nicht die Anwendung solcher multi- oder bilateralen Übereinkommen, denen außer einem oder mehreren Mitgliedstaaten *auch Drittstaaten* angehören. Da Art 69 aber nur das Verhältnis zu Staatsverträgen bestimmt, die im Zeitpunkt der Annahme der EuUntVO bereits gegolten haben, trifft die Vorschrift für das Verhältnis zum Luganer Übereinkommen von 2007 keine Regelung. Maßgebend für die Abgrenzung ist vielmehr Art 64 Abs 2 LugÜ 2007 analog. Danach wird auch das LugÜ 2007 im Verhältnis der EU-Mitgliedstaaten zueinander durch die EuUntVO vollständig verdrängt, soweit sich der sachliche Anwendungsbereich beider Rechtsinstrumente deckt und der zeitliche Anwendungsbereich der EuUntVO (Art 75; → Rn 373 ff) eröffnet ist. Das LugÜ 2007 ist aus deutscher Sicht hingegen weiter auf die Anerkennung und Vollstreckung von Unterhaltstiteln (gerichtlichen Entscheidungen, Prozessvergleichen oder öffentlichen Urkunden) aus *Island, Norwegen* oder der *Schweiz* anwendbar (Art 64 Abs 2 lit c LugÜ 2007; OLG Hamm FamRZ 18, 29; OLG Koblenz FamRZ 17, 1521/1522 f; → Rn 387 ff).

13   **b) Haager Übereinkommen.** Weiterhin gelten auf dem Gebiet der Anerkennung und Vollstreckung von Unterhaltsentscheidungen verschiedene Haager Übereinkommen. Die größte praktische Bedeutung kommt nach dem Beitritt der *Vereinigten Staaten* und der *Türkei* zum 1.1.

1020

I. Einführung   14–16   **M**

bzw 1.2.2017 inzwischen dem Haager Übereinkommen über die internationale Geltendmachung der Unterhaltsansprüche von Kindern und anderen Familienangehörigen v 23.11.2007
(ABl EU 2011 Nr L 192, 51; **HUÜ 2007** → Rn 472 ff) zu. Dieses Übk ersetzt nach seinem
Art 48 die beiden früher geschlossenen Haager Übk über die Anerkennung und Vollstreckung
von Unterhaltsentscheidungen v 2.10.1973 (BGBl 86 II, 826; **HUntVÜ** → Rn 624 ff) und über
die Anerkennung und Vollstreckung von Entscheidungen auf dem Gebiet der Unterhaltspflicht
gegenüber Kindern v 15.4.1958 (BGBl 61 II, 1006; **HKUntVÜ** → Rn 686 ff). Diese beiden
Übk geltend daher im Verhältnis der Vertragsstaaten des HUÜ 2007 zueinander nur noch, soweit
ihr sachlich-persönlicher Anwendungsbereich weiter als derjenige des HUÜ 2007 reicht. Das
HUÜ 2007 lässt der EuUntVO nach Art 51 Abs 4 S 2 den Vortritt, soweit es um die Anerkennung und Vollstreckung von Entscheidungen im Verhältnis der EU-Mitgliedstaaten zueinander
geht. Unterhaltsentscheidungen aus Vertragsstaaten, die nicht der EU angehören, sind hingegen
auch in den Mitgliedstaaten nach dem HUÜ 2007 anzuerkennen und zu vollstrecken.

c) Bilaterale Abkommen. Für die *Bundesrepublik Deutschland* geltende bilaterale Abkommen   **14**
auf dem Gebiet der Anerkennung und Vollstreckung von Unterhaltsentscheidungen werden im
Verhältnis zu den Mitgliedstaaten der EuUntVO gemäß deren Art 69 Abs 2 durch die Verordnung ersetzt, soweit der zeitliche Anwendungsbereich der Verordnung eröffnet ist. Gleiches gilt
im Verhältnis zu den Lugano-Staaten *(Island, Norwegen, Schweiz)* gem Art 65 LugÜ für das
Luganer Übereinkommen. Demgegenüber gelten die mit den Haager Übereinkommen von
2007, 1973 und 1958 konkurrierenden bilateralen Abkommen insofern weiter, als sie die
Anerkennung bzw Vollstreckung von Unterhaltsentscheidungen gegenüber den Regeln der
Haager Übereinkommen aus deutscher Sicht erleichtern (Art 52 HUÜ 2007; Art 23 HUntVÜ;
Art 11 HKUntVÜ; → Rn 617, 679). Im Verhältnis zu **Israel** und **Tunesien,** die den Haager
Übereinkommen bisher nicht beigetreten sind, gelten vorrangig die mit beiden Staaten geschlos-
senen bilateralen Abkommen (→ Rn 696 ff, 699 ff).

3. Autonomes deutsches Zivilverfahrensrecht

Da die EuUntVO und die vorgenannten Staatsverträge die Anerkennung und Vollstreckung   **15**
von Unterhaltsentscheidungen aus zahlreichen Ländern regeln, bleibt für die Anwendung des
deutschen autonomen Zuständigkeitsrechts (§§ 108, 109 FamFG; → Rn 835 ff) nur insoweit
Raum, als es um Entscheidungen geht, die weder in einem Mitgliedstaat der EU noch in einem
durch das LugÜ 2007 gebundenen Vertragsstaat ergangen ist. Neben den sonstigen genannten
multi- oder bilateralen Übereinkommen kann das autonome Anerkennungsrecht hingegen
gemäß dem **Günstigkeitsprinzip** Bedeutung erlangen.

4. Prüfungsreihenfolge

Für die Geltendmachung ausländischer Unterhaltsentscheidungen in Deutschland bietet sich   **16**
die nachfolgende Prüfungsreihenfolge an. Dabei ist allerdings jeweils sorgfältig zu prüfen, ob
auch der sachlich-persönliche und der zeitliche Anwendungsbereich des jeweiligen Rechtsinstruments geöffnet ist:

1. Stammt der Unterhaltstitel aus einem **Mitgliedstaat der EU?**
   Wenn ja:
   a) Handelt es sich um einen Titel aus dem **Vereinigten Königreich** oder aus **Dänemark?**
   Wenn ja, richtet sich die Anerkennung und Vollstreckung nach den Art 16 Abs 3, 23 ff,
   48 EuUntVO (→ Rn 135 ff).
   In Bezug auf das **Vereinigte Königreich** hat der Gläubiger, soweit ein Unterhaltstitel als
   Europäischer Vollstreckungstitel ausgefertigt werden kann, weiterhin die Möglichkeit,
   den Titel im Ursprungsstaat nach Art 6 EuVTVO als **Europäischen Vollstreckungstitel** bestätigen zu lassen. Daneben kann die Anerkennung und Vollstreckung nicht gemäß
   dem anerkennungsrechtlichen Günstigkeitsprinzip auch auf die §§ 108–110 FamFG
   (→ Rn 835 ff) gestützt werden.
   b) Stammt der Titel aus einem **anderen Mitgliedstaat der** EU und ist er unter Zugrundelegung des HUP ergangen?
   Wenn ja, richtet sich die Anerkennung und Vollstreckung nach den Art 16 Abs 2, 17 ff,
   40 ff, 48 EuUntVO (→ Rn 53 ff).

1021

M 17–23 2. Teil. Anerkennung/Vollstreckung M. Unterhaltssachen

Ob die Anerkennung und Vollstreckung gemäß dem anerkennungsrechtlichen Günstigkeitsprinzip alternativ auch auf die §§ 108–110 FamFG gestützt werden kann, ist zweifelhaft, aber praktisch irrelevant, weil die Durchsetzung des Titels nach der EuUntVO für den Gläubiger wesentlich günstiger ist.

17 c) Stammt der Unterhaltstitel aus einem der vorgenannten EU-Mitgliedstaaten, ist er aber **noch nicht auf der Grundlage des HUP** ergangen, so gelten die Art 16 Abs 2, 17 ff, 40 ff EuUntVO nicht (*Heger/Selg* FamRZ 11, 1101/1108; → Rn 56). Die Vollstreckbarerklärung erfolgt vielmehr in entsprechender Anwendung der Art 16 Abs 3, 23 ff EuUntVO.

18 2. Stammt der Unterhaltstitel aus **Island?**

Wenn ja, richtet sich die Anerkennung und Vollstreckung nach den Art 32 ff LugÜ (→ Rn 398 ff). Sie kann in diesem Fall nicht gemäß dem anerkennungsrechtlichen Günstigkeitsprinzip auch auf die §§ 108–110 FamFG gestützt werden, weil es sich beim LugÜ 2007 um sekundäres Unionsrecht handelt (→ Rn 386 f).

19 3. Stammt der Unterhaltstitel aus der **Schweiz?**

Wenn ja, hat der Unterhaltsgläubiger die Wahl:

a) Er kann die Anerkennung und Vollstreckung entweder nach den Vorschriften des LugÜ 2007 (→ Rn 387 ff) oder nach den Vorschriften HUntVÜ 1973 (→ Rn 624 ff) betreiben (OLG Koblenz FamRZ 17, 1521/1522 ff; BGH NJW 08, 1531 Rn 12). Dabei ist jedoch zu beachten, dass das LugÜ nicht nur auf gerichtliche Entscheidungen, sondern auch auf Prozessvergleiche und öffentliche Urkunden anwendbar ist, während das HUntVÜ letztere nur unter den Voraussetzungen des im Verhältnis zu den LugÜ-Vertragsstaaten nicht anwendbaren Art 25 HUntVÜ erfasst.

b) Daneben greift im Verhältnis zum HUntVÜ 1973 das anerkennungsrechtliche Günstigkeitsprinzip ein, dh der Gläubiger kann die Anerkennung und Vollstreckung statt auf das HUntVÜ auch auf die §§ 108–110 FamFG stützen (→ Rn 679).

c) Schließlich kann der Gläubiger auch eine Kombination beider Übereinkommen wählen: Auf das Verfahren der Vollstreckbarerklärung von Unterhaltstiteln können nämlich die Bestimmungen des LugÜ 2007 (Art 38 ff) gem Art 67 Abs 5 S 2 LugÜ auch dann unmittelbar angewandt werden, wenn nur die Anerkennungsvoraussetzungen nach dem II. Abschnitt des HUntVÜ erfüllt sind (näher → Rn 469 f).

20 4. Stammt der Unterhaltstitel aus **Norwegen?**

Wenn ja, hat der Unterhaltsgläubiger die Wahl:

Er kann die Anerkennung und Vollstreckung entweder nach den Vorschriften des LugÜ 2007 (→ Rn 387 ff) oder nach den Vorschriften HUÜ 2007 (→ Rn 513 ff) betreiben. Nach beiden Übereinkommen können nicht nur gerichtliche Entscheidungen, sondern auch Prozessvergleiche und öffentliche Urkunden anerkannt werden. Auch für das Verhältnis des LugÜ zum HUÜ 2007 gilt das zuvor in Rn 19 zum Verhältnis LugÜ/HUntVÜ Gesagte entsprechend.

21 5. Stammt der Unterhaltstitel aus **Albanien, Bosnien und Herzegowina, Brasilien, Montenegro,** der **Türkei,** der **Ukraine** oder den **Vereinigten Staaten?**

Wenn ja, so richtet sich die Anerkennung und Vollstreckung nach den Vorschriften des HUÜ 2007 → Rn 513 ff), soweit dessen sachlicher Anwendungsbereich nach Art 2 eröffnet ist. Ist dies nicht oder nur eingeschränkt der Fall, so gilt im Verhältnis zu **Albanien,** der **Türkei** und der **Ukraine** das HUntVÜ 1973 (→ Rn 624 ff) weiter. Ob der Gläubiger die Anerkennung und Vollstreckung gemäß dem anerkennungsrechtlichen Günstigkeitsprinzip auch auf die §§ 108–110 FamFG stützen kann, ist fraglich, weil es sich beim HUÜ 2007 um sekundäres Unionsrecht handelt.

22 6. Stammt der Unterhaltstitel aus **Andorra** oder **Australien?**

Wenn ja, so richtet sich die Anerkennung und Vollstreckung gerichtlicher Unterhaltsentscheidungen (nicht: Prozessvergleiche oder öffentliche Urkunden) nach den Vorschriften des HUntVÜ 1973 (→ Rn 624 ff). Daneben kann der Gläubiger die Anerkennung und Vollstreckung gemäß dem anerkennungsrechtlichen Günstigkeitsprinzip auch auf die §§ 108–110 FamFG stützen. Das staatsvertragliche Anerkennungsrecht kann etwa wegen Art 9 HUntVÜ für den Titelgläubiger günstiger sein; denn danach ist der Exequaturrichter – abweichend vom autonomen deutschen Recht – an die zur Begründung der direkten internationalen Zuständigkeit vom Erstrichter getroffenen Feststellungen gebunden.

23 7. Betrifft der Unterhaltstitel den **Kindesunterhalt** und stammt er aus **Liechtenstein, Suriname** oder einem **überseeischen französischen Département** oder Hoheitsgebiet, auf welches das EU-Recht räumlich nicht anwendbar ist?

II. EU-Recht   24–27 **M**

Wenn ja, so richtet sich die Anerkennung und Vollstreckung weiter nach den Vorschriften des HKUntVÜ 1958 (→ Rn 686 ff). Daneben kann der Gläubiger die Anerkennung und Vollstreckung gemäß dem anerkennungsrechtlichen Günstigkeitsprinzip auch auf die §§ 108–110 FamFG stützen (vgl Art 11 HKUntVÜ, abgedruckt nach → Rn 693).

8. Stammt der Unterhaltstitel aus **Israel?**   24

Wenn ja, so kann die Anerkennung und Vollstreckung auf den Vertrag zwischen der *Bundesrepublik Deutschland* und dem Staat *Israel* über die gegenseitige Anerkennung und Vollstreckung gerichtlicher Entscheidungen in Zivil- und Handelssachen v 20.7.1977 (BGBl 80 II, 925 = *Jayme/Hausmann* Nr 191; → Rn 706 ff) gestützt werden; ergänzend ist das AVAG heranzuziehen (§ 1 Abs 1 Nr 1 lit e; §§ 44 ff). Daneben kann der Gläubiger die Anerkennung und Vollstreckung gem dem anerkennungsrechtlichen Günstigkeitsprinzip auch unter Anwendung der §§ 108–110 FamFG betreiben.

9. Stammt der Unterhaltstitel aus **Tunesien?**   25

Wenn ja, so kann die Anerkennung und Vollstreckung auf den Rechtshilfe- und Vollstreckungsvertrag mit Tunesien v 19.7.1966 (BGBl 69 II, 889; → Rn 699 ff) und das diesbezügliche Ausführungsgesetz gestützt werden. Daneben kann der Gläubiger die Anerkennung und Vollstreckung gem dem anerkennungsrechtlichen Günstigkeitsprinzip auch unter Anwendung der §§ 108 – 110 FamFG betreiben.

10. Im Verhältnis zu **allen anderen Staaten** oder wenn einer der genannten Staatsverträge im 26 konkreten Fall nicht anwendbar ist, richtet sich die Anerkennung und Vollstreckung von Unterhaltsentscheidungen nach den §§ 108–110 FamFG (→ Rn 835 ff). Diese können ferner neben dem HUntVÜ 1973, dem HKUntVÜ 1958 und den bilateralen Abkommen nach dem anerkennungsrechtlichen Günstigkeitsprinzip anwendbar sein.

II. EU-Recht

640. Verordnung (EG) Nr 4/2009 über die Zuständigkeit, das anwendbare Recht, die Anerkennung und Vollstreckung von Entscheidungen und die Zusammenarbeit in Unterhaltssachen (EuUntVO)

Vom 18. Dezember 2008 (ABl EU 2009 L 7, 1)

Schrifttum: Vgl zunächst das allg Schrifttum zur Vollstreckung von Unterhaltsentscheidungen → vor Rn 1. Speziell zur EuUntVO s a das allg Schrifttum → C vor Rn 19; ferner *Andrae,* Vollstreckung einer polnischen Unterhaltsentscheidung gegenüber einem in Paraguay lebenden Schuldner, IPRax 16, 243; *Fornasier,* Der nacheheliche Unterhalt im italienischen Recht und seine Durchsetzung in Deutschland, FPR 10, 524; *Gruber,* Abänderung ausländischer Unterhaltsentscheidungen, IPRax 16, 374; *Rieck,* Durchsetzung und Abänderung eines in einem durch das Haager Unterhaltsprotokoll gebundenen Mitgliedstaat geschlossenen Unterhaltsvergleichs in Deutschland, FamFR 13, 558; G *Smith,* The Recognition and Enforcement of Maintenance Orders within the European Union: The EU Maintenance Regulation, Int Fam L 11, 187.

Vgl auch die speziellen Literaturhinweise zum Recht auf Nachprüfung → vor Rn 79, zu den Versagungsgründen → vor Rn 155, → zur Vollstreckbarkeit vor Rn 208 und zu öffenliche Aufgaben wahrnehmenden Einichtungen → vor Rn 338.

Vorbemerkung

1. Entstehungsgeschichte

Vgl → C Rn 19 f.

2. Ziele

Hauptziel der Verordnung ist es, einem Unterhaltsberechtigten die Möglichkeit zu geben, 27 seine Unterhaltsansprüche vor einem ihm räumlich nahen Gericht geltend zu machen und den von ihm dort erwirkten Titel ohne weitere Formalitäten – insbesondere ohne Durchführung des bisher nach der EuGVVO noch erforderlichen Exequaturverfahrens – in anderen Mitgliedstaaten der Union zu vollstrecken (vgl Erwägungsgründe 9, 10; → Anh III). Dieses Ziel wird freilich derzeit nur für Unterhaltstitel aus Mitgliedstaaten erreicht, die durch das Haager Unterhalts-

1023

M 28–31   2. Teil. Anerkennung/Vollstreckung M. Unterhaltssachen

protokoll von 2007 gebunden sind. Für Titel aus *Dänemark* und dem *Vereinigten Königreich* bleibt es hingegen beim Erfordernis der Vollstreckbarerklärung in den übrigen Mitgliedstaaten.

3. Anwendungsbereich

28   **a) Sachlicher Anwendungsbereich.** In sachlicher Hinsicht gilt die EuUntVO nach Art 1 Abs 1 für **Unterhaltspflichten,** die auf einem Familien-, Verwandtschafts- oder eherechtlichen Verhältnis oder auf Schwägerschaft beruhen (zu Einzelheiten → C Rn 41 ff). Dementsprechend regelt sie auch die Anerkennung, Vollstreckbarerklärung und Vollstreckung von Entscheidungen nur, soweit diese die von Art 1 Abs 1 erfassten Unterhaltspflichten betreffen. Bei der Prüfung, ob der sachliche Anwendungsbereich der Verordnung eröffnet ist, besteht keine Bindung der Gerichte im Zweitstaat an die Beurteilung des Gerichts im Ursprungsmitgliedstaat (*Rauscher/ Andrae/Schimrick* Art 16 Rn 9; vgl auch zur EuGVVO aF BGH 17.9.08, unalex DE‑1592). Dies gilt auch für die Vorfrage, ob eine Familienbeziehung iSv Art 1 Abs 1 zwischen den Parteien besteht.

29   **b) Persönlicher Anwendungsbereich.** Der persönliche Anwendungsbereich der EuUntVO bereitet auf dem Gebiet der Anerkennung und Vollstreckung von Unterhaltsentscheidungen keine Probleme. Vorausgesetzt wird nur, dass die Entscheidung von einem Gericht eines Mitgliedstaats der Verordnung erlassen worden ist und in einem anderen Mitgliedstaat der Verordnung anerkannt und vollstreckt werden soll. Unerheblich ist hingegen, ob die Parteien die Staatsangehörigkeit eines Mitgliedstaats der Verordnung besitzen oder ob der zugrundeliegende Sachverhalt einen Auslandsbezug aufweist (öst OGH 20.4.16, unalex AT–1041). Die Art 16 ff gelten daher auch für die Anerkennung und Vollstreckung einer Unterhaltsentscheidung, die aus der Sicht des erststaatlichen Gerichts in einem **reinen Inlandsfall** ergangen ist (*Rauscher/ Andrae/Schimrick* Art 16 Rn 6). Auf die Anerkennung und Vollstreckung von Entscheidungen *drittstaatlicher* Gerichte ist die EuUntVO hingegen nicht anwendbar, auch wenn am Verfahren Angehörige von Mitgliedstaaten beteiligt waren.

30   **c) Räumlicher Anwendungsbereich.** Da das **Vereinigte Königreich** und **Irland** von ihrer *opt-in*-Möglichkeit nach Art 4 des Protokolls zum EG-Vertrag Gebrauch gemacht haben und sich an der Anwendung der EuUntVO beteiligen (vgl ErwG 46 f; dazu die Entscheidung der Kommission 2009/451/EG, ABl EU L 149, 73), gilt die Verordnung gem Art 288 Abs 2 AEUV in allen Mitgliedstaaten der EU mit Ausnahme von *Dänemark* (vgl Art 1 Abs 2 und ErwG 48; → Anh III) unmittelbar. Im Verhältnis zu **Dänemark** galt das mit der EG geschlossene Parallelübereinkommen zur EuGVVO v 19.10.2005 (ABl EU L 299, 62) seit dem 1.7.2007 (ABl EU L 94, 70) auch in Unterhaltssachen. In Art 3 dieses Übereinkommens hatte *Dänemark* sich allerdings die Möglichkeit vorbehalten, den Inhalt der durch die EuUntVO vorgenommenen Änderungen der EuGVVO – dh die Ersetzung der unterhaltsrechtlichen Vorschriften der EuGVVO durch die EuUntVO (vgl Art 68 Abs 1 EuUntVO) – zu übernehmen. Von dieser Möglichkeit hat *Dänemark* auch Gebrauch gemacht (ABl EU 2009 L 149, 80). Danach findet die EuUntVO – mit Ausnahme der Kapitel VI (anwendbares Recht) und Kapitel VII (Behördenzusammenarbeit) – auch im Verhältnis zwischen *Dänemark* und den übrigen EU-Mitgliedstaaten Anwendung (*Gruber* IPRax 10, 128/131; *Mansel/Thorn/Wagner* IPRax 10, 1/7; HK-ZPO/ *Dörner* Vorbem EuUntVO Rn 9). Dies gilt auch für die Vorschriften des Kapitels IV über die Anerkennung, Vollstreckbarerklärung und Vollstreckung von Entscheidungen. Zum Hoheitsgebiet der Mitgliedstaaten → C Rn 27.

31   **d) Zeitlicher Anwendungsbereich.** In zeitlicher Hinsicht gilt die EuUntVO grundsätzlich nur für gerichtliche Verfahren, gebilligte oder geschlossene gerichtliche Vergleiche und öffentliche Urkunden, die **ab dem 18. Juni 2011** eingeleitet, aufgenommen oder ausgestellt wurden (Art 75 Abs 1 iVm Art 76 S 2). Der zeitliche Anwendungsbereich der Verordnung wird allerdings in Bezug auf die Anerkennung und Vollstreckung von Unterhaltsentscheidungen im Verhältnis der Mitgliedstaaten zueinander gem Art 75 Abs 2 erweitert. Danach gilt die EuUntVO – und nicht mehr die EuGVVO aF – auch für Unterhaltsentscheidungen, die zwar vor dem 18.6.2011 ergangen sind, deren Anerkennung bzw Vollstreckbarerklärung aber erst nach diesem Zeitpunkt beantragt worden ist. (lit a). Darüber hinaus gilt die EuUntVO auch für die Anerkennung und Vollstreckung von Entscheidungen, die nach dem 18.6.2011 in Unterhaltsverfahren ergangen sind, die vor diesem Zeitpunkt eingeleitet worden sind, sofern für die Anerkennung bzw Vollstreckung vorher die Art 32 ff EuGVVO aF zur Anwendung gekommen wären (näher → Rn 376 ff).

1024

II. EU-Recht: EuUntVO Art 2 **M**

4. Verhältnis zu anderen Rechtsinstrumenten

Die EuUntVO verdrängt als *lex specialis* seit dem 18.6.2011 im Verhältnis der Mitgliedstaaten **32** zueinander sowohl die EuGVVO aF (Art 68 Abs 1) als auch die EuVTVO, soweit der Erststaat an das HUP gebunden ist (Art 68 Abs 2). Gegenüber der EuGüVO und der EuErbVO ist sie sachlich abzugrenzen (→ Rn 10 f). Gegenüber Staatsverträgen, an denen nicht nur EU-Mitgliedstaaten, sondern auch Drittstaaten beteiligt sind, tritt sie hingegen gem Art 69 Abs 1 zurück (näher zuvor → Rn 2 ff und 12 ff und die Kommentierung zu Art 69; → Rn 363 ff).

5. Auslegung

Es gelten die allg Grundätze zur Auslegung von sekundärem EU-Recht; dazu → C Rn 30 ff. **33**

6. Deutsches Ausführungsgesetz

Zur Ausführung der EuUntVO in der *Bundesrepublik Deutschland* dient das Gesetz zur Geltend- **34** machung von Unterhaltsansprüchen im Verkehr mit ausländischen Staaten **(AUG)** v 23.5.2011 (BGBl I, 898; vgl § 1 Abs 1 S 1 Nr 1 lit a). Auf dem Gebiet der Anerkennung und Vollstreckung von Entscheidungen sind insbesondere die Vorschriften des 2. Kapitels dieses Gesetzes (§§ 30–64; → Rn 728 ff) von Bedeutung.

Kapitel I. Geltungsbereich und Begriffsbestimmungen

EuUntVO Art 1. Anwendungsbereich

(1) **Diese Verordnung findet Anwendung auf Unterhaltspflichten, die auf einem Familien-, Verwandtschafts-, oder eherechtlichen Verhältnis oder auf Schwägerschaft beruhen.**

(2) **In dieser Verordnung bezeichnet der Begriff „Mitgliedstaat" alle Mitgliedstaaten, auf die diese Verordnung anwendbar ist.**

1. Sachlicher Anwendungsbereich, Abs 1

Vgl zum Begriff der Unterhaltspflichten näher → C Rn 34 ff. Ist die Unterhaltsentscheidung **35** als Annexentscheidung zu einer Statusentscheidung (Art 3 lit c) oder zu einer Entscheidung über die elterliche Verantwortung (Art 3 lit d) ergangen, so ist die Anwendung der Art 16 ff auf die Anerkennung, Vollstreckbarkeit und Vollstreckung der **Verurteilung zu Unterhaltsleistungen** beschränkt. Demgegenüber richtet sich die Anerkennung und Vollstreckbarkeit der Hauptsacheentscheidung in der Ehesache oder in der Kindschaftssache nach der EuEheVO (vgl zu einer mit der gerichtlichen Feststellung der Vaterschaft verbundenen Verurteilung des Vaters zu Unterhaltszahlungen an das Kind frz Cass 13.2.13, unalex FR-2351; ebenso zur Vollstreckung aus einem Vergleich, in dem der Vater die Vaterschaft anerkannt und sich zu Unterhaltsleistungen an das Kind verpflichtet hatte, App Paris 11.4.02, unalex FR-1270). Vgl auch → Rn 846 f.

2. Räumlicher Anwendungsbereich, Abs 2

In räumlicher Hinsicht gilt die Verordnung für alle EU-Mitgliedstaaten (einschließlich *Däne-* **36** *mark;* → C Rn 26).

EuUntVO Art 2. Begriffsbestimmungen

(1) ¹**Im Sinne dieser Verordnung bezeichnet der Begriff**

1. **„Entscheidung" eine von einem Gericht eines Mitgliedstaats in Unterhaltssachen erlassene Entscheidung ungeachtet ihrer Bezeichnung wie Urteil, Beschluss, Zahlungsbefehl oder Vollstreckungsbescheid, einschließlich des Kostenfestsetzungsbeschlusses eines Gerichtsbediensteten. ²Für die Zwecke der Kapitel VII und VIII bezeichnet der Begriff „Entscheidung" auch eine in einem Drittstaat erlassene Entscheidung in Unterhaltssachen;**
2. **„gerichtlicher Vergleich" einen von einem Gericht gebilligten oder vor einem Gericht im Laufe eines Verfahrens geschlossenen Vergleich in Unterhaltssachen;**
3. **„öffentliche Urkunde"**

1025

M 37, 38 2. Teil. Anerkennung/Vollstreckung M. Unterhaltssachen

ein Schriftstück in Unterhaltssachen, das als öffentliche Urkunde im Ursprungsmitgliedstaat förmlich errichtet oder eingetragen worden ist und dessen Beweiskraft

i) sich auf die Unterschrift und den Inhalt der öffentlichen Urkunde bezieht und

ii) durch eine Behörde oder eine andere hierzu ermächtigte Stelle festgestellt worden ist; oder

eine mit einer Verwaltungsbehörde des Ursprungsmitgliedstaats geschlossene oder von ihr beglaubigte Unterhaltsvereinbarung;

4. „Ursprungsmitgliedstaat" den Mitgliedstaat, in dem die Entscheidung ergangen, der gerichtliche Vergleich gebilligt oder geschlossen oder die öffentliche Urkunde ausgestellt worden ist;

5. „Vollstreckungsmitgliedstaat" den Mitgliedstaat, in dem die Vollstreckung der Entscheidung, des gerichtlichen Vergleichs oder der öffentlichen Urkunde betrieben wird;

6. „ersuchender Mitgliedstaat" den Mitgliedstaat, dessen Zentrale Behörde einen Antrag nach Kapitel VII übermittelt;

7. „ersuchter Mitgliedstaat" den Mitgliedstaat, dessen Zentrale Behörde einen Antrag nach Kapitel VII erhält;

8. „Vertragsstaat des Haager Übereinkommens von 2007" einen Vertragsstaat des Haager Übereinkommens vom 23. November 2007 über die internationale Geltendmachung der Unterhaltsansprüche von Kindern und anderen Familienangehörigen (nachstehend „Haager Übereinkommen von 2007" genannt), soweit dieses Übereinkommen zwischen der Gemeinschaft und dem betreffenden Staat anwendbar ist;

9. „Ursprungsgericht" das Gericht, das die zu vollstreckende Entscheidung erlassen hat;

10. „berechtigte Person" jede natürliche Person, der Unterhalt zusteht oder angeblich zusteht;

11. „verpflichtete Person" jede natürliche Person, die Unterhalt leisten muss oder angeblich leisten muss.

(2) Im Sinne dieser Verordnung schließt der Begriff „Gericht" auch die Verwaltungsbehörden der Mitgliedstaaten mit Zuständigkeit in Unterhaltssachen ein, sofern diese Behörden ihre Unparteilichkeit und das Recht der Parteien auf rechtliches Gehör garantieren und ihre Entscheidungen nach dem Recht des Mitgliedstaats, in dem sie ihren Sitz hat,

i) vor Gericht angefochten oder von einem Gericht nachgeprüft werden können und

ii) eine mit einer Entscheidung eines Gerichts zu der gleichen Angelegenheit vergleichbare Rechtskraft und Wirksamkeit haben.

iii) [1]Die betreffenden Verwaltungsbehörden sind in Anhang X aufgelistet. [2]Dieser Anhang wird auf Antrag des Mitgliedstaats, in dem die betreffende Verwaltungsbehörde ihren Sitz hat, nach dem Verwaltungsverfahren des Artikels 73 Absatz 2 erstellt und geändert.

(3) Im Sinne der Artikel 3, 4 und 6 tritt der Begriff „Wohnsitz" in den Mitgliedstaaten, die diesen Begriff als Anknüpfungspunkt in Familiensachen verwenden, an die Stelle des Begriffs „Staatsangehörigkeit".

Im Sinne des Artikels 6 gilt, dass Parteien, die ihren „Wohnsitz" in verschiedenen Gebietseinheiten desselben Mitgliedstaats haben, ihren gemeinsamen „Wohnsitz" in diesem Mitgliedstaat haben.

37 Vgl zunächst die Kommentierung der Vorschrift im Abschnitt C (→ Rn 61 ff). Diese ist im Hinblick auf die Anerkennung und Vollstreckung von Unterhaltsentscheidungen wie folgt zu ergänzen:

1. Entscheidung, Abs 1 Nr 1

38 Die Definition der „Entscheidung" ist den Art 32 EuGVVO aF, Art 4 Nr 1 EuVTVO entnommen. Ergänzend kann daher auf die Rechtsprechung zu diesen Vorschriften zurückgegriffen werden. Danach ist der Begriff der Entscheidung **autonom und weit auszulegen**; die Aufzählung in Nr 1 ist daher nicht abschließend (MüKoFamFG/*Lipp* Rn 3; G/W/*Bittmann*

1026

II. EU-Recht: EuUntVO Art 2   **39–44** **M**

Kap 36 Rn 21). Erfasst sind nicht nur Endurteile in Unterhaltsverfahren, sondern – wie der
Hinweis auf den Zahlungsbefehl und den Vollstreckungsbescheid zeigt – auch Entscheidungen
im Mahnverfahren, ferner nur **vorläufig vollstreckbare Entscheidungen** (vgl Art 39), Entscheidungen auf dem Gebiet des einstweiligen Rechtsschutzes (→ Rn 50) und Kostenfestsetzungsbeschlüsse. Der Begriff des Gerichts ist in Abs 2 teilweise erläutert.

2. Gerichtlicher Vergleich, Abs 1 Nr 2

Die EuUntVO gilt nach Art 48 auch für die Anerkennung und Vollstreckung gerichtlicher **39**
Vergleiche (ErwG 13; → Anh III). Die Definition des „gerichtlichen Vergleichs" lehnt sich an
Art 58 EuGVVO aF an. Erfasst wird gleichermaßen der von einem Gericht gebilligte wie der
von den Parteien im Laufe eines Unterhaltsverfahrens vor Gericht geschlossene und von diesem
lediglich protokollierte Vergleich. Dieser muss in Präzisierung des Wortlauts vor einem **mit-
gliedstaatlichen Gericht** geschlossen oder von einem solchen gebilligt worden sein (Rauscher/
Andrae Rn 5). Der Begriff ist ebenfalls autonom und weit auszulegen (Rauscher/*Andrae* Rn 6);
Anwalts- und Mediationsvergleiche sind jedoch keine gerichtlichen Vergleiche (MüKo-
FamFG/*Lipp* Rn 9; näher unalexK/*ten Wolde/Knot/Hausmann* Art 58 EuGVVO aF Rn 7 ff).

3. Öffentliche Urkunde, Abs 1 Nr 3

Wie gerichtliche Vergleiche sind auch öffentliche Urkunden, die eine Unterhaltspflicht zum **40**
Gegenstand haben, nach Art 48 in anderen Mitgliedstaaten vollstreckbar. Die Begriffsbestim-
mung in Nr 3 orientiert sich an Art 4 Nr 3 EuVTVO und der Rechtsprechung des EuGH zu
Art 50 EuGVÜ/Art 57 EuGVVO aF (EuGH C-260/97 – *Unibank/Flemming,* Slg 99-I, 3715
Rn 14 = IPRax 00, 409). Gemeint sind danach Urkunden, die im Ursprungsmitgliedstaat
förmlich errichtet oder in ein Register eingetragen wurden (lit a). Die Beurkundung oder
Registrierung hat durch eine Behörde oder eine andere gemäß der Rechtsordnung des Ursprungsmitgliedstaats hierzu ermächtigte Stelle, etwa durch einen Notar, zu erfolgen. In *Deutschland* sind dies Urkunden, die von einem Notar oder einem Gericht errichtet wurden (§§ 794
Nr 5 ZPO, 62, 56 Abs 4 BeurkG). Privaturkunden, insbesondere der **Anwaltsvergleich,**
werden vom Begriff der öffentlichen Urkunde nicht erfasst (Rauscher/*Andrae* Rn 9). Etwas
anderes gilt jedoch dann, wenn der Anwaltsvergleich von einem Notar für vollstreckbar erklärt
wurde (§ 796c ZPO). Wird er hingegen vom Gericht nach deutschem Recht für vollstreckbar
erklärt (§ 796a ZPO), ist er als gerichtlich gebilligter Vergleich iSv Nr 2 anzusehen (Rauscher/
Andrae Rn 10; dazu unalexK/*ten Wolde/Knot/Hausmann* Art 57 EuGVVO aF Rn 14).

Die **Beweiskraft** der öffentlichen Urkunde muss sich gem lit a gleichermaßen auf die Unter- **41**
schrift wie auf den Inhalt beziehen und muss durch eine behörde oder eine ndere hierzu
ermächtigte Stelle festgestellt worden sein. Eine bloße **Unterschriftsbeglaubigung,** die lediglich die Echtheit der Unterschrift bestätigt, ist daher keine öffentliche Urkunde iSv Nr 3.

Lit b dehnt den Begriff der öffentlichen Urkunde in Unterhaltssachen auf die mit einer **42**
Verwaltungsbehörde eines Mitgliedstaats geschlossene oder von ihr beglaubigte **Unterhaltsvereinbarung** aus. Bedeutung hat dies insbesondere für die *skandinavischen* Staaten. Keine Urkunden iS der Vorschrift sind jedoch – in Ermangelung der Mitwirkung einer schwedischen Behörde
– Vereinbarungen, die auf einem Formular der schwedischen *„Försäkringskassan"* geschlossen
wurde (OLG Karlsruhe FamRZ 07, 1581 f; Rauscher/*Andrae* Art 48 Rn 2). Dagegen fällt der
vor der schwedischen Unterhaltskasse geschlossene und vollstreckbare Unterhaltsvertrag unter
Art 2 Abs 1 Nr 3 lit c (OLG Düsseldorf FamRZ 02, 1422 f). Gleiches gilt für die im deutschen
Recht vom Jugendamt beurkundeten Erklärungen nach § 60 SGB VIII.

4. Ursprungs-/Vollstreckungsmitgliedstaat, Abs 1 Nr 4, 5

Die Definitionen des Ursprungs- und Vollstreckungsmitgliedstaats in Abs 1 Nr 4 und Nr 5, **43**
die nur im Rahmen der Anerkennung und Vollstreckung von Unterhaltsentscheidungen Bedeutung erlangen, sind aus sich heraus verständlich.

5. Berechtigte und verpflichtete Person, Abs 1 Nr 10, 11

Berechtigte Person kann nach Abs 1 Nr 10 nur eine **natürliche Person** sein, der Unterhalt **44**
zusteht oder angeblich zusteht. Dabei genügt für die Zwecke der Verordnung die schlüssige
Darlegung der materiellen Unterhaltsberechtigung (sog doppelrelevante Tatsache; vgl Rauscher/

1027

M   2. Teil. Anerkennung/Vollstreckung M. Unterhaltssachen

Andrae Rn 13). Nicht erforderlich ist, dass der Unterhaltsanspruch von einem Gericht bereits einmal als berechtigt anerkannt worden ist; vielmehr ist auch der erstmalig auf Unterhalt Klagende als „berechtigte Person" iSv Abs 1 Nr 10 anzusehen. Dieser Begriff meint allerdings nur den ursprünglich Berechtigten, nicht denjenigen, der den Unterhaltsanspruch im Wege der **Zession** erworben hat.

45   Juristische Personen sind zwar für die Begründung der internationalen Zuständigkeit nach Kapitel II keine „berechtigten Personen" (Rauscher/*Andrae* Rn 14; dazu → C Rn 107 f). Für die Zwecke der Anerkennung und Vollstreckung von Unterhaltsentscheidungen sollen jedoch auch **öffentliche Aufgaben wahrnehmende Einrichtungen** – wie ErwG 14 (→ Anh III) betont – als „berechtigte Personen" behandelt werden.

6. Verwaltungsbehörden, Abs 2

46   Nach Abs 2 schließt der Begriff „Gericht" in Unterhaltssachen auch Verwaltungsbehörden der Mitgliedstaaten ein, denen vom nationalen Recht auf dem Gebiet des Unterhaltsrechts Zuständigkeiten eingeräumt werden, sofern diese Behörden die in der Vorschrift genannten **Garantien für ein rechtsstaatliches Verfahren,** insbesondere Unparteilichkeit und die Gewährung rechtlichen Gehörs, einhalten. Ferner muss die Entscheidung einer solchen Behörde nach dem Recht des Mitgliedstaats, in dem sie ihren Sitz hat, vor Gericht angefochten oder von einem Gericht nachgeprüft werden können *und* eine mit einer Entscheidung eines Gerichts in der gleichen Sache vergleichbare Rechtskraft und Wirksamkeit haben, dh sie sie muss insbesondere ohne Einschaltung eines Gerichts vollstreckt werden können (vgl auch ErwG 12; → Anh III). Die Vorschrift ist insbesondere auf die verfahrensmäßige Besonderheiten der skandinavischen Mitgliedstaaten *Dänemark, Finnland* (dazu EuGH C-435/06 – *C*, Slg 07 I-10141 = IPRax 08, 513; dazu *Andrae* EuLF 08 I, 189) und *Schweden* zurückzuführen. Diejenigen Verwaltungsbehörden, die den Voraussetzungen des Abs 2 genügen und demgemäß im Rahmen der Verordnung als Gericht zu behandeln sind, werden im **Anhang X** der Verordnung abschließend aufgeführt; hierdurch werden den Gerichten der übrigen Mitgliedstaaten klare Kriterien an die Hand gegeben, in welchen Fällen Entscheidungen von Verwaltungsbehörden in den Anwendungsbereich der Verordnung fallen. Damit entfällt eine Prüfung der Vergleichbarkeit im Einzelfall (MüKoFamFG/*Lipp* Rn 7).

7. Domicile, Abs 3

47   Abs 3 trägt dem Umstand Rechnung, dass zentrales Anknüpfungskriterium auf dem Gebiet des internationalen Personen- und Familienrechts in den *Common Law*-Staaten nicht die Staatsangehörigkeit, sondern das *„domicile"* einer Person ist. Der in der deutschen Fassung verwendete Begriff „Wohnsitz" ist daher – wie der englischen Fassung entnommen werden kann – iSv *„domicile"* zu verstehen (Rauscher/*Andrae* Rn 20). Die Vorschrift betrifft gem ErwG 18 vor allem das **Vereinigte Königreich und Irland.** Eine Ersetzung der Staatsangehörigkeit durch das „domicile" erscheint jedoch auch hinsichtlich *Malta* und *Zypern* möglich (Rauscher/*Andrae* Rn 21).

Kapitel II. Zuständigkeit

EuUntVO Art 3–14

(abgedruckt und kommentiert → C Rn 72 ff)

Kapitel III. Anwendbares Recht

EuUntVO Art 15

(abgedruckt und kommentiert → C Rn 486 f)

Kapitel IV. Anerkennung, Vollstreckbarkeit und Vollstreckung von Entscheidungen

EuUntVO Art 16. Geltungsbereich dieses Kapitels

(1) **Dieses Kapitel regelt die Anerkennung, die Vollstreckbarkeit und die Vollstreckung der unter diese Verordnung fallenden Entscheidungen.**

1028

II. EU-Recht: EuUntVO Art 16   48–52   **M**

(2) **Abschnitt 1 gilt für Entscheidungen, die in einem Mitgliedstaat, der durch das Haager Protokoll von 2007 gebunden ist, ergangen sind.**

(3) **Abschnitt 2 gilt für Entscheidungen, die in einem Mitgliedstaat, der nicht durch das Haager Protokoll von 2007 gebunden ist, ergangen sind.**

(4) **Abschnitt 3 gilt für alle Entscheidungen.**

1. Begriffe

a) Anerkennung. Der Begriff der Anerkennung wird in der EuUntVO nicht definiert. **48** Insoweit gilt der **Grundsatz der Wirkungserstreckung,** dh den Entscheidungen der Gerichte eines anderen Mitgliedstaats werden im Anerkennungsstaat die gleichen verfahrensrechtlichen Wirkungen beigemessen wie im Ursprungsstaat (Rauscher/*Andrae*/*Schimrick* Art 17 Rn 3; Mü-KoFamFG/*Lipp* Art 17 Rn 4; vgl zum EuGVÜ EuGH C-145/86 – *Hoffmann/Krieg,* Slg 88, 645 Rn 11 = NJW 89, 663; zur EuGVVO Rauscher/*Mankowski* Art 36 Rn 4 mwN). Anerkennungsfähige verfahrensrechtliche Urteilswirkungen sind insbesondere die materielle Rechtskraft, die Präklusionswirkung und prozessuale Drittwirkungen, ferner die Interventions- und Streitverkündungswirkung, sowie schließlich auch die Gestaltungswirkung, nicht aber die Tatbestandswirkung. Die Grenzen der auf das Inland zu erstreckenden verfahrensrechtlichen Urteilswirkungen bestimmen sich nach dem Recht des Ursprungsstaates; eine Kappung dieser Urteilswirkungen gemäß der zum autonomen Recht vertretenen *Kumulationstheorie* findet im europäischen Anerkennungsrecht nicht statt (Rauscher/*Mankowski* Art 36 EuGVVO Rn 4). Damit kann einer im Inland anerkannten ausländischen Unterhaltsentscheidung eine weitergehende Rechtskraft- oder Präklusionswirkung zukommen als einer vergleichbaren inländischen Entscheidung. Eine **Teilanerkennung** ist bei Teilbarkeit der Entscheidung möglich.

b) Entscheidung. Der Begriff der Entscheidung wird in Art 2 Abs 1 legal definiert. Er **49** umfasst nach Art 2 Abs 2 auch Verwaltungsentscheidungen (→ Rn 46) sowie vorläufig vollstreckbare Entscheidungen. Einbezogen sind ferner auch Entscheidungen, die dem Unterhaltsberechtigten einen Unterhaltsanspruch versagen oder dem Anspruch des Unterhaltsverpflichteten auf Rückzahlung zuviel geleisteten Unterhalts entsprechen (*Gruber* IPRax 10, 128/136; *Hohloch* FPR 12, 495/498). Schließlich können auch **Kostenentscheidungen** in Unterhaltsprozessen, auch nach einer erfolgreichen negativen Feststellungklage, nach dem Kap IV anerkannt und vollstreckt werden (*Gruber* IPRax 10, 128/136; HK-ZPO/*Dörner* Rn 2).

Auch Maßnahmen des **einstweiligen Rechtsschutzes** in Unterhaltssachen (Art 14; näher **50** → C Rn 299 ff) können nach Art 16 ff anerkannt und vollstreckt werden, sofern ihnen extraterritoriale Geltung zukommen soll (G/Sch/*Hilbig,* IRV Rn 6). Voraussetzung für eine grenzüberschreitende Wirkung von Maßnahmen des einstweiligen Rechtsschutzes (zB eines Arrests oder einer einstweiligen Anordnung) ist freilich nach **Vollstreckbarerklärungsverfahren** nach Abs 3 iVm Art 26 ff die Wahrung des **rechtlichen Gehörs** des Schuldners in einem kontradiktorischen Verfahren (vgl zum EuGVÜ EuGH C-125/79 – *Denilauler,* Slg 80, 1553 Rn 17 f = IPRax 81, 95 m Anm *Hausmann* 79; BGH NJW 99, 2372; OLG Karlsruhe FamRZ 01, 1623/1624; ebenso zur EuGVVO aF BGH NJW-RR 07, 1573 Rn 11 ff; zur EuEheVO BGH FamRZ 09, 1297/1299). Diese Anhörung muss allerdings nicht notwendig bereits vor Erlass der einstweiligen Maßnahme im Ursprungsmitgliedstaat erfolgen. Anerkannt werden können vielmehr auch sog *ex-parte*-Entscheidungen, sofern der Schuldner nur vor der Anerkennung oder Vollstreckung in einem anderen Mitgliedstaat die Möglichkeit hatte, seinen Anspruch auf rechtliches Gehör im Ursprungsmitgliedstaat durch Einlegung eines Rechtsbehelfs gegen die Entscheidung durchzusetzen (Rauscher/*Andrae*/*Schimrick* Rn 4 und Art 26 Rn 2; vgl zur EuGVVO aF EuGH C-39/02 – *Mærsk Olie & Gas,* Slg 04 I-9657 Rn 50 f = EuLF 04, 282; dazu Anm *Smeele* IPRax 06, 229). Demgegenüber sind einstweilige Unterhaltsanordnungen aus Staaten, die **durch das HUP gebunden** sind, nach Abs 2 iVm Art 17 ohne Prüfung des rechtlichen Gehörs des Schuldners im Inland zu vollstrecken; der Schuldner kann allerdings den Rechtsbehelf nach Art 19 Abs 1 lit a im Ursprungsmitgliedstaat einlegen.

Nicht anerkennungsfähig nach der Verordnung sind hingegen drittstaatliche Entscheidungen, **51** **Exequaturentscheidungen** (Rauscher/*Andrae*/*Schimrick* Rn 3; zur EuGVVO aF unalexK/*Althammer* Art 32 Rn 19) und Maßnahmen der Zwangsvollstreckung.

c) Unterhaltssache. Gegenstand der Entscheidung muss eine Unterhaltssache iSv Art 1 Abs 1 **52** sein (Rauscher/*Andrae*/*Schimrick* Rn 5; näher → C Rn 34 ff). Bei der **von Amts wegen** vorzunehmenden Prüfung des sachlichen Anwendungsbereichs der Verordnung ist das Zweitgericht

1029

M 2. Teil. Anerkennung/Vollstreckung M. Unterhaltssachen

nicht an die Beurteilung des Erstgerichts gebunden; dabei bleibt es gleich, ob jenes die Verordnung für anwendbar oder (fälschlicherweise) für nicht anwendbar erachtet hat (BGH NJW-RR 10, 1/2 f; Rauscher/*Andrae*/*Schimrick* Rn 9 f). Das Gericht im Vollstreckungsstaat hat damit stets zu prüfen, inwieweit eine ausländische Entscheidung, in der die titulierte Leistung als Unterhalt bezeichnet wird, tatsächlich unterhaltsrechtlichen (und zB nicht etwa güterrechtlichen) Charakter hat (BGH NJW-RR 10, 1/2 f). Eine Leistung, die sowohl unterhalts- wie auch güterrechtlichen Zwecken dient, kann nur teilweise der EuUntVO unterfallen. Für die partielle Anwendbarkeit der Verordnung muss allerdings eindeutig sein, welchem der beiden Zwecke die verschiedenen Teile einer Leistung jeweils zuzuordnen sind (BGH NJW-RR 10, 1 Rn 16; *Henrich* FamRZ 09, 1662). Einen solchen **doppelten Zweck** können im Einzelfall etwa englische Einmalzahlungen haben, die auf einem sog „*clean break*" beruhen (BGH NJW-RR 10 Rn 14 ff; *Heiderhoff* IPRax 11, 156 f). Dass die EuUntVO auf die Leistung oder einen Teil der Leistung nicht anwendbar ist, bedeutet freilich nicht, dass der ausländische Titel in *Deutschland* insoweit nicht anerkannt und vollstreckt werden kann; die Anerkennungsfähigkeit beurteilt sich jedoch dann nach anderen EU-Verordnungen (zB der EuGVVO oder der EuGüVO), vorrangigen Staatsverträgen oder nach §§ 108, 109 FamFG.

2. Unterschiedliche Verfahren nach Abs 2 und Abs 3

53   Für die Anerkennung und Vollstreckung von Unterhaltstiteln sieht die EuUntVO in Abs 2 und Abs 3 zwei unterschiedliche Verfahren vor, je nachdem ob die Entscheidung in einem Mitgliedstaat ergangen ist, der durch das HUP gebunden ist oder nicht:

54   **a) Bindung an das HUP.** Entscheidungen aus Mitgliedstaaten, die **durch das HUP gebunden** sind – dies sind alle EU-Mitgliedstaaten mit Ausnahme von *Dänemark* und dem *Vereinigten Königreich* (→ C Rn 491 f) – werden gem Abs 2 ohne das Erfordernis eines Exequaturverfahrens nach Maßgabe des 1. Abschnitts (Art 17–22) anerkannt und vollstreckt. Auch insoweit gelten jedoch nach Abs 4 die allgemeinen Vorschriften des 3. Abschnitts (Art 40–43, 48).

55   **b) Keine Bindung an das HUP.** Für Entscheidungen aus **Dänemark** und dem **Vereinigten Königreich,** die sich zwar an der EuUntVO beteiligen, nicht aber am HUP (dazu HK-ZPO/*Dörner* Art 15 Rn 2), verbleibt es demgegenüber gem Abs 3 beim bisherigen System der EuGVVO. Diese Entscheidungen werden daher zwar in Deutschland und den übrigen Mitgliedstaaten nach Art 23 ff automatisch anerkannt; vollstreckt werden können sie hingegen nur auf der Grundlage eines vorherigen Vollstreckbarerklärungsverfahrens nach dem 2. Abschnitt (Art 26–43 iVm Art 24).

56   Das Vollstreckbarerklärungsverfahren ist darüber hinaus auch für Unterhaltstitel aus den durch das HUP gebundenen Mitgliedstaaten der EuUntVO weiterhin durchzuführen, soweit der **Titel in einem bereits vor dem 18.6.2011 eingeleiteten Verfahren** – und deshalb noch nicht auf der Grundlage des HUP – ergangen ist (*Heger*/*Selg* FamRZ 11, 1101/1108; Rauscher/*Andrae*/*Schimrick* Rn 12; näher → Rn 376 ff). Auf *kroatische* Unterhaltstitel, die in Verfahren ergangen sind, die vor dem Beitritt des Landes zur EU am 1.7.2013 eingeleitet wurden, findet das Kapitel IV der EuUntVO grundsätzlich keine Anwendung; die Vollstreckbarerklärung kann jedoch nach Art 75 Abs 2 lit b auf die Art 23 ff gestützt werden, wenn das kroatische Gericht seine Zuständigkeit aufgrund von Vorschriften angenommen hat, die dem Kapitel II der EuUntVO entsprechen (Rauscher/*Andrae*/*Schimrick* Rn 13b).

3. Allgemeine Bestimmungen, Abs 4

57   In Abs 4 wird schließlich klargestellt, dass die Vorschriften des 3. Abschnitts (Art 39–43) für alle Entscheidungen gelten, auf die das IV. Kapitel der EuUntVO Anwendung findet.

Abschnitt 1. In einem Mitgliedstaat, der durch das Haager Protokoll von 2007 gebunden ist, ergangene Entscheidungen

EuUntVO Art 17. Abschaffung des Exequaturverfahrens

(1) **Eine in einem Mitgliedstaat, der durch das Haager Protokoll von 2007 gebunden ist, ergangene Entscheidung wird in einem anderen Mitgliedstaat anerkannt, ohne dass es hierfür eines besonderen Verfahrens bedarf und ohne dass die Anerkennung angefochten werden kann.**

II. EU-Recht: EuUntVO Art 17 · 58–62 **M**

(2) Eine in einem Mitgliedstaat, der durch das Haager Protokoll von 2007 gebunden ist, ergangene Entscheidung, die in diesem Staat vollstreckbar ist, ist in einem anderen Mitgliedstaat vollstreckbar, ohne dass es einer Vollstreckbarerklärung bedarf.

1. Allgemeines

Art 17 betrifft lediglich Entscheidungen aus EU-Mitgliedstaaten, die durch das HUP gebun- **58** den sind. Dies sind aufgrund eines Beschlusses des Europäischen Rats v 30.11.2009 (ABl EU L 331, 17) und der Ratifikation des HUP durch die EU am 8.4.2010 sämtliche Mitgliedstaaten mit Ausnahme von *Dänemark* und dem *Vereinigten Königreich* (*Hohloch* FPR 12, 495/498; NK-BGB/*Gruber* vor Art 1 HUP Rn 3; ThP/*Hüßtege* Vorbem Art 1 Rn 28a). Darüber hinaus muss die Entscheidung auch unter Zugrundelegung des HUP, dh in einem **nach dem 18.6.2011** eingeleiteten Verfahren ergangen sein (*Heger/Selg* FamRZ 11, 1101/1108; näher → Rn 373 ff). Seit dem völkerrechtlichen Inkrafttreten des HUP durch den Beitritt *Serbiens* am 1.8.2013 ergibt sich die Bindung an das HUP unmittelbar aus Art 15 EuUntVO (*Mansel/Thorn/Wagner* IPRax 14, 1/9).

Während Unterhaltsentscheidungen aus allen EU-Mitgliedstaaten *ipso iure* anerkannt werden **59** (Abs 1 und Art 23 Abs 1), werden nur solche Entscheidungen, die **unter Zugrundelegung des HUP ergangen** sind, auch ohne Exequaturverfahren vollstreckt, sofern sie im Ursprungs-mitgliedstaat vollstreckbar sind (Abs 2; vgl OLG Nürnberg FamRZ 15, 355 m Anm *Andrae* IPRax 16, 243). Durch die Abschaffung der Vollstreckbarerklärung sollen die mit der Anrufung eines Gerichts im Vollstreckungsmitgliedstaat verbundenen Kosten und Verzögerungen vermie-den werden. Art 48 erstreckt das System der Art 17 ff auf vollstreckbare **gerichtliche Vergleiche** und **öffentliche Urkunden** aus Mitgliedstaaten, die durch das HUP gebunden sind (→ Rn 325 ff).

2. Anerkennung, Abs 1

a) Grundsatz. Nach Abs 1 werden die in einem Mitgliedstaat, der durch das HUP gebunden **60** ist, ergangenen Entscheidungen, in allen anderen Mitgliedstaaten – wie zuvor nach Art 33 Abs 1 EuGVVO aF – anerkannt, ohne dass es hierfür eines besonderen Verfahrens bedarf. Neu ist hingegen, dass die Anerkennung im Zweitstaat auch nicht mehr angefochten werden kann. Anders als bisher nach Art 34 EuGVVO aF kann einer Unterhaltsentscheidung aus einem Mitgliedstaat, der durch das HUP gebunden ist, die Anerkennung in den übrigen Mitgliedstaaten nicht mehr versagt werden. Eine solche Entscheidung muss vielmehr wie eine inländische Entscheidung hingenommen werden. Eine Anfechtung, dh die Erhebung von Einwendungen gegen die Entscheidung, ist ausschließlich im Ursprungsmitgliedstaat möglich (Rauscher/*Andrae/Schimrick* Rn 1).

Ist die Unterhaltsentscheidung als **Annexentscheidung in einem Statusverfahren** ergan- **61** gen, so beschränkt sich die *ipso iure* Anerkennung jedoch auf den unterhaltsrechtlichen Teil der Entscheidung (siehe zum Unterhaltsbegriff → C Rn 34 ff; ferner zu Art 22 → Rn 132 ff). Umge-kehrt hat die Nichtanerkennung des statusrechtlichen Teils der Entscheidung auch dann keinen Einfluss auf die Anerkennung des unterhaltsrechtlichen Teils, wenn die Statusentscheidung erst die Grundlage für die Unterhaltsentscheidung geschaffen hat (Rauscher/*Andrae/Schimrick* Rn 2b). Eine solche Abhängigkeit der Anerkennung einer Unterhaltsentscheidung von der Anerkennung der ihr zugrundeliegenden Ehescheidung oder Vaterschaftsfeststellung kann – anders als bisher nach dem EuGVVO aF (vgl BGHZ 182, 188 = FamRZ 09, 1816 m Anm *Henrich;* → Rn 170) und heute noch für Unterhaltsurteile aus *Dänemark* und dem *Vereinigten Königreich* nach Art 24 lit a – im Verhältnis der durch das Haager Unterhaltsprotokoll gebunden Staaten auch nicht mehr mit Hilfe des *ordre public* hergestellt werden.

Entsprechendes gilt für Scheidungsfolgenregelungen, die – wie der sog *„clean break"* nach **62** englischem Recht – **unterhalts- und güterrechtliche Elemente** miteinander verbinden. Voraussetzung für die teilweise Anerkennung und Vollstreckung der unterhaltsrechtlichen Schei-dungsfolgen ohne das Erfordernis eines Exequaturverfahrens ist dann, dass sich diese von der güterrechtlichen Vermögensauseinandersetzung klar trennen lassen (BGH IPRax 11, 187 Rn 15 ff m Anm *Heiderhoff* 156; *Henrich* FamRZ 09, 1662). Daran ändert sich auch unter der Geltung der EuGüVO nichts, weil diese nach ihrem Art 42 am Erfodernis einer Vollstreckbar-erklärung güterrechtlicher Entscheidungen festhält (→ L Rn 88 ff).

1031

M 63–68 2. Teil. Anerkennung/Vollstreckung M. Unterhaltssachen

63 **b) Divergierende Entscheidungen.** Im Fall der Nichtbeachtung einer früheren Rechts-hängigkeit oder eines im Zusammenhang stehenden Verfahrens in einem anderen Mitgliedstaat (Art 12, 13; → C Rn 265 ff, 290 ff) oder bei Nichtbeachtung der Rechtskraft der Entscheidung eines anderen Mitgliedstaats besteht die Gefahr von sich widersprechenden Entscheidungen in zwei Mitgliedstaaten. Die EuUntVO enthält hierzu nur im Rahmen der Anerkennung von nicht durch das HUP gebundenen Staaten eine Regelung (Art 24 lit c, lit d → Rn 192 ff). Für die durch das HUP gebundenen Staaten ist die Unvereinbarkeit zweier Entscheidungen nur im Rahmen der Vollstreckung geregelt (Art 21 Abs 2 UAbs 2; → Rn 118 ff). Eine analoge Anwen-dung der letztgenannten Vorschrift auf die Anerkennung ist vor dem Hintergrund des Bedürf-nisses nach Rechtssicherheit zwar problematisch. Denn Art 21 Abs 2 UAbs 2 eröffnet dem Gericht ein Ermessen, welche der beiden Entscheidungen es für maßgebend erachten möchte. Dennoch dürfte diese Lösung den Vorzug vor einer analogen Anwendung von Art 24 lit c und lit d verdienen (so auch Rauscher/*Andrae*/*Schimrick* Rn 5; MüKoFamFG/*Lipp* Rn 9; G/Sch/ *Hilbig* Rn 31).

64 **c) Unzulässigkeit eines Anerkennungsfeststellungsverfahrens.** Anders als bisher nach Art 33 Abs 2 und 3 EuGVVO aF (und weiterhin für Unterhaltsentscheidungen aus *Dänemark* und dem *Vereinigten Königreich,* vgl Art 23 Abs 2 und 3; → Rn 141 ff) kann die Anerkennung der Entscheidung aus einem an das HUP gebundenen Staat nicht auf besonderen Antrag einer Partei verbindlich festgestellt werden (Rauscher/*Andrae*/*Schimrick* Rn 2; **aA** MüKoFamFG/*Lipp* Rn 9). Da im Anwendungsbereich der EuUntVO keine Möglichkeit zur Versagung der An-erkennung mehr besteht, fehlt einem Antrag nach §§ 113 Abs 1 S 2 FamFG iVm 256 ZPO nach nationalem Recht das Feststellungsinteresse. Auch § 108 Abs 2 FamFG findet in Unterhalts-sachen keine Anwendung.

3. Vollstreckung, Abs 2

65 **a) Verzicht auf Exequaturverfahren.** Eine (auch nur vorläufig) vollstreckbare Unterhalts-entscheidung bedarf nach Abs 2 dann, wenn der Ursprungsmitgliedstaat durch das HUP gebun-den ist, im Zweitstaat – anders als bisher nach Art 38 ff EuGVVO aF– keiner Vollstreckbar-erklärung mehr, sondern ist selbst unmittelbarer Vollstreckungstitel. Insoweit gilt der Grundsatz der Wirkungserstreckung daher auch für die Vollstreckbarkeit des Unterhaltstitels (MüKo-FamFG/*Lipp* Rn 13; G/Sch/*Hilbig*, IRV Rn 22). Der deutsche Gesetzgeber hat sogar auf das Erfordernis einer Vollstreckungsklausel verzichtet (§ 30 Abs 1 AUG; → Rn 718 f). Dies gilt auch hinsichtlich der Kostenentscheidung (Art 43; → Rn 324; Rauscher/*Andrae*/*Schimrick* Rn 8). Im Vollstreckungsmitgliedstaat kann daher weder ein Verstoß des Erstgerichts gegen die Zuständig-keitsvorschriften der EuUntVO (Art 3 ff) noch eine Verletzung des *ordre public* durch die auslän-dische Entscheidung geltend gemacht werden. Dies gilt gleichermaßen für die Vollstreckung von öffentlichen Urkunden und gerichtlichen Vergleichen (Art 48; → Rn 325 ff).

66 Ob durch die Abschaffung des Exequaturverfahrens und die damit verbundene Verlagerung des Rechtsschutzes eine Verletzung der **Rechtsweggarantie** des Art 19 Abs 4 GG gegeben ist, wird unterschiedlich beurteilt (abl Rauscher/*Andrae*/*Schimrick* Rn 9; **aA** *Stadler* IPRax 04, 2/8 f; *Gsell*/*Netzer* IPRax 10, 403/407 ff).

67 **b) Dokumentenvorlage.** Anstatt ein Vollstreckbarerklärungsverfahren durchführen zu müs-sen, hat der Titelgläubiger der zuständigen Vollstreckungsbehörde lediglich die in Art 20 Abs 1 genannten Dokumente aus dem Ursprungsstaat vorzulegen. Die Vorlage dieser Dokumente hat das Vollstreckungsorgan im Zweitstaat zu prüfen (→ Rn 100 ff). Die nach Anlage I zur EuUnt-VO erteilte Bestätigung entbindet die Behörden im Vollstreckungsmitgliedstaat jedoch nicht von der Prüfung, ob eine Unterhaltssache iSv Art 1 vorliegt (*Gruber* IPRax 13, 325/326; ThP/ *Hüßtege* Vorbem Art 1 Rn 13b aE).

68 **c) Rechtsbehelfe des Schuldners.** Der Schuldner ist nach dem 1. Abschnitt primär angehal-ten, seine Rechtsbehelfe gegen die Entscheidung bereits im **Ursprungsmitgliedstaat** geltend zu machen. Dies gilt auch für den unionsrechtlichen Rechtsbehelf nach Art 19 (Recht auf Nachprüfung) im Fall der Verletzung des rechtlichen Gehörs des Antragsgegners, der sich auch das Verfahren nicht eingelassen hatte (→ Rn 79 ff). Im **Vollstreckungsmitgliedstaat** ist der Schuldner auf die ihm in Art 21 abschließend eingeräumten Rechtsbehelfe beschränkt (→ Rn 108 ff).

1032

II. EU-Recht: EuUntVO Art 18   **70–76 M**

d) Durchführung der Vollstreckung. Die Vollstreckung selbst richtet sich – wie § 65 AUG **69** klarstellt – unter Beachtung der in der EuUntVO (Art 41 ff; → Rn 315 ff) und im AUG (§§ 66 ff; → Rn 818 ff) geregelten Besonderheiten gem §§ 65 AUG, 120 Abs 1 FamFG nach den Vorschriften der ZPO. Der Titel muss nach allgemeinen Grundsätzen hinreichend bestimmt sein. Fehlt es hieran, so kann der Gläubiger im Verfahren nach § 34 AUG die Konkretisierung des Titels beantragen (→ Rn 735 ff).

EuUntVO Art 18. Sicherungsmaßnahmen

Eine vollstreckbare Entscheidung umfasst von Rechts wegen die Befugnis, alle auf eine Sicherung gerichteten Maßnahmen zu veranlassen, die im Recht des Vollstreckungsmitgliedstaats vorgesehen sind.

1. Normzweck

Die Vorschrift hat eine Parallele in Art 36 und geht auf Art 47 EuGVVO aF zurück. Sie ist **70** jedoch der unmittelbaren Vollstreckung von Entscheidungen der Gerichte anderer Mitgliedstaaten angepasst (Rauscher/*Andrae*/*Schimrick* Rn 2). Anders als im Rahmen von Art 36 hat die Beantragung von Sicherungsmaßnahmen nach Art 18 also nicht den Zweck, den Zeitraum des Vollstreckbarerklärungsverfahrens zu überbrücken, denn der ausländische Titel ist ohne Weiteres im Inland Vollstreckungstitel. Sicherungsmaßnahmen nach Art 18 kommen insbesondere in Betracht, wenn der Schuldner einen Rechtsbehelf gegen die Vollstreckung eingelegt hat und das Vollstreckungsverfahren deshalb ausgesetzt worden ist.

2. Voraussetzungen

Die Befugnis, alle auf eine Sicherung gerichtete Maßnahmen zu veranlassen, die im Recht des **71** Vollstreckungsmitgliedstaates vorgesehen sind, besteht kraft sekundären Unionsrechts, sobald die Entscheidung im Ursprungsmitgliedstaat vollstreckbar ist (G/Sch/*Pörnbacher,* IRV Art 47 EuGVVO Rn 12). Ihre Ausübung ist gem 18 von keinen zusätzlichen Voraussetzungen abhängig; insbesondere bedarf es **keines Nachweises eines konkreten Sicherungsbedürfnisses** (zB Gefahr im Verzug, vgl Rauscher/*Andrae*/*Schimrick* Rn 7 aE). Das nationale Verfahrensrecht wird, soweit es ein solches Erfordernis vorsieht, durch Art 18 überlagert.

Auch eine **Zustellung** des ausländischen Titels an den Schuldner wird nicht verlangt, um **72** dem Gläubiger den Überraschungseffekt zu erhalten. Art 18 verdrängt insoweit § 750 ZPO (Rauscher/*Andrae*/*Schimrick* Rn 3 und 7; MüKoFamFG/*Lipp* Rn 9; **aA** G/Sch/*Hilbig* Rn 18).

Die **internationale Zuständigkeit** für die Anordnung von Sicherungsmaßnahmen folgt **73** direkt aus Art 18 (Rauscher/*Andrae*/*Schimrick* Rn 2).

In formeller Hinsicht hat der Antragsteller die **nach Art 20 notwendigen Schriftstücke 74** vorzulegen (MüKoFamFG/*Lipp* Rn 8). Denn bei den Sicherungsmaßnahmen handelt es sich – anders als bei den einstweiligen Maßnahmen nach Art 14 (→ C Rn 299 ff) – aufgrund der systematischen Stellung des Art 18 im IV. Kapitel um Maßnahmen der Zwangsvollstreckung (Rauscher/*Andrae*/*Schimrick* Rn 4). Nur auf der Grundlage dieser Dokumente kann das zuständige Organ im Vollstreckungsstaat prüfen, ob eine vollstreckbare Entscheidung vorliegt, die den Voraussetzungen des Art 17 Abs 2 genügt (Rauscher/*Andrae*/*Schimrick* Rn 6).

3. Zulässige Sicherungsmaßnahmen

Den Kreis der zulässigen Sicherungsmaßnahmen bestimmt dagegen das **Verfahrensrecht des 75 Vollstreckungsstaates.** Denn Art 18 schafft keine neuen europäischen Sicherungsmaßnahmen (Rauscher/*Andrae*/*Schimrick* Rn 4).

In Deutschland kommt zunächst eine **Sicherungsvollstreckung nach § 720a ZPO** (iVm **76** §§ 65 AUG, 120 Abs 1 FamFG) in Betracht (MüKoZPO/*Gottwald* Art 47 EuGVVO Rn 2, 8). Hierfür erforderlich ist jedoch, dass im Ursprungsmitgliedstaat eine vollstreckbare Ausfertigung erteilt wurde und diese dem Schuldner zugestellt wurde (*Heß*/*Hub* IPRax 03 93/95; G/Sch/ *Geimer* Art 47 EuGVVO Rn 24). § 720a ZPO ist entgegen seinem Wortlaut (analog) auch in Fällen anzuwenden, in denen der Titel nach dem Recht des Ursprungsmitgliedstaats ohne Sicherheitsleistung vorläufig vollstreckbar ist (G/Sch/*Geimer* aaO). Soweit zu § 47 EuGVVO aF vertreten wurde, dass eine Anwendung von § 720a ZPO ausscheidet, kann dies nicht für Art 18 EuUntVO gelten. Denn die Begrenzung auf den Arrest wurde im Rahmen von Art 47

M   2. Teil. Anerkennung/Vollstreckung M. Unterhaltssachen

EuGVVO aF nur im Hinblick auf die Schadensersatzpflicht nach § 945 ZPO und deshalb für notwendig erachtet, weil die EuGVVO aF die Vollstreckungsorgane der Mitgliedstaaten nicht zur Vornahme von Vollstreckungshandlungen verpflichten wolle, ohne dass überhaupt ein für vollstreckbar erklärter Titel vorlag (*Schlosser* Art 47 EuGVVO aF Rn 2). In Unterhaltsverfahren greift die Schadensersatzpflicht nach § 945 ZPO jedoch schon nach nationalem deutschen Recht (§ 119 Abs 1 S 2 FamFG) nicht ein. Ferner ist eine Unterhaltsentscheidung, die von dem Gericht eines Mitgliedstaats erlassen wurde, der durch das HUP gebunden ist, in Deutschland unmittelbar Vollstreckungstitel. Die Situation ist damit mit derjenigen in Art 47 Abs 2 EuGVVO aF, in der eine Vollstreckbarerklärung vorlag, nicht vergleichbar.

77   Weiter kann der Gläubiger einen **Arrestbeschluss** (§ 65 AUG iVm §§ 112 Nr 1, 119 Abs 2 FamFG, 930 ZPO) sowie die **Vorpfändung** (§§ 65 AUG, 120 Abs 1 FamFG, 845 ZPO) erwirken (MüKoZPO/*Gottwald*⁴ Art 47 EuGVVO aF Rn 8). Allerdings besteht bei der Vorpfändung das praktische Problem, dass § 845 Abs 2 S 1 ZPO die (endgültige) Pfändung innerhalb eines Monats verlangt. Einen (allerdings mit Kosten verbundenen) Ausweg bietet die Beantragung eines Arrests als Vollstreckungstitel (*Hess/Hub* IPRax 03, 94/95). Der Erlass einstweiliger Unterhaltsanordnungen, der in den Fällen der Aussetzung der Vollstreckung interessant sein könnte, scheidet hingegen auf der Grundlage von Art 18 aus, da diese nicht lediglich auf Sicherung gerichtet sind (MüKoFamFG/*Lipp* Rn 5). Der Erlass einer einstweiligen Verfügung ist gem § 119 FamFG in Unterhaltssachen nicht möglich.

4. Aufhebung der Sicherungsmaßnahmen

78   Die Sicherungsmaßnahmen bleiben idR so lange bestehen, bis sie auf einen Rechtsbehelf des Schuldners hin aufgehoben werden. Ein solcher Rechtsbehelf ist insbesondere erfolgversprechend, wenn die Unterhaltsentscheidung im Ursprungsmitgliedstaat aufgehoben worden ist oder dort ihre Vollstreckbarkeit verloren hat. Gleiches gilt aber auch dann, wenn der Schuldner sich im Vollstreckungsmitgliedstaat erfolgreich mit Rechtsbehelfen nach Art 21 Abs 1 oder 2 gegen die Vollstreckung der ausländischen Entscheidung zur Wehr setzt (Rauscher/*Andrae/Schimrick* Rn 9). Für diesen Fall gelten nach deutschem Recht die §§ 31–33 AUG entsprechend (MüKoFamFG/*Lipp* Rn 14; → Rn 726 ff).

EuUntVO Art 19. Recht auf Nachprüfung

(1) **Ein Antragsgegner, der sich im Ursprungsmitgliedstaat nicht auf das Verfahren eingelassen hat, hat das Recht, eine Nachprüfung der Entscheidung durch das zuständige Gericht dieses Mitgliedstaats zu beantragen, wenn**

a) **ihm das verfahrenseinleitende Schriftstück oder ein gleichwertiges Schriftstück nicht so rechtzeitig und in einer Weise zugestellt worden ist, dass er sich verteidigen konnte, oder**

b) **er aufgrund höherer Gewalt oder aufgrund außergewöhnlicher Umstände ohne eigenes Verschulden nicht in der Lage gewesen ist, Einspruch gegen die Unterhaltsforderung zu erheben,**

es sei denn, er hat gegen die Entscheidung keinen Rechtsbehelf eingelegt, obwohl er die Möglichkeit dazu hatte.

(2) ¹**Die Frist für den Antrag auf Nachprüfung der Entscheidung beginnt mit dem Tag, an dem der Antragsgegner vom Inhalt der Entscheidung tatsächlich Kenntnis genommen hat und in der Lage war, entsprechend tätig zu werden, spätestens aber mit dem Tag der ersten Vollstreckungsmaßnahme, die zur Folge hatte, dass die Vermögensgegenstände des Antragsgegners ganz oder teilweise dessen Verfügung entzogen wurden.** ²**Der Antragsgegner wird unverzüglich tätig, in jedem Fall aber innerhalb einer Frist von 45 Tagen.** ³**Eine Verlängerung dieser Frist wegen weiter Entfernung ist ausgeschlossen.**

(3) **Weist das Gericht den Antrag auf Nachprüfung nach Absatz 1 mit der Begründung zurück, dass keine der Voraussetzungen für eine Nachprüfung nach jenem Absatz erfüllt ist, bleibt die Entscheidung in Kraft.**

¹**Entscheidet das Gericht, dass eine Nachprüfung aus einem der in Absatz 1 genannten Gründe gerechtfertigt ist, so wird die Entscheidung für nichtig erklärt.** ²**Die berechtigte Person verliert jedoch nicht die Vorteile, die sich aus der Unterbrechung**

1034

II. EU-Recht: EuUntVO Art 19   79–84 **M**

der Verjährungs- oder Ausschlussfristen ergeben, noch das Recht, im ursprünglichen Verfahren möglicherweise zuerkannte Unterhaltsansprüche rückwirkend geltend zu machen.

Schrifttum: *Gsell/Netzer,* Vom grenzüberschreitenden zum potenziell grenzüberschreitenden Sachverhalt – Art 19 EuUntVO als Paradigmenwechsel im Europäischen Zivilverfahrensrecht, IPRax 10, 403.

1. Allgemeines

Durch Art 19 wird dem Schuldner ein autonomer **außerordentlicher Rechtsbehelf** des **79** europäischen Rechts zur Verfügung gestellt. Mit diesem kann er geltend machen, dass ihm im Erstverfahren kein rechtliches Gehör gewährt wurde (ErwG 29; → Anh III; Rauscher/*Andrae/ Schimrick* Rn 1, 6). Zwar hat bereits das Erstgericht das Erkenntnisverfahren nach Art 11 (bzw Art 19 EuZVO, Art 15 HZÜ) auszusetzen, wenn sich der Antragsgegner auf das Verfahren nicht eingelassen hat und nicht festgestellt ist, dass er das verfahrenseinleitende Schriftstück so rechtzeitig erhalten hat, dass er sich effektiv verteidigen konnte (→ C Rn 255 ff). Es sind jedoch Fälle denkbar, in denen es im Erststaat dennoch zu einer Entscheidung in der Sache kommt (KOM [2006] 206 endg, 7; *Linke* FPR 06, 237/240). Für diese Fälle stellt Art 19 dem Schuldner – in Anlehnung an Art 18 EuGFVO und Art 20 EuMVVO – einen weiteren Rechtsbehelf zur Verfügung, um seinen Anspruch auf rechtliches Gehör durchzusetzen. Dieses **Recht auf Nachprüfung** der Entscheidung durch das Gericht des *Ursprungsmitgliedstaats* tritt an die Stelle der nach dem 1. Abschnitt des III. Kapitels nicht möglichen Versagung der Anerkennung und Vollstreckung nach Art 24 lit b, die nur noch für *dänische* und *britische* Unterhaltsentscheidungen gilt. Im *Vollstreckungsmitgliedstaat* wird also nicht mehr überprüft, ob dem Schuldner im Erkenntnisverfahren hinreichend rechtliches Gehör gewährt wurde (Art 42; vgl öst OGH 30.5.17, unalex AT–1102).

Der durch Art 19 geschaffene außerordentliche Rechtsbehelf ist nicht erst dann statthaft, wenn **80** der Gläubiger in einem anderen Mitgliedstaat der EuUntVO als dem Entscheidungsstaat die Vollstreckung betreiben will. Denn die Frist des Abs 2 beginnt mit der tatsächlichen Kenntnisnahme von der Entscheidung. Dem Gläubiger obliegt es damit, den Rechtsbehelf **auch in reinen Inlandsfällen** geltend zu machen (Rauscher/*Andrae/Schimrick* Rn 7; MüKoFamFG/ Lipp Rn 5; HK-ZPO/*Dörner* Vorbem zu Art 17–22 Rn 4; abl zu einer Kompetenz der EU für eine solche Regelung *Gsell/Netzer* IPRax 10, 403/407 f).

Der Rechtsbehelf nach Art 19 berührt nicht die Anwendung außerordentlicher Rechtsbehel- **81** fe, die nach dem **nationalen Recht** des Entscheidungsstaats bestehen, sofern diese Rechtsbehelfe nicht mit dem Recht auf eine Überprüfung nach Art 19 unvereinbar sind (ErwG 29; → Anh III; MüKoFamFG/*Lipp* Rn 1, 7; G/Sch/*Hilbig,* IRV Rn 58). Ferner bleiben dem Antragsgegner auch die ordentlichen Rechtsbehelfe des nationalen Rechts im Ursprungsmitgliedstaat gegen die Entscheidung – in Deutschland zB der Einspruch gegen ein Versäumnisurteil nach §§ 338 ff ZPO – erhalten (G/W/*Bittmann* Kap 36 Rn 92).

2. Statthaftigkeit und Begründetheit des Rechtsbehelfs, Abs 1 und 2

Abs 1 macht die Zulässigkeit des Rechtsbehelfs vom Vorliegen verschiedener – formeller und **82** materieller – Voraussetzungen abhängig. Diese sind, da es sich bei Art 19 um einen eigenständigen Rechtsbehelf des sekundären Unionsrechts handelt, **autonom** auszulegen. Für die Zulässigkeit des Rechtsbehelfs genügt nach allgemeinen Grundsätzen der schlüssige Vortrag der Voraussetzungen des Abs 1.

a) Nichteinlassung, Abs 1. Der Antragsgegner darf sich im Ursprungsmitgliedstaat nicht auf **83** das Verfahren eingelassen haben. Abs 1 bezieht sich also nur auf Verfahren, die infolge der fehlenden Mitwirkung des Antragsgegners einseitig geblieben sind; dies ist nach der Rechtsprechung zu Art 34 Nr 2 EuGVVO aF auch dann der Fall, wenn für die Partei ein nicht bevollmächtigter Vertreter verhandelt hat (EuGH C-78/95 – *Hendrikman,* Slg 96 I-4943 Rn 21 = NJW 97, 1061). Soweit Entscheidungen ordnungsgemäß in einem einseitigen Verfahren erlassen werden (Arrest, einstweilige Anordnung), sind sie nach Ansicht des EuGH vom Anwendungsbereich der Regeln zur Anerkennung und Vollstreckung ausgenommen (vgl zum EuGVÜ EuGH C-166/80 – *Klomps,* Slg 81, 1593 Rn 11 = RIW 81, 781).

Unter **Einlassung** ist jedes Verhandeln des Antragsgegners zu verstehen, aus dem sich ergibt, **84** dass er von dem gegen ihn eingeleiteten Verfahren Kenntnis erlangt und die Möglichkeit zur Verteidigung gegen den Angriff des Antragstellers erhalten hat (zur EuGVVO aF EuGH C-39/

1035

M 85–89   2. Teil. Anerkennung/Vollstreckung M. Unterhaltssachen

02 – *Mærsk Olie & Gas,* Slg 04 I-9657 Rn 77; BGHZ 191, 9 Rn 19 = NJW 11, 3103; BGH IPRax 10, 246 m Anm *Geimer* 224). Wird lediglich die Zuständigkeit des Gerichts gerügt, ist hierin noch keine Einlassung zu sehen (EuGH C-39/02 aaO, Rn 57 = EuLF 04, 282; dazu *Smeele* IPRax 06, 229); ebensowenig reicht die Rüge der nicht rechtzeitigen oder fehlerhaften Zustellung des verfahrenseinleitenden Schriftstücks aus (vgl Rauscher/*Andrae/Schimrick* Rn 15; zur EuGVVO aF BGH NJW 11, 3103 Rn 19; OLG Köln IPRax 91, 114; Rauscher/*Leible* Art 45 EuGVVO nF Rn 52 mwN).

85   Auch wenn der Antragsgegner sich auf das Verfahren nicht eingelassen hat, steht ihm das Recht zur Nachprüfung der Entscheidung freilich nur zu, wenn – alternativ – die **Voraussetzungen der lit a oder der lit b** erfüllt sind:

86   **aa) Keine rechtzeitige Zustellung des verfahrenseinleitenden Schriftstücks, lit a.** Verfahrenseinleitend ist jedes Schriftstück, das so konkret ist, dass der Beklagte durch seine Zustellung über die wesentlichen Elemente des Rechtsstreits in Kenntnis gesetzt ist, so dass er seine Rechte im erststaatlichen Erkenntnisverfahren geltend machen kann (vgl zum EuGVÜ EuGH C-474/93 – *Hengst Import,* Slg 95 I-2113 Rn 19 = IPRax 96, 262; EuGH C-172/91 – *Sonntag,* Slg 93 I-1963 Rn 39 = NJW 93, 2091). Welches Schriftstück dem Beklagten zur Einleitung des Verfahrens zugestellt werden muss, bestimmt das Recht des Staates, in dem das Erkenntnisverfahren durchgeführt wird. Die Zustellung eines „gleichwertigen Schriftstücks" genügt; verfahrenseinleitendes Schriftstück kann ggf auch ein **Mahnbescheid** sein. Eine Klageerweiterung oder -änderung hat hingegen keinen verfahrenseinleitenden Charakter (MüKoZPO/*Gottwald* Art 45 EuGVVO nF Rn 26).

87   Während Art 27 Nr 2 EuGVÜ durch das Erfordernis der Ordnungsgemäßheit und der Rechtzeitigkeit der Zustellung noch zwei eigenständige und kumulative Garantien für den Beklagten normierte, verlangt Abs 1 lit a – in Übereinstimmung mit Art 45 Abs 1 lit b EuGVVO und Art 24 S 1 lit b EuUntVO – lediglich, dass das verfahrenseinleitende Schriftstück so rechtzeitig und in einer Weise zugestellt worden ist, dass der Beklagte sich verteidigen konnte. Der **Ordnungsgemäßheit der Zustellung** kommt damit keine eigenständige Bedeutung mehr zu; ein Zustellungsfehler muss vielmehr dazu geführt haben, dass sich der Beklagte nicht angemessen und rechtzeitig verteidigen konnte (Rauscher/*Andrae/Schimrick* Rn 18). Allerdings indiziert ein schwerer Zustellungsmangel das Vorliegen der Voraussetzung des Abs 1 lit a, da die Zustellungsvorschriften gerade zur Gewährung rechtlichen Gehörs dienen (BGH NJW 11, 3103 Rn 13; BGH NJW-RR 08, 586 Rn 27; Rauscher/*Leible* Art 45 EuGVVO Rn 45). Es ist daher vom Erstgericht mit besonderer Sorgfalt zu prüfen, ob der Antragsgegner trotz einer formal fehlerhaften Zustellung noch Gelegenheit hatte, sich rechtzeitig und effektiv zu verteidigen. Für die Ordnungsgemäßheit der Zustellung in einen anderen Mitgliedstaat sind die Vorschriften der **EuZVO** (Verordnung [EG] Nr 1393/2007 über die Zustellung gerichtlicher und außergerichtlicher Schriftstücke in Zivil- oder Handelssachen in den Mitgliedstaaten v 13.11.2007, ABl EU L 324, 79 = *Jayme/Hausmann* Nr 224) heranzuziehen. Der Inhalt der EuZVO ist auch im Verhältnis zu **Dänemark** anwendbar (vgl *Jayme/Hausmann* Nr 224 Anm 14). Im Geltungsbereich der EuZVO sind Formen der fiktiven Zustellung unzulässig (→ Rn 186).

88   **Rechtzeitig** ist die Zustellung dann, wenn dem Beklagten genügend Zeit zur Vorbereitung seiner Verteidigung bleibt. Entscheidend ist der jeweilige Einzelfall (OLG Hamm IPRax 04, 258; Rauscher/Leible Art 45 EuGVVO Rn 49). Dabei hat das Gericht auch außergewöhnliche Tatsachen oder Umstände einzubeziehen, die nach der ordnungsgemäßen Zustellung eingetreten sind (EuGH C-49/84 – *Debaecker,* Slg 85, 1779 Rn 27). Auch müssen die durch eine Prozessführung im Ausland auftretenden Schwierigkeiten für die Verteidigung, etwa die fremde Sprache oder das ungewohnte Verfahrensrecht, berücksichtigt werden. Daher kann nicht lediglich auf die formale Einhaltung von Ladungs- und Einlassungsfristen abgestellt werden (Mu/V/*Stadler* Art 45 EuGVVO Rn 10). Für die Beteiligten des Verfahrens besteht allerdings auch eine Obliegenheit, das Verfahren zu fördern und nicht zu torpedieren; deshalb kann bei einer zurechenbaren Zugangsvereitelung seitens des Antragsgegners Rechtzeitigkeit angenommen werden.

89   Art 45 Abs 1 lit b EuGVVO nF/Art 34 Nr 2 EuGVVO aF werden so ausgelegt, dass der Kläger des Erstverfahrens die **Darlegungs- und Beweislast** für das Vorliegen einer rechtzeitigen Zustellung trägt (BGH NJW-RR 08, 586 Rn 27; OLG Hamburg OLGR 09, 188). Allerdings wird angenommen, dass den Beklagten eine sekundäre Darlegungslast trifft. Für die Beweisführung wird es als genügend angesehen, dass der Kläger nachweist, dass die Klage und Terminsladung tatsächlich und rechtzeitig zugegangen sind (Rauscher/*Leible* Art 45 EuGVVO Rn 60). Da Entscheidungen aus Mitgliedstaaten, die durch das HUP gebunden sind, indessen ohne

1036

II. EU-Recht: EuUntVO Art 19   **90–94**   **M**

weiteres im Zweitstaat anerkannt und vollstreckt werden, ist im Rahmen von Art 19 davon auszugehen, dass der Antragsgegner des Erstverfahrens und Antragsteller des Rechtsbehelfsverfahrens (Schuldner) darzulegen und zu beweisen hat, dass die Zustellung des verfahrenseinleitenden Schriftstücks nicht so rechtzeitig und in einer Weise erfolgte, dass er sich verteidigen konnte (Rauscher/*Andrae*/*Schimrick* Rn 20 unter Hinweis auf die Entstehungsgeschichte der Vorschrift).

bb) Höhere Gewalt, lit b. Das Recht auf Nachprüfung nach Art 19 kann vom Antrags- **90** gegner, der sich auf das Verfahren nicht eingelassen hat, gem lit b auch darauf gestützt werden, dass er auf Grund höherer Gewalt oder aufgrund außergewöhnlicher Umstände ohne eigenes Verschulden (dazu MüKoFamFG/*Lipp* Rn 22) nicht in der Lage gewesen ist, Einspruch gegen die Unterhaltsforderung zu erheben. Diese Generalklausel, die aus Art 19 Abs 1 lit b EuVTVO übernommen wurde, ermöglicht die Berücksichtigung von Umständen, die erst nach der Zustellung der Entscheidung im Erstverfahren eingetreten sind und den Schuldner an der fristgerechten Einlegung des Einspruchs gehindert haben. (Rauscher/*Andrae*/*Schimrick* Rn 19). Die Darlegungs- und Beweislast trifft auch insoweit den Rechtsbehelfsführer.

cc) Obliegenheit zur Rechtsbehelfseinlegung. Nach Abs 1 aE hat der Antragsgegner – **91** ebenso wie nach Art 45 Abs 1 lit b EuGVVO – die Obliegenheit, im Erststaat einen nach dortigem Recht vorgesehenen Rechtsbehelf gegen die (Versäumnis-) Entscheidung einzulegen (EuGH C-283/05 – *ASML,* Slg 06 I-2067 = NJW 07, 825; BGH NJW-RR 10, 571 Rn 5). Gemeint sind damit im Geltungsbereich der EuGVVO allerdings nur solche Rechtsbehelfe, die sich – wie in Verfahren vor deutschen Gerichten der Einspruch nach §§ 338 ff ZPO – auf die fehlerhafte Zustellung und die daraus resultierende Säumnis beziehen (EuGH C-420/07 – *Apostolides,* Slg 09 I-3571, Rn 80; BGH EuZW 10, 478/479 f). Dies kann bei Fristversäumung aber auch ein Wiedereinsetzungsantrag sein (OLG Zweibrücken IPRax 06, 487). Übernimmt man diese restriktive Auslegung der Rechtsbehelfsobliegenheit auch im Rahmen von Abs 1, so ist es für den Erfolg des Rechtsbehelfs nach Art 19 unschädlich, wenn der Antragsgegner aus anderen Gründen einen Rechtsbehelf nach dem Recht des Erststaates hätte einlegen können (vgl Mu/V/*Stadler* Art 45 EuGVVO Rn 11). Die Entscheidung muss dem Antragsgegner inhaltlich bekannt gewesen sein; das bloße Wissen um ihre Existenz genügt nicht (EuGH C-283/05 aaO, Rn 34 ff = NJW 07, 825). Dies bedeutet, dass die Entscheidung dem Antragsgegner so rechtzeitig zugestellt worden sein muss, dass es ihm möglich war, den vorgesehenen Rechtsbehelf fristgerecht einzulegen. Eine ordnungsgemäße Zustellung ist aber auch hierfür nicht zwingend erforderlich (Rauscher/*Leible* Art 45 EuGVVO Rn 55).

Gegen einen Versäumnisbeschluss kann der Schuldner nach **deutschem Recht** gemäß §§ 113 **92** Abs 1 S 2 FamFG, 338 ZPO Einspruch einlegen und bei unverschuldeter Versäumnis der Einspruchsfrist Wiedereinsetzung in den vorherigen Stand beantragen (§§ 113 Abs 1 S 2 FamFG, 233 ZPO). Bei Vorliegen eines zweiten Versäumnisbeschlusses iSv § 345 ZPO kann er Beschwerde (§§ 58 ff, 113 Abs 1 S 1 FamFG) einlegen. Da auch der Wiedereinsetzungsantrag als nationaler deutscher Rechtsbehelf iSv Art 19 Abs 1 aE anzusehen ist, dürfte der europäische Rechtsbehelf des Abs 1 in Deutschland **keine praktische Bedeutung** erlangen (BT-Drs 17/4887, S 49; Rauscher/*Andrae*/*Schimrick* Rn 16; MüKoFamFG/*Lipp* Rn 23).

b) Verfahren. Das Rechtsbehelfsverfahren nach Abs 1 wird nur auf Antrag des Schuldners **93** eingeleitet. Die Zuständigkeit hierfür bestimmt sich nach nationalem Verfahrensrecht. Die hierzu nach Art 71 Abs 1 lit c von den Mitgliedstaaten an die Kommission zu machenden Mitteilungen zu Namen und Kontaktdaten der zuständigen Gerichte sind im Europäischen Gerichtsatlas in Zivilsachen auf folgender Internetseite abrufbar:

„https://e-justice.europa.eu/content_maintenance_obligations-355-de. do.

In *Deutschland* ist gem § 70 Abs 1 AUG (→ C Rn 442 ff) das Gericht zuständig, das die Entscheidung erlassen hat. Das Verfahren richtet sich vor deutschen Gerichten nach § 70 Abs 2 und 3 AUG (→ Rn 445 ff). Die Verfahrensregeln vor den Gerichten anderer Mitgliedstaaten können wiederum der Mitteilung an die Kommission gemäß Art 71 Abs 1 lit c entnommen werden.

c) Frist, Abs 2. Die Rechtsbehelfsfrist beträgt gem Abs 2 S 2 45 Tage. Sie beginnt nach **94** Abs 2 S 1 mit der Erlangung der Kenntnis vom Entscheidungsinhalt durch den Antragsgegner, spätestens aber mit dem Tag der ersten Vollstreckungsmaßnahme, die zur Entziehung von Vermögensgegenständen des Schuldners geführt hat. Aus dem Erfordernis eines unverzüglichen Tätigwerdens des Antragsgegners sollte aus Gründen der Rechtssicherheit keine im Einzelfall kürzere Bemessung der Frist entnommen werden. Für die Berechnung ist gem ErwG 41 (→ Anh

1037

M   2. Teil. Anerkennung/Vollstreckung M. Unterhaltssachen

III) die Verordnung EG 1182/71 (ABl L 124, 1) heranzuziehen. Abs 2 unterscheidet bezüglich der Frist nicht danach, ob der Schuldner seinen gewöhnlichen Aufenthalt im Entscheidungs- oder im Vollstreckungsmitgliedstaat hat.

3. Rechtsfolgen, Abs 3

95   Ist der Rechtsbehelf **erfolglos,** so bleibt die Entscheidung nach Abs 3 UAbs 1 in Kraft. Vor deutschen Gerichten sieht § 70 Abs 2 AUG eine Antragszurückweisung durch Beschluss vor, der ohne mündliche Verhandlung ergehen kann (→ C Rn 445 f).

96   Ist der Rechtsbehelf **erfolgreich,** so ordnet Abs 3 UAbs 2 S 1 als Rechtsfolge die **Nichtig-erklärung der Entscheidung** an. Der im Verfahren vor einem deutschen Gericht ergangene Beschluss wird gem § 70 Abs 3 AUG (→ C Rn 447) allerdings – entgegen dem Wortlaut des Abs 3 – nicht für nichtig erklärt. Hierin ist aber kein Verstoß gegen die Verordnung zu sehen. Denn aus deren Materialien ergibt sich, dass die Auslegung des Begriffs „Nichtigerklärung" dem nationalen Recht des Ursprungsmitgliedstaats überlassen bleibt (BT-Drs 17/4887, 49; G/Sch/*Hilbig,* IRV Rn 49 ff; krit Rauscher/*Andrae/Schimrick* Rn 21). Die in § 70 Abs 3 AUG angeordnete Fortführung des Ursprungverfahrens in der Lage, in der es sich vor Eintritt der Säumnis befand, ist verfahrensökonomischer als die Nichtigerklärung und die Einleitung eines neuen Unterhaltsverfahrens. Der Schuldner kann ferner die einstweilige Einstellung der Zwangsvollstreckung im Ursprungsmitgliedstaat (BT-Drs 17/4887, 49) und die Einstellung der Zwangsvollstreckung nach Art 21 Abs 3 UAbs 2 (→ Rn 129) im Vollstreckungsmitgliedstaat beantragen.

97   Da die Entscheidung nach deutschem Recht nicht für nichtig erklärt wird, sondern das Verfahren fortgeführt wird, hat Art 19 Abs 3 UAbs 2 S 2, wonach der Unterhaltsberechtigte infolge der Nichtigerklärung die Vorteile einer **Unterbrechung von Verjährungs- und Ausschlussfristen** nicht verliert und im ursprünglichen Verfahren zuerkannte Unterhaltsansprüche rückwirkend geltend machen kann, in Verfahren vor deutschen Gerichten keine Bedeutung. Berechtigte Person iS dieser Vorschrift kann auch eine öffentliche Aufgaben wahrnehmende Einrichtung sein (Art 64 Abs 1 → Rn 338 ff).

98   Bereits wenn der Schuldner den Rechtsbehelf nach Art 19 im Ursprungsmitgliedstaat eingelegt hat, kann er im Vollstreckungsstaat einen **Antrag auf Aussetzung der Vollstreckung** nach Art 21 Abs 3 UAbs 1 (→ Rn 127 ff) stellen. Im Umkehrschluss aus Art 21 Abs 3 UAbs 1 ergibt sich, dass der Gläubiger grundsätzlich die Vollstreckung auch dann weiter betreiben darf, wenn der Schuldner einen Antrag nach Art 19 gestellt hat. Art 21 Abs 3 UAbs 1 gibt dem Gericht im Vollstreckungsstaat zunächst ein Aussetzungsermessen (→ Rn 127). Setzt jedoch das Gericht im Erststaat die Zwangsvollstreckung aus, so wird auch im Vollstreckungsstaat auf Antrag die Vollstreckung ausgesetzt (Art 21 Abs 3 UAbs 2, → Rn 129). In Deutschland kann der Schuldner, der einen Antrag auf Nachprüfung nach Art 19 gestellt hat, nach § 70 Abs 1 S 2 AUG iVm §§ 707, 719 Abs 1 ZPO die einstweilige Einstellung der Zwangsvollstreckung beantragen (→ C Rn 443 f).

4. Rechtsbehelfe

99   Gegen die Zurückweisung des Antrags auf Nachprüfung sieht die Verordnung keinen Rechtsbehelf vor. Daraus ist zu schließen, dass die Rechtsbehelfsmöglichkeiten dem nationalen Recht der Mitgliedstaaten überlassen bleiben (Rauscher/*Andrae/Schimrick* Rn 23; MüKoFamG/*Lipp* Rn 30; G/Sch/*Hilbig* Rn 53).

EuUntVO Art 20. Schriftstücke zum Zwecke der Vollstreckung

(1) ¹**Für die Vollstreckung einer Entscheidung in einem anderen Mitgliedstaat legt der Antragsteller den zuständigen Vollstreckungsbehörden folgende Schriftstücke vor:**

a) **eine Ausfertigung der Entscheidung, die die für ihre Beweiskraft erforderlichen Voraussetzungen erfüllt;**

b) **einen Auszug aus der Entscheidung, den die zuständige Behörde des Ursprungsmitgliedstaats unter Verwendung des in Anhang I vorgesehenen Formblatts erstellt hat;**

c) **gegebenenfalls ein Schriftstück, aus dem die Höhe der Zahlungsrückstände und das Datum der Berechnung hervorgehen;**

d) **gegebenenfalls eine Transskript oder eine Übersetzung des Inhalts des in Buchstabe b genannten Formblatts in die Amtssprache des Vollstreckungsmitgliedstaats**

II. EU-Recht: EuUntVO Art 20   100–105 **M**

oder – falls es in diesem Mitgliedstaat mehrere Amtssprachen gibt – nach Maßgabe des Rechts dieses Mitgliedstaats in die Verfahrenssprache oder eine der Verfahrenssprachen des Ortes, an dem die Vollstreckung betrieben wird, oder in eine sonstige Sprache, für die der Vollstreckungsmitgliedstaat erklärt hat, dass er sie zulässt. ²Jeder Mitgliedstaat kann angeben, welche Amtssprache oder Amtssprachen der Organe der Europäischen Union er neben seiner oder seinen eigenen für das Ausfüllen des Formblatts zulässt.

(2) ¹Die zuständigen Behörden des Vollstreckungsmitgliedstaats können vom Antragsteller nicht verlangen, dass dieser eine Übersetzung der Entscheidung vorlegt. ²Eine Übersetzung kann jedoch verlangt werden, wenn die Vollstreckung der Entscheidung angefochten wird.

(3) Eine Übersetzung aufgrund dieses Artikels ist von einer Person zu erstellen, die zur Anfertigung von Übersetzungen in einem der Mitgliedstaaten befugt ist.

1. Vorzulegende Schriftstücke, Abs 1

Da die Entscheidung aus einem Mitgliedstaat, der durch das HUP gebunden ist, in einem **100** anderen Mitgliedstaat ohne Exequaturverfahren einen Vollstreckungstitel bildet, kann der Gläubiger die Vollstreckung mit dem ausländischen Titel unmittelbar bei der zuständigen Stelle des Vollstreckungsstaates einleiten. Abs 1 zählt diejenigen Schriftstücke, die der Gläubiger hierzu vorzulegen hat und die vom Vollstreckungsorgan im Zweitstaat zu prüfen sind, **abschließend** auf (*Heger/Selg* FamRZ 11, 1101/1106; MüKoFamFG/*Lipp* Rn 15). Dies sind:

a) Ausfertigung der zu vollstreckenden Entscheidung, lit a. Diese muss in der Original- **101** sprache abgefasst sein und nach Maßgabe des Rechts des Ursprungsmitgliedstaats beweiskräftig sein. Zur Vollstreckung aus einem deutschen Unterhaltstitel in einem durch das HUP gebundenen Staat ist nach § § 113 Abs 1 FamFG iVm § 317 Abs 4 ZPO eine Ausfertigung mit der Unterschrift des Urkundsbeamten der Geschäftsstelle und dem Gerichtssiegel erforderlich. Gerichtliche Vergleiche und öffentliche Urkunden sind im Original oder in einer Abschrift vorzulegen, die nach dem Recht des Ursprungsstaates die gleiche Beweiskraft wie das Original hat.

b) Auszug der Entscheidung, den die zuständige Behörde des Ursprungsmitglied- **102** **staats unter Verwendung des in Anh I vorgesehenen Formblatts erstellt hat, lit b.** Nach § 30 Abs 2 AUG (→ Rn 731 ff) soll dieses Formblatt mit dem zu vollstreckenden Titel untrennbar verbunden sein. Das gem Anh I ausgefüllte Formblatt bindet das zuständige Organ des Vollstreckungsmitgliedstaates jedoch nicht bei der Prüfung der Frage, ob der (sachliche) Anwendungsbereich der Verordnung nach Art 1 eröffnet ist und die Voraussetzungen für den Verzicht auf ein Exequaturverfahren nach Art 17 vorliegen. Dies ergibt sich schon daraus, dass sich im Verfahren vor dem Ursprungsgericht die Frage nach der Anwendbarkeit der Unterhaltsverordnung nicht stellen muss (Rauscher/*Andrae/Schimrick* Rn 17).

c) Schriftstück, aus dem die Höhe der Unterhaltsrückstände und das Datum der **103** **Berechnung hervorgeht, lit c.** Die Vorlage dieses Schriftstücks ist nicht zwingend vorgeschrieben. Angebracht ist sie regelmäßig dann, wenn die Höhe der Unterhaltsrückstände aus dem Titel selbst nicht hervorgeht.

d) Transskript oder Übersetzung des Inhalts des Formblatts gem lit b, dh des Auszugs **104** der Entscheidung, in die Amtssprache des Vollstreckungsmitgliedstaats oder eine andere von diesem zugelassene Sprache, **lit d.** Die nach Art 71 lit g zu machenden Mitteilungen der Mitgliedstaaten zu den nach lit d zugelassenen Sprachen sind im Europäischen Gerichtsatlas in Zivilsachen auf folgender Internetseite abrufbar:
https://e-justice.europa.eu/content_maintenance_obligations-355-de. do.
Für die Vollstreckung in *Deutschland* schließt § 30 Abs 3 AUG (→ Rn 735) die Möglichkeit, die Ausstellung oder Übersetzung des Auszugs in einer anderen Sprache vorzunehmen, aus. Vielmehr wird gemäß der Mitteilung der *Bundesrepublik Deutschland* nach Art 71 lit g zwingend eine **Übersetzung in die deutsche Sprache** verlangt. Eine Übersetzung dieses Formblatts ist nach der Begründung zu § 30 Abs 3 AUG idR dann erforderlich, wenn das Formblatt individuelle handschriftliche Eintragungen enthält (BT-Drs 17/4887, S 43).
Die **Zuständigkeit** für die Ausstellung des nach Abs 1 lit b erforderlichen Formblatts richtet **105** sich in *Deutschland* nach § 71 AUG (näher → C Rn 448). Danach sind Gerichte, Behörden oder Notare, denen die Erteilung einer vollstreckbaren Ausfertigung obliegt, für die Ausstellung

1039

M   2. Teil. Anerkennung/Vollstreckung M. Unterhaltssachen

zuständig (Abs 1). Soweit hiernach die Gerichte zuständig sind, wird das Formblatt grundsätzlich vom Gericht des ersten Rechtszuges ausgestellt, von einem höheren Gericht nur dann, wenn das Verfahren bei diesem anhängig ist (Abs 2). § 71 Abs 3 AUG stellt schließlich klar, dass die Ausstellung des Formblatts nach Abs 1 lit b das Recht auf Erteilung einer Vollstreckungsklausel nach § 742 ZPO nicht ausschließt.

2. Keine Übersetzung der Entscheidung, Abs 2

106   Da eine inhaltliche Kontrolle der Entscheidung im Vollstreckungsstaat nicht stattfindet, ist eine Übersetzung der Entscheidung nicht erforderlich und darf nach Abs 2 S 1 grundsätzlich nicht verlangt werden. Durch diesen Verzicht auf eine Übersetzung sollen die mit der Vollstreckung verbundenen Kosten für den Unterhaltsberechtigten begrenzt werden (ErwG 28; → Anh III). Anders ist dies nach Abs 2 S 2 nur dann, wenn die Vollstreckung der Entscheidung angefochten wird, und zwar entweder mit den in Art 21 genannten Rechtsbehelfen oder mit den vollstreckungsrechtlichen Rechtsbehelfen nach dem Recht des Vollstreckungsmitgliedstaats (G/W/*Bittmann* Kap 36 Rn 117). Denn in diesen Fällen haben sich auch die Gerichte des Zweitstaats mit dem Inhalt der Entscheidung zu befassen und können daher nach ihrem pflichtgemäßen Ermessen auch eine Übersetzung verlangen. Die Pflicht zur Beibringung dieser Übersetzung trifft nach Abs 2 zwar den Unterhaltsgläubiger. Dies bedeutet jedoch nicht, dass dieser auch in jedem Fall die **Kosten der Übersetzung** zu tragen hat. Die Kostentragung beurteilt sich vielmehr nach dem nationalen Verfahrensrecht des Vollstreckungsmitgliedstaats (G/Sch/*Hilbig*, IRV Rn 17). Nach deutschem Recht kann der Gläubiger daher die Übersetzungskosten dann auf den Schuldner abwälzen, wenn dessen Rechtsbehelf gegen die Maßnahme der Zwangsvollstreckung keinen Erfolg hat (Rauscher/*Andrae*/*Schimrick* Rn 9).

3. Anforderungen an die Übersetzung, Abs 3

107   Übersetzungen nach Art 20 sind gem Abs 3 von einer Person zu erstellen, die hierzu in einem der Mitgliedstaaten befugt ist. Ebenso wie nach Art 57 Abs 3 EuGVVO steht es dem Gläubiger daher frei, in welchem Mitgliedstaat er die Übersetzung anfertigen lässt. Auch mit der Übersetzung in die deutsche Sprache kann daher – wie § 30 Abs 3 AUG (→ Rn 725) klarstellt – ein Übersetzer in einem anderen Mitgliedstaat beauftragt werden.

EuUntVO Art 21. Verweigerung oder Aussetzung der Vollstreckung

(1) **Die im Recht des Vollstreckungsmitgliedstaats vorgesehenen Gründe für die Verweigerung oder Aussetzung der Vollstreckung gelten, sofern sie nicht mit der Anwendung der Absätze 2 und 3 unvereinbar sind.**

(2) **Die zuständige Behörde des Vollstreckungsmitgliedstaats verweigert auf Antrag der verpflichteten Person die Vollstreckung der Entscheidung des Ursprungsgerichts insgesamt oder teilweise, wenn das Recht auf Vollstreckung der Entscheidung des Ursprungsgerichts entweder nach dem Recht des Ursprungsmitgliedstaats oder nach dem Recht des Vollstreckungsmitgliedstaats verjährt ist, wobei die längere Verjährungsfrist gilt.**

Darüber hinaus kann die zuständige Behörde des Vollstreckungsmitgliedstaats auf Antrag der verpflichteten Person die Vollstreckung der Entscheidung des Ursprungsgerichts insgesamt oder teilweise verweigern, wenn die Entscheidung mit einer im Vollstreckungsmitgliedstaat ergangenen Entscheidung oder einer in einem anderen Mitgliedstaat oder einem Drittstaat ergangenen Entscheidung, die die notwendigen Voraussetzungen für ihre Anerkennung im Vollstreckungsmitgliedstaat erfüllt, unvereinbar ist.

Eine Entscheidung, die bewirkt, dass eine frühere Unterhaltsentscheidung aufgrund geänderter Umstände geändert wird, gilt nicht als unvereinbare Entscheidung im Sinne des Unterabsatzes 2.

(3) **Die zuständige Behörde des Vollstreckungsmitgliedstaats kann auf Antrag der verpflichteten Person die Vollstreckung der Entscheidung des Ursprungsgerichts insgesamt oder teilweise aussetzen, wenn das zuständige Gericht des Ursprungsmitgliedstaats mit einem Antrag auf Nachprüfung der Entscheidung des Ursprungsgerichts nach Artikel 19 befasst wurde.**

1040

II. EU–Recht: EuUntVO Art 21   108–112 **M**

Darüber hinaus setzt die zuständige Behörde des Vollstreckungsmitgliedstaats auf
Antrag der verpflichteten Person die Vollstreckung der Entscheidung des Ursprungsgerichts aus, wenn die Vollstreckbarkeit im Ursprungsmitgliedstaat ausgesetzt ist.

1. Allgemeines

Aufgrund der Abschaffung des Exequaturverfahrens verlagert sich der Schuldnerschutz gegen **108**
die Vollstreckung von Entscheidungen aus den an das HUP gebundenen Mitgliedstaaten in das
Vollstreckungsverfahren. Während der Schuldner bisher Anerkennungsversagungsgründe schon
im Vollstreckbarerklärungsverfahren durch Einlegung der Beschwerde nach Art 45 iVm Art 34
EuGVVO geltend machen konnte, zwingt ihn die EuUntVO nunmehr dazu, diese Gründe
schon im erststaatlichen Verfahren vorzubringen. Diese Benachteiligung des Schuldners – zB bei
Nichtgewährung rechtlichen Gehörs – sucht die Verordnung in Art 21 in gewissem Umfang
durch die **Einräumung vollstreckungsrechtlicher Behelfe** abzumildern. Um die Vollstre-
ckung von Unterhaltsentscheidungen zu beschleunigen, lässt die EuUntVO im Verhältnis der
Mitgliedstaaten, die an das HUP gebunden sind, allerdings nur eine begrenzte Anzahl von
Gründen zu, die der Vollstreckung entgegengehalten werden dürfen (ErwG 30; → Anh III; dazu
MüKoFamFG/*Lipp* Rn 2 ff). Insoweit ist zwischen den nationalen Rechtsbehelfen im Recht des
Vollstreckungsmitgliedstaats nach Abs 1 und den autonomen europäischen Rechtsbehelfen nach
Abs 2 zu unterscheiden. Schließlich haben die zuständigen Behörden des Vollstreckungsmitglied-
staats nach Maßgabe von Abs 3 die Möglichkeit, die Vollstreckung der Entscheidung auszuset-
zen.

2. Nationale Rechtsbehelfe, Abs 1

a) Allgemeines. Nach Art 41 Abs 1 S 2 werden die Entscheidungen der Gerichte anderer **109**
Mitgliedstaaten für die Zwecke der Vollstreckung den Entscheidungen der eigenen Gerichte
gleichgestellt. Dementsprechend stellt Abs 1 klar, dass neben den in Abs 2 und 3 genannten
Gründen des harmonisierten europäischen Rechts auch die im nationalen Recht des Vollstre-
ckungsmitgliedstaats geregelten Gründe für die Verweigerung oder Aussetzung der Vollstreckung
gelten, sofern sie nicht mit der Anwendung der Abs 2 und 3 unvereinbar sind. Mit dieser
Einschränkung im letzten Halbsatz des Abs 1 ist gemeint, dass die in Abs 2 und 3 aufgeführten
Gründe für eine Verweigerung oder Aussetzung der Vollstreckung in jedem Fall gewährleistet
sein müssen (G/W/*Bittmann* Kap 36 Rn 120) und dort zugleich abschließend geregelt sind (G/
Sch/*Hilbig,* IRV Rn 63; Rauscher/*Andrae/Schimrick* Rn 29). Als Beispiele für nationale Ver-
weigerungsgründe nennt ErwG 30 die nachträgliche Begleichung der Unterhaltsforderung oder
Pfändungsschutzvorschriften.

Maßgebend sind nur die Vollstreckungsbeschränkungen **im Vollstreckungsmitglied-** **110**
staat; den Beschränkungen im Ursprungsmitgliedstaat kommt hingegen keine Bedeutung zu
(Rauscher/*Andrae/Schimrick* Rn 3 f). In Art 17 ff wird nur die formelle Vollstreckbarkeit des
Urteils im Ursprungsstaat vorausgesetzt; demgegenüber sind alle materiellen Vollstreckungshindernisse – wie zB Pfändungsfreigrenzen oder die Unpfändbarkeit bestimmter Sachen – allein
dem Recht des Vollstreckungsmitgliedstaats zu entnehmen (Rauscher/*Andrae/Schimrick* Rn 30;
vgl auch zur Vollstreckbarerklärung nach dem EuGVÜ EuGH C-267/97 – *Coursier,* Slg 99 I-
2543 Rn 29; *Schack* IPRax 97, 318/320). Daraus folgt, dass der Gläubiger in den einzelnen
Mitgliedstaaten unterschiedlich weit reichende Vollstreckungsmöglichkeiten hat.

Hängt die **Pfändbarkeit einer Forderung** nach dem nationalen Vollstreckungsrecht – wie **111**
nach § 851 ZPO – von ihrer Übertragbarkeit ab, so ist diese materiell-rechtliche Vorfrage nach
dem Forderungsstatut zu beurteilen (*Schack* IPRax 97 318/320); für Unterhaltsforderungen gilt
daher insoweit das nach Art 3 ff HUP maßgebende Recht (→ C Rn 558 ff). Die Rechtswirkungen der Eröffnung eines **Insolvenzverfahrens** auf die Vollstreckbarkeit einer Forderung gegen
den Gemeinschuldner/Unterhaltsschuldner, der den Mittelpunkt seiner hauptsächlichen Interessen in einem Mitgliedstaat hat, bestimmt sich nach dem Insolvenzeröffnungsstatut, Art 3 Abs 1,
7 Abs 2 lit f EuInsVO 2015 (Rauscher/*Andrae/Schimrick* Rn 32).

b) Rechtsbehelfe des deutschen Rechts. In Deutschland richtet sich die Vollstreckung – **112**
wie § 65 AUG (→ Rn 827) klarstellt – gem § 120 Abs 1 FamFG nach den Vorschriften der
ZPO. Als nationaler Rechtsbehelf steht dem Vollstreckungsschuldner vor deutschen Gerichten
insbesondere die **Vollstreckungserinnerung** nach §§ 766, 767 ZPO zur Verfügung, wenn er
sich gegen die Art und Weise der Zwangsvollstreckung wehren möchte, indem er sich zB auf

1041

M 113–118   2. Teil. Anerkennung/Vollstreckung M. Unterhaltssachen

Pfändungsfreigrenzen beruft. Nur wenn eine Entscheidung nach Anhörung des Schuldners ohne mündliche Verhandlung ergangen ist, ist die **Beschwerde nach § 793 ZPO** statthaft.

113   Wendet sich der Schuldner mit **materiellen Einwendungen,** die er im Erstverfahren noch nicht geltend machen konnte – wie zB der Einwendung der zwischenzeitlichen Erfüllung der Unterhaltsforderung – gegen die Vollstreckung, so kann er die **Vollstreckungsabwehrklage nach § 767 ZPO** erheben; deren Statthaftigkeit im Rahmen von Abs 1 wird überwiegend bejaht (Rauscher/*Andrae/Schimrick* Rn 38 ff; MüKoFamFG/*Lipp* Rn 46; HK-ZPO/*Dörner* Vorbem Art 17–22 Rn 6; G/Sch/*Hilbig,* IRV Rn 73; **aA** *Hess/Spancken* FPR 13, 27/30). Ob mit ihr auch geltend gemacht werden kann, die Vollstreckung des Titels sei mit dem deutschen *ordre public* nicht vereinbar (so *Wagner/Beckmann* RIW 11, 44/53; *Heger/Selg* FamRZ 11, 1101/1108), ist hingegen fraglich, weil eine *ordre public*-Kontrolle von Unterhaltsentscheidungen aus den an das HUP gebundenen Mitgliedstaaten durch Art 17 ff EuUntVO gerade ausgeschlossen werden sollte (*Hess/Spancken* aaO; Rauscher/*Andrae/Schimrick* Rn 39, 44 f).

114   Weitere Rechtsbehelfe ergeben sich etwa aus **§ 765a** sowie **§§ 775, 776 ZPO.** Kein nationaler deutscher Rechtsbehelf iSv Abs 1 ist hingegen der Antrag auf **Abänderung der ausländischen Unterhaltsentscheidung** nach § 238 FamFG. Dieser ist vielmehr vor deutschen Gerichten nur dann zulässig, wenn das angerufene Gericht für ein darauf gerichtetes Erkenntnisverfahren nach den allgemeinen Vorschriften der Art 3 ff, 8 international zuständig ist (→ C Rn 80, 209 f). Denn anders als die Vollstreckungsabwehrklage nach § 767 ZPO, die dem Titel nur die Vollstreckbarkeit im Inland nimmt, ihn als solchen aber unberührt lässt, führt die Abänderung nach § 738 FamFG zu einer inhaltlichen Änderung des Titels selbst (vgl zur Abgrenzung näher BGHZ 163, 187 = FamRZ 05, 1479; Rauscher/*Andrae/Schimrick* Rn 42).

3. Rechtsbehelfe des europäischen Rechts, Abs 2

115   **a) Vollstreckungsverjährung, UAbs 1.** In UAbs 1 normiert die Verordnung einen neuen europäischen Rechtsbehelf zur Geltendmachung der Vollstreckungsverjährung (Verwirkung). Danach verweigert die zuständige Behörde des Vollstreckungsmitgliedstaats auf Antrag des Unterhaltsverpflichteten die Vollstreckung ganz oder teilweise, wenn das Recht auf Vollstreckung der Entscheidung entweder nach dem Recht des Ursprungsmitgliedstaats oder nach dem Recht des Vollstreckungsmitgliedstaats verjährt ist. Sind die Verjährungsfristen in beiden Staaten unterschiedlich, so gilt die längere Verjährungsfrist, dh Vollstreckungsverjährung muss nach beiden Rechten eingetreten sein (MüKoFamFG/*Lipp* Rn 9; G/Sch/*Hilbig,* IRV Rn 12; HK-ZPO/*Dörner* Vorbem Art 17–22 Rn 7). Die Verweisung in UAbs 1 bezieht sich ausschließlich auf die Vollstreckungsverjährung aus dem ausländischen Titel, nicht hingegen auf die materiell-rechtliche Verjährung des dem Titel zugrundeliegenden Unterhaltsanspruchs. Letztere ist nur im Erkenntnisverfahren zu beachten und beurteilt sich gem Art 11 lit e HUP nach dem Unterhaltsstatut (Rauscher/*Andrae/Schimrick* Rn 5; → C Rn 728 f).

116   Soll ein Unterhaltstitel nach Art 17 in *Deutschland* vollstreckt werden, so verweist Abs 2 UAbs 1 im Wege einer **Sachnormverweisung** insbesondere auf § 197 Abs 1 Nr 3, 4 und Abs 2 BGB; danach verjähren titulierte Unterhaltsrückstände nach 30 Jahren. Demgegenüber unterliegen titulierte Ansprüche auf künftig wiederkehrenden Unterhalt ab ihrer jeweiligen Fälligkeit (§ 201 S 1 BGB) der dreijährigen Regelverjährung nach §§ 195, 199 BGB (Rauscher/*Andrae/Schimrick* Rn 6).

117   Art 21 Abs 2 verdrängt in seinem Anwendungsbereich das nationale Recht. Der Schuldner muss die Vollstreckungsverjährung daher nicht – wie Einwendungen gegen den Anspruch selbst nach nationalem Recht (→ Rn 113) – mit einem Vollstreckungsabwehrantrag nach § 767 ZPO iVm § 66 AUG geltend machen. Vielmehr reicht die Geltendmachung durch einen entsprechenden Antrag des Schuldners aus. Auch neben dem Rechtsbehelf nach Art 21 Abs 2 UAbs 1 dürfte der Vollstreckungsabwehrantrag nach §§ 120 FamFG, 767 ZPO aufgrund des Vorrangs des EU-Rechts nicht statthaft sein (G/Sch/*Hilbig,* IRV Rn 31; Rauscher/*Andrae/Schimrick* Rn 27; **aA** MüKoFamFG/*Lipp* Rn 36)).

118   **b) Unvereinbarkeit mit einer anderen Entscheidung, UAbs 2.** Abs 2 normiert in UAbs 2 einen weiteren Rechtsbehelf für den Fall, dass die zu vollstreckende Entscheidung mit einer anderen im Vollstreckungsmitgliedstaat ergangenen Entscheidung oder einer in einem anderen Mitgliedstaat oder einem Drittstaat ergangenen Entscheidung, die im Vollstreckungsmitgliedstaat anerkennungsfähig ist, unvereinbar ist. Die Vorschrift hat im Vollstreckbarerklärungsverfahren für Entscheidungen aus *Dänemark* und dem *Vereinigten Königreich* eine Parallele in

1042

II. EU-Recht: EuUntVO Art 21   **119–122 M**

Art 24 UAbs 1 lit c und lit d, UAbs 2 (→ Rn 192 ff), der seinerseits auf Art 34 Nr 3 und Nr 4 EuGVVO aF (heute: Art 45 Abs 1 lit c und lit d EuGVVO nF) zurückgeht.

aa) Unvereinbarkeit. Miteinander unvereinbar sind Entscheidungen (Art 2 Abs 1 Nr 1; **119** → Rn 38) dann, wenn sich deren Urteilswirkungen (Rechtsfolgen) widersprechen (vgl zum EuGVÜ EuGH C-145/86 – *Hoffmann/Krieg,* Slg 88, 645 Rn 22 = NJW 89, 663; C-80/00 – *Italian Leather,* Slg 02 I-4995 Rn 40, 47 = NJW 02, 2087; ferner Rauscher/*Leible* Art 45 EuGVVO Rn 63), dh wenn sich die im Vollstreckungsmitgliedstaat anerkennungsfähigen Rechtskraft- und Gestaltungswirkungen der Urteile gegenseitig ausschließen. Der Streitgegenstand beider Verfahren muss nicht zwingend identisch sein (Mu/V/*Stadler* Art 45 EuGVVO Rn 14), und zwar auch nicht iS der vom EuGH zu Art 27 EuGVVO entwickelten Kernpunkttheorie (vgl dazu EuGH C-144/86 – *Gubisch/Palumbo,* Slg 87, 4861 Rn 16). Vielmehr kann sich eine Unvereinbarkeit auch **aus den Entscheidungsgründen** oder aus der unterschiedlichen Beurteilung präjudizieller Rechtsverhältnisse ergeben (MüKoZPO/*Gottwald* Art 45 EuGVVO Rn 46). Bei der Prüfung dieser Frage ist das Gericht im Anerkennungsstaat nicht an die diesbezügliche Bewertung des Ursprungsgerichts gebunden, sondern kann die tatbestandlichen Voraussetzungen dieses Versagungsgrundes eigenständig prüfen. Darin liegt auch kein Verstoß gegen das Verbot der *révision au fond* in Art 42 (vgl BGH RIW 17, 78 Rn 20 ff = IPRax 17, 488 m Anm *Thomale* 263). Ein ablehnender inländischer PKH-Beschluss hindert die Anerkennung einer gegenteiligen Hauptsacheentscheidung des Gerichts eines anderen Mitgliedstaats jedoch nicht (BGHZ 88, 17 = NJW 84, 568).

Insbesondere ist es auch nicht erforderlich, dass es sich bei der widersprechenden Entscheidung **120** ebenfalls um eine in den **sachlichen Anwendungsbereich der EuUntVO** fallende Entscheidung handelt. Der Vollstreckung einer ausländischen Unterhaltsentscheidung kann vielmehr auch eine inländische – oder eine im Inland anerkennungsfähige ausländische – **Entscheidung in einer Statussache** entgegenstehen, wenn die Statusbeziehung präjudiziell für den zugesprochenen Unterhaltsanspruch ist (*Gruber* IPRax 13, 325/329). Demgemäß liegt Unvereinbarkeit zB zwischen der Verurteilung zum Ehegattenunterhalt im Ausland einerseits und der zwischenzeitlich im Inland ausgesprochenen Ehescheidung andererseits vor (EuGH C-145/86 aaO, Rn 25 = NJW 89, 663). Gleiches gilt im Verhältnis zwischen der ausländischen Verurteilung des nichtehelichen Vaters zum Kindesunterhalt und einer inländischen Entscheidung, mit der die Vaterschaft wirksam angefochten worden ist (Rauscher/*Andrae/Schimrick* Rn 13 ff; vgl OLG Hamm IPRax 04, 437/438). Auch eine ausländische Entscheidung zur elterlichen Verntwortung kann der Anerkennung einer Entscheidung zum Kindesunterhalt entgegenstehen (OLG Düsseldorf FamRZ 13, 484). Die bloße **Anhängigkeit** eines Statusverfahrens im Inland kann hingegen der Anerkennung einer ausländischen Unterhaltsentscheidung, die über die gleiche Statusfrage inzident befunden hat, nicht entgegengehalten werden (OLG Karlsruhe FamRZ 12, 660 unter Hinweis auf Art 22 EuUntVO).

bb) Keine Parteienidentität. In Abweichung von Art 24 UAbs 1 lit c und lit d (→ Rn 196) **121** verlangt UAbs 2 nicht, dass die miteinander nicht zu vereinbarenden Entscheidungen zwischen denselben Parteien ergangen sein müssen. Aufgrund des Verzichts auf eine Identität der formalen Parteirollen kann eine Unvereinbarkeit auch in Fällen der Rechtskrafterstreckung angenommen werden.

cc) Keine zeitliche Priorität. Eine Entscheidung ist iSv UAbs 1 „ergangen", sobald sie **122** nach der jeweiligen *lex fori* Wirkungen entfaltet; sie muss nicht notwendig rechtskräftig sein (MüKoZPO/*Gottwald* Art 34 EuGVVO aF Rn 47). Während die Vollstreckbarerklärung einer Entscheidung aus *Dänemark* oder dem *Vereinigten Königreich* nach Art 24 S 1 durch eine mit ihr unvereinbare *inländische* Entscheidung stets (lit c), durch eine im Inland anerkennungsfähige *ausländische* Entscheidung aber nur dann gehindert wird, wenn diese früher als die zu vollstreckende Entscheidung ergangen ist (lit d; → Rn 202 f), verzichtet UAbs 2 vollständig auf Prioritätserfordernisse (*Heger/Selg* FamRZ 11, 1101/1107). Das Gericht im Vollstreckungsmitgliedstaat kann daher nach seinem **Ermessen** sowohl einer früher wie einer später ergangenen in- oder ausländischen Entscheidung Vorrang einräumen und aus diesem Grunde die Vollstreckung verweigern (Rauscher/*Andrae/Schimrick* Rn 9 ff; MüKoFamFG/*Lipp* Rn 19; G/Sch/*Hilbig,* IRV Rn 50). Anhaltspunkte für die Ermessensausübung gibt die Verordnung nicht. Die spätere Entscheidung wird aufgrund ihrer Aktualität häufig, aber nicht immer den Vorzug verdienen (vgl Rauscher/*Andrae/Schimrick* Rn 10; MüKoFamFG/*Lipp* Rn 22; G/Sch/*Hilbig,* IRV Rn 33).

1043

M 123–127   2. Teil. Anerkennung/Vollstreckung M. Unterhaltssachen

123 Für die Anerkennungsfähigkeit von Unterhaltsentscheidungen aus der *Schweiz,* aus *Norwegen* oder aus *Island* ist insoweit Art 34 LugÜ (→ Rn 404 ff) maßgebend, der mit Art 24 S 1 EuUnt-VO übereinstimmt. Für die Anerkennungsfähigkeit von Entscheidungen aus *Albanien, Bosnien und Herzegowina, Brasilien, Montenegro,* der *Türkei,* der *Ukraine* und den *USA* ist Art 22 lit d HUÜ 2007 (→ Rn 542 f), für die Anerkennungsfähigkeit von Unterhaltsentscheidungen aus *Andorra* und *Australien* Art 5 Nr 4 HUntVÜ (→ Rn 660 f ff) zu beachten; für sonstige drittstaatliche Entscheidungen gilt § 109 Nr 3 FamFG (→ Rn 866 ff).

124   **dd) Gerichtliche Vergleiche und öffentliche Urkunden.** Die in einem Mitgliedstaat vollstreckbaren gerichtlichen Vergleiche und öffentlichen Urkunden sind gem Art 48 gerichtlichen Entscheidungen gleichgestellt (→ Rn 325 ff). Nach der Rechtsprechung des EuGH zu Art 27 EuGVÜ/Art 34 EuGVVO aF wird die Kollision einer Entscheidung mit einem Prozessvergleich jedoch nicht von der Unvereinbarkeitsregelung erfasst (EuGH C-414/92 – *Solo Kleinmotoren,* Slg 94 I-2237 Rn 35 = NJW 95, 38). Die Begründung dieser Entscheidung lässt sich auch auf die EuUntVO übertragen.

125   **ee) Zuständigkeit und Verfahren.** Für alle Rechtsbehelfe nach Abs 2 gilt, dass sie **nur auf Antrag,** nicht von Amts wegen zu berücksichtigen sind. Zuständig für einen Antrag auf Verweigerung der Vollstreckung nach Abs 2 sind in den Mitgliedstaaten die Gerichte oder Behörden, die der Kommission von dem jeweiligen Mitgliedstaat nach Art 71 Abs 1 lit f mitgeteilt worden sind. Diese Mitteilungen sind im Europäischen Gerichtsatlas in Zivilsachen auf folgender Internetseite abrufbar:

„https://e-justice.europa.eu/content_maintenance_obligations-355-de. do.

In *Deutschland* ist nach § 31 Abs 1 S 1 AUG (→ Rn 727) das Amtsgericht als Vollstreckungsgericht sachlich zuständig. Örtlich ist nach § 31 Abs 1 S 2 AUG das in § 764 Abs 2 ZPO bestimmte Gericht zuständig. Das Verfahren wird vor deutschen Gerichten durch § 30 Abs 2 AUG näher ausgestaltet (→ Rn 731 ff). Die Darlegungs- und Beweislast für das Vorliegen der Verweigerungsgründe liegt beim Schuldner (G/W/*Bittmann* Kap 36 Rn 123).

126   **c) Abänderungsentscheidungen, UAbs 3.** Nicht unvereinbar mit einer inländischen oder einer im Inland anerkennungsfähigen ausländischen Unterhaltsentscheidung iSv UAbs 2 ist – wie UAbs 3 klarstellt – eine Abänderungsentscheidung, dh eine Entscheidung, welche die frühere inländische oder ausländische Unterhaltsentscheidung aufgrund geänderter Umstände anpasst (Rauscher/*Andrae/Schimrick* Rn 17). Als Grund für die Abänderung kommt sowohl eine Änderung der wirtschaftlichen Verhältnisse von Unterhaltsgläubiger oder -schuldner wie eine Änderung des maßgeblichen Unterhaltsrechts in Betracht (vgl BGH FamRZ 09, 1402 Rn 10). Die Vollstreckung der abgeänderten Entscheidung kann dagegen gem Abs 1 iVm § 775 Nr 1 ZPO (iVm §§ 65 AUG, 120 Abs 1 FamFG) eingestellt bzw beschränkt werden (PWW-ZPO/*Scheuch* § 775 Rn 4; Vorwerk/Wolf/*Preuß* § 775 ZPO Rn 4), weil (nach dem Recht des Erststaates vollstreckbare) Abänderungsentscheidungen aus Mitgliedstaaten, die durch das HUP gebunden sind, ohne Exequaturverfahren vollstreckbar sind. Abänderungsentscheidungen aus anderen Staaten müssen hingegen zuerst für vollstreckbar erklärt werden, damit § 775 Nr 1 ZPO angewendet werden kann.

4. Aussetzung der Vollstreckung, Abs 3

127   **a) Überprüfung der Entscheidung im Ursprungsmitgliedstaat, UAbs 1.** Hat der Schuldner im Ursprungsstaat den Rechtsbehelf nach Art 19 (Nachprüfung der [Versäumnis-] Entscheidung; → Rn 79 ff) eingelegt, so kann er im Vollstreckungsstaat einen Antrag auf Aussetzung der Vollstreckung nach Abs 3 UAbs 1 stellen. Dies kommt also namentlich bei einer Verletzung des rechtlichen Gehörs im erststaatlichen Verfahren in Betracht. Im Umkehrschluss ergibt sich aus dieser Vorschrift, dass der Gläubiger grundsätzlich die Vollstreckung auch dann betreiben darf, wenn der Schuldner einen Antrag nach Art 19 gestellt hat. Der Schuldner hat also auch dann, wenn er den Antrag nach Abs 3 UAbs 1 gestellt hat, keinen Anspruch auf Aussetzung. Das Gericht im Vollstreckungsstaat hat vielmehr ein **Ermessen,** ob und in welchem Umfang es dem Aussetzungsantrag stattgibt (Rauscher/*Andrae/Schimrick* Rn 19). Ermessensleitendes Kriterium ist insbesondere, ob dem Schuldner ein irreversibler Schaden durch die Vollstreckung droht oder ob der Antrag auf Aussetzung nur zum Zwecke einer Verzögerung der Vollstreckung eingelegt wurde. Ferner sind auch die Erfolgsaussichten des Rechtsbehelfs nach Art 19 zu berücksichtigen (vgl zur Parallelvorschrift in Art 35 Abs 1 EuEheVO → N Rn 205 ff mwN). Darlegungs- und beweisbelastet ist insoweit der Antragsteller (G/W/*Bittmann* Kap 36

1044

II. EU-Recht: EuUntVO Art 22   132, 133   **M**

Rn 128). Das Gericht kann die Aussetzung auch von einer **Sicherheitsleistung** abhängig machen (*Heger/Selg* FamRZ 11, 1101/1107).

In **Deutschland** kann der Schuldner, der einen Antrag auf Nachprüfung der Entscheidung im **128** Ursprungsstaat nach Art 19 gestellt hat, gem § 70 Abs 1 S 2 AUG iVm §§ 707, 719 Abs 1 ZPO die **einstweilige Einstellung der Zwangsvollstreckung** beantragen (→ C Rn 442 ff).

b) Aussetzung der Vollstreckung im Ursprungsmitgliedstaat, UAbs 2. Setzt das Ge- **129** richt im Ursprungsstaat die Zwangsvollstreckung aus, so wird auch im Vollstreckungsstaat auf Antrag des Schuldners die Vollstreckung ausgesetzt (Abs 3 UAbs 2); denn die Entscheidung soll im Zweitstaat keine weitergehende Wirkung entfalten als im Ursprungsstaat. Hierbei ist nicht entscheidend, ob die Aussetzung im Ursprungsstaat auf den Rechtsbehelf nach Art 19 oder auf einen Rechtsbehelf des dortigen nationalen Rechts zurückzuführen ist (Rauscher/*Andrae/Schimrick* Rn 22). Dem Gericht im Vollstreckungsstaat steht insoweit – anders nach UAbs 1 – auch **kein Ermessen** zu. Da der Entscheidung im Vollstreckungsstaat nach dem Grundsatz der Wirkungserstreckung nicht weitergehende Wirkungen als im Ursprungsstaat zukommen können, muss die Aussetzung der Vollstreckung im Ursprungsstaat zwingend die gleiche Rechtsfolge im Vollstreckungsstaat auslösen (Rauscher/*Andrae/Schimrick* Rn 23; MüKoFamFG/*Lipp* Rn 30).

c) Zuständigkeit und Verfahren. Zuständigkeit für einen Antrag nach Abs 3 ist in Deutsch- **130** land gem § 31 Abs 1 AUG (→ Rn 737) wiederum das Amtsgericht als Vollstreckungsgericht, und zwar örtlich das in § 764 Abs 2 ZPO bestimmte Gericht. Das Verfahren wird durch § 31 Abs 2 AUG näher ausgestaltet (→ Rn 721 ff). Über den Antrag auf Aussetzung oder Beschränkung der Zwangsvollstreckung nach Abs 3 entscheidet das Vollstreckungsgericht in Deutschland gemäß § 31 Abs 3 AUG aufgrund der Dringlichkeit durch – unanfechtbare – einstweilige Anordnung. Mit der Entscheidung in der Hauptsache im Ursprungsstaat wird die im Inland gem § 31 Abs 3 AUG getroffene einstweilige Anordnung hinfällig. Wird dies vom zuständigen Vollstreckungsorgan nicht beachtet, so ist ein Antrag auf Aufhebung der einstweiligen Anordnung entsprechend § 31 AUG statthaft (MüKoFamFG/*Lipp* Rn 39).

Kann der Schuldner die Entscheidung eines Gerichts des Ursprungstaates vorlegen, aus der **131** sich die Aufhebung des Titels oder die Einstellung oder Beschränkung der Zwangsvollstreckung ergibt, ist die Zwangsvollstreckung auch in Deutschland nach § 32 AUG einzustellen. Für einen Antrag auf Aussetzung der Vollstreckung nach Abs 3 fehlt in diesen Fällen regelmäßig das Rechtsschutzbedürfnis (BT-Drs 17/4887, S 44). Die verfahrensrechtliche Ausgestaltung des Rechtsbehelfs nach Abs 3 in den anderen Mitgliedstaaten kann den entsprechenden Mitteilungen an die Kommission nach Art 71 Abs 1 lit f entnommen werden, die im Europäischen Gerichtsatlas in Zivilsachen auf folgender Internetseite abrufbar sind: „https://e-justice.europa.eu/content_maintenance_obligations-355–de. do.

EuUntVO Art 22. Keine Auswirkung auf das Bestehen eines Familien- verhältnisses

Die Anerkennung und Vollstreckung einer Unterhaltsentscheidung aufgrund dieser Verordnung bewirkt in keiner Weise die Anerkennung von Familien-, Verwandt- schafts-, oder eherechtlichen Verhältnissen oder Schwägerschaft, die der Unterhalts- pflicht zugrunde liegen, die zu der Entscheidung geführt hat.

Nach Art 22 beschränkt sich die Anerkennung und Vollstreckung von Entscheidungen nach **132** der EuUntVO in ihrer Wirkung auf die **Durchsetzung der Unterhaltspflicht** (ErwG 25; → Anh III). Deren Wirksamkeit ist vollkommen unabhängig von der Statusentscheidung, die materiellrechtlich die Grundlage für den zuerkannten Unterhaltsanspruch bildet (Rauscher/ *Andrae/Schimrick* Rn 1). Die Anerkennung und Vollstreckung einer Unterhaltsentscheidung hat also nicht zur Folge, dass die inländischen Gerichte an die Beurteilung der Vorfrage nach dem Bestehen oder der Scheidung einer Ehe, der Adoption oder der Eltern-Kind-Beziehung in dieser Entscheidung gebunden sind, wenn hierüber anschließend als Hauptfrage im Inland zu befinden ist.

Auch wenn das ausländische Gericht nicht nur über den Unterhaltsanspruch, sondern auch **133** über das Vorliegen der zugrundeliegenden Status-Beziehung mit Rechtskraftwirkung entschie- den hat, beschränkt sich die Anerkennung und Vollstreckung nach Art 17 ff auf den Ausspruch betreffend den Unterhalt und erstreckt sich nicht auf den statusrechtlichen Teil der Entscheidung. Umgekehrt ist die Anerkennung und Vollstreckung einer Unterhaltsentscheidung aber auch

1045

M 137   2. Teil. Anerkennung/Vollstreckung M. Unterhaltssachen

nicht davon abhängig, dass auch die ihr **zugrunde liegende Statusentscheidung** im Inland anerkennungsfähig ist (OLG Karlsruhe FamRZ 12, 660/661; Rauscher/*Andrae/Schimrick* Rn 3; ebenso schon zur EuGVVO aF *Martiny* FamRZ 08, 1681/1686; G/Sch/*Geimer* Art 34 Rn 158; zum HUntVÜ 1973 OLG Karlsruhe NJW-RR 99, 82/83 m Anm *Gottwald* FamRZ 99, 310). Anders als im deutschen autonomen Anerkennungsrecht (§§ 108, 109 FamFG; → Rn 846 f) darf die Anerkennung der Entscheidung über nacheheliche Unterhalt also grundsätzlich nicht davon abhängig gemacht werden, dass auch die zugrundeliegende Ehescheidung im Inland anzuerkennen ist. Entsprechendes gilt im Verhältnis zwischen der Entscheidung über Unterhalt zugunsten eines nichtehelichen Kindes und der zugrundeliegenden gerichtlichen Vaterschaftsfeststellung (OLG Karlsruhe NJW-RR 12, 331/332). Da im Verhältnis der durch das Haager Unterhaltsprotokoll gebundenen Staaten auch eine *ordre public*-Kontrolle im Vollstreckungsmitgliedstaat nicht mehr stattfindet, können selbst gravierende Verstöße des Ursprungsgerichts gegen den Grundsatz des rechtlichen Gehörs im Statusverfahren – anders als bisher nach der EuGVVO aF (vgl BGH FamRZ 09, 1816 Rn 22 ff; → Rn 170) – die Vollstreckung des darauf beruhenden Annex-Unterhaltsurteils nicht mehr hindern.

134   Obwohl Art 22 nach seiner systematischen Stellung nur die Vollstreckung von Unterhaltsentscheidungen aus den durch das Haager Unterhaltsprotokoll gebundenen Mitgliedstaaten betrifft, ist die Vorschrift auch im Rahmen des **Vollstreckbarerklärungsverfahrens nach dem 2. Abschnitt** entsprechend anzuwenden (OLG Karlsruhe NJW-RR 12, 331/332).

Abschnitt 2. In einem Mitgliedstaat, der nicht durch das Haager Protokoll von 2007 gebunden ist, ergangene Entscheidungen

Vorbemerkung

135   Im 2. Abschnitt ist die Anerkennung und Vollstreckung von Unterhaltsentscheidungen aus EU-Mitgliedstaaten geregelt, die **nicht durch das HUP gebunden** sind. Dies sind nur die Mitgliedstaaten *Dänemark* und *Vereinigtes Königreich* (vgl zu letzterem OLG Frankfurt FamRZ 16, 1603). Der wesentliche Unterschied zum Abschnitt 1 besteht darin, dass Entscheidungen aus diesen beiden Mitgliedstaaten auch unter Geltung der EuUntVO **weiterhin der Vollstreckbarerklärung** bedürfen, während die Entscheidungen aus den übrigen Mitgliedstaaten nach Art 17 ohne dieses Erfordernis wie Entscheidungen von Gerichten des Vollstreckungsmitgliedstaats vollstreckt werden. Der Abschnitt II wird ab Wirksamkeit des „*Brexit*" nur noch im Verhältnis zu *Dänemark* gelten. Das *Vereinigte Königreich* wird voraussichtlich dann als souveräner Staat dem HUÜ 2007 beitreten, so dass britische Unterhaltsentscheidungen nach diesem Übereinkommen in Deutschland anerkannt und vollstreckt werden können (→ Rn 472 ff).

136   Der 2. Abschnitt gilt ferner für die Anerkennung und Vollstreckung von Unterhaltsentscheidungen der Gerichte und Behörden aller Mitgliedstaaten, soweit sie in Verfahren ergangen sind, die bereits **vor dem 18.6.2011 eingeleitet** wurden und für deren Anerkennung und Vollstreckung sich die Geltung des 2. Abschnitts aus der Übergangsvorschrift des Art 75 Abs 2 ergibt (Rauscher/*Andrae/Schimrick* Rn 2; näher → Rn 376 ff).

EuUntVO Art 23. Anerkennung

(1) **Die in einem Mitgliedstaat, der nicht durch das Haager Protokoll von 2007 gebunden ist, ergangenen Entscheidungen werden in den anderen Mitgliedstaaten anerkannt, ohne dass es hierfür eines besonderen Verfahrens bedarf.**

(2) **Bildet die Frage, ob eine Entscheidung anzuerkennen ist, als solche den Gegenstand eines Streites, so kann jede Partei, welche die Anerkennung geltend macht, in dem Verfahren nach diesem Abschnitt die Feststellung beantragen, dass die Entscheidung anzuerkennen ist.**

(3) **Wird die Anerkennung in einem Rechtsstreit vor dem Gericht eines Mitgliedstaats, dessen Entscheidung von der Anerkennung abhängt, verlangt, so kann dieses Gericht über die Anerkennung entscheiden.**

1. Begriff der Entscheidung

137   Vgl dazu die Kommentierung zu Art 2 Nr 1 (→ Rn 38) und Art 16 (→ Rn 49 ff).

1046

II. EU–Recht: EuUntVO Art 23   138–143 **M**

2. Begriff der Anerkennung

Der Begriff der Anerkennung ist in der EuUntVO nicht ausdrücklich geregelt. Nach allg **138**
Ansicht ist darunter – wie nach Art 36 EuGVVO (vgl EuGH Rs 145/86 – *Hoffmann/Krieg,* Slg
88, 645 Rn 11; EuGH Rs C–420/07 – *Apostolides,* Slg 09 I–3571 Rn 66) – **Wirkungserstreckung** zu verstehen; dh kraft der Anerkennung nach Art 23 werden die prozessualen Wirkungen
einer Unterhaltsentscheidung auf das Gebiet des Zweitstaats erstreckt (Rauscher/*Andrae/Schim-
rick* Rn 1). Anerkennung bedeutet demnach nicht die Gleichstellung des ausländischen Urteils
mit einem entsprechenden inländischen Urteil; vielmehr werden nur diejenigen Wirkungen, die
eine Entscheidung nach dem Recht *Dänemarks* oder des *Vereinigten Königreichs* hat, auf andere
Mitgliedstaaten ausgedehnt. Die Anerkennung ist andererseits in ihrem Umfang auch nicht auf
diejenigen Wirkungen beschränkt, die ein entsprechendes inländisches Urteil entfalten würde
(vgl zur EuGVVO aF BGH FamRZ 08, 400). Anerkannt werden stets nur die **einzelnen
Urteilswirkungen,** nämlich vor allem die materielle Rechtkraft, ferner die Gestaltungs- und
Präklusionswirkung sowie die Interventions- und Streitverkündungswirkung.

3. Ipso iure–Anerkennung, Abs 1

Nach Art 23 Abs 1 gilt der Grundsatz, dass auch Entscheidungen der Gerichte eines Mitglied- **139**
staates, der nicht durch das HUP gebunden ist, in jedem anderen Mitgliedstaat **automatisch**
anerkannt werden. Mit Eintritt der verfahrensrechtlichen Wirkungen der Entscheidung im Erststaat erstrecken sich diese Wirkungen also gleichzeitig auch auf den Zweitstaat. Ausgenommen
ist lediglich die Vollstreckbarkeit. Die Durchführung eines besonderen Anerkennungsverfahrens
ist dazu nicht erforderlich und darf vom nationalen Recht des Zweitstaats nicht vorgeschrieben
werden. Im deutschen Recht ist ein besonderes Anerkennungsverfahren für Unterhaltsentscheidungen auch nicht vorgesehen. Die Gründe, die ausnahmsweise zur Versagung der Anerkennung
einer *dänischen* oder *britischen* Entscheidung in Unterhaltssachen führen können, sind in Art 24
abschließend aufgezählt (→ Rn 155 ff). Die **Beweislast** für diese Versagungsgründe trägt diejenige Partei, die sich gegen die Anerkennung wendet.

Art 48 erstreckt das System der Art 23 ff auf vollstreckbare **gerichtliche Vergleiche** und **140**
öffentliche Urkunden aus einem Mitgliedstaat, der nicht durch das HUP gebunden ist
(→ Rn 325 ff).

4. Selbständiges Anerkennungsverfahren, Abs 2

a) Voraussetzungen. In Anlehnung an Art 36 Abs 2 EuGVVO und Art 21 Abs 3 EuEheVO **141**
räumt die Verordnung den Parteien in Abs 2 auch die Möglichkeit ein, einen Antrag auf
förmliche Entscheidung über die Anerkennung oder Nichtanerkennung einer *dänischen* oder
britischen Unterhaltsentscheidung zu stellen. Zulässig ist der Antrag, wenn für die Feststellung ein
allgemeines **Rechtsschutzinteresse** besteht; ein besonderes Feststellungsinteresse wie im Rahmen von § 256 Abs 1 ZPO ist dagegen nicht erforderlich (Rauscher/*Leible* Art 36 EuGVVO nF
Rn 17). Ein rechtliches Interesse des Antragstellers an der Klärung der Frage, ob die Voraussetzungen für die Anerkennung vorliegen oder nicht, dürfte insbesondere dann gegeben sein,
wenn Gerichte oder Behörden im Anerkennungsstaat diese Frage unterschiedlich beurteilen
(OLG Stuttgart FamRZ 14, 865 Rn 13). Der Antrag ist in einem solchen Fall auch zulässig,
wenn zwischen den Parteien über die Anerkennung kein Streit besteht, denn über die Anerkennungsvoraussetzungen können die Parteien nicht disponieren. Ausreichend ist aber auch, dass
der Unterhaltsschuldner die Anerkennungsfähigkeit der ausländischen Entscheidung im Inland
bestreitet. Praktische Bedeutung hat das fakultative Anerkennungsfeststellungsverfahren vor allem
bei Entscheidungen, die keinen vollstreckbaren Inhalt haben, zB bei negativen Feststellungsurtei-
len (Rauscher/*Andrae/Schimrick* Rn 2).

b) Verfahren. Über den Feststellungsantrag ist gem Abs 2 in entsprechender Anwendung der **142**
Vorschriften über das Verfahren der Vollstreckbarerklärung (Art 26 ff; → Rn 208 ff) zu entscheiden. In Deutschland verweist § 55 Abs 1 AUG (→ Rn 798) insoweit auf einzelne Vorschriften
des 1. und 2. Unterabschnitts (§§ 36 ff, 43 ff AUG).

aa) Sachliche Zuständigkeit. Sachlich zuständig für das Verfahren nach Art 23 Abs 2 ist in **143**
Deutschland gemäß § 23a Abs 1 Nr 1 GVG *ausschließlich* (§ 23a Abs 1 S 2 GVG) das Amtsgericht; funktional zuständig ist nach § 23b Abs 1 GVG das Familiengericht. Die in anderen

1047

M 144–151 2. Teil. Anerkennung/Vollstreckung M. Unterhaltssachen

Mitgliedstaaten zuständigen Gerichte sind der Kommission nach Art 71 zu notifizieren, Abs 2 iVm Art 27 Abs 1.

144 **bb) Örtliche Zuständigkeit.** Das örtlich zuständige Gericht wird gem Art 27 Abs 2 durch den Ort des gewöhnlichen Aufenthalts der Partei, gegen die die Feststellung erwirkt werden soll oder durch den Ort, an dem die anschließende Vollstreckung durchgeführt werden soll, bestimmt. In Deutschland ist insoweit die **Zuständigkeitskonzentration nach § 35 Abs 1 AUG** (→ Rn 742) zu beachten. Sobald ein förmliches Anerkennungsverfahren nach Abs 2 anhängig ist, ist die Entscheidung über die Anerkennung dem nach § 35 Abs 1 AUG ausschließlich zuständigen Familiengericht vorbehalten; andere Gerichte und Behörden sind von diesem Zeitpunkt an gehindert, die *dänische* oder *britische* Unterhaltsentscheidung inzident anzuerkennen.

145 **cc) Antrag.** Der Antrag auf Feststellung der Anerkennung (oder Nichtanerkennung) ist bei dem zuständigen Familiengericht schriftlich einzureichen oder mündlich zu Protokoll der Geschäftsstelle zu erklären **(§ 55 Abs 1 iVm § 36 Abs 2 AUG;** → Rn 746). Er ist nach § 184 GVG in deutscher Sprache abzufassen; andernfalls kann das Gericht dem Antragsteller aufgeben, eine Übersetzung des Antrags beizubringen, deren Richtigkeit von einer hierzu befugten Person bestätigt worden ist (§ 55 Abs 1 iVm § 36 Abs 3 AUG). Den Antrag kann **jeder Beteiligte** stellen; dies kann eine Partei des Ausgangsverfahrens, ihr Rechtsnachfolger, aber auch ein Dritter sein (MüKoZPO/*Gottwald*⁴ Art 33 EuGVVO aF Rn 11).

146 **dd) Einseitiges Verfahren.** Das Gericht entscheidet über die Feststellung im einseitigen Verfahren, dh **ohne Anhörung des Antragsgegners;** Gelegenheit, sich zu äußern, erhält nur der Antragsteller. Die Entscheidung ergeht grundsätzlich ohne mündliche Verhandlung; eine mündliche Erörterung mit dem Antragsteller kann jedoch stattfinden, wenn dies der Beschleunigung dient (§ 55 Abs 1 iVm § 38 Abs 1 AUG; → Rn 754). Abweichend von § 130 Abs 1 FamFG besteht in diesem Verfahren **kein Anwaltszwang** (§ 55 Abs 1 iVm § 38 Abs 2 AUG). Das Gericht prüft in erster Instanz nur, ob die Formalien des Art 28 erfüllt sind (vgl Art 30 Abs 1; Rauscher/*Andrae/Schimrick* Rn 3).

147 **ee) Kosten.** Für die Kosten des selbständigen Anerkennungsverfahrens in Bezug auf *dänische* oder *britische* Unterhaltsentscheidungen gilt § 56 AUG (→ Rn 799). Danach sind die Kosten dem Antragsgegner aufzuerlegen, wenn der Feststellungsantrag begründet ist (S 1). Der Antragsgegner kann allerdings die Kostenentscheidung isoliert mit der Beschwerde (§ 43 AUG) anfechten, wenn er durch sein Verhalten keine Veranlassung zu dem Feststellungsantrag gegeben hat; in diesem Fall sind die Kosten dem Antragsteller aufzuerlegen (S 3).

148 **ff) Rechtsbehelfe.** Gegen die Entscheidung des Familiengerichts sind als Rechtsbehelfe die **Beschwerde** zum OLG und die **Rechtsbeschwerde** zum BGH statthaft, § 55 Abs 1 iVm §§ 43 ff, 46 ff AUG (→ Rn 766 ff, 781 ff). Erst im Rechtsbehelfsverfahren wird in entsprechender Anwendung von Art 34 Abs 1 an Hand der vorgelegten Urkunden geprüft, ob Anerkennungsversagungsgründe nach Art 24 vorliegen.

149 **gg) Aussetzung des Verfahrens.** Wird gegen die Entscheidung, die Gegenstand des förmlichen Feststellungsverfahrens nach Art 23 Abs 2 ist, in *Dänemark* oder im *Vereinigten Königreich* ein ordentlicher Rechtsbehelf eingelegt und deshalb dort die Vollstreckung der Entscheidung einstweilen eingestellt, so hat das mit dem Feststellungsantrag befasste Gericht das Verfahren nach Art 25 aussetzen, bis über den Rechtsbehelf entschieden worden ist (→ Rn 204 ff).

150 **c) Verhältnis zu anderen Anträgen. aa) Feststellungsantrag nach § 256 Abs 1 ZPO.** Abs 2 verdrängt in seinem Anwendungsbereich das autonome Recht, in Deutschland also § 113 Abs 1 S 2 FamFG iVm § 256 ZPO (MüKoZPO/*Gottwald*⁴ Art 33 EuGVVO aF Rn 10; s aber → Rn 154). Nach dem Wortlaut der Vorschrift ist − anders als in Ehesachen (Art 21 Abs 3 EuEheVO; → K Rn 44) − lediglich ein **positiver Feststellungsantrag,** nicht jedoch ein negativer Antrag zulässig (Rauscher/*Andrae/Schimrick* Rn 2; vgl auch Mu/V/*Stadler* Art 36 EuGVVO Rn 3). Ob dennoch auch ein Antrag auf Nichtanerkennung gestellt werden kann, ist von der Rechtsprechung auch zu Art 33 Abs 2 EuGVVO aF nicht geklärt worden (dafür G/Sch/*Geimer* Rn 85 f; **aA** MüKoZPO/*Gottwald*⁴ Rn 13).

151 **bb) Antrag auf Klauselerteilung nach Art 26 ff.** Der Feststellungsantrag gemäß Abs 2 kann sowohl selbständig, wie auch neben einem Antrag auf Vollstreckbarerklärung nach Art 26 ff gestellt werden. Denn der Beschluss, der die Klauselerteilung anordnet, stellt das Bestehen der Anerkennungsvoraussetzungen nur inzident für das nachfolgende Vollstreckungsverfahren fest.

II. EU-Recht: EuUntVO Art 24 **M**

Soweit es neben der Durchsetzung des Unterhaltsanspruchs im Inland auf die Feststellungswirkung des Titels ankommt, besteht daher ein Rechtsschutzinteresse für die zusätzliche Feststellung der Anerkennung (vgl zu Art 33 EuGVVO aF MüKoZPO/*Gottwald*[4] Rn 14; Kropholler/*v Hein* Rn 5).

cc) Leistungsantrag. Eine hilfsweise Antragshäufung von Feststellungsantrag und ursprüng **152** lichem Leistungsantrag für den Fall der Ablehnung der Anerkennung ist unzulässig, weil insoweit unterschiedliche Verfahrensarten gegeben sind, §§ 113 Abs 1 S 2 FamFG iVm § 260 ZPO (Rauscher/*Leible* Art 36 EuGVVO nF Rn 18; MüKoZPO/*Gottwald*[4] Art 33 EuGVVO aF Rn 15)

5. Inzidentanerkennung, Abs 3

Abs 3 betrifft den Fall, dass sich die Frage nach der Anerkennung oder Nichtanerkennung **153** einer ausländischen Unterhaltsentscheidung im Rahmen eines Prozesses stellt, welcher der Klärung einer anderen – zB sozial- oder steuerrechtlichen – Frage als Hauptfrage dient. Von einer Vorfrage in diesem Sinne kann nur gesprochen werden, wenn die Entscheidung der Hauptfrage von der Anerkennung der Unterhaltsentscheidung im Inland abhängt. Dies kann zB auch der Fall sein, wenn vor einem inländischen Gericht die Abänderung der ausländischen Unterhaltsentscheidung wegen veränderter Umstände begehrt wird (Rauscher/*Andrae*/*Schimrick* Rn 4). Ist die Erheblichkeit zu bejahen, so obliegt dem Gericht die Prüfung der Anerkennung von Amts wegen, dh auch dann, wenn keine der Parteien sie bestreitet. Auch im Rahmen der Inzidentanerkennung sind dann die in Art 28 vorgesehenen Urkunden vorzulegen (vgl zu Art 33 EuGVVO aF MüKoZPO/*Gottwald*[4] Rn 23 mwN).

Die Inzidententscheidung nach Abs 3 entfaltet **keine Rechtskraft,** so dass andere staatliche **154** Stellen nicht durch sie gebunden sind und abweichend entscheiden können. Auch ein förmliches Feststellungsverfahren nach Abs 2 kann weiterhin durchgeführt werden. Da sich die Zulässigkeit einer inzidenten Anerkennung schon aus Abs 1 ergibt, wird – um der Vorschrift überhaupt einen eigenen Anwendungsbereich zu geben – zT vertreten, dass Abs 3 die Möglichkeit zu einem selbständigen rechtskraftfähigen Anerkennungsverfahren eröffne (vgl zu Art 36 EuGVVO Rauscher/*Leible* Rn 20; **aA** aber HK-ZPO/*Dörner* Rn 13). Rechtskraft kommt jedenfalls einer **Zwischenfeststellungsentscheidung** nach § 256 ZPO zu. Ein entsprechender Antrag ist anstelle des des formalisierten fakultativen Verfahrens nach Abs 2 im Interesse der Prozessökonomie grundsätzlich zulässig (MüKoZPO/*Gottwald*[4] Art 33 EuGVVO aF Rn 24). Dies dürfte freilich im Hinblick auf die ausschließliche Zuständigkeit der Familiengerichte für die Feststellung der Anerkennung nach § 35 AUG nur dann gelten, wenn auch der Antrag in der Hauptsache vor einem für die Anerkennung zuständigen Familiengericht anhängig gemacht worden ist (vgl zum Parallelproblem im Rahmen von 21 Abs 4 EuEheVO → K Rn 56 f mwN).

EuUntVO Art 24. Gründe für die Versagung der Anerkennung

[1] **Eine Entscheidung wird nicht anerkannt,**

a) **wenn die Anerkennung der öffentlichen Ordnung (ordre public) des Mitgliedstaats, in dem sie geltend gemacht wird, offensichtlich widersprechen würde.** [2] **Die Vorschriften über die Zuständigkeit gehören nicht zur öffentlichen Ordnung (ordre public);**

b) **wenn dem Antragsgegner, der sich in dem Verfahren nicht eingelassen hat, das verfahrenseinleitende Schriftstück oder ein gleichwertiges Schriftstück nicht so rechtzeitig und in einer Weise zugestellt worden ist, dass er sich verteidigen konnte, es sei denn, der Antragsgegner hat gegen die Entscheidung keinen Rechtsbehelf eingelegt, obwohl er die Möglichkeit dazu hatte;**

c) **wenn sie mit einer Entscheidung unvereinbar ist, die zwischen denselben Parteien in dem Mitgliedstaat, in dem die Anerkennung geltend gemacht wird, ergangen ist;**

d) **wenn sie mit einer früheren Entscheidung unvereinbar ist, die in einem anderen Mitgliedstaat oder in einem Drittstaat zwischen denselben Parteien in einem Rechtsstreit wegen desselben Anspruchs ergangen ist, sofern die frühere Entscheidung die notwendigen Voraussetzungen für ihre Anerkennung in dem Mitgliedstaat erfüllt, in dem die Anerkennung geltend gemacht wird.**

1049

M 155–159   2. Teil. Anerkennung/Vollstreckung M. Unterhaltssachen

² Eine Entscheidung, die bewirkt, dass eine frühere Unterhaltsentscheidung aufgrund geänderter Umstände geändert wird, gilt nicht als unvereinbare Entscheidung im Sinne der Buchstaben c oder d.

Schrifttum: *Rauscher,* Verstoß eines Unterhaltstitels gegen den ordre public, JR 10, 432.

1. Allgemeines

155   Art 24 ist Art 34 EuGVVO aF/Art 45 Abs 1 EuGVVO nF nachgebildet, so dass auch die Rechtsprechung zu diesen Vorschriften der EuGVVO hier mitherangezogen werden kann (OLG Karlsruhe FamRZ 14, 864). Anders als nach Art 35 Abs 1 und 2 EuGVVO aF/Art 45 Abs 1 lit e und Abs 2 EuGVVO nF findet eine Überprüfung der **internationalen Zuständigkeit** des Erstgerichts jedoch nicht statt (OLG Frankfurt FamRZ 16, 1603/1605; Zö/*Geimer* Rn 2). Art 35 Abs 3 S 2 EuGVVO aF wurde in die *ordre public*-Klausel (lit a S 2) integriert. Zusätzlich wurde in Art 24 UAbs 2 ein Hinweis aufgenommen, dass eine Abänderungsentscheidung nicht unvereinbar mit der Entscheidung ist, die sie abändert. Für die Auslegung der Anerkennungshindernisse in UAbs 1 lit a–d kann daher ergänzend auf die Auslegung der korrespondierenden Versagungsgründe in Art 34 Nr 1–4 EuGVVO aF durch den EuGH (dazu statt vieler unalexK/*Teixeira de Sousa*/*Hausmann* Rn 1 ff m ausf Nachw) zurückgegriffen werden (OLG Karlsruhe FamRZ 12, 660/661; Rauscher/*Andrae*/*Schimrick* Rn 1).

156   Art 24 regelt die Anerkennungshindernisse für *dänische* und *britische* Entscheidungen sowie für die Entscheidungen anderer Mitgliedstaaten, die noch nicht auf der Grundlage des HUP ergangen sind, in Unterhaltssachen **abschließend.** Auch ein behaupteter Prozessbetrug des Unterhaltsgläubigers im erststaatlichen Verfahren hindert die Anerkennung daher nur dann, wenn die Voraussetzungen eines *ordre public*-Verstoßes iSv S 1 lit a erfüllt sind (App Paris 21.4.05, unalex FR–422). Dabei führt die anerkennungsfreundliche Grundtendenz der EuUntVO, die Ausdruck des gegenseitigen Vertrauens zwischen den Mitgliedstaaten ist (vgl zur EuEheVO EuGH C–256/09 – *Purrucker,* Slg 10 I-7353 Rn 71 ff = FamRZ 10, 1229) dazu, dass die Anerkennungsversagungsgründe auf ein Mindestmaß reduziert sind und ihre Auslegung sich stets an dem Ziel einer möglichst weitgehenden Freizügigkeit von Entscheidungen innerhalb der EU zu orientieren hat (vgl zu Art 34 Nr 1 EuGVVO aF EuGH C–681/13 – *Diageo Brands,* EuZW 15, 713 Rn 41; EuGH C–157/12 – *Salzgitter Mannesmann,* NJW 14, 203 Rn 28 m Anm *Mäsch* EuZW 13, 905; ferner Art 81 Abs 1 und Abs 2 lit a AEUV). Diese Gründe haben also **Ausnahmecharakter** und sind deshalb eng auszulegen (vgl zu Art 27 EuGVÜ EuGH C–414/92 – *Solo Kleinmotoren,* Slg 94 I-2237 Rn 20 = NJW 95, 38; EuGH C–7/98 – *Krombach,* Slg 00 I-1935 Rn 21 = NJW 00, 1853; zu Art 34 Nr EuGVVO aF EuGH C–420/07 – *Apostolides,* Slg 09 I-3571 Rn 55).

157   Außer dem Nichtvorliegen von Anerkennungshindernissen nach Art 24 setzt die Anerkennung voraus, dass die Art 23 ff auf die Entscheidung **sachlich, räumlich und zeitlichen anwendbar** sind (→ Rn 28 ff). In räumlich-persönlicher Hinsicht sind insbesondere die vorrangigen Sonderregeln der Art 17–22 zu beachten, wenn die Entscheidung in einem durch das HUP gebundenen Mitgliedstaat gesprochen worden ist (→ Rn 53 ff). Eine Versagung der Anerkennung nach Art 24 kommt daher nur für Entscheidungen aus *Dänemark* und aus dem *Vereinigten Königreich* in Betracht. Die Entscheidung muss nach dem Recht des Erststaates **wirksam,** aber nicht notwendig rechtskräftig sein.

158   Die Prüfung der Anerkennungsvoraussetzungen hat nach hM **von Amts wegen** zu erfolgen (vgl zu Art 34 EuGVVO aF BGHZ 191, 9 = NJW 11, 3103 Rn 24; BGH NJW 16, 169 Rn 9; BGH NJW-RR 12, 1013 Rn 9; BGH NJW-RR 08, 586 Rn 25 mwN; **aA** Rauscher/*Leible* Art 45 EuGVVO Rn 41; MüKoZPO/*Gottwald* Art 45 EuGVVO Rn 7 f; G/Sch/*Geimer* Art 34 EuGVVO aF Rn 62 ff;). Eine **Amtsermittlungspflicht** besteht dagegen nicht; die Art und Weise der Tatsachenermittlung richtet sich vielmehr grundsätzlich nach dem autonomen Verfahrensrecht des Zweitstaats (BGH NJW-RR 12, 1013 Rn 9; BGH NJW-RR 08, 586 Rn 26). In Unterhaltsverfahren gilt nach deutschem Recht der **Beibringungsgrundsatz,** § 113 Abs 1 FamFG.

159   Die Darlegungs- und **Beweislast** für das Vorliegen eines Versagungsgrundes nach Art 24 trägt der Antragsgegner (Schuldner), der sich der Anerkennung der ausländischen Entscheidung widersetzt; denn wegen der anerkennungsfreundlichen Tendenz der Unterhaltsverordnung besteht nach Art 23 Abs 1 eine Vermutung zu Gunsten der Anerkennung (vgl zum EuGVÜ BGH NJW 93, 3269/3270; zur EuGVVO aF OLG Saarbrücken NJOZ 11, 1243/1246). Eine Ausnahme gilt lediglich für die in Art 28, 29 bezeichneten Urkunden, die der Antragsteller vor-

1050

II. EU-Recht: EuUntVO Art 24   **160–164** **M**

zulegen hat. Im Vollstreckbarerklärungsverfahren werden die Anerkennungsversagungsgründe jedoch erst in der **Beschwerdeinstanz** geprüft (Art 34 Abs 1).

2. Verstoß gegen den ordre public, lit a

a) Allgemeines. Der *ordre public*-Vorbehalt sichert die grundlegenden und unverzichtbaren **160** Werte des Sach- und Verfahrensrechts des Anerkennungsstaates. Er hat gegenüber den anderen Versagungsgründen Auffangcharakter. Dabei ist es zwar grundsätzlich Sache der Mitgliedstaaten, den Inhalt ihrer öffentlichen Ordnung iSv lit a selbst festzulegen. Sie sind in dieser Entscheidung jedoch nicht völlig frei; vielmehr überwacht der EuGH im Rahmen seiner Auslegungskompetenz die den Mitgliedstaaten diesbezüglich gezogenen Grenzen (vgl zu Art 27 Nr 1 EuGVÜ/ Art 34 Nr 1 EuGVVO aF EuGH C- 7/98 – *Krombach,* Slg 00 I-1935 Rn 23 = NJW 00, 1853; EuGH C-38/98 – *Renault,* Slg 00 I-2973 Rn 28 = NJW 00, 2185; EuGH C-420/07 – *Apostolides,* Slg 09 I-3571 Rn 57 = NJW 09, 1938; EuGH C-619/10 – *Trade Agency,* EuZW 12, 912 Rn 49 m Anm *Bach;* EuGH C-302/13 – *flyLal,* EuZW 15, 76 Rn 47; EuGH C-681/13 – *Diageo Brands,* EuZW 15, 713 Rn 42 m Anm *Dietze* 717; Rauscher/*Leible* Art 45 EuGVVO nF Rn 6).

Einigkeit besteht darüber, dass dem Urteil eines anderen Mitgliedstaats **nur in Ausnahme-** **161** **fällen** unter Berufung auf den *ordre public* des Zweitstaats die Anerkennung versagt werden darf (EuGH C-420/07 – *Apostolides* aaO, Rn 55; EuGH C-681/13 – *Diageo Brands,* Rn 41; Mü-KoZPO/*Gottwald* Art 45 EuGVVO Rn 12); dies folgt nicht zuletzt daraus, dass lit a einen „offensichtlichen" Verstoß gegen die öffentliche Ordnung verlangt (vgl zu Art 27 Nr 1 EuGVÜ EuGH C-7/98 – *Krombach* aaO, Rn 37 und C-38/98 – *Renault* aaO, Rn 26; zu Art 34 Nr 1 EuGVVO aF EuGH C-619/10 – *Trade Agency* aaO, Rn 48; BGH NJW-RR 12, 1013 Rn 10). Die Anerkennung der Entscheidung muss also – auch vor dem Hintergrund des Verbots einer sachlichen Nachprüfung der Entscheidung (Art 42; → Rn 321 f) – gegen einen **wesentlichen Rechtsgrundsatz** des Anerkennungsstaates verstoßen und deshalb mit dessen Rechtskultur schlichtweg unvereinbar sein (vgl zu Art 34 Nr 1 EuGVVO aF EuGH C-394/07 – *Gambazzi,* Slg 09 I-2582 Rn 27 = NJW 09, 1938; EuGH C-302/13 – *flyLal,* EuZW 15, 76 Rn 49; EuGH C-681/13 – *Diageo Brands,* EuZW 15, 713 Rn 44 m Anm *Schulze* IPRax 16, 234; BGH NJW 16, 160 Rn 11).

Für eine Versagung der Anerkennung unter Berufung auf den deutschen *ordre public* nach **162** Art 37 lit a ist auch nur dann Raum, wenn die durch die Anerkennung der Entscheidung **im Inland hervorgerufenen Auswirkungen** den grundlegenden Wertungen des deutschen Unterhaltsrechts offensichtlich widersprechen würden. Hingegen reicht es nicht aus, dass nur der Inhalt des ausländischen Rechts, auf dem die Entscheidung beruht, mit der inländischen öffentlichen Ordnung unvereinbar ist (vgl zu Art 34 Nr 1 EuGVVO aF BGH NJW-RR 12, 1013 Rn 27). Die Anerkennung der ausländischen Entscheidung als solche muss gegen ein „grundlegendes Prinzip" der Rechtsordnung des Anerkennungsstaates verstoßen (EuGH C-420/07 – *Apostolides* aaO, Rn 60 ff). Da es um den deutschen *ordre public* geht, kann ergänzend auf die Auslegung von § 109 Abs 1 Nr 4 FamFG zurückgegriffen werden (→ Rn 873).

b) Materiellrechtlicher ordre public. Ein *ordre public*-Verstoß kann sich zunächst aus der **163** materiellen Rechtsanwendung durch das Gericht des Erststaates ergeben. Der anerkennungs-rechtliche *ordre public* ist allerdings noch restriktiver als der kollisionsrechtliche nach Art 13 HUP (zu diesem → C Rn 742 ff; vgl Schlosser/Hess/*Schlosser* Art 45 EuGVVO nF Rn 2). So verstößt etwa eine ausländische Unterhaltsentscheidung nicht gegen den deutschen *ordre public,* wenn sie darauf beruht, dass dem unterhaltspflichtigen Ehegatten die Schuld am Scheitern der Ehe zugesprochen wurde. Der Grundsatz des verschuldensunabhängigen nachehelichen Unterhalts-anspruchs des geschiedenen Ehegatten gehört also nicht zum unantastbaren Bestand der deut-schen Rechtsordnung (OLG Frankfurt NJW-RR 05, 1375). Ebenso wenig reicht es für einen *ordre public*-Verstoß aus, dass das ausländische Gericht Unterhaltsansprüche tituliert hat, die im Recht des Anerkennungsstaats nicht oder jedenfalls nicht in vergleichbarem Umfang bekannt sind (BGH FamRZ 11, 97).

Auch die Berücksichtigung eines fiktiv erzielbaren Einkommens des Unterhaltspflichtigen bei **164** der Berechnung der Unterhaltsschuld begründet keinen Verstoß gegen den deutschen *ordre public.* Gleiches gilt für die Übertragung von Anrechten aus einer Lebensversicherung des Unterhalts-schuldners zur Sicherheit von dessen laufenden Unterhaltsverpflichtungen durch das ausländische Gericht (BGH FamRZ 09, 1659 Rn 23 f). Grundsätzlich nicht zu beanstanden sind weiter Entscheidungen, die – abweichend vom deutschen materiellen Recht – **rückwirkenden Un-**

1051

M 165–168   2. Teil. Anerkennung/Vollstreckung M. Unterhaltssachen

terhalt zusprechen oder für die Zeit ab Volljährigkeit des unterhaltsberechtigten Kindes keine gemeinsame Barunterhaltpflicht der Eltern vorsehen (BGH FamRZ 09, 1402 Rn 11 f m zust Anm *Hau*). Auch die vom deutschen Recht **abweichende Höhe** des zugesprochenen Unterhalts ist grundätzlich mit dem deutschen *ordre public* vereinbar, zumal sie der Abänderung unterliegt (BGH FamRZ 09, 1659; OLG Hamm FamRZ 06, 969). Etwas anderes kann allenfalls dann gelten, wenn das Erstgericht die mangelnde Leistungsfähigkeit des Verpflichteten in eklatanter Weise außer Betracht gelassen hat (Rauscher/*Andrae*/*Schimrick* Rn 6). Hat das ausländische Gericht Unterhaltsansprüche unter Berufung auf einen vom Berechtigten erklärten **Unterhaltsverzicht** versagt, so kann ein *ordre public*-Verstoß nur angenommen werden, wenn der Verzicht von einem minderjährigen Kind (OLG Celle FamRZ 91, 598/599) oder zu Lasten eines inländischen Trägers von Sozialleistungen erklärt wurde (Rauscher/*Andrae*/*Schimrick* Rn 7).

165   *Ordre public*-widrig ist allerdings die Anerkennung eines durch **Prozessbetrug** oder sonstige Täuschung erschlichenen Urteils (vgl zu Art 34 Nr 1 EuGVVO OLG Düsseldorf OLGR 09, 299; OLG Zweibrücken NJW-RR 06, 207; zu § 328 Abs 1 Nr 4 ZPO BGHZ 141, 286/304 = IPRax 01, 230; BGH WM 86, 1370/1371). Der Beklagte ist daher in einem solchen Fall nicht auf eine Abwehrklage nach § 826 BGB zu verweisen. Gegen die deutsche öffentliche Ordnung verstößt auch das **Verbot einer Abänderung von Unterhaltsurteilen** (OLG Nürnberg FamRZ 96, 353), sowie die Versagung von Betreuungsunterhalt an eine geschiedene Frau, wenn diese keine Möglichkeit hat, ihren Unterhalt zu verdienen, ohne das Kind zu vernachlässigen (OLG Zweibrücken FamRZ 97, 93).

166   **c) Verfahrensrechtlicher ordre public.** Einer ausländischen Unterhaltsentscheidung kann die Anerkennung nach lit a auch nicht schon deshalb versagt werden, weil diese in einem Verfahren erlassen worden ist, das von zwingenden Vorschriften des deutschen Prozessrechts abweicht (BGH NJW 10, 153 Rn 24). Erforderlich ist vielmehr, dass das ihr zugrundeliegende Verfahren von den Grundprinzipien des Verfahrensrechts im Anerkennungsstaat derart abweicht, dass es nicht mehr als ein geordnetes, rechtsstaatlichen Anforderungen genügendes Verfahren angesehen werden kann (zu Art 34 Nr 1 EuGVVO aF BGH NJW 16, 160 Rn 12; BGH NJW-RR 12, 1013 Rn 11; BGH NJW 10, 153 Rn 24; BGH FamRZ 10, 966 Rn 19; BGHZ 182, 188 Rn 25 = FamRZ 09, 1816 m Anm *Henrich;* OLG Stuttgart FamRZ 12, 999 Rn 14; ebenso schon zum EuGVÜ BGHZ 48, 327/333 = NJW 1968, 354; BGH NJW 90, 2201/2202 f; dazu Rauscher/*Leible* Art 45 EuGVVO nF Rn 15 mwN). Zuständigkeitsfragen gehören hingegen gem lit a S 2 in keinem Fall zum *ordre public.*

167   Bedeutung kommt insoweit vor allem Verstößen gegen das **rechtliche Gehör** (Art 103 Abs 1 GG) und gegen den Anspruch auf ein **faires Verfahren** (Art 6 EMRK iVm Art 47 Abs 2 EU-Charta, vgl EuGH C-619/10 – *Trade Agency*, EuZW 12, 912 Rn 52) zu. Im Vordergrund stehen insbesondere Verletzungen des rechtlichen Gehörs (BGH FamRZ 09, 2069 Rn 22; OLG Hamm NJW-RR 07, 1722; Rauscher/*Andrae*/*Schimrick* Rn 11). Der verfahrensrechtliche *ordre public* ist ferner betroffen, wenn das Grundrecht eines Verfahrensbeteiligten auf Achtung seiner Menschenwürde dadurch verletzt wird, dass er zum bloßen Verfahrensobjekt herabgewürdigt wird, indem ihm keinerlei aktiver Einfluss auf die Verfahrensgestaltung eingeräumt wird (BGHZ 118, 312/321 = NJW 92, 3096; BGH FamRZ 09, 1816 Rn 29; BGHZ 182, 204 Rn 28 = NJW 10, 153; BGH NJW-RR 12, 1013 Rn 12). Zuständigkeitsfragen gehören hingegen gem lit a S 2 in keinem Fall zum *ordre public.*

168   Allerdings gilt für die Gewährung rechtlichen Gehörs im Zeitraum der **Verfahrenseinleitung** (ordnungsgemäße und rechtzeitige Zustellung des verfahrenseinleitenden Schriftstücks) die **Sonderregelung in lit b** (vgl zum EuGVÜ EuGH C-78/95 – *Hendrikmann*, Slg 96 I-4943 Rn 23 = NJW 97, 1061). Auch ansonsten führt eine Verletzung des rechtlichen Gehörs des Antragsgegners nicht in jedem Fall zu einem *ordre public*-Verstoß; insbesondere erstreckt sich der Schutz des rechtlichen Gehörs nicht auf eine bestimmte Verfahrensgestaltung (BGHZ 182, 204 Rn 25 = NJW 10, 153; OLG Köln FamRZ 17, 1330/1331). Es muss sich vielmehr um einen im Lichte von Art 103 GG besonders gravierenden Verstoß handeln. Hierfür reicht der Ausschluss eines Rechtsbehelfs gegen die erstinstanzliche Entscheidung (OLG Düsseldorf RIW 95, 324/325) oder das Übergehen von tatsächlichem Vorbringen oder von Beweisanträgen durch das Gericht des Erststaates (OLG Düsseldorf EuZW 97, 284) nicht in jedem Fall aus. Etwas anderes gilt jedoch bei einem Verstoß gegen den Grundsatz des rechtlichen Gehörs, der sich als Ausprägung des **Willkürverbots** darstellt (BGH FamRZ 09, 1816 Rn 31 ff; OLG Hamm RIW 94, 243/245; MüKoZPO/*Gottwald* Art 45 EuGVVO Rn 17; vgl auch OLG Nürnberg FamRZ 15, 75:

1052

II. EU-Recht: EuUntVO Art 24   169–173 **M**

Kombination einer nicht als fristauslösend erkennbaren Zustellung mit einer knapp bemessenen Rechtsmittelfrist).

Der Anspruch auf ein faires Verfahren verlangt grundätzlich eine **Begründung jeder ge-** **169** **richtlichen Entscheidung,** damit der Beklagte die Gründe seiner Verurteilung verstehen und zweckdienliche Rechtsmittel gegen sie einlegen kann (vgl zu Art 34 Nr 1 EuGVVO aF EuGH C-302/13 – *flyLal,* EuZW 15, 76 Rn 51; BGH NJW 16, 160 Rn 23; **aA** noch Rauscher/*Leible* Art 45 EuGVVO Rn 20). Dies gilt zwar nicht für den Erlass eines Versäumnisurteils (vgl EuGH C-619/10 – *Trade Agency,* EuZW 12, 912 Rn 58, 62 m Anm *Bach* 915 und *Roth* IPRax 13, 402); anders liegt es jedoch dann, wenn nach einer Gesamtwürdigung des Verfahrens und unter Berücksichtigung aller relevanten Umstände Anhaltspunkte dafür bestehen, dass dieses Urteil eine offensichtliche und unverhältnismäßige Beeinträchtigung des Rechts des Antragsgegners auf ein faires Verfahren iSv Art 47 Abs 2 der EU-Grundrechtecharta darstellt, weil es dem Antragsgegner nicht möglich war, gegen diese Entscheidung in wirksamer Weise Rechtsmittel einzulegen (EuGH C-619/10 aaO, Rn 59 ff). Die Entscheidung eines mitgliedstaatlichen Gerichts, die weder allein noch zusammen mit anderen vorgelegten Urkunden den zugrunde liegenden Sachverhalt erkennen lässt, verstößt daher gegen den deutschen verfahrensrechtlichen *ordre public* (BGH NJW 16, 160 Rn 22 ff, 28).

Zwar darf die **Vorfrage der Abstammung** im Rahmen der Anerkennung von Unterhalts- **170** entscheidungen nach Art 23 im Hinblick auf das Verbot der *révision au fond* (Art 42) nur noch bei besonders gravierenden Verstößen gegen den *ordre public* geprüft werden (BGHZ 182, 188 Rn 14 = FamRZ 09, 1816; OLG Hamm FamRZ 06, 968; *Geimer* IPRax 04, 419/420). Hat ein ausländisches Gericht jedoch in einem Statusverfahren die Vaterschaft ohne Einholung eines Sachverständigengutachtens und nur gestützt auf die Aussage einer Zeugin vom Hörensagen festgestellt, obwohl der Antragsgegner jeden Geschlechtsverkehr mit der Mutter geleugnet und angeboten hatte, an der Erstellung eines Vaterschaftsgutachtens mitzuwirken, so kann nicht nur diesem Vaterschaftsurteil, sondern auch der hierauf gestützten Verurteilung zu Unterhaltsleistungen für das Kind die Anerkennung und Vollstreckung in Deutschland wegen Verstoßes gegen den verfahrensrechtlichen *ordre public* versagt werden (BGH aaO, Rn 31 ff m zust Anm *Henrich*). Dies gilt jedoch nicht, wenn ein serologisches Abstammungsgutachten deshalb nicht erstellt werden konnte, weil der Antragsgegner eine Blutuntersuchung zu Unrecht verweigert hat (OLG Stuttgart FamRZ 12, 1510 Rn 12; OLG Dresden FamRZ 06, 563; vgl auch Rauscher/*Andrae/ Schimrick* Rn 10 mwN).

Im Hinblick auf die Gewährleistung des rechtlichen Gehörs nach Art 103 Abs 1 GG kann im **171** Einzelfall (unter Abwägung aller Umstände) die Ausgestaltung des Verfahrens im *Vereinigten Königreich,* in dem das Gericht als prozessuale Sanktion bei Nichtbefolgung seiner Anordnungen den vollständigen Ausschluss einer ungehorsamen Partei vom weiteren Verfahren wegen **Miss-** **achtung des Gerichts** *(„contempt of court")* verfügt, gegen den deutschen verfahrensrechtlichen *ordre public* verstoßen, wenn diese Anordnung sich als unverhältnismäßig erweist und dem Antragsgegner auch in der Rechtsmittelinstanz kein rechtliches Gehör gewährt wurde (BGH NJW 10, 153 Rn 33 ff = FamRZ 09, 2069 m zust Anm *Gottwald* [*Australien*] unter Hinweis auf EuGH C-394/07 – *Gambazzi,* Slg 09 I-2563 Rn 29 ff = NJW 09, 1938; *Botur* FPR 10, 519/ 521). Ein solcher Verstoß kann auch vorliegen, wenn die Frist zur Einzahlung des Prozesskostenvorschusses für die Einlegung der Berufung so knapp bemessen wird, dass ihre Einhaltung praktisch unmöglich ist (BGH NJW-RR 10, 1221).

Eine von den §§ 322 ff ZPO abweichende Beurteilung der **materiellen Rechtskraft** nach **172** ausländischem Recht (siehe zur Wirkungserstreckung → Rn 48, 138) verstößt nicht gegen die inländische öffentliche Ordnung. Gleiches gilt, wenn eine Entscheidung lediglich in der Sprache des Erstgerichts zugestellt wurde, sofern der Beklagte im Verfahren anwaltlich vertreten war und deshalb mit einer Entscheidung rechnen musste und sich bei seinem Anwalt über den Inhalt informieren konnte (OLG Köln RIW 04, 866/867).

Ferner hindert lit a die Anerkennung von Entscheidungen grundsätzlich nur dann, wenn der **173** Verstoß des ausländischen Verfahrens gegen den inländischen *ordre public* im **Inhalt der ausländischen Rechtsnormen** wurzelt. Hat er seinen Grund hingegen in einer Missachtung oder fehlerhaften Anwendung von Rechtsvorschriften im Einzelfall durch das Erstgericht, so kommt es darauf an, ob der betroffenen Partei **Rechtsbehelfe** gegen die Entscheidung im Ursprungsstaat zur Verfügung standen. Nur wenn dies nicht der Fall ist oder sie erfolglos eingelegt wurden, kommt eine Versagung der Anerkennung aufgrund von lit a in Betracht (vgl zu Art 34 Nr 1 EuGVVO aF EuGH C-681/13 – *Diageo Brands,* EuZW 15, 713 Rn 49, 61 ff m Anm *Schulze* IPRax 16, 234; BGH FamRZ 11, 1568 Rn 23; BGHZ 182, 188/202 = FamRZ 09, 1816

1053

M 174–176   2. Teil. Anerkennung/Vollstreckung M. Unterhaltssachen

Rn 40 mwN). Denn es ist in erster Linie Sache der Parteien, durch aktive Teilnahme am Verfahren auf die Vermeidung von Fehlern des Ursprungsgerichts oder deren Korrektur durch die Einlegung von Rechtsmitteln hinzuwirken (OLG Karlsruhe FamRZ 12, 660/661; ebenso zu Art 34 Nr 1 EuGVVO aF KG FamRZ 04, 275; G/Sch/*Geimer* Rn 30). Durch Untätigkeit können sie sich ihren Mitwirkungsobliegenheiten nicht entziehen (BGH NJW 06, 701 Rn 17). Jede Partei hat insbesondere selbst nach besten Kräften für ihre ordnungsgemäße Vertretung in einem ihr bekannten Gerichtsverfahren zu sorgen (BGHZ 141, 286/297 f; BGHZ 182, 88 Rn 27 = FamRZ 09, 1816; BGHZ 182, 204 Rn 26 = NJW 10, 153).

174   Es ist dem Schuldner damit verwehrt, sich im Rahmen der Anerkennung auf einen Verfahrensfehler zu berufen, den er im Erstverfahren nicht in zumutbarer Weise gerügt oder nicht durch die **Einlegung von Rechtsmitteln** geltend gemacht hat (BGH NJW 90, 2201/2203; MüKoZPO/*Gottwald* Art 45 EuGVVO Rn 18). Dies gilt auch für die Behauptung, das Urteil sei durch Prozessbetrug erschlichen worden (BGH BeckRS 12, 04575; OLG Frankfurt BeckRS 12, 09281; OLG Köln NJW-RR 09, 1074). Auch die Entscheidung gegen eine unerkannt prozessunfähige Partei ist anzuerkennen, wenn diese die nachträgliche Gewährung rechtlichen Gehörs – zB in einem Wiederaufnahmeverfahren im Ursprungsstaat – noch hätte erreichen können (OLG Köln FamRZ 17, 1330/1331). Die Anerkennung setzt jedoch in diesen Fällen voraus, dass der Antragsgegner nicht nur von der Entscheidung, sondern auch von ihrem Inhalt so rechtzeitig Kenntnis erlangt hat, dass er noch Rechtsbehelfe einlegen konnte (BGHZ 191, 9 Rn 23 = FamRZ 11, 1568; dazu *Heiderhoff* NJW 11, 3103; BGH IPRax 11, 265; *Rauscher/Andrae/Schimrick* Rn 4). Löst daher nach dem Recht des Ursprungsstaates die formlose Übersendung des Unterhaltsurteils die Rechtsmittel- und Wiedereinsetzungsfristen aus, so dass der Schuldner sich gegen das Urteil nicht angemessen verteidigen konnte, so liegt darin ein Verstoß gegen den verfahrensrechtlichen *ordre public* (OLG Nürnberg FamRZ 15, 79 f).

3. Nichteinlassung des Antragsgegners, lit b

175   **a) Allgemeines.** Durch den Versagungsgrund in lit b soll – in Anlehnung an Art 34 Nr 2 EuGVVO aF – sichergestellt werden, dass dem Antragsgegner in der Phase der Einleitung des Verfahrens rechtliches Gehör gewährt wird, so dass dieser sich wirksam verteidigen kann. Das gleiche Ziel verfolgt im Verhältnis zu den an das HUP gebundenen Mitgliedstaaten Art 19 Abs 1 lit a (→ Rn 86 ff). Das Recht auf rechtliches Gehör genießt im deutschen(Art 103 GG) und europäischen Recht (Art 6 EMRK) Verfassungsrang; Art 24 lit b ist damit zugleich eine besondere Ausprägung des verfahrensrechtlichen *ordre public* iSv lit a. Die Vorschrift findet auf alle Verfahren Anwendung, die infolge der fehlenden Mitwirkung des Gegners einseitig geblieben sind, also insbesondere auf **Versäumnisurteile;** dies selbst dann, wenn für den Antragsgegner ein nicht bevollmächtigter Vertreter verhandelt hat (EuGH C-78/95 – *Hendrikmann,* Slg 96 I-4943 Rn 21 = NJW 97, 1061 m Anm *Rauscher* IPRax 97, 314). Soweit Entscheidungen des einstweiligen Rechtsschutzes ordnungsgemäß in einem einseitigen Verfahren erlassen werden (Arrest, einstweilige Anordnung), sind sie nach Ansicht des EuGH vom Anwendungsbereich des Kapitels IV ausgenommen (vgl zum EuGVÜ EuGH C-125/79 – *Denilauler,* Slg 81, 1593 Rn 11 = RIW 81, 781). Verstöße gegen das rechtliche Gehör im späteren Verlauf des Verfahrens können die Anerkennung nur gem lit a (verfahrensrechtlicher *ordre public*) hindern (vgl zu Art 27 Nr 2 EuGVÜ/Art 34 Nr 1 EuGVVO aF EuGH C-78/95 – *Hendrikmann* aaO, Rn 23; BGH NJW 06, 701; BGH NJW 90, 2201/2202). Die Verteidigungsrechte des Antragsgegners werden zwar bereits im erststaatlichen Verfahren durch Art 11 EuUntVO (bzw Art 19 EuZVO, Art 15 HZÜ) geschützt (→ C 255 ff). Lit b räumt den Gerichten im Anerkennungsstaat jedoch das Recht ein, die Einhaltung dieser Vorschriften im Ursprungsstaat zu kontrollieren.

176   Auch der Anerkennungsversagungsgrund gem lit b ist nach hM nicht – wie im Rahmen von § 109 Abs 1 Nr 2 FamFG (→ Rn 863 ff) – lediglich auf Rüge des Antragsgegners, sondern (im Rechtsbehelfsverfahren nach Art 32 Abs 1) **von Amts wegen** zu prüfen (vgl zu Art 34 Nr 2 EuGVVO aF BGH NJW-RR 08, 586 Rn 25 m abl Anm *Gottwald*). Eine Pflicht zur Amtsermittlung besteht aber nicht, so dass nur die von den Parteien vorgetragenen Tatsachen zu berücksichtigen sind. Nach hM zu Art 34 Nr 2 EuGVVO aF trägt der Antragsteller des Erstverfahrens wegen der Urkundenvorlagepflicht nach Art 53 EuGVVO aF die Darlegungs- und **Beweislast für das Vorliegen einer rechtzeitigen Zustellung** (BGH NJW-RR 08, 586/588; OLGR Hamburg 09, 188). Allerdings trifft den Antragsgegner eine sekundäre Darlegungslast. Für die Beweisführung wird es als genügend angesehen, dass der Antragsteller nachweist, dass die

II. EU-Recht: EuUntVO Art 24   **177–181**   **M**

Klage und Terminsladung tatsächlich und rechtzeitig zugegangen sind (Rauscher/*Leible* Art 45 EuGVVO nF Rn 60).

b) Nichteinlassung. Der Begriff der Einlassung ist **autonom und weit auszulegen** (vgl zu **177** Art 34 EuGVVO aF BGHZ 191, 9 Rn 19 = NJW 11, 3103; BGH NJW-RR 09, 1292 m Anm *Geimer* IPRax 10, 224). Danach gilt als Einlassung jedes Verhandeln des Antragsgegners, aus dem sich ergibt, dass er von dem gegen ihn eingeleiteten Verfahren Kenntnis erlangt und die Möglichkeit der Verteidigung gegen den Angriff des Antragstellers erhalten hat (BGH aaO; G/ Sch/*Geimer* Art 34 EuGVVO aF Rn 109 ff). Eine Einlassung kann auch in der Einlegung eines Rechtsmittels gegen den Erlass eines Versäumnisurteils liegen; denn damit sind die Verteidigungsrechte des Beklagten hinreichend gewahrt (BGH NJW 14, 2365 Rn 4). An ihr fehlt es hingegen, wenn der Antragsgegner zwar erschienen ist, sich aber darauf beschränkt hat, die nach dem Recht des Ursprungsstaats fehlerhafte oder verspätete Zustellung der Klage zu rügen (Staud/*Spellenberg* Rn 74; vgl zu Art 34 Nr 2 EuGVVO aF BGH NJW 11, 3103 Rn 19; OLG Köln IPRax 91, 114 m Anm *Linke* 92; **aA** Mu/V/*Stadler* Art 45 EuGVVO Rn 7; Rauscher/ *Leible* Art 45 EuGVVO Rn 52; G/Sch/*Geimer* Rn 112). Auch die bloße Rüge der internationalen Unzuständigkeit des Gerichts begründet noch keine Einlassung (EuGH C-39/02 – *Mærsk Olie & Gas,* Slg 04 I-9657 Rn 57 = EuLF 04, 282 m Anm *Smeele* IPRax 06, 229; BGH NJW 11, 3101 Rn 19). Hat sich der Antragsgegner eingelassen, so entfällt das Anerkennungshindernis nach lit b (OLG Karlsruhe FamRZ 12, 660/661).

c) Verfahrenseinleitendes Schriftstück. Das verfahrenseinleitende Schriftstück ist das vom **178** Prozessrecht des Ursprungsstaates vorgesehene Schriftstück, durch das der Antragsgegner erstmalig von dem der Entscheidung zugrundeliegenden Verfahren Kenntnis erlangen soll, damit er dort seine Rechte wahrnehmen kann (vgl zum EuGVÜ EuGH C-474/93 – *Hengst Import,* Slg 95 I-2113 Rn 19 = IPRax 96, 262). Das Schriftstück muss nicht zwingend eine Begründung des Antrags enthalten; es muss aber so bestimmt sein, dass der Antragsgegner über die wesentlichen Elemente des Rechtsstreits informiert ist (vgl zum EuGVÜ EuGH C 172/91 – *Sonntag,* Slg 93 I-1963 Rn 39 = NJW 93, 2091). Dem Schriftstück müssen sich daher zumindest Gegenstand und Grund des Antrags sowie die Aufforderung entnehmen lassen, sich auf das Verfahren einzulassen (BGH NJW 11, 3103 Rn 13). Welches Schriftstück dem Beklagten zur Einleitung des Verfahrens zugestellt wird, bestimmt das Recht des Erststaates. Die Zustellung eines „gleichwertigen Schriftstücks" genügt.

Verfahrenseinleitendes Schriftstück kann auch ein **Mahnbescheid** (§ 692 ZPO; zum italie- **179** nischen „*decreto ingiuntivo*" EuGH C-474/93 aaO, Rn 20; BGH NJW-RR 10, 1001 Rn 8) sein, nicht hingegen ein Vollstreckungsbescheid (EuGH C 166/80 – *Klomps,* Slg 81, 1593 Rn 9 = IPRax 82, 14 m Anm *Nagel* 5) sowie eine Klageerweiterung oder –änderung (BGH IPRax 87, 236 m Anm *Grunsky* 219; MüKoZPO/*Gottwald* Art 45 EuGVVO Rn 26). Insoweit kommt bei Verstößen gegen Verfahrensgrundsätze nur lit a in Betracht (HK-ZPO/*Dörner* Art 45 EuGVVO Rn 15). Auch die erst nach erfolgter Antragszustellung zugehende Terminsladung ist kein verfahrenseinleitendes Schriftstück (BGH-NJW-RR 02, 1151 m Anm *Geimer* IPRax 02, 378).

d) Rechtzeitige und ordnungsgemäße Zustellung. Die Rechtzeitigkeit und die Ord- **180** nungsmäßigkeit der Zustellung waren unter Geltung von Art 27 Nr 2 EuGVÜ *kumulative* Voraussetzungen einer der lit b genügenden Zustellung des verfahrenseinleitenden Schriftstücks an den Antragsgegner. Die Anerkennung war daher zu versagen, wenn die Zustellung zwar ordnungsgemäß, aber nicht rechtzeitig erfolgt war, und umgekehrt (vgl EuGH C-305/88 – *Lancray/Peters,* Slg 90 I-2725 Rn 15 ff = EuZW 90, 362 m Anm *Geimer;* EuGH C-123/91 – *Minalmet/Brandeis,* Slg 92 I-5661 Rn 13 = EuZW 93, 39; zur EuGVVO aF BGH NJW-RR 10, 1001/1002). Demgegenüber wird die Ordnungsmäßigkeit der Zustellung in lit b – wie schon bisher in Art 34 Nr 2 EuGVVO aF (vgl BGH NJW-RR 08, 586 Rn 27 f) – nicht mehr ausdrücklich gefordert; sie hat nur noch Indizwirkung für die Wahrung des rechtlichen Gehörs des Beklagten (BGH NJW 11, 3103 Rn 13). Jedenfalls die Beantwortung der Frage, ob das verfahrenseinleitende Schriftsück dem Antragsgegner überhaupt zugestellt wurde, erfordert eine tatsächliche Wertung, die das Gericht im Zweitstaat eigenständig vorzunehmen hat (EuGH C-619/10 – *Trade Agency,* EuZW 12, 912 Rn 33).

aa) Rechtzeitigkeit. Durch das Erfordernis einer rechtzeitigen Zustellung soll gewährleistet **181** werden, dass dem Antragsgegner bis zu dem vom Gericht bestimmten Verhandlungstermin genügend Zeit verbleibt, um seine Verteidigung – zB durch Beauftragung eines Anwalts – vorzubereiten und den Erlass einer Versäumnisentscheidung zu verhindern (vgl zum EuGVÜ

1055

M 182–185   2. Teil. Anerkennung/Vollstreckung M. Unterhaltssachen

BGH NJW 06, 701; OLG Köln NJW-RR 02, 360). Über die Rechtzeitigkeit ist an Hand der tatsächlichen Umstände des Einzelfalls im Lichte des Rechts des Anerkennungsstaates zu entscheiden (vgl zum EuGVÜ EuGH C 166/80 – *Klomps,* Slg 81, 1593 Rn 20; BGH NJW 08, 1531; ferner Rauscher/*Leible* Art 45 EuGVVO nF Rn 48 f). Bei dieser Entscheidung ist das Zweitgericht nicht an das Verfahrensrecht des Erststaates und die tatsächlichen Feststellungen des Erstgerichts gebunden (OLG Düsseldorf IPRax 13, 345; OLG Köln NJW-RR 02, 360). Im Regelfall beginnt der Zeitraum mit der ordnungsgemäßen Zustellung am Wohnsitz des Antragsgegners. In Ausnahmefällen können aber außergewöhnliche Umstände (zB ein Krankenhausaufenthalt) dazu führen, dass auch eine nach dem maßgeblichen Verfahrensrecht ordnungsgemäße Zustellung nicht genügt, um dem Antragsgegner hinreichend Zeit für die Vorbereitung seiner Verteidigung zu lassen (vgl zum EuGVÜ EuGH C-49/84 – *Debaecker,* Slg 85, 1779 Rn 27; BGH FamRZ 08, 856).

182   Auch müssen die durch eine Prozessführung im Ausland auftretenden Schwierigkeiten für die Verteidigung, etwa die **fremde Sprache** oder das ungewohnte Verfahrensrecht, berücksichtigt werden. Daher darf nicht lediglich auf die formale Einhaltung von Ladungs- und Einlassungsfristen nach dem Recht des Erst- oder Zweitstaates abgestellt werden (Mu/V/*Stadler* Art 45 EuGVVO Rn 10). Sind die gesetzlichen Ladungs- oder Einlassungsfristen des Zweitstaats allerdings nicht gewahrt, so kann dies als ein wesentliches Indiz für die fehlende Rechtzeitigkeit angesehen werden (vgl etwa BGH WM 86, 539; OLG Düsseldorf RIW 01, 143/144). Für die Beteiligten des Erstverfahrens besteht allerdings auch eine Obliegenheit, das Verfahren zu fördern und nicht zu torpedieren; deshalb kann bei zurechenbarer Zugangsvereitelung seitens des Antragsgegners Rechtzeitigkeit angenommen werden (Mu/V/*Stadler* aaO).

183   Nicht erforderlich für die rechtzeitige Zustellung ist es, dass der Antragsgegner von dem Antrag und der Ladung **tatsächlich Kenntnis genommen** hat (EuGH C 166/80 aaO, Rn 19). Steht fest, dass eine andere Form der Zustellung – zB wegen unbekannten Aufenthalts des Antragsgegners – nicht oder nur schwer durchführbar wäre, so kann auch eine öffentliche oder **fiktive Zustellung** (zB durch Aufgabe zur Post) ausreichen, um das Erfordernis der Rechtzeitigkeit iSv lit b zu erfüllen (BGH IPRax 93, 324/326 m Anm *Linke* 295). Dies gilt insbesondere, wenn der Schuldner sich der regulären Zustellung mutwillig entzogen hat (BGH FamRZ 08, 390 Rn 32; öst OGH ZfRV 01, 233/235; Rauscher/*Andrae/Schimrick* Rn 13). Fehlt es an einem Verschulden des Schuldners, so wird dieser allerdings zumeist darauf verweisen können, dass er sich nicht ausreichend auf seine Verteidigung habe vorbereiten können (BGH FamRZ 08, 390 Rn 31; *Micklitz/Rott* EuZW 02, 15/20).

184   **bb) Ordnungsmäßigkeit.** Ebenso wie im Rahmen von Art 34 Nr 2 EuGVVO aF – und damit anders als noch nach Art 27 Nr 2 EuGVÜ – wird die Ordnungsmäßigkeit der Ladung (dazu EuGH C-305/88 – *Lancray,* Slg 90 I-2725, Rn 15 ff = EuZW 90, 352 m Anm *Geimer* 354 und *Rauscher* IPRax 91, 155) nicht mehr in jedem Fall geprüft. Sie ist vielmehr neben der Rechtzeitigkeit der Zustellung nur dann noch eine eigenständige Voraussetzung der Anerkennung, wenn der Antragsgegner gerade wegen der nicht ordnungsgemäßen Art und Weise der Zustellung (zB wegen einer fehlenden Übersetzung der Antragsschrift) an seiner Verteidigung gehindert war (vgl zu Art 45 lit b EuGVVO nF ThP/*Hüßtege* Rn 15). Hat die Zustellung des verfahrenseinleitenden Schriftstücks dem Antragsgegner daher trotz eines formalen Verstoßes gegen Zustellungsvorschriften des Erststaates tatsächlich die Möglichkeit zu seiner ausreichenden Verteidigung eröffnet und war damit ein faires Verfahren garantiert, kann dem Urteil die Anerkennung nach lit b nicht versagt werden (vgl zur EuGVVO aF BGH NJW 11, 3103 Rn 13 ff m Anm *Sujecki* 3105 und *Heiderhoff* FamRZ 11, 1571; BGH NJW-RR 10, 1001 Rn 9 ff m Anm *Bach* IPRax 11, 241; OLG Stuttgart NJOZ 10, 2083; OLG Zweibrücken NJW-RR 06, 207/208). Dies gilt auch dann, wenn der Antragsgegner von dem Titel erst im Rahmen des Anerkennungsverfahrens Kenntnis erlangt hat. Allerdings indiziert ein schwerer Zustellungsmangel das Vorliegen eines Versagungsgrundes nach lit b, da die Zustellungsvorschriften gerade zur Gewährleistung des rechtlichen Gehörs dienen (BGH NJW-RR 08, 586 Rn 28 m Anm *Roth* IPRax 08, 501; Rauscher/*Leible* Art 45 EuGVVO nF Rn 45). Es ist daher mit besonderer Sorgfalt zu prüfen, ob der Beklagte trotz einer formal fehlerhaften Zustellung noch Gelegenheit hatte, sich rechtzeitig und effektiv zu verteidigen.

185   Die Gerichte des Zweitstaats haben die Ordnungsmäßigkeit der Zustellung, soweit es nach dem zuvor Gesagten auf diese überhaupt noch ankommt, nach Maßgabe der **Zustellungsvorschriften des Erststaates** zu prüfen (vgl zum EuGVÜ EuGH C-305/88 aaO, Rn 29 = EuZW 90, 352; OLG Köln NJW-RR 95, 446; H *Roth* IPRax 08, 501). Sie sind dabei nicht an die

II. EU-Recht: EuUntVO Art 24   **186–190** **M**

tatsächlichen Feststellungen des Ursprungsgerichts gebunden (BGH NJW 08, 1531 Rn 14 m Anm *Heiderhoff* IPRax 10, 343). Das Zustellungsrecht des Erststaates gilt einschließlich der in diesem Staat anzuwendenden EU-Verordnungen bzw Staatsverträge. Im Verhältnis der Mitgliedstaaten zueinander ist daher in erster Linie die Verordnung (EG) Nr 1393/2007 über die Zustellung gerichtlicher und außergerichtlicher Schriftstücke in Zivil- oder Handelssachen **(EuZVO)** v 13.11.2007 (ABl EU L 324, 79 = *Jayme/Hausmann* Nr 224) heranzuziehen, die mit Wirkung v 13.11.2008 an die Stelle der gleichnamigen Verordnung (EG) Nr 1348/2000 v 29.5.2000 (ABl EG L 160, 37) getreten ist. Deren Vorschriften gelten aufgrund eines zwischen der EG und *Dänemark* abgeschlossenen Übereinkommens v 19.10.2005 (ABl EU L 300, 55) seit dem 1.7.2007 auch im Verhältnis zu *Dänemark*. Die EuZVO genießt Vorrang gegenüber dem nationalen Zustellungsrecht der Mitgliedstaaten (EuGH C-443/05 – *Leffler,* Slg 05 I-6985 Rn 50 = EuZW 05, 753 m zust Anm *Stadler* IPRax 06, 116 und *Heiderhoff* EuZW 06, 235; OLG Karlsruhe RIW 99, 538).

Da die EuZVO **fiktive Formen der Zustellung** (öffentliche Zustellung, *remise au parquet*) **186** nicht zulässt, sind diese in ihrem Geltungsbereich nicht ordnungsgemäß (EuGH C-522/03 – *Scania,* 05 I-8639 Rn 26 ff = NJW 05, 3627 m zust Anm *Stadler* IPRax 06, 116). Dies gilt auch, wenn der Antragsgegner im Gerichtsstaat keinen Zustellungsbevollmächtigten benannt hat (EuGH C-325/11 – *Alder/Orlowska,* IPRax 13, 157 m Anm *Heinze* 132). Ein wesentlicher Zustellungsmangel liegt ferner dann vor, wenn der Antragsgegner die Antragsschrift deshalb nicht verstehen konnte, weil sie nicht in einer der in Art 8 EuZVO genannten **Sprachen** verfasst oder in eine solche übersetzt worden ist (vgl zur EuGVVO aF OLG Celle IPRax 05, 450/451m zust Anm *Roth* 438; *Rauscher* JZ 06, 251) und der Empfänger die Annahme aus diesem Grunde verweigert hat (vgl zur EuGVVO aF OLG Hamburg EuLF 09 II, 14; OLG Celle IPRax 05, 450 m Anm *Roth* 438; ferner ThP/*Hüßtege* Art 45 EuGVVO nF Rn 16 aE). Hingegen reicht es in diesem Falle nicht aus, dass die Annahme aus einem anderen Grund verweigert wird (BGH NJW 11, 3103 Rn 16).

Subsidiär ist das Haager Übereinkommen über die Zustellung gerichtlicher und außergericht- **187** licher Schriftstücke im Ausland in Zivil- oder Handelssachen **(HZÜ)** v 15.11.1965 (BGBl 77 II 1453 = *Jayme/Hausmann* Nr 211) anzuwenden. Auch dieses Übk regelt die Ordnungsmäßigkeit der Zustellung für die Zwecke von lit b im Verhältnis der Vertragsstaaten abschließend (EuGH C-522/03 aaO).

cc) Heilung. Auch die Frage, ob ein Zustellungsmangel im weiteren Verlauf des Verfahrens **188** geheilt worden ist, beurteilt sich nach dem Recht des Erststaates einschließlich der dort geltenden Staatsverträge (vgl zum EuGVÜ EuGH C-305/88 aaO, Slg 90 I-2725 Rn 31 = EuZW 90, 352; BGH NJW 91, 641). Eine solche Heilung sehen zwar weder die EuZVO noch das HZÜ vor (BGHZ 120, 305/311 = FamRZ 93, 311; *Brand* NJW 04, 1138). Die Fiktion der Heilung nach § 189 ZPO durch tatsächlichen Zugang des Schriftstücks beim Empfänger kommt jedoch dann in Betracht, wenn den Anforderungen der EuZVO bzw des HZÜ genügt worden ist und lediglich nationale Verfahrensvorschriften des Zustellungsstaates verletzt wurden (BGH NJW 11, 3581 Rn 33 ff m zust Anm *Rauscher*). Auf eine Heilung des Zustellungsmangels kommt es allerdings dann nicht an, wenn der Antragsgegner durch die fehlerhafte Art und Weise der Zustellung an seiner Verteidigung nicht gehindert wurde (vgl Kropholler/*v Hein* Art 34 Nr 2 EuGVVO aF Rn 43; Rauscher/*Leible* Art 45 EuGVVO Rn 46 aE).

e) Obliegenheit zur Einlegung eines Rechtsbehelfs. Nach lit b trifft den Antragsgegner – **189** wiederum abweichend von § 109 Abs 1 Nr 2 FamFG (→ Rn 865) – die Obliegenheit, im Erststaat einen Rechtsbehelf gegen die Entscheidung einzulegen (Rauscher/*Andrae/Schimrick* Rn 14). Konnte der Antragsgegner also durch Einlegung eines Rechtsbehelfs im erststaatlichen Verfahren geltend machen, dass das Erstgericht bei der Einleitung des Verfahrens gegen lit b verstoßen hat und hat er die Einlegung dieses Rechtsbehelfs unterlassen, so steht lit b der Anerkennung und Vollstreckung der Entscheidung nicht entgegen (OLG Karlsruhe FPR 12, 519/520; zur EuGVVO aF EuGH C-283/05 – *ASML,* Slg 06 I-12067 Rn 34 ff = NJW 07, 825; BGH NJW 11, 3103 Rn 22 ff; BGH NJW-RR 10, 571 Rn 5). Dies gilt auch dann, wenn der Antragsgegner erst im Laufe des Exequaturverfahrens von der gegen ihn ergangenen Entscheidung Kenntnis erlangt, sofern er auch dann noch einen Rechtsbehelf im Erststaat einlegen konnte (vgl zur EuGVVO aF BGH NJW 11, 3103 Rn 23; BGH NJW-RR 10, 1001 Rn 13; OLG Nürnberg WM 11, 700).

Der Begriff „Rechtsbehelf" ist in diesem Zusammenhang autonom und weit auszulegen. Er **190** bezieht sich aber nur auf solche Rechtsbehelfe, die sich **auf die fehlerhafte Zustellung** und die

M 191–197   2. Teil. Anerkennung/Vollstreckung M. Unterhaltssachen

daraus resultierende Säumnis beziehen (EuGH C-420/07 – *Apostolides,* Slg 09 I-3571 Rn 80; BGH EuZW 10, 478/479); daher ist es unschädlich, wenn der Beklagte aus anderen Gründen einen Rechtsbehelf hätte einlegen können (vgl zu Art 45 EuGVVO nF Mu/V/*Stadler* Rn 11; ThP/*Hüßtege* Rn 18; krit *Roth* IPRax 08, 501/503). In Betracht kommt daher auch ein **Wiedereinsetzungsantrag,** wenn die Frist für die Einlegung eines ordentlichen Rechtsbehelfs abgelaufen ist (EuGH C-70/15 – *Lebek/Domino,* EuZW 16, 618 Rn 42 ff m Anm *Bach* 621; BGH NJW-RR 10, 1001 Rn 14 f m Anm *Bach* IPRax 11, 241; OLG Zweibrücken IPRax 06, 487 m Anm *Roth* 466).

191   Ob für den Antragsgegner noch die Möglichkeit bestanden hat, einen Rechtsbehelf einzulegen, ist **von Amts wegen** zu prüfen (BGH NJW-RR 10, 1001; BGH FamRZ 08, 586). Dies setzt grundsätzlich die Zustellung des Versäumnisurteils an den Antragsgegner voraus (EuGH C-283/05 aaO, Rn 40 m Anm *Geimer* IPRax 08, 498). Eine ordnungsgemäße Zustellung ist zwar auch hier nicht zwingend erforderlich (EuGH C-283/05 – *ASML,* NJW 07, 825 Rn 41 ff; BGH NJW-RR 08, 586 Rn 35; HK-ZPO/*Dörner* Art 45 EuGVVO Rn 21). Die Entscheidung muss dem Antragsgegner aber zumindest inhaltlich bekannt gewesen sein; das bloße Wissen um ihre Existenz genügt nicht (EuGH C-283/05 aaO, Rn 34 = NJW 07, 825; BGH NJW 11, 3103 Rn 23). Ferner muss die Entscheidung dem Antragsgegner so rechtzeitig zugestellt worden sein, dass es ihm möglich war, den vorgesehenen Rechtsbehelf fristgerecht einzulegen (OLG Nürnberg FamRZ 15, 79). Wird der Rechtsbehelf als unzulässig zurückgewiesen, weil der Antragsgegner die hierfür erforderlichen Gebühren nicht bezahlt hat, kann er sich auf lit b nicht berufen (BGH RIW 12, 407 Rn 19).

4. Unvereinbarkeit mit einer inländischen Entscheidung, lit c

192   **a) Allgemeines.** Im Gegensatz zu Art 21 Abs 2 UAbs 2 wird in Art 24 S 1 lit c und lit d – wie in Art 45 Abs 1 lit c und lit d EuGVVO – danach unterschieden, ob eine Unvereinbarkeit mit einer im Anerkennungsstaat oder einer in einem anderen (Mitglied- oder Dritt-)Staat ergangenen Entscheidung vorliegt. Nach lit c kommt einer inländischen Entscheidung der uneingeschränkte Vorrang zu, also **unabhängig von der zeitlichen Reihenfolge,** in der die Entscheidungen ergangen sind. Auch eine spätere inländische Entscheidung steht daher – wie nach Art 22 lit c EuEheVO (→ K Rn 100) – der Anerkennung der früher gesprochenen ausländischen Unterhaltsentscheidung entgegen, wenn beide Entscheidungen nicht miteinander vereinbar sind.

193   Die **frühere Anhängigkeit eines inländischen Verfahrens,** in dem voraussichtlich eine mit der ausländischen Entscheidung nicht zu vereinbarende Entscheidung ergehen wird, begründet zwar nach dem Wortlaut von lit c kein Anerkennungshindernis. Der EuGH wertet allerdings den Verstoß des später angerufenen Gerichts eines Mitgliedstaats gegen die Aussetzungspflicht nach Art 12 als einen zusätzlichen Anerkennungsversagungsgrund (vgl zu Art 23 EuEheVO EuGH C-497/10 PPU – *Mercredi,* FamRZ 11 617 Rn 69 f m Anm *Henrich*; Rauscher/*Rauscher* Rn 22a).

194   **b) Entscheidung.** Maßgebend ist der Entscheidungsbegriff in Art 2 Nr 1 (→ Rn 38, 49 ff). Zu einem Widerspruch mit einer inländischen Entscheidung iSv lit c kann eine ausländische Entscheidung nur dann führen, wenn in- und ausländisches Gericht jeweils über den **materiellen Anspruch** entschieden haben. Das Anerkennungshindernis nach lit c kann daher nicht durch eine frühere inländische Entscheidung begründet werden, die nicht selbst in der Sache, sondern nur über die Anerkennung und Vollstreckbarkeit einer anderen ausländischen Entscheidung befunden hat (OLG Koblenz FamRZ 17, 1521/1523 m Anm *Eichel*).

195   Nach der Rechtsprechung des EuGH zu Art 27 EuGVÜ wird die Kollision einer Entscheidung mit einem **Prozessvergleich** nicht von lit c erfasst (EuGH C-414/92 – *Solo Kleinmotoren,* Slg 94 I-2237 Rn 35 = NJW 95, 38). Die Begründung dieser Entscheidung lässt sich zwar auch auf die EuUntVO übertragen, hat aber wegen der Gleichstellung der in einem Mitgliedstaat vollstreckbaren gerichtlichen Vergleiche und öffentlichen Urkunden gem Art 48 (→ Rn 325 ff) an Bedeutung verloren.

196   **c) Parteienidentität.** Die Entscheidung muss **zwischen denselben Parteien** ergangen sein (→ C Rn 270 ff). Teilidentität ist insoweit ausreichend. „Ergangen" ist die Entscheidung, sobald sie nach der *lex fori* Wirkungen entfaltet. Sie muss nicht notwendig rechtskräftig sein (Mü-KoZPO/*Gottwald* Art 45 EuGVVO Rn 45; **aA** OLG Karlsruhe FamRZ 94, 1477).

197   **d) Unvereinbarkeit.** Auch der Begriff der Unvereinbarkeit ist *autonom* auszulegen (BGH WM 16, 2272). Mit einander unvereinbar sind danach Entscheidungen dann, wenn sich deren

II. EU-Recht: EuUntVO Art 24 198–202 **M**

Urteilswirkungen gegenseitig ausschließen oder widersprechen (vgl zum EuGVÜ EuGH C-145/86 – *Hoffmann/Krieg*, Slg 88, 645 Rn 22 = NJW 89, 663; EuGH C-80/00 – *Italian Leather*, Slg 02 I-4995 Rn 40, 47 = NJW 02, 2087; ferner Rauscher/*Leible* Art 45 EuGVVO Rn 63). Bei der Prüfung dieser Frage ist das Gericht im Anerkennungsstaat nicht an die diesbezügliche Bewertung des Ursprungsgerichts gebunden, sondern kann die tatbestandlichen Voraussetzungen dieses Versagungsgrundes eigenständig prüfen. Darin liegt auch kein Verstoß gegen das Verbot der *révision au fond* in Art 42 (vgl BGH RIW 17, 78 Rn 20 ff = IPRax 17, 488 m Anm *Thomale* 463).

Der Begriff der Unvereinbarkeit in lit c stimmt mit dem eine entgegenstehende Rechtshängig- **198** keit begründenden Gegenstandsbegriff in Art 12 Abs 1 nicht überein, sondern ist *enger* zu fassen. Ein Widerspruch kann durch die Anerkennung einer Unterhaltsentscheidung daher auch dann eintreten, wenn deren Wirkungen einer im Zweitstaat ergangenen Entscheidung widersprechen, die **nicht in den Anwendungsbereich der EuUntVO** fällt. Wegen weiterer Einzelheiten kann auf die Kommentierung zu Art 21 Abs 2 UAbs 2 (→ Rn 119 f) verwiesen werden. Ein ableh- nender inländischer PKH-Beschluss hindert die Anerkennung einer gegenteiligen Haupt- sacheentscheidung des Gerichts eines anderen Mitgliedstaats jedoch nicht (BGHZ 88, 17 = NJW 84, 568).

Nicht unvereinbar sind ferner – wie UAbs 2 klarstellt – eine inländische Unterhaltsentschei- **199** dung und deren spätere **Abänderung** durch ein *dänisches* oder *britisches* Gericht (OLG Stuttgart FamRZ 14, 792; Rauscher/*Andrae/Schimrick* Rn 16). Voraussetzung ist nur, dass das ausländische Gericht die frühere deutsche Entscheidung bei seiner Urteilsfindung berücksichtigt hat (BGH FamRZ 09, 1402). Schließlich ist auch ein ausländischer Titel über Trennungsunterhalt nicht unvereinbar mit einem deutschen Titel über nachehelichen Unterhalt (BGH FamRZ 10, 966 Rn 12 ff m Anm *Heiderhoff* 1060 [zum HUntVÜ]).

e) Rechtsfolge. Liegt das Anerkennungshindernis nach lit c vor, so ist die Anerkennung **200** zwingend abzulehnen; ein Ermessen dees Anerkennungsgerichts besteht insoweit nicht (EuGH C-80/00 – *Italian Leather*, NJW 02, 2087 Rn 50 ff). Die miteinander unvereinbaren Entschei- dungen bleiben dann auf das Hoheitsgebiet des jeweiligen Ursprungsstaates beschränkt (BGH WM 16, 2272).

5. Unvereinbarkeit mit einer früheren Entscheidung aus einem anderen Mitgliedstaat oder einem Drittstaat, lit d

a) Allgemeines. Die Vorschrift ergänzt lit c und regelt das Verhältnis zwischen der Ent- **201** scheidung, um deren Anerkennung es geht, und einer Entscheidungen, die zwischen denselben Parteien (→ Rn 196) in einem „Rechtsstreit wegen desselben Anspruches" in einem anderen Staat als dem Anerkennungsstaat ergangen ist. Dies kann sowohl eine Entscheidung aus einem anderen Mitgliedstaat als auch eine drittstaatliche Entscheidung sein. Lit d erfasst hingegen nicht den Fall, dass die anzuerkennende Entscheidung mit einer anderen *im Ursprungsstaat* ergangenen oder dort anerkannten Entscheidung unvereinbar ist (vgl zu Art 34 Nr 4 EuGVVO aF EuGH C-157/12 – *Salzgitter Mannesmann*, NJW 14, 203 Rn 30 ff m Anm *Mäsch* EuZW 13, 905; dazu den Vorlagebeschluss BGH RIW 12, 407 Rn 9 ff; MüKoZPO/*Gottwald* Art 45 EuGVVO Rn 52). Im Übrigen gilt für die Auslegung der Begriffe „Entscheidung" und „Unvereinbarkeit" das vorstehend zu lit c Gesagte (→ Rn 194 ff) entsprechend (vgl Rauscher/*Leible* Art 45 EuGVVO Rn 69). Auch für lit d fehlt es daher an der Unvereinbarkeit, wenn die anzuerkennen- de Entscheidung lediglich eine frühere Unterhaltsentscheidung aufgrund geänderter Umstände abändert (UAbs 2).

b) Prioritätsprinzip. Abweichend von lit c gilt im Rahmen von lit d zwingend das Priori- **202** tätsprinzip, so dass stets die früher ergangene ausländische Entscheidung anzuerkennen ist; anders als nach Art 21 Abs 2 UAbs 2 (→ Rn 122) wird dem Anerkennungsrichter diesbezüglich also **kein Ermessen** eingeräumt. Konkurrieren daher Unterhaltsentscheidungen aus einem anderen Mitgliedstaat einerseits und aus einem Drittstaat andererseits, so kommt nicht etwa der mitglied- staatlichen Entscheidung Vorrang zu; vielmehr setzt sich auch die nach autonomem Recht anzuerkennende frühere Entscheidung eines Drittstaats gegenüber der späteren mitgliedstaatli- chen Entscheidung durch. Maßgebender Zeitpunkt ist dabei der Erlass der Entscheidung. Das Prioritätsprinzip gilt allerdings nicht im Verhältnis zwischen Unterhalts- und **Statusentschei- dungen.** Vielmehr entzieht auch eine im Anerkennungsstaat anerkannte spätere Statusentschei- dung aus einem anderen Mitglied- oder Drittstaat der früheren Unterhaltsentscheidung den

1059

M 204–207 2. Teil. Anerkennung/Vollstreckung M. Unterhaltssachen

Boden, wenn in letzterer inzident über die Statusfrage (zB die Abstammung des Kindes) abweichend entschieden wurde (Rauscher/*Andrae*/*Schimrick* Rn 17).

203 Die Anwendbarkeit von lit d setzt nach dem letzten Halbsatz voraus, dass die frühere Entscheidung im Übrigen die notwendigen Voraussetzungen für ihre **Anerkennungsfähigkeit im Zweitstaat** erfüllt. Diese beurteilt sich für Entscheidungen aus Mitgliedstaaten, die durch das HUP gebunden sind, nach Art 17 ff, für *dänische* und *britische* Entscheidungen hingegen nach Art 23 ff. Die Anerkennung drittstaatlicher Entscheidungen richtet sich – vorbehaltlich zu beachtender Anerkennungs- und Vollstreckungsabkommen – nach dem autonomen Recht des Zweitstaats. In *Deutschland* sind daher vorrangig das LugÜ 2007 (→ Rn 387 ff), das HUÜ 2007 (→ Rn 472 ff) und das HUntVÜ 1973 (→ Rn 624 ff), hilfsweise bilaterale Anerkennungsabkommen (→ Rn 694 ff) oder § 109 FamFG maßgebend (→ Rn 848 ff). Ist die früher ergangene Entscheidung hiernach nicht anerkennungsfähig, so ist die spätere Entscheidung anzuerkennen.

EuUntVO Art 25. Aussetzung des Anerkennungsverfahrens

Das Gericht eines Mitgliedstaats, vor dem die Anerkennung einer Entscheidung geltend gemacht wird, die in einem Mitgliedstaat ergangen ist, der nicht durch das Haager Protokoll von 2007 gebunden ist, setzt das Verfahren aus, wenn die Vollstreckung der Entscheidung im Ursprungsmitgliedstaat wegen der Einlegung eines Rechtsbehelfs einstweilen eingestellt ist.

1. Allgemeines

204 Die Vorschrift ist an Art 37 EuGVVO aF angelehnt und schreibt die Aussetzung des Anerkennungsverfahrens vor, wenn die Vollstreckung der Entscheidung im Ursprungsmitgliedstaat wegen Einlegung eines Rechtsbehelfs einstweilen eingestellt worden ist. Abweichend von Art 37 Abs 2 EuGVVO/LugÜ und Art 27 EuEheVO (→ K Rn 115 f) wird in Art 25 nicht vorausgesetzt, dass es sich bei dem eingelegten Rechtsbehelf um einen „ordentlichen" Rechtsbehelf handelt. Die Vorschrift ist insoweit auf das *Vereinigte Königreich* zugeschnitten, weil das dortige Recht eine klare Trennung zwischen ordentlichen und außerordentlichen Rechtsbehelfen nicht kennt.

205 Art 25 weicht auch insofern von Art 37 Abs 2 EuGVVO aF/LugÜ und Art 27 Abs 1 EuEheVO ab, als dem Gericht **kein Aussetzungsermessen** zugestanden wird; die Aussetzung hat vielmehr nach dem Wortlaut zwingend zu erfolgen, wenn die Voraussetzungen des Art 25 vorliegen. Die Prüfung dieser Voraussetzungen erfolgt **von Amts wegen**. Außerdem reicht es nicht aus, dass – wie nach Art 37 Abs 1 EuGVVO aF – gegen die Entscheidung im Ursprungsstaat ein Rechtsbehelf eingelegt worden ist; vielmehr muss – wie nach Art 37 Abs 2 EuGVVO aF – aus diesem Grunde die Vollstreckung im Ursprungsmitgliedstaat eingestellt worden sein (krit dazu MüKoFamFG/*Lipp* Rn 3).

2. Anwendungsbereich

206 Art 25 gilt zunächst für den Fall, dass ein **selbständiges Anerkennungsverfahren** iSv Art 23 Abs 2 in erster Instanz anhängig ist; in den weiteren Instanzen gilt dann Art 35 (→ Rn 287 ff). Darüber hinaus schafft die Vorschrift eine Kompensationsmöglichkeit für den nach Art 23 Abs 1 geltenden Grundsatz der automatischen Anerkennung und die nach Art 23 Abs 3 bestehende Möglichkeit der Inzidentanerkennung. Da hiernach nämlich auch vorläufige und nicht rechtskräftige Entscheidungen anzuerkennen sind, sollen durch die Aussetzungspflicht widersprüchliche Entscheidungen in den Mitgliedstaaten und daraus resultierende Nachteile für den Unterhaltsverpflichteten vermieden werden. Aus diesem Grunde sollte die Aussetzungsmöglichkeit nach Art 25 auch in Fällen der **Inzidentanerkennung** nach Art 23 Abs 1 und 3 zur Verfügung stehen (MüKoFamFG/*Lipp* Rn 5; G/W/*Bittmann* Kap 36 Rn 139; **aA** – unter Hinweis auf die eng gefasste Überschrift – Rauscher/Andrae/*Schimrick* Rn 1).

3. Verfahren

207 Das Verfahren und die Aufhebung der Aussetzung richten sich, soweit die Verordnung keine zwingenden Vorgaben macht, nach dem nationalen Prozessrecht; in Deutschland nach den §§ 148 ff ZPO, 113 Abs 1 S 2 FamFG (MüKoZPO/*Gottwald*[4] Art 37 EuGVVO aF Rn 2).

1060

II. EU-Recht: EuUntVO Art 26   208–212 **M**

EuUntVO Art 26. Vollstreckbarkeit

Eine Entscheidung, die in einem Mitgliedstaat ergangen ist, der nicht durch das Haager Protokoll von 2007 gebunden ist, die in diesem Staat vollstreckbar ist, wird in einem anderen Mitgliedstaat vollstreckt, wenn sie dort auf Antrag eines Berechtigten für vollstreckbar erklärt worden ist.

Schrifttum: *Seidl,* Ausländische Vollstreckungstitel und inländischer Bestimmtheitsgrundsatz (2010).

1. Allgemeines

Die Vorschrift entspricht Art 38 Abs 1 EuGVVO aF; das in Art 38 Abs 2 EuGVVO aF **208** vorgesehene Erfordernis der Registrierung im *Vereinigten Königreich* wurde dagegen nicht in die Unterhaltsverordnung übernommen. Durch das Verfahren nach dem 2. Abschnitt wird die Zwangsvollstreckung von Unterhaltsentscheidungen aus *Dänemark* und dem *Vereinigten Königreich* sowie von Altentscheidungen iSv Art 75 Abs 2 durch ein eigenständiges und in sich geschlossenes **einseitiges Klauselerteilungsverfahren** nach dem Vorbild der EuGVVO aF (vgl EuGH C-167/08 – *Draka NK Cables Ltd,* Slg 09 I-3477 Rn 26 f = NJW 09, 1937 m Anm *Roth* IPRax 10, 154) vereinheitlicht. Die Durchführung eines solchen Verfahrens ist andererseits für *dänische* und *britische* Entscheidungen – anders als für Unterhaltsentscheidungen aus den übrigen Mitgliedstaaten, die an das HUP gebunden sind (Art 16 ff; → Rn 53 ff) – weiterhin zwingend für deren Vollstreckung in anderen Mitgliedstaaten vorgeschrieben (vgl OLG Frankfurt FamRZ 16, 1603/1604).

a) Vollstreckbarerklärungsverfahren. Die nach ausländischem Recht bestehende Voll- **209** streckbarkeit wird – anders als sonstige verfahrensrechtliche Urteilswirkungen – nicht nach den Art 23 ff auf das Inland erstreckt. Die Vollstreckbarkeit für das Inland wird vielmehr erst durch die Vollstreckbarerklärung eines zuständigen Gerichts (Gestaltungsentscheidung) konstitutiv begründet. Der EuGH hat daraus zur EuGVVO aF gefolgert, dass der für vollstreckbar erklärte ausländische Titel aufgrund der Vollstreckbarerklärung für die Zwangsvollstreckung im Inland in jeglicher Hinsicht wie ein inländischer Vollstreckungstitel zu behandeln sei (EuGH C-130/10 – *Prism Investments,* NJW 11, 3506 Rn 40 m Anm *Wagner* IPRax 12, 326). Demgenüber geht die bisher in *Deutschland* hM davon aus, dass Grundlage für die Vollstreckung der ausländischen Entscheidung im Inland nicht der ausländische Titel, sondern allein die inländische Entscheidung über die Vollstreckbarerklärung sei (BGH NJW 86, 1440/1441; Rauscher/*Andrae*/*Schimrick* Art 30 Rn 6 m ausf Nachw).

Das Verfahren nach den Art 26 ff ist **einfach und effizient** ausgestaltet und beschränkt sich **210** auf eine formale Prüfung der Schriftstücke, die für die Erteilung der Vollstreckbarerklärung erforderlich sind (EuGH C-130/10 aaO, Rn 27 f). Der Gläubiger kann in einem einseitigen Verfahren ohne Anwaltszwang praktisch in wenigen Tagen die Vollstreckbarerklärung erlangen. Möchte er in Forderungen vollstrecken, ist der sicherste Weg: Vollstreckbarerklärung, Vorpfändung, Zustellung der Vollstreckbarerklärung an den Schuldner und Hauptpfändung (*Schlosser³* Art 38 EuGVVO aF Rn 16).

b) Abgrenzungen. In Bezug auf das *Vereinigte Königreich* hat der Gläubiger, soweit ein Unter- **211** haltstitel als Europäischer Vollstreckungstitel ausgefertigt werden kann, die Wahl, ob er den Titel im Ursprungsstaat nach Art 6 EuVTVO als Europäischen Vollstreckungstitel bestätigen lässt oder im Vollstreckungsstaat einen Antrag nach Art 26 ff stellt. Auch wenn Art 27 EuVTVO sich nach seinem Wortlaut nur das Verhältnis zur EuGVVO regelt, gilt die Norm im Verhältnis zur EuUntVO entsprechend. Im Verhältnis zu den übrigen Mitgliedstaaten ist die EuVTVO auf Unterhaltssachen hingegen seit dem 18.6.2011 nicht mehr anwendbar (Art 68 Abs 2; → Rn 356 f). Für *Dänemark* findet die EuVTVO gem ihrem Art 1 Abs 3 keine Anwendung. Ist der Titel im *Vereinigten Königreich* als europäischer Vollstreckungstitel bestätigt worden, fehlt dem Verfahren auf Vollstreckbarerklärung im Inland nach Art 26 ff das Rechtsschutzinteresse (BGH NJW-RR 10, 571 m Anm *Streicher* FamRBint 10, 30; BGH 14.6.12, unalex DE-2784; OLG Stuttgart NJW-RR 10, 134).

Das Verfahren auf Klauselerteilung nach Art 26 verdrängt in seinem Anwendungsbereich das **212** **nationale Recht** vollständig (EuGH C-167/08 aaO, Rn 27). Der Gläubiger kann daher auch in zweifelhaften Fällen keinen Vollstreckungsantrag nach § 110 FamFG stellen (vgl zu Art 38 EuGVVO aF MüKoZPO/*Gottwald⁴* Rn 4; *Schlosser³* Rn 16).

M 213–218   2. Teil. Anerkennung/Vollstreckung M. Unterhaltssachen

213   Der Vollzug einer deutschen **einstweiligen Anordnung** durch Auslandszustellung ist keine Vollstreckungsmaßnahme und daher ohne Vollstreckbarerklärungsverfahren im Ausland möglich (*Schlosser*³ Art 38 EuGVVO aF Rn 1). Gleiches gilt für eine Pfändung von Forderungen gegen einen im Ausland ansässigen Drittschuldner.

214   **c) Wahlrecht des Gläubigers.** Der Gläubiger ist frei darin, seinen Titel in jedem Mitgliedstaat (und ggf auch in Drittstaaten) für vollstreckbar erklären lassen (MüKoZPO/*Gottwald*⁴ Art 38 EuGVVO aF Rn 6); allerdings muss in jedem Staat die Vollstreckung auch gesondert betrieben werden. Zwischen den Anträgen auf Vollstreckbarerklärung in verschiedenen Mitgliedstaaten besteht auch dann keine Verfahrensidentität iSd Art 12, 13, wenn der Schuldner die gleichen Einwendungen geltend macht; denn die einzelnen Vollstreckbarerklärungsverfahren wirken nur territorial beschränkt. Auch ein Anerkennungsfeststellungsverfahren nach Art 23 Abs 2 hat einen anderen Verfahrensgegenstand. Ein besonderes Rechtsschutzbedürfnis ist für die Vollstreckbarerklärung nicht nachzuweisen (MüKoZPO/*Gottwald*⁴ Art 38 EuGVVO aF Rn 6).

215   Auf Grund des freien Wahlrechts besteht die **Gefahr der Doppel-/Mehrfachvollstreckung.** Diese Gefahr ist allerdings kein Grund, die Klauselerteilung abzulehnen. Ein dem § 733 ZPO vergleichbarer Schutz vor der Erteilung einer weiteren vollstreckbaren Ausfertigung in einem anderen Mitgliedstaat besteht nicht (MüKoZPO/*Gottwald*⁴ Art 38 EuGVVO aF Rn 7). Bei extensiver Handhabung der Vollstreckungsversuche nach der Klauselerteilung kann in Deutschland ggf § 765a ZPO angewendet werden (*Schlosser*³ Art 38 EuGVVO aF Rn 1). Ist der Gläubiger bereits durch Vollstreckungsakte in einem anderen Staat befriedigt, so kann der Schuldner gegen die weitere Vollstreckung in Deutschland im eigentlichen Vollstreckungsverfahren mit der Vollstreckungsgegenklage nach § 767 ZPO (iVm §§ 65 AUG, 120 Abs 1 FamFG) vorgehen; dabei ist die Präklusionsvorschrift des § 66 AUG zu beachten (→ Rn 818 ff). Im Vollstreckbarerklärungsverfahren kann der Schuldner hingegen die Befriedigung des Gläubigers nach Aufhebung von § 44 AUG nicht mehr geltend machen (→ Rn 776). Ist im Ausland bereits ausreichend gepfändet, so kann sich der Schuldner gegen die weitere Inlandspfändung mit der Erinnerung (§ 766 ZPO iVm §§ 120 Abs 1 FamFG, 65 AUG) zur Wehr setzen (MüKoZPO/*Gottwald*⁴ Art 38 EuGVVO aF Rn 7). Ob eine Ersatzpflicht wegen ungerechtfertigter Vollstreckung besteht, richtet sich nach dem Recht des Vollstreckungsmitgliedstaates. In Deutschland sind die §§ 717, 945 ZPO, 119 FamFG maßgebend. Eine solche Schadensersatzklage kann allerdings nicht in den Gerichtsständen der EuUntVO erhoben werden. Die Zuständigkeit richtet sich vielmehr nach Art 4 ff EuGVVO; Art 24 Nr 5 EuGVVO findet insoweit keine Anwendung (→ C Rn 384).

2. Voraussetzungen der Vollstreckbarerklärung

216   **a) Allgemeines.** Über die Frage, in welcher Form die ausländische Entscheidung für vollstreckbar erklärt wird, entscheidet in den Grenzen der Art 26 ff das jeweilige nationale Verfahrensrecht, Art 41 Abs 1 S 1. In Deutschland erfolgt die Vollstreckbarerklärung in einem Klauselerteilungsverfahren (§§ 36 ff, 41 AUG; → Rn 745 ff), das ein (besonderes) formalisiertes erstinstanzliches Erkenntnisverfahren darstellt (*Rauscher*/*Mankowski* Vorbem Art 39 ff EuGVVO nF Rn 16). Anwaltszwang besteht in der ersten Instanz nicht (§ 38 Abs 2 AUG).

217   Für die Vollstreckbarerklärung ist Folgendes zu prüfen:

aa) Verfahrensgegenstand. Der Verfahrensgegenstand der erststaatlichen Entscheidung muss in den räumlichen, zeitlichen und sachlichen Anwendungsbereich der EuUntVO (→ Rn 28 ff) fallen. Dabei ist das Gericht des Zweitstaates nicht an die Beurteilung des Erstgerichts gebunden. Auch wenn das letztere davon ausgeht, die Entscheidung betreffe eine Unterhaltpflicht, kann das Gericht im Vollstreckungsstaat etwa zu dem Ergebnis gelangen, dass bei autonomer Auslegung des Art 1 eine (teilweise) güterrechtliche Angelegenheit vorliegt (vgl BGH NJW-RR 10, 1 Rn 13 ff).

218   **bb) Entscheidung.** Es muss eine Entscheidung iSv Art 2 Abs 1 Nr 1 vorliegen. Bedeutung gewinnt diese Voraussetzung insbesondere in Verfahren des **einstweiligen Rechtsschutzes** (→ Rn 50). Die Entscheidung muss ferner noch wirksam sein. Ist sie im Erststaat aufgehoben worden, scheidet eine Vollstreckbarerklärung aus; dies ist in allen Instanzen des Klauselerteilungsverfahrens von Amts wegen zu beachten (BGH NJW-RR 10, 1079). Wird die Entscheidung im Erststaat erst nach der Vollstreckbarerklärung im Inland aufgehoben, so gilt § 67 AUG (→ Rn 813 ff).

1062

II. EU-Recht: EuUntVO Art 26   **219–226 M**

Vollstreckt werden nicht nur gerichtliche Entscheidungen, sondern in gleicher Weise auch **219** **öffentliche Urkunden** und **Prozessvergleiche,** Art 48 Abs 1 und 3 (→ Rn 325 ff; zu den Begriffen auch Art 2 Nr 2, 3, → C Rn 62 ff).

cc) Antrag. Es muss ein Antrag des nach dem Titel Berechtigten vorliegen. Wird die Voll- **220** streckbarerklärung nur für einen Teil des Unterhaltstitels (zB nur für einen begrenzten Zeitraum) beantragt, so ist das Exequaturgericht daran gebunden (OLG Stuttgart FamRZ 15, 871/873). **Antragsberechtigt** ist jeder, der sich im Ursprungsstaat auf die Entscheidung berufen kann, dh für und gegen den das ausländische Urteil wirkt. Dies beurteilt sich nach dem Recht des Ursprungsstaates). Im Regelfall ist dies der Titelgläubiger (OLG Frankfurt FamRZ 16, 1603/ 1604). Wurde im ausländischen Verfahren über Kindesunterhalt entschieden, so kommt es darauf an, ob der Anspruch von einem Elternteil aus eigenem Recht oder in Prozessstandschaft für das Kind geltend gemacht wurde. Im ersteren Fall ist nur der klagende Elternteil, im zweiten Fall auch das Kind antragsberechtigt (BGH FamRZ 07, 717 Rn 10 ff; *Rauscher/Andrae/Schimrick* Rn 3 mwN).

Antragsberechtigt kann auch ein Dritter sein, der nach dem Recht des Ursprungsstaates den **221** Titel geltend machen kann, etwa ein **Rechtsnachfolger** (vgl § 39 Abs 1 AUG). In Betracht kommt insbesondere ein gesetzlicher Übergang der Forderung auf eine öffentliche Aufgaben wahrnehmende Einrichtung. Ist der Forderungsübergang nach Erlass der ausländischen Entscheidung erfolgt, so ist auch die Einrichtung antragsbefugt (BGH FamRZ 11, 802 Rn 19; *Rauscher/Andrae/Schimrick* Rn 4). Das Vollstreckbarerklärungsverfahren erster Instanz ist zwar ein einseitiges Verfahren; dennoch ist der im Titel bezeichnete Schuldner oder sein Rechtsnachfolger als Antragsgegner zu bezeichnen (MüKoZPO/*Gottwald*⁴ Art 38 EuGVVO aF Rn 17).

Der Antrag kann schriftlich oder mündlich zu Protokoll der Geschäftsstelle gestellt werden **222** (§ 36 Abs 2 AUG; → Rn 747). Sofern er nicht in deutscher Sprache gefasst ist, kann eine **Übersetzung** gem § 36 Abs 3 AUG verlangt werden. Ein in *Deutschland* gestellter Antrag ist nach dem gem Art 41 Abs 1 S 1 anwendbaren deutschen Recht **bedingungsfeindlich;** er kann daher nicht unter der Voraussetzung der Bewilligung von Prozesskostenhilfe gestellt werden (BGH FamRZ 09, 1816 Rn 20). Der Antrag muss bei der nach Art 27 **zuständigen Stelle** eingereicht werden; in *Deutschland* wird diese durch § 35 AUG bezeichnet (→ Rn 741 ff).

dd) Vollstreckbarkeit. Die Entscheidung muss im Erststaat (noch) vollstreckbar sein (OLG **223** Köln IPRspr 10 Nr 273). Dies hat der Antragsteller durch Vorlage der in Art 28 genannten Urkunden nachzuweisen (→ Rn 242 ff). Das Recht des Erststaates entscheidet über die Vollstreckbarkeit als solche und über deren Art und Umfang.

Rechtskraft der ausländischen Entscheidung wird nicht vorausgesetzt, so dass auch die vor- **224** läufige Vollstreckbarkeit ausreicht (BGH NJW-RR 06, 1290). Geprüft wird nur, ob der Titel selbst **formell** vollstreckbar ist, nicht ob materiell noch eine Vollstreckungsberechtigung besteht (vgl zum EuGVÜ EuGH C-267/97 – *Coursier,* Slg 99 I-2543 Rn 29 = IPRax 00, 18 m Anm *Linke* 8; BGH NJW-RR 06, 1290; ebenso zum LugÜ BGH NJW-RR 09, 565).

ee) Bestimmtheit. Nach deutschem Vollstreckungsrecht kann ein Titel nur dann die Grund- **225** lage für eine Vollstreckung bilden, wenn er inhaltlich hinreichend bestimmt ist (OLG Köln FamRZ 12, 384; vgl schon BGH NJW 66, 1755). Für ausländische Titel gelten insoweit die gleichen Anforderungen wie für inländische Titel; auch sie müssen daher dem Bestimmtheitsgrundsatz gerecht werden (*Rauscher/Andrae/Schimrick* Art 30 Rn 10). Während § 34 AUG (→ Rn 506 ff) für Unterhaltstitel aus Mitgliedstaaten, die an das Haager Unterhaltsprotokoll gebunden sind, ein eigenes Verfahren zur Bestimmung des vollstreckungsfähigen Inhalts eines ausländischen Titels vorsieht, ist die erforderliche Konkretisierung für Titel aus *Dänemark* und dem *Vereinigten Königreich* sowie für „Alttitel" im Rahmen des Vollstreckbarerklärungsverfahrens vorzunehmen (BGHZ 122, 16/17 = NJW 93, 1801; KG FamRZ 17, 639/640 f; OLG Zweibrücken BeckRS 05, 05072). Voraussetzung dafür ist, dass sich die Kriterien für die Bestimmung der titulierten Leistungspflicht aus den ausländischen Vorschriften oder ähnlichen im Inland gleichermaßen zugänglichen und sicher feststellbaren Umständen ergeben (vgl BGH NJW 10, 153/154 zum HUntVÜ 1973), zB im Hinblick auf die Höhe der „gesetzlichen Zinsen".

b) Einzelheiten zur Konkretisierung des ausländischen Unterhaltstitels. Wird in der **226** ausländischen Entscheidung zur Zahlung der **„gesetzlichen Zinsen"** verurteilt, so kann dies genügen, wenn sich deren Höhe ohne weiteres aus den ausländischen Vorschriften entnehmen lässt (BGH WM 12, 179; BGH NJW 90, 3084; OLG Köln NJW-RR 05, 932 m Anm *Roth* IPRax 06, 22; OLG Celle NJW 88, 2183; **aA** OLG München IPRax 88, 291; LG Düsseldorf

1063

M 227–233 2. Teil. Anerkennung/Vollstreckung M. Unterhaltssachen

IPRax 85, 160). Die Konkretisierung hat dann im inländischen Verfahren der Vollstreckbarerklärung zu erfolgen (BGH aaO, Rn 9; OLG Zweibrücken IPRax 06, 49 m Anm *Roth* 22; OLG Düsseldorf IPRax 98, 478 m Anm *Reinmüller* 460; *Strasser* FPR 07, 451/453 f).

227   Bei Unterhaltstiteln, die an einen **Lebenshaltungskosten- oder Lohnindex** gekoppelt sind und sich deshalb kraft Gesetzes ohne Umschreibung erhöhen, kann die Vollstreckungsklausel auch wegen der Erhöhung erteilt werden (OLG Düsseldorf FamRZ 08, 904). Dasselbe gilt für einen automatisch eintretenden Währungsausgleich (BGH IPRax 94, 367 m Anm *Roth* 350).

228   Sieht das ausländische Recht eine **gesetzliche Verzinsungspflicht** vor, so ist die Vollstreckungsklausel auch dann zu erteilen, wenn in der ausländischen Entscheidung eine Zinsentscheidung fehlt (OLG Frankfurt RIW 98, 474). Das Gleiche gilt auch für die Übernahme der **Kosten,** wenn deren Höhe sich unschwer aus dem ausländischen Recht entnehmen lässt (*Kropholler/v Hein* Art 38 EuGVVO aF Rn 12, 16).

229   Als **Faustformel** lässt sich festhalten, dass eine ausländische Entscheidung dann hinreichend bestimmt ist, wenn die Höhe des geschuldeten Betrags **ohne Zwischenverfahren** bestimmt werden kann. Ausreichend ist aber auch, dass die Entscheidung im Rahmen des Vollstreckbarerklärungsverfahrens konkretisiert werden kann (vgl BGHZ 122, 16/17; BGH FamRZ 09, 2069/2071; BGH FamRZ 86, 45/46 f; vgl auch Rauscher/*Andrae/Schimrick* Art 30 Rn 10–14 m ausf Nachw). Es bedarf also – anders als für Entscheidungen aus Mitgliedstaaten, die durch das HUP gebunden sind (§ 34 AUG; → Rn 735 ff) – keines eigenständigen gerichtlichen Verfahrens zur Konkretisierung eines ausländischen Titels. Der inländische Richter hat diesen vielmehr bei der Klauselerteilung ergänzend auszulegen und formal an die deutsche Übung anzupassen (MüKoZPO/*Gottwald*⁴ Art 38 EuGVVO aF Rn 11). Die Konkretisierung des Titels durch den Richter im Klauselerteilungsverfahren – und nicht durch das später tätig werdende Vollstreckungsorgan – erfolgt auch dann, wenn es sich um einen sog **dynamisierten Titel** (indexierten Unterhalt) handelt.

230   **Inhaltliche Ergänzungen oder Abänderungen** des ausländischen Titels darf das Gericht im Klauselerteilungsverfahren jedoch nicht vornehmen, denn dies würde eine unzulässige sachliche Nachprüfung bedeuten. Nicht konkretisierungsfähig ist daher zB eine Entscheidung auf Unterhalt „bei ernsthaftem Studium" (OLG Karlsruhe IPRax 02, 527) oder eine Kostengrundentscheidung (Keidel/*Zimmermann* § 110 FamFG Rn 29). Scheitert eine Konkretisierung am verbot der *révision au fond,* so ist die Anerkennung nur ausnahmsweise wegen Unvereinbarkeit mit dem deutschen *ordre public* (Art 24 UAbs 1 lit a) zu versagen (KG FamRZ 17, 639/641), wenn auch eine Verlagerung der Konkretisierung in das inländische Vollstreckungsverfahren nicht in Betracht kommt (*Andrae* FamRZ 17, 641/642 f).

231   **c) Kein Erfordernis der Zustellung des Titels.** Anders als nach der EuEheVO (vgl Art 37, 39; → N Rn 144) ist die vorherige Zustellung des für vollstreckbar zu erklärenden Titels an den Schuldner nach der EuUntVO keine Voraussetzung für die Vollstreckbarerklärung. Dies folgt schon aus Art 31 Abs 2, wonach die zugrundeliegende Entscheidung dem Schuldner erst gemeinsam mit dem Beschluss über die Vollstreckbarerklärung zugestellt wird (ebenso zur EuGVVO aF BGH NJW-RR 05, 295; OLG Düsseldorf IPRax 04, 251).

3. Verfahren

232   Auch eine Zustellung des Antrags an den Schuldner findet im erstinstanzlichen Verfahren wegen Art 30 S 2 nicht statt (vgl zur EuGVVO aF OLG München NJW-RR 08, 756). Das Zweitgericht darf nur kontrollieren, ob die zuvor unter → Rn 216 ff genannten Förmlichkeiten für die Vollstreckbarerklärung erfüllt sind. Insbesondere die Versagungsgründe nach Art 24 dürfen gem Art 30 S 1, 34 Abs 1 erst im Rechtsbehelfsverfahren berücksichtigt werden. Gleiches hatte § 44 AUG auch für die Einwendung der nachträglichen Erfüllung der titulierten Schuld vorgesehen; die Vorschrift war allerdings mit Art 34 Abs 1 EuUntVO nicht vereinbar (vgl EuGH C-130/10 – *Prism Investments,* NJW 11, 3506; → Rn 278 ff und 776). Eine **Erledigung des Rechtsstreits** in erster Instanz anlog § 91a ZPO scheidet mangels eines kontradiktorischen Verfahrens aus (BGH WM 10, 433 m Anm *Streicher* FamRBint 10, 30).

233   Ein **Fremdwährungstitel** (zB in englischen Pfund) ist hinsichtlich der darin titulierten Forderung unverändert für vollstreckbar zu erklären. Eine Umrechnung der Fremdwährungsforderung in die inländische Währung findet im Klauselerteilungsverfahren nicht statt (*Heger/Selg* FamRZ 11, 1101/1109). Ob die Ersetzungsbefugnis des Schuldners nach § 244 BGB bei Zahlung im Inland auch dann Anwendung findet, wenn sich die Unterhaltspflicht ansonsten nicht nach deutschem Recht richtet, ist noch nicht geklärt (bejahend etwa MüKoZPO/*Gott-*

1064

II. EU-Recht: EuUntVO Art 27   **237, 238 M**

wald[4] Art 38 EuGVVO aF Rn 21; verneinend BeckOK-BGB/*Grothe* § 244 BGB Rn 51). Sollte
dies zu verneinen sein, ist zu prüfen, ob das Unterhaltsstatut eine dem § 244 BGB vergleichbare
Norm enthält.

4. Entscheidung

Das erstinstanzliche Verfahren (§§ 36 ff AUG; → Rn 745 ff) endet mit dem Beschluss, den **234**
Titel mit der Klausel zu versehen (§ 40 Abs 1 AUG; → Rn 757 f) und deren tatsächlicher
Erteilung durch den Urkundsbeamten der Geschäftsstelle (§ 41 AUG; → Rn 760 ff). Liegen die
Voraussetzungen der Klauselerteilung nicht vor, lehnt das Gericht den Antrag mit zu begründen-
dem Beschluss ab und legt dem Antragsteller die Kosten des Verfahrens auf (§ 40 Abs 2 AUG;
→ Rn 759).

5. Kostenerstattung

Die Erstattung der im Klauselerteilungsverfahren entstehenden Kosten richtet sich nach dem **235**
autonomen Recht des jeweiligen Vollstreckungsstaates. In *Deutschland* sind die Kosten nach § 40
Abs 1 S 4 AUG iVm § 788 ZPO erstattungsfähige Vollstreckungskosten; im *Vereinigten Königreich*
gilt gleiches nach dem Civil Jurisdiction and Judgments Act 1982, sec. 4 (2) (MüKoZPO/
Gottwald[4] Art 38 EuGVVO aF Rn 23). Zur Bestimmung des Gegenstandswerts im Klauselerteilungsverfahren kann geprüft werden, wie das vorausgegangene Erkenntnisverfahren nach
deutschem Gebührenrecht zu bewerten gewesen wäre; Rückstände aus der Zeit nach Erlass der
ausländischen Entscheidung sind dem Gegenstandswert nicht zuzurechnen (BGH FamRZ 09,
222; *Heger/Selg* FamRZ 11, 1101/1109).

6. Negative Feststellungsklage

Der Titelschuldner kann sich gegen eine drohende Zwangsvollstreckung in Deutschland auch **236**
durch Erhebung einer negativen Feststellungsklage wehren. Diese Klage hat denselben Gegenstand iSd Art 12 wie das Vollstreckbarerklärungsverfahren und kann deshalb nur solange erhoben
werden wie der Gläubiger noch keinen Rechtsbehelf gegen die Antragsablehnung eingelegt hat.
Noch nicht geklärt ist allerdings, ob sich die Zuständigkeit deutscher Gerichte für diese Klage
nur aus den Art 3 ff ergeben kann oder dem Anwendungsbereich des Art 5 Nr 3 EuGVVO und
damit stets die internationale Zuständigkeit deutscher Gerichte eröffnet ist. Das Anerkennungsfeststellungsverfahren nach Art 23 Abs 2, für das deutsche Gerichte stets zuständig sind, hilft nur
weiter, wenn der Titelschuldner Anerkennungsversagungsgründe nach Art 24 geltend machen
will.

EuUntVO Art 27. Örtlich zuständiges Gericht

**(1) Der Antrag auf Vollstreckbarerklärung ist an das Gericht oder an die zuständige
Behörde des Vollstreckungsmitgliedstaats zu richten, das beziehungsweise die der
Kommission von diesem Mitgliedstaat gemäß Artikel 71 notifiziert wurde.**

**(2) Die örtliche Zuständigkeit wird durch den Ort des gewöhnlichen Aufenthalts der
Partei, gegen die die Vollstreckung erwirkt werden soll, oder durch den Ort, an dem
die Vollstreckung durchgeführt werden soll, bestimmt.**

1. Sachliche Zuständigkeit, Abs 1

Der Antrag auf Vollstreckbarerklärung ist nach Abs 1 an das Gericht oder die Behörde des **237**
Vollstreckungsmitgliedstaats zu richten, das bzw die der Kommission von diesem Mitgliedstaat
nach Art 71 Abs 1 lit a mitgeteilt wurden. Diese Mitteilungen der Mitgliedstaaten sind im
Europäischen Gerichtsatlas in Zivilsachen auf folgender Internetseite abrufbar: „https://e-justi-
ce.europa.eu/content_maintenance_obligations-355-de. do.

Sachlich zuständig für die Vollstreckbarerklärung von Unterhaltstiteln nach Art 26 ff ist in **238**
Deutschland gem § 35 Abs 1 AUG ausschließlich das **Amtsgericht** (→ Rn 742). Funktional ist
gemäß § 23a Abs 1 Nr 1 GVG das Familiengericht zuständig. Hat das Verfahren der Vollstreckbarerklärung eine notarielle Urkunde zum Gegenstand, so kann diese im Anwendungsbereich
der EuUntVO nach § 35 Abs 3 S 1 Nr 1 AUG auch von einem Notar für vollstreckbar erklärt
werden.

1065

M 242   2. Teil. Anerkennung/Vollstreckung M. Unterhaltssachen

2. Örtliche Zuständigkeit, Abs 2

239   Die örtliche Zuständigkeit richtet sich primär nach Art 27 Abs 2. Maßgebend ist danach der Ort des gewöhnlichen Aufenthalts des Vollstreckungsschuldners oder der Ort, an dem die Vollstreckung durchgeführt werden soll. Liegen beide Orte im Vollstreckungsmitgliedstaat, so kann der Titelgläubiger zwischen beiden Zuständigkeiten wählen (Rauscher/*Andrae*/*Schimrick* Rn 1). Innerhalb des von Art 27 Abs 2 vorgegebenen Rahmens sieht **§ 35 Abs 1 AUG** eine **Zuständigkeitskonzentration** bei dem Amtsgericht vor, das für den Sitz des OLG zuständig ist (→ Rn 742). Dementsprechend genügt die Feststellung des gewöhnlichen Aufenthalts des Vollstreckungsschuldners in einem bestimmten OLG-Bezirk; eine genauere Lokalisierung ist nicht notwendig. Gleiches gilt für den Ort der Zwangsvollstreckung.

240   **a) Gewöhnlicher Aufenthalt des Schuldners.** Hinsichtlich des Zeitpunkts, zu dem der gewöhnliche Aufenthalt des Schuldners, gegen den die Vollstreckung erwirkt werden soll, in einem bestimmten OLG-Bezirk vorliegen muss, ist zu differenzieren: Es genügt zunächst, dass der gewöhnliche Aufenthalt im Zeitpunkt der Antragstellung im OLG-Bezirk gegeben ist. Durch einen Wechsel des gewöhnlichen Aufenthalts wird das Gericht gemäß dem auch im Rahmen des Art 27 Abs 2, § 35 Abs 1 AUG geltenden Grundsatz der *perpetuatio fori* (BGH EWS 97, 359) nicht unzuständig. Unerheblich ist daher, ob der Schuldner seinen gewöhnlichen Aufenthalt nach Antragstellung innerhalb Deutschlands wechselt oder in das Ausland oder an einen unbekannten Ort verlegt. Andernfalls könnte er sich leicht einer Vollstreckbarerklärung des Titels durch Verlassen des Gerichtsortes entziehen. Andererseits genügt es, wenn der gewöhnliche Aufenthalt im Laufe des Verfahrens im Gerichtsbezirk begründet wird.

241   **b) Ort der Zwangsvollstreckung.** Dies ist idR der Ort, an dem das Vermögen des Schuldners belegen ist. Es genügt die schlüssige Behauptung, im Gerichtsbezirk vollstrecken zu wollen (MüKoZPO/*Gottwald*⁴ Art 39 EuGVVO aF Rn 10). Da insoweit bereits die hierauf gerichtete Absicht des Gläubigers ausreicht, ist es nicht erforderlich, dass der Vollstreckungsschuldner schon gegenwärtig Vermögen in diesem Bezirk hat (BGH EuZW 99, 224).

EuUntVO Art 28. Verfahren

(1) ¹**Dem Antrag auf Vollstreckbarerklärung sind folgende Schriftstücke beizufügen:**

a) eine Ausfertigung der Entscheidung, die die für ihre Beweiskraft erforderlichen Voraussetzungen erfüllt,

b) einen durch das Ursprungsgericht unter Verwendung des Formblatts in Anhang II erstellten Auszug aus der Entscheidung, unbeschadet des Artikels 29;

c) gegebenenfalls eine Transskript oder eine Übersetzung des Inhalts des in Buchstabe b genannten Formblatts in die Amtssprache des Vollstreckungsmitgliedstaats oder – falls es in diesem Mitgliedstaat mehrere Amtssprachen gibt – nach Maßgabe des Rechts dieses Mitgliedstaats – in die oder eine der Verfahrenssprachen des Ortes, an dem der Antrag gestellt wird, oder in eine sonstige Sprache, die der Vollstreckungsmitgliedstaat für zulässig erklärt hat. ²**Jeder Mitgliedstaat kann angeben, welche Amtssprache oder Amtssprachen der Organe der Europäischen Union er neben seiner oder seinen eigenen für das Ausfüllen des Formblatts zulässt.**

(2) ¹**Das Gericht oder die zuständige Behörde, bei dem beziehungsweise bei der der Antrag gestellt wird, kann vom Antragsteller nicht verlangen, dass dieser eine Übersetzung der Entscheidung vorlegt.** ²**Eine Übersetzung kann jedoch im Rahmen des Rechtsbehelfs nach Artikel 32 oder Artikel 33 verlangt werden.**

(3) **Eine Übersetzung aufgrund dieses Artikels ist von einer Person zu erstellen, die zur Anfertigung von Übersetzungen in einem der Mitgliedstaaten befugt ist.**

1. Allgemeines

242   Die Vorschrift regelt, welche Dokumente der für die Vollstreckbarerklärung zuständigen Stelle vorzulegen sind. Sie regelt weiter die Sprache der Einreichung bzw das Erfordernis einer Übersetzung sowohl fürdas vorzulegende Formblatt wie für die Entscheidung. Die nach Art 28 auszustellenden Bestätigungen sollen den Gerichten des Vollstreckungsstaates die Prüfung der Anerkennungs- und Exequaturvoraussetzungen erleichtern. Die Norm entspricht in weiten Teilen dem **Art 20**; auf die dortigen Ausführungen wird insoweit verwiesen (→ Rn 100 ff).

1066

II. EU-Recht: EuUntVO Art 29   245, 246 **M**

2. Beizufügende Schriftstücke, Abs 1

Die Vorschrift zählt abschließend die Dokumente auf, die der Gläubiger der zuständigen Stelle **243**
zusammen mit seinem Antrag auf Vollstreckbarerklärung vorzulegen hat (vgl OLG Frankfurt
FamRZ 16, 1603). Das in Art 28 Abs 1 lit b genannte Standardformular gem Anh II unterschei-
det sich von dem nach Art 20 Abs 1 lit b vorzulegenden Formblatt gem Anh I lediglich in Bezug
auf den Adressaten, jedoch nicht inhaltlich. Das Formblatt gem Anh I richtet sich direkt an das
Vollstreckungsorgan, das gem Anhang II an die für die Vollstreckbarerklärung zuständigen Stelle
(G/W/*Bittmann* Kap 36 Rn 150). Bei Nichtvorlage des Formblatts nach Anh II gilt Art 29. Die
Zuständigkeit für die Ausstellung des Formblatts nach Art 28 Abs 1 lit b ergibt sich für deutsche
Stellen aus § 71 Abs 1 Nr 1 AUG (→ C Rn 448).

3. Übersetzungen, Abs 1–3

Eine Übersetzung oder Transkription hat nach Abs 1 lit c nur für das Formblatt gem Anh II, **244**
nicht jedoch für die Entscheidung selbst zu erfolgen (G/W/*Bittmann* Kap 36 Rn 152). Parallel
zu Art 20 Abs 2 (→ Rn 106) verlangt Abs 2 eine Übersetzung der Entscheidung nur für den
Fall, dass der Schuldner einen Rechtsbehelf einlegt. Gemeint sind die Rechtsbehelfe nach den
Art 32 und 33. Abs 3 verlangt eine Beglaubigung der Übersetzung von einer hierzu in einem
Mitgliedstaat befugten Person. Für die Vollstreckbarerklärung in *Deutschland* ist gemäß der Mitteilung der Bundesrepublik Deutschland an die Kommission nach Art 71 Abs 1 lit g zwingend
eine Übersetzung in die deutsche Sprache erforderlich. Die Mitteilungen der anderen Mitgliedstaaten zu den nach lit d zugelassenen Sprachen sind im Europäischen Gerichtsatlas in Zivilsachen
auf folgender Internetseite abrufbar:

https://e-justice.europa.eu/content_maintenance_obligations-355-de. do.

EuUntVO Art 29. Nichtvorlage des Auszugs

(1) **Wird der Auszug nach Artikel 28 Absatz 1 Buchstabe b nicht vorgelegt, so kann
das Gericht oder die zuständige Behörde eine Frist bestimmen, innerhalb deren er
vorzulegen ist, oder sich mit einem gleichwertigen Schriftstück begnügen oder von
der Vorlage des Auszugs befreien, wenn es eine weitere Klärung nicht für erforderlich
hält.**

(2) ¹**In dem Fall nach Absatz 1 ist auf Verlangen des Gerichts oder der zuständigen
Behörde eine Übersetzung der Schriftstücke vorzulegen.** ²**Die Übersetzung ist von
einer Person zu erstellen, die zur Anfertigung von Übersetzungen in einem der Mitgliedstaaten befugt ist.**

1. Nichtvorlage des Auszugs, Abs 1

Die Vorschrift enthält gegenüber Art 28 eine **Auflockerung der Urkundenvorlagepflicht,** **245**
um nicht auf Kosten eines übertriebenen Formalismus die Verwirklichung eines vereinfachten
europäischen Rechtsschutzes zu verhindern. Danach führt die Nichtvorlage des Formblatts gem
Anhang II nicht zwingend zu einer Zurückweisung des Antrags auf Vollstreckbarerklärung. Das
Gericht kann eine Frist zur Nachreichung des grundsätzlich erforderlichen Auszugs bestimmen.
Ebenso kann es die Vorlage gleichwertiger Schriftstücke als ausreichend erachten bzw den
Antragsteller von der Vorlagepflicht gänzlich befreien, wenn es eine weitere Klärung nicht für
erforderlich hält. Die in Art 29 vorgesehenen Verfahrensmöglichkeiten haben abschließenden
Charakter. Das Gericht kann zwischen ihnen frei wählen, eine Rangfolge besteht nicht (G/W/
Bittmann Kap 36 Rn 154).

2. Übersetzung, Abs 2

Abweichend von Art 28 kann das Gericht bzw die Behörde im Vollstreckungsstaat, für den **246**
Fall der Zulassung eines Ersatzschriftstücks, eine Übersetzung dieses Dokuments verlangen.
Diese muss von einer hierzu in einem beliebigen Mitgliedstaat – also nicht notwendig im
Vollstreckungsmitgliedstaat – befugten Person erstellt werden.

1067

M 250 2. Teil. Anerkennung/Vollstreckung M. Unterhaltssachen

EuUntVO Art 30. Vollstreckbarerklärung

¹Sobald die in Artikel 28 vorgesehenen Förmlichkeiten erfüllt sind, spätestens aber 30 Tage nachdem diese Förmlichkeiten erfüllt sind, es sei denn, dies erweist sich aufgrund außergewöhnlicher Umstände als nicht möglich, wird die Entscheidung für vollstreckbar erklärt, ohne dass eine Prüfung gemäß Artikel 24 erfolgt. ²Die Partei, gegen die die Vollstreckung erwirkt werden soll, erhält in diesem Abschnitt des Verfahrens keine Gelegenheit, eine Erklärung abzugeben.

1. Allgemeines

247   Die Vorschrift entspricht weitgehend Art 41 EuGVVO aF. Sie enthält zwingende Vorschriften für die nach Art 27 zur Antragsentgegennahme zuständigen Gerichte oder Behörden im ersten Rechtszug des Vollstreckbarerklärungsverfahrens und bezweckt eine deutliche Verkürzung und Beschleunigung dieses Verfahrens in Unterhaltssachen. Danach hat die Vollstreckbarerklärung zu erfolgen, sobald die Förmlichkeiten nach Art 28 (→ Rn 242 ff) erfüllt und nachgewiesen sind (MüKoFamFG/*Lipp* Rn 7). Die in Abs 1 bestimmte **Frist von 30 Tagen** ab Eingang des Antrags darf nur bei Vorliegen außergewöhnlicher Umstände überschritten werden. In Deutschland gelten ergänzend die §§ 35–42 AUG.

2. Keine Prüfung von Anerkennungshindernissen, S 1

248   Das erstinstanzliche Gericht darf nicht prüfen, ob Anerkennungshindernisse nach Art 24 vorliegen. Diese werden – wie schon zuvor nach Art 45 EuGVVO aF – erst in einem eventuellen Rechtsbehelfsverfahren gem Art 34 geprüft. Zulässig ist jedoch eine Ablehnung der Vollstreckbarerklärung wegen **Nichterfüllung der Formalien nach Art 28** (→ Rn 216 ff). Bis zur Entscheidung über den Rechtsbehelf ist der Vollstreckungsschuldner durch Art 36 Abs 3 geschützt (→ Rn 300 ff), denn bis zu diesem Zeitpunkt ist lediglich eine Sicherungsvollstreckung zulässig.

3. Keine Anhörung des Schuldners, S 2

249   Der Schuldner wird nach S 2 im Vollstreckbarerklärungsverfahren der ersten Instanz nicht angehört. Eine Ausnahme besteht nur im Rahmen von § 39 Abs 2 AUG (→ Rn 756), wenn der Nachweis durch Urkunden nicht geführt werden kann. Der zuständigen Stelle ist es dementsprechend verwehrt, den Schuldner zur Stellungnahme bezüglich des Antrags auf Erteilung einer Vollstreckbarerklärung aufzufordern. Folglich muss auch eine **Schutzschrift** des Schuldners unbeachtet bleiben (*Mennicke* IPRax 00, 294). Ein Verstoß gegen das Recht auf rechtliches Gehör (Art 103 Abs 1 GG) liegt hierin nicht; denn der Vollstreckungsschuldner hat gem Art 32 das Recht auf ein kontradiktorisches Rechtsbehelfsverfahren. Wegen der Einseitigkeit des erstinstanzlichen Vollstreckbarerklärungsverfahrens kommt eine **Erledigungserklärung** analog § 91a ZPO in diesem Verfahren nicht in Betracht (BGH FamRZ 10, 553 m Anm *Streicher* FamRBint10, 30). Für das deutsche Recht bestimmt § 38 Abs 1 AUG ergänzend, dass die Entscheidung grundätzlich ohne mündliche Verhandlung ergeht (näher → Rn 754).

EuUntVO Art 31. Mitteilung der Entscheidung über den Antrag auf Vollstreckbarerklärung

(1) Die Entscheidung über den Antrag auf Vollstreckbarerklärung wird dem Antragsteller unverzüglich in der Form mitgeteilt, die das Recht des Vollstreckungsmitgliedstaats vorsieht.

(2) Die Vollstreckbarerklärung und, soweit dies noch nicht geschehen ist, die Entscheidung werden der Partei, gegen die die Vollstreckung erwirkt werden soll, zugestellt.

1. Mitteilung der Entscheidung an den Antragsteller, Abs 1

250   Die Vorschrift ist aus Art 42 Abs 1 EuGVVO aF übernommen worden. Die Entscheidung über den Antrag auf Vollstreckbarerklärung ist dem **Antragsteller** nach Abs 1 unverzüglich in der Form mitzuteilen, die das Recht des Vollstreckungsmitgliedstaats vorsieht. Nach *deutschem* Recht ist dem Antragsteller gem § 41 Abs 1 S 2 AUG eine beglaubigte Abschrift des Beschlus-

1068

II. EU-Recht: EuUntVO Art 32   252–255 **M**

ses, die mit der Vollstreckungsklausel versehene Ausfertigung des Titels und die Bescheinigung über die bewirkte Zustellung an den Schuldner zu übersenden.

2. Zustellung an den Schuldner, Abs 2

Dem **Vollstreckungsschuldner** ist die Vollstreckbarerklärung nach Abs 2 zuzustellen, damit **251** er sich sachgerecht gegen diese durch Einlegung eines Rechtsbehelfs wehren kann. Für die Vollstreckbarerklärung durch deutsche Gerichte wird die Vorschrift durch § 42 Abs 1 S 1 AUG näher ausgestaltet (→ Rn 763 f).

EuUntVO Art 32. Rechtsbehelf gegen die Entscheidung über den Antrag

(1) **Gegen die Entscheidung über den Antrag auf Vollstreckbarerklärung kann jede Partei einen Rechtsbehelf einlegen.**

(2) **Der Rechtsbehelf wird bei dem Gericht eingelegt, das der betreffende Mitgliedstaat der Kommission nach Artikel 71 notifiziert hat.**

(3) **Über den Rechtsbehelf wird nach den Vorschriften entschieden, die für Verfahren mit beiderseitigem rechtlichem Gehör maßgebend sind.**

(4) **Lässt sich die Partei, gegen die die Vollstreckung erwirkt werden soll, in dem Verfahren vor dem mit dem Rechtsbehelf des Antragstellers befassten Gericht nicht ein, so ist Artikel 11 auch dann anzuwenden, wenn die Partei, gegen die die Vollstreckung erwirkt werden soll, ihren gewöhnlichen Aufenthalt nicht im Hoheitsgebiet eines Mitgliedstaats hat.**

(5) ¹**Der Rechtsbehelf gegen die Vollstreckbarerklärung ist innerhalb von 30 Tagen nach ihrer Zustellung einzulegen.** ²**Hat die Partei, gegen die die Vollstreckung erwirkt werden soll, ihren gewöhnlichen Aufenthalt im Hoheitsgebiet eines anderen Mitgliedstaats als dem, in dem die Vollstreckbarerklärung ergangen ist, so beträgt die Frist für den Rechtsbehelf 45 Tage und beginnt von dem Tage an zu laufen, an dem die Vollstreckbarerklärung ihr entweder in Person oder in ihrer Wohnung zugestellt worden ist.** ³**Eine Verlängerung dieser Frist wegen weiter Entfernung ist ausgeschlossen.**

1. Allgemeines

Die Vorschrift ist an Art 43 EuGVVO aF angelehnt. Sie eröffnet sowohl dem Vollstreckungs- **252** schuldner einen Rechtsbehelf gegen die Vollstreckbarerklärung wie auch dem Vollstreckungsgläubiger einen Rechtsbehelf gegen die Entscheidung, mit der die Vollstreckbarerklärung ganz oder teilweise abgelehnt worden ist. Die nach Art 71 Abs 1 lit a von den Mitgliedstaaten an die Kommission zu machenden Mitteilungen zum statthaften Rechtsbehelf nach Abs 2 sind im Europäischen Gerichtsatlas in Zivilsachen auf folgender Internetseite abrufbar: „https://e-justi-ce.europa.eu/content_maintenance_obligations-355-de. do.

In *Deutschland* ist nach §§ 43 ff AUG in beiden Fällen die **Beschwerde zum OLG** statthaft **253** (→ Rn 766 ff). Nicht von der Vorschrift erfasst sind Rechtsbehelfe im eigentlichen Zwangsvollstreckungsverfahren. Diese richten sich wie das gesamte Zwangsvollstreckungsverfahren nach dem Recht des Vollstreckungsstaates (Art 41 Abs 1 S 1; vgl → Rn 315 ff).

2. Rechtsbehelfsverfahren, Abs 1–3

Das in den Art 32 ff geregelte Verfahren stellt ein eigenständiges und geschlossenes System dar **254** (EuGH C-172/91 – *Sonntag*, Slg 93 I-1963 Rn 35 = IPRax 94, 37). Durch die Einlegung eines Rechtsbehelfs wird gem Abs 3 ein **kontradiktorisches Verfahren** eingeleitet. Die Vorschrift verweist mit den Modifikationen der Abs 4 und 5 auf das Verfahrensrecht des Vollstreckungsstaates für zweiseitige Verfahren. Insoweit besteht eine unionsrechtliche Vorgabe. Innerhalb des von der Verordnung gesetzten Rahmens bleibt die Ausgestaltung des Verfahrens dem Recht des Vollstreckungsstaates überlassen (vgl zu Art 43 EuGVVO aF *G/Sch/Geimer* Rn 37). In **Deutschland** gestalten die §§ 43 ff AUG (→ Rn 766 ff) bzw subsidiär (§ 2 AUG) die Vorschriften des FamFG das Verfahren näher aus.

Beschwerdeberechtigt sind nach Abs 1 nur die Parteien (bzw in der Terminologie des **255** FamFG: die Beteiligten) des erstinstanzlichen Vollstreckbarerklärungsverfahrens. Rechtsbehelfe Dritter sind damit ausgeschlossen (vgl zu Art 36 EuGVÜ EuGH C-172/91 aaO, Slg 93 I-1963

M 256–261   2. Teil. Anerkennung/Vollstreckung M. Unterhaltssachen

Rn 35 = IPRax 94,37; zu Art 43 EuGVVO aF EuGH C-167/08 – *Draka NK Cables Ltd,* Slg 09 I-3477 Rn 27 = NJW 09, 1937 m Anm *Roth* IPRax 10, 154; OLG Düsseldorf IPRax 07, 453 m Anm *Roth* 423). Auf die Parteistellung im ausländischen Erkenntnisverfahren sowie auf die Parteirolle kommt es nicht an.

256   **Beschwerdegericht** ist in Deutschland das Oberlandesgericht (§ 43 Abs 1 AUG). Die Beschwerde ist (entsprechend § 64 Abs 1 FamFG) bei dem Gericht einzulegen, dessen Beschluss angefochten wird (§ 43 Abs 2 S 1 AUG). Eine unmittelbare Einlegung beim OLG ist nicht zulässig. Abweichend von § 64 Abs 2 S 2 FamFG kann der Beschwerdeführer die Beschwerde nicht nur durch Einreichung einer Beschwerdeschrift, sondern auch durch Erklärung zu Protokoll der Geschäftsstelle einlegen (§ 43 Abs 2 S 1 AUG). Damit ist eine **anwaltliche Vertretung** für die Einlegung der Beschwerde nicht erforderlich; Anwaltszwang besteht erst, wenn eine mündliche Verhandlung angeordnet wird (§§ 45 Abs 2 AUG, 114 Abs 4 Nr 6 FamFG, § 78 Abs 3, 215 ZPO). Ein bestimmter Beschwerdewert muss nicht erreicht werden; § 61 FamFG findet insoweit keine Anwendung, § 43 Abs 3 AUG.

257   Die Beschwerde ist dem Beschwerdegegner **von Amts wegen zuzustellen,** § 43 Abs 5 AUG. Für die Zustellung in anderen EU-Mitgliedstaaten gilt die EG-Verordnung Nr 1393/2007 v 13.11.2007 (ABl EU L 342, 79; **EuZVO**), in den Vertragsstaaten des Haager Zustellungsübereinkommens v 15.11.1965 (BGBl 77 II, 1453; **HZÜ**) gelten die Vorschriften dieses Übereinkommens. Eine Heilung von Zustellungsmängeln allein durch tatsächliche Kenntniserlangung (zB nach § 189 ZPO) kommt zwar bei einem Verstoß gegen die Vorschriften der EuZVO oder des HZÜ nicht in Betracht (vgl zum EuGVÜ EuGH C-3/05 – *Verdoliva,* Slg 06 I-1579 Rn 33 ff = NJW 06, 1114 m Anm *Heiderhoff* IPRax 07, 202; BGHZ 120, 305), wohl aber bei einem bloßen Verstoß gegen nationale Zustellungsvorschriften (BGH NJW 11, 3581 Rn 24 ff m Anm *Rauscher*).

258   Über die Beschwerde ist nach Abs 3 in einem Verfahren mit beiderseitigem **rechtlichen Gehör** zu entscheiden, dessen Ausgestaltung dem nationalen Verfahrensrecht überlassen bleibt. Ausnahmen von der Anhörung des Beschwerdegegners sind unzulässig (vgl zu Art 43 EuGVVO aF EuGH 178/83 – *P/K,* Slg 84, 3971 Rn 11 = IPRax 85, 274 m Anm *Stürner* 254; einschränkend OLG Düsseldorf IPRax 04, 251 m krit Anm *Mankowski* 220). § 45 Abs 1 AUG sieht ein schriftliches Verfahren mit Anhörung des Schuldners vor. **Mündliche Verhandlung** ist gem § 45 Abs 1 S 1 AUG freigestellt und liegt im pflichtgemäßen Ermessen des Beschwerdegerichts. Der Prüfungsumfang des Beschwerdegerichts ist nach Maßgabe von Art 34 Abs 1 beschränkt (→ Rn 272 ff).

259   Die **Entscheidung über die Beschwerde** ergeht durch einen mit Gründen zu versehenden Beschluss, § 45 Abs 1 S 1 AUG (→ Rn 778 ff). Art 34 Abs 2 sieht ferner im Interesse der Verfahrensbeschleunigung eine grundsätzlich 90-tägige **Entscheidungsfrist** für das Beschwerdegericht vor. Eine vollständige Ausfertigung des Beschlusses ist dem Antragsteller und dem Antragsgegner von Amts wegen zuzustellen, auch wenn der Beschluss verkündet worden ist, § 45 Abs 3 AUG. Wird die Zwangsvollstreckung aus dem Titel erstmals vom Beschwerdegericht zugelassen, so erteilt der Urkundsbeamte der Geschäftsstelle des Beschwerdegerichts die Vollstreckungsklausel, § 45 Abs 4 S 1 AUG. Eine Beschränkung der Zwangsvollstreckung auf Sicherungsmaßnahmen kann auf Antrag des Schuldners nach Maßgabe von §§ 45 Abs 4 S 2, 52 Abs 2 AUG angeordnet werden.

3. Aussetzung des Verfahrens, Abs 4

260   Lässt sich der Schuldner auf das Verfahren vor dem mit dem Rechtsbehelf des Antragstellers befassten Gericht nicht ein, so setzt dieses das Verfahren gem Art 11 aus, um festzustellen, ob dem Schuldner die Beschwerdeschrift so rechtzeitig zugestellt worden ist, dass er sich verteidigen konnte. Dies gilt nach Abs 4 auch dann, wenn der Schuldner seinen gewöhnlichen Aufenthalt nicht im Hoheitsgebiet eines Mitgliedstaats hat (Rauscher/*Andrae/Schimrick* Rn 7).

4. Rechtsbehelfsfristen, Abs 5

261   **a) Rechtsbehelf des Schuldners.** Grundsätzlich beginnt die Rechtsbehelfsfrist für den Schuldner mit einer ordnungsgemäßen Zustellung der Entscheidung über die Vollstreckbarerklärung. Durch eine fehlerhafte oder unterbliebene Zustellung wird sie nicht in Gang gesetzt, auch wenn der Schuldner von der Entscheidung anderweitig Kenntnis erlangt hat (vgl zu Art 43 EuVVO aF EuGH C-3/05 – *Verdoliva,* Slg 06 I-1579 Rn 38 = NJW 06, 1114). Für die Fristberechnung ist

1070

II. EU-Recht: EuUntVO Art 33   **268 M**

– anders als im Rahmen von Art 43 Abs 5 EuGVVO aF – nicht das Recht des Vollstreckungsstaates maßgebend. Nach ErwG 41 (→ Anh III) soll die Berechnung der in der Verordnung vorgesehenen Fristen vielmehr nach Maßgabe der Verordnung (EG) Nr 1182/71 v 3.6.1971 erfolgen (G/W/ *Bittmann* Kap 36 Rn 165). Eine Wiedereinsetzung in den vorigen Stand ist nach § 113 Abs 1 S 2 FamFG iVm §§ 233 ff ZPO möglich (vgl zu Art 43 EuGVVO aF G/Sch/*Geimer* Rn 28); denn die Beschwerdefrist für den Schuldner ist als Notfrist anzusehen (Mu/*Borth/Grandel* § 63 FamFG Rn 4). Abs 5 S 3 steht dem nicht entgegen, soweit die Wiedereinsetzung nicht damit begründet wird, dass der gewöhnliche Aufenthalt des Schuldners weit entfernt liegt.

Für den Fristbeginn und die Dauer der Frist ist zwischen **drei Konstellationen** zu unterschei- 262 den:

(1) Hat der Schuldner seinen **gewöhnlichen Aufenthalt im Vollstreckungsmitgliedstaat,** so beträgt die Frist gem Abs 5 S 1 und § 43 Abs 4 UAbs 1 Nr 1 AUG 30 Tage ab Zustellung. Insoweit genügt jede nach dem Recht des Vollstreckungsstaates ordnungsgemäße Zustellung; diese muss also – anders als nach Abs 5 S 2 – nicht notwendig in Person oder in der Wohnung erfolgen.

(2) Hat der Schuldner seinen **gewöhnlichen Aufenthalt in einem anderen Mitgliedstaat,** 263 so beträgt die Rechtsbehelfsfrist gem Abs 5 S 2 und § 43 Abs 4 UAbs 1 Nr 1 AUG 45 Tage ab Zustellung an den Schuldner entweder in Person oder in seiner Wohnung. Andere Zustellungsformen sind im Rahmen von S 2 unzulässig (vgl zu Art 43 EuGVVO aF MüKoZPO/*Gottwald*⁴ Rn 4).

(3) Hat der Schuldner seinen **gewöhnlichen Aufenthalt in einem Drittstaat,** gilt nach der 264 Gesetzessystematik des Abs 5 die Frist des Satz 1, weil die Ausnahmevorschrift des Satz 2 auf Fälle beschränkt ist, in denen der Schuldner seinen Wohnsitz in einem vom Vollstreckungsmitgliedstaat verschiedenen *Mitgliedstaat* hat. Nach dem Sinn und Zweck der Regelung sollte hingegen die längere Frist entsprechend auf die Fälle erstreckt werden, in denen der Schuldner seinen gewöhnlichen Aufenthalt in einem Drittstaat hat (Rauscher/*Andrae/Schimrick* Rn 4). § 43 Abs 4 Nr 2 lit b AUG nimmt diese Gleichstellung ausdrücklich nur im Anwendungsbereich des LugÜ 2007 vor.

Die Einhaltung der durch Abs 5 S 2, § 43 Abs 4 AUG modifizierten Zustellungsvorschriften ist 265 richtigerweise nur Voraussetzung für den **Lauf der Beschwerdefrist,** nicht auch für die Zwangsvollstreckung (*Schlosser*³ Art 43 EuGVVO aF Rn 5). Diese Vorschriften verbieten demgemäß nicht andere Zustellungsarten (etwa die öffentliche Zustellung). Solche Zustellungsvarianten setzen lediglich die Rechtsbehelfsfrist nicht in Gang (G/Sch/*Geimer* Art 43 EuGVVO aF Rn 35).

Die Rechtsbehelfsfrist von 45 Tagen (wenn der Schuldner seinen gewöhnlichen Aufenthalt in 266 einem anderen Mitgliedstaat oder Drittstaat hat) ist gem Abs 5 S 3 **unabänderlich,** kann also vom Gericht nicht verlängert werden. Diese Schranke bezieht sich allerdings nach ihrem Wortlaut und ihrer Entstehungsgeschichte nicht auf die 30-tägige Frist des Satz 1.

b) Rechtsbehelf des Gläubigers. Für den Rechtsbehelf des Gläubigers gegen die (teilweise) 267 Ablehnung seines Antrags sieht dagegen weder Art 32 noch das AUG eine Frist vor. Ob der Rechtsbehelf des Gläubigers daher unbefristet möglich ist (so etwa G/W/*Bittmann* Kap 36 Rn 165), erscheint allerdings fraglich. Aufgrund des auch im Unionsrecht anerkannten Bedürfnisses nach Rechtssicherheit wird man davon ausgehen dürfen, dass die EuUntVO insoweit nicht gezielt einen unbefristeten Rechtsbehelf des Unterhaltsgläubigers vorsehen wollte, sondern die Fristbestimmung dem nationalen Gesetzgeber überlassen hat. Maßgebend ist daher in Deutschland die Monatsfrist des § 63 Abs 1 FamFG (so auch BT-Drs 14/4887 S 46 f; *Heger/Selg* FamRZ 11, 1101/1109; zum LugÜ AppG Basel-Stadt BJM 1996, 142/143).

EuUntVO Art 33. Rechtsmittel gegen die Entscheidung über den Rechtsbehelf

Die über den Rechtsbehelf ergangene Entscheidung kann nur im Wege des Verfahrens angefochten werden, das der betreffende Mitgliedstaat der Kommission nach Artikel 71 notifiziert hat.

1. Rechtsbeschwerde

Die Vorschrift entspricht inhaltlich Art 44 EuGVVO aF. Die nach Art 71 Abs 1 lit b von den 268 Mitgliedstaaten an die Kommission zu machenden Mitteilungen zum statthaften Rechtsbehelf

1071

M 271–273   2. Teil. Anerkennung/Vollstreckung M. Unterhaltssachen

nach Art 33 sind im Europäischen Gerichtsatlas in Zivilsachen auf folgender Internetseite abrufbar:

    https://e-justice.europa.eu/content_maintenance_obligations-355-de. do.

269   Danach gilt für *Deutschland*, dass die nach Art 32 ergangene Beschwerdeentscheidung des OLG mit der **Rechtsbeschwerde zum BGH** angefochten werden kann (§§ 46–48 AUG; → Rn 781 ff). Die Rechtsbeschwerde ist innerhalb eines Monats nach Zustellung der Entscheidung des Beschwerdegerichts einzulegen (§ 46 Abs 2 und 3 AUG), und zwar durch Einreichung der Beschwerdeschrift beim BGH (§ 47 Abs 1 AUG) durch einen dort zugelassenen Rechtsanwalt. Die Rechtsbeschwerde ist zu begründen (§ 47 Abs 2 S 1 AUG). Einer Zulassung durch das OLG bedarf es – anders als nach § 71 Abs 1 S 1 FamFG – nicht, § 47 Abs 2 S 2 AUG.

2. Prüfungsumfang

270   Der Prüfungsumfang des BGH als Rechtsbeschwerdegericht ist nach Maßgabe von Art 34 Abs 1 EuUntVO, § 48 Abs 1 AUG beschränkt (→ Rn 272 ff). Der BGH hat die Entscheidung **unverzüglich** zu erlassen (Art 34 Abs 3). Die Entscheidung kann ohne mündliche Verhandlung ergehen, § 48 Abs 2 S 1 AUG. Weitere Einzelheiten zur Entscheidung und zum Verfahren bestimmen sich nach § 48 Abs 2 S 2 AUG iVm §§ 73, 74 FamFG.

EuUntVO Art 34. Versagung oder Aufhebung einer Vollstreckbarerklärung

(1) **Die Vollstreckbarerklärung darf von dem mit einem Rechtsbehelf nach Artikel 32 oder Artikel 33 befassten Gericht nur aus einem der in Artikel 24 aufgeführten Gründe versagt oder aufgehoben werden.**

(2) **Vorbehaltlich des Artikels 32 Absatz 4 erlässt das mit einem Rechtsbehelf nach Artikel 32 befasste Gericht seine Entscheidung innerhalb von 90 Tagen nach seiner Befassung, es sei denn, dies erweist sich aufgrund außergewöhnlicher Umstände als nicht möglich.**

(3) **Das mit einem Rechtsbehelf nach Artikel 33 befasste Gericht erlässt seine Entscheidung unverzüglich.**

1. Allgemeines

271   Die Vorschrift ist an Art 45 Abs 1 EuGVVO aF angelehnt. Sie verlagert die Prüfung von Anerkennungshindernissen nach Art 24 – abweichend und von Art 31 Abs 2 EuEheVO (→ N Rn 164) – auf die Beschwerdeinstanz (OLG Stuttgart FamRZ 15, 871). Sie gibt den mit einem Rechtsbehelf befassten Gerichten eine nur eingeschränkte Prüfungskompetenz. Der Schuldner kann danach nur vortragen, dass Anerkennungshindernisse nach Art 24 (→ Rn 155 ff) vorliegen; denn diese durfte das Gericht erster Instanz noch nicht prüfen (→ Rn 248). Abs 2 und 3 dienen durch die Bestimmung von Entscheidungsfristen der Beschleunigung des Verfahrens.

2. Prüfungsumfang, Abs 1

272   **a) Versagungsgründe nach Art 24.** Die Vollstreckbarerklärung darf gem Abs 1 vom Beschwerde- oder Rechtsbeschwerdegericht nur aus einem der in Art 24 aufgeführten Gründe (→ Rn 155 ff) versagt oder aufgehoben werden. Die Aufzählung dieser Gründe ist **abschließend** (vgl zu Art 45 EuGVVO aF EuGH C-139/10 – *Prism Investments*, NJW 11, 3506 Rn 33). Die ausländische Entscheidung darf insbesondere nach Art 42 keinesfalls in der Sache selbst nachgeprüft werden. Auch eine Überprüfung der internationalen Zuständigkeit des Ursprungsgerichts hat auszuscheiden (OLG Frankfurt FamRZ 16, 1603).

273   Die Prüfung der Versagungsgründe nach Art 24 durch das (Rechts-) Beschwerdegericht erfolgt **von Amts wegen** (BGH FamRZ 08, 586/588; *Heger/Selg* FamRZ 11, 1101/1110; *Rauscher/Andrae/Schimrick* Rn 4). Eine Pflicht zur Amtsermittlung der entscheidungserheblichen Tatsachen sieht die EuUntVO hingegen nicht vor. Insoweit gilt daher gem Art 41 Abs 1 S 1 das autonome Verfahrensrecht des Vollstreckungsmitgliedstaats. Da das deutsche Recht Unterhaltssachen als **Familienstreitsachen** qualifiziert, ist diese Einordnung auch für das entsprechende Vollstreckbarerklärungsverfahren maßgebend. Danach gilt der **Beibringungsgrundsatz** der ZPO, dh zu berücksichtigen sind nur die vom Schuldner vorgetragenen Tatsachen, aus denen sich Anerkennungshindernisse ergeben können.

II. EU-Recht: EuUntVO Art 34   274–279 **M**

b) Sonstige Voraussetzungen der Vollstreckb arerklärung. Über den Wortlaut des Abs 1 **274**
hinaus darf das Beschwerdegericht allerdings auch all diejenigen Voraussetzungen prüfen, die
Prüfungsmaßstab des Gerichts erster Instanz waren oder hätten sein können. Dies folgt bereits
daraus, dass dem Antragsgegner im ersten Rechtszug hierzu kein rechtliches Gehör gewährt wird
(BGH IPRax 17, 501 Rn 10 m Anm *Kern;* MüKoFamFG/*Lipp* Rn 6; Rauscher/*Andrae/Schim-rick* Rn 2).

aa) Vollstreckbarkeit. Gegenstand der Prüfung ist daher insbesondere die Frage, ob die **275**
Entscheidung im Ursprungsmitgliedstaat (noch) vollstreckbar ist. Dies ist letztlich eine Konsequenz des Grundsatzes der Wirkungserstreckung. Zwar wird die Vollstreckbarkeit – anders als
die materielle Rechtskraft – nicht auf das Gebiet des Zweitstaats erstreckt, sondern der ausländischen Entscheidung originär verliehen. Dies setzt aber voraus, dass sie auch im Ursprungsstaat
vollstreckbar ist, weil ihr sonst durch die Vollstreckbarerklärung Wirkungen verliehen würden,
die sie im Ursprungsstaat nicht hat (EuGH C–139/10 aaO, Rn 38; BGH IPRax 17, 501 Rn 10).

bb) Aufhebung und Abänderung. Das Exequaturgericht hat daher bis zum Ende des Voll- **276**
streckbarerklärungsverfahrens uneingeschränkt zu prüfen, ob und gegebenenfalls inwieweit die
ausländische Entscheidung im Ursprungsstaat aufgehoben bzw abgeändert worden ist (BGH
FamRZ 15, 2144 m Anm *Eichel* = IPRax 17, 501 Rn 11 f; OLG Stuttgart FamRZ 15, 871/873;
ebenso schon zur EuGVVO aF BGHZ 171, 310 Rn 15 = FamRZ 07, 989 Rn 15; BGH
FamRZ 11, 802 Rn 14). Dafür spricht auch die Sonderregelung zu den Rechtsfolgen einer
Aufhebung oder Abänderung eines ausländischen Unterhaltstitels in § 67 AUG (→ Rn 823 ff),
die nur eingreift, wenn diese Tatsache im Verfahren zur Zulassung der Zwangsvollstreckung
nicht mehr geltendgemacht werden konnte. Wurde der Unterhaltstitel allerdings in einem an das
Haager Unterhaltsprotokoll gebundenen Mitgliedstaat in einem Verfahren geändert, das erst nach
dem 11.8.2011 eingeleitet worden ist, so bedarf es einer Erteilung der Vollstreckungsklausel nicht
mehr, weil die geänderte Entscheidung dann nach Art 17 *ipso iure* vollstreckbar ist (BGH IPRax
17, 501 Rn 14).

cc) Formelle Mängel des Antrags. Vom Beschwerdegericht überprüft werden können **277**
schließlich auch sonstige formale Voraussetzungen für die Stellung eines Antrags auf Vollstreckbarerklärung (→ Rn 216 ff; MüKoFamFG/*Lipp* Rn 6; Rauscher/*Andrae/Schimrick* Rn 2; ebenso
zu Art 45 EuGVVO aF EuGH C–619/10 – *Trade Agency,* EuZW 12, 912 Rn 28 f m Anm *Bach;*
BGH NJW–RR 08, 586 Rn 15; G/Sch/*Geimer* Rn 7 f; Kropholler/*v Hein* Rn 5; **aA** für die
sachliche und örtliche Zuständigkeit OLG Karlsruhe NJW–RR 12, 331; *Heiderhoff* IPRax 04,
99/101). Aus der *Prism Investment*-Entscheidung des EuGH (C–139/10, NJW 11, 3506 Rn 30)
ergibt sich nichts anderes, weil diese sich nur auf materiellrechtliche Einwendungen bezogen hat.

**c) Materiell–rechtliche Einwendungen. aa) Der bisherige Meinungsstand in Deutsch- 278
land.** Nach dem früheren § 44 Abs 1 AUG (→ Rn 776) konnte der Schuldner – im Einklang
mit der deutschen Rechtstradition (vgl § 12 Abs 1 AVAG) – im Rahmen der Anerkennung und
Vollstreckung von ausländischen Unterhaltsentscheidungen auch materiell–rechtliche (rechtsver-
nichtende oder rechtshemmende) Einwendungen gegen den ausländischen Titel geltend machen, soweit die Gründe hierfür nach dem Erlass der Entscheidung entstanden waren. Die
Vereinbarkeit dieser Vorschrift mit dem europäischen Recht wurde allerdings im Schrifttum
schon seit längerem bezweifelt (vgl zur Parallelnorm in Art 45 Abs 1 EuGVVO aF OLG
Oldenburg NJW–RR 07, 418; *Martiny* FamRZ 08, 1681/1688; *Hess* § 6 Rn 229 ff und IPRax
08, 25/26 ff; MüKoZPO/*Gottwald*[4] Rn 5 mwN). Mit der durch die Verordnung nicht ausgeschlossenen Vollstreckungsabwehrklage nach § 767 ZPO (iVm §§ 120 Abs 1 FamFG, 65
AUG) und den Möglichkeiten des § 769 ZPO sei den Rechtsschutzbelangen des Schuldners
genügend Rechnung getragen.

Demgegenüber schloss Art 34 Abs 1 EuUntVO nach **Ansicht des BGH** die Berücksichti- **279**
gung von materiellrechtlichen Vollstreckungseinwendungen nicht aus. § 44 Abs 1 AUG stehe
mit dem europäischen Verordnungsrecht in Einklang, denn diese Norm verlagere lediglich
Gegenstände des dem autonomen Verfahrensrecht vorbehaltenen Zwangsvollstreckungsrechts in
das Rechtsbehelfsverfahren nach Art 32 ff vor. Weiter ermögliche sie dem Titelgläubiger nach
Abschluss des Vollstreckbarerklärungsverfahrens eine wesentlich vereinfachte Zwangsvollstreckung im Inland, denn dem Schuldner würden durch § 44 Abs 1 AUG im Vollstreckbarerklärungsverfahren nicht nur Einwendungen gestattet, sondern es werde ihm durch die Präklusionsandrohung des § 66 Abs 2 AUG auch abverlangt, diese schon im Beschwerdeverfahren geltend
zu machen (vgl idS zu § 12 AVAG BGHZ 171, 310 Rn 31 ff, 36 = FamRZ 07, 989; BGH

1073

M 280–283   2. Teil. Anerkennung/Vollstreckung M. Unterhaltssachen

FamRZ 08, 586/591; BGH FamRZ 09, 1659; BGH FamRZ 11, 802/803; BGH FPR 13, 53). Für diese Ansicht sprachen vor allem prozessökonomische Gründe (ebenso *Heiderhoff* FamRZ 11, 804 f).

280   Ob im Beschwerdeverfahren nur **unstreitige bzw rechtskräftig festgestellte** (liquide) materiell-rechtliche **Einwendungen** vorgebracht werden konnten, hatte der BGH zunächst offen gelassen (BGHZ 171, 310/321). Die Frage war indessen zu bejahen, weil § 44 AUG im Lichte der Art 34 Abs 1, 24 jedenfalls einschränkend auszulegen war (BGH FPR 13, 106; vgl zu § 12 AVAG BGHZ 180, 88 Rn 12 = FamRZ 09, 858; BGH FamRZ 11, 802 Rn 11, 19; OLG Saarbrücken NJOZ 11, 1243/1245; OLG Dresden NJW-RR 07, 82/83; OLG Düsseldorf NJW 06, 803/804 und EuLF 08 II, 106; G/Sch/*Geimer* Art 45 EuGVVO aF Rn 11).

281   Zulässige Einwendungen im Verfahren nach § 44 AUG waren solche, die die Rechtskraft der ausländischen Entscheidung unberührt ließen, den zugrundeliegenden Anspruch aber nachträglich vernichteten oder seine Durchsetzbarkeit hemmten (vgl HK-ZPO/*Dörner* § 12 AVAG Rn 11). Erfasst war etwa die (auch nur teilweise) **Erfüllung** des Unterhaltsanspruchs (BGHZ 171, 310 Rn 26 ff; BGHZ 180, 88 Rn 12; BGH FamRZ 11, 802 Rn 15). Gleiches galt für die rechtskräftige Abänderung des Titels im Ursprungsstaat oder den gesetzlichen **Übergang der Unterhaltsforderung** (zB auf einen Sozialhilfeträger; vgl BGH FamRZ 11, 802 Rn 17 ff m zust Anm *Heiderhoff* und zust Anm *Hilbig-Lugani* IPRax 12, 333; *Botur* FamRZ 10, 1860/1866 f), soweit sie erst nach dem Erlass der für vollstreckbar zu erklärenden Entscheidung eingetreten waren. Auch wenn sich der Schuldner gegenüber der Vollstreckbarerklärung eines ausländischen Titels über Trennungsunterhalt darauf berief, dass die **Ehe zwischenzeitlich geschieden** worden sei, war dies im Vollstreckbarerklärungsverfahren als Einwendung iSv § 44 Abs 1 AUG iVm § 767 ZPO zu berücksichtigen und die Vollstreckbarkeit auf den Zeitraum bis zur Rechtskraft des Scheidungsurteils zu beschränken (BGH NJW 10, 1750 Rn 10 = FamRZ 10, 966 m Anm *Heiderhoff* 1060).

282   **bb) Unvereinbarkeit von § 44 AUG mit Art 34 Abs 1 EuUntVO in der Auslegung des EuGH.** Der EuGH hat dieser Rechtsprechung des BGH indessen in seiner Entscheidung *Prism Investments* (C-139/10, NJW 11, 3506 m Anm *Bach* EuZW 11, 871) eine Absage erteilt. Danach war die Aufzählung der Gründe, auf die eine Ablehnung der Vollstreckbarerklärung eines Urteils aus einem anderen Mitgliedstaat gestützt werden konnte, in der Parallelvorschrift des Art 45 EuGVVO aF abschließend. Die Verordnung enthalte keine Vorschrift, die eine Vollstreckbarerklärung einer Entscheidung schon deshalb verbiete, weil ihr in der Zwischenzeit nachgekommen worden sei; die Befolgung der Entscheidung nehme dieser nicht die Eigenschaft eines Vollstreckungstitels (EuGH aaO, Rn 37, 39). Das vom BGH angeführte Argument der Prozessökonomie, demzufolge durch die Berücksichtigung materieller Einwendungen bereits im Vollstreckbarerklärungsverfahren die Erhebung einer Vollstreckungsabwehrklage durch den Schuldner nach erfolgter Vollstreckbarerklärung vermieden werden könne, lässt der EuGH nicht gelten. Das Vollstreckbarerklärungsverfahren solle sich auf die formale Prüfung der vom Gläubiger vorgelegten Schriftstücke beschränken und nicht mit der häufig streitigen und nur durch eine Beweisaufnahme zu klärenden Frage belastet werden, ob der Schuldner die Forderung zwischenzeitlich erfüllt oder mit einer Gegenforderung wirksam aufgerechnet habe. Durch die Zulassung solcher materieller Einwendungen werde der Charakter des Vollstreckbarerklärungsverfahrens unzulässig verändert und das Ziel einer raschen und effizienten Durchführung dieses Verfahrens verfehlt (EuGH aaO, Rn 42).

283   Dieses Urteil des EuGH war auch bei der Auslegung der wortgleichen Vorschrift in Art 34 EuUntVO zugrunde zu legen; danach war § 44 AUG mit dem vorrangigen europäischen Recht nicht vereinbar und deshalb von den deutschen Gerichten nicht mehr anzuwenden (so auch *Wagner* IPRax 12, 326/333; offenlassend hingegen noch BGH FPR 13, 106; aA noch OLG Koblenz FamRZ 13, 574). Der deutsche Gesetzgeber hat **§ 44 AUG** daher durch Gesetz v 20.2.2013 (BGBl I, 273) **mit Wirkung v 26.2.2013 aufgehoben** (näher → Rn 776). Auch der BGH hat daher seine Rechtsprechung zur Zulässigkeit von jedenfalls unstreitigen oder rechtskräftig festgestellten materiellrechtlichen Einwendungen im Vollstreckbarerklärungsverfahren nach der EuUntVO aufgegeben (BGH FamRZ 15, 2144 m Anm *Eichel* = IPRax 17, 501 Rn 20 m Anm *Kern* 475). Nur für die Vollstreckbarerklärung von Unterhaltstiteln nach völkerrechtlichen Verträgen hat der Gesetzgeber die Möglichkeit, materiellrechtliche Einwendungen bereits im Beschwerdeverfahren geltend zu machen, durch den mit Wirkung v 1.8.2014 eingeführten § 59a AUG (→ Rn 803 ff) aufrechterhalten (OLG Koblenz FamRZ 17, 1521/1524 m Anm *Eichel*). In Verfahren nach der EuUntVO bleibt dem Antragsgegner demgegenüber nur die

II. EU-Recht: EuUntVO Art 35   **287, 288 M**

Möglichkeit, etwaige materiellrechtliche Einwendungen gemäß § 66 Abs 1 AUG iVm §§ 120
FamFG, 767 ZPO in einem gesonderten Vollstreckungsabwehrverfahren geltend zu machen
(OLG Stuttgart FamRZ 14, 792 und 865; OLG Stuttgart FamRZ 15, 871/872 f; OLG Frankfurt
FamRZ 16, 1603; *Andrae,* IntFamR § 8 Rn 273; Rauscher/*Andrae/Schimrick* Rn 2; MüKo-
FamFG/*Lipp* Rn 5; HK-ZPO/*Dörner* Art 32 Rn 2).

d) Abänderungsgründe. Abänderungsgründe iSd § 238 FamFG (zB die nachträgliche Leis- **284**
tungsunfähigkeit des Unterhaltsschuldners) konnten hingegen schon nach der bisherigen deutschen Rechtsprechung im Rahmen der § 12 AVAG, § 44 Abs 1 AUG nicht berücksichtigt
werden (BGHZ 171, 310 Rn 19 ff = FamRZ 07, 989; BGH FamRZ 11, 802 Rn 13 [zum
HUntVÜ]; *Heger/Selg* FamRZ 11, 1101/1110). Denn diese Einwände richten sich gegen die
Gesetzmäßigkeit der zu vollstreckenden Entscheidung, deren Nachprüfung im Vollstreckbarerklärungsverfahren nach Art 42 ausgeschlossen ist. Sie können nur mit der Abänderungsklage
vor dem nach Art 3 ff EuUntVO (→ C Rn 80, 89 ff), Art 2 ff LugÜ (→ C Rn 356 ff) zuständigen
Gericht geltend gemacht werden, weil sie den Unterhaltstitel – unter Durchbrechung seiner
materiellen Rechtskraft – an die geänderten wirtschaftlichen Verhältnisse anpassen sollen (OLG
Karlsruhe FamRZ 14, 144 m Anm *Rieck* NZFam 14, 288; OLG Frankfurt FamRZ 16, 1603;
ThP/*Hüßtege* Vorbem Art 1 Rn 31; Rauscher/*Andrae/Schimrick* Rn 3). Insoweit galt im Rahmen von § 44 die gleiche Abgrenzung zu § 238 FamFG wie im Rahmen von § 767 ZPO (vgl
dazu BGHZ 163, 187 = FamRZ 05, 1479).

3. Entscheidungsfrist für das Beschwerdegericht, Abs 2

Das Beschwerdegericht hat seine Entscheidung grundsätzlich spätestens binnen 90 Tagen nach **285**
seiner Befassung, dh nach Eingang der Beschwerde, zu erlassen. Etwas anderes gilt nur dann,
wenn sich dies aus außergewöhnlichen Gründen als unmöglich erweist; diese Ausnahme ist eng
auszulegen. Die Frist verlängert sich ferner im Fall des Art 32 Abs 4, wenn zur Wahrung des
rechtlichen Gehörs des Antragsgegners eine Aussetzung des Verfahrens nach Art 11 abgeordnet
wird.

4. Entscheidungsfrist für das Rechtsbeschwerdegericht, Abs 3

Für das Rechtsbeschwerdegericht bestimmt Abs 3 keine präzise Entscheidungsfrist; dieses hat **286**
die Entscheidung jedoch unverzüglich zu erlassen.

EuUntVO Art 35. Aussetzung des Verfahrens

**Das mit einem Rechtsbehelf nach Artikel 32 oder Artikel 33 befasste Gericht setzt
auf Antrag der Partei, gegen die die Vollstreckung erwirkt werden soll, das Verfahren
aus, wenn die Vollstreckung der Entscheidung im Ursprungsmitgliedstaat wegen der
Einlegung eines Rechtsbehelfs einstweilen eingestellt ist.**

1. Allgemeines

Die Vorschrift orientiert sich an Art 21 Abs 3 UAbs 2, während sie von Art 46 Abs 1 **287**
EuGVVO aF deutlich abweicht. Normzweck ist einerseits der Schutz des Schuldners; dieser soll
nicht die Vollstreckung aus einer Entscheidung im Zweitstaat dulden müssen, obwohl die
Vollstreckung aus dieser Entscheidung aufgrund der Einlegung eines Rechtsbehelfs im Ursprungsmitgliedstaat einstweilen eingestellt ist (G/W/*Bittmann* Kap 36 Rn 173). Die Vorschrift
dient aber auch dem Gläubigerschutz, weil ohne die Aussetzungsmöglichkeit der Antrag idR
wegen Fehlens eines vollstreckbaren Unterhaltstitels abzuweisen wäre (MüKoFamFG/*Lipp*
Rn 2; Rauscher/*Andrae/Schimrick* Rn 2). Kann der Schuldner den Umstand, dass der Titel im
Ursprungsstaat aufgehoben oder abgeändert worden ist, im Vollstreckbarerklärungsverfahren
nicht mehr geltend machen, so steht ihm in *Deutschland* das besondere Verfahren nach § 67
AUG (→ Rn 813 ff) zur Verfügung.

2. Voraussetzungen

Die Aussetzung erfolgt nur auf **Antrag** des Schuldners, nicht des Gläubigers. Sie setzt voraus, **288**
dass im Vollstreckungsmitgliedstaat ein Rechtsbehelfsverfahren nach Art 32 oder Art 33 anhängig ist; im erstinstanzlichen Vollstreckbarerklärungsverfahren ist die Vorschrift nicht anwendbar

1075

M 290–292   2. Teil. Anerkennung/Vollstreckung M. Unterhaltssachen

(Rauscher/*Andrae*/*Schimrick* Rn 4). Ferner muss im Ursprungsmitgliedstaat ein Rechtsbehelf gegen die Entscheidung eingelegt und die Zwangsvollstreckung dort aus diesem Grunde eingestellt worden sein. Der Begriff des **Rechtsbehelfs** ist weit auszulegen. Anders als Art 46 Abs 1 EuGVVO aF verlangt Art 35 nicht die Einlegung eines „ordentlichen" Rechtsbehelfs. Es genügt daher jeder Rechtsbehelf, der im Erststaat zur Aufhebung oder Abänderung der Entscheidung führen kann (**aA** Rauscher/*Andrae*/*Schimrick* Rn 3).

3. Entscheidung

289   Die Aussetzung des Rechtsbehelfsverfahrens (nicht der Zwangsvollstreckung) ist bei Vorliegen der tatbestandlichen Voraussetzungen des Art 35 **zwingend.** Ein Ermessen des Beschwerdegerichts wie nach Art 46 Abs 1 EuGVVO aF oder Art 35 Abs 1 EuEheVO (→ N Rn 207) besteht also nicht; deshalb sind auch die mutmaßlichen Erfolgsaussichten des Rechtsbehelfs im Erststaat vom Beschwerdegericht nicht zu prüfen. Ebenfalls abweichend von Art 46 Abs 3 EuGVVO aF sieht Art 35 nur eine Aussetzung des Verfahrens, nicht jedoch die Möglichkeit vor, diese von einer Sicherheitsleistung abhängig zu machen.

EuUntVO Art 36. Einstweilige Maßnahmen einschließlich Sicherungsmaßnahmen

(1) **Ist eine Entscheidung nach diesem Abschnitt anzuerkennen, so ist der Antragsteller nicht daran gehindert, einstweilige Maßnahmen einschließlich solcher, die auf eine Sicherung gerichtet sind, nach dem Recht des Vollstreckungsmitgliedstaats in Anspruch zu nehmen, ohne dass es einer Vollstreckbarerklärung nach Artikel 30 bedarf.**

(2) **Die Vollstreckbarerklärung umfasst von Rechts wegen die Befugnis, solche Maßnahmen zu veranlassen.**

(3) **Solange die in Artikel 32 Absatz 5 vorgesehene Frist für den Rechtsbehelf gegen die Vollstreckbarerklärung läuft und solange über den Rechtsbehelf nicht entschieden ist, darf die Zwangsvollstreckung in das Vermögen der Partei, gegen die die Vollstreckung erwirkt werden soll, nicht über Maßnahmen zur Sicherung hinausgehen.**

1. Allgemeines

290   Die Vorschrift entspricht Art 47 EuGVVO aF. Sie regelt den einstweiligen Rechtsschutz für den Gläubiger, solange eine nach den Art 23 ff anzuerkennende – *dänische* oder *britische* – Entscheidung noch nicht für vollstreckbar erklärt wurde bzw noch keine formelle Rechtskraft der Vollstreckbarerklärung eingetreten ist (MüKoZPO/*Gottwald*[4] Art 47 EuGVVO aF Rn 1).

291   Die Vorschrift stellt eine sachlich erweiterte **Parallele zu Art 14** (→ C Rn 299 ff) dar. Aus dem Wortlaut beider Vorschriften erschließt sich ihr Verhältnis zueinander allerdings nicht (vgl zur EuGVVO aF G/Sch/*Geimer* Art 31 Rn 52 und Art 47 Rn 8). Art 14 soll nach einer Sichtweise den einstweiligen Rechtsschutz bis zur Entscheidung in der Hauptsache erfassen, Abs 1 dann Maßnahmen des einstweiligen Rechtsschutzes nach der Hauptsacheentscheidung bis zu deren Vollstreckbarerklärung. Abs 2 betrifft danach Maßnahmen nach der Vollstreckbarerklärung, solange keine Beschwerde eingelegt wurde (*Kropholler/v Hein* Art 47 EuGVVO aF Rn 4), Abs 3 schließlich Maßnahmen nach der Vollstreckbarerklärung und nach Einlegung der Beschwerde bis zum Abschluss des Rechtsbehelfsverfahrens (*Hess/Hub* IPRax 03, 93/94). Nach anderer Sichtweise besagt Abs 1 lediglich, dass der Erlass eines ausländischen Urteils kein Hindernis für einstweiligen Rechtsschutz ist, wenn im Übrigen die Voraussetzungen dafür vorliegen (*Schlosser*[3] Art 47 EuGVVO aF Rn 2). Wegen der Beschränkung des Abs 3, nach der die Vollstreckung nicht über Maßnahmen der Sicherung hinausgehen darf, sollten in dem Mitgliedstaat, in dem die Vollstreckbarerklärung betrieben wird, nach den allgemeinen Regeln dieses Staates einstweilige Unterhaltsanordnungen auf der Grundlage von Art 14 möglich sein; diese schaffen dann einen Titel, der im Zweitstaat vollstreckt wird.

292   Der Begriff der **einstweiligen Maßnahme** in Art 36 stimmt mit dem in Art 14 überein (G/Sch/*Geimer* Art 47 EuGVVO aF Rn 6 f; → C Rn 301 ff). Für den Erlass von einstweiligen Maßnahmen müssen zum einen die tatbestandlichen Voraussetzungen des Art 36, zum anderen die Voraussetzungen der nationalen Vorschriften erfüllt sein, soweit Art 36 auf diese verweist.

II. EU-Recht: EuUntVO Art 36   293–297   **M**

Das zuständige Vollstreckungsorgan hat die Anerkennungsvoraussetzungen, insbesondere die Versagungsgründe nach Art 24, in diesem Fall selbständig zu überprüfen.

2. Einstweiliger Rechtsschutz vor Vollstreckbarerklärung, Abs 1

Abs 1 ermöglicht es dem Gläubiger, allein auf Grundlage einer Entscheidung, die nach den **293** Art 23 ff anzuerkennen ist, in anderen Mitgliedstaaten um einstweiligen Rechtsschutz gemäß dem Recht des jeweiligen Vollstreckungsmitgliedstaats zu ersuchen. Dieses Recht hat der Gläubiger bereits vor der Stellung eines Antrags auf Vollstreckbarerklärung; es bedarf hierfür auch keiner vorherigen Anhörung des Schuldners (MüKoZPO/*Gottwald⁴* Art 47 EuGVVO aF Rn 2).

a) Zulässige einstweilige Maßnahmen. In Deutschland verweist Art 36 Abs 1 auf die **Vor-** **294** **pfändung** nach § 845 ZPO (iVm §§ 65 AUG, 120 Abs 1 FamFG). Allerdings besteht hier das praktische Problem, dass § 845 Abs 2 S 1 ZPO die (endgültige) Pfändung innerhalb eines Monats verlangt. Einen (mit Kosten verbundenen) Ausweg bildet die Beantragung eines Arrests als Vollstreckungstitel (*Hess/Hub* IPRax 03, 94/95). Weiter kommt der **Arrest** und die **einstweilige Anordnung** in Betracht. Hier ergibt sich der zu sichernde Anspruch aus der Entscheidung des Erststaates. Die Regelungstechnik entspricht der Substitution im IPR (*Hess/Hub* IPRax 03, 93/94). Der zu sichernde Anspruch ist durch Vorlage der Urkunden nach Art 28 glaubhaft zu machen (MüKoZPO/*Gottwald⁴* Art 47 EuGVVO aF Rn 4). Ob es der Prüfung des Arrestgrundes bedarf, wird unterschiedlich beurteilt (vgl G/Sch/*Geimer* Art 47 EuGVVO aF Rn 23). Für einstweilige Unterhaltsanordnungen verzichtet § 246 FamFG auf das Vorliegen eines Anordnungsgrundes.

Schließlich ist auch eine **Sicherungsvollstreckung** nach § 720a ZPO zulässig. Erforderlich **295** ist jedoch insoweit, dass im Erststaat eine vollstreckbare Ausfertigung erteilt wurde und diese dem Schuldner zugestellt wurde (*Heß/Hub* IPRax 03 93/95; G/Sch/*Geimer* Art 47 EuGVVO aF Rn 24). § 720a ZPO ist entgegen seinem Wortlaut (analog) auch in Fällen anzuwenden, in denen der Titel nach dem Recht des Erststaates ohne Sicherheitsleistung vorläufig vollstreckbar ist (G/Sch/*Geimer* Art 47 EuGVVO aF Rn 24).

b) Internationale Zuständigkeit. Sie folgt für die Anordnung der genannten Maßnahmen **296** nach einer Ansicht unmittelbar aus Art 36 Abs 1, nach anderer Ansicht – wie im Rahmen von Art 14 – aus dem autonomen Recht. Das Gericht der Hauptsache im Sinne der autonomen Zuständigkeitsvorschriften ist dabei das Exequaturgericht (G/Sch/*Pörnbacher*, IRV Art 47 EuGVVO aF Rn 8). Abs 1 verlangt, dass die Entscheidung nach den Art 23 ff anzuerkennen ist. Unstreitig müssen daher für den Erlass einstweiliger Maßnahmen die Voraussetzungen vorliegen, die im erstinstanzlichen Verfahren der Vollstreckbarerklärung zu prüfen sind (→ Rn 216 ff). Unterschiedlich beurteilt wird allerdings, inwieweit Anerkennungshindernisse nach Art 24 geprüft werden dürfen. Dies wird teilweise unter Hinweis auf den Wortlaut des Abs 1 („anzuerkennende Entscheidung", vgl Rauscher/*Mankowski* Vorbem Art 39 ff EuGVVO nF Rn 120) bejaht. Nach anderer Ansicht folgt ein Ausschluss der Prüfung von Anerkennungshindernissen aus dem Sinn des Art 30: wenn selbst im erstinstanzlichen Verfahren der Vollstreckbarerklärung nur eine formale Prüfung des Titels gestattet ist, dann stünde eine entsprechende Inzidentprüfung damit in einem sachlichen Wertungswiderspruch (*Hess/Hub* IPRax 03, 93/94; MüKoZPO/*Gottwald⁴* Art 47 EuGVVO aF Rn 4). Die Vollstreckung/Vollziehung der einstweiligen Maßnahme darf nur im Rahmen von Abs 3 erfolgen.

3. Einstweilige Maßnahmen nach Vollstreckbarerklärung, Abs 2

Nach Abs 2 hat der Gläubiger nach der erstinstanzlichen Vollstreckbarerklärung die Möglich- **297** keit, einstweilige Maßnahmen, die auf eine Sicherung seiner Unterhaltsforderung gerichtet sind, zu veranlassen (G/Sch/*Pörnbacher*, IRV Art 47 EuGVVO aF Rn 12). Diese Befugnis entsteht unmittelbar kraft Gesetzes mit der Vollstreckbarerklärung; sie kann durch nationales Recht nicht eingeschränkt werden (EuGH 119/84 – *Capelloni*, Slg 85, 3147 Rn 26 = RIW 86, 300). Deshalb ist auch ein Vollstreckungsschutzantrag des Schuldners nicht zulässig (OLG Köln IPRax 03, 354 m Anm *Geimer* 337). Zusätzliche Voraussetzungen bestehen gem Abs 2 nicht. Insbesondere bedarf es keines Nachweises eines konkreten **Sicherungsbedürfnisses;** das nationale Verfahrensrecht wird, soweit es ein solches fordert, von Abs 2 überlagert (MüKoZPO/*Gottwald⁴* Art 47 EuGVVO aF Rn 6).

M 304, 305   2. Teil. Anerkennung/Vollstreckung M. Unterhaltssachen

298   Eine **Zustellung** des ausländischen Titels und/oder der Vollstreckbarerklärung an den Schuldner wird nicht verlangt. Abs 2 verdrängt insoweit § 750 ZPO (vgl LG Stuttgart IPRax 89, 412
m abl Anm *Pirrung* 21; MüKoZPO/*Gottwald* Art 47 EuGVVO aF Rn 7 mwN; **aA** OLG
Saarbrücken IPRax 95, 244 m abl Anm *Haas* 223). § 42 Abs 1 AUG ordnet lediglich die
Zustellung des mit der Klausel versehenen Titels an den Schuldner an, um die Beschwerdefrist
des Art 32 Abs 5 in Gang zu setzen, macht die Zustellung aber nicht zur Voraussetzung des
Vollstreckungsbeginns. Der Gläubiger darf die Vollstreckung nur im Rahmen von Abs 3 betreiben (*Kropholler/v Hein* Art 47 EuGVVO aF Rn 7).

299   Den Kreis der **zulässigen Sicherungsmaßnahmen** bestimmt das Verfahrensrecht des Vollstreckungsstaates. Denn Abs 2 schafft keine neuen Sicherungsmaßnahmen (Rauscher/*Mankowski*
Vorbem Art 39 ff EuGVVO nF Rn 125). In Deutschland darf der Gläubiger die in §§ 65 AUG,
120 Abs 1 FamFG iVm § 720a ZPO, § 845 ZPO vorgesehenen Maßnahmen, sowie einen
Arrestbeschluss bewirken (MüKoZPO/*Gottwald*[4] Art 47 EuGVVO aF Rn 8).

4. Beschränkung auf Sicherungsvollstreckung, Abs 3

300   Abs 3 möchte verhindern, dass aufgrund der im erstinstanzlichen Vollstreckbarerklärungsver-
fahren, an dem der Schuldner nicht beteiligt ist, vollendete Tatsachen geschaffen werden. Die
Vollstreckungsbeschränkung besteht daher nur innerhalb der Beschwerdefrist des Art 32 Abs 5
bzw bis zur Entscheidung über die Beschwerde. Danach ist der Titel, ohne dass es einer weiteren
Entscheidung bedarf, unbeschränkt vollstreckbar (§ 52 Abs 1 AUG; → Rn 793; MüKoZPO/
Gottwald[4] Art 47 EuGVVO aF Rn 15). § 52 Abs 2 und 3 AUG gibt dem Beschwerde- bzw
Rechtsbeschwerdegericht auf Antrag des Schuldners die Möglichkeit anzuordnen, dass die
Zwangsvollstreckung bis zur Entscheidung über die Rechtsbeschwerde durch den BGH nicht
oder nur gegen Sicherheitsleistung über Maßregeln der Sicherheit hinausgehen darf. Diese
Regelungen verstoßen nicht gegen die EuUntVO.

301   Die Beschränkung gilt für alle Titel und damit auch für **einstweilige Unterhaltsanordnungen.** Allerdings wird vertreten, dass der in Art 6 EMRK verbürgte Anspruch auf effizienten
Rechtsschutz ggfs eine Ausnahme erzwingen müsse (*Schlosser*[3] Art 47 EuGVVO aF Rn 1). Das
gleiche Ergebnis erreicht man, wenn man trotz der Anwendbarkeit von Art 36 weiterhin Maßnahmen auf Grundlage von Art 14 für zulässig erachtet.

302   Gegen Maßnahmen, die über solche zur Sicherung hinausgehen, kann sich der Schuldner in
Deutschland mit der **Erinnerung** (§ 49 AUG iVm § 766 ZPO; → Rn 788) zur Wehr setzen
(G/Sch/*Geimer* Art 47 EuGVVO Rn 28).

303   Gem § 50 AUG hat der Schuldner die Möglichkeit, die Zwangsvollstreckung durch Leistung
einer Sicherheit abzuwenden (→ Rn 789). Unter den in § 51 AUG genannten Voraussetzungen
besteht die Möglichkeit einer **Versteigerung** gepfändeter Sachen (→ Rn 792).

EuUntVO Art 37. Teilvollstreckbarkeit

(1) **Ist durch die Entscheidung über mehrere mit dem Antrag geltend gemachte
Ansprüche erkannt worden und kann die Vollstreckbarerklärung nicht für alle Ansprüche erteilt werden, so erteilt das Gericht oder die zuständige Behörde sie für einen
oder mehrere dieser Ansprüche.**

(2) **Der Antragsteller kann beantragen, dass die Vollstreckbarerklärung nur für einen
Teil des Gegenstands der Entscheidung erteilt wird.**

1. Teilvollstreckbarerkärung von Amts wegen, Abs 1

304   Die Vorschrift entspricht Art 48 EuGVVO aF. Sie ermöglicht es dem Gericht, im Falle einer
objektiven Klagehäufung, ohne dass es eines hierauf gerichteten Antrags bedarf, dh von Amts
wegen, eine Teil-Vollstreckungsklausel zu erteilen. Eine solche kommt auch in Betracht, wenn
die EuUntVO nur auf einen Teil der zugesprochenen Forderungen anwendbar ist, weil diese zT
güterrechtlich zu qualifizieren sind (vgl EuGH C-220/95 – *van den Boogard,* Slg 97 I-1147 Rn 21
= EuZW 97, 242 m Anm *Dietzel/Schnichels* EuZW 98, 485 f).

2. Teilvollstreckbarerklärung auf Antrag, Abs 2

305   Dem Gläubiger steht es in jedem Fall frei, lediglich einen Antrag auf Teilexequatur zu stellen.
Ein solcher Antrag ist sowohl im Falle einer einheitlichen, aber teilbaren Forderung als auch im

II. EU-Recht: EuUntVO Art 39 307–309 **M**

Falle einer Anspruchshäufung möglich, und zwar auch dann, wenn die Voraussetzungen für die Vollstreckbarerklärung der gesamten Entscheidung vorliegen.

EuUntVO Art 38. Keine Stempelabgaben oder Gebühren

Im Vollstreckungsmitgliedstaat dürfen im Vollstreckbarerklärungsverfahren keine nach dem Streitwert abgestuften Stempelabgaben oder Gebühren erhoben werden.

Die Vorschrift entspricht Art 52 EuGVVO aF. Sie bezweckt die Reduzierung von Verfahrens- **306** kosten, die mit der Vollstreckbarerklärung einer Entscheidung verbunden sind. Die Gerichtskosten richten sich in *Deutschland* nach **FamGKG-KV Nr 1710 ff**. Nicht von Art 38 erfasst sind die Gebühren und Honorare von Anwälten.

Abschnitt 3. Gemeinsame Bestimmungen
EuUntVO Art 39. Vorläufige Vollstreckbarkeit

Das Ursprungsgericht kann die Entscheidung ungeachtet eines etwaigen Rechtsbehelfs für vorläufig vollstreckbar erklären, auch wenn das innerstaatliche Recht keine Vollstreckbarkeit von Rechts wegen vorsieht.

1. Vorläufige Vollstreckbarkeit

Die Vorschrift übernimmt die in Art 41 Abs 1 UAbs 2, 42 Abs 1 UAbs 2 EuEheVO für **307** bestimmte kindschaftsrechtliche Entscheidungen getroffene Regelung (→ N Rn 236, 255 f) ins Unterhaltsrecht und gilt sowohl für die Anerkennung und Vollstreckung nach Abschnitt 1, wie auch für jene nach Abschnitt 2. Während der Gläubiger nach der EuGVVO nur dann von der Möglichkeit der grenzüberschreitenden Anerkennung und Vollstreckung vorläufig vollstreckbarer Entscheidungen profitieren konnte, wenn das Recht des Ursprungsstaates das Institut der vorläufigen Vollstreckbarkeit kannte, kann eine Unterhaltsentscheidung nach der unionsrechtlichen Vorgabe in Art 39 auch dann für vorläufig vollstreckbar erklärt werden, wenn dies im innerstaatlichen Recht des Ursprungsstaates nicht vorgesehen ist (MüKoFamFG/*Lipp* Rn 1, 6). Das **deutsche Recht** kennt zwar für Unterhaltsentscheidungen keine Anordnung der vorläufigen Vollstreckbarkeit, wohl aber die Anordnung der vorläufigen Wirksamkeit der Entscheidung (§ 116 Abs 3 S 3 FamFG), die dann zu deren Vollstreckbarkeit führt (§ 120 Abs 2 S 1 FamFG). Diese Konzeption des deutschen Unterhaltsverfahrensrechts steht der vorläufigen Vollstreckbarkeit iSd Art 39 gleich (Rauscher/*Andrae/Schimrick* Rn 5a).

Die Vorschrift macht die Anordnung der vorläufigen Vollstreckbarkeit nicht von bestimmten **308** Voraussetzungen abhängig, sondern stellt diese in das **Ermessen des Gerichts** (Rauscher/*Andrae/Schimrick* Rn 2; HK-ZPO/*Dörner* Vorbem Art 39–43 Rn 1; **aA** G/W/*Bittmann* Kap 36 Rn 185). Allerdings soll nach ErwG 22 (→ Anh III) die vorläufige Vollstreckbarkeit grundsätzlich angeordnet werden. Dies entspricht § 116 Abs 3 S 3 FamFG im deutschen Recht. Da die Vorschrift abweichend von anderen Regelungen der Verordnung kein Antragserfordernis vorsieht, ist davon auszugehen, dass die Entscheidung – wie im autonomen Recht – **von Amts wegen** zu ergehen hat (Rauscher/*Andrae/Schimrick* Rn 2; MüKoFamFG/*Lipp* Rn 7). Kein Hindernis für die Erklärung der vorläufigen Vollstreckbarkeit ist nach ErwG 22 der Umstand, dass gegen die Entscheidung im Erststaat ein Rechtsbehelf eingelegt wurde oder noch eingelegt werden könnte.

Da bei Erlass der Entscheidung unter Umständen noch nicht absehbar ist, ob künftig eine **309** Vollstreckung im Ausland erfolgen wird, findet Art 39 auch in **reinen Inlandsfällen** Anwendung. Dafür spricht auch, dass die Verordnung keine Kriterien für eine hinreichende Auslandsbeziehung als Voraussetzung für eine vorläufige Vollstreckbarerklärung vorsieht; die Aufstellung einer solchen Voraussetzung würde daher zu erheblicher Rechtsunsicherheit führen und die von der Verordnung angestrebte Beschleunigung der Vollstreckung von Unterhaltsforderungen verhindern (Rauscher/*Andrae/Schimrick* Rn 3 ff; MüKoFamFG/*Lipp* Rn 5). Die Vorschrift bewirkt damit eine Harmonisierung des autonomen Rechts der Mitgliedstaaten auf dem Gebiet der Anordnung vorläufiger Vollstreckbarkeit von Unterhaltsentscheidungen.

M 313   2. Teil. Anerkennung/Vollstreckung M. Unterhaltssachen

2. Sicherheitsleistung

310   Der Entwurf zur EuUntVO v 15.12.2005 (KOM [2005] 649 endg) schloss in seinem Art 26 S 2 die Anordnung einer Sicherheitsleistung noch ausdrücklich aus. Aus der Streichung dieses Satzes in der Gesetz gewordenen Fassung des Art 39 ist daher zu schließen, dass die Anordnung einer Sicherheitsleistung grundsätzlich möglich ist (MüKoFamFG/*Lipp* Rn 9; G/Sch/*Hilbig* Rn 13). Nach dem Normzweck des Art 39, der durch die Anordnung der vorläufigen Vollstreckbarkeit die Durchsetzung von Unterhaltstiteln beschleunigen möchte, ist allerdings von dieser Möglichkeit nur in Ausnahmefällen – zB bei Verurteilung zu einer einmaligen hohen Unterhaltsabfindung („*lump sum*" – Gebrauch zu machen (Rauscher/*Andrae*/*Schimrick* Rn 6).

311   Da die Voraussetzungen für die Anordnung einer Sicherheitsleistung in der Verordnung nicht geregelt sind, ist insoweit auf das **autonome Recht** zurückzugreifen (Rauscher/*Andrae*/*Schimrick* Rn 6). Das deutsche Recht sieht die Erklärung der vorläufigen Wirksamkeit, die funktionell der vorläufigen Vollstreckbarkeit entspricht, ohne Sicherheitsleistung vor. Gem § 120 Abs 2 FamFG kann der Schuldner eine Einstellung oder Beschränkung der Zwangsvollstreckung vor Eintritt der Rechtskraft verlangen, wenn ihm die Vollstreckung einen nicht zu ersetzenden Nachteil bringen würde. Weiter kann in den Fällen der §§ 707 Abs 1, 719 Abs 1 ZPO die Vollstreckung (nur) unter denselben Voraussetzungen eingestellt oder beschränkt werden. Dass § 65 AUG nur auf § 120 Abs 1 FamFG verweist, steht der Anwendung von § 120 Abs 2 FamFG durch deutsche Gerichte nicht entgegen, da insoweit nicht die Vollstreckung einer ausländischen Entscheidung in Frage steht.

312   Auch wenn der Gläubiger für eine Entscheidung, die ohne Exequaturverfahren nach Art 17 zu vollstrecken ist, die **Ausstellung eines Auszugs** der Entscheidung gem Anh I zur Verordnung beantragt, ist dieser erst dann zu erteilen, wenn die Sicherheit geleistet wurde. Denn vorher ist die Entscheidung im Ursprungsmitgliedstaat nicht vollstreckbar (näher Rauscher/*Andrae*/*Schimrick* Rn 7; **aA** G/Sch/*Hilbig,* IRV Rn 14).

EuUntVO Art 40. Durchsetzung einer anerkannten Entscheidung

(1) **Eine Partei, die in einem anderen Mitgliedstaat eine im Sinne des Artikel 17 Absatz 1 oder des Abschnitt 2 anerkannte Entscheidung geltend machen will, hat eine Ausfertigung der Entscheidung vorzulegen, die die für ihre Beweiskraft erforderlichen Voraussetzungen erfüllt.**

(2) **Das Gericht, bei dem die anerkannte Entscheidung geltend gemacht wird, kann die Partei, die die anerkannte Entscheidung geltend macht, gegebenenfalls auffordern, einen vom Ursprungsgericht erstellten Auszug unter Verwendung des Formblatts in Anhang I beziehungsweise in Anhang II vorzulegen.**

Das Ursprungsgericht erstellt diesen Auszug auch auf Antrag jeder betroffenen Partei.

(3) [1]**Gegebenenfalls übermittelt die Partei, die die anerkannte Entscheidung geltend macht, eine Transskript oder eine Übersetzung des Inhalts des in Absatz 2 genannten Formblatts in die Amtssprache des betreffenden Mitgliedstaats oder – falls es in diesem Mitgliedstaat mehrere Amtssprachen gibt – nach Maßgabe der Rechtsvorschriften dieses Mitgliedstaats – in die oder eine der Verfahrenssprachen des Ortes, an dem die anerkannte Entscheidung geltend gemacht wird, oder in eine sonstige Sprache, die der betreffende Mitgliedstaat für zulässig erklärt hat.** [2]**Jeder Mitgliedstaat kann angeben, welche Amtssprache oder Amtssprachen der Organe der Europäischen Union er neben seiner oder seinen eigenen für das Ausfüllen des Formblatts zulässt.**

(4) **Eine Übersetzung aufgrund dieses Artikels ist von einer Person zu erstellen, die zur Anfertigung von Übersetzungen in einem der Mitgliedstaaten befugt ist.**

313   Die Vorschrift betrifft nicht die Vollstreckung von Unterhaltsentscheidungen, sondern deren **Geltendmachung in anderen Verfahren,** zB in einem Abänderungsverfahren (HK-ZPO/ *Dörner* Rn 1). In diesem Fall hat diejenige Partei, die sich auf die anerkannte Entscheidung beruft, die in Art 40 genannten Urkunden vorzulegen. Diese entsprechen weitgehend den im Vollstreckungs- bzw Vollstreckbarerklärungsverfahren vorzulegenden Urkunden. Wegen der Einzelheiten kann daher auf die Kommentierung der Art 20 (→ Rn 100 ff) und Art 28 (→ Rn 242 ff) verwiesen werden.

1080

II. EU-Recht: EuUntVO Art 41   315–318 **M**

Ein Unterschied besteht lediglich in Bezug auf die Vorlage des Entscheidungsauszugs nach **314**
Anh I bzw II. Während dieser nach Art 20 lit b bzw Art 28 lit b zwingend vorzulegen ist, steht
die Vorlage nach Art 40 Abs 2 S 1 im **Ermessen des Gerichts** („kann"). Das Ursprungsgericht
hat diesen Auszug nach Abs 2 S 2 auf Antrag jeder betroffenen Partei zu erstellen. Die Zuständigkeit für die Ausstellung dieses Formblatts richtet sich in Deutschland nach § 71 AUG
(→ C Rn 448).

EuUntVO Art 41. Vollstreckungsverfahren und Bedingungen für die Vollstreckung

(1) ¹**Vorbehaltlich der Bestimmungen dieser Verordnung gilt für das Verfahren zur
Vollstreckung der in einem anderen Mitgliedstaat ergangenen Entscheidungen das
Recht des Vollstreckungsmitgliedstaats. ²Eine in einem Mitgliedstaat ergangene Ent-
scheidung, die im Vollstreckungsmitgliedstaat vollstreckbar ist, wird dort unter den
gleichen Bedingungen vollstreckt wie eine im Vollstreckungsmitgliedstaat ergangene
Entscheidung.**

(2) **Von der Partei, die die Vollstreckung einer Entscheidung beantragt, die in einem
anderen Mitgliedstaat ergangen ist, kann nicht verlangt werden, dass sie im Vollstreckungsmitgliedstaat über eine Postanschrift oder einen bevollmächtigten Vertreter
verfügt, außer bei den Personen, die im Bereich der Vollstreckungsverfahren zuständig
sind.**

1. Anwendung der lex fori, Abs 1

Die Vollstreckung selbst erfolgt in den durch die Verordnung gezogenen Grenzen – wie nach **315**
Art 47 Abs 2 EuGVVO aF – gem Abs 1 S 1 auf der Grundlage des nationalen Vollstreckungsrechts des Vollstreckungsmitgliedstaats. Dabei muss allerdings sichergestellt werden, dass Entscheidungen aus anderen Mitgliedstaaten unter den gleichen Bedingung vollstreckbar sind wie
im Vollstreckungsmitgliedstaat selbst ergangene Entscheidungen, Abs 1 S 2. Daraus folgt, dass
der Vollstreckungsmitgliedstaat Unterhaltsentscheidungen aus anderen Mitgliedstaaten im Rahmen der Zwangsvollstreckung keine weitergehenden Wirkungen verleihen muss als sie den von
den eigenen Gerichten erlassenen Entscheidungen zukommen. Der **Grundsatz der Geich-
stellung** nach Abs 1 S 2 schränkt mithin insoweit den Grundatz der Wirkungserstreckung ein
(Rauscher/*Andrae*/*Schimrick* Rn 1).

Das Ziel der Verordnung, die Vollstreckung von Unterhaltstiteln im Verhältnis der Mitglied- **316**
staaten soweit wie möglich zu erleichtern (EuGH C-440/13 – *Sanders,* FamRZ 15, 639 Rn 41),
zieht jedoch dem nationalen Vollstreckungsrecht Schranken. Deshalb kann ein Unterhaltsberechtigter, der in einem Mitgliedstaat einen Titel erwirkt hat und dessen Vollstreckung in einem
anderen Mitgliedstaat begehrt, seinen Antrag unmittelbar bei der zuständigen Behörde dieses
Mitgliedstaats stellen und kann durch das nationale Verfahrensrecht dieses Mitgliedstaats nicht
verpflichtet werden, seinen Antrag über die Zentrale Behörde des Vollstreckungsmitgliedstaats
einzureichen (EuGH C-283/16 – *M S/P S,* FamRZ 17, 987 Rn 27 ff, 44).

Den Grundsätzen des Abs 1 trägt die Regelung der **Rechtshelfe gegen die Vollstreckung 317**
einer nach dem Abschnitt 1 ohne Exequaturverfahren vollstreckbaren Entscheidung in Art 21
Abs 1 Rechnung (G/Sch/*Hilbig,* IRV Rn 5). Denn danach finden die im Recht des Vollstreckungsmitgliedstaats normierten Gründe für die Versagung und Ausssetzung der Vollstreckung
Anwendung, soweit sie nicht den Regeln der Verordnung widersprechen (→ Rn 109 ff). Dem-
gegenüber ist das Vollstreckbarerklärungverfahren für Entscheidungen, die unter den Abschnitt 2
fallen, in Art 26 ff unionseinheitlich geregelt. Einwendungen nach dem nationalen Recht des
Vollstreckungsmitgliedstaats können daher erst im nachfolgenden Verfahren der eigentlichen
Zwangsvollstreckung erhoben werden. Diesbezüglich stellt § 65 AUG klar, dass gem § 120
Abs 1 FamFG die Vorschriften der ZPO gelten.

Abweichend von den allgemeinen Vollstreckungsvoraussetzungen des deutschen Rechts **318**
(§§ 724, 725 ZPO) bestimmt **§ 30 Abs 1 AUG** allerdings, dass es einer **Vollstreckungsklausel**
in den Fällen der Vollstreckung einer Entscheidung aus einem Mitgliedstaat, der durch das HUP
gebunden ist (→ Rn 53 ff), nicht bedarf. Ausreichend ist vielmehr die Vorlage der in Art 20
vorgeschriebenen Urkunden, insbesondere der Kurzfassung des Titels auf dem Formblatt nach
Anh I. Dies führt zu einer Besserstellung ausländischer Unterhaltstitel und steht deshalb im
Einklang mit Abs 1 (Rauscher/*Andrae*/*Schimrick* Rn 4). Der Schuldner kann sich gegen die

1081

M 321, 322   2. Teil. Anerkennung/Vollstreckung M. Unterhaltssachen

Zwangsvollstreckung daher nur mit der Vollstreckungsabwehrklage nach § 767 ZPO zur Wehr setzen (vgl BGHZ 114, 230/234; BGH NJW 06, 695).

319   Aus der Gleichstellung mit inländischen Titeln folgt, dass der ausländische Titel auch dem **vollstreckungsrechtlichen Bestimmtheitsgrundsatz** des deutschen Rechts entsprechen muss. Erfüllt der ausländische Titel diese Voraussetzung nicht, so kann eine Konkretisierung für Entscheidungen aus *Dänemark* und dem *Vereinigten Königreich* noch im Vollstreckbarerklärungsverfahren nach Art 26 ff erfolgen (→ Rn 225 ff). In Bezug auf Unterhaltstitel aus an dass HUP gebundenen anderen EU-Mitgliedstaaten hat das zuständige Vollstreckungsorgan die Konkretisierung selbst vorzunehmen, wenn sich die hierfür maßgeblichen Kriterien der ausländischen Entscheidung entnehmen lassen. Ist dies nicht der Fall, kann die Entscheidung auf Antrag des Gläubigers in dem hierfür vorgesehenen eigenständigen gerichtlichen Verfahren nach § 34 AUG konkretisiert werden (→ Rn 735 ff).

2. Zustellungen an den Vollstreckungsgläubiger, Abs 2

320   Während sich Zustellungen an den *Schuldner* gem Abs 1 S 1 nach dem Recht des Vollstreckungsmitgliedstaats bestimmen, enthält Abs 2 für Zustellungen an den *Vollstreckungsgläubiger* gewisse europäische Vorgaben. Die Vorschrift bezweckt, die Formalitäten und Kosten, die dem Unterhaltsberechtigten im Vollstreckungsverfahren entstehen können, gering zu halten (ErwG 27; → Anh III). Daher muss der Gläubiger – ebenso wie nunmehr nach Art 41 Abs 3 EuGVVO nF – im Vollstreckungsmitgliedstaat über **keine Postanschrift** und **keinen bevollmächtigten Vertreter** verfügen; etwas anderes gilt nach dem letzten Halbsatz nur für „Personen, die im Bereich der Vollstreckungsverfahren zuständig sind". Mit dieser Einschränkung ist gemeint, dass das eventuelle Erfordernis der Vertretung durch einen zugelassenen Rechtsanwalt für die Postulationsfähigkeit nicht ausgeschlossen sein soll (Rauscher/*Andrae*/*Schimrick* Rn 7). Abs 2 wird in Deutschland durch **§ 37 Abs 3 AUG** (→ Rn 753) nachvollzogen. Bei Rechtsbehelfen, die der Unterhaltsschuldner gegen die Vollstreckung im Vollstreckungsmitgliedstaat einlegt, hat Abs 2 allerdings zur Folge, dass grenzüberschreitende Zustellungen erforderlich werden können, die das Rechtsbehelfsverfahren verzögern sind (Rauscher/*Andrae*/*Schimrick* Rn 7 aE).

EuUntVO Art 42. Verbot der sachlichen Nachprüfung

Eine in einem Mitgliedstaat ergangene Entscheidung darf in dem Mitgliedstaat, in dem die Anerkennung, die Vollstreckbarkeit oder die Vollstreckung beantragt wird, in der Sache selbst nicht nachgeprüft werden.

321   Die Vorschrift verbietet – in Übereinstimmung mit Art 52 EuGVVO, Art 26 EuEheVO (→ K Rn 111 f) – die Überprüfung der ausländischen Entscheidung in der Sache selbst *(révision au fond)*. Sie bezieht sich nach ihrer systematischen Stellung auf die Anerkennung und Vollstreckung sämtlicher Unterhaltsentscheidungen, gleich aus welchem Mitgliedstaat sie stammen. **Praktische Bedeutung** hat dieses Verbot freilich hauptsächlich für die Anerkennung und Vollstreckbarkeit von Entscheidungen aus *Dänemark* und dem *Vereinigten Königreich*. Für Unterhaltstitel aus den anderen Mitgliedstaaten hat die Verordnung das Exequaturverfahren abgeschafft. Art 42 gilt jedoch auch für die Vollstreckbarkeit von Unterhaltstiteln aus diesen Staaten, wenn diese in vor dem 18.6.2011 eingeleiteten Verfahren ergangen sind; in danach in diesen Staaten eingeleiteten Verfahren schließt Art 42 im Vollstreckungsmitgliedstaat auch den Einwand aus, im erststaatlichen Verfahren sei kein rechtliches Gehör gewährt worden (öst OGH 30.5.17, unalex AT-1102). Außerdem kann Art 42 in einem Verfahren zur Bestimmung des vollstreckungsfähigen Inhalts des ausländischen Titels nach § 34 AUG (→ Rn 735 ff) Bedeutung gewinnen (vgl auch G/Sch/ *Hilbig*, IRV Rn 5; MüKoFamFG/*Lipp* Rn 2 f).

322   Der Anerkennungs- bzw Vollstreckungsrichter darf grundsätzlich weder das **Verfahren** noch den **Inhalt** der Entscheidung des Erstgerichtes auf die tatsächliche oder rechtliche Richtigkeit hin überprüfen (OLG Stuttgart FamRZ 15, 871/872). Dies gilt auch hinsichtlich der richtigen Anwendung von Kollisionsrecht (OLG Köln IPRspr 02 Nr 194) oder Unionsrecht (EuGH C-7/ 98 – *Krombach,* Slg 00 I-1935 Rn 36 = NJW 00, 1853; EuGH C-38/98, *Renault/Maxicar,* Slg 00, I-2973 Rn 29 = NJW 00, 2185; BGH IPRax 84, 202/203 m Anm *Roth* 183). Der Antragsgegner kann sich im inländischen Verfahren der Vollstreckbarerklärung daher insbesondere nicht auf seine mangelnde Leistungsfähigkeit berufen (OLG Stuttgart FamRZ 15, 871). Eine Überprüfung ist nur insoweit zulässig, als die EuUntVO selbst Hindernisse für die Anerkennung oder

II. EU-Recht: EuUntVO Art 48 325–327 **M**

Vollstreckbarerklärung aufstellt. Im Übrigen sind fehlerhafte ausländische Urteile genauso hinzunehmen wie fehlerhafte inländische (BGH NJW 99, 2373/2373); OLGR Hamburg 09, 184; OLG Saarbrücken NJOZ 11, 1243/1245).

Art 42 schließt jedoch eine **Abänderung** der ausländischen Entscheidung durch inländische **323** Gerichte aufgrund einer nachträglichen Änderung der tatsächlichen Umstände nicht aus (MüKoFamFG/*Lipp* Rn 3 f; Rauscher/*Andrae/Schimrick* Rn 1).

EuUntVO Art 43. Kein Vorrang der Eintreibung von Kosten

Die Eintreibung von Kosten, die bei der Anwendung dieser Verordnung entstehen, hat keinen Vorrang vor der Geltendmachung von Unterhaltsansprüchen.

Die Vorschrift bezweckt, dass sich der Unterhaltsgläubiger nicht durch die Entstehung mögli- **324** cher Kosten bei der Inanspruchnahme der Verordnung von der Durchsetzung seines Unterhaltstitels abhalten lässt (G/W/*Bittmann* Kap 36 Rn 195). Einer gleichrangigen Beitreibung der Kosten zusammen mit dem Unterhaltsanspruch (§ 788 ZPO) steht Art 43 nicht entgegen (MüKoFamFG/*Lipp* Rn 3 f). Art 43 gilt nur für Kosten, die bei der Anwendung der Verordnung anfallen. Hierzu gehören die Kosten des Vollstreckbarerklärungsverfahrens nach Art 26 ff, des selbständigen Anerkennungsverfahrens nach Art 23 Abs 2, der unionsrechtlichen Rechtsbehelfe nach Art 19 und 21 Abs 2 und 3 sowie der zugehörigen Rechtsbehelfsverfahren (Rauscher/*Andrae/Schimrick* Rn 1).

Kapitel V. Zugang zum Recht
EuUntVO Art 44–47

(abgedruckt und kommentiert → C Rn 823 ff)

Kapitel VI. Gerichtliche Vergleiche und öffentliche Urkunden
EuUntVO Art 48. Anwendung dieser Verordnung auf gerichtliche Vergleiche und öffentliche Urkunden

(1) Die im Ursprungsmitgliedstaat vollstreckbaren gerichtlichen Vergleiche und öffentlichen Urkunden sind in einem anderen Mitgliedstaat ebenso wie Entscheidungen gemäß Kapitel IV anzuerkennen und in der gleichen Weise vollstreckbar.

(2) Die Bestimmungen dieser Verordnung gelten, soweit erforderlich, auch für gerichtliche Vergleiche und öffentliche Urkunden.

(3) Die zuständige Behörde des Ursprungsmitgliedstaats erstellt auf Antrag jeder betroffenen Partei einen Auszug des gerichtlichen Vergleichs oder der öffentlichen Urkunde unter Verwendung, je nach Fall, der in den Anhängen I und II oder in den Anhängen III und IV vorgesehenen Formblätter.

1. Allgemeines

In öffentlichen Urkunden niedergelegten Unverhaltsvereinbarungen und gerichtlichem Un- **325** terhaltsvergleichen kommt in der Praxis erhebliche Bedeutung zu. Dem trägt die Vorschrift Rechung, indem sie die Regelungen des IV. Kapitels der Verordnung über die Anerkennung und Vollstreckung gerichtlicher Entscheidungen aus anderen Mitgliedstaaten in Abs 1 auf gerichtliche Vergleiche und öffentliche Urkunden erstreckt und diesbezüglich in Abs 2 die Geltung der Bestimmungen der Verordnung anordnet. Zur Erleichterung der Vollstreckung von öffentlichen Urkunden und gerichtlichen Vergleichen hat das Gericht des Ursprungsstaaes nach Abs 3 einen Auszug des gerichtlichen Vergleichs oder der öffentlichen Urkunde unter Verwendung der in den Anhängen zur Verordnung vorgesehenen Formblätter zu erstellen.

a) Begriff des gerichtlichen Vergleichs. Dieser ist in Art 2 Abs 1 Nr 2 erläutert **326** (→ Rn 39). Der Vergleich muss im Ursprungsmitgliedstaat von einem Gericht gebilligt oder vor einem Gericht im Rahmen eines Unterhaltsverfahrens geschlossen worden sein; darüber hinaus muss er nach Art 48 Abs 1 im Ursprungsmitgliedstaat vollstreckbar sein.

b) Begriff der öffentlichen Urkunde. Dieser wird in Art 2 Abs 1 Nr 3 erläutert **327** (→ Rn 40 ff). Die öffentliche Urkunde muss im Ursprungsmitgliedstaat durch eine nach dortigem

1083

M 328–333   2. Teil. Anerkennung/Vollstreckung M. Unterhaltssachen

Recht hierzu ermächtigte Behörde oder Stelle förmlich errichtet oder in ein Register eingetragen und ferner nach Abs 1 **vollstreckbar** sein. Ursprungsmitgliedstaat ist der Staat, dessen Behörde auf seinem Territorium die öffentliche Urkunde aufgenommen hat. Der Begriff der Behörde ist dabei *funktional* zu verstehen; erfasst sind insbesondere auch durch **Notare** aufgenommene Urkunden. Außerdem werden Urkunden, die durch diplomatische Vertreter im Ausland aufgenommen wurden, dem Ursprungsmitgliedstaat zugerechnet (Rauscher/*Andrae* Rn 3).

328   Die Parallelvorschriften in Art 58, 59 EuGVVO nF betreffen lediglich die Vollstreckung. Denn die in der Urkunde bzw dem Vergleich enthaltene Verpflichtung wirkt im Rahmen des anwendbaren Rechts ohne weiteres in jedem Mitgliedstaat. Es bedarf insoweit keiner förmlichen Anerkennung (MüKoZPO/*Gottwald* Art 58 EuGVVO Rn 1). Art 48 spricht demgegenüber davon, dass gerichtliche Vergleiche und öffentliche Urkunden in einem anderen Mitgliedstaat ebenso wie Entscheidungen gem Kapitel IV „anzuerkennen" und in der gleichen Weise vollstreckbar sind. Der Verweis auf die Vorschriften zur verfahrensrechtlichen Anerkennung kann zunächst dahin verstanden werden, dass die der öffentlichen Urkunde oder dem Vergleich nach dem Recht des Ursprungsmitgliedstaates ausnahmsweise zukommenden **verfahrensrechtlichen Wirkungen** auf das Inland zu erstrecken sind. Hierfür spricht der Verweis auf die Art 17 ff und die Tatsache, dass gem ErwG 12 (→ Anh III) die Aufnahme von öffentlichen Urkunden und Vergleichen deshalb erfolgte, um „den verschiedenen Verfahrensweisen zur Regelung von Unterhaltsfragen in den Mitgliedstaaten Rechnung zu tragen". Die Regelung hätte bei diesem Verständnis im Hinblick auf die Anerkennung keine große praktische Bedeutung.

329   Anerkennung könnte allerdings bei einem weiten Verständnis auch bedeuten, dass eine nach dem Recht des Ursprungsmitgliedstaats wirksam durch gerichtlichen Vergleich oder öffentliche Urkunde getroffene Regelung der Unterhaltspflichten in den übrigen Mitgliedstaaten zu beachten ist und dem Vergleich bzw der Urkunde dort die **gleiche Beweiskraft** zukommt, die sie nach dem Recht des Ursprungsstaats hat (so zu Recht Rauscher/*Andrae* Rn 6). Ferner dürfte auch eine Anfechtung oder Nichtigerklärung der Vergleichs oder der Urkunde nur vor den Gerichten des Ursprungsmitgliedstaats zulässig sein (vgl ErwG 13 aE; → Anh III).

330   Wie im Rahmen von gerichtlichen Entscheidungen ist bei öffentlichen Urkunden und gerichtlichen Vergleichen danach zu differenzieren, ob der **Ursprungsmitgliedstaat an das HUP gebunden** ist. Gebunden sind alle Mitgliedstaaten der EU mit Ausnahme von *Dänemark* und dem *Vereinigten Königreich*. Die Anerkennung erfolgt im Falle einer Bindung an das Protokoll *ipso iure* und ohne die Möglichkeit einer Verweigerung der Anerkennung (Art 17 Abs 1). Erforderlich ist jedoch nach Art 75 Abs 1, dass die Urkunde ab dem 18.6.2011 aufgenommen bzw der Vergleich ab diesem Datum geschlossen wurde; denn erst ab diesem Zeitpunkt findet das HUP Anwendung (→ Rn 373). Der Schuldner ist auf die Rechtsbehelfe nach Art 21 beschränkt.

331   Für in *Dänemark* oder dem *Vereinigten Königreich* geschlossene Vergleiche bzw aufgenommene öffentliche Urkunden gelten hingegen die Art 23 ff. Abweichend von Art 58, 59 EuGVVO, die eine Versagung der Zwangsvollstreckung aus der Urkunde oder dem gerichtlichen Vergleich nur bei einem offensichtlichen Widerspruch zum *ordre public* des Vollstreckungsmitgliedstaats zulassen, werden die möglichen Gründe für die Ablehnung der Anerkennung in Art 48 nicht gesondert geregelt. Auch insoweit ist daher aufgrund der Verweisung in Abs 2 der eigentlich nur auf Entscheidungen zugeschnittene Katalog der Versagungsgründe nach Art 24 maßgebend (Rauscher/*Andrae* Rn 8). Zulässig ist auch ein förmliches Anerkennungsfestellungsverfahren nach Art 23 Abs 2, soweit hierfür ein Rechtsschutzbedürfnis besteht; daran fehlt es, wenn der Schuldner seine Verpflichtungen aus der Urkunde bzw dem Vergleich bisher stets erfüllt hat (OLG Stuttgart FamRZ 14, 865).

332   Die Anerkennung einer öffentlichen Urkunde oder eines gerichtlichen Vergleichs sperrt nicht die Möglichkeit einer **Abänderungsentscheidung** im Anerkennungsmitgliedstaat, wenn sich nachträglich die tatsächlichen Umstände geändert haben. Die internationale Zuständigkeit für die Abänderungsentscheidung folgt aus den Art 3 ff. Die Zuständigkeitssperre des Art 8 findet auf gerichtliche Vergleiche und öffentliche Urkunden keine Anwendung (Rauscher/*Andrae* Rn 9).

2. Vollstreckung

333   Öffentliche Urkunden und gerichtliche Vergleiche werden auch nach Maßgabe des Kapitels IV in den übrigen Mitgliedstaaten vollstreckt, wenn sie **nach dem Recht des Ursprungs-**

II. EU-Recht: EuUntVO Art 48   334–337 **M**

mitgliedstaats vollstreckbar sind. Wie für gerichtliche Entscheidungen ist auch für öffentliche
Urkunden und gerichtliche Vergleiche zum Zwecke der Vollstreckung danach zu unterscheiden,
ob der Ursprungsmitgliedstaat an das HUP gebunden ist oder nicht (krit dazu MüKoFamFG/
Lipp Rn 3; Rauscher/*Andrae* Rn 10 aE).

a) Bindung des Ursprungsmitgliedstaats an das HUP. In diesem Fall ist ein Exequatur- **334**
verfahren ausgeschlossen. Die im Ursprungsmitgliedstaat gegebene Vollstreckbarkeit des gerichtlichen Vergleichs oder der öffentlichen Urkunde wird nach Art 17 Abs 2 iVm Art 48 Abs 1 auf
die übrigen Mitgliedstaaten erstreckt. Der aus dem Vergleich oder der öffentlichen Urkunde
Berechtigte hat Anspruch auf die Sicherungsmaßnahmen nach Art 18 (Rauscher/*Andrae* Rn 11).
Für das Verfahren der Vollstreckung gilt nach Art 48 Abs 2 iVm Art 41 das Recht des Vollstreckungsmitgliedstaats. Soll ein gerichtlicher Vergleich oder eine öffentliche Urkunde aus einem
durch das HUP gebundenen Mitgliedstaat in *Deutschland* vollstreckt werden, so bestimmt § 30
Abs 1 AUG (→ Rn 718 f) allerdings abweichend von den allgemeinen Vollstreckungsvoraussetzungen des deutschen Rechts (§§ 724, 725 ZPO), dass es keiner Vollstreckungsklausel bedarf
(BT-Drs 17/4887, 43). Ausreichend ist vielmehr die Vorlage der in Abs 3 iVm Art 20 vorgeschriebenen Urkunden. Der Schuldner kann im Vollstreckungsmitgliedstaat die Rechtsbehelfe
nach Art 21 auch gegen die Vollstreckung von gerichtlichen Vergleichen und öffentlichen
Urkunden geltend machen, und zwar sowohl die autonomen nach Art 21 Abs 2 und 3 wie die
nationalen nach dem Recht des Vollstreckungsmitgliedstaats nach Maßgabe von Art 21 Abs 1
(→ Rn 108 ff). Demgegenüber ist Art 19 nach seinem Inhalt auf gerichtliche Vergleiche und
öffentliche Urkunden nicht anwendbar (MüKoFamFG/*Lipp* Rn 28; Rauscher/*Andrae* Rn 14;
aA G/Sch/*Picht,* IRV Rn 10). Als Rechtsbehelf des deutschen Rechts steht die **Vollstreckungsabwehrklage** nach § 120 Abs 1 FamFG iVm § 767 ZPO im Vordergrund. Diesbezüglich hat die Gleichstellung mit gerichtlichen Entscheidungen zur Folge, dass aufgrund der
Präklusionswirkung des § 767 Abs 2 ZPO nur die nach Errichtung der öffentlichen Urkunde
oder nach Abschluss des Vergleichs entstandenen Einwendungen erhoben werden können (*Eichel*
GPR 11, 193/194 f; Rauscher/*Andrae* Rn 17; G/Sch/*Picht,* IRV Rn 10; **aA** MüKoFamFG/*Lipp*
Rn 45 f).

b) Keine Bindung des Ursprungsmitgliedstaats an das HUP. Für in *Dänemark* oder dem **335**
Vereinigten Königreich sowie für vor dem 18.6.2011 errichtete öffentliche Urkunden bzw geschlossene Vergleiche bedarf es hingegen der Vollstreckbarerklärung nach Art 26 ff
(→ Rn 208 ff). In *Deutschland* sind die Ausführungsbestimmungen in §§ 36 ff AUG gem § 3
Nr 5 AUG (→ Rn 716) auch auf die Vollstreckbarerklärung von gerichtlichen Vergleichen und
öffentlichen Urkunden iSv Art 48 entsprechend anwendbar; demgemäß muss der Gläubiger
auch in diesem Fall die Urkunden nach Art 28 vorlegen, aus denen sich ergibt, dass der Vergleich
oder die öffentliche Urkunde vollstreckbar und zugestellt worden ist. Wird der Titel im
Ursprungsmitgliedstaat aufgehoben, so gilt das Verfahren zur Aufhebung der Zulassung der
inländischen Zwangsvollstreckung nach § 69 AUG (→ Rn 816 f) auch für gerichtliche Vergleiche und öffentliche Urkunden (Rauscher/*Andrae* Rn 19).

3. Geltung der Verordnung, Abs 2

Die Bestimmungen der Verordnung über den Zugang zum Recht (Art 44 ff), die Zusammen- **336**
arbeit der Zentralen Behörden (Art 49 ff) sowie diejenigen zu den öffentliche Aufgaben wahrnehmenden Einrichtungen (Art 64) sind gem Abs 2 auf öffentliche Urkunden und gerichtliche
Vergleiche entsprechend anwendbar. Eine **Übersetzung** der öffentlichen Urkunde bzw des
Vergleichs ist zur Rechtsverfolgung in anderen Mitgliedstaaten nur nach den für Entscheidungen
getroffenen Regelungen erforderlich (Art 20, 28, 40, 66). Vergleiche wie öffentliche Urkunden
sind von der Legalisation und ähnlichen Förmlichkeiten befreit (Art 65; → Rn 347 f). Die
Zuständigkeitsvorschriften der Artt 3 ff beziehen sich jedoch nicht auf die internationale und
örtliche **Beurkundungszuständigkeit** (Rauscher/*Andrae* Rn 20 aE).

4. Vorzulegende Urkunden, Abs 3

Der Antragsteller hat zum Zwecke der Zwangsvollstreckung in einem anderen Mitgliedstaat **337**
nach Abs 2 iVm Art 20 zwingend eine **Ausfertigung der öffentlichen Urkunde oder des
gerichtlichen Vergleichs** sowie einen **Auszug aus diesen Urkunden** unter Verwendung der
Formblätter nach Anh I oder II bzw III oder IV vorzulegen. Nicht erforderlich ist, dass es sich
um eine vollstreckbare Ausfertigung handelt. Die zuständige Behörde des Ursprungsmitglied-

1085

M 338 2. Teil. Anerkennung/Vollstreckung M. Unterhaltssachen

staats ist nach Abs 3 zur Ausstellung dieser Urkunden verpflichtet. In Deutschland richtet sich die Zuständigkeit gem Abs 3 nach **§ 71 AUG** (→ C Rn 448 ff).

Kapitel VII. Zusammenarbeit der Zentralen Behörden
EuUntVO Art 49–63

(abgedruckt und kommentiert → T Rn 2 ff)

Kapitel VIII. Öffentliche Aufgaben wahrnehmende Einrichtungen
EuUntVO Art 64. Öffentliche Aufgaben wahrnehmende Einrichtungen als Antragsteller

(1) **Für die Zwecke eines Antrags auf Anerkennung und Vollstreckbarerklärung von Entscheidungen oder für die Zwecke der Vollstreckung von Entscheidungen schließt der Begriff „berechtigte Person" eine öffentliche Aufgaben wahrnehmende Einrichtung, die für eine unterhaltsberechtigte Person handelt, oder eine Einrichtung, der anstelle von Unterhalt erbrachte Leistungen zu erstatten sind, ein.**

(2) **Für das Recht einer öffentliche Aufgaben wahrnehmenden Einrichtung, für eine unterhaltsberechtigte Person zu handeln oder die Erstattung der der berechtigten Person anstelle von Unterhalt erbrachten Leistung zu fordern, ist das Recht maßgebend, dem die Einrichtung untersteht.**

(3) **Eine öffentliche Aufgaben wahrnehmende Einrichtung kann die Anerkennung und Vollstreckbarerklärung oder Vollstreckung folgender Entscheidungen beantragen:**

a) **einer Entscheidung, die gegen eine verpflichtete Person auf Antrag einer öffentliche Aufgaben wahrnehmenden Einrichtung ergangen ist, welche die Bezahlung von Leistungen verlangt, die anstelle von Unterhalt erbracht wurden;**

b) **einer zwischen einer berechtigten und einer verpflichteten Person ergangenen Entscheidung, soweit der der berechtigten Person Leistungen anstelle von Unterhalt erbracht wurden.**

(4) **Die öffentliche Aufgaben wahrnehmende Einrichtung, welche die Anerkennung und Vollstreckbarerklärung einer Entscheidung geltend macht oder deren Vollstreckung beantragt, legt auf Verlangen alle Schriftstücke vor, aus denen sich ihr Recht nach Absatz 2 und die Erbringung von Leistungen an die berechtigte Person ergeben.**

Schrifttum: *Andrae,* Der Unterhaltsregress öffentlicher Einrichtungen nach der EuUntVO, dem HUÜ 2007 und dem HUP, FPR 13, 38; *Behrens,* Gesamtschuldnerausgleich und sonstige Regressansprüche im europäischen Kollisionsrecht nach der Rom I-, Rom II und EG-Unterhaltsverordnung (2013); *Brückner,* Unterhaltsregress im internationalen Privat- und Verfahrensrecht (1994); *Martiny,* Unterhaltsrückgriff durch öffentliche Träger im europäischen internationalen Privat- und Verfahrensrecht, IPRax 04, 195; *ders,* Geltendmachung und Durchsetzung von auf öffentliche Einrichtungen übergegangenen Unterhaltsforderungen, insbesondere internationale Zuständigkeit, Anerkennung und Vollstreckung, FamRZ 14, 429.

1. Allgemeines

338   Nach der Definition ihn Art 2 Nr 10 ist „berechtigte Person" iSd Verordnung nur eine **natürliche Person,** der Unterhalt zusteht. Entsprechend dem ErwG 14 (→ Anh III) erstreckt Art 64 Abs 1 diese Definition **für die Zwecke der Anerkennung, Vollstreckbarerklärung und Vollstreckung** von Unterhaltsentscheidungen nach der Verordnung auf öffentliche Aufgaben wahrnehmende Einrichtungen, die für eine unterhaltsberechtigte Person handeln oder die eine Erstattung von Leistungen fordern können, die sie anstelle von Unterhalt an einen Unterhaltsberechtigten erbracht haben. Der Begriff der „berechtigten Person" wird im Kapitel IV allerdings lediglich in Art 19 Abs 3 UAbs 2 verwendet. Die Einbeziehung von öffentliche Aufgaben wahrnehmenden Einrichtungen in den Begriff des „Berechtigten" ist darüber hinaus jedoch in einem **weiten Sinne** zu verstehen. Diese Einrichtungen können daher zumindest die auf die Anerkennung, Vollstreckbarerklärung und Vollstreckung bezogenen Anträge nach Art 56 Abs 1 an die Zentrale Behörde stellen und hierfür die unentgeltliche Prozesskostenhilfe nach Art 46 erhalten (noch weitergehend Rauscher/*Andrae* Rn 3 ff).

1086

II. EU-Recht: EuUntVO Art 64   **339–344 M**

2. Begriff

Der aus den Haager Unterhaltsübereinkommen von 1973 (HUntÜ/HUntVÜ) übernommene **339**
Begriff der „öffentliche Aufgaben wahrnehmenden Einrichtung", der auch in das HUÜ 2007
(Art 36) und das HUP (Art 10) Eingang gefunden hat, wird weder in diesen Staatsverträgen
noch in der EuUntVO definiert. Es muss sich um eine Einrichtung handeln, die **auf der
Grundlage eines öffentlichen Auftrags Fürsorgeleistungen mit Unterhaltsfunktion** erbringt (*Brückner* 91 ff; Rauscher/*Andrae* Rn 1), und zwar gemeinnützig, dh ohne Gewinnerzie-
lungsabsicht. Dies sind zwar in erster Linie staatliche oder kommunale Behörden, wie Sozial-
oder Jugendämter; es kommen jedoch auch halbstaatliche oder private gemeinnützige Einrichtungen in Betracht, denen diese Aufgaben durch Gesetz übertragen worden sind (*Andrae* FPR
13, 38/39).

3. Aufgaben der Einrichtung, Abs 1

Die Vorschrift erfasst nach Abs 1 **zwei unterschiedliche Konstellationen,** in denen die **340**
Einrichtung tätig wird. Im ersten Fall betreibt die Einrichtung für die unterhaltsberechtigte
Person, die weiterhin materieller Anspruchsinhaber ist, die Anerkennung, Vollstreckbarerklärung
und/oder Vollstreckung einer Unterhaltsentscheidung. Erfasst sind danach alle Arten der –
gesetzlichen wie rechtsgeschäftlichen – **Vertretung** durch eine Behörde (Rauscher/*Andrae*
Rn 4; G/Sch/*Hilbig,* IRV Rn 9 f). In Deutschland nehmen diese Aufgabe etwa Jugendämter und
Zentrale Behörden (§ 5 Abs 4 S 1 AUG) wahr. Auf die Vertretungsmacht ist nach Abs 2 das
Recht anwendbar, dem die Einrichtung untersteht (→ Rn 342 f).

In der zweiten Konstellation handelt die Einrichtung nicht für den Unterhaltsberechtigten, **341**
sondern für sich selbst. Es geht hier um die **Erstattung von Leistungen,** welche die Einrichtung anstelle des Unterhaltsschuldners an einen Unterhaltsberechtigten erbracht hat; es muss sich
also um Unterhaltsersatz, in *Deutschland* zB nach § 7 Unterhaltsvorschussgesetz (vgl BT-Drs 17/
4887, 33), nicht um allgemeine Sozialleistungen handeln. Die Vorschrift greift erst dann ein,
wenn die Einrichtung die Leistung erbracht hat und anschließend gegen den Unterhaltsverpflichteten vorgeht (Rauscher/*Andrae* Rn 4a; G/Sch/*Hilbig* Rn 14). Dabei ist unerheblich, ob
die Einrichtung kraft (Legal-)Zession oder kraft eines originären Erstattungsanspruchs gegen den
Unterhaltsschuldner vorgeht (Rauscher/*Andrae* Rn 4a). Ebensowenig spielt es eine Rolle, ob der
Erstattungsanspruch seine Grundlage im Privatrecht oder im öffentlichen Recht hat (*Andrae*
FPR 13, 38/39). Zu einer Vollstreckung von erst künftig fällig werdenden Unterhaltsersatzleistungen ist die Einrichtung hingegen nicht berechtigt.

4. Anwendbares Recht, Abs 2

Abs 2 enthält eine **kollisionsrechtliche Regelung.** Diese stimmt in ihrer zweiten Variante **342**
mit Art 10 HUP überein. Wie dort bestimmt das Recht, dem die öffentliche Aufgaben wahrnehmende Einrichtung untersteht, darüber, ob und unter welchen Voraussetzungen der Unterhaltsanspruch im Wege der Legalzession auf die Einrichtung übergegangen ist, oder ob insoweit
ein eigenständiger Ersatzanspruch der Einrichtung besteht (→ C Rn 687 ff). Das Handeln für
den Unterhaltsberechtigten umfasst auch die gerichtliche Durchsetzung seiner Unterhaltsansprüche im wege der gerichtlichen Klage und Vollstreckung. Die Vorfrage, ob eine Unterhaltspflicht
bestanden hat, zu deren Erfüllung die Einrichtung Leistungen an Stelle des Unterhaltsverpflichteten erbracht hat, beurteilt sich nach dem Unterhaltsstatut (Rauscher/*Andrae* Rn 7).

Darüber hinaus unterstellt Abs 2 in seiner ersten Variante auch die Befugnis, für eine unter- **343**
haltsberechtigte Person zu handeln, dem (Sach-) Recht, dem die Einrichtung untersteht. Abs 2
verdrängt insoweit Art 11 lit d HUP, der hierfür das Unterhaltsstatut zur Anwendung beruft, als
Spezialregelung (Rauscher/*Andrae* Rn 6).

5. Anerkennung und Vollstreckung, Abs 3

Abs 3 regelt, für welche Entscheidungen die öffentliche Aufgaben wahrnehmende Einrich- **344**
tung als Verfahrensbeteiligte die Anerkennung, Vollstreckbarerklärung und/oder Vollstreckung
beantragen kann. Dies sind einerseits Entscheidungen, die in Verfahren ergangen sind, in denen
die **Einrichtung selbst als Antragsteller** die Erstattung von Leistungen eingeklagt hat, die sie
anstelle des vom Verpflichteten geschuldeten Unterhalts an den Berechtigten erbracht hatte
(lit a). Zum anderen werden aber auch Entscheidungen erfasst, die der **Unterhaltsberechtigte**

1087

M 350   2. Teil. Anerkennung/Vollstreckung M. Unterhaltssachen

gegen den Verpflichteten erwirkt hat, soweit der titulierte Anspruch wegen der von der Einrichtung erbrachten Unterhaltsersatzleistungen auf diese übergegangen ist (lit b). Der Forderungsübergang muss allerdings *nach* Erlass der Entscheidung im Ursprungsmitgliedstaat stattgefunden haben; der Berücksichtigung eines bereits vorher eingetretenen Forderungsübergangs steht das Verbot der *révision au fond* (Art 42) entgegen (BGH FPR 13, 53 Rn 18; *Botur* FamRZ 10, 1860/1866; Rauscher/*Andrae* Rn 10).

345   Für die Vollstreckung ist wiederum danach zu unterscheiden, ob Abschnitt 1 oder Abschnitt 2 des Kapitels IV zur Anwendung kommt. Im Anwendungsbereich des **Abschnitts 2** wird im Vollstreckbarerklärungsverfahren die Vollstreckungsklausel auf Antrag der öffentlichen Einrichtung zu deren Gunsten erteilt, wenn die Voraussetzungen des Art 64 Abs 3 lit b vorliegen (BGH FPR 13, 53 Rn 19; Rauscher/*Andrae* Rn 10). Für die unmittelbare Vollstreckung von Unterhaltstiteln aus den an das HUP gebundenen Mitgliedstaaten nach **Abschnitt 1** folgt hingegen aus Abs 3 lit b und Abs 4, dass die öffentliche Aufgaben wahrnehmende Einrichtung den auf sie übergegangenen Anspruch aus dem Titel vollstrecken kann, ohne diesen im Ursprungsmitgliedstaat umschreiben lassen zu müssen (Rauscher/*Andrae* Rn 10; **aA** BT-Drs 17/4887, 43; *Heger/ Selg* FamRZ 11, 1101/1106). Erforderlich ist jedoch dann eine Umschreibung im Vollstreckungsmitgliedstaat. In Deutschland hat das AUG diesen Fall allerdings bisher nicht geregelt.

6. Nachweise, Abs 4

346   Nach Abs 4 hat die öffentliche Aufgaben wahrnehmenden Einrichtung auf Verlangen des zweitstaatlichen Gerichts alle Schriftstücke vorzulegen, aus denen sich ihr Recht nach Abs 2 und die Erbringung von Leistungen an den Unterhaltsberechtigten ergibt. Folgt die Befugnis der Einrichtung, für den Unterhaltsberechtigten zu handeln oder die Erstattung der von ihr erbrachten Unterhaltsersatzleistungen zu fordern, nach dem von Abs 2 bestimmten Recht aus dem Gesetz, so genügt die Vorlage des Gesetzestextes (Rauscher/*Andrae* Rn 11).

Kapitel IX. Allgemeine Bestimmungen und Schlussbestimmungen

EuUntVO Art 65. Legalisation oder ähnliche Förmlichkeiten

Im Rahmen dieser Verordnung bedarf es weder der Legalisation noch einer ähnlichen Förmlichkeit.

347   Die Vorschrift entspricht Art 61 EuGVVO und Art 52 EuEheVO (→ N Rn 320 f). Allerdings werden anders als nach diesen Vorschriften die Urkunden nicht spezifiziert, sondern lediglich allgemein umschrieben. Es werden alle öffentlichen Urkunden aus anderen Mitgliedstaaten erfasst, insbesondere öffentliche Urkunden und gerichtliche Vergleiche iSv Art 48, Auszüge aus Entscheidungen unter Verwendung der Formblätter, Nachweise über die Befreiung von den Prozesskosten nach Art 47 Abs 2, Bescheinigungen über die wirtschaftlichen Verhältnisse nach Art 47 Abs 3, Ersuchen und Anträge nach Art 53 und 56 (Rauscher/*Andrae* Rn 1).

348   Die Befreiung von ähnlichen Förmlichkeiten bedeutet insbesondere, dass es **keiner Apostille** nach dem Haager Übk zur Befreiung ausländischer öffentlicher Urkunden von der Legalisation v 5.10.1961 (BGBl 65 II, 876 = *Jayme/Hausmann* Nr 250) bedarf, die dem Nachweis der Echtheit der Urkunde dient. Art 65 bewirkt vielmehr, dass die öffentlichen Urkunden aus anderen Mitgliedstaaten den inländischen gleichgestellt werden und damit gem § 437 ZPO die Vermutung der Echtheit für sich haben (ThP/*Hüßtege* Art 61 EuGVVO Rn 1).

349   Auf **Privaturkunden** findet die Vorschrift keine Anwendung. Für die **Prozessvollmacht** gilt Art 65 daher nur, wenn diese durch öffentliche Urkunde erteilt wird.

EuUntVO Art 66. Übersetzung der Beweisunterlagen

Unbeschadet der Artikel 20, 28 und 40 kann das angerufene Gericht für Beweisunterlagen, die in einer anderen Sprache als der Verfahrenssprache vorliegen, nur dann eine Übersetzung von den Parteien verlangen, wenn es der Ansicht ist, dass dies für die von ihm zu erlassende Entscheidung oder für die Wahrung der Verteidigungsrechte notwendig ist.

350   Art 66 enthält für **Beweisunterlagen** eine dem Art 59 Abs 2 (→ T Rn 71) entsprechende Regelung für das Verlangen einer Übersetzung durch das Gericht. Die Vorschrift gilt gleichermaßen im Erkenntnis- wie im Vollstreckungsverfahren und beschränkt das Übersetzungserfor-

1088

II. EU-Recht: EuUntVO Art 68

dernis auf Ausnahmefälle. Vorrang haben die Sonderregelungen in Art 20 Abs 1 lit d, Art 28 Abs 1 lit c und Art 40 Abs 3.

EuUntVO Art 67. Kostenerstattung

Unbeschadet des Artikels 54 kann die zuständige Behörde des ersuchten Mitgliedstaats von der unterliegenden Partei, die unentgeltliche Prozesskostenhilfe aufgrund von Artikel 46 erhält, in Ausnahmefällen und wenn deren finanzielle Verhältnisse es zulassen, die Erstattung der Kosten verlangen.

Anders als Art 43 Abs 2 HUÜ 2007 (→ Rn 611) sieht die EuUntVO ein umfassendes Recht   351
des Staates, die Verfahrenskosten bei der unterliegenden Partei einzutreiben, nicht vor. Vielmehr kann die zuständige Behörde Kostenerstattung von der unterliegenden Partei nur „in Ausnahmefällen" verlangen, und auch dies nur, wenn der Partei nach Art 46 unentgeltlich Prozesskostenhilfe gewährt wurde (→ C Rn 832) und außerdem ihre finanziellen Verhältnisse dies zulassen.

EuUntVO Art 68. Verhältnis zu anderen Rechtsinstrumenten der Gemeinschaft

(1) Vorbehaltlich des Artikels 75 Absatz 2 wird mit dieser Verordnung die Verordnung (EG) Nr. 44/2001 dahin gehend geändert, dass deren für Unterhaltssachen geltende Bestimmungen ersetzt werden.

(2) Diese Verordnung tritt hinsichtlich Unterhaltssachen an die Stelle der Verordnung (EG) Nr. 805/2004, außer in Bezug auf Europäische Vollstreckungstitel über Unterhaltspflichten, die in einem Mitgliedstaat, der nicht durch das Haager Protokoll von 2007 gebunden ist, ausgestellt wurden.

(3) Im Hinblick auf Unterhaltssachen bleibt die Anwendung der Richtlinie 2003/8/ EG vorbehaltlich des Kapitels V von dieser Verordnung unberührt.

(4) Die Anwendung der Richtlinie 95/46/EG bleibt von dieser Verordnung unberührt.

Die Vorschrift regelt das Verhältnis der EuUntVO zu anderen Rechtsakten der Europäischen   352
Union, deren sachlicher Anwendungsbereich sich ebenfalls auf Unterhaltssachen erstreckt. Dies betrifft in erster Linie die EuGVVO aF und die EuVTVO.

1. Verordnungen

a) EuGVVO. Die EuUntVO verdrängt nach Maßgabe von Art 68 Abs 1 die vor ihrem   353
Inkrafttreten auch auf die Anerkennung und Vollstreckung von Unterhaltssachen anwendbare EuGVVO aF (Brüssel I-VO). Dies entspricht dem Grundsatz des Art 67 EuGVVO aF, demzufolge diese Verordnung nicht die Anwendung der Bestimmungen berührt, die für **besondere Rechtsgebiete** die Anerkennung und Vollstreckung regeln und in gemeinschaftlichen Rechtsakten enthalten sind. Soweit der sachliche (→ C Rn 34 ff) und zeitliche (→ Rn 373 ff) Anwendungsbereich der EuUntVO eröffnet ist, verdrängt diese daher als *lex specialis* die EuGVVO aF.

Grundsätzlich hat die EuUntVO daher Vorrang vor der EuGVVO aF in Bezug auf alle   354
Unterhaltsverfahren, die **nach dem 18.6.2011** eingeleitet worden sind (Art 75 Abs 1 EuUntVO). Auf dem Gebiet der Anerkennung und Vollstreckung von Entscheidungen in Unterhaltsachen wird der zeitliche Anwendungsbereich der EuUntVO freilich nach Maßgabe von Art 75 Abs 2 gegenüber der EuGVVO aF erweitert. Danach finden die Abschnitte 2 und 3 des Kapitels IV der EuUntVO auf die Anerkennung und Vollstreckbarerklärung von Unterhaltsentscheidungen aus *Dänemark* und dem *Vereinigten Königreich* auch dann Anwendung, wenn die Entscheidung bereits vor dem 18.6.2011 ergangen ist, sofern die Anerkennung oder Vollstreckbarerklärung nach diesem Zeitpunkt beantragt wird (lit a; → Rn 381). Gleiches gilt für Entscheidungen aus diesen Mitgliedstaaten, die nach dem 18.6.2011 in Verfahren, die vor diesem Zeitpunkt eingeleitet wurden, ergangen sind, soweit für deren Anerkennung und Vollstreckung ansonsten die EuGVVO aF gegolten hätte (lit b; → Rn 382).

Aus dem Anwendungsbereich der **EuGVVO nF** (Brüssel Ia-VO) sind Unterhaltssachen zwar   355
nach deren Art 1 Abs 2 lit e ausgeschlossen. Zur Vermeidung einer Regelungslücke kann dies freilich nur für Unterhaltssachen gelten, die in den sachlichen Anwendungsbereich der EuUntVO fallen (Rauscher/*Andrae* Rn 4a).

M 356–362   2. Teil. Anerkennung/Vollstreckung M. Unterhaltssachen

356   **b) EuVTVO.** Das Verhältnis zwischen der EuUntVO und der EG-Verordnung Nr 805/2004 zur Einführung eines Europäischen Vollstreckungstitels für unbestrittene Forderungen v 21.4.2004 (ABl EU L 143, 15), die sich ebenfalls auf Unterhaltssachen erstreckt, wird in Abs 2 geregelt. Danach tritt die EuUntVO in Unterhaltssachen mit Wirkung vom 18.6.2011 an die Stelle der EuVTVO, die also von diesem Zeitpunkt an keine Anwendung mehr findet. Dies gilt auch für die Anerkennung und Vollstreckung von Entscheidungen über *unbestrittene* Unterhaltsforderungen, allerdings nur im Verhältnis zu den Mitgliedstaaten, die auch durch das Haager Unterhaltsprotokoll von 2007 gebunden sind. Dies sind alle EU-Mitgliedstaaten mit Ausnahme von *Dänemark* und dem *Vereinigten Königreich* (näher → Rn 5).

357   In Unterhaltssachen ausgestellte Europäische Vollstreckungstitel aus dem **Vereinigten Königreich** können daher auch weiterhin nach Art 5 EuVTVO in Deutschland anerkannt und vollstreckt werden, ohne dass es einer Vollstreckbarerklärung bedürfte, wenn sie die Voraussetzungen hierfür nach der EuVTVO erfüllen. Alternativ kommt jedoch auch eine Vollstreckbarerklärung nach Art 23 ff EuUntVO in Betracht. Auch wenn Art 27 EuVTVO dies nach seinem Wortlaut nur in Bezug auf die Anerkennung und Vollstreckung nach der EuGVVO aF anordnet, gilt die Norm entsprechend auch für die EuUntVO, die in ihrem sachlichen Anwendungsbereich nach Art 68 Abs 1 an die Stelle der EuGVVO aF getreten ist. Ist die Entscheidung als Europäischer Vollstreckungstitel bestätigt worden, so fehlt dem Verfahren auf Vollstreckbarerklärung allerdings das Rechtsschutzinteresse (BGH NJW-RR 10, 571; OLG Stuttgart NJW-RR 10, 134).

358   In **Dänemark** findet die EuVTVO hingegen gem ihrem Art 1 Abs 3 keine Anwendung. Dänische Unterhaltstitel können daher in Deutschland nur nach Maßgabe der Art 23 ff EuUntVO anerkannt und für vollstreckbar erklärt werden. Demgegenüber gilt die EuVTVO weiterhin für die Vollstreckung unbestrittener Unterhaltsforderungen, wenn das Verfahren im Ursprungsmitgliedstaat vor dem 18.6.2011 eingeleitet wurde oder wenn die öffentliche Urkunde bzw der gerichtliche Vergleich vor diesem Stichtag errichtet bzw geschlossen wurde (Rauscher/*Andrae* Rn 6).

359   **c) EuMVVO.** Ob die EG-Verordnung Nr 1896/2006 zur Einführung eines Europäischen Mahnverfahrens v 12.12.2006 (ABl EG L 399, 1; **EuMVVO**) auf Unterhaltssachen Anwendung findet, ist bisher nicht abschließend geklärt. Hätte der europäische Gesetzgeber einen praktisch so wichtigen Bereich wie das Unterhaltsrecht ausklammern wollen, so hätte es allerdings nahegelegen, dieses neben den ehelichen Güterständen und dem Erbrecht in Art 2 Abs 2 lit a ausdrücklich zu nennen, wie dies auch in Art 2 Abs 2 lit b EuGFVO geschehen ist (für Einbeziehung von Unterhaltssachen in die EuMVVO daher zurecht Rauscher/*Andrae* Rn 9; Mü-KoFamFG/*Lipp* Rn 10; HK-ZPO/*Dörner* Rn 6 vor Art 1 EuUntVO; **aA** in Bezug auf gesetzliche Unterhaltsansprüche ThP/*Hüßtege* Vorbem Art 1 Rn 8). Bejaht man die Anwendbarkeit der EuMVVO auf Unterhaltssachen, so sind auch Europäische Zahlungsbefehle auf diesem Gebiet in den anderen Mitgliedstaaten nach Art 19 EuMVVO vollstreckbar, ohne dass es einer Vollstreckbarerklärung bedarf.

360   Art 2 lit d EuMVVO schließt allerdings außervertragliche Ansprüche aus dem sachlichen Anwendungsbereich der Verordnung aus, soweit diese nicht Gegenstand einer **Vereinbarung** zwischen den Parteien oder eines **Schuldanerkenntnisses** sind. Daher kann das Europäische Mahnverfahren für Unterhaltsforderungen nur eingeleitet werden, wenn hierüber eine Vereinbarung getroffen wurde oder der Schuldner die Unterhaltspflicht anerkannt hat (P/H/*Hau* Anh § 110 FamFG Rn 7; Rauscher /*Andrae* Rn 9). Die mit dem Antrag geltend gemachte Unterhaltsforderung muss ferner in der Vereinbarung bzw dem Anerkenntnis beziffert und bei Antragstellung fällig sein. Liegen diese Voraussetzungen vor, so kann der Berechtigte auf die Durchführung des gewöhnlichen Klageverfahrens, das zu einem nach der EuUntVO vollstreckbaren Titel führt, verzichten und stattdessen einen Europäischen Zahlungsbefehl nach der EuMVVO beantragen.

361   **d) EuGFVO.** Die EG-Verordnung Nr 861/2007 zur Einführung eines europäischen Verfahrens für geringfügige Forderungen v 11.7.2007 (ABl EU L 199, 1; **EuGFVO**) findet nach ihrem Art 2 Abs 2 lit b in Unterhaltssachen keine Anwendung.

2. Richtlinien

362   Nach Abs 3 bleiben die Vorschriften der **Prozesskostenhilferichtline** 2003/8/EG – bzw der nationalen Umsetzungsgesetze (in Deutschland: §§ 1076 – 1078 ZPO) – unberührt, soweit sie nicht im Widerspruch zu den Art 44 ff stehen. Gleiches gilt gem Abs 4 für die Vorschriften der

II. EU-Recht: EuUntVO Art 69   363, 364 **M**

Richtlinie zum Schutz personenbezogener Daten, die in Deutschland durch das Datenschutzgesetz v 18.5.2001 (BGBl I, 904) umgesetzt worden ist.

EuUntVO Art 69. Verhältnis zu bestehenden internationalen Übereinkommen und Vereinbarungen

(1) **Diese Verordnung berührt nicht die Anwendung der Übereinkommen und bilateralen oder multilateralen Vereinbarungen, denen ein oder mehrere Mitgliedstaaten
zum Zeitpunkt der Annahme dieser Verordnung angehören und die die in dieser
Verordnung geregelten Bereiche betreffen, unbeschadet der Verpflichtungen der Mitgliedstaaten gemäß Artikels 307 des Vertrags.**

(2) **Ungeachtet des Absatzes 1 und unbeschadet des Absatzes 3 hat diese Verordnung
im Verhältnis der Mitgliedstaaten untereinander jedoch Vorrang vor Übereinkommen
und Vereinbarungen, die sich auf Bereiche, die in dieser Verordnung geregelt sind,
erstrecken und denen Mitgliedstaaten angehören.**

(3) **Diese Verordnung steht der Anwendung des Übereinkommens vom 23. März
1962 zwischen Schweden, Dänemark, Finnland, Island und Norwegen über die Geltendmachung von Unterhaltsforderungen durch die ihm angehörenden Mitgliedstaaten nicht entgegen, da dieses Übereinkommen in Bezug auf die Anerkennung, die
Vollstreckbarkeit und die Vollstreckung von Entscheidungen Folgendes vorsieht:**

**a) vereinfachte und beschleunigte Verfahren für die Vollstreckung von Entscheidungen
in Unterhaltssachen und**

**b) eine Prozesskostenhilfe, die günstiger ist als die Prozesskostenhilfe nach Kapitel V
dieser Verordnung.**

**Die Anwendung des genannten Übereinkommens darf jedoch nicht bewirken, dass
dem Antragsgegner der Schutz nach den Artikeln 19 und 21 dieser Verordnung entzogen wird.**

1. Allgemeines

Die Vorschrift regelt das Verhältnis zwischen der EuUntVO und **Staatsverträgen** auf dem   **363**
Gebiet der Anerkennung und Vollstreckung von Unterhaltsentscheidungen umfassend, unterscheidet also – abweichend von der EuGVVO (Art 69–72) – nicht zwischen zwei- und mehrseitigen Übereinkommen, denen ein oder mehrere Mitgliedstaaten angehören. Differenziert
wird vielmehr danach, ob dem Staatsvertrag **nur Mitgliedstaaten der EuUntVO oder auch
Drittstaaten** angehören. Im ersteren Fall hat die EuUntVO gem Abs 2 Vorrang vor multi- oder
bilateralen Übereinkommen auf dem Gebiet der Anerkennung und Vollstreckung von Unterhaltsentscheidungen. Ist an dem Übk hingegen (auch) ein Drittstaat beteiligt, so tritt die
EuUntVO nach Abs 1 zurück, lässt also die Geltung solcher Übereinkommen unberührt. Ein
Sonderstatus kommt gem Abs 3 dem **Übk zwischen den skandinavischen Staaten** (*Schweden,
Dänemark, Finnland, Island* und *Norwegen*) von 1962 zu (vgl dazu auch ErwG 40; → Anh III).

2. Das Verhältnis zu den auf dem Gebiet der Anerkennung und Vollstreckung von Unterhaltsentscheidungen bestehenden Staatsverträgen

a) HUÜ 2007. Das HUÜ 2007 (→ Rn 472 ff) ist für die EU und ihre Mitgliedstaaten (mit   **364**
Ausnahme von *Dänemark*) am 1.8.2014 in Kraft getreten (zu den Vertragsstaaten näher
→ Rn 473). Da Art 69 Abs 1 nur das Verhältnis zu Staatsverträgen bestimmt, die im Zeitpunkt
der Annahme der EuUntVO bereits gegolten haben, trifft die Vorschrift für das Verhältnis zum
HUÜ 2007 keine Regelung. Dies folgt auch daraus, dass das HUÜ 2007 von der Europäischen
Union selbst mit Bindungswirkung (Art 216 Abs 2 AEUV) für die Mitgliedstaaten abgeschlossen
wurde und deshalb Bestandteil des sekundären Unionsrechts ist (Rauscher/*Andrae* Rn 9). Für
das Verhältnis beider Rechtsinstrumente ist vielmehr **Art 51 Abs 4 HUÜ 2007** maßgebend.
Danach lässt das HUÜ 2007 die Vorschriften der Europäischen Gemeinschaft bezüglich der
Anerkennung und Vollstreckung von Entscheidungen zwischen den Mitgliedstaaten unberührt.
Auf dem Gebiet des Unterhaltsrechts ist im Verhältnis der Mitgliedstaaten zueinander die
EuUntVO anzuwenden und verdrängt das HUÜ 2007. Vorrang vor diesem Übk kommt auch
sonstigen Rechtsinstrumenten der EG/EU auf dem Gebiet der justiziellen Zusammenarbeit in
Zivilsachen zu, soweit diese anstelle oder neben der EuUntVO anwendbar sind (EuGVVO aF,

1091

M 365–369   2. Teil. Anerkennung/Vollstreckung M. Unterhaltssachen

EuVTVO; EuMVVO; dazu → Rn 353 ff). Die Anerkennung und Vollstreckung einer Unterhaltsentscheidung aus einem anderen Mitgliedstaat der Verordnung beurteilt sich daher in *Deutschland* im zeitlichen Anwendungsbereich der EuUntVO nur nach dieser, in Altfällen nach der EuGVVO aF. Das HUÜ 2007 gilt hingegen auch seit seinem Inkrafttreten nur für die Anerkennung und Vollstreckung von Unterhaltstiteln aus solchen Vertragsstaaten, die nicht zugleich Mitgliedstaaten der EU sind: In *Deutschland* sind daher nur diese drittstaatlichen Unterhaltstitel aus Vertragsstaaten des HUÜ 2007 nach diesem Übk anzuerkennen und zu vollstrecken.

365   **b) HUntVÜ 1973.** Das HUntVÜ ist für die *Bundesrepublik Deutschland* am 1.4.1987 in Kraft getreten (zu den Vertragsstaaten näher → Rn 634). Es wird gem Abs 2 im Verhältnis der EU-Mitgliedstaaten zueinander durch die EuUntVO vollständig verdrängt, soweit sich der sachliche Anwendungsbereich beider Rechtsinstrumente deckt und der zeitliche Anwendungsbereich der EuUntVO (Art 75; → Rn 373 ff) eröffnet ist. Anders als zuvor nach Art 71 Abs 2 lit b EuGVVO aF hat der Gläubiger auch im Falle der Geltung des 2. Abschnitts des Kapitels IV, also insbesondere für die Durchsetzung von Unterhaltstiteln aus *Dänemark* oder dem *Vereinigten Königreich,* kein Wahlrecht mehr, ob er das Vollstreckbarerklärungsverfahren nach Art 26 ff EuUntVO oder nach Art 4 ff HUntVÜ durchführt.

366   Das HUntVÜ wird im Verhältnis der Vertragsstaaten zueinander auch durch das HUÜ 2007 verdrängt, Art 48 HUÜ 2007. Es ist daher aus *deutscher* Sicht nur noch auf die Anerkennung und Vollstreckung von Entscheidungen und gerichtlichen Vergleichen aus *Andorra, Australien* und der *Schweiz* anwendbar; insoweit wird es nach Abs 1 durch die EuUntVO nicht berührt. Bezüglich *schweizerischer* Titel hat der Gläubiger weiterhin das Wahlrecht zwischen dem Verfahren nach dem HUntVÜ und dem LugÜ 2007, vgl Art 68 LugÜ.

367   Auch im Verhältnis der EU-Mitgliedstaaten zueinander behält das HUntVÜ insoweit Bedeutung, als sein sachlicher Anwendungsbereich über die EuUntVO hinausgeht. Dies ist nach Art 21 HUntVÜ insoweit der Fall, als danach alle „im Ursprungsstaat vollstreckbaren Vergleiche" in den übrigen Vertragsstaaten wie Entscheidungen anerkannt und vollstreckt werden können. Damit werden auch **Privatvergleiche** erfasst, während nach Art 48 EuUntVO nur gerichtliche und in öffentlichen Urkunden niedergelegte Vergleiche grenzüberschreitend vollstreckbar sind (Rauscher/*Andrae* Rn 6).

368   **c) HKUntVÜ 1958.** Das HKUntVÜ ist für die *Bundesrepublik Deutschland* am 1.1.1962 in Kraftgetreten (zu den Vertragsstaaten näher → Rn 686). Wie das HUÜ 2007 und das HUntVÜ wird es gem Abs 2 im Verhältnis der EU-Mitgliedstaaten zueinander durch die EuUntVO vollständig verdrängt, soweit sich der sachliche Anwendungsbereich beider Rechtsinstrumente deckt und der zeitliche Anwendungsbereich der EuUntVO (Art 75; → Rn 373 ff) eröffnet ist. Darüber hinaus wird das HKUntVÜ im Verhältnis der Vertragsstaaten zueinander sowohl durch das HUntVÜ 1973 (Art 29) als auch durch das HUÜ 2007 (Art 48) ersetzt. Es gilt aus deutscher Sicht daher nur noch für die Anerkennung und Vollstreckung von Unterhaltsentscheidungen aus *Liechtenstein, Suriname* sowie den *französischen Départements und Hoheitsgebieten,* auf die das EU-Recht räumlich nicht anwendbar ist (näher → C Rn 27). Das Übk findet allerdings sachlich nur auf Entscheidungen Anwendung, die den **Kindesunterhalt** zum Gegenstand haben, sofern das Kind unverheiratet ist und das 21. Lebensjahr noch nicht vollendet hat. Anders als das HUntVÜ erstreckt sich das Übk nicht auf die Anerkennung und Vollstreckung von gerichtlichen Vergleichen.

369   **d) LugÜ 2007.** Da Art 69 nur das Verhältnis zu Staatsverträgen bestimmt, die im Zeitpunkt der Annahme der EuUntVO bereits gegolten haben, trifft die Vorschrift für das Verhältnis zum LugÜ 2007 (→ Rn 387 ff) keine Regelung. Dies gilt auch deshalb, weil das LugÜ 2007 von der Europäischen Union selbst und nicht von den einzelnen Mitgliedstaaten abgeschlossen worden ist (Rauscher/*Andrae* Rn 10; MüKoFamFG/*Lipp* Rn 5). Maßgebend für die Abgrenzung ist vielmehr Art 64 Abs 2 LugÜ 2007. Die dort für das Verhältnis zur EuGVVO aF getroffene Regelung ist im Verhältnis zur EuUntVO; die gem ihrem Art 68 Abs 1 an die Stelle der EuGVVO aF getreten ist, entsprechend anzuwenden. Danach wird auch das LugÜ 2007 im Verhältnis der EU-Mitgliedstaaten zueinander durch die EuUntVO vollständig verdrängt, soweit sich der sachliche Anwendungsbereich beider Rechtsinstrumente deckt und der zeitliche Anwendungsbereich der EuUntVO (Art 75; → Rn 373 ff) eröffnet ist. Das Übk ist aus deutscher Sicht hingegen weiter auf die Anerkennung und Vollstreckung von Unterhaltstiteln (gerichtlichen Entscheidungen, Prozessvergleichen oder öffentlichen Urkunden) aus *Island, Norwegen* oder der *Schweiz* (→ Rn 387) anwendbar (Art 64 Abs 2 lit c LugÜ 2007; Rauscher/*Andrae*

1092

II. EU-Recht: EuUntVO Art 75   **373** **M**

Rn 16b). Daran hat sich für norwegische Unterhaltstitel auch durch den Beitritt *Norwegens* zum HUÜ 2007 nichts geändert (Rauscher/*Andrae* Rn 17).

e) New Yorker UN-Übereinkommen. Das New Yorker UN-Übereinkommen über die **370** Geltendmachung von Unterhaltsansprüchen im Ausland von 1956 (→ T Rn 92 ff) regelt die Anerkennung und Vollstreckung von Unterhaltsentscheidungen nicht. Es handelt sich vielmehr um ein Rechtshilfeabkommen zur Durchsetzung gesetzlicher Unterhaltsansprüche. Das Übk wird im Verhältnis der EU-Mitgliedstaaten zueinander durch das Kapitel VII der EuUntVO verdrängt (näher → T Rn 5). Der Antragsteller muss dazu seinen Aufenthalt in einem Mitgliedstaat haben und die übermittelnde und empfangende Zentrale Behörde müssen die eines Mitgliedstaates sein (Rauscher/*Andrae* Rn 15). Das New Yorker Übk wird im Übrigen seit Inkrafttreten des HUÜ 2007 gem dessen Art 49 im Verhältnis der Vertragsstaaten zueinander durch dieses Übk ersetzt.

f) Bilaterale Staatsverträge. Die von der *Bundesrepublik Deutschland* mit zahlreichen EU- **371** Mitgliedstaaten geschlossenen bilateralen Anerkennungs- und Vollstreckungsübereinkommen, die zumeist auch Unterhaltssachen erfassen (vgl den Überblick bei *Jayme/Hausmann* vor Nr 190), werden gem Abs 2 durch die EuUntVO vollständig verdrängt. Lediglich mit **Drittstaaten** geschlossene bilaterale Abkommen bleiben nach Abs 1 unberührt, soweit sie nicht – wie die Abkommen mit der *Schweiz* und *Norwegen* – ihrerseits nach Art 65 LugÜ 2007 (→ Rn 468) durch dieses Übk – ausgeschlossen werden.

Von den bilateralen Anerkennungs- und Vollstreckungsverträgen der *Bundesrepublik Deutsch-* **372** *land* sind auf dem Gebiet des Unterhaltsrechts daher nur noch der Vertrag mit **Israel** über die gegenseitige Anerkennung und Vollstreckung gerichtlicher Entscheidungen in Zivil- und Handelssachen v 20. Juli 1977 (BGBl 80 II, 925 = *Jayme/Hausmann* Nr 191; → Rn 706 ff) sowie der Rechtshilfe- und Vollstreckungsvertrag mit **Tunesien** v 19. Juli 1966 (BGBl 69 II, 889; → Rn 699 ff) anwendbar.

EuUntVO Art 70–74

(abgedruckt und kommentiert → C Rn 331 ff)

EuUntVO Art 75. Übergangsbestimmungen

(1) **Diese Verordnung findet vorbehaltlich der Absätze 2 und 3 nur auf nach dem Datum ihrer Anwendbarkeit eingeleitete Verfahren, gebilligte oder geschlossene gerichtliche Vergleiche und ausgestellte öffentliche Urkunden Anwendung.**

(2) **Kapitel IV Abschnitte 2 und 3 findet Anwendung auf**

a) **Entscheidungen, die in den Mitgliedstaaten vor dem Tag des Beginns der Anwendbarkeit dieser Verordnung ergangen sind und deren Anerkennung und Vollstreckbarerklärung nach diesem Zeitpunkt beantragt wird;**

b) **Entscheidungen, die nach dem Tag des Beginns der Anwendbarkeit dieser Verordnung in Verfahren, die vor diesem Zeitpunkt eingeleitet wurden, ergangen sind,**

soweit diese Entscheidungen für die Zwecke der Anerkennung und Vollstreckung in den Anwendungsbereich der Verordnung (EG) Nr. 44/2001 fallen.

Die Verordnung (EG) Nr. 44/2001 gilt weiterhin für die am Tag des Beginns der Anwendbarkeit dieser Verordnung laufenden Anerkennungs- und Vollstreckungsverfahren.

Die Unterabsätze 1 und 2 geltend sinngemäß auch für in den Mitgliedstaaten gebilligte oder geschlossene gerichtliche Vergleiche und ausgestellte öffentliche Urkunden.

(3) **Kapitel VII über die Zusammenarbeit zwischen Zentralen Behörden findet auf Ersuchen und Anträge Anwendung, die ab dem Tag des Beginns der Anwendung dieser Verordnung bei der Zentralen Behörde eingehen.**

Schrifttum: *Motzer,* Anwendungsbeginn der EU-Unterhaltsverordnung, FamRBInt 11, 56.

1. Grundsatz, Abs 1

Vorbehaltlich der Sonderregeln in Abs 2 ist auch für die zeitliche Geltung der Verordnung auf **373** dem Gebiet der Anerkennung und Vollstreckung von Entscheidungen, gerichtlichen Vergleichen

1093

M 374–379   2. Teil. Anerkennung/Vollstreckung M. Unterhaltssachen

und öffentlichen Urkunden der **Grundsatz der Nichtrückwirkung** gem Abs 1 maßgebend. Danach ist die intertemporale Geltung der Verordnung an den Tag ihrer Anwendbarkeit (Art 76 Abs 3) geknüpft. Das IV. Kapitel ist daher im Verhältnis der Mitgliedstaaten zueinander jedenfalls auf die Anerkennung und Vollstreckung solcher Entscheidungen anwendbar, die in **ab dem 18. Juni 2011 eingeleiteten Verfahren** ergangen sind. Dieser Grundsatz gilt sowohl für Entscheidungen aus Mitgliedstaaten, die an das HUP gebunden sind, und die deshalb nach Abschnitt 1 (Art 17–22) ohne Exequaturverfahren vollstreckbar sind, als auch für Entscheidungen, die in *Dänemark* oder im *Vereinigten Königreich* ergangen sind, und die deshalb nach dem Abschnitt 2 (Art 23–43) für vollstreckbar erklärt werden müssen. Demgegenüber verbleibt es für Entscheidungen, die in am 18.6.2011 bereits anhängigen Verfahren ergangen sind, vorbehaltlich des Abs 2 bei der Geltung der Art 32 ff EuGVVO aF (BGH NJW 11, 3103 Rn 6).

374   Wie im Rahmen von Art 66 Abs 1 EuGVVO ist auch für Art 75 Abs 1 umstritten, ob der Zeitpunkt der Verfahrenseinleitung nach der jeweiligen nationalen *lex fori* zu bestimmen ist (so HK-ZPO/*Dörner* Rn 2; ebenso zum EuGVÜ BGH NJW 96, 1411/1412) oder autonom unter entsprechender Heranziehung des unmittelbar nur für die Anwendung der Art 12, 13 geltenden Art 9 (so zu Art 66 iVm Art 30 EuGVVO aF BGH NJW 13, 2587; BGH IPRax 06, 602; öst OGH ZfRV 04, 32; G/Sch/*Geimer* Rn 2; Kropholler/*v Hein* Rn 2; zu Art 66 EuGVVO nF ThP/*Hüßtege* Art 66 Rn 2; Zö/Geimer Rn 1; vgl auch Rauscher/*Staudinger* Art 66 Rn 2). Im Interesse einer einheitlichen Bestimmung des zeitlichen Anwendungsbereichs der Verordnung ist der letzteren Ansicht der Vorzug zu geben (ebenso Rauscher/*Andrae* Rn 4).

375   Für **öffentliche Urkunden** ist auf den Tag der Ausstellung abzustellen, nicht auf den späteren Tag der Vollstreckbarkeit. Wird ein **Prozessvergleich** vor Gericht abgeschlossen, ist der Tag des Abschlusses maßgeblich. Wird ein außergerichtlich geschlossener Prozessvergleich vom Gericht anschließend gebilligt, so kommt es auf den Zeitpunkt der Billigung an (Rauscher/*Andrae* Rn 5).

2. Sonderregeln, Abs 2

376   Abs 2 erweitert den zeitlichen Anwendungsbereich der Verordnung auf die Anerkennung und Vollstreckung von Entscheidungen, öffentlichen Urkunden und gerichtlichen Vergleichen, die in bereits **vor dem 18.6.2011 eingeleiteten Verfahren** ergangen sind. Insoweit muss allerdings zwischen der Anerkennung und Vollstreckung nach Abschnitt 1 des Kapitels IV (Art 17–22) einerseits und nach Abschnitt 2 des Kapitels IV (Art 23 ff) andererseits unterschieden werden.

377   **a) Bindung des Ursprungsstaats an das HUP.** Obwohl sich dies aus dem Wortlaut des Abs 2 nicht ausdrücklich ergibt, gilt dessen Sonderregelung des intertemporalen Anwendungsbereichs der Verordnung **nicht für die Vorschriften des 1. Abschnitts** (Art 17–22) des Kapitels IV. Dies folgt aus den besonderen Anwendungsvoraussetzungen dieses Abschnitts, wonach die zu vollstreckende Entscheidung unter kollisionsrechtlicher Zugrundelegung des Haager Unterhaltsprotokolls ergangen sein muss. Da dieses in den Mitgliedstaaten der EU (mit Ausnahme von *Dänemark* und dem *Vereinigten Königreich*) aber nur für ab dem 18.6.2011 eingeleitete Verfahren (→ C Rn 772 f) gilt, können nur solche Entscheidungen aus den durch das HUP gebundenen Mitgliedstaaten unter den erleichterten Voraussetzungen der Art 17 ff vollstreckt werden, die in ab **dem 18.6.2911 eingeleiteten Verfahren** ergangen sind (vgl OLG Nürnberg FamRZ 15, 355 m Anm *Andrae* IPRax 16, 243; ferner OLG Stuttgart FamRZ 12, 1510/1511, wo allerdings zu Unrecht darauf abgestellt wird, für welchen Zeitraum der Unterhalt zugesprochen worden ist; aus dem gleichen Grunde unrichtig auch OLG München FamRZ 12, 1512 m Anm *Gruber* IPRax 13, 325).

378   Für Entscheidungen, die **in zuvor** in diesen Mitgliedstaaten **eingeleiteten Verfahren** ergangen sind, verbleibt es hingegen auch nach dem 18.6.2011 beim Erfordernis eines Vollstreckbarerklärungsverfahrens (OLG Stuttgart FamRZ 15, 871/872; OLG München aaO). Dies gilt auch dann, wenn die Entscheidung erst nach dem 18.6.2011 erlassen wurde (OLG Nürnberg FamRZ 15, 355; OLG Stuttgart aaO). Die Frage, ob die Vollstreckbarerklärung sich dann nach Art 26 ff EuGVVO aF oder bereits nach Art 23 ff EuUntVO bestimmt, regelt Art 75 Abs 2. Stammt der Titel aus der Zeit vor dem 18.6.2011, so ist eine Vollstreckbarerklärung auch für den Unterhalt notwendig, der erst ab dem 18.6.2011 fällig geworden ist (*Henrich* FamRZ 15, 1761/1762; **aA** OLG München aaO; OLG Stuttgart FamRZ 12, 1510; ThP/*Hüßtege* Vorbem Art 1 Rn 28).

379   Nach dem Sinn und Zweck der erleichterten Vollstreckbarkeit von Unterhaltstiteln gem Art 17 ff genügt es freilich auch nicht, dass der Titel in einem Mitgliedstaat ergangen ist, der im Entscheidungszeitpunkt bereits an das HUP gebunden war. Weitere Voraussetzung ist vielmehr,

1094

II. EU-Recht: EuUntVO Art 76   **M**

dass das Gericht des Ursprungsstaates **das HUP seiner Entscheidung auch tatsächlich zugrunde gelegt** hat. Daraus folgt, dass zB auch eine *österreichische* Unterhaltsentscheidung in Deutschland dann nach Art 23 ff – und nicht nach Art 17 ff – vollstreckt wird, wenn sie zwar nach dem 18.6.2011, aber nicht in Anwendung des HUP ergangen ist. Wann eine Entscheidung als ergangen anzusehen ist, richtet sich nach der *lex fori* des jeweiligen Mitgliedstaats. Im deutschen Recht ist hierzu die Verkündung bzw Zustellung erforderlich (§§ 310 Abs 1 und 2, 329 Abs 1 und 2 ZPO). Die Entscheidung muss nicht rechtskräftig sein (Rauscher/*Andrae* Rn 10).

b) Keine Bindung des Ursprungsstaats an das HUP. Im Verhältnis zu *Dänemark* und dem **380** *Vereinigten Königreich,* die überhaupt nicht an das Haager Unterhaltsprotokoll gebunden sind (→ C Rn 491 f), sowie im Verhältnis zu den anderen Mitgliedstaaten, soweit diese im Zeitpunkt der Verfahrenseinleitung noch nicht an das Protokoll gebunden waren, wird der **zeitliche Anwendungsbereich der EuUntVO** auf dem Gebiet der Anerkennung und Vollstreckung von Entscheidungen durch Abs 2 gegenüber Abs 1 **in zweierlei Hinsicht erweitert:**

Zum einen werden auch Entscheidungen, die schon **vor dem 18.6.2011** in einem Mitglied- **381** staat **ergangen** sind, nach den Art 23 ff EuUntVO – und nicht nach den Art 32 ff EuGVVO aF bzw dem Parallelübereinkommen mit *Dänemark* v 19.10.2005 – anerkannt und vollstreckt, wenn die Anerkennung oder **Vollstreckbarerklärung erst nach diesem Zeitpunkt beantragt** worden ist (UAbs 1 lit a; vgl BGHZ 203, 372 Rn 13 = FamRZ 15, 479; BGH IPRax 17, 501 Rn 8 m Anm *Kern* 475; BGH FamRZ 15, 2144 m Anm *Eichel;* BGH FamRZ 11, 1569 Rn 6; OLG Stuttgart FamRZ 15, 871/872; OLG Karlsruhe FamRZ 14, 864 und FPR 12, 519/520; Rauscher/*Andrae/Schimrick* Rn 8). Maßgebend ist hierfür nicht das Datum der Unterzeichnung des Antrags, sondern – in entsprechender Anwendung von Art 9 lit a – dessen Eingang beim Exequaturgericht (OLG Karlsruhe NJW-RR 12, 331). Die Vergünstigungen des Vollstreckbarerklärungsverfahrens nach der Verordnung sollen also dem Unterhaltsgläubiger auch in diesem Fall zugutekommen.

Zum anderen werden auch Entscheidungen, die erst **ab dem 18.6.2011** in Verfahren **ergan-** **382** **gen** sind, die schon **vor diesem Zeitpunkt eingeleitet** worden sind, dann nach Art 23 ff anerkannt und vollstreckt, wenn ansonsten die Art 32 ff EuGVVO aF auf die Anerkennung oder Vollstreckbarerklärung anwendbar wären (UAbs 1 lit b; vgl OLG Stuttgart FamRZ 15, 871/872; OLG Nürnberg IPRax 15, 278 Rn 19 m Anm *Andrae* 243; OLG Nürnberg FamRZ 15, 355 Rn 18 m Anm *Andrae* IPRax 16, 243). Dies setzt voraus, dass das Erkenntnisverfahren ab Inkrafttreten der EuGVVO aF am 1.3.2002 eingeleitet worden ist; dem steht es gleich, wenn die Klage bereits vor diesem Zeitpunkt erhoben wurde, die Entscheidung jedoch erst nach diesem Zeitpunkt ergangen ist und die Voraussetzugen für eine Anwendung der EuGVVO aF nach Art 66 Abs 2 lit a loder lit b erfüllt sind (Rauscher/*Andrae/* Rn 8). Für am 18.6.2011 bereits eingeleitete Anerkennungs- und Vollstreckungsverfahren verbleibt es hingegen bei der Geltung der EuGVVO aF (UAbs 2).

Die vorstehenden Regeln gelten sinngemäß auch für die Anerkennung und Vollstreckbar- **383** erklärung von **gerichtlichen Vergleichen** und **öffentlichen Urkunden** (UAbs 3).

In den von Abs 2 geregelten Übergangsfällen kommt es also nur auf den Zeitpunkt der **384** Einleitung des Verfahrens, hingegen nicht darauf an, ob der **Unterhalt für die Zeit vor oder ab dem 18.6.2011 geltend gemacht** wird (BGH NJW 16, 248 Rn 8 m Anm *Kern* 475; OLG Karlsruhe FamRZ 14, 864; MüKoFamFG/*Lipp* Rn 9; Rauscher/*Andrae* Rn 8; **aA** zu Unrecht OLG München FamRZ 12, 1512).

Für die Anerkennung und Vollstreckung von Entscheidungen aus Mitgliedstaaten, die – wie **385** *Kroatien* (1.7.2013) – der EU erst **nach dem 18.6.2011 beigetreten** sind, gilt jedenfalls Abs 1. Demgegenüber dürfte der auf die Abgrenzung zur EuGVVO aF abzielende Abs 2 keine Anwendung finden. In solchen Mitgliedstaaten vor dem Beitritt ergangenene Unterhaltsentscheidungen können daher auch unter den Voraussetzungen des Abs 2 lit a EuUntVO nicht gem Art 23 ff EuUntVO für vollstreckbar erklärt werden; für sie bleibt es vielmehr bei dem zur Zeit der Verfahrenseinleitung geltenden staatsvertraglichen oder nationalen Anerkennungsrecht (Rauscher/*Andrae* Rn 13; vgl auch zur EuGVVO aF EuGH C-514/10 – *Wolf Naturprodukte GmbH,* NJW 12, 2639).

EuUntVO Art 76

(abgedruckt und kommentiert → C nach Rn 337)

M 386–389   2. Teil. Anerkennung/Vollstreckung M. Unterhaltssachen

III. Staatsverträge

Überblick

386   Anerkennung bedeutet im Bereich der staatsvertraglichen Anerkennung wie im Rahmen des sekundären Unionsrechts grundsätzlich Wirkungserstreckung. Danach entfaltet die ausländische Entscheidung auch für das inländische Recht diejenigen verfahrensrechtlichen Wirkungen, die ihr nach ausländischem Verfahrensrecht zukommen. Bei der Anwendung staatsvertraglicher Normen ist das anerkennungsrechtliche **Günstigkeitsprinzip** zu beachten; danach kann der Gläubiger die Anerkennung und Vollstreckung der ausländischen Unterhaltsentscheidung trotz Anwendbarkeit eines Staatsvertrages auf das innerstaatliche Recht (in *Deutschland* auf §§ 108 ff FamFG) stützen, wenn dieses die Anerkennung erleichtert. Ob das Günstigkeitsprinzip auch im Verhältnis zum LugÜ gilt, ist allerdings fraglich, da dieses aus deutscher Sicht als sekundäres Unionsrecht zu behandeln ist. Siehe zur Prüfungsreihenfolge → Rn 16 ff.

1. Multilaterale Staatsverträge

650. Luganer Übereinkommen über die gerichtliche Zuständigkeit und die Anerkennung und Vollstreckung von Entscheidungen in Zivil- und Handelssachen (LugÜ)

Vom 30. Oktober 2007 (ABl EU 2009 L 147, 5)

Vorbemerkung

1. Vertragsstaaten

387   Das LugÜ findet im Verhältnis der EFTA-Staaten **Island, Norwegen und Schweiz** (nicht jedoch *Liechtenstein*) untereinander und nach Maßgabe des Art 64 im Verhältnis zwischen den EU-Mitgliedstaaten (einschließlich *Dänemark*) und den drei genannten Staaten Anwendung (näher → Rn 459 f). Im Gegensatz zum LugÜ 1988 sind auf Seiten der EU nicht mehr die einzelnen Mitgliedstaaten, sondern die EU selbst (mit Bindung für ihre Mitgliedstaaten) Vertragspartei des LugÜ 2007. Aus der Sicht des europäischen Rechts ist das LugÜ damit Teil des **sekundären Unionsrechts** geworden. Das revidierte LugÜ von 2007 ist am 1.1.2010 für die Mitgliedstaaten der EU (einschließlich *Dänemark*) und *Norwegen* in Kraft getreten. Es gilt ferner seit dem 1.1.2011 für die *Schweiz* und seit dem 1.5.2011 für *Island*.

2. Anwendungsbereich

388   **a) Sachlicher Anwendungsbereich.** In sachlicher Hinsicht gilt das LugÜ 2007 gem Art 1 Abs 1 für Zivil- und Handelssachen, zu denen – wie Art 5 Abs 2 zeigt – auch **Unterhaltssachen** gehören. Diesbezüglich regelt das Übk nicht nur die internationale Zuständigkeit der Gerichte einschließlich der Rechtshängigkeit (Art 2 ff; → C Rn 356 ff), sondern auch die nachfolgend behandelte Anerkennung und Vollstreckung der von diesen Gerichten getroffenen Entscheidungen in anderen Vertragsstaaten (Art 32 ff).

389   **b) Persönlicher Anwendungsbereich.** Der persönliche Anwendungsbereich des LugÜ 2007 bereitet auf dem Gebiet der Anerkennung und Vollstreckung von Unterhaltsentscheidungen keine Probleme. Vorausgesetzt wird nur, dass die Entscheidung von einem Gericht eines Vertragsstaats erlassen worden ist und in einem anderen Vertragsstaat anerkannt und vollstreckt werden soll. Unerheblich ist hingegen, ob die Parteien die Staatsangehörigkeit eines Vertragsstaats besitzen oder ob der zugrundeliegende Sachverhalt einen Auslandsbezug aufweist. Eine weitere Begrenzung ergibt sich allerdings aus dem Vorrang der EuUntVO, wenn der Beklagte seinen Wohnsitz in einem Vertragsstaat des LugÜ 2007 hat, der zugleich Mitgliedstaat der EU ist (→ Rn 369). Damit beschränkt sich der Anwendungsbereich des Übk aus deutscher Sicht auf die Anerkennung und Vollstreckung von Unterhaltstiteln aus *Island, Norwegen* oder der *Schweiz*.

1096

III. Staatsverträge: LugÜ Art 1 **M**

c) Zeitlicher Anwendungsbereich. Die Vorschriften des Titels III des LugÜ 2007 über die **390**
Anerkennung und Vollstreckung sind nach Art 63 Abs 1 jedenfalls auf Entscheidungen anzuwenden, die in Verfahren ergangen sind, die nach dem Inkrafttreten des Übk im Ursprungsstaat
eingeleitet worden sind, sofern auch die Anerkennung im Zweitstaat nach dem Inkrafttreten des
Übk in diesem Staat begehrt wird (→ Rn 455). Darüber hinaus können Entscheidungen, die
nach dem Inkrafttreten des LugÜ 2007 im Erststaat ergangen sind, unter bestimmten Voraussetzungen nach Maßgabe von Art 63 Abs 2 auch dann nach diesem Übk in anderen Vertragsstaaten anerkannt und vollstreckt werden, wenn das zugrundliegende Verfahren bereits vor
Inkrafttreten des Übk eingeleitet worden war (näher → Rn 456 ff).

3. Verhältnis zu anderen Rechtsinstrumenten

a) EuUntVO. Das LugÜ 2007 wird im Verhältnis der Vertragsstaaten, die zugleich EU- **391**
Mitgliedstaaten sind, in entsprechender Anwendung von Art 64 Abs 2 (→ Rn 459 f) durch die
EuUntVO verdrängt. Es ist aus deutscher Sicht daher nur auf die Anerkennung und Vollstreckung von Unterhaltstiteln aus *Island, Norwegen* und der *Schweiz* anwendbar.

b) HUÜ 2007. Unterhaltsentscheidungen aus *Norwegen* können in Deutschland zwar alterna- **392**
tiv auch nach dem HUÜ 2007 anerkannt und vollstreckt werden (vgl Art 67 Abs 1 und 5
LugÜ). Da das HUÜ 2007 jedoch nach seinem Art 52 der Anwendung günstigerer Übereinkommen auf dem Gebiet der Anerkennung und Vollstreckung von Unterhaltsentscheidungen
nicht entgegensteht, verbleibt es idR bei der Anwendung des LugÜ 2007 (Rauscher/*Andrae*
Art 69 EuUntVO Rn 17).

c) HUntVÜ 1973. Unterhaltsentscheidungen aus der *Schweiz* können in Deutschland alter- **393**
nativ auch nach dem HUntVÜ 1973 anerkannt und vollstreckt werden (Art 67 Abs 1 und 5
LugÜ). Der Titelgläubiger kann das ihm am zweckmäßigsten erscheinende Verfahren frei
wählen (BGH NJW 08, 1531 Rn 12; KG FamRZ 17, 639/640 m Anm *Andrae;* LG Heidelberg FamRZ 10, 667/668; ebenso im Verhältnis zur EuGVVO aF BGHZ 171, 310 = FamRZ
07, 989 m Anm *Gottwald;* BGH NJW-RR 10, 1 Rn 11; *Martiny* FamRZ 08, 1681/1685). Er
kann sich auch für eine Kombination der Vorschriften beider Übk entscheiden. Auf das
Verfahren der Vollstreckbarerklärung von Unterhaltstiteln können die Bestimmungen des LugÜ
(Art 38 ff) gem Art 67 Abs 5 S 2 LugÜ auch dann unmittelbar angewandt werden, wenn nur
die Anerkennungsvoraussetzungen nach dem II. Abschnitt des HUntVÜ erfüllt sind. Vgl auch
die Einführung zum Abschnitt M (→ Rn 12 ff) und die Kommentierung zu Art 67
(→ Rn 464 ff).

d) Bilaterale Abkommen. Die bilateralen Anerkennungs- und Vollstreckungsabkommen **394**
mit *Norwegen* und der *Schweiz* werden durch das LugÜ 2007 nach dessen Art 65 (→ Rn 461)
verdrängt. Unberührt bleiben die bilateralen Verträge zwischen Vertrags- und Drittstaaten; aus
deutscher Sicht gilt dies für die Verträge mit **Israel** und **Tunesien** (→ Rn 694 ff).

4. Auslegung
Vgl → C Rn 344 f. **395**

5. Deutsches Ausführungsgesetz

Zur Ausführung des LugÜ 2007 in der *Bundesrepublik Deutschland* dient das Gesetz zur **396**
Geltendmachung von Unterhaltsansprüchen im Verkehr mit ausländischen Staaten **(AUG)** v
23.5.2011 (BGBl I, 898; vgl § 1 Abs 1 S 1 Nr 1 lit c). Auf dem Gebiet der Anerkennung und
Vollstreckung von Entscheidungen sind insbesondere die Vorschriften des 2. Kapitels dieses
Gesetzes (§§ 30–64; → Rn 718 ff) von Bedeutung.

Titel I. Anwendungsbereich

LugÜ Art 1. [Anwendungsbereich]

(1) **Dieses Übereinkommen ist in Zivil- und Handelssachen anzuwenden, ohne dass
es auf die Art der Gerichtsbarkeit ankommt. Es erfasst insbesondere nicht Steuer- und
Zollsachen sowie verwaltungsrechtliche Angelegenheiten.**

1097

M 398–400   2. Teil. Anerkennung/Vollstreckung M. Unterhaltssachen

(2) **Dieses Übereinkommen ist nicht anzuwenden auf:**

a) den Personenstand, die Rechts- und Handlungsfähigkeit sowie die gesetzliche Vertretung von natürlichen Personen, die ehelichen Güterstände, das Gebiet des Erbrechts einschließlich des Testamentsrechts;

b) *(nicht abgedruckt)*

c) *(nicht abgedruckt)*

d) *(nicht abgedruckt)*

(3) **In diesem Übereinkommen bezeichnet der Ausdruck „durch dieses Übereinkommen gebundener Staat" jeden Staat, der Vertragspartei dieses Übereinkommens oder ein Mitgliedstaat der Europäischen Gemeinschaft ist. Er kann auch die Europäische Gemeinschaft bezeichnen.**

397   Vgl zum sachlichen Anwendungsbereich des LugÜ die Kommentierung unter → C Rn 354 f.

Titel II. Zuständigkeit

LugÜ Art 2–31

(auszugsweise abgedruckt und kommentiert unter → C Rn 356 ff)

Titel III. Anerkennung und Vollstreckung

LugÜ Art 32. [Entscheidungsbegriff]

Unter „Entscheidung" im Sinne dieses Übereinkommens ist jede Entscheidung zu verstehen, die von einem Gericht eines durch dieses Übereinkommen gebundenen Staates erlassen worden ist, ohne Rücksicht auf ihre Bezeichnung wie Urteil, Beschluss, Zahlungsbefehl oder Vollstreckungsbescheid, einschließlich des Kostenfestsetzungsbeschlusses eines Gerichtsbediensteten.

1. Entscheidung

398   Art 32 erfasst nur solche Entscheidungen, die im sachlichen, räumlichen und zeitlichen **Anwendungsbereich** des Übk (→ Rn 388 ff und → C Rn 340 ff) ergangen sind. Bei dieser von Amts wegen vorzunehmenden Prüfung ist das Zweitgericht nicht an die Beurteilung des Erstgerichts gebunden (BGH NJW-RR 10, 1/2 f). Das Gericht im Vollstreckungsstaat hat damit stets zu prüfen, inwieweit eine Entscheidung aus einem anderen Vertragsstaat, in der die titulierte Leistung als Unterhalt bezeichnet wird, tatsächlich unterhaltsrechtliche – und nicht etwa güterrechtliche – Verpflichtungen zum Gegenstand hat (BGH aaO; eingehend → C Rn 50 ff).

399   Der Begriff der „Entscheidung" in Art 32 ist autonom auszulegen (BGH NJW-RR 06, 144; Dasser/Oberhammer/*Walther* Rn 10) und entspricht dem Begriff in Art 2 Nr 1 EuUntVO (→ Rn 38). Gemeint sind alle Entscheidungen mit Außenwirkung, gleich in welcher Form und unter welcher Bezeichnung sie ergehen. Die Aufzählung in Art 32 hat lediglich beispielhaften Charakter. Neben Hauptsacheentscheidungen können auch auf diese bezogene verselbstständigte Nebenentscheidungen, insbesondere Kostenfestsetzungen nach dem LugÜ anerkannt und vollstreckt werden (OLG Saarbrücken IPRax 90, 232; Mu/V/*Stadler* Art 2 EuGVVO Rn 3). Sofern das LugÜ nur hinsichtlich eines Teilbereiches der Hauptsacheentscheidung anwendbar ist – zB bei einer Verbundentscheidung über den Unterhalt –, sollte zur Erleichterung des Rechtsverkehrs die gesamte Kostenentscheidung unter Art 32 fallen (Mu/*Stadler* aaO). Ob auch **Prozessurteile/-beschlüsse** – zB die Klageabweisung wegen fehlender internationaler Zuständigkeit – nach Art 32 ff anerkennungsfähig sind, war lange Zeit umstritten; der EuGH hat dies nunmehr bejaht (EuGH C-456/11 – *Gothaer Allg Versicherung,* EuZW 13, 60 m Anm *Bach* = IPRax 14, 163 m krit Anm H *Roth* 136; zust Mu/V/*Stadler* Rn 2, Schlosser/Hess/*Schlosser* Rn 3; Rauscher/*Leible* Rn 5, jeweils zu Art 2 EuGVVO; **aA** Zö/*Geimer* Art 36 EuGVVO Rn 18). Die Entscheidung muss nicht rechtskräftig sein (BGE 126 III 156; Dasser/Oberhammer/*Walther* Rn 16).

400   **Nicht** vom Entscheidungsbegriff erfasst sind – mangels Außenwirkung – bloße **verfahrensrechtliche Zwischenentscheidungen,** wie zB Beweisbeschlüsse (OLG Hamm RIW 89, 566; OLG Hamburg IPRax 00, 530). Auch **Exequaturentscheidungen** haben keinen anerkennungsfähigen Inhalt, sondern ordnen die Vollstreckbarkeit nur beschränkt auf den Vollstreckungsstaat an (Mu/V/*Stadler* Art 2 EuGVVO nF Rn 5).

1098

III. Staatsverträge: LugÜ Art 34 **M**

Auch **einstweilige Maßnahmen** iSv Art 31 sind grundsätzlich in den Entscheidungsbegriff **401** einbezogen (BGH NJW-RR 07, 1573; schwz BG 3.6.08, 5A_161/2008 E. 2.5). Allerdings gilt dies nur, wenn dem Gegner **rechtliches Gehör** gewährt wurde. Der Entscheidung im einstweiligen Rechtsschutz muss damit ein kontradiktorisches Verfahren zugrunde gelegen haben (EuGH 125/79 – *Denilauler,* Slg 80, 1553 Rn 17f = RIW 80, 510; EuGH C-39/02 – *Maersk Olie & Gas,* Slg 04 I-9657 Rn 50 = EuLF 04, 282 m Anm *Smeele* IPRax 06, 229; BGHZ 140, 395 = NJW 99, 2372; BGH NJW-RR 07, 1573; OLG Karlsruhe FamRZ 01, 1623; OLG Hamm NJW-RR 95, 189). Ferner muss das Gericht seine internationale Zuständigkeit auf die Art 2 ff LugÜ gestützt haben. Hat es nach Art 31 nur sein nationales Zuständigkeitsrecht zugrunde gelegt, scheidet eine grenzüberschreitende Wirkung grundsätzlich aus (EuGH C-99/96 – *Mietz,* Slg 99 I-2277 Rn 47 ff = EuZW 99, 727).

2. Gericht

Unter den autonom auszulegenden und funktionell zu verstehenden Begriff des Gerichts **402** (Art 32) fallen alle Rechtsprechungsorgane eines Mitgliedstaates, die selbständige Entscheidungen in einem justizförmigen Verfahren unter Wahrung des rechtlichen Gehörs treffen (vgl zur EuGVVO EuGH C-39/02 – *Maersk Olie & Gas,* Slg 04 I-9657 Rn 45 = IPRax 06, 262; Mu/V/ *Stadler* Art 2 EuGVVO Rn 7). Nicht erforderlich ist die Entscheidung durch einen Richter im eigentlichen Sinn; erfasst werden insbesondere auch Entscheidungen eines Gerichtsschreibers, Rechtspflegers oder Urkundsbeamten (Dasser/Oberhammer/*Walther* Rn 13). Schiedsgerichtliche Entscheidungen fallen hingegen nicht unter Art 1 Abs 2 lit d.

Abschnitt 1. Anerkennung

LugÜ Art 33. [Anerkennung]

(1) **Die in einem durch dieses Übereinkommen gebundenen Staat ergangenen Entscheidungen werden in den anderen durch dieses Übereinkommen gebundenen Staaten anerkannt, ohne dass es hierfür eines besonderen Verfahrens bedarf.**

(2) **Bildet die Frage, ob eine Entscheidung anzuerkennen ist, als solche den Gegenstand eines Streites, so kann jede Partei, welche die Anerkennung geltend macht, in dem Verfahren nach den Abschnitten 2 und 3 dieses Titels die Feststellung beantragen, dass die Entscheidung anzuerkennen ist.**

(3) **Wird die Anerkennung in einem Rechtsstreit vor dem Gericht eines durch dieses Übereinkommen gebundenen Staates, dessen Entscheidung von der Anerkennung abhängt, verlangt, so kann dieses Gericht über die Anerkennung entscheiden.**

Art 33 entspricht **Art 23 EuUntVO;** auf die dortige Kommentierung (→ Rn 133 ff) wird **403** verwiesen.

LugÜ Art 34. [Versagungsgründe]

Eine Entscheidung wird nicht anerkannt, wenn

1. **die Anerkennung der öffentlichen Ordnung** *(ordre public)* **des Staates, in dem sie geltend gemacht wird, offensichtlich widersprechen würde;**
2. **dem Beklagten, der sich auf das Verfahren nicht eingelassen hat, das verfahrenseinleitende Schriftstück oder ein gleichwertiges Schriftstück nicht so rechtzeitig und in einer Weise zugestellt worden ist, dass er sich verteidigen konnte, es sei denn, der Beklagte hat gegen die Entscheidung keinen Rechtsbehelf eingelegt, obwohl er die Möglichkeit dazu hatte;**
3. **sie mit einer Entscheidung unvereinbar ist, die zwischen denselben Parteien in dem Staat, in dem die Anerkennung geltend gemacht wird, ergangen ist;**
4. **sie mit einer früheren Entscheidung unvereinbar ist, die in einem anderen durch dieses Übereinkommen gebundenen Staat oder in einem Drittstaat zwischen denselben Parteien in einem Rechtsstreit wegen desselben Anspruchs ergangen ist, sofern die frühere Entscheidung die notwendigen Voraussetzungen für ihre Anerkennung in dem Staat erfüllt, in dem die Anerkennung geltend gemacht wird.**

1099

M   2. Teil. Anerkennung/Vollstreckung M. Unterhaltssachen

404   Art 34 entspricht weitgehend **Art 24 EuUntVO;** auf die dortige Kommentierung (→ Rn 155 ff) wird daher verwiesen.

405   Im Rahmen von **Nr 2** ist für die Ordnungsgemäßheit der Zustellung im Verhältnis zu *Island, Norwegen* und der *Schweiz* – anders als nach Art 24 UAbs 1 Nr 2 EuUntVO im Verhältnis zu *Dänemark* und dem *Vereinigten Königreich* – **nicht die EuZVO,** sondern das Haager Übereinkommen über die Zustellung gerichtlicher und außergerichtlicher Schriftstücke im Ausland in Zivil- oder Handelssachen v 15.11.1965 (BGBl 1977 II, 1453 = *Jayme/Hausmann* Nr 211; **HZÜ**) maßgebend.

406   Weiter ist der **Vorbehalt der Schweiz** gem Art III Abs 1 des Protokolls Nr 1 (Dasser/ Oberhammer/*Walther* Rn 63) zu beachten. Danach wendet die *Schweiz* den letzten Teilsatz von Nr 2 nicht an („es sei denn, der Beklagte hat gegen die Entscheidung keinen Rechtsbehelf eingelegt, obwohl er die Möglichkeit dazu hatte"). Damit kann die Anerkennung von Entscheidungen anderer Vertragsstaaten in der *Schweiz* in weitergehendem Umfang abgelehnt werden. Die Erklärung dieses Vorbehalts durch die *Schweiz* hat gem Art III Abs 1 UAbs 2 des Protokolls Nr 1 zur Folge, dass die *Bundesrepublik Deutschland* und die anderen Vertragsstaaten denselben Vorbehalt auch gegenüber Entscheidungen schweizerischer Gerichte anwenden.

LugÜ Art 35. [Prüfung der Zuständigkeit des Ursprungsgerichts]

(1) ¹**Eine Entscheidung wird ferner nicht anerkannt, wenn die Vorschriften der Abschnitte 3, 4 und 6 des Titels II verletzt worden sind oder wenn ein Fall des Artikels 68 vorliegt.** ²**Des Weiteren kann die Anerkennung einer Entscheidung versagt werden, wenn ein Fall des Artikels 64 Absatz 3 oder des Artikels 67 Absatz 4 vorliegt.**

(2) **Das Gericht oder die sonst befugte Stelle des Staates, in dem die Anerkennung geltend gemacht wird, ist bei der Prüfung, ob eine der in Absatz 1 angeführten Zuständigkeiten gegeben ist, an die tatsächlichen Feststellungen gebunden, aufgrund deren das Gericht des Ursprungsstaats seine Zuständigkeit angenommen hat.**

(3) ¹**Die Zuständigkeit der Gerichte des Ursprungsstaats darf, unbeschadet der Bestimmungen des Absatzes 1, nicht nachgeprüft werden.** ²**Die Vorschriften über die Zuständigkeit gehören nicht zur öffentlichen Ordnung** (*ordre public*) **im Sinne des Artikels 34 Nummer 1.**

407   Abs 1 und Abs 2 haben in Unterhaltssachen keine praktische Bedeutung. Abs 3 S 2 entspricht **Art 24 lit a S 2 EuUntVO.** Abs 3 S 1 stellt klar, dass die Zuständigkeit des Gerichtes des Entscheidungsstaates in Unterhaltssachen grundsätzlich nicht vom Zweitgericht überprüft werden darf. Vielmehr ist auf die richtige Anwendung der Zuständigkeitsregelungen im Entscheidungsstaat zu vertrauen. Eine Ausnahme von diesem Grundsatz gilt allerdings zugunsten der nicht der EU angehörenden Vertragsstaaten nach Art 64 Abs 3 (→ Rn 460). Das Zweitgericht darf hingegen im Rahmen der Anerkennung und Vollstreckung von Maßnahmen des einstweiligen Rechtsschutzes prüfen, ob das Erstgericht die nach der Rechtsprechung des EuGH bestehenden Schranken der extraterritorialen Wirkung solcher Maßnahmen (→ C Rn 307 ff) beachtet hat. Wurde dem Antragsgegner kein rechtliches Gehör gewährt, liegt schon keine Entscheidung iSv Art 32 vor (→ Rn 401).

LugÜ Art 36. [Verbot der révision au fond]

Die ausländische Entscheidung darf keinesfalls in der Sache selbst nachgeprüft werden.

408   Art 36 entspricht **Art 42 EuUntVO;** auf die dortige Kommentierung (→ Rn 321 ff) wird verwiesen.

LugÜ Art 37. [Aussetzung des Verfahrens]

(1) **Das Gericht eines durch dieses Übereinkommen gebundenen Staates, vor dem die Anerkennung einer in einem anderen durch dieses Übereinkommen gebundenen Staat ergangenen Entscheidung geltend gemacht wird, kann das Verfahren aussetzen, wenn gegen die Entscheidung ein ordentlicher Rechtsbehelf eingelegt worden ist.**

(2) **Das Gericht eines durch dieses Übereinkommen gebundenen Staates, vor dem die Anerkennung einer in Irland oder im Vereinigten Königreich ergangenen Ent-**

III. Staatsverträge: LugÜ Art 39 **413 M**

scheidung geltend gemacht wird, kann das Verfahren aussetzen, wenn die Vollstreckung der Entscheidung im Ursprungsstaat wegen der Einlegung eines Rechtsbehelfs einstweilen eingestellt ist.

1. Grundsatz, Abs 1

Aus deutscher Sicht ist nur Abs 1 für die Anerkennung und Vollstreckung von *isländischen,* **409** *norwegischen* und *schweizerischen* Unterhaltstiteln von Bedeutung. Anders als Art 25 EuUntVO (→ Rn 204) verlangt Abs 1 das Vorliegen eines **ordentlichen Rechtsbehelfs.** Ob ein solcher gegeben ist, bestimmt sich im Wege autonomer (EuGH C-43/77 – *Industrial Diamond Supplies,* Slg 77, 2175 Rn 42 = NJW 78, 1107 [LS]) und weiter Auslegung. Entscheidend ist damit weder die Sicht des Urteilsstaates noch diejenige des Anerkennungs- bzw Vollstreckungsstaates (EuGH C-43/77 aaO). Erfasst ist jeder Rechtsbehelf, der zur Aufhebung oder Abänderung der anzuerkennenden Entscheidung führen kann, sofern dieser Rechtsbehelf innerhalb einer gesetzlichen Frist einzulegen ist, die mit Erlass der Entscheidung beginnt (EuGH C-43/77 aaO). Abweichend von Art 25 EuUntVO räumt Art 37 dem Gericht ein **Aussetzungsermessen** ein. Maßgebend sind insoweit die Parteiinteressen (MüKoZPO/*Gottwald*[4] Art 37 EuGVVO aF Rn 2).

2. Sonderregelung für Irland und das Vereinigte Königreich

Abs 2 hat nur für die Anerkennung *irischer* und *britischer* Unterhaltstitel in *Island, Norwegen* und **410** der *Schweiz* Bedeutung. Aus deutscher Sicht wird die Vorschrift im Verhältnis zu Irland durch Art 21 Abs 3 EuUntVO, im Verhältnis zum *Vereinigten Königreich* durch Art 25 EuUntVO verdrängt.

Abschnitt 2. Vollstreckung

LugÜ Art 38. [Vollstreckbarkeit]

(1) Die in einem durch dieses Übereinkommen gebundenen Staat ergangenen Entscheidungen, die in diesem Staat vollstreckbar sind, werden in einem anderen durch dieses Übereinkommen gebundenen Staat vollstreckt, wenn sie dort auf Antrag eines Berechtigten für vollstreckbar erklärt worden sind.

(2) Im Vereinigten Königreich jedoch wird eine derartige Entscheidung in England und Wales, in Schottland oder in Nordirland vollstreckt, wenn sie auf Antrag eines Berechtigten zur Vollstreckung in dem betreffenden Teil des Vereinigten Königreichs registriert worden ist.

Art 38 Abs 1 entspricht **Art 26 EuUntVO;** auf die dortige Kommentierung (→ Rn 208 ff) **411** wird verwiesen (vgl auch zur Vorläuferbestimmung in Art 31 LugÜ 1988 KG FamRZ 17, 639/ 640 f).

Die Sonderregelung in Abs 2 hat nur Bedeutung für die Vollstreckung von *isländischen,* **412** *norwegischen* und *schweizerischen* Unterhaltstiteln im *Vereinigten Königreich.* Deutsche Unterhaltstitel sind im *Vereinigten Königreich* nicht nach Abs 2 zu registrieren, sondern nach Art 26 EuUntVO für vollstreckbar zu erklären.

LugÜ Art 39. [Antrag]

(1) Der Antrag ist an das Gericht oder die sonst befugte Stelle zu richten, die in Anhang II aufgeführt ist.

(2) Die örtliche Zuständigkeit wird durch den Wohnsitz des Schuldners oder durch den Ort, an dem die Zwangsvollstreckung durchgeführt werden soll, bestimmt.

Art 39 entspricht **Art 27 EuUntVO;** auf die dortige Kommentierung (→ Rn 237 ff) wird **413** verwiesen. Abweichend von Art 27 Abs 2 EuUntVO knüpft Art 39 Abs 2 LugÜ allerdings nicht an den gewöhnlichen Aufenthalt, sondern an den **Wohnsitz** des Schuldners an. In Deutschland gilt für die örtliche Zuständigkeit wiederum die Konzentration nach **§ 35 AUG** (→ Rn 752).

1101

M   2. Teil. Anerkennung/Vollstreckung M. Unterhaltssachen

LugÜ Art 40. [Verfahren]

(1) Für die Stellung des Antrags ist das Recht des Vollstreckungsstaats maßgebend.

(2) ¹Der Antragsteller hat im Bezirk des angerufenen Gerichts ein Wahldomizil zu begründen. ²Ist das Wahldomizil im Recht des Vollstreckungsstaats nicht vorgesehen, so hat der Antragsteller einen Zustellungsbevollmächtigten zu benennen.

(3) Dem Antrag sind die in Artikel 53 angeführten Urkunden beizufügen.

1. Recht des Vollstreckungsstaates, Abs 1

414   Die an den Antrag zu stellenden Anforderungen richten sich gem Abs 1 nach dem Recht des jeweiligen Vollstreckungsstaates. Zu diesen Anforderungen zählen insbesondere die Form, der Inhalt und die Sprache. Abs 1 wird in Deutschland durch die §§ 36 ff AUG näher ausgestaltet (→ Rn 745 ff).

2. Wahldomizil, Abs 2

415   Abs 2 schreibt – abweichend von Art 41 Abs 2 EuUntVO – die Begründung eines Wahldomizils oder die Benennung eines Zustellungsbevollmächtigten vor. Dies ermöglicht die Zustellung innerhalb des Vollstreckungsstaates. In Deutschland ist ein Zustellungsbevollmächtigter zu benennen. Unterbleibt die Benennung, ergeben sich die Konsequenzen aus § 37 Abs 1 und 2 AUG (→ Rn 751 ff).

3. Urkunden, Abs 3

416   Nach Abs 3 hat der Antragsteller seinem Antrag die in Art 53 angeführten Urkunden beizufügen, ebenso – soweit das Gericht dies verlangt – deren Übersetzung (Art 55 Abs 2; → Rn 444).

LugÜ Art 41. [Vollstreckbarerklärung]

¹Sobald die in Artikel 53 vorgesehenen Förmlichkeiten erfüllt sind, wird die Entscheidung unverzüglich für vollstreckbar erklärt, ohne dass eine Prüfung nach den Artikeln 34 und 35 erfolgt. ²Der Schuldner erhält in diesem Abschnitt des Verfahrens keine Gelegenheit, eine Erklärung abzugeben.

417   Art 41 entspricht im Wesentlichen **Art 30 EuUntVO;** auf die dortige Kommentierung (→ Rn 247 ff) wird verwiesen. Abweichend von Art 30 EuUntVO bestimmt Art 41 aber keine Frist, binnen derer die Entscheidung für vollstreckbar zu erklären ist.

LugÜ Art 42. [Mitteilung der Entscheidung über den Antrag auf Vollstreckbarerklärung]

(1) Die Entscheidung über den Antrag auf Vollstreckbarerklärung wird dem Antragsteller unverzüglich in der Form mitgeteilt, die das Recht des Vollstreckungsstaats vorsieht.

(2) Die Vollstreckbarerklärung und, soweit dies noch nicht geschehen ist, die Entscheidung werden dem Schuldner zugestellt.

418   Art 42 entspricht **Art 31 EuUntVO;** auf die dortige Kommentierung (→ Rn 250 f) wird verwiesen.

LugÜ Art 43. [Rechtsbehelf gegen die Entscheidung über den Antrag]

(1) Gegen die Entscheidung über den Antrag auf Vollstreckbarerklärung kann jede Partei einen Rechtsbehelf einlegen.

(2) Der Rechtsbehelf wird bei dem in Anhang III aufgeführten Gericht eingelegt.

(3) Über den Rechtsbehelf wird nach den Vorschriften entschieden, die für Verfahren mit beiderseitigem rechtlichem Gehör maßgebend sind.

1102

III. Staatsverträge: LugÜ Art 45

424, 425 M

(4) **Lässt sich der Schuldner auf das Verfahren vor dem mit dem Rechtsbehelf des Antragstellers befassten Gericht nicht ein, so ist Artikel 26 Absätze 2 bis 4 auch dann anzuwenden, wenn der Schuldner seinen Wohnsitz nicht im Hoheitsgebiet eines durch dieses Übereinkommen gebundenen Staates hat.**

(5) **¹Der Rechtsbehelf gegen die Vollstreckbarerklärung ist innerhalb eines Monats nach ihrer Zustellung einzulegen. ²Hat der Schuldner seinen Wohnsitz im Hoheitsgebiet eines anderen durch dieses Übereinkommen gebundenen Staates als dem, in dem die Vollstreckbarerklärung ergangen ist, so beträgt die Frist für den Rechtsbehelf zwei Monate und beginnt von dem Tage an zu laufen, an dem die Vollstreckbarerklärung ihm entweder in Person oder in seiner Wohnung zugestellt worden ist. ³Eine Verlängerung dieser Frist wegen weiter Entfernung ist ausgeschlossen.**

Die Vorschrift entspricht weitgehend **Art 32 EuUntVO;** auf die dortige Kommentierung **419** (→ Rn 252 ff) wird verwiesen.

Anders als in Art 32 EuUntVO wird in Art 43 allerdings nicht auf den autonom zu bestim- **420** menden gewöhnlichen Aufenthaltsort des Vollstreckungsschuldners, sondern auf dessen **Wohnsitz** abgestellt. Dieser bestimmt sich nach Art 59 (→ C Rn 400 ff).

Weiter sieht Art 43 Abs 5 statt der in Art 32 Abs 5 EuUntVO bestimmten **Frist** von 30 Tagen **421** eine Monatsfrist, und statt der Frist von 45 Tagen eine Zweimonatsfrist vor. Im Geltungsbereich des LugÜ gilt danach eine Frist von einem Monat, wenn der Vollstreckungsschuldner seinen Wohnsitz im Vollstreckungsstaat hat, und eine Frist von zwei Monaten, wenn er seinen Wohnsitz in einem anderen Vertragsstaat hat. Hat der Schuldner seinen Wohnsitz in einem **Drittstaat,** so würde nach der Systematik des Abs 5 eigentlich die Monatsfrist des Satzes 1 gelten. **§ 43 Abs 4 Nr 2 lit b AUG** (→ Rn 769) sieht jedoch auch in diesem Fall eine Frist von zwei Monaten vor. Diese verlängerte Frist ist mit dem LugÜ vereinbar (vgl G/Sch/*Geimer* Art 43 EuGVVO aF Rn 25). Die genannten Regelungen stellen eine andere gesetzliche Bestimmung iSv § 63 Abs 1 FamFG dar.

LugÜ Art 44. [Rechtmittel gegen die Entscheidung über den Rechtsbehelf]

Gegen die Entscheidung, die über den Rechtsbehelf ergangen ist, kann nur ein Rechtsbehelf nach Anhang IV eingelegt werden.

Nach Artikel 44 des Übereinkommens können folgende Rechtsbehelfe eingelegt werden: **422** [Auszug]
...

– in Deutschland: „Rechtsbeschwerde",...
– in Österreich: „Revisionsrekurs",
– in der Schweiz: Beschwerde beim „Bundesgericht"/„recours devant le Tribunal fédéral"/ „ricorso davanti al Tribunale federale".

Art 44 entspricht **Art 33 EuUntVO;** auf die dortige Kommentierung (→ Rn 268 ff) wird **423** verwiesen.

LugÜ Art 45. [Versagung oder Aufhebung der Vollstreckbarerklärung]

(1) **¹Die Vollstreckbarerklärung darf von dem mit einem Rechtsbehelf nach Artikel 43 oder Artikel 44 befassten Gericht nur aus einem der in den Artikeln 34 und 35 aufgeführten Gründe versagt oder aufgehoben werden. ²Das Gericht erlässt seine Entscheidung unverzüglich.**

(2) **Die ausländische Entscheidung darf keinesfalls in der Sache selbst nachgeprüft werden.**

Art 45 Abs 1 entspricht **Art 34 EuUntVO;** auf die dortige Kommentierung (→ Rn 271 ff) **424** wird verwiesen. Abweichend von Art 34 Abs 2 EuUntVO (90-Tagesfrist) schreibt das LugÜ dem Beschwerdegericht keine bestimmte Entscheidungsfrist vor, sondern begnügt sich in Abs 1 S 2 mit der Verpflichtung zu einer „unverzüglichen" Entscheidung.

Art 45 Abs 2 entspricht **Art 42 EuUntVO;** auf die dortige Kommentierung (→ Rn 321 ff) **425** wird verwiesen.

1103

M 426–429   2. Teil. Anerkennung/Vollstreckung M. Unterhaltssachen

LugÜ Art 46. [Aussetzung des Verfahrens]

(1) **Das nach Artikel 43 oder Artikel 44 mit dem Rechtsbehelf befasste Gericht kann auf Antrag des Schuldners das Verfahren aussetzen, wenn gegen die Entscheidung im Ursprungsstaat ein ordentlicher Rechtsbehelf eingelegt oder die Frist für einen solchen Rechtsbehelf noch nicht verstrichen ist; in letzterem Fall kann das Gericht eine Frist bestimmen, innerhalb deren der Rechtsbehelf einzulegen ist.**

(2) **Ist die Entscheidung in Irland oder im Vereinigten Königreich ergangen, so gilt jeder im Ursprungsstaat statthafte Rechtsbehelf als ordentlicher Rechtsbehelf im Sinne von Absatz 1.**

(3) **Das Gericht kann auch die Zwangsvollstreckung von der Leistung einer Sicherheit, die es bestimmt, abhängig machen.**

1. Allgemeines

426   Die Vorschrift übernimmt im LugÜ die Funktion von **Art 35 EuUntVO** (→ Rn 287 ff), weicht hiervon jedoch in mehreren Punkten ab. Parallelvorschrift im Anerkennungsverfahren ist Art 37. Das Rechtsbehelfsgericht hat ein Ermessen, ob es die Zwangsvollstreckung zulässt, das Verfahren – ggf unter Setzung einer Frist zur Rechtsbehelfseinlegung – aussetzt (Abs 1) oder die Zwangsvollstreckung von einer Sicherheitsleistung abhängig macht (Abs 3). Den Beteiligten steht gegen die Entscheidung, das Verfahren auszusetzen oder eine Sicherheitsleistung anzuordnen, sowie gegen die Ablehnung beider Maßnahmen kein Rechtsbehelf zur Verfügung. Kann der Schuldner den Umstand, dass der Titel im Ursprungsstaat aufgehoben oder abgeändert worden ist, im Vollstreckbarerklärungsverfahren nicht mehr geltend machen, so steht ihm das besondere Verfahren nach § 67 AUG (→ Rn 813 ff) zur Verfügung.

2. Aussetzung, Abs 1 und 2

427   **a) Voraussetzungen.** Eine Aussetzung des Verfahrens wird – ebenso wie nach Art 35 EuUntVO – nicht von Amts wegen angeordnet, sondern lediglich **auf Antrag des Schuldners.** Für die Aussetzung ist weiter erforderlich, dass im Urteilsstaat nicht nur – wie nach Art 35 EuUntVO – irgendein Rechtsbehelf, sondern ein „ordentlicher" Rechtsbehelf eingelegt worden ist oder die Frist für die Einlegung eines solchen noch nicht verstrichen ist. Der Begriff des ordentlichen Rechtsbehelfs ist autonom und weit auszulegen (EuGH C-43/77 – *Industrial Diamond Supplies*, Slg 77, 2175 Rn 42 = NJW 78, 1107 (LS); BGH NJW 86, 3026; MüKoZPO/*Gottwald*⁴ Art 46 EuGVVO aF Rn 5). Fehlt es an einem dem Beteiligten eingeräumten Rechtsbehelf, so genügt es auch, dass eine Überprüfung des Titels von Amts wegen erfolgt (BGH NJW 86, 3026). Die Gefahr einer ungerechtfertigten Vollstreckung besteht auch dann, wenn der Titel im Erststaat zwar nicht aufgehoben wurde, die Vollstreckung aus ihm aber – etwa auf einen Vollstreckungsabwehrantrag (§ 767 ZPO) hin – für unzulässig erklärt wurde. Deshalb sollte eine Aussetzung auch dann zulässig sein, wenn ein solcher oder ein vergleichbarer Antrag gestellt worden ist (vgl zu Art 46 EuGVVO aF OLG Köln IPRax 11, 184 m Anm *Pirrung* 149; MüKoZPO/*Gottwald*⁴ Rn 5).

428   Für in **Irland** oder dem **Vereinigten Königreich** ergangene Entscheidungen reicht nach Abs 2 die Einlegung eines jeden statthaften Rechtsbehelfs aus.

429   **b) Entscheidung.** Die Entscheidung über die Aussetzung steht nach Abs 1 – anders als nach Art 35 EuUntVO (→ Rn 289) – im **Ermessen des Gerichts.** Dabei hat das befasste Gericht vor allem die Erfolgsaussichten des Rechtsbehelfs zu berücksichtigen (OLG Frankfurt NJW-RR 05, 1375; OLG Düsseldorf RIW 04, 391 und NJW-RR 01, 1575). Das Rechtsbehelfsgericht darf jedoch wegen des Verbots der *révision au fond* (Art 45 Abs 2) nur solche Gründe beachten, die der Schuldner vor Erlass der zu vollstreckenden Entscheidung im Urteilsstaat noch nicht geltend machen konnte (EuGH C-183/90 – *van Dalfsen,* Slg 91-I 4743 Rn 37; BGH NJW 94, 2156/2157; OLG Stuttgart NJOZ 10, 2093; OLG Düsseldorf NJW-RR 06, 1079). Von der Möglichkeit der Aussetzung ist nur ausnahmsweise – zB bei erkennbar fehlerhafter Entscheidung des erststaatlichen Gerichts – Gebrauch zu machen (OLG Saarbrücken RIW 98, 632). Infolge und während der Aussetzung ist der Gläubiger auf die Sicherungsvollstreckung beschränkt.

1104

III. Staatsverträge: LugÜ Art 49 **M**

3. Sicherheitsleistung, Abs 3

Abweichend von Art 35 EuUntVO kann das Beschwerdegericht – anstelle der Aussetzung **430** nach Abs 1 – die Zulassung der Zwangsvollstreckung aus einem noch nicht endgültigen Titel auch von einer Sicherheitsleistung des Gläubigers abhängig machen. Eine Anordnung nach Abs 3 setzt das Bestehen eines **Sicherungsbedürfnisses** für den Schuldner voraus (OLG Stuttgart NJW-RR 98, 280). Dies kann insbesondere bei der Vollstreckbarerklärung von Titeln des *einstweiligen Rechtsschutzes* oder dann der Fall sein, wenn eine Sicherheitsleistung im erststaatlichen Titel nicht oder in zu geringer Höhe angeordnet worden ist. Die Anordnung einer Sicherheitsleistung nach Abs 3 kommt auch dann in Betracht, wenn dem Schuldner kein Rechtsbehelf im Ursprungsstaat eingeräumt wird (OLG Stuttgart NJW-RR 98, 280/282).

Anders als im Rahmen von Abs 1 kann die Ermessensentscheidung über die Sicherheitsleis- **431** tung nach hM auch auf solche Gründe gestützt werden, die der Schuldner vor dem Gericht des Urteilsstaates geltend machen konnte. Denn im Rahmen von Abs 3 sollen „alle Umstände des Falles zu berücksichtigen" sein (BGH NJW 94, 2156/2157; OLG Stuttgart NJOZ 10, 2093; OLG Köln IHR 05, 161/163). Ist über die Beschwerde des Schuldners nach Art 43 noch nicht entschieden, ist die Anordnung einer Sicherheitsleistung nicht zulässig, denn der Schuldner wird insoweit durch Art 47 Abs 3 geschützt. Das Gericht darf die Leistung einer Sicherheit erst mit seiner Entscheidung über die Beschwerde anordnen (EuGH C-258/83 – *Brennero*, Slg 84, 3971 Rn 11 ff [zu Art 38 EuGVÜ]).

Die **Höhe der Sicherheitsleistung** sollte sich an dem Schaden orientieren, der dem Schuld- **432** ner im Falle einer späteren Aufhebung des Titels im Erststaat entsteht. Wird die Sicherheit nicht geleistet, so bleibt die Vollstreckung so lange in der Schwebe, bis die Entscheidung entweder aufgehoben oder rechtskräftig geworden ist (öst OGH IPRax 07, 227 m Anm *Schlosser* 239).

LugÜ Art 47. [Einstweilige Maßnahmen]

(1) **Ist eine Entscheidung nach diesem Übereinkommen anzuerkennen, so ist der Antragsteller nicht daran gehindert, einstweilige Maßnahmen einschließlich solcher, die auf eine Sicherung gerichtet sind, nach dem Recht des Vollstreckungsstaats in Anspruch zu nehmen, ohne dass es einer Vollstreckbarerklärung nach Artikel 41 bedarf.**

(2) **Die Vollstreckbarerklärung gibt die Befugnis, solche Maßnahmen zu veranlassen.**

(3) **Solange die in Artikel 43 Absatz 5 vorgesehene Frist für den Rechtsbehelf gegen die Vollstreckbarerklärung läuft und solange über den Rechtsbehelf nicht entschieden ist, darf die Zwangsvollstreckung in das Vermögen des Schuldners nicht über Maßnahmen zur Sicherung hinausgehen.**

Art 47 entspricht **Art 36 EuUntVO;** auf die dortige Kommentierung (→ Rn 290 ff) wird **433** verwiesen.

LugÜ Art 48. [Teilvollstreckbarkeit]

(1) **Ist durch die ausländische Entscheidung über mehrere mit der Klage geltend gemachte Ansprüche erkannt und kann die Vollstreckbarerklärung nicht für alle Ansprüche erteilt werden, so erteilt das Gericht oder die sonst befugte Stelle sie für einen oder mehrere dieser Ansprüche.**

(2) **Der Antragsteller kann beantragen, dass die Vollstreckbarerklärung nur für einen Teil des Gegenstands der Verurteilung erteilt wird.**

Art 48 entspricht **Art 37 EuUntVO;** auf die dortige Kommentierung (→ Rn 304 f) wird **434** verwiesen.

LugÜ Art 49. [Zwangsgeld]

Ausländische Entscheidungen, die auf Zahlung eines Zwangsgelds lauten, sind im Vollstreckungsstaat nur vollstreckbar, wenn die Höhe des Zwangsgelds durch die Gerichte des Ursprungsstaats endgültig festgesetzt ist.

1105

M   2. Teil. Anerkennung/Vollstreckung M. Unterhaltssachen

435   Die Vorschrift hat für Unterhaltssachen nur eine sehr geringe Bedeutung und hat deshalb in
der EuUntVO keine Entsprechung. Sie hat die Konstellation vor Augen, dass zugunsten des
Gläubigers im Ursprungsstaat eine Entscheidung ergangen ist, die dem Schuldner eine Handlung
oder Unterlassung aufgibt. In Betracht kommt etwa die Verurteilung des Schuldners zur Auskunftserteilung. Der Gläubiger hat dann ein **Wahlrecht:** Er kann entweder den titulierten
Anspruch nach den Art 38 ff für vollstreckbar erklären lassen und sodann nach den inländischen
Vorschriften (§§ 883 ff ZPO) vollstrecken. Er kann aber auch das dem Schuldner in der ausländischen Entscheidung zur Durchsetzung des Anspruchs auferlegte Zwangsgeld im Inland für
vollstreckbar erklären lassen und sodann diese Geldforderung vollstrecken.

LugÜ Art 50. [Prozesskostenhilfe]

(1) **Ist dem Antragsteller im Ursprungsstaat ganz oder teilweise Prozesskostenhilfe
oder Kosten- und Gebührenbefreiung gewährt worden, so genießt er in dem Verfahren
nach diesem Abschnitt hinsichtlich der Prozesskostenhilfe oder der Kosten- und Gebührenbefreiung die günstigste Behandlung, die das Recht des Vollstreckungsstaats
vorsieht.**

(2) **Der Antragsteller, der die Vollstreckung einer Entscheidung einer Verwaltungsbehörde begehrt, die in Dänemark, Island oder Norwegen in Unterhaltssachen ergangen ist, kann im Vollstreckungsstaat Anspruch auf die in Absatz 1 genannten Vorteile
erheben, wenn er eine Erklärung des dänischen, isländischen oder norwegischen
Justizministeriums darüber vorlegt, dass er die wirtschaftlichen Voraussetzungen für
die vollständige oder teilweise Bewilligung der Prozesskostenhilfe oder für die Kosten-
und Gebührenbefreiung erfüllt.**

1. Allgemeines

436   Hat der Unterhaltsgläubiger in der *Schweiz*, in *Norwegen* oder in *Island* Verfahrenskostenhilfe
für das Verfahren erhalten, das zu dem nunmehr im Inland für vollstreckbar zu erklärenden Titel
geführt hat, soll ihm diese Begünstigung, ohne dass er einen erneuten Antrag im Inland zu stellen
braucht, auch im Stadium der Vollstreckbarerklärung zugute kommen. Eine erneute ggf zeitrau-
bende Prüfung der wirtschaftlichen Verhältnisse und der Erfolgsaussichten in der Sache scheidet
damit aus. Es wird die erststaatliche Bewilligung von Verfahrenskostenhilfe auf das Verfahren
nach den Art 38 ff erstreckt. Der Gläubiger hat zum Nachweis, dass und in welchem Umfang er
im Erststaat Verfahrenskostenhilfe oder Gebührenbefreiung erhalten hat, lediglich die Bescheinigung nach Art 54 iVm Anh V vorzulegen.

2. Anwendungsbereich

437   Die Vorschrift bezieht sich auf alle Verfahren „nach diesem Abschnitt", dh nicht nur auf das
erstinstanzliche Vollstreckbarerklärungsverfahren (Art 38 ff), sondern auch auf das Rechtsbehelfsverfahren (Art 43 ff) und das Zwangsvollstreckungsverfahren (Art 47), ferner − wegen der Verweisung in Art 33 Abs 2 − auch auf das selbständige Anerkennungsverfahren.

3. Umfang

438   Dem Antragsteller ist Prozesskostenhilfe mindestens im gleichen Umfang wie im Ursprungsstaat zu gewähren. Inhaltlich ist ihm stets die *günstigste Behandlung* nach dem Recht des Vollstreckungsstaates einzuräumen, dh in Deutschland ist Verfahrenskostenhilfe ohne Eigenbeteiligung
unter Beiordnung eines Rechtsanwaltes mit der Wirkung des § 122 ZPO zu gewähren. Die
Gewährung von Verfahrenskostenhilfe ist darüber hinaus stets auch nach dem **autonomen
Recht** des Vollstreckungsstaates möglich.

LugÜ Art 51. [Keine Sicherheitsleistung]

**Der Partei, die in einem durch dieses Übereinkommen gebundenen Staat eine in
einem anderen durch dieses Übereinkommen gebundenen Staat ergangene Entscheidung vollstrecken will, darf wegen ihrer Eigenschaft als Ausländer oder wegen Fehlens
eines inländischen Wohnsitzes oder Aufenthalts eine Sicherheitsleistung oder Hinterlegung, unter welcher Bezeichnung es auch sei, nicht auferlegt werden.**

1106

III. Staatsverträge: LugÜ Art 55

M

Die Vorschrift untersagt es dem Vollstreckungsstaat, dem Gläubiger allein deswegen für die zu **439** erwartenden Kosten des Vollstreckbarerklärungsverfahrens eine Sicherheitsleistung aufzuerlegen, weil er Ausländer ist oder einen ausländischen Wohnsitz oder Aufenthalt hat (Kindl/Meller-Hannich/Wolf/*Mäsch* § 50 EuGVVO aF Rn 1).

LugÜ Art 52. [Keine Stempelabgaben oder Gebühren]

Im Vollstreckungsstaat dürfen im Vollstreckbarerklärungsverfahren keine nach dem Streitwert abgestuften Stempelabgaben oder Gebühren erhoben werden.

Art 52 entspricht **Art 38 EuUntVO;** auf die dortige Kommentierung (→ Rn 306) wird ver- **440** wiesen.

Abschnitt 3. Gemeinsame Vorschriften

LugÜ Art 53. [Urkundenvorlage]

(1) Die Partei, die die Anerkennung einer Entscheidung geltend macht oder eine Vollstreckbarerklärung beantragt, hat eine Ausfertigung der Entscheidung vorzulegen, die die für ihre Beweiskraft erforderlichen Voraussetzungen erfüllt.

(2) Unbeschadet des Artikels 55 hat die Partei, die eine Vollstreckbarerklärung beantragt, ferner die Bescheinigung nach Artikel 54 vorzulegen.

1. Ausfertigung der Entscheidung, Abs 1

Die Vorschrift entspricht Art 28 Abs 1 lit a und Art 40 Abs 1 EuUntVO (→ Rn 242, 313 f). **441** Die vorzulegende Ausfertigung der Entscheidung muss den vollen Beweis für deren Echtheit erbringen. Eine bloße Abschrift oder Fotokopie reicht nicht aus. Eine Legalisation kann jedoch nach Art 56 nicht verlangt werden, wohl aber eine deutsche Übersetzung nach Art 55 Abs 2.

2. Bescheinigung nach Art 54, Abs 2

Die Vorlage der vom Erstgericht nach Art 54 iVm Anh V ausgestellten Bescheinigung erspart **442** dem zweitstaatlichen Gericht eine erneute Prüfung der dort genannten Formalien. Im erstinstanzlichen Vollstreckbarerklärungsverfahren ist daher keine weitere Prüfung vorzunehmen. Zu einer solchen ist erst das Beschwerde- bzw Rechtsbeschwerdegericht nach Maßgabe von Art 45 Abs 1 verpflichtet.

LugÜ Art 54. [Bescheinigung]

Das Gericht oder die sonst befugte Stelle des durch dieses Übereinkommen gebundenen Staates, in dem die Entscheidung ergangen ist, stellt auf Antrag die Bescheinigung unter Verwendung des Formblatts in Anhang V dieses Übereinkommens aus.

Die Bescheinigung nach Art 54 wird vom Gericht des Ursprungsstaats nur auf **Antrag** des **443** Gläubigers ausgestellt. In Deutschland sind nach **§ 71 Abs 1 Nr 2 AUG** die Gerichte, Behörden oder Notare für die Ausstellung des Formblatts nach Art 54 zuständig, denen die Erteilung einer vollstreckbaren Ausfertigung der Entscheidung obliegt. Der Inhalt der Bescheinigung ist durch Anh V zwingend vorgegeben.

LugÜ Art 55. [Fristbestimmung; Übersetzung]

(1) Wird die Bescheinigung nach Artikel 54 nicht vorgelegt, so kann das Gericht oder die sonst befugte Stelle eine Frist bestimmen, innerhalb deren die Bescheinigung vorzulegen ist, oder sich mit einer gleichwertigen Urkunde begnügen oder von der Vorlage der Bescheinigung befreien, wenn es oder sie eine weitere Klärung nicht für erforderlich hält.

(2) ¹Auf Verlangen des Gerichts oder der sonst befugten Stelle ist eine Übersetzung der Urkunden vorzulegen. ²Die Übersetzung ist von einer hierzu in einem der durch dieses Übereinkommen gebundenen Staaten befugten Person zu beglaubigen.

1107

M   446–448   2. Teil. Anerkennung/Vollstreckung M. Unterhaltssachen

444   Art 55 entspricht **Art 29 EuUntVO;** auf die dortige Kommentierung (→ Rn 245 f) wird verwiesen.

LugÜ Art 56. [Keine Legalisation]

Die in Artikel 53 und in Artikel 55 Absatz 2 angeführten Urkunden sowie die Urkunde über die Prozessvollmacht, falls eine solche erteilt wird, bedürfen weder der Legalisation noch einer ähnlichen Förmlichkeit.

445   Die in der Vorschrift genannten Urkunden sowie eine Prozessvollmacht für das Anerkennungs- und Vollstreckungsverfahren bedürfen keiner Legalisation. Sie stehen daher inländischen öffentlichen Urkunden iSv § 437 ZPO gleich.

Titel IV. Öffentliche Urkunden und Prozessvergleiche

LugÜ Art 57. [Öffentliche Urkunden]

(1) [1]**Öffentliche Urkunden, die in einem durch dieses Übereinkommen gebundenen Staat aufgenommen und vollstreckbar sind, werden in einem anderen durch dieses Übereinkommen gebundenen Staat auf Antrag in dem Verfahren nach den Artikeln 38 ff. für vollstreckbar erklärt.** [2]**Die Vollstreckbarerklärung ist von dem mit einem Rechtsbehelf nach Artikel 43 oder Artikel 44 befassten Gericht nur zu versagen oder aufzuheben, wenn die Zwangsvollstreckung aus der Urkunde der öffentlichen Ordnung** *(ordre public)* **des Vollstreckungsstaats offensichtlich widersprechen würde.**

(2) **Als öffentliche Urkunden im Sinne von Absatz 1 werden auch vor Verwaltungsbehörden geschlossene oder von ihnen beurkundete Unterhaltsvereinbarungen oder -verpflichtungen angesehen.**

(3) **Die vorgelegte Urkunde muss die Voraussetzungen für ihre Beweiskraft erfüllen, die in dem Staat, in dem sie aufgenommen wurde, erforderlich sind.**

(4) [1]**Die Vorschriften des Abschnitts 3 des Titels III sind sinngemäß anzuwenden.** [2]**Die befugte Stelle des durch dieses Übereinkommen gebundenen Staates, in dem eine öffentliche Urkunde aufgenommen worden ist, stellt auf Antrag die Bescheinigung unter Verwendung des Formblatts in Anhang VI dieses Übereinkommens aus.**

1. Anwendungsbereich

446   Siehe zunächst die Kommentierung zu **Art 48 EuUntVO** (→ Rn 325 ff). Für die Vollstreckung öffentlicher Urkunden nach Art 57 ist erforderlich, dass der Anwendungsbereich des LugÜ für den titulierten Anspruch eröffnet ist (→ Rn 388 ff). Die Urkunde muss aus deutscher Sicht in *Island, Norwegen* oder der *Schweiz* aufgenommen worden sein. Der Wohnsitz der Beteiligten ist hingegen unerheblich (MüKoZPO/*Gottwald* Art 58 EuGVVO Rn 8). Urkunden aus **Drittländern,** die nach Maßgabe anderer Abkommen in einem Vertragsstaat für vollstreckbar erklärt worden sind, können nicht mit Hilfe von Art 57 in weiteren Vertragsstaaten vollstreckt werden (G/Sch/*Geimer* Art 57 EuGVVO aF Rn 25).

2. Öffentliche Urkunde

447   Für den Begriff der öffentlichen Urkunde kann auch im Rahmen von Art 57 die Definition in **Art 2 Abs 1 Nr 3 EuUntVO** (→ Rn 40 ff) herangezogen werden, denn diese Begriffsbestimmung lehnt sich an Art 4 Nr 1 EuVTVO und die Rechtsprechung des EuGH zu Art 50 EuGVÜ/Art 57 EuGVVO aF an. Gemeint sind Urkunden, die förmlich errichtet oder in ein Register eingetragen wurden. Die Beurkundung oder Registrierung hat durch eine Behörde oder eine andere gemäß der Rechtsordnung des Ursprungsstaats hierzu ermächtigte Stelle, etwa durch einen Notar, zu erfolgen. In Deutschland sind Urkunden gemeint, die von einem Notar oder einem Gericht errichtet wurden (§§ 794 Nr 5 ZPO, 62, 56 Abs 4 BeurkG).

448   Privaturkunden, insbesondere der **Anwaltsvergleich,** werden nicht erfasst (EuGH C-260/97 – *Unibank,* Slg 99 I-3715 Rn 15 = DNotZ 99, 919/921). Etwas anderes gilt nur, wenn der Anwaltsvergleich von einem Gericht oder Notar für vollstreckbar erklärt wurde (§ 796a, c ZPO). Ausreichend kann auch die gerichtliche oder behördliche Genehmigung einer **Unterhaltsvereinbarung** sein (vgl zu Art 287 schwz ZGB OLG Hamm FamRZ 18, 29, 30). Unter

1108

III. Staatsverträge: LugÜ Art 59–62 **M**

den Begriff der öffentlichen Urkunde fallen die im deutschen Recht vom **Jugendamt** beurkundeten Erklärungen nach § 59 Abs 1 S 1 Nr 3, 4 SGB VIII.

Ein Schriftstück ist nur „als öffentliche Urkunde" aufgenommen, wenn es „das Ergebnis der **449** geistigen und bewertenden Tätigkeit einer öffentlich bestellten Urkundsperson" (Schlussantrag des Generalanwalts zu EuGH aaO, Slg 99 I-3715 Rn 7 = DNotZ 99, 919/923) ist. Damit scheiden lediglich **öffentlich beglaubigte Schriftstücke** aus (*Jenard-Möller*-Bericht Rn 72; Kindl/Meller-Hannich/Wolf/*Mäsch* § 57 EuGVVO aF Rn 10).

Die Urkunde muss schließlich im Erststaat nach den dort geltenden Regeln ordnungsgemäß **450** errichtet worden und (abstrakt) **vollstreckbar** sein. Ist sie im Erststaat unwirksam oder nicht vollstreckbar, so kann sie auch im Zweitstaat nicht für vollstreckbar erklärt werden (MüKoZPO/ *Gottwald* Art 58 EuGVVO Rn 10).

3. Vollstreckbarerklärung

Die wirksam errichtete und nach der *lex fori* vollstreckbare Urkunde ist in jedem anderen **451** Vertragsstaat auf einen dahingehenden Antrag des Gläubigers für vollstreckbar zu erklären. Für das **Verfahren** gelten die Art 38 ff entsprechend; sie werden bei einer Vollstreckbarerklärung in Deutschland durch die **§§ 36 ff AUG** ergänzt.

Versagungsgründe dürfen in erster Instanz nicht geprüft werden. Im Rechtsbehelfsverfahren **452** kann die Vollstreckbarerklärung nur versagt oder aufgehoben werden, wenn die Zwangsvollstreckung aus der Urkunde der öffentlichen Ordnung des Vollstreckungsstaates offensichtlich widersprechen würde (Art 57 Abs 1 S 2). Wie im Rahmen von Art 34 Nr 1 bzw Art 24 lit a EuUntVO (→ Rn 160 ff) ist der *ordre public*-Vorbehalt eng auszulegen. In Betracht kommen auch hier Verstöße gegen den materiellen und den verfahrensrechtlichen *ordre public*. Grundsätzlich nicht geprüft werden darf hingegen die internationale Zuständigkeit der beurkundenden Person. Eine Ausnahme gilt nur insoweit, als ein Verfahrensfehler der Urkunde nach der ausländischen *lex fori* die Wirksamkeit und damit auch die Vollstreckbarkeit nimmt. Art 34 Nr 3 und Nr 4 finden auf die Vollstreckbarerklärung von öffentlichen Urkunden keine analoge Anwendung (MüKoZPO/*Gottwald* Art 58 EuGVVO Rn 19).

4. Bescheinigungen

Die örtliche Zuständigkeit für die Ausstellung der Bescheinigungen nach Art 57 iVm Anh VI **453** richtet sich in Deutschland nach § 71 AUG (→ C Rn 448).

LugÜ Art 58. [Prozessvergleich]

[1] **Vergleiche, die vor einem Gericht im Laufe eines Verfahrens geschlossen und in dem durch dieses Übereinkommen gebundenen Staat, in dem sie errichtet wurden, vollstreckbar sind, werden in dem Vollstreckungsstaat unter denselben Bedingungen wie öffentliche Urkunden vollstreckt.** [2] **Das Gericht oder die sonst befugte Stelle des durch dieses Übereinkommen gebundenen Staates, in dem ein Prozessvergleich geschlossen worden ist, stellt auf Antrag die Bescheinigung unter Verwendung des Formblatts in Anhang V dieses Übereinkommens aus.**

Prozessvergleiche in Unterhaltssachen, die vor Gerichten in *Island, Norwegen* oder der *Schweiz* **454** geschlossen wurden, werden in Deutschland unter den gleichen Voraussetzungen vollstreckt wie öffentliche Urkunden nach Art 57 (→ Rn 446 ff). Voraussetzung ist, dass der Vergleich im Laufe eines Verfahrens vor dem Gericht eines Vertragsstaats geschlossen wurde und im Ursprungsstaat vollstreckbar ist. Wegen der Einzelheiten wird auf die Kommentierung zu Art 48 EuUntVO (→ Rn 325 ff) verwiesen. Die Zuständigkeit für die Ausstellung der Bescheinigung nach Art 58 iVm Anh V richtet sich in Deutschland wiederum nach § 71 AUG (→ C Rn 448).

Titel V. Allgemeine Vorschriften

LugÜ Art 59–62

(abgedruckt und kommentiert → C Rn 400 ff)

1109

M 455–457 2. Teil. Anerkennung/Vollstreckung M. Unterhaltssachen

Titel VI. Übergangsvorschriften

LugÜ Art 63. [Zeitlicher Anwendungsbereich]

(1) **Die Vorschriften dieses Übereinkommens sind nur auf solche Klagen und öffentliche Urkunden anzuwenden, die erhoben oder aufgenommen worden sind, nachdem dieses Übereinkommen im Ursprungsstaat und, sofern die Anerkennung oder Vollstreckung einer Entscheidung oder einer öffentlichen Urkunde geltend gemacht wird, im ersuchten Staat in Kraft getreten ist.**

(2) **Ist die Klage im Ursprungsstaat vor dem Inkrafttreten dieses Übereinkommens erhoben worden, so werden nach diesem Zeitpunkt erlassene Entscheidungen nach Maßgabe des Titels III anerkannt und zur Vollstreckung zugelassen,**

a) **wenn die Klage im Ursprungsstaat erhoben wurde, nachdem das Übereinkommen von Lugano vom 16. September 1988 sowohl im Ursprungsstaat als auch in dem ersuchten Staat in Kraft getreten war;**

b) **in allen anderen Fällen, wenn das Gericht aufgrund von Vorschriften zuständig war, die mit den Zuständigkeitsvorschriften des Titels II oder eines Abkommens übereinstimmen, das im Zeitpunkt der Klageerhebung zwischen dem Ursprungsstaat und dem ersuchten Staat in Kraft war.**

1. Grundsatz, Abs 1

455   Die Vorschrift legt den zeitlichen Anwendungsbereich des Übk fest. Sie normiert in Abs 1 – ebenso wie Art 75 Abs 1 EuUntVO, auf dessen Kommentierung verwiesen wird (→ Rn 373) – den **Grundsatz der Nichtrückwirkung** des Übk. Die Vorschriften des Titels III des LugÜ 2007 über die Anerkennung und Vollstreckung sind daher nach Abs 1 nur auf Entscheidungen anzuwenden, die in Verfahren ergangen sind, die nach dem Inkrafttreten des Übk sowohl im Ursprungsstaat wie im Anerkennungsstaat eingeleitet worden sind. Wie im Rahmen von Art 66 EuGVVO ist für Art 63 LugÜ umstritten, ob der Zeitpunkt der Klageerhebung (Antragserhebung) nach der jeweiligen nationalen *lex fori* zu bestimmen ist (so zum EuGVÜ noch BGH NJW 96, 1411/1412), oder autonom unter entsprechender Heranziehung des unmittelbar nur für die Anwendung der Art 27–29 geltenden Art 30 LugÜ (so Dasser/Oberhammer/*Domej* Rn 4). Im Interesse einer einheitlichen Bestimmung des zeitlichen Anwendungsbereichs des Übk ist der letzteren Ansicht der Vorzug zu geben (ebenso die hM zu Art 66 EuGVVO, vgl BGH NJW 04, 1652/1653; BGH IPRax 06, 602; öst OGH ZfRV 04, 32; Kropholler/*v Hein* Rn 2).

2. Ausnahmen, Abs 2

456   Für die Anerkennung und Vollstreckung von Entscheidungen, die nach dem Inkrafttreten des LugÜ 2007 in Verfahren ergangen sind, die vor diesem Zeitpunkt bei dem Gericht eines durch das Übk gebundenen Staates eingeleitet worden sind, wird der zeitliche Anwendungsbereich des LugÜ 2007 allerdings gegenüber dem Grundsatz in Abs 1 nach Abs 2 erweitert. „Ergangen" ist eine Entscheidung mit ihrem Wirksamwerden nach dem nationalen Verfahrensrecht des Ursprungsstaats (*Wagner* RIW 98, 590/591); der Eintritt der Rechtskraft ist hierfür nicht erforderlich. Abs 2 findet nur Anwendung, wenn das Übk zum Zeitpunkt des Erlasses der Entscheidung sowohl im Ursprungs- wie im Vollstreckungsstaat in Kraft war (EuGH C-514/10 – *Wolf*, EuZW 12, 626 m Anm *Sujecki* zur EuGVVO aF). Auf Entscheidungen, die schon vor dem Inkrafttreten des LugÜ 2007 ergangen sind, ist der III. Titel dieses Übk nicht anwendbar; insoweit verbleibt es aus deutscher Sicht bei der Geltung des LugÜ 1988.

457   **a) Geltung des LugÜ 1988, lit a.** Wurde die Klage im Ursprungsstaat zu einem Zeitpunkt erhoben, zu dem sowohl für den Ursprungsstaat wie für den ersuchten Staat bereits das LugÜ 1988 in Kraft war, gilt für die Anerkennung und Vollstreckung einer erst nach Inkrafttreten des LugÜ 2007 ergangenen Entscheidung der Titel III des LugÜ 2007. Aus deutscher Sicht gilt dies für Entscheidungen, die in Verfahren ergangen sind, die in *Norwegen* oder der *Schweiz* nach dem 1.3.1995 (BGBl 95 II, 221) oder in *Island* nach dem 1.12.1995 (BGBl 96 II, 223) eingeleitet worden sind, sofern die Entscheidung in *Norwegen* nach dem 1.1.2010, in der *Schweiz* nach dem 1.1.2011 oder in *Island* nach dem 1.5.2011 ergangen ist.

1110

III. Staatsverträge: LugÜ Art 64   459, 460 **M**

b) Zuständigkeit nach Maßgabe des Titels II, lit b. Titel III des LugÜ 2007 kommt **458** ferner auf die Anerkennung und Vollstreckung von Entscheidungen, die nach dem Inkrafttreten des Übk im Ursprungsstaat in vor diesem Zeitpunkt eingeleiteten Verfahren ergangen sind, auch dann zur Anwendung, wenn das Gericht im Ursprungsstaat aufgrund von Vorschriften zuständig war, die mit den Zuständigkeitsvorschriften des Titels II oder eines Abkommens übereinstimmen, das im Zeitpunkt der Antragstellung sowohl im Ursprungsstaat wie im ersuchten Staat in Kraft war.

Titel VII. Verhältnis zu der Verordnung (EG) Nr 44/2001 des Rates und zu anderen Rechtsinstrumenten

LugÜ Art 64. [Verhältnis zu anderen Rechtsinstrumenten]

(1) **Dieses Übereinkommen lässt die Anwendung folgender Rechtsakte durch die Mitgliedstaaten der Europäischen Gemeinschaft unberührt: der Verordnung (EG) Nr. 44/2001 des Rates über die gerichtliche Zuständigkeit und die Anerkennung und Vollstreckung von Entscheidungen in Zivil- und Handelssachen einschließlich deren Änderungen, des am 27. September 1968 in Brüssel unterzeichneten Übereinkommens über die gerichtliche Zuständigkeit und die Vollstreckung gerichtlicher Entscheidungen in Zivil- und Handelssachen und des am 3. Juni 1971 in Luxemburg unterzeichneten Protokolls über die Auslegung des genannten Übereinkommens durch den Gerichtshof der Europäischen Gemeinschaften in der Fassung der Übereinkommen, mit denen die neuen Mitgliedstaaten der Europäischen Gemeinschaften jenem Übereinkommen und dessen Protokoll beigetreten sind, sowie des am 19. Oktober 2005 in Brüssel unterzeichneten Abkommens zwischen der Europäischen Gemeinschaft und dem Königreich Dänemark über die gerichtliche Zuständigkeit und die Anerkennung und Vollstreckung von Entscheidungen in Zivil- und Handelssachen.**

(2) **Dieses Übereinkommen wird jedoch in jedem Fall angewandt**

a) *(abgedruckt und kommentiert → C Rn 410)*
b) *(abgedruckt und kommentiert → C Rn 411)*
c) in Fragen der Anerkennung und Vollstreckung, wenn entweder der Ursprungsstaat oder der ersuchte Staat keines der in Absatz 1 aufgeführten Rechtsinstrumente anwendet.

(3) **Außer aus den in Titel III vorgesehenen Gründen kann die Anerkennung oder Vollstreckung versagt werden, wenn sich der der Entscheidung zugrunde liegende Zuständigkeitsgrund von demjenigen unterscheidet, der sich aus diesem Übereinkommen ergibt, und wenn die Anerkennung oder Vollstreckung gegen eine Partei geltend gemacht wird, die ihren Wohnsitz in einem Staat hat, in dem dieses Übereinkommen, aber keines der in Absatz 1 aufgeführten Rechtsinstrumente gilt, es sei denn, dass die Entscheidung anderweitig nach dem Recht des ersuchten Staates anerkannt oder vollstreckt werden kann.**

1. Allgemeines

Die Vorschrift grenzt ihrem Wortlaut nach den Anwendungsbereich des LugÜ von demjeni- **459** gen der EuGVVO aF (und des Parallelabkommens mit *Dänemark* v 19.10.2005) ab. Da die Vorschriften der EuGVVO aF auf dem Gebiet des Unterhaltsverfahrensrechts gem Art 68 Abs 1 EuUntVO mit Wirkung v 18.6.2011 durch diejenigen der EuUntVO ersetzt wurden, gilt Art 64 – und nicht das Protokoll Nr 3 zum LugÜ – auch für das Verhältnis zur EuUntVO (Kropholler/ *v Hein* Einl EuGVVO aF Rn 103; Rauscher/*Andrae* Art 69 EuUntVO Rn 17; *Wagner/Janzen* IPRax 10, 308; krit Dasser/Oberhammer/*Domej* Rn 2). Das ursprünglich intendierte Zusatzprotokoll, in dem das Verhältnis zwischen LugÜ und EuUntVO geregelt werden sollte, wird nicht mehr weitererfolgt (Dasser/Oberhammer/*Domej* Rn 2). Nach dem Grundsatz des Art 64 Abs 1 hat daher die EuUntVO in ihrem sachlichen, räumlichen und zeitlichen Anwendungsbereich grundsätzlich Vorrang vor dem LugÜ.

2. Anerkennung und Vollstreckung

Auf dem Gebiet der Anerkennung und Vollstreckung von Entscheidungen wird – abweichend **460** vom Grundsatz des Abs 1 – das LugÜ jedoch gem Abs 2 lit c in jedem Fall angewandt, wenn

M   2. Teil. Anerkennung/Vollstreckung M. Unterhaltssachen

entweder der Ursprungsstaat oder der Vollstreckungsstaat kein Mitgliedstaat der EuUntVO ist. Aus deutscher Sicht findet der III. Titel des LugÜ daher immer dann Anwendung, wenn es entweder um die Anerkennung und Vollstreckung einer Unterhaltsentscheidung aus *Island, Norwegen* oder der *Schweiz* in Deutschland geht oder wenn – umgekehrt – eine deutsche Entscheidung in einem dieser drei Länder anzuerkennen oder zu vollstrecken ist.

Für den zuletzt genannten Fall kann einer deutschen Entscheidung in *Island, Norwegen* oder der *Schweiz* die Anerkennung oder Vollstreckung nicht nur aus den im Titel III, insbesondere den in Art 34, 35 genannten Gründen versagt werden, sondern gem **Abs 3** auch dann, wenn das deutsche Gericht seine Zuständigkeit auf einen im Titel II des Übk nicht vorgesehene Anknüpfung gestützt hat. Dies gilt allerdings nur, wenn die Anerkennung und Vollstreckung gegen eine Person geltend gemacht wird, die in *Island, Norwegen* oder der *Schweiz* ihren Wohnsitz hat.

LugÜ Art 65. [Ersetzung von Übereinkünften zwischen den gebundenen Staaten]

¹Dieses Übereinkommen ersetzt unbeschadet des Artikels 63 Absatz 2 und der Artikel 66 und 67 im Verhältnis zwischen den durch dieses Übereinkommen gebundenen Staaten die zwischen zwei oder mehr dieser Staaten bestehenden Übereinkünfte, die sich auf dieselben Rechtsgebiete erstrecken wie dieses Übereinkommen. ²Durch dieses Übereinkommen werden insbesondere die in Anhang VII aufgeführten Übereinkünfte ersetzt.

461   Die im Anhang VII aufgeführten Übereinkommen werden im Verhältnis der durch das LugÜ gebundenen Staaten durch dieses ersetzt. Aus deutscher Sicht gilt dies für das *deutsch-schweizerische* Anerkennungs- und Vollstreckungsabkommen v 2.11.1929 (RGBl 39 II, 1066; auszugsweise abgedruckt und kommentiert → K Rn 158 ff) und den *deutsch-norwegischen* Anerkennungs- und Vollstreckungsvertrag v 17.6.1977 (BGBl 81 II, 341). Auch wenn das bilaterale Abkommen im Einzelfall geringere Anforderungen stellen sollte als das LugÜ, kommt seine Anwendung nach dem anerkennungsrechtlichen Günstigkeitsprinzip nicht in Betracht. Das LugÜ setzt sich vielmehr als **sekundäres EU-Recht** stets durch (vgl zum EuGVÜ BGH NJW 93, 2688 m Anm *Rauscher* IPRax 93, 376).

LugÜ Art 66. [Fortgeltung bestehender Übereinkünfte]

(1) Die in Artikel 65 angeführten Übereinkünfte behalten ihre Wirksamkeit für die Rechtsgebiete, auf die dieses Übereinkommen nicht anzuwenden ist.

(2) Sie bleiben auch weiterhin für die Entscheidungen und die öffentlichen Urkunden wirksam, die vor Inkrafttreten dieses Übereinkommens ergangen oder aufgenommen worden sind.

1. Sachliche Fortgeltung

462   Die in Anhang VII aufgeführten Übereinkommen behalten ihre Wirksamkeit auf denjenigen Rechtsgebieten, die nach Art 1 Abs 2 aus dem sachlichen Anwendungsbereich des LugÜ ausgeschlossen sind, wie insbesondere das Erbrecht und große Teile des Familienrechts.

2. Zeitliche Fortgeltung

463   Die – vor allem bilateralen – Anerkennungs- und Vollstreckungsverträge gelten auch für die Anerkennung und Vollstreckung von vor Inkrafttreten des LugÜ 2007 ergangenen Entscheidungen bzw aufgenommenen öffentlichen Urkunden fort. Zu berücksichtigen ist allerdings, dass auch das zuvor geltende Luganer Übk von 1988 in Art 55 eine mit Art 65 gleichlautende Vorschrift enthalten hat.

LugÜ Art 67. [Übereinkünfte auf besonderen Rechtsgebieten]

(1) ¹Dieses Übereinkommen lässt Übereinkünfte unberührt, denen die Vertragsparteien und/oder die durch dieses Übereinkommen gebundenen Staaten angehören und die für besondere Rechtsgebiete die gerichtliche Zuständigkeit, die Anerkennung oder die Vollstreckung von Entscheidungen regeln. ²Unbeschadet der Verpflichtungen aus

1112

III. Staatsverträge: LugÜ Art 67   464–467 **M**

anderen Übereinkünften, denen manche Vertragsparteien angehören, schließt dieses
Übereinkommen nicht aus, dass die Vertragsparteien solche Übereinkünfte schließen.

(2) *(abgedruckt und kommentiert → C Rn 412)*

(3) **Entscheidungen, die in einem durch dieses Übereinkommen gebundenen Staat
von einem Gericht erlassen worden sind, das seine Zuständigkeit auf eine Übereinkunft über ein besonderes Rechtsgebiet gestützt hat, werden in den anderen durch
dieses Übereinkommen gebundenen Staaten nach Titel III dieses Übereinkommens
anerkannt und vollstreckt.**

(4) **Neben den in Titel III vorgesehenen Gründen kann die Anerkennung oder Vollstreckung versagt werden, wenn der ersuchte Staat nicht durch die Übereinkunft über
ein besonderes Rechtsgebiet gebunden ist und die Person, gegen die die Anerkennung
oder Vollstreckung geltend gemacht wird, ihren Wohnsitz in diesem Staat hat oder,
wenn der ersuchte Staat ein Mitgliedstaat der Europäischen Gemeinschaft ist und die
Übereinkunft von der Europäischen Gemeinschaft geschlossen werden müsste, in
einem ihrer Mitgliedstaaten, es sei denn, die Entscheidung kann anderweitig nach dem
Recht des ersuchten Staates anerkannt oder vollstreckt werden.**

(5) **¹Sind der Ursprungsstaat und der ersuchte Staat Vertragsparteien einer Übereinkunft über ein besonderes Rechtsgebiet, welche die Voraussetzungen für die Anerkennung und Vollstreckung von Entscheidungen regelt, so gelten diese Voraussetzungen.
²In jedem Fall können die Bestimmungen dieses Übereinkommens über das Verfahren
zur Anerkennung und Vollstreckung von Entscheidungen angewandt werden.**

1. Vorrang von Übereinkommen auf besonderen Rechtsgebieten, Abs 1

In Übereinstimmung mit Art 71 Abs 1 EuGVVO lässt Abs 1 S 1 Übereinkommen unberührt, **464**
welche die Anerkennung und Vollstreckung auf „besonderen Rechtsgebieten" regeln. Zu diesen
besonderen Rechtsgebieten gehört auch das **Unterhaltsrecht**. Demgemäß wird die Anwendung
des HUntVÜ 1973 und des HKUntVÜ 1958 im Verhältnis der Vertragsstaaten dieser Übereinkommen zueinander nicht dadurch ausgeschlossen, dass diese Vertragsstaaten zugleich an das
LugÜ gebunden sind. Während Art 71 Abs 1 EuGVVO nur solchen Übereinkommen auf
besonderen Rechtsgebieten den Vortritt lässt, denen die Mitgliedstaaten bereits im Zeitpunkt des
Inkrafttretens der Verordnung angehört haben, schließt Abs 1 S 2 nicht aus, dass die durch das
LugÜ gebundenen Staaten Übereinkommen auf besonderen Gebieten auch noch in Zukunft
abschließen. Aus diesem Grunde wird auch die Anwendung des erst nach dem LugÜ 2007
abgeschlossenen Haager Übk über die internationale Geltendmachung der Unterhaltsansprüche
von Kindern und anderen Familienangehörigen v 23.11.2007 (**HUÜ 2007;** → Rn 472 ff) im
Verhältnis der an das LugÜ gebundenen Staaten nicht ausgeschlossen.

Art 67 regelt allerdings nur das Verhältnis zu **völkerrechtlichen Vereinbarungen** auf be- **465**
sonderen Rechtsgebieten, die von den durch das LugÜ gebundenen Staaten abgeschlossen
worden sind oder künftig abgeschlossen werden. Das Verhältnis zu Rechtsinstrumenten der
Europäischen Union, insbesondere zur EuUnthVO, ist demgegenüber – wenn auch in der Sache
ähnlich – in Art 64 (→ Rn 459 f) bestimmt.

2. Sonderregeln für die Anerkennung und Vollstreckung von Entscheidungen, Abs 3–5

a) Grundsätzliche Anwendung von Titel III, Abs 3. Entscheidungen, die in einem durch **466**
das LugÜ gebundenen Staat erlassen worden sind, werden in den anderen Vertragsstaaten grundsätzlich auch dann nach den Art 33 ff, 38 ff LugÜ anerkannt und vollstreckt, wenn das Gericht
seine internationale Zuständigkeit nicht auf die Art 2–24 LugÜ, sondern auf eine Übereinkunft
über ein besonderes Rechtsgebiet gestützt hat.

b) Zusätzlicher Anerkennungsversagungsgrund, Abs 4. Der Grundsatz des Abs 3 wird **467**
in Abs 4 allerdings durch einen – in der Parallelvorschrift des Art 71 EuGVVO nicht vorgese-
nen – zusätzlichen Anerkennungsversagungsgrund eingeschränkt. Danach kann die Anerkennung oder Vollstreckung auch dann versagt werden, wenn der ersuchte Staat nicht durch die
Übereinkunft über ein besonderes Rechtsgebiet gebunden ist und die Person, gegen die die
Anerkennung oder Vollstreckung geltend gemacht wird, ihren Wohnsitz in diesem Staat hat. Ist
der ersuchte Staat ein Mitgliedstaat der Europäischen Union ist und ist die Übereinkunft von der

1113

M 471   2. Teil. Anerkennung/Vollstreckung M. Unterhaltssachen

Europäischen Union geschlossen worden, so gilt das gleiche, wenn die Anerkennung und Vollstreckung in einem ihrer Mitgliedstaaten geltend gemacht wird. In diesen Fällen kann die Entscheidung nur nach Maßgabe des autonomen Rechts des ersuchten Staates anerkannt oder vollstreckt werden.

468   **c) Regelung der Anerkennung und Vollstreckung im Spezialübereinkommen, Abs 5.** Auf dem Gebiet der Anerkennung und Vollstreckung von Unterhaltsentscheidungen haben die Abs 3 und 4 bisher keine Bedeutung erlangt, denn die auf diesem Gebiet von der *Bundesrepublik Deutschland* geschlossenen Staatsverträge – insbesondere das HUÜ 2007, das HUntVÜ 1973 und das HKUntVÜ 1958 – regeln die Voraussetzungen der Anerkennung und Vollstreckung von Unterhaltsentscheidungen selbst. Für diesen Fall hat aber nach Abs 5 S 1 grundsätzlich das Anerkennungsregime des Spezialübereinkommens Vorrang vor dem Titel III des LugÜ.

469   Dieser Vorrang gilt jedoch nur dann, wenn das Spezialübereinkommen ihn selbst beansprucht. Geht das Spezialübereinkommen hingegen vom **Günstigkeitsprinzip** aus, wie dies sowohl für das HUÜ 2007 (Art 52), das HUntVÜ 1973 (Art 23; vgl BGH NJW 08, 1531 Rn 12) als auch auf das HKUntVÜ 1958 (Art 11; vgl OLG München FamRZ 03, 462 m Anm *Heiderhoff* IPRax 04, 99) zutrifft, so sind die Anerkennungs- und Vollstreckungsvoraussetzungen zunächst dem liberaleren Spezialübereinkommen zu entnehmen (vgl OLG Hamm IPRax 04, 437/438; dazu *Geimer* IPRax 04, 419/420). Nur wenn danach eine Anerkennung und Vollstreckung ausgeschlossen ist, sind deren Voraussetzungen in einem zweiten Schritt auf der Grundlage der Art 33 ff, 38 ff LugÜ zu prüfen (vgl zu Art 71 EuGVVO *Hohloch* FPR 04, 315; ThP/*Hüßtege* Rn 5).

470   Der Titelgläubiger kann jedoch nach Abs 5 S 2 in jedem Fall das **Verfahren der Anerkennung und Vollstreckung** nach dem Titel III des LugÜ wählen, wenn ihm dies vorteilhafter erscheint, zB weil danach die Anerkennungsversagungsgründe im erstinstanzlichen Verfahren der Vollstreckbarerklärung nicht geprüft werden (Art 41 LugÜ; → Rn 417). Dieses Wahlrecht steht ihm auch dann zu, wenn die Anerkennungsversagungsgründe nicht dem LugÜ, sondern dem Spezialübereinkommen zu entnehmen sind (BGH NJW 08, 1531 Rn 12 = FamRZ 08, 390; LG Heidelberg FamRZ 10, 667/668; ebenso zu Art 71 Abs 2 lit b EuGVVO BGH NJW-RR 10, 11 f m Anm *Henrich* FamRZ 09, 1662 und *Heiderhoff* IPRax 11, 156; BGH NJW 09, 3306 Rn 16; BGH NJW-RR 09, 1000 Rn 11; BGHZ 171, 319 = FamRZ 07, 989 m Anm *Gottwald;* OLG Brandenburg FamRZ 08, 1762; *Martiny* FamRZ 08, 1681/1685).

LugÜ Art 68. [Bestehende Übereinkünfte der gebundenen Staaten mit Drittstaaten]

(1) [1]Dieses Übereinkommen lässt Übereinkünfte unberührt, durch die sich die durch dieses Übereinkommen gebundenen Staaten vor Inkrafttreten dieses Übereinkommens verpflichtet haben, Entscheidungen der Gerichte anderer durch dieses Übereinkommen gebundener Staaten gegen Beklagte, die ihren Wohnsitz oder gewöhnlichen Aufenthalt im Hoheitsgebiet eines Drittstaats haben, nicht anzuerkennen, wenn die Entscheidungen in den Fällen des Artikels 4 nur auf einen der in Artikel 3 Absatz 2 angeführten Zuständigkeitsgründe gestützt werden könnten. [2]Unbeschadet der Verpflichtungen aus anderen Übereinkünften, denen manche Vertragsparteien angehören, schließt dieses Übereinkommen nicht aus, dass die Vertragsparteien solche Übereinkünfte treffen.

(2) Keine Vertragspartei kann sich jedoch gegenüber einem Drittstaat verpflichten, eine Entscheidung nicht anzuerkennen, die in einem anderen durch dieses Übereinkommen gebundenen Staat durch ein Gericht gefällt wurde, dessen Zuständigkeit auf das Vorhandensein von Vermögenswerten des Beklagten in diesem Staat oder die Beschlagnahme von dort vorhandenem Vermögen durch den Kläger gegründet ist,

a) wenn die Klage erhoben wird, um Eigentums- oder Inhaberrechte hinsichtlich dieses Vermögens festzustellen oder anzumelden oder um Verfügungsgewalt darüber zu erhalten, oder wenn die Klage sich aus einer anderen Streitsache im Zusammenhang mit diesem Vermögen ergibt, oder

b) wenn das Vermögen die Sicherheit für einen Anspruch darstellt, der Gegenstand des Verfahrens ist.

471   Ein bilaterales Übereinkommen im Sinne von Abs 1 hatte die *Bundesrepublik Deutschland* nur mit *Norwegen* abgeschlossen (Vertrag v 17.6.1977, BGBl 81 II 341, 901); diese Regelung ist

III. Staatsverträge   472, 473 **M**

indessen schon seit dem Inkrafttreten des LugÜ 1988 zwischen beiden Staaten obsolet. Aus
deutscher Sicht hat Art 68 auf dem Gebiet der Anerkennung und Vollstreckung von Unterhaltsentscheidungen daher keine praktische Bedeutung mehr.

Titel VIII. Schlussvorschriften

LugÜ Art 69–79

(abgedruckt und kommentiert → C Rn 413 ff).

660. Haager Übereinkommen über die internationale Geltendmachung der Unterhaltsansprüche von Kindern und anderen Familienangehörigen (HUÜ 2007)

Vom 23. November 2007 (ABl EU 2011 L 192, 51)

Vorbemerkung

Schrifttum: Vgl das allg Schrifttum zum internationalen Unterhaltsverfahrensrecht → C vor Rn 1; ferner
Ancel/Muir Watt, Aliments sans frontières, Rev crit 10, 457; *Andrae,* Zum Verhältnis der Haager Unterhalts-
konvention 2007 und des Haager Protokolls zur geplanten EG-Unterhaltsverordnung, FPR 08, 196; *dies,* Der
Unterhaltsdrgeress öffentlicher Einrichtungen nach der EuUntVO, dem HUÜ 2007 und dem HUP, FPR 13,
38; *Bartl,* Die neuen Rechtsitrumente zum IPR des Unterhalts (2012); *Beaumont,* International Family Law in
Europe – the Maintenance Project, The Hague Conference and the EC: A Triumpf of Revcerse Subsidiarity,
RabelsZ 73 (2009) 509; *Beaumont/Hess/Walker/Spancken* (eds), The Recovery of Maintenance in the EU and
Worldwide (2014); *Borrás,* The necessary flexibility in the application of the new instruments on maintenance,
LA Siehr (2010) 173; *Borrás/Degeling,* Convention du 23 novembre 2007 sur le recouvrement international
des aliments destinés aux enfants et à d'autres membres de la famille, Rapport excplicatif (2013); *Carlson,*
United States Perspective on the New Hague Convention on the International Recovery of Child Support
and Other Forms of Family Maintenance, Fam L Q 43 (2009) 21; *Coester-Waltjen/Lipp/Schumann/Veit,*
Europäisches Unterhaltsrecht. Die Bedeutung der Haager Übereinkommen und der UnterhaltsVO für das
deutsche und englische Recht (2010); *Duncan,* The Hague Maintenance Convention of 23 November 2007
on the International Recovery of Child Support and Other Forms of Family Maintenance, YB PIL 10 (2008)
313; *Fucik,* Das neue Haager Unterhaltsübereinkommen. Globale Kooperations- und Anerkennungsmecha-
nismen, iFamZ 08, 219; *Hirsch,* Neues Haager Unterhaltsübereinkommen – Erleichterte Geltendmachung
und Durchsetzung von Unterhaltsansprüchen über Ländergrenzen hinweg, FamRBint 08, 70; *Janzen,* Die
neuen Haager Übereinkünfte zum Unterhaltsrecht und die Arbeiten an einer EG-Unterhaltsverordnung,
FPR 08, 218; *Long,* The New Hague Maintenance Convention, ICLQ 57 (2008) 984; *Malatesta,* La
Convenzione e il Protocollo dell'Aja del 2007 in materia di alimenti, Riv dir int priv proc 09, 829; *Nimmerrichter,* Handbuch Internationales Unterhaltsrecht (2011).

1. Ziel und Inhalt des Übereinkommens

Bei diesem Übk handelt es sich um eine Weiterentwicklung der beiden bisherigen Haager **472**
Übk auf dem Gebiet der Anerkennung und Vollstreckung von Unterhaltsentscheidungen von
1958 und 1973 (vgl zur Entstehungsgeschichte des Übk ausf Rauscher/*Kern* Einl Rn 21 ff). Die
Verbesserung der Anerkennung und Vollstreckung von Unterhaltsentscheidungen im
Verhältnis der Vertragsstaaten ist daher weiterhin ein zentrales Anliegen des Übk (Art 1 lit c iVm
Art 19–31). Hinzukommt die **Einrichtung eines umfassenden Systems der Zusammenarbeit** zwischen den Behörden der Vertragsstaaten (Art 1 lit a iVm Art 4–8) und die Einführung
von Möglichkeiten, Anträge auf die Geltendmachung von Unterhaltsansprüchen über die Zentralen Behörden zu stellen, um auf diesem Weg Unterhaltsentscheidungen herbeizuführen (Art 1
lit b iVm Art 9–17). Schließlich werden zum Zwecke einer zügigen Vollstreckung von Unterhaltsentscheidungen bestimmte Maßnahmen festgelegt, die von den Vertragsstaaten in ihrem
nationalen Vollstreckungsrecht zur Verfügung gestellt werden müssen (Art 1 lit d iVm
Art 32–35).

2. Vertragsstaaten

Das HUÜ 2007 ist von der **Europäischen Union** mit Wirkung für ihre Mitgliedstaaten auf **473**
der Grundlage des Ratsbeschlusses v 31.3.2011 (ABl EU L 93, 9) am 6.4.2011 gezeichnet und
durch Beschluss v 9.6.2011 (ABl EU L 192, 30) ratifiziert worden. Das Übk ist für die EU-
Mitgliedstaaten (mit Ausnahme von *Dänemark*) am 1.8.2014 im Verhältnis zu *Albanien, Bosnien-
Herzegowina, Norwegen* und der *Ukraine* in Kraft getreten. Es gilt inzwischen ferner im Verhältnis

M 474–479   2. Teil. Anerkennung/Vollstreckung M. Unterhaltssachen

zu *Brasilien* (seit 1.11.2017), *Montenegro* (seit 1.1.2017), der *Türkei* (seit 1.2.2017), den *Vereinigten Staaten* (seit 1.1.2017) und *Weißrussland* (seit 1.6.2018). Für *Honduras* wird es am 19.10.2018 in Kraft treten. Das Übk hat in den EU-Mitgliedstaaten die Qualität von sekundärem Unionsrecht.

3. Anwendungsbereich

474   **a) Sachlicher Anwendungsbereich.** In sachlicher Hinsicht gilt das HUÜ 2007 gem Art 1 für „Unterhaltsansprüche", ohne diesen Begriff näher zu definieren (dazu → Rn 483). Diesbezüglich regelt das Übk weder die internationale Zuständigkeit der Gerichte, noch das auf Unterhaltsansprüche anwendbare Recht, sondern beschränkt sich auf die nachfolgend behandelte Anerkennung und Vollstreckung der von Gerichten der Vertragsstaaten getroffenen Entscheidungen (Kapitel V und VI, Art 19–35; → Rn 513 ff). Vorausgesetzt wird hierfür nur, dass die Entscheidung von einem Gericht eines Vertragsstaats erlassen worden ist und in einem anderen Vertragsstaat anerkannt und vollstreckt werden soll. Unerheblich ist hingegen, ob die Parteien die Staatsangehörigkeit eines Vertragsstaats besitzen oder ob der zugrundeliegende Sachverhalt einen Auslandsbezug aufweist. Daneben regelt das Übk vor allem die Zusammenarbeit der Behörden der Vertragsstaaten zur Verbesserung der internationalen Durchsetzung der vom Übk erfassten Unterhaltsansprüche (Kapitel II und III, Art 4–17; → T Rn 73 ff).

475   **b) Persönlicher Anwendungsbereich.** Der persönliche Anwendungsbereich des HUÜ 2007 hat in Art 2 eine verhältnismäßig komplizierte Regelung erfahren, die vor allem zwischem dem Unterhalt von Kindern, von Ehegatten und von sonstigen Verwandten unterscheidet und für den Kindesunterhalt zusätzlich nach dem Alter des Kindes diffenziert (näher → Rn 489 ff). Damit bleibt der persönliche Anwendungsbereich des Übk hinter demjenigen des HUntVÜ 1973 zurück, das nach seinem Art 1 Abs 1 auf alle Unterhaltspflichten aus Beziehungen der Familie, Verwandtschaft, Ehe oder Schwägerschaft anzuwenden ist.

476   **c) Zeitlicher Anwendungsbereich.** Die Vorschriften des Kapitels V über die Anerkennung und Vollstreckung sind nach Art 56 Abs 1 lit b jedenfalls anzuwenden, wenn der Antrag auf Anerkennung und Vollstreckung nach dem Inkrafttreten des Übk zwischen dem Ursprungsstaat und dem Vollstreckungsstaat bei der zuständigen Behörde des Vollstreckungsstaats eingegangen ist; demgegenüber kommt es – anders als nach Art 75 Abs 1 EuUntVO – auf den Zeitpunkt, zu dem das Verfahren im Ursprungsstaat eingeleitet worden ist, nicht an. Allerdings gilt im Verhältnis zu Vertragsstaaten des HUntVÜ 1973 nach Art 56 Abs 2 HUÜ 2007 das Günstigkeitsprinzip (näher → Rn 620).

4. Verhältnis zu anderen Rechtsinstrumenten

477   **a) EuUntVO.** Im Verhältnis der Mitgliedstaaten der EU zueinander lässt das Übk auf dem Gebiet der Anerkennung und Vollstreckung von Unterhaltsentscheidungen gem seinem Art 51 Abs 4 S 2 die Vorschriften des Kapitels III der EuUntVO unberührt. Aus deutscher Sicht regelt das HUÜ 2007 daher nur die Anerkennung und Vollstreckung von Entscheidungen aus Vertragsstaaten, die nicht zugleich Mitgliedstaaten der EU sind. Dies sind derzeit *Albanien, Bosnien-Herzegowina, Brasilien, Montenegro, Norwegen*, die *Türkei*, die *Ukraine*, die *Vereinigten Staaten* und *Weißrussland*.

478   **b) Luganer Übereinkommen.** Das Luganer Übereinkommen schließt nach seinem Art 57 Abs 1 S 2 nicht aus, dass die durch das Übk gebundenen Staaten auch in der Zukunft Staatsverträge auf besonderen Rechtsgebieten abschließen, die dann Vorrang vor dem LugÜ haben. Das HUÜ 2007 nimmt freilich einen solchen Vorrang für sich nicht in Anspruch, sondern lässt nach seinem Art 51 Abs 1 seinerseits internationale Übereinkünfte unberührt, denen Vertragsstaaten als Vertragsparteien angehören und die ebenfalls die Anerkennung und Vollstreckung von Unterhaltsentscheidungen regeln. Unterhaltstitel aus *Norwegen* können daher in *Deutschland* alternativ nach dem LugÜ oder nach dem HUÜ 2007 anerkannt und vollstreckt werden. Gleiches würde im Falle eines Beitritts von *Island* oder der *Schweiz* zum HUÜ 2007 gelten. Der Titelgläubiger kann dann das ihm am zweckmäßigsten erscheinende Verfahren frei wählen; insoweit gilt das zum Verhältnis des LugÜ zum HUntVÜ 1973 Gesagte im Verhältnis zum HUÜ 2007 entsprechend (→ Rn 393, 626).

479   **c) Ältere Haager Unterhaltsübereinkommen.** Das HUÜ 2007 ersetzt nach seinem Art 48 im Verhältnis der Vertragsstaaten zueinander sowohl das Haager Übk über die Anerkennung und Vollstreckung von Unterhaltsentscheidungen v 2.10.1973 (HUntVÜ; → Rn 624 ff) als auch das

III. Staatsverträge: HUÜ 2007 Art 1   **482, 483 M**

Haager Übk über die Anerkennung und Vollstreckung von Entscheidungen auf dem Gebiet der Unterhaltspflicht gegenüber Kindern v 15.4.1958 (HKUntVÜ; → Rn 686 ff). Das HUntVÜ bleibt allerdings auch im Verhältnis der Vertragstaaten des HUÜ 2007 zueinander insoweit weiter anwendbar, als es um Unterhaltspflichten geht, die – wie insbesondere solche aus Verwandtschaft – nach Art 2 HUÜ 2007 aus dem sachlich-persönlichen Anwendungsbereich dieses neuen Übk ausgeschlossen sind.

5. Auslegung

Bei der Auslegung des Übk ist nach Art 53 (→ Rn 618) seinem internationalen Charakter und **480** dem Ziel Rechnung zu tragen, eine möglichst einheitliche Anwendung seiner Vorschriften in den Vertragsstaaten zu gewährleisten. Ferner ist der enge Zusammenhang des Übk mit dem Haager Unterhaltsprotokoll (→ C Rn 489 ff) zu berücksichtigen. Im Übrigen kann auch die Rechtsprechung des EuGH und der mitgliedstaatlichen Gerichte zur Auslegung der EuUntVO insoweit herangezogen werden, als die Vorschriften des Übk mit jenen der EuUntVO übereinstimmen. Bei der deutschen Fassung des Übk handelt es sich um eine Übersetzung; authentisch sind gleichberechtigt nur der englische und der französische Text (www.hcch.net, Nr 38). Da das Übk von der EU abgeschlossen worden ist, können Auslegungszweifel von den Gerichten der EU-Mitgliedstaaten dem EuGH nach Art 267 AEUV zur Vorabentscheidung vorgelegt werden. An die Auslegung des Übk durch den EuGH sind freilich die Gerichte von nicht der EU angehörenden Vertragsstaaten nicht gebunden; diese haben die Aufassung des EuGH aber nach Maßgabe von Art 53 zu berücksichtigen.

6. Deutsches Ausführungsgesetz

Das deutsche AusführungsG v 20.2.2013 zum HUÜ 2007, das zu weitreichenden Änderungen **481** des AUG geführt hat, wurde bereits am 25.2.2013 verkündet (BGBl I, 273). Es gilt aber erst mit Wirkung v 1.8.2014, dh seit dem Tag, an dem das HUÜ 2007 für die Europäische Union in Kraft getreten ist (vgl auch die RegBegr in der BT-Drs 17/10492). Vgl insbesondere §§ 1 Abs 1 S 1 Nr 2 lit a, 57 iVm §§ 36–56, §§ 58–60a AUG.

Kapitel I. Ziel, Anwendungsbereich und Begriffsbestimmungen
HUÜ 2007 Art 1. Ziel

Ziel dieses Übereinkommens ist es, die wirksame internationale Geltendmachung der Unterhaltsansprüche von Kindern und anderen Familienangehörigen sicherzustellen, insbesondere dadurch, dass

a) ein umfassendes System der Zusammenarbeit zwischen den Behörden der Vertragsstaaten geschaffen wird,

b) die Möglichkeit eingeführt wird, Anträge zu stellen, um Unterhaltsentscheidungen herbeizuführen,

c) die Anerkennung und Vollstreckung von Unterhaltsentscheidungen sichergestellt wird und

wirksame Maßnahmen im Hinblick auf die zügige Vollstreckung von Unterhaltsentscheidungen gefordert werden.

1. Allgemeines

Art 1 nennt – ähnlich wie andere jüngere Haager Übereinkommen (zB Art 1 HKÜ, Art 1 **482** HAdoptÜ, Art 1 KSÜ) – die mit dem Übk verfolgten Ziele. **Hauptziel** ist es danach, die wirksame internationale Geltendmachung der Unterhaltsansprüche von Kindern und anderen Familienangehörigen sicherzustellen. Dieses Ziel soll vor allem durch die in lit a bis lit d genannten Maßnahmen erreicht werden. Von Bedeutung ist Art 1 insbesondere für die Auslegung des Übk, die im Lichte dieses Ziels zu erfolgen hat (*Beaumont* RabelsZ 73 [2009] 506/526).

2. Unterhaltsbegriff

Der für die Anwendung des Übk zentrale Begriff des „Unterhaltsanspruchs" wird im Übk **483** ebensowenig definiert wie in der EuUntVO oder im Haager Unterhaltsprotokoll. Er ist unter Berücksichtigung der Ziele des Übk **autonom und weit auszulegen** (*Andrae*, IntFamR § 8

1117

M   2. Teil. Anerkennung/Vollstreckung M. Unterhaltssachen

Rn 6; Rauscher/*Kern* Rn 3). Grundsätzlich umfasst der Unterhalt alle Leistungen an den Berechtigten, die zur Bestreitung von dessen laufenden Lebensbedürfnisse dienen und für deren Bemessung es auf die Leistungsfähigkeit des Verpflichteten und die Bedürftigkeit des Berechtigten ankommt. Wegen der Einzelheiten, insbesondere der zT schwierigen Abgrenzung des nachehelichen Unterhalts vom güterrechtlichen Ausgleich bei Gewährung von Kapitalabfindungen kann im vollem Umfang auf die ausführliche Kommentierung des Unterhaltsbegriffs zu Art 1 EuUntVO (→ C Rn 34–40, 50–57) und zu Art 1 HUP (→ C Rn 522–536) verwiesen werden.

3. Umsetzung des Ziels

484   Zur Umsetzung des im Einleitungssatz genannten Ziels der Sicherstellung einer wirksamen Geltendmachung der Unterhaltsansprüche von Kindern und anderen Familienangehörigen nennt Art 1 folgende Maßnahmen, die sich auch in den Erwägungsgründen der EuUntVO finden (dazu Rauscher/*Kern* Rn 9):

485   **a)** Schaffung eines umfassenden Systems der **Zusammenarbeit zwischen den Behörden** der Vertragsstaaten. Die Regeln dafür finden sich in den Kapiteln II (Art 4–8; → T Rn 77 ff) und III (Art 9–17; → T Rn 82 ff); sie gelten allerdings nach 2 Abs 1 lit c nicht für Unterhaltspflichten von Ehegatten und früheren Ehegatten.

486   **b)** Einführung der Möglichkeit zur **Stellung von Anträgen,** um Unterhaltsentscheidungen herbeizuführen. Diese Möglichkeit wird insbesondere durch die Vorschriften des Kapitels II (9–17; → T Rn 82 ff) geschaffen, allerdings wiederum nicht für Ehegatten und frühere Ehegatten.

487   **c)** Sicherstellung und Verbesserung der **Anerkennung und Vollstreckung** von Unterhaltsentscheidungen im Verhältnis der Vertragsstaaten. Sie wird durch die Regelungen in Kapitel V (Art 19–31; → Rn 513 ff) und VI (Art 32–35; → Rn 583 ff) gewährleistet, ergänzt durch Kapitel VII (Art 36; → Rn 591 ff) für Entscheidungen zugunsten von öffentliche Aufgaben wahrnehmenden Einrichtungen.

488   **d)** Wirksame Maßnahmen im Hinblick auf die **zügige Vollstreckung** von Unterhaltsentscheidungen. Diesem Zweck dienen vor allem die in zahlreichen Vorschriften des Übk (insbesondere in Art 23 und 24) normierten Pflichten der beteiligten Gerichte und Behörden zu einer zügigen Bearbeitung von Anträgen.

HUÜ 2007 Art 2. Anwendungsbereich

(1) **Dieses Übereinkommen ist anzuwenden**

a) **auf Unterhaltspflichten aus einer Eltern-Kind-Beziehung gegenüber einer Person, die das 21. Lebensjahr noch nicht vollendet hat,**

b) **auf die Anerkennung und Vollstreckung oder die Vollstreckung einer Entscheidung über die Unterhaltspflichten zwischen Ehegatten und früheren Ehegatten, wenn der Antrag zusammen mit einem in den Anwendungsbereich des Buchstabens a fallenden Anspruch gestellt wird, und**

c) **mit Ausnahme der Kapitel II und III auf Unterhaltspflichten zwischen Ehegatten und früheren Ehegatten.**

(2) [1]**Jeder Vertragsstaat kann sich nach Artikel 62 das Recht vorbehalten, die Anwendung dieses Übereinkommens in Bezug auf Absatz 1 Buchstabe a auf Personen zu beschränken, die das 18. Lebensjahr noch nicht vollendet haben.** [2]**Ein Vertragsstaat, der einen solchen Vorbehalt anbringt, ist nicht berechtigt, die Anwendung des Übereinkommens auf Personen der Altersgruppe zu verlangen, die durch seinen Vorbehalt ausgeschlossen wird.**

(3) [1]**Jeder Vertragsstaat kann nach Artikel 63 erklären, dass er die Anwendung des gesamten Übereinkommens oder eines Teiles davon auf andere Unterhaltspflichten aus Beziehungen der Familie, Verwandtschaft, Ehe oder Schwägerschaft, einschließlich insbesondere der Pflichten gegenüber schutzbedürftigen Personen, erstrecken wird.** [2]**Durch eine solche Erklärung werden Verpflichtungen zwischen zwei Vertragsstaaten nur begründet, soweit ihre Erklärungen dieselben Unterhaltspflichten und dieselben Teile des Übereinkommens betreffen.**

(4) **Dieses Übereinkommen ist unabhängig vom Zivilstand der Eltern auf die Kinder anzuwenden.**

1118

III. Staatsverträge: HUÜ 2007 Art 2   **489–494 M**

1. Anwendungsbereich, Abs 1

Die verhältnismäßig komplizierte Regelung des sachlich-persönlichen Anwendungsbereichs **489** des Übk in Art 2 mit seinen Einschränkungen in Abs 1 lit a – lit c sowie den Vorbehalts- und Erweiterungsmöglichkeiten in Abs 2 und 3 geht vor allem auf Forderungen der USA zurück, weil der dortige Bundesgesetzgeber keine Kompetenz zum Abschluss eines Staatsvertrags in Bezug auf alle Unterhaltspflichten aus Beziehungen der Familie, Verwandtschaft, Ehe und Schwägerschaft besaß (*Bartl* 36; Rauscher/*Kern* Rn 5).

a) Kindesunterhalt, lit a. Das gesamte Übk (einschließlich der Kapitel II und III über die **490** Zusammenarbeit der Behörden) ist nach lit a auf Unterhaltspflichten aus einer Eltern-Kind-Beziehung gegenüber eine Person anzuwenden, die das **21. Lebensjahr noch nicht vollendet** hat. Allerdings können sich die Vertragsstaaten nach Abs 2 das Recht vorbehalten, die Anwendung des Übk auf Personen zu beschränken, die noch nicht 18 Jahre alt sind (→ Rn 496). Nicht erfasst von lit a werden hingegen Unterhaltsansprüche der Eltern gegen das Kind. Sie können nur durch entsprechende Erklärung der Vertragsstaaten nach Abs 3 in den Anwendungsbereich des Übk einbezogen werden (Rauscher/*Kern* Rn 12; → Rn 497).

Grundlage für die Unterhaltspflicht muss nach lit a eine **„Eltern-Kind-Beziehung"** sein. **491** Dieser Begriff wird im Übk nicht definiert. Er wirft Probleme insbesondere in Fällen der Adoption, der Leihmutterschaft oder der künstlichen Befruchtung auf. Damit stellt sich – ähnlich wie für den Begriff „Familienverhältnis" in Art 1 Abs 1 EuUntVO (→ C Rn 47 ff) – die Frage, ob die Gerichte der Vertragsstaaten für die Zwecke der Qualifikation auf ihr nationales Kollisionsrecht zurückgreifen dürfen. Dies hätte freilich die unerfreuliche Folge, dass der sachliche Anwendungsbereich des Übk nicht in allen Vertragtsstaaten einheitlich bestimmt würde. Im Rahmen der Anerkennung und Vollstreckung von Unterhaltsentscheidungen ist nämlich eine sachliche Nachprüfung der Entscheidung selbst nach Art 12 Abs 8 ausgeschlossen, nicht aber eine Überprüfung, ob der Anwendungsbereich des Übk überhaupt eröffnet ist. Da das Zweitgericht diesbezüglich nicht an die Beurteilung des Erstgerichts gebunden ist, würde die mit dem Übk angestrebte Erleichterung der Durchsetzung von Unterhaltsansprüchen im Falle einer Anwendung des jeweils nationalen Kollisionsrechts nicht immer erreicht. Vorzugswürdig ist daher auch im Rahmen von Abs 1 lit a eine **autonome** – und tendenziell weite – Auslegung des Begriffs „Eltern-Kind-Verhältnis"(so auch Rauscher/*Kern* Rn 8 ff m ausf Begründung).

b) Ehegattenunterhalt. aa) Begriff der Ehe. Wie der Begriff der „Eltern-Kind-Bezie- **492** hung" wird auch der Begriff der „ehelichen Beziehung" im Übk nicht definiert. Er bezieht sich nach traditionellem Verständnis nur auf *verschiedengeschlechtliche* Beziehungen, die statusrechtlich als Ehen angesehen werden. Während zu Art 1 EuEheVO die Auffassung an Boden gewinnt, die auch homosexuelle Ehen als „Ehen" im Sinne jener Verordnung wertet (dazu → C Rn 44), lässt sich ein solches Verständnis angesichts der Vorbehalte vieler Staaten gegenüber gleichgeschlecht-lichen Verbindungen für einen auf weltweite Geltung abzielenden Staatsvertrag wie das HUÜ 2007 nicht vertreten (so auch *Andrae*, IntFamR § 8 Rn 16; Rauscher/*Kern* Rn 14). Allerdings sollte es den Gerichten derjenigen Mitgliedstaaten, die – wie inzwischen auch die *Bundesrepublik Deutschland* – gleichgeschlechtliche Ehen materiell- und verfahrensrechtlich der traditionellen Ehe zwischen Mann und Frau gleichstellen, gestattet sein, sie unter den Ehebegriff der EuUnt-VO zu subsumieren und Unterhaltsentscheidungen zugunsten eines gleichgeschlechtlichen Ehe-gatten nach dem Übk anzuerkennen und zu vollstrecken.

Unterhaltsansprüche aus einer ehelichen Beziehung sind sowohl solche aus einer intak- **493** ten Ehe, als auch solche nach einer Trennung ohne Auflösung des Ehebandes oder – wie durch die Erwähnung der „früheren Eehegatten" klargestellt wird – solche nach der Scheidung oder Ungültigerklärung einer Ehe Auch von Beginn an nichtige Ehen können unter den Begriff der ehelichen Beziehung subsumiert werden. Durch eine solche weite Auslegung lässt sich der sachliche Anwendungsbereich des Übk ohne Rückgriff auf das in der Sache anwendbare Recht bestimmen.

bb) Mit Kindesunterhalt verbundener Ehegattenunterhalt, lit b. Umfassend ist das Übk **494** auf die Anerkennung und Vollstreckung von Ehegattenunterhalt nach lit b allerdings nur dann anwendbar, wenn der Antrag zusammen mit einem Anspruch auf Kindesunterhalt iSv lit a gestellt wird. Zwar ist das Übk nach lit c auf Unterhaltsansprüche zwischen Ehegatten und früheren Ehegatten auch anwendbar, wenn diese isoliert erhoben werden; dies gilt aber nicht für die Kapitel II und III über die Zusammenarbeit der Behörden. Daraus ist zu schließen, dass diese

1119

M 495–498   2. Teil. Anerkennung/Vollstreckung M. Unterhaltssachen

Einschränkung bei Anwendung von lit b nicht gelten soll. Stellt eine Ehegatte daher einen Antrag auf Anerkennung und Vollstreckung von Getrenntlebens- oder Scheidungsunterhalt zusammen mit einem Antrag auf Anerkennung und Vollstreckung von Kindesunterhalt, so gelten für seinen Antrag auch bezüglich des Ehegattenunterhalts die Erleichterungen nach den Kapiteln II und III (*Borrás/Degeling*-Bericht Rn 47). Ehegatten oder frühere Ehegatten können also in diesem Fall nach Art 10 Abs 1 lit a, b, Abs 2 lit a iVm Art 6, 12, 14 die **Zentralen Behörden** zur Übermittlung, Förderung und Hilfestellung auch für ihre Anträge auf Anerkennung und Vollstreckung von Ehegattenunterhalt einschalten (*Malatesta* Riv dir int priv proc 09, 829/831; Rauscher/*Kern* Rn 18).

495   **cc) Sonstiger Ehegattenunterhalt, lit c.** Demgegenüber finden die Kapitel II und III auf die Unterhaltsansprüche von Ehegatten oder früheren Ehegatten keine Anwendung, wenn die Anerkennung und Vollstreckung diesbezüglicher Entscheidungen nicht zusammen mit entsprechenden Anträgen in Bezug auf Kindesunterhalt verlangt wird. Dies hat zur Folge, dass für solche Unterhaltsansprüche grundsätzlich nur unmittelbare Anträge nach Art 37 möglich sind (*Beaumont* RabelsZ 73 [2009] 509/528; Rauscher/*Kern* Rn 15). Alle anderen Kapitel des Übk, insbesondere diejenigen über die Anerkennung und Vollstreckung, finden hingegen auf Entscheidungen über Ehegattenunterhalt auch dann Anwendung, wenn kein Zusammenhang mit einem Antrag auf Anerkennung und Vollstreckung von Kindesunterhalt besteht. Ehegatten müssen sich jedoch in diesem Fall nach Art 37 unmittelbar an die zuständigen Behörden der Vertragsstaaten wenden (→ Rn 592 ff).

2. Beschränkung des Kindesunterhalts, Abs 2

496   Gemäß Abs 2 S 1 kann jeder Vertragsstaat sich das Recht vorbehalten, die Anwendung des Übk – abweichend von Abs 1 lit a – auf Kinder zu beschränken, die das **18. Lebensjahr noch nicht vollendet** haben. Damit soll den Vertragstaaten eine Anpassung an das jeweilige nationale Volljährigkeitsalter ermöglicht werden. Die Einzelheiten zur Anbringung, Rücknahme und Wirkung dieses Vorbehalts sind in Art 62 geregelt (→ Rn 613). Erklärt ein Vertragsstaat einen solchen Vorbehalt, so ist er nach Abs 2 S 2 nicht berechtigt, von anderen Vertragsstaaten die Anwendung des Übk auf über 18 Jahre alte Personen zu verlangen. Die anderen Vertragsstaaten sind jedoch nicht daran gehindert, Personen dieser Altersgruppe die Vergünstigungen des Übk dennoch zukommen zu lassen (Rauscher/*Kern* Rn 21). Den Vorbehalt nach Abs 2 haben bisher nur **Montenegro,** die **Ukraine** und **Weißrussland** angebracht.

3. Erweiterung auf andere Unterhaltspflichten, Abs 3

497   Nach Abs 3 S 1 1 kann jeder Vertragsstaat gemäß Artikel 63 erklären, dass er die Anwendung des gesamten Übereinkommens oder eines Teiles davon auf andere Unterhaltspflichten aus Beziehungen der Familie, Verwandtschaft, Ehe oder Schwägerschaft, einschließlich der Pflichten gegenüber schutzbedürftigen Personen iSv Art 3 lit f (→ Rn 512), erstrecken wird. Damit haben die Vertragsstaaten die Möglichkeit, den Anwendungsbereich des HUÜ 2007 an den nach Art 1 Abs 1 (→ Rn 642) sachlich weiteren Anwendungsbereich des HUntVÜ anzugleichen und damit das ältere Übk zu ersetzen (*Beaumont* RabelsZ 73 [2009] 509/528). Außerdem könnte durch eine solche Erklärung eine Parallelität des Anwendungsbereichs mit der EuUntVO (Art 1 Abs 1; → C Rn 41 ff) hergestellt werden. Die hierfür zuständige Europäische Union hat allerdings bisher lediglich die Prüfung einer Ausdehnung auf alle Unterhaltspflichten aus Beziehungen der Familie, Verwandtschaft, Ehe oder Schwägerschaft innerhalb von sieben Jahren in Aussicht gestellt (Art 4 Abs 2 des Ratsbeschlusses v 9.6.2011, ABl EU L 192/39, 50).

498   Für den Zeitpunkt der Erklärung, ihre Änderung, Rücknahme und Wirkung gilt Art 63. Nach Abs 3 S 2 wirkt die Erklärung nur unter der Voraussetzung der **Gegenseitigkeit,** dh Verpflichtungen zwischen zwei Vertragsstaaten werden nur begründet, soweit deren Erklärungen nach S 1 dieselben Unterhaltspflichten und dieselben Teile des Übereinkommens betreffen. Hinsichtlich der Erweiterung des Anwendungsbereichs haben die Vertragsstaaten einen erheblichen Spielraum. Sie könne das Übk einerseits in *persönlicher* Hinsicht auf alle oder nur auf einige der in Abs 3 S 1 genannten weiteren Personen ausdehnen. Andererseits könne sie diese Ausdehnung in *sachlicher* Hinsicht für das gesamte Übk oder nur bestimmte Kapitel (zB nur für die Anerkennung und Vollstreckung von Unterhaltsentscheidungen, nicht hingegen für die Zusammenarbeit der Behörden) vornehmen.

III. Staatsverträge: HUÜ 2007 Art 3 **M**

Erkärungen nach Abs 3 haben bisher folgende Vertragsstaaten angegeben (vgl dazu **499** www.hcch.net Nr 38):

Die **Europäische Union** hat die Anwendung der Kapitel II und III auf den Ehegattenunterhalt erstreckt.

Albanien hat erklärt, auch Unterhaltsverpflichtungen zwischen Ehegatten im gleichen Umfang **500** anzuerkennen und zu vollstrecken wie Verpflichtungen zur Leistung von Kindesunterhalt, dh einschließlich von Kapitel II und III. Ferner hat Albanien erklärt, Verpflichtungen zur Leistung von Kindesunterhalt auch zugunsten von erwachsenen Kindern bis zum Alter von 25 Jahren anzuerkennen und zu vollstrecken, sofern sie die höhere Schule oder eine Universität besuchen.

Brasilien hat erklärt, das gesamte Übk auf Unterhaltspflichten aus Verwandtschaft (in gerader **501** Linie und in der Seitenlinie), aus Ehe und Schwägerschaft einschließlich von Unterhaltspflichten gegenüber schutzbedürftigen Personen zu erstrecken.

Norwegen hat erklärt, Verpflichtungen zur Leistung von Kindesunterhalt auch zugunsten von **502** erwachsenen Kindern bis zum Alter von 25 Jahren anzuerkennen und zu vollstrecken. Norwegen ist ferner bereit, auch Unterhaltsverpflichtungen zwischen Ehegatten im gleichen Umfang anzuerkennen und zu vollstrecken wie Verpflichtungen zur Leistung von Kindesunterhalt, dh einschließlich von Kapitel II und III.

Die **Türkei** hat erklärt, Verpflichtungen zur Leistung von Kindesunterhalt auch zugunsten von **503** erwachsenen Kindern bis zum Alter von 25 Jahren anzuerkennen und zu vollstrecken, sofern diese sich noch in der Ausbildung befinden. Außerdem hat die *Türkei* die Anwendung des gesamten Übk auf Unterhaltspflichten zwischen Ehegatten sowie auf solche zugunsten von geistig oder körperlich behinderten Kindern, die ihren Lebensunterhalt nicht selbst bestreiten können, ohne Altersgrenze sowie zugunsten von Eltern, die hilfsbedürftig sind, erstreckt.

Die **Ukraine** hat erklärt, die Kapitel V und VI des Übk auf die Anerkennung und Vollstre **504** ckung von Unterhaltspflichten im Verhältnis folgender Personen auszudehnen:

– der Eltern gegenüber ihren erwachsenen behinderten Kindern,
– der Eltern gegenüber ihren studierenden Kindern bis zur Vollendung des 23. Lebensjahrs,
– der erwachsenen Kinder gegenüber ihren behinderten Eltern,
– der Großeltern gegenüber ihren minderjährigen Enkeln,
– der erwachsenen Enkel und Urenkel gegenüber ihren behinderten Großeltern und Urgoßeltern,
– der erwachsenen Geschwister gegenüber ihren minderjährigen und behinderten Geschwistern,
– der Stiefeltern gegenüber gegenüber ihren minderjährigen Stiefkindern und
– der erwachsenen Stiefkinder gegenüber ihren behinderten Stiefeltern.

4. Unerheblichkeit des Familienstands, Abs 4

Nach Abs 4 ist das Übk auf Kinder unabhängig vom Familienstand der Eltern anzuwenden. **505** Danach darf also – wie schon nach Art 1 Abs 1 HUntVÜ 1973 – insbesondere nicht zwischen ehelichen und nichtehelichen Kindern unterschieden werden. Dies dürfte auch für die in Abs 2 und Abs 3 geregelten Vorbehalte und Erklärungen gelten, so dass Vertragstaaten auch daran gehindert sind, den Anwendungsbereich des Übk durch eine Erklärung nach Abs 3 für eheliche Kinder weiter zu ziehen als für nichteheliche (*Rauscher/Kern* Rn 28).

HUÜ 2007 Art 3. Begriffsbestimmungen

[1] **Im Sinne dieses Übereinkommens**

a) **bedeutet „berechtigte Person" eine Person, der Unterhalt zusteht oder angeblich zusteht;**

b) **bedeutet „verpflichtete Person" eine Person, die Unterhalt leisten muss oder angeblich leisten muss;**

c) **bedeutet „juristische Unterstützung" die Unterstützung, die erforderlich ist, damit die Antragsteller ihre Rechte in Erfahrung bringen und geltend machen können und damit sichergestellt werden kann, dass ihre Anträge im ersuchten Staat in umfassender und wirksamer Weise bearbeitet werden.** [2] **Diese Unterstützung kann gegebenenfalls in Form von Rechtsberatung, Hilfe bei der Vorlage eines Falles bei einer Behörde, gerichtlicher Vertretung und Befreiung von den Verfahrenskosten geleistet werden;**

1121

M 506–510   2. Teil. Anerkennung/Vollstreckung M. Unterhaltssachen

d) bedeutet „schriftliche Vereinbarung" eine Vereinbarung, die auf einem Träger erfasst ist, dessen Inhalt für eine spätere Einsichtnahme zugänglich ist;

e) bedeutet „Unterhaltsvereinbarung" eine schriftliche Vereinbarung über Unterhaltszahlungen, die

i) als öffentliche Urkunde von einer zuständigen Behörde formell errichtet oder eingetragen worden ist oder

ii) von einer zuständigen Behörde beglaubigt oder eingetragen, mit ihr geschlossen oder bei ihr hinterlegt worden ist

und von einer zuständigen Behörde überprüft und geändert werden kann;

f) bedeutet „schutzbedürftige Person" eine Person, die aufgrund einer Beeinträchtigung oder der Unzulänglichkeit ihrer persönlichen Fähigkeiten nicht in der Lage ist, für sich zu sorgen.

1. Allgemeines

506   Im Interesse einer einheitlichen Anwendung und Auslegung des Übk werden in Art 3 – ähnlich wie in Art 2 EuUntVO – einige zentrale Begriffe legal definiert. Der Katalog weicht allerdings von Art 2 EuUntVO deutlich ab.

2. Die einzelnen Definitionen

507   **a) Berechtigte und verpflichtete Person, lit a, b.** In Übereinstimmung mit Art 2 Nr 10 und Nr 11 EuUntVO (→ C Rn 68 f) ist „berechtigte Person" eine Person, der Unterhalt zusteht oder angeblich zusteht, „verpflichtete Person" eine Person, die Unterhalt leisten muss oder angeblich leisten muss. Damit wird klargestellt, dass es insoweit nicht darauf ankommt, ob der Unterhaltsanspruch nach dem maßgeblichen Unterhaltsstatut wirklich besteht. Es reicht vielmehr aus, dass der Berechtigte einen solchen Anspruch geltend macht, der Verpflichtete auf Unterhalt in Anspruch genommen wird. Im Falle einer (Legal-) Zession ist Berechtigter nur der ursprügliche Gläubiger, nicht der (Legal-) Zessionar.

508   **b) Juristische Unterstützung, lit c.** Während die die EuUntVO nur den Begriff der „Prozesskostenhilfe" kennt, der in Art 45 ausführlich beschrieben wird (→ C Rn 849), verwendet das Übk stattdessen den Begriff der „juristischen Unterstützung". Die Zielrichtung beider Begriffe stimmt freilich dahin überein, dass die Unterstützung erforderlich sein muss, damit die Antragsteller „ihre Rechte in Erfahrung bringen und geltend machen können und damit sichergestellt werden kann, dass ihre Anträge im ersuchten Staat in umfassender und wirksamer Weise bearbeitet werden". Aus Art 10 Abs 1 und 2 folgt dabei, dass „Antragsteller" sowohl die berechtigte wie die verpflichtete Person sein kann (Rauscher/*Kern* Rn 6). Zur Gewährung dieser juristischen Unterstützung sind nicht nur die Zentralen Behörden nach Art 6 Abs 2 lit a verpflichtet, sondern auch die ersuchten Vertragsstaaten selbst nach Maßgabe der Art 14–17 (dazu → T Rn 87 ff).

509   In lit b werden **beispielhaft Maßnahmen** aufgezählt, die unter den Begriff der „juristischen Unterstützung" subsumiert werden können. Dazu gehört insbesondere die vorprozessuale Rechtsberatung durch öffentliche Stellen oder durch Rechtsanwälte, die gesetzliche Vertretung des Antragstellers vor Gerichten (zB durch einen Vormund, einen Betreuer oder eine Behörde) und die Befreiung von Verfahrenskosten. Zur Konkretisierung dieser Maßnahmen und der Verfahrenskosten, von denen Befreiung erteilt werden kann, kann auf die wesentlich detailliertre Aufzählung in Art 45 S 2 EuUntVO verwiesen werden.

510   **c) Schriftliche Vereinbarung, lit d.** Für die Definition der „Schriftlichkeit" unterscheidet das Übk nicht mehr – wie zB Art 4 Abs 2 EuUntVO – zwischen der Schriftform und der elektronischen Form, sondern verwendet in lit d einen vom eingesetzten Kommunikationsmittel losgelösten Begriff, wenn dort nur darauf abgestellt wird, dass die Vereinbarung auf einem Träger erfasst sein muss, dessen Inhalt für eine spätere Einsichtnahme zugänglich ist. Als Träger in diesem Sinne kommt also nicht nur Papier, sondern zB auch eine Festplatte, eine CD oder ein USB-Stick in Betracht; ausreichend ist aber zB auch eine Abspeicherung in einer *„cloud"* (Rauscher/*Kern* Rn 8). Eine schriftliche Vereinbarung kann daher nicht nur in einer von beiden Parteien unterschriebenen Urkunde, sondern auch durch den Austausch von Briefen oder E-Mails getroffen werden.

III. Staatsverträge: HUÜ 2007 Art 19 **M**

d) Unterhaltsvereinbarung, lit e. Der in der EuUntVO nicht definierte Begriff der „Unter- **511** haltsvereinbarung" ist nach lit e eine schriftliche Vereinbarung über Unterhaltszahlungen, die entweder als öffentliche Urkunde von einer zuständigen Behörde (zB einem Notar, vgl *Borrás/ Degeling*-Bericht Rn 73) förmlich errichtet oder eingetragen worden ist (i) oder von einer solchen Behörde zumindest beglaubigt oder eingetragen, mit ihr geschlossen oder bei ihr hinterlegt worden ist (ii). Ferner muss die Vereinbarung in beiden genannten Fällen von einer zuständigen Behörde (idR einem Gericht) überprüft und geändert werden können. Zum Begriff der „öffentlichen Urkunde" kann ergänzend auf die Kommentierung zu Art 2 Abs 1 Nr 3 EuUntVO (→ C Rn 63 ff) verwiesen werden.

e) Schutzbedürftige Person, lit f. Als schutzbedürftig sieht das Übk in lit f eine Person an, **512** die aufgrund einer Beeinträchtigung oder der Unzulänglichkeit ihrer persönlichen Fähigkeiten nicht in der Lage ist, für sich zu sorgen. Die Unfähigkeit „für sich zu sorgen" ist – dem Zweck des Übk entsprechend – in dem Sinne zu verstehen, dass der Unterhaltsberechtigte aufgrund der genannten Einschränkungen nicht in der Lage ist, seine Unterhaltsansprüche durchzusetzen (Rauscher/*Kern* Rn 11). Da der Kindesunterhalt nach Art 2 Abs 1 lit a unabhängig von einer besonderen Schutzbedürftigkeit des Kindes iSv lit f vom Übk erfasst wird, hat diese praktische Bedeutung vor allem für **Erwachsene.** Die Definition in lit f orientiert sich hinsichtlich der Voraussetzungen der Schutzbedürftigkeit daher auch an Art 1 Abs 1 ErwSÜ, auf dessen Kommentierung ergänzend verwiesen wird (→ J Rn 14 ff). Für schutzbedürftige Erwachsene lässt Art 2 Abs 3 eine Ausdehnung des sachlich-persönlichen Anwendungsbereichs des Übk durch entsprechende Erklärung von Vertragstaaten zu (dazu → Rn 497 ff). Außerdem ist das Übk nach Art 37 Abs 3 auf die Anerkennung und Vollstreckung von Entscheidungen anzuwenden, die einer schutzbedürftigen Person auch nach Vollendung des 21. Lebensjahrs Unterhalt zubilligen, wenn die Entscheidung ergangen ist, bevor die Person dieses Alter erreicht hat, und der Person durch die Entscheidung aufgrund ihrer Beeinträchtigung über dieses Alter hinaus Unterhalt gewährt wurde. Darüber hinaus findet das Übk hingegen auf Unterhaltsansprüche von schutzbedürftigen Erwachsenen – vorbehaltlich einer entsprechenden Erklärung nach Art 2 Abs 3 – keine Anwendung. Diese können sich zur Durchsetzung ihrer Unterhaltsansprüche insbesondere nicht an die Zentralen Behörden wenden und können auch juristische Unterstützung nur eingeschränkt nach Art 14 Abs 5 (Befreiung von Sicherheitsleistung und Hinterlegung) sowie nach Art 17 lit b (Fortsetzung der im Ursprungsstaat gewährten unentgeltlichen juristischen Unterstützung im Anerkennungs- und Vollstreckungsverfahren) in Anspruch nehmen.

Kapitel II. Zusammenarbeit auf Verwaltungsebene

HUÜ 2007 Art 4–8

(abgedruckt und kommentiert→ T Rn 77 ff)

Kapitel III. Anträge über die Zentralen Behörden

HUÜ 2007 Art 9–17

(abgedruckt und kommentiert→ T Rn 82 ff)

Kapitel IV. Einschränkungen bei der Verfahrenseinleitung

HUÜ 2007 Art 18

(abgedruckt und kommentiert → C Rn 416)

Kapitel V. Anerkennung und Vollstreckung

HUÜ 2007 Art 19. Anwendungsbereich dieses Kapitels

(1) [1]**Dieses Kapitel ist auf Unterhaltsentscheidungen einer Behörde, sei es eines Gerichts oder einer Verwaltungsbehörde, anzuwenden.** [2]**Der Begriff „Entscheidung" schließt auch Vergleiche oder Vereinbarungen ein, die vor einer solchen Behörde geschlossen oder von einer solchen genehmigt worden sind.** [3]**Eine Entscheidung kann eine automatische Anpassung durch Indexierung und die Verpflichtung, Zahlungsrückstände, Unterhalt für die Vergangenheit oder Zinsen zu zahlen, sowie die Festsetzung der Verfahrenskosten umfassen.**

1123

M 513–516   2. Teil. Anerkennung/Vollstreckung M. Unterhaltssachen

(2) **Betrifft die Entscheidung nicht nur die Unterhaltpflicht, so bleibt die Wirkung dieses Kapitels auf die Unterhaltpflicht beschränkt.**

(3) **Im Sinne des Absatzes 1 bedeutet „Verwaltungsbehörde" eine öffentliche Aufgaben wahrnehmende Einrichtung, deren Entscheidungen nach dem Recht des Staates, in dem sie begründet ist,**

a) vor Gericht angefochten oder von einem Gericht nachgeprüft werden können und
b) vergleichbare Kraft und Wirkung haben wie eine Entscheidung eines Gerichts zu der gleichen Angelegenheit.

(4) **Dieses Kapitel ist auch auf Unterhaltsvereinbarungen nach Artikel 30 anzuwenden.**

(5) **Dieses Kapitel ist auch auf Anträge auf Anerkennung und Vollstreckung anzuwenden, die nach Artikel 37 unmittelbar bei der zuständigen Behörde des Vollstreckungsstaats gestellt werden.**

1. Unterhaltsentscheidungen einer Behörde, Abs 1

513   **a) Allgemeines.** Art 19 bestimmt den Anwendungsbereich des V. Kapitels über die Anerkennung und Vollstreckung und legt hierzu fest, dass dieses nur auf Unterhaltsentscheidungen anzuwenden ist. Der Begriff der Entscheidung ist **autonom** und weit auszulegen. Er umfasst – ebenso wie nach der EuUntVO (→ Rn 38) – nicht nur Endurteile in Unterhaltsverfahren, sondern auch Entscheidungen im Mahnverfahren, ferner nur vorläufig vollstreckbare Entscheidungen, Entscheidungen auf dem Gebiet des einstweiligen Rechtsschutzes (vgl Art 31) und Kostenfestsetzungsbeschlüsse. Unerheblich ist nach S 1, ob die Entscheidung von einem Gericht oder einer Verwaltungsbehörde erlassen wurde. Der Begriff der Verwaltungsbehörde wird zu diesem Zweck in Abs 3 näher definiert (→ Rn 517).

514   **b) Einbeziehung von Vergleichen und Vereinbarungen.** Nach S 2 gilt das Übk auch für die Anerkennung und Vollstreckung von Vergleichen und Vereinbarungen, sofern sie vor einer Behörde iSv S 1 geschlossen oder von einer solchen genehmigt worden sind. Erfasst wird also gleichermaßen der von einem Gericht vorgeschlagene bzw gebilligte wie der von den Parteien im Laufe eines Unterhaltsverfahrens vor Gericht geschlossene und von diesem lediglich protokollierte Vergleich. Der Begriff „Vergleich" ist ebenfalls autonom und weit auszulegen; Anwalts- und Mediationsvergleiche sind jedoch keine gerichtlichen bzw behördlichen Vergleiche. Den Entscheidungen und Vergleichen gleichgestellt werden ferner Unterhaltsvereinbarungen, die von den Parteien ohne das für einen Vergleich erforderliche gegenseitige Nachgeben abgeschlossen wurden. Auch sie werden jedoch nach dem Übk nur anerkannt und vollstreckt, wenn sie vor einer Behörde iSv S 1 geschlossen oder von einer solchen genehmigt worden sind. Vgl auch Abs 4 (→ Rn 518).

515   **c) Anerkennungs- und vollstreckungfähiger Entscheidungsinhalt.** Eine Entscheidung fällt nicht nur insoweit in den Anwendungsbereich des V. und VI. Kapitels, als es um die Anerkennung und Vollstreckung von in der Zukunft zu leistendem Unterhalt geht. Vielmehr wird der anerkennungs- und vollstreckungsfähige Inhalt der Entscheidung in S 3 in mehrerer Hinsicht erweitert. Er bezieht sich danach auch auf die Anordnung einer automatischen Anpassung der Unterhaltshöhe durch **Indexierung** und auf die die Verpflichtung, Zahlungsrückstände, **Unterhalt für die Vergangenheit** und (Verzugs- oder Rechtshängigkeits-)**Zinsen** zu zahlen. Schließlich ist auch die Verurteilung zur Zahlung der **Verfahrenskosten** nach dem Übk in allen anderen Vertragsstaaten zu vollstrecken.

2. Beschränkung auf Unterhaltspflichten, Abs 2

516   Betrifft die anzuerkennende Entscheidung nicht nur die Unterhaltpflicht, so bleibt die Wirkung von Kapitel V nach dem aus Art 3 HUntVÜ übernommenen Abs 2 auf die Unterhaltpflicht beschränkt. Praktische Bedeutung erlangt diese Einschränkung insbesondere dann, wenn die Verurteilung zur Unterhaltszahlung im Verbund oder in sonstigem Zusammenhang mit einer Statusentscheidung erfolgt ist. In diesem Fall wird die Anwendung der Art 20 ff also nicht auf die der Unterhaltpflicht zugrunde liegende Statusentscheidung, zB die Feststellung der Vaterschaft oder die Scheidung der Ehe, erstreckt. Andererseits kann die Anerkennung und Vollstreckung der Unterhaltsentscheidung nach dem Übk auch nicht davon abhängig gemacht werden, dass auch die Statusentscheidung im Zweitstaat nach dem dort insoweit maßgeblichen

1124

III. Staatsverträge: HUÜ 2007 Art 20 **M**

staatsvertraglichen oder autonomen Verfahrensrecht anerkannt werden kann (*Borrás/Degeling*-Bericht Rn 438; Rauscher/*Kern* Rn 7).

3. Begriff der Verwaltungsbehörde, Abs 3

Der Begriff der „Verwaltungsbehörde" iSv Abs 1 wird in abs 1 zunächst dadurch einge- **517** schränkt, dass darunter nicht jede Verwaltungsbehörde, sondern nur „eine öffentliche Aufgaben wahrnehmende Einrichtung" zu verstehen ist. Dieser Begriff wird seinerseits in Art 36 näher erläutert (→ Rn 591). Weiter wird vorausgesetzt, dass Entscheidungen dieser Behörde nach dem Recht des Staates, in dem sie begründet ist, vor Gericht angefochten oder von einem Gericht nachgeprüft werden können *und* dass sie vergleichbare Kraft und Wirkung haben wie Entscheidungen eines Gerichts in der gleichen Sache. Die Behördenentscheidung muss also insbesondere ohne Einschaltung eines Gerichts vollstreckbar sein (Rauscher/*Kern* Rn 4). Der Begriff der Verwaltungsbehörde entspricht damit dem auch in Art 2 Abs 2 EuUntVO definierten Begriff (→ Rn 46); die dort weiterhin vorausgesetzte Einhaltung bestimmter rechtsstaatlicher Garantien (Unparteilichkeit, Gewährung rechtlichen Gehörs) wird man auch für die Vollstreckbarkeit von behördlichen Entscheidungen nach dem HUÜ 2007 fordern müssen.

4. Unterhaltsvereinbarungen, Abs 4

Nach Abs 4 ist das V. Kapitel auch auf Unterhaltsvereinbarungen iSv Art 30 anzuwenden, dh **518** auf Unterhaltsvereinbarungen, die in jedem Vertragsstaat wie eine Entscheidung anzuerkennen und zu vollstrecken sind, wenn sie im Ursprungsstaat wie eine Entscheidung vollstreckbar sind (Art 30 Abs 1; näher → Rn 574 ff). Der Begriff der Unterhaltsvereinbarung wird in Art 3 lit e definiert (→ Rn 511).

5. Anträge nach Art 37 Abs 5

Schließlich ist das Kapitel V auch auf Anträge auf Anerkennung und Vollstreckung anzuwen- **519** den, die nach Art 37 unmittelbar bei der zuständigen Behörde des Vollstreckungsstaats gestellt werden. In diesem Fall entfällt mithin die Vorprüfung durch die Zentralen Behörden des Ursprungsstaates und des Aufenthaltsstaates des Gläubigers.

HUÜ 2007 Art 20. Grundlagen für die Anerkennung und Vollstreckung

(1) **Eine in einem Vertragsstaat („Ursprungsstaat") ergangene Entscheidung wird in den anderen Vertragsstaaten anerkannt und vollstreckt, wenn**

a) **der Antragsgegner zur Zeit der Einleitung des Verfahrens seinen gewöhnlichen Aufenthalt im Ursprungsstaat hatte;**

b) **sich der Antragsgegner der Zuständigkeit der Behörde entweder ausdrücklich oder dadurch unterworfen hatte, dass er sich, ohne bei der ersten sich dafür bietenden Gelegenheit die Unzuständigkeit geltend zu machen, in der Sache selbst eingelassen hatte;**

c) **die berechtigte Person zur Zeit der Einleitung des Verfahrens ihren gewöhnlichen Aufenthalt im Ursprungsstaat hatte;**

d) **das Kind, für das Unterhalt zugesprochen wurde, zur Zeit der Einleitung des Verfahrens seinen gewöhnlichen Aufenthalt im Ursprungsstaat hatte, vorausgesetzt, dass der Antragsgegner mit dem Kind in diesem Staat zusammenlebte oder in diesem Staat seinen Aufenthalt hatte und für das Kind dort Unterhalt geleistet hat;**

e) **über die Zuständigkeit eine schriftliche Vereinbarung zwischen den Parteien getroffen worden war, sofern nicht der Rechtsstreit Unterhaltspflichten gegenüber einem Kind zum Gegenstand hatte; oder**

f) **die Entscheidung durch eine Behörde ergangen ist, die ihre Zuständigkeit in Bezug auf eine Frage des Personenstands oder der elterlichen Verantwortung ausübt, es sei denn, diese Zuständigkeit ist einzig auf die Staatsangehörigkeit einer der Parteien gestützt worden.**

(2) **Ein Vertragsstaat kann zu Absatz 1 Buchstabe c, e oder f einen Vorbehalt nach Artikel 62 anbringen.**

(3) **Ein Vertragsstaat, der einen Vorbehalt nach Absatz 2 angebracht hat, hat eine Entscheidung anzuerkennen und zu vollstrecken, wenn nach seinem Recht bei ver-**

1125

M 520–522   2. Teil. Anerkennung/Vollstreckung M. Unterhaltssachen

gleichbarem Sachverhalt seine Behörden zuständig wären oder gewesen wären, eine solche Entscheidung zu treffen.

(4) ¹Ist die Anerkennung einer Entscheidung aufgrund eines nach Absatz 2 angebrachten Vorbehalts in einem Vertragsstaat nicht möglich, so trifft dieser Staat alle angemessenen Maßnahmen, damit eine Entscheidung zugunsten der berechtigten Person ergeht, wenn die verpflichtete Person ihren gewöhnlichen Aufenthalt in diesem Staat hat. ²Satz 1 ist weder auf unmittelbare Anträge auf Anerkennung und Vollstreckung nach Artikel 19 Absatz 5 noch auf Unterhaltsklagen nach Artikel 2 Absatz 1 Buchstabe b anzuwenden.

(5) Eine Entscheidung zugunsten eines Kindes, welches das 18. Lebensjahr noch nicht vollendet hat, die einzig wegen eines Vorbehalts zu Absatz 1 Buchstabe c, e oder f nicht anerkannt werden kann, wird als die Unterhaltsberechtigung des betreffenden Kindes im Vollstreckungsstaat begründend akzeptiert.

(6) Eine Entscheidung wird nur dann anerkannt, wenn sie im Ursprungsstaat wirksam ist, und nur dann vollstreckt, wenn sie im Ursprungsstaat vollstreckbar ist.

1. Allgemeines

520   Unter der Überschrift „Grundlagen für die Anerkennung und Vollstreckung" regelt Art 20 hauptsächlich die Anerkennungszuständigkeit in Abs 1–5, ferner das Erfordernis der Wirksamkeit bzw Vollstreckbarkeit der Entscheidung im Ursprungsstaat in Abs 6. Eine Regelung der indirekten Zuständigkeit war im Übk deshalb erforderlich, weil dieses – anders als die EuUntVO – auf eine Regelung der direkten Zuständigkeit vollständig verzichtet. Im Rahmen der Prüfung der indirekten Zuständigkeit nach Abs 1 kommt es nicht darauf an, dass das Gericht des Ursprungsstaates eine der in Abs 1 genannten Zuständigkeiten zugrundegelegt hat; maßgebend ist vielmehr allein, ob sich die Zuständigkeit auf eine der in Abs 1 genannten Anknüpfungen stützen lässt, auch wenn das Gericht eine nicht aufgeführte Zuständigkeit bemüht hat (*Borrás/Degeling*-Bericht Rn 443; *Rauscher/Kern* Rn 4). War das Gericht des Ursprungsstaates nach Art 20 nicht zuständig, so kann seiner Entscheidung die Anerkennung und Vollstreckbarkeit im Verfahren nach Art 23 bzw Art 24 (→ Rn 548 ff) verweigert werden (*Borrás/Degeling*-Bericht Rn 446).

2. Anknüpfungen für die Anerkennungszuständigkeit, Abs 1

521   **a) Gewöhnlicher Aufenthalt des Antragsgegners, lit a.** An erster Stelle nennt Abs 1 in lit a die Anknüpfung an den gewöhnlichen Aufenthalt des Antragsgegners, dh den Grundsatz *actor sequitur forum rei*. Dies entspricht der Anknüpfung der direkten Zuständigkeit in Art 3 Abs 1 lit a EuUntVO; auf deren Kommentierung kann daher insbesondere zur Auslegung des Begriffs „gewöhnlicher Aufenthalt" in lit a verwiesen werden (→ C Rn 101 ff). Wie dort (→ C Rn 96) kommt es auch für lit a auf den **Zeitpunkt der Verfahrenseinleitung** an, so dass die Anerkennungszuständigkeit nach dem Grundsatz der *perpetuatio fori* erhalten bleibt, auch wenn der gewöhnliche Aufenthalt des Antragsgegners im Ursprungsstaat im Laufe des dortigen Verfahrens entfallen ist. Hat sich ein deutsches Gericht auf Art 3 Abs 1 lit a EuUntVO gestützt, so ist die Entscheidung daher unter dem Aspekt der indirekten Zuständigkeit in allen anderen Vertragsstaaten des Übk anzuerkennen und zu vollstrecken.

522   **b) Zuständigkeitsunterwerfung und rügelose Einlassung, lit b.** Eine indirekte Zuständigkeit besteht nach lit b weiterhin, wenn der Antragsgegner sich der Zuständigkeit des Gerichts im Ursprungsstaat entweder ausdrücklich unterworfen oder sich rügelos auf das dortige Verfahren eingelassen hat. Die Begriffe der Unterwerfung bzw rügelosen Einlassung sind ebenso zu verstehen wie in Art 18 Abs 2 lit b zur Verfahrensbegrenzung. Wegen der Einzelheiten kann insoweit auf die ausführliche Kommentierung zu Art 5 EuUntVO verwiesen werden, der die rügelose Einlassung als Grund für die direkte Zuständigkeit in Unterhaltssachen regelt (→ C Rn 180 ff). Anders als eine Gerichtsstandsvereinbarung nach lit e begründet die rügelose Einlassung die internationale Anerkennungszuständigkeit nach lit b auch auf dem Gebiet des **Kindesunterhalts** (*Rauscher/Kern* Rn 6). Abweichend von Art 26 Abs 2 EuGVVO nF und von Art 8 Abs 2 EuGüVO/EuPartVO setzt lit b eine Belehrung des Antragsgegners über die Rechtsfolgen einer Unterwerfung oder rügelosen Einlassung ebensowenig voraus wie Art 5 EuUntVO.

III. Staatsverträge: HUÜ 2007 Art 20   523–527 **M**

c) Gewöhnlicher Aufenthalt des Berechtigten, lit c. Ausreichender Anknüpfungspunkt **523**
für die internationale Zuständigkeit der Gerichte des Ursprungsstaats ist nach lit c auch der
gewöhnliche Aufenthalt der berechtigten Person (zum Begriff Art 3 lit a; → Rn 507) im Ursprungsstaat. Dies entspricht der Anknüpfung der direkten Zuständigkeit in Art 3 Abs 1 lit b
EuUntVO. Wie in lit a kommt es auch für lit c auf den **Zeitpunkt der Verfahrenseinleitung**
an, so dass die Anerkennungszuständigkeit nach dem Grundsatz der *perpetuatio fori* erhalten bleibt,
wenn der Unterhaltsberechtigte seinen gewöhnlichen Aufenthalt im Ursprungsstaat im Laufe des
dortigen Verfahrens aufgibt. Berechtigte Person kann nicht nur eine natürliche Person, sondern
auch eine **öffentliche Aufgaben wahrnehmende Einrichtung** sein. Dies folgt daraus, dass
Art 36 Abs 1 den Begriff der „berechtigten Person" auch in den von Art 20 Abs 4 erfassten
Fällen ausdrücklich auf solche Einrichtungen ausdehnt (*Andrae* FPR 13, 38/42; Rauscher/*Kern*
Rn 7). Der Klägergerichtsstand nach lit c kann allerdings gemäß Abs 2 durch einen Vorbehalt
ausgeschlossen werden (→ Rn 529 f).

d) Gewöhnlicher Aufenthalt des Kindes, lit d. Die indirekte Zuständigkeit ist weiterhin **524**
für Entscheidungen, mit denen einem Kind Unterhalt zugeprochen wird, dann im Ursprungstaat
begründet, wenn das Kind dort zur Zeit der Einleitung des Verfahrens seinen gewöhnlichen
Aufenthalt hatte. Hinzukommen muss allerdings, dass der Antragsgegner mit dem Kind in
diesem Staat zusammenlebte oder in diesem Staat seinen Aufenthalt hatte und für das Kind dort
Unterhalt geleistet hat. Auch lit d begründet zugunsten des Kindes einen Klägergerichtsstand, für
den aber – anders als nach lit c – keine Vorbehaltsmöglichkeit besteht. Die Zuständigkeit besteht
nur für Entscheidungen, die dem Kind **Unterhalt zusprechen,** also nicht für solche, die einen
Unterhaltsanspruch des Kindes verneinen. Auf die Höhe des zugesprochenen Unterhalts kommt
es hingegen nicht an.

Die weiteren Voraussetzungen der Zuständigkeit nach lit d sind vor dem Hintergrund der **525**
grundsätzlich ablehnenden Haltung der USA gegenüber Klägergerichtsständen zu sehen. Solche
Gerichtsstände können aus Sicht des US-amerikanischen Rechts nur hingenommen werden,
wenn – über den gewöhnlichen Aufenthalt oder Wohnsitz des Klägers hinaus – sog „*minimum
contacts*" des Sachverhalts zum Gerichtsstaat vorliegen (Rauscher/*Kern* Rn 10 und Einl Rn 16 m
Nachw). Hierfür reicht es nach lit d aus, dass der Antragsgegner mit dem Kind im Ursprungsstaat
zusammengelebt hat.

An den Begriff des **„Zusammenlebens"** werden keine sehr strengen Anforderungen gestellt.
Es ist daher nicht erforderlich, dass das Kind im Haushalt des Antragsgegners gelebt hat.
Ebensowenig wird verlangt, dass der Antragsgegner den Lebensunterhalt des Kindes bestritten
oder Unterhaltsleistungen an das Kind erbracht hat. Ausreichend ist vielmehr, dass Antragsgegner
und Kind für einen gewissen Zeitraum zumindest einen Teil des täglichen Lebens miteinander
verbracht haben (näher dazu Rauscher/*Kern* Rn 10).

Das Erfordernis von „*minimum contacts*" wird nach lit d alternativ auch dadurch erfüllt, dass der **526**
Antragsgegner seinen (nicht notwendig gewöhnlichen) **Aufenthalt im Ursprungsstaat** hatte
und für das Kind dort **Unterhalt geleistet** hat. Nicht vorausgesetzt wird dabei, dass der
Antragsgner den Unterhalt für das Kind während der gesamten Dauer seines Aufenthalts im
Ursprungsstaat geleistet hat (Rauscher/*Kern* Rn 11).

e) Schriftliche Gerichtsstandsvereinbarung. Für die die Anerkennung und Vollstreckung **527**
eines Unterhaltsurteils reicht es nach lit e auch aus, wenn sich das Erstgericht auf eine Gerichtsstandsvereinbarung gestützt hat, die schriftlich iSv Art 3 lit d abgeschlossen wurde. Der Begriff
der Gerichtsstandsvereinbarung ist ebenso auszulegen wie in Art 18 Abs 2 lit a zur Verfahrensbegrenzung. Wegen der Einzelheiten kann insoweit auf die ausführliche Kommentierung zu
Art 4 EuUntVO verwiesen werden, der Gerichtsstandsvereinbarungen als Grundlage für die
direkte Zuständigkeit in Unterhaltssachen regelt (→ C Rn 126 ff). Anders als Art 4 EuUntVO
zieht lit e der Wahlfreiheit der Parteien jedoch keine Schranken. Im Gegensatz zur rügelosen
Einlassung nach lit b begründet eine Gerichtsstandsvereinbarung die internationale Anerkennungszuständigkeit nach lit e allerdings nicht auf dem Gebiet des Kindesunterhalts. Die **Altersgrenze** beträgt – abweichend von Art 4 Abs 3 EuUntVO (→ C Rn 167) – nicht 18, sondern im
Hinblick auf Art 1 lit a 21 Jahre (Rauscher/*Kern* Rn 12; *Nimmerrichter* Rn 34; **aA** *Fucik* iFamZ
08, 219/225). Hat sich ein deutsches Gericht auf eine nach Art 4 EuUntVO wirksame Gerichtsstandsvereinbarung gestützt, so ist die Entscheidung daher unter dem Aspekt der indirekten
Zuständigkeit in allen anderen Vertragsstaaten des Übk anzuerkennen und zu vollstrecken. Der
vereinbarte Gerichtsstand nach lit e kann allerdings gemäß Abs 2 ebenfalls durch einen Vorbehalt
ausgeschlossen werden (→ Rn 529 f).

1127

M 528–532   2. Teil. Anerkennung/Vollstreckung M. Unterhaltssachen

528   **f) Zusammenhang mit einer Entscheidung über den Personenstand oder die elterliche Verantwortung.** Auch wenn keine indirekte Zuständigkeit nach lit a–lit e begründet ist, lässt es lit f für die Anerkennungsfähigkeit eines Unterhaltsurteils genügen, wenn dieses durch eine Behörde ergangen ist, die ihre Zuständigkeit in Bezug auf eine Frage des Personenstands oder der elterlichen Verantwortung ausgeübt und in diesem Rahmen eine Annexentscheidung zum Unterhalt getroffen hat. Dabei wird nicht nachgeprüft, welche Zuständigkeit (des EU-Rechts, des Völkervertragsrechts oder des nationalen Verfahrensrechts) das Ursprungsgericht seiner Zuständigkeit in der Personenstandssache oder in der Frage der elterlichen Verantwortung zugrundegelegt hat. Eine Ausnahme gilt nur dann, wenn diese Zuständigkeit einzig auf die Staatsangehörigkeit einer der Parteien gestützt worden ist. Damit entspricht lit f der Regelung der direkten Zuständigkeit nach Art 3 lit c und lit d EuUntVO, auf deren Erläuterung wegen weiterer Einzelheiten verwiesen wird (→ C Rn 111 ff). Auch diese Zuständigkeit kann durch einen Vorbehalt nach Abs 2 ausgeschlossen werden (→ Rn 529 f).

3. Vorbehalt, Abs 2–5

529   **a) Zulässigkeit, Abs 2.** Abs 2 eröffnet den Vertragsstaaten die Möglichkeit, einen Vorbehalt gegen die Zuständigkeiten am gewöhnlichen Aufenthalts des Unterhaltsberechtigten (Abs 1 lit c), gegen die im Wege schriftlicher Vereinbarung begründete Zuständigkeit und gegen die Annexzuständigkeit nach Abs 1 lit f einzulegen. Dieser Vorbehalt kann auch auf eine oder zwei der genannten Zuständigkeiten beschränkt werden. Die Vorbehaltsmöglichkeiten sind vor dem Hintergrund der Abneigung des US-amerikanischen Rechts gegen Klägergerichtstände (Abs 1 lit c, vgl *Malatesta* Riv dir int priv proc 09, 829/835 f), der verbreiteten Vorbehalte gegenüber Zuständigkeitsvereinbarungen in Unterhaltssachen (lit e) und der Befürchtung vor einer Inanspruchnahme exorbitanter nationaler Zuständigkeiten in Personenstands- und Kindschaftssachen zu sehen (vgl Rauscher/*Kern* Rn 15).

530   Den Vorbehalt nach Abs 2 haben die *Vereinigten Staaten* in Bezug auf Abs 1 lit c, e und f erklärt. *Brasilien* hat diesen Vorbehalt nur in Bezug auf die vereinbarte Zuständigkeit nach Abs 1 lit e erklärt, und auch dies nur in bezug auf den Kindesunterhalt und den Unterhalt von geschäftsunfähigen oder älteren Unterhaltsgläubigern.

531   **b) Anerkennungspflicht trotz Vorbehalts, Abs 3.** Auch ein Vertragsstaat, der einen Vorbehalt nach Abs 2 angebracht hat, muss eine Entscheidung jedoch nach Abs 3 dann anerkennen und vollstrecken, wenn nach seinem Recht bei vergleichbarem Sachverhalt seine eigenen Behörden zuständig wären oder gewesen wären, eine solche Entscheidung zu treffen. Während dieses sog **Spiegelbildprinzip** meist zu dem Zweck eingesetzt wird, die Anerkennungszuständigkeit auf solche Anknüpfungsmerkmale zu beschränken, die auch im Zweitstaat eine Zuständigkeit begründen würden (so zB in § 109 Abs 1 Nr 1 FamFG; vgl → Rn 851 ff), wird die Anerkennungszuständigkeit in Abs 3 mit Hilfe des Spiegelbildprinzips **erweitert** (Rauscher/*Kern* Rn 17). Wären also die Gerichte des Anerkennungs-/Vollstreckungsstaats im spiegelbidlichen Fall international zuständig, so muss dort auch die Unterhaltsentscheidung aus einem anderen Vertragsstaat anerkennt und vollstreckt werden, obwohl keine Anerkennungszuständigkeit nach dem Übk begründet ist. Unerheblich ist in diesem Zusammenhang, aus welcher Rechtsquelle sich die spiegelbildliche Zuständigkeit im Anerkennungs- und Vollstreckungsstaat ergibt; dies kann sowohl staatsvertragliches wie autonomes Recht sein. Praktische Bedeutung wird diese Regelung insbesondere für Urteile über Kindesunterhalt erlangen, die in Deutschland oder in einem anderen EU-Mitgliedstaat auf die Zuständigkeit nach Art 3 Abs 1 lit b EuUntVO am gewöhnlichen Aufenthalt des unterhaltsberechtigten Kindes gestützt werden und anschließend in den USA vollstreckt werden sollen. Eine solche Vollstreckung hat dann trotz des von den USA eingelegten Vorbehalts gegen Art 20 Abs 1 lit c gute Erfolgsaussichten, wenn die nach US-amerikanischem Recht erforderlichen *mimimum contacts* im Gerichtsstaat vorgelegen haben.

532   **c) Rechtsfolgen einer Nichtanerkennung aufgrund des Vorbehalts, Abs 4.** Wenn die Anerkennung einer Entscheidung aufgrund eines nach Abs 2 angebrachten Vorbehalts in einem bestimmten Vertragsstaat nicht möglich ist, so hat dieser Staat nach Abs 4 S 1 alle angemessenen Maßnahmen zu treffen, damit eine Unterhaltsentscheidung zugunsten der berechtigten Person ergeht, wenn die verpflichtete Person ihren gewöhnlichen Aufenthalt in diesem Staat hat. Auf diese Weise wird die nachteilige Wirkung des Vorbehalts für den Unterhalsgläubiger deutlich eingeschränkt. Als „angemessene Maßnahme" kommt insbesondere die Unterstützung des Unterhaltsberechtigten bei der Einleitung und Durchführung eines neuen Unterhaltsverfahrens in

1128

III. Staatsverträge: HUÜ 2007 Art 21   535, 536   **M**

dem Staat in Betracht, der den Vorbehalt erklärt hat. Die Verpflichtung dieses Staates nach Satz 1 besteht jedoch nach Satz 2 ausnahmweise dann nicht, wenn der Unterhaltsberechtigte den Antrag auf Anerkennung und Vollstreckung nach Art 19 Abs 5 iVm Art 37 unmittelbar gestellt hat oder wenn Gegenstand der nicht anerkannten Entscheidung die Unterhaltspflicht zwischen Ehegatten oder früheren Ehegatten war, die iSv Art 2 Abs 1 lit b im Zusammenhang mit einem Anspruch auf Kindesunterhalt gestellt wurde. Für *deutsche* Gerichte hat Abs 4 keine Bedeutung, weil die Europäische Union den Vorbehalt nach Abs 2 nicht angebracht hat.

d) Tatbestandswirkung von Entscheidungen über den Kindesunterhalt, Abs 5. Wird   533 eine Entscheidung zugunsten eines Kindes, welches das 18. Lebensjahr noch nicht vollendet hat, in einem Vertragsstaat allein wegen eines nach Abs 2 erklärten Vorbehalts nicht anerkannt, so wird sie in diesem Vertragsstaat nach Abs 5 doch zumindest „als die Unterhaltsberechtigung des betreffenden Kindes im Vollstreckungsstaat begründend" akzeptiert. Dies bedeutet, dass die Gerichte und Behörden dieses Staates trotz der Nichtanerkennung von einer Unterhaltsberechtigung des Kindes auszugehen haben und daran gehindert sind, in einem vom Kind dort eingeleiteten neuen Verfahren ein Recht anzuwenden, das diese Unterhaltsberechtigung leugnet. Eine Bindung hinsichtlich der geschuldeten Höhe des Unterhalts besteht hingegen nicht (Rauscher/ *Kern* Rn 26; **aA** *Nimmerrichter* Rn 360).

4. Wirksamkeit und Vollstreckbarkeit der Entscheidung im Ursprungsstaat, Abs 6

Dass eine Entscheidung nur dann anerkannt werden kann, wenn sie im Ursprungsstaat wirk-   534 sam ist, versteht sich von selbst. Auch dass sie nur dann vollstreckt werden kann, wenn sie im Ursprungsstaat vollstreckbar ist, ist Ausfluss des allgemein anerkannten Prinzips der **Wirkungserstreckung,** das in gleicher Weise auch nach der EuUntVO für die nicht durch das HUP gebundenen Mitgliedstaaten gilt (Art 26 EuUntVO; → Rn 208 ff). Da Rechtskraft der Entscheidung nicht vorausgesetzt wird, reicht auch deren **vorläufige Vollstreckbarkeit** aus (*Borrás/Degeling*-Bericht Rn 473; Rauscher/*Kern* Rn 28).

HUÜ 2007 Art 21. Teilbarkeit und teilweise Anerkennung oder Vollstreckung

(1) **Kann der Vollstreckungsstaat die Entscheidung nicht insgesamt anerkennen oder vollstrecken, so erkennt er jeden abtrennbaren Teil der Entscheidung, der anerkannt oder für vollstreckbar erklärt werden kann, an oder vollstreckt ihn.**

(2) **Die teilweise Anerkennung oder Vollstreckung einer Entscheidung kann stets beantragt werden.**

1. Teilanerkennung von Amts wegen

Nach Abs 1 ist das Gericht im Vollstreckungsstaat berechtigt, die Anerkennung und Voll-   535 streckbarerklärung eines Unterhaltstitels aus einem anderen Vertragsstaat auf einen abtrennbaren Teil der Entscheidung zu begrenzen. Dies kommt insbesondere in Betracht, wenn über Unterhaltspflichten verschiedener Personen (zB Ehegatte und Kinder) entschieden worden ist, die nicht alle in den räumlich-persönlichen Anwendungsbereich des Übk nach Art 1 fallen (Rauscher/*Kern* Rn 3). Im Falle von Unterhaltsentscheidungen, die im Verbund mit einem Urteil in einer Statussache (zB einer Ehescheidung oder einer Abstammungsfeststellung) ergangen sind, ist die Anwendung des Übk hingegen schon nach Art 19 Abs 2 auf die Entscheidung über die Unterhaltspflicht beschränkt. In jedem Fall setzt die Anwendung von Abs 1 die „Abtrennbarkeit"des zu vollstreckenden Teils von der übrigen Entscheidung voraus (*Borrás/Degeling*-Bericht Rn 475). Die Regelung entspricht hinsichtlich der Vollstreckbarerklärung Art 37 EuUntVO, während die Anerkennung auch im Verhältnis der nicht durch das HUP gebundenen Staaten nach der EuUntVO automatisch erfolgt

2. Teilanerkennung auf Antrag

In jedem Fall steht es dem Antragsteller frei, die Anerkennung und Vollstreckung – zB aus   536 Kostengründen – auf einen abtrennbaren Teil der Entscheidung zu beschränken, und zwar auch dann, wenn rechtlich auch eine Anerkennung der gesamten Entscheidung verlangt werden könnte.

M 537–540   2. Teil. Anerkennung/Vollstreckung M. Unterhaltssachen

HUÜ 2007 Art 22. Gründe für die Verweigerung der Anerkennung und Vollstreckung

Die Anerkennung und Vollstreckung der Entscheidung können verweigert werden, wenn

a) die Anerkennung und Vollstreckung der Entscheidung mit der öffentlichen Ordnung (ordre public) des Vollstreckungsstaats offensichtlich unvereinbar sind;

b) die Entscheidung das Ergebnis betrügerischer Machenschaften im Verfahren ist;

c) ein denselben Gegenstand betreffendes Verfahren zwischen denselben Parteien vor einer Behörde des Vollstreckungsstaats anhängig und als erstes eingeleitet worden ist;

d) die Entscheidung unvereinbar ist mit einer Entscheidung, die zwischen denselben Parteien über denselben Gegenstand entweder im Vollstreckungsstaat oder in einem anderen Staat ergangen ist, sofern diese letztgenannte Entscheidung die Voraussetzungen für die Anerkennung und Vollstreckung im Vollstreckungsstaat erfüllt;

e) in den Fällen, in denen der Antragsgegner im Verfahren im Ursprungsstaat weder erschienen noch vertreten worden ist,

    i) der Antragsgegner, sofern das Recht des Ursprungsstaats eine Benachrichtigung vom Verfahren vorsieht, nicht ordnungsgemäß vom Verfahren benachrichtigt worden ist und nicht Gelegenheit hatte, gehört zu werden, oder

    ii) der Antragsgegner, sofern das Recht des Ursprungsstaats keine Benachrichtigung vom Verfahren vorsieht, nicht ordnungsgemäß von der Entscheidung benachrichtigt worden ist und nicht die Möglichkeit hatte, in tatsächlicher und rechtlicher Hinsicht diese anzufechten oder ein Rechtsmittel dagegen einzulegen; oder

f) die Entscheidung unter Verletzung des Artikels 18 ergangen ist.

1. Allgemeines

537   Art 22 enthält einen abschließenden Katalog der Gründe, aus denen die Anerkennung und Vollstreckung – außer wegen fehlender Zuständigkeit nach Art 20 – nach dem Übk verweigert werden darf. Liegt ein Versagungsgrund nach Art 22 vor, so ist das um Anerkennung oder Vollstreckung einer Unterhaltsentscheidung ersuchte Gericht im Zweitstaat zu deren Versagung berechtigt, aber nicht verpflichtet; ihm ist also diesbezüglich ein Ermessensspielraum eingeräumt (*Borrás/Degeling*-Bericht Rn 477; Rauscher/*Kern* Rn 15 f). Die Prüfung dieser Versagungsgründe hat im Verfahren nach Art 23 bzw Art 24 (→ Rn 548 ff) zu erfolgen.

2. Die einzelnen Versagungsgründe

538   **a) Verstoß gegen den *ordre public*, lit a.** Dieser Versagungsgrund entspricht Art 23 S 1 lit a EuUntVO; auf die dortige Kommentierung wird voll umfänglich Bezug genommen (→ Rn 160 ff). Danach ist von von diesem Versagungsgrund nur mit großer Zurückhaltung Gebrauch zu machen (*Borrás/Degeling*-Bericht Rn 479; *Nimmerrichter* Rn 365). Ferner ist auch nach lit a die Rüge eines Verstoßes gegen den verfahrensrechtlichen *ordre public* ausgeschlossen, wenn der Unterhaltsschuldner im ausländischen Erkenntnisverfahren nicht alle nach dem Recht des Erststaates zulässigen und ihm zumutbaren Rechtsbehelfe ausgeschöpft hat (vgl zum HUntVÜ OLG Köln FamRZ 17, 1330/1331).

539   **b) Betrügerische Machenschaften, lit b.** Die Anerkennung und Vollstreckung kann nach lit b auch verweigert werden, wenn die Entscheidung „das Ergebnis betrügerischer Machenschaften im Verfahren" ist. Dieser schon in Art 5 Nr 2 HUntVG 1973 enthaltene Versagungsgrund ist eine spezielle Ausprägung des verfahrensrechtlichen *ordre public*. Gemeint ist der Fall, dass beim zuständigen Gericht oder der zuständigen Behörde durch Täuschung seitens eines Verfahrensbeteiligten ein Irrtum erregt worden ist, der sich auf die getroffene Unterhaltsentscheidung ausgewirkt hat (Rauscher/*Kern* Rn 4; vgl zu Art 34 Nr 1 EuGVVO aF OLG Düsseldorf OLGR 09, 299; OLG Zweibrücken NJW-RR 06, 207; zu § 328 Abs 1 Nr 4 ZPO BGHZ 141, 286/304 = IPRax 01, 230; BGH WM 86, 1370/1371).

540   **c) Frühere Anhängigkeit im Vollstreckungsstaat, lit c.** Während die EuUntVO auf diesen Versagungsgrund auch im Verhältnis der nicht an das HUP gebundenen Mitgliedstaaten

1130

III. Staatsverträge: HUÜ 2007 Art 22   **541–545 M**

verzichten konnte, weil die Koordinierung konkurrierender Verfahren in den Mitgliedstaaten
bereits im Erkenntnisverfahren mit Hilfe der Art 12, 13 EuUntVO geschieht, hält das Übk an
dem bereits in Art 5 Nr 3 HUntVÜ 1973 enthaltenen Versagungsgrund fest. Dieser greift
allerdings nur ein, wenn ein denselben Gegenstand betreffendes Verfahren zwischen denselben
Parteien vor einer **Behörde des Vollstreckungsstaats** anhängig und als erstes eingeleitet
worden ist. Die frühere Anhängigkeit des Unterhaltsverfahrens in einem Vertragsstaat steht einer
Anerkennung der Entscheidung, die in einem später in einem anderen Vertragstaat eingeleiteten
Verfahren ergangen ist, hingegen nicht entgegen (Rauscher/*Kern* Rn 9).

Ob der Begriff der **„Anhängigkeit"** bzw der „Einleitung" des Verfahrens in Ermangelung **541**
jeglicher Anhaltspunkte im Übk autonom ausgelegt werden kann (so Rauscher/*Kern* Rn 6),
erscheint fraglich. Aus Gründen der Rechtssicherheit sollte für den Zeitpunkt der Anhängigkeit
auf die *lex fori* des jeweiligen Verfahrens abgestellt werden. Wann das Verfahren im Vollstreckungsstaat anhängig geworden ist, bestimmt sich daher nach dem nationalen Verfahrensrecht
dieses Staates (so auch der *Borrás/Degeling*-Bericht Rn 484); in *Deutschland* kommt es also auf die
Zustellung des Antrags an den Gegner an (§ 255 Abs 3 FamFG iVm §§ 261 Abs 1, 253 Abs 1
ZPO). Weiterhin müssen beide Verfahren nicht nur zwischen denselben Parteien anhängig sein,
sondern auch „denselben Gegenstand" betreffen, dh es muss um das Bestehen oder die Höhe der
Unterhaltpflicht zwischen denselben Beteiligten für den gleichen Zeitraum gehen, mögen sich
auch die Klageziele unterscheiden (*Borrás/Degeling*-Bericht Rn 483). Wegen der Einzelheiten
kann auf die Kommentierung von Art 12 Abs 1 EuUntVO (→ C Rn 276 ff) verwiesen werden.

**d) Unvereinbarkeit mit einer anderen Entscheidung, lit d. aa) Entscheidung des Voll- 542
streckungsstaats.** Verweigert werden kann die Anerkennung und Vollstreckung einer Entscheidung weiterhin auch dann, wenn diese unvereinbar ist mit einer Entscheidung, die zwischen
denselben Parteien über denselben Gegenstand im Vollstreckungsstaat ergangen ist. Dieser Versagungsgrund besteht auch nach Art 5 Nr 4 HUntVÜ 1973 und nach Art 24 S 1 lit c EuUnt-
VO. Wegen der Einzelheiten kann daher auf die Kommentierung der letzteren Vorschrift verwiesen werden (→ Rn 192 ff). Wie nach der EuUntVO kommt es auch nach lit d nicht darauf
an, ob die entgegenstehende Entscheidung des Vollstreckungsstaats früher oder später als die
anzuerkennende Entscheidung ergangen ist. Ferner kann sich die Unvereinbarkeit nicht nur aus
einer im Vollstreckungsstaat gesprochenen Entscheidung über Unterhalt, sondern zB auch aus
einer Statusentscheidung ergeben (vgl zur EuUntVO → Rn 119 f; **aA** Rauscher/*Kern* Rn 10
aE).

bb) Entscheidung eines anderen Staates. Auch die Unvereinbarkeit der anzuerkennenden **543**
Entscheidung mit einer in einem anderen Staat ergangenen Entscheidung kann nach lit d die
Versagung der Anerkennung und Vollstreckung rechtfertigen, sofern die letztgenannte Entscheidung die Voraussetzungen für die Anerkennung und Vollstreckung im Vollstreckungsstaat erfüllt.
Nicht erforderlich ist, dass es sich bei dem „anderen Staat" um einen Vertragsstaat des Übk
handelt; lit d greift vielmehr auch im Falle der Unvereinbarkeit mit einer drittstaatlichen Ent-
scheidung ein. Dies entspricht der Regelung in Art 24 S 1 lit d EuUntVO (→ Rn 201 ff).
Abweichend von dem nach der EuUntVO geltenden Prioritätsprinzip (→ Rn 202) muss die
entgegenstehenden Entscheidung eines anderen Staates nach lit d jedoch *nicht früher* als die
Entscheidung ergangen sein, deren Anerkennung beantragt worden ist (Rauscher/*Kern* Rn 10).

e) Rechtliches Gehör, lit e. In Übereinstimmung mit der EuUntVO (Art 19 Abs 1 lit a, **544**
Art 24 S 1 lit b; → Rn 86 ff, 175 ff) schließt auch das HUÜ 2007 in lit e die Anerkennung und
Vollstreckung einer Entscheidung aus, wenn diese im erststaatlichen Verfahren unter Verletzung
des rechtlichen Gehörs des Antragsgegners zustandegekommen ist. In der Formulierung weicht
dieser Versagungsgrund allerdings sowohl von der EuUntVO wie vom LuGÜ 2007 (Art 34
Nr 4) oder dem HUntVÜ 1973 (Art 5 Nr 4) ab. Dabei unterscheidet lit e danach, ob der
Antragsgegner von dem gegen ihn eingeleiteten Verfahren zu benachrichtigen war oder nicht.

Hat das Recht des Ursprungsstaats eine **Benachrichtigung des Antragsgegners** vom Ver- **545**
fahren vorgesehen, ist dieser aber nicht ordnungsgemäß vom Verfahren benachrichtigt worden
und hatte er deshalb keine Gelegenheit hatte, gehört zu werden, so ist die Anerkennung und
Vollstreckung zu versagen, wenn der Antragsgegner im Verfahren im Ursprungsstaat weder
erschienen noch vertreten worden ist(lit i). Dieser Versagungsgrund greift nicht ein, wenn der
Antragsgegner auf andere Weise von dem Verfahren Kenntnis erlangt und sich zur Sache
geäußert hat, sofern diese Äußerung vom Gericht auch berücksichtigt worden ist (*Borrás/
Degeling*-Bericht Rn 487; Rauscher/*Kern* Rn 12).

1131

M 2. Teil. Anerkennung/Vollstreckung M. Unterhaltssachen

546 Hat das Recht des Ursprungsstaats hingegen **keine Benachrichtigung des Antragsgegners** vom Verfahren vorgesehen, weil dieses – wie es häufig in behördlichen Unterhaltsverfahren oder in Verfahren des einstweiligen Rechtsschutzes vorkommt – nicht kontradiktorisch, sondern einseitig geführt worden ist (sog *ex parte*-Verfahren), so kann die Anerkennung und Vollstreckung dann versagt werden, wenn der Antragsgegner nicht ordnungsgemäß von der gegen ihn ergangenen Entscheidung benachrichtigt worden ist und deshalb nicht die Möglichkeit hatte, diese in tatsächlicher und rechtlicher Hinsicht anzufechten oder ein Rechtsmittel gegen diese Entscheidung einzulegen (lit ii). Zu weiteren Einzelheiten des Versagungsgrundes nach lit e (zB zur Auslegung der Begriffe „Nichterscheinen" oder „Ordnungsmäßigkeit" der Benachrichigung) kann ergänzend auf die ausführliche Kommenierung zu Art 24 S 1 lit b EuUntVO (→ Rn 175 ff).

547 **f) Missachtung der Verfahrensbegrenzung.** Hat die verpflichtete Person in einem Vertragsstaat ein Verfahren auf Abänderung einer Unterhaltsentscheidung eingeleitet, obwohl diese in einem anderen Vertragsstaat, in dem die berechtigte Person ihren gewöhnlichen Aufenthalt hat, ergangen war, und hat das im Abänderungsverfahren angerufene Gericht unter Missachtung der für diesen Fall in Art 18 vorgeschriebenen Verfahrensbegrenzung eine Sachentscheidung getroffen, so kann dieser nach lit f die Anerkennung und Vollstreckung in allen anderen Vertragsstaaten versagt werden.

HUÜ 2007 Art 23. Verfahren für Anträge auf Anerkennung und Vollstreckung

(1) Vorbehaltlich der Bestimmungen dieses Übereinkommens richten sich die Anerkennungs- und Vollstreckungsverfahren nach dem Recht des Vollstreckungsstaats.

(2) Ist ein Antrag auf Anerkennung und Vollstreckung einer Entscheidung nach Kapitel III über eine Zentrale Behörde gestellt worden, so muss die ersuchte Zentrale Behörde umgehend

a) die Entscheidung an die zuständige Behörde weiterleiten, die unverzüglich die Entscheidung für vollstreckbar erklärt oder ihre Eintragung zwecks Vollstreckung bewirkt, oder

b) diese Maßnahmen selbst treffen, wenn sie dafür zuständig ist.

(3) Wird der Antrag nach Artikel 19 Absatz 5 unmittelbar bei der zuständigen Behörde im Vollstreckungsstaat gestellt, so erklärt diese unverzüglich die Entscheidung für vollstreckbar oder bewirkt ihre Eintragung zwecks Vollstreckung.

(4) [1] Eine Erklärung oder Eintragung kann nur aus dem in Artikel 22 Buchstabe a genannten Grund verweigert werden. [2] In diesem Stadium können weder der Antragsteller noch der Antragsgegner Einwendungen vorbringen.

(5) Die Erklärung oder Eintragung nach den Absätzen 2 und 3 oder ihre Verweigerung nach Absatz 4 wird dem Antragsteller und dem Antragsgegner umgehend bekanntgegeben; sie können in tatsächlicher und rechtlicher Hinsicht diese anfechten oder ein Rechtsmittel dagegen einlegen.

(6) [1] Die Anfechtung oder das Rechtsmittel ist innerhalb von 30 Tagen nach der Bekanntgabe gemäß Absatz 5 einzulegen. [2] Hat die anfechtende oder das Rechtsmittel einlegende Partei ihren Aufenthalt nicht in dem Vertragsstaat, in dem die Erklärung oder Eintragung erfolgt ist oder verweigert wurde, so ist die Anfechtung oder das Rechtsmittel innerhalb von 60 Tagen nach der Bekanntgabe einzulegen.

(7) Die Anfechtung oder das Rechtsmittel kann nur gestützt werden auf

a) die Gründe für die Verweigerung der Anerkennung und Vollstreckung nach Artikel 22;

b) die Grundlagen für die Anerkennung und Vollstreckung nach Artikel 20;

c) die Echtheit oder Unversehrtheit eines nach Artikel 25 Absatz 1 Buchstabe a, b oder d oder Artikel 25 Absatz 3 Buchstabe b übermittelten Schriftstücks.

(8) Die Anfechtung oder das Rechtsmittel des Antragsgegners kann auch auf die Erfüllung der Schuld gestützt werden, soweit sich die Anerkennung und Vollstreckung auf bereits fällige Zahlungen beziehen.

III. Staatsverträge: HUÜ 2007 Art 23   548–553 **M**

(9) **Die Entscheidung über die Anfechtung oder das Rechtsmittel wird dem Antragsteller und dem Antragsgegner unverzüglich bekanntgegeben.**

(10) **Ein weiteres Rechtsmittel darf, wenn es nach dem Recht des Vollstreckungsstaats zulässig ist, nicht dazu führen, dass die Vollstreckung der Entscheidung ausgesetzt wird, es sei denn, dass außergewöhnliche Umstände vorliegen.**

(11) **Die zuständige Behörde hat über die Anerkennung und Vollstreckung, einschließlich eines etwaigen Rechtsmittels, zügig zu entscheiden.**

1. Allgemeines

Das Übk sieht in Art 23 und Art 24 **zwei alternative Verfahren** zur Entscheidung über **548** Anträge auf Anerkennung und Vollstreckung von Unterhaltsentscheidungen vor. Das anerkennungs- und vollstreckungsfreundlichere und deshalb den Unterhaltsgläubiger begünstigende Verfahren nach Art 23 ist als Regelverfahren ausgestaltet.Demgegenüber kommt das schwerfälligere Verfahren nach Art 24, das die Interessen des Unterhaltsschuldners stärker betont, nur ausnahmweise zur Anwendung, wenn der Vollstreckungsstaat eine entsprechende Erklärung nach Art 24 Abs 1 abgegeben hat. Da die Europäische Union eine solche Erklärung anlässlich ihres Beitritts nicht abgegeben hat, gilt in *Deutschland* und allen anderen Mitgliedstaaten (außer *Dänemark*) für die Anerkennung und Vollstreckung von Unterhaltsentscheidungen nach dem Übk das Verfahren nach Art 23.

Charakteristisch für dieses Verfahren ist, dass vor der Vollstreckbarerklärung (oder der in **549** manchen Vertragsstaaten an ihre Stelle tretenden Eintragung) lediglich ein Kontrolle der ausländischen Entscheidung auf ihre Vereinbarkeit mit dem *ordre public* des Vollstreckungsstaates stattfindet (Abs 4). Liegt nach Ansicht der für die Vollstreckbarerklärung zuständigen Behörde – wie im Regelfall – keine Verletzung des *ordre public* vor, so wird die Entscheidung nach Abs 2 bzw Abs 3 unverzüglich für vollstreckbar erklärt (bzw eingetragen). Der Unterhaltsschuldner kann dann sowohl einen von ihm behaupteten *ordre public*-Verstoß wie auch das Vorliegen eines anderen Versagungsgrundes nach Art 22 oder die mangelnde Zuständigkeit des Ursprungsgerichts nach Art 20 nur im Rechtsbehelfsverfahren geltendmachen (Abs 7 lit a und lit b).

2. Anwendung der lex fori, Abs 1

In Übereinstimmung mit Art 41 Abs 1 S 1 EuUntVO verweist auch Abs 1 für die Durch- **550** führung des Anerkennungs- und Vollstreckungsverfahrens nach Art 23 auf die *lex fori*. Dieser Grundsatz gilt aber gleichermaßen auch für das Verfahren nach Art 24, der nur von Art 23 Abs 2–11 abweicht. Die Geltung des nationalen Verfahrensrechts des Vollstreckungsstaats wird allerdings durch die vorrangigen Bestimmungen des Übk in erheblichem Umfang eingeschränkt.

3. Unverzügliche Anerkennung und Vollstreckbarerklärung, Abs 2, 3.

Das Verfahren nach Art 23 lehnt sich einerseits an die EuGVVO aF, insbesondere an deren **551** Art 41, andererseits an den Uniform Interstate Famliy Support Act der USA von 1996 und den Interjurisdictional Support Orders Act Kanadas von 2003 an (Rauscher/*Kern* Rn 4). Danach wird die von Amts wegen vorzunehmende Prüfung von Versagungsgründen im erstinstanzlichen Verfahren stark eingeschränkt und deren Prüfung im Wesentlichen in das Rechtsbehelfsverfahren verlagert, um eine zügige Vollstreckung von Unterhaltsentscheidungen sicherzustellen. Es gilt mithin – ähnlich wie nach Art 17 Abs 1, 23 Abs 1 EuUntVO (→ Rn 60, 139) – der Grundsatz der **automatischen Anerkennung** (*Malatesta* Riv dir int priv proc 09, 829/837; Rauscher/ *Kern* Rn 4), und die Entscheidung wird – ebenso wie nach Art 30 EuUntVO und Art 41 LugÜ (→ Rn 247 ff, 417) – ohne vorherige Prüfung der Versagungsgründe für vollstreckbar erklärt.

a) Antragstellung über die Zentrale Behörde, Abs 2. Ist ein Antrag auf Anerkennung **552** und Vollstreckung einer Entscheidung nach Kapitel III über eine Zentrale Behörde gestellt worden, so muss die ersuchte Zentrale Behörde daher umgehend die Entscheidung an die zuständige Behörde weiterleiten, die ihrerseits die Entscheidung unverzüglich für vollstreckbar erklärt oder ihre Eintragung zwecks Vollstreckung bewirkt (lit a), oder die ersuchte Zentrale Behörde muss diese Maßnahmen selbst treffen, wenn sie dafür nach der *lex fori* zuständig ist.

b) Unmittelbare Antragstellung, Abs 3. Wird der Antrag hingegen nach Art 19 Abs 5 **553** unmittelbar bei der zuständigen Behörde im Vollstreckungsstaat gestellt, so ist diese selbst verpflichtet, die Entscheidung unverzüglich für vollstreckbar zu erklären oder ihre Eintragung

M 554–560   2. Teil. Anerkennung/Vollstreckung M. Unterhaltssachen

zwecks Vollstreckung zu bewirken. In diesem Verfahrensstadium sind Einwendungen der Beteiligten gegen die Anerkennung und Vollstreckung weder im Verfahren nach Abs 2 noch nach Abs 3 zu berücksichtigen (Abs 4 S 2).

4. Beschränkung auf eine *ordre public*-Kontrolle, Abs 4

554   Die in erster Instanz für die Anerkennung und Vollstreckung zuständige Behörde kann die Vollstreckbarerklärung oder Eintragung nach Abs 4 S 1 nur aus dem in Art 22 lit a genannten Grund, dh nur wegen eines Verstoßes gegen den – materiellen oder verfahrensrechtlichen – *ordre public* des Vollstreckungsstaats verweigern. Alle anderen Versagungsgründe können erst im Rechtsbehelfsverfahren geltend gemacht werden.

5. Anfechtung der Entscheidung, Abs 5 Hs 2–Abs 9

555   **a) Rechtsbehelf, Abs 5 S 2.** Nach Abs 5 Hs 2 können sowohl der Antragsteller wie der Antragsgegner die Entscheidung über die Anerkennung/Vollstrekbarerklärung in tatsächlicher und rechtlicher Hinsicht anfechten oder ein Rechtsmittel gegen sie einlegen. Durch die Verwendung der Begriffe „Anfechtung" und „Rechtsmittel" nebeneinander sollen alle erdenkbar Rechtsbehelfe gegen die Entscheidung unabhängig davon erfasst werden, ob ein Gericht oder eine Behörde entschieden hat (*Borrás/Degeling*-Bericht Rn 504; *Rauscher/Kern* Rn 7). Statthafter Rechtsbehelf in *Deutschland* ist gemäß § 57 iVm §§ 43 ff AUG die **Beschwerde** (→ Rn 766 ff).

556   **b) Rechtsbehelfsfristen, Abs 6.** Die Anfechtung oder das Rechtsmittel ist nach S 1 innerhalb von 30 Tagen nach der Bekanntgabe gemäß Abs 5 Hs 1einzulegen, wenn die anfechtende oder das Rechtsmittel einlegende Partei ihren Aufenthalt im Vollstreckungsstaat hat. Hat sie ihren Aufenthalt nicht in dem Vertragsstaat, in dem die Vollstreckbarerklärung oder Eintragung erfolgt ist oder verweigert wurde, so ist die Anfechtung oder das Rechtsmittel gemäß S 2 innerhalb von 60 Tagen nach der Bekanntgabe einzulegen. Diese Rechtsbehelfsfristen nach Abs 6 haben auch in *Deutschland* gemäß § 60a AUG Vorrang vor den in § 59 AUG für die Anerkennung und Vollstreckung von Unterhaltstiteln nach völkerrechtlichen Verträgen bestimmten Fristen. Eine Frist für die **Beschwerdebegründung** schreibt das Übk nicht vor. Danach hängt die Zulässigkeit der Beschwerde auch im Vollstreckbarerklärungsverfahren nach dem HUÜ 2007 nicht von einer fristgebundenen Begründung ab (vgl BGH FamRZ 17, 1705 Rn 13 ff; dazu → Rn 773 f).

557   **c) Rechtsbehelfsgründe.** Die Gründe, auf die ein Rechtsbehelf gestützt werden kann, zählt das Übk in Abs 7 und 8 **abschließend** auf. Während Art 7 Gründe bezeichnet, die sich gegen die Entscheidung selbst richten, betrifft Abs 8 materielle Einwendungen, die auf eine nachträgliche Änderung der Sachlage gestützt werden.

558   **aa) Abs 7.** Die Anfechtung oder das Rechtsmittel kann nach Abs 7 nur auf die Gründe für die Verweigerung der Anerkennung und Vollstreckung nach Art 22, das Fehlen einer Grundlage für die Anerkennung und Vollstreckung nach Art 20 oder die mangelnde Echtheit oder Unversehrtheit eines nach Art 25 Abs 1 lit a (Wortlaut der Entscheidung), lit b (Nachweis der Vollstreckbarkeit der Entscheidung im Ursprungsstaat) oder lit d (Urkunde über die Höhe der Zahlungsrückstände und das Datum der Berechnung) oder eines nach Art 25 Abs 3 lit b übermittelten Schriftstücks (Auszug der Entscheidung) gestützt werden.

559   **bb) Abs 8.** Darüber hinaus kann die Anfechtung oder das Rechtsmittel des Antragsgegners nach Abs 8 auch auf die Erfüllung der Schuld gestützt werden, soweit sich die Anerkennung und Vollstreckung auf bereits fällige Zahlungen beziehen. Während solche materiellen Einwendungen im Vollstreckbarerklärungsverfahren nach der EuUntVO seit der EuGH Entscheidung in der Rechtssache *Prism Investment BV* (NJW 11, 3506 Rn 32 ff) nicht mehr erhoben werden können (→ Rn 278 ff) und § 44 AUG deshalb mit Wirkung v 26.2.2013 aufgehoben worden ist (→ Rn 776), stellt der gleichzeitig eingefügte § 59a AUG klar, dass Einwendungen gegen den Anspruch selbst im Rahmen von völkerrechtlichen Verträgen weiterhin im Vollstreckbarerklärungsverfahren geltend gemacht werden können (→ Rn 803 ff); dies gilt auch für die Einwendungen nach § 23 Abs 8 HUÜ 2007.

560   Nach § 59a Abs 1 AUG können Einwendungen gegen den zu vollstreckenden Anspruch – wie zB Erfüllung oder Aufrechnungauch im Vollstreckbarerklärungsverfahren allerdings nur erhoben werden, wenn die Gründe, auf denen sie beruhen, erst **nach dem Erlass der zu vollstreckenden Entscheidung** entstanden sind. Sind sie bereits vorher entstanden und wurden

1134

III. Staatsverträge: HUÜ 2007 Art 24 **M**

sie vom Schuldner im erststaatlichen Verfahren nicht geltend gemacht, so ist der Schuldner mit ihnen auch im zweitstaatlichen Vollstreckbarerklärungsverfahren päkludiert (OLG Stuttgart FamRZ 12, 999/1000). Macht der Schuldner die nach Erlass der ausländischen Entscheidung entstandenen Einwendungen nicht nach § 59a Abs 1 im Vollstreckbarerklärungsverfahren geltend, obwohl er die Möglichkeit dazu hatte, so kann er diese auch im anschließenden Verfahren der Zwangsvollstreckung nach Maßgabe von § 66 Abs 2 (→ Rn 821) nicht mehr mit der Vollstreckungsabwehrklage nach § 120 FamFG iVm § 767 ZPO geltend machen.

Nach Abs 8 kann ein Rechtsbehelf jedoch auf die Erfüllung der Schuld nur insoweit gestützt **561** werden, als die Entscheidung sich auf bereits **fällige Zahlungen** bezieht. Die Erfüllung künftiger Unterhaltsansprüche kann der Schuldner daher nur in einem neuen Verfahren vor dem Prozessgericht im Ursprungsstaat feststellen lassen (Rauscher/*Kern* Rn 14).

d) Bekanntgabe, Abs 9. Die Entscheidung über die Anfechtung oder das Rechtsmittel ist **562** sowohl dem Antragsteller als auch dem Antragsgegner unverzüglich bekanntzugeben.

6. Weiteres Rechtsmittel, Abs 10

Die Statthaftigkeit eines weiteren Rechtsmittels schreibt das Übk nicht vor, sondern überlässt **563** die Entscheidung hierüber dem nationalen Verfahrensrecht des Vollstreckungsstaates (*Borrás/Degeling*-Bericht Rn 514; Rauscher/*Kern* Rn 17). In *Deutschland* ist nach § 57 iVm §§ 46 ff die **Rechtsbeschwerde** zum BGH statthaft. Die Einlegung eines nach dem Recht des Vollstreckungsstaats zulässigen weiteren Rechtsmittels darf jedoch nach Abs 10 nicht dazu führen, dass die Vollstreckung der Entscheidung ausgesetzt wird. Etwas anderes gilt nur ausnahmweise dann, wenn außergewöhnliche Umstände vorliegen.

7. Beschleunigungsgebot, Abs 11

Die zuständige Behörde hat über die Anerkennung und Vollstreckung, einschließlich eines **564** etwaigen Rechtsmittels, nach Abs 11 zügig zu entscheiden. Dabei handelt es sich freilich nur um einen unverbindlichen Appell, weil das Übk im Fall eines Verstoßes gegn diese Pflicht keine Sanktionen vorsieht.

HUÜ 2007 Art 24. Alternatives Verfahren für Anträge auf Anerkennung und Vollstreckung

(1) **Ungeachtet des Artikels 23 Absätze 2 bis 11 kann ein Staat nach Artikel 63 erklären, dass er das in diesem Artikel vorgesehene Anerkennungs- und Vollstreckungsverfahren anwenden wird.**

(2) **Ist ein Antrag auf Anerkennung und Vollstreckung einer Entscheidung nach Kapitel III über eine Zentrale Behörde gestellt worden, so muss die ersuchte Zentrale Behörde umgehend**

a) den Antrag an die zuständige Behörde weiterleiten, die über den Antrag auf Anerkennung und Vollstreckung entscheidet, oder

b) eine solche Entscheidung selbst treffen, wenn sie dafür zuständig ist.

(3) **Eine Entscheidung über die Anerkennung und Vollstreckung ergeht durch die zuständige Behörde, nachdem der Antragsgegner umgehend ordnungsgemäß vom Verfahren benachrichtigt und beiden Parteien angemessen Gelegenheit gegeben worden ist, gehört zu werden.**

(4) **¹Die zuständige Behörde kann die in Artikel 22 Buchstaben a, c und d genannten Gründe für die Verweigerung der Anerkennung und Vollstreckung von Amts wegen prüfen. ²Sie kann alle in den Artikeln 20, 22 und 23 Absatz 7 Buchstabe c genannten Gründe prüfen, wenn sie vom Antragsgegner geltend gemacht werden oder wenn sich aufgrund der äußeren Erscheinung der nach Artikel 25 vorgelegten Schriftstücke Zweifel in Bezug auf diese Gründe ergeben.**

(5) **Die Verweigerung der Anerkennung und Vollstreckung kann auch auf die Erfüllung der Schuld gestützt sein, soweit sich die Anerkennung und Vollstreckung auf bereits fällige Zahlungen beziehen.**

1135

M   2. Teil. Anerkennung/Vollstreckung M. Unterhaltssachen

(6) **Ein Rechtsmittel darf, wenn es nach dem Recht des Vollstreckungsstaats zulässig ist, nicht dazu führen, dass die Vollstreckung der Entscheidung ausgesetzt wird, es sei denn, dass außergewöhnliche Umstände vorliegen.**

(7) **Die zuständige Behörde hat über die Anerkennung und Vollstreckung, einschließlich eines etwaigen Rechtsmittels, zügig zu entscheiden.**

1. Allgemeines

565   In Art 24 bietet das Übk den Vertragsstaaten ein alternatives Verfahren zur Anerkennung und Vollstreckbarerklärung von Entscheidungen anderer Vertragsstaaten an, für das sie durch Erklärung nach Abs 1 optieren können. Das Verfahren nach Art 24 orientiert sich weitaus stärker als das Verfahren nach Art 23 am traditionellen Exequaturverfahren, wie es etwa bisher nach Art 17 HUntVÜ 1973 gilt (→ Rn 663 ff). Dementsprechend findet bereits in der 1. Instanz ein **kontradiktorisches Verfahren** statt, in dem der ausländische Unterhaltstitel bereits *vor* der Entscheidung über die Anerkennung oder Vollstreckbarerklärung einer umfassenden Kontrolle unterworfen wird (*Malatesta* Riv dir int priv proc 09, 829/838; Rauscher/*Kern* Rn 5). Dabei werden die Versagungsgründe nach Art 22 lit a, c und d von Amts wegen, alle anderen Versagungsgründe und die indirekte Zuständigkeit nach Art 20 auf Antrag des Antragsgegners geprüft. Die Kontrolle ist damit schärfer als sie in der EuUntVO für die nicht an das HUP gebundenen Staaten vorgeschrieben ist, weil diese auch nach Art 34 Abs 1 EuUntVO (→ Rn 271 ff) erst nachträglich im Rechtsbehelfsverfahren stattfindet.

566   Von der Möglichkeit, für die Anerkennung und Vollstreckung von Unterhaltstiteln aus anderen Vertragsstaaten das strengere Verfahren nach Art 24 zu wählen, haben bisher nur **Norwegen,** die **Türkei,** die **Ukraine** und **Weißrussland** Gebrauch gemacht. Da dieses Verfahren in *Deutschland* keine Anwendung findet, wird auf eine nähere Erläuterung verzichtet (vgl dazu Rauscher/*Kern* Rn 3 ff).

HUÜ 2007 Art 25. Schriftstücke

(1) **Einem Antrag auf Anerkennung und Vollstreckung nach Artikel 23 oder 24 sind folgende Schriftstücke beizufügen:**

a) **der vollständige Wortlaut der Entscheidung;**

b) **ein Schriftstück mit dem Nachweis, dass die Entscheidung im Ursprungsstaat vollstreckbar ist, und im Fall der Entscheidung einer Verwaltungsbehörde ein Schriftstück mit dem Nachweis, dass die in Artikel 19 Absatz 3 genannten Voraussetzungen erfüllt sind, es sei denn, dieser Staat hat nach Artikel 57 angegeben, dass die Entscheidungen seiner Verwaltungsbehörden diese Voraussetzungen stets erfüllen;**

c) **wenn der Antragsgegner im Verfahren im Ursprungsstaat weder erschienen noch vertreten worden ist, ein Schriftstück oder Schriftstücke mit dem Nachweis, dass der Antragsgegner ordnungsgemäß vom Verfahren benachrichtigt worden ist und Gelegenheit hatte, gehört zu werden, beziehungsweise dass er ordnungsgemäß von der Entscheidung benachrichtigt worden ist und die Möglichkeit hatte, in tatsächlicher und rechtlicher Hinsicht diese anzufechten oder ein Rechtsmittel dagegen einzulegen;**

d) **bei Bedarf ein Schriftstück, aus dem die Höhe der Zahlungsrückstände und das Datum der Berechnung hervorgehen;**

e) **im Fall einer Entscheidung, in der eine automatische Anpassung durch Indexierung vorgesehen ist, bei Bedarf ein Schriftstück mit den Angaben, die für die entsprechenden Berechnungen erforderlich sind;**

f) **bei Bedarf ein Schriftstück, aus dem hervorgeht, in welchem Umfang der Antragsteller im Ursprungsstaat unentgeltliche juristische Unterstützung erhalten hat.**

(2) **Im Fall einer Anfechtung oder eines Rechtsmittels nach Artikel 23 Absatz 7 Buchstabe c oder auf Ersuchen der zuständigen Behörde im Vollstreckungsstaat ist eine von der zuständigen Behörde im Ursprungsstaat beglaubigte vollständige Kopie des entsprechenden Schriftstücks umgehend zu übermitteln**

a) **von der Zentralen Behörde des ersuchenden Staates, wenn der Antrag nach Kapitel III gestellt worden ist;**

b) **vom Antragsteller, wenn der Antrag unmittelbar bei der zuständigen Behörde des Vollstreckungsstaats gestellt worden ist.**

III. Staatsverträge: HUÜ 2007 Art 26 570 **M**

(3) **Ein Vertragsstaat kann nach Artikel 57 angeben,**

a) **dass dem Antrag eine von der zuständigen Behörde des Ursprungsstaats beglaubigte vollständige Kopie der Entscheidung beizufügen ist;**

b) **unter welchen Umständen er anstelle des vollständigen Wortlauts der Entscheidung eine von der zuständigen Behörde des Ursprungsstaats erstellte Zusammenfassung oder einen von ihr erstellten Auszug der Entscheidung akzeptiert, die oder der anhand des von der Haager Konferenz für Internationales Privatrecht empfohlenen und veröffentlichten Formulars erstellt werden kann, oder**

c) **dass er ein Schriftstück mit dem Nachweis, dass die in Artikel 19 Absatz 3 genannten Voraussetzungen erfüllt sind, nicht verlangt.**

1. Vorzulegende Schriftstücke, Abs 1

Die einem Antrag auf Anerkennung und Vollstreckung beizufügenden Schriftstücke sind in **567** Abs 1 aufgeführt. Die **Entscheidung** muss nach lit a nicht im Original vorgelegt werden; vielmehr reicht eine Kopie aus, wenn sie den vollständigen Wortlaut enthält (*Borrás/Degeling*-Bericht Rn 530; *Rauscher/Kern* Rn 4). Gemäß Abs 3 lit a kann ein Vertragsstaat nach Art 57 sogar erklären, dass dem Antrag eine von der zuständigen Behörde des Ursprungsstaats **beglaubigte vollständige Kopie** der Entscheidung beizufügen ist. Gemäß Abs 3 lit b kann ein Vertragsstaat aber auch erklären, unter welchen Umständen er anstelle des vollständigen Wortlauts der Entscheidung eine von der zuständigen Behörde des Ursprungsstaats erstellte **Zusammenfassung** oder einen von ihr erstellten Auszug der Entscheidung akzeptiert. Daneben ist nach lit b in jedem Fall ein Schriftstück vorzulegen, aus dem sich die **Vollstreckbarkeit** der Entscheidung ergibt; dabei sind die Besonderheiten nach lit b 2. HS und Abs 3 lit c zu beachten, wenn die Entscheidung von einer Verwaltungsbehörde getroffen worden ist. Die Schriftstücke nach lit c-lit f sind nur dann zusätzlich vorzulegen, wenn die dort jeweils genannten Voraussetzungen vorliegen.

2. Beglaubigte vollständige Kopien, Abs 2

Nach Abs 2 sind ausnahmweise von der zuständigen Behörde im Ursprungsstaat beglaubigte **568** vollständige Kopien nicht nur der Entscheidung, sondern aller nach Abs 1 vorzulegenden Schriftstücke zu übermitteln, wenn entweder ein Rechtsmittel nach Art 23 Abs 7 lit c eingelegt wird oder die zuständige Behörde im Vollstreckungsstaat dies verlangt. Zur Übermittlung verpflichtet ist die Zentrale Behörde des ersuchenden Staates, wenn der Antrag nach Kapitel III gestellt worden ist (lit a), und der Antragsteller, wenn der Antrag unmittelbar bei der zuständigen Behörde des Vollstreckungsstaats gestellt worden ist (lit b).

3. Erklärungen der Vertragsstaaten, Abs 3

Von der Möglichkeit, Erklärungen nach Abs 3 abzugeben, haben bisher nur die **Türkei** und **569** die **Ukraine** in Bezug auf lit a Gebrauch gemacht. Danach wird für die Vollstreckung in beiden Staaten stets eine beglaubigte vollständige Kopie der Unterhaltsentscheidung verlangt.

HUÜ 2007 Art 26. Verfahren für Anträge auf Anerkennung

Auf Anträge auf Anerkennung einer Entscheidung findet dieses Kapitel mit Ausnahme des Erfordernisses der Vollstreckbarkeit, das durch das Erfordernis der Wirksamkeit der Entscheidung im Ursprungsstaat ersetzt wird, entsprechend Anwendung.

Auch das HUÜ 2007 räumt dem Antragsteller die Möglichkeit ein, die förmliche Entschei- **570** dung über die Anerkennung einer Unterhaltsentscheidung zu beantragen. Auf dieses Verfahren finden die Vorschriften des V. Kapitels über die Vollstreckbarerklärung entsprechende Anwendung. Insoweit gilt also das gleiche wie für das selbständige Anerkennungsverfahren nach Art 23 Abs 2 EuUntVO (→ Rn 141 ff). Lediglich auf das Erfordernis der Vollstreckbarkeit im Ursprungsstaat wird verzichtet. Stattdessen wird nur die Wirksamkeit im Ursprungsstaat verlangt. In *Deutschland* gelten über §§ 57, 55 Abs 1 AUG die Vorschriften der §§ 36 ff, 43 ff AUG.

M   2. Teil. Anerkennung/Vollstreckung M. Unterhaltssachen

HUÜ 2007 Art 27. Tatsächliche Feststellungen

Die zuständige Behörde des Vollstreckungsstaats ist an die tatsächlichen Feststellungen gebunden, auf welche die Behörde des Ursprungsstaats ihre Zuständigkeit gestützt hat.

571   In Übereinstimmung mit Art 9 HUntVÜ 1973, aber abweichend von den Grundsätzen der Anerkennung von Unterhaltsentscheidungen nach dem autonomen deutschen Recht (→ Rn 849), ist der Zweitrichter im Rahmen der Anwendung von Art 20 an die tatsächlichen Feststellungen des Erstrichters zur Begründung seiner Zuständigkeit gebunden.

HUÜ 2007 Art 28. Verbot der Nachprüfung in der Sache

Die zuständige Behörde des Vollstreckungsstaats darf die Entscheidung in der Sache selbst nicht nachprüfen.

572   Art 28 enthält den im staatsvertraglichen Anerkennungs- und Vollstreckungsrecht allgemein anerkannten Grundsatz des Verbots der *révision au fond*. Vgl dazu die Kommentierung zu Art 42 EuUntVO (→ Rn 321 ff).

HUÜ 2007 Art 29. Anwesenheit des Kindes oder des Antragstellers nicht erforderlich

Die Anwesenheit des Kindes oder des Antragstellers ist bei Verfahren, die nach diesem Kapitel im Vollstreckungsstaat eingeleitet werden, nicht erforderlich.

573   Der Verzicht auf die persönliche Anwesenheit des Kindes im Vollstreckbarerklärungsverfahren soll dem Kind psychische Belastungen ersparen und eine Verzögerung des Verfahrens vermeiden (Rauscher/*Kern* Rn 1).

HUÜ 2007 Art 30. Unterhaltsvereinbarungen

(1) Eine in einem Vertragsstaat getroffene Unterhaltsvereinbarung muss wie eine Entscheidung nach diesem Kapitel anerkannt und vollstreckt werden können, wenn sie im Ursprungsstaat wie eine Entscheidung vollstreckbar ist.

(2) Im Sinne des Artikels 10 Absatz 1 Buchstaben a und b und Absatz 2 Buchstabe a schließt der Begriff „Entscheidung" eine Unterhaltsvereinbarung ein.

(3) Dem Antrag auf Anerkennung und Vollstreckung einer Unterhaltsvereinbarung sind folgende Schriftstücke beizufügen:

a) der vollständige Wortlaut der Unterhaltsvereinbarung und

b) ein Schriftstück mit dem Nachweis, dass die betreffende Unterhaltsvereinbarung im Ursprungsstaat wie eine Entscheidung vollstreckbar ist.

(4) Die Anerkennung und Vollstreckung einer Unterhaltsvereinbarung können verweigert werden, wenn

a) die Anerkennung und Vollstreckung mit der öffentlichen Ordnung (ordre public) des Vollstreckungsstaats offensichtlich unvereinbar sind;

b) die Unterhaltsvereinbarung durch betrügerische Machenschaften oder Fälschung erlangt wurde;

c) die Unterhaltsvereinbarung unvereinbar ist mit einer Entscheidung, die zwischen denselben Parteien über denselben Gegenstand entweder im Vollstreckungsstaat oder in einem anderen Staat ergangen ist, sofern die betreffende Entscheidung die Voraussetzungen für die Anerkennung und Vollstreckung im Vollstreckungsstaat erfüllt.

(5) ¹Dieses Kapitel, mit Ausnahme der Artikel 20, 22, 23 Absatz 7 und des Artikels 25 Absätze 1 und 3, findet auf die Anerkennung und Vollstreckung einer Unterhaltsvereinbarung entsprechend Anwendung; allerdings

a) kann eine Erklärung oder Eintragung nach Artikel 23 Absätze 2 und 3 nur aus dem in Absatz 4 Buchstabe a genannten Grund verweigert werden;

1138

III. Staatsverträge: HUÜ 2007 Art 30   574–577 **M**

b) **kann eine Anfechtung oder Beschwerde nach Artikel 23 Absatz 6 nur gestützt werden auf**
   i) **die Gründe für die Verweigerung der Anerkennung und Vollstreckung nach Absatz 4;**
   ii) **die Echtheit oder Unversehrtheit eines nach Absatz 3 übermittelten Schriftstücks;**

c) **kann die zuständige Behörde in Bezug auf das Verfahren nach Artikel 24 Absatz 4 den in Absatz 4 Buchstabe a des vorliegenden Artikels genannten Grund für die Verweigerung der Anerkennung und Vollstreckung von Amts wegen prüfen.** [2]**Sie kann alle in Absatz 4 des vorliegenden Artikels aufgeführten Gründe sowie die Echtheit oder Unversehrtheit eines nach Absatz 3 übermittelten Schriftstücks prüfen, wenn dies vom Antragsgegner geltend gemacht wird oder wenn sich aufgrund der äußeren Erscheinung dieser Schriftstücke Zweifel in Bezug auf diese Gründe ergeben.**

(6) **Das Verfahren zur Anerkennung und Vollstreckung einer Unterhaltsvereinbarung wird ausgesetzt, wenn ein Anfechtungsverfahren in Bezug auf die Vereinbarung vor einer zuständigen Behörde eines Vertragsstaats anhängig ist.**

(7) **Ein Staat kann nach Artikel 63 erklären, dass Anträge auf Anerkennung und Vollstreckung von Unterhaltsvereinbarungen nur über die Zentralen Behörden gestellt werden können.**

(8) **Ein Vertragsstaat kann sich nach Artikel 62 das Recht vorbehalten, Unterhaltsvereinbarungen nicht anzuerkennen und zu vollstrecken.**

1. Gleichstellung von Unterhaltsvereinbarungen mit Entscheidungen, Abs 1, 2

Eine in einem Vertragsstaat getroffene Unterhaltsvereinbarung iSv Art 3 lit e wird nach Abs 1 **574** grundätzlich wie eine Entscheidung nach Kapitel V anerkannt und vollstreckt, wenn sie im Ursprungsstaat wie eine Entscheidung vollstreckbar ist. Dies gilt allerdings nur, wenn der Vollstreckungsstaat diese Gleichstellung nicht druch einen Vorbehalt nach Abs 8 ausgeschlossen hat.

Ferner schließt der Begriff „Entscheidung" eine Unterhaltsvereinbarung auch iSv Art 10 Abs 1 lit a und b und iSv Art 10 Abs 2 lit a ein mit der Folge, dass die dort genannten Anträge des Unterhaltsberechtigten bzw -verpflichteten auch über die Zentrale Behörde gestellt werden können.

2. Beizufügende Schriftstücke, Abs 3

Dem Antrag auf Anerkennung und Vollstreckung einer Unterhaltsvereinbarung sind nach **575** Abs 3 nur der vollständige Wortlaut der Unterhaltsvereinbarung und ein Schriftstück mit dem Nachweis, dass die Unterhaltsvereinbarung im Ursprungsstaat wie eine Entscheidung vollstreckbar ist, beizufügen. Dies entspricht den nach Art 25 Abs 1 lit a und lit b im Fall des Antrags auf Vollstreckbarerklärung einer Entscheidung vorzulegenden Schriftstücken. Demgegenüber findet Art 25 Abs 1 lit c – lit f gemäß Abs 5 auf Unterhaltsvereinbarungen keine Anwendung; gleiches gilt für Erklärungen der Vertragsstaaten nach Art 25 Abs 3 (vgl näher Rauscher/*Kern* Rn 8 f).

3. Verweigerung der Anerkennung und Vollstreckung, Abs 4

In Abs 4 werden die Gründe, die zu einer Verweigerung der Anerkennung unsd Vollstreckung **576** berechtigen, an die Besonderheiten von Unterhaltsvereinbarungen angepasst. Die in lit a – lit c genannten Gründe (Verstoß gegen den *ordre public,* betrügerische Machenschaften, Unvereinbarkeit mit einer Entscheidung) entsprechen Art 22 lit a, b und d (dazu → Rn 537 ff). Die auf gerichtliche Verfahren zugeschnittenen Versagungsgründe nach Art 22 lit c, e und f finden auf die Anerkennung und Vollstreckung von Unterhaltsvereinbarungen hingegen keine Anwendung.

4. Geltung sonstiger Vorschriften des Kapitels V, Abs 5

a) Ausgeschlossene Vorschriften. Abs 5 schließt außer den bereits genannten Vorschriften **577** der Art 25 Abs 1, 3 und Art 22, die durch die Absätze 3 und 4 ersetzt werden, auch eine

1139

M 582   2. Teil. Anerkennung/Vollstreckung M. Unterhaltssachen

Anwendung von Art 20 und 23 Abs 7 aus. Denn eine Prüfung der indirekten Zuständigkeit nach Art 20 kommt bei einer Unterhaltsvereinbarung ebensowenig in Betracht wie die Einlegung eines Rechtsmittels nach Art 23 Abs 7.

578   **b) Anpassungen.** Weiterhin passt Abs 5 in lit a und litb das Verfahren der Anerkennung und Vollstreckung nach Art 23 an die Regelung in Abs 4 an, ohne dass damit Änderungen in der Sache verbunden wären. Ziel ist es lediglich, die Anerkennung und Vollstreckung von Unterhaltsvereinbarungen auch verfahrensrechtlich in Art 30 geschlossen zu regeln (Rauscher/*Kern* Rn 16).

5. Aussetzung des Vollstreckbarerklärungsverfahrens, Abs 6

579   Nach Abs 6 ist das Verfahren zur Anerkennung und Vollstreckung einer Unterhaltsvereinbarung auszusetzen, wenn ein Anfechtungsverfahren in Bezug auf die Vereinbarung vor einer zuständigen Behörde eines Vertragsstaats anhängig ist. Die Zuständigkeit für das Anfechtungsverfahren regelt das Übk nicht; sie beurteilt sich nach der jeweiligen *lex fori* (Rauscher/*Kern* Rn 17).

6. Erklärungen und Vorbehalte von Vertragsstaaten, Abs 7, 8

580   **a) Erklärungen nach Abs 7.** Danach kann ein Staat gemäß Art 63 erklären, dass Anträge auf Anerkennung und Vollstreckung von Unterhaltsvereinbarungen **nur über die Zentralen Behörden,** also nicht unmittelbar bei den zuständigen Behörden nach Art 37 gestellt werden können. Eine solche Erklärung hat bisher nur **Norwegen** abgegeben.

581   **b) Vorbehalt nach Abs 8.** Danach kann sich ein Vertragsstaat gemäß 62 das Recht vorbehalten, Unterhaltsvereinbarungen überhaupt nicht anzuerkennen und zu vollstrecken. Von diesem Vorbehalt haben bisher die **Türkei,** die **Ukraine** und **Weißrussland** Gebrauch gemacht. **Brasilien** hat diesen Vorbehalt nur eingeschränkt für Unterhaltsvereinbarungen erklärt, die mit Minderjährigen oder mit in ihren Fähigkeiten beschränkten oder älteren Erwachsenen abgeschlossen wurden.

HUÜ 2007 Art 31. Aus dem Zusammenwirken provisorischer *und* bestätigender Anordnungen hervorgegangene Entscheidungen

Ist eine Entscheidung aus dem Zusammenwirken einer in einem Staat erlassenen provisorischen Anordnung und einer von einer Behörde eines anderen Staates („Bestätigungsstaat") erlassenen Anordnung hervorgegangen, mit der diese provisorische Anordnung bestätigt wird, so

a) gilt jeder dieser Staaten im Sinne dieses Kapitels als Ursprungsstaat,

b) sind die Voraussetzungen des Artikels 22 Buchstabe e erfüllt, wenn der Antragsgegner vom Verfahren im Bestätigungsstaat ordnungsgemäß benachrichtigt wurde und die Möglichkeit hatte, die Bestätigung der provisorischen Anordnung anzufechten,

c) ist die Voraussetzung des Artikels 20 Absatz 6, dass die Entscheidung im Ursprungsstaat vollstreckbar sein muss, erfüllt, wenn die Entscheidung im Bestätigungsstaat vollstreckbar ist, und

verhindert Artikel 18 nicht, dass ein Verfahren zur Änderung der Entscheidung in einem der beiden Staaten eingeleitet wird.

582   Die Vorschrift betrifft die vor allem in Common Law-Jurisdiktionen verbreitete Praxis, derzufolge Unterhaltsentscheidungen in einem **zweistufigen Verfahren** ergehen, dessen erste Stufe aus einer einstweiligen Anordnung besteht, die anschließend in einem weiteren Verfahren bestätigt wird. Für die Anerkennung und Vollstreckung von Unterhaltsentscheidungen wirft diese Praxis vor allem dann Fagen auf, wenn die bestätigende Anordnung in einem anderen Staat ergangen ist als die bestätigte einstweilige Anordnung. Für diesen besonderen Fall bedarf es für die Regelung der Anerkennungsvoraussetzungen in Art 20 und 22 sowie der Verfahrensbegrenzung in Art 18 einer Klarstellung, auf welchen der beiden Staaten jeweils abzustellen ist. Diese Klarstellungen werden in lit a – lit c vorgenommen (vgl näher Rauscher/*Kern* Rn 4 ff).

1140

III. Staatsverträge: HUÜ 2007 Art 32

Kapitel VI. Vollstreckung durch den Vollstreckungsstaat

HUÜ 2007 Art 32. Vollstreckung nach dem innerstaatlichen Recht

(1) Vorbehaltlich dieses Kapitels erfolgen die Vollstreckungsmaßnahmen nach dem Recht des Vollstreckungsstaats.

(2) Die Vollstreckung erfolgt zügig.

(3) Bei Anträgen, die über die Zentralen Behörden gestellt werden, erfolgt die Vollstreckung, wenn eine Entscheidung nach Kapitel V für vollstreckbar erklärt oder zwecks Vollstreckung eingetragen wurde, ohne dass ein weiteres Handeln des Antragstellers erforderlich ist.

(4) Für die Dauer der Unterhaltspflicht sind die im Ursprungsstaat der Entscheidung geltenden Vorschriften maßgeblich.

(5) Die Verjährungsfrist für die Vollstreckung von Zahlungsrückständen wird nach dem Recht des Ursprungsstaats der Entscheidung oder dem Recht des Vollstreckungsstaats bestimmt, je nachdem, welches Recht die längere Frist vorsieht.

1. Geltung der lex fori

In Übereinstimmung mit Art 41 Abs 1 EuUntVO (→ Rn 315 ff) und Art 13 HUntVÜ **583** (→ Rn 658) gilt auch im Rahmen dieses Übk der Grundsatz, dass sich das eigentliche Vollstreckungsverfahren nach der *lex fori* des Vollstreckungsstaats bestimmt. In *Deutschland* sind damit die Vorschriften des AUG (§§ 65 ff; → Rn 817 ff) und über §§ 65 AUG, 120 Abs 1 FamFG die Vorschriften der ZPO anzuwenden.

2. Beschleunigungsgebot, Abs 2

Nach Abs 2 hat die Vollstreckung zügig zu erfolgen. Es handelt sich freilich nur um einen **584** Programmsatz, weil Sanktionen bei einem Verstoß gegen das Gebot zügiger Behandlung nicht vorgesehen sind.

3. Unmittelbarkeit, Abs 3

Bei Anträgen, die über die Zentralen Behörden gestellt werden, erfolgt die Vollstreckung, **585** wenn eine Entscheidung nach Kapitel V für vollstreckbar erklärt (oder zwecks Vollstreckung eingetragen) wurde, gemäß Abs 3 ohne dass ein weiteres Handeln des Antragstellers erforderlich ist. Die zuständige Behörden im Vollstreckungsmitgliedstaat vollstreckt den ausländischen Unterhaltstitel mithin, auch wenn der Unterhaltsgläubiger keinen hierauf gerichteten Antrag gestellt hat. Damit schränkt das Übk das nach Abs 1 geltende *lex fori*-Prinzip in diesem Punkt durch eine vorrangige staatsvertragliche Regelung ein.

4. Dauer der Unterhaltspflicht, Abs 4

Für die Dauer der Unterhaltspflicht verweist Abs 4 auf die im Ursprungsstaat der Entscheidung **586** geltenden Vorschriften. Es handelt sich also nicht um eine Regelung des internationalen Verfahrensrechts, sondern um eine Kollisionsnorm. Da im Vollstreckungsstaat über die Dauer der Unterhaltspflicht ebenso entschieden werden soll, wie ein Gericht im Ursprungsstaat entscheiden würde, spricht Abs 4 eine **Gesamtverweisung** aus. Maßgebend ist also das Recht, das ein Gericht im Ursprungsstaat aufgrund des dort geltenden internationalen Privatrechts anwenden würde (*Borrás/Degeling*-Bericht Rn 575; *Rauscher/Kern* Rn 6).

5. Vollstreckungsverjährung von Zahlungsrückständen, Abs 5

Abs 5 regelt die Frage, nach welchem Recht die Verjährungsfrist für die Vollstreckung von **587** Zahlungsrückständen zu beurteilen ist. Geht man mit der im deutschen und europäischen Recht vorherrschenden Ansicht davon aus, dass Fragen der Verjährung materiellrechtlich zu qualifizieren sind, so handelt es sich auch bei Abs 5 um eine Kollisionsnorm. Sie regelt allerdings – anders als Art 11 lit e HUP – nicht die Anspruchsverjährung, sondern nur die Vollstreckungsverjährung, dh die Frage, wann das Recht zur Vollstreckung aus einem titulierten Anspruch verjährt. Hierfür sieht Abs 5 zugunsten des Unterhaltsgläubigers eine **alternative Anknüpfung** vor. Danach ist

1141

M 590   2. Teil. Anerkennung/Vollstreckung M. Unterhaltssachen

entweder das Recht des Ursprungsstaats der Entscheidung oder das Recht des Vollstreckungsstaats maßgebend, je nachdem, welches der beiden Rechte die längere Frist vorsieht. Die
EuUntVO hat diese Regelung in Art 21 Abs 2 UAbs 1 übernommen (→ Rn 115).

HUÜ 2007 Art 33. Nichtdiskriminierung

**Für die von diesem Übereinkommen erfassten Fälle sieht der Vollstreckungsstaat
Vollstreckungsmaßnahmen vor, die mit den auf innerstaatliche Fälle anzuwendenden
Maßnahmen mindestens gleichwertig sind.**

588   In Übereinstimmung mit Art 41 Abs 1 S 2 EuUntVO (→ Rn 315) ordnet Art 33 an, dass
Unterhaltstitel aus anderen Vertragsstaaten auf dem Gebiet der Vollstreckung gegenüber inländi-
schen Titeln nicht diskriminiert werden dürfen. „Gleichwertigkeit" bedeutet, dass sie in gleicher
Weise wie inländische Titel zu vollstrecken sind (vgl näher Rauscher/*Kern* Rn 3).

HUÜ 2007 Art 34. Vollstreckungsmaßnahmen

**(1) Die Vertragsstaaten stellen in ihrem innerstaatlichen Recht wirksame Maßnah-
men zur Vollstreckung von Entscheidungen nach diesem Übereinkommen zur Verfügung.**

(2) Solche Maßnahmen können Folgendes umfassen:

a) Lohnpfändung;
b) Pfändung von Bankkonten und anderen Quellen;
c) Abzüge bei Sozialleistungen;
d) Pfändung oder Zwangsverkauf von Vermögenswerten;
e) Pfändung von Steuerrückerstattungen;
f) Einbehaltung oder Pfändung von Altersrentenguthaben;
g) Benachrichtigung von Kreditauskunftsstellen;
**h) Verweigerung der Erteilung, vorläufige Entziehung oder Widerruf einer Bewil-
ligung (z. B. des Führerscheins);**
**i) Anwendung von Mediation, Schlichtung oder sonstigen Methoden alternativer
Streitbeilegung, um eine freiwillige Befolgung zu fördern.**

589   Die Vorschrift verpflichtet die Vertragsstaaten, in ihrem innerstaatlichen Recht wirksame
Maßnahmen zur Vollstreckung von Entscheidungen nach diesem Übk zur Verfügung zu stellen
und zählt in Abs 2 beispielhaft – also nicht abschließend – solche Maßnahmen auf. Die
offensichtlich unter US-amerikanischem Einfluss aufgeführten Maßnahmen mit „Beugecharak-
ter", wie zB die Kürzung von Sozialleistungen (lit c), die Benachrichtigung von Kreditauskunftsstellen (lit g) und die vorläufige Entziehung des Führerscheins (lit h) erscheinen aus deutscher
Sicht nicht unproblematisch (krit auch Rauscher/*Kern* Rn 4).

HUÜ 2007 Art 35. Überweisung von Geldbeträgen

**(1) Die Vertragsstaaten werden aufgefordert, auch durch internationale Überein-
künfte den Einsatz der kostengünstigsten und wirksamsten verfügbaren Mittel zur
Überweisung von Geldbeträgen zu fördern, die zur Erfüllung von Unterhaltsansprüchen bestimmt sind.**

**(2) Bestehen nach dem Recht eines Vertragsstaats Beschränkungen für die Über-
weisung von Geldbeträgen, so gewährt dieser Vertragsstaat der Überweisung von Geldbeträgen, die zur Erfüllung von Ansprüchen nach diesem Übereinkommen bestimmt
sind, den größtmöglichen Vorrang.**

590   Durch Art 35 sollen Schwierigkeiten bei der grenzüberschreitenden Überweisung von Unterhaltszahlungen verringert werden. Es handelt sich freilich um eine nur sehr eingeschränkt durch-
setzbare völkervertragliche Verpflichtung. In *Deutschland* hat die Zentrale Behörde die von den
Verpflichteten eingezogenen Unterhaltsbeträge an die Berechtigten nach den für Haushaltsmittel
des Bundes geltenden Regeln zu übermitteln (§ 5 Abs 6 AUG).

1142

III. Staatsverträge: HUÜ 2007 Art 37   592   **M**

Kapitel VII. Öffentliche Aufgaben wahrnehmende Einrichtungen

HUÜ 2007 Art 36. Öffentliche Aufgaben wahrnehmende Einrichtungen als Antragsteller

(1) Für die Zwecke eines Antrags auf Anerkennung und Vollstreckung nach Artikel 10 Absatz 1 Buchstaben a und b und der von Artikel 20 Absatz 4 erfassten Fälle schließt der Begriff „berechtigte Person" eine öffentliche Aufgaben wahrnehmende Einrichtung, die für eine unterhaltsberechtigte Person handelt, oder eine Einrichtung, der anstelle von Unterhalt erbrachte Leistungen zu erstatten sind, ein.

(2) Für das Recht einer öffentliche Aufgaben wahrnehmenden Einrichtung, für eine unterhaltsberechtigte Person zu handeln oder die Erstattung der der berechtigten Person anstelle von Unterhalt erbrachten Leistung zu fordern, ist das Recht maßgebend, dem die Einrichtung untersteht.

(3) Eine öffentliche Aufgaben wahrnehmende Einrichtung kann die Anerkennung oder Vollstreckung folgender Entscheidungen beantragen:

a) einer Entscheidung, die gegen eine verpflichtete Person auf Antrag einer öffentliche Aufgaben wahrnehmenden Einrichtung ergangen ist, welche die Bezahlung von Leistungen verlangt, die anstelle von Unterhalt erbracht wurden;

b) einer zwischen einer berechtigten und einer verpflichteten Person ergangenen Entscheidung, soweit der berechtigten Person Leistungen anstelle von Unterhalt erbracht wurden.

(4) Die öffentliche Aufgaben wahrnehmende Einrichtung, welche die Anerkennung einer Entscheidung geltend macht oder deren Vollstreckung beantragt, legt auf Verlangen alle Schriftstücke vor, aus denen sich ihr Recht nach Absatz 2 und die Erbringung von Leistungen an die berechtigte Person ergeben.

Nach Art 36 können sich auch öffentliche Aufgaben wahrnehmende Einrichtungen auf die **591** meisten Regeln über die Anerkennung und Vollstreckung von Unterhaltstiteln berufen. Die Vorschrift wurde nahezu wortgleich in Art 64 EuUntVO übernommen; auf die dortige Kommentierung wird daher verwiesen (→ Rn 338 ff).

Kapitel VIII. Allgemeine Bestimmungen

HUÜ 2007 Art 37. Unmittelbar bei den zuständigen Behörden gestellte Anträge

(1) Dieses Übereinkommen schließt die Möglichkeit nicht aus, die nach dem innerstaatlichen Recht eines Vertragsstaats zur Verfügung stehenden Verfahren in Anspruch zu nehmen, die es einer Person (dem Antragsteller) gestatten, sich in einer im Übereinkommen geregelten Angelegenheit unmittelbar an eine zuständige Behörde dieses Staates zu wenden, vorbehaltlich des Artikels 18 auch, um eine Unterhaltsentscheidung oder deren Änderung herbeizuführen.

(2) Artikel 14 Absatz 5 und Artikel 17 Buchstabe b, die Kapitel V, VI und VII sowie dieses Kapitel mit Ausnahme der Artikel 40 Absatz 2, 42, 43 Absatz 3, 44 Absatz 3, 45 und 55 sind auf Anträge auf Anerkennung und Vollstreckung anzuwenden, die unmittelbar bei einer zuständigen Behörde eines Vertragsstaats gestellt werden.

(3) Für die Zwecke des Absatzes 2 ist Artikel 2 Absatz 1 Buchstabe a auf eine Entscheidung anzuwenden, die einer schutzbedürftigen Person, deren Alter über dem unter jenem Buchstaben genannten Alter liegt, Unterhalt zubilligt, wenn die betreffende Entscheidung ergangen ist, bevor die Person dieses Alter erreicht hat, und der Person durch die Entscheidung aufgrund ihrer Beeinträchtigung über dieses Alter hinaus Unterhalt gewährt wurde.

1. Zulässigkeit unmittelbarer Anträge, Abs 1

Nach dem Vorbild von Art 29 HKÜ (→ U Rn 273) schließt das Übk ein Recht des Antrag- **592** stellers, sich in einer in diesem Übk geregelten Angelegenheit unmittelbar an eine zuständige Behörde des Vollstreckungsstaates zu wenden, nicht aus. Vorausgesetzt wird lediglich, dass diese

1143

M   2. Teil. Anerkennung/Vollstreckung M. Unterhaltssachen

Möglichkeit nach dem innerstaatlichen Recht dieses Vertragsstaats zur Verfügung steht. Von dieser Möglichkeit kann der Antragsteller auch mit dem Ziel Gebrauch machen, eine neue Unterhaltsentscheidung und deren Änderung herbeizuführen, soweit nicht die Verfahrensbegrenzung nach Art 18 eingreift.

2. Anwendbare Vorschriften, Abs 2

593   Wurde ein Antrag nach Abs 1 unmittelbar bei einer zuständigen Behörde des Vollstreckungsstaats gestellt, so erklärt Abs 2 bestimmte Vorschriften des Übk ausdrücklich für anwendbar. Dies sind zunächst das Verbot, eine Sicherheitsleistung oder Hinterlegung zu verlangen (Art 14 Abs 5) und die Leistung unentgeltlicher juristischer Unterstützung, wenn eine solche im Ursprungsstaat gewährt wurde (Art 17 lit b). Ferner gelten die gesamten Kapitel V und VI über die Anerkennung und Vollstreckung von Unterhaltsentscheidungen sowie das Kapitel VII über öffentliche Aufgaben wahrnehmende Einrichtungen und das Kapitel VIII über allgemeine Bestimmungen mit den in Abs 2 genannten Ausnahmen (Art 40 Abs 2, 42, 43 Abs 3, 44 Abs 3, 45 und 55).

3. Schutzbedürftige Personen, Abs 3

594   Nach Abs 3 finden die in Abs 2 genannten Vorschriften des Übk auch dann Anwendung, wenn eine über 21 Jahre alte schutzbedürftige Person einen unmittelbaren Antrag auf Anerkennung und Vollstreckung einer Entscheidung gestellt hat. Dies gilt allerdings nur unter der Voraussetzung, dass die Entscheidung bereits vor Erreichen des 21. Lebensjahres ergangen ist und Unterhalt nur wegen der Schutzbedürftigkeit über dieses Alter hinaus zuspricht. Die praktische Bededeutung dieser Ausweitung des sachlich-persönlichen Anwendungsbereichs des Übk ist freilich gering, weil gerade schutzbedürftige Personen in besonderem Maße auf die Unterstützung durch Zentrale Behörden angewiesen sind.

HUÜ 2007 Art 38. Schutz personenbezogener Daten

Die nach diesem Übereinkommen gesammelten oder übermittelten personenbezogenen Daten dürfen nur für die Zwecke verwendet werden, zu denen sie gesammelt oder übermittelt worden sind.

595   Art 38 ordnet für die nach dem Übk gesammelten oder übermittelten personenbezogenen Daten eine strenge Zweckbindung an. Damit sollen vor allem Hemmungen der Beteiligten zur Weitergabe dieser Daten im Interesse einer effektiven Zusammenarbeit nach dem Übk abgebaut werden. Entsprechende Vorschriften finden sich auch in anderen Haager Übereinkommen, zB Art 41 KSÜ (→ F Rn 534) und in Art 39 ErwSÜ (→ J Rn 141).

HUÜ 2007 Art 39. Vertraulichkeit

Jede Behörde, die Informationen verarbeitet, stellt nach dem Recht ihres Staates deren Vertraulichkeit sicher.

596   Die Pflicht der beteiligten Behörden zur vertraulichen Behandlung von Informationen nach Maßgabe des nationalen Rechts, dem die Behörde unterworfen ist, findet sich auch in anderen Haager Übereinkommen, zB in Art 42 KSÜ (→ F Rn 535) und in Art 40 ErwSÜ (→ J Rn 142).

HUÜ 2007 Art 40. Nichtoffenlegung von Informationen

(1) Eine Behörde darf keine nach diesem Übereinkommen gesammelten oder übermittelten Informationen offenlegen oder bestätigen, wenn ihres Erachtens dadurch die Gesundheit, Sicherheit oder Freiheit einer Person gefährdet werden könnte.

(2) Eine von einer Zentralen Behörde in diesem Sinne getroffene Entscheidung ist von einer anderen Zentralen Behörde zu berücksichtigen, insbesondere in Fällen von Gewalt in der Familie.

(3) Dieser Artikel steht der Sammlung und Übermittlung von Informationen zwischen Behörden nicht entgegen, soweit dies für die Erfüllung der Verpflichtungen aus dem Übereinkommen erforderlich ist.

III. Staatsverträge: HUÜ 2007 Art 43   **600, 601 M**

Art 40 Abs 1 verbietet die Offenlegung oder Bestätigung von Informationen, wenn dadurch **597**
die Gesundheit, Sicherheit oder Freiheit einer Person gefährdet werden könnte. Gedacht ist
insbesondere an Informationen über den Aufenthalt eines Kindes, wenn eine Gefahr von dessen
Entführung besteht (*Rauscher/Kern* Rn 4). Dieses Verbot besteht allerdings, wie sich aus Abs 3
ergibt, nur gegenüber dem Verfahrensgegner und Dritten, nicht hingegen im Verhältnis zwischen Behörden der Vertragsstaaten, soweit es um die Erfüllung der ihnen nach dem Übk
obliegenden Verpflichtungen geht.

HUÜ 2007 Art 41. Keine Legalisation

**Im Rahmen dieses Übereinkommens darf eine Legalisation oder ähnliche Förmlich-
keit nicht verlangt werden.**

Alle nach dem Übk übermittelten oder ausgestellten Schriftstücke – zB gerichtliche oder **598**
behördliche Entscheidungen oder die in Art 25 genannten Schriftstücke – bedürfen keiner
Legalisation oder sonstigen Förmlichkeit; daher ist auch die Apostille nach dem Haager Übk zur
Befreiung ausländischer öffentlicher Urkunden von der Legalisation v 5.10.1961 (BGBl 65 II 876
= *Jayme/Hausmann* Nr 250) nicht erforderlich (*Borrás/Degeling*-Bericht Rn 614). Dies schließt
freilich die Einholung von Auskünften zur Echtheit einer Urkunde nicht aus, wenn die befasste
Behörde diesbezüglich Zweifel hat.

HUÜ 2007 Art 42. Vollmacht

**Die Zentrale Behörde des ersuchten Staates kann vom Antragsteller eine Vollmacht
nur verlangen, wenn sie in seinem Namen in Gerichtsverfahren oder in Verfahren vor
anderen Behörden tätig wird, oder um einen Vertreter für diese Zwecke zu bestimmen.**

Von dem Grundsatz, dass die Zentrale Behörde des ersuchten Staates vom Antragsteller keine **599**
Vollmacht verlangen kann, macht Art 42 eine Ausnahme für den Fall, dass die Behörde im
Namen des Antragstellers in gerichtlichen oder behördlichen Verfahren auftritt oder für solche
Verfahren einen Vertreter des Antragstellers bestimmen muss.

HUÜ 2007 Art 43. Eintreibung von Kosten

(1) **Die Eintreibung von Kosten, die bei der Anwendung dieses Übereinkommens
entstehen, hat keinen Vorrang vor der Geltendmachung von Unterhaltsansprüchen.**

(2) **Ein Staat kann die Kosten bei einer unterliegenden Partei eintreiben.**

(3) **Für die Zwecke eines Antrags nach Artikel 10 Absatz 1 Buchstabe b im Hinblick
auf die Eintreibung der Kosten bei einer unterliegenden Partei nach Absatz 2 schließt
der Begriff „berechtigte Person" in Artikel 10 Absatz 1 einen Staat ein.**

(4) **Dieser Artikel lässt Artikel 8 unberührt.**

1. Rang der Kostenforderung, Abs 1

Die Eintreibung von Kosten, die bei der Anwendung dieses Übereinkommens entstehen, hat **600**
nach Abs 1 **keinen Vorrang** vor der Geltendmachung von Unterhaltsansprüchen. Ebenso wie
Art 43 EuUntVO (→ Rn 324) bezweckt die Vorschrift, dass sich der Unterhaltsgläubiger nicht
durch die Entstehung möglicher Kosten bei der Inanspruchnahme der Verordnung von der
Durchsetzung seines Unterhaltstitels abhalten lässt. Einer gleichrangigen Beitreibung der Kosten
zusammen mit dem Unterhaltsanspruch (§ 788 ZPO) steht Abs 1 nicht entgegen (*Rauscher/
Kern* Rn 4). Art 43 gilt allerdings nur für Kosten, die „bei der Anwendung dieses Übk" entstehen. Hierzu gehören die Kosten des Vollstreckbarerklärungsverfahrens nach Art 19 ff und des
selbständigen Anerkennungsverfahrens nach Art 26, nicht hingegen die Kosten der Vollstreckung
nach dem nationalen Recht des Vollstreckungsstaates.

2. Eintreibung der Kosten des Unterliegens, Abs 2

Abs 2 erlaubt dem Staat die Eintreibung der Kosten der unterliegenden Partei unabhängig **601**
davon, ob es sich um den Antragsteller oder den Antragsgegner handelt (*Borrás/Degeling*-Bericht
Rn 620). Damit soll ein gewisser Ausgleich dafür geschaffen werden, dass Kindern nach Art 16

1145

M 604, 605   2. Teil. Anerkennung/Vollstreckung M. Unterhaltssachen

unentgeltliche juristische Unterstützung durch den Staat ohne vorherige Prüfung der Bedürftigkeit zu leisten ist, wenn der Staat nicht eine Erklärung nach Art 16 Abs 1 abgegeben hat
(Rauscher/*Kern* Rn 5). Voraussetzung ist, dass es sich um Kosten handelt, die vom Antragsteller
überhaupt verlangt werden dürfen; diesbezüglich sind insbesondere die Schranken nach Art 8
Abs 2 und 3 zu beachten (vgl Abs 4). Im Falle eines nur teilweisen Unterliegens können auch
die nur anteilig vom Antragsteller zu tragenden Kosten eingetrieben werden (Rauscher/*Kern*
Rn 6). Die Kostentragungspflicht der unterliegenden Partei geht damit deutlich über diejenige
nach Art 67 EuUntVO (→ Rn 351) hinaus.

3. Staat als „berechtigte Person", Abs 3

602 Abs 3 bezieht den Staat in den Kreis der „berechtigten Personen" (Art 3 lit a) ein und räumt
ihm damit die Möglichkeit ein, seine Kostenforderungen mit Hilfe der Zentralen Behörden in
anderen Vertragsstaaten durchzusetzen.

4. Kosten der Zentralen Behörden, Abs 4

603 Soweit es um die Kosten der Zentralen Behörden geht, bleibt Art 8 nach Abs 4 unberührt.
Kosten, deren Durchsetzung gegenüber dem Antragsteller nach Art 8 Abs 2 und 3 ausgeschlossen ist, können auch nach Art 43 nicht verlangt werden.

HUÜ 2007 Art 44. Sprachliche Erfordernisse

(1) **Anträge und damit verbundene Schriftstücke müssen in der Originalsprache
abgefasst und von einer Übersetzung in eine Amtssprache des ersuchten Staates oder
in eine andere Sprache begleitet sein, die der ersuchte Staat in einer Erklärung nach
Artikel 63 als von ihm akzeptierte Sprache genannt hat, es sei denn, die zuständige
Behörde dieses Staates verzichtet auf eine Übersetzung.**

(2) **Jeder Vertragsstaat mit mehreren Amtssprachen, der aufgrund seines innerstaatlichen Rechts Schriftstücke in einer dieser Sprachen nicht für sein gesamtes Hoheitsgebiet akzeptieren kann, gibt in einer Erklärung nach Artikel 63 die Sprache an, in der
die Schriftstücke abgefasst oder in die sie übersetzt sein müssen, damit sie im jeweils
bezeichneten Teil seines Hoheitsgebiets eingereicht werden können.**

(3) **[1]Sofern die Zentralen Behörden nichts anderes vereinbart haben, erfolgt der
übrige Schriftwechsel zwischen diesen Behörden in einer Amtssprache des ersuchten
Staates oder in französischer oder englischer Sprache. [2]Ein Vertragsstaat kann jedoch
einen Vorbehalt nach Artikel 62 anbringen und darin gegen die Verwendung entweder
des Französischen oder des Englischen Einspruch erheben.**

1. Anträge, Abs 1, 2

604 Anträge und damit verbundene Schriftstücke müssen grundsätzlich in der Originalsprache
abgefasst und von einer **Übersetzung in eine Amtssprache des ersuchten Staates** begleitet
sein, es sei denn, die zuständige Behörde dieses Staates verzichtet auf eine Übersetzung. Aus-
reichend ist aber nach Abs 1 auch eine Übersetzung in eine andere Sprache, die der ersuchte
Staat in einer **Erklärung nach Art 63** als von ihm akzeptierte Sprache genannt hat. Eine solche
Erklärung hat *Norwegen* zugunsten der englischen Sprache abgegeben. Auch die EU hat eine
Erklärung zugunsten der Zulassung einer englischen Übersetzung für die Mitgliedstaaten *Estland,
Finnland, Litauen, Malta* und *Zypern* abgegeben. Ferner hat die EU für die *Slowakei* und die
Tschechische Republik erklärt, dass in beiden Staaten Anträge sowohl in slowaktisch wie in
tschechisch akzeptiert werden.

605 Gelten in einem Vertragsstaat mehreren Amtssprachen, so kann dieser, wenn er aufgrund
seines innerstaatlichen Rechts Schriftstücke in einer dieser Sprachen nicht für sein gesamtes
Hoheitsgebiet akzeptieren kann, in einer Erklärung nach Art 63 die Sprache angeben, in der die
Schriftstücke abgefasst oder in die sie übersetzt sein müssen, damit sie im jeweils bezeichneten
Teil seines Hoheitsgebiets eingereicht werden können (Abs 2). Eine solche Erklärung hat die EU
für *Belgien* in Bezug auf den französischen, niederländischen und deutschen Teil seines Hoheitsgebiets abgegeben.

1146

III. Staatsverträge: HUÜ 2007 Art 46 **M**

2. Schriftwechsel zwischen Zentralen Behörden, Abs 3

Der übrige Schriftwechsel zwischen Zentralen Behörden erfolgt nach Abs 3 in einer Amts- **606** sprache des ersuchten Staates oder in französischer oder englischer Sprache, sofern die Zentralen Behörden nichts anderes vereinbart haben. Jeder Vertragsstaat kann jedoch einen Vorbehalt nach Art 62 anbringen und darin gegen die Verwendung entweder des Französischen oder des Englischen, nicht aber gegen beide Sprachen Einspruch erheben. In Bezug auf die französische Sprache hat die EU diese Erklärung für die Mitgliedstaaten *Estland, Griechenland, Lettland, Litauen, die Niederlande, Polen, Schweden, die Slowakei, Slowenien, Tschechien, Ungarn, das Vereinigte Königreich und Zypern* abgegeben; ferner haben *Norwegen,* die *USA* und *Weißrussland* der Verwendung der französischen Sprache widersprochen. Für *Luxemburg* hat die EU der Verwendung der englischen Sprache widersprochen.

HUÜ 2007 Art 45. Art und Weise der Übersetzung und Übersetzungskosten

(1) ¹ Für nach Kapitel III gestellte Anträge können die Zentralen Behörden im Einzelfall oder generell vereinbaren, dass die Übersetzung in die Amtssprache des ersuchten Staates im ersuchten Staat aus der Originalsprache oder einer anderen vereinbarten Sprache angefertigt wird. ² Wird keine Vereinbarung getroffen und kann die ersuchende Zentrale Behörde die Erfordernisse nach Artikel 44 Absätze 1 und 2 nicht erfüllen, so können der Antrag und die damit verbundenen Schriftstücke zusammen mit einer Übersetzung ins Französische oder Englische zur Weiterübersetzung in eine der Amtssprachen des ersuchten Staates übermittelt werden.

(2) Die sich aus Absatz 1 ergebenden Übersetzungskosten trägt der ersuchende Staat, sofern die Zentralen Behörden der betroffenen Staaten keine andere Vereinbarung getroffen haben.

(3) Ungeachtet des Artikels 8 kann die ersuchende Zentrale Behörde dem Antragsteller die Kosten für die Übersetzung eines Antrags und der damit verbundenen Schriftstücke auferlegen, es sei denn, diese Kosten können durch ihr System der juristischen Unterstützung gedeckt werden.

1. Art und Weise der Übersetzung, Abs 1

Übersetzungen für nach dem Kapitel III gestellte Anträge sind grundsätzlich im ersuchenden **607** Staat zu fertigen. Sie können jedoch aufgrund einer zwischen den Zentralen Behörden – im Einzelfall oder generell – getroffenen Vereinbarung in die Amtssprache des ersuchten Staates auch im ersuchten Staat angefertigt werden. Wird keine solche Vereinbarung getroffen und kann die ersuchende Zentrale Behörde die sprachlichen Erfordernisse nach Art 44 Abs 1 und 2 nicht erfüllen, so können der Antrag und die damit verbundenen Schriftstücke zusammen mit einer Übersetzung ins Französische oder Englische zur Weiterübersetzung in eine der Amtssprachen des ersuchten Staates übermittelt werden, Abs 1 S 2.

2. Übersetzungskosten, Abs 2, 3

Die sich aus Abs 1 ergebenden Übersetzungskosten trägt nach Abs 2 grundsätzlich der er- **608** suchende Staat, sofern die Zentralen Behörden der betroffenen Staaten keine abweichende Vereinbarung getroffen haben. Allerdings kann die ersuchende Zentrale Behörde dem Antragsteller nach Abs 3 abweichend von Art 8 die Kosten für die Übersetzung eines Antrags und der damit verbundenen Schriftstücke auferlegen, wenn diese Kosten nicht durch ihr System der juristischen Unterstützung gedeckt sind. In *Deutschland* gilt ergänzend § 10 Abs 2 und 3 AUG (→ T Rn 109).

HUÜ 2007 Art 46. Nicht einheitliche Rechtssysteme – Auslegung

(1) Gelten in einem Staat in verschiedenen Gebietseinheiten zwei oder mehr Rechtssysteme oder Regelwerke in Bezug auf in diesem Übereinkommen geregelte Angelegenheiten, so ist

1147

M 610   2. Teil. Anerkennung/Vollstreckung M. Unterhaltssachen

a) jede Bezugnahme auf das Recht oder Verfahren eines Staates gegebenenfalls als
   Bezugnahme auf das in der betreffenden Gebietseinheit geltende Recht oder Verfahren zu verstehen;
b) jede Bezugnahme auf eine in diesem Staat erwirkte, anerkannte, anerkannte und
   vollstreckte, vollstreckte oder geänderte Entscheidung gegebenenfalls als Bezugnahme auf eine in der betreffenden Gebietseinheit erwirkte, anerkannte, anerkannte
   und vollstreckte, vollstreckte oder geänderte Entscheidung zu verstehen;
c) jede Bezugnahme auf eine Behörde, sei es ein Gericht oder eine Verwaltungsbehörde, dieses Staates gegebenenfalls als Bezugnahme auf ein Gericht oder eine Verwaltungsbehörde der betreffenden Gebietseinheit zu verstehen;
d) jede Bezugnahme auf die zuständigen Behörden, öffentliche Aufgaben wahrnehmenden Einrichtungen oder anderen Stellen dieses Staates mit Ausnahme der Zentralen Behörden gegebenenfalls als Bezugnahme auf die Behörden oder Stellen zu
   verstehen, die befugt sind, in der betreffenden Gebietseinheit tätig zu werden;
e) jede Bezugnahme auf den Aufenthalt oder den gewöhnlichen Aufenthalt in diesem
   Staat gegebenenfalls als Bezugnahme auf den Aufenthalt oder den gewöhnlichen
   Aufenthalt in der betreffenden Gebietseinheit zu verstehen;
f) jede Bezugnahme auf die Belegenheit von Vermögensgegenständen in diesem Staat
   gegebenenfalls als Bezugnahme auf die Belegenheit von Vermögensgegenständen in
   der betreffenden Gebietseinheit zu verstehen;
g) jede Bezugnahme auf eine in diesem Staat geltende Gegenseitigkeitsvereinbarung
   gegebenenfalls als Bezugnahme auf eine in der betreffenden Gebietseinheit geltende
   Gegenseitigkeitsvereinbarung zu verstehen;
h) jede Bezugnahme auf die unentgeltliche juristische Unterstützung in diesem Staat
   gegebenenfalls als Bezugnahme auf die unentgeltliche juristische Unterstützung in
   der betreffenden Gebietseinheit zu verstehen;
i) jede Bezugnahme auf eine in diesem Staat getroffene Unterhaltsvereinbarung gegebenenfalls als Bezugnahme auf eine in der betreffenden Gebietseinheit getroffene
   Unterhaltsvereinbarung zu verstehen;
j) jede Bezugnahme auf die Kosteneintreibung durch einen Staat gegebenenfalls als
   Bezugnahme auf die Kosteneintreibung durch die betreffende Gebietseinheit zu
   verstehen.

(2) Dieser Artikel ist nicht anzuwenden auf Organisationen der regionalen Wirtschaftsintegration.

609   Die Vorschrift enthält Regeln zur Unteranknüpfung für Vertragsstaaten mit verfahrensrechtlicher Rechtsspaltung, dh für solche Vertragsstaaten, in denen auf dem Gebiet der Anerkennung
und Vollstreckung von Unterhaltsentscheidungen unterschiedliche Teilrechtsordnungen bestehen. Praktisch bedeutsam ist die Vorschrift derzeit vor allem für das *Vereinigte Königreich* und die
Vereinigten Staaten.

HUÜ 2007 Art 47. Nicht einheitliche Rechtssysteme – materielle Regeln

(1) Ein Vertragsstaat mit zwei oder mehr Gebietseinheiten, in denen unterschiedliche Rechtssysteme gelten, ist nicht verpflichtet, dieses Übereinkommen auf Fälle
anzuwenden, die allein diese verschiedenen Gebietseinheiten betreffen.

(2) Eine zuständige Behörde in einer Gebietseinheit eines Vertragsstaats mit zwei
oder mehr Gebietseinheiten, in denen unterschiedliche Rechtssysteme gelten, ist nicht
verpflichtet, eine Entscheidung aus einem anderen Vertragsstaat allein deshalb anzuerkennen oder zu vollstrecken, weil die Entscheidung in einer anderen Gebietseinheit
desselben Vertragsstaats nach diesem Übereinkommen anerkannt oder vollstreckt worden ist.

(3) Dieser Artikel ist nicht anzuwenden auf Organisationen der regionalen Wirtschaftsintegration.

610   Nach Abs 1 ist ein Vertragsstaat, dessen Recht räumlich gespalten ist, nicht verpflichtet, das
Übk auf Sachverhalte anzuwenden, die keinen Bezug zu einem anderen Vertragsstaat haben. Die
USA müssen das Übk daher nicht auf die Anerkennung und Vollstreckung einer Unerhalts-
entscheidung aus Florida in Kalifornien anwenden. Ferner wirkt die Anerkennung und Vollstre-

1148

III. Staatsverträge: HUÜ 2007 Art 50   **613 M**

ckung der Entscheidung aus einem anderen Vertragsstaat in einer Gebietseinheit nach Abs 2 nicht ohne weiteres für andere Gebietseinheiten desselben Mehrrechtsstaates. Ist eine deutsche Unterhaltsentscheidung daher nach Art 19 ff des Übk in Florida anerkannt und vollstreckt worden, so ergibt sich aus dem Übk keine Verpflichtung der kalifornischen Gerichte, die deutsche Entscheidung allein deshalb auch auf ihrem Territorium anzuerkennen und zu vollstrecken. Schließlich stellt Abs 3 klar dass eine Organisation der regionalen Wirtschaftsintergration – wie die EU – kein „Vertragsstaat mit zwei oder mehr Gebietseinheiten" iSv Abs 1 und 2 ist.

HUÜ 2007 Art 48. Koordinierung mit den früheren Haager Übereinkommen über Unterhaltspflichten

Im Verhältnis zwischen den Vertragsstaaten ersetzt dieses Übereinkommen vorbehaltlich des Artikels 56 Absatz 2 das Haager Übereinkommen vom 2. Oktober 1973 über die Anerkennung und Vollstreckung von Unterhaltsentscheidungen und das Haager Übereinkommen vom 15. April 1958 über die Anerkennung und Vollstreckung von Entscheidungen auf dem Gebiet der Unterhaltspflicht gegenüber Kindern, soweit ihr Anwendungsbereich zwischen diesen Staaten mit demjenigen dieses Übereinkommens übereinstimmt.

Durch Art 48 wird klargestellt, dass das HUÜ 2007 im Verhältnis zwischen Vertragsstaaten, **611** die auch dem HUntVÜ 1973 angehören, Vorrang vor dem älteren Übk hat. Dies gilt allerdings nur insoweit, als sich der Anwendungsbereich beider Übereinkommen deckt. Daher bleibt das HUntVÜ 1973 auch auf die Anerkennung und Vollstreckung von Unterhaltsentscheidungen zwischen Vertragsstaaten des HUÜ 2007 weiter anwendbar, soweit es um Unterhaltspflichten geht, die nach Art 2 aus dem sachlich-persönlichen Anwendungsbereich des HUÜ 2007 ausgeschlossen sind. Aufgrund des Vorbehalts zugunsten von Art 56 Abs 2 gilt das HUntVÜ 1973 auch in Übergangsfällen weiter, wenn es die Anerkennung und Vollstreckung im konkreten Fall gegenüber dem HUÜ 2007 begünstigt.

HUÜ 2007 Art 49. Koordinierung mit dem New Yorker Übereinkommen von 1956

Im Verhältnis zwischen den Vertragsstaaten ersetzt dieses Übereinkommen das Übereinkommen der Vereinten Nationen vom 20. Juni 1956 über die Geltendmachung von Unterhaltsansprüchen im Ausland, soweit sein Anwendungsbereich zwischen diesen Staaten dem Anwendungsbereich dieses Übereinkommens entspricht.

Das durch das Übk ersetzte New Yorker Übereinkommen von 1956 regelt die in Kapitel II **612** und III HUÜ 2007 wesentlich detaillierter ausgestaltete Zusammenarbeit der Behörden bei der Durchsetzung von Unterhaltsansprüchen; es ist abgedruckt im Abschnitt T (→ Rn 92 ff).

HUÜ 2007 Art 50. Verhältnis zu den früheren Haager Übereinkommen über die Zustellung von Schriftstücken und die Beweisaufnahme

Dieses Übereinkommen lässt das Haager Übereinkommen vom 1. März 1954 über den Zivilprozess, das Haager Übereinkommen vom 15. November 1965 über die Zustellung gerichtlicher und außergerichtlicher Schriftstücke im Ausland in Zivil- und Handelssachen und das Haager Übereinkommen vom 18. März 1970 über die Beweisaufnahme im Ausland in Zivil- und Handelssachen unberührt.

Das Übk lässt die Haager Zivilprozessübereinkommen von 1954, 1965 und 1970 unberührt. **613** Insbesondere die Zustellung gerichtlicher und außergerichtlicher Schriftstücke sowie Beweisaufnahme im Ausland in Zivil- und Handelssachen beurteilen sich daher auch im Verhältnis der Vertragsstaaten des HUÜ 2007 nach jenen Übereinkommen. Im Verhältnis derjenigen Vertragsstaaten, die zugleich Mitgliedstaaten der EuUntVO sind, haben allerdings die EG-Verordnungen Nr 1393/2007 über die Zustellung gerichtlicher und außergerichtlicher Schriftstücke in Zivil- oder Handelssachen in den Mitgliedstaaten v 13.11.200 (**EuZVO**; AB l EU L 324, 79) und Nr 1206/2001 über die Zusammenarbeit zwischen den Gerichten der Mitgliedstaaten auf dem Gebiet der Beweisaufnahme in Zivil- oder Handelssachen v 28.5.2001 (**EuBVO**; ABl EG L

1149

M 614–616   2. Teil. Anerkennung/Vollstreckung M. Unterhaltssachen

174, 1) Vorrang vor den genannten Haager Rechtshilfeübereinkommen (Art 20 Abs 1 EuZVO, Art 21 Abs 1 EuBVO).

HUÜ 2007 Art 51. Koordinierung mit Übereinkünften und Zusatzvereinbarungen

(1) **Dieses Übereinkommen lässt vor dem Übereinkommen geschlossene internationale Übereinkünfte unberührt, denen Vertragsstaaten als Vertragsparteien angehören und die Bestimmungen über im Übereinkommen geregelte Angelegenheiten enthalten.**

(2) **¹Jeder Vertragsstaat kann mit einem oder mehreren Vertragsstaaten Vereinbarungen, die Bestimmungen über in diesem Übereinkommen geregelte Angelegenheiten enthalten, schließen, um die Anwendung des Übereinkommens zwischen ihnen zu verbessern, vorausgesetzt, dass diese Vereinbarungen mit Ziel und Zweck des Übereinkommens in Einklang stehen und die Anwendung des Übereinkommens im Verhältnis zwischen diesen Staaten und anderen Vertragsstaaten unberührt lassen. ²Staaten, die solche Vereinbarungen geschlossen haben, übermitteln dem Verwahrer des Übereinkommens eine Kopie.**

(3) **Die Absätze 1 und 2 gelten auch für Gegenseitigkeitsvereinbarungen und Einheitsrecht, die auf besonderen Verbindungen zwischen den betroffenen Staaten beruhen.**

(4) **¹Dieses Übereinkommen lässt die Anwendung von nach dem Abschluss des Übereinkommens angenommenen Rechtsinstrumenten einer Organisation der regionalen Wirtschaftsintegration, die Vertragspartei des Übereinkommens ist, in Bezug auf im Übereinkommen geregelte Angelegenheiten unberührt, vorausgesetzt, dass diese Rechtsinstrumente die Anwendung des Übereinkommens im Verhältnis zwischen den Mitgliedstaaten der Organisation der regionalen Wirtschaftsintegration und anderen Vertragsstaaten unberührt lassen. ²In Bezug auf die Anerkennung oder Vollstreckung von Entscheidungen zwischen den Mitgliedstaaten der Organisation der regionalen Wirtschaftsintegration lässt das Übereinkommen die Vorschriften der Organisation der regionalen Wirtschaftsintegration unberührt, unabhängig davon, ob diese vor oder nach dem Abschluss des Übereinkommens angenommen worden sind.**

1. Bestehende Übereinkünfte, Abs 1

614 Das Übk lässt vor dem 23.11.2007 geschlossene internationale Übereinkünfte unberührt, denen Vertragsstaaten als Vertragsparteien angehören und die Bestimmungen über im Übereinkommen geregelte Angelegenheiten enthalten. Dazu zählen nach Abs 3 auch Gegenseitigkeitsvereinbarungen und Einheitsrecht. Eine Ausnahme gilt lediglich für die in Art 48und 49 genannten Übereinkommen.

2. Künftige Vereinbarungen, Abs 2

615 Darüber hinaus kann jeder Vertragsstaat aber auch in Zukunft mit einem oder mehreren Vertragsstaaten Vereinbarungen auf dem Gebiet der Anerkennung und Vollstreckung von Unterhaltsentscheidungen schließen. Vorausgesetzt wird lediglich, dass diese Vereinbarungen mit Ziel und Zweck des Übk in Einklang stehen und dessen Anwendung im Verhältnis zwischen diesen Staaten und anderen Vertragsstaaten unberührt lassen. Auch Abs 2 umfasst den Abschluss von Gegenseitigkeitsvereinbarungen und Einheitsrecht (Abs 3).

3. Rechtsinstrumente einer Organisation der regionalen Wirtschaftsintegration, Abs 4

616 Das Übk lässt auch die Anwendung von nach dem 23.11.2007 angenommenen Rechtsinstrumenten einer Organisation der regionalen Wirtschaftsintegration, die – wie die EU – Vertragspartei des Übk ist, in Bezug auf im Übereinkommen geregelte Angelegenheiten unberührt. Vorausgesetzt wird nur, dass diese Rechtsinstrumente die Anwendung des Übereinkommens im Verhältnis zwischen den Mitgliedstaaten der Organisation der regionalen Wirtschaftsintegration und anderen Vertragsstaaten unberührt lassen. Vor allem in Bezug auf die Anerkennung oder

1150

III. Staatsverträge: HUÜ 2007 Art 54 **M**

Vollstreckung von Unterhaltsentscheidungen zwischen den Mitgliedstaaten der Organisation der regionalen Wirtschaftsintegration lässt das Übereinkommen deren Vorschriften unberührt, unabhängig davon, ob diese vor oder nach dem Abschluss des Übereinkommens angenommen worden sind. Damit wird klargestellt, dass die EuUntVO im Verhältnis der EU-Mitgliedstaaten zueinander Vorrang vor dem Übk hat (vgl *Beaumont* RabelsZ 73 [2009] 509/540).

HUÜ 2007 Art 52. Grundsatz der größten Wirksamkeit

(1) **Dieses Übereinkommen steht der Anwendung von Abkommen, Vereinbarungen oder sonstigen internationalen Übereinkünften, die zwischen einem ersuchenden Staat und einem ersuchten Staat in Kraft sind, oder im ersuchten Staat in Kraft befindlichen Gegenseitigkeitsvereinbarungen nicht entgegen, in denen Folgendes vorgesehen ist:**

a) **weiter gehende Grundlagen für die Anerkennung von Unterhaltsentscheidungen, unbeschadet des Artikels 22 Buchstabe f,**

b) **vereinfachte und beschleunigte Verfahren in Bezug auf einen Antrag auf Anerkennung oder Anerkennung und Vollstreckung von Unterhaltsentscheidungen,**

c) **eine günstigere juristische Unterstützung als die in den Artikeln 14 bis 17 vorgesehene oder**

d) **Verfahren, die es einem Antragsteller in einem ersuchenden Staat erlauben, einen Antrag unmittelbar bei der Zentralen Behörde des ersuchten Staates zu stellen.**

(2) **¹Dieses Übereinkommen steht der Anwendung eines im ersuchten Staat geltenden Gesetzes nicht entgegen, das wirksamere Vorschriften der Art, wie sie in Absatz 1 Buchstaben a bis c genannt sind, vorsieht. ²Die in Absatz 1 Buchstabe b genannten vereinfachten und beschleunigten Verfahren müssen jedoch mit dem Schutz vereinbar sein, der den Parteien nach den Artikeln 23 und 24 gewährt wird, insbesondere, was die Rechte der Parteien auf ordnungsgemäße Benachrichtigung von den Verfahren und auf angemessene Gelegenheit, gehört zu werden, sowie die Wirkungen einer Anfechtung oder eines Rechtsmittels angeht.**

In Art 52 bekräftigt das Übk – in Anlehnung an Art 23 HUntVÜ – das **Günstigkeitsprinzip. 617** Es lässt also sowohl die Anwendung anderer internationaler Übereinkünfte (Abs 1) wie die Anwendung der im ersuchten Staat geltenden nationalen Gesetze (Abs 2) auf dem Gebiet der Anerkennung und Vollstreckung von Unterhaltsentscheidungen dann zu, wenn diese die Anerkennung und Vollstreckung im konkreten Einzelfall begünstigen.

HUÜ 2007 Art 53. Einheitliche Auslegung

Bei der Auslegung dieses Übereinkommens ist seinem internationalen Charakter und der Notwendigkeit, seine einheitliche Anwendung zu fördern, Rechnung zu tragen.

Die Bestimmung besitzt lediglich empfehlenden Charakter. Wo dies im Hinblick auf den **618** internationalen Charakter des Übk und das Bestreben nach seiner einheitlichen Auslegung angebracht ist, haben deutsche Gerichte daher auch Gerichtsentscheidungen und Lehrmeinungen aus anderen Vertragsstaaten bei dessen Anwendung zu berücksichtigen. Da das Übk von der EU abgeschlossen worden ist, können Auslegungszweifel von den Gerichten der EU-Mitgliedstaaten auch dem EuGH nach Art 267 AEUV zur Vorabentscheidung vorgelegt werden.

HUÜ 2007 Art 54. Prüfung der praktischen Durchführung des Übereinkommens

(1) **Der Generalsekretär der Haager Konferenz für Internationales Privatrecht beruft in regelmäßigen Abständen eine Spezialkommission zur Prüfung der praktischen Durchführung des Übereinkommens und zur Förderung der Entwicklung bewährter Praktiken aufgrund des Übereinkommens ein.**

(2) **Zu diesem Zweck arbeiten die Vertragsstaaten mit dem Ständigen Büro der Haager Konferenz für Internationales Privatrecht bei der Sammlung von Informationen über die praktische Durchführung des Übereinkommens, einschließlich Statistiken und Rechtsprechung, zusammen.**

1151

M 619
2. Teil. Anerkennung/Vollstreckung M. Unterhaltssachen

HUÜ 2007 Art 55. Änderung der Formulare

(1) ¹Die Formulare in der Anlage dieses Übereinkommens können durch Beschluss einer vom Generalsekretär der Haager Konferenz für Internationales Privatrecht einzuberufenden Spezialkommission geändert werden, zu der alle Vertragsstaaten und alle Mitglieder eingeladen werden. ²Der Vorschlag zur Änderung der Formulare ist auf die Tagesordnung zu setzen, die der Einberufung beigefügt wird.

(2) ¹Die Änderungen werden von den in der Spezialkommission anwesenden Vertragsstaaten angenommen. ²Sie treten für alle Vertragsstaaten am ersten Tag des siebten Monats nach dem Zeitpunkt in Kraft, in dem der Verwahrer diese Änderungen allen Vertragsstaaten mitgeteilt hat.

(3) ¹Während der in Absatz 2 genannten Frist kann jeder Vertragsstaat dem Verwahrer schriftlich notifizieren, dass er nach Artikel 62 einen Vorbehalt zu dieser Änderung anbringt. ²Der Staat, der einen solchen Vorbehalt anbringt, wird in Bezug auf diese Änderung bis zur Rücknahme des Vorbehalts so behandelt, als wäre er nicht Vertragspartei dieses Übereinkommens.

HUÜ 2007 Art 56. Übergangsbestimmungen

(1) Dieses Übereinkommen ist in allen Fällen anzuwenden, in denen

a) ein Ersuchen gemäß Artikel 7 oder ein Antrag gemäß Kapitel III nach dem Inkrafttreten des Übereinkommens zwischen dem ersuchenden Staat und dem ersuchten Staat bei der Zentralen Behörde des ersuchten Staates eingegangen ist;

b) ein unmittelbar gestellter Antrag auf Anerkennung und Vollstreckung nach dem Inkrafttreten des Übereinkommens zwischen dem Ursprungsstaat und dem Vollstreckungsstaat bei der zuständigen Behörde des Vollstreckungsstaats eingegangen ist.

(2) In Bezug auf die Anerkennung und Vollstreckung von Entscheidungen zwischen den Vertragsstaaten dieses Übereinkommens, die auch Vertragsparteien der in Artikel 48 genannten Haager Übereinkommen sind, finden, wenn die nach diesem Übereinkommen für die Anerkennung und Vollstreckung geltenden Voraussetzungen der Anerkennung und Vollstreckung einer im Ursprungsstaat vor dem Inkrafttreten dieses Übereinkommens in diesem Staat ergangenen Entscheidung entgegenstehen, die andernfalls nach dem Übereinkommen, das in Kraft war, als die Entscheidung erging, anerkannt und vollstreckt worden wäre, die Voraussetzungen des letztgenannten Übereinkommens Anwendung.

(3) Der Vollstreckungsstaat ist nach diesem Übereinkommen nicht verpflichtet, eine Entscheidung oder Unterhaltsvereinbarung in Bezug auf Zahlungen zu vollstrecken, die vor dem Inkrafttreten des Übereinkommens zwischen dem Ursprungsstaat und dem Vollstreckungsstaat fällig geworden sind, es sei denn, dass Unterhaltspflichten aus einer Eltern-Kind-Beziehung gegenüber einer Person betroffen sind, die das 21. Lebensjahr noch nicht vollendet hat.

1. Grundsatz, Abs 1

619   Das Übk ist nach Abs 1 grundsätzlich nur dann anzuwenden, wenn es sowohl im Ursprungsstaat als auch im Vollstreckungsstaat in Kraft getreten ist. Hinsichtlich der Frage, wann das Übk in beiden Staaten in Kraft getreten sein muss, wird danach unterschieden, ob der Antrag auf Vollstreckbarerklärung vom Antragsteller über die Zentrale Behörde oder unmittelbar bei der zuständigen Behörde des Vollstreckungsstaates gestellt wurde. Im ersteren Fall kommt es darauf an, wann der Antrag bei der Zentralen Behörde des ersuchten Staates eingegangen ist (lit a), im zweiten Fall entscheidet der Eingang bei der zuständigen Behörde des Vollstreckungsstaats. In beiden Fällen gilt das Übk – in Übereinstimmung mit Art 75 Abs 2 lit a EuUntVO (→ Rn 376 ff) und Art 24 Abs 1 HUntVÜ – auch für die Anerkennung und Vollstreckung von Entscheidungen, die vor seinem Inkrafttreten im Ursprungsstaat ergangen sind.

1152

III. Staatsverträge: HUÜ 2007 Art 58   **M**

2. Günstigkeitsprinzip, Abs 2

Der Grundatz nach Abs 1 wird in Abs 2 durch das auch in Übergangsfällen maßgebliche **620** Günstigkeitsprinzip eingeschränkt. Danach sind die nach Art 48 durch das Übk eigentlich ersetzten älteren Haager Unterhaltsvollstreckungsübereinkommen von 1973 und 1958 ausnahmweise weiter anzuwenden, wenn die Anerkennung und Vollstreckung danach möglich, nach dem HUÜ 2007 hingegen ausgeschlossen ist. Praktische Bedeutung hat die Vorschrift insbesondere für Entscheidungen über den Verwandtenunterhalt, der vom HUntVÜ 1973 stets, vom HUÜ 2007 hingegen nur ausnahmsweise im Falle einer entsprechenden Erklärung des Vollstreckungsstaats nach Art 2 Abs 3 erfasst werden.

3. Fällige Zahlungen vor Inkrafttreten des Übk, Abs 3

Nach Abs 3 ist der Vollstreckungsstaat nach dem Übk – wie schon nach Art 24 Abs 2 **621** HUntVÜ – jedoch nicht verpflichtet, eine Entscheidung oder Unterhaltsvereinbarung in Bezug auf Zahlungen zu vollstrecken, die vor dem Inkrafttreten des Übk zwischen dem Ursprungsstaat und dem Vollstreckungsstaat fällig geworden sind. Eine Ausnahme gilt für Unterhaltsansprüche eines Kindes, welches das 21. Lebensjahr noch nicht vollendet hat.

HUÜ 2007 Art 57. Informationen zu den Rechtsvorschriften, Verfahren und Dienstleistungen

(1) **Ein Vertragsstaat stellt dem Ständigen Büro der Haager Konferenz für Internationales Privatrecht bei der Hinterlegung seiner Ratifikations- oder Beitrittsurkunde oder bei der Abgabe einer Erklärung nach Artikel 61 Folgendes zur Verfügung:**

a) **eine Beschreibung seiner auf Unterhaltspflichten anzuwendenden Rechtsvorschriften und Verfahren;**

b) **eine Beschreibung der Maßnahmen, die er treffen wird, um seinen Verpflichtungen aus Artikel 6 nachzukommen;**

c) **eine Beschreibung der Art und Weise, in der er den Antragstellern nach Artikel 14 tatsächlichen Zugang zu Verfahren verschafft;**

d) **eine Beschreibung seiner Vollstreckungsvorschriften und -verfahren einschließlich der Einschränkungen bei der Vollstreckung, insbesondere im Hinblick auf die Vorschriften zum Schutz der verpflichteten Person und die Verjährungsfristen;**

e) **alle näheren Angaben, auf die in Artikel 25 Absatz 1 Buchstabe b und Absatz 3 Bezug genommen wird.**

(2) **Die Vertragsstaaten können, um ihren Verpflichtungen aus Absatz 1 nachzukommen, ein von der Haager Konferenz für Internationales Privatrecht empfohlenes und veröffentlichtes Formular „Landesprofil" verwenden.**

(3) **Die Informationen werden von den Vertragsstaaten auf dem aktuellen Stand gehalten.**

Kapitel IX. Schlussbestimmungen

HUÜ 2007 Art 58. Unterzeichnung, Ratifikation und Beitritt

(1) **Dieses Übereinkommen liegt für die Staaten, die zur Zeit der Einundzwanzigsten Tagung der Haager Konferenz für Internationales Privatrecht Mitglied der Konferenz waren, sowie für die anderen Staaten, die an dieser Tagung teilgenommen haben, zur Unterzeichnung auf.**

(2) **Es bedarf der Ratifikation, Annahme oder Genehmigung; die Ratifikations-, Annahme- oder Genehmigungsurkunden werden beim Ministerium für Auswärtige Angelegenheiten des Königreichs der Niederlande, dem Depositar dieses Übereinkommens, hinterlegt.**

(3) **Jeder andere Staat oder jede andere Organisation der regionalen Wirtschaftsintegration kann diesem Übereinkommen beitreten, nachdem es gemäss Artikel 60 Absatz 1 in Kraft getreten ist.**

(4) **Die Beitrittsurkunde wird beim Depositar hinterlegt.**

1153

M   2. Teil. Anerkennung/Vollstreckung M. Unterhaltssachen

(5) [1]Der Beitritt wirkt nur im Verhältnis zwischen dem beitretenden Staat und den Vertragsstaaten, die innerhalb von 12 Monaten nach der in Artikel 65 vorgesehenen Notifikation keinen Einspruch gegen den Beitritt erhoben haben. [2]Nach dem Beitritt kann ein solcher Einspruch auch von jedem Mitgliedstaat in dem Zeitpunkt erhoben werden, in dem er dieses Übereinkommen ratifiziert, annimmt oder genehmigt. [3]Die Einsprüche werden dem Depositar notifiziert.

HUÜ 2007 Art 59. Organisationen der regionalen Wirtschaftsintegration

(1) [1]Eine Organisation der regionalen Wirtschaftsintegration, die ausschließlich von souveränen Staaten gebildet wird und für einige oder alle in diesem Übereinkommen geregelten Angelegenheiten zuständig ist, kann das Übereinkommen ebenfalls unterzeichnen, annehmen, genehmigen oder ihm beitreten. [2]Die Organisation der regionalen Wirtschaftsintegration hat in diesem Fall die Rechte und Pflichten eines Vertragsstaats in dem Umfang, in dem sie für Angelegenheiten zuständig ist, die im Übereinkommen geregelt sind.

(2) [1]Die Organisation der regionalen Wirtschaftsintegration notifiziert dem Verwahrer bei der Unterzeichnung, der Annahme, der Genehmigung oder dem Beitritt schriftlich die in diesem Übereinkommen geregelten Angelegenheiten, für die ihr von ihren Mitgliedstaaten die Zuständigkeit übertragen wurde. [2]Die Organisation notifiziert dem Verwahrer umgehend schriftlich jede Veränderung ihrer Zuständigkeit gegenüber der letzten Notifikation nach diesem Absatz.

(3) Eine Organisation der regionalen Wirtschaftsintegration kann bei der Unterzeichnung, der Annahme, der Genehmigung oder dem Beitritt nach Artikel 63 erklären, dass sie für alle in diesem Übereinkommen geregelten Angelegenheiten zuständig ist und dass die Mitgliedstaaten, die ihre Zuständigkeit in diesem Bereich der Organisation der regionalen Wirtschaftsintegration übertragen haben, aufgrund der Unterzeichnung, der Annahme, der Genehmigung oder des Beitritts der Organisation durch das Übereinkommen gebunden sein werden.

(4) Für das Inkrafttreten dieses Übereinkommens zählt eine von einer Organisation der regionalen Wirtschaftsintegration hinterlegte Urkunde nicht, es sei denn, die Organisation der regionalen Wirtschaftsintegration gibt eine Erklärung nach Absatz 3 ab.

(5) [1]Jede Bezugnahme in diesem Übereinkommen auf einen „Vertragsstaat" oder „Staat" gilt gegebenenfalls gleichermaßen für eine Organisation der regionalen Wirtschaftsorganisation, die Vertragspartei des Übereinkommens ist. [2]Gibt eine Organisation der regionalen Wirtschaftsintegration eine Erklärung nach Absatz 3 ab, so gilt jede Bezugnahme im Übereinkommen auf einen „Vertragsstaat" oder „Staat" gegebenenfalls gleichermaßen für die betroffenen Mitgliedstaaten der Organisation.

622   Einzige dem Übk beigetretene „Organisation der regionalen Wirtschaftsintegration" ist bisher die Europäische Union. Diese hat anlässlich ihres Beitritts die in Abs 3 vorgesehene Erklärung abgegeben.

HUÜ 2007 Art 60. Inkrafttreten

(1) Dieses Übereinkommen tritt am ersten Tag des Monats in Kraft, der auf einen Zeitabschnitt von drei Monaten nach der Hinterlegung der zweiten Ratifikations-, Annahme- oder Genehmigungsurkunde nach Artikel 58 folgt.

(2) Danach tritt dieses Übereinkommen wie folgt in Kraft:

a) für jeden Staat oder jede Organisation der regionalen Wirtschaftsintegration nach Artikel 59 Absatz 1, der oder die es später ratifiziert, annimmt oder genehmigt, am ersten Tag des Monats, der auf einen Zeitabschnitt von drei Monaten nach Hinterlegung seiner oder ihrer Ratifikations-, Annahme- oder Genehmigungsurkunde folgt;

b) für jeden Staat oder jede Organisation der regionalen Wirtschaftsintegration nach Artikel 58 Absatz 3 am Tag nach Ablauf des Zeitraums, in dem Einspruch nach Artikel 58 Absatz 5 erhoben werden kann;

1154

III. Staatsverträge: HUÜ 2007 Art 63 **M**

für die Gebietseinheiten, auf die das Übereinkommen nach Artikel 61 erstreckt worden ist, am ersten Tag des Monats, der auf einen Zeitabschnitt von drei Monaten nach der in jenem Artikel vorgesehenen Notifikation folgt.

HUÜ 2007 Art 61. Erklärungen in Bezug auf nicht einheitliche Rechtssysteme

(1) Ein Staat, der aus zwei oder mehr Gebietseinheiten besteht, in denen für die in diesem Übereinkommen geregelten Angelegenheiten unterschiedliche Rechtssysteme gelten, kann bei der Unterzeichnung, der Ratifikation, der Annahme, der Genehmigung oder dem Beitritt nach Artikel 63 erklären, dass das Übereinkommen auf alle seine Gebietseinheiten oder nur auf eine oder mehrere davon erstreckt wird; er kann diese Erklärung durch Abgabe einer neuen Erklärung jederzeit ändern.

(2) Jede derartige Erklärung wird dem Verwahrer unter ausdrücklicher Bezeichnung der Gebietseinheiten notifiziert, auf die das Übereinkommen angewendet wird.

(3) Gibt ein Staat keine Erklärung nach diesem Artikel ab, so erstreckt sich das Übereinkommen auf sein gesamtes Hoheitsgebiet.

(4) Dieser Artikel ist nicht anzuwenden auf Organisationen der regionalen Wirtschaftsintegration.

HUÜ 2007 Art 62. Vorbehalte

(1) [1]Jeder Vertragsstaat kann spätestens bei der Ratifikation, der Annahme, der Genehmigung oder dem Beitritt oder bei Abgabe einer Erklärung nach Artikel 61 einen oder mehrere der in Artikel 2 Absatz 2, Artikel 20 Absatz 2, Artikel 30 Absatz 8, Artikel 44 Absatz 3 und Artikel 55 Absatz 3 vorgesehenen Vorbehalte anbringen. [2]Weitere Vorbehalte sind nicht zulässig.

(2) [1]Jeder Staat kann einen von ihm angebrachten Vorbehalt jederzeit zurücknehmen. [2]Die Rücknahme wird dem Verwahrer notifiziert.

(3) Die Wirkung des Vorbehalts endet am ersten Tag des dritten Monats nach der in Absatz 2 genannten Notifikation.

(4) Die nach diesem Artikel angebrachten Vorbehalte mit Ausnahme des Vorbehalts nach Artikel 2 Absatz 2 bewirken nicht die Gegenseitigkeit.

Die bisher von den Vertragsstaaten erklärten Vorbehalte sind bei den in Abs 1 genannten **623** jeweiligen Artikeln dokumentiert. Vgl dazu auch die Angaben auf der Hompage der Haager Konferenz (www. hcch.net.Conventions Nr 38). Weitere Vorbehalte sind nach Abs 1 S 2 nicht zulässig. Zu beachten ist ferner, dass die nach Abs 1 zulässigen Vorbehalte gemäß Abs 4 keine Gegenseitigkeit bewirken; eine Ausnahme gilt lediglich für den Vorbehalt nach Art 2 Abs 2.

HUÜ 2007 Art 63. Erklärungen

(1) Erklärungen nach Artikel 2 Absatz 3, Artikel 11 Absatz 1 Buchstabe g, Artikel 16 Absatz 1, Artikel 24 Absatz 1, Artikel 30 Absatz 7, Artikel 44 Absätze 1 und 2, Artikel 59 Absatz 3 und Artikel 61 Absatz 1 können bei der Unterzeichnung, der Ratifikation, der Annahme, der Genehmigung oder dem Beitritt oder jederzeit danach abgegeben und jederzeit geändert oder zurückgenommen werden.

(2) Jede Erklärung, Änderung und Rücknahme wird dem Depositar22 notifiziert.

(3) Eine bei der Unterzeichnung, der Ratifikation, der Annahme, der Genehmigung oder dem Beitritt abgegebene Erklärung wird mit Inkrafttreten dieses Übereinkommens für den betreffenden Staat wirksam.

(4) Eine zu einem späteren Zeitpunkt abgegebene Erklärung und jede Änderung oder Rücknahme einer Erklärung werden am ersten Tag des Monats wirksam, der auf einen Zeitabschnitt von drei Monaten nach Eingang der Notifikation beim Depositar folgt.

1155

M 624, 625   2. Teil. Anerkennung/Vollstreckung M. Unterhaltssachen

HUÜ 2007 Art 64. Kündigung

(1) [1]Jeder Vertragsstaat kann dieses Übereinkommen durch eine an den Depositar gerichtete schriftliche Notifikation kündigen. [2]Die Kündigung kann sich auf bestimmte Gebietseinheiten eines Staates mit mehreren Einheiten beschränken, auf die das Übereinkommen angewendet wird.

(2) [1]Die Kündigung wird am ersten Tag des Monats wirksam, der auf einen Zeitabschnitt von 12 Monaten nach Eingang der Notifikation beim Depositar folgt. [2]Ist in der Notifikation für das Wirksamwerden der Kündigung ein längerer Zeitabschnitt angegeben, so wird die Kündigung nach Ablauf des entsprechenden Zeitabschnitts nach Eingang der Notifikation beim Depositar wirksam.

HUÜ 2007 Art 65. Notifikation

Der Depositar notifiziert den Mitgliedern der Haager Konferenz für Internationales Privatrecht sowie den anderen Staaten und Organisationen der regionalen Wirtschaftsintegration, die dieses Übereinkommen nach den Artikeln 58 und 59 unterzeichnet, ratifiziert, angenommen oder genehmigt haben oder ihm beigetreten sind,

a) jede Unterzeichnung, Ratifikation, Annahme und Genehmigung nach den
b) Artikeln 58 und 59;
c) jeden Beitritt und jeden Einspruch gegen den Beitritt nach Artikel 58 Absätze 3 und 5 und Artikel 59;
d) den Tag, an dem das Übereinkommen nach Artikel 60 in Kraft tritt;
e) jede Erklärung nach Artikel 2 Absatz 3, Artikel 11 Absatz 1 Buchstabe g, Artikel 16 Absatz 1, Artikel 24 Absatz 1, Artikel 30 Absatz 7, Artikel 44 Absätze 1 und 2, Artikel 59 Absatz 3 und Artikel 61 Absatz 1;
f) jede Vereinbarung nach Artikel 51 Absatz 2;
g) jeden Vorbehalt nach Artikel 2 Absatz 2, Artikel 20 Absatz 2, Artikel 30 Absatz 8, Artikel 44 Absatz 3 sowie Artikel 55 Absatz 3 und die Rücknahme der Vorbehalte nach Artikel 62 Absatz 2;
jede Kündigung nach Artikel 64.

670. Haager Übereinkommen über die Anerkennung und Vollstreckung von Unterhaltsentscheidungen (HUntVÜ)

Vom 2. Oktober 1973 (BGBl 1986 II, 826)

Vorbemerkung

1. Vertragsstaaten

624   Das Übk ist für die *Bundesrepublik Deutschland* am 1.4.1987 im Verhältnis zu *Finnland, Frankreich, Italien, Luxemburg,* den *Niederlanden, Norwegen, Portugal, Schweden,* der *Schweiz,* der ehemaligen *Tschechoslowakei,* der *Türkei* und dem *Vereinigten Königreich* in Kraft getreten (Bek v 25.3.1987, BGBl II, 220). Es gilt heute ferner im Verhältnis zu *Albanien* (seit 1.12.2012, BGBl II, 1537), *Andorra* (seit 1.7.2012, BGBl II, 750), *Australien* (seit 1.2.2002, BGBl II, 751), *Dänemark* (seit 1.1.1988, BGBl II, 98), *Estland* (seit 1.4.1998, BGBl II, S 684), *Griechenland* (seit 1.2.2004, BGBl 2006 II, 530), *Litauen* (seit 1.10.2003, BGBl II, 1376), *Polen* (seit 1.7.1996, BGBl II, 1073), der *Slowakei* (seit 1.1.1993, BGBl II, 2170), *Spanien* (seit 1.9.1987, BGBl II, 404), der *Tschechischen Republik* (seit 1.1.1993, BGBl II, 1008) und der *Ukraine* (seit 1.8.2008, BGBl 2009 II, 120). Es gilt wegen des Vorrangs der EuUntVO (→ Rn 625) und des HUÜ 2007 (→ Rn 627) derzeit aus deutscher Sicht nur noch für die Anerkennung und Vollstreckung von Unterhaltsentscheidungen und -vergleichen aus **Andorra** und **Australien,** ferner – neben dem LugÜ 2007 – für Unterhaltstitel aus der **Schweiz.**

2. Verhältnis zu anderen Rechtsinstrumenten

625   **a) EuUntVO.** Das HUntVÜ wird gem Art 69 Abs 2 EuUntVO im Verhältnis der EU-Mitgliedstaaten zueinander durch die EuUntVO vollständig verdrängt, soweit sich der sachliche

1156

III. Staatsverträge   **626–631 M**

Anwendungsbereich beider Rechtsinstrumente deckt und der zeitliche Anwendungsbereich der
EuUntVO (Art 75; → Rn 373 ff) eröffnet ist (OLG München FamRZ 12, 1512 m Anm *Gruber*
IPRax 13, 325). Anders als noch nach Art 71 Abs 2 lit b EuGVVO hat der Gläubiger auch im
Falle der Geltung des 2. Abschnitts des Kapitels IV – also für die Durchsetzung von Unterhaltstiteln aus *Dänemark* oder dem *Vereinigten Königreich* – kein Wahlrecht mehr, ob er das Vollstreckbarerklärungsverfahren nach Art 26 ff EuUntVO oder nach Art 4 ff HUntVÜ durchführen
möchte.

b) LugÜ 2007. Unterhaltsentscheidungen aus der *Schweiz* können in Deutschland sowohl **626**
nach dem HUntVÜ wie nach dem LugÜ 2007 anerkannt und vollstreckt werden (Art 67 Abs 1
LugÜ). Der Titelgläubiger kann das ihm am zweckmäßigsten erscheinende Verfahren frei wählen
(BGH NJW 08, 1531 Rn 12= FamRZ 08, 390; LG Heidelberg FamRZ 10, 667/668; ebenso
im Verhältnis zur EuGVVO aF BGHZ 171, 319 = FamRZ 07, 989 m Anm *Gottwald; Martiny*
FamRZ 08, 1681/1685). Er kann sich auch für eine Kombination der Vorschriften beider Übk
entscheiden. Auf das Verfahren der Vollstreckbarerklärung von Unterhaltstiteln können die
Bestimmungen des LugÜ (Art 38 ff) gem Art 67 Abs 5 S 2 LugÜ auch dann unmittelbar
angewandt werden, wenn nur die Anerkennungsvoraussetzungen nach dem II. Abschnitt des
HUntVÜ erfüllt sind. Im Verhältnis zu *Norwegen* gilt das zur Schweiz Gesagte nur noch, soweit
nicht das vorrangige HUÜ 2007 eingreift.

c) HUÜ 2007. Im Verhältnis zu den Vertragsstaaten des Haager Übk über die internationale **627**
Geltendmachung der Unterhaltsansprüche von Kindern und anderen Familienangehörigen von
2007 (**HUÜ 2007;** → Rn 472 ff) ist das HUntVÜ nicht mehr anzuwenden, sondern wird durch
das HUÜ 2007 ersetzt, soweit sich der Anwendungsbereich beider Übereinkommen deckt,
Art 48 HUÜ 2007. Dies hat insbesondere Bedeutung für diejenigen Vertragsstaaten beider
Haager Übk, die nicht zugleich Mitgliedstaaten der EuUntVO sind; dies sind derzeit *Albanien,
Norwegen,* die *Türkei* und die *Ukraine*. Das HUntVÜ ist allerdings auch im Verhältnis zu diesen
Staaten weiter anzuwenden, soweit es um die Anerkennung und Vollstreckung von Entscheidun-
gen geht, die Unterhaltpflichten betreffen, die – wie vor allem solche aus Verwandtschaft und
Schwägerschaft – nach Art 2 HUÜ 2007 aus dem sachlichen Anwendungsbereich jenes Über-
einkommens ausgeschlossen sind. Umfassend gilt das HUntVÜ nur noch im Verhältnis zu
Andorra, Australien sowie – neben dem LugÜ 2007 – im Verhältnis zur *Schweiz*.

d) HKUntVÜ 1958. Das HUntVÜ 1973 ersetzt in seinem Anwendungsbereich im Verhältnis **628**
der Vertragsstaaten zueinander gemäß seinem Art 29 seinerseits das Haager Übk über die
Anerkennung und Vollstreckung von Entscheidungen auf dem Gebiet der Unterhaltspflicht
gegenüber Kindern v 15.4.1958 (HKUntVÜ 1958).

e) Autonomes Recht. Der Titelgläubiger muss die Anerkennung und Vollstreckung gem **629**
dem anerkennungsrechtlichen **Günstigkeitsprinzip** nicht auf die Vorschriften des HUntVÜ
stützen (vgl Art 23). Er kann sich vielmehr stattdessen auch der §§ 108 ff FamFG bedienen
(BGH IPRax 17, 499 Rn 16 f m Anm *Kern* 475; → Rn 679, 835 ff). Das staatsvertragliche
Anerkennungsrecht kann vor allem wegen Art 9 HUntVÜ für den Titelgläubiger günstiger sein.
Denn danach ist der Exequaturrichter – abweichend von den zu § 109 Abs 1 Nr 1 FamFG
geltenden Grundätzen – an die zur Begründung der internationalen Zuständigkeit vom Erstrichter getroffenen Feststellungen gebunden.

3. Auslegung

Bei der Auslegung des Übk ist seinem internationalen Charakter und dem Ziel Rechnung zu **630**
tragen, eine möglichst einheitliche Anwendung seiner Vorschriften in den Vertragsstaaten zu
gewährleisten. Dabei ist zu beachten, dass es sich bei dem deutschen Text des Übk um eine
Übersetzung handelt. Authentisch sind gleichberechtigt nur der englische und der französische
Text (www.hcch.net Nr 23).

4. Deutsches Ausführungsgesetz

Die Durchführung des Übk in der *Bundesrepublik Deutschland* ist im Auslandsunterhaltsgesetz **631**
(**AUG**) v 23.5.2011 idF des Gesetzes v 20.2.2013 (BGBl I, 273) geregelt. Vgl §§ 1 Abs 1 S 1
Nr 2 lit b, 57 iVm §§ 36–56, §§ 58–60, §§ 61–62 AUG.

1157

M 2. Teil. Anerkennung/Vollstreckung M. Unterhaltssachen

Titel I. Anwendungsbereich des Übereinkommens
HUntVÜ Art 1. [Anwendungsbereich]

(1) Dieses Übereinkommen ist anzuwenden auf Entscheidungen über Unterhaltspflichten aus Beziehungen der Familie, Verwandtschaft, Ehe oder Schwägerschaft, einschließlich der Unterhaltspflicht gegenüber einem nichtehelichen Kind, die von Gerichten oder Verwaltungsbehörden eines Vertragsstaates erlassen worden sind entweder

1. zwischen einem Unterhaltsberechtigten und einem Unterhaltsverpflichteten oder
2. zwischen einem Unterhaltsverpflichteten und einer öffentliche Aufgaben wahrnehmenden Einrichtung, die die Erstattung der einem Unterhaltsberechtigten erbrachten Leistung verlangt.

(2) Es ist auch anzuwenden auf Vergleiche auf diesem Gebiet, die vor diesen Behörden und zwischen diesen Personen geschlossen worden sind.

1. Unterhaltssachen, Abs 1

632   Art 1 regelt den sachlichen Anwendungsbereich des Übk. Gegenstand der Entscheidung oder des Vergleichs muss danach eine Unterhaltspflicht aus **Beziehungen der Familie, Verwandtschaft, Ehe oder Schwägerschaft,** einschließlich der Unterhaltspflichten gegenüber einem nichtehelichen Kind sein. Die Regelung entspricht Art 1 Abs 1 EuUntVO; auf die dortige Kommentierung wird daher verwiesen (→ C Rn 41 ff). Ergänzend ist klarzustellen, dass auch im Rahmen des HUntVÜ der Begriff „Beziehungen der Familie" weit auszulegen ist und der Katalog des Abs 1 nur beispielhaft und daher nicht abschließend ist (G/Sch/*Baumann,* IRV 795/93). Der sachliche Anwendungsbereich des Übk ist daher weiter als derjenige des HUÜ 2007 (vgl Art 2 HUÜ 2007; → Rn 489 ff).

633   Auch im Rahmen von Art 1 Abs 1 stellt sich das Problem der Anwendung auf **Unterhaltsvereinbarungen.** Während die EuUntVO diese nur einbezieht, soweit sie die Voraussetzungen einer „öffentlichen Urkunde" iSv Art 2 Abs 1 Nr 3 erfüllen (→ Rn 42), enthält das HUÜ 2007 für Unterhaltsvereinbarungen eine detailliertere Regelung in Art 30 (→ Rn 574 ff). Zum HUntVÜ heißt es im *Verwilghen*-Bericht unter Nr 16, dass die Delegierten der Meinung waren, freiwillige Verpflichtungen, die über die einfache Bestätigung der gesetzlichen Verpflichtungen hinausgehen, fielen nicht in den Anwendungsbereich des Übk. In jedem Fall wird man daraus, dass Art 1 Abs 1 sich nur auf Unterhaltsverpflichtungen „aus Beziehungen der Familie, Verwandtschaft, Ehe oder Schwägerschaft," bezieht, schließen müssen, dass die freiwillige Verpflichtung immer auf eine Familienverbindung zurückgehen muss (BGH FamRZ 17, 1705 Rn 23). Nach Nr 25 des Berichts haben es einige Delegationen aber auch bedauert, dass das Übk sich im Wesentlichen mit den Unterhaltspflichten aus Gesetz befasst. In diesem Zusammenhang sei daran erinnert worden, dass Art 2 nicht ausdrücklich verbiete, das Übk auf Entscheidungen anzuwenden, die in einer Streitigkeit über eine Unterhaltspflicht aus einem Rechtsgeschäft ergangen seien.

2. Erstreckung auf Vergleiche, Abs 2

634   Abs 2 erstreckt die Anwendbarkeit des Übk auf Vergleiche, die vor einem Gericht oder einer Verwaltungsbehörde eines Vertragsstaats entweder zwischen dem Unterhaltsberechtigten und dem Unterhaltsverpflichteten oder zwischen dem Verpflichteten und einer öffentliche Aufgaben wahrnehmenden Einrichtung (vgl Art 18, 19) abgeschlossen worden sind. Der Begriff des Vergleichs in Abs 2 ist weit auszulegen und erfasst auch eine nach dem Unterhaltsstatut wirksam abgeschlossene **Unterhaltsvereinbarung** (LG Heidelberg FamRZ 10, 667/668).

HUntVÜ Art 2. [Entscheidungen und Vergleiche]

(1) Das Übereinkommen ist auf Entscheidungen und Vergleiche ohne Rücksicht auf ihre Bezeichnung anzuwenden.

(2) Es ist auch auf Entscheidungen oder Vergleiche anzuwenden, durch die eine frühere Entscheidung oder ein früherer Vergleich geändert worden ist, selbst wenn diese Entscheidung oder dieser Vergleich aus einem Nichtvertragsstaat stammt.

1158

III. Staatsverträge: HUntVÜ Art 4 **M**

(3) **Es ist ohne Rücksicht darauf, ob der Unterhaltsanspruch international oder innerstaatlich ist, und unabhängig von der Staatsangehörigkeit oder dem gewöhnlichen Aufenthalt der Parteien anzuwenden.**

1. Begriff der Entscheidungen und Vergleiche, Abs 1

Die Begriffe „Entscheidungen" (Art 1 Abs 1, Art 2) und „Vergleiche" (Art 1 Abs 2, Art 2) **635** sind im weitesten Sinne zu verstehen (*Verwilghen*-Bericht Rn 26; LG Heidelberg FamRZ 10, 667/668). Auf die Anerkennung und Vollstreckung von öffentlichen Urkunden ist das Übk nur unter den Voraussetzungen des Art 25 (→ Rn 681) anzuwenden.

2. Abänderungsentscheidungen, Abs 2

Das Übk gilt auch für die Anerkennung und Vollstreckung einer Entscheidung, durch die eine **636** frühere Unterhaltsentscheidung abgeändert worden ist. Maßgebend ist nur, dass die Abänderungsentscheidung vom Gericht eines Vertragsstaats getroffen worden ist. Die abgeänderte ursprüngliche Entscheidung kann hingegen auch vom Gericht eines Drittstaats gefällt worden sein. Gleiches gilt auch für die Abänderung eines gerichtlichen Vergleichs.

3. Anwendung auf Sachverhalte ohne Auslandsbezug, Abs 3

Die Anwendung des Übk setzt nur voraus, dass die anzuerkennende oder zu vollstreckende **637** Entscheidung vom Gericht eines Vertragsstaats gesprochen wurde. Nicht erforderlich ist hingegen, dass dieser Entscheidung ein internationaler Sachverhalt zugrunde gelegen hat. Auch Unterhaltsentscheidungen, die in einem rein nationalen Fall in einem Vertragsstaat ergangen sind, können nach dem Übk in einem anderen Vertragsstaat anerkannt und vollstreckt werden, wenn zB der Unterhaltsberechtigte seinen gewöhnlichen Aufenthalt erst nach Abschluss des Verfahrens in diesen Staat verlegt hat. Ferner stellt Abs 3 ausdrücklich klar, dass die Anerkennung oder Vollstreckung grundsätzlich nicht von der Staatsangehörigkeit oder dem gewöhnlichen Aufenthalt der Parteien abhängt. Dies gilt freilich nur insoweit, als das Übk die Staatsangehörigkeit oder den gewöhnlichen Aufenthalt einer Partei nicht selbst – wie in der Regelung der Anerkennungszuständigkeit nach Art 7 – zur Voraussetzung der Anerkennung macht.

HUntVÜ Art 3. [Beschränkung auf Unterhaltspflicht]

Betrifft die Entscheidung oder der Vergleich nicht nur die Unterhaltspflicht, so bleibt die Wirkung des Übereinkommens auf die Unterhaltspflicht beschränkt.

Die Vorschrift entspricht Art 19 Abs 2 HUÜ 2007; auf die dortige Kommentierung wird **638** verwiesen (→ Rn 516).

Kapitel II. Voraussetzungen der Anerkennung und Vollstreckung von Entscheidungen

Das zweite Kapitel (Art 4–12) regelt die Voraussetzungen der Anerkennung und Vollstreckung **639** von Unterhaltsentscheidungen. Es unterscheidet durch seine Formulierung zwischen positiven (Art 4, 6) und negativen (Art 5) Voraussetzungen. Nach Art 4 Abs 1 ist die in einem Vertragsstaat ergangene Entscheidung in einem anderen Vertragsstaat anzuerkennen oder für vollstreckbar zu erklären, wenn sie von einer nach den Art 7, 8 zuständigen Behörde erlassen worden ist und – vorbehaltlich von Art 4 Abs 2 – gegen sie im Ursprungsstaat kein ordentliches Rechtsmittel mehr zulässig ist. Ferner dürfen keine Anerkennungsversagungsgründe iSv Art 5 vorliegen. Keinesfalls ist eine Nachprüfung der ausländischen Entscheidung in der Sache zulässig (Art 12; BGH FamRZ 10, 966 Rn 10; BGH FamRZ 11, 802 Rn 9). Auch eine Teilanerkennung ist gemäß Art 10 möglich.

HUntVÜ Art 4. [Anerkennungsvoraussetzungen]

(1) **Die in einem Vertragsstaat ergangene Entscheidung ist in einem anderen Vertragsstaat anzuerkennen oder für vollstreckbar zu erklären/zu vollstrecken,**
1. **wenn sie von einer Behörde erlassen worden ist, die nach Artikel 7 oder 8 als zuständig anzusehen ist, und**
2. **wenn gegen sie im Ursprungsstaat kein ordentliches Rechtsmittel mehr zulässig ist.**

1159

M   2. Teil. Anerkennung/Vollstreckung M. Unterhaltssachen

(2) **Vorläufig vollstreckbare Entscheidungen und einstweilige Maßnahmen sind, obwohl gegen sie ein ordentliches Rechtsmittel zulässig ist, im Vollstreckungsstaat anzuerkennen oder für vollstreckbar zu erklären/zu vollstrecken, wenn dort gleichartige Entscheidungen erlassen und vollstreckt werden können.**

1. Anerkennungsvoraussetzungen, Abs 1

640   **a) Internationale Zuständigkeit der Behörden des Ursprungsstaats nach Art 7, 8, Nr 1.** Im Gegensatz zur EuUntVO (Art 21, 24, 34 Abs 1) und zum LugÜ 2007 (Art 35 Abs 3) macht das HUntVÜ die Anerkennung und Vollstreckung einer ausländischen Unterhaltsentscheidung in Abs 1 Nr 1 davon abhängig, dass das Ursprungsgericht für die Entscheidung international zuständig war; diese internationale (Anerkennungs-) Zuständigkeit beurteilt sich nach Art 7 und Art 8 (BGHZ 182, 204 Rn 16 = FamRZ 09, 2069). Ebenso wie nach Art 20 HUÜ 2007 (→ Rn 520 ff) ist eine solche Kontrolle der indirekten Zuständigkeit unverzichtbar, weil die Haager Übk die internationale Zuständigkeit im Erkenntnisverfahren nicht regeln.

641   **b) Formelle Rechtskraft, Nr 2.** Vorbehaltlich der Sonderregelung für vorläufig vollstreckbare Entscheidungen und einstweilige Maßnahmen in Abs 2 setzt die Anerkennung und Vollstreckbarkeit einer ausländischen Unterhaltsentscheidung nach Abs 1 Nr 2 weiterhin voraus, dass diese im Erststaat mit ordentlichen Rechtsmitteln nicht mehr angreifbar, dh formell rechtskräftig ist. Bloße Wirksamkeit – wie nach Art 20 Abs 6 HUÜ 2007 – genügt nicht.

2. Vorläufig vollstreckbare Entscheidungen und einstweilige Maßnahmen, Abs 2

642   Nach Abs 2 sind – nicht anders als nach der EuUntVO (→ Rn 38) und dem HUÜ 2007 – auch vorläufig vollstreckbare Entscheidungen und einstweilige Maßnahmen der Anerkennung und Vollstreckbarerklärung zugänglich. Dies setzt allerdings voraus, dass im Vollstreckungsstaat gleichartige Entscheidungen erlassen und vollstreckt werden können. Durch diesen Vorbehalt soll sichergestellt werden, dass nur diejenigen Staaten vorläufig vollstreckbare Entscheidungen und einstweilige Maßnahmen vollstrecken müssen, die diese Institute in ihrem eigenen Rechtssystem kennen (G/Sch/*Baumann,* IRV 795/106).

643   **a) Vorläufig vollstreckbare Entscheidungen.** Im deutschen Recht tritt seit Inkrafttreten des FamFG die **Erklärung der sofortigen Wirksamkeit** einer Entscheidung, die gem § 116 Abs 3 FamFG in Unterhaltssachen grundsätzlich anzuordnen ist, funktionell an die Stelle der vorläufigen Vollstreckbarkeit iSv Abs 2. Damit ergibt sich aus deutscher Sicht kein Hindernis für die Vollstreckung nur vorläufig vollstreckbarer Entscheidungen aus anderen Vertragsstaaten des HUntVÜ.

644   **b) Einstweilige Maßnahmen.** Abs 2 bezieht sich auf Maßnahmen, die Unterhaltsfragen zwar regeln, aber nicht endgültig entscheiden (G/Sch/*Baumann,* IRV 795/106). Erfasst werden auch einstweilige Anordnungen, die ohne Anhörung des Gegners ergangen sind. Sie sind in Deutschland grundsätzlich für vollstreckbar zu erklären, weil auch das deutsche Recht nicht anfechtbare einstweilige Anordnungen in Unterhaltssachen kennt (§§ 40, 53, 57, 86 FamFG; vgl BGHZ 182, 204 Rn 17 = FamRZ 09, 2069). Ihre Anerkennung und Vollstreckung kann allerdings aus den in Art 5 genannten Gründen, insbesondere wegen Verstoßes gegen den verfahrensrechtlichen *ordre public,* versagt werden (BGH aaO).

HUntVÜ Art 5. [Versagungsgründe]

Die Anerkennung oder Vollstreckung der Entscheidung darf jedoch versagt werden,

1. **wenn die Anerkennung oder Vollstreckung mit der öffentlichen Ordnung des Vollstreckungsstaats offensichtlich unvereinbar ist oder**
2. **wenn die Entscheidung das Ergebnis betrügerischer Machenschaften im Verfahren ist oder**
3. **wenn ein denselben Gegenstand betreffendes Verfahren zwischen denselben Parteien vor einer Behörde des Vollstreckungsstaats anhängig und als erstes eingeleitet worden ist oder**
4. **wenn die Entscheidung unvereinbar ist mit einer Entscheidung, die zwischen denselben Parteien über denselben Gegenstand entweder in dem Vollstreckungsstaat**

1160

III. Staatsverträge: HUntVÜ Art 5   **645–650 M**

oder in einem anderen Staat ergangen ist, im letztgenannten Fall jedoch nur, sofern diese Entscheidung die für die Anerkennung und Vollstreckung im Vollstreckungsstaat erforderlichen Voraussetzungen erfüllt.

1. Allgemeines

Die Anerkennungsversagungsgründe nach Art 5 stimmen weithin mit den entsprechenden **645** Gründen nach Art 24 EuUntVO (→ Rn 155 ff) und Art 22 HUÜ 2007 (→ Rn 537 ff) überein. Auf die Kommentierung dieser Vorschriften kann daher ergänzend verwiesen werden.

2. Die einzelnen Versagungsgründe

a) Ordre public, Nr 1. Die Anerkennung oder Vollstreckung kann einer Unterhaltsentschei- **646** dung nach Nr 1 versagt werden, wenn diese mit der öffentlichen Ordnung des Vollstreckungsstaates offensichtlich unvereinbar ist, Nr 1. Wie nach Art 24 S 1 lit a EuUntVO (→ Rn 166 ff) gilt auch hier, dass ein Verstoß gegen den verfahrensrechtlichen *ordre public* nur vorliegt, wenn das ausländische Verfahren in einem solchen Maße von den Grundsätzen des deutschen Verfahrens abweicht, dass es nicht mehr als in einem geordneten rechtsstaatlichen Verfahren ergangen angesehen werden kann (OLG Köln FamRZ 17, 1330/1331). Hierfür reicht es noch nicht aus, dass die dem ausländischen Unterhaltstitel zugrundeliegende Vaterschaftsfeststellung nur auf Zeugenaussagen und nicht auch auf medizinische Beweismittel gestützt wurde (OLG Köln FamRZ 08, 1763; vgl aber auch BGHZ 182, 188 = FamRZ 09, 1816 Rn 31 ff m Anm *Henrich*; OLG Naumburg FamRZ 09, 636). Auch nach Art 5 Nr 1 ist die Rüge eines Verstoßes gegen den verfahrensrechtlichen *ordre public* ausgeschlossen, wenn der Unterhaltsschuldner im ausländischen Erkenntnisverfahren nicht alle nach dem Recht des Erststaates zulässigen und ihm zumutbaren Rechtsmittel ausgeschöpft hat (OLG Köln FamRZ 17, 1330/1331).

Von besonderer Bedeutung ist auch im Rahmen des HUntVÜ ein möglicher Verstoß gegen **647** den verfahrensrechtlichen *ordre public* unter dem Gesichtspunkt der **Verletzung des rechtlichen Gehörs** des Antragsgegners. Verstöße gegen das rechtliche Gehör im Zuge der Einleitung des Verfahrens, wenn dem Antragsgegner wegen der nicht rechtzeitigen Zustellung des verfahrenseinleitenden Schriftstücks nicht genügend Zeit verblieb, um seine Verteidigung vorzubereiten, haben in Art 6 eine besondere Regelung erfahren. Im Hinblick auf Art 103 Abs 1 GG kann im Einzelfall (unter Abwägung aller Umstände) die Ausgestaltung des Verfahrens in einer *Common Law*-Jurisdiktion, in der das Gericht als prozessuale Sanktion bei Nichtbefolgung seiner Anordnungen den vollständigen Ausschluss einer ungehorsamen Partei vom weiteren Verfahren wegen Missachtung des Gerichts („*contempt of court"*) verfügt, gegen den deutschen verfahrensrechtlichen *ordre public* verstoßen, wenn diese Anordnung sich als unverhältnismäßig erweist und dem Antragsgegner auch in der Rechtsmittelinstanz kein rechtliches Gehör gewährt wurde (BGHZ 182, 204 Rn 33 ff = FamRZ 09, 2069 m zust Anm *Gottwald* [*Australien*] unter Hinweis auf EuGH C-394/07 – *Gambazzi,* Slg 09 I-2563 Rn 29 ff = NJW 09, 1938; *Botur* FPR 10, 519/521).

b) Betrügerische Machenschaften, Nr 2. Weiter darf die Anerkennung- und Vollstreckung **648** versagt werden, wenn die Entscheidung das Ergebnis betrügerischer Machenschaften im Verfahren ist (vgl zu Art 34 Nr 1 EuGVVO aF OLG Düsseldorf OLGR 09, 299; OLG Zweibrücken NJW-RR 06, 207; zu § 328 Abs 1 Nr 4 ZPO BGHZ 141, 286/304 = IPRax 01, 230; BGH WM 86, 1370/1371).

c) Frühere Anhängigkeit eines inländischen Verfahrens, Nr 3. In Übereinstimmung mit **649** Art 22 lit c HUÜ 2007 (→ Rn 540) bildet auch die Anhängigkeit eines denselben Verfahrensgegenstand betreffenden Unterhaltsverfahrens zwischen den Parteien im Zweitstaat ein Anerkennungshindernis, wenn dieses Verfahren als erstes eingeleitet worden ist, Nr 3. Mangels Identität des Streitgegenstands hindert jedoch ein in *Deutschland* früher eingeleitetes Verfahren betreffend den nachehelichen Unterhalt die Anerkennung eines *türkischen* Unterhaltstitels nicht, wenn dieser nur den Unterhalt während des Getrenntlebens der Ehegatten geregelt hat (BGH FamRZ 10, 966 Rn 12 ff).

d) Unvereinbarkeit mit anderen Entscheidungen, Nr 4. Schließlich hindert auch die **650** Unvereinbarkeit der ausländischen Entscheidung mit einer zwischen denselben Parteien über den gleichen Gegenstand ergangenen Entscheidung eines Gerichts des Vollstreckungsstaats die Anerkennung und Vollstreckung (vgl OLG Düsseldorf FamFR 12, 552). Insoweit kommt es – wie nach Art 24 S 1 lit c EuUntVO (→ Rn 192 ff) und Art 22 lit d HUÜ 2007 (→ Rn 542 f) –

1161

M   2. Teil. Anerkennung/Vollstreckung M. Unterhaltssachen

nicht darauf an, welche der beiden Entscheidungen früher ergangen oder rechtskräftig geworden ist. Die Anerkennung eines ausländischen Urteils über Trennungsunterhalt kann aber nicht deshalb nach Art 5 Nr 4 versagt werden, weil sie mit einem zwischenzeitlich ergangenen inländischen Scheidungsurteil in Widerspruch steht. Vielmehr kann die Rechtskraft des Scheidungsurteils nur als Einwendung nach § 767 ZPO berücksichtigt werden und führt dann zu einer Beschränkung der Vollstreckbarkeit des ausländischen Unterhaltstitels auf die Zeit bis zu deren Eintritt (BGH FamRZ 10, 966 m Anm *Heiderhoff* 1060).

651   In gleicher Weise steht auch eine zwischen den Parteien über den gleichen Gegenstand in einem **anderen (Vertrags- oder Dritt-) Staat** ergangene Entscheidung, die im Zweitstaat anerkennungs- und vollstreckungsfähig ist, der Anerkennung und Vollstreckung einer mit ihr nicht zu vereinbarenden Entscheidung der Gerichte eines Vertragsstaats entgegen. Dies entspricht dem Anerkennungshindernis in Art 24 S 1 lit d EuUntVO; auf die dortige Kommentierung wird daher verwiesen (→ Rn 201 ff). Abweichend von der EuUntVO, aber in Übereinstimmung mit Art 22 lit d HUÜ 2007, gilt allerdings das Prioritätsprinzip im Rahmen von Nr 4 nicht.

HUntVÜ Art 6. [Versäumnisentscheidung]

Eine Versäumnisentscheidung wird nur anerkannt oder für vollstreckbar erklärt/ vollstreckt, wenn das das Verfahren einleitende Schriftstück mit den wesentlichen Klagegründen der säumigen Partei nach dem Recht des Ursprungsstaats zugestellt worden ist und wenn diese Partei eine nach den Umständen ausreichende Frist zu ihrer Verteidigung hatte; Artikel 5 bleibt unberührt.

652   Die Vorschrift sanktioniert – in Übereinstimmung mit Art 24 S 1 lit b EuUntVO (→ Rn 175 ff) und Art 22 lit e HUÜ 2007 – die Verletzung des rechtlichen Gehörs des Antragsgegners bei der Einleitung des erststaatlichen Verfahrens. Konnte sich der Antragsgegner deshalb nicht angemessen verteidigen, so kann das gegen ihn ergangene Versäumnisurteil in den übrigen Vertragsstaaten nicht anerkannt und vollstreckt werden. Allerdings stellt Art 6 an die Ordnungsmäßigkeit der Zustellung des verfahrenseinleitenden Schriftstücks strengere Anforderungen als Art 24 S 1 lit b EuUntVO.

HUntVÜ Art 7. [Anerkennungszuständigkeit]

Eine Behörde des Ursprungsstaats ist als zuständig im Sinn des Übereinkommens anzusehen,

1. wenn der Unterhaltsverpflichtete oder der Unterhaltsberechtigte zur Zeit der Einleitung des Verfahrens seinen gewöhnlichen Aufenthalt im Ursprungsstaat hatte oder

2. wenn der Unterhaltsverpflichtete und der Unterhaltsberechtigte zur Zeit der Einleitung des Verfahrens Staatsangehörige des Ursprungsstaats waren oder

3. wenn sich der Beklagte der Zuständigkeit dieser Behörde entweder ausdrücklich oder dadurch unterworfen hat, dass er sich, ohne Unzuständigkeit geltend zu machen, auf das Verfahren in der Sache selbst eingelassen hat.

653   Die Anerkennungszuständigkeit nach Art 7 knüpft im Wesentlichen an Kriterien an, die auch Art 20 HUÜ 2007 verwendet und die in der EuUntVO für die Bestimmung der direkten Zuständigkeit in Unterhaltssachen nach Art 3–5 zugrundegelegt werden, nämlich an den gewöhnlichen Aufenthalt des Unterhaltsberechtigten oder des Unterhaltsverpflichteten im Ursprungsstaat (Nr 1; vgl Art 3 lit a und lit b EuUntVO; vgl BGHZ 182, 204 Rn 16 = FamRZ 09, 2069; → C Rn 100 ff) und an die rügelose Einlassung des Antragsgegners auf das Verfahren (Nr 3; vgl Art 5 EuUntVO; → C Rn 180 ff). Die gemeinsame Staatsangehörigkeit der Parteien (Nr 2) begründet die Zuständigkeit nach der EuUntVO hingegen nur noch eingeschränkt im Falle einer Annexzuständigkeit nach Art 3 Abs 1 lit c und lit d EuUntVO (→ C Rn 111 ff). Die einmal begründete Zuständigkeit des Ursprungsgerichts wirkt nach Art 7 bis zum Ende des Verfahrens fort (*perpetuatio fori;* BGH aaO).

HUntVÜ Art 8. [Anerkennungszuständigkeit des Gerichts der Ehesache]

Die Behörden eines Vertragsstaats, die über eine Unterhaltsklage entschieden haben, sind als zuständig im Sinn des Übereinkommens anzusehen, wenn der Unterhalt

1162

III. Staatsverträge: HUntVÜ Art 13   **M**

infolge einer von einer Behörde dieses Staates ausgesprochenen Scheidung, Trennung ohne Auflösung des Ehebandes, Nichtigkeit oder Ungültigkeit der Ehe geschuldet und wenn die diesbezügliche Zuständigkeit der Behörde nach dem Recht des Vollstreckungsstaats anerkannt wird; Artikel 7 bleibt unberührt.

Die Anerkennungszuständigkeit wird für Annex-Unterhaltsentscheidungen in Art 8 erweitert. **654** Die Regelung betrifft allerdings nur Unterhaltsentscheidungen, die im Zusammenhang mit einer **Ehesache** stehen. Die Verbindung mit einem Abstammungsverfahren oder einem Verfahren betreffend die elterliche Verantwortung reicht – anders als für die direkte Zuständigkeit nach Art 3 lit c und lit d EuUntVO – hingegen nicht aus. Abweichend von der EuUntVO genügt es auch nicht, dass das ausländische Gericht nach seinem eigenen Verfahrensrecht für die Ehesache zuständig war; vielmehr ist insoweit das Zuständigkeitsrecht des Vollstreckungsstaats in Ehesachen spiegelbildlich anzuwenden.

HUntVÜ Art 9. [Bindung an die tatsächlichen Feststellungen der Behörde des Ursprungsstaats]

Die Behörde des Vollstreckungsstaats ist an die tatsächlichen Feststellungen gebunden, auf die die Behörde des Ursprungsstaats ihre Zuständigkeit gestützt hat.

In Übereinstimmung mit Art 27 HUÜ 2007, aber abweichend von den Grundsätzen der **655** Anerkennung von Unterhaltsentscheidungen nach dem autonomen deutschen Recht (→ Rn 849), ist der Zweitrichter im Rahmen des HUntVÜ an die tatsächlichen Feststellungen des Erstrichters zur Begründung seiner Zuständigkeit gebunden.

HUntVÜ Art 10. [Teilvollstreckung]

Betrifft die Entscheidung mehrere Ansprüche in einer Unterhaltsklage und kann die Anerkennung oder Vollstreckung nicht für alle Ansprüche bewilligt werden, so hat die Behörde des Vollstreckungsstaats das Übereinkommen auf denjenigen Teil der Entscheidung anzuwenden, der anerkannt oder für vollstreckbar erklärt/vollstreckt werden kann.

Die Vorschrift entspricht Art 21 Abs 1 HUÜ 2007; auf die dortige Kommentierung wird **656** verwiesen (→ Rn 535).

HUntVÜ Art 11. [Anordnung regelmäßig wiederkehrender Zahlungen]

Ist in der Entscheidung die Unterhaltsleistung durch regelmäßig wiederkehrende Zahlungen angeordnet, so ist die Vollstreckung sowohl für die bereits fälligen als auch für die künftig fällig werdenden Zahlungen zu bewilligen.

HUntVÜ Art 12. [Verbot der révision au fond]

Die Behörde des Vollstreckungsstaats darf die Entscheidung auf ihre Gesetzmäßigkeit nicht nachprüfen, sofern das Übereinkommen nicht etwas anderes bestimmt.

Die Behörden des Vollstreckungsstaats dürfen die Entscheidung – in Übereinstimmung mit **657** Art 42 EuUntVO (→ Rn 321 f) und Art 28 HUÜ 2007 – allerdings nicht auf ihre Gesetzmäßigkeit nachprüfen, sofern das Übk nicht etwas anderes bestimmt (BGH FamRZ 10, 966 Rn 10; BGH FamRZ 11, 802 Rn 9). Ausnahmen vom Verbot der *révision au fond* bestehen bei der Anerkennung von Erstattungstiteln öffentlicher Einrichtungen (Art 18, 19). Das Verbot nach Art 12 steht der späteren Abänderung von Unterhaltstiteln und Anträgen auf Vollstreckungsschutz nicht entgegen.

Kapitel III. Verfahren der Anerkennung und Vollstreckung von Entscheidungen

HUntVÜ Art 13. [Verfahren der Anerkennung und Vollstreckung]

Das Verfahren der Anerkennung oder Vollstreckung der Entscheidung richtet sich nach dem Recht des Vollstreckungsstaats, sofern das Übereinkommen nicht etwas anderes bestimmt.

1163

M   2. Teil. Anerkennung/Vollstreckung M. Unterhaltssachen

658   Gem Art 13 richtet sich das Verfahren der Anerkennung und Vollstreckung ausländischer Unterhaltsentscheidungen – ebenso wie gem Art 41 Abs 1 S 1 EuUntVO – nach dem Recht des Vollstreckungsstaats, sofern das Übk nichts anderes bestimmt. In *Deutschland* sind damit die Vorschriften des AUG (§ 1 Abs 1 S 1 Nr 2 lit b AUG [→ Rn 706], §§ 65 ff [→ Rn 817 ff]) und über §§ 65 AUG, 120 Abs 1 FamFG die Vorschriften der ZPO anzuwenden. Damit gilt für die Anerkennung und Vollstreckung von Entscheidungen aus den Vertragsstaaten des HUntVÜ grundsätzlich ein ähnliches Verfahren wie für die Vollstreckung von Entscheidungen aus *Dänemark* und dem *Vereinigten Königreich* nach Art 26 ff EuUntVO (→ Rn 208 ff) und aus den Vertragsstaaten des LugÜ (Art 38 ff LugÜ; → Rn 411 ff).

659   Im Verhältnis zur *Schweiz,* die wie die *Bundesrepublik Deutschland* dem HUntVÜ und dem LugÜ angehört, können auf das Verfahren der Vollstreckbarerklärung von Unterhaltstiteln die Bestimmungen des LugÜ (Art 38 ff) gem Art 67 Abs 5 S 2 LugÜ (→ Rn 470) auch dann unmittelbar angewandt werden, wenn nur die Anerkennungsvoraussetzungen nach dem II. Abschnitt des HUntVÜ erfüllt sind. Die EuUntVO enthält hingegen die früher in Art 71 Abs 2 UAbs 2 S 2 EuGVVO enthaltene Parallelvorschrift nicht mehr.

HUntVÜ Art 14. [Antrag auf Teilvollstreckung]

Es kann auch die teilweise Anerkennung oder Vollstreckung einer Entscheidung beantragt werden.

660   Die Vorschrift entspricht Art 21 Abs 2 HUÜ 2007; auf die dortige Kommentierung wird verwiesen (→ Rn 536).

HUntVÜ Art 15. [Prozesskostenhilfe]

Der Unterhaltsberechtigte, der im Ursprungsstaat ganz oder teilweise Prozesskostenhilfe oder Befreiung von Verfahrenskosten genossen hat, genießt in jedem Anerkennungs- oder Vollstreckungsverfahren die günstigste Prozesskostenhilfe oder die weitestgehende Befreiung, die im Recht des Vollstreckungsstaats vorgesehen ist.

661   Die Vorschrift entspricht inhaltlich Art 50 Abs 1 LugÜ; auf die dortige Kommentierung wird verwiesen (→ Rn 436 ff).

HUntVÜ Art 16. [Keine Sicherheitsleistung]

In den durch das Übereinkommen erfassten Verfahren braucht für die Zahlung der Verfahrenskosten keine Sicherheit oder Hinterlegung, unter welcher Bezeichnung auch immer, geleistet zu werden.

662   Die Vorschrift entspricht Art 51 LugÜ; auf die dortige Kommentierung wird verwiesen (→ Rn 439).

HUntVÜ Art 17. [Voraussetzungen der Anerkennung/Vollstreckbarerklärung]

(1) Die Partei, die die Anerkennung einer Entscheidung geltend macht oder ihre Vollstreckung beantragt, hat folgende Unterlagen beizubringen:

1. **eine vollständige, mit der Urschrift übereinstimmende Ausfertigung der Entscheidung;**
2. **die Urkunden, aus denen sich ergibt, dass gegen die Entscheidung im Ursprungsstaat kein ordentliches Rechtsmittel mehr zulässig ist und, gegebenenfalls, dass die Entscheidung dort vollstreckbar ist;**
3. **wenn es sich um eine Versäumnisentscheidung handelt, die Urschrift oder eine beglaubigte Abschrift der Urkunde, aus der sich ergibt, dass das das Verfahren einleitende Schriftstück mit den wesentlichen Klagegründen der säumigen Partei nach dem Recht des Ursprungsstaats ordnungsgemäß zugestellt worden ist;**
4. **gegebenenfalls jedes Schriftstück, aus dem sich ergibt, dass die Partei im Ursprungsstaat Prozesskostenhilfe oder Befreiung von Verfahrenskosten erhalten hat;**
5. **eine beglaubigte Übersetzung der genannten Urkunden, wenn die Behörde des Vollstreckungsstaats nicht darauf verzichtet.**

1164

III. Staatsverträge: HUntVÜ Art 17   663–669   **M**

(2) **Werden die genannten Urkunden nicht vorgelegt oder ermöglicht es der Inhalt der Entscheidung der Behörde des Vollstreckungsstaats nicht, nachzuprüfen, ob die Voraussetzungen dieses Übereinkommens erfüllt sind, so setzt sie eine Frist für die Vorlegung aller erforderlichen Urkunden.**

(3) **Eine Legalisation oder ähnliche Förmlichkeit darf nicht verlangt werden.**

1. Voraussetzungen für die Vollstreckbarerklärung, Abs 1

Für die Vollstreckbarerklärung einer Unterhaltsentscheidung nach dem HUntVÜ hat ein **663** deutsches Gericht die folgenden Punkte zu prüfen:

1. Der Verfahrensgegenstand muss in den **sachlichen Anwendungsbereich** (Art 1; → Rn 632 f) des Übk fallen. Dabei ist das Gericht des Zweitstaates für die Frage, ob eine Unterhaltssache vorliegt, nicht an die Beurteilung des Erstgerichts gebunden. Auch wenn das Erstgericht davon ausgeht, die Entscheidung betreffe eine Unterhaltspflicht, kann das Gericht im Vollstreckungsstaat zu dem Ergebnis gelangen, dass zB eine vom Übk nicht erfasste güterrechtliche Angelegenheit vorliegt (BGH NJW-RR 10, 1 ff).
2. Es muss um die Anerkennung bzw Vollstreckung einer **Entscheidung** iSv Art 1 oder eines **664** **Vergleichs** iSv Art 21 gehen. Auch eine **öffentliche Urkunde,** die durch förmliche Gegenseitigkeitserklärung in den Anwendungsbereich des Übk einbezogen worden ist (Art 25; § 61 Abs 1 AUG), kann Vollstreckungstitel sein. Eine Erklärung nach Art 25 hat neben der *Bundesrepublik Deutschland* auch die *Ukraine* abgegeben. Da die *Ukraine* auch Vertragsstaat des HUÜ 2007 ist, gilt das HUntVÜ im Verhältnis zu diesem Staat allerdings nur für vom HUÜ 2007 nicht erfasste Unterhaltspflichten.
3. Es muss ein **Antrag** des nach dem Titel Berechtigten vorliegen. Berechtigter ist jeder, der **665** sich im Ursprungsstaat auf die Entscheidung berufen kann. Der Antrag kann schriftlich oder mündlich zu Protokoll der Geschäftsstelle des Landgerichts gestellt werden (§ 57 iVm § 36 Abs 2 AUG). Sofern der Antrag nicht in deutscher Sprache gefasst ist, kann eine Übersetzung gem § 57 iVm § 36 Abs 3 iVm AUG verlangt werden (→ Rn 746 ff).
4. Der Antrag muss bei der **zuständigen Stelle** eingereicht werden (§ 35 AUG → Rn 742).   **666**
5. Die Entscheidung muss im Erststaat (noch) **vollstreckbar** sein. Dies hat der Antragsteller **667** nachzuweisen, denn er hat gem Abs 1 Nr 2 die diesbezüglichen Urkunden vorzulegen. Das Recht des Ursprungsstaates entscheidet über die Vollstreckbarkeit als solche und über Art und Umfang der Vollstreckbarkeit. Abs 1 Nr 2 ist vor dem Hintergrund der in Art 4 getroffenen Unterscheidung zu sehen (*Verwilghen*-Bericht Rn 86): Wird die Vollstreckbarerklärung einer rechtskräftigen Unterhaltsentscheidung beantragt (Art 4 Abs 1), so ist ein **Rechtskraftzeugnis** vorzulegen (Abs 1 Nr 2 Var 1). Ist der Unterhaltstitel hingegen nur vorläufig vollstreckbar (Art 4 Abs 2; → Rn 642 f), ist statt der Rechtskraft nachzuweisen, dass der Titel im Entscheidungsstaat vollstreckbar ist (Abs 1 Nr 2 Var 2; G/Sch/*Baumann,* IRV 795/151).
6. Es müssen die weiteren in Abs 1 sowie in § 57 iVm § 36 Abs 4 AUG (→ 750) genannten **668** **Urkunden** vorgelegt werden, nämlich
   – eine vollständige mit der Urschrift übereinstimmende **Ausfertigung der Entscheidung,** Nr 1;
   – im Fall einer **Versäumnisentscheidung** die Urschrift oder die beglaubigte Abschrift der Urkunde, aus der sich ergibt, dass das das Verfahren einleitende Schriftstück mit den wesentlichen Klagegründen der säumigen Partei nach dem Recht des Ursprungsstaates ordnungsgemäß zugestellt worden ist, Nr 3;
   – ggf jedes Schriftstück aus dem sich ergibt, dass die Partei im Ursprungstaat **Prozess-kostenhilfe** oder Befreiung von den Verfahrenskosten erhalten hat, Nr 4;
   – eine beglaubigte **Übersetzung** der genannten Urkunden, wenn die Behörde des Vollstreckungsstaats nicht darauf verzichtet, Nr 5.
7. Die Entscheidung muss von einem Gericht oder einer Behörde erlassen worden sein, die **669** **nach Art 7, 8** als **zuständig** anzusehen ist. Anders als im Verfahren der Vollstreckbarerklärung nach der EuUntVO und nach dem LugÜ ist im Verfahren nach Art 13 ff HUntVÜ – wie nach Art 20 HUÜ 2007 (→ Rn 520 ff) – die Zuständigkeit des Erstgerichts vom Richter im Zweitstaat zu prüfen. Dies erklärt sich daraus, dass das HUntVÜ das Recht der direkten internationalen Zuständigkeit nicht vereinheitlicht hat. Nach Art 9 ist der Exequaturrichter jedoch an die zur Begründung der internationalen Zuständigkeit vom Erstrichter

M   2. Teil. Anerkennung/Vollstreckung M. Unterhaltssachen

getroffenen Feststellungen gebunden. Tatsächliche Feststellungen zur Zuständigkeit sind beispielsweise Feststellungen über die Dauer des Aufenthalts, den Domizilwillen usw. Art 9 gilt auch für Versäumnisentscheidungen (G/Sch/*Baumann*, IRV 795/133).

670   8. Gegen die Entscheidung darf – vorbehaltlich von Art 4 Abs 2 – im Ursprungsstaat kein **ordentliches Rechtsmittel** mehr zulässig sein. Diese Formulierung wurde dem Erfordernis, dass die Entscheidung rechtskräftig sein muss, deshalb vorgezogen, weil zahlreiche Unterhaltsentscheidungen einen vorläufigen Charakter haben und deshalb nicht immer als rechtskräftig im engeren Sinn gelten können (*Verwilghen*-Bericht Nr 10). Über die Zulässigkeit des Rechtsmittels entscheidet das Recht des Ursprungsstaats.

671   9. Es darf **kein Anerkennungshindernis nach Art 5** vorliegen. Anders als bei der Vollstreckbarerklärung nach Art 30, 34 Abs 1 EuUntVO (→ Rn 247 ff), Art 41 LugÜ (→ Rn 417) und Art 23 HUÜ 2007 (→ Rn 551) sind Anerkennungshindernisse schon **im Verfahren erster Instanz** und nicht erst im Beschwerde- bzw Rechtsbeschwerdeverfahren zu prüfen.

672   10. Nach deutschem Vollstreckungsrecht kann ein Titel nur dann die Grundlage der Vollstreckung bilden, wenn er inhaltlich hinreichend bestimmt ist (vgl BGH NJW 66, 1755). Auch für ausländische Titel gelten insoweit die gleichen Grundsätze wie für inländische Titel. Auch sie müssen daher dem **Bestimmtheitsgrundsatz** gerecht werden. Ist dies nicht der Fall, ergeben sich jedoch die Kriterien, nach denen sich die titulierte Leistungspflicht bestimmt, aus den ausländischen Vorschriften oder ähnlichen im Inland gleichermaßen zugänglichen und sicher feststellbaren Umständen, so sind diese Feststellungen im Verfahren der Vollstreckbarerklärung zu treffen und der ausländische Titel ist in der Entscheidung über seine Vollstreckbarkeit entsprechend zu **konkretisieren** (BGH NJW 10, 153/154). Zu Einzelheiten → Rn 273 ff.

673   11. Für **Versäumnisentscheidungen** ist weiter Art 6 zu prüfen. Der Begriff der Versäumnisentscheidung ist autonom auszulegen (G/Sch/*Baumann*, IRV 795/120); er umfasst keine Entscheidungen, bei denen der funktionelle Zusammenhang zwischen Säumnis und Entscheidungsmodus fehlt (G/Sch/*Baumann*, IRV 795/121).

674   12. Keine gesonderte Voraussetzung ist die **Zustellung** des für vollstreckbar zu erklärenden Titels; sie ist dementsprechend nicht gesondert zu prüfen. Die Zustellung der Entscheidung kann jedoch nach dem Recht des Ursprungsstaats Voraussetzung für die Rechtskraft oder die Vollstreckbarkeit sein und erlangt dadurch mittelbar Bedeutung (G/Sch/*Baumann*, IRV 795/151).

2. Fristsetzung, Abs 2

675   Werden die in Abs 1 genannten Urkunden nicht vorgelegt oder ermöglicht es der Inhalt der Entscheidung der Behörde des Vollstreckungsstaats nicht nachzuprüfen, ob die vorgenannten Voraussetzungen des Übk für die Vollstreckbarerklärung erfüllt sind, so ist dem Antragsteller gemäß Abs 2 eine Frist zur Vorlegung aller erforderlichen Urkunden zu setzen.

3. Kein Legalisationserfordernis, Abs 3

676   In Übereinstimmung mit Art 65 EuUntVO (→ Rn 347 ff) und Art 41 HUÜ 2007 bedarf es keiner Legalisation der vorzulegenden Urkunden.

Kapitel IV. Ergänzende Bestimmungen über öffentliche Aufgaben wahrnehmende Einrichtungen

HUntVÜ Art 18

Ist die Entscheidung gegen einen Unterhaltsverpflichteten auf Antrag einer öffentliche Aufgaben wahrnehmenden Einrichtung ergangen, welche die Erstattung der einem Unterhaltsberechtigten erbrachten Leistungen verlangt, so ist diese Entscheidung nach dem Übereinkommen anzuerkennen und für vollstreckbar zu erklären/zu vollstrecken,

1. wenn die Einrichtung nach dem Recht, dem sie untersteht, die Erstattung verlangen kann;

2. wenn das nach dem internationalen Privatrecht des Vollstreckungsstaats anzuwendende innerstaatliche Recht eine Unterhaltspflicht zwischen dem Unterhaltsberechtigten und dem Unterhaltsverpflichteten vorsieht.

III. Staatsverträge: HUntVÜ Art 23　　　　　　　　　　　　　　　**679　M**

HUntVÜ Art 19

Eine öffentliche Aufgaben wahrnehmende Einrichtung darf, soweit sie dem Unterhaltsberechtigten Leistungen erbracht hat, die Anerkennung oder Vollstreckung einer zwischen dem Unterhaltsberechtigten und dem Unterhaltsverpflichteten ergangenen Entscheidung verlangen, wenn sie nach dem Recht, dem sie untersteht, kraft Gesetzes berechtigt ist, an Stelle des Unterhaltsberechtigten die Anerkennung der Entscheidung geltend zu machen oder ihre Vollstreckung zu beantragen.

HUntVÜ Art 20

Die öffentliche Aufgaben wahrnehmende Einrichtung, welche die Anerkennung geltend macht oder die Vollstreckung beantragt, hat die Urkunden vorzulegen, aus denen sich ergibt, dass sie die in Artikel 18 Nummer 1 oder Artikel 19 genannten Voraussetzungen erfüllt und dass die Leistungen dem Unterhaltsberechtigten erbracht worden sind; Artikel 17 bleibt unberührt.

Vgl zu Art 18–20 die Kommentierung der Parallelregelung in Art 64 EuUntVO **677** (→ Rn 338 ff).

Kapitel V. Vergleiche

HUntVÜ Art 21. [Vollstreckbare Vergleiche]

Die im Ursprungsstaat vollstreckbaren Vergleiche sind unter denselben Voraussetzungen wie Entscheidungen anzuerkennen und für vollstreckbar zu erklären/zu vollstrecken, soweit diese Voraussetzungen auf sie anwendbar sind.

Vergleiche, die im Ursprungsstaat vollstreckbar sind, sind gem Art 21 unter denselben Voraus- **678** setzungen wie Entscheidungen anzuerkennen und für vollstreckbar zu erklären. Abweichend von Art 48 EuUntVO setzt die Vorschrift nicht voraus, dass es sich um einen „gerichtlichen" Vergleich handeln muss.

Kapitel VI. Verschiedene Bestimmungen

HUntVÜ Art 22. [Beschränkungen für die Überweisung von Geldbeträgen]

Bestehen nach dem Recht eines Vertragsstaats Beschränkungen für die Überweisung von Geldbeträgen, so hat dieser Vertragsstaat der Überweisung von Geldbeträgen, die zur Erfüllung von Unterhaltsansprüchen oder zur Deckung von Kosten für Verfahren nach diesem Übereinkommen bestimmt sind, den größtmöglichen Vorrang zu gewähren.

HUntVÜ Art 23. [Günstigkeitsprinzip]

Dieses Übereinkommen schließt nicht aus, dass eine andere internationale Übereinkunft zwischen dem Ursprungsstaat und dem Vollstreckungsstaat oder das nichtvertragliche Recht des Vollstreckungsstaats angewendet wird, um die Anerkennung oder Vollstreckung einer Entscheidung oder eines Vergleichs zu erwirken.

In der Vorschrift ist das anerkennungs- und vollstreckungsrechtliche **Günstigkeitsprinzip** **679** niedergelegt. Es gilt gleichermaßen in Bezug auf im Zweitstaat geltende konkurrierende Staatsverträge wie für Regelungen des nationalen Rechts. In Deutschland kann der Gläubiger eines in *Norwegen* oder der *Schweiz* erlangten Titels daher dessen Anerkennung und Vollstreckung nicht nur nach dem vorliegenden Übereinkommen geltend machen, sondern auch nach dem III. Titel des LugÜ 2007. Ferner kann er beide Übereinkommen auch in der Weise kombinieren, dass er sich auf die Anerkennungsvoraussetzungen nach Art 4 ff stützt, aber das Anerkennungsverfahren nach dem LugÜ wählt (vgl Art 67 Abs 5 S 2 LugÜ; → Rn 470). Schließlich ist in jedem Fall ein Rückgriff auf die §§ 108–110 FamFG zulässig, wenn die Anerkennung oder Vollstreckung dadurch erleichtert wird; dem steht auch § 97 FamFG nicht entgegen (BGH NJW-RR 16, 67 Rn 16 f m Anm *Kern* IPRax 17, 475; P/H/*Hau* § 110 FamFG Rn 6; Haußleiter/*Gomille* § 97 FamFG Rn 11).

M   2. Teil. Anerkennung/Vollstreckung M. Unterhaltssachen

HUntVÜ Art 24. [Übergangsvorschrift]

(1) Dieses Übereinkommen ist unabhängig von dem Zeitpunkt anzuwenden, in dem die Entscheidung ergangen ist.

(2) Ist die Entscheidung ergangen, bevor dieses Übereinkommen zwischen dem Ursprungsstaat und dem Vollstreckungsstaat in Kraft getreten ist, so ist sie im letztgenannten Staat nur hinsichtlich der nach diesem Inkrafttreten fällig werdenden Zahlungen für vollstreckbar zu erklären/zu vollstrecken.

680   Die Vorschrift regelt den zeitlichen Anwendungsbereich des Übk. Die Übergangsvorschriften haben für das in Deutschland seit 1987 geltende Übk allerdings kaum noch praktische Bedeutung. Nach Abs 1 gilt das Übk – in Übereinstimmung mit Art 75 Abs 2 lit a EuUntVO (→ Rn 376 ff) – auch für die Anerkennung und Vollstreckung von Entscheidungen, die vor seinem Inkrafttreten im Ursprungsstaat ergangen sind, wenn das Übk zumindest im Zeitpunkt des Antrags auf Anerkennung oder Vollstreckbarerklärung sowohl im Erst- wie im Zweitstaat gilt. Die Vollstreckbarerklärung ist dann freilich nach Maßgabe von Abs 2 auf die nach Inkrafttreten des Übk fällig werdenden Unterhaltsleistungen beschränkt.

HUntVÜ Art 25. [Einbeziehung von öffentlichen Urkunden]

Jeder Vertragsstaat kann jederzeit erklären, daß er in seinen Beziehungen zu den Staaten, die dieselbe Erklärung abgegeben haben, alle vor einer Behörde oder einer Urkundsperson errichteten öffentlichen Urkunden, die im Ursprungsstaat aufgenommen und vollstreckbar sind, in das Übereinkommen einbezieht, soweit sich dessen Bestimmungen auf solche Urkunden anwenden lassen.

681   Nach Art 25 können die Vertragsstaaten die vor einer Behörde oder einer Urkundsperson errichteten **öffentlichen Urkunden** in den Geltungsbereich des Übk einbeziehen; dies setzt allerdings voraus, dass durch entsprechende Erklärungen die **Gegenseitigkeit verbürgt** ist. Dies ist aus deutscher Sicht nur im Verhältnis zur *Ukraine* gegeben. Vgl ergänzend § 61 Abs 1 AUG (→ Rn 810).

HUntVÜ Art 26. [Vorbehalte]

(1) Jeder Vertragsstaat kann sich nach Artikel 34 das Recht vorbehalten, weder anzuerkennen noch für vollstreckbar zu erklären/zu vollstrecken:

1. Entscheidungen und Vergleiche über Unterhaltsleistungen, die ein Unterhaltsverpflichteter, der nicht der Ehegatte oder der frühere Ehegatte des Unterhaltsberechtigten ist, für die Zeit nach der Eheschließung oder nach dem vollendeten einundzwanzigsten Lebensjahr des Unterhaltsberechtigten schuldet;
2. Entscheidungen und Vergleiche in Unterhaltssachen
   a) zwischen Verwandten in der Seitenlinie;
   b) zwischen Verschwägerten;
3. Entscheidungen und Vergleiche, die die Unterhaltsleistung nicht durch regelmäßig wiederkehrende Zahlungen vorsehen.

(2) Ein Vertragsstaat, der einen Vorbehalt gemacht hat, kann nicht verlangen, dass das Übereinkommen auf Entscheidungen und Vergleiche angewendet wird, die er durch seinen Vorbehalt ausgeschlossen hat.

682   Von den in Art 26 vorgesehenen Vorbehalten haben gem Art 34 folgende, nicht der EU angehörende Vertragsstaaten Gebrauch gemacht:
– Nr 1: die *Schweiz,*
– Nr 2: *Australien, Norwegen,* die *Türkei und* die *Ukraine,*
– Nr 3: die *Türkei.*
Vgl zum deutschen Vorbehalt nach Nr 2 auch § 61 Abs 2 AUG (→ Rn 811).

HUntVÜ Art 27. [Vertragsstaaten mit personaler Rechtsspaltung]

Sieht das Recht eines Vertragsstaats in Unterhaltssachen zwei oder mehr Rechtsordnungen vor, die für verschiedene Personenkreise gelten, so ist eine Verweisung auf

1168

III. Staatsverträge: HUntVÜ Art 30 **M**

das Recht dieses Staates als Verweisung auf die Rechtsordnung zu verstehen, die nach dem Recht dieses Staates für einen bestimmten Personenkreis gilt.

Die Vorschrift überlässt für den Fall einer **interpersonalen Rechtspaltung** in einem Ver- **683** tragsstaat (zB aufgrund der Religionszugehörigkeit) die Bestimmung des maßgebenden (Verfahrens-) Rechts in Unterhaltssachen dem interpersonalen Kollisionsrecht des betreffenden Staates. Die Regelung hat in den Vertragsstaaten, deren Entscheidungen in Deutschland noch nach dem HUntVÜ anzuerkennen sind, keine praktische Bedeutung.

HUntVÜ Art 28. [Vertragsstaaten mit interlokaler Rechtsspaltung]

(1) Besteht ein Vertragsstaat aus zwei oder mehr Gebietseinheiten, in denen verschiedene Rechtsordnungen für die Anerkennung und Vollstreckung von Unterhaltsentscheidungen gelten, so ist

1. eine Verweisung auf das Recht, das Verfahren oder die Behörde des Ursprungsstaats als Verweisung auf das Recht, das Verfahren oder die Behörde der Gebietseinheit zu verstehen, in der die Entscheidung ergangen ist;
2. eine Verweisung auf das Recht, das Verfahren oder die Behörde des Vollstreckungsstaats als Verweisung auf das Recht, das Verfahren oder die Behörde der Gebietseinheit zu verstehen, in der die Anerkennung oder Vollstreckung beantragt wird;
3. eine Verweisung nach den Nummern 1 und 2 auf das Recht oder das Verfahren des Ursprungsstaats oder des Vollstreckungsstaats in dem Sinn zu verstehen, dass auch auf die einschlägigen Rechtsvorschriften und -grundsätze des Vertragsstaats, die für dessen Gebietseinheiten gelten, verwiesen ist;
4. eine Verweisung auf den gewöhnlichen Aufenthalt des Unterhaltsberechtigten oder des Unterhaltsverpflichteten im Ursprungsstaat als Verweisung auf den gewöhnlichen Aufenthalt in der Gebietseinheit zu verstehen, in der die Entscheidung ergangen ist.

(2) Jeder Vertragsstaat kann jederzeit erklären, dass er eine oder mehrere dieser Vorschriften auf eine oder mehrere Bestimmungen dieses Übereinkommens nicht anwenden wird.

Die Vorschrift regelt die Unteranknüpfung im Fall einer **interlokalen Rechtsspaltung** eines **684** Vertragsstaats. Sie hat praktische Bedeutung insbesondere für *Australien,* das aus sechs verschiedenen Einzelstaaten sowie mehreren Territorien besteht. Insoweit sind die Verweisungen nach Nr 1 und Nr 2 gemäß Nr 3 so zu verstehen, dass sie auch das interlokale Privatrecht des Mehrrechtsstaats umfassen. Demgegenüber ist die Anknüpfung an den gewöhnlichen Aufenthalt nach Abs 1 Nr 4 unmittelbar auf die Gebietseinheit gerichtet, in der der Unterhaltsberechtigte oder -verpflichtete sich gewöhnlich aufhält.

HUntVÜ Art 29. [Ersetzung des HKUntVÜ 1958]

Dieses Übereinkommen ersetzt in den Beziehungen zwischen den Staaten, die Vertragsparteien sind, das Haager Übereinkommen vom 15. April 1958 über die Anerkennung und Vollstreckung von Entscheidungen auf dem Gebiet der Unterhaltspflicht gegenüber Kindern.

Vgl → Rn 628.

Kapitel VII. Schlussbestimmungen

HUntVÜ Art 30. [Zeichnung]

(1) Dieses Übereinkommen liegt für die Staaten zur Unterzeichnung auf, die Mitglieder der Haager Konferenz für Internationales Privatrecht zur Zeit ihrer Zwölften Tagung waren.

(2) Es bedarf der Ratifikation, Annahme oder Genehmigung; die Ratifikations-, Annahme- oder Genehmigungsurkunden sind beim Ministerium für Auswärtige Angelegenheiten der Niederlande zu hinterlegen.

1169

M   2. Teil. Anerkennung/Vollstreckung M. Unterhaltssachen

HUntVÜ Art 31. [Beitritt]

(1) Jeder Staat, der erst nach der Zwölften Tagung Mitglied der Konferenz geworden ist, oder der Mitglied der Vereinten Nationen oder einer ihrer Sonderinstitutionen ist, oder der Satzung des Internationalen Gerichtshofes angehört, kann diesem Übereinkommen bei treten, nachdem es nach Artikel 35 Absatz 1 in Kraft getreten ist.

(2) Die Beitrittsurkunde ist beim Ministerium für Auswärtige Angelegenheiten der Niederlande zu hinterlegen.

(3) ¹Der Beitritt wirkt nur im Verhältnis zwischen dem beitretenden Staat und den Vertragsstaaten, die innerhalb von zwölf Monaten nach Empfang der in Artikel 37 Ziffer 3 vorgesehenen Notifikation keinen Einspruch gegen den Beitritt erhoben haben. ²Nach dem Beitritt kann ein solcher Einspruch auch von einem Mitgliedstaat in dem Zeitpunkt erhoben werden, in dem er das Übereinkommen ratifiziert, annimmt oder genehmigt. ³Die Einsprüche sind dem Ministerium für Auswärtige Angelegenheiten der Niederlande zu notifizieren.

HUntVÜ Art 32. [Erstreckung auf Hoheitsgebiete]

(1) ¹Jeder Staat kann bei der Unterzeichnung, der Ratifikation, der Annahme, der Genehmigung oder dem Beitritt erklären, dass sich dieses Übereinkommen auf alle Gebiete, deren internationale Beziehungen er wahrnimmt, oder auf eines oder mehrere dieser Gebiete erstreckt. ²Diese Erklärung wird wirksam, sobald das Übereinkommen für den betreffenden Staat in Kraft tritt.

(2) Jede spätere Erstreckung dieser Art ist dem Ministerium für Auswärtige Angelegenheiten der Niederlande zu notifizieren.

(3) Die Erstreckung wirkt im Verhältnis zwischen den Vertragsstaaten, die innerhalb von zwölf Monaten nach Empfang der in Artikel 37 Ziffer 4 vorgesehenen Notifikation keinen Einspruch dagegen erhoben haben, und dem oder den Gebieten, deren internationale Beziehungen von dem betreffenden Staat wahrgenommen werden und für die Notifikation vorgenommen worden ist.

(4) Nach der Erstreckung kann ein solcher Einspruch auch von einem Mitgliedstaat in dem Zeitpunkt erhoben werden, in dem er das Übereinkommen ratifiziert, annimmt oder genehmigt.

(5) Die Einsprüche sind dem Ministerium für Auswärtige Angelegenheiten der Niederlande zu notifizieren.

685   Das *Vereinigte Königreich* hat die Geltung des Übk mit Wirkung v 1.11.2003 auf *Jersey* erstreckt. Die *Niederlande* hat das Übk mit Wirkung v 10.10.2010 auf ihren karibischen Teil *(Bonaire, Saba, St. Eustatius), Curaçao* und *St. Martin* erstreckt (BGBl 12 II, 750).

HUntVÜ Art 33. [Mehrrechtsstaaten]

(1) Ein Vertragsstaat, der aus zwei oder mehr Gebietseinheiten besteht, in denen verschiedene Rechtsordnungen für die Anerkennung und Vollstreckung von Unterhaltsentscheidungen gelten, kann bei der Unterzeichnung, der Ratifikation, der Annahme, der Genehmigung oder dem Beitritt erklären, dass sich dieses Übereinkommen auf alle diese Gebietseinheiten oder nur auf eine oder mehrere dieser Gebietseinheiten erstreckt; er kann diese Erklärung jederzeit durch Abgabe einer neuen Erklärung ändern.

(2) Diese Erklärungen sind dem Ministerium für Auswärtige Angelegenheiten der Niederlande unter ausdrücklicher Bezeichnung der Gebietseinheit, für die das Übereinkommen gilt, zu notifizieren.

(3) Die anderen Vertragsstaaten können die Anerkennung einer Unterhaltsentscheidung ablehnen, wenn das Übereinkommen m dem Zeitpunkt, in dem die Anerkennung geltend gemacht wird, für die Gebietseinheit, in der die Entscheidung ergangen ist, nicht gilt.

1170

III. Staatsverträge: HUntVÜ Art 37

M

HUntVÜ Art 34. [Vorbehalte]

(1) [1]Jeder Staat kann spätestens bei der Ratifikation, der Annahme, der Genehmigung oder dem Beitritt einen oder mehrere der in Artikel 26 vorgesehenen Vorbehalte anbringen. [2]Andere Vorbehalte sind nicht zulässig. [3]Jeder Staat kann ferner, wenn er eine Erstreckung des Übereinkommens nach Artikel 32 notifiziert, die Wirkung eines oder mehrerer dieser Vorbehalte auf alle oder einige der von der Erstreckung erfassten Hoheitsgebiete beschränken. [4]Jeder Vertragsstaat kann einen von ihm angebrachten Vorbehalt jederzeit zurückziehen. [5]Ein solcher Rückzug ist dem Ministerium für Auswärtige Angelegenheiten der Niederlande zu notifizieren.

(2) Die Wirkung des Vorbehalts endet am ersten Tag des dritten Kalendermonats nach der in Absatz 3 genannten Notifikation.

HUntVÜ Art 35. [Inkrafttreten]

Dieses Übereinkommen tritt am ersten Tag des dritten Kalendermonats nach der in Artikel 30 vorgesehenen Hinterlegung der dritten Ratifikations-, Annahme oder Genehmigungsurkunde inSpäter tritt das Übereinkommen in Kraft

1. für jeden Unterzeichnerstaat, der es später ratifiziert, annimmt oder genehmigt, am ersten Tag des dritten Kalendermonats nach Hinterlegung seiner Ratifikations-, Annahme- oder Genehmigungsurkunde;
2. für jeden beitretenden Staat am ersten Tag des dritten Kalendermonats nach Ablauf der in Artikel 31 bestimmten Frist;

für die Gebiete, auf die das Übereinkommen nach Artikel 32 erstreckt worden ist, am ersten Tag des dritten Kalendermonats nach Ablauf der im genannten Artikel bestimmten Frist.

HUntVÜ Art 36. [Geltungsdauer]

(1) Dieses Übereinkommen gilt für die Dauer von fünf Jahren, vom Tag seines Inkrafttretens nach Artikel 35 Absatz 1 an gerechnet, und zwar auch für die Staaten, die es später ratifiziert, angenommen oder genehmigt haben oder ihm später beigetreten sind.

(2) Die Geltungsdauer des Übereinkommens verlängert sich, außer im Fall der Kündigung, stillschweigend um jeweils fünf Jahre.

(3) [1]Die Kündigung ist spätestens sechs Monate vor Ablauf der fünf Jahre dem Ministerium für Auswärtige Angelegenheiten der Niederlande zu notifizieren. [2]Sie kann sich auf bestimmte Gebiete beschränken, für die das Übereinkommen gilt. [3]Die Kündigung wirkt nur für den Staat, der sie notifiziert hat. [4]Für die anderen Vertragsstaaten bleibt das Übereinkommen in Kraft.

HUntVÜ Art 37. [Notifizierung]

Das Ministerium für Auswärtige Angelegenheiten der Niederlande notifiziert den Mitgliedstaaten der Konferenz sowie den Staaten, die nach Artikel 31 beigetreten sind:

1. jede Unterzeichnung, Ratifikation, Annahme und Genehmigung nach Artikel 30;
2. den Tag, an dem dieses Übereinkommen nach Artikel 35 in Kraft tritt;
3. jeden Beitritt nach Artikel 31 und den Tag, an dem der Beitritt wirksam wird;
4. jede Erstreckung nach Artikel 32 und den Tag, an dem sie wirksam wird;
5. jeden Einspruch gegen einen Beitritt oder eine Erstreckung nach den Artikeln 31 und 32;
6. jede Erklärung nach den Artikeln 25 und 32;
7. jede Kündigung nach Artikel 36;

jeden Vorbehalt nach den Artikeln 26 und 34 sowie die Rücknahme von Vorbehalten nach Artikel 34.

1171

M 686–693   2. Teil. Anerkennung/Vollstreckung M. Unterhaltssachen

680. Haager Übereinkommen über die Anerkennung und Vollstreckung von Entscheidungen auf dem Gebiet der Unterhaltspflicht gegenüber Kindern (HKUntVÜ)

Vom 15. April 1958 (BGBl 1961 II, 1006)

Vorbemerkung

1. Vertragsstaaten

686   Das Übk hat nur noch einen sehr eingeschränkten Anwendungsbereich. Räumlich ist es heute nur auf solche Unterhaltstitel anwendbar, die aus **Liechtenstein** (seit 7.12.1972, BGBl 73 II, 74), **Suriname** (seit 25.11.1975, BGBl 77 II, 467) oder einem überseeischen **französischen Département** oder Territorium, auf welches das EU-Recht räumlich nicht anwendbar ist (seit 25.7.1966, BGBl 67 II, 1810), stammen. Sachlich ist das Übk nur für Unterhaltsansprüche eines Kindes das das 21. Lebensjahr noch nicht vollendet hat, anwendbar, sofern das Kind unverheiratet ist.

2. Verhältnis zu anderen Rechtsinstrumenten

687   **a) EuUntVO.** Das HKUntVÜ wird gem Art 69 Abs 2 EuEheVO im Verhältnis der EU-Mitgliedstaaten zueinander durch die EuUntVO vollständig verdrängt, soweit sich der sachliche Anwendungsbereich beider Rechtsinstrumente deckt und der zeitliche Anwendungsbereich der EuUntVO (Art 75; → Rn 373 ff) eröffnet ist. Anders als noch nach Art 71 Abs 2 lit b EuGVVO hat der Gläubiger auch im Falle der Geltung des 2. Abschnitts des Kapitels IV der EuEheVO – also für die Durchsetzung von Unterhaltstiteln aus *Dänemark* – kein Wahlrecht mehr, ob er das Vollstreckbarerklärungsverfahren nach Art 26 ff EuUntVO oder nach Art 4 ff HKUntVÜ durchführen möchte.

688   **b) HUÜ 2007.** Seit Inkrafttreten des HUÜ 2007 für Vertragsstaaten des HKUntVÜ ist das letztere im Verhältnis zu diesen Staaten nicht mehr anzuwenden, sondern wird durch das HUÜ 2007 ersetzt, Art 48 HUÜ 2007.

689   **c) HUntVÜ 1973.** Auch das HUntVÜ ersetzt in seinem Anwendungsbereich im Verhältnis der Vertragsstaaten zueinander gem seinem Art 29 das HKUntVÜ 1958.

690   **d) Autonomes Recht.** Der Titelgläubiger muss die Anerkennung und Vollstreckung gemäß dem anerkennungsrechtlichen Günstigkeitsprinzip nicht auf die Vorschriften des HKUntVÜ stützen (vgl Art 11). Er kann sich vielmehr in *Deutschland* stattdessen auch der §§ 108 ff FamFG bedienen (→ Rn 835 ff).

3. Auslegung

691   Bei der Auslegung des Übk ist seinem internationalen Charakter und dem Ziel Rechnung zu tragen. eine möglichst einheitliche Anwendung seiner Vorschriften in den Vertragsstaaten zu gewährleisten. In Zweifelsfällen ist der allein authentische französische Text heranzuziehen (http://www.hcch.net, Nr 9).

4. Deutsches Ausführungsgesetz

692   Die Durchführung des Übk in der *Bundesrepublik Deutschland* ist im Gesetz v 18.7.1961 (BGBl I, 1033) geregelt.

5. Verzicht auf Kommentierung

693   Wegen der geringen verbliebenen Bedeutung des HKUntVÜ (→ Rn 686 ff) wird auf eine Kommentierung des Übk verzichtet. Im Folgenden wird lediglich der Text des Übk abgedruckt.

1172

III. Staatsverträge: HKUntVÜ Art 3 **M**

a) Anwendungsbereich

HKUntVÜ Art 1. [Anwendungsbereich]

(1) Zweck dieses Übereinkommens ist es, in den Vertragsstaaten die gegenseitige Anerkennung und Vollstreckung von Entscheidungen über Klagen internationalen oder innerstaatlichen Charakters sicherzustellen, die den Unterhaltsanspruch eines ehelichen, unehelichen oder an Kindes Statt angenommenen Kindes zum Gegenstand haben, sofern es unverheiratet ist und das 21. Lebensjahr noch nicht vollendet hat.

(2) Enthält die Entscheidung auch einen Ausspruch über einen anderen Gegenstand als die Unterhaltspflicht, so bleibt die Wirkung des Übereinkommens auf die Unterhaltspflicht beschränkt.

(3) Dieses Übereinkommen findet auf Entscheidungen in Unterhaltssachen zwischen Verwandten in der Seitenlinie keine Anwendung.

b) Anerkennung, Vollstreckbarerklärung und Vollstreckung

HKUntVÜ Art 2. [Voraussetzungen der Anerkennung/Vollstreckbarerklärung]

Unterhaltsentscheidungen, die in einem der Vertragsstaaten ergangen sind, sind in den anderen Vertragsstaaten, ohne dass sie auf ihre Gesetzmäßigkeit nachgeprüft werden dürfen, anzuerkennen und für vollstreckbar zu erklären,

1. wenn die Behörde, die entschieden hat, nach diesem Übereinkommen zuständig war;
2. wenn die beklagte Partei nach dem Recht des Staates, dem die entscheidende Behörde angehört, ordnungsgemäß geladen oder vertreten war; jedoch darf im Fall einer Versäumnisentscheidung die Anerkennung und Vollstreckung versagt werden, wenn die Vollstreckungsbehörde in Anbetracht der Umstände des Falles der Ansicht ist, daß die säumige Partei ohne ihr Verschulden von dem Verfahren keine Kenntnis hatte oder sich in ihm nicht verteidigen konnte;
3. wenn die Entscheidung in dem Staat, in dem sie ergangen ist, Rechtskraft erlangt hat; jedoch werden vorläufig vollstreckbare Entscheidungen und einstweilige Maßnahmen trotz der Möglichkeit, sie anzufechten, von der Vollstreckungsbehörde für vollstreckbar erklärt, wenn in dem Staat, dem diese Behörde angehört, gleichartige Entscheidungen erlassen und vollstreckt werden können;
4. wenn die Entscheidung nicht in Widerspruch zu einer Entscheidung steht, die über denselben Anspruch und zwischen denselben Parteien in dem Staat erlassen worden ist, in dem sie geltend gemacht wird; die Anerkennung und Vollstreckung darf versagt werden, wenn in dem Staat, in dem die Entscheidung geltend gemacht wird, vor ihrem Erlaß dieselbe Sache rechtshängig geworden ist;

wenn die Entscheidung mit der öffentlichen Ordnung des Staates, in dem sie geltend gemacht wird, nicht offensichtlich unvereinbar ist.

HKUntVÜ Art 3. [Anerkennungszuständigkeit]

Nach diesem Übereinkommen sind für den Erlass von Unterhaltsentscheidungen folgende Behörden zuständig:

1. die Behörden des Staates, in dessen Hoheitsgebiet der Unterhaltspflichtige im Zeitpunkt der Einleitung des Verfahrens seinen gewöhnlichen Aufenthalt hatte;
2. die Behörden des Staates, in dessen Hoheitsgebiet der Unterhaltsberechtigte im Zeitpunkt der Einleitung des Verfahrens seinen gewöhnlichen Aufenthalt hatte;

die Behörde, deren Zuständigkeit sich der Unterhaltspflichtige entweder ausdrücklich oder dadurch unterworfen hat, dass er sich, ohne die Unzuständigkeit geltend zu machen, zur Hauptsache eingelassen hat.

1173

M   2. Teil. Anerkennung/Vollstreckung M. Unterhaltssachen

HKUntVÜ Art 4. [Erforderliche Unterlagen]

Die Partei, die sich auf eine Entscheidung beruft oder ihre Vollstreckung beantragt, hat folgende Unterlagen beizubringen:

1. eine Ausfertigung der Entscheidung, welche die für ihre Beweiskraft erforderlichen Voraussetzungen erfüllt;
2. die Urkunden, aus denen sich ergibt, daß die Entscheidung vollstreckbar ist;

im Fall einer Versäumnisentscheidung eine beglaubigte Abschrift der das Verfahren einleitenden Ladung oder Verfügung und die Urkunden, aus denen sich die ordnungsmäßige Zustellung dieser Ladung oder Verfügung ergibt.

HKUntVÜ Art 5. [Prüfung der Vollstreckungsbehörde]

Die Prüfung der Vollstreckungsbehörde beschränkt sich auf die in Artikel 2 genannten Voraussetzungen und die in Artikel 4 aufgezählten Urkunden.

HKUntVÜ Art 6. [Verfahren der Vollstreckbarerklärung]

(1) Soweit in diesem Übereinkommen nichts anderes bestimmt ist, richtet sich das Verfahren der Vollstreckbarerklärung nach dem Recht des Staates, dem die Vollstreckungsbehörde angehört.

(2) Jede für vollstreckbar erklärte Entscheidung hat die gleiche Geltung und erzeugt die gleichen Wirkungen, als wenn sie von einer zuständigen Behörde des Staates erlassen wäre, in dem die Vollstreckung beantragt wird.

HKUntVÜ Art 7. [Anordnung von wiederkehrenden Zahlungen]

Ist in der Entscheidung, deren Vollstreckung beantragt wird, die Unterhaltsleistung durch regelmäßig wiederkehrende Zahlungen angeordnet, so wird die Vollstreckung sowohl wegen der bereits fällig gewordenen als auch wegen der künftig fällig werdenden Zahlungen bewilligt.

HKUntVÜ Art 8. [Anerkennung und Vollstreckung von Abänderungsentscheidungen]

Die Voraussetzungen, die in den vorstehenden Artikeln für die Anerkennung und Vollstreckung von Entscheidungen im Sinne dieses Übereinkommens festgelegt sind, gelten auch für Entscheidungen einer der in Artikel 3 bezeichneten Behörden, durch die eine Verurteilung zu Unterhaltsleistungen abgeändert wird.

c) Allgemeine Bestimmungen

HKUntVÜ Art 9. [Armenrecht; Prozesskostensicherheit; Befreiung von Legalisation]

(1) Ist einer Partei in dem Staat, in dem die Entscheidung ergangen ist, das Armenrecht gewährt worden, so genießt sie es auch in dem Verfahren, durch das die Vollstreckung der Entscheidung erwirkt werden soll.

(2) In den in diesem Übereinkommen vorgesehenen Verfahren braucht für die Prozesskosten keine Sicherheit geleistet zu werden.

(3) In den unter dieses Übereinkommen fallenden Verfahren bedürfen die beigebrachten Urkunden keiner weiteren Beglaubigung oder Legalisation.

HKUntVÜ Art 10. [Erleichterung der Überweisung]

Die Vertragsstaaten verpflichten sich, den Transfer der aufgrund von Unterhaltsverpflichtungen gegenüber Kindern zugesprochenen Beträge zu erleichtern.

1174

III. Staatsverträge 694, 695 **M**

HKUntVÜ Art 11. [Günstigkeitsprinzip]

Dieses Übereinkommen hindert den Unterhaltsberechtigten nicht, sich auf sonstige Bestimmungen zu berufen, die nach dem innerstaatlichen Recht des Landes, in dem die Vollstreckungsbehörde ihren Sitz hat, oder nach einem anderen zwischen den Vertragsstaaten in Kraft befindlichen Abkommen auf die Vollstreckung von Unterhaltsentscheidungen anwendbar sind.

HKUntVÜ Art 12. [Übergangsbestimmung]

Dieses Übereinkommen findet keine Anwendung auf Entscheidungen, die vor seinem Inkrafttreten ergangen sind.

d) Schlussbestimmungen
HKUntVÜ Art 13–17

(nicht abgedruckt)

HKUntVÜ Art 18. [Erklärung von Vorbehalten]

(1) Jeder Vertragsstaat kann bei Unterzeichnung oder Ratifizierung dieses Übereinkommens oder bei seinem Beitritt einen Vorbehalt machen hinsichtlich der Anerkennung und Vollstreckung von Entscheidungen einer Behörde eines anderen Vertragsstaates, deren Zuständigkeit durch den Aufenthaltsort des Unterhaltsberechtigten begründet ist.

(2) Ein Staat, der diesen Vorbehalt macht, kann nicht verlangen, dass dieses Übereinkommen auf Entscheidungen seiner Behörden angewandt wird, deren Zuständigkeit durch den Aufenthaltsort des Unterhaltsberechtigten begründet ist.

HKUntVÜ Art 19

(nicht abgedruckt)

2. Bilaterale Anerkennungs- und Vollstreckungsverträge

Überblick

Die von der *Bundesrepublik Deutschland* mit zahlreichen EU-Mitgliedstaaten geschlossenen **694** bilateralen Anerkennungs- und Vollstreckungsübereinkommen, die zumeist auch Unterhaltssachen erfassen (vgl den Überblick bei *Jayme/Hausmann* vor Nr 190), werden gem Art 69 Abs 2 EuUntVO durch diese Verordnung vollständig verdrängt, soweit deren zeitlicher Anwendungsbereich eröffnet ist (zur Weiteranwendung in Altfällen vgl OLG Frankfurt FamRZ 16, 397 [*Österreich*]). Lediglich mit **Drittstaaten** geschlossene bilaterale Abkommen bleiben nach Art 69 Abs 1 EuUntVO unberührt, soweit sie nicht – wie die Abkommen mit der *Schweiz* und *Norwegen* – ihrerseits durch das LugÜ 2007 (→ Rn 461) – ausgeschlossen werden.

Von den bilateralen Anerkennungs- und Vollstreckungsverträgen sind daher auf dem Gebiet **695** des Unterhaltsrechts nur noch die Verträge mit **Israel** und **Tunesien** anwendbar. Auf eine Einzelkommentierung dieser Verträge wird verzichtet. Im Folgenden werden lediglich die Texte abgedruckt.

690. Vertrag zwischen der Bundesrepublik Deutschland und dem Staat Israel über die gegenseitige Anerkennung und Vollstreckung gerichtlicher Entscheidungen in Zivil- und Handelssachen

Vom 20. Juli 1977 (BGBl 1980 II, 926)

Schrifttum: *Pirrung,* Zu den Anerkennungs- und Vollstreckungsverträgen der Bundesrepublik Deutschland mit Israel und Norwegen, IPRax 1982, 130; *Siehr,* Die Anerkennung und Vollstreckung israelischer Zivilentscheidungen in der Bundesrepublik Deutschland, RabelsZ 50 (1986) 586.

1175

M   2. Teil. Anerkennung/Vollstreckung M. Unterhaltssachen

Vorbemerkung

696   Der Vertrag ist am 1.1.1981 in Kraft getreten (Bek v 12.12.1980, BGBl II, 1531). Er wird in Deutschland ergänzt durch die Ausführungsvorschriften in §§ 45–49 **AVAG** idF v 30.11.2015 (BGBl I, 2146). Zur Erläuterung s a die Deutsche Denkschrift zu diesem Vertrag (BT-Drs VIII 3866; abgedruckt bei W/S/*Schütze,* Bd VI, S 1402 ff).

697   Nach dem **Günstigkeitsprinzip** kann die Anerkennung und Vollstreckung *israelischer* Unterhaltstitel in Deutschland statt auf den Vertrag auch auf die §§ 108–110 FamFG (→ Rn 835 ff) gestützt werden.

1. Abschnitt. Grundsatz

Art 1. [Anwendungsbereich]

In Zivil- und Handelssachen werden Entscheidungen der Gerichte in einem Vertragsstaat im anderen Vertragsstaat unter den in diesem Vertrag vorgesehenen Bedingungen anerkannt und vollstreckt.

Art 2. [Entscheidungen]

(1) Unter Entscheidungen im Sinne dieses Vertrages sind alle gerichtlichen Entscheidungen ohne Rücksicht auf ihre Benennung (Urteile, Beschlüsse, Vollstreckungsbefehle) und ohne Rücksicht darauf zu verstehen, ob sie in einem Verfahren der streitigen oder der freiwilligen Gerichtsbarkeit ergangen sind; hierzu zählen auch die gerichtlichen Vergleiche. Ausgenommen sind jedoch diejenigen Entscheidungen der freiwilligen Gerichtsbarkeit, die in einem einseitigen Verfahren erlassen sind.

(2) Gerichtliche Entscheidungen sind insbesondere auch

1. die Beschlüsse eines Rechtspflegers, durch die der Betrag des für ein Kind zu leistenden Unterhalts festgesetzt wird, die Beschlüsse eines Urkundsbeamten oder eines Rechtspflegers, durch die der Betrag der Kosten des Verfahrens später festgesetzt wird, und Vollstreckungsbefehle;
2. Entscheidungen des Registrars im Versäumnisverfahren, im Urkundenprozeß, in Kostensachen und in arbeitsrechtlichen Angelegenheiten.

2. Abschnitt. Anerkennung gerichtlicher Entscheidungen

Art 3. [Unanfechtbarkeit]

Die in Zivil- oder Handelssachen über Ansprüche der Parteien ergangenen Entscheidungen der Gerichte in dem einen Staat, die nicht mehr mit einem ordentlichen Rechtsmittel angefochten werden können, werden in dem anderen Staat anerkannt.

Art 4. [Ausschluss der sachlichen Anwendung]

(1) Die Bestimmungen dieses Vertrages finden keine Anwendung:

1. auf Entscheidungen in Ehesachen oder anderen Familienstandssachen und auf Entscheidungen, die den Personenstand oder die Handlungsfähigkeit von Personen zum Gegenstand haben, sowie auf Entscheidungen in Angelegenheiten des ehelichen Güterrechts;
2. auf Entscheidungen auf dem Gebiet des Erbrechts;
3. auf Entscheidungen, die in einem gerichtlichen Strafverfahren über Ansprüche aus einem Rechtsverhältnis des Zivil- und Handelsrechts ergangen sind;
4. auf Entscheidungen, die in einem Konkursverfahren, einem Vergleichsverfahren zur Abwendung des Konkurses oder einem entsprechenden Verfahren ergangen sind, einschließlich der Entscheidungen, durch die für ein solches Verfahren über die Wirksamkeit von Rechtshandlungen gegenüber den Gläubigern erkannt wird;
5. auf Entscheidungen in Angelegenheiten der sozialen Sicherheit;
6. auf Entscheidungen in Atomhaftungssachen;
7. auf einstweilige Verfügungen oder Anordnungen und auf Arreste.

III. Staatsverträge: Art 7 **M**

(2) Ungeachtet der Vorschriften des Absatzes 1 ist dieser Vertrag auf Entscheidungen anzuwenden, die Unterhaltspflichten zum Gegenstand haben.

Während die Anerkennung von ehe- und familienrechtlichen Entscheidungen nach Abs 1 **698** Nr 1 grundsätzlich aus dem sachlichen Anwendungsbereich des Vertrages ausgeschlossen ist, stellt Abs 2 klar, dass **Unterhaltsentscheidungen** nach dem Vertrag anerkannt und vollstreckt werden können.

Art 5. [Versagungsgründe]

(1) Die Anerkennung darf nur versagt werden:

1. **wenn für die Gerichte im Entscheidungsstaat keine Zuständigkeit im Sinne des Artikels 7 oder aufgrund einer Übereinkunft, der beide Vertragsstaaten angehören, gegeben ist;**
2. **wenn die Anerkennung der Entscheidung der öffentlichen Ordnung des Anerkennungsstaats widerspricht;**
3. **wenn die Entscheidung auf betrügerischen Machenschaften während des Verfahrens beruht;**
4. **wenn die Anerkennung der Entscheidung geeignet ist, die Hoheitsrechte oder die Sicherheit des Anerkennungsstaats zu beeinträchtigen;**
5. **wenn ein Verfahren zwischen denselben Parteien und wegen desselben Gegenstandes vor einem Gericht im Anerkennungsstaat anhängig ist und wenn dieses Gericht zuerst angerufen wurde;**
6. **wenn in dem Anerkennungsstaat bereits eine mit einem ordentlichen Rechtsmittel nicht anfechtbare Entscheidung vorliegt, die unter denselben Parteien und wegen desselben Gegenstandes ergangen ist.**

(2) Hat sich der Beklagte auf das Verfahren nicht eingelassen, so darf die Anerkennung der Entscheidung auch versagt werden, wenn

1. **das der Einleitung des Verfahrens dienende Schriftstück dem Beklagten**
   a) **nach den Gesetzen des Entscheidungsstaats nicht wirksam oder**
   b) **unter Verletzung einer zwischenstaatlichen Übereinkunft oder**
   c) **nicht so rechtzeitig, daß er sich hätte verteidigen können, zugestellt worden ist;**
2. **der Beklagte nachweist, dass er sich nicht hat verteidigen können, weil ohne sein Verschulden das der Einleitung des Verfahrens dienende Schriftstück entweder überhaupt nicht oder nicht rechtzeitig genug zu seiner Kenntnis gelangt ist.**

Art 6. [Beschränkte kollisionsrechtliche Kontrolle]

(1) Die Anerkennung darf nicht allein deshalb versagt werden, weil das Gericht, das die Entscheidung erlassen hat, nach den Regeln seines internationalen Privatrechts andere Gesetze angewendet hat, als sie nach dem internationalen Privatrecht des Anerkennungsstaats anzuwenden gewesen wären.

(2) [1]Die Anerkennung darf jedoch aus dem in Absatz 1 genannten Grunde versagt werden, wenn die Entscheidung auf der Beurteilung eines ehe- oder sonstigen familienrechtlichen Verhältnisses, der Rechts- oder Handlungsfähigkeit, der gesetzlichen Vertretung oder eines erbrechtlichen Verhältnisses beruht. [2]Das gleiche gilt für eine Entscheidung, die auf der Beurteilung der Rechts- oder Handlungsfähigkeit einer juristischen Person, einer Gesellschaft oder einer Vereinigung beruht, sofern diese nach dem Recht des Anerkennungsstaats errichtet ist und in diesem Staat ihren satzungsmäßigen oder tatsächlichen Sitz oder ihre Hauptniederlassung hat. [3]Die Entscheidung ist dennoch anzuerkennen, wenn sie auch bei Anwendung des internationalen Privatrechts des Anerkennungsstaats gerechtfertigt wäre.

Art 7. [Anerkennungszuständigkeit]

(1) Die Zuständigkeit der Gerichte im Entscheidungsstaat wird im Sinne des Artikels 5 Absatz 1 Nummer 1 anerkannt:

1.–2. ...

1177

M 2. Teil. Anerkennung/Vollstreckung M. Unterhaltssachen

3. wenn der Beklagte sich durch eine Vereinbarung für ein bestimmtes Rechtsverhältnis der Zuständigkeit der Gerichte des Staates, in dem die Entscheidung ergangen ist, unterworfen hat, es sei denn, dass eine solche Vereinbarung nach dem Recht des Staates, in dem die Entscheidung geltend gemacht wird, unzulässig ist; eine Vereinbarung im Sinne dieser Vorschrift liegt nur vor, wenn eine Partei ihre Erklärung schriftlich abgegeben und die Gegenpartei sie angenommen hat oder wenn eine mündlich getroffene Vereinbarung von einer Partei schriftlich bestätigt worden ist, ohne dass die Gegenpartei der Bestätigung widersprochen hat;

4. wenn die Klage einen Unterhaltsanspruch zum Gegenstand hatte und wenn der Unterhaltsberechtigte zur Zeit der Einleitung des Verfahrens in dem Entscheidungsstaat seinen Wohnsitz oder gewöhnlichen Aufenthalt hatte oder wenn die Zuständigkeit mit Rücksicht auf die Verbindung mit einer Ehesache oder Familienstandssache begründet war;

5.–7. ...

8. wenn für den Fall, dass der Beklagte in den beiden Staaten weder seinen Wohnsitz noch seinen gewöhnlichen Aufenthalt hatte, sich zur Zeit der Einleitung des Verfahrens in dem Staat, in dem die Entscheidung ergangen ist, Vermögen des Beklagten befunden hat;

9. wenn es sich um eine Widerklage gehandelt hat, bei welcher der Gegenanspruch mit der im Hauptprozess erhobenen Klage im rechtlichen Zusammenhang stand, und wenn für die Gerichte des Entscheidungsstaats eine Zuständigkeit im Sinne dieses Vertrages zur Entscheidung über die im Hauptprozess erhobene Klage selbst anzuerkennen ist;

10. ...

11. wenn der Beklagte sich vor dem Gericht des Staates, in dem die Entscheidung ergangen ist, auf das Verfahren zur Hauptsache eingelassen hat, für die sonst eine Zuständigkeit des Gerichts, die nach diesem Vertrag anzuerkennen wäre, nicht gegeben ist; dies gilt jedoch nicht, wenn der Beklagte vor der Einlassung zur Hauptsache erklärt hat, dass er sich auf das Verfahren nur im Hinblick auf Vermögen im Staat des angerufenen Gerichts einlasse.

(2) Die Zuständigkeit der Gerichte im Entscheidungsstaat wird jedoch nicht anerkannt, wenn die Gerichte im Anerkennungsstaat nach seinem Recht für die Klage, die zur Entscheidung geführt hat, ausschließlich zuständig sind.

Art 8. [Prüfung durch das Gericht des Zweitstaats]

(1) Wird die in einem Staat ergangene Entscheidung in dem anderen Staat geltend gemacht, so darf nur geprüft werden, ob einer der in Artikel 5 oder 6 Absatz 2 genannten Versagungsgründe vorliegt.

(2) Das Gericht in dem Staat, in dem die Entscheidung geltend gemacht wird, ist bei der Beurteilung der Zuständigkeit des Gerichts im Entscheidungsstaat (Artikel 5 Absatz 1 Nummer 1) an die tatsächlichen und rechtlichen Feststellungen, aufgrund deren das Gericht seine Zuständigkeit angenommen hat, gebunden.

(3) Darüber hinaus darf die Entscheidung nicht nachgeprüft werden.

Art 9. [Anerkennung]

(1) Die in einem Vertragsstaat ergangenen Entscheidungen werden in dem anderen Vertragsstaat anerkannt, ohne dass es hierfür eines besonderen Verfahrens bedarf.

(2) Bildet die Frage, ob eine Entscheidung anzuerkennen ist, als solche den Gegenstand eines Streites, so kann jede Partei, welche die Anerkennung geltend macht, in dem Verfahren nach dem Dritten Abschnitt die Feststellung beantragen, dass die Entscheidung anzuerkennen ist.

(3) Wird die Anerkennung in einem Rechtsstreit vor dem Gericht eines Vertragsstaats, dessen Entscheidung von der Anerkennung abhängt, verlangt, so kann dieses Gericht über die Anerkennung entscheiden.

1178

III. Staatsverträge: Art 15 **M**

3. Abschnitt
I. *Vollstreckung rechtskräftiger Entscheidungen und gerichtlicher Vergleiche*

Art 10. [Voraussetzungen der Vollstreckbarerklärung]

Entscheidungen der Gerichte in dem einen Staat, auf die dieser Vertrag anzuwenden ist, sind in dem anderen Staat zur Zwangsvollstreckung zuzulassen, wenn

1. sie in dem Entscheidungsstaat vollstreckbar sind;
2. sie in dem Staat, in dem die Zwangsvollstreckung durchgeführt werden soll (Vollstreckungsstaat), anzuerkennen sind.

Art 11. [Verfahren der Vollstreckbarerklärung]

Das Verfahren, in dem die Zwangsvollstreckung zugelassen wird, und die Zwangsvollstreckung selbst richten sich, soweit in diesem Vertrag nichts anderes bestimmt ist, nach dem Recht des Vollstreckungsstaats.

Art 12. [Prozesskostenhilfe]

Ist der Partei, welche die Zwangsvollstreckung betreiben will, in dem Entscheidungsstaat das Armenrecht bewilligt worden, so genießt sie das Armenrecht ohne weiteres nach den Vorschriften des Vollstreckungsstaats für das Verfahren, in dem über die Zulassung der Zwangsvollstreckung entschieden wird, und für die Zwangsvollstreckung.

Art 13. [Antragsberechtigung]

Den Antrag, die Zwangsvollstreckung zuzulassen, kann jeder stellen, der in dem Entscheidungsstaat berechtigt ist, Rechte aus der Entscheidung geltend zu machen.

Art 14. [Sachliche/örtliche Zuständigkeit]

(1) Der Antrag, die Zwangsvollstreckung zuzulassen, ist

1. in der Bundesrepublik Deutschland an das Landgericht,
2. im Staat Israel an den District Court in Jerusalem, der sowohl sachlich als auch örtlich ausschließlich zuständig ist, zu richten.

(2) Örtlich zuständig ist in der Bundesrepublik Deutschland das Landgericht, in dessen Bezirk der Schuldner seinen Wohnsitz und bei Fehlen eines solchen Vermögen hat oder die Zwangsvollstreckung durchgeführt werden soll.

(3) Jede Vertragspartei kann durch eine Erklärung gegenüber der anderen Vertragspartei ein anderes Gericht als zuständig im Sinne des Absatzes 1 bestimmen.

Art 15. [Vorzulegende Urkunden]

(1) Die Partei, welche die Zulassung zur Zwangsvollstreckung beantragt, hat beizubringen:

1. eine von dem Gericht in dem Staat, in dem die Entscheidung ergangen ist, hergestellte beglaubigte Abschrift der Entscheidung;
2. den Nachweis, dass die Entscheidung rechtskräftig ist;
3. den Nachweis, dass die Entscheidung nach dem Recht des Entscheidungsstaats vollstreckbar ist;
4. wenn der Antragsteller nicht der in der Entscheidung benannte Gläubiger ist, den Nachweis seiner Berechtigung;
5. die Urschrift oder beglaubigte Abschrift der Zustellungsurkunde oder einer anderen Urkunde, aus der sich ergibt, dass die Entscheidung der Partei, gegen welche die Zwangsvollstreckung betrieben werden soll, zugestellt worden ist;
6. die Urschrift oder eine beglaubigte Abschrift der Urkunde, aus der sich ergibt, dass die den Rechtsstreit einleitende Klage, Vorladung oder ein anderes der Einleitung

1179

M   2. Teil. Anerkennung/Vollstreckung M. Unterhaltssachen

des Verfahrens dienendes Schriftstück dem Beklagten nach dem Recht des Entscheidungsstaats zugestellt worden ist, sofern sich der Beklagte auf das Verfahren, in dem die Entscheidung ergangen ist, nicht zur Hauptsache eingelassen hat;

7. eine Übersetzung der vorerwähnten Urkunden in die oder eine Sprache des Vollstreckungsstaats, die von einem amtlich bestellten oder vereidigten Übersetzer oder einem dazu befugten Notar eines der beiden Staaten als richtig bescheinigt sein muss.

(2) Die in dem vorstehenden Absatz angeführten Urkunden bedürfen keiner Legalisation und vorbehaltlich des Absatzes 1 Nummer 7 keiner ähnlichen Förmlichkeit.

Art 16. [Prüfungsumfang]

(1) Bei der Entscheidung über den Antrag auf Zulassung der Zwangsvollstreckung hat sich das angerufene Gericht auf die Prüfung zu beschränken, ob die nach Artikel 15 erforderlichen Urkunden beigebracht sind und ob einer der in Artikel 5 oder 6 Absatz 2 genannten Versagungsgründe vorliegt.

(2) ¹Gegen die Zulassung der Zwangsvollstreckung kann der Schuldner auch vorbringen, es stünden ihm Einwendungen gegen den Anspruch selbst zu aus Gründen, die erst nach Erlass der Entscheidung entstanden seien. ²Das Verfahren, in dem die Einwendungen geltend gemacht werden können, richtet sich nach dem Recht des Staates, in dem die Zwangsvollstreckung durchgeführt werden soll. ³Darüber hinaus darf die Entscheidung nicht nachgeprüft werden.

(3) Die Entscheidung über den Antrag auf Zulassung der Zwangsvollstreckung ist auszusetzen, wenn der Schuldner nachweist, dass die Vollstreckung gegen ihn einzustellen sei und dass er die Voraussetzungen erfüllt hat, von denen die Einstellung abhängt.

Art 17. [Teilvollstreckbarerklärung]

Das Gericht kann auch nur einen Teil der Entscheidung zur Zwangsvollstreckung zulassen,

1. wenn die Entscheidung einen oder mehrere Ansprüche betrifft und die betreibende Partei beantragt, die Entscheidung nur hinsichtlich eines oder einiger Ansprüche oder hinsichtlich eines Teils des Anspruchs zur Zwangsvollstreckung zuzulassen;

2. wenn die Entscheidung einen oder mehrere Ansprüche betrifft und der Antrag nur wegen eines oder einiger Ansprüche oder nur hinsichtlich eines Teils des Anspruchs begründet ist.

Art 18. [Vollzugsmaßnahmen]

Wird die Entscheidung zur Zwangsvollstreckung zugelassen, so ordnet das Gericht erforderlichenfalls zugleich die Maßnahmen an, die zum Vollzug der Entscheidung notwendig sind.

Art 19. [Vollstreckung gerichtlicher Vergleiche]

Die Vollstreckung gerichtlicher Vergleiche richtet sich nach den Artikeln 10 bis 18; jedoch sind die Vorschriften des Artikels 15 Absatz 1 Nummer 2 und 6 nicht anzuwenden.

II. *Vollstreckung nicht rechtskräftiger Entscheidungen in Unterhaltssachen*

Art 20. [Vorläufig vollstreckbare Unterhaltsentscheidungen]

Entscheidungen, die Unterhaltspflichten zum Gegenstand haben, sind in entsprechender Anwendung der Artikel 10 bis 18 zur Zwangsvollstreckung zuzulassen, auch wenn sie noch nicht rechtskräftig sind.

III. Staatsverträge: Art 27–31 **M**

III. *Vollstreckung anderer nicht rechtskräftiger Entscheidungen*
Art 21
(nicht abgedruckt)

4. Abschnitt. Sonstige Bestimmungen
Art 22. [Entgegenstehende Rechtshängigkeit]

(1) Die Gerichte in dem einen Staat werden auf Antrag einer Prozesspartei die Klage zurückweisen oder, falls sie es für zweckmäßig erachten, das Verfahren aussetzen, wenn ein Verfahren zwischen denselben Parteien und wegen desselben Gegenstandes in dem anderen Staat bereits anhängig ist und in diesem Verfahren eine Entscheidung ergehen kann, die in ihrem Staat nach den Vorschriften dieses Vertrages anzuerkennen sein wird.

(2) Jedoch können in Eilfällen die Gerichte eines jeden Staates die in ihrem Recht vorgesehenen einstweiligen Maßnahmen, einschließlich solcher, die auf eine Sicherung gerichtet sind, anordnen, und zwar ohne Rücksicht darauf, welches Gericht mit der Hauptsache befasst ist.

Art 23. [Vollstreckung von Kostenentscheidungen]

Die Anerkennung oder Vollstreckung einer Entscheidung über die Kosten des Prozesses kann aufgrund dieses Vertrages nur bewilligt werden, wenn er auf die Entscheidung in der Hauptsache anzuwenden wäre.

Art 24. [Zeitliche Schranke für die Anerkennung/Vollstreckbarerklärung]

Die Anerkennung oder Zulassung der Zwangsvollstreckung kann verweigert werden, wenn 25 Jahre vergangen sind, seitdem die Entscheidung mit ordentlichen Rechtsmitteln nicht mehr angefochten werden konnte.

Art 25. [Verhältnis zu anderen Übereinkommen; Schiedssprüche]

(1) Dieser Vertrag berührt nicht die Bestimmungen anderer zwischenstaatlicher Übereinkünfte, die zwischen beiden Staaten gelten und die für besondere Rechtsgebiete die Anerkennung und Vollstreckung gerichtlicher Entscheidungen regeln.

(2) Die Anerkennung und die Vollstreckung von Schiedssprüchen bestimmen sich nach den zwischenstaatlichen Übereinkünften, die für beide Staaten in Kraft sind.

Art 26. [Übergangsvorschrift; nicht erfasste Schuldtitel]

(1) Die Vorschriften dieses Vertrages sind nur auf solche gerichtlichen Entscheidungen und Vergleiche anzuwenden, die nach dem Inkrafttreten dieses Vertrages erlassen oder errichtet werden und Sachverhalte zum Gegenstand haben, die nach dem 1. Januar 1966 entstanden sind.

(2) Die Anerkennung und Vollstreckung von Schuldtiteln, die nicht unter diesen Vertrag oder andere Verträge, die zwischen beiden Staaten gelten oder gelten werden, fallen, bestimmt sich weiter nach allgemeinen Vorschriften.

5. Abschnitt. Schlussvorschriften
Art 27–31
(nicht abgedruckt)

1181

M   2. Teil. Anerkennung/Vollstreckung M. Unterhaltssachen

700. Vertrag zwischen der Bundesrepublik Deutschland und der Tunesischen Republik über Rechtsschutz und Rechtshilfe, die Anerkennung und Vollstreckung gerichtlicher Entscheidungen in Zivil- und Handelssachen sowie über die Handelsschiedsgerichtsbarkeit

Vom 19. Juli 1966 (BGBl 1969 II, 890)

Schrifttum: *Arnold,* Die Problematik von Rechtshilfeabkommen – Der deutsch-tunesische Rechtshilfe-und Vollstreckungsvertrag, NJW 70, 1478; *Ganske,* Der deutsch-tunesische Rechtshilfe- und Vollstreckungs-vertrag in Zivil- und Handelssachen, AWD 70, 145.

Vorbemerkung

699   Der Vertrag ist am 13.3.1970 in Kraft getreten (Bek v 2.3.1970, BGBl II, 125). Er wird in Deutschland ergänzt durch das **Ausführungsgesetz** v 29.4.1969 (BGBl I, 133 und 1979 I, 307). Zur Erläuterung s a die Deutsche Denkschrift zu diesem Vertrag (BT-Drs V Nr 3167; abge-druckt bei W/S/*Schütze* Bd VI, 1350 ff).

700   Nach dem **Günstigkeitsprinzip** kann die Anerkennung und Vollstreckung tunesischer Un-terhaltstitel in Deutschland statt auf den Vertrag auch auf die §§ 108–110 FamFG (→ Rn 835 ff) gestützt werden (OLG Düsseldorf FamRZ 11, 1965/1966 m Anm *Kondring*).

1. Sachlicher Anwendungsbereich

701   Der Vertrag gilt auf dem Gebiet des Familienrechts nur für Ehe- und Unterhaltssachen.

Art 28. [Ehe- und Unterhaltssachen]

(1) **In Angelegenheiten, die den Ehe- oder Familienstand, die Rechts- oder Hand-lungsfähigkeit oder die gesetzliche Vertretung einer Person betreffen, gilt dieser Titel nur für Entscheidungen in Ehe- oder Unterhaltssachen.**

(2) ...

2. Voraussetzungen der Anerkennung

Kapitel I. Anerkennung gerichtlicher Entscheidungen

(Auszug)

Art 27. [Grundsatz; Begriff der Entscheidung]

(1) **In Zivil- und Handelssachen werden Entscheidungen der Gerichte des einen Staates in dem anderen Staate anerkannt, wenn sie Rechtskraft erlangt haben.**

(2) **[1]Unter Entscheidungen im Sinne dieses Kapitels sind alle gerichtlichen Entschei-dungen ohne Rücksicht auf ihre Benennung (Urteile, Beschlüsse, Vollstreckungsbefeh-le) und ohne Rücksicht darauf zu verstehen, ob sie in einem Verfahren der streitigen oder der freiwilligen Gerichtsbarkeit ergangen sind. [2]Ausgenommen sind jedoch die-jenigen Entscheidungen der freiwilligen Gerichtsbarkeit, die in einem einseitigen Ver-fahren erlassen sind.**

(3) **Als gerichtliche Entscheidungen gelten auch Beschlüsse der Urkundsbeamten, durch die der Betrag der Kosten des Prozesses später festgesetzt wird.**

(4) **Einstweilige Anordnungen, die auf eine Geldleistung lauten, werden anerkannt auch wenn sie die Rechtskraft noch nicht erlangt haben.**

Art 29. [Anerkennungshindernisse]

(1) **Die Anerkennung der Entscheidung darf nur versagt werden:**

1. **wenn für die Gerichte des Entscheidungsstaates eine Zuständigkeit im Sinne der Artikel 31 und 32 nicht anzuerkennen ist;**
2. **wenn die Anerkennung der öffentlichen Ordnung des Anerkennungsstaates wider-spricht**

1182

III. Staatsverträge: Art 31   **M**

3. wenn die Entscheidung durch betrügerische Machenschaften erwirkt worden ist;

4. wenn ein Verfahren zwischen denselben Parteien und wegen desselben Gegenstandes vor einem Gericht des Anerkennungsstaates anhängig ist und wenn dieses Gericht zuerst angerufen wurde;

5. wenn die Entscheidung mit einer im Anerkennungsstaat ergangenen rechtskräftigen Entscheidung unvereinbar ist.

(2) [1] Hat sich der Beklagte auf das Verfahren nicht eingelassen, so kann die Anerkennung der Entscheidung auch versagt werden, wenn die Klage, die Vorladung oder ein anderes der Einleitung des Verfahrens dienendes Schriftstück dem Beklagten nicht nach dem Recht des Entscheidungsstaates und, wenn er sich im Zeitpunkt der Einleitung des Verfahrens im Anerkennungsstaat befand, nicht auf einem der in den Artikeln 8 bis 16 vorgesehenen Wege zugestellt worden ist. [2] Auch wenn die Zustellung auf diese Weise durchgeführt worden ist, darf die Anerkennung versagt werden, wenn der Beklagte nachweist, dass er ohne sein Verschulden von der Klage, der Vorladung oder dem anderen der Einleitung des Verfahrens dienenden Schriftstück nicht zeitig genug Kenntnis erhalten hat.

(3) [1] Die Anerkennung von Entscheidungen, durch welche die Kosten dem mit der Klage abgewiesenen Kläger auferlegt wurden, kann nur abgelehnt werden, wenn sie der öffentlichen Ordnung des Anerkennungsstaates widerspricht. [2] Diese Bestimmung ist auch auf die in Art. 27 Abs. 3 angeführten Entscheidungen anzuwenden.

Vgl zu den Voraussetzungen einer ordnungsgemäßen Zustellung des verfahrenseinleitenden **702** Schriftstücks und den Möglichkeiten einer Heilung von Zustellungsmängeln im deutsch-tunesischen Rechtsverkehr OLG Düsseldorf FamRZ 11, 1965/1966 f m Anm *Kondring*.

Art 30. [Einfluss des angewandten Rechts auf die Anerkennung]

(1) Die Anerkennung darf nicht allein deshalb versagt werden, weil das Gericht, das die Entscheidung erlassen hat, nach den Regeln seines internationalen Privatrechts andere Gesetze angewendet hat, als sie nach dem internationalen Privatrecht des Anerkennungsstaates anzuwenden gewesen wären.

(2) [1] Die Anerkennung darf jedoch aus den in Absatz 1 genannten Gründen versagt werden, wenn die Entscheidung auf der Beurteilung eines ehe- oder sonstigen familienrechtlichen Verhältnisses, der Rechts- oder Handlungsfähigkeit, der gesetzlichen Vertretung oder eines erbrechtlichen Verhältnisses eines Angehörigen des Anerkennungsstaates beruht. [2] Das gleiche gilt für eine Entscheidung, die auf der Beurteilung der Rechts- oder Handlungsfähigkeit einer juristischen Person, einer Gesellschaft oder einer Vereinigung beruht, sofern diese nach dem Recht des Anerkennungsstaates errichtet ist und in diesem Staate ihren Sitz oder ihre Hauptniederlassung hat. [3] Die Entscheidung ist dennoch anzuerkennen, wenn sie auch bei Anwendung des internationalen Privatrechts des Anerkennungsstaates gerechtfertigt wäre.

Art 31. [Anerkennungszuständigkeit]

(1) Die Zuständigkeit der Gerichte des Entscheidungsstaates wird im Sinne des Artikels 29 Abs. 1 Nr. 1 anerkannt:

1. wenn zur Zeit der Einleitung des Verfahrens der Beklagte in dem Entscheidungsstaate seinen Wohnsitz oder gewöhnlichen Aufenthalt oder, falls es sich um eine juristische Person, eine Gesellschaft oder eine Vereinigung handelt, seinen Sitz oder seine Hauptniederlassung hatte;

2.–3. ...;

4. wenn die Klage einen Unterhaltsanspruch zum Gegenstand hatte und wenn der Unterhaltsberechtigte zur Zeit der Einleitung des Verfahrens in dem Entscheidungsstaat seinen Wohnsitz oder gewöhnlichen Aufenthalt hatte;

5.–7. ...;

8. wenn es sich um eine Widerklage gehandelt hat, bei welcher der Gegenanspruch mit der im Hauptprozess erhobenen Klage im rechtlichen Zusammenhang stand, und wenn für die Gerichte des Entscheidungsstaates eine Zuständigkeit im

1183

M 2. Teil. Anerkennung/Vollstreckung M. Unterhaltssachen

Sinne dieses Vertrages zur Entscheidung über die im Hauptprozess erhobene Klage selbst anzuerkennen ist;

9. wenn mit der Klage ein Anspruch auf Schadensersatz oder auf Herausgabe des Erlangten deshalb geltend gemacht worden ist, weil eine Vollstreckung aus einer Entscheidung eines Gerichts des anderen Staates betrieben worden war, die in diesem Staat aufgehoben oder abgeändert worden ist.

(2) Die Zuständigkeit der Gerichte des Entscheidungsstaates wird jedoch nicht anerkannt, wenn nach dem Recht des Anerkennungsstaates dessen Gerichte für die Klage, die zu der Entscheidung geführt hat, ausschließlich zuständig sind.

Art 32

(betrifft Zuständigkeit des Erststaates in Ehesachen)

Art 33. [Keine révision au fond]

Wird die in einem Staate ergangene Entscheidung in dem anderen Staate geltend gemacht, so darf nur geprüft werden, ob einer der in Artikel 29 und in Artikel 30 Abs. 2 genannten Versagungsgründe vorliegt.

Kapitel II. Vollstreckung gerichtlicher Entscheidungen

Art 34. [Erfordernis der Vollstreckbarerklärung]

Gerichtliche Entscheidungen, die in einem Staate vollstreckbar und in dem anderen Staate nach Maßgabe des vorstehenden Kapitels anzuerkennen sind, werden in diesem Staate vollstreckt, nachdem sie dort für vollstreckbar erklärt worden sind.

Art 35. [Geltung des Rechts des Vollstreckungsstaates]

Das Verfahren und die Wirkungen der Vollstreckbarerklärung richten sich nach Recht des Vollstreckungsstaates.

Art 36. [Antrag auf Vollstreckbarerklärung]

Den Antrag auf Vollstreckbarerklärung kann jeder stellen, der in dem Entscheidungsstaate Rechte aus der Entscheidung herleiten kann.

Art 37. [Zuständigkeit]

(1) Der Antrag auf Vollstreckbarerklärung ist zu richten:
1. in der Bundesrepublik Deutschland an das Landgericht,
2. in der Tunesischen Republik an das Tribunal de première instance (Gericht erster Instanz).

(2) Örtlich zuständig ist das Landgericht oder das Tribunal de première instance, in dessen Bezirk der Schuldner seinen Wohnsitz hat oder die Zwangsvollstreckung' durchgeführt werden soll, unter mehreren örtlich zuständigen Gerichten hat die betreibende Partei die Wahl.

Art 38. [Vorzulegende Urkunden]

(1) Die Partei, welche die Vollstreckbarerklärung beantragt, hat beizubringen:
1. eine Ausfertigung der Entscheidung mit Gründen, welche die für ihre Beweiskraft erforderlichen Voraussetzungen nach dem Recht des Entscheidungsstaates erfüllt;
2. eine Urkunde, aus der sich ergibt, dass die Entscheidung nach dem Recht des Entscheidungsstaates vollstreckbar ist;
3. eine Urkunde, aus der sich ergibt, dass die Entscheidung nach dem Recht des Entscheidungsstaates die Rechtskraft erlangt hat;
4. die Urschrift oder eine beglaubigte Abschrift der Urkunde, aus der sich ergibt, dass die den Rechtsstreit einleitende Klage, Vorladung oder ein anderes der Einleitung

III. Staatsverträge: Art 42 **M**

des Verfahrens dienendes Schriftstück dem Beklagten nach dem Recht des Entscheidungsstaates oder gegebenenfalls auf einem der in den Artikeln 8 bis 16 vorgesehenen Wege zugestellt worden ist, sofern sich der Beklagte auf das Verfahren, in dem die Entscheidung ergangen ist, nicht eingelassen hat;
5. eine Übersetzung der vorerwähnten Urkunden in die Sprache des Vollstreckungsstaates, die von einem amtlich bestellten oder vereidigten Übersetzer oder einem diplomatischen oder konsularischen Vertreter eines der beiden Staaten als richtig bescheinigt sein muss.

(2) Die in dem vorstehenden Absatz angeführten Urkunden bedürfen keiner Legalisation und vorbehaltlich des Absatzes 1 Nr. 5 keiner ähnlichen Förmlichkeit.

Art 39. [Schranken der Prüfung]

(1) Das Gericht, bei dem die Vollstreckbarerklärung beantragt wird, hat sich auf die Prüfung zu beschränken:
1. ob die nach Artikel 38 erforderlichen Urkunden beigebracht sind;
2. ob einer der in Artikel 29 Abs. 1 und 2 und in Artikel 30 Abs. 2 genannten Versagungsgründe vorliegt.

(2) Darüber hinaus darf die Entscheidung nicht nachgeprüft werden.

(3) [1] Die Vollstreckung von Entscheidungen, durch welche die Kosten dem mit der Klage abgewiesenen Kläger auferlegt wurden, kann nur abgelehnt werden, wenn sie der öffentlichen Ordnung des Vollstreckungsstaates widerspricht. [2] Diese Bestimmung ist auch auf die in Artikel 27 Abs. 3 angeführten Entscheidungen anzuwenden.

Art 40. [Teilvollstreckbarkeit]

Das Gericht kann auch nur einen Teil der Entscheidung für vollstreckbar erklären:
1. wenn die Entscheidung einen oder mehrere Ansprüche betrifft und die betreibende Partei beantragt, die Entscheidung nur hinsichtlich eines oder einiger Ansprüche oder hinsichtlich eines Teils des Anspruchs für vollstreckbar zu erklären;
wenn die Entscheidung mehrere Ansprüche betrifft und der Antrag nur wegen eines oder einiger Ansprüche begründet ist.

Art 41. [Gleichstellung mit inländischer Entscheidung]

Wird die Entscheidung für vollstreckbar erklärt, so ordnet das Gericht zugleich die Maßnahmen an, die erforderlich sind, um der ausländischen Entscheidung die gleichen Wirkungen beizulegen, die sie haben würde, wenn sie von den Gerichten des Vollstreckungsstaates erlassen worden wäre.

Kapitel III. Vollstreckung gerichtlicher Vergleiche und öffentlicher Urkunden

Art 42. [Gerichtliche Vergleiche]

(1) Vergleiche, die in einem Verfahren vor dem Gericht des einen Staates abgeschlossen und zu gerichtlichem Protokoll genommen worden sind, werden in dem anderen Staate wie gerichtliche Entscheidungen vollstreckt, wenn sie in dem Staate, in dem sie errichtet wurden, vollstreckbar sind.

(2) Für den Antrag, den Vergleich für vollstreckbar zu erklären, und für das weitere Verfahren gelten die Artikel 35 bis 41 entsprechend.

Bei der Entscheidung über den Antrag auf Vollstreckbarerklärung hat sich das angerufene Gericht auf die Prüfung zu beschränken:
1. ob die erforderlichen Urkunden beigebracht sind;
2. ob die Parteien nach dem Recht des Vollstreckungsstaates berechtigt sind, über den Gegenstand des Verfahrens einen Vergleich zu schließen;
ob die Vollstreckung der öffentlichen Ordnung des Vollstreckungsstaates widerspricht.

1185

M 703   2. Teil. Anerkennung/Vollstreckung M. Unterhaltssachen

Art 43. [Öffentliche Urkunden]

(1) Öffentliche Urkunden, die in dem einen Staate aufgenommen und vollstreckbar sind, können in dem anderen Staate für vollstreckbar erklärt werden.

(2) Das Gericht des Vollstreckungsstaates hat sich auf die Prüfung zu beschränken, ob die Ausfertigung der öffentlichen Urkunde die für ihre Beweiskraft erforderlichen Voraussetzungen nach dem Recht des Staates erfüllt, in dem die Urkunde aufgenommen worden ist, und ob die Vollstreckbarerklärung der öffentlichen Ordnung des Vollstreckungsstaates widerspricht.

Kapitel IV. Sonstige Bestimmungen

Art 44. [Entgegenstehende Rechtshängigkeit]

(1) Die Gerichte des einen Staates werden auf Antrag einer Prozesspartei die Klage zurückweisen oder, falls sie es für zweckmäßig erachten, das Verfahren aussetzen, wenn ein Verfahren zwischen denselben Parteien und wegen desselben Gegenstandes in dem anderen Staate bereits anhängig ist und in diesem Verfahren eine Entscheidung ergehen kann, die in ihrem Staate anzuerkennen sein wird.

(2) Jedoch können in Eilfällen die Gerichte eines jeden Staates die in ihrem Recht vorgesehenen einstweiligen Maßnahmen einschließlich solcher, die auf eine Sicherung gerichtet sind, anordnen, und zwar ohne Rücksicht darauf, welches Gericht mit der Hauptsache befasst ist.

Art 45. [Staatsverträge auf besonderen Rechtsgebieten]

Dieser Titel berührt nicht die Bestimmungen anderer Verträge, die zwischen beiden Staaten gelten und die für besondere Rechtsgebiete die Anerkennung und Vollstreckung gerichtlicher Entscheidungen regeln.

Art 46. [Zeitlicher Anwendungsbereich]

Die Vorschriften dieses Titels sind nur auf solche gerichtlichen Entscheidungen und Vergleiche sowie auf solche öffentlichen Urkunden anzuwenden, die nach dem Inkrafttreten dieses Vertrages erlassen oder errichtet werden.

Kapitel V. Schlussvorschriften

Art 54–56

(nicht abgedruckt)

IV. Autonomes Zivilverfahrensrecht

710. Gesetz zur Geltendmachung von Unterhaltsansprüchen im Verkehr mit ausländischen Staaten (Auslandsunterhaltsgesetz – AUG)

Vom 23. Mai 2011 (BGBl I, 898)

Vorbemerkung

Schrifttum: *Andrae,* Das neue Auslandsunterhaltsgesetz, NJW 11, 2545; *Eichel,* Europarechtliche Fallstricke im Vollstreckbarerklärungsverfahren nach dem AVAG und dem neuen Auslandsunterhaltsgesetz, GPR 11, 193; *Heger/Selg,* Die europäische Unterhaltsverordnung und das neue Auslandsunterhaltsgesetz, FamRZ 11, 1101; *Hess/Spancken,* Die Durchsetzung von Unterhaltstiteln mit Auslandsbezug nach dem AUG, FPR 13, 27; *Veith,* Das neue Auslands-Unterhaltsrecht (2011).

703   Das AUG wurde mit Wirkung zum 18.6.2011 vollständig neu gefasst. Der sachliche Anwendungsbereich des Gesetzes wird in § 1 (→ Rn 704 ff), der zeitliche Anwendungsbereich in § 77

1186

IV. Autonomes Zivilverfahrensrecht: AUG § 1 **M**

(→ Rn 819) geregelt. Das neue AUG führt die zuvor in verschiedenen Gesetzen, vor allem im AVAG und im AUG aF, verstreuten Vorschriften zur Ausführung sowohl des EU-Rechts wie der wichtigsten Staatsverträge auf dem Gebiet des Unterhaltsrechts zusammen (vgl näher *Heger/Selg* FamRZ 11, 1101 ff). Mit Inkrafttreten des HUÜ 2007 für die Europäische Union am 1.8.2014 wurden erneut weitreichende Änderungen des AUG erforderlich, die der deutsche Gesetzgeber bereits mit dem AusfG v 20.2.2013 (BGBl I, 273) beschlossen hatte.

Kapitel 1. Allgemeiner Teil
Abschnitt 1. Anwendungsbereich; Begriffsbestimmungen

AUG § 1. Anwendungsbereich

(1) Dieses Gesetz dient

1. der Durchführung folgender Verordnung und folgender Abkommen der Europäischen Union:
   a) der Verordnung (EG) Nr. 4/2009 des Rates vom 18. Dezember 2008 über die Zuständigkeit, das anwendbare Recht, die Anerkennung und Vollstreckung von Entscheidungen und die Zusammenarbeit in Unterhaltssachen (ABl. L 7 vom 10.1.2009, S. 1);
   b) des Abkommens vom 19. Oktober 2005 zwischen der Europäischen Gemeinschaft und dem Königreich Dänemark über die gerichtliche Zuständigkeit und die Anerkennung und Vollstreckung von Entscheidungen in Zivil- und Handelssachen (ABl. L 299 vom 16.11.2005, S. 62), soweit dieses Abkommen auf Unterhaltssachen anzuwenden ist;
   c) des Übereinkommens vom 30. Oktober 2007 über die gerichtliche Zuständigkeit und die Anerkennung und Vollstreckung von Entscheidungen in Zivil- und Handelssachen (ABl. L 339 vom 21.12.2007, S. 3), soweit dieses Übereinkommen auf Unterhaltssachen anzuwenden ist;
2. der Ausführung folgender völkerrechtlicher Verträge:
   a) des Haager Übereinkommens vom 23. November 2007 über die internationale Geltendmachung der Unterhaltsansprüche von Kindern und anderen Familienangehörigen (ABl. L 192 vom 22.7.2011, S. 51) nach Maßgabe des Beschlusses des Rates der Europäischen Union vom 9. Juni 2011 (ABl. L 192 vom 22.7.2011, S. 39) über die Genehmigung dieses Übereinkommens
   b) des Haager Übereinkommens vom 2. Oktober 1973 über die Anerkennung und Vollstreckung von Unterhaltsentscheidungen (BGBl. 1986 II S. 826);
   c) des Übereinkommens vom 16. September 1988 über die gerichtliche Zuständigkeit und die Vollstreckung gerichtlicher Entscheidungen in Zivil- und Handelssachen (BGBl. 1994 II S. 2658), soweit dieses Übereinkommen auf Unterhaltssachen anzuwenden ist;
   d) des New Yorker UN-Übereinkommens vom 20. Juni 1956 über die Geltendmachung von Unterhaltsansprüchen im Ausland (BGBl. 1959 II S. 150);
3. der Geltendmachung von gesetzlichen Unterhaltsansprüchen, wenn eine der Parteien im Geltungsbereich dieses Gesetzes und die andere Partei in einem anderen Staat, mit dem die Gegenseitigkeit verbürgt ist, ihren gewöhnlichen Aufenthalt hat.

Die Gegenseitigkeit nach Satz 1 Nummer 3 ist verbürgt, wenn das Bundesministerium der Justiz und für Verbraucherschutz dies festgestellt und im Bundesgesetzblatt bekannt gemacht hat (förmliche Gegenseitigkeit). Staaten im Sinne des Satzes 1 Nummer 3 sind auch Teilstaaten und Provinzen eines Bundesstaates.

(2) Regelungen in völkerrechtlichen Vereinbarungen gehen, soweit sie unmittelbar anwendbares innerstaatliches Recht geworden sind, den Vorschriften dieses Gesetzes vor. Die Regelungen der in Absatz 1 Satz 1 Nummer 1 genannten Verordnung und Abkommen werden als unmittelbar geltendes Recht der Europäischen Union durch die Durchführungsbestimmungen dieses Gesetzes nicht berührt.

1187

M 704–710   2. Teil. Anerkennung/Vollstreckung M. Unterhaltssachen

1. Anwendungsbereich, Abs 1

704   Abs 1 regelt den Anwendungsbereich des AUG. Das am 18.6.2011 in Kraft getretene Gesetz bezweckt eine **Bündelung der** in der Praxis **wichtigsten unterhaltsrechtlichen Verfahren** mit Auslandsbezug.

705   **a) EU-Recht, Nr 1.** Auf dem Gebiet der Anerkennung- und Vollstreckung von Unterhaltsentscheidungen regelt das AUG nach Abs 1 Nr 1 zunächst die Durchführung des sekundären Unionsrechts, nämlich vor allem der EuUntVO (lit a; → Rn 27 ff), sowie der von der EU selbst abgeschlossenen Staatsverträge, nämlich des Parallelabkommens zur EuGVVO mit *Dänemark* v 19.10.2005, soweit dieses Abkommen – aufgrund einer entsprechenden Erklärung Dänemarks v 14.1.2009 (ABl EU L 149, 80) – auch im Verhältnis zu diesem Mitgliedstaat durch die EuUntVO ersetzt wurde (lit b; → C Rn 26), und des Luganer Übereinkommens von 2007 (lit c; → Rn 387 ff).

706   **b) Staatsverträge, Nr 2.** Das AUG dient ferner nach Abs 1 S 1 Nr 2 lit a der Durchführung des schon von der EU selbst abgeschlossenen Haager Übk über die internationale Geltendmachung der Unterhaltsansprüche von Kindern und anderen Familienangehörigen v 23.11.2007 (HUÜ 2007; → Rn 472 ff), sowie der noch von der *Bundesrepublik Deutschland* abgeschlossenen völkerrechtlichen Verträge, die nach Abs 2 Vorrang vor dem autonomen deutschen Recht haben, nämlich des HUntVÜ 1973 (lit b; → Rn 624 ff), des LugÜ 1988 (lit c) in Altfällen und des New Yorker UN-Übereinkommens über die Geltendmachung von Unterhaltsansprüchen im Ausland von 1956 (lit d; → T Rn 92 ff).

707   Damit beansprucht das AUG **nicht für alle multilateralen Verträge,** die auf Unterhaltssachen anzuwenden sind, Geltung. Es gilt insbesondere nicht für die Ausführung des **HKUntVÜ 1958** (→ Rn 686 ff); insoweit verbleibt es bei der Geltung des deutschen Ausführungsgesetzes v 18.7.1961 (BGBl I, 1033). Vom AUG nicht geregelt wird ferner die Ausführung des Brüsseler Übereinkommens über die gerichtliche Zuständigkeit und die Vollstreckung gerichtlicher Entscheidungen in Zivil- und Handelssachen v 27.9.1968 (BGBl 72 II, 773; **EuGVÜ**) in Unterhaltsachen; denn dieses gilt nur noch für Altfälle und im Verhältnis zu bestimmten überseeischen Gebieten einiger Mitgliedstaaten. Insoweit verbleibt es bei der Anwendbarkeit des Vollstreckungsausführungsgesetzes idF v 30.11.2015 (BGBl I, 2146; **AVAG**); vgl Art 1 Abs 1 lit a AVAG.

708   Das AUG gilt ferner auch nicht für diejenigen **bilateralen Anerkennungs- und Vollstreckungsverträge** auf dem Gebiet des Unterhaltsrechts, die aus deutscher Sicht nicht schon durch die EuUntVO und das LugÜ 2007 verdrängt werden. Dies ist einerseits der Vertrag zwischen der Bundesrepublik Deutschland und dem Staat **Israel** über die gegenseitige Anerkennung und Vollstreckung gerichtlicher Entscheidungen in Zivil- und Handelssachen v 20.7.1977 (BGBl 80 II, 925; → Rn 706 ff), andererseits der Rechtshilfe- und Vollstreckungsvertrag mit **Tunesien** v 19.7.1966 (BGBl 69 II, 889; → Rn 699 ff). Auf die Ausführung des deutsch-israelischen Vertrages ist daher auch in Unterhaltsachen weiterhin das **AVAG** anzuwenden, vgl Art 1 Abs 1 Nr 1 lit d AVAG. Der deutsch-tunesische Vertrag enthält eine Vielzahl von Besonderheiten; seine Ausführung richtet sich daher weiterhin nach dem Gesetz v 29.4.1969 (BGBl I, 333).

709   **c) Verbürgung der Gegenseitigkeit, Nr 3.** Schließlich fasst das AUG auch außerhalb des EU- Rechts und der völkerrechtlichen Verträge gem Abs 1 Nr 3 die für die Geltendmachung von gesetzlichen Unterhaltsansprüchen geltenden Vorschriften des autonomen deutschen Verfahrensrechts für Fälle zusammen, in denen eine der Parteien im Geltungsbereich des AUG und die andere Partei in einem anderen Staat, mit dem die Gegenseitigkeit verbürgt ist, ihren gewöhnlichen Aufenthalt hat. Diese Verfahren waren schon zuvor im Auslandsunterhaltsgesetz v 19.12.1986 (BGBl I, 2563) geregelt, welches durch das neue AUG abgelöst worden ist. Erforderlich ist nach Abs 1 Nr 3 S 2 eine förmliche Verbürgung der Gegenseitigkeit. Vgl auch § 64 (→ Rn 815 f).

710   Gemäß der Bekanntmachung v 18.6.2011 über die Feststellung der Gegenseitigkeit für die Geltendmachung von Unterhaltsansprüchen nach dem AUG (BGBl I, 1109) ist die Gegenseitigkeit mit folgenden Staaten verbürgt:

     Kanada: Alberta, British Columbia, Manitoba, New Brunswick, Newfoundland and Labrador, Northwest-Territories, Nova Scotia, Ontario, Prince Edward Island, Saskatchewan, Yukon Territory.
     Südafrika

1188

IV. Autonomes Zivilverfahrensrecht: AUG § 3 **M**

Vereinigte Staaten: Alaska, Arizona, Arkansas, California, Colorado, Connecticut, Delaware, Florida, Georgia, Hawai, Idaho, Illinois, Indiana, Iowa, Kansas, Kentucky, Louisiana, Maine, Maryland, Massachusetts, Michigan, Minnesota, Missouri, Montana, Nebraska, Nevada, New Hampshire, New Jersey, New Mexico, New York, North Carolina, North Dakota, Ohio, Oklahoma, Oregon, Pennsylvania, Rhode Island, South Carolina, South Dakota, Tennessee, Texas, Utah, Vermont, Virginia, Washington, West Virginia, Wisconsin, Wyoming.

Fehlt es an einer solchen förmlichen Verbürgung der Gegenseitigkeit, so schließt dies die Anerkennung eines ausländischen Unterhaltstitels nicht aus; die Verbürgung der Gegenseitigkeit ist jedoch dann vom deutschen Zweitgericht konkret nach § 109 Abs 1 Nr 4 FamFG zu prüfen (OLG München OLGR 09, 116).

Im Verhältnis zu den **Vereinigten Staaten** hat die förmliche Feststellung der Gegenseitig- **711** keitsverbürgung zu einzelnen US-Bundesstaaten ihre Bedeutung weitgehend verloren, seit die Vereinigten Staaten mit Wirkung v 1.1.2017 dem HUÜ 2017 beigetreten sind (→ Rn 473).

2. Vorrang von Staatsverträgen und EU-Recht, Abs 2

Abs 2 enthält eine **Parallelvorschrift zu § 97 FamFG** (→ Rn 830 ff) für den Bereich des **712** internationalen Unterhaltsverfahrensrechts, der nach der Gesetzesbegründung eine Hinweis- und Warnfunktion für die Rechtspraxis zukommen soll.

Soweit weder EU-Recht noch völkerrechtliche Verträge eingreifen, richtet sich die Anerken- **713** nung und Vollstreckbarerklärung ausländischer Unterhaltsentscheidungen nach §§ **108, 109 FamFG.** Diese Vorschriften sind im Übrigen nach dem anerkennungsrechtlichen **Günstig-keitsprinzip** auch im Verhältnis zu *Israel* und *Tunesien* anwendbar, so dass es in der Praxis einer Anwendung dieser zweiseitigen Staatsverträge häufig nicht bedarf. Ob das anerkennungsrechtliche Günstigkeitsprinzip auch im Verhältnis zur EuUntVO, zum LugÜ 2007 und zum HUÜ 2007 gilt, ist umstritten. Der Streit spielt allerdings praktisch keine große Rolle, da die Vorschriften der EuUntVO und der genannten Staatsverträge idR einen einfacheren Weg der Anerkennung und Vollstreckung bieten.

AUG § 2. Allgemeine gerichtliche Verfahrensvorschriften

Soweit in diesem Gesetz nichts anderes geregelt ist, werden die Vorschriften des Gesetzes über das Verfahren in Familiensachen und in den Angelegenheiten der freiwilligen Gerichtsbarkeit angewendet.

§ 2 bestimmt klarstellend, dass sich das Verfahren nach dem FamFG richtet, soweit das AUG **714** nichts anderes bestimmt. Denn auch Unterhaltsverfahren fallen grundsätzlich in den Anwendungsbereich des FamFG (§ 1 FamFG). Im Interesse einer zusammenhängenden Regelung des Unterhaltsverfahrensrechts im AUG wurden zT auch Vorschriften des FamFG wörtlich in das AUG übernommen. Ferner ergeben sich vielfältige Parallelelen zum Anerkennungs- und Vollstreckungsausführungsgesetz **(AVAG)** idF v 30.11.2015 (BGBl I, 2146), dessen Geltung für Unterhaltssachen mit Inkrafttreten des AUG am 18.6.2011 endete, und zum Internationalen Familienrechtsverfahrensgesetz **(IntFamRVG)** v 26.1.2005 (BGBl I, 162).

AUG § 3. Begriffsbestimmungen

Im Sinne dieses Gesetzes
1. **sind Mitgliedstaaten die Mitgliedstaaten der Europäischen Union,**
2. **sind völkerrechtliche Verträge multilaterale und bilaterale Anerkennungs- und Vollstreckungsverträge,**
3. **sind Berechtigte**
   a) **natürliche Personen, die einen Anspruch auf Unterhaltsleistungen haben oder geltend machen,**
   b) **öffentlich-rechtliche Leistungsträger, die Unterhaltsansprüche aus übergegangenem Recht geltend machen, soweit die Verordnung (EG) Nr. 4/2009 oder der auszuführende völkerrechtliche Vertrag auf solche Ansprüche anzuwenden ist,**
4. **sind Verpflichtete natürliche Personen, die Unterhalt schulden oder denen gegenüber Unterhaltsansprüche geltend gemacht werden,**
5. **sind Titel gerichtliche Entscheidungen, gerichtliche Vergleiche und öffentliche Urkunden, auf welche die durchzuführende Verordnung oder der jeweils auszuführende völkerrechtliche Vertrag anzuwenden ist,**

1189

M 718   2. Teil. Anerkennung/Vollstreckung M. Unterhaltssachen

6. ist Ursprungsstaat der Staat, in dem ein Titel errichtet worden ist, und
7. ist ein Exequaturverfahren das Verfahren, mit dem ein ausländischer Titel zur
Zwangsvollstreckung im Inland zugelassen wird.

715   Die Vorschrift enthält eine Erläuterung bestimmter wichtiger im Gesetz verwendeter Begriffe.
Im Interesse einer einfacheren Handhabung des Gesetzes werden in **Nr 2** die gem § 1 Abs 1
Nr 2 durch- und auszuführenden Übereinkommen und Verträge unter dem Begriff „völker-
rechtliche Verträge" zusammengefasst. Der Begriff des „Berechtigten" in **Nr 3** entspricht Art 2
Nr 10 bzw Art 64 Abs 1 EuUntVO und Art 3 lit a HUÜ 2007, der des „Verpflichteten" in
Nr 4 Art 2 Nr 11 EuUntVO und Art 3 lit b HUÜ 2007.

716   Der Begriff **„Titel" in Nr 5** umfasst sowohl gerichtliche Entscheidungen wie gerichtliche
Vergleiche und öffentliche Urkunden iSv Art 2 Nr 1–3 EuUntVO bzw iSv Art 32, 57, 58 LugÜ
2007 oder Art 19 Abs 1 HUÜ 2007 bzw Art 1, 2 und 4 Abs 2 HUntVÜ 1973. Der Begriff
„Exequaturverfahren" meint vor allem die Vollstreckbarerklärungsverfahren nach Art 23 ff
EuUntVO, Art 38 ff LugÜ 2007, Art 23, 24 HUÜ 2007 und Art 4 ff HUntVÜ, aber auch
sonstige Verfahren der Zulassung eines ausländischen Titels zur Zwangsvollstreckung im Inland.

717   Nicht definiert für die Zwecke des Gesetzes wird der zentrale Begriff des **„Unterhalts".** Er
bestimmt sich auch insoweit vor allem nach den Vorgaben in Art 1 EuUntVO und Art 1 HUP
(*Heger/Selg* FamRZ 11, 1101/1103).

Abschnitte 2–4

AUG §§ 4–19

(abgedruckt und kommentiert → T Rn 99 ff)

Abschnitt 5. Verfahrenskostenhilfe

AUG §§ 20–24

(abgedruckt und kommentiert → C Rn 838 ff)

Abschnitt 6. Ergänzende Zuständigkeitsregelungen; Zuständigkeitskonzentration

AUG §§ 25–29

(abgedruckt und kommentiert → C Rn 427 ff)

Kapitel 2. Anerkennung und Vollstreckung von Entscheidungen

Abschnitt 1. Verfahren ohne Exequatur nach der Verordnung (EG) Nr 4/2009

AUG § 30. Verzicht auf Vollstreckungsklausel; Unterlagen

(1) **Liegen die Voraussetzungen der Artikel 17 oder 48 der Verordnung (EG) Nr. 4/
2009 vor, findet die Vollstreckung aus dem ausländischen Titel statt, ohne dass es einer
Vollstreckungsklausel bedarf.**

(2) **Das Formblatt, das dem Vollstreckungsorgan nach Artikel 20 Absatz 1 Buchstabe b oder Artikel 48 Absatz 3 der Verordnung (EG) Nr. 4/2009 vorzulegen ist, soll
mit dem zu vollstreckenden Titel untrennbar verbunden sein.**

(3) **Hat der Gläubiger nach Artikel 20 Absatz 1 Buchstabe d der Verordnung (EG)
Nr. 4/2009 eine Übersetzung oder ein Transkript vorzulegen, so sind diese Unterlagen
von einer Person, die in einem der Mitgliedstaaten hierzu befugt ist, in die deutsche
Sprache zu übersetzen.**

1. Verzicht auf Vollstreckungsklausel, Abs 1

718   Die EuUntVO hat für Unterhaltstitel aus Mitgliedstaaten der EU, die durch das HUP
gebunden sind, in Art 17 Abs 2 das Exequaturverfahren abgeschafft. Der deutsche Gesetzgeber
hat sich in Abs 1 dafür entschieden, auch zusätzliche innerstaatliche Anforderungen, wie die
Vollstreckungsklausel nach § 724 ZPO, entfallen zu lassen. Die Vollstreckung von Unterhaltstiteln aus den Mitgliedstaaten der EU (mit Ausnahme von *Dänemark* und dem *Vereinigten
Königreich*) findet daher statt, ohne dass es einer Vollstreckungsklausel bedarf. Die Funktion der

1190

IV. Autonomes Zivilverfahrensrecht: AUG § 30   **719–725**   **M**

vollstreckbaren Ausfertigung übernimmt der ausländische Titel iVm dem von der ausländischen Stelle ausgefüllten Formblatt nach Art 20 Abs 1 lit b (BT-Drs 17/4887, 43; krit zu dieser Gleichstellung *Andrae* NJW 11, 2545/2547; *Hess/Spancken* FPR 13, 27/28).

Im Übrigen richtet sich die Vollstreckung gem Art 41 Abs 1 EuUntVO (→ Rn 315 ff) nach **719** den nationalen Vorschriften des Vollstreckungsmitgliedstaats. In *Deutschland* bestimmen sich die Voraussetzungen der Zwangsvollstreckung – mit Ausnahme des Klauselerfordernisses – daher nach **§ 750 ZPO** (§§ 65 AUG, 120 Abs 1 FamFG; *Andrae* aaO; Mu/*Borth/Grandel* § 110 FamFG Rn 13). Das Vollstreckungsorgan hat ferner zu prüfen, ob sämtliche nach der EuUntVO für die Vollstreckung erforderlichen Unterlagen (Art 20 EuUntVO; → Rn 100 ff) vorliegen.

Übergangsrechtlich ist zu beachten, dass die §§ 30–34 nur auf Titel anwendbar sind, die **720** bereits **auf der Grundlage des Haager Unterhaltsprotokolls** ergangen sind, § 77 Abs 4.

2. Formblatt nach Anh I zur EuUntVO, Abs 2

Nach Art 20 Abs 1 lit b EuUntVO ist ein Auszug aus der Entscheidung, der mittels des in **721** Anh I zur EuUntVO vorgesehenen Formblatts zu erstellen ist, vorzulegen. Die Vorlage dieser Bestätigung ist eine **zwingende Voraussetzung** für die Vollstreckung; denn sie hat – wie sonst die Vollstreckungsklausel nach § 724 ZPO – die Funktion, den Bestand und die Vollstreckbarkeit der Entscheidung zu dokumentieren. Vollstreckbare Ausfertigung iSd deutschen Vollstreckungsrechts – und damit notwendige Voraussetzung der Vollstreckung eines Unterhaltstitels aus einem Mitgliedstaat der EU, der durch das HUP gebunden ist, in Deutschland – ist daher der ausländische Titel iVm dem in Anh I zur EuUntVO vorgesehenen Formblatt (*Heger/Selg* FamRZ 11, 1101/1106; *Rauscher/Andrae/Schimrick* Art 17 EuUntVO Rn 12).

Die Bedeutung des Formblatts nach gem Anh I besteht weiterhin darin, dass die zuständige **722** Stelle im Ursprungsmitgliedstaat mit der Ausfüllung dieses Formblatts zugleich bestätigt, dass einerseits der zu vollstreckende Anspruch in den sachlichen Anwendungsbereich der EuUntVO fällt und dass er andererseits auf der Grundlage des HUP ergangen ist, so dass damit die Voraussetzungen für eine Vollstreckung ohne Durchführung eines Exequaturverfahrens in allen durch das Protokoll gebunden Mitgliedstaaten vorliegen. Das Vollstreckungsorgan im Vollstreckungsmitgliedstaat ist allerdings an diese Feststellungen nicht gebunden, sondern kann sie eigenständig überprüfen. Bestreitet der Schuldner ihr Vorliegen, so kann er sich im Inland gegen die Zwangsvollstreckung mit der Vollstreckungserinnerung nach § 766 ZPO zur Wehr setzen, weil es dann an einem im Inland vollstreckbaren Titel fehlen würde (*Heger/Selg* FamRZ 11, 1101/1106).

Abs 2 sieht aus Gründen der Rechtssicherheit vor, dass der Auszug nach Anh I zur EuUntVO **723** mit dem zu vollstreckenden Titel **untrennbar verbunden** sein soll. Es handelt sich allerdings lediglich um eine Soll-Vorschrift, deren Verletzung das Vollstreckungsorgan nicht berechtigt, die Vollstreckung aus diesem Grund zu verweigern (BT-Drs 17/4887, 47; *Andrae* NJW 11, 2545/2547). Denn die EuUntVO, die die Vollstreckungsvoraussetzungen insoweit abschließend regelt, fordert eine solche Verbindung nicht.

3. Rechtsnachfolge

Das AUG enthält keine Regelung für den Fall, dass auf Seite des Gläubigers oder Schuldners **724** Rechtsnachfolge eingetreten ist. Will der **Rechtsnachfolger** des in dem ausländischen Titel benannten Gläubigers die Zwangsvollstreckung betreiben, so muss er zuvor den **Titel im Ursprungsstaat umschreiben** lassen. Gleiches gilt, wenn der Gläubiger gegen den Rechtsnachfolger des Schuldners aus dem Titel vollstrecken will (BT-Drs 17/4887, 43; *Andrae* NJW 11, 2545/2548). Entsprechend § 750 Abs 2 ZPO kann die Zwangsvollstreckung in diesen Fällen erst beginnen, wenn die Entscheidung, aus der sich die Rechtsnachfolge ergibt, **dem Schuldner zugestellt** worden ist (*Heger/Selg* FamRZ 11, 1101/1106). Der nach Art 20 Abs 1 lit b vorzulegende Auszug aus der zu vollstreckenden Entscheidung reicht als Nachweis der Rechtsnachfolge nicht aus. Hängt die Vollstreckung von einer dem Gläubiger obliegenden **Sicherheitsleistung** ab, gilt § 751 Abs 2 ZPO (BT-Drs 17/4887, 47).

4. Übersetzung, Abs 3

Abs 3 schließt die von Art 20 Abs 1 lit d EuUntVO eingeräumte Möglichkeit aus, neben der **725** eigenen Amtssprache weitere Sprachen für die Ausstellung oder Übersetzung des Auszugs zuzulassen. Eine Übersetzung ist idR dann erforderlich, wenn das Formblatt handschriftliche Eintragungen enthält (BT-Drs 17/4887, 47).

1191

M 726–729　　　　　　　2. Teil. Anerkennung/Vollstreckung M. Unterhaltssachen

AUG § 31. Anträge auf Verweigerung, Beschränkung oder Aussetzung der Vollstreckung nach Artikel 21 der Verordnung (EG) Nr. 4/2009

(1) [1]Für Anträge auf Verweigerung, Beschränkung oder Aussetzung der Vollstreckung nach Artikel 21 der Verordnung (EG) Nr. 4/2009 ist das Amtsgericht als Vollstreckungsgericht zuständig. [2]Örtlich zuständig ist das in § 764 Absatz 2 der Zivilprozessordnung benannte Gericht.

(2) [1]Die Entscheidung über den Antrag auf Verweigerung der Vollstreckung (Artikel 21 Absatz 2 der Verordnung (EG) Nr. 4/2009) ergeht durch Beschluss. [2]§ 770 der Zivilprozessordnung ist entsprechend anzuwenden. [3]Der Beschluss unterliegt der sofortigen Beschwerde nach § 793 der Zivilprozessordnung. [4]Bis zur Entscheidung nach Satz 1 kann das Gericht Anordnungen nach § 769 Absatz 1 und 3 der Zivilprozessordnung treffen.

(3) [1]Über den Antrag auf Aussetzung oder Beschränkung der Zwangsvollstreckung (Artikel 21 Absatz 3 der Verordnung (EG) Nr. 4/2009) entscheidet das Gericht durch einstweilige Anordnung. [2]Die Entscheidung ist unanfechtbar.

1. Allgemeines

726　　Die Vorschrift gestaltet die in Art 21 Abs 2 und 3 EuUntVO (→ Rn 115 ff) geregelten vollstreckungsrechtlichen Rechtsbehelfe gegenüber Unterhaltstiteln aus Mitgliedstaaten, die durch das HUP gebunden sind, näher aus. Dabei geht es um die Verweigerung der Vollstreckung nach Art 21 Abs 2 EuUntVO, wenn das Recht auf Vollstreckung verjährt ist oder der ausländische Unterhaltstitel mit einer in Deutschland ergangenen oder anerkennungsfähigen Unterhaltsentscheidung unvereinbar ist, sowie um die Aussetzung der Vollstreckung nach Art 21 Abs 3 EuUntVO, wenn im Ursprungsmitgliedstaat ein Antrag auf Nachprüfung der Entscheidung nach Art 19 EuUntVO gestellt worden ist.

2. Zuständigkeit, Abs 1

727　　Nach Abs 1 S 1 ist für die Entscheidung über diese Rechtsbehelfe das **Amtsgericht als Vollstreckungsgericht** sachlich zuständig. Örtlich zuständig ist nach Abs 1 S 2 iVm § 764 Abs 2 ZPO grundsätzlich das Gericht, in dessen Bezirk das Vollstreckungsverfahren stattfinden soll. Funktionell entscheidet der Richter (BT-Drs 17/4887, 44; *Hess/Spancken* FPR 13, 27/29).

3. Verweigerung der Vollstreckung, Abs 2

728　　Abs 2 regelt das Verfahren für Anträge auf Verweigerung der Vollstreckung, vor allem in Fällen der Vollstreckungsverjährung. Art 21 Abs 2 EuUntVO (→ Rn 115 ff) verdrängt diesbezüglich in seinem Anwendungsbereich das nationale Recht. Der Schuldner muss und darf die Vollstreckungsverjährung daher nicht – wie andere Einwendungen nach deutschem Verfahrensrecht – mit einem Vollstreckungsabwehrantrag nach § 66 AUG iVm § 767 ZPO (→ Rn 819 ff) geltend machen; er ist vielmehr auf den Antrag gem Art 21 Abs 2 EuUntVO beschränkt. Die Entscheidung ergeht durch **Beschluss** und ist mit der sofortigen Beschwerde nach § 793 ZPO anfechtbar. Bis zur Entscheidung in der Hauptsache kann das Gericht ferner Anordnungen nach § 769 Abs 1 und 3 ZPO treffen.

4. Aussetzung oder Beschränkung der Vollstreckung, Abs 3

729　　Abs 3 regelt das Verfahren der Aussetzung oder Beschränkung der Zwangsvollstreckung, wenn ein Antragsgegner, der sich auf das Verfahren im Ursprungsstaat nicht eingelassen hatte, dort den Antrag auf Nachprüfung nach Art 19 EuUntVO gestellt hat (Art 21 Abs 3 EuUntVO; → Rn 127 ff). Da diesbezügliche Entscheidungen eilbedürftig sind, sind sie in Deutschland als **einstweilige Anordnungen** zu erlassen, die nach S 2 unanfechtbar sind. Mit der Entscheidung in der Hauptsache im Ursprungsstaat werden die im Inland getroffenen einstweiligen Anordnungen hinfällig (BT-Drs 854/10, 75; *Heger/Selg* FamRZ 11, 1101/1107). Kann der Schuldner eine Entscheidung eines Gerichts des Ursprungsstaates vorlegen, aus der sich die Aufhebung des Titels oder die Einstellung oder Beschränkung der Zwangsvollstreckung ergibt, ist die Zwangsvollstreckung nach § 32 AUG einzustellen. Für einen Antrag nach Abs 3 fehlt in diesen Fällen im Regelfall das Rechtsschutzbedürfnis (BT-Drs 17/4887, 44).

IV. Autonomes Zivilverfahrensrecht: AUG § 33   **732 M**

AUG § 32. Einstellung der Zwangsvollstreckung

[1]**Die Zwangsvollstreckung ist entsprechend § 775 Nummer 1 und 2 und § 776 der Zivilprozessordnung auch dann einzustellen oder zu beschränken, wenn der Schuldner eine Entscheidung eines Gerichts des Ursprungsstaats über die Nichtvollstreckbarkeit oder über die Beschränkung der Vollstreckbarkeit vorlegt.** [2]**Auf Verlangen ist eine Übersetzung der Entscheidung vorzulegen.** [3]**In diesem Fall ist die Entscheidung von einer Person, die in einem Mitgliedstaat hierzu befugt ist, in die deutsche Sprache zu übersetzen.**

1. Einstellung der Zwangsvollstreckung, S 1

Soweit ausländische Unterhaltstitel ohne Exequaturverfahren im Inland anzuerkennen sind, **730** wirkt sich die Aufhebung des Titels sowie die Einstellung oder Beschränkung der Vollstreckung im Ursprungsstaat unmittelbar auf das inländische Vollstreckungsverfahren aus. § 32 stellt zur Vermeidung von Unsicherheiten in der praktischen Rechtsanwendung klar, dass bereits aufgrund einer solchen ausländischen Entscheidung die Vollstreckung gemäß § 775 Nr 1, Nr 2 ZPO zu beschränken oder einzustellen ist (*Heger/Selg* FamRZ 11, 1101/1107). Für die Aufhebung von Vollstreckungsmaßnahmen gilt § 776 ZPO entsprechend. Eine abschließende Regelung der Aufhebung oder Fortgeltung der bereits getroffenen Vollstreckungsmaßregeln, wie sie § 776 ZPO für jeden Tatbestand des § 775 ZPO vorsieht, erschien dem Gesetzgeber nicht möglich. Bei der entsprechenden Anwendung des § 776 ZPO ist daher zunächst zu prüfen, mit welchem Tatbestand des § 775 ZPO die im Ursprungsstaat getroffene Entscheidung korrespondiert; sodann ist die hierfür in § 776 ZPO vorgesehene Rechtsfolge anzuwenden (BT-Drs 17/4887, S 44).

2. Übersetzung, S 2

Damit Übersetzungskosten möglichst eingespart werden (ErwG 28; → Anh III), ist eine Über- **731** setzung der ausländischen Entscheidung nicht zwingend geboten. Im Regelfall dürfte sie jedoch nach S 2 wegen des formalisierten Vollstreckungsverfahrens notwendig sein (BT-Drs 17/4887, 44).

AUG § 33. Einstweilige Einstellung bei Wiedereinsetzung, Rechtsmittel und Einspruch

(1) **Hat der Schuldner im Ursprungsstaat Wiedereinsetzung beantragt oder gegen die zu vollstreckende Entscheidung einen Rechtsbehelf oder ein Rechtsmittel eingelegt, gelten die §§ 707, 719 Absatz 1 der Zivilprozessordnung und § 120 Absatz 2 Satz 2 und 3 des Gesetzes über das Verfahren in Familiensachen und in den Angelegenheiten der freiwilligen Gerichtsbarkeit.**

(2) **Zuständig ist das in § 35 Absatz 1 und 2 bestimmte Gericht.**

1. Rechtsbehelf im Ursprungsstaat, Abs 1

§ 33 regelt die einstweilige Einstellung des Vollstreckungsverfahrens im Inland, wenn gegen **732** den ohne Exequaturverfahren vollstreckbaren Unterhaltstitel im Ursprungsstaat Rechtsmittel oder sonstige Rechtsbehelfe (zB Einspruch oder Wiedereinsetzung) eingelegt wurden. Die EuUntVO sieht für diesen Fall keinen eigenständigen Rechtsbehelf vor; sie lässt lediglich die Aussetzung der Vollstreckung im Zweitstaat zu, wenn diese bereits im Ursprungsstaat ausgesetzt worden ist (Art 21 Abs 3 UAbs 2 EuUntVO (→ Rn 129 ff). Insoweit ist die Verordnung aber nicht abschließend (vgl ErwG 30; → Anh III). Nach Art 21 Abs 1 EuUntVO bestimmt sich nämlich die Einstellung der Zwangsvollstreckung nach dem Recht des Vollstreckungsmitgliedstaates, soweit dieses mit den in Art 21 Abs 2 und 3 EuUntVO geregelten Rechtsbehelfen vereinbar ist. Damit ist aber nur gemeint, dass die in der Verordnung selbst genannten Gründe für eine Aussetzung oder Verweigerung der Vollstreckung in jedem Fall gewährleistet sein müssen (G/W/*Bittmann* Kap 36 Rn 120). § 33 ist daher verordnungskonform (*Heger/Selg* FamRZ 11, 1101/1108; MüKoFamFG/*Lipp* Art 21 EuUntVO Rn 46; G/Sch/*Hilbig*, IRV Art 21 EuUntVO Rn 83 f; *Hess/Spancken* FPR 13, 27/29; **aA** Rauscher/*Andrae/Schimrick* Art 21 EuUntVO Rn 43).

1193

M 735, 736   2. Teil. Anerkennung/Vollstreckung M. Unterhaltssachen

733   Nach deutschem Recht kann der Schuldner in Unterhaltssachen gemäß § 120 Abs 2 FamFG iVm **§§ 707, 719 ZPO** die einstweilige Einstellung oder Beschränkung der Vollstreckung beantragen. Da diese Vorschriften einen Ausgleich der widerstreitenden Interessen von Gläubiger und Schuldner bezwecken, stehen sie mit Art 21 EuUntVO im Einklang (BT-Drs 854/10, 75). Der Verpflichtete muss glaubhaft machen, dass die Vollstreckung ihm einen nicht zu ersetzenden Nachteil bringen würde (OLG Rostock FamRZ 11, 1679). Im Rahmen der diesbezüglichen Ermessensentscheidung sind auch die Erfolgsaussichten des Rechtsbehelfs bzw des Rechtsmittels zu berücksichtigen. Mit dem Antrag auf einstweilige Einstellung ist daher regelmäßig die Rechtsbehelfs- oder Rechtsmittelbegründung vorzulegen (BT-Drs 17/4887, 44).

2. Zuständigkeit im Inland, Abs 2

734   Zuständig für die Einstellung der Zwangsvollstreckung in den Fällen des Abs 1 ist gem Abs 2 das nach § 35 Abs 1 und 2 zuständige Gericht (→ Rn 741 f).

AUG § 34. Bestimmung des vollstreckungsfähigen Inhalts eines ausländischen Titels

(1) ¹**Lehnt das Vollstreckungsorgan die Zwangsvollstreckung aus einem ausländischen Titel, der keiner Vollstreckungsklausel bedarf, mangels hinreichender Bestimmtheit ab, kann der Gläubiger die Bestimmung des vollstreckungsfähigen Inhalts (Konkretisierung) des Titels beantragen. ²Zuständig ist das in § 35 Absatz 1 und 2 bestimmte Gericht.**

(2) ¹**Der Antrag kann bei dem Gericht schriftlich gestellt oder zu Protokoll der Geschäftsstelle erklärt werden. ²Das Gericht kann über den Antrag ohne mündliche Verhandlung entscheiden. ³Vor der Entscheidung, die durch Beschluss ergeht, wird der Schuldner angehört. ⁴Der Beschluss ist zu begründen.**

(3) ¹**Konkretisiert das Gericht den ausländischen Titel, findet die Vollstreckung aus diesem Beschluss statt, ohne dass es einer Vollstreckungsklausel bedarf. ²Der Beschluss ist untrennbar mit dem ausländischen Titel zu verbinden und dem Schuldner zuzustellen.**

(4) ¹**Gegen die Entscheidung ist die Beschwerde nach dem Gesetz über das Verfahren in Familiensachen und in den Angelegenheiten der freiwilligen Gerichtsbarkeit statthaft. ²§ 61 des Gesetzes über das Verfahren in Familiensachen und in den Angelegenheiten der freiwilligen Gerichtsbarkeit ist nicht anzuwenden.**

1. Allgemeines

735   Nach deutschem Vollstreckungsrecht kann ein Titel nur dann die Grundlage der Vollstreckung bilden, wenn er inhaltlich hinreichend bestimmt ist (vgl BGH NJW 66, 1755). Dies gilt auch für ausländische Titel, die nach Art 17 Abs 2 EuUntVO ohne Exequaturverfahren im Inland zu vollstrecken sind, denn auch insoweit sind nach Art 41 Abs 1 S 1 EuUntVO die allgemeinen Grundsätze der deutschen *lex fori* maßgebend. Ausländische Unterhaltstitel genügen den Anforderungen des deutschen Zwangsvollstreckungsrechts an die Bestimmtheit allerdings nicht immer. Dies gilt etwa, wenn die ausländische Entscheidung nur „gesetzliche Zinsen" zuspricht oder die titulierte Forderung an einen Index knüpft.

2. Konkretisierung des ausländischen Titels, Abs 1

736   Wie in der deutschen Rechtsprechung anerkannt ist, kann (und muss) ein ausländischer Titel, um im Inland vollstreckt werden zu können, grundsätzlich im Rahmen des Verfahrens der Vollstreckbarerklärung konkretisiert werden (vgl BGHZ 122, 16/17; BGH NJW 86, 1440; BGH FamRZ 09, 2069/2071; näher → Rn 225 ff). Die EuUntVO hat jedoch für solche Unterhaltstitel, die in einem durch das HUP gebundenen Mitgliedstaat ergangen sind, das Erfordernis eines Exequaturverfahrens abgeschafft. Der Titelgläubiger hat daher gem § 34 die Möglichkeit, die Konkretisierung des Titels in einem **gesonderten Verfahren** zu beantragen. Eines Konkretisierungsverfahrens bedarf es nicht, wenn der ausländische Titel iVm dem nach Art 20 Abs 1 lit b EuUntVO vorzulegenden Formblatt hinreichend bestimmt ist (BT-Drs 17/4887, 45). Zuständig

1194

IV. Autonomes Zivilverfahrensrecht: AUG § 35 **M**

für die Konkretisierung ist dasjenige Amtsgericht, das für ein fiktives Exequaturverfahren zuständig wäre (Abs 1 S 2 iVm § 35 Abs 1 und 2).

Der Konkretisierung im Rahmen von § 34 sind jedoch **Grenzen** gesetzt. *Inhaltliche* Ergän- **737** zungen oder *Abänderungen* des ausländischen Titels darf das Gericht nicht vornehmen, denn dies würde eine unzulässige sachliche Nachprüfung der ausländischen Titels bedeuten (Art 42 EuUntVO). Ergeben sich jedoch die Kriterien, nach denen sich die titulierte Leistungspflicht bestimmt, aus den ausländischen Vorschriften oder ähnlichen im Inland gleichermaßen zugänglichen und sicher feststellbaren Umständen, so ist es grundsätzlich zulässig und geboten, diese Feststellungen im Verfahren nach § 34 zu treffen und den ausländischen Titel entsprechend zu konkretisieren (vgl dazu näher Rauscher/*Andrae/Schimrick* Art 17 EuUntVO Rn 13 mwN). Diese Konkretisierung durch den Richter – und nicht durch das später tätig werdende Vollstreckungsorgan – erfolgt auch dann, wenn es sich um einen sog *dynamisierten Titel* (indexierter Unterhalt) handelt.

3. Verfahren, Abs 2

Der Antrag kann schriftlich bei Gericht oder zur Niederschrift der Geschäftsstelle eingelegt **738** werden (Abs 2 S 1). Eine anwaltliche Vertretung ist daher nach § 114 Abs 4 Nr 6 FamFG nicht erforderlich. Die Entscheidung über die Konkretisierung des Titels kann ohne mündliche Verhandlung getroffen werden, allerdings ist der Schuldner vor der Entscheidung zu hören (Abs 2 S 2, 3). Der Beschluss ist zu begründen (Abs 2 S 4). Für das Verfahren wird eine **Gerichtsgebühr** von 50 Euro erhoben, Nr 1713 FamGKG.

4. Vollstreckung, Abs 3

Auch aus dem nach Maßgabe von § 34 konkretisierten Titel findet die Vollstreckung im **739** Inland gem Abs 3 statt, ohne dass es einer Vollstreckungsklausel bedarf. Der Beschluss über die Konkretisierung ist allerdings zu diesem Zwecke mit dem ausländischen Titel untrennbar zu verbinden und muss dem Schuldner zugestellt werden.

5. Rechtsbehelfe, Abs 4

Gegen die Entscheidung, durch die ein ausländischer Titel konkretisiert wird, ist die Be- **740** schwerde statthaft. Das Verfahren richtet sich nach den Regeln des FamFG. Die Einlegung der Beschwerde ist jedoch abweichend von § 61 FamFG nicht von der Erreichung eines bestimmten Beschwerdewerts abhängig. Lehnt das Gericht die Konkretisierung ab, so hat der Antragsteller entsprechend § 40 Abs 2 die Kosten zu tragen. Auch dieser Beschluss kann nach Abs 4 mit der Beschwerde angefochten werden.

Abschnitt 2. Gerichtliche Zuständigkeit für Verfahren zur Anerkennung und Vollstreckbarerklärung ausländischer Entscheidungen

AUG § 35. Gerichtliche Zuständigkeit; Zuständigkeitskonzentration; Verordnungsermächtigung

(1) Über einen Antrag auf Feststellung der Anerkennung oder über einen Antrag auf Vollstreckbarerklärung eines ausländischen Titels nach den Abschnitten 3 bis 5 entscheidet ausschließlich das Amtsgericht, das für den Sitz des Oberlandesgerichts zuständig ist, in dessen Zuständigkeitsbezirk

1. sich die Person, gegen die sich der Titel richtet, gewöhnlich aufhält oder
2. die Vollstreckung durchgeführt werden soll.
Für den Bezirk des Kammergerichts entscheidet das Amtsgericht Pankow/Weißensee.

(2) Die Landesregierungen werden ermächtigt, diese Zuständigkeit durch Rechtsverordnung einem anderen Amtsgericht des Oberlandesgerichtsbezirks oder, wenn in einem Land mehrere Oberlandesgerichte errichtet sind, einem Amtsgericht für die Bezirke aller oder mehrerer Oberlandesgerichte zuzuweisen. Die Landesregierungen können diese Ermächtigung durch Rechtsverordnung auf die Landesjustizverwaltungen übertragen.

1195

M 741–744 2. Teil. Anerkennung/Vollstreckung M. Unterhaltssachen

(3) **In einem Verfahren, das die Vollstreckbarerklärung einer notariellen Urkunde zum Gegenstand hat, kann diese Urkunde auch von einem Notar für vollstreckbar erklärt werden im Anwendungsbereich**

1. der Verordnung (EG) Nr. 4/2009 oder

2. des Übereinkommens vom 30. Oktober 2007 über die gerichtliche Zuständigkeit und die Anerkennung und Vollstreckung von Entscheidungen in Zivil- und Handelssachen.

Die Vorschriften für das Verfahren der Vollstreckbarerklärung durch ein Gericht gelten sinngemäß.

1. Allgemeines

741   Die zuletzt durch Gesetz v 20.11.2015 (BGBl I, 2018) mit Wirkung v 26.11.2015 geänderte Vorschrift regelt die Zuständigkeit für das Verfahren der Anerkennungsfeststellung und der Vollstreckbarerklärung in Bezug auf Unterhaltstitel nach den Abschnitten 3 bis 5 des Gesetzes. Dies sind im Geltungsbereich der EuUntVO einerseits Unterhaltstitel aus *Dänemark* und dem *Vereinigten Königreich,* die nach Maßgabe von Art 23 ff, 26 ff EuUntVO anerkannt und vollstreckt werden, andererseits aber auch Unterhaltstitel aus den durch das HUP gebundenen Mitgliedstaaten, die dort in bereits vor dem 18.6.2011 eingeleiteten Verfahren ergangen sind (vgl OLG Karlsruhe FamRZ 12, 660). § 35 gilt ferner für die Vollstreckbarerklärung von Unterhaltstiteln aus den durch das LugÜ 2007 gebundenen Staaten, die nicht zugleich Mitgliedstaaten der EuUntVO sind *(Island, Norwegen, Schweiz),* sowie von Unterhaltstiteln aus den Vertragsstaaten des HUÜ 2007 (→ Rn 472 ff) und des HUntVÜ 1973 (→ Rn 624 ff). Insoweit übernimmt das AUG im Wesentlichen die bisherigen Vorschriften des AVAG, die nur an die Begrifflichkeiten des FamFG angepasst wurden *(Heger/Selg* FamRZ 11, 1101/1105 ff).

2. Zuständigkeitskonzentration, Abs 1

742   Gem Abs 1 ist für diese Verfahren sachlich **ausschließlich das Amtsgericht** zuständig. Örtlich zuständig ist aufgrund der – in Anlehnung an § 12 IntFamRVG (→ N Rn 527 ff) – angeordneten Zuständigkeitskonzentration das Amtsgericht, das für den Sitz des OLG zuständig ist, in dessen Bezirk sich entweder der Antragsgegner gewöhnlich aufhält oder in dem die Vollstreckung durchgeführt werden soll (OLG Karlsruhe FPR 12, 519/520). Die Zuständigkeitsverteilung innerhalb des Amtsgerichts regelt § 23b GVG. Die Anerkennungsfeststellung und die Vollstreckbarerklärung einer ausländischen Entscheidung fällt in die Zuständigkeit des **Familiengerichts,** wenn der Titel eine Angelegenheit betrifft, die aus inländischer Perspektive als Familiensache einzuordnen ist (BGH NJW 86, 1440).

3. Ermächtigung der Landesregierungen, Abs 2

743   Durch Abs 2 werden die Landesregierungen ermächtigt, die in Abs 1 angeordnete Konzentration der Zuständigkeit zu ändern oder einzuschränken. Von dieser Möglichkeit hat bisher jedoch noch kein Bundesland Gebrauch gemacht.

4. Vollstreckbarerklärung durch Notare, Abs 3

744   In Abs 3 macht der deutsche Gesetzgeber von der in Art 27 Abs 1 EuUntVO bzw in Art 39 LugÜ 2007 eröffneten Möglichkeit Gebrauch, die Notare im Bereich der Vollstreckbarerklärung ausländischer Titel einzubinden. Dadurch soll eine Verfahrensbeschleunigung und eine Entlastung der Gerichte erreicht werden. Dies gilt gem S 1 jedoch nur für die Vollstreckbarerklärung von Titeln nach Art 23 ff EuUntVO und nach Art 38 ff LugÜ 2007. Abs 3 findet hingegen im Anwendungsbereich des HUÜ 2007, des HUntVÜ 1973 und des LugÜ 1988 keine Anwendung. Die in S 2 ausgesprochene Verweisung auf die deutschen Vorschriften über die Vollstreckbarerklärung durch das Gericht erstreckt sich auch auf die Vorschriften über die Rechtsbehelfe und Rechtsmittel.

IV. Autonomes Zivilverfahrensrecht: AUG § 36

Abschnitt 3. Verfahren mit Exequatur nach der Verordnung (EG) Nr 4/2009 und den Abkommen der Europäischen Union

Unterabschnitt 1. *Zulassung der Zwangsvollstreckung aus ausländischen Titeln*

AUG § 36. Antragstellung

(1) Der in einem anderen Staat vollstreckbare Titel wird dadurch zur Zwangsvollstreckung zugelassen, dass er auf Antrag mit der Vollstreckungsklausel versehen wird.

(2) Der Antrag auf Erteilung der Vollstreckungsklausel kann bei dem zuständigen Gericht schriftlich eingereicht oder mündlich zu Protokoll der Geschäftsstelle erklärt werden.

(3) Ist der Antrag entgegen § 184 des Gerichtsverfassungsgesetzes nicht in deutscher Sprache abgefasst, so kann das Gericht von dem Antragsteller eine Übersetzung verlangen, deren Richtigkeit von einer Person bestätigt worden ist, die in einem der folgenden Staaten hierzu befugt ist:

1. in einem Mitgliedstaat oder in einem anderen Vertragsstaat des Abkommens über den Europäischen Wirtschaftsraum oder

2. in einem Vertragsstaat des jeweils auszuführenden völkerrechtlichen Vertrages.

(4) Der Ausfertigung des Titels, der mit der Vollstreckungsklausel versehen werden soll, und seiner Übersetzung, soweit eine solche vorgelegt wird, sollen je zwei Abschriften beigefügt werden.

1. Allgemeines

Die Vorschrift entspricht inhaltlich § 4 AVAG. Wie der Wortlaut von Abs 1 bestätigt, hat die **745** Vollstreckbarerklärung **rechtsgestaltenden Charakter.** Sie verleiht dem ausländischen Titel die Vollstreckbarkeit für das deutsche Hoheitsgebiet. Der ausländische Titel ist dann in jeglicher Hinsicht wie ein inländischer Vollstreckungstitel zu behandeln. Grundlage der Vollstreckung der ausländischen Entscheidung im Inland ist allerdings nach hM in Deutschland nicht der ausländische Titel, sondern allein die **inländische** Entscheidung über die **Vollstreckbarerklärung** (*Heger/Selg* FamRZ 11, 1101/1105; *Hess/Spancken* FPR 13, 27/29; vgl zum EuGVÜ BGH NJW 86, 1440/1441; zur EuGVVO aF *Schlosser³* Art 38 Rn 16). In welcher Form die ausländische Entscheidung für vollstreckbar zu erklären ist, entscheidet innerhalb der Vorgaben der EuUntVO das jeweilige nationale Verfahrensrecht des Vollstreckungsstaats.

2. Voraussetzungen für die Erteilung der Vollstreckungsklausel

In Deutschland erfolgt die Vollstreckbarerklärung gem Abs 1 in einem **Klauselerteilungs-** **746** **verfahren.** Dieses stellt ein (besonderes) erstinstanzliches Erkenntnisverfahren dar (*Rauscher/ Mankowski* Vorbem Art 39 ff EuGVVO Rn 16). Es wird durch die Art 26 ff EuUntVO (dazu den Überblick → Rn 216 ff) bzw Art 38 ff LugÜ 2007, Art 19 ff HUÜ 2007, Art 4 ff HUntVÜ und – ergänzend – durch die §§ 36 ff AUG näher ausgestaltet. Das AUG regelt nur die **formellen** Voraussetzungen; die sachlichen Voraussetzungen für einen begründeten Antrag, der zur Erteilung des Exequatur führt, ergeben sich hingegen allein aus der EuUntVO bzw dem Staatsvertrag.

a) Antrag, Abs 1–3. Das Verfahren wird nach Abs 1 durch Antrag eingeleitet. Dieser kann **747** nach Abs 2 schriftlich bei dem nach § 35 zuständigen Gericht eingereicht oder mündlich zu Protokoll der Geschäftsstelle erklärt werden. Es besteht kein Anwaltszwang (§§ 38 Abs 2 AUG; 78 Abs 3 ZPO, 113 Abs 1 FamFG). Ein in Deutschland gestellter Antrag ist nach dem gem Art 41 Abs 1 S 1 anwendbaren deutschen Recht **bedingungsfeindlich;** er kann daher nicht unter der Voraussetzung der Bewilligung von Prozesskostenhilfe gestellt werden (BGH FamRZ 09, 1816/1881).

Ein nicht in deutscher Sprache eingereichter Antrag ist gem Abs 3 nicht als unzulässig zu **748** verwerfen. Vielmehr kann das Gericht dem Antragsteller die Vorlage einer den Anforderungen des Abs 3 entsprechenden **Übersetzung** aufgeben. Da das Gericht ganz von einer Übersetzung absehen kann (Ermessensvorschrift), kann es sich auch mit einer unbeglaubigten Übersetzung begnügen (BGH NJW 80, 527 f; Mu/V/*Lackmann* § 4 AVAG Rn 2).

M 754   2. Teil. Anerkennung/Vollstreckung M. Unterhaltssachen

749   Der Antragsteller hat, wenn **mehrere Rechtsinstrumente** alternativ anwendbar sind
(→ Rn 364 ff), mitzuteilen, nach welchem die Vollstreckbarerklärung erfolgen soll (Mu/V/*Lack-mann* § 4 AVAG Rn 2). Die Umdeutung eines Antrags auf Vollstreckbarerklärung nach §§ 36 ff
AUG in einen Antrag nach §§ 108–110 FamFG ist nicht möglich (BGH NJW 1995, 264).

750   **b) Vorlage von Dokumenten, Abs 4.** Vorzulegen sind gem Abs 4 eine Titelausfertigung
und ggf eine Übersetzung; weiter zwei Abschriften des Titels und ggf deren Übersetzung. Das
Gericht kann fehlende Abschriften beim Antragsteller anfordern oder auf dessen Kosten (§ 28
Abs 1 S 2 GKG, KV Nr 9000) erstellen lassen. Welche Urkunden vorzulegen sind, ergibt sich in
Verfahren nach der EuUntVO aus deren Art 28, in Verfahren nach dem LugÜ aus dessen Art 53,
in Verfahren nach dem HUÜ 2007 aus dessen Art 25 und in Verfahren nach dem HUntVÜ aus
dessen Art 17.

AUG § 37. Zustellungsempfänger

(1) **Hat der Antragsteller in dem Antrag keinen Zustellungsbevollmächtigten im
Sinne des § 184 Absatz 1 Satz 1 der Zivilprozessordnung benannt, so können bis zur
nachträglichen Benennung alle Zustellungen an ihn durch Aufgabe zur Post (§ 184
Absatz 1 Satz 2 und Absatz 2 der Zivilprozessordnung) bewirkt werden.**

(2) **Absatz 1 gilt nicht, wenn der Antragsteller einen Verfahrensbevollmächtigten für
das Verfahren benannt hat, an den im Inland zugestellt werden kann.**

(3) **Die Absätze 1 und 2 sind auf Verfahren nach der Verordnung (EG) Nr. 4/2009
nicht anzuwenden.**

751   Die Absätze 1 und 2 entsprechen § 5 AVAG. Nach Abs 1 ist der Antragsteller verpflichtet, in
seinem Antrag einen **Zustellungsbevollmächtigten** zu benennen. Der Bestimmung bedarf es
nach dem Normzweck allerdings nur, wenn der Antragsteller keinen Wohnsitz im Inland hat.
Aus diesem Grunde kann das Verfahren nach Abs 1 durch die Bestellung eines Verfahrensbevollmächtigten ersetzt werden, an den im Inland zugestellt werden kann (Abs 2).

752   Kommt der Antragsteller seiner Verpflichtung nach Abs 1, 2 nicht nach, so können alle
Zustellungen an ihn – in Übereinstimmung mit § 184 Abs 1 S 2, Abs 2 ZPO – solange fiktiv
durch Aufgabe zur Post bewirkt werden, wie ein inländischer Zustellungsbevollmächtigter
nicht benannt wird. Das Gericht ist nicht befugt, selbst einen solchen zu bestimmen (Zö/*Geimer*
Rn 1).

753   Abs 3 trägt **Art 41 Abs 2 EuUntVO** Rechnung; danach muss der Vollstreckungsgläubiger im
Geltungsbereich der EuUntVO über keine Postanschrift im Vollstreckungsstaat verfügen. Er
muss daher weder einen Zustellungs- noch einen Verfahrensbevollmächtigten benennen. Die
Absätze 1 und 2 gelten daher nur für die Vollstreckbarerklärung von Unterhaltstiteln nach
Maßgabe der in § 1 aufgeführten Staatsverträge.

AUG § 38. Verfahren

(1) [1]**Die Entscheidung ergeht ohne mündliche Verhandlung.** [2]**Jedoch kann eine
mündliche Erörterung mit dem Antragsteller oder seinem Bevollmächtigten stattfinden, wenn der Antragsteller oder der Bevollmächtigte hiermit einverstanden ist und
die Erörterung der Beschleunigung dient.**

(2) **Im ersten Rechtszug ist die Vertretung durch einen Rechtsanwalt nicht erforderlich.**

754   Die Vorschrift entspricht § 6 Abs 2 und 3 AVAG. Danach ergeht die Entscheidung über die
Vollstreckbarerklärung von Unterhaltstiteln grundsätzlich **ohne mündliche Verhandlung;** eine
solche kann nur ausnahmsweise zur Beschleunigung des Verfahrens angeordnet werden, wenn
der Antragsteller damit einverstanden ist, Abs 1 S 2. Obwohl im AUG die in § 6 Abs 1 AVAG
und in § 18 Abs 1 S 1 IntFamRVG enthaltene Klarstellung fehlt, wird der **Antragsgegner** auch
im erstinstanzlichen Verfahren der Vollstreckbarerklärung von Unterhaltsentscheidungen **nicht
gehört** (Art 30 EuUntVO; Art 34 Abs 1 LugÜ; Art 23 Abs 4 S 2 HUÜ 2007; Ausnahme: § 39
Abs 2 S 3). Ferner besteht im erstinstanzlichen Vollstreckbarerklärungsverfahren **kein Anwaltszwang,** Abs 2.

1198

IV. Autonomes Zivilverfahrensrecht: AUG § 40   **757, 758 M**

AUG § 39. Vollstreckbarkeit ausländischer Titel in Sonderfällen

(1) [1]Hängt die Zwangsvollstreckung nach dem Inhalt des Titels von einer dem Gläubiger obliegenden Sicherheitsleistung, dem Ablauf einer Frist oder dem Eintritt einer anderen Tatsache ab oder wird die Vollstreckungsklausel zugunsten eines anderen als des in dem Titel bezeichneten Gläubigers oder gegen einen anderen als den darin bezeichneten Schuldner beantragt, so ist die Frage, inwieweit die Zulassung der Zwangsvollstreckung von dem Nachweis besonderer Voraussetzungen abhängig oder ob der Titel für oder gegen den anderen vollstreckbar ist, nach dem Recht des Staates zu entscheiden, in dem der Titel errichtet ist. [2]Der Nachweis ist durch Urkunden zu führen, es sei denn, dass die Tatsachen bei dem Gericht offenkundig sind.

(2) [1]Kann der Nachweis durch Urkunden nicht geführt werden, so ist auf Antrag des Antragstellers der Antragsgegner zu hören. [2]In diesem Fall sind alle Beweismittel zulässig. [3]Das Gericht kann auch die mündliche Verhandlung anordnen.

Die Vorschrift entspricht § 7 AVAG. Sie regelt das Verfahren in Fällen, in denen die Zwangs- **755** vollstreckung nach dem Inhalt des ausländischen Titels von einer **Sicherheitsleistung** des Gläubigers, dem Ablauf einer Frist oder einer anderen Tatsache abhängt oder in denen auf Seiten des Gläubigers bzw Schuldners **Rechtsnachfolge** eingetreten ist. Die Frage, ob die Zulassung der Zwangsvollstreckung dann vom Nachweis besonderer Voraussetzungen abhängt oder ob der Titel auch gegen den Rechtsnachfolger vollstreckbar ist, beurteilt sich nach dem **Recht des Ursprungsstaats,** Abs 1 S 1 (vgl *Martiny* FamRZ 14, 429/436; *Eichel* FamRZ 17, 1525).

Der **Nachweis** ist grundsätzlich **durch Urkunden** zu führen, sofern die Tasachen dem **756** Gericht nicht offenkundig sind, Abs 1 S 2. Nur wenn dies nicht möglich ist, sind auch alle anderen Beweismittel zulässig; ferner ist der Antragsgegner auf Antrag des Antragstellers zu hören. Auch kann – abweichend von § 38 Abs 1 S 1 – eine mündliche Verhandlung angeordnet werden, Abs 2.

AUG § 40. Entscheidung

(1) [1]Ist die Zwangsvollstreckung aus dem Titel zuzulassen, so beschließt das Gericht, dass der Titel mit der Vollstreckungsklausel zu versehen ist. [2]In dem Beschluss ist die zu vollstreckende Verpflichtung in deutscher Sprache wiederzugeben. [3]Zur Begründung des Beschlusses genügt in der Regel die Bezugnahme auf die Verordnung (EG) Nr. 4/2009 oder auf den jeweils auszuführenden völkerrechtlichen Vertrag sowie auf von dem Antragsteller vorgelegte Urkunden. [4]Auf die Kosten des Verfahrens ist § 788 der Zivilprozessordnung entsprechend anzuwenden.

(2) [1]Ist der Antrag nicht zulässig oder nicht begründet, so lehnt ihn das Gericht durch mit Gründen versehenen Beschluss ab. [2]Die Kosten sind dem Antragsteller aufzuerlegen.

(3) Der Beschluss wird mit Bekanntgabe an die Beteiligten wirksam.

1. Zulassung der Zwangsvollstreckung, Abs 1

Sie erfolgt durch Erteilung der Vollstreckungsklausel, Abs 1 S 1. Die zu vollstreckende Ver- **757** pflichtung ist zwingend in **deutscher Sprache** wiederzugeben. Eine in einer Fremdwährung titulierte Forderung ist nicht in Euro umzurechnen (*Heger/Selg* FamRZ 11, 1101/1109). Zur Begründung genügt die Bezugnahme auf die EuUntVO (bzw auf einen der in § 1 genannten Staatsverträge) und auf die vom Antragsteller vorgelegten Urkunden. Nach § 2 AUG iVm § 39 FamFG bedürfen Entscheidungen im Exequaturverfahren einer Rechtsbehelfsbelehrung.

Für die **Kosten des Verfahrens** gilt nicht – wie nach § 20 Abs 2 IntFamRVG – § 81 FamFG, **758** sondern – wegen §§ 112 Nr 1, 113 Abs 1 S 2 FamFG – § 788 ZPO entsprechend, Abs 1 S 4. Danach fallen die notwendigen Kosten dem Schuldner zur Last (OLG Stuttgart FamRZ 15, 871). Zur Bestimmung des Gegenstandswerts im Klauselerteilungsverfahren kann geprüft werden, wie das vorausgegangene ausländische Erkenntnisverfahren nach deutschem Gebührenrecht zu bewerten gewesen wäre; Rückstände aus der Zeit nach Erlass der ausländischen Entscheidung sind dem Gegenstandswert nicht hinzuzurechnen (BGH FamRZ 09, 222; *Heger/Selg* FamRZ 11, 1101/1109).

M 760, 761　　　　　　　　2. Teil. Anerkennung/Vollstreckung M. Unterhaltssachen

2. Abweisung des Antrags, Abs 2

759　Ist der Antrag auf Vollstreckbarerklärung des ausländischen Unterhaltstitels unzulässig oder unbegründet, so weist ihn das Gericht kostenpflichtig ab. Der Beschluss ist mit Gründen zu versehen, Abs 2.

AUG § 41. Vollstreckungsklausel

(1) **Auf Grund des Beschlusses nach § 40 Absatz 1 erteilt der Urkundsbeamte der Geschäftsstelle die Vollstreckungsklausel in folgender Form:**

„Vollstreckungsklausel nach § 36 des Auslandsunterhaltsgesetzes vom 23. Mai 2011 (BGBl. I S. 898). Gemäß dem Beschluss des ... (Bezeichnung des Gerichts und des Beschlusses) ist die Zwangsvollstreckung aus ... (Bezeichnung des Titels) zugunsten ... (Bezeichnung des Gläubigers) gegen ... (Bezeichnung des Schuldners) zulässig.

Die zu vollstreckende Verpflichtung lautet:

... (Angabe der dem Schuldner aus dem ausländischen Titel obliegenden Verpflichtung in deutscher Sprache; aus dem Beschluss nach § 40 Absatz 1 zu übernehmen).

Die Zwangsvollstreckung darf über Maßregeln zur Sicherung nicht hinausgehen, bis der Gläubiger eine gerichtliche Anordnung oder ein Zeugnis vorlegt, dass die Zwangsvollstreckung unbeschränkt stattfinden darf."

Lautet der Titel auf Leistung von Geld, so ist der Vollstreckungsklausel folgender Zusatz anzufügen:

„Solange die Zwangsvollstreckung über Maßregeln zur Sicherung nicht hinausgehen darf, kann der Schuldner die Zwangsvollstreckung durch Leistung einer Sicherheit in Höhe von ... (Angabe des Betrages, wegen dessen der Gläubiger vollstrecken darf) abwenden."

(2) **Wird die Zwangsvollstreckung nur für einen oder mehrere der durch die ausländische Entscheidung zuerkannten oder in einem anderen ausländischen Titel niedergelegten Ansprüche oder nur für einen Teil des Gegenstands der Verpflichtung zugelassen, so ist die Vollstreckungsklausel als „Teil-Vollstreckungsklausel nach § 36 des Auslandsunterhaltsgesetzes vom 23. Mai 2011 (BGBl. I S. 898)" zu bezeichnen.**

(3) [1]**Die Vollstreckungsklausel ist von dem Urkundsbeamten der Geschäftsstelle zu unterschreiben und mit dem Gerichtssiegel zu versehen.** [2]**Sie ist entweder auf die Ausfertigung des Titels oder auf ein damit zu verbindendes Blatt zu setzen.** [3]**Falls eine Übersetzung des Titels vorliegt, ist sie mit der Ausfertigung zu verbinden.**

1. Inhalt der Vollstreckungsklausel, Abs 1

760　Die Vorschrift entspricht § 9 AVAG. Sie regelt in Abs 1 UAbs 1 den Wortlaut der vom Urkundsbeamten der Geschäftsstelle zu erteilenden Vollstreckungsklausel, die insbesondere den Inhalt der vollstreckbaren Verpflichtung in deutscher Sprache und den Zusatz enthalten muss, dass die Zwangsvollstreckung nicht über **Maßregeln zur Sicherung** (zB Vorpfändung, Arrest, Zwangshypothek) hinausgehen darf, solange der Gläubiger nicht nachweist, dass die unbeschränkte Zwangsvollstreckung angeordnet worden ist. Lautet der Titel − wie regelmäßig in Unterhaltssachen − auf Leistung von Geld, muss der Vollstreckungsklausel gem UAbs 2 weiterhin der Zusatz angefügt werden, dass der Schuldner die beschränkte Zwangsvollstreckung durch Sicherheitsleistung abwenden kann (vgl § 50 Abs 1; → Rn 789).

2. Teil-Vollstreckungsklausel, Abs 2

761　Wird die Zwangsvollstreckung nur für einen oder einzelne der durch den ausländischen Titel zuerkannten Ansprüche oder nur für einen Teil des Gegenstands der Verpflichtung zugelassen, so muss dies durch die Bezeichnung als „Teil-Vollstreckungsklausel" kenntlich gemacht werden (vgl OLG Frankfurt FamRZ 16, 1603/1605).

1200

IV. Autonomes Zivilverfahrensrecht: AUG § 43 **M**

3. Förmlichkeiten der Erteilung, Abs 3

Abs 3 regelt die Formalien für die Erteilung der Vollstreckungsklausel. Fehlt entgegen S 1 die **762** Unterschrift des Urkundsbeamten, so liegt lediglich ein Entwurf vor. Dessen Zustellung lässt die Beschwerdefrist nicht zu laufen beginnen (BGH NJW-RR 98, 141; *Heger/Selg* FamRZ 11, 1101/1109).

AUG § 42. Bekanntgabe der Entscheidung

(1) [1]**Lässt das Gericht die Zwangsvollstreckung zu (§ 40 Absatz 1), sind dem Antragsgegner eine beglaubigte Abschrift des Beschlusses, eine beglaubigte Abschrift des mit der Vollstreckungsklausel versehenen Titels und gegebenenfalls seiner Übersetzung sowie der gemäß § 40 Absatz 1 Satz 3 in Bezug genommenen Urkunden von Amts wegen zuzustellen.** [2]**Dem Antragsteller sind eine beglaubigte Abschrift des Beschlusses, die mit der Vollstreckungsklausel versehene Ausfertigung des Titels sowie eine Bescheinigung über die bewirkte Zustellung zu übersenden.**

(2) **Lehnt das Gericht den Antrag auf Erteilung der Vollstreckungsklausel ab (§ 40 Absatz 2), ist der Beschluss dem Antragsteller zuzustellen.**

1. Zulassung der Zwangsvollstreckung, Abs 1

Abs 1 entspricht § 10 Abs 1 und Abs 3 S 1 AVAG. Die Vorschrift ergänzt Art 31 EuUntVO **763** (→ Rn 250 f) bzw Art 42 LugÜ und Art 23 Abs 5 HUÜ 2007. Lässt das Gericht die Zwangsvollstreckung nach § 40 Abs 1 zu, so sind dem **Antragsgegner** gem S 1 eine beglaubigte Abschrift des Beschlusses und eine beglaubigte Abschrift des mit der Vollstreckungsklausel versehenen Titels unter Beifügung der Urkunden gem § 40 Abs 1 S 3 **von Amts wegen zuzustellen**. Die Zustellung setzt gem § 43 Abs 4 S 1 die Beschwerdefrist in Gang.

Dem **Antragsteller** sind für diesen Fall gem Abs 1 S 2 eine beglaubigte Abschrift des **764** Beschlusses, die mit der Vollstreckungsklausel versehene Ausfertigung des Titels sowie eine Bescheinigung über die bewirkte Zustellung **zu übersenden**. Die Übersendung hat unverzüglich zu erfolgen, damit der Antragsteller mit der Zwangsvollstreckung beginnen kann (BT-Drs 17/4887, 46). Der Antragsteller kann allerdings auch die Aushändigung einer Beschlussausfertigung zu einem früheren Zeitpunkt verlangen, um etwa die Zustellung der Exequaturentscheidung im Parteibetrieb vorzunehmen. Dies genügt nach §§ 65 AUG, 120 Abs 1 FamFG iVm § 750 Abs 1 S 2 ZPO für den Beginn der Zwangsvollstreckung (BT-Drs 17/4887, 46; *Heger/Selg* FamRZ 11, 1101/1109).

2. Ablehnung der Zwangsvollstreckung, Abs 2

Nach § 2 AUG iVm 58 Abs 1 FamFG ist gegen einen ablehnenden Beschluss die Beschwerde **765** statthaft; die Beschwerdefrist bemisst sich – in Ermangelung einer speziellen Regelung im AUG – nach § 63 Abs 1 FamFG. Der Beschluss ist daher gem Abs 2 bzw § 113 Abs 1 FamFG iVm § 329 Abs 2 S 2 ZPO dem Antragsteller zuzustellen. Da der Antragsgegner im erstinstanzlichen Verfahren – mit Ausnahme der Fälle des § 39 Abs 2 S 3 – nicht beteiligt wird (vgl Art 30 EuUntVO, Art 34 Abs 1 LugÜ, Art 23 Abs 4 S 2 HUÜ 2007), ist eine Bekanntgabe des ablehnenden Beschlusses an ihn nicht geboten. In den Fällen des § 39 Abs 2 befürwortet die Gesetzesbegründung eine formlose Übersendung (BT-Drs 17/4887, 46).

Unterabschnitt 2. *Beschwerde, Rechtsbeschwerde*

AUG § 43. Beschwerdegericht; Einlegung der Beschwerde; Beschwerdefrist

(1) **Beschwerdegericht ist das Oberlandesgericht.**

(2) [1]**Die Beschwerde gegen die im ersten Rechtszug ergangene Entscheidung über den Antrag auf Erteilung der Vollstreckungsklausel wird bei dem Gericht, dessen Beschluss angefochten wird, durch Einreichen einer Beschwerdeschrift oder durch Erklärung zu Protokoll der Geschäftsstelle eingelegt.** [2]**Der Beschwerdeschrift soll die für ihre Zustellung erforderliche Zahl von Abschriften beigefügt werden.**

(3) **§ 61 des Gesetzes über das Verfahren in Familiensachen und in den Angelegenheiten der freiwilligen Gerichtsbarkeit ist nicht anzuwenden.**

M 766–769   2. Teil. Anerkennung/Vollstreckung M. Unterhaltssachen

(4) **Die Beschwerde des Antragsgegners gegen die Zulassung der Zwangsvollstreckung ist einzulegen**

1. **im Anwendungsbereich der Verordnung (EG) Nr. 4/2009 und des Abkommens vom 19. Oktober 2005 zwischen der Europäischen Gemeinschaft und dem Königreich Dänemark über die gerichtliche Zuständigkeit und die Anerkennung und Vollstreckung von Entscheidungen in Zivil- und Handelssachen innerhalb der Frist des Artikels 32 Absatz 5 der Verordnung (EG) Nr. 4/2009,**

2. **im Anwendungsbereich des Übereinkommens vom 30. Oktober 2007 über die gerichtliche Zuständigkeit und die Anerkennung und Vollstreckung von Entscheidungen in Zivil- und Handelssachen**

   a) **innerhalb eines Monats nach Zustellung, wenn der Antragsgegner seinen Wohnsitz im Inland hat, oder**

   b) **innerhalb von zwei Monaten nach Zustellung, wenn der Antragsgegner seinen Wohnsitz im Ausland hat.**

[1]**Die Frist beginnt mit dem Tag, an dem die Vollstreckbarerklärung dem Antragsgegner entweder persönlich oder in seiner Wohnung zugestellt worden ist.** [2]**Eine Verlängerung dieser Frist wegen weiter Entfernung ist ausgeschlossen.**

(5) **Die Beschwerde ist dem Beschwerdegegner von Amts wegen zuzustellen.**

1. Allgemeines

766   Die Vorschrift entspricht inhaltlich weitgehend § 11 AVAG. Sie regelt die Einlegung der Beschwerde und die Beschwerdefrist gegen die erstinstanzliche Entscheidung im Vollstreckbarerklärungsverfahren. Das Beschwerdeverfahren richtet sich gem § 2 im Übrigen nach den Vorschriften des FamFG, da die Anerkennung und Vollstreckung einer ausländischen Unterhaltsentscheidung kraft Verfahrenszusammenhangs eine Familiensache iSv § 111 Nr 8 FamFG ist (vgl etwa OLG Zweibrücken FamRZ 05, 997). Da Unterhaltssachen **Familienstreitsachen** gemäß § 112 Nr 1 FamFG sind, muss dies kraft verfahrensrechtlichen Zusammenhangs grundsätzlich auch für das vereinfachte Klauselerteilungsverfahren nach dem AUG für ausländische Unterhaltsentscheidungen auf unions- oder staatsvertraglicher Grundlage gelten (BGH FamRZ 17, 1705 Rn 12; OLG München FamRZ 15, 775; ThP/*Hüßtege* § 111 FamFG Rn 12). Gemäß § 113 Abs 1 S 2 FamFG sind daher die Vorschriften der ZPO entsprechend anzuwenden, soweit das AUG keine abweichende Regelung enthält. Dies gilt auch für § 571 Abs 2 S 2 ZPO; daher kann die sachliche und örtliche Unzuständigkeit des erstinstanzlichen Exequaturgerichts im Beschwerdeverfahren nicht gerügt werden (OLG Karlsruhe FPR 12, 219/520).

2. Einlegung der Beschwerde, Abs 1–3

767   Beschwerdegericht ist zwar nach Abs 1 das OLG. Die Beschwerde ist jedoch nach Abs 2 – entsprechend § 64 Abs 1 FamFG, aber abweichend von § 24 Abs 1 S 2 IntFamRVG – beim **Gericht erster Instanz** einzulegen. Abweichend von § 64 Abs 2 S 2 FamFG kann der Beschwerdeführer die Beschwerde nicht nur durch Einreichung einer Beschwerdeschrift, sondern auch durch Erklärung zu Protokoll der Geschäftsstelle einlegen. Eine anwaltliche Vertretung ist daher hierfür gem §§ 114 Abs 4 Nr 6 FamFG iVm 78 Abs 3 ZPO nicht zwingend (BT-Drs 17/4887, 47).

768   Nach Abs 3 ist die Beschwerde – abweichend von § 61 FamFG – **unabhängig vom Wert** des Beschwerdegegenstandes zulässig. Denn Art 31 Abs 1 EuUntVO und Art 43 Abs 1 LugÜ machen das Recht zur Einlegung eines Rechtsbehelfs nicht von der Höhe des Streitwerts abhängig. Durch die streitwertunabhängige Beschwerdemöglichkeit wird vor allem dem Umstand Rechnung getragen, dass der Antragsgegner in erster Instanz kein rechtliches Gehör erhält.

3. Beschwerdefrist, Abs 4

769   Die Beschwerdefrist ergibt sich für den **Antragsgegner** im Fall der Zulassung der Zwangsvollstreckung nach § 40 Abs 1 im Anwendungsbereich der EuUntVO aus **Art 32 Abs 5 EuUntVO** (→ Rn 261 ff), auf den Abs 4 Nr 1 Bezug nimmt. Im Anwendungsbereich des LugÜ wird die Beschwerdefrist in **Art 43 Abs 5 LugÜ** (→ Rn 421) bestimmt. Danach gilt im Geltungsbereich des LugÜ 2007 eine Frist von einem Monat, wenn der Vollstreckungsschuldner seinen Wohnsitz im Inland hat, und von zwei Monaten, wenn er seinen Wohnsitz im Ausland

1202

IV. Autonomes Zivilverfahrensrecht: AUG § 43   **770–775**   **M**

hat, § 43 Abs 4 Nr 2. Im Geltungsbereich der EuUntVO ist hingegen nicht ausdrücklich geregelt, welche Frist maßgebend ist, wenn der Schuldner seinen gewöhnlichen Aufenthalt in einem *Drittstaat* hat. Nach dem Zweck der verlängerten Frist von 45 Tagen nach Art 32 Abs 5 S 2 im Falle eines gewöhnlichen Aufenthalts des Schuldners in einem anderen Mitgliedstaat sollte diese Frist auch bei gewöhnlichem Aufenthalt in einem Drittstaat gelten. Die Regelungen in Abs 4 sind andere gesetzliche Bestimmungen iSv § 63 Abs 1 FamFG.

Im Anwendungsbereich der **Staatsverträge** findet Abs 4 keine Anwendung. Stattdessen **770** gelten für die Beschwerde im Vollstreckbarkeitsverfahren nach dem HUntVÜ die Fristen nach §§ 59, 62 Abs 1 und im Vollstreckbarerklärungsverfahren nach dem HUÜ 2007 die Fristen nach § 60a iVm Art 23 Abs 6 HUÜ 2007.

Die in Abs 4 bestimmten Fristen sind – obwohl eine dem § 24 Abs 4 IntFamRVG ent- **771** sprechende ausdrückliche Klarstellung fehlt – **Notfristen,** können also vom Gericht nicht verlängert werden, insbesondere auch nicht wegen weiter Entfernung, Abs 4 Nr 2 UAbs 2. Jedoch ist eine Wiedereinsetzung nach § 17 FamFG möglich.

Die Beschwerdefrist für den **Antragsteller** ergibt sich – mangels Regelung in der EuUntVO **772** und in den Staatsverträgen – aus dem autonomen Recht des Vollstreckungsstaates, in Deutschland aus § 63 Abs 1 FamFG (BT-Drs 17/4887, 46 f; *Heger/Selg* FamRZ 11, 1101/1109; ebenso zum LugÜ AppG Basel-Stadt BJM 1996, 142/143). Danach beträgt die Frist **einen Monat.** Nach der Gegenansicht ist die Beschwerde des Antragstellers unbefristet zulässig (Rauscher/ *Mankowski* Vorbem Art 39 ff EuGVVO Rn 74; G/W/*Bittmann* Kap 36 Rn 165).

4. Beschwerdebegründung

Für die Beschwerdebegründung enthalten weder die EuUntVO noch die Staatsverträge oder **773** das AUG besondere Vorschriften. Daraus wurde in der Rechtsprechung geschlossen, dass vor deutschen Gerichten nach § 2 AUG die allgemeine Vorschrift des § 117 FamFG Anwendung finde. Danach wäre die erforderliche Begründung der Beschwerde binnen zwei Monaten nach der schriftlichen Bekanntgabe des Beschlusses beim Beschwerdegericht einzureichen (so OLG München FamRZ 15, 775; OLG Frankfurt FamRZ 16, 397/399 und FamRZ 16, 1603/ 1604).

Diese Auffassung hat der BGH indessen zwischenzeitlich zurückgewiesen und klargestellt, **774** dass die Zulässigkeit der Beschwerde im Klauselerteilungverfahren nach § 43 AUG nicht von einer fristgebundenen Beschwerdebegründung abhängt; § 117 FamFG sei in diesem Verfahren nicht anwendbar (BGH FamRZ 17, 1705 Rn 13 ff). Zur Begründung verweist der BGH zunächst darauf; dass das Klauselerteilungverfahren nach §§ 36 ff AUG sich eng an das entsprechende Verfahren nach dem AVAG in allgemeinen Zivil- und Handelssachen anlehnt, das in seinem § 11 keine notwendige Begründung der Beschwerde vorsieht (Rn 14 f). Außerdem wird das Klauselerteilungverfahren in der ersten Instanz einseitig und ohne Anhörung des Schuldners geführt. Dem Schuldner wird also durch die Beschwerde nach § 43 die erste und einzige Tatsacheninstanz eröffnet, in der er mit Einwendungen gegen die Vollstreckbarerklärung der ausländischen Entscheidung gehört wird. Der Zugang zu dieser Instanz sollte ihm aber nach der Intention des Gesetzgebers nicht durch ein Begründungserfordernis erschwert werden (Rn 16). Ferner ist das erstinstanzliche Gericht im Klauselerteilungverfahren nach der EuUntVO und dem LugÜ 2007 ohnehin auf die Prüfung von Formalien beschränkt, während Anerkennungsversagungsgründe erstmalig vom Beschwerdegericht geprüft werden können (vgl Art 30 EuUntVO, Art 41 S 1 LugÜ 2007). Zu dieser zentralen Frage des Exequaturverfahrens kann daher in der Beschwerdebegründung überhaupt noch nicht Stellung genommen werden (Rn 18). Schließlich spricht auch die in § 47 Abs 2 ausdrücklich angeordnete Pflicht zur Begründung der Rechtsbeschwerde dafür, dass sich diese Pflicht nicht schon aus der allgemeinen Verweisung in § 2 AUG auf § 71 Abs 2 S 1 FamFG herleiten lässt. Das Fehlen einer entsprechenden Vorschrift für die Begründung der Beschwerde zeigt mithin, dass dem eine bewusste Entscheidung des Gesetzgebers zugrundeliegt, die über § 2 AUG iVm § 117 FamFG nicht unterlaufen werden kann (Rn 20).

5. Zustellung der Beschwerde, Abs 5

Nach Abs 5 ist die Beschwerde dem Beschwerdegegner – in Übereinstimmung mit § 11 Abs 4 **775** AVAG – von Amts wegen zuzustellen.

1203

M 777   2. Teil. Anerkennung/Vollstreckung M. Unterhaltssachen

AUG § 44. *(aufgehoben)*

Einwendungen gegen den zu vollstreckenden Anspruch im Beschwerdeverfahren

(1) Der Schuldner kann mit der Beschwerde, die sich gegen die Zulassung der Zwangsvollstreckung aus einer Entscheidung richtet, auch Einwendungen gegen den Anspruch selbst insoweit geltend machen, als die Gründe, auf denen sie beruhen, erst nach dem Erlass der Entscheidung entstanden sind.

(2) Mit der Beschwerde, die sich gegen die Zulassung der Zwangsvollstreckung aus einem gerichtlichen Vergleich oder einer öffentlichen Urkunde richtet, kann der Schuldner die Einwendungen gegen den Anspruch selbst ungeachtet der in Absatz 1 enthaltenen Beschränkung geltend machen.

776   Die Vorschrift entsprach im Wesentlichen § 12 AVAG. Der zu jener Vorschrift bestehende Streit über ihre Vereinbarkeit mit Art 45 Abs 1 EuGVVO setzte sich daher auch im Verhältnis zwischen Art 34 Abs 2 EuUntVO und § 44 AUG fort. Dieser Streit ist durch die Entscheidung des EuGH in der Rechtssache *Prism Investments BV* (NJW 11, 3506 Rn 32 ff) in dem Sinne entschieden worden, dass der Schuldner **materielle Einwendungen** – wie zB Erfüllung, Aufrechnung etc – gegen den Titel nicht bereits im Vollstreckbarerklärungsverfahren vorbringen kann, sondern **erst im Verfahren der Zwangsvollstreckung** nach dem nationalen Recht des Vollstreckungsmitgliedstaats (dazu näher → Rn 272 ff). In *Deutschland* ist der Schuldner also auf die Vollstreckungsabwehrklage nach § 767 ZPO verwiesen. § 44 AUG war daher mit dem höherrangigen europäischen Recht (Art 34 Abs 2 EuUntVO) nicht vereinbar und war von den deutschen Gerichten aus diesem Grunde bereits ab Verkündung dieser EuGH-Entscheidung nicht mehr anzuwenden (ebenso *Wagner* IPRax 12, 326/333). Der deutsche Gesetzgeber hat der Rechtsprechung des EuGH mit dem – primär der Ausführung des HUÜ 2007 dienenden – Gesetz v 20.1.2013 (BGBl I, 273) Rechnung getragen. Während die auf das HUÜ 2007 bezogenen Änderungen und Ergänzungen des AUG erst zusammen mit diesem Staatsvertrag in Kraft getreten sind (→ Rn 472), ist § 44 bereits am Tag nach der Verkündung dieses Gesetzes, dh mit Wirkung v 26.2.2013 aufgehoben worden (Art 4 Abs 3 des Gesetzes). Gleichzeitig ist § 59a eingefügt (→ Rn 803 ff) und § 66 neu gefasst worden (→ Rn 818 ff).

AUG § 45. Verfahren und Entscheidung über die Beschwerde

(1) [1]**Das Beschwerdegericht entscheidet durch Beschluss, der mit Gründen zu versehen ist und ohne mündliche Verhandlung ergehen kann.** [2]**Der Beschwerdegegner ist vor der Entscheidung zu hören.**

(2) [1]**Solange eine mündliche Verhandlung nicht angeordnet ist, können zu Protokoll der Geschäftsstelle Anträge gestellt und Erklärungen abgegeben werden.** [2]**Wird die mündliche Verhandlung angeordnet, so gilt für die Ladung § 215 der Zivilprozessordnung.**

(3) **Eine vollständige Ausfertigung des Beschlusses ist dem Antragsteller und dem Antragsgegner auch dann von Amts wegen zuzustellen, wenn der Beschluss verkündet worden ist.**

(4) [1]**Soweit nach dem Beschluss des Beschwerdegerichts die Zwangsvollstreckung aus dem Titel erstmals zuzulassen ist, erteilt der Urkundsbeamte der Geschäftsstelle des Beschwerdegerichts die Vollstreckungsklausel.** [2]**§ 40 Absatz 1 Satz 2 und 4, §§ 41 und 42 Absatz 1 sind entsprechend anzuwenden.** [3]**Ein Zusatz, dass die Zwangsvollstreckung über Maßregeln zur Sicherung nicht hinausgehen darf, ist nur aufzunehmen, wenn das Beschwerdegericht eine Anordnung nach § 52 Absatz 2 erlassen hat.** [4]**Der Inhalt des Zusatzes bestimmt sich nach dem Inhalt der Anordnung.**

1. Verfahren

777   Die Vorschrift entspricht § 13 AVAG. Das Beschwerdeverfahren kann **ohne mündliche Verhandlung** durchgeführt werden. Vor der Entscheidung ist der Beschwerdegegner allerdings gem Abs 1 S 3 zu hören. Ist die mündliche Verhandlung nicht angeordnet, können die Beteiligten zu Protokoll der Geschäftsstelle Anträge stellen und Erklärungen abgeben, Abs 2 S 1. Ist eine mündliche Verhandlung angeordnet worden, so besteht für Unterhaltssachen – anders als im Rahmen des IntFamRVG – **Anwaltszwang** (BT-Drs 17/4887, S 47). Es ist dann nach § 215 ZPO zu laden (Abs 2 S 2), dh die Ladung hat nach § 215 Abs 2 ZPO die Aufforderung zu enthalten, einen Anwalt zu bestellen.

1204

IV. Autonomes Zivilverfahrensrecht: AUG § 47   **M**

2. Entscheidung

Der Beschluss des OLG über die Beschwerde ist zu **begründen,** Abs 1. Auch wenn die **778** Zwangsvollstreckung aus dem Titel zugelassen wird, so genügt insoweit die bloße Bezugnahme auf die Verordnung bzw den Staatsvertrag und die vom Antragsteller vorgelegten Urkunden nicht, weil Abs 4 S 2 nicht auf § 40 Abs 1 S 3 verweist. Für die **Kostenentscheidung** gilt wiederum § 788 ZPO entsprechend, Abs 4 S 2 iVm § 40 Abs 1 S 4.

Nach Abs 3 ist eine vollständige Ausfertigung des Beschlusses den Beteiligten auch dann **von 779 Amts wegen zuzustellen,** wenn der Beschluss verkündet worden ist; denn durch die Zustellung wird die Frist zur Einlegung der Rechtsbeschwerde nach § 46 Abs 3 in Gang gesetzt. Wird aufgrund der Beschwerde die Zwangsvollstreckung aus dem Titel erstmals zugelassen, so erteilt gem Abs 4 S 1 der Urkundsbeamte der Geschäftsstelle des OLG die **Vollstreckungsklausel.** Für deren Inhalt, Erteilung und Bekanntgabe gelten die Vorschriften des erstinstanzlichen Verfahrens entsprechend, Abs 4 S 2 iVm §§ 41 und 42 Abs 1.

Abweichend von § 41 Abs 1 ist ein Zusatz, dass die Zwangsvollstreckung nicht über **Maß- 780 regeln zur Sicherung** hinausgehen darf, nur aufzunehmen, wenn das Beschwerdegericht eine Anordnung nach § 52 Abs 2 erlassen hat. In diesem Fall bestimmt sich der Inhalt des Zusatzes nach dem Inhalt der Anordnung, Abs 4 S 3 und 4.

AUG § 46. Statthaftigkeit und Frist der Rechtsbeschwerde

(1) **Gegen den Beschluss des Beschwerdegerichts findet die Rechtsbeschwerde statt.**

(2) **Die Rechtsbeschwerde ist innerhalb eines Monats einzulegen.**

(3) **Die Rechtsbeschwerdefrist beginnt mit der Zustellung des Beschlusses (§ 45 Absatz 3).**

(4) **§ 75 des Gesetzes über das Verfahren in Familiensachen und in den Angelegenheiten der freiwilligen Gerichtsbarkeit ist nicht anzuwenden.**

Die Vorschrift entspricht inhaltlich § 15 AVAG. Es wird allerdings nicht – wie nach § 28 **781** IntFamRVG – auf §§ 574 ff ZPO, sondern auf das Verfahren der Rechtsbeschwerde nach §§ 70 ff FamFG verwiesen. Abweichend von § 70 Abs 1 FamFG bedarf es jedoch gem Abs 1 **keiner Zulassung** der Rechtsbeschwerde durch das OLG (BT-Drs 17/854, 10; **aA** Mu/*Borth/Grandel* § 110 FamFG Rn 16). Allerdings ist die Rechtsbeschwerde nur unter den einschränkenden Voraussetzungen des § 70 Abs 2 S 1 FamFG statthaft. Erforderlich ist also eine grundsätzliche Bedeutung der Rechtssache oder die Notwendigkeit einer Entscheidung durch den BGH zur Rechtsfortbildung oder zur Sicherung einer einheitlichen Rechtsprechung.

Die Rechtsbeschwerde ist gem Abs 2 binnen **Monatsfrist** einzulegen. Die Frist beginnt **782** allerdings nicht schon – wie nach § 71 Abs 1 S 1 iVm § 15 FamFG – mit der Bekanntgabe des OLG-Beschlusses, sondern setzt nach Abs 3 zwingend die Zustellung an den Beschwerdeführer voraus. **Antragsberechtigt** sind nur die Parteien des Beschwerdeverfahrens; ein Antragsrecht interessierter Dritter ist ausgeschlossen (vgl zum EuGVÜ EuGH C-172/91 – *Sonntag,* Slg 93 I-1963 Rn 34 f = IPRax 94, 37).

Abs 4 stellt klar, dass die **Sprungrechtsbeschwerde** gegen den Beschluss des erstinstanzlichen **783** Gerichts nach § 75 FamFG nicht statthaft ist.

AUG § 47. Einlegung und Begründung der Rechtsbeschwerde

(1) **Die Rechtsbeschwerde wird durch Einreichen der Beschwerdeschrift beim Bundesgerichtshof eingelegt.**

(2) [1]**Die Rechtsbeschwerde ist zu begründen.** [2]**§ 71 Absatz 1 Satz 1 des Gesetzes über das Verfahren in Familiensachen und in den Angelegenheiten der freiwilligen Gerichtsbarkeit ist nicht anzuwenden.** [3]**Soweit die Rechtsbeschwerde darauf gestützt wird, dass das Beschwerdegericht von einer Entscheidung des Gerichtshofs der Europäischen Union abgewichen sei, muss die Entscheidung, von der der angefochtene Beschluss abweicht, bezeichnet werden.**

1205

M 788   2. Teil. Anerkennung/Vollstreckung M. Unterhaltssachen

1. Einlegung

784   Die Vorschrift entspricht inhaltlich § 16 AVAG. Der Inhalt und die Form der Rechtsbeschwerdeschrift ergeben sich aus § 71 Abs 1 S 2 FamFG.

2. Begründung

785   Die Rechtsbeschwerde ist gem Abs 2 S 1 zu begründen. Enthält die Rechtsbeschwerdeschrift keine Begründung, so muss die Begründung binnen einer Frist von einem Monat nachgereicht werden, § 71 Abs 2 S 1 FamFG. Auch die Begründungsfrist beginnt mit der Zustellung des angefochtenen Beschlusses (§ 71 Abs 2 S 2 FamFG) und ist damit nicht länger als die Einlegungsfrist nach § 46 Abs 2 AUG. Der notwendige Inhalt der Begründung ergibt sich aus § 71 Abs 3 FamFG. Bei einer Rechtsbeschwerde, die darauf gestützt wird, das OLG sei zu Unrecht von einer Entscheidung des **EuGH** abgewichen, ist Abs 2 S 2 zu beachten.

AUG § 48. Verfahren und Entscheidung über die Rechtsbeschwerde

(1) Der Bundesgerichtshof kann nur überprüfen, ob der Beschluss auf einer Verletzung des Rechts der Europäischen Union, eines einschlägigen völkerrechtlichen Vertrages oder sonstigen Bundesrechts oder einer anderen Vorschrift beruht, deren Geltungsbereich sich über den Bezirk eines Oberlandesgerichts hinaus erstreckt.

(2) ¹Der Bundesgerichtshof kann über die Rechtsbeschwerde ohne mündliche Verhandlung entscheiden. ²Auf das Verfahren über die Rechtsbeschwerde sind die §§ 73 und 74 des Gesetzes über das Verfahren in Familiensachen und in den Angelegenheiten der freiwilligen Gerichtsbarkeit entsprechend anzuwenden.

(3) ¹Soweit die Zwangsvollstreckung aus dem Titel erstmals durch den Bundesgerichtshof zugelassen wird, erteilt der Urkundsbeamte der Geschäftsstelle dieses Gerichts die Vollstreckungsklausel. ²§ 40 Absatz 1 Satz 2 und 4, §§ 41 und 42 Absatz 1 gelten entsprechend. ³Ein Zusatz über die Beschränkung der Zwangsvollstreckung entfällt.

786   Die Vorschrift entspricht inhaltlich § 17 AVAG. Der **Prüfungsmaßstab** des BGH ist nach Maßgabe von Abs 1 beschränkt. Die Entscheidung kann nach Abs 2 S 1 **ohne mündliche Verhandlung** ergehen. Im Übrigen verweist Abs 2 S 2 ergänzend auf die §§ 73, 74 FamFG.

787   Wird aufgrund der Beschwerde die Zwangsvollstreckung aus dem Titel erstmals zugelassen, so erteilt gem Abs 3 S 1 der Urkundsbeamte der Geschäftsstelle des BGH die Vollstreckungsklausel. Für deren Inhalt, Erteilung und Bekanntgabe gelten die Vorschriften des erstinstanzlichen Verfahrens entsprechend, Abs 3 S 2 iVm §§ 41 und 42 Abs 1. Jedoch entfällt der Zusatz über die Beschränkung der Zwangsvollstreckung auf Sicherungsmaßnahmen.

Unterabschnitt 3. *Beschränkung der Zwangsvollstreckung auf Sicherungsmaßregeln und unbeschränkte Fortsetzung der Zwangsvollstreckung*

AUG § 49. Prüfung der Beschränkung

Einwendungen des Schuldners, dass bei der Zwangsvollstreckung die Beschränkung auf Sicherungsmaßregeln nach der Verordnung (EG) Nr. 4/2009 oder dem auszuführenden völkerrechtlichen Vertrag oder auf Grund einer auf diesem Gesetz beruhenden Anordnung (§ 52 Absatz 2) nicht eingehalten werde, oder Einwendungen des Gläubigers, dass eine bestimmte Maßnahme der Zwangsvollstreckung mit dieser Beschränkung vereinbar sei, sind im Wege der Erinnerung nach § 766 der Zivilprozessordnung bei dem Vollstreckungsgericht (§ 764 der Zivilprozessordnung) geltend zu machen.

788   Die Vorschrift entspricht inhaltlich § 19 AVAG. Sie regelt die Überprüfung der in der **Art 36 Abs 3 EuUntVO** (→ Rn 300 ff) und in **Art 47 Abs 3 LugÜ** vorgesehenen Beschränkung der Zwangsvollstreckung auf Sicherungsmaßnahmen. Nach § 49 können aus Gründen der Vereinfachung Einwendungen auch dann im Wege der Erinnerung geltend gemacht werden, wenn nach den einschlägigen Vorschriften der ZPO ein anderer Rechtsbehelf (etwa § 793 ZPO) gegeben sein sollte (BT-Drs 17/4887, 47). Die Vorschrift ist aus systematischen Gründen nicht auf Sicherungsmaßnahmen nach Art 18 EuUntVO anwendbar. Allerdings hat die Regelung insoweit, als der Rechtsbehelf nach § 766 ZPO bereits nach den allgemeinen Grundsätzen

1206

IV. Autonomes Zivilverfahrensrecht: AUG § 51

einschlägig ist, nur klarstellende Funktion. Dies ergibt sich daraus, dass § 49 AUG aus § 19 AVAG übernommen worden ist (BT-Drs 17/4887, 47) und dieser ebenfalls lediglich klarstellende Funktion haben soll (BT-Drs 11/351, 25).

AUG § 50. Sicherheitsleistung durch den Schuldner

(1) **Solange die Zwangsvollstreckung aus einem Titel, der auf Leistung von Geld lautet, nicht über Maßregeln der Sicherung hinausgehen darf, ist der Schuldner befugt, die Zwangsvollstreckung durch Leistung einer Sicherheit in Höhe des Betrages abzuwenden, wegen dessen der Gläubiger vollstrecken darf.**

(2) **Die Zwangsvollstreckung ist einzustellen und bereits getroffene Vollstreckungsmaßregeln sind aufzuheben, wenn der Schuldner durch eine öffentliche Urkunde die zur Abwendung der Zwangsvollstreckung erforderliche Sicherheitsleistung nachweist.**

1. Sicherheitsleistung des Schuldners, Abs 1

Die Vorschrift entspricht § 20 AVAG. Bereits eine Sicherungsvollstreckung, etwa die Pfändung **789** von Bankkonten, kann den Schuldner empfindlich beeinträchtigen. Die EuUntVO räumt ihm insoweit keine Abhilfemöglichkeit ein. Allerdings gibt Abs 1 ihm das Recht, die Sicherungsvollstreckung des Gläubigers durch eigene Sicherheitsleistung in Höhe des zu vollstreckenden Geldbetrages abzuwenden. Die EuUntVO steht einer solchen ergänzenden Regelung durch das nationale Recht nicht entgegen (vgl zu Art 47 EuGVVO aF G/Sch/*Geimer* Rn 16; MüKoZPO/*Gottwald* Art 47 EuGVVO aF Rn 14).). Ergänzend zu Abs 1 sind die §§ 108, 109 ZPO anzuwenden. Der Vollstreckungsschuldner ist jederzeit zur Sicherheitsleistung befugt; eines besonderen Ausspruchs des Gerichts bedarf es nicht (BT-Drs 11/351, 26). Die Abwendungsbefugnis besteht allerdings nur solange wie die Vollstreckungsbefugnis nach Art 36 Abs 3 EuUntVO auf Sicherungsmaßnahmen beschränkt ist.

2. Einstellung der Zwangsvollstreckung, Abs 2

Eine Einstellung der Zwangsvollstreckung ohne Sicherheitsleistung, wie sie in den §§ 707, **790** 719 ZPO vorgesehen ist, ist nicht zulässig (MüKoZPO/*Gottwald*⁴ Art 47 EuGVVO aF Rn 14). Sie kommt nach Abs 2 nur gegen den Nachweis der Sicherheitsleistung nach Abs 2 in Betracht. Abs 2 entspricht der in §§ 775 Nr 3, 776 S 1 ZPO getroffenen Regelung. Der Begriff der öffentlichen Urkunde ergibt sich aus § 415 Abs 1 ZPO. Eine öffentlich beglaubigte Urkunde genügt nicht (MüKoZPO/*K Schmidt* § 775 ZPO Rn 16). Die Sicherheitsleistung muss sich aus der Urkunde selbst ergeben (Mu/V/*Lackmann* § 775 ZPO Rn 6). Ein Einzahlungs- oder Überweisungsnachweis einer Bank oder Sparkasse reicht insoweit nicht aus (Kindl/Meller-Hannich/Wolf/*Handke* § 775 ZPO Rn 15).

Zuständig für die Aufhebung ist das Vollstreckungsorgan, da die Aufhebung der *actus contrarius* **791** zum Vollstreckungszugriff ist (MüKoZPO/*K Schmidt* § 776 ZPO Rn 6). Steht eine Maßnahme des Gerichtsvollziehers in Frage, so hat dieser die Sache dem Schuldner zurückzugeben bzw die Verstrickung – zB durch Entfernung des Siegels – aufzuheben (vgl § 171 GVG; RGZ 70 399/403) oder den Schuldner – zB durch sog Freigabeerklärung – zur Entfernung des Pfandzeichens zu ermächtigen (vgl § 171 GVG; Zö/*Geimer* § 776 ZPO Rn. 2). Steht eine Maßnahme des Vollstreckungsgerichts, etwa eine Forderungspfändung, im Raum, so hat dieses die Vollstreckungsmaßnahme durch zuzustellenden Beschluss aufzuheben (MüKoZPO/*K. Schmidt* § 776 Rn 6).

AUG § 51. Versteigerung beweglicher Sachen

Ist eine bewegliche Sache gepfändet und darf die Zwangsvollstreckung nicht über Maßregeln zur Sicherung hinausgehen, so kann das Vollstreckungsgericht auf Antrag anordnen, dass die Sache versteigert und der Erlös hinterlegt werde, wenn sie der Gefahr einer beträchtlichen Wertminderung ausgesetzt ist oder wenn ihre Aufbewahrung unverhältnismäßige Kosten verursachen würde.

Die Vorschrift entspricht § 21 AVAG. Sie möchte – in Anlehnung an § 930 Abs 3 ZPO – **792** sicherstellen, dass durch Sicherungsmaßnahmen kein unangemessener Schaden entsteht (BT-Drucks 11/351, S 26). Aus diesem Grunde kann das Vollstreckungsgericht die Versteigerung

M 793–795   2. Teil. Anerkennung/Vollstreckung M. Unterhaltssachen

einer gepfändeten beweglichen Sache anordnen, wenn andernfalls die Gefahr einer beträchtlichen Wertminderung droht oder wenn ihre Aufbewahrung unverhältnismäßige Kosten verursachen würde. Auch durch die Versteigerung können indessen irreversible Schäden eintreten. Daher wird zu § 21 AVAG vielfach vertreten, dass eine Versteigerung nur ausnahmsweise erfolgen dürfe, nämlich wenn kein anderes pfändbares Vermögen vorhanden sei oder sonst Vollstreckungsvereitelung drohe (Rauscher/*Mankowski*[3] Art 47 EuGVVO aF Rn 18; **aA** MüKoZPO/*Gottwald*[4] Art 47 EuGVVO aF Rn 8).

AUG § 52. Unbeschränkte Fortsetzung der Zwangsvollstreckung; besondere gerichtliche Anordnungen

(1) **Weist das Beschwerdegericht die Beschwerde des Schuldners gegen die Zulassung der Zwangsvollstreckung zurück oder lässt es auf die Beschwerde des Gläubigers die Zwangsvollstreckung aus dem Titel zu, so kann die Zwangsvollstreckung über Maßregeln zur Sicherung hinaus fortgesetzt werden.**

(2) **[1]Auf Antrag des Schuldners kann das Beschwerdegericht anordnen, dass bis zum Ablauf der Frist zur Einlegung der Rechtsbeschwerde oder bis zur Entscheidung über diese Beschwerde die Zwangsvollstreckung nicht oder nur gegen Sicherheitsleistung über Maßregeln zur Sicherung hinausgehen darf. [2]Die Anordnung darf nur erlassen werden, wenn glaubhaft gemacht wird, dass die weiter gehende Vollstreckung dem Schuldner einen nicht zu ersetzenden Nachteil bringen würde. [3]§ 713 der Zivilprozessordnung ist entsprechend anzuwenden.**

(3) **[1]Wird Rechtsbeschwerde eingelegt, so kann der Bundesgerichtshof auf Antrag des Schuldners eine Anordnung nach Absatz 2 erlassen. [2]Der Bundesgerichtshof kann auf Antrag des Gläubigers eine nach Absatz 2 erlassene Anordnung des Beschwerdegerichts abändern oder aufheben.**

1. Unbeschränkte Fortsetzung der Zwangsvollstreckung, Abs 1

793   Die Vorschrift entspricht § 22 AVAG. Der Beschluss des Beschwerdegerichts über die unbeschränkte Zulassung der Zwangsvollstreckung ist sofort vollziehbar. Denn mit der Entscheidung des Beschwerdegerichts entfällt nach Art 36 Abs 3 EuUntVO die Vollstreckungsbeschränkung (vgl MüKoZPO/*Gottwald*[4] Art 47 EuGVVO aF Rn 15). Es ist nicht erforderlich, dass eine neue Vollstreckungsklausel ohne beschränkenden Zusatz zu dem ausländischen Titel erteilt wird (BT-Drucks 11/351, S 26). Der Nachweis, dass die Zwangsvollstreckung unbeschränkt stattfinden darf, wird durch das Zeugnis des Urkundsbeamten der Geschäftsstelle gem § 53 AUG geführt.

2. Anordnung der Beschränkung, Abs 2, 3

794   Die Anordnung des OLG über die weitere Beschränkung der Zwangsvollstreckung auf Maßregeln zur Sicherung bis zum Ablauf der Rechtsbeschwerdefrist bzw bis zur Entscheidung des Rechtsbeschwerdegerichts nach Abs 2 sowie die entsprechende Anordnung des BGH nach Abs 3 müssen im Einklang mit der Intention der EuUntVO stehen, ein einfaches und schnelles Vollstreckungsverfahren zur Verfügung zu stellen. Die Interessen von Gläubiger und Schuldner sind gegeneinander abzuwägen. Daher soll nach der Begründung zur Vorgängervorschrift in § 24 AVAG aF die Zwangsvollstreckung vom Beschwerdegericht nur dann auf Sicherungsmaßnahmen begrenzt werden, wenn durch die Verwertung der Vermögensgegenstände und die Befriedigung des Gläubigers dem Schuldner ein **nicht zu ersetzender Nachteil** entstehen würde (BT-Drs 11/351, S 26). Hierfür reicht allein der Umstand, dass die Unterhaltsberechtigten nicht im Inland wohnen, jedenfalls dann nicht aus, wenn ein entsprechendes Rückzahlungsverlangen nach Maßgabe der EuUntVO in deren Wohnsitzstaat vollstreckt werden könnte (OLG Frankfurt FamRZ 16, 1603).

795   Der Nachweis, dass die Sicherheitsleistung erbracht ist, wird nicht durch ein Zeugnis des Urkundsbeamten geführt, sondern durch die Vorlage eine dies bestätigenden öffentlichen oder öffentlich beglaubigen Urkunde (BT-Drs 11/351, 27). Eine Anordnung nach Abs 2 steht der Verpflichtung des Schuldners zur Abgabe einer beantragten eidesstattlichen Versicherung nicht entgegen (BGH NJW-RR 06, 996 f).

1208

IV. Autonomes Zivilverfahrensrecht: AUG § 54 797 **M**

AUG § 53. Unbeschränkte Fortsetzung der durch das Gericht des ersten Rechtszuges zugelassenen Zwangsvollstreckung

(1) **Die Zwangsvollstreckung aus dem Titel, den der Urkundsbeamte der Geschäftsstelle des Gerichts des ersten Rechtszuges mit der Vollstreckungsklausel versehen hat, ist auf Antrag des Gläubigers über Maßregeln zur Sicherung hinaus fortzusetzen, wenn das Zeugnis des Urkundsbeamten der Geschäftsstelle dieses Gerichts vorgelegt wird, dass die Zwangsvollstreckung unbeschränkt stattfinden darf.**

(2) **Das Zeugnis ist dem Gläubiger auf seinen Antrag zu erteilen,**
1. **wenn der Schuldner bis zum Ablauf der Beschwerdefrist keine Beschwerdeschrift eingereicht hat,**
2. **wenn das Beschwerdegericht die Beschwerde des Schuldners zurückgewiesen und keine Anordnung nach § 52 Absatz 2 erlassen hat,**
3. **wenn der Bundesgerichtshof die Anordnung des Beschwerdegerichts nach § 52 Absatz 2 aufgehoben hat (§ 52 Absatz 3 Satz 2) oder**
4. **wenn der Bundesgerichtshof den Titel zur Zwangsvollstreckung zugelassen hat.**

(3) **Aus dem Titel darf die Zwangsvollstreckung, selbst wenn sie auf Maßregeln der Sicherung beschränkt ist, nicht mehr stattfinden, sobald ein Beschluss des Beschwerdegerichts, dass der Titel zur Zwangsvollstreckung nicht zugelassen werde, verkündet oder zugestellt ist.**

Die Vorschrift entspricht § 23 AVAG. Das Zeugnis des Urkundsbeamten der Geschäftsstelle, **796** dass die Zwangsvollstreckung unbeschränkt stattfinden darf, wird dem Gläubiger auf Antrag erteilt. Das Vollstreckungsorgan soll damit von der Prüfung der Frage entlastet werden, ob die Voraussetzungen für die unbeschränkte Fortsetzung der Zwangsvollstreckung vorliegen. Abs 3 stellt klar, dass der mit der Vollstreckungsklausel durch das Amtsgericht versehene Titel keine Grundlage mehr für irgendwelche Vollstreckungsmaßnahmen sein kann, sobald eine Entscheidung des Beschwerdegerichts ergangen ist, durch welche die Zulassung des Schuldtitels zur Zwangsvollstreckung abgelehnt wird. Legt der Schuldner eine Ausfertigung der Entscheidung dem Vollstreckungsorgan vor, so hat dieses die Zwangsvollstreckung nach § 775 Nr 1 ZPO einzustellen und nach § 776 ZPO die bereits getroffenen Vollstreckungsmaßregeln aufzuheben.

AUG § 54. Unbeschränkte Fortsetzung der durch das Beschwerdegericht zugelassenen Zwangsvollstreckung

(1) **Die Zwangsvollstreckung aus dem Titel, zu dem der Urkundsbeamte der Geschäftsstelle des Beschwerdegerichts die Vollstreckungsklausel mit dem Zusatz erteilt hat, dass die Zwangsvollstreckung auf Grund der Anordnung des Gerichts nicht über Maßregeln zur Sicherung hinausgehen darf (§ 45 Absatz 4 Satz 3), ist auf Antrag des Gläubigers über Maßregeln zur Sicherung hinaus fortzusetzen, wenn das Zeugnis des Urkundsbeamten der Geschäftsstelle dieses Gerichts vorgelegt wird, dass die Zwangsvollstreckung unbeschränkt stattfinden darf.**

(2) **Das Zeugnis ist dem Gläubiger auf seinen Antrag zu erteilen,**
1. **wenn der Schuldner bis zum Ablauf der Frist zur Einlegung der Rechtsbeschwerde (§ 46 Absatz 2) keine Beschwerdeschrift eingereicht hat,**
2. **wenn der Bundesgerichtshof die Anordnung des Beschwerdegerichts nach § 52 Absatz 2 aufgehoben hat (§ 52 Absatz 3 Satz 2) oder**
3. **wenn der Bundesgerichtshof die Rechtsbeschwerde des Schuldners zurückgewiesen hat.**

Die Vorschrift entspricht § 24 AVAG. Sie bezieht sich auf Fälle, in denen die Vollstreckungs- **797** klausel erstmals vom Urkundsbeamten der Geschäftsstelle des Beschwerdegerichts erteilt wurde und die Zwangsvollstreckung aufgrund einer Anordnung des Beschwerdegerichts nicht über Sicherungsmaßregeln hinausgehen darf (§ 52 Abs 1 und 2). Auch in diesen Fällen ist die Zwangsvollstreckung fortzusetzen, wenn die einschränkende Anordnung keinen Bestand mehr hat. Die unbeschränkte Vollstreckbarkeit entsteht hier ebenfalls *ex lege* (MüKoZPO/*Gottwald*[4] Art 47 EuGVVO aF Rn 15). Der Nachweis darüber ist durch ein Zeugnis des Urkundsbeamten

1209

M 801   2. Teil. Anerkennung/Vollstreckung M. Unterhaltssachen

der Geschäftsstelle des Beschwerdegerichts zu führen, Abs 1. Das Zeugnis wird dem Gläubiger auf Antrag erteilt, wenn eine der in Abs 2 genannten drei Voraussetzungen erfüllt ist.

Unterabschnitt 4. *Feststellung der Anerkennung einer ausländischen Entscheidung*

AUG § 55. Verfahren

(1) **Auf das Verfahren, das die Feststellung zum Gegenstand hat, ob eine Entscheidung aus einem anderen Staat anzuerkennen ist, sind die §§ 36 bis 38, 40 Absatz 2, die §§ 42 bis 45 Absatz 1 bis 3, die §§ 46, 47 sowie 48 Absatz 1 und 2 entsprechend anzuwenden.**

(2) **Ist der Antrag auf Feststellung begründet, so beschließt das Gericht, die Entscheidung anzuerkennen.**

798   Die Vorschrift entspricht § 25 AVAG. Danach sind auf das besondere Verfahren der Anerkennungsfeststellung nach Art 23 Abs 2 EuUntVO in weitem Umfang die Vorschriften über das Vollstreckbarerklärungsverfahren entsprechend anzuwenden.

AUG § 56. Kostenentscheidung

¹**In den Fällen des § 55 Absatz 2 sind die Kosten dem Antragsgegner aufzuerlegen.** ²**Dieser kann die Beschwerde (§ 43) auf die Entscheidung über den Kostenpunkt beschränken.** ³**In diesem Fall sind die Kosten dem Antragsteller aufzuerlegen, wenn der Antragsgegner durch sein Verhalten keine Veranlassung zu dem Antrag auf Feststellung gegeben hat.**

799   Die Vorschrift entspricht § 26 AVAG.

Abschnitt 4. Anerkennung und Vollstreckung von Unterhaltstiteln nach völkerrechtlichen Verträgen

Unterabschnitt 1. *Allgemeines*

AUG § 57. Anwendung von Vorschriften

Auf die Anerkennung und Vollstreckbarerklärung von ausländischen Unterhaltstiteln nach den in § 1 Absatz 1 Satz 1 Nummer 2 bezeichneten völkerrechtlichen Verträgen sind die Vorschriften der §§ 36 bis 56 entsprechend anzuwenden, soweit in diesem Abschnitt nichts anderes bestimmt ist.

800   Die Vorschrift verweist für die Anerkennung und Vollstreckbarerklärung von ausländischen Entscheidungen nach den in § 1 Abs 1 S 1 Nr 2 genannten völkerrechtlichen Verträgen auf die Vorschriften der §§ 36 bis 56, soweit sich aus den §§ 58 ff, 61 ff keine Besonderheiten ergeben. Von diesen Staatsverträgen ist das New Yorker UN-Übk über die Geltendmachung von Unterhaltsansprüchen im Ausland v 20.6.1956 ein Rechtshilfeabkommen, das die Anerkennung und Vollstreckung von Unterhaltsentscheidungen nicht regelt (→ T Rn 92 ff). Das Luganer Übk von 1988 ist inzwischen durch neue Luganer Übk von 2007 abgelöst worden und hat nur noch eine Restbedeutung für Altfälle. Praktische Relevanz hat vor allem das HUÜ 2007 (→ Rn 472 ff), nur im Verhältnis zu *Andorra*, *Australien* und der *Schweiz* noch das HUntVÜ 1973 (→ Rn 624 ff).

AUG § 58. Anhörung

Das Gericht entscheidet in dem Verfahren nach § 36 ohne Anhörung des Antragsgegners.

801   Das Gericht entscheidet in dem von § 36 geregelten Verfahren der Vollstreckbarerklärung von Unterhaltstiteln nach dem HUÜ 2007, dem HUntVÜ 1973 und dem LugÜ 1988 gem § 58 ohne Anhörung des Antragsgegners.

IV. Autonomes Zivilverfahrensrecht: AUG § 59a   803, 804   **M**

AUG § 59. Beschwerdefrist

(1) **Die Beschwerde gegen die im ersten Rechtszug ergangene Entscheidung über den Antrag auf Erteilung der Vollstreckungsklausel ist innerhalb eines Monats nach Zustellung einzulegen.**

(2) **¹Muss die Zustellung an den Antragsgegner im Ausland oder durch öffentliche Bekanntmachung erfolgen und hält das Gericht die Beschwerdefrist nach Absatz 1 nicht für ausreichend, so bestimmt es in dem Beschluss nach § 40 oder nachträglich durch besonderen Beschluss, der ohne mündliche Verhandlung ergeht, eine längere Beschwerdefrist. ²Die nach Satz 1 festgesetzte Frist für die Einlegung der Beschwerde ist auf der Bescheinigung über die bewirkte Zustellung (§ 42 Absatz 1 Satz 2) zu vermerken. ³Die Bestimmungen über den Beginn der Beschwerdefrist bleiben auch im Fall der nachträglichen Festsetzung unberührt.**

Nach Abs 1 beträgt die Beschwerdefrist in Übereinstimmung mit § 43 Abs 4 grundsätzlich **802** einen Monat ab Zustellung. Abs 2 lässt hingegen – abweichend von der für die Vollstreckbarerklärung nach der EuUntVO und dem LugÜ 2007 getroffenen Regelung – eine Verlängerung der Frist zu, wenn Unterhaltstitel nach dem HUntVÜ 1973 oder dem LugÜ 1988 im Inland vollstreckt werden sollen und die Zustellung an den Antragsgegner im Ausland oder im Wege öffentlicher Zustellung bewirkt werden soll. Abweichend von § 59 gelten für das Beschwerdeverfahren nach dem HUÜ 2007 nach § 60a die Fristen gem Art 23 Abs 6 dieses Übereinkommens.

AUG § 59a. Einwendungen gegen den zu vollstreckenden Anspruch im Beschwerdeverfahren

(1) **Der Schuldner kann mit der Beschwerde, die sich gegen die Zulassung der Zwangsvollstreckung aus einer Entscheidung richtet, auch Einwendungen gegen den Anspruch selbst insoweit geltend machen, als die Gründe, auf denen sie beruhen, erst nach dem Erlass der Entscheidung entstanden sind.**

(2) **Mit der Beschwerde, die sich gegen die Zulassung der Zwangsvollstreckung aus einem gerichtlichen Vergleich oder einer öffentlichen Urkunde richtet, kann der Schuldner die Einwendungen gegen den Anspruch selbst ungeachtet der in Absatz 1 enthaltenen Beschränkung geltend machen.**

1. Anwendungsbereich

Die mit Wirkung v 1.8.2014 neu eingefügte Vorschrift sieht – wie ihrer Stellung im Gesetz im **803** Abschnitt 4 (Vollstreckung von Unterhaltstiteln nach völkerrechtlichen Verträgen) zu entnehmen ist – die Erhebung materiellrechtlicher Einwendungen im Beschwerdeverfahren nur noch für die Vollstreckbarerklärung von **Unterhaltstiteln nach völkerrechtlichen Verträgen** vor. Auf die Vollstreckbarerklärung von Unterhaltstiteln aus anderen EU-Mitgliedstaaten und Vertragsstaaten des LugÜ 2007 findet die Vorschrift hingegen keine Anwendung. Die hierfür maßgebende Parallelvorschrift in § 44 AUG wurde aufgrund der entgegenstehenden Rechtsprechung des EuGH mit Wirkung v 26.2.2013 aufgehoben (→ Rn 776). Gegen Unterhaltstitel aus der *Schweiz* können materiellrechtliche Einwendungen, insbesondere der Erfüllungseinwand, im Beschwerdeverfahren daher weiter erhoben werden, soweit die Vollstreckbarerklärung auf das HUntVÜ 1973 gestützt wird (OLG Koblenz 17, 1521/1524 m Anm *Eichel*).

2. Präklusion materiellrechtlicher Einwendungen

In Übereinstimmung mit § 767 Abs 2 ZPO können Einwendungen gegen den zu vollstre- **804** ckenden Anspruch – zB Erfüllung, Aufrechnung, Übergang des Anspruchs auf einen Dritten – nach Abs 1 auch im Vollstreckbarerklärungsverfahren nach den in § 1 Abs 1 Nr 2 genannten völkerrechtlichen Verträgen nur erhoben werden, wenn die Gründe, auf denen sie beruhen, erst nach dem Erlass der zu vollstreckenden Entscheidung entstanden sind. Sind sie bereits vorher entstanden und wurden sie vom Schuldner im erststaatlichen Verfahren nicht geltend gemacht, so ist der Schuldner mit ihnen auch im zweitstaatlichen Vollstreckbarerklärungsverfahren präkludiert (OLG Stuttgart FamRZ 12, 999/1000).

M 810   2. Teil. Anerkennung/Vollstreckung M. Unterhaltssachen

805   Macht der Schuldner die nach Erlass der ausländischen Entscheidung entstandenen Einwendungen nicht nach § 59a im Vollstreckbarerklärungsverfahren geltend, obwohl er die Möglichkeit dazu hatte, so ist er auch im anschließenden Verfahren der Zwangsvollstreckung mit diesen Einwendungen nach Maßgabe von § 66 Abs 2 (→ Rn 819 ff) präkludiert, kann auf sie also keine Vollstreckungsabwehrklage nach § 120 FamFG iVm § 767 ZPO mehr stützen.

806   Die Beschränkung nach Abs 1 gilt allerdings für Einwendungen gegen gerichtliche Entscheidungen. Demgegenüber können den Anspruch selbst betreffende Einwendungen gegen **gerichtliche Vergleiche und öffentliche Urkunden** nach Abs 2 zeitlich unbeschränkt geltend gemacht werden.

AUG § 60. Beschränkung der Zwangsvollstreckung kraft Gesetzes

Die Zwangsvollstreckung ist auf Sicherungsmaßregeln beschränkt, solange die Frist zur Einlegung der Beschwerde noch läuft und solange über die Beschwerde noch nicht entschieden ist.

807   Die Vorschrift entspricht inhaltlich § 18 AVAG. Sie ordnet die Beschränkung der Zwangsvollstreckung auf Sicherungsmaßnahmen an, solange die Frist zur Einlegung der Beschwerde noch läuft und solange über die Beschwerde noch nicht entschieden ist.

Unterabschnitt 2. *Anerkennung und Vollstreckung von Unterhaltstiteln nach dem Haager Übereinkommen vom 23. November 2007 über die internationale Geltendmachung der Unterhaltsansprüche von Kindern und anderen Familienangehörigen*

AUG § 60a. Beschwerdeverfahren im Bereich des Haager Übereinkommens

Abweichend von § 59 gelten für das Beschwerdeverfahren die Fristen des Artikels 23 Absatz 6 des Haager Übereinkommens.

808   Der Unterabschnitt 2 wurde durch Gesetz v 20.2.2013 (BGBl I, 273) mit Wirkung v. 1.8.2014 eingefügt. Danach gelten für das Beschwerdeverfahren im Geltungsbereich des HUÜ 2007 die Fristen nach Art 23 Abs 6 dieses Übereinkommens (dazu → Rn 556).

Unterabschnitt 3. *Anerkennung und Vollstreckung von Unterhaltstiteln nach dem Haager Übereinkommen vom 2. Oktober 1973 über die Anerkennung und Vollstreckung von Unterhaltsentscheidungen*

809   Das HUntVÜ gilt (derzeit) aus deutscher Sicht nur noch für die Anerkennung und Vollstreckung von Unterhaltsentscheidungen und -vergleichen aus **Andorra** und **Australien,** ferner – neben dem LugÜ 2007 – für Unterhaltstitel aus der **Schweiz** (→ Rn 624). Das Übk ist allerdings auch im Verhältnis zu **Albanien, Norwegen,** der **Türkei** und der **Ukraine** weiter anzuwenden, soweit es um die Anerkennung und Vollstreckung von Entscheidungen geht, die Unterhaltspflichten betreffen, die – wie vor allem solche aus Verwandtschaft und Schwägerschaft – nach Art 2 HUÜ 2007 aus dem sachlichen Anwendungsbereich jenes Übk ausgeschlossen sind.

AUG § 61. Einschränkung der Anerkennung und Vollstreckung

(1) **Öffentliche Urkunden aus einem anderen Vertragsstaat werden nur anerkannt und vollstreckt, wenn dieser Staat die Erklärung nach Artikel 25 des Übereinkommens abgegeben hat.**

(2) **Die Anerkennung und Vollstreckung von Entscheidungen aus einem anderen Vertragsstaat über Unterhaltsansprüche zwischen Verwandten in der Seitenlinie und zwischen Verschwägerten ist auf Verlangen des Antragsgegners zu versagen, wenn**

1. **nach den Sachvorschriften des Rechts desjenigen Staates, dem der Verpflichtete und der Berechtigte angehören, eine Unterhaltspflicht nicht besteht oder**
2. **der Verpflichtete und der Berechtigte nicht die gleiche Staatsangehörigkeit haben und keine Unterhaltspflicht nach dem am gewöhnlichen Aufenthaltsort des Verpflichteten geltenden Recht besteht.**

810   Die Vorschrift ist dem § 37 AVAG aF entnommen. Nach Abs 1 werden **öffentliche Urkunden** aus anderen Vertragsstaaten in *Deutschland* nur anerkannt und vollstreckt, wenn durch eine

1212

IV. Autonomes Zivilverfahrensrecht: AUG § 63   **814 M**

Erklärung nach Art 25 HUntVÜ die **Gegenseitigkeit verbürgt** ist. Dies ist auch deutscher Sicht nur im Verhältnis zur *Ukraine* gegeben.

Abs 2 trägt dem von der *Bundesrepublik Deutschland* eingelegten Vorbehalt nach Art 26 Abs 1 **811** Nr 2 HUntVÜ Rechnung. Danach kann Unterhaltsentscheidungen und -vergleichen zwischen Verwandten in der Seitenlinie und Verschwägerten unter den in Nr 1 und Nr 2 genannten Voraussetzungen die Anerkennung und Vollstreckung im Inland versagt werden.

AUG § 62. Beschwerdeverfahren im Anwendungsbereich des Haager Übereinkommens

(1) **Abweichend von § 59 Absatz 2 Satz 1 beträgt die Frist für die Beschwerde des Schuldners gegen die Zulassung der Zwangsvollstreckung zwei Monate, wenn die Zustellung an den Schuldner im Ausland erfolgen muss.**

(2) **[1] Das Oberlandesgericht kann seine Entscheidung über die Beschwerde gegen die Zulassung der Zwangsvollstreckung auf Antrag des Schuldners aussetzen, wenn gegen die Entscheidung im Ursprungsstaat ein ordentliches Rechtsmittel eingelegt wurde oder die Frist hierfür noch nicht verstrichen ist. [2] Im letzteren Fall kann das Oberlandesgericht eine Frist bestimmen, innerhalb der das Rechtsmittel einzulegen ist. [3] Das Gericht kann die Zwangsvollstreckung auch von einer Sicherheitsleistung abhängig machen.**

(3) **Absatz 2 ist in Verfahren auf Feststellung der Anerkennung einer Entscheidung entsprechend anwendbar.**

1. Beschwerdefrist, Abs 1

Die Vorschrift entspricht inhaltlich § 35 AVAG (zum EuGVÜ/LugÜ 1988) und dem auf- **812** gehobenen § 38 Abs 1 AVAG. Danach beträgt die Beschwerdefrist im Fall einer erforderlichen Auslandszustellung an den Schuldner zwei Monate.

2. Aussetzung des Beschwerdeverfahrens, Abs 2

Die Vorschrift entspricht inhaltlich § 36 AVAG (zum EuGVÜ/LugÜ 1988) und dem auf- **813** gehobenen § 38 Abs 3 AVAG. Bei der Frage, ob die Zwangsvollstreckung mit oder ohne Sicherheitsleistung eingestellt werden soll (S 2), sind alle Umstände zu berücksichtigen, nicht nur die Aussichten des Rechtsmittels. Dies gilt auch für solche Gründe, die der Schuldner vor dem Gericht des Erststaates hätte geltend machen können (BGH NJW 94, 2156).

Unterabschnitt 4. Übereinkommen über die gerichtliche Zuständigkeit und die Vollstreckung gerichtlicher Entscheidungen in Zivil- und Handelssachen vom 16. September 1988

AUG § 63. Sonderregelungen für das Beschwerdeverfahren

(1) **[1] Die Frist für die Beschwerde des Antragsgegners gegen die Entscheidung über die Zulassung der Zwangsvollstreckung beträgt zwei Monate und beginnt von dem Tage an zu laufen, an dem die Entscheidung dem Antragsgegner entweder in Person oder in seiner Wohnung zugestellt worden ist, wenn der Antragsgegner seinen Wohnsitz oder seinen Sitz in einem anderen Vertragsstaat dieses Übereinkommens hat. [2] Eine Verlängerung dieser Frist wegen weiter Entfernung ist ausgeschlossen. [3] § 59 Absatz 2 ist nicht anzuwenden.**

(2) **§ 62 Absatz 2 und 3 ist entsprechend anzuwenden.**

Unterabschnitt 3 enthält Sonderregelungen für die Anerkennung und Vollstreckung von **814** Unterhaltsentscheidungen nach dem LugÜ von 1988. Abs 1 entspricht § 35 AVAG. Abs 2 verweist auf § 62 Abs 2 und Abs 3, der wiederum § 36 AVAG entspricht.

1213

M   2. Teil. Anerkennung/Vollstreckung M. Unterhaltssachen

Abschnitt 5. Verfahren bei förmlicher Gegenseitigkeit

AUG § 64. Vollstreckbarkeit ausländischer Titel

(1) [1] **Die Vollstreckbarkeit ausländischer Titel in Verfahren mit förmlicher Gegenseitigkeit nach § 1 Absatz 1 Satz 1 Nummer 3 richtet sich nach § 110 Absatz 1 und 2 des Gesetzes über das Verfahren in Familiensachen und in den Angelegenheiten der freiwilligen Gerichtsbarkeit.** [2] **Die Rechtskraft der Entscheidung ist für die Vollstreckbarerklärung nicht erforderlich.**

(2) [1] **Ist der ausländische Titel für vollstreckbar zu erklären, so kann das Gericht auf Antrag einer Partei in seinem Vollstreckungsbeschluss den in dem ausländischen Titel festgesetzten Unterhaltsbetrag hinsichtlich Höhe und Dauer der zu leistenden Zahlungen abändern.** [2] **Ist die ausländische Entscheidung rechtskräftig, so ist eine Abänderung nur nach Maßgabe des § 238 des Gesetzes über das Verfahren in Familiensachen und in den Angelegenheiten der freiwilligen Gerichtsbarkeit zulässig.**

815   Abschnitt 5 enthält Regelungen für Verfahren, die zuvor in der bis zum 18.6.2011 geltenden Fassung des AUG geregelt waren. Für sie gilt nunmehr gem § 1 Abs 1 Nr 3 AUG nF das Verfahren nach § 64. Erfasst sind Unterhaltsentscheidungen aus den meisten **US-Bundesstaaten** und **kanadischen Provinzen** sowie Entscheidungen aus **Südafrika.** Eine Liste der Staaten bzw Bundesstaaten, mit denen die Gegenseitigkeit förmlich verbürgt ist, findet sich im BGBl 2011 I, 1109 sowie auf der Homepage des Bundesamtes für Justiz (www.bundesjustizamt.de; s a Rn → 709 ff). Im Verhältnis zu den *USA* hat § 64 seit dem 1.1.2017 praktisch keine Bedeutung mehr, weil an diesem Tag für die USA das **HUÜ 2007** in Kraft getreten ist, das die Vollstreckbarkeit von Unterhaltstiteln in seinem Anwendungsbereich gegenüber § 64 AUG iVm § 110 FamFG wesentlich erleichtert.

816   § 64 entspricht inhaltlich § 10 AUG aF. Nach Abs 1 S 1 bestimmt sich die Vollstreckbarerklärung von Unterhaltstiteln aus den vorgenannten Staaten grundsätzlich nach § 110 FamFG (→ Rn 881 ff). Abweichend von § 110 Abs 3 S 2 FamFG ist gem Abs 1 S 2 die Rechtskraft der Entscheidung für die Vollstreckbarerklärung nicht erforderlich, da ansonsten die Gegenseitigkeit nicht gewährleistet wäre (vgl die Begründung zu § 10 AUG aF, BT-Drs 10/3662, 15). Ist die ausländische Entscheidung noch **nicht rechtskräftig,** kann das Gericht gem Abs 2 S 1 auf Antrag einer Partei den festgesetzten Unterhaltsbetrag in seinem Vollstreckungsbeschluss hinsichtlich seiner Dauer und Höhe abändern (vgl hierzu BT-Drs 10/3662, 15). Nach der Rechtskraft der Entscheidung ist dies gem Abs 2 S 2 nur im Rahmen eines Antrags auf Abänderung nach § 238 FamFG zulässig.

Kapitel 3. Vollstreckung, Vollstreckungsabwehrantrag, besonderes Verfahren; Schadensersatz

Abschnitt 1. Vollstreckung, Vollstreckungsabwehrantrag, besonderes Verfahren

AUG § 65. Vollstreckung

Für die Vollstreckung von ausländischen Unterhaltstiteln gilt § 120 Absatz 1 des Gesetzes über das Verfahren in Familiensachen und in den Angelegenheiten der freiwilligen Gerichtsbarkeit, soweit in der Verordnung (EG) Nr. 4/2009 und in diesem Gesetz nichts anderes bestimmt ist.

817   Die Vorschrift stellt klar, dass sich die Vollstreckung ausländischer Unterhaltstitel gem § 120 Abs 1 FamFG nach den Vorschriften der ZPO bestimmt, soweit sich aus der EuUntVO und dem AUG keine Abweichungen ergeben, weil es sich um Familienstreitsachen handelt.

AUG § 66. Vollstreckungsabwehrantrag

(1) **Ist ein ausländischer Titel nach der Verordnung (EG) Nr. 4/2009 ohne Exequaturverfahren vollstreckbar oder nach dieser Verordnung oder einem der in § 1 Absatz 1 Satz 1 Nummer 1genannten Abkommen für vollstreckbar erklärt, so kann der Schuldner Einwendungen, die sichgegen den Anspruch selbst richten, in einem Verfahren nach § 120 Absatz 1 des Gesetzes über das Verfahren in Familiensachen und in den Angelegenheiten der freiwilligen Gerichtsbarkeit in Verbindung mit § 767 der Zivil-**

1214

IV. Autonomes Zivilverfahrensrecht: AUG § 66   818, 819 **M**

prozessordnung geltend machen. Handelt es sich bei dem Titel um eine gerichtliche
Entscheidung, so gilt dies nur, soweit die Gründe, auf denen die Einwendungen
beruhen, erst nach dem Erlass der Entscheidung entstanden sind.

(2) Ist die Zwangsvollstreckung aus einem Titel nach einem der in § 1 Absatz 1
Satz 1 Nummer 2 genannten Übereinkommen zugelassen, so kann der Schuldner
Einwendungen gegen den Anspruch selbst in einem Verfahren nach § 120 Absatz 1 des
Gesetzes über das Verfahren in Familiensachen und in den Angelegenheiten der freiwilligen Gerichtsbarkeit in Verbindung mit § 767 der Zivilprozessordnung nur geltend
machen, wenn die Gründe, auf denen seine Einwendungen beruhen, erst entstanden
sind:

1. nach Ablauf der Frist, innerhalb derer er die Beschwerde hätte einlegen können,
   oder
2. falls die Beschwerde eingelegt worden ist, nach Beendigung dieses Verfahrens.

(3) ¹Der Antrag nach § 120 Absatz 1 des Gesetzes über das Verfahren in Familiensachen und in den Angelegenheiten der freiwilligen Gerichtsbarkeit in Verbindung mit
§ 767 der Zivilprozessordnung ist bei dem Gericht zu stellen, das über den Antrag auf
Erteilung der Vollstreckungsklausel entschieden hat. ²In den Fällen des Absatzes 1
richtet sich die Zuständigkeit nach § 35 Absatz 1 und 2.

1. Unvereinbarkeit von § 66 aF mit der Rechtsprechung des EuGH zu Art 45 Abs 1 EuGVVO

§ 66 Abs 1 regelte in seiner bisherigen Fassung die Voraussetzungen der Vollstreckungs-   **818**
abwehrklage gegen Unterhaltstitel aus denjenigen Mitgliedstaaten der EU, die – wie alle Mitgliedstaaten mit Ausnahme von *Dänemark* und dem *Vereinigten Königreich* – dem Haager Unterhaltsprotokoll angehören, also von Titeln, die nach Art 17 bzw Art 48 EuUntVO im Inland
ohne Exequaturverfahren zu vollstrecken waren. Demgegenüber war in Abs 2 – in Anlehnung
an § 14 AVAG – die Zulässigkeit der Vollstreckungsabwehrklage gegen Unterhaltstitel normiert,
deren Durchsetzbarkeit im Inland weiterhin von der Durchführung eines Vollstreckbarkeitsverfah-
rens abhängt. Dies sind im räumlichen Anwendungsbereich der EuUntVO Titel aus
Dänemark und dem *Vereinigten Königreich* (Art 28 ff EuUntVO), ferner Titel aus den Lugano-
Staaten *Island, Norwegen* und der *Schweiz* (Art 38 ff LugÜ 2007) sowie Titel aus den Vertragsstaaten des HUntVÜ 1973 (Art 13 ff). Bezüglich all dieser Unterhaltstitel war der Schuldner nach
dem bisherigen Abs 2 mit solchen Einwendungen präkludiert, die er bereits im Beschwerdeverfahren gegen die Erteilung der Vollstreckungsklausel hätte geltendmachen können. Diese
Regelung war indessen, soweit sie auch das sekundäre EU-Recht einbezog, mit der Entscheidung des EuGH in der Rechtssache *Prism Investment BV* (NJW 11, 3516 Rn 37, 39) nicht
vereinbar; denn danach war der Schuldner im Vollstreckbarerklärungsverfahren zur Erhebung
materiell-rechtlicher Einwendungen – wie zB Erfüllung, Aufrechnung uä – nicht berechtigt (vgl
zu den Auswirkungen dieser Entscheidung auf die Vollstreckung von Unterhaltstiteln schon
Wagner IPRax 12, 326, 333; näher → Rn 278 ff).

2. Neufassung von § 66 durch Gesetz vom 20.2.2013

a) Allgemeines. Der deutsche Gesetzgeber hat dieser Rechtsprechung des EuGH in Bezug   **819**
auf die Vollstreckung von Unterhaltstiteln mit dem primär der Ausführung des HUÜ 2007
dienenden Gesetz v 20.2.2013 (BGBl I, 273) durch eine Neufassung von § 66 Rechnung
getragen. Während die auf das HUÜ 2007 bezogenen Vorschriften dieses Gesetzes erst zusammen mit diesem Staatsvertrag am 1.8.2014 in Kraft getreten sind (→ Rn 481), gilt die Änderung
von § 66 bereits seit dem Tag nach der Verkündung dieses Gesetzes, dh seit dem 26.2.2013
(Art 4 Abs 3 des Gesetzes). In der Neufassung wird für die Zulässigkeit der Vollstreckungsabwehrklage nicht mehr – wie bisher – danach unterschieden, ob der ausländische Unterhaltstitel
im Inland der Vollstreckbarerklärung bedarf oder nicht. Stattdessen enthält Abs 1 nF nunmehr
eine einheitliche Regelung zur Zulässigkeit der Vollstreckungsabwehrklage gegen Unterhaltstitel,
die auf der Grundlage des sekundären EU-Rechts, dh einer EU-Verordnung oder eines von der
EU abgeschlossenen Übereinkommens, ergangen sind (vgl § 1 Abs 1 S 1 Nr 1), während Abs 2
die Vollstreckungsabwehrklage gegen Unterhaltstitel aus den in § 1 Abs 1 S 1 Nr 2 genannten
Staatsverträgen regelt.

1215

M   2. Teil. Anerkennung/Vollstreckung M. Unterhaltssachen

820   **b) Sekundäres EU-Recht, Abs 1.** Auch soweit Unterhaltstitel nach der **EuUntVO** (*Däne-mark, Vereinigtes Königreich,* vgl Art 23 ff) oder nach dem **LugÜ 2007** *(Island, Norwegen, Schweiz)* weiterhin der Vollstreckbarerklärung bedürfen, können materielle Einwendungen gegen die Vollstreckung aus diesen Titeln im Vollstreckbarerklärungsverfahren nicht mehr geltend gemacht werden; deshalb ist auch § 44 AUG aF aufgehoben worden (→ Rn 776). Solche Einwendungen können vielmehr **erst im inländischen Verfahren der Zwangsvollstreckung** nach § 120 FamFG iVm § 767 ZPO erhoben werden. In Betracht kommen insbesondere die Einwendungen der nachträglichen Erfüllung, der Aufrechung sowie des Übergangs der Forderung auf eine andere Person (zB eine öffentliche Einrichtung; vgl Rauscher/*Andrae/Schimrick* Art 34 EuUnt-VO Rn 5). Handelt es sich bei dem für vollstreckbar zu erklärenden Titel um eine gerichtliche Entscheidung, so ist die Vollstreckungsabwehrklage nach Abs 1 S 2 nur statthaft, soweit die Gründe, auf denen die Einwendungen beruhen, erst nach dem Erlass der Entscheidung ent-standen sind. Für gerichtliche Vergleiche und öffentliche Urkunde gilt diese zeitliche Schranke nicht.

821   **c) Staatsvertragliche Unterhaltitel.** Die weitergehende zeitliche Beschränkung der Vollstre-ckungsabwehrklage auf solche Gründe, die erst nach Ablauf der Frist entstanden sind, innerhalb derer die Beschwerde gegen die Vollstreckbarerklärung eines ausländischen Unterhaltstitels hätte eingelegt werden können, wird in Abs 2 nF konsequent auf diejenigen Fälle beschränkt, in denen materielle Einwendungen überhaupt noch im Vollstreckbarerklärungsverfahren erhoben werden dürfen, dh in Bezug auf Unterhaltstitel, die auf der Grundlage von Staatsverträgen iSv § 1 Abs 1 S 1 Nr 2 ergangen sind. Abs 2 gilt damit insbesondere für Abwehrklagen gegen Titel aus Vertragsstaaten des HUÜ 2007 und des HUntVÜ 1973. Ist die Beschwerde bereits eingelegt worden, so kann der Schuldner Einwendungen gegen den Anspruch selbst nach Nr 2 nur geltend machen, wenn die Gründe, auf denen seine Einwendungen beruhen, erst nach Ver-fahrensbeendigung entstanden sind.

3. Zuständigkeit, Abs 3

822   **Örtlich zuständig** für die Vollstreckungsabwehrklage ist in den Fällen des Abs 2 das Gericht, das für das Exequaturverfahren zuständig war. In den Fällen des Abs 1, also bei Vollstreckungs-abwehrklagen gegen Titel nach der EuUnthVO bzw dem LugÜ 2007 bestimmt sich die örtliche Zuständigkeit hingegen nach § 35 Abs 1 und 2 (→ Rn 741 f). Die **internationale Zuständig-keit** deutscher Gerichte für eine Vollstreckungsabwehrklage nach § 120 FamFG iVm § 767 ZPO dürfte sich weiterhin nach **Art 24 Nr 5 EuGVVO** richten; denn es handelt sich um ein vollstreckungsrechtliches Verfahren in Zivilsachen, für welches die vorrangig anwendbare Eu-UntVO die internationale Zuständigkeit nicht regelt (BT-Drs 17/4887, 48). Hat der Beklagte seinen Wohnsitz in *Island, Norwegen* oder der *Schweiz,* so ergibt sich die internationale Zuständig-keit deutscher Gerichte für die von ihm erhobene Vollstreckungsabwehrklage aus Art 22 Nr 5 LugÜ (→ C Rn 382 ff).

AUG § 67. Verfahren nach Aufhebung oder Änderung eines für vollstreckbar erklärten ausländischen Titels im Ursprungsstaat

(1) **Wird der Titel in dem Staat, in dem er errichtet worden ist, aufgehoben oder geändert und kann der Schuldner diese Tatsache in dem Verfahren zur Zulassung der Zwangsvollstreckung nicht mehr geltend machen, so kann er die Aufhebung oder Änderung der Zulassung in einem besonderen Verfahren beantragen.**

(2) **Für die Entscheidung über den Antrag ist das Gericht ausschließlich zuständig, das im ersten Rechtszug über den Antrag auf Erteilung der Vollstreckungsklausel entschieden hat.**

(3) **¹Der Antrag kann bei dem Gericht schriftlich oder zu Protokoll der Geschäfts-stelle gestellt werden. ²Über den Antrag kann ohne mündliche Verhandlung entschie-den werden. ³Vor der Entscheidung, die durch Beschluss ergeht, ist der Gläubiger zu hören. ⁴§ 45 Absatz 2 und 3 gilt entsprechend.**

(4) **¹Der Beschluss unterliegt der Beschwerde. ²Die Frist für die Einlegung der Beschwerde beträgt einen Monat. ³Im Übrigen sind die §§ 58 bis 60, 62, 63 Absatz 3 und die §§ 65 bis 74 des Gesetzes über das Verfahren in Familiensachen und in den Angelegenheiten der freiwilligen Gerichtsbarkeit entsprechend anzuwenden.**

1216

IV. Autonomes Zivilverfahrensrecht: AUG § 69　　　　　　　　　　**M**

(5) [1] **Für die Einstellung der Zwangsvollstreckung und die Aufhebung bereits getroffener Vollstreckungsmaßregeln sind die §§ 769 und 770 der Zivilprozessordnung entsprechend anzuwenden.** [2] **Die Aufhebung einer Vollstreckungsmaßregel ist auch ohne Sicherheitsleistung zulässig.**

1. Normzweck, Abs 1

Die EuUntVO lässt in Art 35 die Aussetzung des Vollstreckbarerklärungsverfahrens zu, wenn   **823** die Vollstreckung der Entscheidung im Ursprungsstaat wegen der Einlegung eines Rechtsbehelfs vorläufig eingestellt wurde. Führt dieser Rechtsbehelf während des noch anhängigen Vollstreckbarerklärungsverfahrens zur Aufhebung der Entscheidung, so können deren Wirkungen auch nicht mehr auf das Inland erstreckt werden; der Antrag auf Vollstreckbarerklärung ist daher abzuweisen (vgl zu Art 38 EuGVVO aF BGH NJW-RR 10, 1079 Rn 8; zum EuGVÜ OLG Düsseldorf IPRax 98, 279). Wird die Entscheidung im Ursprungsstaat hingegen erst aufgehoben oder abgeändert, nachdem sie im Inland bereits rechtskräftig für vollstreckbar erklärt worden ist, so enthält die EuUntVO für den hierdurch entstehenden Konflikt keine Lösung, sondern überlässt diese dem nationalen Recht der Mitgliedstaaten. Der deutsche Gesetzgeber hat zur Bewältigung dieses Problems nach dem Vorbild von § 27 AVAG in § 67 ein **besonderes Verfahren** eingeführt, in dem der Verpflichtete die Aufhebung oder Änderung der Zulassung des ausländischen Titels zur Zwangsvollstreckung beantragen kann. Dieses Verfahren steht seit dem 18.6.2011 – entgegen dem zuvor geltenden Recht (§ 39 AVAG; vgl *Heiderhoff* FamRZ 11, 804 f) – auch gegen Titel zur Verfügung, die nach dem HUntVÜ zu vollstrecken sind. Gleiches gilt seit dem 1.8.2014 auch für nach dem HUÜ 2007 zu vollstreckende Titel.

2. Verfahren, Abs 2–5

Ausschließlich zuständig für dieses Verfahren ist nach Abs 2 das Gericht, das im ersten Rechts-   **824** zug über den Antrag auf Erteilung der Vollstreckungsklausel entschieden hat; dies gilt auch dann, wenn die endgültige Entscheidung über die Vollstreckbarerklärung erst im Rechtsbehelfsverfahren vom OLG oder BGH getroffen wurde. Der Antrag kann gem Abs 3 S 1 – wie der Antrag auf Erteilung der Vollstreckungsklausel nach § 36 Abs 2 – schriftlich oder mündlich zu Protokoll der Geschäftsstelle erklärt werden. Die Entscheidung ergeht durch Beschluss und setzt die vorherige Anhörung des Schuldners voraus, Abs 3 S 2. Die Entscheidung kann mit der Beschwerde und der Rechtsbeschwerde angefochten werden; für diese gelten gem Abs 4 die §§ 58 ff AUG und §§ 65 ff FamFG (und nicht die §§ 567 ff ZPO) entsprechend. Ausgenommen von der Verweisung ist § 61 FamFG; die Beschwerde ist damit unabhängig vom Wert des Beschwerdegegenstandes zulässig Wird ein Titel über die Erstattung von Verfahrenskosten im Ursprungsstaat aufgehoben oder abgeändert, so sind die §§ 769, 770 ZPO gem Abs 5 entsprechend anzuwenden.

AUG § 68. Aufhebung oder Änderung ausländischer Entscheidungen, deren Anerkennung festgestellt ist

Wird die Entscheidung in dem Staat, in dem sie ergangen ist, aufgehoben oder abgeändert und kann die davon begünstigte Partei diese Tatsache nicht mehr in dem Verfahren über den Antrag auf Feststellung der Anerkennung geltend machen, so ist § 67 Absatz 1 bis 4 entsprechend anzuwenden.

Die Vorschrift entspricht § 29 AVAG.　　　　　　　　　　　　　　　　　　　　　**825**

Abschnitt 2. Schadensersatz wegen ungerechtfertigter Vollstreckung

AUG § 69. Schadensersatz wegen ungerechtfertigter Vollstreckung

(1) **Wird die Zulassung der Zwangsvollstreckung auf die Beschwerde (§ 43) oder die Rechtsbeschwerde (§ 46) aufgehoben oder abgeändert, so ist der Gläubiger zum Ersatz des Schadens verpflichtet, der dem Schuldner durch die Vollstreckung des Titels oder durch eine Leistung zur Abwendung der Vollstreckung entstanden ist.**

(2) **Das Gleiche gilt, wenn**

1. **die Zulassung der Zwangsvollstreckung nach § 67 aufgehoben oder abgeändert wird, sofern die zur Zwangsvollstreckung zugelassene Entscheidung zum Zeitpunkt**

1217

M 2. Teil. Anerkennung/Vollstreckung M. Unterhaltssachen

der Zulassung nach dem Recht des Staates, in dem sie ergangen ist, noch mit einem ordentlichen Rechtsmittel angefochten werden konnte oder

2. in nach Artikel 17 der Verordnung (EG) Nr. 4/2009 ohne Exequaturverfahren vollstreckbarer Titel im Ursprungsstaat aufgehoben wurde und der Titel zum Zeitpunkt der Zwangsvollstreckungsmaßnahme noch mit einem ordentlichen Rechtsmittel hätte angefochten werden können.

(3) [1] Für die Geltendmachung des Anspruchs ist das Gericht ausschließlich zuständig, das im ersten Rechtszug über den Antrag, den Titel mit der Vollstreckungsklausel zu versehen, entschieden hat. [2] In den Fällen des Absatzes 2 Nummer 2 richtet sich die Zuständigkeit nach § 35 Absatz 1 und 2.

826 § 69 übernimmt für den Fall, dass der Titel im **Vollstreckbarerklärungsverfahren** nach Art 23 ff EuUntVO oder nach einem Staatsvertrag iSv § 1 Abs 1 auf Beschwerde oder Rechtsbeschwerde oder im Verfahren nach § 67 aufgehoben oder abgeändert wird, die Regelung zum Schadensersatz wegen ungerechtfertigter Vollstreckung aus § 28 AVAG. Für die Entscheidung ist gem Abs 3 S 1 das Gericht, welches erstinstanzlich über die Vollstreckbarerklärung entschieden hat, ausschließlich zuständig.

827 Ein Schadensersatzanspruch wegen ungerechtfertigter Vollstreckung steht dem Schuldner gem Abs 2 Nr 2 aber auch dann zu, wenn ein nach Art 17 EuUntVO **ohne Exequaturverfahren** vollstreckbarer Titel im Ursprungsstaat aufgehoben wurde, sofern der Titel zum Zeitpunkt der Zwangsvollstreckungsmaßnahme noch mit einem ordentlichen Rechtsmittel hätte angefochten werden können. Zuständig für die Entscheidung ist in diesem Fall das in § 35 Abs 1 und 2 bestimmte Gericht, Abs 3 S 2.

Kapitel 4. Entscheidungen deutscher Gerichte; Mahnverfahren

AUG §§ 70–75

(abgedruckt und kommentiert → C Rn 442 ff)

Kapitel 5. Kosten; Übergangsvorschriften
Abschnitt 1. Kosten
AUG § 76. Übersetzungen

Die Höhe der Vergütung für die von der zentralen Behörde veranlassten Übersetzungen richtet sich nach dem Justizvergütungs- und Entschädigungsgesetz.

828 Die Vergütungshöhe für die von der zentralen Behörde veranlassten Übersetzungen richtet sich nach dem JVEG. Da die zentrale Behörde im Bereich des Justizverwaltungsverfahrens tätig wird, richten sich etwaige Rechtsbehelfe richten sich nach den §§ 23 ff EGGVG.

Abschnitt 2. Übergangsvorschriften
AUG § 77. Übergangsvorschriften

(1) **Die Anerkennung und Vollstreckbarerklärung eines ausländischen Unterhaltstitels richtet sich für die am 18. Juni 2011 bereits eingeleiteten Verfahren nach dem Anerkennungs- und Vollstreckungsausführungsgesetz in der Fassung vom 3. Dezember 2009 (BGBl. I S. 3830) im Anwendungsbereich**

1. **der Verordnung (EG) Nr. 44/2001 des Rates vom 22. Dezember 2000 über die gerichtliche Zuständigkeit und die Anerkennung und Vollstreckung von Entscheidungen in Zivil- und Handelssachen (ABl. L 12 vom 16.1.2001, S. 1),**
2. **des Abkommens vom 19. Oktober 2005 zwischen der Europäischen Gemeinschaft und dem Königreich Dänemark über die gerichtliche Zuständigkeit und die Anerkennung und Vollstreckung von Entscheidungen in Zivil- und Handelssachen (ABl. L 299 vom 16.11.2005, S. 62),**
3. **des Übereinkommens vom 30. Oktober 2007 über die gerichtliche Zuständigkeit und die Anerkennung und Vollstreckung von Entscheidungen in Zivil- und Handelssachen (ABl. L 339 vom 21.12.2007, S. 3),**

IV. Autonomes Zivilverfahrensrecht: FamFG § 97   830, 831 **M**

4. des Übereinkommens vom 16. September 1988 über die gerichtliche Zuständigkeit und die Vollstreckung gerichtlicher Entscheidungen in Zivil- und Handelssachen (BGBl. 1994 II S. 2658) und

5. des Haager Übereinkommens vom 2. Oktober 1973 über die Anerkennung und Vollstreckung von Unterhaltsentscheidungen (BGBl. 1986 II S. 826).

(2) **Die Anerkennung und Vollstreckbarerklärung eines ausländischen Titels richtet sich für Verfahren mit förmlicher Gegenseitigkeit (§ 1 Absatz 1 Satz 1 Nummer 3), die am 18. Juni 2011 bereits eingeleitet sind, nach dem Auslandsunterhaltsgesetz vom 19. Dezember 1986 (BGBl. I S. 2563), das zuletzt durch Artikel 4 Absatz 10 des Gesetzes vom 17. Dezember 2006 (BGBl. I S. 3171) geändert worden ist.**

(3) **Die gerichtliche Zuständigkeit für am 18. Juni 2011 noch nicht abgeschlossene Unterhaltssachen und anhängige Verfahren auf Gewährung von Verfahrenskostenhilfe bleibt unberührt.**

(4) **Die §§ 30 bis 34 sind nur auf Titel anwendbar, die auf der Grundlage des Haager Protokolls vom 23. November 2007 über das anwendbare Recht (ABl. L 331 vom 16.12.2009, S. 19) ergangen sind.**

(5) **Die §§ 16 bis 19 sind auch auf Ersuchen anzuwenden, die bei der zentralen Behörde am 18. Juni 2011 bereits anhängig sind.**

Die Vorschrift enthält Übergangsvorschriften aus Anlass des Inkrafttretens der EuUntVO und **829** dieses Ausführungsgesetzes. Für die am 18.6.2011 bereits eingeleiteten Verfahren auf Anerkennung oder Vollstreckbarerklärung sind auch nach Inkrafttreten des AUG nF weiterhin die Vorschriften des AVAG (Abs 1) bzw des AUG aF (Abs 2) anzuwenden.

720. Gesetz über das Verfahren in Familiensachen und in den Angelegenheiten der freiwilligen Gerichtsbarkeit (FamFG)

Vom 17. Dezember 2008 (BGBl I, 2586)

Buch 1. Allgemeiner Teil
Abschnitt 9. Verfahren mit Auslandsbezug

Schrifttum: Vgl das allg Schrifttum zur Anerkennung ausländischer Entscheidungen in Familiensachen nach dem FamFG → K vor Rn 189.

Unterabschnitt 1. *Verhältnis zu völkerrechtlichen Vereinbarungen und Rechtsakten der Europäischen Gemeinschaft*

FamFG § 97. Vorrang und Unberührtheit

(1) ¹Regelungen in völkerrechtlichen Vereinbarungen gehen, soweit sie unmittelbar anwendbares innerstaatliches Recht geworden sind, den Vorschriften dieses Gesetzes vor. ²Regelungen in Rechtsakten der Europäischen Gemeinschaft bleiben unberührt.

(2) Die zur Umsetzung und Ausführung von Vereinbarungen und Rechtsakten im Sinne des Absatzes 1 erlassenen Bestimmungen bleiben unberührt.

1. Vorrang von EU-Recht und Staatsverträgen, Abs 1

§ 97 FamFG wird in Unterhaltssachen durch § 1 Abs 2 AUG (→ Rn 712 f) als *lex specialis* **830** ergänzt. Die Anerkennung, Vollstreckbarerklärung und Vollstreckung ausländischer Entscheidungen auf dem Gebiet des Unterhaltsrechts beurteilt sich daher vorrangig nach den zuvor erläuterten Rechtsquellen des europäischen Rechts (Art 16 ff EuUntVO) und der multilateralen Staatsverträge, denen die *Bundesrepublik Deutschland* beigetreten ist (LugÜ 2007, HUÜ 2007 und HUntVÜ 1973). Dies wird in § 3 Abs 2 AUG noch einmal deklaratorisch klargestellt.

Für die Anerkennung und Vollstreckung ausländischer Entscheidungen in Unterhaltssachen **831** aus anderen **EU-Mitgliedstaaten** bleibt – wie Abs 1 S 2 deklaratorisch klarstellt – die **EuUntVO unberührt.** Das Kapitel III dieser Verordnung verdrängt daher die §§ 108–110 vollständig. Danach erfolgt die Anerkennung von Unterhaltsentscheidungen aus den an das HUP gebunden

1219

M 835   2. Teil. Anerkennung/Vollstreckung M. Unterhaltssachen

Mitgliedstaaten gemäß Art 17 *ipso iure,* dh die Durchführung eines förmlichen Exequaturverfahrens ist weder erforderlich noch zulässig (→ Rn 65 ff). Entscheidungen aus den nicht an das HUP gebundenen Mitgliedstaaten *Dänemark* und *Vereingtes Königreich* werden nach Art 23 ff EuUntVO für vollstreckbar erklärt. Gleiches gilt für Unterhaltsentscheidungen aus anderen Mitgliedstaaten, die in vor dem 18.11.2011 eingeleiteten Verfahren ergangen sind (→ Rn 378 f).

832   Auch völkerrechtliche Verträge auf dem Gebiet der Anerkennung und Vollstreckung von Unterhaltsentscheidungen haben nach Abs 1 S 1 grundsätzlich Vorrang vor den §§ 108–110. Soweit allerdings das autonome deutsche Recht die Anerkennung oder Vollstreckung der ausländischen Entscheidung im Verhältnis zum Konventionsrecht im konkreten Fall erleichtert, kann nach dem weithin anerkannten **Günstigkeitsprinzip** auf die §§ 108–110 FamFG zurückgegriffen werden. Einem solchen Rückgriff auf das anerkennungsfreundlichere nationale Recht steht auch § 97 Abs 1 S 1 nicht entgegen, soweit der Staatsvertrag selbst keinen Vorrang beansprucht (BGH IPRax 17, 499 Rn 16 m Anm *Kern* 475; MüKoFamFG/*Rauscher* Rn 6; P/H/*Hau* Rn 6). Ein solcher Vorrang wird weder vom HUntVÜ 1973 (Art 23) noch vom HUÜ 2007 (Art 52 Abs 2) in Anspruch genommen.

2. Nationale Ausführungsgesetze, Abs 2

833   Nach Abs 2 unberührt bleibt vor allem das zur Ausführung der EuUntVO und der multilateralen Staatsverträge auf dem Gebiet des Unterhaltsverfahrensrechts in Deutschland erlassene AUG v 23.5.2011 (→ Rn 704 ff).

Unterabschnitt 2. *Internationale Zuständigkeit*

FamFG § 105

(abgedruckt und kommentiert → C Rn 465 ff)

FamFG § 106. Keine ausschließliche Zuständigkeit

Die Zuständigkeiten in diesem Unterabschnitt sind nicht ausschließlich.

834   Die internationale Zuständigkeit der deutschen Gerichte in Unterhaltssachen nach §§ 98 Abs 2, 105 iVm § 232 ist nicht ausschließlich. Dies ist insbesondere im Hinblick auf die Prüfung der **Anerkennungszuständigkeit** des ausländischen Gerichts nach § 109 Abs 1 Nr 1 gem dem sog Spiegelbildprinzip von Bedeutung. § 109 Abs 1 Nr 1 steht der Anerkennung einer ausländischen Unterhaltsentscheidung daher nicht schon deshalb entgegen, weil eine konkurrierende internationale Zuständigkeit eines deutschen Gerichts nach § 98 Abs 2 oder § § 105 iVm § 232 gegeben ist (Mu/*Borth*/*Grandel* § 109 Rn 8).

Unterabschnitt 3. *Anerkennung und Vollstreckbarkeit ausländischer Entscheidungen*

FamFG § 107

(abgedruckt und kommentiert → K Rn 194 ff)

FamFG § 108. Anerkennung anderer ausländischer Entscheidungen

(1) **Abgesehen von Entscheidungen in Ehesachen werden ausländische Entscheidungen anerkannt, ohne dass es hierfür eines besonderen Verfahrens bedarf.**

(2)–(3) *(abgedruckt und kommentiert → N Rn 608 ff)*

1. Günstigkeitsprinzip

835   Die Anerkennung ausländischer Unterhaltsentscheidungen auf der Grundlage der §§ 108, 109 ist nach verbreiteter Meinung ausgeschlossen, soweit es um die Anerkennung einer Entscheidung aus einem Mitgliedstaat der EU geht; insoweit enthalten die Vorschriften der EuUntVO vielmehr eine abschließende Regelung (→ Rn 2). Auch für die Anerkennung von Unterhaltsentscheidungen aus der *Schweiz, Norwegen* und *Island* kommt das Günstigkeitsprinzip nicht zur Anwendung, denn das LugÜ ist aus Sicht der EU-Mitgliedstaaten als Teil des Unionsrechts zu behandeln. Im Verhältnis zum HUÜ 2007 (→ Rn 472 ff), zum HUntVÜ (→ Rn 624 ff), zum HKUntVÜ (→ Rn 686 ff), zum *deutsch-israelischen* Anerkennungs- und Vollstreckungsvertrag v

1220

IV. Autonomes Zivilverfahrensrecht: FamFG § 108   **836–840 M**

20.7.1977 (→ Rn 696 ff) und zum *deutsch-tunesischen* Rechtshilfe- und Vollstreckungsvertrag v 19.7.1966 (→ Rn 699 ff) greift das Günstigkeitsprinzip jedoch ein. Für die praktische Rechtsanwendung bedeutet dies, dass nach den Voraussetzungen für die Anerkennung aufgrund eines Staatsvertrags nicht mehr gefragt zu werden braucht, wenn die Anerkennungspflicht bereits aus den §§ 108, 109 folgt (J/H/*Henrich* Rn 17).

2. Automatische Anerkennung, Abs 1

Auf die Anerkennung von Unterhaltsentscheidungen sind die §§ 108, 109 und nicht § 328 **836** ZPO anzuwenden (Bamberger/Roth/*Althammer* Rn 1). Zwar verweist § 113 Abs 1 S 2 in Ehe- und Familienstreitsachen (und damit auch in Unterhaltssachen) auch auf § 328 ZPO. Diese Verweisung gilt aber nur, soweit das FamFG keine Sondervorschriften enthält. Als solche Sondervorschriften sind in Verfahren mit Auslandsbezug auch die §§ 108, 109 anzusehen (J/H/*Henrich* Rn 18; **aA** *Klinck* FamRZ 09, 741/745 f). Dafür spricht auch § 2 AUG, der für die Anerkennung und Vollstreckung von Unterhaltsentscheidungen nach der EuUntVO und den Staatsverträgen ausdrücklich auf das FamFG – und nicht auf die ZPO – verweist. In Übereinstimmung mit Art 17 Abs 1, 23 Abs 1 EuUntVO und dem staatsvertraglichen Anerkennungsrecht normiert Abs 1 auch für das autonome deutsche Verfahrensrecht den Grundsatz, dass ausländische Unterhaltsentscheidungen anerkannt werden, ohne dass es hierfür eines besonderen Verfahrens bedarf. Die Anerkennung steht freilich einer **Abänderung** der ausländischen Unterhaltsentscheidung nach § 238 FamFG nicht entgegen, wenn das deutsche Gericht hierfür international zuständig ist (*Roth* IPRax 1988, 75).

Demgegenüber findet das **fakultative Anerkennungsfeststellungsverfahren nach Abs 2** in vermögensrechtlichen Streitigkeiten, zu denen auch Unterhaltssachen gehören, **keine Anwendung.**

3. Begriff der Entscheidung

Gegenstand der Anerkennung nach § 108 sind ausländische Entscheidungen. Diese müssen **837** aus inländischer Sicht eine **Familiensache** (§ 1) betreffen, was im Wege funktionaler Qualifikation zu beantworten ist. Soweit der Anwendungsbereich der EuUntVO bzw derjenige des LugÜ nicht eröffnet ist und die Anerkennung und Vollstreckung auch nicht auf staatsvertraglicher Grundlage erfolgen soll, bedarf es zunächst nicht der – zT schwierigen – Abgrenzung, inwieweit die ausländische Entscheidung unterhaltsrechtlichen oder zB güterrechtlichen Charakter usw hat, denn § 108 erfasst insoweit alle Familiensachen.

Ob die Entscheidung im Ursprungsstaat von einem **Gericht** im eigentlichen Sinne, einer **838** Behörde oder einem Notariat erlassen wurde, ist nicht entscheidend. § 108 erfasst auch Entscheidungen solcher Behörden, die in ihrer Stellung deutschen Gerichten entsprechen (BayObLGZ 99, 352; Keidel/*Zimmermann* Rn 6; Mu/*Borth/Grandel* Rn 2). Die Entscheidung muss von einer **ausländischen Stelle** getroffen worden sein. Dies ist funktional iS der Zuordnung dieser Stelle zu einer ausländischen Hoheitsgewalt zu verstehen. Damit erfasst § 108 auch Entscheidungen, die durch eine ausländische (Konsular-) Behörde im Inland ergangen sind (MüKoFamFG/*Rauscher* Rn 11).

Unterhaltsrechtliche **Rechtsgeschäfte** werden nicht von § 108 erfasst. Ihre Wirksamkeit **839** beurteilt sich nach dem durch das IPR (HUP bzw Rom I-VO) berufenen Statut. Auch **öffentliche Urkunden,** insbesondere gerichtliche Unterhaltsvergleiche, können nicht Gegenstand der Anerkennung nach § 108 sein (Mu/*Borth/Grandel* Rn 2). Dies gilt auch dann, wenn sie nach dem Recht des Ursprungsstaates einen Vollstreckungstitel bilden (MüKoFamFG/*Rauscher* Rn 14; P/H/*Hau* Rn 6; Zö/*Geimer* § 328 ZPO Rn 75, 79; **aA** Keidel/*Zimmermann* Rn 6). Eine Anerkennung auf der Grundlage von § 108 erfolgt jedoch dann, wenn die ausländische Stelle die Vereinbarung der Parteien inhaltlich geprüft und durch eine Entscheidung in ihren Willen aufgenommen hat (MüKoFamFG/*Rauscher* Rn 14; Zö/*Geimer* § 328 ZPO Rn 77).

Anerkennungsfähig sind nach autonomem Recht nur **Sachentscheidungen** (*Klinck* FamRZ **840** 09, 741/743). Dies sind Entscheidungen, die endgültig über den Verfahrensgegenstand befinden; diese Entscheidungen können sowohl rechtsbegründende wie lediglich feststellende Wirkung haben (BGH NJW 15, 479 Rn 22 m Anm *Henrich* IPRax 15, 229 [Leihmutterschaft]; *Duden* StAZ 124, 164/166; *Zwißler* NZFam 15, 118; *Coester-Waltjen* FF 15, 186; *Dethloff* JZ 16, 207). Nicht anerkennungsfähig sind hingegen Prozessurteile/-beschlüsse (Mu/*Borth/Grandel* Rn 2), verfahrensleitende Entscheidungen oder gerichtliche Tathandlungen (MüKoFamFG/*Rauscher*

1221

M 841–846 2. Teil. Anerkennung/Vollstreckung M. Unterhaltssachen

Rn 15). Auch ausländische Entscheidungen, welche die Anerkennung bzw Vollstreckbarkeit einer drittstaatlichen Entscheidung feststellen, sind nicht nach § 108 anerkennungsfähig. Solche Entscheidungen haben keinen anerkennungsfähigen Inhalt, sondern ordnen die Anerkennung bzw Vollstreckbarkeit nur beschränkt auf den Vollstreckungsstaat an (MüKoFamFG/*Rauscher* Rn 15).

841 Die zu § 328 ZPO hM leitete aus § 723 Abs 2 S 1 ZPO, demzufolge das Vollstreckungsurteil erst dann zu erlassen ist, wenn die ausländische Entscheidung nach der ausländischen *lex fori* Rechtskraft erlangt hat, das Erfordernis ab, dass ausländische Urteile erst **nach Eintritt der formellen Rechtskraft** anzuerkennen sind (RGZ 36, 381/384). Für Unterhaltsentscheidungen, die früher nach § 328 ZPO anzuerkennen waren, enthält § 110 Abs 3 S 2 iVm § 95 Abs 1 zum Zwecke der Vollstreckbarerklärung eine parallele Regelung (→ Rn 891). Vielfach wird jedoch zu Recht dafür plädiert, auch vorläufig vollstreckbare Entscheidungen gem Abs 1 anzuerkennen (Keidel/*Zimmermann* Rn 8; MüKoFamFG/*Rauscher* Rn 16). Denn zu § 16a FGG als Vorgängervorschrift zu § 108 FamFG war ausweislich der Gesetzesmaterialien anerkannt, dass es genügt, dass die Entscheidung „bestimmt und geeignet ist, eine rechtliche Wirkung für die Beteiligten zu äußern" (BT-Drs 10/504, S 93). § 16a FGG erfasste allerdings lediglich Angelegenheiten der freiwilligen Gerichtsbarkeit und – anders als § 108 FamFG – keine Familienstreitsachen.

842 Die ausländische Entscheidung muss jedenfalls nach ihrer *lex fori* wirksam sein (OLG Köln NJW-RR 10, 1225), dh eine gewisse Endgültigkeit und Bestandskraft erlangt haben und nicht mehr mit ordentlichen Rechtsbehelfen anfechtbar sein (Keidel/*Zimmermann* Rn 8). Dies gilt auch für Entscheidungen, die in summarischen Verfahren des **einstweiligen Rechtsschutz** ergangen sind (AG Hamburg IPRax 86, 114 [einstweilige Unterhaltsanordnung eines marokkanischen Gerichts]; Keidel/*Zimmermann* Rn 9; Staud/*Spellenberg* § 328 ZPO Rn 189; MüKoZPO/*Gottwald* § 328 ZPO Rn 66; Mu/*Borth/Grandel* Rn 2). Es muss sich inhaltlich um eine das Verfahren abschließende Sachentscheidung und nicht lediglich um eine Sicherungsregelung handeln).

4. Rechtsfolgen der Anerkennung

843 Anerkennung bedeutet im Ausgangspunkt **Wirkungserstreckung** (OLG Köln NJW-RR 10, 1225/1226; MüKoFamFG/*Rauscher* Rn 18; Mu/*Borth/Grandel* Rn 7). Danach entfaltet die ausländische Entscheidung auch für das inländische Recht nur diejenigen verfahrensrechtlichen Wirkungen, die ihr nach dem ausländischen Verfahrensrecht des Ursprungsstaats zukommen. Eine Gleichstellung mit den Wirkungen einer inländischen Entscheiung hat auszuscheiden (OLG Hamm FamRZ 14, 1935/1936 m Anm *Heiderhoff*; P/H/*Hau* Rn 11 ff). Zu weiteren Anerkennungstheorien → N Rn 623 f.

844 Auf dem Boden der Theorie der Wirkungserstreckung ist nicht die ausländische Entscheidung als solche Gegenstand der Anerkennung, sondern es sind die einzelnen Entscheidungswirkungen und zwar nur solche, die *lege fori* als verfahrensrechtlich zu qualifizieren sind (*Schack*, IZVR Rn 866; St/J/*Roth* § 328 ZPO Rn 13; Zö/*Geimer* § 328 ZPO Rn 20). Dazu gehören insbesondere die **materielle Rechtskraft**, die **Interventions**- und **Streitverkündungswirkung** und nach heute hM die **Gestaltungswirkung** der ausländischen Entscheidung (*Geimer*, IZPR Rn 2813; Mu/V/*Stadler* § 328 ZPO Rn 39; *Schack*, IZVR Rn 869). Die Vollstreckbarkeit ist zwar ebenfalls eine verfahrensrechtliche Wirkung; für sie gilt jedoch die Sonderregelung des § 110 (→ Rn 881 ff).

845 Demgegenüber sind die **Tatbestands- oder Nebenwirkungen** einer Entscheidung materiell-rechtlich zu qualifizieren. Tatbestandswirkung meint, dass infolge der gerichtlichen Entscheidung eine Änderung der Rechtslage herbeigeführt wurde. Dies ist dann der Fall, wenn die durch das IPR berufene materielle Rechtsnorm die gerichtliche Entscheidung als geeignetes Tatbestandsmerkmal zur Herbeiführung der von dieser Norm angeordneten Rechtsänderung ansieht (*v Bar/Mankowski* § 5 Rn 116; *Geimer*, IZPR Rn 2786).

5. Verhältnis zur Anerkennung einer Statusentscheidung

846 Im Rahmen der Anerkennung einer ausländischen Unterhaltsentscheidung kann sich auch die Frage nach der Anerkennung einer Entscheidung in **Ehesachen** stellen, insbesondere wenn über den Unterhalt als Folgesache zu einer Ehescheidung entschieden worden ist. Im Ausgangspunkt ist für die Anerkennung und Vollstreckbarerklärung einer Unterhaltsentscheidung, auch wenn sie in einem Scheidungsurteil als Nebenentscheidung getroffen wurde, nicht die (förmliche) An-

IV. Autonomes Zivilverfahrensrecht: FamFG § 109 **848 M**

erkennung des Scheidungsausspruchs (nach § 107) erforderlich. Hängt aber die Unterhaltsent-
scheidung in der Weise von der Entscheidung in der Ehesache ab, dass sie ohne den Scheidungs-
ausspruch keinen Bestand haben kann, so kann im Inland – anders als nach der EuUntVO
(Art 22; → Rn 133) – nach §§ 108 ff nur dann auf Grundlage der ausländischen Entscheidung
Unterhalt begehrt werden, wenn auch die Entscheidung in der Ehesache anzuerkennen ist (vgl
BGH NJW-RR 07, 722/723; BGHZ 64, 19/22; *Schack*, IZVR Rn 1024). Das gilt etwa für eine
Entscheidung über den **nachehelichen Unterhalt** (J/H/*Henrich* § 108 Rn 19). Dagegen setzt
die Anerkennung einer Entscheidung über Kindesunterhalt, die Teil eines Scheidungsausspruchs
ist, nicht die Anerkennung der Ehescheidung im Verfahren nach § 107 FamFG voraus. Denn der
Anspruch auf Kindesunterhalt ist vom Personenstand der Eltern unabhängig (BGH NJW-RR
07, 722/723; OLG Hamm FamRZ 93, 213/214; MüKoFamFG/*Rauscher* Rn 22; NK-BGB/
Andrae §§ 107–109 Rn 75).

In ähnlicher Weise hängt die Anerkennung einer ausländischen Entscheidung, in der einem **847**
nichtehelichen Kind Unterhalt gegen den Vater zugesprochen wurde, nach §§ 108–110 grundsätzlich davon ab, dass auch das zugrundeliegende **Vaterschaftsurteil** anerkannt werden kann
(OLG Hamm IPRax 04, 437 m zust Anm *Geimer* 419/420 f; MüKoFamFG/*Rauscher* Rn 22;
anders zur EuUntVO OLG Karlsruhe FPR 12, 519). Ausreichend ist es aber auch, wenn der
deutsche Anerkennungsrichter im Wege einer Inzidentprüfung der Abstammungsfrage zu dem
Ergebnis gelangt, dass der Unterhaltsschuldner der rechtliche Vater des Kindes ist (*Geimer* aaO).

FamFG § 109 Anerkennungshindernisse

(1) **Die Anerkennung einer ausländischen Entscheidung ist ausgeschlossen,**

1. **wenn die Gerichte des anderen Staates nach deutschem Recht nicht zuständig sind;**
2. **wenn einem Beteiligten, der sich zur Hauptsache nicht geäußert hat und sich
   hierauf beruft, das verfahrenseinleitende Dokument nicht ordnungsgemäß oder
   nicht so rechtzeitig mitgeteilt worden ist, dass er seine Rechte wahrnehmen konnte;**
3. **wenn die Entscheidung mit einer hier erlassenen oder anzuerkennenden früheren
   ausländischen Entscheidung oder wenn das ihr zugrunde liegende Verfahren mit
   einem früher hier rechtshängig gewordenen Verfahren unvereinbar ist;**
4. **wenn die Anerkennung der Entscheidung zu einem Ergebnis führt, das mit wesentlichen Grundsätzen des deutschen Rechts offensichtlich unvereinbar ist, insbesondere wenn die Anerkennung mit den Grundrechten unvereinbar ist.**

(2) *(betrifft Ehesachen; abgedruckt und kommentiert → K Rn 261 ff)*

(3) *(betrifft Lebenspartnerschaftssachen; abgedruckt und kommentiert→ Q vor Rn 76 und Rn 81)*

(4) **Die Anerkennung einer ausländischen Entscheidung, die**

   1. **Familienstreitsachen,**

2.–5. *(betrifft Lebenspartnerschaftssachen; abgedruckt und kommentiert → Q vor Rn 76 und Rn 85, 89)*

betrifft, ist auch dann ausgeschlossen, wenn die Gegenseitigkeit nicht verbürgt ist.

(5) **Eine Überprüfung der Gesetzmäßigkeit der ausländischen Entscheidung findet
nicht statt.**

1. Allgemeines

§ 109 liegt– wie bisher § 328 ZPO – das Prinzip zugrunde, dass ausländische Unterhalts- **848**
entscheidungen im Inland anzuerkennen sind, sofern keines der in Abs 1 abschließend aufgezählten Anerkennungshindernisse besteht. Diese Anerkennungshindernisse sind – mit Ausnahme von
Abs 1 Nr 2 (→ Rn 863) – **von Amts** wegen zu prüfen (BGHZ 189, 87/91 = FamRZ 11, 788
Rn 23; MüKoFamFG/*Rauscher* Rn 9; Mu/*Borth/Grandel* Rn 1); ein Verzicht auf ihre Geltendmachung ist daher nicht wirksam. Auch der Versagungsgrund nach Abs 1 Nr 1 (fehlende
internationale (Anerkennungs-) Zuständigkeit) unterliegt nur insoweit der Parteidisposition, als
nach dem für deutsche Gerichte geltenden Recht eine Gerichtsstandsvereinbarung oder eine
rügelose Einlassung möglich wäre (**aA** [Prüfung nur auf Rüge des Antragsgegners] OLG Hamm
FamRZ 93, 339/340; Zö/*Geimer* Rn 33). Zur Frage, ob sich die Zulassung einer Gerichtsstandsvereinbarung gem § 113 Abs 1 nach den Vorschriften der ZPO oder jenen der EuUntVO
bzw der LugÜ richtet → Rn 614. Jedenfalls der Vorrang konkurrierender Entscheidungen und
Verfahren (Abs 1 Nr 3) und der Vorbehalt des *ordre public* (Abs 1 Nr 4) bestehen jedenfalls auch
im öffentlichen Interesse und sind deshalb nicht diponibel (MüKoFamFG/*Rauscher* Rn 9).

1223

M 849–853   2. Teil. Anerkennung/Vollstreckung M. Unterhaltssachen

849   Die **Beweislast** für die tatsächlichen Voraussetzungen eines Versagungsgrundes nach Abs 1 trägt diejenige Partei, die sich auf einen solchen beruft, denn die Nichtanerkennung ist die Ausnahme (BGH NJW 06, 701; OLG Koblenz RIW 04, 302; ThP/*Hüßtege* § 108 Rn 5). Dabei besteht **keine Bindung** an die in der anzuerkennenden Entscheidung getroffenen tatsächlichen und rechtlichen Feststellungen. Das Gericht, das über die Anerkennung zu entscheiden hat, kann und muss nach pflichtgemäßem Ermessen ggfs neue Beweise erheben (Zö/*Geimer* § 328 ZPO Rn 145).

850   Maßgebend ist grundsätzlich das Anerkennungsrecht, das in dem **Zeitpunkt** galt, in dem ausländische Entscheidung in Rechtskraft erwachsen ist (KG FamRZ 04, 275/276). § 109 ist damit auf alle nach dem 1.9.2009 rechtskräftig gewordenen Unterhaltsentscheidungen anzuwenden. Eine Ausnahme gilt nur für den Verstoß gegen den *ordre public* nach Abs 1 Nr 4; insoweit kommt es auf die im Anerkennungszeitpunkt maßgeblichen deutschen Rechtsvorstellungen an (MüKoFamFG/*Rauscher* Rn 38). Wegen des im Anerkennungsrecht geltenden Günstigkeitsprinzips können darüber hinaus auch nachträgliche Rechtsänderungen, die zu einer Erleichterung der Anerkennung führen, berücksichtigt werden (vgl aber → Rn 854).

2. Anerkennungshindernisse, Abs 1

851   **a) Fehlende Anerkennungszuständigkeit, Nr 1. aa) Spiegelbildprinzip.** Während die internationale (Anerkennungs-) Zuständigkeit im Rahmen der EuUntVO (vgl Art 24 UAbs 1 lit a, UAbs 2) bzw des LugÜ (Art 35) nicht mehr geprüft werden darf, ist die Anerkennung der ausländischen Unterhaltsentscheidung nach dem autonomen deutschen Recht gem dem sog Spiegelbildprinzip zu versagen, wenn unter hypothetischer Zugrundelegung der inländischen Zuständigkeitsvorschriften kein Gericht des Ursprungsstaates für die Entscheidung zuständig war. Unerheblich ist dagegen die sachliche, örtliche oder funktionelle Zuständigkeit (OLG Bamberg FamRZ 00, 1289; Zö/*Geimer* § 328 ZPO Rn 106). Die für die deutschen Gerichte geltenden Zuständigkeitsvorschriften werden für die Anerkennungsprüfung gem Nr 1 so gespiegelt, als wären sie im Entscheidungsstaat anzuwenden gewesen (OLG Celle FamRZ 08, 430/431). Auch darauf, ob die Gerichte des Ursprungsstaates nach ihrer eigenen *lex fori* zuständig waren, kommt es nicht an (OLG Karlsruhe FamRZ 14, 791; OLG Bamberg FamRZ 00, 1098 (LS); Keidel/*Zimmermann* Rn 3); eine Ausnahme gilt nur dann, wenn die Verletzung des eigenen Verfahrensrechts nach der ausländischen *lex fori* so schwer wiegt, dass sie zur Unwirksamkeit der Entscheidung führt (MüKoFamFG/*Rauscher* Rn 11).

852   **bb) Prüfungsmaßstab.** Dies wäre für die internationale Zuständigkeit in Unterhaltssachen nach deutschem autonomen Recht **§ 105 iVm § 232 FamFG.** Diese Vorschriften werden jedoch im Rahmen der internationalen Entscheidungszuständigkeit nahezu vollständig durch die Vorschriften der EuUntVO (Art 3 ff; → C Rn 89 ff) bzw – wenn der Antragsgegner seinen Wohnsitz in *Island, Norwegen* oder der *Schweiz* hatte – durch jene des Luganer Übk (Art 2 ff; → C Rn 356 ff) verdrängt. Anders als die Art 3 ff EuEheVO in Ehesachen (→ K Rn 258) und die Art 8 ff EuEheVO in Sorgerechtssachen (→ N Rn 632) dienen die Art 3 ff EuUntVO also nicht nur zur Abgrenzung der Entscheidungszuständigkeit zwischen den EU-Mitgliedstaaten, sondern regeln die internationale Zuständigkeit der mitgliedstaatlichen Gerichte abschließend. Aus diesem Grunde sollten sie – und nicht § 105 iVm § 232 FamFG – auch spiegelbildlich im Rahmen der Anerkennungszuständigkeit nach Nr 1 zugrunde gelegt werden (ebenso *Wall* FamRBint 11, 15/18 ff; **aA** *Riegner* FPR 13, 4/8). Danach kann sich die Anerkennungszuständigkeit auch aus einer Gerichtsstandsvereinbarung oder einer rügelosen Einlassung ergeben (Art 4, 5 EuUntVO). Denn wenn deutsche Gerichte ihre internationale Zuständigkeit auch gegenüber Drittstaaten nach Maßgabe der Art 3 ff EuUntVO in Anspruch nehmen, so müssen sie es auch respektieren, dass drittstaatliche Gerichte sich ihrerseits unter den gleichen Voraussetzungen für international zuständig erklären. Diese Besonderheit des internationalen Unterhaltsrechts wird in der bisherigen Diskussion nicht hinreichend berücksichtigt (allg für Anwendung der unions- bzw staatsvertraglichen Regelungen im Rahmen von § 109 Nr 1: *Wall* FamRBInt 11, 15 ff; *Fernández Arroyo/Schmidt* IPRax 09, 499/500; *Kern* ZZP 120 [2007] 31/49 ff; Mu/V/*Stadler* § 328 ZPO Rn 10; MüKoFamFG/*Rauscher* Rn 12; **aA** St/J/*Roth* § 328 ZPO Rn 74; *Schärtl* IPRax 06, 438/442; Zö/*Geimer* Rn 4).

853   Eine konkurrierende Zuständigkeit des deutschen und des ausländischen Gerichts steht der Anerkennung nicht entgegen (vgl § 106; OLG Hamm FamRZ 76, 528/530). Für **doppelrelevante Tatsachen,** die die Zuständigkeit des angerufenen ausländischen Gerichts begründen, genügt im Rahmen der Anerkennung nicht die schlüssige Behauptung; vielmehr muss die

1224

IV. Autonomes Zivilverfahrensrecht: FamFG § 109   **854–863 M**

Tatsache zur Überzeugung des die Anerkennung prüfenden Gerichts nachgewiesen sein (BGH NJW 94, 1413/1414). Ist die Entscheidung in einem Mehrrechtsstaat mit eigener Gerichtsbarkeit der Teil- bzw Bundesstaaten (zB *USA, Kanada*) ergangen, genügt die internationale Zuständigkeit des Gesamtstaates, denn die interne Organisation des ausländischen Staates ist im Stadium der Entscheidungsanerkennung nicht zu bewerten (BGH NJW 99, 3198; Keidel/ *Zimmermann* Rn 3; **aA** OLG Hamm IPRax 98, 474).

cc) Maßgebender Zeitpunkt. Für das Vorliegen der Anerkennungszuständigkeit bzw der 854 entsprechenden Anknüpfungstatsachen ist grundsätzlich der Zeitpunkt der Erhebung des Antrags im ausländischen Verfahren maßgebend (MüKoZPO/*Gottwald* § 328 ZPO Rn 94). Demgemäß schadet ein späterer Wegfall der zuständigkeitsbegründenden Tatsachen entsprechend dem für deutsche Gerichte geltenden Grundsatz der *perpetuatio fori* nicht (§ 113 Abs 1 iVm § 261 Abs 3 Nr 2 ZPO; vgl BGHZ 141, 286/290 = BGH NJW 99, 3198 [zu § 328 ZPO]; MüKoFamFG/ *Rauscher* Rn 13; NK-BGB/*Andrae* §§ 107–109 Rn 53). Ferner wird die im Zeitpunkt der Verkündung der ausländischen Entscheidung gegebene Anerkennungsfähigkeit auch durch eine spätere Rechtsänderung im Zweitstaat nicht mehr beseitigt (vgl KG NJW 88, 649 [Ehesache]). Andererseits genügt es jedoch, wenn die Zuständigkeit zwar noch nicht bei Antragstellung vor dem ausländischen Gericht, wohl aber zum Zeitpunkt des Erlasses der ausländischen Entscheidung vorgelegen hat. Ob es darüber hinaus auch ausreicht, wenn das ausländische Gericht aufgrund einer Gesetzesänderung im Zweitstaat erst im Zeitpunkt der Anerkennungsprüfung zuständig geworden ist (so BayObLG NJW 88, 2178/2179) erscheint zumindest fraglich, weil der Antragsgegner im ausländischen Verfahren darauf vertrauen konnte, dass das die Entscheidung in Deutschland nicht anerkennungsfähig sein würde und seine Verteidigungsstrategie darauf ausgerichtet hat (*Geimer* NJW 88, 651 f; Keidel/*Zimmermann* Rn 3; vgl auch KG FamRZ 04, 275/276; **aA** Bumiller/Harders/*Schwamb* Rn 6).

dd) Die einzelnen Fälle des § 109 Abs 1 Nr 1 iVm Art 3 ff EuUntVO. Die interna- 855 tionale Anerkennungszuständigkeit des ausländischen Gerichts nach Nr 1 liegt in Unterhaltssachen in folgenden Fällen vor:

(1) der **Antragsgegner** – idR der Unterhaltsverpflichtete – hatte seinen **gewöhnlichen Auf-** 856 **enthalt im Ursprungsstaat,** Nr 1 iVm Art 3 lit a EuUntVO;

(2) die **unterhaltsberechtigte Person** – idR der Antragsteller – hatte ihren **gewöhnlichen** 857 **Aufenthalt im Ursprungsstaat,** Nr 1 iVm Art 3 lit b EuUntVO;

(3) das Gericht des Ursprungsstaats hat über den Unterhalt in einem Neben- oder Folgever- 858 fahren zu einem **Verfahren über den Personenstand** (zB einem Scheidungsverfahren) entschieden und war nach seinem eigenen Recht für die Personenstandssache international zuständig, es sei denn diese Zuständigkeit gründete sich auf die Staatsangehörigkeit nur einer der Parteien;

(4) das Gericht des Ursprungsstaats hat über den Unterhalt in einem Neben- oder Folgever- 859 fahren zu einem **Verfahren betreffend die elterliche Verantwortung** (zB einem Sorgerechtsverfahren) entschieden und war nach seinem eigenen Recht für das Verfahren betreffend die elterliche Verantwortung international zuständig, es sei denn diese Zuständigkeit gründete sich auf die Staatsangehörigkeit nur einer der Parteien;

(5) die Parteien hatten die Zuständigkeit der Gerichte des Ursprungsstaates wirksam nach Maß- 860 gabe von Art 4 EuUntVO **vereinbart;**

(6) der Antragsgegner hat sich im Verfahren vor dem Ursprungsgericht nach Maßgabe von Art 5 861 EuUntVO **rügelos eingelassen;**

(7) das Ursprungsgericht hat zu Recht eine **Auffang- oder Notzuständigkeit** in spiegelbild- 862 licher Anwendung der Art 6, 7 EuUntVO in Anspruch genommen.

b) Verletzung des rechtlichen Gehörs bei der Verfahrenseinleitung, Nr 2. Die Vor- 863 schrift hat ihr Vorbild in § 328 Abs 1 Nr 2 ZPO und entspricht – allerdings mit gewissen Abweichungen – Art 24 S 1 lit b EuUntVO; auf die dortige Kommentierung kann daher ergänzend verwiesen werden (→ Rn 175 ff). Sie schützt das rechtliche Gehör des Antragsgegners (bzw des Widerantragsgegners) im Stadium der Verfahrenseinleitung. Es soll sichergestellt werden, dass der Antragsgegner vom ausländischen Verfahren Kenntnis erhalten hat, damit er seine Rechte im ausländischen Verfahren wahrnehmen konnte. Die Norm ist eine spezielle Ausprägung des verfahrensrechtlichen *ordre public* nach Nr 4. Wurde das rechtliche Gehör eines Beteiligten erst verletzt, nachdem ihm das verfahrenseinleitende Dokument ordnungsgemäß und rechtzeitig bekannt gemacht wurde, so kann die Anerkennung daher zwar nicht nach Nr 2, wohl

1225

M 864–869   2. Teil. Anerkennung/Vollstreckung M. Unterhaltssachen

aber nach Nr 4 ausgeschlossen sein. Hierfür reichen aber Fehler bei der Zustellung späterer Schriftsätze nicht aus (BGH NJW-RR 1987, 377). Nr 2 sperrt jedoch die Anwendung des *ordre public*-Einwandes nach Nr 4 nicht (Keidel/*Zimmermann* Rn 9; MüKoFamFG/*Rauscher* Rn 24). Das Anerkennungshindernis der Nr 2 wird – anders als dies der hM zu Art 24 S 1 lit b EuUntVO entspricht (→ Rn 176) – **nur auf Rüge** hin beachtet („sich hierauf beruft"; *Riegner* FPR 13, 4/8; Bamberger/Roth/*Althammer* Rn 3); auf diese Rüge kann daher verzichtet werden.

864   Wegen der Einzelheiten zur Auslegung des Versagungsgrundes nach Nr 2 wird auf die Kommentierung der Vorschrift im Rahmen der Anerkennung von Entscheidungen in **Ehesachen** (→ K Rn 266 ff) mit der Maßgabe verwiesen, dass Vergleichsmaßstab im europäischen Recht Art 24 UAbs 1 lit b EuUntVO ist.

865   Ist nach dem Verfahrensrecht des Ursprungsstaats keine förmliche Zustellung vorgeschrieben, so ist im Falle einer nur formlosen Mitteilung an den Antragsgegner zwar Nr 2 nicht verletzt. Wäre jedoch nach deutschem Recht – wie im Unterhaltsstreit – eine Zustellung des verfahrenseinleitenden Dokuments notwendig gewesen, so kommt ein Verstoß gegen Nr 4 in Betracht; denn jedenfalls in Familienstreitsachen ist das Erfordernis förmlicher Zustellung des Antrags dem verfahrensrechtlichen *ordre public* zuzurechnen (MüKoFamFG/*Rauscher* Rn 29). Soweit der deutsche Gesetzgeber eine Obliegenheit des Antragsgegners zur **Einlegung von Rechtsbehelfen** im erststaatlichen Verfahren in § 109 Abs 1 Nr 2 FamFG nicht übernommen, hat er dabei vor allem Entscheidungen in Ehesachen und in Verfahren betreffend die elterliche Verantwortung im Auge gehabt, für die auch das europäische Recht (Art 22 lit b, Art 23 lit c EuEheVO) eine Pflicht des Antragsgegners zur Einlegung von Rechtsbehelfen nicht normiert. Demgegenüber bietet sich für die Auslegung von Nr 2 **in Unterhaltssachen** durchaus eine Anlehnung an Art 24 UAbs 1 lit b EuUntVO an, der eine solche Pflicht ausdrücklich vorschreibt (→ Rn 189 ff).

866   **c) Unvereinbare Entscheidungen oder Verfahren, Nr 3. aa) Allgemeines.** Die Vorschrift entspricht § 328 Abs 1 Nr 3 ZPO, für den seinerseits Art 27 Nr 3 und Nr 4 EuGVÜ Vorbild war. Die korrespondierenden europäischen Vorschriften finden sich heute in Art 45 Abs 1 lit c und lit d EuGVVO nF (= Art 34 Nr 3 und Nr 4 EuGVVO aF) bzw in Art 24 S 1 lit c und lit d EuUntVO. Daher kann ergänzend auf die vom EuGH zu diesen Vorschriften entwickelten Grundsätze (→ Rn 192 ff) zurückgegriffen werden.

867   **bb) Unvereinbarkeit.** Erforderlich ist danach **keine Identität des Verfahrensgegenstands.** Miteinander unvereinbar sind Entscheidungen vielmehr schon dann, wenn sich deren Urteilswirkungen (Rechtsfolgen) widersprechen (vgl zum EuGVÜ EuGH 145/86 – *Hoffmann/Krieg,* Slg 88, 645 Rn 22 = NJW 89, 663; EuGH C-80/00 – *Italian Leather,* Slg 02 I-4995 Rn 40u 47 = NJW 02, 2087 m Anm *Hess* IPRax 05, 23; für Übertragung der Kernpunkttheorie des EuGH jedenfalls in Unterhaltssachen auf § 328 Abs 1 Nr 3 ZPO OLG Hamm FamRZ 01, 1015; ebenso für § 109 Nr 3 FamFG Bamberger/Roth/*Althammer* Rn 4; P/H/*Hau* Rn 42). Gefragt werden muss also, ob der dem anzuerkennenden ausländischen Unterhaltsurteil zugrundeliegende Antrag vor einem deutschen Gericht noch gestellt werden könnte oder ob er wegen des Widerspruchs zur Rechtskraftwirkung einer inländischen oder einer ebenfalls anerkennungsfähigen früheren ausländischen Unterhaltsentscheidung unzulässig wäre. Dabei ist nicht nur der Tenor beider Entscheidungen zu vergleichen; vielmehr kann sich die Unvereinbarkeit auch aus den Entscheidungsgründen bzw aus Widersprüchen bezüglich präjudizieller Rechtsverhältnisse ergeben (MüKoFamFG/*Rauscher* Rn 35; MüKoZPO/*Gottwald* Art 45 EuGVVO Rn 46).

868   Unvereinbarkeit liegt beispielsweise zwischen der Verurteilung zum Ehegattenunterhalt im Ausland einerseits und einem inländischen Ehescheidungsurteil andererseits vor (EuGH aaO, Slg 88, 645 Rn 25 = NJW 89, 663). Eine inländische Entscheidung über die Gewährung von **Prozesskostenhilfe** (BGH NJW 84, 568; Keidel/*Zimmermann* Rn 14) oder eine inländische **einstweilige Anordnung** schließen die Anerkennung der ausländischen Hauptsacheentscheidung jedoch nicht aus, wohl aber eine inländische einstweilige Anordnung der Anerkennung einer mit ihr unvereinbaren ausländischen (BGH NJW 92, 3108; Keidel/*Zimmermann* Rn 15).

869   Im Rahmen der Nr 3 ist zu berücksichtigen, dass Entscheidungen auf dem Gebiet der Unterhaltspflicht **abgeändert** werden können, wenn sich die zugrundeliegenden Verhältnisse ändern. Von einer Unvereinbarkeit der Entscheidungen kann daher nur gesprochen werden, wenn beide Gerichte von der gleichen Tatsachengrundlage ausgehen und diese unterschiedlich rechtlich würdigen (OLG Frankfurt FamRZ 92, 463). Nicht unvereinbar sind hingegen eine inländische Unterhaltsentscheidung und eine spätere ausländische Abänderungsentscheidung, in welcher der

1226

IV. Autonomes Zivilverfahrensrecht: FamFG § 109   870–875 **M**

Unterhalt aufgrund eines – zB krankheitsbedingten – erhöhten Unterhaltsbedarfs des Berechtigten oder einer – zB infolge Arbeitslosigkeit – geringeren Leistungsfähigkeit des Verpflichteten neu bemessen worden ist (vgl OLG Zweibrücken FamRZ 99, 33/34; OLG Hamm FamRZ 93, 339/340).

cc) Die einzelnen Fälle. Die Vorschrift unterscheidet **drei Konstellationen:**   870

(1) Eine **inländische Entscheidung** setzt sich – in Übereinstimmung mit Art 24 UAbs 1 lit c EuUntVO (→ Rn 192 ff) – gegenüber der Anerkennung einer ausländischen Entscheidung, die mit ihr nicht zu vereinbaren ist, in jedem Fall durch. Dabei kommt es auf die zeitliche Reihenfolge der Entscheidungen nicht an. Der Vorrang der inländischen Entscheidung gilt mithin auch dann, wenn sie erst nach der ausländischen Entscheidung ergangen ist oder wenn im deutschen Verfahren die frühere Rechtshängigkeit des ausländischen Verfahrens übersehen oder missachtet worden ist (Keidel/*Zimmermann* Rn 15).

(2) Für konkurrierende **ausländische Entscheidungen,** deren Anerkennung im Inland be-   871 gehrt wird, gilt hingegen – wie nach Art 24 UAbs 1 lit d EuUntVO (→ Rn 201 ff) – das **Prioritätsprinzip.** Die Anerkennung einer ausländischen Entscheidung ist mithin ausgeschlossen, wenn eine mit ihr konkurrierende – ebenfalls anerkennungsfähige – ausländische Entscheidung früher erlassen wurde. Dies gilt auch dann, wenn die frühere ausländische Entscheidung in einem Mitgliedstaat der EuUntVO erlassen wurde und deshalb nach Art 24 dieser Verordnung anzuerkennen ist. Für die Priorität ist auf den Zeitpunkt abzustellen, zu dem die Entscheidungen nach ihrer jeweiligen *lex fori* in Rechtskraft erwachsen sind (OLG Bamberg FamRZ 00, 1289/1290).

(3) Schließlich steht auch die **frühere Rechtshängigkeit des inländischen Verfahrens** der 872 Anerkennung entgegen, wenn diese von dem ausländischen Gericht missachtet wurde, dessen Entscheidung nunmehr anerkannt werden soll. Denn ebenso wie deutsche Gerichte eine ausländische Rechtshängigkeit (bei einer positiven Anerkennungsprognose) beachten, können sie auch erwarten, dass ausländische Gerichte eine frühere Rechtshängigkeit in Deutschland respektieren. Das Anerkennungshindernis besteht aber auch dann, wenn dem ausländischen Gericht die frühere Rechtshängigkeit im Inland nicht bekannt war (BeckOK-FamFG/*Sieghörtner* Rn 30). Die Frage, wann die konkurrierenden Verfahren rechtshängig geworden sind, bestimmt sich nach der jeweiligen *lex fori* (BGH NJW 87, 3083). Die hierauf gestützte Versagung der Anerkennung setzt voraus, dass das Verfahren vor den deutschen Gerichten noch immer rechtshängig ist; ist es inzwischen rechtskräftig abgeschlossen, so setzt sich das inländische Urteil entsprechend dem zu (1) Gesagten in jedem Fall durch.

d) Verstoß gegen den ordre public, Nr 4. Ausländische Unterhaltsentscheidungen sind – 873 in Übereinstimmung mit Art 24 UAbs 1 lit a EuUntVO – weiterhin nicht anerkennungsfähig, wenn sie mit wesentlichen Grundsätzen des deutschen Rechts offensichtlich unvereinbar ist, wozu – ebenso wie nach Art 6 EGBGB – insbesondere die Grundrechte des GG und der EU-Charta sowie die zu ihrer Auslegung heranzuziehenden Gewährleistungen der EMRK gehören. Nr 4 stellt in gewissem Umfang eine Ausnahme von dem Verbot der *révision au fond* (Abs 5) dar. Der *ordre public*-Einwand greift nur in Ausnahmefällen ein (BGH FamRZ 11, 788 Rn 25). Er ist ferner im Anerkennungsrecht strikter zu handhaben als im Kollisionsrecht (BGH NJW 15, 479 Rn 28; vgl auch BGH NJW 15, 2800 Rn 34 m Anm *Kemper* [Adoption]). Die Entscheidung muss mit den der inländischen Rechtsordnung zugrundeliegenden Gerechtigkeitsvorstellungen in einer Weise in Widerspruch steht, dass sie schlichtweg untragbar erscheint (BGH NJW 02, 960/961) oder auf einem Verfahren beruhen, das nach der deutschen Rechtsordnung nicht als geordnetes rechtsstaatliches Verfahren angesehen werden kann (BGH NJW 10, 153 Rn 24 ff; BayObLG FamRZ 02, 1637/1639). Die Anerkennung kann hingegen nicht schon deshalb versagt werden, weil die ausländische Entscheidung in einem Verfahren erlassen wurde, das von zwingenden Vorschriften des deutschen Prozessrechts abweicht (BGH aaO). Maßgebend für die Prüfung eines *ordre public*-Verstoßes ist der Zeitpunkt, zu dem über die Anerkennung entschieden wird (BayObLGZ 00, 180; Bamberger/Roth/*Althammer* Rn 5).

Wegen der Einzelheiten wird auf die Kommentierung zu Art 24 UAbs 1 lit a EuUntVO 874 (→ Rn 160 ff) verwiesen.

Im deutschen autonomen Anerkennungsrecht darf die Anerkennung der Entscheidung über 875 nachehelichen Unterhalt – anders als im Anwendungsbereich der Art 17 ff EuEheVO (dazu → Rn 133) – grundsätzlich weiter davon abhängig gemacht werden, dass auch die der Unterhaltsregelung **zugrundeliegende Ehescheidung im Inland anzuerkennen** ist (→ Rn 846 f). Entsprechendes gilt für die einer Entscheidung über Kindesunterhalt zugrundeliegende gericht-

1227

M   2. Teil. Anerkennung/Vollstreckung M. Unterhaltssachen

liche **Vaterschaftsfeststellung.** Hingegen setzt die Anerkennung und Vollstreckung einer ausländischen Entscheidung über Kindesunterhalt, die Bestandteil eines Scheidungsurteils ist, nicht die vorherige Anerkennung dieses Scheidungsurteils durch die zuständige deutsche Landesjustizverwaltung voraus, weil der Anspruch auf Kindesunterhalt von der Wirksamkeit der Scheidung nicht abhängt (BGH FamRZ 07, 717 mwN; **aA** noch OLG Hamm FamRZ 89, 785 m abl Anm *Henrich* IPRax 90, 59 f).

876   **e) Fehlende Verbürgung der Gegenseitigkeit, Abs 4 Nr 1.** Die fehlende Verbürgung der Gegenseitigkeit ist kein generelles Anerkennungshindernis in Familiensachen, sondern nur bei der Anerkennung von Entscheidungen zu prüfen, die einen der in Abs 4 aufgezählten Verfahrensgegenstände betreffen. Dies sind Verfahren, für die bis zum Inkrafttreten des FamFG § 328 Abs 1 Nr 5 ZPO Anwendung fand. Zu diesen Verfahren zählen gem Abs 4 Nr 1 **auch Unterhaltssachen** iSv § 231 Abs 1 und § 269 Abs 1 Nr 8 und Nr 9, weil es sich um Familienstreitsachen (vgl § 112 Nr 1) handelt.

877   Eine Verbürgung der Gegenseitigkeit ist dann anzunehmen, wenn die Anerkennung und Vollstreckung einer entsprechenden deutschen Entscheidung in dem ausländischen Entscheidungsstaat auf keine wesentlich größeren Schwierigkeiten stößt, als die Anerkennung und Vollstreckung der anzuerkennenden Entscheidung in Deutschland (BGH NJW 01, 524/525; NJW 99, 3198/3201; OLG Köln FamRZ 95, 306 f). Dabei ist eine formell vereinbarte Gegenseitigkeit keine notwendige Voraussetzung (BGH NJW 01, 524/525; Mu/*Borth*/*Grandel* Rn 14).

878   Bei der Prüfung, ob die Gegenseitigkeit verbürgt ist, ist auf die **tatsächliche Praxis** in dem betreffenden Staat abzustellen (OLG Hamburg RIW 16, 760 [keine Verbürgung der Gegenseitigkeit mit *Russland*]; Mu/V/*Stadler* § 328 ZPO Rn 31); nur soweit sie nicht feststellbar ist, ist das geschriebene Anerkennungsrecht des Entscheidungsstaats maßgebend (BGHZ 49, 50/52 = NJW 68, 357; OLG Zweibrücken FamRZ 07, 1555 [keine Verbürgung der Gegenseitigkeit mit dem *Iran*]). Eine Antwort auf die Frage, ob die Gegenseitigkeit bei der Anerkennung von Entscheidungen mit bestimmten Staaten verbürgt ist, lässt sich in diesbezüglichen Übersichten der Kommentarliteratur finden (etwa MüKoZPO/*Gottwald* § 328 ZPO Rn 135 ff). Bei der Prüfung sollte kein zu strenger Maßstab angelegt werden. Zu beachten ist, dass in Familiensachen, vor allem in Lebenspartnerschaftssachen, ausländische Staaten oftmals eine restriktivere Haltung gegenüber der Anerkennung inländischer Entscheidungen einnehmen, als in sonstigen vermögensrechtlichen Angelegenheiten (MüKoFamFG/*Rauscher* Rn 62).

879   Für die meisten **US-Bundesstaaten** und **kanadischen Provinzen** sowie für **Südafrika** ist die Gegenseitigkeit förmlich verbürgt. Für Entscheidungen aus diesen Staaten ist zusätzlich § 64 AUG anwendbar (→ Rn 825 ff).

3. Verbot der révision au fond, Abs 5

880   Eine Überprüfung der Entscheidung in der Sache ist – wie schon nach bisheriger Rechtslage (§ 328 ZPO; BGH NJW 92, 3100/3101 f) – ausgeschlossen (*Althammer* IPRax 09, 381/387). Nach dem Vorbild der entsprechenden europarechtlichen Regelungen (vgl Art 42 EuUntVO, Art 26 EuEheVO) ist dieser Grundsatz nunmehr in Abs 5 ausdrücklich normiert. Das Verbot der *révision au fond* erstreckt sich zunächst auf die Prüfung von materiellen oder verfahrensrechtlichen Fehlern des Erstgerichts bei der Rechtsanwendung. Vorbehalten bleibt jedoch die Prüfung des deutschen *ordre public* (Abs 1 Nr 4). Das Verbot der *révision au fond* erstreckt sich auch auf die Frage des in der Sache anwendbaren Rechts. Die verfahrensrechtliche Anerkennung kann daher nach heute ganz hM nicht deshalb abgelehnt werden, weil das ausländische Gericht den Sachverhalt unter Zugrundelegung eines anderen als desjenigen Rechts entschieden hat, das aus Sicht des deutschen IPR anwendbar gewesen wäre (kein Erfordernis kollisionsrechtlicher Konformität, vgl Art 25 EuEheVO). In Unterhaltssachen ist es daher unschädlich, dass das ausländische Gericht Kollisionsnormen angewandt hat, die von den vor deutschen Gerichten auch in Drittstaatsfällen anwendbaren Regeln des HUP (→ C Rn 489 ff) abweichen.

FamFG § 110. Vollstreckbarkeit ausländischer Entscheidungen

(1) **Eine ausländische Entscheidung ist nicht vollstreckbar, wenn sie nicht anzuerkennen ist.**

(2) [1]**Soweit die ausländische Entscheidung eine in § 95 Abs. 1 genannte Verpflichtung zum Inhalt hat, ist die Vollstreckbarkeit durch Beschluss auszusprechen.** [2]**Der Beschluss ist zu begründen.**

IV. Autonomes Zivilverfahrensrecht: FamFG § 110

(3) ¹Zuständig für den Beschluss nach Absatz 2 ist das Amtsgericht, bei dem der Schuldner seinen allgemeinen Gerichtsstand hat, und sonst das Amtsgericht, bei dem nach § 23 der Zivilprozessordnung gegen den Schuldner Klage erhoben werden kann. ²Der Beschluss ist erst zu erlassen, wenn die Entscheidung des ausländischen Gerichts nach dem für dieses Gericht geltenden Recht die Rechtskraft erlangt hat.

Schrifttum: *Giers,* Die Vollstreckung nach dem FamFG, FPR 08, 441; *Schlünder,* Die Vollstreckung nach dem FamFG, FamRZ 09, 1636.

1. Allgemeines

Abs 1 enthält den Grundsatz, dass Voraussetzung jeder Vollstreckung einer ausländischen Entscheidung (→ Rn 837 ff) deren Anerkennungsfähigkeit nach §§ 108, 109 ist. Die Absätze 2 und 3 übernehmen für diejenigen Entscheidungen, die nach den Vorschriften der ZPO vollstreckt werden, im Wesentlichen den Regelungsgehalt der §§ 722, 723 ZPO (zu Abweichungen H *Roth* JZ 09, 591). Damit besteht vor allem in **Unterhaltssachen** (einschließlich der Vollziehung einer Auskunftsverpflichtung; vgl § 95 Abs 1) die Notwendigkeit eines förmlichen Exequaturverfahrens nach Abs 2 und Abs 3 (BGH FamRZ 15, 2043/2044 m Anm *Gottwald* = IPRax 17, 499 Rn 16 m Anm *Kern* 475; OLG Celle FamRZ 14, 142/143; *Riegner* FPR 13, 4/7; *Botur* FamRZ 10, 1860/1863; P/H/*Hau* § 110 Rn 19; ThP/*Hüßtege* Rn 4; **aA** *Klinck* FamRZ 09, 741/745: unmittelbare Anwendung der §§ 722, 723 ZPO wegen § 120 FamFG). Das in § 723 Abs 1 ZPO normierte Verbot der sachlichen Nachprüfung der ausländischen Entscheidung enthält für das FamFG bereits § 109 Abs 5. **881**

Vorrang vor der Vollstreckbarerklärung nach § 110 haben allerdings nach § 97 Abs 1 sowohl die EuUntVO wie völkerrechtliche Verträge. Für letztere gilt dies indessen nach dem **Günstigkeitsprinzip** nur dann, wenn der Staatsvertrag einen solchen Vorrang in Anspruch nimmt. Dies trifft weder auf das HUntVO 1973 (Art 23; dazu BGH aaO, IPRax 17, 499 Rn 16 m Anm *Kern* 475) noch auf das HUÜ 2007 (Art 52 Abs 2) zu (vgl allg P/H/*Hau* § 97 Rn 6; *Haußleiter/ Gomille* § 97 Rn 11). Jedoch dürfte für eine Vollstreckbarerklärung nach § 110 Abs 2 regelmäßig das Rechtsschutzbedürfnis fehlen, wenn das einfachere Klauselerteilungsverfahren nach § 57 iVm §§ 36 ff AUG zum gleichen Ziel führt (G/Sch/*Baumann* Art 23 HUntVO Anm III.2; MüKoFamFG/*Gottwald* Art 23 HUntVÜ Rn 3). Etwas anderes hat aber dann zu gelten, wenn die unterhaltsrechtliche Qualifikation des ausländischen Titels zweifelhaft ist (BGH aaO, Rn 17 [Verurteilung zum Schadensersatz in einem türkischen Scheidungsurteil]; P/H/*Hau* Rn 16). **882**

2. Verhältnis zu anderen Verfahren

Für die Vollstreckung der Entscheidungen aus (Bundes-) Staaten mit **förmlicher Verbürgung der Gegenseitigkeit** (§ 1 Abs 1 S 1 Nr 3 AUG) sieht § 64 AUG Sonderregelungen vor (→ Rn 825 ff). Eine Liste der Staaten bzw Bundesstaaten mit förmlicher Verbürgung der Gegenseitigkeit findet sich auf der Homepage des Bundesamtes für Justiz (www.bundesjustizamt.de; s a → Rn 719 ff). Entscheidungen aus diesen Staaten können im Inland nach § 64 AUG auch dann für vollstreckbar erklärt werden, wenn sie noch keine formelle Rechtskraft erlangt haben; ferner sieht § 64 AUG bis zum Rechtskrafteintritt eine erleichterte Abänderungsmöglichkeit vor. **883**

Anstelle des förmlichen Vollstreckbarerklärungsverfahrens nach Abs 2 und Abs 3 steht es dem Antragsteller nach hM frei, den Unterhaltsanspruch im Wege des **Leistungsantrags** geltend machen (BGH NJW 79, 2477/1964, 1626; OLG Zweibrücken NJOZ 05, 3309; OLG Karlsruhe NJW-RR 99, 82/83; Mu/*Borth/Grandel* Rn 8). Dem Leistungsantrag steht weder die Rechtskraftwirkung des ausländischen Urteils entgegen, noch scheitert er am fehlenden Rechtsschutzbedürfnis des Gläubigers. Denn ein Vollstreckungsbeschluss nach § 110 ist „weder einfacher noch schneller" zu erreichen als ein neuer Leistungsbeschluss (BGH NJW 1987, 1146 zu § 722 ZPO). Im Rahmen dieses neuen Erkenntnisverfahrens besteht jedoch, soweit die ausländische Entscheidung anzuerkennen ist, eine Bindung an die materielle Rechtskraft der ausländischen Entscheidung (BGH NJW 87, 1146). Umgekehrt kann der Verpflichtete einen **negativen Feststellungsantrag** stellen (MüKoZPO/*Gottwald* § 722 ZPO Rn 56; Mu/*Borth/Grandel* Rn 8). Mit dem Antrag nach Abs 2 kann ein **Eventual-Leistungsantrag** aus dem der Entscheidung zugrunde liegenden Rechtsverhältnis verbunden werden, falls eine Vollstreckbarerklärung nicht möglich ist (BGH NJW 79, 2477; Mu/*Borth/Grandel* Rn 7). Weiter kann nach hM aus prozessökonomischen Gründen mit dem Antrag nach Abs 2 ein Antrag auf **Abänderung eines Unterhaltstitels** nach § 238 verbunden werden (BGH NJW 87, 1146/1147; OLG Karlsruhe FamRZ **884**

M 885–893   2. Teil. Anerkennung/Vollstreckung M. Unterhaltssachen

91, 600; Mu/*Borth*/*Grandel* Rn 7). Zur Frage, ob die Vollstreckbarerklärung eines Titels über nachehelichen Unterhalt von der (förmlichen) **Anerkennung des Scheidungsausspruchs** nach § 107 abhängt → Rn 846 f.

3. Förmliches Vollstreckbarerklärungsverfahren, Abs 2, 3

885   **a) Allgemeines.** Gegenstand des Verfahrens ist die Zulassung der Zwangsvollstreckung aus der ausländischen Entscheidung, nicht der materielle Unterhaltsanspruch selbst (Keidel/*Zimmermann* Rn 27). Örtlich und sachlich zuständig für das Verfahren nach Abs 2 ist das Amtsgericht, bei dem der Schuldner seinen allgemeinen Gerichtsstand hat ist; in Ermangelung eines solchen im Inland ist das AG zuständig, bei dem nach § 23 ZPO (besonderer Gerichtsstand des Vermögens oder des Streitgegenstands) gegen den Schuldner Klage erhoben werden kann (Abs 3 S 1). Funktionell zuständig in Unterhaltssachen ist das Familiengericht.

886   Für die nach der ZPO zu vollstreckenden Verpflichtungen iSv § 95 Abs 1, insbesondere für Geldforderungen, ist die Vollstreckbarkeit **durch Beschluss** auszusprechen, der begründet werden muss, Abs 2. Das Gericht hat dabei insbesondere zum Vorliegen von Anerkennungshindernissen nach § 109 Stellung zu nehmen (BT-Drs 16/6308, S 223). Gegen den Beschluss ist die **Beschwerde** (§§ 58 ff) und anschließend die Rechtsbeschwerde nach § 70 statthaft.

887   **b) Voraussetzungen.** Das Gericht hat für die Zulassung der Zwangsvollstreckung aus einem ausländischen Unterhaltstitel insbesondere zu prüfen,

     1. ob ein **Antrag** vorliegt und der Antragsteller prozessführungsbefugt ist,

888   **2.** ob der Antrag bei der **zuständigen Stelle** (Abs 3 S 1) eingereicht wurde,

889   **3.** ob eine Entscheidung iSv § 108 vorliegt (→ Rn 837 ff) und diese nach der ausländischen *lex fori* **wirksam** ist. Anders als nach Art 48 EuUntVO (→ Rn 325 ff) können also Unterhaltsvergleiche und vollstreckbare Urkunden nicht nach § 110 vollstreckt werden (*Riegner* FPR 13, 4/7; P/H/*Hau* Rn 17).

890   **4.** ob die Entscheidung **anerkennungsfähig** ist (§ 109 Abs 1, Abs 4 Nr 1; → Rn 848 ff),

891   **5.** ob der Entscheidung nach dem Recht des Ursprungsstaates **formelle Rechtskraft** zukommt (Abs 3 S 2). Entscheidend ist insoweit die Unanfechtbarkeit mit ordentlichen Rechtsmitteln oder jedenfalls eine Wirkung, die den Bestand des Titels im ausländischen Recht sichert (Keidel/*Zimmermann* Rn 26; MüKoZPO/*Gottwald* § 723 Rn 3). Für die Rechtskraft der ausländischen Entscheidung trägt der Antragsteller die Beweislast (Keidel/*Zimmermann* Rn 26). § 64 Abs 1 S 2 AUG (→ Rn 816) enthält insoweit für Entscheidungen aus Staaten, mit denen die Gegenseitigkeit förmlich verbürgt ist, eine Ausnahme vom Erfordernis formeller Rechtskraft.

892   **6.** ob die Entscheidung nach dem Recht des Ursprungstaats **vollstreckbar** ist. Über den Wortlaut des Abs 3 S 2 hinausgehend, der lediglich ein Erfordernis der Rechtskraft normiert, ist für eine Vollstreckbarerklärung in Deutschland notwendig, dass die ausländische Entscheidung im Ursprungsstaat vollstreckbar ist, denn die Rechtswirkung eines ausländischen Urteils soll in Deutschland nicht weiter gehen als im Ursprungsstaat (BGH FamRZ 04, 1023). Das Vollstreckbarkeitserfordernis ist erfüllt, wenn die Entscheidung im Ursprungsstaat abstrakt vollstreckbar ist; ob sie auch konkret vollstreckt werden kann oder Vollstreckungshindernisse bestehen, ist dagegen unbeachtlich.

893   **7.** ob der ausländische Titel **hinreichend bestimmt** ist. Nach deutschem Vollstreckungsrecht kann ein Titel nur dann die Grundlage der Vollstreckung bilden, wenn er inhaltlich hinreichend bestimmt ist (vgl BGH NJW 66, 1755). Auch für ausländische Titel gelten insoweit die gleichen Grundsätze wie für inländische Titel. Ausländische Titel genügen diesen Anforderungen nicht immer (Bsp: die ausländische Entscheidung tituliert einen Unterhaltsbetrag zzgl der „gesetzlichen Zinsen" (BGH NJW 90, 3084; OLG Zweibrücken IPRax 06, 49; OLG Celle NJW 88, 2183; AG Wiesbaden FamRZ 06, 562; **aA** OLG München IPRax 88, 291; LG Düsseldorf IPRax 85, 160) oder koppelt die titulierte Forderung an einen Index (BGH NJW 86, 1440). Wird der ausländische Titel diesen Anforderungen nicht gerecht, ergeben sich jedoch die Kriterien, nach denen sich die titulierte Leistungspflicht bestimmt, aus den ausländischen Vorschriften oder ähnlichen im Inland gleichermaßen zugänglichen und sicher feststellbaren Umständen, so sind diese Feststellungen im Verfahren der Vollstreckbarerklärung zu treffen und der ausländische Titel ist in dem Beschluss nach Abs 2 entsprechend zu **konkretisieren** (BGH NJW 10, 153/154; OLG Celle FamRZ 14, 142/144; Keidel/*Zimmermann* Rn 29; Mu/*Borth*/*Grandel* Rn 6; siehe auch die Kommentierung zu § 34 AUG;

1230

IV. Autonomes Zivilverfahrensrecht: FamFG § 110

→ Rn 735 ff). Nicht konkretisierungsfähig ist allerdings zB eine Entscheidung auf Unterhalt „bei ernsthaftem Studium" (OLG Karlsruhe IPRax 02, 527) oder eine Kostengrundentscheidung (Keidel/*Zimmermann* Rn 29).

Eine **Umrechnung** des in der ausländischen Entscheidung titulierten Geldbetrages in Euro **894** erfolgt im Vollstreckbarerklärungsverfahren nicht, sondern erst in der Zwangsvollstreckung (OLG Hamm FamRZ 04, 716/717; MüKoZPO/*Gottwald* § 722 Rn 49). Für diesen Fall wird auch die Begründetheit der Einwendungen geprüft. Der Schuldner kann etwa gegen einen ausländischen Titel, mit dem er zur Leistung von Trennungsunterhalt verurteilt worden ist, durch Vollstreckungsabwehrklage nach § 767 ZPO geltend machen, dass die Ehe nachträglich geschieden worden sei; die Vollstreckbarkeit ist dann auf den Zeitraum bis zur Rechtskraft des Scheidungsurteils zu beschränken (BGH NJW 10, 1750). Der Schuldner darf in einem solchen Fall nicht auf die Rechtsbehelfe des Erststaats verwiesen werden (MüKoZPO/*Gottwald* § 722 Rn 57). Eine dem § 66 Abs 2 AUG (→ Rn 821 f) entsprechende Präklusionsvorschrift für Einwendungen, die im Vollstreckbarerklärungsverfahren hätten geltend gemacht werden können, aber nicht geltend gemacht wurden, besteht im Rahmen der Vollstreckbarerklärung nach § 110 nicht. Ein Vollstreckungsabwehrantrag ist vor dem Erlass des Beschlusses nach § 110 hingegen unzulässig; es fehlt dann an einem im Inland vollstreckbaren Titel (P/H/*Hau* Rn 30).

N. Kindschaftssachen

Übersicht

	Rn.
I. Einführung	1
1. EU-Recht	1
2. Staatsverträge	2
3. Autonomes Zivilverfahrensrecht	11
4. Prüfungsreihenfolge	13
II. EU-Recht	19
EuEheVO (Text-Nr 730)	19
Vorbemerkung	19
Kap. I: Anwendungsbereich und Begriffsbestimmungen (Art 1–2)	33
Kap. III: Anerkennung und Vollstreckung (Art 21, 23–52)	51
Kap. V: Verhältnis zu anderen Rechtsinstrumenten (Art 59–61)	322
Kap. VI: Übergangsvorschriften (Art 64)	333
Kap. VII: Schlussbestimmungen (Art 67)	340
III. Staatsverträge	342
Überblick	342
1. KSÜ (Text-Nr 740)	343
Vorbemerkung	343
Kap. IV: Anerkennung und Vollstreckung (Art 23–28)	355
Kap. VI: Allgemeine Bestimmungen (Art 50–53)	393
2. EuSorgeRÜ (Text-Nr 750)	399
Vorbemerkung	399
Teil II: Anerkennung und Vollstreckung von Entscheidungen und Wiederherstellung des Sorgeverhältnisses (Art 7–12)	428
Teil III: Verfahren (Art 13–16)	489
TeilIV: Vorbehalte (Art 17–18)	497
TeilV: Andere Übereinkünfte (Art 19)	501
Teil VI: Schlussbestimmungen (Art 21–27)	505
3. MSA (Text-Nr 760)	511
Vorbemerkung	511
Anerkennung und Vollstreckung (Art 7)	517
IV. Autonomes Zivilverfahrensrecht	518
1. IntFamRVG (Text-Nr 770)	518
Vorbemerkung	518
Abschnitt 1: Anwendungsbereich; Begriffsbestimmungen (§§ 1–2)	519
Abschnitt 3: Gerichtliche Zuständigkeit und Zuständigkeitskonzentration (§§ 10, 12–13)	523
Abschnitt 4: Allgemeine gerichtliche Verfahrensvorschriften (§§ 14–15)	535
Abschnitt 5: Zulassung der Zwangsvollstreckung usw (§§ 16–36)	538
Abschnitt 7: Vollstreckung (§ 44)	593
Abschnitt 9: Bescheinigungen zu inländischen Entscheidungen (§§ 48–49)	601
Abschnitt 10: Kosten (§ 54)	604
Abschnitt 11: Übergangsvorschriften (§§ 55–56)	604
2. FamFG (Text-Nr 780)	606
Buch 1. Abschnitt 9: Verfahren mit Auslandsbezug (§§ 97, 106, 108–110)	606

Der Abschnitt N beschränkt sich auf die Darstellung der **Anerkennung und Vollstreckung** ausländischer Entscheidungen in Kindschaftssachen. Zur Behandlung von Kindschaftssachen im **Erkenntnisverfahren** (internationale Zuständigkeit, anwendbares Recht) siehe den **Abschnitt F.** Die internationale **Behördenzusammenarbeit** in Kindschaftssachen wird im **Abschnitt U** erläutert.

1233

I. Einführung

Schrifttum: Siehe zunächst das Schrifttum → F vor Rn 1; ferner *Andrae,* Zur Abgrenzung des räumlichen Anwendungsbereichs von EheVO, MSA, KSÜ, und autonomem IZPR/IPR, IPRax 06, 82; *dies,* Anerkennung einer Entscheidung zur elterlichen Sorge, NZFam 16, 1011; *Dornblüth,* Die europäische Regelung der Anerkennung und Vollstreckbarerklärung von Ehe- und Kindschaftsentscheidungen (2003); *Dutta,* Inzidentprüfung der elterlichen Sorge bei Fällen mit Auslandsbezug – eine Skizze, StAZ 10, 203; *Finger,* Anerkennung und Vollstreckung ausländischer Sorge- und Umgangsregelungen; Kindesherausgabe; Kindesentführung – HKindEntÜ, FuR 07, 67; *ders,* Internationale Kindesentführung – HKindEntÜ, VO Nr 2201/2003 und deutsches IntFamRVG, FuR 05, 443; *Gördes,* Internationale Zuständigkeit, Anerkennung und Vollstreckung von Entscheidungen über die elterliche Verantwortung (2004); *Gruber,* Das HKÜ, die Brüssel IIa –Verordnung und das Internationale Familienverfahrensgesetz, FPR 08, 214; *Hajnczyk,* Die Zuständigkeit für Entscheidungen in Ehesachen und in anderen Familiensachen aus Anlass von Ehesachen sowie deren Anerkennung und Vollstreckung in der EG und in der Schweiz (2003); *Hohloch/Mauch,* Die Vollstreckung umgangsrechtlicher Entscheidungen vor dem Hintergrund europäischer Rechtsvereinheitlichung und des HKÜ, FPR 01, 195; *Kohler,* Das Prinzip der gegenseitigen Anerkennung in Zivilsachen im europäischen Justizraum, ZSR 05, 263; *Martiny,* Kindesentziehung – „Brüssel II" und die Staatsverträge, ERA-Forum 1/03, 97; *Schulz,* Internationale Regelungen zum Sorge- und Umgangsrecht, FPR 04, 299; *dies,* The New Brussels II Regulation and the Hague Conventions of 1980 and 1996, Int Fam L 04, 22; *Winkel,* Grenzüberschreitendes Sorge- und Umgangsrecht und dessen Vollstreckung (2001).

1. EU-Recht

1   Die Anerkennung und Vollstreckung von Entscheidungen auf dem Gebiet der elterlichen Verantwortung richtet sich in der *Bundesrepublik Deutschland* heute vorrangig nach der **EuEheVO,** soweit der Erststaat **Mitgliedstaat der EU** (mit Ausnahme *Dänemarks*) ist. Die EuEheVO gilt nach ihrem Art 64 Abs 1 jedenfalls, wenn das Verfahren, in dem die ausländische Entscheidung ergangen ist, erst nach dem 1.3.2005 eingeleitet worden ist. Darüberhinaus sind aber auch Entscheidungen, die in vor diesem Zeitpunkt eingeleiteten Verfahren ergangen sind, unter den Voraussetzungen des Art 64 Abs 2–4 EuEheVO nach Maßgabe des Kapitels III dieser Verordnung anzuerkennen und zu vollstrecken (näher → Rn 336 ff). Entscheidungen zur elterlichen Verantwortung werden nach Art 21 Abs 1 EuEheVO anerkannt, ohne dass es hierfür eines besonderen Verfahrens bedarf. Sie werden jedoch – mit Ausnahme der Entscheidungen nach Art 41, 42 EuEheVO – nur zur Vollstreckung zugelassen, wenn sie im Verfahren nach Art 28 ff EuEheVO für vollstreckbar erklärt worden sind.

2. Staatsverträge

2   Die Bundesrepublik Deutschland ist an folgenden **multilateralen** Übereinkommen auf dem Gebiet der Anerkennung und Vollstreckung von Entscheidungen zur elterlichen Verantwortung beteiligt:

3   (1) Haager Übereinkommen über die Zuständigkeit, das anzuwendende Recht, die Anerkennung, Vollstreckung und Zusammenarbeit auf dem Gebiet der elterlichen Verantwortung und der Maßnahmen zum Schutz von Kindern **(KSÜ)** v 19.10.1996 (→ Rn 343 ff).

4   (2) Luxemburger Europäisches Übereinkommen über die Anerkennung und Vollstreckung von Entscheidungen über das Sorgerecht für Kinder und die Wiederherstellung des Sorgeverhältnisses **(EuSorgeRÜ)** v 20.5.1980 (→ Rn 399 ff).

5   (3) Haager Übereinkommen über die Zuständigkeit der Behörden und das anzuwendende Recht auf dem Gebiet des Schutzes von Minderjährigen **(MSA)** v 5.10.1961 (→ Rn 511 ff).

Alle drei Übereinkommen werden im Verhältnis der Mitgliedstaaten der EU (mit Ausnahme von *Dänemark*) zueinander durch die **EuEheVO** verdrängt, Art 60 lit a und lit d, 61 EuEheVO. Dies gilt für die Anerkennung und Vollstreckung von Entscheidungen aus anderen Mitgliedstaaten der Verordnung auch dann, wenn das Kind seinen gewöhnlichen Aufenthalt nicht in einem Mitgliedstaat der Verordnung, sondern in einem nicht der EU angehörenden Vertragsstaat eines dieser Übk hat (vgl zum KSÜ Art 61 lit b EuEheVO; *Dutta* StAZ 10, 193/194 f). Das Günstigkeitsprinzip findet insoweit keine Anwendung (*Andrae* IPRax 06, 82/88; *Geimer* IZPR Rn 964).

I. Einführung   6–13 **N**

Das Kapitel IV des **KSÜ** gilt daher aus deutscher Sicht nur für die Anerkennung und Vollstre- **6**
ckung von Entscheidungen aus Vertragsstaaten, die nicht zugleich Mitgliedstaaten der EuEheVO
sind; dies sind nach dem Beitritt *Kroatiens* zur EU mit Wirkung v 1.7.2013 derzeit *Albanien,*
Armenien, Australien, Dänemark, die Dominikanische Republik, Ecuador, Georgien, Lesotho, Marokko,
Monaco, Montenegro, Norwegen, die Russische Föderation, die Schweiz, Serbien, die Türkei, die Ukraine
und Uruguay (→ F Rn 375).

In gleicher Weise gilt auch das **EuSorgeRÜ** nur für die Anerkennung und Vollstreckung von **7**
Entscheidungen aus Vertragsstaaten, die nicht zugleich Mitgliedstaaten der EuEheVO sind; dies
sind nach dem Beitritt *Kroatiens* zur EU mit Wirkung v 1.7.2013 *Andorra, Dänemark, Island,*
Liechtenstein, Mazedonien, die Republik Moldau, Montenegro, Norwegen, die Schweiz, Serbien, die
Türkei und die *Ukraine.* Soweit Vertragsstaaten des EuSorgeRÜ zugleich Vertragsstaaten des KSÜ
sind, hat der Antragsteller ein **Wahlrecht,** ob er die Anerkennung und Vollstreckung einer
Sorgerechtsentscheidung auf Art 7 ff EuSorgeRÜ oder auf Art 23 ff KSÜ stützen möchte, soweit
sich der sachliche Anwendungsbereich der Vorschriften deckt. Aus deutscher Sicht besteht dieses
Wahlrecht für Sorgerechtsentscheidungen, die in *Dänemark, Montenegro, Norwegen,* der *Schweiz,*
Serbien, der *Türkei* oder der *Ukraine* ergangen sind.

Schließlich gilt auch das **MSA** nur für die Anerkennung von Entscheidungen aus Vertrags- **8**
staaten, die nicht zugleich Mitgliedstaaten der EuEheVO sind, nämlich derzeit die *Schweiz,* die
Türkei und die chinesische Sonderverwaltungsregion *Macau.* Da das MSA ferner im Verhältnis der
Vertragsstaaten des KSÜ zueinander gem Art 51 KSÜ durch dieses Übk ersetzt worden ist, gilt
das MSA auch für die Anerkennung von schweizerischen und türkischen Entscheidungen in
Deutschland nicht mehr.

Das Haager Übereinkommen über die zivilrechtlichen Aspekte internationaler Kindesentfüh- **9**
rung **(HKÜ)** v 25.10.1980 (→ U Rn 65 ff) ist ein Rechtshilfeabkommen, das die Rückführung
von entführten oder zurückgehaltenen Kindern durch einheitliche Sach- und Verfahrensvorschriften regelt; es betrifft jedoch nicht die Anerkennung und Vollstreckung von Sorge- und
Umgangsrechtsentscheidungen.

Die meisten **bilateralen** Anerkennungs- und Vollstreckungsabkommen wurden von der **10**
Bundesrepublik Deutschland mit anderen Mitgliedstaaten der EU abgeschlossen. Soweit sie – wie
der Vertrag mit *Spanien* v 14.11.1983 (BGBl 87 II, 235) – überhaupt Entscheidungen auf dem
Gebiet der elterlichen Verantwortung erfassen, werden sie gem Art 59 Abs 1 EuEheVO durch
die Art 21, 23 ff EuEheVO verdrängt (zu Einzelheiten → Rn 322 f). Die bilateralen Abkommen,
die von der *Bunderepublik Deutschland* mit Drittstaaten – wie der *Schweiz* und *Tunesien* (→ K
Rn 158 ff, 169 ff) – abgeschlossen wurden, gelten nicht für die Anerkennung und Vollstreckung
auf dem Gebiet der elterlichen Verantwortung.

3. Autonomes Zivilverfahrensrecht

Das autonome Recht der Mitgliedstaaten gilt auf dem Gebiet der elterlichen Verantwortung **11**
nur noch für die Anerkennung und Vollstreckung von Entscheidungen, soweit weder EU-Recht
noch vorrangig anzuwendende Staatsverträge eingreifen (§ 97 FamFG). Aus deutscher Sicht ist
dies nur der Fall, wenn es um die Anerkennung oder Vollstreckung einer Entscheidung zur
elterlichen Verantwortung aus einem Staat geht, der weder der EuEheVO angehört noch Vertragsstaat des KSÜ ist, und – vorbehaltlich des Günstigkeitsprinzips – auch kein Vertragsstaat des
EuSorgeRÜ oder des MSA ist. Es sind dann die §§ 108–110 FamFG anzuwenden
(→ Rn 609 ff).

Darüber hinaus können auch mitgliedstaatliche Entscheidungen nach autonomem Recht **12**
anerkannt und vollstreckt werden, wenn sie in Verfahren ergangen sind, die vor dem 1.3.2005
eingeleitet wurden. Allerdings hat auch bezüglich solcher Entscheidungen die Anerkennung und
Vollstreckung nach Maßgabe von Art 64 Abs 2–4 EuEheVO Vorrang, zB wenn im Ursprungsstaat zuvor die Vorgänger-Verordnung Nr 1347/2000 gegolten hat (→ Rn 336 ff).

4. Prüfungsreihenfolge

Geht es um die Anerkennung und Vollstreckung einer ausländischen Entscheidung zum **13**
elterlichen Sorge- oder Umgangsrecht oder zur Herausgabe von Kindern, so ergibt sich daher
folgende Prüfungsreihenfolge:

1235

N 14–18 2. Teil. Anerkennung/Vollstreckung N. Kindschaftssachen

14 (1) Ist die Entscheidung in einem **EU-Mitgliedstaat** – mit Ausnahme *Dänemarks* – ergangen? Wenn ja, so gelten für ihre Anerkennung und Vollstreckung in Deutschland vorrangig die **Art 21, 23 ff EuEheVO;** sie verdrängen nach Art 60 lit a und lit d EuEheVO sowohl Art 7 MSA als auch die Art 7 ff EuSorgeRÜ. Gegenüber den Art 23 ff KSÜ besteht dieser Vorrang der EuEheVO für die Anerkennung und Vollstreckung mitgliedstaatlicher Entscheidungen nach Art 61 EuEheVO nicht nur dann, wenn das Kind seinen gewöhnlichen Aufenthalt in einem Mitgliedstaat der Verordnung hat (lit a), sondern auch dann, wenn das Kind sich in einem nicht der EuEheVO angehörenden Drittstaat gewöhnlich aufhält, der Vertragsstaat des KSÜ ist (lit b). Ein Konflikt mit dem Haager Kindesentführungsübereinkommen von 1980 (HKÜ) kann nicht entstehen, weil dieses die Anerkennung und Vollstreckung von Entscheidungen auf dem Gebiet der elterlichen Verantwortung nicht regelt. Darüberhinaus ersetzt die EuEheVO nach ihrem Art 59 Abs 1 auch ein von der *Bundesrepublik Deutschland* mit dem Ursprungsmitgliedstaat abgeschlossenes bilaterales Anerkennungs- und Vollstreckungsabkommen und hat Anwendungsvorrang vor dem autonomen deutschen Verfahrensrecht (§§ 108–110 FamFG).

15 (2) Wenn nicht: Ist die Entscheidung in einem **Vertragsstaat des KSÜ** ergangen, der nicht zugleich Mitgliedstaat der EuEheVO ist, dh in *Albanien, Armenien, Australien, Dänemark,* der *Dominikanischen Republik, Ecuador, Georgien, Lesotho, Marokko, Monaco, Montenegro, Norwegen, der Russischen Föderation,* der *Schweiz, Serbien,* der *Türkei,* der *Ukraine* oder *Uruguay?* Wenn ja, richtet sich die Anerkennung und Vollstreckung nach dem Kapitel IV des KSÜ (Art 23–28).

16 (3) Wenn nicht: Ist die Entscheidung in einem **Vertragsstaat des EuSorgeRÜ** ergangen, der weder Mitgliedstaat der EuEheVO noch Vertragsstaat des KSÜ ist, dh in *Andorra, Island, Liechtenstein, Mazedonien oder* der *Republik Moldau,?* Wenn ja, richtet sich die Anerkennung und Vollstreckung nach Art 7 ff EuSorgeRÜ. Ist die Entscheidung hingegen in *Dänemark, Montenegro, Norwegen,* der *Schweiz, Serbien,* der *Türkei* oder der *Ukraine* ergangen, die Vertragsstaaten sowohl des EuSorgeRÜ wie des KSÜ sind, kann der Antragsteller wählen, auf welchen der beiden Staatsverträge er sich stützen möchte. Darüber hinaus kann er sich nach dem Günstigkeitsprinzip (Art 19 EuSorgeRÜ) auch auf die §§ 108–110 FamFG berufen, um die Anerkennung oder Vollstreckung der Entscheidung im Inland zu erwirken.

17 (4) Wenn nicht: Ist die Entscheidung in einem **Vertragsstaat des MSA** ergangen, der weder Mitgliedstaat der EuEheVO noch Vertragsstaat des KSÜ ist, dh derzeit nur noch die chinesische Sonderverwaltungsregion *Macau?* Wenn ja, richtet sich die Anerkennung von Schutzmaßnahmen nach Art 7 MSA. Darüber hinaus kann der Antragsteller sich nach dem Günstigkeitsprinzip (Art 19 EuSorgeRÜ) auch auf die §§ 108–110 FamFG berufen, um die Anerkennung oder Vollstreckung der Entscheidung im Inland zu erwirken.

18 (5) Ist die Entscheidung in einem Staat ergangen, der weder Mitgliedstaat der EuEheVO noch Vertragsstaat des KSÜ, EuSorgeRÜ oder MSA ist, so richtet sich die Anerkennung und Vollstreckung nach dem autonomen deutschen Verfahrensrecht, dh nach §§ 108–110 FamFG.

II. EU-Recht

730. Verordnung Nr 2201/2003 über die Zuständigkeit und die Anerkennung und Vollstreckung von Entscheidungen in Ehesachen und Verfahren betreffend die elterliche Verantwortung und zur Aufhebung der Verordnung (EG) Nr 1347/2000 (EuEheVO)

Vom 27. November 2003 (ABl EU L 338, 1)

Schrifttum: Vgl. zunächst das allg Schrifttum zur EuEheVO (→ A vor Rn 1 und vor Rn 13; → F vor Rn 13 und → K vor Rn 8); ferner *Dornblüth,* Die europäische Regelung der Anerkennung und Vollstreckbarerklärung von Ehe- und Kindschaftsentscheidungen (2003); *Gruber,* Die neue EheVO und die deutschen Ausführungsgesetze, IPRax 05, 293; *ders,* Die Anerkennung einstweiliger Maßnahmen in der EuEheVO, IPRax 17, 467; *Hausmann,* Neues Internationales Eheverfahrensrecht in der Europäischen Union, Teil II, EuLF 00/01, 345; *Hohloch/Mauch,* Die Vollstreckung umgangsrechtlicher Entscheidungen vor dem Hintergrund europäischer Rechtsvereinheitlichung und des HKÜ, FPR 01, 195; *Pirrung,* Grundsatzurteil des EuGH zur Durchsetzung einstweiliger Maßnahmen in Sorgerechtssachen in anderen Mitgliedstaaten nach der EuEheVO, IPRax 11, 351; *Rausch,* Elterliche Verantwortung – Verfahren mit Auslandsbesetzung vor und nach „Brüssel IIa", Teil II, FuR 05, 112; *Schulte-Bunert,* Die Vollstreckung von Entscheidungen über die elterliche Verantwortung nach der VO (EG) 2201/2003 iVm dem IntFamRVG, FamRZ 07, 1608; *Sühle,* Der

1236

II. EU–Recht 19–22 **N**

Einwand des Kindeswohls bei der Durchsetzung ausländischer Entscheidungen in grenzüberschreitenden Sorgerechtskonflikten (2015); *Sturm,* Brüssel II und der europäische Standesbeamte – Inzidentprüfung ausländischer Entscheide, die Ehen auflösen und elterliche Sorge regeln, StAZ 02, 193; *Tödter,* Europäisches Kindschaftsrecht nach der Verordnung (EG) Nr 2201/2003 (2010); R *Wagner,* Die Anerkennung und Vollstreckung von Entscheidungen nach der Brüssel II–VO, IPRax 01, 74; M–P *Weller,* Die Reform der EuEheVO, IPRax 17, 222.

Vgl auch die speziellen Literaturhinweise zu den Versagungsgründen → vor Rn 76, zur Vollstreckbarerklärung → vor Rn 126 und zur Vollstreckung ohne Exequatur → vor Rn 229.

Vorbemerkung

1. Anwendungsbereich

a) Sachlicher Anwendungsbereich. In sachlicher Hinsicht gilt die EuEheVO nach Art 1 **19** Abs 1 lit b für die Zuweisung, die Ausübung, die Übertragung und die vollständige oder teilweise Entziehung der elterlichen Verantwortung. Die Einzelheiten ergeben sich aus Art 1 Abs 2 und 3 (näher → F Rn 28 ff). Dementsprechend regelt die Verordnung auch die Anerkennung, Vollstreckbarerklärung und Vollstreckung von Entscheidungen nur, soweit diese die von Art 1 Abs 1 lit b und Abs 2 erfassten Zivilsachen zum Gegenstand haben. Erfasst werden danach insbesondere auch Entscheidungen über die Rückführung von widerrechtlich in einen anderen Staat verbrachten oder dort zurückgehaltenen Kindern. Bei der Prüfung, ob der sachliche Anwendungsbereich der Verordnung eröffnet ist, besteht keine Bindung der Gerichte im Zweitstaat an die Beurteilung des Gerichts im Ursprungsmitgliedstaat (vgl zur EuGVVO BGH 17.9.08, unalex DE-1592 Rn 9).

b) Persönlicher Anwendungsbereich. Der persönliche Anwendungsbereich der EuEheVO **20** bereitet auf dem Gebiet der Anerkennung und Vollstreckung von Entscheidungen zur elterlichen Verantwortung keine Probleme. Vorausgesetzt wird nur, dass die Entscheidung von einem **Gericht eines Mitgliedstaats** der Verordnung erlassen worden ist und in einem anderen Mitgliedstaat der Verordnung anerkannt und vollstreckt werden soll. Unerheblich ist hingegen, ob die Parteien die Staatsangehörigkeit eines Mitgliedstaats der Verordnung besitzen (ThP/*Hüßtege* Vorbem Art 1 Rn 5) oder ob der zugrundeliegende Sachverhalt einen Auslandsbezug aufweist. Die Art 21 ff gelten daher auch für die Anerkennung und Vollstreckung von Entscheidungen, die in reinen Inlandsfällen ergangen sind. Auf die Anerkennung und Vollstreckung von Entscheidungen drittstaatlicher Gerichte sind sie hingegen nicht anwendbar, auch wenn am Verfahren Angehörige von Mitgliedstaaten beteiligt waren.

c) Räumlicher Anwendungsbereich. Da das **Vereinigte Königreich und Irland** von **21** ihrer *opt-in*-Möglichkeit nach Art 4 des Protokolls zum EG-Vertrag Gebrauch gemacht haben und sich an der Anwendung der EuEheVO beteiligen (vgl ErwG 30; → Anh I), gilt die Verordnung gem Art 288 Abs 2 AEUV in allen Mitgliedstaaten der EU mit Ausnahme von *Dänemark* (vgl Art 2 Nr 3 und ErwG 31) unmittelbar. Das Hoheitsgebiet der Mitgliedstaaten ergibt sich aus Art 355 AEUV; es umfasst neben dem jeweiligen Mutterland zT auch weitere Territorien, zB die überseeischen Départements *Frankreichs* mit Ausnahme von St Pierre et Miquelon und Mayotte (Guadeloupe, Guayana, Martinique, Réunion, Saint-Barthélemy, Saint-Martin, vgl Art 355 Abs 1 AEUV), Madeira, die Azoren, die Kanarischen Inseln, die Balearen und Gibraltar (Art 355 Abs 3 AEUV). Für die britischen Kanalinseln, die Isle of Man und Hoheitszonen des *Vereinigten Königreichs* auf *Zypern* gilt sie hingegen nicht (Art 355 Abs 5 lit b und c AEUV; zu Einzelheiten unalexK/*Hausmann* Einl Rn 39 f).

d) Zeitlicher Anwendungsbereich. In zeitlicher Hinsicht gilt die EuEheVO grundsätzlich **22** nur für gerichtliche Verfahren, öffentliche Urkunden und Vereinbarungen zwischen den Parteien, die **ab dem 1. März 2005 eingeleitet,** aufgenommen oder getroffen wurden (Art 64 Abs 1 iVm Art 72 S 2). Der zeitliche Anwendungsbereich der Verordnung wird allerdings in Bezug auf die Anerkennung und Vollstreckung von Entscheidungen auf dem Gebiet der elterlichen Verantwortung im Verhältnis der Mitgliedstaaten zueinander nach Maßgabe von Art 64 Abs 2–4 erweitert. Nach Art 64 Abs 2 gilt die EuEheVO auch für die Anerkennung und Vollstreckung von Entscheidungen, die nach dem 1.3.2005 in Verfahren ergangen sind, die bereits vor diesem Zeitpunkt, aber nach dem 31.5.2002 eingeleitet worden sind, sofern das Erstgericht aufgrund von Vorschriften zuständig war, die mit den Zuständigkeitsvorschriften der EuEheVO (Art 8–15), der EheVO 2000 oder eines Abkommens übereinstimmen, das zum

1237

N 23–31
2. Teil. Anerkennung/Vollstreckung N. Kindschaftssachen

Zeitpunkt der Einleitung des Verfahrens zwischen dem Ursprungsmitgliedstaat und dem ersuchten Staat in Kraft war.

23   Ferner können auch **Entscheidungen,** die bereits **vor dem 1.3.2005** in Verfahren **ergangen** sind, die nach dem 31.5.2002 eingeleitet wurden, gem Art 64 Abs 3 nach Maßgabe des III. Kapitels der EuEheVO anerkannt und vollstreckt werden; dies gilt allerdings auf dem Gebiet der elterlichen Verantwortung nur für solche Entscheidungen, die aus Anlass eines Verfahrens in einer Ehesache in Bezug auf die gemeinsamen Kinder der Ehegatten getroffen wurden und für die deshalb die EheVO 2000 maßgebend war. Eine noch weiter gehende Rückwirkung des Kapitels III der EuEheVO sieht schließlich für die zuvor genannten Entscheidungen Art 64 Abs 4 vor (näher → Rn 336 ff).

2. Verhältnis zu anderen Rechtsinstrumenten

24   Das Verhältnis zu Staatsverträgen regelt die EuEheVO in ihrem Kapitel V (Art 59–63; → Rn 322 ff). Danach gilt auf dem Gebiet der Anerkennung und Vollstreckung von Schutzmaßnahmen folgendes:

25   **a) Haager Kinderschutzübereinkommen.** Die Art 23–28 KSÜ werden gem Art 61 lit b EuEheVO (→ Rn 331) durch die Art 21 ff, 28 ff EuEheVO immer dann verdrängt, wenn die von dem Gericht eines Mitgliedstaats getroffene Entscheidung im Hoheitsgebiet eines anderen Mitgliedstaats anerkannt oder vollstreckt werden soll. Dies gilt – anders als auf dem Gebiet der internationalen Zuständigkeit nach Art 61 lit a EuEheVO – auch dann, wenn das betreffende Kind seinen gewöhnlichen Aufenthalt im Hoheitsgebiet eines Vertragsstaats des KSÜ hat, der nicht Mitgliedstaat der EuEheVO ist. Aus deutscher Sicht kommt das Kapitel IV des KSÜ daher nur zur Anwendung, wenn es um die Anerkennung und Vollstreckung von Entscheidungen geht, die von Gerichten eines Vertragsstaats des KSÜ getroffen wurden, der **nicht zugleich Mitgliedstaat der EuEheVO** ist (→ Rn 6).

26   **b) Haager Minderjährigenschutzabkommen.** Das MSA regelt in seinem Art 7 **nur die Anerkennung** von in anderen Vertragsstaaten getroffenen Schutzmaßnahmen, während es die Vollstreckung dem innerstaatlichen Recht des Zweitstaats oder anderen zwischenstaatlichen Übereinkünften überlässt. Auch auf dem Gebiet der Anerkennung von Schutzmaßnahmen wird das MSA jedoch nach Art 60 lit a EuEheVO (→ Rn 327) im Verhältnis der Mitgliedstaaten zueinander durch die Verordnung verdrängt.

27   **c) Europäisches Sorgerechtsübereinkommen.** In gleicher Weise werden auch die Vorschriften des EuSorgeRÜ über die Anerkennung und Vollstreckung von Sorgerechtsentscheidungen (Art 7 ff) und von Umgangsrechtsentscheidungen (Art 11) gem Art 60 lit d EuEheVO (→ Rn 328) im Verhältnis der Mitgliedstaaten zueinander durch die Verordnung verdrängt.

28   **d) Haager Kindesentführungsübereinkommen.** Schließlich ordnet Art 60 lit e EuEheVO im Verhältnis der Mitgliedstaaten zueinander auch den Vorrang der Verordnung vor dem HKÜ an (→ Rn 329). Zu Überschneidungen kommt es freilich auf dem Gebiet der Anerkennung und Vollstreckung von Sorge- oder Umgangsrechtsentscheidungen nicht, weil das HKÜ diese nicht regelt. Der Konflikt zwischen sich widersprechenden Entscheidung zur Rückgabe von Kindern wird durch Art 11 Abs 8 EuEheVO entschieden.

29   **e) Autonomes Verfahrensrecht.** Das autonome Recht der Mitgliedstaaten gilt nur noch für die Anerkennung und Vollstreckung von Schutzmaßnahmen drittstaatlicher Behörden. Der Erststaat darf also kein Mitgliedstaat der EuEheVO sein. Ferner ist der Vorrang des Völkervertragsrechts (KSÜ, EuSorgeRÜ, MSA) zu beachten (→ Rn 342 ff).

3. Auslegung

30   Es gelten die allg Grundsätze zur Auslegung des sekundären Unionsrechts; dazu näher → F Rn 24 ff.

4. Deutsches Ausführungsgesetz

31   Ausführungsbestimmungen zur EuEheVO in der *Bundesrepublik Deutschland* enthält das Internationale Familienrechtsverfahrensgesetz **(IntFamRVG)** v 26.1.2005 (Art 1 Nr 1; → Rn 518 ff), das aus Anlass des deutschen Beitritts zum KSÜ mit Wirkung v 1.11.2011 durch Gesetz v 25.6.2009 (BGBl I, 1594) neu gefasst worden ist.

1238

II. EU-Recht: EuEheVO Art 2 **N**

5. Reform

Zur Reform der EuEheVO hat die EU-Kommission am 30.6.2016 einen Vorschlag vorgelegt **32** (COM [2016] 411 final, 3 ff), dessen Schwergewicht auf dem Gebiet der elterlichen Verantwortung liegt. Auf dem Gebiet der Anerkennung und Vollstreckung von Entscheidungen soll das Exequaturverfahren – über die bisherigen Art 41, 42 hinaus – auf alle Entscheidungen der elterlichen Verantwortung ausgedehnt werden. Außerdem soll die Versagung der Anerkennung und Vollstreckung aus Gründen des Kindeswohls in weiterem Umfang ermöglicht werden als bisher (dazu *Weller* IPRax 17, 222/227 f).

Kapitel I. Anwendungsbereich und Begriffsbestimmungen

EuEheVO Art 1. Anwendungsbereich

(1) **Diese Verordnung gilt, ungeachtet der Art der Gerichtsbarkeit für Zivilsachen mit folgendem Gegenstand:**

a) *(betrifft Ehesachen; abgedruckt und kommentiert → A Rn 20 ff)*
b) die Zuweisung, die Ausübung, die Übertragung sowie die vollständige oder teilweise Entziehung der elterlichen Verantwortung.

(2) **Die in Absatz 1 Buchstabe b) genannten Zivilsachen betreffen insbesondere:**

a) das Sorgerecht und das Umgangsrecht,
b) die Vormundschaft, die Pflegschaft und entsprechende Rechtsinstitute,
c) die Bestimmung und den Aufgabenbereich jeder Person oder Stelle, die für die Person oder das Vermögen des Kindes verantwortlich ist, es vertritt oder ihm beisteht,
d) die Unterbringung des Kindes in einer Pflegefamilie oder einem Heim,
e) die Maßnahmen zum Schutz des Kindes im Zusammenhang mit der Verwaltung und Erhaltung seines Vermögens oder der Verfügung darüber.

(3) **Diese Verordnung gilt nicht für**

a) die Feststellung und die Anfechtung des Eltern-Kind-Verhältnisses,
b) Adoptionsentscheidungen und Maßnahmen zur Vorbereitung einer Adoption sowie die Ungültigerklärung und den Widerruf der Adoption,
c) Namen und Vornamen des Kindes,
d) die Volljährigkeitserklärung,
e) Unterhaltspflichten,
f) Trusts und Erbschaften,
g) Maßnahmen infolge von Straftaten, die von Kindern begangen wurden.

Zum sachlichen Anwendungsbereich der EuEheVO auf dem Gebiet der elterlichen Verant- **33** wortung siehe die Kommentierung → F Rn 32 ff. Die Verordnung gilt danach insbesondere nicht für die Anerkennung von Entscheidungen auf den Gebieten des Adoptions-, Unterhalts- und Erbrechts (vgl zur Anerkennung von Adoptionsentscheidungen → O Rn 1 ff; zur Anerkennung von Unterhaltsentscheidungen → M Rn 48 ff).

EuEheVO Art 2. Begriffsbestimmungen

[1] **Für die Zwecke dieser Verordnung bezeichnet der Ausdruck**

1. **„Gericht" alle Behörden der Mitgliedstaaten, die für Rechtssachen zuständig sind, die gemäß Artikel 1 in den Anwendungsbereich dieser Verordnung fallen;**
2. **„Richter" einen Richter oder Amtsträger, dessen Zuständigkeiten denen eines Richters in Rechtssachen entsprechen, die in den Anwendungsbereich dieser Verordnung fallen;**
3. **„Mitgliedstaat" jeden Mitgliedstaat mit Ausnahme Dänemarks;**
4. **„Entscheidung" jede von einem Gericht eines Mitgliedstaats erlassene Entscheidung [...] über die elterliche Verantwortung, ohne Rücksicht auf die Bezeichnung der jeweiligen Entscheidung, wie Urteil oder Beschluss;**
5. **„Ursprungsmitgliedstaat" den Mitgliedstaat, in dem die zu vollstreckende Entscheidung ergangen ist;**

N 34–37 2. Teil. Anerkennung/Vollstreckung N. Kindschaftssachen

6. „**Vollstreckungsmitgliedstaat**" den Mitgliedstaat, in dem die Entscheidung vollstreckt werden soll;

7. „**elterliche Verantwortung**" die gesamten Rechte und Pflichten, die einer natürlichen oder juristischen Person durch Entscheidung oder kraft Gesetzes oder durch eine rechtlich verbindliche Vereinbarung betreffend die Person oder das Vermögen eines Kindes übertragen wurden. [2]Elterliche Verantwortung umfasst insbesondere das Sorge- und das Umgangsrecht;

8. „**Träger der elterlichen Verantwortung**" jede Person, die die elterliche Verantwortung für ein Kind ausübt;

9. „**Sorgerecht**" die Rechte und Pflichten, die mit der Sorge für die Person eines Kindes verbunden sind, insbesondere das Recht auf die Bestimmung des Aufenthaltsortes des Kindes;

10. „**Umgangsrecht**" insbesondere auch das Recht, das Kind für eine begrenzte Zeit an einen anderen Ort als seinen gewöhnlichen Aufenthaltsort zu bringen;

11. „**widerrechtliches Verbringen oder Zurückhalten eines Kindes**" das Verbringen oder Zurückhalten eines Kindes, wenn

a) dadurch das Sorgerecht verletzt wird, das aufgrund einer Entscheidung oder kraft Gesetzes oder aufgrund einer rechtlich verbindlichen Vereinbarung nach dem Recht des Mitgliedstaats besteht, in dem das Kind unmittelbar vor dem Verbringen oder Zurückhalten seinen gewöhnlichen Aufenthalt hatte, und

b) das Sorgerecht zum Zeitpunkt des Verbringens oder Zurückhaltens allein oder gemeinsam tatsächlich ausgeübt wurde oder ausgeübt worden wäre, wenn das Verbringen oder Zurückhalten nicht stattgefunden hätte. [3]Von einer gemeinsamen Ausübung des Sorgerechts ist auszugehen, wenn einer der Träger der elterlichen Verantwortung aufgrund einer Entscheidung oder kraft Gesetzes nicht ohne die Zustimmung des anderen Trägers der elterlichen Verantwortung über den Aufenthaltsort des Kindes bestimmen kann.

1. Gericht, Richter, Nr 1–2

34   Die Definitionen von „Gericht" und „Richter" in Nr 1 und Nr 2 umfassen auf dem Gebiet der elterlichen Verantwortung – ebenso wie in Ehesachen (→ A Rn 20 f) – auch **behördliche Verfahren,** selbst wenn diese im *nationalen* Recht eines Mitgliedstaats öffentlich-rechtlich eingeordnet werden (näher → F Rn 28 ff). Dabei ist es unerheblich, ob die Behörde konstitutiv oder nur deklaratorisch mitwirkt (*Hau* FamRZ 99, 483/485; ThP/*Hüßtege* Art 1 Rn 8).

2. Mitgliedstaat, Nr 3

35   Ferner gilt nach Nr 3 auch hier, dass **Dänemark** nicht als Mitgliedstaat der Verordnung anzusehen ist, so dass sich die Anerkennung und Vollstreckung dänischer Entscheidungen auf dem Gebiet der elterlichen Verantwortung in Deutschland vorrangig nach Art 23 ff KSÜ (→ Rn 356 ff) bestimmt.

3. Entscheidung, Nr 4

36   **a) Entscheidung eines staatlichen Gerichts.** Der in Nr 4 definierte Begriff der „Entscheidung" verdeutlicht zunächst, dass die Entscheidung von einem staatlichen Gericht oder einer staatlichen Behörde (zum Gerichtsbegriff vgl zuvor Nr 1) erlassen worden sein und in den sachlichen Anwendungsbereich der Verordnung fallen muss (dazu Supreme Court [Irland] 29.7.08, unalex IE-52). Der Begriff der Entscheidung setzt hingegen **keine formelle Rechtskraft** nach dem Recht des Erstgerichts voraus (OLG Stuttgart FamRZ 14, 1567/1568; ThP/*Hüßtege* Art 2 Rn 5). Ferner stellt Art 2 Nr 4 klar, dass es auf die Bezeichnung der Entscheidung – zB als Urteil oder Beschluss – nicht ankommt. Anders als in Ehesachen (→ K Rn 29 ff) sind auf dem Gebiet der elterlichen Verantwortung **auch antragsabweisende Entscheidungen** anerkennungsfähig (Staud/*Pirrung* Rn C 38; NK-BGB/*Gruber* Rn 2; Zö/*Geimer* Art 21 Rn 21).

37   Auch der in einer Sorgerechtssache verkündete **Kostenfestsetzungsbeschluss** ist – wie sich aus Art 49 (→ Rn 312 ff) ergibt – als „Entscheidung" iSv Art 2 Nr 4 nach Art 21, 23 ff anzuerkennen und nach Art 28 ff in den anderen Mitgliedstaaten für vollstreckbar zu erklären (Legfelsöbb Bíróság 10.12.08, unalex HU-45; *Wagner* IPRax 01, 73/79).

1240

II. EU-Recht: EuEheVO Art 2

Die in einem Mitgliedstaat aufgenommenen und vollstreckbaren **öffentlichen Urkunden** 38 sowie im Ursprungsmitgliedstaat **vollstreckbare Vereinbarungen** zwischen den Parteien werden gem Art 46 unter denselben Bedingungen wie Entscheidungen anerkannt und für vollstreckbar erklärt (näher → Rn 284 ff).

b) **Maßnahmen des einstweiligen Rechtsschutzes.** Entscheidungen über Eilmaßnahmen 39 werden in Nr 4 nicht ausdrücklich aus dem Anwendungsbereich der Vorschrift ausgenommen. Ob einstweilige Anordnungen in Sorge- und Umgangsrechtsstreitigkeiten auch außerhalb des Ursprungsmitgliedstaats anerkannt und vollstreckt werden müssen, war daher lange Zeit umstritten. Nach Ansicht des EuGH ist danach zu differenzieren, ob die Maßnahmen von einem in der Hauptsache nach Art 8–14 zuständigen Gericht oder aber von einem gem Art 20 Abs 1 nur **nach seinem nationalen Prozessrecht zuständigen Gericht** getroffen wurden. Im letzteren Falle sind sie von einer Anerkennung nach Art 21 ff ausgeschlossen (EuGH C-256/09 – *Purrucker,* Slg 10 I-7353 Rn 83 ff, 100 = NJW 10, 2861; vgl dazu die Vorlageentscheidung BGH FamRZ 09, 1297 m Anm *Helms* FamRZ 09, 1400 und *Völker* FF 09, 371; ebenso BGH NJW 16, 1445 Rn 14; BGHZ 188, 270 Rn 18 = NJW 11, 855 m Anm *Pirrung* IPRax 11, 351; OLG München FamRZ 15, 777 Rn 24 = IPRax 16, 379 m Anm *Siehr* 344; NK-BGB/*Andrae* Art 21 Rn 4). Zu prüfen bleibt jedoch eine mögliche Anerkennung und Vollstreckung nach einem zwischen Ursprungs- und Vollstreckungsmitgliedstaat geltenden Staatsvertrag (vgl OLG München aaO Rn 28 ff [zu Art 23 KSÜ]) oder nach dem nationalen Recht des Vollstreckungsmitgliedstaats (EuGH C-256/09 aaO, Rn 92).

Demgegenüber sind die von einem nach Art 8 ff zuständigen **Hauptsachegericht** getroffenen 40 einstweiligen Maßnahmen grundsätzlich nach Art 21 ff anerkennungsfähig, ohne dass das Anerkennungsgericht zur Überprüfung der Zuständigkeit des Gerichts im Ursprungsmitgliedstaat berechtigt ist (EuGH C-256/09 – *Purrucker* aaO, Rn 70 ff, 76; BGHZ 205, 10 Rn 19 = NJW 15, 1603 m Anm *Siehr* IPRax 17, 77; BGHZ 188, 270 Rn 16 = FamRZ 11, 542 m Anm *Helms;* BGH FamRZ 11, 959 Rn 9 ff m Anm *Schulz* FamRZ 11, 1046 und *Pirrung* IPRax 11, 351; OLG Stuttgart FamRZ 14, 1567/1568). Dies gilt jedenfalls dann, wenn die Anordnung in einem kontradiktorischen Verfahren nach Gewährung rechtlichen Gehörs für beide Parteien ergangen ist (vgl Art 23 lit c; ThP/*Hüßtege* Rn 6 unter Hinweis auf EuGH 125/79 – *Denilauler,* Slg 80, 1553 Rn 17 f m Anm *Hausmann* IPRax 81, 79; NK-BGB/*Andrae* Art 21 Rn 5). Ist zweifelhaft, worauf das Ursprungsgericht seine Zuständigkeit gestützt hat, ist an Hand der Gründe der anzuerkennenden Entscheidung zu prüfen, ob das Erstgericht seine Zuständigkeit auf eine Vorschrift der Art 8–15 stützen wollte (BGHZ 205, 10 Rn 19 = NJW 15, 1603 m Anm *Siehr* IPRax 17, 77; BGHZ 188, 270 Rn 23 f = FamRZ 11, 542 Rn 23 f; BGH FamRZ 11, 959 Rn 9; OLG München FamRZ 15, 777 Rn 24; dazu näher → F Rn 335 ff).

Auch die vom EuGH für die grenzüberschreitende Anerkennung und Vollstreckung von 41 **Leistungsverfügungen** entwickelten Schranken (vgl EuGH C-391/95 – *Van Uden,* Slg 98 I-7091 Rn 45 ff = JZ 99, 1103m Anm *Stadler* 1089 und EuGH C-99/96 – *Mietz,* Slg 99 I-2543 Rn 42 f, 54 = EuZW 99, 727, jeweils zu Art 24 EuGVÜ; → F Rn 333) gelten nicht, wenn die Maßnahmen von einem nach Art 8 ff zuständigen Hauptsachegericht getroffen wurden. Zu weiteren Einzelheiten vgl die Kommentierung zu Art 20 (→ F Rn 325 ff).

Maßnahmen des einstweiligen Rechtsschutzes auf dem Gebiet der elterlichen Verantwortung 42 sind auch dann nach der EuEheVO anzuerkennen und zu vollstrecken, wenn es sich um Maßnahmen des **Gewaltschutzes** handelt. Denn die für die Anerkennung solcher Maßnahmen seit dem 11.1.2015 geltende Verordnung (EU) Nr 606/2013 (EuSchutzMVO) bezieht sich nach ihrem Art 1 Abs 3 ausdrücklich nicht auf Schutzmaßnahmen, die unter die EuEheVO fallen (dazu näher → R Rn 70).

c) **Anerkennungsentscheidungen und drittstaatliche Entscheidungen.** Insoweit gilt das 43 zur Anerkennung von Entscheidungen in Ehesachen Gesagte (→ K Rn 33 f) entsprechend.

4. Ursprungs-/Vollstreckungsmitgliedstaat, Nr 5–6

Die Begriffe „Ursprungsmitgliedstaat" und „Vollstreckungsmitgliedstaat" sind selbst erklärend. 44 Statt ihrer werden in der Kommentierung auch die Begriffe „Erststaat" und „Zweitstaat" verwendet.

1241

N 45–49   2. Teil. Anerkennung/Vollstreckung N. Kindschaftssachen

5. Elterliche Verantwortung, Nr 7–8

45   Von zentraler Bedeutung für die Anerkennung und Vollstreckung von Entscheidungen nach Art 21, 23 ff ist die Definition der **„elterlichen Verantwortung"** in Nr 7. Der Begriff wird in der Verordnung – in weitgehender Übereinstimmung mit Art 1 Abs 2 KSÜ (*Andrae* ERA-Forum 03, 28/36; → F Rn 384 f) – **weit verstanden** (EuGH C-92/12 PPU – *Health Service Executive,* FamRZ 12, 1466 Rn 59). Er umfasst „die gesamten Rechte und Pflichten, die einer natürlichen oder juristischen Persondurch Entscheidung oder kraft Gesetzes oder durch eine rechtlich verbindliche Vereinbarung betreffend die Person oder das Vermögen eines Kindes übetragen wurden" (→ F Rn 32 ff). Nach der Verordnung anerkannt und/oder für vollstreckbar erklärt werden daher nicht nur Entscheidungen über das Sorge- und Umgangsrecht, die den Kern der elterlichen Verantwortung bilden, sowie über die Herausgabe von Kindern, sondern auch Schutzmaßnahmen auf den in Art 1 Abs 2 lit a – lit e (→ F Rn 40 ff) genannten Gebieten, insbesondere auch die **Unterbringung** des Kindes in einem anderen Mitgliedstaat (EuGH C-92/12 PPU aaO, Rn 100 ff, 107 ff).

46   Der Begriff **„Träger der elterlichen Verantwortung"** nach Nr 8 dient in der Verordnung als Kürzel für die vielfältigen natürlichen und juristischen Personen, welche die elterliche Verantwortung für ein Kind ausüben können. Dies sind nicht nur die Eltern des Kindes, sondern zB auch ein Vormund oder Pfleger (vgl Art 1 Abs 2 lit b); die elterliche Verantwortung kann aber auch einer juristischen Person oder einer Behörde (EuGH C-92/12 PPU aaO, Rn 59) übertragen sein. Auf die rechtliche Grundlage der Übertragung elterlicher Verantwortung auf eine bestimmte Person kommt es nicht an; diese kann sich – wie Nr 7 klarstellt – unmittelbar aus dem Gesetz, aus einer gerichtlichen bzw behördlichen Entscheidung oder einer rechtsverbindlichen Vereinbarung (zB der Eltern) ergeben. Wichtigste Ausprägungen der elterlichen Verantwortung sind das Sorge- und Umgangsrecht, die ihrerseits wiederum in Nr 9 und Nr 10 definiert werden.

6. Sorge- und Umgangsrecht, Nr 9–10

47   Die Begriffe „Sorgerecht" und „Umgangsrecht" werden in Nr 9 und Nr 10 in Übereinstimmung mit Art 5 HKÜ (→ U Rn 140 ff) definiert. Im Hinblick auf Kindesentführungen wird klargestellt, dass das Sorgerecht insbesondere das Recht zur Bestimmung des Aufenthalts des Kindes umfasst. Die Definition des Umgangsrechts sieht keine Beschränkung auf die Eltern des Kindes vor; daher werden auch Entscheidungen zum Recht anderer Verwandter des Kindes auf Umgang mit diesem von der Regelung der Verordnung erfasst (vgl im deutschen Recht § 1665 BGB; NK-BGB/*Gruber* Rn 4; **aA** *Finger* FamRBint 05, 13/16 mwN).

7. Widerrechtliches Verbringen/Zurückhalten, Nr 11

48   Die in Nr 11 gegebene Definition des „widerrechtlichen Verbringens oder Zurückhaltens" eines Kindes lehnt sich in lit a und lit b Satz 1 an Art 3 Abs 1 lit a HKÜ (→ U Rn 91 ff) und Art 7 Abs 2 KSÜ (→ F Rn 341) an. Maßgebend ist, dass durch das Verbringen oder Zurückhalten das Sorgerecht eines Trägers der elterlichen Verantwortung verletzt wurde. Hierüber entscheidet das Recht desjenigen Mitgliedstaats, in dem das Kind unmittelbar vor dem Verbringen oder Zurückhalten seinen gewöhnlichen Aufenthalt hatte (EuGH C-400/10, PPU – *McB,* Slg 10 I-8965 Rn 43 = IPRax 12, 345 m Anm *Siehr* 316; dazu näher → F Rn 53 ff). Ausreichend ist auch die Verletzung eines Mitsorgerechts (NK-BGB/*Gruber* Rn 5; näher zum HKÜ → U Rn 95 ff).

49   Abweichend von diesen staatsvertraglichen Begriffsbestimmungen ist gemäß lit b S 2 von einer **gemeinsamen Ausübung des Sorgerechts** auch dann auszugehen, wenn einer der Träger der elterlichen Verantwortung (Nr 8) aufgrund einer Entscheidung oder kraft Gesetzes nicht ohne die Zustimmung des anderen Trägers der elterlichen Verantwortung über den Aufenthaltsort des Kindes bestimmen kann. Es ist danach also nicht erforderlich, dass derjenige Elternteil, dem das Kind entzogen oder vorenthalten wird, die elterliche Sorge tatsächlich noch ausgeübt hat; ausreichend ist vielmehr schon, dass er weiterhin über den Aufenthaltsort des Kindes (mit-)bestimmen durfte (NK-BGB/*Gruber* Rn 6). Das Verbringen oder Zurückhalten des Kindes ist ihm gegenüber also schon dann widerrechtlich, wenn der andere Elternteil sich über dieses Aufenthaltsbestimmungsrecht hinweggesetzt hat (OLG Naumburg FamRZ 207, 1586; G/Sch/*Dilger,* IRV Rn 14).

1242

II. EU-Recht: EuEheVO Art 21   51 **N**

8. Kind

Der Begriff „Kind" wird in der Verordnung nicht definiert. Da die Volljährigkeit in allen **50**
Mitgliedstaaten der EU indes mit **Vollendung des 18. Lebensjahres** erreicht wird (vgl Staud/
Hausmann Anh zu Art 7 EGBGB), wird man diese Altersgrenze auch bei der Auslegung des
Begriffs „Kind" in Rechtsinstrumenten der EU auf dem Gebiet des internationalen Privat- und
Verfahrensrecht heranziehen dürfen (G/Sch/*Dilger,* IRV Rn 11 ff; Zö/*Geimer* Art 8 Rn 1; *An-
drae,* IntFamR § 6 Rn 16; *Siehr* IPRax 10, 583/584 mwN). Die Art 21 ff finden daher keine
Anwendung mehr, wenn das Kind im Zeitpunkt der anzuerkennenden Entscheidung aus einem
anderen Mitgliedstaat das 18. Lebensjahr bereits vollendet hatte (Tribunal de Justiça 18.12.12,
unalex PT-222); stattdesssen ist auf das nationale Verfahrensrecht der *lex fori* – in *Deutschland* also
auf Art 22 ff ErwSÜ (→ S Rn 12 ff) oder auf §§ 108–110 FamFG – zurückzugreifen (vgl auch
→ F Rn 75 f). Die Altersgrenze in Art 4 S 2 HKÜ (Vollendung des 16. Lebensjahrs) gilt im
Rahmen der Verordnung nicht, selbst wenn die EuEheVO im Fall einer Kindesentführung nach
ihren Art 10, 11 ergänzend zum HKÜ zur Anwendung kommt; denn der Begriff „Kind" kann
für die Zwecke der EuEheVO nur einheitlich bestimmt werden (ThP/*Hüßtege* Rn 10; *Siehr*
IPRax 10, 583/584 f; **aA** öst OGH IPRax 10, 551/552).

Kapitel II. Zuständigkeit

EuEheVO Art 3–7

(abgedruckt und kommentiert → A Rn 44 ff)

EuEheVO Art 8–20

(abgedruckt und kommentiert → F Rn 78 ff)

Kapitel III. Anerkennung und Vollstreckung

Abschnitt 1. Anerkennung

EuEheVO Art 21. Anerkennung einer Entscheidung

(1) **Die in einem Mitgliedstaat ergangenen Entscheidungen werden in den anderen
Mitgliedstaaten anerkannt, ohne dass es hierfür eines besonderen Verfahrens bedarf.**

(2) **Unbeschadet des Absatzes 3 bedarf es insbesondere keines besonderen Verfahrens
für die Beschreibung in den Personenstandsbüchern eines Mitgliedstaats auf der
Grundlage einer in einem anderen Mitgliedstaat ergangenen Entscheidung über Ehescheidung, Trennung ohne Auflösung des Ehebandes oder Ungültigerklärung einer
Ehe, gegen die nach dem Recht dieses Mitgliedstaats keine weiteren Rechtsbehelfe
eingelegt werden können.**

(3) **Unbeschadet des Abschnitts 4 kann jede Partei, die ein Interesse hat, gemäß den
Verfahren des Abschnitts 2 eine Entscheidung über die Anerkennung oder Nichtanerkennung der Entscheidung beantragen.**

**Das örtlich zuständige Gericht, das in der Liste aufgeführt ist, die jeder Mitgliedstaat
der Kommission gemäß Artikel 68 mitteilt, wird durch das nationale Recht des Mitgliedstaats bestimmt, in dem der Antrag auf Anerkennung oder Nichtanerkennung
gestellt wird.**

(4) **Ist in einem Rechtsstreit vor einem Gericht eines Mitgliedstaats die Frage der
Anerkennung einer Entscheidung als Vorfrage zu klären, so kann dieses Gericht hierüber befinden.**

1. Allgemeines

Art 21 bestätigt im Verhältnis der Mitgliedstaaten zueinander den **Grundsatz der automati-** **51**
schen Anerkennung von Entscheidungen betreffend die elterliche Verantwortung, Abs 1.
Dieser ist nach Ansicht des EuGH (C-256/09 – *Purrucker,* Slg 10 I-7353 Rn 70 = NJW 10,
2861) für die Schaffung eines echten europäischen Rechtsraums unverzichtbar. Ein besonderes
Anerkennungsverfahren kann allerdings von Personen, die hieran ein rechtliches Interesse haben,

1243

N 52–56 2. Teil. Anerkennung/Vollstreckung N. Kindschaftssachen

beantragt werden, Abs 3. Hängt der Ausgang eines Verfahrens von der Anerkennung einer mitgliedstaatlichen Entscheidung in einer Sorgerechtssache ab, so kann das mit dem Rechtsstreit befasste Gericht über die Anerkennung inzidenter entscheiden, Abs 4.

2. Begriff der Entscheidung

52   Vgl dazu die vorstehende Kommentierung zu Art 2 Nr 4 (→ Rn 36 ff). Die Anerkennung nach Art 21 erlangt vor allem Bedeutung für solche Entscheidungen, die – wie insbesondere Sorgerechtsentscheidungen – lediglich gestaltende Wirkung und deshalb keinen vollstreckungsfähigen Inhalt haben. Besonderheiten gelten für Entscheidungen über das **Umgangsrecht** und über die **Rückgabe von Kindern.** Denn solche Entscheidungen, für die im Ursprungsmitgliedstaat eine Bescheinigung nach Art 41 Abs 2 oder Art 42 Abs 2 ausgestellt worden ist, werden in allen anderen Mitgliedstaaten anerkannt, ohne dass das Vorliegen von Versagungsgründen nach Art 23 eingewandt werden kann (näher → Rn 229 ff). **Rechtskraft** der Entscheidung wird – wie aus Art 27 Abs 1 zu entnehmen ist – für die automatische Anerkennung in Kindschaftssachen nach Abs 1 nicht vorausgesetzt.

53   Besonderheiten gelten für die Anerkennung und Vollstreckung von **Maßnahmen des einstweiligen Rechtsschutzes.** Diese sind oben zu → Rn 39 ff sowie zu → F Rn 335 ff dargestellt. Zur Anerkennung von öffentlichen Urkunden vgl Art 46 (→ Rn 284 ff); zu Kostenfestsetzungsbeschlüssen vgl Art 49 (→ Rn 312).

3. Begriff der Anerkennung

54   Der Begriff der Anerkennung ist in der EuEheVO nicht ausdrücklich geregelt. Nach allgemeiner Ansicht ist darunter – wie auch nach Art 36 EuGVVO (Rauscher/*Mankowski* Rn 4) – **Wirkungserstreckung** zu verstehen; dh kraft der Anerkennung nach Art 21 werden die prozessualen Wirkungen einer Entscheidung betreffend die elterliche Verantwortung – wie die materielle Rechtskraft, die Präklusions- oder Gestaltungswirkung – auf das Gebiet des Zweitstaats erstreckt (*Helms* FamRZ 01, 257/258; Zö/*Geimer* Rn 2; NK-BGB/*Andrae* Rn 16; Rauscher/*Rauscher* Rn 13). Anerkennung bedeutet demnach nicht die Gleichstellung des ausländischen Urteils mit einem entsprechenden inländischen Urteil (*Spellenberg* ZZP Int 01, 109/113); vielmehr werden nur diejenigen Wirkungen, die eine Entscheidung nach dem Recht des Ursprungsmitgliedstaats hat, auf andere Mitgliedstaaten ausgedehnt. Die Anerkennung ist andererseits auch nicht auf diejenigen Wirkungen beschränkt, die eine entsprechende inländische Entscheidung entfalten würde (vgl zur EuGVVO aF BGH FamRZ 08, 400).

55   Der EuGH hat den Grundsatz der Wirkungserstreckung allerdings jüngst bezüglich der **objektiven Grenzen der Rechtskraft** eingeschränkt. Danach sind diese autonom nach dem Unionrecht zu bestimmen und haben die Gründe einzubeziehen, „die den Tenor tragen und von ihm daher nicht zu trennen sind" (EuGH C-456/11 – *Gothaer Allg/Samskip*, EuZW 13, 60 m Anm *Bach* 562 = IPRax 14, 163 Rn 39 f m Anm H *Roth* 136). Damit werden die objektiven Wirkungen der Rechtskraft in einer Weise bestimmt, die weder dem Recht des Ursprungsstaates noch dem Recht des Anerkennungsstaates entspricht (*Bach* EuZW 13, 56/57 f; H *Roth* IPRax 14, 136/138).

4. Grundsatz: Ipso iure-Anerkennung, Abs 1

56   Nach Abs 1 gilt der Grundsatz, dass Entscheidungen auf dem Gebiet der elterlichen Verantwortung aus anderen Mitgliedstaaten **automatisch** anerkannt werden. Die Durchführung eines besonderen Anerkennungsverfahrens ist dazu nicht erforderlich und darf vom nationalen Recht im Geltungsbereich der Verordnung nicht vorgeschrieben werden. Dem deutschen Recht ist ein solches Verfahren für Entscheidungen auf dem Gebiet der elterlichen Verantwortung – anders als in Ehesachen (§ 107 FamFG; → K Rn 194 ff) – auch nicht bekannt. Die Anerkennung erfolgt vielmehr *ipso iure,* dh über die Anerkennungsfähigkeit wird gem Abs 4 inzident in dem jeweiligen Hauptsacheverfahren entschieden (Staud/*Pirrung* Rn C 119). Die Gründe, die ausnahmsweise zur Versagung der Anerkennung einer mitgliedstaatlichen Entscheidung auf dem Gebiet der elterlichen Verantwortung führen können, sind in Art 23 **abschließend** aufgezählt (EuGH C-92/12 PPU – *Health Service Executive,* FamRZ 12, 1466 Rn 104; näher → Rn 76 ff).

1244

II. EU-Recht: EuEheVO Art 21   57–62 **N**

5. Selbständiges Anerkennungsverfahren, Abs 3

a) Anwendungsbereich. aa) Anerkennung. In Anlehnung an Art 33 Abs 2 EuGVVO aF **57** räumt die Verordnung den Beteiligten in Abs 3 auch die Möglichkeit ein, einen **Antrag auf förmliche Entscheidung** über die Anerkennung der Entscheidung des Gerichts eines anderen Mitgliedstaats zu stellen. Dieses vereinfachte Feststellungsverfahren steht in allen Mitgliedstaaten zur Verfügung und verdrängt in seinem Anwendungsbereich das autonome Recht (*Finger* FuR 10, 3/8). In Deutschland tritt es auf dem Gebiet der elterlichen Verantwortung an die Stelle des Verfahrens nach § 108 Abs 2 und 3 FamFG. Das Verfahren führt zu einer rechtskräftigen Entscheidung über die Anerkennung der ausländischen Entscheidung und erlangt insbesondere Bedeutung für solche Entscheidungen, die – wie zB Sorgerechtsentscheidungen – lediglich **gestaltende Wirkung** und deshalb keinen vollstreckungsfähigen Inhalt haben (BGH NJW 05, 3424/3425).

bb) Nichtanerkennung. Der Antrag kann nach Art 21 Abs 3 – über Art 36 Abs 2 EuGVVO **58** hinausgehend – auch auf die Nichtanerkennung einer mitgliedstaatlichen Entscheidung gerichtet werden. Von dieser Möglichkeit wird bisher insbesondere auf dem Gebiet der **elterlichen Verantwortung** Gebrauch gemacht. Dem Antrag steht auch dann, wenn diese Entscheidung im Fall einer Kindesentführung von einem Gericht des Verbringungsstaats getroffen wurde, Art 16 HKÜ nicht entgegen (BGH FamRZ 11, 959 Rn 12 ff). Er kann auch dann gestellt werden, wenn zuvor kein Antrag auf Anerkennung dieser Entscheidung gestellt wurde (EuGH C-195/08 – *Rinau*, Slg 08 I-5271 Rn 92 ff =NJW 08, 2972 = FamRZ 08, 1729 m Anm *Schulz;* Lietuvos Aukščiausiasis Teismas 25.8.08, unalex LT-9). Eine Ausnahme gilt allerdings für Entscheidungen, durch welche die Rückgabe eines entführten Kindes nach Art 13 HKÜ abgelehnt wurde, wenn das nach Art 10 zuständige Gericht des früheren Aufenthaltsstaats die **Rückgabe nach Art 11 Abs 8 angeordnet** hat (EuGH aaO, Rn 109; dazu *Rieck* NJW 08, 2958; *Schulz* FamRZ 08, 1732/1734; *Völker* FamRBint 09, 3; *Gruber* IPRax 09, 413). Der Antrag auf Nichtanerkennung dieser Rückgabeentscheidung im neuen Aufenthaltsstaat des Kindes ist daher unzulässig (Staud/ *Pirrung* Rn C 120).

b) Verfahren. Über den Feststellungsantrag ist nach Abs 3 im Verfahren nach Abschnitt 2, dh **59** in entsprechender Anwendung der Vorschriften über die Vollstreckbarerklärung (Art 28–36; → Rn 130 ff) zu entscheiden. Ergänzend gilt das Recht des Mitgliedstaats, in dem die Feststellungsantrag gestellt wird, Abs 3 UAbs 1 iVm Art 30 Abs 1. In Deutschland verweist **§ 32 IntFamRVG** insoweit auf die Vorschriften über die Zulassung der Zwangsvollstreckung im 1. Rechtszug (§§ 16–23 IntFamRVG; → Rn 584 f). Ergänzend gilt nach § 14 Nr 1 IntFamRVG das Verfahren gemäß dem FamFG. Die Einleitung des förmlichen Feststellungsverfahrens nach Abs 3 setzt **keine formelle Rechtskraft** der anzuerkennenden Entscheidung voraus, kann also schon vorher eingeleitet werden (AG Pankow/Weißensee ZKJ 09, 378; NK-BGB/*Andrae* Rn 25). Wird gegen die Entscheidung im Ursprungsmitgliedstaat ein Rechtsbehelf eingelegt, so kommt eine Aussetzung des Verfahrens nach Art 27 in Betracht.

aa) Sachliche Zuständigkeit. Für das Verfahren nach Art 21 Abs 3 ist in Deutschland gemäß **60** § 23a Abs 1 S 1 Nr 1 GVG das Amtsgericht sachlich ausschließlich (§ 23a Abs 1 S 2 GVG) zuständig; funktional zuständig ist nach § 14 IntFamRVG das Familiengericht.

bb) Örtliche Zuständigkeit. Das örtlich zuständige Gericht wird nach Art 21 Abs 3 UAbs 2 **61** durch das *nationale Recht* des Mitgliedstaats bestimmt, in dem der Antrag auf Anerkennung oder Nichtanerkennung gestellt wird. Die hiernach zuständigen Gerichte haben die Mitgliedstaaten der Kommission nach Art 68 mitzuteilen. Diese Mitteilungen sind im Internet veröffentlicht im Europäischen Gerichtsatlas für Zivilsachen unter: https://e-justice.europa.eu/content_matrimonial_matters_and_matters_of_parental_responsibility.

In **Deutschland** ist gemäß § 10 Nr 1 iVm § 12 Abs 1 IntFamRVG das Familiengericht **62** örtlich ausschließlich zuständig, in dessen Bezirk das OLG seinen Sitz hat, zu dessen Zuständigkeitsbereich der gewöhnliche Aufenthaltsort des Antragsgegners oder des Kindes, auf das sich die Entscheidung bezieht, gehört. Haben beide ihren gewöhnlichen Aufenthalt im Ausland, so entscheidet nach § 10 Nr 2 iVm § 12 Abs 1 hilfsweise das Familiengericht am Sitz des OLG, in dessen Bezirk das Interesse an der Feststellung oder das Fürsorgebedürfnis (zB wegen der dortigen Belegenheit von Kindesvermögen) besteht. Fehlt es auch daran, so ist nach § 10 Nr 3 iVm § 12 Abs 2 IntFamRVG das Familiengericht Pankow/Weißensee örtlich zuständig (näher → Rn 523 ff). Sobald ein förmliches Anerkennungsverfahren nach Abs 3 anhängig ist, ist die

1245

N 63–68 2. Teil. Anerkennung/Vollstreckung N. Kindschaftssachen

Entscheidung über die Anerkennung dem nach §§ 10, 12 IntFamRVG ausschließlich zuständigen Familiengericht vorbehalten; andere Gerichte und Behörden sind von diesem Zeitpunkt an gehindert, die ausländische Entscheidung inzident anzuerkennen (*Sturm* StAZ 02, 193/199; ThP/*Hüßtege* Rn 6).

63   **cc) Antrag.** Für die Stellung des Antrags ist nach Abs 3 iVm Art 30 Abs 1 das Recht des Mitgliedstaats maßgebend, in dem die Feststellung begehrt wird. In **Deutschland** ist der Antrag auf Feststellung der Anerkennung oder Nichtanerkennung bei dem zuständigen Familiengericht **schriftlich** einzureichen oder mündlich zu Protokoll der Geschäftsstelle zu erklären (§ 16 Abs 2 IntFamRVG; → Rn 531 f). Er ist nach § 184 GVG in **deutscher Sprache** abzufassen; andernfalls kann das Gericht dem Antragsteller aufgeben, eine Übersetzung des Antrags beizubringen, deren Richtigkeit von einer hierzu befugten Person bestätigt worden ist (§ 16 Abs 3 IntFamRVG). Dem Antrag sind gem Abs 3 iVm Art 30 Abs 3 die in Art 37, 39 bezeichneten Urkunden beizufügen.

64   **dd) Rechtliches Interesse.** Erforderlich für eine Feststellung nach Abs 3 ist weiterhin ein rechtliches Interesse des Antragstellers an der Klärung der Frage, ob die Voraussetzungen für die Anerkennung/Nichtanerkennung vorliegen oder nicht. Ein solches dürfte insbesondere dann gegeben sein, wenn Gerichte oder Behörden im Anerkennungsstaat die Frage, ob die ausländische Entscheidung anzuerkennen ist, unterschiedlich beurteilen. Ausreichend ist aber auch, dass ein Elternteil oder sonstiger Träger der elterlichen Verantwortung die Anerkennungsfähigkeit der ausländischen Entscheidung im Inland bestreitet (OLG Stuttgart FamRZ 14, 1567; ThP/*Hüßtege* Rn 7). Antragsteller und Antragsgegner müssen nicht zwingend die Parteien des erststaatlichen Verfahrens sein (MüKoFamFG/*Gottwald* Rn 9). Antragsberechtigt können etwa auch Kinder oder Erben eines Beteiligten sowie solche Dritten sein, deren Rechtsstellung von der Anerkennung beeinflusst wird. Für Entscheidungen auf dem Gebiet der elterlichen Verantwortung sind jedenfalls die Eltern, das Kind und sonstige Träger der elterlichen Verantwortung (Vormund, Pfleger), aber auch Behörden (zB das Jugendamt) antragsberechtigt (*Helms* FamRZ 01, 257/261; *Hub* NJW 01, 3145/3149). Ergänzend kann sich das deutsche Gericht insoweit auch an der Auslegung des rechtlichen Interesses in § 108 Abs 2 FamFG (→ Rn 619 f) orientieren.

65   **ee) Einseitiges Verfahren.** Das Gericht entscheidet über die Feststellung in entsprechender Anwendung von Art 31 Abs 1 ohne Verzug und grundsätzlich im einseitigen Verfahren, dh **ohne Anhörung des Antragsgegners und des Kindes** (ThP/*Hüßtege* Rn 6). Gelegenheit, sich zu äußern, erhält nur der Antragsteller (§ 18 Abs 1 S 1 IntFamRVG). Dies gilt allerdings **nicht für Anträge auf Feststellung der Nichtanerkennung** einer Entscheidung; denn der wesentliche Grund für die Einseitigkeit des Verfahrens, nämlich die rasche Durchsetzung der Entscheidung im Zweitstaat, liegt in diesem Fall nicht vor (EuGH C-195/08 – *Rinau*, Slg 08 I-5271 Rn 101 f = FamRZ 08, 1729 m Anm *Schulz*; Staud/*Pirrung* Rn C 143). Im Verfahren auf Nichtanerkennung ist dem Antragsgegner daher rechtliches Gehör zu gewähren (*Gruber* IPRax 09, 413/416; HK-ZPO/*Dörner* Rn 7).

66   Die Entscheidung ergeht grundsätzlich **ohne mündliche Verhandlung;** eine mündliche Erörterung mit dem Antragsteller kann jedoch stattfinden, wenn dies der Beschleunigung dient (§ 18 Abs 1 S 2 IntFamRVG). Abweichend von § 130 Abs 1 FamFG besteht in diesem Verfahren **kein Anwaltszwang** (§ 18 Abs 2 IntFamRVG). Das Gericht prüft an Hand der vorgelegten Urkunden nur, ob **Anerkennungshindernisse nach Art 23** vorliegen. Nur wenn dies der Fall ist, darf es den Antrag nach Abs 3 ablehnen (Art 31 Abs 2). Keinesfalls darf es die Entscheidung in der Sache nachprüfen (Art 31 Abs 3). Aus diesem Grunde ist dem Kind im Verfahren nach Art 21 Abs 3 auch **kein Verfahrensbeistand** zu bestellen (BGHZ 205, 10 Rn 27 ff m Anm *Siehr* IPRax 17, 77). Im Übrigen gilt für das Verfahren das FamFG.

67   **ff) Kosten.** Für die Kosten des selbständigen Anerkennungsverfahrens auf dem Gebiet der elterlichen Verantwortung gilt gem § 20 Abs 2, Hs 1 IntFamRVG § 81 FamFG entsprechend (→ Rn 539). Die Gerichtsgebühr beträgt gem Anlage 1 zu § 3 Abs 2 FamGKG im erstinstanzlichen Verfahren einheitlich 240 EUR (Nr 1710 ff KV), im Beschwerdeverfahren 360 EUR (Nr 1720 KV).

68   **gg) Rechtsbehelfe.** Gegen die Entscheidung des Familiengerichts über den Feststellungsantrag nach Abs 3 kann jede Partei einen Rechtsbehelf einlegen. Für das Rechtsbehelfsverfahren sind die Vorschriften der Art 33, 34 entsprechend anzuwenden. In Deutschland sind als Rechts-

1246

II. EU-Recht: EuEheVO Art 21   **69–75**   **N**

behelfe die **Beschwerde** zum OLG und die **Rechtsbeschwerde** zum BGH statthaft, § 32 iVm §§ 24 ff, 28 ff IntFamRVG (→ Rn 584 f iVm Rn 557 ff, 575 ff). Die Rechtsbeschwerde ist auch gegen die Entscheidung über die Nichtanerkennung eröffnet (BGH FamRZ 12, 1561; HK-ZPO/*Dörner* Rn 7).

hh) Aussetzung des Verfahrens. Wird gegen die Entscheidung, die Gegenstand des förmli- **69** chen Feststellungsverfahrens nach Art 21 Abs 3 ist, **im Ursprungsmitgliedstaat ein ordentli- cher Rechtsbehelf** eingelegt, so kann das mit dem Feststellungsantrag befasste Gericht das Verfahren nach Art 27 Abs 1 aussetzen, bis über den Rechtsbehelf entschieden worden ist (→ Rn 120 ff). Über den Antrag auf Feststellung der Nichtanerkennung kann aber auch entschieden werden, wenn der Antragsteller gegen das Urteil im Erststaat ein Rechtsmittel eingelegt hat (AG Pankow/Weißensee ZKJ 09, 378).

c) Wirkung. Der Entscheidung im Feststellungsverfahren nach Art 21 Abs 3 kommt **keine 70** *erga omnes*-**Wirkung** zu; sie wirkt vielmehr Rechtskraft nur zwischen den Parteien (*Hausmann* EuLF 00/01, 345/351; Zö/*Geimer* Rn 14, 26; NK-BGB/*Andrae* Rn 38). Von der Möglichkeit, die Allgemeinverbindlichkeit einer solchen Feststellungsentscheidung nach nationalem Recht anzuordnen, hat der deutsche Gesetzgeber keinen Gebrauch gemacht. Dies führt zu einem erheblichen Verlust an Rechtssicherheit, da nun die Gefahr widersprechender Entscheidungen selbst im innerstaatlichen Bereich besteht (*Geimer* IPRax 05, 325/326; für Bindung der inländischen Behörden an die Feststellungsentscheidung daher Rauscher/*Rauscher* Rn 33 f; NK-BGB/ *Andrae* Rn 39).

Wird die Entscheidung, deren Anerkennung festgestellt werden soll, **im Ursprungsmitglied- 71 staat aufgehoben oder abgeändert** worden, so kann dies bis zur Rechtskraft der förmlichen Feststellungsentscheidung nach Abs 3 noch in dem anhängigen Feststellungsverfahren geltend gemacht werden (NK-BGB/*Andrae* Rn 42). Ist die Feststellungsentscheidung hingegen bereits in Rechtskraft erwachsen, so kann der Antragsgegner die Aufhebung oder Änderung dieser Entscheidung in Deutschland in dem besonderen Verfahren nach **§ 34 Abs 1 S 2 IntFamRVG** beantragen (→ Rn 587 f).

6. Inzidente Anerkennungsentscheidung, Abs 4

Ist die Frage der Anerkennung einer Entscheidung aus einem anderen Mitgliedstaat der **72** Verordnung als Vorfrage in einem inländischen Verfahren zu klären, so ermächtigt Abs 4 das mit dieser Klärung befasste Gericht zur Inzidentanerkennung. Die Regelung ist eine notwendige Konsequenz aus dem Grundsatz der automatischen Anerkennung. Denn wenn ein besonderes Anerkennungsverfahren grundsätzlich nicht stattfinden soll, bleibt nur die Inzidentanerkennung (Rauscher/*Rauscher* Rn 19).

a) Grundsatz. Art 21 Abs 4 betrifft den Fall, dass sich die Frage nach der Anerkennung oder **73** Nichtanerkennung einer ausländischen Entscheidung betreffend die elterliche Verantwortung im Rahmen eines Prozesses stellt, welcher der Klärung einer anderen – zB unterhalts-, sozial- oder steuerrechtlichen – Frage als Hauptfrage dient (vgl Trib d'arrondissement 8.1.08, unalex LU-196). Von einer **Vorfrage** in diesem Sinne kann nur gesprochen werden, wenn die Entscheidung der Hauptfrage von ihrer Beantwortung, dh von der Anerkennung der Entscheidung im Inland abhängt. Dies kann zB der Fall sein, wenn nach einer Entscheidung durch das Gericht eines anderen Mitgliedstaats deren entgegenstehende Rechtskraft zu prüfen ist, sobald ein gleichartiger Antrag im Inland erneut gestellt wird (vgl Rauscher/*Rauscher* Rn 20). Ist die Erheblichkeit zu bejahen, so obliegt dem Gericht die Prüfung der Anerkennung **von Amts wegen**, dh auch dann, wenn keine der Parteien die Inlandsgeltung der ausländischen Entscheidung bestreitet (NK-BGB/*Andrae* Rn 41).

Die Inzidententscheidung nach Abs 4 entfaltet hinsichtlich der Anerkennung oder Nicht- **74** anerkennung der ausländischen Entscheidung **keine Rechtskraft,** so dass andere staatliche Stellen nicht durch sie gebunden sind und abweichend entscheiden können (NK-BGB/*Andrae* Rn 41; Rauscher/*Rauscher* Rn 22 f; ThP/*Hüßtege* Rn 14; **aA** *Vogel* MDR 00, 1045/1049). Auch ein Feststellungsverfahren nach Abs 3 kann nach einer Inzidentanerkennung weiterhin durchgeführt werden.

b) Zwischenfeststellungsentscheidung. Rechtskraft kommt jedoch einer Zwischenfeststel- **75** lungsentscheidung nach §§ 113 Abs 1 S 2 FamFG iVm § 256 Abs 2 ZPO zu. Ein hierauf gerichteter Antrag ist alternativ zum Antrag auf Feststellung im fakultativen Verfahren nach

1247

N 76   2. Teil. Anerkennung/Vollstreckung N. Kindschaftssachen

Abs 3 im Interesse der Prozessökonomie grundsätzlich zulässig (*Hausmann* EuLF 00/01, 345/ 351; ThP/*Hüßtege* Rn 7 aE; HK-ZPO/*Dörner* Rn 10; Rauscher/*Rauscher* Rn 22). Dies dürfte freilich im Hinblick auf die ausschließliche Zuständigkeit für die Feststellung der Anerkennung nach §§ 10, 12 IntFamRVG nur dann gelten, wenn der Antrag in der Hauptsache vor dem für die Anerkennung ausschließlich zuständigen Familiengericht anhängig gemacht worden ist (*Helms* FamRZ 01, 257/262; NK-BGB/*Andrae* Rn 41; dagegen für Zulassung des Antrags auch vor anderen Gerichten die hL, vgl ThP/*Hüßtege* Rn 14; *Vogel* MDR 00, 1045/1049).

EuEheVO Art 22. Gründe für die Nichtanerkennung einer Entscheidung über eine Ehescheidung, Trennung ohne Auflösung des Ehebandes oder Ungültigerklärung einer Ehe

(abgedruckt und kommentiert → K Rn 62 ff)

EuEheVO Art 23. Gründe für die Nichtanerkennung einer Entscheidung über die elterliche Verantwortung

Eine Entscheidung über die elterliche Verantwortung wird nicht anerkannt,

a) wenn die Anerkennung der öffentlichen Ordnung des Mitgliedstaats, in dem sie beantragt wird, offensichtlich widerspricht, wobei das Wohl des Kindes zu berücksichtigen ist;

b) wenn die Entscheidung – ausgenommen in dringenden Fällen – ergangen ist, ohne daß das Kind die Möglichkeit hatte, gehört zu werden, und damit wesentliche verfahrensrechtliche Grundsätze des Mitgliedstaats, in dem die Anerkennung beantragt wird, verletzt werden;

c) wenn der betreffenden Person, die sich auf das Verfahren nicht eingelassen hat, das verfahrenseinleitende Schriftstück oder ein gleichwertiges Schriftstück nicht so rechtzeitig und in einer Weise zugestellt wurde, dass sie sich verteidigen konnte, es sei denn, es wird festgestellt, dass sie mit der Entscheidung eindeutig einverstanden ist;

d) wenn eine Person dies mit der Begründung beantragt, daß die Entscheidung in ihre elterliche Verantwortung eingreift, falls die Entscheidung ergangen ist, ohne dass diese Person die Möglichkeit hatte, gehört zu werden;

e) wenn die Entscheidung mit einer späteren Entscheidung über die elterliche Verantwortung unvereinbar ist, die in dem Mitgliedstaat, in dem die Anerkennung beantragt wird, ergangen ist;

f) wenn die Entscheidung mit einer späteren Entscheidung über die elterliche Verantwortung unvereinbar ist, die in einem anderen Mitgliedstaat oder in dem Drittstaat, in dem das Kind seinen gewöhnlichen Aufenthalt hat, ergangen ist, sofern die spätere Entscheidung die notwendigen Voraussetzungen für ihre Anerkennung in dem Mitgliedstaat erfüllt, in dem die Anerkennung beantragt wird;
oder

g) wenn das Verfahren des Artikels 56 nicht eingehalten wurde.

Schrifttum: *Matscher*, Der verfahrensrechtliche ordre public im Spannungsfeld von EMRK und Gemeinschaftsrecht, IPRax 01, 428; *Schlauß*, Fehlende persönliche Anhörung des Kindes durch den ausländischen Richter – ein Anerkennungshindernis?, FPR 06, 228; *Schulze*, You'll never walk alone? Verstoß gegen Unionsrecht und Rechtsbehelfsobliegenheit in der Urteilsanerkennung, IPRax 16, 234; *Völker/Steinfatt*, Die Kindesanhörung als Fallstrick bei der Anwendung der Brüssel IIa-VO, FPR 05, 415.

1. Allgemeines

76   Art 23 ist Art 34 EuGVVO aF (jetzt Art 45 Abs 1 EuGVVO nF) und Art 23 KSÜ nachgebildet. Für die Auslegung der Anerkennungshindernisse in lit a–g kann daher ergänzend auf die Auslegung der korrespondierenden Versagungsgründe in diesen Rechtsinstrumenten und deren Auslegung durch den EuGH (dazu statt vieler unalexK/*Teixeira de Sousa/Hausmann* Art 34 EuGVVO aF Rn 1 ff m ausf Nachw) zurückgegriffen werden. Die Vorschrift regelt nur die Anerkennung von Entscheidungen über die **elterliche Verantwortung** iSv Art 1 Abs 1 lit b. Ob der dort bestimmte sachliche Anwendungsbereich der Vorschrift eröffnet ist, kann vom Zweitgericht selbständig überprüft werden. Von der Parallelregelung in Art 22 für die Anerken-

1248

II. EU-Recht: EuEheVO Art 23 **77–82 N**

nung von Entscheidungen in Ehesachen (→ K Rn 62 ff) weicht Art 23 durch die zusätzliche Berücksichtigung der Interessen Dritter, insbesondere der Kindesinteressen ab. Auslegungsmaßstab ist daher – wie in lit a ausdrücklich betont wird – vor allem das **Kindeswohl** (EuGH C-455/15 PPU – *P/Q*, NJW 16, 307 Rn 38 m Anm *Rentsch/Weller* IPRax 17, 262).

Art 23 regelt die Anerkennungshindernisse für Entscheidungen betreffend die elterliche Ver- **77** antwortung **abschließend** (EuGH C-92/12 PPU – *Health Service Executive,* FamRZ 12, 1466 Rn 104 = IPRax 13, 431 m Anm *Pirrung* 408; vgl aber zum oben des später angerufenen Gerichts gegen die Aussetzungspflicht nach Art 19 als zusätzlichen Anerkennungsversagungsgrund (→ Rn 104). Dabei hat die anerkennungsfreundliche Grundtendenz der EuEheVO (NK-BGB/*Andrae* Art 22 Rn 1), die Ausdruck des gegenseitigen Vertrauens zwischen den Mitgliedstaaten ist (dazu EuGH C-256/09 – *Purrucker,* Slg 10 I-7353 Rn 71 ff = NJW 10, 2861; BGHZ 205, 10 Rn 28 = NJW 15, 1603 m Anm *Siehr* IPRax 17, 77) zur Folge, dass die Anerkennungsversagungsgründe auf ein Mindestmaß reduziert sind und ihre Auslegung sich stets an dem Ziel einer möglichst weitgehenden Freizügigkeit von Entscheidungen innerhalb der EU zu orientieren hat (vgl zum Grundsatz der engen Auslegung von Anerkennungsversagungsgründen nach Art 23 lit a EuEheVO EuGH C-455/15 PPU aaO, NJW 16, 307 Rn 36; ebenso zu Art 34 Nr 1 EuGVVO aF EuGH C-681/13 – *Diageo Brands,* EuZW 15, 713 Rn 40 = IPRax 16, 270 m Anm *Schulze;* vgl auch Art 81 Abs 1 und Abs 2 lit a AEUV).

Insbesondere die **internationale Zuständigkeit** des Erststaates wird – wie Art 24 S 1 klar- **78** stellt (→ Rn 113 ff) – abweichend von Art 23 Abs 2 lit a KSÜ – im Rahmen der Anerkennung einer Entscheidung betreffend die elterliche Verantwortung nach der EuEheVO nicht nachgeprüft (OLG Stuttgart FamRZ 14, 1567/1568; Zö/*Geimer* Rn 2). Ausnahmen von diesem Grundsatz gelten lediglich für einstweilige Maßnahmen nach Art 20 (→ F Rn 340 ff) und für Altentscheidungen nach Art 64 Abs 2 und 4 (→ Rn 336 ff). Außerdem hat eine *révision au fond* nach Art 26 (→ Rn 117 f) in jedem Fall auszuscheiden. Schließlich ist auch die Rechts- oder Bestandskraft der ausländischen Entscheidung im Ursprungsstaat keine Voraussetzung für deren Anerkennung, wie sich schon aus Art 27 Abs 1 ergibt.

Die Anerkennungsversagungsgründe des Art 23 hat das deutsche Zweitgericht **von Amts** **79** **wegen** zu prüfen (*Borrás*-Bericht Rn 67; ebenso zu Art 34 EuGVVO aF BGHZ 191, 9 = NJW 11, 3103 Rn 24; BGH NJW-RR 12, 1013 Rn 9; BGH NJW 16, 169 Rn 9). Dies wird zwar zT geleugnet, wenn der betroffene Versagungsgrund – wie in den Fällen der Versagung rechtlichen Gehörs im erststaatlichen Verfahren nach lit c – allein dem Schutz des Beklagten, nicht aber auch innerstaatlichen Belangen der Vollstreckungsstaats dient (vgl zu Art 34 EuGVVO aF GJ/Sch/ *Geimer* Rn 62 ff; zu Art 45 EuGVVO nF Rauscher/*Leible* Rn 41). Die hM hält demgegenüber unter Berufung auf den Wortlaut der Vorschrift („wird nicht anerkannt") an der amtswegigen Prüfung aller Versagungsgründe fest (Rauscher/*Rauscher* Rn 3; zu Art 34 Nr 2 EuGVVO aF BGH NJW-RR 08, 526 Rn 24 f m ausf Nachw).

Eine **Amtsermittlungspflicht** besteht dagegen nicht; die Art und Weise der Tatsachen- **80** ermittlung richtet sich vielmehr grundsätzlich nach dem autonomen Verfahrensrecht des Anerkennungsmitgliedstaats (NK-BGB/*Andrae* Rn 1; vgl zur EuGVVO aF BGH NJW-RR 12, 1013 Rn 9; BGH NJW-RR 08, 586 Rn 26). Ohne Sachvortrag zu den entscheidungserheblichen Tatsachen findet daher eine Prüfung von Anerkennungshindernissen von Amts wegen nicht statt (BGH NJW 16, 160 Rn 10; BGH NJW-RR 12, 1013). Eine Bindung des Zweitgerichts an die tatsächlichen Feststellungen des Erstgerichts besteht nicht.

Die **Beweislast** für das Vorliegen von Versagungsgründen trägt diejenige Partei, die sich der **81** Anerkennung der ausländischen Entscheidung widersetzt (NK-BGB/*Andrae* Rn 1; MüKo-FamFG/*Gottwald* Rn 3; Staud/*Pirrung* Rn C 122; einschränkend aber Staud/*Spellenberg* Art 22 Rn 117 f mwN).). Eine Ausnahme gilt lediglich für die in Art 37–39 bezeichneten Urkunden, die der Antragsteller vorzulegen hat. Gem Art 31 Abs 2 entscheidet Art 23 auch über die Gründe für eine **Versagung der Vollstreckbarerklärung** einer ausländischen Entscheidung zur elterlichen Verantwortung, soweit eine solche nicht ausnahmsweise nach Art 40 ff entbehrlich ist.

2. Ordre public, lit a

a) Allgemeines. Der *ordre public*-Vorbehalt sichert die grundlegenden und unverzichtbaren **82** Werte des Sach- und Verfahrensrechts des Anerkennungsstaates. Dabei ist es zwar grundsätzlich Sache der Mitgliedstaaten, den Inhalt ihrer öffentlichen Ordnung iSv Art 23 lit a selbst festzulegen. Sie sind in dieser Entscheidung jedoch nicht völlig frei; vielmehr überwacht der EuGH die den Mitgliedstaaten diesbezüglich gezogenen Grenzen (EuGH C-455/15 PPU – *P/Q*, NJW

N 83–87 2. Teil. Anerkennung/Vollstreckung N. Kindschaftssachen

16, 307 Rn 37; ebenso zu Art 27 Nr 1 EuGVÜ/Art 34 Nr 1 EuGVVO aF EuGH C-7/98 – *Krombach*, Slg 00 I-1935 Rn 23 = NJW 00, 1853; EuGH C-38/98 – *Renault/Maxicar*, Slg 00 I-2973 Rn 28 = NJW 00, 2185; EuGH C-420/07 – *Apostolides*, Slg 09 I-3571 Rn 57 = NJW 09, 1938; EuGH C-619/10 – *Trade Agency*, EuZW 12, 912 Rn 49 m Anm *Bach*; EuGH C-302/13 – *flyLal*, EuZW 15, 76 Rn 47; EuGH C-681/13 – *Diageo Brands*, EuZW 15, 713 Rn 42 m Anm *Dietze* 717; Rauscher/*Leible* Art 45 EuGVVO nF Rn 6).

83 Einigkeit besteht darüber, dass dem Urteil eines anderen Mitgliedstaats **nur in Ausnahmefällen** unter Berufung auf den *ordre public* des Zweitstaats die Anerkennung versagt werden darf; dies folgt nicht zuletzt daraus, dass lit a einen „offensichtlichen" Verstoß gegen die öffentliche Ordnung verlangt (High Court [Fam Div] 31.7.14, unalex UK–1477; High Court 16.12.11, unalex IE-86; Staud/*Pirrung* Rn C 123; vgl zu Art 34 Nr 1 EuGVVO aF EuGH C-420/07 – *Apostolides* aaO, Rn 55; EuGH C-619/10 – *Trade Agency* aaO, Rn 48; EuGH C-681/13 – *Diageo Brands*, Rn 41; BGH NJW-RR 12, 1013 Rn 10). Die Anerkennung der Entscheidung muss wegen des Verbots einer sachlichen Nachprüfung der Entscheidung (Art 26; → Rn 117 f) gegen einen **wesentlichen Rechtsgrundsatz** des Anerkennungsstaates verstoßen und deshalb mit dessen Rechtsordnung schlichtweg unvereinbar sein (vgl EuGH C-7/98 – *Krombach* aaO, Rn 37; EuGH C-420/07 – *Apostolides* aaO, Rn 60 ff; EuGH C-619/10 – *Trade Agency* aaO, Rn 51; BGH NJW 16, 160 Rn 11). Es muss sich also um eine offensichtliche Verletzung einer in der Rechtsordnung des Anerkennungsstaats als wesentlich geltenden Rechtsnorm oder eines dort als grundlegend anerkannten Rechts handeln (EuGH C-455/15 PPU – *P/Q*, NJW 16, 307 Rn 39; ebenso zu Art 34 Nr 1 EuGVVO aF EuGH C-302/13 – *flyLal*, EuZW 15, 76 Rn 49; EuGH C-681/13 – *Diageo Brands*, EuZW 15, 713 Rn 44).

84 Für eine Versagung der Anerkennung unter Berufung auf den deutschen *ordre public* nach Art 23 lit a ist nur Raum, wenn die durch sie **im Inland hervorgerufenen Auswirkungen** den grundlegenden Wertungen des deutschen Kindschaftsrechts offensichtlich widersprechen würden. Hingegen reicht es nicht aus, dass nur der Inhalt der ausländischen Entscheidung oder der Vorschriften des ausländischen Rechts, auf denen sie beruht, mit der inländischen öffentlichen Ordnung unvereinbar ist (vgl zu Art 34 Nr 1 EuGVVO aF BGH NJW-RR 12, 1013 Rn 27). Da es um den deutschen *ordre public* geht, kann ergänzend auf die Auslegung von § 109 Abs 1 Nr 4 FamFG zurückgegriffen werden (→ Rn 649 ff).

85 **b) Materieller ordre public.** In Ehesachen bestimmt Art 25, dass die Anerkennung einer Entscheidung nicht allein deshalb abgelehnt werden darf, weil sie nach dem Sachrecht des Anerkennungsstaates unter Zugrundelegung des gleichen Sachverhalts so nicht hätte ergehen dürfen. Obwohl es auf dem Gebiet der elterlichen Verantwortung an einer entsprechenden Regelung fehlt, gilt dieser Grundsatz auch hier. Denn gegen die fehlerhafte Anwendung von Unionsrecht oder von nationalem Sachrecht bietet das in allen Mitgliedstaaten eingerichtete Rechtsbehelfssystem, ergänzt durch das Vorabentscheidungsverfahren nach Art 267 AEUV, den Unionsbürgern hinreichenden Rechtsschutz (EuGH C-681/13 – *Diageo Brands*, EuZW 15, 713 Rn 48 f m Anm *Schulze* IPRax 16, 234). Aus dem entsprechend anwendbaren Art 25 folgt darüber hinaus auch in Kindschaftssachen das **Verbot einer kollisionsrechtlichen Kontrolle** (*Hausmann* EuLF 00/01, 345/349).

86 Art 23 lit a stellt ferner – in Übereinstimmung mit Art 23 lit d KSÜ – klar, dass im Rahmen der Kontrolle ausländischer Entscheidungen am Maßstab der inländischen öffentlichen Ordnung auch das **Kindeswohl** zu berücksichtigen ist. Dies bedeutet allerdings keine zusätzliche Schranke für die Anerkennung sorgerechtlicher Entscheidungen, sondern bringt nur zum Ausdruck, dass ein *ordre public*-Verstoß insbesondere bei einer massiven Beeinträchtigung des Kindeswohls angenommen werden kann (NK-BGB/*Andrae* Rn 2; Rauscher/*Rauscher* Rn 4). Das Kindeswohl als Prüfungsmaßstab ist dabei im Sinne der Rechtsordnung des Anerkennungsstaats auszulegen (BGHZ 205, 10 Rn 42 = NJW 15, 1603 m Anm *Siehr* IPRax 17, 77; Althammer/*Weller* Rn 4; ThP/*Hüßtege* Rn 1; HK-ZPO/*Dörner* Rn 1). Die Überprüfung der ausländischen Entscheidung unter dem Gesichtspunkt des Kindeswohls darf zwar nicht zu einer unzulässigen *révision au fond* missbraucht werden (BGH aaO; *Helms* FamRZ 01, 257/263). Die Anerkennung einer Sorgerechtsentscheidung kann jedoch gegen den deutschen *ordre public* verstoßen, wenn eine Prüfung des Kindeswohls im ausländischen Verfahren überhaupt nicht stattgefunden hat (OLG Köln FamRZ 16, 78 = NZFam 15, 191 m Anm *Finger* [zum EuSorgeRÜ]).

87 In *Deutschland* hat die Versagung der Anerkennung von Entscheidungen aus anderen EU-Mitgliedstaaten auf dem Gebiet der elterlichen Verantwortung aus Gründen des materiellen *ordre public* heute keine große Bedeutung mehr, zumal häufig eine Abänderung durch das zuständige

1250

II. EU-Recht: EuEheVO Art 23   88–92 N

Gericht des Zweitstaats möglich ist. Auch in **Kindesentführungsfällen** kann die Anerkennung einer im Verbringungsstaat ergangenen Sorgerechtsentscheidung im früheren Aufenthaltsstaat des Kindes nicht schon deshalb unter Berufung auf den *ordre public* nach lit a abgelehnt werden, weil das Kind widerrechtlich in diesen Staat verbracht worden sei oder dort widerrechtlich zurückgehalten werde. Wenn aus diesem Grund die Voraussetzungen für eine Rückführung des Kindes im Verfahren nach Art 11 Abs 8 (→ F Rn 181 ff) erfüllt sind, haben die Gerichte im früheren Aufenthaltsstaat des Kindes vielmehr auf dieses Verfahren zurückzugreifen (EuGH C-455/15 PPU – *P/Q*, NJW 16, 307 Rn 47 ff; → F Rn 181 ff).

c) Verfahrensrechtlicher ordre public. Einer ausländischen Entscheidung auf dem Gebiet **88** der elterlichen Verantwortung kann die Anerkennung nach lit a auch nicht schon deshalb versagt werden, weil diese in einem Verfahren erlassen worden ist, das von zwingenden Vorschriften des deutschen Prozessrechts abweicht. Erforderlich ist vielmehr, dass das ihr zugrundeliegende Verfahren von den Grundprinzipien des Verfahrensrechts im Anerkennungsstaat in einem solchen Maße abweicht, dass es nicht mehr als in einem geordneten rechtsstaatlichen Verfahren ergangen angesehen werden kann (BGHZ 205, 10 Rn 37 = NJW 15, 1603 m Anm *Siehr* IPRax 17, 77; zu § 328 Abs 1 Nr 4 ZPO BGHZ 182, 188 Rn 25 = FamRZ 09, 1816 m Anm *Henrich;* ebenso zu Art 34 Nr 1 EuGVVO aF BGH NJW 16, 160 Rn 12; BGH NJW-RR 12, 1013 Rn 11; BGH FamRZ 10, 966 Rn 19; BGH NJW 10, 153 Rn 24; zum EuGVÜ BGHZ 48, 327/333; BGH NJW 90, 2201/2202 f; dazu Rauscher/*Leible* Art 45 EuGVVO nF Rn 15 mwN).

Bedeutung kommt insoweit vor allem einer Verletzung von Grundrechten oder von Garantien **89** der EMRK zu. Im Vordergrund stehen insbesondere Verstöße gegen das **rechtliche Gehör** (Art 103 Abs 1 GG) und gegen den Anspruch auf ein **faires Verfahren** (Art 6 EMRK iVm Art 47 Abs 2 EU-Charta, vgl EuGH C-619/10 – *Trade Agency*, EuZW 12, 912 Rn 52). Der verfahrensrechtliche *ordre public* ist ferner betroffen, wenn das Grundrecht eines Verfahrensbeteiligten auf Achtung seiner Menschenwürde dadurch verletzt wird, dass er zum bloßen Verfahrensobjekt herabgewürdigt wird, indem ihm keinerlei aktiver Einfluss auf die Verfahrensgestaltung eingeräumt wird (BGHZ 182, 204 Rn 28 = NJW 10, 153; BGH NJW-RR 12, 1013 Rn 12; BGH FamRZ 09, 1816 Rn 29). Zuständigkeitsfragen gehören hingegen gem Art 24 S 2 in keinem Fall zum *ordre public.*

Einen Sonderfall des verfahrensrechtlichen *ordre public* regelt lit b bezüglich der **Anhörung 90 des Kindes** (→ Rn 95 ff). Gleiches gilt nach lit c für die Gewährung rechtlichen Gehörs im Zeitraum der **Verfahrenseinleitung** (ordnungsgemäße und rechtzeitige Zustellung des verfahrenseinleitenden Schriftstücks) (vgl zum EuGVÜ EuGH C-78/95 – *Hendrikmann*, Slg 96 I-4943 Rn 23 = NJW 97, 1061; dazu → Rn 99 f). Auch ansonsten führt eine Verletzung des rechtlichen Gehörs des Antragsgegners nicht in jedem Fall zu einem *ordre public*-Verstoß. Es muss sich vielmehr um einen im Lichte von Art 103 GG besonders gravierenden Verstoß handeln. Hierfür reicht der Ausschluss eines Rechtsbehelfs gegen die erstinstanzliche Entscheidung (OLG Düsseldorf RIW 95, 324/325) oder das Übergehen von tatsächlichem Vorbringen oder von Beweisanträgen durch das Gericht des Erststaates (OLG Düsseldorf EuZW 97, 284) nicht immer aus. Etwas anderes gilt jedoch bei einem Verstoß gegen den Grundsatz des rechtlichen Gehörs, der sich als Ausprägung des **Willkürverbots** darstellt (BGH FamRZ 09, 1816 Rn 31 ff; OLG Hamm RIW 94, 243/245; MüKoZPO/*Gottwald* Art 45 EuGVVO nF Rn 17).

Der Anspruch auf ein faires Verfahren verlangt grundätzlich eine **Begründung jeder ge- 91 richtlichen Entscheidung**, damit der Beklagte die Gründe seiner Verurteilung verstehen und zweckdienliche Rechtsmittel gegen sie einlegen kann (vgl zu Art 34 Nr 1 EuGVVO aF EuGH C-302/13 – *flyLal*, EuZW 15, 76 Rn 51; BGH NJW 16, 160 Rn 23; **aA** noch Rauscher/*Leible* Rn 20). Dies gilt zwar nicht für den Erlass eines Versäumnisurteils (vgl EuGH C-619/10 – *Trade Agency*, EuZW 12, 912 Rn 58, 62 m Anm *Bach* 915 und *Roth* IPRax 13, 402); anders liegt es jedoch dann, wenn nach einer Gesamtwürdigung des Verfahrens und unter Berücksichtigung aller relevanten Umstände Anhaltspunkte dafür bestehen, dass diese Entscheidung eine offensichtliche und unverhältnismäßige Beeinträchtigung des Rechts des Antragsgegners auf ein faires Verfahren iSv Art 47 Abs 2 der EU-Grundrechtecharta darstellt, weil es dem Antragsgegner nicht möglich war, gegen diese Entscheidung in wirksamer Weise Rechtsmittel einzulegen (EuGH C-619/10 aaO, Rn 59 ff). Die Entscheidung eines mitgliedstaatlichen Gerichts, die weder allein noch zusammen mit anderen vorgelegten Urkunden den zugrundeliegenden Sachverhalt erkennen lässt, verstößt daher gegen den deutschen verfahrensrechtlichen *ordre public* (BGH NJW 16, 160 Rn 22 ff, 28).

Eine Verletzung des deutschen *ordre public* kann auch darin liegen, dass das Erstgericht gegen **92** seine **Vorlagepflicht** nach Art 267 Abs 3 AEUV – und damit aus deutscher Sicht gegen das

1251

N 93–96 2. Teil. Anerkennung/Vollstreckung N. Kindschaftssachen

Recht auf den gesetzlichen Richter nach Art 101 Abs 2 GG – verstoßen hat (*Dietze* EuZW 15, 717; ThP/*Hüßtege* Art 45 EuGVVO Rn 7).

93 Schließlich hindert Art 23 lit a die Anerkennung von Entscheidungen grundsätzlich nur dann, wenn der Verstoß des ausländischen Verfahrens gegen den inländischen *ordre public* im **Inhalt der ausländischen Rechtsnormen** wurzelt. Hat er seinen Grund hingegen in einer Missachtung oder *fehlerhaften Anwendung* im Einzelfall durch das Erstgericht, so kommt es darauf an, ob der betroffenen Partei **Rechtsbehelfe** dagegen zur Verfügung standen. Nur wenn dies nicht der Fall ist oder sie erfolglos eingelegt wurden, kommt eine Versagung der Anerkennung unter Berufung auf den verfahrensrechtlichen *ordre public* nach lit a in Betracht (NK-BGB/*Andrae* Art 22 Rn 5; vgl zu Art 34 Nr 1 EuGVVO aF EuGH C-681/13 – *Diageo Brands,* EuZW 15, 713 Rn 49, 61 ff m Anm *Schulze* IPRax 16, 234; BGH FamRZ 11, 1568 Rn 23; KG FamRZ 04, 275; G/Sch/ *Geimer* Art 34 Rn 30). Denn es ist in erster Linie Sache der Parteien, durch aktive Teilnahme am Verfahren auf die Vermeidung von Fehlern des Ursprungsgerichts oder deren Korrektur durch die Einlegung von Rechtsmitteln hinzuwirken (vgl zur EuUntVO OLG Karlsruhe NJW-RR 12, 331; zum EuGVÜ BGH NJW 90, 2201/2203). Es ist dem Schuldner damit verwehrt, sich im Rahmen der Anerkennung auf einen Verfahrensfehler zu berufen, den er im Erstverfahren nicht in zumutbarer Weise gerügt oder nicht durch die Einlegung von Rechtsmitteln geltend gemacht hat (BGH NJW 90, 2201/2203; MüKoZPO/*Gottwald* Art 45 EuGVVO nF Rn 17). Dies gilt auch für die Behauptung, das Urteil sei durch Prozessbetrug erschlichen worden (BGH BeckRS 12, 04575; OLG Frankfurt BeckRS 12, 09281; OLG Köln NJW-RR 09, 1074).

94 Hierfür ist jedoch erforderlich, dass der Antragsgegner nicht nur von der Entscheidung, sondern auch von ihrem Inhalt so rechtzeitig Kenntnis erlangt hat, dass er noch **Rechtsmittel einlegen** konnte (BGHZ 191, 9 Rn 23 = FamRZ 11, 1568; dazu *Heiderhoff* NJW 11, 3103; BGH IPRax 11, 265). Darüber hinaus hat jede Partei selbst nach besten Kräften für ihre eigene ordnungsgemäße Vertretung in einem ihr bekannten Gerichtsverfahren zu sorgen (BGHZ 182, 188 = FamRZ 09, 1816 Rn 27; BGH NJW 10, 153 Rn 26). Durch Untätigkeit kann sie sich ihren Mitwirkungsobliegenheiten nicht entziehen (BGH NJW 06, 701 Rn 17). Die vorstehend in → Rn 88 ff hauptsächlich zu Art 34 EuGVVO aF entwickelten Grundsätze gelten auch für Art 23 EuEheVO entsprechend (BGH NJW 15, 1603 Rn 37; NK-BGB/*Andrae* Rn 5; **aA** zu Art 22 Staud/*Spellenberg* Rn 29).

3. Verletzung des rechtlichen Gehörs des Kindes, lit b

95 In Anlehnung an Art 12 des UN-Übereinkommens über die Rechte des Kindes v 20.11.1989 (BGBl 92 II, 121), Art 3–6, 9 f des Europäischen Übereinkommens über die Ausübung von Kinderrechten v 25.1.1996 (BGBl 01 II, 1074) und Art 23 Abs 2 lit b KSÜ normiert lit b einen spezifischen Anerkennungsversagungsgrund für Entscheidungen auf dem Gebiet der elterlichen Verantwortung. Diese können auch dann in einem anderen Mitgliedstaat nicht anerkannt und für vollstreckbar erklärt werden, wenn sie ergangen sind, ohne dass das Kind die Möglichkeit hatte, gehört zu werden. Damit trägt die Verordnung der großen Bedeutung Rechnung, die dem rechtlichen Gehör des Kindes für die sachgerechte Wahrung seiner Interessen zukommt. Insbesondere wenn mit der Sorgerechtsentscheidung in das Leben des Kindes nachhaltig eingegriffen wird, weil zB damit der Umzug in ein anderes Land verbunden ist, muss das Kind auch dann angehört werden, wenn die Entscheidung von den Eltern einvernehmlich getroffen worden ist (OVG Berlin-Brandenburg NZFam 17, 530 m Anm *Zimmermann*). Ist das Kind für eine eigene Anhörung noch nicht alt genug, so ist ggf ein gesetzlicher Vertreter oder Beistand anzuhören. In *Deutschland* sind Kinder unter den Voraussetzungen des § 159 Abs 2 FamFG ab einem Alter von *drei bis vier Jahren* anzuhören (BGH NJW 16, 2497 Rn 46; Th/P/*Hüßtege* § 159 FamFG Rn 3 mwN).

96 Allerdings führt nicht jeder Verstoß gegen das rechtliche Gehör des Kindes zur Nichtanerkennung. Erforderlich ist vielmehr nach lit b zusätzlich, dass hierdurch „wesentliche verfahrensrechtliche Grundsätze" des Anerkennungsstaats verletzt worden sind (High Court [FamDiv] 31.714 unalex UK-1977). Es handelt sich – ebenso wie in lit c – um eine besondere **verfahrensrechtliche ordre public-Klausel** (OLG München FamRZ 15, 602; Althammer/*Weller* Rn 3), von der daher ebenfalls zurückhaltend Gebrauch zu machen ist. Eine Versagung der Anerkennung hat daher auszuscheiden, wenn das Kind trotz seiner unterlassenen Anhörung mit der Entscheidung eindeutig einverstanden ist. Wird die Anhörung im Erststaat – abweichend von § 159 FamFG – nicht durch einen Richter, sondern zB nur durch einen Rechtspfleger, Gutachter oder eine andere Amtsperson durchgeführt, so liegt auch darin noch kein Verstoß gegen lit b (*Schlauß*

II. EU-Recht: EuEheVO Art 23   **97–100** N

FPR 06, 228; HK-ZPO/*Dörner* Rn 3; vgl auch OLG Oldenburg FamRZ 12, 1887/1888 f [zu § 109 FamFG]; **aA** *Völker/Steinfatt* FPR 05, 415).

Da die Gestaltung des Verfahrens nach ErwG 19 (→ Anh I) grundsätzlich dem autonomen **97** Recht der Mitgliedstaaten überlassen bleiben soll (NK-BGB/*Andrae* Rn 4), ist in Anerkennungsverfahren vor deutschen Gerichten nach dem **Maßstab des § 159 FamFG** zu beurteilen, ob die Anhörung des Kindes im erststaatlichen Verfahren geboten war und welche Anforderungen an diese zu stellen waren (OLG München FamRZ 15, 602; *Schulte-Bunert* FamRZ 07, 1608/1611; Althammer/*Weller* Rn 3; ThP/*Hüßtege* Rn 2; Rauscher/*Rauscher* Rn 9; vgl auch OLG Frankfurt IPRax 08, 353; **aA** Staud/*Pirrung* Rn C 124). Rechtliches Gehör ist in *Deutschland* Kindern zwingend **ab dem 14. Lebensjahr** zu gewähren; dem erstinstanzlichen Gericht ist insoweit **kein Ermessen** eingeräumt (OLG Schleswig FamRZ 08, 1761/1762). Die Möglichkeit, gehört zu werden, hat das Kind nicht schon deshalb gehabt, weil es zum Termin geladen wurde; das Gericht muss vielmehr alle notwendigen Maßnahmen ergreifen, damit das Kind sein Recht auf Anhörung auch effektiv wahrnehmen kann (OLG Schleswig aaO; HK-ZPO/*Dörner* Rn 3). Die Anhörung ist auch nicht deshalb entbehrlich, weil das Kind bereits früher einmal im Anerkennungsstaat angehört worden war, wenn diese Anhörung einen anderen Gegenstand betraf oder wenn aufgrund der zeitlichen Entfernung eine erneute Anhörung geboten erscheint (OLG Schleswig aaO). Der Versagungsgrund nach lit b greift jedoch nicht ein, wenn das Kind erst in der Zeit zwischen dem rechtskräftigen Abschluss des Verfahrens im Erststaat und der Entscheidung über die Anerkennung im Zweitstaat ein Alter erreicht, das zu seiner Anhörung zwingt (App Bucuresti 2.6.09, unalex RO-30).

Eine **Ausnahme von der Anhörungspflicht** besteht nach der Verordnung nur „in dringen- **98** den Fällen", also vor allem in Verfahren des **einstweiligen Rechtsschutzes** nach Art 20 (OLG Stuttgart FamRZ 14, 1567/1568). Der Ausnahmefall der Dringlichkeit ist dabei restriktiv auszulegen und liegt etwa bei Gefahr im Verzug vor (öst OGH 19.11.14, unalex AT-973). Die Pflicht zur Anhörung entfällt auch dann, wenn der Antragsgegner die Anhörung dadurch verhindert, dass er den Aufenthalt des Kindes nicht bekannt gibt (BGHZ 205, 10 Rn 46 = NJW 15, 1603 m Anm *Siehr* IPRax 17, 77).

4. Verletzung des rechtlichen Gehörs im Fall der Säumnis, lit c

Durch den im KSÜ nicht vorgesehenen Versagungsgrund gem lit c soll – in Anlehnung an **99** Art 34 Nr 2 EuGVVO aF (dazu EuGH C-619/10 – *Trade Agency*, EuZW12, 912 Rn 32) bzw Art 45 Abs 1 lit b EuGVVO nF – sichergestellt werden, dass dem Antragsgegner vor allem in der Phase der Einleitung des Verfahrens rechtliches Gehör gewährt wird, so dass dieser sich wirksam verteidigen kann. Das Recht auf rechtliches Gehör genießt im deutschen (Art 103 GG) und europäischen Recht (Art 6 EMRK) Verfassungsrang; Art 23 lit c ist damit eine besondere Ausprägung des verfahrensrechtlichen *ordre public* iSv lit a. Die Vorschrift findet auf alle Verfahren Anwendung, die infolge der fehlenden Mitwirkung des Gegners einseitig geblieben sind, also insbesondere auf **Versäumnisverfahren**. Als „betreffende Person" iS der Vorschrift wird aber auch ein Elternteil geschützt, der das Verfahren nicht durch einen eigenen Antrag eingeleitet hat (Rauscher/*Rauscher* Rn 13; HK-ZPO/*Dörner* Rn 4). Auch dieser Versagungsgrund ist nicht nur auf Einrede des Antragsgegners, sondern **von Amts wegen** zu berücksichtigen (*Helms* FamRZ 01, 257/264; NK-BGB/*Andrae* Art 22 Rn 7; vgl zur EuGVVO BGH NJW-RR 08, 586 Rn 22 ff mwN; **aA** Rauscher/*Leible* Art 45 Rn 59; G/Sch/*Geimer* Art 34 Rn 101 ff). Verstöße gegen das rechtliche Gehör im späteren Verlauf des Verfahrens können die Anerkennung hingegen nur gem lit a hindern (verfahrensrechtlicher *ordre public*; vgl zu Art 27 Nr 2 EuGVÜ/ Art 34 Nr 1 EuGVVO aF EuGH C-78/95 – *Hendrikmann,* Slg 1996 I-493 = NJW 97, 1061; BGH NJW 06, 701; BGH NJW 90, 2201/2202). Die Verteidigungsrechte des Antragsgegners werden zwar bereits im erststaatlichen Verfahren durch Art 18 EuEheVO und Art 19 EuZustVO geschützt (→ A Rn 153 ff). Lit c räumt den Gerichten im Anerkennungsstaat jedoch das Recht ein, die Einhaltung dieser Vorschriften im Ursprungsstaat zu kontrollieren.

Wegen der einzelnen Voraussetzungen dieses Versagungsgrunds (Nichteinlassung, ordnungs- **100** gemäße und rechtzeitige Zustellung des verfahrenseinleitenden Schriftstücks, mangelndes Einverständnis des Antragsgegners mit der Entscheidung) wird auf die Parallelvorschrift in Art 22 lit b (→ K Rn 80 ff) verwiesen (vgl aber Rauscher/*Rauscher* Rn 15, der in Sorgerechtssachen für eine erweiterte Obliegenheit zur Einlegung von Rechtsmitteln eintritt).

1253

5. Verletzung des rechtlichen Gehörs Dritter, lit d

101 Auch die Verletzung des rechtlichen Gehörs dritter Personen, die weder als betroffenes Kind iSv lit b noch als Antragsgegner iSv lit c im Verfahren vor dem Erstgericht noch selbst an diesem Verfahren beteiligt waren, können nach lit d zur Versagung der Anerkennung führen, wenn diese Personen geltend machen können, dass die **Entscheidung in ihre elterliche Verantwortung eingreift.** Ob dies der Fall ist, ist in Deutschland und den anderen EU-Mitgliedstaaten, die alle zugleich Vertragsstaaten des KSÜ sind, einheitlich nach dem von Art 16 KSÜ zur Anwendung berufenen Recht zu beurteilen. Danach können insbesondere Rechte von Vormündern oder von Behörden (zB Zustimmungsrechte zum Aufenthaltswechsel des Kindes) oder Umgangsrechte Dritter (zB der Großeltern) bestehen.

102 Voraussetzung für die Nichtanerkennung nach lit d ist ein entsprechender **Antrag des Dritten.** Dieser muss also entweder selbst ein förmliches Verfahren auf Feststellung der Nichtanerkennung nach Art 21 Abs 3 einleiten oder den Antrag in einem bereits anhängigen Anerkennungsverfahren bzw in einem sonstigen Verfahren, in dem inzidenter über die Anerkennung entschieden wird, stellen (NK-BGB/*Andrae* Rn 6; Rauscher/*Rauscher* Rn 16). Abweichend von lit c schützt lit d auch nicht nur in der Phase der Verfahrenseinleitung; vielmehr reichen auch Verstöße gegen das rechtliche Gehör des Dritten im weiteren Verlauf des Verfahrens aus (HK-ZPO/*Dörner* Rn 5).

6. Unvereinbarkeit mit einer späteren Entscheidung im Anerkennungsstaat, lit e

103 **a) Entscheidungsbegriff.** Der Begriff der Entscheidung in Art 23 lit e ist weiter als in Art 2 Nr 4. Durch die Beschränkung auf Entscheidungen über die elterliche Verantwortung bekräftig Art 2 Nr 4 nur den sachlichen Anwendungsbereich der EuEheVO für die Zwecke der Anerkennung und Vollstreckung. Demgegenüber geht es bei den Anerkennungsversagungsgrund in lit e darum, die Geltung von sich widersprechenden Entscheidungen im Zweitstaat zu verhindern. Während die spätere inländische Entscheidung die elterliche Verantwortung zum Gegenstand haben muss, gilt dies für die anzuerkennende Entscheidung aus einem anderen Mitgliedstaat nicht unbedingt. Ein Widerspruch iSv lit e kann vielmehr auch durch die Anerkennung einer Entscheidung eintreten, die nicht die elterliche Verantwortung betrifft, ja die nicht einmal in den Anwendungsbereich der EuEheVO fällt. Mit der inländischen Entscheidung über die elterliche Verantwortung unvereinbar können daher etwa auch frühere ausländische Entscheidungen betreffend den Status des Kindes, wie zB die Feststellung oder Anfechtung der Vaterschaft oder eine Adoptionsentscheidung, sein (Rauscher/*Rauscher* Rn 20, 24; NK-BGB/*Andrae* Rn 8).

104 Die **frühere Anhängigkeit eines inländischen Verfahrens,** in dem voraussichtlich eine mit der ausländischen Entscheidung nicht zu vereinbarende Entscheidung ergehen wird, begründet zwar nach dem Wortlaut von lit c kein Anerkennungshindernis. Der EuGH wertet allerdings den Verstoß des später angerufenen Gerichts eines anderen Mitgliedstaats gegen die Aussetzungspflicht nach Art 19 als einen zusätzlichen – ungeschriebenen – Anerkennungsversagungsgrund iSv Art 22, 23 EuEheVO (EuGH C-497/10 PPU – *Mercredi,* Slg 10 I-14309 Rn 69 f = FamRZ 11, 617 m Anm *Henrich;* Rauscher/*Rauscher* Rn 22a; **aA** OLG Stuttgart FamRZ 14, 1567/ 1568).

105 **b) Unvereinbarkeit.** Der Begriff der „Unvereinbarkeit" ist autonom auszulegen. Mit einander unvereinbar sind Entscheidungen dann, wenn sich deren Urteilswirkungen gegenseitig ausschließen oder widersprechen (vgl zum EuGVÜ EuGH C-145/86 – *Hoffmann/Krieg,* Slg 88, 645 Rn 22 = NJW 89, 663; EuGH C-80/00 – *Italian Leather,* Slg 02 I-4995 Rn 40, 47 = NJW 02, 2087). Dies ist jedenfalls dann der Fall, wenn über denselben Anspruch zwischen denselben Parteien gegenläufig entschieden worden ist (vgl zu Art 34 Nr 3 EuGVVO aF BGH RIW 17, 78 Rn 15 f = IPRax 17, 488 m Anm *Thomale* 463). Bei der Prüfung der Unvereinbarkeit iSv lit e ist das Gericht im Anerkennungsstaat nicht an die diesbezügliche Bewertung des Ursprungsgerichts gebunden, sondern kann die tatbestandlichen Voraussetzungen dieses Versagungsgrundes eigenständig prüfen. Darin liegt auch kein Verstoß gegen das Verbot der *révision au fond* in Art 26 (vgl BGH RIW 17, 78 Rn 20 ff).

106 Auf dem Gebiet der elterlichen Verantwortung sind Entscheidungen grundsätzlich dann miteinander unvereinbar, wenn sie das Sorge-, Umgangs-oder Aufenthaltsbestimmungsrecht in Bezug auf das gleiche Kind für denselben Zeitraum unterschiedlichen Personen zusprechen

II. EU-Recht: EuEheVO Art 23

(OLG München FamRZ 15, 602). Auf die Art der Entscheidung kommt es in diesem Zusammenhang nicht an, so dass auch eine inländische **einstweilige Anordnung** der Anerkennung einer ausländischen Hauptsacheentscheidung entgegenstehen kann (OLG München aaO). Ein ablehnender inländischer PKH-Beschluss hindert die Anerkennung einer gegenteiligen Entscheidung des Gerichts eines anderen Mitgliedstaats jedoch nicht. Auch ist die Anerkennung einer deutschen Entscheidung, die das Sorgerecht für ein widerrechtlich nach *Portugal* verbrachtes Kind der Mutter zuspricht, nicht unvereinbar mit der von einem portugiesischen Gericht getroffenen Entscheidung, durch die eine Rückführung des Kindes nach *Deutschland* gem Art 13 HKÜ abgelehnt worden ist (Trib da Relação Coimbra 29.3.11, unalex PT-179).

c) Zeitliche Reihenfolge. Während für das Bestehen eines Anerkennungshindernisses der **107** Umstand, in welcher zeitlichen Reihenfolge die Entscheidungen aus dem Ursprungs- und dem Anerkennungsmitgliedstaat ergangen sind, in *Ehesachen* nach Art 22 lit c grundsätzlich unerheblich ist, so dass sowohl eine frühere wie eine spätere inländische Entscheidung der Anerkennung einer in einem anderen Mitgliedstaat ergangenen Entscheidung entgegensteht (→ K Rn 100), gilt dies für Entscheidungen betreffend die *elterliche Verantwortung* nicht. Insoweit setzt sich nach lit e die deutsche Entscheidung gegenüber einer mit ihr nicht zu vereinbarenden Entscheidung eines Gerichts eines anderen Mitgliedstaats vielmehr nur durch, wenn sie *später* getroffen wurde (**Posterioritätsprinzip;** vgl OLG München FamRZ 15, 602/604 f; MüKoFamFG/*Gottwald* Rn 10; Rauscher/*Rauscher* Rn 22, 24). Damit wird dem Umstand Rechnung getragen, dass die für Entscheidungen auf dem Gebiet der elterlichen Verantwortung maßgeblichen Verhältnisse dem steten Wandel unterworfen sind. Vorrang soll immer diejenige Entscheidung haben, die unter Berücksichtigung der aktuellen Situation des Kindes getroffen wurde (*Hausmann* EulF 00/01, 345/350; *Helms* FamRZ 01, 257/266; NK-BGB/*Andrae* Rn 7; MüKoBGB/*Heiderhoff* Rn 21). Dieser Grundsatz gilt freilich nur für sich widersprechende Entscheidungen über die elterliche Verantwortung, nicht im Verhältnis zu einem früheren Statusurteil (NK-BGB/*Andrae* Rn 8; Rauscher/*Rauscher* Rn 23; **aA** HK-ZPO/*Dörner* Rn 6).

d) Rechtsfolge. Liegt das Anerkennungshindernis nach lit e vor, so ist die Anerkennung **108** zwingend abzulehnen; ein Ermessen des Anerkennungsgerichts besteht insoweit nicht (EuGH C-80/00 – *Italian Leather*, NJW 02, 2087 Rn 50 ff). Die miteinander nicht zu vereinbarenden Entscheidungen bleiben dann auf das Hoheitsgebiet des jeweiligen Ursprungsstaates beschränkt (BGH WM 16, 2272 Rn 21).

7. Unvereinbarkeit mit einer späteren anerkennungsfähigen Entscheidung eines anderen Staates, lit f

a) Allgemeines. Art 23 lit f ergänzt lit e und regelt das Verhältnis zwischen der Entscheidung **109** des Ursprungsmitgliedstaats, um deren Anerkennung es geht, und Entscheidungen über die elterliche Verantwortung zwischen denselben Parteien, die in anderen Staaten als dem Anerkennungsstaat ergangen sind. Dies können sowohl Entscheidungen aus anderen *Mitgliedstaaten* als auch Entscheidungen aus *Drittstaaten* sein. Nur im letzteren Fall wird – wie in Art 23 Abs 2 lit e KSÜ – zusätzlich vorausgesetzt, dass das Kind im Zeitpunkt der Entscheidung durch das drittstaatliche Gericht in diesem Staat seinen gewöhnlichen Aufenthalt hatte (Rauscher/*Rauscher* Rn 26; HK-ZPO/*Dörner* Rn 7; MüKoFamFG/*Gottwald* Rn 11; **aA** [auch bei mitgliedstaatlichen Entscheidungen] ThP/*Hüßtege* Rn 6). Lit d erfasst hingegen nicht den Fall, dass die anzuerkennende Entscheidung mit einer anderen *im Ursprungsstaat* ergangenen oder dort anerkannten Entscheidung unvereinbar ist (vgl zu Art 34 Nr 4 EuGVVO aF EuGH C-157/12 – *Salzgitter Mannesmann*, NJW 14, 203 Rn 30 ff m Anm *Mäsch* EuZW 13, 905; vgl dazu den Vorlagebeschluss BGH WM 12, 662). Im Übrigen gilt für den Begriff der „Entscheidung", die Auslegung der „Unvereinbarkeit" und die zwingende Anwendung das vorstehend zu lit e Gesagte entsprechend.

b) Posterioritätsprinzip. Abweichend von der korrespondierenden Regelung für Ehesachen **110** in Art 22 lit d (→ K Rn 103) gilt auch im Rahmen von lit f nicht das Prioritätsprinzip, sondern aus den zu lit e genannten Gründen – genau umgekehrt – der Grundsatz des **Vorrangs der zuletzt getroffenen Entscheidung.** Konkurrieren daher Entscheidungen aus einem anderen Mitgliedstaat (zB *Österreich*) und aus einem Drittstaat (zB *Türkei*), so kommt nicht etwa der mitgliedstaatlichen Entscheidung Vorrang zu. Vielmehr setzt sich die spätere Entscheidung eines drittstaatlichen (im Beispiel: türkischen) Gerichts gegenüber der früheren mitgliedstaatlichen (im

N 113–115 2. Teil. Anerkennung/Vollstreckung N. Kindschaftssachen

Beispiel: österreichischen) Entscheidung durch, auch wenn sie im Inland nicht nach der Verordnung, sondern nach autonomem Recht (§§ 108, 109 FamFG) oder nach einem vorrangigen Staatsvertrag (zB Art 23 ff KSÜ) anzuerkennen ist. Voraussetzung ist nur, dass das Kind im Zeitpunkt der Entscheidung des drittstaatlichen Gerichts seinen gewöhnlichen Aufenthalt in diesem Staat hatte.

111 Die Anwendbarkeit von lit f setzt nach dem letzten Halbsatz voraus, dass die spätere (mitglied- oder drittstaatliche) Entscheidung im Übrigen die notwendigen Voraussetzungen für ihre **Anerkennungsfähigkeit im Zweitstaat** erfüllt. Diese beurteilt sich für die Entscheidungen aus anderen Mitgliedstaaten nach Art 21, 23, für Entscheidungen aus Drittstaaten nach dem staatsvertraglichen oder autonomen Recht des Zweitstaats. In *Deutschland* sind daher vorrangig die Anerkennungsvorschriften der einschlägigen multilateralen Staatsverträge (KSÜ, MSA, EuSorgeRÜ; → Rn 342 ff) sowie hilfsweise die §§ 108, 109 FamFG maßgebend (→ Rn 609 ff). Ist die später ergangene Entscheidung hiernach nicht anerkennungsfähig, so ist die frühere Entscheidung anzuerkennen.

8. Nichteinhaltung des Verfahrens nach Art 56, lit g

112 Lit g betrifft den seltenen Fall der Anerkennung einer Entscheidung über die Unterbringung eines Kindes in einem Heim oder einer Pflegefamilie in einem anderen Mitgliedstaat als demjenigen, dessen Gericht die Entscheidung getroffen hat. Einer solchen Entscheidung kann die Anerkennung versagt werden, wenn das in Art 56 vorgeschriebene Verfahren nicht eingehalten wurde, insbesondere die zuständige Behörde des um die Unterbringung ersuchten Staates dieser nicht zugestimmt hatte (vgl EuGH C-92/12 PPU – *Health Service Executive*, FamRZ 12, 1466 Rn 100 ff).

EuEheVO Art 24. Verbot der Nachprüfung der Zuständigkeit des Gerichts des Ursprungsmitgliedstaats

¹**Die Zuständigkeit des Gerichts des Ursprungsmitgliedstaats darf nicht überprüft werden.** ²**Die Überprüfung der Vereinbarkeit mit der öffentlichen Ordnung gemäß [...] Artikel 23 Buchstabe a) darf sich nicht auf die Zuständigkeitsvorschriften der Artikel 3 bis 14 erstrecken.**

1. Keine Prüfung der internationalen Zuständigkeit, S 1

113 Satz 1 hat lediglich **deklaratorische Bedeutung,** denn das Verbot der Überprüfung der internationalen Zuständigkeit des Erstgerichts ergibt sich schon aus dem abschließenden Charakter der Aufzählung der Anerkennungshindernisse in Art 23 (NK-BGB/*Andrae* Rn 1). Das Verbot gilt unabhängig davon, ob das Gericht des Ursprungsmitgliedstaats seine Zuständigkeit aus der EuEheVO (Art 8–13; dazu OLG Stuttgart FamRZ 14, 1567/1568) oder über Art 14 Abs 1 aus seinem nationalen Recht hergeleitet hat (Staud/*Pirrung* Rn C 131); es gilt selbst dann, wenn das Gericht des Ursprungsmitgliedstaats den Vorrang der EuEheVO übersehen und seine internationale Zuständigkeit unter Verletzung der Art 8 ff auf Vorschriften seines nationalen Rechts gestützt hat (*Hausmann* EuLF 00/01, 345/348; *Helms* FamRZ 01, 257/262; ThP/*Hüßtege* Rn 1). Der Antragsgegner kann die Unzuständigkeit des Gerichts des Ursprungsmitgliedstaats daher ausschließlich mit den im dortigen Recht vorgesehenen Rechtsbehelfen geltend machen.

114 Auf dem Gebiet des **einstweiligen Rechtsschutzes** gilt Art 24 S 1 uneingeschränkt, wenn es um die Anerkennung von Maßnahmen des nach Art 3–5 zuständigen Hauptsachegerichts geht. Hingegen finden die Art 21 ff – und damit auch Art 24 S 1 – nach der Rechtsprechung des EuGH (→ F Rn 340 ff) keine Anwendung, wenn einstweilige Maßnahmen anerkannt werden sollen, die das Ursprungsgericht gemäß Art 20 auf sein nationales Verfahrensrecht gestützt hat. Die aufgrund dieser Rechtsprechung erforderliche Prüfung, ob das Ursprungsgericht seine Zuständigkeit auf eine Vorschrift der EuEheVO oder auf Art 20 iVm mit seinem nationalen Recht gegründet hat, verstößt nicht gegen Art 24 S 1, weil nicht die Zuständigkeit als solche nachgeprüft wird (NK-BGB/*Andrae* Rn 1).

2. Kein Rückgriff auf den *ordre public*, S 2

115 Satz 2 stellt klar, dass die Überprüfung der Zuständigkeit durch das zweitstaatliche Gericht auch nicht über den „Umweg" der Annahme eines Verstoßes gegen den **ordre public** (Art 23

II. EU-Recht: EuEheVO Art 26

lit a) des Anerkennungsstaats vorgenommen werden darf. Die Vorschrift verweist zwar in Verfahren betreffend die elterliche Verantwortung nur auf die Art 8–14 der Verordnung; sie schließt aber damit eine *ordre public*-Widrigkeit der anzuerkennenden Entscheidung auch dann aus, wenn das Erstgericht sich auf eine über Art 14 Abs 1 anwendbare exorbitante Zuständigkeitsvorschrift seines nationalen Rechts gestützt hat (NK-BGB/*Andrae* Rn 2). Art 24 S 2 ist auch in dem Fall anwendbar, dass sich das Erstgericht unter Verstoß gegen Art 15 für zuständig erklärt hat (EuGH C-455/15 PPU – *P/Q*, NJW 16, 307 Rn 42 ff m Anm *Rentsch/Weller* IPRax 17, 262). Eine Kontrolle nach Art 24 soll sogar dann ausgeschlossen sein, wenn sich das Ursprungsgericht eine Zuständigkeit anmaßt, die – wie zB die Zuständigkeit im Zufluchtstaat für eine Sorgerechtsentscheidung nach einer Kindesentführung – gegen Grundprinzipien des HKÜ verstößt (so der Sache nach EuGH aaO; krit dazu *Dimmler* FamRB 16, 137; MüKoBGB/*Heiderhoff* Art 23 Rn 10 ff).

EuEheVO Art 25

(betrifft Ehesachen; abgedruckt und kommentiert → K Rn 109 f)

Obwohl die Verordnung in Art 25 nur für **Ehesachen** klarstellt, dass die Anwendung des – aus der Sicht des Zweitstaats – „falschen" Rechts durch das Ursprungsgericht kein Grund für die Versagung der Anerkennung ist, gilt dieser Grundsatz auf dem Gebiet der elterlichen Verantwortung nicht minder. **116**

EuEheVO Art 26. Ausschluss einer Nachprüfung in der Sache

Die Entscheidung darf keinesfalls in der Sache selbst nachgeprüft werden.

1. Grundsatz

Art 26 verbietet eine *révision au fond*, dh eine inhaltliche Nachprüfung der anzuerkennenden Entscheidung betreffend die elterliche Verantwortung. Damit wird insbesondere klargestellt, dass das Zweitgericht auch den *ordre public*-Vorbehalt des Art 23 lit a nicht zu einer verkappten Überprüfung der ausländischen Entscheidung in der Sache nutzen darf. Das Verbot betrifft gleichermaßen **Tatsachen- wie Rechtsfragen.** Ausgeschlossen ist daher sowohl eine Prüfung, ob das Gericht des Ursprungsstaats die Tatsachen richtig festgestellt und gewürdigt hat (OLG Stuttgart FamRZ 14, 1567/1568), wie eine Kontrolle, ob das Kollisions- und Sachrecht einschließlich des EU-Rechts richtig angewandt wurde (EuGH C-455/15 PPU – *P/Q*, FamRZ 16, 111 Rn 46; Staud/*Spellenberg* Rn 2; NK-BGB/*Andrae* Rn 1). Schließlich kann auch ein Verstoß des Erstgerichts gegen Verfahrensvorschriften nur in den engen Grenzen des verfahrensrechtlichen *ordre public* die Nichtanerkennung rechtfertigen (*Geimer* IPRax 98, 175). Dieser darf jedoch nach Art 24 S 2 nicht zu einer Nachprüfung der internationalen Zuständigkeit des Erstgerichts missbraucht werden (OLG Stuttgart FamRZ 14, 1567/1568). Im Hinblick auf Art 26 können auch Verfahrensfehler, die zur Nichtanerkennung führen, im Anerkennungsverfahren nicht geheilt werden (BGHZ 205, 10 Rn 48 = NJW 15, 1603). **117**

Aus Art 26 ist zu entnehmen, dass es jenseits der Versagungsgründe des Art 23 nicht Gegenstand des Anerkennungsverfahrens ist, eine neue und eigenständige am Kindeswohl orientierte Bewertung des Sachverhalts durchzuführen, der der anzuerkennenden Entscheidung eines mitgliedstaatlichen Gerichts zugrundeliegt. Aus diesem Grunde bedarf das Kind im Verfahren der Anerkennung und Vollstreckung nicht der Unterstützung durch einen **Verfahrensbeistand** (BGHZ 205, 10 Rn 22 ff, 28 = NJW 15, 1603 m Anm *Siehr* IPRax 17, 77). **118**

2. Schranke

Allerdings kann eine Veränderung der tatsächlichen Umstände, die der anzuerkennenden ausländischen Entscheidung zugrundeliegen, zur Zulässigkeit ihrer **nachträglichen Änderung** mit Wirkung *ex nunc* führen (*Borrás*-Bericht Rn 78). Dies kommt gerade für Entscheidungen auf dem Gebiet der elterlichen Verantwortung – zB bei einem Aufenthaltswechsel des Kindes – nicht selten in Betracht (öst OGH iFamZ 14, 88; Zö/*Geimer* Rn 1; Rauscher/*Rauscher* Rn 2 ff mwN) und wird durch Art 26 nicht ausgeschlossen (Supremo Trib de Justiça 20.1.09, unalex PT-84). **119**

N 120–124 2. Teil. Anerkennung/Vollstreckung N. Kindschaftssachen

EuEheVO Art 27. Aussetzung des Verfahrens

(1) Das Gericht eines Mitgliedstaats, vor dem die Anerkennung einer in einem anderen Mitgliedstaat ergangenen Entscheidung beantragt wird, kann das Verfahren aussetzen, wenn gegen die Entscheidung ein ordentlicher Rechtsbehelf eingelegt wurde.

(2) Das Gericht eines Mitgliedstaats, bei dem die Anerkennung einer in Irland oder im Vereinigten Königreich ergangenen Entscheidung beantragt wird, kann das Verfahren aussetzen, wenn die Vollstreckung der Entscheidung im Ursprungsmitgliedstaat wegen der Einlegung eines Rechtsbehelfs einstweilen eingestellt ist.

1. Allgemeines

120 Die dem Art 37 EuGVVO aF nachgebildete Vorschrift soll einen Ausgleich dafür bieten, dass Entscheidungen betreffend die elterliche Verantwortung auch dann anerkannt werden, wenn sie **noch keine Rechts- oder Bestandskraft** erlangt haben (MüKoBGB/Staudinger Art 23 Rn 13). Durch die Aussetzungsmöglichkeit nach Abs 1 soll daher verhindert werden, dass im Zweitstaat eine Entscheidung anerkannt wird, die nach Einlegung eines Rechtsbehelfs im Erststaat später abgeändert oder aufgehoben wird.

2. Anwendungsbereich

121 Die Vorschrift betrifft in Verfahren der elterlichen Verantwortung in erster Linie die Aussetzung des förmlichen **Anerkennungsfeststellungsverfahrens nach Art 21 Abs 3.** Sie hat insofern aufgrund ihrer systematischen Stellung Vorrang vor Art 35, der erst im Rechtsbehlfsverfahren gilt (Rauscher/*Rauscher* Rn 2; **aA** HK-ZPO/*Dörner* Rn 1). Eine Aussetzung kommt jedoch auch im Rahmen von Hauptsacheverfahren in Betracht, deren Ausgang iSv Art 21 Abs 4 von der Vorfrage der Anerkennungsfähigkeit einer mitgliedstaatlichen Sorgerechtsentscheidung abhängt (NK-BGB/*Andrae* Rn 1). Darüber hinaus dürfte Art 27 auch in behördlichen Verfahren entsprechend anzuwenden sein (*Dutta* StAZ 10, 193/197 f).

3. Ordentlicher Rechtsbehelf

122 Der Begriff des ordentlichen Rechtsbehelfs ist – ebenso wie in der EuGVVO (vgl zum EuGVÜ BGH NJW 86, 3026/3027; OLG Stuttgart NJW 98, 280/282) – **autonom und weit auszulegen.** Gemeint ist jeder Rechtsbehelf, der im Erststaat Teil des gewöhnlichen Verlaufs eines Rechtsstreits ist und zur Aufhebung oder Abänderung der Entscheidung führen kann und für den dort eine **gesetzliche Frist** bestimmt ist, die durch die Entscheidung selbst in Lauf gesetzt wird (vgl zum EuGVÜ EuGH Rs 43/77 – *Industrial Diamond Supplies,* Slg 77, 2175 Rn 37 ff = NJW 1978, 1107 (LS); ferner OLG Köln IPRax 11, 184/185 m Anm *Pirrung* 149). Außergewöhnliche Rechtsbehelfe, wie die Wiederaufnahme des Verfahrens, die Verfassungs- oder Menschenrechtsbeschwerde, sind nicht erfasst.

123 Das Verfahren kann nach Art 27 Abs 1 nur ausgesetzt werden, wenn der Rechtsbehelf gegen die Entscheidung im Erststaat **tatsächlich eingelegt** worden und noch anhängig ist; hiervon hat sich das Zweitgericht zu überzeugen (App Iasi 29.1.09, unalex RO-31). Maßgebend ist hierfür das Recht des Ursprungsmitgliedstaats; Art 16 gilt insoweit auch nicht entsprechend (Rauscher/*Rauscher* Rn 5). Der bloße Umstand, dass die Frist für die Einlegung noch nicht abgelaufen ist, reicht nicht aus (NK-BGB/*Andrae* Rn 2).

4. Ermessensentscheidung

124 Ein **Antrag** einer Partei ist für die Aussetzung des Verfahrens durch das zweitstaatliche Gericht nicht erforderlich (ThP/*Hüßtege* Rn 4). Die Entscheidung über die Aussetzung (analog § 148 ZPO) steht im Ermessen des Gerichts (vgl zum EuGVÜ OLG Saarbrücken RIW 98, 632/633; zur EuGVVO aF OLG Frankfurt NJW-RR 05, 1375), welches vor allem die **mutmaßlichen Erfolgsaussichten** des Rechtsbehelfs im Erststaat und im deutschen Anerkennungsverfahren zu berücksichtigen hat (OLG Stuttgart FamRZ 14, 1567/1568; ebenso zum EuGVÜ OLG Düsseldorf NJW-RR 01, 1575/1576; *Stadler* IPRax 95, 220/222). Insoweit hat das Gericht des Anerkennungsstaates wegen des Verbots der *révision au fond* aber nur solche Gründe zu beachten, die der Antragsgegner vor dem Gericht des Erststaates noch nicht geltend machen konnte (vgl

1258

II. EU-Recht

zum EuGVÜ EuGH C-183/90 – *van Dalfsen,* Slg 91 I-4743 Rn 30 ff; BGH NJW 94, 2156/
2157; OLG Düsseldorf NJW-RR 06, 1079). Grundsätzlich ist eine Aussetzung des Verfahrens
die Ausnahme, weshalb sie nur bei erkennbarer Fehlerhaftigkeit der anzuerkennenden Entscheidung in Betracht kommt (*Stadler* aaO). Dies gilt in Sorgerechtsverfahren mit Rücksicht auf das
Kindeswohl und zur Vermeidung einer Verfahrensverzögerung noch stärker als in Eheverfahren
(Rauscher/*Rauscher* Rn 6).

5. Sonderregelung für Entscheidungen aus Irland und dem Vereinigten Königreich, Abs 2

Da der Begriff des „ordentlichen Rechtsbehelfs" den Rechtsordnungen des *Vereinigten König-* **125**
reichs und *Irlands* nicht bekannt ist, wird die Aussetzung des Verfahrens im Zweitstaat nach Abs 2
an die **vorläufige Einstellung der Zwangsvollstreckung** aus einer in diesen beiden Staaten
ergangenen Entscheidung geknüpft. Eine solche dürfte allerdings nur für solche Entscheidungen
auf dem Gebiet der elterlichen Verantwortung in Betracht kommen, die einen vollstreckbaren
Inhalt haben.

Abschnitt 2. Antrag auf Vollstreckbarerklärung

Vorbemerkung

Schrifttum: *Bitter,* Vollstreckbarerklärung und Zwangsvollstreckung ausländischer Titel in der EU (2009);
Grothaus, Inlandsvollstreckung und Auslandswirkung (2010); *König/Praxmarer,* Vorläufige Vollstreckbarkeit,
Rückforderung und Schadensersatz nach nationalem und europäischem ZVR (2016); *Peiffer,* Grenzüber-
schreitende Titelgeltung in der EU (2012).

Durch das Verfahren nach dem 2. Abschnitt wird die Zwangsvollstreckung von Entscheidun- **126**
gen betreffend die elterliche Verantwortung durch ein eigenständiges und in sich geschlossenes
einseitiges Klauselerteilungsverfahren (vgl dazu EuGH C-167/08 – *Draka NK Cables,* Slg 09
I-3477 Rn 26 f NJW 09, 1937 m Anm H *Roth* IPRax 10, 154: „summarisches, unkompliziertes
und schnelles Vollstreckungsverfahren") vereinheitlicht, das auch hinsichtlich der Rechtsschutzmöglichkeiten von den Rechtsordnungen der Mitgliedstaaten unabhängig ist. Die Ausgestaltung
des Verfahrens lehnt sich eng an Art 31 ff EuGVÜ an. Wesentliche Änderungen dieses Verfahrens
im Zuge der Ablösung des EuGVÜ durch die EuGVVO aF – wie insbesondere der Verzicht auf
die vorherige Zustellung der Entscheidung und die Verlagerung der Prüfung von Anerkennungsversagungsgründen in das Beschwerdeverfahren – wurden in die EuEheVO nicht übernommen
(vgl Rauscher/*Rauscher* Art 28 Rn 5).

Die Durchführung eines solchen Exequaturverfahrens ist für die grenzüberschreitende Voll- **127**
streckung von Entscheidungen betreffend die elterliche Verantwortung in der EU grundsätzlich
zwingend vorgeschrieben. Eine **Ausnahme** gilt nur für Entscheidungen zum Umgangsrecht
und für Entscheidungen durch ein nach Art 11 Abs 8 zuständiges Gericht zur Rückführung von
Kindern (Art 40 ff; → Rn 229 ff), die in allen Mitgliedstaaten **ohne Durchführung eines
Exequaturverfahrens** vollstreckbar sind; es sind lediglich die in Art 45 genannten Urkunden
vorzulegen. Allerdings hat der Träger der elterlichen Verantwortung gem Art 40 Abs 2 auch
bezüglich solcher Entscheidungen die Möglichkeit, eine Vollstreckbarerklärung nach Art 28 ff zu
beantragen. Das Rechtsschutzbedürfnis hierfür kann ihm nicht abgesprochen werden (*Gruber*
FamRZ 05, 1603/1607; Zö/*Geimer* Art 28 Rn 7).

Der Verzicht auf das Exequaturverfahren ist auf die in Art 41, 42 ausdrücklich geregelten Fälle **128**
beschränkt. Daher setzt auch die zwangsweise Durchsetzung der nach Art 56 angeordneten
Unterbringung des Kindes in einem Heim eines anderen Mitgliedstaats voraus, dass die Entscheidung zuvor im ersuchten Staat nach Art 28 ff für vollstreckbar erklärt worden ist (EuGH C-
92/12 PPU – *Health Service Executive,* FamRZ 12, 1466 Rn 113, 116 ff; näher → U Rn 22).

Mit dem Vorschlag der EU-Kommission zur **Reform der EuEheVO** v 30.6.2016 (KOM **128a**
[2016] 411) soll – als wichtigste Änderung – das **Exequaturverfahren für alle in den
Anwendungsbereich der Verordnung fallenden Entscheidungen abgeschafft** werden.
Dies erscheint deshalb vertretbar, weil in Kindschaftssachen das Kollisionsrecht durch das inzwischen in allen Mitgliedstaaten geltende KSÜ vereinheitlicht worden ist. Die Abschaffung des
Exequaturverfahrens soll mit verfahrensrechtlichen Garantien einhergehen, die einen angemessenen Schutz des in Art 47 der EU-Grundrechtecharta verbrieften Rechts des Antraggegners auf
einen wirksamen Rechtsbehelf und ein faires Verfahren sicherstellen. Dem Elternteil, gegen den

N 130–134 2. Teil. Anerkennung/Vollstreckung N. Kindschaftssachen

der Antrag gerichtet ist, stehen daher Rechtsbehelfe zur Verfügung, um im Notfall zu verhindern, dass eine in einem Mitgliedstaat ergangene Entscheidung in einem anderen Mitgliedstaat rechtswirksam wird. Besteht die Sorge, dass einer der Gründe für die Nichtanerkennung
oder für die Anfechtung konkreter Vollstreckungsmaßnahmen zutreffen könnte, so kann der
Antragsgegner einen Antrag auf Anfechtung der Anerkennung und/oder Vollstreckung im Vollstreckungsmitgliedstaat in ein und demselben Verfahren stellen. Auf diese Weise entfällt der durch
das Exequaturverfahren verursachte Kosten- und Zeitaufwand, während die Verteidigungsrechte
des Antraggegners gewahrt bleiben.

129   Das eigentliche **Vollstreckungsverfahren** richtet sich gem Art 47 Abs 1 nach dem Recht des
Mitgliedstaats, in dem die Vollstreckung durchgeführt werden soll. Im deutschen Recht gilt dafür
§ 44 IntFamRVG (→ Rn 593 ff).

EuEheVO Art 28. Vollstreckbare Entscheidungen

(1) **Die in einem Mitgliedstaat ergangenen Entscheidungen über die elterliche Verantwortung für ein Kind, die in diesem Mitgliedstaat vollstreckbar sind und die
zugestellt worden sind, werden in einem anderen Mitgliedstaat vollstreckt, wenn sie
dort auf Antrag einer berechtigten Partei für vollstreckbar erklärt wurden.**

(2) **Im Vereinigten Königreich wird eine derartige Entscheidung jedoch in England
und Wales, in Schottland oder in Nordirland erst vollstreckt, wenn sie auf Antrag einer
berechtigten Partei zur Vollstreckung in dem betreffenden Teil des Vereinigten Königreichs registriert worden ist.**

1. Allgemeines

130   Die nach ausländischem Recht bestehende Vollstreckbarkeit einer Entscheidung wird anders
als sonstige verfahrensrechtliche Urteilswirkungen nicht nach den Art 21, 23 auf das Inland
erstreckt. Die Vollstreckbarkeit für das Inland wird vielmehr erst durch die Vollstreckbarerklärung
eines deutschen Gerichts (Gestaltungsentscheidung) **konstitutiv begründet.** Der EuGH hat
daraus zur EuGVVO aF gefolgert, dass der für vollstreckbar erklärte ausländische Titel aufgrund
der Vollstreckbarerklärung für die Zwangsvollstreckung im Inland in jeglicher Hinsicht wie ein
inländischer Vollstreckungstitel zu behandeln sei (EuGH C-130/10 – *Prism Investments,* NJW 11,
3506 Rn 40 m Anm *Wagner* IPRax 12, 326). Demgegenüber geht die bisher in *Deutschland* hM
davon aus, dass Grundlage für die Vollstreckung der ausländischen Entscheidung im Inland nicht
der ausländische Titel, sondern allein die inländische Entscheidung über die Vollstreckbarerklärung sei (BGHZ 122, 16/18 = IPRax 94, 367 m Anm H *Roth* 350; BGH NJW 86, 1440/1441;
Geimer, IZPR Rn 3155).

131   Das Verfahren nach den Art 28 ff ist **einfach und effizient** ausgestaltet und beschränkt sich
auf eine formale Prüfung der Schriftstücke, die für die Erteilung der Vollstreckbarerklärung
erforderlich sind (EuGH C-130/10 aaO, Rn 27 f). Der Antragsteller kann in einem **einseitigen
Verfahren ohne Anwaltszwang** in wenigen Tagen die Vollstreckbarerklärung erlangen.

132   Das Verfahren auf Klauselerteilung nach Art 28 ff verdrängt in seinem Anwendungsbereich das
nationale Recht vollständig (EuGH C-167/08 – *Draka NK Cables Ltd* aaO, NJW 09, 1937
Rn 27). Der aus der ausländischen Entscheidung Berechtigte kann daher auch in zweifelhaften
Fällen keinen Antrag auf Vollstreckbarerklärung nach § 110 FamFG stellen (vgl zu Art 38
EuGVVO aF MüKoZPO/*Gottwald* Rn 16).

133   **Einstweilige Anordnungen** nach § 15 IntFamRVG iVm §§ 49 ff FamFG sind jedoch zulässig, um Gefahren vom Kind abzuwenden (Rauscher/*Rauscher* Rn 6; Zö/*Geimer* Rn 2). Der
Vollzug einer deutschen einstweiligen Anordnung **durch Auslandszustellung** ist keine Vollstreckungsmaßnahme und daher ohne Vollstreckbarerklärungsverfahren im Ausland möglich.

2. Vollstreckbare Entscheidungen

134   Nach Art 28 Abs 1, der Art 38 Abs 1 EuGVVO aF nachgebildet ist, werden auch Entschei-
dungen auf dem Gebiet der elterlichen Verantwortung (Art 2 Nr 4, 7; → Rn 36 ff), die im
Ursprungsstaat vollstreckbar sind, in den übrigen Mitgliedstaaten für vollstreckbar erklärt. Einer
Vollstreckung zugänglich sind **Leistungs- und Unterlassungsanordnungen,** also insbesondere
Regelungen des persönlichen Umgangs und Herausgabeanordnungen (*Schulte-Bunert*
FamRZ 07, 1606/1609; Zö/*Geimer* Rn 1; MüKoFamFG/*Gottwald* Rn 2) sowie Entscheidun-
gen über die **Heimunterbringung des Kindes** in einem anderen Mitgliedstaat nach Art 56

1260

II. EU-Recht: EuEheVO Art 28 | 135–140 N

(EuGH C-92/12 PPU – *Health Service Executive,* FamRZ 12, 1466 Rn 113). Demgegenüber handelt es sich bei **Sorgerechtsregelungen** um Gestaltungs- oder Feststellungsentscheidungen, die keinen vollstreckungsfähigen Inhalt haben. Insoweit kann daher nur die selbständige Anerkennungsfeststellung nach Art 21 Abs 3 (→ Rn 57 ff) verlangt werden (BGH FamRZ 05, 1540/1542; *Schulte-Bunert* FamRZ 07, 1608/1609; NK-BGB/*Andrae* Rn 1). Schließt die Sorgerechtsregelung zugunsten eines Elternteils jedoch das Recht ein, die Herausgabe des Kindes von dem in einem anderen Mitgliedstaat mit dem Kind lebenden anderen Elternteil zu verlangen, so bedarf diese Entscheidung hinsichtlich der Herausgabeanordnung der Vollstreckbarerklärung nach Art 28 ff (ital Cass 20.12.06, unalex IT-294; *Rauscher/Rauscher* Rn 8) und ist bei einem umfassend gestellten Antrag auf diese zu beschränken (OLG Stuttgart FamRZ 14, 1567/1568).

Ein **Zwangsgeld**, das von dem Gericht des Ursprungsmitgliedstaats zur Sicherung einer **135** Umgangsregelung festgesetzt wurde, ist aufgrund seiner akzessorischen Natur nach den gleichen Regeln zu vollstrecken wie die Umgangsregelung selbst; auch insoweit finden daher die Art 28 ff, 41 Anwendung. Aus dem Umstand, dass die EuEheVO die Vollstreckung eines Zwangsgelds – anders als die EuGVVO (Art 49 aF/Art 55 nF) – nicht ausdrücklich regelt, folgt nichts anderes (EuGH C-4/14 – *Bohez/Wiertz*, NJW 16, 226 Rn 42 ff).

Demgegenüber werden **Kostenentscheidungen** auf dem Gebiet der elterlichen Verantwor- **136** tung gem Art 49 stets für vollstreckbar erklärt, auch wenn die zugrundeliegende Hauptsacheentscheidung – wie zB eine Sorgerechtsentscheidung – nur gestaltende Wirkung hat (ThP/*Hüßtege* Rn 1; Zö/*Geimer* Rn 1; vgl BGH FamRZ 05, 1540/1545 zur EheVO 2000).

Einstweilige Anordnungen von Gerichten anderer Mitgliedstaaten können nur dann nach **137** der Verordnung für vollstreckbar erklärt werden, wenn sie von einem **in der Hauptsache nach Art 8 ff zuständigen Gericht** erlassen worden sind (OLG Stuttgart FamRZ 14, 1567/1568; vgl auch App Alba Iulia 9.4.09, unalex RO-28). Dagegen finden die Art 28 ff auf die Vollstreckung von einstweiligen Maßnahmen, die von einem gem Art 20 nur nach nationalem Recht zuständigen Gericht angeordnet wurden, keine Anwendung (OLG München FamRZ 15, 777/778 = IPRax 16, 379 m Anm *Thomale* 463; dazu schon ausführlich → Rn 39 ff mwN).

3. Voraussetzungen der Vollstreckbarerklärung, Abs 1

Über die Frage, in welcher Form die ausländische Entscheidung für vollstreckbar erklärt wird, **138** entscheidet in den Grenzen der Art 28 ff das jeweilige **nationale Verfahrensrecht** (vgl Art 30 Abs 1, 47 Abs 1). In Deutschland erfolgt die Vollstreckbarerklärung in einem Klauselerteilungsverfahren (§§ 16 ff, 23 IntFamRVG; → Rn 538 ff), das ein (besonderes) formalisiertes erstinstanzliches Erkenntnisverfahren darstellt. **Anwaltszwang** besteht in der ersten Instanz nicht, auch wenn die Kindschaftssache Folgesache einer Ehesache ist (§ 18 Abs 2 IntFamRVG). Auch ein **Verfahrensbeistand** ist für das Kind im Vollstreckbarerklärungsverfahren idR nicht zu bestellen, weil in diesem Verfahren eine neue und eigenständige Prüfung des Kindeswohl nicht stattfindet, sondern durch Art 26 gerade ausgeschlossen wird (BGHZ 205, 10 Rn 27 ff = FamRZ 15, 1011 m Anm *Hau* FamRBInt 15, 1101 und *Siehr* IPRax 17, 77; Zö/*Geimer* Rn 2).

Im Einzelnen ist für die Vollstreckbarerklärung einer Entscheidung nach Art 28 ff Folgendes zu prüfen (vgl auch NK-BGB/*Andrae* Art 31 Rn 3; *Rauscher/Rauscher* Rn 15 ff; MüKo-FamFG/*Gottwald* Rn 6 ff; OLG Stuttgart FamRZ 14, 1567/1568):

a) Verfahrensgegenstand. Der Gegenstand der erststaatlichen Entscheidung muss in den **139** sachlichen, räumlichen und zeitlichen **Anwendungsbereich der EuEheVO** (→ F Rn 15 ff) fallen. Dabei ist das Gericht des Zweitstaates nicht an die Beurteilung durch das Erstgericht gebunden. Auch wenn das Erstgericht davon ausgeht, die Entscheidung betreffe insgesamt die elterliche Verantwortung, kann das Gericht im Vollstreckungsstaat etwa zu dem Ergebnis gelangen, dass bei autonomer Auslegung des Art 1 teilweise eine unterhaltsrechtliche Angelegenheit vorliegt und die Entscheidung daher insoweit nach Art 26 ff EuUntVO gesondert für vollstreckbar zu erklären ist (vgl zur EuEheVO 2000 OLG Frankfurt BeckRS 02, 30273214; zur Anerkennung einer Unterhaltsentscheidung mit güterrechtlichen Elementen BGH NJW-RR 10, 1 Rn 13 ff).

b) Entscheidung. Es muss eine Entscheidung iSv Art 2 Nr 4 (→ Rn 36 ff) vorliegen. Bedeu- **140** tung gewinnt diese Voraussetzung insbesondere in Verfahren des **einstweiligen Rechtsschutzes** (→ Rn 39 ff). Für vollstreckbar erklärt werden können darüber hinaus in entsprechender Anwen-

1261

N 141–145 2. Teil. Anerkennung/Vollstreckung N. Kindschaftssachen

dung der Art 28 ff gemäß Art 46 auch Prozessvergleiche, vollstreckbare Parteivereinbarungen, **öffentliche Urkunden** und **Kostenentscheidungen** (MüKoBGB/*Heiderhoff* Rn 3).

141 **c) Antrag.** Es muss ein Antrag der nach dem Inhalt der Entscheidung berechtigten Partei vorliegen (*Schulte-Bunert* FamRZ 07, 1608/1610). Dieser kann schriftlich oder mündlich zu Protokoll der Geschäftsstelle gestellt werden (§ 16 Abs 2 IntFamRVG; → Rn 541). Sofern der Antrag nicht in deutscher Sprache gefasst ist, kann eine Übersetzung gem § 16 Abs 3 Int-FamRVG (→ Rn 541) verlangt werden. Der Antrag muss bei der **nach Art 29 zuständigen Stelle** eingereicht werden; in *Deutschland* wird diese durch § 12 IntFamRVG bezeichnet (→ Rn 527 ff). Das Verfahren erster Instanz ist zwar ein einseitiges Verfahren; dennoch ist der im Titel bezeichnete Verpflichtete oder sein Rechtsnachfolger (nach dem Recht des Entscheidungsstaates) als *Antragsgegner* zu bezeichnen (MüKoZPO/*Gottwald* Art 38 EuGVVO⁴ aF Rn 17).

142 **d) Antragsberechtigung.** Antragsberechtigt ist jeder, der im Ursprungsstaat die Vollstreckung aus der Entscheidung betreiben könnte (NK-BGB/*Andrae* Rn 5). Dies sind nicht nur die Parteien des ausländischen Verfahrens, sondern auch Dritte, die nach dem Recht des Ursprungsstaates den Titel durchsetzen können, etwa ein **Rechtsnachfolger.** Darüber hinaus sind aber auch sonstige Personen, deren Rechte durch die zu vollstreckende Entscheidung auf dem Gebiet der elterlichen Verantwortung betroffen sein können, wie die Eltern, das Kind und sonstige Träger der elterlichen Verantwortung (zB die Großeltern, ein Vormund oder Pfleger), antragsberechtigt, ferner auch **staatliche Behörden** (zB Jugendämter), soweit ihnen ein solches Recht nach der *lex fori* des Vollstreckungsstaats zusteht (*Wagner* IPRax 01, 73/79; *Dornblüth* 174; ThP/*Hüßtege* Rn 3; MüKoFamFG/*Gottwald* Rn 3). Zum Antragsrecht des irischen *Health Service Executive* für die Vollstreckbarerklärung einer Unterbringungsanordnung in England s EuGH C-92/12 PPU, FamRZ 12, 1466.

143 **e) Vollstreckbarkeit.** Die Entscheidung muss **im Erststaat** (noch) **vollstreckbar** sein (**aA** OLG München IPRax 16, 379 Rn 24: Vollstreckbarkeit in einem anderen Mitgliedstaat erforderlich). Dies hat der Antragsteller durch Vorlage der Bescheinigung nach Art 39 nachzuweisen (→ Rn 225). Die Vollstreckbarkeit ergibt sich etwa daraus, dass das ausländische Urteil mit einem Rechtskraftvermerk und der Vollstreckungsklausel versehen ist (BGH NJW-RR 08, 586 Rn 20). Das Recht des Erststaates entscheidet über die Vollstreckbarkeit als solche und über deren Art und Umfang. Formelle **Rechtskraft** der ausländischen Entscheidung wird nicht notwendig vorausgesetzt, so dass auch vorläufige Vollstreckbarkeit ausreicht (OLG Stuttgart FamRZ 14, 1567/1568; ThP/*Hüßtege* Rn 4; NK-BGB/*Andrae* Rn 2; ebenso zu Art 38 EuGVVO aF BGH NJW-RR 06, 1290/1291; OLG Stuttgart NJW-RR 98, 289/281). Jedoch besteht in diesem Fall die Möglichkeit der Aussetzung des Verfahrens nach Art 35 (Zö/*Geimer* Rn 3). Geprüft wird nur, ob der Titel **formell vollstreckbar** ist, nicht ob materiell noch eine Vollstreckungsberechtigung besteht (Rauscher/*Rauscher* Rn 16; Zö/*Geimer* Rn 1; vgl zum EuG-VÜ EuGH C-267/97 – *Coursier,* Slg 99 I-2543 Rn 29 = IPRax 00, 18 m Anm *Linke* 8; zum LugÜ BGH NJW-RR 09, 565 Rn 10). Wurde die Vollstreckbarkeit im Erststaat nachträglich wieder beseitigt, so kann dies im Rechtsbehelfsverfahren und nach dessen Abschluss im Verfahren nach § 34 IntFamRVG (→ Rn 588 f) geltend gemacht werden.

144 **f) Zustellung des Titels.** Anders als nach der EuUntVO (→ M Rn 231) und bisher nach der EuGVVO aF ist die Zustellung des für vollstreckbar zu erklärenden Titels an den Antragsgegner nach Art 28 Abs 1 EuEheVO eine **notwendige Voraussetzung** für die Vollstreckbarerklärung auf dem Gebiet der elterlichen Verantwortung, damit der Antragsgegner von der Entscheidung Kenntnis erhält und die Möglichkeit hat, ihr freiwillig nachzukommen (*Dornblüth* 164; NK-BGB/*Andrae* Rn 3). Die erfolgte Zustellung wird vom Ursprungsgericht gem Art 37, 39 iVm dem Formblatt gem Anh II (Ziff. 9.2) bestätigt. Der Begriff der „Zustellung" ist in diesem Zusammenhang *autonom* auszulegen. Eine förmliche Zustellung iSd EuZVO ist nicht zwingend erforderlich; die Mitgliedstaaten sind vielmehr frei, die Art und Weise einer Bekanntgabe der Entscheidung an den Verpflichteten zu regeln (Zö/*Geimer* Rn 5; **aA** wohl NK-BGB/*Andrae* Rn 3; HK-ZPO/*Dörner* Rn 5). Auch der **Zustellungsadressat** ist nicht nach dem Recht des Ursprungsmitgliedstaats, sondern *autonom* zu bestimmen (Zö/*Geimer* Rn 5; Rauscher/*Rauscher* Rn 19).

145 **g) Urkunden.** Zum Nachweis der vorgenannten Voraussetzungen, insbesondere der Vollstreckbarkeit der Entscheidung und ihrer Zustellung an den Verpflichteten, müssen die in Art 37 Abs 1 lit b iVm Art 39 genannten Urkunden vorgelegt werden (→ Rn 215, 225 ff). Der durch

II. EU-Recht: EuEheVO Art 28   146–150 N

Vorlage der Bescheinigung nach Art 39 zu erbringende Nachweis der Zustellung kann auch
noch nach Antragstellung, sogar noch während eines Rechtsbehelfsverfahrens gegen die Ablehnung der Vollstreckbarerklärung, erbracht werden (*Dornblüth* 165; Rauscher/*Rauscher* Rn 20;
NK-BGB/*Andrae* Rn 4; vgl auch zur EuGVVO aF EuGH C-275/94 – *van der Linden*, Slg 96 I-
1393 Rn 14 ff = IPRax 97, 186 m Anm *Stadler* 171).

h) Bestimmtheit. Nach deutschem Vollstreckungsrecht kann ein Titel nur dann die Grund-   **146**
lage für eine Vollstreckung bilden, wenn er inhaltlich hinreichend bestimmt ist (vgl BGH NJW
66, 1755). Für ausländische Titel gelten insoweit grundsätzlich die gleichen Anforderungen wie
für inländische Titel; auch sie müssen daher dem Bestimmtheitsgrundsatz gerecht werden. Dies
ist grundsätzlich nur dann der Fall, wenn der Inhalt der ausländischen Entscheidung ohne
Zwischenverfahren bestimmt werden kann. Es genügt allerdings, wenn der Titel im Rahmen des
Vollstreckbarerklärungsverfahrens hinreichend konkretisiert werden kann (vgl BGHZ 122, 16/
17 = IPRax 94, 367 m Anm H *Roth* 350; BGH NJW 86, 1440). Hierfür hat der inländische
Richter den ausländischen Titel vor der Klauselerteilung ergänzend auszulegen und formal an
die deutsche Übung anzupassen (vgl zu Art 38 EuGVVO aF MüKoZPO/*Gottwald*⁴ Rn 11). Ein
Titel über die Festsetzung von **Zwangsgeld** kann jedoch – in Anlehnung an die entsprechende
ausdrückliche Regelung in Art 49 EuGVVO aF – in einem anderen Mitgliedstaat nur vollstreckt
werden, wenn dessen Höhe durch das Gericht im Ursprungsmitgliedstaat **endgültig festgesetzt**
worden ist (EuGH C-4/14 – *Bohez/Wiertz*, NJW 16, 226 Rn 54 ff m Anm *Finger* NZFam 15,
983 und Anm *Hau* IPRax 17, 470).

i) Abänderung. Inhaltliche Ergänzungen oder Abänderungen des ausländischen Titels darf   **147**
das Gericht im Klauselerteilungsverfahren nicht vornehmen, denn dies würde eine unzulässige
sachliche Nachprüfung iSv Art 26 bedeuten. Zur Durchsetzung eines ihm gerichtlich eingeräumten Besuchsrechts kann der Vater im Verfahren der Vollstreckbarerklärung daher nicht
verlangen, dass die Mutter das Kind in den Staat zurückbringt, in dem der Vater seinen
gewöhnlichen Aufenthalt hat, weil damit der Inhalt des ausländischen Titels überschritten würde
(Aud Prov Barcelona 23.3.06, unalex ES-182). Ergeben sich jedoch die Kriterien zur Bestimmung der titulierten Leistungspflicht aus den anwendbaren ausländischen Rechtsvorschriften
oder anderen im Inland gleichermaßen zugänglichen und sicher feststellbaren Umständen, so ist
es grundsätzlich zulässig und geboten, diese Feststellungen nach Möglichkeit im Verfahren der
Vollstreckbarerklärung zu treffen und den ausländischen Titel in der Entscheidung über seine
Vollstreckbarkeit entsprechend zu konkretisieren (vgl zum HUntVÜ 1973 BGH NJW 10, 153
Rn 14; dazu näher → M Rn 225 ff). Eine weitergehende Konkretisierungsmöglichkeit besteht
für Regelungen des Umgangsrechts nach Art 48 (→ Rn 310 ff).

4. Verfahren

a) Keine Zustellung des Antrags. Der Antrag wird an den aus der ausländischen Ent-   **148**
scheidung Verpflichteten im erstinstanzlichen Verfahren nicht zugestellt, weil der Verpflichtete in
diesem Verfahren gem Art 31 Abs 1 nicht gehört wird (→ Rn 160; vgl zur EuGVVO aF OLG
München NJW-RR 08, 756).

b) Prüfung der Versagungsgründe. Die Versagungsgründe nach Art 23 werden – anders als   **149**
im Vollstreckbarerklärungsverfahren nach der EuUntVO (Art 34 Abs 1) und nach der EuGVVO
aF (Art 45 Abs 1) – nicht erst im Rechtsbehelfsverfahren, sondern gem Art 31 Abs 2 **bereits im
erstinstanzlichen Verfahren von Amts wegen** geprüft (→ Rn 164 ff). Demgegenüber können
Einwendungen gegen den Anspruch selbst (zB nachträgliche Erfüllung) gem § 25 IntFamRVG
erst im Beschwerdeverfahren vorgebracht werden. Auch diese Möglichkeit ist allerdings mit der
EuGH-Entscheidung in Sachen *Prism Investment BV* entfallen (näher → Rn 194, 566). Eine
Erledigung des Rechtsstreits in erster Instanz anlog § 91a ZPO scheidet mangels eines kon-
tradiktorischen Verfahrens aus (BGH WM 10, 433 m Anm *Streicher* FamRBint 10, 30). Ein
Verfahrensbeistand für das Kind ist im Vollstreckbarerklärungsverfahren idR nicht erforderlich
(BGH FamRZ 15, 1011 m Anm *Hau*).

c) Entscheidung. Das erstinstanzliche Verfahren (§§ 16 ff IntFamRVG; → Rn 537 ff) endet   **150**
mit dem Beschluss, den Titel mit der Klausel zu versehen (§ 20 Abs 1 IntFamRVG; → Rn 547)
und deren tatsächlicher Erteilung durch den Urkundsbeamten der Geschäftsstelle (§ 23 Int-
FamRVG → Rn 555 ff). Liegen die Voraussetzungen der Klauselerteilung nicht vor, lehnt das

N 154, 155 2. Teil. Anerkennung/Vollstreckung N. Kindschaftssachen

Gericht den Antrag mit einem zu begründendem Beschluss ab (§ 20 Abs 3 IntFamRVG; → Rn 549).

151 **d) Kostenerstattung.** Die Erstattung der im Klauselerteilungsverfahren entstehenden Kosten richtet sich nach dem autonomen Recht des jeweiligen Vollstreckungsstaates. In Deutschland können die Kosten der Vollstreckbarerklärung von Entscheidungen betreffend die elterliche Verantwortung gem § 20 Abs 2 IntFamRVG iVm § 81 FamFG (→ Rn 548) nach billigem Ermessen den Beteiligten ganz oder teilweise auferlegt werden. Nur in Ehesachen gilt § 788 ZPO entsprechend. An Gerichtskosten wird für die Erteilung, Änderung oder Aufhebung der Vollstreckungsklausel im ersten Rechtszug eine einheitliche Gebühr von 240 EUR erhoben (KV Nr 1710). Im Rechtsmittelverfahren erhöht sich diese Gebühr auf 360 EUR (KV Nr 1720).

152 **e) Negative Feststellungsklage.** Der aus der ausländischen Entscheidung Verpflichtete kann sich gegen eine drohende Zwangsvollstreckung in Deutschland auch durch Erhebung einer negativen Feststellungsklage wehren. Diese Klage hat denselben Gegenstand iSv Art 19 Abs 2 wie das Vollstreckbarerklärungsverfahren und kann deshalb nur solange erhoben werden wie der Berechtigte noch keinen Rechtsbehelf gegen die Antragsablehnung eingelegt hat. Das Anerkennungsfeststellungsverfahren nach Art 21 Abs 3, hilft nur weiter, wenn der Titelschuldner Anerkennungsversagungsgründe nach Art 23 geltend machen kann.

5. Sonderregelung für das Vereinigte Königreich, Abs 2

153 Im *Vereinigten Königreich* werden Entscheidungen betreffend die elterliche Verantwortung gem Abs 2 erst vollstreckt, wenn die Entscheidung in England und Wales, in Schottland oder in Nordirland auf Antrag einer berechtigten Partei **registriert** worden ist. Die Regelung trägt den Besonderheiten des dortigen Verfahrensrechts Rechnung (*Borrás*-Bericht Rn 81).

EuEheVO Art 29. Örtlich zuständiges Gericht

(1) **Ein Antrag auf Vollstreckbarerklärung ist bei dem Gericht zu stellen, das in der Liste aufgeführt ist, die jeder Mitgliedstaat der Kommission gemäß Artikel 68 mitteilt.**

(2) **Das örtlich zuständige Gericht wird durch den gewöhnlichen Aufenthalt der Person, gegen die die Vollstreckung erwirkt werden soll, oder durch den gewöhnlichen Aufenthalt eines Kindes, auf das sich der Antrag bezieht, bestimmt.**

Befindet sich keiner der in Unterabsatz 1 angegebenen Orte im Vollstreckungsmitgliedstaat, so wird das örtlich zuständige Gericht durch den Ort der Vollstreckung bestimmt.

1. Sachliche Zuständigkeit, Abs 1

154 Die Bestimmung des *sachlich* zuständigen Gerichts überlässt die Verordnung dem nationalen Recht. Die Mitgliedstaaten haben der Kommission hierzu nach Abs 1 iVm Art 68 Mitteilung zu machen. Für die Vollstreckbarerklärung von Entscheidungen betreffend die elterliche Verantwortung nach Art 28 ff ist in Deutschland gem § 23a Abs 1 Nr 1 GVG sachlich das Amtsgericht und gem § 23b Abs 1 GVG iVm § 111 FamFG funktional das **Familiengericht** zuständig. Dem zwingenden Charakter dieser Zuständigkeitsregelungen folgend hat das mit der Sache befasste Gericht seine Zuständigkeit von Amts wegen zu prüfen (Trib Supremo 08.10.02, unalex ES-178).

2. Örtliche Zuständigkeit, Abs 2

155 Die örtliche Zuständigkeit richtet sich demgegenüber – anders als im Anerkennungsfeststellungsverfahren nach Art 21 Abs 3 (→ Rn 61) – primär nach europäischem Recht. Nach Art 29 Abs 2 UAbs 1 ist in erster Linie maßgebend der Ort des gewöhnlichen Aufenthalts der Person, gegen die die Vollstreckung (zB der Herausgabeverpflichtung) erwirkt werden soll, oder der Ort des gewöhnlichen Aufenthalts des Kindes, auf das sich der Antrag bezieht. Zwischen diesen beiden **alternativen Gerichtsständen** kann der Antragsteller wählen (Staud/*Pirrung* Rn C 139; MüKoFamFG/*Gottwald* Rn 2). Wer Vollstreckungsgegner ist, ergibt sich aus dem Antrag auf Vollstreckbarerklärung; idR ist es der andere Elternteil (Rauscher/*Rauscher* Rn 3; NK-BGB/*Andrae* Rn 2). Nur wenn sich keiner dieser beiden Orte im Vollstreckungsstaat befindet, ist

II. EU-Recht: EuEheVO Art 30   **157–159 N**

hilfsweise nach UAbs 2 das Gericht zuständig, in dessen Bezirk die Vollstreckung durchgeführt werden soll, zB weil dort Vermögen des Antragsgegners oder des Kindes belegen ist.

3. Zuständigkeitskonzentration, §§ 12, 13 IntFamRVG

Innerhalb des von Art 29 Abs 2 vorgegebenen Rahmens sieht § 12 Abs 1 und 2 IntFamRVG **156** eine **Zuständigkeitskonzentration** vor. Dementsprechend genügt die Feststellung des gewöhnlichen Aufenthalts des aus der ausländischen Entscheidung Verpflichteten bzw des Kindes, hilfsweise die beabsichtigte Durchführung der Vollstreckung in einem bestimmten **OLG-Bezirk;** eine genauere Lokalisierung ist nicht notwendig. Im Bezirk des Berliner Kammergerichts entscheidet nach § 12 Abs 2 IntFamRVG das Familiengericht Pankow/Weißensee (näher → Rn 527). Das nach § 12 IntFamRVG örtlich zuständige Familiengericht ist während der Anhängigkeit des Vollstreckbarerklärungsverfahrens kraft Sachzusammenhangs auch für die in § 151 Nr 1–3 FamFG genannten Familiensachen zuständig, § 13 IntFamRVG (näher → Rn 531 ff).

EuEheVO Art 30. Verfahren

(1) **Für die Stellung des Antrags ist das Recht des Vollstreckungsmitgliedstaats maßgebend.**

(2) [1]**Der Antragsteller hat für die Zustellung im Bezirk des angerufenen Gerichts ein Wahldomizil zu begründen.** [2]**Ist das Wahldomizil im Recht des Vollstreckungsmitgliedstaats nicht vorgesehen, so hat der Antragsteller einen Zustellungsbevollmächtigten zu benennen.**

(3) **Dem Antrag sind die in den Artikeln 37 und 39 aufgeführten Urkunden beizufügen.**

1. Anwendung des Rechts des Vollstreckungsmitgliedstaats, Abs 1

Die Vorschrift wurde aus Art 40 EuGVVO aF übernommen. Danach gilt für das Verfahren **157** der Vollstreckbarerklärung das Recht des Vollstreckungsmitgliedstaats. Die Verweisung in Abs 1 gilt insbesondere für die Form und den Inhalt des Antrags und die Sprache, in der der Antrag abgefasst werden muss (*Dornblüth* 175; ThP/*Hüßtege* Rn 1; NK-BGB/*Andrae* Rn 1). Die ergänzenden Ausführungsvorschriften zum deutschen Recht enthält **§ 16 IntFamRVG** (→ Rn 532 ff). Auch das Erfordernis der **anwaltlichen Vertretung** bestimmt sich nach der *lex fori* des Vollstreckungsmitgliedstaats; nach deutschem Recht besteht kein Anwaltszwang (§ 18 Abs 2 IntFamRVG). Ein **Verfahrensbeistand** nach § 158 FamFG ist für das Kind nicht zu bestellen, weil wegen Art 26 eine inhaltliche Überprüfung der der zu vollstreckenden Entscheidung nicht vorgenommen werden darf (BGH NJW 15, 1603 m Anm *Hau* FamRZ 15, 1101).

2. Wahldomizil, Abs 2

Im Interesse einer zügigen Durchführung des Vollstreckbarerklärungsverfahren verpflichtet **158** Abs 2 – anders als nunmehr Art 41 Abs 3 EuGVVO nF und Art 45 Abs 2 EuGüVO – den Antragsteller, im Vollstreckungsmitgliedstaat für eine Zustellungsadresse zu sorgen. Dies soll grundsätzlich durch die Begründung eines Wahldomizils geschehen (S 1). Ist ein solches im Vollstreckungsmitgliedstaat – wie in *Deutschland* – nicht vorgesehen, so hat der Antragsteller einen **Zustellungsbevollmächtigten** (vgl § 184 Abs 1 ZPO) zu benennen. Das Recht des Vollstreckungsstaats entscheidet auch darüber, welche Rechtsfolgen die Nichterfüllung der Verpflichtung nach Abs 2 hat. Die Sanktion muss allerdings verhältnismäßig sein; deshalb kann der Vollstreckungsstaat bei einem Verstoß gegen Abs 2 nicht etwa die Vollstreckbarerklärung ganz ablehnen (NK-BGB/*Andrae* Rn 2). Das deutsche Recht sieht für diesen Fall in § 17 IntFamRVG die **Zustellung durch Aufgabe zur Post** vor (→ Rn 542 f).

3. Urkundenvorlage, Abs 3

Die in Abs 3 bezeichneten Urkunden sind **notwendige Bestandteile des Antrags.** Werden **159** sie nicht beigefügt, so kann das Gericht gem Art 38 Abs 1 eine Frist zur Vorlage bestimmen. Wird diese Frist nicht eingehalten, so kann der Antrag als unzulässig zurückgewiesen werden,

1265

N 160–164   2. Teil. Anerkennung/Vollstreckung N. Kindschaftssachen

wenn sich das Gericht nicht mit gleichwertigen Urkunden begnügt oder auf eine Vorlage
verzichtet, weil es die erforderlichen Informationen auf anderem Wege erlangt hat. Ein wegen
fehlender Urkundenvorlage zurückgewiesener Antrag kann jedoch erneut gestellt werden (NK-
BGB/*Andrae* Rn 3).

EuEheVO Art 31. Entscheidung des Gerichts

(1) **Das mit dem Antrag befasste Gericht erlässt seine Entscheidung ohne Verzug
und ohne dass die Person, gegen die die Vollstreckung erwirkt werden soll, noch das
Kind in diesem Abschnitt des Verfahrens Gelegenheit erhalten, eine Erklärung abzugeben.**

(2) **Der Antrag darf nur aus einem der in den Artikeln 22, 23 und 24 aufgeführten
Gründe abgelehnt werden.**

(3) **Die Entscheidung darf keinesfalls in der Sache selbst nachgeprüft werden.**

1. Beschleunigung des Verfahrens, Abs 1

160   **a) Keine Anhörung des Verpflichteten und des Kindes. aa) Grundsatz.** Abs 1 ordnet
für die Vollstreckbarerklärung nach der EuEheVO ein **strikt einseitiges Verfahren** an. Weder
die Person, gegen die die Vollstreckung erwirkt werden soll, noch das Kind erhalten nach Abs 1
im Vollstreckbarerklärungsverfahren erster Instanz Gelegenheit, eine Erklärung abzugeben. Dem
zuständigen Familiengericht ist es dementsprechend verwehrt, den Verpflichteten zur Stellungnahme bezüglich des Antrags auf Erteilung einer Vollstreckbarerklärung aufzufordern (*Borrás*-
Bericht, Rn 88; NK-BGB/*Andrae* Rn 2). Folglich muss auch eine **Schutzschrift** des Verpflichteten unbeachtet bleiben (vgl zum EuGVÜ *Mennicke* IPRax 00, 294/295 ff gegen LG
Darmstadt IPRax 00, 309). Ein Verstoß gegen den Anspruch des Verpflichteten auf rechtliches
Gehör (Art 103 Abs 1 GG) liegt hierin nicht; denn dieser hat durch Einlegung des Rechtsbehelfs
nach Art 33 Abs 1 stets die Möglichkeit, ein kontradiktorisches Rechtsbehelfsverfahren gem
Art 33 Abs 3 zu erzwingen (NK-BGB/*Andrae* Rn 2; krit dennoch Rauscher/*Rauscher* Rn 1;
Staud/*Pirrung* Rn C 143).

161   **bb) Ausnahme.** Durch die Einseitigkeit des Verfahrens soll eine zügige Vollstreckbarerklärung gewährleistet werden, die durch eine Anhörung des Antragsgegners und dessen Recht,
Einwendungen gegen die Vollstreckbarerklärung vorzubringen, gefährdet würde. Dieser Normzweck des Abs 1 steht daher einer Anhörung dann nicht entgegen, wenn ein Antrag auf **Nichtanerkennung** der ausländischen Entscheidung gestellt wird. In diesem Fall ist daher der Antragsgegner grundsätzlich anzuhören (EuGH C-195/08 – *Rinau,* Slg 08 I-5271 Rn 101 f = FamRZ
08, 1729m Anm *Schulz*).

162   **b) Keine mündliche Verhandlung.** Da das zuständige Gericht seine Entscheidung nach
dem Beschleunigungsgebot des Abs 1 **ohne Verzug** zu erlassen hat, findet eine mündliche
Verhandlung nicht statt, sondern es wird über die Vollstreckbarerklärung idR **im schriftlichen
Verfahren** entschieden. Eine mündliche Erörterung mit dem Antragsteller ist jedoch zulässig,
wenn dieser damit einverstanden ist und seine Beteiligung der Verfahrensbeschleunigung dient.
Im deutschen Recht wird dies durch **§ 18 Abs 1 S 3 IntFamRVG** klargestellt (→ Rn 544).

163   **c) Unterbringungsverfahren.** Besondere Bedeutung erlangt das Beschleunigungsgebot des
Abs 1 in Unterbringungsverfahren. Es hat dort zur Folge, dass die Entscheidung über die
freiheitsentziehende Unterbringung nach Art 56 vollstreckbar wird, sobald sie von einem Gericht des ersuchten Mitgliedstaats gem Art 31 für vollstreckbar erklärt worden ist. Rechtsbehelfe
gegen die Vollstreckbarerklärung haben daher in diesem Fall **keine aufschiebende Wirkung**
(EuGH C-92/12 PPU – *Health Service Executive,* FamRZ 12, 1466 Rn 125 ff, 129). Der *deutsche*
Gesetzgeber hat dieser Entscheidung durch Einfügung eines § 22 Abs 2 IntFamRVG mit Gesetz
v 8.7.2014 (BGBl I, 890) Rechnung getragen; demzufolge hat das erstinstanzliche Gericht die
sofortige Wirksamkeit des Unterbringungsbeschlusses anzuordnen (→ Rn 554).

2. Versagung der Vollstreckbarerklärung, Abs 2

164   **a) Prüfung im erstinstanzlichen Verfahren.** Im Vollstreckbarerklärungsverfahren nach der
EuUntVO und nach dem LugÜ 2007 darf das erstinstanzliche Gericht nicht prüfen, ob Anerkennungshindernisse bestehen. Diese werden vielmehr erst im Rahmen eines etwaigen

1266

II. EU-Recht: EuEheVO Art 31   **165–168 N**

Rechtsbehelfsverfahren geprüft (Art 45 Abs 1 EuGVVO aF, Art 34 Abs 1 EuUntVO; → M Rn 272 f). Demgegenüber hat im Verfahren der Vollstreckbarerklärung einer Entscheidung betreffend die elterliche Verantwortung bereits das zuständige **erstinstanzliche Gericht** – wie früher nach Art 34 EuGVÜ – gem Abs 2 die Anerkennungsversagungsgründe nach Art 23 von Amts wegen zu prüfen (NK-BGB/*Andrae* Rn 3; Staud/*Pirrung* Rn C 144; krit dazu Zö/*Geimer* Rn 1). Damit wird der Eigenart von Kindesherausgabe- und Umgangsrechtsentscheidungen Rechnung getragen, wo aus Gründen des Kindeswohls eine Vollstreckung nicht ohne diese vorherige Prüfung stattfinden soll.

b) Versagungsgründe nach Art 23. Die Vollstreckbarerklärung darf nach dem Wortlaut des **165** Abs 2 auf dem Gebiet der elterlichen Verantwortung nur aus einem der in Art 23 aufgeführten Gründe (→ Rn 76 ff) versagt oder aufgehoben werden. Die ausländische Entscheidung darf insbesondere keinesfalls in der Sache selbst nachgeprüft werden, Abs 3. Die Regelung in Abs 2 bezieht sich allerdings **nur auf die materiellen Anerkennungsversagungsgründe**, die in Art 23 abschließend aufgezählt sind (MüKoFamFG/*Gottwald* Rn 4). Deren Prüfung erfolgt **von Amts wegen** (*Wagner* IPRax 01, 73/80; ThP/*Hüßtege* Rn 3; vgl auch OLG Koblenz RIW 91, 667/668 zum EuGVÜ; einschränkend Zö/*Geimer* Rn 1 [nur für Versagungsgründe, an denen ein unmittelbares staatliches Interesse besteht]). Eine Pflicht zur Amtsermittlung der entscheidungserheblichen Tatsachen sieht die EuEheVO hingegen nicht vor (HK-ZPO/*Dörner* Rn 4). Zu berücksichtigen sind daher nur die vom Verpflichteten vorgetragenen Tatsachen, aus denen sich Anerkennungshindernisse ergeben können (→ Rn 79 ff).

c) Sonstige Ablehnungsgründe. Das erstinstanzliche Gericht ist freilich – entgegen dem **166** insoweit missverständlichen Wortlaut des Abs 2 – keineswegs auf die Prüfung von Anerkennungshindernissen nach Art 23 beschränkt, sondern kann den Antrag auf Vollstreckbarerklärung auch aus den oben zu Art 28 aufgelisteten zahlreichen weiteren, insbesondere formalen Gründen (zB Mangel der Zuständigkeit, der vorherigen Zustellung der Entscheidung oder der Vollstreckbarkeit des Titels im Ursprungsstaat, Nichtvorlage der erforderlichen Urkunden etc; → Rn 138 ff) ablehnen (NK-BGB/*Andrae* Rn 3; Rauscher/*Rauscher* Rn 6; ebenso zur Vollstreckbarerklärung nach der EuGVVO aF EuGH C-619/10 – *Trade Agency*, EuZW 12, 912 Rn 28 f m Anm *Bach*). Insoweit ist es allerdings grundsätzlich auf die Angaben des Antragstellers und den Inhalt der vorgelegten Urkunden beschränkt (Staud/*Pirrung* Rn C 144).

d) Bedeutung der Bescheinigung nach Art 39. Auch wenn eine Bescheinigung nach **167** Art 39 vorgelegt wird, ist das Gericht im Vollstreckungsmitgliedstaat allerdings nicht daran gehindert, die Richtigkeit der in dieser Bescheinigung enthaltenen tatsächlichen Angaben – insbesondere zur Zustellung des verfahrenseinleitenden Schriftstücks an den Antragsgegner und zu dessen Möglichkeiten, sich iSv Art 23 lit c wirksam zu verteidigen – zu überprüfen; denn das Verbot der *révision au fond* nach Abs 3 gilt nur für die ausländische Entscheidung, nicht für die ihr beigefügte Bescheinigung nach Art 39. Das Gericht im Vollstreckungsmitgliedstaat ist daher im Rahmen der Prüfung von Versagungsgründen nach Art 31 Abs 2 iVm Art 23 befugt, eine eigenständige Beurteilung sämtlicher Beweise vorzunehmen und zu überprüfen, ob diese mit den Angaben in der Bescheinigung übereinstimmen (vgl zur Bescheinigung nach Art 54 EuGVVO aF EuGH C-619/10 aaO, Rn 34 ff).

3. Keine révision au fond, Abs 3

In Abs 3 wird noch einmal betont, dass eine Nachprüfung der ausländischen Entscheidung in **168** der Sache im Vollstreckbarerklärungsverfahren ebenso auszuscheiden hat wie im Rahmen der Anerkennung nach Art 26 (→ Rn 117 f). Das Verbot einer *révision au fond* schließt freilich eine **Abänderung der ausländischen Entscheidung** durch die Gerichte des Vollstreckungsstaates aufgrund geänderter tatsächlicher Verhältnisse nicht aus. Ob eine Abänderung der ausländischen Entscheidung hingegen auch bei unverändertem Sachverhalt allein damit begründet werden kann, dass im Verfahren vor dem angerufenen Gericht im Vollstreckungsstaat nunmehr ein anderes materielles Recht gelte, das zu einer abweichenden Sachentscheidung führen müsse, erscheint fraglich, weil dies auf eine unzulässige sachliche Überprüfung der ausländischen Entscheidung hinausläuft (vgl *Mansel* IPRax 87, 298/301).

1267

N   2. Teil. Anerkennung/Vollstreckung N. Kindschaftssachen

4. Inhalt und Wirksamkeit der Entscheidung

169   **a) Inhalt.** Die Art und Weise der Vollstreckbarerklärung überlässt die Verordnung dem nationalen Verfahrensrecht des Vollstreckungsstaats. In Deutschland gelten die **§§ 20 ff Int-FamRVG** (→ Rn 547 ff). Danach erfolgt die Vollstreckbarerklärung durch **Beschluss**, der keiner besonderen Begründung bedarf (§ 20 Abs 1 IntFamRVG). Auf der Grundlage dieses Beschlusses wird sodann die Vollstreckungsklausel durch den Urkundsbeamten der Geschäftsstelle nach Maßgabe von § 23 IntFamRVG erteilt. Wird die Vollstreckbarerklärung hingegen abgelehnt, so bedarf der entsprechende Beschluss gem § 20 Abs 3 IntFamRVG der Begründung. Auch über die **Kosten** des Verfahrens ist nach Maßgabe von § 20 Abs 2 und 3 IntFamRVG zu entscheiden.

170   **b) Wirksamwerden.** Der Beschluss nach § 20 IntFamRVG wird grundsätzlich erst **mit Eintritt der formellen Rechtskraft**, dh mit Ablauf der Frist zur Einlegung der Beschwerde nach Art 33 oder mit rechtskräftiger Erledigung der Beschwerde, wirksam, worauf im Beschluss hinzuweisen ist, § 22 Abs 1 IntFamRVG. Eine Ausnahme gilt nach § 22 Abs 2 IntFamRVG für eine Entscheidung, mit der die freiheitsentziehende Unterbringung des Kindes nach Art 56 angeordnet wird. In diesem Fall hat das Familiengericht die sofortige Wirkamkeit des Beschlusses anzuordnen. Anders als das Familiengericht ist das OLG gem § 27 IntFamRVG berechtigt, nach Einlegung der Beschwerde (Art 33 iVm § 24 IntFamRVG) die sofortige Wirksamkeit eines jeden Beschlusses anzuordnen. Die gleiche Befugnis hat gem § 31 IntFamRVG nach Einlegung der Rechtsbeschwerde (Art 34 iVm § 28 IntFamRVG) auch der BGH; dieser ist ferner auch berechtigt, die vom OLG getroffene Anordnung der sofortigen Wirksamkeit wieder aufzuheben.

EuEheVO Art 32. Mitteilung der Entscheidung

Die über den Antrag ergangene Entscheidung wird dem Antragsteller vom Urkundsbeamten der Geschäftsstelle unverzüglich in der Form mitgeteilt, die das Recht des Vollstreckungsmitgliedstaats vorsieht.

1. Mitteilung an den Antragsteller

171   Die Vorschrift entspricht Art 42 Abs 1 EuGVVO aF. Danach ist die Entscheidung über den Antrag auf Vollstreckbarerklärung dem Antragsteller vom Urkundsbeamten der Geschäftsstelle **unverzüglich von Amts wegen** mitzuteilen. Im Übrigen bestimmt sich die Form und das Verfahren der Mitteilung nach dem Recht des Vollstreckungsmitgliedstaats (Rauscher/*Rauscher* Rn 3; **aA** für Rechtsbehelfsfrist NK-BGB/*Andrae* Rn 3: Art 42 Abs 2 EuGVVO analog). In Deutschland wird Art 32 durch **§ 21 Abs 2 IntFamRVG** ergänzt (→ Rn 551).

2. Mitteilung an die verpflichtete Person

172   Die Bekanntmachung der Entscheidung an die verpflichtete Person überlässt die Verordnung vollständig dem **nationalen Recht** der Mitgliedstaaten. In Deutschland ist dem Verpflichteten nach **§ 21 Abs 1 IntFamRVG** eine beglaubigte Abschrift des Beschlusses über die Erteilung der Vollstreckungsklausel und eine beglaubigter Abschrift des noch nicht mit der Vollstreckungsklausel versehenen Titels sowie die in Bezug genommenen Urkunden **von Amts wegen zuzustellen**, damit er sich sachgerecht gegen diese Entscheidung durch Einlegung der Beschwerde nach Art 33 wehren kann (ThP/*Hüßtege* Art 31 Rn 6; näher → Rn 550).

3. Mitteilung an Dritte

173   Bei einer Vollstreckbarerklärung in Deutschland wird der Kreis der Zustellungsadressaten für einen dem Antrag stattgebenden Beschluss ferner nach Maßgabe von § 21 Abs 3 IntFamRVG auf die dort genannten **Dritten** erweitert (→ Rn 552).

EuEheVO Art 33. Rechtsbehelf

(1) Gegen die Entscheidung über den Antrag auf Vollstreckbarerklärung kann jede Partei einen Rechtsbehelf einlegen.

(2) Der Rechtsbehelf wird bei dem Gericht eingelegt, das in der Liste aufgeführt ist, die jeder Mitgliedstaat der Kommission gemäß Artikel 68 mitteilt.

II. EU-Recht: EuEheVO Art 33　　　　　　　　　　　　　**174–177　N**

(3) **Über den Rechtsbehelf wird nach den Vorschriften entschieden, die für Verfahren mit beiderseitigem rechtlichem Gehör maßgebend sind.**

(4) ¹**Wird der Rechtsbehelf von der Person eingelegt, die den Antrag auf Vollstreckbarerklärung gestellt hat, so wird die Partei, gegen die die Vollstreckung erwirkt werden soll, aufgefordert, sich auf das Verfahren einzulassen, das bei dem mit dem Rechtsbehelf befassten Gericht anhängig ist. ²Läßt sich die betreffende Person auf das Verfahren nicht ein, so gelten die Bestimmungen des Artikels 18.**

(5) ¹**Der Rechtsbehelf gegen die Vollstreckbarerklärung ist innerhalb eines Monats nach ihrer Zustellung einzulegen. ²Hat die Partei, gegen die die Vollstreckung erwirkt werden soll, ihren gewöhnlichen Aufenthalt in einem anderen Mitgliedstaat als dem, in dem die Vollstreckbarerklärung erteilt worden ist, so beträgt die Frist für den Rechtsbehelf zwei Monate und beginnt mit dem Tag, an dem die Vollstreckbarerklärung ihr entweder persönlich oder in ihrer Wohnung zugestellt worden ist. ³Eine Verlängerung dieser Frist wegen weiter Entfernung ist ausgeschlossen.**

1. Allgemeines

Die Vorschrift lehnt sich inhaltlich an Art 43 EuGVVO aF an. Sie eröffnet sowohl dem　**174** Verpflichteten einen Rechtsbehelf gegen die Vollstreckbarerklärung wie auch dem Antragsteller einen Rechtsbehelf gegen die erstinstanzliche Entscheidung, mit der die Vollstreckbarerklärung abgelehnt worden ist. Nur der Rechtsbehelf des Verpflichteten ist nach der Verordnung (Abs 5) befristet. Das in den Art 33–35 geregelte Verfahren stellt ein eigenständiges und **in sich geschlossenes Rechtshelfssystem** dar (ThP/*Hüßtege* Rn 1; NK-BGB/*Andrae* Rn 1; zum EuGVÜ EuGH C-172/91 – *Sonntag,* Slg 93 I-1963 Rn 35 = IPRax 94, 37 m Anm *Hess* 10). Es wird in Deutschland ergänzt durch **§§ 24 ff IntFamRVG**; danach ist in beiden Fällen die **Beschwerde zum OLG** (→ Rn 558 ff) statthaft. Nicht erfasst sind Rechtsbehelfe im eigentlichen Zwangsvollstreckungsverfahren. Diese richten sich wie das gesamte Verfahren der Vollstreckung (Art 47 Abs 1) nach dem Recht des Vollstreckungsmitgliedstaates.

2. Zulässigkeit des Rechtsbehelfs

a) Antragsberechtigung, Abs 1. Antragsbefugt sind nach Abs 1 beide Parteien (bzw in der　**175** Terminologie des FamFG: Beteiligten) des erstinstanzlichen Verfahrens. Während Rechtsbehelfe Dritter nach Art 43 EuGVVO aF grundsätzlich ausgeschlossen waren (vgl EuGH C-167/08 – *Draka NK Cables,* Slg 09 I-3477 Rn 31 = NJW 09, 1937 m Anm H *Roth* IPRax 10, 154; OLG Düsseldorf IPRax 07, 453 m Anm H *Roth* 423; ebenso schon EuGH C-172/91 aaO, Slg 93 I-1963, Rn 35 = IPRax 94, 37 zu Art 36 EuGVÜ), wird man die Antragsberechtigung in Verfahren der elterlichen Verantwortung weiter ziehen müssen. So dürfte jedenfalls **dem betroffenen Kind** bei der Vollstreckbarerklärung von Umgangsrechtsentscheidungen ein Antragsrecht auch dann zustehen, wenn es selbst keinen Antrag gestellt hatte (ThP/*Hüßtege* Rn 1; NK-BGB/ *Andrae* Rn 3; Zö/*Geimer* Rn 2). Ob auch am Verfahren als Parteien nicht beteiligte staatliche Behörden ein Antragsrecht haben, ist hingegen zweifelhaft (bejahend NK-BGB/*Andrae* aaO; **aA** Rauscher/*Rauscher* Rn 4; G/Sch/*Paraschas,* IRV Rn 4).

b) Zuständiges Gericht, Abs 2. Der Rechtsbehelf ist gem Abs 2 bei dem vom nationalen　**176** Recht bestimmten Gericht einzulegen, das der Kommission gem Art 68 von den Mitgliedstaaten mitzuteilen ist. Diese Mitteilungen sind im Internet veröffentlicht im Europäischen Gerichtsatlas für Zivilsachen unter: https://e-justice.europa.eu/content_matrimonial_matters_and_matters_of_parental_responsibility.

Beschwerdegericht ist in *Deutschland* das **Oberlandesgericht** (Familiensenat; §§ 24 Abs 1, 26　**177** Abs 1 IntFamRVG). Abweichend von § 64 Abs 1 FamFG und § 43 Abs 2 S 1 AUG ist die Beschwerde nicht bei dem Gericht einzulegen, dessen Beschluss angefochten wird, sondern unmittelbar beim OLG (Art 24 Abs 1 S 2 IntFamRVG). Die Einlegung beim Familiengericht schadet jedoch nicht, § 24 Abs 2 IntFamRVG. Anders als nach § 64 Abs 2 S 2 FamFG kann der Beschwerdeführer die Beschwerde nicht nur durch Einreichung einer Beschwerdeschrift, sondern auch durch Erklärung zu Protokoll der Geschäftsstelle einlegen (§ 24 Abs 1 S 2 IntFamRVG). Damit ist eine anwaltliche Vertretung nicht erforderlich (§ 114 Abs 4 Nr 6 FamFG, § 78 Abs 3 ZPO).

N 178–185   2. Teil. Anerkennung/Vollstreckung N. Kindschaftssachen

178   **c) Rechtsbehelfsfristen, Abs 5. aa) Rechtsbehelf des Verpflichteten.** Grundsätzlich beginnt die Rechtsbehelfsfrist für den aus der ausländischen Entscheidung Verpflichteten mit einer **ordnungsgemäßen Zustellung** des Beschlusses über die Vollstreckbarerklärung. Durch eine fehlerhafte oder unterbliebene Zustellung wird die Frist nicht in Gang gesetzt, auch wenn der Verpflichtete von der Entscheidung anderweitig Kenntnis erlangt hat (EuGH C–3/05 – *Verdoliva*, Slg 06 I-1579 Rn 38 = NJW 06, 1114). Für die Fristberechnung ist – ebenso wie bisher nach Art 43 Abs 5 EuGVVO aF – das Recht des Vollstreckungsmitgliedstaats maßgebend; in Deutschland gelten §§ 16 Abs 2 FamFG, 222 ZPO iVm §§ 187 ff BGB.

179   Eine **Wiedereinsetzung** in den vorigen Stand ist vor deutschen Gerichten nach § 113 Abs 1 S 2 FamFG iVm §§ 233 ff ZPO möglich (vgl zu Art 43 EuGVVO aF G/Sch/*Geimer* Rn 28); denn die Beschwerdefrist für den Verpflichteten ist – wie auch § 24 Abs 4 IntFamRVG bestätigt – als **Notfrist** anzusehen (HK-ZPO/*Dörner* Rn 4; Mu/*Borth*/*Grandel* § 63 FamFG Rn 4). Abs 5 S 3 steht dem nicht entgegen, wenn die Wiedereinsetzung nicht damit begründet wird, dass der gewöhnliche Aufenthalt des Schuldners weit entfernt liegt.

180   Für den Fristbeginn und die Dauer der Frist ist zwischen **drei Konstellationen** zu unterscheiden:

   (1) Hat der Verpflichtete seinen **gewöhnlichen Aufenthalt im Vollstreckungsmitgliedstaat,** so beträgt die Frist gem Abs 5 S 1 **einen Monat** ab Zustellung, vgl auch § 24 Abs 3 Nr 1 IntFamRVG. Insoweit genügt jede nach dem Recht des Vollstreckungsmitgliedstaats ordnungsgemäße Zustellung.

181   **(2)** Hat der Verpflichtete seinen **gewöhnlichen Aufenthalt in einem anderen Mitgliedstaat** der Verordnung, so beträgt die Rechtsbehelfsfrist gem Abs 5 S 2 **zwei Monate** ab Zustellung an ihn entweder in Person oder in seiner Wohnung. Die Zustellung hat in diesem Fall nach der EG-Verordnung Nr 1393/2007 v 13.11.2007 (ABl EU L 342, 79; **EuZVO**) zu erfolgen. Andere Zustellungsformen setzen die Rechtsbehelfsfrist nicht in Gang (ThP/*Hüßtege* Rn 9; Rauscher/*Rauscher* Rn 8; zur EuGVVO aF MüKoZPO/*Gottwald*⁴ Art 43 Rn 4). Eine Verlängerung dieser Frist ist nach Abs 5 S 3 ausgeschlossen.

182   **(3)** Hat der Verpflichtete seinen **gewöhnlichen Aufenthalt in einem Drittstaat**, so würde nach der Gesetzessystematik des Abs 5 eigentlich die Monatsfrist des Satz 1 gelten. § 24 Abs 3 Nr 2 IntFamRVG sieht freilich – in Übereinstimmung mit § 55 Abs 2 AVAG – parallel zu dem Fall, dass der Vollstreckungsschuldner seinen Wohnsitz in einem anderen Mitgliedstaat hat – europarechtskonform (NK-BGB/*Andrae* Rn 10; MüKoFamFG/*Gottwald* Rn 7; vgl zu Art 43 EuGVVO aF G/Sch/*Geimer* Rn 25; **aA** ThP/*Hüßtege* Rn 7, 9; dazu näher → Rn 560) auch dann die verlängerte Frist von zwei Monaten vor.

183   Die Einhaltung der durch Abs 5 S 2 iVm § 24 Abs 3 IntFamRVG modifizierten Zustellungsvorschriften ist richtigerweise nur Voraussetzung für den **Lauf der Beschwerdefrist,** nicht auch für die Zwangsvollstreckung. Diese Vorschriften verbieten demgemäß nicht andere Zustellungsarten (etwa die öffentliche Zustellung). Solche Zustellungsvarianten setzen lediglich die Rechtsbehelfsfristen nicht in Gang (vgl zu Art 43 EuGVVO aF G/Sch/*Geimer* Rn 35).

184   Die Rechtsbehelfsfrist von zwei Monaten, wenn der Schuldner seinen gewöhnlichen Aufenthalt in einem anderen Mitgliedstaat (oder in einem Drittstaat) hat, ist gem Abs 5 S 3 und § 24 Abs 3 Nr 2 S 2 IntFamRVG **unabänderlich,** kann also vom Gericht nicht verlängert werden. Diese Schranke bezieht sich allerdings nach ihrem Wortlaut und ihrer Entstehungsgeschichte nicht auf die Monatsfrist des S 1.

185   **bb) Rechtsbehelf des Antragstellers.** Für den Rechtsbehelf des Antragstellers gegen die (teilweise) Ablehnung seines Antrags sieht dagegen weder Art 33 noch das IntFamRVG ausdrücklich eine Frist vor. Ob der Rechtsbehelf des Gläubigers daher unbefristet möglich ist (so NK-BGB/*Andrae* Rn 5; HK-ZPO/*Dörner* Rn 5; MüKoFamFG/*Gottwald* Rn 6; Staud/*Pirrung* Rn C 151), erscheint allerdings fraglich. Aufgrund des auch im Unionsrecht anerkannten Bedürfnisses nach Rechtssicherheit wird man davon auszugehen haben, dass die EuEheVO insoweit nicht gezielt einen unbefristeten Rechtsbehelf des Berechtigten vorsehen, sondern die Fristbestimmung dem nationalen Gesetzgeber im Vollstreckungsmitgliedstaat überlassen wollte. Maßgebend ist daher in Deutschland gemäß § 14 Nr 2 IntFamRVG die Monatsfrist des § 63 Abs 1 FamFG (so auch *Meyer-Götz* FF 01, 17/18; Rauscher/*Rauscher* Rn 12; ebenso zum LugÜ AppG Basel-Stadt BJM 1996, 142/143).

1270

II. EU-Recht: EuEheVO Art 33   **186–192 N**

3. Rechtsbehelfsverfahren

a) Kontradiktorisches Verfahren, Abs 3. Durch die Einlegung eines Rechtsbehelfs wird **186** gem Abs 3 ein kontradiktorisches Verfahren eingeleitet. Über die Beschwerde ist danach in einem Verfahren **mit beiderseitigem rechtlichen Gehör** zu entscheiden. Ausnahmen von der Anhörung des Beschwerdegegners sind unzulässig (EuGH C-178/83 – *P/K*, Slg 84, 3033 Rn 11 = IPRax 85, 274 m Anm *Stürner* 254; einschränkend bei Rückverweisung an die erste Instanz OLG Düsseldorf IPRax 04, 251 m krit Anm *Mankowski* 220).

Die Vorschrift verweist zugleich (mit den Modifikationen gem Abs 4 und 5) auf das **Ver-** **187** **fahrensrecht des Vollstreckungsmitgliedstaats** für kontradiktorische Verfahren. Insoweit besteht also eine unionsrechtliche Vorgabe. Innerhalb des von der Verordnung in Art 33 gesetzten Rahmens bleibt die Ausgestaltung des Verfahrens dem Recht des Vollstreckungsmitgliedstaats überlassen (NK-BGB/*Andrae* Rn 6; G/Sch/*Geimer* Art 43 EuGVVO aF Rn 37).

In Deutschland gestalten die **§§ 24 ff IntFamRVG** (→ Rn 558 ff) bzw die Vorschriften des **188** FamFG das Verfahren näher aus. Danach ist die Beschwerde dem Beschwerdegegner **von Amts wegen zuzustellen,** § 24 Abs 5 IntFamRVG. Für die Zustellung in anderen EU-Mitgliedstaaten gilt die **EuZVO,** in den Vertragsstaaten des Haager Zustellungsübereinkommens v 15.11.1965 (BGBl 77 II, 1453; **HZÜ**) gelten die Vorschriften dieses Übereinkommens. Eine Heilung von Zustellungsmängeln nach § 189 ZPO kommt im Rahmen der EuZVO und des HZÜ nicht in Betracht (BGHZ 120, 305; vgl aber → K Rn 91). **Mündliche Verhandlung** ist gem § 26 Abs 1 IntFamRVG freigestellt und liegt im pflichtgemäßen Ermessen des Beschwerdegerichts.

b) Aufforderung des Antragsgegners zur Einlassung, Abs 4. Wird die Beschwerde von **189** der Person eingelegt, die den Antrag auf Vollstreckbarerklärung gestellt hat, weil diesem Antrag ganz oder teilweise nicht stattgegeben wurde, so hat das Beschwerdegericht den Antragsgegner, der am bisherigen Verfahren nicht beteiligt worden war, zur Durchführung eines streitigen Verfahrens gem Abs 4 aufzufordern, sich auf das Beschwerdeverfahren einzulassen. Lässt er sich nicht ein, so hat das Beschwerdegericht das Verfahren **gem Art 18 auszusetzen,** um festzustellen, ob ihm die Beschwerdeschrift so rechtzeitig zugestellt worden ist, dass er sich verteidigen konnte (näher → F Rn 283 ff).

4. Prüfungsumfang und Entscheidung des Beschwerdegerichts

a) Anerkennungsversagungsgründe. Auch der Prüfungsumfang des Beschwerdegerichts ist **190** nach Maßgabe von Art 31 Abs 2 beschränkt. Die Ablehnung der Vollstreckbarerklärung kann also grundsätzlich nur auf die Versagungsgründe des Art 23 gestützt werden (NK-BGB/*Andrae* Rn 7).

b) Materiell-rechtliche Einwendungen. Materielle Einwendungen gegen die ausländische **191** Entscheidung können jedenfalls nicht erhoben werden, soweit sie auf Gründen beruhen, die schon **vor Erlass dieser Entscheidung** entstanden sind. Um sie geltend zu machen, muss der Verpflichtete die hierfür im Ursprungsmitgliedstaat vorgesehenen Rechtsmittel einlegen und kann für diesen Fall eine Aussetzung des Beschwerdeverfahrens nach Art 35 beantragen (NK-BGB/*Andrae* Rn 8; ThP/*Hüßtege* Rn 13; *Hub* NJW 01, 3145/3148; ebenso zum EuGVÜ BGH IPRax 85, 154/155 m Anm *Prütting* 137). Andernfalls ist er auch im inländischen Vollstreckbarerklärungsverfahren aufgrund der anzuerkennenden Rechtskraft der ausländischen Entscheidung mit diesen Einwendungen präkludiert (ThP/*Hüßtege* Rn 13).

Fraglich ist hingegen, ob der Verpflichtete – im Einklang mit der deutschen Rechtstradition **192** (vgl § 12 Abs 1 AVAG) – auch im Rahmen der Anerkennung und Vollstreckung von ausländischen Entscheidungen betreffend die elterliche Verantwortung materiell-rechtliche Einwendungen gegen den ausländischen Titel geltend machen darf, wenn die Gründe hierfür erst **nach dem Erlass der Entscheidung** entstanden sind. Nach Ansicht des BGH schloss die dem Art 31 Abs 2 EuEheVO früher korrespondierende Vorschrift in Art 45 Abs 1 EuGVVO aF die Berücksichtigung von solchen Vollstreckungseinwendungen nach nationalem Recht nicht aus. § 12 AVAG sei mit dem europäischen Verordnungsrecht vereinbar, weil die Vorschrift lediglich Gegenstände des dem autonomen Verfahrensrecht vorbehaltenen Zwangsvollstreckungsrechts in das Rechtsbehelfsverfahren vorverlagere. Weiter ermögliche sie dem Berechtigten nach Abschluss des Vollstreckbarerklärungsverfahrens eine wesentlich vereinfachte Zwangsvollstreckung im Inland, denn dem Schuldner würden durch § 12 AVAG im Vollstreckbarerklärungsverfahren nicht

1271

N 193–197   2. Teil. Anerkennung/Vollstreckung N. Kindschaftssachen

nur Einwendungen gestattet, sondern es würde ihm durch die Präklusionsandrohung des § 14 AVAG auch abverlangt, diese schon im Beschwerdeverfahren geltend zu machen (BGHZ 171, 310/321 ff = NJW 07, 3432; BGH FamRZ 08, 586 Rn 42). Die Vereinbarkeit des § 12 AVAG mit dem europäischen Recht wurde allerdings schon seit längerem bezweifelt (vgl zu Art 45 EuGVVO aF OLG Oldenburg NJW-RR 07, 418; *Martiny* FamRZ 08, 1681/1688; *Hess* IPRax 08, 25; HK-ZPO/*Dörner* Rn 4; MüKoZPO/*Gottwald⁴* Rn 5). Mit der durch die Verordnung nicht ausgeschlossenen Vollstreckungsabwehrklage nach § 767 ZPO und den Möglichkeiten des § 769 ZPO sei den Rechtsschutzbelangen des Verpflichteten genügend Rechnung getragen.

193   Anders als nach § 12 AVAG kann der Verpflichtete nach **§ 25 IntFamRVG** Einwendungen gegen den Anspruch selbst mit der Beschwerde gegen die Zulassung der Zwangsvollstreckung nur insoweit geltend machen, als die Vollstreckung aus einem Titel über die **Erstattung von Verfahrenskosten** betrieben werden soll, nicht hingegen, soweit die Vollstreckbarerklärung der zugrundliegenden Entscheidung über die elterliche Verantwortung (zB einer Anordnung der Kindesherausgabe) im Inland begehrt wird. Nur in diesem beschränkten sachlichen Umfang wird ihm nach § 36 IntFamRVG auch die Erhebung der Vollstreckungsabwehrklage gestattet. Dies sprach schon bisher dafür, dass materiellrechtliche Einwendungen gegen die ausländische **Hauptsacheentscheidung,** auch soweit sie auf *nach* deren Erlass entstandene Gründe gestützt wurden, im Vollstreckbarerklärungsverfahren von Entscheidungen über die elterliche Verantwortung grundsätzlich nicht erhoben werden können (so im Erg auch Rauscher/*Rauscher* Rn 21; NK-BGB/*Andrae* Rn 8; ThP/*Hüßtege* Rn 13).

194   Dies gilt erst recht, nachdem der **EuGH** in seiner Entscheidung *Prism Investments* BV (C-139/10, NJW 11, 3506 = IPRax 12, 357 m Anm *Wagner* 326) klargestellt hat, dass die Aufzählung der Gründe, auf die eine Ablehnung der Vollstreckbarerklärung eines Urteils aus einem anderen Mitgliedstaat gestützt werden kann; in der Parallelvorschrift des Art 45 Abs 1 EuGVVO aF **abschließend** ist. Durch die Zulassung materieller Einwendungen – zB der nachträglichen Erfüllung der für vollstreckbar zu erklärenden Forderung durch Aufrechnung – werde der Charakter des Vollstreckbarerklärungsverfahrens unzulässig verändert und das Ziel einer raschen und effizienten Durchführung dieses Verfahrens verfehlt (EuGH aaO, Rn 42). Dieses Urteil des EuGH ist auch bei der Auslegung der wortgleichen Vorschrift in Art 31 Abs 2 EuEheVO zugrunde zu legen. Danach ist § 25 IntFamRVG auch in seinem auf Titel über die Erstattung von Verfahrenskosten beschränkten Umfang mit dem vorrangigen europäischen Recht nicht vereinbar und deshalb von den deutschen Gerichten **nicht mehr anzuwenden** (NK-BGB/*Andrae* Rn 11; ebenso zu §§ 12, 14 AVAG und §§ 44, 66 Abs 2 AUG aF *Wagner* IPRax 12, 326/333). Für das Unterhaltsrecht hat der deutsche Gesetzgeber bereits die Konsequenzen aus dieser EuGH-Entscheidung gezogen und § 44 AUG mit Wirkung v 26.2.2013 aufgehoben (AusfG zum HUÜ 2007 v 20.2.2013, BGBl I, 273; näher → M Rn 786).

195   **c) Abänderungsgründe.** Keinesfalls kann eine bloße Veränderung der Lebensumstände des Kindes nach Erlass der ausländischen Entscheidung (zB betreffend die Rück- oder Herausgabe des Kindes) als Einwendung gegen deren Vollstreckbarerklärung vorgebracht werden. Denn ein solcher Einwand richtet sich gegen die Gesetzmäßigkeit der zu vollstreckenden Entscheidung, deren Nachprüfung im Vollstreckbarerklärungsverfahren nach Art 31 Abs 3 ausgeschlossen ist. Solche nachträglichen Änderungen können nur mit der Abänderungsklage geltend gemacht werden, weil der ausländische Vollstreckungstitel – unter Durchbrechung seiner materiellen Rechtskraft – an die geänderten Verhältnisse angepasst werden soll (Staud/*Pirrung* Rn F 57; vgl auch BGH IPRax 08, 38/40; OLG Köln FamRZ 01, 177).

196   **d) Formale Mängel des Antrags.** Über den Wortlaut des Abs 1 hinausgehend darf das Beschwerdegericht allerdings auch diejenigen Voraussetzungen prüfen, die Prüfungsmaßstab des Gerichts erster Instanz waren (vgl zu Art 45 EuGVVO aF BGH NJW-RR 08, 586 Rn 15; G/Sch/*Geimer* Rn 7 f). Dies betrifft insbesondere die formalen Voraussetzungen für die Stellung eines Antrags auf Vollstreckbarerklärung (vgl zur Vollstreckbarerklärung nach der EuGVVO aF EuGH C-619/10 – *Trade Agency*, EuZW 12, 912 Rn 28 f m Anm *Bach*; HK-ZPO/*Dörner* Rn 7; zu diesen Förmlichkeiten näher → Rn 138 ff).

197   **e) Aufhebung der Entscheidung im Ursprungsmitgliedstaat.** Das Beschwerdegericht kann die Vollstreckbarerklärung einer ausländischen Sorgerechtsentscheidung schließlich auch deshalb beseitigen, weil diese Entscheidung inzwischen durch ein Rechtsmittelgericht im Ursprungsmitgliedstaat aufgehoben worden ist (App Luxembourg 24.1.08, unalex LU-197).

1272

II. EU-Recht: EuEheVO Art 34

f) Entscheidung. Die Form der Entscheidung des Rechtsbehelfsgerichts, die Art und Weise **198** ihrer Zustellung an die Parteien und die Bestimmung des Zeitpunkts, zu dem die Entscheidung wirksam wird, überlässt die Verordnung dem nationalen Verfahrensrecht des Vollstreckungsmitgliedstaats. In Verfahren vor deutschen Gerichten ergeht die Entscheidung über die Beschwerde durch einen mit Gründen zu versehenden **Beschluss,** § 26 Abs 1 IntFamRVG (→ Rn 569 f). Eine vollständige Ausfertigung der Beschwerdeentscheidung ist sodann dem Antragsteller und dem Antragsgegner **von Amts wegen zuzustellen,** auch wenn der Beschluss verkündet worden ist, § 26 Abs 3 IntFamRVG. Wird die Zwangsvollstreckung aus dem Titel erstmals vom Beschwerdegericht zugelassen, so erteilt der Urkundsbeamte der Geschäftsstelle des Beschwerdegerichts die Vollstreckungsklausel.

Der Beschluss wird grundsätzlich erst **mit seiner Rechtskraft wirksam,** sofern das OLG **199** nicht seine sofortige Wirksamkeit anordnet (§ 27 IntFamRVG; → Rn 572 ff). Eine **Ausnahme** gilt jedoch für die Vollstreckbarerklärung von Entscheidungen über die Unterbringung eines Kindes nach Art 56, die sofort wirksam werden (EuGH C-92/12 PPU – *Health Service Executive,* FamRZ 12, 1466 Rn 125 ff; vgl auch § 22 Abs 2 IntFamRVG).

EuEheVO Art 34. Für den Rechtsbehelf zuständiges Gericht und Anfechtung der Entscheidung über den Rechtsbehelf

Die Entscheidung, die über den Rechtsbehelf ergangen ist, kann nur im Wege der Verfahren angefochten werden, die in der Liste genannt sind, die jeder Mitgliedstaat der Kommission gemäß Artikel 68 mitteilt.

Die Vorschrift entspricht inhaltlich Art 44 EuGVVO aF. Danach überlässt auch die EuEheVO **200** die Entscheidung darüber, in welchem Verfahren die Entscheidung, die über den Rechtsbehelf ergangen ist, angefochten werden kann und welches Gericht für diesen weiteren Rechtsbehelf zuständig ist, in vollem Umfang dem nationalen Verfahrensrecht des Vollstreckungsmitgliedstaats. Dieser hat das statthafte Verfahren der Kommission gem Art 68 mitzuteilen. Diese Mitteilungen der Mitgliedstaaten sind im Internet veröffentlicht im Europäischen Gerichtsatlas für Zivilsachen (https//e-justice.europa.eu/content_matrimonial_matters_and_matters_of_parental_responsibility).

In *Deutschland* kann die nach Art 33 ergangene Beschwerdeentscheidung des OLG mit der **201** **Rechtsbeschwerde zum BGH** angefochten werden (§§ 28 ff IntFamRVG; → Rn 575 ff). Die Rechtsbeschwerde ist **kraft Gesetzes** eröffnet; ihrer Zulassung durch das OLG bedarf es – anders als nach § 71 Abs 1 S 1 FamFG – nicht. Sie ist jedoch gem § 28 IntFamRVG nur unter den engen Voraussetzungen des § 574 Abs 2 ZPO zulässig.

Als „über den Rechtsbehelf ergangene Entscheidung" kommt nur die Entscheidung des **202** Beschwerdegerichts in Betracht, die über die **Begründetheit des Rechtsbehelfs gegen die Zulassung der Vollstreckung** nach Art 33 befunden hat. Nicht erfasst ist hingegen die Entscheidung über die Aussetzung des Verfahrens nach Art 35, die mit der Rechtsbeschwerde nicht angefochten werden kann (vgl zu Art 37 EuGVÜ EuGH C-432/93 – *SISRO,* Slg 95 I-2269 Rn 28 ff = IPRax 96, 336 m Anm *Hau;* zu Art 44, 46 EuGVVO aF BGH RIW 17, 78 Rn 8 ff = IPRax 17, 488 m Anm *Thomale* 463). Diese Rechtsprechung ist auf die EuUntVO wegen des identischen Normzwecks der Art 33, 35 zu übertragen (NK-BGB/*Andrae* Rn 1; Rauscher/ *Rauscher* Rn 2).

Die Rechtsbeschwerde ist gem § 29 S 1 iVm § 575 Abs 1 S 1 ZPO binnen einer **Notfrist 203** **von einem Monat** nach Zustellung des Beschlusses durch Einreichen einer Beschwerdeschrift beim BGH (durch einen dort zugelassenen Rechtsanwalt) einzulegen. Für die Antragsberechtigung gilt das zur Beschwerde Gesagte entsprechend (→ Rn 175; vgl Rauscher/*Rauscher* Rn 2). Der Mindestinhalt der Rechtsbeschwerdeschrift ergibt sich aus § 575 Abs 1 S 2 ZPO. Die Rechtsbeschwerde ist binnen Monatsfrist nach Zustellung der angefochtenen Entscheidung zu begründen (§ 575 Abs 2 ZPO).

Der **Prüfungsumfang** des BGH als Rechtsbeschwerdegericht ist nach Maßgabe von § 30 **204** Abs 1 IntFamRVG auf das Bundes- und das EU-Recht beschränkt. Die Entscheidung kann ohne mündliche Verhandlung ergehen, § 30 Abs 2 S 1 IntFamRVG. Weitere Einzelheiten zur Entscheidung und zum Verfahren bestimmen sich nach §§ 30, 31 IntFamRVG iVm den dort in Bezug genommen Vorschriften des Rechtbeschwerdeverfahrens nach der ZPO (näher → Rn 581 ff).

N 205–208 2. Teil. Anerkennung/Vollstreckung N. Kindschaftssachen

EuEheVO Art 35. Aussetzung des Verfahrens

(1) ¹Das nach Artikel 33 oder Artikel 34 mit dem Rechtsbehelf befasste Gericht kann auf Antrag der Partei, gegen die die Vollstreckung erwirkt werden soll, das Verfahren aussetzen, wenn im Ursprungsmitgliedstaat ein ordentlicher Rechtsbehelf gegen die Entscheidung eingelegt wurde oder die Frist für einen solchen Rechtsbehelf noch nicht verstrichen ist. ²In letzterem Fall kann das Gericht eine Frist bestimmen, innerhalb deren der Rechtsbehelf einzulegen ist.

(2) Ist die Entscheidung in Irland oder im Vereinigten Königreich ergangen, so gilt jeder im Ursprungsmitgliedstaat statthafte Rechtsbehelf als ordentlicher Rechtsbehelf im Sinne des Absatzes 1.

1. Allgemeines

205 Die Vorschrift ist an Art 46 Abs 1 EuGVVO aF angelehnt und korrespondiert mit Art 27 im Anerkennungsverfahren. Der Verpflichtete soll nicht Nachteile aus der Vollstreckung einer Entscheidung im Zweitstaat dulden müssen, obwohl die Vollstreckung aus dieser Entscheidung aufgrund der Einlegung eines ordentlichen Rechtsbehelfs im Ursprungsstaat einstweilen eingestellt ist (*Borrás*-Bericht, Rn 94; *Dornblüth* 181). Das Recht zur Aussetzung steht allerdings nur dem im Rechtsbehelfsverfahren zuständigen Gericht, nicht dem erstinstanzlichen Gericht zu (Rauscher/*Rauscher* Rn 1).

2. Voraussetzungen

206 Die Aussetzung des Verfahrens erfolgt – anders als nach Art 27 – nur auf **Antrag** der Partei, gegen die die Vollstreckung erwirkt werden soll. Drittbetroffene sind insoweit – anders als nach Art 33 (→ Rn 175) nicht antragsberechtigt (**aA** für das Kind, das sich gegen die Vollstreckbarerklärung wendet, Rauscher/*Rauscher* Rn 2). Ferner muss gegen die Entscheidung im Ursprungsstaat ein **ordentlicher Rechtsbehelf** (zum Begriff → Rn 122 f) eingelegt worden sein oder die hierfür vorgesehene Frist darf noch nicht abgelaufen sein. Im letzteren Fall kann das mit dem Rechtsbehelf im Vollstreckungsstaat befasste Gericht – in *Deutschland* das Beschwerdegericht – gem Abs 1 S 2 eine Frist bestimmen, binnen derer der Rechtsbehelf einzulegen ist; diese Fristsetzung dient allerdings nur der Beschleunigung des Rechtsbehelfsverfahrens und ist auf die im Ursprungsstaat laufende Frist ohne Einfluss (NK-BGB/*Andrae* Rn 2; HK-ZPO/*Dörner* Rn 3; **aA** *Vogel* MDR 00, 1045/1050). Ist der Rechtsbehelf im Ursprungsstaat nicht befristet, kommt die Aussetzung nur in Frage, wenn der Rechtsbehelf auch eingelegt wurde (Rauscher/*Rauscher* Rn 4).

3. Entscheidung

207 Die Aussetzung des Rechtsbehelfsverfahrens (nicht der Zwangsvollstreckung!) ist – anders als nach Art 35 EuUntVO – nicht zwingend vorgeschrieben, sondern liegt **im pflichtgemäßen Ermessen** des Beschwerdegerichts („kann"; *Borrás*-Bericht Rn 94; Rauscher/*Rauscher* Rn 6; vgl zum EuGVÜ OLG Saarbrücken RIW 98, 632/633; zu Art 46 EuGVVO aF OLG Frankfurt aM NJW-RR 05, 1375). Abweichend von Art 46 Abs 3 EuGVVO aF sieht Art 35 nur die Aussetzung des Verfahrens oder deren Ablehnung, nicht jedoch die Anordnung einer **Sicherheitsleistung** vor (Staud/*Pirrung* Rn C 153; NK-BGB/*Andrae* Rn 3; **aA** für Kostenentscheidungen Rauscher/*Rauscher* Rn 7; G/Sch/*Paraschas* Rn 10). Im Rahmen seiner Ermessensentscheidung hat das Beschwerdegericht vor allem die mutmaßlichen Erfolgsaussichten des Rechtsbehelfs im Erststaat (ThP/*Hüßtege* Rn 4; NK-BGB/*Andrae* Rn 3; vgl zum EuGVÜ OLG Düsseldorf NJW-RR 01, 1575/1576; *Stadler* IPRax 95, 220/222) und diejenigen des deutschen Beschwerdeverfahrens zu berücksichtigen. Insoweit hat das Gericht wegen des Verbots der *révision au fond* aber nur solche Gründe zu beachten, die der Antragsgegner vor dem Gericht des Ursprungsstaates noch nicht geltend machen konnte (vgl zum EuGVÜ BGH NJW 94, 2156/2157; OLG Düsseldorf NJW-RR 06, 1079).

4. Rechtsbehelf

208 Ein Rechtsbehelf ist weder gegen die Aussetzung des Verfahrens noch gegen die Ablehnung eines Aussetzungsantrags statthaft. Dies gilt insbesondere für die Rechtsbeschwerde, weil durch

II. EU-Recht: EuEheVO Art 36

die Aussetzung nicht „über den Rechtsbehelf" iSv Art 34 entschieden worden ist (OLG Stuttgart FamRZ 14, 1567/1568). Kann die Abänderung oder Aufhebung des Titels durch ein Gericht des Ursprungstaates im Vollstreckbarerklärungsverfahren nicht mehr geltend gemacht werden, so kann der Verpflichtete seine Rechte in Deutschland in dem besonderen **Verfahren nach § 34 IntFamRVG** (→ Rn 588 ff) wahren.

5. Entsprechende Anwendung?

Art 35 Abs 1 lässt nur eine Aussetzung des Rechtshelfsverfahrens, nicht eine solche des Voll- **209** streckbarerklärungsverfahrens nach Art 28 ff zu. Der EuGH hat nämlich entschieden, dass die Vollstreckung einer mit einer Bescheinigung versehenen Entscheidung in einem anderen Mitgliedstaat nicht deshalb verweigert werden kann, weil sie aufgrund einer seit Erlass der Entscheidung eingetretenen Änderung der Umstände das Wohl des Kindes schwerwiegend gefährden könnte. Eine solche Änderung müsse vielmehr vor dem zuständigen Gericht des Ursprungsmitgliedstaats geltend gemacht werden, bei dem auch ein etwaiger Antrag auf Aussetzung der Vollstreckung zu stellen sei (EuGH C-211/10 PPU – *Povse*, Slg 10 I-6673 Rn 73 ff = FamRZ 10, 1229 m Anm *Schulz* 1307). Dieser EuGH-Entscheidung lag allerdings ein Sachverhalt zugrunde, in welchem das Kind entführt worden war und die Gerichte des Ursprungsmitgliedstaats deshalb nach Art 10 international zuständig geblieben waren. Fraglich ist aber, ob dies auch dann gelten kann, wenn das Kind inzwischen rechtmäßig einen neuen gewöhnlichen Aufenthalt im Vollstreckungsmitgliedstaat begründet hat. Der OGH hat daher dem EuGH die Frage zur Vorabentscheidung vorgelegt, ob Art 35 Abs 1 einer Aussetzung des Verfahrens auf Nichtanerkennung nach Art 21 Abs 3 bzw auf Vollstreckbarerklärung nach Art 28 ff durch das Rechtsmittelgericht auch dann entgegensteht, wenn im Vollstreckungsmitgliedstaat ein Antrag auf Abänderung der für vollstreckbar zu erklärenden Sorgerechtsentscheidung des Ursprungsmitgliedstaats gestellt wird und der Vollstreckungsmitgliedstaat für diesen Abänderungsantrag international zuständig ist (öst OGH 31.7.15, unalex AT-1005).

EuEheVO Art 36. Teilvollstreckung

(1) **Ist mit der Entscheidung über mehrere geltend gemachte Ansprüche entschieden worden und kann die Entscheidung nicht in vollem Umfang zur Vollstreckung zugelassen werden, so lässt das Gericht sie für einen oder mehrere Ansprüche zu.**

(2) **Der Antragsteller kann eine teilweise Vollstreckung beantragen.**

1. Teilvollstreckung von Amts wegen, Abs 1

Nach dem Vorbild des Art 48 EuGVVO aF ermöglicht Abs 1 es dem Gericht, ohne dass es **210** eines hierauf gerichteten Antrags bedarf, eine Teilvollstreckungsklausel zu erteilen, wenn im Falle einer objektiven Klagehäufung die Voraussetzungen für eine Vollstreckbarerklärung nur für abtrennbare Teile der Entscheidung vorliegen, zB nur für die Herausgabe eines Kindes, obwohl sie für zwei Kinder angeordnet wurde (Rauscher/*Rauscher* Rn 4; NK-BGB/*Andrae* Rn 1). Gleiches gilt auch dann, wenn die EuEheVO sachlich nur auf einen Teil der Entscheidung anwendbar ist, zB bei einer im Scheidungsverbund ergangenen Entscheidung, in der außer über das Umgangsrecht auch über Kindesunterhalt entschieden wurde (vgl zum EuGVÜ EuGH C-220/95 – *Van den Boogard*, Slg 97 I-1147 Rn 21 = EuZW 97, 242; BGH IPRax 11, 187 m Anm *Heiderhoff* 156).

Regelt die ausländische Entscheidung sowohl die Herausgabe des Kindes an den sorgeberech- **211** tigten Elternteil als auch das Umgangsrecht des anderen Elternteils, so kann die Vollstreckbarerklärung auch auf eine der beiden Regelungen beschränkt werden. Demgegenüber kommt eine Teilvollstreckung von Einzelanordnungen innerhalb einer Umgangsregelung (zB nur der Regelung des Umgangs an Wochenenden, nicht hingegen der Ferienregelung) nicht in Betracht (Rauscher/*Rauscher* Rn 5 f).

2. Teilvollstreckung auf Antrag, Abs 2

Dem aus dem ausländischen Titel Berechtigten steht es allerdings nach Abs 2 frei, selbst **212** lediglich einen Antrag auf Teilexequatur zu stellen. Hierzu ist er auch dann berechtigt, wenn die Voraussetzungen für die Vollstreckbarerklärung der gesamten Entscheidung vorliegen. Für die

N 213–215 2. Teil. Anerkennung/Vollstreckung N. Kindschaftssachen

Bezeichnung der Teilvollstreckungsklausel nach deutschem Recht gilt in den Fällen des Art 36 Abs 1 und 2 ergänzend § 23 Abs 2 IntFamRVG.

Abschnitt 3. Gemeinsame Bestimmungen für die Abschnitte 1 und 2

EuEheVO Art 37. Urkunden

(1) **Die Partei, die die Anerkennung oder Nichtanerkennung einer Entscheidung oder deren Vollstreckbarerklärung erwirken will, hat Folgendes vorzulegen:**

a) **eine Ausfertigung der Entscheidung, die die für ihre Beweiskraft erforderlichen Voraussetzungen erfüllt, und**

b) **die Bescheinigung nach Artikel 39.**

(2) **Bei einer im Versäumnisverfahren ergangenen Entscheidung hat die Partei, die die Anerkennung einer Entscheidung oder deren Vollstreckbarerklärung erwirken will, ferner Folgendes vorzulegen:**

a) **die Urschrift oder eine beglaubigte Abschrift der Urkunde, aus der sich ergibt, dass das verfahrenseinleitende Schriftstück oder ein gleichwertiges Schriftstück der Partei, die sich nicht auf das Verfahren eingelassen hat, zugestellt wurde, oder**

b) **eine Urkunde, aus der hervorgeht, dass der Antragsgegner mit der Entscheidung eindeutig einverstanden ist.**

1. Allgemeines

213 Die in ihrem Abs 1 an Art 53 EuGVVO aF angelehnte Vorschrift legt **autonom** fest, welche Urkunden zum Zwecke der Anerkennung oder Vollstreckbarerklärung einer mitgliedstaatlichen Entscheidung vorzulegen sind. Die Vorlagepflicht besteht nicht nur im Vollstreckbarerklärungsverfahren nach Art 28 ff und im besonderen Verfahren der Anerkennungsfeststellung nach Art 21 Abs 3, sondern auch dann, wenn ein Gericht nur inzidenter nach Art 21 Abs 4 über die Anerkennung entscheiden soll (Rauscher/*Rauscher* Rn 3).

2. Vorlage von Urkunden, Abs 1

214 Abs 1 lit a stellt klar, dass diejenige Partei, welche die Anerkennung oder Vollstreckbarerklärung einer Entscheidung betreffend die elterliche Verantwortung erwirken will, eine **Ausfertigung dieser Entscheidung** vorlegen muss; die Vorlage einer Kopie oder Abschrift der Entscheidung reicht nicht aus (Rauscher/*Rauscher* Rn 6; NK-BGB/*Andrae* Rn 2). Welche Voraussetzungen für die Beweiskraft einer Ausfertigung zu erfüllen sind, bestimmt sich gemäß der Regel *locus regit actum* nach dem Recht des Staates, in dem die Entscheidung ergangen ist (*Borrás*-Bericht Rn 103; Staud/*Pirrung* Rn C 157); für deutsche Entscheidungen gilt § 317 Abs 3 ZPO. Eine Legalisation kann nach Art 52 nicht verlangt werden, wohl aber eine Übersetzung nach § 32 iVm § 16 Abs 3 IntFamRVG.

215 Darüber hinaus ist gem Abs 1 lit b die **Bescheinigung nach Art 39** (→ Rn 225 ff) vorzulegen, und zwar für Entscheidungen betreffend die elterliche Verantwortung gem dem Muster in Anh II. Wird sie nicht vorgelegt, verfährt das Gericht nach Art 38 Abs 1. Nach Art 38 Abs 2 kann das Anerkennungsgericht eine Übersetzung der Bescheinigung verlangen. Das Zweitgericht ist allerdings an die Richtigkeit der nach Art 39 erteilten Bescheinigung nicht gebunden, sondern kann die darin enthaltenen Angaben eigenständig überprüfen (EuGH C-619/10 – *Trade Agency*, EuZW 12, 912 Rn 34 ff m Anm *Bach;* **aA** noch OLG Stuttgart DJ 09, 344). Die Bescheinigung erbringt insbesondere auch den für die Vollstreckbarerklärung von Entscheidungen betreffend die elterliche Sorge erforderlichen Nachweis einer Zustellung der Entscheidung und von deren Vollstreckbarkeit im Ursprungsmitgliedstaat (Anh II Nr 9). Kann das Gericht, bei dem die Vollstreckbarerklärung eines ausländischen Urteils beantragt wurde, mangels Vorlage der Bescheinigung nach Art 39 nicht feststellen, ob das ausländische Urteil rechtskräftig ist oder ob Rechtsbehelfe eingelegt wurden, so ist der Antrag zurückzuweisen (Trib Dolj 24.1.08, unalex RO-3).

1276

II. EU-Recht: EuEheVO Art 38

3. Versäumnisentscheidung, Abs 2

a) Begriff. Die Vorschrift erfasst nicht nur Versäumnisurteile im engeren Sinn, sondern nach **216** ihrem Zweck auch jede andere Entscheidung, die in einem **einseitigen Verfahren** ergangen ist, auf das sich der Antragsgegner nicht eingelassen hat (NK-BGB/*Andrae* Rn 3; ThP/*Hüßtege* Rn 4; vgl zum EuGVÜ OLG Düsseldorf RIW 96, 67). Sie gilt hingegen **nicht für einstweilige Anordnungen**, die **ohne Anhörung des Antragsgegners** erlassen worden sind (OLG Stuttgart FamRZ 14, 1567/1568), sowie für Kostenfestsetzungsbeschlüsse im Anschluss an ein streitiges Verfahren (Rauscher/*Rauscher* Rn 10).

b) Zustellungsnachweis, lit. a. Das Erfordernis eines Zustellungsnachweises gemäß lit a **217** durch Vorlage eines Schriftstücks in Urschrift oder beglaubigter Abschrift, ggf mit Übersetzung (Art 38 Abs 2), hat Bedeutung für den **Versagungsgrund in Art 23 lit c** und soll einer darauf gestützten Versagung der Anerkennung vorbeugen. Aus der Urkunde muss hervorgehen, dass das den Rechtsstreit einleitende Schriftstück oder ein gleichwertiges Schriftstück dem Antragsgegner tatsächlich zugestellt worden ist. Da die von Art 23 lit c geforderte Rechtzeitigkeit der Zustellung vom Zweitrichter selbständig und ohne Bindung an die Feststellungen des Erstgerichts geprüft wird (→ K Rn 88), braucht sie sich hingegen aus dem Schriftstück nicht zu ergeben, sondern kann auch in anderer Weise nachgewiesen werden ((ThP/*Hüßtege* Rn 6; Rauscher/*Rauscher* Rn 12).

c) Eindeutiges Einverständnis, lit. b. Zum Nachweis des eindeutigen Einverständnisses iSv **218** lit b ist die Vorlage einer öffentlichen Urkunde nicht erforderlich; es genügt vielmehr auch eine private Urkunde (NK-BGB/*Andrae* Rn 3; ThP/*Hüßtege* Rn 7). Dieser urkundliche Nachweis genügt auch in Verfahren betreffend die elterliche Verantwortung (HK-ZPO/*Dörner* Rn 1; MüKoFamFG/*Gottwald* Rn 3; **aA** [materielle Nachprüfung des Einverständnisses] Rauscher/*Rauscher* Rn 15).

EuEheVO Art 38. Fehlen von Urkunden

(1) Werden die in Artikel 37 Absatz 1 Buchstabe b) oder Absatz 2 aufgeführten Urkunden nicht vorgelegt, so kann das Gericht eine Frist setzen, innerhalb deren die Urkunden vorzulegen sind, oder sich mit gleichwertigen Urkunden begnügen oder von der Vorlage der Urkunden befreien, wenn es eine weitere Klärung nicht für erforderlich hält.

(2) ¹Auf Verlangen des Gerichts ist eine Übersetzung der Urkunden vorzulegen. ²Die Übersetzung ist von einer hierzu in einem der Mitgliedstaaten befugten Person zu beglaubigen.

1. Nachweiserleichterungen, Abs 1

a) Allgemeines. Art 38 entspricht Art 55 EuGVVO. Die Nachweiserleichterungen nach **219** Abs 1 sollen verhindern, dass ein begründeter Antrag auf Vollstreckbarerklärung aus rein formellen Gründen abgelehnt werden muss (MüKoFamFG/*Gottwald* Rn 2). Sie beziehen sich allerdings nur auf die Urkunden nach Art 37 Abs 1 lit b iVm Art 39 sowie den Nachweis der Zustellung des verfahrenseinleitenden Schriftstücks oder des Einverständnisses des Antragsgegners mit einer Säumnisentscheidung nach Art 37 Abs 2. Auf andere vorzulegende Urkunden – insbesondere die Ausfertigung der Entscheidung nach Art 37 Abs 1 lit a – sind sie auch nicht entsprechend anwendbar; auf deren Vorlage kann daher in keinem Fall verzichtet werden (*Borrás*-Bericht Rn 107; NK-BGB/*Andrae* Rn 1).

b) Handlungsalternativen des Gerichts. Nach Abs 1 stehen dem Gericht bzw der sonst **220** befugten Stelle bei Nichtvorlage der in Art 37 Abs 1 lit b oder Abs 2 genannten Urkunden **drei Möglichkeiten** der Reaktion alternativ zur Verfügung:

(1) Nachfristsetzung zur Vorlage der Urkunden,
(2) Aufforderung zur Vorlage gleichwertiger Urkunden, zB beglaubigte Abschriften aus Gerichtsakten (vgl BGH NJW-RR 08, 586 Rn 17) oder Vorlage von Privaturkunden (zB ein Sachverständigengutachten), oder
(3) Befreiung von der Vorlage, wenn das Gericht eine weitere Klärung nicht für erforderlich hält.

N 225
2. Teil. Anerkennung/Vollstreckung N. Kindschaftssachen

221   Die Wahl zwischen diesen Möglichkeiten trifft das Gericht nach seinem **Ermessen**. Eine Befreiung wird im Vollstreckbarerklärungsverfahren allerdings nur ausnahmsweise in Betracht kommen. Bejaht wurde sie für die Vorlage der Bescheinigung nach Art 39, wenn die relevanten Informationen aus anderen vorgelegten Urkunden hervorgingen (App Craiova 4.12.09, unalex RO-26). Eine Verpflichtung des Gerichts, sich die erforderlichen Unterlagen ggfs im Wege der Rechtshilfe zu beschaffen, besteht nicht (öst OGH 20.4.10, unalex AT-679).

222   Legt der Antragsteller die erforderlichen Urkunden auch innerhalb der – ggf auch verlängerten – Nachfrist nicht vor, sind die Ersatzurkunden nicht ausreichend und/oder lehnt das Gericht eine Befreiung von der Vorlagepflicht ab, so ist der Antrag auf Vollstreckbarerklärung als **unzulässig** abzuweisen (*Borrás*-Bericht, Rn 107; Rauscher/*Rauscher* Rn 10); dies gilt insbesondere, wenn wegen der Nichtvorlage der Bescheinigung nach Art 39 nicht festgestellt werden kann, ob die für vollstreckbar zu erklärende Entscheidung rechtskräftig geworden ist (Trib Dolj 24.1.08, unalex RO-3). Der Antrag kann jedoch unter Vorlage der erforderlichen Urkunden jederzeit erneut gestellt werden (öst OGH 20.4.10, unalex AT-679; NK-BGB/*Andrae* Rn 2; zum EuGVÜ auch OLG Frankfurt aM IPRspr 88 Nr 198). Die Urkunden können auch noch im Beschwerdeverfahren nachgereicht werden (zum EuGVÜ OLG Koblenz EuZW 90, 486). Hat das Gericht von der Vorlage einer Bescheinigung befreit, so steht deren Fehlen einer Vollstreckbarerklärung nicht entgegen (vgl BGH NJW-RR 08, 251 Rn 14 ff).

2. Beglaubigte Übersetzung, Abs 2

223   Der Begriff der Urkunden in Abs 2 erfasst **alle in Art 37 und 39 genannten Urkunden**, also – anders als Abs 1 – auch die Ausfertigung der Entscheidung nach Abs 1 lit a. Aus der Formulierung der Norm lässt sich im Umkehrschluss entnehmen, dass die Urkunden grundsätzlich in der **Originalsprache** vorgelegt werden können. Allerdings kann das Gericht, das über die Vollstreckbarerklärung einer Entscheidung betreffend die elterliche Verantwortung entscheidet, in jedem Verfahrensstadium nach seinem **Ermessen** (Rauscher/*Rauscher* Rn 9) die Vorlage einer Übersetzung verlangen, die nach Abs 2 S 2 grundsätzlich von einer hierzu in einem Mitgliedstaat befugten Person beglaubigt sein muss. Diese Person muss lediglich in (irgend-) einem Mitgliedstaat zur Vornahme von Beglaubigungen befugt sein, also nicht notwendigerweise im Ursprungsmitgliedstaat oder im ersuchten Staat (NK-BGB/*Andrae* Rn 3; *Borrás*-Bericht Rn 108).

224   Aufgrund des ihm eingeräumten Ermessens kann das zuständige Gericht freilich auch eine **unbeglaubigte Übersetzung** genügen lassen (vgl zum EuGVÜ BGH NJW 80, 527/528). Ferner kann das Gericht auch auf eine Übersetzung ganz **verzichten;** dies kommt insbesondere bei der Bescheinigung nach Art 39 in Betracht, da sie in allen Amtssprachen gleich gefasst ist und damit ihr Inhalt ohne weiteres erfasst werden kann (OLG München FamRZ 15, 777; Th/P/*Hüßtege* Art 39 Rn 1; *Hess* JZ 2001, 573/577; *Sturm* StAZ 2002, 193). Vgl im deutschen Recht auch § 16 Abs 3 IntFamRVG (→ Rn 541).

EuEheVO Art 39. Bescheinigung bei Entscheidungen in Ehesachen und bei Entscheidungen über die elterliche Verantwortung

Das zuständige Gericht oder die zuständige Behörde des Ursprungsmitgliedstaats stellt auf Antrag einer berechtigten Partei eine Bescheinigung unter Verwendung des Formblatts in [...] Anhang II (Entscheidungen über die elterliche Verantwortung) aus.

225   Zweck der Vorschrift ist es, die Nachprüfung der Formalien der im Ursprungsmitgliedstaat getroffenen Entscheidung, die in einem anderen Mitgliedstaat der Verordnung anerkannt oder für vollstreckbar erklärt werden soll, für die Behörden im Zweitstaat zu vereinfachen (Rauscher/*Rauscher* Rn 1). Erreicht wird dies in Verfahren betreffend die elterliche Verantwortung durch die Verwendung des **einheitlichen Formblatts gem Anh II** zur Verordnung für die gemäß Art 37 Abs 1 lit b iVm Art 39 vorzulegende Bescheinigung. Denn dieses Formblatt ist in allen Amtssprachen der Union im Europäischen Justizportal (https://e-justice.europa.eu/Dynamische Formulare) abrufbar und kann überwiegend durch bloßes Ankreuzen international verständlich ausgefüllt werden (OLG München FamRZ 15, 777 m Anm *Siehr* IPRax 16, 344; ThP/*Hüßtege* Rn 1). Aus diesem Grunde steht es einer Berücksichtigung des Formblatts nicht entgegen, dass es nur in der Sprache des Ursprungsmitgliedstaats ausgefüllt ist (OLG München aaO).

1278

II. EU-Recht: EuEheVO Art 40   229, 230 **N**

Zur Vorlage sowohl einer Ausfertigung der anzuerkennenden Entscheidung wie der Beschei- **226** nigung nach Art 39 ist der **Antragsteller** verpflichtet. Für eine amtwegige Beschaffung im Rechtshilfeweg fehlt eine gesetzliche Gundlage (öst OGH 20.4.10, unalex AT-679).

Das mit der Vollstreckbarerklärung befasste Gericht im Vollstreckungsmitgliedstaat ist aller- **227** dings an die Richtigkeit der nach Art 39 erteilten Bescheinigung nicht gebunden, sondern kann die darin enthaltenen Angaben **eigenständig überprüfen** (vgl zur Bescheinigung nach Art 54 EuGVVO aF EuGH C-619/10 – *Trade Agency*, EuZW 12, 912 Rn 34 ff m Anm *Bach;* ebenso zu Art 39 öst OGH 20.3.13, unalex AT-862; **aA** OLG Stuttgart DJ 09, 344, wonach die Unrichtigkeit der Bescheinigung nur vor den Gerichten im Ursprungsmitgliedstaat geltendgemacht werden könne). Die praktische Bedeutung von Bescheinigungen nach Art 39 ist freilich bisher gering (*Dutta* StAZ 11, 33 ff).

Wer innerstaatlich für die Ausstellung der Bescheinigung nach Art 39 zuständig ist, bestimmt **228** das jeweilige nationale Recht; in Deutschland ist insoweit **§ 48 Abs 1 IntFamRVG** maßgeblich (→ Rn 601 f). Der Antrag auf die Ausstellung einer solchen Bescheinigung ist nicht fristgebunden.

Abschnitt 4. Vollstreckbarkeit bestimmter Entscheidungen über das Umgangsrecht und bestimmter Entscheidungen, mit denen die Rückgabe des Kindes angeordnet wird

Schrifttum: Vgl. zunächst das allg Schrifttum → vor Art 1; ferner *Gruber,* Effektive Antworten des EuGH auf Fragen zur Kindesentführung, IPRax 09, 413; *Pirrung,* Erste Erfahrungen mit dem Eilverfahren des EuGH in Sorgerechtssachen, FS Spellenberg (2010), 467; *Rieck,* Neues Eilvorlageverfahren zum EuGH – Kindesrückgabe nach Art 11 VIII, 42 EheVO, NJW 08, 2958.

EuEheVO Art 40. Anwendungsbereich

(1) **Dieser Abschnitt gilt für**

a) **das Umgangsrecht** und

b) **die Rückgabe eines Kindes infolge einer die Rückgabe des Kindes anordnenden Entscheidung gemäß Artikel 11 Absatz 8.**

(2) **Der Träger der elterlichen Verantwortung kann ungeachtet der Bestimmungen dieses Abschnitts die Anerkennung und Vollstreckung nach Maßgabe der Abschnitte 1 und 2 dieses Kapitels beantragen.**

1. Allgemeines

Nach Maßgabe des 4. Abschnitts verzichtet die EuEheVO für zwei Arten von Entscheidun- **229** gen, deren rasche Durchsetzung im Interesse des Kindeswohls besonders wichtig ist, nämlich für **Umgangs- und Kindesrückgabeentscheidungen**, vollständig auf eine Überprüfung durch die Gerichte des Vollstreckungsmitgliedstaats. Diese Entscheidungen sind mithin ohne das Erfordernis eines Vollstreckbarerklärungsverfahrens in allen Mitgliedstaaten in gleicher Weise vollstreckbar wie im Ursprungsmitgliedstaat, sofern das Ursprungsgericht sie mit der Bescheinigung nach Art 39 versehen hat. Für diesen Fall werden sie im Vollstreckungsmitgliedstaat in gleicher Weise vollstreckt wie Entscheidungen der eigenen Gerichte. Auf andere Entscheidungen betreffend die elterliche Verantwortung kann die Regelung in Art 40–42 im Wege der Analogie auch dann nicht ausgedehnt werden, wenn deren Vollstreckung besonders eilbedürftig ist. Dies hat der EuGH für die **grenzüberschreitende Unterbringung** eines Kindes in einem geschlossenen Heim ausdrücklich klargestellt (EuGH C-92/12 PPU – *Health Service Executive*, FamRZ 12, 1466 Rn 116 ff).

2. Anwendungsbereich, Abs 1

a) **Umgangsrecht, lit a.** Der Verzicht auf das Vollstreckbarerklärungsverfahren gilt nach lit a **230** zunächst für Entscheidungen auf dem Gebiet des Umgangsrechts iSv Art 2 Nr 10 (→ Rn 47). Die Regelung ist vor dem Hintergrund zu sehen, dass der Umgang mit beiden Elternteilen grundsätzlich dem Wohl des Kindes entspricht und Einschränkungen des Umgangsrechts daher nur in Fällen einer nachweislichen Gefährdung des Kindes angeordnet werden können (vgl

1279

N 231–234   2. Teil. Anerkennung/Vollstreckung N. Kindschaftssachen

EGMR – *Görgülü/Deutschland,* FamRZ 04, 1456; *Groh* FPR 09, 153; Rauscher/*Rauscher* Rn 5). Um der Gefahr einer Entfremdung zwischen dem Kind und dem umgangsberechtigten Elternteil vorzubeugen, ist die zeitnahe Durchsetzung des Umgangsrechts von essentieller Bedeutung, zumal dessen Ausübung häufig nur zu ganz bestimmten Zeiten (zB in den Schulferien) möglich ist. Diesem Ziel dient die erleichterte grenzüberschreitende Vollstreckbarkeit von Umgangstiteln, die dem sorgeberechtigten Elternteil die Möglichkeit abschneidet, den Umgang des anderen Elternteils durch Einlegung von Rechtsbehelfen im Vollstreckbarerklärungsverfahren über längere Zeit zu torpedieren. Sie soll im Verhältnis der Mitgliedstaaten an die Stelle der weithin wirkungslosen Regelung in Art 21 HKÜ (→ U Rn 251 ff) treten.

231   Die Art 40, 41 gelten nicht nur für das Umgangsrecht der Eltern, sondern auch für das Umgangsrecht **anderer Personen** (zB der Groß- oder Stiefeltern; vgl *Coester-Waltjen* FamRZ 05, 241/247; HK-ZPO/*Dörner* Rn 2). Eine analoge Anwendung auf weitere Aspekte der Eltern-Kind-Beziehung ist wegen des Ausnahmecharakters der Vorschrift ausgeschlossen(ThP/ *Hüßtege* Rn 1; NK-BGB/*Benicke* Rn 8). Auch wenn die Umgangsregelung Teil einer umfassenden Regelung der Rechtsbeziehungen des Kindes zu seinen Eltern ist, kommt eine Vollstreckung ohne Exequatur in anderen Mitgliedstaaten nur bezüglich des Umgangsrechts in Betracht; im Übrigen ist das Vollstreckbarerklärungsverfahren nach Art 28 ff durchzuführen (*Solomon* FamRZ 04, 1409/1419; MüKoFamFG/*Gottwald* Art 41 Rn 1).

232   **b) Rückgabe eines Kindes, lit b.** Das Erfordernis eines Exequaturverfahrens entfällt nach lit b ferner für Entscheidungen, mit denen die Rückgabe eines entführten Kindes angeordnet worden ist; dies gilt allerdings nur für Entscheidungen, die auf der **Grundlage von Art 11 Abs 8** ergangen sind (EuGH C 195/08 – *Rinau,* Slg 08 I-5271 Rn 69 ff = NJW 08, 2973). Nach dieser Vorschrift kann das Gericht des Staates, in dem das Kind seinen gewöhnlichen Aufenthalt vor der Entführung hatte, über das Sorgerecht entscheiden, wenn seine Zuständigkeit nach Art 10 trotz der Entführung fortbesteht. Überträgt das Gericht in dieser Entscheidung das Sorgerecht auf den Elternteil, gegen dessen Willen das Kind in ein anderes Land verbracht wurde oder dort zurückgehalten wird, und ordnet es die Rückgabe des Kindes an diesen Elternteil an, so muss dieser Entscheidung im Verbringungsstaat Folge geleistet werden, selbst wenn ein dortiges Gericht zuvor die Rückführung des Kindes nach Art 13 HKÜ abgelehnt hatte (vgl näher → F Rn 181 ff). Auf sonstige Entscheidungen über die Rückgabe eines Kindes ist die Vorschrift nicht anwendbar (OLG Celle FamRZ 07, 1587/1588); sie können in anderen Mitgliedstaaten nur nach Maßgabe der Art 28 ff für vollstreckbar erklärt werden.

3. Verhältnis zum Vollstreckbarerklärungsverfahren nach Art 28 ff, Abs 2

233   Durch Abs 2 wird klargestellt, dass der durch eine Umgangs- oder eine Rückgabeentscheidung nach Art 11 Abs 8 begünstigte Träger der elterlichen Verantwortung nicht gezwungen ist, von der Möglichkeit der erleichterten Vollstreckung nach Art 41, 42 Gebrauch zu machen. Er ist vielmehr berechtigt, stattdessen die Anerkennung und Vollstreckbarerklärung der Entscheidung im gewöhnlichen Verfahren nach Art 21 ff, 28 ff zu beantragen. Zwischen beiden Wegen hat er grundsätzlich die **freie Wahl** (*Gruber* FamRZ 05, 1603/1607; *Schulz* FamRZ 08, 1732/ 1734; ThP/*Hüßtege* Rn 3; Rauscher/*Rauscher* Rn 18). Für eine Vollstreckbarerklärung wird er sich insbesondere entscheiden, wenn Zweifel an der unmittelbaren Vollstreckbarkeit der Entscheidung nach Art 41, 42 bestehen, weil das Gericht des Ursprungsmitgliedstaats die hierfür erforderliche Bescheinigung nicht von Amts wegen ausgestellt hat (ThP/*Hüßtege* Rn 3). In einem solchen Fall kann der Antrag nach Art 28 nicht wegen fehlenden Rechtsschutzbedürfnisses abgewiesen werden (MüKoFamFG/*Gottwald* Rn 4). Ob auch nach Ausstellung der Bescheinigung gem Anhang III oder IV noch ein Rechtsschutzbedürfnis für ein Vollstreckbarerklärungsverfahren besteht, ist hingegen fraglich (G/Sch/*Geimer* Rn 13; NK-BGB/*Benicke* Rn 14).

234   Ausgeschlossen ist hingegen ein Verfahren nach Art 21 Abs 3, mit dem der aus der Entscheidung Verpflichtete die **Feststellung der Nichtanerkennung** beantragt. Denn ein solcher Antrag wäre mit der Anordnung in Art 41 Abs 1 bzw Art 42 Abs 1 unvereinbar, wonach die Anerkennung der von Art 40 erfassten Entscheidungen nicht in anderen Mitgliedstaat angefochten werden kann (EuGH C 195/08 PPU – *Rinau* aaO, Rn 91, 97; dazu die Abschlussentscheidung Lietuvos Aukščiausiasis Teismas 25.8.08, unalex LT-9).

II. EU-Recht: EuEheVO Art 41   235–237 **N**

EuEheVO Art 41. Umgangsrecht

(1) **Eine in einem Mitgliedstaat ergangene vollstreckbare Entscheidung über das Umgangsrecht im Sinne des Artikels 40 Absatz 1 Buchstabe a), für die eine Bescheinigung nach Absatz 2 im Ursprungsmitgliedstaat ausgestellt wurde, wird in einem anderen Mitgliedstaat anerkannt und kann dort vollstreckt werden, ohne dass es einer Vollstreckbarerklärung bedarf und ohne dass die Anerkennung angefochten werden kann.**

Auch wenn das nationale Recht nicht vorsieht, dass eine Entscheidung über das Umgangsrecht ungeachtet der Einlegung eines Rechtsbehelfs von Rechts wegen vollstreckbar ist, kann das Gericht des Ursprungsmitgliedstaats die Entscheidung für vollstreckbar erklären.

(2) **Der Richter des Ursprungsmitgliedstaats stellt die Bescheinigung nach Absatz 1 unter Verwendung des Formblatts in Anhang III (Bescheinigung über das Umgangsrecht) nur aus, wenn**

a) **im Fall eines Versäumnisverfahrens das verfahrenseinleitende Schriftstück oder ein gleichwertiges Schriftstück der Partei, die sich nicht auf das Verfahren eingelassen hat, so rechtzeitig und in einer Weise zugestellt wurde, dass sie sich verteidigen konnte, oder wenn in Fällen, in denen bei der Zustellung des betreffenden Schriftstücks diese Bedingungen nicht eingehalten wurden, dennoch festgestellt wird, dass sie mit der Entscheidung eindeutig einverstanden ist;**

b) **alle betroffenen Parteien Gelegenheit hatten, gehört zu werden, und**

c) **das Kind die Möglichkeit hatte, gehört zu werden, sofern eine Anhörung nicht aufgrund seines Alters oder seines Reifegrads unangebracht erschien.**

Das Formblatt wird in der Sprache ausgefüllt, in der die Entscheidung abgefasst ist.

(3) **[1]Betrifft das Umgangsrecht einen Fall, der bei der Verkündung der Entscheidung einen grenzüberschreitenden Bezug aufweist, so wird die Bescheinigung von Amts wegen ausgestellt, sobald die Entscheidung vollstreckbar oder vorläufig vollstreckbar wird. [2]Wird der Fall erst später zu einem Fall mit grenzüberschreitendem Bezug, so wird die Bescheinigung auf Antrag einer der Parteien ausgestellt.**

1. Allgemeines

Hat ein mitgliedstaatliches Gericht eine Regelung zum Umgang des nicht sorgeberechtigten **235** Elternteils (oder eines Dritten) mit dem Kind getroffen und hierfür eine Bescheinigung nach Abs 2 ausgestellt, so ist diese Entscheidung nach Art 40 Abs 1 lit a, 41 Abs 1 S 1 in allen anderen Mitgliedstaaten vollstreckbar, ohne dass es hierfür einer Vollstreckbarerklärung bedarf; ferner kann die Anerkennung im Vollstreckungsmitgliedstaat nicht angefochten werden. Wurde im Ursprungsmitgliedstaat die Bescheinigung nach Abs 2 ausgestellt, so kann das Gericht des Vollstreckungsmitgliedstaats vielmehr nur noch die Vollstreckbarkeit der Entscheidung feststellen (frz Cass 17.2.10, unalex FR–1134).

2. Vollstreckbarkeit der Entscheidung im Ursprungsmitgliedstaat, Abs 1

Die Entscheidung über das Umgangsrecht muss im Ursprungsmitgliedstaat vollstreckbar sein, **236** Abs 1 UAbs 1. Ist dies noch nicht der Fall, weil gegen die Entscheidung ein Rechtsbehelf eingelegt worden ist oder noch eingelegt werden kann und sieht das Recht des Ursprungsmitgliedstaats für diesen Fall auch nicht die Möglichkeit vor, die Entscheidung für vorläufig vollstreckbar zu erklären, so kann das Gericht die vorläufige Vollstreckbarkeit gem Abs 1 UAbs 2 jedenfalls **kraft europäischen Rechts** anordnen, um zu verhindern, dass die Vollstreckung der Umgangsentscheidung durch die Einlegung von Rechtsbehelfen hinausgezögert wird. Diese Anordnung liegt im Ermessen des Gerichts, dessen Ausübung sich an den berechtigten Interessen des Kindes zu orientieren hat (Rauscher/*Rauscher* Rn 14; HK-ZPO/*Dörner* Rn 4).

3. Ausstellung der Bescheinigung, Abs 2

a) Voraussetzungen der Ausstellung. Die unmittelbare Vollstreckbarkeit einer Entschei- **237** dung über das Umgangsrecht hängt nach Abs 1 weiterhin davon ab, dass für diese Entscheidung

N 238–242 2. Teil. Anerkennung/Vollstreckung N. Kindschaftssachen

im Ursprungsmitgliedstaat die Bescheinigung nach Abs 2 ausgestellt worden ist. Zu deren Ausstellung ist das Gericht des Ursprungsmitgliedstaats nur berechtigt, wenn die in Abs 2 UAbs 1 lit a–lit c genannten Voraussetzungen erfüllt sind. Die Prüfung, ob diese Voraussetzungen vorgelegen haben, obliegt ausschließlich dem Gericht des Ursprungsmitgliedstaats (vgl EuGH C-491/10 PPU – *Aguirre Zarraga,* Slg 10 I-14247 Rn 52 ff = FamRZ 11, 355 m Anm *Schulz* [zu Art 42]). Die Gerichte im Vollstreckungsmitgliedstaat sind hierzu nicht befugt (EuGH C-491/10 PPU aaO, Rn 54; krit zu dieser Verlagerung der Kontrolle Rauscher/*Rauscher* Rn 24). Wird die von einem Gericht eines Mitgliedstaats gemäß Art 41 ausgestellte Bescheinigung über das Umgangsrecht von diesem Gericht nachträglich aufgehoben, so wird dadurch die Anerkennung und Vollstreckbarerklärung der zugrundeliegenden gerichtlich protokollierten Umgangsvereinbarung nach Art 21 Abs 1 nicht berührt (öst OGH 3.8.06, unalex AT-396).

238   **aa) Rechtliches Gehör des Antragsgegners bei Verfahrenseinleitung, lit a.** Durch lit a wird klargestellt, dass über das Umgangsrecht auch durch **Versäumnisurteil** entschieden werden kann. Allerdings kann dieses Versäumnisurteil in anderen Mitgliedstaaten nur dann nach Maßgabe von Art 41 ohne Durchführung eines Exequaturverfahrens vollstreckt werden, wenn der Richter des Ursprungsmitgliedstaats bescheinigt, dass das verfahrenseinleitende Schriftstücke oder ein gleichwertiges Schriftstück dem Antragsgegner, der sich auf das Verfahren nicht eingelassen hat, so rechtzeitig und in einer Weise zugestellt wurde, dass er sich verteidigen konnte. War dies nicht der Fall, so reicht es auch aus, wenn festgestellt wird, dass der Antragsgegner mit der Entscheidung eindeutig einverstanden war. Zur Auslegung dieser Vorschrift kann auf die Kommentierung zu Art 23 lit c (→ Rn 99 f und → K Rn 80 ff) verwiesen werden. Dabei ist jedoch zu berücksichtigen, dass die Prüfung der rechtzeitigen und ordnungsgemäßen Zustellung allein aus der Perspektive des Ursprungsgerichts und nach den Maßstäben des dortigen Rechts zu erfolgen hat (MüKoFamFG/*Gottwald* Rn 5). Dies gilt für die Ordnungsmäßigkeit der Zustellung zwar auch im Rahmen der Kontrolle durch den Anerkennungsrichter nach Art 23 lit c, nicht jedoch für deren Rechtzeitigkeit.

239   **bb) Anhörung der Parteien, lit b.** Weiterhin müssen „alle betroffenen Parteien" nicht nur in der Phase der Verfahrenseinleitung, sondern auch im weiteren Verlauf des Umgangsrechtsstreits gem lit b Gelegenheit gehabt haben, angehört zu werden. Welche Beteiligte dies sind, entscheidet das Recht des Ursprungsmitgliedstaats (Rauscher/*Rauscher* Rn 26). Diesem Recht unterliegen auch die Modalitäten der Anhörung. In diesem Zusammenhang ist es unerheblich, ob der Antragsgegner oder sonstige Betroffene von diesem Recht tatsächlich Gebrauch gemacht haben (NK-BGB/*Benicke* Rn 6).

240   **cc) Anhörung des Kindes, lit c.** Die Bescheinigung darf schließlich nur ausgestellt werden, wenn auch das Kind die Möglichkeit hatte, im Verfahren angehört zu werden. Nicht erforderlich ist, dass das Kind von dieser Möglichkeit auch Gebrauch gemacht hat und tatsächlich angehört worden ist. Ferner kann das Gericht im Ursprungsmitgliedstaat von einer Anhörung des Kindes nach lit c absehen, wenn eine solche aufgrund des Alters oder Reifegrads des Kindes unangebracht erscheint. Dies entspricht der Regelung in Art 13 Abs 2 HKÜ in Entführungsfällen (→ U Rn 223 ff).

241   Ob dem Kind die Möglichkeit zu einer Anhörung eingeräumt werden muss, prüft allein das **Gericht des Ursprungsmitgliedstaats,** und zwar mangels hinreichender europarechtlicher Vorgaben nach Maßgabe seiner *lex fori* (G/Sch/*Paraschas,* IRV Rn 5; NK-BGB/*Benicke* Rn 7; **aA** [autonome Auslegung] Rauscher/*Rauscher* Rn 28). Während im Vollstreckbarerklärungsverfahren nach Art 28 ff das Gericht des Anerkennungsmitgliedstaats kontrollieren kann, ob die von Art 23 lit b geforderte Anhörung des Kindes (zB in einem Sorgerechtsverfahren) tatsächlich erfolgt ist und hierbei seine eigenen verfahrensrechtlichen Prinzipien zugrunde legen kann (*Coester-Waltjen* FamRZ 05, 241/248; näher → Rn 95 ff), besteht diese Möglichkeit im Rahmen der Vollstreckung von Entscheidungen über das Umgangsrecht nach Art 41 nicht. Das Gericht im Vollstreckungsmitgliedstaat kann daher nicht geltend machen, das Kind sei – entgegen lit c – in dem Verfahren vor dem Gericht des Ursprungsmitgliedstaats nicht ausreichend angehört worden, sofern dieses Gericht die Bescheinigung nach Abs 2 ausgestellt hat (EuGH C-491/10 PPU aaO, Rn 54).

242   **b) Förmlichkeiten der Erteilung. aa) Formblatt.** Die Bescheinigung für eine Entscheidung über das Umgangsrecht wird auf dem Formblatt gem Anh III zur EuEheVO erteilt, Art 41 Abs 2 UAbs 1; dieses ist ist in allen Amtssprachen der Union im Europäischen Justizportal (https://e-justice.europa.eu/Dynamische Formulare) abrufbar. Es wird in der Sprache ausgefüllt,

1282

II. EU-Recht: EuEheVO Art 41   **243–247 N**

in der die Entscheidung abgefasst ist, Art 41 Abs 2 UAbs 2. Durch die Verwendung des Formblatts, das im Wesentlichen nur durch Ankreuzen ausgefüllt wird, soll sichergestellt werden, dass die Bescheinigung auch **ohne Übersetzung verständlich** ist. Lediglich wenn die Modalitäten der Ausübung des Umgangsrechts in Nr 12 des Formblatts näher geregelt werden, ist diese Regelung nach Art 45 Abs 2, 1. Spiegelstrich (→ Rn 281 ff) auch in die (oder eine der) Amtssprache(n) des Vollstreckungsmitgliedstaats zu übersetzen.

bb) Zuständigkeit. Zuständig für die Ausstellung der Bescheinigung nach Abs 2 ist der **243** Richter des Ursprungsmitgliedstaats; dies muss – anders als nach Art 42 Abs 2 – nicht zwingend der Richter sein, der die Entscheidung zum Umgangsrecht nach Art 41 Abs 1 S 1 erlassen hat (**aA** Cass 4.11.15, unalex FR-2457). In Deutschland wird die Bescheinigung gem **§ 48 Abs 2 IntFamRVG** (→ Rn 593) im ersten Rechtszug vom Familienrichter, in der Beschwerdeinstanz vor dem OLG und in der Rechtsbeschwerdeinstanz vor dem BGH von dem jeweiligen Vorsitzenden des Senats für Familiensachen ausgestellt (G/Sch/*Geimer* Rn 8).

c) Grenzüberschreitender Bezug, Abs 3. Betrifft die Entscheidung zum Umgangsrecht **244** einen Sachverhalt, der schon im Zeitpunkt der Entscheidungsverkündung einen grenzüberschreitenden Bezug aufweist, so ist die Bescheinigung **von Amts wegen** auszustellen, sobald die Entscheidung vollstreckbar oder vorläufig vollstreckbar wird, S 1. Ein solcher grenzüberschreitender Bezug liegt nur vor, wenn eine Vollstreckung der Entscheidung außerhalb des Hoheitsgebiets des Ursprungsmitgliedstaats erforderlich ist, weil das Kind sich in diesem Staat aufhält (Rauscher/*Rauscher* Rn 31). Da die Bescheinigung die Vollstreckbarerklärung nur im Verhältnis der Mitgliedstaaten der EuEheVO zueinander ersetzt, muss der grenzüberschreitende Bezug zu einem anderen *Mitgliedstaat* bestehen; der Bezug zu einem Drittstaat reicht nicht aus (NK-BGB/ *Benicke* Rn 17). Ebenso wenig reicht ein nur potentieller grenzüberschreitender Bezug, etwa aufgrund der ausländischen Staatsangehörigkeit eines Elternteils (MüKoFamFG/*Gottwald* Rn 10) oder wegen eines lediglich geplanten Umzugs des Kindes in einen anderen Mitgliedstaat (Rauscher/*Rauscher* Rn 32).

Wird der grenzüberschreitende Bezug des Falles erst nach der Entscheidungsverkündung **245** hergestellt, zB durch die Verlegung des gewöhnlichen Aufenthalts des Kindes in einen anderen Mitgliedstaat, so wird die Bescheinigung gem Anhang III nur noch **auf Antrag** einer der Parteien ausgestellt, S 2. Gleiches gilt auch dann, wenn der grenzüberschreitende Bezug zwar bereits bei Entscheidungsverkündung bestand, die Entscheidung aber in diesem Zeitpunkt noch nicht vollstreckbar war und das Gericht sie auch nicht nach Abs 1 UAbs 2 selbst für vorläufig vollstreckbar erklärt hatte (NK-BGB/*Benicke* Rn 16).

4. Rechtsfolgen

a) Entbehrlichkeit eines Vollstreckbarerkärungsverfahrens. Ist für eine Entscheidung **246** über das Umgangsrecht die Bescheinigung nach Abs 2 ausgestellt worden, so wird die Entscheidung in allen Mitgliedstaaten der EuEheVO **wie eine inländische** vollstreckt. Es bedarf mithin weder einer Vollstreckbarerklärung noch können gegen die Entscheidung im Vollstreckungsmitgliedstaat die Anerkennungsversagungsgründe nach Art 23 oder andere Einwendungen geltend gemacht werden (*Solomon* FamRZ 04, 1409/1418; NK-BGB/*Benicke* Rn 23). Der Antragsgegner kann sich daher nicht darauf berufen, dass ihm die Entscheidung nicht zugestellt worden sei (frz Cass 17.2.10, unalex FR-1134). Art 41 lässt auch die Einwendung eines Elternteils nicht zu, dass der andere Elternteil plane, mit dem Kind das Land zu verlassen und hierdurch das Umgangsrecht des ersteren Elternteils verletzen werde (Legfelsőbb Bíróság 6.11.07, unalex HU-42). Schließlich ist die Bescheinigung auch mit einem Rechtsbehelf nicht anfechtbar (Art 43 Abs 2; → Rn 269 ff). Das Vollstreckungsverfahren beurteilt sich in *Deutschland* nach nach Art 45 und Art 47 iVm § 44 IntFamRVG (→ Rn 278 ff, 298 ff).

b) Vollstreckung eines zur Durchsetzung des Umgangsrechts verhängten Zwangs- 247 gelds. Die Anordnung von Sicherungs- und Zwangsmaßnahmen folgt im europäischen Prozessrecht als akzessorische Maßnahme der jeweils durchzusetzenden Hauptverpflichtung. Deshalb ist Art 55 EuGVVO, der die Festsetzung eines Zwangsgelds näher regelt, nur anwendbar, wenn auch die zu vollstreckende Hauptforderung in den sachlichen Anwendungsbereich von Art 1 EuGVVO fällt. Dies ist bei einem Zwangsgeld, das zur Durchsetzung eines Umgangsrechts gegen den sorgeberechtigten Elternteil verhängt wird, indessen nicht der Fall; denn Kindschaftssachen sind nach Art 1 Abs 2 lit a EuGVVO aus deren Anwendungsbereich ausgeschlossen (EuGH C-4/14 – *Bohez/Wiertz*, FamRZ 15, 1866 Rn 31 ff, 40 m Anm *Hau* IPRax 17, 470). Das mit Hilfe

1283

N   2. Teil. Anerkennung/Vollstreckung N. Kindschaftssachen

des Zwangsgelds durchzusetzende Umgangsrecht fällt vielmehr nach Art 1 Abs lit a in den Anwendungsbereich der EuEheVO (näher → F Rn 43, 65). Diese enthält zwar keine dem Art 55 EuGVVO entsprechende Regelung zur Vollstreckung eines Zwangsgelds. Daraus folgt jedoch nicht, dass im Anwendungsbereich der Verordnung Zwangsgelder nicht oder gemäß Art 47 nur nach nationalem Recht grenzüberschreitend vollstreckt werden könnten. Die Akzessorietät des Zwangsgelds hat vielmehr zur Folge, dass dieses nach den gleichen Regeln zu vollstrecken ist, wie das hierdurch gesicherte Umgangsrecht. Da in einem Mitgliedstaat ergangene vollstreckbare Entscheidungen über das Umgangsrecht nach Art 41 aber in anderen Mitgliedstaaten anerkannt und vollstreckt werden, ohne dass es hierfür einer Vollstreckbarerklärung bedarf, gilt dies auch für ein zur Durchsetzung des Umgangsrechts verhängtes Zwangsgeld (EuGH C-4/14 aaO, Rn 42 ff, 53).

248   Nach Art 55 EuGVVO sind Entscheidungen, die auf Zahlung eines Zwangsgelds lauten, im ersuchten Mitgliedstaat nur vollstreckbar, wenn die Höhe des Zwangsgelds endgültig festgesetzt ist. Auch wenn eine entsprechende Regelung in der EuEheVO fehlt, kann der Inhaber eines ihm in einem Mitgliedstaat eingeräumten Umgangsrechts wegen der Nichtbeachtung dieses Rechts die Vollstreckung eines Zwangsgelds in einem anderen Mitgliedstaat nur beantragen, wenn dessen **Höhe vom Gericht des Ursprungsstaats endgültig festgesetzt** wurde. Denn es würde gegen das mit der EuEheVO eingeführte System verstoßen, wenn das Gericht des Vollstreckungsmitgliedstaats berechtigt wäre, in die Festlegung des endgültigen Betrags einzugreifen, der von der Person zu zahlen ist, die als Inhaber des Sorgerechts für das Kind verpflichtet war, bei der Ausübung des Umgangsrechts zu kooperieren. Diese Festlegung impliziert nämlich eine Prüfung der vom Inhaber des Umgangsrechts vorgebrachten Verstöße, zu der nur das Gericht des Ursprungsstaats befugt ist (EuGH C-4/14 aaO, Rn 54 ff, 61).

249   **c) Bestimmtheit.** Die Vollstreckung einer in einem anderen Mitgliedstaat getroffenen Umgangsrechtsentscheidung in Deutschland nach Art 41 setzt ferner voraus, dass der Inhalt hinreichend bestimmt formuliert ist. Fehlt es daran, so sind die deutschen Gerichte nach Art 48 zur Konkretisierung des Entscheidungsinhalts berechtigt (Zö/*Geimer* Rn 1; → Rn 310 ff).

EuEheVO Art 42. Rückgabe des Kindes

(1) **Eine in einem Mitgliedstaat ergangene vollstreckbare Entscheidung über die Rückgabe des Kindes im Sinne des Artikels 40 Absatz 1 Buchstabe b), für die eine Bescheinigung nach Absatz 2 im Ursprungsmitgliedstaat ausgestellt wurde, wird in einem anderen Mitgliedstaat anerkannt und kann dort vollstreckt werden, ohne dass es einer Vollstreckbarerklärung bedarf und ohne dass die Anerkennung angefochten werden kann.**

Auch wenn das nationale Recht nicht vorsieht, dass eine in Artikel 11 Absatz 8 genannte Entscheidung über die Rückgabe des Kindes ungeachtet der Einlegung eines Rechtsbehelfs von Rechts wegen vollstreckbar ist, kann das Gericht des Ursprungsmitgliedstaats die Entscheidung für vollstreckbar erklären.

(2) **Der Richter des Ursprungsmitgliedstaats, der die Entscheidung nach Artikel 40 Absatz 1 Buchstabe b) erlassen hat, stellt die Bescheinigung nach Absatz 1 nur aus, wenn**

a) **das Kind die Möglichkeit hatte, gehört zu werden, sofern eine Anhörung nicht aufgrund seines Alters oder seines Reifegrads unangebracht erschien,**

b) **die Parteien die Gelegenheit hatten, gehört zu werden, und**

c) **das Gericht beim Erlass seiner Entscheidung die Gründe und Beweismittel berücksichtigt hat, die der nach Artikel 13 des Haager Übereinkommens von 1980 ergangenen Entscheidung zugrunde liegen.**

Ergreift das Gericht oder eine andere Behörde Maßnahmen, um den Schutz des Kindes nach seiner Rückkehr in den Staat des gewöhnlichen Aufenthalts sicherzustellen, so sind diese Maßnahmen in der Bescheinigung anzugeben.

Der Richter des Ursprungsmitgliedstaats stellt die Bescheinigung von Amts wegen unter Verwendung des Formblatts in Anhang IV (Bescheinigung über die Rückgabe des Kindes) aus.

Das Formblatt wird in der Sprache ausgefüllt, in der die Entscheidung abgefasst ist.

1. Allgemeines

Hat ein Gericht im bisherigen Aufenthaltsstaat des Kindes nach Maßgabe von Art 11 Abs 8 **250** die Rückgabe des Kindes angeordnet, so ist diese Anordnung nach Art 40 Abs 1 lit a, 42 Abs 1 in allen anderen Mitgliedstaaten vollstreckbar, ohne dass es hierfür einer Vollstreckbarerklärung bedarf; ferner kann die Anerkennung im Vollstreckungsmitgliedstaat nicht angefochten werden (EuGH C-195/08 PPU – *Rinau*, Slg 08 I-5271 Rn 84 = NJW 08, 2973 m Anm *Rieck* 2958 = FamRZ 08, 1729 m Anm *Schulz* 359; EuGH C-211/10 PPU – *Povse*, Slg 10 I-6673 Rn 70 f = FamRZ 10, 1229 m Anm *Schulz* 1307). Wurde im Ursprungsmitgliedstaat die Bescheinigung nach Art 42 Abs 2 ausgestellt, so kann das Gericht des Vollstreckungsmitgliedstaats daher nur noch die Vollstreckbarkeit der Entscheidung feststellen (EuGH C-491/10 PPU – *Aguirre Zarraga*, Slg 10 I-14247 Rn 48 f = FamRZ 11, 355 m Anm *Schulz*). Art 42 gilt jedoch nur für Rückgabeanordnungen, die auf **Art 11 Abs 8** gestützt werden; eine entsprechende Anwendung der Vorschrift auf andere Entscheidungen zur Rückführung oder Herausgabe von Kindern hat auszuscheiden (OLG Celle FamRZ 07, 1587/1588; Rauscher/*Rauscher* Rn 1).

Die erleichterte Vollstreckung setzt ferner voraus, dass die von Art 11 Abs 8 vorausgesetzte **251** **Abfolge der Entscheidungen** eingehalten worden ist. Danach muss der von der Entführung betroffene Träger der elterlichen Sorge also zuerst die Rückführung des Kindes vor den Gerichten des neuen Aufenthaltsstaates beantragen und darf erst nach der Ablehnung dieses Antrags den Rückführungsantrag bei einem Gericht im früheren Aufenthaltsstaat des Kindes stellen (arg: „spätere Entscheidung", EuGH C-195/08 PPU aaO, Rn 69 ff; dazu *Gruber* IPRax 09, 413). Geht er umgekehrt vor und ergeht die Rückführungsentscheidung im früheren Aufenthaltsstaat des Kindes schon vor der ablehnenden Entscheidung durch ein Gericht des Verbringungsstaates, so findet Art 11 Abs 8 iVm Art 42 Abs 1 keine Anwendung (öst OGH 20.3.2013, unalex AT-862). Die Anerkennung und Vollstreckung der Rückführungsentscheidung eines Gerichts des bisherigen Aufenthaltsstaates richtet sich dann nach den allgemeinen Vorschriften und kann daher nach Art 23 lit a am *ordre public* des neuen Aufenthaltsstaates des Kindes scheitern (NK-BGB/*Gruber* Art 10 Rn 9). Der Anordnung der Rückgabe des Kindes durch ein Gericht des früheren Aufenthaltsstaates nach Art 11 Abs 8 muss in diesem Staat allerdings **keine Entscheidung über das Sorgerecht vorausgegangen** sein (EuGH C-211/10 PPU aaO, FamRZ 10, 1229 Rn 51 ff m Anm *Schulz* 1307; Zö/*Geimer* Rn 1; näher → F Rn 185).

Ferner kommt es für die automatische Vollstreckbarkeit der die Rückgabe des Kindes nach **252** Art 11 Abs 8 anordnenden Entscheidung eines Gerichts des früheren Aufenthaltsstaates des Kindes im Verbringungsstaat nicht darauf an, dass die eine Rückgabe verweigernde Entscheidung eines Gerichts dieses Staates endgültig Bestand hat, insbesondere **rechtskräftig** geworden ist. Auch wenn diese Entscheidung nachträglich ausgesetzt, abgeändert, aufgehoben oder gar durch eine die Rückgabe anordnende Entscheidung ersetzt worden ist, muss die Entscheidung des früheren Aufenthaltsstaats nach Art 42 Abs 1 im neuen Aufenthaltsstaat anerkannt und vollstreckt werden, wenn das Kind nicht inzwischen tatsächlich zurückgegeben worden ist (EuGH C-195/08 PPU aaO, NJW 08, 2973 Rn 80 ff, 89 m Anm *Rieck* 2958; dazu auch *Schulz* FamRZ 08, 1729/1732; *Gruber* IPRax 09, 413; *Völker* FamRBint 09, 3). Eine Erschöpfung des Rechtswegs im Zufluchtstaat gegen die Ablehnung der Rückführung des Kindes ist also nicht erforderlich (*Schulz* FamRZ 08, 1733; HK-ZPO/*Dörner* Rn 5).

Die EuEheVO geht also im Rahmen der Art 11 Abs 8, 42 von einer **klaren Zuständigkeits-** **253** **verteilung** zwischen den Gerichten des Ursprungsmitgliedstaats und denjenigen des Vollstreckungsmitgliedstaats aus, um die rasche Rückgabe des Kindes zu erreichen. Danach sind alle Aspekte, die die Rechtmäßigkeit der die Rückgabe anordnenden Entscheidung betreffen, nur vor den Gerichten des Ursprungsmitgliedstaats geltend zu machen (EuGH C-211/10 PPU aaO, Rn 74; EuGH C-491/10 PPU aaO, Rn 51). Soweit die Voraussetzungen des Art 42 Abs 1 vorliegen, haben die Gerichte des neuen Aufenthaltsstaates daher keine Möglichkeit, die Vollstreckung einer nach Art 11 Abs 8 getroffenen Rückgabeentscheidung des früheren Aufenthaltsstaates des Kindes zu verweigern. Denn auf eine Kontrolle nach Maßgabe von Art 23 wurde in den Art 40 ff bewusst verzichtet.

Insbesondere kommt ein Rückgriff auf den nationalen *ordre public* des Vollstreckungsmitglied- **254** staates auch dann nicht Betracht, wenn die Rückführung des Kindes aus der Sicht dieses Staates zu einer schwerwiegenden Gefährdung des Kindeswohls führt. Denn das System der Anerkennung und Vollstreckung nach der EuEheVO beruht auf dem Grundsatz des gegenseitigen Vertrauens zwischen den Mitgliedstaaten sowie darauf, dass die nationalen Rechte einen gleich-

N 255–258   2. Teil. Anerkennung/Vollstreckung N. Kindschaftssachen

wertigen und wirksamen Schutz der auf Unionsebene und insbesondere in der Charta der Grundrechte anerkannten Grundrechte gewährleisten (EuGH C-491/10 PPU aaO, Rn 59 ff, 70; NK-BGB/*Gruber* Art 1 Rn 16; *Solomon* FamRZ 04, 1409/1419; **aA** *Fleige* 328 ff; Rauscher/ *Rauscher* Rn 4 f). Verfahrensbeteiligte, die einen Verstoß gegen die Rechtmäßigkeit einer nach Art 42 Abs 2 ausgestellten Bescheinigung geltend machen, müssen hierfür somit grundsätzlich die **Rechtsschutzmöglichkeiten vor den Gerichten des Ursprungsmitgliedstaats** nutzen, die diese Bescheinigung aufgrund ihrer Zuständigkeit nach Art 11 Abs 8 ausgestellt haben, und die Gerichte des Vollstreckungsmitgliedstaats müssen darauf vertrauen, dass die Gerichte des Ursprungsmitgliedstaats ihre sich aus der Verordnung ergebenden Verpflichtungen einhalten.

2. Vollstreckbarkeit der Entscheidung, Abs 1

255   Die nach Art 11 Abs 8 getroffene Entscheidung muss im Ursprungsstaat vollstreckbar sein. Insoweit kommt es nicht auf die tatächliche, sondern auf die rechtliche Möglichkeit der Vollstreckung an (öst OGH 2.5.11, unalex AT-740). Fehlt es daran, weil gegen die Entscheidung ein Rechtsbehelf eingelegt worden ist oder noch eingelegt werden kann und sieht das Recht des Ursprungsmitgliedstaats auch nicht die Möglichkeit vor, die Entscheidung für vorläufig vollstreckbar zu erklären, so kann das Gericht des Ursprungsmitgliedstaates die vorläufige Vollstreckbarkeit gem Abs 1 S 2 jedenfalls **kraft europäischen Rechts** anordnen. Die Regelung stellt einen nicht unerheblichen Eingriff in das Rechtsmittelrecht der Mitgliedstaaten dar, da durch die Anordnung der vorläufigen Vollstreckbarkeit und die anschließende Vollstreckung der Rückführungsentscheidung die tatsächlichen Lebensumstände des Kindes verändert werden, was unter dem Aspekt des Kindeswohls auch im Rechtsmittelverfahren nicht außer Acht gelassen werden kann (NK-BGB/*Benicke* Rn 3).

256   Art 42 Abs 1 UAbs 2 erlangt auch in Verfahren, in denen **deutsche Gerichte** die Rückführung eines in einen anderen Mitgliedstaat verbrachten oder dort zurückgehaltenen Kindes nach Art 11 Abs 8 angeordnet haben, Bedeutung, weil die gem § 40 Abs 1 IntFamRVG mit der Beschwerde anfechtbare Rückgabeentscheidung nicht vorläufig vollstreckbar ist und vom erstinstanzlich zuständigen Familiengericht nach deutschem Verfahrensrecht auch nicht für vorläufig vollstreckbar erklärt werden kann; diese Befugnis steht nach § 40 Abs 3 IntFamRVG vielmehr nur dem Beschwerdegericht zu (näher → U Rn 336). Abweichend davon räumt die EuEheVO auch dem deutschen Familiengericht nach Maßgabe von Abs 1 S 2 das Recht ein, die auf der Grundlage des Art 11 Abs 8 getroffene Entscheidung zur Rückgabe des Kindes für vorläufig vollstreckbar zu erklären, um deren zügige Vollstreckung in dem Mitgliedstaat, in dem sich das Kind derzeit aufhält, zu erreichen.

3. Erteilung der Bescheinigung, Abs 2

257   **a) Voraussetzungen der Erteilung.** Die unmittelbare Vollstreckbarkeit einer nach Art 11 Abs 8 ergangenen Rückgabeentscheidung hängt nach Abs 1 weiterhin davon ab, dass für diese Entscheidung im Ursprungsmitgliedstaat die Bescheinigung nach Abs 2 ausgestellt worden ist. Zu deren Ausstellung ist das Gericht des Ursprungsmitgliedstaats nur berechtigt, wenn die in Abs 2 S 1 lit a–lit c genannten Voraussetzungen erfüllt sind. Die Prüfung, ob diese Voraussetzungen vorgelegen haben, obliegt ausschließlich dem Gericht im früheren Aufenthaltsstaat des Kindes (EuGH C-491/10 PPU – *Aguirre Zarraga* FamRZ 11, 355 Rn 52 ff). Die Gerichte im Vollstreckungsmitgliedstaat sind hierzu nicht befugt (EuGH C-491/10 PPU aaO, Rn 54; öst OGH 2.5.11, unalex AT-740; *Schulz* FamRZ 08, 1733/1734; HK-ZPO/*Dörner* Rn 8). Zu Ausnahmen vgl aber → Rn 271 ff.

258   **aa) Anhörung des Kindes, lit a.** Die Bescheinigung darf nur ausgestellt werden, wenn das Kind die Möglichkeit hatte, im Verfahren angehört zu werden. Nicht erforderlich ist, dass das Kind von dieser Möglichkeit auch Gebrauch gemacht hat und tatsächlich angehört worden ist. Ferner kann das Gericht im Verfahren nach Art 11 Abs 8 von einer Anhörung des Kindes nach lit a absehen, wenn eine solche aufgrund des Alters oder des Reifegrads des Kindes unangebracht erscheint. Das Gericht kann die Bescheinigung nach Abs 2 jedoch erst ausstellen, nachdem es geprüft hat, dass das Kind unter Berücksichtigung der zur Verfügung stehenden Instrumente des nationalen Verfahrensrechts und der internationalen gerichtlichen Zusammenarbeit eine wirksame Möglichkeit hatte, sich frei zur Sache zu äußern; es hat diese Entscheidung unter Berücksichtigung aller Umstände des Einzelfalls und unter Beachtung des Kindeswohls zu treffen (EuGH C-491/10 PPU aaO, Rn 62 ff, 68).

II. EU-Recht: EuEheVO Art 42

Ob dem Kind die Möglichkeit zu einer Anhörung eingeräumt werden muss, prüft allein das **259** **Gericht des Ursprungsmitgliedstaats** nach Maßgabe seiner *lex fori* (→ Rn 241). Während im Vollstreckbarerklärungsverfahren nach Art 28 ff das Gericht des Vollstreckungsmitgliedstaats kontrollieren kann, ob die von Art 23 lit b geforderte Anhörung des Kindes tatsächlich erfolgt ist und hierbei seine eigenen verfahrensrechtlichen Prinzipien zugrunde legen kann (*Coester-Waltjen* FamRZ 05, 241/248; näher → Rn 95 ff), besteht diese Möglichkeit im Rahmen von Art 42 nicht. Das Gericht im Vollstreckungsmitgliedstaat kann daher nicht geltend machen, das Kind sei – entgegen lit a – in dem Verfahren vor dem Gericht des bisherigen Aufenthaltsstaates nicht ausreichend angehört worden, sofern das Gericht des Ursprungsmitgliedstaats die Bescheinigung nach Abs 2 ausgestellt hat (EuGH C-491/10 PPU aaO, Rn 54; ThP/*Hüßtege* Rn 3).

bb) Anhörung der Parteien, lit b. Neben dem Kind müssen auch die Parteien des Rück- **260** gabeverfahrens nach Art 11 Abs 8 Gelegenheit gehabt haben, angehört zu werden. Auch insoweit ist es unerheblich, ob der Antragsgegner von diesem Recht tatsächlich Gebrauch gemacht hat. Die Entscheidung über die Rückgabe des Kindes kann daher auch durch Versäumnisentscheidung ausgesprochen werden (MüKoFamFG/*Gottwald* Rn 4; NK-BGB/*Benicke* Rn 11).

cc) Berücksichtigung der nach Art 13 HKÜ ergangenen Entscheidung, lit c. Schließ- **261** lich muss das Gericht des früheren Aufenthaltsstaates des Kindes, das auf der Grundlage von Art 11 Abs 8 über die Rückgabe entscheidet, gem lit c die Gründe und Beweismittel berücksichtigen, die der im Verbringungsstaat nach Art 13 HKÜ ergangenen Entscheidung zugrunde liegen (Trib da Relação Lisboa 24.3.09, unalex PT-175). Die Erfüllung dieser Voraussetzung muss sich aus dem Inhalt der Entscheidung des nach Art 11 Abs 8 zuständigen Gerichts ergeben; dieses Gericht muss sich also mit den Argumenten und Beweismitteln, die im Verfahren vor dem Gericht des Verbringungsstaats zu einer Verweigerung der Rückgabe des Kindes nach Art 13 HKÜ geführt haben, in den Entscheidungsgründen auseinandergesetzt haben (Rauscher/*Rauscher* Rn 16). Dies muss allerdings nicht in dem Formblatt nach Anh IV zur EuEheVO dokumentiert werden (NK-BGB/*Benicke* Rn 14; **aA** Rauscher/*Rauscher* Rn 16).

b) Förmlichkeiten der Erteilung. aa) Formblatt. Die Bescheinigung für eine Rückgabe- **262** anordnung wird auf dem Formblatt gem Anh IV zur EuEheVO erteilt, Art 42 Abs 2 UAbs 3; dieses ist in allen Amtssprachen der Union im Europäischen Justizportal (https://e-justice.europa.eu/Dynamische Formulare) abrufbar. Das Formblatt wird in der Sprache ausgefüllt, in der auch die Entscheidung abgefasst ist, Art 42 Abs 2 UAbs 4. Durch die Verwendung des Formblatts, das im Wesentlichen nur durch Ankreuzen ausgefüllt wird, soll sichergestellt werden, dass die Bescheinigung auch ohne Übersetzung verständlich ist. Lediglich wenn Maßnahmen ergriffen werden, um den Schutz des Kindes nach seiner Rückkehr in den Staat des (früheren) gewöhnlichen Aufenthalts sicherzustellen, sind diese Maßnahmen nicht nur in der Bescheinigung anzugeben (Art 42 Abs 2 UAbs 2), sondern nach Art 45 Abs 2, 2. Spiegelstrich (→ Rn 281 ff) auch in eine der Amtssprachen des Vollstreckungsmitgliedstaats zu übersetzen (MüKoFamFG/*Gottwald* Rn 8).

bb) Zuständigkeit. Zuständig für die Ausstellung der Bescheinigung nach Abs 2 ist der **263** Richter des Ursprungsmitgliedstaats, der die Entscheidung nach Art 40 Abs 1 lit b (iVm Art 11 Abs 8) erlassen hat. Er hat die Bescheinigung gem Abs 2 UAbs 3 **von Amts wegen** auszustellen. In Deutschland wird die Bescheinigung gem **§ 48 Abs 2 IntFamRVG** (→ Rn 601) im ersten Rechtszug vom Familienrichter, in der Beschwerdeinstanz vor dem OLG und in der Rechtsbeschwerdeinstanz vor dem BGH von dem jeweiligen Vorsitzenden des Senats für Familiensachen ausgestellt (G/Sch/*Geimer* Rn 8).

4. Rechtsfolgen

Ist für eine nach Art 11 Abs 8 ergangene Entscheidung, mit der die Rückgabe des Kindes **264** angeordnet wird, die Bescheinigung nach Abs 2 ausgestellt worden, so wird die Entscheidung in allen Mitgliedstaaten der EuEheVO wie eine inländische vollstreckt. Es bedarf mithin weder einer Vollstreckbarerklärung, noch können gegen die Entscheidung im Vollstreckungsmitgliedstaat die Anerkennungsversagungsgründe nach Art 23 geltend gemacht werden (MüKoFamFG/*Gottwald* Rn 10; NK-BGB/*Benicke* Rn 23). Auch die Bescheinigung selbst ist mit einem Rechtsbehelf nicht anfechtbar (Art 43 Abs 2). Insbesondere sieht Art 42 Abs 2 keine Befugnis des Gerichts des Vollstreckungsmitgliedstaats vor, die dort aufgestellten Voraussetzungen für die

1287

N 267, 268 2. Teil. Anerkennung/Vollstreckung N. Kindschaftssachen

Ausstellung der Bescheinigung zu überprüfen. Denn eine solche Befugnis würde die praktische Wirksamkeit des durch die Verordnung geschaffenen Systems in Frage stellen (EuGH C-491/10 PPU – *Aguirre Zarraga*, FamRZ 11, 355 Rn 54–56).

265   Die Vollstreckung einer Entscheidung, die vom Ursprungsgericht mit einer Bescheinigung nach Abs 2 versehen wurde, kann im Zweitstaat auch dann nicht verweigert werden, wenn sich die **Umstände** seit ihrem Erlass in einer Weise **geändert** haben, dass die Vollstreckung das Wohl des Kindes nun schwerwiegend gefährdet. Der Antragsgegner kann diese geänderten Umstände vielmehr nur im Ursprungsmitgliedstaat geltend machen; für diesen Fall kann die Vollstreckung im Zweitstaat bis zur Entscheidung des Ursprungsmitgliedstaats ausgesetzt werden. Ansonsten kann das ersuchte Gericht – wie der EuGH ausgesprochen hat – „lediglich die Vollstreckbarkeit einer solchen Entscheidung feststellen" (EuGH C-211/10 aaO, Rn 73), mag auch die Bescheinigung aus seiner Sicht zu Unrecht ausgestellt worden sein. Etwas anderes gilt ausnahmsweise nur dann, wenn die Bescheinigung so **schwerwiegende formale Mängel** aufweist, dass sie nicht mehr als wirksam erachtet werden kann (öst OGH 30.7.2014, unalex AT-958; → Rn 273).

266   Das Gericht des ersuchten Staates kann jedoch Anordnungen zur **Art und Weise der Vollstreckung** treffen (öst OGH 13.9.12, unalex AT-814). Diese beurteilen sich gemäß Art 47 Abs 1 nach dem autonomen Verfahrensrecht des Vollstreckungsmitgliedstaats; in Deutschland gilt § 44 IntFamRVG (→ Rn 593 ff). Wird zur Durchsetzung einer Rückführungsentscheidung ein **Zwangsgeld** festgesetzt, so hat dessen Akzessorietät zur Folge, dass dieses in anderen Mitgliedstaaten nach den gleichen Regeln zu vollstrecken ist, wie die hierdurch gesicherte Rückgabe des Kindes. Da die in einem Mitgliedstaat ergangene vollstreckbare Entscheidung über die Rückführung des Kindes nach Art 42 aber in allen anderen Mitgliedstaaten der EuEheVO anerkannt und vollstreckt wird, ohne dass es hierfür einer Vollstreckbarerklärung bedarf, gilt dies auch für ein zur Durchsetzung dieser Rückführung verhängtes Zwangsgeld (EuGH C-4/14 – *Bohez/ Wiertz*, FamRZ 15, 1866 Rn 42 ff, 53; dazu näher → Rn 247 f).

EuEheVO Art 43. Klage auf Berichtigung

(1) **Für Berichtigungen der Bescheinigung ist das Recht des Ursprungsmitgliedstaats maßgebend.**

(2) **Gegen die Ausstellung einer Bescheinigung gemäß Artikel 41 Absatz 1 oder Artikel 42 Absatz 1 sind keine Rechtsbehelfe möglich.**

1. Berichtigung der Bescheinigung, Abs 1

267   Nach Abs 1 ist eine Berichtigung der Bescheinigung gem Formblatt III oder IV zur EuEheVO zulässig. Sie bezieht sich nach ErwG 24 S 2 (→ Anh I) nur auf „materielle Fehler" der Bescheinigung. Gemeint sind vor allem Fehler, die bei der Übertragung des Entscheidungsinhalts in die Bescheinigung unterlaufen sind, wie insbesondere Schreib- und Rechenfehler sowie ähnliche offenbare Unrichtigkeiten, zB die Verwechslung der Parteibezeichnung (NK-BGB/*Benicke* Rn 2). Maßgebend für die Zulässigkeit einer Berichtigung ist das **Recht des Ursprungsmitgliedstaats** (EuGH C-195/08 PPU – *Rinau*, Slg 08 I 5271 Rn 85 ff = FamRZ 08, 1729 m Anm *Schulz*; EuGH C-211/10 PPU – *Povse*, Slg 10 I-6673 Rn 73 ff = FamRZ 10, 1229 m Anm *Schulz* 1307). Dies wird allgemein in dem Sinne verstanden, dass auch nur die Gerichte und Behörden des Ursprungsmitgliedstaats eine Berichtigung vornehmen können; die Gerichte des Vollstreckungsmitgliedstaats sind hierzu nicht berechtigt (Rauscher/*Rauscher* Rn 9). Um eine rasche Vollstreckung der Entscheidung zu gewährleisten und Verfahrensmissbräuche zu verhindern, ist – wie Abs 2 klarstellt – gegen die Ausstellung einer Bescheinigung nach Art 42 auch im Ursprungsmitgliedstaat jeder andere Rechtsbehelf als eine Klage auf Berichtigung nach Abs 1 ausgeschlossen (EuGH C-491/10 PPU – *Aguirre Zarraga,* Slg 10 I-14247 Rn 50 = FamRZ 11, 355 m Anm *Schulz*).

268   Die Einzelheiten des Verfahrens der Berichtigung (Antragserfordernis und -berechtigung, Form, Fristen etc) überlässt Abs 1 dem **nationalen Verfahrensrecht** des Ursprungsmitgliedstaats. In Deutschland verweist § **49 IntFamRVG** (→ Rn 603) insoweit auf § 319 ZPO. Danach ist ein Antrag auf Berichtigung nicht erforderlich; vielmehr kann das Gericht offenbare Unrichtigkeiten der Bescheinigung auch *von Amts wegen* berichtigen.

II. EU-Recht: EuEheVO Art 43

2. Unanfechtbarkeit der Bescheinigung, Abs 2

a) Grundsatz. Nach Abs 2 sind Rechtsbehelfe gegen die Ausstellung der Bescheinigung 269 ausgeschlossen. Die mit der Abschaffung des Exequaturverfahrens für Entscheidungen über das Umgangsrecht und die Kindesrückgabe bezweckte Verfahrensbeschleunigung soll nicht durch die Eröffnung von Rechtsbehelfen gegen die Ausstellung der Bescheinigung im Ursprungsmitgliedstaat unterlaufen werden können (Rauscher/*Rauscher* Rn 1; NK-BGB/*Benicke* Rn 5). Ob das Gericht im Ursprungsmitgliedstaat zu Recht vom Vorliegen der Voraussetzungen nach Art 41 Abs 2 bzw Art 42 Abs 2 ausgegangen ist, kann daher von den Beteiligten weder im Vollstreckungs- noch im Ursprungsmitgliedstaat der Überprüfung unterzogen werden (öst OGH 2.5.11, unalex AT-740).

Gleiches gilt auch für die Ermessensentscheidung des Gerichts des Ursprungsmitgliedstaats, 270 seine Entscheidung nach Art 41 Abs 1 UAbs 2, Art 42 Abs 1 UAbs 2 für vorläufig vollstreckbar zu erklären, obwohl gegen diese ein Rechtsbehelf eingelegt worden ist. Denn die Erklärung der **vorläufigen Vollstreckbarkeit** ist notwendige Voraussetzung für die Ausstellung der Bescheinigung; auf sie erstreckt sich daher der Ausschluss von Rechtsbehelfen gem Abs 2 ebenfalls (Rauscher/*Rauscher* Rn 2).

b) Schranken. Der Ausschluss von Rechtsbehelfen nach Abs 2 ergreift hingegen nicht die 271 der Bescheinigung **zugrundeliegende Entscheidung** nach Art 40 lit a oder lit b. Letztere kann im Ursprungsmitgliedstaat mit den dort zugelassenen Rechtsbehelfen, in *Deutschland* also mit der Beschwerde/Rechtsbeschwerde, angegriffen werden. Im Rahmen dieses Rechtsbehelfs können auch Verstöße gegen Art 41 Abs 2, 42 Abs 2 gerügt werden (EuGH C-491/10 PPU aaO, Rn 71 ff; NK-BGB/*Benicke* Rn 6). Wird die Entscheidung durch das Rechtsmittelgericht aufgehoben, so wird damit auch die für diese Entscheidung ausgestellte Bescheinigung wirkungslos (Staud/*Pirrung* Rn C 170). Auch ein Antrag auf **Aussetzung der Vollstreckung** einer Entscheidung, für die eine Bescheinigung ausgestellt wurde, kann nur vor dem zuständigen Gericht des Ursprungsmitgliedstaats nach dessen Recht gestellt werden (EuGH C-211/10 PPU aaO, Rn 74).

Zulässig bleiben ferner diejenigen Rechtsbehelfe, die im Vollstreckungsmitgliedstaat gegen die 272 Zulassung der Vollstreckung einer **inhaltsgleichen Entscheidung** dieses Staates zur Verfügung stehen (G/Sch/*Geimer* Rn 6; NK-BGB/*Benicke* Rn 9). Damit wird auch im Geltungsbereich der Art 40–42 ein Mindestmaß von Rechtschutz bei groben Verstößen gegen fundamentale Rechte der Beteiligten, insbesondere des betroffenen Kindes, gewährleistet (HK-ZPO/*Dörner* Art 41 Rn 11; Rauscher/*Rauscher* Art 40 Rn 9).

Die Unzulässigkeit von Rechtsbehelfen nach Abs 2 setzt voraus, dass die Bescheinigung, wenn 273 auch fehlerhaft, so doch wirksam ist. Demgegenüber kann die **Nichtigkeit der Bescheinigung** nicht nur im Ursprungs-, sondern auch im Vollstreckungsmitgliedstaat geltend gemacht werden (G/Sch/*Geimer* Rn 12 f; NK-BGB/*Benicke* Rn 10), allerdings nur nach Maßgabe des Rechts des Ursprungsmitgliedstaats (EuGH C-211/10 PPU aaO, Rn 73). Voraussetzung ist ein besonders schwerwiegender Mangel der Bescheinigung, zB die Ausstellung für eine Entscheidung, die nicht vom sachlichen Anwendungsbereich des Art 40 erfasst wird (Rauscher/*Rauscher* Rn 8). Dazu dürfte auch die Ausstellung einer Bescheinigung für eine Rückgabeentscheidung gehören, die nicht auf der Grundlage von Art 11 Abs 8 ergangen ist, weil es an einer vorherigen die Rückgabe des Kindes ablehnenden Entscheidung nach Art 13 HKÜ fehlt (NK-BGB/*Benicke* Rn 11).

Ausgeschlossen sind Rechtsbehelfe nach Abs 2 schließlich nur gegen die Ausstellung der 274 Bescheinigung; daraus folgt dass die Weigerung des Ursprungsgerichts, die Bescheinigung auszustellen, mit den im Ursprungsmitgliedstaat zugelassenen Rechtsbehelfen angegriffen werden kann. Denn auch der Normzweck des Abs 2 erfordert keinen Ausschluss von Rechtsbehelfen gegen die **Nichtausstellung der Bescheinigung** (G/Sch/*Geimer* Rn 7; MüKoFamFG/*Gottwald* Rn 5; Rauscher/*Rauscher* Rn 4).

3. Abänderung von Entscheidungen

Der Antrag auf Abänderung einer Entscheidung iSv Art 40, für die eine Bescheinigung nach 275 Art 41 oder Art 42 ausgestellt wurde, ist kein Rechtsbehelf gegen die Ausstellung der Bescheinigung und wird deshalb durch Art 43 Abs 2 nicht ausgeschlossen (*Solomon* FamRZ 04, 1409/1419; NK-BGB/*Benicke* Rn 13). Allerdings scheidet eine Abänderung der auf Art 11 Abs 8

N 278   2. Teil. Anerkennung/Vollstreckung N. Kindschaftssachen

gestützten **Rückgabeanordnung** des Gerichts im Mitgliedstaat des früheren gewöhnlichen Kindesaufenthalts durch ein Gericht des neuen Aufenthaltsstaates nach der Systematik der Art 10, 11 und Art 42 ff grundsätzlich aus (Rauscher/*Rauscher* Rn 7; G/Sch/*Geimer* Rn 4). Nach der in diesen Vorschriften getroffenen Zuständigkeitsverteilung handelt es sich bei der Frage, ob eine erhebliche Änderung der für das Kindeswohl maßgeblichen Umstände eingetreten ist, um eine Sachfrage, für deren Beantwortung ausschließlich die Gerichte des Ursprungsmitgliedstaats am früheren gewöhnlichen Aufenthalt des Kindes zuständig sind; nur diese können auch über einen Antrag auf Aussetzung der Vollstreckung entscheiden. Aus Art 47 Abs 2 UAbs 1 folgt nichts anderes (EuGH C-211/10 PPU aaO, Rn 81 ff).

276   Demgegenüber ist eine Abänderung von **Umgangsregelungen** im Geltungsbereich der EuEheVO zulässig, auch wenn die Bescheinigung nach Art 41 ausgestellt worden ist (OLG Stuttgart FamRZ 18, 39 [LS]). Die Zuständigkeit für eine solche Abänderung steht allerdings gem Art 9 Abs 1 im Fall der Verlegung des gewöhnlichen Kindesaufenthalt in einen anderen Mitgliedstaat für einen Zeitraum von drei Monaten noch den Gerichten des früheren Aufenthaltsstaates zu (→ F Rn 111 ff). Erst nach Ablauf dieser Frist sind die Behörden des neuen Aufenthaltsstaates zu einer Abänderung der Umgangsregelung berechtigt. Infolge einer von ihnen getroffenen Abänderungsentscheidung entfällt die Vollstreckbarkeit der Entscheidung des früheren Aufenthaltsstaates (vgl Art 47 Abs 2 UAbs 2; NK-BGB/*Benicke* Rn 14).

EuEheVO Art 44. Wirksamkeit der Bescheinigung

Die Bescheinigung ist nur im Rahmen der Vollstreckbarkeit des Urteils wirksam.

277   In Anlehnung an Art 11 EuVTVO stellt die Vorschrift klar, dass sich die Bedeutung der Bescheinigung auf das Verfahren der unmittelbaren Vollstreckung der ihr zugrundeliegenden Entscheidung in anderen Mitgliedstaaten beschränkt. Außerhalb dieses Verfahrens kommt ihr keine Rechtswirkung zu, so dass auch die zugrundliegende Entscheidung mit einem Rechtsbehelf angefochten oder in einem weiteren Verfahren abgeändert werden kann (NK-BGB/*Benicke* Rn 1).

EuEheVO Art 45. Urkunden

(1) **Die Partei, die die Vollstreckung einer Entscheidung erwirken will, hat Folgendes vorzulegen:**

a) **eine Ausfertigung der Entscheidung, die die für ihre Beweiskraft erforderlichen Voraussetzungen erfüllt,**
   und

b) **die Bescheinigung nach Artikel 41 Absatz 1 oder Artikel 42 Absatz 1.**

(2) **Für die Zwecke dieses Artikels**

– **wird der Bescheinigung gemäß Artikel 41 Absatz 1 eine Übersetzung der Nummer 12 betreffend die Modalitäten der Ausübung des Umgangsrechts beigefügt;**
– **wird der Bescheinigung gemäß Artikel 42 Absatz 1 eine Übersetzung der Nummer 14 betreffend die Einzelheiten der Maßnahmen, die ergriffen wurden, um die Rückgabe des Kindes sicherzustellen, beigefügt.**

[1]**Die Übersetzung erfolgt in die oder in eine der Amtssprachen des Vollstreckungsmitgliedstaats oder in eine andere von ihm ausdrücklich zugelassene Sprache.** [2]**Die Übersetzung ist von einer hierzu in einem der Mitgliedstaaten befugten Person zu beglaubigen.**

1. Allgemeines

278   Abweichend von dem in Art 47 Abs 1 bestimmten Grundsatz, dass sich das Vollstreckungsverfahren nach der *lex fori* des Vollstreckungsstaats beurteilt, regelt Art 45 im Interesse der Beschleunigung und Vereinfachung der Vollstreckung von Umgangsregelungen und Rückgabeanordnungen iSv Art 40 **autonom und abschließend,** welche Urkunden in welcher Form zum Zwecke der Vollstreckung vorzulegen sind.

1290

II. EU-Recht: EuEheVO Art 46

2. Vorlage von Urkunden, Abs 1

a) Entscheidung, lit a. Abs 1 lit a stellt klar, dass diejenige Partei, welche die Anerkennungs- **279** feststellung oder Vollstreckbarerklärung einer Entscheidung betreffend die elterliche Verantwortung erwirken will, eine **Ausfertigung** dieser Entscheidung vorlegen muss; die Vorlage von Kopien oder Abschriften der Entscheidung reicht nicht aus (MüKoFamFG/*Gottwald* Rn 1). Welche Voraussetzungen für die Beweiskraft einer Ausfertigung zu erfüllen sind, bestimmt sich gemäß der Regel *locus regit actum* nach dem Recht des Staates, in dem die Entscheidung ergangen ist; für deutsche Entscheidungen gilt § 317 Abs 3 ZPO. Eine Übersetzung der Entscheidung in die Amtssprache des Vollstreckungsstaats ist nicht vorgeschrieben (NK-BGB/*Benicke* Rn 4); ebensowenig eine Legalisation (Art 52).

b) Bescheinigung, lit b. Weiterhin ist nach Abs 1 lit b die Bescheinigung nach Art 41 Abs 1 **280** bzw Art 42 Abs 1 vorzulegen, und zwar ebenfalls **im Original** (NK-BGB/*Benicke* Rn 5). Eine Legalisation kann nach Art 52 für die Bescheinigung ebensowenig verlangt werden wie für die Entscheidung., wohl aber eine Übersetzung nach Maßgabe von Abs 2.

3. Übersetzung der Bescheinigung, Abs 2

Da die Bescheinigungen nach Art 41 und Art 42 auf den Formblättern gem den Anhängen III **281** und IV zur Verordnung ausgestellt werden, ist eine Übersetzung grundsätzlich entbehrlich. Eine Ausnahme gilt bei **Umgangstiteln** gemäß dem Spiegelstrich 1 nur für etwaige Bestimmungen nach Nr 12 des Formblatts, dh für die Regelung von Modalitäten der Ausübung des Umgangsrechts. Ist diese Regelung im Formblatt für eine Vollstreckung nicht hinreichend konkret beschrieben, kommt eine ergänzende Übersetzung des zu vollstreckenden Titels in Betracht, um das schwerfällige Verfahren der Vollstreckbarerklärung nach Art 28 ff zu vermeiden (Rauscher/ *Rauscher* Rn 10; NK-BGB/*Benicke* Rn 6). Ferner können die Gerichte im Vollstreckungsmitgliedstaat ihrerseits die Modalitäten der Ausübung des Umgangsrechts gem Art 48 ergänzen oder präzisieren.

In der Bescheinigung zu einer **Rückgabeanordnung** nach Art 42 Abs 1 müssen gemäß dem **282** Spiegelstrich 2 die Angaben unter Nr 14 übersetzt werden. Gemeint sind die in Art 42 Abs 2 S 2 genannten Maßnahmen, die getroffen werden, um den Schutz des Kindes nach seiner Rückkehr in den Staat seines früheren gewöhnlichen Aufenthalts sicherzustellen (Rauscher/ *Rauscher* Rn 14). Diese Maßnahmen sind mithin nicht in dem Staat zu vollstrecken, in den das Kind entführt worden ist, sondern im Ursprungsmitgliedstaat, der die Rückführungsentscheidung nach Art 11 Abs 8 getroffen hat. Ihre Aufnahme in die Nr 14 der Bescheinigung und ihre Übersetzung soll nur etwaige Bedenken der Behörden im Vollstreckungsmitgliedstaat, die ja zuvor die Rückführung nach Art 13 HKÜ abgelehnt hatten, gegen die Vollstreckung der Rückgabeanordnung zerstreuen (NK-BGB/*Benicke* Rn 8).

Nach Abs 2 UAbs 2 ist die Bescheinigung in eine **Amtssprache** des Vollstreckungsmitglied- **283** staats bzw eine andere in diesem Staat ausdrücklich zugelassene Sprache zu übersetzen. Ferner muss die Übersetzung von einer Person beglaubigt sein, die hierzu in einem – beliebigen – Mitgliedstaat befugt ist. Die Übersetzungsobliegenheiten gelten für eine **Transliteration** der zB in griechischer Schrift ausgefüllten Bescheinigung entsprechend (Rauscher/*Rauscher* Rn 12).

Abschnitt 5. Öffentliche Urkunden und Vereinbarungen

EuEheVO Art 46

Öffentliche Urkunden, die in einem Mitgliedstaat aufgenommen und vollstreckbar sind, sowie Vereinbarungen zwischen den Parteien, die in dem Ursprungsmitgliedstaat vollstreckbar sind, werden unter denselben Bedingungen wie Entscheidungen anerkannt und für vollstreckbar erklärt.

1. Anwendungsbereich

Art 46 bezieht sich nur auf öffentliche Urkunden und Parteivereinbarungen, die in den **284** sachlichen Anwendungsbereich der EuEheVO (Art 1; → F Rn 28 ff) fallen. Ferner müssen sie, soweit es nicht nur um ihre Anerkennung (→ Rn 296 ff), sondern um ihre Vollstreckbarerklärung in einem anderen Mitgliedstaat geht, einen **vollstreckbaren Inhalt** haben. Auf dem Gebiet der elterlichen Verantwortung sind dies vornehmlich öffentliche Urkunden oder Vereinbarungen,

N 285–291 2. Teil. Anerkennung/Vollstreckung N. Kindschaftssachen

die die Herausgabe des Kindes, das Umgangsrecht oder die Kostenregelung in einem Kindschaftsverfahren betreffen.

2. Öffentliche Urkunde

285 **a) Begriff.** Der Begriff der öffentlichen Urkunde wird in Art 2 nicht definiert. Ebenso wie für Art 58 EuGVVO kann jedoch auf die Definitionen in Art 4 Nr 3 EuVTVO, Art 2 Abs 1 Nr 3 EuUntVO (→ M Rn 40 ff) und Art 3 lit c EuGüVO (→ L Rn 155 ff) zurückgegriffen werden. Danach muss die Urkunde von einer **Behörde** oder einer anderen von dem Ursprungsmitgliedstaat hierzu ermächtigten Stelle aufgenommen oder in ein Register eingetragen worden sein (vgl zum EuGVÜ EuGH C-260/97 – *Unibank*, Slg 99 I-3715 Rn 15 = DNotZ 99, 919 m Anm *Fleischhauer; Geimer* IPRax 00, 366; ferner unalexK/*ten Wolde/Knot/Hausmann* Art 57 EuGVVO aF Rn 9 ff). In *Deutschland* sind dies Urkunden, die von einem **Notar** oder einem **Gericht** errichtet wurden (§§ 794 Nr 5 ZPO, 62, 56 Abs 4 BeurkG).

286 Ein Schriftstück ist nur dann „als öffentliche Urkunde" aufgenommen, wenn es „das Ergebnis der geistigen und bewertenden Tätigkeit einer öffentlich bestellten Urkundsperson" ist (Schlussantrag des Generalanwalts zu EuGH aaO, Slg 99 I-3715 Rn 7 = DNotZ 99, 919/923). Die **Beweiskraft** der öffentlichen Urkunde muss sich also gleichermaßen auf die Unterschrift wie auf den Inhalt beziehen. Eine bloße **Unterschriftsbeglaubigung,** die lediglich die Echtheit der Unterschrift bestätigt, ist daher keine öffentliche Urkunde iSv Art 46.

287 Ebenso wie in Art 2 Nr 3 EuUntVO ist der Begriff der öffentlichen Urkunde auf **Vereinbarungen** (zB über die Ausübung der elterlichen Sorge) zu erstrecken, die im sachlichen Anwendungsbereich der EuEheVO mit einer **Verwaltungsbehörde** eines Mitgliedstaats abgeschlossen werden (NK-BGB/*Andrae* Rn 6).

288 Anders als die EuGVVO in Art 59 und abweichend von der EheVO 2000 enthält die EuEheVO keine Sonderregelung mehr für **gerichtliche Vergleiche.** Soweit diese auf dem Gebiet der elterlichen Verantwortung abgeschlossen werden, sind sie jedoch ebenfalls unter den Begriff der öffentlichen Urkunden iSv Art 46 zu subsumieren (NK-BGB/*Andrae* Rn 7; ThP/ *Hüßtege* Rn 2). Demgegenüber ist der **Anwaltsvergleich** eine Privaturkunde und wird daher von Art 46 nicht erfasst. Etwas anderes gilt jedoch dann, wenn der Anwaltsvergleich entweder von einem deutschen Gericht nach § 796a ZPO oder von einem deutschen Notar nach § 796c ZPO für vollstreckbar erklärt wurde.

289 **b) Errichtung in einem Mitgliedstaat.** Die öffentliche Urkunde muss in einem Mitgliedstaat der EuEheVO errichtet worden sein. Auf die Staatsangehörigkeit oder den gewöhnlichen Aufenthalt der Beteiligten sowie das in der Sache anwendbare Recht kommt es nicht an (Rauscher/*Rauscher* Rn 6). Konsularische Urkunden sind dem Entsendestaat zuzurechnen, sofern der Konsul nach dem Völkervertragsrecht – insbesondere dem Wiener Übk über konsularische Beziehungen v 24.4.1963 (BGBl 69 II, 1585) – zur Aufnahme vollstreckbarer Urkunden im Empfangsstaat berechtigt war. Eine Urkunde, die in einem *Drittstaat* aufgenommen wurde, fällt auch dann nicht in den Anwendungsbereich des Art 46, wenn sie in einem Mitgliedstaat für vollstreckbar erklärt worden ist (*Trittmann/Merz* IPRax 01, 178/182; NK-BGB/*Andrae* Rn 9).

290 **c) Vollstreckbarkeit.** Die Urkunde muss schließlich **im Erststaat** nach den dort geltenden Regeln ordnungsgemäß errichtet worden und (abstrakt) **vollstreckbar** sein. Ist sie im Erststaat unwirksam oder nicht vollstreckbar, so kann sie auch im Zweitstaat nicht für vollstreckbar erklärt werden. Die Vollstreckbarkeit der öffentlichen Urkunde ist gegeben, wenn aus ihr im Ausstellungsstaat ohne weiteres vollstreckt werden könnte. Die bloße Möglichkeit, die Urkunde im Ausstellungsstaat titulieren zu können, reicht nicht aus (*Geimer* IPRax 00, 366/367; NK-BGB/ *Andrae* Rn 11). Wurde die Urkunde im Ausstellungsstaat nur im Hinblick auf ihre Vollstreckbarkeit in einem anderen Mitgliedstaat errichtet, so genügt dies nur, wenn sie auch im Ausstellungsstaat vollstreckbar ist; die Vollstreckbarkeit allein in dem hiervon verschiedenen Mitgliedstaat, in dem sie vollstreckt werden soll, reicht nicht aus (vgl zur EuGVVO ThP/*Hüßtege* Art 58 Rn 4; unalexK/*ten Wolde/Knot/Hausmann* Art 57 aF Rn 17).

3. Vereinbarung zwischen den Parteien

291 Abweichend von Art 57, 58 EuGVVO aF und von der EheVO 2000 erfasst Art 46 auch Vereinbarungen zwischen den Parteien, die nicht zum Inhalt einer öffentlichen Urkunde gemacht wurden. Für ihre Vollstreckbarerklärung wird nur vorausgesetzt, dass sie **im Ur-**

II. EU-Recht: EuEheVO Art 46   **292–295**   **N**

sprungsmitgliedstaat vollstreckbar sind. Damit trägt die Verordnung dem Umstand Rechnung, dass in manchen Mitgliedstaaten – zB in *Finnland, Irland, Schweden* und dem *Vereinigten Königreich* – auch **Privaturkunden** für vollstreckbar erklärt werden können (*Borrás*-Bericht Rn 61; Zö/*Geimer* Rn 1; NK-BGB/*Andrae* Rn 8). Nach deutschem Recht besteht diese Möglichkeit nicht.

Schwierig ist die **Zuordnung** einer Privatvereinbarung **zu einem bestimmten Mitglied-** **292** **staat**. Auszugehen ist zwar zunächst von dem Staat, in dem die Vereinbarung abgeschlossen wurde. Der Errichtungsort allein kann aber dann nicht maßgebend sein, wenn die Parteien die Vereinbarung in einem Mitgliedstaat geschlossen haben, zu dem sie keinen hinreichenden Bezug hatten (vgl Zö/*Geimer* Rn 8: Umgangsregelung anlässlich eines Kurzbesuchs der Eltern in Schottland). Zur Eingrenzung wird vorgeschlagen, nur solche Vereinbarungen nach Art 46 anzuerkennen und für vollstreckbar zu erklären, die nach dem vom IPR des Errichtungsstaates zur Anwendung berufenen Recht wirksam und vollstreckbar sind (Rauscher/*Rauscher* Rn 9) oder von einer Anknüpfung an den Errichtungsort ganz abzusehen und auf das Recht abzustellen, nach dem die Urkunde in formeller Hinsicht errichtet wurde (NK-BGB/*Andrae* Rn 10; G/Sch/*Paraschas*, IRV Rn 16). Schließlich wird auch auf den Mitgliedstaat abgestellt, in dem eine Partei ihren gewöhnlichen Aufenthalt hat, sofern die Vereinbarung dort vollstreckbar ist (ThP/*Hüßtege* Rn 3).

4. Vollstreckbarerklärung

a) Verfahren. Die wirksam errichtete und nach der *lex fori* vollstreckbare Urkunde ist in **293** jedem Mitgliedstaat auf Antrag des Gläubigers für vollstreckbar zu erklären. Für die Voraussetzungen der Vollstreckbarerklärung und das Verfahren gelten die **Art 28 ff entsprechend** (näher → Rn 138 ff). Sie werden bei einer Vollstreckbarerklärung öffentlicher Urkunden in Deutschland durch die §§ 10 ff, 16 ff IntFamRVG ergänzt. Entsprechend Art 37 Abs 1 ist eine Ausfertigung der vollstreckbaren Urkunde oder der Vereinbarung im Original vorzulegen, die Beweiskraft nach Maßgabe des Rechts am Ausstellungsort entfaltet. Ferner ist auch die Bescheinigung nach Art 39 vorzulegen. Ein speziell auf die Vollstreckbarerklärung von öffentlichen Urkunden oder Vereinbarungen zugeschnittenes Formular ist allerdings für die EuEheVO bisher nicht ausgearbeitet worden. Das Gericht im Errichtungsstaat (bzw der Notar oder der Konsularbeamte) haben daher eine an Art 39 iVm Anhang II orientierte Bescheinigung selbst zu erstellen (Zö/*Geimer* Rn 9), die im Vollstreckungsmitgliedstaat als „gleichwertige Urkunde" iSv Art 38 Abs 1 anerkannt werden kann (NK-BGB/*Andrae* Rn 14).

b) Versagungsgründe. Während die Vollstreckbarerklärung von öffentlichen Urkunden und **294** Prozessvergleichen nach Art 58 Abs 1 S 2 EuGVVO nur versagt werden kann, wenn die Zwangsvollstreckung aus der Urkunde oder dem Vergleich dem *ordre public* des Vollstreckungsmitgliedstaats offensichtlich widersprechen würde, verweist Art 46 in vollem Umfang auf die Gründe, die nach Art 23 auch der Anerkennung und Vollstreckung von Entscheidungen entgegenstehen können. Dies erscheint wenig durchdacht, weil die **Versagungsgründe nach Art 23 lit b–lit f nur auf Entscheidungen zugeschnitten** sind und eine entsprechende Anwendung auf die Vollstreckbarerklärung von öffentlichen Urkunden und Vereinbarungen daher zT überhaupt nicht möglich ist. Daher ist unter diesem Aspekt zumindest eine restriktive Auslegung von Art 46 geboten (Zö/*Geimer* Rn 2). Grundsätzlich nicht kontrolliert werden darf hingegen die internationale Zuständigkeit der beurkundenden Person oder Behörde. Eine Ausnahme gilt nur insoweit, als ein Verfahrensfehler der Urkunde nach der *lex fori* des Errichtungsstaats der Wirksamkeit und damit auch der Vollstreckbarkeit nimmt (Schlosser/Hess/*Hess* Art 58 EuGVVO Rn 3 aE). Zu beachten ist schließlich, dass die Versagungsgründe im Verfahren der Vollstreckbarerklärung nach der EuEheVO – anders als nach der EuGVVO aF – nicht erst im Rechtsbehelfsverfahren, sondern gem Art 31 Abs 2 (→ Rn 164) schon im erstinstanzlichen Verfahren vor dem Familiengericht geprüft werden.

c) Zuständigkeit für die Ausstellung der Bescheinigung. Für die Ausstellung der Be- **295** scheinigung über die Vollstreckbarkeit ist in Deutschland **§ 48 IntFamRVG** entsprechend anwendbar (→ Rn 592). Danach ist der Urkundsbeamte der Geschäftsstelle des Gerichts zuständig, das die vollstreckbare Ausfertigung erteilt hat. War dies ein Notar, so hat dieser die Bescheinigung auszustellen (Zö/*Geimer* Rn 9).

N 298, 299　　　　　　　　　　2. Teil. Anerkennung/Vollstreckung N. Kindschaftssachen

5. Anerkennung

296　　Während in Art 58, 59 EuGVVO nur die Vollstreckbarerklärung von öffentlichen Urkunden und gerichtlichen Vergleichen geregelt ist, werden diese nach Art 46 EuEheVO auch „anerkannt". Dieser Anerkennung kommt allerdings hinsichtlich der **prozessualen Wirkungen** (Rechtskraft, Präklusionswirkung) kaum Bedeutung zu, weil jedenfalls öffentliche Urkunden solche Wirkungen nicht entfalten; eine Ausnahme kommt nach manchen Rechten allenfalls für gerichtliche Vergleiche in Betracht.

297　　Die in Art 46 neben der Vollstreckbarerklärung angeordnete Anerkennung hat daher nur eigenständige Bedeutung, wenn man sie auch auf **materiellrechtliche Wirkungen** von öffentlichen Urkunden und gerichtlichen Vergleichen erstreckt, die dann also nicht mehr nach dem vom IPR des Anerkennungsstaats bestimmten Recht zu beurteilen, sondern unter den Voraussetzungen des Art 46 „anzuerkennen" wären (so Rauscher/*Rauscher* Rn 2, 10). Damit würde Art 46 also auch die Anerkennung von solchen öffentlichen Urkunden und gerichtlichen Vergleichen erfassen, die keinen vollstreckungsfähigen Inhalt haben, weil sie nicht nur das Umgangsrecht des nicht sorgeberechtigten Elternteils oder die Herausgabe des Kindes an den allein sorgeberechtigten Elternteil regeln, sondern – wie insbesondere eine Regelung des Sorgerechts – nur feststellende oder gestaltende Wirkung entfalten. Für diese Ansicht spricht der ErwG 22, der öffentliche Urkunden und gerichtliche Vergleiche den „Entscheidungen" vollständig gleichstellt (G/Sch/*Paraschas*, IRV Rn 4, 10). Außerdem ist kein vernünftiger Grund ersichtlich, warum der in einer öffentlichen Urkunde oder in einer Vereinbarung der Eltern getroffenen Sorgerechtsregelung in anderen Mitgliedstaaten nicht die gleiche Wirkung zukommen sollte wie einer diesbezüglichen Gerichtsentscheidung; denn andernfalls wäre die öffentliche Urkunde oder Vereinbarung, die keinen vollstreckungsfähigen Inhalt hat, in grenzüberschreitenden Sachverhalten nur von geringem Wert und die Beteiligten wären gezwungen, die verbindlich getroffene Regelung nur zum Zwecke der Anerkennung in einem anderen Mitgliedstaat zum Inhalt einer gerichtlichen Entscheidung zu machen (MüKoFamFG/*Gottwald* Rn 7; M/M/*Magnus* Rn 11; krit zu dieser Ausweitung von Art 46 zu Lasten der kollisionsrechtlichen Anerkennung von Vereinbarungen auf dem Gebiet der elterlichen Verantwortung aber *Geimer,* IZPR Rn 2865b; *Kohler/Buschmann* IPRax 10, 313/316).

Abschnitt 6. Sonstige Bestimmungen
EuEheVO Art 47. Vollstreckungsverfahren

(1) Für das Vollstreckungsverfahren ist das Recht des Vollstreckungsmitgliedstaats maßgebend.

(2) Die Vollstreckung einer von einem Gericht eines anderen Mitgliedstaats erlassenen Entscheidung, die gemäß Abschnitt 2 für vollstreckbar erklärt wurde oder für die eine Bescheinigung nach Artikel 41 Absatz 1 oder Artikel 42 Absatz 1 ausgestellt wurde, erfolgt im Vollstreckungsmitgliedstaat unter denselben Bedingungen, die für in diesem Mitgliedstaat ergangene Entscheidungen gelten.

Insbesondere darf eine Entscheidung, für die eine Bescheinigung nach Artikel 41 Absatz 1 oder Artikel 42 Absatz 1 ausgestellt wurde, nicht vollstreckt werden, wenn sie mit einer später ergangenen vollstreckbaren Entscheidung unvereinbar ist.

1. Anwendung der lex fori, Abs 1

298　　**a) Grundsatz.** Die eigentliche Zwangsvollstreckung erfolgt nach Abs 1 grundsätzlich auf der Grundlage des nationalen Vollstreckungsrechts des Zweitstaats. Dies gilt auch für den Vollzug von mitgliedstaatlichen **Entscheidungen über die Kindesrückführung** nach dem HKÜ (öst OGH 23.11.2010, unalex AT-704). In *Deutschand* gelten daher primär die Vorschriften des IntFamRVG, zB für die örtliche Zuständigkeit (§§ 10, 12), die Verfahrensart (§ 14) und die Ordnungsmittel (§ 44).

299　　**b) Schranken der Verordnung.** Dabei sind allerdings die dem nationalen Recht durch die Verordnung gezogenen Schranken zu beachten. Danach darf die Anwendung von nationalen Vollstreckungsvorschriften die praktische Wirksamkeit der Verordnung nicht beeinträchtigen (EuGH C-195/08 PPU – *Rinau,* FamRZ 08, 1729 Rn 82 m Anm *Schulz*). Soweit es um die zum Zwecke der Vollstreckbarerklärung vorzulegenden **Urkunden** geht, hat daher die auto-

II. EU-Recht: EuEheVO Art 47   300–304 N

nome Regelung in Art 45 Vorrang vor dem nationalen Verfahrensrecht des Vollstreckungsmitgliedstaats. Abweichend von den allgemeinen Vollstreckungsvoraussetzungen des nationalen
Rechts (vgl im deutschen Recht §§ 724, 725 ZPO) bedarf es ferner zur Vollstreckung einer
Entscheidung nach Art 41 oder Art 42 keiner Vollstreckungsklausel. Ausreichend ist
vielmehr die Vorlage der in Art 39 vorgeschriebenen Bescheinigung, gegen deren Ausstellung
gem Art 43 Abs 2 auch kein Rechtsbehelf möglich ist.

Fraglich ist, ob dies auch für die **Beitreibung eines Zwangsgelds** gilt, das von dem Gericht **300**
des Ursprungsmitgliedstaats zur Durchsetzung eines von ihm angeordneten Umgangsrechts verhängt wurde, oder ob es sich insoweit um eine Frage des Vollstreckungsverfahrens handelt, für
das nach Abs 1 das *nationale* Recht des Vollstreckungsmitgliedstaats maßgebend ist. Der EuGH
betont in diesem Zusammenhang den akzessorischen Charakter des Zwangsgelds im Verhältnis
zu der dadurch sichergestellten Hauptverpflichtung. Unter Berücksichtigung dieses Zusammenhangs sei das in einer Entscheidung über das Umgangsrecht festgesetzte Zwangsgeld nicht isoliert
als eine eigenständige Verpflichtung, sondern als untrennbarer Bestandteil des Umgangsrechts,
dessen Schutz es sicherstellt, anzusehen. Aus diesem Grunde müsse die Beitreibung dieses
Zwangsgelds derselben Vollstreckungsregelung unterliegen wie das zu gewährleistende Umgangsrecht selbst, dh es sei im Zweitstaat ebenfalls nach Art 41 ohne vorherige Erteilung einer
Vollstreckungsklausel vollstreckbar (EuGH C-4/14 – *Bohez/Wiertz*, FamRZ 15, 1866 Rn 42 ff,
50; dazu schon → Rn 247 f).

c) Mindestkontrolle der ausländischen Entscheidung nach nationalem Recht? Art 47 **301**
Abs 1 ist in der deutschen Literatur zT dahin verstanden worden, dass sich damit jedenfalls eine
gewisse Mindestkontrolle der ausländischen Entscheidung, insbesondere am Maßstab des *ordre
public* des Zweitstaates, vom Exequatur- auf das Vollstreckungsverfahren verlagert habe (*Helms*
FamRZ 02, 1593/1602; *Solomon* FamRZ 04, 1409/1411; *Schlauß* FPR 04, 279/281 Fn 11).
Trotz Abschaffung des Exequaturverfahrens könnten auch die in Art 40 genannten ausländischen
Entscheidungen daher im Zweitstaat nur vollstreckt werden, wenn sie die wesentlichen Rechts-
grundätze dieses Staates respektierten (*Helms* aaO; HK-ZPO/*Dörner* Art 41 Rn 11).

Dieser Auffassung hat der EuGH indessen eine Absage erteilt. Nach seiner Auslegung des **302**
Art 47 Abs 1 sind die Gerichte des Vollstreckungsmitgliedstaats nach ihrer *lex fori* auf die Prüfung
von **Verfahrensfragen** beschränkt, während Sachfragen, die den Inhalt der vollstreckbaren
Entscheidung oder die Gültigkeit der nach Art 39 ausgestellten Bescheinigung betreffen, nach
dem Recht und von den Gerichten des Ursprungsmitgliedstaats zu beurteilen sind (EuGH C-
211/10 PPU – *Povse,* Slg 10 I-6673 Rn 73 ff = FamRZ 10, 1229; dazu *Schulz* FamRZ 10,
1307). Für die Vollstreckung in **Deutschland** verweist Abs 1 daher im Wesentlichen nur auf die
Vorschriften des **IntFamRVG.** Diese regeln insbesondere Zuständigkeitsfragen (§§ 10, 12), die
anzuwendende Verfahrensordnung (streitige oder freiwillige Gerichtsbarkeit, § 14) sowie die
dem Gericht zur Verfügung stehenden Ordnungsmittel (§ 44).

Diese Grundsätze sind auch bei der **Beitreibung eines Zwangsgelds** zu beachten, das zur **303**
Durchsetzung eines Umgangsrechts verhängt worden ist. Wäre nämlich hierfür nach Abs 1 das
nationale Recht des Vollstreckungsmitgliedstaats maßgebend, würde dies dazu führen, dass es
dem Gericht dieses Staates ermöglicht würde, das Vorliegen eines Verstoßes gegen das Umgangsrecht selbst zu prüfen. Eine solche Prüfung verstieße aber gegen den Willen des Unionsgesetzgebers, für umgangsrechtliche Entscheidungen eine einheitliche und vereinfachte Vollstreckungsregelung zu schaffen, die jede in der Sache selbst erfolgende Einmischung des Vollstreckungsgerichts verbietet und auf dem Vertrauen in das Gericht des Ursprungsstaats als dem für
die Entscheidung über das Umgangsrecht zuständigen Gericht beruht (EuGH C-4/14 aaO,
Rn 51 f).

2. Gleichstellung mit inländischen Titeln, Abs 2 UAbs 1

Sowohl die im Verfahren nach Art 28 ff mit der Vollstreckungsklausel versehenen Titel der **304**
Gerichte eines anderen Mitgliedstaats wie auch die ohne Exequaturverfahren vollstreckbaren
Titel nach Art 41, 42, für die eine entsprechende Bescheinigung ausgestellt worden ist, werden
in Abs 2 UAbs 1 den im Vollstreckungsmitgliedstaat ergangenen Entscheidungen in jeder
Hinsicht gleichgestellt. Aus der Gleichstellung mit inländischen Titeln folgt, dass der ausländische
Titel auch dem **vollstreckungsrechtlichen Bestimmtheitsgrundsatz** des deutschen Rechts
entsprechen muss. Vollstreckbare ausländische Umgangstitel iSv Art 41 können allerdings im
Vollstreckungsmitgliedstaat nach Maßgabe von Art 48 hinsichtlich der praktischen Modalitäten
der Ausübung des Umgangsrechts ergänzt werden (ThP/*Hüßtege* Rn 2).

N 2. Teil. Anerkennung/Vollstreckung N. Kindschaftssachen

305   Dem Recht des Vollstreckungsmitgliedstaats unterliegen gem ErwG 23 nur die „Modalitäten
der Vollstreckung". Dazu zählen aber nicht etwa sämtliche Rechtsbehelfe im Vollstreckungsverfahren, sondern nur solche, die die **Art und Weise der Vollstreckung** betreffen (*Schulz*
FamRZ 10, 1307/1308). Denn der EuGH unterscheidet insoweit scharf zwischen materiellen
und verfahrensrechtlichen Einwendungen und unterwirft nur die letzteren dem Recht des Vollstreckungsmitgliedstaats, während über „Sachfragen" nach dem Recht des Ursprungsmitgliedstaats von den dortigen Gerichten zu entscheiden ist (EuGH C-211/10 PPU aaO, Rn 73–75,
81 f).

306   Die Vollstreckung der in Abs 2 genannten Titel kann im Zweitstaat daher auch nicht mit der
Begründung verweigert werden, dass erst **nach Erlass der Entscheidung eingetretene Umstände** wegen einer schwerwiegenden Gefährdung des Kindeswohls eine Vollstreckung nicht
mehr zuließen (**aA** noch öst OGH 23.11.10, unalex AT-704). Der Antragsgegner ist vielmehr in
diesem Fall darauf zu verweisen, die durch eine Vollstreckung der Entscheidung eintretende
Gefährdung des Kindeswohls vor den Gerichten des Ursprungsmitgliedstaats geltend zu machen
und dort eine Abänderung der Entscheidung zu erreichen. Allein die Gerichte des Ursprungsmitgliedstaats sind auch für eine Entscheidung über den Antrag auf Aussetzung der Vollstreckung
zuständig (EuGH C-211/10 PPU aaO, Rn 81 f; ThP/*Hüßtege* Rn 2; **aA** wohl Zö/*Geimer*
Rn 4).

307   In einem gem Art 47 Abs 1 nach nationalem Recht zu führenden Verfahren zur Durchsetzung
der rechtskräftigen Anordnung der Rückgabe eines Kindes nach dem HKÜ steht auch die nach
Art 20 angeordnete vorläufige Übertragung des Sorgerechts auf den Elternteil, der das Kind
entführt hat, im Hinblick auf Art 17 HKÜ einer Vollstreckung der Rückgabeentscheidung nicht
entgegen (öst OGH 11.2.10, unalex AT-741).

3. Unvereinbarkeit mit einer später ergangenen Entscheidung, Abs 2 UAbs 2

308   Die in Abs 2 UAbs 1 angeordnete vollständige Gleichstellung von vollstreckbaren Titeln aus
einem anderen Mitgliedstaat betreffend das Umgangsrecht oder die Kindesrückgabe iSv Art 41,
42 mit einem entsprechenden inländischen Titel wird auch durch UAbs 2 nicht eingeschränkt.
Diese Vorschrift ist insbesondere nicht in dem Sinne zu verstehen, dass es die Gerichte des
Vollstreckungsmitgliedstaats in der Hand hätten, durch den nachträglichen Erlass einer Entscheidung, die mit der vollstreckbaren früheren Entscheidung des Gerichts eines anderen Mitgliedstaats unvereinbar ist, die Vollstreckung dieser ausländischen Entscheidung zu blockieren.
Die Vorschrift des UAbs 2 ist vielmehr dahin auszulegen, dass eine später ergangene Entscheidung eines Gerichts des Vollstreckungsmitgliedstaats, mit der ein vorläufiges Sorgerecht gewährt
wird und die nach dem Recht dieses Staates als vollstreckbar anzusehen ist, der Vollstreckung
einer zuvor ergangenen und mit einer Bescheinigung versehenen Entscheidung, mit der das
zuständige Gericht des Ursprungsmitgliedstaats die Rückgabe des Kindes anordnet, nicht entgegengehalten werden kann (EuGH C-211/10 PPU aaO, Rn 81 f).

309   UAbs 2 bezieht sich also nach dem Zweck und der Systematik der Art 40 ff nur auf **spätere
Entscheidungen von Gerichten des Ursprungsmitgliedstaats** (ThP/*Hüßtege* Rn 3). Im
deutlichen Gegensatz zu der allgemeinen Regelung in Art 23 lit e und lit f EuEheVO und der
im Anschluss daran in der Literatur zu Art 47 Abs 2 vertretenen Auffassung (Staud/*Pirrung*
Rn C180; Rauscher/*Rauscher* Art 47 Rn 6 iVm Art 41 Rn 10) hindert daher nur eine ab-
ändernde Entscheidung durch die Gerichte des Ursprungsmitgliedstaats die Vollstreckung einer
von diesen Gerichten früher getroffenen und mit der Bescheinigung nach Art 39 versehenen
Entscheidung im Vollstreckungsmitgliedstaat, weil letztere infolge der sie abändernden Entscheidung auch im Ursprungsmitgliedstaat hinfällig geworden ist; dies gilt auch dann, wenn die
abgeänderte frühere Entscheidung im Erststaat nicht ausdrücklich aufgehoben worden ist. Eine
andere Auslegung würde die Umgehung des mit Abschnitt 4 geschaffenen Systems der Vollstreckung darstellen und würde für Rückgabeentscheidungen nach Art 42 dem nach Art 11 Abs 8
zuständigen Gericht im Ursprungsmitgliedstaat die Befugnis zur Letztentscheidung nehmen
(EuGH C-211/10 PPU aaO, Rn 76 ff).

EuEheVO Art 48. Praktische Modalitäten der Ausübung des Umgangsrechts

(1) **Die Gerichte des Vollstreckungsmitgliedstaats können die praktischen Modalitäten der Ausübung des Umgangsrechts regeln, wenn die notwendigen Vorkehrungen
nicht oder nicht in ausreichendem Maße bereits in der Entscheidung der für die**

II. EU-Recht: EuEheVO Art 49 312, 313 **N**

Entscheidung der in der Hauptsache zuständigen Gerichte des Mitgliedstaats getroffen wurden und sofern der Wesensgehalt der Entscheidung unberührt bleibt.

(2) Die nach Absatz 1 festgelegten praktischen Modalitäten treten außer Kraft, nachdem die für die Entscheidung in der Hauptsache zuständigen Gerichte des Mitgliedstaats eine Entscheidung erlassen haben.

1. Ergänzung von Umgangsregelungen im Vollstreckungsmitgliedstaat, Abs 1

Der Wegfall der Klauselerteilung für die Entscheidungen nach Art 41, 42 kann zu Problemen **310** bei ihrer Vollstreckung in anderen Mitgliedstaaten führen, wenn die Formulierung des vollstreckungsfähigen Inhalts dieser Entscheidungen der im Vollstreckungsmitgliedstaat üblichen Tenorierung nicht entspricht. Da solche Schwierigkeiten insbesondere bei der Vollstreckung von Umgangstiteln iSv Art 41 auftreten können, räumt Art 48 Abs 1 den Gerichten des Vollstreckungsmitgliedstaats die Befugnis ein, die „praktischen Modalitäten der Ausübung" des Umgangsrechts (zB Zeit und Ort der Übergabe des Kindes an den Umgangsberechtigten) ergänzend zu regeln, wenn das Gericht des Ursprungsmitgliedstaats die insoweit notwendigen Anordnungen in seiner Entscheidung nicht hinreichend präzise getroffen hat oder wenn sich die äußeren Umstände zwischenzeitlich geändert haben (NK-BGB/*Andrae* Rn 1; ThP/*Hüßtege* Rn 1). Durch diese Konkretisierung des ausländischen Umgangstitels darf dessen Wesensgehalt freilich nicht verändert werden. Wird etwa vom ausländischen Gericht der Umgang des Vaters mit dem Kind in Gegenwart der zuständigen Jugendschutzbehörde des Vollstreckungsmitgliedstaats angeordnet, so scheitert die Vollstreckung, wenn keine Behörde bereit ist, diese Aufgabe zu übernehmen und auch gerichtlich hierzu nicht gezwungen werden kann (High Court (Fam Div) 21.3.17, unalex VK-1497). In *Deutschland* sind für die erforderliche Ergänzung ausländischer Umgangstitel die in § 10, 1. Spiegelstrich iVm § 12 IntFamRVG bestimmten Gerichte zuständig (→ Rn 514 ff).

2. Geltungsdauer der ergänzenden Regelungen, Abs 2

Die nach Abs 1 im Vollstreckungsmitgliedstaat festgesetzten praktischen Modalitäten der **311** Ausübung des Umgangsrechts treten gem Abs 2 außer Kraft, sobald die für die Hauptsacheentscheidung zuständigen Gerichte diesbezüglich selbst klarstellende Anordnungen getroffen haben.

EuEheVO Art 49. Kosten

Die Bestimmungen dieses Kapitels mit Ausnahme der Bestimmungen des Abschnitts 4 gelten auch für die Festsetzung der Kosten für die nach dieser Verordnung eingeleiteten Verfahren und die Vollstreckung eines Kostenfestsetzungsbeschlusses.

1. Anwendungsbereich

a) Erfasste Verfahren. Die Vorschrift gilt für alle **Kostengrund- und Kostenhöheent-** **312** **scheidungen** im Rahmen von Hauptsacheverfahren, die in den zeitlichen und sachlichen Anwendungsbereich der EuEheVO fallen („nach dieser Verordnung eingeleitete Verfahren", vgl Art 1 Abs 1 lit a, 64; dazu *Wagner* IPRax 01, 73/79; BGH FamRZ 05, 1540/1545). Bei Hauptsacheentscheidungen, die – wie zB eine Verbundentscheidung, die neben der elterlichen Sorge auch den Kindesunterhalt regelt – nur **zum Teil** in den Anwendungsbereich der EuEheVO fallen, wird dennoch die gesamte Kostenentscheidung von Art 49 erfasst; diese wird also im Interesse der Erleichterung des Rechtsverkehrs zwischen den Mitgliedstaaten nicht aufgespalten (NK-BGB/*Andrae* Rn 1; ThP/*Hüßtege* Rn 1; zur EuGVVO aF *Kropholler*/*v Hein* Art 32 Rn 11; ebenso, aber nur für den Fall, dass die Kosten nicht abtrennbar sind, BGH FamRZ 05, 1540/1545; Rauscher/*Rauscher* Rn 6).

b) Kostenfestsetzung. Um eine Festsetzung der Kosten iSv Art 49 handelt es sich dann, **313** wenn sie von einem Rechtsprechungsorgan in einem justizförmigen Verfahren unter Wahrung des rechtlichen Gehörs vorgenommen wurde (NK-BGB/*Andrae* Rn 2; zur EuGVVO aF *Kropholler*/*v Hein* Art 32 Rn 9). Erforderlich ist, dass Kosten festgesetzt werden, die eine Partei der anderen zu erstatten hat; deshalb werden **deutsche Gerichtskostenrechnungen nicht** erfasst (ThP/*Hüßtege* Rn 1). Auch die Festsetzung der Vergütung des eigenen Anwalts, zB der Kosten

1297

N 315, 316   2. Teil. Anerkennung/Vollstreckung N. Kindschaftssachen

eines französischen Korrespondenzanwalts durch den Vorsitzenden der französischen Anwalts-kammer (vgl OLG Koblenz IPRax 87, 24), wird nicht nach der EuEheVO, sondern nach der EuGVVO vollstreckt (H *Schmidt* RIW 91, 626/629; NK-BGB/*Andrae* Rn 2).

2. Rechtsfolge

314   Auf Kostenentscheidungen nach Art 49 sind die allgemeinen Bestimmungen der EuEheVO über die Anerkennung, Vollstreckbarerklärung und Vollstreckung (Art 21 ff, 28 ff) anwendbar (BGH FamRZ 05, 1540/1545; NK-BGB/*Andrae* Rn 1). Da die Bestimmungen des Abschnitts 4 ausdrücklich ausgenommen werden, ist eine **Vollstreckbarerklärung** auch für Kostenentschei-dungen erforderlich, die sich auf eine Hauptsacheentscheidung beziehen, die ihrerseits – wie jene nach Art 41, 42 – ohne Exequaturverfahren vollstreckbar sind (ThP/*Hüßtege* Rn 2; NK-BGB/*Andrae* Rn 1; **aA** Staud/*Pirrung* C 183). Entspricht die ausländische Kostenentscheidung – zB im Hinblick auf den Mehrwertsteuersatz oder die Zinsen – nicht den **Bestimmtheitserforder-nissen** des deutschen Rechts, so ist der Titel im Vollstreckbarerklärungsverfahren entsprechend zu konkretisieren (ThP/*Hüßtege* Rn 2; näher → M Rn 225 ff).

EuEheVO Art 50. Prozesskostenhilfe

Wurde dem Antragsteller im Ursprungsmitgliedstaat ganz oder teilweise Prozess-kostenhilfe oder Kostenbefreiung gewährt, so genießt er in dem Verfahren nach den Artikeln 21, 28, 41, 42 und 48 hinsichtlich der Prozesskostenhilfe oder der Kostenbe-freiung die günstigste Behandlung, die das Recht des Vollstreckungsmitgliedstaats vorsieht.

1. Anwendungsbereich

315   Nach Art 50 kann der Antragsteller im zweitstaatlichen Anerkennungsverfahren Prozess-kostenhilfe oder sonstige Kostenbefreiung im gleichen Umfang beanspruchen wir im erststaatlichen Verfahren. Die Vorschrift gilt also nur für den **Antragsteller.** Erfasst werden auch nur die in ihr ausdrücklich genannten **erstinstanzlichen** Verfahren im Zweitstaat, dh in Bezug auf die elterli-che Verantwortung das Anerkennungsfeststellungsverfahren nach Art 21 Abs 3, das Vollstreck-barerklärungsverfahren nach Art 28 ff, das Verfahren der Vollstreckung von Entscheidungen über das Umgangsrecht und die Rückführung eines Kindes nach Art 41, 42 und die Regelung der Ausübung des Umgangsrechts nach Art 48. Art 50 findet daher keine Anwendung auf die Rechtsbehelfsinstanzen, in denen das zuständige Gericht demzufolge ggf erneut über die Gewährung von Prozesskostenhilfe nach Maßgabe seines nationalen Rechts zu entscheiden hat (ThP/*Hüßtege* Rn 1; HK-ZPO/*Dörner* Rn 1).

2. Gewährung von Prozesskostenhilfe

316   Die von Art 50 angeordnete „günstigste Behandlung" des Antragstellers im Zweitstaat bedeu-tet, dass immer dann, wenn ihm im Ursprungsmitgliedstaat ganz oder teilweise Prozesskosten-hilfe oder Kostenbefreiung gewährt worden ist, ihm diese im gleichen Umfang auch im Zweit-staat zugebilligt werden muss. Der Nachweis der Gewährung von Prozesskostenhilfe oder Kostenbefreiung im erststaatlichen Verfahren ist durch Vorlage der **Bescheinigung nach Art 39** zu führen. Die Frage, ob das Erstgericht die Prozesskostenhilfe nach dem in den Mitgliedstaaten inzwischen weithin vereinheitlichten Recht (vgl die Richtlinie 2003/8/EG zur Verbesserung des Zugangs zum Recht bei Streitsachen mit grenzüberschreitendem Bezug durch Festlegung gemeinsamer Mindestvorschriften für die Prozesskostenhilfe in derartigen Streitsachen v 27.1.2003 [ABl EG L 26, 41]; in Deutschland umgesetzt in §§ 1076–1078 ZPO) zu Recht gewährt hat, darf durch das zweitstaatliche Gericht nicht überprüft werden (NK-BGB/*Andrae* Rn 1; HK-ZPO/*Dörner* Rn 2); vielmehr ist die Prozesskostenhilfe im Zweitstaat nach erfolgtem Nachweis *ipso iure* von Amts wegen zu gewähren (*Gottwald* IPRax 91, 285/286). Die Norm schließt es freilich nicht aus, dass einem Antragsteller, der im Erststaat nur **teilweise Prozess-kostenhilfe** erhalten hat, im Zweitstaat volle Prozesskostenhilfe gewährt wird. Denn deren Umfang und Ausgestaltung richten sich nach dem Recht des Zweitstaates, in welchem dem Antragsteller die günstigste Behandlung zu gewähren ist (ThP/*Hüßtege* Rn 1; NK-BGB/*Andrae* Rn 2).

II. EU-Recht: EuEheVO Art 52   320, 321 **N**

3. Günstigeres autonomes Recht

Da Art 50 keine abschließende Regelung enthält, bleibt die Gewährung von Prozesskosten- 317
hilfe außerhalb der EuEheVO nach den Vorschriften des **autonomen Rechts** immer dann
möglich, wenn sie den Antragsteller über den Mindestschutz des Art 50 hinaus begünstigt. Dies
trifft insbesondere für die Rechtsmittelinstanzen im zweitstaatlichen Verfahren der Anerkennungsfeststellung oder Vollstreckbarerklärung zu, für die der Antragsteller im Erststaat keine
Prozesskostenhilfe erhalten konnte, sowie für den Fall, dass der Antragsteller im Erststaat keine
Prozesskostenhilfe in Anspruch genommen hatte (NK-BGB/*Andrae* Rn 3; MüKoFamFG/*Gottwald* Rn 4).

EuEheVO Art 51. Sicherheitsleistung, Hinterlegung

**Der Partei, die in einem Mitgliedstaat die Vollstreckung einer in einem anderen
Mitgliedstaat ergangenen Entscheidung beantragt, darf eine Sicherheitsleistung oder
Hinterlegung, unter welcher Bezeichnung es auch sei, nicht aus einem der folgenden
Gründe auferlegt werden:**
**a) weil sie in dem Mitgliedstaat, in dem die Vollstreckung erwirkt werden soll, nicht
   ihren gewöhnlichen Aufenthalt hat, oder**
**b) weil sie nicht die Staatsangehörigkeit dieses Staates besitzt oder, wenn die Vollstre-
   ckung im Vereinigten Königreich oder in Irland erwirkt werden soll, ihr „domicile"
   nicht in einem dieser Mitgliedstaaten hat.**

In Anlehnung an Art 51 EuGVVO aF/Art 56 EuGVVO nF darf einem Antragsteller auch im 318
Verfahren der Vollstreckung einer Entscheidung des Gerichts eines anderen Mitgliedstaats zur
elterlichen Verantwortung eine Sicherheitsleistung wegen der Prozesskosten nicht deshalb abverlangt werden, weil er seinen gewöhnlichen Aufenthalt nicht im Vollstreckungsstaat (lit a) hat
oder nicht die Staatsangehörigkeit dieses Staates besitzt (lit b). Wegen des Verbots der Diskriminierung aus Gründen der Staatsangehörigkeit innerhalb der Europäischen Union nach
Art 18 AEUV hat lit b ohnehin nur Bedeutung für Anträge, die durch Angehörige von Drittstaaten gestellt werden.

Die Vorschrift bezieht sich nach ihrem Wortlaut nur auf das **zweitstaatliche Verfahren** der 319
Vollstreckbarerklärung oder Vollstreckung von Entscheidungen betreffend die elterliche Verantwortung, kann jedoch auf das Anerkennungsfeststellungsverfahren nach Art 21 Abs 3 entsprechend angewandt werden (NK-BGB/*Andrae* Rn 1; **aA** *Rauscher/Rauscher* Rn 1). Für das erststaatliche Verfahren enthält die EuEheVO keine entsprechende Regelung. Insoweit verbleibt es-
vorbehaltlich vorrangiger Staatsverträge (zB Art 17 HZPÜ 1954) – bei der Geltung des autonomen Zivilverfahrensrechts der Mitgliedstaaten (in Deutschland also bei § 110 ZPO).

EuEheVO Art 52. Legalisation oder ähnliche Förmlichkeit

**Die in den Artikeln 37, 38 und 45 aufgeführten Urkunden sowie die Urkunde über
die Prozessvollmacht, falls eine solche erteilt wird, bedürfen weder der Legalisation
noch einer ähnlichen Förmlichkeit.**

Für ausländische Urkunden gilt gemäß § 438 ZPO grundsätzlich nicht die Vermutung der 320
Echtheit, wie sie § 437 Abs 1 ZPO für inländische Urkunden anordnet. Sie bedürfen daher
grundsätzlich eines Echtheitsnachweises in Form der Legalisation durch den zuständigen deutschen Konsularbeamten im Errichtungsstaat bzw in der erleichterten Form der **Apostille**, wie
sie das Haager Übereinkommen zur Befreiung ausländischer öffentlicher Urkunden von der
Legalisation vom 5.10.1961 (BGBl 65 II 876 = *Jayme/Hausmann* Nr 250) vorsieht. Von diesen
Erfordernissen befreit die Vorschrift – in Übereinstimmung mit Art 61 EuGVVO – alle in den
Art 37, 38 und 45 aufgeführten Urkunden, die in einem anderen Mitgliedstaat ausgestellt
wurden. Sie werden dadurch inländischen Urkunden gleichgestellt, so dass für sie ebenfalls die
Echtheitsvermutung des § 437 ZPO gilt (NK-BGB/*Andrae* Rn 1; MüKoFamFG/*Gottwald*
Rn 4; ebenso zu Art 61 EuGVVO ThP/*Hüßtege* Rn 1).

Die Befreiung gilt auch für die **Prozessvollmacht** im Vollstreckungsverfahren, nicht aber im 321
Erkenntnisverfahren und nicht für den Nachweis der gesetzlichen Vertretung (NK-BGB/*Andrae*
Rn 1; ebenso zur EuGVVO *Kropholler/v Hein* Art 56 Rn 2).

1299

N 322, 323 2. Teil. Anerkennung/Vollstreckung N. Kindschaftssachen

Kapitel IV. Zusammenarbeit zwischen den Zentralen Behörden bei Verfahren betreffend die elterliche Verantwortung

EuEheVO Art 53–58

(abgedruckt und kommentiert → U Rn 3 ff)

Kapitel V. Verhältnis zu anderen Rechtsinstrumenten

EuEheVO Art 59. Verhältnis zu anderen Rechtsinstrumenten

(1) Unbeschadet der Art 60, 61, 62 und des Absatzes 2 des vorliegenden Artikels ersetzt diese Verordnung die zum Zeitpunkt des Inkrafttretens dieser Verordnung bestehenden, zwischen zwei oder mehr Mitgliedstaaten geschlossenen Übereinkünfte, die in dieser Verordnung geregelte Bereiche betreffen.

(2)

a) [1] Finnland und Schweden können erklären, dass das Übereinkommen vom 6. Februar 1931 zwischen Dänemark, Finnland, Island, Norwegen und Schweden mit Bestimmungen des internationalen Verfahrensrechts über Ehe, Adoption und Vormundschaft einschließlich des Schlussprotokolls anstelle dieser Verordnung ganz oder teilweise auf ihre gegenseitigen Beziehungen anwendbar ist. [2] Diese Erklärungen werden dieser Verordnung als Anhang beigefügt und im Amtsblatt der Europäischen Union veröffentlicht. [3] Die betreffenden Mitgliedstaaten können ihre Erklärung jederzeit ganz oder teilweise widerrufen.

b) Der Grundsatz der Nichtdiskriminierung von Bürgern der Union aus Gründen der Staatsangehörigkeit wird eingehalten.

c) Die Zuständigkeitskriterien in künftigen Übereinkünften zwischen den in Buchstabe a) genannten Mitgliedstaaten, die in dieser Verordnung geregelte Bereiche betreffen, müssen mit den Kriterien dieser Verordnung im Einklang stehen.

d) Entscheidungen, die in einem der nordischen Staaten, der eine Erklärung nach Buchstabe a) abgegeben hat, aufgrund eines Zuständigkeitskriteriums erlassen werden, das einem der in Kapitel II vorgesehenen Zuständigkeitskriterien entspricht, werden in den anderen Mitgliedstaaten gemäß den Bestimmungen des Kapitels III anerkannt und vollstreckt.

(3) Die Mitgliedstaaten übermitteln der Kommission

a) eine Abschrift der Übereinkünfte sowie der einheitlichen Gesetze zur Durchführung dieser Übereinkünfte gemäß Absatz 2 Buchstaben a) und c),

b) jede Kündigung oder Änderung dieser Übereinkünfte oder dieser einheitlichen Gesetze.

1. Vorrang der Verordnung, Abs 1

322   Gemäß Abs 1 ersetzt die EuEheVO ab dem Zeitpunkt ihrer Geltung (Art 72) die zwischen zwei oder mehreren Mitgliedstaaten bestehenden Staatsverträge, soweit sie die in Art 1 Abs 1 geregelten Bereiche betreffen (Art 62). Der Vorrang der Verordnung vor den in Abs 1 genannten Übereinkommen gilt allerdings nur, soweit sich der sachliche, räumliche und zeitliche Anwendungsbereich der konkurrierenden Rechtsinstrumente deckt (vgl → Rn 15 ff; dazu Rauscher/ *Rauscher* Rn 3 ff). Er besteht ohne Rücksicht auf den Inhalt der mit der EuEheVO konkurrierenden Staatsverträge, dh auch dann, wenn der Staatsvertrag im konkreten Fall anerkennungsfreundlicher sein sollte (Rauscher/*Rauscher* Rn 2; Althammer/*Großerichter* Rn 1; Staud/*Spellenberg* Rn 4). Der Vorrang der EuEheVO wird ferner durch den Einleitungssatz („unbeschadet der Art 60, 61, 62 und des Abs 2") begrenzt. Demgegenüber fehlt in der deutschen Sprachfassung der in allen anderen Sprachen enthaltene Vorbehalt zugunsten des Art 64, der freilich keine praktische Bedeutung hat.

323   Da das Verhältnis der EuEheVO zu den multilateralen Staatsverträgen, die auf dem Gebiet der Anerkennung und Vollstreckung von Entscheidungen zur elterlichen Verantwortung für Deutschland gelten (KSÜ, MSA, EuSorgeRÜ), in Art 60, 61 gesondert geregelt wird, betrifft Art 59 vor allem das Verhältnis zu **bilateralen Anerkennungs- und Vollstreckungsabkommen.** Aus deutscher Sicht verdrängt die EuEheVO daher insbesondere die Abkommen mit

1300

II. EU-Recht: EuEheVO Art 60   **N**

- *Italien* (Abk v 9.3.1936, RGBl 37 II, 145),
- *Belgien* (Abk v 30.6.1958, BGBl 59 II, 766),
- *Österreich* (Vertrag v 6.6.1959, BGBl 60 II, 1246),
- dem *Vereinigten Königreich* (Abk v 14.6.1960, BGBl 61 II, 302),
- *Griechenland* (Vertrag v 4.11.1961, BGBl 63 II, 110),
- der *Niederlande* (Vertrag v 30.8.1962, BGBl 65 II, 27) und
- *Spanien* (Vertrag v 14.11.1983, BGBl 87 II, 35).

Soweit diese Abkommen daher – wie der Vertrag mit *Spanien* – ausnahmsweise auch Sorgerechtssachen mit einschließen, werden sie gem Art 59 Abs 1 durch das Kapitel III der EuEheVO ersetzt. Da die EU in Gestalt der EuEheVO von ihrer Gesetzgebungskompetenz zur Regelung des internationalen Verfahrensrechts der elterlichen Verantwortung Gebrauch gemacht hat, sind die Mitgliedstaaten auch nicht mehr berechtigt, in der Zukunft **neue Staatsverträge** auf diesem Gebiet abzuschließen.

2. Sonderregelung im Verhältnis zu Finnland und Schweden, Abs 2

Die Absätze 2 und 3 enthalten eine Sonderregelung für die Mitgliedstaaten *Finnland* und **324** *Schweden*. Diese haben von der ihnen in Abs 2 lit a eingeräumten Möglichkeit Gebrauch gemacht, auf ihre gegenseitigen Beziehungen anstelle der Verordnung das Übk zwischen zwischen den skandinavischen Staaten mit Bestimmungen des internationalen Verfahrensrechts über Ehe, Adoption und Vormundschaft vom 6.2.1931 weiter anzuwenden, das auch Kindschaftssachen regelt (vgl Anh VI zur EuEheVO). Das nordische Übk ist allerdings nach seinem Art 7 nur anwendbar, wenn die Beteiligten Staatsangehörige von *Finnland* oder *Schweden* sind und ihren gewöhnlichen Aufenthalt in einem dieser beiden Staaten haben.

Da es sich um die einzige Ausnahme von dem in Abs 1 normierten Grundsatz des Vorrangs der **325** EuEheVO vor zwischen Mitgliedstaaten geschlossenen Staatsverträgen handelt, ist die Vorschrift eng auszulegen und es sind die sich aus Abs 2 lit b–lit d ergebenden Schranken und Ergänzungen, insbesondere die **Grundsätze des EU-Rechts,** zu beachten (vgl zur Anerkennung einer Entscheidung über die Unterbringung eines Kindes in einem anderen Mitgliedstaat EuGH C-435/06-C, Slg 07 I-10141 Rn 60 ff = FamRZ 08, 125 m Anm *Dutta* 835; vgl auch *Gruber* IPRax 08, 490). Der Grundsatz der **Nichtdiskriminierung von EU-Bürgern** (Art 18 AEUV) wird allerdings – wie lit b klarstellt – in diesem Übk eingehalten. Auch die Zuständigkeitsregeln des nordischen Übk wurden im Jahr 2001 an das Kapitel II der EuEheVO angepasst; dies muss nach lit c auch in künftigen zwischen *Finnland* und *Schweden* geschlossenen Übereinkünften in Kindschaftssachen sichergestellt werden. Ist eine Entscheidung betreffend die elterliche Verantwortung in *Finnland* oder *Schweden* zwar auf der Grundlage des nordischen Übereinkommens, aber aufgrund einer Zuständigkeitsanknüpfung ergangen, die in Art 8–14 EuEheVO eine Entsprechung hat, so muss sie nach lit d in allen anderen Mitgliedstaaten – und damit auch in *Deutschland* – gemäß den Bestimmungen des Kapitels III der EuEheVO anerkannt werden. Daraus folgt, dass in diesem Fall – abweichend vom Grundsatz des Art 24 S 1, aber in Übereinstimmung mit Art 64 Abs 2, 4 – ausnahmsweise eine Überprüfung der internationalen Zuständigkeit durch die Gerichte des Zweitstaats erforderlich ist (Althammer/*Großerichter* Rn 6; krit dazu Staud/*Pirrung* C 209).

EuEheVO Art 60. Verhältnis zu bestimmten multilateralen Übereinkommen

Im Verhältnis zwischen den Mitgliedstaaten hat diese Verordnung vor den nachstehenden Übereinkommen insoweit Vorrang, als diese Bereiche betreffen, die in dieser Verordnung geregelt sind:

a) **Haager Übereinkommen vom 5. Oktober 1961 über die Zuständigkeit der Behörden und das anzuwendende Recht auf dem Gebiet des Schutzes von Minderjährigen,**

b) *(abgedruckt und kommentiert → K Rn 145)*

c) *(abgedruckt und kommentiert → K Rn 145)*

d) **Europäisches Übereinkommen vom 20. Mai 1980 über die Anerkennung und Vollstreckung von Entscheidungen über das Sorgerecht für Kinder und die Wiederherstellung des Sorgeverhältnisses und**

e) **Haager Übereinkommen vom 25. Oktober 1980 über die zivilrechtlichen Aspekte internationaler Kindesentführung.**

1301

N 326–329 2. Teil. Anerkennung/Vollstreckung N. Kindschaftssachen

1. Allgemeines

326   Im Rahmen ihres sachlichen (Art 1) und zeitlichen (Art 64) Anwendungsbereichs verdrängt die EuEheVO die in Art 60 aufgeführten mehrseitigen Staatsverträge, die von den Mitgliedstaaten abgeschlossen worden sind. Auf dem Gebiet der Anerkennung von Entscheidungen in Verfahren betreffend die elterliche Verantwortung sind dies die unter lit a, lit d und lit e aufgeführten Übereinkommen, dh das Haager Übk über die Zuständigkeit der Behörden und das anzuwendende Recht auf dem Gebiet des Schutzes von Minderjährigen v 5.10.1961 (**MSA**; → Rn 511 ff), das Europäische Übk über die Anerkennung und Vollstreckung von Entscheidungen über das Sorgerecht für Kinder und die Wiederherstellung des Sorgeverhältnisses v 20.5.1980 (**EuSorgeRÜ;**→ Rn 399 ff) und das Haager Übereinkommen über die die zivilrechtlichen Aspekte internationaler Kindesentführung v 20.5.1980 (**HKÜ**; → U Rn 65 ff). Diese Staatsverträge werden allerdings auch in den Mitgliedstaaten, die sie ratifiziert haben, nur insoweit verdrängt, als es um die Anerkennung und Vollstreckung von Entscheidungen betreffend die elterliche Verantwortung aus Vertragsstaaten geht, die zugleich **Mitgliedstaaten der EuEheVO** sind. Sie gelten in diesen Mitgliedstaaten hingegen weiter für die Anerkennung von Entscheidungen aus Vertragsstaaten, die nicht der EU angehören oder in denen – wie in *Dänemark* – jedenfalls die EuEheVO nicht gilt (vgl HK-ZPO/*Dörner* Rn 2; ThP/*Hüßtege* Rn 1). Sie behalten ferner eine gewisse Bedeutung auch für die Anerkennung von Entscheidungen aus EU-Mitgliedstaaten, soweit ihr sachlicher Anwendungsbereich weiter reicht als derjenige der Verordnung (vgl Art 62 Abs 1; → Rn 332). Die in Art 60 lit b und lit c genannten Übereinkommen betreffen **Ehesachen;** insoweit ist Art 60 unter → K Rn 145 abgedruckt und kommentiert.

2. Einzelheiten

327   **a) MSA, lit a.** Im Verhältnis zwischen den elf Mitgliedstaaten der EuEheVO, in denen auch das MSA gilt (→ F Rn 554 f), bestimmt sich die Anerkennung und Vollstreckung von Entscheidungen **ausschließlich nach dem Kapitel III der Verordnung**. Die Entscheidung eines mitgliedstaatlichen Gerichts ist daher in Deutschland stets nur nach Art 21, 23 ff anzuerkennen, auch wenn der betroffene Minderjährige seinen gewöhnlichen Aufenthalt in einem Vertragsstaat des MSA hat, der nicht der EU angehört (Rauscher/*Rauscher* Art 60/61 Rn 7; NK-BGB/*Gruber* Art 59/60 Rn 7). Im Verhältnis zu Vertragsstaaten, in denen die EuEheVO nicht gilt, regelt das MSA in Art 7 auch **nur die Anerkennung**, nicht hingegen die Vollstreckbarkeit von Schutzmaßnahmen. Diese Vorschrift gilt daher aus deutscher Sicht nur noch für die Anerkennung von Entscheidungen der Behörden in *China-Macau* (*Andrae* IPRax 06, 82/88; NK-BGB/*Gruber* Art 59/60 Rn 8) sowie von Entscheidungen *türkischer* Behörden, soweit diese vor dem Beitritt der *Türkei* zum KSÜ am 1.2.2017 getroffen wurden (Art 53 Abs 2 KSÜ; → Rn 398).

328   **b) EuSorgeRÜ, lit d.** Das EuSorgeRÜ ist für alle Mitgliedstaaten der EuEheVO mit Ausnahme von *Slowenien* in Kraft getreten. Es wird im Verhältnis dieser Mitgliedstaaten zueinander auf dem Gebiet der Anerkennung und Vollstreckung von Sorgerechtsentscheidungen **vollständig verdrängt,** gilt insoweit also aus deutscher Sicht nur noch für die Anerkennung und Vollstreckung von Entscheidungen aus *Dänemark* (öst OGH 18.7.11, unalex AT-746) und den nicht der EU angehörenden Vertragsstaaten (zu diesen → Rn 410). Eine Ausnahme gilt nur für **einstweilige Maßnahmen,** die in einem Mitgliedstaat auf der Grundlage von Art 20 getroffen worden sind (OLG München FamRZ 15, 777/778). Darüberhinaus verbleibt dem EuSorgeRÜ auch im Verhältnis der Mitgliedstaaten zueinander eine gewisse Bedeutung, soweit es um die *Wiederherstellung* des Sorgeverhältnisses durch Rückführung des Kindes geht (Staud/*Pirrung* Rn C 214).

329   **c) HKÜ, lit e.** Das HKÜ gilt zwar für alle EU-Mitgliedstaaten (→ U Rn 69). Seine Vorschriften kollidieren jedoch nicht mit der EuEheVO. Die Verordnung enthält vielmehr auf dem Gebiet der Anerkennung und Vollstreckung von Umgangs- und Rückführungsentscheidungen in ihren Art 40–45 lediglich Vorschriften, welche die Ziele des HKÜ im Verhältnis der Mitgliedstaaten zueinander noch effektiver verwirklichen (Staud/*Pirrung* Rn C 215; vgl auch OLG Naumburg FamRZ 07, 1586/1587).

II. EU-Recht: EuEheVO Art 62   332 **N**

EuEheVO Art 61. Verhältnis zum Haager Übereinkommen vom 19. Oktober 1996 über die Zuständigkeit, das anzuwendende Recht, die Anerkennung, Vollstreckung und Zusammenarbeit auf dem Gebiet der elterlichen Verantwortung und der Maßnahmen zum Schutz von Kindern

Im Verhältnis zum Haager Übereinkommen vom 19. Oktober 1996 über die Zuständigkeit, das anzuwendende Recht, die Anerkennung, Vollstreckung und Zusammenarbeit auf dem Gebiet der elterlichen Verantwortung und der Maßnahmen zum Schutz von Kindern ist diese Verordnung anwendbar,
a) wenn das betreffende Kind seinen gewöhnlichen Aufenthalt im Hoheitsgebiet eines Mitgliedstaats hat;
b) in Fragen der Anerkennung und der Vollstreckung einer von dem zuständigen Gericht eines Mitgliedstaats ergangenen Entscheidung im Hoheitsgebiet eines anderen Mitgliedstaats, auch wenn das betreffende Kind seinen gewöhnlichen Aufenthalt im Hoheitsgebiet eines Drittstaats hat, der Vertragspartei des genannten Übereinkommens ist.

1. Gewöhnlicher Aufenthalt des Kindes in einem Mitgliedstaat der EuEheVO, lit a

Ebenso wie auf dem Gebiet der internationalen Zuständigkeit (→ F Rn 353 ff) hat die **330** EuEheVO nach lit a auch auf dem Gebiet der Anerkennung und Vollstreckung von Entscheidungen aus einem Vertragsstaat des KSÜ, der zugleich Mitgliedstaat der Verordnung ist, immer dann **Vorrang** vor dem KSÜ, wenn das Kind seinen gewöhnlichen Aufenthalt in einem Mitgliedstaat der EuEheVO hat. Eine **Ausnahme** gilt nur für **einstweilige Maßnahmen**, die in einem Mitgliedstaat auf der Grundlage von Art 20 getroffen worden sind (OLG München FamRZ 15, 777/778). Maßgebender Zeitpunkt ist der Erlass der Entscheidung durch das Erstgericht. Es reicht also nicht aus, dass das Kind seinen gewöhnlichen Aufenthalt erst im Zeitpunkt der Anerkennung oder Vollstreckbarerklärung der Entscheidung in einem Mitgliedstaat begründet hat.

2. Gewöhnlicher Aufenthalt des Kindes in einem nicht der EuEheVO angehörenden Vertragsstaat des KSÜ, lit b

Darüber hinaus verdrängt die EuEheVO das KSÜ auf dem Gebiet der Anerkennung und **331** Vollstreckung von Entscheidungen aus anderen Mitgliedstaaten gem lit b aber auch dann, wenn das Kind seinen **gewöhnlichen Aufenthalt in einem Drittstaat** hat, der Vertragsstaat des KSÜ ist. Auch in diesem Fall soll also im Verhältnis der Mitgliedstaaten zueinander auf die – nach Art 23 Abs 2 lit a KSÜ eigentlich erforderliche – Kontrolle der internationalen Zuständigkeit des Erststaates gem Art 24 S 1 EuEheVO verzichtet werden (NK-BGB/*Gruber* Rn 8; *Rauscher/ Rauscher* Rn 10; **aA** Staud/*Pirrung* Rn C 218).

EuEheVO Art 62. Fortbestand der Wirksamkeit

(1) **Die in Artikel 59 Absatz 1 und den Artikeln 60 und 61 genannten Übereinkünfte behalten ihre Wirksamkeit für die Rechtsgebiete, die durch diese Verordnung nicht geregelt werden.**

(2) **Die in Artikel 60 genannten Übereinkommen, insbesondere das Haager Übereinkommen von 1980, behalten vorbehaltlich des Artikels 60 ihre Wirksamkeit zwischen den ihnen angehörenden Mitgliedstaaten.**

Die von Deutschland mit anderen EU-Mitgliedstaaten abgeschlossenen **bilateralen Anerken-** **332** **nungs- und Vollstreckungsabkommen** (→ Rn 323) behalten ihre Wirksamkeit insoweit, als ihr sachlicher Anwendungsbereich über Art 1 Abs 1 lit b EuEheVO hinausgeht und zB auch die Anerkennung von Entscheidungen in Abstammungs- oder Adoptionssachen umfasst. Denn die EuEheVO beansprucht Vorrang vor den in Art 59, 60 und 61 genannten Übereinkommen nur insoweit, als sie selbst entsprechende Regelungen enthält. Dies ergibt sich bereits aus dem Wortlaut von Art 59 Abs 1 und Art 60 und wird durch Art 62 nur noch einmal ausdrücklich

1303

N 333, 334 2. Teil. Anerkennung/Vollstreckung N. Kindschaftssachen

klargestellt (vgl MüKoFamFG/*Gottwald* Rn 1; HK-ZPO/*Dörner* Rn 1; Staud/*Spellenberg* Rn 2; krit zu dieser Regelung Rauscher/*Rauscher* Rn 3).

EuEheVO Art 63. Verträge mit dem Heiligen Stuhl

(abgedruckt und kommentiert → K Rn 149 ff)

Kapitel VI. Übergangsvorschriften

EuEheVO Art 64

(1) Diese Verordnung gilt für gerichtliche Verfahren, öffentliche Urkunden und Vereinbarungen zwischen den Parteien, die nach Beginn dieser Verordnung eingeleitet, aufgenommen oder getroffen wurden.

(2) Entscheidungen, die nach Beginn der Anwendung dieser Verordnung im Verfahren ergangen sind, die vor Beginn der Anwendung dieser Verordnung, aber nach Inkrafttreten der Verordnung (EG) Nr. 1347/2000 eingeleitet wurden, werden nach Maßgabe des Kapitels III der vorliegenden Verordnung anerkannt und vollstreckt, sofern das Gericht aufgrund von Vorschriften zuständig war, die mit den Zuständigkeitsvorschriften des Kapitels II der vorliegenden Verordnung oder der Verordnung (EG) Nr. 1347/2000 oder eines Abkommens übereinstimmen, das zum Zeitpunkt der Einleitung des Verfahrens zwischen dem Ursprungsmitgliedstaat und dem ersuchten Mitgliedstaat in Kraft war.

(3) Entscheidungen, die vor Beginn der Anwendung dieser Verordnung in Verfahren ergangen sind, die nach Inkrafttreten der Verordnung (EG) Nr. 1347/2000 eingeleitet wurden, werden nach Maßgabe des Kapitels III der vorliegenden Verordnung anerkannt und vollstreckt, sofern sie eine Ehescheidung, Trennung ohne Auflösung des Ehebandes oder Ungültigerklärung einer Ehe oder eine aus Anlass eines solchen Verfahrens in Ehesachen ergangene Entscheidung über die elterliche Verantwortung für die gemeinsamen Kinder zum Gegenstand haben.

(4) Entscheidungen, die vor Beginn der Anwendung dieser Verordnung, aber nach Inkrafttreten der Verordnung (EG) Nr. 1347/2000 in Verfahren ergangen sind, die vor Inkrafttreten der Verordnung (EG) Nr. 1347/2000 eingeleitet wurden, werden nach Maßgabe des Kapitels III der vorliegenden Verordnung anerkannt und vollstreckt, sofern sie eine Ehescheidung, Trennung ohne Auflösung des Ehebandes oder Ungültigerklärung einer Ehe oder eine aus Anlass eines solchen Verfahrens in Ehesachen ergangene Entscheidung für die elterliche Verantwortung für die gemeinsamen Kinder zum Gegenstand haben und Zuständigkeitsvorschriften angewandt wurden, die mit denen des Kapitels II 1 der vorliegenden Verordnung oder der Verordnung (EG) Nr. 1347/2000 oder eines Abkommens übereinstimmen, das zum Zeitpunkt der Einleitung des Verfahrens zwischen dem Ursprungsmitgliedstaat und dem ersuchten Mitgliedstaat in Kraft war.

1. Grundsatz, Abs 1

333   Art 64 bestimmt den zeitlichen Anwendungsbereich der EuEheVO. Für die **Anerkennung und Vollstreckung von Entscheidungen** auf dem Gebiet der elterlichen Verantwortung gilt nach Abs 1 zunächst der allgemeine Grundsatz, dass die Art 21, 23 ff jedenfalls auf die Anerkennung solcher Entscheidungen anzuwenden sind, die in gerichtlichen Verfahren ergangen sind, die erst nach Beginn der Anwendung der Verordnung, dh **nach dem 1.3.2005** (vgl Art 72 S 2) in einem der damaligen Mitgliedstaaten **eingeleitet** worden sind. Vorbehaltlich der Abs 2–4 beurteilt sich die Anerkennung und Vollstreckung von Entscheidungen betreffend die elterliche Verantwortung, die vor diesem Zeitpunkt eingeleitet wurden, daher nach dem im Zweitstaat geltenden staatsvertraglichen oder autonomen Recht. Der Zeitpunkt des Inkrafttretens der Verordnung nach Art 72 Abs 1 (1.8.2004) ist für deren zeitlichen Anwendungsbereich nicht maßgebend (öst OGH 19.12.05, unalex AT-251).

334   Umstritten ist, auf welchen Zeitpunkt für die **Einleitung des Verfahrens** abzustellen ist. Noch Einigkeit besteht darüber, dass hierfür die Zustellung des verfahrenseinleitenden Schriftstücks keine unabdingbare Voraussetzung ist. Im Übrigen wird mehrheitlich dafür plädiert, die

1304

II. EU-Recht: EuEheVO Art 64   335–338 **N**

für den Zeitpunkt der Rechtshängigkeit in Art 16 aufgestellte Regelung auch im Rahmen von Art 64 analog heranzuziehen (Rauscher/*Rauscher* Rn 5; Th/P/*Hüßtege* Rn 2; NK-BGB/*Gruber* Rn 1). Zwar spricht die systematische Stellung des Art 16 im Kapitel II der Verordnung gegen diese Lösung. Sie verdient dennoch im Interesse einer einheitlichen Auslegung des Art 64 in den Mitgliedstaaten den Vorzug vor dem Rückgriff auf die *lex fori* des Erstgerichts (dafür aus systematischen Gründen noch *Hausmann* EuLF 00/01, 271/275; *Wagner* IPRax 01, 73/80).

Von diesem Grundsatz der Nichtrückwirkung des Abs 1 sehen die Abs 2–4 jedoch **Aus-** **335** **nahmen** vor, die den zeitlichen Anwendungsbereich der Anerkennungs- und Vollstreckungsregeln der EuEheVO vorverlagern. Diese gelten jedoch auch nur für Entscheidungen, die in den sachlichen Anwendungsbereich der EuEheVO fallen, also nicht für Entscheidungen in einer mit einer Kindschaftssache verbundenen Unterhaltssache (vgl irischer Supreme Court 29.7.2008 – *T/L*, unalex IE-52). Greift keine dieser Ausnahmevorschriften ein, so bleibt es bei dem vor Inkrafttreten der EuEheVO und der EheVO 2000 maßgeblichen nationalen Recht (öst OGH 29.8.07, unalex AT-224).

2. Anerkennung von Entscheidungen, die nach dem 1.3.2005 in nach dem 1.3.2001 eingeleiteten Verfahren unter Geltung der EheVO 2000 ergangen sind, Abs 2

Entscheidungen, die in einem Verfahren betreffend die elterliche Verantwortung iSv Art 1 **336** Abs 1 lit b (1) **nach dem 1.3.2005** in Verfahren **ergangen** sind, das (2) vor diesem Zeitpunkt, aber erst nach dem Inkrafttreten der Verordnung (EG) Nr 1347/2000 (EheVO 2000) am 1.3.2001 eingeleitet wurde, werden gemäß Abs 2 nach Maßgabe der Art 21, 23 ff, 28 ff und 40 ff anerkannt und vollstreckt, wenn (3) das Gericht des Ursprungsmitgliedstaats aufgrund von Vorschriften zuständig war, die entweder mit den Art 8–14 EuEheVO (bzw den korrespondierenden Vorschriften der EheVO 2000) oder mit den Zuständigkeitsvorschriften eines Staatsvertrags übereinstimmen, der im Zeitpunkt der Einleitung des Verfahrens zwischen dem Ursprungs- und dem Anerkennungsstaat in Kraft war. Die vorgenannten drei Voraussetzungen müssen **kumulativ** erfüllt sein (EuGH C-435/06 – *C*, Slg 07 I-10141 Rn 69 f = FamRZ 08, 125 m Anm *Dutta* 835). In diesem Fall ist das Zweitgericht daher – abweichend von Art 24 – ausnahmsweise zu einer Nachprüfung der internationalen Zuständigkeit des Erstgerichts (einschließlich der zugrunde liegenden Tatsachenfeststellungen) befugt, weil diese im Erkenntnisverfahren – mangels damaliger Geltung der EuEheVO – nicht hatte geprüft werden können (Rauscher/*Rauscher* Rn 11; vgl zu Art 42 Abs 2 EheVO 2000 BGH FamRZ 05, 1540/1542).

Der **Zeitpunkt**, zu dem die Entscheidung „ergangen" ist, bestimmt sich in diesem Zusam- **337** menhang nach der *lex fori* des Ursprungsgerichts (Rauscher/*Rauscher* Rn 10). Allerdings hat der EuGH klargestellt, dass es insoweit nur auf die Verkündung, dh das Wirksamwerden, nicht hingegen auf die Rechtskraft der Entscheidung ankommt (EuGH C-168/08 – *Hadadi/Mesko*, FamRZ 09, 1571 Rn 28; Althammer/*Großerichter* Rn 3). Praktische Bedeutung erlangt Abs 2 insbesondere für nach dem 1.3.2005 ergangene isolierte Sorgerechtsentscheidungen, die von der zuvor geltenden EheVO 2000 nicht erfasst wurden.

3. Anerkennung von Entscheidungen, die vor dem 1.3.2005 in nach dem 1.3.2001 eingeleiteten Verfahren unter Geltung der EheVO 2000 ergangen sind, Abs 3

In gleicher Weise sind nach Abs 3 auch Entscheidungen betreffend die elterliche Verantwor- **338** tung iSv Art 1 Abs 1 lit b, die vor Beginn der Anwendung der EuEheVO am 1.3.2005 in **Verfahren** ergangen sind, die **nach Inkrafttreten der EheVO 2000 am 1.3.2001 eingeleitet** wurden, nach Maßgabe des Kapitels III der EuEheVO in Deutschland anzuerkennen und zu vollstrecken, sofern sie bereits in den sachlichen Anwendungsbereich der EheVO 2000 fielen. Es muss sich also um Entscheidungen gehandelt haben, die im Zusammenhang mit einer Ehesache iSv Art 1 Abs 1 lit a ergangen sind und die elterliche Verantwortung für die gemeinsamen Kinder der Ehegatten iSv Art 1 Abs 1 lit b zum Gegenstand hatten. Abs 3 gilt hingegen nicht für die Anerkennung und Vollstreckung von *isolierten* Entscheidungen betreffend die elterliche Sorge oder von Entscheidungen, die das Sorge- oder Umgangsrecht für nichteheliche Kinder oder Stiefkinder geregelt haben. Ein Verbund von Ehefahren und Verfahren der elterlichen Verantwortung wird hingegen nicht zwingend vorausgesetzt (ThP/*Hüßtege* Rn 5). Eine Überprüfung der internationalen Zuständigkeit des Ursprungsgerichts findet nach Abs 3 – anders als

N 340, 341 2. Teil. Anerkennung/Vollstreckung N. Kindschaftssachen

nach Abs 2 und Abs 4 – nicht statt. Die von Abs 3 erfassten kindschaftsrechtlichen Entscheidungen sind unter den Voraussetzungen der Art 40 ff auch ohne Exequaturverfahren vollstreckbar.

4. Anerkennung von Entscheidungen, die vor dem 1.3.2005 in vor dem 1.3.2001 eingeleiteten Verfahren auf der Grundlage des nationalen Zuständigkeitsrechts ergangen sind, Abs 4

339   In Anlehnung an Art 42 Abs 2 EheVO 2000 kommt eine Anerkennung und Vollstreckung nach Maßgabe des Kapitels III der EuEheVO für Entscheidungen in den von Art 1 Abs 1 lit b erfassten Verfahren betreffend die elterliche Verantwortung schließlich auch dann in Betracht, wenn diese im Zeitraum zwischen dem 1.3.2001 und dem 1.3.2005 in Verfahren ergangen sind, die schon **vor Geltung der EheVO 2000 eingeleitet** wurden. Voraussetzung hierfür ist freilich, dass das Erstgericht Zuständigkeitsvorschriften zugrunde gelegt hat, die entweder mit den Art 8–14 EuEheVO oder mit denjenigen eines Staatsvertrags übereinstimmen, der zum Zeitpunkt der Einleitung des Verfahrens zwischen dem Ursprungs- und dem Anerkennungsmitgliedstaat in Kraft war. Abweichend vom Grundsatz des Art 24 S 1 hat das Zweitgericht also auch in diesem Fall – wie nach Abs 2 – eine Kontrolle der internationalen Zuständigkeit des Erstgerichts vorzunehmen und dabei spiegelbildlich die Art 8 ff EuEheVO bzw die staatsvertraglichen Zuständigkeitsnormen zugrunde zu legen. Dabei spielt es keine Rolle, welche Zuständigkeitsregeln das Ursprungsgericht konkret angewandt hat; entscheidend ist allein, dass die Zuständigkeit nach Art 8 ff EuEheVO begründet gewesen wäre (vgl EuGH C-168/08 – *Hadadi/Mesko*, Slg 09 I-1571 Rn 30 = FamRZ 09, 1571 [Ehesache]).

Kapitel VII. Schlussbestimmungen
EuEheVO Art 65–66

(abgedruckt und kommentiert → A Rn 231 ff)

EuEheVO Art 67. Angaben zu den Zentralen Behörden und zugelassenen Sprachen

Die Mitgliedstaaten teilen der Kommission binnen drei Monaten nach Inkrafttreten dieser Verordnung Folgendes mit:

a) die Namen und Anschriften der Zentralen Behörden gemäß Artikel 53 sowie die technischen Kommunikationsmittel,

b) die Sprachen, die gemäß Artikel 57 Absatz 2 für Mitteilungen an die Zentralen Behörden zugelassen sind, und

c) die Sprachen, die gemäß Artikel 45 Absatz 2 für die Bescheinigung über das Umgangsrecht zugelassen sind.

Die Mitgliedstaaten teilen der Kommission jede Änderung dieser Angaben mit.

Die Angaben werden von der Kommission veröffentlicht.

340   Die Vorschrift regelt die Mitteilung der nach Art 53 durch die Mitgliedstaaten zu benennenden Zentralen Behörden und der nach Art 57 Abs 2 sowie Art 45 Abs 2 zugelassenen Sprachen. Diese Mitteilungen der Mitgliedstaaten sind im Internet veröffentlicht im Europäischen Gerichtsatlas für Zivilsachen unter
https://e-justice.europa.eu/content_matrimonial_matters_and_matters_of_parental_responsibility.

341   In der *Bundesrepublik Deutschland* ist Zentrale Behörde seit dem 1.1.2007 das **Bundesamt für Justiz** in Bonn (§ 3 IntFamRVG). Die nach Art 57 Abs 2 für die Mitteilungen an das Bundesamt für Justiz zulässige Sprache ist die **deutsche Sprache**. Gem § 4 IntFamRVG kann die Zentrale Behörde ihr Tätigwerden ablehnen, wenn das eingehende Ersuchen nicht in deutscher Sprache verfasst oder ins Deutsche übersetzt ist. Beim ausgehenden Ersuchen veranlasst die Zentrale Behörde die fehlenden Übersetzungen auf Kosten der antragstellenden Person, § 5 IntFamRVG. Die Bescheinigungen iSv Art 45 Abs 2 sind ebenfalls nur in deutscher Sprache zulässig.

III. Staatsverträge

EuEheVO Art 68–72

(abgedruckt und kommentiert → A Rn 233 ff)

III. Staatsverträge

Überblick

Da die EuEheVO die für die *Bundesrepublik Deutschland* auf dem Gebiet der Anerkennung und **342** Vollstreckung von Entscheidungen betreffend die elterliche Verantwortung geltenden Staatsverträge, nämlich das MSA, das KSÜ und das EuSorgeRÜ, gem ihren Art 60, 61 weitgehend verdrängt, haben diese Staatsverträge aus deutscher Sicht nur noch Bedeutung, soweit es um die Anerkennung und Vollstreckung von Entscheidungen aus solchen Vertragsstaaten dieser Übereinkommen geht, die nicht zugleich Mitgliedstaaten der Verordnung sind. Im Vordergrund steht dabei das KSÜ, weil dieses seinerseits dem MSA vorgeht und die Anerkennung und Vollstreckung auch gegenüber dem EuSorgeRÜ erleichtert.

740. Haager Übereinkommen über die Zuständigkeit, das anzuwendende Recht, die Anerkennung, Vollstreckung und Zusammenarbeit auf dem Gebiet der elterlichen Verantwortung und der Maßnahmen zum Schutz von Kindern (KSÜ)

Vom 19. Oktober 1996 (BGBl 2009 II, 603)

Schrifttum: Vgl die Nachw → F vor Rn 366.

Vorbemerkung

1. Entstehungsgeschichte und Ziel des Übereinkommens

Siehe zunächst → F Rn 366, 382 f. Zu den Zielen des KSÜ gehört gem Art 1 lit d auch die **343** Verbesserung des Schutzes von Kindern durch die Sicherstellung der Anerkennung und Vollstreckung der in anderen Vertragsstaaten getroffenen Schutzmaßnahmen. Die Anerkennung solcher Maßnahmen war in Art 7 MSA nur rudimentär, die Vollstreckung überhaupt nicht geregelt. Vielmehr verwies Art 7 S 2 MSA insoweit auf das autonome Recht des Vollstreckungsstaates.

2. Vertragsstaaten

Das KSÜ ist für die *Bundesrepublik Deutschland* am 1.1.2011 in Kraft getreten (BGBl 10 II, **344** 1527). Zu den übrigen Vertragsstaaten → F Rn 367 ff).

3. Anwendungsbereich

a) Sachlicher Anwendungsbereich. Der sachliche Anwendungsbereich des KSÜ be- **345** schränkt sich auf das Gebiet der **elterlichen Verantwortung** in dem von Art 1 Abs 2 definierten Sinne (→ F Rn 384 f). Die einzelnen auf diesem Gebiet anzuerkennenden und zu vollstreckenden Schutzmaßnahmen werden exemplarisch in Art 3 aufgelistet (näher → F Rn 389 ff). Für diese regelt das KSÜ die Voraussetzungen der Anerkennung und Vollstreckung in den übrigen Vertragsstaaten in seinem Kapitel IV (Art 23–28).

b) Räumlich-persönlicher Anwendungsbereich. Seinen räumlich-persönlichen Anwen- **346** dungsbereich bestimmt das KSÜ nicht ausdrücklich. Er ist für die einzelnen Regelungsbereiche des Übk unterschiedlich. Auf dem Gebiet der Anerkennung und Vollstreckung von Schutzmaßnahmen ist das KSÜ anwendbar, wenn die von einem Gericht eines Vertragsstaats getroffene Entscheidung in einem anderen Vertragsstaat anerkannt und/oder vollstreckt werden soll. Der gewöhnliche Aufenthalt des Kindes ist für die Anwendbarkeit des Kapitels IV allerdings mittelbar auch von Bedeutung, weil die Anerkennung und Vollstreckung von Schutzmaßnahmen nach Art 23 Abs 2 lit a versagt werden kann, wenn die Maßnahme von einer Behörde getroffen wurde, die nach Kapitel II nicht zuständig war. Damit ist auch die Anerkennung und Vollstreckung von Schutzmaßnahmen nach dem KSÜ grundsätzlich davon abhängig, dass das **Kind seinen gewöhnlichen Aufenthalt** im Zeitpunkt der Entscheidung durch das Erstgericht zwar

N 347–353   2. Teil. Anerkennung/Vollstreckung N. Kindschaftssachen

nicht zwingend im Entscheidungsstaat, wohl aber **in einem Vertragsstaat** des KSÜ (zu diesen
→ F Rn 367 f) hatte (NK–BGB/*Benicke* Art 1 Rn 6).

347   **c) Zeitlicher Anwendungsbereich.** In zeitlicher Hinsicht gilt das KSÜ für die Anerkennung
und Vollstreckung von Maßnahmen, die getroffen wurden, nachdem das Übk im Verhältnis
zwischen Erst- und Zweitstaat in Kraft getreten ist (Art 53 Abs 2; → Rn 398). In Deutschland
können daher nur solche Maßnahmen nach dem KSÜ anerkannt und vollstreckt werden, die in
einem anderen Vertragsstaat **nach dem 1.1.2011** getroffen wurden.

4. Verhältnis zu anderen Rechtsinstrumenten

348   Das Verhältnis zu anderen Staatsverträgen und zum EU-Recht regelt das KSÜ in seinem
Kapitel VI, insbesondere in Art 50–52 (→ Rn 393 ff). Danach gilt auf dem Gebiet der Anerkennung und Vollstreckung von Schutzmaßnahmen folgendes:

349   **a) EuEheVO.** Die Art 23–28 KSÜ werden gem Art 61 lit b EuEheVO (→ Rn 331) durch
die Art 21 ff, 28 ff EuEheVO immer dann verdrängt, wenn die von dem Gericht eines Mitgliedstaats der Verordnung getroffene Entscheidung im Hoheitsgebiet eines anderen Mitgliedstaats
anerkannt oder vollstreckt werden soll. Eine **Ausnahme** gilt nur für **einstweilige Maßnahmen**,
die in einem Mitgliedstaat auf der Grundlage von Art 20 getroffen worden sind (OLG München
FamRZ 15, 777/778). Der Vorrang der EuEheVO ist auf dem Gebiet der Anerkennung und
Vollstreckung – anders als auf dem Gebiet der internationalen Zuständigkeit nach Art 61 lit a
EuEheVO – auch dann zu beachten, wenn das betreffende Kind seinen gewöhnlichen Aufenthalt
im Hoheitsgebiet eines Vertragsstaats des KSÜ hat, der nicht Mitgliedstaat der EuEheVO ist,
Art 61 lit b EuEheVO. Aus deutscher Sicht kommt das Kapitel IV des KSÜ daher nur zur
Anwendung, wenn es um die Anerkennung und Vollstreckung von Entscheidungen geht, die
von Gerichten eines Vertragsstaats des KSÜ getroffen wurden, der **nicht zugleich Mitgliedstaat der EuEheVO** ist. Dies sind nach dem Beitritt *Kroatiens* zur EU mit Wirkung v 1.7.2013
Albanien, Armenien, Australien, Dänemark, die *Dominikanische Republik, Ecuador, Georgien, Lesotho,
Marokko, Monaco, Montenegro, Norwegen,* die *Russische Föderation,* die *Schweiz, Serbien,* die *Türkei,*
die *Ukraine* und *Uruguay.* Umgekehrt beurteilt sich die Anerkennung und Vollstreckung
von Entscheidungen deutscher Gerichte in den zuvor genannten Vertragsstaaten des KSÜ nach
dessen Kapitel IV (NK–BGB/*Benicke* Art 23 KSÜ Rn 5 f). In beiden Fällen ist im Rahmen des
Anerkennungsversagungsgrundes nach Art 23 Abs 2 lit a auch die internationale (Anerken-
nungs-) Zuständigkeit an Hand der Art 5 ff KSÜ zu prüfen (*Helms* FamRZ 02, 1593/1601; NK-
BGB/*Benicke* Art 1 Rn 14).

350   **b) MSA.** Das MSA regelt in seinem Art 7 **nur die Anerkennung** von in anderen Vertrags-
staaten getroffenen Schutzmaßnahmen, während es die Vollstreckung dem innerstaatlichen
Recht des Zweitstaats oder anderen zwischenstaatlichen Übereinkünften überlässt. Auch auf
dem Gebiet der Anerkennung von Schutzmaßnahmen wird das MSA jedoch nach Art 51 KSÜ
(→ Rn 394 f) im Verhältnis der Vertragsstaaten des KSÜ zueinander durch das KSÜ ersetzt. Das
MSA hat daher aus deutscher Sicht insoweit nur noch praktische Bedeutung, als es um die
Anerkennung von in *China-Macau* getroffenen Schutzmaßnahmen geht.

351   **c) EuSorgeRÜ.** Die Vorschriften des EuSorgeRÜ über die die Anerkennung und Vollstreckung von Sorgerechts- (Art 7 ff) und Umgangsrechtsentscheidungen (Art 11) werden gem
Art 52 Abs 1 KSÜ durch das Inkrafttreten des KSÜ nicht berührt (*Andrae* NZFam 16, 1011/
1012; **aA** zu Unrecht öst OGH 18.7.11, unalex AT-746). Ist der Ursprungsstaat daher Vertragsstaat beider Übereinkommen (→ Rn 6 f), so kann der Antragsteller im Verfahren der Anerkennung oder Vollstreckbarerklärung nach dem Günstigkeitsprinzip wählen, auf welches Übereinkommen er sich stützen möchte (→ Rn 411). Allerdings haben die *Niederlande* zu Art 52 Abs 1
erklärt, dass das KSÜ Vorrang vor dem Europäischen Sorgerechtsübk v 20.5.1980 hat.

352   **d) HKÜ.** Nach seinem Art 50 lässt das KSÜ das HKÜ unberührt. Zu Überschneidungen
kommt es freilich auf dem Gebiet der Anerkennung und Vollstreckung von Sorge- oder
Umgangsrechtsentscheidungen zwischen beiden Übereinkommen nicht, weil das HKÜ diese
nicht regelt.

353   **e) Autonomes Zivilverfahrensrecht.** Das autonome Recht der Vertragsstaaten gilt nur
noch für die Anerkennung und Vollstreckung von Schutzmaßnahmen drittstaatlicher Behörden.
Der Erststaat darf also weder Mitgliedstaat der EuEheVO, noch Vertragsstaat des KSÜ oder –

1308

III. Staatsverträge: KSÜ Art 23

N

vorbehaltlich des Günstigkeitsprinzips – eines anderen vorrangig anzuwendenden Staatsvertrages (EuSorgeRÜ, MSA) sein.

5. Deutsches Ausführungsgesetz

Ausführungsbestimmungen zum KSÜ auf dem Gebiet der Anerkennung und Vollstreckung **354** von Entscheidungen enthält für die *Bundesrepublik Deutschland* das Internationale Familienrechtsverfahrensgesetz **(IntFamRVG)** v 26.1.2005 (§ 1 Nr 2 iVm §§ 10 ff; → Rn 518 ff), das aus Anlass des deutschen Beitritts zum KSÜ mit Wirkung v 1.11.2011 durch Gesetz v 25.6.2009 (BGBl I, 1594) neu gefasst worden ist.

Kapitel I. Anwendungsbereich

KSÜ Art 1–4

(abgedruckt und kommentiert → F Rn 382 ff)

Kapitel II. Zuständigkeit

KSÜ Art 5–14

(abgedruckt und kommentiert → F Rn 412 ff)

Kapitel III. Anzuwendendes Recht

KSÜ Art 15–22

(abgedruckt und kommentiert → F Rn 624 ff)

Kapitel IV. Anerkennung und Vollstreckung

Eine besondere Schwäche des MSA bestand von Anfang darin, dass es in Art 7 S 1 zwar **355** eine allgemeine Verpflichtung normiert, die nach Maßgabe des Übereinkommens getroffenen Schutzmaßnahmen der Behörden anderer Vertragsstaaten anzuerkennen; das MSA enthält jedoch – abgesehen von der allgemeinen *ordre public*-Schranke in Art 16 – keine Regelung der Gründe, aus denen die Anerkennung im Einzelfall versagt werden kann. Vor allem aber stellte das MSA der Anerkennungspflicht kein System der Vollstreckbarerklärung solcher Schutzmaßnahmen zur Seite, die – wie zB die Herausgabe von Kindern – nötigenfalls mit Hilfe staatlicher Zwangsandrohungen durchgesetzt werden müssen. Die Vollstreckung wird vielmehr in Art 7 S 2 dem innerstaatlichen Recht des jeweiligen Zweitstaats überlassen (→ Rn 517). Dem hilft das KSÜ durch die Regelung im Kapitel IV ab, die ein in sich geschlossenes System der Anerkennung und Vollstreckung von Kinderschutzmaßnahmen in allen Vertragsstaaten etabliert.

KSÜ Art 23. [Anerkennung]

(1) **Die von den Behörden eines Vertragsstaats getroffenen Maßnahmen werden kraft Gesetzes in den anderen Vertragsstaaten anerkannt.**

(2) **Die Anerkennung kann jedoch versagt werden,**

a) **wenn die Maßnahme von einer Behörde getroffen wurde, die nicht nach Kapitel II zuständig war;**

b) **wenn die Maßnahme, außer in dringenden Fällen, im Rahmen eines Gerichts- oder Verwaltungsverfahrens getroffen wurde, ohne dass dem Kind die Möglichkeit eingeräumt worden war, gehört zu werden, und dadurch gegen wesentliche Verfahrensgrundsätze des ersuchten Staates verstoßen wurde;**

c) **auf Antrag jeder Person, die geltend macht, dass die Maßnahme ihre elterliche Verantwortung beeinträchtigt, wenn diese Maßnahme, außer in dringenden Fällen, getroffen wurde, ohne daß dieser Person die Möglichkeit eingeräumt worden war, gehört zu werden;**

d) **wenn die Anerkennung der öffentlichen Ordnung (ordre public) des ersuchten Staates offensichtlich widerspricht, wobei das Wohl des Kindes zu berücksichtigen ist;**

1309

N 356–361   2. Teil. Anerkennung/Vollstreckung N. Kindschaftssachen

e) wenn die Maßnahme mit einer später im Nichtvertragsstaat des gewöhnlichen Aufenthalts des Kindes getroffenen Maßnahme unvereinbar ist, sofern die spätere Maßnahme die für ihre Anerkennung im ersuchten Staat erforderlichen Voraussetzungen erfüllt;

f) wenn das Verfahren nach Artikel 33 nicht eingehalten wurde.

1. Anerkennung kraft Gesetzes, Abs 1

356   Nach Abs 1 gilt der Grundsatz, dass Schutzmaßnahmen aus anderen Vertragsstaaten – ebenso wie nach Art 21 Abs 1 EuEheVO (→ Rn 56) – **automatisch** (*ex lege*) anerkannt werden. Die Durchführung eines besonderen Anerkennungsverfahrens ist dazu also nicht erforderlich und darf vom nationalen Recht nicht vorgeschrieben werden. Die Anerkennung erfolgt vielmehr *ipso iure,* dh über die Anerkennungsfähigkeit wird inzident in dem jeweiligen Hauptsacheverfahren entschieden, in dem es auf die Anerkennung der Maßnahme ankommt (*Lagarde*-Bericht Rn 119; Staud/*Pirrung* Rn G 123; NK-BGB/*Benicke* Rn 7). Allerdings hat jede von der Maßnahme betroffene Person nach Art 24 auch die Möglichkeit, eine **verbindliche Entscheidung** über die Anerkennung oder Nichtanerkennung im Zweitstaat herbeizuführen (→ Rn 375 ff). Der Grundsatz der unmittelbaren und sofortigen Wirkung von Maßnahmen der zuständigen Behörden in allen Vertragsstaaten wird – wie der Vorbehalt in Art 24 zeigt („unbeschadet des Art 23 Abs 1 …") – durch diese Möglichkeit jedoch nicht in Frage gestellt.

357   An den **Nachweis,** dass eine bestimmte Maßnahme im Ursprungsstaat getroffen wurde, stellt das KSÜ keine besonderen Anforderungen. Insbesondere ist kein schriftliches, von der Ursprungsbehörde unterzeichnetes und datiertes Dokument vorzulegen (*Lagarde*-Bericht Rn 120; Rauscher/*Hilbig-Lugani* Rn 5). In Ermangelung staatsvertraglicher Vorgaben ist diesbezüglich auf das nationale Verfahrensrecht des Anerkennungsstaates zurückzugreifen (Staud/*Pirrung* Rn G 123).

358   Der Begriff der „Anerkennung" ist auch für die Zwecke des KSÜ iSv **Wirkungserstreckung** zu verstehen. Die Anerkennung der Bestellung eines Vormunds für das Kind hat also zur Folge, dass dieser im Anerkennungsstaat die gleichen Befugnisse hat wie in dem Vertragsstaat, in dem er bestellt wurde. Für die Durchführung der Vormundschaft im Anerkennungsstaat ist jedoch nach Art 15 Abs 3 das dort geltenden Recht zu beachten (→ F Rn 633 ff).

2. Anerkennungsversagungsgründe, Abs 2

359   Art 23 Abs 2 nennt die Gründe, die ausnahmsweise zur Versagung der Anerkennung der von einer Behörde eines anderen Vertragsstaats getroffenen Maßnahme führen können. Der Katalog dieser Anerkennungsversagungsgründe ist **abschließend,** so dass andere Gründe nicht geltendgemacht werden können (*Lagarde*-Bericht Rn 128). Insbesondere ist das Verbot der *révision au fond* nach Art 27 zu beachten (→ Rn 390). Auch wenn ein Versagungsgrund vorliegt, ist die mit der Anerkennung befasste Behörde nicht verpflichtet, diese zu versagen, sondern hat hierüber nach pflichtgemäßem Ermessen zu entscheiden („kann … versagt werden"; vgl *Lagarde*-Bericht Rn 121; Rauscher/*Hilbig-Lugani* Rn 7; **aA** Staud/*Pirrung* Rn G 124)

360   Ausgeschlossen ist insbesondere eine Ablehnung der Anerkennung, weil die entscheidende Behörde eine **statusrechtliche Vorfrage** (zB die Wirksamkeit einer Ehe oder die Abstammung des Kindes vom Vater) in Anwendung seines nationalen Kollisionsrechts anders beurteilt hat als dies ein Gericht des Anerkennungsstaates getan hätte (NK-BGB/*Benicke* Rn 8; Staud/*Pirrung* Rn G 123). Andererseits erstreckt sich die Anerkennung auch nicht auf die Entscheidung über diese Vorfrage, sondern bleibt auf die zugunsten des Kindes getroffene Schutzmaßnahme beschränkt (*Lagarde*-Bericht Rn 128; Rauscher/*Hilbig-Lugani* Rn 10).

361   **a) Fehlende Anerkennungszuständigkeit, lit a.** Zwar handelt es sich auch beim KSÜ um eine *„convention double",* die sich nicht darauf beschränkt, die Anerkennung und Vollstreckung von Maßnahmen der Behörden eines Vertragsstaats in allen anderen Vertragsstaaten zu gewährleisten; vielmehr harmonisiert das KSÜ – nicht anders als die EuGVVO, die EuEheVO und die EuUntVO – auch das Recht der internationalen Zuständigkeit im Erkenntnisverfahren. Dennoch konnten sich die Verfasser des KSÜ nicht darauf verständigen, auf eine Kontrolle der internationalen Zuständigkeit durch die Gerichte oder Behörden des Zweitstaats ganz zu verzichten, wie dies Art 45 Abs 3 EuGVVO und Art 24 S 1 EuEheVO im Verhältnis der Mitgliedstaaten jener Verordnungen vorsehen (→ Rn 113 f). Dies ist vor dem Hintergrund verständlich, dass das KSÜ eine weltweite Geltung anstrebt und deshalb das gegenseitige Vertrauen der

1310

III. Staatsverträge: KSÜ Art 23   362–365 **N**

Vertragsstaaten in die ordnungsgemäße Anwendung der Zuständigkeitsvorschriften des Kapitels II durch Behörden anderer Vertragsstaaten nicht so ausgeprägt ist wie im Verhältnis der Mitgliedstaaten der Europäischen Union.

Die Behörde im Zweitstaat hat daher gem lit a zu prüfen, ob die Behörde im Erststaat für die **362** getroffene Maßnahme **nach Art 5–14 international zuständig** war (vgl OLG Münchern FamRZ 15, 777 Rn 31 ff = IPRax 16, 379 m Anm *Siehr* 344). Diese Kontrolle ist freilich insofern eingeschränkt, als die zweitstaatliche Behörde hierbei gemäß Art 25 (→ Rn 378 ff) an die Tatsachenfeststellungen gebunden ist, auf welche die erststaatliche Behörde ihre Zuständigkeit gestützt hat (*Lagarde*-Bericht Rn 22; Rauscher/*Hilbig-Lugani* Rn 12). Da lit a auf das gesamte Kapitel II verweist, kann die Versagung der Anerkennung auch auf einen Verstoß gegen die **Anhängigkeitssperre des Art 13** gestützt werden, obwohl das Ursprungsgericht nur eine eigentlich bestehende Zuständigkeit zu Unrecht ausgeübt hat (Staud/*Pirrung* Rn G 125; Beck-OGK/*Markwardt* Rn 10; Rauscher/*Hilbig-Lugani* Rn 13).

Problematisch ist die Anwendung von Art 23 Abs 2 lit a in Fällen, in denen die Entscheidung **363** in einem Vertragsstaat getroffen wurde, der – wie zB *Deutschland* – zugleich Mitgliedstaat der EuEheVO ist, wenn über die Anerkennung anschließend in einem Vertragsstaat zu befinden ist, der – wie zB die *Schweiz* oder die *Türkei* – nur dem KSÜ angehört. Denn hat das betroffene Kind seinen gewöhnlichen Aufenthalt in *Deutschland*, so sind die deutschen Gerichte nach Art 61 lit a EuEheVO gehalten, anstelle der Art 5 ff KSÜ die Zuständigkeitsvorschriften der Art 8 ff EuEheVO zugrundezulegen (→ F Rn 353). Nach dem Wortlaut von lit a könnten die schweizerischen oder türkischen Behörden daher die Anerkennung deshlab versagen, weil die Maßnahme von einem Gericht getroffen wurde, das nicht „nach Kapitel II" des KSÜ zuständig war. Mit einer solchen Auslegung würde indessen das mit dem KSÜ angestrebte Ziel einer Erleichterung der gegenseitigen Anerkennung von Entscheidungen in einer großen Zahl von Fällen verfehlt. Richtigerweise ist daher wie folgt zu diffenzieren: Hat das Ursprungsgericht seine internationale Zuständigkeit zwar auf die Art 8 ff EuEheVO gestützt, wäre es jedoch auch nach Art 5 ff KSÜ zuständig gewesen, so ist dem mit dem Versagungsgrund in lit a verfolgten Zweck hinreichend Rechnung getragen und die Entscheidung ist anzuerkennen. Versagt werden kann die Anerkennung daher nur dann, wenn die vom Ursprungsgericht in Anspruch genommene Zuständigkeit nach der EuEheVO – wie zB die aus dem Grundatz der *perpetuatio fori* abgeleitete Zuständigkeit des deutschen Gerichts nach einer Verlegung des gewöhnlichen Aufenthalts des Kindes in die *Schweiz* oder die *Türkei* – im Kapitel II des KSÜ keine Entsprechung hat (vgl idS auch Rauscher/*Hilbig-Lugani* Rn 14).

b) Fehlende Anhörung des Kindes, lit b. Art 23 Abs 2 lit b entspricht Art 23 lit b EuEhe- **364** VO (→ Rn 95 ff). Um die in Art 12 des UN-Übereinkommens über die Rechte des Kindes v 20.11.1989 (BGBl 92 II, 121) und in Art 3–6, 9 f des Europäischen Übereinkommens über die Ausübung von Kinderrechten v 25.1.1996 (BGBl 01 II, 1074) normierten Rechte des Kindes auf Gehör in Gerichts- und Verwaltungsverfahren in der durch das KSÜ gebundenen Vertragsstaaten zu gewährleisten, kann einer Schutzmaßnahme auch dann in einem anderen Vertragsstaat die Anerkennung und Vollstreckbarerklärung versagt werden, wenn sie getroffen wurde, ohne dass das Kind die Möglichkeit hatte, gehört zu werden. Damit trägt das KSÜ der großen Bedeutung Rechnung, die dem rechtlichen Gehör des Kindes für die sachgerechte Wahrung seiner Interessen zukommt. Ist das Kind für eine eigene Anhörung noch nicht alt genug, so ist ggf ein gesetzlicher Vertreter oder Beistand anzuhören; vor deutschen Gerichten ist der nach § 158 FamFG bestellte Verfahrenspfleger zu hören.

Allerdings führt nicht jeder Verstoß gegen das rechtliche Gehör des Kindes zur Nichtanerken- **365** nung. Da das KSÜ keine eigenständigen Mindeststandards für die Anhörung des Kindes (zB in Bezug auf Altersgrenzen oder die Art und Weise der Anhörung) enthält, ist vielmehr nach lit b zusätzlich erforderlich, dass hierdurch **wesentliche verfahrensrechtliche Grundsätze des Anerkennungsstaats** verletzt worden sind. Es handelt sich mithin um eine besondere verfahrensrechtliche *ordre public*-Klausel, von der daher zurückhaltend Gebrauch zu machen ist; eine Versagung der Anerkennung kommt daher nicht in Betracht, wenn das Kind trotz seiner unterlassenen Anhörung mit der Entscheidung eindeutig einverstanden ist. Darüber hinaus hat eine Versagung der Anerkennung wegen unterlassener Kindesanhörung auch dann auszuscheiden, wenn eine solche auch in einem entsprechenden Verfahren vor den Gerichten des Anerkennungsstaats entbehrlich gewesen wäre (NK-BGB/*Benicke* Rn 10). In Verfahren vor deutschen Gerichten ist daher nach § 159 FamFG zu beurteilen, wann die Anhörung eines Kindes geboten ist und welche Anforderungen dabei zu stellen sind.

N 366–371 2. Teil. Anerkennung/Vollstreckung N. Kindschaftssachen

366   Eine **Ausnahme** von der Anhörungspflicht besteht „in dringenden Fällen", dh in Verfahren des **einstweiligen Rechtsschutzes** nach Art 11 (OLG München FamRZ 15, 777 Rn 39; BeckOGK/*Marquardt* Rn 14; weitergehend [auch in Eilverfahren vor nach Art 5–10 zuständigen Gerichten] Rauscher/*Hilbig-Lugani* Rn 17).

367   **c) Fehlende Anhörung des Sorgeberechtigten, lit c.** Lit c entspricht im wesentlichen Art 23 lit d EuEheVO (→ Rn 101 f). Danach kann auch eine Person, die geltend macht, dass die Maßnahme ihre elterliche Verantwortung beeinträchtigt (zB weil ihr die elterliche Sorge entzogen wurde, vgl *Lagarde*-Bericht Rn 124), die Versagung der Anerkennung erreichen, wenn ihr im erststaatlichen Verfahren keine Möglichkeit eingeräumt wurde, gehört zu werden. Ob die erststaatliche Entscheidung in die elterliche Verantwortung des Antragstellers eingreift, hat das Zweitgericht nach dem von Art 16 zur Anwendung berufenen Recht zu beurteilen. Die Verletzung des rechtlichen Gehörs wird geheilt, wenn der nicht angehörte Elternteil Rechtsmittel gegen die Entscheidung eingelegt hat (OLG München FamRZ 15, 777 Rn 40).

368   Gedacht ist in erster Linie an die mangelnde Anhörung eines sorgeberechtigten **Elternteils,** aber auch von solchen Dritten (zB Großeltern), denen etwa ein Umgangsrecht mit dem Kind zusteht. Diese Dritten müssen nicht notwendig an dem Verfahren vor dem Erstgericht beteiligt gewesen sein. Die Verletzung des rechtlichen Gehörs nach lit c wird allerdings – anders als nach lit b – vom Zweitgericht nicht von Amts wegen, sondern nur auf einen entsprechenden **Antrag** des Betroffenen hin berücksichtigt (Staud/*Pirrung* Rn G 127; NK–BGB/*Benicke* Rn 11). Dieser muss also entweder selbst ein förmliches Verfahren auf Feststellung der Nichtanerkennung nach Art 24 einleiten oder die Nichtanerkennung in einem bereits anhängigen Anerkennungsverfahren bzw in einem sonstigen Verfahren, in dem inzident über die Anerkennung entschieden wird, geltendmachen (Rauscher/*Hilbig-Lugani* Rn 18).

369   Nicht vorgesehen ist im KSÜ ein dem Art 23 lit c EuEheVO entsprechender Versagungsgrund, dh die Ablehnung der Anerkennung, weil dem **Antragsgegner** in der Phase der Einleitung des erststaatlichen Verfahrens kein rechtliches Gehör gewährt wurde und er sich deshalb nicht angemessen verteidigen konnte (→ Rn 99 f). Im Regelfall wird der Antragsgegner sich freilich auch in diesem Fall auf den Versagungsgrund gem lit c berufen können, wenn die vom Erstgericht getroffene Maßnahme in seine elterliche Verantwortung eingreift (G/Sch/*Gruber,* IRV Rn 5). Im Übrigen können schwere Verstöße gegen das rechtliche Gehör im erststaatlichen Verfahren unter Berufung auf den *ordre public* (lit d) sanktioniert werden.

370   **d) Verstoß gegen den ordre public, lit d.** Der Vorbehalt des *ordre public* in lit d entspricht wörtlich Art 23 lit a EuEheVO, auch soweit ausdrücklich eine Berücksichtigung des Kindeswohls durch den Zweitrichter gefordert wird. Auf die dortigen Ausführungen kann daher uneingeschränkt verwiesen werden (→ Rn 82 ff). Der verfahrensrechtliche *ordre public* erfasst auch den im KSÜ – abweichend von Art 23 lit c EuEheVO – nicht ausdrücklich geregelten Fall einer Verletzung des rechtlichen Gehörs des Antragsgegners bei Einleitung des Verfahrens (G/Sch/*Gruber,* IRV Rn 5; NK–BGB/*Benicke* Rn 13).

371   **e) Unvereinbarkeit mit einer späteren Maßnahme drittstaatlicher Behörden, lit e.** Von den in Art 23 lit e und lit f EuEheVO geregelten drei Fällen, in denen die anzuerkennende Entscheidung mit einer späteren Entscheidung über die elterliche Verantwortung unvereinbar ist, regelt lit e nur den letzten dieser Fälle, nämlich die Unvereinbarkeit mit einer **später in einem Nichtvertragsstaat**, in dem das Kind seinen gewöhnlichen Aufenthalt hat, ergangenen Entscheidung, welche die Voraussetzungen für ihre Anerkennung im ersuchten Staat erfüllt. In Übereinstimmung mit Art 23 lit f, 2. Fall EuEheVO räumt lit e in diesem Fall der späteren Entscheidung den Vorrang ein (sog **Posterioritätsprinzip**), auch wenn sie von Behörden eines Drittstaats erlassen worden ist. Der Grund hierfür ist darin zu sehen, das diese Behörden aufgrund des in ihrem Territorium begründeten gewöhnlichen Aufenthalts des Kindes besser in der Lage sind, das Kindeswohl zu beurteilen als die Behörden des Staates, in dem sich das Kind bei Erlass der früheren Entscheidung oder überhaupt nie gewöhnlich aufgehalten hatte (*Lagarde*-Bericht Rn 126; NK–BGB/*Benicke* Rn 14; Rauscher/*Hilbig-Lugani* Rn 25). Der Vorrang besteht daher nur dann, wenn das Kind im Zeitpunkt der Anordnung der Maßnahme seinen gewöhnlichen Aufenthalt noch im Entscheidungsstaat hatte. Ferner muss die drittstaatliche Entscheidung im ersuchten Staat anerkennungsfähig sein. Dies beurteilt sich aus deutscher Sicht vorrangig nach Art 7 MSA (→ Rn 517) bzw Art 7 ff EuSorgeRÜ (→ Rn 428 ff), im Übrigen nach §§ 108, 109 FamFG (→ Rn 609 ff).

III. Staatsverträge: KSÜ Art 24

Nicht ausdrücklich geregelt sind hingegen die Fälle, in denen die anzuerkennende Entschei- **372** dung mit einer späteren Entscheidung des Anerkennungsstaates oder einer späteren Entscheidung eines anderen **KSÜ-Vertragsstaats** unvereinbar ist. Für diesen Fall bietet sich freilich ein Erst-recht-Schluss aus lit e an: Wenn schon die spätere Entscheidung einer drittstaatlichen Behörde Vorrang vor einer früheren Entscheidung der Behörden des Anerkennungsstaates oder eines anderen Vertragsstaats hat, so sollte dies erst recht für spätere Entscheidungen einer nach Art 5–10 zuständigen Behörde eines Vertragsstaats gelten. Insoweit gilt also der aus Art 14 zu entnehmende und auch für Art 23 lit e und lit f maßgebende Grundsatz, dass Maßnahmen zum Schutz von Kindern durch die zuständigen Gerichte jederzeit abänderbar sind und sich grund-sätzlich die **jüngste Maßnahme** durchsetzt, weil sie der gegenwärtigen Situation des Kindes am besten Rechnung trägt (NK-BGB/*Benicke* Rn 15; Rauscher/*Hilbig-Lugani* Rn 27).

Nach dem *Lagarde*-Bericht (Rn 126) folgt aus lit e sogar ein staatsvertragliches Anerkennungs- **373** hindernis für Maßnahmen aus solchen Drittstaaten, in denen das Kind *nicht* seinen gewöhnlichen Aufenthalt hat, sofern sie mit Maßnahmen unvereinbar sind, die – zuvor oder danach – in einem KSÜ-Vertragsstaat erlassen wurden (vgl dazu auch Rauscher/*Hilbig-Lugani* Rn 28).

f) Verletzung der Vorschriften über die grenzüberschreitende Unterbringung, lit f. **374**
Durch lit f können schließlich – in Übereinstimmung mit Art 23 lit g EuEheVO (→ Rn 112) – schwerwiegende Verstöße gegen das in Art 33 geregelte Verfahren der grenzüberschreitenden Unterbringung/Betreuung von Kindern sanktioniert werden. Insbesondere die fehlende Zustim-mung der Behörden des ersuchten Staates, in dem das Kind untergebracht oder betreut werden soll, kann zu einer Versagung der Anerkennung der dennoch angeordneten Maßnahme führen.

KSÜ Art 24. [Gesonderte Feststellung der Anerkennung]

¹**Unbeschadet des Artikels 23 Absatz 1 kann jede betroffene Person bei den zustän-digen Behörden eines Vertragsstaats beantragen, dass über die Anerkennung oder Nichtanerkennung einer in einem anderen Vertragsstaat getroffenen Maßnahme ent-schieden wird.** ²**Das Verfahren bestimmt sich nach dem Recht des ersuchten Staates.**

1. Selbständige Anerkennungsfeststellung, S 1

Da über die Anerkennung von Maßnahmen der Behörden anderer Vertragsstaaten nach Art 23 **375** Abs 1 grundsätzlich nur *inzident* in dem Verfahren entschieden wird, in dem es auf die Wirk-samkeit der Maßnahme im Inland ankommt, entfaltet die Anerkennung oder Nichtanerkennung **keine Bindungswirkung für spätere Verfahren.** Daraus resultiert das Interesse von Beteili-gten, über die Frage der Anerkennung bzw Nichtanerkennung eine verbindliche Entscheidung eines Gerichts im Anerkennungsstaat herbeizuführen. Von Bedeutung ist dies insbesondere in Bezug auf solche Maßnahmen, die – wie zB Entscheidungen betreffend das Sorgerecht – nur gestaltende Wirkung haben und deshalb auch nicht für vollstreckbar erklärt werden können.

Aus diesem Grunde verpflichtet S 1 die Vertragsstaaten dazu, ein Verfahren zur verbindlichen **376** Feststellung der Anerkennung/Nichtanerkennung der in einem anderen Vertragsstaat getroffenen Maßnahme vorzusehen. Diese Feststellung hat freilich nur **deklaratorische Wirkung**, schränkt den Grundsatz der *ipso iure*-Anerkennung nach Art 23 Abs 1 also nicht ein (NK-BGB/*Benicke* Rn 2; Rauscher/*Hilbig-Lugani* Rn 1). Ein entsprechendes Verfahren zur Feststellung eines *gesetz-lichen* Eltern-Kind-Verhältnisses, zB eines Sorgerechtsverhältnisses, nach dem von Art 16 zur Anwendung berufenen Recht am gewöhnlichen Aufenthalt des Kindes schreibt Art 24 hingegen nicht vor (*Lagarde*-Bericht Rn 130). Ob und unter welchen Voraussetzungen eine hierauf gerichtete Feststellungsklage zulässig ist, bestimmt sich daher nach dem nationalen Verfahrens-recht der *lex fori*.

2. Anwendbares Verfahren, S 2

Die Ausgestaltung des Verfahrens überlässt S 2 dem nationalen Recht der Vertragsstaaten. Für **377** das deutsche Recht erklärt **§ 32 IntFamRVG** (→ Rn 584 f) insoweit die Vorschriften über das Verfahren zur Zulassung der Zwangsvollstreckung aus ausländischen Entscheidungen (§§ 15–31 IntFamRVG) für entsprechend anwendbar. Wegen der Einzelheiten kann in vollem Umfang auf die Ausführungen zur Parallelvorschrift in Art 21 Abs 3 EuEheVO verwiesen werden (→ Rn 57 ff).

N 378–381   2. Teil. Anerkennung/Vollstreckung N. Kindschaftssachen

KSÜ Art 25. [Bindung an Tatsachenfeststellungen]

Die Behörde des ersuchten Staates ist an die Tatsachenfeststellungen gebunden, auf welche die Behörde des Staates, in dem die Maßnahme getroffen wurde, ihre Zuständigkeit gestützt hat.

1. Allgemeines

378   Bei der Prüfung der Anerkennungszuständigkeit nach Art 23 Abs 2 lit a ist das Gericht des Zweitstaats – ebenso wie zB nach Art 27 HUntGÜ oder Art 24 ErwSÜ – an die Tatsachenfeststellungen des Erstgerichts gebunden. Auf diese Weise soll eine erneute Beweisaufnahme über diese Tatsachen im Verfahren der Anerkennung und Vollstreckbarerklärung – und die hiermit verbundene Verfahrensverschleppung – vermieden werden (NK-BGB/*Benicke* Rn 2; Beck-OGK/*Markwardt* Rn 2 f).

2. Tatsachenfeststellungen

379   Die Bindung gilt nur hinsichtlich der Feststellung von **Tatsachen,** welche die Zuständigkeit des Erstgerichts begründen, nicht hingegen für rechtliche Bewertungen. Als Tatsachenfeststellungen sind unstreitig etwa die vom Erstgericht festgestellte Dauer des Kindesaufenthalts in einem bestimmten Land oder die Dauer des dortigen Schul- oder Kindergartenbesuchs anzusehen. Fraglich kann dies hingegen bezüglich der daraus vom Erstgericht gezogenen Schlussfolgerung auf eine soziale Integration des Kindes und die hieraus wiederum abgeleitete Feststellung seines „gewöhnlichen" Aufenthalts iSv Art 5 sein. Richtigerweise wird man das Vorliegen einer **sozialen Integration** des Kindes in einem bestimmten Staat als eine auf ein Bündel von Einzeltatsachen gestützte Feststellung ansehen müssen, die ihrerseits wiederum eine Tatsache feststellt, an die das Zweitgericht gebunden ist (NK-BGB/*Benicke* Rn 5; Rauscher/*Hilbig Lugani* Rn 4; **aA** Staud/*Pirrung* Rn G 134). Der eigenständigen Bewertung durch das Zweitgericht unterliegt dann allein die Frage, ob das Erstgericht aus den festgestellten Tatsachen zu Recht auf das Vorliegen eines gewöhnlichen Aufenthalts geschlossen hat, dh von einem zutreffenden *rechtlichen* Verständnis der Begriffs „gewöhnlicher Aufenthalt" ausgegangen ist.

380   Einigkeit besteht darüber, dass es sich auch bei der Beurteilung, ob die Inanspruchnahme einer bestimmten Zuständigkeit durch das Erstgericht dem **Kindeswohl** entsprochen hat (vgl Art 8 Abs 4, Art 9 Abs 1 und Art 10 Abs 1 lit b), um eine Tatsachenfeststellung handelt, an die das Zweitgericht gebunden ist (*Lagarde*-Bericht Rn 131; Staud/*Pirrung* Rn G 134; NK-BGB/*Benicke* Rn 8).

KSÜ Art 26. [Verfahren der Vollstreckbarerklärung]

(1) Erfordern die in einem Vertragsstaat getroffenen und dort vollstreckbaren Maßnahmen in einem anderen Vertragsstaat Vollstreckungshandlungen, so werden sie auf Antrag jeder betroffenen Partei nach dem im Recht dieses Staates vorgesehenen Verfahren in dem anderen Staat für vollstreckbar erklärt oder zur Vollstreckung registriert.

(2) Jeder Vertragsstaat wendet auf die Vollstreckbarerklärung oder die Registrierung ein einfaches und schnelles Verfahren an.

(3) Die Vollstreckbarerklärung oder die Registrierung darf nur aus einem der in Artikel 23 Absatz 2 vorgesehenen Gründen versagt werden.

1. Allgemeines

381   In Übereinstimmung mit Art 28 EuEheVO (→ Rn 130 ff) werden Maßnahmen iSv Art 3 KSÜ, die im Ursprungsstaat vollstreckbar sind, nach Abs 1 in den übrigen Vertragsstaaten für vollstreckbar erklärt. Einer Vollstreckung zugänglich sind Leistungs- und Unterlassungsanordnungen, also insbesondere **Regelungen des persönlichen Umgangs und Herausgabeanordnungen,** aber auch zB Maßnahmen zum Verkauf von Kindesvermögen durch den gesetzlichen Vertreter (*Lagarde*-Bericht Rn 132). Dies gilt auch, wenn diese Anordnungen als Eilmaßnahmen von dem nach Art 11 zuständigen Gericht getroffen wurden (OLG München FamRZ 15, 777 Rn 41 = IPRax 16, 379 m Anm *Siehr* 344). Demgegenüber handelt es sich bei **Sorgerechtsregelungen** um Gestaltungs- oder Feststellungsentscheidungen, die keinen vollstre-

1314

III. Staatsverträge: KSÜ Art 25   382–387 **N**

ckungsfähigen Inhalt haben (BGH FamRZ 05, 1540/1542; *Schulte-Bunert* FamRZ 07, 1608/ 1609; Rauscher/*Hilbig-Lugani* Rn 4). Sie können nur inzident nach Art 23 Abs 1 oder im Verfahren nach Art 24 anerkannt werden. Nebenentscheidungen zu Maßnahmen nach Art 3 – wie insbesondere **Kostenentscheidungen** – können auch dann für vollstreckbar erklärt werden, wenn die zugrundeliegende Hauptsacheentscheidung nur gestaltende Wirkung hat.

2. Erfordernis einer Vollstreckbarerklärung, Abs 1

a) Allgemeines. Soweit die von Behörden eines Vertragsstaats getroffenen Maßnahmen Voll- **382** streckungshandlungen in einem anderen Vertragsstaat erfordern, sind sie gem Abs 1 in diesem Staat für vollstreckbar zu erklären (bzw in den *Common Law*-Jurisdiktionen zur Vollstreckung zu registrieren). Einen vollständigen Verzicht auf die Durchführung eines Exequaturverfahrens, wie sie die EuEheVO in Art 41, 42 für Entscheidungen zum Umgangsrecht und zur Rückgabe von Kindern vorsieht (→ Rn 235 ff), ordnet das KSÜ nicht an. Die Durchführung des Vollstreckbarerklärungsverfahrens ist erforderlich, weil die nach ausländischem Recht bestehende Vollstreckbarkeit einer Maßnahme – anders als sonstige verfahrensrechtliche Urteilswirkungen – nicht nach Art 23 Abs 1 automatisch auf das Inland erstreckt wird. Die Vollstreckbarkeit der ausländischen Maßnahme für das Inland wird vielmehr **erst durch die Vollstreckbarerklärung eines deutschen Gerichts** (Gestaltungsentscheidung) konstitutiv begründet. Grundlage für die Vollstreckung der ausländischen Maßnahme im Inland ist also nicht allein der ausländische Titel, sondern allein die inländische Entscheidung über die Vollstreckbarerklärung (BGH NJW 86, 1440/1441). Der für vollstreckbar erklärte ausländische Titel ist dann in jeglicher Hinsicht wie ein inländischer Vollstreckungstitel zu behandeln.

b) Voraussetzungen für die Vollstreckbarerklärung. aa) Vollstreckbarkeit der Maß- **383** **nahme im Ursprungsstaat.** Nur Maßnahmen, die im Ursprungsstaat vollstreckbar sind, können auch in anderen Vertragsstaaten für vollstreckbar erklärt werden; dabei reicht vorläufige Vollstreckbarkeit aus (Rauscher/*Hilbig-Lugani* Rn 4). Die Vorlage einer vollstreckbaren Ausfertigung oder sonstiger Urkunden, wie sie zur Vollstreckbarerklärung nach Art 37 EuEheVO vorgeschrieben sind, verlangt das KSÜ nicht. Diese Förmlichkeiten beurteilen sich nach dem nationalen Verfahrensrecht des Vollstreckungsstaates.

bb) Antragserfordernis. Maßnahmen anderer Vertragsstaaten werden im Inland nur auf **384** Antrag, nicht von Amts wegen für vollstreckbar erklärt. Die Antragsberechtigung zieht Abs 1 dabei weit, wenn er sie „jeder betroffenen Partei" zuweist, die ein Interesse an der Durchsetzung der Maßanhme hat (BeckOGK/*Markwardt* Rn 11). Die Förmlichkeiten des Antrags beurteilen sich nach § 16 IntFamRVG.

3. Verfahren der Vollstreckbarerklärung, Abs 2

Zum Verfahren der Vollstreckbarerklärung enthält Abs 2 lediglich die staatsvertragliche Vor- **385** gabe, dass ein „einfaches und schnelles Verfahren" vorzusehen ist. Im Übrigen bleibt die Ausgestaltung des Verfahrens – zB als einseitiges oder kontradiktorisches Verfahren – dem **nationalen Recht** des Vollstreckungsstaates überlassen (Staud/*Pirrung* Rn G 141; Rauscher/*Hilbig-Lugani* Rn 8).

In **Deutschland** erfolgt die Vollstreckbarerklärung von Maßnahmen aus Vertragsstaaten des **386** KSÜ in einem Klauselerteilungsverfahren (§ 1 Nr 2 iVm §§ 16 ff, 23 IntFamRVG; → Rn 538 ff), das ein (besonderes) formalisiertes erstinstanzliches Erkenntnisverfahren darstellt. Das Verfahren ist einfach und effizient ausgestaltet. Der Antragsteller kann in einem **einseitigen Verfahren ohne Anwaltszwang** (§ 18 Abs 2 IntFamRVG) praktisch in wenigen Tagen die Vollstreckbarerklärung erlangen. Wegen der Einzelheiten kann in weitem Umfang auf das Vollstreckbarerklärungsverfahren nach Art 28 ff EuEheVO verwiesen werden (→ Rn 126 ff). Soweit es um die Vollstreckung von Maßnahmen aus Vertragsstaaten des KSÜ geht, verdrängt das Verfahren nach Art 26 iVm §§ 16 ff IntFamRVG das allgemeine Vollstreckbarerklärungsverfahren nach dem FamG. Der aus der ausländischen Maßnahme Berechtigte kann daher auch in zweifelhaften Fällen keinen Antrag auf Vollstreckbarerklärung nach § 110 FamFG stellen.

4. Beschränkung der Versagungsgründe, Abs 3

Die Vollstreckbarerklärung einer ausländischen Maßnahme setzt nach dem KSÜ – wie auch **387** sonst – voraus, dass die Maßnahme im Vollstreckungsstaat **anerkennungsfähig** ist. Sie darf daher

N 391   2. Teil. Anerkennung/Vollstreckung N. Kindschaftssachen

aus jedem der in Art 23 Abs 2 aufgeführten Gründe (→ Rn 359 ff) versagt werden. Die ausländische Maßnahme darf hingegen keinesfalls in der Sache selbst nachgeprüft werden, Art 27. Die Regelung in Abs 3 bezieht sich freilich nur auf die materiellen Anerkennungsversagungsgründe, die in Art 23 Abs 2 abschließend aufgezählt sind. Deren Prüfung erfolgt **von Amts wegen.** Eine Pflicht zur Amtsermittlung der entscheidungserheblichen Tatsachen besteht nicht. Zu berücksichtigen sind daher nur die von den Beteiligten vorgetragenen Tatsachen, aus denen sich Anerkennungshindernisse ergeben können.

388   Das erstinstanzliche Gericht ist freilich – entgegen dem insoweit missverständlichen Wortlaut des Abs 3 – keineswegs auf die Prüfung von Anerkennungshindernissen nach Art 23 Abs 2 beschränkt, sondern kann den Antrag auf Vollstreckbarerklärung auch aus den zu Art 28 EuEheVO (→ Rn 138 ff) aufgelisteten zahlreichen weiteren, insbesondere **formalen Gründen** ablehnen.

389   Schließlich kann sich ein Vollstreckungshindernis auch aus einer nachträglichen **Änderung der tatsächlichen Verhältnisse** ergeben. So kann die Vollstreckbarkeit einer Maßnahme entfallen, wenn das Kind inzwischen volljährig geworden ist oder der Elternteil, an den das Kind herauszugeben ist, nach Erlass der ausländischen Herausgabeanordnung verstorben ist (NK-BGB/*Benicke* Rn 5; Staud/*Pirrung* Rn G 142). Der bloße Umstand, dass ein Beteiligter aufgrund der nach Erlass der ausländischen Maßnahme eingetretenen Änderung der Umstände bei einer Behörde des Vollstreckungsstaats einen Abänderungsantrag gestellt hat, reicht hingegen für eine Versagung der Vollstreckbarerklärung nicht aus (NK-BGB/*Benicke* Rn 4). Erst wenn eine nach dem Kapitel II zuständige inländische Behörde aufgrund der geänderten tatsächlichen Umstände eine neue Maßnahme getroffen hat, die mit der für vollstreckbar zu erklärenden ausländischen Maßnahmen unvereinbar ist, scheidet die Vollstreckbarerklärung in entsprechender Anwendung von Art 23 Abs 2 lit e aus.

KSÜ Art 27. [Verbot der sachlichen Nachprüfung]

Vorbehaltlich der für die Anwendung der vorstehenden Artikel erforderlichen Überprüfung darf die getroffene Maßnahme in der Sache selbst nicht nachgeprüft werden.

390   In Übereinstimmung mit Art 26, 31 Abs 3 EuEheVO und der gängigen staatsvertraglichen Praxis untersagt Art 27 eine Nachprüfung der ausländischen Maßnahme in der Sache. Dies gilt allerdings nur vorbehaltlich der nach Art 23 Abs 2 erforderlichen Prüfung von Anerkennungsversagungsgründen. Das Verbot einer *révision au fond* hat im Hinblick auf den abschließenden Katalog dieser Gründe eher klarstellenden Charakter (BeckOGK/*Markwardt* Rn 3; Rauscher/*Hilbig-Lugani* Rn 1). Es schließt freilich – wie Art 14 klarstellt – eine **Abänderung der ausländischen Entscheidung** durch die Gerichte des Vollstreckungsstaates aufgrund geänderter tatsächlicher Verhältnisse nicht aus. Ob eine Abänderung der ausländischen Entscheidung hingegen auch bei unverändertem Sachverhalt allein damit begründet werden kann, dass im Verfahren vor dem angerufenen Gericht im Vollstreckungsstaat nunmehr ein anderes materielles Recht gelte, das zu einer abweichenden Sachentscheidung führe, erscheint fraglich, weil dies auf eine unzulässige sachliche Überprüfung der ausländischen Entscheidung hinausläuft (vgl *Mansel* IPRax 87, 298/301; G/Sch/*Gruber* IRV Rn 2; BeckOGK/*Markwardt* Rn 4; **aA** NK-BGB/*Benicke* Rn 3 f; Rauscher/*Hilbig-Lugani* Rn 5).

KSÜ Art 28. [Vollstreckung]

[1] Die in einem Vertragsstaat getroffenen und in einem anderen Vertragsstaat für vollstreckbar erklärten oder zur Vollstreckung registrierten Maßnahmen werden dort vollstreckt, als seien sie von den Behörden dieses anderen Staates getroffen worden. [2] Die Vollstreckung richtet sich nach dem Recht des ersuchten Staates unter Beachtung der darin vorgesehenen Grenzen, wobei das Wohl des Kindes zu berücksichtigen ist.

1. Gleichstellung ausländischer und inländischer Maßnahmen, S 1

391   Für die eigentliche Zwangsvollstreckung ist – wie nach Art 47 Abs 1 EuEheVO (→ Rn 298 ff) – das Recht des Vollstreckungsstaates maßgebend. Hierzu ordnet S 1 die vollständige Gleichstellung von für vollstreckbar erklärten ausländischen Maßnahmen mit Maßnahmen an, die von den Behörden des Vollstreckungsstaates selbst getroffen worden sind. Der Vollstreckungsstaat ist also nicht berechtigt, ausländische Maßnahmen nur unter – im Vergleich zu inländischen Maß-

1316

III. Staatsverträge: KSÜ Art 51

nahmen – erschwerten Voraussetzungen zu vollstrecken (Staud/*Pirrung* Rn G 144; NK-BGB/*Benicke* Rn 1; Rauscher/*Hilbig-Lugani* Rn 1).

2. Anwendung des Rechts des ersuchten Staates, S 2

Im Übrigen richtet sich die Vollstreckung der ausländischen Maßnahmen nach dem Recht des **392** Vollstreckungsstaates. Daher gelten – wie S 2 klarstellt – die im Vollstreckungsstaat vorgesehenen **Schranken** für die Vollstreckung von Maßnahmen auf dem Gebiet der elterlichen Verantwortung in gleicher Weise auch für ausländische Maßnahmen (vgl *Lagarde*-Bericht Rn 134). Wenn also § 90 Abs 2 S 1 FamFG bestimmt, dass eine gerichtliche Anordnung der Herausgabe eines Kindes zum Zweck der Ausübung des Umgangsrechts nicht durch Gewaltandrohung gegen das Kind vollstreckt werden darf, so gilt dies auch für eine ausländische Herausgabeanordnung, die im Inland zu vollstrecken ist (NK-BGB/*Benicke* Rn 2; Staud/*Pirrung* Rn G 145). Eine Einschränkung ergibt sich nur aus der in S 2 ausdrücklich vorgeschriebenen Berücksichtigung des **Kindeswohls**, an dem sich also nicht nur die Auslegung des KSÜ selbst, sondern auch die Anwendung des nationalen Vollstreckungsrechts der Vertragsstaaten zu orientieren hat (Rauscher/*Hilbig-Lugani* Rn 4).

Kapitel V. Zusammenarbeit

KSÜ Art 29–39

(abgedruckt und kommentiert → U Rn 29 ff)

Kapitel VI. Allgemeine Bestimmungen

KSÜ Art 40–45

(abgedruckt und kommentiert → F Rn 531 ff)

KSÜ Art 46–49

(abgedruckt und kommentiert → Rn 692 ff)

KSÜ Art 50. [Verhältnis zum HKÜ]

¹**Dieses Übereinkommen lässt das Übereinkommen vom 25. Oktober 1980 über die zivilrechtlichen Aspekte internationaler Kindesentführung im Verhältnis zwischen den Vertragsparteien beider Übereinkommen unberührt. ²Einer Berufung auf Bestimmungen dieses Übereinkommens zu dem Zweck, die Rückkehr eines widerrechtlich verbrachten oder zurückgehaltenen Kindes zu erwirken oder das Recht zum persönlichen Umgang durchzuführen, steht jedoch nichts entgegen.**

Vgl dazu die Kommentierung → F Rn 538 f. Auf dem Gebiet der Anerkennung und Vollstre- **393** ckung von Sorge- oder Umgangsrechtsentscheidungen kann es zu einem Konflikt zwischen dem KSÜ und dem HKÜ nicht kommen, weil das HKÜ diese Fragen nicht regelt, sondern sich auf die zeitnahe Rückführung des Kindes beschränkt.

KSÜ Art 51. [Verhältnis zum MSA]

Im Verhältnis zwischen den Vertragsstaaten ersetzt dieses Übereinkommen das Übereinkommen vom 5. Oktober 1961 über die Zuständigkeit der Behörden und das anzuwendende Recht auf dem Gebiet des Schutzes von Minderjährigen und das am 12. Juni 1902 in Den Haag unterzeichnete Abkommen zur Regelung der Vormundschaft über Minderjährige, unbeschadet der Anerkennung von Maßnahmen, die nach dem genannten Übereinkommen vom 5. Oktober 1961 getroffen wurden.

Vgl dazu die Kommentierung → F Rn 540 f. Die Anerkennung und Vollstreckung bestimmt **394** sich aus deutscher Sicht für nach dem 1.1.2011 (Art 53 Abs 2; → Rn 398) in einem Vertragsstaat des MSA getroffene Schutzmaßnahmen grundsätzlich nach dem Kapitel III des KSÜ, wenn der Ursprungsstaat zu diesem Zeitpunkt auch Vertragsstaat des KSÜ war. Die Anwendung des KSÜ darf aber nach dem letzten Hs nicht dazu führen, dass im Ursprungsstaat auf das MSA gestützte Maßnahmen nicht mehr anerkannt werden können. Insbesondere scheitert die Anerkennung

N 398   2. Teil. Anerkennung/Vollstreckung N. Kindschaftssachen

von im Heimatstaat des Minderjährigen nach Art 4 MSA getroffene Maßnahmen nicht deshalb an Art 23 Abs 2 lit a KSÜ, weil eine solche Zuständigkeit im Kapitel II dieses Übk nicht mehr vorgehen ist (*Lagarde*-Bericht Rn 169; Rauscher/*Hilbig-Lugani* Rn 2). Sind Ursprungs- und Anerkennungsstaat zugleich Mitgliedstaaten der EuEheVO, so haben allerdings die Art 21 ff EuEheVO gem Art 61 lit b EuEheVO Vorrang vor Art 23 ff KSÜ.

395   Die Anerkennungsvorschrift des Art 7 MSA bleibt gem Art 51 letzter Hs weiter maßgeblich für die Anerkennung von Schutzmaßnahmen, die in einem Vertragsstaat des MSA bereits vor dem 1.1.2011 getroffen wurden. Sie gilt ferner auch für danach getroffene Maßnahmen, wenn und solange der Ursprungsstaat dem KSÜ nicht beigetreten ist. Dies trifft aus deutscher Sicht nur noch auf Maßnahmen der chinesischen Sonderverwaltungsregion *Macau* zu, ferner etwa auf vor dem 1.2.2017 von *türkischen* Behörden getroffene Maßnahmen.

KSÜ Art 52. [Verhältnis zu anderen Übereinkommen]

(1) Dieses Übereinkommen lässt internationale Übereinkünfte unberührt, denen Vertragsstaaten als Vertragsparteien angehören und die Bestimmungen über die im vorliegenden Übereinkommen geregelten Angelegenheiten enthalten, sofern die durch eine solche Übereinkunft gebundenen Staaten keine gegenteilige Erklärung abgeben.

(2) Dieses Übereinkommen lässt die Möglichkeit unberührt, dass ein oder mehrere Vertragsstaaten Vereinbarungen treffen, die in bezug auf Kinder mit gewöhnlichem Aufenthalt in einem der Staaten, die Vertragsparteien solcher Vereinbarungen sind, Bestimmungen über die in diesem Übereinkommen geregelten Angelegenheiten enthalten.

(3) Künftige Vereinbarungen eines oder mehrerer Vertragsstaaten über Angelegenheiten im Anwendungsbereich dieses Übereinkommens lassen im Verhältnis zwischen solchen Staaten und anderen Vertragsstaaten die Anwendung der Bestimmungen des Übereinkommens unberührt.

(4) Die Absätze 1 bis 3 gelten auch für Einheitsrecht, das auf besonderen Verbindungen insbesondere regionaler Art zwischen den betroffenen Staaten beruht.

396   Vgl dazu die Kommentierung → F Rn 542 ff. Auf dem Gebiet der Anerkennung und Vollstreckung von Schutzmaßnahmen für Kinder bleibt im Verhältnis der Vertragsstaaten des KSÜ zueinander gem Abs 1 insbesondere das EuSorgeRÜ (→ Rn 399 ff) unberührt (**aA** zu Unrecht öst OGH 18.7.11, unalex AT-746). Wegen des Vorrangs der EuEheVO vor dem EuSorgeRÜ nach Art 60 lit d EuEheVO gilt dies freilich nur im Verhältnis zwischen denjenigen Vertragsstaaten, die nicht zugleich Mitgliedstaaten der Verordnung sind. Außerdem haben die *Niederlande* zu Abs 1 erklärt, dass das KSÜ Vorrang vor dem Europäischen Sorgerechtsübk v 20.5.1980 hat.

397   In Bezug auf Art 52 haben inzwischen alle EU-Mitgliedstaaten erklärt, dass Urteile aus anderen EU-Mitgliedstaaten, die auch in den Anwendungsbereich des KSÜ fallen, nach den Regeln des Unionsrechts, dh nach Art 21 ff EuEheVO, anerkannt und vollstreckt werden; vgl auch den Ratsbeschluss v 5.6.2008 (ABl EU L 151, 36).

KSÜ Art 53. [Übergangsvorschriften]

(1) Dieses Übereinkommen ist nur auf Maßnahmen anzuwenden, die in einem Staat getroffen werden, nachdem das Übereinkommen für diesen Staat in Kraft getreten ist.

(2) Dieses Übereinkommen ist auf die Anerkennung und Vollstreckung von Maßnahmen anzuwenden, die getroffen wurden, nachdem es im Verhältnis zwischen dem Staat, in dem die Maßnahmen getroffen wurden, und dem ersuchten Staat in Kraft getreten ist.

1. Internationale Zuständigkeit und anwendbares Recht

Vgl dazu → F Rn 549 f.

2. Anerkennung und Vollstreckung, Abs 2

398   Enger als Art 64 Abs 2–4 EuEheVO zieht Abs 2 den zeitlichen Anwendungsbereich für die Anerkennung und Vollstreckung von Entscheidungen nach dem KSÜ. Denn sie kann nur dann nach dem Kapitel IV erfolgen, wenn Gegenstand eine Maßnahme ist, die getroffen wurde,

1318

III. Staatsverträge   399–401 **N**

nachdem das KSÜ im Verhältnis zwischen dem Ursprungs- und dem ersuchten Staat bereits in
Kraft getreten war. In *Deutschland* können daher nur nach dem 1.1.2011 getroffene Maßnahmen
der Behörden anderer Vertragsstaaten nach dem KSÜ anerkannt und vollstreckt werden. Hingegen ist das Übk auf die Anerkennung und Vollstreckung zuvor getroffener Maßnahmen auch
dann nicht anwendbar, wenn das KSÜ in Ursprungsstaat im Zeitpunkt der Entscheidung bereits
in Kraft war (öst OGH 18.7.11, unalex AT-746). Es genügt also nicht, dass das KSÜ im
Zeitpunkt der Anerkennung oder Vollstreckung in beiden Staaten gilt. Auch reicht es für die
Anwendung der Art 23 ff KSÜ nicht aus, dass das Gericht des Ursprungsstaats die Entscheidung
vor dem Inkrafttreten des KSÜ aufgrund einer Zuständigkeitsvorschrift getroffen hat, die eine
Entsprechung im Kapitel II dieses Übk hat.

KSÜ Art 54–56

(abgedruckt und kommentiert → F Rn 551 ff)

Kapitel VII. Schlussbestimmungen

KSÜ Art 57–63

(abgedruckt → F nach Rn 553)

750. Luxemburger Europäisches Übereinkommen über die Anerkennung und Vollstreckung von Entscheidungen über das Sorgerecht für Kinder und die Wiederherstellung des Sorgeverhältnisses (EuSorgeRÜ)

Vom 20. Mai 1980 (BGBl 1990 II, 220)

Vorbemerkung

Schrifttum: *Bach/Gildenast,* Internationale Kindesentführung. Das Haager Kindesentführungsüberein-
kommen und das Europäische Sorgerechtsübereinkommen (1999); *Mansel,* Neues Internationales Sorgerecht,
NJW 90, 2176; *Gülicher,* Internationale Kindesentführungen. Das HKÜ und das EUSorgeRÜ (1992); *Jorzik,*
Das neue zivilrechtliche Kindesentführungsrecht (1995); *Limbrock,* Das Umgangsrecht im Rahmen des Haager
Kindesentführungsübereinkommens und des Europäischen Sorgerechtsübereinkommens, FamRZ 99, 1633;
Lowe/Perry, Die Wirksamkeit des Haager und des Europäischen Übereinkommens zur Internationalen
Kindesentführung zwischen England und Deutschland, FamRZ 98, 1073; *Pirrung,* Wiederherstellung des
Sorgeverhältnisses, IPRax 97, 182; *Schulz,* Internationale Regelungen zum Sorge- und Umgangsrecht,
FamRZ 03, 336; s a das Schrifttum → vor Rn 1.

1. Ziel des Übereinkommens

Das Übk bezweckt die Erleichterung der Anerkennung und Vollstreckung von Sorgerechts- **399**
entscheidungen im Verhältnis der Vertragsstaaten durch die Festlegung eines abschließenden
Katalogs von Versagungsgründen. Daneben geht es dem Übk vor allem um die Rückgängigmachung von Sorge- und Umgangsrechtsverletzungen, dh um die Wiederherstellung eines verletzten tatsächlichen Sorgeverhältnisses durch Rückführung des widerrechtlich in einen anderen
Vertragsstaat verbrachten oder dort zurückgehaltenen Kindes. Damit tritt das Übk in Konkurrenz
zum Haager Kindesentführungsübereinkommen (MüKoBGB/*Heiderhoff* Vorbem Rn 2 f).

2. Vertragsstaaten

Das Übk ist für die Bundesrepublik Deutschland am 1.2.1991 im Verhältnis zu *Belgien, Frank-* **400**
reich, Luxemburg, den *Niederlanden, Norwegen, Österreich, Portugal, Schweden,* der *Schweiz, Spanien,*
dem *Vereinigten Königreich* und *Zypern* in Kraft getreten (Bek v 19.12.1990, BGBl 91 II, 392).
    Es gilt heute ferner im Verhältnis zu *Andorra* (seit 1.7.2011, BGBl II, 622), *Bulgarien* (seit **401**
1.10.2003, BGBl II, 1543), *Dänemark* (seit 1.8.1991, BGBl II, 832), *Estland* (seit 1.9.2001,
BGBl II, 1066), *Finnland* (seit 1.8.1994, BGBl II, 3538), *Griechenland* (seit 1.7.1993, BGBl II,
1274), *Irland* (seit 1.10.1991, BGBl II, 1076), *Island* (seit 1.11.1996, BGBl II, 2539), *Italien* (seit
1.6.1995, BGBl II, 460), *Lettland* (seit 1.8.2002, BGBl II, 2844), *Liechtenstein* (seit 1.8.1997,
BGBl II, 2136), *Litauen* (seit 1.5.2003, BGBl II, 424), *Malta* (seit 1.2.2000, BGBl II, 1207),
Mazedonien (seit 1.3.2003, BGBl II, 424), der *Republik Moldau* (seit 1.5.2004, BGBl II, 570),
Montenegro (seit 8.6.2006, BGBl 08 II, 3), *Polen* (seit 1.3.1996, BGBl II, 541), *Rumänien* (seit

1319

N 402–409   2. Teil. Anerkennung/Vollstreckung N. Kindschaftssachen

1.9.2004, BGBl II, 1584), *Serbien* (seit 1.5.2002, BGBl II, 2844), der *Slowakei* (seit 1.9.2001, BGBl II, 871), der *Tschechischen Republik* (seit 1.7.2000, BGBl 01 II, 871), der *Türkei* (seit 1.6.2000, BGBl II, 1207), der *Ukraine* (seit 1.11.2008, BGBl 09 II, 401) und *Ungarn* (seit 1.6.2004, BGBl II, 570).

402 Die *Niederlande* haben zu dem Übk erklärt, dass die dort vorgesehene Genehmigung der Zwangsrückgabe des Kindes jederzeit mit der Begründung abgelehnt werden könne, dass eine solche Maßnahme den Grundsätzen der am 4.11.1950 in Rom unterzeichneten Konvention zum Schutz der Menschenrechte und Grundfreiheiten widerspreche.

3. Anwendungsbereich

403 **a) Sachlicher Anwendungsbereich.** Das Übk gilt nicht umfassend für die Anerkennung und Vollstreckung von Sorge- und Umgangsrechtsentscheidungen jeder Art zwischen den Vertragsstaaten, sondern nur von solchen Entscheidung, durch die eine **Sorgerechtsverletzung rückgängig gemacht** werden soll. Dies sind Entscheidungen

404 **(1)** zur **Wiederherstellung des Sorgerechts** nach einer Kindesentführung, wenn durch diese gegen eine Sorgerechtsentscheidung verstoßen worden ist; anders als nach Art 3 Abs 2 HKÜ (→ U Rn 119) reicht die Verletzung eines nur kraft Gesetzes bestehenden Sorgerechts durch die Kindesentführung grundsätzlich nicht aus, sondern nur ausnahmsweise dann, wenn das Verbringen des Kindes nachträglich in einem Vertragsstaat durch eine gerichtliche Entscheidung für widerrechtlich erklärt worden ist (Art 12);

405 **(2)** zur **Durchsetzung des Umgangsrechts,** welches durch das Zurückhalten des Kindes in einem anderen Vertragsstaat verletzt wird, sofern das Umgangsrecht durch gerichtliche Entscheidung oder durch eine gerichtlich genehmigte Vereinbarung der Eltern begründet worden ist.

406 **Nicht** in den sachlichen Anwendungsbereich des Übk fallen hingegen Sorgerechtsentscheidungen, die in einem Vertragsstaat eine in einem anderen Vertragsstaat getroffene Sorgerechtsentscheidung ersetzen (Art 6 Abs 4, 11 Abs 3) oder abändern. Solche Sorgerechtsentscheidungen können im Inland nur nach Maßgabe der EuEheVO, anderer Staatsverträge (zB Art 23 ff KSÜ) oder nach autonomem Recht (§§ 108 ff FamFG) anerkannt und vollstreckt werden (MüKoBGB/*Heiderhoff* Vorbem Rn 9).

407 **b) Räumlicher Anwendungsbereich.** Das Übk gilt räumlich für das Hoheitsgebiet der Vertragsstaaten einschließlich derjenigen Gebiete, auf welche die Vertragsstaaten die Geltung des Übk nach Art 24, 25 erstreckt haben (→ Rn 507 f).

408 **c) Persönlicher Anwendungsbereich.** In persönlicher Hinsicht gilt das Übk für „Kinder" iSv Art 1 lit a, die im Zeitpunkt der Anerkennung der Sorgerechtsentscheidung das 16. Lebensjahr noch nicht vollendet haben und die nach keinem der in Art 1 lit a genannten Rechte berechtigt sind, ihren eigenen Aufenthalt zu bestimmen. Auf die Staatsangehörigkeit des Kindes kommt es nach der ausdrücklichen Klarstellung in Art 1 lit a nicht an. Abweichend vom HKÜ (→ U Rn 123 ff) muss das Kind auch seinen gewöhnlichen Aufenthalt nicht in einem Vertragsstaat haben oder gehabt haben. Das Übk gilt mithin auch für die Anerkennung von Sorgerechtsentscheidungen eines anderen Vertragsstaats, die sich auf ein Kind mit gewöhnlichem Aufenthalt in einem Drittstaat beziehen (MüKoBGB/*Heiderhoff* Vorbem Rn 8).

409 **d) Zeitlicher Anwendungsbereich.** Eine ausdrückliche Regelung zum zeitlichen Anwendungsbereich des Übk – wie in Art 35 HKÜ – fehlt. Einigkeit besteht darüber, dass das Übk für die Anerkennung und Vollstreckung von Sorge- und Umgangsrechtsentscheidungen jedenfalls dann gilt, wenn es im Zeitpunkt der Entscheidungsverkündung sowohl im Erst- wie im Zweitstaat in Kraft war; darüber hinaus sollte es jedoch auch ausreichen, wenn das Übk im Zweitstaat erst zur Zeit der Anerkennung gilt, selbst wenn es in diesem Staat zur Zeit der Entscheidungsverkündung noch nicht in Kraft war (MüKoBGB/*Heiderhoff* Vorbem Rn 6). Soweit es um die Wiederherstellung des Sorgeverhältnisses nach Art 8 geht, findet das Übk jedenfalls dann Anwendung, wenn das unzulässige Verbringen nach Inkrafttreten des Übk in den beiden betroffenen Staaten stattgefunden hat. Es sollte jedoch auch genügen, dass das Übk im Zeitpunkt der Entscheidung über die Wiederherstellung des Sorgerechts sowohl im ersuchenden wie im ersuchten Staat gilt, auch wenn diese sich auf ein unzulässiges Verbringen vor Inkrafttreten des Übk bezieht (OLG Braunschweig IPRax 97, 191 m Anm *Pirrung* 182; **aA** Staud/*Pirrung* Rn E 4).

III. Staatsverträge

4. Verhältnis zu anderen Rechtsinstrumenten

a) EuEheVO. Im Verhältnis zwischen den Mitgliedstaaten der EU (mit Ausnahme *Dänemarks*) **410** hat die EuEheVO nach ihrem Art 60 lit d Vorrang vor dem EuSorgeRÜ. Entscheidungen auf dem Gebiet der elterlichen Verantwortung, die in anderen Mitgliedstaaten der EuEheVO ergangen sind, werden in Deutschland daher grundsätzlich nur nach dem III. Kapitel der EuEheVO anerkannt und vollstreckt. Das EuSorgeRÜ hat daher aus deutscher Sicht nur noch Bedeutung für die Anerkennung und Vollstreckung von Sorgerechtsentscheidungen aus *Andorra, Dänemark, Island, Liechtenstein, Mazedonien,* der *Republik Moldau, Montenegro, Norwegen,* der *Schweiz, Serbien,* der *Türkei* und der *Ukraine.* Eine Ausnahme gilt nur für **einstweilige Maßnahmen**, die in einem Mitgliedstaat auf der Grundlage von Art 20 getroffen worden sind (OLG München FamRZ 15, 777/778). Darüber hinaus verbleibt dem EuSorgeRÜ auch im Verhältnis der EU-Mitgliedstaaten zueinander eine gewisse Bedeutung, soweit es um die Wiederherstellung des Sorgeverhältnisses durch Rückführung des Kindes geht, da diese in der EuEheVO nicht geregelt ist (Staud/*Pirrung* Rn C 214).

b) Haager Kinderschutzübereinkommen. Das KSÜ lässt nach seinem Art 52 Abs 1 inter- **411** nationale Übereinkünfte unberührt, denen Vertragsstaaten als Vertragsparteien angehören und die Bestimmungen über die im KSÜ geregelten Angelegenheiten enthalten, sofern die durch eine solche Übereinkunft gebundenen Staaten keine gegenteilige Erklärung abgeben. Diese Vorschrift regelt auch das Verhältnis zum EuSorgeRÜ. Soweit Vertragsstaaten des EuSorgeRÜ zugleich Vertragsstaaten des KSÜ sind, hat der Antragsteller daher ein Wahlrecht, ob er die Anerkennung und Vollstreckung einer vom EuSorgeRÜ erfassten Sorgerechtsentscheidung auf Art 7 ff EuSorgeRÜ oder auf Art 23 ff KSÜ stützen möchte (*Andrae* NZFam 16, 1011/1012; **aA** [Vorrang des KSÜ] zu Unrecht öst OGH 18.7.11, unalex AT-746). Aus deutscher Sicht besteht dieses Wahlrecht für Sorgerechtsentscheidungen, die in *Dänemark, Montenegro, Norwegen,* der *Schweiz, Serbien,* der *Türkei* und der *Ukraine* ergangen sind. Allerdings haben die *Niederlande* zu Art 52 Abs 1 erklärt, dass das KSÜ Vorrang vor dem EuSorgeRÜ hat.

c) Haager Kindesentführungsübereinkommen. Soweit das Übk die Wiederherstellung **412** des Sorgeverhältnisses durch Rückführung des Kindes regelt, überschneidet sich der Anwendungsbereich mit dem HKÜ. Weder das EuSorgeRÜ (Art 19) noch das HKÜ (Art 34 S 2) beanspruchen ausschließliche Geltung für sich, sodass der Antragsteller grundsätzlich ein Wahlrecht hat, auf welches der beiden Übereinkommen er einen Antrag auf Rückführung des Kindes stützen möchte. Stützt er ihn allerdings nicht ausdrücklich auf das EuSorgeRÜ, so hat das angerufene inländische Gericht gem § 37 IntFamRVG (→ U Rn 323) das HKÜ als das umfassendere Übereinkommen zugrunde zu legen.

d) Haager Minderjährigenschutzabkommen. Das MSA galt im Verhältnis zur *Türkei* bis **413** zum 31.1.2017 neben dem EuSorgeRÜ. Es regelt in Art 7 allerdings nur die Anerkennung von Schutzmaßnahmen; deren Vollstreckung konnte nur nach dem EuSorgeRÜ erreicht werden.

e) Straßburger Umgangsübereinkommen. Das Straßburger Europäische Übk über den **414** Umgang von und mit Kindern v 15.5.2003 ergänzt das EuSorgeRÜ. Die *Bundesrepublik Deutschland* hat dieses Übk allerdings bisher nicht gezeichnet. Es ist am 1.9.2005 für *Albanien, San Marino* und die *Tschechische Republik* in Kraft getreten. Es gilt inzwischen ferner für *Bosnien und Herzegowina* (seit 1.3.2013), *Kroatien* (seit 1.6.2009), *Malta* (seit 1.6.2015), *Rumänien* (seit 1.11.2007), die *Türkei* (seit 1.5.2012) und die *Ukraine* (seit 1.4.2007). Text (englisch/französisch) auf der Homepage des Europarats: http://conventions.coe.int (Nr 192).

5. Praktische Bedeutung

Die praktische Bedeutung des EuSorgeRÜ ist wesentlich geringer als diejenige des HKÜ. **415** Dies folgt schon aus seinem auf Europa beschränkten räumlichen Geltungsbereich und dem Vorrang der EuEheVO im Verhältnis der EU-Mitgliedstaaten. Darüber hinaus bleibt es wegen seiner Beschränkung auf die Verletzung von gerichtlichen/behördlichen Sorgerechtsregelungen auch in sachlicher Hinsicht hinter der Reichweite des HKÜ zurück. Außerdem sind die Regelungen des Übk unübersichtlich und für den Rechtsanwender nur mit Mühe zu durchschauen (*Schulz* FamRZ 03, 336/339). Nicht zuletzt aus diesem Grunde ordnet § 37 IntFamRVG in Verfahren vor deutschen Gerichten den grundsätzlichen Vorrang des HKÜ vor dem EuSorgeRÜ an. Dementsprechend ist auch die Zahl der veröffentlichten Gerichtsentscheidun-

N 417–419   2. Teil. Anerkennung/Vollstreckung N. Kindschaftssachen

gen zu diesem Übk in den mehr als 25 Jahren seiner Geltung bescheiden geblieben (vgl NK-BGB/*Benicke* EuSorgeRÜ Rn 4).

6. Deutsches Ausführungsgesetz

416 Ausführungsbestimmungen zu dem Übk in der *Bundesrepublik Deutschland* enthält das Internationale Familienrechtsverfahrensgesetz (**IntFamRVG**) v 26.1.2005 (§ 1 Nr 4; → Rn 518 ff), das mit Wirkung v 3.1.2005 an die Stelle des SorgeRÜbk-AG v 5.4.1990 (BGBl I, 701) getreten ist.

EuSorgeRÜ Art 1. [Begriffsbestimmungen]

Im Sinne dieses Übereinkommens bedeutet:

a) *Kind* **eine Person gleich welcher Staatsangehörigkeit, die das 16. Lebensjahr noch nicht vollendet hat und noch nicht berechtigt ist, nach dem Recht ihres gewöhnlichen Aufenthalts, dem Recht des Staates, dem sie angehört, oder dem innerstaatlichen Recht des ersuchten Staates ihren eigenen Aufenthalt zu bestimmen;**

b) *Behörde* **ein Gericht oder eine Verwaltungsbehörde;**

c) *Sorgerechtsentscheidung* **die Entscheidung einer Behörde, soweit sie die Sorge für die Person des Kindes, einschließlich des Rechts auf Bestimmung seines Aufenthalts oder des Rechts zum persönlichen Umgang mit ihm, betrifft;**

d) *unzulässiges Verbringen* **das Verbringen eines Kindes über eine internationale Grenze, wenn dadurch eine Sorgerechtsentscheidung verletzt wird, die in einem Vertragsstaat ergangen und in einem solchen Staat vollstreckbar ist; als unzulässiges Verbringen gilt auch der Fall, in dem**

i) **das Kind am Ende einer Besuchszeit oder eines sonstigen vorübergehenden Aufenthalts in einem anderen Hoheitsgebiet als dem, in dem das Sorgerecht ausgeübt wird, nicht über eine internationale Grenze zurückgebracht wird;**

ii) **das Verbringen nachträglich nach Artikel 12 für widerrechtlich erklärt wird.**

1. Kind, lit a

417 In Übereinstimmung mit dem HKÜ geht auch das EuSorgeRÜ in lit a von einer Altersgrenze von 16 Jahren aus. Danach können Entscheidungen nach dem EuSorgeRÜ nicht mehr anerkannt und vollstreckt werden, wenn das Kind inzwischen bereits das 16. Lebensjahr vollendet hat; dies gilt auch dann, wenn das Kind im Zeitpunkt der Entführung noch keine 16 Jahre alt war (Staud/*Pirrung* Rn E 6; **aA** *Hüßtege* IPRax 92, 371). Demgegenüber setzt die Anwendung des EuSorgeRÜ einen räumlichen Bezug des Kindes zu einem Vertragsstaat grundsätzlich nicht voraus; das Kind muss mithin weder die Staatsangehörigkeit eines Vertragsstaats besitzen noch seinen gewöhnlichen Aufenthalt im Zeitpunkt der Entscheidung in einem Vertragsstaat gehabt haben. Von diesem Grundsatz wird freilich in einzelnen Vorschriften (Art 8 Abs 1 lit a, Art 9 Abs 1 lit b, c und Art 10 lit c) abgewichen.

418 Der Begriff des Kindes ist jedoch deshalb enger als in Art 4 S 2 HKÜ, weil über dieses Alterserfordernis hinaus in lit a verlangt wird, dass das Kind weder nach dem Recht seines gewöhnlichen Aufenthalts noch nach seinem Heimatrecht oder dem Recht des ersuchten Staates befugt sein darf, seinen **eigenen Aufenthalt selbst zu bestimmen.** Während es sich bei der Verweisung auf das Recht des ersuchten Staates um eine Sachnormverweisung handelt („innerstaatliches Recht"), wird auf das Recht des gewöhnlichen Aufenthalts oder die Staatsangehörigkeit des Kindes einschließlich des dortigen internationalen Privatrechts verwiesen, sodass eine etwaige Rück oder Weiterverweisung zu beachten ist (**Gesamtverweisung;** Staud/*Pirrung* Rn E 6; MüKoBGB/*Heiderhoff* Rn 1). Ist das Kind Mehrstaater, so genügt es für den Ausschluss des EuSorgeRÜ, wenn das Kind nach nur einem seiner Heimatrechte das Aufenthaltsbestimmungsrecht hat; auf die Effektivität der Staatsangehörigkeit kommt es nicht an (Staud/*Pirrung* Rn E 6).

2. Behörde, lit b

419 Wie in der EuEheVO (Art 2 Nr 1) und in anderen kindschaftsrechtlichen Staatsverträgen (zB im KSÜ, vgl Art 5 Abs 1) umfasst der im Übk durchgehend verwendete Begriff der „Behörde" nicht nur Verwaltungsbehörden, sondern auch – und vor allem – Gerichte.

III. Staatsverträge: EuSorgeRÜ Art 1

3. Sorgerechtsentscheidung, lit c

Das EuSorgeRÜ geht von einem weiten Begriff der „Sorgerechtsentscheidung" aus. Dieser **420** umfasst zunächst jede Art von Entscheidung über das Sorgerecht, wobei es keinen Unterschied macht, ob es sich um eine gestaltende oder eine nur feststellende, um eine der Vollstreckung zugängliche oder nicht zugängliche Entscheidung handelt. Die Entscheidung kann daher die Regelung des Sorgerechts durch Zuweisung an einen Elternteil (zB nach Ehescheidung) ebenso zum Gegenstand haben wie die bloße Feststellung eines kraft Gesetzes bestehenden Sorgerechts (vgl Art 12) oder die Verpflichtung zur Herausgabe des Kindes an den sorgeberechtigten Elternteil. Dem Übk unterliegt auch die Anerkennung und Vollstreckung von **einstweiligen (Herausgabe-) Anordnungen** auf dem Gebiet der elterlichen Sorge (OLG Braunschweig IPRax 97, 191 m zust Anm *Pirrung* 182). Unerheblich ist auch, ob über das Sorgerecht isoliert oder als Folgesache im Rahmen eines Scheidungsurteils entschieden wird.

Da der Begriff der elterlichen Sorge im EuSorgeRÜ jedoch – wie in Art 5 lit a HKÜ (→ U **421** Rn 140 ff) – nur die **Personensorge** meint, beschränkt sich auch die Anerkennung und Vollstreckung von Sorgerechtsentscheidungen nach dem Übk auf diesen Aspekt; die in der Entscheidung gleichzeitig mitgeregelte Vermögenssorge wird somit nicht erfasst (Staud/*Pirrung* Rn E 8). Das Recht zur Personensorge erstreckt sich – wie lit a klarstellt – insbesondere auch auf die Regelung des Aufenthaltsbestimmungsrechts und des Umgangs eines sorgeberechtigten Elternteils mit seinem Kind. Hingegen sind Entscheidungen zum Umgangsrecht eines nicht sorgeberechtigten Elternteils mit dem Kind – entgegen der missverständlichen deutschen Übersetzung von lit a – keine Sorgerechtsentscheidungen im Sinne dieser Vorschrift (Staud/*Pirrung* Rn E 8). Ob die Personensorge einem oder beiden Elternteilen, einem Dritten (zB einem Vormund oder Pfleger) oder einer Behörde zusteht, bleibt für die Anwendung des Übk gleich.

4. Unzulässiges Verbringen, lit d

Die Anerkennung und Vollstreckung von Entscheidungen zur Rückgabe entführter Kinder **422** wird nach Art 8 und 9 EuSorgeRÜ besonders begünstigt. Voraussetzung dafür ist ein „unzulässiges Verbringen" des Kindes iSv lit d. Die Vorschrift regelt den Grundfall des unzulässigen Verbringens in Hs 1 und stellt diesem in Hs 2 lit i und lit ii die Fälle des unzulässigen Zurückhaltens und der nachträglichen Erklärung der Widerrechtlichkeit gleich.

a) Verbringen über die Grenze unter Verletzung einer Sorgerechtsentscheidung, 423 Hs 1. Unter einem „unzulässigen Verbringen" versteht das Übk nur das Verbringen des Kindes von einem Staat in einen anderen. Die Privilegierung nach Art 8, 9 greift mithin nur ein, wenn das Kind infolge des Verbringens eine **internationale Grenze überschreitet**. Wird das Kind nur innerhalb des Hoheitsgebiets eines Staates von einem Ort an einen anderen – auch weit entfernten – Ort verbracht, so liegt darin auch dann kein „unzulässiges Verbringen" iSv lit d, wenn dies unter Verletzung einer in diesem Staat vollstreckbaren ausländischen Sorgerechtsentscheidung geschieht oder der Sachverhalt einen sonstigen starken Auslandsbezug aufweist (Staud/*Pirrung* Rn E 9).

Unzulässig ist das Verbringen des Kindes über eine internationale Grenze nach dem EuSor- **424** geRÜ nur dann, wenn dadurch eine **Sorgerechtsentscheidung verletzt** wird, die in einem Vertragsstaat des Übk ergangen und in einem solchen Staat vollstreckbar ist. Aus diesem Erfordernis ergibt sich eine wesentliche Einschränkung gegenüber dem Begriff des „widerrechtlichen Verbringens in Art 3 Abs 1 lit a HKÜ, der auch die – häufigen – Fälle erfasst, in denen lediglich gegen ein **kraft Gesetzes** bestehendes Sorgerecht verstoßen wird. Verletzt wird eine Sorgerechtsentscheidung, wenn dem Berechtigten die Ausübung der ihm in der Entscheidung zugewiesenen Befugnisse als Sorgerechtsinhaber durch die Entführung des Kindes in ein anderes Land unmöglich gemacht wird.

Die von lit d geforderte **Vollstreckbarkeit** der Sorgerechtsentscheidung setzt nur voraus, dass **425** diese im Ursprungsstaat vollzogen werden kann, ein Vollzug insbesondere nicht durch die Einlegung von Rechtsmitteln gegen die Entscheidung ausgeschlossen oder ausgesetzt ist. Nicht gemeint ist hingegen die Vollstreckbarkeit im engen Sinne des deutschen Zwangsvollstreckungsrechts, die auf Leistungsurteile, dh im Bereich der elterlichen Sorge auf Anordnungen der Herausgabe des Kindes oder Regelungen des Umgangsrechts, beschränkt ist. „Vollstreckbar" iSv lit d sind vielmehr auch wirksame gestaltende Entscheidungen über die Zuweisung des Sor-

N 428   2. Teil. Anerkennung/Vollstreckung N. Kindschaftssachen

gerechts an einen Elternteil (OLG Celle FamRZ 99, 946/947; Staud/*Pirrung* Rn E 10; Mü-KoBGB/*Heiderhoff* Rn 4).

426   **b) Unzulässiges Zurückhalten des Kindes, Hs 2 lit i.** Ebenso wie ihm Rahmen von Art 3 Abs 1 lit a HKÜ steht auch nach lit d Hs 2 lit i dem unzulässigen Verbringen in dem vorgenannten Sinne der Fall gleich, dass das Kind am Ende einer Besuchszeit oder eines sonstigen vorübergehenden Aufenthalts in einem anderen Staat als demjenigen, in dem das Sorgerecht ausgeübt wird, nicht über eine internationale Grenze zurückgebracht wird. Dies entspricht dem Verständnis des widerrechtlichen Zurückhaltens im HKÜ (→ U Rn 101 ff).

427   **c) Nachträgliche Erklärung der Widerrechtlichkeit, Hs 2 lit ii.** Lag im Zeitpunkt des Verbringens oder Zurückhaltens des Kindes noch keine vollstreckbare Sorgerechtsentscheidung eines Gerichts eines Vertragsstaats vor, sondern wurde durch dieses Verbringen/Zurückhalten nur gegen ein gesetzliches Sorgerecht des anderen Elternteils verstoßen, so hat letzterer nach Hs 2 lit ii iVm Art 12 (→ Rn 486 ff) die Möglichkeit das Verhalten des „Entführers" noch nachträglich für widerrechtlich erklären zu lassen. Sobald in einem Vertragsstaat eine solche nachträgliche Feststellung durch ein Gericht getroffen wurde, kommt der in seinem Sorgerecht verletzte Elternteil in den uneingeschränkten Genuss der Privilegierung nach Art 8 und 9, soweit nicht ein Vorbehalt nach Art 18 eingelegt worden ist. Nicht ausreichend ist es demgegenüber, wenn erst nach dem – damals noch rechtmäßigen – Verbringen oder Zurückhalten des Kindes eine Entscheidung ergeht, durch die eine abweichende Regelung des Sorgerechts zugunsten des zurückgebliebenen Elternteils getroffen wird; diese hat also nicht zur Folge, dass der weitere Aufenthalt des Kindes im Zufluchtstaat von nun an als widerrechtlich anzusehen wäre (vgl zum HKÜ → U Rn 105).

Teil I. Zentrale Behörden

EuSorgeRÜ Art 2–6

(abgedruckt und kommentiert → U Rn 289 ff)

Teil II. Anerkennung und Vollstreckung von Entscheidungen und Wiederherstellung des Sorgeverhältnisses

EuSorgeRÜ Art 7. [Anerkennung von Sorgerechtsentscheidungen]

Sorgerechtsentscheidungen, die in einem Vertragsstaat ergangen sind, werden in jedem anderen Vertragsstaat anerkannt und, wenn sie im Ursprungsstaat vollstreckbar sind, für vollstreckbar erklärt.

1. Allgemeines

428   Art 7 enthält die grundsätzliche Verpflichtung der Vertragsstaaten, Sorgerechtsentscheidungen aus anderen Vertragsstaaten anzuerkennen und, soweit sie im Ursprungsstaat vollstreckbar sind, auch für vollstreckbar zu erklären. Auch im Rahmen des EuSorgeRÜ gilt der Grundsatz, dass Entscheidungen aus anderen Vertragsstaaten – ebenso wie nach Art 21 Abs 1 EuEheVO (→ Rn 56) oder Art 23 Abs 1 KSÜ (→ Rn 356) – **automatisch** (*ex lege*) anerkannt werden (OLG Hamm FamRZ 14, 1935 m Anm *Heiderhoff*; OVG Berlin-Brandenburg FamRZ 12, 1911). Die Durchführung eines besonderen Anerkennungsverfahrens ist dafür also nicht erforderlich; die Anerkennung erfolgt vielmehr *ipso iure*, dh über die Anerkennungsfähigkeit wird inzident in dem jeweiligen Hauptsacheverfahren entschieden, in dem es auf die Anerkennung der Maßnahme ankommt (öst OGH 18.7.11, BeckRS 16, 15134; *Andrae* NZFam 16, 1011/1012).

Die nähere Konkretisierung der Verpflichtung nach Art 7 ergibt sich freilich erst aus den nachfolgenden Vorschriften der Art 8–12, in denen die Voraussetzungen der Anerkennung und die Gründe, aus denen sie versagt werden kann, geregelt sind. Art 7 muss daher stets im Zusammenhang mit einer der nachfolgenden Vorschriften gelesen werden (Staud/*Pirrung* Rn E 36). Ist die Entscheidung anzuerkennen, so gilt hinsichtlich der Rechtsfolgen auch im Rahmen des EuSorgeRÜ der Grundsatz der **Wirkungserstreckung** (OLG Hamm aaO; dazu → Rn 623 ff).

III. Staatsverträge: EuSorgeRÜ Art 7   **429–440 N**

2. Materielle Voraussetzungen für die Anerkennung von Sorgerechtsentscheidungen

Die Gründe, die zur Versagung der Anerkennung und Vollstreckbarerklärung berechtigen, sind **429** in den Art 8–10 abschließend normiert. Dabei beziehen sich die Art 8 und 9 nur auf Fälle eines unzulässigen Verbringens iSv Art 1 lit d, dh auf Kindesentführungsfälle, während Art 10 die Anerkennung und Vollstreckung von Sorgerechtsentscheidungen iSv Art 1 lit c umfassend regelt.

3. Prüfungsreihenfolge

Aus der Systematik der Art 8–10 ergibt sich für die **Anerkennung von Sorgerechtsent-** **430** **scheidungen in Deutschland** unter Beachtung des von der *Bundesrepublik Deutschland* gem Art 17 eingelegten Vorbehalts folgende Prüfungsreihenfolge:

(1) Ist der sachliche, räumliche und zeitliche **Anwendungsbereich** des EuSorgeRÜ **431** (→ Rn 403 ff) eröffnet? Wenn ja:

(2) Wird das EuSorgeRÜ durch die **vorrangige EuEheVO** verdrängt (→ Rn 410)? Wenn **432** nein:

(3) Geht es um die Anerkennung und Vollstreckung der Sorgerechtsentscheidung aus einem **433** anderen Vertragsstaat im Zusammenhang mit einem **unzulässigen Verbringen** des Kindes iSv Art 1 lit d? Wenn ja:

a) Ist die Anwendbarkeit des EuSorgeRÜ nach **§ 37 IntFamRVG** zugunsten des HKÜ **434** ausgeschlossen? Wenn nein:

b) Die Anerkennung beurteilt sich dann nach Art 7 iVm Art 8–10. Danach gilt: **435**

aa) Wegen des von der Bundesrepublik Deutschland eingelegten Vorbehalts nach Art 17 sind **436** in jedem Fall die **Versagungsgründe nach Art 10 Abs lit a und lit b** zu prüfen, dh

– Verstößt die ausländische Entscheidung gegen Grundwerte des deutschen Kindschaftsrechts *(ordre public)?*
oder

– Entspricht die ausländische Entscheidung aufgrund einer wesentlichen Änderung der Verhältnisse offensichtlich nicht mehr dem Kindeswohl?

bb) Werden diese beiden Fragen verneint, so ist **im ersten Schritt Art 8** zu prüfen. Danach **437** kommt es darauf an, ob

– sowohl die Eltern als auch das Kind zur Zeit der Einleitung des Verfahrens im Ursprungsstaat nur Angehörige dieses Staates waren und das Kind außerdem seinen gewöhnlichen Aufenthalt in diesem Staat hatte (Abs 1 lit a)
und

– der Antrag auf Wiederherstellung des Sorgeverhältnisses innerhalb von sechs Monaten nach dem unzulässigen Verbringen bei einer zentralen Behörde gestellt worden ist (Abs 1 lit b).

Unter den Voraussetzungen des Abs 3 wird auf den engen Bezug der Beteiligten zum **438** Ursprungsstaat nach Abs 1 lit a verzichtet; es reicht danach die Einhaltung der Antragsfrist nach Abs 1 lit b aus.

Sind diese Voraussetzungen des Art 8 erfüllt, ist die Entscheidung **ohne weiteres anzuer-** **439** **kennen** und für vollstreckbar zu erklären; weitere Anerkennungsversagungsgründe sind nicht zu prüfen.

cc) Sind nicht alle Voraussetzungen des Art 8 erfüllt, so ist **im zweiten Schritt Art 9** zu **440** prüfen. Danach kommt es darauf an, ob die Entscheidung **in Abwesenheit** des Antragsgegners ergangen ist. Ist dies der Fall, so kann die Entscheidung nur anerkannt werden, wenn

– bei Einleitung des Verfahrens das rechtliche Gehör des Antragsgegners gewährleistet war, Abs 1 lit a
und

– das Gericht des Ursprungsgerichts nach Maßgabe von Abs 1 lit b für die Entscheidung international zuständig gewesen ist
und

– die Entscheidung nicht mit einer Sorgerechtsentscheidung unvereinbar ist, die in Deutschland vor dem Verbringen des Kindes vollstreckbar geworden ist.

N 2. Teil. Anerkennung/Vollstreckung N. Kindschaftssachen

441 Hat der Antragsgegner hingegen am Verfahren vor dem Ursprungsgericht teilgenommen, so kann die Anerkennung und Vollstreckung nur versagt werden, wenn der vorstehend zuletzt genannte Versagungsgrund gegeben ist.

442 In jedem Fall muss auch nach Art 9 der Antrag auf Anerkennung und Vollstreckung bzw auf Wiederherstellung des Sorgerechts innerhalb von sechs Monaten nach dem unzulässigen Verbringen gestellt worden sein, allerdings nicht notwendig bei einer Zentralen Behörde.

443 dd) Sind auch die Voraussetzungen des Art 9 nicht erfüllt, so sind im **dritten Schritt** die weiteren Anerkennungsversagungsgründe nach **Art 10 lit c und lit d** zu prüfen. Danach kann die Entscheidung nur anerkannt werden, wenn

– das Kind nicht die in lit c beschriebene enge Beziehung zu Deutschland als dem ersuchten Staat hatte

und

– die Entscheidung nicht nach Maßgabe von lit d mit einer in Deutschland ergangenen oder hier anerkannten Entscheidung eines Drittstaats unvereinbar ist, die in einem früher eingeleiteten Verfahren als die anzuerkennende ausländische Entscheidung gesprochen worden ist.

444 (4) Geht es um die Anerkennung oder Vollstreckbarerklärung einer Sorgerechtsentscheidung, die **nicht im Zusammenhang mit einem unzulässigen Verbringen** des Kindes über eine internationale Grenze steht? Wenn ja:

445 Die privilegierte Anerkennung oder Vollstreckbarerklärung nach Art 8 und Art 9 scheidet aus. Prüfungsmaßstab ist nur Art 10, so dass die Anerkennung an jedem der dort genannten Versagungsgründe scheitern kann.

4. Verfahren der Anerkennung und Vollstreckbarerklärung

446 Die Anerkennung und Vollstreckbarerklärung einer Sorgerechtsentscheidung setzt nach dem EuSorgeRÜ einen **Antrag** gem Art 4 voraus (→ U Rn 292 f). Die weiteren Formalien, insbesondere die dem Antrag beizufügenden Urkunden, sind im III. Teil des Übk (Art 13 ff) geregelt.

447 Soweit das Übk keine Regelungen enthält, ist ergänzend das **nationale Verfahrensrecht** des ersuchten Staates maßgebend. In der *Bundesrepublik Deutschland* ist das IntFamRVG anzuwenden. Örtlich zuständig für Verfahren nach dem II. Teil des Übk ist danach das in § 10 IntFamRVG bestimmte Familiengericht. Dabei ist die Zuständigkeitskonzentration nach §§ 12–13a IntFamRVG zu beachten (→ Rn 527 ff). Besondere Regelungen zum EuSorgeRÜ enthält das IntFamRVG ferner zu den Anerkennungsversagungsgründen in § 19 und zur Wiederherstellung des Sorgeverhältnisses in § 33.

EuSorgeRÜ Art 8. [Wiederherstellung des Sorgeverhältnisses]

(1) **Im Fall eines unzulässigen Verbringens hat die zentrale Behörde des ersuchten Staates umgehend die Wiederherstellung des Sorgeverhältnisses zu veranlassen, wenn**

a) zur Zeit der Einleitung des Verfahrens in dem Staat, in dem die Entscheidung ergangen ist, oder zur Zeit des unzulässigen Verbringens, falls dieses früher erfolgte, das Kind und seine Eltern nur Angehörige dieses Staates waren und das Kind seinen gewöhnlichen Aufenthalt im Hoheitsgebiet dieses Staates hatte, und

b) der Antrag auf Wiederherstellung innerhalb von sechs Monaten nach dem unzulässigen Verbringen bei einer zentralen Behörde gestellt worden ist.

(2) **Können nach dem Recht des ersuchten Staates die Voraussetzungen des Absatzes 1 nicht ohne ein gerichtliches Verfahren erfüllt werden, so finden in diesem Verfahren die in dem Übereinkommen genannten Versagungsgründe keine Anwendung.**

(3) [1]**Ist in einer von einer zuständigen Behörde genehmigten Vereinbarung zwischen dem Sorgeberechtigten und einem Dritten diesem das Recht zum persönlichen Umgang eingeräumt worden und ist das ins Ausland gebrachte Kind am Ende der vereinbarten Zeit dem Sorgeberechtigten nicht zurückgegeben worden, so wird das Sorgeverhältnis nach Absatz 1 Buchstabe b und Absatz 2 wiederhergestellt.** [2]**Dasselbe gilt, wenn durch Entscheidung der zuständigen Behörde ein solches Recht einer Person zuerkannt wird, die nicht sorgeberechtigt ist.**

III. Staatsverträge: EuSorgeRÜ Art 8

1. Allgemeines

Art 8 regelt die Wiederherstellung des Sorgeverhältnisses in Fällen eines unzulässigen Ver- **448** bringens iSv Art 1 lit d, sofern die Beteiligten einen besonders engen Bezug zum Ursprungsstaat der Sorgerechtsentscheidung haben. Von den drei in Art 1 lit d genannten Fällen eines unzulässigen Verbringens erfasst Abs 1 nur den ersten (Verbringen des Kindes über eine internationale Grenze unter Verletzung einer Sorgerechtsentscheidung, Hs 1) und den dritten Fall (nachträgliche Erklärung der Widerrechtlichkeit nach Art 12, Hs 2, lit ii). Demgegenüber erfährt der zweite Fall (unzulässiges Zurückhalten des Kindes, Hs 2, lit i) in Abs 3 eine Sonderregelung. Über das Vorliegen eines unzulässigen Verbringens entscheiden die Behörden des ersuchten Staats autonom, jedoch nach der Rechtsordnung des Ursprungsstaats, also jenes Staats, in dem das Kind unmittelbar vor dem Verbringen oder Zurückhalten seinen gewöhnlichen Aufenthalt hatte (öst OGH 18.7.11, unalex AT-746). Die Art und Weise, in welcher der ersuchte Staat das Sorgerechtsverhältnis wiederherstellt – Veranlassung durch die Zentrale Behörde (Abs 1) oder Einschaltung seiner Gerichte (Abs 2) – überlässt das Übk diesem Staat.

2. Wiederherstellung des Sorgeverhältnisses bei unzulässigem Verbringen, Abs 1

In Fällen des unzulässigen Verbringes nach Art 1 lit d Hs 1 (oder der nachträglichen Erklärung **449** der Widerrechtlichkeit nach Art 12, Art 1 lit d Hs 2, lit ii) ist das Sorgeverhältnis nach Abs 1 wiederherzustellen, wenn **zwei Voraussetzungen kumulativ** vorliegen, nämlich der von lit a geforderte enge Bezug der Beteiligten zum Ursprungsstaat der Sorgerechtsentscheidung und die Einhaltung der Antragsfrist nach lit b. Von *„undertakings"* oder *safe harbour orders"* iSv Art 11 Abs 4 EuEheVO kann die Wiederherstellung des Sorgeverhältnisses nach dem EuSorgeRÜ nicht abhängig gemacht werden (öst OGH 18.7.11, unalex AT-746).

a) Enger Bezug der Beteiligten zum Ursprungsstaat, lit a. Die Privilegierung nach **450** Abs 1 gegenüber anderen Fällen des unzulässigen Verbringens nach Art 9 setzt voraus, dass sowohl die Eltern als auch das Kind nur die *Staatsangehörigkeit* des Ursprungsstaats der verletzten Sorgerechtsentscheidung gehabt haben. Besitzt auch nur ein Elternteil oder das Kind eine weitere Staatsangehörigkeit, findet Abs 1 keine Anwendung. Außerdem muss das Kind – nicht auch die Eltern – seinen *gewöhnlichen Aufenthalt* im Ursprungsstaat gehabt haben.

Maßgebender Zeitpunkt ist grundsätzlich die Einleitung des Verfahrens, die später zu der **451** durch das unzulässige Verbringen verletzten Sorgerechtsentscheidung geführt hat. Der Begriff der Verfahrenseinleitung sollte im Interesse einer einheitlichen Anwendung der Vorschrift in den Vertragsstaaten nicht nach der *lex fori* des angerufenen Gerichts, sondern autonom in Anlehnung an Art 16 EuEheVO ausgelegt werden, sodass grundsätzlich die Einreichung des Antrags bei Gericht ausreicht und dessen Zustellung an den Antragsgegner nicht abgewartet werden muss (Staud/*Pirrung* Rn E 42). Wird das Verbringen gem Art 12 erst nachträglich für widerrechtlich erklärt, ist maßgebender Zeitpunkt für den engen Bezug der Beteiligten zum Ursprungsstaat nicht die Einleitung des Verfahrens, sondern das unzulässige Verbringen.

b) Einhaltung der Antragsfrist, lit b. Der Antrag auf Wiederherstellung des Sorgeverhält- **452** nisses muss innerhalb einer Frist von sechs Monaten nach dem unzulässigen Verbringen, dh nach dem Überschreiten einer internationalen Grenze (Art 1 lit d Hs 1), bei einer Zentralen Behörde gestellt worden sein. Ersucht wird im Regelfall die Zentrale Behörde des Vertragsstaats, in dessen Hoheitsgebiet das Kind sich aufhält; diese Behörde bleibt aber auch dann zuständig, wenn das Kind seinen Aufenthalt in einen anderen Staat verlegt. Auch wenn nach dem Recht des ersuchten Staates zur Wiederherstellung des Sorgeverhältnisses die Einschaltung eines Gerichts erforderlich ist, kommt es – abweichend von Art 12 Abs 1 HKÜ (→ U Rn 176 f) – zur Fristwahrung nach lit b nicht darauf an, dass der Antrag innerhalb der sechs Monate auch bei dem zuständigen Gericht eingereicht worden ist. Wird der Antrag nicht fristgerecht bei einer Zentralen Behörde gestellt, so findet Art 8 keine Anwendung (OLG Koblenz FamRZ 98, 966; Staud/*Pirrung* Rn E 43).

c) Wiederherstellung des Sorgeverhältnisses. Sind die in lit a und lit b genannten Voraus- **453** setzungen erfüllt, so ist die Sorgerechtsentscheidung im ersuchten Staat gem Art 7 anzuerkennen und die Zentrale Behörde hat dafür Sorge zu tragen, dass das verletzte Sorgeverhältnis durch Rückgabe des Kindes an den Sorgeberechtigten wiederhergestellt wird. Von weiteren Voraus-

N 454–458   2. Teil. Anerkennung/Vollstreckung N. Kindschaftssachen

setzungen darf der ersuchte Staat die Wiederherstellung des Sorgeverhältnisses grundsätzlich nicht abhängig machen. Insbesondere dürfen die Anerkennungsversagungsgründe der Art 9, 10 einem auf Art 8 gestützten Antrag nicht entgegengehalten werden. Eine Ausnahme gilt lediglich für die in Art 10 lit a und lit b genannten Gründe, wenn der ersuchte Staat – wie die *Bundesrepublik Deutschland* (§ 19 IntFamRVG) – von der Vorbehaltsmöglichkeit nach Art 17 Gebrauch gemacht hat.

3. Gerichtliches Rückführungsverfahren, Abs 2

454   Die Art und Weise, wie der ersuchte Staat seine Verpflichtung zur Wiederherstellung des Sorgerechts erfüllt, überlässt das EuSorgeRÜ diesem Staat. Dessen Recht entscheidet insbesondere darüber, ob die Rückführung des Kindes ohne die Einschaltung der dortigen Gerichte allein auf Veranlassung der Zentralen Behörde angeordnet werden kann. Nach deutschem Recht ist dies nicht der Fall. Vielmehr befindet sowohl über die Voraussetzungen der Anerkennung der ausländischen Sorgerechtsentscheidung wie auch über die Anordnung der Rückführung des Kindes das zuständige **deutsche Familiengericht,** §§ 32 ff FamFG. Für diesen Fall finden zwar nach Abs 2 die in Art 9, 10 genannten Versagungsgründe eigentlich keine Anwendung. Dies gilt jedoch dann nicht, wenn der ersuchte Staat – wie die *Bundesrepublik Deutschland* – einen Vorbehalt nach Art 17 EGBGB eingelegt hat. Das mit der Anerkennung befasste deutsche Familiengericht hat daher auch im Anwendungsbereich des Art 8 die Versagungsgründe nach Art 10 lit a und lit b zu prüfen (→ Rn 475 ff).

4. Wiederherstellung des Sorgeverhältnisses bei unzulässigem Zurückhalten, Abs 3

455   **a) Vereinbarung zum Umgangsrecht, S 1.** Abs 3 S 1 betrifft den Fall, dass zwischen dem/den Sorgeberechtigten und einem Dritten eine Vereinbarung getroffen wurde, in der dem Dritten – zumeist dem nicht sorgeberechtigten Elternteil – das Recht zum persönlichen Umgang mit dem Kind eingeräumt worden ist, und der Dritte das zum Zwecke der Ausübung dieses Umgangsrechts ins Ausland gebrachte Kind, am Ende der vereinbarten Zeit dem Sorgeberechtigten nicht zurückgibt, sondern weiterhin in dem anderen Staat zurückhält. Weiterhin vorausgesetzt wird allerdings, dass diese Umgangsrechtsvereinbarung von der „zuständigen" Behörde genehmigt worden ist. Welche Behörde für diese Genehmigung zuständig sein soll, sagt das EuSorgeRÜ zwar nicht ausdrücklich; nach dem Zweck der Regelung liegt es jedoch nahe, eine Genehmigung durch die im Staat des gewöhnlichen Aufenthalts des Kindes zuständige Behörde zu fordern (zT abw Staud/*Pirrung* Rn E 46).

456   **b) Entscheidung zum Umgangsrecht, S 2.** Einer Umgangsrechtsvereinbarung iSv S 1 steht nach S 2 eine Entscheidung der „zuständigen Behörde" zur Regelung des Umgangsrechts zugunsten einer nicht sorgeberechtigten Person gleich. Zuständig sind auch insoweit jedenfalls die Gerichte und Behörden des Staates, in dem das Kind seinen gewöhnlichen Aufenthalt hat. Ausreichen sollte jedoch auch die Entscheidung der Behörde eines Staates, der aus der Sicht des ersuchten Staates für die Regelung des Umgangsrechts international zuständig war. Aus deutscher Sicht sollte daher auch der Verstoß gegen eine Entscheidung genügen, die ein nach Art 9 oder Art 12 EuEheVO international zuständiges Gericht getroffen hatte.

457   **c) Wiederherstellung des Sorgeverhältnisses.** In beiden vorgenannten Fällen verweist Abs 3 für die Wiederherstellung des Sorgeverhältnisses auf Abs 1 lit b und Abs 2. Erforderlich ist demnach auch hier die Einhaltung ders sechsmonatigen Antragsfrist sowie die Einschaltung der Gerichte, wenn die Rückführung des Kindes nach dem Recht des ersuchten Staates nur von einem Gericht angeordnet werden kann. Demgegenüber wird in den Fällen des widerrechtlichen Zurückhaltens nach Abs 3 auf die Erfüllung der Voraussetzungen des Abs 1 lit a verzichtet. Die Beteiligten müssen daher nicht notwendig Angehörige des Staates sein, dessen Behörden die Umgangsrechtsvereinbarung genehmigt oder die Umgangsrechtsentscheidung getroffen haben.

5. Vorbehalt nach Art 17

458   Nach Art 17 kann sich jeder Vertragsstaat vorbehalten, die Anerkennung und Vollstreckung von Sorgerechtsentscheidungen auch in den von Art 8 erfassten Fällen zusätzlich vom Nichtvorliegen eines oder mehrerer der in Art 10 genannten Versagungsgründe abhängig zu machen.

III. Staatsverträge: EuSorgeRÜ Art 9

Von diesem Vorbehalt hat auch die *Bundesrepublik Deutschland* Gebrauch gemacht. Danach kann auch bei Vorliegen aller Voraussetzungen des Art 8 die Anerkennung und Vollstreckung der Sorgerechtsentscheidung in Deutschland daran scheitern, dass sie gegen den deutschen *ordre public* verstößt (Art 10 Abs 1 lit a) oder nach einer wesentlichen Änderung der Verhältnisse nicht mehr dem Kindeswohl entspricht (Art 10 Abs 1 lit b).

EuSorgeRÜ Art 9. [Versagungsgründe in Fällen unzulässigen Verbringens]

(1) Ist in anderen als den in Artikel 8 genannten Fällen eines unzulässigen Verbringens ein Antrag innerhalb von sechs Monaten nach dem Verbringen bei einer zentralen Behörde gestellt worden, so können die Anerkennung und Vollstreckung nur in folgenden Fällen versagt werden:

a) wenn bei einer Entscheidung, die in Abwesenheit des Beklagten oder seines gesetzlichen Vertreters ergangen ist, dem Beklagten das das Verfahren einleitende Schriftstück oder ein gleichwertiges Schriftstück weder ordnungsgemäß noch so rechtzeitig zugestellt worden ist, daß er sich verteidigen konnte; die Nichtzustellung kann jedoch dann kein Grund für die Versagung der Anerkennung oder Vollstreckung sein, wenn die Zustellung deswegen nicht bewirkt worden ist, weil der Beklagte seinen Aufenthaltsort der Person verheimlicht hat, die das Verfahren im Ursprungsstaat eingeleitet hatte;

b) wenn bei einer Entscheidung, die in Abwesenheit des Beklagten oder seines gesetzlichen Vertreters ergangen ist, die Zuständigkeit der die Entscheidung treffenden Behörde nicht gegründet war auf

 i) den gewöhnlichen Aufenthalt des Beklagten,

 ii) den letzten gemeinsamen gewöhnlichen Aufenthalt der Eltern des Kindes, sofern wenigstens ein Elternteil seinen gewöhnlichen Aufenthalt noch dort hat, oder

 iii) den gewöhnlichen Aufenthalt des Kindes;

c) wenn die Entscheidung mit einer Sorgerechtsentscheidung unvereinbar ist, die im ersuchten Staat vor dem Verbringen des Kindes vollstreckbar wurde, es sei denn, das Kind habe während des Jahres vor seinem Verbringen den gewöhnlichen Aufenthalt im Hoheitsgebiet des ersuchenden Staates gehabt.

(2) Ist kein Antrag bei einer zentralen Behörde gestellt worden, so findet Absatz 1 auch dann Anwendung, wenn innerhalb von sechs Monaten nach dem unzulässigen Verbringen die Anerkennung und Vollstreckung beantragt wird.

(3) Auf keinen Fall darf die ausländische Entscheidung inhaltlich nachgeprüft werden.

1. Allgemeines

Art 9 ermöglicht in Fällen des unzulässigen Verbringens eines Kindes iSv Art 1 lit d die **459** Anerkennung und Vollstreckung von Sorgerechtsentscheidungen aus anderen Vertragsstaaten des EuSorgeRÜ auch dann, wenn der nahezu ausschließliche Bezug des Sachverhalts zum Ursprungsstaat dieser Entscheidung nicht gegeben ist, insbesondere die Eltern und/oder das Kind nicht (nur) die Staatsangehörigkeit dieses Staates besitzen. Allerdings werden dem ersuchten Staat für diesen Fall in Abs 1 lit a–lit c weitergehende Rechte eingeräumt, der Entscheidung die Anerkennung und Vollstreckung zu versagen. Da es auf die Voraussetzung des Art 8 Abs 1 lit a in den Fällen eines widerrechtlichen Zurückhaltens des Kindes iSv Art 8 Abs 3 nicht ankommt, beschränkt sich der Anwendungsbereich von Art 9 Abs 1 auf die Fälle des unzulässigen Verbringens in dem engen Sinne von Art 1 lit d Hs 1 bzw der nachträglichen Erklärung der Widerrechtlichkeit iSv Art 1 lit d Hs 2 lit ii (Staud/*Pirrung* Rn E 48).

Erweitert wird der Anwendungsbereich von Art 9 gegenüber Art 8 ferner in Abs 2 dadurch, **460** dass – anders als nach Art 8 Abs 1 lit b – innerhalb der Sechsmonatsfrist nach dem unzulässigen Verbringen nicht notwendig ein Antrag auf Wiederherstellung des Sorgeverhältnisses bei einer Zentralen Behörde gestellt worden sein muss. Ausreichend ist vielmehr auch ein innerhalb dieser Frist gestellter Antrag auf Anerkennung und Vollstreckung der Entscheidung bei einer im ersuchten Staat hierfür **sonst zuständigen Behörde.** In Deutschland ergibt sich die Zuständigkeit für die Entgegennahme eines solchen Antrags aus § 32 iVm §§ 10 ff IntFamRVG.

N   461–467   2. Teil. Anerkennung/Vollstreckung N. Kindschaftssachen

2. Anerkennungsversagungsgründe, Abs 1

461   Fehlt es an dem in Art 8 Abs 1 lit a beschriebenen Bezug der Beteiligten zum Ursprungsstaat, so kann der Entscheidung aus den in Abs 1 lit a – lit c genannten Gründen die Anerkennung und Vollstreckung versagt werden. Durch den gewählten Wortlaut („können") wird dem zuständigen Gericht im ersuchten Staat kein Ermessen eingeräumt. Vielmehr sind jedenfalls deutsche Gerichte verpflichtet, die Anerkennung und Vollstreckung zu versagen, wenn einer der genannten Gründe vorliegt (OLG Koblenz FamRZ 98, 1507; Staud/*Pirrung* Rn E 49). Die Beweislast hierfür trifft denjenigen, der sich auf die Nichtanerkennung beruft.

462   **a) Nicht rechtzeitige Zustellung des verfahrenseinleitenden Schriftstücks an den Antragsgegner, lit a.** Ist die Entscheidung in Abwesenheit des Antragsgegners oder – bei Fehlen von dessen Geschäftsfähigkeit – seines gesetzlichen Vertreters ergangen, so kann ihr die Anerkennung und Vollstreckung nach lit a versagt werden, wenn dem Antragsgegner das das Verfahren einleitende Schriftstück oder ein gleichwertiges Schriftstück weder ordnungsgemäß noch so rechtzeitig zugestellt worden ist, dass er sich verteidigen konnte. Der Versagungsgrund entspricht demjenigen in Art 23 lit c EuEheVO. Zur Auslegung der Begriffe „verfahrenseinleitendes Schriftstück", „gleichwertiges Schriftstück", „Ordnungsmäßigkeit" und „Rechtzeitigkeit" der Zustellung kann daher auf die Kommentierung dieser Vorschrift verwiesen werden (→ K Rn 86 ff). Eine Abweichung ergibt sich lediglich daraus, dass lit a – ähnlich wie früher Art 27 Nr 2 EuGVÜ und heute noch § 328 Abs 1 Nr 2 ZPO/§ 109 Abs 1 Nr 2 FamFG – **die Ordnungsmäßigkeit und die Rechtzeitigkeit der Zustellung als kumulative Voraussetzungen** für die Wahrung des rechtlichen Gehörs des Antragsgegners normiert, so dass ein Verstoß gegen staatsvertragliche oder nationale Vorschriften des Ursprungsstaates betreffend die Ordnungsmäßigkeit der Zustellung auch dann zur Versagung der Anerkennung führen kann, wenn der Antragsgegner das Schriftstück noch so rechtzeitig erhalten hat, dass er sich verteidigen konnte (Staud/*Pirrung* Rn E 50).

463   Auf den Versagungsgrund nach lit a kann sich der Antragsgegner gem Hs 2 jedoch dann nicht berufen, wenn die Zustellung des verfahrenseinleitenden Schriftstücks an ihn deswegen nicht bewirkt werden konnte, weil er seinen Aufenthaltsort der Person verheimlicht hat, die das Verfahren im Ursprungsstaat eingeleitet hatte. Die Vorschrift ist Ausdruck des **Verbots des rechtsmissbräuchlichen Verhaltens** und spielt in den von Art 9 geregelten Fällen der Kindesentführung eine größere Rolle, weil der entführende Elternteil nicht selten versucht, den Aufenthalt des Kindes und damit idR auch den eigenen Aufenthalt geheim zu halten, um dadurch Zeit zu gewinnen. Darüber hinaus hat eine auf lit a gestützte Versagung der Anerkennung auch dann auszuscheiden, wenn der Antragsgegner den Verstoß gegen die seinem Schutz dienenden Zustellungsvorschriften im Verfahren vor dem Ursprungsgericht nicht geltend gemacht hat, obwohl er die Möglichkeit hierzu hatte.

464   **b) Mangelnde Anerkennungszuständigkeit bei Versäumnisentscheidungen, lit b.** Anders als zB Art 23 Abs 2 lit a KSÜ normiert Art 9 Abs 1 die mangelnde Anerkennungszuständigkeit des Ursprungsgerichts nicht als einen allgemeinen Anerkennungsversagungsgrund, sondern beschränkt diesen – ebenso wie denjenigen nach lit a – auf Versäumnisentscheidungen im weiteren Sinne, dh auf in Abwesenheit des Antragsgegners (oder seines gesetzlichen Vertreters) ergangene Entscheidungen. Hat der Antragsgegner am Verfahren persönlich teilgenommen oder war er ordnungsgemäß vertreten, so findet eine Prüfung der internationalen Zuständigkeit des Ursprungsgerichts im ersuchten Staat nicht mehr statt.

465   Gem lit b ist die internationale (Anerkennungs-) Zuständigkeit des Ursprungsgerichts nur gegeben, wenn im Ursprungsstaat eine der folgenden **drei Anknüpfungen** verwirklicht war (vgl OLG Koblenz FamRZ 98, 1507; OLG Celle FamRZ 98, 110/111):

466   – der Antragsgegner hatte dort seinen gewöhnlichen Aufenthalt (lit i);
　　　　– die Eltern des Kindes hatten dort ihren letzten gemeinsamen gewöhnlichen Aufenthalt und wenigstens ein Elternteil hatte ihn dort noch beibehalten (lit ii);
　　　　– das Kind hatte dort seinen gewöhnlichen Aufenthalt (lit iii).

467   **Maßgebender Zeitpunkt** ist in allen drei Fällen der Erlass der Entscheidung durch das Gericht des Ursprungsstaates; auf die Einleitung des Verfahrens (mit der Folge einer *perpetuatio fori*) kommt es nicht an, wie sich im Gegenschluss zu Art 8 Abs 1 lit a und Art 10 Abs 1 lit c ergibt, wo ausdrücklich auf diesen Zeitpunkt abgestellt wird (Staud/*Pirrung* Rn E 52). Unerheblich ist aber auch der gewöhnliche Aufenthalt der Beteiligten zur Zeit des Anerkennungsver-

1330

III. Staatsverträge: EuSorgeRÜ Art 9   **468–472 N**

fahrens (**aA** für die Eltern nach lit ii Staud/*Pirrung* aaO). Trotz der ungenauen Formulierung bezieht sich lit b nur auf die internationale, nicht auch auf die örtliche, sachliche oder funktionale Zuständigkeit des Ursprungsgerichts (Staud/*Pirrung* aaO).

c) Unvereinbarkeit mit einer im ersuchten Staat vollstreckbaren Sorgerechtsentscheidung, lit c. Die Anerkennung und Vollstreckbarerklärung kann einer Entscheidung schließlich nach lit c auch dann versagt werden, wenn diese mit einer Sorgerechtsentscheidung unvereinbar ist, die im ersuchten Staat vor dem Verbringen des Kindes vollstreckbar wurde. Die der Anerkennung entgegenstehende Sorgerechtsentscheidung kann von einem Gericht des ersuchten Staates getroffen worden sein; es genügt aber auch die Entscheidung eines Drittstaats, die bereits vor dem Verbringen des Kindes im ersuchten Staat – zB auf der Grundlage eines mit dem Drittstaat geschlossenen Staatsvertrags (vgl Art 20) – im ersuchten Staat für vollstreckbar erklärt wurde. Es muss sich allerdings um eine **Sorgerechtsentscheidung** iSv Art 1 lit c handeln; anders als nach Art 10 Abs 1 lit d genügt die Unvereinbarkeit mit einer sonstigen Entscheidung (zB einer Statusentscheidung) nicht (Staud/*Pirrung* Rn E 53). **468**

Für die Beurteilung der Frage, wann **Unvereinbarkeit** iSv lit c vorliegt, gilt im Wesentlichen das zu Art 23 lit e und lit f EuEheVO Gesagte entsprechend (→ Rn 103 ff). Die Entscheidungen müssen mithin das Sorgerecht in bezug auf das gleiche Kind unterschiedlich regeln, dieses zB jeweils einem anderen Elternteil zuweisen. Betrifft die Unvereinbarkeit nur abtrennbare Teile der Entscheidung, so kommt auch eine Teilanerkennung bzw -vollstreckung in Betracht (Staud/ *Pirrung* Rn E 53). **469**

Die entgegenstehende Entscheidung muss im ersuchten Staat bereits vor dem unzulässigen Verbringen des Kindes **vollstreckbar** gewesen sein; der Begriff der Vollstreckbarkeit ist in bezug auf Sorgerechtsentscheidungen wiederum in untechnischem Sinne gemeint. Es genügt also, dass die Entscheidung im ersuchten Staat vollziehbar war, insbesondere nicht mit ordentlichen Rechtsmitteln angefochten war. Die Anerkennung und Vollstreckung kann der Entscheidung jedoch nach lit c dann nicht versagt werden wenn das Kind während des Jahres vor seinem Verbringen seinen gewöhnlichen Aufenthalt im Hoheitsgebiet des ersuchenden Staates hatte. Auf diese Weise soll vermieden werden, dass sich der spätere Entführer schon im Vorfeld der Entführung eine (zB nur auf die Staatsagehörigkeit der Beteiligten gestützte) Sorgerechtsentscheidung im vorgesehenen Zufluchtstaat besorgt, mit der er anschließend die Rückführung des Kindes in den ersuchenden Staat, in dem das Kind sich seit mehr als einem Jahr vor der Entführung gewöhnlich aufgehalten hat, unter Berufung auf lit c blockieren könnte. **470**

3. Verbot der révision au fond, Abs 3

Ebenso wie Art 26 EuEheVO und Art 27 KSÜ verbietet auch das EuSorgeRÜ in Abs 3 eine inhaltliche Nachprüfung der ausländischen Entscheidung. Die Behörden des ersuchten Staates sind vielmehr auf eine Kontrolle am Maßstab der Anerkennungsversagungsgründe nach Abs 1 beschränkt. Ihnen ist es insbesondere untersagt nachzuprüfen, ob das ausländische Gericht das – aus der Sicht des ersuchten Staates – „richtige" Recht angewandt und die festgestellten Tatsachen rechtlich zutreffend gewertet hat. Die Vorschrift gilt auch im Rahmen von Art 8 und 10 entsprechend (Staud/*Pirrung* Rn E 55). **471**

4. Vorbehalt nach Art 17

Nach Art 17 kann sich jeder Vertragsstaat vorbehalten, die Anerkennung und Vollstreckung von Sorgerechtsentscheidungen auch in den von Art 9 erfassten Fällen zusätzlich vom Nichtvorliegen eines oder mehrerer der in Art 10 genannten Versagungsgründe abhängig zu machen. Von diesem Vorbehalt hat auch die *Bundesrepublik Deutschland* Gebrauch gemacht. Danach kann auch bei Vorliegen aller Voraussetzungen des Art 9 die Anerkennung und Vollstreckung der Sorgerechtsentscheidung in Deutschland daran scheitern, dass sie gegen den deutschen *ordre public* verstößt (Art 10 Abs 1 lit a) oder nach einer wesentlichen Änderung der Verhältnisse nicht mehr dem Kindeswohl entspricht (Art 10 Abs 1 lit b). **472**

1331

N 473–475 2. Teil. Anerkennung/Vollstreckung N. Kindschaftssachen

EuSorgeRÜ Art 10. [Versagung der Anerkennung und Vollstreckung in anderen Fällen]

(1) **In anderen als den in den Artikeln 8 und 9 genannten Fällen können die Anerkennung und Vollstreckung nicht nur aus den in Artikel 9 vorgesehenen, sondern auch aus einem der folgenden Gründe versagt werden:**

a) **wenn die Wirkungen der Entscheidung mit den Grundwerten des Familien- und Kindschaftsrechts im ersuchten Staat offensichtlich unvereinbar sind;**

b) **wenn aufgrund einer Änderung der Verhältnisse – dazu zählt auch der Zeitablauf, nicht aber der bloße Wechsel des Aufenthaltsorts des Kindes infolge eines unzulässigen Verbringens – die Wirkungen der ursprünglichen Entscheidung offensichtlich nicht mehr dem Wohl des Kindes entsprechen;**

c) **wenn zur Zeit der Einleitung des Verfahrens im Ursprungsstaat**
   i) **das Kind Angehöriger des ersuchten Staates war oder dort seinen gewöhnlichen Aufenthalt hatte und keine solche Beziehung zum Ursprungsstaat bestand;**
   ii) **das Kind sowohl Angehöriger des Ursprungsstaats als auch des ersuchten Staates war und seinen gewöhnlichen Aufenthalt im ersuchten Staat hatte;**

d) **wenn die Entscheidung mit einer im ersuchten Staat ergangenen oder mit einer dort vollstreckbaren Entscheidung eines Drittstaats unvereinbar ist; die Entscheidung muss in einem Verfahren ergangen sein, das eingeleitet wurde, bevor der Antrag auf Anerkennung oder Vollstreckung gestellt wurde, und die Versagung muss dem Wohl des Kindes entsprechen.**

(2) **In diesen Fällen können Verfahren auf Anerkennung oder Vollstreckung aus einem der folgenden Gründe ausgesetzt werden:**

a) **wenn gegen die ursprüngliche Entscheidung ein ordentliches Rechtsmittel eingelegt worden ist;**

b) **wenn im ersuchten Staat ein Verfahren über das Sorgerecht für das Kind anhängig ist und dieses Verfahren vor Einleitung des Verfahrens im Ursprungsstaat eingeleitet wurde;**

c) **wenn eine andere Entscheidung über das Sorgerecht für das Kind Gegenstand eines Verfahrens auf Vollstreckung oder eines anderen Verfahrens auf Anerkennung der Entscheidung ist.**

1. Sachlicher Anwendungsbereich

473 Art 10 gilt für die Anerkennung und Vollstreckung von Sorgerechtsentscheidungen „in anderen als den in den Art 8 und 9 genannten Fällen". Dabei handelt es sich einerseits um Rückführungsanordnungen nach einem unzulässigen Verbringen des Kindes iSv Art 1 lit d, soweit die Voraussetzungen für eine privilegierte Anerkennung dieser Entscheidung nach Art 8 oder Art 9 im ersuchten Staat (insbesondere wegen Versäumung der sechsmonatigen Antragsfrist) nicht vorliegen. Darüber hinaus findet die Vorschrift auf die Anerkennung und Vollstreckung aller sonstigen Sorgerechtsentscheidungen iSv Art 1 lit c Anwendung, die keinen Bezug zu einer Kindesentführung haben (öst OGH 18.7.11, unalex AT-746), unabhängig davon, ob es sich um Leistungs-, Gestaltungs- oder Feststellungsentscheidungen handelt (Staud/*Pirrung* Rn E 56).

2. Versagungsgründe, Abs 1

474 **a) Gründe nach Art 9.** Auch den nicht nach Art 8 oder 9 privilegierten Anträgen auf Anerkennung oder Vollstreckung einer Sorgerechtsentscheidung aus einem anderen Vertragsstaat des EuSorgeRÜ können nach Abs 1 zunächst die in Art 9 genannten Versagungsgründe entgegengehalten werden. Dies gilt insbesondere für Verstöße gegen das rechtliche Gehör des Antragsgegners iSv Art 9 Abs 1 lit a, wenn die Entscheidung in seiner Abwesenheit ergangen ist. Demgegenüber erlangen die Versagungsgründe nach Art 9 Abs 1 lit b und lit c neben den weitergehenden Anerkennungshindernissen des Art 10 Abs 1 nur selten eigenständige Bedeutung. Die Verweisung auf Art 9 umfasst auch dessen Abs 3, sodass auch in den Fällen des Art 10 eine *révision au fond* ausgeschlossen ist.

475 **b) Unvereinbarkeit mit Grundwerten des ersuchten Staates, lit a.** Lit a sichert die Wahrung der familien- und kindschaftsrechtlichen Grundwerte des ersuchten Staates. Es

III. Staatsverträge: EuSorgeRÜ Art 10

handelt sich um einen auf diese Rechtsgebiete beschränkten Vorbehalt des materiellen *ordre public*. Insoweit kann auf die Auslegung von *ordre public*-Klauseln in anderen kindschaftsrechtlichen Instrumenten, wie Art 23 lit a EuEheVO (→ Rn 85 ff), Art 23 Abs 2 lit d KSÜ oder Art 13 Abs 1 lit b, 20 HKÜ (→ U Rn 207 ff, 249 f) verwiesen werden. Wie dort ist von lit a nur zurückhaltend Gebrauch zu machen, weil der Verstoß „offensichtlich" sein muss. Im Vordergrund stehen Entscheidungen, die zu einer schwerwiegenden Gefährdung des Kindeswohls führen oder in denen die Entscheidung über das Sorgerecht von sachfremden Erwägungen, wie zB der Religionszugehörigkeit der Eltern, abhängig gemacht wird (vgl zu Einzelfällen Staud/*Pirrung* Rn E 58). An Art 10 lit a kann die Anerkennung in Deutschland aber auch dann scheitern, wenn in dem ausländischen Sorgerechtsverfahren überhaupt **keine Kindeswohlprüfung** stattgefunden hat (OLG Köln FamRZ 15, 78 = NZFam 15, 191 m Anm *Finger*).

c) Änderung der Verhältnisse, lit b. Sorgerechtsentscheidungen müssen im Interesse des **476** Kindeswohls den sich ändernden Verhältnissen angepasst werden. Dieses im inländischen Recht anerkannte Erfordernis (vgl § 1696 Abs 1 BGB) muss auch für anerkennungsfähige ausländische Entscheidungen gelten, denen nach dem Grundsatz der Wirkungserstreckung kein weiterreichender Bestandsschutz zukommen kann als inländischen Entscheidungen. Dem trägt das EuSorgRÜ in lit b dadurch Rechnung, dass einer Sorgerechtsentscheidung die Anerkennung im Inland versagt werden kann, wenn sie aufgrund einer Veränderung der Verhältnisse im Zeitraum zwischen dem Erlass der ausländischen Entscheidung und deren Anerkennung im Inland offensichtlich nicht mehr dem Kindeswohl entspricht. Im Fall einer nachträglichen Feststellung der Widerrechtlichkeit nach Art 12 kommt es stattdessen auf den Zeitraum zwischen dem unzulässigen Verbringen des Kindes und der Anerkennung an (OLG Braunschweig IPRax 97, 191 m Anm *Pirrung* 182). Allerdings reicht hierfür nicht jede Veränderung der Verhältnisse aus; diese muss vielmehr wesentlich sein und im Falle einer Anerkennung oder Vollstreckung der Entscheidung zu einer **schwerwiegenden Gefährdung des Kindeswohls** führen (OLG Hamm FamRZ 06, 805 [Umgangsregelung]; OLG Karlsruhe FamRZ 99, 946/947 und OLG Frankfurt FamRZ 95, 1372/1373 m Anm *Pirrung* IPRax 97, 182 [Sorgerechtsentscheidung]; High Court [Fam Div] 5.8.05, unalex UK-274; Staud/*Pirrung* Rn E 59; vgl auch OLG Zweibrücken IPRspr 94 Nr 188).

Eine solche wesentliche Änderung der Verhältnisse kann sich insbesondere aus in der Zwi- **477** schenzeit gewachsenen Bindungen des Kindes an bestimmte Personen (zB einen Elternteil, Geschwister, Großeltern) oder aus der zwischenzeitlichen Integration in bestimmten Einrichtungen (Schule, Kindergarten) ergeben (vgl OLG Brauschweig aaO; Staud/*Pirrung* aaO). Als Grund für eine wesentliche Veränderung der Verhältnisse kommt auch der schlichte Zeitablauf und die infolge des höheren Alters des Kindes gewandelte Interessenlage sowie ein zwischenzeitlicher Aufenthaltswechsel des Kindes in Betracht. Letzterer ist allerdings – wie lit b klarstellt – nur zu berücksichtigen, wenn er rechtmäßig erfolgt ist, also nicht durch ein unzulässiges Verbringen iSv Art 1 lit d (öst OGH 18.7.11, unalex AT-746). Schließlich können auch Sorgerechtsvereinbarungen der Eltern eine grundlegend neue Situation herbeiführen, der die schon zuvor getroffene Entscheidung nicht mehr gerecht wird.

d) Engere Beziehung des Kindes zum ersuchten Staat, lit c. Die Anerkennung und **478** Vollstreckung kann einer Entscheidung nach lit c auch dann versagt werden, wenn das Kind zum ersuchten Staat eine wesentlich engere Beziehung hat als zum Ursprungsstaat der Entscheidung (OLG Celle FamRZ 98, 110/111; Staud/*Pirrung* Rn E 60). Diese Voraussetzung ist nach lit b in zwei Fällen gegeben, nämlich wenn zur Zeit der Einleitung des Verfahrens im Ursprungsstaat

– das Kind entweder Angehöriger des ersuchten Staates war und dort seinen gewöhnlichen Aufenthalt hatte, aber keine solche Beziehung zum Ursprungsstaat bestand,
– oder das Kind sowohl Angehöriger des Ursprungsstaates als auch des ersuchenden Staates war und seinen gewöhnlichen Aufenthalt im ersuchten Staat hatte.

Entscheidend für die Versagung der Anerkennung nach lit c sind danach die besonders engen **479** Beziehungen des Kindes zum ersuchten Staat, während ein Mindestbezug zum Ursprungsstaat nicht vorausgesetzt wird. Als Anknüpfungsmerkmale werden dabei Staatsangehörigkeit und gewöhnlicher Aufenthalt des Kindes gleich gewichtet, so dass allein der gewöhnliche Aufenthalt des Kindes im ersuchten Staat für eine Versagung der Anerkennung nicht genügt, wenn das Kind die Staatsangehörigkeit des Ursprungsstaats besitzt.

N 483 2. Teil. Anerkennung/Vollstreckung N. Kindschaftssachen

480 **e) Unvereinbarkeit mit einer im ersuchten Staat ergangenen oder anerkannten Entscheidung in einem früher eingeleiteten Verfahren, lit d.** Der Versagungsgrund nach lit d reicht weiter als jener in Art 9 Abs 1 lit c. Denn zum einen setzt lit d keinen Konflikt zwischen zwei Sorgerechtsentscheidungen voraus, sondern lässt es genügen, dass die anzuerkennende Sorgerechtsentscheidung mit irgendeiner im ersuchten Staat ergangenen oder anerkannten Entscheidung unvereinbar ist. Daher ist zB eine Entscheidung, die dem nichtehelichen Vater das elterliche (Mit-)Sorgerecht zuweist, mit einer im ersuchten Staat ergangenen Entscheidung, in der die zugrundeliegende Vaterschaft erfolgreich angefochten wurde, unvereinbar. Zum anderen erfordert lit d die Vollstreckbarkeit der entgegenstehenden Entscheidung nur, wenn es sich um eine im ersuchten Staat anerkannte drittstaatliche Entscheidung handelt; demgegenüber muss eine Entscheidung der Gerichte des ersuchten Staates lediglich „ergangen" sein.

481 Ebenfalls abweichend von Art 9 Abs 1 lit c kommt es auf den **Zeitpunkt,** zu dem die sich widersprechenden Entscheidungen ergangen sind, nicht an. Lit d setzt lediglich voraus, dass die Entscheidung in einem Verfahren ergangen ist, das vor dem Eingang des Antrags auf Anerkennung/Vollstreckbarerklärung bei einer beliebigen Zentralen Behörde oder einer anderen Behörde bzw einem Gericht eines Vertragsstaats (Art 9 Abs 2) eingeleitet wurde. Zusätzlich muss die Versagung der Anerkennung aus diesem Grunde dem Kindeswohl entsprechen. Das Gericht des ersuchten Staates kann daher auch die Anerkennung aussprechen, wenn das Kindeswohl eine solche Entscheidung gebietet(vgl schwz BGE 139 III 285 = Praxis 14, 194; MüKoBGB/*Heiderhoff* Rn 2).

3. Aussetzung des Verfahrens, Abs 2

482 Anders als die privilegierten Anerkennungs- und Vollstreckungsverfahren nach Art 8, 9 können die auf Art 10 gestützten Verfahren aus den in lit a–lit c genannten Gründen ausgesetzt werden. Aussetzungsgrund ist nach **lit a** die Einlegung eines ordentlichen Rechtsmittels gegen die anzuerkennende Entscheidung im Ursprungsstaat. Der Begriff des „ordentlichen Rechtsmittels" ist dabei ebenso zu verstehen wie in Art 27 Abs 1, 35 Abs 1 EuEheVO (→ Rn 122 f). Durch die weiteren Aussetzungsmöglichkeiten nach **lit b** und **lit c** sollen sich widersprechende Sorgerechtsentscheidungen im Hoheitsgebiet des ersuchten Staates vermieden werden.

EuSorgeRÜ Art 11. [Anerkennung und Vollstreckung von Umgangsrechtsentscheidungen]

(1) **Die Entscheidungen über das Recht zum persönlichen Umgang mit dem Kind und die in Sorgerechtsentscheidungen enthaltenen Regelungen über das Recht zum persönlichen Umgang werden unter den gleichen Bedingungen wie andere Sorgerechtsentscheidungen anerkannt und vollstreckt.**

(2) **Die zuständige Behörde des ersuchten Staates kann jedoch die Bedingungen für die Durchführung und Ausübung des Rechts zum persönlichen Umgang festlegen; dabei werden insbesondere die von den Parteien eingegangenen diesbezüglichen Verpflichtungen berücksichtigt.**

(3) **Ist keine Entscheidung über das Recht zum persönlichen Umgang ergangen oder ist die Anerkennung oder Vollstreckung der Sorgerechtsentscheidung versagt worden, so kann sich die zentrale Behörde des ersuchten Staates auf Antrag der Person, die das Recht zum persönlichen Umgang beansprucht, an die zuständige Behörde ihres Staates wenden, um eine solche Entscheidung zu erwirken.**

Schrifttum: *Limbrock,* Das Umgangsrecht im Rahmen des Haager Kindesentführungsübereinkommens und des Europäischen Sorgerechtsübereinkommens, FamRZ 99, 1631.

1. Grundsatz, Abs 1

483 Nach Abs 1 werden Entscheidungen über das Recht zum persönlichen Umgang mit dem Kind nach dem EuSorgeRÜ unter den gleichen Bedingungen anerkannt und vollstreckt wie andere Sorgerechtsentscheidungen. Dabei macht es keinen Unterschied, ob die umgangsrechtlichen Entscheidungen isoliert getroffen werden oder in einer umfassenderen Sorgerechtsentscheidung enthalten sind. Auch für umgangsrechtliche Entscheidungen gelten daher die Anerkennungsversagungsgründe nach Art 9 und 10. Die Anerkennung einer Umgangsregelung zugunsten des nicht mit der Mutter verheirateten Vaters kann daher abgelehnt werden, wenn

III. Staatsverträge: EuSorgeRÜ Art 12

sich die Verhältnisse seit Erlass der ausländischen Entscheidung so grundlegend geändert haben, dass ihre Auswirkungen im Inland mit dem Kindeswohl offenbar unvereinbar wären; hierfür reicht es aber nicht aus, dass die Mutter zwischenzeitlich mit dem Kind nach Deutschland übergesiedelt ist (OLG Hamm FamRZ 06, 805).

2. Konkretisierung der Ausübung, Abs 2

Die genauen Bedingungen zur Ausübung und Durchführung des Umgangsrechts können **484** jedoch nach Abs 2 durch die zuständigen Behörden des ersuchten Staates festgelegt werden (OLG Hamm FamRZ 06, 805; Staud/*Pirrung* Rn E 66). Denn zu dieser Festlegung sind die Behörden des Ursprungsstaates häufig nicht in der Lage, weil hierfür die genaue Kenntnis der Lebensverhältnisse des Umgangsberechtigten im ersuchten Staat erforderlich ist. Dabei sind insbesondere die von den Parteien – idR den Eltern – diesbezüglich getroffenen Vereinbarungen und die sich hieraus ergebenden Verpflichtungen zu berücksichtigen.

3. Umgangsrechtsentscheidung auf Vermittlung der Zentralen Behörde des ersuchten Staates, Abs 3

Wird die Anerkennung oder Vollstreckung der von den Gerichten eines anderen Vertragsstaats **485** getroffenen Sorgerechtsentscheidung versagt, so kann die Zentrale Behörde des ersuchten Staates sich an die zuständigen Gerichte oder Behörden ihres Staates wenden, um eine solche Entscheidung zu erwirken. Die Zentrale Behörde kann allerdings zu diesem Zwecke nicht von Amts wegen tätig werden, sondern nur auf Antrag der Person, die das Recht zum persönlichen Umgang beansprucht.

EuSorgeRÜ Art 12. [Spätere Erklärung der Widerrechtlichkeit des Verbringens]

Liegt zu dem Zeitpunkt, in dem das Kind über eine internationale Grenze verbracht wird, keine in einem Vertragsstaat ergangene vollstreckbare Sorgerechtsentscheidung vor, so ist dieses Übereinkommen auf jede spätere in einem Vertragsstaat ergangene Entscheidung anzuwenden, mit der das Verbringen auf Antrag eines Beteiligten für widerrechtlich erklärt wird.

1. Allgemeines

Die Anwendung des EuSorgeRÜ setzt die **Verletzung einer Sorgerechtsentscheidung** **486** voraus, die in einem Vertragsstaat ergangen und dort vollstreckbar ist. Das Übk könnte daher keine Anwendung finden, wenn durch das unzulässige Verbringen des Kindes in einen anderen Vertragsstaat lediglich ein kraft Gesetzes bestehendes Sorgerecht des anderen Elternteils verletzt wurde oder wenn ein Sorgerechtsverfahren zwar bereits eingeleitet war, aber bis zum Zeitpunkt der Entführung noch zu keiner vollstreckbaren Entscheidung geführt hatte. Aus diesem Grunde ermöglicht es Art 12, eine solche Entscheidung auch nach der Entführung noch nachzuholen (MüKoBGB/*Heiderhoff* Rn 1).

2. Inhalt und Wirkung der Entscheidung

Durch die Entscheidung muss festgestellt werden, dass dem Antragsteller zumindest ein Mit- **487** sorgerecht für das entführte Kind zusteht und dass dieses Sorgerecht durch die Entführung verletzt wurde, so dass das Verbringen widerrechtlich war. Diese nachträgliche Entscheidung ist sodann in allen anderen Vertragsstaaten nach Maßgabe der Art 8 ff anzuerkennen.

3. Vorbehalt nach Art 18

Nach Art 18 S 1 kann jeder Vertragsstaat erklären, durch Art 12 nicht gebunden zu sein. Von **488** dieser Möglichkeit hat außer *Spanien* bisher kein Vertragsstaat Gebrauch gemacht. Auch Spanien hat den zunächst eingelegten Vorbehalt mit Wirkung v 5.2.1991 wieder zurückgenommen (BGBl 91 II, 668).

N   2. Teil. Anerkennung/Vollstreckung N. Kindschaftssachen

Teil III. Verfahren

489   Siehe zum Vollstreckungsverfahren nach dem III. Teil des Übk in der *Bundesrepublik Deutschland* ergänzend §§ 16–44 IntFamRVG (→ Rn 538 ff).

EuSorgeRÜ Art 13. [Vorzulegende Urkunden]

(1) **Dem Antrag auf Anerkennung oder Vollstreckung einer Sorgerechtsentscheidung in einem anderen Vertragsstaat sind beizufügen**

a) **ein Schriftstück, in dem die zentrale Behörde des ersuchten Staates ermächtigt wird, für den Antragsteller tätig zu werden oder einen anderen Vertreter für diesen Zweck zu bestimmen;**

b) **eine Ausfertigung der Entscheidung, welche die für ihre Beweiskraft erforderlichen Voraussetzungen erfüllt;**

c) **im Fall einer in Abwesenheit des Beklagten oder seines gesetzlichen Vertreters ergangenen Entscheidung ein Schriftstück, aus dem sich ergibt, dass das Schriftstück, mit dem das Verfahren eingeleitet wurde, oder ein gleichwertiges Schriftstück dem Beklagten ordnungsgemäß zugestellt worden ist;**

d) **gegebenenfalls ein Schriftstück, aus dem sich ergibt, dass die Entscheidung nach dem Recht des Ursprungsstaats vollstreckbar ist;**

e) **wenn möglich eine Angabe über den Aufenthaltsort oder den wahrscheinlichen Aufenthaltsort des Kindes im ersuchten Staat;**

f) **Vorschläge dafür, wie das Sorgeverhältnis für das Kind wiederhergestellt werden soll.**

(2) **Den obengenannten Schriftstücken ist erforderlichenfalls eine Übersetzung nach Maßgabe des Artikels 6 beizufügen.**

1. Allgemeines

490   Dem Antrag nach Art 4 auf Anerkennung und Vollstreckung einer Sorgerechtsentscheidung in einem anderen Vertragsstaat, insbesondere einem Antrag auf Rückgabe des Kindes nach Art 8, 9, sind notwendig die in Art 13 Abs 1 lit a und lit b genannten Anlagen, sowie im Fall einer Versäumnisentscheidung die Anlagen nach Abs 1 lit c beizufügen. Beim Fehlen dieser Anlagen kann der Antrag nach Art 4 Abs 4 abgelehnt werden (vgl OLG Celle FamRZ 98, 110/111 zum Fehlen der Vollmacht nach Abs 1 lit a). Darüber hinaus sind nach Möglichkeit die weiteren in lit d–lit f Anlagen beizufügen. Die Anlagen sind grundsätzlich im Original vorzulegen (Staud/ *Pirrung* Rn E 69). Sie bedürfen gem Art 16 keiner Legalisation, wohl aber nach Maßgabe von Art 6 einer Übersetzung, Abs 2. Zu Einzelheiten der vorzulegenden Anlagen vgl Staud/*Pirrung* Rn E 70 ff.

2. Versäumnisentscheidung, Abs 1 lit c

491   Die Vorschrift erfasst nicht nur Versäumnisurteile im engeren Sinn, sondern nach ihrem Zweck auch jede andere Entscheidung, die in einem einseitigen Verfahren ergangen ist und auf die sich die andere Partei nicht eingelassen hat. Sie gilt hingegen nicht für einstweilige Anordnungen, die ohne Anhörung des Antragsgegners erlassen worden sind. Vorgelegt werden muss gem Abs 1 lit c der Nachweis, dass das verfahrenseinleitende Schriftstück nach dem Recht des Ursprungsstaates (einschließlich der dort geltenden Staatsverträge, zB des HZÜ) ordnungsgemäß zugestellt worden ist (vgl OLG Celle FamRZ 98, 110). Dieser **Zustellungsnachweis** hat Bedeutung für den Versagungsgrund in Art 9 Abs 1 lit a und soll einer darauf gestützten Versagung der Anerkennung oder Vollstreckung vorbeugen. Er bezieht sich jedoch nur auf die Ordnungsmäßigkeit, nicht auf die Rechtzeitigkeit der Zustellung (Staud/*Pirrung* Rn E 72).

EuSorgeRÜ Art 14. [Einfaches und beschleunigtes Verfahren]

[1]**Jeder Vertragsstaat wendet für die Anerkennung und Vollstreckung von Sorgerechtsentscheidungen ein einfaches und beschleunigtes Verfahren an.** [2]**Zu diesem Zweck stellt er sicher, daß die Vollstreckbarerklärung in Form eines einfachen Antrags begehrt werden kann.**

1336

III. Staatsverträge: EuSorgeRÜ Art 16 **N**

Nach Art 14 sind die Vertragsstaaten zwar nicht – wie nach Art 2 S 2 HKÜ (→ U Rn 89) – **492** verpflichtet, zur Rückführung entführter Kinder die in ihrer Gesetzgebung „schnellstmöglichen Verfahren" anzuwenden. Sie sollen jedoch für die Anerkennung und Vollstreckung von Sorgerechtsentscheidungen ein „einfaches und beschleunigtes Verfahren anwenden. Das deutsche Vollstreckbarerklärungsverfahren nach §§ 16 ff, 24 ff IntFamRVG (→ Rn 538 ff) genügt diesen Anforderungen. Dies gilt insbesondere für die Verfahren auf Rückgabe eines Kindes nach §§ 38, 40 IntFamRVG (näher → U Rn 324 ff); die dort angeordnete vorrangige Behandlung und beschleunigte Durchführung solcher Verfahren gilt auch für die Vollstreckbarerklärung und Vollstreckung von Rückführungsentscheidungen.

EuSorgeRÜ Art 15. [Anhörung des Kindes/Ermittlungen]

(1) **Bevor die Behörde des ersuchten Staates eine Entscheidung nach Artikel 10 Absatz 1 Buchstabe b trifft,**

a) **muss sie die Meinung des Kindes feststellen, sofern dies nicht insbesondere wegen seines Alters und Auffassungsvermögens undurchführbar ist;**
b) **kann sie verlangen, dass geeignete Ermittlungen durchgeführt werden.**

(2) **Die Kosten für die in einem Vertragsstaat durchgeführten Ermittlungen werden von den Behörden des Staates getragen, in dem sie durchgeführt wurden.**

(3) **Ermittlungsersuchen und die Ergebnisse der Ermittlungen können der ersuchenden Behörde über die zentralen Behörden mitgeteilt werden.**

1. Allgemeines

Die Vorschrift ergänzt Art 10 Abs 1 lit b, der es dem Gericht des Zweitstaats erlaubt, die **493** Anerkennung und Vollstreckung einer Sorgerechtsentscheidung auch dann zu versagen, wenn die Wirkungen dieser Entscheidung aufgrund einer zwischenzeitlich eingetretenen Änderung der Verhältnisse offensichtlich nicht mehr dem Wohl des Kindes entsprechen (→ Rn 476 f). Für diesen Fall ist das Gericht des ersuchten Vertragsstaats grundsätzlich verpflichtet, die Meinung des Kindes festzustellen (Abs 1 lit a); ferner kann sie die Durchführung geeigneter Ermittlungen verlangen (Abs 1 lit b). Die Vorschrift erlaubt jedoch keinen Gegenschluss dahin, dass die Meinung des Kindes im Rahmen der Anerkennung und Vollstreckung von Entscheidungen nach dem EuSorgeRÜ ansonsten nicht berücksichtigt oder geeignete Ermittlungen nicht durchgeführt werden dürften; diese Maßnahmen genießen jedoch nicht die bevorzugte Kostenbehandlung nach Abs 2 (Staud/*Pirrung* Rn E 79).

2. Meinung des Kindes, Abs 1 lit a

Bei seiner Beurteilung, ob die Änderung der Umstände so gravierend ist, dass sie der **494** Anerkennung einer Sorgerechtsentscheidung nach Art 10 Abs 1 lit b wegen offensichtlicher Unvereinbarkeit mit dem Kindeswohl entgegensteht, muss das zweitstaatliche Gericht die Meinung des Kindes feststellen. Eine Ausnahme gilt nur dann, wenn solche Feststellungen wegen des geringen Alters und Auffassungsvermögens des Kindes nicht durchführbar sind. Diesbezüglich kann die reichhaltige Rechtsprechung zu Art 13 Abs 2 HKÜ mit herangezogen werden (→ U Rn 207 ff).

3. Geeignete Ermittlungen, Abs 1 lit b und Abs 2, 3

Das Zweitgericht kann die von ihm als geeignet angesehenen Ermittlungen nicht nur im **495** Hoheitsgebiet seines eigenen Staates, sondern auch in jedem anderen Vertragsstaat, insbesondere im Ursprungsstaat der anzuerkennenden Entscheidung durchführen. Die Kosten solcher Ermittlungen trägt nach Abs 2 derjenige Vertragsstaat, auf dessen Gebiet die Ermittlungen durchgeführt werden.

EuSorgeRÜ Art 16. [Befreiung von Legalisation]

Für die Zwecke dieses Übereinkommens darf keine Legalisation oder ähnliche Förmlichkeit verlangt werden.

N 500   2. Teil. Anerkennung/Vollstreckung N. Kindschaftssachen

496   Im Rahmen der Anwendung des EuSorgeRÜ darf weder eine Legalisation iSv § 438 Abs 2 ZPO, noch eine Apostille nach dem HZÜ oder eine sonstige Förmlichkeit zum Nachweis der Echtheit einer Urkunde verlangt werden. Vgl auch die Erläuterungen zur Parallelvorschrift in Art 52 EuEheVO (→ Rn 320 f).

Teil IV. Vorbehalte
EuSorgeRÜ Art 17. [Vorbehalte nach Art 10]

(1) **Jeder Vertragsstaat kann sich vorbehalten, dass in den von den Artikeln 8 und 9 oder von einem dieser Artikel erfassten Fällen die Anerkennung und Vollstreckung von Sorgerechtsentscheidungen aus denjenigen der in Artikel 10 vorgesehenen Gründe versagt werden kann, die in dem Vorbehalt bezeichnet sind.**

(2) **Die Anerkennung und Vollstreckung von Entscheidungen, die in einem Vertragsstaat ergangen sind, der den in Absatz 1 vorgesehenen Vorbehalt angebracht hat, können in jedem anderen Vertragsstaat aus einem der in diesem Vorbehalt bezeichneten zusätzlichen Gründe versagt werden.**

1. Vorbehalt, Abs 1

497   Die *Bundesrepublik Deutschland* hat den Vorbehalt nach Abs 1 nur aus den in **Art 10 Abs 1 lit a und b** vorgesehenen Gründen erklärt (vgl **§ 19 IntFamRVG**; → Rn 546). Danach ist Sorgerechtsentscheidungen aus anderen Vertragsstaaten in den von Art 8 und 9 erfassten Fällen wegen Verstoßes gegen den deutschen *ordre public* oder wegen offensichtlicher Unvereinbarkeit mit dem Kindeswohl infolge veränderter Verhältnisse die Anerkennung und Vollstreckung im Inland zu versagen. Entgegen dem Wortlaut des Abs 1 („kann versagt werden"), besteht – wie auch § 19 IntFamRVG klarstellt – kein Ermessensspielraum (Staud/*Pirrung* Rn E 83).

498   Von denjenigen Vertragsstaaten, in denen deutsche Sorgerechtsentscheidungen wegen des Vorrangs der EuEheVO (→ Rn 410) überhaupt noch nach dem EuSorgeRÜ anerkannt und vollstreckt werden können, haben den Vorbehalt nach Abs 1 *Andorra, Dänemark, Island, Liechtenstein, Mazedonien, Norwegen,* die *Schweiz* und die *Ukraine* erklärt. Danach kann die Anerkennung und Vollstreckung von Sorgerechtsentscheidungen in den von Art 8 und 9 erfassten Fällen in *Andorra, Dänemark, Island, Mazedonien, Norwegen* und der *Ukraine* aus **allen Gründen** des Art 10 Abs 1 versagt werden. Demgegenüber kann die Anerkennung und Vollstreckung von Sorgerechtsentscheidungen in *Liechtenstein* nur aus den in **Art 10 Abs 1 lit a, b und d** vorgesehenen Gründen und in der *Schweiz* nur aus dem in **Art 10 Abs 1 lit d** vorgesehenen Grund verweigert werden.

2. Gegenseitigkeit, Abs 2

499   Abs 2 enthält eine **Retorsionsnorm.** Danach sind Vertragsstaaten, die selbst keinen Vorbehalt nach Abs 1 eingelegt haben, berechtigt, Entscheidungen aus Vertragsstaaten, die von dieser Vorbehaltsmöglichkeit Gebrauch gemacht haben, aus den im Vorbehalt bezeichneten Gründen nicht anzuerkennen und zu vollstrecken. Deutschen Sorgerechtsentscheidungen kann daher in allen anderen Vertragsstaaten die Anerkennung und Vollstreckung aus den in Art 10 Abs 1 lit a und lit b genannten Gründen verweigert werden. Die Vertragsstaaten sind allerdings zu einer solchen Retorsion nicht verpflichtet. Auch die *Bundesrepublik Deutschland* hat von ihr keinen Gebrauch gemacht, so dass auch Entscheidungen aus Vertragsstaaten, die weitergehende Vorbehalte nach Abs 1 erklärt haben, die Anerkennung und Vollstreckung nur aus den Art 10 Abs 1 lit a und lit b genannten Gründen versagt wird, § 19 IntFamRVG.

EuSorgeRÜ Art 18. [Vorbehalt nach Art 12]

[1] **Jeder Vertragsstaat kann sich vorbehalten, durch Artikel 12 nicht gebunden zu sein.** [2] **Auf die in Artikel 12 genannten Entscheidungen, die in einem Vertragsstaat ergangen sind, der einen solchen Vorbehalt angebracht hat, ist dieses Übereinkommen nicht anwendbar.**

500   Vgl die Kommentierung zu Art 12 (→ Rn 486 ff).

1338

III. Staatsverträge: EuSorgeRÜ Art 20   **503, 504** **N**

Teil V. Andere Übereinkünfte

EuSorgeRÜ Art 19. [Günstigkeitsprinzip]

Dieses Übereinkommen schließt nicht aus, dass eine andere internationale Übereinkunft zwischen dem Ursprungsstaat und dem ersuchten Staat oder das nichtvertragliche Recht des ersuchten Staates angewendet wird, um die Anerkennung oder Vollstreckung einer Entscheidung zu erwirken.

1. Grundsatz

Staatsverträge auf dem Gebiet der Anerkennung und Vollstreckung ausländischer Entscheidun- **501** gen bezwecken, die Freizügigkeit von Titeln in den Vertragsstaaten zu erleichtern. Dies gilt im Interesse des Kindeswohls vor allem für Abkommen im Bereich des internationalen Sorge- und Umgangsrechts. Dem trägt auch Art 19 Rechnung und bekräftigt das anerkennungsrechtliche **Günstigkeitsprinzip.** Danach schließt das EuSorgeRÜ es nicht aus, dass ein Antragsteller die Anerkennung und Vollstreckung einer ausländischen sorge- oder umgangsrechtlichen Entscheidung in Deutschland auch auf einen konkurrierenden Staatsvertrag (zB auf Art 23 ff KSÜ; → Rn 355 ff), Art 7 MSA (→ Rn 517) oder auf das autonome deutsche Anerkennungsrecht (§§ 108 ff FamFG; → Rn 609 ff) stützt.

2. Verhältnis zum HKÜ

Dieses Günstigkeitsprinzip liegt letztlich auch der Regelung in **§ 37 IntFamRVG** (→ U **502** Rn 323) zugrunde, der zufolge deutsche Gerichte im Falle einer Konkurrenz von EuSorgeRÜ und HKÜ dem letzteren grundsätzlich Vorrang einzuräumen haben, weil das HKÜ die Rückführung widerrechtlich verbrachter oder zurückgehaltener Kinder in weiterem Umfang und unter gegenüber Art 8 ff EuSorgeRÜ erleichterten Voraussetzungen ermöglicht. Auch nach § 37 IntFamRVG ist der Antragsteller aber berechtigt, auf der Anwendung des EuSorgeRÜ zu bestehen, wenn er sich hiervon im konkreten Einzelfall einen Vorteil verspricht.

EuSorgeRÜ Art 20. [Verhältnis zu anderen Übereinkommen]

(1) **Dieses Übereinkommen lässt Verpflichtungen unberührt, die ein Vertragsstaat gegenüber einem Nichtvertragsstaat aufgrund einer internationalen Übereinkunft hat, die sich auf in diesem Übereinkommen geregelte Angelegenheiten erstreckt.**

(2) [1]**Haben zwei oder mehr Vertragsstaaten auf dem Gebiet des Sorgerechts für Kinder einheitliche Rechtsvorschriften erlassen oder ein besonderes System zur Anerkennung oder Vollstreckung von Entscheidungen auf diesem Gebiet geschaffen oder werden sie dies in Zukunft tun, so steht es ihnen frei, anstelle des Übereinkommens oder eines Teiles davon diese Rechtsvorschriften oder dieses System untereinander anzuwenden.** [2]**Um von dieser Bestimmung Gebrauch machen zu können, müssen diese Staaten ihre Entscheidung dem Generalsekretär des Europarats notifizieren.** [3]**Jede Änderung oder Aufhebung dieser Entscheidung ist ebenfalls zu notifizieren.**

1. Verpflichtungen gegenüber Nichtvertragsstaaten, Abs 1

Abs 1 zielt insbesondere auf die sich aus dem Haager Kindesentführungsübereinkommen **503** (HKÜ) von 1980 ergebenden Verpflichtungen der Vertragsstaaten. Dies hat das *Vereinigte Königreich* in einer Erklärung zu Art 20 Abs 1 ausdrücklich klargestellt. Darüber hinaus berührt das EuSorgeRÜ – entsprechend allgemeinen völkerrechtlichen Grundsätzen – aber auch sonstige Verpflichtungen der Vertragsstaaten gegenüber Drittstaaten aus bereits zuvor geschlossenen zwei- oder mehrseitigen Verträgen nicht.

2. Sondersystem der Anerkennung und Vollstreckung von Sorgerechtsentscheidungen, Abs 2

Zu Abs 2 haben *Dänemark, Finnland, Norwegen* und *Schweden* erklärt, dass die zwischen den **504** skandinavischen Staaten abgeschlossenen Abkommen über die Anerkennung und Vollstreckung von Sorgerechtsentscheidungen im Verhältnis zwischen diesen Staaten anstelle des EuSorgeRÜ angewandt werden. Als „besonderes System zur Anerkennung und Vollstreckung von Entschei-

N 507 2. Teil. Anerkennung/Vollstreckung N. Kindschaftssachen

dungen" auf dem Gebiet des Sorgerechts iSv Abs 2 kann man auch die Art 21, 23 ff EuEheVO ansehen, die von den Mitgliedstaaten gem Art 60 lit d EuEheVO anstelle des EuSorgeRÜ angewandt werden.

Teil VI. Schlussbestimmungen
EuSorgeRÜ Art 21. [Zeichnung, Ratifikation]

¹Dieses Übereinkommen liegt für die Mitgliedstaaten des Europarats zur Unterzeichnung auf. ²Es bedarf der Ratifikation, Annahme oder Genehmigung. ³Die Ratifikations-, Annahme- oder Genehmigungsurkunden werden beim Generalsekretär des Europarats hinterlegt.

505   Zu den Vertragsstaaten des Übk → Rn 400 f.

EuSorgeRÜ Art 22. [Inkrafttreten]

(1) Dieses Übereinkommen tritt am ersten Tag des Monats in Kraft, der auf einen Zeitabschnitt von drei Monaten nach dem Tag folgt, an dem drei Mitgliedstaaten des Europarats nach Artikel 21 ihre Zustimmung ausgedrückt haben, durch das Übereinkommen gebunden zu sein.

(2) Für jeden Mitgliedstaat, der später seine Zustimmung ausdrückt, durch das Übereinkommen gebunden zu sein, tritt es am ersten Tag des Monats in Kraft, der auf einen Zeitabschnitt von drei Monaten nach Hinterlegung der Ratifikations-, Annahme- oder Genehmigungsurkunde folgt.

506   Das Übk ist am 1.9.1983 in Kraft getreten. Zu den Daten des Inkrafttretens für die einzelnen Vertragsstaaten → Rn 400 f.

EuSorgeRÜ Art 23. [Beitritt]

(1) Nach Inkrafttreten dieses Übereinkommens kann das Ministerkomitee des Europarats durch einen mit der in Artikel 20 Buchstabe der Satzung vorgesehenen Mehrheit und mit einhelliger Zustimmung der Vertreter Vertragsstaaten, die Anspruch auf einen Sitz im Komitee haben, gefassten Beschluss jeden Nichtmitgliedstaat des Rates einladen, dem Übereinkommen beizutreten.

(2) Für jeden beitretenden Staat tritt das Übereinkommen am ersten Tag des Monats in Kraft, der auf einen Zeitabschnitt von drei Monaten nach Hinterlegung der Beitrittsurkunde beim Generalsekretär des Europarats folgt.

EuSorgeRÜ Art 24. [Hoheitsgebiet der Vertragsstaaten]

(1) Jeder Staat kann bei der Unterzeichnung oder bei der Hinterlegung seiner Ratifikations-, Annahme-, Genehmigungs- oder Beitrittsurkunde einzelne oder mehrere Hoheitsgebiete bezeichnen, auf die dieses Übereinkommen Anwendung findet.

(2) ¹Jeder Staat kann jederzeit danach durch eine an den Generalsekretär des Europarats gerichtete Erklärung die Anwendung dieses Übereinkommens auf jedes weitere in der Erklärung bezeichnete Hoheitsgebiet erstrecken. ²Das Übereinkommen tritt für dieses Hoheitsgebiet am ersten Tag des Monats in Kraft, der auf einen Zeitabschnitt von drei Monaten nach Eingang der Erklärung beim Generalsekretär folgt.

(3) ¹Jede nach den Absätzen 1 und 2 abgegebene Erklärung kann in bezug auf jedes darin bezeichnete Hoheitsgebiet durch eine an den Generalsekretär gerichtete Notifikation zurückgenommen werden. ²Die Rücknahme wird am ersten Tag des Monats wirksam, der auf einen Zeitabschnitt von sechs Monaten nach Eingang der Notifikation beim Generalsekretär folgt.

507   Die *Niederlande* wenden das Übk nur auf ihr europäisches Hoheitsgebiet an. Zu Abs 1 hat *Dänemark* erklärt, dass das Übk auf die Färöer-Inseln und Grönland keine Anwendung findet. Das *Vereinigte Königreich* hat die Geltung des Übk mit Wirkung v 1.11.1991 (BGBl II, 1076) auf die Isle of Man, mit Wirkung v 1.3.1997 (BGBl II, 894) auf die Falklandinseln, mit Wirkung v 1.9.1998 (BGBl II, 2959) auf die Kaimaninseln, mit Wirkung v 1.2.1999 (BGBl II, 291) auf

1340

III. Staatsverträge: EuSorgeRÜ Art 26

Montserrat, mit Wirkung v 1.4.2006 auf Jersey (BGBl 07 II, 1064) und mit Wirkung v 1.10.2007 (BGBl 08 II, 3) auf Anguilla erstreckt. *Spanien* hat am 5.3.2008 (BGBl II, 689) eine Erklärung für den Fall abgegeben, dass das *Vereinigte Königreich* das Übk auf Gibraltar erstrecken sollte.

EuSorgeRÜ Art 25. [Geltung für Gebietseinheiten von Mehrrechtsstaaten]

(1) Ein Staat, der aus zwei oder mehr Gebietseinheiten besteht, in denen für Angelegenheiten des Sorgerechts für Kinder und für die Anerkennung und Vollstreckung von Sorgerechtsentscheidungen unterschiedliche Rechtssysteme gelten, kann bei der Unterzeichnung oder bei der Hinterlegung seiner Ratifikations-, Annahme-, Genehmigungs- oder Beitrittsurkunde erklären, dass dieses Übereinkommen auf alle seine Gebietseinheiten oder auf eine oder mehrere davon Anwendung findet.

(2) ¹Ein solcher Staat kann jederzeit danach durch eine an den Generalsekretär des Europarats gerichtete Erklärung die Anwendung dieses Übereinkommens auf jede weitere in der Erklärung bezeichnete Gebietseinheit erstrecken. ²Das Übereinkommen tritt für diese Gebietseinheit am ersten Tag des Monats in Kraft, der auf einen Zeitabschnitt von drei Monaten nach Eingang der Erklärung beim Generalsekretär folgt.

(3) ¹Jede nach den Absätzen 1 und 2 abgegebene Erklärung kann in bezug auf jede darin bezeichnete Gebietseinheit durch eine an den Generalsekretär gerichtete Notifikation zurückgenommen werden. ²Die Rücknahme wird am ersten Tag des Monats wirksam, der auf einen Zeitabschnitt von sechs Monaten nach Eingang der Notifikation beim Generalsekretär folgt.

EuSorgeRÜ Art 26. [Vertragsstaaten mit interlokaler/interpersonaler Rechtsspaltung]

(1) Bestehen in einem Staat auf dem Gebiet des Sorgerechts für Kinder zwei oder mehr Rechtssysteme, die einen räumlich verschiedenen Anwendungsbereich haben, so ist

a) eine Verweisung auf das Recht des gewöhnlichen Aufenthalts oder der Staatsangehörigkeit einer Person als Verweisung auf das Rechtssystem zu verstehen, das von den in diesem Staat geltenden Rechtsvorschriften bestimmt wird, oder, wenn es solche Vorschriften nicht gibt, auf das Rechtssystem, zu dem die betreffende Person die engste Beziehung hat;

b) eine Verweisung auf den Ursprungsstaat oder auf den ersuchten Staat als Verweisung auf die Gebietseinheit zu verstehen, in der die Entscheidung ergangen ist oder in der die Anerkennung oder Vollstreckung der Entscheidung oder die Wiederherstellung des Sorgeverhältnisses beantragt wird.

(2) Absatz 1 Buchstabe a wird entsprechend auf Staaten angewendet, die auf dem Gebiet des Sorgerechts zwei oder mehr Rechtssysteme mit persönlich verschiedenem Anwendungsbereich haben.

1. Räumliche Rechtsspaltung, Abs 1

Die Verweisung auf das Recht des gewöhnlichen Aufenthalts oder der Staatsangehörigkeit **508** einer Person ist in Fällen einer räumlichen Rechtsspaltung nach Abs 1 in erster Linie auf das interlokale Privatrecht des Mehrrechtsstaates gerichtet. Dieses bestimmt also, welche der mehreren Teilrechtsordnungen zur Anwendung kommt. Nur wenn der Mehrrechtsstaat – wie das *Vereinigte Königreich* – über ein solches interlokales Privatrecht auf gesamtstaatlicher Ebene nicht verfügt, ist hilfsweise das Recht derjenigen Teilrechtsordnung maßgebend, zu der die betreffende Person die engste Verbindung hat.

2. Personale Rechtsspaltung, Abs 2

Dementsprechend überlässt Abs 2 auch in Fällen einer personalen Rechtsspaltung die Bestim- **509** mung des anwendbaren religiösen oder Stammesrechts dem interpersonalen Privatrecht des Vertragsstaats, in dessen Gebiet die betreffende Person ihren gewöhnlichen Aufenthalt hat oder dessen Staatsangehörigkeit sie besitzt.

N 511–516   2. Teil. Anerkennung/Vollstreckung N. Kindschaftssachen

EuSorgeRÜ Art 27. [Erklärung von Vorbehalten]

(1) ¹Jeder Staat kann bei der Unterzeichnung oder bei der Hinterlegung seiner Ratifikations-, Annahme-, Genehmigungs- oder Beitrittsurkunde erklären, dass er von einem oder mehreren der in Artikel 6 Absatz 3 und in den Artikeln 17 und 18 vorgesehenen Vorbehalte Gebrauch macht. ²Weitere Vorbehalte sind nicht zulässig.

(2) ¹Jeder Vertragsstaat, der einen Vorbehalt nach Absatz 1 angebracht hat, kann ihn durch eine an den Generalsekretär des Europarats gerichtete Notifikation ganz oder teilweise zurücknehmen. ²Die Rücknahme wird mit dem Eingang der Notifikation beim Generalsekretär wirksam.

510   Zu den erklärten Vorbehalten → Rn 497 ff (Art 17) und → Rn 486 ff (Art 18 iVm Art 12) sowie → U Rn 300 (Art 6 Abs 3).

EuSorgeRÜ Art 28–30

(nicht abgedruckt)

760. Haager Übereinkommen über die Zuständigkeit der Behörden und das anzuwendende Recht auf dem Gebiet des Schutzes von Minderjährigen (MSA)

Vom 5. Oktober 1961 (BGBl 1971 II, 217)

Schrifttum: → F vor Rn 554.

Vorbemerkung

1. Ziel des Übereinkommens

511   Siehe → F vor Rn 554.

2. Vertragsstaaten

512   Das Übk ist für die *Bundesrepublik Deutschland* am 17.9.1971 in Kraft getreten (Bek v 11.10.1971, BGBl II, 1150). Zu den übrigen Vertragsstaaten → F Rn 554.

3. Verhältnis zu anderen Rechtsinstrumenten

513   **a) EuEheVO.** Im Verhältnis zwischen den Mitgliedstaaten der EU (mit Ausnahme *Dänemarks*) hat die EuEheVO nach ihrem Art 60 lit a Vorrang vor dem MSA. Entscheidungen auf dem Gebiet der elterlichen Verantwortung, die in anderen Mitgliedstaaten der EuEheVO ergangen sind, werden in Deutschland daher ausschließlich nach dem III. Kapitel der EuEheVO anerkannt und vollstreckt. Das MSA hat daher – vorbehaltlich des nachfolgend zum KSÜ Gesagten – aus deutscher Sicht nur noch Bedeutung für die Anerkennung von Schutzmaßnahmen, die von Gerichten in der *Schweiz,* der *Türkei* oder der *chinesischen* Sonderverwaltungsregion *Macau* getroffen worden sind.

514   **b) Haager Kinderschutzübereinkommen.** Das KSÜ ersetzt nach seinem Art 51 im Verhältnis der Vertragsstaaten zueinander das MSA. Da die *Schweiz* mit Wirkung v 1.7.2009 (BGBl 10 II, 1527) und die *Türkei* mit Wirkung v 1.2.2017 (BGBl 16 II, 1263) dem KSÜ beigetreten sind, beschränkt sich die Geltung des MSA auf dem Gebiet der Anerkennung von Schutzmaßnahmen aus deutscher Sicht auf Entscheidungen von Gerichte und Behörden aus *China-Macau.*

515   **c) Haager Kindesentführungsübereinkommen.** Das MSA wird im Rahmen des sachlichen Anwendungsbereichs des HKÜ (→ U Rn 54, 84 ff) nach dessen Art 34 im Verhältnis der Vertragsstaaten zueinander durch die Vorschriften des HKÜ ersetzt. Dies gilt aus deutscher Sicht auch im Verhältnis zur *Türkei,* die seit dem 1.8.2000 (BGBl 01 II, 165) Vertragsstaat des HKÜ ist. Im sachlichen Anwendungsbereich des HKÜ findet das MSA daher aus deutscher Sicht keine Anwendung mehr.

516   **d) Europäisches Sorgerechtsübereinkommen.** Das EuSorgeRÜ galt bis zum 31.1.2017 im Verhältnis zur *Türkei* neben dem MSA (vgl Art 19, 20 Abs 1 EuSorgeRÜ). Praktische

1342

IV. Autonomes Zivilverfahrensrecht: IntFamRVG § 1

Bedeutung hatte dies insbesondere für die Vollstreckbarerklärung und Vollstreckung von Schutzmaßnahmen im deutsch-türkischen Verhältnis.

MSA Art 1–6

(abgedruckt → F Rn 558)

MSA Art 7. [Anerkennung]

[1] **Die Maßnahmen, welche die nach den vorstehenden Artikeln zuständigen Behörden getroffen haben, sind in allen Vertragsstaaten anzuerkennen.** [2] **Erfordern diese Maßnahmen jedoch Vollstreckungshandlungen in einem anderen Staat als in dem, in welchem sie getroffen worden sind, so bestimmen sich ihre Anerkennung und ihre Vollstreckung entweder nach dem innerstaatlichen Recht des Staates, in dem die Vollstreckung beantragt wird, oder nach zwischenstaatlichen Übereinkünften.**

Aus deutscher Sicht hatte Art 7 bis zum 31.1.2017 insbesondere noch Bedeutung für die Anerkennung von **Schutzmaßnahmen türkischer Gerichte.** Die im MSA nicht geregelte Vollstreckbarerklärung solcher Maßnahmen richtete sich unter Beachtung des Günstigkeitsprinzips nach Art 7 ff EuSorgeRÜ (→ Rn 428 ff) oder nach § 110 FamFG (→ Rn 659 f). **517**

IV. Autonomes Zivilverfahrensrecht

770. Gesetz zur Aus- und Durchführung bestimmter Rechtsinstrumente auf dem Gebiet des internationalen Familienrechts (Internationales Familienrechtsverfahrensgesetz – IntFamRVG)

Vom 26. Januar 2005 (BGBl I, 162)

Vorbemerkung

Schrifttum: *Finger,* Das internationale Familienrechtsverfahrensgesetz, ZFJ 05, 144; *Gruber,* Das neue Internationale Familienrechtsverfahrensgesetz, FamRZ 05, 1603; *ders,* Die neue EheVO und die deutschen Ausführungsgesetze, IPRax 05, 293; *ders,* Das HKÜ, die Brüssel IIa-Verordnung und das Internationale Familienrechtsverfahrensgesetz, FPR 08, 214; *Schlauss,* Neuordnung des internationalen Familienrechts – der Entwurf eines Familienrechts-Ausführungsgesetzes, FPR 04, 278; *Schulte-Bunert,* Die Vollstreckung von Entscheidungen über die elterliche Verantwortung nach der VO (EG) 2201/2203 iVm dem IntFamRVG, FamRZ 07, 1608; *Schulz,* Das internationale Familienrechtsverfahrensgesetz, FamRZ 11, 1273; *Wagner,* Kommentar zum IntFamRVG (2011).

Das IntFamRVG wurde in erster Linie als Ausführungsgesetz zur **EuEheVO** erlassen und ist **518** gleichzeitig mit dieser am 1.3.2005 in Kraft getreten. Es gilt auf dem Gebiet der elterlichen Verantwortung aber darüber hinaus auch für die Ausführung von drei wichtigen multilateralen Staatsverträgen, nämlich des Haager Kinderschutzübereinkommens von 1996 **(KSÜ),** des Haager Kindesentführungsübereinkommens **(HKÜ)** von 1980 und des Europäischen Sorgerechtsübereinkommens von 1980 **(EuSorgeRÜ).** In Bezug auf die beiden zuletzt genannten Übereinkommen tritt das Gesetz an die Stelle des Ausführungsgesetzes v 5.4.1990 (SorgeRÜbkAG; BGBl I, 701). Es wurde aus Anlass des Inkrafttretens des FamFG durch das FGG-Reformgesetz v 17.12.2008 (BGBl I, 2586) mit Wirkung v 1.9.2009 und erneut aus Anlass des Inkrafttretens des KSÜ durch Gesetz v 25.6.2009 (BGBl I, 1594) mit Wirkung v 1.1.2011 neu gefasst.

Abschnitt 1. Anwendungsbereich; Begriffsbestimmungen

IntFamRVG § 1. Anwendungsbereich

Dieses Gesetz dient

1. der Durchführung der Verordnung (EG) Nr. 2201/2003 des Rates vom 27. November 2003 über die Zuständigkeit und die Anerkennung und Vollstreckung von

N 2. Teil. Anerkennung/Vollstreckung N. Kindschaftssachen

Entscheidungen in Ehesachen und in Verfahren betreffend die elterliche Verantwortung und zur Aufhebung der Verordnung (EG) Nr. 1347/2000 (ABl. EU Nr. L 338 S. 1);

2. **der Ausführung des Haager Übereinkommens vom 19. Oktober 1996 über die Zuständigkeit, das anzuwendende Recht, die Anerkennung, Vollstreckung und Zusammenarbeit auf dem Gebiet der elterlichen Verantwortung und der Maßnahmen zum Schutz von Kindern (BGBl. 2009 II S. 602, 603) – im Folgenden: Haager Kinderschutzübereinkommen;**
3. **der Ausführung des Haager Übereinkommens vom 25. Oktober 1980 über die zivilrechtlichen Aspekte internationaler Kindesentführung (BGBl. 1990 II S. 207) – im Folgenden: Haager Kindesentführungsübereinkommen;**
4. **der Ausführung des Luxemburger Europäischen Übereinkommens vom 20. Mai 1980 über die Anerkennung und Vollstreckung von Entscheidungen über das Sorgerecht für Kinder und die Wiederherstellung des Sorgeverhältnisses (BGBl. 1990 II S. 220) – im Folgenden: Europäisches Sorgerechtsübereinkommen.**

519   Die Vorschrift regelt den Anwendungsbereich des IntFamRVG. Das Gesetz bezweckt eine **Bündelung der Verfahrensvorschriften** in Ehesachen und auf dem Gebiet der elterlichen Verantwortung mit Auslandsbezug. Während es in Ehesachen nur ergänzende Bestimmungen zur Anerkennung ausländischer Entscheidungen nach der EuEheVO enthält (→ K Rn 175 ff), liegt das Schwergewicht des Gesetzes auf der weitgehend dem nationalen Recht überlassenen Vollstreckbarerklärung und Vollstreckung von Entscheidungen zur elterlichen Verantwortung sowohl nach der EuEheVO wie nach dem KSÜ und dem EuSorgeRÜ. Daneben treten Ausführungsbestimmungen zum HKÜ.

1. EU-Recht, Nr 1

520   Auf dem Gebiet der Anerkennung- und Vollstreckung von Entscheidungen betreffend die elterliche Verantwortung bezweckt das IntFamRVG vor allem die Durchführung des einschlägigen sekundären Unionsrechts, das bisher – ebenso wie in Ehesachen (→ K Rn 177) – vor allem in der EuEheVO (Nr 1; → Rn 19 ff) zusammengefasst ist. Die deutschen Ausführungsvorschriften hierzu werden nachfolgend abgedruckt und kommentiert.

2. Staatsverträge, Nr 2–4

521   Die in Nr 2–4 aufgeführten Staatsverträge betreffen nur die elterliche Verantwortung. Soweit das Gesetz deren Ausführung auf dem Gebiet der Anerkennung und Vollstreckung von Entscheidungen regelt, ist es nachfolgend abgedruckt und kommentiert. Die Vorschriften des Gesetzes zur Ausführung des HKÜ sind unter → U Rn 302 ff abgedruckt und kommentiert.

IntFamRVG § 2. Begriffsbestimmungen

Im Sinne dieses Gesetzes sind „Titel" Entscheidungen, Vereinbarungen und öffentliche Urkunden, auf welche die durchzuführende EG-Verordnung oder das jeweils auszuführende Übereinkommen Anwendung findet.

522   Der im IntFamRVG verwendete Begriff „**Titel**" umfasst nach dem Vorbild von § 2 Nr 2 AVAG sowohl gerichtliche bzw behördliche Entscheidungen iSv Art 2 Nr 4 EuEheVO, Art 23 KSÜ, Art 1 lit c EuSorgeRÜ wie auch Vereinbarungen der Parteien und öffentliche Urkunden iSv Art 46 EuEheVO (→ Rn 284 ff) bzw Art 3 Abs 2 HKÜ.

Abschnitt 2. Zentrale Behörde; Jugendamt

IntFamRVG §§ 3–9

(abgedruckt und kommentiert → U Rn 304 ff)

IV. Autonomes Zivilverfahrensrecht: IntFamRVG § 11　　　　　　　**N**

Abschnitt 3. Gerichtliche Zuständigkeit und Zuständigkeitskonzentration

IntFamRVG § 10. Örtliche Zuständigkeit für die Anerkennung und Vollstreckung

Örtlich ausschließlich zuständig für Verfahren nach

- Artikel 21 Abs. 3 und Artikel 48 Abs. 1 der Verordnung (EG) Nr. 2201/2003 sowie für die Zwangsvollstreckung nach den Artikeln 41 und 42 der Verordnung (EG) Nr. 2201/2003,
- den Artikeln 24 und 26 des Haager Kinderschutzübereinkommens,
- dem Europäischen Sorgerechtsübereinkommen

ist das Familiengericht, in dessen Zuständigkeitsbereich zum Zeitpunkt der Antragstellung

1. die Person, gegen die sich der Antrag richtet, oder das Kind, auf das sich die Entscheidung bezieht, sich gewöhnlich aufhält oder
2. bei Fehlen einer Zuständigkeit nach Nummer 1 das Interesse an der Feststellung hervortritt oder das Bedürfnis der Fürsorge besteht,
3. sonst das im Bezirk des Kammergerichts zur Entscheidung berufene Gericht.

1. Anwendungsbereich

In Bezug auf die EuEheVO regelt § 10 die örtliche Zuständigkeit für das gesonderte An- **523** erkennungsfeststellungsverfahren nach Art 21 Abs 3, das Verfahren zur Regelung der Ausübung des Umgangsrechts nach Art 48 Abs 1 sowie das Verfahren der automatischen Vollstreckung von Entscheidungen der Gerichte anderer Mitgliedstaaten betreffend das Umgangsrecht nach Art 41 und die Rückführung von Kindern nach Art 42. Darüber hinaus gilt die Vorschrift auch für die gesonderte Feststellung der Anerkennung und die Vollstreckbarerklärung nach Art 24 bzw Art 26 KSÜ sowie im EuSorgeRÜ für die Vollstreckbarerklärung nach Art 7–12, die Regelung des Umgangsrechts nach Art 11 Abs 2 und die Wiederherstellung des Sorgeverhältnisses nach Art 8 und 9.

2. Örtliche Zuständigkeit

Ausschließlich örtlich zuständig für die Durchführung der genannten Verfahren ist grund- **524** sätzlich das Gericht am gewöhnlichen Aufenthaltsort des Antragsgegners oder des Kindes, Nr. 1. Maßgebender Zeitpunkt ist der Eingang des Antrags bei der Zentralen Behörde; ein späterer Wechsel des gewöhnlichen Aufenthalts beeinflusst die Zuständigkeit nicht (Staud/*Pirrung* Rn F 26). Halten sich der Antragsgegner und das Kind an verschiedenen Orten im Inland gewöhnlich auf, so hat der Antragsteller zwischen beiden Gerichtsständen die **Wahl**. Fehlt es an einem gewöhnlichen Aufenthalt sowohl des Antragsgegners wie des Kindes im Inland, so kommt es darauf an, wo das Interesse an der Feststellung hervortritt oder ein Fürsorgebedürfnis besteht, Nr. 2. Dies wird idR am gewöhnlichen inländischen Aufenthaltsort des Antragstellers oder am schlichten inländischen Aufenthaltsort des Kindes der Fall sein, bei Maßnahmen zum Schutz des Kindesvermögens auch am inländischen Belegenheitsort. Eine Hilfszuständigkeit besteht bei dem im Bezirk des Berliner Kammergerichts zur Entscheidung berufenen Gericht, Nr. 3.

Ergänzend ist allerdings jeweils die **Zuständigkeitskonzentration nach §§ 12, 13** zu be- **525** achten.

3. Sachliche Zuständigkeit

Sachlich zuständig für die Verfahren der gesonderten Feststellung der Anerkennung und der **526** Vollstreckbarerklärung von Entscheidungen auf dem Gebiet der elterlichen Verantwortung ist in Deutschland das **Familiengericht**.

IntFamRVG § 11. Örtliche Zuständigkeit nach dem Haager Kindesentführungsübereinkommen

(abgedruckt und kommentiert → U Rn 315f)

1345

N 527–530   2. Teil. Anerkennung/Vollstreckung N. Kindschaftssachen

IntFamRVG § 12. Zuständigkeitskonzentration

(1) **In Verfahren über eine in den §§ 10 und 11 bezeichnete Sache sowie in Verfahren über die Vollstreckbarerklärung nach Artikel 28 der Verordnung (EG) Nr. 2201/2003 entscheidet das Familiengericht, in dessen Bezirk ein Oberlandesgericht seinen Sitz hat, für den Bezirk dieses Oberlandesgerichts.**

(2) **Im Bezirk des Kammergerichts entscheidet das Familiengericht Pankow/Weißensee.**

(3) ¹**Die Landesregierungen werden ermächtigt, diese Zuständigkeit durch Rechtsverordnung einem anderen Familiengericht des Oberlandesgerichtsbezirks oder, wenn in einem Land mehrere Oberlandesgerichte errichtet sind, einem Familiengericht für die Bezirke aller oder mehrerer Oberlandesgerichte zuzuweisen.** ²**Sie können die Ermächtigung auf die Landesjustizverwaltungen übertragen.**

1. Zuständigkeitskonzentration, Abs 1

527   **a) Grundsatz.** Aufgrund der in Abs 1 angeordneten Zuständigkeitskonzentration ist für die in § 10 genannten Verfahren sowie für die Vollstreckbarerklärung von Entscheidungen betreffend die elterliche Verantwortung nach Art 28 ff EuEheVO dasjenige Familiengericht, in dessen Bezirk das OLG seinen Sitz hat, für den gesamten OLG-Bezirk örtlich **ausschließlich** zuständig (NK-BGB/*Andrae* Art 29 EuEheVO Rn 3). Auf diese Weise sollen die Spezialkenntnisse und praktischen Erfahrungen zur Bearbeitung von Fällen mit Auslandsberührung in jedem OLG-Bezirk bei einem Familiengericht gebündelt werden. Da dies vor allem dem Kindeswohl dient, ist die Zuständigkeitskonzentration unionsrechtskonform (vgl EuGH C-400/13 – *Sanders/Verhagen*, NJW 15, 683 [zu § 28 AUG]; Zö/*Geimer* Art 29 EuEheVO Rn 1). Hat ein anderes Familiengericht entschieden, so ist die Sache auf sofortige Beschwerde vom OLG an das ausschließlich zuständige Familiengericht abzugeben (OLG Oldenburg FamRZ 03, 1479; Staud/*Pirrung* Rn F 28). Im Rahmen von § 10 ist mithin nur zu prüfen, in welchem **OLG-Bezirk** entweder der Antragsgegner oder das Kind sich gewöhnlich aufhält (Nr 1) oder das Feststellungsinteresse bzw Fürsorgebedürfnis hervortritt (Nr 2). Im Bezirk des Kammergerichts (§ 10 Nr 3) entscheidet gem Abs 2 das Familiengericht Pankow/Weißensee.

528   **b) Maßgebender Zeitpunkt des gewöhnlichen Aufenthalts.** Hinsichtlich des Zeitpunkts, zu dem der gewöhnliche Aufenthalt in einem OLG Bezirk vorliegen muss, ist zu differenzieren: Es genügt zunächst, dass der gewöhnliche Aufenthalt im Zeitpunkt der Antragstellung im OLG-Bezirk gegeben ist. Durch einen Wechsel des gewöhnlichen Aufenthalts des Antragsgegners oder des Kindes wird das Gericht nach dem auch im Rahmen des Art 29 Abs 2 EuEheVO, § 12 Abs 1 und 2 IntFamRVG geltenden Grundsatz der *perpetuatio fori* (BGH EWS 97, 359) nicht unzuständig. Unerheblich ist daher, ob der Verpflichtete seinen gewöhnlichen Aufenthalt innerhalb der *Bundesrepublik Deutschland* ändert oder in das Ausland oder an einen unbekannten Ort verlegt. Andernfalls könnte er sich leicht einer Vollstreckbarerklärung der Entscheidung durch Verlassen des Gerichtsortes entziehen. Andererseits genügt es, wenn der gewöhnliche Aufenthalt im Laufe des Verfahrens im Gerichtsbezirk begründet wird.

529   **c) Ort der Zwangsvollstreckung.** Dieser fällt idR mit dem Ort, an dem entweder der Verpflichtete oder das Kind seinen gewöhnlichen Aufenthalt hat, zusammen. Eigenständige Bedeutung erlangt UAbs 2, wenn es an einem gewöhnlichen Aufenthalt des Berechtigten und des Kindes im Inland fehlt und deshalb (zB eine Herausgabeanordnung) am schlichten Aufenthaltsort des Kindes vollstreckt werden muss. Es genügt die schlüssige Behauptung, im Gerichtsbezirk vollstrecken zu wollen (vgl MüKoZPO/*Gottwald* Art 39 EuGVVO aF Rn 10).

2. Ermächtigung der Landesregierungen, Abs 3

530   Durch Abs 3 werden die Landesregierungen ermächtigt, die in Abs 1 angeordnete Konzentration der Zuständigkeit zu ändern oder einzuschränken. Von dieser Möglichkeit hat bisher nur das Land **Niedersachsen** Gebrauch gemacht; danach ist das AG Celle für alle drei OLG-Bezirke zuständig (*Schulz* FS Kropholler [2008] 435/448; Staud/*Pirrung* Rn F 28).

IV. Autonomes Zivilverfahrensrecht: IntFamRVG § 13   **531 N**

IntFamRVG § 13. Zuständigkeitskonzentration für andere Familiensachen

(1) [1]Das Familiengericht, bei dem eine in den §§ 10 bis 12 bezeichnete Sache anhängig wird, ist von diesem Zeitpunkt an ungeachtet des § 137 Abs. 1 und 3 des Gesetzes über das Verfahren in Familiensachen und in den Angelegenheiten der freiwilligen Gerichtsbarkeit für alle dasselbe Kind betreffenden Familiensachen nach § 151 Nr. 1 bis 3 des Gesetzes über das Verfahren in Familiensachen und in den Angelegenheiten der freiwilligen Gerichtsbarkeit einschließlich der Verfügungen nach § 44 und den §§ 35 und 89 bis 94 des Gesetzes über das Verfahren in Familiensachen und in den Angelegenheiten der freiwilligen Gerichtsbarkeit zuständig. [2]Die Zuständigkeit nach Satz 1 tritt nicht ein, wenn der Antrag offensichtlich unzulässig ist. [3]Sie entfällt, sobald das angegangene Gericht auf Grund unanfechtbarer Entscheidung unzuständig ist; Verfahren, für die dieses Gericht hiernach seine Zuständigkeit verliert, sind nach näherer Maßgabe des § 281 Abs. 2 und 3 Satz 1 der Zivilprozessordnung von Amts wegen an das zuständige Gericht abzugeben.

(2) Bei dem Familiengericht, das in dem Oberlandesgerichtsbezirk, in dem sich das Kind gewöhnlich aufhält, für Anträge der in Absatz 1 Satz 1 genannten Art zuständig ist, kann auch eine andere Familiensache nach § 151 Nr. 1 bis 3 des Gesetzes über das Verfahren in Familiensachen und in den Angelegenheiten der freiwilligen Gerichtsbarkeit anhängig gemacht werden, wenn ein Elternteil seinen gewöhnlichen Aufenthalt in einem anderen Mitgliedstaat der Europäischen Union oder in einem anderen Vertragsstaat des Haager Kinderschutzübereinkommens, des Haager Kindesentführungsübereinkommens oder des Europäischen Sorgerechtsübereinkommens hat.

(3) [1]Im Falle des Absatzes 1 Satz 1 hat ein anderes Familiengericht, bei dem eine dasselbe Kind betreffende Familiensache nach § 151 Nr. 1 bis 3 des Gesetzes über das Verfahren in Familiensachen und in den Angelegenheiten der freiwilligen Gerichtsbarkeit im ersten Rechtszug anhängig ist oder anhängig wird, dieses Verfahren von Amts wegen an das nach Absatz 1 Satz 1 zuständige Gericht abzugeben. [2]Auf übereinstimmenden Antrag beider Elternteile sind andere Familiensachen, an denen diese beteiligt sind, an das nach Absatz 1 oder Absatz 2 zuständige Gericht abzugeben. [3]§ 281 Abs. 2 Satz 1 bis 3 und Abs. 3 Satz 1 der Zivilprozessordnung gilt entsprechend.

(4) [1]Das Familiengericht, das gemäß Absatz 1 oder Absatz 2 zuständig oder an das die Sache gemäß Absatz 3 abgegeben worden ist, kann diese aus wichtigen Gründen an das nach den allgemeinen Vorschriften zuständige Familiengericht abgeben oder zurückgeben, soweit dies nicht zu einer erheblichen Verzögerung des Verfahrens führt. [2]Als wichtiger Grund ist es in der Regel anzusehen, wenn die besondere Sachkunde des erstgenannten Gerichts für das Verfahren nicht oder nicht mehr benötigt wird. [3]§ 281 Abs. 2 und 3 Satz 1 der Zivilprozessordnung gilt entsprechend. [4]Die Ablehnung einer Abgabe nach Satz 1 ist unanfechtbar.

(5) §§ 4 und 5 Abs. 1 Nr. 5, Abs. 2 und 3 des Gesetzes über das Verfahren in Familiensachen und in den Angelegenheiten der freiwilligen Gerichtsbarkeit bleibt unberührt.

1. Erweiterung der ausschließlichen Zuständigkeit auf andere Familiensachen, Abs 1

Durch die aus § 64a FGG übernommene Regelung wird die in § 12 angeordnete Zuständig- **531** keitskonzentration für Anerkennungs- und Vollstreckbarerklärungsverfahren nach der EuEheVO, dem KSÜ und dem EuSorgeRÜ aus Gründen des Sachzusammenhangs auf weitere Familiensachen, nämlich die in **§ 151 Nr 1–3 FamFG** genannten (elterliche Sorge, Umgangsrecht und Herausgabe des Kindes), erstreckt. Die Zuständigkeitskonzentration beginnt gem Abs 1 S 1 mit der Anhängigkeit einer der in §§ 10 und 12 genannten Sachen. Sie umfasst auch Vollstreckungsmaßnahmen nach § 44 IntFamRVG sowie nach § 35 und §§ 89–94 FamFG in Bezug auf dasselbe Kind und versetzt das Familiengericht in die Lage, eine für vollstreckbar zu erklärende ausländische Umgangsregelung den inzwischen veränderten tatsächlichen Verhältnissen anzupassen, oder im Rahmen der Feststellung der Anerkennung einer ausländischen Sorgerechtsentscheidung nach Art 21 Abs 3 EuEheVO die Herausgabe des Kindes an den hiernach sorgebe-

1347

N 2. Teil. Anerkennung/Vollstreckung N. Kindschaftssachen

rechtigten Elternteil anzuordnen (BT-Drs 15/3981, 23; NK-BGB/*Andrae* Art 29 EuEheVO Rn 6; Staud/*Pirrung* Rn F 30). Die Zuständigkeitskonzentration endet nach Abs 1 S 3, sobald das angegangene Gericht aufgrund unanfechtbarer Entscheidung unzuständig wird; es hat dann das Verfahren an das nach den allgemeinen Vorschriften zuständige Gericht abzugeben.

2. Fakultative Zuständigkeit für andere Familiensachen, Abs 2

532   Bei dem nach Abs 1 S 1 iVm §§ 10–12 zuständigen Familiengericht kann gem Abs 2 auch eine andere Familiensache iSv § 151 Nr 1–3 FamFG anhängig gemacht werden, wenn ein Elternteil seinen gewöhnlichen Aufenthalt in einem EU-Mitgliedstaat (einschließlich *Dänemark*) oder in einem Vertragsstaat des KSÜ, HKÜ oder EuSorgeRÜ hat. Diese fakultative Zuständigkeit (BT-Drs 15/3981, 23) soll dem Antragsteller die Wahl zwischen dem Wohnsitzgericht und dem nach §§ 10, 12 zuständigen Gericht ermöglichen (Staud/*Pirrung* Rn F 31). An eine einmal getroffene Wahl ist dieser dann gebunden (*Schulz* FS Kropholler [2008] 435/453).

3. Abgabe des Verfahrens durch andere Familiengerichte, Abs 3

533   Die Verfahrenskonzentration wird nach Abs 3 dadurch verwirklicht, dass jedes andere Familiengericht, bei dem eine dasselbe Kind betreffende Familiensache iSv § 151 Nr 1–3 FamFG im ersten Rechtszug anhängig ist oder wird, dieses Verfahren **von Amts wegen** an das nach Abs 1 zuständige Familiengericht abzugeben hat. Darüber hinaus können die Eltern durch übereinstimmenden Antrag auch andere als die in § 151 Nr 1–3 FamFG genannten Familiensachen, an denen sie beteiligt sind, an das nach Abs 1 oder Abs 2 zuständige Familiengericht abgeben.

4. Abgabe oder Rückgabe aus wichtigem Grund, Abs 4

534   Nur ausnahmsweise kann das Gericht, bei dem die Entscheidung über Familiensachen nach Abs 1–3 konzentriert ist, diese gem Abs 4 aus wichtigem Grund an das nach den allgemeinen Vorschriften zuständige Familiengericht ab- oder zurückgeben, sofern hierdurch keine erhebliche Verfahrensverzögerung eintritt. Ein wichtiger Grund liegt nach Abs 4 S 2 vor, wenn die besondere Sachkunde des Gerichts nicht mehr benötigt wird, also insbesondere wenn der Auslandsbezug des Verfahrens nachträglich entfallen ist (Staud/*Pirrung* Rn F 33). Aufgrund der Verweisung in Abs 3 S 3 auf § 281 Abs 2 und 3 S 1 ZPO ist die Abgabeentscheidung für das Gericht, an das die Sache abgegeben wird, bindend. Die Ablehnung der Abgabe kann nach Abs 4 S 4 nicht angefochten werden.

IntFamRVG § 13a

(abgedruckt und kommentiert → F Rn 562 ff)

Abschnitt 4. Allgemeine gerichtliche Verfahrensvorschriften

IntFamRVG § 14. Familiengerichtliches Verfahren

Soweit nicht anders bestimmt, entscheidet das Familiengericht

1. *(abgedruckt und kommentiert → K Rn 186),*
2. **über die übrigen in den §§ 10, 11, 12 und 47 bezeichneten Angelegenheiten als Familiensachen im Verfahren der freiwilligen Gerichtsbarkeit.**

535   Nach Abs 2 entscheidet das Familiengericht über alle Verfahren der Anerkennung, Vollstreckbarerklärung und Vollstreckung von Entscheidungen auf dem Gebiet der elterlichen Verantwortung nach der EuEheVO, dem KSÜ und dem EuSorgeRÜ im Verfahren der freiwilligen Gerichtsbarkeit. Daher gilt der Grundsatz der **Amtsermittlung** nach § 26 FamFG und die Anhörungspflicht nach § 159 FamFG.

IntFamRVG § 15. Einstweilige Anordnungen

Das Gericht kann auf Antrag oder von Amts wegen einstweilige Anordnungen treffen, um Gefahren von dem Kind abzuwenden oder eine Beeinträchtigung der Interessen der Beteiligten zu vermeiden, insbesondere um den Aufenthaltsort des Kindes während des Verfahrens zu sichern oder eine Vereitelung oder Erschwerung der

1348

IV. Autonomes Zivilverfahrensrecht: IntFamRVG § 16

Rückgabe zu verhindern; Abschnitt 4 des Buches 1 des Gesetzes über das Verfahren in Familiensachen und in den Angelegenheiten der freiwilligen Gerichtsbarkeit gilt entsprechend.

Die Befugnis für den Erlass einstweiliger Anordnungen, um Gefahren von dem Kind abzuwenden oder eine Beeinträchtigung der Interessen der Beteiligten zu vermeiden, ergibt sich bereits aus Art 20 EuEheVO bzw aus Art 11 KSÜ, Art 7 Abs 2 lit b HKÜ oder Art 5 Abs 1 lit b EuSorgeRÜ. Sie wird durch § 15 über diese Vorschriften der EuEheVO bzw der Staatsverträge hinaus nicht erweitert. Hs 1 stellt lediglich klar, dass einstweilige Anordnungen mit diesem Ziel nicht nur auf Antrag eines Beteiligten, sondern **auch von Amts wegen** getroffen werden können. Gedacht ist insbesondere an einstweilige Anordnungen, die den Aufenthalt des Kindes während des Verfahrens sichern und eine Vereitelung oder Erschwerung der Rückgabe des Kindes verhindern, die also einer drohenden Kindesentführung ins Ausland vorbeugen, welche dem inländischen Verfahren die Grundlage entziehen könnte (Staud/*Pirrung* Rn F 38).

Für das **Verfahren** verweist Hs 2 auf Abschnitt 4 des Buches 1 des FamFG. Danach sind einstweilige Anordnungen gem § 15 nur ausnahmsweise anfechtbar, wenn sie aufgrund einer mündlichen Erörterung ergangen sind (§ 57 S 1 FamFG).

Abschnitt 5. Zulassung der Zwangsvollstreckung, Anerkennungsfeststellung und Wiederherstellung des Sorgeverhältnisses

Unterabschnitt 1. *Zulassung der Zwangsvollstreckung im ersten Rechtszug*

IntFamRVG § 16. Antragstellung

(1) **Mit Ausnahme der in den Artikeln 41 und 42 der Verordnung (EG) Nr. 2201/2003 aufgeführten Titel wird der in einem anderen Staat vollstreckbare Titel dadurch zur Zwangsvollstreckung zugelassen, dass er auf Antrag mit der Vollstreckungsklausel versehen wird.**

(2) **Der Antrag auf Erteilung der Vollstreckungsklausel kann bei dem zuständigen Familiengericht schriftlich eingereicht oder mündlich zu Protokoll der Geschäftsstelle erklärt werden.**

(3) **Ist der Antrag entgegen § 184 des Gerichtsverfassungsgesetzes nicht in deutscher Sprache abgefasst, so kann das Gericht der antragstellenden Person aufgeben, eine Übersetzung des Antrags beizubringen, deren Richtigkeit von einer**

1. in einem Mitgliedstaat der Europäischen Union oder

2. in einem anderen Vertragsstaat eines auszuführenden Übereinkommens

hierzu befugten Person bestätigt worden ist.

1. Allgemeines

Die §§ 16 ff ergänzen die Vorschriften in Art 28 ff EuEheVO, Art 26 KSÜ und Art 7 ff EuSorgeRÜ und gestalten das **Verfahren der Vollstreckbarerklärung** von Entscheidungen betreffend die elterliche Verantwortung aus anderen Mitgliedstaaten der Verordnung bzw aus Vertragsstaaten des KSÜ und des EuSorgeRÜ in Deutschland näher aus. Ausgenommen ist lediglich die Vollstreckung von Titeln betreffend das Umgangsrecht und die Rückführung von Kindern nach Art 41, 42 EuEheVO, die ohne das Erfordernis eines Exequaturverfahrens in allen Mitgliedstaaten dieser Verordnung vollstreckbar sind (→ Rn 229 ff).

§ 16 entspricht inhaltlich § 4 AVAG. Wie der Wortlaut von Abs 1 bestätigt, hat die Vollstreckbarerklärung **rechtsgestaltenden Charakter;** sie verleiht dem ausländischen Titel die Vollstreckbarkeit für das deutsche Hoheitsgebiet. Grundlage der Vollstreckung der ausländischen Entscheidung im Inland ist also nicht der ausländische Titel, sondern allein die *inländische* Entscheidung über die *Vollstreckbarerklärung* (vgl zum EuGVÜ BGH NJW 86, 1440/1441). Der ausländische Titel ist dann in jeglicher Hinsicht wie ein inländischer Vollstreckungstitel zu behandeln. In welcher Form die ausländische Entscheidung für vollstreckbar zu erklären ist, entscheidet innerhalb der Vorgaben durch die EuEheVO bzw die Staatsverträge das jeweilige nationale Verfahrensrecht des Vollstreckungsstaats.

N 2. Teil. Anerkennung/Vollstreckung N. Kindschaftssachen

2. Voraussetzungen für die Erteilung der Vollstreckungsklausel

540 In Deutschland erfolgt die Vollstreckbarerklärung gem Abs 1 in einem **Klauselerteilungs-verfahren.** Dieses stellt ein (besonderes) erstinstanzliches Erkenntnisverfahren dar. Das Int-FamRVG regelt aber nur die **formellen** Voraussetzungen der Klauselerteilung; die sachlichen Voraussetzungen für einen begründeten Antrag, der zur Erteilung des Exequatur führt, ergeben sich hingegen allein aus der EuEheVO bzw dem KSÜ oder EuSorgeRÜ.

541 Das Verfahren wird nach Abs 1 durch einen **Antrag** eingeleitet. Dieser kann nach Abs 2 bei dem nach §§ 10, 12 zuständigen Familiengericht schriftlich eingereicht oder zu Protokoll der Geschäftsstelle erklärt werden. Es besteht **kein Anwaltszwang** (§ 18 Abs 2 IntFamRVG). Der Antragsteller hat, wenn mehrere Rechtsinstrumente alternativ anwendbar sind (→ Rn 1 ff, 24 ff), mitzuteilen, nach welchem die Vollstreckbarerklärung erfolgen soll. Die Umdeutung eines Antrags auf Vollstreckbarerklärung nach dem IntFamRVG in einen Antrag nach §§ 108–110 FamFG ist nicht möglich (vgl zum EuGVÜ BGH NJW 95, 264). Ein nicht in deutscher Sprache eingereichter Antrag ist gem Abs 3 nicht als unzulässig zu verwerfen. Vielmehr kann das Gericht dem Antragsteller die Vorlage einer den Anforderungen des Abs 3 entsprechenden **Übersetzung** aufgeben. Da das Gericht ganz von einer Übersetzung absehen kann (Ermessen), kann es sich auch mit einer unbeglaubigten Übersetzung begnügen (vgl zum EuGVÜ BGH NJW 80, 527 f).

IntFamRVG § 17. Zustellungsbevollmächtigter

(1) **Hat die antragstellende Person in dem Antrag keinen Zustellungsbevollmächtigten im Sinne des § 184 Abs. 1 Satz 1 der Zivilprozessordnung benannt, so können bis zur nachträglichen Benennung alle Zustellungen an sie durch Aufgabe zur Post (§ 184 Abs. 1 Satz 2, Abs. 2 der Zivilprozessordnung) bewirkt werden.**

(2) **Absatz 1 gilt nicht, wenn die antragstellende Person einen Verfahrensbevoll-mächtigten für das Verfahren bestellt hat, an den im Inland zugestellt werden kann.**

542 Die Vorschrift entspricht § 5 AVAG. Anders als in Verfahren der Vollstreckbarerklärung von Unterhaltstiteln nach Art 26 ff EuUntVO (vgl § 37 Abs 2 AUG) ist der Antragsteller nach Abs 1 – entsprechend Art 30 Abs 2 S 2 EuEheVO – verpflichtet, in seinem Antrag einen **Zustel-lungsbevollmächtigten** zu benennen. Einer solchen Bestimmung bedarf es nach dem Norm-zweck allerdings nur, wenn der Antragsteller **keinen Wohnsitz im Inland** hat (NK-BGB/*Andrae* Art 30 EuEheVO Rn 4). Aus diesem Grunde reicht es nach Abs 2 auch aus, dass der Antragsteller einen Verfahrensbevollmächtigten bestellt, an den im Inland zugestellt werden kann.

543 Kommt der Antragsteller seiner Verpflichtung nach Abs 1, 2 nicht nach, so können alle Zustellungen an ihn – in Übereinstimmung mit § 184 Abs 1 S 2, Abs 2 ZPO – solange fiktiv **durch Aufgabe zur Post** bewirkt werden, wie ein inländischer Zustellungsbevollmächtigter nicht benannt wird. Dies gilt allerdings nur für Zustellungen nach bestehenden völkerrechtlichen Vereinbarungen oder nach nationalem Recht gem § 183 Abs 1–4 ZPO, nicht hingegen im Geltungsbereich der EuZVO (§ 183 Abs 5 ZPO; vgl BGH NJW 11, 1885; BGH IPRax 13, 160 Rn 16 ff m Anm *Heinze* 132; ThP/*Hüßtege* § 184 Rn 10).

IntFamRVG § 18. Einseitiges Verfahren

(1) [1]**Im Anwendungsbereich der Verordnung (EG) Nr. 2201/2003 und des Haager Kinderschutzübereinkommens erhält im erstinstanzlichen Verfahren auf Zulassung der Zwangsvollstreckung nur die antragstellende Person Gelegenheit, sich zu äußern.** [2]**Die Entscheidung ergeht ohne mündliche Verhandlung.** [3]**Jedoch kann eine mündliche Erörterung mit der antragstellenden oder einer von ihr bevollmächtigten Person statt-finden, wenn diese hiermit einverstanden ist und die Erörterung der Beschleunigung dient.**

(2) **Abweichend von § 114 Absatz 1 des Gesetzes über das Verfahren in Familien-sachen und in den Angelegenheiten der freiwilligen Gerichtsbarkeit ist in Ehesachen im ersten Rechtszug eine anwaltliche Vertretung nicht erforderlich.**

IV. Autonomes Zivilverfahrensrecht: IntFamRVG § 20 **N**

1. Einseitiges Verfahren, Abs 1

Die Vorschrift entspricht § 6 Abs 2 und 3 AVAG. Nach Abs 1 S 1 wird weder der **Antrags-** **544** **gegner** noch das **Kind** im erstinstanzlichen Verfahren der Vollstreckbarerklärung von Entscheidungen betreffend die elterliche Verantwortung nach der EuEheVO (vgl Art 31 Abs 1) und dem KSÜ **gehört.** Die Entscheidung über die Vollstreckbarerklärung von Titeln nach der **EuEheVO** und dem **KSÜ** ergeht grundsätzlich **ohne mündliche Verhandlung;** eine solche kann nur ausnahmsweise zur Beschleunigung des Verfahrens angeordnet werden, wenn der Antragsteller damit einverstanden ist, Abs 1 S 2 und 3. Das rechtliche Gehör des Antragsgegners wie des Kindes wird hinreichend dadurch gewährleistet, dass diese im Beschwerdeverfahren gegen die Erteilung der Vollstreckungsklausel angehört werden. Demgegenüber ist im Verfahren der Vollstreckbarerklärung nach dem **EuSorgeRÜ** grundsätzlich bereits in der ersten Instanz eine mündliche Verhandlung mit Anhörung des Antragsgegners durchzuführen (Staud/*Pirrung* Rn F 43).

2. Kein Anwaltszwang, Abs 2

Die Abweichung von § 114 Abs 1 FamFG hinsichtlich des Anwaltszwangs nach Abs 2 betrifft **545** Verfahren der elterlichen Verantwortung nur, soweit sie als **Folgesache zu einer Ehesache** anhängig gemacht werden. Denn in isolierten Verfahren der elterlichen Verantwortung besteht weder in erster noch in zweiter Instanz Anwaltszwang, § 10 Abs 1 iVm §§ 114 Abs 1, 111 Nr 2, 151 FamFG (NK–BGB/*Andrae* Vorbem Art 28–36 Rn 9; Staud/*Pirrung* Rn F 45).

IntFamRVG § 19. Besondere Regelungen zum Europäischen Sorgerechtsübereinkommen

Die Vollstreckbarerklärung eines Titels aus einem anderen Vertragsstaat des Europäischen Sorgerechtsübereinkommens ist auch in den Fällen der Artikel 8 und 9 des Übereinkommens ausgeschlossen, wenn die Voraussetzungen des Artikels 10 Abs. 1 Buchstabe a oder b des Übereinkommens vorliegen, insbesondere wenn die Wirkungen des Titels mit den Grundrechten des Kindes oder eines Sorgeberechtigten unvereinbar wären.

§ 19 entspricht dem von Deutschland gem Art 27 Abs 1 iVm Art 17 EuSorgeRÜ eingelegten **546** Vorbehalt. Danach kann die Anerkennung und Vollstreckung von Sorgerechtsentscheidungen in Deutschland nicht nur aus den in Art 9, sondern auch aus den in Art 10 lit a und lit b genannten Gründen versagt werden, dh wenn entweder die Wirkungen der Entscheidung mit den Grundwerten des deutschen Familien- und Kindschaftsrechts offensichtlich unvereinbar sind oder wenn aufgrund einer Änderung der Verhältnisse die Wirkungen der ursprünglichen Entscheidung offensichtlich nicht mehr dem Kindeswohl entsprechen (näher → Rn 475 ff). Der Versagungsgrund nach Art 10 lit a EuSorgeRÜ wird in § 19 dahin konkretisiert, dass die ausländische Entscheidung insbesondere nicht in die Grundrechte des Kindes oder eines Sorgeberechtigten eingreifen darf.

IntFamRVG § 20. Entscheidung

(1) ¹Ist die Zwangsvollstreckung aus dem Titel zuzulassen, so beschließt das Gericht, dass der Titel mit der Vollstreckungsklausel zu versehen ist. ²In dem Beschluss ist die zu vollstreckende Verpflichtung in deutscher Sprache wiederzugeben. ³Zur Begründung des Beschlusses genügt in der Regel die Bezugnahme auf die Verordnung (EG) Nr. 2201/2003 oder den ausführenden Anerkennungs- und Vollstreckungsvertrag sowie auf die von der antragstellenden Person vorgelegten Urkunden.

(2) Auf die Kosten des Verfahrens ist § 81 des Gesetzes über das Verfahren in Familiensachen und in den Angelegenheiten der freiwilligen Gerichtsbarkeit entsprechend anzuwenden; in Ehesachen gilt § 788 der Zivilprozessordnung entsprechend.

(3) ¹Ist der Antrag nicht zulässig oder nicht begründet, so lehnt ihn das Gericht durch mit Gründen versehenen Beschluss ab. ²Für die Kosten gilt Absatz 2; in Ehesachen sind die Kosten dem Antragsteller aufzuerlegen.

N 550   2. Teil. Anerkennung/Vollstreckung N. Kindschaftssachen

1. Zulassung der Zwangsvollstreckung, Abs 1

547   Abs 1 entspricht § 8 Abs 1 AVAG. Danach lässt das Gericht die Zwangsvollstreckung aus dem ausländischen Titel dadurch zu, dass es ihn mit der Vollstreckungsklausel versieht, Abs 1 S 1. Die zu vollstreckende Verpflichtung ist in dem Beschluss zwingend in **deutscher Sprache** wiederzugeben. Zur Begründung genügt die Bezugnahme auf die EuEheVO (bzw das KSÜ oder das EuSorgeRÜ) und auf die vom Antragsteller nach Art 37 und 39 EuEheVO vorgelegten Urkunden. Im Beschluss über die Erteilung der Vollstreckungsklausel ist ferner gem § 22 S 2 ausdrücklich darauf hinzuweisen, dass er erst mit Rechtskraft wirksam wird.

2. Kosten des Verfahrens, Abs 2

548   Für die Kosten des Verfahrens gilt im Verfahren der Vollstreckbarerklärung von Entscheidungen betreffend die elterliche Verantwortung nach Abs 2, 1. Hs – anders als in Ehesachen (Abs 2, 2. Hs) – nicht § 788 ZPO, sondern § 81 FamFG entsprechend, Abs 1 Hs 1. Danach kann das Gericht die Kosten des Verfahrens nach **billigem Ermessen** den Beteiligten ganz oder zum Teil auferlegen (*Hartmann* NJW 09, 321/323). Dabei ist vor allem das vollständige oder teilweise Unterliegen eines Beteiligten im Verfahren zu berücksichtigen zu (OLG Stuttgart FamRZ 14, 1567). Das Ermessen erstreckt sich auch auf die Frage, ob überhaupt eine Kostenentscheidung getroffen werden soll; es wird jedoch in den Fällen des § 81 Abs 2 FamFG eingeschränkt (vgl ThP/*Hüßtege* § 81 FamFG Rn 9 ff). In Kindesentführungsfällen entspricht es regelmäßig billigem Ermessen, dass der Entführer-Elternteil die Kosten von Verfahren zu tragen hat, die er durch sein rechtswidriges Verhalten provoziert hat (OLG München FamRZ 15, 777 Rn 42).

3. Abweisung des Antrags, Abs 3

549   Ist der Antrag auf Vollstreckbarerklärung des ausländischen Titels unzulässig oder unbegründet, so weist ihn das Gericht ab. Der Beschluss ist mit Gründen zu versehen, Abs 3 S 1. Für die Kostenentscheidung gilt wiederum § 81 FamFG entsprechend, Abs 3 S 2 Hs 1.

IntFamRVG § 21. Bekanntmachung der Entscheidung

(1) [1]**Im Falle des § 20 Abs. 1 sind der verpflichteten Person eine beglaubigte Abschrift des Beschlusses, eine beglaubigte Abschrift des noch nicht mit der Vollstreckungsklausel versehenen Titels und gegebenenfalls seiner Übersetzung sowie der gemäß § 20 Abs. 1 Satz 3 in Bezug genommenen Urkunden von Amts wegen zuzustellen.** [2]**Ein Beschluss nach § 20 Abs. 3 ist der verpflichteten Person formlos mitzuteilen.**

(2) [1]**Der antragstellenden Person sind eine beglaubigte Abschrift des Beschlusses nach § 20, im Falle des § 20 Abs. 1 ferner eine Bescheinigung über die bewirkte Zustellung zu übersenden.** [2]**Die mit der Vollstreckungsklausel versehene Ausfertigung des Titels ist der antragstellenden Person erst dann zu übersenden, wenn der Beschluss nach § 20 Abs. 1 wirksam geworden und die Vollstreckungsklausel erteilt ist.**

(3) **In einem Verfahren, das die Vollstreckbarerklärung einer die elterliche Verantwortung betreffenden Entscheidung zum Gegenstand hat, sind Zustellungen auch an den gesetzlichen Vertreter des Kindes, an den Vertreter des Kindes im Verfahren, an das Kind selbst, soweit es das 14. Lebensjahr vollendet hat, an einen Elternteil, der nicht am Verfahren beteiligt war, sowie an das Jugendamt zu bewirken.**

(4) **Handelt es sich bei der für vollstreckbar erklärten Maßnahme um eine Unterbringung, so ist der Beschluss auch dem Leiter der Einrichtung oder der Pflegefamilie bekannt zu machen, in der das Kind untergebracht werden soll.**

1. Bekanntmachung an die verpflichtete Person, Abs 1

550   Abs 1 entspricht § 10 Abs 1 und Abs 3 S 1 AVAG; die Vorschrift ergänzt insbesondere Art 32 EuEheVO (→ Rn 171 f). Lässt das Gericht die Zwangsvollstreckung nach § 20 Abs 1 zu, so ist der verpflichteten Person eine beglaubigte Abschrift des Beschlusses, des noch nicht mit der Vollstreckungsklausel versehenen Titels sowie der gem § 20 Abs 1 S 3 in Bezug genommenen Urkunden **von Amts wegen zuzustellen.** Ist die Zustellung in einem anderen EU-Mitglied-

1352

IV. Autonomes Zivilverfahrensrecht: IntFamRVG § 22

staat vorzunehmen, so hat sie nach Maßgabe der EuZVO Nr 1393/2007 zu erfolgen. Die Zustellung setzt gem Art 33 Abs 5 EuEheVO iVm § 24 Abs 3 IntFamRVG die Beschwerdefrist in Gang. Lehnt das Gericht die Vollstreckbarerklärung nach § 20 Abs 3 ab, so ist dieser Beschluss der verpflichteten Person lediglich formlos mitzuteilen, Abs 1 S 2.

2. Bekanntmachung an den Antragsteller, Abs 2

Dem Antragsteller ist in jedem Falle eine beglaubigte Abschrift des Beschlusses über die **551** Zulassung oder Ablehnung der Zwangsvollstreckung aus dem ausländischen Titel, im ersteren Fall zusätzlich eine Bescheinigung über die bewirkte Zustellung zu **übersenden,** S 1. Die mit der Vollstreckungsklausel versehene Ausfertigung des Titels ist ihm hingegen erst dann zu übersenden, wenn der nach § 20 Abs 1 ergangene Beschluss wirksam geworden ist (S 2), dh mit Eintritt seiner der Rechtskraft, § 22 S 1.

3. Bekanntgabe an weitere Beteiligte, Abs 3 und 4

Die – stattgebende wie ablehnende (Staud/*Pirrung* Rn F 50) – Entscheidung über den Antrag **552** auf Vollstreckbarerklärung eines die elterliche Verantwortung betreffenden Titels ist ferner gem Abs 3 dem gesetzlichen Vertreter des Kindes, einem Verfahrensbeistand (§ 158 FamFG), dem mindestens 14 Jahre alten Kind selbst, im bisher am Verfahren nicht beteiligten Elternteil und dem zuständigen Jugendamt bekanntzugeben, im Falle einer für vollstreckbar erklärten Unterbringungsmaßnahme auch den in Abs 4 genannten weiteren Beteiligten (Leiter der Einrichtung, Pflegefamilie), und zwar jeweils im Wege der Zustellung von Amts wegen. Hierdurch soll diesen materiell Beteiligten die Möglichkeit gegeben werden, Rechtsmittel einlegen zu können.

IntFamRVG § 22. Wirksamwerden der Entscheidung

(1) [1]**Der Beschluss nach § 20 wird erst mit Rechtskraft wirksam.** [2]**Hierauf ist in dem Beschluss hinzuweisen.**

(2) **Absatz 1 gilt nicht für den Beschluss, mit dem eine Entscheidung über die freiheitsentziehende Unterbringung eines Kindes nach Artikel 56 der Verordnung (EG) Nr. 2201/2003 für vollstreckbar erklärt wird. In diesem Fall hat das Gericht die sofortige Wirksamkeit des Beschlusses anzuordnen. § 324 Absatz 2 Satz 2 Nummer 3 des Gesezes über das Verfahren inFamilinesachen und in Angelegenheiten der freiwilligen Gerichtsbarkeit gilt entsprechend.**

1. Grundsatz, Abs 1

Während Beschlüsse in Familiensachen nach den allgemeinen Vorschriften des FamFG bereits **553** mit der Bekanntgabe an den Beteiligten, für den sie ihrem wesentlichen Inhalt nach bestimmt sind, wirksam werden (§ 40 Abs 1 FamFG) und von diesem Zeitpunkt an auch vollstreckbar sind (§ 86 Abs 2 FamFG), gelten für Beschlüsse, mit denen ausländische Entscheidungen auf dem Gebiet der elterlichen Verantwortung förmlich anerkannt oder für vollstreckbar erklärt werden, Sonderregeln. Gemäß Abs 1 wird der erstinstanzliche Beschluss über die Erteilung der Vollstreckungsklausel nach § 20 erst **mit Eintritt der formellen Rechtskraft,** dh idR erst mit Ablauf der in § 24 Abs 3 bestimmten Beschwerdefrist, wirksam. Dies gilt – vorbehaltlich der Art 41, 42 EuEheVO – grundsätzlich für die Zulassung der Zwangsvollstreckung aus **jeder Art von Titel** betreffend die elterliche Verantwortung, sowohl nach der EuEheVO wie nach dem KSÜ und dem EuSorgeRÜ. Auf diese Weise soll vermieden werden, dass durch die im einseitigen Verfahren zugelassene Zwangsvollstreckung auf dem Gebiet der elterlichen Verantwortung bereits vollendete Tatsachen geschaffen werden, bevor dem Verpflichteten rechtliches Gehör gewährt wurde (*Wagner* IPRax 01, 73/80; *Hub* NJW 01, 3145/3148).

2. Ausnahme, Abs 2

Etwas anderes gilt freilich aufgrund einheitlicher europäischer Auslegung der Art 31 ff EuEhe- **554** VO durch den EuGH für die Vollstreckbarklärung von Entscheidungen über die **freiheitsentziehende Unterbringung eines Kindes** in einem anderen Mitgliedstaat nach Art 56. In diesem Fall wird der Beschluss – wie nach § 40 Abs 1 FamFG – bereits mit seiner Bekanntgabe an die Beteiligten wirksam und die Einlegung der Beschwerde gegen die Vollstreckbarerklärung

1353

N 555–557   2. Teil. Anerkennung/Vollstreckung N. Kindschaftssachen

hat keine aufschiebende Wirkung (EuGH C-92/12 PPU – *Health Service Executive,* FamRZ 12, 1466 Rn 125 ff m Anm *Pirrung* IPRax 13, 408). Dieser EuGH-Entscheidung hat der deutsche Gesetzgeber durch Einfügung des Abs 2 mit Gesetz v 8.7.2014 (BGBl I, 890) Rechnung getragen. Danach hat das Gericht die sofortige Wirksamkeit des Beschlusses über die Unterbringung eines Kindes nach Art 56 EuEheVO anzuordnen.

IntFamRVG § 23. Vollstreckungsklausel

(1) **Auf Grund eines wirksamen Beschlusses nach § 20 Abs. 1 erteilt der Urkundsbeamte der Geschäftsstelle die Vollstreckungsklausel in folgender Form:**

„Vollstreckungsklausel nach § 23 des Internationalen Familienrechtsverfahrensgesetzes vom 26. Januar 2005 (BGBl. I S. 162). Gemäß dem Beschluss des … (Bezeichnung des Gerichts und des Beschlusses) ist die Zwangsvollstreckung aus … (Bezeichnung des Titels) zugunsten … (Bezeichnung der berechtigten Person) gegen … (Bezeichnung der verpflichteten Person) zulässig.

Die zu vollstreckende Verpflichtung lautet:

… (Angabe der aus dem ausländischen Titel der verpflichteten Person obliegenden Verpflichtung in deutscher Sprache; aus dem Beschluss nach § 20 Abs. 1 zu übernehmen)."

(2) **Wird die Zwangsvollstreckung nur für einen oder mehrere der durch den ausländischen Titel zuerkannten oder in einem anderen ausländischen Titel niedergelegten Ansprüche oder nur für einen Teil des Gegenstands der Verpflichtung zugelassen, so ist die Vollstreckungsklausel als „Teil-Vollstreckungsklausel nach § 23 des Internationalen Familienrechtsverfahrensgesetzes vom 26. Januar 2005 (BGBl. I S. 162)" zu bezeichnen.**

(3) **¹Die Vollstreckungsklausel ist von dem Urkundsbeamten der Geschäftsstelle zu unterschreiben und mit dem Gerichtssiegel zu versehen. ²Sie ist entweder auf die Ausfertigung des Titels oder auf ein damit zu verbindendes Blatt zu setzen. ³Falls eine Übersetzung des Titels vorliegt, ist sie mit der Ausfertigung zu verbinden.**

1. Inhalt der Vollstreckungsklausel, Abs 1

555   Die Vorschrift entspricht § 9 AVAG. Sie regelt in Abs 1 die Voraussetzungen für die Erteilung und den Wortlaut der vom Urkundsbeamten der Geschäftsstelle zu erteilenden Vollstreckungsklausel, die insbesondere den Inhalt der vollstreckbaren Verpflichtung in deutscher Sprache enthalten muss. Die Erteilung erfolgt nach Abs 1 iVm § 20 erst nach Rechtskraft des Beschlusses über die Zulassung der Zwangsvollstreckung, dh nach Ablauf der Beschwerdefrist gem § 24 Abs 3. Dadurch soll sichergestellt werden, dass Vollstreckungsmaßnahmen erst eingeleitet werden, nachdem dem Verpflichteten rechtliches Gehör gewährt wurde (BT-Drs 15/3981, 25; *Hub* NJW 01, 3145/3148; Staud/*Pirrung* Rn F 52). Das Gericht ist danach nicht berechtigt, die sofortige Wirksamkeit der Entscheidung anzuordnen. Die Zwangsvollstreckung kann vielmehr erst dann eingeleitet werden, wenn die Rechtsbehelfsfrist abgelaufen ist (NK-BGB/*Andrae* Art 32 EuEheVO Rn 5).

2. Teil-Vollstreckungsklausel, Abs 2

556   Wird die Zwangsvollstreckung nach Art 36 EuEheVO nur für einen oder einzelne der durch den ausländischen Titel zuerkannten Ansprüche oder nur für einen Teil des Gegenstands der Verpflichtung zugelassen, so muss dies durch die Bezeichnung als „Teil-Vollstreckungsklausel" kenntlich gemacht werden.

3. Förmlichkeiten der Erteilung, Abs 3

557   Abs 3 regelt die Formalien für die Erteilung der Vollstreckungsklausel. Fehlt entgegen S 1 die Unterschrift des Urkundsbeamten, so liegt lediglich ein Entwurf vor. Dessen Zustellung lässt die Beschwerdefrist nicht zu laufen beginnen (BGH NJW-RR 1998, 141).

IV. Autonomes Zivilverfahrensrecht: IntFamRVG § 24

Unterabschnitt 2. *Beschwerde*

IntFamRVG § 24. Einlegung der Beschwerde; Beschwerdefrist

(1) [1]Gegen die im ersten Rechtszug ergangene Entscheidung findet die Beschwerde zum Oberlandesgericht statt. [2]Die Beschwerde wird bei dem Oberlandesgericht durch Einreichen einer Beschwerdeschrift oder durch Erklärung zu Protokoll der Geschäftsstelle eingelegt.

(2) Die Zulässigkeit der Beschwerde wird nicht dadurch berührt, dass sie statt bei dem Oberlandesgericht bei dem Gericht des ersten Rechtszugs eingelegt wird; die Beschwerde ist unverzüglich von Amts wegen an das Oberlandesgericht abzugeben.

(3) [1]Die Beschwerde gegen die Zulassung der Zwangsvollstreckung ist einzulegen

1. innerhalb eines Monats nach Zustellung, wenn die beschwerdeberechtigte Person ihren gewöhnlichen Aufenthalt im Inland hat;

2. innerhalb von zwei Monaten nach Zustellung, wenn die beschwerdeberechtigte Person ihren gewöhnlichen Aufenthalt im Ausland hat. [2]Die Frist beginnt mit dem Tag, an dem die Vollstreckbarerklärung der beschwerdeberechtigten Person entweder persönlich oder in ihrer Wohnung zugestellt worden ist. [3]Eine Verlängerung dieser Frist wegen weiter Entfernung ist ausgeschlossen.

(4) Die Beschwerdefrist ist eine Notfrist.

(5) Die Beschwerde ist dem Beschwerdegegner von Amts wegen zuzustellen.

(6) Im Fall des § 22 Abs. 2 kann das Beschwerdegericht durch Beschluss die Vollstreckung des angefochtenen Beschlusses einstweilen einstellen.

1. Allgemeines

Die Vorschrift entspricht inhaltlich weitgehend § 11 AVAG. Sie regelt die Einlegung der **558** Beschwerde und die Beschwerdefrist gegen die erstinstanzliche Entscheidung im Vollstreckbarerklärungsverfahren. Das Beschwerdeverfahren richtet sich im Übrigen nach den Vorschriften des FamFG (und nicht der ZPO), da die Anerkennung und Vollstreckung einer ausländischen Entscheidung betreffend die elterliche Verantwortung kraft Verfahrenszusammenhangs eine Familiensache iSv § 111 Nr 2 FamFG ist.

2. Einlegung der Beschwerde, Abs 1 und 2

Beschwerdegericht ist nach Abs 1 das OLG. Bei diesem ist daher gem Abs 1 S 2 – abweichend **559** von § 64 Abs 1 FamFG und § 43 Abs 2 AUG – grundsätzlich auch die Beschwerde einzulegen. Deren Zulässigkeit wird jedoch nicht dadurch berührt, dass sie stattdessen beim Gericht erster Instanz eingelegt wird (OLG München FamRZ 15, 777); sie ist dann gem Abs 2 unverzüglich an das OLG abzugeben. Für die Einhaltung der Frist kommt es jedoch auch in diesem Fall auf den Eingang beim OLG an (OLG Stuttgart FamRZ 14, 1567/1568). Abweichend von § 64 Abs 2 S 2 FamFG kann der Beschwerdeführer die Beschwerde nicht nur durch Einreichung einer Beschwerdeschrift, sondern auch durch Erklärung zu Protokoll der Geschäftsstelle einlegen. Eine anwaltliche Vertretung ist daher gem §§ 114 Abs 4 Nr 6 FamFG, 78 Abs 3 ZPO nicht zwingend.

3. Beschwerdefrist, Abs 3 und 4

Die Beschwerdefrist ergibt sich für den **Verpflichteten** im Fall der Zulassung der Zwangsvoll- **560** streckung nach § 20 Abs 1 im Anwendungsbereich der EuEheVO (→ Rn 19 ff) primär aus **Art 33 Abs 5 EuEheVO,** an dem Abs 3 sich inhaltlich orientiert. Nach der EuEheVO gilt eine Frist von einem Monat, wenn der Verpflichtete seinen Wohnsitz im Inland hat, und von zwei Monaten, wenn er seinen Wohnsitz in einem anderen Mitgliedstaat (→ Rn 180 f) hat. Hat der Verpflichtete seinen Wohnsitz in einem **Drittstaat,** gilt nach der Systematik der EuEheVO die Einmonatsfrist gem Art 33 Abs 5 S 1 (→ Rn 182). § 24 Abs 3 Nr 2 IntFamRVG sieht jedoch auch in diesem Fall eine Frist von zwei Monaten vor. Diese verlängerte Frist ist – trotz § 97 Abs 1 FamFG – mit der EuEheVO vereinbar (NK-BGB/*Andrae* Art 33 EuEheVO Rn 10; Rauscher/*Rauscher* Art 33 EuEheVO Rn 9; **aA** [verordnungskonforme Auslegung] *Schulte-Bu-*

N 565, 566   2. Teil. Anerkennung/Vollstreckung N. Kindschaftssachen

nert FamRZ 07, 1608/1612 f; *Gruber* FamRZ 05, 1603/1609; Staud/*Pirrung* Rn F 55). Die Regelungen in Abs 3 sind andere gesetzliche Bestimmungen iSv § 63 Abs 1 FamFG.

561   Die in Abs 3 bestimmten Fristen sind gem Abs 4 **Notfristen,** können also vom Gericht nicht verlängert werden, insbesondere auch nicht wegen weiter Entfernung, Abs 3 Nr 2 S 3. Jedoch ist eine Wiedereinsetzung nach § 17 FamFG möglich (NK-BGB/*Andrae* Art 33 EuEheVO Rn 10 aE).

562   Die Beschwerdefrist für den **Antragsteller** ergibt sich – mangels einer Regelung in der EuEheVO – aus dem autonomen Recht des Vollstreckungsmitgliedstaates, in Deutschland aus § 63 Abs 1 FamFG (vgl zum LugÜ AppG Basel-Stadt BJM 1996, 142/143). Danach beträgt die Frist **einen Monat.** Nach der Gegenansicht ist die Beschwerde des Antragstellers unbefristet zulässig (G/W/*Bittmann* Kap 36 Rn 165).

4. Zustellung der Beschwerde, Abs 5

563   Nach Abs 5 ist die Beschwerde dem Beschwerdegegner – in Übereinstimmung mit § 11 Abs 4 AVAG – **von Amts wegen** zuzustellen.

5. Einstweilige Einstellung der Vollstreckung, Abs 6

564   Hat das Beschwerdegericht die sofortige Wirksamkeit des Beschlusses, mit dem eine Entscheidung über die freiheitsentziehende Unterbringung eines Kindes nach Art 56 EuEheVO für vollstreckbar erklärt wurde, gem Art 22 Abs 2 angeordnet, so kann es im Falle der Anfechtung dieses Beschlusses nach Abs 6 anordnen, dass die Vollstreckung einstweilen einzustellen ist.

IntFamRVG § 25. Einwendungen gegen den zu vollstreckenden Anspruch

Die verpflichtete Person kann mit der Beschwerde gegen die Zulassung der Zwangsvollstreckung aus einem Titel über die Erstattung von Verfahrenskosten auch Einwendungen gegen den Anspruch selbst insoweit geltend machen, als die Gründe, auf denen sie beruhen, erst nach Erlass des Titels entstanden sind.

1. Allgemeines

565   Die Vorschrift orientiert sich an § 12 AVAG. Sie betrifft freilich – anders als jene Vorschrift – nicht materiellrechtliche Einwendungen gegen die ausländische Entscheidung in der Hauptsache (über die elterliche Verantwortung), sondern nur Einwendungen gegen den Anspruch auf **Erstattung von Verfahrenskosten.** In diesem begrenzten Rahmen setzt sich allerdings der zu § 12 AVAG bestehende Streit über die Vereinbarkeit jener Vorschrift mit der EuGVVO aF auch im Verhältnis zwischen Art 31 Abs 2 EuEheVO und § 25 IntFamRVG fort (dazu schon → Rn 191 ff).

2. Einwendungen gegen den Anspruch selbst

566   Die Vorschrift bezieht sich – ebenso wie § 767 ZPO – nur auf Einwendungen, welche die Rechtskraft der ausländischen Entscheidung unberührt lassen, den zugrundeliegenden Anspruch auf Erstattung der Verfahrenskosten aber nachträglich vernichten oder seine Durchsetzbarkeit hemmen (HK-ZPO/*Dörner* § 12 AVAG Rn 11). Erfasst war bisher insbesondere der **Erfüllungseinwand** des Verpflichteten. Der EuGH hat allerdings zur Parallelvorschrift in § 12 AVAG in der Rechtssache *Prism Investments BV* (NJW 11, 3506 Rn 32 ff = IPRax 12, 357 m Anm *Wagner* 326) entschieden, dass der Schuldner **materiellrechtliche Einwendungen** gegen den Titel – wie zB Erfüllung, Aufrechnung etc – nicht bereits im Vollstreckbarerklärungsverfahren vorbringen kann, sondern **erst im Verfahren der Zwangsvollstreckung** nach dem nationalen Recht des Vollstreckungsmitgliedstaats. In Deutschland ist der Schuldner also auf die Vollstreckungsabwehrklage nach § 120 FamFG iVm 767 ZPO verwiesen. § 25 IntFamRVG ist daher mit dem höherrangigen europäischen Recht (Art 31 Abs 2 EuEheVO) nicht vereinbar und von den deutschen Gerichten deshalb bis zu der gebotenen Aufhebung der Vorschrift durch den Gesetzgeber **nicht mehr anzuwenden** (vgl idS zu den Parallelvorschriften in §§ 12, 14 AVAG, §§ 44, 66 Abs 2 AUG auch *Wagner* IPRax 12, 326/333; s a → Rn 193 f). § 44 AUG ist aus diesem Grunde inzwischen aufgehoben worden (→ M Rn 553).

1356

IV. Autonomes Zivilverfahrensrecht: IntFamRVG § 26

3. Formelle Einwendungen

Anders als materiell-rechtliche Einwendungen können *formelle Mängel* des Vollstreckbarkeits- **567** verfahrens auch im Beschwerdeverfahren gerügt werden, etwa die Unzuständigkeit des erstinstanzlichen Gerichts (OLG München FamRZ 03, 462; OLG Karlsruhe JAmt 12, 110; **aA** *Heiderhoff* IPRax 04, 99/101), weil Art 33 EuEheVO sich zwar mit formellen Mängeln nicht befasst, deren Prüfung aber auch nicht ausschließt (vgl zur Zulässigkeit der Prüfung formeller Mängel im Vollstreckbarkeitsverfahren nach der EuGVVO aF EuGH C-139/10 aaO, NJW 11, 3506 Rn 30; EuGH C-619/10 – *Trade Agency*, EuZW 12, 912 Rn 28 f m Anm *Bach*; HK-ZPO/*Dörner* Rn 7; MüKoZPO/*Gottwald* § 12 AVAG Rn 2).

4. Präklusion von materiellrechtlichen Einwendungen

In Übereinstimmung mit § 767 Abs 2 ZPO konnten Einwendungen gegen den Kosten- **568** erstattungsanspruch im Vollstreckbarerklärungsverfahren schon bisher nur erhoben werden, wenn die Gründe, auf denen sie beruhten, erst **nach dem Erlass der ausländischen Entscheidung** entstanden waren. Waren sie bereits vorher entstanden und wurden sie vom Verpflichteten im erststaatlichen Verfahren nicht geltend gemacht, so war der Verpflichtete mit ihnen auch im zweitstaatlichen (Vollstreckbarerklärungs-) Verfahren präkludiert. Machte der Verpflichtete die nach Erlass der ausländischen Entscheidung entstandenen Einwendungen iSv § 767 Abs 2 ZPO gegen die ausländische Kostenentscheidung im Vollstreckbarerklärungsverfahren nicht geltend, so war er auch im anschließenden Verfahren der Zwangsvollstreckung mit diesen Einwendungen präkludiert, konnte also auf sie **keine Vollstreckungsabwehrklage** nach § 767 ZPO mehr stützen. Auch diese Regelung ist freilich nach der zuvor erwähnten Rechtsprechung des EuGH (→ Rn 566) **obsolet,** weil der Schuldner danach zur Geltendmachung materieller Einwendungen im Vollstreckbarerklärungsverfahren grundsätzlich nicht mehr berechtigt ist. Die Präklusion von erst nach Erlass der ausländischen Eentscheidung entstandenen Einwendungen gegen die Kostenentscheidung gilt freilich nach § 36 auch im Rahmen der Vollstreckungsabwehrklage (→ Rn 591 f).

IntFamRVG § 26. Verfahren und Entscheidung über die Beschwerde

(1) **Der Senat des Oberlandesgerichts entscheidet durch Beschluss, der mit Gründen zu versehen ist und ohne mündliche Verhandlung ergehen kann.**

(2) [1] **Solange eine mündliche Verhandlung nicht angeordnet ist, können zu Protokoll der Geschäftsstelle Anträge gestellt und Erklärungen abgegeben werden.** [2] **Wird in einer Ehesache die mündliche Verhandlung angeordnet, so gilt für die Ladung § 215 der Zivilprozessordnung.**

(3) **Eine vollständige Ausfertigung des Beschlusses ist den Beteiligten auch dann von Amts wegen zuzustellen, wenn der Beschluss verkündet worden ist.**

(4) **§ 20 Abs. 1 Satz 2, Abs. 2 und 3, § 21 Abs. 1, 2 und 4 sowie § 23 gelten entsprechend.**

1. Verfahren

Die Vorschrift entspricht § 13 AVAG. Das Beschwerdeverfahren kann **ohne mündliche 569 Verhandlung** durchgeführt werden, Abs 1. Ist die mündliche Verhandlung nicht angeordnet, können die Beteiligten zu Protokoll der Geschäftsstelle Anträge stellen und Erklärungen abgeben, Abs 2 S 1. Auch wenn eine mündliche Verhandlung angeordnet ist, so besteht im Beschwerdeverfahren betreffend die Vollstreckbarerklärung einer ausländischen Entscheidung auf dem Gebiet der elterlichen Verantwortung kein **Anwaltszwang.** Etwas anderes gilt nur in Ehesachen, Abs 2 S 2.

2. Entscheidung

Der Beschluss des OLG über die Beschwerde ist **zu begründen,** Abs 1. Wird die Zwangs- **570** vollstreckung aus dem Titel zugelassen, so genügt auch insoweit die Bezugnahme auf die EuEheVO bzw den Staatsvertrag und die vom Antragsteller vorgelegten Urkunden, Abs 4 iVm

N 575 2. Teil. Anerkennung/Vollstreckung N. Kindschaftssachen

§ 20 Abs 1 S 2. Für die **Kostenentscheidung** gilt wiederum § 81 FamFG entsprechend, Abs 4 iVm § 20 Abs 2 und 3.

571 Nach Abs 3 ist eine vollständige Ausfertigung des Beschlusses den Beteiligten auch dann **von Amts wegen zuzustellen,** wenn der Beschluss verkündet worden ist; denn durch die Zustellung wird die Frist zur Einlegung der Rechtsbeschwerde nach § 29 IntFamRG iVm § 575 Abs 1 ZPO ausgelöst. Wird aufgrund der Beschwerde die Zwangsvollstreckung aus dem Titel erstmals zugelassen, sind gem Abs 4 die Vorschriften des erstinstanzlichen Verfahrens über die Erteilung der **Vollstreckungsklausel** und deren Bekanntgabe (§ 23) entsprechend anzuwenden. Diese wird daher durch den Urkundsbeamten der Geschäftsstelle des OLG erteilt.

IntFamRVG § 27. Anordnung der sofortigen Wirksamkeit

(1) ¹**Der Beschluss des Oberlandesgerichts nach § 26 wird erst mit seiner Rechtskraft wirksam.** ²Hierauf ist in dem Beschluss hinzuweisen.

(2) **Das Oberlandesgericht kann in Verbindung mit der Entscheidung über die Beschwerde die sofortige Wirksamkeit eines Beschlusses anordnen.**

1. Rechtskrafterfordernis, Abs 1

572 Ebenso wie die erstinstanzliche Entscheidung (§ 22) wird auch die Beschwerdeentscheidung gem Abs 1 grundsätzlich erst mit Eintritt ihrer formellen Rechtskraft, dh idR mit dem Ablauf der in § 29 iVm § 575 Abs 1 ZPO bestimmten Rechtsbeschwerdefrist wirksam. Die vom EuGH postulierte Ausnahme für die Vollstreckbarerklärung von Entscheidungen über die Unterbringung von Kindern nach Art 56 gilt freilich auch hier (→ Rn 554).

2. Anordnung der sofortigen Wirksamkeit, Abs 2

573 Das OLG kann allerdings – anders als das erstinstanzliche Gericht – gem Abs 2 die sofortige Wirksamkeit seines Beschlusses über die Beschwerde anordnen, insbesondere wenn dies aus Gründen des Kindeswohls erforderlich erscheint. Es kann darüber hinaus nach Einlegung der Beschwerde auch den Beschluss des Familiengerichts für sofort wirksam erklären. Damit wird eine Vollstreckung der Entscheidung bereits vor ihrer Rechtskraft ermöglicht (BT-Drs 15/3901, 26; BGH FamRZ 11, 959 Rn 18; NK-BGB/*Andrae* Art 33 EuEheVO Rn 12). Eine solche Anordnung kommt insbesondere bei Entscheidungen zur **Rückgabe von Kindern** in Betracht, wenn dem Antragsteller eine weitere Aufrechterhaltung des vom Antragsgegner herbeigeführten rechtswidrigen Zustands nicht zumutbar ist (OLG Stuttgart FamRZ 14, 1567/1568; OLG München FamRZ 15, 777 Rn 43). Allerdings sind dabei auch die Rechtsfolgen einer erfolgreichen Rechtsbeschwerde (zB ein dann notwendiger erneuter Aufenthaltswechsel des Kindes) zu berücksichtigen (vgl Staud/*Pirrung* Rn F 60). Die Anordnung der sofortigen Wirksamkeit erzeugt jedoch keine Rechtskraft der Entscheidung und damit keine Bindungswirkung für andere Gerichte an den Inhalt der Entscheidung (BGH NJW-RR 11, 865 Rn 21 ff).

574 Demgegenüber kommt eine entsprechende Anwendung von § 27 Abs 2 auf das **Anerkennungsfeststellungsverfahren nach § 32** nicht in Betracht. Weil nämlich die Zurückweisung des Antrags auf Nichtanerkennung nach Art 21 Abs 3 EuEheVO iVm § 32 schon ihrem Inhalt nach keine Veränderung der durch Art 21 Abs 1 EuEheVO vorgegebenen Rechtslage – dh der automatischen Anerkennung der ausländischen Entscheidung im Inland – bewirkt, geht der Verweis in § 32 auf §§ 27 Abs 2, 32 ins Leere. Ein Antrag, die Anordnung der sofortigen Wirksamkeit der Anerkennung aufzuheben, ist danach zwar statthaft; ihm fehlt jedoch das Rechtsschutzbedürfnis (BGH NJW-RR 11, 865 Rn 16 ff m zust Anm *Schulz* FamRZ 11, 1046 f).

Unterabschnitt 3. *Rechtsbeschwerde*

IntFamRVG § 28. Statthaftigkeit der Rechtsbeschwerde

Gegen den Beschluss des Oberlandesgerichts findet die Rechtsbeschwerde zum Bundesgerichtshof nach Maßgabe des § 574 Abs. 1 Nr. 1, Abs. 2 der Zivilprozessordnung statt.

575 Die Vorschrift entspricht inhaltlich § 15 AVAG und gilt deshalb nur für die Rechtsbeschwerde gegen die Zulassung der Zwangsvollstreckung (BGHZ 176, 135 Rn 8 = FamRZ 08, 1168).

1358

IV. Autonomes Zivilverfahrensrecht: IntFamRVG § 30   **N**

Anders als im Verfahren der Rechtsbeschwerde gegen die Vollstreckbarerklärung eines ausländischen Unterhaltstitels (§ 46 AUG) wird nicht auf die §§ 70 ff FamFG, sondern auf § 574 ZPO verwiesen. Eine Zulassung der Rechtsbeschwerde durch das OLG ist entbehrlich, weil § 28 eine gesetzliche Bestimmung iSv § 574 Abs 1 Nr 1 ZPO ist (NK-BGB/*Andrae* Art 34 EuEheVO Rn 2). Allerdings gelten auch für die Statthaftigkeit der Rechtsbeschwerde nach § 28 die Schranken gem § 574 Abs 2 ZPO. Erforderlich ist also eine grundsätzliche Bedeutung der Rechtssache oder die Notwendigkeit einer Entscheidung durch den BGH zur Rechtsfortbildung oder zur Sicherung einer einheitlichen Rechtsprechung (BGH FamRZ 12, 1561; Staud/*Pirrung* Rn F 61).

Antragsberechtigt sind jedenfalls die Parteien des Beschwerdeverfahrens. Ob darüber hinaus **576** auch Dritte die Rechtsbeschwerde einlegen können, wenn sie hierzu nach nationalem Recht befugt sind (so für im Interesse des Kindeswohls tätige Behörden des Vollstreckungsstaats NK-BGB/*Andrae* Art 34 EuEheVO Rn 2; zweifelnd Rauscher/*Rauscher* Art 34 EuEheVO Rn 2), ist ungeklärt. Für das EuGVÜ hat der EuGH ein solches Antragsrecht interessierter Dritter ausgeschlossen (EuGH C-172/91 – *Sonntag*, Slg 93 I-1963 Rn 30 ff = IPRax 94, 37).

IntFamRVG § 29. Einlegung und Begründung der Rechtsbeschwerde

[1] § 575 Abs. 1 bis 4 der Zivilprozessordnung ist entsprechend anzuwenden. [2] Soweit die Rechtsbeschwerde darauf gestützt wird, dass das Oberlandesgericht von einer Entscheidung des Gerichtshofs der Europäischen Gemeinschaften abgewichen sei, muss die Entscheidung, von der der angefochtene Beschluss abweicht, bezeichnet werden.

1. Einlegung

Die Vorschrift entspricht inhaltlich § 16 AVAG. Gemäß Satz 1 iVm § 575 Abs 1 ZPO ist die **577** Rechtsbeschwerde binnen einer **Notfrist von einem Monat** nach Zustellung des Beschlusses durch Einreichen einer Rechtsbeschwerdeschrift beim BGH einzulegen. Deren Inhalt ergibt sich aus § 575 Abs 1 S 2 ZPO.

2. Begründung

Enthält die Rechtsbeschwerdeschrift keine Begründung, so muss die Rechtsbeschwerde bin- **578** nen einer **Frist von einem Monat** begründet werden, § 575 Abs 2 S 1 ZPO. Auch die Begründungsfrist beginnt mit der Zustellung des angefochtenen Beschlusses (§ 575 Abs 1 S 2 ZPO) und ist damit nicht länger als die Einlegungsfrist nach § 575 Abs 1 ZPO.

Nach Satz 1 ist § 575 Abs 1 bis 4 ZPO entsprechend anzuwenden Gemäß § 575 Abs 3 Nr 2 **579** ZPO muss die Begründung der Rechtsbeschwerde in den Fällen des § 574 Abs 1 Nr 1 ZPO, also wenn die Rechtsbeschwerde auf Grund ausdrücklicher gesetzlicher Bestimmung statthaft ist, eine Darlegung zu den Zulässigkeitsvoraussetzungen des § 574 Abs 2 ZPO enthalten. Danach ist die Rechtsbeschwerde nur zulässig, wenn die Rechtssache grundsätzliche Bedeutung hat (Nr 1) oder die Fortbildung des Rechts oder die Sicherung einer einheitlichen Rechtsprechung eine Entscheidung des Rechtsbeschwerdegerichts erfordert (Nr 2). Der Beschwerdeführer muss den Zulassungsgrund bzw die Zulassungsvoraussetzungen nicht nur benennen, sondern auch zu den jeweiligen Voraussetzungen substanziiert vortragen (BGH NJW-RR 10, 784 Rn 5; BGH FamRZ 12, 1561 Rn 9).

Bei einer Rechtsbeschwerde, die darauf gestützt wird, das OLG sei zu Unrecht von einer **580** Entscheidung des **EuGH** abgewichen, ist S 2 zu beachten. Dieser Einwand kommt nur im Rahmen der Vollstreckbarerklärung nach der EuEheVO in Betracht.

IntFamRVG § 30. Verfahren und Entscheidung über die Rechtsbeschwerde

(1) [1] **Der Bundesgerichtshof kann nur überprüfen, ob der Beschluss auf einer Verletzung des Rechts der Europäischen Gemeinschaft, eines Anerkennungs- und Vollstreckungsvertrags, sonstigen Bundesrechts oder einer anderen Vorschrift beruht, deren Geltungsbereich sich über den Bezirk eines Oberlandesgerichts hinaus erstreckt.** [2] **Er darf nicht prüfen, ob das Gericht seine örtliche Zuständigkeit zu Unrecht angenommen hat.**

(2) [1] **Der Bundesgerichtshof kann über die Rechtsbeschwerde ohne mündliche Verhandlung entscheiden.** [2] **§ 574 Abs. 4, § 576 Abs. 3 und § 577 der Zivilprozessordnung**

1359

N 584, 585   2. Teil. Anerkennung/Vollstreckung N. Kindschaftssachen

sind entsprechend anzuwenden; in Angelegenheiten der freiwilligen Gerichtsbarkeit bleiben § 574 Abs. 4 und § 577 Abs. 2 Satz 1 bis 3 der Zivilprozessordnung sowie die Verweisung auf § 556 in § 576 Abs. 3 der Zivilprozessordnung außer Betracht.

(3) § 20 Abs. 1 Satz 2, Abs. 2 und 3, § 21 Abs. 1, 2 und 4 sowie § 23 gelten entsprechend.

581   Die Vorschrift entspricht inhaltlich § 17 AVAG. Der **Prüfungsmaßstab** des BGH ist nach Maßgabe von Abs 1 beschränkt. Die Entscheidung kann nach Abs 2 S 1 **ohne mündliche Verhandlung** ergehen; im Übrigen verweist Abs 2 S 2 ergänzend auf die Vorschriften über die Rechtsbeschwerde nach der ZPO. Da es sich bei Verfahren betreffend die elterliche Verantwortung um Angelegenheiten der freiwilligen Gerichtsbarkeit handelt, bleiben allerdings die §§ 574 Abs 4, 577 Abs 2 S 1–3 ZPO und die Verweisung auf § 556 in § 576 Abs 3 ZPO außer Betracht, Abs 2 Hs 2.

582   Wird aufgrund der Rechtsbeschwerde die Zwangsvollstreckung aus dem Titel erstmals zugelassen, so erteilt der Urkundsbeamte der Geschäftsstelle des BGH die **Vollstreckungsklausel.** Für deren Inhalt, Erteilung und Bekanntgabe gelten die Vorschriften des erstinstanzlichen Verfahrens entsprechend, Abs 3 iVm § 21 Abs 1, 2 und 4 und § 23.

IntFamRVG § 31. Anordnung der sofortigen Wirksamkeit

Der Bundesgerichtshof kann auf Antrag der verpflichteten Person eine Anordnung nach § 27 Abs. 2 aufheben oder auf Antrag der berechtigten Person erstmals eine Anordnung nach § 27 Abs. 2 treffen.

583   Der BGH kann – als Voraussetzung für die Erteilung der Vollstreckungsklausel – auf Antrag jederzeit die sofortige Wirksamkeit des Beschlusses des OLG anordnen oder – umgekehrt und ebenfalls nur auf Antrag – eine entsprechende Anordnung des OLG aufheben (BGH NJW-RR 11, 865 Rn 11).

Unterabschnitt 4. *Feststellung der Anerkennung*
IntFamRVG § 32. Anerkennungsfeststellung

[1] **Auf das Verfahren über einen gesonderten Feststellungsantrag nach Artikel 21 Absatz 3 der Verordnung (EG) Nr. 2201/2003, nach Artikel 24 des Haager Kinderschutzübereinkommens oder nach dem Europäischen Sorgerechtsübereinkommen, einen Titel aus einem anderen Staat anzuerkennen oder nicht anzuerkennen, sind die Unterabschnitte 1 bis 3 entsprechend anzuwenden.** [2] **§ 18 Absatz 1 Satz 1 ist nicht anzuwenden, wenn die antragstellende Person die Feststellung begehrt, dass ein Titel aus einem anderen Staat nicht anzuerkennen ist.** [2] **§ 18 Absatz 1 Satz 3 ist in diesem Falle mit der Maßgabe anzuwenden, dass die mündliche Erörterung auch mit weiteren Beteiligten stattfinden kann.**

584   Satz 1 entspricht § 25 AVAG. Danach sind auf das besondere Verfahren der Anerkennungsfeststellung nach Art 21 Abs 3 UAbs 1 EuEheVO bzw nach Art 24 KSÜ oder dem EuSorgeRÜ in weitem Umfang die Vorschriften über das Vollstreckbarerklärungsverfahren (§§ 16–31) entsprechend anzuwenden (BGH FamRZ 11, 960 Rn 19). Dies hat insbesondere zur Folge, dass gegen Entscheidung über die Nichtanerkennung der in einem Mitgliedstaat der EuEheVO (Art 21 Abs 3) oder einem Vertragsstaat des KSÜ/EuSorgeRÜ getroffene Entscheidung auch die Beschwerde und die Rechtsbeschwerde statthaft ist (BGH FamRZ 12, 1561 Rn 6; OLG Köln FamRZ 15, 78 = NZFam 15, 191 m Anm *Finger*).

585   Die Sätze 2 und 3 wurden durch Gesetz v 25.6.2009 (BGBl I, 1594) mit Wirkung v 1.1.2011 neu angefügt. Sie tragen der Rechtsprechung des EuGH im Fall *Rinau* (EuGH C-195/08, Slg 08 I-5271 Rn 107 = FamRZ 08, 1729 m Anm *Schulz*) Rechnung. Danach muss der Antragsgegner in einem Verfahren mit dem Ziel der **Nichtanerkennung** einer Entscheidung zur elterlichen Verantwortung schon in der ersten Instanz angehört werden. Aus diesem Grunde findet in einem solchen Verfahren § 18 Abs 1 S 1 keine Anwendung. Dies gilt nicht nur für Verfahren nach der EuEheVO, sondern auch für solche nach dem KSÜ (Rauscher/*Hilbig-Lugani* Art 24 KSÜ Rn 8) oder dem EuSorgeRÜ.

IV. Autonomes Zivilverfahrensrecht: IntFamRVG § 34 **N**

Unterabschnitt 5. *Wiederherstellung des Sorgeverhältnisses*

IntFamRVG § 33. Anordnung auf Herausgabe des Kindes

(1) Umfasst ein vollstreckungsfähiger Titel im Anwendungsbereich der Verordnung (EG) Nr. 2201/2003, des Haager Kinderschutzübereinkommens oder des Europäischen Sorgerechtsübereinkommens nach dem Recht des Staates, in dem er geschaffen wurde, das Recht auf Herausgabe des Kindes, so kann das Familiengericht die Herausgabeanordnung in der Vollstreckungsklausel oder in einer nach § 44 getroffenen Anordnung klarstellend aufnehmen.

(2) Liegt im Anwendungsbereich des Europäischen Sorgerechtsübereinkommens ein vollstreckungsfähiger Titel auf Herausgabe des Kindes nicht vor, so stellt das Gericht nach § 32 fest, dass die Sorgerechtsentscheidung oder die von der zuständigen Behörde genehmigte Sorgerechtsvereinbarung aus dem anderen Vertragsstaat anzuerkennen ist, und ordnet zur Wiederherstellung des Sorgeverhältnisses auf Antrag an, dass die verpflichtete Person das Kind herauszugeben hat.

1. Klarstellung zum Inhalt ausländischer Entscheidungen, Abs 1

Im Ausland geschaffene vollstreckungsfähige Titel nach der EuEheVO, dem KSÜ oder dem **586** EuSorgeRÜ sprechen mitunter nicht hinreichend deutlich aus, dass sie das Recht eines Elternteils auf Herausgabe des Kindes begründen sollen. Nach dem durch Gesetz v 26.6.2009 mit Wirkung v 1.1.2011 eingefügten Abs 1 ist das Familiengericht in solchen Fällen berechtigt, die Herausgabeanordnung entweder in der Vollstreckungsklausel oder in der Anordnung von Ordnungsmitteln nach § 44 klarstellend aufzunehmen.

2. Anordnung der Herausgabe zur Wiederherstellung des Sorgeverhältnisses nach dem EuSorgeRÜ, Abs 2

Hat der in einem anderen Vertragsstaat des EuSorgeRÜ geschaffene Titel keinen vollstre- **587** ckungsfähigen Inhalt, weil zB nur über die Zuweisung der elterlichen Sorge an einen Elternteil entschieden worden ist, so eröffnet Abs 2 für den deutschen Anerkennungsrichter einen Weg, in den Fällen eines unzulässigen Verbringens iSv Art 1 lit d EuSorgeRÜ das verletzte Sorgerecht wiederherzustellen. Zu diesem Zweck hat das deutsche Gericht zunächst nach § 32 festzustellen, dass die Sorgerechtsentscheidung (bzw die von der zuständigen Behörde eines Vertragsstaats genehmigte Sorgerechtsvereinbarung) im Inland anzuerkennen ist; im zweiten Schritt ordnet das Gericht auf einen entsprechenden Antrag hin an, dass die verpflichtete Person das Kind zur Wiederherstellung des Sorgerechts an den Antragsteller herauszugeben hat. Die im ausländischen Titel fehlende vollstreckbare Herausgabeverpflichtung wird diesem mithin erst im inländischen Anerkennungsverfahren durch das deutsche Gericht hinzugefügt.

Unterabschnitt 6. *Aufhebung oder Änderung von Beschlüssen*

IntFamRVG § 34. Verfahren auf Aufhebung oder Änderung

(1) [1]Wird der Titel in dem Staat, in dem er errichtet worden ist, aufgehoben oder abgeändert und kann die verpflichtete Person diese Tatsache in dem Verfahren der Zulassung der Zwangsvollstreckung nicht mehr geltend machen, so kann sie die Aufhebung oder Änderung der Zulassung in einem besonderen Verfahren beantragen. [2]Das Gleiche gilt für den Fall der Aufhebung oder Änderung von Entscheidungen, Vereinbarungen oder öffentlichen Urkunden, deren Anerkennung festgestellt ist.

(2) Für die Entscheidung über den Antrag ist das Familiengericht ausschließlich zuständig, das im ersten Rechtszug über den Antrag auf Erteilung der Vollstreckungsklausel oder auf Feststellung der Anerkennung entschieden hat.

(3) [1]Der Antrag kann bei dem Gericht schriftlich oder durch Erklärung zu Protokoll der Geschäftsstelle gestellt werden. [2]Die Entscheidung ergeht durch Beschluss.

(4) Auf die Beschwerde finden die Unterabschnitte 2 und 3 entsprechend Anwendung.

N 590 2. Teil. Anerkennung/Vollstreckung N. Kindschaftssachen

(5) ¹Im Falle eines Titels über die Erstattung von Verfahrenskosten sind für die Einstellung der Zwangsvollstreckung und die Aufhebung bereits getroffener Vollstreckungsmaßregeln die §§ 769 und 770 der Zivilprozessordnung entsprechend anzuwenden. ²Die Aufhebung einer Vollstreckungsmaßregel ist auch ohne Sicherheitsleistung zulässig.

1. Normzweck, Abs 1

588   Die EuEheVO lässt in Art 35 die Aussetzung des Vollstreckbarerklärungsverfahrens zu, wenn im Ursprungsstaat ein ordentlicher Rechtsbehelf gegen die Entscheidung eingelegt wurde. Führt dieser Rechtsbehelf während des noch anhängigen Vollstreckbarerklärungsverfahrens zur Aufhebung der Entscheidung, so können deren Wirkungen auch nicht mehr auf das Inland erstreckt werden; der Antrag auf Vollstreckbarerklärung ist daher abzuweisen (vgl zum EuGVÜ OLG Düsseldorf IPRax 98, 279). Wird die Entscheidung im Ursprungsstaat hingegen erst aufgehoben oder abgeändert, nachdem sie im Inland bereits rechtskräftig für vollstreckbar erklärt worden ist, so hält die EuEheVO für den hierdurch entstehenden Konflikt keine Lösung bereit, sondern überlässt diese dem nationalen Recht der Mitgliedstaaten. Der deutsche Gesetzgeber hat zur Bewältigung dieses Problems nach dem Vorbild von § 27 AVAG in § 34 ein **besonderes Verfahren** eingeführt, in dem der Verpflichtete die Aufhebung oder Änderung der Zulassung des ausländischen Titels zur Zwangsvollstreckung beantragen kann.

2. Verfahren, Abs 2–5

589   **Ausschließlich zuständig** für dieses Verfahren ist nach Abs 2 das Familiengericht, das im ersten Rechtszug über den Antrag auf Erteilung der Vollstreckungsklausel entschieden hat; dies gilt auch dann, wenn die endgültige Entscheidung über die Vollstreckbarerklärung erst im Rechtsbehelfsverfahren vom OLG oder BGH getroffen wurde (NK-BGB/*Andrae* Anh zu Art 36 EuEheVO Rn 3). Der Antrag kann gem Abs 3 – wie der Antrag auf Erteilung der Vollstreckungsklausel nach § 16 Abs 2 – schriftlich oder mündlich zu Protokoll der Geschäftsstelle erklärt werden. Die Entscheidung kann mit der Beschwerde und der Rechtsbeschwerde angefochten werden; für diese gelten gem Abs 4 die §§ 24 ff und §§ 28 ff entsprechend. Wird ein Titel über die Erstattung von Verfahrenskosten im Ursprungsstaat aufgehoben oder abgeändert, so sind die §§ 769, 770 ZPO gem Abs 5 entsprechend anzuwenden.

IntFamRVG § 35. Schadensersatz wegen ungerechtfertigter Vollstreckung

(1) ¹Wird die Zulassung der Zwangsvollstreckung aus einem Titel über die Erstattung von Verfahrenskosten auf die Rechtsbeschwerde aufgehoben oder abgeändert, so ist die berechtigte Person zum Ersatz des Schadens verpflichtet, welcher der verpflichteten Person durch die Vollstreckung des Titels oder durch eine Leistung zur Abwendung der Vollstreckung entstanden ist. ²Das Gleiche gilt, wenn die Zulassung der Zwangsvollstreckung nach § 34 aufgehoben oder abgeändert wird, sofern der zur Zwangsvollstreckung zugelassene Titel zum Zeitpunkt der Zulassung nach dem Recht des Staates, in dem er ergangen ist, noch mit einem ordentlichen Rechtsbehelf angefochten werden konnte.

(2) Für die Geltendmachung des Anspruchs ist das Gericht ausschließlich zuständig, das im ersten Rechtszug über den Antrag, den Titel mit der Vollstreckungsklausel zu versehen, entschieden hat.

590   § 35 übernimmt die Regelung zum Schadensersatz wegen ungerechtfertigter Vollstreckung aus § 28 AVAG, beschränkt sie allerdings auf den Fall, dass ein Titel über die **Erstattung von Verfahrenskosten** auf die Rechtsbeschwerde oder im Verfahren nach § 34 aufgehoben oder abgeändert wird. Für die Entscheidung ist gem Abs 2 das Gericht, welches erstinstanzlich über die Vollstreckbarerklärung entschieden hat, ausschließlich zuständig.

1362

IV. Autonomes Zivilverfahrensrecht: IntFamRVG § 44

Unterabschnitt 7. *Vollstreckungsabwehrklage*

IntFamRVG § 36. Vollstreckungsabwehrklage bei Titeln über Verfahrenskosten

(1) Ist die Zwangsvollstreckung aus einem Titel über die Erstattung von Verfahrenskosten zugelassen, so kann die verpflichtete Person Einwendungen gegen den Anspruch selbst in einem Verfahren nach § 767 der Zivilprozessordnung nur geltend machen, wenn die Gründe, auf denen ihre Einwendungen beruhen, erst

1. nach Ablauf der Frist, innerhalb deren sie die Beschwerde hätte einlegen können, oder
2. falls die Beschwerde eingelegt worden ist, nach Beendigung dieses Verfahrens entstanden sind.

(2) Die Klage nach § 767 der Zivilprozessordnung ist bei dem Gericht zu erheben, das über den Antrag auf Erteilung der Vollstreckungsklausel entschieden hat.

§ 36 übernimmt die Regelung zur Vollstreckungsabwehrklage aus § 14 AVAG, beschränkt sie **591** allerdings – in Übereinstimmung mit § 25 – auf die Geltendmachung von Einwendungen gegen Titel über die **Erstattung von Verfahrenskosten**. Voraussetzung für die Erhebung von Einwendungen gegen den Erstattungsanspruch mit Hilfe der Vollstreckungsabwehrklage nach § 767 ZPO ist gem Abs 1, dass die Gründe, auf denen diese Einwendungen beruhen, erst **nach Ablauf der Beschwerdefrist** bzw – im Fall der Einlegung der Beschwerde – erst nach dem rechtskräftigen Abschluss des Verfahrens entstanden sind.

Zuständig für die Klage ist nach Abs 2 das Gericht, das über den Antrag auf Erteilung der **592** Vollstreckungsklausel entschieden hat.

Abschnitt 6. Verfahren nach dem Haager Kindesentführungsübereinkommen

IntFamRVG §§ 37–43

(abgedruckt und kommentiert → U Rn 323 ff)

Abschnitt 7. Vollstreckung

IntFamRVG § 44. Ordnungsmittel; Vollstreckung von Amts wegen

(1) [1]Bei Zuwiderhandlung gegen einen im Inland zu vollstreckenden Titel nach Kapitel III der Verordnung (EG) Nr. 2201/2003, nach dem Haager Kinderschutzübereinkommen, dem Haager Kindesentführungsübereinkommen oder dem Europäischen Sorgerechtsübereinkommen, der auf Herausgabe von Personen oder die Regelung des Umgangs gerichtet ist, soll das Gericht Ordnungsgeld und für den Fall, dass dieses nicht beigetrieben werden kann, Ordnungshaft anordnen. [2]Verspricht die Anordnung eines Ordnungsgeldes keinen Erfolg, soll das Gericht Ordnungshaft anordnen.

(2) Für die Vollstreckung eines in Absatz 1 genannten Titels ist das Oberlandesgericht zuständig, sofern es die Anordnung für vollstreckbar erklärt, erlassen oder bestätigt hat.

(3) [1]Ist ein Kind heraus- oder zurückzugeben, so hat das Gericht die Vollstreckung von Amts wegen durchzuführen, es sei denn, die Anordnung ist auf Herausgabe des Kindes zum Zweck des Umgangs gerichtet. [2]Auf Antrag der berechtigten Person soll das Gericht hiervon absehen.

Schrifttum: *Diercks,* Ist bei der Herausgabevollstreckung Gewalt gegen Kinder zulässig?, FamRZ 94, 1226; *Hau,* Umgangsrechtsverwirklichung durch Zwangsgeld im Europäischen Rechtsraum, IPRax 17, 410; *Schlünder,* Die Vollstreckung nach dem FamFG, FamRZ 09, 1636.

1. Allgemeines

§ 44 enthält für die Vollstreckung von ausländischen Titeln nach Kapitel III der EuEheVO **593** sowie nach dem KSÜ, dem HKÜ und dem EuSorgeRÜ eine Sonderregelung, die Vorrang vor den entsprechenden allgemeinen Vorschriften der §§ 89, 90 FamFG hat. Auf die Anordnung von Zwangsgeld zur Durchsetzung von *inländischen* kindschaftsrechtlichen Entscheidungen ist Art 55 EuGVVO nF entsprechend anwendbar (*Hau* IPRax 17, 470/472); die internationale

N 594–597 2. Teil. Anerkennung/Vollstreckung N. Kindschaftssachen

Zuständigkeit der deutschen Gerichte hierfür folgt aus Art 8 ff EuEheVO analog (BGH FamRZ 15, 2147 m Anm *Giers*). Die Vorschrift gilt insbesondere für Entscheidungen, öffentliche Urkunden und vollstreckbare Vereinbarungen nach Art 28, 41 f, 46 EuEheVO betreffend die Rückgabe von Kindern und die Regelung des Umgangsrechts, ferner für Anordnungen der Rückgabe von entführten Kindern nach Art 12 HKÜ (OLG Karlsruhe FamRZ 08, 2223) und Entscheidungen auf Wiederherstellung des Sorgeverhältnisses nach Art 8 EuSorgeRÜ. Als Anordnung der „Rückgabe" iS des HKÜ ist auch eine freiwillig vereinbarte Rückgabeverpflichtung des entführenden Elternteils anzusehen, wenn sie zum Inhalt einer entsprechenden gerichtlichen Anordnung gemacht wurde (OLG Stuttgart FamRZ 02, 1138/1139). Zum Zwecke der Vollstreckung der angeordneten Rückführung eines Kindes nach Art 12 HKÜ kann das Gericht auch weitere flankierende Maßnahmen treffen.

594 Die Vorschrift sieht – insoweit in Übereinstimmung mit § 89 Abs 1 FamFG und abweichend von der vorherigen Regelung in § 33 FGG aF – zum Zwecke der verbesserten Durchsetzung von Vollstreckungstiteln zur Herausgabe von Personen und von Umgangsregelungen **Ordnungsmittel anstelle von Zwangsmitteln** vor. Ordnungsmittel haben – im Gegensatz zu Zwangsmitteln – Sanktionscharakter. Durch ihre Festsetzung soll das im Verstoß gegen den Vollstreckungstitel liegende rechtswidrige Verhalten des Verpflichteten bestraft werden (ThP/ *Hüßtege* § 89 FamFG Rn 4). Ordnungsmittel können daher auch festgesetzt werden und vollstreckt werden, wenn die zu vollstreckende Handlung – zB wegen Zeitablaufs – nicht mehr vorgenommen werden kann (BT-Drs 15/3982, 29; OLG Karlsruhe FamRZ 08, 2223/2224; *Schlünder* FamRZ 09, 1636/1638; *Gruber* FamRZ 05, 1603/1609 f; Staud/*Pirrung* Rn F 84). Ordnungsgeld wie Ordnungshaft sollen grundsätzlich vor ihrer Verhängung angedroht werden (NK-BGB/*Andrae* Art 47 EuEheVO Rn 5).

595 Voraussetzung für die Anordnung von Ordnungsmitteln nach § 44 ist – ebenso wie nach § 89 Abs 4 FamFG – ein **Verschulden** des Verpflichteten (OLG Karlsruhe aaO), das aber vermutet wird (vgl KG FamRZ 11, 588; ThP/*Hüßtege* § 89 FamFG Rn 6), so dass der Verpflichtete zu beweisen hat, dass er die Zuwiderhandlung nicht zu vertreten hat (OLG Karlsruhe FamRZ 11, 1669; *Felix* NJW 12, 16/22).

2. Ordnungsmittel, Abs 1

596 Als Ordnungsmittel kommen nach Abs 1 die Festsetzung von Ordnungsgeld und die Anordnung von Ordnungshaft in Betracht. Grundsätzlich soll das Gericht bei der Zuwiderhandlung gegen einen Vollstreckungstitel zur Herausgabe von Personen oder zur Regelung des Umgangs ein **Ordnungsgeld** festsetzen und nur hilfsweise für den Fall, dass das Ordnungsgeld nicht beigetrieben werden kann, **Ordnungshaft** anordnen, S 1. Nur wenn die Anordnung eines Ordnungsgeldes von vorneherein keinen Erfolg verspricht, zB weil der Antragsgegner vermögenslos ist (OLG Stuttgart FamRZ 02, 1138/1140), ist das Gericht nach S 2 berechtigt, sogleich Ordnungshaft anzuordnen. Die Vollstreckung eines durch ein mitgliedstaatliches Gericht in einer Kindschaftssache angeordneten **Zwangsgelds** im Inland kommt nur in Betracht, wenn der genaue Betrag bereits vom erststaatlichen Gericht festgesetzt worden ist; eine nachträgliche Festsetzung im inländischen Vollstreckungsverfahren ist ausgeschlossen (EuGH C-4/14 – *Bohez/ Wiertz,* IPRax 17, 493 Rn 40 m Anm *Hau* 470; dazu schon → Rn 248).

597 Nach § 90 Abs 1 FamFG kommt auch die Anwendung **unmittelbaren Zwangs** in Betracht, wenn die Festsetzung von Ordnungsmitteln erfolglos geblieben ist, keinen Erfolg verspricht oder eine alsbaldige Vollstreckung der Entscheidung unbedingt geboten ist. Nicht erfolgversprechend ist die Festsetzung der Ordnungsmittel nach Abs 1 insbesondere, wenn der Entführer sich grundsätzlich weigert, das Kind wieder herauszugeben (OLG Stuttgart aaO). Die Anwendung unmittelbaren Zwangs ist unstreitig zulässig gegenüber dem entführenden Elternteil oder einer dritten Person, in deren Obhut sich das Kind befindet. Sie kann vorsorglich bereits zusammen mit der Hauptsachentscheidung über die Rückführung des Kindes angeordnet werden (vgl zum früheren Recht [§ 33 FGG] OLG Nürnberg FamRZ 07, 1589/1592; OLG Dresden FamRZ 01, 1136/1138. Die Beauftragung des Gerichtsvollzieher hat dabei durch das Gericht, nicht durch den herausgabeberechtigten Elternteil zu erfolgen (OLG Zweibrücken FamRZ 01, 643/ 645). Im Hinblick auf das Beschleunigungsgebot nach Art 11 Abs 3 EuEheVO ist die Ermächtigung des Gerichtsvollziehers, der Mutter das Kind zum Zweck der Rückführung auch unter Gewaltanwendung wegzunehmen, jedenfalls dann verhältnismäßig, wenn der Mutter zunächst eine angemessene Frist zur freiwilligen Rückführung des Kindes gesetzt worden ist (OLG Brandenburg 22.9.06, unalex DE-1008).

IV. Autonomes Zivilverfahrensrecht: IntFamRVG § 48   601   **N**

Gegenüber dem Kind darf unmittelbarer Zwang hingegen nach § 90 Abs 2 FamFG zum 598
Zwecke der Ausübung des Umgangsrechts gar nicht, im Übrigen nur angewandt werden, wenn
dies unter Berücksichtigung des Kindeswohls gerechtfertigt ist und eine Durchsetzung der
Rückgabeverpflichtung mit milderen Mitteln nicht möglich ist. Im Geltungsbereich des HKÜ
steht nicht nur die Anordnung der Rückgabe des Kindes, sondern auch deren Vollstreckung
unter dem Vorbehalt des Art 13 Abs 1 lit b. Die Rückgabeanordnung kann daher nicht –
jedenfalls aber nicht durch Anwendung unmittelbaren Zwangs – vollstreckt werden, wenn dies
mit einer schwerwiegenden Gefahr eines körperlichen oder seelischen Schadens für das Kind
verbunden wäre oder das Kind auf andere Weise in eine unzumutbare Lage bringen würde (öst
OGH 30.7.14, unalex AT-958; OLG Zweibrücken FamRZ 01, 1536; NK-BGB/*Benicke* Art 2
HKÜ Rn 11; **aA** AG Koblenz FamRZ 06, 1141 f).

3. Zuständigkeit, Abs 2

Für die Zwangsvollstreckung von Titeln nach Art 41, 42 EuEheVO und nach dem EuSor- 599
geRÜ ist in Deutschland das in § 10 iVm § 12 IntFamRVG bestimmte Familiengericht ausschließlich zuständig. Für die Zwangsvollstreckung von Rückgabe- oder Umgangsrechtsentscheidungen nach dem HKÜ ist das in § 11 iVm § 12 IntFamRVG bezeichnete Familiengericht
zuständig. Hat jedoch das übergeordnete OLG die Anordnung für vollstreckbar erklärt, erlassen
oder bestätigt, so ist es gem Abs 2 auch für die anschließende Vollstreckung zuständig.

4. Vollstreckung von Amts wegen, Abs 3

Titel auf Heraus- oder Rückgabe von Kindern (zB nach Art 42 EuEheVO) sind in Deutschland 600
nach Abs 3 S 1 grundsätzlich von Amts wegen zu vollstrecken; eines Antrags des Berechtigten
bedarf es hierfür nicht (OLG Karlsruhe FamRZ 08, 2223). Dadurch sollen für den Antragsteller
die Nachteile ausgeglichen werden, die sich bei der Rückführung von Kindern aus der Auslandsberührung ergeben (BT-Drs 16/9733, 302 f). Eine Ausnahme gilt nur für den Fall, dass die
angeordnete Herausgabe des Kindes nur zum Zweck des Umgangs erfolgen soll. Die Vollstreckung
von Amts wegen soll freilich nach S 2 unterbleiben, wenn der Berechtigte dies beantragt.

Abschnitt 8. Grenzüberschreitende Unterbringung
IntFamRVG §§ 45–47

(abgedruckt und kommentiert → U Rn 341 ff).

Abschnitt 9. Bescheinigungen zu inländischen Entscheidungen nach der Verordnung (EG) Nr 2201/2003
IntFamRVG § 48. Ausstellung von Bescheinigungen

(1) **Die Bescheinigung nach Artikel 39 der Verordnung (EG) Nr. 2201/2003 wird von
dem Urkundsbeamten der Geschäftsstelle des Gerichts des ersten Rechtszugs und,
wenn das Verfahren bei einem höheren Gericht anhängig ist, von dem Urkundsbeamten der Geschäftsstelle dieses Gerichts ausgestellt.**

(2) **Die Bescheinigung nach den Artikeln 41 und 42 der Verordnung (EG) Nr. 2201/
2003 wird beim Gericht des ersten Rechtszugs von dem Familienrichter, in Verfahren
vor dem Oberlandesgericht oder dem Bundesgerichtshof von dem Vorsitzenden des
Senats für Familiensachen ausgestellt.**

1. Bescheinigung nach Art 39 EuEheVO, Abs 1

Die Bescheinigung nach Art 39 EuEheVO soll die Anerkennung bzw Vollstreckbarerklärung 601
deutscher Entscheidungen in Ehesachen sowie auf dem Gebiet der elterlichen Verantwortung in
anderen Mitgliedstaaten erleichtern. Zuständig für ihre Ausstellung ist nach Abs 1 der Urkundsbeamte der Geschäftsstelle des Familiengerichts, das die Entscheidung getroffen hat; ist gegen die
Entscheidung Beschwerde oder Rechtsbeschwerde eingelegt worden, so ist der Urkundsbeamte
der Geschäftsstelle des OLG bzw des BGH zuständig.

N   2. Teil. Anerkennung/Vollstreckung N. Kindschaftssachen

2. Bescheinigung nach Art 41, 42 EuEheVO, Abs 2

602   Die Bescheinigung nach Art 41, 42 EuEheVO (Formblatt gem Anh III, IV zur EuEheVO) ist Voraussetzung für die Vollstreckung von Entscheidungen zum Umgangsrecht oder zur Rückgabe eines Kindes nach Art 11 Abs 8 EuEheVO ohne vorherige Durchführung eines Exequaturverfahrens. Sie erfordert die mitunter schwierige Prüfung der in Art 41 Abs 2, Art 42 Abs 2 genannten Voraussetzungen (→ Rn 237 ff, 257 ff) und wird deshalb in Abs 2 nur Richtern anvertraut. Zuständig ist in erster Instanz der Familienrichter, im Beschwerde- und Rechtsbeschwerdeverfahren der Vorsitzende des Senats für Familiensachen beim OLG bzw BGH.

IntFamRVG § 49. Berichtigung von Bescheinigungen

Für die Berichtigung der Bescheinigung nach Artikel 43 Abs. 1 der Verordnung (EG) Nr. 2201/2003 gilt § 319 der Zivilprozessordnung entsprechend.

603   Bescheinigungen nach Art 41, 42 EuEheVO können zwar nach Art 43 Abs 2 EuEheVO nicht mit Rechtsbehelfen nach nationalem Recht angefochten werden, wohl aber nach Art 43 Abs 1 EuEheVO berichtigt werden. Die Einzelheiten des Berichtigungsverfahrens überlässt diese Vorschrift dem nationalen Recht des Ursprungsmitgliedstaats. In Deutschland verweist § 49 insoweit auf § 319 ZPO. Danach ist ein Antrag auf Berichtigung nicht erforderlich; vielmehr kann das Gericht offenbare Unrichtigkeiten der Bescheinigung auch von Amts wegen berichtigen.

Abschnitt 10. Kosten
IntFamRVG §§ 50–53

(aufgehoben)

604   Die in §§ 50–53 IntFamRVG enthaltenen Regeln zu den Verfahrenskosten sind durch Art 45 Nr 9 FGG-RG aufgehoben worden. Maßgebend für die Kostenhaftung ist heute das Gesetz über Gerichtskosten in Familiensachen (FamGKG), insbes dessen Anlage 1, Nr 1710 ff KV FamGKG.

IntFamRVG § 54. Übersetzungen

Die Höhe der Vergütung für die von der Zentralen Behörde veranlassten Übersetzungen richtet sich nach dem Justizvergütungs- und -entschädigungsgesetz.

605   Die Vergütungshöhe für die von der zentralen Behörde veranlassten Übersetzungen richtet sich nach dem JVEG. Da die zentrale Behörde im Bereich des Justizverwaltungsverfahrens tätig wird, richten sich etwaige Rechtsbehelfe richten sich nach den §§ 23 ff EGGVG.

Abschnitt 11. Übergangsvorschriften

IntFamRVG § 55. Übergangsvorschriften zu der Verordnung (EG) Nr. 2201/2003

Dieses Gesetz findet sinngemäß auch auf Verfahren nach der Verordnung (EG) Nr. 1347/2000 des Rates vom 29. Mai 2000 über die Zuständigkeit und die Anerkennung und Vollstreckung von Entscheidungen in Ehesachen und in Verfahren betreffend die elterliche Verantwortung für die gemeinsamen Kinder der Ehegatten (ABl. EG Nr. L 160 S. 19) mit folgender Maßgabe Anwendung:

Ist ein Beschluss nach § 21 an die verpflichtete Person in einem weder der Europäischen Union noch dem Übereinkommen vom 16. September 1988 über die gerichtliche Zuständigkeit und die Vollstreckung gerichtlicher Entscheidungen in Zivil- und Handelssachen (BGBl. 1994 II S. 2658) angehörenden Staat zuzustellen und hat das Familiengericht eine Beschwerdefrist nach § 10 Abs. 2 und § 50 Abs. 2 Satz 4 und 5 des Anerkennungs- und Vollstreckungsausführungsgesetzes bestimmt, so ist die Beschwerde der verpflichteten Person gegen die Zulassung der Zwangsvollstreckung innerhalb der vom Gericht bestimmten Frist einzulegen.

1366

IV. Autonomes Zivilverfahrensrecht: FamFG § 106

IntFamRVG § 56. Übergangsvorschriften zum Sorgerechtsübereinkommens-Ausführungsgesetz

[1] Für Verfahren nach dem Haager Kindesentführungsübereinkommen und dem Europäischen Sorgerechtsübereinkommen, die vor Inkrafttreten dieses Gesetzes eingeleitet wurden, finden die Vorschriften des Sorgerechtsübereinkommens-Ausführungsgesetzes vom 5. April 1990 (BGBl. I S. 701), zuletzt geändert durch Artikel 2 Abs. 6 des Gesetzes vom 19. Februar 2001 (BGBl. I S. 288, 436) weiter Anwendung. [2] Für die Zwangsvollstreckung sind jedoch die Vorschriften dieses Gesetzes anzuwenden. [3] Hat ein Gericht die Zwangsvollstreckung bereits eingeleitet, so bleibt eine funktionelle Zuständigkeit unberührt.

780. Gesetz über das Verfahren in Familiensachen und in den Angelegenheiten der freiwilligen Gerichtsbarkeit (FamFG)

Vom 17. Dezember 2008 (BGBl I, 2586)

Buch 1. Allgemeiner Teil

Abschnitt 9. Verfahren mit Auslandsbezug

Schrifttum: Vgl das allg Schrifttum zur Anerkennung ausländischer Entscheidungen in Familiensachen nach dem FamFG → K vor Rn 189; ferner *Klinck,* Das neue Verfahren zur Anerkennung ausländischer Entscheidungen nach § 108 Abs 2 S 1 FamFG, FamRZ 09, 741; *Mansel,* Abänderung ausländischer Sorgerechtsentscheidungen und *perpetuatio fori* im FGG-Verfahren, IPRax 87, 298.

Unterabschnitt 1. *Verhältnis zu völkerrechtlichen Vereinbarungen und Rechtsakten der Europäischen Gemeinschaft*

FamFG § 97. Vorrang und Unberührtheit

(1) [1] Regelungen in völkerrechtlichen Vereinbarungen gehen, soweit sie unmittelbar anwendbares innerstaatliches Recht geworden sind, den Vorschriften dieses Gesetzes vor. [2] Regelungen in Rechtsakten der Europäischen Gemeinschaft bleiben unberührt.

(2) Die zur Umsetzung und Ausführung von Vereinbarungen und Rechtsakten im Sinne des Absatzes 1 erlassenen Bestimmungen bleiben unberührt.

Die Anerkennung und Vollstreckung ausländischer Entscheidungen auf dem Gebiet der **606** elterlichen Verantwortung beurteilt sich vorrangig nach den zuvor erläuterten Rechtsquellen des europäischen Rechts (Art 21, 23 ff EuEheVO) und den multilateralen Staatsverträgen, denen die *Bundesrepublik Deutschland* beigetreten ist (KSÜ, EuSorgeRÜ und MSA). Dies wird in Abs 1 noch einmal *deklaratorisch* klargestellt. Nur soweit keines dieser Regelungswerke eingreift, oder wenn das autonome deutsche Recht die Anerkennung oder Vollstreckung der ausländischen Entscheidung im Verhältnis zu den Vorschriften des EuSorgeRÜ oder des MSA im konkreten Fall erleichtert **(Günstigkeitsprinzip),** kann auf die §§ 108–110 FamFG zurückgegriffen werden (*Rausch* FPR 06, 441/446).

Nach Abs 2 unberührt bleibt vor allem das zur Ausführung der EuEheVO sowie des KSÜ und **607** des EuSorgeRÜ erlassene **IntFamRVG** v 26.1.2005 (→ Rn 518 ff).

Unterabschnitt 2. *Internationale Zuständigkeit*

FamFG §§ 98 Abs 2, 99

(abgedruckt und kommentiert → F Rn 577 ff)

FamFG § 106. Keine ausschließliche Zuständigkeit

Die Zuständigkeiten in diesem Unterabschnitt sind nicht ausschließlich.

Die internationale Zuständigkeit der deutschen Gerichte in Kindschaftssachen nach §§ 98 **608** Abs 2, 99 ist nicht ausschließlich. Dies ist insbesondere im Hinblick auf die Prüfung der

1367

N 609–613   2. Teil. Anerkennung/Vollstreckung N. Kindschaftssachen

Anerkennungszuständigkeit des ausländischen Gerichts nach § 109 Abs 1 Nr 1 gem dem sog Spiegelbildprinzip von Bedeutung. Die Anerkennung einer ausländischen sorge- oder umgangsrechtlichen Entscheidung ist daher nicht schon deshalb zu versagen, weil eine konkurrierende internationale Zuständigkeit eines deutschen Gerichts nach § 98 Abs 2 oder nach § 99 gegeben ist (Mu/*Borth/Grandel* § 109 Rn 8).

Unterabschnitt 3. *Anerkennung und Vollstreckbarkeit ausländischer Entscheidungen*

FamFG § 107

(betrifft Ehesachen; abgedruckt und kommentiert → K Rn 194 ff)

FamFG § 108. Anerkennung anderer ausländischer Entscheidungen

(1) **Abgesehen von Entscheidungen in Ehesachen werden ausländische Entscheidungen anerkannt, ohne dass es hierfür eines besonderen Verfahrens bedarf.**

(2) [1]**Beteiligte, die ein rechtliches Interesse haben, können eine Entscheidung über die Anerkennung oder Nichtanerkennung einer ausländischen Entscheidung nicht vermögensrechtlichen Inhalts beantragen.** [2]**§ 107 Abs. 9 gilt entsprechend.** [3]**[....]**

(3) **Für die Entscheidung über den Antrag nach Absatz 2 Satz 1 ist das Gericht örtlich zuständig, in dessen Bezirk zum Zeitpunkt der Antragstellung**

1. der Antragsgegner oder die Person, auf die sich die Entscheidung bezieht, sich gewöhnlich aufhält oder

2. bei Fehlen einer Zuständigkeit nach Nummer 1 das Interesse an der Feststellung bekannt wird oder das Bedürfnis der Fürsorge besteht.

Diese Zuständigkeiten sind ausschließlich.

1. Günstigkeitsprinzip

609   Die Anerkennung ausländischer Entscheidungen zur elterlichen Verantwortung auf der Grundlage der §§ 108, 109 ist ausgeschlossen, soweit es um die Anerkennung einer Entscheidung aus einem **Mitgliedstaat der EU** (mit Ausnahme *Dänemarks*) geht (→ Rn 24 ff, 322 ff); denn insoweit greifen die Vorschriften des Kapitels III der **EuEheVO** als abschließende Regelung ein.

610   Im Verhältnis zum **staatsvertraglichen Anerkennungs- und Vollstreckungsrecht** nach dem KSÜ (→ Rn 345 ff), dem EuSorgeRÜ (→ Rn 399 ff) und dem MSA (→ Rn 511 ff) gilt hingegen das **Günstigkeitsprinzip** (vgl NK-BGB/*Benicke* Art 21 EGBGB Rn 75; MüKo-FamFG/*Rauscher* Rn 9). Für die praktische Rechtsanwendung bedeutet dies, dass nach den Voraussetzungen für die Anerkennung oder Vollstreckung einer drittstaatlichen Entscheidung aufgrund eines Staatsvertrags nicht gefragt zu werden braucht, wenn bereits aus den §§ 108, 109 eine Pflicht zur Anerkennung bzw Vollstreckung folgt (J/H/*Henrich* Rn 17).

2. Begriff der Entscheidung

611   Gegenstand der Anerkennung nach § 108 sind ausländische Entscheidungen. Diese müssen aus inländischer Sicht eine **Familiensache** (§ 1) betreffen, was im Wege funktionaler Qualifikation zu beantworten ist (*Althammer* IPRax 09, 381/387). Entscheidungen auf dem Gebiet der elterlichen Verantwortung werden jedenfalls von der Vorschrift erfasst (§ 111 Nr 2; OLG Köln FamRZ 10, 1590/1591; Keidel/*Zimmermann* Rn 15 mwN).

612   Ob die Entscheidung im Ursprungsstaat von einem **Gericht** im eigentlichen Sinne, einer Behörde oder einem Notariat erlassen wurde, ist nicht entscheidend. § 108 erfasst auch Entscheidungen solcher Behörden, die in ihrer Stellung deutschen Gerichten entsprechen (*Klinck* FamRZ 909, 741/743; BayObLGZ 99, 352; Keidel/*Zimmermann* Rn 6; Mu/*Borth/Grandel* Rn 2). Die Entscheidung muss von einer **ausländischen Stelle** getroffen worden sein. Auch dies ist funktional iS der Zuordnung dieser Stelle zu einer ausländischen Hoheitsgewalt zu verstehen. Damit erfasst § 108 auch Entscheidungen, die durch eine ausländische (Konsular-) Behörde im Inland ergangen sind (MüKoFamFG/*Rauscher* Rn 11).

613   Sorge- oder umgangsrechtliche **Vereinbarungen** werden hingegen nicht von § 108 erfasst. Ihre Wirksamkeit beurteilt sich nach dem durch das IPR (Art 15 ff KSÜ, Art 2 MSA, Art 21 EGBGB) zur Anwendung berufenen Recht. Eine Anerkennung auf der Grundlage von § 108

1368

IV. Autonomes Zivilverfahrensrecht: FamFG § 108   **614–618 N**

erfolgt jedoch dann, wenn die ausländische Behörde die Vereinbarung der Parteien inhaltlich geprüft und – zB durch Festellung ihrer Wirksamkeit – in ihren Willen aufgenommen hat (ThP/ *Hüßtege* Rn 1; MüKoFamFG/*Rauscher* Rn 13; Zö/*Geimer* § 328 ZPO Rn 77; vgl auch BGH NJW 15, 479 Rn 22). **Öffentliche Urkunden,** insbesondere gerichtliche Vergleiche, können hingegen nicht Gegenstand der Anerkennung nach § 108 sein. Dies gilt auch dann, wenn sie nach dem Recht des Ursprungsstaates einen Vollstreckungstitel bilden (MüKoFamFG/*Rauscher* Rn 14; Mu/*Borth/Grandel* Rn 2; Zö/*Geimer* § 328 ZPO Rn 75, 79; **aA** Keidel/*Zimmermann* Rn 6).

Anerkennungsfähig sind nach autonomem Recht nur **Sachentscheidungen** (*Klinck* FamRZ   **614** 09, 741/743; ThP/*Hüßtege* Rn 1). Dies sind Entscheidungen, die endgültig über den Verfahrensgegenstand befinden; diese Entscheidungen können sowohl rechtsbegründende wie lediglich feststellende Wirkung haben (BGH NJW 15, 479 Rn 22 m Anm *Henrich* IPRax 15, 229 [Leihmutterschaft]; *Duden* StAZ 14, 164/166; *Zwißler* NZFam 15, 118; *Coester-Waltjen* FF 15, 186; *Dethloff* JZ 16, 207). Nicht anerkennungsfähig sind hingegen Prozessurteile/-beschlüsse (Mu/*Borth/Grandel* Rn 2), verfahrensleitende Entscheidungen oder gerichtliche Tathandlungen (MüKoFamFG/*Rauscher* Rn 15). Auch ausländische Entscheidungen, welche die Anerkennung bzw Vollstreckbarkeit einer drittstaatlichen Entscheidung feststellen, sind nicht nach § 108 anerkennungsfähig. Solche Entscheidungen haben keinen anerkennungsfähigen Inhalt, sondern ordnen die Anerkennung bzw Vollstreckbarkeit nur beschränkt auf den Vollstreckungsstaat an (MüKoFamFG/*Rauscher* Rn 15).

Anders als in Ehesachen und in Familienstreitsachen (zB Unterhaltssachen, → M Rn 841) ist   **615** es in Verfahren zur elterlichen Verantwortung nicht zwingend erforderlich, dass die ausländische Entscheidung **formelle Rechtskraft** erlangt hat (*Klinck* FamRZ 09, 741/744; *Andrae, IntFamR* § 6 Rn 197). Bereits zu 16a FGG war ausweislich der Gesetzesmaterialien anerkannt, dass es genügt, wenn die Entscheidung „bestimmt und geeignet ist, eine rechtliche Wirkung für die Beteiligten zu äußern" (BT-Drs 10/504, S 93). Daran ist auch unter Geltung von § 108 festzuhalten. Es reicht also aus, dass die Entscheidung Rechte der Beteiligten begründet, ändert, aufhebt oder feststellt und nach ihrer *lex fori* wirksam ist (OLG Köln NJW-RR 10, 1225/1226; Keidel/*Zimmermann* Rn 8; Bamberger/Roth/*Althammer* Rn 4). Eine lediglich anfechtbare Entscheidung steht der Anerkennung hingegen so lange nicht entgegen, bis diese aufgehoben wird (OVG Lüneburg NJW 15, 717; MüKoFamFG/*Rauscher* Rn 16; ThP/*Hüßtege* Rn 1; Mu/*Borth/ Grandel* § 107 Rn 8; Zö/*Geimer* § 107 Rn 50).

Jedenfalls eine Entscheidung, die nach dem ausländischen Recht des Ursprungsstaats eine   **616** gewisse Endgültigkeit und Bestandskraft erlangt hat und nicht mehr mit ordentlichen Rechtsbehelfen angefochten werden kann, ist anzuerkennen. Dies gilt auch für Entscheidungen, die in summarischen Verfahren des **einstweiligen Rechtsschutzes** ergangen sind (OLG Köln aaO [malaysische einstweilige Sorgerechts- und Herausgabeanordnung]; OLG Frankfurt NJW 92, 3108 [vorläufige türkische Sorgerechtsregelung]; *Klinck* FamRZ 09, 741/744; Keidel/*Zimmermann* Rn 9; Mu/*Borth/Grandel* Rn 2). Es muss sich jedoch inhaltlich um eine das Verfahren abschließende Sachentscheidung und nicht lediglich um eine Sicherungsregelung handeln. Ferner muss dem Antragsgegner rechtliches Gehör gewährt worden sein (OLG Koblenz FamRZ 89, 204/206 [englische Herausgabeanordnung]).

3. Automatische Anerkennung, Abs 1

Wie schon bisher nach § 16a FGG werden Sorge- und Umgangsrechtsentscheidungen grund-   **617** sätzlich *ipso iure* im Inland anerkannt; ohne dass es hierfür – anders als in Ehesachen (§ 107) – eines besonderen Anerkennungsverfahrens bedürfte (MüKoFamFG/*Rauscher* Rn 18 f; P/H/*Hau* Rn 39). Jedes Gericht und jede Behörde, für deren Entscheidung in der Hauptsache es auf die Vorfrage der Anerkennung ankommt, kann daher inzident darüber entscheiden, ob der Anerkennung Versagungsgründe nach § 109 entgegenstehen (OLG Köln FamRZ 10, 1590/1591; *Klinck* FamRZ 09, 741/744).

4. Fakultatives Anerkennungsfeststellungsverfahren, Abs 2, 3

a) Allgemeines. Durch § 108 Abs 2 FamFG wurde im deutschen Recht erstmals ein fakulta-   **618** tives Verfahren zur Feststellung der Anerkennung oder Nichtanerkennung (vgl AG Stuttgart JAmt 13, 273m Anm *Weitzel* 238) einer ausländischen Entscheidung nicht vermögensrechtlichen Inhalts eingeführt. Diesem Verfahren kommt insbesondere für Entscheidungen betreffend die

1369

N 619–623 2. Teil. Anerkennung/Vollstreckung N. Kindschaftssachen

elterliche Verantwortung (Sorgerecht, Umgangsrecht, Kindesherausgabe) praktische Bedeutung zu (P/H/*Hau* Rn 54). Die Regelung orientiert sich insoweit an den in der EuEheVO (Art 21 Abs 3), dem KSÜ (Art 24) und dem EuSorgeRÜ (Art 14), jeweils iVm § 32 IntFamRVG vorgesehenen Verfahren, die in ihrem Anwendungsbereich Vorrang vor § 108 Abs 2 haben (*Hau* FamRZ 09, 821/825). Durch die förmliche Feststellung der Anerkennung bzw Nichtanerkennung soll Rechtsklarheit für die Beteiligten geschaffen werden; dies ist im autonomen Recht noch wichtiger als im europäischen Verordnungsrecht und im Staatsvertragsrecht, weil hier auch ein förmliches Vollstreckbarerklärungsverfahren für Entscheidungen nicht-vermögensrechtlichen Inhalts nicht vorgesehen ist (§ 110 Abs 1; → Rn 660). Aus diesem Grunde sollten die Voraussetzungen für diese Feststellung großzügig ausgelegt werden (*Klinck* FamRZ 09, 741/745).

619   **b) Rechtliches Interesse.** Erforderlich für eine Feststellung nach Abs 2 ist ein **Antrag** und ein rechtliches Interesse des Antragstellers an der Klärung der Frage, ob die Voraussetzungen für die Anerkennung vorliegen oder nicht (MüKoFamFG/*Rauscher* Rn 26; vgl auch OLG Düsseldorf NJW 15, 3382 m Anm *Frie* [zur Leihmutterschaft]). Ein solches ist insbesondere dann gegeben sein, wenn inländische Gerichte oder Behörden die Frage, ob die ausländische Entscheidung anzuerkennen ist, unterschiedlich beurteilen. Ausreichend ist aber auch, dass ein Elternteil oder ein sonstiger Träger der elterlichen Verantwortung die Anerkennungsfähigkeit der ausländischen Entscheidung im Inland bestreitet oder durch diese sonst in seinen Rechte betroffen ist (*Klinck* FamRZ 09, 741/748; P/H/*Hau* Rn 59), zB weil er diese gegenüber einer Behörde geltend machen möchte (OLG Nürnberg FamRZ 16, 1605) oder weil ihre Geltung im Inland von einer Behörde bestritten wird (AG Neuss FamRZ 14, 1127; ThP/*Hüßtege* Rn 12).

620   **c) Zuständigkeit.** Für die Feststellung nach Abs 2 ist gem Abs 3 Nr 1 das Gericht **ausschließlich örtlich** zuständig, in dessen Bezirk entweder der Antragsgegner oder diejenige Person, auf die sich die Entscheidung bezieht – idR also das Kind – sich gewöhnlich aufhält. Nur wenn beide sich im Ausland gewöhnlich aufhalten, ist subsidiär das Gericht zuständig, in dessen Bezirk das Feststellungsinteresse hervortritt oder das Fürsorgebedürfnis besteht. Dies entspricht der Regelung in § 10 IntFamRVG. Die **internationale** Zuständigkeit für die Feststellung folgt aus § 99 (ThP/*Hüßtege* Rn 8; krit *Klinck* FamRZ 09, 741/747). Um Zuständigkeitslücken zu vermeiden wird demgegenüber vorgeschlagen, über § 105 FamFG die Zuständigkeiten nach Abs 3 doppelfunktional auch für die internationale Zuständigkeit zu verwenden (MüKoFamFG/*Rauscher* Rn 31). Ferner wird vertreten, dass deutsche Gerichte für das Verfahren nach § 108 Abs 2 stets international zuständig seien (P/H/*Hau* Rn 58; Haußleiter/*Gomille* Rn 19).

621   **d) Verfahren.** Prüfungsmaßstab im Verfahren nach Abs 2 ist vorbehaltlich bilateraler Anerkennungsabkommen § 109. Im Übrigen enthält das FamFG keine besonderen Regeln für die Durchführung des fakultativen Verfahrens zur Feststellung der Anerkennungsvoraussetzungen einer nicht-vermögensrechtlichen Entscheidung. Das Verfahren folgt daher den Vorschriften, die gelten würden, wenn das vor dem ausländischen Ursprungsgericht geführte Verfahren stattdessen vor einem deutschen Gericht geführt worden wäre (P/H/*Hau* Rn 60). Danach besteht in Verfahren zur Feststellung von ausländischen Entscheidungen in Kindschaftssachen **kein Anwaltszwang.** Es handelt sich um ein selbständiges Feststellungsverfahren, das durch Beschluss nach § 38 abgeschlossen wird.

622   **e) Rechtswirkungen der Feststellung.** Hinsichtlich der Rechtswirkungen der Feststellung verweist Abs 2 S 2 auf § 107 Abs 9. Danach ist die Feststellung **für alle deutschen Gerichte und Verwaltungsbehörden bindend,** dh sie wirkt *inter omnes* (Abs 2 S 2 iVm § 107 Abs 9; ThP/*Hüßtege* Rn 16; NK-BGB/*Andrae* §§ 107–109 Rn 10; Zö/*Geimer* Rn 4). Sobald die Entscheidung über die Anerkennungsfeststellung wirksam ist, ist eine abweichende Inzidentfeststellung in einem anderen gerichtlichen oder behördlichen Verfahren ausgeschlossen (MüKoFamFG/*Rauscher* Rn 33). Die Bindungswirkung entfällt, wenn die ausländische Entscheidung im Erststaat aufgehoben oder abgeändert wird (*Klinck* FamRZ 09, 741/749). Für die Kosten gelten die §§ 80 ff (ThP/*Hüßtege* Rn 15). Die Entscheidung ist mit den allgemeinen Rechtsbehelfen nach dem FamFG (Beschwerde, Rechtsbeschwerde) angreifbar (*Althammer* IPRax 09, 381/387; ThP/*Hüßtege* Rn 17).

5. Rechtsfolgen der Anerkennung

623   Anerkennung bedeutet im Ausgangspunkt **Wirkungserstreckung** (OLG Köln FamRZ 10, 1590/1591; MüKoFamFG/*Rauscher* Rn 18; Mu/*Borth/Grandel* Rn 7). Danach entfaltet die

IV. Autonomes Zivilverfahrensrecht: FamFG § 108   **624–627 N**

ausländische Entscheidung auch für das inländische Recht (nur) diejenigen verfahrensrechtlichen Wirkungen, die ihr nach dem ausländischen Verfahrensrecht des Ursprungsstaats zukommen. Bleiben die Wirkungen hinter denjenigen zurück, die bei der Entscheidung eines deutschen Gerichts eingetreten wären, so ist das ausländische Recht maßgebend (OLG Hamm FamRZ 14, 1935 m Anm *Heiderhoff*). Die früher in der Praxis vertretene **Gleichstellung** mit einer entsprechenden inländischen Entscheidung an (BGH NJW 83, 1976/1977; BGH NJW 83, 514) ist abzulehnen; weil der ausländischen Entscheidung auf diese Weise weitergehende Wirkungen zukommen können, als ihr die *lex fori* des Entscheidungsstaats beimisst. Sie belastet infolgedessen die Beteiligen uU mit für sie nicht vorhersehbaren Rechtsfolgen (*Schack*, IZVR Rn 884; St/J/ *Roth* § 328 ZPO Rn 7). Eine solche Aufwertung der ausländischen Entscheidung zu den Wirkungen einer vergleichbaren inländischen Entscheidung kann nur durch eine neue inländische Sachentscheidung herbeigeführt werden (OLG Hamm FamRZ 14, 1935/1936 f m Anm *Heiderhoff*; P/H/*Hau* Rn 12; MüKoFamFG/*Rauscher* Rn 18 f; ThP/*Hüßtege* Rn 2).

Innerhalb der Lehre von der Wirkungserstreckung ist allerdings umstritten, ob die verfahrens-   **624** rechtlichen Wirkungen der ausländischen Entscheidung nur in dem Umfang auf den inländischen Rechtsbereich zu erstrecken sind, in dem auch eine entsprechende inländische Entscheidung verfahrensrechtliche Wirkungen entfalten würde (sog **Kumulationstheorie**; *Schack*, IZVR Rn 886; St/J/*Roth* § 328 ZPO Rn 8), oder ob die Grenze möglicher Wirkungserstreckung erst dann erreicht ist, wenn eine Entscheidungswirkung als solche dem deutschen Recht unbekannt ist (so *Geimer*, IZPR Rn 2780; *v Hoffmann/Thorn* § 3 Rn 157) bzw gegen den inländischen *ordre public* verstößt (so P/H/*Hau* Rn 11; Staud/*Spellenberg* Rn 175 ff). Jedenfalls muss eine ausländische Entscheidung auch dann, wenn sie nach dem Recht des Ursprungsstaates in materielle Rechtskraft erwachsen ist, im Inland **abgeändert** werden können (BGHZ 64, 19 = FamRZ 75, 273; BGH IPRax 87, 317m Anm *Mansel* 298; OLG Hamm FamRZ 76, 528; Staud/*Henrich* Art 21 EGBGB Rn 253).

Nach der Theorie der Wirkungserstreckung ist nicht die ausländische Entscheidung als solche   **625** Gegenstand der Anerkennung, sondern es sind die einzelnen Entscheidungswirkungen und zwar nur diejenigen, die *lege fori* als verfahrensrechtlich zu qualifizieren sind (*Schack*, IZVR Rn 866; St/J/*Roth* § 328 ZPO Rn 13; Zö/*Geimer* § 328 ZPO Rn 20). Solche verfahrensrechtlichen Rechtswirkungen sind insbesondere die **materielle Rechtskraft,** die **Interventions-** und **Streitverkündungswirkung** sowie nach heute hM die **Gestaltungswirkung** der ausländischen Entscheidung (*Geimer*, IZPR Rn 2813; Mu/V/*Stadler* § 328 ZPO Rn 39; *Schack*, IZVR Rn 869). Die Vollstreckbarkeit ist zwar ebenfalls eine verfahrensrechtliche Wirkung; für sie gilt jedoch die Sonderregelung der § 110 (→ Rn 658 ff). Demgegenüber sind Tatbestands- oder Nebenwirkungen einer Entscheidung materiell-rechtlich zu qualifizieren.

Auch wenn die Anerkennung nicht *ipso iure* erfolgt, sondern in einem gesonderten Fest-   **626** stellungsverfahren (wie zB nach § 108 Abs 2), wirkt die Feststellung, dass die Voraussetzungen für die Anerkennung vorliegen, auf den Zeitpunkt der Rechtskraft der ausländischen Entscheidung zurück (BGH NJW 83, 514; NK-BGB/*Andrae* §§ 107–109 Rn 73).

6. Verhältnis zur Anerkennung der Entscheidung in der Ehesache

Im Rahmen der Anerkennung einer ausländischen Sorgerechtsentscheidung kann die Frage   **627** der Anerkennung einer Entscheidung in Ehesachen von Bedeutung sein, nämlich dann, wenn über die Verteilung der elterlichen Sorge **als Folgesache zu einer Ehesache** (zB zu einem Scheidungsausspruch) im Verbund entschieden wurde. Nach früher hM konnte die Sorgerechtsentscheidung in diesem Fall erst nach Durchführung des förmlichen Anerkennungsverfahrens bezüglich des Scheidungsurteils (nach Art 7 § 1 FamRÄndG, heute nach § 107 FamFG; → K Rn 194 ff) im Inland Wirkungen entfalten (BGHZ 64, 19/22 = FamRZ 75, 273; BGH IPRax 96, 382; *Coester* IPRax 96, 24/25 f; ebenso noch Staud/*Henrich* Art 21 EGBGB Rn 252). Daran sollte indes nicht länger festgehalten werden. Denn anders als zB eine Entscheidung über nacheheliche Unterhalt (→ M Rn 846 f) hängt eine Entscheidung über die elterliche Sorge nicht in dem Sinne von der Entscheidung in der Ehesache ab, dass sie ohne diese (zB den Scheidungsausspruch) keinen Bestand haben könnte. Anlass für die Sorgerechtsentscheidung ist nämlich heute in den meisten Rechten – wie nach § 1671 BGB seit der Kindschaftsrechtsreform von 1997 – nicht mehr die förmliche Auflösung der Ehe, sondern bereits die tatsächliche Trennung der Eltern (wie hier NK-BGB/*Andrae* §§ 107–109 Rn 75; NK-BGB/*Benicke* Art 21 EGBGB Rn 83). Aus diesem Grund kann auch die in einem drittstaatlichen Verbundurteil enthaltene Regelung des Sorge- oder Umgangsrechts von den – nach Art 8 EuEheVO –

N 628–631 2. Teil. Anerkennung/Vollstreckung N. Kindschaftssachen

international zuständigen deutschen Gerichten abgeändert werden, ohne dass es der vorherigen Anerkennung des Scheidungsausspruchs nach § 107 bedarf (*Andrae* NZFam 16, 1011/1013; ebenso in Spanien Aud Prov Madrid 10.2.10, unalex ES-528).

FamFG § 109 Anerkennungshindernisse

(1) **Die Anerkennung einer ausländischen Entscheidung ist ausgeschlossen,**

1. **wenn die Gerichte des anderen Staates nach deutschem Recht nicht zuständig sind;**
2. **wenn einem Beteiligten, der sich zur Hauptsache nicht geäußert hat und sich hierauf beruft, das verfahrenseinleitende Dokument nicht ordnungsgemäß oder nicht so rechtzeitig mitgeteilt worden ist, dass er seine Rechte wahrnehmen konnte;**
3. **wenn die Entscheidung mit einer hier erlassenen oder anzuerkennenden früheren ausländischen Entscheidung oder wenn das ihr zugrunde liegende Verfahren mit einem früher hier rechtshängig gewordenen Verfahren unvereinbar ist;**
4. **wenn die Anerkennung der Entscheidung zu einem Ergebnis führt, das mit wesentlichen Grundsätzen des deutschen Rechts offensichtlich unvereinbar ist, insbesondere wenn die Anerkennung mit den Grundrechten unvereinbar ist.**

(2) *(betrifft Ehesachen; abgedruckt und kommentiert → K Rn 261 ff)*

(3) *(betrifft Lebenspartnerschaftssachen; abgedruckt und kommentiert → Q vor Rn 76 und Rn 81)*

(4) *(betrifft Familienstreit- und Lebenspartnerschaftssachen; abgedruckt und kommentiert → M Rn 876 ff und Q vor Rn 76 und Rn 85, 89)*

(5) **Eine Überprüfung der Gesetzmäßigkeit der ausländischen Entscheidung findet nicht statt.**

1. Allgemeines

628   § 109 liegt – wie bisher § 16a FGG – das Prinzip zugrunde, dass ausländische Entscheidungen auf dem Gebiet der elterlichen Verantwortung im Inland anzuerkennen sind, sofern keines der in Abs 1 abschließend aufgezählten Anerkennungshindernisse besteht. Diese Anerkennungshindernisse sind – mit Ausnahme von Abs 1 Nr 2 (→ Rn 639) – **von Amts** wegen zu prüfen (BGHZ 189, 87 Rn 23 = FamRZ 11, 788; MüKoFamFG/*Rauscher* Rn 9; Mu/*Borth*/*Grandel* Rn 1); ein Verzicht auf ihre Geltendmachung ist daher nicht wirksam. Auch der Versagungsgrund nach Abs 1 Nr 1 (fehlende internationale (Anerkennungs-) Zuständigkeit) unterliegt in Kindschaftssachen nicht der Parteidisposition, weil nach der für deutsche Gerichte maßgebenden autonomen Zuständigkeitsvorschrift (§ 99; → F Rn 578 ff) eine Gerichtsstandsvereinbarung oder eine rügelose Einlassung nicht möglich ist. Der Vorrang konkurrierender Entscheidungen und Verfahren (Abs 1 Nr 3) und der Vorbehalt des *ordre public* (Abs 1 Nr 4) bestehen dagegen auch im öffentlichen Interesse und sind deshalb nicht disponibel (MüKoFamFG/*Rauscher* Rn 9).

629   Die **Beweislast** für die tatsächlichen Voraussetzungen eines Versagungsgrundes nach Abs 1 trägt diejenige Partei, die sich auf einen solchen beruft (OLG Koblenz RIW 04, 302; ThP/ *Hüßtege* § 108 Rn 5). Dabei besteht **keine Bindung** an die in der anzuerkennenden Entscheidung getroffenen tatsächlichen und rechtlichen Feststellungen. Das Gericht, das über die Anerkennung zu entscheiden hat, kann und muss nach pflichtgemäßem Ermessen ggfs neue Beweise erheben (Zö/*Geimer* § 328 ZPO Rn 145).

630   Maßgebend ist grundsätzlich das Anerkennungsrecht, das in dem **Zeitpunkt** galt, in dem ausländische Entscheidung in Rechtskraft erwachsen ist (KG FamRZ 04, 275/276; NK-BGB/ *Andrae* §§ 107–109 Rn 48). § 109 ist damit auf alle nach dem 1.9.2009 rechtskräftig gewordenen Entscheidungen anzuwenden. Eine Ausnahme gilt nur für den Verstoß gegen den *ordre public* nach Abs 1 Nr 4; insoweit kommt es auf die im Anerkennungszeitpunkt maßgeblichen deutschen Rechtsvorstellungen an (→ Rn 649). Wegen des im Anerkennungsrecht geltenden Günstigkeitsprinzips ist darüber hinaus jede nachträgliche Rechtsänderung, die zu einer Erleichterung der Anerkennung führt, zu berücksichtigen.

2. Anerkennungshindernisse, Abs 1

631   **a) Fehlende Anerkennungszuständigkeit, Nr 1. aa) Spiegelbildprinzip.** Während die internationale (Anerkennungs-) Zuständigkeit im Geltungsbereich der EuEheVO (Art 24 S 1; → Rn 113 f) nicht mehr geprüft werden darf, ist die Anerkennung ausländischer Entscheidungen zur elterlichen Verantwortung nach dem autonomen deutschen Recht gem dem sog „Spiegel-

1372

IV. Autonomes Zivilverfahrensrecht: FamFG § 109   632–635 N

bildprinzip" zu versagen, wenn unter hypothetischer Zugrundelegung der inländischen Zuständigkeitsvorschriften kein Gericht des Ursprungsstaates für die Entscheidung zuständig war. Unerheblich ist dagegen die sachliche, örtliche oder funktionelle Zuständigkeit (OLG Bamberg FamRZ 00, 1289; Zö/*Geimer* § 328 ZPO Rn 106). Die für die deutschen Gerichte geltenden Zuständigkeitsvorschriften werden für die Anerkennungsprüfung gem Nr 1 so gespiegelt, als wären sie im Entscheidungsstaat anzuwenden gewesen (BayObLGZ 99, 352; OLG Celle FamRZ 08, 430/431; vgl auch OLG Karlsruhe NJW 04, 516/517 [Adoption]). Unerheblich ist dagegen, ob die Gerichte des Ursprungsstaates nach ihrer eigenen *lex fori* zuständig waren (OLG Bamberg FamRZ 00, 1098 (LS); Keidel/*Zimmermann* Rn 3). Eine Ausnahme gilt nur dann, wenn die Verletzung des eigenen Verfahrensrechts nach der ausländischen *lex fori* so schwer wiegt, dass sie zur Unwirksamkeit der Entscheidung führt (MüKoFamFG/*Rauscher* Rn 11).

bb) Prüfungsmaßstab. Prüfungsmaßstab für die internationale Zuständigkeit auf dem Gebiet **632** der elterlichen Verantwortung ist nach deutschem Recht **§ 99 FamFG** (→ F Rn 578 ff) oder – wenn über die elterliche Sorge im Verbund mit einem Eheverfahren entschieden worden ist – **§ 98 Abs 3** (→ F Rn 577). Diese Vorschriften werden zwar zur Bestimmung der direkten internationalen Zuständigkeit deutscher Gerichte weitgehend durch die Vorschriften der EuEheVO (Art 8–14; → F Rn 78 ff) verdrängt. Dies bedeutet jedoch nicht, dass die Vorschriften der Verordnung auch zur Bestimmung der internationalen Anerkennungszuständigkeit nach Abs 1 Nr 1 heranzuziehen wären. Denn sie dienen nur zur Abgrenzung der Entscheidungszuständigkeit zwischen den EU-Mitgliedstaaten und setzen daher das zwischen diesen bestehende besondere Vertrauen voraus, an dem es im Verhältnis zu Drittstaaten fehlt. Die deutsche gerichtliche Praxis spiegelt daher bisher zu Recht weiterhin das autonome Zuständigkeitsrecht, allerdings ohne diese Frage näher zu erörtern (vgl in Ehesachen → K Rn 258; ferner Zö/*Geimer* Rn 4; MüKoZPO/*Gottwald* § 328 Rn 88; *Schärtl* IPRax 06, 438/442; **aA** [für Anwendung der unions- bzw staatsvertraglichen Zuständigkeitsregeln] *Wall* FamRBInt 11, 15 ff; *Fernández Arroyo/Schmidt* IPRax 09, 499/500; *Kern* ZZP 120 [2007] 31/49 ff; Mu/V/*Stadler* § 328 ZPO Rn 10; für konkurrierende Anwendbarkeit der Art 8 ff EuEheVO und von § 99 FamFG MüKoFamFG/*Rauscher* Rn 12; P/H/*Hau* Rn 20a).

Eine konkurrierende Zuständigkeit von deutschen und ausländischen Gerichten steht der **633** Anerkennung nicht entgegen (vgl § 106; OLG Hamm FamRZ 76, 528/530). Für **doppelrelevante Tatsachen,** die die Zuständigkeit des angerufenen ausländischen Gerichts begründen, genügt im Rahmen der Anerkennung nicht die schlüssige Behauptung; vielmehr muss die Tatsache zur Überzeugung des die Anerkennung prüfenden Gerichts nachgewiesen sein (BGH NJW 94, 1413/1414).

cc) Maßgebender Zeitpunkt. Für das Vorliegen der Anerkennungszuständigkeit bzw der **634** entsprechenden Anknüpfungstatsachen ist grundsätzlich der Zeitpunkt der **Antragsstellung im ausländischen Verfahren** maßgebend (MüKoZPO/*Gottwald* § 328 ZPO Rn 94). Während jedoch ein späterer Wegfall der zuständigkeitsbegründenden Tatsachen vor dem Erstgericht in Ehe- und Unterhaltssachen nicht schadet (§ 113 Abs 1 iVm § 261 Abs 3 Nr 2 ZPO; vgl BGHZ 141, 286/290 = NJW 99, 3198; BayObLG FamRZ 93, 1469 näher → K Rn 260 und → M Rn 854) gilt der Grundsatz der *perpetuatio fori* in Verfahren betreffend die elterliche Verantwortung nicht (OLG Köln IPRspr 99 Nr 80; *Andrae,* IntFamR § 6 Rn 161; → F Rn 581; **aA** MüKoFamFG/*Rauscher* Rn 13). Andererseits genügt es jedoch, wenn die Zuständigkeit zwar noch nicht bei Antragstellung vor dem ausländischen Gericht, wohl aber zum Zeitpunkt des Erlasses der ausländischen Entscheidung vorgelegen hat. Die im Zeitpunkt der Verkündung der ausländischen Entscheidung gegebene Anerkennungsfähigkeit wird jedoch durch eine spätere Rechtsänderung im Zweitstaat nicht mehr beseitigt (KG NJW 88, 649). Ob es darüber hinaus auch ausreicht, wenn das ausländische Gericht aufgrund einer Gesetzesänderung im Zweitstaat erst im Zeitpunkt der Anerkennungsprüfung zuständig geworden ist (so BayObLG NJW 88, 2178/2179), erscheint zumindest fraglich, weil der Antragsgegner im ausländischen Verfahren darauf vertrauen konnte, dass die Entscheidung in Deutschland nicht anerkennungsfähig sein würde und seine Verteidigungsstrategie darauf ausgerichtet hat (*Geimer* NJW 88, 651 f; Keidel/*Zimmermann* Rn 3; MüKoFamFG/*Rauscher* Rn 13; vgl KG FamRZ 04, 275/276; **aA** Bumiller/Harders/*Schwamb* Rn 6).

dd) Die einzelnen Fälle des § 109 Abs 1 Nr 1 iVm § 99 Abs 1. Die internationale **635** Anerkennungszuständigkeit des ausländischen Gerichts liegt in Verfahren der elterlichen Verantwortung in folgenden Fällen vor:

N 636–642   2. Teil. Anerkennung/Vollstreckung N. Kindschaftssachen

636   **(1)** Das Kind besaß die **Staatsangehörigkeit** des Ursprungsstaats, § 99 Abs 1 S 1 Nr 1. Ist dies der Fall, so ist die Entscheidung nach § 109 Abs 1 Nr 1 auch dann anzuerkennen, wenn das Kind neben der Staatsangehörigkeit des Gerichtsstaates auch die deutsche Staatsangehörigkeit innehatte; Art 5 Abs 1 S 2 EGBGB hat insoweit außer Betracht zu bleiben (OLG Koblenz FamRZ 89, 204/206; Bamberger/Roth/*Althammer* Rn 2; Staud/*Henrich* Art 21 EGBGB Rn 235 ff). Ist die Entscheidung in einem **Mehrrechtsstaat** mit eigener Gerichtsbarkeit der Teil- bzw Bundesstaaten (zB USA, Kanada) ergangen, so genügt es, wenn das Kind die Staatsangehörigkeit des Gesamtstaates besitzt, denn die interne Organisation des ausländischen Staates ist im Stadium der Entscheidungsanerkennung nicht zu bewerten (BGHZ 141, 286/289 ff = NJW 99, 3198 f; Keidel/*Zimmermann* Rn 3; **aA** OLG Hamm IPRax 98, 474/476).

637   **(2)** Das Kind hatte seinen **gewöhnlichen Aufenthalt** im Ursprungsstaat, § 99 Abs 1 S 1 Nr 2. Der gewöhnliche Aufenthalt ist in diesem Zusammenhang nach deutschem Recht zu bestimmen (BayObLG NJW-RR 92, 514 und NJW 90, 3099).

638   **(3)** Das Kind hat der **Fürsorge** durch ein Gericht des Ursprungsstaats bedurft, § 99 Abs 1 S 2. Auch insoweit sind nach dem Spiegelbildprinzip die Maßstäbe zugrunde zu legen, die ein deutsches Gericht an die Eröffnung der internationalen Fürsorgezuständigkeit stellen würde.

639   **b) Verletzung des rechtlichen Gehörs bei der Verfahrenseinleitung, Nr 2.** Die Vorschrift hat ihr Vorbild in § 16a Nr 2 FGG und entspricht – allerdings mit gewissen Abweichungen – Art 22 lit c/Art 23 lit c EuEheVO; auf die dortige Kommentierung kann daher ergänzend verwiesen werden (→ K Rn 80 ff). Sie schützt das rechtliche Gehör des Antragsgegners im Stadium der Verfahrenseinleitung. Es soll sichergestellt werden, dass der Antragsgegner vom ausländischen Verfahren Kenntnis erhalten hat, damit er seine Rechte in diesem wahrnehmen konnte. Die Norm ist eine spezielle Ausprägung des verfahrensrechtlichen *ordre public* nach Nr 4. Wurde das rechtliche Gehör eines Beteiligten erst verletzt, nachdem ihm das verfahrenseinleitende Dokument ordnungsgemäß und rechtzeitig bekannt gemacht wurde, so kann die Anerkennung daher zwar nicht nach Nr 2, wohl aber nach Nr 4 ausgeschlossen sein. Hierfür reichen aber Fehler bei der Zustellung späterer Schriftsätze nicht aus (BGH NJW-RR 87, 377/378). Nr 2 sperrt jedoch die Anwendung des *ordre public*-Einwandes nach Nr 4 nicht (Keidel/*Zimmermann* Rn 9; MüKoFamFG/*Rauscher* Rn 24). Das Anerkennungshindernis gem Nr 2 wird – anders als dies der hM zu Art 23 lit c EuEheVO entspricht (→ Rn 99) – grundsätzlich **nur auf Rüge** des Antragsgegners hin beachtet („sich hierauf beruft"; Bamberger/Roth/*Althammer* Rn 3). Auf diese Rüge kann daher verzichtet werden.

640   Wegen der Einzelheiten zur Auslegung des Versagungsgrundes nach Nr 2 wird auf die Kommentierung der Vorschrift im Rahmen der Anerkennung von Entscheidungen in Ehesachen (→ K Rn 266 ff) verwiesen, die auch für die Anerkennung von Entscheidungen in Kindschaftssachen maßgebend ist.

641   **c) Unvereinbare Entscheidungen oder Verfahren, Nr 3. aa) Allgemeines.** Die Vorschrift entspricht § 16a Nr 3 FGG, für den seinerseits Art 27 Nr 3 und Nr 5 EuGVÜ Vorbild war. Korrespondierende europäische Vorschriften finden sich heute in Art 45 Abs 1 lit c und lit d EuGVVO und für Ehesachen in Art 22 lit c und lit d EuEheVO. Daher kann ergänzend auf die vom EuGH zu diesen Vorschriften entwickelten Grundsätze zurückgegriffen werden (→ K Rn 94 ff). Da § 109 für die Anerkennung ganz unterschiedlicher ausländischer Entscheidungen in Familiensachen gilt, insbesondere auch für Entscheidungen in Ehesachen und in Familienstreitsachen (zB Unterhaltssachen), weicht der Inhalt der Nr 3 hingegen von den spezifisch auf die Anerkennung von Entscheidungen auf dem Gebiet der elterlichen Verantwortung zugeschnittenen Vorschriften in Art 23 lit e und lit f EuEheVO (→ Rn 103 ff) deutlich ab.

642   **bb) Unvereinbarkeit.** Erforderlich ist nach Nr 3 **keine Identität des Verfahrensgegenstands**. Miteinander unvereinbar sind Entscheidungen vielmehr schon dann, wenn sich deren Wirkungen (Rechtsfolgen) widersprechen (OLG Bremen FamRZ 17, 2042/2043; Bamberger/Roth/*Althammer* Rn 4; vgl zum EuGVÜ EuGH 145/86 – *Hoffmann/Krieg,* Slg 88, 645 Rn 22 = NJW 89, 663; EuGH C-80/00 – *Italian Leather,* Slg 02 I-4995, Rn 40, 47 = NJW 02, 2087 m Anm *Hess* IPRax 05, 23; zu § 328 Abs 1 Nr 3 ZPO OLG Hamm FamRZ 01, 1015). Gefragt werden muss also, ob der der anzuerkennenden ausländischen Entscheidung zugrundliegende Antrag vor einem deutschen Gericht noch gestellt werden könnte oder ob er wegen des Widerspruchs zur Rechtskraft- oder Gestaltungswirkung einer inländischen oder einer anzuerkennenden früheren ausländischen Entscheidung unzulässig wäre. Dabei ist nicht nur der Tenor beider Entscheidungen zu vergleichen; vielmehr kann sich die Unvereinbarkeit auch aus den Ent-

1374

IV. Autonomes Zivilverfahrensrecht: FamFG § 109   643–648 **N**

scheidungsgründen bzw aus Widersprüchen bezüglich präjudizieller Rechtsverhältnisse ergeben (MüKoFamFG/*Rauscher* Rn 35; MüKoZPO/*Gottwald* § 328 Rn 115).

Eine inländische Entscheidung über die Gewährung von **Verfahrenskostenhilfe** (BGH NJW **643** 84, 568 f; Keidel/*Zimmermann* Rn 14) oder eine inländische **einstweilige Anordnung** steht der Anerkennung der ausländischen Hauptsacheentscheidung jedoch nicht entgegen, wohl aber eine inländische einstweilige Anordnung der Anerkennung einer mit ihr unvereinbaren ausländischen (vgl BGH NJW 92, 3108; Keidel/*Zimmermann* Rn 15).

Im Rahmen der Nr 3 ist allerdings zu berücksichtigen, dass Entscheidungen auf dem Gebiet **644** der elterlichen Verantwortung **jederzeit abgeändert** werden können, wenn sich die zugrundeliegenden Verhältnisse ändern. Von einer Unvereinbarkeit der Entscheidungen kann daher nur gesprochen werden, wenn beide Gerichte von der gleichen Tatsachengrundlage ausgehen und diese unterschiedlich rechtlich würdigen (OLG Frankfurt FamRZ 92, 463; NK-BGB/*Benicke* Art 21 EGBGB Rn 79; *Mansel* IPRax 87, 298/301). Nicht unvereinbar sind daher eine inländische Sorgerechtsentscheidung und eine spätere ausländische **Abänderungsentscheidung,** in der die elterliche Sorge aufgrund der seither eingetretenen Entwicklung neu verteilt wird. Allerdings wird man hierfür verlangen müssen, dass sich die ausländische Entscheidung mit der früheren deutschen Entscheidung, die abgeändert wird, zumindest auseinandersetzt (OLG Bremen FamRZ 17, 2042/2043).

cc) Die einzelnen Fälle. Die Vorschrift unterscheidet drei Konstellationen: **645**

(1) Eine **inländische Entscheidung** setzt sich gegenüber der Anerkennung einer ausländischen Entscheidung, die mit ihr nicht zu vereinbaren ist, in jedem Fall durch. Dabei kommt es – abweichend von Art 23 lit e EuEheVO (→ Rn 103 ff) – auf die zeitliche Reihenfolge der Entscheidungen nicht an. Der Vorrang der inländischen Entscheidung gilt mithin auch dann, wenn sie erst nach der ausländischen Entscheidung ergangen ist oder wenn im deutschen Verfahren die frühere Rechtshängigkeit des ausländischen Verfahrens übersehen oder missachtet worden ist (OLG Hamburg FamRZ 88, 425 [LS]).

(1) Für konkurrierende **ausländische Entscheidungen,** deren Anerkennung im Inland be **646** gehrt wird, gilt hingegen – wiederum abweichend von Art 23 lit f EuEheVO (→ Rn 109 ff) – das **Prioritätsprinzip.** Die Anerkennung einer ausländischen Entscheidung ist mithin ausgeschlossen, wenn eine mit ihr konkurrierende – ebenfalls anerkennungsfähige – ausländische Entscheidung *früher* erlassen wurde. Dies gilt auch dann, wenn die Anerkennung der früheren Entscheidung nicht nach § 109, sondern zB nach Art 21, 23 EuEheVO zu erfolgen hat. Für die Priorität ist auf den Zeitpunkt abzustellen, zu dem die Entscheidungen nach ihrer jeweiligen *lex fori* in Rechtskraft erwachsen sind (OLG Bamberg FamRZ 00, 1289/ 1290; NK-BGB/*Andrae* §§ 107–109 Rn 65).

(2) Schließlich steht auch die **frühere Rechtshängigkeit des inländischen Verfahrens** der **647** Anerkennung entgegen, wenn diese von dem ausländischen Gericht missachtet wurde, dessen Entscheidung nunmehr anerkannt werden soll. Denn ebenso wie deutsche Gerichte eine ausländische Rechtshängigkeit (bei einer positiven Anerkennungsprognose) beachten, können sie auch erwarten, dass ausländische Gerichte eine frühere Rechtshängigkeit in Deutschland respektieren. Das Anerkennungshindernis greift aber auch dann, wenn dem ausländischen Gericht die frühere Rechtshängigkeit im Inland nicht bekannt war (BeckOK-FamFG/*Sieghörtner* Rn 30). Die Frage, wann die konkurrierenden Verfahren rechtshängig geworden sind, bestimmt sich nach der jeweiligen *lex fori* (BGH NJW 87, 3083). Die hierauf gestützte Versagung der Anerkennung setzt voraus, dass das Verfahren vor den deutschen Gerichten noch immer rechtshängig ist; ist es inzwischen rechtskräftig abgeschlossen, so setzt sich das inländische Urteil entsprechend dem zu (1) Gesagten in jedem Fall durch. Auch dieser Versagungsgrund ist von Amts wegen zu beachten.

De lege ferenda wäre es wünschenswert, wenn der deutsche Gesetzgeber – dem Vorbild der **648** EuEheVO entsprechend – bezüglich des Anerkennungshindernisses gemäß Nr 3 zwischen Ehe- und Familienstreitsachen einerseits und Kindschaftssachen andererseits differenzieren würde. Während die geltende Regelung für die erstgenannten Verfahren angemessen ist, sollte in Sorge- und Umgangsrechtsstreitigkeiten entsprechend Art 23 lit e und lit f der jeweils zuletzt ergangenen (in- oder ausländischen) Entscheidung der Vorzug gegeben werden, weil sie aufgrund der Berücksichtigung der jüngsten Entwicklung dem Kindeswohl im Zweifel besser entspricht. Nach geltendem Recht kann dies nur durch einen Antrag auf Abänderung der allein anerkennungsfähigen älteren Entscheidung erreicht werden.

N 649–655 2. Teil. Anerkennung/Vollstreckung N. Kindschaftssachen

649 **d) Verstoß gegen den ordre public, Nr 4.** Ausländische Entscheidungen in Kindschaftssachen sind weiterhin nicht anerkennungsfähig, wenn sie mit wesentlichen Grundsätzen des
deutschen Rechts offensichtlich unvereinbar sind. Zu diesen wesentlichen Grundsätzen gehören
– ebenso wie nach Art 6 EGBGB – insbesondere die Grundrechte des GG und der EU-Charta
sowie die Gewährleistungen der EMRK. Nr 4 stellt in gewissem Umfang eine Ausnahme von
dem Verbot der *révision au fond* (Abs 5) dar. Der *ordre public*-Einwand greift nur in Ausnahmefällen ein (BGH FamRZ 11, 788 Rn 25). Er ist ferner im Anerkennungsrecht strikter zu
handhaben als im Kollisionsrecht (BGH NJW 15, 479 Rn 28; vgl auch BGH NJW 15, 2800
Rn 34m *Kemper* [Adoption]). Die Entscheidung muss mit den der inländischen Rechtsordnung zugrundeliegenden Gerechtigkeitsvorstellungen in einer Weise in Widerspruch steht,
dass sie schlichtweg untragbar erscheint (BGH NJW 02, 960/961; KG FamRZ 04, 275/277).
Maßgebend für die Prüfung eines *ordre public*-Verstoßes ist der Zeitpunkt, zu dem über die
Anerkennung entschieden wird (BayObLG FamRZ 01, 1622 f und FamRZ 02, 1637/1639; vgl
auch OLG Celle FamRZ 12, 1226/1228 iund OLG Düsseldorf StAZ 10, 175 [Adoption]; OLG
Stuttgart FamRZ 05, 636 [Abstammung]; Bamberger/Roth/*Althammer* Rn 5).

650 Wie in Art 23 lit a EuEheVO und Art 23 Abs 2 lit a KSÜ ist dabei vor allem auf die
Vereinbarkeit der ausländischen Entscheidung mit dem **Kindeswohl** abzustellen. Wurde die
Prüfung des Kindeswohls bei der Übertragung des Sorgerechts unterlassen, so kann darin ein
Verstoß gegen den deutschen *ordre public* liegen (OLG Köln FamRZ 15, 78 = NZFam 15, 191m
Anm *Finger*; ThP/*Hüßtege* Rn 5). Nr 4 stellt in gewissem Umfang eine Ausnahme von dem
Verbot der *révision au fond* (Abs 5) dar. Der *ordre public*-Einwand greift daher nur in Ausnahme-
fällen ein (BGH FamRZ 11, 788 Rn 25). Er ist ferner im Anerkennungsrecht strikter zu
handhaben als im Kollisionsrecht (BGH NJW 15, 479 Rn 28; vgl auch BGH NJW 15, 2800
Rn 34m Anm *Kemper* [Adoption]). Die Entscheidung muss mit den der inländischen Rechtsordnung zugrundeliegenden Gerechtigkeitsvorstellungen in einer Weise in Widerspruch steht,
dass sie schlichtweg untragbar erscheint (BGH NJW 02, 960/961; OLG Düsseldorf StAZ 10,
175; KG FamRZ 06, 1405/1406; OLG Karlsruhe StAZ 04, 111/112).

651 Dies ist bei der Übertragung der elterlichen Sorge für ein durch eine **Leihmutter** geborenes
Kind zumindest dann nicht der Fall, wenn eine genetische Verwandtschaft zu einem Elternteil
besteht (BGH NJW 15, 479 Rn 33 ff m Anm *Henrich* IPRax 15, 229; OLG Düsseldorf NJW 15,
3382 m Anm *Frie* NZFam 15, 865; AG Neuss FamRZ 14, 1127; AG Friedberg FamRZ 13,
1994; *Dethloff* JZ 14, 922 /926; *Mayer* RabelsZ 78 [2014] 551/570 ff; **aA** VG Berlin FamRZ 13,
738; *Benicke* StAZ 13, 101/110 ff; *Engel* ZEuP 14, 538/558). Dies gilt auch dann, wenn die
Elternstellung durch die ausländische Entscheidung einem gleichgeschlechtlichen Paar zugewiesen wird (BGH aaO, Rn 43).

652 Die Anerkennung kann auch deshalb versagt werden,weil die ausländische Entscheidung auf
einem **Verfahren** beruht, das nach der deutschen Rechtsordnung nicht als geordnetes rechtsstaatliches Verfahren angesehen werden kann (BGH NJW 10, 153 Rn 24 ff; BayObLG FamRZ
02, 1637/1639). Hierfür reicht es allerdings nicht aus, dass das ausländische Verfahren von
zwingenden Vorschriften des deutschen Prozessrechts abweicht (BGH aaO). Daher verstößt die
Anerkennung einer ausländischen Sorgerechtsentscheidung zwar idR gegen den deutschen *ordre
public*, wenn das **Kind im Erstverfahren nicht angehört** worden ist. Nicht ausreichend für
eine Verletzung von Nr 4 ist hingegen der Umstand, dass die Anhörung nicht durch einen
Richter, sondern zB durch einen gerichtlich bestellten Sachverständigen erfolgt ist (OLG
Oldenburg FamRZ 12, 1887/1888 f).

653 Voraussetzung ist freilich, dass der Betroffene alle ihm im Ursprungsstaat zur Verfügung
stehenden **Rechtsbehelfe ausgeschöpft** hat, um sich rechtliches Gehör zu verschaffen und
Verfahrensfehler zu korrigieren (BGH NJW 97, 2051/2052; KG FamRZ 04, 275/277; Bay-
ObLG FamRZ 02, 1637/1639; OLG Düsseldorf FamRZ 96, 176/177).

654 Wegen weiterer Einzelheiten wird auf die Kommentierung zu Art 23 S 1 lit a und lit b
EuEheVO (→ Rn 82 ff) verwiesen.

3. Kein Erfordernis der Gegenseitigkeit, Abs 4 Nr 1

655 Die Verbürgung der Gegenseitigkeit ist kein generelles Anerkennungshindernis in Familiensachen, sondern nur bei der Anerkennung von Entscheidungen zu prüfen, die einen der in Abs 4
aufgezählten Verfahrensgegenstände betreffen. Hierzu gehören Entscheidungen auf dem Gebiet
der elterlichen Verantwortung nicht, so dass es auf eine Verbürgung der Gegenseitigkeit mit dem
Ursprungsstaat der Entscheidung nicht ankommt.

1376

IV. Autonomes Zivilverfahrensrecht: FamFG § 110

4. Verbot der révision au fond, Abs 5

Eine Überprüfung der Entscheidung in der Sache ist – wie schon nach bisheriger Rechtslage **656**
§ 16a FGG aF) – ausgeschlossen. Nach dem Vorbild in Art 26 EuEheVO ist dieser Grundsatz
nunmehr in Abs 5 ausdrücklich normiert (*Althammer* IPRax 09, 381/387). Das Verbot der
révision au fond schließt insbesondere eine Nachprüfung der Entscheidung auf materielle oder
verfahrensrechtliche Fehler des Erstgerichts bei der Rechtsanwendung aus; vorbehalten bleibt
lediglich die Kontrolle am Maßstab des deutschen *ordre public* (Abs 1 Nr 4). Das Verbot betrifft
jedoch auch die Frage der Anwendung des „richtigen" Rechts. Die verfahrensrechtliche Anerkennung nach §§ 108, 109 kann daher heute nicht mehr ganz hM deshalb abgelehnt werden,
weil das ausländische Gericht den Sachverhalt unter Zugrundelegung eines anderen als desjenigen Rechts entschieden hat, das aus deutscher Sicht anwendbar gewesen wäre (kein Erfordernis
kollisionsrechtlicher Konformität, vgl in Ehesachen Art 25 EuEheVO). In Verfahren der elterlichen Verantwortung ist es daher unschädlich, dass das ausländische Gericht Kollisionsnormen
angewandt hat, die von den in Deutschland auch in Drittstaatsfällen anwendbaren Regeln des
Kapitels III des KSÜ (Art 16; → F Rn 638 ff) abweichen.

Abs 5 steht freilich einer **Abänderung** der ausländischen Entscheidung aufgrund neuer **657**
Tatsachen nicht entgegen; das deutsche Gericht darf allerdings nicht eine völlig neue eigene
Entscheidung an die Stelle der ausländischen Entscheidung setzen (OLG Düsseldorf StAZ 10,
175 und StAZ 09, 335; OLG Köln FamRZ 09, 1607/1609; LG Potsdam FamRZ 08, 1408).

FamFG § 110. Vollstreckbarkeit ausländischer Entscheidungen

(1) **Eine ausländische Entscheidung ist nicht vollstreckbar, wenn sie nicht anzuerkennen ist.**

(2) ¹**Soweit die ausländische Entscheidung eine in § 95 Abs. 1 genannte Verpflichtung zum Inhalt hat, ist die Vollstreckbarkeit durch Beschluss auszusprechen.** ²**Der
Beschluss ist zu begründen.**

(3) ¹**Zuständig für den Beschluss nach Absatz 2 ist das Amtsgericht, bei dem der
Schuldner seinen allgemeinen Gerichtsstand hat, und sonst das Amtsgericht, bei dem
nach § 23 der Zivilprozessordnung gegen den Schuldner Klage erhoben werden kann.**
²**Der Beschluss ist erst zu erlassen, wenn die Entscheidung des ausländischen Gerichts
nach dem für dieses Gericht geltenden Recht die Rechtskraft erlangt hat.**

Schrifttum: *Giers,* Die Vollstreckung nach dem FamFG, FPR 08, 441; *Roth,* Zwangsvollstreckung ausländischer Entscheidungen der freiwilligen Gerichtsbarkeit, IPRax 88, 75; *Schlünder,* Die Vollstreckung nach
dem FamFG, FamRZ 09, 1636.

1. Allgemeines

Abs 1 enthält den Grundsatz, dass Voraussetzung jeder Vollstreckung einer ausländischen Ent- **658**
scheidung im Inland deren Anerkennungsfähigkeit nach §§ 108, 109 ist. Abs 2 und Abs 3
übernehmen für diejenigen Entscheidungen, die nach den Vorschriften der ZPO vollstreckt
werden (zB für Unterhaltssachen, einschließlich der Vollziehung einer Auskunftsverpflichtung;
vgl § 95 Abs 1; → M Rn 881 ff) im Wesentlichen den Regelungsgehalt der §§ 722, 723 ZPO
(zu Abweichungen H *Roth* JZ 09, 591). Demgegenüber findet eine selbständige Vollstreckbarerklärung von ausländischen Entscheidungen auf dem Gebiet der elterlichen Verantwortung nach
nach § 110 nicht statt. Auch für die Vollstreckbarkeit ist der Vorrang der EuEheVO und der
Staatsverträge (KSÜ, MSA, EuSorgeRÜ) nach § 97 zu beachten (*Andrae* NZFam 97, 16, 1011).

2. Vollstreckbarkeit der Entscheidung

Einer Vollstreckung zugänglich sind auf dem Gebiet der elterlichen Verantwortung von vor- **659**
neherein nur Leistungs- und Unterlassungsanordnungen, also insbesondere **Regelungen des
persönlichen Umgangs und Herausgabeanordnungen** (*Schulte-Bunert* FamRZ 07, 1606/
1609; Staud/*Henrich* Art 21 EGBGB Rn 263). Demgegenüber handelt es sich bei **Sorgerechtsregelungen** um Gestaltungs- oder Feststellungsentscheidungen, die keinen vollstreckungsfähigen
Inhalt haben (BGH FamRZ 05, 1540/1542; *Schulte-Bunert* FamRZ 07, 1608/1609). **Kostenentscheidungen** auf dem Gebiet der elterlichen Verantwortung können hingegen im Inland

N 660 2. Teil. Anerkennung/Vollstreckung N. Kindschaftssachen

vollstreckt werden, auch wenn die zugrundliegende Hauptsacheentscheidung nur gestaltende Wirkung hat.

3. Entbehrlichkeit einer förmlichen Vollstreckbarerklärung

660 Einer Vollstreckung zugängliche Entscheidungen auf dem Gebiet der elterlichen Verantwortung werden im Geltungsbereich der **EuEheVO** (mit Ausnahme der in Art 40 ff geregelten Verfahren) nach Art 28 ff iVm §§ 12 ff IntFamRVG für vollstreckbar erklärt. Die §§ 12 ff IntFamRVG gelten gemäß § 10 IntFamRVG auch für die Vollstreckbarerklärung von Entscheidungen nach dem KSÜ (Art 26) und dem EuSorgeRÜ (Art 7 ff). Demgegenüber sieht das FamFG ein *förmliches* Verfahren zur Vollstreckbarerklärung ausländischer Entscheidungen auf dem Gebiet der **freiwilligen Gerichtsbarkeit** nicht vor. Ein solches Verfahren, in dem durch Beschluss über die Vollstreckbarkeit entschieden wird, ist vielmehr nach Abs 2 und 3 auf ausländische Entscheidungen beschränkt, die gem § 95 Abs 1 nach der ZPO zu vollstrecken sind. Demgegenüber erfolgt die auch für die Inlandsvollstreckung von Entscheidungen der freiwilligen Gerichtsbarkeit nach Abs 1 erforderliche Prüfung von deren Anerkennungsfähigkeit nach §§ 108, 109 – wie schon bisher nach § 33 FGG (vgl OLG Bremen FamRZ 97, 107; OLG Bamberg FamRZ 00, 1098 (LS); *Dörner* IPRax 87, 155; H *Roth* IPRax 88, 77 f) – als Vorfrage inzident im deutschen Vollstreckungsverfahren nach §§ 88 ff FamFG (Bamberger/Roth/*Althammer* Rn 2; Mu/*Borth*/*Grandel* Rn 2; NK-BGB/*Benicke* Art 21 EGBGB Rn 91 f; abw MüKo-FamFG/*Rauscher* Rn 8: Erfordernis einer Vollstreckbarerklärung als Zwischenentscheidung).

O. Abstammungssachen

Übersicht

	Rn.
I. Einführung	1
1. EU-Recht	1
2. Staatsverträge	2
3. Autonomes Zivilverfahrensrecht	4
II. Autonomes Zivilverfahrensrecht	5
FamFG (Text-Nr 790)	5
Buch 1. Abschnitt 9: Verfahren mit Auslandsbezug (§§ 97, 106, 108–110)	8

Der Abschnitt O beschränkt sich auf die Darstellung der **Anerkennung und Vollstreckung** ausländischer Entscheidungen in Abstammungssachen. Zur Behandlung von Abstammungssachen im **Erkenntnisverfahren (**internationale Zuständigkeit, anwendbares Recht) siehe den **Abschnitt G.**

I. Einführung

Schrifttum: Vgl zunächst das allg Schrifttum → G vor Rn 21; ferner *Engel,* Leihmutterschaft: Verfahrensrechtliche Anerkennung ausländischer Abstammungsentscheidungen im Lichte des Art. 8 EMRK, StAZ 14, 353; *Henrich,* Leihmutterkinder: Wessen Kinder?, IPRax 15, 229; *Mayer,* Ordre public und Anerkennung der rechtlichen Elternschaft in internationalen Leihmutterschaftsfällen, RabelsZ 78 [2014] 551; *ders,* Verfahrensrechtliche Anerkennung einer ausländischen Abstammungsentscheidung zugunsten eingetragener Lebenspartner im Falle der Leihmutterschaft, StAZ 15, 33; *Tonolo,* La trascrizione degli atti di nascita derivanti da maternità surrogata: ordine pubblico e interesse del minore, Riv dir int priv proc 14, 81.

1. EU-Recht

Regelungen des sekundären Unionsrechts finden auf dem Gebiet der Anerkennung und **1** Vollstreckung von Entscheidungen in Abstammungssachen keine Anwendung. Denn die bisher auf dem Gebiet des Ehe- und Familienrechts in Kraft getretenen EU-Verordnungen erfassen Abstammungssachen nicht. Art 1 Abs 2 lit a EuGVVO und Art 1 Abs 3 lit a EuEheVO schließen sie ausdrücklich aus dem sachlichen Anwendungsbereich dieser Verordnungen aus (BGHZ 182, 188 Rn 18 = FamRZ 09, 1816).

2. Staatsverträge

Die Anerkennung und Vollstreckung von Entscheidungen in Abstammungssachen ist bisher **2** auch nicht in **multilateralen Staatsverträgen** geregelt, die von der *Bundesrepublik Deutschland* abgeschlossen worden sind. Insbesondere sind diese Verfahren aus dem Anwendungsbereich des **Luganer Übereinkommens** von 2007 in gleichem Umfang ausgeschlossen wie aus der EuGVVO (Art 1 Abs 2 lit a LugÜ 2007).

Von den mit ausländischen Staaten geschlossenen **bilateralen Anerkennungs- und Vollstre- 3 ckungsabkommen der** Bundesrepublik Deutschland sind die folgenden Abkommen grundsätzlich in Abstammungssachen anwendbar:

– **Belgien** (Abk v 30.6.1958, BGBl 59 II, 766; BGBl 60 II, 2408; AusführungsG v 26.6.1959, BGBl I, 425),
– **Griechenland** (Vertrag v 4.11.1961, BGBl 63 II, 110, 1278; AusführungsG v 5.2.1963, BGBl I, 129),
– **Italien** (Abk v 9.3.1936, RGBl 37 II, 145; wieder in Kraft seit 1.10.1952, BGBl II, 986; AusführungsVO v 18.5.1937, RGBl II, 143; BGBl 50 I, 455, 533),
– **Schweiz** (Abk v 2.11.1929, RGBl 30 II, 1066, 1270; Ausführungs-VO v 23.8.1930, RGBl II, 1209),
– **Spanien** (Vertrag v 14.11.1983, BGBl 87 II, 35; BGBl 88 II, 375; Ausführung gemäß den Vorschriften des AVAG, § 1 Abs 1 Nr 1 lit e.

O   2. Teil. Anerkennung/Vollstreckung O. Abstammungssachen

Diese Abkommen machen die Anerkennung in Abstammungssachen zT von besonderen Voraussetzungen abhängig (zB der Staatsangehörigkeit des Antragsgegners oder seinem gewöhnlichen Aufenthalt im Urteilsstaat oder einer kollisionsrechtlichen Kontrolle, vgl Staud/*Henrich* Art 19 EGBGB Rn 115 ff).

3. Autonomes Zivilverfahrensrecht

4   Die Anerkennung und Vollstreckung ausländischer Entscheidungen in Abstammungssachen beurteilt sich in Ermangelung vorrangigen EU-Rechts daher grundsätzlich nach dem autonomen deutschen Verfahrensrecht. Auch die Anwendbarkeit der vorgenannten bilateralen Staatsverträge schließt nach dem anerkennungsrechtlichen **Günstigkeitsprinzips** die Anwendung der §§ 108 ff FamFG nicht aus. Für die praktische Rechtsanwendung bedeutet dies, dass nach den Voraussetzungen der Anerkennung aufgrund eines bilateralen Staatsvertrags nicht gefragt zu werden braucht, soweit bereits aus den – im Regelfall günstigeren – §§ 108, 109 FamFG eine Anerkennungspflicht folgt. Die §§ 108, 109 FamFG – und nicht § 328 ZPO – sind auch dann anwendbar, wenn das Ursprungsgericht im streitigen Verfahren über die Abstammung entschieden hat (Keidel/*Zimmermann* § 108 Rn 7).

II. Autonomes Zivilverfahrensrecht

790. Gesetz über das Verfahren in Familiensachen und in den Angelegenheiten der freiwilligen Gerichtsbarkeit (FamFG)

Vom 17. Dezember 2008 (BGBl I, 2586)

Buch 1. Allgemeiner Teil
Abschnitt 9. Verfahren mit Auslandsbezug

Schrifttum: Vgl das allg Schrifttum zur Anerkennung ausländischer Entscheidungen in Familiensachen nach dem FamFG → K vor Rn 189 sowie das Schrifttum vor → Rn 1; ferner *Frie,* Ausländische standesamtliche Beurkundung der Abstammung eines Leihmutterschaftskindes als „Entscheidung" iSv § 108 I FamFG?, NZFam 18, 97; *Gomille,* Die verfahrensrechtliche Anerkennung einer ausländischen standesamtlichen Eintragung, StAZ 17, 321; *Krause,* Das Verfahren in Abstammungssachen nach dem FamFG, FamRB 09, 180.

Unterabschnitt 1. *Verhältnis zu völkerrechtlichen Vereinbarungen und Rechtsakten der Europäischen Gemeinschaft*

FamFG § 97. Vorrang und Unberührtheit

(1) [1]Regelungen in völkerrechtlichen Vereinbarungen gehen, soweit sie unmittelbar anwendbares innerstaatliches Recht geworden sind, den Vorschriften dieses Gesetzes vor. [2]Regelungen in Rechtsakten der Europäischen Gemeinschaft bleiben unberührt.

(2) Die zur Umsetzung und Ausführung von Vereinbarungen und Rechtsakten im Sinne des Absatzes 1 erlassenen Bestimmungen bleiben unberührt.

5   Auf dem Gebiet der Anerkennung und Vollstreckung ausländischer Entscheidungen in Abstammungssachen gelten derzeit völkerrechtliche Vereinbarungen und Rechtsakte der EU nur in den zuvor beschriebenen engen Grenzen (→ Rn 1 ff). Im Übrigen sind die §§ 108 ff FamFG maßgebend.

Unterabschnitt 2. *Internationale Zuständigkeit*

FamFG § 100

(abgedruckt und kommentiert → G Rn 5 ff)

1380

II. Autonomes Zivilverfahrensrecht: FamFG § 108   7–9 **O**

FamFG § 106. Keine ausschließliche Zuständigkeit

Die Zuständigkeiten in diesem Unterabschnitt sind nicht ausschließlich.

Die internationale Zuständigkeit der deutschen Gerichte in Abstammungssachen nach § 100 **6** ist nicht ausschließlich. Dies ist insbesondere im Hinblick auf die Prüfung der **Anerkennungs-zuständigkeit** des ausländischen Gerichts nach § 109 Abs 1 Nr 1 gemäß dem sog Spiegelbild-prinzip (→ Rn 14 f) von Bedeutung. Die Anerkennung einer ausländischen Entscheidung in Abstammungssachen ist daher nicht schon deshalb zu versagen, weil eine konkurrierende internationale Zuständigkeit eines deutschen Gerichts nach § 100 gegeben ist.

Unterabschnitt 3. *Anerkennung und Vollstreckbarkeit ausländischer Entscheidungen*

FamFG § 108. Anerkennung anderer ausländischer Entscheidungen

(1) Abgesehen von Entscheidungen in Ehesachen werden ausländische Entscheidungen anerkannt, ohne dass es hierfür eines besonderen Verfahrens bedarf.

2) ¹Beteiligte, die ein rechtliches Interesse haben, können eine Entscheidung über die Anerkennung oder Nichtanerkennung einer ausländischen Entscheidung nicht ver-mögensrechtlichen Inhalts beantragen. ²§ 107 Abs. 9 gilt entsprechend. ³[....]

(3) Für die Entscheidung über den Antrag nach Absatz 2 Satz 1 ist das Gericht örtlich zuständig, in dessen Bezirk zum Zeitpunkt der Antragstellung

1. der Antragsgegner oder die Person, auf die sich die Entscheidung bezieht, sich gewöhnlich aufhält oder

2. bei Fehlen einer Zuständigkeit nach Nummer 1 das Interesse an der Feststellung bekannt wird oder das Bedürfnis der Fürsorge besteht.

Diese Zuständigkeiten sind ausschließlich.

1. Entscheidung

Auch in Abstammungssachen können nach § 108 nur „Entscheidungen" anerkannt werden, **7** wobei es keinen Unterschied macht, ob diese von einem Gericht oder einer Behörde mit gerichtlichen Funktionen (zB einem Notar) getroffen wurden. Unerheblich ist auch, ob die Entscheidung rechtsbegründende (konstitutive) oder **lediglich feststellende Wirkung** hat. Denn auch eine nur die Feststellung der bestehenden Rechtslage aussprechende Entscheidung ist einer Anerkennung nach § 108 zugänglich. Dies hat der BGH für eine kalifornische Entschei-dung bekräftigt, mit der die Wirksamkeit der Vereinbarung zwischen den Wunsch- oder Bestell-eltern und einer Leihmutter festgestellt worden ist (krit dazu *Thomale* IPRax 16, 177/178 f). Es gilt jedenfalls dann, wenn die Entscheidung auf einer Sachprüfung beruht und neben der Wirk-samkeit der Leihmuttervereinbarung auch die damit verknüpfte Statusfolge zum Gegenstand hat (BGHZ 203, 350 Rn 22 = FamRZ 15, 240 m Anm *Helms* und Anm *Henrich* IPRax 15, 229; zust OLG Celle FamRZ 17, 1496/1497 m Anm *Unger;* KG FamRZ 17, 1693/1694 m Anm *Coester-Waltjen*; OVG Münster FamRZ 16, 2130/2132; *Duden* StAZ 14, 164/166; **aA** *Benicke* StAZ 15, 101/104).

Anerkennungsfähig sind in Abstammungssachen auch **behördliche Entscheidungen**. Inso- **8** weit kommt es auch nicht darauf an, ob die ausländische Behörde „gerichtliche Funktionen" übernommen hat (so aber Mu/*Borth/Grandel* Rn 2; Bumiller/Harders/*Schwamb* Rn 1), da mit diesem Kriterium erhebliche Rechtsunsicherheit in das Anerkennungsrecht getragen würde (OLG Celle FamRZ 17, 1496/1497). Ähnlich wie in Kindschaftssachen ist auch nicht ent-scheidend, ob die behördliche Entscheidung der Rechtskraft fähig ist; vielmehr reicht eine der formellen Rechtskraft vergleichbare Bestandskraft aus. Ausgeschlossen ist die automatische An-erkennung nach § 108 nur dann, wenn der ausländische behördliche Rechtsakt sich auf eine **reine Registrierung oder Beurkundung** beschränkt (OLG München FamRZ 18, 696 f). Demgegenüber liegt eine anerkennungsfähige Entscheidung immer dann vor, wenn die Behörde aufgrund des festgestellten Sachverhalts einzelfallbezogene Schlussfolgerungen zieht und Rechts-folgen bezüglich der Abstammung des Kindes begründet oder feststellt.

Demgemäß kann auch die Eintragung der genetischen Mutter und des Vaters eines von einer **9** **Leihmutter** geborenen Kindes durch einen ausländischen **Standesbeamten** eine der Anerken-nung nach § 108 zugängliche „Entscheidung" sein, wenn dieser Eintragung eine Prüfung des

1381

O   2. Teil. Anerkennung/Vollstreckung O. Abstammungssachen

Sachverhalts vorausgegangen ist und der Inhalt der Eintragung die Subsumtion dieses Sachverhalts unter Vorschriften des ausländischen Abstammungsrechts durch den Standesbeamten voraussetzt (OLG Celle FamRZ 17, 1496/1497 m zust Anm *Unger*). Denn für die Anerkennungsfähigkeit nach § 108 kann es nicht ausschlaggebend sein, ob das ausländische Recht die Feststellung der Abstammung einem Gericht oder einer staatlichen Behörde zuweist. Die Feststellung hat in beiden Fällen gleichermaßen weitreichende Rechtsfolgen, weil sie dem Kind rechtlich eine andere Mutter zuordnet als diejenige, die es geboren hat, mit Folgewirkungen auf die Verwandtschaftsbeziehungen, das Unterhalts- und Erbrecht des Kindes. Außerdem wird nur durch eine solche weite Auslegung des Entscheidungsbegriffs in § 108 Abs 1 das Hauptziel der Regelung, nämlich die Vermeidung hinkender Rechtsverhältnisse (Mu/*Borth*/*Grandel* Rn 1), erreicht (OLG Celle FamRZ 17, 1496/1498). Nach der restriktiveren Gegenansicht ist § 108 nur anwendbar, wenn der Entscheidung der ausländischen (Standes-)Behörde eine abschließende und verbindliche Wirkung für den Rechtsverkehr beigemessen wird (OLG München FamRZ 18, 696 = NZFam 18, 36 m abl Anm *Löhnig; Frie* NZFam 18, 97 ff; *Gomille* StAZ 17, 321 ff).

10   Eine Anerkennung nach § 108 kommt hingegen nicht für bloße **Statuserklärungen von Beteiligten** in Betracht, wie zB für ein im Ausland abgegebenes Vaterschaftsanerkenntnis (OLG Köln FamRZ 13, 484; MüKoBGB/*Helms* Art 19 EGBGB Rn 70). Daran ändert auch die Entgegennahme der Erklärung durch ein Gericht oder eine Behörde nichts. Maßgebend ist vielmehr, ob diese Erklärungen nach dem von Art 19 EGBGB zur Anwendung berufenen Recht wirksam sind.

2. Automatische Anerkennung, Abs 1

11   Ausländische Entscheidungen in Abstammungssachen werden nach Abs 1 im Inland automatisch anerkannt, dh ihre Wirkungen werden auf das Inland erstreckt, ohne dass es hierfür eines besonderen Verfahrens bedarf (MüKoFamFG/*Rauscher* Rn 18 f). Jedes Gericht und jede Behörde, für deren Entscheidung in der Hauptsache es auf die Vorfrage der Anerkennung ankommt, kann daher inzident darüber entscheiden, ob der Anerkennung Versagungsgründe nach § 109 entgegenstehen (*Klinck* FamRZ 09, 741/744). Aufgrund der Anerkennung entfaltet die Entscheidung im Inland grundsätzlich die gleiche Wirkung wie im Ursprungsstaat (KG FamRZ 07, 1693/1696 [Leihmutterschaft]).

3. Fakultative Anerkennungsfeststellung, Abs 2

12   Da Entscheidungen in Abstammungssachen **keinen vermögensrechtlichen Inhalt** haben, kommt insoweit auch eine verbindliche Anerkennungsfeststellung nach § 108 Abs 2 in Betracht. Gegenstand eines solchen Feststellungsverfahrens können auch ausländische Gerichtsentscheidungen sein, mit denen über die Abstammung des von einer **Leihmutter** geboren Kindes entschieden worden ist (OLG Braunschweig FamRZ 17, 972 m Anm *Hösel* = NZFam 17, 522 m Anm *Biermann/Apel;* OLG Frankfurt IPRspr 14 Nr 98; *Benicke* StAZ 13, 101/104/113; *Duden* StAZ 14, 164/156; P/H/*Hau* Rn 54; Staud/*Henrich* Art 19 EGBGB Rn 123). Zu den Einzelheiten dieses Verfahrens wird auf die Kommentierung der Anerkennung von Entscheidungen in Kindschaftssachen (→ N Rn 618 ff) verwiesen.

FamFG § 109. Anerkennungshindernisse

(1) **Die Anerkennung einer ausländischen Entscheidung ist ausgeschlossen,**

1. **wenn die Gerichte des anderen Staates nach deutschem Recht nicht zuständig sind;**
2. **wenn einem Beteiligten, der sich zur Hauptsache nicht geäußert hat und sich hierauf beruft, das verfahrenseinleitende Dokument nicht ordnungsgemäß oder nicht so rechtzeitig mitgeteilt worden ist, dass er seine Rechte wahrnehmen konnte;**
3. **wenn die Entscheidung mit einer hier erlassenen oder anzuerkennenden früheren ausländischen Entscheidung oder wenn das ihr zugrunde liegende Verfahren mit einem früher hier rechtshängig gewordenen Verfahren unvereinbar ist;**
4. **wenn die Anerkennung der Entscheidung zu einem Ergebnis führt, das mit wesentlichen Grundsätzen des deutschen Rechts offensichtlich unvereinbar ist, insbesondere wenn die Anerkennung mit den Grundrechten unvereinbar ist.**

(2) *(abgedruckt und kommentiert → K Rn 261 ff)*

(3) *(abgedruckt und kommentiert → Q Rn 81 ff)*

1382

II. Autonomes Zivilverfahrensrecht: FamFG § 109   **13–18 O**

(4) **Die Anerkennung einer ausländischen Entscheidung, die**
1. Familienstreitsachen,
2.–5. *(abgedruckt und kommentiert →* Q *Rn 89f)*
betrifft, ist auch dann ausgeschlossen, wenn die Gegenseitigkeit nicht verbürgt ist.

(5) **Eine Überprüfung der Gesetzmäßigkeit der ausländischen Entscheidung findet**
nicht statt.

1. Grundsatz

Zu den Anerkennungsversagungsgründen nach § 109 und ihrer rechtlichen Prüfung wird auf **13**
die ausführliche Kommentierung der Vorschrift in Bezug auf Ehesachen (→ K Rn 254 ff) und
Kindschaftssachen (→ N Rn 618 ff) verwiesen. Nachfolgend werden daher nur die Besonderheiten dargestellt, die sich im Rahmen von § 109 für die Anerkennung von Entscheidungen in
Abstammungssachen ergeben.

2. Die einzelnen Anerkennungsversagungsgründe

a) Fehlende Anerkennungszuständigkeit, Abs 1 Nr 1. Prüfungsmaßstab für die interna- **14**
tionale Anerkennungszuständigkeit in Abstammungssachen ist **§ 100 FamFG** (näher → G
Rn 5 ff). Die internationale Zuständigkeit des ausländischen Gerichts für eine Entscheidung in
Abstammungssachen liegt danach aufgrund spiegelbildlicher Anwendung dieser Vorschrift vor,
wenn das Kind, die Mutter, der Vater oder der Mann, der an Eides statt versichert, der Mutter
während der Empfängniszeit beigewohnt zu haben,
– die **Staatsangehörigkeit** des Ursprungsstaates besitzt oder (Nr 1) oder
– seinen **gewöhnlichen Aufenthalt** im Ursprungsstaat hat (Nr 2).

Für die Anerkennung einer ausländischen Entscheidung, in der die Elternstellung der Wunsch- **15**
eltern festgestellt wird, reicht es auch aus, dass entweder das Kind (KG FamRZ 17, 1693/1695)
oder auch nur die **Leihmutter** ihren gewöhnlichen Aufenthalt im Gerichtsstaat hat (BGHZ 203,
350 Rn 25 f = FamRZ 15, 240 m Anm *Helms* und *Henrich* IPRax 15, 229; OLG Düsseldorf
FamRZ 15, 1638; *Benicke* StAZ 13, 101/105). Wegen weiterer Einzelheiten zur Spiegelung
ausländischer Zuständigkeitsvorschriften im Rahmen von § 109 Abs 1 Nr 1 wird auf die Kommentierung der Vorschrift in Ehesachen (→ K Rn 257 ff) und in Kindschaftssachen (→ N
Rn 631 ff) verwiesen.

b) Verletzung des rechtlichen Gehörs bei Verfahrenseinleitung, Nr 2. Vgl dazu die **16**
Kommentierung der Vorschrift in Ehesachen (→ K Rn 266 ff) und in Kindschaftssachen (→ N
Rn 639 f).

c) Unvereinbare Entscheidungen oder Verfahren, Nr 3. Vgl dazu die Kommentierung **17**
der Vorschrift in Ehesachen (→ K Rn 277 ff) und in Kindschaftssachen (→ N Rn 641 ff). Auch
in Abstammungssachen kommt es darauf an, ob die **Rechtswirkungen** der inländischen und
der ausländischen Entscheidung mit einander unvereinbar sind; nicht entscheidend ist hingegen,
ob beide Entscheidungen auf der gleichen Tatsachengrundlage ergangen sind. Eine ausländische
Entscheidung, die ein Vaterschaftsanerkenntnis aufhebt, ist daher unvereinbar mit der früheren
deutschen Entscheidung, die aufgrund dieses Vaterschaftsanerkenntnisses die Vaterschaft festgestellt
hatte. Die ausländische Entscheidung kann in diesem Fall auch nicht als – grundsätzlich anerkennungsfähige – Abänderungsentscheidung gewertet werden (OLG Bremen FamRZ 17, 2042/
2043).

d) Verstoß gegen den ordre public, Nr 4. aa) Allgemeines. Für die Frage der Anerken- **18**
nung einer ausländischen Entscheidung ist auch in Abstammungssachen nicht auf den kollisionsrechtlichen *ordre public* nach Art 6 EGBGB abzustellen, den die deutschen Gerichte bei Anwendung ausländischen Rechts zu beachten haben, sondern auf den großzügigeren anerkennungsrechtlichen *ordre public* (sog *effet atténué*; vgl BGHZ 203, 350 Rn 28 = FamRZ 15, 240 m Anm
Helms und *Henrich* IPRax 15, 229 = DNotZ 15, 296 m Anm *Schall*; KG FamRZ 17, 1693/
1695m Anm *Coester-Waltjen*; OLG Düsseldorf FamRZ 15, 1638; P/H/*Hau* Rn 45; *Wagner* StAZ
12, 294/296). Mit diesem ist ein ausländisches Urteil nicht schon dann unvereinbar, wenn der
deutsche Richter – hätte er den Prozess entschieden – aufgrund zwingenden deutschen Rechts
zu einem anderen Ergebnis gekommen wäre (Verbot der *révision au fond*). Maßgeblich ist
vielmehr, ob das Ergebnis der Anwendung ausländischen Rechts im konkreten Fall zu den

1383

O 19–23   2. Teil. Anerkennung/Vollstreckung O. Abstammungssachen

Grundgedanken der deutschen Regelungen und den in ihnen enthaltenen Gerechtigkeitsvorstellungen in so starkem Widerspruch steht, dass es nach deutscher Vorstellung untragbar erscheint (BGH aaO; BGHZ 182, 188 Rn 25 = FamRZ 09, 1816; st Rspr; P/H/*Hau* Rn 61; vgl auch die Nachw → K Rn 283 ff und → N Rn 649 ff).

19   Das Recht der Entscheidungsanerkennung verfolgt als vornehmliches Ziel die Wahrung des internationalen Entscheidungseinklangs und – insbesondere in den Personenstand berührenden Fragen – die **Vermeidung hinkender Rechtsverhältnisse** (BGHZ 203, 350 Rn 29; P/H/*Hau* § 108 Rn 3). Aus diesem Grunde ist der Versagungsgrund nach § 109 Abs 1 Nr 4 in Abstammungssachen restriktiv auszulegen (BGH aaO; ferner BGHZ 189, 87 Rn 25 =FamRZ 11, 788; BGHZ 182, 188 Rn 14, 25 = FamRZ 09, 1816).

20   **bb) Vaterschaft.** Hat ein ausländisches Gericht jedoch in einem Statusverfahren die Vaterschaft ohne Einholung eines Sachverständigengutachtens und nur gestützt auf die Aussage einer Zeugin vom Hörensagen festgestellt, obwohl der Antragsgegner jeden Geschlechtsverkehr mit der Mutter geleugnet und angeboten hatte, an der Erstellung eines Vaterschaftsgutachtens mitzuwirken, so ist diesem Vaterschaftsurteil die Anerkennung und Vollstreckung in Deutschland wegen Verstoßes gegen den verfahrensrechtlichen *ordre public* zu versagen (BGHZ 182, 188 Rn 30 ff = FamRZ 09, 1816 m zust Anm *Henrich;* OLG Naumburg FamRZ 09, 636). Dies gilt jedoch nicht, wenn die Vaterschaftsfeststellung nur deshalb allein auf die Aussage der Mutter gestützt wurde, weil eine Begutachtung des mutmaßlichen Vaters nicht möglich war (BGH FamRZ 86, 665/667 und FamRZ 97, 490/491 f; OLG Hamm FamRZ 03, 1855), insbesondere weil dieser eine Blutuntersuchung zu Unrecht verweigert hat und aufgrund dieser Beweisvereitelung von der Fiktion ausgegangen wurde, dass keine Zweifel an seiner Vaterschaft bestehen (OLG Stuttgart FamRZ 12, 1510 Rn 12; OLG Dresden FamRZ 06, 563; P/H/*Hau* Rn 61; vgl Staud/*Henrich* Rn 123 mwN). Zu den Konsequenzen für die Verurteilung zur Zahlung von Kindesunterhalt → M Rn 170).

21   Werden im ausländischen Abstammungsverfahren Gutachten verwertet, denen das betroffene Kind nicht zugestimmt hatte, so führt das in Deutschland geltende Verbot der Einholung solcher „**heimlicher Gutachten**" (BGH FamRZ 05, 340; BVerfG FamRZ 07, 441) nicht zwangsläufig dazu, dass die ausländische Entscheidung gegen den inländischen *ordre public* iSv Nr 4 verstößt, sofern die biologische Abstammung mit ausreichender Sicherheit festgestellt wurde. Denn nach deutschem Recht können solche Gutachten auch außerhalb eines Gerichtsverfahrens in weitem Umfang nach § 1598a BGB erzwungen werden, so dass das *Ergebnis* der ausländischen Entscheidung auch bei Durchführung des Verfahrens im Inland hätte erreicht werden können (MüKoBGB/*Helms* Art 20 EGBGB Rn 19).

22   **cc) Leihmutterschaft.** Besonders umstritten ist in jüngerer Zeit die Frage, ob eine ausländische (Gerichts-)Entscheidung, die eine auf einer Leihmutterschaftsvereinbarung beruhende Elternschaft der Bestell- oder Wunscheltern begründet oder feststellt, mit dem deutschen *ordre public* vereinbar ist. Dies wird in Teilen der Rechtsprechung und Literatur verneint (vgl KG StAZ 13, 348 m krit Anm *Mayer* IPRax 14, 57; VG Berlin FamRZ 13, 738 [*Ukraine*]; *Benicke* StAZ 13, 101/109 ff; *Engel* ZEuP 14, 538/558; *Witzleb* FS *Martiny* [2014] 234 [für gleichgeschlechtliche Wunscheltern]; *Helms* StAZ 13, 114/115; *Looschelders* IPRax 99, 420/423). Hintergrund für diese Haltung ist die Regelung des deutschen Sachrechts, die eine solche Zuordnung des Kindes zur Wunschmutter verbietet. Denn Mutter ist nach § 1591 BGB nur die Frau, die das Kind geboren hat. Dies schließt die Mutterschaft einer anderen Frau selbst dann aus, wenn das Kind genetisch von dieser abstammt. Eine kraft Gesetzes erfolgende Zuordnung des Kindes zur Lebenspartnerin oder zum Lebenspartner eines Elternteils (Mutter oder Vater) ist im deutschen Recht bisher nicht vorgesehen; vgl BVerfG FamRZ 13, 521 und FamRZ 14, 97; zur Vereinbarkeit mit der EMRK s EGMR FamRZ 14, 97). Da das deutsche Recht auch eine Mutterschaftsanfechtung nicht kennt, kann das von einer Leihmutter geborene Kind der genetischen Mutter nur im Weg der Adoption rechtlich zugeordnet werden (vgl *Mayer* RabelsZ 78 [2014] 551/555; *Dethloff* JZ 14, 922/923 f; *Helms* StAZ 13, 114). Darüber hinaus stellt das deutsche Recht die medizinische Assistenz bei der Leihmutterschaft und deren Vermittlung sogar unter Strafe (vgl § 1 Abs 1 Nr 7 ESchG, § 14b Abs 1 und 2 AdVermiG). Diese ablehnende Haltung des deutschen Gesetzgebers gegenüber in- wie ausländischen Leihmutterschaften müsse auch in die *ordre public*-Prüfung nach § 109 Nr 4 FamFG einfließen (*Benicke* StAZ 13, 101/111; *Looschelders* IPRax 99, 420/423).

23   Demgegenüber gingen einige Instanzgerichte und die überwiegende Meinung im Schrifttum schon seit längerem von der grundsätzlichen Vereinbarkeit der Anerkennung ausländischer Ent-

1384

II. Autonomes Zivilverfahrensrecht: FamFG § 109   24–26 **O**

scheidungen, in denen ein Kind einem Wunschelternteil rechtlich zugeordnet wurde, mit dem deutschen *ordre public* aus (AG Neuss FamRZ 14, 1127 [*Kalifornien*]; AG Friedberg FamRZ 13, 1994/1995 f [*Ukraine*]; *Sturm* FS Kühne [2009] 919/931 f; *Dethloff* JZ 14, 922/926; *Mayer* RabelsZ 78 [2014] 551/570 ff; *dies* IPRax 14, 57/59; Staud/*Henrich* Art 19 EGBGB Rn 123; MüKoBGB/*Helms* Art 19 EGBGB Rn 58; im Erg auch *Heiderhoff* NJW 14, 2673/2674; vgl auch *Coester* FS *Jayme* [2004] 1243/1257 f; zum öst Recht VerfGH Wien StAZ 13, 62/66 [*Georgia*] m Anm *Bernat* RdM 12, 107 und *Lurger* IPRax 13, 282; zum schweizerischen Recht VG St Gallen 19.8.14 – B 2013/158 [*Kalifornien*], sowie *Büchler/Bertschi* FamPra.ch 13, 33/47 ff). Dieser Auffassung hat sich auch der **BGH** in einer Grundsatzentscheidung v 10.12.2014 (BGHZ 203, 350 Rn 25 f = NJW 15, 479 m Anm *Heiderhoff* = FamRZ 15, 240 m Anm *Helms;* vgl dazu auch Anm *Henrich* IPRax 15, 229; Anm *Schall* DNotZ 15, 296; Anm *Coester-Waltjen* FF 15, 198; Anm *Dethloff* JZ 16, 202) jedenfalls für den Fall angeschlossen, dass ein Elternteil mit dem Kind genetisch verwandt ist. Die deutschen Obergerichte sind dem seither überwiegend gefolgt (vgl OLG Düsseldorf FamRZ 15, 1638; OLG Celle FamRZ 17, 1496/1498 f; KG FamRZ 17, 1693/1695 f m Anm *Coester-Waltjen;* OVG Münster FamRZ 16, 2130 m Anm *Duden;* ferner AG Konstanz FamRZ 16, 248).

Zur Begründung hat der BGH zu Recht darauf hingewiesen, dass für die Anerkennung **24** entscheidend auf das Kindeswohl, mithin auf die **Grund- und Menschenrechte des Kindes** aus Art 2 Abs 1 iVm Art 6 Abs 2 GG und aus Art 8 Abs 1 EMRK abzustellen ist, welche auch ein Recht des Kindes auf rechtliche Zuordnung zu beiden Eltern gewährleisten (vgl EGMR 26.6.14, Nr 65192/11 – *Menesson*, Nr 96). Eine Zuordnung zur Leihmutter kann sich unter den Voraussetzungen des Art 19 Abs 1 S 1 EGBGB im Falle der Nichtanerkennung der Auslandsentscheidung aber nur aus dem deutschen Recht ergeben. Eine solche Zuordnung ist hingegen im Aufenthalts-/Heimatstaat der Leihmutter schon wegen der entgegenstehenden dortigen Gerichts- oder Behördenentscheidung, welche die Wunscheltern als rechtliche Eltern des Kindes festlegt, nicht maßgeblich. Daher wird die Leihmutter eine Elternstellung zu dem Kind tatsächlich nicht einnehmen und im Gegensatz zu den Wunscheltern weder die Fürsorge für das Kind noch dessen Erziehung übernehmen. Sie kann dem Kind auch weder ihre Staatsangehörigkeit noch ein Recht zur Einreise in den Aufenthaltsstaat der Wunscheltern vermitteln. Wird dem Kind vor diesem Hintergrund im Inland die Zuordnung zum zweiten Wunschelternteil versagt, so liegt darin ein Eingriff in sein Recht aus Art 8 EMRK, eine rechtliche Eltern-Kind-Verbindung begründen zu können (BGH aaO, Rn 56 unter Berufung auf EGMR 26.6.14, Nr 65192/11 – *Mennesson,* Nr 96).

Allein der Umstand, dass bereits ein Wunschelternteil aufgrund genetischer Abstammung als **25** rechtlicher Elternteil etabliert ist, wahrt dieses Recht noch nicht, weil das Kind dann abweichend von dem in Art 6 Abs 2 S 1 GG unterstellten Fall nicht zwei Eltern, sondern nur einen Elternteil hätte (vgl BVerfG FamRZ 13, 521 Rn 44). Im Gegensatz zu einer im Inland verbotenerweise durchgeführten Leihmutterschaft, für die das Gesetz dem Kind zwei vollwertige rechtliche Eltern zuordnen würde, erfüllt das hinkende Verwandtschaftsverhältnis zur Leihmutter, das in deren Heimatstaat nicht wirksam wird, die Anforderungen aus Art 2 Abs 1 iVm Art 6 Abs 2 GG und Art 8 Abs 1 EMRK nicht. Der nationale Gesetzgeber dürfte demnach jedenfalls gehindert sein, dem mit der Leihmutterschaftsvereinbarung erstrebten Eltern-Kind-Verhältnis zwischen Wunscheltern und Kind die Anerkennung allein aus der **generalpräventiven Erwägung** zu versagen, dass damit (weitere) „Umgehungen" des inländischen Verbots der Leihmutterschaft unterbunden werden sollen (BGH aaO, Rn 56; KG FamRZ 17, 1693/1695; vgl *Dethloff* JZ 14, 922/931). Nach der Geburt des Kindes muss vielmehr dessen Wohl im Mittelpunkt der Betrachtung stehen und Vorrang vor der Abschreckung künftiger Wunscheltern haben.

Die Beurteilung des **Kindeswohls** darf dann auch nicht mehr auf den Aspekt der psycho- **26** sozialen Beziehung zwischen Kind und Leihmutter verkürzt werden. Vielmehr ist zu berücksichtigen, dass das Kind auf die Umstände seiner Entstehung keinen Einfluss hat und dafür nicht verantwortlich gemacht werden kann (*Sturm* FS Kühne [2009] 919/931 f; *Dethloff* JZ 14, 922/931). Vor allem aber darf nicht außer Acht gelassen werden, dass die Wunscheltern – anders als die Leihmutter – die Elternstellung einnehmen und dem Kind die für seine gedeihliche Entwicklung nötige Zuwendung zuteilwerden lassen wollen (BGH aaO, Rn 56). Ist die rechtliche Zuordnung des Kindes zur Leihmutter daher durch die ausländische Entscheidung mit Wirkung für den Aufenthaltsstaat der Leihmutter definitiv beseitigt worden, so entspricht allein die Zuordnung des Kindes zu den Wunscheltern durch Anerkennung dieser Entscheidung dem Wohl des konkret betroffenen Kindes (MüKoBGB/*Helms* Art 19 EGBGB Rn 58).

1385

O 27–32   2. Teil. Anerkennung/Vollstreckung O. Abstammungssachen

27   **Rechte der Leihmutter** stehen einer Anerkennung jedenfalls dann nicht entgegen, wenn diese – wie im Regelfall – das Kind in Erfüllung des geschlossenen Leihmuttervertrages nach der Geburt **freiwillig** an die Wunscheltern herausgibt und diese Freiwilligkeit im Verfahren vor dem Ursprungsgericht noch einmal überprüft worden ist (vgl BGH aaO, Rn 48; OLG Celle FamRZ 17, 1496/11498; KG FamRZ 17, 1693/1695; OLG Düsseldorf FamRZ 15, 1638; *Heiderhoff* IPRax 12, 523/525 f; *Mayer* RabelsZ 78 [2014] 551/571 ff).

28   Der Umstand, dass die rechtliche Zuordnung des Kindes zu dem Wunschelternteil nach deutschem Recht auch durch eine nachträgliche **Stiefkindadoption** mit erneuter Kindeswohlprüfung nach §§ 1741 Abs 2 S 3, 1754 Abs 1, 1755 Abs 2 BGB erreicht werden könnte, führt zu keiner anderen Beurteilung. Denn wenn ein dem *ordre public* widersprechendes Ergebnis dadurch verhindert werden soll, dass ein weiteres Verfahren dieselben Rechtsfolgen herbeiführt wie die ausländische Entscheidung, kann deren *Ergebnis* von vornherein nicht mit wesentlichen Grundsätzen des deutschen Rechts unvereinbar sein (BGH aaO, Rn 58; OLG Celle FamRZ 17, 1496/1498 f; AG Konstanz FamRZ 16, 248). Außerdem steht einer Adoption, jedenfalls solange sich das Kind im Ausland gewöhnlich aufhält, die Tatsache entgegen, dass die Wunschmutter nach dortigem Recht bereits rechtliche Mutter des Kindes ist (MüKoBGB/*Helms* Art 19 EGBGB Rn 58).

29   Schließlich kann auch der Umstand, dass die Elternstellung durch die ausländische Entscheidung **gleichgeschlechtlichen Lebenspartnern** statt einem Ehepaar zugewiesen wird, für sich genommen keine Verletzung des *ordre public* zur Folge haben. Vielmehr ist davon auszugehen, dass die Verhältnisse einer eingetragenen Lebenspartnerschaft das Aufwachsen von Kindern ebenso fördern können wie die einer Ehe (vgl zur Sukzessivadoption BVerfG FamRZ 13, 521 Rn 80; **aA** *Witzleb* FS Martiny [2014] 203/234). Dass verschiedengeschlechtliche Wunscheltern in vollem Umfang genetische Eltern des Kindes sein können, kann zwar eine engere Verbindung zu dem Kind begründen, schließt indessen eine sozial gleichwertige Elternschaft von Lebenspartnern nicht aus, wenn die Elternschaft auf Dauer angelegt und rechtlich etabliert ist (BGH aaO, Rn 43; OLG Düsseldorf FamRZ 15, 1638).

30   Abschließend ist allerdings darauf hinzuweisen, dass die Diskussion um die Vereinbarkeit einer Anerkennung ausländischer Entscheidungen, mit denen das von einer Leihmutter geborene Kind rechtlich den Wunscheltern zugeordnet worden ist, mit dem nationalen *ordre public* auch nach der Grundsatzentscheidung des BGH vom Dezember 2014 weitergeht. So hat das *schweizerische* Bundesgericht in einer ausführlich begründeten Entscheidung vom 21.5.2015 (IPRax 16, 167 ff m zust Anm *Thomale* 177) in einem weithin gleichgelagerten Sachverhalt die Eintragung des Lebenspartners des genetischen Vaters eines in Kalifornien von einer Leihmutter geborenen Kindes als Elternteil im schweizerischen Personenstandsregister abgelehnt, weil das kalifornische Urteil, das diese Vaterschaft festgestellt habe, wegen der Umgehung des schweizerischen Verbots der Leihmutterschaft gegen den schweizerischen *ordre public* verstoße. Auch der EGMR hat im Fall *Paradiso et Campanelli v Italy* (Nr 25358/12, IPRax 17, 631 [LS] m ausf Anm *Thomale* 583) in der Durchsetzung des Verbots der Leihmutterschaft durch die italienischen Behörden und der hierauf gestützten Wegnahme des Kindes einen durch überwiegende öffentliche Interessen gerechtfertigten Eingriff in das Privatleben der Wunscheltern iSv Art 8 EMRK gesehen, wenn das Kind von keinem der Wunscheltern abstamme. Im Lichte dieser Entscheidung hat schließlich zuletzt auch das OLG Braunschweig das bewusste Ausnutzen der Leihmutterschaft zum Austragen von Embryonen nach ausländischem Recht unter Umgehung der Verbotstatbestände des deutschen Embryonenschutzgesetzes als hinreichenden Grund dafür angesehen, den Wunscheltern die Zuerkennung des Elternstatus nach deutschem Recht zu verweigern (OLG Braunschweig FamRZ 17, 972 m Anm *Hösel*).

31   **e) Kein Erfordernis der Gegenseitigkeit, Abs 4.** Die Verbürgung der Gegenseitigkeit ist kein generelles Anerkennungshindernis in Familiensachen, sondern nur bei der Anerkennung von Entscheidungen zu prüfen, die einen der in Abs 4 aufgezählten Verfahrensgegenstände betreffen. Danach muss die Gegenseitigkeit insbesondere für die Anerkennung von Entscheidungen in Familienstreitsachen verbürgt sein. Zu diesen zählen gemäß § 112 jedoch Abstammungssachen nicht (vgl ThP/*Hüßtege* vor § 211 Rn 2).

32   **f) Verbot der *révision au fond*, Abs 5.** Eine Überprüfung der Entscheidung in der Sache ist auch in Bezug auf Entscheidungen in Abstammungssachen ausgeschlossen.

II. Autonomes Zivilverfahrensrecht: § 110   33 **O**

§ 110. Vollstreckbarkeit ausländischer Entscheidungen

(1) **Eine ausländische Entscheidung ist nicht vollstreckbar, wenn sie nicht anzuerkennen ist.**

(2) **[1] Soweit die ausländische Entscheidung eine in § 95 Abs. 1 genannte Verpflichtung zum Inhalt hat, ist die Vollstreckbarkeit durch Beschluss auszusprechen. [2] Der Beschluss ist zu begründen.**

(3) **[1] Zuständig für den Beschluss nach Absatz 2 ist das Amtsgericht, bei dem der Schuldner seinen allgemeinen Gerichtsstand hat, und sonst das Amtsgericht, bei dem nach § 23 der Zivilprozessordnung gegen den Schuldner Klage erhoben werden kann. [2] Der Beschluss ist erst zu erlassen, wenn die Entscheidung des ausländischen Gerichts nach dem für dieses Gericht geltenden Recht die Rechtskraft erlangt hat.**

Das FamFG sieht ein *förmliches* Verfahren zur Vollstreckbarerklärung ausländischer Entschei- **33** dungen auf dem Gebiet der **freiwilligen Gerichtsbarkeit** – und damit auch in Abstammungssachen – nicht vor. Ein solches Verfahren, in dem durch Beschluss über die Vollstreckbarkeit entschieden wird, ist vielmehr nach Abs 2 und 3 auf ausländische Entscheidungen beschränkt, die gem § 95 Abs 1 nach der ZPO zu vollstrecken sind. Demgegenüber erfolgt die auch für die Inlandsvollstreckung von Entscheidungen der freiwilligen Gerichtsbarkeit nach Abs 1 erforderliche Prüfung von deren Anerkennungsfähigkeit nach §§ 108, 109 als Vorfrage inzident im deutschen Vollstreckungsverfahren nach §§ 88 ff FamFG (Bamberger/Roth/*Althammer* Rn 2; Mu/*Borth/Grandel* Rn 2; NK-BGB/*Benicke* Art 21 EGBGB Rn 91 f; abw MüKoFamFG/*Rauscher* Rn 8: Erfordernis einer Vollstreckbarerklärung als Zwischenentscheid).

1387

P. Adoptionssachen

Übersicht

	Rn.
I. Einführung	1
1. EU-Recht	1
2. Staatsverträge	2
3. Autonomes Zivilverfahrensrecht	3
II. Staatsverträge	5
HAdoptÜ (Text-Nr 800)	5
Vorbemerkung	5
Kap. I: Anwendungsbereich (Art 1–3)	22
Kapitel V: Anerkennung und Wirkungen der Adoption (Art 23–27)	28
Kap. VI: Allgemeine Bestimmungen (Art 28–42)	49
Kap. VII: Schlussbestimmungen (Art 43–48)	57
III. Autonomes Zivilverfahrensrecht	58
1. AdÜbAG (Text-Nr 810)	58
§§ 8–9, 11	
2. AdWirkG (Text-Nr 820)	59
§§ 1–5	
3. FamFG (Text-Nr 830)	96
Buch 1. Abschnitt 9: Verfahren mit Auslandsbezug (§§ 97, 106, 108–109)	96

Der Abschnitt P beschränkt sich auf die Darstellung der **Anerkennung und Vollstreckung** ausländischer Entscheidungen in Adoptionssachen. Zur Behandlung von Adoptionssachen im **Erkenntnisverfahren (**internationale Zuständigkeit, anwendbares Recht) siehe den **Abschnitt H.** Die internationale **Behördenzusammenarbeit** in Adoptionssachen wird im **Abschnitt V** erläutert.

I. Einführung

Schrifttum: *Baumann*, Verfahren und anwendbares Recht bei Adoptionen mit Auslandsberührung (1992); *Benicke*, Ordre-public-Verstoß ausländischer Adoptionsentscheidungen bei ungenügender Prüfung des Kindeswohls, FS v Hoffmann (2011) 545; *Beyer*, Zur Frage der ordre public-Widrigkeit ausländischer Adoptionsentscheidungen wegen unzureichender Elterneignungs- und Kindeswohlprüfung, JAmt 06, 329; *Botthoff*, Der Schutz des Familienlebens nach Art 8 EMRK und sein Einfluss auf die Anerkennung ausländischer Adoptionsentscheidungen, StAZ 13, 77; *ders*, Rückgriff auf nationales Anerkennungsrecht bei Verstoß gegen das Haager Adoptionsübereinkommen, StAZ 14, 74; *Emmerling de Oliveira*, Adoptionen mit Auslandsberührung, MittBayNot 10, 429; *Frank*, Neuregelungen auf dem Gebiet des internationalen Adoptionsrechts unter besonderer Berücksichtigung der Anerkennung von Auslandsadoptionen, StAZ 03, 257; *Frank*, Neuregelungen auf dem Gebiet des internationalen Adoptionsrechts unter besonderer Berücksichtigung der Anerkennung von Auslandsadoptionen, StAZ 03, 257; *Fuchs*, Auslandsadoption und Fachlichkeitsgrundsatz, IPRax 06, 316; *Geimer*, Der ordre public atténué de la reconnaissance im Adoptionsrecht, IPRax 17, 497; *Griep*, Anerkennung von Auslandsadoptionen (1989); *Henrich*, Wirksamkeit einer Auslandsadoption und Rechtsfolgen für die Staatsangehörigkeit, IPRax 08, 237; *Hepting*, Anerkennung und Substitution schwacher Auslandsadoptionen, StAZ 86, 305; *Klinkhardt*, Wege zu einem neuen Umgang mit ausländischen Adoptionen, FS Sonnenberger (2004) 443; *Majer*, Die Anerkennung ausländischer Adoptionsentscheidungen, NZFam 15, 1138; *Reinhardt*, Die Praxis der Anerkennung ausländischer Adoptionsentscheidungen aus der Sicht der Adoptionsvermittlung, JAmt 06, 325; *Schlauss*, Die Anerkennung von Auslandsadoptionen in der vormundschaftsgerichtlichen Praxis, FamRZ 07, 1699; *Staudinger*, Der ordre public-Vorbehalt bei der Anerkennung ausländischer Adoptionen, FamRBint 07, 42; *Süß*, Ratifikation der Haager Adoptionskonvention – Folgen für die notarielle Praxis, MittBayNot 08, 183; *Tuo*, Riconoscimento degli effetti delle adozioni straniere e rispetto delle diversità culturali, Riv dir int priv proc 14, 43; *Weitzel*, Anerkennung einer Auslandsadoption nach deutschem Recht trotz schwerwiegender Mängel der ausländischen Entscheidung?, JAmt 06, 333; *ders*, Zur Anerkennung ausländischer Adoptionsentscheidungen, IPRax 07, 308; *Winkelsträter*, Anerkennung und Durchführung internationaler Adoptionen in Deutschland (2007); *Zimmermann*, Das Adoptionsverfahren mit Auslandsberührung, NZFam 16, 150 und 249.

1389

P 1–5   2. Teil. Anerkennung/Vollstreckung P. Adoptionssachen

1. EU-Recht

1   Auf dem Gebiet des internationalen Adoptionsrechts ist der europäische Gesetzgeber bisher nicht tätig geworden. Dies gilt auch für die Anerkennung und die Wirkungen von im Ausland durchgeführten Adoptionen. Diese sind durch EU-Recht auch dann nicht geregelt, wenn nur das Verhältnis von EU-Mitgliedstaaten betroffen ist.

2. Staatsverträge

2   Demgegenüber spielen Staatsverträge auf dem Gebiet der Anerkennung von Auslandsadoptionen eine bedeutsame Rolle. Dies gilt insbesondere für das Haager Übk über den Schutz von Kindern und die Zusammenarbeit auf dem Gebiet der internationalen Adoption v 29.3.1993 (**HAdoptÜ**), das aus deutscher Sicht inzwischen im Verhältnis zu 92 anderen Staaten anwendbar ist und die Anerkennung von Adoptionen, die in seinen Anwendungsbereich fallen, im Kapitel III (Art 23–27; → Rn 5 ff) regelt. Handelt es sich daher um eine grenzüberschreitende Adoption iSv Art 2 HAdoptÜ, so ergibt sich der Prüfungsmaßstab primär aus den Art 23, 24 HAdoptÜ (→ Rn 28 ff); zur Anwendung der §§ 108, 109 FamFG neben dem Übk → Rn 98 ff.

3. Autonomes Zivilverfahrensrecht

3   Demgegenüber sind Adoptionen, die nicht vom HAdoptÜ erfasst werden, nach Maßgabe des autonomen Kollisions- und Verfahrensrechts anzuerkennen. In diesem Fall kommt es also darauf an, ob es um die Anerkennung einer ausländischen *Dekretadoption* (verfahrensrechtliche Anerkennung nach §§ 108, 109 FamFG; → Rn 97 ff) oder um die Prüfung des wirksamen Zustandekommens eines Adoptionsvertrages nach ausländischem Recht (kollisionsrechtliche Anerkennung nach Art 22 EGBGB) geht.

4   Ausländische Adoptionen können im Inland nur Wirkungen hervorbringen, wenn sie anerkannt sind. Die Anerkennung erfolgt dabei grundsätzlich *ipso iure*. Über sie entscheidet jedes deutsche Gericht und jede Behörde *incidenter* in dem Verfahren, in dem es auf die Wirksamkeit der ausländischen Adoption ankommt. Das deutsche Recht macht die Anerkennung von ausländischen Adoptionsentscheidungen daher – anders als zB die Anerkennung von Entscheidungen in Ehesachen (außerhalb des Anwendungsbereichs der EuEheVO) in § 107 FamFG – nicht von einer allgemeinverbindlichen Feststellungsentscheidung abhängig. Lediglich *fakultativ* besteht für die Beteiligten die Möglichkeit, eine bindende Entscheidung über die Anerkennung einer ausländischen Adoption und deren Wirkungen nach § 2 AdWirkG herbeizuführen (→ Rn 65 ff).

II. Staatsverträge

800. Haager Übereinkommen über den Schutz von Kindern und die Zusammenarbeit auf dem Gebiet der internationalen Adoption (HAdoptÜ)

Vom 29. Mai 1993 (BGBl 2001 II, 1035)

Schrifttum: *Weitzel,* Das Haager Adoptionsübereinkommen vom 29.5.1993, NJW 08, 186.

Vorbemerkung

5   Das Haager Übk über den Schutz von Kindern und die Zusammenarbeit auf dem Gebiet der internationalen Adoption (HAdoptÜ) vom 29.5.1993 (BGBl 01 II, 1035) regelt die **Zusammenarbeit der Behörden und Gerichte** bei internationalen Adoptionen mit dem Ziel, das Wohl des Kindes und seine völkerrechtlich anerkannten Grundrechte zu wahren, sowie die **Anerkennung von im Ausland durchgeführten Adoptionen** zu gewährleisten Das Übereinkommen enthält zwar **keine Kollisionsnormen**. Es ist jedoch nicht nur auf die Anerkennung von Auslandsadoptionen anwendbar (dazu näher → Rn 65 ff), sondern kann auch für im Inland durchzuführende grenzüberschreitende Adoptionen Bedeutung erlangen (dazu → V Rn 4 ff).

1390

II. Staatsverträge   **6–8 P**

1. Vertragsstaaten

Das Übk ist für die *Bundesrepublik Deutschland* am 1.3.2002 im Verhältnis zu *Albanien, Andorra,* **6** *Australien, Brasilien, Burkina Faso, Burundi, Chile, Costa Rica, Dänemark, Ecuador, El Salvador, Finnland, Frankreich, Georgien, Island, Israel, Italien, Kanada, Kolumbien, Litauen, Mauritius, Mexiko,* der *Republik Moldau, Monaco,* der *Mongolei, Neuseeland,* der *Niederlande, Norwegen, Österreich, Panama, Paraguay, Peru,* den *Philippinen, Polen, Rumänien, Schweden,* der *Slowakei, Spanien, Sri Lanka,* der *Tschechischen Republik, Venezuela* und *Zypern* in Kraft getreten (BGBl 02 II, 2872).

Es gilt heute ferner im Verhältnis zu *Armenien* (seit 29.1.2009, BGBl II, 395), *Aserbaidschan* (seit 1.10.2004, BGBl 05 II, 572), *Belarus* (seit 1.11.2003, BGBl 04 II, 122), *Belgien* (seit 1.9.2005) und *Belize* (seit 1.4.2006, jeweils BGBl 08 II, 86), *Bolivien* (seit 1.7.2002) und *Bulgarien* (seit 1.9.2002, jeweils BGBl II, 2872), *Cabo Verde* (seit 1.1.2010, BGBl II, 810), *China* (seit 1.1.2006, BGBl 08 II, 86), *Côte d'Ivoire* (seit 1.10.2015, BGBl 16 II, 1007), *Dänemark/Grönland* (seit 1.5.2010, BGBl II, 810), der *Dominikanischen Republik* (seit 1.8.2008, BGBl 09 II, 395), *Estland* (seit 1.6.2002, BGBl 05 II, 572), *Fidschi* (seit 1.8.2012, BGBl 13 II, 159), *Ghana* (seit 1.1.2017, BGBl II, 557), *Griechenland* (seit 1.1.2010, BGBl II, 810), *Haiti* (seit 1.4.2014, BGBl II, 103), *Indien* (seit 1.10.2003, BGBl 04 II, 122), *Irland* (seit 1.11.2010, BGBl 11 II, 722), *Kasachstan* (seit 1.11.2010, BGBl 11 II, 722), *Kenia* (seit 1.6.2007, BGBl 08 II, 949), *Kirgisistan* (seit 1.11.2016, BGBl II, 557), *Kroatien* (seit 1.4.2014, BGBl II, 527), *Kuba* (seit 1.6.2007, BGBl 08 II, 949), *Lettland* (seit 1.12.2002, BGBl II, 2872), *Liechtenstein* (seit 1.5.2009, BGBl 10 II, 810), *Luxemburg* (seit 1.11.2002, BGBl II, 2872), *Madagaskar* (seit 1.9.2004, BGBl 08 II, 949), *Mali* (seit 11.2.2008, BGBl II, 949), *Malta* (seit 1.2.2005, BGBl II, 701), *Mazedonien* (seit 1.4.2009, BGBl. 10 II, 810), *Montenegro* (seit 1.7.2012, BGBl II, 1360), *Namibia* (seit 1.1.2016, BGBl II, 1007), *Niederlande, karibischer Teil* (seit 1.2.2011, BGBl 12 II, 130), *Portugal* (seit 1.7.2004, BGBl II, 1131), *Sambia* (seit 1.10.2015, BGBl 16 II, 1007), *San Marino* (seit 1.2.2005, BGBl II, 791), der *Schweiz* (seit 1.1.2003, BGBl II, 260), *Senegal* (seit 1.12.2011, BGBl II, 583), *Serbien* (seit 1.4.2014, BGBl II, 527), den *Seychellen* (seit 1.10.2008, BGBl 09 II, 395), *Slowenien* (seit 1.5.2002, BGBl II, 2872), *Südafrika* (seit 1.12.2003, BGBl 04 II, 660), *Swasiland* (seit 1.7.2013, BGBl II, 1529), *Thailand* (seit 1.8.2004, BGBl 05 II, 572), *Togo* (seit 1.2.2010, BGBl 11 II, 722), der *Türkei* (seit 1.9.2004, BGBl 05 II, 572), *Ungarn* (seit 1.8.2005, BGBl 08 II, 86), *Uruguay* (seit 1.4.2004, BGBl 08 II, 949), dem *Vereinigten Königreich* (seit 1.6.2003, BGBl II, 1544), den *Vereinigten Staaten* (seit 1.4.2008, BGBl II, 949) und *Vietnam* (seit 1.2.2012, BGBl II, 130).

Die *Bundesrepublik Deutschland* hat gegen den Beitritt von *Guatemala* (am 1.3.2003), *Guinea* (am 1.6.2004) und *Kambodscha* (am 1.8.2007) nach Art 44 Abs 3 des Übk Einspruch eingelegt; das Übk gilt daher im Verhältnis zu diesen Staaten nicht (vgl Bek v 7.4.2005, BGBl II, 572, 574; v 13.12.2007, BGBl II, 86, 96; v 8.8.2008, BGBl II, 949, 954). Gleiches gilt für den Beitritt von *Ruanda* (am 1.7.2012; vgl Bek v. 25.10.2012, BGBl II, 1360) und *Lesotho* (am 1.12.2012, vgl Bek v 29.5.2013, BGBl II, 526).

2. Anwendungsbereich

a) Sachlicher Anwendungsbereich. Das Übereinkommen gilt in *sachlicher* Hinsicht nur für **7** Adoptionen, die ein **dauerhaftes Eltern-Kind-Verhältnis** begründen, Art 2 Abs 2. Es erfasst sowohl Adoptionen, die das Kind in vollem Umfang einem leiblichen Kind des Annehmenden und seiner Familie gleichstellen und die rechtlichen Beziehungen zwischen dem Kind und den leiblichen Eltern erlöschen lassen (**„starke" oder Volladoption**), als auch Adoptionen, die nur begrenzte Rechtsbeziehungen zwischen dem Kind und dem Annehmenden begründen und die Rechtsbeziehungen zu den leiblichen Eltern im Wesentlichen bestehen lassen (**„schwache"** **Adoption**; BT-Drs 14/76011, 27; *Frank* StAZ 03, 257/258; H/O/*Hausmann* § 14 Rn 2) und erstreckt sich auch auf Fälle der Verwandten- und Stiefkindadoption (Bericht *Parra-Aranguren,* BT-Drs 14/5437, 38 Rn 92; OLG Karlsruhe FamRZ 15,1642/1643; OLG Dresden FamRZ 14, 1129; *Süß* MittBayNot 02, 88/89, Beispielsfall 2; *Andrae,* IntFamR § 7 Rn 3). Die *Kafala* des islamischen Rechts, die Pflegekindschaft und die Vormundschaft sind hingegen keine „Adoptionen" iS des Übereinkommens; sie fallen vielmehr als Schutzmaßnahmen in den Anwendungsbereich des KSÜ (vgl Art 3 lit c und lit e KSÜ; dazu *Andrae,* IntFamR § 7 Rn 3; NK-BGB/ *Benicke* Art 22 EGBGB Rn 3 f).

b) Räumlicher Anwendungsbereich. In *räumlicher* Hinsicht ist das Übk nach seinem Art 2 **8** Abs 1 anzuwenden, wenn ein Kind, das seinen gewöhnlichen Aufenthalt in einem Vertragsstaat

1391

P 9–14   2. Teil. Anerkennung/Vollstreckung P. Adoptionssachen

(„*Heimatstaat*") hat, im Zusammenhang mit einer Adoption in einen anderen Vertragsstaat („*Aufnahmestaat*" gebracht worden ist oder gebracht werden soll, in dem die Adoptiveltern ihren gewöhnlichen Aufenthalt haben. Das Übk regelt daher nur **grenzüberschreitende Adoptionen**, und zwar auch nur solche, bei denen aus Anlass oder als Folge der Adoption ein **Aufenthaltswechsel des Kindes** von einem Vertragsstaat in das Gebiet eines anderen Vertragsstaates stattfindet (OLG Karlsruhe FamRZ 15, 1642/1643).

9   Das Übk findet daher **keine Anwendung**, wenn

- das Kind seinen gewöhnlichen Aufenthalt nicht in einem Vertragsstaat (sondern in einem Drittstaat) hat;
- das Kind sich zwar in einem Vertragsstaat gewöhnlich aufhält, aber zum Zwecke der Adoption nicht in einen anderen Vertragsstaat gebracht worden ist oder gebracht werden soll;
- das Kind und der Annehmende (bzw die Annehmenden) ihren gewöhnlichen Aufenthalt in demselben Staat haben, auch wenn dies ein Vertragsstaat ist.

(Vgl BGH FamRZ 15, 1479 Rn 30 m Anm *Heiderhoff*; OLG Frankfurt FamRZ 14, 1572; OLG Schleswig NJOZ 14, 1298; OLG Celle FamRZ 14, 1131; *Frank* StAZ 03, 257/258; *Süß* MittBayNot 02, 88/89; *Kropholler*, IPR § 49 II 2a; Staud/*Henrich* Vorbem Art 22 EGBGB Rn 12, 19).

10   Das Übk greift daher typischerweise ein, wenn deutsche Adoptiveltern ein Kind aus einem Staat der dritten Welt adoptieren möchten, sofern der Heimatstaat des Kindes ein Vertragsstaat ist (vgl OLG Stuttgart FamRZ 18, 362/363 [*Thailand*]). Demgegenüber kommt es auf die **Staatsangehörigkeit** der Beteiligten nicht an. Das Übk ist deshalb auch dann anzuwenden; wenn alle Beteiligten die gleiche Staatsangehörigkeit haben, also zB deutsche Ehegatten ein in Frankreich lebendes deutsches Kind annehmen möchten (*Süß* MittBayNot 02, 88/89, Beispielsfall 4; *Lange* FPR 01, 327/329; Staud/*Henrich* Vorbem Art 22 EGBGB Rn 19; H/O/*Hausmann* § 14 Rn 4). Die Anwendung des Übk hängt auch nicht davon ab, ob das Adoptionsverfahren im Heimatstaat oder im Aufnahmestaat durchgeführt wird (*Rudolf* ZfRV 01, 183/184; *Kropholler*, IPR § 49 II 2a).

11   **c) Persönlicher Anwendungsbereich.** In *persönlicher* Hinsicht gilt das Übk auf Seiten der Annehmenden nach seinem Art 2 Abs 1 nur für Adoptionen durch **Ehegatten oder Einzelpersonen**. Demgegenüber war die Adoption durch registrierte gleichgeschlechtliche Lebenspartner oder durch unverheiratete heterosexuelle Paare bei den Beratungen des Übk auf Bedenken gestoßen (Bericht *Parra-Aranguren*, BT-Drs 14/5437, 37 Rn 82 ff). Aus dem Wortlaut des Art 2 Abs 1 wird heute überwiegend entnommen, dass das Übk zwar die gemeinsame Adoption durch gleichgeschlechtliche eingetragene Lebenspartner (zB nach 22 Abs 1 S 3 EGBGB; → H Rn 28 ff) nicht erfasst, wohl aber die Stiefkindadoption durch einen hetero- oder homosexuellen eingetragenen Lebenspartner (*Bogdan* IPRax 02, 534/535; *Brandt* 188 f, 192 f), sowie die gemeinsame Adoption durch heterosexuelle eingetragene oder faktische Lebenspartner (so *Brandt* 190, 196).

12   Auf Seiten des Adoptivkindes ist die **Altersgrenze des Art 3** zu beachten; danach ist das Übk nicht mehr anwendbar, wenn die nach Art 17 lit c erforderlichen Zustimmungen nicht erteilt wurden, bevor das Kind das 18. Lebensjahr vollendet hat (*Frank* StAZ 03, 257/259 f; Staud/ *Henrich* Vorbem Art 22 EGBGB Rn 23 f).

13   **d) Zeitlicher Anwendungsbereich.** In zeitlicher Hinsicht setzt die Anwendung des Übk voraus, dass sowohl der Aufnahmestaat wie der Heimatstaat (zu den Begriffen Art 2, → Rn 23 ff) im Zeitpunkt der Adoption Vertragsstaaten sind und die künftigen Adoptiveltern sich zur Durchführung der Adoption nach Art 14 an die Zentrale Behörde ihres Aufenthaltslandes gewandt haben (Art 41).

3. Ziele und Inhalt

14   Die wesentlichen Ziele des Übk sind nach seinem Art 1:

- **Schutzvorschriften** einzuführen, damit internationale Adoptionen **zum Wohl des Kindes** und unter Wahrung seiner völkerrechtlich anerkannten Grundrechte stattfinden;
- ein System der **Zusammenarbeit unter den Vertragsstaaten** einzurichten, um die Erhaltung dieser Schutzvorschriften sicherzustellen und dadurch die Entführung und den Verkauf von Kindern sowie den Handel mit Kindern zu verhindern;
- in den Vertragsstaaten die Anerkennung der gemäß dem Übk zustande gekommenen **Adoptionen zu sichern.**

1392

II. Staatsverträge

15–21 P

Zur Verwirklichung dieser Ziele regelt das Übk vor allem   **15**

- die **Adoptionsvermittlung über die Grenze** mit dem Ziel, ein bestimmtes Kind bestimmten Adoptionsbewerbern zuzuordnen. Hierfür sieht das Übk in Art 14 ff ein zwingendes Vorverfahren vor, das dazu dient, das Wohl des Kindes und die Rechte der leiblichen Eltern zu sichern und den Kinderhandel bei grenzüberschreitenden Adoptionen zu unterbinden (näher → V Rn 12; vgl dazu *Steiger* DNotZ 02, 184/189 ff; *Bornhofen* StAZ 02, 1/3 ff; *Lange* FPR 01, 327/329 ff; *Andrae*, IntFamR § 7 Rn 10 ff).
- die Aufstellung von **sachlichen Mindestvoraussetzungen** für grenzüberschreitende Adoptionen, deren Einhaltung durch das Vorverfahren gesichert werden soll, vgl Art 4 und 5 (näher → V Rn 23 ff).
- die **Einrichtung Zentraler Behörden** in den Vertragsstaaten, welche die ihnen nach Art 7 ff obliegenden Aufgaben wahrnehmen. Diese umfassen allgemeine Maßnahmen (zB Auskünfte über das Adoptionsrecht ihres Staates, Art. 7 Abs. 2 lit. a), aber auch konkrete Unterstützungsmaßnahmen für die Adoption eines bestimmten Kindes (vgl Art 9).
- die **Voraussetzungen und Wirkungen der Anerkennung** einer Adoption in den anderen Vertragsstaaten (Art 23 ff; → Rn 28 ff).

Das HAdoptÜ regelt hingegen **nicht:**   **16**

- die **internationale Zuständigkeit** für Adoptionsverfahren;
- die Bestimmung des auf die Adoption **anzuwendenden Rechts**;
- das **Sach- und Verfahrensrecht** zur Durchführung von Adoptionen, vorbehaltlich der Mindestvoraussetzungen nach Art 4 f.

4. Auslegung

Authentisch sind gleichberechtigt der englische und der französische Text: http://www. **17** hcch.net (Nr 33).

5. Umsetzung durch ergänzendes nationales Recht

Im Zuge der Umsetzung des HAdoptÜ durch das am 1.1.2002 in Kraft getretene „Gesetz zur **18** Regelung von Rechtsfragen auf dem Gebiet der internationalen Adoption und zur Weiterentwicklung des Adoptionsvermittlungsrechts" vom 5.11.2001 (BGBl 01 I, 2950) wurde das deutsche Recht durch folgende für die Gestaltungspraxis wichtigen Gesetze ergänzt:

a) Adoptionsübereinkommens-Ausführungsgesetz (AdÜbAG). Dieses Gesetz (BGBl 01 **19** I, 2950) gilt ausschließlich für Adoptionen, die in den Anwendungsbereich des HAdoptÜ fallen. Es regelt hierfür

- die Zuständigkeit und das Verfahren der nach Art 6 HAdoptÜ einzurichtenden Zentralen Behörden (§§ 1–3; → V Rn 46);
- das innerstaatliche Verfahren für die internationale Adoptionsvermittlung im Verhältnis zu anderen Vertragsstaaten (§§ 4–7; → V Rn 46);
- die Ausstellung von Bescheinigungen über das Zustandekommen oder die Umwandlung eines Annahmeverhältnisses (§§ 8–9; → Rn 58).

b) Adoptionswirkungsgesetz (AdWirkG). Dieses Gesetz (BGBl 01 I, 2950) gilt für alle **20** Adoptionen, die – im In- oder Ausland – **nach ausländischem Recht** erfolgt sind oder die auf einer ausländischen Entscheidung beruhen (§ 1 AdWirkG). Dies können sowohl Adoptionen sein, die in den Anwendungsbereich des HAdoptÜ fallen, als auch Adoptionen, auf die dies nicht zutrifft, weil zB sämtliche Beteiligte sich in dem gleichen Staat gewöhnlich aufgehalten haben. Durch das Gesetz ist in Deutschland ein eigenes familiengerichtliches Verfahren zur Anerkennung ausländischer Adoptionen und zur Feststellung ihrer Wirkungen sowie zur Umwandlung einer schwachen Auslandsadoption in eine deutsche Volladoption eingeführt worden (§§ 2 ff AdWirkG; dazu näher → Rn 65 ff).

c) Adoptionsvermittlungsgesetz. Schließlich wurde in das Adoptionsvermittlungsgesetz **21** ein neuer § 2a (BGBl 02 I, 355) über die internationale Adoptionsvermittlung eingefügt, der im Anwendungsbereich des HAdoptÜ neben die Vorschriften des AdÜbAG tritt (→ V Rn 47).

1393

P 23–25   2. Teil. Anerkennung/Vollstreckung P. Adoptionssachen

Kapitel I. Anwendungsbereich des Übereinkommens

HAdoptÜ Art 1. [Ziel des Übereinkommens]

Ziel dieses Übereinkommens ist es,

a) **Schutzvorschriften einzuführen, damit internationale Adoptionen zum Wohl des Kindes und unter Wahrung seiner völkerrechtlich anerkannten Grundrechte stattfinden;**

b) **ein System der Zusammenarbeit unter den Vertragsstaaten einzurichten, um die Einhaltung dieser Schutzvorschriften sicherzustellen und dadurch die Entführung und den Verkauf von Kindern sowie den Handel mit Kindern zu verhindern;**

c) **in den Vertragsstaaten die Anerkennung der gemäß dem Übereinkommen zustande gekommenen Adoptionen zu sichern.**

22   Zu den drei in Art 1 genannten Hauptzielen des Übk gehört die Sicherung der Anerkennung von in anderen Vertragsstaaten durchgeführten Adoptionen. Zugleich nennt lit c aber eine wesentliche Einschränkung für die Anwendbarkeit des Anerkennungsregimes nach Art 23 ff des Übk, wenn er klarstellt, dass dieses Regime nur für „gemäß dem Übereinkommen zustande gekommenen Adoptionen" gilt. Damit ist insbesondere die Einhaltung der Schutzvorschriften nach Art 3, 4 und Art 14–22 in dem dort geregelten Vorverfahren notwendige Voraussetzung für die Anerkennung einer Adoption nach dem Übk.

HAdoptÜ Art 2. [Anwendungsbereich]

(1) **Das Übereinkommen ist anzuwenden, wenn ein Kind mit gewöhnlichem Aufenthalt in einem Vertragsstaat („Heimatstaat") in einen anderen Vertragsstaat („Aufnahmestaat") gebracht worden ist, wird oder werden soll, entweder nach seiner Adoption im Heimatstaat durch Ehegatten oder eine Person mit gewöhnlichem Aufenthalt im Aufnahmestaat oder im Hinblick auf eine solche Adoption im Aufnahme- oder Heimatstaat.**

(2) **Das Übereinkommen betrifft nur Adoptionen, die ein dauerhaftes Eltern-Kind-Verhältnis begründen.**

1. Räumlicher-persönlicher Anwendungsbereich, Abs 1

23   In *räumlicher* Hinsicht ist das Übk – wie gezeigt (→ Rn 8 ff) – nur auf die Adoption von Kindern anwendbar, die ihren gewöhnlichen Aufenthalt in einem Vertragsstaat („Heimatstaat") haben. Ferner müssen die Annehmenden ihren gewöhnlichen Aufenthalt in einem anderen Vertragsstaat („Aufnahmestaat") haben. Schließlich muss eine grenzüberschreitende Adoption vorliegen, dh das Kind muss entweder bereits aus seinem Heimatstaat in den Aufnahmestaat verbracht worden sein oder es muss zumindest die Absicht der Annehmenden bestehen, das Kind nach der Adoption im Heimatstaat in den Aufnahmestaat mitzunehmen. Auf die Staatsangehörigkeit des Annehmenden oder des Kindes kommt es hingegen nicht an (BT-Drs 14/5437, 35). Ebenso wenig ist es – vorbehaltlich von Art 28 (→ Rn 49) – entscheidend, ob die Adoption im Heimatstaat oder im Aufnahmestaat durchgeführt wird. Liegen die Voraussetzungen nach Abs 1 nicht vor, so kann eine ausländische Dekretadoption nur nach autonomem Verfahrensrecht, in Deutschland also nach §§ 108, 109 FamFG anerkannt werden; dies gilt ins besondere, wenn die Adoption in einem Nichtvertragsstaat ausgesprochen wurde (OLG Braunschweig NJOZ 16, 42; OLG Karlsruhe IPRspr 15 Nr 113; [jeweils *Kamerun*]; OLG Bremen FamRZ 15, 425 [*Namibia*]; OLG Koblenz IPRspr 15 Nr 121; OLG Düsseldorf IPRspr 14 Nr 111b [*Tunesien*]).

24   *Persönlich* ist das Übk nach Abs 1 nur auf die Adoption von „**Kindern**", nicht auf die Adoption von Erwachsenen anwendbar. Die für die Abgrenzung maßgebliche Altersgrenze ist in Art 3 bestimmt. Eine im Ausland vorgenommene Erwachsenenadoption ist daher im Inland nach §§ 108, 109 FamFG (Dekretadoption) oder nach Art 22, 23 EGBGB (Vertragsadoption) anzuerkennen (*Wedemann* FamRZ 15, 2106/2111; MüKoBGB/*Helms* Art 22 EGBGB Rn 75).

25   Auf der Seite der **Annehmenden** kommen nach Abs 1 Ehegatten oder Einzelpersonen in Betracht. Ob der Ehebegriff des Übk nur heterosexuelle Verbindungen umfasst, ist bei Abfassung des Übk offen geblieben. Man wollte diese Frage offenbar der Entscheidung durch die beteiligten Behörden des Heimat- und des Aufnahmestaates überlassen (Staud/*Henrich* Vorbem Art 22

1394

II. Staatsverträge: HAdoptÜ Art 23   **P**

EGBGB Rn 21). Auf die Adoption durch gleichgeschlechtliche Paare ist das Übk daher auch
dann nicht ohne weiteres anwendbar, wenn diese nach dem Recht des Registrierungsstaates eine
„Ehe" geschlossen haben. Vielmehr steht es den Vertragsstaaten frei, die Anerkennung einer
Adoption durch ein gleichgeschlechtliches Paar als mit seinem *ordre public* unvereinbar abzulehnen (Bericht *Parra-Aranguren* Rn 79; *Zimmermann* NZFam 16, 150/153).

2. Sachlicher Anwendungsbereich, Abs 2

In sachlicher Hinsicht erfasst das Übk nur Adoptionen, die ein **dauerhaftes Eltern-Kind-** **26**
Verhältnis begründen. Deren Mindestwirkungen sind in Art 26 Abs 1 lit a und lit b festgelegt.
Dabei muss es sich nicht notwendig um eine Volladoption handeln; vielmehr kann auch eine
Adoption mit schwachen Wirkungen ausreichen, wenn durch diese eine dauerhafte Eltern-
Kind-Beziehung begründet werden soll (Bericht *Parra-Aranguren* Rn 88; *Andrae*, IntFamR § 7
Rn 3; vgl auch Art 26 Abs 1 lit c). Ausgeschlossen sind hingegen Adoptionen, die nur zur
Erreichung anderer Zwecke (zB nur zum Erwerb eines Namens) vorgenommen werden. Auch
die islamische *kafala*, die Pflegekindschaft und andere Formen der Betreuung von Kindern sind
aus dem Anwendungsbereich des Übk ausgenommen; für sie maßgebend ist das KSÜ (→ F
Rn 39). Die Dauerhaftigkeit der Eltern-Kind-Beziehung wird nicht dadurch ausgeschlossen, dass
die Adoption nach dem auf sie anwendbaren Recht aus besonderen Gründen wieder aufgehoben
werden kann (Staud/*Henrich* Vorbem Art 22 EGBGB Rn 22).

HAdoptÜ Art 3. [Altersgrenze]

Das Übereinkommen ist nicht mehr anzuwenden, wenn die in Artikel 17 Buchstabe
c vorgesehenen Zustimmungen nicht erteilt wurden, bevor das Kind das achtzehnte
Lebensjahr vollendet hat.

Nach Art 17 lit c müssen die Zentralen Behörden sowohl des Heimat- wie des Aufnahme- **27**
staates der Fortsetzung des Adoptionsverfahrens zustimmen. Werden diese erforderlichen Zustimmungen nicht erteilt, bevor das Kind das 18. Lebensjahr vollendet hat, findet das Übk keine
Anwendung. Auch die Anerkennung und Vollstreckung der danach ergehenden Adoptionsentscheidung beurteilt sich dann nicht nach Art 23 ff HAdoptÜ, sondern nach dem autonomen
Verfahrensrecht der beteiligten Vertragsstaaten. Demgegenüber bleibt das Übk anwendbar, wenn
die Zustimmungen nach Art 17 lit c vor der Vollendung des 18. Lebensjahres erteilt wurden,
selbst wenn die Entscheidung über die Adoption erst nach diesem Zeitpunkt ergangen ist
(Bericht *Parra-Anguren* Rn 97, 99).

Kapitel II. Voraussetzungen internationaler Adoptionen
HAdoptÜ Art 4–5

(abgedruckt und kommentiert → V Rn 23 ff)

Kapitel III. Zentrale Behörden und zugelassene Organisationen
HAdoptÜ Art 6–13

(abgedruckt und kommentiert → V Rn 26 ff)

Kapitel IV. Verfahrensrechtliche Voraussetzungen der internationalen Adoption
HAdoptÜ Art 14–22

(abgedruckt und kommentiert → V Rn 31 ff)

Kapitel V. Anerkennung und Wirkungen der Adoption
HAdoptÜ Art 23. [Anerkennung]

(1) **Eine Adoption wird in den anderen Vertragsstaaten kraft Gesetzes anerkannt,**
wenn die zuständige Behörde des Staates, in dem sie durchgeführt worden ist, beschei-
nigt, dass sie gemäß dem Übereinkommen zustande gekommen ist. Die Bescheini-

1395

P 32   2. Teil. Anerkennung/Vollstreckung P. Adoptionssachen

gung gibt an, wann und von wem die Zustimmungen nach Artikel 17 Buchstabe c erteilt worden sind.

(2) Jeder Vertragsstaat notifiziert dem Verwahrer des Übereinkommens bei der Unterzeichnung, der Ratifikation, der Annahme, der Genehmigung oder dem Beitritt Identität, und Aufgaben der Behörde oder Behörden, die in diesem Staat für die Ausstellung der Bescheinigung zuständig sind. Er notifiziert ihm ferner jede Änderung in der Bezeichnung dieser Behörden.

1. Allgemeines

28   Eine in einem Vertragsstaat vorgenommene grenzüberschreitende Adoption ist gemäß Art 23 Abs 1 S 1 kraft Gesetzes in allen anderen Vertragsstaaten anzuerkennen, wenn die zuständige Behörde des Staates, in dem das Adoptionsverfahren durchgeführt wurde, das Zustandekommen der Adoption unter Einhaltung der Vorschriften des Übereinkommens **bescheinigt** hat (*Bornhofer* StAZ 01, 1/4 f; *Busch* IPRax 03, 14/16; *Klinkhardt* FS Sonnenberger [2004] 443/450). Liegen die Voraussetzungen für eine Anerkennung nach Art 23, 24 nicht vor, ist nach dem Günstigkeitsprinzip die Möglichkeit einer Anerkennung nach autonomem Verfahrensrecht – in Deutschland also nach §§ 108,109 FamFG – zu prüfen (dazu näher → Rn 98 ff).

2. Automatische Anerkennung

29   Die Anerkennung erfolgt nach Abs 1 kraft Gesetzes, erfordert also nicht die Durchführung eines förmlichen Anerkennungsverfahrens (*Busch* IPRax 03, 13/16; MüKoBGB/*Helms* Anh Art 22 EGBGB Rn 9). In Deutschland setzt die Anerkennung daher nicht die Feststellung nach § 2 AdWirkG voraus.

3. Bescheinigung

30   Die Gerichte und Behörden der anderen Vertragsstaaten müssen die Adoption jedoch nur anerkennen, wenn die zuständige Behörde des Staates, in dem sie durchgeführt worden ist, bescheinigt, dass die Adoption gemäß dem Verfahren nach Art 4 ff des Übereinkommens zustande gekommen ist. War dies nicht der Fall, weil die zentralen Behörden der betroffenen Vertragsstaaten nicht – wie von Art 4 ff HAdoptÜ vorgesehen – am Verfahren beteiligt wurden, so kann die nach Art 23 HAdoptÜ erforderliche Bescheinigung nicht erteilt und die Adoption nicht nach Art 23 anerkannt werden (OLG Frankfurt FamRZ 17, 1512/1513; OLG Stuttgart NZFam 17, 1019; AG Karlsruhe IPRspr 15 Nr 122).

31   Die zuständige Behörde wird von dem jeweiligen Vertragsstaat bestimmt (Art 6) und ist der *Niederlande* als Verwahrer des Übk mitzuteilen (Art 43 Abs 2). In *Deutschland* sind das **Bundesamt für Justiz** als Bundeszentralstelle für Auslandsadoptionen und die zentralen Adoptionsstellen der Landesjugendämter für die Ausstellung der Bescheinigung nach Abs 1 S 1 für Inlandsadoptionen zuständig (§§ 1 Abs 1, 8 AdÜbAG). Die Überprüfung ausländischer Bescheinigungen ist in § 9 AdÜbAG geregelt. Aus der Bescheinigung muss nach Abs 1 S 2 hervorgehen, wann und von wem die Zustimmungen der Zentralen Behörden der beiden beteiligten Vertragsstaaten zur Fortsetzung des Adoptionsverfahrens nach Art 17 lit c erteilt worden sind, weil diesen Bescheinigung im Rahmen von Adoptionen nach dem HAdoptÜ besondere Bedeutung zukommt (→ V Rn 37).

HAdoptÜ Art 24. [Ordre public-Verstoß]

Die Anerkennung einer Adoption kann in einem Vertragsstaat nur versagt werden, wenn die Adoption seiner öffentlichen Ordnung offensichtlich widerspricht, wobei das Wohl des Kindes zu berücksichtigen ist.

1. Allgemeines

32   Die Anerkennung einer in einem Vertragsstaat durchgeführten grenzüberschreitenden Adoption kann nach Art 24 in einem anderen Vertragsstaat nur versagt werden, wenn die Adoption dem *ordre public* dieses Staates offensichtlich widerspricht, wobei das Wohl des Kindes zu berücksichtigen ist (OLG Frankfurt FamRZ 17, 1512/1513). Weitere Anerkennungsversagungsgründe können nach dem Übk nicht geltend gemacht werden. Insbesondere ist – abweichend von § 109

1396

II. Staatsverträge: HAdoptÜ Art 26   **P**

Nr 1 FamFG — eine Kontrolle der internationalen Zuständigkeit der Behörde, welche die
Adoption vorgenommen hat, im Anwendungsbereich des Übk ausgeschlossen (MüKoBGB/
Helms Anh Art 22 EGBGB Rn 9). Auch Verstöße gegen das im Übk vorgeschriebene Verfahren
einer internationalen Adoption (zB gegen Art 32) rechtfertigen eine Versagung der Anerkennung nicht, solange die Schwelle zum *ordre public*-Verstoß nicht überschritten wird (Bericht
Parra-Aranguren Rn 413; Staud/*Henrich* Vorbem Art 22 EGBGB Rn 46; Keidel/*Zimmermann*
§ 109 FamFG Rn 21).

2. Verstoß gegen den ordre public

Da sowohl die Behörden des Heimat- wie des Aufnahmestaates der Fortsetzung des Adop-   **33**
tionsverfahrens nach Art 17 lit c zugestimmt haben müssen, sind Verstöße gegen die Vorbehaltsklausel eher selten, wenn die Schutzvorschriften des Übk eingehalten worden sind. Diese greift
aber trotz der gebotenen restriktiven Auslegung zB dann ein, wenn gegen die Art 5, 17 AdoptÜ
verstoßen wurde (AG Hamm IPRspr 15 Nr 117) oder sich nach der Durchführung der Adoption herausstellt, dass das Kind entführt worden ist, dass die erforderlichen Zustimmungen
gefälscht oder durch arglistige Täuschung oder Drohung erlangt worden sind (dazu allg *Frank*
StAZ 03, 257/259; *Maurer* FamRZ 03, 1337/1339 f; Staud/*Henrich* Vorbem Art 22 EGBGB
Rn 48). Insoweit sind auch hier die Grundsätze heranzuziehen, die zu § 109 Nr 4 FamFG näher
dargestellt sind (→ Rn 128 ff). Wie Art 24 klarstellt, ist dabei insbesondere das Kindeswohl zu
berücksichtigen.

HAdoptÜ Art 25. [Nichtanerkennung von Adoptionen auf der Grundlage von Art 39 Abs 2]

**Jeder Vertragsstaat kann gegenüber dem Verwahrer des Übereinkommens erklären,
dass er nicht verpflichtet ist, aufgrund des Übereinkommens Adoptionen anzuerkennen, die in Übereinstimmung mit einer nach Artikel 39 Absatz 2 geschlossenen Vereinbarung zustande gekommen sind.**

Art 39 Abs 2 räumt den Vertragsstaaten die Möglichkeit ein, mit anderen Vertragsstaaten   **34**
Vereinbarungen zur erleichterten Anwendung des Übk abzuschließen. Allerdings können nur
Abweichungen von den Verfahrensvorschriften in Art 14–16 und 18–21 vereinbart werden. Die
Mindestbedingungen für eine internationale Adoption nach Art 4 und 5 und die Vorausset-
zungen für die Entscheidung der Heimatbehörden, ein Kind den künftigen Adoptionseltern
anzuvertrauen, nach Art 17 können hingegen nicht eingeschränkt werden.

Eine solche Vereinbarung bindet zwar die an ihr beteiligten Vertragsstaaten und verpflichtet sie   **35**
zur Anerkennung einer Adoption auch dann, wenn die genannten Verfahrensvorschriften des
Übk nicht eingehalten wurden. Demgegenüber sind die an einer solchen Vereinbarung nicht
beteiligten Vertragsstaaten nicht verpflichtet, eine solche Adoption nach Art 23 anzuerkennen.
Sie können die Anerkennung jedoch nur ablehnen, wenn sie dies gegenüber der *Niederlande* als
Verwahrer des Übk erklärt haben.

Eine Erklärung nach Art 25 haben *Armenien, Aserbaidschan, Australien, Bulgarien, China* (für das   **36**
Sonderverwaltungsgebiet *Hongkong*), *Dänemark, Frankreich, Griechenland, Kanada* (für die Provinz
Québec), *Kroatien, Liechtenstein, Luxemburg, Montenegro, Namibia, Panama*, die *Schweiz, Venezuela*
und das *Vereinigte Königreich* abgegeben. *Italien* erkennt solche Adoptionen nur unter der Voraus-
setzung der Gegenseitigkeit an. Die übrigen Vertragsstaaten, die keine solche Erklärung abge-
geben haben, müssen hingegen auch Adoptionen anerkennen, die unter den erleichterten
Voraussetzungen einer solchen Vereinbarung zustande gekommen sind (Bericht *Parra-Aranguren*
Rn 430; MüKoBGB/*Helms* Anh Art 22 EGBGB Rn 15).

HAdoptÜ Art 26. [Wirkungen der Anerkennung]

(1) Die Anerkennung einer Adoption umfasst die Anerkennung
a) des Eltern-Kind-Verhältnisses zwischen dem Kind und seinen Adoptiveltern;
b) der elterlichen Verantwortlichkeit der Adoptiveltern für das Kind;
**c) der Beendigung des früheren Rechtsverhältnisses zwischen dem Kind und seiner
Mutter und seinem Vater, wenn die Adoption dies in dem Vertragsstaat bewirkt, in
dem sie durchgeführt worden ist.**

1397

P 37–40 2. Teil. Anerkennung/Vollstreckung P. Adoptionssachen

(2) **Bewirkt die Adoption die Beendigung des früheren Eltern-Kind-Verhältnisses, so genießt das Kind im Aufnahmestaat und in jedem anderen Vertragsstaat, in dem die Adoption anerkannt wird, Rechte entsprechend denen, die sich aus Adoptionen mit dieser Wirkung in jedem dieser Staaten ergeben.**

(3) **Die Absätze 1 und 2 lassen die Anwendung für das Kind günstigerer Bestimmungen unberührt, die in einem Vertragsstaat gelten, der die Adoption anerkennt.**

1. Wirkungen der Anerkennung, Abs 1

37   **a) Allgemeines.** Die Rechte der Vertragsstaaten knüpfen an eine Adoption unterschiedliche Wirkungen. Damit wird die Frage aufgeworfen, welche Wirkungen die Auslandsadoption infolge ihrer Anerkennung im Inland entfaltet, dh ob nur diejenigen Wirkungen eintreten, welche die Adoption in dem Staat hat, in dem sie vollzogen wurde (idR im Heimatstaat des Kindes), oder ob das Recht des Anerkennungsstaates die Wirkungen der Adoption beschränkt oder erweitert. Das HAdoptÜ sieht hierfür eine Kompromisslösung vor. Es normiert in Abs 1 lit a und lit b gewisse Mindestwirkungen, die eine nach Art 23 anzuerkennende Adoption in jedem Fall hat, und überlässt die Bestimmung weitergehender Wirkungen dem nationalen Recht.

38   **b) Mindestwirkungen nach lit a und lit b.** Vor dem Hintergrund, dass Art 2 Abs 2 nur Adoptionen erfasst, die ein dauerhaftes Eltern-Kind-Verhältnis begründen, hat die Anerkennung nach Art 26 Abs 1 als Mindestwirkung die Begründung eines Eltern-Kind-Verhältnisses zwischen dem oder den Annehmenden und dem Kind (lit a) und die Begründung der elterlichen Verantwortung des/der Annehmenden für das Kind (lit b) zur Folge (*Steiger* DNotZ 02, 184/191 f; *Lorenz* FS Sonnenberger [2004] 497/500 f; *Kropholler*, IPR § 49 II 2e; Staud/*Henrich* Vorbem Art 22 EGBGB Rn 50). Insoweit handelt es sich um **einheitliche materiell-rechtliche Regelungen** zu den Wirkungen der Anerkennung, die unabhängig von davon eingreifen, welches Recht nach dem IPR des Heimat- oder Aufnahmestaats auf die Adoption Anwendung findet (*Lorenz* FS Sonnenberger [2004] 497/501; *Andrae,* IntFamR § 7 Rn 67).

39   **c) Beendigung des Rechtsverhältnisses zu den leiblichen Eltern, lit c.** Eine solche einheitliche Sachregelung konnte hingegen zur Frage, wie sich die Adoption auf die bisherigen Beziehungen des Kindes zu seinen leiblichen Eltern auswirkt, nicht getroffen werden, weil das Übk sowohl starke wie schwache Adoptionen umfasst (Bericht *Parra-Aranguren* Rn 459 ff). Insoweit gilt daher nach lit c der **Grundsatz der Wirkungserstreckung**. Die Anerkennung führt daher auch im Anerkennungsstaat nur dann zu einer Beendigung des früheren Rechtsverhältnisses zwischen dem Kind und seinen leiblichen Eltern, wenn diese Rechtsfolge auch nach dem Recht des Staates eingetreten ist, in dem die Adoption vollzogen wurde (NK-BGB/*Benicke* Rn 17; Pal/*Thorn* Rn 10, jeweils zu Art 22 EGBGB; *Andrae,* IntFamR § 7 Rn 67). Hat es sich also bei der – im Heimatstaat oder im Aufnahmestaat – nach Maßgabe des Übk durchgeführten Adoption und dem dabei zugrunde gelegten Sachrecht um eine Adoption mit starken Wirkungen (**Volladoption**) gehandelt, ist die Beendigung des früheren Rechtsverhältnisses zwischen dem Kind und seinen leiblichen Eltern nach lit c in allen Vertragsstaaten anzuerkennen; dies auch dann, wenn das Recht des Anerkennungsstaates einer Adoption nur schwache Wirkungen beilegt (Bericht *Parra-Aranguren* Rn 452).

2. Weitergehende Wirkungen nach dem Recht des Aufnahmestaats, Abs 2

40   Bewirkt die Adoption nach dem Recht des Vertragsstaats, in dem sie durchgeführt wurde, die Beendigung des früheren Eltern-Kind-Verhältnisses, so genießt das Kind darüber hinaus im Aufnahmestaat und in jedem anderen Vertragsstaat, dessen Sachrecht die Volladoption kennt, nach Abs 2 eine der Volladoption nach dem Sachrecht des jeweiligen Anerkennungsstaates entsprechende Rechtsstellung. Damit wird klargestellt, dass insoweit keine Wirkungserstreckung auf die Anerkennungsstaaten erfolgt, sondern eine **Wirkungsgleichstellung**, dh wenn das im Durchführungsstaat begründete Adoptionsverhältnis einer Volladoption nach Maßgabe des Rechts im Aufnahme- oder Anerkennungsstaat gleichwertig ist, entfaltet es dort die gleichen Wirkungen wie eine Volladoption nach dem Recht des Aufnahme- oder Anerkennungsstaates (*Lorenz* FS Sonnenberger [2004] 497/500 f: „Substitution auf der Ebene des Sachrechts"; ferner *Steiger* DNotZ 02, 184/192; *Süß* MittBayNot 02, 88/90; *Busch* IPRax 03, 14/16). Dies gilt allerdings nur im Verhältnis des Kindes zu den Adoptiveltern, nicht auch im Verhältnis zu deren

1398

II. Staatsverträge: HAdoptÜ Art 27   **44–46 P**

Verwandten; insoweit bleibt vielmehr das (vom Kollisionsrecht des Anerkennungsstaates) bestimmte Adoptionsstatut maßgeblich (Staud/*Henrich* Vorbem Art 22 EGBGB Rn 51).

Eine „Beendigung des früheren Eltern-Kind-Verhältnisses" iSv Abs 2 setzt nicht voraus, dass **41** dieses Verhältnis endgültig und für immer beendet sein muss. Der Umstand, dass das Verhältnis zu den leiblichen Eltern etwa im Falle einer Aufhebung der Adoption wieder auflebt, steht daher der Anwendung der Vorschrift nicht entgegen (Bericht *Parra-Aranguren* Rn 468). Ferner wird auch nicht vorausgesetzt, dass das frühere Eltern-Kind-Verhältnis umfassend beendet worden ist. Wenn das Kind vollständig in die Adoptivfamilie integriert ist, schadet es also nicht, wenn einzelne rechtliche Beziehungen zur leiblichen Familie aufrechterhalten bleiben (OVG Hamburg IPRax 08, 261/268 m Anm *Henrich* 237).

Für die Anerkennung von Adoptionen in *Deutschland* wird Art 26 ergänzt durch das **Adop- 42 tionswirkungsgesetz** v 5.11.2001. Nach § 2 AdWirkG kann das Familiengericht auf Antrag nicht nur feststellen, ob eine Adoption anzuerkennen und wirksam ist, sondern auch, ob das Rechtsverhältnis des Kindes zu seinen leiblichen Eltern durch die Annahme erloschen ist (näher → Rn 69 ff).

3. Günstigere Bestimmungen des Anerkennungsstaats, Abs 3

Nach Abs 3 bleiben schließlich **das Kind begünstigende Regelungen** des Anerkennungs- **43** staates hinsichtlich der Adoptionswirkungen unberührt. Der Anerkennungsstaat kann der Adoption also zugunsten des Kindes weiterreichende Wirkungen beimessen als sie in dem Staat eingetreten sind, dessen Behörden die Adoption durchgeführt haben. So kann der Anerkennungsstaat etwa dem Adoptivkind auch dann ein Erbrecht nach dem/den Annehmenden einräumen, wenn das Kind im Heimat- oder Aufnahmestaat nur mit schwachen Wirkungen adoptiert wurde, die kein solches Erbrecht umfassten (Bericht *Parra-Aranguren* Rn 459 ff; *Steiger* DNotZ 02, 184/192; *Lorenz* FS Sonnenberger [2004] 497/505).

HAdoptÜ Art 27. [Umwandlung]

(1) Bewirkt eine im Heimatstaat durchgeführte Adoption nicht die Beendigung des früheren Eltern-Kind-Verhältnisses, so kann sie im Aufnahmestaat, der die Adoption nach dem Übereinkommen anerkennt, in eine Adoption mit einer derartigen Wirkung umgewandelt werden, wenn

a) das Recht des Aufnahmestaats dies gestattet und
b) die in Artikel 4 Buchstaben c und d vorgesehenen Zustimmungen zum Zweck einer solchen Adoption erteilt worden sind oder werden.

(2) Artikel 23 ist auf die Umwandlungsentscheidung anzuwenden.

1. Umwandlung einer „schwachen" Adoption, Abs 1

a) Allgemeines. Hat die Adoption im Heimatstaat des Kindes dessen Rechtsbeziehungen zu **44** seinen leiblichen Eltern nicht beendet, so entfaltet sie auch im Aufnahmestaat grundsätzlich nur diese schwachen Wirkungen. Wollten die Adoptiveltern daher die weitergehenden Wirkungen einer Volladoption erreichen, so mussten sie früher die Adoption im Inland wiederholen. Dazu waren idR erneut die Zustimmungen der leiblichen Eltern einzuholen, weil diese bisher nur einer schwachen Adoption zugestimmt hatten. Die Beschaffung dieser Zustimmungen war häufig mit erheblichen Problemen verbunden, so dass diese durch das Gericht ersetzt werden mussten. Demgegenüber eröffnet Art 27 die Möglichkeit, eine im Heimatstaat vollzogene Adoption mit schwachen Wirkungen im Aufnahmestaat in eine Volladoption umzuwandeln.

b) Voraussetzungen. Die Umwandlung setzt nach Abs 1 voraus, dass   **45**
• das nationale Recht des Aufnahmestaates dies gestattet und die Volladoption kennt, lit a und
• die in Art 4 lit c und d genannten, nach dem Recht des Heimatstaates des Kindes erforderlichen **Zustimmungen** (des Kindes, seiner leiblichen Eltern und sonstiger Personen oder Stellen) **zur Vornahme der Volladoption erteilt** worden sind oder werden, lit b.

Die Voraussetzung nach lit a ist bei Aufnahme des Kindes in *Deutschland* erfüllt, denn **§ 3 46 AdWirkG** lässt die Umwandlung einer schwachen ausländischen Adoption in eine dem deutschen Recht entsprechende Volladoption ausdrücklich zu (dazu näher → Rn 78 ff).

1399

P   2. Teil. Anerkennung/Vollstreckung P. Adoptionssachen

47   Wurde die Adoption nicht im Heimatstaat, sondern **in einem anderen Vertragsstaat** vollzogen, richtet sich die mögliche Umwandlung nach dem internationalen Privatrecht des umwandelnden Staates und wird von den Vorschriften des Übereinkommens nicht erfasst. Sie ist insbesondere in den anderen Vertragsstaaten nach Art 23 nicht anzuerkennen (Bericht *Parra-Aranguren* Rn 476 f; *Maurer* FamRZ 03, 1337/1341).

2. Anerkennung der Umwandlungsentscheidung, Abs 2

48   Die Entscheidung über die Umwandlung ist in allen Vertragsstaaten anzuerkennen, wenn die Zentrale Behörde des Staates, in dem die Umwandlung erfolgte, bescheinigt, dass diese gemäß dem Übk zustande gekommen ist, Abs 2 iVm Art 23 Abs 1 S (Bericht *Parra-Aranguren* Rn 484).

Kapitel VI. Allgemeine Bestimmungen

HAdoptÜ Art 28. [Zwingende Vorschriften des Heimatstaats]

Das Übereinkommen steht Rechtsvorschriften des Heimatstaats nicht entgegen, nach denen die Adoption eines Kindes mit gewöhnlichem Aufenthalt in diesem Staat auch dort durchgeführt werden muss oder nach denen es untersagt ist, vor einer Adoption das Kind in einer Familie im Aufnahmestaat unterzubringen oder es in diesen Staat zu bringen.

49   Das Übk verpflichtet die Vertragsstaaten nicht, einer Unterbringung des Kindes im Aufnahmestaat schon vor der Entscheidung über die Adoption im Heimatstaat zuzustimmen. Zu Art 28 haben *Aserbaidschan, Bulgarien, El Salvador, Kolumbien, Kroatien* und *Mexiko* erklärt, dass Kinder nur dann das Hoheitsgebiet des jeweiligen Staates verlassen dürfen, wenn sie vorher durch rechtskräftigen Beschluss der dortigen Gerichte adoptiert worden sind.

HAdoptÜ Art 29. [Kontaktverbot]

Zwischen den künftigen Adoptiveltern und den Eltern des Kindes oder jeder anderen Person, welche die Sorge für das Kind hat, darf kein Kontakt stattfinden, solange die Erfordernisse des Artikels 4 Buchstaben a bis c und des Artikels 5 Buchstabe a nicht erfüllt sind, es sei denn, die Adoption findet innerhalb einer Familie statt oder der Kontakt entspreche den von der zuständigen Behörde des Heimatstaats aufgestellten Bedingungen.

50   Das Kontaktverbot nach Art 29 soll insbesondere verhindern, dass adoptionswillige Eltern in den Heimatstaat des Kindes reisen, um sich dort ihren Adoptionswunsch zu erfüllen, ohne das Vermittlungsverfahren nach Art 14 ff einzuhalten. Es greift hingegen nicht ein, wenn im Rahmen von freundschaftlichen Beziehungen, die zwischen zwei Familien entstanden sind, der Wunsch nach der Adoption des Kindes der einen Familie durch die andere entsteht (näher Staud/*Henrich* Vorbem Art 22 EBGBGB Rn 64). Ferner verbietet die Vorschrift nur die direkte Aufnahme von Kontakten zu den Eltern des Kindes, nicht zum Kind selbst.

HAdoptÜ Art 30. [Angaben zur Herkunft des Kindes]

(1) Die zuständigen Behörden eines Vertragsstaats sorgen dafür, dass die ihnen vorliegenden Angaben über die Herkunft des Kindes, insbesondere über die Identität seiner Eltern, sowie über die Krankheitsgeschichte des Kindes und seiner Familie aufbewahrt werden.

(2) Sie gewährleisten, dass das Kind oder sein Vertreter unter angemessener Anleitung Zugang zu diesen Angaben hat, soweit das Recht des betreffenden Staates dies zulässt.

HAdoptÜ Art 31. [Verwendung personenbezogener Daten]

(1) Unbeschadet des Artikels 30 werden die aufgrund des Übereinkommens gesammelten oder übermittelten personenbezogenen Daten, insbesondere die in den Artikeln 15 und 16 bezeichneten, nur für die Zwecke verwendet, für die sie gesammelt oder übermittelt worden sind.

II. Staatsverträge: HAdoptÜ Art 36   52   **P**

HAdoptÜ Art 32. [Unstatthafte Vermögensvorteile im Zusammenhang mit der Adoption]

(1) **Niemand darf aus einer Tätigkeit im Zusammenhang mit einer internationalen Adoption unstatthafte Vermögens- oder sonstige Vorteile erlangen.**

(2) **Nur Kosten und Auslagen, einschließlich angemessener Honorare an der Adoption beteiligter Personen, dürfen in Rechnung gestellt und gezahlt werden.**

(3) **Die Leiter, Verwaltungsmitglieder und Angestellten von Organisationen, die an einer Adoption beteiligt sind, dürfen keine im Verhältnis zu den geleisteten Diensten unangemessen hohe Vergütung erhalten.**

HAdoptÜ Art 33. [Missachtung von Bestimmungen des Übereinkommens]

Eine zuständige Behörde, die feststellt, dass eine der Bestimmungen des Übereinkommens nicht beachtet worden ist oder missachtet zu werden droht, unterrichtet sofort die Zentrale Behörde ihres Staates. Diese Zentrale Behörde ist dafür verantwortlich, dass geeignete Maßnahmen getroffen werden.

HAdoptÜ Art 34. [Übersetzungen]

Wenn die zuständige Behörde des Bestimmungsstaats eines Schriftstücks darum ersucht, ist eine beglaubigte Übersetzung beizubringen. Sofern nichts anderes bestimmt ist, werden die Kosten der Übersetzung von den künftigen Adoptiveltern getragen.

Erklärungen zu Art 34 haben *Andorra, Bulgarien, El Salvador, Kroatien, Mexiko* und *Montenegro* **51** abgegeben. Diese Staaten verlangen eine beglaubigte Übersetzung in ihre eigene Amtssprache. *Andorra* verlangt eine Abfassung/Übersetzung in katalanischer, spanischer, französischer oder englischer Sprache.

HAdoptÜ Art 35. [Beschleunigungsgebot]

Die zuständigen Behörden der Vertragsstaaten handeln in Adoptionsverfahren mit der gebotenen Eile.

HAdoptÜ Art 36. [Territoriale Rechtsspaltung]

Bestehen in einem Staat auf dem Gebiet der Adoption zwei oder mehr Rechtssysteme, die in verschiedenen Gebietseinheiten gelten, so ist

a) **eine Verweisung auf den gewöhnlichen Aufenthalt in diesem Staat als Verweisung auf den gewöhnlichen Aufenthalt in einer Gebietseinheit dieses Staates zu verstehen;**

b) **eine Verweisung auf das Recht dieses Staates als Verweisung auf das in der betreffenden Gebietseinheit geltende Recht zu verstehen;**

c) **eine Verweisung auf die zuständigen Behörden oder die staatlichen Stellen dieses Staates als Verweisung auf solche zu verstehen, die befugt sind, in der betreffenden Gebietseinheit zu handeln;**

d) **eine Verweisung auf die zugelassenen Organisationen dieses Staates als Verweisung auf die in der betreffenden Gebietseinheit zugelassenen Organisationen zu verstehen.**

Für den Fall, dass das Adoptionsrecht eines Vertragsstaats territorial gespalten ist, wie zB in **52** *Australien, Kanada* oder den *Vereinigten Staaten*, enthält Art 36 ergänzende Vorschriften zur interlokalen Anknüpfung. Abweichend von anderen Haager Übereinkommen wird das interlokale Privatrecht des jeweiligen Mehrrechtsstaates dabei nicht berücksichtigt. Vielmehr nimmt Art 36 die erforderliche Unteranknüpfung selbst vor. Maßgebend ist jeweils die Gebietseinheit, in der das vom Übk verwendete Anknüpfungskriterium (gewöhnlicher Aufenthalt einer Person, Sitz einer Behörde etc) verwirklicht ist.

1401

P 56   2. Teil. Anerkennung/Vollstreckung P. Adoptionssachen

HAdoptÜ Art 37. [Personale Rechtsspaltung]

Bestehen in einem Staat auf dem Gebiet der Adoption zwei oder mehr Rechtssysteme, die für verschiedene Personengruppen gelten, so ist eine Verweisung auf das Recht dieses Staates als Verweisung auf das Rechtssystem zu verstehen, das sich aus dem Recht dieses Staates ergibt.

53   Art 37 regelt die Unteranknüpfung in den Fällen, in denen das vom Übk zur Anwendung berufene Recht personal gespalten ist, also für verschiedene Personengruppen – zB aus Gründen der Religions- oder Stammeszugehörigkeit – unterschiedliches Adoptionsrecht gilt. Verweist das Übk auf das Recht eines solchen Staates, zB weil die Beteiligten dort ihren gewöhnlichen Aufenthalt haben, oder weil sie die Staatsangehörigkeit eines solchen Staates besitzen, so ist zu prüfen, ob dieser Staat selbst Normen des interpersonalen Kollisionsrechts bereithält, die eine Unteranknüpfung an das Recht einer bestimmten Religionsgemeinschaft oder einer bestimmten ethnischen Personengruppe ermöglichen.

HAdoptÜ Art 38. [Nichtanwendung auf innerstaatliche Kollisionen]

Ein Staat, in dem verschiedene Gebietseinheiten ihre eigenen Rechtsvorschriften auf dem Gebiet der Adoption haben, ist nicht verpflichtet, das Übereinkommen anzuwenden, wenn ein Staat mit einheitlichem Rechtssystem dazu nicht verpflichtet wäre.

54   Nach Art 38 ist ein Vertragsstaat, dessen Recht räumlich oder personal iSv Art 36, 37 gespalten ist, nicht verpflichtet, die Vorschriften des Übk auf Sachverhalte anzuwenden, die keinen Bezug zu einem anderen Staat haben, sondern nur Bezug zu verschiedenen Gebietseinheiten oder Bevölkerungsgruppen dieses Mehrrechtsstaates. Er ist ein solcher Vertragsstaat vielmehr berechtigt, auf solche Konflikte die Vorschriften seines interlokalen Privatrechts anzuwenden.

HAdoptÜ Art 39. [Verhältnis zu anderen internationalen Übereinkommen]

(1) Das Übereinkommen lässt internationale Übereinkünfte unberührt, denen Vertragsstaaten als Vertragsparteien angehören und die Bestimmungen über die in dem Übereinkommen geregelten Angelegenheiten enthalten, sofern die durch eine solche Übereinkunft gebundenen Staaten keine gegenteilige Erklärung abgeben.

(2) Jeder Vertragsstaat kann mit einem oder mehreren anderen Vertragsstaaten Vereinbarungen zur erleichterten Anwendung des Übereinkommens in ihren gegenseitigen Beziehungen schließen. Diese Vereinbarungen können nur von den Bestimmungen der Artikel 14 bis 16 und 18 bis 21 abweichen. Die Staaten, die eine solche Vereinbarung geschlossen haben, übermitteln dem Verwahrer des Übereinkommens eine Abschrift

55   Mit dem HAdoptÜ konkurrierende Übereinkommen auf dem Gebiet der internationalen Adoption iSv Abs 1 hat die *Bundesrepublik Deutschland* bisher nicht abgeschlossen. Gleiches gilt für Zusatzvereinbarungen nach Abs 2. Vgl zu Abs 2 auch die Vorbehaltsmöglichkeit nach Art 25.

HAdoptÜ Art 40. [Vorbehalte]

Vorbehalte zu dem Übereinkommen sind nicht zulässig.

HAdoptÜ Art 41. [Zeitlicher Geltungsbereich]

Das Übereinkommen ist in jedem Fall anzuwenden, in dem ein Antrag nach Artikel 14 eingegangen ist, nachdem das Übereinkommen im Aufnahmestaat und im Heimatstaat in Kraft getreten ist.

56   Das Übk ist auf die internationale Zusammenarbeit auf dem Gebiet der internationalen Adoption sowie auf die Anerkennung von Auslandsadoptionen nur anwendbar, wenn der Antrag der Adoptionsbewerber nach Art 14 bei der zuständigen Behörde des Aufnahmestaates eingegangen ist, nachdem das Übk sowohl im Aufnahmestaat als auch im Heimatstaat des Kindes in Kraft getreten ist.

1402

II. Staatsverträge: HAdoptÜ Art 45   **57**   **P**

HAdoptÜ Art 42. [Spezialkommission]

Der Generalsekretär der Haager Konferenz für Internationales Privatrecht beruft in regelmäßigen Abständen eine Spezialkommission zur Prüfung der praktischen Durchführung des Übereinkommens ein.

Kapitel VII. Schlussbestimmungen

HAdoptÜ Art 43. [Zeichnung; Ratifikation]

(1) **Das Übereinkommen liegt für die Staaten, die zurzeit der Siebzehnten Tagung der Haager Konferenz für Internationales Privatrecht Mitglied der Konferenz waren, sowie für die anderen Staaten, die an dieser Konferenz teilgenommen haben, zur Zeichnung auf.**

(2) **Es bedarf der Ratifikation, Annahme oder Genehmigung; die Ratifikations-, Annahme- oder Genehmigungsurkunden werden beim Ministerium für Auswärtige Angelegenheiten des Königreichs der Niederlande, dem Verwahrer des Übereinkommens, hinterlegt.**

HAdoptÜ Art 44. [Beitritt]

(1) **Jeder andere Staat kann dem Übereinkommen beitreten, nachdem es gemäß Artikel 46 Abs 1 in Kraft getreten ist.**

(2) **Die Beitrittsurkunde wird beim Verwahrer hinterlegt.**

(3) **Der Beitritt wirkt nur in den Beziehungen zwischen dem beitretenden Staat und den Vertragsstaaten, die innerhalb von sechs Monaten nach Eingang der in Artikel 48 Buchstabe b vorgesehenen Notifikation keinen Einspruch gegen den Beitritt erhoben haben. Nach dem Beitritt kann ein solcher Einspruch auch von jedem Staat in dem Zeitpunkt erhoben werden, in dem er das Übereinkommen ratifiziert, annimmt oder genehmigt. Die Einsprüche werden dem Verwahrer notifiziert.**

HAdoptÜ Art. 45. [Geltung des Übereinkommens in Mehrrechtsstaaten]

(1) **Ein Staat, der aus zwei oder mehr Gebietseinheiten besteht, in denen für die in dem Übereinkommen behandelten Angelegenheiten unterschiedliche Rechtssysteme gelten, kann bei der Unterzeichnung, der Ratifikation, der Annahme, der Genehmigung oder dem Beitritt erklären, dass das Übereinkommen auf alle seine Gebietseinheiten oder nur auf eine oder mehrere davon erstreckt wird; er kann diese Erklärung durch Abgabe einer neuen Erklärung jederzeit ändern.**

(2) **Jede derartige Erklärung wird dem Verwahrer unter ausdrücklicher Bezeichnung der Gebietseinheiten notifiziert, auf die das Übereinkommen angewendet wird.**

(3) **Gibt ein Staat keine Erklärung nach diesem Artikel ab, so ist das Übereinkommen auf sein gesamtes Hoheitsgebiet anzuwenden.**

Australien hat anlässlich des Beitritts erklärt, dass das Übk auf alle Gebietseinheiten erstreckt **57** wird. *Frankreich* hat erklärt, dass das Übk auf das gesamte französische Hoheitsgebiet mit Ausnahme der Übersee-Territorien anzuwenden ist. *Kanada* hat erklärt, dass das Übk auf die Provinzen *Alberta, British Columbia, Manitoba, New Brunswick, Newfoundland and Labrador, North West Territories, Nova Scotia, Nunavut, Ontario, Prince Edward Island, Saskatchewan* und *Yukon* Anwendung findet; mit Wirkung v 1.2.2006 wurde das Übk. von *Kanada* auch auf die Provinz *Québec* erstreckt (BGBl 08 II, 86). *Dänemark* hat das Übk mit Wirkung v 1.4.2007 auf die *Färöer-Inseln* und mit Wirkung v. 1.5.2010 auf *Grönland, China* hat es mit Wirkung v 1.1.2006 auf die Sonderverwaltungsregionen *Hongkong* und *Macau* erstreckt (BGBl 08 II, 86 und 10 II, 812). Die *Niederlande* haben das Übk mit Wirkung v 18.10.2010 auf den karibischen Teil der *Niederlande* erstreckt (BGBl 12 II, 130). Das *Vereinigte Königreich* hat die Geltung des Übk auf *England, Wales, Schottland* und *Nordirland* beschränkt.

1403

P   2. Teil. Anerkennung/Vollstreckung P. Adoptionssachen

HAdoptÜ Art 46–48

(nicht abgedruckt)

III. Autonomes Zivilverfahrensrecht

**810. Gesetz zur Ausführung des Haager Übereinkommens vom 29. Mai 1993
über den Schutz von Kindern und die Zusammenarbeit auf dem Gebiet der
internationalen Adoption (Adoptionsübereinkommens-Ausführungsgesetz –
AdÜbAG)**

Vom 5. November 2001 (BGBl I, 2950)

Vorbemerkung

58   Der Schwerpunkt des Gesetzes liegt auf dem Gebiet der Behördenzusammenarbeit bei der
Durchführung internationaler Adoptionen und bei der internationalen Adoptionsvermittlung
(dazu → V Rn 46). Für die Zwecke der Anerkennung und Vollstreckung von Adoptionen sind
nur die nachfolgend abgedruckten §§ 8, 9 zur Ausstellung und Prüfung von Bescheinigungen
über eine im In- oder Ausland vollzogene Annahme oder Umwandlung eines Annahmeverhältnisses von Bedeutung.

Abschnitt 1. Begriffsbestimmungen, Zuständigkeiten und Verfahren

AdÜbAG §§ 1–3

(abgedruckt und kommentiert → V Rn 46)

Abschnitt 2. Internationale Adoptionsvermittlung im Verhältnis zu anderen Vertragsstaaten

AdÜbAG § 4.-7

(abgedruckt und kommentiert → V Rn 46)

Abschnitt 3. Bescheinigungen über das Zustandekommen oder die Umwandlung eines Annahmeverhältnisses

**AdÜbAG § 8. Bescheinigungen über eine im Inland vollzogene Annahme
oder Umwandlung eines Annahmeverhältnisses**

Hat eine zentrale Adoptionsstelle die Zustimmung gemäß Artikel 17 Buchstabe c
des Übereinkommens erteilt, so stellt diese auf Antrag desjenigen, der ein rechtliches
Interesse hat, die Bescheinigung gemäß Artikel 23 oder Artikel 27 Abs. 2 des Übereinkommens aus. Hat ein Jugendamt oder eine anerkannte Auslandsvermittlungsstelle
die Zustimmung erteilt, so ist die zentrale Adoptionsstelle zuständig, zu deren Bereich
das Jugendamt gehört oder in deren Bereich die anerkannte Auslandsvermittlungsstelle ihren Sitz hat.

**AdÜbAG § 9. Überprüfung ausländischer Bescheinigungen über den Vollzug
einer Annahme oder die Umwandlung eines Annahmeverhältnisses**

Auf Antrag desjenigen, der ein rechtliches Interesse hat, prüft und bestätigt die
Bundeszentralstelle die Echtheit einer Bescheinigung über die in einem anderen Vertragsstaat vollzogene Annahme oder Umwandlung eines Annahmeverhältnisses, die
Übereinstimmung ihres Inhalts mit Artikel 23 oder Artikel 27 Abs. 2 des Übereinkommens sowie die Zuständigkeit der erteilenden Stelle. Die Bestätigung erbringt Beweis
für die in Satz 1 genannten Umstände; der Nachweis ihrer Unrichtigkeit ist zulässig.

1404

III. Autonomes Zivilverfahrensrecht

Abschnitt 4. Zeitlicher Anwendungsbereich

AdÜbAG § 10. Anwendung des Abschnitts 2

(abgedruckt und kommentiert → V Rn 46)

AdÜbAG § 11. Anwendung des Abschnitts 3

(1) **Eine Bescheinigung nach § 8 wird ausgestellt, sofern die Annahme nach dem in § 10 Abs. 1 genannten Zeitpunkt und auf Grund der in Artikel 17 Buchstabe c des Übereinkommens vorgesehenen Zustimmungen vollzogen worden ist.**

(2) **Eine Bestätigung nach § 9 wird erteilt, sofern das Übereinkommen im Verhältnis zwischen der Bundesrepublik Deutschland und dem Staat, dessen zuständige Stelle die zur Bestätigung vorgelegte Bescheinigung ausgestellt hat, in Kraft ist.**

820. Gesetz über Wirkungen der Annahme als Kind nach ausländischem Recht (Adoptionswirkungsgesetz – AdWirkG)

Vom 5. November 2001 (BGBl I, 2953)

Schrifttum: *Busch*, Adoptionswirkungsgesetz und Haager Adoptionsübereinkommen – von der Nachadoption zur Anerkennungs- und Wirkungsfeststellung, IPRax 03, 13; *Hölzel*, Verfahren nach §§ 2 und 3 AdWirkG – Gerichtliche Feststellung der Anerkennung ausländischer Adoptionen und Umwandlung schwacher Auslandsadoptionen, StAZ 03, 289; *Lorenz*, Adoptionswirkungen, Vorfragenanknüpfung und Substitution im internationalen Adoptionsrecht nach der Umsetzung des Haager Adoptionsübereinkommens v 19.5.1993, FS Sonnenberger (2004) 497; *Ludwig*, Internationales Adoptionsrecht in der notariellen Praxis nach dem Adoptionswirkungsgesetz, RNotZ 02, 353; *Maurer*, Das Gesetz zur Regelung von Rechtsfragen auf dem Gebiet der internationalen Adoption und zur Weiterentwicklung des Adoptionsvermittlungsrechts, FamRZ 03, 1337; *ders*, Zur Rechtsnatur der Verfahren nach dem Adoptionswirkungsgesetz, FamRZ 13, 90; *Steiger*, Im alten Fahrwasser zu neuen Ufern: Neuregelungen im Recht der internationalen Adoption mit Erläuterungen für die notarielle Praxis, DNotZ 02, 184.

Vorbemerkung

Bis zum 31.12.2001 gab es im deutschen Recht kein besonderes Anerkennungs- oder Bestätigungsverfahren, durch das bestehende Zweifel an der Wirksamkeit einer ausländischen Adoption ausgeräumt und die sich aus einer solchen Adoption ergebenden Rechtswirkungen verbindlich festgestellt werden konnten (vgl *Hohnerlein* IPRax 90, 312/314; *Klinkhardt* FS Sonnenberger [2004] 443/445 f). Ob eine im Ausland durchgeführte Dekretadoption anzuerkennen oder eine im Ausland erfolgte Vertragsadoption wirksam war, musste in jedem Verfahren, in dem es auf diese Frage ankam, *incidenter* geprüft werden (*Ludwig* RNotZ 02, 353/356 f; *Maurer* FamRZ 03, 1337/1339). Selbst wenn die Auslandsadoption anzuerkennen war, stand damit noch nicht fest, welche Wirkungen die Anerkennung im Inland hatte. Denn nach der Lehre von der Wirkungserstreckung (→ Rn 110 f) konnte die Anerkennung einer ausländischen Adoption im Inland nur diejenigen Wirkungen hervorbringen, die ihr nach dem Recht des Vornahmestaates zukamen. Dem Bedürfnis nach einer Klärung der Anerkennung/Wirksamkeit und der Wirkungen der ausländischen Adoption wurde daher häufig durch eine **Wiederholung der Adoption** im Inland Rechnung getragen (*Frank* StAZ 03, 257/260) *Klinkhardt* FS Sonnenberger [2004] 443/445; *v Bar* IPR II Rn 319). **59**

Mit dem am 1.1.2002 in Kraft getretenen **Adoptionswirkungsgesetz** wurde ein Verfahren eingeführt, mit dem die Anerkennung und die Wirkungen einer auf ausländischem Recht beruhenden Annahme eines minderjährigen Kindes aus der Sicht des materiellen deutschen Rechts verbindlich geklärt werden können, um diesbezüglich Rechtssicherheit für die Beteiligten zu schaffen (BT-Drs 14/601, 46; *Steiger* RNotZ 02, 184/195; NK-BGB/*Benicke* Anh Art 22 EGBGB Rn 7). Es handelt sich um ein **fakultatives Verfahren**, das den Grundsatz der *ex-lege* Anerkennung ausländischer Adoptionsentscheidungen unberührt lässt (*Steiger* RNotZ 02, 184/197; *Busch* IPRax 03, 13/14; *Maurer* FamRZ 03, 1337/1341). Wird das Verfahren nicht durchgeführt, so bleibt es mithin dabei, dass über die Anerkennung einer ausländischen Adoption und ihre Wirkungen in jedem Verfahren, in dem diese Vorfrage eine Rolle spielt, nur *incidenter* und ohne Bindungswirkung für andere Verfahren entschieden wird (*Ludwig* RNotZ 02, 353/ **60**

P 61–64   2. Teil. Anerkennung/Vollstreckung P. Adoptionssachen

356 ff; MüKoBGB/*Helms* Rn 79; Behrentin/*Braun* D Rn 21). Das Anerkennungsfeststellungsverfahren nach dem AdWirkG verdrängt das Verfahren nach § 108 Abs 2 FamFG.

AdWirkG § 1. Anwendungsbereich

**Die Vorschriften dieses Gesetzes gelten für eine Annahme als Kind, die auf einer
ausländischen Entscheidung oder auf ausländischen Sachvorschriften beruht. Sie gelten nicht, wenn der Angenommene zur Zeit der Annahme das 18. Lebensjahr vollendet hatte.**

1. Sachlicher Anwendungsbereich

61 Voraussetzung für die Anwendung des Adoptionswirkungsgesetzes ist nach § 1 S 1, dass die
Annahme als Kind auf einer ausländischen Entscheidung oder auf ausländischen Sachvorschriften
beruht. Das Gesetz gilt daher

- für **im Ausland ergangene Adoptionsentscheidungen aller Art,** also sowohl für grenzüberschreitende Adoptionen nach dem HAdoptÜ als auch für sonstige im Ausland erfolgte
  Adoptionen, die nach §§ 108, 109 FamFG anzuerkennen sind (BT-Drs 14/6011, 46; *Andrae,*
  IntFamR § 7 Rn 85; MüKoBGB/*Helms* Art 22 EGBGB Rn 76 mwN) und
- für **im In- oder Ausland aufgrund ausländischen Rechts vollzogene Adoptionen**; vgl
  § 2 Abs 3.

62 Die Feststellungsentscheidung nach § 2 AdWirkG kann sich also sowohl **auf Dekret- wie auf
Vertragsadoptionen** beziehen (BT-Drs 14/6011, 46; *Steiger* DNotZ 02, 184/196 f; *Busch*
IPRax 03, 13/15; Pal/*Thorn* Art 22 EGBGB Rn 15; NK-BGB/*Benicke* Art 22 EGBGB Anh I
Rn 5). Sie ist auch nicht auf Adoptionen beschränkt, die erst nach Inkrafttreten des Adoptions-
wirkungsgesetzes erfolgt sind (zur Anwendung auf Altfälle vgl OVG Hamburg IPRax 08, 261/
264; *Steiger* RNotZ 02, 184/197; *Süß* MittBayNot 02, 88/91; Pal/*Thorn* Rn 15; Erman/*Hohloch*
Rn 28; NK-BGB/*Benicke* Anh I Rn 2, jeweils zu Art 22 EGBGB).

2. Persönlicher Anwendungsbereich

63 Die Feststellung setzt nach § 1 S 2 AdWirkG weiter voraus, das der Angenommene im
Zeitpunkt der Entscheidung über die Annahme das **18. Lebensjahr noch nicht vollendet** hat.
Betrifft die Anerkennungsfeststellung eine vom HAdoptÜ erfasste grenzüberschreitende Adop-
tion, so ist wegen des Vorrangs der zwingenden Konventionsbestimmungen abweichend von § 2
AdWirkG auf den Zeitpunkt abzustellen, zu dem die erforderlichen Zustimmungen nach Art 3,
17 lit c HAdoptÜ erteilt worden sind (*Maurer* FamRZ 03, 1337/1338; **aA** MüKoBGB/*Helms*
Art 22 EGBGB Rn 76 in Fn 200). Darauf, ob der Angenommene nach seinem Heimatrecht
(Art 7 EGBGB) noch minderjährig ist, kommt es nicht an. Für die verbindliche Feststellung der
Anerkennung ausländischer Adoptionen von Erwachsenen steht nur das fakultative Verfahren
nach § 108 Abs 2 FamFG zur Verfügung (MüKoFamFG/*Rauscher* § 108 FamFG Rn 25); dieses
gilt jedoch nicht für reine Vertragsadoptionen (*Andrae*, IntFamR § 7 Rn 90).

64 Die in einem Vertragsstaat nach Maßgabe des HAdoptÜ durchgeführten Adoptionen sind zwar
nach Art 23 HAdoptÜ in allen Vertragsstaaten kraft Gesetzes anzuerkennen (→ Rn 28 ff). Dennoch kann sich die Durchführung des förmlichen Anerkennungs- und Wirkungsfeststellungsver-
fahrens gemäß § 2 AdWirkG auch für solche Adoptionen empfehlen. Denn durch die Bescheinigung nach Art 23 HAdoptÜ wird lediglich bestätigt, dass die Adoption unter Beachtung der
Vorschriften des HAdoptÜ und damit wirksam zustande gekommen ist. Die Erteilung der
Bescheinigung setzt jedoch keine inhaltliche Prüfung des Adoptionsbeschlusses voraus. Die Bescheinigung kann daher weder eine Aussage zu den Adoptionswirkungen nach dem Recht des
Vornahmestaates treffen, also insbesondere zur Frage, ob es sich nach diesem Recht um eine starke
oder schwache Adoption gehandelt hat, noch kann sie die Vereinbarkeit der Adoption mit dem
inländischen *ordre public* (Art 24 HAdoptÜ) feststellen (BT-Drs 14/6011, 45; *Busch* IPRax 03, 13/
16 f; *Ludwig* RNotZ 02, 353/356). Gerade diese beiden Punkte sind für die Beteiligten aber
bedeutsam und können durch das Verfahren nach § 2 AdWirkG geklärt werden. Denn im
Rahmen dieses Verfahrens wird festgestellt, ob es sich bei der grenzüberschreitenden Adoption um
eine Adoption mit starken Wirkungen (Volladoption) oder nur um eine solche mit schwachen
Wirkungen handelt (BT-Drs 14/6011, 45; *Busch* IPRax 03, 13/16 f; *Ludwig* RNotZ 02, 353/356).
Darüber hinaus kann nach Durchführung des Anerkennungs- und Wirkungsfeststellungsverfah-

III. Autonomes Zivilverfahrensrecht: AdWirkG § 2   65–69 **P**

rens von niemandem mehr geltend gemacht werden, der Adoptionsbeschluss stehe in offensicht-
lichem Widerspruch zum deutschen *ordre public*, denn diese Frage ist im Feststellungsverfahren von
Amts wegen zu prüfen (*Ludwig* RNotZ 02, 353/356; *v Bar*, IPR II Rn 317).

AdWirkG § 2. Anerkennungs- und Wirkungsfeststellung

(1) **Auf Antrag stellt das Familiengericht fest, ob eine Annahme als Kind im Sinne
des § 1 anzuerkennen oder wirksam und ob das Eltern-Kind-Verhältnis des Kindes zu
seinen bisherigen Eltern durch die Annahme erloschen ist.**

(2) **Im Falle einer anzuerkennenden oder wirksamen Annahme ist zusätzlich festzustellen,**

1. **wenn das in Absatz 1 genannte Eltern-Kind-Verhältnis erloschen ist, dass das Annahmeverhältnis einem nach den deutschen Sachvorschriften begründeten Annahmeverhältnis gleichsteht,**

2. **andernfalls, dass das Annahmeverhältnis in Ansehung der elterlichen Sorge und der
Unterhaltspflicht des Annehmenden einem nach den deutschen Sachvorschriften
begründeten Annahmeverhältnis gleichsteht.**

**Von der Feststellung nach Satz 1 kann abgesehen werden, wenn gleichzeitig ein
Umwandlungsausspruch nach § 3 ergeht.**

(3) **Spricht ein deutsches Familiengericht auf der Grundlage ausländischer Sachvor-
schriften die Annahme aus, so hat es die in den Absätzen 1 und 2 vorgesehenen
Feststellungen von Amts wegen zu treffen. Eine Feststellung über Anerkennung oder
Wirksamkeit der Annahme ergeht nicht.**

1. Antragserfordernis

Die Feststellungen nach § 2 Abs 1 werden vom Familiengericht grundsätzlich nur auf Antrag   **65**
getroffen (dazu näher *Behrentin/Braun* D Rn 71 ff). Die Antragsbefugnis ist in § 4 Abs 1 geregelt
(→ Rn 89 ff). Nur wenn das deutsche Familiengericht die Annahme auf der Grundlage ausländischen Rechts ausspricht, hat es die in Abs 1 und 2 vorgesehenen Feststellungen von Amts
wegen zu treffen, Abs 3 (→ Rn 75). Wird kein Antrag gestellt, kann über die Anerkennung einer
Auslandsadoption nur inzident in dem Verfahren entschieden werden, dessen Ausgang von dieser
Anerkennung abhängt.

2. Prüfungsmaßstab

Das Familiengericht prüft die Anerkennungsfähigkeit einer ausländischen **Dekretadoption**   **66**
• nach Art 23 HAdoptÜ, wenn die Adoption diesem Übk unterliegt (→ Rn 28 ff),
• in allen anderen Fällen nach § 109 Abs 1 und 5 FamFG (→ Rn 112 ff).

Die Wirksamkeit einer **Vertragsadoption** wird hingegen nach dem von Art 22 Abs 1 und 23   **67**
EGBGB bestimmten ausländischen Adoptionsstatut geprüft (→ H Rn 26 ff) und sodann am
deutschen *ordre public* (Art 6 EGBGB) gemessen (AG Hamburg IPRspr 15 Nr 125; Keidel/
Zimmermann § 108 FamFG Rn 25). Ist danach *deutsches* Recht auf die Adoption anwendbar, hat
eine Feststellung ihrer Wirksamkeit auszuscheiden (AG Hamm IPRspr 14 Nr 110a).

Hat an der Vertragsadoption allerdings ein ausländisches **Gericht konstitutiv mitgewirkt**   **68**
(zB durch eine gerichtliche Genehmigung, die erst nach sachlich-inhaltlicher Prüfung der
gesetzlichen Voraussetzungen, insbesondere des Kindeswohls, erteilt wird), erfolgt die Anerkennung nicht auf der Grundlage des von Art 22 Abs 1 EGBGB zur Anwendung berufenen Rechts,
sondern nach den für ausländische Dekretadoptionen maßgeblichen verfahrensrechtlichen Anerkennungsvorschriften (OLG Düsseldorf StAZ 11, 82/83; KG NJOZ 06, 2655/2657; Behren-
tin/*Braun* D Rn 38; dazu näher → Rn 77 ff).

3. Inhalt der Feststellungen nach Abs 1

Gemäß Abs 1 stellt das Familiengericht auf Antrag fest,   **69**
• ob eine **Adoption anzuerkennen oder wirksam** ist, **und**
• ob das **Rechtsverhältnis des Kindes zu den bisherigen Eltern durch die Annahme
erloschen** ist, dh ob es sich um eine Volladoption oder eine Adoption mit nur schwachen
Wirkungen gehandelt hat.

1407

P 70–74   2. Teil. Anerkennung/Vollstreckung P. Adoptionssachen

70   Maßgebend für die letztere Feststellung, die wiederum die Voraussetzung für die weitere Feststellung nach Abs 2 Nr 1 bildet (MüKoBGB/*Helms* Art 22 EGBGB Rn 77 f), ist nach dem Grundsatz der Wirkungserstreckung das Recht des Staates, das von dem ausländischen Gericht seinem Adoptionsbeschluss zugrunde gelegt worden ist, und zwar einschließlich des dortigen Kollisionsrechts. Sind die Voraussetzungen für eine Anerkennung der Adoption oder die Feststellung ihrer Wirksamkeit *nicht* erfüllt, oder ist das Verwandtschaftsverhältnis des Kindes zu den bisherigen Eltern *nicht* erloschen, so ist auch dies festzustellen, wenn ein Antrag nach Abs 1 gestellt worden ist (BT-Drs 14/6011, 47; *Steiger* DNotZ 02, 184/201).

4. Zusätzliche Feststellungen nach Abs 2

71   **a) Allgemeines.** Im Fall einer anzuerkennenden oder wirksamen Annahme hat das Familiengericht die in Abs 2 S 1 – alternativ – vorgeschriebenen **zusätzlichen Feststellungen** zu treffen, nämlich

- wenn das Verhältnis des Kindes zu seinen bisherigen Eltern erloschen ist, dass **das Annahmeverhältnis einem nach den deutschen Sachvorschriften begründeten Annahmeverhältnis gleichsteht (**Nr 1) oder
- wenn dies nicht der Fall ist, dass **das Annahmeverhältnis in Ansehung der elterlichen Sorge und der Unterhaltspflicht des Annehmenden einem nach den deutschen Sachvorschriften begründeten Annahmeverhältnis gleichsteht** (Nr 2).

72   Abs 2 S 1 ordnet damit in Nr 1 – ähnlich wie Art 26 Abs 2 HAdoptÜ (→ 40 ff) – eine **Substitution,** in Nr 2 eine **Teilsubstitution** an. Infolge der Feststellungen durch das Familiengericht treten – unter grundsätzlicher Beibehaltung des ausländischen Adoptionsstatuts (Staud/*Henrich* Art 22 EGBGB Rn 107; NK-BGB/*Benicke* Art 22 EGBGB Anh I Rn 17) – die genannten Adoptionswirkungen des deutschen Rechts ein. Nur soweit diese Feststellungen reichen, steht das Kind also einem nach deutschem Recht voll adoptierten Kind gleich (für eine solche bloße Substitution auf der Ebene des Sachrechts *Lorenz* FS Sonnenberger [2004] 497/509 ff; MüKoBGB/*Helms* Art 22 EGBGB Rn 70; **aA** [Statutenwechsel] *Frank* StAZ 03, 257/260 f; *Busch* IPRax 13, 16/18. Vgl dazu auch *Ludwig* RNotZ 02, 353/364 f; *Steiger* DNotZ 02, 184/200; *Staudinger/Winkelsträter* FamRBint 06, 10/12; NK-BGB/*Benicke* Art 22 EGBGB Anh I Rn 18 [„partielle Transformationswirkung"]). Von den Feststellungen nach Abs 2 S 1 kann nach Satz 2 abgesehen werden, wenn gleichzeitig ein Umwandlungsausspruch nach § 3 (→ Rn 77 ff) ergeht.

73   **b) Feststellung nach Abs 2 Nr. 1.** Die Feststellung nach Abs 2 Nr 1, dass das Annahmeverhältnis einem nach den deutschen Sachvorschriften begründeten Annahmeverhältnis gleichsteht, bewirkt also, dass deutsche Gerichte und Behörden, die im Rahmen der Anwendung deutschen Rechts (als Hauptfrage) über die Vorfrage der Adoption zu befinden haben, den Tatbestand der Volladoption als erfüllt anzusehen haben (zB für den Erwerb der deutschen Staatsangehörigkeit nach § 6 StAG; vgl *Lorenz* FS Sonnenberger [2004] 497/511; *Busch* IPRax 13, 16/18; *Ludwig* RNotZ 02, 353/364 f; *Andrae,* IntFamR § 7 Rn 88). Die Feststellung kann auch dann getroffen werden, wenn geringfügige rechtliche Beziehungen zu den leiblichen Eltern erhalten bleiben (OLG Bremen FamRZ 15, 425). Im Übrigen, zB hinsichtlich der Beziehungen des Kindes zu den Verwandten des Annehmenden, bleibt es bei den Wirkungen nach dem ausländischen Adoptionsstatut (MüKoBGB/*Helms* Art 22 EGBGB Rn 70).

74   **c) Feststellungen nach Abs 2 Nr 2.** Die Bindungswirkung der Feststellung nach Abs 2 Nr 2 ist demgegenüber auf die Bereiche der elterlichen Sorge und des Unterhaltsrechts beschränkt. Stellt sich die Vorfrage der Adoption daher in anderem Zusammenhang – zB im Erbrecht – so muss das damit befasste Gericht über die Frage der Substitution eigenständig entscheiden (→ H Rn 80 ff). Sieht das ausländische Adoptionsstatut – wie zB das *österreichische* Recht – vor, dass die im Familienrecht begründeten Unterhaltspflichten der leiblichen Eltern und deren Verwandten gegenüber dem adoptierten Kind aufrechterhalten bleiben, so hat das Gericht festzustellen, dass das Rechtsverhältnis des Kindes zu den bisherigen Eltern durch die Annahme nicht erloschen ist und dass das Annahmeverhältnis (nur) in Ansehung der elterlichen Sorge und der Unterhaltspflicht des/der Annehmenden einem nach den deutschen Sachvorschriften begründeten Annahmeverhältnis gleichsteht (*Busch* IPRax 17, 13/17 f; NK-BGB/*Benicke* Art 22 EGBGB Anh I Rn 20; vgl das Beispiel bei H/O/*Hausmann* § 14 Rn 103). Dabei setzt § 2 Abs 2 Nr 2 stillschweigend voraus, dass das Kind seinen gewöhnlichen Aufenthalt im Inland hat. Liegt dieser im Ausland, so gilt sowohl für die elterliche Sorge (Art 16, 17 KSÜ) als auch für den Unterhalts-

1408

III. Autonomes Zivilverfahrensrecht: AdWirkG § 3 **77, 78 P**

anspruch des Kindes (Art 3 HUP) das Recht an seinem gewöhnlichen Aufenthalt (Staud/*Henrich* Vorbem Art 22 EGBGB Rn 56).

5. Feststellungen von Amts wegen, Abs 3

Schließlich bestimmt Abs 3 S 1, dass das deutsche Familiengericht bei einer **im Inland auf 75 der Grundlage ausländischen Sachrechts** nach dem 1.1.2002 erfolgenden Dekretadoption die in Abs 1 und 2 vorgesehenen Feststellungen **von Amts wegen** zu treffen, also insbesondere festzustellen hat, ob das Eltern-Kind-Verhältnis zu den bisherigen Eltern durch die Annahme erloschen ist oder nicht. Eine Feststellung über die Anerkennung oder Wirksamkeit der Annahme ergeht in diesem Fall nicht, § 2 Abs 3 S 2. Für vor dem 1.1.2002 erfolgte Adoptionen kann die Feststellung nur auf Antrag getroffen werden (*Steiger* DNotZ 02, 184/202).

6. Wirkung der Feststellungen

Die Feststellungen nach § 2 wirken gemäß § 4 Abs 2 grundsätzlich **für und gegen alle** (näher 76 → Rn 91). Dies gilt gleichermaßen für die Frage, ob der Anerkennung der Adoption Versagungsgründe entgegenstehen oder nicht wie für die Rechtswirkungen der anzuerkennenden Adoption (Behrentin/*Braun* D Rn 14 f).

AdWirkG § 3. Umwandlungsausspruch

(1) **In den Fällen des § 2 Abs. 2 Satz 1 Nr. 2 kann das Familiengericht auf Antrag aussprechen, dass das Kind die Rechtsstellung eines nach den deutschen Sachvorschriften angenommenen Kindes erhält, wenn**

1. dies dem Wohl eines Kindes dient,
2. die erforderlichen Zustimmungen zu einer Annahme mit einer das Eltern-Kind-Verhältnis beendenden Wirkung erteilt sind und
3. überwiegende Interessen des Ehegatten, des Lebenspartners oder der Kinder des Annehmenden oder des Angenommenen nicht entgegenstehen.

Auf die Erforderlichkeit und die Erteilung der in Satz 1 Nr. 2 genannten Zustimmungen finden die für die Zustimmungen zu der Annahme maßgebenden Vorschriften sowie Artikel 6 des Einführungsgesetzes zum Bürgerlichen Gesetzbuche entsprechende Anwendung. Auf die Zustimmung des Kindes ist zusätzlich § 1746 Abs. 1 Satz 1 bis 3, Abs. 2 und 3 des Bürgerlichen Gesetzbuchs anzuwenden. Hat der Angenommene zur Zeit des Beschlusses nach Satz 1 das 18. Lebensjahr vollendet, so entfällt die Voraussetzung nach Satz 1 Nr. 1.

(2) **Absatz 1 gilt in den Fällen des § 2 Abs. 2 Satz 1 Nr. 1 entsprechend, wenn die Wirkungen der Annahme von den nach den deutschen Sachvorschriften vorgesehenen Wirkungen abweichen.**

1. Allgemeines

Ausländische „schwache" Adoptionen, die nicht zum Erlöschen des Eltern-Kind-Verhältnisses 77 zu den bisherigen Eltern führten, wurden zum Zweck der Herbeiführung einer Volladoption früher häufig im Inland **wiederholt**. Heute sehen sowohl das Haager Adoptionsübereinkommen (Art 27; dazu → Rn 44 ff) als auch das Adoptionswirkungsgesetz (§ 3 Abs 1) die Möglichkeit der Umwandlung einer schwachen Auslandsadoption in eine inländische Volladoption vor. Damit soll insbesondere das rechtliche Band zu den leiblichen Eltern zerschnitten und die erbrechtliche Stellung des Adoptivkindes verbessert werden; außerdem sollen häufig die Voraussetzungen für einen Erwerb der deutschen Staatsangehörigkeit nach § 6 StAG geschaffen werden. Durch Einführung des Umwandlungsverfahrens ist die Notwendigkeit einer Wiederholung ausländischer Adoptionen im Inland zur Verstärkung ihrer Wirkungen weitgehend entfallen.

2. Umwandlung ausländischer Adoptionen mit schwachen Wirkungen, Abs 1

a) Anwendungsbereich. Für ausländische Adoptionen mit schwachen Wirkungen eröffnet 78 Abs 1 die Möglichkeit, diese Adoptionen in Volladoptionen umzuwandeln. Bei einer solchen Umwandlung müssen nicht alle Voraussetzungen für eine Adoption nach dem von Art 22 EGBGB zur Anwendung berufenen Recht erneut geprüft werden; vielmehr wird diese Prüfung

1409

P 79–83 2. Teil. Anerkennung/Vollstreckung P. Adoptionssachen

in § 3 Abs 1 auf das Kindswohl, die erforderlichen Zustimmungen und die Interessen der Ehegatten und Kinder des/der Annehmenden und des Angenommenen beschränkt (NK-BGB/ *Benicke* Art 22 EGBGB Anh I Rn 23).

79   Die Vorschrift erfasst **ausländische Adoptionen jeder Art**, also sowohl grenzüberschreitende Adoptionen nach dem HAdoptÜ als auch sonstige im Ausland erfolgte Adoptionen, die im Inland nach §§ 108, 109 FamFG anzuerkennen sind (MüKoBGB/*Helms* Art 22 EGBGB Rn 104; H/O/*Hausmann* § 14 Rn 109). In Bezug auf Adoptionen, die in den Anwendungsbereich des Haager Adoptionsübereinkommens fallen, fungiert Abs 1 zugleich als Ausführungsvorschrift zu Art 27 HAdoptÜ (*Steiger* DNotZ 02, 184/203; *Ludwig* RNotZ 02, 353/369; Pal/ *Thorn* Art 22 EGBGB Rn 17).

80   **b) Voraussetzungen. aa) Antrag.** Wie das Feststellungsverfahren nach § 2 setzt auch das Umwandlungsverfahren nach § 3 Abs 1 S 1 einen hierauf gerichteten Antrag an das Familiengericht voraus. Antragsbefugt ist nur der Annehmende. Annehmende Ehegatten oder Lebenspartner können den Antrag nur gemeinschaftlich stellen, § 4 Abs 1 S 1 Nr 2. Der Umwandlungsantrag darf nicht unter einer Bedingung oder Zeitbestimmung oder durch einen Vertreter gestellt werden und bedarf der **notariellen Beurkundung**, § 4 Abs 1 S 3 iVm § 1752 Abs 2 BGB (*Maurer* FamRZ 03, 1337/1343).

81   **bb) Kindeswohl.** Darüber hinaus macht Abs 1 S 1 die Umwandlung der schwachen in eine starke Adoption davon abhängig, dass sie dem **Wohl des Kindes** dient (Nr 1). Dieses Erfordernis ist regelmäßig erfüllt, wenn das Kind keine persönlichen Beziehungen zu seiner leiblichen Familie mehr unterhält. Es wird idR fehlen, wenn das Kind Unterhalts- und/oder Erbansprüche gegenüber seinen leiblichen Eltern durch die Umwandlung verliert. Dem Kindeswohl entspricht die Umwandlung nach Abs 1 S 4 jedenfalls dann nicht mehr, wenn der Angenommene zur Zeit des Umwandlungsbeschlusses bereits das 18. Lebensjahr vollendet hat.

82   **cc) Zustimmungen.** Weiterhin müssen die erforderlichen Zustimmungen zu einer Annahme mit einer das Eltern-Kind-Verhältnis beendenden Wirkung (Volladoption) erteilt worden sein, Nr 2. Wegen der Erforderlichkeit und der Erteilung der in Abs 1 S 1 Nr 2 genannten Zustimmungen verweist § 3 Abs 1 S 2 auf die für Zustimmungen zu der Annahme maßgebenden Vorschriften sowie auf die Schranke des *ordre public* in Art 6 EGBGB. Die Verweisung ist nicht auf die Vorschriften des aus deutscher Sicht (Art 22 Abs 1, 23 EGBGB) maßgebenden Adoptionsstatuts, sondern auf die Vorschriften des Rechts gerichtet, nach dem die Adoption tatsächlich vorgenommen wurde. Es handelt sich mithin um eine **Gesamtverweisung** auf das Recht des Vornahmestaates unter Einschluss des dortigen internationalen Privatrechts (BT-Drs 14/ 6011, 45; *Steiger* DNotZ 02, 184/204; *Ludwig* RNotZ 02, 353/370; *Busch* IPRax 03, 13/19; *Süß* MittBayNot 02, 88/90; *Staudinger/Winkelsträter* FamRBint 06, 10/13; *Andrae*, IntFamR § 7 Rn 94; Staud/*Henrich* Rn 102; MüKoBGB/*Helms* Rn 105; **aA** Pal/*Thorn* Rn 17; NK-BGB/ *Benicke* Anh I Rn 32 f, jeweils zu Art 22 EGBGB). Danach ist insbesondere zu prüfen, ob die im ursprünglichen Adoptionsverfahren zu einer nur schwachen Adoption erteilten Zustimmungen auch eine Volladoption umfassen; daran wird es idR fehlen, so dass sie entsprechend erweitert oder neu eingeholt werden müssen (OLG Stuttgart BeckRS 17, 126257 Rn 47; OLG Hamm FamRZ 13, 1499/1500 f. Vgl auch MüKoBGB/*Helms* Rn 105; NK-BGB/*Benicke* Anh I Rn 25 ff, jeweils zu Art 22 EGBGB). Etwaige weitere Zustimmungen nach dem aus deutscher Sicht (Art 22, 23 EGBGB) zur Anwendung berufenen Recht müssen im Anwendungsbereich des HAdoptÜ hingegen nicht eingeholt werden.

83   Alle Personen, deren Zustimmung nach dem vom Gericht angewandten Recht für die Adoption erforderlich war, müssen ihre Zustimmung zu einer Volladoption erteilt haben. Fehlt auch nur *eine* solche Zustimmung oder kann sie nicht nachgewiesen werden, ist die Umwandlung der Adoption in eine Volladoption nicht möglich. Da Abs 1 S 2 aber nicht nur bezüglich der Erforderlichkeit, sondern auch bezüglich der Erteilung der Zustimmung auf die für die Annahme maßgebenden Vorschriften verweist, wird auch auf die Vorschriften über die **Ersetzung der Zustimmung** verwiesen (Staud/*Henrich* Art 22 EGBGB Rn 104; NK-BGB/*Benicke* Art 22 EGBGB Anh I Rn 38 ff; *Andrae*, IntFamR § 7 Rn 94; einschränkend aber *Steiger* DNotZ 02, 184/204; *Staudinger/Winkelsträter* FamRBInt 06, 10/13). Auf die Zustimmung des Kindes sind zusätzlich die Regeln über die Einwilligung in eine Adoption nach deutschem Recht in § 1746 BGB entsprechend anzuwenden, Abs 1 S 3, allerdings mit Ausnahme der familiengerichtlichen Genehmigung bei unterschiedlicher Staatsangehörigkeit.

1410

III. Autonomes Zivilverfahrensrecht: AdWirkG § 4 **P**

dd) Überwiegende Interessen anderer Beteiligter. Ferner dürfen auch überwiegende 84
Interessen des Ehegatten, des Lebenspartners oder der Kinder des Annehmenden oder des
Angenommen der Umwandlung nicht entgegenstehen, Nr 3. Dies wird nur in seltenen Aus-
nahmefällen in Betracht kommen.

ee) Anerkennung der ausländischen Adoption. Voraussetzung für die Umwandlung ist 85
schließlich die förmliche Anerkennung der ausländischen Adoption nach § 2 Abs 2 S 1 (*Ludwig*
RNotZ 02, 353/370; Behrentin/*Braun* D Rn 11). Von der Feststellung der Wirkungen nach § 2
Abs 2 S 1 kann allerdings abgesehen werden, wenn gleichzeitig ein Umwandlungsausspruch
ergeht, § 2 Abs 2 S 2. Die Anerkennung und die Umwandlung der ausländischen Adoption
können also im gleichen Verfahren betrieben werden (BT-Drs 14/6011 S 47; *Steiger* DNotZ 02,
184/205; *Ludwig* RNotZ 02, 353/370).1

c) Wirkungen. Der Umwandlungsausspruch wirkt gemäß § 4 Abs 2 S 1 AdWirkG **für und** 86
gegen alle, einschließlich der bisherigen Eltern, die immer am Verfahren zu beteiligen sind (BT-
Drs 14/6011 S 49; *Steiger* DNotZ 02, 184/205; *Ludwig* RNotZ 02, 353/372; *Maurer* FamRZ
03, 1337/1344).

3. Umwandlung ausländischer Adoptionen mit starken Wirkungen, Abs 2

Weiterhin sieht Abs 2 auch die Möglichkeit der Umwandlung ausländischer Volladoptionen in 87
Adoptionen des deutschen Rechts vor, wenn die Wirkungen der erfolgten Annahme von den in
den deutschen Sachvorschriften vorgesehenen abweichen. Diese Umwandlungsmöglichkeit erlangt zB dann Bedeutung, wenn die Adoption zwar das Eltern-Kind-Verhältnis zu den bisherigen
Eltern beendet, neue verwandtschaftliche Beziehungen aber nur zu den Adoptiveltern, nicht
jedoch – wie im deutschen Recht – auch zu deren Verwandten begründet (BT-Drs 14/6011, 48;
Steiger RNotZ 02, 184/205; *Ludwig* RNotZ 02, 353/373; *Frank* StAZ 03, 257/60). Ferner kann
durch die Umwandlung nach Abs 2 auch die volle erb- und namensrechtliche Gleichstellung des
Angenommenen herbeigeführt werden, wenn sie trotz der Volladoption im Ausland nicht
erreicht worden ist (AG Nürnberg StAZ 03, 144; Pal/*Thorn* Rn 17; MüKoBGB/*Helms* Rn 106,
jeweils zu Art 22 EGBGB). Die Umwandlung hat mithin bei im Ausland vollzogenen starken
Adoptionen einen Wechsel des von Art 22 Abs 2 EGBGB bestimmten Adoptionswirkungsstatuts
zur Folge (BT-Drs 14/6011, 48; *Steiger* RNotZ 02, 184/205; *Ludwig* RNotZ 02, 353/373; NK-
BGB/*Benicke* Art 22 EGBGB Anh I Rn 42).

4. Umwandlung inländischer Adoptionen mit schwachen Wirkungen

In entsprechender Anwendung von Abs 2 können auch im Inland auf der Grundlage auslän- 88
dischen Rechts ausgesprochene Adoptionen mit schwachen Wirkungen in eine Volladoption
umgewandelt werden (*Ludwig* RNotZ 02, 353/377; *Lorenz* FS Sonnenberger [2004] 497/515 f;
Brandt 173; *Andrae*, IntFamR § 7 Rn 93; Staud/*Henrich* Rn 101; **aA** Pal/*Thorn* Rn 17, jeweils
zu Art 22 EGBGB). Insoweit gilt das zuvor zur Umwandlung ausländischer Adoptionen mit
schwachen Wirkungen Gesagte (→ 78 ff) entsprechend.

AdWirkG § 4. Antragstellung; Reichweite der Entscheidungswirkungen

(1) **Antragsbefugt sind**

1. für eine Feststellung nach § 2 Abs. 1
  a) der Annehmende, im Fall der Annahme durch Ehegatten jeder von ihnen,
  b) das Kind,
  c) ein bisheriger Elternteil oder
  d) das Standesamt, das nach § 27 Abs. 1 des Personenstandsgesetzes für die Fort-
    führung der Beurkundung der Geburt des Kindes im Geburtenregister oder nach
    § 36 des Personenstandsgesetzes für die Beurkundung der Geburt des Kindes
    zuständig ist;
2. für einen Ausspruch nach § 3 Abs. 1 oder Abs. 2 der Annehmende, annehmende
  Ehegatten nur gemeinschaftlich.
Von der Antragsbefugnis nach Satz 1 Nr. 1 Buchstabe d ist nur in Zweifelsfällen
Gebrauch zu machen. Für den Antrag nach Satz 1 Nr. 2 gelten § 1752 Abs. 2 und
§ 1753 des Bürgerlichen Gesetzbuchs.

1411

P 2. Teil. Anerkennung/Vollstreckung P. Adoptionssachen

(2) Eine Feststellung nach § 2 sowie ein Ausspruch nach § 3 wirken für und gegen alle. Die Feststellung nach § 3 wirkt jedoch nicht gegenüber den bisherigen Eltern. In dem Beschluss nach § 2 ist dessen Wirkung auch gegenüber einem bisherigen Elternteil auszusprechen, sofern dieser das Verfahren eingeleitet hat oder auf Antrag eines nach Absatz 1 Satz 1 Nr. 1 Buchstabe a bis c Antragsbefugten beteiligt wurde. Die Beteiligung eines bisherigen Elternteils und der erweiterte Wirkungsausspruch nach Satz 3 können in einem gesonderten Verfahren beantragt werden.

1. Antragsbefugnis

89 **a) Feststellung nach § 2 Abs 1.** Antragsbefugt für die Feststellung nach § 2 Abs 1 sind nach Abs 1 S 1 Nr 1

- der Annehmende und im Fall der Annahme durch Ehegatten (oder eingetragene Lebenspartner) jeder von ihnen, lit. a,
- das Kind, lit. b,
- ein bisheriger Elternteil, lit. c, oder
- in engen Grenzen das Standesamt für Eintragungen nach §§ 27, 36 PStG (lit d und Abs 1 S 2; dazu NK-BGB/*Benicke* Art 22 EGBGB Anh I Rn 10 ff).

90 **b) Umwandlung nach § 3.** Die Antragsbefugnis für eine Umwandlung nach § 3 Abs 1 oder Abs 2 steht nur dem Annehmenden und den annehmenden Ehegatten zu, letzteren aber nur gemeinschaftlich.

2. Wirkungen

91 Sowohl die Feststellung nach § 2 wie die Umwandlung nach § 3 wirken gemäß § 4 Abs 2 S 1 **für und gegen alle.** Die Feststellung nach § 3 wirkt jedoch nicht gegenüber den bisherigen Eltern, § 4 Abs 2 S 2. Insbesondere sind alle deutschen Gerichte und Verwaltungsbehörden – auch Standesämter – in Verfahren, in denen über die Wirksamkeit der Adoption als Vorfrage zu befinden ist, an die Feststellung des Familiengerichts gebunden (BGH NJW 15, 2800 Rn 27 m Anm *Kemper;* BVerwG BeckRS 12, 54946 Rn 3; BVerwG FamRZ 07, 1550; *Andrae*, IntFamR § 7 Rn 89). Die Bindungswirkung kann nur ausnahmsweise entfallen, wenn die Feststellungsentscheidung an einem so offensichtlichen und schwerwiegenden rechtlichen Mangel leidet, dass sie als unwirksam zu behandeln ist (OVG Berlin-Brandenburg StAZ 12, 210/211; OVG Hamburg StAZ 07, 86/87 f; MüKoBGB/*Helms* Art 22 EGBGB Rn 79 mwN). Dafür reicht aber nicht schon jeder – selbst eindeutige – Verstoß gegen Rechtsvorschriften aus (dazu ausführlich BGH NJW 15, 2800 Rn 28 ff m Anm *Kemper* = FamRZ 15, 1479 m Anm *Heiderhoff*). In dem Beschluss nach § 2 AdWirkG ist jedoch dessen Wirkung auch gegenüber einem bisherigen Elternteil auszusprechen, sofern dieser das Verfahren eingeleitet hat oder auf Antrag eines Antragsberechtigten am Verfahren beteiligt wurde, § 4 Abs 2 S 2.

AdWirkG § 5. Zuständigkeit und Verfahren

(1) Über Anträge nach den §§ 2 und 3 entscheidet das Familiengericht, in dessen Bezirk ein Oberlandesgericht seinen Sitz hat, für den Bezirk dieses Oberlandesgerichts; für den Bezirk des Kammergerichts entscheidet das Amtsgericht Schöneberg. Für die internationale und die örtliche Zuständigkeit gelten die §§ 101 und 187 Abs. 1, 2 und 5 des Gesetzes über das Verfahren in Familiensachen und in den Angelegenheiten der freiwilligen Gerichtsbarkeit entsprechend.

(2) Die Landesregierungen werden ermächtigt, die Zuständigkeit nach Absatz 1 Satz 1 durch Rechtsverordnung einem anderen Familiengericht des Oberlandesgerichtsbezirks oder, wenn in einem Land mehrere Oberlandesgerichte errichtet sind, einem Vormundschaftsgericht für die Bezirke aller oder mehrerer Oberlandesgerichte zuzuweisen. Sie können die Ermächtigung auf die Landesjustizverwaltungen übertragen.

(3) Das Familiengericht entscheidet im Verfahren der freiwilligen Gerichtsbarkeit. Die §§ 159 und 160 Absatz 1 Satz 1, Absatz 2 bis 4 des Gesetzes über das Verfahren in Familiensachen und in den Angelegenheiten der freiwilligen Gerichtsbarkeit sind entsprechend anzuwenden. Im Verfahren nach § 2 wird ein bisheriger Elternteil nur nach Maßgabe des § 4 Abs. 2 Satz 3 und 4 angehört. Im Verfahren nach § 2 ist das Bundes-

1412

III. Autonomes Zivilverfahrensrecht: AdWirkG § 5 **92–95 P**

amt für Justiz als Bundeszentralstelle für Auslandsadoption, im Verfahren nach § 3 sind das Jugendamt und die zentrale Adoptionsstelle des Landesjugendamtes zu beteiligen.

(4) **Auf die Feststellung der Anerkennung oder Wirksamkeit einer Annahme als Kind oder des durch diese bewirkten Erlöschens des Eltern-Kind-Verhältnisses des Kindes zu seinen bisherigen Eltern, auf eine Feststellung nach § 2 Abs. 2 Satz 1 sowie auf einen Ausspruch nach § 3 Abs. 1 oder 2 oder nach § 4 Abs. 2 Satz 3 findet § 197 Abs. 2 und 3 des Gesetzes über das Verfahren in Familiensachen und in den Angelegenheiten der freiwilligen Gerichtsbarkeit entsprechende Anwendung. Im Übrigen unterliegen Beschlüsse nach diesem Gesetz der Beschwerde; sie werden mit ihrer Rechtskraft wirksam. § 4 Abs. 2 Satz 2 bleibt unberührt.**

1. Zuständigkeit, Abs 1, 2

Über Anträge nach §§ 2 und 3 entscheidet das Familiengericht, in dessen Bezirk ein Oberlandesgericht seinen Sitz hat, für den Bezirk dieses Oberlandesgerichts, Abs 1 S 1. Die internationale Zuständigkeit richtet sich nach § 101 (OLG Jena IPRspr 14 Nr 122; dazu näher → H Rn 5 ff), die örtliche nach § 187 Abs 1 S 2 FamFG. **92**

2. Verfahren, Abs 3, 4

Im Übrigen entscheidet das Familiengericht im Verfahren der **freiwilligen Gerichtsbarkeit** nach dem FamFG, Abs 3 S 1. Über die Deutung dieser Verweisung besteht allerdings Streit. Teilweise wird aus dem Umstand, dass das Verfahren nach dem AdWirkG nicht in § 111 FamFG genannt ist, der Schluss gezogen, dass es sich nicht um eine Familiensache handle. Dies hätte zur Folge, dass bei einer gemäß § 5 Abs 4 S 2 statthaften Beschwerde das **Abhilfeverfahren** durchzuführen wäre, weil die nur für Familiensachen normierte Ausnahme in § 68 Abs 1 S 2 FamFG nicht eingreifen würde (so OLG Hamm FamRZ 12, 1230 m zust Anm *Weitzel*; OLG Köln FamRZ 12, 1234 und 1815; OLG Dresden FamRZ 14, 1129; OLG Celle FamRZ 14, 1131; Keidel/*Engelhardt* § 199 Rn 31). Indessen setzt die Zuständigkeitsregelung in § 5 Abs 3 S 1, in der die Familiengerichte für örtlich zuständig erklärt werden, ersichtlich voraus, dass es sich um eine **Familiensache** handelt, die zu Recht als „Familiensache sui generis" (so OLG Schleswig FamRZ 14, 498 ff) oder „kraft Sachzusammenhangs" (so *Braun* ZKJ 12, 216; Behrentin/*Braun* D Rn 33; MüKoBGB/*Helms* Art 22 EGBGB Rn 80) bezeichnet worden ist. Dafür spricht auch die kostenrechtliche Behandlung der Verfahren nach dem AdWirkG als Familiensachen (§ 108 Abs 2 FamFG iVm Nr 1714 KV-FamGKG). Dieser Ansicht hat sich inzwischen auch die überwiegende Praxis angeschlossen, so dass der Beschwerde kein Abhilfeverfahren vorzuschalten ist (vgl idS OLG Frankfurt FamRZ 17, 1512/1513; OLG Brandenburg FamRZ 15, 869; OLG Bremen NJW-RR 14, 1411; OLG Düsseldorf FamRZ 12, 1233/1234 und FamRZ 13, 714/715; zust *Maurer* FamRZ 13, 90/94; *Braun* FamRZ 11, 81/82). Zwar handelt es sich bei dem Verfahren nach § 2 AdWirkG auch nicht um eine Adoptionssache iSv § 186 FamFG (Behrentin/*Braun* D Rn 31 f mwN gegen OLG Düsseldorf FamRZ 12, 1233). Dies schließt, jedoch die entsprechende Anwendung von Vorschriften des FamFG in Adoptionssachen, die auch für das Anerkennungsverfahren nach dem AdWirkG passen, nicht aus (OLG Stuttgart FamRZ 18, 362/363; OLG Düsseldorf FamRZ 13, 714 f). **93**

Für die **Anhörung** des Kindes und der Eltern gelten die §§ 159, 160 FamFG entsprechend; im Verfahren nach § 2 ist die Anhörung der Eltern jedoch nach Maßgabe von § 4 Abs 2 S 3 und 4 eingeschränkt, Abs 3 S 2 und 3. Für die Anhörung des Kindes im deutschen Anerkennungsverfahren ist dem Kind kein **Ergänzungspfleger** oder Verfahrensbeistand zu bestellen, wenn es durch die Annehmenden gesetzlich vertreten wird. Dies ist nach einer im Heimatstaat wirksamen Adoption der Fall, solange das Kind dort noch seinen gewöhnlichen Aufenthalt hat (Art 16 KSÜ bzw Art 21 EGBGB). Die Rechtsstellung der Annehmenden als gesetzlicher Vertreter des Kindes hängt in diesem Fall davon ab, ob die Adoption auch in Deutschland anzuerkennen ist (OLG Brandenburg StAZ 17, 15; OLG Bremen FamRZ 15, 425; OLG Nürnberg FamRZ 15, 1640; OLG Düsseldorf NZFam 15, 46 [LS] m Anm *Noltemeier;* OLG Schleswig FamRZ 14, 498; OLG Frankfurt FamRZ 14, 1572; OLG Düsseldorf FamRZ 13, 714 und FamRZ 12, 1229). Auch ein Verfahrensbeistand ist dem Kind nicht zu bestellen (OLG Nürnberg IPRspr 15 Nr 124). **94**

Für die Wirksamkeit und die **Anfechtung** der Beschlüsse des Familiengerichts im Verfahren nach dem AdWirkG gilt § 197 Abs 2 und 3 FamFG entsprechend, Abs 4 S 1. **95**

1413

P   2. Teil. Anerkennung/Vollstreckung P. Adoptionssachen

830. Gesetz über das Verfahren in Familiensachen und in den Angelegenheiten der freiwilligen Gerichtsbarkeit (FamFG)

Vom 17. Dezember 2008 (BGBl I, 2586)

Buch 1. Allgemeiner Teil
Abschnitt 9. Verfahren mit Auslandsbezug

Schrifttum: Vgl das allg Schrifttum zur Anerkennung ausländischer Entscheidungen in Familiensachen nach dem FamFG → K vor Rn 189.

Unterabschnitt 1. Verhältnis zu völkerrechtlichen Vereinbarungen und Rechtsakten der Europäischen Gemeinschaft

FamFG § 97. Vorrang und Unberührtheit

(1) **Regelungen in völkerrechtlichen Vereinbarungen gehen, soweit sie unmittelbar anwendbares innerstaatliches Recht geworden sind, den Vorschriften dieses Gesetzes vor. Regelungen in Rechtsakten der Europäischen Gemeinschaft bleiben unberührt.**

(2) **Die zur Umsetzung und Ausführung von Vereinbarungen und Rechtsakten im Sinne des Absatzes 1 erlassenen Bestimmungen bleiben unberührt.**

96   Die Anerkennung und Vollstreckung ausländischer Entscheidungen in Adoptionssachen beurteilt sich vorrangig nach dem zuvor erläuterten Haager Adoptionsübereinkommen von 1993 (Art 23 ff AdoptÜ) Dies wird in Abs 1 noch einmal *deklaratorisch* klargestellt. Nur wenn dieses Übk nicht eingreift, weil die Adoption in einem Nichtvertragsstaat durchgeführt wurde (vgl OLG Bremen FamRZ 15, 425: *Namibia),* oder das autonome deutsche Recht die Anerkennung ausländischer Adoptionsentscheidungen im Verhältnis zu den Vorschriften des HAdoptÜ im konkreten Fall erleichtert **(Günstigkeitsprinzip),** kann auf die §§ 108–110 FamFG zurückgegriffen werden. Ob das Günstigkeitsprinzip auch in Adoptionssachen gilt, ist allerdings umstritten (näher → Rn 98 ff).

Unterabschnitt 2. Internationale Zuständigkeit

FamFG § 106. Keine ausschließliche Zuständigkeit

Die Zuständigkeiten in diesem Unterabschnitt sind nicht ausschließlich.

97   Die internationale Zuständigkeit der deutschen Gerichte in Adoptionssachen nach § 101 ist nicht ausschließlich. Dies ist insbesondere im Hinblick auf die Prüfung der **Anerkennungszuständigkeit** des ausländischen Gerichts nach § 109 Abs 1 Nr 1 gemäß dem sog Spiegelbildprinzip von Bedeutung. Die Anerkennung einer ausländischen Adoptionsentscheidung ist daher nicht schon deshalb zu versagen, weil eine konkurrierende internationale Zuständigkeit eines deutschen Gerichts nach § 101 gegeben ist (Mu/*Borth/Grandel* § 109 Rn 8).

Unterabschnitt 3. Anerkennung und Vollstreckbarkeit ausländischer Entscheidungen

FamFG § 107

(betrifft Ehesachen; abgedruckt und kommentiert→ *K Rn 194 ff)*

FamFG § 108. Anerkennung anderer ausländischer Entscheidungen

(1) **Abgesehen von Entscheidungen in Ehesachen werden ausländische Entscheidungen anerkannt, ohne dass es hierfür eines besonderen Verfahrens bedarf.**

(2) **Beteiligte, die ein rechtliches Interesse haben, können eine Entscheidung über die Anerkennung oder Nichtanerkennung einer ausländischen Entscheidung nicht vermögensrechtlichen Inhalts beantragen. § 107 Abs. 9 gilt entsprechend. Für die Anerkennung oder Nichtanerkennung einer Annahme als Kind gelten jedoch die §§ 2, 4**

1414

III. Autonomes Zivilverfahrensrecht: FamFG § 108   98–101   P

und 5 des Adoptionswirkungsgesetzes, wenn der Angenommene zur Zeit der Annahme das 18 Lebensjahr nicht vollendet hatte.

(3) **Für die Entscheidung über den Antrag nach Absatz 2 Satz 1 ist das Gericht örtlich zuständig, in dessen Bezirk zum Zeitpunkt der Antragstellung**

1. **der Antragsgegner oder die Person, auf die sich die Entscheidung bezieht, sich gewöhnlich aufhält oder**
2. **bei Fehlen einer Zuständigkeit nach Nummer 1 das Interesse an der Feststellung bekannt wird oder das Bedürfnis der Fürsorge besteht.**

Diese Zuständigkeiten sind ausschließlich.

1. Günstigkeitsprinzip

Ob das HAdoptÜ es den Vertragsstaaten gestattet, Adoptionen aus anderen Vertragsstaaten **98** auch nach ihrem autonomen Recht anzuerkennen, wenn die Voraussetzungen für eine Anerkennung nach Art 23 ff HAdoptÜ nicht vorliegen, weil das Verfahren nach Art 4 und 5 HAdoptÜ nicht eingehalten wurde, wird unterschiedlich beantwortet. Teilweise wird aus den über die Sicherung der Anerkennung hinausgehenden Zielen des Übereinkommens (Art 1: Beachtung des Kindeswohls, Wahrung der Grundrechte des Kindes, Bekämpfung des Kinderhandels; → Rn 14 f) entnommen, dass das Günstigkeitsprinzip insoweit keine Anwendung finden könne. Die Anerkennung der vom HAdoptÜ erfassten Adoptionen sei nur möglich, wenn die zwingenden Verfahrensvorschriften des Übereinkommens beachtet worden seien. Eine nachträgliche Heilung durch eine Anerkennung nach autonomem Recht sei daher ausgeschlossen. Die Beteiligten werden vielmehr auf die Möglichkeit einer Nachadoption verwiesen (so OLG Schleswig FamRZ 14, 498 Rn 21 ff m abl Anm *Botthoff* StAZ 14, 74; *Fuchs* IPRax 06, 316; *Reinhardt* ZRP 06, 247; Staud/*Henrich* Vorbem Art 22 EGBGB Rn 46; NK-BGB/*Benicke* Art 22 EGBGB Rn 80; P/H/*Hau* § 109 Rn 13).

Nach anderer Ansicht kommt eine Anerkennung nur in Betracht, wenn sich aus der auslän- **99** dischen Adoptionsentscheidung entnehmen lasse, dass die *materiellen* Voraussetzungen der Art 4 und 5 HAdoptÜ erfüllt worden seien und es sich bei der Nichteinhaltung des verbindlichen Verfahrens nach dem Übk nur um **formale Verstöße** gehandelt habe (so OLG Karlsruhe FamRZ 15, 1642; AG Karlsruhe IPRspr 15 Nr 122; *Weitzel* NJW 08, 186/189; jurisPK-BGB/*Behrentin* Art 22 EGBGB Rn 122 f). Teilweise wird die Versagung der Anerkennung in Fällen, in denen eine Bescheinigung nach Art 23 HAdoptÜ nicht vorgelegt oder nachgewiesen werden kann, mit einem Verstoß gegen den *ordre public* nach Art 24 HAdoptÜ begründet, weil dann eine unzureichende Prüfung des Kindeswohls unterstellt werden müsse (so OLG Hamm FamRZ 11, 310).

Vorzuziehen ist jedoch die inzwischen vorherrschende Ansicht, die eine Anerkennung nicht **100** an der Nichtvorlage der Bescheinigung nach Art 23 HAdoptÜ scheitern lässt, sondern die Zulässigkeit einer Anerkennung nach §§ 108, 109 FamFG aufgrund des **Günstigkeitsprinzips** immer dann bejaht, wenn die – im Anerkennungsverfahren nachzuholende – Prüfung im konkreten Einzelfall ergibt, dass die Adoption trotz etwaiger formaler Verfahrensverstöße dem Kindeswohl entspricht (so OLG Celle FamRZ 17, 1503/1504 f; OLG Stuttgart NZFam 17, 1019; OLG Brandenburg StAZ 17, 15/17 ff; OLG Karlsruhe FamRZ 15, 1642/1643 f; OLG Köln FamRZ 10, 49 m krit Anm *Weitzel*; AG Hamm StAZ 12, 54; *Botthoff* StAZ 13, 77; *Staudinger* FamRBInt 07, 42/44 f; *Andrae*, IntFamR § 7 Rn 68 ff, 71; BeckOK-BGB/*Heiderhoff* Rn 62; MüKoBGB/*Helms* Rn 82, jeweils zu Art 22 EGBGB; allg zur Bedeutung des Kindeswohls bei der Anerkennung nach § 109 BGH FamRZ 15, 240 Rn 56). Denn generalpräventive Erwägungen mit dem Ziel, durch Einhaltung bestimmter Verfahrensstandards sicherzustellen, dass internationale Adoptionen zum Wohl des Kindes und unter Wahrung seiner Grundrechte stattfinden, können es nicht rechtfertigen, das Kindeswohl im konkreten Einzelfall außer Betracht zu lassen. Der bloße Umstand, dass die leiblichen Eltern des Kindes und die Annehmenden das nach dem HAdoptÜ vorgesehene Verfahren bewusst oder unbewusst umgangen haben, darf dem betroffenen Kind nicht zum Nachteil gereichen, wenn zwischen den Beteiligten inzwischen eine stabile Eltern-Kind-Beziehung entstanden ist. Dies gilt ins besondere in Fällen der Stiefkindadoption (OLG Karlsruhe FamRZ 15, 1642/1643 f).

2. Der Begriff der Entscheidung

Gegenstand der Anerkennung nach § 108 sind nur ausländische Entscheidungen. Außerhalb **101** des Anwendungsbereichs des Haager Adoptionsübereinkommens – also zB bei Adoptionen ohne

P 102–107   2. Teil. Anerkennung/Vollstreckung P. Adoptionssachen

grenzüberschreitendes Element (vgl LG Düsseldorf FamRZ 13, 713) – ist bei der Beurteilung der Anerkennung einer im Ausland vorgenommenen Adoption und ihrer Wirkungen im Inland daher danach zu unterscheiden, ob es sich um eine Dekretadoption oder um eine Vertragsadoption handelt. Nur bei **Dekretadoptionen** beurteilt sich die Anerkennung nach §§ 108, 109 FamFG. Demgegenüber muss die Wirksamkeit von **Vertragsadoptionen** mit Hilfe des von Art 22, 23 EGBGB zur Anwendung berufenen Rechts geprüft werden (*Ludwig* RNotZ 02, 353/357; *v Bar*, IPR II Rn 317; Staud/*Henrich* Art 22 EGBGB Rn 98; Keidel/*Zimmermann* Rn 23; dazu → H Rn 90 ff).

102   Eine dem deutschen Recht (§ 1752 Abs 1 BGB) vergleichbare Dekretadoption liegt vor, wenn das ausländische Recht eine Adoption ebenfalls durch **konstitutive gerichtliche Entscheidung** vorsieht (*Ludwig* RNotZ 02, 353/357; Erman/*Hohloch* Art 22 EGBGB Rn 24 mwN). Eine „Entscheidung" iSd §§ 108, 109 FamFG setzt voraus, dass die Adoption durch eine *Behörde* ausgesprochen worden ist, die nach Funktion und Verfahren einem Gericht der freiwilligen Gerichtsbarkeit vergleichbar ist (BayObLG StAZ 2000, 194/195; LG Frankfurt StAZ 95, 74/75; *Jayme* IPRax 91, 129; *Benicke* 187; Staud/*Henrich* Art 22 EGBGB Rn 85).

103   Die verfahrensrechtliche Anerkennung nach §§ 108, 109 FamFG ist aber auch dann geboten, wenn das ausländische Recht die Adoption zwar als Vertrag zwischen Annehmendem und Anzunehmendem ausgestaltet, dieser Vertrag aber nur Rechtswirkungen entfaltet, wenn er **gerichtlich überprüft** und bestätigt wird (OLG Düsseldorf FamRZ 11, 1522; OLG Frankfurt FamRZ 09, 1605; KG IPRspr 10 Nr 130b; *Ludwig* RNotZ 02, 353/357; *v Bar*, IPR II Rn 317; Staud/*Henrich* Rn 98; MüKoBGB/*Helms* Rn 85; NK–BGB/*Benicke* Rn 82, jeweils zu Art 22 EGBGB mwN). Gleiches gilt auch dann; wenn der Adoptionsvertrag eine gerichtliche Bewilligung erfordert und diese nur erteilt wird, wenn das Vorliegen der gesetzlichen Voraussetzungen, insbesondere das Kindeswohl, vom Gericht zu prüfen ist (KG FamRZ 06, 1405; Erman/*Hohloch* Art 22 EGBGB Rn 24; Staud/*Henrich* Art 22 EGBGB Rn 98). Die Wirksamkeit des Adoptionsvertrages ist dann nicht aus der Sicht des deutschen Rechts (Art 22 Abs 1 EGBGB), sondern aus der Sicht des Gerichts zu prüfen, das die Bewilligung erteilt hat (vgl *Andrae*, IntFamR § 7 Rn 84; differenzierend OVG Hamburg IPRax 08, 261/264).

104   Beschränkt sich die gerichtliche Mitwirkung hingegen auf eine **bloße Registrierung**, ohne dass eine sachliche Überprüfung der Adoptionsvoraussetzungen stattfindet, handelt es sich nicht um einen Akt der freiwilligen Gerichtsbarkeit, so dass nicht von einer Dekretadoption, sondern von einer Vertragsadoption auszugehen ist (Staud/*Henrich* Rn 98; MüKoBGB/*Helms* Rn 85; NK–BGB/*Benicke* Rn 82 aE, jeweils zu Art 22 EGBGB mwN).

105   Ob die Entscheidung im Ursprungsstaat von einem **Gericht** im eigentlichen Sinne, einer Behörde oder einem Notariat erlassen wurde, ist hingegen nicht entscheidend. § 108 erfasst auch Adoptionsentscheidungen solcher Behörden, die in ihrer Stellung deutschen Gerichten entsprechen (BayObLGZ 99, 352; Keidel/*Zimmermann* Rn 6; Mu/*Borth*/*Grandel* Rn 2). Die Entscheidung muss von einer **ausländischen Stelle** getroffen worden sein. Auch dies ist funktional iS der Zuordnung dieser Stelle zu einer ausländischen Hoheitsgewalt zu verstehen. Damit erfasst § 108 auch Entscheidungen, die durch eine ausländische (Konsular-) Behörde im Inland ergangen sind (MüKoFamFG/*Rauscher* Rn 11).

106   Anerkennungsfähig sind nach autonomem Recht nur **Sachentscheidungen** (*Klinck* FamRZ 09, 741/743; ThP/*Hüßtege* Rn 1). Dies sind Entscheidungen, die endgültig über den Verfahrensgegenstand befinden. Nicht anerkennungsfähig sind damit Prozessurteile/-beschlüsse (Mu/ *Borth*/*Grandel* Rn 2), verfahrensleitende Entscheidungen oder gerichtliche Tathandlungen (MüKoFamFG/*Rauscher* Rn 15). Auch ausländische Entscheidungen, welche die Anerkennung einer drittstaatlichen Adoption feststellen, sind nicht nach § 108 anerkennungsfähig. Solche Entscheidungen haben keinen anerkennungsfähigen Inhalt, sondern ordnen die Anerkennung nur beschränkt auf den Anerkennungsstaat an (MüKoFamFG/*Rauscher* Rn 15).

107   Anders als in Ehesachen und in Familienstreitsachen (zB in Güterrechts- oder Unterhaltssachen, → M Rn 841) ist es in Adoptionssachen nicht zwingend erforderlich, dass die ausländische Entscheidung **formelle Rechtskraft** erlangt hat (*Klinck* FamRZ 09, 741/744). Bereits zu 16a FGG war ausweislich der Gesetzesmaterialien anerkannt, dass es genügt, wenn die Entscheidung „bestimmt und geeignet ist, eine rechtliche Wirkung für die Beteiligten zu äußern" (BT-Drs 10/504, S 93). Daran ist auch unter Geltung von § 108 festzuhalten. Es reicht also aus, dass die Entscheidung Rechte der Beteiligten begründet, ändert, aufhebt oder feststellt und nach ihrer *lex fori* wirksam ist (OLG Köln NJW-RR 10, 1225/1226; Keidel/*Zimmermann* Rn 8; Bamberger/Roth/*Althammer* Rn 4).

1416

III. Autonomes Zivilverfahrensrecht: FamFG § 109   **P**

3. Automatische Anerkennung, Abs 1

Wie schon bisher nach § 16a FGG werden Adoptionsentscheidungen grundsätzlich *ipso iure* **108** im Inland anerkannt; ohne dass es hierfür – anders als in Ehesachen (§ 107) – eines besonderen Anerkennungsverfahrens bedürfte (OLG Köln NJW-RR 10, 1225/1226; ThP/*Hüßtege* R 4; MüKoFamFG/*Rauscher* Rn 21; MüKoBGB/*Helms* Art 22 EGBGB Rn 75).

4. Fakultatives Anerkennungsfeststellungsverfahren nach Abs 2, 3

Durch § 108 Abs 2 wurde im deutschen Recht erstmals ein fakultatives Verfahren zur Fest- **109** stellung der Anerkennung oder Nichtanerkennung einer ausländischen Entscheidung der freiwilligen Gerichtsbarkeit nicht vermögensrechtlichen Inhalts eingeführt. Um eine solche handelt es sich zwar auch bei der Anerkennung einer ausländischen Dekretadoption. Dennoch findet § 108 Abs 2 und 3 auf die verbindliche Feststellung der Anerkennung einer ausländischen Adoptionsentscheidung keine Anwendung, soweit der Angenommene zur Zeit der Annahme das 18. Lebensjahr noch nicht vollendet hatte. Denn insoweit ist der Anwendungsbereich des **Adoptionswirkungsgesetzes** eröffnet, das als *lex specialis* Vorrang vor § 108 Abs 2 und 3 hat (§ 108 Abs 2 S 3 iVm §§ 2, 4 und 5 AdWirkG). Das fakultative Verfahren nach § 108 Abs 2 bleibt allerdings zulässig in Bezug auf die Anerkennung einer **Erwachsenenadoption** (OLG Nürnberg FamRZ 16, 1605/1606 m Anm *Eichel* IPRax 17, 520 f).

5. Rechtsfolgen der Anerkennung

Anerkennung nach § 108 FamFG bedeutet im Ausgangspunkt **Wirkungserstreckung** (OLG **110** Köln FamRZ 10, 1590/1591; MüKoFamFG/*Rauscher* Rn 18; Mu/*Borth/Grandel* Rn 7; P/H/ *Hau* Rn 10; näher → N Rn 623 ff). Danach entfaltet die ausländische Adoptionsentscheidung auch für das inländische Recht diejenigen verfahrensrechtlichen Wirkungen, die ihr nach dem ausländischen Verfahrensrecht des Ursprungsstaats zukommen. Dies gilt insbesondere für die materielle Rechtskraft, die Interventions- und Streitverkündungswirkung sowie nach heute hM auch für die Gestaltungswirkung. Auch wenn die Anerkennung nicht *ipso iure,* sondern in einem gesonderten Feststellungsverfahren (wie zB nach dem AdWirkG) erfolgt, wirkt die Feststellung, dass die Voraussetzungen für die Anerkennung vorliegen, auf den Zeitpunkt der Rechtskraft der ausländischen Entscheidung zurück.

Aus diesem Grundsatz der Wirkungserstreckung folgt, dass die Wirkungen der anzuerkennen- **111** den Auslandsadoption sich nicht nach dem aus deutscher Sicht maßgeblichen Adoptionsstatut (Art 22 Abs 2 EGBGB), sondern nach dem **Recht des Entscheidungsstaates** (unter Einschluss des dortigen internationalen Privatrechts) bestimmen (*Ludwig* RNotZ 02, 353/356; *Steiger* RNotZ 02, 184/187; *Andrae,* IntFamR § 7 Rn 82; Münch/*Süß* § 20 Rn 364; Pal/*Thorn* Rn 17; Erman/*Hohloch* Rn 26; NK-BGB/*Benicke* Rn 17, jeweils zu Art 22 EGBGB). Denn insbesondere die Zustimmungserklärungen der Beteiligten im ausländischen Verfahren waren nur auf den dort maßgebenden Adoptionstyp ausgerichtet. Haben die leiblichen Eltern zB nur einer schwachen Adoption zugestimmt, bei der die Beziehungen zu ihrem Kind in gewissem Umfang erhalten blieben, so darf die bloße Anerkennung dieser Adoption in Deutschland nicht zu einer Verstärkung der Adoptionswirkungen führen (vgl BayObLGZ 99, 352/358 ff). Eine Transformation in eine deutsche Volladoption ist nur im Verfahren nach § 3 AdWirkG zulässig, in dem die leiblichen Eltern eine entsprechend weiterreichende Zustimmung erklären müssen (→ 78 ff).

FamFG § 109 Anerkennungshindernisse

(1) **Die Anerkennung einer ausländischen Entscheidung ist ausgeschlossen,**

1. **wenn die Gerichte des anderen Staates nach deutschem Recht nicht zuständig sind;**
2. **wenn einem Beteiligten, der sich zur Hauptsache nicht geäußert hat und sich hierauf beruft, das verfahrenseinleitende Dokument nicht ordnungsgemäß oder nicht so rechtzeitig mitgeteilt worden ist, dass er seine Rechte wahrnehmen konnte;**
3. **wenn die Entscheidung mit einer hier erlassenen oder anzuerkennenden früheren ausländischen Entscheidung oder wenn das ihr zugrunde liegende Verfahren mit einem früher hier rechtshängig gewordenen Verfahren unvereinbar ist;**

1417

P 112–116   2. Teil. Anerkennung/Vollstreckung P. Adoptionssachen

4. wenn die Anerkennung der Entscheidung zu einem Ergebnis führt, das mit wesentlichen Grundsätzen des deutschen Rechts offensichtlich unvereinbar ist, insbesondere wenn die Anerkennung mit den Grundrechten unvereinbar ist.

(2) *(betrifft Ehesachen; abgedruckt und kommentiert →* K Rn 261 ff)

(3) *(betrifft Lebenspartnerschaftssachen; abgedruckt und kommentiert →* Q vor Rn 76 und Rn 81)

(4) *(betrifft Familienstreit- und Lebenspartnerschaftssachen; abgedruckt und kommentiert →* M Rn 841 *und →* Q vor Rn 76, Rn 85 und 89)

(5) **Eine Überprüfung der Gesetzmäßigkeit der ausländischen Entscheidung findet nicht statt.**

1. Allgemeines

112   Eine ausländische Dekretadoption ist – wie andere ausländische Entscheidungen auf dem Gebiet der freiwilligen Gerichtsbarkeit – im Inland *ipso iure* anzuerkennen, wenn keines der in Abs 1 Nr 1–4 abschließend aufgezählten Anerkennungshindernisse besteht. Dabei stehen in der Praxis die Versagungsgründe nach Nr 1 (internationale Zuständigkeit) und Nr 4 *(ordre public)* im Vordergrund. Weiterhin muss den Beteiligten bei der Einleitung des Verfahrens ausreichendes **rechtliches Gehör** nach Abs 1 Nr 2 gewährt worden sein und die Entscheidung darf nicht mit einer deutschen oder einer in Deutschland anzuerkennenden früheren ausländischen Entscheidung iSv § 109 Abs 1 Nr 3 FamFG unvereinbar oder in einem Verfahren ergangen sein, das eine frühere deutsche Rechtshängigkeit verletzt.

113   Diese Anerkennungshindernisse sind – mit Ausnahme von Abs 1 Nr 2 (→ Rn 123) – **von Amts** wegen zu prüfen (Mu/*Borth/Grandel* Rn 1); ein Verzicht auf ihre Geltendmachung ist daher nicht wirksam. Auch der Versagungsgrund nach Abs 1 Nr 1 (fehlende internationale (Anerkennungs-) Zuständigkeit) unterliegt in Adoptionssachen nicht der Parteidisposition, weil nach der für deutsche Gerichte maßgebenden Zuständigkeitsvorschrift (§ 101; → H Rn 5 ff) insoweit eine Gerichtsstandsvereinbarung oder eine rügelose Einlassung nicht möglich ist. Der Vorrang konkurrierender Entscheidungen und Verfahren (Abs 1 Nr 3) und der Vorbehalt des *ordre public* (Abs 1 Nr 4) bestehen dagegen auch im öffentlichen Interesse (MüKoFamFG/ *Rauscher* Rn 9).

114   Die **Beweislast** für die tatsächlichen Voraussetzungen eines Versagungsgrundes nach Abs 1 trägt diejenige Partei, die sich auf einen solchen beruft (OLG Koblenz RIW 04, 302; ThP/ *Hüßtege* § 108 Rn 5). Dabei besteht **keine Bindung** an die in der anzuerkennenden Entscheidung getroffenen tatsächlichen und rechtlichen Feststellungen. Das Gericht, das über die Anerkennung einer Adoption zu entscheiden hat, kann und muss nach pflichtgemäßem Ermessen ggf neue Beweise erheben (Zö/*Geimer* § 328 ZPO Rn 145).

115   Maßgebend ist grundsätzlich das Anerkennungsrecht, das in dem **Zeitpunkt** galt, in dem die ausländische Entscheidung in Rechtskraft erwachsen ist (KG FamRZ 04, 275/276). § 109 ist damit auf alle nach dem 1.9.2009 wirksam gewordenen Adoptionsentscheidungen anzuwenden. Eine Ausnahme gilt nur für den Verstoß gegen den *ordre public* nach Abs 1 Nr 4; insoweit kommt es auf die im Anerkennungszeitpunkt maßgeblichen deutschen Rechtsvorstellungen an (→ Rn 131). Wegen des im Anerkennungsrecht geltenden Günstigkeitsprinzips ist darüber hinaus jede nachträgliche Rechtsänderung, die zu einer Erleichterung der Anerkennung führt, zu berücksichtigen (vgl Staud/*Henrich* Rn 87; NK-BGB/*Benicke* Rn 87, jeweils zu Art 22 EGBGB).

2. Anerkennungshindernisse, Abs 1

116   **a) Fehlende Anerkennungszuständigkeit, Nr 1. aa) Spiegelbildprinzip.** Die Anerkennung ausländischer Adoptionsentscheidungen ist gemäß Abs 1 Nr 1 nach dem sog Spiegelbildprinzip zu versagen, wenn unter hypothetischer Zugrundelegung der inländischen Zuständigkeitsvorschriften kein Gericht des Ursprungsstaates für die Entscheidung zuständig war. Unerheblich ist dagegen die sachliche, örtliche oder funktionelle Zuständigkeit (OLG Bamberg FamRZ 00, 1289; Zö/*Geimer* § 328 ZPO Rn 106). Die für die deutschen Gerichte geltenden Zuständigkeitsvorschriften werden für die Anerkennungsprüfung gemäß Nr 1 so gespiegelt, als wären sie im Entscheidungsstaat anzuwenden gewesen (OLG Karlsruhe NJW 04, 516/517). Unerheblich ist dagegen, ob die Gerichte des Ursprungsstaates nach ihrer eigenen *lex fori* zuständig waren (OLG Bamberg FamRZ 00, 1098 (LS); Keidel/*Zimmermann* Rn 3). Eine

1418

III. Autonomes Zivilverfahrensrecht: FamFG § 109   **117–122** **P**

Ausnahme gilt nur dann, wenn die Verletzung des eigenen Verfahrensrechts nach der ausländischen *lex fori* so schwer wiegt, dass sie zur Unwirksamkeit der Entscheidung führt (MüKoFamFG/*Rauscher* Rn 11).

bb) Prüfungsmaßstab. Prüfungsmaßstab für die internationale Zuständigkeit in Adoptions- **117** sachen ist nach deutschem Recht § 101 FamFG (→ H Rn 5 ff). Danach ist das ausländische Gericht aus deutscher Sicht für die Adoption international zuständig, wenn ein Beteiligter entweder die Staatsangehörigkeit des Gerichtsstaats besitzt oder dort seinen gewöhnlichen Aufenthalt hatte (LG München IPRspr 10 Nr 140; vgl schon BayObLG StAZ 2000, 104 und 300; MüKoBGB/*Helms* Art 22 EGBGB Rn 88 f). Eine konkurrierende Zuständigkeit deutscher Gerichte steht der Anerkennung nicht entgegen (§ 106). Für doppelrelevante Tatsachen, die die Zuständigkeit des angerufenen ausländischen Gerichts begründen, genügt im Rahmen der Anerkennung nicht die schlüssige Behauptung; vielmehr muss die Tatsache zur Überzeugung des die Anerkennung prüfenden Gerichts nachgewiesen sein (BGH NJW 94, 1413/1414).

cc) Maßgebender Zeitpunkt. Für das Vorliegen der Anerkennungszuständigkeit bzw der **118** entsprechenden Anknüpfungstatsachen ist grundsätzlich der Zeitpunkt der Antragstellung im ausländischen Verfahren maßgebend (MüKoZPO/*Gottwald* § 328 Rn 77). Während jedoch ein späterer Wegfall der zuständigkeitsbegründenden Tatsachen vor dem Erstgericht in Ehe- und Familienstreitsachen nicht schadet (§ 113 Abs 1 iVm § 261 Abs 3 Nr 2 ZPO; vgl BGHZ 141, 286/290 = NJW 99, 3198; BayObLG FamRZ 93, 1469; näher → K Rn 260 und → M Rn 616) gilt der Grundsatz der *perpetuatio fori* in Adoptionssachen nur sehr eingeschränkt (MüKoFamFG/ *Rauscher* § 100 Rn 22; → H Rn 19; **aA** im Rahmen von § 109 Abs 1 Nr 1 MüKoBGB/*Helms* Rn 88; NK-BGB/*Benicke* Rn 87, jeweils zu Art 22 EGBGB).

Ferner wird die im Zeitpunkt der Verkündung der ausländischen Entscheidung gegebene **119** Anerkennungsfähigkeit durch eine **spätere Rechtsänderung im Zweitstaat** nicht mehr beseitigt (KG NJW 88, 649). Andererseits genügt es jedoch, wenn die Zuständigkeit zwar noch nicht bei Antragstellung vor dem ausländischen Gericht, wohl aber zum Zeitpunkt des Erlasses der ausländischen Entscheidung vorgelegen hat (Behrentin/*Braun* D Rn 121; allg P/H/*Hau* Rn 22). Ob es darüber hinaus auch ausreicht, wenn das ausländische Gericht aufgrund einer Gesetzesänderung im Zweitstaat erst im Zeitpunkt der Anerkennungsprüfung zuständig geworden ist (so BayObLG NJW 88, 2178/2179), erscheint zumindest fraglich, weil der Antragsgegner im ausländischen Verfahren darauf vertrauen konnte, dass die Entscheidung in Deutschland nicht anerkennungsfähig sein würde und seine Verteidigungsstrategie darauf ausgerichtet hat (*Geimer* NJW 88, 651 f; Keidel/*Zimmermann* Rn 3; MüKoFamFG/*Rauscher* Rn 13; vgl KG FamRZ 04, 275/276; **aA** Bumiller/Harders/*Schwamb* Rn 6).

dd) Die einzelnen Fälle des § 109 Abs 1 Nr 1 iVm § 101. Die internationale Anerken- **120** nungszuständigkeit des ausländischen Gerichts liegt in Adoptionssachen in folgenden Fällen vor:

(1) Der Annehmende, einer der annehmenden Ehegatten (bzw Lebenspartner) oder das Kind besaß die **Staatsangehörigkeit** des Ursprungsstaats, § 101 Nr 1 (KG FamRZ 06, 1405/1406; OLG Karlsruhe StAZ 04, 111/112). Ist dies der Fall, so ist die Entscheidung nach § 109 Abs 1 Nr 1 auch dann anzuerkennen, wenn der betreffende Beteiligte neben der Staatsangehörigkeit des Ursprungsstaates auch die deutsche Staatsangehörigkeit innehatte; Art 5 Abs 1 S 2 EGBGB hat insoweit außer Betracht zu bleiben (OLG Koblenz FamRZ 89, 204/206; Bamberger/Roth/ *Althammer* Rn 2; MüKoFamFG/*Rauscher* Rn 15). Ist die Entscheidung in einem **Mehrrechtsstaat** mit eigener Gerichtsbarkeit der Teil- bzw Bundesstaaten (zB in Australien, Kanada oder den USA) ergangen, so genügt es, wenn das Kind die Staatsangehörigkeit des Gesamtstaates besitzt, ohne dass die interne Organisation des ausländischen Staates im Stadium der Entscheidungsanerkennung nicht zu bewerten (BGHZ 141, 286/289 ff = NJW 99, 3198; Keidel/*Zimmermann* Rn 3; **aA** OLG Hamm IPRax 98, 474/476).

(2) Der Annehmende, einer der annehmenden Ehegatten (bzw Lebenspartner) oder das Kind **121** hatte seinen **gewöhnlichen Aufenthalt** im Ursprungsstaat, § 101 Nr 2. Der gewöhnliche Aufenthalt ist in diesem Zusammenhang nach deutschem Recht zu bestimmen (vgl in Ehesachen BayObLG NJW-RR 92, 514; BayObLG NJW 90, 3099).

Da die Adoption idR im Herkunftsstaat zu einer Zeit stattfindet, zu der das Kind dort noch seinen gewöhnlichen Aufenthalt hat und hilfsweise zumindest die Staatsangehörigkeit dieses Staates besitzt, scheitern Auslandsadoptionen nur höchst selten an § 109 Abs 1 Nr. 1.

b) Verletzung des rechtlichen Gehörs bei der Verfahrenseinleitung, Nr 2. Die Vor- **122** schrift hat ihr Vorbild in § 16a Nr 2 FGG und schützt das rechtliche Gehör des Antragsgegners

1419

P 123–127   2. Teil. Anerkennung/Vollstreckung P. Adoptionssachen

im Stadium der Verfahrenseinleitung. Es soll sichergestellt werden, dass der Antragsgegner vom ausländischen Verfahren Kenntnis erhalten hat, damit er seine Rechte in diesem wahrnehmen konnte. Die Norm ist eine spezielle Ausprägung des verfahrensrechtlichen *ordre public* nach Nr 4. Wurde das rechtliche Gehör eines Beteiligten erst verletzt, nachdem ihm das verfahrenseinleitende Dokument ordnungsgemäß und rechtzeitig bekannt gemacht wurde, so kann die Anerkennung daher zwar nicht nach Nr 2, wohl aber nach Nr 4 ausgeschlossen sein. Hierfür reichen aber Fehler bei der Zustellung späterer Schriftsätze nicht aus (BGH NJW-RR 87, 377/378). Nr 2 sperrt jedoch die Anwendung des *ordre public*-Einwandes nach Nr 4 nicht (Keidel/*Zimmermann* Rn 9; MüKoFamFG/ *Rauscher* Rn 24).

123   Das Anerkennungshindernis gemäß Nr 2 wird grundsätzlich **nur auf Rüge** des Antragsgegners hin beachtet („sich hierauf beruft"; Bamberger/Roth/*Althammer* Rn 3). Auf diese Rüge kann daher verzichtet werden. Ferner kann einer Erhebung der Rüge der Einwand **unzulässiger Rechtsausübung** entgegenstehen; dies allerdings nur dann, wenn sich aus anderen Umständen hinreichend klar ergibt, dass der rügeberechtigte Beteiligte die ausländische Entscheidung gegen sich gelten lassen wollte (BGH FamRZ 90, 1100/1101; Haußleiter/ *Gomille* Rn 8). Wegen der allgemeinen Voraussetzungen zu diesem Anerkennungsversagungsgrund (fehlerhafte Mitteilung des verfahrenseinleitenden Dokuments; fehlende Einlassung des Antragsgegners, Unterlassung der Einlegung von Rechtsbehelfen im Ursprungsstaat) kann auf die Kommentierung der Vorschrift bezüglich der Anerkennung von Entscheidungen in Ehesachen (→ K Rn 266) verwiesen werden. In Adoptionssachen spielt dieser Versagungsgrund nur eine geringe Rolle (vgl Behrentin/*Braun* D Rn 126 ff)

124   **c) Unvereinbare Entscheidungen oder Verfahren, Nr 3. aa) Unvereinbarkeit.** Erforderlich ist nach Nr 3 **keine Identität des Verfahrensgegenstands.** Miteinander unvereinbar sind Entscheidungen vielmehr schon dann, wenn sich deren Wirkungen (Rechtsfolgen) widersprechen (Bamberger/Roth/*Althammer* Rn 4; vgl auch zu § 328 Abs 1 Nr 3 ZPO OLG Hamm FamRZ 01, 1015). Gefragt werden muss also, ob der dem anzuerkennenden ausländischen Adoptionsbeschluss zugrundeliegende Antrag vor einem deutschen Gericht noch gestellt werden könnte oder ob er wegen des Widerspruchs zur Rechtskraft- oder Gestaltungswirkung einer inländischen oder einer anzuerkennenden früheren ausländischen Entscheidung unzulässig wäre. Dabei ist nicht nur der Tenor beider Entscheidungen zu vergleichen; vielmehr kann sich die Unvereinbarkeit auch aus den Entscheidungsgründen bzw aus Widersprüchen bezüglich präjudizieller Rechtsverhältnisse ergeben (MüKoZPO/ *Gottwald* § 328 ZPO Rn 115). Eine inländische Entscheidung über die Gewährung von Verfahrenskostenhilfe steht der Anerkennung der ausländischen Adoptionsentscheidung jedoch nicht entgegen (allg BGH NJW 84, 568 f; Keidel/ *Zimmermann* Rn 15).

125   **bb) Die einzelnen Fälle.** Die Vorschrift unterscheidet drei Konstellationen:

(1) Eine **inländische Adoptionsentscheidung** setzt sich gegenüber der Anerkennung einer ausländischen Entscheidung, die mit ihr nicht zu vereinbaren ist, in jedem Fall durch. Dabei kommt es auf die zeitliche Reihenfolge der Entscheidungen nicht an. Der Vorrang der inländischen Entscheidung gilt mithin auch dann, wenn sie erst nach der ausländischen Entscheidung ergangen ist oder wenn im deutschen Verfahren die frühere Rechtshängigkeit des ausländischen Verfahrens übersehen oder missachtet worden ist (OLG Hamburg FamRZ 88, 425 [LS]).

126 (2) Für konkurrierende **ausländische Adoptionsentscheidungen,** deren Anerkennung im Inland begehrt wird, gilt hingegen das **Prioritätsprinzip.** Die Anerkennung einer ausländischen Entscheidung ist mithin ausgeschlossen, wenn eine mit ihr konkurrierende – ebenfalls anerkennungsfähige – ausländische Entscheidung früher erlassen wurde. Dies gilt auch dann, wenn die Anerkennung der früheren Entscheidung nicht nach § 109, sondern nach Art 23 ff HAdoptÜ erfolgt ist. Für die Priorität ist auf den Zeitpunkt abzustellen, zu dem die Entscheidungen nach ihrer jeweiligen *lex fori* in Rechtskraft erwachsen sind (OLG Bamberg FamRZ 00, 1289/1290).

127 (3) Schließlich steht auch die **frühere Rechtshängigkeit des inländischen Adoptionsverfahrens** der Anerkennung entgegen, wenn diese von dem ausländischen Gericht missachtet wurde, dessen Entscheidung nunmehr anerkannt werden soll. Denn ebenso wie deutsche Gerichte eine ausländische Rechtshängigkeit (bei einer positiven Anerkennungsprognose) beachten, dürfen sie auch erwarten, dass ausländische Gerichte eine frühere Rechtshängigkeit in Deutschland respektieren. Das Anerkennungshindernis besteht aber auch dann, wenn dem

1420

III. Autonomes Zivilverfahrensrecht: FamFG § 109   **123–131 P**

ausländischen Gericht die frühere Rechtshängigkeit im Inland nicht bekannt war (BeckOK-FamFG/*Sieghörtner* Rn 30). Die Frage, wann die konkurrierenden Verfahren rechtshängig geworden sind, bestimmt sich nach der jeweiligen *lex fori* (BGH NJW 87, 3083). Die hierauf gestützte Versagung der Anerkennung setzt voraus, dass das Verfahren vor den deutschen Gerichten noch immer rechtshängig ist. Ist es inzwischen rechtskräftig abgeschlossen, so setzt sich das inländische Urteil entsprechend dem zu (1) Gesagten in jedem Fall durch.

d) Verstoß gegen den ordre public, Nr 4. Schließlich darf die Anerkennung der Ent- **128** scheidung nach Nr 4 nicht zu einem Ergebnis führen, das mit wesentlichen Grundsätzen des deutschen Rechts offensichtlich unvereinbar ist. Zu diesen wesentlichen Grundsätzen gehören – ebenso wie nach Art 6 EGBGB – insbesondere die Grundrechte und die Gewährleistungen der EMRK. Diese Prüfung am Maßstab des deutschen *ordre public* steht im Mittelpunkt der jüngeren deutschen Praxis zur Anerkennung ausländischer Adoptionsentscheidungen (dazu ausf Behrentin/*Braun* D Rn 93 ff, 133 ff).

aa) Allgemeines. Maßgebend ist insoweit der großzügigere anerkennungsrechtliche *ordre* **129** *public* (sog „*effet atténué*"; vgl. *Geimer* IPRax 17, 497). Mit diesem ist eine ausländische Entscheidung nicht schon dann unvereinbar, wenn der deutsche Richter, hätte er das Verfahren entschieden, auf Grund zwingenden deutschen Rechts zu einem anderen Ergebnis gekommen wäre. Vielmehr muss die die Anwendung des ausländischen Rechts im konkreten Fall zu den Grundgedanken der deutschen Regelungen und den in ihnen enthaltenen Gerechtigkeitsvorstellungen in so starkem Widerspruch stehen, dass es nach deutscher Vorstellung untragbar erscheint (vgl zur Anerkennung ausländischer Adoptionen BGHZ 206, 82 Rn 34 = NJW 15, 2800 m Anm *Kemper* = FamRZ 15, 1479 m Anm *Heiderhoff;* BGH FamRZ 15, 240 Rn 28; OLG Stuttgart FamRZ 18, 362/364; OLG Celle FamRZ 17, 1503/1505; OLG Hamm FamRZ 15, 1983 m *Geimer* IPRax 17, 472; OLG Bremen FamRZ 15, 425; allg BGH NJW 15, 479 Rn 28; ferner → N Rn 649 ff mwN) oder die ausländische Entscheidung muss auf einem Verfahren beruhen, das nach der deutschen Rechtsordnung nicht als geordnetes rechtsstaatliches Verfahren angesehen werden kann (BGH NJW 10, 153 Rn 24 ff; BayObLG FamRZ 02, 1637/1639). Im Interesse des internationalen Entscheidungseinklangs und zur Vermeidung hinkender Rechtsverhältnisse in Statusfragen muss die Annahme eines *ordre public*-Verstoßes daher auf Ausnahmefälle beschränkt bleiben (BGH NJW 15, 2800 Rn 34; BGH NJW 15, 479 Rn 29; BGHZ 189, 87 Rn 25 = FamRZ 11, 788; OLG Brandenburg StAZ 17, 15/17). Dies gilt insbesondere dann, wenn der zu beurteilende Sachverhalt nur einen verhältnismäßig schwachen Bezug zum Inland aufweist (vgl OLG Celle FamRZ 14, 1131).

Von zentraler Bedeutung für die Prüfung ausländischer Adoptionsentscheidungen am Maßstab **130** des deutschen *ordre public* ist im Hinblick auf § 1741 BGB die Ausrichtung der ausländischen Adoptionsentscheidung am **Wohl des angenommenen Kindes** (BGHZ 206, 82 Rn 34 = NJW 15, 2800 m Anm *Kemper* = FamRZ 15, 1479 m Anm *Heiderhoff;* OLG Celle FamRZ 17, 1503/1505, FamRZ 14, 1131 und FamRZ 12, 1226/1227; OLG Bremen FamRZ 15, 425; OLG Düsseldorf FamRZ 11, 1522/1523; OLG Karlsruhe StAZ 11, 210/211; OLG Köln FamRZ 09, 1607/1608; BayObLG StAZ 00, 300/302; Staud/*Henrich* Art 22 EGBGB Rn 88; Behrentin/*Braun* D Rn 144 ff mwN). Diese Prüfung hat sich nach deutschem Rechtsverständnis insbesondere auf das **Bestehen eines Adoptionsbedürfnisses,** die **Eignung der Adoptiveltern** und das Bestehen bzw die begründete **Erwartung eines dauerhaften Eltern-Kind-Verhältnisses** zu erstrecken (BGH FamRZ 89, 378/381; OLG Frankfurt FamRZ 14, 1572; OLG Celle FamRZ 14, 501/502 und FamRZ 12, 1226/1227; OLG Köln FamRZ 13, 484; OLG Düsseldorf FamRZ 13, 714 und FamRZ 11, 1522/1523). Von einer Vermutung, dass das international zuständige ausländische Gericht eine solche Kindeswohlprüfung vorgenommen hat (so OLG Brandenburg FamRZ 15, 869; OLG Stuttgart FamRZ 18, 362/364), kann jedoch nicht ohne weiteres ausgegangen werden.

Maßgebend für die Feststellung eines *ordre public*-Verstoßes ist nicht der **Zeitpunkt,** zu dem **131** im Ausland über die Adoption entschieden worden ist, sondern der Zeitpunkt, zu dem in Inland über die Anerkennung entschieden wird (BGH FamRZ 89, 378/381; BayObLGZ 00, 180; OLG Stuttgart FamRZ 18, 362/369; OLG Bremen FamRZ 15, 425; OLG Celle FamRZ 12, 1226/1228; OLG Hamm FamRZ 11, 310/311; OLG Düsseldorf StAZ 10, 175; KG FamRZ 06, 1405; BeckOK-BGB/*Heiderhoff* Rn 67; MüKoBGB/*Helms* Rn 92, jeweils zu Art 22 EGBGB mwN). Die Entwicklung der Beziehungen des Kindes zu den Adoptiveltern im Zeitraum zwischen der Adoption und ihrer Anerkennung im Inland kann daher die Entscheidung über die Anerkennung beeinflussen (Keidel/*Zimmermann* Rn 23).

1421

132   **bb) Einzelheiten.** Ein Verstoß gegen den deutschen *ordre public* wird von deutschen Gerichten insbesondere dann **bejaht**, wenn der ausländischen Adoption **keine ausreichende Kindeswohlprüfung** vorausgegangen ist, dh wenn diese entweder ganz unterblieben ist, gravierende Mängel aufweist oder von den Beteiligten umgangen worden ist (vgl OLG Dresden FamRZ 14, 1129; OLG Frankfurt FamRZ 09, 1605/1606; KG FamRZ 06, 1405/1406; dazu ausf NK-BGB/*Benicke* Art 22 EGBGB Rn 103–118; *Ludwig* RNotZ 02, 353/357 f). Eine unzureichende Kindeswohlprüfung ist nach der in der Praxis bisher vorherrschenden Auffassung schon dann gegeben, wenn **keine Begutachtung der Adoptionsbewerber auf ihre Eignung** durch eine Fachstelle im Aufnahmeland – also im Aufenthaltsstaat des/der Annehmenden (OLG Celle FamRZ 14, 1131; OLG Frankfurt StAZ 12, 268; OLG Düsseldorf StAZ 12, 175 und FamRZ 11, 1522; OLG Hamm FamRZ 11, 310/311) – oder zumindest im Heimatstaat des Kindes (OLG Frankfurt FamRZ 17, 1512/1514; OLG Bamberg IPRspr 14 Nr 113; **aA** OLG Köln FamRZ 09, 1607 Nr 17; NK-BGB/*Benicke* Art 22 EGBGB Rn 106; Behrentin/*Braun* D Rn 151 f) erfolgt ist. Eine solche Eignungsprüfung des/der Annehmenden muss die gesamten Lebensumstände umfassen und sich insbesondere auf die persönlichen und familiären Verhältnisse, die gesundheitliche Situation und die Beweggründe für die Adoption beziehen. Nur durch diesen strengen Prüfungsmaßstab könne sichergestellt werden, dass nur solche Adoptionsbewerber in Betracht kämen, die dem zu adoptierenden Kind eine am Kindeswohl orientierte gesicherte Zukunftsperspektive bieten könnten (OLG Braunschweig NJOZ 16, 42 und IPRspr 12 Nr 129; OLG Karlsruhe IPRspr 15 Nr 113b; OLG Hamm FamRZ 14, 498).

133   An einer ausreichenden Kindeswohlprüfung fehlt es ferner auch dann, wenn das ausländische Gericht den **internationalen Charakter der Adoption nicht erkannt** hat (OLG Celle IPRspr 15 Nr 112; OLG Celle FamRZ 14, 1134 und FamRZ 12, 1226 Rn 15 f; OLG Hamm FamRZ 14, 1571 m Anm *Theile* NZFam 14, 478; OLG Dresden FamRZ 14, 1129; OLG Bamberg IPRspr 14 Nr 113; OLG Düsseldorf FamRZ 13, 714/715 und FamRZ 12, 1229; OLG Karlsruhe FamRZ 13, 715; OLG Köln FamRZ 13, 484; Behrentin/*Braun* D Rn 164 ff) oder jedenfalls die Auswirkungen eines Umzugs des Kindes in den Aufnahmestaat im Rahmen der Kindeswohlprüfung nicht berücksichtigt hat (OLG Nürnberg FamRZ 15, 1640/1641).

134   Auch eine **Nachholung der Kindeswohlprüfung** im Rahmen des Anerkennungsfeststellungsverfahrens scheide dann aus, denn die erstmalige Durchführung der vollständigen Prüfung des Kindeswohls sei nicht Zweck dieses Verfahrens (OLG Nürnberg FamRZ 15, 1640/1641; OLG Dresden FamRZ 14, 1129; OLG Bamberg IPRspr 14 Nr 113; OLG Düsseldorf FamRZ 13, 714; OLG Karlsruhe FamRZ 13, 715 ff und StAZ 11, 210/211; OLG Celle FamRZ 12, 1226/1228 und FamRZ 08, 1109 m Anm *Weitzel;* OLG Frankfurt StAZ 12, 268; OLG Düsseldorf StAZ 12, 175; OLG Hamm FamRZ 11, 310/311; OLG Köln FamRZ 09, 1607; KG FGPrax 06, 255). Dies müsse auch dann gelten, wenn zwischen den Beteiligten inzwischen ein Eltern-Kind-Verhältnis entstanden sei; deren Rechte würden durch die Möglichkeit einer Wiederholung der Adoption im Inland ausreichend gewahrt (vgl auch OLG Frankfurt FamRZ 09, 1605; OLG Düsseldorf FamRZ 09, 1078/1079; OLG Dresden JAmt 06, 360; zust m ausf Begründung NK-BGB/*Benicke* Art 22 EGBGB Rn 109 ff und Behrentin/*Braun* D Rn 109 ff; ferner *Weitzel* JAmt 06, 333/335 f).

135   Diese rigide Haltung überzeugt freilich insbesondere dann nicht; wenn aufgrund des über einen längeren Zeitraum tatsächlich gelebten Eltern-Kind-Verhältnisses inzwischen eine **starke Bindung des Kindes zu den Annehmenden** entstanden ist (so auch OLG Hamm FamRZ 15, 1983 Rn 15 f m Anm *Geimer* IPRax 17, 472 [16 Jahre!]; OLG Bremen NJW-RR 14, 1411; *Majer* NZFam 15, 1138/1140; Keidel/*Zimmermann* Rn 29; Staud/*Henrich* Rn 95 mwN). Entspricht die Adoption dem Wohl des Kindes im Zeitpunkt der Anerkennung, so müssen die erforderlichen Überprüfungen vielmehr nachgeholt werden (so zu Recht OLG Karlsruhe FamRZ 15, 1642/1643 f; OLG Köln StAZ 12, 339; KG IPRspr 10 Nr 130b; *Andrae,* IntFamR § 7 Rn 78; P/H/*Hau* Rn 65; MüKoBGB/*Helms* Art 22 EGBGB Rn 96 f mwN). Dementsprechend hat auch der BGH in seiner Grundsatzentscheidung zur Anerkennung der rechtlichen Zuordnung des im Ausland von einer Leihmutter geborenen Kindes zu dem Wunschelternteil ausgesprochen, dass eine Versagung der Anerkennung nach § 109 Nr 4 nicht damit gerechtfertigt werden könne, dass das Ergebnis der ausländischen Entscheidung nach deutschem Recht auch durch eine nachträgliche Stiefkindadoption mit erneuter Kindeswohlprüfung erreicht werden könnte. Denn wenn ein dem *ordre public* widersprechendes Ergebnis dadurch verhindert werden solle, dass ein weiteres Verfahren dieselben Rechtsfolgen herbeiführt wie die ausländische Entscheidung, könne deren **Ergebnis** von vorneherein nicht mit wesentlichen Grundsätzen des deutschen Rechts unvereinbar sein (BGHZ 203, 350 Rn 58 = FamRZ 15, 240 m Anm *Helms*

III. Autonomes Zivilverfahrensrecht: FamFG § 109　　　　　　　　**136–141　P**

und Anm *Henrich* IPRax 15, 229; OLG Celle FamRZ 17, 1496/1498 f). Dieses Argument muss dann aber auch für die Verweisung der Beteiligten auf eine Wiederholung der fehlerhaften Auslandsadoption im Inland gelten.

Der inländische *ordre public* kann auch dann verletzt sein, wenn keine gewichtigen Gründe **136** dafür angeführt werden können, warum die Herausnahme des Kindes aus der Familie seiner noch lebenden Eltern und seinem bisherigen Kulturkreis dem Kindeswohl dienen soll (**Adoptionsbedürfnis,** vgl OLG Düsseldorf FamRZ 11, 1522; dazu näher Behrentin/*Braun* D Rn 171 ff mwN); rein wirtschaftliche Erwägungen sind hierfür nicht ausreichend (*Andrae,* IntFamR § 7 Rn 75). Die Versagung der Anerkennung einer Auslandsadoption wegen fehlenden Adoptionsbedürfnisses kommt jedoch nur ausnahmsweise in Betracht (OLG Stuttgart NZFam 17, 1019).

§ 109 Abs 1 Nr 4 steht der Anerkennung einer ausländischen Adoptionsentscheidung auch **137** dann entgegen, wenn das ausländische Verfahren unter gravierenden Mängeln leidet. Ein solcher Verstoß gegen den verfahrensrechtlichen *ordre public* ist insbesondere angenommen worden, wenn das **Kind im ausländischen Verfahren nicht angehört** wurde, obwohl es das hierfür erforderliche Alter hatte (OLG Braunschweig NJOZ 16, 42; OLG Frankfurt StAZ 12, 268; BayObLG StAZ 00, 300/302; NK-BGB/*Benicke* Art 22 EGBGB Rn 100).

Gleiches gilt, wenn die leiblichen Eltern ihre **Einwilligung zur Adoption** nicht erteilt haben **138** (Staud/*Henrich* Art 22 EGBGB Rn 91; vgl auch OLG Nürnberg FamRZ 15, 1640; OLG Düsseldorf FamRZ 11, 1522; LG Köln FamRZ 13, 1498; LG Düsseldorf FamRZ 13, 713). Auf diese Einwilligung kann nur ausnahmsweise verzichtet werden, wenn die leiblichen Eltern ihre Verantwortung gegenüber dem Kind nicht wahrgenommen und an ihm kein Interesse gezeigt haben (NK-BGB/*Benicke* Art 22 EGBGB Rn 97 f; Behrentin/*Braun* Rn 188 ff), insbesondere wenn die Einwilligung aus diesem Grunde durch das zuständige ausländische Gericht ersetzt worden ist (AG Stuttgart FamRZ 15, 1986). Hingegen scheitert die Anerkennung nicht deshalb am inländischen *ordre public*, weil die gesetzlich vorgeschriebene Zustimmung des Kindes nicht eingeholt wurde, sofern die Vereinbarkeit der Adoption mit dem Kindeswohl im ausländischen Adoptionsverfahren geprüft und die aufgrund des Alters des Kindes erforderliche persönliche Anhörung stattgefunden hat (BGH FamRZ 89, 378; BayObLG StAZ 2000, 300; Staud/*Henrich* Art 22 EGBGB Rn 90; dazu näher Behrentin/*Braun* D Rn 193 ff).

Demgegenüber wurde ein Verstoß gegen den deutschen *ordre public* durch ausländische Adop- **139** tionsentscheidungen, welche die Elternstellung einem **gleichgeschlechtlichen Paar** zugewiesen haben, zu Recht verneint; denn allgemeine Bedenken gegen das Aufwachsen von Kindern in gleichgeschlechtlichen Elterngemeinschaften können heute nicht mehr erhoben werden (BGHZ 206, 82 Rn 35 ff = NJW 15, 2800 m Anm *Kemper* = FamRZ 15, 1479 m Anm *Heiderhoff* unter Hinweis auf BVerfG NJW 13, 847 Rn 80; *Frie* FamRZ 15, 889/893; NK-BGB/*Benicke* Art 22 EGBGB Rn 94; P/H/*Hau* Rn 66; ebenso in Italien App Napoli 5.4.16, Riv dir int priv proc 17, 398 ff). Gleiches gilt für die Anerkennung einer Adoption durch ein – gleich- oder verschiedengeschlechtliches – Paar, das in **keiner rechtlich gesicherten Verantwortungsbeziehung** lebt, dh weder verheiratet noch verpartnert ist (BGH NJW 15, 2800 Rn 36 ff, 42 unter Hinweis auf Art 7 Abs 2 S 2 des revidierten Europäischen Adoptionsübereinkommens v 27.11.2008; → H Rn 23; OLG Schleswig NZFam 14, 480 m Anm *Von der Tann*).

§ 109 Abs 1 Nr 4 steht der Anerkennung einer Adoption nach ausländischem Recht auch **140** nicht deshalb entgegen, weil diese nur **nur schwache Wirkungen** entfaltet und nach deutschem Recht eine Adoption mit starken Wirkungen auszusprechen gewesen wäre (OLG Köln StAZ 12, 339/341; OLG Düsseldorf StAZ 12, 82/83; *Andrae,* IntFamR § 7 Rn 81; Pal/*Thorn* Rn 14; BeckOK BGB/*Heiderhoff* Rn 64; MüKoBGB/*Helms* Rn 98, jeweils zu Art 22 EGBGB). Vielmehr wird die Anerkennung ausländischer Adoptionen mit schwachen Wirkungen in §§ 2, 3 AdWirkG vorausgesetzt (NK-BGB/*Benicke* Rn 95). Demgegenüber verstößt eine im Ausland vorgenommene **reine Vertragsadoption** gegen den deutschen *ordre public*, wenn die Interessen und der Schutz des Kindes dabei nicht ansatzweise geprüft und berücksichtigt wurden (AG Frankfurt/M FamRZ 18, 365).

Die Anerkennung einer ausländischen Erwachsenenadoption einer bereits früher als Kind **141** adoptierten Person verstößt jedenfalls dann nicht gegen den deutschen *ordre public*, wenn die Zweitadoption nur schwache Wirkungen entfaltet und daher das Verwandtschaftsverhältnis zu dem Erstannehmenden unberührt lässt (LG Stuttgart StAZ 00, 47). Auch der Anerkennung einer **Zweitadoption eines Minderjährigen** im Ausland ohne vorherige förmliche Aufhebung der Erstadoption steht § 109 Abs 1 Nr 4 dann nicht entgegen, wenn das ausländische Gericht die Erstadoption berücksichtigt und zumindest inzident aufgehoben hat (NK-BGB/*Benicke* Rn 90).

1423

P 142, 143   2. Teil. Anerkennung/Vollstreckung P. Adoptionssachen

3. Kein Erfordernis der Gegenseitigkeit, Abs 4 Nr 1

142   Die Verbürgung der Gegenseitigkeit ist kein generelles Anerkennungshindernis in Familiensachen, sondern nur bei der Anerkennung von Entscheidungen zu prüfen, die einen der in Abs 4 aufgezählten Verfahrensgegenstände betreffen. Hierzu gehören Entscheidungen in Adoptionssachen nicht, so dass es auf eine Verbürgung der Gegenseitigkeit mit dem Ursprungsstaat der Entscheidung nicht ankommt.

4. Verbot der révision au fond, Abs 5

143   Eine Überprüfung der Entscheidung in der Sache ist – wie schon nach bisheriger Rechtslage (§ 16a FGG) – nach Abs 5 unzulässig. Das Verbot der *révision au fond* schließt insbesondere eine Nachprüfung der Entscheidung auf materielle oder verfahrensrechtliche Fehler des Erstgerichts bei der Rechtsanwendung aus; vorbehalten bleibt lediglich die Kontrolle am Maßstab des deutschen *ordre public* (Nr 4). Das Verbot betrifft jedoch auch die Frage der Anwendung des „richtigen" Rechts. Die verfahrensrechtliche Anerkennung einer Dekretadoption nach §§ 108, 109 kann daher nicht deshalb abgelehnt werden, weil das ausländische Gericht den Sachverhalt unter Zugrundelegung eines anderen als desjenigen Adoptionsrechts entschieden hat, das aus deutscher Sicht (Art 22, 23 EGBGB) anwendbar gewesen wäre (Pal/*Thorn* Rn 13; Erman/*Hohloch* Rn 26, jeweils zu Art 22 EGBGB).

1424

Q. Lebenspartnerschaftssachen

Übersicht

	Rn.
I. Einführung	1
1. EU-Recht	1
2. Staatsverträge	8
3. Autonomes Zivilverfahrensrecht	16
II. EU-Recht	17
EuPartVO (Text-Nr 840)	17
Vorbemerkung	17
Kap. I: Geltungsbereich und Begriffsbestimmungen (Art 1–3)	27
Kap. IV: Anerkennung, Vollstreckbarkeit und Vollstreckung (Art 36–57)	30
Kap. V: Öffentliche Urkunden und Prozessvergleiche (Art 58–60)	52
Kap. VI: Allgemeine und Schlussbestimmungen (Art 61–70)	55
III. Autonomes Zivilverfahrensrecht	60
FamFG (Text-Nr 850)	60
Buch 1. Abschnitt 9: Verfahren mit Auslandsbezug (§§ 97, 106, 108–110)	60

Der Abschnitt Q beschränkt sich auf die Darstellung der **Anerkennung und Vollstreckung** ausländischer Entscheidungen in Lebenspartnerschaftssachen. Zur Behandlung von Lebenspartnerschaftssachen im **Erkenntnisverfahren** (internationale Zuständigkeit, anwendbares Recht) siehe den **Abschnitt I.**

I. Einführung

1. EU-Recht

a) Statusverfahren. Wie in Ehesachen muss auch in Lebenspartnerschaftssachen sorgfältig **1** zwischen der Statusentscheidung (Aufhebung der Lebenspartnerschaft) und deren Rechtsfolgen unterschieden werden. Regelungen des sekundären Unionsrechts finden auf dem Gebiet der Anerkennung und Vollstreckung von Entscheidungen über die **Aufhebung von registrierten Lebenspartnerschaften** derzeit keine Anwendung. Die EuEheVO regelt die internationale Zuständigkeit nur für die Scheidung, Trennung oder Aufhebung von Ehen, nach hier vertretener Ansicht (jedenfalls seit dem 1.10.2017) auch für gleichgeschlechtliche Ehen (näher → A Rn 32 f). Die Art 21 ff EuEheVO sind hingegen auf die Anerkennung von Entscheidungen über die Aufhebung von eingetragenen Lebenspartnerschaften auch nicht entsprechend anzuwenden (näher → A Rn 34).

b) Unterhaltsrecht. Eine andere Beurteilung gilt hingegen zT für die **Rechtsfolgen** einer **2** Aufhebung von registrierten Lebenspartnerschaften. So gelten für die Anerkennung und Vollstreckung von Unterhaltsentscheidungen zwischen den (ehemaligen) Lebenspartnern und im Verhältnis zwischen diesen und ihren gemeinsamen Kindern seit dem 18.6.2011 die Vorschriften der Art 16 ff EuUntVO (NK-BGB/*Gebauer* Art 17b EGBGB Rn 82; näher → M Rn 48 ff).

c) Güterrecht. Die güterrechtlichen Beziehungen zwischen eingetragenen Lebenspartnern **3** waren – in entsprechender Anwendung des unmittelbar nur für die ehelichen Güterstände geltenden Ausschlusstatbestandes in Art 1 Abs 2 lit a – schon aus dem Anwendungsbereich der **EuGVVO** aF ausgeschlossen. Dies wird in der am 20.12.2012 beschlossenen Neufassung der EuGVVO Nr 1215/2012 (ABl EU L 351, 1) in Art 1 Abs 2 lit a ausdrücklich klargestellt, die auch „Güterstände aufgrund von Verhältnissen, die nach dem auf diese Verhältnisse anzuwendenden Recht mit der Ehe vergleichbare Wirkungen entfalten", aus ihrem Anwendungsbereich ausnimmt. Dieser Ausschluss umfasst alle vermögensrechtlichen Beziehungen zwischen den Lebenspartnern, die sich unmittelbar aus der eingetragenen Lebenspartnerschaft oder deren Auflösung ergeben (vgl zum Ehegüterrecht EuGH Rs 143/78 – *de Cavel I*, Slg 79, 1055 Rn 7;

1425

Q 4–9   2. Teil. Anerkennung/Vollstreckung Q. Lebenspartnerschaftssachen

EuGH C-67/17 – *Iliev/Ilieva*, FamRZ 17, 1913 Rn 28 ff m Anm *Musseva* 2009; zu Einzelheiten unalexK/*Hausmann* Art 1 Rn 58 ff). Entscheidungen hierüber können daher nicht nach den Art 36 ff EuGVVO nF anerkannt und vollstreckt werden. Ist allerdings im Rahmen einer vermögensrechtlichen Streitigkeit im Erststaat über Fragen des Güterrechts eingetragener Lebenspartner lediglich als Vorfrage entschieden worden, so wird hierdurch die Anerkennung und Vollstreckung des Urteils nach der EuGVVO nicht in Frage gestellt (unalexK/*Hausmann* Art 1 Rn 44 f mwN).

4   Auch die bisher auf dem Gebiet des **Ehe- und Familienrechts** in Kraft getretenen EG-/EU-Verordnungen erfassen das Güterrecht eingetragener Lebenspartner nicht. Dies gilt insbesondere für die **EuEheVO**, die schon persönlich nur auf Ehegatten, nicht auf eingetragene Lebenspartner anzuwenden ist (→ A Rn 34) und außerdem die vermögensrechtlichen Folgen einer Ehescheidung oder gerichtlichen Ehetrennung nicht regelt. Demgegenüber gilt die **EuUntVO** zwar auch in den Rechtsbeziehungen zwischen eingetragenen Lebenspartnern, aber eben nur für Unterhaltspflichten, die von güterrechtlichen Ansprüchen namentlich im Rahmen der vermögensrechtlichen Abwicklung von eingetragenen Lebenspartnerschaften aus Anlass der Trennung zu unterscheiden sind, mag auch (insbesondere nach dem Recht der Common Law-Staaten) nicht immer leicht fallen (näher → C Rn 50 ff).

5   Die Anerkennung und Vollstreckung von Entscheidungen in Güterrechtssachen eingetragener Lebenspartner richtet sich in Verfahren, die **ab dem 29.1.2019** vor einem deutschen Familiengericht oder dem Gericht eines anderen teilnehmenden Mitgliedstaats (→ Rn 22) eingeleitet werden, vorrangig nach dem IV Kapitel (Art 36–57) der Verordnung (EU) 2016/1104 zur Durchführung einer Verstärkten Zusammenarbeit im Bereich der Zuständigkeit, des anzuwendenden Rechts und der Anerkennung und Vollstreckung von Entscheidungen in Fragen des ehelichen Güterstands (**EuPartVO**) v 24.6.2016 (ABl EU L 183, 30; vgl Art 69 Abs 1 iVm Art 70 Abs 2 EuPartVO; → Rn 58 f). Diese Verordnung gilt dann in allen teilnehmenden Mitgliedstaaten unmittelbar und genießt als Teil des sekundären Unionsrechts **Anwendungsvorrang** vor dem jeweiligen autonomen Verfahrensrecht. In *Deutschland* werden demgemäß die Regelungen in §§ 108–110 FamFG für ab dem 29.1.2019 eingeleitete Verfahren in Güterrechtssachen eingetragener Lebenspartner durch die Art 36 ff EuPartVO weitgehend verdrängt. Das IV. und V. Kapitel der Verordnung werden daher nachfolgend schon kommentiert (→ Rn 30 ff).

6   **d) Elterliche Verantwortung.** Auch soweit aus Anlass der Aufhebung einer eingetragenen Lebenspartnerschaft über die **elterliche Sorge,** das Umgangsrecht oder die Herausgabe in Bezug auf ein gemeinschaftliches Kind entschieden worden ist, beurteilt sich die Anerkennung und Vollstreckung im Verhältnis der EU-Mitgliedstaaten (mit Ausnahme *Dänemarks*) nach europäischem Recht, nämlich nach **Art 21, 23 ff EuEheVO;** denn anders als für die Entscheidung über die Aufhebung der Lebenspartnerschaft, die einer Ehescheidung nicht gleichgestellt ist, macht es für die Anwendbarkeit des Kapitels III der EuEheVO auf Entscheidungen über die elterliche Verantwortung keinen Unterschied, ob die Eltern des Kindes in einer Ehe, einer eingetragenen Lebenspartnerschaft oder einer formlosen Lebensgemeinschaft zusammengelebt haben.

7   **e) Erbrecht.** Schließlich beurteilt sich die Anerkennung und Vollstreckung von Entscheidungen in Erbsachen eingetragener Lebenspartner seit dem 17.8.2015 nach dem Kapitel IV (Art 39–58) der Verordnung (EU) Nr 650/2012 über die Zuständigkeit, das anzuwendende Recht, die Anerkennung und Vollstreckung von Entscheidungen und die Annahme und Vollstreckung öffentlicher Urkunden in Erbsachen sowie zur Einführung eines Europäischen Nachlasszeugnisses v 4.7.2012 (**EuErbVO**; ABl EU L 201, 107).

2. Staatsverträge

8   **a) Aufhebung der Lebenspartnerschaft.** Die Anerkennung und Vollstreckung von Entscheidungen über die Aufhebung von Lebenspartnerschaften ist bisher auch nicht in multilateralen Staatsverträgen geregelt, die von der *Bundesrepublik Deutschland* abgeschlossen worden sind. Insbesondere sind derartige Entscheidungen aus dem Anwendungsbereich des Luganer Übereinkommens von 2007 im gleichen Umfang ausgeschlossen wie aus der EuGVVO.

9   Lebenspartnerschaftssachen können hingegen grundsätzlich unter die von der *Bundesrepublik Deutschland* mit folgenden Staaten geschlossenen **bilateralen Übereinkommen** fallen (*Wagner* IPRax 01, 281/283; MüKoFamFG/*Rauscher* § 108 FamFG Rn 8):

1426

I. Einführung   10–15   **Q**

- **Belgien** (Abk v 30.6.1958, BGBl 59 II, 766 und 60 II, 2408; Ausführungsgesetz v 26.6.1959, BGB1 I, 425),
- **Griechenland** (Vertrag v 4.11.1961, BGBl 63 II, 110 und 1278; Ausführungsgesetz v 5.2.1963, BGBl 63 I, 129),
- **Österreich** (Vertrag v 6.6.1959, BGBl 60 II, 1246 und 1523; Ausführungsgesetz v 8.3.1960, BGBl I, 1),
- **Schweiz** (Abk v 2.11.1929, RGBl 30 II, 1066; RGBl 30 II, 1270; Ausführungsverordnung v 23.8.1930, RGBl II, 1209; → K Rn 158 ff),
- **Spanien** (Vertrag v 14.11.1983, BGBl 87 II, 35 und 88 II, 375; Ausführung gem den Vorschriften des AVAG, § 1 Abs 1 Nr 1 lit e),
- **Vereinigtes Königreich** (Abk v 14.6.1960, BGBl 61 II, 302 und 1025; Ausführungsgesetz v 28.3.1961, BGBl I, 301).

Sie werden insoweit auch nicht durch die EuEheVO verdrängt, da diese auf Ehesachen beschränkt ist und Lebenspartnerschaftssachen nicht regelt.

Der Anerkennungs- und Vollstreckungsvertrag mit **Norwegen** v 17.6.1977 (BGBl 81 II, 342, **10** 901) schließt in Art 3 Nr 1 seine Anwendung auf Ehesachen oder andere Familienstandssachen aus. Gleiches gilt nach Art 4 Abs 1 Nr 1 lit d auch für den Anerkennungs- und Vollstreckungs-vertrag mit **Israel** v 20.7.1977 (BGBl 80 II, 925, 1531; → M Rn 696 ff; s a die Denkschrift zu Art 4). In Israel ist jedoch wohl die Anerkennung im Ausland geschlossener gleichgeschlecht-licher Partnerschaften noch deren Anfechtung möglich. Auch der Rechtshilfe-, Anerkennungs- und Vollstreckungsvertrag mit **Tunesien** v 19.7.1966 (BGBl 69 II, 890; 70 II, 125; Text → M Rn 699 ff) ist in Angelegenheiten, die den Ehe- oder Familienstand betreffen, mit Ausnahme von Unterhaltsentscheidungen nicht anwendbar. In Tunesien sind homosexuelle Partnerschaften nicht legalisiert, so dass diesbezügliche ausländische Entscheidungen nicht anerkannt werden.

b) Sonstige Lebenspartnerschaftssachen. aa) Elterliche Verantwortung. Auf dem Ge- **11** biet der Folgesachen sind insbesondere das Haager Kinderschutzübereinkommen von 1996 (**KSÜ;** → N Rn 343 ff), das Haager Minderjährigenschutzabkommen von 1961 (**MSA;** → N Rn 511 ff) und das europäische Sorgerechtsübereinkommen von 1980 (**EuSorgeRÜ;** → N Rn 399 ff) zu beachten, soweit es um die Anerkennung von Entscheidungen zur elterlichen Sorge und zum Umgangsrecht der Lebenspartner in Bezug auf gemeinsame oder einseitige Kinder geht und die – vorrangig anzuwendende – EuEheVO nicht eingreift.

bb) Unterhalt. Zahlreiche Staatsverträge gelten auf dem Gebiet der Anerkennung und Voll- **12** streckung von **Unterhaltsentscheidungen,** die in jedem Fall Unterhaltsansprüche von Kindern der Lebenspartner, nach heute vorherrschender Auffassung aber auch den (nach-) partnerschaftli-chen Unterhalt erfassen. Dies gilt etwa für das **Luganer Übereinkommen** v 30.10.2007 (ABl EU 09 L 147, 5; **LugÜ;** näher → M Rn 387 ff), soweit es um die Anerkennung und Vollstreckung von Unterhaltstiteln eingetragener Lebenspartner aus *Island, Norwegen* oder der *Schweiz* geht.

Weiterhin gelten auf dem Gebiet der Anerkennung und Vollstreckung von Unterhaltsentschei- **13** dungen verschiedene Haager Übereinkommen. Die größte praktische Bedeutung kommt nach dem Beitritt der *Vereinigten Staaten* und der *Türkei* zum 1.1. bzw 1.2.2017 inzwischen dem Haager Übereinkommen über die internationale Geltendmachung der Unterhaltsansprüche von Kindern und anderen Familienangehörigen v 23.11.2007 (**HUÜ 2007,** ABl EU 2011 Nr L 192, 51; → M Rn 472 ff) zu. Dieses Übk ersetzt nach seinem Art 48 die beiden früher geschlossenen Haager Übereinkommen über die Anerkennung und Vollstreckung von Unterhaltsentscheidun-gen v 2.10.1973 (BGBl 86 II, 826; **HUntVÜ** → M Rn 624 ff) und über die Anerkennung und Vollstreckung von Entscheidungen auf dem Gebiet der Unterhaltspflicht gegenüber Kindern v 15.4.1958 (BGBl 61 II, 1006; **HKUntVÜ** → M Rn 686 ff), die nur noch im Verhältnis zu wenigen Staaten gelten. Das HUÜ 2007 lässt der EuUntVO nach Art 51 Abs 4 S 2 den Vortritt, soweit es um die Anerkennung und Vollstreckung von Entscheidungen im Verhältnis der EU-Mitgliedstaaten zueinander geht. Unterhaltsentscheidungen aus Vertragsstaaten, die nicht der EU angehören, sind hingegen auch in den Mitgliedstaaten nach dem HUÜ 2007 anzuerkennen und zu vollstrecken.

Im Verhältnis zu **Israel** und **Tunesien,** die den Haager Übereinkommen nicht beigetreten **14** sind, gelten auf dem Gebiet des Unterhaltsrechts vorrangig die mit beiden Staaten geschlossenen bilateralen Abkommen (→ M Rn 696 ff, 699 ff).

cc) Güterrecht. Demgegenüber ist die Anerkennung und Vollstreckung von Entscheidungen **15** über sonstige vermögensrechtliche Konsequenzen der Aufhebung von eingetragenen Lebens-

1427

Q 16–19   2. Teil. Anerkennung/Vollstreckung Q. Lebenspartnerschaftssachen

partnerschaften bisher durch *mehrseitige* Staatsverträge nicht geregelt. Insbesondere ist das Güterrecht von Lebenspartnern aus dem Luganer Übereinkommen von 2007 in gleichem Umfang ausgeschlossen wie aus der EuGVVO (Art 1 Abs 2 lit a LugÜ 2007).

Zwar erstrecken sich die zuvor in → Rn 9 genannten bilateralen Anerkennungs- und Vollstreckungsverträge auch auf güterrechtliche Entscheidungen. Mit Geltung der EuPartVO ab dem 29.1.2019 werden die Abkommen mit den an dieser Verordnung teilnehmenden Mitgliedstaaten *Belgien,* der *Niederlande, Österreich* und *Spanien* allerdings gemäß Art 62 Abs 2 EuPartVO durch die Verordnung verdrängt. Demgegenüber gelten die Abkommen mit *Griechenland, Norwegen,* der *Schweiz* und dem *Vereinigten Königreich* in Güterrechtssachen eingetragener Lebenspartner gemäß Art 62 Abs 1 EuPartVO weiter.

3. Autonomes Zivilverfahrensrecht

16   Vorbehaltlich der vorgenannten Staatsverträge beurteilt sich die Anerkennung von Entscheidungen über die Auflösung von eingetragenen Lebenspartnerschaften nach §§ 108, 109 FamFG. Ein besonderes Anerkennungsverfahren, wie es für Entscheidungen in Ehesachen außerhalb des Anwendungsbereichs der EuEheVO in § 107 FamFG vorgeschrieben ist (→ K Rn 194 ff), besteht für Statusentscheidungen zu eingetragenen Lebenspartnerschaften nicht. Soweit bilaterale Anerkennungs- und Vollstreckungsverträge eingreifen, muss die Anerkennung gemäß dem anerkennungsrechtlichen **Günstigkeitsprinzip** nicht auf den Staatsvertrag gestützt werden, sondern kann auch nach den Regeln des autonomen Rechts erfolgen.

II. EU-Recht

840. Verordnung (EU) Nr 2016/1104 des Rates zur Durchführung der Verstärkten Zusammenarbeit im Bereich der Zuständigkeit, des anzuwendenden Rechts und der Anerkennung und Vollstreckung von Entscheidungen in Fragen güterrechtlicher Wirkungen eingetragener Partnerschaften (EuPartVO)

Vom 24. Juni 2016 (ABl EU L 183, 30)

Schrifttum: Vgl das allg Schrifttum → I vor Rn 11; ferner *Martiny,* Die Kommissionsvorschläge für das internationale Ehegüterrecht sowie für das internationale Güterrecht eingetragener Partnerschaften, IPRax 11, 437.

Vorbemerkung

1. Entstehungsgeschichte

17   Vgl → I Rn 11 f.

2. Ziele

18   Auf dem Gebiet der güterrechtlichen Wirkungen eingetragener Partnerschaften strebt die EuPartVO im Interesse einer Erleichterung des freien Personenverkehrs in der EU (ErwG 1; → Anh V) nicht nur eine Harmonisierung der Regeln über die internationale Zuständigkeit und das anwendbare Recht an, sondern auch über die Anerkennung von Entscheidungen im Verhältnis der Mitgliedstaaten nach dem Vorbild anderer Rechtsinstrumente der Union im Bereich der justiziellen Zusammenarbeit in Zivilsachen an (ErwG 16; → Anh V).

3. Anwendungsbereich

19   **a) Sachlicher Anwendungsbereich.** Die EuPartVO bestimmt ihren sachlichen Anwendungsbereich in Art 1 Abs 1; danach gilt sie für „die Güterstände" eingetragener Partnerschaften. Dieser autonom und **weit** auszulegende Begriff wird in Art 3 lit a dahin definiert, dass er „die vermögensrechtlichen Regelungen, die im Verhältnis der Partner untereinander und in ihren Beziehungen zu Dritten aufgrund des mit der Eintragung der Partnerschaft oder ihrer Auflösung

1428

II. EU-Recht   20–23 Q

begründeten Rechtsverhältnisses gelten," umfasst (dazu näher → I Rn 28, 35 f). Die Verordnung enthält ferner in Art 1 Abs 2 einen Katalog derjenigen Gegenstände, die aus ihrem sachlichen Anwendungsbereich ausdrücklich ausgeschlossen sind (→ B Rn 26 ff). Dementsprechend regelt die EuPartVO auch die Anerkennung, Vollstreckbarerklärung und Vollstreckung von Entscheidungen nur, soweit diese die in Art 1 Abs 1 umschriebenen – und in Art 27 näher konkretisierten – Gegenstände betreffen. Bei der Prüfung, ob der sachliche Anwendungsbereich der Verordnung eröffnet ist, besteht keine Bindung der Gerichte im Zweitstaat an die Beurteilung des Gerichts im Ursprungsmitgliedstaat (vgl zur EuGVVO aF BGH 17.9.08, unalex DE-1592).

b) Persönlicher Anwendungsbereich. Ihren persönlichen Anwendungsbereich normiert **20** die EuPartVO nicht ausdrücklich. Aus der parallel verabschiedeten Verordnung zum Ehegüterrecht (EuGüVO; → B Rn 14 ff) ergibt sich jedoch, dass sie nicht für Ehegatten, sondern **nur für eingetragene Lebenspartner** gilt. Der Begriff der „Ehe" wird allerdings in beiden Verordnungen bewusst nicht definiert, sondern bleibt dem nationalen Recht der Mitgliedstaaten überlassen (ErwG 17 zur EuGüVO; → Anh IV; *Weber* DNotZ 16, 659/669). Dies gilt auch für die Zuordnung der güterrechtlichen Beziehungen zwischen **gleichgeschlechtlichen Ehepartnern** zur EuGüVO einerseits oder zur EuPartVO andererseits.

Der **deutsche Gesetzgeber** hat zwar die gleichgeschlechtliche Ehe durch das Gesetz zur **21** Einführung des Rechts auf Eheschließung für Personen gleichen Geschlechts v 20.7.2017 (BGBl I, 2787) mit Wirkung v 1.10.2017 anerkannt. Er hat sie jedoch für die Zwecke des Kollisionsrechts in Art 17b Abs 4 EGBGB nF durch die Verweisung auf Art 17b Abs 1–3 EGBGB (anstatt auf Art 13–16 EGBGB) **einer eingetragenen Lebenspartnerschaft gleichgestellt** (dazu → I Rn 259 f). Dies könnte dafür sprechen, in Verfahren vor deutschen Gerichten auch auf die güterrechtlichen Beziehungen in einer solchen Ehe die EuPartVO anzuwenden. Der Erwägungsgrund 17 ist indessen nicht so zu verstehen, dass das nationale IPR auch darüber zu befinden hat, welche Wirkungen einer gleichgeschlechtlichen Ehe im Einzelnen zukommen. Wie sich vor allem aus der Regelung der alternativen Zuständigkeit in Art 9 Abs 1 ergibt, ist dem nationalen IPR lediglich die Entscheidung überlassen, ob es eine gleichgeschlechtliche Ehe „anerkennt" oder nicht. Wird sie in einem Mitgliedstaat – wie in *Deutschland* – anerkannt, so findet daher auf die güterrechtlichen Verhältnisse in einer solchen Ehe insgesamt die EuGüVO, nicht die EuPartVO Anwendung (*Mankowski* IPRax 17, 541/548; Erman/*Hohloch* Art 17b EGBGB Rn 22 f; im Erg auch *Döbereiner* MittBayNot 11, 463/464; *Dutta* FamRZ 16, 1973/1976). Die praktischen Auswirkungen dieser Einordnung sind auf dem Gebiet der Anerkennung und Vollstreckung von Entscheidungen in Güterrechtssachen allerdings marginal, weil die diesbezüglichen Regeln in beiden Verordnungen nahezu vollständig übereinstimmen.

c) Räumlicher Anwendungsbereich. Aus der Entstehungsgeschichte der EuGüVO folgt, **22** dass diese in räumlicher Hinsicht *nicht* in allen 28 EU-Mitgliedstaaten gilt, sondern nur in den 18 Mitgliedstaaten, die an der Verstärkten Zusammenarbeit auf diesem Gebiet derzeit teilnehmen. Dies sind – außer der *Bundesrepublik Deutschland* – *Belgien, Bulgarien, Finnland, Frankreich, Griechenland, Italien, Kroatien, Luxemburg, Malta, die Niederlande, Österreich, Portugal, Schweden, Slowenien, Spanien, die Tschechische Republik und Zypern.* Auf dem Gebiet der Anerkennung und Vollstreckung wird vorausgesetzt, dass die Entscheidung von einem Gericht eines teilnehmenden Mitgliedstaats der Verordnung erlassen worden ist und in einem anderen teilnehmenden Mitgliedstaat anerkannt und vollstreckt werden soll. Unerheblich ist hingegen, ob die Parteien die Staatsangehörigkeit eines teilnehmenden Mitgliedstaats der Verordnung besitzen oder ob der zugrundeliegende Sachverhalt einen Auslandsbezug aufweist. Die Art 36 ff gelten daher auch für die Anerkennung und Vollstreckung von güterrechtlichen Entscheidungen, die in reinen Inlandsfällen ergangen sind. Auf die Anerkennung und Vollstreckung von Entscheidungen *drittstaatlicher* Gerichte ist die EuPartVO hingegen nicht anwendbar, auch wenn am Verfahren Angehörige von teilnehmenden Mitgliedstaaten beteiligt waren. Zum Hoheitsgebiet der Mitgliedstaaten → I Rn 21.

d) Zeitlicher Anwendungsbereich. In zeitlicher Hinsicht gilt die EuPartVO grundsätzlich **23** nur für gerichtliche Verfahren, gebilligte oder geschlossene gerichtliche Vergleiche und öffentliche Urkunden, die ab dem 29. Januar 2019 eingeleitet, aufgenommen oder ausgestellt wurden (Art 69 Abs 1 iVm Art 70 Abs 2). Der zeitliche Anwendungsbereich der Verordnung wird allerdings in Bezug auf die Anerkennung und Vollstreckung von Entscheidungen im Verhältnis der teilnehmenden Mitgliedstaaten zueinander gemäß Art 69 Abs 2 erweitert. Danach gilt die EuPartVO für die Anerkennung und Vollstreckung von ab dem 29.1.2019 in einem teilnehmen-

1429

Q   2. Teil. Anerkennung/Vollstreckung Q. Lebenspartnerschaftssachen

den Mitgliedstaat ergangenen Entscheidungen auch dann, wenn das Verfahren schon vor diesem Zeitpunkt eingeleitet worden ist, sofern die vom Ursprungsgericht angewandten Zuständigkeitsvorschriften mit denen des Kapitels II der Verordnung (Art 4–11) übereinstimmen (→ Rn 59). Anders als die EuUntVO (Art 75 Abs 2 lit a) gilt die EuPartVO hingegen nicht auch für Entscheidungen, die zwar vor ihrer Geltung ergangen sind, deren Anerkennung bzw Vollstreckbarerklärung aber erst nach diesem Zeitpunkt beantragt worden ist.

4. Verhältnis zu anderen Rechtsinstrumenten

24   Die EuPartVO tritt gemäß Art 62 Abs 1 gegenüber Staatsverträgen zurück, an denen nicht nur teilnehmende EU-Mitgliedstaaten, sondern auch Drittstaaten beteiligt sind (→ Rn 56 f). Demgegenüber hat sie gemäß Art 62 Abs 2 zwischen den Mitgliedstaaten Vorrang vor Übereinkünften, denen nur Mitgliedstaaten angehören; sie verdrängt daher auf dem Gebiet des Güterrechts insbesondere die in → Rn 15 genannten bilateralen Anerkennungs- und Vollstreckungsverträge zwischen der *Bundesrepublik Deutschland* und anderen teilnehmenden Mitgliedstaaten.

5. Auslegung

25   Vgl → B Rn 22 f.

6. Deutsches Ausführungsgesetz

26   Das deutsche Ausführungsgesetz zur EuPartVO ist bisher nicht verkündet worden. Es ist aber zu erwarten, dass es sich weitgehend an den Ausführungsgesetzen zu anderen EU-Verordnungen auf dem Gebiet des internationalen Familien- und Erbrechts (IntFamRVG, AUG, IntErbRVG) orientieren wird.

Kapitel I. Geltungsbereich und Begriffsbestimmungen

EuPartVO Art 1–2

(abgedruckt und kommentiert → I Rn 27 ff)

27   Vgl zum Begriff der „Güterstände eingetragener Partnerschaften" iS der Verordnung näher Art 1 Abs 1 S 1 und Art 3 Abs 1 lit b; dazu → I Rn 27 f, 32 ff.

28   Ist die Entscheidung über die güterrechtlichen Wirkungen einer eingetragenen Partnerschaft als Annex zu einer Entscheidung in einer Erbsache (Art 4; → I Rn 45) oder zu einer Entscheidung über die Auflösung oder Ungültigerklärung einer eingetragenen Partnerschaft (Art 5; → I Rn 46 ff) ergangen, so ist die Anwendung der Art 36 ff auf die Anerkennung, Vollstreckbarkeit und Vollstreckung der **Verurteilung zur Erfüllung von güterrechtlichen Pflichten** beschränkt. Demgegenüber richtet sich die Anerkennung und Vollstreckbarkeit der Hauptsachentscheidung in der Erbsache nach Art 39 ff EuErbVO und im Verfahren zur Auflösung oder Ungültigerklärung der eingetragenen Partnerschaft nach §§ 108, 109 FamFG.

EuPartVO Art 3

(abgedruckt und kommentiert → I Rn 32 ff)

29   Zur Auslegung der Begriffe „öffentliche Urkunde", „Entscheidung", „gerichtlicher Vergleich" und „Gericht" wird auf die Kommentierung zu Art 3 EuGüVO (→ L Rn 25 ff) sowie auf ErwG 29–31 (→ Anh V) verwiesen.

Kapitel II. Gerichtliche Zuständigkeit

EuPartVO Art 4–19

(abgedruckt und kommentiert → I Rn 43 ff)

Kapitel III. Anzuwendendes Recht

EuPartVO Art 20–35

(abgedruckt und kommentiert → I Rn 161 ff)

1430

II. EU-Recht: EuPartVO Art 39

Q

Kapitel IV. Anerkennung, Vollstreckbarkeit und Vollstreckung von Entscheidungen

EuPartVO Art 36. Anerkennung

(1) **Die in einem Mitgliedstaat ergangenen Entscheidungen werden in den anderen Mitgliedstaaten anerkannt, ohne dass es hierfür eines besonderen Verfahrens bedarf.**

(2) **Jede Partei, die die Anerkennung einer Entscheidung zu einem zentralen Element des Streitgegenstands macht, kann in den Verfahren nach den Artikeln 44 bis 57 die Anerkennung der Entscheidung beantragen.**

(3) **Hängt der Ausgang eines Verfahrens vor dem Gericht eines Mitgliedstaats von der Entscheidung über die inzidente Frage der Anerkennung ab, so ist dieses Gericht für die Entscheidung über die Anerkennung zuständig.**

Zur Auslegung der Vorschrift wird auf die Kommentierung zu Art 36 EuGüVO (→ L **30** Rn 35 ff) verwiesen. Die Anerkennung und Vollstreckung einer Entscheidung über die güterrechtlichen Wirkungen einer eingetragenen Partnerschaft nach Maßgabe der Verordnung impliziert in keiner Weise die Anerkennung der eingetragenen Partnerschaft, die Anlass zu der Entscheidung gegeben hat (ErwG 63; → Anh V).

EuPartVO Art 37. Gründe für die Nichtanerkennung

Eine Entscheidung wird nicht anerkannt, wenn

a) **die Anerkennung der öffentlichen Ordnung (*ordre public*) des Mitgliedstaats, in dem sie beantragt wird, offensichtlich widersprechen würde;**

b) **dem Beklagten, der sich auf das Verfahren nicht eingelassen hat, das verfahrenseinleitende Schriftstück oder ein gleichwertiges Schriftstück nicht so rechtzeitig und in einer Weise zugestellt worden ist, dass er sich verteidigen konnte, es sei denn, der Beklagte hat die Entscheidung nicht angefochten, obwohl er die Möglichkeit dazu hatte;**

c) **sie mit einer Entscheidung unvereinbar ist, die in einem Verfahren zwischen denselben Parteien in dem Mitgliedstaat, in dem die Anerkennung beantragt wird, ergangen ist;**

d) **sie mit einer früheren Entscheidung unvereinbar ist, die in einem anderen Mitgliedstaat oder in einem Drittstaat in einem Verfahren zwischen denselben Parteien wegen desselben Anspruchs ergangen ist, sofern die frühere Entscheidung die notwendigen Voraussetzungen für ihre Anerkennung in dem Mitgliedstaat, in dem die Anerkennung geltend gemacht wird, erfüllt.**

Zur Auslegung der Vorschrift wird auf die Kommentierung zu Art 37 EuGüVO (→ L **31** Rn 50 ff) verwiesen.

EuPartVO Art 38. Grundrechte

Artikel 37 dieser Verordnung ist von den Gerichten und anderen zuständigen Behörden der Mitgliedstaaten unter Beachtung der in der Charta anerkannten Grundrechte und Grundsätze anzuwenden, insbesondere des Grundsatzes der Nichtdiskriminierung in Artikel 21 der Charta.

Zur Auslegung der Vorschrift wird auf die Kommentierung zu Art 38 EuGüVO (→ L Rn 77) **32** verwiesen.

EuPartVO Art 39. Ausschluss der Nachprüfung der Zuständigkeit des Gerichts des Ursprungsmitgliedstaats

(1) **Die Zuständigkeit des Gerichts des Ursprungsmitgliedstaats darf nicht nachgeprüft werden.**

(2) **Das Kriterium der öffentlichen Ordnung (*ordre public*) in Artikel 37 findet keine Anwendung auf die Zuständigkeitsvorschriften in den Artikeln 4 bis 12.**

1431

Q 2. Teil. Anerkennung/Vollstreckung Q. Lebenspartnerschaftssachen

33   Zur Auslegung der Vorschrift wird auf die Kommentierung zu Art 39 EuGüVO (→ L Rn 78 ff) verwiesen

EuPartVO Art 40. Ausschluss der Nachprüfung in der Sache

Die in einem Mitgliedstaat ergangene Entscheidung darf keinesfalls in der Sache selbst nachgeprüft werden.

34   Zur Auslegung der Vorschrift wird auf die Kommentierung zu Art 40 EuGüVO (→ L Rn 81) verwiesen.

EuPartVO Art 41. Aussetzung des Anerkennungsverfahrens

Das Gericht eines Mitgliedstaats, vor dem die Anerkennung einer in einem anderen Mitgliedstaat ergangenen Entscheidung geltend gemacht wird, kann das Verfahren aussetzen, wenn im Ursprungsmitgliedstaat gegen die Entscheidung ein ordentlicher Rechtsbehelf eingelegt worden ist.

35   Zur Auslegung der Vorschrift wird auf die Kommentierung zu Art 41 EuGüVO (→ L Rn 82 ff) verwiesen.

EuPartVO Art 42. Vollstreckbarkeit

Die in einem Mitgliedstaat ergangenen und in diesem Staat vollstreckbaren Entscheidungen sind in einem anderen Mitgliedstaat vollstreckbar, wenn sie auf Antrag eines Berechtigten dort nach den Verfahren der Artikel 44 bis 57 für vollstreckbar erklärt worden sind.

36   Zur Auslegung der Vorschrift wird auf die Kommentierung zu Art 42 EuGüVO (→ L Rn 88 ff) verwiesen.

EuPartVO Art 43. Bestimmung des Wohnsitzes

Ist zu entscheiden, ob eine Partei für die Zwecke der Verfahren nach den Artikeln 44 bis 57 im Hoheitsgebiet des Vollstreckungsmitgliedstaats einen Wohnsitz hat, so wendet das befasste Gericht sein innerstaatliches Recht an.

37   Zur Auslegung der Vorschrift wird auf die Kommentierung zu Art 43 EuGüVO (→ L Rn 106) verwiesen.

EuPartVO Art 44. Örtlich zuständiges Gericht

(1) Der Antrag auf Vollstreckbarerklärung ist an das Gericht oder die zuständige Behörde des Vollstreckungsmitgliedstaats zu richten, die der Kommission nach Artikel 64 von diesem Mitgliedstaat mitgeteilt wurden.

(2) Die örtliche Zuständigkeit wird durch den Ort des Wohnsitzes der Partei, gegen die die Vollstreckung erwirkt werden soll, oder durch den Ort, an dem die Vollstreckung durchgeführt werden soll, bestimmt.

38   Zur Auslegung der Vorschrift wird auf die Kommentierung zu Art 44 EuGüVO (→ L Rn 107 ff) verwiesen.

EuPartVO Art 45. Verfahren

(1) Für das Verfahren der Antragstellung ist das Recht des Vollstreckungsmitgliedstaats maßgebend.

(2) Von dem Antragsteller kann nicht verlangt werden, dass er im Vollstreckungsmitgliedstaat über eine Postanschrift oder einen bevollmächtigten Vertreter verfügt.

(3) Dem Antrag sind die folgenden Schriftstücke beizufügen:

a) eine Ausfertigung der Entscheidung, die die für die Feststellung ihrer Beweiskraft erforderlichen Voraussetzungen erfüllt;

1432

II. EU-Recht: EuPartVO Art 49 Q

b) die Bescheinigung, die von dem Gericht oder der zuständigen Behörde des Ursprungsmitgliedstaats unter Verwendung des – nach dem Beratungsverfahren nach Artikel 67 Absatz 2 erstellten – Formulars ausgestellt wurde, unbeschadet des Artikels 46.

Zur Auslegung der Vorschrift wird auf die Kommentierung zu Art 45 EuGüVO (→ L **39** Rn 111 ff) verwiesen.

EuPartVO Art 46. Nichtvorlage der Bescheinigung

(1) **Wird die Bescheinigung nach Artikel 45 Absatz 3 Buchstabe b nicht vorgelegt, kann das Gericht oder die sonst befugte Stelle eine Frist bestimmen, innerhalb deren die Bescheinigung vorzulegen ist, oder eine gleichwertige Urkunde akzeptieren oder von der Vorlage der Bescheinigung absehen, wenn es bzw. sie keinen weiteren Klärungsbedarf sieht.**

(2) **Auf Verlangen des Gerichts oder der zuständigen Behörde ist eine Übersetzung oder Transkription der Schriftstücke vorzulegen. Die Übersetzung ist von einer Person zu erstellen, die zur Anfertigung von Übersetzungen in einem der Mitgliedstaaten befugt ist.**

Zur Auslegung der Vorschrift wird auf die Kommentierung zu Art 46 EuGüVO (→ L **40** Rn 114 f) verwiesen.

EuPartVO Art 47. Vollstreckbarerklärung

Sobald die in Artikel 45 vorgesehenen Förmlichkeiten erfüllt sind, wird die Entscheidung unverzüglich für vollstreckbar erklärt, ohne dass eine Prüfung nach Artikel 37 erfolgt. Die Partei, gegen die die Vollstreckung erwirkt werden soll, erhält in diesem Abschnitt des Verfahrens keine Gelegenheit, eine Erklärung abzugeben.

Zur Auslegung der Vorschrift wird auf die Kommentierung zu Art 47 EuGüVO (→ L **41** Rn 116 ff) verwiesen.

EuPartVO Art 48. Mitteilung der Entscheidung über den Antrag auf Vollstreckbarerklärung

(1) **Die Entscheidung über den Antrag auf Vollstreckbarerklärung wird dem Antragsteller unverzüglich nach dem Verfahren mitgeteilt, die das Recht des Vollstreckungsmitgliedstaats vorsieht.**

(2) **Die Vollstreckbarerklärung und, soweit dies noch nicht geschehen ist, die Entscheidung werden der Partei, gegen die die Vollstreckung erwirkt werden soll, zugestellt.**

Zur Auslegung der Vorschrift wird auf die Kommentierung zu Art 48 EuGüVO (→ L **42** Rn 119 f) verwiesen.

EuPartVO Art 49. Rechtsbehelf gegen die Entscheidung über den Antrag auf Vollstreckbarerklärung

(1) **Gegen die Entscheidung über den Antrag auf Vollstreckbarerklärung kann jede Partei einen Rechtsbehelf einlegen.**

(2) **Der Rechtsbehelf wird bei dem Gericht eingelegt, das der betreffende Mitgliedstaat der Kommission nach Artikel 64 mitgeteilt hat.**

(3) **Über den Rechtsbehelf wird nach den Vorschriften entschieden, die für Verfahren mit beiderseitigem rechtlichem Gehör maßgebend sind.**

(4) **Lässt sich die Partei, gegen die die Vollstreckung erwirkt werden soll, auf das Verfahren vor dem mit dem Rechtsbehelf des Antragstellers befassten Gericht nicht ein, so ist Artikel 16 auch dann anzuwenden, wenn die Partei, gegen die die Vollstreckung erwirkt werden soll, in keinem Mitgliedstaat einen Wohnsitz hat.**

1433

Q   2. Teil. Anerkennung/Vollstreckung Q. Lebenspartnerschaftssachen

(5) Der Rechtsbehelf gegen die Vollstreckbarerklärung ist innerhalb von 30 Tagen nach ihrer Zustellung einzulegen. Hat die Partei, gegen die die Vollstreckung erwirkt werden soll, ihren Wohnsitz im Hoheitsgebiet eines anderen Mitgliedstaats als dem, in dem die Vollstreckbarerklärung ergangen ist, so beträgt die Frist für den Rechtsbehelf 60 Tage und beginnt mit dem Tag, an dem die Vollstreckbarerklärung ihr entweder in Person oder in ihrer Wohnung zugestellt worden ist. Eine Verlängerung dieser Frist wegen weiter Entfernung ist ausgeschlossen.

43   Zur Auslegung der Vorschrift wird auf die Kommentierung zu Art 49 EuGüVO (→ L Rn 121 ff) verwiesen.

EuPartVO Art 50. Rechtsbehelf gegen die Entscheidung über den Rechtsbehelf

Gegen die über den Rechtsbehelf ergangene Entscheidung kann ein Rechtsbehelf nur nach dem Verfahren eingelegt werden, den der betreffende Mitgliedstaat der Kommission nach Artikel 64 mitgeteilt hat.

44   Zur Auslegung der Vorschrift wird auf die Kommentierung zu Art 50 EuGüVO (→ L Rn 136 ff) verwiesen.

EuPartVO Art 51. Versagung oder Aufhebung einer Vollstreckbarerklärung

Die Vollstreckbarerklärung darf von dem mit einem Rechtsbehelf nach Artikel 49 oder 50 befassten Gericht nur aus einem der in Artikel 37 aufgeführten Gründe versagt oder aufgehoben werden. Das Gericht erlässt seine Entscheidung unverzüglich.

45   Zur Auslegung der Vorschrift wird auf die Kommentierung zu Art 51 EuGüVO (→ L Rn 139 ff) verwiesen.

EuPartVO Art 52. Aussetzung des Verfahrens

Das nach Artikel 49 oder 50 mit dem Rechtsbehelf befasste Gericht setzt das Verfahren auf Antrag der Partei, gegen die die Vollstreckung erwirkt werden soll, aus, wenn die Entscheidung im Ursprungsmitgliedstaat wegen der Einlegung eines Rechtsbehelfs vorläufig nicht vollstreckbar ist.

46   Zur Auslegung der Vorschrift wird auf die Kommentierung zu Art 52 EuGüVO (→ L Rn 146 ff) verwiesen.

EuPartVO Art 53. Einstweilige Maßnahmen einschließlich Sicherungsmaßnahmen

(1) Ist eine Entscheidung nach diesem Kapitel anzuerkennen, so ist der Antragsteller nicht daran gehindert, einstweilige Maßnahmen einschließlich Sicherungsmaßnahmen nach dem Recht des Vollstreckungsmitgliedstaats in Anspruch zu nehmen, ohne dass es einer Vollstreckbarerklärung nach Artikel 47 bedarf.

(2) Die Vollstreckbarerklärung umfasst von Rechts wegen die Befugnis, alle Sicherungsmaßnahmen zu veranlassen.

(3) Solange die in Artikel 49 Absatz 5 vorgesehene Frist für den Rechtsbehelf gegen die Vollstreckbarerklärung läuft und solange über den Rechtsbehelf nicht entschieden ist, darf die Zwangsvollstreckung in das Vermögen der Partei, gegen die die Vollstreckung erwirkt werden soll, nicht über Sicherungsmaßnahmen hinausgehen.

47   Zur Auslegung der Vorschrift wird auf die Kommentierung zu Art 53 EuGüVO (→ L Rn 149) verwiesen.

EuPartVO Art 54. Teilvollstreckbarkeit

(1) Ist durch die Entscheidung über mehrere Ansprüche erkannt worden und kann die Vollstreckbarerklärung nicht für alle Ansprüche erteilt werden, so erteilt das Gericht oder die zuständige Behörde sie für einen oder mehrere dieser Ansprüche.

1434

II. EU-Recht: EuPartVO Art 58

Q

(2) **Der Antragsteller kann beantragen, dass die Vollstreckbarerklärung nur für einen Teil des Gegenstands der Entscheidung erteilt wird.**

Zur Auslegung der Vorschrift wird auf die Kommentierung zu Art 54 EuGüVO (→ L **48** Rn 150 f) verwiesen.

EuPartVO Art 55. Prozesskostenhilfe

Ist dem Antragsteller im Ursprungsmitgliedstaat ganz oder teilweise Prozesskostenhilfe oder Kosten- oder Gebührenbefreiung gewährt worden, so genießt er im Vollstreckbarerklärungsverfahren hinsichtlich der Prozesskostenhilfe oder der Kosten- oder Gebührenbefreiung die günstigste Behandlung, die das Recht des Vollstreckungsmitgliedstaats vorsieht.

Zur Auslegung der Vorschrift wird auf die Kommentierung zu Art 47 Abs 2 EuUntVO (→ C **49** Rn 834 ff) verwiesen.

EuPartVO Art 56. Keine Sicherheitsleistung oder Hinterlegung

Der Partei, die in einem Mitgliedstaat die Anerkennung, Vollstreckbarerklärung oder Vollstreckung einer in einem anderen Mitgliedstaat ergangenen Entscheidung beantragt, darf wegen ihrer Eigenschaft als Ausländer oder wegen Fehlens eines inländischen Wohnsitzes oder Aufenthalts im Vollstreckungsmitgliedstaat keine Sicherheitsleistung oder Hinterlegung, unter welcher Bezeichnung es auch sei, auferlegt werden.

Zur Auslegung der Vorschrift wird auf die Kommentierung zu Art 56 EuGüVO (→ L **50** Rn 153) verwiesen.

EuPartVO Art 57. Keine Stempelabgaben oder Gebühren

Im Vollstreckungsmitgliedstaat dürfen in Vollstreckbarerklärungsverfahren keine nach dem Streitwert abgestuften Stempelabgaben oder Gebühren erhoben werden.

Zur Auslegung der Vorschrift wird auf die Kommentierung zu Art 57 EuGüVO (→ L **51** Rn 154) verwiesen.

Kapitel V. Öffentliche Urkunden und gerichtliche Vergleiche

EuPartVO Art 58. Annahme öffentlicher Urkunden

(1) **Eine in einem Mitgliedstaat errichtete öffentliche Urkunde hat in einem anderen Mitgliedstaat die gleiche formelle Beweiskraft wie im Ursprungsmitgliedstaat oder die damit am ehesten vergleichbare Wirkung, sofern dies der öffentlichen Ordnung (*ordre public*) des betreffenden Mitgliedstaats nicht offensichtlich widerspricht.**

Eine Person, die eine öffentliche Urkunde in einem anderen Mitgliedstaat verwenden möchte, kann die Behörde, die die öffentliche Urkunde im Ursprungsmitgliedstaat errichtet, ersuchen, das nach dem Beratungsverfahren nach Artikel 67 Absatz 2 erstellte Formblatt auszufüllen, das die formelle Beweiskraft der öffentlichen Urkunde in ihrem Ursprungsmitgliedstaat beschreibt.

(2) **Einwände gegen die Authentizität einer öffentlichen Urkunde sind bei den Gerichten des Ursprungsmitgliedstaats zu erheben; über diese Einwände wird nach dem Recht dieses Staates entschieden. Eine öffentliche Urkunde, gegen die solche Einwände erhoben wurden, entfaltet in einem anderen Mitgliedstaat keine Beweiskraft, solange die Sache bei dem zuständigen Gericht anhängig ist.**

(3) **Einwände gegen die in einer öffentlichen Urkunde beurkundeten Rechtsgeschäfte oder Rechtsverhältnisse sind bei den nach dieser Verordnung zuständigen Gerichten zu erheben; über diese Einwände wird nach dem nach Kapitel III anzuwendenden Recht entschieden. Eine öffentliche Urkunde, gegen die solche Einwände erhoben wurden, entfaltet in einem anderen als dem Ursprungsmitgliedstaat hinsichtlich des bestrittenen Umstands keine Beweiskraft, solange die Sache bei dem zuständigen Gericht anhängig ist.**

1435

Q 2. Teil. Anerkennung/Vollstreckung Q. Lebenspartnerschaftssachen

(4) Hängt der Ausgang eines Verfahrens vor dem Gericht eines Mitgliedstaats von der Klärung einer Vorfrage im Zusammenhang mit den Rechtsgeschäften oder Rechtsverhältnissen ab, die in einer öffentlichen Urkunde über die güterrechtlichen Wirkungen einer eingetragenen Partnerschaft beurkundet sind, so ist dieses Gericht für die Entscheidung über diese Vorfrage zuständig.

52 Zur Auslegung der Vorschrift wird auf die Kommentierung zu Art 58 EuGüVO (→ L Rn 155 ff) sowie auf die Erwägungsgründe 56–62 (→ Anh V) verwiesen.

EuPartVO Art 59. Vollstreckbarkeit öffentlicher Urkunden

(1) Öffentliche Urkunden, die im Ursprungsmitgliedstaat vollstreckbar sind, werden in einem anderen Mitgliedstaat auf Antrag eines Berechtigten nach den Verfahren der Artikel 44 bis 57 für vollstreckbar erklärt.

(2) Für die Zwecke des Artikels 45 Absatz 3 Buchstabe b stellt die Behörde, die die öffentliche Urkunde errichtet hat, auf Antrag eines Berechtigten eine Bescheinigung unter Verwendung des nach dem Beratungsverfahren nach Artikel 67 Absatz 2 erstellten Formblatts aus.

(3) Die Vollstreckbarerklärung wird von dem mit einem Rechtsbehelf nach Artikel 49 oder 50 befassten Gericht nur versagt oder aufgehoben, wenn die Vollstreckung der öffentlichen Urkunde der öffentlichen Ordnung (ordre public) des Vollstreckungsmitgliedstaats offensichtlich widersprechen würde.

53 Zur Auslegung der Vorschrift wird auf die Kommentierung zu Art 59 EuGüVO (→ L Rn 161) verwiesen.

EuPartVO Art 60. Vollstreckbarkeit gerichtlicher Vergleiche

(1) Gerichtliche Vergleiche, die im Ursprungsmitgliedstaat vollstreckbar sind, werden in einem anderen Mitgliedstaat auf Antrag eines Berechtigten nach den Verfahren der Artikel 44 bis 57 für vollstreckbar erklärt.

(2) Für die Zwecke des Artikels 45 Absatz 3 Buchstabe b stellt das Gericht, das den Vergleich gebilligt hat oder vor dem der Vergleich geschlossen wurde, auf Antrag eines Berechtigten eine Bescheinigung unter Verwendung des nach dem Beratungsverfahren nach Artikel 67 Absatz 2 erstellten Formblatts aus.

(3) Die Vollstreckbarerklärung wird von dem mit einem Rechtsbehelf nach Artikel 49 oder 50 befassten Gericht nur versagt oder aufgehoben, wenn die Vollstreckung des gerichtlichen Vergleichs der öffentlichen Ordnung (*ordre public*) des Vollstreckungsmitgliedstaats offensichtlich widersprechen würde.

54 Zur Auslegung der Vorschrift wird auf die Kommentierung zu Art 60 EuGüVO (→ L Rn 164) verwiesen.

Kapitel VI. Allgemeine und Schlussbestimmungen

EuPartVO Art 61. Legalisation oder ähnliche Förmlichkeiten

Im Rahmen dieser Verordnung bedarf es für Urkunden, die in einem Mitgliedstaat ausgestellt werden, weder der Legalisation noch einer ähnlichen Förmlichkeit.

55 Die Vorschrift entspricht Art 52 EuEheVO. Vgl dazu → K Rn 138.

EuGPartVO Art 62. Verhältnis zu bestehenden internationalen Übereinkünften

(1) Diese Verordnung lässt unbeschadet der Verpflichtungen der Mitgliedstaaten nach Artikel 351 AEUV die Anwendung bilateraler oder multilateraler Übereinkünfte unberührt, denen ein oder mehrere Mitgliedstaaten zum Zeitpunkt des Erlasses dieser Verordnung oder eines Beschlusses nach Artikel 331 Absatz 1 Unterabsatz 2 oder 3 AEUV angehören und die Bereiche betreffen, die in dieser Verordnung geregelt sind.

1436

II. EU-Recht: EuGüVO Art 66   58   Q

(2) Ungeachtet des Absatzes 1 hat diese Verordnung im Verhältnis zwischen den Mitgliedstaaten Vorrang vor Übereinkünften, denen die Mitgliedstaaten angehören und die Bereiche betreffen, die in dieser Verordnung geregelt sind.

Die Vorschrift regelt das Verhältnis zwischen der EuPartVO und Staatsverträgen auf dem **56** Gebiet der Anerkennung und Vollstreckung von Entscheidungen in Güterrechtssachen eingetragener Partner umfassend, wobei nicht zwischen zwei- und mehrseitigen Übereinkommen unterschieden wird, denen ein Mitgliedstaat oder mehrere Mitgliedstaaten angehören. Gilt das Übk nur zwischen an der Verordnung teilnehmenden Mitgliedstaaten, so wird es nach Abs 2 durch die EuPartVO verdrängt. Dies trifft auf die **bilateralen Anerkennungs- und Vollstreckungsabkommen** der *Bundesrepublik Deutschland* mit *Belgien, Griechenland, Italien, der Niederlande, Österreich* und *Spanien* zu (→ Rn 9).

Ist an dem Übereinkommen hingegen (auch) ein **Drittstaat** beteiligt, so ist zu unterscheiden: **57** Im Verhältnis zu diesem Drittstaat tritt die EuPartVO nach Abs 1 zurück, lässt also die Geltung des Übereinkommens unberührt. Daher gelten die bilateralen Anerkennungs- und Vollstreckungsabkommen mit *Norwegen,* der *Schweiz* und dem *Vereinigten Königreich* in Güterrechtssachen eingetragener Lebenspartner weiter. Ist hingegen nur das Verhältnis zu einem anderen Mitgliedstaat der Verordnung betroffen, so hat diese wiederum Vorrang vor dem Staatsvertrag, soweit es um die in der Verordnung geregelten Bereiche geht.

EuPartVO Art 63

(abgedruckt und kommentiert → I Rn 90)

EuPartVO Art 64. Angaben zu Kontaktdaten und Verfahren

(1) Die Mitgliedstaaten teilen der Kommission bis zum 29. Juli 2018 Folgendes mit:

a) die für Anträge auf Vollstreckbarerklärung gemäß Artikel 44 Absatz 1 und für Rechtsbehelfe gegen Entscheidungen über derartige Anträge gemäß Artikel 49 Absatz 2 zuständigen Gerichte oder Behörden;

b) die in Artikel 50 genannten Rechtsbehelfe gegen die Entscheidung über den Rechtsbehelf.

Die Mitgliedstaaten unterrichten die Kommission über spätere Änderungen dieser Informationen.

(2) Die Kommission veröffentlicht die nach Absatz 1 übermittelten Angaben im *Amtsblatt der Europäischen Union*, **mit Ausnahme der Anschriften und sonstigen Kontaktdaten der in Absatz 1 Buchstabe a genannten Gerichte und Behörden.**

(3) Die Kommission stellt der Öffentlichkeit alle nach Absatz 1 übermittelten Angaben auf geeignete Weise, insbesondere über das Europäische Justizielle Netz für Zivil- und Handelssachen, zur Verfügung.

EuPartVO Art 65

(abgedruckt → I Rn 90)

EuGüVO Art 66. Erstellung und spätere Änderung der Bescheinigungen und der Formblätter nach Artikel 45 Absatz 3 Buchstabe b und den Artikeln 58, 59 und 60

Die Kommission erlässt Durchführungsrechtsakte zur Erstellung und späteren Änderung der Bescheinigungen und der Formulare nach Artikel 45 Absatz 3 Buchstabe b und den Artikeln 58, 59 und 60. Diese Durchführungsrechtsakte werden nach dem in Artikel 67 Absatz 2 genannten Beratungsverfahren erlassen.

Um die Anwendung dieser Verordnung zu erleichtern und um die Nutzung moderner **58** Kommunikationstechnologien zu ermöglichen, sollen Standardformulare für die Bescheinigungen, die im Zusammenhang mit einem Antrag auf Vollstreckbarerklärung einer Entscheidung, einer öffentlichen Urkunde oder eines gerichtlichen Vergleichs vorzulegen sind, entwickelt werden. Zu diesem Zweck werden der Kommission in Bezug auf die Erstellung und spätere Änderung dieser Bescheinigungen und Formblätter Durchführungsbefugnisse übertragen. Diese

1437

Q 60 2. Teil. Anerkennung/Vollstreckung Q. Lebenspartnerschaftssachen

Befugnisse sollen nach Maßgabe der Verordnung (EU) Nr 182/2011 (ABl EU L 55 v. 28.2.2011, S. 13) ausgeübt werden (Erwg 66, 68; → Anh V).

EuPartVO Art 67–68

(abgedruckt → I Rn 90)

EuGüVO Art 69. Übergangsbestimmungen

1) Diese Verordnung ist vorbehaltlich der Absätze 2 und 3 nur auf Verfahren, öffentliche Urkunden und gerichtliche Vergleiche anzuwenden, die am 29. Januar 2019 oder danach eingeleitet, förmlich errichtet oder eingetragen beziehungsweise gebilligt oder geschlossen worden sind.

(2) Ist das Verfahren im Ursprungsmitgliedstaat vor dem 29. Januar 2019 eingeleitet worden, so werden an oder nach diesem Tag ergangene Entscheidungen nach Maßgabe des Kapitels IV anerkannt und vollstreckt, soweit die angewandten Zuständigkeitsvorschriften mit denen des Kapitels II übereinstimmen.

(3) *(abgedruckt und kommentiert → I Rn 198)*

59   Zur Auslegung der Vorschrift wird auf die Kommentierung zu Art 69 EuGüVO (→ L Rn 170 ff) verwiesen.

EuPartVO Art 70

(abgedruckt → I Rn 91)

III. Autonomes Zivilverfahrensrecht

850. Gesetz über das Verfahren in Familiensachen und in den Angelegenheiten der freiwilligen Gerichtsbarkeit (FamFG)

Vom 17. Dezember 2008 (BGBl I, 2586)

Buch 1. Allgemeiner Teil
Abschnitt 9. Verfahren mit Auslandsbezug

Schrifttum: Vgl das allg Schrifttum zur Anerkennung ausländischer Entscheidungen in Familiensachen nach dem FamFG → K vor Rn 189; ferner *Andrae/Heidrich,* Anerkennung ausländischer Entscheidungen in Ehe- und Lebenspartnerschaftssachen, FPR 04, 292; *Klinck,* Das neue Verfahren zur Anerkennung ausländischer Entscheidungen nach § 108 Abs 2 S 1 FamFG, FamRZ 09, 741.

Unterabschnitt 1. *Verhältnis zu völkerrechtlichen Vereinbarungen und Rechtsakten der Europäischen Gemeinschaft*

FamFG § 97. Vorrang und Unberührtheit

(1) [1]Regelungen in völkerrechtlichen Vereinbarungen gehen, soweit sie unmittelbar anwendbares innerstaatliches Recht geworden sind, den Vorschriften dieses Gesetzes vor. [2]Regelungen in Rechtsakten der Europäischen Gemeinschaft bleiben unberührt.

(2) Die zur Umsetzung und Ausführung von Vereinbarungen und Rechtsakten im Sinne des Absatzes 1 erlassenen Bestimmungen bleiben unberührt.

60   Zum Vorrang von Staatsverträgen auf dem Gebiet der Anerkennung ausländischer Entscheidungen in Lebenspartnerschaftssachen vgl die Einführung; → Rn 8 ff.

III. Autonomes Zivilverfahrensrecht: FamFG § 108   **Q**

Unterabschnitt 2. *Internationale Zuständigkeit*
FamFG § 105
(abgedruckt und kommentiert → C Rn 465)

FamFG § 106. Keine ausschließliche Zuständigkeit
Die Zuständigkeiten in diesem Unterabschnitt sind nicht ausschließlich.

Die internationale Zuständigkeit der deutschen Gerichte in Lebenspartnerschaftssachen nach   **61**
§ 103 ist nicht ausschließlich. Dies ist insbesondere im Hinblick auf die Prüfung der **Anerken-**
nungszuständigkeit des ausländischen Gerichts nach § 109 Abs 1 Nr 1 gem dem sog Spiegelbildprinzip von Bedeutung. Die Anerkennung einer ausländischen Entscheidung in Lebenspartnerschaftssachen ist daher nicht schon deshalb zu versagen, weil eine konkurrierende internationale Zuständigkeit eines deutschen Gerichts nach § 103 gegeben ist.

Unterabschnitt 3. *Anerkennung und Vollstreckbarkeit ausländischer Entscheidungen*
FamFG § 107. Anerkennung ausländischer Entscheidungen in Ehesachen
(abgedruckt und kommentiert → K Rn 194 ff)

Zwar spricht der Normzweck des § 107 dafür, die Vorschrift auch auf die Anerkennung von   **62**
Entscheidungen in Lebenspartnerschaftssachen entsprechend anzuwenden (vgl zu Art 7 § 1
FamRÄndG *Hausmann* FS Henrich [2000] 241/265; *Andrae/Heidrich* FamRZ 04, 1622/1624 f).
Der Gesetzgeber hat allerdings anlässlich der Neuregelung des Verfahrens in § 107 FamFG in
voller Kenntnis der Problematik von einer Ausdehnung der Vorschrift auf Entscheidungen über
die Auflösung von eingetragenen Lebenspartnerschaften abgesehen. Daher kann in Bezug auf die
Anerkennung ausländischer Entscheidungen über die Auflösung eingetragener Lebenspartnerschaften nicht mehr von einer unbewussten Gesetzeslücke gesprochen werden, die im Wege der
analogen Anwendung von § 107 geschlossen werden könnte. Vielmehr gilt für Entscheidungen
in Lebenspartnerschaftssachen nach § 108 Abs 1 der **Grundsatz der automatischen Anerken-**
nung durch jedes Gericht oder jede Behörde, deren Entscheidung von der Anerkennung
abhängt (*Hau* FamRZ 09, 821/825; *Althammer* IPRax 09, 381/386; MüKoFamFG/*Rauscher*
Rn 4; NK-BGB/*Gebauer* Art 17b EGBGB Rn 84). Darüber hinaus eröffnet das neu eingeführte
fakultative Anerkennungsfeststellungsverfahren nach § 108 Abs 2 S 1 (→ Rn 66 ff) nunmehr die
Möglichkeit, auch für Entscheidungen in Lebenspartnerschaftssachen eine allgemein verbindliche
gerichtliche Entscheidung über die Anerkennung/Nichtanerkennung zu erreichen.

Das vorstehend Gesagte würde auch für die Anerkennung von ausländischen Entscheidungen   **63**
gelten, durch die eine im Ausland eingegangene **gleichgeschlechtliche Ehe** geschieden worden
ist, wenn man diese in *Deutschland* mit dem Gesetzgeber (Art 17 Abs 4 EGBGB nF) und der
bisher hM (näher → I Rn 270 f) für die Zwecke des *autonomen* internationalen Privat- und
Verfahrensrechts als eingetragene Lebenspartnerschaft qualifizieren würde (*Andrae/Abbas*
StAZ 11, 97/102; MüKoBGB/*Coester* Art 17b EGBGB Rn 124, 148). Daran kann jedoch nach
dem Inkrafttreten des Gesetzes zur Einführung des Rechts auf Eheschließung für Personen
gleichen Geschlechts v 20.7.2017 (BGBl I, 2787) am 1.10.2017 nicht mehr festgehalten werden.
Denn das Gesetz stellt die gleichgeschlechtliche Ehe in Art 17b Abs 4 EGBGB nF ausdrücklich
nur für die Zwecke des *Kollisionsrechts* der eingetragenen Lebenspartnerschaft gleich und hat den
Begriff der Lebenspartnerschaftssachen in § 269 FamFG nicht auf die gleichgeschlechtliche Ehe
erweitert. Dies spricht dafür, auf die Anerkennung der Auflösung einer gleichgeschlechtlichen
Ehe im Ausland nicht § 108, sondern § 107 anzuwenden (ebenso P/H/*Hau* Rn 22). Für die
Anerkennung der Scheidung gleichgeschlechtlicher Ehen durch Gerichte anderer EU-Mitglied-
staaten (mit Ausnahme *Dänemarks*) gelten hingegen nach richtiger Ansicht die Art 21, 22
EuEheVO (dazu näher → K Rn 32 f).

FamFG § 108. Anerkennung anderer ausländischer Entscheidungen
(1) Abgesehen von Entscheidungen in Ehesachen werden ausländische Entscheidun-
gen anerkannt, ohne dass es hierfür eines besonderen Verfahrens bedarf.

1439

Q 64–68   2. Teil. Anerkennung/Vollstreckung Q. Lebenspartnerschaftssachen

(2) ¹Beteiligte, die ein rechtliches Interesse haben, können eine Entscheidung über die Anerkennung oder Nichtanerkennung einer ausländischen Entscheidung nicht vermögensrechtlichen Inhalts beantragen. ²§ 107 Abs. 9 gilt entsprechend. ³Für die Anerkennung oder Nichtanerkennung einer Annahme als Kind gelten jedoch die §§ 2, 4 und 5 des Adoptionswirkungsgesetzes, wenn der Angenommene zur Zeit der Annahme das 18. Lebensjahr nicht vollendet hatte.

(3) Für die Entscheidung über den Antrag nach Absatz 2 Satz 1 ist das Gericht örtlich zuständig, in dessen Bezirk zum Zeitpunkt der Antragstellung

1. der Antragsgegner oder die Person, auf die sich die Entscheidung bezieht, sich gewöhnlich aufhält oder

2. bei Fehlen einer Zuständigkeit nach Nummer 1 das Interesse an der Feststellung bekannt wird oder das Bedürfnis der Fürsorge besteht.

Diese Zuständigkeiten sind ausschließlich.

1. Anwendung in Lebenspartnerschaftssachen

64   Gegenstand der Anerkennung nach § 108 sind ausländische Entscheidungen, die aus deutscher Sicht eine Familiensache iSv § 1 betreffen; darüber ist im Wege funktionaler Qualifikation nach Maßgabe der deutschen *lex fori* zu entscheiden (*Althammer* IPRax 09, 381/387). Danach werden auch Lebenspartnerschaftssachen erfasst (§§ 111 Nr 11, 269). Anerkennungsfähig nach § 108 sind allerdings nur **Sachentscheidungen** (*Klinck* FamRZ 09, 741/743; ThP/*Hüßtege* Rn 1), die endgültig über den Verfahrensgegenstand befinden, also nicht Prozessurteile oder -beschlüsse (Mu/*Borth/Grandel* Rn 2).

2. Automatische Anerkennung, Abs 1

65   Da Lebenspartnerschaftssachen nicht dem förmlichen Feststellungsverfahren nach § 107 unterliegen (→ Rn 62), gilt auch für sie der Grundsatz, dass sie *ipso iure* im Inland anerkannt werden. Jedes Gericht und jede Behörde, für deren Entscheidung in der Hauptsache es auf die Vorfrage der Anerkennung ankommt, kann daher inzident darüber entscheiden, ob die Anerkennungsvoraussetzungen vorliegen.

3. Anerkennungsfeststellungsverfahren, Abs 2, 3

66   **a) Anwendungsbereich.** Durch § 108 Abs 2 FamFG wird im deutschen Recht erstmals ein Verfahren zur verbindlichen Feststellung der Anerkennung oder Nichtanerkennung einer ausländischen Entscheidung nicht vermögensrechtlichen Inhalts eingeführt. Diesem Verfahren kommt zwar insbesondere für Entscheidungen betreffend die elterliche Verantwortung (Sorgerecht, Umgangsrecht, Kindesherausgabe) praktische Bedeutung zu (→ N Rn 618 ff). Es steht jedoch auch in Lebenspartnerschaftssachen zur Verfügung, weil diesbezügliche ausländische Entscheidungen nicht dem zwingenden Feststellungsverfahren nach § 107 unterliegen (NK-BGB/*Andrae* Anh II Rn 41). Durch die verbindliche Feststellung der Anerkennung bzw Nichtanerkennung soll den Beteiligten die Möglichkeit eröffnet werden, Rechtsklarheit über die Inlandsgeltung einer ausländischen Statusentscheidung über die Auflösung ihrer Lebenspartnerschaft zu schaffen.

67   Das Anerkennungsfeststellungsverfahren nach Abs 2 ist in Lebenspartnerschaftssachen zunächst in Bezug auf ausländische Entscheidungen zulässig, welche die Aufhebung einer – im In- oder Ausland – registrierten Lebenspartnerschaft aussprechen oder die deren Bestehen bzw Nichtbestehen (§ 269 Abs 1 Nr 1, Nr 2) feststellen. Auch besteht kein Grund, das Feststellungsverfahren auf ausländische Entscheidungen betreffend die Auflösung von gleichgeschlechtlichen eingetragenen Lebenspartnerschaften zu beschränken. Die Feststellung kann daher auch in Bezug auf die Scheidung/Aufhebung einer **gleichgeschlechtlichen Ehe** beantragt werden, wenn man auf diese – entgegen der hier vertretenen Ansicht (→ Rn 63) – nicht § 107 anwendet (vgl idS schon *Andrae/Abbas* StAZ 11, 97/102; → K Rn 243). Gleiches gilt für die Auflösung von im Ausland begründeten und eingetragenen **heterosexuellen Lebensgemeinschaften** (P/H/*Hau* Rn 55).

68   Darüber hinaus kann auch die in ausländischen Rechten zT vorgesehene **Auflösung der Lebenspartnerschaft durch Rechtsgeschäft** jedenfalls dann zum Gegenstand eines Feststellungsverfahrens gemacht werden, wenn eine Behörde zumindest registrierend mitgewirkt hat.

1440

III. Autonomes Zivilverfahrensrecht: FamFG § 109

Q

Die Gründe, die für eine Erstreckung des Feststellungsverfahrens nach § 107 FamFG auf reine Privatscheidungen sprechen (→ K Rn 205), rechtfertigen aber auch eine Einbeziehung einer im Ausland vollzogenen rechtsgeschäftlichen Aufhebung einer eingetragenen Lebenspartnerschaft in das Feststellungsverfahren nach § 108 Abs 2 (vgl NK-BGB/*Andrae* Rn 40). Lehnte man dies mangels einer „Entscheidung" iS der Vorschrift ab, so bleibt nur der Rückgriff auf das das Feststellungsverfahren nach § 269 Abs 1 Nr 2 FamFG.

b) Durchführung des Verfahrens. Das Verfahren wird **nur auf Antrag** durchgeführt. **69** Antragsberechtigt ist jeder Beteiligte, der ein rechtliches Interesse an der Feststellung der Anerkennung oder Nichtanerkennung der Entscheidung hat (Abs 2 S 1; siehe hierzu auch die Kommentierung zu § 107 Abs 4 S 2; → K Rn 223 f). Dies sind primär die Lebenspartner selbst.

Für die Feststellung nach Abs 2 S 1 sind – anders als für Entscheidungen in Ehesachen im **70** Verfahren nach § 107 – nicht die Justizverwaltungen der Länder, sondern die **Gerichte** zuständig. Gem Abs 3 Nr 1 ist das Gericht, in dessen Bezirk der Antragsgegner oder wahlweise die Person, auf die sich die Entscheidung bezieht, sich gewöhnlich aufhält, **ausschließlich örtlich zuständig.** Nur wenn sich der Antragsgegner im Ausland gewöhnlich aufhält, ist nach Nr 2 subsidiär das Gericht zuständig, in dessen Bezirk das Feststellungsinteresse hervortritt, zB weil dort eine Lebenspartnerschaft begründet werden soll.

Auch die **internationale Zuständigkeit** deutscher Gerichte für das Anerkennungsfeststel- **71** lungsverfahren nach Abs 2 soll sich nach den für ein entsprechendes Erkenntnisverfahren einschlägigen Bestimmungen richten (BT-Drs 16/9733 zu § 108 Abs 3 FamFG; Keidel/*Zimmermann* Rn 79; Mu/*Borth*/*Grandel* Rn 5), in Lebenspartnerschaftssachen gilt daher § 103 (ThP/*Hüßtege* Rn 8; → Rn 77 ff). Demgegenüber wird vorgeschlagen, über § 105 FamFG die Zuständigkeiten nach § 108 Abs 3 doppelfunktional auch für die internationale Zuständigkeit zu verwenden (MüKoFamFG/*Rauscher* Rn 31). Ferner wird vertreten, dass deutsche Gerichte für das Verfahren nach § 108 Abs 2 stets international zuständig seien (P/H/*Hau* Rn 58; Haußleiter/*Gomille* Rn 19). Sachlich und funktionell zuständig ist das Amtsgericht als **Familiengericht** (§§ 23a, 23b GVG).

Der **Prüfungsmaßstab** im Verfahren nach Abs 2 ist derselbe wie im Rahmen der auto- **72** matischen Anerkennung nach Abs 1. Vorbehaltlich bilateraler Anerkennungsabkommen gilt daher wiederum § 109 (→ Rn 76 ff).

Besondere Regeln für die Durchführung des fakultativen Verfahrens zur Feststellung der **73** Anerkennungsvoraussetzungen einer **nicht vermögensrechtlichen Entscheidung** nach Abs 2 enthält das FamFG nicht. Das Verfahren folgt daher den Vorschriften, die gelten würden, wenn das vor dem ausländischen Ursprungsgericht geführte Verfahren stattdessen vor einem deutschen Gericht geführt worden wäre (P/H/*Hau* Rn 60). Danach besteht in Lebenspartnerschaftssachen **Anwaltszwang** gem § 114 Abs 1 (NK-BGB/*Andrae* Rn 45; vgl ThP/*Hüßtege* § 114 Rn 3). Es handelt sich um ein selbständiges Feststellungsverfahren, das durch Beschluss nach § 38 abgeschlossen wird.

Hinsichtlich der **Rechtswirkungen** der Feststellung verweist Abs 2 S 2 auf § 107 Abs 9. **74** Danach ist die positive oder negative Anerkennungsfeststellung für alle Gerichte und Behörden **bindend,** dh sie wirkt *inter omnes* (Abs 2 S 2 iVm § 107 Abs 9; ThP/*Hüßtege* Rn 16; NK-BGB/*Andrae* §§ 107–109 Rn 10). Sobald die Entscheidung über die Anerkennungsfeststellung wirksam ist, ist eine abweichende Inzidentfeststellung in einem anderen gerichtlichen oder behördlichen Verfahren ausgeschlossen (MüKoFamFG/*Rauscher* Rn 33). Die Bindungswirkung entfällt, wenn die ausländische Entscheidung im Erststaat aufgehoben oder abgeändert wird (*Klinck* FamRZ 09, 741/749).

Für die **Kosten** gelten die §§ 80 ff (ThP/*Hüßtege* Rn 15). Die Entscheidung ist mit den **75** allgemeinen **Rechtsbehelfen** nach dem FamFG (Beschwerde, Rechtsbeschwerde) angreifbar (*Althammer* IPRax 09, 381/387; ThP/*Hüßtege* Rn 17).

FamFG § 109. Anerkennungshindernisse

(1) **Die Anerkennung einer ausländischen Entscheidung ist ausgeschlossen,**

1. **wenn die Gerichte des anderen Staates nach deutschem Recht nicht zuständig sind;**
2. **wenn einem Beteiligten, der sich zur Hauptsache nicht geäußert hat und sich hierauf beruft, das verfahrenseinleitende Dokument nicht ordnungsgemäß oder nicht so rechtzeitig mitgeteilt worden ist, dass er seine Rechte wahrnehmen konnte;**

Q 76–80　　　　2. Teil. Anerkennung/Vollstreckung Q. Lebenspartnerschaftssachen

3. wenn die Entscheidung mit einer hier erlassenen oder anzuerkennenden früheren ausländischen Entscheidung oder wenn das ihr zugrunde liegende Verfahren mit einem früher hier rechtshängig gewordenen Verfahren unvereinbar ist;

4. wenn die Anerkennung der Entscheidung zu einem Ergebnis führt, das mit wesentlichen Grundsätzen des deutschen Rechts offensichtlich unvereinbar ist, insbesondere wenn die Anerkennung mit den Grundrechten unvereinbar ist.

(2) *(abgedruckt und kommentiert →* K *Rn 261 ff)*

(3) § 103 steht der Anerkennung einer ausländischen Entscheidung in einer Lebenspartnerschaftssache nicht entgegen, wenn der Register führende Staat die Entscheidung anerkennt.

(4) Die Anerkennung einer ausländischen Entscheidung, die

1. ...

2. die Verpflichtung zur Fürsorge und Unterstützung in der partnerschaftlichen Lebensgemeinschaft,

3. die Regelung der Rechtsverhältnisse an der gemeinsamen Wohnung und an den Haushaltsgegenständen der Lebenspartner,

4. Entscheidungen nach § 6 Satz 2 des Lebenspartnerschaftsgesetzes in Verbindung mit den §§ 1382 und 1383 des Bürgerlichen Gesetzbuchs oder

5. Entscheidungen nach § 7 Satz 2 des Lebenspartnerschaftsgesetzes in Verbindung mit den §§ 1426, 1430 und 1452 des Bürgerlichen Gesetzbuchs

betrifft, ist auch dann ausgeschlossen, wenn die Gegenseitigkeit nicht verbürgt ist.

(5) Eine Überprüfung der Gesetzmäßigkeit der ausländischen Entscheidung findet nicht statt.

1. Aufhebung der Lebenspartnerschaft

76　　Zu den Anerkennungsversagungsgründen in Bezug auf Entscheidungen über die Aufhebung der Lebenspartnerschaft wird auf die Kommentierung der Vorschrift zur Anerkennung von Entscheidungen in **Ehesachen** (→ K Rn 254 ff) verwiesen. Nachfolgend werden daher nur die Abweichungen dargestellt, die sich in Lebenspartnerschaftssachen gegenüber den Voraussetzungen der Anerkennung von Entscheidungen in Ehesachen im Rahmen von § 109 ergeben.

77　　**a) Anerkennungsversagungsgründe. aa) Anerkennungszuständigkeit, Abs 1 Nr 1 und Abs 3.** Vgl zunächst → K Rn 257 ff. Prüfungsmaßstab für die internationale Anerkennungszuständigkeit in Lebenspartnerschaftssachen ist nach deutschem Recht nicht § 98 Abs 1, sondern § 103 FamFG (→ I Rn 103 ff). Die internationale Anerkennungszuständigkeit des ausländischen Gerichts für die Aufhebung einer eingetragenen Lebenspartnerschaft oder für die Feststellung des Bestehens oder Nichtbestehens der Lebenspartnerschaft liegt danach aufgrund spiegelbildlicher Anwendung von § 103 Abs 1 bzw nach § 109 Abs 3 in folgenden Fällen vor:

78　　**(1)** Wenigstens ein Lebenspartner besaß die **Staatsangehörigkeit** des Ursprungsstaats oder hat diese jedenfalls zur Zeit der Begründung der Lebenspartnerschaft besessen, § 103 Abs 1 Nr 1. Ist dies der Fall, so ist die Entscheidung nach § 109 Abs 1 Nr 1 auch dann anzuerkennen, wenn dieser Lebenspartner neben der Staatsangehörigkeit des Gerichtsstaates auch die deutsche Staatsangehörigkeit besitzt; Art 5 Abs 1 S 2 EGBGB hat insoweit außer Betracht zu bleiben (Bamberger/Roth/*Althammer* Rn 2). Ist die Entscheidung in einem **Mehrrechtsstaat** mit eigener Gerichtsbarkeit der Teil- bzw Bundesstaaten (zB *USA, Kanada*) ergangen, so genügt es, wenn ein Lebenspartner die Staatsangehörigkeit des Gesamtstaates besitzt, denn die interne Organisation des ausländischen Staates ist im Stadium der Entscheidungsanerkennung nicht zu bewerten (BGHZ 141, 286/289 ff = NJW 99, 3198 f; NK-BGB/*Andrae* Rn 53; Keidel/*Zimmermann* Rn 3).

79　　**(2)** Wenigstens ein Lebenspartner hatte seinen **gewöhnlichen Aufenthalt** im Ursprungsstaat, § 103 Abs 1 Nr 2. Der gewöhnliche Aufenthalt ist in diesem Zusammenhang nach *deutschem* Recht zu bestimmen. Danach reicht die vorübergehende Begründung des Aufenthalts nur zu dem Zweck, im Gerichtsstaat unter erleichterten Voraussetzungen die Aufhebung der Lebenspartnerschaft zu erreichen, nicht aus.

80　　**(3)** Die Lebenspartnerschaft ist **im Ursprungsstaat begründet** worden, § 103, Abs 1 Nr 3. Dieser Umstand allein reicht für die Anerkennungszuständigkeit nach Nr 1 aus, ohne dass es insoweit auf die Staatsangehörigkeit oder den gewöhnlichen Aufenthalt der Lebenspartner

1442

III. Autonomes Zivilverfahrensrecht: § 110   **Q**

ankommt. Die im ausländischen Registrierungsstaat ergangene Entscheidung zur Aufhebung der Lebenspartnerschaft ist in Deutschland daher auch dann anzuerkennen, wenn beide Partner Deutsche sind und ihren gewöhnlichen Aufenthalt im Inland haben.

(4) Die Entscheidung wird **im Register führenden Staat anerkannt,** § 109 Abs 3. Dabei **81** kommt es – anders als in Ehesachen (→ K Rn 261 ff) – auf die Staatsangehörigkeit der Lebenspartner nicht an; es wird also nicht vorausgesetzt, dass keiner der Lebenspartner die deutsche Staatsangehörigkeit besitzt.

bb) Verletzung des rechtlichen Gehörs bei Verfahrenseinleitung, Nr 2. Vgl dazu die **82** Kommentierung → K Rn 266 ff.

cc) Unvereinbare Entscheidungen oder Verfahren, Nr 3. Vgl dazu die Kommentierung **83** → K Rn 277 ff.

dd) Verstoß gegen den ordre public, Nr 4. Vgl dazu die Kommentierung → K Rn 283 ff. **84**

b) Kein Erfordernis der Gegenseitigkeit, Abs 4 Nr 1. Die mangelnde Verbürgung der **85** Gegenseitigkeit ist kein generelles Anerkennungshindernis in Familiensachen, sondern nur bei der Anerkennung von Entscheidungen zu prüfen, die einen der in Abs 4 aufgezählten Verfahrensgegenstände betreffen. Hierzu gehören nur Entscheidungen in den dort genannten *sonstigen* Lebenspartnerschaftssachen (Nr 2–5), nicht aber die Statusentscheidung über die Aufhebung der Lebenspartnerschaft, so dass es für diese auf eine Verbürgung der Gegenseitigkeit mit dem Ursprungsstaat der Entscheidung nicht ankommt (MüKoFamFG/*Rauscher* Rn 60 f).

c) Verbot der *révision au fond*, Abs 5. Eine Überprüfung der Entscheidung in der Sache ist **86** auch in Bezug auf Entscheidungen in Lebenspartnerschaftssachen ausgeschlossen.

2. Andere Lebenspartnerschaftssachen

Betrifft die ausländische Entscheidung nicht oder nicht nur die Aufhebung der Lebenspart- **87** nerschaft bzw die Feststellung von deren Bestehen oder Nichtbestehen (vgl § 269 Abs 1 Nr 1 und Nr 2), sondern regelt sie (auch) deren Folgen, zB im Hinblick auf die elterliche Sorge für gemeinschaftliche Kinder, die Benutzung der bisherigen Wohnung und die Zuweisung des Hausrats, den Versorgungsausgleich, Unterhaltspflichten oder den güterrechtlichen Ausgleich (vgl § 269 Abs 1 Nr 3–12, Abs 2), so unterliegen die Voraussetzungen einer Anerkennung der entsprechenden Folgeentscheidungen jeweils ihrem eigenen Regime.

Zu den Anerkennungsversagungsgründen im autonomen deutschen Verfahrensrecht bezüglich **88** von Entscheidungen in sonstigen Lebenspartnerschaftssachen wird auf die Kommentierung der entsprechenden Scheidungsfolgesachen verwiesen (vgl zu Güterrechtssachen → L Rn 179; zu Unterhaltssachen → M Rn 835 ff; zu Kindschaftssachen → N Rn 628 ff, zu Wohnungs- und Haushaltssachen → R Rn 36 ff).

Ferner ist die Erweiterung des Erfordernisses der **Verbürgung der Gegenseitigkeit** für die **89** in § 109 Abs 4 aufgeführten Lebenspartnerschaftssachen mit vermögensrechtlichem Inhalt zu beachten (MüKoBGB/*Coester* Art 17b EGBGB Rn 126). Dies sind nach Abs 4 Nr 1 zunächst Lebenspartnerschaftssachen, die **Familienstreitsachen** iSv § 112 sind, dh Unterhaltssachen nach § 269 Abs 1 Nr 7 und 8, Güterrechtssachen nach § 269 Abs 1 Nr 10 und sonstige Lebenspartnerschaftssachen nach § 269 Abs 2. Hinzukommen die in Abs 4 Nr 2–5 aufgelisteten weiteren Lebenspartnerschaftssachen.

§ 110. Vollstreckbarkeit ausländischer Entscheidungen

(1) Eine ausländische Entscheidung ist nicht vollstreckbar, wenn sie nicht anzuerkennen ist.

(2) [1]**Soweit die ausländische Entscheidung eine in § 95 Abs. 1 genannte Verpflichtung zum Inhalt hat, ist die Vollstreckbarkeit durch Beschluss auszusprechen.** [2]**Der Beschluss ist zu begründen.**

(3) [1]**Zuständig für den Beschluss nach Absatz 2 ist das Amtsgericht, bei dem der Schuldner seinen allgemeinen Gerichtsstand hat, und sonst das Amtsgericht, bei dem nach § 23 der Zivilprozessordnung gegen den Schuldner Klage erhoben werden kann.** [2]**Der Beschluss ist erst zu erlassen, wenn die Entscheidung des ausländischen Gerichts nach dem für dieses Gericht geltenden Recht die Rechtskraft erlangt hat.**

1443

Q 90 2. Teil. Anerkennung/Vollstreckung Q. Lebenspartnerschaftssachen

90   Die ausländische Entscheidung über die Aufhebung einer eingetragenen Lebenspartnerschaft hat – abgesehen von der **Kostenentscheidung** – keinen vollstreckungsfähigen Inhalt. Zur Vollstreckbarerklärung der vermögensrechtlichen Folgen ausländischer Entscheidungen in Lebenspartnerschaftssachen kann auf die Kommentierung von § 110 im Rahmen des Unterhaltsrechts (→ M Rn 881 ff) verwiesen werden.

1444

R. Sonstige Familiensachen

Übersicht

	Rn.
I. Versorgungsausgleichssachen	1
1. Einführung	1
a) EU-Recht	1
b) Staatsverträge	4
c) Autonomes Zivilverfahrensrecht	7
2. Autonomes Zivilverfahrensrecht	8
FamFG (Text-Nr 860)	8
Buch 1. Abschnitt 9: Verfahren mit Auslandsbezug (§§ 97, 106, 108–110)	8
II. Ehewohnungs- und Haushaltssachen	23
1. Einführung	23
a) EU-Recht	23
b) Staatsverträge	29
c) Autonomes Zivilverfahrensrecht	31
2. Autonomes Zivilverfahrensrecht	32
FamFG (Text-Nr 870)	32
Buch 1. Abschnitt 9: Verfahren mit Auslandsbezug (§§ 97, 106, 108–110)	32
III. Gewaltschutzsachen	47
1. Einführung	47
a) EU-Recht	47
b) Staatsverträge	52
c) Autonomes Zivilverfahrensrecht	54
2. EU-Recht	55
EuSchutzMVO (Text-Nr 880)	55
Vorbemerkung	55
Kap. I: Gegenstand, Anwendungsbereich und Begriffsbestimmungen (Art 1–3)	65
Kap. II: Anerkennung und Vollstreckung von Schutzmaßnahmen (Art 4–14)	80
Kap. VI: Allgemeine und Schlussbestimmungen (Art 15–22)	130
3. Autonomes Zivilverfahrensrecht	138
a) EuGewSchVG (Text-Nr 890)	
§§ 1, 13–23	138
b) FamFG (Text-Nr 900)	139
Buch 1. Abschnitt 9: Verfahren mit Auslandsbezug (§§ 97, 106, 108–110)	139

Der Abschnitt R beschränkt sich auf die Darstellung der **Anerkennung und Vollstreckung** ausländischer Entscheidungen in Versorgungsausgleichs-, Ehewohnungs-, Haushalts- und Gewaltschutzsachen. Das **Erkenntnisverfahren** (also die internationale Zuständigkeit und das anwendbare Recht) werden für Versorgungsausgleichssachen im **Abschnitt D**, für Ehewohnungs-, Haushalts – und Gewaltschutzsachen im **Abschnitt E** behandelt.

I. Versorgungsausgleichssachen

1. Einführung

a) EU-Recht. Regelungen des sekundären Unionsrechts finden auf dem Gebiet der Anerken- 1 nung und Vollstreckung von Entscheidungen betreffend den Versorgungsausgleich keine Anwendung.

aa) EuGVVO. Der Versorgungsausgleich ist insbesondere aus dem Anwendungsbereich der EuGVVO nach deren Art 1 Abs 2 lit a ausgeschlossen. Dieser Ausschlusstatbestand ist weit auszulegen; er umfasst alle vermögensrechtlichen Beziehungen zwischen Ehegatten, die sich unmittelbar aus der Ehe oder ihrer Auflösung ergeben (EuGH 143/78 – *de Cavel*, Slg 1979, 1055 Rn 7; EuGH C-67/17 – *Iliev/Ilieva*, FamRZ 17, 1913 Rn 28 ff m Anm *Musseva* 2009; zu Einzelheiten unalexK/*Hausmann*, Art 1 Rn 58 ff), und damit auch den Versorgungsausgleich

1445

R 2–7   2. Teil. Anerkennung/Vollstreckung R. Sonstige Familiensachen

(BGH FamRZ 09, 677; unalexK/*Hausmann* Art 1 Rn 62 mwN). Das gleiche gilt für den Ausschluss des Güterrechts in Art 2 Abs 2 lit a EuVTVO, so dass auch eine Bestätigung als **europäischer Vollstreckungstitel** ausscheidet.

2   **bb) EuEheVO/EuUntVO.** Auch die bisher auf dem Gebiet des Ehe- und Familienrechts in Kraft getretenen EG-/EU-Verordnungen erfassen den Versorgungsausgleich nicht (MüKo-FamFG/*Gottwald* Art 1 EuEheVO Rn 10; G/Sch/*Geimer* Art 1 EuEheVO Rn 40; ferner → D Rn 2 ff mwN). Dies gilt insbesondere für die EuEheVO, die überhaupt keine vermögensrechtlichen Scheidungsfolgen regelt (vgl ErwG 8; näher → A Rn 37 f; ausdrücklich zum Versorgungsausgleich BGH FamRZ 09, 677/678). Auch der Anwendungsbereich der EuUntVO ist nach ihrem Art 1 Abs 1 auf das Unterhaltsrecht beschränkt (vgl zur Abgrenzung zwischen Unterhalt und Versorgungsausgleich → C Rn 53).

3   **cc) EuGüVO.** Am 28.7.2016 ist die Verordnung (EU) Nr 2016/1103 zur Durchführung einer Verstärkten Zusammenarbeit im Bereich der internationalen Zuständigkeit, des anzuwendenden Rechts und der Anerkennung und Vollstreckung von Entscheidungen in Fragen des ehelichen Güterstands (EuGüVO) in Kraft getreten; sie gilt allerdings in den teilnehmenden Mitgliedstaaten erst ab dem 29.1.2019. Diese Verordnung soll zwar nach Art 1 Abs 1 nur auf „die ehelichen Güterstände" Anwendung finden, die aus der Sicht des deutschen Rechts den Versorgungsausgleich mit einschließen. Der Begriff des Ehegüterrechts bzw der ehelichen Güterstände ist jedoch auch für die Zwecke der EuGüVO autonom und damit ebenso weit auszulegen wie die Ausnahmeregelung in Art 1 Abs 2 lit a EuGVVO. Er umfasst daher nach Art 3 lit a „sämtliche vermögensrechtlichen Regelungen, die zwischen den Ehegatten und in ihren Beziehungen zu Dritten aufgrund der Ehe oder der Auflösung der Ehe gelten" (dazu → B Rn 37). Ausgenommen sind jedoch diejenigen Bereiche, die in Art 1 Abs 2 abschließend aufgeführt sind. Der Versorgungsausgleich ist zwar Teil der vermögensrechtlichen Auseinandersetzung zwischen den Ehegatten aus Anlass der Scheidung ihrer Ehe. Jedoch schließt **Art 1 Abs 2 lit f** die Übertragung oder Anpassung von während der Ehe erworbenen Ansprüchen auf Alters- oder Erwerbsunfähigkeitsrente für den Fall der Ehescheidung, Ehetrennung oder Ungültigerklärung der Ehe ausdrücklich aus dem sachlichen Anwendungsbereich der EuGüVO aus. Damit finden die Art 26 ff EuGüVO auch nach dem 29.1.2019 auf die Anerkennung und Vollstreckung von Entscheidungen zur Durchführung des Versorgungsausgleichs keine Anwendung (→ D Rn 3 f).

4   **b) Staatsverträge.** Die Anerkennung und Vollstreckung von Entscheidungen zum Versorgungsausgleich ist bisher auch nicht in multilateralen Staatsverträgen geregelt, die von der *Bundesrepublik Deutschland* abgeschlossen worden sind. Insbesondere ist der Versorgungsausgleich aus dem **Luganer Übereinkommen** von 2007 in gleichem Umfang ausgeschlossen wie aus der EuGVVO (Art 1 Abs 1 lit a LugÜ2007).

5   Von den **bilateralen Anerkennungs- und Vollstreckungsverträgen** kommen auf dem Gebiet des Versorgungsausgleichs die Abkommen mit

– **Griechenland** (Vertrag v 4.11.1961, BGBl 63 II, 110; in Kraft seit 18.9.1963, BGBl II, 1278; deutsches AusführungsG v 5.2.1963, BGBl I, 129),
– der **Schweiz** (Abk v 2.11.1929, RGBl 30 II, 1066; in Kraft seit 1.12.1930, RGBl II, 1270; deutsche Ausführungs-VO v 23.8.1930, RGBl II, 1209), und
– dem **Vereinigten Königreich** (Abk v 14.6.1960, BGBl 61 II, 302; in Kraft seit 15.7.1961, BGBl II, 1025; deutsches Ausführungsgesetz v 28.3.1961, BGBl I, 301)

in Betracht, da diese Staaten möglicherweise einen dem deutschen Recht vergleichbaren Versorgungsausgleich kennen und deshalb Entscheidungen auf diesem Gebiet treffen (→ D Rn 50 ff).

6   Das **deutsch-schweizerische Abkommen** betrifft nach seinem Art 1 allerdings nur solche vermögensrechtlichen Ansprüche, die im „*Prozessverfahren*" ergangen sind und findet deshalb nach hM auf Entscheidungen der freiwilligen Gerichtsbarkeit keine Anwendung. Jedenfalls nach deutschem Verständnis ist der Versorgungsausgleich keine Familienstreitsache, so dass die Anwendung des Abkommens auf diesbezügliche Entscheidungen zweifelhaft ist.

7   **c) Autonomes Zivilverfahrensrecht.** Die Anerkennung und Vollstreckung ausländischer Entscheidungen über den Versorgungsausgleich beurteilt sich in Ermangelung vorrangigen EU-Rechts daher grundsätzlich nach dem autonomen deutschen Verfahrensrecht. Auch die Anwendbarkeit völkerrechtlicher Vereinbarungen schließt gem dem anerkennungsrechtlichen **Günstigkeitsprinzips** die Anwendung der §§ 108 ff FamFG nicht aus. Für die praktische

1446

I. Versorgungsausgleichssachen: FamFG § 108

10 R

Rechtsanwendung bedeutet dies, dass die Frage nach der Anwendbarkeit eines Staatsvertrags auf die Anerkennung von Entscheidungen zum Versorgungsausgleich dahinstehen kann, soweit sich eine Anerkennungspflicht bereits aus den §§ 108, 109 FamFG ergibt. Gleiches gilt für die Vollstreckbarerklärung nach § 110 FamFG.

2. Autonomes Zivilverfahrensrecht

860. Gesetz über das Verfahren in Familiensachen und in den Angelegenheiten der freiwilligen Gerichtsbarkeit (FamFG)

Vom 17. Dezember 2008 (BGBl I, 2586)

Buch I. Allgemeiner Teil

Abschnitt 9. Verfahren mit Auslandsbezug

Schrifttum: Vgl das allg Schrifttum zur Anerkennung ausländischer Entscheidungen in Familiensachen nach dem FamFG → K vor Rn 189.

Unterabschnitt 1. *Verhältnis zu völkerrechtlichen Vereinbarungen und Rechtsakten der Europäischen Gemeinschaft*

FamFG § 97. Vorrang und Unberührtheit

(1) [1]Regelungen in völkerrechtlichen Vereinbarungen gehen, soweit sie unmittelbar anwendbares innerstaatliches Recht geworden sind, den Vorschriften dieses Gesetzes vor. [2]Regelungen in Rechtsakten der Europäischen Gemeinschaft bleiben unberührt.

(2) Die zur Umsetzung und Ausführung von Vereinbarungen und Rechtsakten im Sinne des Absatzes 1 erlassenen Bestimmungen bleiben unberührt.

Auf dem Gebiet der Anerkennung und Vollstreckung ausländischer Entscheidungen zum Ver- **8** sorgungsausgleich gilt derzeit noch kein europäisches Verordnungsrecht. Vorrang nach Abs 1 S 1 haben daher nur die zuvor (→ Rn 5) erwähnten bilateralen Anerkennungs- und Vollstreckungsverträge. Im Übrigen sind die §§ 108 ff FamFG maßgebend, die nach dem anerkennungsrechtlichen Günstigkeitsprinzip auch anstelle der staatsvertraglichen Regeln angewandt werden können.

Unterabschnitt 2. *Internationale Zuständigkeit*

FamFG § 102

(abgedruckt und kommentiert → D Rn 15 ff)

FamFG § 106. Keine ausschließliche Zuständigkeit

Die Zuständigkeiten in diesem Unterabschnitt sind nicht ausschließlich.

Die internationale Zuständigkeit der deutschen Gerichte in Versorgungsausgleichssachen nach **9** §§ 98 Abs 2, 102 ist nicht ausschließlich. Dies ist insbesondere im Hinblick auf die Prüfung der **Anerkennungszuständigkeit** des ausländischen Gerichts nach § 109 Abs 1 Nr 1 gem dem sog Spiegelbildprinzip von Bedeutung. Die Anerkennung einer ausländischen Entscheidung zum Versorgungsausgleich ist daher nicht schon deshalb zu versagen, weil eine konkurrierende internationale Zuständigkeit eines deutschen Gerichts nach § 98 Abs 2 oder nach § 102 gegeben ist.

Unterabschnitt 3. *Anerkennung und Vollstreckbarkeit ausländischer Entscheidungen*

FamFG § 108. Anerkennung anderer ausländischer Entscheidungen

(1) Abgesehen von Entscheidungen in Ehesachen werden ausländische Entscheidungen anerkannt, ohne dass es hierfür eines besonderen Verfahrens bedarf.

(2)–(3) *(abgedruckt und kommentiert → N Rn 618 ff)*

Ausländische Entscheidungen in Versorgungsausgleichssachen werden nach Abs 1 im Inland **10** *automatisch* anerkannt, dh ihre Wirkungen werden auf das Inland erstreckt, ohne dass es hierfür

1447

R 12–14   2. Teil. Anerkennung/Vollstreckung R. Sonstige Familiensachen

eines besonderen Verfahrens bedarf (MüKoFamFG/*Rauscher* Rn 18 f). Jedes Gericht und jede
Behörde, für deren Entscheidung in der Hauptsache es auf die Vorfrage der Anerkennung
ankommt, kann daher inzident darüber entscheiden, ob der Anerkennung Versagungsgründe
nach § 109 entgegenstehen (*Klinck* FamRZ 09, 741/744).

11   Das **fakultative Anerkennungsfeststellungsverfahren** nach § 108 Abs 2, 3 wird gem Abs 2
S 1 nur für Entscheidungen nicht-vermögensrechtlichen Inhalts eröffnet; es kommt daher für
Entscheidungen betreffend den Versorgungsausgleich nicht in Betracht.

FamFG § 109. Anerkennungshindernisse

(1) **Die Anerkennung einer ausländischen Entscheidung ist ausgeschlossen,**

1. **wenn die Gerichte des anderen Staates nach deutschem Recht nicht zuständig sind;**
2. **wenn einem Beteiligten, der sich zur Hauptsache nicht geäußert hat und sich
hierauf beruft, das verfahrenseinleitende Dokument nicht ordnungsgemäß oder
nicht so rechtzeitig mitgeteilt worden ist, dass er seine Rechte wahrnehmen konnte;**
3. **wenn die Entscheidung mit einer hier erlassenen oder anzuerkennenden früheren
ausländischen Entscheidung oder wenn das ihr zugrunde liegende Verfahren mit
einem früher hier rechtshängig gewordenen Verfahren unvereinbar ist;**
4. **wenn die Anerkennung der Entscheidung zu einem Ergebnis führt, das mit wesentlichen Grundsätzen des deutschen Rechts offensichtlich unvereinbar ist, insbesondere wenn die Anerkennung mit den Grundrechten unvereinbar ist.**

(2) *(abgedruckt und kommentiert → K Rn 261 ff)*

(3) *(abgedruckt und kommentiert → Q vor Rn 76, 81)*

(4) **Die Anerkennung einer ausländischen Entscheidung, die**

1. **Familienstreitsachen,**

2.–5. *(abgedruckt und kommentiert → Q vor Rn 76, 85, 89)*

betrifft, ist auch dann ausgeschlossen, wenn die Gegenseitigkeit nicht verbürgt ist.

(5) **Eine Überprüfung der Gesetzmäßigkeit der ausländischen Entscheidung findet
nicht statt.**

1. Grundsatz

12   Zu den Anerkennungsversagungsgründen wird auf die ausführliche Kommentierung der Vorschrift in Unterhaltssachen (→ M Rn 848 ff) verwiesen. Nachfolgend werden daher nur die
Besonderheiten dargestellt, die sich demgegenüber im Rahmen von § 109 für die Anerkennung
von Entscheidungen in Versorgungsausgleichssachen ergeben.

2. Die einzelnen Anerkennungsversagungsgründe

13   **a) Fehlende Anerkennungszuständigkeit, Abs 1 Nr 1.** Vgl zunächst → M Rn 851 ff.
Prüfungsmaßstab für die internationale Anerkennungszuständigkeit in Versorgungsausgleichs-
sachen sind nicht die EuUntVO oder § 105 iVm § 232 FamFG, sondern die §§ 98 Abs 2, 102
FamFG (näher → D Rn 11 ff). Die internationale Anerkennungszuständigkeit des ausländischen
Gerichts für eine Entscheidung über den Versorgungsausgleich liegt danach aufgrund spiegelbild-
licher Anwendung dieser Vorschriften in folgenden Fällen vor:

14   **aa) Scheidungsverbund.** Hat das ausländische Gericht über den Versorgungsausgleich als
Folgesache im Rahmen eines Scheidungsverfahrens entschieden, so ist es international zuständig
iSv § 109 Abs 1 Nr 1 iVm § 98 Abs 3, wenn ein dem deutschen Scheidungsverbund funktional
entsprechender Zusammenhang zwischen Haupt- und Nebenverfahren bestanden hat (vgl § 137
Abs 2 Nr 1) und das Gericht für die Ehescheidung in spiegelbildlicher Anwendung von § 98
Abs 1 (→ K Rn 257 ff) international zuständig war. Diese Vorschriften werden zwar zur Bestimmung der direkten internationalen Zuständigkeit deutscher Gerichte in Ehesachen weitgehend
durch die Art 3–7 EuEheVO verdrängt. Dies bedeutet jedoch nicht, dass diese Vorschriften der
Verordnung auch zur Bestimmung der internationalen Anerkennungszuständigkeit nach § 109
Abs 1 Nr 1 heranzuziehen wären (vgl → A Rn 258). Insoweit begründet also auch die Staatsangehörigkeit nur eines der Ehegatten in spiegelbildlicher Anwendung von § 98 Abs 1 Nr 1 eine
hinreichende Verknüpfung mit dem Ursprungsstaat für die Anerkennungszuständigkeit in Versorgungsausgleichssachen.

1448

I. Versorgungsausgleichssachen: FamFG § 110   22   **R**

bb) Isoliertes Versorgungsausgleichsverfahren. Demgegenüber bildet selbst die gemein- 15
same Staatsangehörigkeit der Ehegatten als solche keine ausreichende Grundlage für die internationale Anerkennungszuständig in Fällen einer isolierten Entscheidung über den Versorgungsausgleich. Insoweit ergibt sich eine internationale Anerkennungszuständigkeit kraft spiegelbildlicher Anwendung von § 102 nur in folgenden Fällen:

(1) Entweder der Antragsteller oder der Antragsgegner hatte seinen **gewöhnlichen Aufenthalt**
im Ursprungsstaat, § 102 Nr 1. Der gewöhnliche Aufenthalt ist in diesem Zusammenhang
nach deutschem Recht zu bestimmen.

(2) Das ausländische Gericht hat über – aus seiner Sicht – inländische, dh über **im Gerichtsstaat begründete Anrechte** entschieden, § 102 Nr 2.
Ein Gericht des Ursprungsstaates hat die **Ehe zwischen dem Antragsteller und dem
Antragsgegner geschieden**, § 102 Nr 3. Diese Vorschrift begründet die internationale
Anerkennungszuständigkeit nur dann, wenn nicht bereits Abs 1 Nr 1 iVm § 98 Abs 3
eingreift, dh wenn nicht bereits im Rahmen eines Scheidungsverfahrens, sondern erst nachträglich isoliert über den Versorgungsausgleich entschieden wurde.

Wegen der Einzelheiten zur Spiegelung ausländischer Zuständigkeitsvorschriften im Rahmen 16
von § 109 Abs 1 Nr 1 wird auf die Kommentierung der Vorschrift in Ehesachen (→ K
Rn 257 ff) und in Unterhaltssachen (→ M Rn 851 ff) verwiesen.

b) Verletzung des rechtlichen Gehörs bei Verfahrenseinleitung, Nr 2. Vgl → K 17
Rn 266 ff und → M Rn 863 ff.

c) Unvereinbare Entscheidungen oder Verfahren, Nr 3. Vgl → K Rn 277 ff und → M 18
Rn 866 ff.

d) Verstoß gegen den ordre public, Nr 4. Vgl → K Rn 283 ff und → M Rn 873.   19

e) Kein Erfordernis der Gegenseitigkeit, Abs 4 Nr 1. Die Verbürgung der Gegenseitig- 20
keit ist kein generelles Anerkennungshindernis in Familiensachen, sondern nur bei der Anerkennung von Entscheidungen zu prüfen, die einen der in Abs 4 aufgezählten Verfahrensgegenstände
betreffen. Hierzu gehören neben bestimmten Lebenspartnerschaftssachen (Nr 2–5) nur **Familienstreitsachen** (Nr 1). Zu diesen zählen gem § 112 Versorgungsausgleichssachen nicht, so dass
es insoweit auf eine Verbürgung der Gegenseitigkeit mit dem Ursprungsstaat der Entscheidung
nicht ankommt.

f) Verbot der révision au fond, Abs 5. Eine Überprüfung der Entscheidung in der Sache 21
ist auch in Bezug auf Entscheidungen in Versorgungsausgleichssachen – wie schon nach bisheriger Rechtslage (§ 328 ZPO) – ausgeschlossen.

FamFG § 110. Vollstreckbarkeit ausländischer Entscheidungen

**(1) Eine ausländische Entscheidung ist nicht vollstreckbar, wenn sie nicht anzuer-
kennen ist.**

(2) [1]**Soweit die ausländische Entscheidung eine in § 95 Abs. 1 genannte Verpflichtung zum Inhalt hat, ist die Vollstreckbarkeit durch Beschluss auszusprechen.** [2]**Der
Beschluss ist zu begründen.**

(3) [1]**Zuständig für den Beschluss nach Absatz 2 ist das Amtsgericht, bei dem der
Schuldner seinen allgemeinen Gerichtsstand hat, und sonst das Amtsgericht, bei dem
nach § 23 der Zivilprozessordnung gegen den Schuldner Klage erhoben werden kann.**
[2]**Der Beschluss ist erst zu erlassen, wenn die Entscheidung des ausländischen Gerichts
nach dem für dieses Gericht geltenden Recht die Rechtskraft erlangt hat.**

Zu der – in der Praxis äußerst seltenen – Vollstreckbarerklärung ausländischer Entscheidungen 22
über den Versorgungsausgleich kann auf die Kommentierung der Vorschrift im Rahmen des
Unterhaltsrechts (→ M Rn 881 ff) verwiesen werden.

R 23–27   2. Teil. Anerkennung/Vollstreckung R. Sonstige Familiensachen

II. Ehewohnungs- und Haushaltssachen

1. Einführung

23   **a) EU-Recht.** Regelungen des sekundären Unionsrechts finden auf dem Gebiet der Anerkennung und Vollstreckung von Entscheidungen betreffend die Zuweisung der Ehewohnung und die Verteilung der Haushaltsgegenstände aus Anlass einer Ehetrennung oder -scheidung derzeit nur in engen Grenzen Anwendung.

24   **aa) EuGVVO.** Diese Verfahren sind insbesondere aus dem Anwendungsbereich der EuGVVO nach deren Art 1 Abs 2 lit a ausgeschlossen. Zwar unterscheidet das deutsche Recht in § 137 Abs 2 FamFG zwischen Ehewohnungs- und Haushaltssachen einerseits (Nr 3) und Güterrechtsachen andererseits (Nr 4); die gleiche Trennung findet sich auch für die Zwecke des Kollisionsrechts in Art 15 und Art 17a EGBGB. Diese Qualifikation durch das deutsche Recht ist jedoch für die Auslegung des sachlichen Anwendungsbereichs der EuGVVO nicht maßgeblich. Der Begriff der „ehelichen Güterstände", die in Art 1 Abs 2 lit a EuGVVO ausdrücklich aus ihrem Anwendungsbereich ausgeschlossen werden, ist vielmehr autonom und weit auszulegen; er umfasst alle vermögensrechtlichen Beziehungen zwischen Ehegatten, die sich unmittelbar aus der Ehe oder ihrer Auflösung ergeben (EuGH 143/78 – *de Cavel*, Slg 79, 1055 Rn 7; EuGH C-67/17 – *Iliev/Ilieva*, FamRZ 17, 1913 Rn 28 ff m Anm *Musseva* 2009; zu Einzelheiten unalexK/*Hausmann* Art 1 Rn 58 ff), und damit auch Streitigkeiten über die Zuweisung der Ehewohnung oder die Verteilung der Haushaltsgegenstände (Staud/*Mankowski* Rn 31; Erman/*Hohloch* Rn 13, jeweils zu Art 17a EGBGB; MüKoBGB/*Winkler v Mohrenfels* Anh Art 17a EGBGB Rn 81; unalexK/*Hausmann* Art 1 EuGVVO Rn 61 mwN. Auch eine Bestätigung als europäischer Vollstreckungstitel ist wegen des Ausschlusses des Güterrechts in Art 2 Abs 2 lit a EuVTVO (und weil es idR nicht um Geldforderungen geht) nicht möglich.

25   **bb) EuEheVO.** Auch die bisher auf dem Gebiet des Ehe- und Familienrechts in Kraft getretenen EU-Verordnungen erfassen Ehewohnungs- und Haushaltssachen idR nicht. Dies gilt insbesondere für die EuEheVO, die überhaupt keine vermögensrechtlichen Scheidungsfolgen regelt (vgl ErwG 8; → Anh I; EuGH C-67/17 – *Iliev/Ilieva*, FamRZ 17, 1913 Rn 31 m Anm *Musseva* 2009; BeckOK-BGB/*Heiderhoff*, Art 17a EGBGB Rn 27; Erman/*Hohloch*, Art 17a EGBGB Rn 13; MüKoFamFG/*Gottwald* Art 1 EuEheVO Rn 10; G/Sch/*Geimer* Art 1 EuEheVO Rn 40; näher → A Rn 37). Eine Ausnahme wird jedoch für Eilmaßnahmen nach §§ 1361a, 1361b BGB oder §§ 1568a, 1568b BGB gemacht, die im Zusammenhang mit einem Ehetrennungs- oder -scheidungsverfahren stehen; insoweit wird Art 20 EuEheVO für anwendbar gehalten (BeckOK-BGB/*Heiderhoff* Rn 27; Erman/*Hohloch* Rn 13; NK-BGB/*Gruber* Rn 35, jeweils zu Art 17a EGBGB; näher → A Rn 206 ff). Die Anerkennung und Vollstreckung solcher einstweiliger Anordnungen außerhalb des Mitgliedstaats, dessen Gerichte die Anordnung getroffen haben, ist freilich nur in engen Grenzen möglich (näher → A Rn 218 ff).

26   **cc) EuUntVO.** Der Anwendungsbereich der EuUntVO ist nach Art 1 Abs 1 auf Unterhaltspflichten beschränkt, die sich aus Beziehungen der Ehe, Familie, Verwandtschaft oder Schwägerschaft ergeben. Insoweit ist allerdings wiederum zu beachten, dass die im deutschen Verfahrensrecht (vgl § 137 Abs 2 Nr 2 und Nr 3 FamFG) gezogene Trennung zwischen Unterhaltssachen einerseits und Ehewohnungs- und Haushaltssachen andererseits für die Auslegung der EuUntVO nicht maßgebend ist. Dient die Zuweisung der Ehewohnung und von Haushaltsgegenständen daher vornehmlich der Unterhaltssicherung des bedürftigen Ehegatten, so ist ihre Einbeziehung in den sachlichen Geltungsbereich der EuUntVO nicht ausgeschlossen (näher → C Rn 532 ff). Für diesen Fall richtet sich die Anerkennung und Vollstreckung der betreffenden Entscheidung nach dem Kapitel IV der EuUntVO; die §§ 108–110 FamFG werden dann durch die Vorschriften der EuUntVO verdrängt. Im Regelfall stehen bei der Zuweisung der Ehewohnung und von Haushaltsgegenständen jedoch unterhaltsrechtliche Zwecke nicht im Vordergrund (näher → C Rn 535).

27   **dd) EuSchutzMVO.** Seit dem 11.1.2015 ist auf diesem Gebiet in den Mitgliedstaaten mit Ausnahme *Dänemarks* die Verordnung (EU) Nr 606/2013 über die gegenseitige Anerkennung von Schutzmaßnahmen in Zivilsachen (EuSchutzMVO) v 12.6.2013 anzuwenden. Sachlich

1450

II. Ehewohnungs- und Haushaltssachen   28–31 **R**

erfasst diese Verordnung vor allem Maßnahmen des **Gewaltschutzes,** wie sie im deutschen Gewaltschutzgesetz geregelt sind, also insbesondere Betretungs-, Näherungs- und Kontaktverbote (→ Rn 71 ff). Durch die Verordnung soll sichergestellt werden, dass solche Maßnahmen automatisch in allen EU-Mitgliedstaaten anerkannt und vollstreckt werden können, ohne dass es hierfür der Durchführung eines Exequaturverfahrens bedarf. Abweichend vom deutschen Recht (vgl §§ 2 GewSchG, 1361b BGB, 14 LPartG) ist die **Wohnungszuweisung** an die geschützte Person allerdings **keine Schutzmaßnahme** nach der Verordnung, weil das von ihr erfasste Betretungsverbot zwar die gefährdende Person von der Wohnung fernhält, der geschützten Person aber kein Recht auf Verbleib in der Wohnung einräumt (*Dutta* FamRZ 15, 85/87).

ee) EuGüVO. Am 28.7.2016 ist die Verordnung (EU) Nr 2016/1103 zur Durchführung **28** einer Verstärkten Zusammenarbeit im Bereich der internationalen Zuständigkeit, des anzuwendenden Rechts und der Anerkennung und Vollstreckung von Entscheidungen in Fragen des ehelichen Güterstands (EuGüVO) in Kraft getreten; sie gilt allerdings in den teilnehmenden Mitgliedstaaten erst ab dem 29.1.2019. Diese Verordnung soll zwar nach Art 1 Abs 1 nur auf „die ehelichen Güterstände" Anwendung finden, die aus der Sicht des deutschen Rechts Ehewohnungs- und Haushaltssachen nicht mit einschließen. Der Begriff des Ehegüterrechts bzw der ehelichen Güterstände ist jedoch auch für die Zwecke der EuGüVO **autonom** und damit ebenso weit auszulegen wie die Ausnahmeregelung in Art 1 Abs 2 lit a EuGVVO. Er umfasst daher nach Art 3 lit a EuGüVO „sämtliche vermögensrechtlichen Regelungen, die zwischen den Ehegatten und in ihren Beziehungen zu Dritten aufgrund der Ehe oder der Auflösung der Ehe gelten" (dazu → B Rn 312 f). Ausgenommen sind nur diejenigen Bereiche, die in Art 1 Abs 2 – abschließend – aufgeführt sind. Da die Zuweisung der Ehewohnung und die Verteilung der Haushaltsgegenstände Teil der vermögensrechtlichen Auseinandersetzung zwischen den Ehegatten aus Anlass der Trennung oder Scheidung ihrer Ehe sind und in Art 1 Abs 2 nicht aus dem Anwendungsbereich der EuGüVO ausgenommen werden, richtet sich die Anerkennung und Vollstreckung der diesbezüglichen Entscheidungen ab dem 29.1.2019 im Verhältnis der teilnehmenden Mitgliedstaaten zueinander nach Art 26 ff EuGüVO (→ B Rn 313), sofern nicht ausnahmsweise die Unterhaltssicherung im Vordergrund steht (zur Abgrenzung zwischen Ehegüter- und Unterhaltsrecht im EU-Recht näher → C Rn 50 ff).

b) Staatsverträge. Die Anerkennung und Vollstreckung von Entscheidungen in Ehewoh- **29** nungs- und Haushaltssachen ist bisher auch nicht in **multilateralen Staatsverträgen** geregelt, die von der Bundesrepublik Deutschland abgeschlossen worden sind. Insbesondere sind diese Verfahren aus dem Anwendungsbereich des **Luganer Übereinkommens** von 2007 in gleichem Umfang ausgeschlossen wie aus der EuGVVO (Art 1 Abs 2 lit a LugÜ 2007).

Die mit ausländischen Staaten bestehenden **bilateralen Übereinkommen** sind hingegen **30** grundsätzlich anwendbar, da Verfahren über die Zuweisung der Ehewohnung und die Verteilung der Haushaltsgegenstände vermögensrechtliche Ansprüche betreffen. Das jeweilige Übereinkommen darf jedoch die Ehewohnung und den Hausrat betreffenden Entscheidungen nicht aus seinem Anwendungsbereich ausgenommen haben; weiter darf es nicht nur auf echte Streitverfahren beschränkt sein. In Ehewohnungs- und Haushaltssachen können daher im Einzelfall die gleichen von *Deutschland* geschlossenen bilateralen Anerkennungs- und Vollstreckungsverträge Anwendung finden wie in Güterrechtssachen (dazu näher → L Rn 7 ff).

c) Autonomes Zivilverfahrensrecht. Die Anwendbarkeit des autonomen Anerkennungs- **31** rechts der Mitgliedstaaten wird im Geltungsbereich der EuGüVO ab dem 29.1.2019 im Verhältnis der teilnehmenden Mitgliedstaaten zueinander ausgeschlossen. Dabei kommt es auch – anders als im Kollisionsrecht (→ B Rn 193) – nicht darauf an, ob die Entscheidung eine Ehe betrifft, die vor oder nach diesem Stichtag geschlossen worden ist. Nationales Anerkennungsrecht bleibt hingegen auch weiterhin im Verhältnis zu den an der Verstärkten Zusammenarbeit nicht teilnehmenden Mitgliedstaaten und zu Drittstaaten maßgeblich. Völkerrechtliche Vereinbarungen schließen hingegen nach dem anerkennungsrechtlichen **Günstigkeitsprinzips** die Anwendung der §§ 108 ff FamFG nicht aus. Für die praktische Rechtsanwendung bedeutet dies, dass nach den Voraussetzungen der Anerkennung aufgrund eines Staatsvertrags nicht gefragt zu werden braucht, soweit bereits aus den §§ 108, 109 FamFG eine Pflicht zur Anerkennung folgt.

1451

R 34   2. Teil. Anerkennung/Vollstreckung R. Sonstige Familiensachen

2. Autonomes Zivilverfahrensrecht

870. Gesetz über das Verfahren in Familiensachen und in den Angelegenheiten der freiwilligen Gerichtsbarkeit (FamFG)

Vom 17. Dezember 2008 (BGBl I, 2586)

Buch I. Allgemeiner Teil

Abschnitt 9. Verfahren mit Auslandsbezug

Schrifttum: Vgl das allg Schrifttum zur Anerkennung ausländischer Entscheidungen in Familiensachen nach dem FamFG → K vor Rn 189.

Unterabschnitt 1. *Verhältnis zu völkerrechtlichen Vereinbarungen und Rechtsakten der Europäischen Gemeinschaft*

FamFG § 97. Vorrang und Unberührtheit

(1) ¹Regelungen in völkerrechtlichen Vereinbarungen gehen, soweit sie unmittelbar anwendbares innerstaatliches Recht geworden sind, den Vorschriften dieses Gesetzes vor. ²Regelungen in Rechtsakten der Europäischen Gemeinschaft bleiben unberührt.

(2) Die zur Umsetzung und Ausführung von Vereinbarungen und Rechtsakten im Sinne des Absatzes 1 erlassenen Bestimmungen bleiben unberührt.

32   Auf dem Gebiet der Anerkennung und Vollstreckung ausländischer Entscheidungen in Ehewohnungs- und Haushaltssachen gelten derzeit Rechtsakte der EU und völkerrechtliche Vereinbarungen nur in den zuvor beschriebenen engen Grenzen (→ Rn 23 ff). Im Übrigen sind die §§ 108 ff FamFG maßgebend.

Unterabschnitt 2. *Internationale Zuständigkeit*

FamFG § 105

(abgedruckt und kommentiert → E Rn 17 f)

FamFG § 106. Keine ausschließliche Zuständigkeit

Die Zuständigkeiten in diesem Unterabschnitt sind nicht ausschließlich.

33   Die internationale Zuständigkeit der deutschen Gerichte in Ehewohnungs- und Haushaltssachen nach §§ 98 Abs 2, 105 ist nicht ausschließlich. Dies ist insbesondere im Hinblick auf die Prüfung der **Anerkennungszuständigkeit** des ausländischen Gerichts nach § 109 Abs 1 Nr 1 gem dem sog Spiegelbildprinzip von Bedeutung. Die Anerkennung einer ausländischen Entscheidung betreffend die Zuweisung der Ehewohnung und die Verteilung der Haushaltsgegenstände ist daher nicht schon deshalb zu versagen, weil eine konkurrierende internationale Zuständigkeit eines deutschen Gerichts nach § 98 Abs 2 oder nach § 105 gegeben ist.

Unterabschnitt 3. *Anerkennung und Vollstreckbarkeit ausländischer Entscheidungen*

FamFG § 108. Anerkennung anderer ausländischer Entscheidungen

(1) Abgesehen von Entscheidungen in Ehesachen werden ausländische Entscheidungen anerkannt, ohne dass es hierfür eines besonderen Verfahrens bedarf.

(2)–(3) *(abgedruckt und kommentiert → N Rn 618 ff)*

34   Ausländische Entscheidungen in Ehewohnungs- und Haushaltssachen werden nach Abs 1 im Inland **automatisch anerkannt**, dh ihre Wirkungen werden auf das Inland erstreckt, ohne dass es hierfür eines besonderen Verfahrens bedarf (MüKoFamFG/*Rauscher* Rn 18 f; P/H/*Hau* Rn 39). Jedes Gericht und jede Behörde, für deren Entscheidung in der Hauptsache es auf die Vorfrage der Anerkennung ankommt, kann daher inzident darüber entscheiden, ob der Anerkennung Versagungsgründe nach § 109 entgegenstehen (*Klinck* FamRZ 09, 741/744).

1452

II. Ehewohnungs- und Haushaltssachen: FamFG § 109   **36–38 R**

Das **fakultative Anerkennungsfeststellungsverfahren** nach § 108 Abs 2, 3 wird gem Abs 2 **35** S 1 nur für Entscheidungen **nicht vermögensrechtlichen Inhalts** eröffnet; es kommt daher für Entscheidungen betreffend die Zuweisung der Ehewohnung oder die Verteilung der Haushaltsgegenstände nicht in Betracht.

FamFG § 109. Anerkennungshindernisse

(1) **Die Anerkennung einer ausländischen Entscheidung ist ausgeschlossen,**
1. **wenn die Gerichte des anderen Staates nach deutschem Recht nicht zuständig sind;**
2. **wenn einem Beteiligten, der sich zur Hauptsache nicht geäußert hat und sich hierauf beruft, das verfahrenseinleitende Dokument nicht ordnungsgemäß oder nicht so rechtzeitig mitgeteilt worden ist, dass er seine Rechte wahrnehmen konnte;**
3. **wenn die Entscheidung mit einer hier erlassenen oder anzuerkennenden früheren ausländischen Entscheidung oder wenn das ihr zugrunde liegende Verfahren mit einem früher hier rechtshängig gewordenen Verfahren unvereinbar ist;**
4. **wenn die Anerkennung der Entscheidung zu einem Ergebnis führt, das mit wesentlichen Grundsätzen des deutschen Rechts offensichtlich unvereinbar ist, insbesondere wenn die Anerkennung mit den Grundrechten unvereinbar ist.**

(2) *(abgedruckt und kommentiert → K Rn 261 ff)*

(3) *(abgedruckt und kommentiert → Q vor Rn 76 und Rn 81 ff)*

(4) **Die Anerkennung einer ausländischen Entscheidung, die**
   1. Familienstreitsachen,
2.–5. *(abgedruckt und kommentiert → Q vor Rn 76 und Rn 85, 89)*
betrifft, ist auch dann ausgeschlossen, wenn die Gegenseitigkeit nicht verbürgt ist.

(5) **Eine Überprüfung der Gesetzmäßigkeit der ausländischen Entscheidung findet nicht statt.**

1. Grundsatz

Zu den Anerkennungsversagungsgründen wird auf die ausführliche Kommentierung der Vor- **36** schrift in Unterhaltssachen (→ M Rn 848 ff) verwiesen. Nachfolgend werden daher nur die Besonderheiten dargestellt, die sich demgegenüber im Rahmen von § 109 für die Anerkennung von Entscheidungen in Ehewohnungs- und Haushaltssachen ergeben.

2. Die einzelnen Anerkennungsversagungsgründe

a) Fehlende Anerkennungszuständigkeit, Abs 1 Nr 1. Vgl zunächst → M Rn 851 ff. **37** Prüfungsmaßstab für die internationale Anerkennungszuständigkeit in Ehewohnungs- und Haushaltssachen ist – vorbehaltlich des zuvor in → Rn 23 ff Gesagten – nicht die EuUntVO oder § 105 iVm § 232 FamFG, sondern die **§§ 98 Abs 3, 105 iVm § 201 FamFG** (näher → E Rn 14 ff). Die internationale Anerkennungszuständigkeit des ausländischen Gerichts für eine Entscheidung über die Zuweisung der Ehewohnung oder die Verteilung der Haushaltsgegenstände liegt danach aufgrund spiegelbildlicher Anwendung der genannten Vorschriften in folgenden Fällen vor:

aa) Scheidungsverbund. Hat das ausländische Gericht über die Zuweisung der Ehewohnung **38** oder die Verteilung des Hausrats als Folgesache im Rahmen eines Scheidungsverfahrens entschieden, so ist es international zuständig iSv § 109 Abs 1 Nr 1 iVm § 98 Abs 3, wenn ein dem deutschen Scheidungsverbund funktional entsprechender Zusammenhang zwischen Haupt- und Nebenverfahren bestanden hat (vgl § 137 Abs 2 Nr 3) und das Gericht für die Ehescheidung in spiegelbildlicher Anwendung von § 98 Abs 1 (→ K Rn 257 ff) international zuständig war. Diese Vorschriften werden zwar zur Bestimmung der direkten internationalen Zuständigkeit deutscher Gerichte in Ehesachen weitgehend durch die Art 3–7 EuEheVO verdrängt. Dies bedeutet jedoch nicht, dass diese Vorschriften der Verordnung auch zur Bestimmung der internationalen Anerkennungszuständigkeit nach § 109 Abs 1 Nr 1 heranzuziehen wären (vgl → K Rn 258). Anders als nach Art 3 Abs 1 lit b EuEheVO begründet also auch die Staatsangehörigkeit nur eines der Ehegatten in spiegelbildlicher Anwendung von § 98 Abs 1 Nr 1 eine hinreichende Verknüpfung mit dem Ursprungsstaat für die Anerkennungszuständigkeit bei einer im Scheidungsverbund erlassenen Entscheidung in Ehewohnungs- und Haushaltssachen.

1453

R 46   2. Teil. Anerkennung/Vollstreckung R. Sonstige Familiensachen

39   **bb) Isoliertes Ehewohnungs- und Haushaltsverfahren.** Demgegenüber bildet selbst die gemeinsame Staatsangehörigkeit der Ehegatten keine ausreichende Grundlage für die internationale Zuständigkeit im Rahmen der Anerkennung einer isolierten Entscheidung über die Zuweisung der Ehewohnung oder die Verteilung der Haushaltsgegenstände. Insoweit ergibt sich eine internationale Anerkennungszuständigkeit nur nach Maßgabe von § 105 iVm § 201 in folgenden Fällen:

(1) Die **gemeinsame Ehewohnung**, um deren Zuweisung es geht oder in der die verteilten Haushaltsgegenstände sich befunden haben, war **im Ursprungsstaat** belegen, § 201 Nr 2.

(2) Entweder der Antragsgegner oder der Antragsteller hatte seinen **gewöhnlichen Aufenthalt im Ursprungsstaat**, § 201 Nr 3, 4. Der gewöhnliche Aufenthalt ist in diesem Zusammenhang nach deutschem Recht zu bestimmen.

40   Auf die in § 201 für die ausschließliche örtliche Zuständigkeit deutscher Gerichte normierte Rangfolge der Zuständigkeiten nach Nr 1–4 kommt es im Rahmen der Anerkennungszuständigkeit nach § 109 Abs 1 Nr 1 ebenso wenig an wie darauf, ob das ausländische Gericht in spiegelbildlicher Anwendung der §§ 105, 201 auch örtlich zuständig war. Wegen der Einzelheiten zur Spiegelung ausländischer Zuständigkeitsvorschriften im Rahmen von § 109 Abs 1 Nr 1 wird auf die Kommentierung der Vorschrift in Ehesachen (→ K Rn 257 ff) und in Unterhaltssachen (→ M Rn 851 ff) verwiesen.

41   **b) Verletzung des rechtlichen Gehörs bei Verfahrenseinleitung, Nr 2.** Vgl → K Rn 266 ff und → M Rn 863 ff.

42   **c) Unvereinbare Entscheidungen oder Verfahren, Nr 3.** Vgl → K Rn 277 ff und → M Rn 866 ff.

43   **d) Verstoß gegen den ordre public, Nr 4.** Vgl → K Rn 283 ff und → M Rn 873.

44   **e) Kein Erfordernis der Gegenseitigkeit, Abs 4.** Die mangelnde Verbürgung der Gegenseitigkeit ist kein generelles Anerkennungshindernis in Familiensachen, sondern nur bei der Anerkennung von Entscheidungen zu prüfen, die einen der in Abs 4 aufgezählten Verfahrensgegenstände betreffen. Hierzu gehört nach Abs 4 Nr 3 zwar auch die Entscheidung über die Zuweisung der Wohnung oder die Verteilung der Haushaltsgegenstände bei **eingetragenen Lebenspartnern**; demgegenüber muss die Gegenseitigkeit für die Anerkennung von Entscheidungen, die **Ehegatten** betreffen, nach Abs 4 Nr 1 nur in Familienstreitsachen verbürgt sein. Zu diesen zählen gem § 112 Ehewohnungs- und Haushaltssachen nicht (vgl ThP/*Hüßtege* vor § 211 Rn 2).

45   **f) Verbot der révision au fond, Abs 5.** Eine Überprüfung der Entscheidung in der Sache ist auch in Bezug auf Entscheidungen in Ehewohnungs- und Haushaltssachen – wie schon nach bisheriger Rechtslage (§§ 328 ZPO, 16a FGG) – ausgeschlossen.

§ 110. Vollstreckbarkeit ausländischer Entscheidungen

(1) **Eine ausländische Entscheidung ist nicht vollstreckbar, wenn sie nicht anzuerkennen ist.**

(2) [1] **Soweit die ausländische Entscheidung eine in § 95 Abs. 1 genannte Verpflichtung zum Inhalt hat, ist die Vollstreckbarkeit durch Beschluss auszusprechen.** [2] **Der Beschluss ist zu begründen.**

(3) [1] **Zuständig für den Beschluss nach Absatz 2 ist das Amtsgericht, bei dem der Schuldner seinen allgemeinen Gerichtsstand hat, und sonst das Amtsgericht, bei dem nach § 23 der Zivilprozessordnung gegen den Schuldner Klage erhoben werden kann.** [2] **Der Beschluss ist erst zu erlassen, wenn die Entscheidung des ausländischen Gerichts nach dem für dieses Gericht geltenden Recht die Rechtskraft erlangt hat.**

46   Zur Vollstreckbarerklärung ausländischer Entscheidungen in Ehewohnungs- und Haushaltssachen kann auf die Kommentierung von § 110 im Rahmen des Unterhaltsrechts (→ M Rn 881 ff) verwiesen werden.

1454

III. Gewaltschutzsachen   47–52 **R**

III. Gewaltschutzsachen

1. Einführung

a) EU-Recht. Regelungen des sekundären Unionsrechts fanden auf dem Gebiet der An- 47
erkennung und Vollstreckung von Entscheidungen zum Gewaltschutz bis Ende 2014 nur in
engen Grenzen Anwendung.

aa) EuSchutzMVO. Seit dem 11.1.2015 ist auf diesem Gebiet in den Mitgliedstaaten mit 48
Ausnahme *Dänemarks* indessen die Verordnung (EU) Nr 606/2013 über die gegenseitige An-
erkennung von Schutzmaßnahmen in Zivilsachen (EuSchutzMVO) v 12.6.2013 anzuwenden
(→ Rn 55 ff). Sachlich erfasst die Verordnung vor allem Maßnahmen des zivilrechtlichen Gewalt-
schutzes, wie sie im deutschen Gewaltschutzgesetz geregelt sind, also insbesondere Betretungs-,
Näherungs- und Kontaktverbote, nicht aber die Zuweisung der Wohnung an die gefährdete
Person (→ Rn 66 ff). Durch die Verordnung soll sichergestellt werden, dass solche Maßnahmen
automatisch in allen EU-Mitgliedstaaten anerkannt und vollstreckt werden können, ohne dass es
hierfür der Durchführung eines Exequaturverfahrens bedarf. Für ab dem 11.1.2015 angeordnete
Schutzmaßnahmen hat die EuSchutzMVO auf dem Gebiet der Anerkennung und Vollstreckung
von Gewaltschutzmaßnahmen im Verhältnis der Mitgliedstaaten als *lex specialis* Vorrang vor der
EuGVVO (*Mansel/Thorn/Wagner* IPRax 12, 1/9; *Pietsch* NZFam 14, 726; *Mohr* iFamZ 14, 221;
aA [Günstigkeitsprinzip] *Dutta* FamRZ 15, 85/90). Sie gilt hingegen nach Art 2 Abs 3 nicht für
Maßnahmen, die unter die EuEheVO fallen.

bb) EuGVVO. Gewaltschutzsachen fielen bis zur Geltung der EuSchutzMVO in den sachli- 49
chen Anwendungsbereich der EuGVVO. Denn derartige Verfahren wurden, auch wenn sie
zwischen Ehegatten oder Lebenspartnern geführt wurden, von der Bereichsausnahme der „ehelichen Güterstände" (Art 1 Abs 2 lit a EuGVVO) nicht erfasst, weil es nicht um deren vermögensrechtliche Beziehungen ging (*Andrae,* IntFamR § 3 Rn 18; MüKoBGB/*Winkler v Mohrenfels* Art 17a EGBGB Rn 22; BeckOK-BGB/*Heiderhoff* Art 17a EGBGB Rn 29). Für die
Anerkennung und Vollstreckung von bis zum 10.1.2015 erlassenen gerichtlichen Anordnungen
zum Schutz der gefährdeten Person vor Gewalt galt daher das Kapitel III der EuGVVO aF. Für
die Anerkennung von danach angeordneten Gewaltschutzmaßnahmen wird die EuGVVO durch
die EuSchutzMVO als *lex specialis* verdrängt. Findet die EuSchutzMVO allerdings keine Anwendung, zB weil die Höchstdauer von 12 Monaten für die grenzüberschreitende Vollstreckung von
Schutzmaßnahmen nach Art 4 Abs 4 abgelaufen ist, so sollte der geschützten Person die Berufung auf die Art 36 ff, 39 ff EuGVVO nF nicht verwehrt werden, denn ihre Rechtsstellung sollte
durch die EuSchutzMVO verbessert, nicht verschlechtert werden (*Dutta* FamRZ 15, 85/90;
Andrae, IntFamR § 3 Rn 18a; Rauscher/*Binder* Rn 82).

cc) EuEheVO. Demgegenüber erfasst die EuEheVO jedenfalls Gewaltschutzsachen **zwi-** 50
schen Ehegatten nicht, weil sie nur die Anerkennung der Statusentscheidung, nicht aber die
Anerkennung oder gar Vollstreckung von Entscheidungen aus mit der Ehescheidung oder
-trennung zusammenhängenden sonstigen Streitigkeiten regelt (vgl ErwG 8; → Anh I; BeckOK-
BGB/*Heiderhoff* Art 17a EGBGB Rn 27; Erman/*Hohloch* Art 17a EGBGB Rn 13; MüKo-
FamFG/*Gottwald* Art 1 EuEheVO Rn 10; G/Sch/*Geimer* Art 1 EuEheVO Rn 40; näher → A
Rn 38). Eine Ausnahme wird zT für **Eilmaßnahmen** nach § 2 GewSchG gemacht, die in
engem Zusammenhang mit einem Ehetrennungs- oder -scheidungsverfahren stehen; insoweit
wird Art 20 EuEheVO für entsprechend anwendbar gehalten (Staud/*Spellenberg* Art 20 EuEhe-
VO Rn 38 ff; Zö/*Geimer* Art 20 EuEheVO Rn 3; BeckOK-BGB/*Heiderhoff* Rn 27; Erman/
Hohloch Rn 13; NK-BGB/*Gruber* Rn 35, jeweils zu Art 17a EGBGB; näher → A Rn 209).
Daran würde auch die EuSchutzMVO nichts ändern (Art 1 Abs 3 EuSchutzMVO).

Demgegenüber hat die EuEheVO auf dem Gebiet der **elterlichen Verantwortung** gemäß 51
Art 1 Abs 3 EuSchutzMVO weiterhin Vorrang vor der EuSchutzMVO. Dies gilt auch für die
Anerkennung von Maßnahmen zum Schutz von Kindern gegen Gewalt der Eltern (zB für
Näherungs- oder Kontaktverbote → Rn 70).

b) Staatsverträge. Die Anerkennung und Vollstreckung von Entscheidungen in Gewalt- 52
schutzsachen mit Bezug zu einem familienrechtlichen Verhältnis ist bisher auch nicht in **multi-**

R 53–57 2. Teil. Anerkennung/Vollstreckung R. Sonstige Familiensachen

lateralen Staatsverträgen geregelt, die von der *Bundesrepublik Deutschland* abgeschlossen worden sind. Insbesondere sind diese Verfahren aus dem Anwendungsbereich des **Luganer Übereinkommens** von 2007 in gleichem Umfang ausgeschlossen wie aus der EuGVVO (Art 1 Abs 2 lit a LugÜ 2007). Eine Ausnahme gilt – wie nach der EuGVVO (→ Rn 49) – für Gewaltschutzmaßnahmen, die keinen solchen Familienbezug aufweisen. Wurde eine solche Maßnahme in *Island, Norwegen* oder der *Schweiz* getroffen, ist sie in den anderen Vertragsstaaten nach dem III. Titel des LugÜ 2007 anzuerkennen und zu vollstrecken.

53 Auch die mit ausländischen Staaten bestehenden **bilateralen Anerkennungs- und Vollstreckungsabkommen** (→ L Rn 7 ff) sind in Gewaltschutzsachen idR nicht anwendbar, da diese Übereinkommen ganz überwiegend auf die Anerkennung und Vollstreckung von Entscheidungen über vermögensrechtliche Ansprüche beschränkt sind.

54 **c) Autonomes Zivilverfahrensrecht.** Soweit die EuSchutzMVO nicht eingreift, also im Verhältnis zu *Dänemark* und zu nicht der EU angehörenden Staaten, beurteilt sich die Anerkennung und Vollstreckung von Entscheidungen einschließlich einstweiliger Anordnungen idR weiterhin nach dem autonomen deutschen Zivilverfahrensrecht.

2. EU-Recht

880. Verordnung (EU) Nr 606/2013 des Europäischen Parlaments und des Rates über die gegenseitige Anerkennung von Schutzmaßnahmen in Zivilsachen (EuSchutzMVO)

Vom 12. Juni 2013 (ABl EU L 181, 4)

Vorbemerkung

Schrifttum: *Dutta*, Grenzüberschreitender Gewaltschutz in der Europäischen Union, FamRZ 15, 85; *Mohr*, Die Europäischen Schutzmaßnahmen, iFamZ 14, 211; *Mohr,* Die europäischen Schutzmaßnahmen, iFamZ 14, 221:221*Pietsch*, Die EU-Verordnung über die gegenseitige Anerkennung von Schutzmaßnahmen, NZFam 14, 726.

1. Normzweck

55 In einem gemeinsamen Rechtsraum ohne Binnengrenzen sind nach Ansicht des europäischen Gesetzgebers Bestimmungen, die eine zügige und einfache Anerkennung und gegebenenfalls Vollstreckung der in einem Mitgliedstaat angeordneten Maßnahmen zum Schutz vor Gewalt auch in anderen Mitgliedstaaten sicherstellen, unerlässlich, um zu gewährleisten, dass der einer natürlichen Person in einem Mitgliedstaat gewährte Schutz in jedem anderen Mitgliedstaat, in den diese Person reist oder umzieht, aufrechterhalten bleibt. Es muss also sichergestellt werden, dass die legitime Wahrnehmung des Rechts der Unionsbürger, sich gemäß Art 3 Abs 2 EUV und gemäß Art 21 AEUV im Hoheitsgebiet der Mitgliedstaaten frei zu bewegen und aufzuhalten, für die Unionsbürger nicht zum Verlust dieses Schutzes führt (ErwG 3; → Anh VI; *Dutta* FamRZ 15, 85). Diesem Ziel des freien Verkehrs von Gewaltschutzmaßnahmen in der Europäischen Union dient die EuSchutzMVO, die seit dem 11.1.2015 gilt.

56 Die Verordnung ergänzt die **Richtlinie 2012/29/EU** v 25.10.2012 über Mindeststandards für die Rechte, die Unterstützung und den Schutz von Opfern von Straftaten (ABl EU L 305, 57; vgl *Wagner* NJW 14, 1862). Die Tatsache, dass eine Person Gegenstand einer in Zivilsachen angeordneten Schutzmaßnahme ist, schließt jedoch nicht zwingend aus, dass diese Person als „Opfer" im Sinne der genannten Richtlinie gilt (ErwG 8; → Anh VI).

57 Um die Ziele der Verordnung effektiv zu erreichen, muss eine geschützte Person in anderen Mitgliedstaaten wirksamen **Zugang zum Recht** haben. Zur Gewährleistung eines solchen wirksamen Zugangs in den von der EuSchutzMVO erfassten Verfahren ist nach Maßgabe der Richtlinie 2003/8/EG v 27.1.2003 zur Verbesserung des Zugangs zum Recht bei Streitsachen mit grenzüberschreitendem Bezug durch Festlegung gemeinsamer Mindestvorschriften für die Prozesskostenhilfe in derartigen Streitsachen (ABl EU L 26, 41) **Prozesskostenhilfe** zu gewähren (ErwG 34; → Anh VI).

1456

III. Gewaltschutzsachen   **58–64 R**

2. Anwendungsbereich

a) Sachlicher Anwendungsbereich. In sachlicher Hinsicht gilt die Verordnung für Schutz- **58**
maßnahmen iSv Art 3 Nr 1, die von einer „Ausstellungsbehörde" iSv Art 3 Nr 4 angeordnet
werden, um eine Person zu schützen, wenn es ernsthafte Gründe zu der Annahme gibt, dass ihr
Leben, ihre körperliche oder psychische Unversehrtheit, ihre persönliche Freiheit, ihre Sicherheit oder ihre sexuelle Integrität in Gefahr ist. Dazu gehört insbesondere die Verhütung jeder
Form von geschlechtsbezogener Gewalt oder von Gewalt in engen Beziehungen wie körperliche
Gewalt, Belästigung, sexuelle Übergriffe, Stalking, Einschüchterung oder andere Formen der
indirekten Nötigung (ErwG 6; → Anh VI). Allerdings gilt die Verordnung für alle Opfer, dh
unabhängig davon, ob sie Opfer von geschlechtsbezogener Gewalt sind oder nicht.

Die Verordnung beschränkt sich allerdings auf eine Regelung der **Anerkennung und Voll-** **59**
streckung von Gewaltschutzmaßnahmen im Verhältnis der Mitgliedstaaten. Hingegen wird
weder die internationale Zuständigkeit für solche Maßnahmen noch das auf sie anwendbare
Recht harmonisiert. Dies ist deswegen erstaunlich, weil damit erstmals im europäischen Recht
Entscheidungen anderer Mitgliedstaaten ohne Vollstreckbarerklärung durchgesetzt werden können, obwohl die Zuständigkeitsregeln nicht vereinheitlicht, sondern weiterhin dem nationalen
Verfahrensrecht der Mitgliedstaaten zu entnehmen sind (krit *Dutta* FamRZ 15, 85 f).

b) Persönlicher Anwendungsbereich. Der persönliche Anwendungsbereich der Eu- **60**
SchutzMVO ist auf natürliche Personen beschränkt, bereitet auf dem Gebiet der Anerkennung
und Vollstreckung der vorgenannten Schutzmaßnahmen im Übrigen aber keine Probleme.
Vorausgesetzt wird nur, dass die Entscheidung von einem **Gericht eines Mitgliedstaats** der
Verordnung erlassen worden ist und in einem anderen Mitgliedstaat der Verordnung anerkannt
und vollstreckt werden soll. Unerheblich ist hingegen, ob die Parteien die Staatsangehörigkeit
eines Mitgliedstaats der Verordnung besitzen (Rauscher/*Binder* Einl Rn 84) oder ob der zugrundeliegende Sachverhalt einen Auslandsbezug aufweist. Die Art 4 ff gelten daher auch für die
Anerkennung und Vollstreckung von Schutzmaßnahmen, die in reinen Inlandsfällen ergangen
sind. Auf die Anerkennung und Vollstreckung von Schutzmaßnahmen drittstaatlicher Gerichte
sind sie hingegen nicht anwendbar, auch wenn am Verfahren Angehörige von Mitgliedstaaten
beteiligt waren.

c) Räumlicher Anwendungsbereich. Da das **Vereinigte Königreich und Irland** von **61**
ihrer *opt-in*-Möglichkeit nach Art 4 des Protokolls zum EG-Vertrag Gebrauch gemacht haben
und sich an der Anwendung der EuSchutzMVO beteiligt (vgl ErwG 40; → Anh VI), gilt die
Verordnung gemäß Art 288 Abs 2 AEUV in allen Mitgliedstaaten der EU mit Ausnahme von
Dänemark (vgl Art 2 Nr 3 und ErwG 41 sowie § 13 Nr 1 EuGewSchVG) unmittelbar. Das
Hoheitsgebiet der Mitgliedstaaten ergibt sich aus Art 355 AEUV; es umfasst neben dem jeweili-
gen Mutterland zT auch weitere Territorien, zB die überseeischen Départements *Frankreichs* mit
Ausnahme von St Pierre et Miquelon und Mayotte (Guadeloupe, Guayana, Martinique, Réuni-
on, Saint-Barthélemy, Saint-Martin, vgl Art 355 Abs 1 AEUV), Madeira, die Azoren, die
Kanarischen Inseln, die Balearen und Gibraltar (Art 355 Abs 3 AEUV). Für die britischen
Kanalinseln, die Isle of Man und die Hoheitszonen des *Vereinigten Königreichs* auf *Zypern* gilt sie
hingegen nicht (Art 355 Abs 5 lit b und c AEUV; zu Einzelheiten unalexK/*Hausmann* Einl
Rn 39 f).

d) Zeitlicher Anwendungsbereich. In zeitlicher Hinsicht gilt die EuSchutzMVO grund- **62**
sätzlich nur für die Anerkennung und Vollstreckung von Schutzmaßnahmen, die **am oder nach**
dem 11. Januar 2015 angeordnet wurden, unabhängig davon, wann das Verfahren eingeleitet
worden ist (Art 22 UAbs 3).

3. Auslegung

Es gelten die allgemeinen Grundsätze zur Auslegung von sekundärem Unionsrecht (vgl dazu **63**
→ F Rn 24 ff; ausf zur EuSchutzMVO Rauscher/*Binder* Rn 70 ff).

4. Deutsches Ausführungsgesetz

Ausführungsbestimmungen zur EuSchutzMVO in der *Bundesrepublik Deutschland* enthält das **64**
EU-Gewaltschutzverfahrensgesetz (**EuGewSchVG**) v 5.12.2014; → Rn 138).

1457

Kapitel I. Gegenstand, Anwendungsbereich und Begriffsbestimmungen

EuSchutzMVO Art 1. Gegenstand

Diese Verordnung legt Vorschriften für einen einfachen und zügigen Mechanismus zur Anerkennung von Schutzmaßnahmen fest, die in einem Mitgliedstaat in Zivilsachen angeordnet wurden.

65   Art 1 hat keinen eigenständigen Regelungsgehalt, sondern beschreibt lediglich den Hauptzweck der Verordnung, nämlich eine möglichst einfache und zügige Durchsetzung von Gewaltschutzmaßnahmen in Zivilsachen in anderen Mitgliedstaaten. Die Verordnung trägt damit insbesondere dem Umstand Rechnung, dass der Gewaltschutz in einigen Mitgliedstaaten der EU – wie insbesondere in *Deutschland* und *Österreich* (dazu rechtsvergleichend Rauscher/*Binder* Einl Rn 3 ff, 19 ff) – vor allem zivilrechtlich gewährleistet wird. Wenn die Vorschrift nur von der „Anerkennung" solcher Maßnahmen spricht, ist dies ungenau, weil das Schwergewicht auf dem Gebiet der Vollstreckung liegt.

EuSchutzMVO Art 2. Anwendungsbereich

(1) Diese Verordnung gilt für Schutzmaßnahmen in Zivilsachen, die eine Ausstellungsbehörde im Sinne des Artikels 3 Nummer 4 angeordnet hat.

(2) Diese Verordnung gilt für grenzüberschreitende Fälle. Für die Zwecke dieser Verordnung wird ein Fall als ein „grenzüberschreitender Fall" angesehen, wenn die Anerkennung einer Schutzmaßnahme, die in einem Mitgliedstaat angeordnet wurde, in einem anderen Mitgliedstaat beantragt wird.

(3) Diese Verordnung gilt nicht für Schutzmaßnahmen, die unter die Verordnung (EG) Nr. 2201/2003 fallen.

1. Schutzmaßnahmen in Zivilsachen, Abs 1

66   **a) Zivilsachen.** Der Anwendungsbereich der EuSchutzMVO fällt unter die justizielle Zusammenarbeit in Zivilsachen iSv Art 81 AEUV. Die Verordnung gilt daher nur für Schutzmaßnahmen, die in Zivilsachen angeordnet werden. Schutzmaßnahmen in **Strafsachen** werden von der Richtlinie 2011/99/EU v 13.12.2011 über die Europäische Schutzanordnung (ABl EU L 338, 2) erfasst.

67   Der Begriff „Zivilsachen" ist im Einklang mit den Grundsätzen des Unionsrechts **autonom** auszulegen. Für die Beurteilung des zivilrechtlichen Charakters einer Schutzmaßnahme ist daher nicht entscheidend, ob eine zivil-, verwaltungs- oder strafrechtliche Behörde die Schutzmaßnahme anordnet (ErwG 10; → Anh VI). Vielmehr ist der Begriff der „Zivilsachen" ähnlich weit zu verstehen wie in anderen familienrechtlichen EU-Verordnungen. Insbesondere kann diesbezüglich auf die Rechtsprechung des EuGH zu Art 1 Abs 1 EuEheVO (→ F Rn 28 ff) zurückgegriffen werden. Da die Mitgliedstaaten der Kommission die Behörden mitzuteilen haben, die Schutzmaßnahmen nach der Verordnung erlassen können (Art 3 Nr 4, 18 Abs 1 lit a), wird man im Zweifel Maßnahmen dieser Behörden als zivilrechtlich qualifizieren können, soweit sie keinen strafrechtlichen Charakter haben (vgl *Dutta* FamRZ 15, 85/86 f).

68   **b) Schutzmaßnahmen.** Erfasst werden allerdings nicht alle von solchen Behörden getroffenen Maßnahmen, sondern nur solche, die als „Schutzmaßnahmen" iS der Definition in Art 3 Abs 1 angesehen werden können (→ Rn 71 ff).

2. Grenzüberschreitende Fälle, Abs 2

69   Die Verordnung gilt nach Abs 2 S 1 nur für grenzüberschreitende Fälle. Als „grenzüberschreitend" wird ein Fall nach S 2 allerdings schon dann angesehen, wenn die Anerkennung oder Vollstreckung einer Schutzmaßnahme, die in einem Mitgliedstaat angeordnet wurde, in einem anderen Mitgliedstaat beantragt wird. Die Anordnung der Schutzmaßnahme setzt hingegen **keinen Sachverhalt mit Auslandsberührung** voraus. Die Art 4 ff gelten vielmehr auch für die Anerkennung und Vollstreckung von Schutzmaßnahmen, die in reinen Inlandsfällen ergangen sind und nur wegen des nachträglichen Wegzugs eines Beteiligten in einen anderen Mitgliedstaat nunmehr dort durchgesetzt werden müssen.

III. Gewaltschutzsachen: EuSchutzMVO Art 3

3. Verhältnis zur EuEheVO, Abs 3

Die EuSchutzMVO soll das Funktionieren der Verordnung (EG) Nr 2201/2003 v 27.11.2003 **70** über die Zuständigkeit und die Anerkennung und Vollstreckung von Entscheidungen in Ehesachen und in Verfahren betreffend die elterliche Verantwortung (EuEheVO) nicht beeinträchtigen. Entscheidungen, die gemäß der EuEheVO ergehen, sollen also weiterhin gemäß jener Verordnung anerkannt und vollstreckt werden (ErwG 10; → Anh VI). Dies gilt insbesondere für Gewaltschutzmaßnahmen, die als **Kindschaftssachen** iSv Art 1 Abs 1 lit b EuEheVO zu qualifizieren sind, wie zB ein zum Schutz des Kindes angeordnetes Kontaktverbot für einen Elternteil (*Mohr* iFamZ 14, 221). Im deutschen Recht sind dies sämtliche Maßnahmen nach §§ 1666, 1666a BGB, die auch von § 3 Abs 1 GewSchG vorbehalten werden (*Dutta* FamRZ 15, 85/90). Deren Anerkennung und Vollstreckung richtet sich weiterhin nach Art 21, 23 ff EuEheVO, die in ihrer geltenden Fassung – anders als die EuSchutzMVO – grundsätzlich weiterhin die Durchführung eines Exequaturverfahrens vorschreibt (→ N Rn 126 ff). Da die Wohnungszuweisung keine Schutzmaßnahme iSd EuSchutzMVO ist (→ Rn 76), ergeben sich auf dem Gebiet der Ehesachen hingegen keine Abgrenzungsfragen zur EuEheVO.

EuSchutzMVO Art 3. Begriffsbestimmungen

Im Sinne dieser Verordnung bezeichnet der Ausdruck

1. **„Schutzmaßnahme" jede von der Ausstellungsbehörde des Ursprungsmitgliedstaats gemäß ihrem innerstaatlichen Recht angeordnete Entscheidung – ungeachtet ihrer Bezeichnung – mit der der gefährdenden Person eine oder mehrere der folgenden Verpflichtungen auferlegt werden, die dem Schutz einer anderen Person dienen, wenn deren körperliche oder seelische Unversehrtheit gefährdet sein könnte:**
   a) **das Verbot oder die Regelung des Betretens bestimmter Orte, an denen die geschützte Person wohnt, an denen sie arbeitet oder die sie regelmäßig aufsucht oder an denen sie sich regelmäßig aufhält,**
   b) **das Verbot oder die Regelung jeglicher Form des Kontakts mit der geschützten Person, auch telefonisch, auf elektronischem Weg, per Post oder Fax oder mit anderen Mitteln,**
   c) **das Verbot oder die Regelung, sich der geschützten Person mehr als bis auf eine vorgeschriebene Entfernung zu nähern,**
2. **„geschützte Person" eine natürliche Person, die Gegenstand des Schutzes ist, der durch eine Schutzmaßnahme gewährt wird,**
3. **„gefährdende Person" eine natürliche Person, der eine oder mehrere der unter Nummer 1 genannten Verpflichtungen auferlegt wurden,**
4. **„Ausstellungsbehörde" jedes Gericht oder jede andere Behörde, die ein Mitgliedstaat als für die in den Anwendungsbereich dieser Verordnung fallenden Sachverhalte zuständig benennt, sofern diese andere Behörde den Parteien Garantien hinsichtlich der Unparteilichkeit bietet und sofern ihre Entscheidungen im Zusammenhang mit der Schutzmaßnahme nach dem Recht des Mitgliedstaats, in dem sie tätig ist, von einem Gericht nachgeprüft werden können und vergleichbare Wirkungen und Folgen haben wie die einer Entscheidung eines Gerichts, die denselben Gegenstand betrifft,**
5. **„Ursprungsmitgliedstaat" den Mitgliedstaat, in dem die Schutzmaßnahme angeordnet wird,**
6. **„ersuchter Mitgliedstaat" den Mitgliedstaat, in dem die Anerkennung und gegebenenfalls die Vollstreckung der Schutzmaßnahme beantragt wird.**

1. Schutzmaßnahme, Nr 1

a) Allgemeines. Die EuSchutzMVO trägt den unterschiedlichen Rechtstraditionen der Mit- **71** gliedstaaten Rechnung und berührt nicht die nationalen Systeme für die Anordnung von Schutzmaßnahmen. Die Verordnung verpflichtet die Mitgliedstaaten also weder dazu, ihre nationalen Systeme dahingehend zu ändern, dass Schutzmaßnahmen in Zivilsachen angeordnet werden können, noch dazu, für die Zwecke der Anwendung dieser Verordnung Schutzmaßnahmen in Zivilsachen einzuführen (ErwG 12; → Anh VI). Sie regelt vielmehr nur die Anerkennung und Vollstreckung der von einer Ausstellungsbehörde (Nr 4; → Rn 79) nach Maßgabe ihres „inner-

1459

R 72–78   2. Teil. Anerkennung/Vollstreckung R. Sonstige Familiensachen

staatlichen Rechts" getroffenen Schutzmaßnahmen. Der Begriff des „innerstaatlichen" Rechts umfasst aber auch das Kollisionsrecht, so dass auch die von der Ausstellungsbehörde nach ausländischem Recht getroffenen Schutzmaßnahmen in den übrigen Mitgliedstaaten anerkannt und vollstreckt werden müssen (*Dutta* FamRZ 15, 85/87).

72   Dementsprechend definiert Art 3 Nr 1 den Begriff der „Schutzmaßnahme" dahin, dass er jede von der Ausstellungsbehörde des Ursprungsmitgliedstaats gemäß ihrem innerstaatlichen Recht angeordnete Entscheidung (ungeachtet ihrer Bezeichnung) umfasst, durch die der gefährdenden Person eine oder mehrere der in lit a–lit c abschließend (*Mohr* iFamZ 14, 221/222; Rauscher/*Binder* Einl Rn 87) genannten Verpflichtungen auferlegt wurden. Die Entscheidung muss dem Schutz einer anderen Person dienen, wenn deren körperliche oder seelische Unversehrtheit gefährdet sein könnte (vgl dazu schon → Rn 58). Die Freiheit der geschützten Person ist hingegen – abweichend von § 1 GewSchG – kein Schutzgut der Verordnung; ihre Beeinträchtigung wird jedoch häufig zu einer seelischen Unversehrtheit führen (*Dutta* FamRZ 15, 85/87; vgl auch ErwG 6, wo die persönliche Freiheit ausdrücklich einbezogen wird). Die Verordnung beschränkt sich auch nicht auf vorläufige oder befristete Schutzmaßnahmen; diese können vielmehr auch unbefristet angeordnet sein (ErwG 15 aE; Rauscher/*Binder* Einl Rn 87).

73   **b) Einzelne Maßnahmen. aa) Betretungsverbot, lit a.** Inhalt einer Schutzmaßnahme kann zunächst das Verbot oder die Regelung des Betretens bestimmter Orte sein, an denen die geschützte Person wohnt, an denen sie arbeitet oder die sie regelmäßig aufsucht oder an denen sie sich regelmäßig aufhält. Diese Maßnahme soll der geschützten Person Schutz an ihrem Wohnort, ihrem Arbeitsort sowie an jedem anderen Ort bieten, den diese Person regelmäßig aufsucht, wie zB dem Wohnort enger Verwandter oder der von ihrem Kind besuchten Schule oder Bildungseinrichtung. Auch wenn der Ort, dem sich die gefährdende Person nicht nähern darf bzw den sie nicht betreten darf, in der Schutzmaßnahme durch eine oder mehrere konkrete Anschriften bezeichnet ist, kommt es für die Anerkennung der mit der Schutzmaßnahme angeordneten Verpflichtung nicht auf diese konkreten Anschriften, sondern allein auf den Zweck an, den dieser Ort für die geschützte Person hat (ErwG 19; → Anh VI). Aus diesem Grunde sind die zuständigen Behörden des ersuchten Mitgliedstaats berechtigt, diesbezüglich Anpassungen nach Art 11 (→ Rn 114 ff) vorzunehmen, wenn nur so die praktische Wirksamkeit der angeordneten Schutzmaßnahme gewährleistet werden kann.

74   **bb) Kontaktverbot, lit b.** Gegenstand der Verpflichtung kann nach lit b auch das Verbot oder die Regelung des Kontakts mit der geschützten Person sein. Auf die Kommunikationsform kommt es dabei nicht an; das Verbot bzw die Regelung erstreckt sich daher auf jede Art der Kontaktaufnahme, zB telefonisch, auf elektronischem Weg, per Post oder Fax oder mit anderen Mitteln, soweit in der Maßnahme nicht ausdrücklich eine Beschränkung auf ganz bestimmte Arten der Kontaktaufnahme vorgenommen wurde.

75   **cc) Näherungsverbot, lit c.** Schließlich kann die Verpflichtung nach lit c das Verbot oder die Regelung beinhalten, sich der geschützten Person nicht mehr als bis auf eine in der Schutzmaßnahme vorgeschriebene Entfernung zu nähern.

76   **c) Nicht erfasste Maßnahmen.** Abweichend vom deutschen Recht (vgl §§ 2 GewSchG, 1361b BGB, 14 LPartG) ist die **Wohnungszuweisung** an die geschützte Person keine Schutzmaßnahme nach der Verordnung, weil das von ihr erfasste Betretungsverbot zwar die gefährdende Person von der Wohnung fernhält, der geschützten Person aber kein Recht auf Verbleib in der Wohnung einräumt (*Dutta* FamRZ 15, 85/87). Die Wohnungszuweisung wird vielmehr künftig vom weiten Begriff des „Güterrechts" in der EuGüVO und der EuPartVO abgedeckt (→ B Rn 313).

2. Geschützte Person, Nr 2

77   „Geschützte Person" kann nach Nr 2 nur eine natürliche Person sein, zu deren Schutz die anzuerkennende Maßnahme getroffen worden ist.

3. Gefährdende Person, Nr 3

78   Als „gefährdende Person" wird in der Verordnung eine natürliche Person bezeichnet, der eine oder mehrere der unter Nr 1 genannten Verpflichtungen auferlegt wurden. Auf die Definitionen in Nr 2 und 3 wird in § 13 Nr 2 und Nr 3 EuGewSchVG verwiesen.

1460

III. Gewaltschutzsachen: EuSchutzMVO Art 4

4. Ausstellungsbehörde, Nr 4

„Ausstellungsbehörde" im Sinne der Verordnung ist nach Nr 4 jedes Gericht oder jede andere **79** Behörde, die ein Mitgliedstaat als zum Erlass der in den Anwendungsbereich dieser Verordnung fallenden Schutzmaßnahmen zuständig benennt. Durch die ausdrückliche Einbeziehung von Verwaltungsbehörden trägt die Verordnung dem Umstand Rechnung, dass in den Mitgliedstaaten ganz unterschiedlichen Arten von Behörden Schutzmaßnahmen in Zivilsachen anordnen, in deren Kompetenz die Verordnung nicht eingreifen möchte (ErwG 13; → Anh VI). Ähnlich wie in Art 2 Abs 2 EuUntVO (→ M Rn 46) wird allerdings vorausgesetzt, dass die zuständige Behörde den Parteien Garantien hinsichtlich der **Unparteilichkeit** bietet und dass ihre Entscheidung nach dem Recht des Mitgliedstaats, in dem sie tätig ist, von einem Gericht **nachgeprüft** werden kann und vergleichbare Wirkungen hat wie die Entscheidung eines Gerichts, die denselben Gegenstand betrifft. In keinem Fall gelten Polizeibehörden als Ausstellungsbehörden im Sinne der Verordnung.

Diejenigen Verwaltungsbehörden, die den Voraussetzungen des Abs 2 genügen und demgemäß im Rahmen der Verordnung als Gericht zu behandeln sind, werden der Kommission gemäß Art 18 von den Mitgliedstaaten mitgeteilt. Diese Mitteilungen sind abrufbar im Europäischen Gerichtsatlas für Zivilsachen unter:

https://e-justice.europa.eu/content_mutual_recognition_of_protection_measures_in_civil_matters-352

Kapitel II. Anerkennung und Vollstreckung von Schutzmaßnahmen

EuSchutzMVO Art 4. Anerkennung und Vollstreckung

(1) **Eine in einem Mitgliedstaat angeordnete Schutzmaßnahme wird in den anderen Mitgliedstaaten anerkannt, ohne dass es hierfür eines besonderen Verfahrens bedarf, und ist dort vollstreckbar, ohne dass es einer Vollstreckbarerklärung bedarf.**

(2) **Eine geschützte Person, die in dem ersuchten Mitgliedstaat eine in dem Ursprungsmitgliedstaat angeordnete Schutzmaßnahme geltend machen will, hat der zuständigen Behörde des ersuchten Mitgliedstaats Folgendes vorzulegen:**

a) **eine Kopie der Schutzmaßnahme, die die für ihre Beweiskraft erforderlichen Voraussetzungen erfüllt,**

b) **die nach Artikel 5 im Ursprungsmitgliedstaat ausgestellte Bescheinigung und**

c) **erforderlichenfalls eine Transkription und/oder Übersetzung der Bescheinigung gemäß Artikel 16.**

(3) **Die Bescheinigung ist nur insoweit wirksam, als die Schutzmaßnahme vollstreckbar ist.**

(4) **Ungeachtet dessen, ob die Schutzmaßnahme eine längere Gültigkeitsdauer hat, ist die Wirkung der Anerkennung gemäß Absatz 1 auf 12 Monate, gerechnet ab dem Tag der Ausstellung der Bescheinigung, befristet.**

(5) **Das Verfahren für die Vollstreckung von Schutzmaßnahmen unterliegt dem Recht des ersuchten Mitgliedstaats.**

1. Automatische Anerkennung

a) Anerkennung. Der Begriff der Anerkennung wird in der EuSchutzMVO ebenso wenig **80** wie in anderen EU-Verordnungen auf dem Gebiet der justiziellen Zusammenarbeit in Zivilsachen definiert. Insoweit gilt auch hier der **Grundsatz der Wirkungserstreckung,** dh den Anordnungen der Gerichte eines anderen Mitgliedstaats werden im Anerkennungsstaat die gleichen verfahrensrechtlichen Wirkungen zugeschrieben wie im Ursprungsstaat (vgl zum EuGVÜ EuGH C-145/86 – *Hoffmann/Krieg,* Slg 88, 645 Rn 11 = NJW 89, 663; zur EuGVVO *Rauscher/Mankowski* Art 36 Rn 4 mwN). Die Grenzen der auf das Inland zu erstreckenden verfahrensrechtlichen Entscheidungswirkungen bestimmen sich nach dem Recht des Ursprungsstaates; eine Kappung dieser Wirkungen gemäß der zum autonomen Recht vertretenen *Kumulationstheorie* findet im europäischen Anerkennungsrecht nicht statt (*Rauscher/Mankowski* Art 36 EuGVVO Rn 4).

1461

R 81–86   2. Teil. Anerkennung/Vollstreckung R. Sonstige Familiensachen

81   **b) Entbehrlichkeit eines Anerkennungsverfahrens.** Das gegenseitige Vertrauen in die Rechtspflege anderer Mitgliedstaaten der Europäischen Union (dazu im Kontext der Eu-SchutzMVO näher Rauscher/*Binder* Einl Rn 61 ff) sowie das Ziel, einen zügigeren und kostengünstigeren Umlauf von Schutzmaßnahmen innerhalb der Union zu gewährleisten, rechtfertigen den Grundsatz, wonach in einem Mitgliedstaat angeordnete Schutzmaßnahmen in allen anderen Mitgliedstaaten anerkannt werden, ohne dass es hierzu besonderer Verfahren bedarf. Eine in einem Mitgliedstaat ("Ursprungsmitgliedstaat") angeordnete Schutzmaßnahme ist daher so zu behandeln, als wäre sie in dem Mitgliedstaat angeordnet worden, in dem um ihre Anerkennung ersucht wird ("ersuchter Mitgliedstaat", ErwG 4 S 2; → Anh VI; Rauscher/*Binder* Einl Rn 91). Die Freizügigkeit von Schutzmaßnahem reicht allerdings nicht so weit wie jene von Unterhaltsentscheidungen aus den an das HUP gebundenen Staaten. Denn während die Anerkennung von solchen Unterhaltsentscheidungen im Zweitstaat nur in den engen Grenzen des Art 19 EuUntVO nachgeprüft werden können (→ M Rn 79 ff), unterliegen Schutzmaßnahmen auf Antrag des Verpflichteten der Kontrolle im Anerkennungsstaat auch am Maßstab des dortigen *ordre public* nach Maßgabe von Art 13.

2. Entbehrlichkeit eines Exequaturverfahrens

82   Die in einem Mitgliedstaat angeordneten Schutzmaßnahmen bedürfen nach Abs 1 in anderen Mitgliedstaaten keiner Vollstreckbarerklärung, sondern sind selbst unmittelbare Vollstreckungstitel. Insoweit gilt der Grundsatz der Wirkungserstreckung daher auch für die Vollstreckbarkeit der Maßnahme. Der deutsche Gesetzgeber hat insoweit daher auf das Erfordernis einer Vollstreckungsklausel iSv § 724 ZPO verzichtet (§ 17 EuGewSchVG; → Rn 138). Dies gilt auch hinsichtlich der für die Schutzmaßnahme getroffenen Kostenentscheidung. Im Vollstreckungsmitgliedstaat kann daher insbesondere kein Verstoß des Erstgerichts gegen Zuständigkeitsvorschriften geltend gemacht werden. Der Antragsgegner ist vielmehr nach Art 13 Abs 1 darauf beschränkt, sich im Vollstreckungsmitgliedstaat auf eine Verletzung des *ordre public* durch die ausländische Maßnahme oder auf ihre Unvereinbarkeit mit einer von den dortigen Behörden bereits getroffenen Entscheidung zu berufen.

3. Dokumentenvorlage, Abs 2

83   Anstatt ein Vollstreckbarerklärungsverfahren durchführen zu müssen, hat die geschützte Person der zuständigen (Vollstreckungs-) Behörde im ersuchten Mitgliedstaat mit ihrem Antrag lediglich die in Abs 3 genannten, von den Behörden des Ursprungsstaats ausgestellten Dokumente vorzulegen, nämlich
– eine Kopie der Schutzmaßnahme, die die für ihre Beweiskraft erforderlichen Voraussetzungen erfüllt (lit a),
– die nach Art 5 im Ursprungsmitgliedstaat ausgestellte Bescheinigung (lit b) und
– erforderlichenfalls eine Transkription und/oder Übersetzung der Bescheinigung gemäß Art 16 (lit c). Eine Übersetzung oder eine Transliteration/Transkription der Bescheinigung nach lit c ist zum Zwecke der Vollstreckung in *Deutschland* gem § 18 EuGewSchVG in deutscher Sprache abzufassen.

84   Die Vorlage dieser Dokumente hat die Vollstreckungsbehörde im Zweitstaat zu prüfen. Die nach Art 5 erteilte Bestätigung entbindet die Behörden im Vollstreckungsmitgliedstaat jedoch nicht von der Prüfung, ob die Schutzmaßnahme in den sachlichen Anwendungsbereich der Verordnung fällt.

4. Vollstreckbarkeit der Maßnahme im Ursprungsstaat, Abs 3

85   Da die nach Art 5 ausgestellte Bescheinigung gemäß Abs 3 nur insoweit wirksam ist, als die **Schutzmaßnahme vollstreckbar** ist, hat die Behörde im Vollstreckungsmitgliedstaat auch die Vollstreckbarkeit der Schutzmaßnahme im Ursprungsmitgliedstaat zu prüfen. Wird sie dort aufgehoben oder eingeschränkt, so ist Art 14 zu beachten (→ Rn 126 ff).

5. Beschränkte Gültigkeitsdauer, Abs 4

86   Dem Grundsatz der Wirkungserstreckung würde es eigentlich entsprechen, dass auch die im Ursprungsmitgliedstaat angeordnete Gültigkeitsdauer der Schutzmaßnahme im ersuchten Mitgliedstaat anzuerkennen ist. Unter Berücksichtigung der sehr unterschiedlichen Dauer von

1462

III. Gewaltschutzsachen: EuSchutzMVO Art 5 **R**

Schutzmaßnahmen im Recht der einzelnen Mitgliedstaaten und der Tatsache, dass die EuSchutzMVO typischerweise in dringenden Fällen angewandt wird, beschränkt Abs 4 die Wirkung der Anerkennung nach dieser Verordnung jedoch auf einen **Zeitraum von 12 Monaten** ab der Ausstellung der in Art 5 vorgesehenen Bescheinigung; diese zeitliche Befristung gilt unabhängig davon, ob die Schutzmaßnahme nach dem Recht des Ursprungsmitgliedstaats eine längere Gültigkeitsdauer hat (ErwG 15; → Anh VI).

Ist die Dauer einer Schutzmaßnahme nach dem Recht der sie anordnenden Behörde länger als **87** 12 Monate, berührt die zeitliche Beschränkung der Anerkennung nach Abs 4 jedoch nicht das Recht der geschützten Person berühren, die Schutzmaßnahme gemäß einem anderen zur Verfügung stehenden Rechtsakt der Union (zB nach Art 21 ff EuEheVO) geltend zu machen oder eine nationale Schutzmaßnahme im ersuchten Mitgliedstaat zu beantragen. Die Befristung der Wirkung der Anerkennung nach Abs 4 hat aufgrund der Besonderheit des Gegenstands der EuSchutzMVO nämlich **Ausnahmecharakter** und kann daher nicht als Präzedenzfall für andere EU-Instrumente in Zivil- und Handelssachen herangezogen werden (ErwG 16, 17; → Anh VI; Rauscher/*Binder* Einl Rn 93).

6. Durchführung der Vollstreckung, Abs 5

Die EuSchutzMVO regelt nur die Anerkennung und Vollstreckung der Verpflichtungen, die **88** der gefährdenden Person durch eine Schutzmaßnahme auferlegt worden sind, in den anderen Mitgliedstaaten. Sie bezieht sich hingegen – wie Abs 5 klarstellt – nicht auf das **Verfahren** zur Durchführung und Vollstreckung der Schutzmaßnahme und umfasst auch keine möglichen Sanktionen, die verhängt werden können, wenn im ersuchten Mitgliedstaat gegen die im Rahmen der Schutzmaßnahme angeordnete Verpflichtung verstoßen wird. Diesbezüglich ist allein das **Recht des ersuchten Mitgliedstaats** maßgebend. Im Einklang mit den allgemeinen Grundsätzen des Unionsrechts und insbesondere dem Grundsatz der gegenseitigen Anerkennung müssen die Mitgliedstaaten jedoch sicherstellen, dass nach dieser Verordnung anerkannte Schutzmaßnahmen im ersuchten Mitgliedstaat auch durchgesetzt werden können (ErwG 18; → Anh VI).

Für die Zwangsvollstreckung in *Deutschland* sind die **Familiengerichte** zuständig, §§ 23a **89** Abs 1 S 1 Nr 1, 23b GVG. **Ausschließlich örtlich zuständig** ist nach § 19 EuGewSchVG das Familiengericht, in dessen Zuständigkeitsbezirk sich entweder die gefährdende Person aufhält (Nr 1) oder die Zwangsvollstreckung durchgeführt werden soll (Nr 2). Für den Bezirk des Kammergerichts entscheidet das Amtsgericht Pankow/Weißensee.

Im Übrigen sind für die Vollstreckung in *Deutschland* die §§ 86 ff FamFG maßgebend, soweit **90** die Verordnung und die §§ 17 ff EuGewSchVG keine vorrangigen speziellen Regeln enthalten. Da Schutzmaßnahmen nach der Verordnung idR auf ein Unterlassen durch die gefährdende Person gerichtet sein werden, wird die Vollstreckung zumeist durch die Verhängung von Ordnungsgeld oder Ordnungshaft erfolgen, § 1 S 2 EuGewSchVG iVm § 95 Abs 1 Nr 4 FamFG und § 890 ZPO.

Für eine **Vollstreckung im Inland** muss der Titel ferner nach allgemeinen Grundsätzen **91** hinreichend bestimmt sein. Fehlt es daran oder ist die ausländische Schutzmaßnahme aus anderen Gründen im Inland nicht vollstreckbar, so passt das zuständige deutsche Gericht den ausländischen Titel nach § 20 Abs 1 EuGewSchVG an das deutsche Vollstreckungsrecht an, soweit dies erforderlich ist, um ihm Wirkung zu verleihen. Zum Verfahren der Anpassung in *Deutschland* vgl § 20 Abs 2–4 EuGewSchVG (→ Rn 138).

EuSchutzMVO Art. 5. Bescheinigung

(1) **Die Bescheinigung wird von der Ausstellungsbehörde des Ursprungsmitgliedstaats auf Ersuchen der geschützten Person unter Verwendung des gemäß Artikel 19 erstellten mehrsprachigen Standardformulars mit den in Artikel 7 vorgesehenen Angaben ausgestellt.**

(2) **Gegen die Ausstellung einer Bescheinigung ist kein Rechtsbehelf möglich.**

(3) **Auf Ersuchen der geschützten Person stellt die Ausstellungsbehörde des Ursprungsmitgliedstaats der geschützten Person unter Verwendung des gemäß Artikel 19 erstellten mehrsprachigen Standardformulars eine Transkription und/oder Übersetzung der Bescheinigung aus.**

1463

R 92–100 2. Teil. Anerkennung/Vollstreckung R. Sonstige Familiensachen

1. Bescheinigung, Abs 1

92   Um den freien Verkehr von Schutzmaßnahmen in der Union zu erleichtern, insbesondere die Nachprüfung der Formalien der im Ursprungsmitgliedstaat getroffenen Entscheidung für die Behörden im ersuchten Mitgliedstaat zu vereinfachen, stellt die Behörde des Ursprungsmitgliedstaats nach Abs 1 eine Bescheinigung aus. Zu diesem Zweck hat die Kommission nach Art 19 ein einheitliches Muster für diese Bescheinigung mit den in Art 7 vorgesehenen Angaben und ein mehrsprachiges Standardformular erstellt (vgl Anh I zur Durchführungs-VO (EU) Nr 939/2014 zu Art 5 und 14 EuSchutzMVO v. 2.9.2014, ABl EU 2014 L 263, 10; dazu ErwG 22; → Anh VI). Die Bescheinigung wird allerdings nicht von Amts wegen, sondern nur auf Ersuchen, dh auf **Antrag** der geschützten Person ausgestellt.

93   Wer innerstaatlich für die Ausstellung der Bescheinigung nach Abs 1 **zuständig** ist, bestimmt das jeweilige nationale Recht. In *Deutschland* sind hierfür nach § 14 EuGewSchVG die Gerichte zuständig, „denen die Erteilung einer vollstreckbaren Ausfertigung des Titels obliegt". Dies ist nach § 95 Abs 1 FamFG iVm § 724 Abs 2 ZPO in Gewaltschutzsachen das Gericht, von dem die Maßnahme herrührt (*Dutta* FamRZ 15, 85/89). Funktional nicht der Urkundsbeamte, sondern nach § 25 Nr 4 RPflG nF der Rechtspfleger zuständig. Die Bescheinigung ist nach § 15 S 1 EuGewSchVG vor deutschen Gerichten ohne Anhörung des Schuldners auszustellen. Die Zustellung an die gefährdende Person richtet sich nach Art 8.

94   Das mit der Vollstreckung befasste Gericht im ersuchten Mitgliedstaat ist allerdings an die Richtigkeit der nach Art 5 erteilten Bescheinigung nicht gebunden, sondern kann die darin enthaltenen Angaben **eigenständig überprüfen** (vgl zur Bescheinigung nach Art 54 EuGVVO aF EuGH C-619/10 – *Trade Agency*, EuZW 12, 912 Rn 34 ff m Anm *Bach*).

2. Unanfechtbarkeit der Bescheinigung, Abs 2

95   **a) Grundsatz.** Nach Abs 2 ist ein Rechtsbehelf gegen die Ausstellung der Bescheinigung ausgeschlossen (vgl auch ErwG 28). Die mit der Abschaffung des Exequaturverfahrens für Schutzmaßnahmen bezweckte Verfahrensbeschleunigung soll nicht durch die Eröffnung von Rechtsbehelfen gegen die Ausstellung der Bescheinigung im Ursprungsmitgliedstaat unterlaufen werden können. Ob das Gericht im Ursprungsmitgliedstaat zu Recht vom Vorliegen der Voraussetzungen für die Anordnung der Schutzmaßnahme ausgegangen ist, kann daher von den Beteiligten weder im Vollstreckungs- noch im Ursprungsmitgliedstaat der Überprüfung unterzogen werden.

96   **b) Schranken.** Der Ausschluss von Rechtsbehelfen nach Abs 2 ergreift hingegen nicht die der Bescheinigung **zugrundeliegende Anordnung** der Schutzmaßnahme. Letztere kann daher im Ursprungsmitgliedstaat mit den dort zugelassenen Rechtsbehelfen, in *Deutschland* also mit der Beschwerde/Rechtsbeschwerde, angegriffen werden (*Dutta* FamRZ 15, 85/89). Im Rahmen dieses Rechtsbehelfs können auch Verstöße gegen die Verordnung gerügt werden. Wird die Schutzmaßnahme durch das Rechtmittelgericht aufgehoben, so wird damit auch die für diese Entscheidung ausgestellte Bescheinigung wirkungslos.

97   Zulässig bleiben ferner diejenigen Rechtsbehelfe, die im Vollstreckungsmitgliedstaat gegen die Zulassung der Vollstreckung einer **inhaltsgleichen Entscheidung** dieses Staates zur Verfügung stehen. Damit wird auch im Geltungsbereich der Verordnung ein Mindestmaß von Rechtsschutz bei groben Verstößen gegen fundamentale Rechte der Beteiligten gewährleistet.

98   Die Unzulässigkeit von Rechtsbehelfen nach Abs 2 setzt allerdings voraus, dass die Bescheinigung, wenn auch fehlerhaft, so doch wirksam ist. Demgegenüber kann die **Nichtigkeit der Bescheinigung** nicht nur im Ursprungs-, sondern auch im Vollstreckungsmitgliedstaat geltend gemacht werden, allerdings nur nach Maßgabe des Rechts des Ursprungsmitgliedstaats. Voraussetzung ist ein besonders schwerwiegender Mangel der Bescheinigung, zB die Ausstellung für eine Entscheidung, die nicht vom sachlichen Anwendungsbereich der Verordnung erfasst wird.

99   Schließlich ermöglicht Art 9 Abs 1 auf Ersuchen sowohl der geschützten wie der gefährdenden Person oder auch von Amts wegen nicht nur eine Berichtigung (lit a), sondern auch eine **Aufhebung der Bescheinigung**, wenn diese offenkundig zu Unrecht erteilt wurde (→ Rn 111).

100   Ausgeschlossen sind Rechtsbehelfe nach Abs 2 auch nur gegen die Ausstellung der Bescheinigung; daraus folgt dass die Weigerung des Ursprungsgerichts, die Bescheinigung auszustellen, mit den im Ursprungsmitgliedstaat zugelassenen Rechtsbehelfen angegriffen werden kann. Denn

1464

III. Gewaltschutzsachen: EuSchutzMVO Art 6 102, 103 **R**

auch der Normzweck des Abs 2 erfordert keinen Ausschluss von Rechtsbehelfen gegen die **Nichtausstellung der Bescheinigung** (*Dutta* FamRZ 15, 85/89).

3. Transkription/Übersetzung, Abs 3

Auf Ersuchen der geschützten Person hat die Ausstellungsbehörde des Ursprungsmitgliedstaats **101** der geschützten Person unter Verwendung des gemäß Art 19 erstellten mehrsprachigen Standardformulars eine Transkription und/oder eine Übersetzung der Bescheinigung auszustellen. Die Verordnung sagt nicht, in welche Sprachen die Bescheinigung übersetzt werden muss. Es spricht vieles dafür, dass nur eine Übersetzung in die Amtssprache eines konkret ersuchten Mitgliedstaats gefordert werden kann (*Dutta* FamRZ 15, 85/89).

EuSchutzMVO Art 6. Voraussetzungen für die Ausstellung der Bescheinigung

(1) **Die Bescheinigung darf nur dann ausgestellt werden, wenn die gefährdende Person gemäß dem Recht des Ursprungsmitgliedstaats von der Schutzmaßnahme in Kenntnis gesetzt worden ist.**

(2) **Wurde die Schutzmaßnahme bei Nichteinlassung auf das Verfahren angeordnet, kann die Bescheinigung nur dann ausgestellt werden, wenn der gefährdenden Person das verfahrenseinleitende Schriftstück oder ein gleichwertiges Schriftstück zugestellt wurde oder wenn sie gegebenenfalls auf anderem Wege gemäß dem Recht des Ursprungsmitgliedstaats rechtzeitig und in einer Weise über die Einleitung des Verfahrens in Kenntnis gesetzt wurde, die es ihr erlaubt hat, Vorkehrungen für ihre Verteidigung zu treffen.**

(3) **Wenn eine Schutzmaßnahme im Rahmen eines Verfahrens angeordnet wurde, in dem nicht vorgesehen ist, dass die gefährdende Person zuvor unterrichtet wird (*Exparte*-Verfahren), so kann die Bescheinigung nur dann ausgestellt werden, wenn diese Person das Recht hatte, gegen die betreffende Schutzmaßnahme nach dem Recht des Ursprungsmitgliedstaats einen Rechtsbehelf einzulegen.**

1. Pflicht zur Information der gefährdenden Person, Abs 1

Die Bescheinigung darf nach Abs 1 nur dann ausgestellt werden, wenn die angeordnete **102** Schutzmaßnahme in den Anwendungsbereich der Verordnung fällt (*Mohr* iFamZ 14, 221/223; Rauscher/*Binder* Rn 99) und die gefährdende Person von der getroffenen Schutzmaßnahme „in Kenntnis gesetzt" worden ist. Auf welche Weise der gefährdenden Person diese Kenntnis zu verschaffen ist, regelt die Verordnung nicht durch europäisches Einheitsrecht, sondern verweist diesbezüglich auf das nationale Recht des Ursprungsmitgliedstaats. Dieses gilt insbesondere für die Frage der Bekanntgabe oder Zustellung der Schutzmaßnahme einschließlich der Möglichkeiten einer Ersatzzustellung (*Dutta* FamRZ 15, 85/88). Sind Schutzmaßnahmen im Ursprungsmitgliedstaat ausnahmsweise bereits vor ihrer Bekanntgabe an die gefährdende Person vollstreckbar (vgl im deutschen Recht § 216 Abs 2 FamFG), genügt dies nicht, um auch die Bescheinigung nach Art 5 auszustellen.

2. Schutzmaßnahmen bei Nichteinlassung der gefährdenden Person auf das Verfahren, Abs 2

Um sicherzustellen, dass die Verteidigungsrechte der gefährdenden Person auch in Fällen **103** gewahrt werden, in denen eine Schutzmaßnahme trotz Nichteinlassung dieser Person auf das Verfahren angeordnet wird, soll die Bescheinigung nur dann ausgestellt werden können, wenn diese Person Gelegenheit dazu hatte, Vorkehrungen für ihre Verteidigung gegen die Schutzmaßnahme zu treffen. Zur Verhinderung einer Umgehung und in Anbetracht der typischen Dringlichkeit der Fälle, in denen Schutzmaßnahmen notwendig sind, ist es jedoch nicht erforderlich, dass die Frist für die Geltendmachung dieser Verteidigungsrechte abgelaufen ist, bevor eine Bescheinigung ausgestellt werden kann. Die Bescheinigung kann vielmehr ausgestellt werden, sobald die Schutzmaßnahme im Ursprungsmitgliedstaat vollstreckbar ist (ErwG 25; → Anh VI).

1465

R 2. Teil. Anerkennung/Vollstreckung R. Sonstige Familiensachen

3. Schutzmaßnahmen in *ex parte*-Verfahren, Abs 3

104 Die Verteidigungsrechte der gefährdenden Person müssen auch dann gewährleistet werden, wenn Schutzmaßnahmen im Rahmen eines Verfahrens angeordnet werden sollen, in dem die vorherige Unterrichtung der gefährdenden Person nicht vorgesehen ist (*ex-parte*-Verfahren). In diesem Fall kann die Bescheinigung daher nach Abs 3 nur dann ausgestellt werden, wenn diese Person das Recht hatte, gegen die betreffende Schutzmaßnahme nach dem Recht des Ursprungsmitgliedstaats einen Rechtsbehelf einzulegen. Im Übrigen gelten die vorgenannten Schranken nach ErwG 25 auch für diesen Fall.

EuSchutzMVO Art 7. Inhalt der Bescheinigung

Die Bescheinigung enthält die folgenden Informationen:

a) den Namen und die Anschrift/Kontaktdaten der Ausstellungsbehörde,

b) das Aktenzeichen,

c) das Ausstellungsdatum der Bescheinigung,

d) Angaben zu der geschützten Person: Name, Geburtsdatum und -ort, sofern verfügbar, und die für Zustellungen zu verwendende Anschrift, der eine deutlich sichtbare Warnung vorangeht, dass diese Anschrift der gefährdenden Person bekanntgegeben werden kann,

e) Angaben zu der gefährdenden Person: Name, Geburtsdatum und -ort, sofern verfügbar, und die für Zustellungen zu verwendende Anschrift,

f) alle für die Vollstreckung der Schutzmaßnahme erforderlichen Informationen, gegebenenfalls einschließlich der Art der Maßnahme und der Verpflichtung, die der gefährdenden Person damit auferlegt wird, und unter Angabe der Funktion des Ortes und/oder des abgegrenzten Gebiets, dem diese Person sich nicht nähern beziehungsweise das sie nicht betreten darf,

g) die Dauer der Schutzmaßnahme,

h) die Dauer der Wirkung der Anerkennung gemäß Artikel 4 Absatz 4,

i) eine Erklärung, dass die in Artikel 6 niedergelegten Voraussetzungen erfüllt sind,

j) eine Belehrung über die nach den Artikeln 9 und 13 gewährten Rechte,

k) zur Erleichterung der Bezugnahme, den vollständigen Titel dieser Verordnung.

105 Art 7 legt fest, welche Informationen die nach Art 5 auszustellende Bescheinigung enthalten muss. Um die mögliche Anpassung der Schutzmaßnahme im ersuchten Mitgliedstaat zu erleichtern, soll die Bescheinigung insbesondere angeben, ob die in der Schutzmaßnahme angegebene Anschrift den Wohnort, den Arbeitsort oder einen Ort, den die geschützte Person regelmäßig aufsucht, darstellt. Außerdem sollte in der Bescheinigung gegebenenfalls das abgegrenzte Gebiet (ungefährer Radius um die konkrete Anschrift) angegeben werden, das für die der gefährdenden Person im Rahmen der Schutzmaßnahme auferlegte Verpflichtung gilt (ErwG 21; → Anh VI; vgl auch Rauscher/*Binder* Einl Rn 102).

EuSchutzMVO Art 8. Zustellung der Bescheinigung an die gefährdende Person

(1) Die Ausstellungsbehörde des Ursprungsmitgliedstaats setzt die gefährdende Person über die Bescheinigung sowie über die Tatsache in Kenntnis, dass die Ausstellung der Bescheinigung die Anerkennung und gegebenenfalls gemäß Artikel 4 die Vollstreckbarkeit der Schutzmaßnahme in allen Mitgliedstaaten zur Folge hat.

(2) Hat die gefährdende Person ihren Wohnsitz im Ursprungsmitgliedstaat, so erfolgt die Zustellung der Bescheinigung nach dem Recht dieses Mitgliedstaats. Hat die gefährdende Person ihren Wohnsitz in einem anderen Mitgliedstaat als dem Ursprungsmitgliedstaat oder in einem Drittstaat, so erfolgt die Zustellung per Einschreiben mit Rückschein oder gleichwertigem Beleg.

Fälle, in denen die Anschrift der gefährdenden Person nicht bekannt ist oder in denen die gefährdende Person sich weigert, den Erhalt der Zustellung zu bestätigen, unterliegen dem Recht des Ursprungsmitgliedstaats.

1466

III. Gewaltschutzsachen: EuSchutzMVO Art 9

R

(3) **Angaben über den Aufenthaltsort und andere Kontaktdaten der geschützten Person werden der gefährdenden Person nicht mitgeteilt, es sei denn, die Mitteilung dieser Angaben ist für die Einhaltung oder die Vollstreckung der Schutzmaßnahme erforderlich.**

1. Pflicht der Ausstellungsbehörde zur Information der gefährdenden Person, Abs 1

Die Ausstellungsbehörde des Ursprungsmitgliedstaats hat die gefährdende Person nach Abs 1 **106** über die Bescheinigung sowie über die Tatsache in Kenntnis zu setzen, dass die Ausstellung der Bescheinigung die Anerkennung und gegebenenfalls gemäß Art 4 die Vollstreckbarkeit der Schutzmaßnahme in allen Mitgliedstaaten zur Folge hat, ohne dass hierfür im ersuchten Mitgliedstaat ein Verfahren der Vollstreckbarerklärung durchzuführen wäre, in dem die gefährdende Person Anerkennungsversagungsgründe geltend machen könnte.

2. Art der Zustellung der Bescheinigung, Abs 2

Die Art der Zustellung der Bescheinigung an die gefährdende Person hängt nach Abs 2 davon **107** ab, ob diese ihren Wohnsitz im Ursprungsmitgliedstaat hat oder nicht. Im ersteren Fall erfolgt die Zustellung der Bescheinigung nach dem Recht dieses Mitgliedstaats, S 1. Hat die gefährdende Person ihren Wohnsitz hingegen in einem anderen Mitgliedstaat als dem Ursprungsmitgliedstaat oder in einem Drittstaat, so erfolgt die Zustellung per **Einschreiben mit Rückschein** oder gleichwertigem Beleg, S 2. Ist die Anschrift der gefährdenden Person nicht bekannt ist oder weigert sich diese, den Erhalt der Zustellung zu bestätigen, so beurteilen sich die Rechtsfolgen nach dem Recht des Ursprungsmitgliedstaats, S 3. In *Deutschland* richtet sich die Zustellung nach § 15 FamFG, wobei die Bekanntgabe gemäß Abs 2 entweder durch Zustellung nach den Vorschriften der ZPO oder durch Aufgabe zur Post bewirkt werden kann (Rauscher/*Binder* Einl Rn 104).

Da in Bezug auf die Verfahren nach der Verordnung Einfachheit und Schnelligkeit angestrebt **108** werden, sieht diese in Abs 2 einfache und zügige Methoden vor, um der gefährdenden Person die einzelnen Verfahrensschritte zur Kenntnis zu bringen. Diese spezifischen Methoden der Unterrichtung gelten jedoch aufgrund der Besonderheit des Gegenstands der EuSchutzMVO nur für die Zwecke dieser Verordnung. Sie können daher auf andere Instrumente des EU-Rechts in Zivil- und Handelssachen nicht übertragen werden und berühren die Verpflichtungen eines Mitgliedstaats in Bezug auf die Zustellung gerichtlicher und außergerichtlicher Schriftstücke in Zivilsachen im Ausland, die sich aus einem bilateralen oder multilateralen Übereinkommen zwischen diesem Mitgliedstaat und einem Drittstaat ergeben, nicht (ErwG 26; → Anh VI).

3. Wahrung der Interessen der geschützten Person, Abs 3

Wenn die Bescheinigung der gefährdenden Person zur Kenntnis gebracht wird oder wenn die **109** faktischen Elemente einer Schutzmaßnahme im ersuchten Mitgliedstaat angepasst werden, soll das Interesse der geschützten Person an einer Geheimhaltung ihres Aufenthaltsorts und anderer Kontaktdaten gebührend berücksichtigt werden. Solche Angaben sollen der gefährdenden Person daher nach Abs 3 nicht mitgeteilt werden, es sei denn, eine solche Mitteilung ist für die Einhaltung oder die Vollstreckung der Schutzmaßnahme erforderlich (ErwG 27; → Anh VI).

EuSchutzMVO Art 9. Berichtigung oder Aufhebung der Bescheinigung

(1) **Unbeschadet des Artikels 5 Absatz 2 wird die Bescheinigung auf Ersuchen der geschützten oder der gefährdenden Person, das an die Ausstellungsbehörde des Ursprungsmitgliedstaats zu richten ist, oder von dieser Behörde von Amts wegen**

a) **berichtigt, wenn aufgrund eines Schreibfehlers eine Abweichung zwischen der Schutzmaßnahme und der Bescheinigung besteht; oder**

b) **aufgehoben, wenn sie unter Berücksichtigung der Voraussetzungen gemäß Artikel 6 und des Anwendungsbereichs dieser Verordnung offenkundig zu Unrecht erteilt wurde.**

(2) **Das Verfahren für die Berichtigung bzw. die Aufhebung der Bescheinigung, einschließlich eines etwaigen Rechtsbehelfs, unterliegt dem Recht des Ursprungsmitgliedstaats.**

1467

R 113   2. Teil. Anerkennung/Vollstreckung R. Sonstige Familiensachen

1. Berichtigung der Bescheinigung, Abs 1 lit a

110   Um eine rasche Vollstreckung der Schutzmaßnahme zu gewährleisten und Verfahrensmissbräuche zu verhindern, sind – wie Art 5 Abs 2 klarstellt – Rechtshelfe gegen die Ausstellung
einer Bescheinigung nach Art 5 Abs 1 auch im Ursprungsmitgliedstaat unzulässig. Zulässig ist
hingegen nach Abs 1 lit a eine Berichtigung der Bescheinigung, die sowohl auf Ersuchen der
geschützten oder der gefährdenden Person wie auch von Amts wegen erfolgen kann. Eine
Berichtigung kommt insbesondere in Betracht, wenn aufgrund eines Schreibfehlers eine Abweichung zwischen der Schutzmaßnahme und der Bescheinigung besteht. Gemeint sind also vor
allem Fehler, die bei der Übertragung des Entscheidungsinhalts in die Bescheinigung unterlaufen
sind; außer den ausdrücklich erwähnten Schreibfehlern kommen etwa Transkriptions- oder
Übersetzungsfehler, sowie vergleichbare offensichtliche Unrichtigkeiten, zB die Verwechslung
der Parteibezeichnung, in Frage. Maßgebend für die Zulässigkeit einer Berichtigung ist das
Recht des Ursprungsmitgliedstaats (vgl zur Berichtigung der Bescheinigung nach Art 42
Abs 2 EuEheVO EuGH C-195/08 PPU – *Rinau,* Slg 08 I 5271 Rn 85 ff = FamRZ 08, 1729
m Anm *Schulz;* EuGH C-211/10 PPU – *Povse,* Slg 10 I-6673 Rn 73 ff = FamRZ 10, 1229
m Anm *Schulz* 1307). Zuständig für die Berichtigung nach lit a sind nur die Gerichte und
Behörden des Ursprungsmitgliedstaats; die Gerichte des Vollstreckungsmitgliedstaats sind hierzu
nicht berechtigt

2. Aufhebung der Bescheinigung, Abs 1 lit b

111   Neben der Berichtigung lässt Abs 1 lit b auch die Aufhebung der Bescheinigung zu, wenn
diese unter Berücksichtigung der Voraussetzungen von Art 6 und des Anwendungsbereichs der
Verordnung „offenkundig zu Unrecht" erteilt wurde. Auch die Aufhebung der Bescheinigung
kann sowohl auf Ersuchen der geschützten oder der gefährdenden Person erfolgen, das an die
Ausstellungsbehörde des Ursprungsmitgliedstaats zu richten ist; sie kann aber von dieser Behörde
auch von Amts wegen ausgesprochen werden. Als Beispiele für eine offenkundig zu Unrecht
erteilte Bescheinigung werden in ErwG 29 (→ Anh VI) deren Ausstellung für eine Maßnahme
genannt, die nicht in den Anwendungsbereich dieser Verordnung fällt, oder ein schwerwiegender
Verstoß gegen die Anforderungen für die Ausstellung der Bescheinigung. Als Rechtsfolge der
Aufhebung der Bescheinigung nach lit b sieht Art 14 Abs 1 die Ausstellung einer diese Aufhebung dokumentierenden Bescheinigung im Ursprungsmitgliedstaat vor, auf deren Vorlage hin
die Zwangsvollstreckung auch im ersuchten Mitgliedstaat nach Art 14 Abs 2 ausgesetzt oder
aufgehoben werden kann.

3. Verfahren der Berichtigung bzw Aufhebung, Abs 2

112   Die Einzelheiten des Verfahrens der Berichtigung (Antragserfordernis und -berechtigung,
Form, Fristen etc) überlässt Abs 2 dem **nationalen Verfahrensrecht des Ursprungsmitgliedstaats**. In *Deutschland* verweist § 16 EuGewSchVG (→ Rn 138) bezüglich der Form der Berichtigung und der möglichen Rechtsbehelfe auf § 42 Abs 2 und 3 FamFG (Rauscher/*Binder*
Rn 107).

EuSchutzMVO Art 10. Hilfestellung für die geschützte Person

**Die Ausstellungsbehörde des Ursprungsmitgliedstaats ist der geschützten Person auf
deren Ersuchen hin dabei behilflich, die gemäß den Artikeln 17 und 18 bereitgestellten
Informationen über die Behörden des ersuchten Mitgliedstaats zu erhalten, bei denen
die Schutzmaßnahme geltend gemacht oder die Vollstreckung der Schutzmaßnahme
beantragt werden kann.**

113   Die ausstellende Behörde im Ursprungsmitgliedstaat soll der geschützten Person auf deren
Ersuchen dabei behilflich sein, Informationen über die sich aus Art 17, 18 ergebenden Behörden
des ersuchten Mitgliedstaats zu erhalten, bei denen die Schutzmaßnahme geltend zu machen
oder die Vollstreckung der Schutzmaßnahme zu beantragen ist.

1468

III. Gewaltschutzsachen: EuSchutzMVO Art 11

EuSchutzMVO Art 11. Anpassung der Schutzmaßnahme

(1) **Die zuständige Behörde des ersuchten Mitgliedstaats passt, sofern und soweit erforderlich, die faktischen Elemente der Schutzmaßnahme an, um der Schutzmaßnahme in diesem Mitgliedstaat Wirkung zu verleihen.**

(2) **Das Verfahren für die Anpassung der Schutzmaßnahme unterliegt dem Recht des ersuchten Mitgliedstaats.**

(3) **Die Anpassung der Schutzmaßnahme wird der gefährdenden Person mitgeteilt.**

(4) **Hat die gefährdende Person ihren Wohnsitz im ersuchten Mitgliedstaat, so erfolgt die Mitteilung nach dem Recht dieses Mitgliedstaats. Hat die gefährdende Person ihren Wohnsitz in einem anderen Mitgliedstaat als dem ersuchten Mitgliedstaat oder in einem Drittstaat, so erfolgt die Mitteilung per Einschreiben mit Rückschein oder gleichwertigem Beleg.**

Fälle, in denen die Anschrift der gefährdenden Person nicht bekannt ist oder in denen die gefährdende Person sich weigert, den Erhalt der Mitteilung zu bestätigen, unterliegen dem Recht des ersuchten Mitgliedstaats.

(5) **Die geschützte und die gefährdende Person können einen Rechtsbehelf gegen die Anpassung der Schutzmaßnahme einlegen. Das Rechtsbehelfsverfahren unterliegt dem Recht des ersuchten Mitgliedstaats. Das Einlegen eines Rechtsbehelfs hat jedoch keine aufschiebende Wirkung.**

1. Anpassung von Schutzmaßnahmen im ersuchten Mitgliedstaat, Abs 1

Die Vollstreckung der im Ursprungsmitgliedstaat angeordneten Schutzmaßnahme kann im **114** Vollstreckungsmitgliedstaat daran scheitern, dass sich die tatsächlichen Verhältnisse inzwischen – zB durch einen Umzug der geschützten Partei nach der Anordnung (*Pietsch* NZFam 14, 726/ 729) – geändert haben. In einem solchen Fall ist die zuständige Behörde des ersuchten Mitgliedstaats nach Abs 1 befugt, die „faktischen Elemente" der Schutzmaßnahme anzupassen, wenn eine solche Anpassung erforderlich ist, damit die Anerkennung der Schutzmaßnahme im ersuchten Mitgliedstaat praktisch wirksam wird. Zu diesen „faktischen Elementen" gehören nach ErwG 20 (→ Anh VI) „die Anschrift, der Ort im Allgemeinen oder der Mindestabstand, den die gefährdende Person zur geschützten Person, zur Anschrift oder zum Ort im Allgemeinen halten muss." Die Art und der zivilrechtliche Charakter der Schutzmaßnahme dürfen durch eine solche Anpassung jedoch nicht berührt werden. Ferner muss die Maßnahme ihren Charakter im Wesentlichen beibehalten, darf also insbesondere in ihren Auswirkungen nicht erweitert werden (vgl *Mohr* iFamZ 14, 221/226; *Rauscher/Binder* Rn 109).

2. Anwendbares Recht, Abs 2

Das Verfahren für die Anpassung der Schutzmaßnahme unterliegt nach Abs 2 dem **Recht des** **115** **ersuchten Mitgliedstaats**. In *Deutschland* erfolgt die Anpassung nach Maßgabe von § 20 EuGewSchVG durch das nach § 19 EuGewSchG zuständige Gericht von Amts wegen. Das Gericht kann wegen der idR gegebenen Eilbedürftigkeit nach § 20 Abs 2 S 1 EuGewSchG ohne mündliche Verhandlung und ohne Anhörung der gefährdenden Person entscheiden. Die Entscheidung ergeht durch Beschluss, der im Hinblick auf die nach Abs 4 statthafte Beschwerde zu begründen ist, § 20 Abs 2 S 2 EuGewSchG. Die Vollstreckung findet im Fall der Anpassung aus diesem Beschluss statt, ohne dass es einer Vollstreckungsklausel bedürfte, § 20 Abs 3 S 1 EuGewSchG. Zu diesem Zweck ist der Beschluss untrennbar mit der Bescheinigung gem Art 5 zu verbinden, § 20 Abs 3 S 2 EuGewSchG.

3. Mitteilung an die gefährdende Person, Abs 3, 4

Die Anpassung der Schutzmaßnahme ist der gefährdenden Person nach Abs 3 mitzuteilen. Für **116** die Art und Weise dieser Mitteilung gilt nach Abs 4 das zu Art 8 Abs 2 Gesagte (→ Rn 107 f) entsprechend. Das deutsche Recht schreibt in § 20 Abs 3 S 3 EuGewSchVG zusätzlich die Zustellung auch an die geschützte Person vor.

1469

R 120, 121   2. Teil. Anerkennung/Vollstreckung R. Sonstige Familiensachen

4. Rechtsbehelfe, Abs 5

117   Sowohl die geschützte als auch die gefährdende Person können gegen die Anpassung der Schutzmaßnahme einen Rechtsbehelf einlegen, S 1. Das Einlegen eines Rechtsbehelfs hat jedoch **keine aufschiebende Wirkung**, S 3. Im Übrigen unterliegt das Rechtsbehelfsverfahren wiederum dem Recht des ersuchten Mitgliedstaats. Nach *deutschem* Recht findet gegen die Anpassungsentscheidung gem § 20 Abs 4 EuGewSchVG die Beschwerde statt.

EuSchutzMVO Art 12. Ausschluss einer Nachprüfung in der Sache

Eine in dem Ursprungsmitgliedstaat angeordnete Schutzmaßnahme darf im ersuchten Mitgliedstaat keinesfalls in der Sache selbst nachgeprüft werden.

1. Grundsatz

118   Art 12 verbietet eine *révision au fond*, dh eine inhaltliche Nachprüfung der anzuerkennenden Schutzmaßnahme. Damit wird insbesondere klargestellt, dass das Zweitgericht auch den *ordre public*-Vorbehalt des Art 13 Abs 1 lit a nicht zu einer verkappten Überprüfung der ausländischen Entscheidung in der Sache nutzen darf. Das Verbot betrifft gleichermaßen Tatsachen- wie Rechtsfragen. Ausgeschlossen ist daher sowohl eine Prüfung, ob das Gericht des Ursprungsstaats die Tatsachen richtig festgestellt und gewürdigt hat wie eine Kontrolle, ob das Kollisions- und Sachrecht einschließlich des EU-Rechts richtig angewandt wurde Schließlich kann auch ein Verstoß des Ursprungsgerichts gegen Verfahrensvorschriften nur in den engen Grenzen des verfahrensrechtlichen *ordre public* die Nichtanerkennung rechtfertigen.

2. Schranke

119   Allerdings kann eine Veränderung der tatsächlichen Umstände, die der anzuerkennenden Schutzmaßnahme zugrunde liegen, zur Zulässigkeit ihrer **nachträglichen Änderung** mit Wirkung *ex nunc* führen, soweit nicht bereits eine Anpassung nach Art 11 ausreicht. Eine solche Abänderung wird durch Art 12 nicht ausgeschlossen.

EuSchutzMVO Art 13. Versagung der Anerkennung oder der Vollstreckung

(1) **Auf Antrag der gefährdenden Person wird die Anerkennung und gegebenenfalls die Vollstreckung der Schutzmaßnahme versagt, soweit diese Anerkennung**

a) **der öffentlichen Ordnung (*ordre public*) des ersuchten Mitgliedstaats offensichtlich widersprechen würde oder**

b) **mit einer Entscheidung unvereinbar ist, die im ersuchten Mitgliedstaat ergangen oder anerkannt worden ist.**

(2) **Der Antrag auf Versagung der Anerkennung oder Vollstreckung wird bei dem Gericht des ersuchten Mitgliedstaats eingereicht, das dieser Mitgliedstaat der Kommission gemäß Artikel 18 Absatz 1 Buchstabe a Ziffer iv mitgeteilt hat.**

(3) **Die Anerkennung der Schutzmaßnahme darf nicht mit der Begründung versagt werden, dass im Recht des ersuchten Mitgliedstaats eine solche Maßnahme für denselben Sachverhalt nicht vorgesehen ist.**

1. Versagung der Anerkennung und Vollstreckung, Abs 1

120   Die Anerkennung und gegebenenfalls auch die Vollstreckung einer Schutzmaßnahme kann vor dem Hintergrund des gegenseitigen Vertrauens der Mitgliedstaaten in ihre Justizsysteme nach Abs 1 nur aus **zwei Gründen** versagt werden, nämlich wegen eines *ordre public*-Verstoßes (lit a) oder wegen ihrer Unvereinbarkeit mit einer im ersuchten Mitgliedstaat ergangenen oder anerkannten Entscheidung (lit b).

121   **a) Verstoß gegen den *ordre public* des ersuchten Mitgliedstaats, lit a.** Aus Gründen des öffentlichen Interesses des ersuchten Mitgliedstaats kann es unter außergewöhnlichen Umständen gerechtfertigt sein, die Anerkennung oder Vollstreckung einer Schutzmaßnahme zu verweigern. Hierfür verlangt lit a, dass die Maßnahme mit der öffentlichen Ordnung (*ordre public*) dieses Mitgliedstaats offensichtlich unvereinbar wäre. Allerdings sollte das Gericht den Vorbehalt der

1470

III. Gewaltschutzsachen: EuSchutzMVO Art 14

öffentlichen Ordnung dann nicht zur Versagung der Anerkennung oder Vollstreckung einer Schutzmaßnahme heranziehen dürfen, wenn dies gegen die Charta der Grundrechte der Europäischen Union und insbesondere gegen den Grundsatz der Nichtdiskriminierung nach deren Art 21 verstoßen würde (ErwG 32; → Anh VI). Wegen der Einzelheiten zur *ordre public*-Kontrolle von Entscheidungen der freiwilligen Gerichtsbarkeit im europäischen Verordnungsrecht wird auf die Kommentierung zu Art 23 EuEheVO (→ N Rn 82 ff) verwiesen.

b) Unvereinbarkeit mit einer Entscheidung im ersuchten Mitgliedstaat, lit b. Eine 122 geordnete Rechtspflege erfordert es weiterhin, dass in zwei Mitgliedstaaten keine miteinander unvereinbaren Entscheidungen ergehen. Deshalb sieht lit b auch in Fällen der Unvereinbarkeit mit einer im ersuchten Mitgliedstaat ergangenen oder dort anerkannten Entscheidung die Möglichkeit einer Versagung der Anerkennung oder Vollstreckung der Schutzmaßnahme vor (ErwG 31; → Anh VI). Zum Zeitpunkt, zu dem die Unvereinbarkeit vorliegen muss, trifft die Vorschrift keine Aussage. Es kommt daher nicht darauf an, dass es sich bei der im ersuchten Mitgliedstaat ergangenen oder anerkannten Entscheidung um die frühere oder die spätere Entscheidung handelt. Vielmehr steht *jede* im ersuchten Mitgliedstaat im Zeitpunkt der Anerkennung wirksame Entscheidung, die mit der anzuerkennenden Schutzmaßnahme nicht vereinbar ist, dieser Anerkennung entgegen. Zu den Einzelheiten dieses Versagungsgrundes wird auf die Kommentierung zu Art 22 lit c und lit d EuEheVO (→ K Rn 94 ff) verwiesen.

2. Zuständigkeit und Verfahren, Abs 2

Der Antrag auf Versagung der Anerkennung oder Vollstreckung ist bei dem Gericht des 123 ersuchten Mitgliedstaats einzureichen, das dieser Mitgliedstaat der Kommission gemäß Art 18 Abs 1 lit a mitgeteilt hat. In Deutschland ist hierfür das in § 19 EuGewSchVG bestimmte Gericht zuständig (→ Rn 138), § 21 Abs 1 EuGewSchVG. Der Antrag auf Versagung kann gemäß § 21 Abs 2 EuGewSchVG bei dem Gericht schriftlich eingereicht oder mündlich zu Protokoll der Geschäftsstelle erklärt werden.

Über den Antrag auf Versagung entscheidet das zuständige deutsche Familiengericht gem § 21 124 Abs 3 EuGewSchVG durch **Beschluss**. Der Beschluss kann ohne mündliche Verhandlung ergehen und ist zu begründen. Die geschützte Person ist vor der Entscheidung zu hören. Gegen die Entscheidung findet gem § 21 Abs 4 EuGewSchVG die **Beschwerde** statt.

3. Schranke für die Versagung der Anerkennung, Abs 3

In Abs 3 wird schließlich klargestellt, dass die Anerkennung einer Schutzmaßnahme nicht mit 125 der Begründung versagt werden darf, dass im Recht des ersuchten Mitgliedstaats eine solche Maßnahme für denselben Sachverhalt nicht vorgesehen ist. Mit dieser Begründung kann sich das für die Anerkennung zuständige Gericht im ersuchten Mitgliedstaat insbesondere auch nicht auf den *ordre public*-Vorbehalt nach Abs 1 lit a berufen.

EuSchutzMVO Art 14. Aufhebung der Anerkennung oder Vollstreckung

(1) **Wird eine Schutzmaßnahme im Ursprungsmitgliedstaat ausgesetzt oder aufgehoben oder wird ihre Vollstreckbarkeit ausgesetzt oder beschränkt oder wird die Bescheinigung gemäß Artikel 9 Absatz 1 Buchstabe b aufgehoben, so stellt die Ausstellungsbehörde des Ursprungsmitgliedstaats auf Ersuchen der geschützten oder der gefährdenden Person eine Bescheinigung über diese Aussetzung, Beschränkung oder Aufhebung unter Verwendung des gemäß Artikel 19 erstellten mehrsprachigen Standardformulars aus.**

(2) **Nach Vorlage der gemäß Absatz 1 ausgestellten Bescheinigung durch die geschützte oder die gefährdende Person setzt die zuständige Behörde des ersuchten Mitgliedstaats die Wirkung der Anerkennung und gegebenenfalls die Vollstreckung der Schutzmaßnahme aus oder hebt sie auf.**

1. Bescheinigung über die Aussetzung, Beschränkung oder Aufhebung der Zwangsvollstreckung im Ursprungsmitgliedstaat, Abs 1

Wird eine Schutzmaßnahme im Ursprungsmitgliedstaat ausgesetzt oder aufgehoben oder wird 126 ihre Vollstreckbarkeit ausgesetzt oder beschränkt, oder wird die Bescheinigung gemäß Art 9

R 131   2. Teil. Anerkennung/Vollstreckung R. Sonstige Familiensachen

Abs 1 Buchstabe b aufgehoben, so stellt die Ausstellungsbehörde des Ursprungsmitgliedstaats auf Ersuchen der geschützten oder der gefährdenden Person eine Bescheinigung über diese Aussetzung, Beschränkung oder Aufhebung unter Verwendung des gemäß Art 19 erstellten mehrsprachigen Standardformulars aus (vgl Anh II zur DurchführungsVO (EU) Nr 939/2014 der Kommission v 2.9.14 zur EuSchutzMVO, ABl EU 2014 L 263, 10).

127   Da Art 14 keine Parallelvorschrift zu Art 5 Abs 2 enthält, dürfte sich die Frage, ob und ggfs welche **Rechtsbehelfe** gegen die Bescheinigung über die Aussetzung, Beschränkung oder Aufhebung der Schutzmaßnahe zulässig sind, nach dem Recht des Ursprungsmitgliedstaats bestimmen (so auch *Dutta* FamRZ 15, 85/89). Dieses regelt auch die Zuständigkeit und das Verfahren zur Ausstellung der Bescheinigung nach Abs 1; insoweit gilt das zu Art 5 Abs 1 Gesagte entsprechend (→ Rn 92 ff).

2. Aussetzung oder Aufhebung der Vollstreckung im ersuchten Mitgliedstaat, Abs 2

128   **a) Grundsatz.** Nach Vorlage der gemäß Abs 1 ausgestellten Bescheinigung durch die geschützte oder die gefährdende Person setzt die zuständige Behörde des ersuchten Mitgliedstaats gemäß Abs 2 die Wirkung der Anerkennung und gegebenenfalls die Vollstreckung der Schutzmaßnahme aus oder hebt sie auf (ErwG 33; → Anh VI). Dem Gericht im ersuchten Mitgliedstaat steht insoweit auch kein Ermessen zu. Denn da der Entscheidung im Vollstreckungsstaat nach dem Grundsatz der Wirkungserstreckung nicht weitergehende Wirkungen als im Ursprungsstaat zukommen können, muss die Aussetzung der Vollstreckung im Ursprungsstaat zwingend die gleiche Rechtsfolge im ersuchten Mitgliedstaat auslösen. Dies gilt freilich nur unter der Voraussetzung, dass auch die Bescheinigung nach Abs 1 vorgelegt wird; vorher sind Entscheidungen des Ursprungsmitgliedstaats, welche die Vollstreckbarkeit der Maßnahme aufheben oder einschränken, im ersuchten Staat unbeachtlich (*Dutta* FamRZ 15, 85/88).

129   **b) Zuständigkeit und Verfahren.** Ausschließlich zuständig für einen Antrag nach Abs 2 ist in *Deutschland* gem § 19 EuGewSchVG (→ Rn 138) wiederum das Familiengericht, in dessen Zuständigkeitsbezirk sich entweder die gefährdende Person aufhält oder die Zwangsvollstreckung durchgeführt werden soll. Dieses Gericht hat auf Vorlage der Bescheinigung nach Art 14 Abs 1 gem § 95 FamFG iVm §§ 775 Nr 1 und 2, 776 ZPO die Zwangsvollstreckung einzustellen oder zu beschränken, § 22 EuGewSchVG.

Kapitel III. Allgemeine und Schlussbestimmungen

EuSchutzMVO Art 15. Legalisation oder ähnliche Förmlichkeiten

Im Rahmen dieser Verordnung bedarf es hinsichtlich der Urkunden, die in einem Mitgliedstaat ausgestellt werden, weder der Legalisation noch einer ähnlichen Förmlichkeit.

130   Die Vorschrift entspricht Art 52 EuEheVO; vgl → K Rn 138.

EuSchutzMVO Art 16. Transkription oder Übersetzung

(1) Eine Transkription oder Übersetzung, die im Rahmen dieser Verordnung verlangt wird, erfolgt in die Amtssprache oder in eine der Amtssprachen des ersuchten Mitgliedstaats oder in eine andere Amtssprache der Organe der Union, die dieser Mitgliedstaat angegeben hat zu akzeptieren.

(2) Vorbehaltlich des Artikels 5 Absatz 3 ist eine Übersetzung nach Maßgabe dieser Verordnung von einer Person vorzunehmen, die zur Anfertigung von Übersetzungen in einem der Mitgliedstaaten befugt ist.

1. Transkription oder Übersetzung, Abs 1

131   Wird im Rahmen der EuSchutzMVO eine Transkription oder Übersetzung verlangt, so hat diese in die Amtssprache (oder eine der Amtssprachen) des ersuchten Mitgliedstaats zu erfolgen. Ausreichend ist aber auch die Transkription oder Übersetzung in eine andere Amtssprache der Organe der Union, wenn der ersuchte Mitgliedstaat mitgeteilt hat, diese zu akzeptieren. Zur

1472

III. Gewaltschutzsachen: EuSchutzMVO Art 18 — **R**

Verwendung in Deutschland ist die Bescheinigung des Ursprungsmitgliedstaats nach § 18 Eu-GewSchVG zwingend in deutscher Sprache abzufassen.

Das nach Art 19 von der Kommission erstellte mehrsprachige Standardformular der Bescheini- **132** gung enthält nur wenige Freitextfelder, so dass die Übersetzung oder Transkription in den meisten Fällen durch Verwendung des Standardformulars in der jeweiligen Sprache kostenfrei für die geschützte Person erfolgen kann. Kosten für eine Übersetzung, die über den Text des mehrsprachigen Standardformulars hinaus erforderlich ist, sind nach dem **Recht des Ursprungsmitgliedstaats** zuzuweisen (ErwG 23; → Anh VI).

Enthält eine Bescheinigung freien Text, so soll die zuständige Behörde des ersuchten Mitglied- **133** staats darüber entscheiden, ob eine Übersetzung oder Transkription erforderlich ist. Dies sollte die geschützte Person oder die Ausstellungsbehörde im Ursprungsmitgliedstaat aber nicht daran hindern, aus eigener Initiative für eine Übersetzung oder Transkription zu sorgen (ErwG 24; → Anh VI).

2. Vornahme der Übersetzung, Abs 2

Vorbehaltlich von Art 5 Abs 3 ist eine Übersetzung nach Maßgabe dieser Verordnung von **134** einer Person vorzunehmen, die zur Anfertigung von Übersetzungen in einem der Mitgliedstaaten befugt ist. Dies muss kein Mitgliedstaat sein, zu dem der Sachverhalt einen Bezug aufweist.

EuSchutzMVO Art 17. Informationen für die Öffentlichkeit

Die Mitgliedstaaten übermitteln im Rahmen des durch die Entscheidung 2001/470/ EG geschaffenen Europäischen Justiziellen Netzes für Zivil- und Handelssachen im Hinblick auf die Bereitstellung von Informationen für die Öffentlichkeit eine Beschreibung der innerstaatlichen Vorschriften und Verfahren im Zusammenhang mit Schutzmaßnahmen in Zivilsachen, einschließlich Informationen zu der Art von Behörden, die für Angelegenheiten, die in den Anwendungsbereich dieser Verordnung fallen, zuständig sind.

Die Mitgliedstaaten halten diese Informationen auf dem neuesten Stand.

Um die Anwendung der Verordnung zu erleichtern, sind die Mitgliedstaaten verpflichtet **135** werden, im Rahmen des mit der Entscheidung 2001/470/EG des Rates eingerichteten Europäischen Justiziellen Netzes für Zivil- und Handelssachen bestimmte Informationen zu ihren nationalen Vorschriften und Verfahren betreffend Schutzmaßnahmen in Zivilsachen bereitzustellen (ErwG 35; → Anh VI). Die von den Mitgliedstaaten bereitgestellten Informationen sind über das europäische Justiz-Portal zugänglich: https://e-justice.europa.eu/content_mutual_recognition_of_protection_measures_in_civil_matters-352.

EuSchutzMVO Art 18. Mitteilungen der Informationen durch die Mitgliedstaaten

(1) **Die Mitgliedstaaten teilen der Kommission bis zum 11. Juli 2014 die folgenden Informationen mit:**

a) **die Art der Behörden, die für die in den Anwendungsbereich dieser Verordnung fallenden Angelegenheiten zuständig sind, gegebenenfalls unter Angabe**
   i) **der Behörden, die dafür zuständig sind, Schutzmaßnahmen anzuordnen und Bescheinigungen gemäß Artikel 5 auszustellen,**
   ii) **der Behörden, bei denen eine in einem anderen Mitgliedstaat angeordnete Schutzmaßnahme geltend gemacht werden kann und/oder die für die Vollstreckung einer solchen Maßnahme zuständig sind,**
   iii) **der Behörden, die für die Anpassung von Schutzmaßnahmen gemäß Artikel 11 Absatz 1 zuständig sind,**
   iv) **der Gerichte, bei denen ein Antrag auf Versagung der Anerkennung und gegebenenfalls der Vollstreckung gemäß Artikel 13 einzureichen ist,**
b) **die Sprache oder Sprachen, in der bzw. denen Übersetzungen gemäß Artikel 16 Absatz 1 zugelassen sind.**

1473

R 137   2. Teil. Anerkennung/Vollstreckung R. Sonstige Familiensachen

(2) **Die Angaben nach Absatz 1 werden von der Kommission in geeigneter Weise der Öffentlichkeit zur Verfügung gestellt, insbesondere über die Website des Europäischen Justiziellen Netzes für Zivil- und Handelssachen.**

EuSchutzMVO Art 19. Erstellung und spätere Änderung der Formulare

Die Kommission erlässt Durchführungsrechtsakte zur Erstellung beziehungsweise späteren Änderung der in den Artikeln 5 und 14 genannten Formulare. Diese Durchführungsrechtsakte werden gemäß dem in Artikel 20 genannten Prüfverfahren erlassen.

136   Zur Gewährleistung einheitlicher Bedingungen für die Durchführung der Verordnung wurden der Kommission Durchführungsbefugnisse im Hinblick auf die Erstellung und spätere Änderung der in dieser Verordnung vorgesehenen Formulare übertragen. Diese Befugnisse sollen im Einklang mit der Verordnung (EU) Nr 182/2011 des Europäischen Parlaments und des Rates v 16.2.2011 zur Festlegung der allgemeinen Regeln und Grundsätze, nach denen die Mitgliedstaaten die Wahrnehmung der Durchführungsbefugnisse durch die Kommission kontrollieren, ausgeübt werden.

EuSchutzMVO Art 20. Ausschussverfahren

(1) **Die Kommission wird von einem Ausschuss unterstützt. Dieser Ausschuss ist ein Ausschuss im Sinne der Verordnung (EU) Nr. 182/2011.**

(2) **Wird auf diesen Absatz Bezug genommen, so gilt Artikel 5 der Verordnung (EU) Nr. 182/2011.**

EuSchutzMVO Art 21. Überprüfung

Die Kommission unterbreitet dem Europäischen Parlament, dem Rat und dem Europäischen Wirtschafts- und Sozialausschuss bis zum 11. Januar 2020 einen Bericht über die Anwendung dieser Verordnung. Dem Bericht werden erforderlichenfalls Vorschläge zur Änderung dieser Verordnung beigefügt.

EuSchutzMVO Art 22. Inkrafttreten

Diese Verordnung tritt am zwanzigsten Tag nach ihrer Veröffentlichung im Amtsblatt der Europäischen Union in Kraft.

Sie gilt ab dem 11. Januar 2015.

Diese Verordnung gilt für Schutzmaßnahmen, die am oder nach dem 11. Januar 2015 angeordnet wurden, unabhängig davon, wann das Verfahren eingeleitet worden ist.

Diese Verordnung ist in allen ihren Teilen verbindlich und gilt gemäß den Verträgen unmittelbar in den Mitgliedstaaten.

137   In zeitlicher Hinsicht gilt die Verordnung gemäß Abs 3 für die Anerkennung und Vollstreckung von Schutzmaßnahmen, die am oder nach dem 11.1.2015 angeordnet wurden. Auf den Zeitpunkt der Einleitung des zugrunde liegenden Verfahrens kommt es hingegen nicht an.

1474

III. Gewaltschutzsachen

R

3. Autonomes Zivilverfahrensrecht

890. Gesetz zum Europäischen Gewaltschutzverfahren (EU-Gewaltschutzverfahrensgesetz – EuGewSchVG)

Vom 5. Dezember 2014 (BGBl I, 1964)

Abschnitt 1. Allgemeine Verfahrensvorschrift

EuGewSchVG § 1. Anwendung der Vorschriften des Gesetzes über das Verfahren in Familiensachen und in den Angelegenheiten der freiwilligen Gerichtsbarkeit

Verfahren nach den Abschnitten 2 und 3 dieses Gesetzes sind Familiensachen. Auf diese Verfahren sind die Vorschriften des Gesetzes über das Verfahren in Familiensachen und in den Angelegenheiten der freiwilligen Gerichtsbarkeit anzuwenden, soweit nachfolgend oder in der Verordnung (EU) Nr. 606/2013 des Europäischen Parlaments und des Rates vom 12. Juni 2013 über die gegenseitige Anerkennung von Schutzmaßnahmen in Zivilsachen (ABl. L 181 vom 29.6.2013, S. 4) nichts Abweichendes bestimmt ist. **138**

Abschnitt 2. Anerkennung und Vollstreckung nach der Richtlinie 2011/99/EU

EuGewSchVG §§ 2–12.

(nicht abgedruckt)

Abschnitt 3. Anerkennung und Vollstreckung nach der Verordnung (EU) Nr. 606/2013

Unterabschnitt 1. *Begriffsbestimmungen*

EuGewSchVG § 13. Begriffsbestimmungen

Im Sinne dieses Abschnitts ist

1. Mitgliedstaat jeder Mitgliedstaat der Europäischen Union mit Ausnahme Dänemarks,
2. geschützte Person die geschützte Person im Sinne der Verordnung (EU) Nr. 606/2013,
3. gefährdende Person die gefährdende Person im Sinne der Verordnung (EU) Nr. 606/2013.

Unterabschnitt 2. *Bescheinigungen zu inländischen Entscheidungen*

EuGewSchVG § 14. Zuständigkeit

Für die Ausstellung der Bescheinigungen nach Artikel 5 Absatz 1 und Artikel 14 Absatz 1 der Verordnung (EU) Nr. 606/2013 sind die Gerichte zuständig, denen die Erteilung einer vollstreckbaren Ausfertigung des Titels obliegt.

EuGewSchVG § 15. Verfahren

Die Bescheinigung nach Artikel 5 Absatz 1 der Verordnung (EU) Nr. 606/2013 ist ohne Anhörung des Schuldners auszustellen. Die Zustellung an die gefährdende Person richtet sich nach Artikel 8 der Verordnung (EU) Nr. 606/2013.

EuGewSchVG § 16. Berichtigung und Aufhebung von Bescheinigungen

Für die Berichtigung und die Aufhebung der gemäß Artikel 5 Absatz 1 der Verordnung (EU) Nr. 606/2013 ausgestellten Bescheinigung nach Artikel 9 der Verordnung

1475

R   2. Teil. Anerkennung/Vollstreckung R. Sonstige Familiensachen

(EU) Nr. 606/2013 gilt § 42 Absatz 2 und 3 des Gesetzes über das Verfahren in Familiensachen und in den Angelegenheiten der freiwilligen Gerichtsbarkeit entsprechend.

Unterabschnitt 3. *Anerkennung und Vollstreckung ausländischer Titel im Inland*

EuGewSchVG § 17. Entbehrlichkeit der Vollstreckungsklausel

Aus einem Titel, der in einem anderen Mitgliedstaat gemäß Artikel 4 der Verordnung (EU) Nr. 606/2013 vollstreckbar ist, findet die Zwangsvollstreckung im Inland statt, ohne dass es einer Vollstreckungsklausel bedarf.

EuGewSchVG § 18. Übersetzung oder Transliteration

Hat die geschützte Person nach Artikel 4 Absatz 2 Buchstabe c der Verordnung (EU) Nr. 606/2013 eine Übersetzung oder eine Transliteration vorzulegen, so ist diese in deutscher Sprache abzufassen.

EuGewSchVG § 19. Örtliche Zuständigkeit

Für die Zwangsvollstreckung ist das Familiengericht ausschließlich örtlich zuständig, in dessen Zuständigkeitsbezirk

1. sich die gefährdende Person aufhält oder
2. die Zwangsvollstreckung durchgeführt werden soll.

Für den Bezirk des Kammergerichts entscheidet das Amtsgericht Pankow/Weißensee.

EuGewSchVG § 20. Anpassung eines ausländischen Titels

(1) Das Gericht passt den ausländischen Titel nach Artikel 11 der Verordnung (EU) Nr. 606/2013 an, soweit dies erforderlich ist, um ihm Wirkung zu verleihen.

(2) Das Gericht kann über die Anpassung des ausländischen Titels ohne mündliche Verhandlung und ohne Anhörung der gefährdenden Person entscheiden. Die Entscheidung ergeht durch Beschluss, der zu begründen ist.

(3) Passt das Gericht den ausländischen Titel an, findet die Vollstreckung aus diesem Beschluss statt, ohne dass es einer Vollstreckungsklausel bedarf. Der Beschluss ist untrennbar mit der Bescheinigung gemäß Artikel 5 Absatz 1 der Verordnung (EU) Nr. 606/2013 zu verbinden. Der Beschluss ist der geschützten Person und der gefährdenden Person zuzustellen. Die Zustellung an die gefährdende Person richtet sich nach Artikel 11 Absatz 4 der Verordnung (EU) Nr. 606/2013.

(4) Gegen die Entscheidung findet die Beschwerde statt.

EuGewSchVG § 21. Versagung der Anerkennung oder der Vollstreckung

(1) Für Anträge auf Versagung der Anerkennung oder der Vollstreckung (Artikel 13 Absatz 1 der Verordnung (EU) Nr. 606/2013) ist das in § 19 bestimmte Gericht zuständig.

(2) Der Antrag auf Versagung kann bei dem Gericht schriftlich eingereicht oder mündlich zu Protokoll der Geschäftsstelle erklärt werden.

(3) Über den Antrag auf Versagung entscheidet das Gericht durch Beschluss. Der Beschluss kann ohne mündliche Verhandlung ergehen und ist zu begründen. Die geschützte Person ist vor der Entscheidung zu hören.

(4) Gegen die Entscheidung findet die Beschwerde statt.

EuGewSchVG § 22. Wegfall oder Beschränkung der Vollstreckbarkeit im Ursprungsmitgliedstaat

Legt die gefährdende Person oder die geschützte Person eine Bescheinigung gemäß Artikel 14 Absatz 1 der Verordnung (EU) Nr. 606/2013 vor, so ist die Zwangsvollstreckung gemäß § 95 Absatz 1 des Gesetzes über das Verfahren in Familiensachen und in

1476

III. Gewaltschutzsachen: FamFG § 106

den Angelegenheiten der freiwilligen Gerichtsbarkeit in Verbindung mit § 775 Nummer 1 und 2 sowie § 776 der Zivilprozessordnung einzustellen oder zu beschränken.

EuGewSchVG § 23. Vollstreckungsabwehrantrag

Der Antrag nach § 95 Absatz 1 des Gesetzes über das Verfahren in Familiensachen und in den Angelegenheiten der freiwilligen Gerichtsbarkeit in Verbindung mit § 767 der Zivilprozessordnung ist bei dem in § 19 bestimmten Gericht zu stellen.

Abschnitt. 4. Strafvorschriften

§ 24.

(nicht abgedruckt)

900. Gesetz über das Verfahren in Familiensachen und in den Angelegenheiten der freiwilligen Gerichtsbarkeit (FamFG)

Vom 17. Dezember 2008 (BGBl I, 2586)

Buch I. Allgemeiner Teil

Abschnitt 9. Verfahren mit Auslandsbezug

Schrifttum: Vgl das allg Schrifttum zur Anerkennung ausländischer Entscheidungen in Familiensachen nach dem FamFG → K vor Rn 189.

Unterabschnitt 1. *Verhältnis zu völkerrechtlichen Vereinbarungen und Rechtsakten der Europäischen Gemeinschaft*

FamFG § 97. Vorrang und Unberührtheit

(1) [1]Regelungen in völkerrechtlichen Vereinbarungen gehen, soweit sie unmittelbar anwendbares innerstaatliches Recht geworden sind, den Vorschriften dieses Gesetzes vor. [2]Regelungen in Rechtsakten der Europäischen Gemeinschaft bleiben unberührt.

(2) Die zur Umsetzung und Ausführung von Vereinbarungen und Rechtsakten im Sinne des Absatzes 1 erlassenen Bestimmungen bleiben unberührt.

Auf dem Gebiet der Anerkennung und Vollstreckung ausländischer Entscheidungen in Ge- **139** waltschutzsachen hat die EuSchutzMVO Vorrang vor den §§ 108, 109 FamFG. Völkerrechtliche Vereinbarungen gelten nur in den zuvor beschriebenen engen Grenzen (→ Rn 52 f). Für die Anerkennung drittstaatlicher Entscheidungen sind daher idR die §§ 108 ff FamFG maßgebend.

Unterabschnitt 2. *Internationale Zuständigkeit*

FamFG § 105

(abgedruckt und kommentiert → E Rn 20)

FamFG § 106. Keine ausschließliche Zuständigkeit

Die Zuständigkeiten in diesem Unterabschnitt sind nicht ausschließlich.

Die internationale Zuständigkeit der deutschen Gerichte in Gewaltschutzsachen nach § 105 **140** iVm § 211 ist nicht ausschließlich. Dies ist insbesondere im Hinblick auf die Prüfung der **Anerkennungszuständigkeit** des ausländischen Gerichts nach § 109 Abs 1 Nr 1 gem dem sog Spiegelbildprinzip von Bedeutung. Die Anerkennung einer ausländischen Entscheidung betreffend die Anordnung von Maßnahmen des Gewaltschutzes ist daher nicht schon deshalb zu versagen, weil eine konkurrierende internationale Zuständigkeit eines deutschen Gerichts nach § 105 iVm § 211 iVm § 211gegeben ist.

1477

R   2. Teil. Anerkennung/Vollstreckung R. Sonstige Familiensachen

Unterabschnitt 3. *Anerkennung und Vollstreckbarkeit ausländischer Entscheidungen*

FamFG § 108. Anerkennung anderer ausländischer Entscheidungen

(1) Abgesehen von Entscheidungen in Ehesachen werden ausländische Entscheidungen anerkannt, ohne dass es hierfür eines besonderen Verfahrens bedarf.

2) [1]Beteiligte, die ein rechtliches Interesse haben, können eine Entscheidung über die Anerkennung oder Nichtanerkennung einer ausländischen Entscheidung nicht vermögensrechtlichen Inhalts beantragen. [2]§ 107 Abs. 9 gilt entsprechend. [3][....]

(3) Für die Entscheidung über den Antrag nach Absatz 2 Satz 1 ist das Gericht örtlich zuständig, in dessen Bezirk zum Zeitpunkt der Antragstellung

1. der Antragsgegner oder die Person, auf die sich die Entscheidung bezieht, sich gewöhnlich aufhält oder
2. bei Fehlen einer Zuständigkeit nach Nummer 1 das Interesse an der Feststellung bekannt wird oder das Bedürfnis der Fürsorge besteht.

Diese Zuständigkeiten sind ausschließlich.

1. Automatische Anerkennung, Abs 1

141   Ausländische Entscheidungen in Gewaltschutzsachen werden nach Abs 1 im Inland automatisch anerkannt, dh ihre Wirkungen werden auf das Inland erstreckt, ohne dass es hierfür eines besonderen Verfahrens bedarf (MüKoFamFG/*Rauscher* Rn 18 f). Jedes Gericht und jede Behörde, für deren Entscheidung in der Hauptsache es auf die Vorfrage der Anerkennung ankommt, kann daher inzident darüber entscheiden, ob der Anerkennung Versagungsgründe nach § 109 entgegenstehen (*Klinck* FamRZ 09, 741/744).

2. Fakultative Anerkennungsfeststellung, Abs 2

142   Da Maßnahmen des Gewaltschutzes (zB Betretungs-, Näherungs- und Kontaktverbote) idR **keinen vermögensrechtlichen Inhalt** haben, kommt insoweit auch eine verbindliche Anerkennungsfeststellung nach § 108 Abs 2 in Betracht. Zu den Einzelheiten dieses Verfahrens wird auf die Kommentierung der Anerkennung von Entscheidungen in Ehesachen (→ K Rn 243 ff) und in Kindschaftssachen (→ N Rn 618 ff) verwiesen.

FamFG § 109. Anerkennungshindernisse

(1) Die Anerkennung einer ausländischen Entscheidung ist ausgeschlossen,

1. wenn die Gerichte des anderen Staates nach deutschem Recht nicht zuständig sind;
2. wenn einem Beteiligten, der sich zur Hauptsache nicht geäußert hat und sich hierauf beruft, das verfahrenseinleitende Dokument nicht ordnungsgemäß oder nicht so rechtzeitig mitgeteilt worden ist, dass er seine Rechte wahrnehmen konnte;
3. wenn die Entscheidung mit einer hier erlassenen oder anzuerkennenden früheren ausländischen Entscheidung oder wenn das ihr zugrunde liegende Verfahren mit einem früher hier rechtshängig gewordenen Verfahren unvereinbar ist;
4. wenn die Anerkennung der Entscheidung zu einem Ergebnis führt, das mit wesentlichen Grundsätzen des deutschen Rechts offensichtlich unvereinbar ist, insbesondere wenn die Anerkennung mit den Grundrechten unvereinbar ist.

(2) *(abgedruckt und kommentiert → K Rn 261 ff)*

(3) *(abgedruckt und kommentiert → Q vor Rn 76 und Rn 81)*

(4) Die Anerkennung einer ausländischen Entscheidung, die

1. Familienstreitsachen,
2.–5. *(abgedruckt und kommentiert → Q vor Rn 76 und Rn 85, 89)*

betrifft, ist auch dann ausgeschlossen, wenn die Gegenseitigkeit nicht verbürgt ist.

(5) Eine Überprüfung der Gesetzmäßigkeit der ausländischen Entscheidung findet nicht statt.

1478

III. Gewaltschutzsachen: § 110

R

1. Grundsatz

Zu den Anerkennungsversagungsgründen wird auf die ausführliche Kommentierung der Vor- **143** schrift in Unterhaltssachen (→ M Rn 648 ff) und in Kindschaftssachen (→ N Rn 628 ff) verwiesen. Nachfolgend werden daher nur die Besonderheiten dargestellt, die sich demgegenüber im Rahmen von § 109 für die Anerkennung von Entscheidungen in Gewaltschutzsachen ergeben.

2. Die einzelnen Anerkennungsversagungsgründe

a) Fehlende Anerkennungszuständigkeit, Abs 1 Nr 1. Vgl zunächst → M Rn 651 ff. **144** Gewaltschutzsachen sind **keine Scheidungsfolgesachen**, über die im Verbund nach § 137 entschieden werden kann. Damit scheidet eine auf die spiegelbildliche Anwendung von § 98 Abs 2 gestützte internationale Anerkennungszuständigkeit des ausländischen Gerichts, das eine Maßnahme des Gewaltschutzes angeordnet hat, auch dann aus, wenn die Maßnahme aus Anlass der Ehescheidung oder der Ehetrennung getroffen wurde.

Soweit sich die internationale Anerkennungszuständigkeit nicht bereits aus der spiegelbild- **145** lichen Anwendung des Gerichtsstands am Deliktsort nach § 32 ZPO ergibt, ist Prüfungsmaßstab für die internationale Anerkennungszuständigkeit in Gewaltschutzsachen **§ 105 iVm § 211 FamFG** (näher → E Rn 20). Die internationale Anerkennungszuständigkeit des drittstaatlichen Gerichts für eine Entscheidung über Betretungs-, Näherungs- oder Kontaktverbote liegt danach aufgrund spiegelbildlicher Anwendung der genannten Vorschriften vor, wenn

(1) die der Maßnahme zugrundliegende **Tat im Ursprungsstaat begangen** wurde, § 211 Nr 1;

(2) die **gemeinsame Wohnung** des Antragstellers und des Antragsgegners **im Ursprungsstaat belegen** ist, § 211 Nr 2, oder

(3) der **Antragsgegner** seinen **gewöhnlichen Aufenthalt im Ursprungsstaat** hat (Nr 3). Der gewöhnliche Aufenthalt ist in diesem Zusammenhang nach deutschem Recht zu bestimmen.

Wegen der Einzelheiten zur Spiegelung ausländischer Zuständigkeitsvorschriften im Rahmen **146** von § 109 Abs 1 Nr 1 wird auf die Kommentierung der Vorschrift in Ehesachen (→ K Rn 257 ff) und in Unterhaltssachen (→ M Rn 851 ff) verwiesen.

b) Verletzung des rechtlichen Gehörs bei Verfahrenseinleitung, Nr 2. Vgl → K **147** Rn 266 ff und → M Rn 863 ff.

c) Unvereinbare Entscheidungen oder Verfahren, Nr 3. Vgl → K Rn 277 ff und → M **148** Rn 866 ff.

d) Verstoß gegen den ordre public, Nr 4. Vgl → K Rn 283 ff und → M Rn 873. **149**

e) Kein Erfordernis der Gegenseitigkeit, Abs 4. Die Verbürgung der Gegenseitigkeit ist **150** kein generelles Anerkennungshindernis in Familiensachen, sondern nur bei der Anerkennung von Entscheidungen zu prüfen, die einen der in Abs 4 aufgezählten Verfahrensgegenstände betreffen. Danach muss die Gegenseitigkeit insbesondere für die Anerkennung von Entscheidungen in Familienstreitsachen verbürgt sein. Zu diesen zählen gem § 112 jedoch Gewaltschutzsachen nicht (vgl ThP/*Hüßtege* vor § 211 Rn 2).

f) Verbot der révision au fond, Abs 5. Eine Überprüfung der Entscheidung in der Sache **151** ist auch in Bezug auf Entscheidungen in Gewaltschutzsachen ausgeschlossen.

§ 110. Vollstreckbarkeit ausländischer Entscheidungen

(1) Eine ausländische Entscheidung ist nicht vollstreckbar, wenn sie nicht anzuerkennen ist.

(2) ¹Soweit die ausländische Entscheidung eine in § 95 Abs. 1 genannte Verpflichtung zum Inhalt hat, ist die Vollstreckbarkeit durch Beschluss auszusprechen. ²Der Beschluss ist zu begründen.

(3) ¹Zuständig für den Beschluss nach Absatz 2 ist das Amtsgericht, bei dem der Schuldner seinen allgemeinen Gerichtsstand hat, und sonst das Amtsgericht, bei dem nach § 23 der Zivilprozessordnung gegen den Schuldner Klage erhoben werden kann.

1479

R 152 2. Teil. Anerkennung/Vollstreckung R. Sonstige Familiensachen

²Der Beschluss ist erst zu erlassen, wenn die Entscheidung des ausländischen Gerichts nach dem für dieses Gericht geltenden Recht die Rechtskraft erlangt hat.

152   Zur Vollstreckbarerklärung ausländischer Entscheidungen in Gewaltschutzsachen, die keinen vermögensrechtlichen Gegenstand haben, kann auf die Kommentierung von § 110 im Rahmen des Kindschaftsrechts (→ N Rn 658 ff) verwiesen werden.

1480

S. Betreuungssachen

Übersicht

	Rn.
I. Einführung	1
1. EU-Recht	1
2. Staatsverträge	2
3. Autonomes Zivilverfahrensrecht	3
II. Staatsverträge	4
ErwSÜ (Text-Nr 910)	4
Vorbemerkung	4
Kapitel IV: Anerkennung und Vollstreckung (Art 22–27)	12
Kapitel VI: Allgemeine Bestimmungen (Art 50 II)	48
III. Autonomes Zivilverfahrensrecht	50
1. ErwSÜAG (Text-Nr 920)	50
§§ 6–11, 13	50
2. FamFG (Text-Nr 930)	76
Buch 1. Abschnitt 9: Verfahren mit Auslandsberührung (§§ 97, 106, 108–110)	76

Der Abschnitt S beschränkt sich auf die Darstellung der **Anerkennung und Vollstreckung** ausländischer Entscheidungen in Betreuungssachen. Zur Behandlung von Betreuungssachen im **Erkenntnisverfahren** (internationale Zuständigkeit, anwendbares Recht) siehe den **Abschnitt J**. Die internationale **Behördenzusammenarbeit** in Betreuungssachen wird im **Abschnitt W** erläutert.

I. Einführung

1. EU-Recht

Die Anerkennung und Vollstreckung von Entscheidungen auf dem Gebiet des Erwachsenen- **1** schutzes ist bisher nicht durch EU-Recht geregelt.

2. Staatsverträge

Deutschland ist Vertragsstaat des Haager Übereinkommens über den internationalen Schutz **2** Erwachsener v 13.1.2000 (ErwSÜ), das in seinem Kapitel IV (Art 22–27) auch die Anerkennung und Vollstreckung von Entscheidungen auf diesem Rechtsgebiet regelt.

3. Autonomes Zivilverfahrensrecht

Das autonome Verfahrensrecht gilt auf dem Gebiet des Erwachsenenschutzes zunächst für die **3** Anerkennung und Vollstreckung von Entscheidungen, soweit keine vorrangig anzuwendenden Staatsverträge eingreifen (§ 97 FamFG). Aus deutscher Sicht ist dies der Fall, wenn es um die Anerkennung oder Vollstreckung einer Maßnahme aus einem Staat geht, der kein Vertragsstaat des ErwSÜ ist. Da das ErwSÜ bisher nur von wenigen Staaten ratifiziert worden ist, steht das autonome Anerkennungsrecht auf dem Gebiet des Erwachsenenschutzes weiter im Vordergrund. Es kommt darüber hinaus nach dem Günstigkeitsprinzip aber auch neben dem ErwSÜ zur Anwendung, wenn es die Anerkennung gegenüber Art 22 ErwSÜ erleichtert (*Lagarde*-Bericht Rn 118; *Siehr* RabelsZ 64 [2000] 715/725 f; Staud/*v Hein* Vorbem Art 24 EGBGB Rn 244). In Deutschland sind dann die §§ 108–110 FamFG anzuwenden (→ Rn 78 ff).

1481

II. Staatsverträge

910. Haager Übereinkommen über den internationalen Schutz von Erwachsenen (ErwSÜ)

Vom 13. Januar 2000 (BGBl 2007 II, 323)

Vorbemerkung

Schrifttum: Vgl das Schrifttum → J vor Rn 4.

1. Entstehungsgeschichte

4   Vgl → J Rn 4.

2. Vertragsstaaten

5   Das Übk ist für die *Bundesrepublik Deutschland* am 1.1.2009 im Verhältnis zu *Frankreich* und dem *Vereinigten Königreich* in Kraft treten (Bek v 12.12.08, BGBl 09 II, 39). Das *Vereinigte Königreich* hat hierzu erklärt, dass das Übk nur für *Schottland* gilt (Bek v. 12.12.08, BGBl 09 II, 40).
Es gilt inzwischen ferner für *Estland* (seit 1.11.2011) und *Finnland* (seit 1.3.2011, jeweils BGBl II, 363), *Lettland* (seit 1.3.2018, BGBl II, 108), *Monaco* (seit 1.7.2016, BGBl II, 515), *Österreich* (seit 1.2.2014, BGBl II, 180), die *Schweiz* (seit 1.7.2009, BGBl. II, 1143) und die *Tschechische Republik* (seit 1.8.2012, BGBl, II, 589); am 1.7.2018 wird das Übk auch für *Portugal* in Kraft treten (BGBl II, 141).

3. Anwendungsbereich

6   **a) Sachlicher Anwendungsbereich.** Der sachliche Anwendungsbereich des ErwSÜ bezieht sich auf Schutzmaßnahmen für Erwachsene, die aufgrund einer Beeinträchtigung oder der Unzulänglichkeit ihrer persönlichen Fähigkeiten nicht in der Lage sind, ihre Interessen selbst zu schützen (Art 1 Abs 1). Die einzelnen auf diesem Gebiet zu treffenden Schutzmaßnahmen werden exemplarisch in Art 3 aufgelistet (näher → J Rn 24 ff). Für diese regelt das ErwSÜ die Anerkennung und Vollstreckung in anderen Vertragsstaaten in seinem Kapitel IV (Art 22–27).

7   **b) Räumlich-persönlicher Anwendungsbereich.** Persönlich ist das ErwSÜ auf Erwachsene ab der Vollendung des 18. Lebensjahrs anwendbar (Art 2 Abs 1; → J Rn 20 f). Seinen räumlichen Anwendungsbereich bestimmt das Übk nicht ausdrücklich. Er ist für seine einzelnen Regelungsbereiche unterschiedlich. Während für die internationale Zuständigkeit in Art 5 primär an den gewöhnlichen Aufenthalt des Erwachsenen in einem Vertragsstaat angeknüpft wird, setzt die Anwendung des Kapitels IV lediglich voraus, dass eine in einem Vertragsstaat getroffene Schutzmaßnahme **in einem anderen Vertragsstaat** anerkannt und vollstreckt werden soll. Für die Anerkennung drittstaatlicher Entscheidungen verbleibt es bei der Geltung des autonomen Anerkennungsrechts der Vertragsstaaten, in *Deutschland* bei §§ 108–110 FamFG.

8   **c) Zeitlicher Anwendungsbereich.** In zeitlicher Hinsicht können Gegenstand der Anerkennung und Vollstreckung nur Schutzmaßnahmen sein, die nach dem Inkrafttreten des ErwSÜ in einem Vertragsstaat getroffen wurden (Art 50 Abs 1). Zusätzlich wird die Anerkennung und Vollstreckung aber nach Art 50 Abs 2 auf solche Schutzmaßnahmen beschränkt, die getroffen wurden, nachdem das Übk im Verhältnis zwischen dem Ursprungsstaat und dem ersuchten Staat in Kraft getreten ist (→ Rn 49). In *Deutschland* können daher nur solche Maßnahmen nach dem ErwSÜ anerkannt und vollstreckt werden, die in einem anderen Vertragsstaat **nach dem 1.1.2009** getroffen wurden.

4. Auslegung

9   Für das ErwSÜ gelten die allgemeinen Grundsätze zur Auslegung von Staatsverträgen. Das ErwSÜ ist in einer englischen und einer französischen Originalfassung (http://www.hcch.net Nr

II. Staatsverträge: ErwSÜ Art 22   **S**

35) beschlossen worden, die heranzuziehen sind, wenn die deutsche Übersetzung zu Zweifeln Anlass gibt.

5. Deutsches Ausführungsgesetz

Gleichzeitig mit dem Übk ist das deutsche Ausführungsgesetz (ErwSÜAG) v 17.3.2007 in **10** Kraft getreten (BGBl 07 I, 314; dazu *Wagner* IPRax 07, 11/14f). Zur Änderung durch Gesetz v 17.12.2008 (BGBl I, 2586) vgl *Röthel/Woitge* IPRax 10, 494ff. Das Gesetz ist abgedruckt und kommentiert unter → Rn 50ff).

Kapitel I. Anwendungsbereich des Übereinkommens
ErwSÜ Art 1–4

(abgedruckt und kommentiert → J Rn 13f).

Das ErwSÜ ist nach Art 2 Abs 2 auch auf die Anerkennung und Vollstreckung von Maß- **11** nahmen anzuwenden, die hinsichtlich eines Erwachsenen zu einem Zeitpunkt getroffen worden sind, in dem er das 18. Lebensjahr nicht vollendet hatte. Da das Ursprungsgericht seine internationale Zuständigkeit für solche Maßnahmen noch nicht auf die Art 5ff ErwSÜ stützen konnte, sondern nur auf die Art 5ff KSÜ oder sein nationales Zuständigkeitsrecht, kann die Anerkennung allerdings an Art 22 Abs 2 lit a scheitern, wenn die in Anspruch genommene Zuständigkeit keine Entsprechung im ErwSÜ hat (*Lagarde*-Bericht Rn 15, 119; MüKoBGB/*Lipp* Art 1–4 Rn 6).

Kapitel II. Zuständigkeit
ErwSÜ Art 5–12

(abgedruckt und kommentiert → J Rn 49ff).

Kapitel III. Anzuwendendes Recht
ErwSÜ Art 13–21

(abgedruckt und kommentiert → J Rn 159ff).

Kapitel IV. Anerkennung und Vollstreckung
ErwSÜ Art 22. [Anerkennung]

(1) **Die von den Behörden eines Vertragsstaats getroffenen Maßnahmen werden kraft Gesetzes in den anderen Vertragsstaaten anerkannt.**

(2) **Die Anerkennung kann jedoch versagt werden,**

a) **wenn die Maßnahme von einer Behörde getroffen wurde, die nicht aufgrund oder in Übereinstimmung mit Kapitel II zuständig war;**

b) **wenn die Maßnahme, außer in dringenden Fällen, im Rahmen eines Gerichts- oder Verwaltungsverfahrens getroffen wurde, ohne dass dem Erwachsenen die Möglichkeit eingeräumt war, gehört zu werden, und dadurch gegen wesentliche Verfahrensgrundsätze des ersuchten Staates verstoßen wurde;**

c) **wenn die Anerkennung der öffentlichen Ordnung (ordre public) des ersuchten Staates offensichtlich widerspricht, oder ihr eine Bestimmung des Rechts dieses Staates entgegensteht, die unabhängig vom sonst maßgebenden Recht zwingend ist;**

d) **wenn die Maßnahme mit einer später in einem Nichtvertragsstaat, der nach den Artikeln 5 bis 9 zuständig gewesen wäre, getroffenen Maßnahme unvereinbar ist, sofern die spätere Maßnahme die für ihre Anerkennung im ersuchten Staat erforderlichen Voraussetzungen erfüllt;**

e) **wenn das Verfahren nach Artikel 33 nicht eingehalten wurde.**

1483

S 12–17　　　　　　　　　2. Teil. Anerkennung/Vollstreckung S. Betreuungssachen

1. Anerkennung kraft Gesetzes, Abs 1

12　　Nach Abs 1 gilt der Grundsatz, dass Schutzmaßnahmen aus anderen Vertragsstaaten – ebenso wie nach Art 23 Abs 1 KSÜ (→ N Rn 356) – **automatisch** (*ex lege*) anerkannt werden. Die Durchführung eines besonderen Anerkennungsverfahrens ist dafür also nicht erforderlich und darf vom nationalen Recht nicht vorgeschrieben werden. Die Anerkennung erfolgt vielmehr *ipso iure*, dh über die Anerkennungsfähigkeit wird inzident in dem jeweiligen Hauptsacheverfahren entschieden, in dem es auf die Anerkennung der Maßnahme ankommt (NK-BGB/*Benicke* Rn 1; MüKoBGB/*Lipp* Rn 1). Allerdings hat jede von der Maßnahme betroffene Person nach Art 23 auch die Möglichkeit, eine **verbindliche Entscheidung** über die Anerkennung oder Nichtanerkennung im Zweitstaat herbeizuführen (→ Rn 29 ff). Der Grundsatz der unmittelbaren und sofortigen Wirkung von Maßnahmen der zuständigen Behörden in allen Vertragsstaaten wird – wie der Vorbehalt in Art 23 zeigt („unbeschadet des Art 22 Abs 1 …") – durch diese Möglichkeit jedoch nicht in Frage gestellt.

13　　An den **Nachweis,** dass eine bestimmte Maßnahme im Ursprungstaat getroffen wurde, stellt das ErwSÜ keine besonderen Anforderungen. Insbesondere ist kein schriftliches, von der Ursprungsbehörde unterzeichnetes und datiertes Dokument vorzulegen (*Lagarde*-Bericht Rn 117). In Ermangelung staatsvertraglicher Vorgaben ist diesbezüglich auf das nationale Verfahrensrecht des Anerkennungsstaates zurückzugreifen; aus deutscher Sicht genügt insbesondere bei Eilmaßnahmen auch der Nachweis in elektronischer Form (Fax, e-mail; vgl Staud/*v Hein* Vorbem Art 24 EGBGB Rn 243; MüKoBGB/*Lipp* Rn 6 f).

14　　Der Begriff der „Anerkennung" ist auch für die Zwecke des ErwSÜ iSv **Wirkungserstreckung** zu verstehen. Die Anerkennung der Bestellung eines Betreuers hat also zur Folge, dass dieser im Anerkennungsstaat die gleichen Befugnisse (insbesondere Vertretungsmacht) hat wie in dem Vertragsstaat, in dem er bestellt wurde (*Lagarde*-Bericht Rn 116; *Ludwig* DNotZ 09, 251/ 286; Staud/*v Hein* Vorbem Art 24 EGBGB Rn 242; NK-BGB/*Benicke* Rn 2). Für die Durchführung der Betreuung im Anerkennungsstaat gelten jedoch nach Art 14 die Bedingungen des dort geltenden Rechts (→ J Rn 185 ff).

2. Anerkennungsversagungsgründe, Abs 2

15　　Art 22 Abs 2 nennt die Gründe, die ausnahmsweise zur Versagung der Anerkennung der von einer Behörde eines anderen Vertragsstaats getroffenen Maßnahme führen können. Der Katalog dieser Anerkennungsversagungsgründe ist **abschließend,** so dass andere Gründe nicht geltend gemacht werden können (*Lagarde*-Bericht Rn 118; NK-BGB/*Benicke* Rn 5; MüKoBGB/*Lipp* Rn 2, 8). Insbesondere ist das Verbot der *révision au fond* nach Art 26 zu beachten (→ Rn 45). Auch wenn ein Versagungsgrund nach Art 22 vorliegt, ist die mit der Anerkennung befasste Behörde nicht verpflichtet, diese abzulehnen, sondern hat hierüber nach pflichtgemäßem Ermessen zu entscheiden („kann … versagt werden"; vgl *Lagarde*-Bericht Rn 118; NK-BGB/ *Benicke* Rn 5). Sie ist insbesondere berechtigt, eine ausländische Schutzmaßnahme nach dem insoweit großzügigeren autonomen Verfahrensrecht anzuerkennen (Günstigkeitsprinzip, vgl Staud/*v Hein* Vorbem Art 24 EGBGB Rn 244 mwN).

16　　**a) Fehlende Anerkennungszuständigkeit, lit a.** Zwar handelt es sich auch beim ErwSÜ um eine *„convention double",* die sich nicht darauf beschränkt, die Anerkennung und Vollstreckung von Maßnahmen der Behörden eines Vertragsstaats in allen anderen Vertragsstaaten zu gewährleisten; vielmehr harmonisiert das ErwSÜ – ebenso wie das KSÜ – auch das Recht der internationalen Zuständigkeit im Erkenntnisverfahren. Dennoch konnten sich die Verfasser des Übk nicht darauf verständigen, auf eine Kontrolle der internationalen Zuständigkeit durch die Gerichte oder Behörden des Zweitstaats ganz zu verzichten, wie dies Art 24 S 1 EuEheVO auf dem Gebiet der Schutzmaßnahmen für Kinder im Verhältnis der Mitgliedstaaten jener Verordnung vorsieht (→ N Rn 113 f). Dies ist vor dem Hintergrund verständlich, dass das ErwSÜ eine weltweite Geltung anstrebt und deshalb das gegenseitige Vertrauen der Vertragsstaaten in die ordnungsgemäße Anwendung der Zuständigkeitsvorschriften des Kapitels II durch Behörden anderer Vertragsstaaten nicht so ausgeprägt ist wie im Verhältnis der Mitgliedstaaten der Europäischen Union.

17　　Die Behörde im Anerkennungsstaat hat daher gemäß lit a eigenständig zu überprüfen, ob die Behörde im Ursprungsstaat für die getroffene Maßnahme **aufgrund der Art 5–12 international zuständig** war (*Lagarde*-Bericht Rn 119; Staud/*v Hein* Vorbem Art 24 EGBGB Rn 246).

1484

II. Staatsverträge: ErwSÜ Art 22   18–23 **S**

Diese Kontrolle wird freilich dadurch nicht unerheblich eingeschränkt, dass die zweitstaatliche Behörde hierbei gemäß Art 24 (→ Rn 33 ff) an die Tatsachenfeststellungen gebunden ist, auf welche die erststaatliche Behörde ihre Zuständigkeit gestützt hat (NK-BGB/*Benicke* Rn 6; MüKoBGB/*Lipp* Rn 11).

Versagt werden kann die Anerkennung auch dann, wenn die Behörde im Ursprungsstaat nicht **18** „in Übereinstimmung mit dem Kapitel II zuständig war". Diese zweite Alternative bezieht sich auf den Fall, dass die Schutzmaßnahme für eine Person getroffen wurde, die zu diesem Zeitpunkt noch nicht 18 Jahre alt war, so dass die anordnende Behörde im Hinblick auf Art 2 nicht die Art 5 ff ErwSÜ, sondern noch Art 5 ff KSÜ (bzw Art 8 ff EuEheVO) oder ihr nationales Zuständigkeitsrecht angewandt hat (*Lagarde*-Bericht Rn 119; Staud/*v Hein* Vorbem Art 24 EGBGB Rn 245 NK-BGB/*Benicke* Rn 7). Ist die Person inzwischen 18 Jahre alt geworden, kann die Anerkennung der Maßnahme nicht mehr auf das KSÜ gestützt werden; vielmehr ist nach Art 2 Abs 2 nunmehr das ErwSÜ anwendbar. Danach kann die Maßnahme aber nur anerkannt werden, wenn die Zuständigkeit des Erstgerichts hypothetisch auch nach Art 5 ff ErwSÜ begründet gewesen wäre (MüKoBGB/*Lipp* Rn 12, 14).

b) Fehlende Anhörung des Erwachsenen, lit b. Einer Schutzmaßnahme für den Erwach- **19** senen kann die Anerkennung und Vollstreckbarerklärung – in Übereinstimmung mit Art 23 Abs 2 lit b KSÜ, Art 23 lit b EuEheVO – auch dann im Inland versagt werden, wenn sie in einem anderen Vertragsstaat getroffen wurde, ohne dass der betroffene Erwachsene die Möglichkeit hatte, gehört zu werden. Damit trägt das ErwSÜ der großen Bedeutung Rechnung, die dem rechtlichen Gehör des Erwachsenen für die sachgerechte Wahrung seiner Interessen zukommt. Abweichend von § 109 Abs 1 Nr 2 FamFG wird jedoch in lit b nicht zwingend die Zustellung des verfahrenseinleitenden Schriftstücks an den Erwachsenen verlangt (*Siehr* RabelsZ 64 [2000] 715/743; MüKoBGB/*Lipp* Rn 17; NK-BGB/*Benicke* Rn 8). Ist dieser nicht mehr in der Lage, sein Anhörungsrecht persönlich auszuüben, so ist ggf sein Betreuer oder sonstiger gesetzlicher Vertreter anzuhören.

Allerdings führt nicht jeder Verstoß gegen das rechtliche Gehör des Erwachsenen zur Nicht- **20** anerkennung. Da das ErwSÜ keine eigenständigen Mindeststandards für die Anhörung des Erwachsenen (zB in Bezug auf dessen geistige Fähigkeiten oder die Art und Weise der Anhörung) enthält, ist vielmehr nach lit b zusätzlich erforderlich, dass hierdurch **wesentliche verfahrensrechtliche Grundsätze des Anerkennungsstaats** verletzt worden sind. Es handelt sich mithin um eine besondere verfahrensrechtliche *ordre public*-Klausel, von der daher nur zurückhaltend Gebrauch gemacht werden sollte (*Lagarde*-Bericht Rn 120). Eine Versagung der Anerkennung kommt daher nicht in Betracht, wenn der Erwachsene trotz seiner unterlassenen Anhörung mit der Entscheidung eindeutig einverstanden ist. Darüber hinaus hat eine Versagung der Anerkennung wegen unterlassener Anhörung auch dann auszuscheiden, wenn eine solche auch in einem entsprechenden Verfahren vor den Gerichten des Anerkennungsstaats entbehrlich gewesen wäre (NK-BGB/*Benicke* Rn 9; MüKoBGB/*Lipp* Rn 18).

Eine generelle **Ausnahme von der Anhörungspflicht** besteht ferner „in dringenden **21** Fällen", dh in Verfahren des einstweiligen Rechtsschutzes nach Art 10. Auch der Versagungsgrund nach lit b ist von Amts wegen zu berücksichtigen, setzt also nicht voraus, dass der Erwachsene sich auf seine fehlende Anhörung beruft (NK-BGB/*Benicke* Rn 9; Staud/*v Hein* Vorbem Art 24 EGBGB Rn 247).

c) Verstoß gegen den ordre public oder zwingendes Recht , lit c. aa) Ordre public. **22** Die Anerkennung einer ausländischen Schutzmaßnahme kann nach lit c auch bei einem offensichtlichen Verstoß gegen den inländischen *ordre public* versagt werden. Dabei gilt der großzügigere Maßstab des anerkennungsrechtlichen *ordre public* („*effet atténué*"). Bei hinreichendem Inlandsbezug kann insbesondere die von Behörden eines anderen Vertragsstaats angeordnete **Entmündigung** eines Erwachsenen gegen den inländischen *ordre public* verstoßen (NK-BGB/*Benicke* Rn 11). Hingegen dürfte der verfahrensrechtliche *ordre public* den im ErwSÜ nicht geregelten Fall einer Verletzung des rechtlichen Gehörs des Antragsgegners bei Einleitung des Verfahrens nicht erfassen (Staud/*v Hein* Vorbem Art 24 EGBGB Rn 249).

bb) Eingriffsnormen. Neben dem *ordre public* nennt lit c ausdrücklich einen Verstoß gegen **23** zwingende Bestimmungen des Anerkennungsstaates iSv Art 20. Eine nennenswerte Erweiterung des Rechts zur Anerkennungsversagung ist damit freilich nicht verbunden (Staud/*v Hein* Vorbem Art 24 EGBGB Rn 250; MüKoBGB/*Lipp* Rn 19).

1485

S 24–28   2. Teil. Anerkennung/Vollstreckung S. Betreuungssachen

24   **d) Unvereinbarkeit mit einer späteren Maßnahme drittstaatlicher Behörden, lit d.**
Von den möglichen Fällen, in denen die anzuerkennende Entscheidung mit einer späteren
Entscheidung eines anderen Staates unvereinbar ist, regelt lit d nur die Unvereinbarkeit mit einer
später in einem **Nichtvertragsstaat** getroffenen Maßnahme. Denn im Verhältnis der Vertragsstaaten zueinander folgt der Vorrang der von einem anderen Vertragsstaat getroffenen späteren
Maßnahme bereits aus Art 7 Abs 3, 10 Abs 2, 11 Abs 2 und 12 Hs 2 (*Siehr* RabelsZ 64 [2000]
715/743). Der **späteren Entscheidung** wird auch dann der Vorrang eingeräumt (sog „*Posterioritätsprinzip*"), wenn diese von einer drittstaatlichen Behörde erlassen wurde. Der Grund hierfür
ist darin zu sehen, das diese Behörden besser in der Lage sind, das aktuelle Schutzbedürfnis und
Wohl des Erwachsenen zu beurteilen als die Behörden des Staates, der die frühere Entscheidung
getroffen hat (*Lagarde*-Bericht Rn 122; NK-BGB/*Benicke* Rn 14; Staud/*v Hein* Vorbem Art 24
EGBGB Rn 253).

25   Die Anerkennung setzt allerdings nach lit d voraus, dass die Maßnahme von einer Behörde
getroffen wurde, die nach Art 5–9 ErwSÜ hypothetisch zuständig gewesen wäre, wenn das
ErwSÜ im Gerichtsstaat gegolten hätte. Diese Feststellung bereitet vor allem in den Fällen der
Art 7 und 8 Probleme. Denn nach Art 7 Abs 1 dürfen die Behörden des Heimatstaats erst tätig
werden, nachdem sie vorab die Behörden des Aufenthaltsstaats informiert haben. Und nach
Art 8 Abs 1 darf eine Behörde nur auf ein entsprechendes Ersuchen der Aufenthaltsbehörde hin
Schutzmaßnahmen ergreifen. Da das drittstaatliche Gericht aber an die Vorschriften des ErwSÜ
nicht gebunden ist, sondern aufgrund seiner *lex fori* über die Zuständigkeit entscheidet, wird es
die nur im Verhältnis der Vertragsstaaten zueinander angeordneten Kooperationspflichten idR
nicht erfüllen. Um die Anerkennung von drittstaatlichen Maßnahmen nicht allzu stark einzuschränken, sollte man daher auf eine Einhaltung dieser Pflichten durch drittstaatliche Behörden nicht bestehen (Staud/*v Hein* Vorbem Art 24 EGBGB Rn 256; MüKoBGB/*Lipp* Rn 25;
aA NK-BGB/*Benicke* Rn 16). Die Beteiligten sind allerdings gut beraten, das drittstaatliche
Gericht um eine freiwillige Beachtung der Kooperationspflichten nach Art 7 und 8 zu ersuchen,
um die Chancen für eine Anerkennung der getroffenen Maßnahme in den Vertragsstaaten des
ErwSÜ zu erhöhen.

26   Der Vorrang der späteren Schutzmaßnahme einer drittstaatlichen Behörde besteht ferner nur
dann, wenn diese Maßnahme im ersuchten Vertragsstaat **anerkennungsfähig** ist. Hierüber ist in
diesem Staat nach dessen autonomem Verfahrensrecht, in *Deutschland* also nach §§ 108, 109
FamFG (→ Rn 78 ff), zu entscheiden (Staud/*v Hein* Vorbem Art 24 EGBGB Rn 257; Mü-
KoBGB/*Lipp* Rn 26; NK-BGB/*Benicke* Rn 17). Nach dem Zweck von Art 22 lit s sind aber
Vorschriften des nationalen Anerkennungsrechts, die nicht der späteren, sondern – wie § 109
Abs 1 Nr 3 FamFG – der früheren Entscheidung Vorrang einräumen, in diesem Zusammenhang
von einer Anwendung ausgeschlossen (Staud/*v Hein* Vorbem Art 24 EGBGB Rn 258; Mü-
KoBGB/*Lipp* Rn 27; NK-BGB/*Benicke* Rn 18).

27   Nicht ausdrücklich geregelt sind hingegen die Fälle, in denen die anzuerkennende Entscheidung mit einer späteren Entscheidung des Anerkennungsstaates oder einer späteren Entscheidung
eines anderen **ErwSÜ-Vertragsstaats** unvereinbar ist. Für diesen Fall bietet sich freilich ein
Erst-recht-Schluss aus lit d an: Wenn schon die spätere Entscheidung einer drittstaatlichen
Behörde Vorrang vor einer früheren Entscheidung der Behörden des Anerkennungsstaates oder
eines anderen Vertragsstaats hat, so sollte dies erst recht für spätere Entscheidungen einer nach
Art 5–9 zuständigen Behörde eines Vertragsstaats gelten. Auch insoweit gilt also der Grundsatz,
dass Maßnahmen zum Schutz von Erwachsenen durch die zuständigen Gerichte jederzeit
abänderbar sind und sich grundsätzlich die **jüngste Maßnahme** durchsetzt, weil sie der gegenwärtigen Situation des Erwachsenen am besten Rechnung trägt (*Siehr* RabelsZ 64 [2000] 715/
743; NK-BGB/*Benicke* Rn 12; MüKoBGB/*Lipp* Rn 21).

28   **e) Verletzung der Vorschriften über die grenzüberschreitende Unterbringung, lit e.**
Durch lit e können schließlich schwerwiegende Verstöße gegen das in Art 33 geregelte Konsultationsverfahren bei der grenzüberschreitenden Unterbringung von Erwachsenen sanktioniert
werden. Insbesondere die fehlende Zustimmung der Behörden des ersuchten Staates, in dem der
Erwachsene untergebracht werden soll, kann in diesem Staat zu einer Versagung der Anerkennung einer dennoch angeordneten Unterbringung führen.

1486

II. Staatsverträge: ErwSÜ Art 24   **33, 34** **S**

ErwSÜ Art 23. [Gesonderte Feststellung der Anerkennung]

Unbeschadet des Artikels 22 Absatz 1 kann jede betroffene Person bei den zuständigen Behörden eines Vertragsstaats beantragen, dass über die Anerkennung oder Nichtanerkennung einer in einem anderen Vertragsstaat getroffenen Maßnahme entschieden wird. Das Verfahren bestimmt sich nach dem Recht des ersuchten Staates.

1. Selbständige Anerkennungsfeststellung, S 1

Da über die Anerkennung von Maßnahmen der Behörden anderer Vertragsstaaten nach Art 22 **29** Abs 1 grundsätzlich nur *inzident* in dem Verfahren entschieden wird, in dem es auf die Wirksamkeit der Maßnahme im Inland ankommt, entfaltet eine solche Anerkennung oder Nichtanerkennung keine Bindungswirkung für spätere Verfahren. Daraus resultiert das Interesse von Beteiligten, über die Frage der Anerkennung bzw Nichtanerkennung eine **verbindliche Entscheidung** eines Gerichts im Anerkennungsstaat herbeizuführen. Von Bedeutung ist dies insbesondere in Bezug auf solche Maßnahmen, die – wie zB Entscheidungen über die Bestellung eines Betreuers oder einer anderen Fürsorgeperson – nur gestaltende Wirkung haben und deshalb auch nicht für vollstreckbar erklärt werden können.

Aus diesem Grunde verpflichtet S 1 die Vertragsstaaten in Übereinstimmung mit Art 24 KSÜ **30** dazu, ein Verfahren zur verbindlichen Feststellung der Anerkennung/Nichtanerkennung der in einem anderen Vertragsstaat getroffenen Maßnahme vorzusehen. Diese Feststellung hat freilich nach dem einleitenden Vorbehalt zugunsten von Art 22 Abs 1 nur **deklaratorische Wirkung**, schränkt den Grundsatz der *ipso iure*-Anerkennung nach Art 22 Abs 1 also nicht ein (NK-BGB/ *Benicke* Rn 2).

2. Anwendbares Verfahren, S 2

Das Verfahren gilt nur die Anerkennung oder Nichtanerkennung von Schutzmaßnahmen, **31** nicht für die Feststellung der Wirksamkeit oder Unwirksamkeit einer Vorsorgevollmacht iSv Art 15. Antragsberechtigt ist nicht nur der betroffene Erwachsene, sondern jeder, der an der Feststellung ein rechtliches Interesse hat NK-BGB/*Benicke* Rn 2; MüKoBGB/*Lipp* Rn 3).

Die Ausgestaltung des Verfahrens überlässt S 2 dem nationalen Recht der Vertragsstaaten. Für **32** das *deutsche* Recht erklärt **§ 8 Abs 1 S 1 ErwSÜAG** insoweit – ebenso wie für das Verfahren der Vollstreckbarerklärung nach Art 25 – die Vorschriften des 1. Buchs des FamFG für anwendbar. Außerdem sind nach § 8 Abs 1 S 2 ErwSÜAG die §§ 275, 276, 297 Abs 5 und die §§ 308, 309, 311 FamFG entsprechend anwendbar. Darüber hinaus enthält das ErwSÜAG in Art 8 Abs 2–7 spezielle Verfahrensvorschriften für die Anerkennungsfeststellung (dazu → Rn 60 ff).

ErwSÜ Art 24. [Bindung an Tatsachenfeststellungen]

Die Behörde des ersuchten Staates ist an die Tatsachenfeststellungen gebunden, auf welche die Behörde des Staates, in dem die Maßnahme getroffen wurde, ihre Zuständigkeit gestützt hat.

1. Allgemeines

Bei der Prüfung der Anerkennungszuständigkeit nach Art 22 Abs 2 lit a ist das Gericht des **33** Zweitstaats nach Art 24 – ebenso wie nach Art 25 KSÜ (→ N Rn 378 f) – an die Tatsachenfeststellungen des Erstgerichts gebunden. Auf diese Weise soll eine erneute Beweisaufnahme über diese Tatsachen im Verfahren der Anerkennung und Vollstreckbarerklärung – und die hiermit verbundene Verfahrensverschleppung – vermieden werden (NK-BGB/*Benicke* Rn 1; Staud/*v Hein* Vorbem Art 24 EGBGB Rn 280).

2. Tatsachenfeststellungen

Die Bindung gilt nur hinsichtlich der **Feststellung von Tatsachen,** welche die Zuständigkeit **34** des Erstgerichts begründen, nicht hingegen für rechtliche Bewertungen (MüKoBGB/*Lipp* Rn 1). Als Tatsachenfeststellung ist etwa die vom Erstgericht festgestellte Dauer des Aufenthalts des Erwachsenen in einem bestimmten Land anzusehen. Fraglich kann dies hingegen bezüglich der daraus vom Erstgericht gezogenen Schlussfolgerung auf eine soziale Integration und die hieraus wiederum abgeleitete Feststellung eines „gewöhnlichen" Aufenthalts des Erwachsenen

1487

S 36, 37   2. Teil. Anerkennung/Vollstreckung S. Betreuungssachen

iSv Art 5 sein. Richtigerweise wird man das Vorliegen einer **sozialen Integration** des Erwachsenen in einem bestimmten Staat als eine auf ein Bündel von Einzeltatsachen gestützte Feststellung ansehen müssen, die ihrerseits wiederum eine Tatsache feststellt, an die das Zweitgericht gebunden ist (Staud/*v Hein* Vorbem Art 24 EGBGB Rn 280; NK-BGB/*Benicke* Rn 3). Der eigenständigen Bewertung durch das Zweitgericht unterliegt dann allein die Frage, ob das Erstgericht aus den festgestellten Tatsachen zu Recht auf das Vorliegen eines gewöhnlichen Aufenthalts geschlossen hat, dh von einem zutreffenden *rechtlichen* Verständnis der Begriffs „gewöhnlicher Aufenthalt" ausgegangen ist.

35   Einigkeit besteht darüber, dass es sich auch bei der Beurteilung, ob die Inanspruchnahme einer bestimmten Zuständigkeit durch das Erstgericht dem **Wohl des Erwachsenen** entsprochen hat (vgl Art 7 Abs 1), um eine Tatsachenfeststellung handelt, an die das Zweitgericht gebunden ist (*Lagarde*-Bericht Rn 125; NK-BGB/*Benicke* Rn 3).

ErwSÜ Art 25. [Verfahren der Vollstreckbarerklärung]

(1) **Erfordern die in einem Vertragsstaat getroffenen und dort vollstreckbaren Maßnahmen in einem anderen Vertragsstaat Vollstreckungshandlungen, so werden sie in diesem anderen Staat auf Antrag jeder betroffenen Partei nach dem im Recht dieses Staates vorgesehenen Verfahren für vollstreckbar erklärt oder zur Vollstreckung registriert.**

(2) **Jeder Vertragsstaat wendet auf die Vollstreckbarerklärung oder die Registrierung ein einfaches und schnelles Verfahren an.**

(3) **Die Vollstreckbarerklärung oder die Registrierung darf nur aus einem der in Artikel 22 Absatz 2 vorgesehenen Gründe versagt werden.**

1. Allgemeines

36   In Übereinstimmung mit Art 26 KSÜ (→ N Rn 381 ff) werden Maßnahmen iSv Art 3 ErwSÜ, die im Ursprungsstaat vollstreckbar sind, nach Abs 1 in den übrigen Vertragsstaaten für vollstreckbar erklärt. Einer Vollstreckung zugänglich sind **Leistungs- und Unterlassungsanordnungen**, also insbesondere die Anordnung einer Untersuchung des Gesundheitszustands, einer Heilbehandlung oder der Unterbringung in einem Heim, aber auch zB Maßnahmen zum Verkauf von Vermögen des Erwachsenen durch den Betreuer, um Pflegekosten zu decken (*Lagarde*-Bericht Rn 126). Dies gilt auch, wenn diese Anordnungen als Eilmaßnahmen von dem nach Art 10 zuständigen Gericht getroffen wurden. Demgegenüber haben Gestaltungs- oder Feststellungsentscheidungen – wie zB die Bestellung eines Betreuers (*Lagarde*-Bericht Rn 126; NK-BGB/*Benicke* Rn 2) – keinen vollstreckungsfähigen Inhalt. Sie können nur inzident nach Art 22 Abs 1 oder im Verfahren nach Art 23 anerkannt werden. Nebenentscheidungen zu Maßnahmen nach Art 3 – wie insbesondere **Kostenentscheidungen** – können auch dann für vollstreckbar erklärt werden, wenn die zugrundeliegende Entscheidung in der Hauptsache nur gestaltende Wirkung hat.

2. Erfordernis einer Vollstreckbarerklärung, Abs 1

37   **a) Allgemeines.** Soweit die von Behörden eines Vertragsstaats getroffenen Maßnahmen Vollstreckungshandlungen in einem anderen Vertragsstaat erfordern, sind sie gem Abs 1 in diesem Staat für vollstreckbar zu erklären (bzw in den *Common Law*-Jurisdiktionen zur Vollstreckung zu registrieren). Die Durchführung des Vollstreckbarerklärungsverfahrens ist erforderlich, weil die nach ausländischem Recht bestehende Vollstreckbarkeit einer Maßnahme – anders als sonstige verfahrensrechtliche Urteilswirkungen – nicht nach Art 22 Abs 1 automatisch auf das Inland erstreckt wird. Die Vollstreckbarkeit der ausländischen Maßnahme für das Inland wird vielmehr **erst durch die Vollstreckbarerklärung eines deutschen Gerichts** (Gestaltungsentscheidung) konstitutiv begründet. Grundlage für die Vollstreckung der ausländischen Maßnahme im Inland ist also nicht der ausländische Titel, sondern allein die inländische Entscheidung über die Vollstreckbarerklärung (vgl BGH NJW 86, 1440/1441). Der für vollstreckbar erklärte ausländische Titel ist dann in jeglicher Hinsicht wie ein inländischer Vollstreckungstitel zu behandeln.

II. Staatsverträge: ErwSÜ Art 25

38–44 S

b) Voraussetzungen für die Vollstreckbarerklärung. aa) Vollstreckbarkeit der Maß- 38 nahme im Ursprungsstaat. Nur Maßnahmen, die im Ursprungsstaat vollstreckbar sind, können auch in anderen Vertragsstaaten für vollstreckbar erklärt werden; dabei reicht vorläufige Vollstreckbarkeit aus. Die Vorlage einer vollstreckbaren Ausfertigung oder sonstiger Urkunden verlangt das KSÜ nicht. Diese Förmlichkeiten beurteilen sich nach dem nationalen Verfahrensrecht des Vollstreckungsstaates.

bb) Antragserfordernis. Maßnahmen anderer Vertragsstaaten auf dem Gebiet des Erwachse- 39 nenschutzes werden im Inland nur auf Antrag, nicht von Amts wegen für vollstreckbar erklärt. Die Antragsberechtigung zieht Abs 1 dabei weit, wenn er sie „jeder betroffenen Partei" zuweist, die ein Interesse an der Durchsetzung der Maßnahme hat. Die Förmlichkeiten des Antrags beurteilen sich nach nationalem Verfahrensrecht.

3. Verfahren der Vollstreckbarerklärung, Abs 2

Zum Verfahren der Vollstreckbarerklärung enthält Abs 2 lediglich die staatsvertragliche Vor- 40 gabe, dass ein „einfaches und schnelles Verfahren" vorzusehen ist. Im Übrigen bleibt die Ausgestaltung des Verfahrens – zB als einseitiges oder kontradiktorisches Verfahren – dem **nationalen Recht** des Vollstreckungsstaates überlassen (NK-BGB/*Benicke* Rn 4).

In **Deutschland** erfolgt die Vollstreckbarerklärung von Maßnahmen aus Vertragsstaaten des 41 ErwSÜ in einem Klauselerteilungsverfahren (§ 10 ErwSÜAG iVm §§ 20 Abs 1 S 1, 23 Int-FamRVG; → Rn 67 ff), das ein (besonderes) formalisiertes erstinstanzliches Erkenntnisverfahren darstellt. Hierzu erklärt **§ 8 Abs 1 S 1 ErwSÜAG** die Vorschriften des 1. Buchs des FamFG für anwendbar. Außerdem sind nach § 8 Abs 1 S 2 ErwSÜAG die §§ 275, 276, 297 Abs 5 und die §§ 308, 309, 311 FamFG entsprechend anwendbar. Darüber hinaus enthält das ErwSÜAG in § 8 Abs 2–7 spezielle Verfahrensvorschriften für das Verfahren der Vollstreckbarerklärung von Maßnahme der Behörden anderer Vertragsstaaten auf dem Gebiet des Erwachsenenschutzes (dazu → Rn 60 ff).

Für die Vollstreckbarerklärung von Schutzmaßnahmen aus Vertragsstaaten des ErwSÜ ver- 42 drängt Art 25 iVm §§ 8 ff ErwSÜAG als *lex specialis* das allgemeine Vollstreckbarerklärungsverfahren nach dem FamFG. Der aus der ausländischen Maßnahme Berechtigte kann daher auch in zweifelhaften Fällen keinen Antrag auf Vollstreckbarerklärung nach § 110 FamFG stellen.

4. Beschränkung der Versagungsgründe, Abs 3

Die Vollstreckbarerklärung einer ausländischen Maßnahme setzt nach dem ErwSÜ – wie auch 43 sonst – voraus, dass die Maßnahme im Vollstreckungsstaat **anerkennungsfähig** ist. Sie darf daher aus einem der in Art 22 Abs 2 aufgeführten Gründe (→ Rn 15 ff) versagt werden. Die ausländische Maßnahme darf hingegen keinesfalls in der Sache selbst nachgeprüft werden, Art 26. Die Regelung in Abs 3 bezieht sich freilich nur auf die *materiellen* Anerkennungsversagungsgründe, die in Art 22 Abs 2 abschließend aufgezählt sind; deren Prüfung erfolgt **von Amts wegen** inzident im Vollstreckbarerklärungsverfahren. Eine Pflicht zur Amtsermittlung der entscheidungserheblichen Tatsachen besteht nicht. Zu berücksichtigen sind daher nur die von den Beteiligten vorgetragenen Tatsachen, aus denen sich Anerkennungshindernisse ergeben können. Das erstinstanzliche Gericht ist freilich – entgegen dem insoweit missverständlichen Wortlaut des Abs 3 – keineswegs auf die Prüfung von Anerkennungshindernissen nach Art 22 Abs 2 beschränkt, sondern kann den Antrag auf Vollstreckbarerklärung auch wegen Nichteinhaltung der Verfahrensvorschriften des nationalen Rechts (zB § 8 ErwSÜAG) durch den Antragsteller ablehnen.

Schließlich kann sich ein Vollstreckungshindernis auch aus einer nachträglichen **Änderung** 44 **der tatsächlichen Verhältnisse** ergeben. Allerdings reicht der bloße Umstand, dass ein Beteiligter aufgrund einer solchen nach Erlass der ausländischen Maßnahme eingetretenen Änderung der Umstände bei einer Behörde des Vollstreckungsstaats einen Abänderungsantrag gestellt hat, für eine Versagung der Vollstreckbarerklärung nicht aus. Erst wenn eine nach dem Kapitel II zuständige Behörde aufgrund der geänderten tatsächlichen Umstände eine neue Maßnahme getroffen hat, die mit der für vollstreckbar zu erklärenden Maßnahmen unvereinbar ist, scheidet die Vollstreckbarerklärung in entsprechender Anwendung von Art 22 Abs 2 lit d aus.

1489

S 2. Teil. Anerkennung/Vollstreckung S. Betreuungssachen

ErwSÜ Art 26. [Verbot der sachlichen Nachprüfung]

Vorbehaltlich der für die Anwendung der vorstehenden Artikel erforderlichen Überprüfung darf die getroffene Maßnahme in der Sache selbst nicht nachgeprüft werden.

45 In Übereinstimmung mit Art 27 KSÜ und der gängigen staatsvertraglichen Praxis untersagt Art 26 eine Nachprüfung der ausländischen Maßnahme in der Sache. Dies gilt allerdings nur vorbehaltlich der nach Art 22 Abs 2 vorgeschriebenen Prüfung von Anerkennungsversagungsgründen. Das Verbot einer *révision au fond* hat im Hinblick auf den abschließenden Katalog dieser Gründe eher klarstellenden Charakter. Es schließt freilich – wie Art 12 klarstellt – eine **Abänderung der ausländischen Entscheidung** durch die Gerichte des Vollstreckungsstaates aufgrund geänderter tatsächlicher Verhältnisse nicht aus. Ob eine Abänderung der ausländischen Entscheidung auch bei unverändertem Sachverhalt allein damit begründet werden kann, dass im Verfahren vor dem angerufenen Gericht im Vollstreckungsstaat nunmehr ein anderes materielles Recht, das zu einer abweichenden Sachentscheidung führe gelte (so wohl *Siehr* RabelsZ 64 [2000] 715/744; Staud/*v Hein* Vorbem Art 24 EGBGB Rn 291; NK-BGB/*Benicke* Rn 2), erscheint hingegen fraglich, weil dies auf eine unzulässige sachliche Überprüfung der ausländischen Entscheidung hinausläuft.

ErwSÜ Art. 27. [Vollstreckung]

Die in einem Vertragsstaat getroffenen und in einem anderen Vertragsstaat für vollstreckbar erklärten oder zur Vollstreckung registrierten Maßnahmen werden dort vollstreckt, als seien sie von den Behörden dieses anderen Staates getroffen worden. Die Vollstreckung richtet sich nach dem Recht des ersuchten Staates unter Beachtung der darin vorgesehenen Grenzen.

1. Gleichstellung ausländischer und inländischer Maßnahmen, S 1

46 Für die eigentliche Zwangsvollstreckung erklärt Art 27 – wiederum in Übereinstimmung mit Art 28 KSÜ – das Recht des Vollstreckungsstaates für maßgebend. Hierzu ordnet S 1 die vollständige Gleichstellung von für vollstreckbar erklärten ausländischen Maßnahmen mit Maßnahmen an, die von den Behörden des Vollstreckungsstaates selbst getroffen worden sind. Der Vollstreckungsstaat ist also nicht berechtigt, ausländische Maßnahmen nur unter – im Vergleich zu inländischen Maßnahmen – erschwerten Voraussetzungen zu vollstrecken (NK-BGB/*Benicke* Rn 2). Die angeordnete Gleichstellung bereitet allerdings auf dem Gebiet des Erwachsenenschutzes größere Probleme als auf dem Gebiet des Kinderschutzes, weil die nationalen Rechte diesbezüglich viel stärker voneinander abweichen. Daher wird häufig eine Anpassung der ausländischen Maßnahme an eine funktionsäquivalente inländische Maßnahme erforderlich werden (*Siehr* RabelsZ 64 [2000] 715/745; Staud/*v Hein* Vorbem Art 24 EGBGB Rn 292; NK-BGB/*Benicke* Rn 3).

2. Anwendung des Rechts des ersuchten Staates, S 2

47 Im Übrigen richtet sich auch das Verfahren der Vollstreckung der ausländischen Maßnahmen nach dem Recht des Vollstreckungsstaates. Daher gelten – wie S 2 klarstellt – die im Vollstreckungsstaat vorgesehenen **Schranken** für die Vollstreckung von Maßnahmen auf dem Gebiet des Erwachsenenschutzes in gleicher Weise auch für ausländische Maßnahmen (vgl *Lagarde*-Bericht Rn 128).

Kapitel V. Zusammenarbeit
ErwSÜ Art 28–37

(abgedruckt und kommentiert → W Rn 11 ff)

Kapitel VI. Allgemeine Bestimmungen
ErwSÜ Art 38–43

(abgedruckt und kommentiert → J Rn 138 ff).

1490

III. Autonomes Zivilverfahrensrecht: ErwSÜAG §§ 1–5 **S**

ErwSÜ Art 44–49

(abgedruckt und kommentiert → J Rn 248 ff).

ErwSÜ Art 50. [Zeitlicher Anwendungsbereich]

(1) **Dieses Übereinkommen ist nur auf Maßnahmen anzuwenden, die in einem Staat getroffen werden, nachdem das Übereinkommen für diesen Staat in Kraft getreten ist.**

(2) **Dieses Übereinkommen ist auf die Anerkennung und Vollstreckung von Maßnahmen anzuwenden, die getroffen wurden, nachdem es im Verhältnis zwischen dem Staat, in dem die Maßnahmen getroffen wurden, und dem ersuchten Staat in Kraft getreten ist.**

(3) *(abgedruckt und kommentiert (→ J Rn 265)*

1. Internationale Zuständigkeit und anwendbares Recht, Abs 1

Vgl dazu → J Rn 145. **48**

2. Anerkennung und Vollstreckung von Maßnahmen, Abs 2

Eng wird der zeitliche Anwendungsbereich für die Anerkennung und Vollstreckung von **49** Entscheidungen nach dem ErwSÜ gezogen. Denn Entscheidungen auf dem Gebiet des Erwachsenenschutzes können nur dann nach dem Kapitel IV anerkannt und für vollstreckbar erklärt werden, wenn Gegenstand eine Maßnahme ist, die getroffen wurde, nachdem das ErwSÜ im Verhältnis zwischen dem Ursprungs- und dem ersuchten Staat bereits in Kraft getreten war. In *Deutschland* können daher nur **nach dem 1.1.2009 getroffene Maßnahmen** der Behörden anderer Vertragsstaaten nach dem ErwSÜ anerkannt und vollstreckt werden, sofern das Übk im Zeitpunkt der Entscheidung auch im Anordnungsstaat bereits in Kraft getreten war. Hingegen ist das Übk auf die Anerkennung und Vollstreckung zuvor getroffener Maßnahmen auch dann nicht anwendbar, wenn das ErwSÜ in Ursprungsstaat im Zeitpunkt der Entscheidung bereits in Kraft war. Es genügt also nicht, dass das ErwSÜ erst im Zeitpunkt der Anerkennung oder Vollstreckbarerklärung in beiden Staaten gilt. Auch reicht es für die Anwendung der Art 22 ff nicht aus, dass das Gericht des Ursprungsstaats die Entscheidung vor dem Inkrafttreten des ErwSÜ aufgrund einer Zuständigkeitsvorschrift getroffen hat, die eine Entsprechung im Kapitel II dieses Übk hat.

ErwSÜ Art 51–52

(abgedruckt und kommentiert → J Rn 146).

Kapitel VII. Schlussbestimmungen

ErwSÜ Art 53–59

(abgedruckt → J nach Rn 146).

III. Autonomes Zivilverfahrensrecht

920. Gesetz zur Ausführung des Haager Übereinkommens vom 13. Januar 2000 über den internationalen Schutz von Erwachsenen (Erwachsenenschutzübereinkommens-Ausführungsgesetz – ErwSÜAG)

Vom 17. März 2007 (BGBl I, 314)

Abschnitt 1. Zentrale Behörde

ErwSÜAG §§ 1–5.

(abgedruckt und kommentiert → W Rn 36 ff)

1491

S 50–52　　　　2. Teil. Anerkennung/Vollstreckung S. Betreuungssachen

Abschnitt 2. Gerichtliche Zuständigkeit und Zuständigkeitskonzentration

ErwSÜAG § 6. Sachliche und örtliche Zuständigkeit; Zuständigkeitskonzentration

(1) Das Betreuungsgericht, in dessen Bezirk ein Oberlandesgericht seinen Sitz hat, ist für den Bezirk dieses Oberlandesgerichts zuständig für

1. die Feststellung der Anerkennung oder Nichtanerkennung einer in einem anderen Vertragsstaat getroffenen Maßnahme nach Artikel 23 des Übereinkommens,
2. die Vollstreckbarerklärung einer in einem anderen Vertragsstaat getroffenen Maßnahme nach Artikel 25 des Übereinkommens sowie
3. das Konsultationsverfahren nach Artikel 33 des Übereinkommens.

Für den Bezirk des Kammergerichts ist das Amtsgericht Schöneberg in Berlin zuständig.

(2) Die Landesregierungen werden ermächtigt, die Zuständigkeit nach Absatz 1 durch Rechtsverordnung einem anderen Betreuungsgericht des Oberlandesgerichtsbezirks oder, wenn in einem Land mehrere Oberlandesgerichte errichtet sind, einem Betreuungsgericht für die Bezirke aller oder mehrerer Oberlandesgerichte zuzuweisen. Sie können die Ermächtigung auf die Landesjustizverwaltungen übertragen.

(3) Örtlich zuständig für die Verfahren nach Absatz 1 Satz 1 Nr. 1 und 2 ist das Betreuungsgericht, in dessen Zuständigkeitsbereich der Betroffene bei Antragstellung seinen gewöhnlichen Aufenthalt hat. Hat der Betroffene im Inland keinen gewöhnlichen Aufenthalt oder ist ein solcher nicht feststellbar, ist das Betreuungsgericht zuständig, in dessen Zuständigkeitsbereich das Bedürfnis der Fürsorge hervortritt. Ergibt sich keine Zuständigkeit nach den Sätzen 1 und 2, ist das zuständige Betreuungsgericht im Bezirk des Kammergerichts örtlich zuständig. Im Fall des Absatzes 1 Satz 1 Nr. 3 ist das Betreuungsgericht örtlich zuständig, in dessen Zuständigkeitsbereich der Betroffene nach dem Vorschlag der ersuchenden Behörde untergebracht werden soll.

(4) Artikel 147 des Einführungsgesetzes zum Bürgerlichen Gesetzbuche gilt entsprechend.

1. Sachliche Zuständigkeit

50　　Sachlich zuständig für die in Abs 1 Nr 1–3 genannten Verfahren der Anerkennung/Nichtanerkennung und der Vollstreckbarerklärung von Schutzmaßnahmen für Erwachsene ist in Deutschland nicht das Familiengericht, sondern das **Betreuungsgericht**.

2. Zuständigkeitskonzentration, Abs 1

51　　Aufgrund der in Abs 1 – in Anlehnung an § 12 IntFamRVG – angeordneten Zuständigkeitskonzentration ist für die in Nr 1–3 genannten Verfahren dasjenige Betreuungsgericht, in dessen Bezirk ein OLG seinen Sitz hat, für den gesamten OLG-Bezirk örtlich zuständig. Auf diese Weise sollten die Spezialkenntnisse und praktischen Erfahrungen zur Bearbeitung von Fällen mit Auslandsberührung in jedem OLG-Bezirk bei einem Betreuungsgericht gebündelt werden. Für den Bezirk des Kammergerichts ist das Amtsgericht Schöneberg in Berlin zuständig. Hat ein anderes Betreuungsgericht entschieden, so ist die Sache auf sofortige Beschwerde vom OLG an das nach Abs 1 zuständige Familiengericht abzugeben.

3. Ermächtigung der Landesregierungen, Abs 2

52　　Durch Abs 2 werden die Landesregierungen ermächtigt, die in Abs 1 angeordnete Konzentration der Zuständigkeit durch Rechtsverordnung zu ändern oder einzuschränken, indem die örtliche Zuständigkeit zB einem anderen Betreuungsgericht im OLG-Bezirk oder nur einem Betreuungsgericht für die Bezirke aller oder mehrerer Oberlandesgerichte eines Bundeslandes zugewiesen wird. Von dieser Möglichkeit hat bisher nur das Land Niedersachsen Gebrauch gemacht; danach ist das AG Celle für alle drei OLG-Bezirke zuständig.

1492

III. Autonomes Zivilverfahrensrecht: ErwSÜAG § 7   **S**

4. Örtliche Zuständigkeit, Abs 3

a) Anknüpfungspunkt. Bezüglich des Anknüpfungspunkts für die örtliche Zuständigkeit ist **53** nach Abs 1 zu unterscheiden:

aa) Verfahren der (Nicht-)Anerkennung und der Vollstreckbarerklärung von Schutzmaßnahmen, Abs 1 S 1 Nr 1 und 2. Für die Verfahren nach Abs 1 S 1 Nr 1 und 2 ist das Betreuungsgericht örtlich zuständig, in dessen Zuständigkeitsbereich der Betroffene bei Antragstellung seinen **gewöhnlichen Aufenthalt** hat. Hat der Betroffene im Inland keinen gewöhnlichen Aufenthalt oder ist ein solcher nicht feststellbar, ist das Betreuungsgericht zuständig, in dessen Zuständigkeitsbereich das **Bedürfnis der Fürsorge** hervortritt. Ergibt sich keine Zuständigkeit nach den Sätzen 1 und 2, ist hilfsweise das zuständige Betreuungsgericht im Bezirk des Kammergerichts örtlich zuständig.

bb) Konsultationsverfahren nach Art 33 ErwSÜ. Im Fall des Abs 1 S 1 Nr 3 ist nach **54** Abs 4 S 4 das Betreuungsgericht örtlich zuständig, in dessen Zuständigkeitsbereich der Betroffene nach dem Vorschlag der ersuchenden Behörde untergebracht werden soll.

b) Maßgebender Zeitpunkt. Für die örtliche Zuständigkeit nach Abs 1 S 1 Nr 1 und 2 **55** kommt es nach Abs 4 S 1 darauf an, dass der Betroffene seinen gewöhnlichen Aufenthalt im Zeitpunkt der Antragstellung im OLG-Bezirk hat. Durch einen Wechsel dieses gewöhnlichen Aufenthalts wird das Gericht nach dem insoweit geltenden Grundsatz der *perpetuatio fori* für die Feststellung der Anerkennung bzw Nichtanerkennung nach Art 23 ErwSÜ oder für die Vollsteckbarerklärung nach Art 25 ErwSÜ nicht unzuständig. Unerheblich ist daher, ob der Betroffene seinen gewöhnlichen Aufenthalt innerhalb der *Bundesrepublik Deutschland* ändert oder ins Ausland oder an einen unbekannten Ort verlegt. Andernfalls könnte er sich leicht einer Vollstreckbarerklärung der Schutzmaßnahme durch Verlassen des Gerichtsortes entziehen. Andererseits genügt es aber, wenn der gewöhnliche Aufenthalt erst im Laufe der Verfahren nach Abs 1 S 1 Nr 1 und 2 im Gerichtsbezirk begründet wird.

ErwSÜAG § 7. Zuständigkeitskonzentration für andere Betreuungssachen

(1) **Das Betreuungsgericht, bei dem ein in § 6 Abs. 1 Satz 1 genanntes Verfahren anhängig ist, ist von diesem Zeitpunkt an für alle denselben Betroffenen betreffenden Betreuungssachen einschließlich der Verfügungen nach § 35 des Gesetzes über das Verfahren in Familiensachen und in den Angelegenheiten der freiwilligen Gerichtsbarkeit sowie Abschnitt 9 des Buches 1 des Gesetzes über das Verfahren in Familiensachen und in den Angelegenheiten der freiwilligen Gerichtsbarkeit zuständig. Die Wirkung des Satzes 1 tritt nicht ein, wenn der Antrag auf Anerkennungsfeststellung oder Vollstreckbarerklärung offensichtlich unzulässig ist. Sie entfällt, sobald das angegangene Gericht infolge einer unanfechtbaren Entscheidung unzuständig ist; Verfahren, für die dieses Gericht hiernach seine Zuständigkeit verliert, sind von Amts wegen an das zuständige Gericht abzugeben. Die Abgabeentscheidung ist unanfechtbar und für das für zuständig erklärte Gericht bindend.**

(2) **Ein anderes Betreuungsgericht, bei dem eine denselben Betroffenen betreffende Betreuungssache im ersten Rechtszug anhängig ist oder anhängig wird, hat dieses Verfahren von Amts wegen an das nach Absatz 1 Satz 1 zuständige Betreuungsgericht abzugeben. Die Abgabeentscheidung ist unanfechtbar.**

(3) **Das Betreuungsgericht, das für eine Sache nach Absatz 1 oder Absatz 2 zuständig ist, kann diese aus wichtigen Gründen an das nach den allgemeinen Vorschriften zuständige Betreuungsgericht abgeben oder zurückgeben, soweit dies nicht zu einer unverhältnismäßigen Verzögerung des Verfahrens führt. Als wichtiger Grund ist es in der Regel anzusehen, wenn die besondere Sachkunde des erstgenannten Gerichts für das Verfahren nicht oder nicht mehr benötigt wird. Die Entscheidung über die Abgabe ist unanfechtbar und für das für zuständig erklärte Gericht bindend.**

(4) **§ 273 des Gesetzes über das Verfahren in Familiensachen und in den Angelegenheiten der freiwilligen Gerichtsbarkeit bleibt unberührt.**

(5) **Artikel 147 des Einführungsgesetzes zum Bürgerlichen Gesetzbuche gilt entsprechend.**

1493

S 2. Teil. Anerkennung/Vollstreckung S. Betreuungssachen

1. Erweiterung der Zuständigkeitskonzentration auf andere Betreuungssachen, Abs 1

56   Durch die an § 13 IntFamRVG angelehnte Regelung wird die in § 12 angeordnete Zuständigkeitskonzentration für Anerkennungs- und Vollstreckbarerklärungsverfahren sowie Konsultationsverfahren nach dem ErwSÜ aus Gründen des Sachzusammenhangs auf weitere Betreuungssachen, die denselben Erwachsenen betreffen, erstreckt. Die erweiterte Zuständigkeitskonzentration beginnt gemäß Abs 1 S 1 mit der Anhängigkeit einer der in § 6 Abs 1 S 1 genannten Sachen. Sie umfasst auch Zwangsmaßnahmen nach § 35 FamFG. Die Zuständigkeitskonzentration tritt nach Abs 1 S 2 nicht ein, wenn der Antrag auf Anerkennungsfeststellung oder Vollstreckbarerklärung offensichtlich unzulässig ist, und sie endet nach Abs 1 S 3, sobald das angerufene Gericht aufgrund unanfechtbarer Entscheidung unzuständig wird; es hat dann das Verfahren an das nach den allgemeinen Vorschriften zuständige Gericht abzugeben.

2. Abgabe des Verfahrens durch andere Familiengerichte, Abs 2

57   Die Verfahrenskonzentration wird nach Abs 2 dadurch verwirklicht, dass jedes andere Betreuungsgericht, bei dem eine denselben Erwachsenen betreffende Betreuungssache im ersten Rechtszug anhängig ist oder wird, dieses Verfahren **von Amts wegen** durch unanfechtbare Entscheidung an das nach Abs 1 S 1 zuständige Betreuungsgericht abzugeben hat.

3. Abgabe oder Rückgabe aus wichtigem Grund, Abs 3

58   Nur ausnahmsweise kann das Gericht, bei dem die Entscheidung über eine Betreuungssache nach Abs 1 oder 2 konzentriert ist, diese gemäß Abs 3 S 1 aus wichtigem Grund an das nach den allgemeinen Vorschriften zuständige Betreuungsgericht ab- oder zurückgeben, sofern hierdurch keine unverhältnismäßige Verfahrensverzögerung eintritt. Ein wichtiger Grund liegt nach Abs 3 S 2 vor, wenn die besondere Sachkunde des erstgenannten Gerichts für das Verfahren nicht mehr benötigt wird, also insbesondere wenn der Auslandsbezug des Verfahrens nachträglich entfallen ist. Die Abgabeentscheidung ist nach Abs 3 S 3 unanfechtbar und für das Gericht, an das die Sache abgegeben wird, bindend.

Abschnitt 3. Anerkennungsfeststellung, Vollstreckbarerklärung, Konsultationsverfahren und Bescheinigungen

ErwSÜAG § 8. Allgemeine Verfahrensvorschriften für die Anerkennungsfeststellung und Vollstreckbarerklärung

(1) **Das Verfahren nach den Artikeln 23 und 25 des Übereinkommens richtet sich nach dem Buch 1 des Gesetzes über das Verfahren in Familiensachen und in den Angelegenheiten der freiwilligen Gerichtsbarkeit. Die §§ 275, 276, 297 Abs. 5, §§ 308, 309 und 311 des Gesetzes über das Verfahren in Familiensachen und in den Angelegenheiten der freiwilligen Gerichtsbarkeit sind entsprechend anzuwenden.**

(2) **Das Gericht hat den Betroffenen persönlich anzuhören, wenn die anzuerkennende oder für vollstreckbar zu erklärende Maßnahme eine im Inland vorzunehmende Maßnahme im Sinn des § 312 des Gesetzes über das Verfahren in Familiensachen und in den Angelegenheiten der freiwilligen Gerichtsbarkeit, eine Untersuchung des Gesundheitszustands, eine Heilbehandlung oder einen ärztlichen Eingriff im Sinn des § 1904 des Bürgerlichen Gesetzbuchs oder eine im Inland vorzunehmende Sterilisation beinhaltet. Im Übrigen soll das Gericht den Betroffenen persönlich anhören. § 278 Abs. 3 bis 5 des Gesetzes über das Verfahren in Familiensachen und in den Angelegenheiten der freiwilligen Gerichtsbarkeit gilt entsprechend.**

(3) **Das Gericht kann die im Inland zuständige Betreuungsbehörde anhören, wenn es der Betroffene verlangt oder wenn es der Sachaufklärung dient. Die Anhörung anderer Personen liegt im Ermessen des Gerichts.**

(4) **Der Beschluss des Gerichts ist zu begründen.**

(5) **Der Beschluss ist dem Betroffenen und, falls ein solcher bestellt ist, dem Betreuer oder einer Person mit vergleichbaren Aufgaben bekannt zu machen. Handelt es sich bei der anerkannten oder für vollstreckbar erklärten Maßnahme um eine Unterbrin-**

1494

III. Autonomes Zivilverfahrensrecht: ErwSÜAG § 8 **59–65 S**

gung im Inland, ist der Beschluss auch dem Leiter der Einrichtung bekannt zu machen, in welcher der Betroffene untergebracht werden soll. Die §§ 288 und 326 des Gesetzes über das Verfahren in Familiensachen und in den Angelegenheiten der freiwilligen Gerichtsbarkeit gelten entsprechend.

(6) Der Beschluss unterliegt der Beschwerde. Die §§ 303 und 305 des Gesetzes über das Verfahren in Familiensachen und in den Angelegenheiten der freiwilligen Gerichtsbarkeit gelten entsprechend.

(7) Der Beschluss wird erst mit seiner Rechtskraft wirksam. Bei Gefahr im Verzug kann das Gericht die sofortige Wirksamkeit des Beschlusses anordnen.

1. Anwendung des FamFG, Abs 1

Nach Abs 1 entscheidet das Betreuungsgericht in den Verfahren der Anerkennungsfeststellung 59 und Vollstreckbarerklärung von Schutzmaßnahmen der Behörden anderer Vertragsstaaten nach §§ 23, 25 ErwSÜ im Verfahren der freiwilligen Gerichtsbarkeit. Verwiesen wird auf das gesamte Buch 1 des FamFG, so dass auch hier der Grundsatz der **Amtsermittlung** nach § 26 FamFG gilt. Ferner finden die betreuungsrechtlichen Vorschriften der §§ 275, 276, 297 Abs 5 und die §§ 308, 309 und 311 FamFG entsprechende Anwendung.

2. Anhörung des Betroffenen, Abs 2

Die Anhörung des Betroffenen ist nach Abs 2 S 1 nur dann **zwingend** vorgeschrieben, wenn 60 die im Inland anzuerkennende oder für vollstreckbar zu erklärende Maßnahme in besonders schwerwiegender Weise in dessen Persönlichkeitsrechte eingreift, nämlich bei einer im Inland vorzunehmenden Unterbringung iSv § 312 FamFG, bei einer Untersuchung seines Gesundheitszustands, einer Heilbehandlung oder einem ärztlichen Eingriff iSv § 1904 BGB oder bei einer im Inland vorzunehmenden Sterilisation. Bei der Vollstreckbarerklärung sonstiger Maßnahmen soll das Gericht den Betroffenen nach Abs 2 S 2 anhören, ist aber hierzu nicht verpflichtet. Zu Einzelheiten des Anhörungsverfahrens wird auf § 278 Abs 3–5 FamFG verwiesen.

3. Sonstige Anhörungen, Abs 3

Nach Abs 3 S 1 kann das Gericht die zuständige inländische Betreuungsbehörde anhören, 61 wenn der Betroffene dies verlangt oder wenn es der Sachaufklärung dient. Die Anhörung anderer Personen (zB des Ehegatten oder der Kinder des Betroffenen) steht nach Abs 3 S 2 im Ermessen des Gerichts. Bei der Ermessensausübung wird insbesondere zu berücksichtigen sein, wie stark die Maßnahme in die Rechte des Betroffenen eingreift (Staud/*v Hein* Vorbem Art 24 EGBGB Rn 274).

4. Begründungspflicht, Abs 4

Der Beschluss über die Feststellung der Anerkennung oder die Vollstreckbarerklärung der 62 ausländischen Maßnahme ist nach Abs 4 zu begründen.

5. Zustellung des Beschlusses, Abs 5

Der Beschluss ist nach Abs 5 S 1 dem Betroffenen und, falls ein solcher bestellt ist, dem 63 Betreuer oder einer Person mit vergleichbaren Aufgaben bekannt zu machen. Handelt es sich bei der anerkannten oder für vollstreckbar erklärten Maßnahme um eine Unterbringung im Inland, ist der Beschluss auch dem Leiter der Einrichtung bekannt zu machen, in welcher der Betroffene untergebracht werden soll. Ergänzend wird auf §§ 288 und 326 FamFG verwiesen.

6. Rechtsbehelf, Abs 6

Der Beschluss unterliegt gemäß Abs 6 S 1 der **Beschwerde.** Ergänzend wird auf §§ 303 und 64 305 FamFG verwiesen.

7. Wirksamkeit des Beschlusses, Abs 7

Der Beschluss wird nach Abs 7 S 1 erst mit seiner Rechtskraft wirksam. Bei Gefahr im Verzug 65 kann das Gericht allerdings nach S 2 die sofortige Wirksamkeit des Beschlusses anordnen.

1495

S   2. Teil. Anerkennung/Vollstreckung S. Betreuungssachen

ErwSÜAG § 9. Bindungswirkung der Anerkennungsfeststellung.

Die Feststellung nach Artikel 23 des Übereinkommens, dass die Voraussetzungen für die Anerkennung vorliegen oder nicht vorliegen, ist für Gerichte und Verwaltungsbehörden bindend.

66   In Anlehnung an das Feststellungsverfahren für die Anerkennung ausländischer Entscheidungen in Ehesachen nach § 107 FamFG (→ K Rn 194 ff) ordnet § 9 eine Bindungswirkung der Feststellung nach Art 23 ErwSÜ über das Vorliegen der Anerkennungsvoraussetzungen für Gerichte und Behörden an. Dadurch soll im Interesse der Effizienz des internationalen Erwachsenenschutzes verhindert werden, dass in späteren Verfahren, in denen es wiederum auf die Anerkennung der Schutzmaßnahme ankommt, erneut *incidenter* – und ggf abweichend – hierüber entschieden werden muss bzw wird.

ErwSÜAG § 10. Vollstreckungsklausel

(1) Ein Titel aus einem anderen Vertragsstaat, der dort vollstreckbar ist und im Inland Vollstreckungshandlungen erfordert, wird dadurch nach Artikel 25 des Übereinkommens für vollstreckbar erklärt, dass er auf Antrag mit einer Vollstreckungsklausel versehen wird.

(2) § 20 Abs. 1 Satz 1 und 2 sowie § 23 des Internationalen Familienrechtsverfahrensgesetzes gelten entsprechend.

1. Vollstreckungsklausel, Abs 1

67   In Deutschland erfolgt die Vollstreckbarerklärung eines Titels nach dem ErwSÜ gem Abs 1 in einem **Klauselerteilungsverfahren.** Dieses stellt ein (besonderes) erstinstanzliches Erkenntnisverfahren dar. § 10 regelt aber nur die **formellen** Voraussetzungen der Klauselerteilung; die sachlichen Voraussetzungen für einen begründeten Antrag, der zur Erteilung des Exequatur führt, ergeben sich hingegen aus Art 25, 26 ErwSÜ (→ Rn 36 ff).

68   Das Verfahren wird nach Abs 1 durch einen **Antrag** eingeleitet. Dieser kann nach Abs 2 bei dem nach § 6 zuständigen Betreuungsgericht schriftlich eingereicht oder zu Protokoll der Geschäftsstelle erklärt werden. Die Umdeutung eines Antrags auf Vollstreckbarerklärung nach dem ErwSÜAG in einen Antrag nach §§ 108–110 FamFG ist nicht möglich (vgl zum EuGVÜ BGH NJW 95, 264).

69   Nach Abs 1 lässt das Gericht die Zwangsvollstreckung aus dem in einem anderen Vertragsstaat des ErwSÜ geschaffenen Titel nach Art 25 ErwSÜ dadurch zu, dass es ihn mit der Vollstreckungsklausel versieht. Voraussetzung dafür ist, dass die Entscheidung im Ursprungsstaat vollstreckbar ist und ein entsprechender Antrag gestellt wird.

2. Ergänzende Anwendung des IntFamRVG, Abs 2

70   **a) § 20 Abs 1 S 2 IntFamRVG.** Aus der Verweisung auf § 20 Abs 1 S 2 IntFamRVG folgt, dass die zu vollstreckende Verpflichtung in dem Beschluss zwingend **in deutscher Sprache** wiederzugeben ist.

71   **b) § 23 IntFamRVG.** Wegen der Formalien der Erteilung der Vollstreckungsklausel verweist Abs 2 auf § 23 IntFamRVG (→ N Rn 555 ff).

ErwSÜAG § 11. Aufhebung oder Änderung von Entscheidungen über die Anerkennungsfeststellung oder Vollstreckbarerklärung

(1) Wird eine in einem anderen Vertragsstaat getroffene Maßnahme in diesem Staat aufgehoben oder abgeändert und kann die betroffene Person diese Tatsache nicht mehr in dem Verfahren nach § 6 Abs. 1 Nr. 1 oder Nr. 2 geltend machen, kann sie die Aufhebung oder Änderung der Entscheidung über die Anerkennungsfeststellung oder Vollstreckbarerklärung in einem besonderen Verfahren beantragen. Die §§ 8 und 9 gelten entsprechend.

1496

III. Autonomes Zivilverfahrensrecht: ErwSÜAG § 13   75 **S**

(2) **Für die Entscheidung über den Antrag ist das Betreuungsgericht ausschließlich zuständig, das im ersten Rechtszug über die Anerkennungsfeststellung oder Vollstreckbarerklärung entschieden hat.**

1. Normzweck, Abs 1 S 1

Wird eine in einem anderen Vertragsstaat getroffene Maßnahme in diesem Staat aufgehoben **72** oder abgeändert, so kann die betroffene Person diese Tatsache grundsätzlich im Verfahren der Anerkennungsfeststellung oder Vollstreckbarerklärung nach § 6 Abs 1 Nr 1 oder Nr 2 geltend machen. In diesem Fall können die Wirkungen der ausländischen Maßnahme nicht mehr auf das Inland erstreckt werden; der Antrag auf Vollstreckbarerklärung ist daher abzuweisen (vgl zum EuGVÜ OLG Düsseldorf IPRax 98, 279). Wird die Entscheidung im Ursprungsstaat hingegen erst aufgehoben oder abgeändert, nachdem sie im Inland bereits für vollstreckbar erklärt worden ist, so hat der deutsche Gesetzgeber zur Bewältigung dieses Problems nach dem Vorbild von § 27 AVAG und § 34 IntFamRVG ein **besonderes Verfahren** eingeführt, in dem der Verpflichtete die Aufhebung oder Änderung der Entscheidung über die Anerkennungsfeststellung oder Vollstreckbarerklärung beantragen kann.

2. Verfahren, Abs 1 S 2

Hinsichtlich des Verfahrens verweist Abs 1 S 2 auf die §§ 8 und 9. Danach gilt das 1. Buch des **73** FamG. (§ 8 Abs 1). Der Beschluss des Gerichts ist zu begründen und dem Betroffenen sowie seinem Betreuer, soweit ein solcher bestellt ist, bekanntzumachen (§ 8 Abs 4 und 5). Der Beschluss unterliegt der Beschwerde und wird erst mit seiner Rechtskraft wirksam (§ 8 Abs 6 und 7).

3. Zuständigkeit, Abs 2

Ausschließlich zuständig für dieses Verfahren ist nach Abs 2 das Betreuungsgericht, das im **74** ersten Rechtszug über die Anerkennungsfeststellung oder Vollstreckbarerklärung entschieden hat. Dies gilt auch dann, wenn die endgültige Entscheidung über die Vollstreckbarerklärung erst im Rechtsbehelfsverfahren vom OLG oder BGH getroffen wurde (vgl zu § 34 IntFamRVG NK-BGB/*Andrae* Anh zu Art 36 EuEheVO Rn 3). Der Antrag kann schriftlich oder mündlich zu Protokoll der Geschäftsstelle erklärt werden.

ErwSÜAG § 12. Widerspruch im Konsultationsverfahren

(abgedruckt und kommentiert → W Rn 45 ff)

ErwSÜAG § 13. Bescheinigungen über inländische Schutzmaßnahmen

(1) **Die Bescheinigung über eine inländische Schutzmaßnahme nach Artikel 38 des Übereinkommens wird von dem Urkundsbeamten der Geschäftsstelle des Gerichts des ersten Rechtszugs und, wenn das Verfahren bei einem höheren Gericht anhängig ist, von dem Urkundsbeamten der Geschäftsstelle dieses Gerichts ausgestellt.**

(2) **§ 319 der Zivilprozessordnung gilt entsprechend.**

Die Bescheinigung nach Art 38 ErwSÜ soll die Anerkennung bzw Vollstreckbarerklärung **75** deutscher Entscheidungen auf dem Gebiet des Erwachsenenschutzes in anderen Vertragsstaaten erleichtern. Zuständig für ihre Ausstellung ist nach Abs 1 der Urkundsbeamte der Geschäftsstelle des Betreuungsgerichts des ersten Rechtszugs. Ist gegen die Entscheidung Beschwerde oder Rechtsbeschwerde eingelegt worden, so ist der Urkundsbeamte der Geschäftsstelle des OLG bzw des BGH zuständig.

1497

S   2. Teil. Anerkennung/Vollstreckung S. Betreuungssachen

930. Gesetz über das Verfahren in Familiensachen und in den Angelegenheiten der freiwilligen Gerichtsbarkeit (FamFG)

Vom 17. Dezember 2008 (BGBl I, 2586)

Buch 1. Allgemeiner Teil
Abschnitt 9. Verfahren mit Auslandsbezug

Schrifttum: Vgl das allg Schrifttum zur Anerkennung ausländischer Entscheidungen in Familiensachen nach dem FamFG (→ K vor Rn 189), das auch für die Anerkennung von betreuungsrechtlichen Entscheidungen entsprechend herangezogen werden kann.

Unterabschnitt 1. Verhältnis zu völkerrechtlichen Vereinbarungen und Rechtsakten der Europäischen Gemeinschaft

FamFG § 97. Vorrang und Unberührtheit

(1) [1]Regelungen in völkerrechtlichen Vereinbarungen gehen, soweit sie unmittelbar anwendbares innerstaatliches Recht geworden sind, den Vorschriften dieses Gesetzes vor. [2]Regelungen in Rechtsakten der Europäischen Gemeinschaft bleiben unberührt.

(2) Die zur Umsetzung und Ausführung von Vereinbarungen und Rechtsakten im Sinne des Absatzes 1 erlassenen Bestimmungen bleiben unberührt.

76   Auf dem Gebiet der Anerkennung und Vollstreckung ausländischer Entscheidungen in Betreuungssachen hat das ErwSÜ im Verhältnis zu den Vertragsstaaten Vorrang vor den §§ 108, 109 FamFG. Für die Anerkennung drittstaatlicher Entscheidungen bleiben hingegen die §§ 108 ff FamFG maßgebend.

Unterabschnitt 2. Internationale Zuständigkeit

FamFG § 106. Keine ausschließliche Zuständigkeit

Die Zuständigkeiten in diesem Unterabschnitt sind nicht ausschließlich.

77   Die internationale Zuständigkeit der deutschen Gerichte in Betreuungssachen nach § 104 ist nicht ausschließlich. Dies ist insbesondere im Hinblick auf die Prüfung der **Anerkennungszuständigkeit** des ausländischen Gerichts nach § 109 Abs 1 Nr 1 gemäß dem sog Spiegelbildprinzip von Bedeutung. Die Anerkennung einer ausländischen Entscheidung betreffend die Anordnung von betreuungsrechtlichen Maßnahmen ist daher nicht schon deshalb zu versagen, weil eine konkurrierende internationale Zuständigkeit eines deutschen Gerichts nach § 104 gegeben ist.

Unterabschnitt 3. Anerkennung und Vollstreckbarkeit ausländischer Entscheidungen

FamFG § 108. Anerkennung anderer ausländischer Entscheidungen

(1) Abgesehen von Entscheidungen in Ehesachen werden ausländische Entscheidungen anerkannt, ohne dass es hierfür eines besonderen Verfahrens bedarf.

(2) [1]Beteiligte, die ein rechtliches Interesse haben, können eine Entscheidung über die Anerkennung oder Nichtanerkennung einer ausländischen Entscheidung nicht vermögensrechtlichen Inhalts beantragen. [2]§ 107 Abs. 9 gilt entsprechend. [3][....]

(3) Für die Entscheidung über den Antrag nach Absatz 2 Satz 1 ist das Gericht örtlich zuständig, in dessen Bezirk zum Zeitpunkt der Antragstellung

1. der Antragsgegner oder die Person, auf die sich die Entscheidung bezieht, sich gewöhnlich aufhält oder

2. bei Fehlen einer Zuständigkeit nach Nummer 1 das Interesse an der Feststellung bekannt wird oder das Bedürfnis der Fürsorge besteht.

Diese Zuständigkeiten sind ausschließlich.

1498

III. Autonomes Zivilverfahrensrecht: FamFG § 109 **80, 81 S**

1. Automatische Anerkennung, Abs 1

Ausländische Entscheidungen in Betreuungssachen werden nach Abs 1 im Inland automatisch **78** anerkannt, dh ihre Wirkungen werden auf das Inland erstreckt, ohne dass es hierfür eines besonderen Verfahrens bedarf (MüKoFamFG/*Rauscher* Rn 18 f; P/H/*Hau* Rn 39). Jedes Gericht und jede Behörde, für deren Entscheidung in der Hauptsache es auf die Vorfrage der Anerkennung ankommt, kann daher inzident darüber entscheiden, ob der Anerkennung Versagungsgründe nach § 109 entgegenstehen (*Klinck* FamRZ 09, 741/744).

2. Fakultative Anerkennungsfeststellung, Abs 2

Die Anordnung einer Betreuung hat zwar mittelbar auch vermögensrechtliche Auswirkungen, **79** weil der Betreuer auch die Vermögensinteressen des Betreuten wahrzunehmen hat. Sie hat jedoch – ähnlich wie die Anordnung einer Vormundschaft oder Pflegschaft – keinen „vermögensrechtlichen Inhalt" iSv Abs 2. Deshalb ist auch eine verbindliche Anerkennungsfeststellung nach § 108 Abs 2 in Betreuungssachen statthaft. Zu den Einzelheiten dieses Verfahrens wird auf die Kommentierung der Anerkennung von Entscheidungen in Kindschaftssachen (→ N Rn 618 ff) verwiesen.

FamFG § 109. Anerkennungshindernisse

(1) **Die Anerkennung einer ausländischen Entscheidung ist ausgeschlossen,**
1. **wenn die Gerichte des anderen Staates nach deutschem Recht nicht zuständig sind;**
2. **wenn einem Beteiligten, der sich zur Hauptsache nicht geäußert hat und sich hierauf beruft, das verfahrenseinleitende Dokument nicht ordnungsgemäß oder nicht so rechtzeitig mitgeteilt worden ist, dass er seine Rechte wahrnehmen konnte;**
3. **wenn die Entscheidung mit einer hier erlassenen oder anzuerkennenden früheren ausländischen Entscheidung oder wenn das ihr zugrunde liegende Verfahren mit einem früher hier rechtshängig gewordenen Verfahren unvereinbar ist;**
4. **wenn die Anerkennung der Entscheidung zu einem Ergebnis führt, das mit wesentlichen Grundsätzen des deutschen Rechts offensichtlich unvereinbar ist, insbesondere wenn die Anerkennung mit den Grundrechten unvereinbar ist.**

(2) *(abgedruckt und kommentiert (→ K Rn 261 ff)*

(3) *(abgedruckt und kommentiert (→ Q vor Rn 76, 81)*

(4) **Die Anerkennung einer ausländischen Entscheidung, die**
   1. **Familienstreitsachen,**
2.–5. *(abgedruckt und kommentiert (→ Q vor Rn 76, 85, 89)*
betrifft, ist auch dann ausgeschlossen, wenn die Gegenseitigkeit nicht verbürgt ist.

(5) **Eine Überprüfung der Gesetzmäßigkeit der ausländischen Entscheidung findet nicht statt.**

1. Grundsatz

Zu den Anerkennungsversagungsgründen wird auf die ausführliche Kommentierung der Vor- **80** schrift in Ehesachen (→ K Rn 254 ff) und in Kindschaftssachen (→ N Rn 628 ff) verwiesen. Nachfolgend werden daher nur die Besonderheiten dargestellt, die sich demgegenüber im Rahmen von § 109 für die Anerkennung von Entscheidungen in Betreuungssachen ergeben.

2. Die einzelnen Anerkennungsversagungsgründe

a) Fehlende Anerkennungszuständigkeit, Abs 1 Nr 1. Vgl zunächst → N Rn 631 ff. **81** Prüfungsmaßstab für die internationale Anerkennungszuständigkeit in Betreuungssachen ist § 104 FamFG (näher → J Rn 149 ff). Die internationale Anerkennungszuständigkeit des Gerichts eines Staates, der nicht dem ErwSÜ beigetreten ist, für die Anordnung einer Betreuung liegt danach aufgrund spiegelbildlicher Anwendung dieser Vorschrift vor, wenn der Betroffene oder der volljährige Pflegling

(1) Staatsangehöriger des Entscheidungsstaats ist, oder
(2) seinen gewöhnlichen Aufenthalt im Entscheidungsstaat hatte, oder
(3) der Fürsorge durch ein Gericht des Entscheidungsstaates bedurfte.

1499

S 88   2. Teil. Anerkennung/Vollstreckung S. Betreuungssachen

82   Wegen der Einzelheiten zur Spiegelung ausländischer Zuständigkeitsvorschriften im Rahmen
      von § 109 Abs 1 Nr 1 wird auf die Kommentierung der Vorschrift in Kindschaftssachen (→ N
      Rn 631 ff) verwiesen.

83   **b) Verletzung des rechtlichen Gehörs bei Verfahrenseinleitung, Nr 2.** Vgl → K
      Rn 266 ff und → N Rn 639 ff.

84   **c) Unvereinbare Entscheidungen oder Verfahren, Nr 3.** Vgl → K Rn 277 ff und → N
      Rn 641 ff.

85   **d) Verstoß gegen den ordre public, Nr 4.** Vgl → K Rn 283 ff und → N Rn 649 ff.

86   **e) Kein Erfordernis der Gegenseitigkeit, Abs 4.** Die Verbürgung der Gegenseitigkeit ist
      kein generelles Anerkennungshindernis in Verfahren der freiwilligen Gerichtsbarkeit, sondern
      nur bei der Anerkennung von Entscheidungen zu prüfen, die einen der in Abs 4 aufgezählten
      Verfahrensgegenstände betreffen. In Betreuungssachen kommt es auf die Verbürgung der Gegen-
      seitigkeit nicht an.

87   **f) Verbot der révision au fond, Abs 5.** Eine Überprüfung der Entscheidung in der Sache
      ist auch in Bezug auf Entscheidungen in Betreuungssachen ausgeschlossen.

§ 110. Vollstreckbarkeit ausländischer Entscheidungen

      **(1) Eine ausländische Entscheidung ist nicht vollstreckbar, wenn sie nicht anzuer-
      kennen ist.**

      **(2) [1] Soweit die ausländische Entscheidung eine in § 95 Abs. 1 genannte Verpflich-
      tung zum Inhalt hat, ist die Vollstreckbarkeit durch Beschluss auszusprechen. [2] Der
      Beschluss ist zu begründen.**

      **(3) [1] Zuständig für den Beschluss nach Absatz 2 ist das Amtsgericht, bei dem der
      Schuldner seinen allgemeinen Gerichtsstand hat, und sonst das Amtsgericht, bei dem
      nach § 23 der Zivilprozessordnung gegen den Schuldner Klage erhoben werden kann.
      [2] Der Beschluss ist erst zu erlassen, wenn die Entscheidung des ausländischen Gerichts
      nach dem für dieses Gericht geltenden Recht die Rechtskraft erlangt hat.**

88   Zur Vollstreckbarerklärung ausländischer Entscheidungen in Betreuungssachen kann auf die
      Kommentierung von § 110 im Rahmen des Kindschaftsrechts (→ N Rn 658 ff) verwiesen
      werden.

1500

3. Teil. Internationale Zusammenarbeit der Gerichte und Behörden in Familiensachen

T. Unterhaltssachen

Übersicht

	Rn.
I. Einführung	1
II. EU-Recht	2
EuUntVO (Text-Nr 940)	2
Vorbemerkung	2
Kapitel VII: Zusammenarbeit der Zentralen Behörden (Art 49–63)	7
III. Staatsverträge	73
1. HUÜ 2007 (Text-Nr 950)	73
Vorbemerkung	73
Kap. VII: Zusammenarbeit auf Verwaltungsebene (Art 4–8)	77
Kap. III: Anträge über die Zentralen Behörden (Art 9–17)	82
2. UN-UntGÜ (Text-Nr 960)	92
Vorbemerkung	92
Text (Art 1–10)	97
IV. Autonomes Zivilverfahrensrecht	99
AUG (Text-Nr 970)	99
Vorbemerkung	99
Kap. 1: Allgemeiner Teil (§§ 1–17)	101

Der Abschnitt T beschränkt sich auf die **Behördenzusammenarbeit** in Unterhaltssachen. Die Behandlung von Unterhaltssachen im **Erkenntnisverfahren** ist Gegenstand des **Abschnitts C**. Die **Anerkennung und Vollstreckung** ausländischer Entscheidungen in Unterhaltssachen ist im **Abschnitt M** dargestellt.

I. Einführung

Regelungen über die internationale Behördenzusammenarbeit enthalten auf dem Gebiet des **1** Unterhaltsverfahrensrecht die EuUntVO (→ Rn 1 ff), das HUÜ 2007 (→ Rn 73 ff) und das UN-UntGÜ (→ Rn 92 ff). Die deutschen Ausführungsvorschriften dazu finden sich in §§ 1–19 AUG (→ Rn 99 ff). Demgegenüber sehen weder das LugÜ 2007 noch das HUntVO 1973 eine Zusammenarbeit zentraler Behörden zur Durchsetzung von Unterhaltsansprüchen vor (OLG Celle NJOZ 16, 1071).

II. EU-Recht

940. Verordnung (EG) Nr 4/2009 des Rates über die Zuständigkeit, das anwendbare Recht, die Anerkennung und Vollstreckung von Entscheidungen und die Zusammenarbeit in Unterhaltssachen (EuUntVO)

Vom 18. Dezember 2008 (ABl EU 2009 L 7, 1)

Vorbemerkung

Schrifttum: *Curry-Summer,* Administrative cooperation and free legal aid in international child maintenance recovery – What ist the added value of the European Maintenance Regulation, NIPR 10, 611; *Veith,* Die Rolle der Zentralen Behörden und des Jugendamts bei der Geltendmachung und Durchsetzung von Unterhaltsansprüchen, FPR 13, 46.

T   3. Teil. Behördenzusammenarbeit. T. Unterhaltssachen

1. Allgemeines

2   Zu den Zielen und zum Anwendungsbereich der EuUntVO → C Rn 19 ff und → M Rn 27.
Im Kapitel VII wird das auf dem Gebiet der elterlichen Verantwortung bewährte System der
grenzüberschreitenden Zusammenarbeit von Zentralen Behörden (vgl Art 53 ff EuEheVO; → U
Rn 3 ff; Art 29 ff KSÜ; → U Rn 29 ff; Art 6 f HKÜ; → U Rn 65 ff) auf das Gebiet der grenz-
überschreitenden Durchsetzung von Unterhaltsansprüchen übertragen und an dessen besondere
Erfordernisse angepasst. Die Art 49 ff EuUntVO verbessern seit dem 18.6.2011 im Verhältnis der
Mitgliedstaaten zueinander das veraltete System der Rechtshilfe, das bisher auf der Grundlage des
New Yorker UN-Übereinkommens über die Geltendmachung von Unterhaltsansprüchen im
Ausland vom 20.6.1956 (**UN-UntGÜ**; abgedruckt → Rn 96 ff) galt.

2. Verhältnis zu anderen Rechtsinstrumenten

3   **a) HUÜ 2007.** Im Verhältnis der Mitgliedstaaten der EuUntVO zueinander lässt das für die
EU am 1.8.2014 in Kraft getretene HUÜ 2007 (→ Rn 73 ff) auf dem Gebiet der internationalen
Behördenzusammenarbeit gemäß seinem Art 51 Abs 4 S 2 die Vorschriften des Kapitels VII der
EuUntVO unberührt. Aus deutscher Sicht gelten daher für die Zusammenarbeit mit Zentralen
Behörden aus den anderen Mitgliedstaaten der EuUntVO (mit Ausnahme *Dänemarks,* das am
Kapitel VII der EuUntVO nicht teilnimmt) nur die Art 53 ff EuUntVO.

4   Das Kapitel VII der EuUntVO lehnt sich allerdings inhaltlich eng an die Regelungen in
Kapitel II (Zusammenarbeit auf Verwaltungsebene; → Rn 77 ff) und III (Anträge über die Zentralen Behörden → Rn 82 ff) des HUÜ 2007 an. Die Art 53 ff EuUntVO greifen freilich
insoweit sachlich über die korrespondierenden Vorschriften des HUÜ 2007 hinaus, als sie sich
auf die Durchsetzung von sämtlichen Unterhaltspflichten iSv Art 1 Abs 1 EuUntVO (→ C
Rn 34 ff) erstrecken, während der persönliche Anwendungsbereich der Kapitel II und III des
HUÜ 2007 gem Art 2 Abs 1 grundsätzlich auf die Unterhaltspflichten der Eltern gegenüber
ihren Kindern, die noch nicht 21 Jahre alt sind, beschränkt ist (→ M Rn 489 ff).

5   **b) UN-UntGÜ 1956.** Im Verhältnis der Mitgliedstaaten der EuUntVO zueinander (wiederum mit Ausnahme *Dänemarks*) verdrängt das Kapitel VII der Verordnung auch das UN-Übereinkommen über die Geltendmachung von Unterhaltsansprüchen im Ausland v 20.6.1956 (UN-
UntGÜ; → Rn 92 ff), Art 69 Abs 2 EuUntVO.

3. Auslegung

6   Dem europäischen Gesetzgeber der EuUntVO hat auf dem Gebiet der internationalen
Behördenzusammenarbeit vor allem das HUÜ 2007 als Vorbild gedient. Dessen Vorschriften sind
deshalb auch bei der Auslegung dieser Verordnung zu berücksichtigen (ErwG 8 zur EuUntVO;
→ Anh III).

Kapitel I. Geltungsbereich und Begriffsbestimmungen
EuUntVO Art 1 – 2

(abgedruckt und kommentiert → C Rn 34 ff)

Kapitel II. Zuständigkeit
EuUntVO Art 3–14

(abgedruckt und kommentiert → C Rn 72 ff)

Kapitel III. Anwendbares Recht
EuUntVO Art 15

(abgedruckt und kommentiert → C Rn 487)

1502

II. EU-Recht: EuUntVO Art 49   **8, 9 T**

Kapitel IV. Anerkennung, Vollstreckbarkeit und Vollstreckung von Entscheidungen
EuUntVO Art 16–43

(abgedruckt und kommentiert → M Rn 48 ff)

Kapitel V. Zugang zum Recht
EuUntVO Art 44–47

(abgedruckt und kommentiert → C Rn 823 ff)

Kapitel VI. Gerichtliche Vergleiche und öffentliche Urkunden
EuUntVO Art 48

(abgedruckt und kommentiert → M Rn 325 ff)

Kapitel VII. Zusammenarbeit der Zentralen Behörden

Kapitel VII regelt vier unterschiedliche Apekte der Behördenzusammenarbeit, nämlich die **7** Bildung und Zusammenarbeit der Zentralen Behörden im allgemeinen (Art 49–51), die Anträge natürlicher Personen und öffentliche Aufgaben wahrnehmder Einrichtungen iSv Art 64 (Art 51–52, 54–59), Ersuchen um Durchführung besonderer Maßnahmen (Art 51, 53–54) und der Zugang der Zentralen Behörden zur Information über personenbezogene Daten und deren Schutz (Art 61–63).

EuUntVO Art 49. Bestimmung der Zentralen Behörden

(1) Jeder Mitgliedstaat bestimmt eine Zentrale Behörde, welche die ihr durch diese Verordnung übertragenen Aufgaben wahrnimmt.

(2) ¹Einem Mitgliedstaat, der ein Bundesstaat ist, einem Mitgliedstaat mit mehreren Rechtssystemen oder einem Mitgliedstaat, der aus autonomen Gebietseinheiten besteht, steht es frei, mehrere Zentrale Behörden zu bestimmen, deren räumliche und persönliche Zuständigkeit er festlegt. ²Macht ein Mitgliedstaat von dieser Möglichkeit Gebrauch, so bestimmt er die Zentrale Behörde, an die Mitteilungen zur Übermittlung an die zuständige Zentrale Behörde in diesem Staat gerichtet werden können. ³Wurde eine Mitteilung an eine nicht zuständige Zentrale Behörde gerichtet, so hat diese die Mitteilung an die zuständige Zentrale Behörde weiterzuleiten und den Absender davon in Kenntnis zu setzen.

(3) Jeder Mitgliedstaat unterrichtet die Kommission im Einklang mit Artikel 71 über die Bestimmung der Zentralen Behörde oder der Zentralen Behörden sowie über deren Kontaktdaten und gegebenenfalls deren Zuständigkeit nach Absatz 2.

1. Bestimmung der Zentralen Behörde, Abs 1

Für die Wahrnehmung der Aufgaben nach dieser Verordnung hat jeder Mitgliedstaat eine **8** Zentrale Behörde zu bestimmen. Dies schließt die Verpflichtung ein, die Zentrale Behörde mit den rechtlichen Befugnissen und den finanziellen Mitteln auszustatten, damit sie ihren Aufgaben nach der Verordnung nachkommen können (Rauscher/*Andrae* Rn 1). Die diesbezüglich nach Abs 3 iVm Art 71 Abs 1 lit d von den Mitgliedstaaten an die Kommission zu machenden Mitteilungen sind im Europäischen Gerichtsatlas in Zivilsachen auf folgender Internetseite abrufbar: „https://e-justice.europa.eu/content_maintenance_obligations-355-de. do.

Die *Bundesrepublik Deutschland* hat hierfür das **Bundesamt für Justiz** in Bonn bestimmt (§ 4 Abs 1 AUG; → Rn 104).

2. Mehrere Zentrale Behörden, Abs 2

Mehrere Zentrale Behörden kann ein Mitgliedstaat nach Abs 2 S 1 nur in **drei Fällen 9** bestimmen, nämlich wenn es sich entweder um einen Bundesstaat handelt oder um einen Mitgliedstaat mit mehreren Rechtssystemen oder schließlich um einen Mitgliedstaat, der aus

1503

T   3. Teil. Behördenzusammenarbeit. T. Unterhaltssachen

autonomen Gebietseinheiten besteht. Da in einem solchen Fall aus der Sicht Zentraler Behörden anderer Mitgliedstaaten nur schwer durchschaubar ist, welche dieser mehreren Zentralen Behörden im Einzelfall zuständig ist, verpflichtet die Verordnung einen Mitgliedstaat, der von dieser Möglichkeit Gebrauch macht, diejenige Zentrale Behörde zu bestimmen, an die Mitteilungen zur Übermittlung an die zuständige Zentrale Behörde in diesem Staat gerichtet werden können. Ferner ist eine nicht zuständige Zentrale Behörde verpflichtet, eine empfangene Mitteilung an die zuständige Zentrale Behörde weiterzuleiten und den Absender davon in Kenntnis zu setzen.

Die *Bundesrepublik Deutschland* hat von der Möglichkeit nach Abs 2 keinen Gebrauch gemacht (§ 4 Abs 1 AUG; → Rn 104).

EuUntVO Art 50. Allgemeine Aufgaben der Zentralen Behörden

(1) **Die Zentralen Behörden**

a) **arbeiten zusammen, insbesondere durch den Austausch von Informationen, und fördern die Zusammenarbeit der zuständigen Behörden ihrer Mitgliedstaaten, um die Ziele dieser Verordnung zu verwirklichen;**
b) **suchen, soweit möglich, nach Lösungen für Schwierigkeiten, die bei der Anwendung dieser Verordnung auftreten.**

(2) [1]**Die Zentralen Behörden ergreifen Maßnahmen, um die Anwendung dieser Verordnung zu erleichtern und die Zusammenarbeit untereinander zu stärken.** [2]**Hierzu wird das mit der Entscheidung 2001/470/EG eingerichtete Europäische Justizielle Netz für Zivil- und Handelssachen genutzt.**

1. Allgemeines

10   Die Verordnung unterscheidet zwischen den *allgemeinen* Aufgaben der Behörden nach Art 50 und den *besonderen* Aufgaben nach Art 51. Während letztere nach Art 51 Abs 3 an andere Behörden oder Stellen delegiert werden können, müssen die allgemeinen Aufgaben nach Art 50 von der Zentralen Behörde selbst wahrgenommen werden. Dabei hat diese nach Abs 3 S 2 zur Erfüllung ihrer Aufgaben das Europäische Justizielle Netz für Zivil- und Handelssachen zu nutzen

2. Zusammmenarbeit

11   Hauptpflicht der Zentralen Behörden ist die Zusammenarbeit mit den Zentralen Behörden anderer Mitgliedstaaten. Diese umfasst einerseits den **Informationsaustausch,** vor allem auf rechtlichem Gebiet, zB über die Entwicklung des Unterhaltsrechts in den jeweiligen Mitgliedstaaten. Andererseits haben die Zentralen Behörden auch die Zusammenarbeit der jeweils intern zuständigen Behörden ihrer Mitgliedstaaten zu fördern, um die Ziele der Verordnung zu verwirklichen.

3. Lösung von Schwierigkeiten

12   Als weitere Hauptaufgabe der Zentralen Behörden nennt Abs 1 lit b die Lösung für Schwierigkeiten, die bei der Anwendung der Verordnung auftreten. Solche Schwierigkeiten können sich vor allem daraus ergeben, dass die nationalen Behördenösungsorientierten Zusammenarbeit animiert werden, die Mitgliedstaaten unterschiedlich ausgelegt werden (Rauscher/*Andrae* Rn 3). Darüber hinaus sollen die Zentralen Behörden zu einer kreativen, lösungsorientierten Zusammenarbeit animiert werden, die gerade in grenzüberschreitenden Sachverhalten von besonderer Bedeutung ist (Rauscher/*Kern* Art 5 HUÜ 2007 Rn 6).

EuUntVO Art 51. Besondere Aufgaben der Zentralen Behörden

(1) **Die Zentralen Behörden leisten bei Anträgen nach Artikel 56 Hilfe, indem sie insbesondere**

a) **diese Anträge übermitteln und entgegennehmen;**
b) **Verfahren bezüglich dieser Anträge einleiten oder die Einleitung solcher Verfahren erleichtern.**

(2) **In Bezug auf diese Anträge treffen die Zentralen Behörden alle angemessenen Maßnahmen, um**

1504

II. EU-Recht: EuUntVO Art 51

13–15 **T**

a) Prozesskostenhilfe zu gewähren oder die Gewährung von Prozesskostenhilfe zu erleichtern, wenn die Umstände es erfordern;

b) dabei behilflich zu sein, den Aufenthaltsort der verpflichteten oder der berechtigten Person ausfindig zu machen, insbesondere in Anwendung der Artikel 61, 62 und 63;

c) die Erlangung einschlägiger Informationen über das Einkommen und, wenn nötig, das Vermögen der verpflichteten oder der berechtigten Person einschließlich der Belegenheit von Vermögensgegenständen zu erleichtern, insbesondere in Anwendung der Artikel 61, 62 und 63;

d) gütliche Regelungen zu fördern, um die freiwillige Zahlung von Unterhalt zu erreichen, wenn angebracht durch Mediation, Schlichtung oder ähnliche Mittel;

e) die fortlaufende Vollstreckung von Unterhaltsentscheidungen einschließlich der Zahlungsrückstände zu erleichtern;

f) die Eintreibung und zügige Überweisung von Unterhalt zu erleichtern;

g) unbeschadet der Verordnung (EG) Nr. 1206/2001 die Beweiserhebung, sei es durch Urkunden oder durch andere Beweismittel, zu erleichtern;

h) bei der Feststellung der Abstammung Hilfe zu leisten, wenn dies zur Geltendmachung von Unterhaltsansprüchen notwendig ist;

i) Verfahren zur Erwirkung notwendiger vorläufiger Maßnahmen, die auf das betreffende Hoheitsgebiet beschränkt sind und auf die Absicherung des Erfolgs eines anhängigen Unterhaltsantrags abzielen, einzuleiten oder die Einleitung solcher Verfahren zu erleichtern;

j) unbeschadet der Verordnung (EG) Nr. 1393/2007 die Zustellung von Schriftstücken zu erleichtern.

(3) ¹Die Aufgaben, die nach diesem Artikel der Zentralen Behörde übertragen sind, können in dem vom Recht des betroffenen Mitgliedstaats vorgesehenen Umfang von öffentliche Aufgaben wahrnehmenden Einrichtungen oder anderen der Aufsicht der zuständigen Behörden dieses Mitgliedstaats unterliegenden Stellen wahrgenommen werden. ²Der Mitgliedstaat teilt der Kommission gemäß Artikel 71 die Bestimmung solcher Einrichtungen oder anderen Stellen sowie deren Kontaktdaten und Zuständigkeit mit.

(4) Dieser Artikel und Artikel 53 verpflichten eine Zentrale Behörde nicht zur Ausübung von Befugnissen, die nach dem Recht des ersuchten Mitgliedstaats ausschließlich den Gerichten zustehen.

1. Allgemeines

Art 51 konkretisiert die allgemeine Aufgabe der Zentralen Behörden zur Zusammenarbeit in **13** Bezug auf Anträge nach Art 56. Dabei regelt Abs 1 die unmittelbare Förderung der gestellten Anträge, während Abs 2 einen Katalog von ergänzenden Einzelmaßnahmen enthält, die nur unter dem Vorbehalt ihrer Angemessenheit ergriffen werden dürfen. Abs 3 lässt eine Delegation dieser Maßnahmen an andere öffentliche Einrichtungen oder staatlich kontrollierte Stellen zu. Schließlich ist nach Abs 4 ein Vorbehalt zugunsten der Gerichte nach nationalem Recht zu beachten.

2. Hilfeleistung bei Anträgen nach Art 56, Abs 1

a) **Übermittlung und Entgegennahme von Anträgen, lit a.** Die Übermittlung und Ent- **14** gegennahme von Anträgen der Beteiligten nach Art 56 gehört zu den wichtigsten Aufgaben der Zentralen Behörden überhaupt. Die Durchführung dieser Aufgabe wird in Art 58 näher konkretisiert. Die Pflicht zur Hilfeleistung der Zentralen Behörden bei der Antragstellung ist – anders als bei den Abs 2 genannten Einzelmaßnahmen – auch nicht von einer Angemessenheitsprüfung abhängig.

b) **Einleitung von Verfahren, lit b.** Die Anträge nach Art 56 sind auf die Durchsetzung von **15** Unterhaltsentscheidungen in einem anderen Mitgliedstaat gerichtet. Daher verpichtet lit b die Zentrale Behörde im Vollstreckungsstaat dazu, über die Entgegennahme des Antrags nach lit a hinaus Verfahren zur Anerkennung, Vollstreckbarerklärung oder Vollstreckung von Unterhaltsentscheidungen aus anderen Mitgliedstaaten entweder selbst einzuleiten oder, wenn dies rechtlich nicht zulässig oder nicht tunlich ist, die Einleitung zumindest zu erleichtern, indem sie zB

1505

T 16–20   3. Teil. Behördenzusammenarbeit. T. Unterhaltssachen

einen geeigneten Rechtsanwalt mit der Durchführung eines solchen Verfahrens in Vertretung des Antragstellers beauftragt.

3. Angemessene Einzelmaßnahmen, Abs 2

16   **a) Angemessenheit.** Die in Abs 2 aufgezählten Einzelmaßnahmen haben die Zentralen Behörden nur dann zu ergreifen, wenn diese „angemessen" sind. Dies sind zunächst nur solche Maßnahmen, welche die zuständige Zentrale Behörde nach dem nationalen Recht des Mitgliedstaats, dem sie angehört und der sie mit gewissen Kompetenzen und finanziellen Mitteln ausgestattet hat, überhaupt ergreifen darf (G/Sch/*Picht* Rn 7; Rauscher/*Andrae* Rn 6; vgl zu Art 6 HUÜ 2007 auch den *Borrás/Degeling*-Bericht Rn 120). Darüber hinaus muss die Maßanhme zur Erreichung der Ziele der Vorschrift geeignet sein und wenn mehrere gleichermaßen geeigneter Maßnahmen in Betracht kommen, ist diejenige zu wählen, welche die Interessen des Antragsgegners am wenigsten beeinträchtigt. Inwieweit im Rahmen der Angemessenheitsprüfung auch die finanziellen Ressourcen der Zentralen Behörde zu berücksichtigen sind, ist bisher nicht geklärt (bejahend zu Art 6 HUÜ 2007 der *Borrás/Degeling*-Bericht Rn 121; einschränkend Rauscher/*Kern* Art 6 HUÜ 2007 Rn 6). Kann die Zentrale Behörde die erforderliche Maßnahme nicht selbst ergreifen, so hat sie den Antragsteller zumindest zu beraten und ggf an eine andere zuständige Einrichtung oder an einen Rechtsanwalt zu verweisen (vgl zu Art 6 HUÜ 2007 den *Borrás/Degeling*-Bericht Rn 123).

17   **b) Gewährung von Prozesskostenhilfe, lit a.** Eine Verpflichtung der Zentralen Behörde, dem Antragsteller möglichst zu Prozesskostenhilfe im Vollstreckungsmitgliedstaat zu verhelfen, besteht nur insoweit, als dieser nach dem Kapitel V überhaupt Anspruch auf Proesskostenhilfe hat; daran fehlt es zB unter den Voraussetzungen des Art 44 Abs 3. Eine Einschaltung der Zentralen Behörde ist auch dann entbehrlich, wenn der Antragsteller bereits einen gesetzlichen Anspruch auf Gewährung von Prozesskostenhilfe im ersuchten Mitgliedstaat hat, wie zB nach Art 47 Abs 2 oder Abs 3. Wird die Prozesskostenhilfe hingegen nur auf Antrag gewährt, so hat die Zentrale Behörde diesen Antrag grundsätzlich für den Antragsteller zu stellen. Ein solches Ersuchen wird von der Vollmacht nach Art 52 umfasst (Rauscher/*Andrae* Rn 7).

18   **c) Aufenthaltsermittlung, lit b.** Die Ermittlung des Aufenthaltsorts sowohl des Unterhaltsverpflichteten wie des Unterhaltsberechtigten kommt im internationalen Unterhaltsrecht erhebliche Bedeutung zu, und zwar sowohl im Erkenntnisverfahren (zB zur Bestimmung der internationalen Zuständigkeit und des anwendbaren Rechts) wie in Verfahren der Anerkennung und Vollstreckung von Unterhaltsentscheidungen. Aus diesem Grunde verpflichtet lit b die Zentralen Behörden bei dieser Aufenthaltsermittlung im Zusammenhang mit Anträgen nach Art 56 oder Art 53 Hilfe zu leisten. Einzelheiten zur Erfüllung dieser Verpflichtung und zum Datenschutz ergeben sich aus Art 61–63 (→ Rn 71). In *Deutschland* gelten ergänzend die §§ 16, 17 AUG (→ Rn 109).

19   **d) Einkommensermittlung, lit c.** Die für die die Begründung von Unterhaltspflichten idR unabdingbare Feststellung der Bedürftigkeit des Unterhaltsberechtigen und der Leistungsfähigkeit des Unterhaltsverpflichteten hängt maßgeblich von den beiderseitigen Einkommens- und Vermögensverhältnissen ab. Deshalb haben die Zentralen Behörden nach lit c Informationen über das Einkommen und – soweit nach dem anwendbaren Unterhaltsrecht erforderlich – die sonstigen Vermögensverhältnisse sowohl des Verpflichteten wie des Berechtigten zu beschaffen. Dazu gehören auch Informationen zur **Belegenheit von Vermögensgegenständen**, deren Kenntnis vor allem für die Durchführung von Sicherungs- oder Vollstreckungsmaßnahmen gegen den Unterhaltsverpflichteten notwendig ist. Die Auswahl der zu diesem Zweck zu ergreifenden angemessenen Maßnahmen steht im Ermessen der Zentralen Behörde. In Betracht kommt – ebenso wie nach lit b – insbesondere die Einholung amtlicher Auskünfte, auf die Privatpersonen keinen Zugriff haben. In *Deutschland* stehen der Zentralen Behörde im Rahmen der Anerkennung und Vollstreckung von Unterhalttstiteln die Auskunftsrechte nach § 17 AUG zur Verfügung.

20   **e) Freiwillige Unterhaltszahlung, lit d.** Weiterhin haben die Zentralen Behörden auf gütliche Regelungen zwischen den Parteien hinzuwirken, um die freiwillige Zahlung von Unterhalt zu erreichen. Welche Maßnahmen zu diesem Zweck zu ergriffen werden können, hängt vom anwendbaren nationalen Verfahrensrecht und den Umständen des Einzelfalles ab. Die Verordnung nennt ausdrücklich eine **Mediation oder Schlichtung,** die auch deutsche Gerichte

1506

II. EU-Recht: EuUntVO Art 51

21–25 T

nach § 36a FamFG vorschlagen können. In Betracht kommt aber auch der Abschusss einer notariellen Unterhaltsvereinbarung mit freiwilliger Unerwerfung unter die Zwangsvollstreckung aus der Urkunde (G/Sch/*Picht* Rn 17 f). Maßnahmen nach lit d sollen es demUnterhaltsschuldner allerdings nicht ermöglichen, die Erfüllung seiner Unterhaltpflicht hinauszuzögern (Rauscher/*Andrae* Rn 12).

f) Fortlaufende Vollstreckung, lit e. Maßnahmen zur fortlaufenden Vollstreckung von **21** Unterhaltsentscheidungen sind von der Zentralen Behörde vor allem zu ergreifen, wenn der Unterhaltsverpflichtete mit seinen Unterhaltszahlungen wiederholt in Rückstand geraten ist. Denn es liegt nicht im Interesse der Beteiligten, bei jedem Verzug mit einer Unterhaltsrate ein neues Vollstreckungsverfahren einzuleiten. In Betracht kommt insbesondere eine fortlaufende Gehalts- oder Kontenpfändung Hingegen ist die Zentrale Behörde nicht verpflichtet, die ordnungsgemäße Erfüllung von Unterhaltszahlungen laufend zu kontrollieren oder den säumigen Unterhaltsschuldner zu mahnen (vgl zu Art 6 HUÜ 2007 den *Borrás/Degeling*-Bericht Rn 155). Als erleichternde Maßnahmen zu diesem Zweck kommen insbesondere die Ermittlung der Bankverbindung oder des Arbeitgebers des Verpflichteten in Betracht, um laufende Pfändungen beantragen zu können, sowie die Beauftragung eines Rechtsanswalts, der diese Anträge bei den zuständigen Gerichten oder Behörden stellt (Rauscher/*Andrae* Rn 14).

g) Eintreibung von Unterhalt, lit f. Unterstützung sollen die Zentralen Behörden nach lit f **22** auch bei der Eintreibung und der zügigen Überweisung von Unterhaltszahlungen leisten. Denn gerade die grenzüberschreitende Überweisung von Unterhalt ist in der Praxis nicht selten mit erheblichen Verzögerungen verbunden. Da die Zentrale Behörde nicht selbst Vollstreckungsorgan ist, kann sie die Eintreibung allerdings nur durch unterstützende Maßnahmen erleichtern.

h) Erleichterung der Beweiserhebung, lit g. Ist im Rahmen eines Unterhaltsverfahrens die **23** Erhebung von Beweisen im Ausland (zB über die für die Unterhaltsbemessung maßgeblichen dortigen Lebenshaltungskosten, vgl → C Rn 714 ff) erforderlich, so kann das zuständige Gericht hierfür einerseits den Weg über die ausdrücklich vorbehaltene Europäische Beweisaufnahmeverordnung Nr 1206/2001 v 28.5.2001 (**EuBVO**, ABl EG L 174, 1) wählen; es hat aber auch die Möglichkeit, sich nach lit h an die nach der EuUntVO zuständige eigene Zentrale Behörde zu wenden, die dann ein Ersuchen nach Art 53 stellt. Der letztere Weg bietet sich insbesondere an, wenn es sich nur um die Beschaffung von Informationen handelt, die im ersuchten Staat öffentlich zugänglich sind. Bedarf es hingegen der förmlichen Beweiserhebung durch Sachverständige oder die Befragung von Zeugen, so ist idR ein Ersuchen nach der EuBVO erforderlich. Denn zu einer Beweiserhebung sind die Zentralen Behörden selbst nicht verpflichtet.

i) Feststellung der Abstammung, lit h. Die Feststellung der Abstammung eines Kindes ist **24** zwar nicht Gegenstand der EuUntVO. Sie ist aber Voraussetzung für die Durchsetzung von Kindesunterhalt, wenn die als Vater in Anspruch genommene Person die Vaterschaft bestreitet. Aus diesem Grund erstreckt lit i die Zusammenarbeit der Zentralen Behörden auch auf die Feststellung der Abstammung, wenn diese zur Geltendmachung von Unterhaltsansprüchen erfoderlich ist. Anträge auf Feststellung der Vaterschaft können daher nach Art 56 Abs 1 lit c mit einem Antrag auf Herbeiführung einer Unterhaltsentscheidung verbunden werden; sie können aber nach Art 53 Abs 1 auch isoliert gestellt werden (G/Sch/*Picht* Rn 27; Rauscher/*Andrae* Rn 20). Welche Maßnahmen die Zentrale Behörde im ersuchten Mitgliedstaat zu diesem Zweck ergreifen kann, hängt von dem dort geltenden Abstammungs- und Verfahrensrecht ab. In Betracht kommt insbesondere die Aufklärung des Antragstellers über die rechtlichen Voraussetzungen einer Feststellung der Abstammung (gesetzliche Vaterschaftsvermutungen, materielle und formelle Anforderungen an ein wirksames Vaterschaftsanerkenntnis, Zulässigkeit von DNA-Tests usw). Die Zentrale Behörde im ersuchten Staat ist aber auch zur Einleitung eines gerichtlichen Verfahrens der Vaterschaftsfeststellung berechtigt (vgl zu Art 6 HUÜ 2007 den *Borrás/Degeling*-Bericht Rn 176).

j) Erwirkung vorläufiger Maßnahmen, lit i. Nach lit i sind die Zentralen Behörden auch **25** zur Einleitung von Verfahren zur Erwirkung notwendiger vorläufiger Maßnahmen berechtigt, die auf die Absicherung des Erfolgs eines **anhängigen Unterhaltsantrags** abzielen. Auf diese Weise soll insbesondere Versuchen des Unterhaltsverpflichteten entgegengewirkt werden, sein Vermögen ins Ausland zu verschieben oder anderweitig zu verschleiern (Rauscher/*Andrae* Rn 23). Diese Befugnis der Zentralen Behörden ist allerdings auf das jeweils **eigene Hoheitsgebiet** beschränkt. Erforderlich ist eine vorläufige sichernde Maßnahme immer dann, wenn

1507

T 30, 31   3. Teil. Behördenzusammenarbeit. T. Unterhaltssachen

einerseits die Durchsetzung von Unterhaltsansprüchen des Antragstellers gefährdet ist, andererseits die beantragte Maßnahme zu deren Absicherung geeignet und angemessen ist (G/Sch/*Picht* Rn 31).

26   **k) Erleichterung der Zustellung, lit j.** Ist im Rahmen eines Unterhaltsverfahrens oder der Vollstreckung einer Unterhaltsentscheidung eine Zustellung im Ausland erforderlich, so kann das zuständige Gericht oder die Zentrale Behörde hierfür einerseits den Weg über die ausdrücklich vorbehaltene Europäische Zustellungsverordnung Nr 1393/2007 v 13.11.2007 (**EuZVO**, ABl EU L 324, 79) wählen. Es besteht aber auch die Möglichkeit, den informelleren Weg nach lit j über die Zentralen Behörden zu gehen. In diesem Fall ist die zuständige Zentrale Behörde nicht verpflichtet, die Zustellung selbst durchzuführen, sondern kann sich hierzu auch anderer Einrichtungen bedienen.

4. Wahrnehmung der Aufgaben durch andere Stellen, Abs 3

27   Die nach Abs 1 und 2 der Zentralen Behörde übertragenen Aufgaben kann ein Mitgliedstaat auch an öffentliche Aufgaben wahrnehmende Einrichtungen oder an andere der Aufsicht der zuständigen Behörden dieses Mitgliedstaats unterliegenden Stellen delegieren. Hierfür wird nur vorausgesetzt, dass die Zulässigkeit und der Umfang einer solchen Übertragung vom Recht des betroffenen Mitgliedstaats vorgesehen sind. Die Mitgliedstaaten haben der Kommission gemäß Art 71 Abs 3 die Bestimmung solcher Einrichtungen oder anderen Stellen sowie deren Kontaktdaten und Zuständigkeit mitzuteilen. Diese Mitteilungen sind im Europäischen Gerichtsatlas in Zivilsachen auf folgender Internetseite abrufbar: „https://e-justice.europa.eu/content_maintenance_obligations-355-de. do.

28   In *Deutschland* wurde durch § 4 Abs 3 AUG das Bundesministerium der Justiz und für Verbraucherschutz ermächtigt, die Aufgaben der zentralen Behörde nach Art 51 Abs 3 auf eine andere öffentliche Stelle zu übertragen oder eine juristische Person des Privatrechts mit den entsprechenden Aufgaben zu beleihen, sofern die Beliehenen über grundlegende Erfahrungen bei der Durchsetzung von Unterhaltsansprüchen im Ausland nachweisen können. Die Beliehene unterliegt dann der Fachaufsicht des Bundesministeriums der Justiz und für Verbraucherschutz. Bisher hat Deutschland von der Möglichkeit der Delegation nach § 4 Abs 3 AUG noch keinen Gebrauch gemacht.

5. Gerichtsvorbehalt, Abs 4

29   Die Aufgabenübertragung nach Art 53 verpflichtet eine Zentrale Behörde nicht zur Ausübung von Befugnissen, die nach dem Recht des ersuchten Mitgliedstaats ausschließlich den Gerichten zustehen. Die Zentrale Behörde hat sich vielmehr in einem solchen Fall auf die Einleitung des Verfahrens vor dem zuständigen Gericht und die Unterstützung des Antragstellers bei der Prozessführung zu beschränken.

EuUntVO Art 52. Vollmacht

Die Zentrale Behörde des ersuchten Mitgliedstaats kann vom Antragsteller eine Vollmacht nur verlangen, wenn sie in seinem Namen in Gerichtsverfahren oder in Verfahren vor anderen Behörden tätig wird, oder um einen Vertreter für diese Zwecke zu bestimmen.

30   Art 52 stellt klar, dass die Zentrale Behörde des ersuchten Mitgliedstaats vom Antragsteller eine Vollmacht nur dann verlangen kann, wenn sie in seinem Namen in Gerichtsverfahren oder in Verfahren vor anderen Behörden tätig wird, oder um einen Vertreter, insbesondere einen Rechtsanwalt, für diese Zwecke zu bestimmen. Im letzteren Fall muss die vom Antragsteller erteilte Vollmacht auch das Recht umfassen, diesem Vertreter **Untervollmacht** zu erteilen (Rauscher/*Andrae* Rn 2). Weitere Aspekte dieser Vollmachterteilung, wie zB ihr Inhalt und Umfang, ihre Form und die Voraussetzungen ihres Widerrufs, regelt die Verordnung nicht; sie bestimen sich nach dem Recht des ersuchten Mitgliedstaats, in dem die Zentrale Behörde aufgrund der Vollmacht tätig werden soll.

31   Aus dem Wortlaut der Vorschrift („kann … verlangen") ergibt sich, dass die Zentrale Behörde über eine solche Vollmacht nicht schon aufgrund der Verordnung verfügt, sondern ihr nur das Recht eingeräumt wird, deren Erteilung vom Antragsteller zu fordern. In *Deutschland* wird eine

II. EU-Recht: UntVO Art 53   32, 33 T

solche Vollmacht allerdings nach § 5 Abs 5 AUG **gesetzlich fingiert**, so dass es einer Erteilung durch den Antragsteller nicht bedarf (→ Rn 106).

UntVO Art 53. Ersuchen um Durchführung besonderer Maßnahmen

(1) [1]Eine Zentrale Behörde kann unter Angabe der Gründe eine andere Zentrale Behörde auch dann ersuchen, angemessene besondere Maßnahmen nach Artikel 51 Absatz 2 Buchstaben b, c, g, h, i und j zu treffen, wenn kein Antrag nach Artikel 56 anhängig ist. [2]Die ersuchte Zentrale Behörde trifft, wenn sie es für notwendig erachtet, angemessene Maßnahmen, um einem potenziellen Antragsteller bei der Einreichung eines Antrags nach Artikel 56 oder bei der Feststellung behilflich zu sein, ob ein solcher Antrag gestellt werden soll.

(2) [1]Im Falle eines Ersuchens hinsichtlich besonderer Maßnahmen im Sinne des Artikels 51 Absatz 2 Buchstaben b und c holt die ersuchte Zentrale Behörde die erbetenen Informationen ein, erforderlichenfalls in Anwendung von Artikel 61. [2]Informationen nach Artikel 61 Absatz 2 Buchstaben b, c und d dürfen jedoch erst eingeholt werden, wenn die berechtigte Person eine Ausfertigung einer zu vollstreckenden Entscheidung, eines zu vollstreckenden gerichtlichen Vergleichs oder einer zu vollstreckenden öffentlichen Urkunde, gegebenenfalls zusammen mit dem Auszug nach den Artikeln 20, 28 oder 48, vorlegt.

[1]Die ersuchte Zentrale Behörde übermittelt die eingeholten Informationen an die ersuchende Zentrale Behörde. [2]Wurden diese Informationen in Anwendung von Artikel 61 eingeholt, wird dabei nur die Anschrift des potenziellen Antragsgegners im ersuchten Mitgliedstaat übermittelt. [3]Im Rahmen eines Ersuchens im Hinblick auf die Anerkennung, die Vollstreckbarkeitserklärung oder die Vollstreckung wird dabei im Übrigen nur angegeben, ob überhaupt Einkommen oder Vermögen der verpflichteten Person in diesem Staat bestehen.

Ist die ersuchte Zentrale Behörde nicht in der Lage, die erbetenen Informationen zur Verfügung zu stellen, so teilt sie dies der ersuchenden Zentralen Behörde unverzüglich unter Angabe der Gründe mit.

(3) Eine Zentrale Behörde kann auf Ersuchen einer anderen Zentralen Behörde auch besondere Maßnahmen in einem Fall mit Auslandsbezug treffen, der die Geltendmachung von Unterhaltsansprüchen betrifft und im ersuchenden Mitgliedstaat anhängig ist.

(4) Die Zentralen Behörden verwenden für Ersuchen nach diesem Artikel das in Anhang V vorgesehene Formblatt.

1. Allgemeines

Art 53 regelt die Zusammenarbeit der Zentralen Behörden in Fällen, in denen weder die **32** berechtgte noch die verpflichtete Person bisher einen Antrag nach Art 56 gestellt hat. In diesen Fällen sind die Zentralen Behörden der Mitgliedstaaten berechtigt, die Zentrale Behörde in einem anderen Mitgliedstaat zu ersuchen, bestimmte der in Art 51 Abs aufgelisteten Aufgaben zu übernehmen. In Abgrenzung zu den Maßnahmen, die der Zentralen Behörde des ersuchten Mitgliedstaats im Zusammenhang mit Anträgen nach Art 56 obliegen, werden diese Maßnahmen in Art 53 als „besondere Maßnahmen"bezeichnet. Beantragt werden können sie nur von einer Zentralen Behörde, also weder von einer öffentliche Aufgaben wahrnehmenden Einrichtung iSv Art 64, noch vom Unterhaltsberechtigten bzw -verpflichten selbst (Rauscher/*Andrae* Rn 1; vgl zu Art 7 HUÜ 2007 auch den *Borrás/Degeling*-Bericht Rn 194; Rauscher/*Kern* Rn 5).

2. Maßnahmen zur Antragsvorbereitung, Abs 1

Abs. 1 betrifft die Situation, dass es im Mitgliedstaat der ersuchenden Zentralen Behörde einen **33** Unterhaltsberechtigten oder -verpflichteten gibt, der möglicherweise einen Antrag nach Art 56 stellen möchte. Die beantragten „besondere Maßnahmen" dienen daher entweder der Vorbereitung eines solchen Antrags oder sollen den potenziellen Antragsteller in die Lage versetzen, eine abgewogene Entscheidung darüber zu treffen, ob er einen solchen Antrag überhaupt stellen sollte. Der Katalog der in Abs 1 durch Bezugnahme auf Art 51 Abs 2 lit b, c, g, h, i und j

1509

T 3. Teil. Behördenzusammenarbeit. T. Unterhaltssachen

genannten Maßnahmen ist abschließend, so dass ein auf die Anordnung anderer Maßnahmen gerichtetes Ersuchen unzulässig ist (MüKoFamFG/*Lipp* Rn 6; Rauscher/*Andrae* Rn 3). Ferner bedarf das Ersuchen nach Abs 1 einer **Angabe der Gründe**, dh es ist darzulegen, warum aus Sicht der ersuchenden Zentralen Behörde eine der dort genannten Maßnahmen erforderlich ist, um einen Antrag nach Art 56 einzureichen oder um die Zweckmäßigkeit eines solchen Antrags prüfen zu können (vgl zu Art 7 Abs 1 HUÜ den *Borrás/Degeling*-Bericht Rn 200; Rauscher/ *Kern* Rn 5).

3. Besondere Regelungen für Ersuchen nach Art 51 Abs 2 lit b und lit c, Abs 2

34   Betrifft das Ersuchen Maßnahmen nach Art Art 51 Abs 2 lit b oder lit c, so hat die ersuchte Zentrale Behörde die erbetenen Informationen einzuholen und hierbei erforderlichenfalls von ihren Befugnissen nach Art 61 Gebrauch zu machen. Allerdings dürfen Informationen nach Art. 61 Abs 2 lit b, c und d erst eingeholt werden, wenn die berechtigte Person eine **Ausfertigung einer zu vollstreckenden Entscheidung** (bzw eines zu vollstreckenden gerichtlichen Vergleichs oder einer zu vollstreckenden öffentlichen Urkunde), ggf zusammen mit dem Auszug nach den Art 20, 28 oder 48, vorlegt.

35   Die ersuchte Zentrale Behörde hat die eingeholten Informationen an die ersuchende Zentrale Behörde zu übermitteln. Dabei hat sie die Beschränkungen nach Abs 2 UAbs 2 zu beachten. Danach wird aus Gründen des Datenschutzes nur die Anschrift des potentiellen Antragsgegners im ersuchten Mitgliedstaat übermittelt, wenn die Informationen in Anwendung von Art 61 eingeholt wurden.

Betrifft das Ersuchen die Anerkennung, Vollstreckbarerklärung oder Vollstreckung einer Unterhaltsentscheidung, so darf ferner nur angegeben werden, ob überhaupt Einkommen oder Vermögen der verpflichteten Person in diesem Staat bestehen, nicht aber in welcher Höhe.

36   Ist die ersuchte Zentrale Behörde nicht in der Lage, die erbetenen Informationen zur Verfügung zu stellen, so hat sie dies der ersuchenden Zentralen Behörde unverzüglich unter Angabe der Gründe mitzuteilen, Abs 2 UAbs 3.

4. Unterstützung eines in einem anderen Mitgliedstaat anhängigen Verfahrens, Abs 3

37   Nach Abs 3 kann die Zentrale Behörde eines Mitgliedstaats auch zur Unterstützung eines vor den Gerichten dieses Mitgliedstaats anhängigen Unterhaltsverfahrens mit Auslandsbezug die Zentrale Behörde eines anderen Mitgliedstaats um besondere Maßnahmen ersuchen. Eine Beschränkung auf die in Abs 1 genannten Maßnahmen besteht im Rahmen von Abs 3 nicht. In Betracht kommt etwa die Ermittlung von Vermögen des Unterhaltsverpflichteten im ersuchten Mitgliedstaat zur Beurteilung seiner Leistungsfähigkeit in dem anhängigen Verfahren (Rauscher/ *Kern* Art 7 HUÜ 2007 Rn 9). Abweichend von Abs 1 und 2 ist die ersuchte Zentrale Behörde zur Vornahme der beantragten Maßnahme auch nicht verpflichtet; vielmehr steht ihr diebezüglich ein **Ermessen** zu („kann").

EuUntVO Art 54. Kosten der Zentralen Behörde

(1) **Jede Zentrale Behörde trägt die Kosten, die ihr durch die Anwendung dieser Verordnung entstehen.**

(2) **Die Zentralen Behörden dürfen vom Antragsteller für ihre nach dieser Verordnung erbrachten Dienstleistungen keine Gebühren erheben, außer für außergewöhnliche Kosten, die sich aus einem Ersuchen um besondere Maßnahmen nach Artikel 53 ergeben.**

Für die Zwecke dieses Absatzes gelten die Kosten im Zusammenhang mit der Feststellung des Aufenthaltsorts der verpflichteten Person nicht als außergewöhnlich.

(3) **Die ersuchte Zentrale Behörde kann sich die außergewöhnlichen Kosten nach Absatz 2 nur erstatten lassen, wenn der Antragsteller im Voraus zugestimmt hat, dass die Dienstleistungen mit einem Kostenaufwand in der betreffenden Höhe erbracht werden.**

II. EU-Recht: EuUntVO Art 55

T

1. Kostentragung im Verhältnis der Mitgliedstaaten, Abs 1

Abs 1 enthält den Grundatz der Kostenfreiheit im Verhältnis der Mitgliedstaaten zueinander, **38**
dh jede Zentrale Behörde trägt ihre eigenen Kosten selbst und ist nicht berechtigt, die ihr durch
Wahrnehmung von Aufgaben nach der Verordnung entstehenden Kosten einer anderen Zentralen Behörde oder einem anderen Mitgliedstaat in Rechnung zu stellen. Dies gilt insbesondere
für die Verwaltungskosten der Bearbeitung von Anträgen nach Art 56, die Einleitung von Maßnahmen nach Art 51 Abs 2 sowie die Beistandsleistung und Vertetung nach Art 56 Abs 3 iVm
Art 45 lit b.

2. Kostentragung im Verhältnis zum Antragsteller, Abs 2, 3

a) Grundsatz der Kostenfreiheit. Nach Abs 2 dürfen die Zentralen Behörden vom Antrag- **39**
steller (auch einer öffentliche Aufgaben wahrnehmenden Einrichtung iSv Art 64) für ihre nach
der Verordnung erbrachten Dienstleistungen grundätzlich keine Gebühren erheben. Unter dem
Begriff der „Gebühren" sind dabei jede Art von Kosten zu verstehen, die der Zentralen Behörde
durch die Erfüllung ihrer Aufgaben nach der Verordnung entstanden sind. Dies gilt allerdings nur
für die Kosten der Zentralen Behörde selbst bzw der Behörden, an die Aufgaben nach Art 51
Abs 3 delegiert wurden (zB in Deutschland für die Kosten der Vorpüfung durch das Amtsgericht,
§ 7 Abs 3 AUG; → Rn 107). Soweit andere Behörden, Einrichtungen oder private Dritte in die
Aufgabenerfüllung eingeschaltet wurden, können diese dem Antragsteller berechnet werden,
auch wenn sie – wie zB Übersetzungs- oder Beurkundungskosten – im Rahmen der nach
Art 52, 53 getroffenen Maßnahmen angefallen sind (Rauscher/*Andrae* Rn 3; vgl zu Art 8 Abs 2
HUÜ 2007 den *Borrás*/*Degeling*-Bericht Rn 222; Rauscher/*Kern* Rn 4).

b) Ausnahmen. aa) Außergewöhnliche Kosten. Der Grundsatz der Gebührenfreiheit gilt **40**
auch für besondere Maßnahmen nach Art 53; er ist diesbezüglich allerdings auf die gewöhnlichen Kosten beschränkt. Demgegenüber dürfen außergewöhnliche Kosten für solche Maßnahmen nach Abs 2 S 1 dem Antragsteller in Rechnung gestellt werden. Allerdings stellt Abs 2 S 2
klar, dass die Kosten im Zusammenhang mit der Feststellung des Aufenthaltsorts der verpflichteten Person nach Art 53 Abs 2 lit a für die Zwecke dieses Absatzes nicht als außergewöhnlich
gelten. Daraus kann freilich nicht geschlossen werden, dass die Kosten für Maßnahmen nach
Art 53 Abs 1 und Abs 2 lit b-lit j stets oder regelmäßig als außergewöhnlich anzusehen sind.
Dies trifft viemehr nur auf solche Kosten zu, welche die bei Ersuchen nach Art 53 üblicherweise
entstehenden Kosten deutlich übersteigen (Rauscher/*Andrae* Rn 8; vgl zu Art 8 Abs 2 HUÜ
2007 Rauscher/*Kern* Rn 6).

bb) Kostenerstattung durch die unterliegende Partei. Eine weitere Ausnahme von dem **41**
Grundsatz, dass der Antragsteller nicht mit Kosten belastet wird, enthält Art 67. Danach kann
die zuständige Behörde des ersuchten Mitgliedstaats von der unterliegenden Partei, die unent-
geltlich Prozesskostenhilfe nach Art 46 erhalten hat, in Ausnahmefällen und wenn es deren
finanzielle Verhältnisse gestatten, die Erstattung der Kosten verlangen (dazu → C Rn 830 ff).
Außerdem können einem Antragsteller, der keine Prozesskostenhilfe erhält, die Kosten für die
Übersetzung von solchen Schriftstücken in Rechnung gestellt werden, die vom zuständigen
Gericht für die Entscheidung des Rechtsstreits im ersuchten Mitgliedstaat verlangt werden.
Demgegenüber dürfte der Grundsatz der Kostenfreiheit nach Abs 2 S 1 auch für Übersetzungen
gelten, die von der Zentralen Behörde im Zusammenhang mit Anträgen nach Art 56 oder
Eruschen nach Art 53, 54 gefertigt werden (Rauscher/*Andrae* Rn 13).

c) Vorherige Zustimmung des Antragstellers. Auch außergewöhnlichen Kosten iSv **42**
Abs 2 S 1 kann sich die ersuchte Zentrale Behörde nach Abs 3 jedoch nur erstatten lassen, wenn
der Antragsteller im Voraus nicht nur einer Kostenerstattung überhaupt, sondern auch in der
geltend gemachten Höhe zugestimmt hat.

EuUntVO Art 55. Übermittlung von Anträgen über die Zentralen Behörden

**Anträge nach diesem Kapitel sind über die Zentrale Behörde des Mitgliedstaats, in
dem der Antragsteller seinen Aufenthalt hat, bei der Zentralen Behörde des ersuchten
Mitgliedstaats zu stellen.**

T 45   3. Teil. Behördenzusammenarbeit. T. Unterhaltssachen

1. Antragstellung über die Zentralen Behörden

43   Gemäß Art 55 sind Anträge nach der Verordnung grundsätzlich über die Zentralen Behörden der beteiligten Mitgliedstaaten, nämlich des ersuchenden und des ersuchten Mitgliedstaats (vgl die Definitionen in Art 2 Abs 1 Nr 6 und 7) zu übermitteln. Auf diese Weise soll sichergestellt werden, dass Anträge alle für ihre Bearbeitung erforderlichen Angaben enthalten (Rauscher/ *Andrae* Rn 2). Der Antragsteller kann also seinen Antrag **nicht direkt** an die Zentrale Behörde des ersuchten Mitgliedstaats richten, sondern hat hierfür den Weg über die Zentrale Behörde seines Aufenthaltsstaats zu wählen.

2. Aufenthaltszuständigkeit

44   Zugleich legt die Vorschrift die internationale Zuständigkeit der Zentralen Behörde fest, bei welcher der Antrag eingereicht werden muss. Als Anknüpungskriterium wählt die Verordnung dabei – wie schon Art 9 HUÜ 2007 – bewusst nicht den gewöhnlichen, sondern nur den **schlichten Aufenthalt**, um den Beteiligten den Zugang zu den Zentralen Behörden zu erleichtern (vgl zu Art 9 HUÜ 2007 den *Borrás/Degeling*-Bericht Rn 228; Rauscher/*Kern* Rn 5). Den Begriff des Aufenthalts definiert die Verordnung nicht. ErwG 32 S 3 (→ Anh III) stellt hierzu jedoch – in Übereinstimmung mit Art 9 S 2 HUÜ 2007 – klar, dass die bloße Anwesenheit noch keinen Aufenthalt iSv Art 55 begründet.

EuUntVO Art 56. Zur Verfügung stehende Anträge

(1) **Eine berechtigte Person, die Unterhaltsansprüche nach dieser Verordnung geltend machen will, kann Folgendes beantragen:**

a) **Anerkennung oder Anerkennung und Vollstreckbarerklärung einer Entscheidung;**

b) **Vollstreckung einer im ersuchten Mitgliedstaat ergangenen oder anerkannten Entscheidung;**

c) **Herbeiführen einer Entscheidung im ersuchten Mitgliedstaat, wenn keine Entscheidung vorliegt, einschließlich, soweit erforderlich, der Feststellung der Abstammung;**

d) **Herbeiführen einer Entscheidung im ersuchten Mitgliedstaat, wenn die Anerkennung und Vollstreckbarerklärung einer Entscheidung, die in einem anderen Staat als dem ersuchten Mitgliedstaat ergangen ist, nicht möglich ist;**

e) **Änderung einer im ersuchten Mitgliedstaat ergangenen Entscheidung;**

f) **Änderung einer Entscheidung, die in einem anderen Staat als dem ersuchten Mitgliedstaat ergangen ist.**

(2) **Eine verpflichtete Person, gegen die eine Unterhaltsentscheidung vorliegt, kann Folgendes beantragen:**

a) **Anerkennung einer Entscheidung, die die Aussetzung oder Einschränkung der Vollstreckung einer früheren Entscheidung im ersuchten Mitgliedstaat bewirkt;**

b) **Änderung einer im ersuchten Mitgliedstaat ergangenen Entscheidung;**

c) **Änderung einer Entscheidung, die in einem anderen Staat als dem ersuchten Mitgliedstaat ergangen ist.**

(3) **Bei Anträgen nach diesem Artikel werden der Beistand und die Vertretung nach Artikel 45 Buchstabe b durch die Zentrale Behörde des ersuchten Mitgliedstaats entweder unmittelbar oder über öffentliche Aufgaben wahrnehmende Einrichtungen oder andere Stellen oder Personen geleistet.**

(4) **Sofern in dieser Verordnung nichts anderes bestimmt ist, werden Anträge gemäß den Absätzen 1 und 2 nach dem Recht des ersuchten Mitgliedstaats behandelt und unterliegen den in diesem Mitgliedstaat geltenden Zuständigkeitsvorschriften.**

1. Zulässige Anträge der berechtigten Person, Abs 1

45   Abs 1 listet die Anträge auf, die eine berechtigte Person iSv Art 2 Abs 1 Nr 10 nach dem VII. Kapitel stellen kann. Berechtigte Person kann nach Art 64 Abs 1 auch eine **öffentliche Aufgaben wahrnehmde Einrichtung** sein. Diese stehen dem Unterhaltsberechtigten in jeder Hinsicht gleich, wenn sie Unterhaltsansprüche in dessen Namen als Vertreter oder in Prozessstandschaft geltendmachen (Rauscher/*Andrae* Rn 2). Stellen sie Anträge hingegen nach einem

1512

II. EU-Recht: EuUntVO Art 56

Übergang der Unterhaltsanspruchs im eigenen Namen, so sind sie auf Anträge nach Abs 1 lit oder lit b (Anerkennung, Vollstreckbarerklärung oder Vollstreckung einer Unterhaltsentscheidung) beschränkt, weils Art 64 Abs 1 sie nur insoweit einer natürlichen Person gleichstellt.

a) Anerkennung oder Anerkennung und Vollstreckbarerklärung einer Entscheidung, **46** **lit a.** Die berechtigte Person kann nach lit a sowohl einen isolierten Antrag auf Anerkennung einer Entscheidung stellen als auch einen kombinierten Antrag auf Anerkennung und Vollstreckbarerklärung. Die Entscheidung, deren Anerkennung bzw Anerkennung und Vollstreckbarerklärung begehrt wird, muss nach dem Wortlaut von lit a nicht notwendig eine Entscheidung aus einem anderen Migliedstaat der Verordnung, sondern kann auch eine **drittstaatliche Entscheidung** sein (G/Sch/*Picht* Rn 3, 14; MüKoFamFG/*Lipp* Rn 10; Rauscher/*Andrae* Rn 3; ebenso zu Art 10 HUÜ 2007 der *Borrás/Degeling*-Bericht Rn 240 f, 243; **aA** aber Rauscher/ *Kern* Rn 4). Einer Entscheidung stehen nach Art 48 Abs 2 gerichtliche Vergleiche und öffentliche Urkunden iSv Art 2 Abs 1 Nr 2 und Nr 3 gleich. Die Entscheidung muss eine Unterhaltspflicht iSv Art 1 zum Gegenstand haben.

b) Vollstreckung einer im ersuchten Mitgliedstaat ergangenen oder anerkannten **47** **Entscheidung, lit b.** Beantragt werden kann nach lit b auch die Vollstreckung einer **im** **ersuchten Mitgliedstaat** selbst ergangenen Entscheidung oder einer dort anerkannten Entscheidung aus einem anderen Staat; dieser andere Staat braucht kein Mitgliedstaat zu sein, sondern kann auch ein Drittstaat sein (ebenso zu Art 10 HUÜ 2007 der *Borrás/Degeling*-Bericht Rn 243; Rauscher/*Kern* Rn 5). Vollstreckt werden können nach lit b Unterhaltstitel, die im ersuchten Staat – wie zB nach Art 17 ff EuUntVO – automatisch vollstreckbar sind oder die dort bereits für vollstreckbar erklärt worden sind.

c) Herbeiführen einer Sachentscheidung im ersuchten Mitgliedstaat. aa) Erstmalige **48** **Entscheidung, lit c.** Anträge nach Abs 1 sind nicht auf die Anerkennung, Vollstreckbarerkärung oder Vollstreckung einer bereits ergangenen Unterhaltsentscheidung im ersuchten Staat beschränkt. Vielmehr kann der Antrag nach lit c auch auf die erstmalige Einleitung eines Unterhaltsverfahrens im ersuchten Mitgliedstaat gerichtet sein. Er kann in diesem Fall auch die **Feststellung der Abstammung** umfassen, soweit eine solche – wie häufig beim Kindesunterhalt – erforderlich ist, um Unterhalt beanspruchen zu können. Demgegenüber ist ein isolierter Antrag auf Feststellung der Abstammung nach lit c unzulässig; er muss vielmehr unmittelbar beim hierfür zuständigen Gericht eingereicht werden.

bb) Weitere Entscheiung, lit d. Auch wenn eine Unterhaltsentscheidung bereits vorliegt, **49** kann es erforderlich werden, im ersuchten Mitgliedstaat eine erneute Entscheidung herbeizuführen, wenn nämlich die Anerkennung und Vollstreckbarerklärung der bereits in einem anderen Staat als dem ersuchten Mitgliedstaat ergangenen Entscheidung im ersuchten Mitgliedstaat voraussichtlich nicht möglich ist. Dem steht es gleich, wenn die Anerkennung und Vollstreckung der Entscheidung – zB nach Art 19 Abs 3 UAbs 2 oder nach Art 23 – im ersuchten Staat bereits verweigert worden ist. Auch ein hierauf gerichteter Antrag ist nach lit d zulässig; er kann auch auf einen nicht anerkennungs- oder nicht vollstreckungsfähigen Teil der Entscheidung beschränkt werden (Rauscher/*Andrae* Rn 9). Ob er ebenfalls mit einem Antrag auf Feststellung der Abstammung verbunden werden kann, ist hingegen umstritten (bejahend G/Sch/*Picht* Rn 7; Rauscher/*Andrae* Rn 8; **aA** MüKoFamFG/*Lipp* Rn 12).

d) Änderung einer Entscheidung. Schließlich kann auch die Änderung einer bereits **50** ergangenen Entscheidung beantragt werden, wobei es keinen Unterschied macht, ob diese im ersuchten Mitgliedstaat (lit e) oder in einem anderen Staat – zB einem anderen Mitgliedstaat, einem Vertragsstaat des HUÜ 2007 oder einem sonstigen Drittstaat – ergangen ist (lit f).

2. Zulässige Anträge der verpflichteten Person, Abs 2

Anders als noch nach dem New Yorker Unterhaltsübereinkommen von 1956 (→ Rn 92 ff) hat **51** nach Abs 2 – wie nach Art 10 Abs 2 HUÜ 2007 – auch die verpflichtete Person iSv Art 2 Abs 1 Nr 11 die Möglichkeit, Anträge über die Zentralen Behörden zu stellen. Dies zeigt, dass die Zentralen Behörden nach der Konzeption der Verordnung nicht die Funktion haben, nur einseitig die Interessen des Unterhaltsberechtigten wahrzunehmen (Rauscher/*Andrae* Rn 12; vgl zum HUÜ auch den *Borrás/Degeling*-Bericht Rn 267). Der Verpflichtete ist allerdings nach Abs 2 auf Anträge beschränkt, die eine bereits gegen ihn ergangene Entscheidung voraussetzen. Zu Anträgen auf erstmalige Feststellung, dass keine Unterhaltspflicht oder eine solche nur in

T 3. Teil. Behördenzusammenarbeit. T. Unterhaltssachen

bestimmter Höhe besteht, ist er nicht berechtigt; solche Anträge kann er nur unmittelbar beim zuständigen Gericht stellen (Rauscher/*Andrae* Rn 14; krit dazu MüKoFamFG/*Lipp* Rn 12).

52 **a) Aussetzung oder Einschränkung der Vollstreckung einer früheren Entscheidung, lit a.** Hat die unterhaltsverpflichtete Person in einem (Mitglied- oder Dritt-)Staat die Aussetzung oder Einschränkung der Vollstreckung einer früher gegen sie ergangenen Unterhaltsentscheidung erreicht, so kann sie mit einem Antrag nach lit a die Anerkennung dieser zweiten Entscheidung über die Aussetzung oder Einschränkung der Vollstreckung auch im ersuchten Staat bewirken. Man wird ihr darüber hinaus auch gestatten müssen, ihren Antrag nicht auf die Anerkennung der zu ihren Gunsten ergangenen zweiten Entscheidung zu beschränken, sondern hierauf gestützt zugleich die Einschränkung der Vollstreckung im ersuchten Mitgliedstaat zu beantragen (Rauscher/*Andrae* Rn 16).

53 **b) Änderung einer Entscheidung.** Außerdem kann auch die verpflichtete Person die Änderung einer gegen sie ergangenen Entscheidung, dh die Herabsetzung des der berechtigten Person zugesprochenen Unterhalts, beantragen; auch insoweit macht es keinen Unterschied, ob die ergangene Entscheidung im ersuchten Mitgliedstaat (lit b) oder in einem anderen Staat ergangen ist (lit c). Eine Änderung zugunsten der verpflichteten Person ist allerdings nur zulässig, soweit die Verfahrensbegrenzung nach Art 8 (→ C Rn 206 ff) nicht entgegensteht.

3. Beistand und Vertretung bei Antragstellung, Abs 3

54 Abs 3 ist im Zusammenhang mit Art 45 lit b zu lesen (→ C Rn 829). Danach umfasst die dem Antragsteller gewähte **Prozesskostenhilfe** auch den juristischen Beistand und die Vertretung vor dem Gericht oder vor einer Behörde. Hierzu stellt Abs 3 klar, dass der Antragsteller, wenn er Prozesskostenhilfe nach Art 45 in Anspruch nimmt, nicht berechtigt ist, seinen Beistand oder anwaltlichen Vertreter frei zu wählen. Diese Aufgabe obliegt vielmehr der Zentralen Behörde des ersuchten Mitgliedstaats bzw der öffentlichen Einrichtung oder Stelle, an welche die Zentrale Behörde diese Aufgabe delegiert hat.

4. Anwendbares Verfahrensrecht, Abs 4

55 **a) Grundsatz.** Anträge gemäß Abs 1 und 2 werden nach dem Recht des ersuchten Mitgliedstaats behandelt. Mit dieser Klarstellung bezieht sich Abs 3 nicht auf die materiellrechtliche Behandlung der Frage, ob eine Unterhaltspflicht besteht; denn hierüber entscheidet in den Vertragsstaaten des Haager Unterhaltsprotokolls allein dieser Staatsvertrag (→ C Rn 486 ff). Gemeint ist vielmehr die verfahrensrechtliche Behandlung der gestellten Anträge durch die beteiligten Zentralen Behörden. Abs 4 bekräftigt insoweit den allgemein anerkannten Grundsatz der Maßgeblichkeit der *lex fori* des jeweils handelnden Organs. Dieser Grundsatz gilt nach der Verordnung – abweichend von Art 10 Abs 3, 2. Hs HUÜ 2007 – uneingeschränkt auch für die Zuständigkeitsvorschriften.

56 **b) Ausnahme.** Das nationale Verfahrensrecht der jeweiligen *lex fori* kommt jedoch nach Abs 4 nur zur Anwendung, sofern in der Verordnung nichts anderes bestimmt ist. Zu den vorrangigen verfahrensrechtlichen Regeln der Verordnung gehören etwa die Vorschriften über den Inhalt und die Bearbeitung von Anträgen nach Art 57 ff, über die internationale Zuständigkeit zur Abänderung von Unterhaltsentscheidungen (Art 3 ff) und über die Anerkennung und Vollstreckung mitgliedstaatlicher Entscheidungen (Art 17 ff, 23 ff). Vgl näher Rauscher/*Andrae* Rn 20 ff.

EuUntVO Art 57. Inhalt des Antrags

(1) **Für Anträge nach Artikel 56 ist das in Anhang VI oder in Anhang VII vorgesehene Formblatt zu verwenden.**

(2) **Anträge nach Artikel 56 müssen mindestens folgende Angaben enthalten:**

a) **eine Erklärung in Bezug auf die Art des Antrags oder der Anträge;**

b) **den Namen und die Kontaktdaten des Antragstellers, einschließlich seiner Anschrift und seines Geburtsdatums;**

c) **den Namen und, sofern bekannt, die Anschrift sowie das Geburtsdatum des Antragsgegners;**

d) **den Namen und das Geburtsdatum jeder Person, für die Unterhalt verlangt wird;**

e) **die Gründe, auf die sich der Antrag stützt;**

1514

II. EU-Recht: EuUntVO Art 57　　　　　　　　　　　　　　　　　57–60　**T**

f) wenn die berechtigte Person den Antrag stellt, Angaben zu dem Ort, an dem die Unterhaltszahlungen geleistet oder an den sie elektronisch überwiesen werden sollen;
g) den Namen und die Kontaktdaten der Person oder Stelle in der Zentralen Behörde des ersuchenden Mitgliedstaats, die für die Bearbeitung des Antrags zuständig ist.

(3) **Für die Zwecke des Absatzes 2 Buchstabe b kann die persönliche Anschrift des Antragstellers im Falle familiärer Gewalt durch eine andere Anschrift ersetzt werden, sofern das innerstaatliche Recht des ersuchten Mitgliedstaats nicht vorschreibt, dass der Antragsteller für die Zwecke des Verfahrens seine persönliche Anschrift angibt.**

(4) **Wenn angebracht und soweit bekannt, muss der Antrag außerdem Folgendes enthalten:**
a) **Angaben über die finanziellen Verhältnisse der berechtigten Person;**
　Angaben über die finanziellen Verhältnisse der verpflichteten Person, einschließlich des Namens und der Anschrift des Arbeitgebers der verpflichteten Person, sowie Art und Belegenheit der Vermögensgegenstände der verpflichteten Person;
b) **alle anderen Angaben, die es gestatten, den Aufenthaltsort des Antragsgegners ausfindig zu machen.**

(5) ¹**Dem Antrag sind alle erforderlichen Angaben oder schriftlichen Belege einschließlich gegebenenfalls Unterlagen zum Nachweis des Anspruchs des Antragstellers auf Prozesskostenhilfe beizufügen.** ²**Anträgen nach Artikel 56 Absatz 1 Buchstaben a und b und Absatz 2 Buchstabe a sind je nach Fall nur die in den Artikeln 20, 28 oder 48 oder die in Artikel 25 des Haager Übereinkommens von 2007 aufgeführten Schriftstücke beizufügen.**

1. Verwendung von Formblättern, Abs 1

Während das von der Haager Konferenz für Anträge nach dem HUÜ 2007 empfohlene **57** Formular nach Art 11 Abs 4 HUÜ nur fakultativen Charakter hat, schreibt die EuUntVO die Verwendung der in Anh VI oder VII vorgesehen Formblätter für Anträge nach Art 56 **zwingend** vor. Diese schaffen für die beteiligten Zentralen Behörden Klarheit über die erforderlichen Angaben und und tragen zu einer beschleunigten und kostengünstigeren Bearbeitung der Anträge bei (zu Einzelheiten Rauscher/*Andrae* Rn 3).

2. Zwingende Angaben, Abs 2, 3

Abs 2 listet in lit a–lit g diejenigen Angaben auf, die ein Antrag nach Art 56 notwendig **58** enthalten muss. Enthält der Antrag diese notwenigen Angaben nicht, so darf er allerdings weder von der ersuchenden noch von der ersuchten Zentralen Behörde sofort abgelehnt werden. Vielmehr haben diese Behörden nach Maßgabe von Art 58 Abs 1 und Abs 9 zu verfahren. Abs 3 macht für die nach Abs 2 lit b vorgeschriebene Angabe der persönlichen Anschrift des Antragstellers zu dessen Schutz eine Ausnahme im Falle **familiärer Gewalt**, die allerdings unter dem Vorbehalt steht, dass das innerstaatliche Recht des ersuchten Mitgliedstaats nicht entgegensteht.

3. Eingeschränkt zwingende Angaben, Abs 4

Die in Abs 4 lit a–lit c angeführten zusätzlichen Angaben müssen nur unter der einschränken- **59** den Voraussetzung gemacht werden, dass sie dem Antragsteller bekannt sind und ihre Angabe „angebracht" ist. Liegt diese Voraussetzung vor, so sind diese Angaben allerdings ebenfalls zwingend; ein Ermessen des Antragstellers besteht insoweit nicht (MüKoFamFG/*Lipp* Rn 8; Rauscher/*Andrae* Rn 6). So sind Angaben zu den Einkommens- und Vermögensverhältnisses der unterhaltsberechtigten Person nach Abs 4 lit a etwa erforderlich, wenn der Antrag auf eine erstmalige Unterhaltsentscheidung im Erkenntnisverfahren gerichtet ist, nicht hingegen, wenn eine solche schon ergangen ist und lediglich ihre Anerkennung oder Vollstreckung im ersuchten Mitgliedstaat beantragt wird. Ferner kann auf die Angaben nach Abs 4 etwa auch im Falle besonderer Eilbedürftigkeit des Antrags verzichtet werden.

4. Weitere Angaben und Belege, Abs 5

a) Prozesskostenhilfe, S 1. Dem Antrag sind nach Abs 5 S 1 alle erforderlichen Angaben **60** oder schriftlichen Belege einschließlich etwaigen Unterlagen zum Nachweis des Anspruchs des

1515

T   3. Teil. Behördenzusammenarbeit. T. Unterhaltssachen

Antragstellers auf Prozesxskostenhilfe beizufügen. Die beizufügenden „erforderlichen Angaben oder schriftlichen Belege" beziehen sich – entgegen der zweideutigen deutschen Übersetzung – allerdings nicht nur auf den Antrag zur Prozesskostenhilfe, sondern auf den gesamten Antrag. Für deren Übersetzung gilt Art 59.

61   b) Erleichterungen für bestimmte Anträge, S 2. Anträgen der berechtigen Person nach Art 56 Abs 1 lit a und lit b (Anerkennung, Vollstreckbarerklärung und Vollstreckung von Unterhaltsentscheidungen) und Anträgen der verpflichteten Person nach Art 56 Abs 2 lit a (Einschränkung oder Aussetzung der Vollstreckung) müssen – abweichend von Satz 1 – nur die in den Art 20, 28 oder 48 oder die in Art 25 HUÜ 2007 aufgeführten Schriftstücke beigefügt werden.

EuUntVO Art 58. Übermittlung, Entgegennahme und Bearbeitung der Anträge und Fälle durch die Zentralen Behörden

(1) Die Zentrale Behörde des ersuchenden Mitgliedstaats ist dem Antragsteller behilflich, sicherzustellen, dass der Antrag alle Schriftstücke und Angaben umfasst, die nach Kenntnis dieser Behörde für seine Prüfung notwendig sind.

(2) Nachdem sich die Zentrale Behörde des ersuchenden Mitgliedstaats davon überzeugt hat, dass der Antrag den Erfordernissen dieser Verordnung entspricht, übermittelt sie ihn der Zentralen Behörde des ersuchten Mitgliedstaats.

(3) ¹Innerhalb von 30 Tagen ab dem Tag des Eingangs des Antrags bestätigt die ersuchte Zentrale Behörde den Eingang des Antrags unter Verwendung des in Anhang VIII vorgesehenen Formblatts, benachrichtigt die Zentrale Behörde des ersuchenden Mitgliedstaats über die ersten Maßnahmen, die zur Bearbeitung des Antrags getroffen wurden oder werden, und fordert gegebenenfalls die von ihr für notwendig erachteten zusätzlichen Schriftstücke oder Angaben an. ²Innerhalb derselben Frist von 30 Tagen teilt die ersuchte Zentrale Behörde der ersuchenden Zentralen Behörde den Namen und die Kontaktdaten der Person oder Dienststelle mit, die damit beauftragt ist, Fragen im Hinblick auf den Stand des Antrags zu beantworten.

(4) Innerhalb von 60 Tagen nach der Empfangsbestätigung unterrichtet die ersuchte Zentrale Behörde die ersuchende Zentrale Behörde über den Stand des Antrags.

(5) Die ersuchende und die ersuchte Zentrale Behörde unterrichten einander

a) über die Person oder Dienststelle, die für einen bestimmten Fall zuständig ist;
b) über den Stand des Verfahrens

und beantworten Auskunftsersuchen rechtzeitig.

(6) Die Zentralen Behörden behandeln einen Fall so zügig, wie es eine sachgemäße Prüfung seines Gegenstands zulässt.

(7) Die Zentralen Behörden benutzen untereinander die schnellsten und effizientesten Kommunikationsmittel, die ihnen zur Verfügung stehen.

(8) ¹Eine ersuchte Zentrale Behörde kann die Bearbeitung eines Antrags nur ablehnen, wenn offensichtlich ist, dass die Voraussetzungen dieser Verordnung nicht erfüllt sind. ²In diesem Fall unterrichtet die betreffende Zentrale Behörde die ersuchende Zentrale Behörde umgehend unter Verwendung des in Anhang IX vorgesehenen Formblatts über die Gründe für ihre Ablehnung.

(9) ¹Die ersuchte Zentrale Behörde kann einen Antrag nicht allein deshalb ablehnen, weil zusätzliche Schriftstücke oder Angaben erforderlich sind. ²Die ersuchte Zentrale Behörde kann die ersuchende Zentrale Behörde jedoch auffordern, solche zusätzlichen Schriftstücke oder Angaben zu übermitteln. ³Geschieht dies nicht innerhalb von 90 Tagen oder einer von der ersuchten Zentralen Behörde gesetzten längeren Frist, so kann diese Behörde beschließen, die Bearbeitung des Antrags zu beenden. ⁴In diesem Fall unterrichtet sie die ersuchende Zentrale Behörde unter Verwendung des in Anhang IX vorgesehenen Formblatts.

1516

II. EU-Recht: EuUntVO Art 58   62–67   **T**

1. Allgemeines

In Anlehnung an Art 12 HUÜ 2007 regelt Art 58 die Bearbeitung von Anträgen und die   **62**
Voraussetzungen für eine Ablehnung der Bearbeitung, um eine zügige und kostensparende
Bearbeitung sicherzustellen. Hat die Zentrale Behörde einzelne Aufgaben nach Art 51 Abs 3 an
andere öffentliche Einrichtungen oder Stellen delegiert, so sind auch diese an die Vorgaben des
Art 58 gebunden. In *Deutschland* wird das Vorpüfungsverfahren in §§ 7–11 AUG näher aus-
gestaltet.

2. Unterstützung des Antragstellers durch die ersuchende Zentrale Behörde, Abs 1

Nach Abs 1 hat die Zentrale Behörde des ersuchenden Mitgliedstaats dem Antragsteller dabei   **63**
behilflich zu sein, sicherzustellen, dass der Antrag alle in Art 57 vorgeschriebenen Schriftstücke
und Angaben umfasst, die nach Kenntnis dieser Behörde für seine Prüfung notwendig sind;
fehlende Angaben und Unterlagen sind vom Antragsteller nachzufordern.

3. Übermittlung an die ersuchte Zentrale Behörde, Abs 2

Nachdem sich die Zentrale Behörde des ersuchenden Mitgliedstaats davon überzeugt hat, dass   **64**
der Antrag den Erfordernissen der Verordnung entspricht, übermittelt sie ihn ohne weitere
Sachprüfung (vgl zu Art 12 HUÜ 2007 den *Borrás/Degeling*-Bericht Rn 323; Rauscher/*Kern*
Rn 4) an die Zentrale Behörde des ersuchten Mitgliedstaats. Die Zentrale Behörde des ersuchenden Mitgliedstaats ist mithin auf eine Kontrolle der formalen Voraussetzungen einer ordnungsgemäßen Antragstellung nach Art 57, 59 beschränkt und hat diesen auch dann weiterzuleiten,
wenn sie der Ansicht ist, dass der Antrag in der Sache keine Aussicht auf Erfolg hat (G/Sch/*Picht*
Rn 3; Rauscher/*Andrae* Rn 6). Im deutschen Recht wird diese Kontrolle durch die Zentrale
Behörde in § 9 Abs 1 Nr 2 AUG dahin erweitert, dass mutwillige oder offensichtlich unbe-
gründete Anträge nicht weiterzuleiten sind. Die Zulässigkeit dieser Regelung ist freilich zweifelhaft (krit P/H/*Hau* Anh 2 § 110 FamFG Rn 17; Rauscher/*Andrae* Rn 6).

4. Weiteres Verfahren vor der ersuchten Zentralen Behörde, Abs 3, 4

Innerhalb von 30 Tagen ab dem Tag des Eingangs des Antrags hat die ersuchte Zentrale   **65**
Behörde den Eingang des Antrags unter Verwendung des in Anhang VIII vorgesehenen Formblatts zu bestätigen; ferner hat sie die Zentrale Behörde des ersuchenden Mitgliedstaats über die
ersten Maßnahmen, die zur Bearbeitung des Antrags getroffen wurden oder werden, zu benachrichtigen und ggfs die von ihr für notwendig erachteten zusätzlichen Schriftstücke oder Angaben
anzufordern. Innerhalb derselben Frist von 30 Tagen hat die ersuchte Zentrale Behörde der
ersuchenden Zentralen Behörde weiterhin den Namen und die Kontaktdaten der Person oder
Dienststelle mitzuteilen, die damit beauftragt ist, Fragen im Hinblick auf den Stand des Antrags
zu beantworten. Durch die gesetzten Fristen soll die Bearbeitung des Antrags beschleunigt
werden. Sanktionen im Falle einer Überschreitung dieser Fristen sieht die Verordnung jedoch
nicht vor.

5. Unterrichtungsflichten, Abs 4, 5

Innerhalb von 60 Tagen nach der Empfangsbestätigung hat die ersuchte Zentrale Behörde die   **66**
ersuchende Zentrale Behörde über den Stand des Antrag zu unterrichten. Außerdem haben die
ersuchende und die ersuchte Zentrale Behörde einander über die Person oder Dienststelle, die
für einen bestimmten Fall zuständig ist, sowie über den jeweiligen Stand des Verfahrens zu
unterrichten und Auskunftsersuchen rechtzeitig zu beantworten. Der Antragsteller wird sodann
von der Zentralen Behörde des ersuchenden Mitgliedtaats nach Maßgabe des innerstaatlichen
Rechts dieses Mitgliedstaats über den Fortgang informiert. Eine direkte Kommunikation der
Zentralen Behörde des ersuchten Mitgliedstaats mit dem Antragsteller wird durch die Verordnung jedoch nicht ausgeschlossen (dazu Rauscher/*Andrae* Rn 8).

6. Beschleunigungsgebot, Abs 6, 7

Nach Abs 6 haben die Zentralen Behörden einen Fall so zügig zu behandeln, wie es eine   **67**
sachgemäße Prüfung seines Gegenstands zulässt. Diesem Ziel dient es auch, wenn Abs 7die

1517

T 71 3. Teil. Behördenzusammenarbeit. T. Unterhaltssachen

Zentralen Behörden verpflichtet, untereinander die schnellsten und effizientesten Kommunikationsmittel zu benutzen, die ihnen zur Verfügung stehen. Im Regelfall hat die Kommunikation daher per e-mail stattzufinden.

7. Ablehnung der Bearbeitung, Abs 8, 9

68 **a) Abs 8.** Die ersuchte Zentrale Behörde kann die Bearbeitung eines Antrags nach Abs 8 nur ablehnen, wenn **offensichtlich** ist, dass die Voraussetzungen der Verordnung nicht erfüllt sind. Dabei sind an die „Offensichtlichkeit" nach dem Sinn und Zweck des VII. Kapitels strenge Anforderungen zu stellen (Rauscher/*Andrae* Rn 9; ebenso zu Art 12 HUÜ 2007 der *Borrás/Degeling*-Bericht Rn 344 f; Rauscher/*Kern* Rn 21). Sie sind insbesondere gegeben, wenn das Ersuchen nicht in den sachlichen, räumlichen oder zeitlichen Anwendungsbereich der Verordnung fällt. Es kann aber auch die Nichterfüllung sonstiger Vorgaben der Verordnung für die Antragstellung genügen. Ausgenommen ist lediglich die Unvollständigkeit des Antrags, die in Abs 9 gesondert geregelt ist. Die Unbegründetheit des Antrags reicht hingegen für eine Ablehnung der Bearbeitung nicht aus.

69 Auch wenn die Voraussetzungen für eine Ablehnung der Bearbeitung vorliegen, ist die ersuchte Zentrale Behörde hierzu nicht verpflichtet; vielmehr steht die Ablehnung in ihrem **Ermessen** („kann"). Entscheidet sie sich für eine Ablehnung, so hat sie die ersuchende Zentrale Behörde umgehend unter Verwendung des in Anhang IX vorgesehenen Formblatts über die Gründe für ihre Ablehnung zu unterrichten. Anhand dieser Begründung kann die ersuchende Zentrale Behörde entscheiden, ob und ggfs mit welchen Modifikationen ein neuer Antrag erfolgversprechend gestellt werden kann.

70 **b) Abs 9.** Die ersuchte Zentrale Behörde kann einen Antrag allerdings nach Abs 9 nicht allein deshalb ablehnen, weil die vorgelegten Schriftstücke oder Angaben **unvollständig** sind. Sie kann die ersuchende Zentrale Behörde jedoch in diesem Fall auffordern, solche zusätzlichen Schriftstücke oder Angaben zu übermitteln. Geschieht dies nicht innerhalb von 90 Tagen oder einer von der ersuchten Zentralen Behörde gesetzten längeren Frist, so kann diese Behörde beschließen, die Bearbeitung des Antrags zu beenden. In diesem Fall hat sie die ersuchende Zentrale Behörde unter Verwendung des in Anhang IX vorgesehenen Formblatts hiervon zu unterrichten. Die ersuchte Behörde ist jedoch nicht verpflichtet, die Bearbeitung nach Fristablauf zu beenden; ihrt steht es vielmehr frei, auch später eingegangene Unterlagen noch zu berücksichtigen und den Antrag weiter zu bearbeiten.

EuUntVO Art 59. Sprachenregelung

(1) **Das Formblatt für das Ersuchen oder den Antrag ist in der Amtssprache des ersuchten Mitgliedstaats oder, wenn es in diesem Mitgliedstaat mehrere Amtssprachen gibt, der Amtssprache oder einer der Amtssprachen des Ortes, an dem sich die betreffende Zentrale Behörde befindet, oder in einer sonstigen Amtssprache der Organe der Europäischen Union, die der ersuchte Mitgliedstaat für zulässig erklärt hat, auszufüllen, es sei denn, die Zentrale Behörde dieses Mitgliedstaats verzichtet auf eine Übersetzung.**

(2) **Unbeschadet der Artikel 20, 28, 40 und 66 werden die dem Formblatt für das Ersuchen oder den Antrag beigefügten Schriftstücke nur dann in die gemäß Absatz 1 bestimmte Sprache übersetzt, wenn eine Übersetzung für die Gewährung der beantragten Hilfe erforderlich ist.**

(3) **Die sonstige Kommunikation zwischen den Zentralen Behörden erfolgt in der nach Absatz 1 bestimmten Sprache, sofern die Zentralen Behörden nichts anderes vereinbaren.**

71 Zu Art 59 hat die *Bundesrepublik Deutschland* erklärt, dass die Kommunikation des Bundesamts für Justiz mit einer anderen Zentralen Behörde in *englischer* Sprache erfolgen kann, wenn dies die jeweiligen Zentralen Behörden vereinbart haben. Die nach Art 71 lit h zu machenden Mitteilungen der Mitgliedstaaten an die Kommission zu den nach Art 59 zugelassenen Sprachen sind im Europäischen Gerichtsatlas in Zivilsachen auf folgender Internetseite abrufbar: https://e-justice.europa.eu/content_maintenance_obligations-355-de. do.

1518

II. EU–Recht: EuUntVO Art 62

T

EuUntVO Art 60. Zusammenkünfte

(1) Zur leichteren Anwendung dieser Verordnung finden regelmäßig Zusammenkünfte der Zentralen Behörden statt.

(2) Die Einberufung dieser Zusammenkünfte erfolgt im Einklang mit der Entscheidung 2001/470/EG.

EuUntVO Art 61. Zugang der Zentralen Behörden zu Informationen

(1) Nach Maßgabe dieses Kapitels und abweichend von Artikel 51 Absatz 4 setzt die ersuchte Zentrale Behörde alle geeigneten und angemessenen Mittel ein, um die Informationen gemäß Absatz 2 einzuholen, die erforderlich sind, um in einem bestimmten Fall den Erlass, die Änderung, die Anerkennung, die Vollstreckbarerklärung oder die Vollstreckung einer Entscheidung zu erleichtern.

Die Behörden oder Verwaltungen, die im Rahmen ihrer gewöhnlichen Tätigkeit im ersuchten Mitgliedstaat über die Informationen nach Absatz 2 verfügen und für ihre Verarbeitung im Sinne der Richtlinie 95/46/EG verantwortlich sind, stellen diese Informationen vorbehaltlich der Beschränkungen, die aus Gründen der nationalen oder öffentlichen Sicherheit gerechtfertigt sind, der ersuchten Zentralen Behörde auf Anfrage in den Fällen, in denen die ersuchte Zentrale Behörde keinen direkten Zugang zu diesen Informationen hat, zur Verfügung.

[1]Die Mitgliedstaaten können die Behörden oder Verwaltungen bestimmen, die geeignet sind, der ersuchten Zentralen Behörde die Informationen nach Absatz 2 zur Verfügung zu stellen. [2]Nimmt ein Mitgliedstaat eine solche Bestimmung vor, so achtet er darauf, dass er die Behörden und Verwaltungen so auswählt, dass seine Zentrale Behörde Zugang zu den erforderlichen Informationen gemäß diesem Artikel erhält.

Andere juristische Personen, die im ersuchten Mitgliedstaat über die Informationen nach Absatz 2 verfügen und für ihre Verarbeitung im Sinne der Richtlinie 95/46/EG verantwortlich sind, stellen diese Informationen der ersuchten Zentralen Behörde auf Anfrage zur Verfügung, wenn sie nach dem Recht des ersuchten Mitgliedstaats dazu befugt sind.

Die ersuchte Zentrale Behörde leitet die so erlangten Informationen erforderlichenfalls an die ersuchende Zentrale Behörde weiter.

(2) [1]Bei den Informationen im Sinne dieses Artikels muss es sich um solche handeln, über die die Behörden, Verwaltungen oder Personen nach Absatz 1 bereits verfügen. [2]Diese Informationen sind angemessen und erheblich und gehen nicht über das Erforderliche hinaus; sie betreffen Folgendes:

a) Anschrift der verpflichteten oder der berechtigten Person,

b) Einkommen der verpflichteten Person,

c) Nennung des Arbeitgebers der verpflichteten Person und/oder der Bankverbindung (en) der verpflichteten Person und

d) Vermögen der verpflichteten Person.

Zur Herbeiführung oder Änderung einer Entscheidung kann die ersuchte Zentrale Behörde nur die Angaben nach Buchstabe a anfordern.

[1]Für die Anerkennung, Vollstreckbarerklärung oder Vollstreckung einer Entscheidung kann die ersuchte Zentrale Behörde alle Angaben nach Unterabsatz 1 anfordern. [2]Die Angaben nach Buchstabe d können jedoch nur dann angefordert werden, wenn die Angaben nach den Buchstaben b und c nicht ausreichen, um die Vollstreckung der Entscheidung zu ermöglichen.

EuUntVO Art 62. Weiterleitung und Verwendung der Informationen

(1) Die Zentralen Behörden leiten die in Artikel 61 Absatz 2genannten Informationen innerhalb ihres Mitgliedstaats je nach Fall an die zuständigen Gerichte, die für die Zustellung von Schriftstücken zuständigen Behörden und die mit der Vollstreckung einer Entscheidung betrauten zuständigen Behörden weiter.

1519

T

3. Teil. Behördenzusammenarbeit. T. Unterhaltssachen

(2) Jede Behörde oder jedes Gericht, der/dem Informationen aufgrund von Artikel 61 übermittelt wurden, darf diese nur zur Erleichterung der Durchsetzung von Unterhaltsforderungen verwenden.

Mit Ausnahme der Informationen, die sich einzig darauf beziehen, ob eine Anschrift, Einkommen oder Vermögen im ersuchten Mitgliedstaat bestehen, dürfen, vorbehaltlich der Anwendung von Verfahrensregeln vor einem Gericht, die Informationen nach Artikel 61 Absatz 2 nicht der Person gegenüber offen gelegt werden, die die ersuchende Zentrale Behörde angerufen hat.

(3) Jede Behörde, die eine ihr aufgrund von Artikel 61 übermittelte Information bearbeitet, bewahrt diese nur so lange auf, wie es für die Zwecke, für die die Information übermittelt wurde, erforderlich ist.

(4) Jede Behörde, die ihr aufgrund von Artikel 61 übermittelte Informationen bearbeitet, gewährleistet die Vertraulichkeit dieser Informationen nach Maßgabe des innerstaatlichen Rechts.

EuUntVO Art 63. Benachrichtigung der von der Erhebung der Informationen betroffenen Person

(1) Die Benachrichtigung der von der Erhebung der Informationen betroffenen Person über die Übermittlung dieser Informationen in Teilen oder ihrer Gesamtheit erfolgt gemäß dem innerstaatlichen Recht des ersuchten Mitgliedstaats.

(2) Falls diese Benachrichtigung die Gefahr birgt, die wirksame Geltendmachung des Unterhaltsanspruchs zu beeinträchtigen, kann sie um höchstens 90 Tage ab dem Tag, an dem die Informationen der ersuchten Zentralen Behörde übermittelt wurden, aufgehoben werden.

72   Auf eine Kommentierung der Art 61–63, die den Zugang der Zentralen Behörden zu Informationen und die dabei zu beachtenden Bestimmungen des Datenschutzes ausführlich regeln, wird verzichtet. Vgl dazu aus deutscher Sicht ergänzend die §§ 16–19 AUG (→ Rn 109).

Kapitel VIII. Öffentliche Aufgaben wahrnehmende Einrichtungen
EuUnthVO Art 64

(abgedruckt und kommentiert → M Rn 338 ff)

Kapitel IX. Allgemeine Bestimmungen und Schlussbestimmungen
EuUntVO Art 65–74

(abgedruckt und kommentiert → C Rn 313 ff)

EuUntVO Art 75 Übergangsbestimmungen

(1) *(abgedruckt und kommentiert → C Rn 333 ff)*

(2) *(abgedruckt und kommentiert → M Rn 376 ff)*

(3) Kapitel VII über die Zusammenarbeit zwischen den Zentralen Behörden findet auf Ersuchen und Anträge Anwendung, die ab dem Beginn der Anwendung dieser Verordnung bei der Zentralen Behörde eingehen.

1520

III. Staatsverträge: HUÜ 2007 Art 4

T

III. Staatsverträge

950. Haager Übereinkommen über die internationale Geltendmachung der Unterhaltsansprüche von Kindern und anderen Familienangehörigen (HUÜ 2007)

Vom 23. November 2007 (ABl EU 2011 L 192, 51)

Vorbemerkung

Schrifttum: Vgl das allg Schrifttum zum HUÜ 2007 → M vor Rn 472.

1. Allgemeines

Durch das Übk wird – über die Europäische Union hinaus – ein umfassendes System der **73** Zusammenarbeit zwischen den Behörden der Vertragsstaaten (Art 1 lit a iVm Art 4–8) eingerichtet und die Möglichkeit, Anträge auf die Geltendmachung von Unterhaltsansprüchen über die Zentralen Behörden zu stellen, eingeführt, um auf diesem Weg Unterhaltsentscheidungen zugunsten des Berechtigten herbeizuführen (Art 1 lit b iVm Art 9–17). Das deutsche AusführungsG v 20.2.2013 zum HUÜ 2007 (BGBl I 273), das zu einer Änderung der §§ 1, 57 iVm §§ 36–56, 58–60a AUG geführt hat, wurde bereits am 25.2.2013 verkündet; es ist aber erst zusammen mit dem HUÜ 2007 am 1.8.2014 in Kraft getreten.

2. Vertragsstaaten

Das HUÜ 2007 ist von der **Europäischen Union** mit Wirkung für ihre Mitgliedstaaten auf **74** der Grundlage des Ratsbeschlusses v 31.3.2011 (ABl EU L 93, 9) am 6.4.2011 gezeichnet und am 9.6.2011 (ABl EU L 192, 30) ratifiziert worden. Das Übk ist für die EU-Mitgliedstaaten (mit Ausnahme von *Dänemark*) am 1.8.2014 im Verhältnis zu *Albanien, Bosnien-Herzegowina, Norwegen* und der *Ukraine* in Kraft getreten. Es gilt inzwischen ferner im Verhältnis zu *Brasilien* (seit 1.11.2017), *Montenegro* (seit 1.1.2017), der *Türkei* (seit 1.2.2017), den *Vereinigten Staaten* (seit 1.1.2017) und *Weißrussland* (seit 1.6.2018). Für *Honduras* wird es am 19.10.2018 in Kraft treten. Das Übk hat in den Mitgliedstaaten die Qualität von sekundärem Unionsrecht.

3. Verhältnis zu anderen Rechtsinstrumenten

a) EuUntVO. Im Verhältnis der Mitgliedstaaten der EU zueinander (mit Ausnahme von **75** *Dänemark, wo* das Kapitel VII nicht gilt) lässt das Übk auf dem Gebiet der internationalen Behördenzusammenarbeit gemäß seinem Art 51 Abs 4 S 2 die Vorschriften des Kapitels VII der EuUntVO unberührt. Aus deutscher Sicht regelt das HUÜ 2007 daher nur die Zusammenarbeit mit Zentralen Behörden aus Vertragsstaaten, die nicht zugleich Mitgliedstaaten der EU sind. Dies sind derzeit *Albanien, Bosnien-Herzegowina, Brasilien, Montenegro, Norwegen*, die *Türkei*, die *Ukraine* und die *Vereinigten Staaten*.

b) UN-UntGÜ 1956. Im Verhältnis der Vertragsstaaten zueinander verdrängt das HUÜ 2007 **76** gemäß seinem Art 49 das UN-Übereinkommen über die Geltendmachung von Unterhaltsansprüchen im Ausland v 20.6.1956 (Un-UntGÜ; → Rn 92 ff).

Kapitel II. Zusammenarbeit auf Verwaltungsebene

HUÜ 2007 Art 4. Bestimmung der Zentralen Behörden

(1) **Jeder Vertragsstaat bestimmt eine Zentrale Behörde, welche die ihr durch dieses Übereinkommen übertragenen Aufgaben wahrnimmt.**

(2) **¹Einem Bundesstaat, einem Staat mit mehreren Rechtssystemen oder einem Staat, der aus autonomen Gebietseinheiten besteht, steht es frei, mehrere Zentrale Behörden zu bestimmen, deren räumliche und persönliche Zuständigkeit er festlegen muss. ²Macht ein Staat von dieser Möglichkeit Gebrauch, so bestimmt er die Zentrale**

1521

T   3. Teil. Behördenzusammenarbeit. T. Unterhaltssachen

Behörde, an die Mitteilungen zur Übermittlung an die zuständige Zentrale Behörde in diesem Staat gerichtet werden können.

(3) ¹Bei der Hinterlegung der Ratifikations- oder Beitrittsurkunde oder einer Erklärung nach Artikel 61 unterrichtet jeder Vertragsstaat das Ständige Büro der Haager Konferenz für Internationales Privatrecht über die Bestimmung der Zentralen Behörde oder der Zentralen Behörden sowie über deren Kontaktdaten und gegebenenfalls deren Zuständigkeit nach Absatz 2. ²Die Vertragsstaaten teilen dem Ständigen Büro umgehend jede Änderung mit.

77   Die Absätze 1 und 2 entsprechen Art 49 Abs 1 und 2 EuUntVO; auf die dortige Kommentierung wird daher insoweit verwiesen (→ Rn 8 ff). Die *Bundesrepublik Deutschland* hat auch für dieses Übk das Bundesamt für Justiz in Bonn als einzige Zentrale Behörde bestimmt (§ 4 Abs 1 AUG; → Rn 104).

HUÜ 2007 Art 5. Allgemeine Aufgaben der Zentralen Behörden

Die Zentralen Behörden

a) arbeiten zusammen und fördern die Zusammenarbeit der zuständigen Behörden ihrer Staaten, um die Ziele dieses Übereinkommens zu verwirklichen;

b) suchen soweit möglich nach Lösungen für Schwierigkeiten, die bei der Anwendung des Übereinkommens auftreten.

78   Die Vorschrift entspricht Art 50 Abs 1 EuUntVO; auf die dortige Kommentierung wird daher verwiesen (→ Rn 10 ff).

HUÜ 2007 Art 6. Besondere Aufgaben der Zentralen Behörden

(1) Die Zentralen Behörden leisten bei Anträgen nach Kapitel III Hilfe, indem sie insbesondere

a) diese Anträge übermitteln und entgegennehmen;

b) Verfahren bezüglich dieser Anträge einleiten oder die Einleitung solcher Verfahren erleichtern.

(2) In Bezug auf diese Anträge treffen sie alle angemessenen Maßnahmen, um

a) juristische Unterstützung zu gewähren oder die Gewährung von juristischer Unterstützung zu erleichtern, wenn die Umstände es erfordern;

b) dabei behilflich zu sein, den Aufenthaltsort der verpflichteten oder der berechtigten Person ausfindig zu machen;

c) die Erlangung einschlägiger Informationen über das Einkommen und, wenn nötig, das Vermögen der verpflichteten oder der berechtigten Person, einschließlich der Belegenheit von Vermögensgegenständen, zu erleichtern;

d) gütliche Regelungen zu fördern, um die freiwillige Zahlung von Unterhalt zu erreichen, wenn angebracht durch Mediation, Schlichtung oder ähnliche Mittel;

e) die fortlaufende Vollstreckung von Unterhaltsentscheidungen einschließlich der Zahlungsrückstände zu erleichtern;

f) die Eintreibung und zügige Überweisung von Unterhalt zu erleichtern;

g) die Beweiserhebung, sei es durch Urkunden oder durch andere Beweismittel, zu erleichtern;

h) bei der Feststellung der Abstammung Hilfe zu leisten, wenn dies zur Geltendmachung von Unterhaltsansprüchen notwendig ist;

i) Verfahren zur Erwirkung notwendiger vorläufiger Maßnahmen, die auf das betreffende Hoheitsgebiet beschränkt sind und auf die Absicherung des Erfolgs eines anhängigen Unterhaltsantrags abzielen, einzuleiten oder die Einleitung solcher Verfahren zu erleichtern;

j) die Zustellung von Schriftstücken zu erleichtern.

(3) ¹Die Aufgaben, die nach diesem Artikel der Zentralen Behörde übertragen sind, können in dem vom Recht des betroffenen Staates vorgesehenen Umfang von öffentliche Aufgaben wahrnehmenden Einrichtungen oder anderen der Aufsicht der zuständigen Behörden dieses Staates unterliegenden Stellen wahrgenommen werden. ²Der Vertragsstaat teilt dem Ständigen Büro der Haager Konferenz für Internationales Pri-

1522

III. Staatsverträge: HUÜ 2007 Art 9   **T**

vatrecht die Bestimmung solcher Einrichtungen oder anderen Stellen sowie deren Kontaktdaten und Zuständigkeit mit. [3] Die Vertragsstaaten teilen dem Ständigen Büro umgehend jede Änderung mit.

(4) Dieser Artikel und Artikel 7 sind nicht so auszulegen, als verpflichteten sie eine Zentrale Behörde zur Ausübung von Befugnissen, die nach dem Recht des ersuchten Staates ausschließlich den Gerichten zustehen.

Art 5 entspricht Art 51 EuUntVO; auf die dortige Kommentierung wird daher verwiesen **79** (→ Rn 13 ff). Lediglich die Verpflichtung nach Abs 2 lit a reicht weiter als jene nach Art 51 Abs 2 lit a EuUntVO, weil sie sich nicht auf Maßnahmen zur Gewährung von Prozesskostenhilfe beschränkt, sondern die gesamte juristische Unterstützung des Antragstellers iSv Art 3 lit c umfasst. Im Rahmen von Abs 2 lit g und lit j stehen ferner – anders als unter Geltung der EuUntVO – die Möglichkeiten nach den Europäischen Beweisaufnahme- und Zustellungsverordnungen nicht zur Verfügung. Maßgebend sind stattdessen die entsprechenden Haager Zivilprozessübereinkommen, die nach Art 50 ausdrücklich unberührt bleiben, oder das nationale Verfahrensrecht.

HUÜ 2007 Art 7. Ersuchen um besondere Maßnahmen

(1) [1] Eine Zentrale Behörde kann unter Angabe der Gründe eine andere Zentrale Behörde auch dann ersuchen, angemessene besondere Maßnahmen nach Artikel 6 Absatz 2 Buchstaben b, c, g, h, i und j zu treffen, wenn kein Antrag nach Artikel 10 anhängig ist. [2] Die ersuchte Zentrale Behörde trifft, wenn sie es für notwendig erachtet, angemessene Maßnahmen, um einem potenziellen Antragsteller bei der Einreichung eines Antrags nach Artikel 10 oder bei der Feststellung behilflich zu sein, ob ein solcher Antrag gestellt werden soll.

(2) Eine Zentrale Behörde kann auf Ersuchen einer anderen Zentralen Behörde auch besondere Maßnahmen in einem Fall mit Auslandsbezug treffen, der die Geltendmachung von Unterhaltsansprüchen betrifft und im ersuchenden Staat anhängig ist.

Die Vorschrift entspricht Art 53 Abs 1 und Abs 3 EuUntVO; auf die dortige Kommentierung **80** wird daher verwiesen (→ Rn 32 ff). Eine Parallele zu Art 53 Abs 2 EuUntVO enthält das HUÜ 2007 nicht.

HUÜ 2007 Art 8. Kosten der Zentralen Behörde

(1) Jede Zentrale Behörde trägt die Kosten, die ihr durch die Anwendung dieses Übereinkommens entstehen.

(2) Die Zentralen Behörden dürfen vom Antragsteller für ihre nach diesem Übereinkommen erbrachten Dienstleistungen keine Gebühren erheben, außer für außergewöhnliche Kosten, die sich aus einem Ersuchen um besondere Maßnahmen nach Artikel 7 ergeben.

(3) Die ersuchte Zentrale Behörde kann sich die außergewöhnlichen Kosten nach Absatz 2 nur erstatten lassen, wenn der Antragsteller im Voraus zugestimmt hat, dass die Dienstleistungen mit einem Kostenaufwand in der betreffenden Höhe erbracht werden.

Die Vorschrift entspricht Art 54 EuUntVO; auf die dortige Kommentierung wird daher **81** verwiesen (→ Rn 38 ff). Art 54 Abs 2 S 2 EuUntVO enthält allerdings eine Klarstellung zur Kostentragung für die Aufenthaltsermittlung des Unterhaltsverpflichteten, die in Art 8 fehlt.

Kapitel III. Anträge über die Zentralen Behörden

HUÜ 2007 Art 9. Anträge über die Zentralen Behörden

[1] Anträge nach diesem Kapitel sind über die Zentrale Behörde des Vertragsstaats, in dem der Antragsteller seinen Aufenthalt hat, bei der Zentralen Behörde des ersuchten Staates zu stellen. [2] Bloße Anwesenheit gilt nicht als Aufenthalt im Sinne dieser Bestimmung.

1523

T 3. Teil. Behördenzusammenarbeit. T. Unterhaltssachen

82 Art 9 Satz 1 entspricht Art 55 EuUntVO; auf die dortige Kommentierung wird daher verwiesen (→ Rn 43 f). Die Klarstellung in S 2 findet sich in der EuUntVO lediglich in ErwG 32 S 3. Art 9 – und nicht Art 54 EuUntVO – findet auch dann Anwendung, wenn ein Antrag von der Zentralen Behörde eines Mitgliedstaats der EuUntVO an die Zentrale Behörde eines Vertragsstaats des HUÜ 2007 (oder umgekehrt) gestellt wird (Rauscher/*Andrae* Art 55 EuUntVO Rn 3).

HUÜ 2007 Art 10. Zur Verfügung stehende Anträge

(1) **Einer berechtigten Person im ersuchenden Staat, die Unterhaltsansprüche nach diesem Übereinkommen geltend machen will, stehen folgende Kategorien von Anträgen zur Verfügung:**

a) **Anerkennung oder Anerkennung und Vollstreckung einer Entscheidung;**

b) **Vollstreckung einer im ersuchten Staat ergangenen oder anerkannten Entscheidung;**

c) **Herbeiführen einer Entscheidung im ersuchten Staat, wenn keine Entscheidung vorliegt, einschließlich, soweit erforderlich, der Feststellung der Abstammung;**

d) **Herbeiführen einer Entscheidung im ersuchten Staat, wenn die Anerkennung und Vollstreckung einer Entscheidung nicht möglich ist oder mangels Grundlage für eine Anerkennung und Vollstreckung nach Artikel 20 oder aus den in Artikel 22 Buchstabe b oder e genannten Gründen verweigert wird;**

e) **Änderung einer im ersuchten Staat ergangenen Entscheidung;**

f) **Änderung einer Entscheidung, die in einem anderen als dem ersuchten Staat ergangen ist.**

(2) **Einer verpflichteten Person im ersuchenden Staat, gegen die eine Unterhaltsentscheidung vorliegt, stehen folgende Kategorien von Anträgen zur Verfügung:**

a) **Anerkennung einer Entscheidung oder ein gleichwertiges Verfahren, die beziehungsweise das die Aussetzung oder Einschränkung der Vollstreckung einer früheren Entscheidung im ersuchten Staat bewirkt;**

b) **Änderung einer im ersuchten Staat ergangenen Entscheidung;**

c) **Änderung einer Entscheidung, die in einem anderen als dem ersuchten Staat ergangen ist.**

(3) **Sofern in diesem Übereinkommen nichts anderes bestimmt ist, werden Anträge gemäß den Absätzen 1 und 2 nach dem Recht des ersuchten Staates behandelt; Anträge nach Absatz 1 Buchstaben c bis f und Absatz 2 Buchstaben b und c unterliegen den in diesem Staat geltenden Zuständigkeitsvorschriften.**

83 Die Absätze 1, 2 und 3, 1. Hs entsprechen Art 56 Abs 1, 2 und 4 EuUntVO; auf die dortige Kommentierung wird daher verwiesen (→ Rn 45 ff). Die Abweichung von der Geltung der Zuständigkeitsvorschriften des ersuchten Staates in Abs 3, 2. Hs gilt für die EuUntVO hingegen nicht. Ferner enthält Art 56 Abs 3 EuUntVO eine Regelung zur Vertretung bei der Antragstellung, die in Art 10 fehlt.

HUÜ 2007 Art 11. Inhalt des Antrags

(1) **Anträge nach Artikel 10 müssen mindestens folgende Angaben enthalten:**

a) **eine Erklärung in Bezug auf die Art des Antrags oder der Anträge;**

b) **den Namen und die Kontaktdaten des Antragstellers, einschließlich seiner Adresse und seines Geburtsdatums;**

c) **den Namen und, sofern bekannt, die Adresse sowie das Geburtsdatum des Antragsgegners;**

d) **den Namen und das Geburtsdatum jeder Person, für die Unterhalt verlangt wird;**

e) **die Gründe, auf die sich der Antrag stützt;**

f) **wenn die berechtigte Person den Antrag stellt, Angaben zu dem Ort, an dem die Unterhaltszahlungen geleistet oder an den sie elektronisch überwiesen werden sollen;**

g) **außer bei Anträgen nach Artikel 10 Absatz 1 Buchstabe a und Absatz 2 Buchstabe a alle Angaben oder Schriftstücke, die vom ersuchten Staat in einer Erklärung nach Artikel 63 verlangt worden sind;**

1524

III. Staatsverträge: HUÜ 2007 Art 12   **T**

h) den Namen und die Kontaktdaten der Person oder Dienststelle in der Zentralen Behörde des ersuchenden Staates, die für die Bearbeitung des Antrags zuständig ist.

(2) **Wenn angebracht und soweit bekannt, muss der Antrag außerdem Folgendes enthalten:**

a) Angaben über die finanziellen Verhältnisse der berechtigten Person;

b) Angaben über die finanziellen Verhältnisse der verpflichteten Person, einschließlich des Namens und der Adresse des Arbeitgebers der verpflichteten Person, sowie Art und Belegenheit der Vermögensgegenstände der verpflichteten Person;

c) alle anderen Angaben, die es gestatten, den Aufenthaltsort des Antragsgegners ausfindig zu machen.

(3) ¹Dem Antrag sind alle erforderlichen Angaben oder schriftlichen Belege einschließlich Unterlagen zum Nachweis des Anspruchs des Antragstellers auf unentgeltliche juristische Unterstützung beizufügen. ²Anträgen nach Artikel 10 Absatz 1 Buchstabe a und Absatz 2 Buchstabe a sind nur die in Artikel 25 aufgeführten Schriftstücke beizufügen.

(4) **Anträge nach Artikel 10 können anhand eines von der Haager Konferenz für Internationales Privatrecht empfohlenen und veröffentlichten Formulars gestellt werden.**

Die Absätze 1, 2 und 3 entsprechen Art 57 Abs 2, 4 und 5 EuUntVO; auf die dortige **84** Kommentierung wird daher insoweit verwiesen (→ Rn 57 ff). Keine Entsprechung in Art 11 hat Art 56 Abs 3 zur Geheimhaltung der Anschrift des Antragstellers in Fällen familiärer Gewalt. Ferner ist im Anwendungsbereich der EuUntVO die Verwendung der Formblätter gemäß Anh VI oder VII zur Verordnung nach Art 57 Abs 1 obligatorisch, während Art 11 Abs 4 HUÜ 2007 insoweit nur eine Empfehlung ausspricht.

HUÜ 2007 Art 12. Übermittlung, Entgegennahme und Bearbeitung der Anträge und Fälle durch die Zentralen Behörden.

(1) **Die Zentrale Behörde des ersuchenden Staates ist dem Antragsteller behilflich, um sicherzustellen, dass der Antrag alle Schriftstücke und Angaben umfasst, die nach Kenntnis dieser Behörde für seine Prüfung notwendig sind.**

(2) ¹Nachdem sich die Zentrale Behörde des ersuchenden Staates davon überzeugt hat, dass der Antrag den Erfordernissen des Übereinkommens entspricht, übermittelt sie ihn im Namen des Antragstellers und mit seiner Zustimmung der Zentralen Behörde des ersuchten Staates. ²Dem Antrag ist das Übermittlungsformular nach Anlage 1 beizufügen. ³Auf Verlangen der Zentralen Behörde des ersuchten Staates legt die Zentrale Behörde des ersuchenden Staates eine von der zuständigen Behörde des Ursprungsstaats beglaubigte vollständige Kopie der in Artikel 16 Absatz 3, Artikel 25 Absatz 1 Buchstaben a, b und d, Artikel 25 Absatz 3 Buchstabe b und Artikel 30 Absatz 3 aufgeführten Schriftstücke vor.

(3) ¹Innerhalb von sechs Wochen ab dem Tag des Eingangs des Antrags bestätigt die ersuchte Zentrale Behörde den Eingang anhand des Formulars nach Anlage 2, benachrichtigt die Zentrale Behörde des ersuchenden Staates über die ersten Maßnahmen, die zur Bearbeitung des Antrags getroffen wurden oder werden, und fordert gegebenenfalls die von ihr für notwendig erachteten zusätzlichen Schriftstücke oder Angaben an. ²Innerhalb derselben sechswöchigen Frist teilt die ersuchte Zentrale Behörde der ersuchenden Zentralen Behörde den Namen und die Kontaktdaten der Person oder Dienststelle mit, die damit beauftragt ist, Fragen im Hinblick auf den Stand des Antrags zu beantworten.

(4) **Innerhalb von drei Monaten nach der Empfangsbestätigung unterrichtet die ersuchte Zentrale Behörde die ersuchende Zentrale Behörde über den Stand des Antrags.**

(5) **Die ersuchende und die ersuchte Zentrale Behörde unterrichten einander**

a) über die Identität der Person oder der Dienststelle, die für einen bestimmten Fall zuständig ist;

b) über den Stand des Falles

und beantworten Auskunftsersuchen rechtzeitig.

1525

T 87 3. Teil. Behördenzusammenarbeit. T. Unterhaltssachen

(6) Die Zentralen Behörden behandeln einen Fall so zügig, wie es eine sachgemäße Prüfung seines Gegenstands zulässt.

(7) Die Zentralen Behörden benutzen untereinander die schnellsten und effizientesten Kommunikationsmittel, die ihnen zur Verfügung stehen.

(8) [1] Eine ersuchte Zentrale Behörde kann die Bearbeitung eines Antrags nur ablehnen, wenn offensichtlich ist, dass die Voraussetzungen des Übereinkommens nicht erfüllt sind. [2] In diesem Fall unterrichtet die betreffende Zentrale Behörde die ersuchende Zentrale Behörde umgehend über die Gründe für ihre Ablehnung.

(9) [1] Die ersuchte Zentrale Behörde kann einen Antrag nicht allein deshalb ablehnen, weil zusätzliche Schriftstücke oder Angaben erforderlich sind. [2] Die ersuchte Zentrale Behörde kann die ersuchende Zentrale Behörde jedoch auffordern, solche zusätzlichen Schriftstücke oder Angaben zu übermitteln. [3] Geschieht dies nicht innerhalb von drei Monaten oder einer von der ersuchten Zentralen Behörde gesetzten längeren Frist, so kann diese Behörde beschließen, die Bearbeitung des Antrags zu beenden. [4] In diesem Fall unterrichtet sie die ersuchende Zentrale Behörde von ihrer Entscheidung.

85   Art 12 entspricht weitgehend Art 58 EuUntVO; auf die dortige Kommentierung wird daher verwiesen (→ Rn 62 ff). Lediglich die Verpflichtung der ersuchenden Zentralen Behörde zur Vorlage des Formulars nach Anlage 1 und ggfs von beglaubigten Kopien weiterer Dokumente nach Abs 2 S 2 und 3 fehlt in Art 58 EuUntVO. Ferner sind die in den Absätzen 3, 4 und 9 bestimmten **Fristen** nach Art 12 länger als nach den Parallelvorschriften in Art 58 EuUntVO.

HUÜ 2007 Art 13. Kommunikationsmittel

Ein nach diesem Kapitel über die Zentralen Behörden der Vertragsstaaten gestellter Antrag und beigefügte oder von einer Zentralen Behörde beigebrachte Schriftstücke oder Angaben können vom Antragsgegner nicht allein aufgrund der zwischen den betroffenen Zentralen Behörden verwendeten Datenträger oder Kommunikationsmittel beanstandet werden.

86   Art 13 ergänzt Art 12 Abs 7. Danach können Anträge und die ihm beigefügten Dolumente nicht allein aufgrund der zwischen den betroffenen Zentralen Behörden verwendeten Datenträger oder Kommunikationsmittel beanstandet werden. Dies gilt auch dann, wenn die ersuchende Behörde nicht die schnellsten und effiezientesten Kommunikationsmittel verwendet hat.

HUÜ 2007 Art 14. Effektiver Zugang zu Verfahren

(1) Der ersuchte Staat gewährleistet für Antragsteller effektiven Zugang zu den Verfahren, die sich aus Anträgen nach diesem Kapitel ergeben, einschließlich Vollstreckungs- und Rechtsmittelverfahren.

(2) Um einen solchen effektiven Zugang zu gewährleisten, leistet der ersuchte Staat unentgeltliche juristische Unterstützung nach den Artikeln 14 bis 17, sofern nicht Absatz 3 anzuwenden ist.

(3) Der ersuchte Staat ist nicht verpflichtet, unentgeltliche juristische Unterstützung zu leisten, wenn und soweit die Verfahren in diesem Staat es dem Antragsteller gestatten, die Sache ohne eine solche Hilfe zu betreiben, und die Zentrale Behörde die nötigen Dienstleistungen unentgeltlich erbringt.

(4) Die Voraussetzungen für den Zugang zu unentgeltlicher juristischer Unterstützung dürfen nicht enger als die für vergleichbare innerstaatliche Fälle geltenden sein.

(5) In den nach dem Übereinkommen eingeleiteten Verfahren darf für die Zahlung von Verfahrenskosten eine Sicherheitsleistung oder Hinterlegung gleich welcher Bezeichnung nicht auferlegt werden.

87   Die Art 14–17 bildeten die Grundlage für das V. Kapitel der EuUntVO über den Zugang zum Recht (Art 44–47). Art 14 entspricht dabei weitgehend Art 44 EuUntVO; auf die dortige Kommentierung wird daher verwiesen (→ C Rn 823 ff).

III. Staatsverträge: HUÜ 2007 Art 17   **T**

HUÜ 2007 Art 15. Unentgeltliche juristische Unterstützung bei Anträgen auf Unterhalt für Kinder

(1) **Der ersuchte Staat leistet unentgeltliche juristische Unterstützung für alle von einer berechtigten Person nach diesem Kapitel gestellten Anträge in Bezug auf Unterhaltspflichten aus einer Eltern–Kind–Beziehung gegenüber einer Person, die das 21. Lebensjahr noch nicht vollendet hat.**

(2) **Ungeachtet des Absatzes 1 kann der ersuchte Staat in Bezug auf andere Anträge als solche nach Artikel 10 Absatz 1 Buchstaben a und b und in Bezug auf die von Artikel 20 Absatz 4 erfassten Fälle die Gewährung unentgeltlicher juristischer Unterstützung ablehnen, wenn er den Antrag oder ein Rechtsmittel für offensichtlich unbegründet erachtet.**

Art 15 entspricht weitgehend Art 46 EuUntVO; auf die dortige Kommentierung wird daher **88** verwiesen (→ C Rn 830 ff). Lediglich die Ausnahme nach Art 20 Abs 4 fehlt in der EuUntVO, weil nach dieser Unterhaltsentscheidungen grundsätzlich anzuerkennen sind.

HUÜ 2007 Art 16. Erklärung, die eine auf die Mittel des Kindes beschränkte Prüfung zulässt

(1) **Ungeachtet des Artikels 15 Absatz 1 kann ein Staat nach Artikel 63 erklären, dass er in Bezug auf andere Anträge als solche nach Artikel 10 Absatz 1 Buchstaben a und b und in Bezug auf die von Artikel 20 Absatz 4 erfassten Fälle unentgeltliche juristische Unterstützung auf der Grundlage einer Prüfung der Mittel des Kindes leisten wird.**

(2) **Im Zeitpunkt der Abgabe einer solchen Erklärung unterrichtet der betreffende Staat das Ständige Büro der Haager Konferenz für Internationales Privatrecht über die Art und Weise der Durchführung der Prüfung der Mittel des Kindes sowie die finanziellen Voraussetzungen, die erfüllt sein müssen.**

(3) **¹Ein Antrag nach Absatz 1, der an einen Staat gerichtet wird, der eine Erklärung nach jenem Absatz abgegeben hat, muss eine formelle Bestätigung des Antragstellers darüber enthalten, dass die Mittel des Kindes den in Absatz 2 erwähnten Voraussetzungen entsprechen. ²Der ersuchte Staat kann zusätzliche Nachweise über die Mittel des Kindes nur anfordern, wenn er begründeten Anlass zu der Vermutung hat, dass die Angaben des Antragstellers unzutreffend sind.**

(4) **Ist die günstigste juristische Unterstützung nach dem Recht des ersuchten Staates bei Anträgen nach diesem Kapitel in Bezug auf Unterhaltspflichten aus einer Eltern-Kind-Beziehung gegenüber einem Kind günstiger als die in den Absätzen 1 bis 3 vorgesehene, so ist die günstigste juristische Unterstützung zu leisten.**

Abweichend von der EuUntVO kann sich ein Vertragsstaat des HUÜ nach Art 16 eine **89** Bedürftigkeitsprüfung in Bezug auf das Kind vorbehalten und die Leistung unentgeltlicher juristischer Unterstützung von deren Ausgang abhängig machen. Dies gilt nach Abs 1 jedoch nicht für Anträge nach Art 10 Abs 1 lit a und lit b sowie in den Fällen des Art 20 Abs 4. Bisher hat eine solche Erklärung noch kein Vertragsstaat abgegeben.

HUÜ 2007 Art 17. Nicht unter Artikel 15 oder 16 fallende Anträge

Bei Anträgen, die nach diesem Übereinkommen gestellt werden und nicht unter Artikel 15 oder 16 fallen,

a) **kann die Gewährung unentgeltlicher juristischer Unterstützung von der Prüfung der Mittel des Antragstellers oder der Begründetheit des Antrags abhängig gemacht werden;**

b) **erhält ein Antragsteller, der im Ursprungsstaat unentgeltliche juristische Unterstützung erhalten hat, in jedem Anerkennungs- oder Vollstreckungsverfahren eine unentgeltliche juristische Unterstützung, die mindestens der unter denselben Umständen nach dem Recht des Vollstreckungsstaats vorgesehenen Unterstützung entspricht.**

1527

T   3. Teil. Behördenzusammenarbeit. T. Unterhaltssachen

1. Einschränkung der unentgeltlichen juristischen Unterstützung, lit a

90   Für Anträge nach dem Übk, die nicht unter Art 15 oder 16 fallen, kann die Gewährung unentgeltlicher juristischer Unterstützung nach lit a von der Prüfung der Mittel des Antragstellers oder der Begründetheit des Antrags abhängig gemacht werden. Die Vorschrift entspricht Art 47 Abs 1 EuUntVO; auf die dortige Kommentierung wird daher verwiesen (→ C Rn 833).

2. Meistbegünstigung in Anerkennungs- und Vollstreckungsverfahren, Abs 2

91   In Übereinstimmung mit Art 47 Abs 2 EuUntVO erstreckt Abs 2 die erststaatliche Bewilligung von unentgeltlicher juristsicher Unterstützung *ipso iure* auf jedes zweitstaatliche Anerkennungs- oder Vollstreckungsverfahren. Wegen der Einzelheiten wird auf die dortige Kommentierung verwiesen (→ C Rn 834 ff).

960. New Yorker UN-Übereinkommen über die Geltendmachung von Unterhaltsansprüchen im Ausland (UN-UntGÜ)

Vom 20. Juni 1956 (BGBl 1959 II, 150)

Vorbemerkung

1. Vertragsstaaten

92   Das Übk ist für die *Bundesrepublik Deutschland* am 19.8.1959 im Verhältnis zu *China (Taiwan), Dänemark, Guatemala, Haiti, Israel, Italien, Jugoslawien (SFR), Marokko, Norwegen, Pakistan, Schweden, Sri Lanka, der Tschechoslowakei* und *Ungarn* in Kraft getreten (Bek v 20.11.1959, BGBl II, 1377). Es gilt heute für 64 weitere Staaten; siehe hierzu den Fundstellennachweis B zum BGBl 16 II, 498.

93   Bei dem hier abgedruckten deutschen Text handelt es sich um eine Übersetzung. Authentisch sind der *chinesische, englische, französische, russische* und *spanische* Text (http://treaties.un.org (Kap XX Nr 1).

2. Verhältnis zu anderen Rechtsinstrumenten

94   **a) EuUntVO.** Das Übk wird im Verhältnis der EU-Mitgliedstaaten zueinander durch das Kapitel VII der EuUntVO ersetzt, Art 69 Abs 2 EuUntVO. Dies gilt allerdings nicht im Verhältnis zu *Dänemark,* denn in diesem Mitgliedstaat findet das Kapitel VII keine Anwendung.

95   **b) HUÜ 2007.** Das Übk wird seit Inkrafttreten des neuen Haager Übk über die internationale Geltendmachung der Unterhaltsansprüche von Kindern und anderen Familienangehörigen v 23.11.2007 (HUÜ 2007 → Rn 73 ff) im Verhältnis der Vertragsstaaten zueinander durch das neue Übk ersetzt, soweit sich der Anwendungsbereich beider Übk deckt, vgl Art 49 HUÜ 2007.

3. Verzicht auf Kommentierung

96   Auf eine Kommentierung des Übk, das sowohl hinter die EuUntVO als auch hinter das HUÜ 2007 zurücktritt, wird verzichtet, weil dem Übk nur noch eine sehr eingeschränkte Bedeutung zukommt. Nachfolgend wird daher nur der Wortlaut der wichtigsten Vorschriften des Übk wiedergegeben.

UN-UntGÜ Art 1. Gegenstand des Übereinkommens

(1) ¹**Dieses Übereinkommen hat den Zweck, die Geltendmachung eines Unterhaltsanspruches zu erleichtern, den eine Person (im folgenden als Berechtigter bezeichnet), die sich im Hoheitsgebiet einer Vertragspartei befindet, gegen eine andere Person (im folgenden als Verpflichteter bezeichnet), die der Gerichtsbarkeit einer anderen Vertragspartei untersteht, erheben zu können glaubt. ²Dieser Zweck wird mit Hilfe von Stellen verwirklicht, die im Folgenden als Übermittlungs- und Empfangsstellen bezeichnet werden.**

1528

III. Staatsverträge: UN–UntGÜ Art 3   **T**

(2) **Die in diesem Übereinkommen vorgesehenen Möglichkeiten des Rechtsschutzes treten zu den Möglichkeiten, die nach nationalem oder internationalem Recht bestehen, hinzu; sie treten nicht an deren Stelle.**

Das Übk ist nur auf Unterhaltsansprüche anwendbar, die dem Berechtigten in Person zu- **97** stehen. Ansprüche öffentlicher Stellen, die Regressansprüche wegen der an den Unterhaltsberechtigten erbrachten Leistungen geltend machen, die im wege der *cessio legis* auf sie übergegangen sind, fallen daher nicht in den sachlichen Anwendungsbereich des Übk (OLG Celle NJOZ 16, 1071; OLG Stuttgart FamRZ 04, 894 mwN).

UN–UntGÜ Art 2. Bestimmung der Stellen

(1) **Jede Vertragspartei bestimmt in dem Zeitpunkt, an dem sie ihre Ratifikations- oder Beitrittsurkunde hinterlegt, eine oder mehrere Gerichts- oder Verwaltungsbehörden, die in ihrem Hoheitsgebiet als Übermittlungsstellen tätig werden.**

(2) **Jede Vertragspartei bestimmt in dem Zeitpunkt, an dem sie ihre Ratifikations- oder Beitrittsurkunde hinterlegt, eine öffentliche oder private Stelle, die in ihrem Hoheitsgebiet als Empfangsstelle tätig wird.**

(3) **Jede Vertragspartei unterrichtet den Generalsekretär der Vereinten Nationen unverzüglich über die Bestimmungen, die sie gemäß den Absätzen 1 und 2 getroffen hat, und über die Änderungen, die nachträglich in dieser Hinsicht eintreten.**

(4) **Die Übermittlungs- und Empfangsstellen dürfen mit den Übermittlungs- und Empfangsstellen anderer Vertragsparteien unmittelbar verkehren.**

Die Aufgaben der Empfangs- und Übermittlungsstelle iSv Art 2 Abs 1 und 2 des Übk nimmt **98** in der *Bundesrepublik Deutschland* das **Bundesamt für Justiz** wahr (§ 4 Abs 1 AUG).

UN–UntGÜ Art 3. Einreichung von Gesuchen bei der Übermittlungsstelle

(1) **Befindet sich ein Berechtigter in dem Hoheitsgebiet einer Vertragspartei (im folgenden als Staat des Berechtigten bezeichnet) und untersteht der Verpflichtete der Gerichtsbarkeit einer anderen Vertragspartei (im folgenden als Staat des Verpflichteten bezeichnet), so kann der Berechtigte bei einer Übermittlungsstelle des Staates, in dem er sich befindet, ein Gesuch einreichen, mit dem er den Anspruch auf Gewährung des Unterhalts gegen den Verpflichteten geltend macht.**

(2) **Jede Vertragspartei teilt dem Generalsekretär mit, welche Beweise nach dem Recht des Staates der Empfangsstelle für den Nachweis von Unterhaltsansprüchen in der Regel erforderlich sind, wie diese Beweise beigebracht und welche anderen Erfordernisse nach diesem Recht erfüllt werden müssen.**

(3) **¹Dem Gesuch sind alle erheblichen Urkunden beizufügen einschließlich einer etwa erforderlichen Vollmacht, welche die Empfangsstelle ermächtigt, in Vertretung des Berechtigten tätig zu werden oder eine andere Person hierfür zu bestellen. ²Ferner ist ein Lichtbild des Berechtigten und, falls verfügbar, auch ein Lichtbild des Verpflichteten beizufügen.**

(4) **Die Übermittlungsstelle übernimmt alle geeigneten Schritte, um sicherzustellen, dass die Erfordernisse des in dem Staate der Empfangsstelle geltenden Rechts erfüllt werden; das Gesuch muss unter Berücksichtigung dieses Rechts mindestens folgendes enthalten:**

a) **den Namen und die Vornamen, die Anschrift, das Geburtsdatum, die Staatsangehörigkeit und den Beruf oder die Beschäftigung des Berechtigten sowie gegebenenfalls den Namen und die Anschrift seines gesetzlichen Vertreters;**

b) **den Namen und die Vornamen des Verpflichteten; ferner, soweit der Berechtigte hiervon Kenntnis hat, die Anschriften des Verpflichteten in den letzten fünf Jahren, sein Geburtsdatum, seine Staatsangehörigkeit und seinen Beruf oder seine Beschäftigung;**

nähere Angaben über die Gründe, auf die der Anspruch gestützt wird, und über Art und Höhe des geforderten Unterhalts und sonstige erhebliche Angaben, wie zum Beispiel über die finanziellen und familiären Verhältnisse des Berechtigten und des Verpflichteten.

1529

T   3. Teil. Behördenzusammenarbeit. T. Unterhaltssachen

UN-UntGÜ Art 4. Übersendung der Vorgänge

(1) Die Übermittlungsstelle übersendet die Vorgänge der Empfangsstelle des Staates des Verpflichteten, es sei denn, dass sie zu der Überzeugung gelangt, das Gesuch sei mutwillig gestellt.

(2) Bevor die Übermittlungsstelle die Vorgänge übersendet, überzeugt sie sich davon, dass die Schriftstücke in der Form dem Recht des Staates des Berechtigten entsprechen.

(3) Die Übermittlungsstelle kann für die Empfangsstelle eine Äußerung darüber beifügen, ob sie den Anspruch sachlich für begründet hält; sie kann auch empfehlen, dem Berechtigten das Armenrecht und die Befreiung von Kosten zu gewähren.

UN-UntGÜ Art 5. Übersendung von Urteilen und anderen gerichtlichen Titeln

(1) Die Übermittlungsstelle übersendet gemäß Artikel 4 auf Antrag des Berechtigten endgültige oder vorläufige Entscheidungen und andere gerichtliche Titel, die der Berechtigte bei einem zuständigen Gericht einer Vertragspartei wegen der Leistung von Unterhalt erwirkt hat, und, falls notwendig und möglich, die Akten des Verfahrens, in dem die Entscheidung ergangen ist.

(2) Die in Absatz 1 erwähnten Entscheidungen und gerichtlichen Titel können anstelle oder in Ergänzung der in Artikel 3 genannten Urkunden übersandt werden.

(3) Die in Artikel 6 vorgesehenen Verfahren können entsprechend dem Recht des Staates des Verpflichteten entweder Verfahren zum Zweck der Vollstreckbarerklärung (Exequatur oder Registrierung) oder eine Klage umfassen, die auf einen gemäß Absatz 1 übersandten Titel gestützt wird.

UN-UntGÜ Art 6. Aufgaben der Empfangsstelle

(1) Die Empfangsstelle unternimmt im Rahmen der ihr von dem Berechtigten erteilten Ermächtigung und in seiner Vertretung alle geeigneten Schritte, um die Leistung von Unterhalt herbeizuführen; dazu gehört insbesondere eine Regelung des Anspruchs im Wege des Vergleichs und, falls erforderlich, die Erhebung und Verfolgung einer Unterhaltsklage sowie die Vollstreckung einer Entscheidung oder eines anderen gerichtlichen Titels auf Zahlung von Unterhalt.

(2) [1]Die Empfangsstelle unterrichtet laufend die Übermittlungsstelle. [2]Kann sie nicht tätig werden, so teilt sie der Übermittlungsstelle die Gründe hierfür mit und sendet die Vorgänge zurück.

(3) Ungeachtet der Vorschriften dieses Übereinkommens ist bei der Entscheidung aller Fragen, die sich bei einer Klage oder in einem Verfahren wegen Gewährung von Unterhalt ergeben, das Recht des Staates des Verpflichteten, einschließlich des internationalen Privatrechts dieses Staates, anzuwenden.

UN-UntGÜ Art 7. Rechtshilfeersuchen

Kann nach dem Recht der beiden in Betracht kommenden Vertragsparteien um Rechtshilfe ersucht werden, so gilt folgendes:

a) Ein Gericht, bei dem eine Unterhaltsklage anhängig ist, kann Ersuchen um Erhebung weiterer Beweise, sei es durch Urkunden oder durch andere Beweismittel, entweder an das zuständige Gericht der anderen Vertragspartei oder an jede andere Behörde oder Stelle richten, welche die andere Vertragspartei, in deren Hoheitsgebiet das Ersuchen erledigt werden soll, bestimmt hat.

b) Um den Parteien die Anwesenheit oder Vertretung in dem Beweistermin zu ermöglichen, teilt die ersuchte Behörde der beteiligten Empfangs- und Übermittlungsstelle sowie dem Verpflichteten den Zeitpunkt und den Ort der Durchführung des Rechtshilfeersuchens mit.

c) Rechtshilfeersuchen werden mit möglichster Beschleunigung erledigt; ist ein Ersuchen nicht innerhalb von vier Monaten nach Eingang bei der ersuchten Behörde

1530

IV. Autonomes Zivilverfahrensrecht 99 **T**

erledigt, so werden der ersuchenden Behörde die Gründe für die Nichterledigung oder Verzögerung mitgeteilt.

d) Für die Erledigung von Rechtshilfeersuchen werden Gebühren oder Kosten irgendwelcher Art nicht erstattet.

e) Die Erledigung eines Rechtshilfeersuchens darf nur abgelehnt werden:
1. wenn die Echtheit des Ersuchens nicht feststeht;
2. wenn die Vertragspartei, in deren Hoheitsgebiet das Ersuchen erledigt werden soll, dessen Ausführung für geeignet hält, ihre Hoheitsrechte oder ihre Sicherheit zu gefährden.

UN-UntGÜ Art 8. Änderung von Entscheidungen

Dieses Übereinkommen gilt auch für Gesuche, mit denen eine Änderung von Unterhaltsentscheidungen begehrt wird.

UN-UntGÜ Art 9. Befreiungen und Erleichterungen

(1) In Verfahren, die aufgrund dieses Übereinkommens durchgeführt werden, genießen die Berechtigten die gleiche Behandlung und dieselben Befreiungen von der Zahlung von Gebühren und Auslagen wie die Bewohner oder Staatsangehörigen des Staates, in dem das Verfahren anhängig ist.

(2) Die Berechtigten sind nicht verpflichtet, wegen ihrer Eigenschaft als Ausländer oder wegen Fehlens eines inländischen Aufenthalts als Sicherheit für die Prozeßkosten oder andere Zwecke eine Garantieerklärung beizubringen oder Zahlungen oder Hinterlegungen vorzunehmen.

(3) Die Übermittlungs- und Empfangsstellen erheben für ihre Tätigkeit, die sie aufgrund dieses Übereinkommens leisten, keine Gebühren.

UN-UntGÜ Art 10. Überweisung von Geldbeträgen

Bestehen nach dem Recht einer Vertragspartei Beschränkungen für die Überweisung von Geldbeträgen in das Ausland, so gewährt diese Vertragspartei der Überweisung von Geldbeträgen, die zur Erfüllung von Unterhaltsansprüchen oder zur Deckung von Ausgaben für Verfahren nach diesem Übereinkommen bestimmt sind, den größtmöglichen Vorrang.

UN-UntGÜ Art 11–21

(nicht abgedruckt)

IV. Autonomes Zivilverfahrensrecht

970. Gesetz zur Geltendmachung von Unterhaltsansprüchen im Verkehr mit ausländischen Staaten (Auslandsunterhaltsgesetz – AUG)

Vom 23. Mai 2011 (BGBl I, 898)

Vorbemerkung

Schrifttum: *Andrae,* Das neue Auslandsunterhaltsgesetz, NJW 11, 2545; *Heger/Selg,* Die europäische Unterhaltsverordnung und das neue Auslandsunterhaltsgesetz, FamRZ 11, 1101.

Das AUG wurde mit Wirkung zum 18.6.2011 vollständig neu gefasst. Der sachliche Anwen- 99 dungsbereich des Gesetzes wird in § 1 (→ M Rn 704 ff), der zeitliche Anwendungsbereich in § 77 (→ M Rn 829) geregelt. Die Neufassung führt die zuvor in verschiedenen Gesetzen, vor allem im AVAG und im AUG aF, verstreuten Vorschriften zur Ausführung sowohl des EU-Rechts wie der wichtigsten Staatsverträge auf dem Gebiet des Unterhaltsrechts zusammen (vgl näher *Heger/Selg* FamRZ 11, 1101 ff).

1531

T 102   3. Teil. Behördenzusammenarbeit. T. Unterhaltssachen

100   Das AUG enthält in den Abschnitten 2–4 (Zentrale Behörde, §§ 2–6; Ersuchen um Unterstützung in Unterhaltssachen, §§ 7–15; Datenerhebung durch die zentrale Behörde, §§ 16–19) Ausführungsbestimmungen zum Kapitel VII der EuUntVO und zum Kapitel II des HUÜ 2007, die nachfolgend abgedruckt sind.

Kapitel 1. Allgemeiner Teil
Abschnitt 1. Anwendungsbereich; Begriffsbestimmungen

AUG § 1. Anwendungsbereich

(1) **Dieses Gesetz dient**

1. der Durchführung folgender Verordnung und folgender Abkommen der Europäischen Union:

a) der Verordnung (EG) Nr. 4/2009 des Rates vom 18. Dezember 2008 über die Zuständigkeit, das anwendbare Recht, die Anerkennung und Vollstreckung von Entscheidungen und die Zusammenarbeit in Unterhaltssachen (ABl 7 vom 10.1.2009, S. 1);

b) des Abkommens vom 19. Oktober 2005 zwischen der Europäischen Gemeinschaft und dem Königreich Dänemark über die gerichtliche Zuständigkeit und die Anerkennung und Vollstreckung von Entscheidungen in Zivil- und Handelssachen (ABl L 299 vom 16.11.2005, S. 62), soweit dieses Abkommen auf Unterhaltssachen anzuwenden ist;

c) des Übereinkommens vom 30. Oktober 2007 über die gerichtliche Zuständigkeit und die Anerkennung und Vollstreckung von Entscheidungen in Zivil- und Handelssachen (ABl L 339 vom 21.12.2007, S. 3), soweit dieses Übereinkommen auf Unterhaltssachen anzuwenden ist;

2. der Ausführung folgender völkerrechtlicher Verträge:

a) des Haager Übereinkommens vom 2. Oktober 1973 über die Anerkennung und Vollstreckung von Unterhaltsentscheidungen (BGBl. 1986 II S. 826);

b) des Übereinkommens vom 16. September 1988 über die gerichtliche Zuständigkeit und die Vollstreckung gerichtlicher Entscheidungen in Zivil- und Handelssachen (BGBl. 1994 II S. 2658), soweit dieses Übereinkommen auf Unterhaltssachen anzuwenden ist;

c) des New Yorker UN-Übereinkommens vom 20. Juni 1956 über die Geltendmachung von Unterhaltsansprüchen im Ausland (BGBl. 1959 II S. 150);

3. der Geltendmachung von gesetzlichen Unterhaltsansprüchen, wenn eine der Parteien im Geltungsbereich dieses Gesetzes und die andere Partei in einem anderen Staat, mit dem die Gegenseitigkeit verbürgt ist, ihren gewöhnlichen Aufenthalt hat.

¹Die Gegenseitigkeit nach Satz 1 Nummer 3 ist verbürgt, wenn das Bundesministerium der Justiz und für Verbraucherschutz dies festgestellt und im Bundesgesetzblatt bekannt gemacht hat (förmliche Gegenseitigkeit). ²Staaten im Sinne des Satzes 1 Nummer 3 sind auch Teilstaaten und Provinzen eines Bundesstaates.

(2) **¹Regelungen in völkerrechtlichen Vereinbarungen gehen, soweit sie unmittelbar anwendbares innerstaatliches Recht geworden sind, den Vorschriften dieses Gesetzes vor. ²Die Regelungen der in Absatz 1 Satz 1 Nummer 1 genannten Verordnung und Abkommen werden als unmittelbar geltendes Recht der Europäischen Union durch die Durchführungsbestimmungen dieses Gesetzes nicht berührt.**

101   Vgl die Kommentierung im Abschnitt M (→ Rn 704 ff).

AUG § 2. Allgemeine gerichtliche Verfahrensvorschriften

Soweit in diesem Gesetz nichts anderes geregelt ist, werden die Vorschriften des Gesetzes über das Verfahren in Familiensachen und in den Angelegenheiten der freiwilligen Gerichtsbarkeit angewendet.

102   Vgl die Kommentierung im Abschnitt M (→ Rn 714).

1532

IV. Autonomes Zivilverfahrensrecht: AUG § 5   **T**

AUG § 3. Begriffsbestimmungen

Im Sinne dieses Gesetzes

1. sind Mitgliedstaaten die Mitgliedstaaten der Europäischen Union,
2. sind völkerrechtliche Verträge multilaterale und bilaterale Anerkennungs- und Vollstreckungsverträge,
3. sind Berechtigte
   a) natürliche Personen, die einen Anspruch auf Unterhaltsleistungen haben oder geltend machen,
   b) öffentlich-rechtliche Leistungsträger, die Unterhaltsansprüche aus übergegangenem Recht geltend machen, soweit die Verordnung (EG)Nr. 4/2009 oder der auszuführende völkerrechtliche Vertrag auf solche Ansprüche anzuwenden ist,
4. sind Verpflichtete natürliche Personen, die Unterhalt schulden oder denen gegenüber Unterhaltsansprüche geltend gemacht werden,
5. sind Titel gerichtliche Entscheidungen, gerichtliche Vergleiche und öffentliche Urkunden, auf welche die durchzuführende Verordnung oder der jeweils auszuführende völkerrechtliche Vertrag anzuwenden ist,
6. ist Ursprungsstaat der Staat, in dem ein Titel errichtet worden ist, und

ist ein Exequaturverfahren das Verfahren, mit dem ein ausländischer Titel zur Zwangsvollstreckung im Inland zugelassen wird.

Vgl die Kommentierung im Abschnitt M (→ Rn 715 ff).   **103**

Abschnitt 2. Zentrale Behörde

AUG § 4. Zentrale Behörde

(1) ¹Zentrale Behörde für die gerichtliche und außergerichtliche Geltendmachung von Ansprüchen in Unterhaltssachen nach diesem Gesetz ist das Bundesamt für Justiz. ²Die zentrale Behörde verkehrt unmittelbar mit allen zuständigen Stellen im In- und Ausland. ³Mitteilungen leitet sie unverzüglich an die zuständigen Stellen weiter.

(2) Das Verfahren der zentralen Behörde gilt als Justizverwaltungsverfahren.

(3)¹Das Bundesministerium der Justiz und für Verbraucherschutz wird ermächtigt, Aufgaben der zentralen Behörde entsprechend Artikel 51 Absatz 3 der Verordnung (EG) Nr. 4/2009 oder Artikel 6 Absatz 3 des Haager Übereinkommens vom 23. November 2007 über die internationale Geltendmachung der Unterhaltsansprüche von Kindern und anderen Familienangehörigen auf eine andere öffentliche Stelle zu übertragen oder eine juristische Person des Privatrechts mit den entsprechenden Aufgaben zu beleihen. ²Die Beliehene muss grundlegende Erfahrungen bei der Durchsetzung von Unterhaltsansprüchen im Ausland nachweisen können. ³Den Umfang der Aufgabenübertragung legt das Bundesministerium der Justiz und für Verbraucherschutz fest. ⁴Die Übertragung ist vom Bundesministerium der Justiz und für Verbraucherschutz im Bundesanzeiger bekannt zu geben. ⁵Die Beliehene unterliegt der Fachaufsicht des Bundesministeriums der Justiz und für Verbraucherschutz. ⁶§ 5 Absatz 6 und die §§ 7 und 9 werden auf die Tätigkeit der Beliehenen nicht angewendet.

Die *Bundesrepublik Deutschland* hat als zentrale Behörde für die gerichtliche und außergericht- **104** liche Geltendmachung von Ansprüchen in Unterhaltssachen das **Bundesamt für Justiz** bestimmt (Abs 1) und zugleich festgelegt, dass diese Behörde nach dem AUG im Justizverwaltungsverfahren entscheidet (Abs 2). Von der in Abs 3 geregelten Ermächtigung, die Aufgaben der zentralen Behörde nach Maßgabe von Art 51 Abs 3 EuUntVO oder Art 6 Abs 3 HUU 2007 auf andere öffentliche Stellen oder Personen des Privatrechts zu delegieren, hat das Bundesministerium der Justiz und für Verbraucherschutz bisher keinen Gebrauch gemacht.

AUG § 5. Aufgaben und Befugnisse der zentralen Behörde

(1) Die gerichtliche und außergerichtliche Geltendmachung von Unterhaltsansprüchen nach diesem Gesetz erfolgt über die zentrale Behörde als Empfangs- und Übermittlungsstelle.

1533

T 107   3. Teil. Behördenzusammenarbeit. T. Unterhaltssachen

(2) ¹Die zentrale Behörde unternimmt alle geeigneten Schritte, um den Unterhaltsanspruch des Berechtigten durchzusetzen. ²Sie hat hierbei die Interessen und den Willen des Berechtigten zu beachten.

(3) Im Anwendungsbereich der Verordnung (EG)Nr. 4/2009 richten sich die Aufgaben der zentralen Behörde nach den Artikeln 50, 51, 53 und 58 dieser Verordnung.

(4) Im Anwendungsbereich des Haager Übereinkommens vom 23. November 2007 über die internationale Geltendmachung der Unterhaltsansprüche von Kindern und anderen Familienangehörigen richten sich die Aufgaben der zentralen Behörde nach den Artikeln 5, 6, 7 und 12 dieses Übereinkommens.

(5) ¹Die zentrale Behörde gilt bei eingehenden Ersuchen als bevollmächtigt, im Namen des Antragstellers selbst oder im Wege der Untervollmacht durch Vertreter außergerichtlich oder gerichtlich tätig zu werden. ²Sie ist insbesondere befugt, den Unterhaltsanspruch im Wege eines Vergleichs oder eines Anerkenntnisses zu regeln. Falls erforderlich, darf sie auch einen Unterhaltsantrag stellen und die Vollstreckung eines Unterhaltstitels betreiben.

(6) ¹Die zentrale Behörde übermittelt die von den Verpflichteten eingezogenen Unterhaltsgelder an die Berechtigten nach den für Haushaltsmittel des Bundes geltenden Regeln. ²Satz 1 gilt für die Rückübermittlung überzahlter Beträge oder für andere bei der Wahrnehmung der Aufgaben der zentralen Behörde erforderlich werdende Zahlungen entsprechend.

105   Das Bundesamt für Justiz fungiert nach Abs 1 insbesondere als Empfangs- und Übermittlungsstelle für Anträge auf gerichtliche und außergerichtliche Geltendmachung von Unterhaltsansprüchen (vgl Art 51 Abs lit a EuUntVO; Art 6 Abs 1 lit a HUÜ 2007). Es hat alle geeigneten Schritte zu unternehmen, um den Unterhaltsanspruch des Berechtigten durchzusetzen und hat hierbei die Interessen und den Willen des Berechtigten zu beachten (Abs 2). Ihre Aufgaben ergeben sich im Anwendungsbereich der EuUntVO aus deren Art 50, 51, 53 und 58 (Abs 3), im Anwendungsbereich des HUÜ 2007 aus dessen Art 5–7 und 12 (Abs 4).

106   Das Bundesamt für Justiz gilt bei eingehenden Ersuchen nach Abs 5 **kraft Gesetzes als bevollmächtigt**, im Namen des Antragstellers selbst oder im Wege der Untervollmacht durch Vertreter außergerichtlich oder gerichtlich tätig zu werden und ist insbesondere befugt, den Unterhaltsanspruch im Wege eines Vergleichs oder eines Anerkenntnisses zu regeln. Diese gesetzliche Fiktion gilt betrifft freilich nur das Außenverhältnis zu Dritten; im Innenverhältnis zum Antragsteller ist insoweit Auftragsrecht entsprechend anwendbar (BT-Drs 17/4887, 35; Rauscher/*Andrae* Art 52 EuUntVO Rn 6).

AUG § 6. Unterstützung durch das Jugendamt

Wird die zentrale Behörde tätig, um Unterhaltsansprüche Minderjähriger und junger Volljähriger, die das 21. Lebensjahr noch nicht vollendet haben, geltend zu machen und durchzusetzen, kann sie das Jugendamt um Unterstützung ersuchen.

Abschnitt 3. Ersuchen um Unterstützung in Unterhaltssachen
Unterabschnitt 1. *Ausgehende Ersuchen*

AUG § 7. Vorprüfung durch das Amtsgericht; Zuständigkeitskonzentration

(1) ¹Die Entgegennahme und Prüfung eines Antrages auf Unterstützung in Unterhaltssachen erfolgt durch das für den Sitz des Oberlandesgerichts, in dessen Bezirk der Antragsteller seinen gewöhnlichen Aufenthalt hat, zuständige Amtsgericht. ²Für den Bezirk des Kammergerichts entscheidet das Amtsgericht Pankow/Weißensee.

(2) Das Vorprüfungsverfahren ist ein Justizverwaltungsverfahren.

(3) Für das Vorprüfungsverfahren werden keine Kosten erhoben.

107   Abweichend von den Vorgaben in Art 51 ff EuUntVO, Art 6 ff HUÜ 2007 sind Anträge auf Unterstützung in Unterhaltssachen in *Deutschland* nicht direkt beim Bundesamt für Justiz als Zuständiger Zentraler Behörde einzureichen, sondern unterliegen einer Vorprüfung nach §§ 9 ff AUG. Zuständig für diese Vorprüfung ist nach Abs 1 das für den Sitz des Oberlandesgerichts, in dessen Bezirk der Antragsteller seinen gewöhnlichen Aufenthalt hat, zuständige Amtsgericht. Für

1534

IV. Autonomes Zivilverfahrensrecht: AUG § 9   **T**

den Bezirk des Kammergerichts entscheidet das Amtsgericht Pankow/Weißensee. Das Vorprüfungsverfahren ist trotz Zuständigkeit des Amtsgerichts kein Gerichts-, sondern nach Abs 2 ein Justizverwaltungsverfahren. Für dieses Verfahren werden in Übereinstimmung mit Art 54 EuUntVO, Art 8 HUÜ 2007 nach Abs 3 keine Kosten erhoben.

AUG § 8. Inhalt und Form des Antrages

(1) **Der Inhalt eines an einen anderen Mitgliedstaat mit Ausnahme des Königreichs Dänemark gerichteten Antrages richtet sich nach Artikel 57 der Verordnung (EG) Nr. 4/2009.**

(2) **Der Inhalt eines an einen anderen Vertragsstaat des Haager Übereinkommens vom 23. November 2007 über die internationale Geltendmachung der Unterhaltsansprüche von Kindern und anderen Familienangehörigen gerichteten Antrages richtet sich nach Artikel 11 dieses Übereinkommens.**

(3) **[1] In den nicht von den Absätzen 1 und 2 erfassten Fällen soll der Antrag alle Angaben enthalten, die für die Geltendmachung des Anspruchs von Bedeutung sein können, insbesondere**

1. **den Familiennamen und die Vornamen des Berechtigten; ferner seine Anschrift, den Tag seiner Geburt, seine Staatsangehörigkeit, seinen Beruf oder seine Beschäftigung sowie gegebenenfalls den Namen und die Anschrift seines gesetzlichen Vertreters,**
2. **den Familiennamen und die Vornamen des Verpflichteten; ferner seine Anschrift, den Tag, den Ort und das Land seiner Geburt, seine Staatsangehörigkeit, seinen Beruf oder seine Beschäftigung, soweit der Berechtigte diese Angaben kennt, und**
3. **nähere Angaben**
   a) **über die Tatsachen, auf die der Anspruch gestützt wird;**
   b) **über die Art und Höhe des geforderten Unterhalts;**
   c) **über die finanziellen und familiären Verhältnisse des Berechtigten, sofern diese Angaben für die Entscheidung bedeutsam sein können;**
   d) **über die finanziellen und familiären Verhältnisse des Verpflichteten, soweit diese bekannt sind.**

[2] Ein Antrag eines Berechtigten im Sinne des § 3 Nummer 3 Buchstabe b soll die in den Nummern 1 und 3 Buchstabe c genannten Angaben der Person enthalten, deren Anspruch übergegangen ist.

(4) **[1] Einem Antrag nach Absatz 3 sollen die zugehörigen Personenstandsurkunden und andere sachdienliche Schriftstücke beigefügt sein. [2] Das in § 7 benannte Gericht kann von Amts wegen alle erforderlichen Ermittlungen anstellen.**

(5) **[1] In den Fällen des Absatzes 3 ist der Antrag vom Antragsteller, von dessen gesetzlichem Vertreter oder von einem bevollmächtigten Vertreter unter Beifügung einer Vollmacht zu unterschreiben. [2] Soweit dies nach dem Recht des zu ersuchenden Staates erforderlich ist, ist die Richtigkeit der Angaben vom Antragsteller oder von dessen gesetzlichem Vertreter eidesstattlich zu versichern. [3] Besonderen Anforderungen des zu ersuchenden Staates an Form und Inhalt des Ersuchens ist zu genügen, soweit dem keine zwingenden Vorschriften des deutschen Rechts entgegenstehen.**

(6) **In den Fällen des Absatzes 3 ist der Antrag an die Empfangsstelle des Staates zu richten, in dem der Anspruch geltend gemacht werden soll.**

AUG § 9. Umfang der Vorprüfung

(1) **Der Vorstand des Amtsgerichts oder der im Rahmen der Verteilung der Justizverwaltungsgeschäfte bestimmte Richter prüft**

1. **in Verfahren mit förmlicher Gegenseitigkeit (§ 1 Absatz 1 Satz 1 Nummer 3), ob nach dem deutschen Recht die beabsichtigte Rechtsverfolgung hinreichende Aussicht auf Erfolg haben würde,**
2. **in den übrigen Fällen, ob der Antrag mutwillig oder offensichtlich unbegründet ist.**

1535

T   3. Teil. Behördenzusammenarbeit. T. Unterhaltssachen

Bejaht er in den Fällen des Satzes 1 Nummer 1 die Erfolgsaussicht, stellt er hierüber eine Bescheinigung aus veranlasst deren Übersetzung in die Sprache des zu ersuchenden Staates und fügt diese Unterlagen dem Ersuchen bei.

(1a) [1]Ergeben sich aus einem weitergeleiteten Antrag für die zentrale Behörde Zweifel, ob die Voraussetzungen des Artikels 57 Absatz 2 der Verordnung (EG) Nr. 4/2009, des Artikels 3 Absatz 3 des New Yorker UN-Übereinkommens vom 20. Juni 1956 über die Geltendmachung von Unterhaltsansprüchen im Ausland oder des Artikels 11 Absatz 1 des Haager Übereinkommens über die internationale Geltendmachung der Unterhaltsansprüche von Kindern und anderen Familienangehörigen vom 23. November 2007 erfüllt sind, so leitet die zentrale Behörde die Frage dem Richter zur Beantwortung zu. [2]Dieser verfährt erneut nach Absatz 1.

(2) [1]Hat die beabsichtigte Rechtsverfolgung keine hinreichende Aussicht auf Erfolg (Absatz 1 Satz 1 Nummer 1) oder ist der Antrag mutwillig oder offensichtlich unbegründet (Absatz 1 Satz 1 Nummer 2), lehnt der Richter die Weiterleitung des Antrages ab. [2]Die ablehnende Entscheidung ist zu begründen und dem Antragsteller mit einer Rechtsmittelbelehrung zuzustellen. [3]Sie ist nach § 23 des Einführungsgesetzes zum Gerichtsverfassungsgesetzanfechtbar.

(3) Liegen keine Ablehnungsgründe vor, übersendet das Gericht den Antrag nebst Anlagen und vorliegenden Übersetzungen mit je drei beglaubigten Abschriften unmittelbar an die zentrale Behörde.

(4) Im Anwendungsbereich des New Yorker UN-Übereinkommens vom 20. Juni 1956 über die Geltendmachung von Unterhaltsansprüchen im Ausland (BGBl. 1959 II S. 150) legt der Richter in den Fällendes Absatzes 2 Satz 1 den Antrag der zentralen Behörde zur Entscheidung über die Weiterleitung des Antrages vor.

108   § 9 regelt den Umfang der Vorprüfung durch das Amtsgericht. Nach Abs 1 prüft der Vorstand des Amtsgerichts oder der im Rahmen der Geschäftsverteilung bestimmte Richter im Anwendungsbereich der EuUntVO und des HUÜ 2007, ob der Antrag **mutwillig oder offensichtlich unbegründet** ist. Ist dies nicht der Fall, so leitet das Amtsgericht den Antrag an das Bundesamt für Justiz weiter. Hat dieses Zweifel, ob die formalen Voraussetzungen nach Art 57 Abs 2 EuUntVO bzw des Art 11 Abs 1 HUÜ 2007 vorliegen, so leitet das Bundesamt die Frage nach Abs 1a dem Richter zur Beantwortung zu, der dann erneut nach Abs 1 verfährt.

109   Ist der Antrag nach Auffassung des Amtsgerichts mutwillig oder offensichtlich unbegründet, so lehnt der Richter die Weiterleitung des Antrages nach Abs 3 S 1 ab. Die ablehnende Entscheidung hat er zu begründen und dem Antragsteller mit einer Rechtsmittelbelehrung zuzustellen. Sie ist gemäß Abs 3 S 3 nach § 23 EGGVG anfechtbar.

AUG § 10. Übersetzung des Antrages

(1) [1]Der Antragsteller hat dem Antrag nebst Anlagen von einem beeidigten Übersetzer beglaubigte Übersetzungen in der Sprache des zu ersuchenden Staates beizufügen. [2]Dies gilt auch für Schriftstücke, die die ausländische zentrale Behörde im weiteren Verlauf des Verfahrens anfordert. [3]Die Artikel 20, 28, 40, 59 und 66 der Verordnung (EG) Nr. 4/2009 bleiben hiervon unberührt. [4]Ist im Anwendungsbereich des jeweils auszuführenden völkerrechtlichen Vertrages eine Übersetzung von Schriftstücken in eine Sprache erforderlich, die der zu ersuchende Staat für zulässig erklärt hat, so ist die Übersetzung von einer Person zu erstellen, die zur Anfertigung von Übersetzungen in einem der Vertragsstaaten befugt ist.

(2) Beschafft der Antragsteller trotz Aufforderung durch die zentrale Behörde die erforderliche Übersetzung nicht selbst, veranlasst die zentrale Behörde die Übersetzung auf seine Kosten.

(3) Das nach § 7 Absatz 1 zuständige Amtsgericht befreit den Antragsteller auf Antrag von der Erstattungspflicht für die Kosten der von der zentralen Behörde veranlassten Übersetzung, wenn der Antragsteller die persönlichen und wirtschaftlichen Voraussetzungen einer ratenfreien Verfahrenskostenhilfe nach § 113 des Gesetzes über das Verfahren in Familiensachen und in den Angelegenheiten der freiwilligen Gerichtsbarkeit in Verbindung mit § 115 der Zivilprozessordnung erfüllt.

(4) § 1077 Absatz 4 der Zivilprozessordnung bleibt unberührt.

1536

IV. Autonomes Zivilverfahrensrecht: AUG § 14   **T**

AUG § 11. Weiterleitung des Antrages durch die zentrale Behörde

(1) [1]Die zentrale Behörde prüft, ob der Antrag den förmlichen Anforderungen des einzuleitenden ausländischen Verfahrens genügt. [2]Sind diese erfüllt, so leitet sie den Antrag an die im Ausland zuständige Stelle weiter. [3]Soweit erforderlich, fügt sie dem Ersuchen eine Übersetzung dieses Gesetzes bei.

(2) Die zentrale Behörde überwacht die ordnungsmäßige Erledigung des Ersuchens.

(3) Lehnt die zentrale Behörde die Weiterleitung des Antrages ab, ist § 9 Absatz 2 Satz 2 und 3 entsprechend anzuwenden.

(4)[1]Fragen, die die ausländische zentrale Behörde an die deutsche zentrale Behörde übermittelt, leitet diese an das nach § 7 Absatz 1 zur Vorprüfung aufgerufene Gericht weiter. [2]Dieses veranlasst die Beantwortung der Fragen und leitet die Antworten an die deutsche zentrale Behörde zurück. [3]Das weitere Verfahren bei der deutschen zentralen Behörde richtet sich nach Absatz 1.

AUG § 12. Registrierung eines bestehenden Titels im Ausland

[1]Liegt über den Unterhaltsanspruch bereits eine inländische gerichtliche Entscheidung oder ein sonstiger Titel im Sinne des § 3 Nummer 5 vor, so kann der Berechtigte auch ein Ersuchen auf Registrierung der Entscheidung im Ausland stellen, soweit das dort geltende Recht dies vorsieht. [2]Die §§ 7 bis 11 sind entsprechend anzuwenden; eine Prüfung der Gesetzmäßigkeit des vorgelegten inländischen Titels findet nicht statt.

Unterabschnitt 2. Eingehende Ersuchen

AUG § 13. Übersetzung des Antrages

(1) Ist eine Übersetzung von Schriftstücken erforderlich, so ist diese in deutscher Sprache abzufassen.

(2) Die Richtigkeit der Übersetzung ist von einer Person zu beglaubigen, die in den nachfolgend genannten Staaten hierzu befugt ist:

1. in einem der Mitgliedstaaten oder in einem anderen Vertragsstaat des Abkommens über den Europäischen Wirtschaftsraum;
2. in einem Vertragsstaat des jeweils auszuführenden völkerrechtlichen Vertrages oder
3. in einem Staat, mit dem die Gegenseitigkeit förmlich verbürgt ist (§ 1 Absatz 1 Satz 1 Nummer 3).

(3) [1]Die zentrale Behörde kann es ablehnen, tätig zu werden, solange Mitteilungen oder beizufügende Schriftstücke nicht in deutscher Sprache abgefasst oder in die deutsche Sprache übersetzt sind. [2]Im Anwendungsbereich der Verordnung (EG) Nr. 4/2009 ist sie hierzu jedoch nur befugt, wenn sie nach dieser Verordnung eine Übersetzung verlangen darf.

(4) Die zentrale Behörde kann in Verfahren mit förmlicher Gegenseitigkeit (§ 1 Absatz 1 Satz 1 Nummer 3) im Verkehr mit bestimmten Staaten oder im Einzelfall von dem Erfordernis einer Übersetzung absehen und die Übersetzung selbst besorgen.

AUG § 14. Inhalt und Form des Antrages

(1) Der Inhalt eines Antrages aus einem anderen Mitgliedstaat mit Ausnahme des Königreichs Dänemark richtet sich nach Artikel 57 der Verordnung (EG) Nr. 4/2009.

(2) Der Inhalt eines Antrages aus einem anderen Vertragsstaat des Haager Übereinkommens vom 23. November 2007 über die internationale Geltendmachung der Unterhaltsansprüche von Kindern und anderen Familienangehörigen richtet sich nach Artikel 11 dieses Übereinkommens.

(3) [1]In den nicht von den Absätzen 1 und 2 erfassten Fällen soll der Antrag alle Angaben enthalten, die für die Geltendmachung des Anspruchs von Bedeutung sein können, insbesondere

1. bei einer Indexierung einer titulierten Unterhaltsforderung die Modalitäten für die Berechnung dieser Indexierung und

1537

T   3. Teil. Behördenzusammenarbeit. T. Unterhaltssachen

2. bei einer Verpflichtung zur Zahlung von gesetzlichen Zinsen den gesetzlichen Zinssatz sowie den Beginn der Zinspflicht.

[2]Im Übrigen gilt § 8 Absatz 3 entsprechend.

(4) [1]In den Fällen des Absatzes 3 soll der Antrag vom Antragsteller, von dessen gesetzlichem Vertreter oder von einem bevollmächtigten Vertreter unter Beifügung einer Vollmacht unterschrieben und mit einer Stellungnahme der ausländischen Stelle versehen sein, die den Antrag entgegengenommen und geprüft hat. [2]Diese Stellungnahme soll auch den am Wohnort des Berechtigten erforderlichen Unterhaltsbetrag nennen. [3]Der Antrag und die Anlagen sollen zweifach übermittelt werden. [4]Die zugehörigen Personenstandsurkunden und andere sachdienliche Schriftstücke sollen beigefügt und sonstige Beweismittel genau bezeichnet sein.

AUG § 15. Behandlung einer vorläufigen Entscheidung

[1]In Verfahren mit förmlicher Gegenseitigkeit (§ 1 Absatz 1 Satz 1 Nummer 3) gilt eine ausländische Entscheidung, die ohne die Anhörung des Verpflichteten vorläufig und vorbehaltlich der Bestätigung durch das ersuchte Gericht ergangen ist, als eingehendes Ersuchen auf Erwirkung eines Unterhaltstitels. [2]§ 8 Absatz 3 und § 14 Absatz 3 Satz 1 gelten entsprechend.

Abschnitt 4. Datenerhebung durch die zentrale Behörde

AUG § 16. Auskunftsrecht der zentralen Behörde zur Herbeiführung oder Änderung eines Titels

(1) Ist der gegenwärtige Aufenthaltsort des Berechtigten oder des Verpflichteten nicht bekannt, so darf die zentrale Behörde zur Erfüllung der ihr nach § 5 obliegenden Aufgaben bei einer zuständigen Meldebehörde Angaben zu dessen Anschriften sowie zu dessen Haupt- und Nebenwohnung erheben.

(2) Soweit der Aufenthaltsort nach Absatz 1 nicht zu ermitteln ist, darf die zentrale Behörde folgende Daten erheben:

1. von den Trägern der gesetzlichen Rentenversicherung die dort bekannte derzeitige Anschrift, den derzeitigen oder zukünftigen Aufenthaltsort des Betroffenen;
2. vom Kraftfahrt-Bundesamt die Halterdaten des Betroffenen nach § 33 Absatz 1 Satz 1 Nummer 2 des Straßenverkehrsgesetzes;
3. wenn der Betroffene ausländischen Streitkräften angehört, die in Deutschland stationiert sind, von der zuständigen Behörde der Truppe die ladungsfähige Anschrift des Betroffenen.

(3) Kann die zentrale Behörde den Aufenthaltsort des Verpflichteten nach den Absätzen 1 und 2 nicht ermitteln, darf sie einen Suchvermerk im Zentralregister veranlassen.

AUG § 17. Auskunftsrecht zum Zweck der Anerkennung, Vollstreckbarerklärung und Vollstreckung eines Titels

(1) [1]Ist die Unterhaltsforderung tituliert und weigert sich der Schuldner, auf Verlangen der zentralen Behörde Auskunft über sein Einkommen und Vermögen zu erteilen, oder ist bei einer Vollstreckung in die vom Schuldner angegebenen Vermögensgegenstände eine vollständige Befriedigung des Gläubigers nicht zu erwarten, stehen der zentralen Behörde zum Zweck der Anerkennung, Vollstreckbarerklärung und Vollstreckung eines Titels die in § 16 geregelten Auskunftsrechte zu. [2]Die zentrale Behörde darf nach vorheriger Androhung außerdem

1. von den Trägern der gesetzlichen Rentenversicherung den Namen, die Vornamen, die Firma sowie die Anschriften der derzeitigen Arbeitgeber der versicherungspflichtigen Beschäftigungsverhältnisse des Schuldners erheben;
2. bei dem zuständigen Träger der Grundsicherung für Arbeitsuchende einen Leistungsbezug nach dem Zweiten Buch Sozialgesetzbuch – Grundsicherung für Arbeitsuchende – abfragen;

1538

IV. Autonomes Zivilverfahrensrecht: AUG § 19   **T**

3. das Bundeszentralamt für Steuern ersuchen, bei den Kreditinstituten die in § 93b
   Absatz 1 der Abgabenordnung bezeichneten Daten des Schuldners abzurufen (§ 93
   Absatz 8 der Abgabenordnung);
4. vom Kraftfahrt-Bundesamt die Fahrzeug- und Halterdaten nach § 33 Absatz 1 des
   Straßenverkehrsgesetzes zu einem Fahrzeug, als dessen Halter der Schuldner einge-
   tragen ist, erheben.

(2) Daten über das Vermögen des Schuldners darf die zentrale Behörde nur erheben,
wenn dies für die Vollstreckung erforderlich ist.

AUG § 18. Benachrichtigung über die Datenerhebung

(1) Die zentrale Behörde benachrichtigt den Antragsteller grundsätzlich nur darüber, ob ein Auskunftsersuchen nach den §§ 16 und 17 erfolgreich war.

(2) [1] Die zentrale Behörde hat den Betroffenen unverzüglich über die Erhebung von
Daten nach den §§ 16 und 17 zu benachrichtigen, es sei denn, die Vollstreckung des
Titels würde dadurch vereitelt oder wesentlich erschwert werden. [2] Ungeachtet des
Satzes 1 hat die Benachrichtigung spätestens 90 Tage nach Erhalt der Auskunft zu
erfolgen.

AUG § 19. Übermittlung und Löschung von Daten

(1) [1] Die zentrale Behörde darf personenbezogene Daten an andere öffentliche und
nichtöffentliche Stellen übermitteln, wenn dies zur Erfüllung der ihr nach § 5 obliegenden Aufgaben erforderlich ist. [2] Die Daten dürfen nur für den Zweck verwendet
werden, für den sie übermittelt worden sind.

(2) [1] Daten, die zum Zweck der Anerkennung, Vollstreckbarerklärung oder Vollstreckung nicht oder nicht mehr erforderlich sind, hat die zentrale Behörde unverzüglich
zu löschen. [2] Die Löschung ist zu protokollieren.

§ 35 Absatz 3 des Bundesdatenschutzgesetzes bleibt unberührt.

U. Kindschaftssachen

Übersicht

	Rn.
I. Einführung	1
1. EU-Recht..	1
2. Staatsverträge...	2
3. Autonomes Zivilverfahrensrecht...............................	2a
II. EU-Recht..	3
EuEheVO (Text-Nr 980)	3
Vorbemerkung..	3
Kap.IV: Zusammenarbeit zwischen den zentralen Behörden (Art 53–58)	9
III. Staatsverträge...	29
1. KSÜ (Text-Nr 990)..	29
Vorbemerkung...	29
Kap.V: Zusammenarbeit (Art 29–39)	38
2. HKÜ (Text-Nr 1000)	65
Vorbemerkung...	65
Kap I: Anwendungsbereich (Art 1–5)	84
Kap. II: Zentrale Behörden (Art 6–7)	144
Kap. III: Rückgabe von Kindern (Art 8–20)	148
Kap. IV: Recht zum persönlichen Umgang (Art 21) ...	251
Kap. V: Allgemeine Bestimmungen (Art 22–36)	259
Kap. VI: Schlussbestimmungen (Art 37–43)	283
3. EuSorgeRÜ (Text-Nr 1010)......................................	288
Vorbemerkung...	288
Teil I: Zentrale Behörden (Art 2–6)	289
IV. Autonomes Zivilverfahrensrecht.............................	302
IntFamRVG (Text-Nr 1020)	
Vorbemerkung..	302
Abschnitt 1: Anwendungsbereich; Begriffsbestimmungen (§§ 1–2)	303
Abschnitt 2: Zentrale Behörden; Jugendamt (§§ 3–9)	304
Abschnitt 3: Gerichtliche Zuständigkeit und Zuständigkeitskonzentration (§§ 11–13)	315
Abschnitt 4: Allgemeine gerichtliche Verfahrensvorschriften (§§ 14–15)............	320
Abschnitt 6: Verfahren nach dem HKÜ (§§ 37–43)	323
Abschnitt 8: Grenzüberschreitende Unterbringung (§§ 45–47)......................	341

Der Abschnitt U beschränkt sich auf die **Behördenzusammenarbeit** in Kindschaftssachen. Die Behandlung von Kindschaftssachen im **Erkenntnisverfahren** ist Gegenstand des **Abschnitts F**. Die Anerkennung und Vollstreckung ausländischer Entscheidungen in Kindschaftssachen ist im **Abschnitt N** dargestellt.

I. Einführung

Schrifttum: Vgl die Nachw → F vor Rn 1 und → N vor Rn 1.

1. EU-Recht

Die Zusammenarbeit zwischen den Zentralen Behörden der EU-Mitgliedstaaten in Verfahren **1** betreffend die elterliche Verantwortung richtet sich seit dem 1.3.2005 vorrangig nach dem IV. Kapitel (Art 53–58) der EG-Verordnung Nr 2201/2003 (**EuEheVO;** → Rn 3 ff).

1541

U 2–6 3. Teil. Behördenzusammenarbeit. U. Kindschaftssachen

2. Staatsverträge

2   Regeln über die internationale Kooperation der Behörden in Verfahren betreffend die elterliche Verantwortung enthalten ferner die folgenden von der *Bundesrepublik Deutschland* ratifizierten Staatsverträge:

– das Haager Kinderschutzübereinkommen **(KSÜ)** v 19.10.1996 in Art 29–39 (→ Rn 29 ff);

– das Haager Kindesentführungsübereinkommen **(HKÜ)** vom 25.10.1980 in Art 6, 7 (→ Rn 65 ff);

– das Europäische Sorgerechtsübereinkommen **(EuSorgeRÜ)** vom 20.5.1980 in Art 2–6 (→ Rn 289 ff).

3. Autonomes Zivilverfahrensrecht

2a   Ergänzende Vorschriften zur Ausführung der EuEheVO, des KSÜ, des HKÜ und des EuSorgeRÜ in *Deutschland* auf dem Gebiet der internationalen Behördenkooperation enthält das IntFamRVG (→ Rn 302 ff).

II. EU–Recht

980. Verordnung (EG) Nr 2201/2003 des Rates über die Zuständigkeit und die Anerkennung und Vollstreckung von Entscheidungen in Ehesachen und in Verfahren betreffend die elterliche Verantwortung und zur Aufhebung der Verordnung (EG) Nr 1347/2000 (EuEheVO)

Vom 27. November 2003 (ABl EU L 338, 1)

Vorbemerkung

1. Ziele

3   Die Einrichtung Zentraler Behörden zur Verbesserung der internationalen Kooperation war bisher vor allem im Rahmen von Rechtshilfeabkommen der Haager Konferenz und des Europarats vorgesehen. Große praktische Bedeutung hat dieses Instrument vor allem auf dem Gebiet der elterlichen Verantwortung erlangt, wo ein erhöhter Bedarf an unmittelbarer Kommunikation zwischen den an Sorge-, Umgangs- oder Rückführungsverfahren beteiligten Behörden in verschiedenen Staaten besteht. Aus diesem Grunde führt auch die Verordnung für die Zusammenarbeit in Verfahren der elterlichen Verantwortung in Art 53–58 die Einrichtung zentraler Behörden in den Mitgliedstaaten ein. Dabei hat sich der Verordnungsgeber vor allem von den guten Erfahrungen mit diesem System bei internationalen Kindesentführungen (vgl Art 6, 7 HKÜ; → Rn 144 ff) leiten lassen, das inzwischen auch in Art 29–39 KSÜ (→ Rn 38) übernommen und weiter ausgebaut worden ist.

2. Anwendungsbereich

4   Zum sachlichen, räumlich-persönlichen und zeitlichen Anwendungsbereich der Verordnung → F Rn 15 ff und → N Rn 19 ff.

3. Verhältnis zu anderen Rechtsinstrumenten

5   Das Verhältnis zu Staatsverträgen auf dem Gebiet der elterliche Verantwortung regelt die EuEheVO in ihrem Kapitel V (Art 59–63; → F Rn 344 ff). Diese Vorschriften sind auch auf die Zusammenarbeit zwischen den Behörden der Mitgliedstaaten anwendbar. Danach gilt folgendes:

6   **a) Haager Kinderschutzübereinkommen.** Die Regelung in Art 29–39 KSÜ wird gem Art 61 lit a EuEheVO (→ F Rn 353) durch die Art 53–58 EuEheVO verdrängt, wenn das Kind seinen gewöhnlichen Aufenthalt im Hoheitsgebiet eines EU-Mitgliedstaats (mit Ausnahme *Dänemarks*) hat (vgl zur internationalen Zuständigkeit BGH NJW 11, 2360 Rn 12; → F

1542

II. EU-Recht: EuEheVO Art 53
9–11 U

Rn 374 ff mwN). Das deutsche Bundesamt für Justiz hat das Kapitel V des KSÜ daher nur dann anzuwenden, wenn das Kind sich in einem Vertragsstaat dieses Übk gewöhnlich aufhält, der nicht zugleich Mitgliedstaat der EuEheVO ist. Ansonsten sind die Art 53–59 EuEheVO maßgeblich.

b) Haager Kindesentführungsübereinkommen. Nach ihrem Art 60 lit e hat die EuEhe- **7** VO grundsätzlich auch Vorrang vor dem HKÜ. Im Anwendungsbereich der EuEheVO haben die Zentralen Behörden der Mitgliedstaaten ihre Zusammenarbeit daher auch in Fällen der internationalen Kindesentführung primär an den Art 53 ff EuEheVO auszurichten. Dies schließt es freilich nicht aus, die ihnen im HKÜ speziell im Hinblick auf die Rückführung von Kindern auferlegten Aufgaben wahrzunehmen. Denn die EuEheVO hat auf dem Gebiet der internationalen Kindesentführung nur eine das HKÜ ergänzende Funktion.

c) Europäisches Sorgerechtsübereinkommen. Auch die Vorschriften des EuSorgeRÜ **8** über die Zusammenarbeit der Behörden (Art 2–6) werden gem Art 60 lit d EuEheVO im Verhältnis der Mitgliedstaaten zueinander durch die Art 53 ff der Verordnung verdrängt. Sie behalten ihre Bedeutung für die Zusammenarbeit mit Behörden in Vertragsstaaten des EuSorgeRÜ, die nicht Mitgliedstaaten der EuEheVO sind.

Kapitel IV. Zusammenarbeit zwischen den zentralen Behörden bei Verfahren betreffend die elterliche Verantwortung

EuEheVO Art 53. Bestimmung der Zentralen Behörden

[1]**Jeder Mitgliedstaat bestimmt eine oder mehrere Zentrale Behörden, die ihn bei der Anwendung dieser Verordnung unterstützen, und legt ihre räumliche oder sachliche Zuständigkeit fest.** [2]**Hat ein Mitgliedstaat mehrere Zentrale Behörden bestimmt, so sind die Mitteilungen grundsätzlich direkt an die zuständige Zentrale Behörde zu richten.** [3]**Wurde eine Mitteilung an eine nicht zuständige Zentrale Behörde gerichtet, so hat diese die Mitteilung an die zuständige Zentrale Behörde weiterzuleiten und den Absender davon in Kenntnis zu setzen.**

1. Bestimmung der Zentralen Behörden

a) Eine Zentrale Behörde. Jeder Mitgliedstaat hat zumindest eine Zentrale Behörden zu **9** bestimmen, die ihn bei der Anwendung dieser Verordnung unterstützen, und legt ihre räumliche oder sachliche Zuständigkeit fest. Die *Bundesrepublik Deutschland* hat als Zentrale Behörde das **Bundesamt für Justiz** in Bonn bestimmt, vgl § 3 Nr 1 IntFamRVG (→ Rn 304). Von der nach S 1 bestehenden Möglichkeit, auch mehrere Zentrale Behörden (zB in den Bundesländern) einzurichten, wurde kein Gebrauch gemacht. Das Bundesamt ist zugleich für die Durchführung der von Deutschland ratifizierten kindschaftsrechtlichen Staatsverträge (KSÜ, HKÜ, EuSorgeRÜ) zuständig (§ 3 Nr 2–4 IntFamRVG). Auf diese Weise sind internationale Verwaltungsverfahren auf dem Gebiet der elterlichen Verantwortung in Deutschland bei einer Behörde mit hoch spezialisierten Mitarbeitern konzentriert und es werden unnötige Kompetenzkonflikte zwischen konkurrierenden Behörden vermieden.

b) Mehrere Zentrale Behörden. Hat ein Mitgliedstaat – wie das *Vereinigte Königreich* – **10** mehrere Zentrale Behörden eingerichtet, sind Mitteilungen grundsätzlich an die zuständige Zentrale Behörde zu richten, S 2. Die Zuständigkeit ergibt sich aus der Mittteilung des betreffenden Mitgliedstaats an die Europäische Kommission nach Art 67 UAbs 1 lit a. Wird die Mitteilung an eine unzuständige Zentrale Behörde gerichtet, gilt S 3; danach hat diese die Mitteilung an die zuständige Zentrale Behörde weiterzuleiten und den Absender davon in Kenntnis zu setzen.

2. Direkter Verkehr zwischen den Zentralen Behörden

Die Art 53 ff beruhen auf dem Prinzip des direkten Verkehrs zwischen den Zentralen Behör- **11** den der Mitgliedstaaten, dh ohne jede diplomatische oder konsularische Vermittlung, vgl S 2. Dies wird in der *deutschen* Ausführungsbestimmung (§ 6 Abs 1 S 2 IntFamRVG; → Rn 309) noch einmal ausdrücklich bekräftigt. Danach ist das Bundesamt für Justiz auch berechtigt, in unmittelbaren Verkehr mit Gerichten in anderen Mitgliedstaaten zu treten, ohne den Umweg über die dortige Zentrale Behörde.

1543

U 14 3. Teil. Behördenzusammenarbeit. U. Kindschaftssachen

12   Darüber hinaus können sich auch die **Gerichte** der Mitgliedstaaten der Hilfe der Zentralen Behörden bedienen. So muss sich das Gericht eines Mitgliedstaats, das für eine Schutzmaßnahme nicht zuständig ist, zwar von Amts wegen für unzuständig erklären und hat auch nicht die Möglichkeit, die Rechtssache an das Gericht eines anderen Mitgliedstaats zu verweisen. Soweit es der Schutz des Kindeswohls erfordert, muss dieses Gericht jedoch entweder direkt oder durch Einschaltung der nach Art 53 bestimmten Zentralen Behörde das zuständige Gericht eines anderen Mitgliedstaats hiervon in Kenntnis setzen (EuGH C-523/07 – *A*, FamRZ 09, 843 Rn 61).

EuEheVO Art 54. Allgemeine Aufgaben

[1] **Die Zentralen Behörden stellen Informationen über nationale Rechtsvorschriften und Verfahren zur Verfügung und ergreifen Maßnahmen, um die Durchführung dieser Verordnung zu verbessern und die Zusammenarbeit untereinander zu stärken.** [2] **Hierzu wird das mit der Entscheidung 2001/470/EG eingerichtete Europäische Justizielle Netz für Zivil- und Handelssachen genutzt.**

13   Um die Durchführung der Verordnung zu verbessern und die Zusammenarbeit zwischen den Mitgliedstaaten zu stärken, gehört es auch zu den Aufgaben der Zentralen Behörden, die Gerichte und Behörden anderer Mitgliedstaaten allgemein über materielle und prozessuale Vorschriften des eigenen Rechts auf dem Gebiet der elterlichen Verantwortung zu informieren. Zu diesem Zweck soll vor allem das mit Entscheidung 2001/470/EG (ABl EG L 174, 25 v 27.6.2001) eingerichtete Europäische Justizielle Netz für Zivil- und Handelssachen genutzt werden. Auskünfte über *konkret* anhängige Verfahren werden demgegenüber nach Maßgabe von Art 55 erteilt.

EuEheVO Art 55. Zusammenarbeit in Fällen, die speziell die elterliche Verantwortung betreffen

[1] **Die Zentralen Behörden arbeiten in bestimmten Fällen auf Antrag der Zentralen Behörde eines anderen Mitgliedstaats oder des Trägers der elterlichen Verantwortung zusammen, um die Ziele dieser Verordnung zu verwirklichen.** [2] **Hierzu treffen sie folgende Maßnahmen im Einklang mit den Rechtsvorschriften dieses Mitgliedstaats, die den Schutz personenbezogener Daten regeln, direkt oder durch Einschaltung anderer Behörden oder Einrichtungen:**

a) Sie holen Informationen ein und tauschen sie aus über
   i) die Situation des Kindes,
   ii) laufende Verfahren oder
   iii) das Kind betreffende Entscheidungen.
b) Sie informieren und unterstützen die Träger der elterlichen Verantwortung, die die Anerkennung und Vollstreckung einer Entscheidung, insbesondere über das Umgangsrecht und die Rückgabe des Kindes, in ihrem Gebiet erwirken wollen.
c) Sie erleichtern die Verständigung zwischen den Gerichten, insbesondere zur Anwendung des Artikels 11 Absätze 6 und 7 und des Artikels 15.
d) Sie stellen alle Informationen und Hilfen zur Verfügung, die für die Gerichte für die Anwendung des Artikels 56 von Nutzen sind.
e) Sie erleichtern eine gütliche Einigung zwischen den Trägern der elterlichen Verantwortung durch Mediation oder auf ähnlichem Wege und fördern hierzu die grenzüberschreitende Zusammenarbeit.

14   Um die Ziele der Verordnung auf dem Gebiet der elterlichen Verantwortung zu verwirklichen, die insbesondere in den Erwägungsgründen zur Verordnung näher beschrieben werden (→ Anh I), sind die Zentralen Behörden verpflichtet, auf Antrag der Zentralen Behörde eines anderen Mitgliedstaats oder eines Trägers der elterlichen Verantwortung (Art 2 Nr 8) im Rahmen von **anhängigen individuellen Verfahren** betreffend die elterliche Sorge oder das Umgangsrecht zusammenzuwirken. Zu diesem Zweck können sie die in lit a – lit e näher spezifizierten Maßnahmen treffen (vgl näher Staud/*Pirrung* Rn C 192 ff); dabei haben sie auch die Vorschriften zum Schutz personenbezogener Daten zu berücksichtigen. Zur Einleitung solcher Verfahren aus eigener Initiative sind die Zentralen Behörden im Rahmen der EuEheVO

1544

II. EU-Recht: EuEheVO Art 56   **16–19** **U**

– anders als nach dem HKÜ und dem EuSorgeRÜ – hingegen nicht berechtigt (Rauscher/ *Rauscher* Rn 3).

Für die *deutsche* Zentrale Behörde wird Art 55 durch **§ 6 Abs 1 IntFamRVG** (→ Rn 309) **15** ergänzt.

EuEheVO Art 56. Unterbringung des Kindes in einem anderen Mitgliedstaat

(1) **Erwägt das nach den Artikeln 8 bis 15 zuständige Gericht die Unterbringung des Kindes in einem Heim oder in einer Pflegefamilie und soll das Kind in einem anderen Mitgliedstaat untergebracht werden, so zieht das Gericht vorher die Zentrale Behörde oder eine andere zuständige Behörde dieses Mitgliedstaats zurate, sofern in diesem Mitgliedstaat für die innerstaatlichen Fälle der Unterbringung von Kindern die Einschaltung einer Behörde vorgesehen ist.**

(2) **Die Entscheidung über die Unterbringung nach Absatz 1 kann im ersuchenden Mitgliedstaat nur getroffen werden, wenn die zuständige Behörde des ersuchten Staates dieser Unterbringung zugestimmt hat.**

(3) **Für die Einzelheiten der Konsultation bzw. der Zustimmung nach den Absätzen 1 und 2 gilt das nationale Recht des ersuchten Staates.**

(4) **Beschließt das nach den Artikeln 8 bis 15 zuständige Gericht die Unterbringung des Kindes in einer Pflegefamilie und soll das Kind in einem anderen Mitgliedstaat untergebracht werden und ist in diesem Mitgliedstaat für die innerstaatlichen Fälle der Unterbringung von Kindern die Einschaltung einer Behörde nicht vorgesehen, so setzt das Gericht die Zentrale Behörde oder eine zuständige Behörde dieses Mitgliedstaats davon in Kenntnis.**

1. Anwendungsbereich

Wie sich mittelbar aus Art 56 ergibt, fällt auch die Entscheidung eines mitgliedstaatlichen **16** Gerichts, mit der die Unterbringung eines Kindes – zB in einer geschlossenen Therapie- und Erziehungseinrichtung **– in einem anderen Mitgliedstaat** angeordnet wird, die zu diesem eigenem Schutz für bestimmte Zeit mit einer **Freiheitsentziehung** verbunden ist, in den sachlichen Anwendungsbereich der EuEheVO (EuGH C-92/12 PPU – *Health Service Executive*, FamRZ 12, 1466 Rn 56 ff). Gleiches gilt für die Unterbringung in einer Pflegefamilie mit gewöhnlichem Aufenthalt in einem anderen Mitgliedstaat.

2. Einschaltung der Behörden im Unterbringungsstaat des Kindes, Abs 1

Beabsichtigt ein nach Art 8–15 zuständiges Gericht die Unterbringung des Kindes in einem **17** Heim oder in einer Pflegefamilie in einem anderen Mitgliedstaat, so hat es nach Abs 1 zwingend die Zentrale Behörde oder eine andere zuständige Behörde dieses anderen Mitgliedstaats am Verfahren zu beteiligen, sofern in diesem Mitgliedstaat für innerstaatliche Fälle der Unterbringung von Kindern die Einschaltung einer Behörde vorgesehen ist. Zweckmäßigerweise wendet sich das Gericht an die Zentrale Behörde des Unterbringungsstaates, die für den Bereich ihrer Rechtsordnung am besten klären kann, ob die Beteiligung einer Behörde erforderlich ist. Ist dies nicht der Fall, so besteht lediglich die Informationspflicht nach Abs 4. Für die Unterbringung des Kindes auf Veranlassung der Träger der elterlichen Verantwortung – ohne Einschaltung der Gerichte – gilt die Vorschrift nicht (Staud/*Pirrung* Rn C 198).

Plant ein nach der Verordnung zuständiges Gericht die **Unterbringung in einem deutschen** **18** **Heim**, so ergibt sich das Erfordernis der Mitwirkung deutscher Behörden, wenn die Unterbringung mit Freiheitsentzug verbunden ist, aus § 1631b BGB; entsprechendes gilt für die Unterbringung in einer deutschen Pflegefamilie nach § 44 SGB VIII. Aus diesem Grunde schreiben die §§ 45 ff IntFamRVG die Behördenbeteiligung in beiden von Art 56 Abs 1 genannten Fällen vor.

3. Zustimmung des ersuchten Mitgliedstaats, Abs 2, 3

Macht der Unterbringungsstaat die Unterbringung des Kindes von der Zustimmung einer **19** Behörde abhängig, so kann die Entscheidung über die Unterbringung auch durch das Gericht eines anderen Mitgliedstaats nur mit Zustimmung dieser Behörde ergehen. Diese Zustimmung muss vorliegen, bevor das Gericht des ersuchenden Staates über die Unterbringung entscheidet

1545

U   3. Teil. Behördenzusammenarbeit. U. Kindschaftssachen

(EuGH C-92/12 PPU – *Health Service Executive*, FamRZ 12, 1466 Rn 80 f). „Zuständige Behörde" iSv Abs 2 ist sowohl die Zentrale Behörde wie jede „andere zuständige Behörde" iSv Abs 1 (EuGH aaO, Rn 73). Dabei muss es sich um eine öffentlich-rechtliche Stelle handeln, die neutral über die Zweckmäßigkeit der vorgeschlagenen Unterbringung entscheidet. An der erforderlichen Unabhängigkeit fehlt es dem Heim, das von der Unterbringung profitiert; dieses Heim kann daher nicht zuständige Behörde iSv Abs 2 sein (EuGH aaO, Rn 84 ff, 88). Wurde die erforderliche Zustimmung nicht erteilt oder ist diese nicht wirksam, so ist aber, wenn das Kind in der vorgeschlagenen Einrichtung bereits untergebracht worden ist, eine **Heilung** dieses Mangels durch nachträgliche Einholung einer Zustimmung der zuständigen Behörde möglich (EuGH aaO, Rn 92).

20   Bezüglich der Einzelheiten der Konsultation und Zustimmung verweist Abs 3 auf das **nationale Verfahrensrecht des Unterbringungsstaates;** dieses hat hierfür klare Regeln und Verfahren vorzusehen, um Rechtssicherheit und Schnelligkeit zu gewährleisten. Das Verfahren muss es dem Gericht, das eine Unterbringung erwägt, insbesondere ermöglichen, die zuständige Behörde des ersuchten Staates unschwer zu ermitteln; ferner muss es der zuständigen Behörde ermöglichen, ihre Zustimmung kurzfristig zu erteilen oder zu versagen (EuGH aaO, Rn 82).

21   Soll das Kind **in einem deutschen Heim oder in einer deutschen Pflegefamilie** untergebracht werden, so gelten ergänzend die §§ 45 ff IntFamRVG (→ Rn 342 ff). Zuständig für die Erteilung der Zustimmung zu einer Unterbringung eines Kindes nach Art 56 in Deutschland ist danach der überörtliche Träger der öffentlichen Jugendhilfe, in dessen Bereich das Kind nach dem Vorschlag der ersuchenden Stelle untergebracht werden soll, andernfalls der überörtliche Träger, zu dessen Bereich die Zentrale Behörde den engsten Bezug festgestellt hat. Die Aufgaben des überörtlichen Trägers werden zB im Freistaat Bayern grundsätzlich durch das Landesjugendamt wahrgenommen (Art 24 Abs 1 S 1 und 2 des Gesetzes zur Ausführung der Sozialgesetze – AGSG). Dem Ersuchen nach Art 56 Abs 1 soll idR zugestimmt werden, wenn insbesondere die Übernahme der Kosten geregelt ist, § 46 Abs 1 Nr 6 IntFamRVG (VerwG Augsburg 13.4.15, unalex DE-3247).

22   Die zwangsweise Durchsetzung der nach Art 56 angeordneten Unterbringung des Kindes in einem Heim eines anderen Mitgliedstaats setzt voraus, dass die Entscheidung zuvor im ersuchten Staat nach Art 28 ff **für vollstreckbar erklärt** worden ist (EuGH aaO, Rn 113); ein Verzicht auf das Exequaturverfahren in entsprechender Anwendung der Art 41, 42 kommt nicht in Betracht (EuGH aaO, Rn 116 ff). Um die Verordnung nicht ihrer Wirksamkeit zu berauben, muss die Entscheidung über die Vollstreckbarerklärung jedoch besonders schnell erfolgen und gegen diese Entscheidung im ersuchten Staat eingelegte Rechtsbehelfe dürfen **keine aufschiebende Wirkung** haben (EuGH aaO, Rn 129). Verstößt das Gericht des ersuchenden Staates gegen Abs 2, so kann der Entscheidung über die Unterbringung des Kindes im ersuchten Staat die Anerkennung und Vollstreckbarerklärung nach Art 23 lit g EuEheVO (→ N Rn 112) versagt werden.

23   Die Zustimmung zu einer Unterbringung gemäß Art 56 Abs 2 gilt, wenn sie **für eine bestimmte Dauer** erteilt worden ist, nicht für Entscheidungen, mit denen die Dauer der Unterbringung verlängert werden soll. Unter solchen Umständen muss um eine **neue Zustimmung** ersucht werden. Eine in einem Mitgliedstaat ergangene Unterbringungsentscheidung, die in einem anderen Mitgliedstaat für vollstreckbar erklärt worden ist, kann in diesem anderen Mitgliedstaat auch nur für den in der Unterbringungsentscheidung angegebenen Zeitraum vollstreckt werden (EuGH aaO, Rn 146).

4. Unterbringung ohne Zustimmungserfordernis, Abs 4

24   Ist in dem für die Unterbringung des Kindes in Aussicht genommenen Mitgliedstaat für die **Unterbringung in einer Pflegefamilie** in innerstaatlichen Fällen keine Einschaltung einer Behörde erforderlich, so hat das Gericht, das diese Maßnahme trifft, lediglich die Zentrale Behörde oder eine andere zuständige Behörde des Unterbringungsstaates über die Unterbringung zu informieren. Für den Fall der Heimunterbringung des Kindes gilt Abs 4 hingegen nicht (Rauscher/*Rauscher* Rn 7).

EuEheVO Art 57. Arbeitsweise

(1) [1]Jeder Träger der elterlichen Verantwortung kann bei der Zentralen Behörde des Mitgliedstaats, in dem er seinen gewöhnlichen Aufenthalt hat, oder bei der Zentralen Behörde des Mitgliedstaats, in dem das Kind seinen gewöhnlichen Aufenthalt hat oder

II. EU-Recht: EuEheVO Art 58

in dem es sich befindet, einen Antrag auf Unterstützung gemäß Artikel 55 stellen. ² Dem Antrag werden grundsätzlich alle verfügbaren Informationen beigefügt, die die Ausführung des Antrags erleichtern können. ³ Betrifft dieser Antrag die Anerkennung oder Vollstreckung einer Entscheidung über die elterliche Verantwortung, die in den Anwendungsbereich dieser Verordnung fällt, so muss der Träger der elterlichen Verantwortung dem Antrag die betreffenden Bescheinigungen nach Artikel 39, Artikel 41 Absatz 1 oder Artikel 42 Absatz 1 beifügen.

(2) Jeder Mitgliedstaat teilt der Kommission die Amtssprache(n) der Organe der Gemeinschaft mit, die er außer seiner/seinen eigenen Sprache(n) für Mitteilungen an die Zentralen Behörden zulässt.

(3) Die Unterstützung der Zentralen Behörden gemäß Artikel 55 erfolgt unentgeltlich.

(4) Jede Zentrale Behörde trägt ihre eigenen Kosten.

1. Antrag des Trägers der elterlichen Verantwortung auf Unterstützung, Abs 1

Nach Abs 1 S 1 kann jeder Träger der elterlichen Verantwortung (Art 2 Nr 8) einen Antrag **25** auf Unterstützung gemäß Art 55 entweder bei der Zentralen Behörde des Mitgliedstaats stellen, in dem er seinen gewöhnlichen Aufenthalt hat, oder bei der Zentralen Behörde des Mitgliedstaats, in dem das Kind seinen (gewöhnlichen oder schlichten) Aufenthalt hat. Der Antragsteller hat die Arbeit der Zentralen Behörde dadurch zu erleichtern, dass er seinem Antrag alle ihm verfügbaren Informationen, die der Ausführung dieses Antrags dienlich sein könnten, beifügt, S 2. Betrifft der Antrag die Anerkennung oder Vollstreckung einer Entscheidung über die elterliche Verantwortung, hat der Antragsteller insbesondere die Bescheinigungen nach Art 39, 41 Abs 1 oder 42 Abs 1 beizufügen.

2. Maßgebende Amtssprache für Mitteilungen an die Zentrale Behörde, Abs 2

Zentrale Behörden müssen Anträge und sonstige Mitteilungen nur entgegennehmen, wenn sie **26** in einer zugelassenen Amtssprache der EU abgefasst sind. Welche Amtssprachen jeweils zugelassen sind, haben die Mitgliedstaaten für ihre Zentralen Behörden der Europäischen Kommission gemäß Art 67 UAbs 1 lit b mitzuteilen.

3. Kostenregelung, Abs 3, 4

Grundsätzlich erheben die Zentralen Behörden für ihre Tätigkeit keine Gebühren; dies gilt **27** gleichermaßen im Verhältnis zum Antragsteller oder zu anderen Beteiligten (Abs 3) wie auch im Verhältnis zu den Zentralen Behörden anderer Mitgliedstaaten (Abs 4). Vorausgesetzt wird dabei freilich, dass die Sprachregelungen nach Abs 2 eingehalten werden. Ist dies nicht der Fall, so können die Kosten für Übersetzungen als Aufwendungsersatz geltend gemacht werden. In Deutschland gelten hierfür ergänzend §§ 4, 5 IntFamRVG (→ Rn 305 ff).

EuEheVO Art 58. Zusammenkünfte

(1) Zur leichteren Anwendung dieser Verordnung werden regelmäßig Zusammenkünfte der Zentralen Behörden einberufen.

(2) Die Einberufung dieser Zusammenkünfte erfolgt im Einklang mit der Entscheidung 2001/470/EG über die Einrichtung eines Europäischen Justiziellen Netzes für Zivil- und Handelssachen.

Zum Zwecke der von Art 54 geforderten Stärkung der Zusammenarbeit zwischen den Zen- **28** tralen Behörden der Mitgliedstaaten werden nach Art 12 der Entscheidung 2001/470/EG von der Kommission regelmäßig Zusammenkünfte der Zentralen Behörden einberufen, um aktuelle Probleme bei der Durchführung der Verordnung zu besprechen.

III. Staatsverträge

Überblick

Vgl → Rn 2.

990. Haager Übereinkommen über die Zuständigkeit, das anzuwendende Recht, die Anerkennung, Vollstreckung und Zusammenarbeit auf dem Gebiet der elterlichen Verantwortung und der Maßnahmen zum Schutz von Kindern (KSÜ)

Vom 19. Oktober 1996 (BGBl 2009 II, 603)

Vorbemerkungen

1. Ziele des Übereinkommens

29 Siehe zunächst → F Rn 366 und 282 f. Zu den Zielen des KSÜ gehört es nach Art 1 lit e auch, die zur Verwirklichung dieser Ziele notwendige Zusammenarbeit zwischen den Behörden der Vertragsstaaten einzurichten. Eine Verbesserung der internationalen Kooperation war vor allem deshalb erforderlich, weil die Mitteilungspflichten nach dem MSA von den Behörden der Vertragsstaaten nur mangelhaft erfüllt wurden.

2. Vertragsstaaten

30 Das KSÜ ist für die *Bundesrepublik Deutschland* am 1.1.2011 in Kraft getreten (BGBl 10 II, 1527). Zu den übrigen Vertragsstaaten → F Rn 367 f.

3. Anwendungsbereich

31 Zum sachlichen, räumlich-persönlichen und zeitlichen Anwendungsbereich des KSÜ → F Rn 370 ff und → N Rn 345 ff.

4. Verhältnis zu anderen Rechtsinstrumenten

32 Das Verhältnis zu anderen Staatsverträgen und zum EU-Recht regelt das KSÜ in seinem Kapitel VI, insbesondere in Art 50–52 (→ F Rn 538 ff). Danach gilt auf dem Gebiet der Zusammenarbeit zwischen den Behörden der Vertragsstaaten folgendes:

33 **a) EuEheVO.** Die Art 29–39 KSÜ werden, soweit es um die Kooperation zwischen den Behörden von Vertragsstaaten des KSÜ geht, die zugleich Mitgliedstaaten der EuEheVO sind, gemäß Art 61 lit a EuEheVO (dazu → F Rn 353) durch die Art 53–58 EuEheVO immer dann verdrängt, wenn das Kind seinen gewöhnlichen Aufenthalt im Hoheitsgebiet eines Vertragsstaats hat, der auch Mitgliedstaat der EuEheVO ist. Aus deutscher Sicht kommt das Kapitel V des KSÜ daher nur zur Anwendung, wenn es um die Zusammenarbeit mit den Behörden von Vertragsstaaten geht, die **nicht zugleich Mitgliedstaaten der EuEheVO** sind (BeckOGK/*Markwardt* Art 29 Rn 4). Dies sind nach dem Beitritt *Kroatiens* zur EU mit Wirkung v 1.7.2013 aus deutscher Sicht derzeit: *Albanien, Armenien, Australien, Dänemark* (vgl OLG Karlsruhe 11.6.15, unalex DE-3248), die *Dominikanische Republik, Ecuador, Georgien, Kuba, Lesotho, Marokko, Monaco, Montenegro, Norwegen*, die *Russische Föderation*, die *Schweiz, Serbien*, die *Türkei*, die *Ukraine* und *Uruguay*. Wegen dieses Vorrangs der EuEheVO ist die praktische Bedeutung des V. Kapitels des KSÜ bisher gering (vgl zu den jährlichen Fallzahlen des Bundesamts für Justiz Rauscher/*Hilbig-Lugani* Art 29 Rn 4).

34 **b) Haager Minderjährigenschutzabkommen.** Das MSA regelt die Zusammenarbeit zwischen den Behörden der Vertragsstaaten nur rudimentär durch die Anordnung gewisser Mitteilungspflichten. in Art 4 Abs 1, 5 Abs 2, 10 und 11. Diese haben aus deutscher Sicht nur noch insoweit praktische Bedeutung, als es um die Zusammenarbeit mit den Behörden in *China/Macau* geht.

III. Staatsverträge: KSÜ Art 29   38–40   **U**

c) Europäisches Sorgerechtsübereinkommen. Die Vorschriften des EuSorgeRÜ über die   35
Zusammenarbeit der Behörden auf dem Gebiet der elterlichen Verantwortung (Art 2–6) werden
gem Art 52 Abs 1 KSÜ durch das Inkrafttreten des KSÜ nicht berührt. Soweit das EuSorgeRÜ
daher im konkreten Fall weiter reichende Kooperationspflichten als das KSÜ vorsieht, sind diese
von den Zentralen Behörden der Vertragsstaaten auch nach dem Inkrafttreten des KSÜ weiter zu
beachten.

d) Haager Kindesentführungsübereinkommen. Nach seinem Art 50 lässt das KSÜ das   36
HKÜ unberührt. Die Vorschriften über die Zusammenarbeit der Behörden im Rahmen der
Rückführung von Kindern nach Art 6 ff HKÜ gelten daher auch dann uneingeschränkt weiter,
wenn die beteiligten Staaten inzwischen dem KSÜ beigetreten sind.

5. Deutsches Ausführungsgesetz

Ausführungsbestimmungen zu den Vorschriften des KSÜ auf dem Gebiet der Zusammenarbeit   37
der Behörden enthält für die *Bundesrepublik Deutschland* das Internationale Familienrechtsverfahrensgesetz **(IntFamRVG)** v 26.1.2005 (§ 1 Nr 2 iVm §§ 3 ff; → Rn 303 ff), das aus Anlass des
deutschen Beitritts zum KSÜ mit Wirkung v 1.11.2011 durch Gesetz v 25.6.2009 (BGBl I,
1594) neu gefasst worden ist.

Kapitel V. Zusammenarbeit
KSÜ Art 29. [Bestimmung der Zentralen Behörden]

(1) **Jeder Vertragsstaat bestimmt eine Zentrale Behörde, welche die ihr durch dieses
Übereinkommen übertragenen Aufgaben wahrnimmt.**

(2) **¹Einem Bundesstaat, einem Staat mit mehreren Rechtssystemen oder einem
Staat, der aus autonomen Gebietseinheiten besteht, steht es frei, mehrere Zentrale
Behörden zu bestimmen und deren räumliche und persönliche Zuständigkeit fest-
zulegen. ²Macht ein Staat von dieser Möglichkeit Gebrauch, so bestimmt er die
Zentrale Behörde, an welche Mitteilungen zur Übermittlung an die zuständige Zen-
trale Behörde in diesem Staat gerichtet werden können.**

1. Bestimmung der Zentralen Behörde, Abs 1

Die *Bundesrepublik Deutschland* hat als Zentrale Behörde nach Abs 1 das **Bundesamt für Justiz**   38
in Bonn bestimmt, vgl § 3 Nr 2 IntFamRVG (→ Rn 304). Das Bundesamt ist zugleich für die
Durchführung der EuEheVO (§ 3 Nr 1 IntFamRVG) und der von Deutschland ratifizierten
weiteren kindschaftsrechtlichen Staatsverträge (HKÜ, EuSorgeRÜ) zuständig (§ 3 Nr 3, 4
IntFamRVG). Auf diese Weise sind internationale Verwaltungsverfahren auf dem Gebiet der
elterlichen Verantwortung in Deutschland bei einer Behörde mit hoch spezialisierten Mitarbeitern konzentriert und es werden unnötige Kompetenzkonflikte zwischen konkurrierenden
Behörden vermieden. Das Bundesamt für Justiz wird unterstützt durch das zuständige Jugendamt
(§ 9 IntFamRVG; → Rn 314). Lehnt das Bundesamt ein Tätigwerden ab, so ist hiergegen nach
§ 8 IntFamRVG die Beschwerde zum OLG Köln statthaft (→ Rn 313).

Die Vertragsstaaten sind nach Art 45 verpflichtet, die Bestimmung der Zentralen Behörde   39
gem Abs 1 dem Ständigen Büro der Haager Konferenz mitzuteilen. Die Liste dieser Zentralen
Behörden ist im Internet abrufbar auf der Homepage der Haager Konferenz unter
www.hcch.net.

2. Bundes- und Mehrrechtsstaaten, Abs 2

Bundes- und Mehrrechtsstaaten sind nach Abs 2 berechtigt, mehrere Zentrale Behörden zu   40
bestimmen und deren jeweilige Zuständigkeit festzulegen. Von dieser Möglichkeit haben bisher
Australien, die *Schweiz* und das *Vereinigte Königreich* Gebrauch gemacht; diese Staaten müssen nach
S 2 eine Zentrale Behörde bestimmen, an die Mitteilungen zur Weiterleitung an die zuständige
Zentrale Behörde in diesem Staat gerichtet werden können. *Deutschland* hat trotz seiner Organisation als Bundesstaat hingegen auf die Einrichtung von Zentralen Behörden auf der Ebene der
einzelnen Bundesländer verzichtet.

1549

U 43–45   3. Teil. Behördenzusammenarbeit. U. Kindschaftssachen

KSÜ Art 30. [Zusammenarbeit der Zentralen Behörden]

(1) **Die Zentralen Behörden arbeiten zusammen und fördern die Zusammenarbeit der zuständigen Behörden ihrer Staaten, um die Ziele dieses Übereinkommens zu verwirklichen.**

(2) **Im Zusammenhang mit der Anwendung dieses Übereinkommens treffen sie die geeigneten Maßnahmen, um Auskünfte über das Recht ihrer Staaten sowie die in ihren Staaten für den Schutz von Kindern verfügbaren Dienste zu erteilen.**

1. Zusammenarbeit der Zentralen Behörden, Abs 1

41   Die Zentralen Behörden der Vertragsstaaten haben nach Abs 1 zusammenzuarbeiten, um die in Art 1 lit a–lit e bestimmten Ziele des KSÜ zu verwirklichen. Zu diesem Zweck haben sie die Zusammenarbeit der zuständigen Behörden und Gerichte ihrer Staaten zu fördern, indem sie vor allem die Kontaktaufnahme zwischen den eigenen Behörden und denjenigen anderer Vertragsstaaten erleichtern (vgl Art 32, 35).

2. Erteilung von Rechtsauskünften, Abs 2

42   Darüber hinaus haben die Zentralen Behörden geeignete Maßnahmen zu treffen, um Auskünfte über das Recht ihrer Staaten auf dem Gebiet der elterlichen Verantwortung zu erteilen, und zwar sowohl zum materiellen Kindschaftsrecht wie zum Verfahrensrecht (zB zu Fragen der örtlichen oder sachlichen Gerichtszuständigkeit oder zur Vollstreckung von Schutzmaßnahmen). Ferner haben sie auch Auskünfte über die in ihren Staaten für den Schutz von Kindern verfügbaren Dienste (Kinder- oder Jugendschutzbehörden, Träger der Jugendhilfe u ä) zu geben. In Anlehnung an Art 55 lit a EuEheVO sollte die Pflicht der Behörden nach Abs 2 auf Auskünfte über den Stand von Kindschaftsverfahren und den Zeitpunkt von deren Rechtshängigkeit erstreckt werden (BeckOGK/*Markwardt* Rn 4; Rauscher/*Hilbig-Lugani* Rn 1).

KSÜ Art 31. [Aufgaben der Zentralen Behörden]

Die Zentrale Behörde eines Vertragsstaats trifft unmittelbar oder mit Hilfe staatlicher Behörden oder sonstiger Stellen alle geeigneten Vorkehrungen, um

a) die Mitteilungen zu erleichtern und die Unterstützung anzubieten, die in den Artikeln 8 und 9 und in diesem Kapitel vorgesehen sind;

b) durch Vermittlung, Schlichtung oder ähnliche Mittel gütliche Einigungen zum Schutz der Person oder des Vermögens des Kindes bei Sachverhalten zu erleichtern, auf die dieses Übereinkommen anzuwenden ist;

c) auf Ersuchen der zuständigen Behörde eines anderen Vertragsstaats bei der Ermittlung des Aufenthaltsorts des Kindes Unterstützung zu leisten, wenn der Anschein besteht, dass das Kind sich im Hoheitsgebiet des ersuchten Staates befindet und Schutz benötigt.

43   Die Vorschrift listet wichtige Aufgaben der Zentralen Behörden zur Durchführung des KSÜ auf. Diese Aufgaben muss die Zentrale Behörde nicht unmittelbar erfüllen, sondern kann sich hierzu auch anderer staatlicher Behörden oder sonstiger – nicht-staatlicher – Stellen bedienen. Zu diesen Aufgaben gehört insbesondere die Unterstützung der Parteien und Gerichte bei der **Abgabe eines Verfahrens an das Gericht eines anderen Vertragsstaats,** das zur Entscheidung des Falles besser geeignet erscheint, nach Art 8 und 9 sowie die Erleichterung des diesbezüglichen Meinungsaustauschs zwischen den beteiligten Behörden (lit a).

44   Eine wichtige Aufgabe der Zentralen Behörden ist ferner die **Förderung gütlicher Einigungen** zum Schutz der Person und des Vermögens des Kindes von KSÜ geregelten internationalen Sachverhalten (lit b). Dazu gehört die Unterstützung jeder Art von konsensualer Konfliktlösung durch Vermittlung, Schlichtung oder Mediation. Die Zentrale Behörde ist allerdings nicht verpflichtet, solche Verfahren der alternativen Streitbeilegung selbst anzubieten, sondern kann sich auf Vermittlungsdienste oder finanzielle Hilfen beschränken (Rauscher/*Hilbig-Lugani* Rn 5 f).

45   Schließlich hat die Zentrale Behörde auf Ersuchen der zuständigen Behörde eines anderen Vertragsstaats bei der **Ermittlung des Aufenthaltsorts des Kindes** Unterstützung zu leisten,

1550

III. Staatsverträge: KSÜ Art 33   **48, 49**   **U**

wenn der Anschein besteht, dass das Kind sich im Hoheitsgebiet des ersuchten Staates befindet und Schutz benötigt (lit c; vgl dazu auch § 7 IntFamRVG, → Rn 311 f).

KSÜ Art 32. [Befugnisse der Zentralen Behörde im Aufenthaltsstaat des Kindes]

Auf begründetes Ersuchen der Zentralen Behörde oder einer anderen zuständigen Behörde eines Vertragsstaats, zu dem das Kind eine enge Verbindung hat, kann die Zentrale Behörde des Vertragsstaats, in dem das Kind seinen gewöhnlichen Aufenthalt hat und in dem es sich befindet, unmittelbar oder mit Hilfe staatlicher Behörden oder sonstiger Stellen

a) einen Bericht über die Lage des Kindes erstatten;
b) die zuständige Behörde ihres Staates ersuchen zu prüfen, ob Maßnahmen zum Schutz der Person oder des Vermögens des Kindes erforderlich sind.

Sowohl die Zentrale Behörde wie jede andere Behörde (zB ein Jugendamt) eines Vertragsstaats **46** können sich, wenn sie in Sorge über die Situation eines Kindes sind, an die Zentrale Behörde eines anderen Vertragsstaats mit der Bitte um einen Lagebericht (lit a) oder die Prüfung von Maßnahmen zum Schutz der Person oder des Vermögens des Kindes (lit b) wenden. Vorausgesetzt wird einerseits, dass die ersuchende Behörde – zB aufgrund der Staatsangehörigkeit oder eines früheren gewöhnlichen Aufenthalts des Kindes – einen **enge Verbindung** zu dem Kind hat; andererseits muss das Kind in dem Vertragsstaat der ersuchten Zentralen Behörde sowohl seinen gewöhnlichen Aufenthalt haben als auch sich im Zeitpunkt des Ersuchens dort tatsächlich befinden. Außerdem muss das Ersuchen **begründet** werden, sollte also erkennen lassen zu welchem Zweck die Information benötigt wird.

Es steht dann im **Ermessen** („kann") der ersuchten Zentralen Behörde, ob sie dem Ersuchen **47** nachkommt. Eine Verpflichtung zur Erstattung eines Lageberichts oder zum Ergreifen von Schutzmaßnahmen wird durch Art 32 nicht begründet, um eine Überlastung der Zentralen behörden zu vermeiden (*Lagarde*-Bericht Rn 137, 142; Rauscher/*Hilbig-Lugani* Rn 5). Die Erstattung von Lageberichten nach lit a bildet bisher einen Schwerpunkt der Behördenzusammenarbeit nach Kapitel V (BeckOGK/*Markwardt* 7).

KSÜ Art 33. [Unterbringung des Kindes]

(1) ¹Erwägt die nach den Artikeln 5 bis 10 zuständige Behörde die Unterbringung des Kindes in einer Pflegefamilie oder einem Heim oder seine Betreuung durch Kafala oder eine entsprechende Einrichtung und soll es in einem anderen Vertragsstaat untergebracht oder betreut werden, so zieht sie vorher die Zentrale Behörde oder eine andere zuständige Behörde dieses Staates zu Rate. ²Zu diesem Zweck übermittelt sie ihr einen Bericht über das Kind und die Gründe ihres Vorschlags zur Unterbringung oder Betreuung.

(2) Die Entscheidung über die Unterbringung oder Betreuung kann im ersuchenden Staat nur getroffen werden, wenn die Zentrale Behörde oder eine andere zuständige Behörde des ersuchten Staates dieser Unterbringung oder Betreuung zugestimmt hat, wobei das Wohl des Kindes zu berücksichtigen ist.

1. Allgemeines

Art 33 sieht für den Fall der Unterbringung oder Betreuung eines Kindes in einem anderen **48** Vertragsstaat ein **verbindliches Abstimmungsverfahren** vor (*Lagarde*-Bericht Rn 143). Wird dieses Verfahren nicht eingehalten oder wird die Unterbringung oder Betreuung in einem anderen Vertragsstaat gegen den Willen dieses Staates angeordnet, kann die Anerkennung und Vollstreckung dieser Maßnahme im Aufnahmestaat nach Art 23 Abs 2 lit f versagt werden (→ N Rn 374).

2. Beabsichtigte Unterbringung des Kindes in einem anderen Vertragsstaat, Abs 1

Erwägt eine nach Art 5–10 für die Anordnung von Schutzmaßnahmen zuständige Behörde **49** eines Vertragsstaats die Unterbringung des Kindes in einer Pflegefamilie oder in einem Heim

1551

U   3. Teil. Behördenzusammenarbeit. U. Kindschaftssachen

oder seine Betreuung durch Kafala oder eine ähnliche Einrichtung (Art 3 lit e; → F Rn 396 f) in einem anderen Vertragsstaat, so hat sie zu diesem Zwecke die Zentrale Behörde (oder eine andere zuständige Behörde) dieses Staates einzuschalten, ihr einen Bericht über das Kind zuzuleiten und ein Begründung für den Unterbringungs-/Betreuungsvorschlag zu unterbreiten.

3. Erfordernis der Zustimmung des ersuchten Vertragsstaats, Abs 2

50   Die grenzüberschreitende Unterbringung oder Betreuung des Kindes kann im ersuchenden Staat nur angeordnet werden, wenn die Zentrale Behörde (oder eine andere zuständige Behörde) im ersuchten Staat hierzu ihre Zustimmung erteilt hat. Durch dieses Zustimmungserfordernis soll es der ersuchten Behörde ermöglicht werden, die Aufnahmebedingungen und die Kostenverteilung für die Unterbringungs-/Betreuungsmaßnahme vorab zu prüfen (*Lagarde*-Bericht Rn 143; Rauscher/*Hilbig-Lugani* Rn 4). Maßstab für die Erteilung oder Versagung der Zustimmung ist vor allem das Kindeswohl. Wird die Zustimmung versagt, so kann die ersuchende Behörde die Unterbringung/Betreuung nur im eigenen Land oder in einem anderen Vertragsstaat, dessen Behörden die Zustimmung erteilt haben, anordnen.

KSÜ Art 34. [Informationsersuchen]

(1) **Wird eine Schutzmaßnahme erwogen, so können die nach diesem Übereinkommen zuständigen Behörden, sofern die Lage des Kindes dies erfordert, jede Behörde eines anderen Vertragsstaats, die über sachdienliche Informationen für den Schutz des Kindes verfügt, ersuchen, sie ihnen mitzuteilen.**

(2) **Jeder Vertragsstaat kann erklären, dass Ersuchen nach Absatz 1 seinen Behörden nur über seine Zentrale Behörde zu übermitteln sind.**

1. Erteilung von Informationen über die Lage des Kindes, Abs 1

51   Zieht eine nach dem Kapitel II (oder nach Art 8 ff EuEheVO, vgl Rauscher/*Hilbig-Lugani* Rn 3) international zuständige Behörde eines Vertragsstaats die Anordnung einer Schutzmaßnahme für ein Kind in Betracht, so kann sie jede (staatliche, vgl *Lagarde*-Bericht Rn 144) Behörde eines anderen Vertragsstaats um Erteilung sachdienlicher Informationen ersuchen, wenn die Lage des Kindes dies erfordert. Über solche Informationen werden vor allem Jugendbehörden und Familien-/Vormundschaftsgerichte verfügen. Eine Verpflichtung der ersuchten Behörde zur Erteilung dieser Informationen besteht zwar nicht (*Lagarde*-Bericht Rn 144); allein die Weitergabe sachdienlicher Auskünfte entspricht jedoch dem Zweck der internationalen Zusammenarbeit nach Kapitel V. Begrenzt wird das Recht zur Auskunftserteilung durch Art 37 (→ Rn 60) und durch das innerstaatliche Recht der ersuchten Behörde (zB Datenschutz).

2. Übermittlung über die Zentrale Behörde, Abs 2

52   Nach Abs 2 kann jeder Vertragsstaat verlangen, dass Informationsersuchen nach Abs 1 an seine Behörden nur über seine Zentrale Behörde zu übermitteln sind. Diese Erklärung haben bisher *Albanien, Armenien, Belgien, Bulgarien, Dänemark, Estland, Finnland, Frankreich, Georgien, Griechenland, Irland, Italien, Kroatien, Lettland, Litauen, Malta, Montenegro, Norwegen, Österreich, Polen, Rumänien,* die *Slowakei, Slowenien, Spanien,* die *Tschechische Republik,* die *Türkei,* die *Ukraine, Ungarn,* das *Vereingte Königreich* und *Zypern* abgegeben. *Deutschland* hat auf eine solche Erklärung bisher verzichtet.

KSÜ Art 35. [Rechtshilfeersuchen]

(1) **Die zuständigen Behörden eines Vertragsstaats können die Behörden eines anderen Vertragsstaats ersuchen, ihnen bei der Durchführung der nach diesem Übereinkommen getroffenen Schutzmaßnahmen Hilfe zu leisten, insbesondere um die wirksame Ausübung des Rechts zum persönlichen Umgang sowie des Rechts sicherzustellen, regelmäßige unmittelbare Kontakte aufrechtzuerhalten.**

(2) [1]**Die Behörden eines Vertragsstaats, in dem das Kind keinen gewöhnlichen Aufenthalt hat, können auf Antrag eines Elternteils, der sich in diesem Staat aufhält und der ein Recht zum persönlichen Umgang zu erhalten oder beizubehalten wünscht, Auskünfte oder Beweise einholen und Feststellungen über die Eignung dieses Eltern-**

1552

III. Staatsverträge: KSÜ Art 35   53–57 **U**

teils zur Ausübung des Rechts zum persönlichen Umgang und die Bedingungen seiner Ausübung treffen. [2] Eine Behörde, die nach den Artikeln 5 bis 10 für die Entscheidung über das Recht zum persönlichen Umgang zuständig ist, hat vor ihrer Entscheidung diese Auskünfte, Beweise und Feststellungen zuzulassen und zu berücksichtigen.

(3) Eine Behörde, die nach den Artikeln 5 bis 10 für die Entscheidung über das Recht zum persönlichen Umgang zuständig ist, kann das Verfahren bis zum Vorliegen des Ergebnisses des in Absatz 2 vorgesehenen Verfahrens aussetzen, insbesondere wenn bei ihr ein Antrag auf Änderung oder Aufhebung des Rechts zum persönlichen Umgang anhängig ist, das die Behörden des Staates des früheren gewöhnlichen Aufenthalts des Kindes eingeräumt haben.

(4) Dieser Artikel hindert eine nach den Artikeln 5 bis 10 zuständige Behörde nicht, bis zum Vorliegen des Ergebnisses des in Absatz 2 vorgesehenen Verfahrens vorläufige Maßnahmen zu treffen.

1. Allgemeines

Art 35 regelt in Abs 1 Hilfeleistungen zwischen den Behörden der Vertragsstaaten bei der **53** Ausübung des Umgangsrechts und in Abs 2–4 die Erteilung von Auskünften über die Eignung zum persönlichen Umgang.

2. Hilfe bei der Durchführung von Schutzmaßnahmen, Abs 1

Die nach Art 5 ff zuständigen Behörden eines Vertragsstaats können sich gem Abs 1 jederzeit **54** unmittelbar an die Behörden eines anderen Vertragsstaats wenden und um Unterstützung bei der Durchführung getroffener Schutzmaßnahmen nachsuchen. Die Vorschrift nennt in diesem Zusammenhang insbesondere die Hilfeleistung bei der Sicherstellung der wirksamen **Ausübung des Rechts zum persönlichen Umgang** und bei der Aufrechterhaltung unmittelbarer Kontakte zwischen dem Umgangsberechtigten und dem Kind. Sie äußert sich hingegen weder zu den näheren Voraussetzungen, unter denen ein solches Ersuchen an die Behörden eines anderen Vertragsstaats gerichtet werden kann, noch zum genauen Inhalt der möglichen Hilfeleistung. Gedacht ist offenbar vor allem an eine Unterstützung bei der Ermittlung des Aufenthalts des Kindes, wenn dieser dem Umgangsberechtigten nicht bekannt ist oder vom sorgeberechtigten Elternteil verheimlicht wird.

Abs 1 soll auch Art 21 HKÜ (→ Rn 251 ff) ergänzen (*Lagarde*-Bericht Rn 146). Die Vor- **55** schrift setzt jedoch nicht voraus, dass dass das Kind sich widerrechtlich in einem anderen Vertragsstaat oder dort in einem Heim oder einer Pflegefamilie aufhält (Rauscher/*Hilbig-Lugani* Rn 2; **aA** BeckOGK/*Markwardt* Rn 4). Auch zu Hilfeleistungen nach Abs 1 sind die ersuchten Behörden nicht verpflichtet, sondern können diese ablehnen, wenn sie hierzu aus orgnisatorischen Gründen nicht in der Lage oder nach ihrem innerstaatlichen Recht nicht befugt sind (Rauscher/*Hilbig-Lugani* aaO).

3. Maßnahmen nach Abs 2–4

Die Abs 2–4 regeln Maßnahmen der ersuchten Behörde während eines laufenden Verfahrens **56** betreffend das Umgangsrecht. Nach Abs 2 können die Behörden eines Vertragsstaats, in dem das Kind *keinen* gewöhnlichen Aufenthalt hat, auf Antrag eines Elternteils, der sich in diesem Staat aufhält und der ein Recht zum persönlichen Umgang zu erhalten oder beizubehalten wünscht, Auskünfte oder Beweise einholen und Feststellungen über die Eignung dieses Elternteils zur Ausübung des Rechts zum persönlichen Umgang und die Bedingungen seiner Ausübung treffen. Denn regelmäßig sind die Behörden im Aufenthaltsstaat des den Umgang beantragenden Elternteils am besten in der Lage, Auskünfte über dessen Umgangseignung zu erteilen (*Lagarde*-Bericht Rn 147). Eine Verpflichtung zur Auskunftserteilung besteht jedoch auch im Fall des Art 35 Abs 2 nicht (*Lagarde*-Bericht Rn 148).

Nach Abs 3 kann die für die Umgangsentscheidung international zuständige Behörde das **57** Verfahren bis zur Vorlage der erbetenen Auskünfte **aussetzen**. Um eine Schutzlücke für das betroffene Kind infolge der durch das Auskunftsersuchen eintretenden Verfahrensverzögerung zu vermeiden, kann die zuständige Behörde gemäß Abs 4 vorläufige Maßnahmen treffen (*Lagarde*-Bericht Rn 149; Rauscher/*Hilbig-Lugani* Rn 3).

U 61, 62 3. Teil. Behördenzusammenarbeit. U. Kindschaftssachen

KSÜ Art 36. [Benachrichtigungspflicht bei schwerer Gefahr für das Kind]

Ist das Kind einer schweren Gefahr ausgesetzt, so benachrichtigen die zuständigen Behörden des Vertragsstaats, in dem Maßnahmen zum Schutz dieses Kindes getroffen wurden oder in Betracht gezogen werden, sofern sie über den Wechsel des Aufenthaltsorts in einen anderen Vertragsstaat oder die dortige Anwesenheit des Kindes unterrichtet sind, die Behörden dieses Staates von der Gefahr und den getroffenen oder in Betracht gezogenen Maßnahmen.

58 Art 36 normiert eine Pflicht der für die Anordnung von Schutzmaßnahmen nach Art 5 ff zuständigen Behörden eines Vertragsstaats, in Fällen einer drohenden schweren Gefahr für das Kind die Behörden des Staates von dieser Gefahr zu benachrichtigen, in den das Kind seinen Aufenthalt verlegt hat oder in dem es anwesend ist. Diese **Informationspflicht** besteht für die Behörden, die Schutzmaßnahmen für das Kind getroffen haben oder solche erwägen, auch dann, wenn das Kind seinen Aufenthalt in einen Nichtvertragsstaat verlegt hat (Staud/*Pirrung* Rn G 169).

59 Einer „**schweren Gefahr**" iS der Vorschrift ist das Kind insbesondere in Fällen einer dringend behandlungsbedürftigen Krankheit, bei Drogenkonsum oder Beeinflussung durch eine Sekte ausgesetzt (*Lagarde*-Bericht Rn 150). Demgegenüber reichen Gefahren für das Kindesvermögen grundsätzlich nicht aus, weil diesen Gefahren nur im Staat der Vermögensbelegenheit, nicht hingegen im Staat des schlichten Kindesaufenthalts wirksam begegnet werden kann (Rauscher/*Hilbig-Lugani* Rn 2).

KSÜ Art 37. [Das Kindeswohl bedrohende Informationen]

Eine Behörde darf nach diesem Kapitel weder um Informationen ersuchen noch solche erteilen, wenn dadurch nach ihrer Auffassung die Person oder das Vermögen des Kindes in Gefahr geraten könnte oder die Freiheit oder das Leben eines Familienangehörigen des Kindes ernsthaft bedroht würde.

60 Behörden, die nach diesem Kapitel (Art 32, 34, 36) um Informationen ersuchen oder solche erteilen, haben stets darauf zu achten, dass durch diese Informationen keine Gefährdung für die Person oder das Vermögen des Kindes und keine Bedrohung für das Leben oder die Freiheit von Familienangehörigen des Kindes eintritt.

KSÜ Art 38. [Kostentragung]

(1) Unbeschadet der Möglichkeit, für die erbrachten Dienstleistungen angemessene Kosten zu verlangen, tragen die Zentralen Behörden und die anderen staatlichen Behörden der Vertragsstaaten die Kosten, die ihnen durch die Anwendung dieses Kapitels entstehen.

(2) Jeder Vertragsstaat kann mit einem oder mehreren anderen Vertragsstaaten Vereinbarungen über die Kostenaufteilung treffen.

1. Grundsatz, Abs 1

61 Grundsätzlich haben die Zentralen Behörden und sonstige staatliche Behörden die ihnen durch die Anwendung dieses Kapitels entstehenden Kosten gem Abs 1 selbst zu tragen. Diese Kostentragungspflicht bezieht sich jedoch nur auf die Kosten von **Verwaltungsbehörden**. Gemeint sind insbesondere die laufenden Kosten für die Unterhaltung der Behörde, aber auch Aufwendungen für die Übermittlung von Schriftstücken, für behördliche Ermittlungen (zB zum Aufenthaltsort des Kindes) oder die Unterbringung des Kindes (*Lagarde*-Bericht aaO). Soweit diese Behörden ausnahmsweise gezwungen sind, Gerichte anzurufen oder Anwälte einzuschalten, sind sie zur Übernahme der hierdurch anfallenden Kosten und Gebühren nach Abs 1 nicht verpflichtet (*Lagarde*-Bericht Rn 152; Staud/*Pirrung* Rn G 171; BeckOGK/*Markwardt* Rn 4).

2. Einschränkung für erbrachte Dienstleistungen

62 Abweichend von diesem Grundsatz können die Zentralen Behörden und sonstige staatliche Behörden für die von ihnen erbrachten Dienstleistungen vom Antragsteller oder den Behörden eines anderen Vertragsstaates eine angemessene Erstattung der angefallenen Kosten verlangen.

1554

III. Staatsverträge   64 **U**

Dies wird insbesondere dann in Betracht kommen, wenn die Behörde in einem konkreten Fall Dienste leistet, die den üblichen Rahmen deutlich überschreiten und die daher besonders kostenintensiv sind. Zu diesem Zweck können die Vertragsstaaten nach Abs 2 auch Vereinbarungen über die Kostenaufteilung treffen.

In *Deutschland* sieht **§ 5 Abs 1 IntFamRVG** eine Kostenerstattungspflicht für den Fall vor, **63** dass ein Antragsteller für ausgehende Ersuchen die erforderliche Übersetzung nicht selbst beibringt und diese daher von der Zentralen Behörde beschafft wird (→ Rn 307).

KSÜ Art 39. [Zusatzvereinbarungen zwischen Vertragsstaaten]

¹Jeder Vertragsstaat kann mit einem oder mehreren anderen Vertragsstaaten Vereinbarungen treffen, um die Anwendung dieses Kapitels in ihren gegenseitigen Beziehungen zu erleichtern. ²Die Staaten, die solche Vereinbarungen getroffen haben, übermitteln dem Verwahrer dieses Übereinkommens eine Abschrift.

Nach Art 39 können die Vertragsstaaten nach dem Vorbild anderer Haager Rechtshilfeabkom- **64** men untereinander multi- oder bilaterale völkerrechtliche Vereinbarungen treffen, um die Zusammenarbeit ihrer Behörden im sachlichen Anwendungsbereich des Übk weiter zu verbessern. Bisher sind solche ergänzenden Vereinbarungen zwischen einzelnen Vertragsstaaten nicht abgeschlossen worden.

1000. Haager Übereinkommen über die zivilrechtlichen Aspekte internationaler Kindesentführung (HKÜ)

Vom 25. Oktober 1980 (BGBl 1990 II, 207)

Vorbemerkung

Schrifttum: *Bach,* Das Haager Kindesentführungsübereinkommen in der Praxis, FamRZ 97, 1051; *Bach / Gildenast,* Internationale Kindesentführung. Das Haager Kindesentführungsübereinkommen und das Europäische Sorgerechtsübereinkommen (1999); *Bacher,* Maßnahmen zur Umsetzung des Haager Kindesentführungsübereinkommens, FPR 01, 237; *Beaumont / McEleavy,* The Hague Convention on Child Abduction (1999); *Bruch,* Erfahrungen mit dem Haager Übereinkommen über die zivilrechtlichen Aspekte internationaler Kindesentführung, FamRZ 93, 745; dies, Das Kindesentführungsübereinkommen: Erreichte Fortschritte, künftige Herausforderungen, DEuFamR 1999, 40; *Bucher,* Das Kindeswohl im Haager Entführungsübereinkommen, FS Kropholler (2008) 263; *Buck,* Internatinal Child Law (London 2011); *Coester-Waltjen,* Das Zusammenspiel von Rechtsquellen und Institutionen bei internationalen Kindesentführungen, Int J Priv Int L 12, 12; *Dyer,* International Child Abduction by Parents, Rec. des Cours 168 (1980 III) 231; *Ehrle,* Anwendungsprobleme des Haager Übereinkommens über die zivilrechtlichen Aspekte internationaler Kindesentführung v 25.10.1980 in der Rechtsprechung (2000); *Eppler,* Grenzüberschreitende Kindesentführung (2015); *Finger,* Haager Übereinkommen über die zivilrechtlichen Aspekte internationaler Kindesentführung, ZFJ 99, 15; *ders,* Internationale Kindesentführung – HKindEntÜ, VO Nr 2201/2003 und dt. IntFamRVG, FuR 05, 443; *Fleige,* Die Zuständigkeit für Sorgerechtsentscheidungen und die Rückführung von Kindern nach Entführungen nach dem Europäischen IZVR (2006); *Fulchiron* (Hrsg) Lex enlèvements d'enfants à travers les frontières (2004); *Gruber,* Das HKÜ, Die Brüssel IIa-Verordnung und das Internationale Familienrechtsverfahrensgesetz, FPR 08, 214; *Gülicher,* Internationale Kindesentführungen (1992); *Haß,* Internationale Kindesentführungen durch einen Elternteil, Diss. Düsseldorf (1987); *Henrich,* Zum Tatbestand der Kindesentführung, FS Hahne (2012) 87; *Holzmann,* Brüssel IIa-VO, elterliche Verantwortung und internationale Kindesentführungen (2008); *Hüßtege,* Kindesentführungen ohne Ende?, IPRax 92, 369; *Jorzik,* Das neue zivilrechtliche Kindesentführungsrecht (1995); *Keese,* Die Kindesentführung durch einen Elternteil im europäischen und internationalen Zivilprozessrecht (2011); *Kilpatrick / Stockton,* Litigating International Child Abduction Cases Under the Hague Convention (2007); *Klein,* Kindesentführung, Kindeswohl und Grundgesetz, IPRax 97, 106; *Kruger,* International Child Abduction (2011); *Krüger,* Das Haager Übereinkommen über die zivilrechtlichen Aspekte internationaler Kindesentführung, MDR 98, 694; *Lowe,* Strasbourg in Harmony with The Hague and Luxembourg over Child Abduction, FS Coester-Waltjen (2015) 597; *Lowe / Everall / Nicholls,* International Movement of Children. Law Practice and Procedure² (Bristol 2010); *Lowe / Horosova,* The Operation of the 1980 Hague Abduction Convention – A global View, Fam L Q 41 (2007) 59; *Lowe / Perry,* Die Wirksamkeit des Haager und des Europäischen Übereinkommens zur internationalen Kindesentführung in England und Deutschland, FamRZ 98, 1073; *dies,* International child abductions – the English experience, ICLQ 99, 129; *Lowe / Stephens,* Global Trends in the Operation of the1980 Hague Abduction Convention, Fam L Q 12, 41; *Mäsch,* „Grenzüberschreitende" Undertakings und das Haager Kindesentführungsübereinkommen aus deutscher Sicht, FamRZ 02, 1069; *Martiny,* Kindesentziehung – „Brüssel II" und die Staatsverträge, ERA-Forum 1/03, 97; *ders,* Internationale Kindesentführung und euro-

1555

U 65–67   3. Teil. Behördenzusammenarbeit. U. Kindschaftssachen

päischer Menschenrechtsschutz – Kolllision unterschiedlicher Ansätze, FS Coester-Waltjen (2015) 597; *Pantani,* Die Frage des Kindeswohls im HKÜ-Verfahren (2012); *Pape,* Internationale Kindesentführung. Instrumente und Verfahren zur Konfliktlösung unter Berücksichtigung der Mediation (2010); *Paraggio/ Ciccarella,* La sottrazione internazionale di minori. Casisitica e giurisprudenza (2005); *Pirrung,* Das Haager Kindesentführungsübereinkommen vor dem BGH, IPRax 02, 197; *ders,* EuEheVO und HKÜ: Steine statt Brot? – Eilverfahren zur Frage des gewöhnlichen Aufenthalts eines vier- bis sechsjährigen Kindes, IPRax 15, 207; *Rauscher,* Das Kindeswohl im Haager Entführungsübereinkommen, FS Kropholler (2008), 263; *Rieck,* Kindesentführung und die Konkurrenz zwischen dem HKÜ und der EheEuGVVO 2003 (Brüssel IIa), NJW 08, 182; H *Roth,* Internationale Kindesentführung, „undertakings" und Zwangsvollstreckung nach § 33 FGG, IPRax 03, 231; *Schoch,* Die Auslegung der Ausnahmetatbesände des Haager Kindesentführungs-Übereinkommens. Ein Vergleich der US-amerikanischen und der deutschen Rechtsprechung (2004); *Schulz,* Die Stärkung des Haager Kindesentführungsübereinkommens durch den Europäischen Gerichtshof für Menschenrechte, FamRZ 01, 1420; *dies,* Keine weitere Beschwerde zum BGH nach dem HKÜ, IPRax 05, 529; *dies,* Das Haager Kindesentführungsübereinkommen und die Brüssel IIa-VO, FS Kropholler (2008), 435; *Schuz,* The Hague Child Abduction Convention: Family Law and Private international Law, ICLQ 44 (1995) 721; *ders,* The Hague Child Abduction Convention and Children's Rights Revisited, Int Fam L 12, 35; *ders,* The Hague Abduction Convention: A Critical Analysis (2013); *Schweppe,* Das Haager Übereinkommen über die zivilrechtlichen Aspekte internationaler Kindesentführungen und die Interessen der betroffenen Kinder, ZfJ 01, 169; dies, Die Beteiligung des Kindes am Rückführungsverfahren nach dem HKÜ, FPR 01, 202; *dies,* Kindesentführungen und Kindesinteressen: Die Praxis des Haager Übereinkommens in England und Deutschland (2001); *Siehr,* Entführung eines „Mündels des Gerichts (ward of court) nach Deutschland, IPRax 05, 526; *Staudinger,* Die neuen Karlsruher Leitlinien zum Haager Kinderschutzübereinkommen, IPRax 00, 194; *Trimmings,* Child Abduction within the European Union (2013); *Völker,* Die wesentlichen Aussagen des BVerfG zum Haager Kindesentführungsübereinkommen – zugleich ein Überblick über die Neuerungen im HKÜ-Verfahren aufgrund der Brüssel IIa-Verordnung, FamRZ 10, 157; *Vomberg/Nehls,* Rechtsfragen der internationalen Kindesentführung (2002); *Winkler v Mohrenfels,* Von der Konfrontation zur Kooperation. Das europäische Kindesentführungsrecht auf neuen Wegen, IPRax 02, 199; *Zürcher,* Kindesentführung und Kindesrechte (2005).

Weiteres Schrifttum → vor Rn 90 (Widerrechtlichkeit), → vor Rn 123 (gewöhnlicher Aufenthalt), vor Rn 148 (Rückführung) und → vor Rn 251 (Umgangsrecht). Zum Zusammenspiel des HKÜ mit der EuEheVO s a das Schrifttum zu Art 10 und 11 EuEheVO (→ F vor Rn 129 und → F vor Rn 155).

1. Entstehungsgeschichte und Zweck

65 Das Haager Kindesentführungsübereinkommen **(HKÜ)** regelt Fragen der internationalen Gerichtszuständigkeit, des anwendbaren Rechts und der Anerkennung von Entscheidungen allenfalls beiläufig. Im Kern ist es eine **Rechtshilfeabkommen** (MüKoBGB/Heiderhoff Vorbem Rn 6), das primär das Ziel verfolgt, dass ein widerrechtlich in einen anderen Vertragsstaat verbrachtes oder dort zurückgehaltenes Kind möglichst rasch in den Staat zurückgebracht wird, in dem es sich zuletzt mit Einverständnis aller sorgeberechtigter Personen gewöhnlich aufgehalten hatte. Denn nur die Gerichte dieses Staates sind berechtigt, verbindlich über die Regelung der elterlichen Sorge zu entscheiden (OLG München FamRZ 05, 1002/1003 und FamRZ 94, 1338/1339; OLG Hamm FamRZ 04, 723/724 f; OLG Frankfurt FamRZ 96, 689/690 und FamRZ 94, 1339/1340). Auf diese Weise soll verhindert werden, dass der entführende Elternteil Fakten schafft, die ihn bei der Sorgerechtsentscheidung begünstigen (BVerfG NJW 99, 631/632; FamRZ 97, 1269/1270; NJW 96, 1402/1403 und 3145; NK-BGB/*Benicke* Art 1 Rn 1).

66 Denn ohne die Regelungen des HKÜ würde das Kind aufgrund seiner faktischen Integration im Verbringungsstaat nach ca sechs Monaten dort einen gewöhnlichen Aufenthalt (→ Rn 125 ff) begründen mit der Folge, dass die dortigen Gerichte auch für eine Entscheidung über die Zuweisung des elterlichen Sorgerechts international zuständig würden. Diese Entscheidung würde dann idR zugunsten des entführenden Elternteils ausfallen, um das Kind nicht erneut aus seiner vertrauten Umgebung zu reißen und um ihm einen erneuten Aufenthaltswechsel zu ersparen. Durch die Verpflichtung der Behörden des Verbringungsstaates, die Rückführung des Kindes in den Staat seines früheren gewöhnlichen Aufenthalts anzuordnen, verbunden mit dem grundsätzlichen Verbot, selbst eine Sorgerechtsentscheidung zu treffen, soll das HKÜ auch **generalpräventiv** wirken und Kindesentführungen vermeiden helfen (BVerfG, jeweils aaO; MüKoBGB/*Heiderhoff* Vorbem Rn 3).

67 Das HKÜ gewährleistet die **schnelle Rückführung** des Kindes einerseits durch die Einrichtung von zentralen Behörden, die zu diesem Zweck grenzüberschreitend zusammenarbeiten (Art 6, 7), andererseits durch die Regelung des Verfahrens (Art 8–12) und der sachlichen Voraussetzungen (Art 12–14) der Kindesrückgabe. Durch diese Regelungen soll nur der Zustand wiederhergestellt werden, der vor der Kindesentführung bestanden hat. Die Regelung des

1556

III. Staatsverträge 68–70 **U**

Sorgerechts ist hingegen nicht Gegenstand des Übereinkommens (Art 19). Diesbezüglich beschränkt sich das HKÜ in Art 16 darauf, den Behörden des Verbringungsstaates eine Entscheidung zu verbieten, solange über die Rückführung des Kindes noch nicht entschieden worden ist. Über die elterliche Sorge soll damit grundsätzlich durch die Behörden des Staates entschieden werden, in dem sich das Kind zuletzt rechtmäßig aufgehalten hat.

2. Anwendungsbereich

a) Vertragsstaaten. Das HKÜ gilt räumlich **nur im Verhältnis zwischen Vertragsstaaten** **68** (→ Rn 70. Es ist für die Bundesrepublik Deutschland am 1.12.1990 im Verhältnis zu *Australien, Belize, Frankreich, Kanada, Luxemburg,* den *Niederlanden, Norwegen, Österreich, Portugal, Schweden,* der *Schweiz, Spanien, Ungarn,* dem *Vereinigten Königreich* und den *Vereinigten Staaten* in Kraft getreten (Bek v 11.12.1990, BGBl 91 II, 329).

Es gilt heute ferner im Verhältnis zu *Albanien* (seit 1.10.2007, BGBl 08 II, 56), *Andorra* (seit **69** 1.9.2011, BGBl II, 1178), *Argentinien* (seit 1.6.1991, BGBl II, 911), *Armenien* (seit 1.10.2009, BGBl 10 II, 101), den *Bahamas* (seit 1.5.1994, BGBl II, 1432), *Belarus* (seit 1.2.1999, BGBl II, 355), *Belgien* (seit 1.5.1999, BGBl II, 434), *Bosnien und Herzegowina* (seit 6.3.1992, BGBl 94 II, 1432), *Brasilien* (seit 1.5.2002, BGBl II, 1903), *Bulgarien* (seit 1.10.2004, BGBl 08 II, 56), *Burkina Faso* (seit 1.1.1993, BGBl II, 748), *Chile* (seit 1.6.1995, BGBl II, 485), *Costa Rica* (seit 1.2.2007, BGBl 08 II, 56), *Dänemark* (seit 1.7.1991, BGBl II, 911), der *Dominikanischen Republik* (seit 1.4.2008, BGBl II, 274), *Ecuador* (seit 1.9.1992, BGBl 93 II, 748), *El Salvador* (seit 1.11.2002, BGBl II, 2859), *Estland* (seit 1.12.2001, BGBl 02 II, 156), *Fidschi* (seit 1.4.2008, BGBl II, 274), *Finnland* (seit 1.8.1994, BGBl II, 1432), *Georgien* (seit 1.3.1998, BGBl II, 1636), *Griechenland* (seit 1.6.1993, BGBl II, 1192), *Guatemala* (seit 1.1.2003, BGBl 02 II, 2859), *Honduras* (seit 1.8.1994, BGBl II, 1432), *Irland* (seit 1.10.1991, BGBl 92 II, 185), *Island* (seit 1.4.1997, BGBl II, 798), *Israel* (seit 1.12.1991, BGBl 92 II, 185), *Italien* (seit 1.5.1995, BGBl II, 485), *Japan* (seit 1.4.2014, BGBl II, 255*), Kasachstan* (seit 1.5.2017, BGBl II, 449), *Kolumbien* (seit 1.11.1996, BGBl II, 2756), der *Republik Korea* (seit 1.5.2017, BGBl II, 449), *Kroatien* (seit 1.12.1991, BGBl 94 II, 1432), *Lettland* (seit 1.11.2002, BGBl II, 2859), *Litauen* (seit 1.12.2004, BGBl 08 II, 56), *Malta* (seit 1.11.2002, BGBl II, 2859), *Marokko* (seit 1.10.2010, BGBl II, 1075), *Mauritius* (seit 1.12.1993, BGBl 94 II, 1432), *Mazedonien* (seit 20.9.1993, BGBl 08 II, 56), *Mexiko* (seit 1.2.1992, BGBl II, 19), der *Republik Moldau* (seit 1.5.2000, BGBl II, 1566), *Monaco* (seit 1.7.1993, BGBl 94 II, 1432), *Montenegro* (seit 3.6.2006, BGBl 08 II, 56), *Neuseeland* (seit 1.2.1992, BGBl II, 19), *Nicaragua* (seit 1.9.2007, BGBl 08 II, 56), *Panama* (seit 1.6.1995, BGBl II, 485), *Paraguay* (seit 1.12.2001, BGBl 02 II, 156), *Peru* (seit 1.9.2007, BGBl 08 II, 56), *Polen* (seit 1.2.1993, BGBl 94 II, 1432), *Rumänien* (seit 1.7.1993, BGBl II, 1192), der *Russischen Föderation* (seit 1.4.2016, BGBl 08 II, 235), *San Marino* (seit 1.9.2007, BGBl 08 II, 56), *Serbien* (seit 27.4.1992, BGBl 02 II, 156 und 08 II, 56), den *Seychellen* (seit 1.4.2009, BGBl II, 500), *Simbabwe* (seit 1.2.1997, BGBl II, 798), *Singapur* (seit 1.6.2011, BGBl 11 II, 607), der *Slowakei* (seit 1.2.2001, BGBl II, 861), *Slowenien* (seit 1.6.1995, BGBl II, 485), *Sri Lanka* (seit 1.1.2003, BGBl II, 31), *St. Kitts und Nevis* (seit 1.5.1995, BGBl II, 485), *Südafrika* (seit 1.2.1998, BGBl II, 317), *Thailand* (seit 1.6.2007, BGBl 08 II, 56), *Trinidad und Tobago* (seit 1.9.2007, BGBl 08 II, 56), der *Tschechischen Republik* (seit 1.3.1998, BGBl II, 434), der *Türkei* (seit 1.8.2000, BGBl 01 II, 165), *Turkmenistan* (seit 1.8.1998, BGBl II, 1636), der *Ukraine* (seit 1.1.2008, BGBl II, 56), *Uruguay* (seit 1.10.2001, BGBl II, 1071), *Usbekistan* (seit 1.10.2009, BGBl 10 II, 6), *Venezuela* (seit 1.1.1997, BGBl II, 330) und *Zypern* (seit 1.5.1995, BGBl II, 485).

Den Beitritten von *Gabun* (1.3.2011), *Guinea* (1.2.2012), *Irak* (1.6.2014), *Jamaika* (1.5.2017), *Kasachstan* (1.9.2013), *Lesotho* (1.9.2012), *Pakistan* (1.3.2017), *Philippinen* (1.6.2016), *Sambia* (1.11.2014) und *Tunesien* (1.10.2017) hat die *Bundesrepublik Deutschland* bisher nicht zugestimmt (vgl auch die Übersicht unter www.Bundesjustizamt.de).

Das HKÜ galt für das ehemalige *Jugoslawien* seit dem 1.12.1991 (BGBl 93 II, 2169). Vgl zur räumlichen Geltung des Übk auch die Kommentierung zu **Art 39** (→ Rn 285 f).

b) Räumlicher Anwendungsbereich. In räumlicher Hinsicht gilt das HKÜ nur im Ver- **70** hältnis zwischen den Vertragsstaaten. Das Kind muss also seinen gewöhnlichen Aufenthalt vor der Entführung in einem Vertragsstaat gehabt haben (Herkunftsstaat) und sich derzeit in einem anderen Vertragsstaat aufhalten (Verbringungsstaat). Sind diese Voraussetzungen erfüllt, so ist es unschädlich, wenn das Kind nach der Entführung zunächst in einen Nichtverragsstaat verbracht oder dort zurückgehalten wurde (KG FamRZ 18, 39 [LS]).

1557

U 71–78   3. Teil. Behördenzusammenarbeit. U. Kindschaftssachen

71   **c) Sachlicher Anwendungsbereich.** In sachlicher Hinsicht erfasst das Übk nach Art 1 lit a in erster Linie **Verfahren zur sofortigen Rückführung** von widerrechtlich in einen Vertragsstaat verbrachten oder dort zurückgehaltenen Kindern. Daneben soll das Übk nach Art 1 lit b gewährleisten, dass das in einem Vertragsstaat bestehende Sorgerecht und das Recht zum persönlichen Umgang in den anderen Vertragsstaaten tatsächlich beachtet wird. Zu diesem Zweck können nach Art 21 ebenfalls die Zentralen Behörden eingeschaltet werden. Fragen des Umgangsrechts haben allerdings im HKÜ nur eine rudimentäre Regelung erfahren. Das HKÜ regelt hingegen weder das auf die elterliche Sorge anwendbare Recht, noch die Anerkennung und Vollstreckung von Entscheidungen (→ Rn 86 f).

72   **d) Persönlicher Anwendungsbereich.** Der persönliche Anwendungsbereich des Übk ist auf Kinder beschränkt, die das **16. Lebensjahr** noch nicht vollendet haben (Art 4). Für die Anwendung der Vorschriften über die Rückführung wird ferner als räumlicher Bezugspunkt vorausgesetzt, dass sich das Kind vor dem widerrechtlichen Verbringen bzw Zurückhalten in einem Vertragsstaat des HKÜ gewöhnlich aufgehalten hat und sich nach der Entführung in einem (anderen) Vertragsstaat des HKÜ aufhält. Im Fall der Verletzung des Rechts zum persönlichen Umgang genügt es, dass das Kind seinen gewöhnlichen Aufenthalt in einem Vertragsstaat hat (NK-BGB/*Benicke* Rn 7). Das HKÜ ist damit nur auf **internationale Entführungen** anwendbar (OLG Karlsruhe FamRZ 99, 951; Pal/*Thorn* Anh Art 24 EGBGB Rn 30).

73   **e) Zeitlicher Anwendungsbereich.** In zeitlicher Hinsicht gilt das HKÜ nach seinem Art 35 Abs 1 nur dann, wenn die Entführung oder sonstige widerrechtliche Handlung des Antragsgegners stattgefunden hat, nachdem das **Übk in beiden beteiligten Staaten in Kraft** getreten war. Maßgebend ist der Zeitpunkt des widerrechtlichen Verbringens bzw der Beginn des widerrechtlichen Zurückhaltens; nicht ausreichend ist es, wenn der rechtswidrige Zustand nach Inkrafttreten des HKÜ lediglich noch andauert (OLG Karlsruhe FamRZ 92, 847; öst OGH ZfRV 93, 35).

3. Verhältnis zu anderen Rechtsinstrumenten

74   **a) EuEheVO.** Das HKÜ wird im sachlichen Anwendungsbereich der EuEheVO im Verhältnis der Mitgliedstaaten zwar durch diese EG-Verordnung verdrängt; vgl Art 60 lit e EuEheVO (→ F Rn 351). Damit soll jedoch nur zum Ausdruck gebracht werden, dass die das HKÜ ergänzenden Regeln in Art 11 (→ F Rn 155 ff) und Art 40–42 (→ N Rn 229 ff) bei Kindesentführungen von einem Mitgliedstaat in einen anderen vorrangig zu beachten sind. Mit diesen Modifikationen gilt das HKÜ auch im räumlichen Anwendungsbereich der EuEheVO.

75   **b) Haager Kinderschutzübereinkommen.** Das KSÜ von 1996 lässt das HKÜ im Verhältnis der Vertragsstaaten beider Übereinkommen nach seinem Art 50 S 1 (→ F Rn 538) unberührt. Daraus folgt insbesondere, dass die Gerichte des Verbringungsstaates nach Art 16 HKÜ auch dann daran gehindert sind, eine Sorgerechtsentscheidung zu treffen, wenn der Verbringungsstaat auch Vertragsstaat des KSÜ ist und seine Gerichte aufgrund des gewöhnlichen Aufenthalts des Kindes in diesem Staat nach Art 5 KSÜ eigentlich für eine Sorgerechtsentscheidung international zuständig wären.

76   **c) Haager Minderjährigenschutzabkommen.** Das HKÜ geht im Rahmen seines sachlichen Anwendungsbereichs, dh insbesondere bei der Anordnung der Rückführung von Kindern, gem Art 34 S 1 (→ Rn 277 ff) im Verhältnis der Vertragsstaaten zueinander dem MSA von 1961 vor.

77   **d) Europäisches Sorgerechtsübereinkommen.** Das Europäische Übk über die Anerkennung und Vollstreckung von Entscheidungen über das Sorgerecht für Kinder und die Wiederherstellung des Sorgerechts (EuSorgeRÜ) von 1980 ist neben dem HKÜ anwendbar; allerdings hat aus deutscher Sicht das HKÜ nach Maßgabe von **§ 37 IntFamRVG** Vorrang vor dem EuSorgeRÜ (→ Rn 323).

78   **e) Haager Übk über die Rückführung Minderjähriger.** Das Haager Übk über die Rückführung Minderjähriger von 1970 ist zwar von der *Bundesrepublik Deutschland* gezeichnet, aber bisher nicht ratifiziert worden. Es ist am 28.7.2015 für *Italien, Malta und die Türkei* in Kraft getreten.

1558

III. Staatsverträge: HKÜ Art 1 **U**

4. Deutsches Ausführungsgesetz

Die Ausführung des HKÜ in der Bundesrepublik Deutschland regelt das Internationale **79** Familienrechtsverfahrensgesetz (**IntFamRVG**) v 26.1.2005, das mit Wirkung v 1.3.2005 an die Stelle des SorgeRÜbkAG v 5.4.1990 (BGBl I, 701) getreten und aus Anlass des deutschen Beitritts zum KSÜ mit Wirkung v 1.11.2011 durch Gesetz v 25.6.2009 (BGBl I, 1594) neu gefasst worden ist.

5. Prüfungsreihenfolge

Für ein **Rückführungsverfahren nach dem HKÜ** bietet sich eine Prüfung in folgenden **80** Schritten an:

(1) Ist der **Anwendungsbereich** des HKÜ eröffnet?
   a) Räumlich: Hat sich das Kind unmittelbar vor einer Verletzung des Sorgerechts in einem Vertragsstaat des Übk (→ Rn 68 f) gewöhnlich aufgehalten, Art 4 S 1 (→ Rn 123 ff) und hält es sich derzeit in einem anderen Vertragsstaat des Übk auf?
   b) Sachlich: Ist Ziel des Verfahrens die sofortige Rückführung des Kindes in den Staat seines (früheren) gewöhnlichen Aufenthalts?
   c) Persönlich: Hat das Kind das 16. Lebensjahr noch nicht vollendet, Art 4 S 2 (→ Rn 138)?
   d) Zeitlich: War das Übk im Zeitpunkt der Entführung des Kindes sowohl im Herkunftstaat wie im Verbringungsstaat bereits in Kraft getreten, Art 35 Abs 1 (→ Rn 280)?
(2) War das Verbringen/Zurückhalten des Kindes in einen/einem anderen Vertragsstaat **wider-** **81** **rechtlich**?
   a) Wurde das Allein- oder Mitsorgerecht, zumindest aber das Aufenthaltsbestimmungsrecht, das einer Person oder Behörde nach dem Recht des Staates zusteht, in dem das Kind unmittelbar vor dem Verbringen oder Zurückhalten seinen gewöhnlichen Aufenthalt hatte, verletzt, Art 3 Abs 1 lit a (→ Rn 91 ff)?
   b) Wurde dieses Sorgerecht im Zeitpunkt des Verbringens oder Zurückhaltens tatsächlich ausgeübt bzw wäre es ausgeübt worden, wenn die Entführung nicht stattgefunden hätte, Art 3 Abs 1 lit b (→ Rn 115 ff)?
(3) Sind die **weiteren Voraussetzungen** für eine sofortige Rückgabe des Kindes erfüllt? **82**
   a) Ist der Antrag auf Rückgabe bei dem zuständigen Gericht des Verbringungsstaates inner- halb eines Jahres seit dem widerrechtlichen Verbringen/Zurückhalten gestellt worden, Abs 12 Abs 1 (→ Rn 170 ff)?
   b) Ist die Jahresfrist zwar bereits verstrichen, aber hat sich das Kind dennoch im Verbrin- gungsstaat noch nicht eingelebt, Art 12 Abs 2 (→ Rn 180 ff)?
(4) Bestehen **Gründe für eine Ablehnung** des Antrags auf Rückgabe des Kindes? **83**
   a) Hat die Person oder Behörde, der das Sorgerecht für das Kind zustand, dieses zur Zeit der Verbringens oder Zurückhaltens des Kindes tatsächlich nicht ausgeübt, Art 13 Abs 1 lit a, 1. Fall (→ Rn 199 f)?
   b) Hat die Person oder Behörde, der das Sorgerecht für das Kind zustand, dem Verbringen oder Zurückhalten zugestimmt oder dieses nachträglich genehmigt, Art 13 Abs 1 lit a, 2. Fall (→ Rn 201 ff)?
   c) Ist die Rückgabe mit der schwerwiegenden Gefahr eines körperlichen oder seelischen Schadens für das Kind verbunden oder bringt sie das Kind auf andere Weise in eine unzumutbare Lage, Art 13 Abs 1 lit b (→ Rn 207 ff)?
   d) Widersetzt sich das Kind der Rückgabe und hat es ein Alter und eine Reife erreicht, die eine Berücksichtigung seines Willens angebracht erscheinen lassen, Art 13 Abs 2 (→ Rn 223 ff)?
   e) Ist die Rückgabe unzulässig, weil sie mit den im ersuchten Staat geltenden Grundwerten über den Schutz der Menschenrechte und Grundfreiheiten unvereinbar ist, Art 20 (→ Rn 249 f)?

Kapitel I. Anwendungsbereich des Übereinkommens

HKÜ Art 1. [Ziele des Übereinkommens]

Ziel dieses Übereinkommens ist es,

a) die sofortige Rückgabe widerrechtlich in einen Vertragsstaat verbrachter oder dort zurückgehaltener Kinder sicherzustellen, und

1559

U 88   3. Teil. Behördenzusammenarbeit. U. Kindschaftssachen

b) zu gewährleisten, dass das in einem Vertragsstaat bestehende Sorgerecht und Recht zum persönlichen Umgang in den anderen Vertragsstaaten tatsächlich beachtet wird.

1. Regelungsgegenstand

84   Art 1 beschreibt mit den Zielen des HKÜ zugleich dessen **sachlichen Anwendungsbereich,** der einerseits – und primär – die **Sicherstellung der sofortigen Rückgabe** widerrechtlich in einen Vertragsstaat verbrachter oder dort zurückgehaltener Kinder umfasst (lit a), andererseits die Gewährleistung, dass das in einem Vertragsstaat bestehende Sorgerecht und das Recht zum persönlichen Umgang in den anderen Vertragsstaaten tatsächlich beachtet wird (lit b).

2. Nicht geregelte Fragen

85   Im HKÜ fehlt eine ausdrückliche Regelung der **internationalen Zuständigkeit.** Allerdings ist aus Art 12 zu entnehmen, dass die Gerichte und Behörden des Verbringungsstaates für die Anordnung der Rückgabe des Kindes international zuständig sind (MüKoBGB/*Heiderhoff* Vorbem Rn 36; *Andrae,* IntFamR § 6 Rn 233). In den Mitgliedstaaten der EuEheVO sind ergänzend die Vorschriften des Art 11 EuEheVO zu beachten, insbesondere dessen Abs 8, der bezüglich Anordnung der Rückgabe des Kindes den Gerichten des Herkunftsstaates das „letzte Wort" einräumt (→ F Rn 181 ff). Die internationale Zuständigkeit für Sachentscheidungen über das Sorge- oder Umgangsrecht nach einer Kindesentführung wird hingegen vom HKÜ bewusst nicht geregelt. Sie bestimmt sich in den Mitgliedstaaten der EuEheVO nach deren Art 10 (→ F Rn 129 ff) und in den Vertragsstaaten des KSÜ nach dessen Art 7 (→ F Rn 442 ff).

86   Auch Fragen des auf die elterliche Sorge **anzuwendenden Rechts** überlässt das HKÜ dem staatsvertraglichen oder autonomen Kollisionsrecht der Vertragsstaaten. Dies gilt selbst dort, wo das HKÜ ausnahmsweise eine Sorgerechtsentscheidung durch den Verbringungsstaat zulässt (vgl Art 16). Vor deutschen Gerichten sind insoweit die Art 15 ff KSÜ maßgebend (→ F Rn 624 ff). Eine Ausnahme enthält lediglich Art 3 Abs 1 lit a bezüglich der Beurteilung einer Sorgerechtsverletzung als Voraussetzung für die Widerrechtlichkeit des Verbringes bzw Zurückhaltens.

87   Schließlich verzichtet das HKÜ auch auf Regeln über die **Anerkennung und Vollstreckung** von Entscheidungen. Sorgerechtsentscheidungen sind lediglich im Rahmen von Art 3 und Art 14 zu berücksichtigen. Die Rückführungsanordnung nach Art 12 ist grundsätzlich nur im Verbringungsstaat selbst – und nicht im Ausland – zu vollstrecken. Lediglich im Geltungsbereich der EuEheVO bedarf es der Anerkennung und Vollstreckung der von den Gerichten eines anderen Mitgliedstaats getroffenen Rückführungsentscheidung, wenn die Gerichte im Verbringungsmitgliedstaat die Rückgabe nach Art 13 abgelehnt und die Gerichte im früheren Aufenthaltsstaat des Kindes sich darüber gem Art 11 Abs 8 EuEheVO hinweggesetzt und die Rückführung angeordnet haben. Für die Vollstreckung dieser Anordnung gelten dann die Erleichterungen nach Art 42 EuEheVO (→ N Rn 250 ff).

HKÜ Art 2. [Maßnahmen der Vertragsstaaten zur Ausführung des Übereinkommens]

¹Die Vertragsstaaten treffen alle geeigneten Maßnahmen, um in ihrem Hoheitsgebiet die Ziele des Übereinkommens zu verwirklichen. ²Zu diesem Zweck wenden sie ihre schnellstmöglichen Verfahren an.

1. Verwirklichung der Ziele des HKÜ, S 1

88   S 1 enthält einen Appell an die Vertragsstaaten, alle geeigneten Maßnahmen zur Verwirklichung des Übk auf ihrem jeweiligen Hoheitsgebiet zu treffen. Zu diesem Zweck können sie – wie die *Schweiz* (vgl das Bundesgesetz über internationale Kindesentführungen usw v 21.12.2007, BBl 08, 34) – ein **besonderes Verfahren für die Rückführung von Kindern** einführen, sind hierzu jedoch nicht verpflichtet (Staud/*Pirrung* Rn D 25 f). Die *Bundesrepublik Deutschland* hat in Erfüllung von S 1 das Internationale Familienrechtsverfahrensgesetz (IntFamRVG) verabschiedet, das mit Wirkung v 1.3.2005 an die Stelle des früheren SorgeRÜbkAG getreten ist (→ Rn 302 ff).

1560

III. Staatsverträge: HKÜ Art 3   **90–92 U**

2. Beschleunigung, S 2

Nach S 2 sind die Vertragsstaaten verpflichtet, zur Rückführung entführter Kinder die in ihrer **89** Gesetzgebung **schnellstmöglichen Verfahren** anzuwenden. Dies gilt auch für die Vollstreckung von Rückgabeanordnungen (schwz BGE 130 III 530/532). Im Verhältnis der Mitgliedstaaten der EuEheVO zueinander wird diese Verpflichtung in **Art 11 Abs 3 EuEheVO** bekräftigt und dahingehend konkretisiert, dass die Rückgabeanordnung grundsätzlich binnen sechs Wochen zu erfolgen hat (näher → F Rn 163 ff). Das deutsche Verfahren nach dem IntFamRVG genügt den Anforderungen von S 2, vgl **§ 38 IntFamRVG** (→ Rn 324 ff).

HKÜ Art 3. [Widerrechtlichkeit des Verbringens / Zurückhaltens]

(1) **Das Verbringen oder Zurückhalten eines Kindes gilt als widerrechtlich, wenn**
a) dadurch das Sorgerecht verletzt wird, das einer Person, Behörde oder sonstigen Stelle allein oder gemeinsam nach dem Recht des Staates zusteht, in dem das Kind unmittelbar vor dem Verbringen oder Zurückhalten seinen gewöhnlichen Aufenthalt hatte, und
b) dieses Recht im Zeitpunkt des Verbringens oder Zurückhaltens allein oder gemeinsam tatsächlich ausgeübt wurde oder ausgeübt worden wäre, falls das Verbringen oder Zurückhalten nicht stattgefunden hätte.

(2) **Das unter Buchstabe a genannte Sorgerecht kann insbesondere kraft Gesetzes, aufgrund einer gerichtlichen oder behördlichen Entscheidung oder aufgrund einer nach dem Recht des betreffenden Staates wirksamen Vereinbarung bestehen.**

Schrifttum: *Baetge,* Haager Kindesentführungsübereinkommen – Sorgerechtsverletzung und Widerrechtlichkeit, IPRax 00, 146; *Born,* Umzug ins Ausland bei Umgangsrecht des anderen Elternteils – geht das?, FamFR 09, 129; *Gallmeister,* Enlèvement d'enfants: caractérisation du déplacement illicite, D 2015, 1437; *Holl,* Verletzung und tatsächliche Ausübung des Sorgerechts nach Art 3 Abs 1 HKÜ, IPRax 99, 185.

1. Allgemeines

Art 3 regelt die für die Anwendung des HKÜ, insbesondere das Rückführungsverfahren nach **90** Art 12, 13, zentrale Frage, wann ein widerrechtliches Verbringen bzw Zurückhalten des Kindes – und damit eine „Kindesentführung" vorliegt. Hierfür wird in Abs 1 vorausgesetzt, dass ein unmittelbar vor der Entführung bestehendes Sorgerecht verletzt (lit a) *und* in diesem Zeitpunkt tatsächlich ausgeübt wurde (lit b). Abs 2 nennt die möglichen Grundlagen eines solchen Sorgerechts. Der Begriff des Sorgerechts wird in Art 5 lit a definiert (→ Rn 140 ff). Bei Art 3 handelt es sich um eine **Sachnorm**, die lediglich bezüglich der Frage, ob ein bestehendes Sorgerecht verletzt wurde, ein kollisionsrechtliches Element enthält (vgl MüKoBGB/*Heiderhoff* Rn 1).

2. Widerrechtlichkeit des Verbringens bzw Zurückhaltens, Abs 1

a) **Verletzung des Sorgerechts, lit a.** Die Widerrechtlichkeit des Verbringens oder Zurück- **91** haltens eines Kindes setzt nach lit a zunächst die Verletzung des Sorgerechts voraus, das einer Person, Behörde oder sonstigen Stelle zusteht und es dieser unmöglich macht, alle oder einzelne der aus dem Sorgerecht fließenden Befugnisse wahrzunehmen (OLG Zweibrücken FamRZ 11, 1235; Staud/*Pirrung* Rn D 33). Unter Sorgerecht ist dabei die **Personensorge** einschließlich des Aufenthaltsbestimmungsrechts gemeint (Art 5 lit a; → Rn 140 ff). Grundlage des Sorgerechts kann nach Abs 2 sowohl das Gesetz als auch eine gerichtliche Entscheidung oder eine Vereinbarung zwischen den Eltern sein (→ Rn 110 ff). Zum Begriff der Sorgerechtsverletzung kann in den Mitgliedstaaten der EU ergänzend auf die Rechtsprechung zu Art 2 Nr 11 EuEheVO (→ F Rn 66 ff) zurückgegriffen werden.

Inhaber des Sorgerechts können nach lit a nicht nur natürliche Personen (zB die Eltern, **92** Groß- oder Pflegeeltern) sein, sondern **auch Behörden (**zB das Jugendamt als Amtsvormund oder -pfleger) und sogar Gerichte (insbesondere im Common Law-Bereich, vgl zum Kind als „*ward of court*" OLG München FamRZ 05, 1002/1003 m Anm *Siehr* IPRax 05, 526 [*Schottland*]; MüKoBGB/*Heiderhoff* Rn 3 mwN). Das von einer Behörde ausgeübte Sorgerecht steht in gleicher Weise unter dem Schutz des HKÜ wie das der Eltern. Dieser Schutz kommt auch einer von der Behörde mit der Ausübung der Obsorge betrauten Person (zB einem Vormund, Pfleger

U 93–96   3. Teil. Behördenzusammenarbeit. U. Kindschaftssachen

oder Beistand) zu. Ist das Sorgerecht daher den Eltern entzogen und einem Vormund übertragen worden, so ist das Verbingen des Kindes durch beide Eltern in einen anderen Vertragsstaat ohne Zustimmung des Vormunds widerrechtlich iSv Art 3 Abs 1 lit a (öst OGH 27.6.16, unalex AT-1048).

93   **aa) Arten des Sorgerechts. (1) Alleiniges Sorgerecht.** Ausreichend ist in jedem Fall die Verletzung des alleinigen Sorgerechts eines Elternteils. Ein solches besteht kraft Gesetzes nur ausnahmsweise, zB solange die Vaterschaft zu einem außer der Ehe geborenen Kind nicht anerkannt oder festgestellt ist, oder wenn ein Elternteil verstorben ist. Häufiger wird sie durch gerichtliche oder behördliche Entscheidung begründet, zB wenn einem Elternteil die elterliche Sorge wegen Gefährdung des Kindeswohls entzogen oder aus Anlass einer Ehetrennung oder -scheidung übertragen worden ist. Schließlich kann ein alleiniges Sorgerecht auch auf der Grundlage einer zwischen den Eltern wirksam getroffenen Vereinbarung entstehen (OLG Celle FamRZ 07, 1587 f).

94   Umstritten ist die Behandlung der Fälle, in denen zwar dem entführenden Elternteil das alleinige Sorgerecht zusteht, dieses aber **nicht auch das alleinige Aufenthaltsbestimmungs-recht** umfasst. Diese Fälle sind deshalb nicht selten, weil auch der allein sorgeberechtigte Eltern-teil nach zahlreichen Rechten den gewöhnlichen Aufenthalt des Kindes nur mit Zustimmung des anderen Elternteils ins Ausland verlegen darf (vgl Staud/*Pirrung* Rn D 30). Vor allem die *US-amerikanische* Rechtsprechung hat in diesen Fällen bis zu einer Grundsatzentscheidung des US Supreme Court (*Abott v Abott,* 130 S. Ct. 1983 [2010]) eine Verletzung des Sorgerechts iSv Art 3 lit a verneint, weil dem anderen Elternteil überhaupt kein Sorgerecht zustehe, das verletzt werden könne (ebenso OLG Karlsruhe FamRZ 92, 1212 f). Demgegenüber sieht die hM in Deutschland im Aufenthaltsbestimmungsrecht zu Recht einen notwendigen Bestandteil des Sorgerechts iSv Art 3 Abs 1 lit a HKÜ (vgl auch zu Art 5 lit a → Rn 141 f). Fehlt es daher an der notwendigen Zustimmung des anderen Elternteils zu einer Verlegung des gewöhnlichen Kindesaufenthalts, so liegt darin eine Verletzung des Sorgerechts, auch wenn die Befugnisse des anderen Elternteils sich im Wesentlichen in der Erteilung dieser Zustimmung erschöpfen (BVerfG NJW 97, 3301; BGH FamRZ 10, 1060 m Anm *Völker;* OLG Naumburg FamRZ 07, 1586 f; OLG Hamm FamRZ 02, 44 f; schwz BG 17.10.07, BGE 133 III 694/697; Staud/*Pirrung* Rn D 30; NK-BGB/*Benicke* Rn 5, jeweils mwN auch zur Rechtsprechung weiterer Vertrags-staaten). Denn Ziel des HKÜ ist es, dass Sorgerechtsstreitigkeiten möglichst in dem Staat aus-getragen werden, in dem sich das Kind mit Zustimmung *beider* Elternteile gewöhnlich aufhält. Dort muss daher auch darüber entschieden werden, ob die Versagung der Zustimmung zum Aufenthaltswechsel dem Kindeswohl widerspricht und sie deshalb vom Gericht ersetzt werden kann (NK-BGB/*Benicke* Rn 5).

95   **(2) Mitsorgerecht.** Steht das Sorgerecht nach dem Recht am gewöhnlichen Aufenthalt des Kindes (→ Rn 125 ff) den Eltern gemeinsam zu, so genügt die Verletzung des Mitsorgerechts eines Elternteils durch den anderen (BVerfG FamRZ 97, 1269 f; OLG Stuttgart FamRZ 15, 1631 Rn 24 und FamRZ 13, 51 Rn 21; OLG Düsseldorf FamRZ 08, 1775; OLG Köln FamRZ 08, 1776/1777; OLG Hamm FamRZ 04, 723/724; OLG Karlsruhe FamRZ 03, 956/957; OLG Dresden FamRZ 02, 1136/1137; OLG Hamburg FamRZ 96, 685; OLG Frankfurt FamRZ 95, 689/690; Staud/*Pirrung* Rn D 33; NK-BGB/*Benicke* Rn 2). Dabei ist zu beachten, dass ein solches Mitsorgerecht kraft Gesetzes verheirateten Eltern idR nicht nur während bestehender Ehe (vgl § 1626 BGB), sondern in Ermangelung eines gerichtlichen Eingriffs zumeist auch nach Trennung oder Scheidung zusteht (vgl im deutschen Recht § 1671 BGB). Ferner ist nach den Rechten zahlreicher Staaten auch das Mitsorgerecht **unverheirateter Eltern** – abweichend vom bisherigen deutschen Recht (§ 1626a BGB) – nicht von der Abgabe gemeinsamer Sorgeerklä-rungen abhängig, sondern besteht ebenfalls kraft Gesetzes (vgl OLG Stuttgart FamRZ 15, 1631 Rn 22 [*Italien*]; OLG Nürnberg FamRZ 07, 1589/1590 [*Polen*]; OLG Brandenburg 22.9.06, unalex DE-1008 [*Frankreich*]; OLG Karlsruhe FamRZ 03, 956/957 [*Mexiko*]). Der Kreis der Mitsorgeberechtigten wird in Fällen des Aufenthaltswechsels künftig aufgrund der Regelung in Art 16 Abs 3 und 4 KSÜ (→ F Rn 654 ff) weiter zunehmen.

96   Einem Mitsorgerecht steht es gleich, wenn die Verlegung des gewöhnlichen Aufenthalts des Kindes von der **Zustimmung eines Gerichts oder Behörde** abhängt. Dies ist etwa im schottischen Recht der Fall, wo das Kind unter bestimmten Voraussetzungen zum Mündel des Gerichts (*„ward of the court"*) erklärt wird mit der Folge, dass jeder Aufenthaltswechsel des Kindes der Zustimmung des Gerichts bedarf (vgl OLG München FamRZ 05, 1002/1003 m Anm *Siehr* IPRax 05, 526).

1562

III. Staatsverträge: HKÜ Art 3   97–101 **U**

Umstritten ist die Einordnung von Fällen, in denen zwar die elterliche Sorge beiden Eltern- **97** teilen gemeinsam zusteht, aber das **Aufenthaltsbestimmungsrecht nur einem Elternteil übertragen** worden ist. Ergibt sich aus der betreffenden Entscheidung, dass der Inhaber des Aufenthaltsbestimmungsrechts auch berechtigt sein sollte, mit dem Kind ins Ausland oder in ein bestimmtes anderes Land zu ziehen, so liegt ein widerrechtliches Verhalten iSv Art 3 Abs 1 lit a nicht vor, wenn von diesem Recht Gebrauch gemacht wird (vgl OLG München FamRZ 08, 1774 f). Schwieriger zu beurteilen sind diejenigen Fälle, in denen das Aufenthaltsbestimmungsrecht einem Elternteil ohne nähere Spezifizierung übertragen wird. In der deutschen Rechtsprechung wird danach differenziert, in welches Land der Umzug erfolgt und wie stark hierdurch das Mitsorgerecht des anderen Elternteils beeinträchtigt wird. So werde das Personensorgerecht des in Deutschland zurückbleibenden Vaters nicht unzumutbar erschwert, wenn die Mutter mit dem Kind in einen anderen **Mitgliedstaat der Europäischen Union** umziehe, in dem der Vater Freizügigkeit genieße und in dem er seine Mitsorge ohne Beeinträchtigung des Kindeswohls auch von Deutschland aus organisieren könne (OLG Koblenz NJW 08, 238/239 [*England*]; vgl auch öst OGH ZfRV 99, 231).

Demgegenüber werde dem in Deutschland zurückbleibenden Vater die Ausübung seines Mit- **98** sorgerechts praktisch unmöglich gemacht, wenn die Mutter mit dem Kind in ein weit entferntes **Land der dritten Welt** übersiedle; daher liege trotz ihres alleinigen Aufenthaltsbestimmungsrechts Widerrechtlichkeit vor (OLG Köln FamRZ 10, 913 [*Thailand*]). Diese Differenzierung vermag indessen kaum zu überzeugen, weil dem weiter im Inland lebenden Elternteil die Ausübung seiner Personensorge auch in Mitgliedstaaten der Europäischen Union – zB wegen mangelnder Sprachkenntnisse – massiv erschwert sein kann. Außerdem sollte der für das HKÜ, das KSÜ und die EuEheVO zentrale Begriff der Widerrechtlichkeit des Verbringens/Zurückhaltens nicht davon abhängig gemacht werden, wie stark der Umzug im konkreten Einzelfall in das Sorgerecht des anderen Elternteils eingreift (zutr NK-BGB/*Benicke* Rn 11). Dies spricht dafür, die Verletzung des Mitsorgerechts stets als widerrechtlich iSv Art 3 zu werten, wenn dem Inhaber des alleinigen Aufenthaltsbestimmungsrechts nicht ausdrücklich der Umzug mit dem Kind ins Ausland gestattet worden ist (NK-BGB/*Benicke* Rn 12; **aA** aber KG IPRax 16, 372 Rn 15 m zust Anm *Heiderhoff* 335, das den Vater darauf verweist, sein Mitsorgerecht vor den *russischen* Behörden durchzusetzen, nachdem die Mutter in Wahrnehmung des ihr nur vorläufig eingeräumten alleinigen Aufenthaltsbestimmungsrechts mit dem gemeinsamen Kind von Berlin nach Moskau verzogen war; zust MüKoBGB/*Heiderhoff* Rn 11).

(3) Umgangsrecht. Demgegenüber reicht die Verletzung eines bloßen Umgangsrechts, das **99** vom HKÜ ohne Rücksicht auf die Widerrechtlichkeit eines Verbringens oder Zurückhaltens geschützt wird, nicht aus (OLG Celle FamRZ 07, 1587; OLG Stuttgart FamRZ 01, 645/646; *Martiny* FamRZ 12, 1765/1769; Staud/*Pirrung* Rn D 30). Daher kann ein Rückführungsverlangen nach Art 12 nicht darauf gestützt werden, dass durch den vom Sorgeberechtigten einseitig vorgenommenen Umzug mit dem Kind in einen anderen Staat dem anderen Elternteil die Wahrnehmung seines Umgangsrechts erschwert werde (OLG Koblenz NJW 08, 238/239). Gleiches gilt im Fall des Entzugs der nur rein tatsächlich ausgeübten Betreuung des Kindes (OLG Frankfurt IPRspr 96 Nr 190; NK-BGB/*Benicke* Rn 3). Daran ändert sich auch nichts, wenn dem umgangsberechtigen Elternteil nach der Entführung das Sorgerecht zugesprochen wird, da es auf die Widerrechtlichkeit im Zeitpunkt des Verbringens ankommt (MüKoBGB/*Heiderhoff* Rn 12; → Rn 104 ff).

bb) Arten der Verletzung. Das Sorgerecht kann nach Art 3 Abs 1 lit a auf zweierlei Weise **100** verletzt werden: Das **Verbringen** entspricht dem klassischen Verständnis der Kindesentführung, bei welcher der nicht oder jedenfalls nicht allein sorgeberechtigte Elternteil (oder ein sonstiger nicht sorgeberechtigter Dritter) das Kind gegen den Willen des anderen Elternteils aus dem Vertragsstaat, in dem es seinen rechtmäßigen gewöhnlichen Aufenthalt hat (Herkunftsstaat), in einen anderen Vertragsstaat (Verbringungsstaat) verbringt (OLG Saarbrücken FamRZ 11, 1235/1236).

Das **Zurückhalten** umschreibt die Situation, in der das Kind sich im Verbringungsstaat – zB **101** zum Zwecke einer Urlaubsreise, eines Verwandtenbesuchs oder im Rahmen der Ausübung des Umgangsrechts durch den nicht sorgeberechtigten Elternteil – zunächst rechtmäßig aufhält, nach Ablauf der für den dortigen Aufenthalt vorgesehenen Zeit aber entgegen dem Willen des (mit-) sorgeberechtigten Elternteils nicht in den Staat seines gewöhnlichen Aufenthalts zurückgebracht, sondern im Verbringungsstaat weiter festgehalten wird (vgl OLG Hamm 12.6.12, unalex DE-2800 = FamRZ 13, 52 [LS] und FamRZ 99, 948; OLG Frankfurt FamRZ 97, 1100; OLG

1563

U 102–106   3. Teil. Behördenzusammenarbeit. U. Kindschaftssachen

Karlsruhe FamRZ 92, 1212/1213; AG Rostock FamRZ 09, 625; Trib da Relação Lisboa 24.3.09, unalex PT-175). Das widerrechtliche Zurückhalten ist schon im Hinblick auf die Jahresfrist des Art 12 Abs 1 **kein Dauerzustand,** sondern es findet in dem Zeitpunkt statt, zu dem der (mit-) sorgeberechtigte Elternteil mit dem weiteren Aufenthalt des Kindes im Verbringungsstaat nicht mehr einverstanden ist (OLG Karlsruhe aaO; OLG Stuttgart FamRZ 13, 51/52; NK-BGB/*Benicke* Rn 19). Von diesem Zeitpunkt an läuft auch die Jahresfrist nach Art 12 Abs 1 (→ Rn 170 ff).

102   Wurde das Kind aber im Einklang mit dem gemeinsamen Willen seiner Eltern in einem anderen Mitgliedstaat als dem, in dem die Eltern vor seiner Geburt ihren gewöhnlichen Aufenthalt hatten, geboren und hat es sich dort mehrere Monate lang ununterbrochen mit seiner Mutter aufgehalten, so lässt die ursprüngliche Intention der Eltern, dass die Mutter mit dem Kind in den früheren Aufenthaltsstaat der Eltern zurückkehren sollte, nicht den Schluss zu, dass das Kind dort einen gewöhnlichen Aufenthalt erworben hat. Die soziale Integration des Kindes im Geburtsstaat setzt sich also gegen die ursprüngliche Absicht der Eltern durch, so dass das Kind im Geburtsstaat von der Mutter nicht widerrechtlich zurückgehalten wird (EuGH C–111/17 PPU – *OL/PQ*, FamRZ 17, 1506 Rn 70 m Anm *Rentsch;* **aA** Cass 26.11.11, Clunet 12, 938 m Anm *Chalas*).

103   Jedes Verbringen oder Zurückhalten des Kindes in dem vorgenannten Sinne stellt nach Art 3 HKÜ eine Sorgerechtsverletzung dar und ist damit **widerrechtlich.** Ob das Verhalten des Entführers auch nach dem von Art 3 Abs 1 lit a zur Anwendung berufenen Recht als rechtswidrig eingestuft wird, ist unerheblich (öst OGH JBl 91, 389 f; Staud/*Pirrung* Rn D 33). Ferner kommt es nicht darauf an, dass sich der Entführer der Widerrechtlichkeit auch bewusst war (MüKoBGB/*Heiderhoff* Rn 33).

104   **cc) Maßgebender Zeitpunkt.** Für die Zwecke des Art 3 kommt es grundsätzlich auf die Sorgerechtslage im Zeitpunkt der Entführung an (OLG Stuttgart FamRZ 15, 1631 und FamRZ 08, 1777; OLG Karlsruhe FamRZ 15, 1627 m Anm *Mach-Hour* NZFam 15, 384; OLG Frankfurt ZKJ 09, 373; OLG Celle FamRZ 07, 1587/1588; OLG Karlsruhe FamRZ 03, 956/957; öst OGH JBl 05, 793/795 f). Demnach liegt ein **widerrechtliches Verbringen** nur dann vor, wenn der andere Elternteil unmittelbar vor dem Zeitpunkt, zu dem das Kind den Staat seines bisherigen rechtmäßigen gewöhnlichen Aufenthalts verlassen hat, (Mit-) Inhaber der elterlichen Sorge war (öst OGH 20.3.13, unalex AT-862). Nachträgliche Entscheidungen im Herkunftsstaat zur Übertragung der elterlichen Sorge oder zum Aufenthaltsbestimmungsrecht sind daher nicht zu berücksichtigen (OLG Stuttgart FamRZ 08, 1777 und FamRZ 01, 645/646; OLG Düsseldorf FamRZ 94, 181/182; OLG Hamm FamRZ 91, 1346; *Bach/Gildenast* Rn 53 f; *Andrae*, IntFamR § 6 Rn 225); ebensowenig ein danach eingetretener Statutenwechsel (öst OGH 11.5.05, unalex AT-393). Auch ein **widerrechtliches Zurückhalten** setzt voraus, dass der andere Elternteil bereits beim Aufenthaltswechsel des Kindes (Mit-) Inhaber der elterlichen Sorge war, diesen Aufenthaltswechsel aber für eine begrenzte Zeit erlaubt hatte.

105   Verlegt hingegen der **allein sorgeberechtigte Elternteil** den gewöhnlichen Aufenthalt des Kindes auf Dauer in einen anderen Staat, so wird der dort rechtmäßig begründete Aufenthalt nicht dadurch rechtswidrig, dass die elterliche Sorge **nachträglich** durch ein Gericht des früheren Aufenthaltsstaates auf den anderen Elternteil übertragen wird und dieser mit dem fortdauernden Aufenthalt des Kindes in dem neuen Aufenthaltsstaat nicht einverstanden ist (OLG Stuttgart FamRZ 01, 945/946; OLG Karlsruhe FamRZ 92, 1212/1213; NK-BGB/*Benicke* Rn 22). Dies gilt auch dann, wenn der Aufenthaltswechsel durch den allein sorgeberechtigten Elternteil deshalb vorgenommen wurde, weil im bisherigen Aufenthaltsstaat bereits ein Sorgerechtsverfahren anhängig war, in dem mit einer Entscheidung zugunsten des anderen Elternteils gerechnet werden musste (OLG Düsseldorf FamRZ 94, 181 f; Staud/*Pirrung* Rn D 31). Hält sich die Mutter als Inhaberin des alleinigen Aufenthaltbestimmungsrechts hingegen nur besuchsweise mit dem Kind in ihrem Heimatstaat auf und wird während dieses nur als vorübergehend geplanten Aufenthalts das alleinige Aufenthaltsbestimmungsrecht auf den Vater übertragen, so hält die Mutter das Kind widerrechtlich zurück, wenn sie danach entscheidet, mit dem Kind endgültig in ihrem Heimatstaat zu bleiben (OLG Köln FamRZ 10, 913).

106   Wird umgekehrt demjenigen Elternteil, der das Kind widerrechtlich in einen anderen Staat verbracht hatte, durch endgültige oder auch nur vorläufig vollstreckbare (öst OGH 24.11.11, unalex AT-710) Entscheidung eines **Gerichts des Herkunftsstaates** nachträglich das alleinige Sorge- oder Aufenthaltsbestimmungsrecht übertragen oder wird der Wohnsitz des Kindes beim entführenden Elternteil im Zufluchtstaat festgelegt, so endet dadurch der widerrechtliche Zu-

1564

III. Staatsverträge: HKÜ Art 3   **107–113 U**

stand. Eine Rückführung des Kindes in den Herkunftsstaat macht unter diesen Umständen keinen Sinn mehr, weil der nunmehrige Sorgerechtsinhaber mit dem Kind jederzeit wieder legal ausreisen könnte (OLG Stuttgart FamRZ 15, 1631 Rn 29 und FamRZ 03, 959 Rn 19; OLG Frankfurt ZKJ 09, 373; öst OGH IPRax 00, 141 f; NK-BGB/*Benicke* Rn 24).

dd) Einverständnis des anderen Elternteils. War der (mit-) sorgeberechtigte Elternteil mit **107** dem Aufenthaltswechsel des Kindes einverstanden oder genehmigt er ihn nachträglich, so kann hierdurch bereits die Widerrechtlichkeit mit Wirkung *ex tunc* oder *ex nunc* entfallen (vgl OLG Bamberg FamRZ 18, 38; OLG Nürnberg FamRZ 09, 240/241; OLG Zweibrücken FamRZ 97, 108). Ob dies der Fall ist, welche Anforderungen an eine wirksame Zustimmung zu stellen sind und welche Wirkungen dieser zukommen, beurteilt sich nach dem von Art 3 Abs 1 lit a für maßgeblich erklärten Recht des Staates, in dem das Kind unmittelbar vor dem Verbringen oder Zurückhalten seinen gewöhnlichen Aufenthalt hatte (NK-BGB/*Benicke* Rn 6; → Rn 110 ff). Allerdings wird man auch insoweit auf die Auslegung der Begriffe „Zustimmung" und „Genehmigung" in Art 13 Abs 1 lit a zurückgreifen können (→ Rn 201 ff). Nimmt ein Elternteil den vor einem Gericht des bisherigen Aufenthaltsstaates anhängigen Antrag auf Zuweisung der elterlichen Sorge für das Kind zu einem Zeitpunkt zurück, zu dem ihm bekannt war, dass das Kind mit dem anderen Elternteil in dem neuen Aufenthaltsstaat zusammenlebte, so stellt dies einen objektiven Anhaltspunkt für sein Einverständnis dar, dass das Kind auch weiterhin mit dem anderen Elternteil in diesem Staat leben solle (High Court Ireland 29.6.12, unalex IE-101).

Lässt das Einverständnis bereits die Widerrechtlichkeit entfallen, so scheidet eine Anordnung **108** der Rückgabe des Kindes nach Art 12 Abs 1 von vorneherein aus (→ Rn 171). Eine solche kommt dann allenfalls noch auf der Grundlage des im Verbringungsstaat geltenden **autonomen Rechts** gem Art 18 in Betracht. Selbst wenn die Widerrechtlichkeit nach der maßgeblichen *lex causae* aber durch das Einverständnis nicht entfällt, bleibt das mit dem Rückführungsantrag befasste Gericht berechtigt, die Rückgabe des Kindes nach Art 13 Abs 1 lit a wegen der von dem anderen Elternteil erklärten Zustimmung oder Genehmigung zu versagen (→ Rn 201 ff).

Im Geltungsbereich der **EuEheVO** hat die Frage, ob das Einverständnis bereits die Wider- **109** rechtlichkeit des Verbringens oder Zurückhaltens entfallen lässt oder nicht, auch Einfluss auf die Informationspflichten nach Art 11 Abs 6 EuEheVO. Denn diese bestehen nur dann, wenn die Rückgabe des Kindes nach Art 13 HKÜ abgelehnt wurde. Auf den Fall, dass es bereits an der Widerrechtlichkeit iSv Art 3 Abs 1 HKÜ, Art 2 Nr 11 EuEheVO fehlt, kann die Vorschrift auch nicht entsprechend angewandt werden (→ F Rn 174).

ee) Anwendbares Recht. Bezüglich der Frage, wem das Sorgerecht über ein bestimmtes **110** Kind zusteht, enthält Art 3 Abs lit a eine **eigenständige Kollisionsnorm**. Danach wird auf das Recht des Staates verwiesen, in dem das Kind unmittelbar vor dem Verbringen oder Zurückhalten seinen gewöhnlichen Aufenthalt (zum Begriff des gewöhnlichen Aufenthalts im HKÜ → Rn 125 ff) hatte (sog Herkunftsstaat; OLG Saarbrücken FamRZ 11, 1235/1236). Maßgebend ist die dortige Rechtslage im Zeitpunkt der Entführung; eine spätere – auch rückwirkende – Änderung dieses Rechts bleibt außer Betracht (OLG Frankfurt ZKJ 09, 373; OLG Stuttgart FamRZ 08, 1777).

Diese Verweisung ist allerdings nicht unmittelbar auf das Sachrecht des Herkunftsstaates **111** gerichtet (so aber OLG Düsseldorf FamRZ 94, 185; OLG Stuttgart FamRZ 13, 51 f), sondern schließt auch dessen internationales Privatrecht ein; daher ist eine etwaige **Rück- oder Weiterverweisung** durch dieses Recht zu beachten (KG FamRZ 11, 1516 Rn 15; OLG München NJW-RR 05, 158/159; OLG Karlsruhe FamRZ 03, 956/957; OGH JBl 91, 389 f und JBl 05, 743/745; frz Cass DS 1993 Somm 352 m Anm *Audit; Andrae,* IntFamFR § 6 Rn 228; Pal/*Thorn* Anh Art 24 EGBGB Rn 32; MüKoBGB/*Heiderhoff* Rn 4; Staud/*Pirrung* Rn D 27 mwN).

Abweichend von Art 4 Abs 1 EGBGB kommt es hinsichtlich der Frage, ob eine Rück- oder **112** Weiterverweisung zu beachten und wann sie abzubrechen ist, allerdings **nicht auf die Sicht des Gerichtsstaates**, sondern ausschließlich auf die Sicht des Staates an, in dem das Kind vor der Entführung seinen gewöhnlichen Aufenthalt hatte (sog *double renvoi,* vgl öst OGH 11.5.05, unalex AT-393; NK-BGB/*Benicke* Rn 13). Spricht dessen Kollisionsrecht einen Renvoi aus, so reicht eine Sorgerechtsverletzung nach dem Sachrecht des Herkunftsstaates nicht aus (Staud/ *Pirrung* aaO). Ist das Kind aus Deutschland in ein anderes Land entführt worden, so entscheidet über die Sorgeberechtigung kraft Gesetzes gem Art 16 Abs 1 iVm Art 21 Abs 1 KSÜ (→ F Rn 647) das deutsche materielle Recht.

Ist über das Sorgerecht durch ein **Gericht entschieden** worden, so kommt es auf die **113** Wirksamkeit dieser Entscheidung bzw ihre Anerkennung im Herkunftsstaat an. In Deutschland

1565

U 114–118 3. Teil. Behördenzusammenarbeit. U. Kindschaftssachen

beurteilt sich die Anerkennung von Sorgerechtsentscheidungen nach den im Abschnitt N erläuterten Grundsätzen.

114 **ff) Bescheinigung über die Widerrechtlichkeit.** Die mit dem Antrag auf Rückführung des Kindes befassten Behörden im Verbringungsstaat können nach Art 15 vor ihrer Entscheidung vom Antragsteller die Vorlage einer Bescheinigung der Behörden des Herkunftsstaates über die Widerrechtlichkeit iSv Art 3 Abs 1 verlangen (→ näher Rn 232 ff).

115 **b) Tatsächliche Ausübung des Sorgerechts, lit b.** Zu der Verletzung des Sorgerechts gem lit a muss nach lit b hinzukommen, dass dieses Recht im Zeitpunkt des Verbringens oder Zurückhaltens allein oder gemeinsam tatsächlich ausgeübt wurde oder ausgeübt worden wäre, wenn die Entführung nicht stattgefunden hätte. Denn eine Wiederherstellung des Sorgeverhältnisses durch Rückführung des Kindes in seinen früheren Aufenthaltsstaat ist nur gerechtfertigt, wenn der Antragsteller sich bis zur Entführung um die Herstellung oder Aufrechterhaltung einer emotionalen und sozialen Bindung zu seinem Kind bemüht hat; andernfalls fehlt ein **Rechtsschutzbedürfnis** (BVerfG IPRspr 02 Nr 106; Staud/*Pirrung* Rn D 32). Die Nichtausübung des Sorgerechts durch den Antragsteller ist ferner in Art 13 Abs 1 lit a noch einmal ausdrücklich als Grund für die Ablehnung einer Rückführung des Kindes normiert (→ Rn 200).

116 Ausreichend ist die **gemeinsame Ausübung** des Sorgerechts mit dem späteren Entführer. Hierzu ist nicht erforderlich, dass das Sorgerecht von beiden Elternteilen gleichgewichtig ausgeübt wird. Die Rechte nach dem HKÜ stehen vielmehr auch demjenigen Elternteil zu, der sich im Einvernehmen mit dem anderen auf eine eher passive Rolle beschränkt und die tägliche Fürsorge dem anderen Elternteil, der das Kind später widerrechtlich ins Ausland verbracht oder dort zurückgehalten hat, weitgehend überlassen hatte. Auch in einem solchen Fall stellt die Rückführungspflicht einen verfassungsrechtlich zulässigen und verhältnismäßigen Ausgleich der Interessen der Eltern dar (BVerfG FamRZ 97, 1269). Das gemeinsame Sorgerecht muss in demselben Staat, aber nicht notwendig in derselben Wohnung ausgeübt worden sein (Staud/*Pirrung* Rn D 32; **aA** OLG Düsseldorf FamRZ 94, 181 f; AG Hamburg-Altona IPRax 92, 390 f). Gleiches gilt auch dann, wenn ein Elternteil lediglich sein Aufenthaltsbestimmungsrecht noch ausgeübt hat.

117 An die tatsächliche Ausübung der elterlichen Sorge werden in der Praxis **keine allzu hohen Anforderungen** gestellt. Ausgeschlossen werden sollen nur Sorgeverhältnisse, bei denen die gesetzlichen oder vereinbarten Rechte und Pflichten entweder überhaupt nicht oder völlig unzureichend wahrgenommen werden (vgl etwa OLG Hamm FamRZ 17,1679/1680 und FamRZ 04, 1513; OLG Bremen NJW-RR 13, 1351/1352; KG FamRZ 96, 691/692 f; AG Nürnberg FamRZ 09, 237/238). Der (mit-) sorgeberechtigte Elternteil muss sich daher nicht an der täglichen Ausübung der Personensorge beteiligen; denn leben die Eltern getrennt, so ist er hierzu häufig überhaupt nicht in der Lage (MüKoBGB/*Heiderhoff* Rn 28). Das HKÜ wollte aber Entführungen durch denjenigen Elternteil, bei dem das Kind nach einer Trennung wohnt (vgl § 1687 BGB), keineswegs von vornherein aus seinem Anwendungsbereich ausschließen. Aus diesem Grunde muss es daher genügen, wenn der andere Elternteil einen Mindestkontakt im Umfang eines Umgangsrechts zu seinem Kind aufrechterhält und hinsichtlich der für die Erziehung und Ausbildung des Kindes wichtigen Entscheidungen von seinem Mitspracherecht Gebrauch macht. Es genügt also, wenn er das Kind hin und wieder besucht oder anruft, aber seinen dauerhaften Umzug ins Ausland ablehnt (BVerfG FamRZ 97, 1269 f; OLG Hamm FamRZ 17, 1679/1680; OLG Bremen FamRZ 13, 1238; OLG Nürnberg NJW-RR 10, 1093/1094; OLG Koblenz NJW 08, 238/239; OLG Hamm FamRZ 04, 723/724; OLG Dresden FamRZ 02, 1136/1137 und FamRZ 03, 468; OLG Rostock FamRZ 02, 46/47 m krit Anm *Siehr* IPRax 02, 100 und zust Anm *Winkler v Mohrenfels* IPRax 02, 372; *Bach* FamRZ 97, 1051/1055; Staud/*Pirrung* Rn D 32; **aA** OLG Düsseldorf FamRZ 94, 181 f; AG Weilburg FamRZ 95, 242). Dies gilt auch dann, wenn der in seinem Mitsorgerecht verletzte Elternteil den Kontakt zum Kind weniger aus eigenem Antrieb, als vielmehr auf Drängen des anderen Elternteils aufrechterhalten hat (OLG Rostock FamRZ 02, 46/47).

118 Die **Beweislast** für die tatsächliche Ausübung des Sorgerechts durch den Antragsteller vor dem widerrechtlichen Verbringen oder Zurückhalten trägt im Rückführungsverfahren der Antragsgegner. Lässt sich also nicht aufklären, ob der Antragsteller das Sorgerecht tatsächlich ausgeübt hat, so wird dies zu seinen Gunsten vermutet. Dies folgt aus Art 13 Abs 1 lit a, der die Nichtausübung des Sorgerechts als Einwendung gegen den grundsätzlichen Anspruch auf Rückführung des Kindes normiert (OLG Rostock FamRZ 02, 46/47; KG FamRZ 96, 691/692; NK-BGB/*Benicke* Rn 27).

1566

III. Staatsverträge: HKÜ Art 4 **U**

3. Grundlagen des Sorgerechts, Abs 2

a) Gesetz. Das Sorgerecht kann sich nach Abs 2 unmittelbar aus dem Gesetz ergeben. Maß- **119** gebend sind nach Abs 1 lit a die Gesetze des Landes, in dem das Kind unmittelbar vor dem Verbringen bzw Zurückhalten seinen gewöhnlichen Aufenthalt hatte, einschließlich des dortigen Kollisionsrechts (→ Rn 110 ff). Ist das Kind aus *Deutschland* entführt worden, so ist nach Art 16 KSÜ deutsches Sachrecht maßgebend. Ist hingegen die Widerrechtlichkeit einer Entführung aus dem Ausland nach Deutschland zu beurteilen, so kommt es auf das Recht an, auf welches das Kollisionsrecht des Herkunftsstaates verweist.

b) Gerichtliche oder behördliche Entscheidung. Grundlage des Sorgerechts können aber **120** auch gerichtliche oder behördliche Entscheidungen über das Sorgerecht sein. Während solche Entscheidungen in Deutschland nur von Gerichten getroffen werden können, sehen insbesondere die *skandinavischen* Staaten auch Sorgerechtsregelungen durch Verwaltungsbehörden vor. Es muss sich um Entscheidungen handeln, die bereits vor der Entführung ergangen (OLG Stuttgart FamRZ 01, 645/646; Staud/*Pirrung* Rn D 28) und die im Staat des (früheren) gewöhnlichen Aufenthalts des Kindes wirksam, dh entweder dort ergangen oder anerkannt worden sind (vgl AG Bielefeld FamRZ 92, 467). Demgegenüber kommt es wegen Art 14 HKÜ nicht darauf an, ob die Sorgerechtsentscheidung auch im Verbringungsstaat förmlich anerkannt worden ist oder anerkannt werden kann (MüKoBGB/*Heiderhoff* Rn 6; näher → Rn 231). Ausreichend ist auch eine gerichtliche Entscheidung, die lediglich den Inhalt einer Elternvereinbarung übernimmt (OLG Dresden FamRZ 02, 1136/1137).

c) Vereinbarung. Schließlich kann das Sorgerecht und/oder die Frage, bei welchem Eltern- **121** teil das Kind nach einer Trennung der Eltern seinen Aufenthalt nehmen soll, auch durch Vereinbarung zwischen den Eltern geregelt werden (OLG Nürnberg FamRZ 09, 240). Der Verstoß gegen eine solche Trennungsvereinbarung begründet dann die Widerrechtlichkeit iSv Art 3 Abs 1 (AG Pankow/Weißensee ZKJ 09, 258). Lässt das vom Kollisionsrecht des Herkunftsstaates zur Anwendung berufene Recht Sorgerechtsvereinbarungen zu, so sind diese bei der Beurteilung der Frage, ob eine Sorgerechtsverletzung iSv lit a vorliegt, auch in den anderen Vertragsstaaten als wirksam zugrunde zu legen (OLG Celle FamRZ 07, 1587/1588 [*Italien*]; OLG Stuttgart FamRZ 96, 688 [*Australien*]). Eine *ordre public*-Kontrolle findet nur in den engen Grenzen der Art 13, 20 statt (Staud/*Pirrung* Rn D 28).

Haben beide Eltern, die bisher im Vertragsstaat A wohnten, eine Vereinbarung getroffen, dass **122** die Ehefrau und Mutter zusammen mit den gemeinsamen Kindern in den Vertragsstaat B verzieht, so kann eine solche Vereinbarung von dem Ehemann und Vater nicht einseitig mit der Folge widerrufen werden, dass dadurch die Verlegung des Wohnsitzes seitens der Ehefrau rechtswidrig würde. In einem solchen Fall liegt deshalb kein widerrechtliches Verbringen iSv Art 3 Abs 1 vor (frz Cass 23.3.17, unalex FR–2520; OLG Rostock FamRZ 01, 642 mwN; zust MüKoBGB/*Heiderhoff* Rn 8). Ferner erwerben Mutter und Kinder in einem solchen Fall mit dem auf Dauer angelegten Umzug sofort einen gewöhnlichen Aufenthalt im Umzugsstaat, so dass die Kindern dort auch nicht widerrechtlich zurückgehalten werden, wenn die Ehe danach scheitert und der Vater die Rückkehr der Kinder in den Staat des früheren gewöhnlichen Aufenthalts fordert (OLG Karlsruhe NJW-RR 08, 1323/1324 f).

HKÜ Art 4. [Persönlicher Anwendungsbereich]

¹Das Übereinkommen wird auf jedes Kind angewendet, das unmittelbar vor einer Verletzung des Sorgerechts oder des Rechts zum persönlichen Umgang seinen gewöhnlichen Aufenthalt in einem Vertragsstaat hatte. ²Das Übereinkommen wird nicht mehr angewendet, sobald das Kind das 16. Lebensjahr vollendet hat.

Schrifttum: *Baetge,* Zum gewöhnlichen Aufenthalt bei Kindesentführungen, IPRax 01, 573; *ders,* Kontinuierlicher, mehrfacher oder alternativer gewöhnlicher Aufenthalt bei Kindesentführungen, IPRax 05, 335; *ders,* Zwischen Rom und Los Angeles – Zur Ermittlung des gewöhnlichen Aufenthalts von Kleinkindern bei Kindesentführungen, IPRax 06, 313; *Coester-Waltjen,* Die Bedeutung des „gewöhnlichen Aufenthalts" im Haager Entführungsabkommen, FS MPI für Privatrecht (2001), 543; *Holl,* Funktion und Bestimmung des gewöhnlichen Aufenthalts bei internationalen Kindesentführungen (2001); *Schulz,* Zum Aufenthaltswechsel des Antragstellers im Rahmen des HKÜ, IPRax 02, 201; *Siehr,* Zum persönlichen Anwendungsbereich des Haager Kindesentführungsübereinkommens von 1980 und der EuEheVO, IPRax 10, 583; *Winkler v Mohren-*

1567

U 123–126   3. Teil. Behördenzusammenarbeit. U. Kindschaftssachen

fels, Internationale Kindesentführung: Die Problematik des gewöhnlichen Aufenthalts, FPR 01, 189; *ders,* Der Kindeswille im Rahmen des Haager Kindesentführungsübereinkommens, FS Geimer (2012), 1527.

1. Gewöhnlicher Aufenthalt des Kindes in einem Vertragsstaat, S 1

123   **a) Rückgabe entführter Kinder.** Das HKÜ findet nach S 1 in Entführungsfällen nur auf Kinder Anwendung, die sich unmittelbar vor einer Verletzung des Sorgerechts (→ Rn 104 ff) **in einem Vertragsstaat** gewöhnlich aufgehalten haben. Hat sich das Kind vor der Entführung in einem Drittstaat gewöhnlich aufgehalten, so scheidet eine auf Art 12 gestützte Rückführungs-anordnung auch dann aus, wenn das Kind bis zur Stellung des Antrags seinen gewöhnlichen Aufenthalt bereits ins Inland oder in einen anderen Vertragsstaat des HKÜ verlegt hat (OLG München FamRB 16, 229 m Anm *Hanke* [Ostjerusalem]; AG Pankow/Weißensee FamRZ 15, 1630 [*Senegal*]). Unschädlich ist hingegen, wenn das Kind aus einem Vertragsstaat zunächst in einen Drittstaat entführt wurde, sich im Zeitpunkt des Rückführungsverlangens aber wieder in einem Vertragsstaat aufhält (KG BeckRS 17, 113962 Rn 15 =FamRZ 18, 39 [LS]). Maßgebend ist der Zeitpunkt unmittelbar vor dem ersten behaupteten rechtswidrigen Verhalten des Antrags-gegners iSv Art 3, dh der **Beginn der Entführung** in einen anderen Vertragsstaat durch widerrechtliches Verbringen oder Zurückhalten. Das HKÜ kann daher auch dann nicht ange-wendet werden kann, wenn der frühere Aufenthaltsstaat des Kindes dem Übk erst nach dem Beginn der Entführung beigetreten ist, auch wenn er zur Zeit des Rückführungsverlangens Vertragsstaat ist (MüKoBGB/*Heiderhoff* Rn 14). Bei einer Entführung durch widerrechtliches Zurückhalten kommt es dementsprechend auf den Zeitpunkt an, zu dem der nur zur Mitsorge oder zum Umgang berechtigte Elternteil dem anderen mitteilt, das Kind werde nicht in den Staat seines bisherigen gewöhnlichen Aufenthalts zurückkehren; das Inkrafttreten des HKÜ für den Herkunftsstaat erst im weiteren Verlauf des Zurückhaltens reicht nicht aus (Staud/*Pirrung* Rn D 34; vgl auch → Art 35).

124   **b) Regelung des Umgangsrechts.** Für die Anwendung des HKÜ auf die Gewährleistung des Umgangsrechts nach Art 21 stellt Art 4 S 1 auf den gewöhnlichen Aufenthalt des Kindes in einem Vertragsstaat **unmittelbar vor Verletzung des Rechts zum persönlichen Umgang** ab. Da ein Eingreifen der Zentralen Behörden zur Sicherung der Ausübung oder erstmaligen Begründung des Umgangsrechts ein rechtswidriges Verhalten des sorgeberechtigten Antrags-gegners aber nicht voraussetzt, genügt es hier, dass das Kind sich im Zeitpunkt der Antragstellung in einem Vertragsstaat gewöhnlich aufhält (Staud/*Pirrung* Rn D 34).

125   **c) Gewöhnlicher Aufenthalt. aa) Begriff.** Wie andere Staatsverträge und EU-Verordnun-gen definiert auch das HKÜ den Begriff des gewöhnlichen Aufenthalts für seine Zwecke nicht. Auch insoweit ist der Begriff **autonom und einheitlich auszulegen,** so dass sich ein Rückgriff auf nationale Wertungen verbietet (OLG Saarbrücken FamRZ 11, 1235/1236; OLG Frankfurt FamRZ 06, 883/684; *Staudinger* IPRax 00, 194/197 mwN). Zulässig ist jedoch eine Orientie-rung am Begriff des gewöhnlichen Aufenthalts in anderen Haager Übereinkommen auf dem Gebiet des Kindschaftsrechts, zB an Art 1 MSA (vgl OLG Karlsruhe FamRZ 03, 955/956; Staud/*Pirrung* Rn D 35) oder an Art 5 KSÜ (→ F Rn 416 ff), sowie an der EuGH-Recht-sprechung zu Art 8 Abs 1 EuEheVO (frz Cass 4.3.15, unalex FR-2463; öst OGH ÖJZ 15, 12; OLG Stuttgart FamRZ 13, 51; OLG Hamm 12.6.12, unalex DE-2800 = FamRZ 13, 52 [LS] m Anm *Breidenstein* FamFR 12, 431; OLG Saarbrücken aaO; → F Rn 87 ff). Der gewöhnliche Aufenthalt des Kindes ist danach am tatsächlichen Mittelpunkt seiner Lebensführung, dh am Schwerpunkt seiner sozialen Bindungen, insbesondere in familiärer, schulischer bzw beruflicher Hinsicht, anzunehmen („**Daseinsmittelpunkt**"; vgl OLG Hamm 12.6.12 aaO; OLG Nürnberg FamRZ 07, 1588/1589 f; OLG Frankfurt aaO; OLG Karlsruhe aaO; OLG Stuttgart FamRZ 03, 959/960; MüKoBGB/*Heiderhoff* Art 3 Rn 14 ff mwN).

126   Der im HKÜ verwendete Begriff des gewöhnlichen Aufenthalts ist mithin durch eine gewisse **Dauer und Regelmäßigkeit des Aufenthalts** und das Vorhandensein solcher Beziehungen zur Umwelt charakterisiert, die die Annahme einer sozialen Integration des Kindes an seinem Aufenthaltsort rechtfertigen. Der tatsächliche, mindestens zeitweise Aufenthalt soll im Regelfall entweder zu durch eine gewisse Mindestdauer (Faustregel: sechs Monate) bekräftigten Bindun-gen geführt haben oder entsprechend dem objektiv erkennbaren Willen des (allein) Sorgeberech-tigten bzw der gemeinsam Sorgeberechtigten auf eine solche Mindestdauer angelegt sein; er kann letzterenfalls auch sofort nach dem Aufenthaltswechsel zum gewöhnlichen Aufenthalt werden (KG FamFR 13, 552 m Anm *Finger*). Dabei ist es Sache des nationalen Gerichts, unter Berück-

1568

III. Staatsverträge: HKÜ Art 4

sichtigung aller tatsächlichen Umstände des Einzelfalles den gewöhnlichen Aufenthalt des Kindes zu ermitteln (frz Cass 4.3.15, unalex FR-2463 und OLG Saarbrücken FamRZ 11, 1235/1236, jeweils unter Hinweis auf EuGH FamRZ 09, 843m Anm *Völker* FamRBint 09, 53 f; ferner *Völker* FamRZ 10, 157/160). Zur Bestimmung des gewöhnlichen Aufenthalts muss zwischen dem gewöhnlichen Aufenthalt im Herkunftsstaat und der Begründung eines neuen gewöhnlichen Aufenthalts im Verbringungsstaat unterschieden werden.

bb) Gewöhnlicher Aufenthalt im Herkunftsstaat. Für die Ermittlung des nach Art 3 **127** Abs 1 lit a erforderlichen gewöhnlichen Aufenthalts des Kindes im Herkunftstaat unmittelbar vor der Entführung gelten keine Besonderheiten. Insoweit kann daher in vollem Umfang auf die Grundsätze zurückgegriffen werden, die zur Auslegung des Begriffs in Rechtsprechung und Literatur zu anderen Rechtsinstrumenten, insbesondere zu Art 8 EuEheVO (→ F Rn 87 ff), Art 1 MSA und Art 5 KSÜ (→ F Rn 420 ff), entwickelt worden sind (vgl OLG Karlsruhe FamRZ 10, 1577 m Anm *Romeyko*). Insbesondere erwirbt das Kind nach einem vom allein sorgeberechtigten Elternteil oder von beiden Eltern durchgeführten und damit rechtmäßigen **Umzug** in ein anderes Land dort idR sofort einen neuen gewöhnlichen Aufenthalt. Auf das Erfordernis einer sozialen Integration des Kindes kommt es nicht an, wenn der Aufenthaltswechsel seitens des oder der Sorgeberechtigten in der Absicht erfolgt ist, im neuen Aufenthaltsstaat auf Dauer zu bleiben (Auswanderung, vgl OLG Karlsruhe FamRZ 09, 239; OLG Nürnberg FamRZ 07, 1588/1590; OLG Schleswig FamRZ 00, 14126; *Baetge* IPRax 01, 573/576; MüKoBGB/*Heiderhoff* Art 3 Rn 15 mwN). Zur Feststellung dieser Absicht kommt es nur auf as nach außen erkennbare Verhalten des Sorgeberechtigten an; innere Vorbehalte gegen einen Aufenthaltswechsel bleiben außer Betracht (KG IPRspr 10 Nr 125). Einschränkungen gelten, wenn der Aufenthaltswechsel auf der Grundflage einer nur **vorläufig vollstreckbaren Entscheidung** erfolgt (vgl EuGH C-376/14 PPU – *C/M*, FamRZ 15, 107 Rn 54 ff; dazu näher → F Rn 70).

cc) Gewöhnlicher Aufenthalt im Verbringungsstaat. Geht es hingegen um die Frage, ob **128** das Kind nach der Entführung im Verbringungsstaat bereits einen neuen gewöhnlichen Aufenthalt begründet hat, so sind im Lichte des mit dem HKÜ verfolgten Zwecks, das eigenmächtige Verbringen oder Zurückhalten des Kindes durch einen nicht oder nicht allein sorgeberechtigten Elternteil zu unterbinden, **strengere Anforderungen** zu stellen. Da es sich beim gewöhnlichen Aufenthalt des Kindes um ein tatsächliches und kein normatives Konzept handelt (BVerfG NJW 99, 631/633), wird die Begründung eines gewöhnlichen Aufenthalts durch die Widerrechtlichkeit des Verbringens oder Zurückhaltens des Kindes zwar nicht ausgeschlossen (BGHZ 163, 248 = NJW 05, 3424/3428; OLG Bremen NJW 16, 655 Rn 10; Staud/*Pirrung* Rn D 35; NK-BGB/*Benicke* Art 3 Rn 29; s a → F Rn 98 f). Ein Wechsel des gewöhnlichen Aufenthalts setzt jedoch ein gewisses Maß an sozialer Integration des Kindes im neuen Aufenthaltsstaat voraus (OLG Stuttgart FamRZ 13, 51 unter Hinweis auf EuGH C-523/07 – *A*, FamRZ 09, 843/845 und C-497/10 – *Mercredi*, FamRZ 11, 617/619). Zu berücksichtigen sind dabei insbesondere familiäre Bindungen sowie der regelmäßige Besuch eines Kindergartens oder einer Schule. Auch Kenntnisse der Sprache am neuen Aufenthaltsort sind von Bedeutung, da ein Kind vor allem über die Sprache Beziehungen zu seiner Umwelt entwickelt (vgl AG Nürnberg FamRZ 08, 1777; *Baetge* IPRax 01, 573 ff).

Indiz für die Begründung eines gewöhnlichen Aufenthalts des Kindes im Verbringungsstaat ist **129** insbesondere die Dauer des dortigen Aufenthalts. In der Praxis geht man auch im Rahmen des HKÜ überwiegend von einer sozialen Integration des Kindes erst nach einer ca sechsmonatigen Aufenthaltsdauer aus (öst OGH 16.2.12, unalex AT-815; OLG Stuttgart FamRZ 13, 49 und 51; OLG Nürnberg FamRZ 07, 1588/1590; OLG Karlsruhe FamRZ 08, 2223/2224 und FamRZ 03, 956; Staud/*Pirrung* Rn D 35), die allerdings im Einzelfall auch über- oder unterschritten werden könne. Demgegenüber sollte man in Entführungsfällen idR strengere Anforderungen stellen. Als Anhaltspunkt kann hier die Jahresfrist des Art 12 Abs 1 HKÜ dienen, auf die auch Art 10 lit b (i) EuEheVO Bezug nimmt (vgl öst OGH 19.3.15, unalex AT-979; MüKoBGB/ *Heiderhoff* Rn 18; **aA** NK-BGB/*Benicke* Rn 29).

Nach dem Schutzzweck des HKÜ ist der gewöhnliche Aufenthalt minderjähriger Kinder **130** grundsätzlich **unabhängig vom Aufenthalt oder Wohnsitz ihrer Eltern** zu bestimmen (BGH FamRZ 97, 1070; OLG Saarbrücken FamRZ 11, 1235/1236; OLG Nürnberg aaO; OLG Frankfurt aaO; OLG Hamm FamRZ 99, 948; *Baetge* IPRax 01, 573/576). Auch wenn der entführende Elternteil daher nach dem widerrechtlichen Verbringen des Kindes in einen anderen Staat dort selbst sofort einen neuen gewöhnlichen Aufenthalt erwirbt, weil er mit dem Kind auf Dauer in diesem Staat bleiben möchte, reicht dieser Wille nicht aus, um gleichzeitig auch einen gewöhnli-

U 131–135   3. Teil. Behördenzusammenarbeit. U. Kindschaftssachen

chen Aufenthalt des Kindes in diesem Staat anzunehmen. Anders liegt es dann, wenn der andere Elternteil den Aufenthaltswechsel später genehmigt (vgl NK-BGB/*Benicke* Art 13 Rn 9).

131   Inwieweit **subjektive Momente** für die Begründung eines gewöhnlichen Aufenthalts des Kindes überhaupt eine Rolle spielen, ist im Einzelnen umstritten (vgl *Baetge* IPRax 01, 573/ 576). Ihnen kommt jedenfalls nur dann Bedeutung zu, wenn sich der Wille in einer entsprechenden faktischen Umsetzung manifestiert hat (OLG Karlsruhe FamRZ 03, 956 f). Maßgebend ist insoweit nicht der Wille des Kindes, sondern derjenige seiner gesetzlichen Vertreter (OLG Nürnberg aaO; *Baetge* aaO). In diesem Zusammenhang können auch Vereinbarungen der Eltern (zB über den Schulbesuch im Verbringungsstaat) berücksichtigt werden (OLG Nürnberg aaO).

132   **dd) Einzelfälle. (1) Trennung der Eltern nach Umzug ins Ausland.** Verlegen die Eltern des Kindes ihren Aufenthalt vom Staat des bisherigen gemeinsamen gewöhnlichen Aufenthalts in ein anderes Land und ist der Aufenthalt in dem neuen Aufenthaltsstaat **für unbestimmte oder zumindest längere Zeit** geplant, so begründen Eltern und Kind dort regelmäßig sofort einen neuen gewöhnlichen Aufenthalt (→ Rn 127). Daher ist es sachgerecht, dass in diesem Staat des neuen gewöhnlichen Aufenthalts auch über das Sorgerecht entschieden wird, wenn die Eltern sich trennen (OLG Karlsruhe FamRZ 03, 956 f; *Winkler v Mohrenfels* FPR 01, 189/191 f). Daraus folgt, dass derjenige Elternteil, der in diesem Staat bleiben möchte, das Kind nicht widerrechtlich zurückhält. Dies gilt auch dann, wenn die Ehe kurz nach der einvernehmlich beschlossenen Übersiedlung eines Elternteils mit dem Kind scheitert und der andere Elternteil deshalb den vereinbarten Umzug nicht mehr vornimmt (OLG Frankfurt NZFam 18, 43 m Anm *Rieck;* OLG Karlsruhe NJW-RR 08, 1323/1324). Wird das Kind von dem anderen Elternteil sodann gegen den Willen dieses (mitsorgeberechtigten) Elternteils in den Staat des früheren gemeinsamen gewöhnlichen Aufenthalts zurückgebracht, so liegt darin ein widerrechtliches Verbringen iS Art 3 Abs 1 lit a (NK-BGB/*Benicke* Art 3 Rn 32).

133   Anders sind Fälle zu beurteilen, in denen der Aufenthalt in dem neuen Aufenthaltsstaat – zB für ein Auslandsstudium oder eine berufliche Entsendung ins Ausland – von vornherein nur **auf einen kürzeren Zeitraum** von 1–2 Jahren angelegt und danach die Rückkehr in den bisherigen Aufenthaltsstaat vorgesehen war. Unter diesen Umständen bleibt nämlich der gewöhnliche Aufenthalt im Ausgangsstaat bestehen mit der Folge, dass in der vorzeitigen Rückkehr eines Elternteils mit dem Kind auch dann kein widerrechtliches Verbringen liegt, wenn der mitsorgeberechtige andere Elternteil damit nicht einverstanden ist (*Winkler v Mohrenfels* FPR 01, 189/ 192; NK-BGB/*Benicke* Art 3 Rn 31). Andererseits hält derjenige Elternteil, der mit dem Kind gegen den Willen des anderen Elternteils über den vereinbarten Zeitraum hinaus in dem neuen Aufenthaltsstaat verbleibt, das Kind dort widerrechtlich zurück.

134   Entsprechendes gilt, wenn der Aufenthalt in dem neuen Aufenthaltsstaat zwar von einem Ehegatten als dauerhaft gewollt ist, von dem anderen jedoch nur unter dem Vorbehalt, dass ihm die Integration in das neue Lebensumfeld gelingen und die Ehe Bestand haben werde, wie dies insbesondere in Auswanderungsfällen nicht selten ist. Auch in diesen Fällen erwirbt das Kind nicht sofort nach dem Umzug einen neuen gewöhnlichen Aufenthalt, sondern erst nach Ablauf einer Zeit von ca sechs Monaten infolge seiner tatsächlichen sozialen Integration in dem neuen Aufenthaltsstaat. Kehrt nun derjenige Ehegatte, der nur einen solchen **bedingten Bleibewillen** hatte, bereits nach kurzer Zeit mit dem Kind in den Staat des bisherigen gewöhnlichen Aufenthalts zurück, weil ihm die Integration im neuen Aufenthaltsstaat nicht gelingt, weil er zB dort keinen Arbeitsplatz findet, oder weil die Ehe scheitert, so liegt kein widerrechtliches Verbringen vor, weil es an einer gemeinsamen Absicht der Eltern zur dauerhaften Begründung eines neuen gewöhnlichen Aufenthalts gefehlt hat (OLG Frankfurt FamRZ 06, 883/885; AG Nürnberg FamRZ 04, 725 f; NK-BGB/*Benicke* Art 3 Rn 33). Umgekehrt liegt von dem Zeitpunkt der Rückkehr dieses nur bedingt bleibewilligen Elternteils in den Staat des bisherigen gemeinsamen gewöhnlichen Aufenthalts ein widerrechtliches Zurückhalten durch den anderen Elternteil vor, der sich der Rückkehr des Kindes widersetzt (Supreme Court Ireland 19.11.09, unalex IE-59).

135   **(2) Alternierender Aufenthalt des Kindes in zwei Staaten.** Nicht abschließend geklärt ist die Frage, wann das Verbringen bzw Zurückhalten eines Kindes in den Fällen widerrechtlich ist, in denen das Kind sich aufgrund gerichtlicher Entscheidung oder aufgrund einer Vereinbarung der Eltern für einen gewissen Zeitraum jeweils abwechselnd im Staat des einen und des andern Elternteils aufhält. Ist ein solcher alternierender Aufenthalt von vornherein nur für einen begrenzten Zeitraum vorgesehen, so behält das Kind seinen gewöhnlichen Aufenthalt an dem Ort, an dem es sich vor der Aufnahme dieser Praxis aufgehalten hatte, wenn dieser Ort einer der alternierenden Aufenthaltsorte bleibt und das Kind nach dem Willen der Eltern nach mehreren

1570

III. Staatsverträge: HKÜ Art 5   **U**

Aufenthaltswechseln auf Dauer wieder an diesem Ort leben soll (OLG Rostock FamRZ 01, 642 f; zust *Winkler v Mohrenfels* FPR 01, 189/192; NK–BGB/*Benicke* Art 3 Rn 35).

Fehlt es an einer solchen zeitlichen Begrenzung der vereinbarten Praxis des alternierenden **136** Kindesaufenthalts bei seinen in verschiedenen Ländern lebenden Eltern und an einer Regelung, bei welchem Elternteil das Kind schlussendlich auf Dauer bleiben soll, so wird zT angenommen, dass das Kind seinen **gewöhnlichen Aufenthalt gleichzeitig bei beiden Elternteilen** habe mit der Folge, dass die vorzeitige Mitnahme des Kindes durch einen Elternteil von einem der beiden alternierenden Aufenthaltsorte an den anderen kein widerrechtliches Verbringen darstelle, auch wenn der andere Elternteil dieser Mitnahme nicht zugestimmt habe (OLG Karlsruhe FamRZ 03, 955 f; OLG Frankfurt FPR 01, 233). Ob ein solcher mehrfacher gewöhnlicher Aufenthalt des Kindes überhaupt möglich ist, erscheint indessen zweifelhaft. Vielmehr wird man zur Vermeidung von Alleingängen eines Elternteils bei alternierendem Aufenthalt des Kindes von einem jeweiligen Wechsel auch des gewöhnlichen Aufenthalts auszugehen haben (so OLG Stuttgart FamRZ 03, 959/960 = IPRax 05, 362 m Anm *Baetge* 335; AG Hamm 28.3.14, unalex DE-3101; *Baetge* IPRax 01, 573/576). Wird das Kind daher unter Verletzung der zwischen den Eltern getroffenen Absprache von einem Elternteil weiter an dessen gewöhnlichem Aufenthalt zurückgehalten, kann eine Rückführung in das Land des anderen Elternteils den Zielen des HKÜ widersprechen, wenn das Kind an seinem derzeitigen Aufenthaltsort sozial voll integriert ist (öst OGH EF-Z 14, 43; zust MüKoBGB/*Heiderhoff* Art 3 Rn 22). Im Regelfall liegt in dem Verhalten desjenigen Elternteils, der die vereinbarte Praxis des wechselnden Kindesaufenthalts einseitig aufkündigt und das Kind auf Dauer bei sich behält, jedoch ein widerrechtliches Zurückhalten iSv Art 3 (OLG Nürnberg FamRZ 07, 1588/1590 f; *Baetge* IPRax 01, 335/337; im Erg auch NK–BGB/*Benicke* Art 3 Rn 37; MüKoBGB/*Heiderhoff* Art 3 Rn 22). Bei ständigem Wechsel zwischen mehreren Staaten kann schließlich auch die Nichtfeststellbarkeit eines gewöhnlichen Aufenthalts in Betracht kommen (AG Hamm aaO IPRspr 14 Nr 102; Staud/*Pirrung* Rn D 35, zust *Andrae*, IntFamR § 6 Rn 42).

(3) Rück- oder Weiterentführung des Kindes. Wird das Kind nach einer Entführung von **137** demjenigen Elternteil, dessen Sorgerecht verletzt wurde, gegen den Willen des Entführers in den früheren Aufenthaltsstaat zurück- oder in einen dritten Staat weiter verbracht, so ist die Widerrechtlichkeit einer solchen Rück- oder Weiterentführung umstritten. Sie ist richtigerweise nur dann anzunehmen, wenn das Kind zwischenzeitlich im ersten Verbringungsstaat einen neuen gewöhnlichen Aufenthalt begründet hatte. War dies hingegen im Zeitpunkt der Rückentführung noch nicht der Fall, so ist diese selbst dann nicht widerrechtlich, wenn im ersten Verbringungsstaat eine Sorgerechtsentscheidung zugunsten des Erstentführers ergangen ist. Denn diese Entscheidung ist aus der Sicht des Herkunftsstaates nicht zu beachten, wenn das Kind in diesem Staat noch keinen gewöhnlichen Aufenthalt erworben hatte (MüKoBGB/*Heiderhoff* Rn 25). Zum Erfordernis einer besonderen Prüfung des Kindeswohls in Fällen gegenläufiger Entführungen s u → Rn 211).

2. Altersgrenze, S 2

In persönlicher Hinsicht findet das HKÜ nach S 2 keine Anwendung mehr, sobald das Kind **138** das **16. Lebensjahr vollendet** hat (High Court [Fam Div] 14.3.08, unalex UK-439). Mit der Erreichung dieser Altersgrenze endet ein anhängiges Rückführungsverfahren automatisch (Staud/*Pirrung* Rn D 36); die Einleitung eines neuen Verfahrens ist unzulässig. Auch eine noch vor Vollendung des 16. Lebensjahres des Kindes getroffene Rückgabeanordnung kann danach in anderen Vertragsstaaten nicht mehr vollstreckt werden (NK–BGB/*Benicke* Rn 2). Auch schon vor Erreichung des 16. Lebensjahres wird allerdings der Wille des Kindes nach Art 13 Abs 2 bei der Entscheidung über die Rückführung berücksichtigt, sofern es die entsprechende Reife erlangt hat. Daher wird in der Praxis schon ab dem 14. Lebensjahr des Kindes eine Rückführung nicht mehr angeordnet, sofern sich das Kind ihr widersetzt (näher → Rn 226).

HKÜ Art 5. [Begriff des Sorge- und Umgangsrechts]

Im Sinn dieses Übereinkommens umfasst

a) das „Sorgerecht" die Sorge für die Person des Kindes und insbesondere das Recht, den Aufenthalt des Kindes zu bestimmen;

b) das „Recht zum persönlichen Umgang" das Recht, das Kind für eine begrenzte Zeit an einen anderen Ort als seinen gewöhnlichen Aufenthaltsort zu bringen.

1571

U
3. Teil. Behördenzusammenarbeit. U. Kindschaftssachen

139   Art 5 definiert die für die Anwendung der für die Anwendung des Übk zentralen Begriffe des Sorgerechts und des Rechts zum persönlichen Umgang. Die Auslegung hat losgelöst vom nationalen Recht der betroffenen Vertragsstaaten **autonom** im Lichte der Ziele des HKÜ zu erfolgen (allgM, vgl Staud/*Pirrung* Rn D 30; MüKoBGB/*Heiderhoff* Rn 1; *Martiny* FamRZ 12, 1765/1767 mwN).

1. Sorgerecht, lit a

140   Der Begriff des Sorgerechts iSd HKÜ beschränkt sich nach lit a auf die **Personensorge.** Diese umfasst – ebenso wie § 1631 Abs 1 BGB – die Pflege, Beaufsichtigung, Erziehung und Ausbildung des Kindes sowie die Regelung seines Umgangs mit Dritten. Ausgeschlossen ist hingegen die Verletzung von Rechten auf dem Gebiet der Vermögenssorge (BVerfG FamRZ 97, 1269; Staud/*Pirrung* Rn D 37); deshalb kommt es auch nicht darauf an, ob der Inhaber des Sorgerechts zur rechtsgeschäftlichen Vertretung des Kindes befugt ist (NK-BGB/*Benicke* Rn 2).

141   Nach dem Zweck des HKÜ ist auch nicht entscheidend, welche Befugnisse im Einzelnen mit der Personensorge nach dem auf sie anwendbaren nationalen Recht verbunden sind. Unabdingbar ist aber nach lit a, dass dem sorgeberechtigten Elternteil das Recht zusteht, den **Aufenthalt des Kindes** – allein oder gemeinsam mit dem anderen Elternteil – zu bestimmen (BVerfG FamRZ 97, 1269 [„zentrales Element"]; OLG Dresden FamRZ 02, 1136/1137; OLG Stuttgart FamRZ 96, 688). Da es im HKÜ im Wesentlichen darum geht, das rechtswidrige Verbringen des Kindes durch einen Elternteil in einen anderen Vertragsstaat zu verhindern oder rückgängig zu machen, ist das (Mit-) Bestimmungsrecht über den Aufenthalt des Kindes ein unverzichtbarer Bestandteil des Sorgerechts iSv lit a (öst OGH IPRax 99, 177/178; KG FamRZ 96, 691/692; NK-BGB/*Benicke* Rn 3; **aA** *Holl* IPRax 99, 185; Staud/*Pirrung* Rn D 38). Ein Elternteil, der nicht über den Aufenthalt des Kindes (mit-) bestimmen kann, ist daher nicht sorgeberechtigt iS des HKÜ; sein Recht zum persönlichen Umgang mit dem Kind wird folglich durch das Übk nicht vor Einschränkungen durch einen Umzug des Kindes ins Ausland auf Betreiben des anderen, allein sorgeberechtigten Elternteils geschützt (Staud/*Pirrung* Rn D 30).

142   An einem Sorgerecht iSv lit a fehlt es auch dann, wenn das Aufenthaltsbestimmungsrecht eines Elternteils zwar nicht oder nicht nur durch das Mitbestimmungsrecht des anderen Elternteils, wohl aber durch das **Erfordernis einer gerichtlichen oder behördlichen Zustimmung** zur Verlegung des gewöhnlichen Kindesaufenthalts in einen anderen Staat beschränkt ist (NK-BGB/ *Benicke* Rn 5). Ein solches Zustimmungsrecht begründet ein eigenes Sorgerecht des Gerichts oder der Behörde iSv lit a, das bei einem Verbringen oder Zurückhalten des Kindes ohne die erforderliche Zustimmung verletzt wird und zur Widerrechtlichkeit nach Art 3 lit a führt (OLG München NJW-RR 05, 158 m Anm *Siehr* IPRax 05, 526).

2. Umgangsrecht, lit b

143   Das Recht zum persönlichen Umgang begründet nach dem HKÜ ein **qualifiziertes Besuchsrecht,** das nach lit b auch das Recht umfasst, das Kind für eine begrenzte Zeit – zB für einen Ferienaufenthalt – an einen anderen Ort als seinen gewöhnlichen Aufenthaltsort zu bringen. Dieser andere Ort kann auch in einem anderen Land liegen. Vom Sorgerecht unterscheidet sich das Umgangsrecht vor allem dadurch, dass es kein Aufenthaltsbestimmungsrecht verleiht. Der Umgangsberechtigte kann sich daher einer Verlegung des gewöhnlichen Aufenthalts des Kindes durch den allein sorgeberechtigten Elternteil nicht widersetzen, auch wenn dadurch die tatsächliche Ausübung des persönlichen Umgangs nachhaltig erschwert wird. Das Umgangsrecht iSv lit b kann nicht nur dem Elternteil zustehen, der kein Sorgerecht hat, sondern **auch Dritten** (zB Großeltern, vgl Staud/*Pirrung* Rn D 38).

Kapitel II. Zentrale Behörden

HKÜ Art 6. [Bestimmung einer zentralen Behörde]

(1) **Jeder Vertragsstaat bestimmt eine zentrale Behörde, welche die ihr durch dieses Übereinkommen übertragenen Aufgaben wahrnimmt.**

(2) [1]**Einem Bundesstaat, einem Staat mit mehreren Rechtssystemen oder einem Staat, der aus autonomen Gebietskörperschaften besteht, steht es frei, mehrere zentrale Behörden zu bestimmen und deren räumliche Zuständigkeit festzulegen.** [2]**Macht ein Staat von dieser Möglichkeit Gebrauch, so bestimmt er die zentrale Behörde, an**

III. Staatsverträge: HKÜ Art 7   **146, 147** **U**

**welche die Anträge zur Übermittlung an die zuständige zentrale Behörde in diesem
Staat gerichtet werden können.**

Die Vertragsstaaten haben nach Abs 1 eine Zentrale Behörde zur Wahrnehmung der in Art 7 **144**
genannten Aufgaben zu bestimmen. Die *Bundesrepublik Deutschland* hat als Zentrale Behörde das
Bundesamt für Justiz in Bonn bestimmt, vgl **§ 3 Nr 3 IntFamRVG** (→ Rn 304). Eine
Auflistung der Zentralen Behörden der anderen Vertragsstaaten findet sich auf der Homepage der
Haager Konferenz: http:/www.hcch.net, Nr 28.

Bundesstaaten sind nach Abs 2 berechtigt, mehrere Zentrale Behörden zu bestimmen. Von **145**
dieser Möglichkeit haben das *Vereinigte Königreich, Australien* und *Kanada* Gebrauch gemacht.
Deutschland hat es vorgezogen, alle Verfahren auf dem Gebiet der elterlichen Verantwortung mit
grenzüberschreitenden Bezügen bei einer Zentralen Behörde zu konzentrieren (vgl § 3 Int-
FamRVG).

HKÜ Art 7. [Aufgaben der zentralen Behörden]

(1) **Die zentralen Behörden arbeiten zusammen und fördern die Zusammenarbeit
der zuständigen Behörden ihrer Staaten, um die sofortige Rückgabe von Kindern
sicherzustellen und auch die anderen Ziele dieses Übereinkommens zu verwirklichen.**

(2) **Insbesondere treffen sie unmittelbar oder mit Hilfe anderer alle geeigneten Maßnahmen, um**

a) **den Aufenthaltsort eines widerrechtlich verbrachten oder zurückgehaltenen Kindes
ausfindig zu machen;**
b) **weitere Gefahren von dem Kind oder Nachteile von den betroffenen Parteien abzuwenden, indem sie vorsorgliche Maßnahmen treffen oder veranlassen;**
c) **die freiwillige Rückgabe des Kindes sicherzustellen oder eine gütliche Regelung der
Angelegenheit herbeizuführen;**
d) **soweit zweckdienlich Auskünfte über die soziale Lage des Kindes auszutauschen;**
e) **im Zusammenhang mit der Anwendung des Übereinkommens allgemeine Auskünfte über das Recht ihrer Staaten zu erteilen;**
f) **ein gerichtliches oder behördliches Verfahren einzuleiten oder die Einleitung eines
solchen Verfahrens zu erleichtern, um die Rückgabe des Kindes zu erwirken sowie
gegebenenfalls die Durchführung oder die wirksame Ausübung des Rechts zum
persönlichen Umgang zu gewährleisten;**
g) **soweit erforderlich die Bewilligung von Prozesskosten- und Beratungshilfe, einschließlich der Beiordnung eines Rechtsanwalts, zu veranlassen oder zu erleichtern;**
h) **durch etwa notwendige und geeignete behördliche Vorkehrungen die sichere Rückgabe des Kindes zu gewährleisten;**
i) **einander über die Wirkungsweise des Übereinkommens zu unterrichten und Hindernisse, die seiner Anwendung entgegenstehen, soweit wie möglich auszuräumen.**

1. Allgemeines, Abs 1

Nach der Konzeption des HKÜ liegt die Hauptverantwortung für das Funktionieren des **146**
Übereinkommens bei den von den Vertragsstaaten eingerichteten Zentralen Behörden. Diese
arbeiten nach Abs 1 einerseits mit den Zentralen Behörden der anderen Vertragsstaaten zusammen und haben andererseits die Zusammenarbeit mit den Behörden und Gerichten ihres eigenen
Staates zur Verwirklichung der Ziele des Übereinkommens zu fördern. Sie haben insbesondere
die bei ihnen eingehenden Anträge darauf zu überprüfen, ob sie den Anforderungen des HKÜ
(zB nach Art 8 Abs 2) entsprechen. Ist dies der Fall, so haben sie Anträge inländischer Antragsteller an die Zentrale Behörde des ersuchten Vertragsstaates, aus dem Ausland eingehende
Anträge an die zuständigen deutschen Gerichte oder Behörden weiterzuleiten. Gegen ablehnende Entscheidungen der deutschen Zentralen Behörde, des Bundesamts für Justiz in Bonn, ist
nach § 8 IntFamRVG (→ Rn 313) der Rechtsweg zum OLG Köln eröffnet.

2. Einzelne Aufgaben, Abs 2

Die wichtigsten Aufgaben der Zentralen Behörden im Rahmen der Ausführung des HKÜ **147**
werden in Abs 2 lit a–lit i aufgelistet. Dazu gehören insbesondere die Ermittlung des Aufenthalts
eines entführten Kindes auf ihrem Staatsgebiet (lit a), die Gefahrenabwehr durch vorläufige

1573

U 148, 149 3. Teil. Behördenzusammenarbeit. U. Kindschaftssachen

Maßnahmen zum Schutz des Kindes (lit b) und das Bemühen um eine freiwillige Rückkehr des Entführers mit dem Kind in den Herkunftstaat (lit c). Hinzukommen Auskunftspflichten über die soziale Lage des Kindes (lit d) und über das für die Anwendung des HKÜ maßgebliche eigene materielle und Verfahrensrecht (lit e). Schließlich sollen die Zentralen Behörden, soweit dies nach der jeweiligen *lex fori* zulässig ist, auch gerichtliche oder behördliche Verfahren mit dem Ziel der Rückgabe des Kindes oder der Ermöglichung eines persönlichen Umgangs mit dem Kind einleiten (lit f) und, soweit erforderlich, hierfür die Bewilligung von Prozesskosten- oder Beratungshilfe veranlassen (lit g; vgl zu Einzelheiten Staud/*Pirrung* Rn D 45–D 53). In Bezug auf die Erfüllung dieser Aufgaben durch die deutsche Zentrale Behörde wird Abs 2 durch §§ 4–9 IntFamRVG (→ Rn 305 ff) ergänzt.

Kapitel III. Rückgabe von Kindern

Vorbemerkung

Schrifttum: *Baetge,* Haager Kindesentführungsübereinkommen – Versagung der Rückgabe wegen sicherer Gefahren für das Kind, IPRax 96, 62; *Ballof,* Der Kindeswohlgefährdungsbegriff bei internationalen Rückführungsfällen in HKÜ-Verfahren aus rechtspsychologischer Sicht, FPR 04, 309; *Dutta/Scherpe,* Die Durchsetzung von Rückführungsansprüchen nach dem Haager Kindesentführungsübereinkommen durch deutsche Gerichte, FamRZ 06, 901; *Fleige,* Die Zuständigkeit für Sorgerechtsentscheidungen und die Rückführung von Kindern nach Entführungen nach europäischem IZVR (2006); *Heiderhoff,* Kindesrückgabe bei entgegenstehendem Kindeswillen, IPRax 14, 525; *Hohloch,* Ablehnung der Kindesrückgabe trotz „Widerrechtlichkeitsbescheinigung" wegen überwiegenden Kindesinteresses, IPRax 16, 248; *Schoch,* Die Auslegung der Ausnahmetatbestände des Haager Kindesentführungs-Übereinkommens (2004); *Schulz,* Die Bestellung eines Verfahrenspflegers für das Kind in HKÜ-Rückführungsverfahren, FamRBInt 07, 8; *dies,* The enforcement of child return orders in Europe:where do we go from here?, Int Fam L 12, 43; *Schweppe,* Die Beteiligung des Kindes am Rückführungsverfahren nach dem HKÜ, FPR 01, 203; *Siehr,* Gewöhnlicher Aufenthalt eines entführten Kindes vor und nach dessen Rückführung, IPRax 15, 144; *ders,* Vollstreckung eines ausländischen Titels auf Herausgabe eines entführten Kindes, IPRax 16, 344; *Witteborg,* Zur Rückführung des Kindes im Rahmen des Haager Kindesentführungsübereinkommens, IPRax 05, 330.

Vgl auch die Literaturhinweise zu Art 10, 11 EuEheVO; → F vor Rn 129 und vor Rn 155.

1. Allgemeines

148 Das Verfahren der Rückführung von Kindern nach Art 8 ff bildet den Kern des HKÜ. Die grundsätzliche Verpflichtung der Gerichte im Verbringungsstaat, die Rückführung des Kindes in den Staat seines (früheren) gewöhnlichen Aufenthalts anzuordnen (Art 12 Abs 1) und die Durchbrechungen dieses Grundsatzes durch Art 12 Abs 2, 13 und 20 tragen dem Kindeswohl in ausreichendem Maße Rechnung; die Regelung des Rückführungsverfahrens im HKÜ ist deshalb **verfassungsgemäß** (BVerfG NJW 99, 631/632 und 3621/3622; BVerfG FamRZ 97, 1269/1270; BVerfG NJW 96, 1402/1403 und 3145; dazu eingehend *Völker* FamRZ 10, 157/160 ff). Denn die sofortige Rückführung des Kindes an seinen letzten gewöhnlichen Aufenthalt dient dem Kindeswohl, weil dadurch die Kontinuität seiner Lebensbedingungen erhalten bleibt, wahrt die ursprüngliche Zuständigkeit eines sachnahen Gerichts für die Sorgerechtsentscheidung und vermeidet, dass der Entführer aus seinem rechtswidrigen Verhalten Vorteil zieht.

2. Ergänzung des Rückführungsverfahrens nach dem HKÜ durch die EuEheVO

149 Im Verhältnis der Mitgliedstaaten der EuEheVO zueinander werden die Art 8–20 HKÜ durch Art 10, 11 EuEheVO ergänzt. Danach bleiben die Gerichte des Herkunft-Mitgliedstaates auch nach einer Ablehnung des Antrags auf Rückführung des Kindes unter den Voraussetzungen des Art 10 EuEheVO für ein Sorgerechtsverfahren weiter international zuständig (→ F Rn 29 ff). Zur Durchführung dieses Verfahrens werden in Art 11 Abs 6 und 7 EuEheVO besondere Informationspflichten normiert (→ F Rn 172 ff). Darüberhinaus sind die Gerichte im Herkunftsmitgliedstaat unter den Voraussetzungen des Art 11 Abs 8 EuEheVO berechtigt, auch nach einer auf Art 13 HKÜ gestützten Ablehnung der Rückführung durch die Gerichte des Verbringungsmitgliedstaates ihrerseits die Rückführung des Kindes anzuordnen; diese Entscheidung ist sodann auch im Verbringungsmitgliedstaat nach Art 42 EuEheVO unmittelbar vollstreckbar, ohne dass es hierzu noch einer Vollstreckbarerklärung bedürfte und ohne dass dort noch Einwendungen gegen die Rückführung erhoben werden könnten (näher → F Rn 182 ff und → N Rn 250 ff).

1574

III. Staatsverträge

150–155 **U**

3. Rückgabeverfahren vor deutschen Gerichten

Die **internationale Zuständigkeit** der deutschen Gerichte für ein Rückgabeverfahren ist – **150** wie sich konkludent aus den Art 8 ff HKÜ ergibt – immer dann gegeben, wen das Kind widerrechtlich nach Deutschland verbracht wurde oder hier zurückgehalten wird (MüKoBGB/*Heiderhoff* Art 12 Rn 20). Erforderlich ist, dass sich das Kind im Zeitpunkt der Entscheidung über die Rückführung (noch) in Deutschland aufhält. Lässt sich der Aufenthalt des Kindes nicht feststellen, so ist der Rückführungsantrag abzuweisen (vgl Trib Milano 10.12.10, unalex IT-864). Ansonsten ist das Rückgabeverfahren vor deutschen Gerichten im **IntFamRVG** näher ausgestaltet. Danach gilt:

a) Örtliche Zuständigkeit. Örtlich zuständig für das Rückgabeverfahren ist nach §§ 11, 12 **151** Abs 1 IntFamRVG das Familiengericht, in dessen Bezirk ein OLG seinen Sitz hat, für den gesamten Bezirk dieses OLG, sofern sich das Kind beim Eingang des Antrags bei der Zentralen Behörde innerhalb dieses OLG-Bezirks aufgehalten hat (Zuständigkeitskonzentration). Sonderregeln gelten für Niedersachsen und Berlin (näher → Rn 317 f).

b) Verfahren. Das Familiengericht entscheidet gem § 14 IntFamRVG (→ Rn 320) im Ver- **152** fahren der **freiwilligen Gerichtsbarkeit**. Die Rückgabeanordnung kann nicht als einstweilige Herausgabeanordnung nach §§ 49 ff FamFG getroffen werden (OLG Zweibrücken FamRZ 99, 106). Gem § 38 Abs 1 IntFamRVG (→ Rn 300 ff) hat das Gericht das Verfahren auf Rückgabe eines Kindes vorrangig zu behandeln. Mit Ausnahme von Art 12 Abs 3 HKÜ findet eine Aussetzung des Verfahrens nicht statt. Ferner hat das Gericht alle Maßnahmen zur **Beschleunigung** des Verfahrens zu treffen und im Geltungsbereich der EuEheVO die Sechswochenfrist nach Art 11 Abs 3 dieser Verordnung möglichst einzuhalten (→ F Rn 163 ff). Ergänzend sind die Vorschriften für Verfahren in Kindschaftssachen (§§ 151 ff FamFG) anzuwenden. Danach ist nicht nur im Geltungsbereich der EuEheVO (Art 11 Abs 2 EuEheVO), sondern in allen Rückführungsverfahren nach dem HKÜ dem Kind **rechtliches Gehör** zu gewähren (näher MüKoBGB/*Heiderhoff* Art 12 Rn 25 ff). Der Grundsatz der **Amtsermittlung** nach § 14 Nr 2 IntFamRVG iVm §§ 29 ff FamFG gilt nur, soweit das HKÜ nichts Abweichendes bestimmt (vgl zur Beweislast für die Versagungsgründe → Rn 184, 195)

c) Rechtsbehelfe. Gegen die Entscheidung des Familiengerichts findet die **Beschwerde 153 zum OLG** gem § 40 Abs 2 S 1 IntFamRVG (→ Rn 331 f) iVm §§ 58 ff FamFG statt. Diese ist im Interesse der beschleunigten Durchsetzung der Kindesrückgabe innerhalb von zwei Wochen einzulegen und zu begründen, § 40 Abs 2 S 2 IntFamRVG. Eine **Rechtsbeschwerde** zum BGH ist in Verfahren der Kindesrückgabe nach dem HKÜ **nicht** statthaft, § 40 Abs 1 S 4 IntFamRVG.

4. Vollstreckung von Rückgabeanordnungen deutscher Gerichte

Die Entscheidung eines deutschen Gerichts, die zur Rückgabe des Kindes in einen anderen **154** Vertragsstaat verpflichtet, wird nach § 40 Abs 1 IntFamRVG (→ Rn 329 ff) erst mit deren Rechtskraft wirksam. Die Vollstreckung richtet sich dann nach § 44 IntFamRVG iVm §§ 89 ff FamFG. Als Ordnungsmittel kommt danach primär die Festsetzung von Ordnungsgeld, hilfsweise von Ordnungshaft in Betracht (vgl OLG Nürnberg FamFR 10, 404 m Anm *Rieck*). Stattdessen ist in engen Grenzen auch die Anwendung **unmittelbaren Zwangs** zur Durchsetzung einer Rückgabeanordnung zulässig (näher → N Rn 593 ff).

Die Vollstreckung einer rechtskräftigen Rückführungsanordnung kann nur ausnahmsweise **155** unterbleiben, wenn durch sie eine besonders schwerwiegende **Beinträchtigung des Kindeswohls** droht (öst OGH 26.11.15, unalex AT-1022; vgl auch OLG Stuttgart FamRZ 09, 2015: schwere politische Unruhen im Herkunftsstaat). Dies kommt insbesondere in Betracht, wenn zwischen dem Erlass der Rückführungsentscheidung und den Vollstreckungsmaßnahmen eine Änderung der Verhältnisse eingetreten ist, aufgrund derer die Vollstreckung nunmehr mit der schwerwiegenden Gefahr eines körperlichen oder seelischen Schadens für das Kind iSv Art 13 Abs 1 lit b verbunden wäre (öst OGH 30.7.14, unalex AT-958; OLG Hamburg NJW 14, 3378/3379 m Anm *Fahl* NZFam 14, 845 und *Hohloch* IPRax 16, 248; OLG Karlsruhe FamRZ 18, 39 [LS]; OLG Saarbrücken FamRZ 18, 40 [LS]; MüKoBGB/*Heiderhoff* Art 12 Rn 37). Die Behauptung, das Kindeswohl werde durch die Vollstreckung gefährdet, kann also nur auf Sach-

1575

U 156–159   3. Teil. Behördenzusammenarbeit. U. Kindschaftssachen

verhalte gestützt werden, die sich erst nach Erlass der Entscheidung im Titelverfahren ereignet haben (öst OGH 26.11.15, unalex AT-1022; öst OGH iFamZ 10, 175 m Anm *Fucik*).

HKÜ Art 8. [Antrag auf Rückgabe eines Kindes]

(1) **Macht eine Person, Behörde oder sonstige Stelle geltend, ein Kind sei unter Verletzung des Sorgerechts verbracht oder zurückgehalten worden, so kann sie sich entweder an die für den gewöhnlichen Aufenthalt des Kindes zuständige zentrale Behörde oder an die zentrale Behörde eines anderen Vertragsstaats wenden, um mit deren Unterstützung die Rückgabe des Kindes sicherzustellen.**

(2) **Der Antrag muss enthalten**

a) **Angaben über die Identität des Antragstellers, des Kindes und der Person, die das Kind angeblich verbracht oder zurückgehalten hat;**

b) **das Geburtsdatum des Kindes, soweit es festgestellt werden kann;**

c) **die Gründe, die der Antragsteller für seinen Anspruch auf Rückgabe des Kindes geltend macht;**

d) **alle verfügbaren Angaben über den Aufenthaltsort des Kindes und die Identität der Person, bei der sich das Kind vermutlich befindet.**
Der Antrag kann wie folgt ergänzt oder es können ihm folgende Anlagen beigefügt werden:

e) **eine beglaubigte Ausfertigung einer für die Sache erheblichen Entscheidung oder Vereinbarung;**

f) **eine Bescheinigung oder eidesstattliche Erklärung (Affidavit) über die einschlägigen Rechtsvorschriften des betreffenden Staates; sie muss von der zentralen Behörde oder einer sonstigen zuständigen Behörde des Staates, in dem sich das Kind gewöhnlich aufhält, oder von einer dazu befugten Person ausgehen;**

g) **jedes sonstige für die Sache erhebliche Schriftstück.**

1. Zuständige zentrale Behörde für die Entgegennahme des Antrags, Abs 1

156   Für die Entgegennahme eines Antrags auf Rückgabe eines entführten Kindes kann sich der Antragsteller entweder an die für den gewöhnlichen Aufenthalt des Kindes zuständige zentrale Behörde oder an die zentrale Behörde jedes anderen Vertragsstaats wenden. Stellt er den Antrag unmittelbar bei der zentralen Behörde im Verbringungsstaat, so kann dies zwar u.U. zu einer Beschleunigung des Rückgabeverfahrens führen und kommt daher vor allem bei einem ansonsten drohenden Ablauf der Jahresfrist nach Art 12 Abs 1 in Betracht (Staud/*Pirrung* Rn D 56). Auf diese Weise begibt sich der Antragsteller jedoch des Vorteils einer Unterstützung seines Antrags durch die zentrale Behörde seines eigenen Aufenthaltsstaats, in dem sich das Kind im Regelfall vor dem widerrechtlichen Verbringen bzw Zurückhalten zuletzt rechtmäßig gewöhnlich aufgehalten hat. Auf diese Unterstützung wird der Antragsteller insbesondere dann Wert legen, wenn der Aufenthalt des Kindes nicht bekannt ist oder wenn Sprachschwierigkeiten zu überwinden sind (NK-BGB/*Benicke* Art 8–10 Rn 2).

157   Die Vertragsstaaten können neben ihren zentralen Behörden auch weitere Behörden für die Entgegennahme von Anträgen bestimmen. In Deutschland ist gem § 42 Abs 1 IntFamRVG (→ Rn 339) auch das **Amtsgericht,** in dessen Bezirk der Antragsteller seinen gewöhnlichen Aufenthalt hat, zur Entgegennahme der in einem anderen Vertragsstaat zu erledigenden Anträge zuständig.

158   Der Antragsteller kann freilich auf die Einschaltung der Zentralen Behörden oder sonstiger Behörden auch ganz verzichten und gem Art 29 **unmittelbar die Gerichte im Verbringungsstaat** anrufen (Staud/*Pirrung* Rn D 56). Dieser Weg kann sich insbesondere dann empfehlen, wenn es dem Antragsteller um eine möglichst rasche Rückführung des Kindes geht.

2. Antragsberechtigung

159   Berechtigt zur Stellung des Antrags sind nach Abs 1 nicht nur natürliche Personen – wie insbesondere der Elternteil, dessen Sorgerecht durch die Entführung verletzt wurde, sondern auch Gerichte und sonstige Stellen berechtigt, wenn ihnen zumindest das Aufenthaltsbestimmungsrecht für das Kind zusteht (*„ward of the court"*). Besteht ein solches **gerichtliches oder behördliches Sorgerecht**, so kann auch der von der Entführung betroffene Elternteil den

1576

III. Staatsverträge: HKÜ Art 9   **163, 164**   **U**

Antrag stellen, obwohl sein eigenes Sorgerecht nicht verletzt ist (OLG München FamRZ 05, 1002/1003; NK-BGB/*Benicke* Art 8–10 Rn 1). Dies gilt sogar dann, wenn diesem Elternteil – zB dem Vater wegen mangelnder Anerkennung/Feststellung der Vaterschaft – ein Sorgerecht derzeit noch nicht zusteht (OLG München aaO). Von diesem Ausnahmefall abgesehen muss der Antragsteller behaupten, dass das Kind unter Verletzung seines Sorgerechts (iSv Art 5 lit a) in einen anderen Vertragsstaat des HKÜ verbracht wurde oder dort zurückgehalten wird. Ziel des Antrags muss die Wiederherstellung des verletzten Sorgerechts sein. Ein lediglich umgangs-berechtigter Elternteil ist daher nicht berechtigt, den Antrag nach Art 8 zu stellen (Staud/*Pirrung* Rn D 55).

3. Antragsinhalt, Abs 2

a) Notwendiger Inhalt, UAbs 1. Der Antrag muss die in Abs 2 UAbs 1 lit a–d aufgelisteten **160** Angaben enthalten, die erforderlich sind, um einen Anspruch auf Rückgabe des Kindes wegen einer Sorgerechtsverletzung iSv Art 3 zu begründen. In Deutschland hält das Bundesamt für Justiz **Antragsformulare** in mehreren Sprachen auf seiner Internet-Seite (http://www.bundes-justizamt.de) bereit, die dort abgerufen werden können. Fehlen einzelne dieser notwendigen Angaben, so hat die zentrale Behörde den Antragsteller vor einer Weiterleitung des Antrags zu einer entsprechenden Ergänzung aufzufordern. Zu Sprach- und Übersetzungserfordernissen vgl Art 24 (→ Rn 261 ff).

b) Zusätzlich Angaben, UAbs 2. Dem Antrag können ferner gem UAbs 2 weitere Unterla- **161** gen beigefügt werden, die eine rasche Entscheidung über die Rückgabe des Kindes im ersuchten Staat erleichtern. Dies gilt nach lit a insbesondere für bereits ergangene Entscheidungen oder getroffene Vereinbarungen über das Sorgerecht, die zur Beurteilung der Widerrechtlichkeit iSv Art 3 herangezogen werden können. Fehlt es hieran, weil das Sorgerecht des Antragstellers nach Maßgabe des hierauf anwendbaren Rechts kraft Gesetzes besteht, so kann nach lit f eine Bescheinigung oder eidesstattliche Versicherung zu den einschlägigen Rechtsvorschriften bei-gefügt werden. Diese muss grundsätzlich von der zentralen Behörde oder einer sonst zuständigen Behörde des Staates ausgestellt/abgegeben werden, in dem sich das Kind zuletzt rechtmäßig gewöhnlich aufgehalten hat. In *Deutschland* wird die Bescheinigung nur vom **Bundesamt für Justiz** ausgestellt. Schließlich ist dem Antrag gem Art 28 grundsätzlich eine schriftliche Voll-macht des Antragstellers beizufügen. Weder der Antrag noch die zusätzlichen Unterlagen bedürfen nach Art 23 einer Legalisation.

4. Kosten

Die Kosten der zentralen Behörde trägt diese nach Art 26 Abs 1 selbst (→ Rn 266 f). Eine **162** Prozesskostensicherheit darf nach Art 22 nicht verlangt werden. Von gerichtlichen und außerge-richtlichen Kosten wird der Antragsteller in *Deutschland* nur nach Maßgabe von Art 26 Abs 2, 3 befreit (→ Rn 269). Dem Entführer können die Kosten des Verfahrens und des Vollzugs der Entscheidung (§§ 80 ff FamG) nach Art 26 Abs 4 auferlegt werden (→ Rn 270).

HKÜ Art 9. [Weitergabe des Antrags]

Hat die zentrale Behörde, bei der ein Antrag nach Artikel 8 eingeht, Grund zu der Annahme, daß sich das Kind in einem anderen Vertragsstaat befindet, so übermittelt sie den Antrag unmittelbar und unverzüglich der zentralen Behörde dieses Staates; sie unterrichtet davon die ersuchende zentrale Behörde oder gegebenenfalls den Antrag-steller.

Befindet sich das Kind nach den Informationen der zentralen Behörde in einem anderen **163** **Vertragsstaat,** so hat die zentrale Behörde den bei ihr eingegangenen Antrag unmittelbar und unverzüglich an die zentrale Behörde dieses Staates weiterzuleiten. Hiervon hat sie den Antrag-steller bzw die ersuchende zentrale Behörde zu unterrichten.

Ergeben die Recherchen der Zentralen Behörde, bei welcher der Antrag nach Art 8 gestellt **164** wurde, hingegen, dass das Kind sich in einem **Nichtvertragsstaat** aufhält, so kann die zentrale Behörde nicht weiter tätig werden und hat den Antrag deshalb zurückzuweisen (vgl Art 27; → Rn 271). Der Antragsteller ist in diesem Fall darauf verwiesen, sich mit seinem Rückgabe-verlangen selbst an die zuständigen Gerichte oder Behörden im Verbringungsstaat zu wenden (NK-BGB/*Benicke* Art 8–10 Rn 5).

U 166–168 3. Teil. Behördenzusammenarbeit. U. Kindschaftssachen

HKÜ Art 10. [Bewirkung der freiwilligen Rückgabe]

Die zentrale Behörde des Staates, in dem sich das Kind befindet, trifft oder veranlasst alle geeigneten Maßnahmen, um die freiwillige Rückgabe des Kindes zu bewirken.

165   Die Zentrale Behörde hat vor allem im Interesse des betroffenen Kindes jederzeit – auch noch nach Einleitung eines Gerichtsverfahrens (Staud/*Pirrung* Rn D 61) – zu versuchen, auf eine freiwillige Rückgabe des Kindes hinzuwirken, zB durch die Anregung, eine Mediation durchzuführen. Hält sich das Kind im Inland auf, so kann zu diesem Zweck auch das zuständige Jugendamt nach § 9 Abs 1 Nr 2 IntFamRVG (→ Rn 314) eingeschaltet werden.

HKÜ Art 11. [Verfahrensbeschleunigung]

(1) In Verfahren auf Rückgabe von Kindern haben die Gerichte oder Verwaltungsbehörden eines jeden Vertragsstaats mit der gebotenen Eile zu handeln.

(2) ¹Hat das Gericht oder die Verwaltungsbehörde, die mit der Sache befasst sind, nicht innerhalb von sechs Wochen nach Eingang des Antrags eine Entscheidung getroffen, so kann der Antragsteller oder die zentrale Behörde des ersuchten Staates von sich aus oder auf Begehren der zentralen Behörde des ersuchenden Staates eine Darstellung der Gründe für die Verzögerung verlangen. ²Hat die zentrale Behörde des ersuchten Staates die Antwort erhalten, so übermittelt sie diese der zentralen Behörde des ersuchenden Staates oder gegebenenfalls dem Antragsteller.

1. Eilbedürftigkeit, Abs 1

166   Rückgabeverfahren nach dem HKÜ müssen von den mit ihnen befassten Gerichten und Behörden gem Abs 1 mit der „gebotenen Eile" durchgeführt werden. Denn das Kind soll bei einem berechtigten Rückgabeverlangen möglichst schnell wieder in sein vertrautes Lebensumfeld zurückkehren und der Einfluss des widerrechtlichen Verbringens bzw Zurückhaltens auf die anschließend zu treffende Sorgerechtsentscheidung soll möglichst gering gehalten werden. Dieses schon in Art 2 S 2 bestimmte Beschleunigungsgebot gilt auch für das Vollstreckungsverfahren (öst OGH 28.8.13, unalex AT-926). Aber auch wenn das Rückgabeverlangen abgelehnt wird, soll hierdurch für alle Beteiligten möglichst rasch Klarheit über den künftigen Aufenthalt des Kindes bestehen. Orientierungsmarke für die anzustrebende Dauer eines Rückgabeverfahrens innerhalb der jeweiligen Instanz bildet dabei die Sechswochenfrist nach Abs 2 (schwz BGE 131 III, 334/337; Staud/*Pirrung* Rn D 62). Innerhalb der EU wird Abs 1 durch **Art 11 Abs 3 EuEheVO** konkretisiert (→ F Rn 163 ff).

167   Um der Vorgabe nach Abs 1 gerecht zu werden, hat der **deutsche Gesetzgeber** zwar kein besonderes Eilverfahren für die Rückgabe entführter Kinder eingeführt. Er hat jedoch das insoweit maßgebliche Verfahren der freiwilligen Gerichtsbarkeit im IntFamRVG in einzelnen Punkten mit dem Ziel einer beschleunigten Abwicklung von Rückgabeverfahren modifiziert. Hinzuweisen ist insbesondere auf den **Vorrang** solcher Verfahren vor anderen Verfahren nach § 38 Abs 1 S 1 und das grundsätzliche **Verbot der Aussetzung** eines Rückgabeverfahrens nach § 38 Abs 1 S 2 IntFamRVG (→ Rn 324 f), sowie auf die Verpflichtung der deutschen Gerichte zur **Einhaltung der Sechswochenfrist** für die Abwicklung von Rückgabeverfahren im Anwendungsbereich der EuEheVO nach § 38 Abs 1 S 3 IntFamRVG iVm Art 11 Abs 6 UAbs 2 EuEheVO. Weiteren Ausdruck findet das Beschleunigungsgebot auch in der Beschränkung der Rechtsmittel auf die Beschwerde zum OLG, die innerhalb der kurzen **Frist von zwei Wochen** einzulegen und zu begründen ist, und im Ausschluss der Rechtsbeschwerde (§ 40 Abs 2 IntFamRVG; → Rn 331, 335).

168   Das Beschleunigungsgebot steht insbesondere einer Einholung **zeitaufwändiger Sachverständigengutachten** in Rückgabeverfahren regelmäßig entgegen; dies gilt sowohl für kinderpsychologische Gutachten (öst OGH 30.5.16, unalex AT-1052; OLG Karlsruhe FamRZ 02, 1141/1142) als auch für Gutachten zur Ermittlung des auf die elterliche Sorge anzuwendenden ausländischen Rechts (Staud/*Pirrung* Rn D 62). Ferner sollte von der Anordnung des persönlichen Erscheinens eines im entfernten Ausland lebenden Antragstellers oder anderer Beteiligter nur zurückhaltend Gebrauch gemacht werden. Der Charakter des HKÜ-Verfahrens als Eilver-

1578

III. Staatsverträge: HKÜ Art 12   **170, 171**   **U**

fahren steht jedoch einer Anhörung des Kindes nicht entgegen (öst OGH 24.9.09, unalex AT-749).

2. Anspruch auf Darlegung der Gründe für eine Überschreitung der Sechswochenfrist, Abs 2

Ist sechs Wochen nach Eingang des Antrags bei dem zuständigen Gericht oder der zuständigen **169** Verwaltungsbehörde noch keine abschließende Entscheidung über die Rückgabe des Kindes getroffen worden, so kann sowohl die zentrale Behörde des ersuchten Staates, in dem das Kind sich nach der Entführung befindet, wie auch der Antragsteller verlangen, dass die Gründe für die Verzögerung dargelegt werden, S 1. Wurde die entsprechende Erklärung gegenüber der zentralen Behörde des ersuchten Staates abgegeben, so unterrichtet diese die zentrale Behörde des ersuchenden Staates oder den Antragsteller, S 2. Ein Anspruch des Antragstellers auf Entscheidung innerhalb der Sechswochenfrist besteht freilich, vorbehaltlich außergewöhnlicher Umstände, nur im Geltungsbereich der EuEheVO, Art 11 Abs 3 UAbs 2 EuEheVO (→ F Rn 164 f).

HKÜ Art 12. [Anordnung der Rückgabe]

(1) Ist ein Kind im Sinn des Artikels 3 widerrechtlich verbracht oder zurückgehalten worden und ist bei Eingang des Antrags bei dem Gericht oder der Verwaltungsbehörde des Vertragsstaats, in dem sich das Kind befindet, eine Frist von weniger als einem Jahr seit dem Verbringen oder Zurückhalten verstrichen, so ordnet das zuständige Gericht oder die zuständige Verwaltungsbehörde die sofortige Rückgabe des Kindes an.

(2) Ist der Antrag erst nach Ablauf der in Absatz 1 bezeichneten Jahresfrist eingegangen, so ordnet das Gericht oder die Verwaltungsbehörde die Rückgabe des Kindes ebenfalls an, sofern nicht erwiesen ist, daß das Kind sich in seine neue Umgebung eingelebt hat.

(3) Hat das Gericht oder die Verwaltungsbehörde des ersuchten Staates Grund zu der Annahme, dass das Kind in einen anderen Staat verbracht worden ist, so kann das Verfahren ausgesetzt oder der Antrag auf Rückgabe des Kindes abgelehnt werden.

1. Allgemeines

Art 12 ist neben Art 13 die zentrale Vorschrift des HKÜ. Danach ist von den Behörden im **170** Verbringungsstaat grundsätzlich die sofortige Rückgabe des Kindes anzuordnen, wenn der hierauf gerichtete Antrag **innerhalb eines Jahres** nach der Entführung gestellt wird, Abs 1. Nur wenn die Jahresfrist versäumt wird, kann die Rückgabe versagt werden, sofern sich das Kind – wie im Regelfall – im Verbringungsstaat bereits eingelebt hat, Abs 2. Darüber hinaus bleiben in jedem Fall die Ablehnungsgründe nach Art 13 vorbehalten. Das Gericht ist jedoch nach Art 18 befugt, die Rückgabe auch dann anzuordnen, wenn die Voraussetzungen des Art 12 Abs 2 oder 13 vorliegen. Innerhalb der EU hat das Gericht bei Anwendung von Art 12 nach **Art 11 Abs 2 EuEheVO** sicherzustellen, dass das Kind die Möglichkeit hatte, im Verfahren gehört zu werden (→ F Rn 160 ff).

2. Sofortige Rückgabe des Kindes Abs 1

a) Widerrechtliches Verbringen oder Zurückhalten. Unabdingbare Voraussetzung für **171** eine Anordnung der Rückgabe des Kindes ist nach Abs 1 (und Abs 2) eine Entführung, dh das widerrechtliche Verbringen oder Zurückhalten des Kindes unter Verletzung des (Mit-) Sorgerechts des anderen Elternteils iSv Art 3 Abs 1, auf den Art 12 Abs 1 ausdrücklich verweist (→ Rn 91 ff). Zur Feststellung der Widerrechtlichkeit enthalten die Art 14, 15 ergänzende Verfahrensvorschriften. Danach kann das um Rückgabe des Kindes ersuchte Gericht vom Antragsteller insbesondere eine Bescheinigung des Herkunftsstaates über die Widerrechtlichkeit verlangen. Fehlt es an der Widerrechtlichkeit des Aufenthalts des Kindes im Verbringungsstaat, so kann eine Rückgabe des Kindes nach Art 12 nicht angeordnet werden; der hierauf gerichtete Antrag ist als unbegründet zurückzuweisen. Eine im Verbringungsstaat ergangene oder anerkannte Sorgerechtsentscheidung ist hingegen kein Grund für eine Ablehnung des Rückgabeantrags, Art 17 (→ Rn 243 ff).

1579

U 172–177   3. Teil. Behördenzusammenarbeit. U. Kindschaftssachen

172 **b) Einhaltung der Jahresfrist.** Die sofortige Rückgabe des Kindes ist anzuordnen, wenn im Zeitpunkt des Eingangs des Rückgabeantrags beim Gericht oder der Behörde des Zufluchtsstaates eine Frist von weniger als einem Jahr seit dem Verbringen oder Zurückhalten verstrichen ist. Bei Einhaltung der Jahresfrist kommt es also nicht darauf an, ob sich das Kind bereits in seine neue Umgebung eingelebt hat (OLG Karlsruhe FamRZ 10, 1377 und FamRZ 03, 956/957; KG FamRZ 97, 1098/1099). Ferner sind auch sonstige Erwägungen zum Kindeswohl nicht anzustellen; diese obliegen allein dem für die Sorgerechtsentscheidung zuständigen Gericht im Herkunftsstaat.

173 **aa) Fristbeginn.** Die Frist beginnt im **Fall des widerrechtlichen Verbringens** in dem Zeitpunkt, in dem das Kind seinen Aufenthalt in einem anderen Vertragsstaat als demjenigen seines bisherigen gewöhnlichen Aufenthalts begründet. Wird das Sorgerecht des anderen Elternteils schon vorher dadurch verletzt, dass das Kind zur Vorbereitung der Entführung innerhalb des Vertragsstaats, in dem es seinen gewöhnlichen Aufenthalt hat, an einen anderen Ort verbracht wird, so wird hierdurch die Frist nach Abs 1 noch nicht in Gang gesetzt; denn die Anwendung des HKÜ setzt notwendig einen **internationalen Sachverhalt** unter Beteiligung von mindestens zwei Vertragsstaaten voraus (*Bach* FamRZ 97, 1051/1055; *Staud/Pirrung* Rn D 64). Solange es hieran fehlt, kann der Sorgeberechtigte auch noch keinen Rückgabeantrag nach dem HKÜ stellen. Wird das Kind vom Entführer zunächst in einen Nichtvertragsstaat verbracht wird; so beginnt die Frist daher erst in dem Moment zu laufen, in dem das Kind anschließend die Grenze zu einem anderen Vertragsstaat überschreitet (NK-BGB/*Benicke* Rn 3).

174 Im **Fall des widerrechtlichen Zurückhaltens** beginnt die Jahresfrist erst in dem Moment zu laufen, in dem der weitere Aufenthalt des Kindes in einem vom Staat seines gewöhnlichen Aufenthalts verschiedenen Vertragsstaat nicht mehr von der Zustimmung des (mit-) sorgeberechtigten Elternteils gedeckt ist (OLG Karlsruhe FamRZ 92, 1212/1213). Hatte dieser daher den Zeitraum des Auslandsaufenthalts des Kindes – zB für eine Besuchs- oder Ferienreise mit dem mitsorge- oder umgangsberechtigten anderen Elternteil – auf zwei oder drei Wochen genau festgelegt, so beginnt die Jahresfrist zu laufen, sobald dieser Zeitraum verstrichen ist. Fehlt es an einer präzisen Zeitvorgabe, so läuft die Frist von dem Zeitpunkt an, zu dem der Wille des Entführers für den anderen Elternteil erkennbar wird, dass der gewöhnliche Aufenthalt des Kindes dauerhaft ins Ausland verlegt und das Kind nicht in seinen Herkunftstaat zurückgebracht werden soll (OLG Koblenz FamRZ 94, 183).

175 Abweichend von Art 10 lit b EuEheVO und Art 7 Abs 1 lit b KSÜ hängt der Beginn der Jahresfrist hingegen nicht davon ab, dass der (mit-) sorgeberechtigte Elternteil den **Aufenthalt des Kindes kannte** oder kennen musste. Selbst wenn der Entführer den Aufenthalt des Kindes bewusst verschleiert, ist dies auf den Fristbeginn ohne Einfluss (öst OGH 9.7.14, unalex AT-957; *Staud/Pirrung* Rn D 64).

176 **bb) Einhaltung der Frist.** Die Jahresfrist nach Abs 1 wird nur dann eingehalten, wenn der förmliche Antrag auf Rückgabe des Kindes iSv Art 8 innerhalb dieser Frist bei dem Gericht oder der Behörde eingeht, die nach Art 12 über die Rückgabe zu entscheiden hat (OLG Hamm FamRZ 17, 1679 und FamRZ 98, 385/386; OLG Bamberg FamRZ 95, 305 f; AG Würzburg FamRZ 98, 1319/1320; *Staud/Pirrung* Rn D 64). Hingegen reicht es nicht aus, dass der Antrag innerhalb der Jahresfrist lediglich bei der zentralen Behörde im Herkunfts- oder Verbringungsstaat eingereicht wird (OLG Hamm aaO; OLG Stuttgart FamRZ 13, 51/52) oder dass die zentrale Behörde dem zuständigen Gericht gegenüber lediglich ankündigt, der Antrag sei bei ihr eingegangen und werde demnächst gestellt (OLG Bamberg aaO; MüKoBGB/*Heiderhoff* Rn 8; NK-BGB/*Benicke* Rn 5). Auch ein bloßer Antrag auf Beratungs- oder Verfahrenshilfe (vgl § 43 IntFamRVG) wahrt die Frist nicht (*Bach* FamRZ 97, 1051/1055; NK-BGB/*Benicke* Rn 5). Ebensowenig reicht es aus, dass innerhalb der Jahresfrist im Verbringungsstaat nur ein Antrag auf Entscheidung über das Sorgerecht gestellt wird (OLG Zweibrücken FamRZ 99, 106; MüKoBGB/*Heiderhoff* Rn 3).

177 Der Antragsteller sollte allerdings nicht das Risiko tragen, dass er die Jahresfrist deshalb versäumt, weil er seinen Antrag bei einem im Verbringungsstaat sachlich oder örtlich **unzuständigen Gericht** einreicht, zumal der entführende Elternteil den Aufenthalt des Kindes innerhalb dieses Staates jederzeit ändern kann. Die Jahresfrist wird daher auch durch Einreichung des Antrags bei einem unzuständigen Gericht gewahrt, wenn der Antrag danach unverzüglich an das zuständige Gericht weitergeleitet wird (*Staud/Pirrung* Rn D 64; NK-BGB/*Benicke* Rn 6; **aA** OLG Bamberg FamRZ 95, 305). Im Übrigen wird die Einhaltung der Jahresfrist in der Praxis der Vertragsstaaten jedoch streng gehandhabt. Der Antragsteller kann sich insbesondere nicht

1580

III. Staatsverträge: HKÜ Art 12   178–183   **U**

darauf berufen, er habe die Frist aus von ihm nicht zu vertretenden Gründen versäumt (vgl OLG Düsseldorf IPRspr 97 Nr 110: Kriegswirren im ehemaligen *Jugoslawien*). Auch die Verschleierung des Aufenthalts des Kindes oder Verzögerungen des Verfahrensablaufs bei den zentralen Behörden führen nicht zu einer Fristverlängerung, weil allein die Dauer entscheiden soll, die das Kind durch die Entführung aus seiner gewohnten Umgebung herausgelöst ist (Staud/*Pirrung* aaO).

c) Aufenthalt des Kindes im Verbringungsstaat. Die sofortige Rückführung nach Abs 1 **178** kann nur angeordnet werden, wenn sich das Kind im Zeitpunkt der Entscheidung über die Rückgabe noch im Verbringungsstaat aufhält (MüKoBGB/*Heiderhoff* Rn 11; vgl auch Abs 3). Hier für ist der schlichte Aufenthalt ausreichend. Hingegen kommt es in den Fällen des Abs 1 nicht darauf an, ob das Kind sich bereits in seiner neuen Umgebung eingelebt hat.

d) Fehlen von Ablehnungsgründen. Auch wenn der Antrag auf Rückgabe innerhalb der **179** Jahresfrist des Abs 1 gestellt wird, kann er aus den in Art 13 und 20 genannten Gründen abgelehnt werden (näher → Rn 192 ff und → Rn 249 f).

3. Einleben des Kindes in die neue Umgebung, Abs 2

a) Voraussetzungen. Auch wenn die Jahresfrist nach Abs 1 verstrichen ist, bleibt die An- **180** ordnung der Rückgabe des Kindes grundsätzlich möglich. Sie ist nach Abs 2 aber nur dann anzuordnen, wenn einerseits Ablehnungsgründe nach Art 13, 20 fehlen und das Kind sich außerdem noch nicht in seiner neuen Umgebung eingelebt hat, dh noch nicht in das familiäre, soziale und kulturelle Umfeld im Verbringungsstaat integriert ist. Für diese Beurteilung kommt es nicht auf den Zeitpunkt der Antragstellung, sondern auf den **Zeitpunkt der Entscheidung** des Gerichts oder der Behörde an, so dass es auch ausreicht, wenn sich das Kind erst in der Zeit zwischen Antragstellung und Entscheidung in seinem neuen Aufenthaltsstaat eingelebt hat (BGH NJW 05, 3424/3428; OLG Stuttgart FamRZ 13, 51/52; OLG Bamberg FamRZ 95, 305/306; OLG Koblenz FamRZ 94, 183 f; Staud/*Pirrung* Rn D 66; NK-BGB/*Benicke* Rn 10; **aA** MüKoBGB/*Heiderhoff* Rn 16). Denn nach Ablauf der Jahresfrist steht nicht mehr das Ziel einer möglichst raschen Rückführung des Kindes in den Staat seines früheren gewöhnlichen Aufenthalts im Vordergrund, sondern das Kindeswohl im konkreten Einzelfall. Maßgebend muss daher sein, wie stark die Anordnung einer Rückgabe und die damit verbundene Herausnahme des Kindes aus seinem inzwischen vertrauten neuen Lebensumfeld die Entwicklung des Kindes beeinträchtigen würde. Die Ablehnung einer Rückgabe ist daher nicht mehr von der Erfüllung der strengeren Voraussetzungen nach Art 13 Abs 1 lit b abhängig (Staud/*Pirrung* Rn D 66; NK-BGB/*Benicke* Rn 8; **aA** MüKoBGB/*Heiderhoff* Rn 16).

Für die **Feststellung des „Einlebens"** sind ähnliche Kriterien maßgebend wir für die **181** Begründung eines gewöhnlichen Aufenthalts des Kindes im Verbringungsstaat. Auch insoweit kommt es also darauf an, ob das Kind dort soziale Kontakte zu Verwandten und Freunden aufgebaut hat, einen Kindergarten oder die Schule besucht und über die notwendigen Sprachkenntnisse verfügt, um sich in seinem neuen Aufenthaltsstaat zu verständigen (vgl OLG Stuttgart FamRZ 13, 51/52; OLG Karlsruhe IPRspr 98 Nr 107; OLG Koblenz FamRZ 94, 183 f; Staud/*Pirrung* Rn D 66). Im Regelfall ist freilich nach Ablauf der Jahresfrist von einem „Einleben" des Kindes im Verbringungsstaat auszugehen (so auch BGH NJW 05, 3424/3428; NK-BGB/*Benicke* Rn 9; restriktiver MüKoBGB/*Heiderhoff* Rn 17). Aus diesem Grunde kommt der Wahrung der Jahresfrist nach Abs 1 entscheidende Bedeutung für die Erfolgsaussichten des Antrags zu (vgl einerseits OLG Bamberg FamRZ 00, 371/372, andererseits OLG Bamberg FamRZ 95, 305/306). Etwas anderes kann ausnahmsweise dann gelten, wenn das Kind in der Zeit bis zur Entscheidung über den Rückgabeantrag nur soziale Kontakte zum entführenden Elternteil unterhalten hat, wie dies insbesondere bei Kleinkindern in Betracht kommt.

Strengere Anforderungen an das Einleben werden zT dann gestellt, wenn der Entführer durch **182** sein Verhalten, insbesondere durch die **Verschleierung des Aufenthalts** des Kindes, dazu beigetragen hat, dass die Jahresfrist versäumt wurde (Staud/*Pirrung* Rn D 66). Dagegen spricht freilich, dass es in Abs 2 nicht um eine Sanktion für die verspätete Antragstellung durch den in seinem Sorgerecht verletzten Elternteil, sondern um den Schutz des Kindes geht, das nicht erneut aus seinem gewohnten Lebensumfeld herausgerissen werden soll (NK-BGB/*Benicke* Rn 12).

b) Prüfung und Entscheidung. Das Gericht hat die Frage, ob sich das Kind bereits in **183** seinem neuen Aufenthaltsstaat eingelebt hat, **von Amts wegen** zu prüfen (*Bach* FamRZ 97, 1051/1055). Die Einholung eines kinderpsychologischen Gutachtens hat im Hinblick auf die

1581

U 184–188   3. Teil. Behördenzusammenarbeit. U. Kindschaftssachen

gebotene Verfahrensbeschleunigung (Art 2 S 2) idR auszuscheiden, zumal sonst die Gefahr bestünde, dass sich das Kind in der Zeit bis zur Erstellung des Gutachtens im Verbringungsstaat endgültig einlebt (NK-BGB/*Benicke* Rn 11).

184   Die **Beweislast** für ein Einleben des Kindes trifft nach dem insoweit eindeutigen Wortlaut von Abs 2 den Antragsgegner im Rückgabeverfahren, dh den Elternteil, der das Kind widerrechtlich in den Gerichtsstaat verbracht hat oder dort zurückhält. Kann dieser Nachweis nicht geführt werden, so ist die Rückgabe des Kindes anzuordnen (OLG Hamm FamRZ 17, 1679/1680; Staud/*Pirrung* Rn D 66; NK-BGB/*Benicke* Rn 11).

185   Das angerufene Gericht ist nach Abs 2 freilich nicht gezwungen, die Anordnung der Rückgabe abzulehnen, wenn sich das Kind in eine neue Umgebung bereits eingelebt hat; es kann vielmehr nach seinem **Ermessen** trotzdem die Rückgabe des Kindes anordnen. Dies ist zwar dem Wortlaut des Abs 2 nicht zu entnehmen, folgt aber aus einem *argumentum a fortiori* zu Art 13 Abs 1 lit b. Wenn danach eine Rückgabe sogar angeordnet werden kann, obwohl sie mit der schwerwiegenden Gefahr eines körperlichen oder seelischen Schadens für das Kind verbunden ist (→ Rn 197), so muss dies erst recht im Fall des Art 12 Abs 2 gelten, wo die Kindesinteressen durch die Anordnung der Rückgabe wesentlich weniger beeinträchtigt werden (NK-BGB/*Benicke* Rn 13; krit zu einem solchen Ermessen hingegen Staud/*Pirrung* Rn D 66 aE).

4. Inhalt der Rückgabeanordnung

186   Die Anordnung nach Art 12 ist grundsäzlich auf die Rückführung des Kindes in den Staat seines (früheren) gewöhnlichen Aufenthalts gerichtet (OLG München FamRZ 05, 1002/1003). Wie der Begriff der Rückführung in diesem Zusammenhang auszulegen ist, ist streitig. Teilweise wird darunter die Begründung eines **gewöhnlichen Aufenthalts** des Kindes im Herkunftsstaat verstanden, so dass die nur kurzfristige Rückkehr des Kindes (und seine anschließende Wiederausreise in den Verbringungsstaat) nicht ausreiche (so OLG Karlsruhe FamRZ 08, 2223 f; *Dutta/ Scherpe* FamRZ 06, 901/906). Demgegenüber sollte es genügen, wenn sich das Kind nach der Rückgabe zumindest solange im Herkunftsstaat aufhält, dass der rückfordernde Elternteil eine den dauernden Verbleib sichernde Anordnung in diesem Staat erreichen kann (so OLG Schleswig FamRZ 14, 494 = IPRax 15, 168 m zust Anm *Siehr* 144; Zö/*Geimer* Art 11 EuEheVO Rn 14). Der genaue Inhalt der Rückführungsanordnung ist im HKÜ nicht vorgeschrieben.

187   Insoweit kommt es darauf an, welcher Elternteil vor der Entführung die Obhut für das Kind wahrgenommen hat. War dies der **Antragsteller** im Rückgabeverfahren, so wird idR die Herausgabe des Kindes an diesen Elternteil angeordnet, so dass dieser nach Erlass der Anordnung mit dem Kind in den Staat des gewöhnlichen Kindesaufenthalts zurückreisen kann (NK-BGB/*Benicke* Rn 15). In diesem Fall sind zugleich Zwangsmittel zur Durchsetzung der Rückführung anzuordnen (OLG Nünberg FamFR 10, 404 m Anm *Rieck*; → Rn 154 f). Hat sich das Kind hingegen schon vor der Entführung in der Obhut des entführenden Elternteils, also des **Antragsgegners** im Rückgabeverfahren befunden, so muss sich hieran durch die Rückgabeanordnung nicht zwangsläufig etwas ändern; denn angeordnet wird nach Art 12 lediglich die Rückführung des Kindes in den Staat seines gewöhnlichen Aufenthalts, nicht notwendig eine Änderung der tatsächlichen Betreuung durch den einen oder anderen Elternteil (öst OGH 7.7.17, unalex AT-1123 und st Rspr). Ist der Antragsgegner daher bereit, mit dem Kind in dessen früheren Aufenthaltsstaat zurückzukehren, so kann auch dies Inhalt der Anordnung nach Art 12 sein (OLG Rostock FamRZ 03, 959; NK-BGB/*Benicke* Rn 16).

5. Verbringung des Kindes in einen anderen Staat, Abs 3

188   Nach Abs 3 kann das Rückgabeverfahren ausgesetzt oder der Antrag auf Rückgabe abgelehnt werden, wenn das mit dem Antrag befasste Gericht Grund zu der Annahme hat, dass das Kind inzwischen in einen anderen Staat verbracht worden ist (MüKoBGB/*Heiderhoff* Rn 19). Auf diese Weise soll eine *perpetuatio fori* im Verbringungsstaat vermieden werden, wenn sich das Kind in diesem Staat nicht mehr aufhält (schwz BG SZIER 07, 331). Wurde das Kind auf Dauer in einen anderen Vertragsstaat des HKÜ verbracht, so ist der Rückgabeantrag abzulehnen; der Antragsteller ist dann darauf verwiesen, seinen Antrag bei dem zuständigen Gericht des neuen Aufenthaltsstaates des Kindes zu stellen. Demgegenüber kommt eine bloße Aussetzung des Rückgabeverfahrens dann in Betracht, wenn der Aufenthalt des Kindes unbekannt ist und lediglich die Möglichkeit besteht, dass es inzwischen in einen anderen Staat verbracht wurde (Staud/*Pirrung* Rn D 67), oder wenn es Anhaltspunkte dafür gibt, dass das nachweislich in einen

1582

III. Staatsverträge: HKÜ Art 13 **U**

anderen Staat verbrachte Kind in absehbarer Zeit wieder in den Gerichtsstaat zurückkehren wird (NK–BGB/*Benicke* Rn 21). Wird das Kind in einen Nichtvertragsstaat verbracht, so ist der Antrag nach Art 12 schon deshalb zurückzuweisen, weil das HKÜ dann keine Anwendung mehr findet.

6. Rückführungsentscheidung im Staat des bisherigen gewöhnlichen Aufenthalts

Wird die Rückführung des Kindes durch die Gerichte oder Behörden im Verbringungsstaat **189** nach Art 12 Abs 2 abgelehnt, weil das Kind sich dort inzwischen eingelebt habe, so hat der in seinem Sorgerecht verletzte Elternteil im Anwendungsbereich der **EuEheVO** und des **KSÜ** noch die Möglichkeit, einen Rückführungsantrag bei den Gerichten oder Behörden im Staat des früheren gewöhnlichen Aufenthalts des Kindes zu stellen. Hat sich das Kind bereits in seinem neuen Aufenthaltsstaat eingelebt, so entfällt zwar auch die internationale Zuständigkeit der Gerichte im Staat seines früheren gewöhnlichen Aufenthalts gem Art 10 lit b EuEheVO bzw Art 7 Abs 1 lit b KSÜ, wenn der Antrag auf Rückgabe innerhalb der Jahresfrist gestellt worden ist. Abweichend von Art 12 Abs 2 beginnt diese Frist aber gem Art 10 Abs lit b (i) EuEheVO erst von dem Zeitpunkt an zu laufen, zu dem die sorgeberechtigte Person den **Aufenthaltsort des Kindes kannte** oder kennen musste. War dem sorgeberechtigten Elternteil der Aufenthalt des entführten Kindes daher zunächst nicht bekannt, so kann die Zuständigkeit nach Art 10 EuEheVO bzw Art 7 KSÜ daher auch noch nach einer auf Art 12 Abs 2 gestützten Ablehnung der Rückgabe durch die Gerichte des neuen Aufenthaltsstaats des Kindes fortbestehen (NK–BGB/*Benicke* Rn 22). Für diesen Fall kann der Antragsteller sich vor deutschen Gerichten auch auf die ihn begünstigenden Vorschriften des Art 11 Abs 6–8 EuEheVO berufen, die auf den Fall einer Ablehnung der Rückgabe nach Art 12 Abs 2 analog anzuwenden sind (näher → F Rn 172 ff; **aA** NK–BGB/*Benicke* Rn 22).

7. Freiwillige Rückgabe des Kindes

Kommt der Antragsgegner dem Antrag auf Rückgabe des Kindes vor Abschluss des Verfahrens **190** freiwillig nach, so führt dies zu einer **Erledigung der Hauptsache.** Dem Antragsgegner sind in diesem Fall die Kosten des Verfahrens nach § 14 Nr 2 IntFamRVG iVm §§ 83 Abs 2, 81 FamFG aufzuerlegen. Wird die Anordnung der Herausgabe erst während des Beschwerdeverfahrens vollzogen, so führt dies zur Unzulässigkeit der Beschwerde; eine Fortsetzung des in der Hauptsache erledigten Verfahrens zum Zwecke der Feststellung der Rechtswidrigkeit der Rückführungsanordnung kommt nicht in Betracht (OLG Koblenz FamRZ 04, 1512).

8. Änderung der Rückgabeanordnung

Tritt nach Erlass, aber noch vor dem Vollzug der Rückführungsanordnung eine wesentliche **191** Änderung der ihr zugrundeliegenden Umstände ein, so ist dem durch die Einstellung des Vollzugs Rechnung zu tragen. Als wesentliche Änderung kommt insbesondere eine Entscheidung der Gerichte des Herkunftsstaates in Betracht, mit der das alleinige Sorge- oder Aufenthaltsbestimmungsrecht dem entführenden Elternteil übertragen wurde (OLG Zweibrücken FamRZ 03, 961). Diese Änderung der Rückführungsanordnung obliegt allerdings nicht dem Beschwerdegericht, sondern dem erstinstanzlichen Gericht (OLG Zweibrücken aaO).

HKÜ Art 13. [Gründe für die Ablehnung der Rückgabe]

(1) Ungeachtet des Artikels 12 ist das Gericht oder die Verwaltungsbehörde des ersuchten Staates nicht verpflichtet, die Rückgabe des Kindes anzuordnen, wenn die Person, Behörde oder sonstige Stelle, die sich der Rückgabe des Kindes widersetzt, nachweist,

a) dass die Person, Behörde oder sonstige Stelle, der die Sorge für die Person des Kindes zustand, das Sorgerecht zur Zeit des Verbringens oder Zurückhaltens tatsächlich nicht ausgeübt, dem Verbringen oder Zurückhalten zugestimmt oder dieses nachträglich genehmigt hat, oder

b) dass die Rückgabe mit der schwerwiegenden Gefahr eines körperlichen oder seelischen Schadens für das Kind verbunden ist oder das Kind auf andere Weise in eine unzumutbare Lage bringt.

1583

U 192–194   3. Teil. Behördenzusammenarbeit. U. Kindschaftssachen

(2) **Das Gericht oder die Verwaltungsbehörde kann es ferner ablehnen, die Rückgabe des Kindes anzuordnen, wenn festgestellt wird, daß sich das Kind der Rückgabe widersetzt und dass es ein Alter und eine Reife erreicht hat, angesichts deren es angebracht erscheint, seine Meinung zu berücksichtigen.**

(3) **Bei Würdigung der in diesem Artikel genannten Umstände hat das Gericht oder die Verwaltungsbehörde die Auskünfte über die soziale Lage des Kindes zu berücksichtigen, die von der zentralen Behörde oder einer anderen zuständigen Behörde des Staates des gewöhnlichen Aufenthalts des Kindes erteilt worden sind.**

1. Allgemeines

192   **a) Inhalt und Bedeutung der Regelung.** Art 13 ist die mit Abstand wichtigste Vorschrift des HKÜ, weil der Entführer sich in nahezu jedem Rückführungsverfahren auf einen oder mehrere der Ablehnungsgründe nach Art 13 beruft. Die Vorschrift normiert **drei Gründe**, auf die sich die Gerichte/Behörden des Verbringungsstaates stützen können, um die beantragte Rückgabe des Kindes abzulehnen, obwohl die Voraussetzungen für eine Anordnung nach Art 12 eigentlich vorliegen. Der erste Grund ist gegeben, wenn die sorgeberechtigte Person, Behörde oder Stelle ihr Sorgerecht zur Zeit des Verbringens oder Zurückhaltens tatsächlich nicht ausgeübt hat oder dem Verbringen bzw Zurückhalten zugestimmt oder dieses nachträglich genehmigt hat, Abs 1 lit a. Zum zweiten muss die Rückgabe auch dann nicht angeordnet werden, wenn sie mit der schwerwiegenden Gefahr eines körperlichen oder seelischen Schadens für das Kind verbunden ist oder das Kind auf andere Weise in eine unzumutbare Lage bringt, Abs 1 lit b. Schließlich kann die Rückgabe zum dritten auch dann abgelehnt werden, wenn das Kind sich ihr widersetzt, sofern es ein Alter und eine Reife erreicht hat, angesichts derer es angebracht erscheint, seine Meinung zu berücksichtigen, Abs 2. Außer den in Art 13 genannten drei Gründen kann die Rückgabe nur noch nach Maßgabe von Art 20 wegen Unvereinbarkeit mit den Grundwerten über den Schutz der Menschenrechte und Grundfreiheiten versagt werden (→ Rn 249 f).

193   **b) Auslegung.** Die Auslegung des Art 13 hat seit Inkrafttreten des HKÜ deutliche Veränderungen erfahren. Während die Gründe zur Versagung der Rückführung von den Gerichten der Vertragsstaaten in den ersten Jahren der Geltung des Übereinkommens verhältnismäßig großzügig interpretiert wurden, um dem Wohl des in seinem neuen Lebensumfeld bereits voll integrierten Kindes Rechnung zu tragen, hat sich spätestens seit Mitter der 90iger Jahre des vorigen Jahrhunderts eine deutlich **restriktivere Betrachtungsweise** durchgesetzt. Danach ist die Anordnung der Rückführung der Regelfall, von dem nur in besonderen Ausnahmesituationen abgewichen werden kann. Namentlich der Ablehnungsgrund nach Abs 1 lit b setzt daher eine **besonders schwerwiegende, konkrete und aktuelle Beeinträchtigung des Kindeswohls** für den Fall einer Rückführung voraus, um das System des HKÜ nicht zu unterlaufen und eine Verzögerungstaktik des entführenden Elternteils nicht zu belohnen (öst OGH 20.10.10, unalex AT-748; OLG Nürnberg FamRZ 07, 1589/1590; näher → Rn 207 ff). Es findet also keine ergebnisoffene Abwägung statt, ob den Interessen des Kindes mit einer Rückführung oder mit dem Verbleib im Verbringungsstaat besser gedient wäre (NK-BGB/*Benicke* Rn 3; Mü-KoBGB/*Heiderhoff* Rn 1 f). Die mit der grundsätzlichen Rückführung verbundene Härte für den entführenden Elternteil ist hinzunehmen. Auch bei dieser einschränkenden Auslegung ist Art 13 mit dem verfassungsrechtlichen Schutz der Kindesinteressen vereinbar (BVerfG NJW 99, 631/632).

194   In jüngster Zeit deutet sich freilich unter dem Einfluss des EGMR eine **neuerliche Kehrtwende** an. Nach Ansicht des Straßburger Gerichtshofs ist die Rückführung eines rechtswidrig entführten Kindes keineswegs eine automatische und mechanische Folge der Anwendbarkeit des HKÜ. Vielmehr seien auch im Rahmen eines Rückführungsverfahrens alle vorgetragenen Argumente sorgfältig zu prüfen und die widerstreitenden Interessen gegeneinander abzuwägen, und zwar im Lichte von Art 8 EMRK stets mit dem Ziel, die für das **Wohl des Kindes** beste Lösung zu finden (EGMR Nr 54443/10 – *Blaga/Rumänien*, NJOZ 15, 1148 Rn 66 ff = NZFam 15, 626; EGMR Nr 14737/09 – *Sneersone* und *Kampanella/Italien*, FamRZ 11, 1482 m Anm *Henrich;* ähnlich schon EGMR Nr 41615/07 – *Neulinger* und *Shuruk/Schweiz*; EGMR Nr 27853/09 – *X/Latvia*). Danach ist es also – entgegen dem bisher vorherrschenden Verständnis – nicht erst Sache der Gerichte im Herkunftsstaat, nach der Rückführung des Kindes eine am Kindeswohl orientierte Lösung zu finden; vielmehr haben bereits die Gerichte des Verbringungs-

1584

III. Staatsverträge: HKÜ Art 13 **195–198 U**

staats oder (im Fall des Art 11 Abs 8 EuEheVO) die Gerichte des Herkunftsstaats, die über die Rückführung zu entscheiden haben, Kindeswohlerwägungen anzustellen (vgl *Bucher* FS Kropholler [2008] 263/265 f). Unter den Voraussetzungen des Art 13 Abs 1 lit b hat also das konkrete Kindeswohl Vorrang vor dem vom HKÜ angestrebten Ziel, Kindesentführungen ganz allgemein zu unterbinden. Dieser Vorrang ist in jeder Lage des Verfahrens zu berücksichtigen, sogar noch im Vollstreckungsverfahren nach einem stattgebenden Rückführungsbeschluss (öst OGH 30.7.14, unalex AT-958; öst OGH ZfRV 1997, 33; OLG Hamburg NJW 14, 3378/3379 m Anm *Fahl* NZFam 14, 845).

c) Darlegungs- und Beweislast. Im Rahmen des Rückführungsverfahrens nach Art 12, 13 **195** HKÜ gilt der Amtsermittlungsgrundsatz nach § 14 Nr 2 IntFamRVG iVm § 26 FamFG nicht. Vielmehr trifft den **Antragsgegner**, der sich gegen eine Rückführung des Kindes wendet, die Beweislast für die Ablehnungsgründe nach Art 13 (öst OGH 27.6.16, unalex AT-1048; OLG Nürnberg FamRZ 07, 1588/1591; KG FamRZ 96, 691/692; OLG Frankfurt FamRZ 94, 1339/1349; NK-BGB/*Benicke* Rn 4). Dies folgt aus dem Wortlaut des Abs 1 („nachweist"). Insbesondere trägt der Antragsgegner im Rückführungsverfahren die Beweislast dafür, dass die Rückgabe mit der schwerwiegenden Gefahr eines körperlichen oder seelischen Schadens für das Kind verbunden ist oder das Kind sonst in eine unzumutbare Lage bringt (Abs 1 lit b; OLG Bamberg FamRZ 94, 182; AG Saarbrücken FamRZ 03, 398/399 = IPRax 05, 359 m Anm *Witteborg* 330; MüKoBGB/*Heiderhoff* Rn 18). Zugelassen sind nur präsente oder leicht zu erhebende Beweise; eine eidesstattliche Versicherung des Antragsgegners reicht nicht aus (AG Saarbrücken aaO; *Bach/Gildenast* Rn 115). Gelingt dem Antragsgegner dieser Nachweis zur Überzeugung des Gerichts nicht, so ist die Rückgabe anzuordnen, auch wenn Zweifel bleiben (OLG Hamburg OLGR 09, 208 Nr 36; OLG Naumburg FamRZ 07, 588). Dagegen ist auch aus verfassungsrechtlichen Gründen nichts einzuwenden (BVerfG NJW 99, 631/632 und NJW 96, 3145; *Völker* FamRZ 10, 157/161).

d) Wahrnehmung der Rechte des Kindes. Der Tatrichter muss die Voraussetzungen des **196** Art 13 Abs 1 lit b und Abs 2 iVm Abs 3 HKÜ jedenfalls im Falle **gegenläufiger Rückführungsanträge** näher im Lichte des Kindeswohls prüfen, um dem Schutzauftrag des Art 6 Abs 2 S 2 GG und dem Grundrecht der Kinder aus Art 2 Abs 1 GG gerecht zu werden (BVerfG FamRZ 1999, 85/88). Dies gilt darüber hinaus auch in anderen Fällen, in denen Zweifel bestehen, ob die Eltern das Verfahren wirklich im Interesse des Kindes führen (BVerfG FamRZ 06, 1261 Nr 29). In dieser Situation muss dem Kind die Möglichkeit eingeräumt werden, sein eigenes Interesse, das möglicherweise weder von den Eltern noch vom Gericht zutreffend erkannt oder formuliert wird, in einer den Anforderungen des rechtlichen Gehörs entsprechenden Eigenständigkeit im Verfahren geltend zu machen. Dies geschieht bei Kindern, deren Alter und Reife eine eigene Wahrnehmung ihrer Verfahrensrechte noch nicht erlaubt, durch einen Vertreter, den das deutsche Recht nunmehr in § 158 FamFG als **Verfahrensbeistand** vorsieht (BVerfG FamRZ 1999, 85/88; BGHZ 205, 10 Rn 31 = NJW 15, 1603 m Anm *Althammer* NZFam 15, 666 und Anm *Siehr* IPRax 17, 77; dazu näher NK-BGB/*Benicke* Rn 48 ff).

e) Ermessensentscheidung. Liegt ein Ablehnungsgrund nach Art 13 vor, so ist das Gericht **197** „nicht verpflichtet", die Rückführung anzuordnen. Es ist also – wie Art 18 ausdrücklich klarstellt – durchaus *berechtigt*, die Rückgabe des Kindes trotzdem anzuordnen. Dies wird freilich nur in seltenen Ausnahmefällen in Betracht kommen. Namentlich wenn die Rückgabe mit der schwerwiegenden Gefahr eines körperlichen oder seelischen Schadens für das Kind verbunden ist, wird sich kaum ein Gericht finden, das von der Möglichkeit der Ablehnung nach Abs 1 lit b keinen Gebrauch macht (NK-BGB/*Benicke* Rn 5 mwN).

f) Verhältnis zu Art 11 EuEheVO. Das HKÜ soll im Verhältnis der EU-Mitgliedstaaten **198** untereinander auch nach Inkrafttreten der EuEheVO die Rechtsgrundlage für die Rückgabe entführter Kinder bleiben; es hat allerdings durch die Verordnung, insbesondere durch deren Art 11 und 42, gewisse Modifikationen erfahren, die eine Ablehnung der Rückführung nach Art 12, 13 HKÜ noch stärker erschweren (Erwägungsgrund 17 [→ Anh I]; High Court Ireland 24.8.06, unalex IE-64; *Gruber* FamRZ 05, 1603/1604). Präzisiert wird in Art 11 Abs 3 EuEheVO insbesondere das Beschleunigungsgebot des Art 2 S 2 HKÜ. Ferner wird eine Verweigerung der Rückgabe in Art 11 Abs 4 ausgeschlossen, wenn **angemessene Vorkehrungen zum Schutz des Kindes** getroffen wurden. Vor allem aber wird den Gerichten im früheren Aufenthaltsstaat des Kindes in Abs 8 das „letzte Wort" hinsichtlich der Rückführung erteilt; diese Gerichte können sich also über die auf Art 13 HKÜ gestützte ablehnende Entscheidung der

1585

U 199–203 3. Teil. Behördenzusammenarbeit. U. Kindschaftssachen

Gerichte im Verbringungsmitgliedstaat hinwegsetzen und die Rückführung anordnen (vgl dazu die Kommentierung zu Art 11 Abs 8 EuEheVO; → F Rn 181 ff).

2. Der Ablehnungsgrund nach Abs 1 lit a

199 Nach Abs 1 lit a kann die Rückgabe des Kindes abgelehnt werden, wenn die Person, Behörde oder sonstige Stelle, der das Sorgerecht allein oder zusammen mit dem Entführer zustand, dieses Sorgerecht zur Zeit des Verbringens entweder tatsächlich nicht ausgeübt oder dem Verbringen/ Zurückhalten zugestimmt oder es genehmigt hat.

200 **a) Tatsächliche Nichtausübung des Sorgerechts durch den Antragsteller.** Die tatsächliche Ausübung des Sorgerechts durch den Antragsteller des Rückführungsverfahrens zur Zeit des Verbringens oder Zurückhaltens ist nach Art 3 lit a bereits Voraussetzung für die Widerrechtlichkeit. Zur Auslegung dieses Tatbestandsmerkmals kann daher auf die dortigen Ausführungen verwiesen werden (→ Rn 115 ff). Bedeutung hat die Wiederholung dieses Erfordernisses in Art 13 lit a vor allem für die **Beweislast**. Lässt sich nämlich nicht abschließend klären, ob der Antragsteller das Sorgerecht in dem maßgeblichen Zeitpunkt vor der Entführung tatsächlich ausgeübt hat, so geht dieses *non liquet* zu Lasten des Entführers. Nach dem HKÜ besteht daher eine Vermutung, dass der Inhaber des Sorgerechts dieses auch tatsächlich ausgeübt hat (OLG Hamm FamRZ 17, 1679/1680; OLG Rostock FamRZ 02, 46/47 m Anm *Siehr* IPRax 02, 199 und *Winkler v Mohrenfels* IPRax 02, 372; KG IPRspr 99 Nr 86 und FamRZ 96, 691/692; Staud/*Pirrung* Rn D 69; NK-BGB/*Benicke* Rn 6; vgl schon → Rn 118). Für die ergänzende Anwendung der EuEheVO wird diese Vermutung in Art 2 Nr 11 lit b S 2 EuEheVO explizit formuliert (→ F Rn 72 f). An die Widerlegung der Vermutung sind strenge Anforderungen zu stellen; idR indiziert bereits der Antrag auf Rückführung des Kindes, dass der Antragsteller am Kind interessiert ist und sich um dies auch gekümmert hat (vgl MüKoBGB/*Heiderhoff* Rn 7 f).

201 **b) Zustimmung oder Genehmigung des Antragstellers zum Aufenthaltswechsel. aa) Zustimmung.** Die bereits vor dem Verbringen oder Zurückhalten erklärte Zustimmung des anderen Elternteils lässt im Regelfall bereits die Widerrechtlichkeit iSv Art 3 Abs 1 lit a entfallen, weil es dann an einer Sorgerechtsverletzung fehlt (OLG Nürnberg FamRZ 09, 240/241; dazu → Rn 107 ff). Durch die ausdrückliche Erwähnung der Zustimmung des Antragstellers zum Verbringen bzw Zurückhalten des Kindes als Ablehnungsgrund für den gestellten Rückführungsantrag in lit a soll klargestellt werden, dass das mit diesem Antrag befasste Gericht im Verbringungsstaat zu einer eigenständigen Prüfung berechtigt ist, ob eine solche Zustimmung wirklich erteilt wurde (OLG Nürnberg aaO; NK-BGB/*Benicke* Rn 8). Ferner wirkt sich die Formulierung als Ablehnungsgrund auf die **Beweislast** aus. Beweispflichtig für die Erteilung der Zustimmung ist daher der Antragsgegner im Rückführungsverfahren, dh derjenige Elternteil, der das Kind entführt hat (OLG Stuttgart NZFam 17, 673 und FamRZ 09, 2017; OLG Rostock FamRZ 02, 46/47; OLG Frankfurt FamRZ 97, 1100; NK-BGB/*Benicke* Rn 7). Schließlich beeinflusst die Zustimmung den **gewöhnlichen Aufenh**alt des Kindes; denn dieses erwirbt im Falle des Umzugs in einen anderen Vertragsstaat mit Einverständnis *beider* Eltern dort sofort einen neuen gewöhnlichen Aufenthalt (näher → F Rn 93 mwN).

202 An den **Inhalt der Zustimmung** sind grundsätzlich strenge Anforderungen zu stellen (schwz BG AJP 07, 394m Anm *Bucher*; MüKoBGB/*Heiderhoff* Rn 10). Der Sorgeberechtigte muss sein Einverständnis insbesondere zu einem **auf Dauer** angelegten Aufenthaltswechsel des Kindes erklärt haben (öst OGH ZaK 08, 193; OLG Saarbrücken FamRZ 11, 1235/1236; OLG Rostock FamRZ 03, 959; Staud/*Pirrung* Rn D 70). Die Zustimmung zu einem nur vorübergehenden Aufenthalt im Ausland reicht ebenso wenig aus wie die lediglich in Aussicht gestellte Bereitschaft, einem künftigen dauernden Aufenthaltswechsel zustimmen zu wollen (öst OGH 1.4.08, unalex AT-566; OLG Nürnberg FamRZ 10, 1575; vgl auch OLG Zweibrücken FamRZ 10, 913/914 zu einer nur für den Irak-Einsatz des Vaters erteilten „Sorgerechtsvollmacht"; NK-BGB/*Benicke* Rn 13). Eine nur bedingt erklärte Zustimmung reicht jedenfalls dann nicht aus, wenn die Bedingung nicht eingetreten ist (OLG Karlsruhe FamRZ 02, 1142 [LS]). Für die Annahme einer konkludent erklärten **Bedingung**, wonach die Zustimmung zum Familienumzug vom weiteren Bestand der Ehe abhängig gemacht worden sei, bedarf es konkreter Amhaltspunkte; fehlen sie, so führt die kurz nach dem Umzug vollzogene Trennung nicht nachträglich zur Widerrechtlichkeit iSv Art 3 (OLG Karlsruhe FamRZ 09, 239).

203 Die **Erklärung der Zustimmung** muss nicht notwendig ausdrücklich, sondern kann auch stillschweigend erfolgen. Maßgebend für die Wertung des Verhaltens des anderen Elternteils als

III. Staatsverträge: HKÜ Art 13

konkludente Zustimmung zu einem Verbringen des Kindes ins Ausland ist der „objektive Empfängerhorizont". Es kommt also darauf an, ob dieses Verhalten bei objektiver Betrachtung aus der Sicht einer vernünftigen Person in der Situation des späteren Entführers als Zustimmung aufzufassen war (OLG Stuttgart NZFam 17, 673; OLG Saarbrücken FamRZ 11, 1235/1236; OLG Zweibrücken FamRZ 10, 913; OLG Stuttgart FamRZ 09, 2017; OLG Nürnberg FamRZ 09, 240/241; OLG Karlsruhe FamRZ 06, 1699/1700; NK-BGB/*Benicke* Rn 14). Auch an das Vorliegen einer konkludenten Zustimmung sind dabei grundsätzlich hohe Anforderungen zu stellen (OLG Nürnberg FamRZ 10, 1575; OLG Stuttgart aaO). Daher reicht die bloße Untätigkeit des von der Entführung betroffenen Elternteils nicht als stillschweigendes Einverständnis mit dem weiteren Verbleib des Kindes im Verbringungsstaat aus (OLG Karlsruhe FamRZ 10, 1577/1578). Ein **Irrtum** bei Erklärung der Zustimmung ist nur beachtlich, wenn dieser für den anderen Elternteil erkennbar war (OLG Nürnberg FamRZ 09, 240/241). Demgegenüber lässt eine arglistige Täuschung durch den späteren Entführer die Wirksamkeit der auf der Täuschung beruhenden Zustimmung entfallen (NK-BGB/*Benicke* Rn 15).

Auf die Frage, zu welchem **Zeitpunkt** die Zustimmung erteilt wurde, kommt es grundsätzlich **204** nicht an. Diese muss sich insbesondere nicht auf das konkrete Verbringen bzw Zurückhalten durch den anderen Elternteil beziehen, sondern kann schon längere Zeit im Voraus für einen potentiellen künftigen – auch nur probeweisen – Wegzug gegeben werden (NK-BGB/*Benicke* Rn 10 mwN).

Umstritten ist, wie weit die **Bindungswirkung** einer einmal erklärten Zustimmung reicht. **205** Wird die Zustimmung lediglich für eine „Probezeit" erteilt, in welcher der andere Elternteil den Versuch unternehmen soll, mit dem Kind in seinem Heimatstaat zu leben, wird man nicht von einer endgültigen Bindung an die erteilte Zustimmung ausgehen können. Dies gilt insbesondere dann, wenn sich die Lebensumstände der Beteiligten nach Erteilung der Zustimmung wesentlich geändert haben. In einem solchen Fall ist der Elternteil, der seine Zustimmung zu einem Aufenthaltswechsel des Kindes zunächst gegeben hatte, daher berechtigt, diese zu widerrufen. Über die Bedeutung der Zustimmung sollte letztlich das Gericht im Staat des früheren gewöhnlichen Aufenthalts des Kindes im Rahmen der von ihm zu treffenden Sorgerechtsregelung befinden (NK-BGB/*Benicke* Rn 11). Keine Bindung besteht ferner an eine Zustimmung, die ein Elternteil lediglich im Rahmen von Verhandlungen mit dem Ziel einer vergleichsweisen Gesamtregelung der Trennungs- oder Scheidungsfolgen erklärt hatte, wenn eine solche einvernehmliche Regelung schließlich doch nicht zustande kommt (OLG Karlsruhe FamRZ 02, 1142 [LS]; NK-BGB/*Benicke* Rn 13). Wird geltendgemacht, dass eine zunächst erteilte Zustimmung später **widerrufen** worden sei, so ist für den Widerruf derjenige Elternteil beweispflichtig, der sich auf den Widerruf beruft (OLG Hamm IPRspr 13 Nr 122; MüKoBGB/*Heiderhoff* Rn 13).

bb) Genehmigung. An eine nachträgliche Genehmigung werden grundsätzlich noch stren- **206** gere Anforderungen als an eine vorab erteilte Zustimmung gestellt. Sie muss klar, eindeutig und unbedingt sein (OLG Karlsruhe FamRZ 15, 1627; OLG Düsseldorf FamRZ 11, 1237 [LS]; OLG Nürnberg FamRZ 10, 1575; MüKoBGB/*Heiderhoff* Rn 11). Zwar ist auch insoweit eine konkludente Erteilung nicht ausgeschlossen (OLG Karlsruhe FamRZ 10, 1577); eine solche kann jedoch nicht allein daraus hergeleitet werden, dass der zurückgebliebene Elternteil auf die Entführung über einen gewissen Zeitraum nicht reagiert hat (OLG Karlsruhe FamRZ 06, 1699/1700; MüKoBGB/*Heiderhoff* Rn 11; NK-BGB/*Benicke* Rn 14) oder den Kindesaufenthalt beim entführenden Elternteil im Verbringungsstaat – zB für die Dauer von Vergleichsgesprächen – vorübergehend hingenommen hat (AG Saarbrücken FamRZ 03, 398/399; Staud/*Pirrung* Rn D 70 m Nachw zur Rspr weiterer Vertragsstaaten). Besucht dieser Elternteil allerdings den Entführer und das Kind in ihrem neuen Aufenthaltsstaat, ohne deren dortigen dauerhaften Aufenthalt in Frage zu stellen, und verhandelt er anlässlich dieses Besuchs nur über die Modalitäten seines künftigen Umgangsrechts, so liegt darin eine konkludente Zustimmung zum Aufenthaltswechsel (OLG Karlsruhe FamRZ 06, 1699/1700 f; vgl auch AG Frankfurt FamRZ 10, 45; zust Staud/*Pirrung* Rn D 71; NK-BGB/*Benicke* aaO). Der Widerruf einer nachträglich erteilten Genehmigung ist nicht zulässig (OLG Düsseldorf FamRZ 18, 760).

3. Der Ablehnungsgrund nach Abs 1 lit b

a) Allgemeines. aa) Restriktive Auslegung. Die Rückführung des Kindes kann nach lit b **207** auch dann abgelehnt werden, wenn sie mit der **schwerwiegenden Gefahr eines körperlichen oder seelischen Schadens für das Kind** verbunden ist oder das Kind auf andere Weise in eine unzumutbare Lage bringt. Bei der Auslegung dieses Ablehnungsgrundes durch die Gerichte im Verbringungsstaat ist zu berücksichtigen, dass es das Hauptziel des HKÜ ist, eine zügige Sor-

U 208–211   3. Teil. Behördenzusammenarbeit. U. Kindschaftssachen

gerechtsentscheidung durch die Gerichte des Staates zu ermöglichen, in dem das Kind sich vor der Entführung mit dem Willen aller Sorgeberechtigten gewöhnlich aufgehalten hatte. Ferner soll durch die grundsätzliche Rückführung entführter Kinder in ihren Herkunftsstaat auch eine präventive Wirkung gegenüber künftigen potentiellen Entführern erzielt werden, die auf diese Weise von vornherein von einer Entführung abgeschreckt werden sollen (vgl BVerfG IPRax 00, 216/219 f; OLG Hamm FamRZ 00, 370/371; KG FamRZ 97, 1098/1099). Aus diesem Grunde sind die Tatbestandsmerkmale der Einwendung nach lit b grundsätzlich **restriktiv auszulegen** (OLG Saarbrücken FamRZ 11, 1235/1237; OLG Nürnberg FamRZ 10, 1575 und FamRZ 04, 726/727; OLG Hamm FamRZ 99, 948/949; OLG München FamRZ 94, 1338; OLG Düsseldorf FamRZ 94, 185; Staud/*Pirrung* Rn D 71; MüKoBGB/*Heiderhoff* Rn 14 mwN). Diese einschränkende Auslegung steht auch im Einklang mit dem deutschen Verfassungsrecht (BVerfG NJW 99, 631/632; BVerfG NJW 96, 1402/1403 und 3145).

208   Dementsprechend genügen die mit jeder Rückführung des Kindes verbundenen psychischen Belastungen, wie zB eine Änderung der Bezugsperson, der Wechsel der Wohnung, des Kindergartens oder der Schule, unzureichende Kenntnisse der Sprache des früheren Aufenthaltsstaates sowie der Verlust des Kontakts zu nahen Verwandten oder Freunden im Verbringungsstaat, für eine Ablehnung der Rückführung nicht aus (öst OGH 30.5.16, unalex AT-1052; OLG Hamm FamRZ 17, 1679/1680 f; OLG Stuttgart IPRspr 15 Nr 109 m Anm *Schmid* NZFam 15, 1032; OLG Hamburg NJW 14, 3378/3379 m Anm *Fahl* NZFam 14, 845; OLG Nürnberg NJW-RR 10, 1093/1094; OLG Schleswig FamRZ 05, 1703; OLG Zweibrücken FamRZ 01, 643/644 f; OLG Hamm FamRZ 00, 370/371; AG Saarbrücken IPRax 05, 359/361; *Bach* FamRZ 97, 1051/1057); die Rückgabe muss vielmehr zu einer darüber hinausgehenden **besonders schwerwiegenden Beeinträchtigung des Kindeswohls** führen (allgM, vgl BVerfG FamFRZ 16, 1571 Rn 17; BVerfGE 99, 145/159 = FamRZ 99, 85/87; OLG Hamm FamRZ 17, 1679/1681; OLG Köln FamRZ 08, 1775/1776; OLG Nürnberg FamRZ 07, 1588/1590; OLG Hamm FamRZ 04, 723/724 f und FamRZ 02, 44/45; OLG Karlsruhe FamRZ 03, 965/958; OLG Dresden FamRZ 02, 1136/1138; OLG Zweibrücken FamRZ 01, 643/644; OLG Bamberg FamRZ 00, 371/372; OLG Frankfurt FamRZ 96, 698 und FamRZ 94, 1339/1340; NK-BGB/*Benicke* Rn 16). Daran fehlt es idR, wenn der Antragsteller sich zuvor über einen längeren Zeitraum mit dem Verbleib der Kinder im Verbringungsstaat einverstanden erklärt hatte (öst OGH 13.9.12, unalex AT-820).

209   **bb) Keine Vorwegnahme der Sorgerechtsentscheidung.** Bei der Entscheidung ist insbesondere zu berücksichtigen, dass es im Rahmen des Rückführungsverfahrens nicht darum geht, bei welchem Elternteil das Kind auf Dauer besser aufgehoben ist. Denn diese Entscheidung soll gerade in dem Staat getroffen werden, in dem das Kind zuletzt seinen letzten rechtmäßigen gewöhnlichen Aufenthalt hatte. Daher sind Erwägungen zu der Frage, ob der Antragsteller willens und in der Lage ist, die Personensorge für das Kind längerfristig auszuüben und dieses zu betreuen, im Rückführungsverfahren nicht anzustellen (OLG München NJW-RR 98, 149 und FamRZ 94, 1338/1339; OLG Frankfurt FamRZ 97, 1100; OLG Bamberg FamRZ 94, 182). In diesem Verfahren steht also **nicht das langfristige Wohl des Kindes** im Vordergrund, sondern allein die rasche Rückgängigmachung des widerrechtlichen Verbringens bzw die rasche Beendigung des widerrechtlichen Zurückhaltens (OLG Schleswig IPRspr 05 Nr 76; OLG Frankfurt FamRZ 94, 1339/1340; OLG Düsseldorf FamRZ 94, 185/186; MüKoBGB/*Heiderhoff* Rn 1 f).

210   Das Ziel des HKÜ, Entführungen möglichst schon präventiv zu verhindern, steht auch einer Berücksichtigung des voraussichtlichen **Ausgangs des Sorgerechtsverfahren** im Herkunftsstaat durch das Gericht, das über die Rückführung zu entscheiden hat, entgegen. Auch wenn eine hohe Wahrscheinlichkeit dafür spricht, dass das Sorgerecht dem entführenden Elternteil zugesprochen werden wird und das Kind daher nach kurzer Zeit wieder in den Verbringungsstaat zurückkehren wird, rechtfertigt dies eine Ablehnung der Rückführung nicht (OLG Bamberg FamRZ 00, 371/372 f; AG Saarbrücken IPRax 05, 359/361; *Siehr* IPRax 02, 199/200; NK-BGB/*Benicke* Rn 27; **aA** OLG Rostock FamRZ 02, 46/48). Denn das HKÜ will gerade gewährleisten, dass über die elterliche Sorge möglichst am Ort des früheren gewöhnlichen Aufenthalts des Kindes entschieden wird (BVerfG FamRZ 99, 85, 88; OLG Karlsruhe FamRZ 03, 956/958). Etwas anderes kann nur gelten, wenn bereits eine Sorgerechtsentscheidung aus dem Herkunftsstaat vorliegt, in der dem entführenden Elternteil das Sorgerecht zugesprochen worden ist (BVerfG aaO).

211   Eine Ausnahme gilt nach der Rechtsprechung des BVerfG freilich in Fällen **gegenläufiger Rückführungsanträge.** Um zu vermeiden, dass das Kind mehrfach zwischen den beiden

1588

III. Staatsverträge: HKÜ Art 13　　　　　　　　　　　　　　　　　　　　　**212–216 U**

beteiligten Vertragsstaaten hin- und hergeschoben wird, habe bereits im Rückführungsverfahren ausnahmsweise eine Prüfung zu erfolgen, welchem Elternteil letztendlich das Sorgerecht allein zu übertragen sein werde. Daher könne der gestellte Rückführungsantrag nach Art 13 Abs 1 lit b abgelehnt werden, wenn die Rückgabe des Kindes an den denjenigen Elternteil begehrt werde, der voraussichtlich nicht das Sorgerecht für das Kind erhalten werde (BVerfGE 99, 145/ 160 ff = IPRax 00, 216/220; BVerfG NJW 99, 3621/3622 und NJW 99, 631/633; zust NK-BGB/*Benicke* Rn 28). Zum Erfordernis der Bestellung eines Verfahrensbeistands für das Kind in diesem Fall → Rn 196.

Die Einholung eines **kinderpsychologischen Sachverständigengutachtens** hat in diesem **212** Zusammenhang grundsätzlich auszuscheiden, weil durch den damit verbundenen Zeitverlust eine Verfestigung der sozialen Integration des Kindes im Verbringungsstaat eintritt, die geeignet ist, die zunächst nicht bestehende schwerwiegende Beeinträchtigung des Kindeswohls erst herbeizuführen (vgl OLG Stuttgart FamRZ 08, 1777; OLG Karlsruhe FamRZ 02, 1141/1142; OLG Hamm FamRZ 99, 948/949; NK-BGB/*Benicke* Rn 25).

cc) **Vermeidung einer Gefährdung des Kindeswohls durch „*undertakings*"**. Im Ver- **213** hältnis der Mitgliedstaaten der EuEheVO wird durch Art 11 Abs 4 der Verordnung ausdrücklich klargestellt, dass ein Ablehnungsgrund nach Art 13 Abs 1 lit b HKÜ dann nicht besteht, wenn der Schutz des Kindes durch angemessene Vorkehrungen („*undertakings*") gewährleistet werden kann (OLG Naumburg FamRZ 07, 1586/1587; näher → F Rn 166 ff). Diese Prüfung hat das mit dem Rückführungsantrag befasste Gericht **von Amts wegen** vorzunehmen (öst OGH 28.8.13, unalex AT-926). Die Vermeidung einer Kindeswohlgefährdung durch die Rückführung mit Hilfe entsprechender Vorkehrungen spielt vor allem in der Praxis der Common Law-Jurisdiktionen eine größere Rolle, scheint sich aber auch darüber hinaus im Anwendungsbereich des HKÜ zunehmend durchzusetzen (vgl *Mäsch* FamRZ 02, 1069 ff; *Schulz* FamRZ 03, 1351 ff). So kann der Antragsteller anbieten, die Reisekosten für die Rückkehr des Entführers mit dem Kind vorzustrecken: Oder es kann dem Antragsteller vom Gericht aufgegeben werden, für den Fall der Rückkehr des anderen Elternteils mit dem Kind eine geeignete Unterkunft zur Verfügung zu stellen (vgl BVerfG IPRax 00, 221/222). Oder die Rückführung kann davon abhängig gemacht werden, dass zuvor ein Strafantrag gegen den entführenden Elternteil im Herkunftsstaat zurückgenommen oder ein bereits ergangener Haftbefehl aufgehoben wird (*Siehr* IPRax 00, 199/200; NK-BGB/*Benicke* Rn 35).

b) **Schwerwiegende Gefahr eines körperlichen oder seelischen Schadens für das** **214** **Kind.** Aus der reichhaltigen Judikatur zu lit b können nachfolgend nur einige wichtige Beispiele gegeben werden:

aa) **Gefahr von Kindesmisshandlungen.** Eine schwerwiegende Gefahr eines körperlichen **215** oder seelischen Schadens für das Kind besteht insbesondere, wenn diesem nach der Rückführung im Herkunftstaat körperliche oder seelische Misshandlungen seitens des Antragstellers drohen. Hatte der Antragsteller zuvor einen gewaltsamen Rückentführungsversuch unternommen, durch den das Kind noch immer traumatisiert ist, so reicht auch dies für eine Ablehnung der Rückführung aus (OLG Stuttgart FamRZ 01, 945/947). Der Vorwurf drohender körperlicher Misshandlungen oder sexuellen Missbrauchs wird allerdings in Rückgabeverfahren nach dem HKÜ vor allem von Müttern häufig nur vorgebracht, um die Anordnung der Rückgabe zu verhindern. Ob einem solchen Vorwurf bereits im Rückgabeverfahren nachzugehen ist, hängt davon ab, welchen Inhalt die Rückgabeanordnung hat. Ist der Entführer bereit, mit dem Kind in dessen früheren Aufenthaltsstaat zurückzukehren, um dort eine Sorgerechtsentscheidung zu seinen Gunsten zu erreichen, so besteht keine Gefahr für das Kind, solange dieses in der Obhut des entführenden Elternteils verbleibt (NK-BGB/*Benicke* Rn 20; MüKoBGB/*Heiderhoff* Rn 22). Ist die Rückführung hingegen mit einer Herausgabe des Kindes an den anderen Elternteil verbunden, so muss das Gericht hinreichend substantiierten Vorwürfen vor einer Anordnung der Rückgabe nachgehen (OLG Karlsruhe FamRZ 02, 1141; vgl auch EGMR FamRZ 12, 692 – *X/Lettland* m Anm *Henrich*) und versuchen, möglichen Gefährdungen durch entsprechende „*undertakings*" vorzubeugen.

bb) **Sonstige Gefahr für Leib oder Leben des Kindes im Herkunftsstaat.** Die von Abs 1 **216** lit b vorausgesetzte schwerwiegende Gefahr für das körperliche Wohlergehen besteht auch dann, wenn für den Fall der Rückführung eine akute **Suizidgefahr des Kindes** besteht (OLG Hamm FamRZ 13, 52 [LS]) oder das Kind in ein (Bürger-) Kriegsgebiet (OLG Stuttgart NJW-RR 09, 1513; OLG Hamm FamRZ 99, 948/949) oder in ein Land zurückgebracht werden soll, in dem

1589

U 217–221   3. Teil. Behördenzusammenarbeit. U. Kindschaftssachen

aufgrund von Hunger, Seuchen oder Naturkatastrophen eine konkrete und aktuelle Gefahr für sein Leben oder seine Gesundheit besteht. Die lediglich potentielle Gefahr von Erdbeben, Vulkanausbrüchen oder Terroranschlägen im Herkunftsstaat reicht hingegen für eine Ablehnung der Rückgabe nach Abs 1 lit b nicht aus (MüKoBGB/*Heiderhoff* Rn 24; vgl auch OLG Rostock FamRZ 02, 46/47: hohe Luftverschmutzung im Herkunftsstaat ist allgemeines Lebensrisiko). Dies gilt erst recht für den Fall, dass die wirtschaftliche Situation im Herkunftsstaat angespannter ist als im Verbringungsstaat (NK-BGB/*Benicke* Rn 23 mwN).

217   **cc) Trennung des Kindes vom entführenden Elternteil.** Die Trennung des Kindes von dem Elternteil, der es bisher überwiegend betreut hat, kann ausnahmsweise eine der Rückführung entgegenstehende schwerwiegende Gefährdung des Kindeswohls bedeuten. Dies kommt insbesondere bei der Trennung eines Kleinkindes von seiner Mutter in Betracht (BVerfG FamRZ 95, 663/664; OLG Zweibrücken FamRZ 10, 913/915; OLG München FamRZ 98, 386 f; AG Nürnberg FamRZ 09, 237). Allerdings ist die Rückführung des Kindes keineswegs zwangsläufig mit einer Trennung des Kindes von dem entführenden Elternteil und der Herausgabe an den anderen Elternteil verbunden. Daher besteht die schwerwiegende Gefährdung des Kindeswohls jedenfalls dann nicht, wenn der entführende Elternteil bereit und in der Lage ist, bis zur Entscheidung über die elterliche Sorge mit dem Kind in den Herkunftsstaat zurückzukehren (BVerfGE 99, 145/159 f = IPRax 00, 216/220; OLG Karlsruhe FamRZ 02, 1141/1142; KG FamRZ 97, 1098/1099 f; OLG Frankfurt FamRZ 97, 1100/1101; *Völker* FamRZ 10, 157/161; NK-BGB/*Benicke* Rn 31; MüKoBGB/*Heiderhoff* Rn 9).

218   Der entführende Elternteil kann sich daher auf den Ablehnungsgrund nach lit b dann nicht berufen, wenn es ihm zumutbar ist, mit dem Kind in den Herkunftsstaat zurückzukehren, auch wenn er hierdurch **Nachteile in Kauf nehmen** muss (OLG Zweibrücken FamRZ 01, 643/644; OLG Koblenz FamRZ 93, 97). Denn wer durch die Ablehnung der Begleitung des Kindes selbst die Gefahr schafft, kann diese nicht als Argument gegen eine Rückführung verwenden (OLG Karlsruhe FamRZ 03, 956/958; OLG Rostock FamRZ 03, 959; MüKoBGB/*Heiderhoff* Rn 28 mwN). Dies gilt vor allem auch deshalb, weil der entführende Elternteil dem Kind die gleiche Trennung von dem im Herkunftsstaat zurückgebliebenen Elternteil selbst zugemutet und sich dabei über die Verlustängste des Kindes hinweggesetzt hat. Bei einer anderen Auslegung hätte der entführende Elternteil es in der Hand, die Anwendung des Ausnahmetatbestands durch sein eigenes Verhalten zu erzwingen (BVerfG FamRZ 97, 1269/1270; AG Saarbrücken FamRZ 03, 398/400; *Bach* FamRZ 97, 1051/1057). Ihm ist es daher auch zuzumuten, das Kind auf die Rückführung behutsam vorzubereiten (OLG Karlsruhe FamRZ 02, 1141/1142).

219   Die Rückgabe kann auch nicht deshalb abgelehnt werden, weil dem entführenden Elternteil im Falle seiner Rückkehr in den Staat des früheren gewöhnlichen Aufenthalts ein **Strafverfahren** droht. Denn es widerspräche den Zielen des HKÜ, wenn der Entführer die Möglichkeit hätte, unter Hinweis auf die strafrechtlichen Konsequenzen seines eigenen widerrechtlichen Verhaltens der dadurch geschaffenen rechtswidrigen Lage dauerhaften Bestand zu geben (BVerfG FamRZ 99, 85/87 und NJW 97, 3301/3302; schw BG AJP 07, 1585 m Anm *Bucher;* KG FamFR 13, 552 m Anm *Finger;* OLG Rostock FamRZ 03, 959; NK-BGB/*Benicke* Rn 33; MüKoBGB/*Heiderhoff* Rn 28). Anders kann es jedoch dann liegen, wenn im Herkunftstaat bereits ein **Haftbefehl** gegen die Mutter vorliegt, so dass die konkrete Gefahr besteht, das es im Falle der Rückkehr zu einer Trennung von Mutter und Kind kommen wird (OLG Hamm FamRZ 17, 1679/1681 f mit Hinweisen auf die neuere Rspr des EGMR; OLG Rostock FamRZ 02, 46/48; OLG München FamRZ 98, 386; Staud/*Pirrung* Rn D 86; **aA** aber öst OGH 28.8.13, unalex AT-926 mwN). Unzumutbar ist die Rückkehr dem entführenden Elternteil auch, wenn ihm dort Gewalttätigkeit durch den anderen Elternteil droht oder ihm die für eine Rückkehr erforderlichen Mittel nicht zur Verfügung stehen (AG Nürnberg FamRZ 09, 237/238).

220   **dd) Ungesicherte Betreuung des Kindes im Herkunftsstaat.** Eine schwerwiegende Gefahr für das körperliche Wohlergehen des Kindes kann auch dann bestehen, wenn der antragstellende Vater aufgrund seines Berufs zur Betreuung des Kindes im Zeitraum bis zur Entscheidung über das Sorgerecht weder persönlich noch mit Hilfe Dritter (zB Großeltern) in der Lage ist und bei der Beaufsichtigung des Kindes bereits in der Vergangenheit die erforderliche Achtsamkeit hat vermissen lassen (OLG Zweibrücken FamRZ 10, 913/915).

221   **c) Sonstige Unzumutbarkeit für das Kind.** Nach Abs 1 lit b kann die Rückführung auch dann abgelehnt werden, wenn sie zwar nicht mit einer schwerwiegenden Gefahr eines kör-

1590

III. Staatsverträge: HKÜ Art 13   222–225 **U**

perlichen oder seelischen Schadens für das Kind verbunden ist, das Kind aber auf andere Weise in eine unzumutbare Lage bringt. Dies ist insbesondere anzunehmen, wenn das Kind unmittelbar nach der Anordnung seiner Rückführung in den Herkunftsstaat legal wieder in den Verbringungsstaat zurückgebracht werden könnte. Denn das Kind soll nicht durch ein „sinnloses Hin- und Her-Verbringen" zum bloßen Streitobjekt der Eltern ohne Rücksicht auf seine eigenen Bedürfnisse werden. Dies wäre aber dann der Fall, wenn vor der Entscheidung über die Rückführung bereits eine – endgültige oder vorläufige – Entscheidung der Gerichte des Herkunftsstaates ergeht, in der die alleinige elterliche Sorge oder zumindest das Aufenthaltsbestimmungsrecht dem entführenden Elternteil zugesprochen wird (öst OGH IPRax 00, 141; OLG Stuttgart FamRZ 15, 1631 m Anm *Rieck* NZFam 15, 575; OLG Karlsruhe FamRZ 15, 1627 Rn 57 m Anm *Mach-Hour* NZFam 15, 384; OLG Stuttgart FamRZ 03, 959/961; *Baetge* IPRax 00, 146; MüKoBGB/*Heiderhoff* Rn 34).

Auch eine durch die Rückführung des Kindes eintretende **Trennung von einem Geschwis-** 222 **terkind** kann das Kind im Einzelfall in eine unzumutbare Lage bringen (OLG Schleswig IPRspr 98 Nr 112; MüKoBGB/*Heiderhoff* Rn 32). Ist etwa die Rückführung eines älteren Kindes, das bereits über die erforderliche Reife verfügt und sich der Rückgabe widersetzt, nach Abs 2 abzulehnen, so kann dies zur Folge haben, dass auch die Rückführung der sechsjährigen Schwester abzulehnen ist, wenn zwischen beiden Geschwistern sehr enge gefühlsmäßige Bindungen bestehen und die Trennung zu einer erheblichen emotionalen Belastung für das jüngere Kind führen würde (OLG Frankfurt FamRZ 96, 689/691).

4. Der Ablehnungsgrund nach Abs 2

Schrifttum: *Winkler v Mohrenfels,* Der Kindeswille im Rahmen des HKÜ, FS Geimer (2002) 1527.

Nach Abs 2 kann die Rückgabe des Kindes auch abgelehnt werden, wenn dieses sich der 223 Rückgabe widersetzt, sofern es bereits ein Alter und eine Reife erreicht hat, angesichts deren es angebracht erscheint, seine Meinung zu berücksichtigen. Die Vorschrift ist Ausdruck des Vorrangs der Kindesinteressen gegenüber den Elterninteressen (BVerfG FamRZ 99, 1053; NK-BGB/*Benicke* Rn 38). Die Beweislast für das Vorliegen der Voraussetzungen einer Ablehnung der Rückgabe nach Abs 2 trägt der Antragsgegner im Rückführungsverfahren (KG FamRZ 97, 1098/1099; OLG Bamberg FamRZ 94, 182). Verbleiben Zweifel, so ist die Rückgabe anzuordnen (NK-BGB/*Benicke* Rn 45).

a) Widerstand des Kindes gegen die Rückführung. Für die Feststellung, ob das Kind sich 224 der Rückführung widersetzt, kommt es wesentlich darauf an, dass das Kind sich **aus freien Stücken**, und nicht unter dem maßgeblichen Einfluss des entführenden Elternteils, gegen die Rückkehr in den Staat des gewöhnlichen Aufenthalts sträubt (OLG Zweibrücken FamRZ 01, 643/645; OLG Düsseldorf FamRZ 99, 949; OLG Brandenburg FamRZ 97, 1098; Staud/*Pirrung* Rn D 73). Ferner ist erforderlich, dass der Widerstand des Kindes ernsthaft und nachdrücklich zum Ausdruck gebracht wird (vgl dazu OLG Stuttgart IPRspr 15 Nr 109 m Anm *Schmid* NZFam 15, 1032). In diesem Zusammenhang hat das Gericht das Kind darauf hinzuweisen, dass es zunächst nur um die Rückkehr in den Herkunftsstaat bis zur Entscheidung über die elterliche Sorge, hingegen nicht um die endgültige Rückkehr in die alleinige Obhut des antragstellenden Elternteils geht. Ist der Wille des Kindes daher nur darauf gerichtet, mit dem entführenden Elternteil zusammenzubleiben und nicht an den antragstellenden Elternteil herausgegeben zu werden, so kann die Rückgabe angeordnet werden, wenn der entführende Elternteil bereit ist, mit dem Kind in den Herkunftstaat zurückzukehren (OLG Hamm FamRZ 04, 723/725; OLG Stuttgart FamRZ 96, 688/689; NK-BGB/*Benicke* Rn 42).

b) Hinreichende Reife des Kindes. Ferner muss das Kind ein solches Alter und die 225 erforderliche Reife erreicht haben, die den Schluss zulassen, dass seiner Weigerung eine verantwortungsbewusste Entscheidung zugrunde liegt. Da Kinder sich unterschiedlich schnell entwickeln, besteht keine feste Altersgrenze, vor deren Erreichen die Berücksichtigung des Kindeswillens ausgeschlossen ist (BVerfG FamRZ 99, 1053/1054). Entscheidend ist vielmehr die Reife des Kindes im konkreten Einzelfall (OLG Hamm FamRZ 99, 948/949; OLG Düsseldorf FamRZ 99, 949/950; OLG Celle FamRZ 95, 955; *Bach* FamRZ 97, 1051/1057; *Völker* FamRZ 10, 157/162; Staud/*Pirrung* Rn D 73; vgl auch BVerfG FamRZ 06, 1261/1263). Dabei ist zu berücksichtigen, welche Umstände auf das Kind einwirken, wie es den Loyalitätskonflikt im Verhältnis zu den Eltern verarbeiten und sich einen eigenen Willen bilden kann. Auf die

1591

U 228, 229   3. Teil. Behördenzusammenarbeit. U. Kindschaftssachen

Einholung eines kinderpsychologischen Gutachtens ist aus Gründen der Verfahrensbeschleunigung grundsätzlich zu verzichten (NK-BGB/*Benicke* Rn 41).

226   Aus der Rechtsprechung zu Abs 2 lassen sich bezüglich der Altersgrenzen die folgenden groben Leitlinien entnehmen: Die erforderliche Reife ist bei über **14 Jahre** alten Kindern regelmäßig (*Mansel* NJW 90, 2176/2177), darüberhinaus häufig auch schon bei über **10 bis 12 Jahre** alten Kindern bejaht worden (öst OGH 20.3.13, unalex AT-862 [12 Jahre]; OLG Hamburg NJW 14, 3378/3380 [11 Jahre]; OLG Karlsruhe FamRZ 02, 1141/1142 [12 Jahre]; OLG Celle FamRZ 02, 569/570 [12 Jahre]; OLG Zweibrücken FamRZ 01, 643 [11 und 10 Jahre]; OLG Brandenburg FamRZ 97, 1098 [11 und 12 Jahre]; OLG Frankfurt FamRZ 96, 689/691[10 Jahre]; AG Hamm FamFR 11, 94 m Anm *Rauscher* [12 Jahre]; vgl auch OLG Karlsruhe FuR 06, 222). Sie fehlt hingegen regelmäßig noch bei Kindern, die erst **sechs Jahre** alt oder jünger sind (OLG Hamm FamRZ 99, 948/949; OLG Karlsruhe FamRZ 03, 956/958; OLG München DAVorm 00, 1157). Bei Kindern zwischen dem 7. und dem 9. Lebensjahr entscheidet die individuelle Entwicklung und Reife; dabei steht dem Gericht ein **weiter Ermessensspielraum** zu (OLG Naumburg FamRZ 07, 1586/1587; vgl zur Annahme mangelnder Reife bei einem achtjährigen Kind OLG Düsseldorf FamRZ 99, 949/950; ebenso für ein unterdurchschnittlich entwickeltes neunjähriges Kind OLG Nürnberg FamRZ 04, 726/727 und AG Saarbrücken IPRax 05, 359/361 sowie für ein siebenjähriges Kind OLG Schleswig IPRspr 05 Nr 76). Hingegen ist dem ernsthaften Widerstand von neun und sieben Jahre alten Kindern entscheidendes Gewicht beigemessen worden (OLG Celle FamRZ 95, 955/956).

227   **c) Keine Bindung des Gerichts.** Abs 2 räumt dem Kind allerdings kein Wahlrecht ein, bei welchem Elternteil es lieber leben möchte. Sein Widerstand ist vielmehr nur zu berücksichtigen, wenn er sich auch und gerade gegen die Rückführung bis zu einer endgültigen Entscheidung über das Sorgerecht im Herkunftstaat richtet und wenn hierfür sachliche Gründe (zB Nachteile im schulischen Werdegang) geltend gemacht werden (OLG Karlsruhe FamRZ 02, 1141/1142).

HKÜ Art 14. [Berücksichtigung des Rechts im Staat des gewöhnlichen Aufenthalts des Kindes]

Haben die Gerichte oder Verwaltungsbehörden des ersuchten Staates festzustellen, ob ein widerrechtliches Verbringen oder Zurückhalten im Sinn des Artikels 3 vorliegt, so können sie das im Staat des gewöhnlichen Aufenthalts des Kindes geltende Recht und die gerichtlichen oder behördlichen Entscheidungen, gleichviel ob sie dort förmlich anerkannt sind oder nicht, unmittelbar berücksichtigen; dabei brauchen sie die besonderen Verfahren zum Nachweis dieses Rechts oder zur Anerkennung ausländischer Entscheidungen, die sonst einzuhalten wären, nicht zu beachten.

1. Allgemeines

228   Nach dem HKÜ sollen Rückführungsverfahren so schnell als möglich durchgeführt (Art 2 S 2) und durch Verfahrenshindernisse im Recht des Verbringungsstaates so wenig wie möglich verzögert oder erschwert werden. Aus diesem Grunde enthebt Art 14 das mit dem Rückgabeantrag befasste Gericht von der Verpflichtung, die von seiner *lex fori* vorgeschriebenen besonderen Verfahren zur Ermittlung ausländischen Rechts oder zur Anerkennung ausländischer (Sorgerechts-) Entscheidungen einzuhalten. Die Vorschrift greift damit unmittelbar in das Verfahrensrecht des ersuchten Staates ein und schließt die Beachtung der dort vorgesehenen besonderen Verfahren aus, soweit es um die Beurteilung der Widerrechtlichkeit des Verbringens oder Zurückhaltens iSv Art 3 HKÜ geht. Die Regelung ist aus deutscher Sicht verfassungsrechtlich unbedenklich (BVerfG FamRZ 96, 1267/1270 m Anm *Klein* IPRax 97, 106).

2. Berücksichtigung

229   Die für die Anordnung der Rückgabe zuständigen Gerichte oder Behörden im Verbringungsstaat haben bei ihrer nach Art 12 Abs 1 vorzunehmenden Prüfung, ob ein widerrechtliches Verbringen oder Zurückhalten iSv Art 3 Abs 1 lit a vorliegt, das im Staat des gewöhnlichen Aufenthalts des Kindes geltende Recht sowie in diesem Staat ergangene oder anerkannte gerichtliche und behördlich Entscheidungen gem Art 14 zu „berücksichtigen". Trotz dieser weichen Formulierung wird die Vorschrift überwiegend in dem Sinne ausgelegt, dass sie eine **Bindung der Gerichte im Verbringungsstaat** sowohl an das Recht des Herkunftsstaates wie auch an

III. Staatsverträge: HKÜ Art 15

dort wirksame Gerichtsentscheidungen zur Frage der Widerrechtlichkeit iSv Art 3 begründet (NK-BGB/*Benicke* Rn 1; MüKoBGB/*Heiderhoff* Rn 2). Dem mit dem Rückgabeantrag befassten Gericht ist daher eine auch nur inzidente Prüfung von Gründen für die Nichtanerkennung ausländischer Entscheidungen versagt. Die Berücksichtigung führt andererseits auch nicht zu einer Erstreckung der – vor allem prozessualen – Wirkungen der Entscheidung auf das Gebiet des ersuchten Staates. Die Entscheidung ist vielmehr nur zum Zwecke der Beurteilung eines widerrechtlichen Verbringens oder Zurückhaltens iSv Art 3 zu beachten (vgl Staud/*Pirrung* Rn D 78: „Tatbestandswirkung").

3. Bindung an das Recht des Herkunftsstaates

Die Bindung an das Recht des Herkunftstaates hängt nicht davon ab, dass „besondere Verfahren zum Nachweis dieses Rechts" einzuhalten wären. Diese Vorgabe bedeutet für deutsche Gerichte, die über die Rückgabe eines Kindes nach dem HKÜ zu entscheiden haben, keine Abweichung vom sonstigen Verfahren zur Ermittlung ausländischen Rechts; denn dieses ist nach § 293 ZPO auch sonst von Amts wegen zu ermitteln, ohne dass hierfür besondere Verfahren einzuhalten wären (MüKoBGB/*Heiderhoff* Rn 1). Allerdings sollte auf die ansonsten in Deutschland übliche Einholung von Sachverständigengutachten zum ausländischen Recht wegen der damit idR verbundenen Verzögerung des Verfahrens möglichst verzichtet werden, ebenso auf förmliche Ersuchen nach dem Europäischen Rechtsauskunftsübereinkommen v 7.6.1968 (BGBl 74 II 937). Kann das ersuchte Gericht den Inhalt des nach Art 3 HKÜ maßgeblichen Rechts nicht selbst verlässlich ermitteln, solle es den Weg über Art 15 gehen und die Vorlage einer Bescheinigung des Herkunftstaates zur Frage der Widerrechtlichkeit verlangen (Staud/*Pirrung* Rn D 77).

4. Bindung an Entscheidungen des Herkunftsstaates

Das im ersuchten Staat zur Entscheidung über die Rückgabe des Kindes zuständige Gericht kann auch im Herkunftsstaat ergangene Entscheidungen – insbesondere zur Frage des Sorgerechts oder zur Widerrechtlichkeit des Verbringens – unmittelbar zugrunde legen, ohne hierfür ein in seinem Recht vorgeschriebenes förmliches Verfahren zur Anerkennung einhalten zu müssen (vgl OLG Hamm FamRZ 00, 370; KG FamRZ 97, 1098). Die Beachtung einer im Herkunftstaat des Kindes ergangenen oder dort anerkannten Entscheidung auf dem Gebiet der elterlichen Verantwortung setzt allerdings in Deutschland ohnehin nicht die Durchführung eines besonderen Anerkennungsverfahrens voraus. Vielmehr sind Sorgerechtsentscheidungen sowohl nach Art 21 EuEheVO (→ N Rn 56) wie nach den einschlägigen staatsvertraglichen Regelungen (Art 23 KSÜ, Art 7 EuSorgeRÜ; → N Rn 356, 428) und dem autonomen deutschen Verfahrensrecht (§ 108 FamFG; → N Rn 617) automatisch anzuerkennen. Auch die Anerkennung einer im Scheidungsverbund ergangenen Sorgerechtsentscheidung in Deutschland setzt nicht voraus, das zuvor hinsichtlich des Scheidungsurteils das förmliche Anerkennungsverfahren vor der Landesjustizverwaltung nach § 107 FamFG durchgeführt wird, soweit dessen Durchführung noch vorgeschrieben ist (NK-BGB/*Benicke* Rn 2; → N Rn 627).

HKÜ Art 15. [Bescheinigung über die Widerrechtlichkeit]

[1] Bevor die Gerichte oder Verwaltungsbehörden eines Vertragsstaats die Rückgabe des Kindes anordnen, können sie vom Antragsteller die Vorlage einer Entscheidung oder sonstigen Bescheinigung der Behörden des Staates des gewöhnlichen Aufenthalts des Kindes verlangen, aus der hervorgeht, dass das Verbringen oder Zurückhalten widerrechtlich im Sinn des Artikels 3 war, sofern in dem betreffenden Staat eine derartige Entscheidung oder Bescheinigung erwirkt werden kann. [2] Die zentralen Behörden der Vertragsstaaten haben den Antragsteller beim Erwirken einer derartigen Entscheidung oder Bescheinigung soweit wie möglich zu unterstützen.

Schrifttum: *Pietsch,* Die Widerrechtlichkeitsbescheinigung nach Art. 15 des Haager Übereinkommens über die zivilrechtlichen Aspekte internationaler Kindesentführung, FamRZ 09, 1730.

1. Allgemeines

Die Ausstellung der Widerrechtlichkeitsbescheinigung nach Art 15 soll es dem mit dem Rückgabeantrag befassten Gericht im Verbringungsstaat erleichtern, die Widerrechtlichkeit des

U 3. Teil. Behördenzusammenarbeit. U. Kindschaftssachen

Verbringens oder Zurückhaltens nach dem insoweit von Art 3 Abs 1 lit a zur Anwendung berufenen Recht des Herkunftsstaates, in dem sich das Kind zuletzt rechtmäßig gewöhnlich aufgehalten hat, festzustellen. Die Vorlage einer solchen Bescheinigung ist allerdings nicht zwingend vorgeschrieben; das zuständige Gericht ist vielmehr in seiner Entscheidung frei, ob es die Vorlage der Bescheinigung verlangt (OLG Karlsruhe FamRZ 06, 1403 [LS]). Gefordert werden kann sie nur, wenn der Herkunftsstaat eine solche Bescheinigung überhaupt ausstellt. Dies ist auch in *Österreich* der Fall, obwohl es dort an einer ausdrücklichen gesetzlichen Grundlage dafür fehlt (öst OGH IPRax 16, 280/282 ff m Anm *Hohloch* 248).

2. Zuständigkeit

233   Die Widerrechtlichkeitsbescheinigung nach Art 15 muss von einer Behörde des Staates ausgestellt werden, in dem das Kind seinen gewöhnlichen Aufenthalt hat. In *Deutschland* ist hierfür das Familiengericht zuständig; die örtliche Zuständigkeit ergibt sich aus **§ 41 IntFamRVG** (→ Rn 337 f).

3. Bindungswirkung

234   Eine Bindung des über die Rückgabe entscheidenden Gerichts an die vom Herkunftsstaat ausgestellte Bescheinigung zur Widerrechtlichkeit des Verbringens bzw Zurückhaltens würde zwar das Rückgabeverfahren vereinfachen und beschleunigen. Dennoch wird eine solche Bindungswirkung zu Recht überwiegend abgelehnt (öst OGH IPRax 16, 280/284 Rn 41 m zust Anm *Hohloch* 248; OLG Celle FamRZ 07, 1587/1588; AG Saarbrücken FamRZ 03, 398/399; Staud/*Pirrung* Rn D 79; offenlassend OLG Karlsruhe FamRZ 06, 1699/1700; **aA** KG FamRZ 97, 1098 f; differenzierend zwischen Feststellungen zu Art 3 Abs 1 lit a und lit b MüKoBGB/*Heiderhoff* Rn 2). Denn die Rechtswidrigkeitsbescheinigung wird idR ohne Anhörung des Antragsgegners des Rückgabeverfahrens, dh nur auf der Grundlage der Angaben des Antragstellers ausgestellt (NK-BGB/*Benicke* Rn 2; vgl OLG Stuttgart FamRZ 01, 645/646). Die fehlende Bindungswirkung hindert das mit dem Rückführungsantrag befasste Gericht freilich nicht, die Widerrechtlichkeitsbescheinigung seiner Entscheidung ohne eigene Sachprüfung zugrunde zu legen (OLG Hamm FamRZ 00, 370/371; NK-BGB/*Benicke* aaO). Das Gericht kann aufgrund eigener autonomer Wertung aber auch zu einer abweichenden Bewertung der Widerrechtlichkeit gelangen.

4. Rechtsschutzbedürfnis

235   Ein Rechtsschutzbedürfnis für einen Antrag auf Ausstellung der Widerrechtlichkeitsbescheinigung nach Art 15 besteht nur, wenn und solange ein Verfahren auf Kindesrückgabe anhängig ist (OLG Nürnberg FamRZ 09, 240). Es wird nicht dadurch ausgeschlossen, dass das für die Rückgabe zuständige Gericht an die Bescheinigung nicht gebunden ist. Das Rechtsschutzbedürfnis hängt auch nicht davon ab, ob dieses Gericht die Bescheinigung angefordert hat. Es entfällt jedoch, wenn der Antrag auf Rückgabe des Kindes bereits rechtskräftig abgelehnt worden ist (OLG Zweibrücken FamRZ 99, 950).

5. Rechtsbehelfe

236   Bei der Entscheidung über die Erteilung der Widerrechtlichkeitsbescheinigung nach Art 15 handelt es sich nicht um eine Endentscheidung, sondern um eine **Zwischenentscheidung** im Rahmen eines HKÜ-Rückführungsverfahrens (OLG Karlsruhe FamRZ 05, 1004; *Bach*/*Gildenast* Rn 194). Statthaft sind daher nur die in einem solchen Verfahren zulässigen Rechtsmittel, im deutschen Recht daher nur die Beschwerde zum OLG nach Maßgabe von § 40 Abs 2 IntFamRVG (OLG Nürnberg FamRZ 09, 240; → Rn 331 f).

HKÜ Art 16. [Verbot einer Sachentscheidung über das Sorgerecht im Verbringungsstaat]

Ist den Gerichten oder Verwaltungsbehörden des Vertragsstaats, in den das Kind verbracht oder in dem es zurückgehalten wurde, das widerrechtliche Verbringen oder Zurückhalten des Kindes im Sinn des Artikels 3 mitgeteilt worden, so dürfen sie eine Sachentscheidung über das Sorgerecht erst treffen, wenn entschieden ist, dass das Kind aufgrund dieses Übereinkommens nicht zurückzugeben ist, oder sofern innerhalb

1594

III. Staatsverträge: HKÜ Art 16   **237–241 U**

angemessener Frist nach der Mitteilung kein Antrag nach dem Übereinkommen gestellt wird.

1. Allgemeines

Art 16 enthält eine wichtige Ergänzung zu den Vorschriften über das Rückführungsverfahren **237** nach Art 8 ff, wenn es den Gerichten und Behörden im Zufluchtsstaat eine Sachentscheidung über das Sorgerecht in Bezug auf das entführte Kind verbietet. Mit Hilfe dieses Verbots soll verhindert werden, dass im Verbringungsstaat bereits vollendete Tatsachen geschaffen werden und dem Rückführungsverfahren der Boden entzogen wird.

2. Mitteilung des widerrechtlichen Verbringens/Zurückhaltens

Die Anforderungen an eine wirksame Mitteilung des widerrechtlichen Verbringens bzw **238** Zurückhaltens sind nicht geklärt. Ausreichend ist es jedenfalls, wenn das mit dem Sorgerechtsverfahren befasste Gericht von der zuständigen zentralen Behörde davon unterrichtet wird, dass ein Antrag auf Rückführung des Kindes nach Art 8 gestellt worden ist (AG Würzburg FamRZ 98, 319/1320); denn damit ist gewährleistet, dass eine Vorprüfung der Voraussetzungen des Art 3 stattgefunden hat und der Antrag nicht nach Art 27 offenkundig unbegründet ist. Lässt man es darüber hinaus genügen, dass sich ein (Mit-) Sorgeberechtigter sich im Sorgerechtsverfahren auf eine Entführung beruft (zweifelnd NK-BGB/*Benicke* Rn 2), so obliegt es dem Gericht, die Widerrechtlichkeit selbst zu prüfen.

3. Verfahrenshindernis

Die Mitteilung vom widerrechtlichen Verbringen/Zurückhalten begründet für Sorgerechts- **239** verfahren im Verbringungsstaat ein Verfahrenshindernis mit der Folge, dass die Einleitung eines solchen Verfahrens nach Empfang der Mitteilung unzulässig ist; ein bereits anhängiges Sorgerechtsverfahren ist zu unterbrechen, dh im Regelfall auszusetzen (BGH FamRZ 11, 959/961; BGH NJW 05, 3424/3427; schwz BG 15.11.05, Az 5P.367/05; Staud/*Pirrung* Rn D 80; MüKoBGB/*Heiderhoff* Rn 2). Art 16 HKÜ löst also eine „Sperrwirkung" aus, aufgrund derer keine Sachentscheidung über das Sorgerecht mehr getroffen werden darf (öst OGH ZfRV 1997, 249; öst OGH 11.2.10, unalex AT-741). Das Verfahrenshindernis besteht nicht nur für die Dauer des Rückgabeverfahrens, sondern in erweiternder Auslegung der Vorschrift auch **nach einer rechtskräftigen Rückgabeanordnung** jedenfalls solange fort, wie der Antragsteller nachhaltig deren Vollstreckung betreibt und die Rückführung sich nur deshalb verzögert, weil der Antragsgegner den Vollzug behindert oder die beteiligten Vollstreckungsbehörden langsam arbeiten (BGH FamRZ 00, 1502/1503 m Anm *Pirrung* IPRax 02, 197; OLG Bremen NJW-RR 17, 1155 Rn 10 ff; OLG Hamm FamRZ 00, 373/374; OLG Stuttgart FamRZ 00, 374/375; öst OGH ZfRV 97, 79).

Die Gerichte im Verbringungsstaat sind allerdings durch Art 16 nur gehindert, **in die elterli- 240 che Verantwortung eingreifende Maßnahmen** zu treffen (BGH aaO). Hingegen schließt die Vorschrift nicht aus, dass über die Frage der *Nichtanerkennung* einer ausländischen Sorgerechtsentscheidung oder über einen Antrag nach § 31 IntFamRVG auf Aufhebung einer Anordnung der sofortigen Wirksamkeit nach § 27 Abs 2 IntFamRVG entschieden wird, weil darin keine Sachentscheidung über das Sorgerecht liegt (BGH NJW-RR 11, 865 Rn 14 m zust Anm *Schulz* FamRZ 11, 1046 f). Demgegenüber hat die **Anerkennung einer ausländischen Sorgerechtsentscheidung** im Verbringungsstaat die gleiche Wirkung wie eine dort getroffene Entscheidung; sie wird deshalb durch Art 16 ebenfalls ausgeschlossen. Ausgenommen ist nach dem Zweck der Vorschrift lediglich die Anerkennung einer Sorgerechtsentscheidung aus dem Staat, in den das Kind nach dem gestellten Antrag zurückgeführt werden soll (*Schulz* aaO). Ferner dürfte Art 16 in dringenden Fällen auch dem Erlass einer einstweiligen Anordnung zum Schutz des Kindes im Verbringungsstaat nicht entgegenstehen, sofern hierdurch die Anordnung einer Rückgabe des Kindes nicht beeinträchtigt wird (NK-BGB/*Benicke* Rn 7; offenlassend OLG Nürnberg FamRZ 00, 369).

Das Verfahrenshindernis **endet** mit der Folge, dass das unterbrochene Sorgerechtsverfahren **241** fortgesetzt oder ein neues Verfahren vor den Gerichten des Verbringungsstaates eingeleitet werden kann, wenn der Antrag auf Rückführung des Kindes rechtskräftig abgewiesen oder innerhalb angemessener Frist nach der isolierten Mitteilung kein Antrag auf Rückgabe gestellt wird. Bezüglich der Angemessenheit der Frist liegt es nahe, sich an Art 12 Abs 1 zu orientieren,

1595

U 243–245 3. Teil. Behördenzusammenarbeit. U. Kindschaftssachen

so dass es grundsätzlich genügt, wenn der Antrag innerhalb der dort bestimmten Jahresfrist gestellt wird (BGH NJW-Spezial 06, 11; NK-BGB/*Benicke* Rn 3; **aA** [höchstens 6 Monate] OLG Karlsruhe IPRspr 06 Nr 80; Staud/*Pirrung* Rn D 81); denn für diesen Fall besteht eine hohe Wahrscheinlichkeit, dass dem Rückgabeantrag stattgegeben wird und damit die internationale Zuständigkeit für das Sorgerechtsverfahren im Verbringungsstaat entfällt. Das Sorgerechtsverfahren im Verbringungsstaat kann auch dann fortgesetzt werden, wenn eine ergangene Rückgabeanordnung nicht binnen angemessener Frist vollzogen wurde, obwohl dies dem Antragsteller möglich und zumutbar war (Staud/*Pirrung* Rn D 82).

242 Art 16 begründet ein Verfahrenshindernis nur für Sorgerechtsverfahren **im Verbringungsstaat.** Im Staat des vormaligen rechtmäßigen gewöhnlichen Aufenthalts des Kindes kann ein solches Verfahren hingegen auch nach der Stellung eines Rückführungsantrags eingeleitet oder fortgesetzt werden (BayObLG FamRZ 95, 629; MüKoBGB/*Heiderhoff* Rn 3). Ferner hindert Art 16 auch die Durchführung eines Sorgerechtsverfahrens im Verbringungsstaat dann nicht mehr, wenn das Kind wieder in den Herkunftstaat zurückgekehrt ist, sofern die internationale Zuständigkeit für ein solches Verfahren im Verbringungsstaat fortbesteht (NK-BGB/*Benicke* Rn 6).

HKÜ Art 17. [Sorgerechtsentscheidung im ersuchten Staat]

Der Umstand, dass eine Entscheidung über das Sorgerecht im ersuchten Staat ergangen oder dort anerkennbar ist, stellt für sich genommen keinen Grund dar, die Rückgabe eines Kindes nach Maßgabe dieses Übereinkommens abzulehnen; die Gerichte oder Verwaltungsbehörden des ersuchten Staates können jedoch bei der Anwendung des Übereinkommens die Entscheidungsgründe berücksichtigen.

243 Nach Art 3 ist über die Verletzung des (Mit-) Sorgerechts und die daraus resultierende Widerrechtlichkeit des Verbringens bzw Zurückhaltens nach dem Recht des Staates zu entscheiden, in dem sich das Kind zuletzt rechtmäßig aufgehalten hat (→ Rn 110 ff). Auf die hiervon abweichende Beurteilung nach dem Recht des Verbringungsstaates kommt es nicht an. Daran ändert sich – wie Art 17 klargestellt – auch dadurch nichts, dass im Verbringungsstaat bereits eine Entscheidung über das Sorgerecht zugunsten des „Entführers" ergangen oder eine hierauf gerichtete Sorgerechtsentscheidung eines Drittstaats dort anerkannt worden ist. Eine solche Entscheidung stellt für sich genommen also kein Grund, die Rückführung des Kindes abzulehnen (OLG Zweibrücken FamRZ 10, 913/914; OLG Düsseldorf FamRZ 94, 185; MüKoBGB/*Heiderhoff* Rn 1; *Vomberg/Nehls* 35 mwN). Dies gilt nicht nur dann, wenn die Sorgerechtsentscheidung nach der Entführung ergangen ist; vielmehr kann sich die für die Rückführungsentscheidung zuständige Behörde des Verbringungsstaates auf eine solche Entscheidung auch dann nicht berufen, wenn sie bereits vor der Entführung getroffen worden ist (OLG Celle IPRspr 99 Nr 82b; NK-BGB/*Benicke* Rn 2; Staud/*Pirrung* Rn D 83). Anträgen nach dem HKÜ kann nach Art 17 also nicht durch innerstaatliche Entscheidungen über das Sorgerecht im Verbringungsstaat der Boden entzogen werden. Das gilt auch nach Rechtskraft der Rückführungsanordnung jedenfalls solange wie der Antragsteller den Vollzug nachdrücklich betreibt (öst OGH 11.2.10, unalex AT-741).

244 Nach Hs 2 sind die Gerichte oder Behörden des ersuchten Staates allerdings berechtigt, die **Gründe** einer solchen Entscheidung bei ihrer Entscheidung über die Rückgabe nach Art 13 Abs 1 lit b zu berücksichtigen. Dies gilt insbesondere für tatsächliche Feststellungen des Gerichts zum gewöhnlichen Aufenthalt des Kindes oder zum Kindeswohl auf der Grundlage von eingeholten Gutachten oder Äußerungen von Sachverständigen bzw Jugendämtern (NK-BGB/*Benicke* Rn 3).

245 Nach seinem Wortlaut gilt Art 17 zwar auch für den Fall, dass nach dem widerrechtlichen Verbringen bzw Zurückhalten eine **Entscheidung im Herkunftsstaat** ergangen und im ersuchten Staat anzuerkennen ist. Insoweit wird die Vorschrift jedoch zu Recht einschränkend ausgelegt. Danach ist das mit einem Rückführungsantrag befasste Gericht im ersuchten Staat nicht daran gehindert, Entscheidungen der Gerichte des früheren Aufenthaltsstaates des Kindes zu berücksichtigen, insbesondere wenn sie das Sorge- oder Aufenthaltsbestimmungsrecht dem entführenden Elternteil übertragen haben. Denn nur so kann ein „sinnloses Hin- und Her-Verbringen" des Kindes vermieden werden (OLG Stuttgart FamRZ 15, 1631 m Anm *Rieck* NZFam 15, 575; OLG Karlsruhe FamRZ 15, 1627 m Anm *Mach-Hour* NZFam 15, 384; OLG Stuttgart FamRZ 03, 959/961; vgl auch OLG Köln IPRspr 10 Nr 117a: Zurückweisung des

1596

III. Staatsverträge: HKÜ Art 20   249   **U**

Rückführungsantrags, wenn das Sorgerecht zwischenzeitlich im Herkunftsstaat vom Antragsteller auf einen Dritten (Großmutter) übertragen wurde; dazu schon → Rn 210).

HKÜ Art 18. [Rückgabeanordnung außerhalb des HKÜ]

Die Gerichte oder Verwaltungsbehörden werden durch die Bestimmungen dieses Kapitels nicht daran gehindert, jederzeit die Rückgabe des Kindes anzuordnen.

Ziel des HKÜ ist es, die Rückgabe entführter Kinder zu erleichtern, nicht zu erschweren. Aus **246** diesem Grunde stellt Art 18 klar, dass die Gerichte oder Behörden des Verbringungsstaates durch die Vorschriften des III. Kapitels des HKÜ nicht daran gehindert werden, die Rückführung des Kindes auf der Grundlage eines anderen Staatsvertrags oder nach Maßgabe ihres autonomen Rechts anzuordnen, auch wenn die Voraussetzungen nach dem HKÜ nicht vorliegen (vgl auch Art 34 S 2; → Rn 279). Nach deutschem autonomen Recht besteht eine solche günstigere Regelung zur Rückgabe von entführten Kindern freilich nicht (NK-BGB/*Benicke* Rn 1).

HKÜ Art 19. [Reichweite der Rückgabeentscheidung]

Eine aufgrund dieses Übereinkommens getroffene Entscheidung über die Rückgabe des Kindes ist nicht als Entscheidung über das Sorgerecht anzusehen.

Durch die Rückgabeentscheidung soll – wie Art 19 klarstellt – nur der rechtmäßige Zustand **247** vor der Entführung wiederhergestellt werden. Sie ist hingegen nicht als Sachentscheidung über das Sorgerecht anzusehen. Der entführende Elternteil wird durch diese Entscheidung und ihren Vollzug also nicht gehindert, im Herkunftsstaat oder – nach Wegfall des Verfahrenshindernisses gem Art 16 – auch im Verbringungsstaat (NK-BGB/*Benicke* Rn 2) eine Regelung des Sorgerechts zu seinen Gunsten zu beantragen. Das für die Sorgerechtsregelung zuständige Gericht kann bei seiner Entscheidung zwar die Entführung zu Lasten des entführenden Elternteils berücksichtigen, es kann aber trotz der Entführung und der ergangenen Entscheidung über die Rückführung des Kindes dennoch zu dem Ergebnis gelangen, dass die Übertragung des Sorgerechts auf diesen Elternteil dem Kindeswohl besser entspricht (MüKoBGB/*Heiderhoff* Rn 1).

Da die Entscheidung über die Rückgabe des Kindes keine Sorgerechtsentscheidung ist, kann **248** sie auch nicht als solche in anderen Staaten **anerkannt und vollstreckt** werden. Dies gilt freilich nur, wenn das für die Anerkennung und Vollstreckung maßgebende Rechtsinstrument sachlich auf Sorgerechtsentscheidungen beschränkt ist. Dies trifft etwa auf das EuSorgeRÜ zu, so dass eine auf Art 12 HKÜ gestützte Rückgabeanordnung nicht in einem Vertragsstaat des EuSorgeRÜ anerkannt und vollstreckt werden kann, in den das Kind entgegen der Rückgabeanordnung verbracht worden ist (Staud/*Pirrung* Rn D 85). Ansonsten entspricht die Rückgabeanordnung einer Entscheidung über die Kindesherausgabe und kann nach den für solche Entscheidungen maßgebenden Vorschriften (zB nach der EuEheVO oder dem autonomen Recht des Aufenthaltsstaates des Kindes) vollstreckt werden.

HKÜ Art 20. [Verstoß gegen Menschenrechte und Grundfreiheiten]

Die Rückgabe des Kindes nach Artikel 12 kann abgelehnt werden, wenn sie nach den im ersuchten Staat geltenden Grundwerten über den Schutz der Menschenrechte und Grundfreiheiten unzulässig ist.

Schrifttum: *Abt,* Der ordre Public-Vorbehalt des Haager Übereinkommens über die zivilrechtlichen Aspekte internationaler Kindesentführung, AJP 97, 1079.

1. Allgemeines

Art 20 enthält eine auf die Verletzung von Menschenrechten und Grundfreiheiten beschränkte **249** *ordre public*-Klausel. Eine Berufung auf andere als die in Art 13 Abs 1 lit b, Abs 2 und Art 20 zugelassenen *ordre public*-Erwägungen ist im Anwendungsbereich des HKÜ ausgeschlossen (Staud/*Pirrung* Rn D 86). Insbesondere kann nicht auf den weiter gefassten *ordre public*-Vorbehalt nach nationalem Recht (zB nach Art 6 EGBGB) zurückgegriffen werden (NK-BGB/*Benicke* Rn 1). Die Vorbehaltsklausel in Art 20 ist **noch enger auszulegen** als andere Vorbehaltsklauseln auf dem Gebiet des internationalen Kindschaftsrechts (vgl zu Art 23 lit a EuEheVO; → N Rn 83 f mwN), weil die wesentlichen Kindesinteressen bereits im Rahmen von Art 13 berücksichtigt werden können (OLG Koblenz FamRZ 93, 97; MüKoBGB/*Heiderhoff* Rn 1 f). Sie greift

1597

U 251, 252   3. Teil. Behördenzusammenarbeit. U. Kindschaftssachen

daher nur in besonderen Ausnahmesituationen ein. Dies ist auch aus verfassungsrechtlichen Gründen nicht zu beanstanden (BVerfG NJW 99, 631/632).

2. Beurteilungsmaßstab

250   Maßstab für die Beurteilung, ob die Rückgabe des Kindes gegen Art 20 verstößt sind aus deutscher Sicht vor allem die **Grundrechte** des Grundgesetzes, ferner die EMRK und die Charta der Grundrechte der EU. Im Hinblick auf das durch Art 6 Abs 2 GG geschützte Elternrecht stellt die Anordnung der Rückgabe eines deutschen Kindes an den sorgeberechtigten Elternteil, der seinen gewöhnlichen Aufenthalt in einem anderen Vertragsstaat des HKÜ hat, keine „Auslieferung" iSv Art 16 GG dar (BVerfG IPRax 97, 123 m Anm *Klein* 106; BVerfG FamRZ 99, 641 m Anm *Staudinger* IPRax 00, 194). Die Rückgabe kann etwa verweigert werden, wenn die Entscheidung über das Sorgerecht im Herkunftstaat nicht am Kindeswohl, sondern an aus deutscher Sicht sachfremden Kriterien (zB dem Scheidungsverschulden oder der Religionszugehörigkeit) ausgerichtet wird (Staud/*Pirrung* Rn D 86).

Kapitel IV. Recht zum persönlichen Umgang

HKÜ Art 21 [Zuständigkeit und Aufgaben der zentralen Behörden]

(1) **Der Antrag auf Durchführung oder wirksame Ausübung des Rechts zum persönlichen Umgang kann in derselben Weise an die zentrale Behörde eines Vertragsstaats gerichtet werden wie ein Antrag auf Rückgabe des Kindes.**

(2) **¹Die zentralen Behörden haben aufgrund der in Artikel 7 genannten Verpflichtung zur Zusammenarbeit die ungestörte Ausübung des Rechts zum persönlichen Umgang sowie die Erfüllung aller Bedingungen zu fördern, denen die Ausübung dieses Rechts unterliegt. ²Die zentralen Behörden unternehmen Schritte, um soweit wie möglich alle Hindernisse auszuräumen, die der Ausübung dieses Rechts entgegenstehen.**

(3) **Die zentralen Behörden können unmittelbar oder mit Hilfe anderer die Einleitung eines Verfahrens vorbereiten oder unterstützen mit dem Ziel, das Recht zum persönlichen Umgang durchzuführen oder zu schützen und zu gewährleisten, dass die Bedingungen, von denen die Ausübung dieses Rechts abhängen kann, beachtet werden.**

Schrifttum: *Limbrock,* Das Umgangsrecht im Rahmen des Haager Kindesentführungsübereinkommens und des Europäischen Sorgerechtsübereinkommens, FamRZ 99, 1631.

1. Allgemeines

251   Zu den Zielen des HKÜ gehört nach Art 1 lit b auch die Gewährleistung des in einem Vertragsstaat bestehenden Rechts zum persönlichen Umgang in den anderen Vertragsstaaten. Zur Verwirklichung dieses Ziels trifft das Übk in Art 21 allerdings nur eine rudimentäre Regelung, weil auf der Vierzehnten Haager Konferenz die Zeit für eine detaillierte Ausarbeitung umgangsrechtlicher Fragen fehlte (Staud/*Pirrung* Rn D 88). Die praktische Bedeutung dieser Regelung ist bisher gering geblieben; nicht zuletzt aus diesem Grunde sieht die **EuEheVO** im Verhältnis der Mitgliedstaaten zueinander eine stark vereinfachte Durchsetzung von Umgangsregelungen vor (vgl Art 40, 41 EuEheVO; → N Rn 229 ff). Insbesondere begründet die Verletzung des Umgangsrechts – anders als die Verletzung des Sorgerechts – keinen Anspruch auf Rückführung des Kindes in seinen bisherigen Aufenthaltsstaat.

2. Antrag, Abs 1

252   Anträge zum Umgangsrecht können gem Abs 1 in entsprechender Anwendung der Vorschriften über den Antrag auf Rückgabe des Kindes, dh analog Art 8 ff bei den zentralen Behörden gestellt werden. Die Vorschrift unterscheidet zwischen Anträgen „auf Durchführung" und „wirksame Ausübung" des Umgangsrechts. Während die Ausübung ein bereits bestehendes Umgangsrecht voraussetzt, ist mit der Durchführung die erstmalige Begründung des Umgangsrechts gemeint (Staud/*Pirrung* Rn D 87). Der Antragsteller kann die Unterstützung der zentralen Behörden somit auch dann in Anspruch nehmen, wenn es ihm darum geht, dass ihm erstmalig ein Recht zum persönlichen Umgang mit seinem Kind eingeräumt wird (MüKoBGB/Heider-

1598

III. Staatsverträge   253–258 **U**

hoff Rn 4; NK-BGB/*Benicke* Rn 2). Voraussetzung ist ein internationaler Bezug des Sachverhalts, der insbesondere gegeben ist, wenn das Kind sich in einem anderen Vertragsstaat als der Antragsteller gewöhnlich aufhält (NK-BGB/*Benicke* Rn 4).

3. Förderung der Ausübung des Umgangsrechts, Abs 2

Als Ausfluss der in Art 7 genannten Verpflichtung zur Zusammenarbeit haben die zentralen **253** Behörden gem Abs 2 S 1 die ungestörte Ausübung des Rechts zum persönlichen Umgang zu fördern. Zu diesem Zweck haben sie auf die Einhaltung aller Bedingungen hinzuwirken, denen die Ausübung dieses Rechts unterliegt. Insbesondere haben sie den sorgeberechtigten Elternteil anzuhalten, die Ausübung des Umgangsrechts entsprechend einer getroffenen Vereinbarung oder einer diesbezüglich ergangenen gerichtlichen Regelung zu gestatten, indem er das Kind zB zu den vereinbarten Zeiten zur Abholung durch den umgangsberechtigten Elternteil bereithält. Ferner haben sie nach S 2 soweit wie möglich Hindernisse auszuräumen, die der wirksamen Ausübung des Umgangsrechts entgegenstehen könnten. In Deutschland kann das Bundesamt für Justiz mit dieser Aufgabe das zuständige Jugendamt betrauen (§ 9 Abs 1 Nr 4 IntFamRVG; → Rn 314).

4. Einleitung eines Umgangsrechtsverfahrens, Abs 3

Fehlt es bisher an einer Regelung des Umgangsrechts durch die Gerichte des Vertragsstaats, in **254** dem das Kind seinen gewöhnlichen Aufenthalt hat, oder durch die Gerichte eines anderen Staates, die im Staat des gewöhnlichen Aufenthalts des Kindes anerkannt und vollstreckt werden kann, so sind die Zentralen Behörden nach Abs 3 auch berechtigt, unmittelbar oder mit Hilfe anderer Behörden die Einleitung eines Verfahrens vorzubereiten oder zu unterstützen, um das Recht zum persönlichen Umgang durchzusetzen und seine wirksame Ausübung zu gewährleisten.

5. Im HKÜ nicht ausdrücklich geregelte Fragen

Die nur sehr lückenhafte Regelung zum Schutz des Umgangsrechts in Art 21 HKÜ hat zur **255** Folge, dass – anders als im Verfahren zur Rückgabe von Kindern – wesentliche verfahrens- und kollisionsrechtliche Fragen im Übereinkommen selbst nicht beantwortet werden.

a) Internationale Zuständigkeit für umgangsrechtliche Streitigkeiten. Obwohl das **256** HKÜ die zentralen Behörden in Abs 3 ermächtigt, umgangsrechtliche Verfahren unmittelbar auch in anderen Vertragsstaaten einzuleiten, enthält es keine Regelung zu der Frage, unter welchen Voraussetzungen das von einer zentralen Behörde angerufene Gericht für einen solchen Rechtsstreit international zuständig ist. Während früher eine solche Zuständigkeit zT aus Art 21 HKÜ selbst abgeleitet wurde (vgl OLG Bamberg FamRZ 99, 951/953; Staud/*Pirrung* Rn D 88m Nachw), ergibt sie sich für die deutschen und die Gerichte anderer EU-Mitgliedstaaten (mit Ausnahme *Dänemarks*) heute jedenfalls aus Art 8 ff EuEheVO (→ F Rn 82 ff). In Vertragsstaaten des KSÜ, die nicht zugleich Mitgliedstaaten der EuEheVO sind, folgt die internationale Zuständigkeit zur Regelung des Umgangsrechts aus Art 5 ff KSÜ (→ F Rn 416 ff).

b) Das auf das Umgangsrecht anzuwendende Recht. Während das HKÜ für die Beur- **257** teilung der Widerrechtlichkeit des Verbringens oder Zurückhaltens des Kindes in Art 3 Abs 1 lit a eine eigene Kollisionsnorm enthält, die auf das Recht am gewöhnlichen Aufenthalt des Kindes verweist (→ Rn 110 ff), fehlt es an einer entsprechenden Regelung zur Bestimmung des auf das Umgangsrecht anzuwendenden Rechts. Es bietet sich jedoch an, in Anlehnung an Art 3 Abs 1 lit a auch insoweit von einer **Gesamtverweisung auf das Recht am gewöhnlichen Aufenthalt des Kindes** auszugehen (Staud/*Pirrung* Rn D 88). Dementsprechend haben deutsche Gerichte früher die Art 2, 4 MSA zugrunde gelegt (OLG Hamm IPRspr 97 Nr 104; OLG Bamberg FamRZ 99, 951/954). Seit Inkrafttreten des KSÜ sind von deutschen Gerichten wie von den Gerichten der übrigen KSÜ-Vertragsstaaten die Art 15 ff KSÜ (→ F Rn 624 ff) anzuwenden.

c) Anerkennung und Vollstreckung von umgangsrechtlichen Entscheidungen. Für die **258** Durchsetzung des nach dem Recht eines Vertragsstaats bestehenden Umgangsrechts eines Elternteils in einem anderen Vertragsstaat des HKÜ durch die zentralen Behörden (vgl Abs 2) kommt es schließlich idR darauf an, ob die im Staat des gewöhnlichen Aufenthalts des umgangsberechtigten Elternteils ergangene Entscheidung zu Inhalt und Umfang des Umgangsrechts in dem

1599

U 261   3. Teil. Behördenzusammenarbeit. U. Kindschaftssachen

Staat anerkannt und vollstreckt werden kann, in dem das Kind (und der sorgeberechtigte Elternteil) seinen gewöhnlichen Aufenthalt hat. Auch diese Frage regelt das HKÜ nicht selbst. Im Verhältnis der EU-Mitgliedstaaten (mit Ausnahme *Dänemarks*) zueinander beurteilt sich die Anerkennung und Vollstreckung von umgangsrechtlichen Entscheidungen heute vorrangig nach Art 21, 23 ff, 41 EuEheVO (→ N Rn 51 ff, 76 ff, 235 ff). Danach sind solche Entscheidungen in anderen Mitgliedstaaten vollstreckbar, ohne dass es eines Vollstreckbarerklärungsverfahrens bedarf, wenn das Gericht des Ursprungsmitgliedstaats eine Bescheinigung nach Art 41 Abs 2 EuEheVO ausgestellt hat (→ N Rn 237 ff). Für die Anerkennung und Vollstreckbarerklärung von umgangsrechtlichen Entscheidungen aus Vertragsstaaten des KSÜ und des EuSorgeRÜ, die nicht Mitgliedstaaten der EuEheVO sind, gelten in Deutschland und den anderen Vertragsstaaten dieser Staatsverträge die Art 23 ff KSÜ (→ N Rn 355 ff) und die Art 7 ff EuSorgeRÜ (→ N Rn 428 ff).

Kapitel V. Allgemeine Bestimmungen

HKÜ Art 22. [Sicherheitsleistung für Verfahrenskosten]

In gerichtlichen oder behördlichen Verfahren, die unter dieses Übereinkommen fallen, darf für die Zahlung von Kosten und Auslagen eine Sicherheitsleistung oder Hinterlegung gleich welcher Bezeichnung nicht auferlegt werden.

259   Nach dem HKÜ kann der Antragsteller nur in den engen Grenzen des Art 26 (→ Rn 266 ff) überhaupt zur Übernahme von Verfahrenskosten herangezogen werden. Auch insoweit kann ihm jedoch vor Verfahrensbeginn eine Sicherheitsleistung für die von ihm zu tragenden Kosten nicht auferlegt werden, weil hierdurch eine den Zielen des HKÜ widersprechende Verzögerung des Verfahrens eintreten könnte. Die Einforderung von Vorschüssen für die vom Antragsteller zu erstattenden Übersetzungs- und Anwaltskosten wird hierdurch jedoch nicht ausgeschlossen (Staud/*Pirrung* Rn D 92).

HKÜ Art 23. [Verzicht auf Legalisation]

Im Rahmen dieses Übereinkommens darf keine Legalisation oder ähnliche Förmlichkeit verlangt werden.

260   Ebenso wenig wie im Rahmen der Vollstreckbarerklärung von Entscheidungen auf dem Gebiet der elterlichen Verantwortung nach Art 52 EuEheVO oder nach Art 43 KSÜ darf im Anwendungsbereich des HKÜ eine Legalisation oder eine ähnliche Förmlichkeit (Beglaubigung, Apostille) verlangt werden.

HKÜ Art 24. [Spracherfordernisse]

(1) Anträge, Mitteilungen oder sonstige Schriftstücke werden der zentralen Behörde des ersuchten Staates in der Originalsprache zugesandt; sie müssen von einer Übersetzung in die Amtssprache oder eine der Amtssprachen des ersuchten Staates oder, wenn eine solche Übersetzung nur schwer erhältlich ist, von einer Übersetzung ins Französische oder Englische begleitet sein.

(2) Ein Vertragsstaat kann jedoch einen Vorbehalt nach Artikel 42 anbringen und darin gegen die Verwendung des Französischen oder Englischen, jedoch nicht beider Sprachen, in den seiner zentralen Behörde übersandten Anträgen, Mitteilungen oder sonstigen Schriftstücken Einspruch erheben.

1. Abfassung in der Originalsprache, Abs 1 Hs 1

261   Anträge, Mitteilungen oder sonstige Schriftstücke sind der Zentralen Behörde des ersuchten Staates grundsätzlich in der Originalsprache des ersuchenden Staates zu übermitteln. Allerdings reicht es auch aus, wenn die übermittelnde Behörde die Schriftstücke bereits in der Sprache des ersuchten Staates übersendet (Staud/*Pirrung* Rn D 94). Die bloße Übersendung einer Übersetzung – ohne Original – genügt hingegen nicht.

1600

III. Staatsverträge: HKÜ Art 26   **U**

2. Beifügung einer Übersetzung, Abs 1 Hs 2

Den in der Originalsprache des ersuchenden Staates abgefassten Schriftstücken muss grund- **262** sätzlich eine Übersetzung in die Amtssprache (oder eine der Amtssprachen) des ersuchten Staates beigefügt werden. Anträge an das Bundesamt für Justiz als deutsche Zentrale Behörde iSv Art 6 müssen daher regelmäßig von einer deutschen Übersetzung begleitet sein. Eine englische oder französische Übersetzung reicht nur ausnahmsweise dann aus, wenn eine deutsche Übersetzung nur schwer erhältlich ist; dies kommt überhaupt nur bei Ersuchen aus kleineren außereuropäischen Staaten in Betracht. In diesem Fall hat das Bundesamt für Justiz eine Übersetzung ins Deutsche nach § 4 Abs 2 IntFamRVG zu veranlassen, deren Kosten vom Antragsteller zu ersetzen sind. Werden die Sprachanforderungen nach Abs 1 nicht erfüllt, so kann der Antrag abgelehnt werden.

3. Vorbehalt, Abs 2

Abs 2 gestattet den Vertragsstaaten, einen Vorbehalt nach Art 42 gegen die Verwendung des **263** Französischen oder des Englischen, nicht jedoch gegen die Verwendung beider Sprachen anzubringen. **Deutschland** hat einen solchen Vorbehalt nicht eingelegt, so dass Übersetzungen in beide Sprachen akzeptiert werden, wenn eine deutsche Übersetzung nicht zu erlangen ist. Allerdings hat Deutschland anlässlich der Ratifizierung des HKÜ erklärt, dass nach Art 24 Abs 1 eine deutsche Übersetzung regelmäßig erwartet werde (BGBl 91 II, 329). Vgl im deutschen Recht ergänzend **§§ 4, 5 IntFamRVG** (→ Rn 305 ff).

Von den übrigen Vertragsstaaten haben einen Vorbehalt nach Art 24 Abs 2 gegen die Ver- **264** wendung der **französischen Sprache** eingelegt: *Armenien, Belize, Brasilien, Dänemark, Estland, Finnland, Griechenland, Guatemala, Island, Japan, Republik Korea, Lettland, Litauen, Neuseeland, Norwegen, Panama, Singapur, Sri Lanka, Südafrika, Thailand* und die *Vereinigten Staaten* erklärt. Diese Staaten leisten nur solchen Anträgen Folge, die entweder in der eigenen Amtssprache oder in englischer Sprache abgefasst oder von einer englischen Übersetzung begleitet sind.

Einen Vorbehalt nach Art 24 Abs 2 gegen die Verwendung der **englischen Sprache** haben nur *Andorra* und *Frankreich* erklärt. Diese Staaten leisten nur solchen Anträgen Folge, die entweder in der eigenen Amtssprache oder in französischer Sprache abgefasst oder von einer französischen Übersetzung begleitet sind.

Brasilien fordert eine Übersetzung ins Portugiesische; *El Salvador* und *Venezuela* fordern eine solche ins Spanische, *Andorra* ins Katalanische und nur hilfsweise ins Französische.

HKÜ Art 25. [Verfahrenskosten- und Beratungshilfe]

Angehörigen eines Vertragsstaats und Personen, die ihren gewöhnlichen Aufenthalt in einem solchen Staat haben, wird in allen mit der Anwendung dieses Übereinkommens zusammenhängenden Angelegenheiten Prozesskosten- und Beratungshilfe in jedem anderen Vertragsstaat zu denselben Bedingungen bewilligt wie Angehörigen des betreffenden Staates, die dort ihren gewöhnlichen Aufenthalt haben.

Die Vorschrift stellt in Bezug auf die Verfahrenskosten- und Beratungshilfe alle Personen, die **265** die Staatsangehörigkeit eines Vertragsstaats besitzen, und solche, die ihren gewöhnlichen Aufenthalt in einem Vertragsstaat haben, in jedem Vertragsstaat den Angehörigen dieses Staates, die sich dort gewöhnlich aufhalten, gleich, gewährt also Meistbegünstigung. Bedeutung erlangt die Vorschrift vor allem wegen des von zahlreichen Staaten erklärten Vorbehalts nach Art 26 Abs 3. Danach erhalten auch ausländische Beteiligte an deutschen Verfahren nach dem HKÜ im gleichen Umfang Verfahrenshilfe nach §§ 76 ff FamFG wie deutsche Staatsangehörige.

HKÜ Art 26. [Kostentragung]

(1) Jede zentrale Behörde trägt ihre eigenen Kosten, die bei der Anwendung dieses Übereinkommens entstehen.

(2) ¹Für die nach diesem Übereinkommen gestellten Anträge erheben die zentralen Behörden und andere Behörden der Vertragsstaaten keine Gebühren. ²Insbesondere dürfen sie vom Antragsteller weder die Bezahlung von Verfahrenskosten noch der Kosten verlangen, die gegebenenfalls durch die Beiordnung eines Rechtsanwalts ent-

1601

U 266–269   3. Teil. Behördenzusammenarbeit. U. Kindschaftssachen

stehen. ³Sie können jedoch die Erstattung der Auslagen verlangen, die durch die Rückgabe des Kindes entstanden sind oder entstehen.

(3) Ein Vertragsstaat kann jedoch einen Vorbehalt nach Artikel 42 anbringen und darin erklären, dass er nur insoweit gebunden ist, die sich aus der Beiordnung eines Rechtsanwalts oder aus einem Gerichtsverfahren ergebenden Kosten im Sinn des Absatzes 2 zu übernehmen, als diese Kosten durch sein System der Prozesskosten- und Beratungshilfe gedeckt sind.

(4) Wenn die Gerichte oder Verwaltungsbehörden aufgrund dieses Übereinkommens die Rückgabe des Kindes anordnen oder Anordnungen über das Recht zum persönlichen Umgang treffen, können sie, soweit angezeigt, der Person, die das Kind verbracht oder zurückgehalten oder die die Ausübung des Rechts zum persönlichen Umgang vereitelt hat, die Erstattung der dem Antragsteller selbst oder für seine Rechnung entstandenen notwendigen Kosten auferlegen; dazu gehören insbesondere die Reise-kosten, alle Kosten oder Auslagen für das Auffinden des Kindes, Kosten der Rechts-vertretung des Antragstellers und Kosten für die Rückgabe des Kindes.

1. Grundsätzliche Kostenfreiheit, Abs 1, 2

266   Grundsätzlich tragen die zentralen Behörden die bei der Erledigung ihrer Aufgaben nach dem HKÜ entstehenden Kosten gem Abs 1 selbst. Sie können mithin hierfür (zB für Übersetzungen von Anträgen aus anderen Vertragsstaaten) weder vom Antragsteller noch von der ersuchenden Behörde Kostenerstattung verlangen. Gleiches gilt auch für andere Behörden oder Gerichte, die der Antragsteller zum Zwecke der Entgegennahme und Weiterleitung von Anträgen einschaltet, vgl im deutschen Recht § 42 Abs 2 IntFamRVG (→ Rn 339). Eine Ausnahme gilt lediglich für die nach dem HKÜ notwendigen **Übersetzungen**, die das Bundesamt für Justiz **für Anträge inländischer Antragsteller** veranlasst, die ins Ausland weitergeleitet werden sollen, vgl §§ **5, 54 IntFamRVG** (→ Rn 307).

267   Die Zentralen Behörden und andere Behörden der Vertragsstaaten dürfen vom Antragsteller für die von ihm gestellten Anträge keine Gebühren fordern, Abs 2 S 1. Dies gilt nicht nur für behördliche Verwaltungsverfahren, sondern – vorbehaltlich des Abs 3 – auch für **Gerichtsverfahren.** Das HKÜ geht mithin von dem Grundsatz aus, dass insbesondere Verfahren auf Rück-gabe des Kindes nach Art 8 ff **für den Antragsteller kostenfrei** sind; dieser hat also weder Gerichtskosten noch die Kosten der Beiordnung eines Rechtsanwalts zu tragen, Abs 2 S 2 (NK-BGB/*Benicke* Art 8–10 Rn 4). Eine Ausnahme gilt allein für die Erstattung von Auslagen, die durch die Rückgabe des Kindes entstehen, wie zB Reise- und Begleitungskosten, Abs 2 S 3.

2. Vorbehalt, Abs 3

268   Gegen die grundsätzliche Kostenfreiheit von Verfahren nach dem HKÜ gem Abs 2 kann allerdings jeder Vertragsstaat einen Vorbehalt nach Art 42 mit dem Ziel anbringen, dass er die Kosten aus der Beiordnung eines Rechtsanwalts und Gerichtskosten nur insoweit übernimmt, als diese Kosten durch sein System der Prozesskosten- und Beratungshilfe gedeckt sind, Abs 3. Von diesem Vorbehalt hat außer der *Bundesrepublik Deutschland* ca. die Hälfte der Vertragsstaaten Gebrauch gemacht, nämlich *Albanien, Andorra, Armenien, Belarus, Belize, Bulgarien, Dänemark, El Salvador, Estland, Finnland, Frankreich, Griechenland, Guatemala, Honduras, Island, Israel, Kanada* (mit Ausnahme der Provinz *Manitoba*), *Kasachstan, Republik Korea, Litauen, Luxemburg, Mauritius,* die *Republik Moldau, Monaco, Neuseeland,* die *Niederlande, Norwegen, Panama, Polen, die Russische Föderation, San Marino, Schweden, Simbabwe, Singapur,* die *Slowakei, Sri Lanka, St. Kitts* und *Nevis, Südafrika,* die *Tschechische Republik,* die *Türkei, Usbekistan, Venezuela,* das *Vereinigte Königreich* und die *Vereinigten Staaten.*

269   Soweit der ersuchte Staat einen solchen Vorbehalt eingelegt hat, sind die anfallenden Gerichts- und Anwaltskosten grundsätzlich von dem antragstellenden Elternteil selbst zu tragen. Nur wenn der ersuchte Staat über ein System der Verfahrenskosten- und Beratungshilfe verfügt, kann auch ein ausländischer Antragsteller diese Hilfe für Verfahren der Rückführung von Kindern nach dem HKÜ in Anspruch nehmen. In *Deutschland* kann das Gericht daher auf Antrag Kostenbefrei-ung erteilen, wenn der Antragsteller die persönlichen und wirtschaftlichen Voraussetzungen für die Gewährung von Verfahrenskostenhilfe nach §§ 76 ff FamFG erfüllt. Ergänzend gilt **§ 43 IntFamRVG** (→ Rn 340).

1602

III. Staatsverträge: HKÜ Art 29   **273 U**

3. Kostenerstattung durch den Antragsgegner, Abs 4

Nach Abs 4 können dem unterlegenen Antragsgegner, der das Kind widerrechtlich in einen **270** anderen Vertragsstaat des HKÜ verbracht oder dort zurückgehalten hat, die Kosten des Rückführungsverfahrens (einschließlich etwaiger Zwangsvollstreckungskosten, vgl in Deutschland §§ 80 ff FamFG) auferlegt werden. Gleiches gilt in umgangsrechtlichen Verfahren zu Lasten der Person, die das Recht zum persönlichen Umgang vereitelt hat. Kosten einer Rückführung, die nicht nach Art 12 HKÜ angeordnet, sondern vom Sorgeberechtigten ohne Einschaltung der Zentralen Behörden organisiert worden ist, können demgegenüber nur in einem neuen Verfahren geltend gemacht werden (OLG Bremen FamRZ 02, 1720 f).

HKÜ Art 27. [Offenkundig unbegründeter Antrag]

[1] **Ist offenkundig, dass die Voraussetzungen dieses Übereinkommens nicht erfüllt sind oder daß der Antrag sonstwie unbegründet ist, so ist eine zentrale Behörde nicht verpflichtet, den Antrag anzunehmen.** [2] **In diesem Fall teilt die zentrale Behörde dem Antragsteller oder gegebenenfalls der zentralen Behörde, die ihr den Antrag übermittelt hat, umgehend ihre Gründe mit.**

Die Zentrale Behörde kann die Entgegennahme eines Rückführungsantrags ablehnen, wenn **271** die Voraussetzungen des HKÜ offenkundig nicht erfüllt sind, zB weil das Kind bereits älter als 16 Jahre ist (Art 4) oder eine Verletzung des Sorgerechts nach Art 3 ausgeschlossen ist. Die Ablehnung ist dem Antragsteller mitzuteilen und zu begründen. Gegen die Ablehnung durch das Bundesamt für Justiz kann der Antragsteller nach § 8 IntFamRVG das OLG Köln anrufen.

HKÜ Art 28. [Vollmacht]

Eine zentrale Behörde kann verlangen, dass dem Antrag eine schriftliche Vollmacht beigefügt wird, durch die sie ermächtigt wird, für den Antragsteller tätig zu werden oder einen Vertreter zu bestellen, der für ihn tätig wird.

Nach deutschem Recht besteht zur Vermeidung der mit der Nachreichung der Vollmacht **272** verbundenen Verzögerung des Verfahrens eine Vollmachtsfiktion zugunsten des Bundesamts für Justiz gem **§ 6 Abs 2 S 2 IntFamRG** (→ Rn 310). Diese schließt allerdings das Verlangen nach Erteilung einer schriftlichen Vollmacht gem Art 28 nicht aus. Hierfür hält das Bundesamt für Justiz auf seiner Internet-Seite (http://www.bundesjustizamt.de) ein Formular bereit.

HKÜ Art 29. [Unmittelbare Antragstellung in anderen Vertragsstaaten]

Dieses Übereinkommen hindert Personen, Behörden oder sonstige Stellen, die eine Verletzung des Sorgerechts oder des Rechts zum persönlichen Umgang im Sinn des Artikels 3 oder 21 geltend machen, nicht daran, sich unmittelbar an die Gerichte oder Verwaltungsbehörden eines Vertragsstaats zu wenden, gleichviel ob dies in Anwendung des Übereinkommens oder unabhängig davon erfolgt.

Durch die vom HKÜ vorgesehene Einschaltung der Zentralen Behörden soll dem Antrag- **273** steller die Rechtsverfolgung erleichtert werden. Sie ist jedoch – wie Art 29 klarstellt – nicht zwingend vorgeschrieben. Dem Antragsteller steht es vielmehr frei, die Behörden oder Gerichte anderer Vertragsstaaten auch unmittelbar anzurufen, um dort seine Rechte nach dem HKÜ durchzusetzen, soweit diese keine Mitwirkung der Zentralen Behörden voraussetzen. Er kann sich aber auch auf Rechtsgrundlagen außerhalb des HKÜ berufen. Da das Recht zur unmittelbaren Antragstellung durch Art 29 gewährleistet wird, kommt es nicht darauf an, ob ein solches Recht auch nach dem innerstaatlichen Verfahrensrecht des ersuchten Staates besteht (Staud/ *Pirrung* Rn D 104). Die unmittelbare Anrufung des im Verbringungsstaat zuständigen Gerichts empfiehlt sich insbesondere dann, wenn der Antragsteller keine Zeit verlieren und jedes Risiko bezüglich der nach dem HKÜ einzuhaltenden Fristen (insbesondere der Jahresfrist nach Art 12 Abs 1) vermeiden möchte (MüKoBGB/*Heiderhoff* Rn 1).

1603

U 276   3. Teil. Behördenzusammenarbeit. U. Kindschaftssachen

HKÜ Art 30. [Verpflichtung zur Annahme von Schriftstücken]

Jeder Antrag, der nach diesem Übereinkommen an die zentralen Behörden oder unmittelbar an die Gerichte oder Verwaltungsbehörden eines Vertragsstaats gerichtet wird, sowie alle dem Antrag beigefügten oder von einer zentralen Behörde beschafften Schriftstücke und sonstigen Mitteilungen sind von den Gerichten oder Verwaltungsbehörden der Vertragsstaaten ohne weiteres entgegenzunehmen.

HKÜ Art 31. [Verweisung bei räumlicher Rechtsspaltung]

Bestehen in einem Staat auf dem Gebiet des Sorgerechts für Kinder zwei oder mehr Rechtssysteme, die in verschiedenen Gebietseinheiten gelten, so ist

a) eine Verweisung auf den gewöhnlichen Aufenthalt in diesem Staat als Verweisung auf den gewöhnlichen Aufenthalt in einer Gebietseinheit dieses Staates zu verstehen;

b) eine Verweisung auf das Recht des Staates des gewöhnlichen Aufenthalts als Verweisung auf das Recht der Gebietseinheit dieses Staates zu verstehen, in der das Kind seinen gewöhnlichen Aufenthalt hat.

274   Die Vorschrift verlängert in Fällen einer räumlichen Rechtsspaltung die (zB in Art 3 ausgesprochene) Verweisung auf den gewöhnlichen Aufenthalt selbst bis zu derjenigen Teilrechtsordnung eines Mehrrechtsstaates, in der dieses ortsbezogene Anknüpfungskriterium erfüllt ist. Mit Hilfe dieser Regel wird im Falle der Verweisung auf das Recht eines Mehrrechtsstaates, der – wie zB *Spanien* (vgl dazu Staud/*Hausmann* Art 4 EGBGB Anh Rn 267 ff) – über ein gesamtstaatliches interlokales Privatrecht verfügt, die Anwendung dieser interlokalen Kollisionsregeln ausgeschlossen. Darüber hinaus ist im Falle der Verweisung auf das Recht von Mehrrechtsstaaten, die – wie zB das *Vereinigte Königreich, Australien, Kanada* und die *USA* – kein gesamtstaatliches interlokales Privatrecht kennen, sondern den jeweiligen Teilstaaten die Bestimmung des interlokalen Geltungsbereichs ihrer Gesetze überlassen (dazu näher Staud/*Hausmann* Art 4 EGBGB Rn 24, 49, 69, 84), die Beachtung einer *interlokalen Weiterverweisung* auf das Recht eines anderen Teilstaats unbeachtlich.

HKÜ Art 32. [Personale Rechtsspaltung]

Bestehen in einem Staat auf dem Gebiet des Sorgerechts für Kinder zwei oder mehr Rechtssysteme, die für verschiedene Personenkreise gelten, so ist eine Verweisung auf das Recht dieses Staates als Verweisung auf das Rechtssystem zu verstehen, das sich aus der Rechtsordnung dieses Staates ergibt.

275   Verweist Art 3 HKÜ auf das Sorgerecht eines Staates, dessen Recht personal gespalten ist, so ist nach Art 32 zu prüfen, ob dieser Staat selbst Normen des interpersonalen Kollisionsrechts bereithält, die eine Unteranknüpfung an das Recht einer bestimmten Religionsgemeinschaft oder einer bestimmten ethnischen Personengruppe ermöglichen. Dies ist in fast allen Staaten, deren Recht personal gespalten ist, der Fall, weil die Gerichte solcher Staaten auf dem Gebiet des Familienrechts andernfalls vor kaum lösbare Probleme gestellt würden (vgl Staud/*Hausmann* Art 4 EGBGB Rn 413).

HKÜ Art 33. [Innerstaatliche Kollisionen]

Ein Staat, in dem verschiedene Gebietseinheiten ihre eigenen Rechtsvorschriften auf dem Gebiet des Sorgerechts für Kinder haben, ist nicht verpflichtet, dieses Übereinkommen anzuwenden, wenn ein Staat mit einheitlichen Rechtssystemen dazu nicht verpflichtet wäre.

276   Nach der Vorschrift ist ein Vertragsstaat, dessen Recht räumlich oder personal gespalten ist, nicht verpflichtet, das HKÜ auf Sachverhalte anzuwenden, die keinen Bezug zu einem anderen Vertragsstaat haben. Das Übk findet daher auf Kindesentführungen von einem Teilstaat in einen anderen innerhalb der *USA, Kanadas* oder *Australiens* keine Anwendung.

1604

III. Staatsverträge: HKÜ Art 35　　　　　　　　　　　　　　　　　　　　280　**U**

HKÜ Art 34. [Verhältnis zu anderen Staatsverträgen]

[1] Dieses Übereinkommen geht im Rahmen seines sachlichen Anwendungsbereichs dem Übereinkommen vom 5. Oktober 1961 über die Zuständigkeit der Behörden und das anzuwendende Recht auf dem Gebiet des Schutzes von Minderjährigen vor, soweit die Staaten Vertragsparteien beider Übereinkommen sind. [2] Im übrigen beschränkt dieses Übereinkommen weder die Anwendung anderer internationaler Übereinkünfte, die zwischen dem Ursprungsstaat und dem ersuchten Staat in Kraft sind, noch die Anwendung des nichtvertraglichen Rechts des ersuchten Staates, wenn dadurch die Rückgabe eines widerrechtlich verbrachten oder zurückgehaltenen Kindes erwirkt oder die Durchführung des Rechts zum persönlichen Umgang bezweckt werden soll.

1. Vorrang gegenüber dem MSA, S 1

Das HKÜ genießt gem S 1 Vorrang vor dem **MSA**, soweit sich der sachliche Anwendungs- **277** bereich beider Übereinkommen deckt und die beteiligten Staaten beide Übereinkommen ratifiziert haben. Da das MSA inzwischen weitgehend durch die EuEheVO (Art 60 lit a; → Rn 255 f) und das KSÜ (Art 51; → F Rn 540 f) verdrängt wird, kommt dieser Regelung allerdings kaum noch praktische Bedeutung zu (zu Einzelheiten Staud/*Pirrung* Rn D 109; MüKoBGB/*Heiderhoff* Rn 1 ff).

Da das **KSÜ** nach seinem Art 50 das HKÜ unberührt lässt, gilt dieser Vorrang heute auch **278** gegenüber dem KSÜ. Deshalb folgt die internationale Zuständigkeit für eine Rückgabeanordnung allein aus Art 8 ff HKÜ. Auch hinsichtlich der Frage, ob das Verbringen oder Zurückhalten des Kindes das Sorgerecht des anderen Elternteils verletzt hat und damit widerrechtlich war, beurteilt sich nicht nach dem auf das Sorgerecht nach Art 15 ff KSÜ anwendbaren Recht, sondern ausschließlich nach Art 3 HKÜ (NK-BGB/*Benicke* Rn 1).

2. Günstigkeitsprinzip, S 2

Um die Rückgabe eines widerrechtlich verbrachten oder zurückgehaltenen Kindes oder die **279** Durchführung des Rechts zum persönlichen Umgang soweit als möglich zu gewährleisten, gilt nach S 2 im Übrigen das Günstigkeitsprinzip. Danach kann sich der Antragsteller mithin auch auf andere zwischen den beteiligten Staaten geltende – multi- oder bilaterale – Staatsverträge (insbesondere das EuSorgeRÜ, vgl MüKoBGB/*Heiderhoff* Rn 6 f) oder auf das innerstaatliche Recht des ersuchten Staates berufen, um seine Verfahrensziele zu erreichen. Im Verhältnis zum EuSorgeRÜ wird dieses Wahlrecht des Antragstellers in **§ 37 IntFamRVG** (→ Rn 323) ausdrücklich bekräftigt. Vgl im Übrigen → Rn 74 ff.

HKÜ Art 35. [Zeitlicher Anwendungsbereich]

(1) **Dieses Übereinkommen findet zwischen den Vertragsstaaten nur auf ein widerrechtliches Verbringen oder Zurückhalten Anwendung, das sich nach seinem Inkrafttreten in diesen Staaten ereignet hat.**

(2) **Ist eine Erklärung nach Artikel 39 oder 40 abgegeben worden, so ist die in Absatz 1 des vorliegenden Artikels enthaltene Verweisung auf einen Vertragsstaat als Verweisung auf die Gebietseinheit oder die Gebietseinheiten zu verstehen, auf die das Übereinkommen angewendet wird.**

1. Grundsatz, Abs 1

Die Anwendung des HKÜ setzt in zeitlicher Hinsicht voraus, dass das widerrechtliche Ver- **280** bringen oder Zurückhalten stattgefunden hat, nachdem das Übk **in beiden beteiligten Staaten in Kraft** getreten war (Abs 1; vgl OLG Karlsruhe FamRZ 92, 1212; Staud/*Pirrung* Rn D 111). Nicht ausreichend ist es, wenn das Übk in einem der beiden beteiligten Staaten erst nach der Entführung in Kraft getreten ist, auch wenn es dort im Zeitpunkt der Antragstellung bereits gilt. Im Fall des widerrechtlichen Zurückhaltens muss das HKÜ bereits von Anfang an in beiden beteiligten Staaten gegolten haben; es genügt also nicht, dass das Übk erst im Verlauf dieses Zurückhaltens in einem der beteiligten Staaten in Kraft getreten ist (öst OGH ZfRV 93, 35; Staud/*Pirrung* Rn D 111). Ist das Kind aus einem Nichtvertragsstaat in einen Vertragsstaat entführt worden, so sind die Behörden des letzteren zwar zu einer Rückführung nach Art 8 ff

1605

U 283, 284   3. Teil. Behördenzusammenarbeit. U. Kindschaftssachen

HKÜ nicht verpflichtet; sie sind aber im Hinblick auf Art 18 auch nicht gehindert, eine solche auf Antrag des Sorgeberechtigten anzuordnen.

2. Sonderregeln bei Erstreckung auf Hoheitsgebiete und für Mehrrechtsstaaten, Abs 2

281   Hat ein Staat das Übk nach Art 39 auf Hoheitsgebiete außerhalb des Mutterlandes erstreckt, so kommt es nach Abs 2 bei einer Entführung mit Bezug zu diesem Hoheitsgebiet darauf an, dass das Übk zur Zeit des widerrechtlichen Verbringens oder Zurückhaltens nicht nur für das Mutterland in Kraft getreten, sondern auch auf das betreffende Hoheitsgebiet erstreckt worden war. Entsprechend muss das Übk in Fällen der räumlichen Rechtsspaltung nicht nur für den Gesamtstaat (zB *Kanada*) in Kraft getreten, sondern von diesem nach Art 40 auch auf die betreffende Teilrechtsordnung (zB *Québec*) erstreckt worden sein.

HKÜ Art 36. [Sondervereinbarungen zwischen Vertragsstaaten]

Dieses Übereinkommen hindert zwei oder mehr Vertragsstaaten nicht daran, Einschränkungen, denen die Rückgabe eines Kindes unterliegen kann, dadurch zu begrenzen, daß sie untereinander vereinbaren, von solchen Bestimmungen des Übereinkommens abzuweichen, die eine derartige Einschränkung darstellen könnten.

282   Das HKÜ hindert die Vertragsstaaten nicht daran, durch multi- oder bilaterale völkerrechtliche Vereinbarungen oder Instrumente der regionalen Rechtsharmonisierung (zB EU-Verordnungen) einzelne oder alle Schranken, die der Rückgabe von entführten Kindern nach dem HKÜ – zB nach Art 12 Abs 2, 13 oder 20 – gezogen sind, zu beseitigen. Ein Beispiel dafür bietet Art 11 Abs 4 EuEheVO (→ F Rn 166 ff). Die Vertragsstaaten können ferner die automatische Anerkennung von Rückgabeentscheidungen und deren grenzüberschreitende Vollstreckung ohne das Erfordernis einer Vollstreckbarerklärung im Zweitstaat vorsehen (vgl Art 23, 40 ff EuEheVO; → N Rn 229 ff).

Kapitel VI. Schlussbestimmungen

HKÜ Art 37. [Zeichnung und Ratifikation]

(1) Dieses Übereinkommen liegt für die Staaten zur Unterzeichnung auf, die zum Zeitpunkt der Vierzehnten Tagung der Haager Konferenz für Internationales Privatrecht Mitglied der Konferenz waren.

(2) Es bedarf der Ratifikation, Annahme oder Genehmigung; die Ratifikations-, Annahme- oder Genehmigungsurkunden werden beim Ministerium für Auswärtige Angelegenheiten der Niederlande hinterlegt.

HKÜ Art 38. [Beitritt]

(1) Jeder andere Staat kann dem Übereinkommen beitreten.

(2) Die Beitrittsurkunde wird beim Ministerium für Auswärtige Angelegenheiten der Niederlande hinterlegt.

(3) ¹Der Beitritt wirkt nur in den Beziehungen zwischen dem beitretenden Staat und den Vertragsstaaten, die erklären, den Beitritt anzunehmen. ²Eine solche Erklärung ist auch von jedem Mitgliedstaat abzugeben, der nach dem Beitritt das Übereinkommen ratifiziert, annimmt oder genehmigt. ³Diese Erklärung wird beim Ministerium für Auswärtige Angelegenheiten der Niederlande hinterlegt; dies Ministerium übermittelt jedem Vertragsstaat auf diplomatischem Weg eine beglaubigte Abschrift.

(4) Das Übereinkommen tritt zwischen dem beitretenden Staat und dem Staat, der erklärt hat, den Beitritt anzunehmen, am ersten Tag des dritten Kalendermonats nach Hinterlegung der Annahmeerklärung in Kraft.

283   Zur Übersicht über die Staaten, die bisher dem HKÜ beigetreten sind, → Rn 68 f.

284   Der Abschluss von Staatsverträgen auf dem Gebiet der internationalen Kindesentführung fällt nach dem Lugano-Gutachten 1/03 des EuGH v 7.2.2006 (ABl EU Slg 06 I-1145) seit der Annahme der EuEheVO mit Wirkung v 1.3.2005 in die **ausschließliche Außenkompetenz**

1606

III. Staatsverträge: HKÜ Art 41

U

der EU. Da die EU selbst dem Übk nicht beitreten kann, entscheiden zwar die Mitgliedstaaten weiterhin über die Annahme des Beitritts neuer Staaten zum HKÜ, sie bedürfen hierzu jedoch jeweils eines entsprechenden Beschlusses des Europäischen Rats.

HKÜ Art 39. [Erstreckung auf Hoheitsgebiete]

(1) [1]**Jeder Staat kann bei der Unterzeichnung, der Ratifikation, der Annahme, der Genehmigung oder dem Beitritt erklären, daß sich das Übereinkommen auf alle oder auf einzelne der Hoheitsgebiete erstreckt, deren internationale Beziehungen er wahrnimmt.** [2]**Eine solche Erklärung wird wirksam, sobald das Übereinkommen für den betreffenden Staat in Kraft tritt.**

(2) **Eine solche Erklärung sowie jede spätere Erstreckung wird dem Ministerium für Auswärtige Angelegenheiten des Königreichs der Niederlande notifiziert.**

Gemäß Abs 1 hat *Frankreich* erklärt, dass das Übk auf die Gesamtheit des Hoheitsgebiets der **285** Französischen Republik angewendet wird. *Dänemark* hat erklärt, dass das Übk auf die Hoheitsgebiete Färöer-Inseln und Grönland keine Anwendung findet. Diese Erklärung hat *Dänemark* inzwischen zurückgenommen und hat das Übk mit Wirkung v 15.6.2016 auf Grönland erstreckt (BGBl II, 695). Das *Vereinigte Königreich* hat das Übk auf *Bermuda* (seit 1.3.1999, BGBl II, 355), die *Falklandinseln* (seit 1.6.1998, BGBl II, 1630), *Hongkong* (seit 1.9.1997, BGBl 98 II, 317), die *Isle of Man* (seit 1.9.1991, BGBl II, 1027), die *Kaimaninseln* (seit 1.8.1998) und *Montserrat* (seit 1.2.1999, jeweils BGBl II, 291), *Jersey* (seit 1.3.2006, BGBl II, 239) und *Anguilla* (seit 13.6.2007, BGBl II, 57) erstreckt. *Argentinien* hat eine Gegenerklärung zur Erstreckung des Übk durch das *Vereinigte Königreich* auf die *Falklandinseln* abgegeben (BGBl 99 II, 355). *Portugal* hat das Übk auf *Macau* (seit 1.3.1999, BGBl II, 355) erstreckt.

Das Übk gilt auch nach dem Übergang der Souveränitätsrechte für *Hongkong* und *Macau* vom **286** *Vereinigten Königreich* bzw *Portugal* auf *China* mit Wirkung v 1.7.1997 bzw. 20.12.1999 im Verhältnis zu den chinesischen Sonderverwaltungsregionen *Hongkong* und *Macau* fort (BGBl 03 II, 583, 590 und 789, 797). Es gilt hingegen nicht in den von *Israel* annektierten **palästeninensischen Gebieten** (AG Saarbrücken FamRZ 08, 433 [Hebron]; AG Koblenz FamRZ 13, 52/53 [Ost-Jerusalem]).

HKÜ Art 40. [Erstreckung bei räumlicher Rechtsspaltung]

(1) **Ein Vertragsstaat, der aus zwei oder mehr Gebietseinheiten besteht, in denen für die in diesem Übereinkommen behandelten Angelegenheiten unterschiedliche Rechtssysteme gelten, kann bei der Unterzeichnung, der Ratifikation, der Annahme, der Genehmigung oder dem Beitritt erklären, dass das Übereinkommen auf alle seine Gebietseinheiten oder nur auf eine oder mehrere davon erstreckt wird; er kann diese Erklärung durch Abgabe einer neuen Erklärung jederzeit ändern.**

(2) **Jede derartige Erklärung wird dem Ministerium für Auswärtige Angelegenheiten des Königreichs der Niederlande unter ausdrücklicher Bezeichnung der Gebietseinheiten notifiziert, auf die das Übereinkommen angewendet wird.**

Die kanadische Regierung hat inzwischen die Erstreckung des Übk auf sämtliche kanadische **287** Provinzen erklärt (vgl zur jeweiligen zeitlichen Geltung nach Art 35 Abs 2 BGBl 91 II, 329, 331 und BGBl 01 II, 861; dazu näher *Jayme/Hausmann* Anm zu Art 40.).

HKÜ Art 41. [Bundesstaaten]

Hat ein Vertragsstaat eine Staatsform, aufgrund deren die vollziehende, die rechtsprechende und die gesetzgebende Gewalt zwischen zentralen und anderen Organen innerhalb des betreffenden Staates aufgeteilt sind, so hat die Unterzeichnung oder Ratifikation, Annahme oder Genehmigung dieses Übereinkommens oder der Beitritt zu dem Übereinkommen oder die Abgabe einer Erklärung nach Artikel 40 keinen Einfluss auf die Aufteilung der Gewalt innerhalb dieses Staates.

U 3. Teil. Behördenzusammenarbeit. U. Kindschaftssachen

HKÜ Art 42. [Vorbehalte]

(1) [1]Jeder Staat kann spätestens bei der Ratifikation, der Annahme, der Genehmigung oder dem Beitritt oder bei Abgabe einer Erklärung nach Artikel 39 oder 40 einen der in Artikel 24 und Artikel 26 Absatz 3 vorgesehenen Vorbehalte oder beide anbringen. [2]Weitere Vorbehalte sind nicht zulässig.

(2) [1]Jeder Staat kann einen von ihm angebrachten Vorbehalt jederzeit zurücknehmen. [2]Die Rücknahme wird dem Ministerium für Auswärtige Angelegenheiten des Königreichs der Niederlande notifiziert.

(3) Die Wirkung des Vorbehalts endet am ersten Tag des dritten Kalendermonats nach der in Abs. 2 genannten Notifikation.

HKÜ Art 43. [Inkrafttreten]

(1) Das Übereinkommen tritt am ersten Tag des dritten Kalendermonats nach der in den Artikeln 37 und 38 vorgesehenen Hinterlegung der dritten Ratifikations-, Annahme-, Genehmigungs- oder Beitrittsurkunde in Kraft.

(2) Danach tritt das Übereinkommen in Kraft

1. für jeden Staat, der es später ratifiziert, annimmt, genehmigt oder ihm später beitritt, am ersten Tag des dritten Kalendermonats nach Hinterlegung seiner Ratifikations-, Annahme-, Genehmigungs- oder Beitrittsurkunde;
2. für jedes Hoheitsgebiet oder jede Gebietseinheit, auf die es nach Art 39 oder 40 erstreckt worden ist, am ersten Tag des dritten Kalendermonats nach der in dem betreffenden Artikel vorgesehenen Notifikation.

HKÜ Art 44. [Kündigung]

(nicht abgedruckt)

HKÜ Art 45. [Notifikationen]

(nicht abgedruckt)

1010. Luxemburger Europäisches Übereinkommen über die Anerkennung und Vollstreckung von Entscheidungen über das Sorgerecht für Kinder und die Wiederherstellung des Sorgeverhältnisses (EuSorgeRÜ)

Vom 20. Mai 1980 (BGBl 90 II, 220)

Vorbemerkung

288 Das Übk regelt in erster Linie die Anerkennung und Vollstreckung von Sorgerechtsentscheidungen, namentlich im Zusammenhang mit Kindesentführungen; es ist deshalb im Wesentlichen im Abschnitt N (→ Rn 399 ff) kommentiert. Das EuSorgeRÜ sucht allerdings die mit ihm verfolgten Ziele auch durch die Einrichtung Zentraler Behörden und deren internationale Zusammenarbeit zu erreichen; es ist daher insoweit auch ein Rechtshilfeübereinkommen. Der hierfür maßgebende Teil I des Übk wird nachfolgend kommentiert.

Teil I. Zentrale Behörden

EuSorgeRÜ Art 2. [Bestimmung durch die Vertragsstaaten]

(1) Jeder Vertragsstaat bestimmt eine zentrale Behörde, welche die in diesem Übereinkommen vorgesehenen Aufgaben wahrnimmt.

(2) Bundesstaaten und Staaten mit mehreren Rechtssystemen steht es frei, mehrere zentrale Behörden zu bestimmen; sie legen deren Zuständigkeit fest.

(3) Jede Bezeichnung nach diesem Artikel wird dem Generalsekretär des Europarats notifiziert.

1608

III. Staatsverträge: EuSorgeRÜ Art 4 **U**

Jeder Vertragsstaat ist verpflichtet, zur Wahrnehmung der in diesem Übk vorgesehenen Auf- **289** gaben eine Zentrale Behörde zu bestimmen und sie dem Generalsekretär des Europarats zu notifizieren. Die *Bundesrepublik Deutschland* hat am 18.2.2010 das **Bundesamt für Justiz** in Bonn als Zentrale Behörde iSv Art 2 notifiziert (BGBl 11 II, 623). Vgl auch **§ 3 Nr 4 IntFamRVG** (Rn → 304).

EuSorgeRÜ Art 3. [Verpflichtung zur Kooperation]

(1) **¹Die zentralen Behörden der Vertragsstaaten arbeiten zusammen und fördern die Zusammenarbeit der zuständigen Behörden ihrer Staaten. ²Sie haben mit aller gebotenen Eile zu handeln.**

(2) **Um die Durchführung dieses Übereinkommens zu erleichtern, werden die zentralen Behörden der Vertragsstaaten**

a) **die Übermittlung von Auskunftsersuchen sicherstellen, die von zuständigen Behörden ausgehen und sich auf Rechts- oder Tatsachenfragen in anhängigen Verfahren beziehen;**

b) **einander auf Ersuchen Auskünfte über ihr Recht auf dem Gebiet des Sorgerechts für Kinder und über dessen Änderungen erteilen;**

c) **einander über alle Schwierigkeiten unterrichten, die bei der Anwendung des Übereinkommens auftreten können, und Hindernisse, die seiner Anwendung entgegenstehen, soweit wie möglich ausräumen.**

1. Verpflichtung zur Zusammenarbeit, Abs 1

Abs 1 S 1 ordnet die für das Funktionieren des Übk wesentliche Verpflichtung der Zentralen **290** Behörden zur grenzüberschreitenden Kooperation an. Die Zentralen Behörden haben darüber hinaus auch die Zusammenarbeit anderer zuständiger Behörden ihrer Staaten mit Behörden anderer Vertragsstaaten zu fördern. Im Interesse des Kindeswohls haben sie dabei – ebenso wie die Gerichte der Vertragsstaaten im Rahmen der Anerkennung und Vollstreckung von Sorgerechtsentscheidungen nach Art 14 (→ N Rn 492) – mit der gebotenen Eile zu handeln.

2. Wichtige Aufgaben der Zentralen Behörden, Abs 2

Als besonders wichtige Aufgaben der Zentralen Behörden zur Erreichung der Ziele des Übk **291** nennt Abs 2 die Übermittlung von Auskunftsersuchen, die im Rahmen von anhängigen Verfahren von den zuständigen Gerichten oder Behörden an die Behörden eines anderen Vertragsstaats gerichtet werden, und die sich sowohl auf Tatsachen (zB den Aufenthalt des Kindes) wie auf das Recht des ersuchten Staates beziehen können (lit a). Darüber hinaus haben die Zentralen Behörden aber auch – wie nach Art 7 lit e HKÜ – abstrakte Rechtsauskünfte über das in ihrem Staat geltende Sorgerecht zu erteilen (lit b) und sind gehalten, Schwierigkeiten bei der Anwendung des Übk auszuräumen (lit c).

EuSorgeRÜ Art 4. [Antrag auf Anerkennung und Vollstreckung]

(1) **Wer in einem Vertragsstaat eine Sorgerechtsentscheidung erwirkt hat und sie in einem anderen Vertragsstaat anerkennen oder vollstrecken lassen will, kann zu diesem Zweck einen Antrag an die zentrale Behörde jedes beliebigen Vertragsstaats richten.**

(2) **Dem Antrag sind die in Artikel 13 genannten Schriftstücke beizufügen.**

(3) **Ist die zentrale Behörde, bei der der Antrag eingeht, nicht die zentrale Behörde des ersuchten Staates, so übermittelt sie die Schriftstücke unmittelbar und unverzüglich der letztgenannten Behörde.**

(4) **Die zentrale Behörde, bei der der Antrag eingeht, kann es ablehnen, tätig zu werden, wenn die Voraussetzungen nach diesem Übereinkommen offensichtlich nicht erfüllt sind.**

(5) **Die zentrale Behörde, bei der der Antrag eingeht, unterrichtet den Antragsteller unverzüglich über den Fortgang seines Antrags.**

1609

U 294   3. Teil. Behördenzusammenarbeit. U. Kindschaftssachen

1. Antrag, Abs 1–3

292   Wer beabsichtigt, eine von ihm in einem Vertragsstaat erwirkte Sorgerechtsentscheidung in einem anderen Vertragsstaat anerkennen oder vollstrecken zu lassen, kann den hierauf gerichteten Antrag – wie Abs 1 klarstellt – bei der Zentralen Behörde des ersuchten Staates stellen. Dem Antrag sind die in Art 13 genannten Unterlagen beizufügen, Abs 2. Antrag und Anlagen müssen in der von Art 6 vorgeschriebenen Sprache abgefasst oder von einer Übersetzung in diese Sprache begleitet sein (Staud/*Pirrung* Rn E 21). Wird der Antrag bei der Zentralen Behörde eines anderen Staates eingereicht, so hat diese ihn unverzüglich an die Zentrale Behörde des ersuchten Staates weiterzuleiten, Abs 3. Der Antragsteller ist allerdings nicht gehindert, den Antrag auch unmittelbar bei dem zuständigen Gericht des ersuchten Staates zu stellen (vgl Art 9 Abs 2).

2. Ablehnung des Antrags, Abs 4

293   Die Zentrale Behörde, bei der der Antrag eingeht – also nicht nur die Zentrale Behörde des ersuchten Staates – kann ihr Tätigwerden ablehnen, wenn die Voraussetzungen für eine Anerkennung und Vollstreckung der Entscheidung offensichtlich nicht vorliegen, zB weil der persönliche oder sachliche Anwendungsbereich des Übk nicht eröffnet ist oder weil dem Antrag notwendige Anlagen iSv Art 13 nicht beigefügt waren. In Deutschland kann der Antragsteller gegen die ablehnende Entscheidung des Bundesamts für Justiz gem § 8 IntFamRVG die Entscheidung des OLG Köln beantragen.

EuSorgeRÜ Art 5. [Aufgaben der zentralen Behörde des ersuchten Staates]

(1) **Die zentrale Behörde des ersuchten Staates trifft oder veranlaßt unverzüglich alle Vorkehrungen, die sie für geeignet hält, und leitet erforderlichenfalls ein Verfahren vor dessen zuständigen Behörden ein, um**

a) **den Aufenthaltsort des Kindes ausfindig zu machen;**
b) **zu vermeiden, insbesondere durch alle erforderlichen vorläufigen Maßnahmen, dass die Interessen des Kindes oder des Antragstellers beeinträchtigt werden;**
c) **die Anerkennung oder Vollstreckung der Entscheidung sicherzustellen;**
d) **die Rückgabe des Kindes an den Antragsteller sicherzustellen, wenn die Vollstreckung der Entscheidung bewilligt wird;**
e) **die ersuchende Behörde über die getroffenen Maßnahmen und deren Ergebnisse zu unterrichten.**

(2) **Hat die zentrale Behörde des ersuchten Staates Grund zu der Annahme, dass sich das Kind im Hoheitsgebiet eines anderen Vertragsstaats befindet, so übermittelt sie die Schriftstücke unmittelbar und unverzüglich der zentralen Behörde dieses Staates.**

(3) **Jeder Vertragsstaat verpflichtet sich, vom Antragsteller keine Zahlungen für Maßnahmen zu verlangen, die für den Antragsteller aufgrund des Absatzes 1 von der zentralen Behörde des betreffenden Staates getroffen werden; darunter fallen auch die Verfahrenskosten und gegebenenfalls die Kosten für einen Rechtsanwalt, nicht aber die Kosten für die Rückführung des Kindes.**

(4) **Wird die Anerkennung oder Vollstreckung versagt und ist die zentrale Behörde des ersuchten Staates der Auffassung, daß sie dem Ersuchen des Antragstellers stattgeben sollte, in diesem Staat eine Entscheidung in der Sache selbst herbeizuführen, so bemüht sich diese Behörde nach besten Kräften, die Vertretung des Antragstellers in dem Verfahren unter Bedingungen sicherzustellen, die nicht weniger günstig sind als für eine Person, die in diesem Staat ansässig ist und dessen Staatsangehörigkeit besitzt; zu diesem Zweck kann sie insbesondere ein Verfahren vor dessen zuständigen Behörden einleiten.**

1. Aufgaben der Zentralen Behörde, Abs 1 und 2

294   Die wichtigste Aufgabe der Zentralen Behörde besteht nach Abs 1 lit c darin, die **Anerkennung und Vollstreckung der Sorgerechtsentscheidung** aus einem anderen Vertragsstaat sicherzustellen. Dabei wirft die Anerkennung idR keine Probleme auf, weil sie nicht nur im Verhältnis der Mitgliedstaaten der EuEheVO (Art 21 EuEheVO) und im Verhältnis der Vertrags-

1610

III. Staatsverträge: EuSorgeRÜ Art 6 **U**

staaten des KSÜ (Art 23 Abs 1 KSÜ), sondern auch imGeltungsbereich des EuSorgeRÜ automatisch erfolgt, dh nicht die Durchführung eines hierauf gerichteten besonderen Verfahrens voraussetzt. Gleiches gilt auch nach dem autonomen Verfahrensrecht der meisten Vertragsstaaten des EuSorgeRÜ (vgl in Deutschland §§ 108, 109 FamFG; → N Rn 617). Demgegenüber bedarf es zur Vollstreckung von Rückführungs- oder Herausgabeentscheidungen der Vollstreckbarerklärung durch ein Gericht des Vollstreckungsstaates; es ist dann Aufgabe der Zentralen Behörde ein entsprechendes Verfahren einzuleiten (Staud/*Pirrung* Rn E 27).

Zum Zweck der Durchsetzung der Sorgerechtsentscheidung hat die ersuchte Zentrale Behör- **295** de die in Abs 1 aufgeführten **ergänzenden Maßnahmen** zu treffen oder zu veranlassen, also den Aufenthalt des Kindes festzustellen (lit a), einstweilige Maßnahmen zur Wahrung der Interessen des Kindes entweder selbst zu treffen oder bei den hierfür zuständigen Gerichte (vgl in Deutschland § 15 IntFamRVG) zu beantragen (lit b) und nach erfolgter Vollstreckbarerklärung die Rückgabe des Kindes sicherzustellen (lit d). Schließlich hat sie die ersuchende Behörde über die getroffenen Maßnahmen und deren Ergebnisse zu unterrichten (lit d). Hat die Zentrale Behörde Grund zu der Annahme, dass sich das Kind in einem anderen Vertragsstaat befindet, so hat sie den Antrag unmittelbar und unverzüglich an die Zentrale Behörde dieses Staates weiterzuleiten.

Zur Aufgabenerfüllung nach dem EuSorgeRÜ durch die Zentrale Behörde in *Deutschland* **296** enthalten die **§§ 6, 7 IntFamRVG** (→ Rn 309 ff) nähere Ausführungsbestimmungen.

2. Kosten, Abs 3

Nach Abs 3 darf der Antragsteller nicht mit Kosten für die von der Zentralen Behörde des **297** ersuchten Staates getroffenen Maßnahmen belastet werden. Dies gilt nicht nur für die direkten Kosten der Zentralen Behörde, sondern auch für Gerichts- und Anwaltskosten in den von der Zentralen Behörde eingeleiteten Verfahren einschließlich der Kosten der Zwangsvollstreckung (Staud/*Pirrung* Rn E 31). Ausgenommen sind lediglich die Kosten der Rückführung des Kindes (Reisekosten, Begleitungsaufwendungen), sowie die Kosten für die Übersetzung des Antrags (vgl § 54 IntFamRVG).

3. Verfahren nach Antragsablehnung

Wird der Antrag auf Anerkennung/Vollstreckbarerklärung – zB aufgrund des von zahlreichen **298** Vertragsstaaten eingelegten Vorbehalts nach Art 17 iVm Art 190 abgelehnt, so kann die Zentrale Behörde, wenn sie das Anliegen des Antragstellers dennoch für berechtigt hält, ein Verfahren vor den Gerichten im ersuchten Staat – zB auf Abänderung der bestehenden Sorgerechtsentscheidung – einleiten und hat die Vertretung des Antragstellers in diesem Verfahren sicherzustellen. Diesbezüglich darf der Antragsteller im ersuchten Staat nicht schlechter gestellt werden als eine Person, die in diesem Staat ansässig ist und dessen Staatsangehörigkeit besitzt.

EuSorgeRÜ Art 6. [Sprachanforderungen]

(1) **Vorbehaltlich besonderer Vereinbarungen zwischen den beteiligten zentralen Behörden und der Bestimmungen des Absatzes 3**

a) **müssen Mitteilungen an die zentrale Behörde des ersuchten Staates in der Amtssprache oder einer der Amtssprachen dieses Staates abgefasst oder von einer Übersetzung in diese Sprache begleitet sein;**

b) **muss die zentrale Behörde des ersuchten Staates aber auch Mitteilungen annehmen, die in englischer oder französischer Sprache abgefasst oder von einer Übersetzung in eine dieser Sprachen begleitet sind.**

(2) **Mitteilungen, die von der zentralen Behörde des ersuchten Staates ausgehen, einschließlich der Ergebnisse von Ermittlungen, können in der Amtssprache oder einer der Amtssprachen dieses Staates oder in englischer oder französischer Sprache abgefaßt sein.**

(3) [1]**Ein Vertragsstaat kann die Anwendung des Absatzes 1 Buchstabe b ganz oder teilweise ausschließen.** [2]**Hat ein Vertragsstaat diesen Vorbehalt angebracht, so kann jeder andere Vertragsstaat ihm gegenüber den Vorbehalt auch anwenden.**

1611

U 299–302 3. Teil. Behördenzusammenarbeit. U. Kindschaftssachen

1. Mitteilungen an die Zentrale Behörde des ersuchten Staates

299 **a) Grundsatz, Abs 1.** Nach Abs 1 lit a müssen Mitteilungen an die Zentrale Behörde des ersuchten Staates in der Amtssprache (oder einer der Amtssprachen) dieses Staates abgefasst oder von einer Übersetzung in diese Sprache begleitet sein. Die Zentrale Behörde des ersuchten Staates ist aber gem lit b grundsätzlich verpflichtet, auch Mitteilungen anzunehmen, die entweder in englischer oder in französischer Sprache abgefasst oder von einer Übersetzung in eine dieser beiden Sprachen begleitet sind. Die beteiligten Zentralen Behörden können freilich abweichende Vereinbarungen treffen, insbesondere auf die Einhaltung der Sprachanforderungen nach Abs 1 ganz oder teilweise verzichten.

300 **b) Vorbehalt, Abs 3.** Gegen die Verpflichtung seiner Zentralen Behörde, nach Abs 1 lit b Mitteilungen auch in englischer oder französischer Sprache entgegenzunehmen, kann jeder Vertragsstaat allerdings gem Abs 3 S 1 einen Vorbehalt einlegen und diese Verpflichtung ganz oder teilweise ausschließen. Diesen Vorbehalt haben die *Bundesrepublik Deutschland* (vgl auch **§ 4 Abs 1 IntFamRVG**; → Rn 305), *Griechenland, Liechtenstein, Mazedonien,* die *Slowakei, Spanien* und die *Ukraine* uneingeschränkt, *Dänemark, Estland, Finnland, Island, Lettland, Malta* und *Norwegen* nur in bezug auf die französische Sprache, *Andorra* nur in bezug auf Mitteilungen in englischer Sprache erklärt. *Bulgarien* und *Polen* verlangen eine Übersetzung in die eigene Sprache nur, wenn der übermittelnde Staat von dem Vorbehalt nach Art 6 Abs 3 Gebrauch gemacht und beide Amtssprachen iSv Art 6 Abs 1 lit b ausgeschlossen hat.

2. Mitteilungen des ersuchten Staates, Abs 2

301 Mitteilungen der Zentralen Behörde des ersuchten Staates können nach Abs 2 – außer in der Amtssprache dieses Staates – stets auch in englischer oder französischer Sprache abgefasst werden.

IV. Autonomes Zivilverfahrensrecht

1020. Gesetz zur Aus- und Durchführung bestimmter Rechtsinstrumente auf dem Gebiet des internationalen Familienrechts (Internationales Familienrechtsverfahrensgesetz – IntFamRVG)

Vom 26. Januar 2005 (BGBl I, 162)

Vorbemerkung

Schrifttum: *Gruber,* Das neue Internationale Familienrechtsverfahrensgesetz, FamRZ 05, 1603; *ders,* Das HKÜ, Die Brüssel IIa-Verordnung und das Internationale Familienrechtsverfahrensgesetz, FPR 08, 214; *Schlauß,* Neuordnung des internationalen Familienrechts – der Entwurf eines Familienrechts-Ausführungsgesetzes, FPR 04, 278; *ders,* Das neue Gesetz zum internationalen Familienrecht (2005); *Schulz,* Das internationale Familienrechtsverfahrensgesetz, FamRZ 11, 1273.

302 Das IntFamRVG wurde in erster Linie als Ausführungsgesetz zur **EuEheVO** erlassen und ist gleichzeitig mit dieser am 1.3.2005 in Kraft getreten. Es gilt auf dem Gebiet der elterlichen Verantwortung aber darüber hinaus auch für die Ausführung von drei wichtigen multilateralen Staatsverträgen, nämlich des Haager Kinderschutzübereinkommens **(KSÜ)** von 1996, des Haager Kindesentführungsübereinkommens **(HKÜ)** von 1980 und des Europäischen Sorgerechtsübereinkommens **(EuSorgeRÜ)** von 1980. In Bezug auf die beiden zuletzt genannten Übereinkommen tritt das Gesetz an die Stelle des Ausführungsgesetzes v 5.4.1990 (SorgeRÜbkAG; BGBl I, 701). Es wurde aus Anlass des Inkrafttretens des FamFG durch das FGG-Reformgesetz v 17.12.2008 (BGBl I, 2586) mit Wirkung v 1.9.2009 und erneut aus Anlass des Inkrafttretens des KSÜ durch Gesetz v 25.6.2009 (BGBl I, 1594) mit Wirkung v 1.1.2011 neu gefasst.

1612

IV. Autonomes Zivilverfahrensrecht: IntFamRVG § 4   **U**

Abschnitt 1. Anwendungsbereich; Begriffsbestimmungen

IntFamRVG § 1. Anwendungsbereich

Dieses Gesetz dient

1. **der Durchführung der Verordnung (EG) Nr. 2201/2003 des Rates vom 27. November 2003 über die Zuständigkeit und die Anerkennung und Vollstreckung von Entscheidungen in Ehesachen und in Verfahren betreffend die elterliche Verantwortung und zur Aufhebung der Verordnung (EG) Nr. 1347/2000 (ABl. EU Nr. L 338 S. 1);**
2. **der Ausführung des Haager Übereinkommens vom 19. Oktober 1996 über die Zuständigkeit, das anzuwendende Recht, die Anerkennung, Vollstreckung und Zusammenarbeit auf dem Gebiet der elterlichen Verantwortung und der Maßnahmen zum Schutz von Kindern (BGBl. 2009 II S. 602, 603) – im Folgenden: Haager Kinderschutzübereinkommen;**
3. **der Ausführung des Haager Übereinkommens vom 25. Oktober 1980 über die zivilrechtlichen Aspekte internationaler Kindesentführung (BGBl. 1990 II S. 207) – im Folgenden: Haager Kindesentführungsübereinkommen;**
4. **der Ausführung des Luxemburger Europäischen Übereinkommens vom 20. Mai 1980 über die Anerkennung und Vollstreckung von Entscheidungen über das Sorgerecht für Kinder und die Wiederherstellung des Sorgeverhältnisses (BGBl. 1990 II S. 220) – im Folgenden: Europäisches Sorgerechtsübereinkommen.**

Das IntFamRVG enthält in §§ 3–9 auch ergänzende Regelungen zur Zusammenarbeit der **303** Zentralen Behörden der Mitglied-/Vertragsstaaten nach Art 53–58 EuEheVO, Art 29–39 KSÜ, Art 2–6 EuSorgeRÜ und Art 6 ff HKÜ. Speziell zur Ausführung des HKÜ dient ferner insbesondere die Zuständigkeitsregelung in § 11 sowie die ergänzenden Vorschriften zum Rückführungsverfahren in §§ 37–43.

IntFamRVG § 2. Begriffsbestimmungen

Im Sinne dieses Gesetzes sind „Titel" Entscheidungen, Vereinbarungen und öffentliche Urkunden, auf welche die durchzuführende EG-Verordnung oder das jeweils auszuführende Übereinkommen Anwendung findet.

Vgl → N Rn 36 ff.

Abschnitt 2. Zentrale Behörde; Jugendamt

IntFamRVG § 3. Bestimmung der Zentralen Behörde

(1) **Zentrale Behörde nach**
1. **Artikel 53 der Verordnung (EG) Nr. 2201/2003,**
2. **Artikel 29 des Haager Kinderschutzübereinkommens,**
3. **Artikel 6 des Haager Kindesentführungsübereinkommens,**
4. **Artikel 2 des Europäischen Sorgerechtsübereinkommens**
ist das Bundesamt für Justiz.

(2) **Das Verfahren der Zentralen Behörde gilt als Justizverwaltungsverfahren.**

Die Aufgaben der Zentralen Behörden nach Art 53 EuEheVO, Art 29 KSÜ, Art 6 HKÜ und **304** Art 2 EuSorgeRÜ nimmt in Deutschland das **Bundesamt für Justiz** (Adenauerallee 99 – 103, 53113 Bonn) wahr. Durch Abs 2 wird klargestellt, dass für die Anfechtung von Maßnahmen der Zentralen Behörde – vorbehaltlich des § 8 IntFamRVG – die §§ 23 ff EGGVG maßgebend sind.

IntFamRVG § 4. Übersetzungen bei eingehenden Ersuchen

(1) **Die Zentrale Behörde, bei der ein Antrag aus einem anderen Staat nach der Verordnung (EG) Nr. 2201/2003 oder nach dem Europäischen Sorgerechtsübereinkommen eingeht, kann es ablehnen, tätig zu werden, solange Mitteilungen oder beizufügende Schriftstücke nicht in deutscher Sprache abgefasst oder von einer Übersetzung in diese Sprache begleitet sind.**

1613

U 307   3. Teil. Behördenzusammenarbeit. U. Kindschaftssachen

(2) **Ist ein Schriftstück nach Artikel 54 des Haager Kinderschutzübereinkommens oder nach Artikel 24 Abs. 1 des Haager Kindesentführungsübereinkommens ausnahmsweise nicht von einer deutschen Übersetzung begleitet, so veranlasst die Zentrale Behörde die Übersetzung.**

1. Anträge nach der EuEheVO und dem EuSorgeRÜ, Abs 1

305   Nach Abs 1 kann das Bundesamt für Justiz es ablehnen, Anträge aus anderen Mitgliedstaaten der EuEheVO bzw Vertragsstaaten des EuSorgeRÜ entgegenzunehmen, wenn der Antrag oder die beigefügten Schriftstücke nicht in deutscher Sprache abgefasst oder von einer deutschen Übersetzung begleitet sind. Dies entspricht für das **EuSorgeRÜ** dem von Deutschland nach Art 6 Abs 3 iVm Art 27 Abs 1 eingelegten Vorbehalt (→ Rn 300). Denn nach diesem Übk besteht für die Zentrale Behörde keine Möglichkeit, Übersetzungen auf Kosten des Antragstellers anfertigen zu lassen (Staud/*Pirrung* Rn F 11). Im Geltungsbereich der **EuEheVO** ergibt sich das Recht der deutschen Zentralen Behörde zur Ablehnung einer Tätigkeit gem Abs 1 aus Art 57 Abs 2 iVm Art 67 UAbs 1 lit b EuEheVO; danach hat Deutschland gegenüber der Kommission erklärt, dass es Mitteilungen in einer anderen als der deutschen Sprache nicht zulässt.

2. Anträge nach dem HKÜ und dem KSÜ, Abs 2

306   Zu Art 24 Abs 1 **HKÜ** hat Deutschland den nach Abs 2 der Vorschrift zulässigen Vorbehalt gegen die hilfsweise Verwendung der englischen oder französischen Sprache nicht eingelegt, aber anlässlich der Ratifizierung die Erwartung geäußert, dass die anderen Vertragsstaaten ihren Anträgen regelmäßig eine deutsche Übersetzung beifügen werden (BGBl 91 II, 329; → Rn 263 f). Ist dies nicht der Fall, so hat das Bundesamt für Justiz sich zunächst zu bemühen, eine solche von der antragstellenden Behörde des ausländischen Vertragsstaats zu beschaffen. Erst wenn diese Bemühungen nicht zum Erfolg führen, greift Abs 2 ein und das Bundesamt hat eine Übersetzung auf eigene Kosten zu veranlassen; diese Kosten sind dann ggfs von dem im Rückführungsverfahren unterlegenen Antragsgegner nach Maßgabe von Art 26 Abs 4 HKÜ (→ Rn 270) zu erstatten. Demgegenüber hat Deutschland für Anträge nach dem **KSÜ** gem Art 54 Abs 2 iVm Art 60 den Vorbehalt gegen die Verwendung der französischen Sprache eingelegt (→ F Rn 551). Fügt die Behörde eines anderen Vertragsstaats ihrem Antrag zulässigerweise nur eine englische Übersetzung bei, so hat sich das Bundesamt wiederum zunächst um eine deutsche Übersetzung bei der antragstellenden Behörde zu bemühen und diese ggfs auf eigene Kosten zu veranlassen.

IntFamRVG § 5. Übersetzungen bei ausgehenden Ersuchen

(1) **Beschafft die antragstellende Person erforderliche Übersetzungen für Anträge, die in einem anderen Staat zu erledigen sind, nicht selbst, veranlasst die Zentrale Behörde die Übersetzungen auf Kosten der antragstellenden Person.**

(2) **Das Amtsgericht befreit eine antragstellende natürliche Person, die ihren gewöhnlichen Aufenthalt oder bei Fehlen eines gewöhnlichen Aufenthalts im Inland ihren tatsächlichen Aufenthalt im Gerichtsbezirk hat, auf Antrag von der Erstattungspflicht nach Absatz 1, wenn sie die persönlichen und wirtschaftlichen Voraussetzungen für die Gewährung von Verfahrenskostenhilfe ohne einen eigenen Beitrag zu den Kosten nach den Vorschriften des Gesetzes über das Verfahren in Familiensachen und in Angelegenheiten der freiwilligen Gerichtsbarkeit erfüllt.**

1. Übersetzung auf Kosten des Antragstellers, Abs 1

307   Anträge, die in einem anderen Mitgliedstaat der EuEheVO zu erledigen sind, haben die Antragsteller in der von Empfangsstaat der Kommission nach Art 57 Abs 2 iVm Art 67 UAbs 1 lit b mitgeteilten Amtssprache abzufassen oder eine Übersetzung in diese Sprache beizufügen. Gleiches gilt nach Art 24 Abs 1 HKÜ, Art 6 Abs 1 EuSorgeRÜ und Art 54 Abs 1 KSÜ. Kommt der Antragsteller dieser Obliegenheit nicht nach, so veranlasst das Bundesamt für Justiz die erforderlichen Übersetzungen nach Abs 1 auf dessen Kosten.

1614

IV. Autonomes Zivilverfahrensrecht: IntFamRVG § 7   **U**

2. Befreiung von der Kostenerstattung, Abs 2

Von der Pflicht zur Kostenerstattung kann eine natürliche Person als Antragsteller befreit **308** werden, wenn sie die Voraussetzungen für die Gewährung von Verfahrenskostenhilfe ohne einen eigenen Beitrag zu den Kosten nach §§ 76 ff FamFG erfüllt. Zuständig für die Befreiung ist das Amtsgericht, in dessen Bezirk der Antragsteller seinen gewöhnlichen, hilfsweise seinen schlichten Aufenthalt hat.

IntFamRVG § 6. Aufgabenerfüllung durch die Zentrale Behörde

(1) [1] **Zur Erfüllung der ihr obliegenden Aufgaben veranlasst die Zentrale Behörde mit Hilfe der zuständigen Stellen alle erforderlichen Maßnahmen.** [2] **Sie verkehrt unmittelbar mit allen zuständigen Stellen im In- und Ausland.** [3] **Mitteilungen leitet sie unverzüglich an die zuständigen Stellen weiter.**

(2) [1] **Zum Zweck der Ausführung des Haager Kindesentführungsübereinkommens und des Europäischen Sorgerechtsübereinkommens leitet die Zentrale Behörde erforderlichenfalls gerichtliche Verfahren ein.** [2] **Im Rahmen dieser Übereinkommen gilt sie zum Zweck der Rückgabe des Kindes als bevollmächtigt, im Namen der antragstellenden Person selbst oder im Weg der Untervollmacht durch Vertreter gerichtlich oder außergerichtlich tätig zu werden.** [3] **Ihre Befugnis, zur Sicherung der Einhaltung der Übereinkommen im eigenen Namen entsprechend zu handeln, bleibt unberührt.**

1. Art und Weise der Aufgabenerfüllung, Abs 1

Abs 1 enthält allgemeine Anweisungen, wie das Bundesamt für Justiz die ihm nach der **309** EuEheVO und den Staatsverträgen (KSÜ, HKÜ, EuSorgeRÜ) obliegenden Aufgaben auf dem Gebiet der elterlichen Verantwortung zu erfüllen hat. Das Bundesamt ist nach S 2 insbesondere berechtigt, unmittelbar mit allen zuständigen Stellen im In- und Ausland zu verkehren, also auch im Ausland nicht nur mit der dortigen Zentralen Behörde, sondern ohne deren Vermittlung auch direkt mit anderen Behörden und Gerichten. Das in Verfahren betreffend die elterliche Verantwortung allgemein geltende Beschleunigungsgebot (vgl Art 11 Abs 3 EuEheVO, Art 2 S 2 HKÜ, Art 3 Abs 1 S 2 EuSorgeRÜ) hat zur Folge, dass Mitteilungen nach S 3 durch das Bundesamt unverzüglich an die zuständigen in- oder ausländischen Stellen weiterzuleiten sind.

2. Einleitung gerichtlicher Verfahren nach dem HKÜ und dem EuSorgeRÜ, Abs 2

Anders als nach der EuEheVO und nach dem KSÜ sind die Zentralen Behörden nach dem **310** HKÜ und dem EuSorgeRÜ berechtigt und ggfs auch verpflichtet, selbst gerichtliche Verfahren einzuleiten. Zu diesem Zweck bedarf die Zentrale Behörde nach Art 28 HKÜ bzw Art 13 Abs 1 lit a EuSorgeRÜ grundsätzlich einer Vollmacht des Antragstellers. Um Verfahren, welche die Rückgabe des Kindes zum Gegenstand haben, zu beschleunigen, ordnet Abs 2 S 2 die Fiktion einer solchen Bevollmächtigung der Zentralen Behörde an. Diese ist dann auch berechtigt, im Wege der Untervollmacht einen Rechtsanwalt mit gerichtlichen oder außergerichtlichen Vertretung zu beauftragen (Staud/*Pirrung* Rn F 16). Für andere Verfahren – wie zB Umgangsstreitigkeiten (vgl Art 21 HKÜ, Art 11 EuSorgeRÜ) – gilt die Vollmachtsfiktion nicht. Das Recht der Zentralen Behörde trotz einer ihr erteilten oder fingierten Vollmacht des Antragstellers zur Sicherung ihrer Verpflichtungen nach der EuEheVO oder den Staatsverträgen im eigenen Namen zu handeln, bleibt nach S 3 unberührt.

IntFamRVG § 7. Aufenthaltsermittlung

(1) **Die Zentrale Behörde trifft alle erforderlichen Maßnahmen einschließlich der Einschaltung von Polizeivollzugsbehörden, um den Aufenthaltsort des Kindes zu ermitteln, wenn dieser unbekannt ist und Anhaltspunkte dafür vorliegen, dass sich das Kind im Inland befindet.**

(2) **Soweit zur Ermittlung des Aufenthalts des Kindes oder zur Feststellung eines früheren oder des gegenwärtigen gewöhnlichen Aufenthalts des Kindes erforderlich, darf die Zentrale Behörde im automatisierten Abrufverfahren nach § 38 des Bundes-**

1615

U 313　　　　　　　3. Teil. Behördenzusammenarbeit. U. Kindschaftssachen

meldegesetzes über die in § 38 Absatz 1 des Bundesmeldegesetzes aufgeführten Daten hinaus folgende Daten abrufen:

1. derzeitige Staatsangehörigkeiten,
2. frühere Anschriften, gekennzeichnet nach Haupt- und Nebenwohnung und
3. Einzugsdatum und Auszugsdatum.

(3) Soweit zur Ermittlung des Aufenthalts des Kindes erforderlich, darf die Zentrale Behörde bei dem Kraftfahrt-Bundesamt erforderliche Halterdaten nach § 33 Abs. 1 Satz 1 Nr. 2 des Straßenverkehrsgesetzes erheben und die Leistungsträger im Sinne der §§ 18 bis 29 des Ersten Buches Sozialgesetzbuch um Mitteilung des derzeitigen Aufenthalts einer Person ersuchen.

(4) [1]Unter den Voraussetzungen des Absatzes 1 kann die Zentrale Behörde die Ausschreibung zur Aufenthaltsermittlung durch das Bundeskriminalamt veranlassen. [2]Sie kann auch die Speicherung eines Suchvermerks im Zentralregister veranlassen.

(5) Soweit andere Stellen eingeschaltet werden, übermittelt sie ihnen die zur Durchführung der Maßnahmen erforderlichen personenbezogenen Daten; diese dürfen nur für den Zweck verwendet werden, für den sie übermittelt worden sind.

1. Ermittlung des Aufenthalts des Kindes, Abs 1–3

311　　Eine Verpflichtung Zentralen Behörde, den tatsächlichen Aufenthalt des Kindes zu ermitteln oder hierbei zumindest Unterstützung zu leisten, ergibt sich bereits aus den einschlägigen Staatsverträgen (Art 7 Abs 2 lit a HKÜ, Art 5 Abs 1 lit a EuSorgeRÜ, Art 31 lit c KSÜ). Bestehen Anhaltspunkte dafür, dass sich das Kind im Inland aufhalten könnte, werden in Abs 1–4 Wege aufgezeigt, die das Bundesamt für Justiz beschreiten kann, um den Aufenthaltsort des Kindes zu ermitteln. Dazu gehören insbesondere die Einschaltung der Polizeibehörden im Wege der Amtshilfe (Abs 1, vgl BT-Drucks 11/5315, 10), die Erhebung von Halterdaten beim Kraftfahrt-Bundesamt nach § 33 Abs 1 S 1 Nr 2 StVG und die Einholung von Aufenthaltsmitteilungen bei Sozialbehörden nach §§ 18–29 SGB I (Abs 2), sowie die Veranlassung der Ausschreibung zur Aufenthaltsermittlung durch das Bundeskriminalamt (Abs 4). Neu eingefügt wurde in Abs 2 durch Gesetz v. 11.6.2017 (BGBl I, 1607) mit Wirkung v 17.6.2017 die Möglichkeit für die Zentrale Behörde, Daten im automatischen Abrufverfahren nach § 38 des Bundesmeldegesetzes abzurufen.

2. Datenschutz, Abs 5

312　　Soweit das Bundesamt für Justiz weitere Behörden oder Stellen einschaltet, um den Aufenthalt des Kindes zu ermitteln, ist es auch berechtigt, die hierfür erforderlichen personenbezogenen Daten weiterzugeben. Diese dürfen allerdings – wie im Hs 2 klargestellt wird – aus Gründen des Datenschutzes nur zum Zweck der Aufenthaltsermittlung verwendet werden.

IntFamRVG § 8. Anrufung des Oberlandesgerichts

(1) Nimmt die Zentrale Behörde einen Antrag nicht an oder lehnt sie es ab, tätig zu werden, so kann die Entscheidung des Oberlandesgerichts beantragt werden.

(2) Zuständig ist das Oberlandesgericht, in dessen Bezirk die Zentrale Behörde ihren Sitz hat.

(3) [1]Das Oberlandesgericht entscheidet im Verfahren der freiwilligen Gerichtsbarkeit. [2]§ 14 Abs. 1 und 2 sowie die Abschnitte 4 und 5 des Buches 1 des Gesetzes über das Verfahren in Familiensachen und in den Angelegenheiten der freiwilligen Gerichtsbarkeit gelten entsprechend.

313　　Lehnt das Bundesamt für Justiz es ab, einen bestimmten Antrag entgegenzunehmen oder in anderer Weise tätig zu werden, so kann gegen diese Entscheidung das OLG Köln angerufen werden, Abs 1, 2. Dieses entscheidet im Verfahren der freiwilligen Gerichtsbarkeit. Durch die Verweisung auf den 4. Abschnitt des 1. Buches des FamFG wird klargestellt, dass das OLG Köln in dringenden Fällen auch im Wege der einstweiligen Anordnung nach § 49 ff FamFG entscheiden kann. Aus der Verweisung auf den 5. Abschnitt des 1. Buches des FamFG folgt weiter, dass gegen die Entscheidung des OLG Köln die Rechtsbeschwerde zum BGH nach Maßgabe der §§ 70 ff FamFG eröffnet ist.

1616

IV. Autonomes Zivilverfahrensrecht: IntFamRVG § 11   315, 316 U

IntFamRVG § 9. Mitwirkung des Jugendamts an Verfahren

(1) ¹Unbeschadet der Aufgaben des Jugendamts bei der grenzüberschreitenden Zusammenarbeit unterstützt das Jugendamt die Gerichte und die Zentrale Behörde bei allen Maßnahmen nach diesem Gesetz. ²Insbesondere
1. gibt es auf Anfrage Auskunft über die soziale Lage des Kindes und seines Umfelds,
2. unterstützt es in jeder Lage eine gütliche Einigung,
3. leistet es in geeigneten Fällen Unterstützung bei der Durchführung des Verfahrens, auch bei der Sicherung des Aufenthalts des Kindes,
4. leistet es in geeigneten Fällen Unterstützung bei der Ausübung des Rechts zum persönlichen Umgang, der Heraus- oder Rückgabe des Kindes sowie der Vollstreckung gerichtlicher Entscheidungen.

(2) ¹Zuständig ist das Jugendamt, in dessen Bereich sich das Kind gewöhnlich aufhält. ²Solange die Zentrale Behörde oder ein Gericht mit einem Herausgabe- oder Rückgabeantrag oder dessen Vollstreckung befasst ist, oder wenn das Kind keinen gewöhnlichen Aufenthalt im Inland hat, oder das zuständige Jugendamt nicht tätig wird, ist das Jugendamt zuständig, in dessen Bereich sich das Kind tatsächlich aufhält. ³In den Fällen des Artikels 35 Absatz 2 Satz 1 des Haager Kinderschutzübereinkommens ist das Jugendamt örtlich zuständig, in dessen Bezirk der antragstellende Elternteil seinen gewöhnlichen Aufenthalt hat.

(3) Das Gericht unterrichtet das zuständige Jugendamt über Entscheidungen nach diesem Gesetz auch dann, wenn das Jugendamt am Verfahren nicht beteiligt war.

Nach Abs 1 unterstützt das Jugendamt die Gerichte und das Bundesamt für Justiz bei allen **314** nach diesem Gesetz zu ergreifenden Maßnahmen. Die wichtigsten Aufgaben der Jugendämter in diesem Zusammenhang werden in Nr 1–4 aufgelistet (dazu näher Staud/*Pirrung* Rn F 20, 21). **Zuständig** ist grundsätzlich das Jugendamt, in dessen Bezirk sich das Kind gewöhnlich aufhält, Abs 2 S 1. In den Fällen des Abs 2 S 2 ist das Jugendamt am tatsächlichen Aufenthaltsort des Kindes zuständig. Für die Unterstützung bei der Ausübung des Umgangsrechts in einem Vertragsstaat, in dem sich das Kind nicht gewöhnlich aufhält, ist nach Art 35 Abs 2 S 1 KSÜ das Jugendamt zuständig, in dessen Bezirk der antragstellende Elternteil seinen gewöhnlichen Aufenthalt hat. Das nach Abs 2 zuständige Jugendamt ist über Entscheidungen deutscher Gerichte, die auf der Grundlage des IntFamRVG ergehen, nach Abs 3 in jedem Fall zu informieren, auch wenn das Jugendamt nicht am Verfahren beteiligt war.

Abschnitt 3. Gerichtliche Zuständigkeit und Zuständigkeitskonzentration

IntFamRVG § 10

(abgedruckt und kommentiert → N Rn 523 ff)

IntFamRVG § 11. Örtliche Zuständigkeit nach dem Haager Kindesentführungsübereinkommen

Örtlich zuständig für Verfahren nach dem Haager Kindesentführungsübereinkommen ist das Familiengericht, in dessen Zuständigkeitsbereich
1. sich das Kind beim Eingang des Antrags bei der Zentralen Behörde aufgehalten hat oder
2. bei Fehlen einer Zuständigkeit nach Nummer 1 das Bedürfnis der Fürsorge besteht.

Für sämtliche inländischen Verfahren nach dem HKÜ ist gem Nr 1 grundsätzlich das Famili- **315** engericht örtlich zuständig, in dessen Bezirk sich das Kind beim Eingang des Antrags bei der Zentralen Behörde aufgehalten hat. Ändert der Entführer nach diesem Zeitpunkt den Aufenthalt des Kindes innerhalb Deutschlands, so beeinflusst dies die örtliche Zuständigkeit für das Rückgabeverfahren nach Art 8 ff HKÜ nicht mehr.

Hält das Kind sich zu dem in Nr 1 genannten Zeitpunkt im Ausland auf, so ist das Familien- **316** gericht örtlich zuständig, in dessen Bezirk das **Fürsorgebedürfnis** hervortritt, Nr 2.

1617

U 320 3. Teil. Behördenzusammenarbeit. U. Kindschaftssachen

IntFamRVG § 12. Zuständigkeitskonzentration

(1) **In Verfahren über eine in den §§ 10 und 11 bezeichnete Sache sowie in Verfahren über die Vollstreckbarerklärung nach Artikel 28 der Verordnung (EG) Nr. 2201/2003 entscheidet das Familiengericht, in dessen Bezirk ein Oberlandesgericht seinen Sitz hat, für den Bezirk dieses Oberlandesgerichts.**

(2) **Im Bezirk des Kammergerichts entscheidet das Familiengericht Pankow/Weißensee.**

(3) ¹**Die Landesregierungen werden ermächtigt, diese Zuständigkeit durch Rechtsverordnung einem anderen Familiengericht des Oberlandesgerichtsbezirks oder, wenn in einem Land mehrere Oberlandesgerichte errichtet sind, einem Familiengericht für die Bezirke aller oder mehrerer Oberlandesgerichte zuzuweisen.** ²**Sie können die Ermächtigung auf die Landesjustizverwaltungen übertragen.**

1. Zuständigkeitskonzentration, Abs 1

317   Aufgrund der in Abs 1 angeordneten Zuständigkeitskonzentration ist auch für die in § 11 genannten **Verfahren nach dem HKÜ** das Familiengericht, in dessen Bezirk das OLG seinen Sitz hat, für den gesamten OLG-Bezirk örtlich zuständig. Demgemäß ist nach § 11 nur zu prüfen, in welchem OLG-Bezirk das Kind sich gewöhnlich aufhält (Nr 1) oder das Fürsorgebedürfnis hervortritt (Nr 2). Zu Einzelheiten → N Rn 527 ff.

2. Ermächtigung der Landesregierungen, Abs 3

318   Durch Abs 2 werden die Landesregierungen ermächtigt, die in Abs 1 angeordnete Konzentration der Zuständigkeit zu ändern oder einzuschränken. Von dieser Möglichkeit hat bisher nur *Niedersachsen* Gebrauch gemacht. Danach ist in diesem Bundesland stets das AG Celle für Verfahren nach HKÜ örtlich zuständig.

IntFamRVG § 13. Zuständigkeitskonzentration für andere Familiensachen

(abgedruckt und kommentiert → N Rn 531 ff).

319   Die Zuständigkeitskonzentration für andere Familiensachen nach Maßgabe von § 13 gilt auch dann, wenn ein deutsches Familiengericht für ein **Verfahren nach dem HKÜ** gem § 11 zuständig ist.

IntFamRVG § 13a. Verfahren bei grenzüberschreitender Abgabe

(abgedruckt und kommentiert → F Rn 562 ff)

Abschnitt 4. Allgemeine gerichtliche Verfahrensvorschriften

IntFamRVG § 14. Familiengerichtliches Verfahren

Soweit nicht anders bestimmt, entscheidet das Familiengericht

1. **über eine in den §§ 10 und 12 bezeichnete Ehesache nach den hierfür geltenden Vorschriften des Gesetzes über das Verfahren in Familiensachen und in den Angelegenheiten der freiwilligen Gerichtsbarkeit,**
2. **über die übrigen in den §§ 10, 11, 12 und 47 bezeichneten Angelegenheiten als Familiensachen im Verfahren der freiwilligen Gerichtsbarkeit.**

320   Nach Nr 2 entscheidet das Familiengericht nicht nur in allen Verfahren der Anerkennung, Vollstreckbarerklärung und Vollstreckung von Entscheidungen auf dem Gebiet der elterlichen Verantwortung nach der EuEheVO, dem KSÜ und dem EuSorgeRÜ als Familiensache im Verfahren der freiwilligen Gerichtsbarkeit (→ N Rn 535), sondern auch bei Konsultationsverfahren in Fällen der grenzüberschreitenden Unterbringung von Kindern nach §§ 45 ff und in allen Verfahren nach dem HKÜ, insbesondere in Verfahren der Kindesrückgabe nach Art 8 ff HKÜ. Daher gilt auch insoweit der Grundsatz der **Amtsermittlung** nach § 26 FamFG und die Anhörungspflicht nach § 159 FamFG.

1618

IV. Autonomes Zivilverfahrensrecht: IntFamRVG § 38   **U**

IntFamRVG § 15. Einstweilige Anordnungen

Das Gericht kann auf Antrag oder von Amts wegen einstweilige Anordnungen treffen, um Gefahren von dem Kind abzuwenden oder eine Beeinträchtigung der Interessen der Beteiligten zu vermeiden, insbesondere um den Aufenthaltsort des Kindes während des Verfahrens zu sichern oder eine Vereitelung oder Erschwerung der Rückgabe zu verhindern; Abschnitt 4 des Buches 1 des Gesetzes über das Verfahren in Familiensachen und in den Angelegenheiten der freiwilligen Gerichtsbarkeit gilt entsprechend.

Die Zuständigkeit für den Erlass einstweiliger Anordnungen, um Gefahren von dem Kind **321** abzuwenden oder eine Beeinträchtigung der Interessen der Beteiligten zu vermeiden, ergibt sich bereits aus Art 20 EuEheVO bzw aus Art 11 KSÜ, Art 7 Abs 2 lit b HKÜ oder Art 5 Abs 1 lit b EuSorgeRÜ. Sie wird durch § 15 über diese Vorschriften der EuEheVO bzw der Staatsverträge hinaus nicht erweitert. Hs 1 stellt lediglich klar, dass einstweilige Anordnungen mit diesem Ziel nicht nur auf Antrag eines Beteiligten, sondern auch **von Amts wegen** getroffen werden können. Gedacht ist insbesondere an einstweilige Anordnungen, die den Aufenthalt des Kindes während des Verfahrens sichern und eine Vereitelung oder Erschwerung der Rückgabe des Kindes verhindern, die also einer drohenden Kindesentführung ins Ausland vorbeugen, welche dem inländischen Verfahren die Grundlage entziehen könnte. In Rückführungsverfahren nach dem HKÜ darf durch eine einstweilige Anordnung allerdings die Entscheidung in der Hauptsache nicht vorweg genommen werden (Staud/*Pirrung* Rn F 38).

Hinsichtlich des **Verfahrens** verweist Hs 2 auf Abschnitt 4 des Buches 1 des FamFG. Danach **322** sind einstweilige Anordnungen gem § 15 nur ausnahmsweise anfechtbar, wenn sie aufgrund einer mündlichen Erörterung ergangen sind (§ 57 S 1 FamFG).

Abschnitt 5. Zulassung der Zwangsvollstreckung, Anerkennungsfeststellung und Wiederherstellung des Sorgeverhältnisses

IntFamRVG §§ 16–36.

(abgedruckt und kommentiert → N Rn 538 ff)

Abschnitt 6. Verfahren nach dem Haager Kindesentführungsübereinkommen

IntFamRVG § 37. Anwendbarkeit

Kommt im Einzelfall die Rückgabe des Kindes nach dem Haager Kindesentführungsübereinkommen und dem Europäischen Sorgerechtsübereinkommen in Betracht, so sind zunächst die Bestimmungen des Haager Kindesentführungsübereinkommens anzuwenden, sofern die antragstellende Person nicht ausdrücklich die Anwendung des Europäischen Sorgerechtsübereinkommen begehrt.

Kommt als Rechtsgrundlage für die Rückgabe des Kindes sowohl das HKÜ wie auch das **323** EuSorgeRÜ in Betracht, so gibt die Vorschrift aus deutscher Sicht dem HKÜ als dem sachlich weiter reichenden und erfolgreicheren Abkommen den Vorrang. Denn das HKÜ gilt – im Gegensatz zum EuSorgeRÜ – für die Rückführung von Kindern auch dann, wenn keine Sorgerechtsentscheidung, sondern lediglich das **kraft Gesetzes** bestehende (Mit-) Sorgerecht eines Elternteils verletzt worden ist. Der Antragsteller kann jedoch verlangen, dass neben oder anstelle des HKÜ das EuSorgeRÜ angewandt wird. Auch die deutschen Gerichte sind nach Art 34 S 2 HKÜ berechtigt, anstelle des HKÜ das EuSorgeRÜ anzuwenden, selbst wenn es an einem entsprechenden Verlangen des Antragstellers fehlt (Staud/*Pirrung* Rn F 73).

IntFamRVG § 38. Beschleunigtes Verfahren

(1) [1]Das Gericht hat das Verfahren auf Rückgabe eines Kindes in allen Rechtszügen vorrangig zu behandeln. [2]Mit Ausnahme von Artikel 12 Abs. 3 des Haager Kindesentführungsübereinkommens findet eine Aussetzung des Verfahrens nicht statt. [3]Das Gericht hat alle erforderlichen Maßnahmen zur Beschleunigung des Verfahrens zu treffen, insbesondere auch damit die Entscheidung in der Hauptsache binnen der in Artikel 11 Abs. 3 der Verordnung (EG) Nr. 2201/2003 genannten Frist ergehen kann.

1619

U 328   3. Teil. Behördenzusammenarbeit. U. Kindschaftssachen

(2) **Das Gericht prüft in jeder Lage des Verfahrens, ob das Recht zum persönlichen Umgang mit dem Kind gewährleistet werden kann.**

(3) **Die Beteiligten haben an der Aufklärung des Sachverhalts mitzuwirken, wie es einem auf Förderung und Beschleunigung des Verfahrens bedachten Vorgehen entspricht.**

1. Vorrang und beschleunigte Durchführung des Rückgabeverfahrens, Abs 1

324   Nach Art 11 Abs 1 HKÜ (→ Rn 166 ff) haben die Gerichte der Vertragsstaaten in Verfahren auf Rückgabe von Kindern mit der gebotenen Eile zu handeln. Hat das Gericht innerhalb von sechs Wochen keine Entscheidung getroffen, so kann der Antragsteller nach Art 11 Abs 2 HKÜ hierfür eine Begründung verlangen. Noch weiter geht Art 11 Abs 3 UAbs 2 EuEheVO (→ F Rn 164 f), der die Gerichte der Mitgliedstaaten im Geltungsbereich dieser Verordnung verpflichtet, die Rückgabeanordnung spätestens innerhalb von sechs Wochen zu erlassen, wenn nicht außergewöhnliche Umstände entgegenstehen. Zur Durchführung dieser Gebote bestimmt Abs 1 S 1, dass Verfahren auf Rückgabe von Kindern vor deutschen Gerichten in allen Rechtszügen vorrangig, dh als Eilsachen, zu behandeln sind (vgl *Gruber* FPR 08, 214/215 ff). Aus diesem Grunde wird in S 2 die Aussetzung eines Rückgabeverfahrens grundsätzlich ausgeschlossen; eine Ausnahme gilt nach Art 12 Abs 3 HKÜ (→ Rn 188) nur für den Fall, dass Grund für die Annahme besteht, dass das Kind zwischenzeitlich aus Deutschland in einen anderen Staat verbracht worden ist.

325   Schließlich hat das Gericht nach Abs 1 S 3 alle erforderlichen Maßnahmen zur Beschleunigung des Verfahrens, insbesondere zur **Einhaltung der Sechswochenfrist** nach Art 11 Abs 3 EuEheVO, zu treffen; diese Verpflichtung besteht für deutsche Gerichte auch im Verhältnis zu Vertragsstaaten des HKÜ, die nicht Mitgliedstaaten der EuEheVO sind (Staud/*Pirrung* Rn F 74). Zu diesem Zweck sind den Beteiligten entsprechend kurz bemessene Fristen für Stellungnahmen und für die Vorlage von ergänzenden Unterlagen zu setzen. Ferner kann durch **einstweilige Anordnungen** sichergestellt werden, dass der gerichtliche Aufenthalt des Kindes während des Verfahrens nicht verändert wird (*Gruber* FamRZ 05, 1603/1605). Die Rückgabeanordnung selbst kann aber nicht durch einstweilige Anordnung getroffen werden (OLG Zweibrücken FamRZ 99, 106).

2. Gewährleistung des Umgangsrechts, Abs 2

326   Nach Abs 2 haben deutsche Gerichte in jeder Lage des Verfahrens zu prüfen, ob das Recht zum persönlichen Umgang mit dem Kind gewährleistet werden kann. Es soll also darauf hingewirkt werden, dass das Kind trotz der Entführung nach Möglichkeit den Kontakt zu beiden Elternteilen aufrechterhält. Auf diese Weise sollen die mit dem Rückführungsverfahren für das Kind verbunden Belastungen abgemildert und die Möglichkeiten für eine einvernehmliche Lösung des Sorgerechtsstreits verbessert werden.

3. Mitwirkung der Beteiligten an der Aufklärung, Abs 3

327   Die am Verfahren beteiligten Eltern sollen gem Abs 3 möglichst an der Aufklärung des Sachverhalts mitwirken, allerdings nur soweit dies mit der gebotenen Verfahrensbeschleunigung vereinbar ist (krit zum praktischen Nutzen dieser Regelung Staud/*Pirrung* Rn F 76).

IntFamRVG § 39. Übermittlung von Entscheidungen

Wird eine inländische Entscheidung nach Artikel 11 Abs. 6 der Verordnung (EG) Nr. 2201/2003 unmittelbar dem zuständigen Gericht oder der Zentralen Behörde im Ausland übermittelt, ist der Zentralen Behörde zur Erfüllung ihrer Aufgaben nach Artikel 7 des Haager Kindesentführungsübereinkommens eine Abschrift zu übersenden.

328   Lehnt ein deutsches Gericht die Rückgabe des Kindes gem Art 13 HKÜ ab, so hat es das Gericht oder die Zentrale Behörde des Staates, in dem das Kind sich unmittelbar vor dem widerrechtlichen Verbringen bzw Zurückhalten gewöhnlich aufgehalten hat, unverzüglich nach Maßgabe von Art 11 Abs 6 EuEheVO über diese Entscheidung zu informieren, wenn es sich bei diesem Herkunftstaat um einen Mitgliedstaat der EuEheVO handelt. Daneben hat das Gericht

1620

IV. Autonomes Zivilverfahrensrecht: IntFamRVG § 40 329–332 **U**

nach § 39 auch dem deutschen Bundesamt für Justiz eine Abschrift der Entscheidung zu übersenden, damit das Bundesamt seinen Aufgaben nach Art 7 HKÜ nachkommen kann.

IntFamRVG § 40. Wirksamkeit der Entscheidung; Rechtsmittel

(1) **Eine Entscheidung, die zur Rückgabe des Kindes in einen anderen Vertragsstaat verpflichtet, wird erst mit deren Rechtskraft wirksam.**

(2) [1] **Gegen eine im ersten Rechtszug ergangene Entscheidung findet die Beschwerde zum Oberlandesgericht nach Unterabschnitts 1 des Abschnitts 5 des Buches 1 des Gesetzes über das Verfahren in Familiensachen und in den Angelegenheiten der freiwilligen Gerichtsbarkeit statt; § 65 Abs. 2, § 68 Abs. 4 sowie § 69 Abs. 1 Satz 2 bis 4 jenes Gesetzes sind nicht anzuwenden.** [2] **Die Beschwerde ist innerhalb von zwei Wochen einzulegen und zu begründen.** [3] **Die Beschwerde gegen eine Entscheidung, die zur Rückgabe des Kindes verpflichtet, steht nur dem Antragsgegner, dem Kind, soweit es das 14. Lebensjahr vollendet hat, und dem beteiligten Jugendamt zu.** [4] **Eine Rechtsbeschwerde findet nicht statt.**

(3) [1] **Das Beschwerdegericht hat nach Eingang der Beschwerdeschrift unverzüglich zu prüfen, ob die sofortige Wirksamkeit der angefochtenen Entscheidung über die Rückgabe des Kindes anzuordnen ist.** [2] **Die sofortige Wirksamkeit soll angeordnet werden, wenn die Beschwerde offensichtlich unbegründet ist oder die Rückgabe des Kindes vor der Entscheidung über die Beschwerde unter Berücksichtigung der berechtigten Interessen der Beteiligten mit dem Wohl des Kindes zu vereinbaren ist.** [3] **Die Entscheidung über die sofortige Wirksamkeit kann während des Beschwerdeverfahrens abgeändert werden.**

1. Wirksamkeit der Entscheidung, Abs 1

Weil Entscheidungen deutscher Gerichte, die zur Rückgabe des Kindes in einen anderen **329** Vertragsstaat des HKÜ oder des EuSorgeRÜ verpflichten, besonders stark in die Rechtsstellung der Beteiligten eingreifen, werden sie gem Abs 1 erst **mit Rechtskraft**, dh mit Ablauf der in Abs 2 S 2 bestimmten Frist für die Einlegung der Beschwerde gegen die Entscheidung des Familiengerichts, wirksam. Vor diesem Zeitpunkt können sie nicht vollzogen werden. Die Anordnung der sofortigen Vollziehung durch das Familiengericht, die früher nach § 40 Abs 1 S 2 SorgeRÜbkAG möglich war, hat der Gesetzgeber in Abs 1 bewusst nicht übernommen; sie ist daher nach geltendem Recht grundsätzlich unzulässig (Staud/*Pirrung* Rn D F 78).

Eine **Ausnahme** gilt freilich kraft vorrangigen europäischen Rechts für Umgangs- und Rück- **330** führungsentscheidungen iSd Art 40 ff EuEheVO, die in einem anderen Mitgliedstaat der Verordnung vollstreckt werden sollen. Sie können nicht erst – wie Rückgabeentscheidungen nach dem HKÜ – gem Abs 3 vom Beschwerdegericht für sofort wirksam erklärt werden, sondern gem Art 41 Abs 1 S 2, 42 Abs 1 S 2 EuEheVO bereits vom erstinstanzlich zuständigen Familiengericht.

2. Beschwerde, Abs 2 S 1–3

a) Frist. Im Interesse der von Art 11 Abs 1 HKÜ geforderten Beschleunigung des Verfahrens **331** der Rückgabe von Kindern beschränkt Abs 2 S 1 die Rechtsmittel auf die Beschwerde zum OLG. Diese ist gem S 2 nicht nur **innerhalb von zwei Wochen einzulegen**, sondern innerhalb dieser Frist auch – ohne Möglichkeit der Fristverlängerung – zu begründen (OLG Bamberg FamRZ 16, 835 Rn 12 ff; dazu *Finger* FamRB 16, 187). Im Übrigen finden auf die Beschwerde die §§ 58 ff FamFG Anwendung.

In § 40 Abs 1 S 1 wird allerdings nicht auf § 65 Abs 2 FamFG verwiesen. Damit kann das **332** Beschwerdegericht in HKÜ-Verfahren dem Beschwerdeführer keine Frist zur Begründung der Beschwerde setzen. Dies ist auch nicht erforderlich, weil die Beschwerde nach dem Gesetzeswortlaut **innerhalb der zweiwöchigen Einlegungsfrist zu begründen** ist. Aus dem fehlenden Verweis auf § 65 Abs 2 FamFG kann deshalb nichts gegen die gesetzlich vorgesehene Begründungspflicht abgeleitet werden. Vielmehr entspricht die Notwendigkeit einer Begründung nicht nur dem Gesetzeswortlaut, sondern auch der Gesetzessystematik. Die in § 40 Abs 3 vorgesehene unverzügliche Prüfung, ob die sofortige Wirksamkeit der angefochtenen Entscheidung anzuordnen ist, wäre ohne eine sofortige Begründung innerhalb der Einlegungsfrist kaum

1621

U 337   3. Teil. Behördenzusammenarbeit. U. Kindschaftssachen

sinnvoll umsetzbar (OLG Bamberg FamRZ 16, 835 Rn 12; OLG Koblenz FamRZ 17, 135; MüKoBGB/*Heiderhoff* Art 12 HKÜ Rn 34; **aA** OLG Stuttgart FamRB 15, 459). Ausgenommen aus der Verweisung auf das FamFG ist ferner die Anwendung von § 68 Abs 4 FamFG (Übertragung der Beschwerdeentscheidung auf den Einzelrichter) und § 69 Abs 1 S 2 bis 4 FamFG (Rückverweisung der Sache durch das OLG an das Familiengericht).

333   **b) Berechtigung.** Zur Einlegung der Beschwerde berechtigt ist gem S 3 nur der Antragsgegner, das Kind, soweit es das 14. Lebensjahr vollendet hat, und das am Verfahren beteiligte Jugendamt. Kein Beschwerderecht steht den Pflegeeltern des Kindes zu, so dass es insoweit nicht darauf ankommt, wer zur gesetzlichen Vertretung eines noch nicht 14 Jahre alten Kindes berechtigt ist (vgl BGH FamRZ 98, 1507/1508; OLG Koblenz FamRZ 98, 966; Staud/*Pirrung* Rn F 79).

334   **c) Unzulässigkeit nach Rückführung des Kindes.** Die Beschwerde wird unzulässig, wenn das entführte Kind während des Beschwerdeverfahrens in den Herkunftsstaat zurückgeführt wird. Für diesen Fall kommt auch eine Fortsetzung des in der Hauptsache erledigten Beschwerdeverfahrens mit dem Ziel einer Feststellung der Rechtswidrigkeit der Rückführungsanordnung nicht in Betracht (OLG Koblenz FamRZ 04, 1512).

3. Keine Rechtsbeschwerde, Abs 2 S 4

335   Eine Rechtsbeschwerde zum BGH findet in Verfahren auf Rückgabe von Kindern nach dem HKÜ oder dem EuSorgeRÜ gem Abs 2 S 4 nicht statt (BGH IPRspr 10 Nr 117b [zum Recht vor dem 1.9.2009]; BGH FamRZ 98, 1507 zu Art 8 Abs 2 SorgeRÜbkAG), und zwar auch nicht gegen Zwischenentscheidungen des OLG (BGH IPRspr 10 Nr 117b; BGH FamRZ 04, 948m Anm *Schulz* IPRax 05, 529). Der BGH kann daher in solchen Verfahren nur noch ausnahmsweise in Fällen der sog „greifbaren Gesetzeswidrigkeit" angerufen werden, wenn die OLG-Entscheidung jeder gesetzlichen Grundlage entbehrt (Staud/*Pirrung* Rn F 79).

4. Anordnung der sofortigen Wirksamkeit durch das OLG, Abs 3

336   Das OLG hat gem Abs 3 S 1 nach Eingang der Beschwerdeschrift **unverzüglich** zu prüfen, ob die sofortige Wirksamkeit der Entscheidung über die Rückgabe des Kindes anzuordnen ist. Diese Anordnung soll gem S 2 insbesondere erfolgen, wenn die Beschwerde offensichtlich unbegründet ist (*Gruber* FamRZ 05, 1603/1606). Durch die Einreichung einer offensichtlich unbegründeten Beschwerde soll die angeordnete Rückgabe des Kindes mithin nicht hinausgezögert werden können (NK-BGB/*Benicke* Art 2 HKÜ Rn 7). Die Anordnung der sofortigen Wirksamkeit soll ferner auch dann erfolgen, wenn die Rückgabe des Kindes vor der Entscheidung über die Beschwerde unter Berücksichtigung der berechtigten Interessen der Beteiligten mit dem Wohl des Kindes zu vereinbaren ist. Damit entsprechen die Regelungen in §§ 38 Abs 1, 40 IntFamRVG insgesamt dem Beschleunigungsbot nach Art 2 S 2, 11 Abs 1 HKÜ (Staud/*Pirrung* Rn F 78; NK-BGB/*Benicke* aaO; krit *Dutta/Scherpe* FamRZ 06, 901/912).

IntFamRVG § 41. Bescheinigung über Widerrechtlichkeit

Über einen Antrag, die Widerrechtlichkeit des Verbringens oder des Zurückhaltens eines Kindes nach Artikel 15 Satz 1 des Haager Kindesentführungsübereinkommens festzustellen, entscheidet das Familiengericht,

1. bei dem die Sorgerechtsangelegenheit oder Ehesache im ersten Rechtszug anhängig ist oder war, sonst

2. in dessen Bezirk das Kind seinen letzten gewöhnlichen Aufenthalt im Geltungsbereich dieses Gesetzes hatte, hilfsweise

3. in dessen Bezirk das Bedürfnis der Fürsorge auftritt.

Die Entscheidung ist zu begründen.

1. Allgemeines

337   Die Vorschrift enthält eine eigenständige Regelung der örtlichen und internationalen Zuständigkeit der deutschen Gerichte für die in Art 15 HKÜ (→ Rn 232 ff) vorgesehene Entscheidung über die Widerrechtlichkeit des Verbringens oder Zurückhaltens eines Kindes, die aufgrund ihrer Spezialität Vorrang vor den allgemeinen Zuständigkeitsvorschriften nach der EuEheVO (Art 8 ff)

1622

IV. Autonomes Zivilverfahrensrecht: IntFamRVG § 45 **U**

oder dem KSÜ (Art 5 ff) genießt. Bei der Erteilung dieser Bescheinigung handelt es sich verfahrensrechtlich um eine Zwischenentscheidung, die zwar mit der Beschwerde zum OLG (OLG Karlsruhe IPRax 05, 455), nicht aber mit der Rechtsbeschwerde zum BGH angefochten werden kann (BGH FamRZ 01, 1706 [LS]; Staud/*Pirrung* Rn F 81).

2. Zuständigkeit

Über einen Antrag auf Feststellung der Widerrechtlichkeit des Verbringens/Zurückhaltens **338** eines Kindes entscheidet nach S 1 lit a in erster Linie dasjenige deutsche Familiengericht, bei dem die Sorgerechtsangelegenheit oder die Ehesache im ersten Rechtszug anhängig war.

IntFamRVG § 42. Einreichung von Anträgen bei dem Amtsgericht

(1) [1]**Ein Antrag, der in einem anderen Vertragsstaat zu erledigen ist, kann auch bei dem Amtsgericht als Justizverwaltungsbehörde eingereicht werden, in dessen Bezirk die antragstellende Person ihren gewöhnlichen Aufenthalt oder, mangels eines solchen im Geltungsbereich dieses Gesetzes, ihren tatsächlichen Aufenthalt hat.** [2]**Das Gericht übermittelt den Antrag nach Prüfung der förmlichen Voraussetzungen unverzüglich der Zentralen Behörde, die ihn an den anderen Vertragsstaat weiterleitet.**

(2) **Für die Tätigkeit des Amtsgerichts und der Zentralen Behörde bei der Entgegennahme und Weiterleitung von Anträgen werden mit Ausnahme der Fälle nach § 5 Abs. 1 Kosten nicht erhoben.**

Der Antragsteller kann einen Antrag, der in einem anderen Vertragsstaat des HKÜ oder des **339** EuSorgeRÜ zu erledigen ist, nicht nur beim Bundesamt für Justiz in Bonn als Zentraler Behörde, sondern auch bei dem Amtsgericht einreichen, in dessen Bezirk er seinen gewöhnlichen, hilfsweise seinen schlichten Aufenthalt hat. Zuständig ist gem § 29 RPflG der Rechtspfleger, der als Justizverwaltungsbehörde handelt. Er hat die förmlichen Voraussetzungen (zB nach Art 8 HKÜ) zu prüfen und den Antrag sodann an das Bundesamt für Justiz weiterleiten. Für diese Tätigkeiten werden nach Abs 2 keine Kosten erhoben.

IntFamRVG § 43. Verfahrenskosten- und Beratungshilfe

Abweichend von Artikel 26 Abs. 2 des Haager Kindesentführungsübereinkommens findet eine Befreiung von gerichtlichen und außergerichtlichen Kosten bei Verfahren nach diesem Übereinkommen nur nach Maßgabe der Vorschriften über die Beratungshilfe und Verfahrenskostenhilfe statt.

Die Vorschrift entspricht dem von Deutschland eingelegten Vorbehalt nach Art 26 Abs 3 **340** HKÜ.

Abschnitt 7. Vollstreckung

IntFamRVG § 44

(abgedruckt und kommentiert → N *Rn 593 ff)*

Abschnitt 8. Grenzüberschreitende Unterbringung

Die Vorschriften des Abschnitts 8 ergänzen die Vorschriften über die grenzüberschreitende **341** Unterbringung nach Art 56 EuEheVO und Art 33 KSÜ. Die Einhaltung dieser Vorschriften wird durch Art 23 lit g EuEheVO und Art 23 lit f KSÜ abgesichert, wonach Maßnahmen der grenzüberschreitenden Unterbringung im Staat der beabsichtigten Unterbringung nicht anerkannt (und vollstreckt) werden müssen, wenn das vorgeschriebene Verfahren nicht eingehalten wurde.

IntFamRVG § 45. Zuständigkeit für die Zustimmung zu einer Unterbringung

[1]**Zuständig für die Erteilung der Zustimmung zu einer Unterbringung eines Kindes nach Artikel 56 der Verordnung (EG) Nr. 2201/2003 oder nach Artikel 33 des Haager Kinderschutzübereinkommens im Inland ist der überörtliche Träger der öffentlichen**

1623

U 343   3. Teil. Behördenzusammenarbeit. U. Kindschaftssachen

Jugendhilfe, in dessen Bereich das Kind nach dem Vorschlag der ersuchenden Stelle untergebracht werden soll, andernfalls der überörtliche Träger, zu dessen Bereich die Zentrale Behörde den engsten Bezug festgestellt hat. ²Hilfsweise ist das Land Berlin zuständig.

342   Zuständig für die von Art 56 EuEheVO/Art 33 KSÜ vorgeschriebene Zustimmung zu einer Unterbringung ist, wenn eine solche von einem Gericht oder einer Behörde eines anderen Mitglied-/Vertragsstaats in Deutschland beabsichtigt ist, das **Landesjugendamt,** in dessen Bereich das Kind in einem Heim oder einer Pflegefamilie untergebracht werden soll. Fehlt es an diesbezüglichen Angaben im Vorschlag der ausländischen Behörde, so ist das Landesjugendamt zuständig, zu dessen Bereich das Kind nach einer vom Bundesamt für Justiz zu treffenden Feststellung den engsten Bezug hat. Nur wenn es an jedem Bezug des Kindes zu einem bestimmten Ort im Inland fehlt, ist nach S 2 hilfsweise das Landesjugendamt Berlin zuständig.

IntFamRVG § 46. Konsultationsverfahren

(1) Dem Ersuchen soll in der Regel zugestimmt werden, wenn

1. die Durchführung der beabsichtigten Unterbringung im Inland dem Wohl des Kindes entspricht, insbesondere weil es eine besondere Bindung zum Inland hat,
2. die ausländische Stelle einen Bericht und, soweit erforderlich, ärztliche Zeugnisse oder Gutachten vorgelegt hat, aus denen sich die Gründe der beabsichtigten Unterbringung ergeben,
3. das Kind im ausländischen Verfahren angehört wurde, sofern eine Anhörung nicht auf Grund des Alters oder des Reifegrades des Kindes unangebracht erschien,
4. die Zustimmung der geeigneten Einrichtung oder Pflegefamilie vorliegt und der Vermittlung des Kindes dorthin keine Gründe entgegenstehen,
5. eine erforderliche ausländerrechtliche Genehmigung erteilt oder zugesagt wurde,
6. die Übernahme der Kosten geregelt ist.

(2) Im Falle einer Unterbringung, die mit Freiheitsentziehung verbunden ist, ist das Ersuchen ungeachtet der Voraussetzungen des Absatzes 1 abzulehnen, wenn

1. im ersuchenden Staat über die Unterbringung kein Gericht entscheidet oder
2. bei Zugrundelegung des mitgeteilten Sachverhalts nach innerstaatlichem Recht eine Unterbringung, die mit Freiheitsentziehung verbunden ist, nicht zulässig wäre.

(3) Die ausländische Stelle kann um ergänzende Informationen ersucht werden.

(4) Wird um die Unterbringung eines ausländischen Kindes ersucht, ist die Stellungnahme der Ausländerbehörde einzuholen.

(5) ¹Die zu begründende Entscheidung ist auch der Zentralen Behörde und der Einrichtung oder der Pflegefamilie, in der das Kind untergebracht werden soll, mitzuteilen. ²Sie ist unanfechtbar.

1. Zustimmungsvoraussetzugen, Abs 1

343   Die nähere Regelung der Voraussetzungen für die Erteilung der Zustimmung zur beabsichtigten Unterbringung des Kindes in einem anderen Mitglied-/Vertragsstaat nach Art 56 Abs 2 EuEheVO/Art 33 Abs 2 KSÜ durch die dortigen Behörden und die Ausgestaltung des Konsultationsverfahrens zwischen den beteiligten Behörden werden in Art 56 Abs 3 EuEheVO bzw Art 33 KSÜ dem nationalen Recht des ersuchten Staates überlassen. Für den Fall, dass die Unterbringung des Kindes in einem *deutschen* Heim oder bei einer *deutschen* Pflegefamilie beabsichtigt ist, werden die Voraussetzungen, unter denen die Zustimmung durch die nach § 45 zuständige Behörde (mit Zustimmung des Familiengerichts, § 47) im Regelfall erteilt werden soll, in Abs 1 Nr 1–6 aufgeführt. Danach soll die Zustimmung erteilt werden, wenn die Durchführung der beabsichtigten Unterbringung im Inland dem **Wohl des Kindes** entspricht, insbesondere weil es eine besondere Bindung zum Inland hat (Nr 1), die ausländische Stelle einen Bericht und, soweit erforderlich, ärztliche Zeugnisse oder Gutachten vorgelegt hat, aus denen sich die Gründe der beabsichtigten Unterbringung ergeben (Nr 2), das Kind im ausländischen Verfahren **angehört** wurde, sofern eine Anhörung nicht auf Grund des Alters oder des Reifegrades des Kindes unangebracht erschien (Nr 3), die Zustimmung der geeigneten Einrichtung oder Pflegefamilie vorliegt und der Vermittlung des Kindes dorthin keine Gründe entgegenstehen

1624

IV. Autonomes Zivilverfahrensrecht: IntFamRVG §§ 48–49 **U**

(Nr 4), eine erforderliche ausländerrechtliche Genehmigung erteilt oder zugesagt wurde (nr 5) und die **Übernahme der Kosten** geregelt ist (Nr 6).

2. Freiheitsentziehung, Abs 2

Zusätzliche Anforderungen gelten nach Abs 2, wenn die Unterbringung des Kindes im Inland **344** mit Freiheitsentziehung verbunden ist. Für diesen Fall hat die zuständige deutsche Behörde, ungeachtet der Voraussetzungen des Abs 1, die Unterbringung abzulehnen, wenn im ersuchenden Staat über die ersuchte Maßnahme **kein Gericht** entschieden hat (Nr 1) oder bei Zugrundelegung des mitgeteilten Sachverhalts die Anordnung der ersuchten Maßnahme nach deutschem Recht nicht zulässig wäre (Nr 2).

3. Verfahren, Abs 3–5

Im Konsultationsverfahren nach Art 56 EuEheVO/Art 33 KSÜ kann die ausländische Stelle **345** um ergänzende Informationen ersucht werden (Abs 3) und es ist die Stellungnahme der Ausländerbehörde einzuholen, wenn um die Unterbringung eines ausländischen Kindes ersucht wird (Abs 4). Die nach Abs 5 S 2 unanfechtbare Entscheidung über die Erteilung oder Versagung der Zustimmung ist nach Abs 5 S 1 zu begründen und – außer der ersuchenden Stelle – auch dem Bundesamt für Justiz und der für die Unterbringung vorgesehenen inländischen Einrichtung bzw Pflegefamilie mitzuteilen.

IntFamRVG § 47. Genehmigung des Familiengerichts

(1) [1]**Die Zustimmung des überörtlichen Trägers der öffentlichen Jugendhilfe nach den §§ 45 und 46 ist nur mit Genehmigung des Familiengerichts zulässig.** [2]**Das Gericht soll die Genehmigung in der Regel erteilen, wenn**

1. die in § 46 Abs. 1 Nr. 1 bis 3 bezeichneten Voraussetzungen vorliegen und

2. kein Hindernis für die Anerkennung der beabsichtigten Unterbringung erkennbar ist.

§ 46 Abs. 2 und 3 gilt entsprechend.

(2) [1]**Örtlich zuständig ist das Familiengericht am Sitz des Oberlandesgerichts, in dessen Zuständigkeitsbereich das Kind untergebracht werden soll, für den Bezirk dieses Oberlandesgerichts.** [2]**§ 12 Abs. 2 und 3 gilt entsprechend.**

(3) **Der zu begründende Beschluss ist unanfechtbar.**

1. Familiengerichtliche Genehmigung, Abs. 1

Die Zustimmung zur Unterbringung eines Kindes im Inland durch das nach § 45 zuständige **346** Landesjugendamt darf nach § 47 Abs 1 nur erteilt werden, wenn das Familiengericht sie genehmigt hat. Die Genehmigung ist auch dann erforderlich, wenn die Unterbringung nicht mit Freiheitsentziehung verbunden ist. Sie soll nach Abs 1 grundsätzlich erteilt werden, wenn die Voraussetzungen nach § 46 Abs 1 Nr 1 bis 3 vorliegen (Nr 1) und kein Hindernis für die Anerkennung der beabsichtigten Unterbringung (vgl Art 23 lit g EuEheVO, Art 23 lit f KSÜ) erkennbar ist (Nr 2). Ist die Unterbringung mit Freiheitsentziehung verbunden, so hat auch das Familiengericht noch einmal zu prüfen, ob die Voraussetzungen nach § 46 Abs 2 erfüllt sind, Abs 1 S 2.

2. Örtliche Zuständigkeit, Abs 2

Für die örtliche Zuständigkeit gilt die Zuständigkeitskonzentration nach § 12 entsprechend. **347** Zuständig ist daher das Familiengericht am Sitz des OLG, in dessen Bezirk das Kind untergebracht werden soll, für den gesamten OLG-Bezirk.

Abschnitt 9. Bescheinigung zu inländischen Entscheidungen nach der Verordnung (EG) Nr 2201/2003

IntFamRVG §§ 48–49

(abgedruckt und kommentiert → N Rn 601ff)

1625

U   3. Teil. Behördenzusammenarbeit. U. Kindschaftssachen

Abschnitt 10. Kosten

IntFamRVG §§ 50–53

(aufgehoben)

IntFamRVG § 54. Übersetzungen

Die Höhe der Vergütung für die von der Zentralen Behörde veranlassten Übersetzungen richtet sich nach dem Justizvergütungs- und -entschädigungsgesetz.

(kommentiert → N Rn 605).

Abschnitt 11. Übergangsvorschriften

IntFamRVG § 55–56

(abgedruckt → N nach Rn 605)

V. Adoptionssachen

Übersicht

	Rn.
I. Einführung	1
1. EU-Recht	1
2. Staatsverträge	2
3. Autonomes Zivilverfahrensrecht	3
II. Staatsverträge	4
HAdoptÜ (Text-Nr 1030)	4
Vorbemerkung	4
Kap. I: Anwendungsbereich des Übk (Art 1–3)	19
Kap. II: Voraussetzungen internationaler Adoptionen (Art 4–5)	23
Kap. III: Zentrale Behörden und zugelassene Organisationen (Art 6–13)	26
Kap. IV: Verfahrensrechtliche Voraussetzungen der internationalen Adoption (Art 14–24)	31
III. Autonomes Zivilverfahrensrecht	46
1. AdÜbAG (Text-Nr 1040)	46
Vorbemerkung	46
Abschnitt 1: Begriffsbestimmungen, Zuständigkeiten und Verfahren (§§ 1–3)	
Abschnitt 2: Internationale Adoptionsvermittlung im Verhältnis zu anderen Vertragsstaaten (§§ 4–7)	
Abschnitt 4: Zeitlicher Anwendungsbereich (§ 10)	
2. AdVermiG (Text-Nr 1050)	
Vorbemerkung	
1. Abschnitt: Internationale Adoptionsvermittlung (§ 2a)	

Der Abschnitt V beschränkt sich auf die **Behördenzusammenarbeit** in Adoptionssachen. Die Behandlung von Adoptionssachen im **Erkenntnisverfahren** (internationale Zuständigkeit und anwendbares Recht) ist Gegenstand des **Abschnitts H.** Die **Anerkennung und Vollstreckung** ausländischer Entscheidungen in Adoptionssachen ist im **Abschnitt P** dargestellt.

I. Einführung

Schrifttum: *Baumann*, Verfahren und anwendbares Recht bei Adoptionen mit Auslandsberührung (1992); *Botthoff*, Der Schutz des Familienlebens nach Art 8 EMRK und sein Einfluss auf die Anerkennung ausländischer Adoptionsentscheidungen, StAZ 13, 77; *Busch*, Adoptionswirkungsgesetz und Haager Adoptionsübereinkommen – von der Nachadoption zur Anerkennungs- und Wirkungsfeststellung, IPRax 03, 13; *Emmerling de Oliveira*, Adoptionen mit Auslandsberührung, MittBayNot 10, 429; *Frank*, Neuregelungen auf dem Gebiet des internationalen Adoptionsrechts unter besonderer Berücksichtigung der Anerkennung von Auslandsadoptionen, StAZ 03, 257; *Staudinger*, Der ordre public-Vorbehalt bei der Anerkennung ausländischer Adoptionen, FamRBint 07, 42; *Süß*, Ratifikation der Haager Adoptionskonvention – Folgen für die notarielle Praxis, MittBayNot 08, 183; *Tuo*, Riconoscimento degli effetti delle adozioni straniere e rispetto delle diversità culturali Riv dir int priv proc 14, 43; *Weitzel*, Zur Anerkennung ausländischer Adoptionsentscheidungen, IPRax 07, 308; *Winkelsträter*, Anerkennung und Durchführung internationaler Adoptionen in Deutschland (2007); *Zimmermann*, Das Adoptionsverfahren mit Auslandsberührung, NZFam 16, 150 und 249.

1. EU-Recht

Auf dem Gebiet des internationalen Adoptionsrechts ist der europäische Gesetzgeber bisher **1** nicht tätig geworden. Dies gilt auch für die Zusammenarbeit der Behörden bei grenzüberschreitenden Adoptionen. Dies ist durch EU-Recht auch dann nicht geregelt, wenn nur das Verhältnis von EU-Mitgliedstaaten betroffen ist.

1627

V 2–6   3. Teil. Behördenzusammenarbeit. V. Adoptionssachen

2. Staatsverträge

2   Demgegenüber spielt das Haager Übk über den Schutz von Kindern und die Zusammenarbeit auf dem Gebiet der internationalen Adoption v 29.3.1993 (**HAdoptÜ**), das aus deutscher Sicht inzwischen im Verhältnis zu 92 anderen Staaten anwendbar ist und in seinen Kapiteln II-IV die Zusammenarbeit der Behörden von Vertragsstaaten bei der Durchführung internationaler Adoptionen ausführlich regelt, in diesem Bereich eine zentrale Rolle.

3. Autonomes Zivilverfahrensrecht

3   Das Haager Übk wird im autonomen Recht ergänzt durch durch das deutsche Ausführungsgesetz (**AdÜbAG**) v 5.11.2001 (BGBl I, 2950; → Rn 46 ff), das Adoptionswirkungsgesetz (**Ad-WirkG**) v 5.11.2001 (BGBl I, 2953; → P Rn 59 ff) und § 2a des Adoptionsvermittlungsgesetzes (**AdVermiG**) v 22.12.2001 (BGBl 02 I, 355; → Rn 47).

II. Staatsverträge

1020. Haager Übereinkommen über den Schutz von Kindern und die Zusammenarbeit auf dem Gebiet der internationalen Adoption (HAdoptÜ)

Vom 29. Mai 1993 (BGBl 2001 II, 1035)

Schrifttum: Vgl die Nachw im Abschnitt P→ vor Rn 1.

Vorbemerkung

4   Das Haager Übk über den Schutz von Kindern und die Zusammenarbeit auf dem Gebiet der internationalen Adoption (HAdoptÜ) vom 29.5.1993 (BGBl 01 II, 1035) regelt die **Zusammenarbeit der Behörden und Gerichte** bei internationalen Adoptionen mit dem Ziel, das Wohl des Kindes und seine völkerrechtlich anerkannten Grundrechte zu wahren, sowie die **Anerkennung von im Ausland durchgeführten Adoptionen** zu gewährleisten Das Übereinkommen enthält zwar **keine Kollisionsnormen**. Es ist jedoch nicht nur auf die Anerkennung von Auslandsadoptionen anwendbar (dazu näher → P Rn 28 ff), sondern kann auch für im Inland durchzuführende grenzüberschreitende Adoptionen Bedeutung erlangen.

1. Vertragsstaaten

5   Das Übk ist für die *Bundesrepublik Deutschland* am 1.3.2002 in Kraft getreten (BGBl 02 II, 2872). Zu den übrigen Vertragsstaaten s die Übersicht → P Rn 6).

2. Anwendungsbereich

6   **a) Sachlicher Anwendungsbereich.** Das Übereinkommen gilt in *sachlicher* Hinsicht nur für Adoptionen, die ein **dauerhaftes Eltern-Kind-Verhältnis** begründen, Art 2 Abs 2. Es erfasst sowohl Adoptionen, die das Kind in vollem Umfang einem leiblichen Kind des Annehmenden und seiner Familie gleichstellen und die rechtlichen Beziehungen zwischen dem Kind und den leiblichen Eltern erlöschen lassen (**„starke" oder Volladoption**), als auch Adoptionen, die nur begrenzte Rechtsbeziehungen zwischen dem Kind und dem Annehmenden begründen und die Rechtsbeziehungen zu den leiblichen Eltern im Wesentlichen bestehen lassen (**„schwache" Adoption;** BT-Drs 14/76011, 27; *Frank* StAZ 03, 257/258; H/O/*Hausmann* § 14 Rn 2) und erstreckt sich auch auf Fälle der Verwandten- und Stiefkindadoption (Bericht *Parra-Aranguren* Rn 92; OLG Dresden FamRZ 14, 1129; OLG Karlsruhe FamRZ 15, 1642/1643; *Süß* Mitt-BayNot 02, 88/89, Beispielsfall 2; *Andrae*, IntFamR § 7 Rn 3). Die *Kafala* des islamischen Rechts, die Pflegekindschaft und die Vormundschaft sind hingegen keine „Adoptionen" iS des Übereinkommens; sie fallen vielmehr als Schutzmaßnahmen in den Anwendungsbereich des

1628

II. Staatsverträge   **7–12 V**

KSÜ (vgl Art 3 lit e KSÜ; dazu *Andrae*, IntFamR § 7 Rn 3; NK-BGB/*Benicke,* Art 22 EGBGB
Rn 3 f; → F Rn 387).

b) Räumlicher Anwendungsbereich. In *räumlicher* Hinsicht ist das Übereinkommen nach **7**
seinem Art 2 Abs. 1 anzuwenden, wenn ein Kind, das seinen gewöhnlichen Aufenthalt in einem
Vertragsstaat (*„Heimatstaat")* hat, im Zusammenhang mit einer Adoption in einen anderen Vertragsstaat (*„Aufnahmestaat"* gebracht worden ist oder gebracht werden soll, in dem die Adoptiveltern ihren gewöhnlichen Aufenthalt haben. Das Abkommen regelt daher nur **grenzüberschreitende Adoptionen**, und zwar auch nur solche, bei denen aus Anlass oder als Folge der
Adoption ein **Aufenthaltswechsel des Kindes** von einem Vertragsstaat in das Gebiet eines
anderen Vertragsstaates stattfindet (vgl OLG Karlsruhe FamRZ 15,1642/1643; OLG Dresden
FamRZ 14, 1129).

Das Übk findet daher **keine Anwendung**, wenn   **8**
• das Kind seinen gewöhnlichen Aufenthalt nicht in einem Vertragsstaat hat,
• das Kind sich zwar in einem Vertragsstaat gewöhnlich aufhält, aber zum Zwecke der Adoption
  in einen Nichtvertragsstaat gebracht worden ist oder gebracht werden soll.
• das Kind und der Annehmende (bzw die Annehmenden) ihren gewöhnlichen Aufenthalt in
  demselben Staat haben, auch wenn dies ein Vertragsstaat ist

(vgl *Frank* StAZ 03, 257/258; *Süß* MittBayNot 02, 88/89; *Kropholler*, IPR § 49 II 2a; Staud/
Henrich Vorbem Art 22 EGBGB Rn 12).

Das Übk greift daher typischerweise ein, wenn deutsche Adoptiveltern, ein Kind aus einem **9**
Staat der dritten Welt adoptieren möchten, sofern der Heimatstaat des Kindes ein Vertragsstaat
ist. Demgegenüber kommt es auf die **Staatsangehörigkeit** der Beteiligten nicht an. Das Übereinkommen ist deshalb auch dann anzuwenden; wenn alle Beteiligten die gleiche Staatsangehörigkeit haben, also zB deutsche Ehegatten ein in *Frankreich* lebendes deutsches Kind annehmen
möchten (*Süß* MittBayNot 02, 88/89, Beispielsfall 4; *Lange* FPR 01, 327/329; Staud/*Henrich*,
vor Art 22 EGBGB Rn 19; H/O/*Hausmann* § 14 Rn 4). Die Anwendung des Übk hängt auch
nicht davon ab, ob das Adoptionsverfahren im Heimatstaat oder im Aufnahmestaat durchgeführt
wird (*Rudolf* ZfRV 01, 183/184; *Kropholler*, IPR § 49 II 2a).

c) Persönlicher Anwendungsbereich. In *persönlicher* Hinsicht gilt das Übk auf Seiten der **10**
Annehmenden nach seinem Art. 2 Abs. 1 nur für Adoptionen durch **Ehegatten oder Einzelpersonen**. Demgegenüber war die Adoption durch registrierte gleichgeschlechtliche Lebenspartner oder durch unverheiratete heterosexuelle Paare bei den Beratungen des Übk auf Bedenken gestoßen (Bericht *Parra-Aranguren*, BT-Drs 14/5437, 37 Rn 82 ff). Aus dem Wortlaut des
Art 2 wird heute überwiegend entnommen, dass das Übk zwar die gemeinsame Adoption durch
gleichgeschlechtlich eingetragene Lebenspartner (zB nach 22 Abs 1 S 3 EGBGB; → P Rn 11)
nicht erfasst, wohl aber die Stiefkindadoption durch einen hetero- oder homosexuellen eingetragenen Lebenspartner (*Bogdan* IPRax 02, 534/535; *Brandt* 188 f, 192 f), sowie die gemeinsame
Adoption durch heterosexuelle eingetragene oder faktische Lebenspartner (so *Brandt* 190, 196).
Auf Seiten des Adoptivkindes ist die Altersgrenze des Art 3 zu beachten; danach ist das Übk
nicht mehr anwendbar, wenn die nach Art 17 lit c erforderlichen Zustimmungen nicht erteilt
wurden, bevor das Kind das 18. Lebensjahr vollendet hat (*Frank* StAZ 03, 257/259 f; Staud/
Henrich vor Art 22 EGBGB Rn 23 f).

3. Ziele und Inhalt

Die wesentlichen Ziele des Übk sind nach seinem Art 1:   **11**
• **Schutzvorschriften** einzuführen, damit internationale Adoptionen **zum Wohl des Kindes**
  und unter Wahrung seiner völkerrechtlich anerkannten Grundrechte stattfinden;
• ein System der **Zusammenarbeit unter den Vertragsstaaten** einzurichten, um die Erhaltung dieser Schutzvorschriften sicherzustellen und dadurch die Entführung und den Verkauf
  von Kindern sowie den Handel mit Kindern zu verhindern;
• in den Vertragsstaaten die Anerkennung der gemäß dem Übk zustande gekommenen **Adoptionen zu sichern.**

Zur Verwirklichung dieser Ziele regelt das Übk vor allem   **12**
• die **Adoptionsvermittlung über die Grenze** mit dem Ziel, ein bestimmtes Kind bestimmten Adoptionsbewerbern zuzuordnen. Hierfür sieht das Übk in Art 14 ff ein zwingendes
  Vorverfahren vor, das dazu dient, das Wohl des Kindes und die Rechte der leiblichen Eltern zu

1629

V 3. Teil. Behördenzusammenarbeit. V. Adoptionssachen

sichern und den Kinderhandel bei grenzüberschreitenden Adoptionen zu unterbinden (näher → Rn 31 ff vgl. dazu *Steiger* DNotZ 02, 184/189 ff; *Bornhofen* StAZ 02, 1/3 ff; *Lange* FPR 01, 327/329 ff; *Andrae*, IntFamR § 7 Rn 10 ff).

- die Aufstellung von **sachlichen Mindestvoraussetzungen** für grenzüberschreitende Adoptionen, deren Einhaltung durch das Vorverfahren gesichert werden soll, vgl Art 4 und 5 (näher → Rn 23 ff).
- die **Einrichtung Zentraler Behörden** in den Vertragsstaaten, welche die ihnen nach Art 7 ff obliegenden Aufgaben wahrnehmen. Diese umfassen allgemeine Maßnahmen (zB Auskünfte über das Adoptionsrecht ihres Staates, Art 7 Abs 2 lit a), aber auch konkrete Unterstützungsmaßnahmen für die Adoption eines bestimmten Kindes (vgl Art 9).
- die Anerkennung und die Wirkungen einer Adoption in den anderen Vertragsstaaten (Art 23 ff; → P Rn 28 ff).

13   Das HAdoptÜ regelt hingegen **nicht:**

- die **internationale Zuständigkeit** für Adoptionsverfahren;
- die Bestimmung des auf die Adoption **anzuwendenden Rechts;**
- das **Sach- und Verfahrensrecht** zur Durchführung von Adoptionen, vorbehaltlich der Mindestvoraussetzungen nach Art 4 f.

4. Auslegung

14   Bei der Auslegung ist zu beachten, dass es sich beim deutschen Text des Übk um eine Übersetzung handelt. Authentisch sind gleichberechtigt der englische und der französische Text: http://www.hcch.net (Nr 33).

5. Umsetzung durch ergänzendes nationales Recht

15   Im Zuge der Umsetzung des HAdoptÜ durch das am 1.1.2002 in Kraft getretene „Gesetz zur Regelung von Rechtsfragen auf dem Gebiet der internationalen Adoption und zur Weiterentwicklung des Adoptionsvermittlungsrechts vom 5.11.2001 (BGBl 01 I, 2950) wurde das deutsche Recht durch folgende für die Gestaltungspraxis wichtigen Gesetze ergänzt:

16   **a) Adoptionsübereinkommens-Ausführungsgesetz (AdÜbAG).** Dieses Gesetz (BGBl 01 I, 2950) gilt ausschließlich für Adoptionen, die in den Anwendungsbereich des HAdoptÜ fallen. Es regelt hierfür

- die Zuständigkeit und das Verfahren der nach Art 6 HAdoptÜ einzurichtenden Zentralen Behörden und sonstigen staatlichen Stellen(§§ 1–3);
- das innerstaatliche Verfahren für die internationale Adoptionsvermittlung im Verhältnis zu anderen Vertragsstaaten (§§ 4–7);
- die Ausstellung von Bescheinigungen über das Zustandekommen oder die Umwandlung eines Annahmeverhältnisses (§§ 8–9; → P Rn 58).

17   **b) Adoptionswirkungsgesetz (AdWirkG).** Dieses Gesetz (BGBl 01 I, 2950) gilt für alle Adoptionen, die – im In- oder Ausland – **nach ausländischem Recht** erfolgt sind oder die auf einer ausländischen Entscheidung beruhen (§ 1 AdWirkG). Dies können sowohl Adoptionen sein, die in den Anwendungsbereich des HAdoptÜ fallen, als auch Adoptionen, auf die dies nicht zutrifft, weil zB sämtliche Beteiligte sich in dem gleichen Staat gewöhnlich aufgehalten haben. Durch das Gesetz ist in Deutschland ein eigenes familiengerichtliches Verfahren zur Anerkennung ausländischer Adoptionen und zur Feststellung ihrer Wirkungen sowie zur Umwandlung einer schwachen Auslandsadoption in eine deutsche Volladoption eingeführt worden (§§ 2 ff AdWirkG; dazu näher → P Rn 59 ff).

18   **c) Adoptionsvermittlungsgesetz.** Schließlich wurde in das Adoptionsvermittlungsgesetz ein neuer § 2a (BGBl 02 I, 355) über die internationale Adoptionsvermittlung eingefügt, der im Anwendungsbereich des HAdoptÜ neben die Vorschriften des AdÜbAG tritt (→ Rn 47).

Kapitel I. Anwendungsbereich des Übereinkommens
HAdoptÜ Art 1. [Ziel des Übereinkommens]

Ziel dieses Übereinkommens ist es,

II. Staatsverträge: HAdoptÜ Art 4 **V**

a) Schutzvorschriften einzuführen, damit internationale Adoptionen zum Wohl des Kindes und unter Wahrung seiner völkerrechtlich anerkannten Grundrechte stattfinden;

b) ein System der Zusammenarbeit unter den Vertragsstaaten einzurichten, um die Einhaltung dieser Schutzvorschriften sicherzustellen und dadurch die Entführung und den Verkauf von Kindern sowie den Handel mit Kindern zu verhindern;

c) in den Vertragsstaaten die Anerkennung der gemäß dem Übereinkommen zustande gekommenen Adoptionen zu sichern.

Die in Art 1 formulierten Ziele des Übk sind im Lichte seiner **Präambel** zu sehen. Danach **19** sind die Unterzeichnerstaaten beim Abschluss des Übk davon ausgegangen,

– „dass jeder Staat vorrangig angemessene Maßnahmen treffen sollte, um es den dem Kind zu ermöglichen, in seiner Herkunftsfamilie zu bleiben",

– „dass die internationale Adoption den Vorteil bieten kann, einem Kind, für das in seinem Heimatstaat keine geeignete Familie gefunden werden kann, eine dauerhafte Familie zu geben,„ und dass es deshalb notwendig ist,

– „Maßnahmen zu treffen, um sicherzustellen, dass internationale Adoptionen zum Wohl des Kindes und unter Wahrung seiner Gundrechte stattfinden, und die Entführung und den Verkauf von Kindern sowie den Handel mit Kindern zu verhindern".

Es geht dem Übk also nicht darum, für adoptionswillige Eltern ein geeignetes Kind zu finden, **20** sondern – genau umgekehrt – darum, Kinder, die nach den Feststellungen der Heimatbehörden keine Familie haben und für die in ihrem bisherigen Lebensumfeld auch keine Ersatzfamilie gefunden werden kann, an geeignete Eltern in einem anderen Vertragsstaat zu vermitteln. Insoweit gilt also der **Subsidiaritätsgrundsatz** (*Zimmermann* NZFam 16, 150/153).

HAdoptÜ Art 2. [Anwendungsbereich]

(1) **Das Übereinkommen ist anzuwenden, wenn ein Kind mit gewöhnlichem Aufenthalt in einem Vertragsstaat („Heimatstaat") in einen anderen Vertragsstaat („Aufnahmestaat") gebracht worden ist, wird oder werden soll, entweder nach seiner Adoption im Heimatstaat durch Ehegatten oder eine Person mit gewöhnlichem Aufenthalt im Aufnahmestaat oder im Hinblick auf eine solche Adoption im Aufnahme- oder Heimatstaat.**

(2) **Das Übereinkommen betrifft nur Adoptionen, die ein dauerhaftes Eltern-Kind-Verhältnis begründen.**

Vgl zuvor → Rn 6 ff und die Kommentierung → P Rn 7 ff, 23 ff. **21**

HAdoptÜ Art 3. [Altersgrenze]

Das Übereinkommen ist nicht mehr anzuwenden, wenn die in Artikel 17 Buchstabe c vorgesehenen Zustimmungen nicht erteilt wurden, bevor das Kind das achtzehnte Lebensjahr vollendet hat.

Vgl zuvor → Rn 10 und die Kommentierung → P Rn 27. **22**

Kapitel II. Voraussetzungen internationaler Adoptionen

HAdoptÜ Art 4. [Von den Heimatbehörden festzustellende Voraussetzungen]

Eine Adoption nach dem Übereinkommen kann nur durchgeführt werden, wenn die zuständigen Behörden des Heimatstaats

a) **festgestellt haben, dass das Kind adoptiert werden kann;**

b) **nach gebührender Prüfung der Unterbringungsmöglichkeiten für das Kind im Heimatstaat entschieden haben, dass eine internationale Adoption dem Wohl des Kindes dient;**

c) **sich vergewissert haben,**

　1. **dass die Personen, Institutionen und Behörden, deren Zustimmung zur Adoption notwendig ist, soweit erforderlich beraten und gebührend über die Wirkun-**

1631

V 25 3. Teil. Behördenzusammenarbeit. V. Adoptionssachen

gen ihrer Zustimmung unterrichtet worden sind, insbesondere darüber, ob die Adoption dazu führen wird, dass das Rechtsverhältnis zwischen dem Kind und seiner Herkunftsfamilie erlischt oder weiterbesteht;

2. dass diese Personen, Institutionen und Behörden ihre Zustimmung unbeeinflusst in der gesetzlich vorgeschriebenen Form erteilt haben und diese Zustimmung schriftlich gegeben oder bestätigt worden ist;

3. dass die Zustimmungen nicht durch irgendeine Zahlung oder andere Gegenleistung herbeigeführt worden sind und nicht widerrufen wurden und

4. dass die Zustimmung der Mutter, sofern erforderlich, erst nach der Geburt des Kindes erteilt worden ist, und

d) sich unter Berücksichtigung des Alters und der Reife des Kindes vergewissert haben,

1. dass das Kind beraten und gebührend über die Wirkungen der Adoption und seiner Zustimmung zur Adoption, soweit diese Zustimmung notwendig ist, unterrichtet worden ist;

2. dass die Wünsche und Meinungen des Kindes berücksichtigt worden sind;

3. dass das Kind seine Zustimmung zur Adoption, soweit diese Zustimmung notwendig ist, unbeeinflusst in der gesetzlich vorgeschriebenen Form erteilt hat und diese Zustimmung schriftlich gegeben oder bestätigt worden ist und

4. dass diese Zustimmung nicht durch irgendeine Zahlung oder andere Gegenleistung herbeigeführt worden ist.

23 Die Durchführung des Adoptionsvermittlungsverfahrens nach dem HAdoptÜ ist nach Art 4 und 5 davon abhängig, dass gewisse **Mindestbedingungen** sowohl in der Person des Kindes wie auf Seiten der Annehmenden erfüllt sind. Beide Vorschriften enthalten damit internationales Einheitsrecht, weil sie einheitliche sachrechtliche Voraussetzungen für eine internationale Adoption normieren (*Lorenz* FS Sonnenberger [2004] 497/501; *Winkelsträter* FamRBInt 05, 84; Staud/*Henrich* Vorbem Art 22 EGBGB Rn 27).

24 Art 4 regelt die Voraussetzungen, die auf der Seite des anzunehmenden Kindes erfüllt sein müssen und die von den **Behörden des Heimatstaats** zu prüfen sind. Dazu gehört vor allem die Feststellung, dass das Kind adoptiert werden kann (lit a) und dass eine internationale Adoption dem Kindeswohl dient, weil das Kind in seinem Heimatstaat nicht angemessen untergebracht werden kann. Bei der Prüfung dieser Voraussetzungen legen die Heimatbehörden das aus ihrer Sicht maßgebliche Recht zugrunde; deutschen Behörden entscheiden daher auf der Grundlage des von Art 22 EGBGB zur Anwendung berufenen Rechts (*Andrae*, IntFamR § 7 Rn 14). Darüber hinaus haben sich die Heimatbehörden zu vergewissern, dass die in lit c und lit d geforderte Beratung der an der Adoption beteiligten Personen, Institutionen und Behörden sowie des Kindes erfolgt und die vorgeschriebenen Zustimmungen zur Adoption erteilt worden sind. Auch die Frage, wer der Adoption zuzustimmen hat, prüft die Heimatbehörde nach Maßgabe des aus ihrer Sicht anwendbaren Adoptionsrechts (*Süß* MittBayNot 02, 89; Staud/*Henrich* Vorbem Art 22 EGBGB Rn 27).

HAdoptÜ Art 5. [Von den Aufnahmebehörden festzustellende Voraussetzungen]

Eine Adoption nach dem Übereinkommen kann nur durchgeführt werden, wenn die zuständigen Behörden des Aufnahmestaats

a) **entschieden haben, dass die künftigen Adoptiveltern für eine Adoption in Betracht kommen und dazu geeignet sind,**

b) **sich vergewissert haben, dass die künftigen Adoptiveltern soweit erforderlich beraten worden sind, und**

c) **entschieden haben, dass dem Kind die Einreise in diesen Staat und der ständige Aufenthalt dort bewilligt worden sind oder werden.**

25 Art 5 macht die Durchführung einer internationalen Adoption vor allem davon abhängig, dass die zuständigen Behörden des Aufnahmestaates die Eignung der künftigen Adoptiveltern für die Adoption sowie festgestellt haben, dass in deren Person keine Adoptionshindernisse vorliegen (vgl AG Hamm IPRspr 15 Nr 117). Auch diese Behörden entscheiden darüber nach dem aus ihrer Sicht maßgebenden Adoptionsstatut. Eine Bindung der Heimatbehörden an diese Fest-

1632

II. Staatsverträge: HAdoptÜ Art 9   **V**

stellung der Aufnahmebehörden besteht allerdings nicht (Staud/*Henrich* Vorbem Art 22 EGBGB Rn 28).

Kapitel III. Zentrale Behörden und zugelassene Organisationen

HAdoptÜ Art 6. [Bestimmung von Zentralen Behörden]

(1) **Jeder Vertragsstaat bestimmt eine Zentrale Behörde, welche die ihr durch dieses Übereinkommen übertragenen Aufgaben wahrnimmt.**

(2) **Einem Bundesstaat, einem Staat mit mehreren Rechtssystemen oder einem Staat, der aus autonomen Gebietseinheiten besteht, steht es frei, mehrere Zentrale Behörden zu bestimmen und deren räumliche und persönliche Zuständigkeit festzulegen. Macht ein Staat von dieser Möglichkeit Gebrauch, so bestimmt er die Zentrale Behörde, an welche Mitteilungen und Übermittlungen an die zuständige Zentrale Behörde in diesem Staat gerichtet werden können.**

Im Kapitel III verpflichtet das Übk die Vertragsstaaten, zur Durchführung internationaler **26** Adoptionen hinreichende Organisationsstrukturen zu schaffen. Dazu gehört in erster Linie die von Art 6 Abs 1 geforderte Bestimmung mindestens einer Zentralen Behörde. Die *Bundesrepublik Deutschland* hat in Erfüllung dieser Verpflichtung das Bundesamt für Justiz als Bundeszentralstelle bestimmt, § 1 Abs 1 AdÜbAG (→ Rn 47).

Bundesstaaten haben nach Abs 2 das Recht, auch mehrere Zentrale Behörden zu bestim- **27** men. Von dieser Möglichkeit haben die *Bundesrepublik Deutschland, Kanada, Mexiko,* die *Schweiz, Spanien* und das *Vereinigte Königreich* Gebrauch gemacht. In Deutschland sind hierfür die Zentralen Adoptionsstellen der Landesjugendämter als zentrale Adoptionsstellen bestimmt worden.

HAdoptÜ Art 7. [Aufgaben der Zentralen Behörden]

(1) **Die Zentralen Behörden arbeiten zusammen und fördern die Zusammenarbeit der zuständigen Behörden ihrer Staaten, um Kinder zu schützen und die anderen Ziele des Übereinkommens zu verwirklichen.**

(2) **Sie treffen unmittelbar alle geeigneten Maßnahmen, um**

a) **Auskünfte über das Recht ihrer Staaten auf dem Gebiet der Adoption zu erteilen und andere allgemeine Informationen, wie beispielsweise statistische Daten und Musterformblätter, zu übermitteln;**

b) **einander über die Wirkungsweise des Übereinkommens zu unterrichten und Hindernisse, die seiner Anwendung entgegenstehen, soweit wie möglich auszuräumen.**

Art 7 beschreibt die Aufgaben, welche die Zentralen Behörden selbst und unmittelbar zu **28** erfüllen haben. Dazu gehört vornehmlich die Zusammenarbeit mit den Zentralen Behörden anderer Vertragsstaaten, aber auch die Erteilung von Auskünften über das Recht ihrer Staaten auf dem Gebiet der Adoption.

HAdoptÜ Art. 8. [Vermeidung von unzulässigen Praktiken]

Die Zentralen Behörden treffen unmittelbar oder mit Hilfe staatlicher Stellen alle geeigneten Maßnahmen, um unstatthafte Vermögens- oder sonstige Vorteile im Zusammenhang mit einer Adoption auszuschließen und alle den Zielen des Übereinkommens zuwiderlaufenden Praktiken zu verhindern.

Zu den Aufgaben der Zentralen Behörden gehört es auch, die Forderung oder Gewährung **29** von unstatthaften Vermögens- oder sonstigen Vorteilen im Zusammenhang mit einer Adoption zu verhindern. Diese Aufgabe kann auch an nachgeordnete staatliche Stellen delegiert werden.

HAdoptÜ Art 9. [Informationsaustausch]

Die Zentralen Behörden treffen unmittelbar oder mit Hilfe staatlicher Stellen oder anderer in ihrem Staat ordnungsgemäß zugelassener Organisationen alle geeigneten Maßnahmen, um insbesondere

1633

V 31   3. Teil. Behördenzusammenarbeit. V. Adoptionssachen

a) **Auskünfte über die Lage des Kindes und der künftigen Adoptiveltern einzuholen, aufzubewahren und auszutauschen, soweit dies für das Zustandekommen der Adoption erforderlich ist;**
b) **das Adoptionsverfahren zu erleichtern, zu überwachen und zu beschleunigen.**

30   Für die Durchführung internationaler Adoptionen ist ein umfassender Informationsaustausch zwischen den beteiligten Behörden von wesentlicher Bedeutung. Dies gilt insbesondere für die in lit a genannten Auskünfte über die Lage des Kindes und der künftigen Adoptiveltern.

HAdoptÜ Art 10. [Zulassung]

Die Zulassung erhalten und behalten nur Organisationen, die darlegen, dass sie fähig sind, die ihnen übertragenen Aufgaben ordnungsgemäß auszuführen.

HAdoptÜ Art 11. [Anforderungen an zugelassene Organisationen]

Eine zugelassene Organisation muss

a) **unter Einhaltung der von den zuständigen Behörden des Zulassungsstaats festgelegten Voraussetzungen und Beschränkungen ausschließlich gemeinnützige Zwecke verfolgen;**
b) **von Personen geleitet und verwaltet werden, die nach ihren ethischen Grundsätzen und durch Ausbildung oder Erfahrung für die Arbeit auf dem Gebiet der internationalen Adoption qualifiziert sind, und**
c) **in Bezug auf ihre Zusammensetzung, Arbeitsweise und Finanzlage der Aufsicht durch die zuständigen Behörden des Zulassungsstaats unterliegen.**

HAdoptÜ Art 12. [Tätigkeit in einem anderen Vertragsstaat]

Eine in einem Vertragsstaat zugelassene Organisation kann in einem anderen Vertragsstaat nur tätig werden, wenn die zuständigen Behörden beider Staaten dies genehmigt haben.

HAdoptÜ Art 13. [Mitteilung an die Haager Konferenz für IPR]

Jeder Vertragsstaat teilt die Bestimmung der Zentralen Behörden und gegebenenfalls den Umfang ihrer Aufgaben sowie die Namen und Anschriften der zugelassenen Organisationen dem Ständigen Büro der Haager Konferenz für Internationales Privatrecht mit.

Kapitel IV. Verfahrensrechtliche Voraussetzungen der internationalen Adoption

HAdoptÜ Art 14. [Antragstellung bei der Zentralen Behörde im Aufnahmestaat]

Personen mit gewöhnlichem Aufenthalt in einem Vertragsstaat, die ein Kind mit gewöhnlichem Aufenthalt in einem anderen Vertragsstaat adoptieren möchten, haben sich an die Zentrale Behörde im Staat ihres gewöhnlichen Aufenthalts zu wenden.

31   Das IV. Kapitel regelt das von den Beteiligten einzuhaltende **Verfahren einer internationalen Adoption**. Dieses wird nach Art 14 dadurch eingeleitet, dass sich die Adoptionsbewerber – nach entsprechender Beratung durch eine Auslandsvermittlungsstelle – mit ihrem Adoptionswunsch an die Zentrale Behörde im Vertragsstaat ihres gewöhnlichen Aufenthalts wenden. In *Deutschland* ist ergänzend § 4 Abs 1 AdÜbAG zu beachten. Danach können sich die Adoptionsbewerber an die zentrale Adoptionsstelle beim Landesjugendamt oder an das zuständige Jugendamt wenden, in deren Bereich sie sich gewöhnlich aufhalten, ferner auch an eine der anerkannten Auslandsvermittlungsstellen iSv § 1 Abs 3 AdÜbAG. Hingegen sind die Adoptionsbewerber zur Vermeidung unzulässiger Praktiken nicht berechtigt, sich unmittelbar an die Behörden im Heimatstaat des zu adoptierenden Kindes zu wenden. Die Durchführung des Vermittlungsverfahrens ist auch dann zwingend, wenn die Person des zu adoptierenden Kindes – wie zB bei

1634

II. Staatsverträge: HAdoptÜ Art 17 **V**

einer Stiefkindadoption – bereits feststeht (*Süss* MittBayNot 02, 89; Staud/*Henrich* Vorbem Art 22 EGBGB Rn 34).

HAdoptÜ Art 15. [Bericht der Zentralen Behörde des Aufnahmestaats]

(1) Hat sich die Zentrale Behörde des Aufnahmestaats davon überzeugt, dass die Antragsteller für eine Adoption in Betracht kommen und dazu geeignet sind, so verfasst sie einen Bericht, der Angaben zur Person der Antragsteller und über ihre rechtliche Fähigkeit und ihre Eignung zur Adoption, ihre persönlichen und familiären Umstände, ihre Krankheitsgeschichte, ihr soziales Umfeld, die Beweggründe für die Adoption, ihre Fähigkeit zur Übernahme der mit einer internationalen Adoption verbundenen Aufgaben sowie die Eigenschaften der Kinder enthält, für die zu sorgen sie geeignet wären.

(2) Sie übermittelt den Bericht der Zentralen Behörde des Heimatstaats.

Nach dem sich die zuständige Behörde im Aufnahmestaat davon überzeugt hat, dass die **32** Antragsteller für eine Adoption in Betracht kommen und geeignet sind (vgl Art 5 lit a), hat sie einen Bericht mit den in Abs 1 näher spezifizierten Angaben zu verfassen und diesen nach Abs 2 der Zentralen Behörde des Heimatstaats des Kindes zu übermitteln. In *Deutschland* bedarf die Übermittlung nach § 4 Abs 5 S 2 AdÜbAG der Einwilligung der Adoptionsbewerber. Auf deren Antrag hat die Bundeszentralstelle bei der Übermittlung des Berichts und der Bewerbungsunterlagen an die Zentrale Behörde des Heimatstaats mitzuwirken, § 4 Abs 6 AdÜbAG.

HAdoptÜ Art 16. [Bericht und Entscheidung der Zentralen Behörde des Heimatstaats]

(1) Hat sich die Zentrale Behörde des Heimatstaats davon überzeugt, dass das Kind adoptiert werden kann, so

a) verfasst sie einen Bericht, der Angaben zur Person des Kindes und darüber, dass es adoptiert werden kann, über sein soziales Umfeld, seine persönliche und familiäre Entwicklung, seine Krankheitsgeschichte einschließlich derjenigen seiner Familie sowie besondere Bedürfnisse des Kindes enthält;

b) trägt sie der Erziehung des Kindes sowie seiner ethnischen, religiösen und kulturellen Herkunft gebührend Rechnung;

c) vergewissert sie sich, dass die Zustimmungen nach Artikel 4 vorliegen, und

d) entscheidet sie, insbesondere aufgrund der Berichte über das Kind und die künftigen Adoptiveltern, ob die in Aussicht genommene Unterbringung dem Wohl des Kindes dient.

(2) Sie übermittelt der Zentralen Behörde des Aufnahmestaats ihren Bericht über das Kind, den Nachweis über das Vorliegen der notwendigen Zustimmungen sowie die Gründe für ihre Entscheidung über die Unterbringung, wobei sie dafür sorgt, dass die Identität der Mutter und des Vaters nicht preisgegeben wird, wenn diese im Heimatstaat nicht offengelegt werden darf.

Hat sich die Zentrale Behörde im Heimatstaat des Kindes nach Maßgabe von Art 4 davon **33** überzeugt, dass ein von ihr oder von den Adoptionsbewerbern vorgeschlagenes Kind adoptiert werden kann, hat auch sie nach Abs 1 lit a einen Bericht zu verfassen, der Angaben zur Person des Kindes, zu seinem sozialen Umfeld und zu seiner persönlichen und familiären Entwicklung enthält. Dabei trägt die Heimatbehörde auch der ethnischen, religiösen und kulturellen Herkunft des Kindes gebührend Rechnung (lit b). Nachdem sie sich auch vergewissert hat, dass die nach Art 4 erforderlichen Zustimmungen vorliegen, trifft die Heimatbehörde nach lit d die Entscheidung, ob die in Aussicht genommene Zusammenführung dem Wohl des Kindes entspricht. Anschließend übermittelt sie ihren Bericht, den Nachweis über das Vorliegen der notwendigen Zustimmungen und ihre Entscheidung über die Unterbringung des Kindes bei den Adoptionsbewerbern der Zentralen Behörde des Aufnahmestaates mit, Abs 2.

HAdoptÜ Art 17. [Entscheidung über die Zusammenführung]

Eine Entscheidung, ein Kind künftigen Adoptiveltern anzuvertrauen, kann im Heimatstaat nur getroffen werden, wenn

1635

V 38   3. Teil. Behördenzusammenarbeit. V. Adoptionssachen

a) die Zentrale Behörde dieses Staates sich vergewissert hat, dass die künftigen Adoptiveltern einverstanden sind;
b) die Zentrale Behörde des Aufnahmestaats diese Entscheidung gebilligt hat, sofern
das Recht dieses Staates oder die Zentrale Behörde des Heimatstaats dies verlangt;
c) die Zentralen Behörden beider Staaten der Fortsetzung des Adoptionsverfahrens
zugestimmt haben und
d) nach Artikel 5 entschieden wurde, dass die künftigen Adoptiveltern für eine Adoption in Betracht kommen und dazu geeignet sind und dem Kind die Einreise in den
Aufnahmestaat und der ständige Aufenthalt dort bewilligt worden sind oder werden.

34   Die Zentrale Behörde des Aufnahmestaates prüft sodann ihrerseits, ob die Annahme des
Kindes durch die Adoptionsbewerber dem Kindeswohl entspricht und ob sie voraussichtlich **im
Aufnahmestaat oder im Heimatstaat** durchgeführt werden soll. Die Adoption im Aufnah-
mestaat hat den Vorteil, dass damit gewährleistet ist, dass die Zustimmungs- und Mitwirkungs-
rechte des Kindes und seiner leiblichen Eltern aus der Sicht dieses Staates eingehalten werden.
Der Heimatstaat kann allerdings nach Art 28 einer Adoption im Aufnahmestaat widersprechen.
Soll die Adoption im Heimatstaat vorgenommen werden, so haben die zuständigen Behörden im
Aufnahmestaat – in Deutschland die Auslandsvermittlungsstelle – weiter zu prüfen, ob die
Anerkennung der Adoption nicht am *ordre public*-Vorbehalt (Art 24) scheitern würde (vgl § 5
Abs 1 Nr 2 lit b AdÜbAG).

35   Nur wenn die Auslandsvermittlungsstelle den Vermittlungsvorschlag der Heimatbehörde bil-
ligt, setzt sie die Adoptionsbewerber über den Inhalt der ihr aus dem Heimatstaat übermittelten
personenbezogenen Daten und die Unterlagen über das vorgeschlagene Kind in Kenntnis und
berät sie über die Annahme. Identität und Aufenthaltsort des Kindes und seiner Eltern sollen den
Adoptionsbewerbern jedoch nur offenbart werden, wenn die Zentrale Behörde des Heimatstaates zustimmt (§ 5 Abs 2 AdÜbAG). Danach hat die Auslandsvermittlungsstelle die Adoptionsbewerber aufzufordern, innerhalb einer von ihr bestimmten Frist die Erklärung nach § 7 Abs 1
AdÜbAG abzugeben, dass sie bereit sind, das ihnen vorgeschlagene Kind anzunehmen (§ 5 Abs 3
AdÜbAG).

36   Sind die Adoptionsbewerber einverstanden, haben sie ihre **Bereitschaftserklärung** nach § 7
Abs 1 AdÜbAG gegenüber dem Jugendamt abzugeben, in dessen Bereich sie mit Hauptwohnsitz
gemeldet sind. Die Erklärung bedarf der öffentlichen Beurkundung, (§ 7 Abs 1 S 2 AdÜbAG).
Sie hat gem § 7 Abs 2 AdÜbAG zur Folge, dass die Erklärenden der öffentlichen Hand gesamtschuldnerisch für die Kosten des Lebensunterhalts des Kindes für die Dauer von sechs Jahren ab
der Einreise nach Deutschland haften, wenn die Adoption doch noch scheitert.

37   Erst nach erfolgter Bereitschaftserklärung kann die Auslandsvermittlungsstelle die in Art 17 lit
b und lit c vorgeschriebenen Erklärungen über die Billigung und die Fortsetzung des Adoptionsverfahrens abgeben. Nachdem auch die zuständige Behörde des Heimatstaats des Kindes der
Fortsetzung des Adoptionsverfahrens gemäß Art 17 lit c zugestimmt hat, kann sie nunmehr
entweder die Adoption aussprechen oder die Entscheidung treffen, dass das Kind den künftigen
Adoptiveltern anzuvertrauen. ist.

HAdoptÜ Art 18. [Bewilligung der Aus- und Einreise des Kindes

**Die Zentralen Behörden beider Staaten treffen alle erforderlichen Maßnahmen, um
die Bewilligung der Ausreise des Kindes aus dem Heimatstaat sowie der Einreise in
den Aufnahmestaat und des ständigen Aufenthalts dort zu erwirken.**

38   Die Zentralen Behörden des Heimat- und des Aufnahmestaates haben alle erforderlichen
Maßnahme zu treffen, um die Ausreise des Kindes aus seinem Heimatstaat und die Einreise in
den Aufnahmestaat zu ermöglichen. Die Einreise nach Deutschland kann zum Zwecke der
angestrebten Herstellung einer familiären Lebensgemeinschaft zwischen den Adoptionsbewerbern und dem Kind gem § 6 Abs 1 AdÜbAG schon vor der Entscheidung über die Adoption
erfolgen, wenn die Auslandsvermittlungsstelle den Vermittlungsvorschlag der Zentrale Behörde
des Heimatstaats nach § 5 Abs 1 S 1 AdÜbAG gebilligt hat und die Adoptionsbewerber die
Bereitschaftserklärung nach § 7 Abs 1 AdÜbAG abgegeben haben.

II. Staatsverträge: HAdoptÜ Art 21   40, 41 **V**

HAdoptÜ Art 19. [Verbringung des Kindes in den Aufnahmestaat]

(1) Das Kind kann nur in den Aufnahmestaat gebracht werden, wenn die Voraussetzungen des Artikels 17 erfüllt sind.

(2) Die Zentralen Behörden beider Staaten sorgen dafür, dass das Kind sicher und unter angemessenen Umständen in den Aufnahmestaat gebracht wird und dass die Adoptiveltern oder die künftigen Adoptiveltern das Kind wenn möglich begleiten.

(3) Wird das Kind nicht in den Aufnahmestaat gebracht, so werden die in den Artikeln 15 und 16 vorgesehenen Berichte an die absendenden Behörden zurückgesandt.

Erst nach Erfüllung sämtlicher Voraussetzungen des Art 17 darf das Kind zur Durchführung **39** der Adoption in den Aufnahmestaat verbracht werden. Erforderlich hierfür ist also vor allem die Entscheidung der Heimatbehörden, das Kind den künftigen Adoptiveltern anzuvertrauen. Diese Entscheidung kann wiederum nur getroffen werden, wenn zuvor den Voraussetzungen gemäß Art 17 lit a – lit d entsprochen wurde.

HAdoptÜ Art 20. [Informationsaustausch]

Die Zentralen Behörden halten einander über das Adoptionsverfahren und die zu seiner Beendigung getroffenen Maßnahmen sowie über den Verlauf der Probezeit, falls eine solche verlangt wird, auf dem Laufenden.

HAdoptÜ Art 21. [Schutzmaßnahmen im Aufnahmestaat]

(1) Soll die Adoption erst durchgeführt werden, nachdem das Kind in den Aufnahmestaat gebracht worden ist, und dient es nach Auffassung der Zentralen Behörde dieses Staates nicht mehr dem Wohl des Kindes, wenn es in der Aufnahmefamilie bleibt, so trifft diese Zentrale Behörde die zum Schutz des Kindes erforderlichen Maßnahmen, indem sie insbesondere

a) veranlasst, dass das Kind aus der Aufnahmefamilie entfernt und vorläufig betreut wird;

b) in Absprache mit der Zentralen Behörde des Heimatstaats unverzüglich die Unterbringung des Kindes in einer neuen Familie mit dem Ziel der Adoption veranlasst oder, falls dies nicht angebracht ist, für eine andere dauerhafte Betreuung sorgt; eine Adoption kann erst durchgeführt werden, wenn die Zentrale Behörde des Heimatstaats gebührend über die neuen Adoptiveltern unterrichtet worden ist;

c) als letzte Möglichkeit die Rückkehr des Kindes veranlasst, wenn sein Wohl dies erfordert.

(2) Unter Berücksichtigung insbesondere des Alters und der Reife des Kindes ist es zu den nach diesem Artikel zu treffenden Maßnahmen zu befragen und gegebenenfalls seine Zustimmung dazu einzuholen.

1. Anordnung von Schutzmaßnahmen, Abs 1

Soll die Adoption erst im Aufnahmestaat durchgeführt werden und stellt sich während der ihr **40** üblicherweise vorangehenden Probezeit heraus, dass ein Verbleib des Kindes in der Aufnahmefamilie dem Kindeswohl nicht entspricht, so hat die Zentrale Behörde des Aufnahmestaates die zum Schutz des Kindes erforderlichen Maßnahmen zu treffen. Sie hat daher insbesondere das Kind aus der Aufnahmefamilie zu entfernen und seine anderweitige vorläufige Betreuung sicherzustellen (lit a). Sodann hat sie in Absprache mit der Heimatbehörde entweder die Unterbringung des Kindes in einer neuen Familie zum Zweck der Adoption zu veranlassen. Ist dies nicht angebracht, hat sie für eine andere dauerhafte Betreuung im Aufnahmestaat (zB in einer Pflegefamilie) zu sorgen. Soll das Kind durch eine andere Familie adoptiert werden, so ist dies erst nach Unterrichtung der Heimatbehörde über die neuen Adoptiveltern zulässig (lit b). Nur wenn sowohl eine neue Adoption wie eine dauerhafte Betreuung des Kindes im Aufnahmestaat scheitert, ist dessen Rückkehr in den Heimatstaat zu veranlassen (lit c).

Soll die Adoption in *Deutschland* durchgeführt werden, so werden die Aufgaben der Zentralen **41** Behörde nach Abs 1 durch die Adoptionsvermittlungsstellen der Jugendämter wahrgenommen

1637

V 43   3. Teil. Behördenzusammenarbeit. V. Adoptionssachen

(§§ 1, 2 AdÜbAG). Da das Kind mit seiner Einreise nach Deutschland hier einen gewöhnlichen Aufenthalt begründet, sind die deutschen Behörden für die Anordnung von Schutzmaßnahmen nach Abs 1 gemäß Art 8 Abs 1 EuEheVO bzw Art 5 Abs 1 KSÜ international zuständig. Zugleich wird das Jugendamt gemäß § 1751 BGB Amtsvormund. Das Jugendamt hat die Auslandsvermittlungsstelle nach § 7 Abs 4 AdÜbAG über die Entwicklung des aufgenommenen Kindes zu unterrichten, soweit die Auslandsvermittlungsstelle diese Angaben zur Erfüllung ihrer Aufgaben nach den Art 9, 20 und 21 des Übereinkommens benötigt. Bis eine Annahme als Kind ausgesprochen ist, haben das Jugendamt, die Ausländerbehörde, das Vormundschafts- und das Familiengericht die Auslandsvermittlungsstelle außer bei Gefahr im Verzug an allen das aufgenommene Kind betreffenden Verfahren zu beteiligen.

2. Anhörung des Kindes, Abs 2

42   Das Kind ist unter Berücksichtigung seines Alters und seiner Reife des Kindes zu den nach Abs 1 zu treffenden Maßnahmen anzuhören; ist es schon hinreichend verständig, sollen die Maßnahmen nur mit seiner Zustimmung angeordnet werden.

HAdoptÜ Art 22. [Delegation von Aufgaben der Zentralen Behörden]

(1) **Die Aufgaben einer Zentralen Behörde nach diesem Kapitel können von staatlichen Stellen oder nach Kapitel III zugelassenen Organisationen wahrgenommen werden, soweit das Recht des Staates der Zentralen Behörde dies zulässt.**

(2) **Ein Vertragsstaat kann gegenüber dem Verwahrer des Übereinkommens erklären, dass die Aufgaben der Zentralen Behörde nach den Artikeln 15 bis 21 in diesem Staat in dem nach seinem Recht zulässigen Umfang und unter Aufsicht seiner zuständigen Behörden auch von Organisationen oder Personen wahrgenommen werden können, welche**

a) **die von diesem Staat verlangten Voraussetzungen der Integrität, fachlichen Kompetenz, Erfahrung und Verantwortlichkeit erfüllen und**
b) **nach ihren ethnischen Grundsätzen und durch Ausbildung oder Erfahrung für die Arbeit auf dem Gebiet der internationalen Adoption qualifiziert sind.**

(3) **Ein Vertragsstaat, der die in Absatz 2 vorgesehene Erklärung abgibt, teilt dem Ständigen Büro der Haager Konferenz für Internationales Privatrecht regelmäßig die Namen und Anschriften dieser Organisationen und Personen mit.**

(4) **Ein Vertragsstaat kann gegenüber dem Verwahrer des Übereinkommens erklären, dass Adoptionen von Kindern, die ihren gewöhnlichen Aufenthalt in seinem Hoheitsgebiet haben, nur durchgeführt werden können, wenn die Aufgaben der Zentralen Behörden in Übereinstimmung mit Absatz 1 wahrgenommen werden.**

(5) **Ungeachtet jeder nach Absatz 2 abgegebenen Erklärung werden die in den Artikeln 15 und 16 vorgesehenen Berichte in jedem Fall unter der Verantwortung der Zentralen Behörde oder anderer Behörden oder Organisationen in Übereinstimmung mit Absatz 1 verfasst.**

1. Andere staatliche Stellen und zugelassene Organisationen, Abs 1

43   Die Aufgaben der Zentralen Behörde nach Art 14–21 können gemäß Abs 1 auch von anderen staatlichen Stellen oder nach Kapitel III zugelassen Organisationen wahrgenommen werden, wenn das Recht des Staates der Zentralen Behörde dies zulässt. In *Deutschland* sind „andere staatliche Stellen" iSv Abs 1 die **Adoptionsvermittlungsstellen der Jugendämter**, soweit ihnen nach § 2a Abs 3 Nr 2 des Adoptionsvermittlungsgesetzes die internationale Adoptionsvermittlung im Verhältnis zu Vertragsstaaten des Übereinkommens gestattet ist (§ 1 Abs 2 AdÜbAG). Zugelassene Organisationen iSv Abs 1 sind in *Deutschland* die **anerkannten Auslandsvermittlungsstellen**, soweit sie zur internationalen Adoptionsvermittlung im Verhältnis zu Vertragsstaaten des Übereinkommens zugelassen sind (§ 2a Abs 3 Nr 3, § 4 Abs 2 des AdVermiG), vgl § 1 Abs 3 AdÜbAG.

1638

III. Autonomes Zivilverfahrensrecht   **46 V**

2. Delegation an nicht-staatliche Organisationen oder Personen, Abs 2–4

Nach Abs 2 können Vertragsstaaten erklären, dass die Aufgaben der Zentralen Behörden nach **44**
Art 15–21 auf ihrem Hoheitsgebiet auch von nicht-staatlichen Organisationen oder Personen
wahrgenommen werden können, sofern diese die in lit a und lit b genannten Voraussetzungen
erfüllen und unter Aufsicht staatlicher Behörden handeln. Eine solche Erklärung nach Abs 2
haben die *Volksrepublik China* (für die Sonderverwaltungsgebiete *Hongkong* und *Macau*), *Italien*,
Kanada (für die Provinzen *New Brunswick, Prince Edward Island, Northwest Territories, Nova Scotia,
Nunavut, Ontario, Saskatchewan* und *Yukon Territory*), *Kolumbien*, *Mexiko* und die *Vereinigten Staaten*
abgegeben. *Venezuela* hat eine solche Delegation der Funktionen der Zentralen Behörde auf
andere Behörden ausdrücklich ausgeschlossen.

Ein Vertragsstaat kann jedoch nach Abs 4 erklären, dass Adoptionen von Kindern, die ihren **45**
gewöhnlichen Aufenthalt in seinem Hoheitsgebiet haben, nur durchgeführt werden können,
wenn die Aufgaben der Zentralen Behörden in Übereinstimmung mit Absatz 1 wahrgenommen
werden. Diese Erklärung haben die *Bundesrepublik Deutschland* sowie *Andorra, Armenien, Aserbaidschan, Australien, Belarus, Belgien, Brasilien, Bulgarien, China* (für die Sonderverwaltungsgebiete
Hongkong und *Macau*), *Dänemark, El Salvador, Frankreich, Griechenland, Kanada* (für die Provinzen
British Columbia und *Québec*), *Kolumbien, Kroatien, Liechtenstein, Luxemburg, Norwegen, Österreich,
Panama, Polen, Portugal, Schweden*, die *Schweiz, Spanien* und *Ungarn* abgegeben.

Kapitel V. Anerkennung und Wirkungen der Adoption
HAdoptÜ Art 23–27

(abgedruckt und kommentiert → P Rn 28 ff)

Kapitel VI. Allgemeine Bestimmungen
HAdoptÜ Art 28–42.

(abgedruckt und kommentiert → P Rn 49 ff)

Kapitel VII. Schlussbestimmungen
HAdoptÜ Art 43–48

(abgedruckt und z T kommentiert → P nach Rn 56)

III. Autonomes Zivilverfahrensrecht

1030. Gesetz zur Ausführung des Haager Übereinkommens
vom 29. Mai 1993 über den Schutz von Kindern und die Zusammenarbeit
auf dem Gebiet der internationalen Adoption
(Adoptionsübereinkommens-Ausführungsgesetz – AdÜbAG)

Vom 5. November 2001 (BGBl I, 2950)

Vorbemerkung

Das AdÜbAG dient – wie der Titel sagt – der Ausführung des Haager Adoptionsübereinkom- **46**
mens, soweit es um die internationale Behördenzusammenarbeit im Vorfeld einer internationalen
Adoption geht. Es enthält in seinem 1. Abschnitt Begriffsbestimmungen zu den in Deutschland
an einer dem Übk unterliegenden Adoption beteiligten Behörden und staatlichen Stellen (§ 1)
und regelt deren sachliche Zuständigkeit (§ 2) sowie das Verfahren (§ 3). Den Kern des Gesetzes
bildet der 2. Abschnitt über die internationale Adoptionsvermittlung im Verhältnis zu anderen
Vertragsstaaten, in dem vor allem die Rechtsbeziehungen zwischen Adoptionsbewerbern mit
gewöhnlichen Aufenthalt im Inland und den zuständigen deutschen zentralen Behörden und
Auslandsvermittlungsstellen eingehend normiert werden. Vgl. zur internationalen Adoptionsvermittlung ausf Behrentin/ *Grünenwald*/*Nunez*/*Bienentreu* A Rn 181 ff.

1639

V

3. Teil. Behördenzusammenarbeit. V. Adoptionssachen

Abschnitt 1. Begriffsbestimmungen, Zuständigkeiten und Verfahren

AdÜbAG § 1. Begriffsbestimmungen

(1) Zentrale Behörden im Sinne des Artikels 6 des Haager Übereinkommens vom 29. Mai 1993 über den Schutz von Kindern und die Zusammenarbeit auf dem Gebiet der internationalen Adoption (BGBl. 2001 II S. 1034) (Übereinkommen) sind das Bundesamt für Justiz als Bundeszentralstelle für Auslandsadoption (Bundeszentralstelle) und die zentralen Adoptionsstellen der Landesjugendämter (zentrale Adoptionsstellen).

(2) Andere staatliche Stellen im Sinne der Artikel 9 und 22 Abs. 1 des Übereinkommens sind die Adoptionsvermittlungsstellen der Jugendämter, soweit ihnen nach § 2a Abs. 3 Nr. 2 des Adoptionsvermittlungsgesetzes die internationale Adoptionsvermittlung im Verhältnis zu Vertragsstaaten des Übereinkommens gestattet ist.

(3) Zugelassene Organisationen im Sinne der Artikel 9 und 22 Abs. 1 des Übereinkommens sind die anerkannten Auslandsvermittlungsstellen, soweit sie zur internationalen Adoptionsvermittlung im Verhältnis zu Vertragsstaaten des Übereinkommens zugelassen sind (§ 2a Abs. 3 Nr. 3, § 4 Abs. 2 des Adoptionsvermittlungsgesetzes).

(4) Im Sinne dieses Gesetzes

1. sind Auslandsvermittlungsstellen die zentralen Adoptionsstellen und die in den Absätzen 2 und 3 genannten Adoptionsvermittlungsstellen;
2. ist zentrale Behörde des Heimatstaates (Artikel 2 Abs. 1 des Übereinkommens) die Stelle, die nach dem Recht dieses Staates die jeweils in Betracht kommende Aufgabe einer zentralen Behörde wahrnimmt.

AdÜbAG § 2. Sachliche Zuständigkeiten

(1) Die in § 1 Abs. 2 und 3 genannten Adoptionsvermittlungsstellen nehmen unbeschadet des Absatzes 3 Satz 1 für die von ihnen betreuten Vermittlungsfälle die Aufgaben nach den Artikeln 9 und 14 bis 21 des Übereinkommens wahr, die anerkannten Auslandsvermittlungsstellen jedoch nur hinsichtlich der Vermittlung eines Kindes mit gewöhnlichem Aufenthalt im Ausland an Adoptionsbewerber mit gewöhnlichem Aufenthalt im Inland.

(2) Die Bundeszentralstelle nimmt die Aufgaben gemäß Artikel 6 Abs. 2 Satz 2 des Übereinkommens sowie gemäß § 4 Abs. 6 und § 9 dieses Gesetzes wahr und koordiniert die Erfüllung der Aufgaben nach den Artikeln 7 und 9 des Übereinkommens mit den Auslandsvermittlungsstellen. Die Erfüllung der Aufgaben nach Artikel 8 des Übereinkommens koordiniert sie mit den zentralen Adoptionsstellen. Soweit die Aufgaben nach dem Übereinkommen nicht nach Satz 1 der Bundeszentralstelle zugewiesen sind oder nach Absatz 1 oder Absatz 3 Satz 1 von Jugendämtern, anerkannten Auslandsvermittlungsstellen oder sonstigen zuständigen Stellen wahrgenommen werden, nehmen die zentralen Adoptionsstellen diese Aufgaben wahr.

(3) In Bezug auf die in den Artikeln 8 und 21 des Übereinkommens vorgesehenen Maßnahmen bleiben die allgemeinen gerichtlichen und behördlichen Zuständigkeiten unberührt. In den Fällen des Artikels 21 Abs. 1 des Übereinkommens obliegt jedoch die Verständigung mit der zentralen Behörde des Heimatstaates den nach den Absätzen 1 oder 2 zuständigen Stellen.

AdÜbAG § 3. Verfahren

(1) Die Bundeszentralstelle und die Auslandsvermittlungsstellen können unmittelbar mit allen zuständigen Stellen im Inland und im Ausland verkehren. Auf ihre Tätigkeit finden die Vorschriften des Adoptionsvermittlungsgesetzes Anwendung. Die §§ 9 b und 9 d des Adoptionsvermittlungsgesetzes gelten auch für die von der zentralen Behörde eines anderen Vertragsstaates des Übereinkommens übermittelten personenbezogenen Daten und Unterlagen. Für die zentralen Adoptionsstellen und die Jugendämter gilt ergänzend das Zehnte Buch Sozialgesetzbuch, soweit nicht bereits § 9 d des Adoptionsvermittlungsgesetzes auf diese Bestimmungen verweist.

1640

III. Autonomes Zivilverfahrensrecht: AdÜbAG § 5 **V**

(2) Das Verfahren der Bundeszentralstelle gilt unbeschadet des Absatzes 1 Satz 2 und 3 als Justizverwaltungsverfahren. In Verfahren nach § 4 Abs. 6 oder § 9 kann dem Antragsteller aufgegeben werden, geeignete Nachweise oder beglaubigte Übersetzungen beizubringen. Die Bundeszentralstelle kann erforderliche Übersetzungen selbst in Auftrag geben; die Höhe der Vergütung für die Übersetzungen richtet sich nach dem Justizvergütungs- und -entschädigungsgesetz.

Abschnitt 2. Internationale Adoptionsvermittlung im Verhältnis zu anderen Vertragsstaaten

AdÜbAG § 4. Adoptionsbewerbung

(1) Adoptionsbewerber mit gewöhnlichem Aufenthalt im Inland richten ihre Bewerbung entweder an die zentrale Adoptionsstelle oder das nach § 2 Abs. 1 in Verbindung mit § 1 Abs. 2 zuständige Jugendamt, in deren Bereich sie sich gewöhnlich aufhalten, oder an eine der anerkannten Auslandsvermittlungsstellen im Sinne des § 1 Abs. 3.

(2) Den Adoptionsbewerbern obliegt es,

1. anzugeben, aus welchem Heimatstaat sie ein Kind annehmen möchten,
2. an den Voraussetzungen für die Vorlage eines Berichts nach § 7 Abs. 3 des Adoptionsvermittlungsgesetzes mitzuwirken und
3. zu versichern, dass eine weitere Bewerbung um die Vermittlung eines Kindes aus dem Ausland nicht anhängig ist.

(3) Die Auslandsvermittlungsstelle berät die Adoptionsbewerber. Sie teilt den Adoptionsbewerbern rechtzeitig vor der ersten Übermittlung personenbezogener Daten an den Heimatstaat mit, inwieweit nach ihrem Kenntnisstand in dem Heimatstaat der Schutz des Adoptionsgeheimnisses und anderer personenbezogener Daten sowie die Haftung für eine unzulässige oder unrichtige Verarbeitung personenbezogener Daten gewährleistet sind, und weist die Adoptionsbewerber auf insoweit bestehende Gefahren hin.

(4) Die Auslandsvermittlungsstelle kann eigene Ermittlungen anstellen und nach Beteiligung der für den gewöhnlichen Aufenthaltsort der Adoptionsbewerber zuständigen örtlichen Adoptionsvermittlungsstelle (§ 9 a des Adoptionsvermittlungsgesetzes) den in Absatz 2 Nr. 2 genannten Bericht selbst erstellen.

(5) Hat sich die Auslandsvermittlungsstelle von der Eignung der Adoptionsbewerber überzeugt, so leitet sie die erforderlichen Bewerbungsunterlagen einschließlich eines Berichts nach Artikel 15 des Übereinkommens der zentralen Behörde des Heimatstaates zu. Die Übermittlung bedarf der Einwilligung der Adoptionsbewerber.

(6) Auf Antrag der Adoptionsbewerber wirkt die Bundeszentralstelle bei der Übermittlung nach Absatz 5 und bei der Übermittlung sonstiger die Bewerbung betreffender Mitteilungen an die zentrale Behörde des Heimatstaates mit. Sie soll ihre Mitwirkung versagen, wenn die beantragte Übermittlung nach Form oder Inhalt den Bestimmungen des Übereinkommens oder des Heimatstaates erkennbar nicht genügt.

AdÜbAG § 5. Aufnahme eines Kindes

(1) Der Vermittlungsvorschlag der zentralen Behörde des Heimatstaates bedarf der Billigung durch die Auslandsvermittlungsstelle. Diese hat insbesondere zu prüfen, ob

1. die Annahme dem Wohl des Kindes dient und
2. a) mit der Begründung eines Annahmeverhältnisses im Inland zu rechnen ist oder,
   b) sofern die Annahme im Ausland vollzogen werden soll, diese nicht zu einem Ergebnis führt, das unter Berücksichtigung des Kindeswohls mit wesentlichen Grundsätzen des deutschen Rechts offensichtlich unvereinbar, insbesondere mit den Grundrechten unvereinbar ist.

Die Auslandsvermittlungsstelle kann vor oder nach Eingang eines Vermittlungsvorschlags einen Meinungsaustausch mit der zentralen Behörde des Heimatstaates aufnehmen. Ein Meinungsaustausch sowie die Billigung oder Ablehnung eines Vermittlungsvorschlags sind mit den jeweils dafür maßgeblichen fachlichen Erwägungen aktenkundig zu machen.

V   3. Teil. Behördenzusammenarbeit. V. Adoptionssachen

(2) **Hat die Auslandsvermittlungsstelle den Vermittlungsvorschlag nach Absatz 1 gebilligt**, so setzt sie die Adoptionsbewerber über den Inhalt der ihr aus dem Heimatstaat übermittelten personenbezogenen Daten und Unterlagen über das vorgeschlagene Kind in Kenntnis und berät sie über dessen Annahme. Identität und Aufenthaltsort des Kindes, seiner Eltern und sonstiger Sorgeinhaber soll sie vor Erteilung der Zustimmungen nach Artikel 17 Buchstabe c des Übereinkommens nur offenbaren, soweit die zentrale Behörde des Heimatstaates zustimmt.

(3) Hat die Beratung nach Absatz 2 stattgefunden, so fordert die Auslandsvermittlungsstelle die Adoptionsbewerber auf, innerhalb einer von ihr zu bestimmenden Frist eine Erklärung nach § 7 Abs. 1 abzugeben. Ist die Abgabe dieser Erklärung nachgewiesen, so kann die Auslandsvermittlungsstelle Erklärungen nach Artikel 17 Buchstabe b und c des Übereinkommens abgeben.

(4) Die Auslandsvermittlungsstelle soll sich über die Prüfung und Beratung nach Absatz 1 und 2 Satz 1 mit der für den gewöhnlichen Aufenthaltsort der Adoptionsbewerber zuständigen örtlichen Adoptionsvermittlungsstelle ins Benehmen setzen. Sie unterrichtet diese über die Abgabe der Erklärungen gemäß Absatz 3 Satz 2.

AdÜbAG § 6. Einreise und Aufenthalt

(1) **Zum Zwecke der Herstellung und Wahrung einer familiären Lebensgemeinschaft** zwischen den Adoptionsbewerbern und dem aufzunehmenden Kind finden auf dessen Einreise und Aufenthalt die Vorschriften des Aufenthaltsgesetzes über den Kindernachzug vor dem Vollzug der Annahme entsprechende Anwendung, sobald

1. die Auslandsvermittlungsstelle den Vermittlungsvorschlag der zentralen Behörde des Heimatstaates nach § 5 Abs. 1 Satz 1 gebilligt hat und
2. die Adoptionsbewerber sich gemäß § 7 Abs. 1 mit dem Vermittlungsvorschlag einverstanden erklärt haben.

(2) **Auf Ersuchen der Auslandsvermittlungsstelle stimmt die Ausländerbehörde der** Erteilung eines erforderlichen Sichtvermerks vorab zu, sofern die Voraussetzungen des Absatzes 1 erfüllt sind und ausländerrechtliche Vorschriften nicht entgegenstehen. Der Sichtvermerk wird dem Kind von Amts wegen erteilt, wenn die Auslandsvermittlungsstelle darum ersucht und ausländerrechtliche Vorschriften nicht entgegenstehen.

(3) Entfällt der in Absatz 1 genannte Aufenthaltszweck, so wird die dem Kind erteilte Aufenthaltserlaubnis als eigenständiges Aufenthaltsrecht befristet verlängert, solange nicht die Voraussetzungen für die Erteilung einer Niederlassungserlaubnis vorliegen oder die zuständige Stelle nach Artikel 21 Abs. 1 Buchstabe c des Übereinkommens die Rückkehr des Kindes in seinen Heimatstaat veranlasst.

AdÜbAG § 7. Bereiterklärung zur Adoption; Verantwortlichkeiten für ein Adoptivpflegekind

(1) **Die Erklärung der Adoptionsbewerber, dass diese bereit sind, das ihnen vor**geschlagene Kind anzunehmen, ist gegenüber dem Jugendamt abzugeben, in dessen Bereich ein Adoptionsbewerber zur Zeit der Aufforderung nach § 5 Abs. 3 Satz 1 mit Hauptwohnsitz gemeldet ist. Die Erklärung bedarf der öffentlichen Beurkundung. Das Jugendamt übersendet der Auslandsvermittlungsstelle eine beglaubigte Abschrift.

(2) **Auf Grund der Erklärung nach Absatz 1 sind die Adoptionsbewerber gesamt**schuldnerisch verpflichtet, öffentliche Mittel zu erstatten, die vom Zeitpunkt der Einreise des Kindes an für die Dauer von sechs Jahren für den Lebensunterhalt des Kindes aufgewandt werden. Die zu erstattenden Kosten umfassen sämtliche öffentlichen Mittel für den Lebensunterhalt einschließlich der Unterbringung, der Ausbildung, der Versorgung im Krankheits- und Pflegefall, auch soweit die Aufwendungen auf einem gesetzlichen Anspruch des Kindes beruhen. Sie umfassen jedoch nicht solche Mittel, die

1. aufgewandt wurden, während sich das Kind rechtmäßig in der Obhut der Adoptionsbewerber befand, und

1642

III. Autonomes Zivilverfahrensrecht: AdVermiG §§ 1–2 **V**

2. auch dann aufzuwenden gewesen wären, wenn zu diesem Zeitpunkt ein Annahmeverhältnis zwischen den Adoptionsbewerbern und dem Kind bestanden hätte.

Die Verpflichtung endet, wenn das Kind angenommen wird.

(3) Der Erstattungsanspruch steht der öffentlichen Stelle zu, die die Mittel aufgewandt hat. Erlangt das Jugendamt von der Aufwendung öffentlicher Mittel nach Absatz 2 Kenntnis, so unterrichtet es die in Satz 1 genannte Stelle über den Erstattungsanspruch und erteilt ihr alle für dessen Geltendmachung und Durchsetzung erforderlichen Auskünfte.

(4) Das Jugendamt, auch soweit es als Vormund oder Pfleger des Kindes handelt, ein anderer für das Kind bestellter Vormund oder Pfleger sowie die Adoptionsvermittlungsstelle, die Aufgaben der Adoptionsbegleitung nach § 9 des Adoptionsvermittlungsgesetzes wahrnimmt, unterrichten die Auslandsvermittlungsstelle über die Entwicklung des aufgenommenen Kindes, soweit die Auslandsvermittlungsstelle diese Angaben zur Erfüllung ihrer Aufgaben nach den Artikeln 9, 20 und 21 des Übereinkommens benötigt. Bis eine Annahme als Kind ausgesprochen ist, haben das Jugendamt, die Ausländerbehörde, das Vormundschafts- und das Familiengericht die Auslandsvermittlungsstelle außer bei Gefahr im Verzug an allen das aufgenommene Kind betreffenden Verfahren zu beteiligen; eine wegen Gefahr im Verzug unterbliebene Beteiligung ist unverzüglich nachzuholen.

Abschnitt 3. Bescheinigungen über das Zustandekommen oder die Umwandlung eines Annahmeverhältnisses

AdÜbAG §§ 8, 9

(abgedruckt und kommentiert → P Rn 58)

Abschnitt 4. Zeitlicher Anwendungsbereich

AdÜbAG § 10. Anwendung des Abschnitts 2

(1) Die Bestimmungen des Abschnitts 2 sind im Verhältnis zu einem anderen Vertragsstaat des Übereinkommens anzuwenden, wenn das Übereinkommen im Verhältnis zwischen der Bundesrepublik Deutschland und diesem Vertragsstaat in Kraft ist und wenn die Bewerbung nach § 4 Abs. 1 der Auslandsvermittlungsstelle nach dem Zeitpunkt des Inkrafttretens zugegangen ist.

(2) Die Bundeszentralstelle kann mit der zentralen Behörde des Heimatstaates die Anwendung der Bestimmungen des Übereinkommens auch auf solche Bewerbungen vereinbaren, die der Auslandsvermittlungsstelle vor dem in Absatz 1 genannten Zeitpunkt zugegangen sind. Die Vereinbarung kann zeitlich oder sachlich beschränkt werden. Auf einen Vermittlungsfall, der einer Vereinbarung nach den Sätzen 1 und 2 unterfällt, sind die Bestimmungen des Abschnitts 2 anzuwenden.

AdÜbAG § 11. Anwendung des Abschnitts 3

(abgedruckt und kommentiert → P Rn 58))

1050. Gesetz über die Vermittlung der Annahme als Kind und über das Verbot der Vermittlung von Ersatzmüttern (Adoptionsvermittlungsgesetz – AdVermiG)

idF vom 22. Dezember 2001 (BGBl 2002 I, 355)

Erster Abschnitt. Adoptionsvermittlung

AdVermiG §§ 1–2.

(nicht abgedruckt)

1643

V 47 3. Teil. Behördenzusammenarbeit. V. Adoptionssachen

AdVermiG § 2a. Internationale Adoptionsvermittlung

(1) **Die Vorschriften dieses Gesetzes über internationale Adoptionsvermittlung sind in allen Fällen anzuwenden, in denen das Kind oder die Adoptionsbewerber ihren gewöhnlichen Aufenthalt im Ausland haben oder in denen das Kind innerhalb von zwei Jahren vor Beginn der Vermittlung in das Inland gebracht worden ist.**

(2) **Im Anwendungsbereich des Haager Übereinkommens vom 29. Mai 1993 über den Schutz von Kindern und die Zusammenarbeit auf dem Gebiet der internationalen Adoption (BGBl. 2001 II S. 1034) (Adoptionsübereinkommen) gelten ergänzend die Bestimmungen des Adoptionsübereinkommens-Ausführungsgesetzes vom 5. November 2001 (BGBl. I S. 2950).**

(3) **Zur internationalen Adoptionsvermittlung sind befugt:**

1. **die zentrale Adoptionsstelle des Landesjugendamtes;**
2. **die Adoptionsvermittlungsstelle des Jugendamtes, soweit die zentrale Adoptionsstelle des Landesjugendamtes ihr diese Tätigkeit im Verhältnis zu einem oder mehreren bestimmten Staaten allgemein oder im Einzelfall gestattet hat;**
3. **eine anerkannte Auslandsvermittlungsstelle (§ 4 Abs. 2) im Rahmen der ihr erteilten Zulassung;**
4. **eine ausländische zugelassene Organisation im Sinne des Adoptionsübereinkommens, soweit die Bundeszentralstelle (Absatz 4 Satz 1) ihr diese Tätigkeit im Einzelfall gestattet hat.**

(4) **Zur Koordination der internationalen Adoptionsvermittlung arbeiten die in Absatz 3 und in § 15 Abs. 2 genannten Stellen mit dem Bundesamt für Justiz als Bundeszentrale für Auslandsadoption (Bundeszentralstelle) zusammen. Das Bundesministerium für Familie, Senioren, Frauen und Jugend kann im Einvernehmen mit dem Bundesministerium der Justiz und für Verbraucherschutz durch Rechtsverordnung mit Zustimmung des Bundesrates bestimmen, dass die Bundeszentralstelle im Verhältnis zu einzelnen Staaten, die dem Adoptionsübereinkommen nicht angehören, ganz oder zum Teil entsprechende Aufgaben wie gegenüber Vertragsstaaten wahrnimmt; dabei können diese Aufgaben im Einzelnen geregelt werden.**

(5) **Die in Absatz 3 und in § 15 Abs. 2 genannten Stellen haben der Bundeszentralstelle**

1. **zu jedem Vermittlungsfall im Sinne des Absatz 1 von der ersten Beteiligung einer ausländischen Stelle an die jeweils verfügbaren Angaben zur Person (Name, Geschlecht, Geburtsdatum, Geburtsort, Staatsangehörigkeit, Familienstand und Wohnsitz oder gewöhnlicher Aufenthalt) des Kindes, seiner Eltern und der Adoptionsbewerber sowie zum Stand des Vermittlungsverfahrens zu melden,**
2. **jährlich zusammenfassend über Umfang, Verlauf und Ergebnisse ihrer Arbeit auf dem Gebiet der internationalen Adoptionsvermittlung zu berichten und**
3. **auf deren Ersuchen über einzelne Vermittlungsfälle im Sinne des Absatzes 1 Auskunft zu geben, soweit dies zur Erfüllung der Aufgaben nach Absatz 4 und nach § 2 Abs. 2 Satz 1 des Adoptionsübereinkommens-Ausführungsgesetzes vom 5. November 2001 (BGBl. I S. 2950) erforderlich ist.**

Die Meldepflicht nach Satz 1 Nr. 1 beschränkt sich auf eine Meldung über den Abschluss des Vermittlungsverfahrens, sofern dieses weder das Verhältnis zu anderen Vertragsstaaten des Adoptionsübereinkommens noch zu solchen Staaten betrifft, die durch Rechtsverordnung nach Absatz 4 Satz 2 bestimmt worden sind.

(6) **Die Bundeszentralstelle speichert die nach Absatz 5 Satz 1 Nr. 1 übermittelten Angaben in einer zentralen Datei. Die Übermittlung der Daten ist zu protokollieren. Die Daten zu einem einzelnen Vermittlungsfall sind 30 Jahre nach Eingang der letzten Meldung zu dem betreffenden Vermittlungsfall zu löschen.**

47 Die Vorschrift des § 2a über internationale Adoptionsvermittlung ist nach Abs 1 in allen Fällen anzuwenden, in denen das Kind oder die Adoptionsbewerber ihren **gewöhnlichen Aufenthalt im Ausland** haben oder in denen das Kind innerhalb von zwei Jahren vor Beginn der Vermittlung in das Inland gebracht worden ist. Diese Anwendungsvoraussetzungen decken sich mit jenen des HAdoptÜ nicht vollständig, weil es für die Anwendung des AdVermiG –

1644

III. Autonomes Zivilverfahrensrecht: AdVermiG §§ 15, 16   **V**

abweichend von Art 2 Abs 1 HAdoptÜ – auf eine Adoptionsabsicht nicht ankommt, während die Zweijahresfrist des Abs 1 im HAdoptÜ nicht vorgesehen ist. Soweit der Anwendungsbereich von § 2a demjenigen des HAdoptÜ entspricht, gilt das AdÜbAG – wie Abs 2 klarstellt – ergänzend neben § 2a AdVermiG. Zu den Einzelheiten der internationalen Adoptionsvermittlung vgl Behrentin/ *Grünenwald/ Nunez/ Bienentreu* A Rn 181 ff.

AdVermiG §§ 3 – 13.

(nicht abgedruckt)

Zweiter Abschnitt. Ersatzmutterschaft

AdVermiG §§ 13a – 13d

(nicht abgedruckt)

Dritter Abschnitt. Straf- und Bußgeldvorschriften

AdVermiG §§ 14, 14b

(nicht abgedruckt)

Vierter Abschnitt. Übergangsvorschriften

AdVermiG §§ 15, 16

(nicht abgedruckt)

W. Betreuungssachen

Übersicht

	Rn.
I. Einführung	1
1. EU-Recht..	1
2. Staatsverträge..	2
3. Autonomes Zivilverfahrensrecht.................................	3
II. Staatsverträge	4
ErwSÜ (Text-Nr 1060)	4
Vorbemerkung...	4
Kap. V: Zusammenarbeit (Art 28–37).............................	11
III. Autonomes Zivilverfahrensrecht	36
ErwSÜAG (Text-Nr 1070)	36
Abschnitt 1. Zentrale Behörde (§§ 1–5)...........................	36

Der Abschnitt W beschränkt sich auf die **Behördenzusammenarbeit** in Betreuungssachen. Die Behandlung von Betreuungssachen im **Erkenntnisverfahren** (internationale Zuständigkeit und anwendbares Recht) ist Gegenstand des **Abschnitts J**. Die **Anerkennung und Vollstreckung** ausländischer Entscheidungen in Betreuungssachen ist im **Abschnitt S** dargestellt.

I. Einführung

1. EU-Recht

Die internationale Behördenzusammenarbeit in Betreuungssachen ist bisher nicht durch EU-Recht geregelt. **1**

2. Staatsverträge

Deutschland ist Vertragsstaat des Haager Übereinkommens über den internationalen Schutz **2** Erwachsener v 13.1.2000 (ErwSÜ), das in seinem Kapitel V auch die Zusammenarbeit zwischen den Behörden der Vertragsstaaten auf diesem Rechtsgebiet regelt (→ Rn 4 ff).

3. Autonomes deutsches Zivilverfahrensrecht

Das ErwSÜ wird in Deutschland durch das Ausführungsgesetz zu diesem Übk (ErwSÜAG) v **3** 17.3.2007 ergänzt, das die internationale Behördenzusammenarbeit im Abschnitt 1 (§§ 1–5) und den Widerspruch im Konsultationsverfahren nach Art 33 des Übk in § 12 regelt (→ 37 ff).

II. Staatsverträge

1060. Haager Übereinkommen über den internationalen Schutz von Erwachsenen (ErwSÜ)

Vom 13. Januar 2000 (BGBl 2007 II, 323)

Vorbemerkung

Schrifttum: Vgl das Schrifttum → J vor Rn 4.

1647

W

3. Teil. Behördenzusammenarbeit. W. Betreuungssachen

1. Entstehungsgeschichte

4   Vgl → J Rn 4.

2. Vertragsstaaten

5   Das Übk ist für die *Bundesrepublik Deutschland* am 1.1.2009 im Verhältnis zu *Frankreich* und dem *Vereinigten Königreich* in Kraft treten (Bek v 12.12.08, BGBl 09 II, 39). Das *Vereinigte Königreich* hat hierzu erklärt, dass das Übk nur für *Schottland* gilt (Bek v. 12.12.08, BGBl 09 II, 40).

Es gilt inzwischen ferner für *Estland* (seit 1.11.2011) und *Finnland* (seit 1.3.2011, jeweils BGBl II, 363), *Lettland* (seit 1.3.2018, BGBl II, 188), *Monaco* (seit 1.7.2016, BGBl II, 515)), *Österreich* (seit 1.2.14, BGBl II, 180), die *Schweiz* (seit 1.7.2009, BGBl. II, 1143) und die *Tschechische Republik* (seit 1.8.2012, BGBl II, 589). Es wird ferner am 1.7.2018 für *Portugal* in Kraft treten (BGBl II, 141).

3. Anwendungsbereich

6   **a) Sachlicher Anwendungsbereich.** Der sachliche Anwendungsbereich des ErwSÜ bezieht sich auf Schutzmaßnahmen für Erwachsene, die aufgrund einer Beeinträchtigung oder der Unzulänglichkeit ihrer persönlichen Fähigkeiten nicht in der Lage sind, ihre Interessen selbst zu schützen (Art 1 Abs. 1). Die einzelnen auf diesem Gebiet zu treffenden Schutzmaßnahmen werden exemplarisch in Art 3 aufgelistet (näher → J Rn 24 ff). Für diese bestimmt das ErwSÜ die **grenzüberschreitende Zusammenarbeit der Behörden** der Vertragsstaaten in seinem Kapitel II (Art 5–12).

7   **b) Räumlich-persönlicher Anwendungsbereich.** Persönlich ist das ErwSÜ auf Erwachsene ab der Vollendung des 18. Lebensjahrs anwendbar (Art 2 Abs 1). Seinen räumlichen Anwendungsbereich bestimmt das Übk nicht ausdrücklich. Er ist für seine einzelnen Regelungsbereiche unterschiedlich. Für die Behördenzusammenarbeit knüpft Art 5 primär an den **gewöhnlichen Aufenthalt des Erwachsenen** an. Auf die Staatsangehörigkeit des Erwachsenen kommt es für die Anwendung der Vorschriften des Kapitels II grundsätzlich nicht an. Das ErwSÜ regelt die Zusammenarbeit der Behörden auf dem Gebiet des Erwachsenenschutzes daher auch für die Angehörigen von Drittstaaten.

8   **c) Zeitlicher Anwendungsbereich.** In zeitlicher Hinsicht gelten die Regeln zur Behördenzusammenarbeit nur für Schutzmaßnahmen, die nach dem Inkrafttreten des Übk in den beteiligten Vertragsstaaten getroffen werden (Art 50 Abs 1; → J Rn 145). In *Deutschland* können sich die Behörden daher seit dem 1.1.2009 auf die Art 5 ff stützen.

4. Auslegung

9   Authentisch sind gleichberechtigt der englische und der französische Text (http://www.hcch.net Nr. 35).

5. Deutsches Ausführungsgesetz

10   Ausführungsbestimmungen zu den Vorschriften des ErwSÜ auf dem Gebiet der Zusammenarbeit der Behörden enthält für die *Bundesrepublik Deutschland* das Erwachsenenschutzübereinkommens-Ausführungsgesetz (ErwSÜAG) v 17.3.2007 (BGBl I, 314) in §§ 1–5; → Rn 36 ff).

Kapitel I. Anwendungsbereich des Übereinkommens
ErwSÜ Art 1–4

(abgedruckt und kommentiert → J Rn 13 ff)

Kapitel II. Zuständigkeit
ErwSÜ Art 5–12

(abgedruckt und kommentiert → J Rn 49 ff)

1648

II. Staatsverträge: ErwSÜ Art 29

W

Kapitel III. Anzuwendendes Recht
ErwSÜ Art 13– 21

(abgedruckt und kommentiert → J Rn 173 ff)

Kapitel IV. Anerkennung und Vollstreckung
ErwSÜ Art 22–27.

(abgedruckt und kommentiert → S Rn 12 ff)

Kapitel V. Zusammenarbeit
ErwSÜ Art 28. [Bestimmung der Zentralen Behörden]

(1) **Jeder Vertragsstaat bestimmt eine Zentrale Behörde, welche die ihr durch dieses Übereinkommen übertragenen Aufgaben wahrnimmt.**

(2) **Einem Bundesstaat, einem Staat mit mehreren Rechtssystemen oder einem Staat, der aus autonomen Gebietseinheiten besteht, steht es frei, mehrere Zentrale Behörden zu bestimmen und deren räumliche und persönliche Zuständigkeit festzulegen. Macht ein Staat von dieser Möglichkeit Gebrauch, so bestimmt er die Zentrale Behörde, an welche Mitteilungen zur Übermittlung an die zuständige Zentrale Behörde in diesem Staat gerichtet werden können.**

1. Bestimmung der Zentralen Behörden

Die *Bundesrepublik Deutschland* hat als Zentrale Behörde nach Abs 1 das **Bundesamt für Justiz** **11** in Bonn bestimmt, vgl § 1 ErwSÜAG (→ Rn 36). Auf diese Weise sind internationale Verwaltungsverfahren auf dem Gebiet des Erwachsenenschutzes in *Deutschland* bei einer Behörde mit hoch spezialisierten Mitarbeitern konzentriert und es werden unnötige Kompetenzkonflikte zwischen konkurrierenden Behörden vermieden. Außerdem werden Synergieeffekte erzielt, weil das Bundesamt als Zentrale Behörde auch in Kindschaftssachen nach Art 53 ff EuEheVO, Art 29 ff KSÜ und Art 6 ff HKÜ (§ 3 Abs 1 IntFamRVG; → Rn 304), sowie in Adoptionssachen nach Art 6 ff AdoptÜ (§ 1 Abs 1 AdÜbAG; (→ V Rn 47) bestimmt worden ist.

Die Vertragsstaaten sind nach Art 43 verpflichtet, die Bestimmung der Zentralen Behörde **12** gem Abs 1 dem Ständigen Büro der Haager Konferenz mitzuteilen. Die Liste dieser Zentralen Behörden ist im Internet abrufbar auf der Homepage der Haager Konferenz unter www.hcch.net (vgl auch Staud/*v Hein* Vorbem Art 24 EGBGB Rn 297 ff).

2. Bundes- und Mehrrechtsstaaten, Abs 2

Bundes- und Mehrrechtsstaaten sind nach Abs 2 berechtigt, mehrere Zentrale Behörden zu **13** bestimmen und deren jeweilige Zuständigkeit festzulegen. Diese Staaten müssen nach S 2 eine Zentrale Behörde bestimmen, an die Mitteilungen zur Weiterleitung an die zuständige Zentrale Behörde in diesem Staat gerichtet werden können. Von dieser Möglichkeit hat bisher kein Vertragsstaat Gebrauch gemacht. Auch die *Bundesrepublik Deutschland* hat trotz ihrer Organisation als Bundesstaat auf die Einrichtung von Zentralen Behörden auf der Ebene der einzelnen Bundesländer im Interesse einer effizienten und zügigen Erfüllung der Aufgaben nach dem Übk verzichtet (RegBegr BT-Drs 16/3251, 9).

ErwSÜ Art 29. [Zusammenarbeit der Zentralen Behörden]

(1) **Die Zentralen Behörden arbeiten zusammen und fördern die Zusammenarbeit der zuständigen Behörden ihrer Staaten, um die Ziele dieses Übereinkommens zu verwirklichen.**

(2) **Im Zusammenhang mit der Anwendung dieses Übereinkommens treffen sie die geeigneten Maßnahmen, um Auskünfte über das Recht ihrer Staaten sowie die in ihren Staaten für den Schutz von Erwachsenen verfügbaren Dienste zu erteilen.**

1649

W 16–18   3. Teil. Behördenzusammenarbeit. W. Betreuungssachen

1. Zusammenarbeit der Zentralen Behörden, Abs 1

14   Abs 1 nennt als allgemeine Zielvorgabe die Pflicht der Zentralen Behörden der Vertragsstaaten zur Zusammenarbeit, um die in Art 1 lit a–lit e bestimmten Ziele des ErwSÜ zu verwirklichen. Zu diesem Zweck haben sie auch die Zusammenarbeit der zuständigen Behörden und Gerichte ihrer Staaten zu fördern, indem sie vor allem die Kontaktaufnahme zwischen den eigenen Behörden und denjenigen anderer Vertragsstaaten erleichtern (vgl Art 32).

2. Erteilung von Rechtsauskünften, Abs 2

15   Darüber hinaus haben die Zentralen Behörden geeignete Maßnahmen zu treffen, um Auskünfte über das Recht ihrer Staaten auf dem Gebiet des Erwachsenenschutzes zu erteilen, und zwar sowohl zum materiellen Recht wie zum Verfahrensrecht (zB zu Fragen der örtlichen oder sachlichen Gerichtszuständigkeit oder zur Vollstreckung von Schutzmaßnahmen). Auskünfte zum materiellen Erwachsenenschutzrecht werden insbesondere benötigt, soweit die zuständigen Gerichte – wie zB nach Art 13 Abs 2 oder Art 16 Abs 1 S 2 – ausnahmsweise ausländisches Recht anzuwenden oder zu berücksichtigen haben. Die Kostentragung für diese Auskünfte bestimmt sich nach Art 36 (→ Rn 34 f). Ferner haben die Zentralen Behörden auch Auskünfte über die in ihren Staaten für den Schutz von Erwachsenen verfügbaren Dienste zu geben.

ErwSÜ Art 30. [Aufgaben der Zentralen Behörden]

Die Zentrale Behörde eines Vertragsstaats trifft unmittelbar oder mithilfe staatlicher Behörden oder sonstiger Stellen alle geeigneten Vorkehrungen, um

a) auf jedem Weg die Mitteilungen zwischen den zuständigen Behörden bei Sachverhalten, auf die dieses Übereinkommen anzuwenden ist, zu erleichtern;

b) auf Ersuchen der zuständigen Behörde eines anderen Vertragsstaats bei der Ermittlung des Aufenthaltsorts des Erwachsenen Unterstützung zu leisten, wenn der Anschein besteht, dass sich der Erwachsene im Hoheitsgebiet des ersuchten Staates befindet und Schutz benötigt.

1. Allgemeines

16   Die Vorschrift nennt zwei besonders wichtige Aufgaben der Zentralen Behörden zur Durchführung des ErwSÜ. Diese Aufgaben kann die Zentrale Behörde **unmittelbar**, dh durch Kontaktaufnahme mit den zuständigen Stellen im In- oder Ausland ohne Einhaltung des Dienstwegs oder der diplomatischen Kanäle, erfüllen. Die Zentrale Behörde kann sich zur Erfüllung ihrer Aufgaben auch anderer staatlicher Behörden oder sonstiger – nicht-staatlicher – Stellen bedienen.

2. Mitteilungen, lit a

17   Zu diesen Aufgaben gehört insbesondere die **Erleichterung des Informationsaustauschs** zwischen den zuständigen Behörden im sachlichen und räumlichen Anwendungsbereich des Übk (lit a). Die Art und Weise der Erfüllung dieser Aufgabe wird für das Bundesamt in § 4 Abs 2 ErwSÜAG näher geregelt (→ Rn 42). Zum Zwecke des Informationsaustauschs ist auch die Verwendung elektronischer Kommunikationsformen (insbesondere e-mail) gestattet (*Lagarde*-Bericht Rn 132; *Siehr* RabelsZ 64 [2000] 715/746 f; Staud/*v Hein* Vorbem Art 24 EGBGB Rn 301). Der Inhalt der übersandten Mitteilungen unterliegt den Grundsätzen der Zweckbindung und der Vertraulichkeit nach Art 39, 40. Ein Erfordernis der Legalisation besteht nicht (Art 41).

3. Aufenthaltsermittlung, lit b

18   Außerdem haben die Zentralen Behörden auf Ersuchen der zuständigen Behörde eines anderen Vertragsstaats bei der **Ermittlung des Aufenthaltsorts des Erwachsenen** Unterstützung zu leisten, wenn der Anschein besteht, dass der Erwachsene sich im Hoheitsgebiet des ersuchten Staates befindet und Schutz benötigt (lit b). Für das deutsche Bundesamt der Justiz wird diese Verpflichtung in § 4 Abs 3 ErwSÜAG näher konkretisiert (→ Rn 43).

1650

II. Staatsverträge: ErwSÜ Art 32
20–22 **W**

ErwSÜ Art. 31. [Förderung einer gütlichen Einigung]

Die zuständigen Behörden eines Vertragsstaats können unmittelbar oder durch andere Stellen die Anwendung eines Vermittlungs- oder Schlichtungsverfahrens oder den Einsatz ähnlicher Mittel zur Erzielung gütlicher Einigungen zum Schutz der Person oder des Vermögens des Erwachsenen bei Sachverhalten anregen, auf die dieses Übereinkommen anzuwenden ist.

In Anlehnung an Art 31 lit b KSÜ sieht es Art 31 auch auf dem Gebiet des Erwachsenen- **19** schutzes als eine wichtige Aufgabe an, eine gütliche Einigung der Beteiligten zum Schutz der Person und des Vermögens des Erwachsenen in internationalen Sachverhalten zu fördern. Dazu gehört die Unterstützung jeder Art von konsensualer Konfliktlösung durch Vermittlung, Schlichtung oder Mediation. Abweichend von Art 31 lit b KSÜ (und Art 55 Abs 2 EuEheVO) obliegt diese Aufgabe allerdings nach Art 31 nicht den Zentralen Behörden der Vertragsstaaten, sondern den nach Kapitel II zuständigen Gerichten und Behörden (Staud/*v Hein* Vorbem Art 24 EGBGB Rn 305). Diese sind allerdings nicht verpflichtet, solche Verfahren der alternativen Streitbeilegung selbst anzubieten, sondern können sich auf entsprechende Anregungen an die Beteiligten beschränken.

ErwSÜ Art 32. [Informationsersuchen]

(1) Wird eine Schutzmaßnahme erwogen, so können die nach diesem Übereinkommen zuständigen Behörden, sofern die Lage des Erwachsenen dies erfordert, jede Behörde eines anderen Vertragsstaats, die über sachdienliche Informationen für den Schutz des Erwachsenen verfügt, ersuchen, sie ihnen mitzuteilen.

(2) Jeder Vertragsstaat kann erklären, dass Ersuchen nach Absatz 1 seinen Behörden nur über seine Zentrale Behörde zu übermitteln sind.

(3) Die zuständigen Behörden eines Vertragsstaats können die Behörden eines anderen Vertragsstaats ersuchen, ihnen bei der Durchführung der nach diesem Übereinkommen getroffenen Schutzmaßnahmen Hilfe zu leisten.

1. Erteilung von Informationen über die Lage des Erwachsenen, Abs 1

Zieht eine nach Kapitel II international zuständige Behörde eines Vertragsstaats die Anordnung **20** einer Schutzmaßnahme für einen Erwachsenen in Betracht, so kann sie jede (staatliche, vgl *Lagarde*-Bericht Rn 134) Behörde eines anderen Vertragsstaats um Erteilung sachdienlicher Informationen ersuchen, wenn die Lage des Erwachsenen dies erfordert. Eine Verpflichtung der ersuchten Behörde zur Erteilung dieser Informationen besteht zwar nicht (*Lagarde*-Bericht Rn 135; Staud/*v Hein* Vorbem Art 24 EGBGB Rn 307; **aA** *Siehr* RabelsZ 64 [2000] 715/747); allein die Weitergabe sachdienlicher Auskünfte entspricht jedoch dem Zweck der internationalen Zusammenarbeit nach Kapitel V. Begrenzt wird das Recht zur Auskunftserteilung durch Art 35 im Falle einer Gefährdung des Erwachsenen oder seiner Angehörigen (→ Rn 33) und durch das innerstaatliche Recht der ersuchten Behörde (zB Datenschutz). Die erteilten Informationen dürfen nur zweckgebunden verwendet (Art 39) und müssen vertraulich behandelt werden (Art 40).

2. Übermittlung über die Zentrale Behörde, Abs 2

Nach Abs 2 kann jeder Vertragsstaat verlangen, dass Informationsersuchen nach Abs 1 an seine **21** Behörden stets über seine Zentrale Behörde zu übermitteln sind. Diese Erklärung haben bisher *Estland, Frankreich* und das *Vereinigte Königreich* (für *Schottland*) abgegeben. Die Bundesrepublik *Deutschland* hat auf diesen Vorbehalt im Interesse einer zügigen internationalen Zusammenarbeit verzichtet.

3. Hilfeleistung bei der Durchführung von Schutzmaßnahmen, Abs 3

Schließlich können die zuständigen Behörden eines Vertragsstaats die Behörden eines anderen **22** Vertragsstaats ersuchen, ihnen bei der Durchführung der nach diesem Übk getroffenen Schutzmaßnahmen Hilfe zu leisten. Zu diesem Zweck können die Vertragsstaaten nach Art 37 ergän-

1651

W 23–27   3. Teil. Behördenzusammenarbeit. W. Betreuungssachen

zende Vereinbarungen treffen. Die zuständigen Behörden können sich jedoch auch auf bereits
bestehende Rechtshilfeverträge stützen (*Siehr* RabelsZ 64 [2000] 715/747).

ErwSÜ Art 33. [Unterbringung des Erwachsenen]

(1) **Erwägt die nach den Artikeln 5 bis 8 zuständige Behörde die Unterbringung des
Erwachsenen in einer Einrichtung oder an einem anderen Ort, an dem Schutz gewährt
werden kann, und soll er in einem anderen Vertragsstaat untergebracht werden, so
zieht sie vorher die Zentrale Behörde oder eine andere zuständige Behörde dieses
Staates zurate. Zu diesem Zweck übermittelt sie ihr einen Bericht über den Erwachsenen und die Gründe ihres Vorschlags zur Unterbringung.**

(2) **Die Entscheidung über die Unterbringung kann im ersuchenden Staat nicht
getroffen werden, wenn sich die Zentrale Behörde oder eine andere zuständige Behörde des ersuchten Staates innerhalb einer angemessenen Frist dagegen ausspricht.**

1. Allgemeines

23   Art 33 sieht für den Fall der beabsichtigten Unterbringung oder Betreuung eines Erwachsenen
in einem anderen Vertragsstaat ein **verbindliches Abstimmungsverfahren** vor (*Lagarde*-Be-
richt Rn 138). Hierdurch soll den Behörden des Aufnahmestaates eine präventive Kontrolle der
Voraussetzungen für eine Unterbringung ermöglicht werden. Denn wird dieses Verfahren nicht
eingehalten oder wird die Unterbringung oder Betreuung in einem anderen Vertragsstaat gegen
den Willen dieses Staates angeordnet, kann die Anerkennung und Vollstreckung dieser Maßnahme im Aufnahmestaat nach Art 22 Abs 2 lit e versagt werden (Staud/*v Hein* Vorbem Art 24
EGBGB Rn 310–312; → S Rn 28).

2. Beabsichtigte Unterbringung des Erwachsenen in einem anderen Vertragsstaat, Abs 1

24   Erwägt eine nach Art 5–8 für die Anordnung von Schutzmaßnahmen zuständige Behörde
eines Vertragsstaats die Unterbringung des Erwachsenen in einer Einrichtung (oder an einem
anderen Ort, an dem Schutz gewährt werden kann) in einem anderen Vertragsstaat, so hat sie zu
diesem Zweck nach Abs 1 die Zentrale Behörde (oder eine andere zuständige Behörde) dieses
Staates einzuschalten, ihr einen Bericht über den Erwachsenen zuzuleiten und eine Begründung
für den Unterbringungsvorschlag zu unterbreiten.

3. Mangelnder Widerspruch des ersuchten Vertragsstaats, Abs 2

25   **a) Allgemeines.** Die grenzüberschreitende Unterbringung des Erwachsenen kann im ersuchenden Staat nur angeordnet werden, wenn die Zentrale Behörde (oder eine andere zuständige Behörde) im ersuchten Staat sich innerhalb einer angemessenen Frist nicht dagegen ausspricht.
Durch dieses Widerspruchsrecht soll es der ersuchten Behörde ermöglicht werden, die Aufnahmebedingungen und die Kostenverteilung für die Unterbringungsmaßnahme vorab zu prüfen
(*Lagarde*-Bericht Rn 138). Abweichend von Art 33 KSÜ und Art 56 EuEheVO wird also eine
ausdrückliche Zustimmung der Zentralen Behörde des ersuchten Vertragsstaates nicht gefordert.
Maßstab für die Erteilung oder Versagung der Zustimmung ist vor allem das Wohl des unterzubringenden Erwachsenen. Wird der Widerspruch erklärt, so kann die ersuchende Behörde die
Unterbringung nur im eigenen Land oder in einem anderen Vertragsstaat, dessen Behörden
hierzu ihre Zustimmung erteilt haben, anordnen.

26   **b) Widerspruchsgründe.** Wird ein deutsches Gericht um Unterbringung eines Erwachsenen
in einer deutschen Einrichtung ersucht, so soll es einen Widerspruch erklären, wenn einer der
Gründe erfüllt ist, die in der – nicht abschließenden – Liste des § 12 Abs 1 ErwSÜAG aufgezählt
sind (→ Rn 46).

27   Ist die Unterbringung mit **Freiheitsentzug** verbunden oder handelt es sich um eine ärztliche
Zwangsmaßnahme iSv § 1906 Abs 3 BGB bzw eine unterbringungsähnliche Maßnahme iSv
§ 1906 Abs 4 BGB, so wird der Schutz des unterzubringenden Erwachsenen dadurch verstärkt,
dass das zuständige deutsche Gericht den Widerspruch unter den in § 12 Abs 2 ErwSÜAG
genannten Gründen (→ Rn 47) erklären *muss*.

II. Staatsverträge: ErwSÜ Art 36

W

4. Verfahren

Die Ausgestaltung des Konsultationsverfahrens nach Art 33 überlässt das Übk weitgehend dem **28** nationalen Recht der Vertragsstaaten. Danach gilt in *Deutschland* folgendes:

a) Zuständigkeit. Für das Konsultationsverfahren ist nicht das Bundesamt für Justiz als Zentrale Behörde, sondern nach § 6 Abs 1 S 1 Nr 3 ErwSÜAG das **Betreuungsgericht**, in dessen ein OLG seinen Sitz hat, für den Bezirk dieses Gerichts funktional zuständig (Zuständigkeitskonzentration). Örtlich zuständig ist das Betreuungsgericht, in dessen Zuständigkeitsbereich der Erwachsene nach dem Vorschlag der ersuchenden Behörde untergebracht werden soll, § 6 Abs 3 S 4 ErwSÜAG.

b) Durchführung des Verfahrens. Hierzu enthält § 12 Abs 3–6 ErwSÜAG Sonderregeln **29** zur Anhörung des Betroffenen, zum Meinungsaustausch mit der ersuchenden Behörde, sowie zur Bekanntgabe und Unanfechtbarkeit der Entscheidung über den Widerspruch (→ Rn 48 f). Im Übrigen wird auf Vorschriften des § 8 ErwSÜAG und des FamFG verwiesen (näher → S Rn 59 ff).

ErwSÜ Art 34. [Benachrichtigungspflicht bei schwerer Gefahr für den Erwachsenen]

Ist der Erwachsene einer schweren Gefahr ausgesetzt, so benachrichtigen die zuständigen Behörden des Vertragsstaats, in dem Maßnahmen zum Schutz dieses Erwachsenen getroffen wurden oder in Betracht gezogen werden, sofern sie über den Wechsel des Aufenthaltsorts in einen anderen Staat oder die dortige Anwesenheit des Erwachsenen unterrichtet sind, die Behörden dieses Staates von der Gefahr und den getroffenen oder in Betracht gezogenen Maßnahmen.

Art 34 normiert eine Pflicht der für die Anordnung von Schutzmaßnahmen nach Art 5 ff **30** zuständigen Behörden eines Vertragsstaats, in Fällen einer drohenden schweren Gefahr für den Erwachsenen die Behörden des Staates von dieser Gefahr zu benachrichtigen, in den der Erwachsene seinen Aufenthalt verlegt hat oder in dem er (vorübergehend) anwesend ist. Auf diese Weise sollen Schutzlücken vermieden werden, die ihren Grund darin haben, dass die Behörden im derzeitigen Aufenthaltsstaat des Erwachsenen von der diesem drohenden schweren Gefahr keine Kenntnis haben und deshalb nicht tätig werden. Diese **Informationspflicht** besteht für die Behörden, die Schutzmaßnahmen für den Erwachsenen getroffen haben oder solche erwägen, auch dann, wenn dieser seinen Aufenthalt in einen Nichtvertragsstaat verlegt hat (*Lagarde*-Bericht Rn 140; Staud/*v Hein* Vorbem Art 24 EGBGB Rn 322).

Einer „**schweren Gefahr**" iS der Vorschrift ist der Erwachsene insbesondere in Fällen einer **31** dringend behandlungsbedürftigen Krankheit, bei Drogenkonsum oder Beeinflussung durch eine Sekte ausgesetzt (*Lagarde*-Bericht Rn 140). Demgegenüber reichen Gefahren für das Vermögen des Erwachsenen grundsätzlich nicht aus, weil diese Gefahren nur im Staat der Vermögensbelegenheit, nicht hingegen im Staat des schlichten Aufenthalts des Erwachsenen wirksam begegnet werden kann.

ErwSÜ Art 35. [Das Wohl des Erwachsenen bedrohende Informationen]

Eine Behörde darf nach diesem Kapitel weder um Informationen ersuchen noch solche erteilen, wenn dadurch nach ihrer Auffassung die Person oder das Vermögen des Erwachsenen in Gefahr geraten könnte oder die Freiheit oder das Leben eines Familienangehörigen des Erwachsenen ernsthaft bedroht würde.

Behörden, die nach diesem Kapitel (Art 30 lit a, 32 Abs 1, 34) um Informationen ersuchen **32** oder solche erteilen, haben stets darauf zu achten, dass durch diese Informationen keine Gefährdung für die Person oder das Vermögen des Erwachsenen und keine Bedrohung für das Leben oder die Freiheit seiner Familienangehörigen eintritt.

ErwSÜ Art 36. [Kostentragung]

(1) Unbeschadet der Möglichkeit, für die erbrachten Dienstleistungen angemessene Kosten zu verlangen, tragen die Zentralen Behörden und die anderen staatlichen

1653

W   3. Teil. Behördenzusammenarbeit. W. Betreuungssachen

Behörden der Vertragsstaaten die Kosten, die ihnen durch die Anwendung dieses Kapitels entstehen.

(2) Jeder Vertragsstaat kann mit einem oder mehreren anderen Vertragsstaaten Vereinbarungen über die Kostenaufteilung treffen.

1. Grundsatz, Abs 1

33   In Anlehnung an Art 38 KSÜ haben die Zentralen Behörden und sonstige staatliche Behörden die ihnen durch die Anwendung dieses Kapitels entstehenden Kosten gem Abs 1 grundsätzlich selbst zu tragen. Diese Pflicht zur Kostentragung bezieht sich jedoch nur auf die Kosten der **Verwaltungsbehörden.** Soweit diese Behörden ausnahmsweise gezwungen sind, Gerichte anzurufen oder Anwälte einzuschalten, sind sie zur Übernahme der hierdurch anfallenden Kosten und Gebühren nach Abs 1 nicht verpflichtet (*Lagarde*-Bericht Rn 142; Staud/*v Hein* Vorbem Art 24 EGBGB Rn 324). Gemeint sind insbesondere die laufenden Kosten für die Unterhaltung der Behörde, aber auch Aufwendungen für die Übermittlung von Schriftstücken, für behördliche Ermittlungen (zB zum Aufenthaltsort des Erwachsenen) oder die Unterbringung des Erwachsenen (*Lagarde*-Bericht aaO). Die Höhe der Vergütung für die vom Bundesamt für Justiz veranlassten Übersetzungen bestimmt sich gemäß § 5 S 2 nach dem Justizvergütungs- und -entschädigungsgesetz (JVEG) v 5.5.2004 (BGBl I, 718, 776).

2. Kosten für erbrachte Dienstleistungen

34   Abweichend von diesem Grundsatz können die Zentralen Behörden und sonstige staatliche Behörden für die von ihnen erbrachten Dienstleistungen vom Antragsteller oder den Behörden eines anderen Vertragsstaates eine angemessene Erstattung der angefallenen Kosten verlangen. Dies wird insbesondere dann in Betracht kommen, wenn die Behörde in einem konkreten Fall Dienste leistet, die den üblichen Rahmen deutlich überschreiten, also besonders kostenintensiv sind. Zu diesem Zweck können die Vertragsstaaten nach Abs 2 auch Vereinbarungen über die Kostenaufteilung treffen. Die Bundesrepublik *Deutschland* hat solche Vereinbarungen bisher nicht abgeschlossen.

ErwSÜ Art 37. [Zusatzvereinbarungen]

Jeder Vertragsstaat kann mit einem oder mehreren anderen Vertragsstaaten Vereinbarungen treffen, um die Anwendung dieses Kapitels in ihren gegenseitigen Beziehungen zu erleichtern. Die Staaten, die solche Vereinbarungen getroffen haben, übermitteln dem Verwahrer dieses Übereinkommens eine Abschrift.

35   Nach Art 37 können die Vertragsstaaten nach dem Vorbild anderer Haager Rechtshilfeabkommen untereinander multi- oder bilaterale völkerrechtliche Vereinbarungen treffen, um die Zusammenarbeit ihrer Behörden im sachlichen Anwendungsbereich des Übk weiter zu verbessern. Bisher sind solche ergänzenden Vereinbarungen zwischen einzelnen Vertragsstaaten nicht abgeschlossen worden.

Kapitel VI. Allgemeine Bestimmungen
ErwSÜ Art 38–52

(abgedruckt und kommentiert → J Rn 138 ff)

Kapitel VII. Schlussbestimmungen

ErwSÜ Art 53 – 59

(abgedruckt → J nach Rn 146)

III. Autonomes Zivilverfahrensrecht: ErwSÜAG § 3

III. Autonomes Zivilverfahrensrecht

1070. Gesetz zur Ausführung des Haager Übereinkommens vom 13. Januar 2000 über den internationalen Schutz von Erwachsenen (Erwachsenenschutzübereinkommens-Ausführungsgesetz- ErwSÜAG)

Vom 17. März 2007 (BGBl I, 314)

Abschnitt 1. Zentrale Behörde

ErwSÜAG § 1. Bestimmung der Zentralen Behörde

Zentrale Behörde nach Artikel 28 des Haager Übereinkommens vom 13. Januar 2000 über den internationalen Schutz von Erwachsenen (BGBl. 2007 II S. 323 – Übereinkommen) ist das Bundesamt für Justiz.

Die Aufgaben der Zentralen Behörden nach Art 28 ErwSÜ nimmt in Deutschland das **Bundesamt für Justiz** (Adenauerallee 99 – 103, 53113 Bonn) wahr. **36**

ErwSÜAG § 2. Übersetzungen bei eingehenden Ersuchen

(1) Die Zentrale Behörde kann es ablehnen, tätig zu werden, wenn eine Mitteilung aus einem anderen Vertragsstaat nicht in deutscher Sprache abgefasst oder von einer Übersetzung in die deutsche Sprache oder, falls eine solche Übersetzung nur schwer erhältlich ist, nicht von einer Übersetzung in die englische Sprache begleitet ist.

(2) Die Zentrale Behörde kann erforderliche Übersetzungen selbst in Auftrag geben.

1. Ablehnung von Anträgen, Abs 1

Nach Abs 1 kann das Bundesamt für Justiz es ablehnen, Anträge aus anderen Vertragsstaaten **37** des Übk entgegenzunehmen, wenn der Antrag oder die beigefügten Schriftstücke nicht in deutscher Sprache abgefasst oder von einer deutschen Übersetzung begleitet sind. Da die *Bundesrepublik Deutschland* den Vorbehalt nach Art 51 Abs 2 ErwSÜ nur gegenüber der Verwendung der *französischen* Sprache erklärt hat (→ J Rn 146), muss das Bundesamt für Justiz sich auch mit einer Übersetzung in die englische Sprache begnügen, wenn eine deutsche Übersetzung nur schwer erhältlich ist.

2. Übersetzungsauftrag durch die Zentrale Behörde, Abs 2

Ist dem Antrag keine deutsche (sondern nur eine englische) Übersetzung beigefügt, so hat das **38** Bundesamt für Justiz sich zunächst zu bemühen, eine deutsche Übersetzung von der antragstellenden Behörde des ausländischen Vertragsstaats zu beschaffen. Erst wenn diese Bemühungen nicht zum Erfolg führen, greift Abs 2 ein und das Bundesamt kann eine Übersetzung auf eigene Kosten zu veranlassen.

ErwSÜAG § 3. Übersetzungen bei ausgehenden Ersuchen

Beschafft ein Antragsteller erforderliche Übersetzungen für Anträge, die in einem anderen Vertragsstaat zu erledigen sind, nicht selbst, veranlasst die Zentrale Behörde die Übersetzungen.

Anträge, die in einem anderen Vertragsstaat des ErwSÜ zu erledigen sind, hat der Antragsteller **39** grundsätzlich in der von Empfangsstaat mitgeteilten Amtssprache abzufassen oder er hat ihnen eine Übersetzung in diese Sprache beizufügen. Kommt er dieser Obliegenheit nicht nach, so veranlasst das Bundesamt für Justiz die erforderlichen Übersetzungen. Abweichend von § 5 Abs 1 IntFamRVG schreibt § 3 nicht vor, dass dies auf Kosten des Antragstellers zu erfolgen hat.

W 3. Teil. Behördenzusammenarbeit. W. Betreuungssachen

ErwSÜAG § 4. Maßnahmen der Zentralen Behörde

(1) **Die Zentrale Behörde verkehrt unmittelbar mit allen zuständigen Stellen im In- und Ausland.**

(2) **Die Zentrale Behörde leitet Mitteilungen, die an die Zentrale Behörde oder eine andere Behörde in einem anderen Vertragsstaat gerichtet sind, dorthin weiter. Mitteilungen aus einem anderen Vertragsstaat leitet sie unverzüglich an die zuständige deutsche Stelle weiter und unterrichtet sie über bereits veranlasste Maßnahmen.**

(3) **Die Zentrale Behörde trifft alle erforderlichen Maßnahmen einschließlich der Einschaltung von Polizeivollzugsbehörden, um den Aufenthaltsort des schutzbedürftigen Erwachsenen zu ermitteln, wenn dieser unbekannt ist und Anhaltspunkte dafür vorliegen, dass sich der Erwachsene im Inland befindet. Soweit zur Ermittlung des Aufenthaltsorts des Erwachsenen erforderlich, darf die Zentrale Behörde beim Kraftfahrt-Bundesamt Halterdaten nach § 33 Abs. 1 Satz 1 Nr. 2 des Straßenverkehrsgesetzes erheben. Unter den Voraussetzungen des Satzes 1 kann die Zentrale Behörde die Ausschreibung zur Aufenthaltsermittlung durch das Bundeskriminalamt und die Speicherung eines Suchvermerks im Zentralregister veranlassen. Soweit die Zentrale Behörde andere Stellen zur Aufenthaltsermittlung einschaltet, übermittelt sie ihnen die zur Durchführung der Maßnahmen erforderlichen personenbezogenen Daten; diese dürfen nur für den Zweck verwendet werden, für den sie übermittelt worden sind.**

1. Unmittelbarer Verkehr, Abs 1

40   In Übereinstimmung mit Art 30 ErwSÜ ist das Bundesamt nach Abs 1 berechtigt, unmittelbar mit allen zuständigen Stellen im In- und Ausland zu verkehren, also auch im Ausland nicht nur mit der dortigen Zentralen Behörde, sondern ohne deren Vermittlung direkt mit anderen Behörden und Gerichten.

2. Weiterleitung von Mitteilungen, Abs 2

41   Die Zentrale Behörde leitet ferner nach Abs 2 S 1 Mitteilungen, die nach Art 30 lit a ErwSÜ an die Zentrale Behörde oder eine andere Behörde in einem anderen Vertragsstaat gerichtet sind, dorthin weiter. Umgekehrt leitet sie nach Abs 2 S 2 Mitteilungen aus einem anderen Vertragsstaat unverzüglich an die zuständige deutsche Stelle weiter und unterrichtet sie über bereits veranlasste Maßnahmen.

3. Aufenthaltsermittlung, Abs 3

42   Die Verpflichtung der Zentralen Behörde, den tatsächlichen Aufenthalt des Erwachsenen zu ermitteln oder hierbei zumindest Unterstützung zu leisten, ergibt sich bereits aus Art 30 lit b ErwSÜ. Bestehen Anhaltspunkte dafür, dass sich der Erwachsene im Inland aufhalten könnte, werden in Abs 3 Wege aufgezeigt, die das Bundesamt für Justiz beschreiten kann, um seinen Aufenthaltsort zu ermitteln. Dazu gehören insbesondere die Erhebung von Halterdaten beim Kraftfahrt-Bundesamt nach § 33 Abs 1 S 1 Nr 2 StVG, die Veranlassung der Ausschreibung zur Aufenthaltsermittlung durch das Bundeskriminalamt und die Speicherung eines Suchvermerks im Zentralregister.

43   Soweit das Bundesamt für Justiz weitere Behörden oder Stellen einschaltet, um den Aufenthalt des Erwachsenen zu ermitteln, ist es auch berechtigt, die hierfür erforderlichen **personenbezogenen Daten** weiterzugeben. Diese dürfen allerdings – wie Hs 2 in Übereinstimmung mit Art 39 ErwSÜ klarstellt – aus Gründen des Datenschutzes nur zum Zweck der Aufenthaltsermittlung verwendet werden. Dies gilt auch im innerstaatlichen Datenverkehr (Begr RegE, BT-Drs 16/3251, 12).

ErwSÜAG § 5. Justizverwaltungsverfahren; Vergütung für Übersetzungen

Die Tätigkeit der Zentralen Behörde gilt als Justizverwaltungsverfahren. Die Höhe der Vergütung für die von der Zentralen Behörde veranlassten Übersetzungen richtet sich nach dem Justizvergütungs- und -entschädigungsgesetz.

1656

III. Autonomes Zivilverfahrensrecht: ErwSÜAG § 12   45 **W**

Die Einordnung der Tätigkeit der deutschen Zentralen Behörde als Justizverwaltungsverfahren **44** hat zur Folge, dass gegen die Maßnahmen des Bundesamts **Rechtshelfe nach §§ 23 ff EGVVG** eingelegt werden können (Begr RegE, BT-Drs 16/3251, 12).

ErwSÜAG § 6 – 11

(abgedruckt und kommentiert→ S Rn 50 ff)

ErwSÜAG § 12. Widerspruch im Konsultationsverfahren

(1) **Das Gericht soll insbesondere dann nach Artikel 33 Abs. 2 des Übereinkommens einer Unterbringung im Inland widersprechen, wenn**

1. **die Durchführung der beabsichtigten Unterbringung dem Wohl des Betroffenen widerspricht, insbesondere weil er keine besondere Bindung zum Inland hat,**
2. **die ausländische Behörde kein Gutachten eines Sachverständigen vorlegt, aus dem sich die Notwendigkeit der beabsichtigten Unterbringung ergibt,**
3. **ein Grund für eine Versagung der Anerkennung nach Artikel 22 Abs. 2 des Übereinkommens erkennbar ist,**
4. **dem Betroffenen im ausländischen Verfahren kein rechtliches Gehör gewährt wurde,**
5. **einer erforderlichen Genehmigung der Ausländerbehörde Gründe entgegenstehen oder**
6. **die Übernahme der Kosten für die Unterbringung nicht geregelt ist.**

(2) **Im Fall einer Unterbringung, die mit Freiheitsentzug verbunden ist, oder einer Maßnahme im Sinn des § 1906 Abs. 3 oder 4 des Bürgerlichen Gesetzbuchs spricht sich das Gericht unbeschadet des Absatzes 1 nach Artikel 33 Abs. 2 des Übereinkommens gegen das Ersuchen aus, wenn**

1. **im ersuchenden Staat über die ersuchte Maßnahme kein Gericht entscheidet oder**
2. **bei Zugrundelegung des mitgeteilten Sachverhalts nach innerstaatlichem Recht die Anordnung der ersuchten Maßnahme nicht zulässig wäre.**

(3) **Das Gericht kann den Betroffenen persönlich anhören.**

(4) **Das Gericht kann einen Meinungsaustausch mit der ersuchenden Behörde aufnehmen und diese um ergänzende Informationen bitten.**

(5) **Der Widerspruch nach Artikel 33 Abs. 2 des Übereinkommens ist der ersuchenden Behörde unverzüglich bekannt zu machen. Die Entscheidung, von einem Widerspruch abzusehen, ist dem Betroffenen selbst und, falls ein solcher bestellt ist, dem Betreuer oder einer Person mit vergleichbaren Aufgaben sowie dem Leiter der Einrichtung bekannt zu machen, in welcher der Betroffene untergebracht werden soll. Der Beschluss ist unanfechtbar.**

(6) **Im Übrigen sind auf das Verfahren die §§ 316, 317 Abs. 1 Satz 1, Abs. 4, 5, §§ 318, 325 Abs. 1 und § 338 des Gesetzes über das Verfahren in Familiensachen und in den Angelegenheiten der freiwilligen Gerichtsbarkeit sowie § 8 Abs. 1 Satz 1, Abs. 3 und 4 entsprechend anzuwenden.**

1. Widerspruchsgründe, Abs 1

Die nähere Regelung der Gründe für die Erklärung eines Widerspruchs gegen die beabsichtig- **45** te Unterbringung eines Erwachsenen in einem anderen Vertragsstaat durch die dortigen Behörden und die Ausgestaltung des Konsultationsverfahrens zwischen den beteiligten Behörden werden in Art 33 Abs 2 ErwSÜ dem nationalen Recht des ersuchten Staates überlassen. Für den Fall, dass die Unterbringung des Erwachsenen in einer *deutschen* Einrichtung oder an einem anderen Ort in *Deutschland* beabsichtigt ist, werden die Gründe, auf die das nach § 6 Abs 1 S 1 Nr 3 zuständige Betreuungsgericht einen Widerspruch stützen kann, nach dem Vorbild von § 46 Abs 1 IntFamRVG in Abs 1 Nr 1–6 aufgeführt. Danach soll der Widerspruch insbesondere erklärt werden, wenn die beabsichtigte Unterbringung im Inland dem Wohl des Betroffenen widerspricht (Nr 1), kein Sachverständigengutachten zur Notwendigkeit der Unterbringung vorgelegt wird (Nr 2), bereits Anerkennungsversagungsgründe nach Art 22 Abs 2 ErwSÜ er-

1657

W   3. Teil. Behördenzusammenarbeit. W. Betreuungssachen

kennbar sind (Nr 3), dem Betroffenen im ausländischen Verfahren kein rechtliches Gehör gewährt wurde (4) oder die Kosten der Unterbringung nicht geregelt sind (Nr 6).

2. Freiheitsentziehung, Abs 2

46   Zusätzliche Anforderungen gelten nach Abs 2, wenn die Unterbringung im Inland mit Freiheitsentziehung verbunden ist. Für diesen Fall ist das zuständige Betreuungsgericht **verpflichtet**, unbeschadet der in Abs 1 genannten Gründe, nach Art 33 Abs 2 ErwSÜ gegen das Ersuchen auszusprechen, wenn – im Hinblick auf den grundgesetzlichen Richtervorbehalt bei Freiheitsentziehung nach Art 104 GG – im ersuchenden Staat über die ersuchte Maßnahme **kein Gericht** entschieden hat (Nr 1) oder bei Zugrundelegung des mitgeteilten Sachverhalts die Anordnung der ersuchten Maßnahme nach deutschem Recht nicht zulässig wäre (Nr 2).

3. Verfahren, Abs 3–6

47   Im Konsultationsverfahren nach Art 33 Abs 2 ErwSÜ steht es im Ermessen des Gerichts, ob es den Betroffenen persönlich anhören möchte (Abs 3; vgl Begr RegE BT-Drs16/3251, 17) und einen Meinungsaustausch mit der ersuchenden Behörde aufnehmen bzw ergänzende Informationen erbitten (Abs 4). Der Widerspruch ist der ersuchenden Behörde unverzüglich bekannt zu machen (Abs 5 S 1). Die Entscheidung, von einem Widerspruch abzusehen, ist dem Betroffenen selbst und, falls ein solcher bestellt ist, dem Betreuer sowie dem Leiter der Einrichtung bekannt zu machen, in welcher der Betroffene untergebracht werden soll (Abs 5 S 2).

48   Der Beschluss ist nach Abs 5 S 3 **unanfechtbar**, weil der Betroffene die Möglichkeit hat, ein Verfahren auf Nicht-Anerkennung der ausländischen Unterbringungsanordnung in Deutschland anzustrengen, wenn das deutsche Gericht der Unterbringung nicht widersprochen hat (Staud/*v Hein* Vorbem Art 24 EGBGB Rn 320). Im Übrigen verweist Abs 6 auf § 8 Abs 1 S 1, Abs 3 und 4 sowie ergänzend auf die dort im Einzelnen genannten Vorschriften des FamFG in Unterbringungssachen.

ErwSÜAG § 13

(abgedruckt und kommentiert → S Rn 75)

4. Teil. Textanhang

Erwägungsgründe zu den kommentierten EU-Verordnungen

I.

1060. Verordnung (EG) Nr 2201/2003 über die Zuständigkeit und die Anerkennung und Vollstreckung von Entscheidungen in Ehesachen und in Verfahren betreffend die elterliche Verantwortung und zur Aufhebung der Verordnung (EG) Nr. 1347/2000 (EuEheVO)

Vom 27. November 2003 (ABl EU L 338, 1)

(1) Die Europäische Gemeinschaft hat sich die Schaffung eines Raums der Freiheit, der Sicherheit und des Rechts zum Ziel gesetzt, in dem der freie Personenverkehr gewährleistet ist. Hierzu erlässt die Gemeinschaft unter anderem die Maßnahmen, die im Bereich der justiziellen Zusammenarbeit in Zivilsachen für das reibungslose Funktionieren des Binnenmarkts erforderlich sind.

(2) Auf seiner Tagung in Tampere hat der Europäische Rat den Grundsatz der gegenseitigen Anerkennung gerichtlicher Entscheidungen, der für die Schaffung eines echten europäischen Rechtsraums unabdingbar ist, anerkannt und die Besuchsrechte als Priorität eingestuft.

(3) Die Verordnung (EG) Nr. 1347/2000 des Rates vom 29. Mai 2000(4) enthält Vorschriften für die Zuständigkeit und die Anerkennung und Vollstreckung von Entscheidungen in Ehesachen sowie von aus Anlass von Ehesachen ergangenen Entscheidungen über die elterliche Verantwortung für die gemeinsamen Kinder der Ehegatten. Der Inhalt dieser Verordnung wurde weitgehend aus dem diesbezüglichen Übereinkommen vom 28. Mai 1998 übernommen.

(4) Am 3. Juli 2000 hat Frankreich eine Initiative im Hinblick auf den Erlass einer Verordnung des Rates über die gegenseitige Vollstreckung von Entscheidungen über das Umgangsrecht vorgelegt.

(5) Um die Gleichbehandlung aller Kinder sicherzustellen, gilt diese Verordnung für alle Entscheidungen über die elterliche Verantwortung, einschließlich der Maßnahmen zum Schutz des Kindes, ohne Rücksicht darauf, ob eine Verbindung zu einem Verfahren in Ehesachen besteht.

(6) Da die Vorschriften über die elterliche Verantwortung häufig in Ehesachen herangezogen werden, empfiehlt es sich, Ehesachen und die elterliche Verantwortung in einem einzigen Rechtsakt zu regeln.

(7) Diese Verordnung gilt für Zivilsachen, unabhängig von der Art der Gerichtsbarkeit.

(8) Bezüglich Entscheidungen über die Ehescheidung, die Trennung ohne Auflösung des Ehebandes oder die Ungültigerklärung einer Ehe sollte diese Verordnung nur für die Auflösung einer Ehe und nicht für Fragen wie die Scheidungsgründe, das Ehegüterrecht oder sonstige mögliche Nebenaspekte gelten.

(9) Bezüglich des Vermögens des Kindes sollte diese Verordnung nur für Maßnahmen zum Schutz des Kindes gelten, das heißt i) für die Bestimmung und den Aufgabenbereich einer Person oder Stelle, die damit betraut ist, das Vermögen des Kindes zu verwalten, das Kind zu vertreten und ihm beizustehen, und ii) für Maßnahmen bezüglich der Verwaltung und Erhaltung des Vermögens des Kindes oder der Verfügung darüber. In diesem Zusammenhang sollte diese Verordnung beispielsweise für die Fälle gelten, in denen die Eltern über die Verwaltung des Vermögens des Kindes im Streit liegen. Das Vermögen des Kindes betreffende Maßnahmen, die nicht den Schutz des Kindes betreffen, sollten weiterhin unter die Verordnung (EG) Nr. 44/2001 des Rates vom 22. Dezember 2000 über die gerichtliche Zuständigkeit und die Anerkennung und Vollstreckung von Entscheidungen in Zivil- und Handelssachen fallen.

(10) Diese Verordnung soll weder für Bereiche wie die soziale Sicherheit oder Maßnahmen allgemeiner Art des öffentlichen Rechts in Angelegenheiten der Erziehung und Gesundheit noch für Entscheidungen über Asylrecht und Einwanderung gelten. Außerdem gilt sie weder für die Feststellung des Eltern-Kind-Verhältnisses, bei der es sich um eine von der Übertragung der elterlichen Verantwortung gesonderte Frage handelt, noch für sonstige Fragen im Zusammen-

1659

Anh I   Erwägungsgründe zu den kommentierten EU-Verordnungen

hang mit dem Personenstand. Sie gilt ferner nicht für Maßnahmen, die im Anschluss an von Kindern begangenen Straftaten ergriffen werden.

(11) Unterhaltspflichten sind vom Anwendungsbereich dieser Verordnung ausgenommen, da sie bereits durch die Verordnung (EG) Nr. 44/2001 geregelt werden. Die nach dieser Verordnung zuständigen Gerichte werden in Anwendung des Artikels 5 Absatz 2 der Verordnung (EG) Nr. 44/2001 in der Regel für Entscheidungen in Unterhaltssachen zuständig sein.

(12) Die in dieser Verordnung für die elterliche Verantwortung festgelegten Zuständigkeitsvorschriften wurden dem Wohle des Kindes entsprechend und insbesondere nach dem Kriterium der räumlichen Nähe ausgestaltet. Die Zuständigkeit sollte vorzugsweise dem Mitgliedstaat des gewöhnlichen Aufenthalts des Kindes vorbehalten sein außer in bestimmten Fällen, in denen sich der Aufenthaltsort des Kindes geändert hat oder in denen die Träger der elterlichen Verantwortung etwas anderes vereinbart haben.

(13) Nach dieser Verordnung kann das zuständige Gericht den Fall im Interesse des Kindes ausnahmsweise und unter bestimmten Umständen an das Gericht eines anderen Mitgliedstaats verweisen, wenn dieses den Fall besser beurteilen kann. Allerdings sollte das später angerufene Gericht nicht befugt sein, die Sache an ein drittes Gericht weiter zu verweisen.

(14) Die Anwendung des Völkerrechts im Bereich diplomatischer Immunitäten sollte durch die Wirkungen dieser Verordnung nicht berührt werden. Kann das nach dieser Verordnung zuständige Gericht seine Zuständigkeit aufgrund einer diplomatischen Immunität nach dem Völkerrecht nicht wahrnehmen, so sollte die Zuständigkeit in dem Mitgliedstaat, in dem die betreffende Person keine Immunität genießt, nach den Rechtsvorschriften dieses Staates bestimmt werden.

(15) Für die Zustellung von Schriftstücken in Verfahren, die auf der Grundlage der vorliegenden Verordnung eingeleitet wurden, gilt die Verordnung (EG) Nr. 1348/2000 des Rates vom 29. Mai 2000 über die Zustellung gerichtlicher und außergerichtlicher Schriftstücke in Zivil- oder Handelssachen in den Mitgliedstaaten.

(16) Die vorliegende Verordnung hindert die Gerichte eines Mitgliedstaats nicht daran, in dringenden Fällen einstweilige Maßnahmen einschließlich Schutzmaßnahmen in Bezug auf Personen oder Vermögensgegenstände, die sich in diesem Staat befinden, anzuordnen.

(17) Bei widerrechtlichem Verbringen oder Zurückhalten eines Kindes sollte dessen Rückgabe unverzüglich erwirkt werden; zu diesem Zweck sollte das Haager Übereinkommen vom 24. Oktober 1980, das durch die Bestimmungen dieser Verordnung und insbesondere des Artikels 11 ergänzt wird, weiterhin Anwendung finden. Die Gerichte des Mitgliedstaats, in den das Kind widerrechtlich verbracht wurde oder in dem es widerrechtlich zurückgehalten wird, sollten dessen Rückgabe in besonderen, ordnungsgemäß begründeten Fällen ablehnen können. Jedoch sollte eine solche Entscheidung durch eine spätere Entscheidung des Gerichts des Mitgliedstaats ersetzt werden können, in dem das Kind vor dem widerrechtlichen Verbringen oder Zurückhalten seinen gewöhnlichen Aufenthalt hatte. Sollte in dieser Entscheidung die Rückgabe des Kindes angeordnet werden, so sollte die Rückgabe erfolgen, ohne dass es in dem Mitgliedstaat, in den das Kind widerrechtlich verbracht wurde, eines besonderen Verfahrens zur Anerkennung und Vollstreckung dieser Entscheidung bedarf.

(18) Entscheidet das Gericht gemäß Artikel 13 des Haager Übereinkommens von 1980, die Rückgabe abzulehnen, so sollte es das zuständige Gericht oder die Zentrale Behörde des Mitgliedstaats, in dem das Kind vor dem widerrechtlichen Verbringen oder Zurückhalten seinen gewöhnlichen Aufenthalt hatte, hiervon unterrichten. Wurde dieses Gericht noch nicht angerufen, so sollte dieses oder die Zentrale Behörde die Parteien entsprechend unterrichten. Diese Verpflichtung sollte die Zentrale Behörde nicht daran hindern, auch die betroffenen Behörden nach nationalem Recht zu unterrichten.

(19) Die Anhörung des Kindes spielt bei der Anwendung dieser Verordnung eine wichtige Rolle, wobei diese jedoch nicht zum Ziel hat, die diesbezüglich geltenden nationalen Verfahren zu ändern.

(20) Die Anhörung eines Kindes in einem anderen Mitgliedstaat kann nach den Modalitäten der Verordnung (EG) Nr. 1206/2001 des Rates vom 28. Mai 2001 über die Zusammenarbeit zwischen den Gerichten der Mitgliedstaaten auf dem Gebiet der Beweisaufnahme in Zivil- oder Handelssachen erfolgen.

(21) Die Anerkennung und Vollstreckung der in einem Mitgliedstaat ergangenen Entscheidungen sollten auf dem Grundsatz des gegenseitigen Vertrauens beruhen und die Gründe für die Nichtanerkennung auf das notwendige Minimum beschränkt sein.

Rom III-VO   Anh II

(22) Zum Zwecke der Anwendung der Anerkennungs- und Vollstreckungsregeln sollten die in einem Mitgliedstaat vollstreckbaren öffentlichen Urkunden und Vereinbarungen zwischen den Parteien „Entscheidungen" gleichgestellt werden.

(23) Der Europäische Rat von Tampere hat in seinen Schlussfolgerungen (Nummer 34) die Ansicht vertreten, dass Entscheidungen in familienrechtlichen Verfahren „automatisch unionsweit anerkannt" werden sollten, „ohne dass es irgendwelche Zwischenverfahren oder Gründe für die Verweigerung der Vollstreckung geben" sollte. Deshalb sollten Entscheidungen über das Umgangsrecht und über die Rückgabe des Kindes, für die im Ursprungsmitgliedstaat nach Maßgabe dieser Verordnung eine Bescheinigung ausgestellt wurde, in allen anderen Mitgliedstaaten anerkannt und vollstreckt werden, ohne dass es eines weiteren Verfahrens bedarf. Die Modalitäten der Vollstreckung dieser Entscheidungen unterliegen weiterhin dem nationalen Recht.

(24) Gegen die Bescheinigung, die ausgestellt wird, um die Vollstreckung der Entscheidung zu erleichtern, sollte kein Rechtsbehelf möglich sein. Sie sollte nur Gegenstand einer Klage auf Berichtigung sein, wenn ein materieller Fehler vorliegt, d. h., wenn in der Bescheinigung der Inhalt der Entscheidung nicht korrekt wiedergegeben ist.

(25) Die Zentralen Behörden sollten sowohl allgemein als auch in besonderen Fällen, einschließlich zur Förderung der gütlichen Beilegung von die elterliche Verantwortung betreffenden Familienstreitigkeiten, zusammenarbeiten. Zu diesem Zweck beteiligen sich die Zentralen Behörden an dem Europäischen Justiziellen Netz für Zivil- und Handelssachen, das mit der Entscheidung des Rates vom 28. Mai 2001 zur Einrichtung eines Europäischen Justiziellen Netzes für Zivil- und Handelssachen eingerichtet wurde.

(26) Die Kommission sollte die von den Mitgliedstaaten übermittelten Listen mit den zuständigen Gerichten und den Rechtsbehelfen veröffentlichen und aktualisieren.

(27) Die zur Durchführung dieser Verordnung erforderlichen Maßnahmen sollten gemäß dem Beschluss 1999/468/EG des Rates vom 28. Juni 1999 zur Festlegung der Modalitäten für die Ausübung der der Kommission übertragenen Durchführungsbefugnisse erlassen werden.

(28) Diese Verordnung tritt an die Stelle der Verordnung (EG) Nr. 1347/2000, die somit aufgehoben wird.

(29) Um eine ordnungsgemäße Anwendung dieser Verordnung sicherzustellen, sollte die Kommission deren Durchführung prüfen und gegebenenfalls die notwendigen Änderungen vorschlagen.

(30) Gemäß Artikel 3 des dem Vertrag über die Europäische Union und dem Vertrag zur Gründung der Europäischen Gemeinschaft beigefügten Protokolls über die Position des Vereinigten Königreichs und Irlands haben diese Mitgliedstaaten mitgeteilt, dass sie sich an der Annahme und Anwendung dieser Verordnung beteiligen möchten.

(31) Gemäß den Artikeln 1 und 2 des dem Vertrag über die Europäische Union und dem Vertrag zur Gründung der Europäischen Gemeinschaft beigefügten Protokolls über die Position Dänemarks beteiligt sich Dänemark nicht an der Annahme dieser Verordnung, die für Dänemark nicht bindend oder anwendbar ist.

(32) Da die Ziele dieser Verordnung auf Ebene der Mitgliedstaaten nicht ausreichend erreicht werden können und daher besser auf Gemeinschaftsebene zu erreichen sind, kann die Gemeinschaft im Einklang mit dem in Artikel 5 des Vertrags niedergelegten Subsidiaritätsprinzip tätig werden. Entsprechend dem in demselben Artikel genannten Verhältnismäßigkeitsprinzip geht diese Verordnung nicht über das für die Erreichung dieser Ziele erforderliche Maß hinaus.

(33) Diese Verordnung steht im Einklang mit den Grundrechten und Grundsätzen, die mit der Charta der Grundrechte der Europäischen Union anerkannt wurden. Sie zielt insbesondere darauf ab, die Wahrung der Grundrechte des Kindes im Sinne des Artikels 24 der Grundrechtscharta der Europäischen Union zu gewährleisten.

II.

1070. Verordnung (EU) Nr 1259/2010 zur Durchführung einer Verstärkten Zusammenarbeit im Bereich des auf die Ehescheidung und Trennung ohne Auflösung des Ehebandes anzuwendenden Rechts (Rom III-VO)

Vom 20. Dezember 2010 (ABl EU L 343, 10)

(1) Die Union hat sich zum Ziel gesetzt, einen Raum der Freiheit, der Sicherheit und des Rechts, in dem der freie Personenverkehr gewährleistet ist, zu erhalten und weiterzuentwickeln.

1661

Anh II

Erwägungsgründe zu den kommentierten EU-Verordnungen

Zum schrittweisen Aufbau eines solchen Raums muss die Union im Bereich der justiziellen Zusammenarbeit in Zivilsachen, die einen grenzüberschreitenden Bezug aufweisen, Maßnahmen erlassen, insbesondere wenn dies für das reibungslose Funktionieren des Binnenmarkts erforderlich ist.

(2) Nach Artikel 81 des Vertrags über die Arbeitsweise der Europäischen Union fallen Kollisionsnormen sicherstellen sollen.

(3) Die Kommission nahm am 14. März 2005 ein Grünbuch über das anzuwendende Recht und die gerichtliche Zuständigkeit in Scheidungssachen an. Auf der Grundlage dieses Grünbuchs fand eine umfassende öffentliche Konsultation zu möglichen Lösungen für die Probleme statt, die bei der derzeitigen Sachlage auftreten können.

(4) Am 17. Juli 2006 legte die Kommission einen Vorschlag für eine Verordnung zur Änderung der Verordnung (EG) Nr. 2201/2003 des Rates im Hinblick auf die Zuständigkeit in Ehesachen und zur Einführung von Vorschriften betreffend das anwendbare Recht in diesem Bereich vor.

(5) Auf seiner Tagung vom 5./6. Juni 2008 in Luxemburg stellte der Rat fest, dass es keine Einstimmigkeit für diesen Vorschlag gab und es unüberwindbare Schwierigkeiten gab, die damals und in absehbarer Zukunft eine einstimmige Annahme unmöglich machen. Er stellte fest, dass die Ziele der Verordnung unter Anwendung der einschlägigen Bestimmungen der Verträge nicht in einem vertretbaren Zeitraum verwirklicht werden können.

(6) In der Folge teilten Belgien, Bulgarien, Deutschland, Griechenland, Spanien, Frankreich, Italien, Lettland, Luxemburg, Ungarn, Malta, Österreich, Portugal, Rumänien und Slowenien der Kommission mit, dass sie die Absicht hätten, untereinander im Bereich des anzuwendenden Rechts in Ehesachen eine Verstärkte Zusammenarbeit zu begründen. Am 3. März 2010 zog Griechenland seinen Antrag zurück.

(7) Der Rat hat am 12. Juli 2010 den Beschluss 2010/405/EU über die Ermächtigung zu einer Verstärkten Zusammenarbeit im Bereich des auf die Ehescheidung und Trennung ohne Auflösung des Ehebandes anzuwendenden Rechts erlassen.

(8) Gemäß Artikel 328 Absatz 1 des Vertrags über die Arbeitsweise der Europäischen Union steht eine Verstärkte Zusammenarbeit bei ihrer Begründung allen Mitgliedstaaten offen, sofern sie die in dem hierzu ermächtigenden Beschluss gegebenenfalls festgelegten Teilnahmevoraussetzungen erfüllen. Dies gilt auch zu jedem anderen Zeitpunkt, sofern sie neben den genannten Voraussetzungen auch die in diesem Rahmen bereits erlassenen Rechtsakte beachten. Die Kommission und die an einer Verstärkten Zusammenarbeit teilnehmenden Mitgliedstaaten stellen sicher, dass die Teilnahme möglichst vieler Mitgliedstaaten gefördert wird. Diese Verordnung sollte in allen ihren Teilen verbindlich sein und gemäß den Verträgen unmittelbar nur in den teilnehmenden Mitgliedstaaten gelten.

(9) Diese Verordnung sollte einen klaren, umfassenden Rechtsrahmen im Bereich des auf die Ehescheidung und Trennung ohne Auflösung des Ehebandes anzuwendenden Rechts in den teilnehmenden Mitgliedstaaten vorgeben, den Bürgern in Bezug auf Rechtssicherheit, Berechenbarkeit und Flexibilität sachgerechte Lösungen garantieren und Fälle verhindern, in denen ein Ehegatte alles daran setzt, die Scheidung zuerst einzureichen, um sicherzugehen, dass sich das Verfahren nach einer Rechtsordnung richtet, die seine Interessen seiner Ansicht nach besser schützt.

(10) Der sachliche Anwendungsbereich und die Bestimmungen dieser Verordnung sollten mit der Verordnung (EG) Nr. 2201/2003 im Einklang stehen. Er sollte sich jedoch nicht auf die Ungültigerklärung einer Ehe erstrecken.

Diese Verordnung sollte nur für die Auflösung oder die Lockerung des Ehebandes gelten. Das nach den Kollisionsnormen dieser Verordnung bestimmte Recht sollte für die Gründe der Ehescheidung und Trennung ohne Auflösung des Ehebandes gelten.

Vorfragen wie die Rechts- und Handlungsfähigkeit und die Gültigkeit der Ehe und Fragen wie die güterrechtlichen Folgen der Ehescheidung oder der Trennung ohne Auflösung des Ehebandes, den Namen, die elterliche Verantwortung, die Unterhaltspflicht oder sonstige mögliche Nebenaspekte sollten nach den Kollisionsnormen geregelt werden, die in dem betreffenden teilnehmenden Mitgliedstaat anzuwenden sind.

(11) Um den räumlichen Geltungsbereich dieser Verordnung genau abzugrenzen, sollte angegeben werden, welche Mitgliedstaaten sich an der Verstärkten Zusammenarbeit beteiligen.

(12) Diese Verordnung sollte universell gelten, d. h. kraft ihrer einheitlichen Kollisionsnormen sollte das Recht eines teilnehmenden Mitgliedstaats, eines nicht teilnehmenden Mitgliedstaats oder das Recht eines Drittstaats zur Anwendung kommen können.

1662

Rom III-VO **Anh II**

(13) Für die Anwendung dieser Verordnung sollte es unerheblich sein, welches Gericht angerufen wird. Soweit zweckmäßig, sollte ein Gericht als gemäß der Verordnung (EG) Nr. 2201/2003 angerufen gelten.

(14) Um den Ehegatten die Möglichkeit zu bieten, das Recht zu wählen, zu dem sie einen engen Bezug haben, oder um, in Ermangelung einer Rechtswahl, dafür zu sorgen, dass dieses Recht auf ihre Ehescheidung oder Trennung ohne Auflösung des Ehebandes angewendet wird, sollte dieses Recht auch dann zum Tragen kommen, wenn es nicht das Recht eines teilnehmenden Mitgliedstaats ist. Ist das Recht eines anderen Mitgliedstaats anzuwenden, könnte das mit der Entscheidung 2001/470/EG des Rates vom 28. Mai 2001 über die Einrichtung eines Europäischen Justiziellen Netzes für Zivil- und Handelssachen eingerichtete Netz den Gerichten dabei helfen, sich mit dem ausländischen Recht vertraut zu machen.

(15) Eine erhöhte Mobilität der Bürger erfordert gleichermaßen mehr Flexibilität und mehr Rechtssicherheit. Um diesem Ziel zu entsprechen, sollte diese Verordnung die Parteiautonomie bei der Ehescheidung und Trennung ohne Auflösung des Ehebandes stärken und den Parteien in gewissen Grenzen die Möglichkeit geben, das in ihrem Fall anzuwendende Recht zu bestimmen.

(16) Die Ehegatten sollten als auf die Ehescheidung oder Trennung ohne Auflösung des Ehebandes anzuwendendes Recht das Recht eines Landes wählen können, zu dem sie einen besonderen Bezug haben, oder das Recht des Staates des angerufenen Gerichts. Das von den Ehegatten gewählte Recht muss mit den Grundrechten vereinbar sein, wie sie durch die Verträge und durch die Charta der Grundrechte der Europäischen Union anerkannt werden.

(17) Für die Ehegatten ist es wichtig, dass sie vor der Rechtswahl auf aktuelle Informationen über die wesentlichen Aspekte sowohl des innerstaatlichen Rechts als auch des Unionsrechts und der Verfahren bei Ehescheidung und Trennung ohne Auflösung des Ehebandes zugreifen können. Um den Zugang zu entsprechenden sachdienlichen, qualitativ hochwertigen Informationen zu gewährleisten, werden die Informationen, die der Öffentlichkeit auf der durch die Entscheidung 2001/470/EG des Rates eingerichteten Website zur Verfügung stehen, regelmäßig von der Kommission aktualisiert.

(18) Diese Verordnung sieht als wesentlichen Grundsatz vor, dass beide Ehegatten ihre Rechtswahl in voller Sachkenntnis treffen. Jeder Ehegatte sollte sich genau über die rechtlichen und sozialen Folgen der Rechtswahl im Klaren sein. Die Rechte und die Chancengleichheit der beiden Ehegatten dürfen durch die Möglichkeit einer einvernehmlichen Rechtswahl nicht beeinträchtigt werden. Die Richter in den teilnehmenden Mitgliedstaaten sollten daher wissen, dass es darauf ankommt, dass die Ehegatten ihre Rechtswahlvereinbarung in voller Kenntnis der Rechtsfolgen schließen.

(19) Regeln zur materiellen Wirksamkeit und zur Formgültigkeit sollten festgelegt werden, so dass die von den Ehegatten in voller Sachkenntnis zu treffende Rechtswahl erleichtert und das Einvernehmen der Ehegatten geachtet wird, damit Rechtssicherheit sowie ein besserer Zugang zur Justiz gewährleistet werden. Was die Formgültigkeit anbelangt, sollten bestimmte Schutzvorkehrungen getroffen werden, um sicherzustellen, dass sich die Ehegatten der Tragweite ihrer Rechtswahl bewusst sind. Die Vereinbarung über die Rechtswahl sollte zumindest der Schriftform bedürfen und von beiden Parteien mit Datum und Unterschrift versehen werden müssen. Sieht das Recht des teilnehmenden Mitgliedstaats, in dem beide Ehegatten zum Zeitpunkt der Rechtswahl ihren gewöhnlichen Aufenthalt haben, zusätzliche Formvorschriften vor, so sollten diese eingehalten werden. Beispielsweise können derartige zusätzliche Formvorschriften in einem teilnehmenden Mitgliedstaat bestehen, in dem die Rechtswahlvereinbarung Bestandteil des Ehevertrags ist. Haben die Ehegatten zum Zeitpunkt der Rechtswahl ihren gewöhnlichen Aufenthalt in verschiedenen teilnehmenden Mitgliedstaaten, in denen unterschiedliche Formvorschriften vorgesehen sind, so würde es ausreichen, dass die Formvorschriften eines dieser Mitgliedstaaten eingehalten werden. Hat zum Zeitpunkt der Rechtswahl nur einer der Ehegatten seinen gewöhnlichen Aufenthalt in einem teilnehmenden Mitgliedstaat, in dem zusätzliche Formvorschriften vorgesehen sind, so sollten diese Formvorschriften eingehalten werden.

(20) Eine Vereinbarung zur Bestimmung des anzuwendenden Rechts sollte spätestens bei Anrufung des Gerichts geschlossen und geändert werden können sowie gegebenenfalls sogar im Laufe des Verfahrens, wenn das Recht des Staates des angerufenen Gerichts dies vorsieht. In diesem Fall sollte es genügen, wenn die Rechtswahl vom Gericht im Einklang mit dem Recht des Staates des angerufenen Gerichts zu Protokoll genommen wird.

(21) Für den Fall, dass keine Rechtswahl getroffen wurde, sollte diese Verordnung im Interesse der Rechtssicherheit und Berechenbarkeit und um zu vermeiden, dass ein Ehegatte alles daran setzt, die Scheidung zuerst einzureichen, um sicherzugehen, dass sich das Verfahren nach einer

1663

Anh II Erwägungsgründe zu den kommentierten EU-Verordnungen

Rechtsordnung richtet, die seine Interessen seiner Ansicht nach besser schützt, harmonisierte Kollisionsnormen einführen, die sich auf Anknüpfungspunkte stützen, die einen engen Bezug der Ehegatten zum anzuwendenden Recht gewährleisten. Die Anknüpfungspunkte sollten so gewählt werden, dass sichergestellt ist, dass die Verfahren, die sich auf die Ehescheidung oder die Trennung ohne Auflösung des Ehebandes beziehen, nach einer Rechtsordnung erfolgen, zu der die Ehegatten einen engen Bezug haben.

(22) Wird in dieser Verordnung hinsichtlich der Anwendung des Rechts eines Staates auf die Staatsangehörigkeit als Anknüpfungspunkt verwiesen, so wird die Frage, wie in Fällen der mehrfachen Staatsangehörigkeit zu verfahren ist, weiterhin nach innerstaatlichem Recht geregelt, wobei die allgemeinen Grundsätze der Europäischen Union uneingeschränkt zu achten sind.

(23) Wird das Gericht angerufen, damit eine Trennung ohne Auflösung des Ehebandes in eine Ehescheidung umgewandelt wird, und haben die Parteien keine Rechtswahl getroffen, so sollte das Recht, das auf die Trennung ohne Auflösung des Ehebandes angewendet wurde, auch auf die Ehescheidung angewendet werden. Eine solche Kontinuität würde den Parteien eine bessere Berechenbarkeit bieten und die Rechtssicherheit stärken. Sieht das Recht, das auf die Trennung ohne Auflösung des Ehebandes angewendet wurde, keine Umwandlung der Trennung ohne Auflösung des Ehebandes in eine Ehescheidung vor, so sollte die Ehescheidung in Ermangelung einer Rechtswahl durch die Parteien nach den Kollisionsnormen erfolgen. Dies sollte die Ehegatten nicht daran hindern, die Scheidung auf der Grundlage anderer Bestimmungen dieser Verordnung zu beantragen.

(24) In bestimmten Situationen, in denen das anzuwendende Recht eine Ehescheidung nicht zulässt oder einem der Ehegatten aufgrund seiner Geschlechtszugehörigkeit keinen gleichberechtigten Zugang zu einem Scheidungs- oder Trennungsverfahren gewährt, sollte jedoch das Recht des angerufenen Gerichts maßgebend sein. Der Ordre-public-Vorbehalt sollte hiervon jedoch unberührt bleiben.

(25) Aus Gründen des öffentlichen Interesses sollte den Gerichten der teilnehmenden Mitgliedstaaten in Ausnahmefällen die Möglichkeit gegeben werden, die Anwendung einer Bestimmung des ausländischen Rechts zu versagen, wenn ihre Anwendung in einem konkreten Fall mit der öffentlichen Ordnung (Ordre public) des Staates des angerufenen Gerichts offensichtlich unvereinbar wäre. Die Gerichte sollten jedoch den Ordre-public-Vorbehalt nicht mit dem Ziel anwenden dürfen, eine Bestimmung des Rechts eines anderen Staates auszuschließen, wenn dies gegen die Charta der Grundrechte der Europäischen Union und insbesondere gegen deren Artikel 21 verstoßen würde, der jede Form der Diskriminierung untersagt.

(26) Wird in der Verordnung darauf Bezug genommen, dass das Recht des teilnehmenden Mitgliedstaats, dessen Gericht angerufen wird, Scheidungen nicht vorsieht, so sollte dies so ausgelegt werden, dass im Recht dieses teilnehmenden Mitgliedstaats das Rechtsinstitut der Ehescheidung nicht vorhanden ist. In solch einem Fall sollte das Gericht nicht verpflichtet sein, aufgrund dieser Verordnung eine Scheidung auszusprechen.

Wird in der Verordnung darauf Bezug genommen, dass nach dem Recht des teilnehmenden Mitgliedstaats, dessen Gericht angerufen wird, die betreffende Ehe für die Zwecke eines Scheidungsverfahrens nicht als gültig angesehen wird, so sollte dies unter anderem so ausgelegt werden, dass im Recht dieses teilnehmenden Mitgliedstaats eine solche Ehe nicht vorgesehen ist. In einem solchen Fall sollte das Gericht nicht verpflichtet sein, eine Ehescheidung oder eine Trennung ohne Auflösung des Ehebandes nach dieser Verordnung auszusprechen.

(27) Da es Staaten und teilnehmende Mitgliedstaaten gibt, in denen die in dieser Verordnung geregelten Angelegenheiten durch zwei oder mehr Rechtssysteme oder Regelwerke erfasst werden, sollte es eine Vorschrift geben, die festlegt, inwieweit diese Verordnung in den verschiedenen Gebietseinheiten dieser Staaten und teilnehmender Mitgliedstaaten Anwendung findet oder inwieweit diese Verordnung auf verschiedene Kategorien von Personen dieser Staaten und teilnehmender Mitgliedstaaten Anwendung findet.

(28) In Ermangelung von Regeln zur Bestimmung des anzuwendenden Rechts sollten Parteien, die das Recht des Staates wählen, dessen Staatsangehörigkeit eine der Parteien besitzt, zugleich das Recht der Gebietseinheit angeben, das sie vereinbart haben, wenn der Staat, dessen Recht gewählt wurde, mehrere Gebietseinheiten umfasst und jede Gebietseinheit ihr eigenes Rechtssystem oder eigene Rechtsnormen für Ehescheidung hat.

(29) Da die Ziele dieser Verordnung, nämlich die Sicherstellung von mehr Rechtssicherheit, einer besseren Berechenbarkeit und einer größeren Flexibilität in Ehesachen mit internationalem Bezug und damit auch die Erleichterung der Freizügigkeit in der Europäischen Union, auf Ebene der Mitgliedstaaten allein nicht ausreichend verwirklicht werden können und daher

1664

EuUntVO   **Anh III**

wegen ihres Umfangs und ihrer Wirkungen besser auf Unionsebene zu erreichen sind, kann die Union im Einklang mit dem in Artikel 5 des Vertrags über die Europäische Union niedergelegten Subsidiaritätsprinzip gegebenenfalls im Wege einer Verstärkten Zusammenarbeit tätig werden. Entsprechend dem in demselben Artikel genannten Verhältnismäßigkeitsprinzip geht diese Verordnung nicht über das für die Erreichung dieser Ziele erforderliche Maß hinaus.

(30) Diese Verordnung wahrt die Grundrechte und achtet die Grundsätze, die mit der Charta der Grundrechte der Europäischen Union anerkannt wurden, namentlich Artikel 21, wonach jede Diskriminierung insbesondere wegen des Geschlechts, der Rasse, der Hautfarbe, der ethnischen oder sozialen Herkunft, der genetischen Merkmale, der Sprache, der Religion oder der Weltanschauung, der politischen oder sonstigen Anschauung, der Zugehörigkeit zu einer nationalen Minderheit, des Vermögens, der Geburt, einer Behinderung, des Alters oder der sexuellen Ausrichtung verboten ist. Bei der Anwendung dieser Verordnung sollten die Gerichte der teilnehmenden Mitgliedstaaten diese Rechte und Grundsätze achten.

III.

1080. Verordnung (EG) Nr 4/2009 über die Zuständigkeit, das anwendbare Recht, die Anerkennung und Vollstreckung von Entscheidungen und die Zusammenarbeit in Unterhaltssachen (EuUntVO)

Vom 18. Dezember 2008 (ABl EU 2009 L 7, 1)

(1) Die Gemeinschaft hat sich zum Ziel gesetzt, einen Raum der Freiheit, der Sicherheit und des Rechts, in dem der freie Personenverkehr gewährleistet ist, zu erhalten und weiterzuentwickeln. Zur schrittweisen Schaffung eines solchen Raums erlässt die Gemeinschaft unter anderem Maßnahmen im Bereich der justiziellen Zusammenarbeit in Zivilsachen mit grenzüberschreitenden Bezügen, soweit dies für das reibungslose Funktionieren des Binnenmarkts erforderlich ist.

(2) Nach Artikel 65 Buchstabe b des Vertrags betreffen solche Maßnahmen unter anderem der Vorschriften zur Vermeidung von Kompetenzkonflikten.

(3) Die Gemeinschaft hat hierzu unter anderem bereits folgende Maßnahmen erlassen: die Verordnung (EG) Nr. 44/2001 des Rates vom 22. Dezember 2000 über die gerichtliche Zuständigkeit und die Anerkennung und Vollstreckung von Entscheidungen in Zivil- und Handelssachen, die Entscheidung 2001/470/EG des Rates vom 28. Mai 2001 über die Einrichtung eines Europäischen Justiziellen Netzes für Zivil- und Handelssachen, die Verordnung (EG) Nr. 1206/2001 des Rates vom 28. Mai 2001 über die Zusammenarbeit zwischen den Gerichten der Mitgliedstaaten auf dem Gebiet der Beweisaufnahme in Zivil- oder Handelssachen, die Richtlinie 2003/8/EG des Rates vom 27. Januar 2003 zur Verbesserung des Zugangs zum Recht bei Streitsachen mit grenzüberschreitendem Bezug durch Festlegung gemeinsamer Mindestvorschriften für die Prozesskostenhilfe in derartigen Streitsachen, die Verordnung (EG) Nr. 2201/2003 des Rates vom 27. November 2003 über die Zuständigkeit und die Anerkennung und Vollstreckung von Entscheidungen in Ehesachen und in Verfahren betreffend die elterliche Verantwortung, die Verordnung (EG) Nr. 805/2004 des Europäischen Parlaments und des Rates vom 21. April 2004 zur Einführung eines europäischen Vollstreckungstitels für unbestrittene Forderungen sowie die Verordnung (EG) Nr. 1393/2007 des Europäischen Parlaments und des Rates vom 13. November 2007 über die Zustellung gerichtlicher und außergerichtlicher Schriftstücke in Zivil- oder Handelssachen in den Mitgliedstaaten (Zustellung von Schriftstücken).

(4) Der Europäische Rat hat auf seiner Tagung vom 15. und 16. Oktober 1999 in Tampere den Rat und die Kommission aufgefordert, besondere gemeinsame Verfahrensregeln für die Vereinfachung und Beschleunigung der Beilegung grenzüberschreitender Rechtsstreitigkeiten unter anderem bei Unterhaltsansprüchen festzulegen. Er hat ferner die Abschaffung der Zwischenmaßnahmen gefordert, die notwendig sind, um die Anerkennung und Vollstreckung einer in einem anderen Mitgliedstaat ergangenen Entscheidung, insbesondere einer Entscheidung über einen Unterhaltsanspruch, im ersuchten Staat zu ermöglichen.

(5) Am 30. November 2000 wurde ein gemeinsames Maßnahmenprogramm der Kommission und des Rates zur Umsetzung des Grundsatzes der gegenseitigen Anerkennung gerichtlicher Entscheidungen in Zivil- und Handelssachen verabschiedet. Dieses Programm sieht die Abschaffung des Exequaturverfahrens bei Unterhaltsansprüchen vor, um die Wirksamkeit der Mittel, die

1665

Anh III Erwägungsgründe zu den kommentierten EU-Verordnungen

den Anspruchsberechtigten zur Durchsetzung ihrer Ansprüche zur Verfügung stehen, zu erhöhen.

(6) Am 4. und 5. November 2004 hat der Europäische Rat auf seiner Tagung in Brüssel ein neues Programm mit dem Titel „Haager Programm zur Stärkung von Freiheit, Sicherheit und Recht in der Europäischen Union" (nachstehend das „Haager Programm" genannt) angenommen.

(7) Der Rat hat auf seiner Tagung vom 2. und 3. Juni 2005 einen Aktionsplan des Rates und der Kommission angenommen, mit dem das Haager Programm in konkrete Maßnahmen umgesetzt wird und in dem die Annahme von Vorschlägen zur Unterhaltspflicht als notwendig erachtet wird.

(8) Im Rahmen der Haager Konferenz für Internationales Privatrecht haben die Gemeinschaft und ihre Mitgliedstaaten an Verhandlungen teilgenommen, die am 23. November 2007 mit der Annahme des Übereinkommens über die internationale Geltendmachung der Unterhaltsansprüche von Kindern und anderen Familienangehörigen (nachstehend das „Haager Übereinkommen von 2007" genannt) und des Protokolls über das auf Unterhaltspflichten anzuwendende Recht (nachstehend das „Haager Protokoll von 2007" genannt) abgeschlossen wurden. Daher ist diesen beiden Instrumenten im Rahmen der vorliegenden Verordnung Rechnung zu tragen.

(9) Es sollte einem Unterhaltsberechtigten ohne Umstände möglich sein, in einem Mitgliedstaat eine Entscheidung zu erwirken, die automatisch in einem anderen Mitgliedstaat ohne weitere Formalitäten vollstreckbar ist.

(10) Um dieses Ziel zu erreichen, sollte ein gemeinschaftliches Rechtsinstrument betreffend Unterhaltssachen geschaffen werden, in dem die Bestimmungen über Kompetenzkonflikte, Kollisionsnormen, die Anerkennung, Vollstreckbarkeit und die Vollstreckung von Entscheidungen sowie über Prozesskostenhilfe und die Zusammenarbeit zwischen den Zentralen Behörden zusammengeführt werden.

(11) Der Anwendungsbereich dieser Verordnung sollte sich auf sämtliche Unterhaltspflichten erstrecken, die auf einem Familien-, Verwandtschafts-, oder eherechtlichen Verhältnis oder auf Schwägerschaft beruhen; hierdurch soll die Gleichbehandlung aller Unterhaltsberechtigten gewährleistet werden. Für die Zwecke dieser Verordnung sollte der Begriff „Unterhaltspflicht" autonom ausgelegt werden.

(12) Um den verschiedenen Verfahrensweisen zur Regelung von Unterhaltsfragen in den Mitgliedstaaten Rechnung zu tragen, sollte diese Verordnung sowohl für gerichtliche Entscheidungen als auch für von Verwaltungsbehörden ergangene Entscheidungen gelten, sofern jene Behörden Garantien insbesondere hinsichtlich ihrer Unparteilichkeit und des Anspruchs der Parteien auf rechtliches Gehör bieten. Diese Behörden sollten daher sämtliche Vorschriften dieser Verordnung anwenden.

(13) Aus den genannten Gründen sollte in dieser Verordnung auch die Anerkennung und Vollstreckung gerichtlicher Vergleiche und öffentlicher Urkunden sichergestellt werden, ohne dass dies das Recht einer der Parteien eines solchen Vergleichs oder einer solchen Urkunde berührt, solche Instrumente vor einem Gericht des Ursprungsmitgliedstaats anzufechten.

(14) In dieser Verordnung sollte vorgesehen werden, dass der Begriff „berechtigte Person" für die Zwecke eines Antrags auf Anerkennung und Vollstreckung einer Unterhaltsentscheidung auch öffentliche Aufgaben wahrnehmende Einrichtungen umfasst, die das Recht haben, für eine unterhaltsberechtigte Person zu handeln oder die Erstattung von Leistungen zu fordern, die der berechtigten Person anstelle von Unterhalt erbracht wurden. Handelt eine öffentliche Aufgaben wahrnehmende Einrichtung in dieser Eigenschaft, so sollte sie Anspruch auf die gleichen Dienste und die gleiche Prozesskostenhilfe wie eine berechtigte Person haben.

(15) Um die Interessen der Unterhaltsberechtigten zu wahren und eine ordnungsgemäße Rechtspflege innerhalb der Europäischen Union zu fördern, sollten die Vorschriften über die Zuständigkeit, die sich aus der Verordnung (EG) Nr. 44/2001 ergeben, angepasst werden. So sollte der Umstand, dass ein Antragsgegner seinen gewöhnlichen Aufenthalt in einem Drittstaat hat, nicht mehr die Anwendung der gemeinschaftlichen Vorschriften über die Zuständigkeit ausschließen, und auch eine Rückverweisung auf die innerstaatlichen Vorschriften über die Zuständigkeit sollte nicht mehr möglich sein. Daher sollte in dieser Verordnung festgelegt werden, in welchen Fällen ein Gericht eines Mitgliedstaats eine subsidiäre Zuständigkeit ausüben kann.

(16) Um insbesondere Fällen von Rechtsverweigerung begegnen zu können, sollte in dieser Verordnung auch eine Notzuständigkeit (*forum necessitatis*) vorgesehen werden, wonach ein Gericht eines Mitgliedstaats in Ausnahmefällen über einen Rechtsstreit entscheiden kann, der

1666

EuUntVO   **Anh III**

einen engen Bezug zu einem Drittstaat aufweist. Ein solcher Ausnahmefall könnte gegeben sein, wenn ein Verfahren sich in dem betreffenden Drittstaat als unmöglich erweist, beispielsweise aufgrund eines Bürgerkriegs, oder wenn vom Kläger vernünftigerweise nicht erwartet werden kann, dass er ein Verfahren in diesem Staat einleitet oder führt. Die Notzuständigkeit kann jedoch nur ausgeübt werden, wenn der Rechtsstreit einen ausreichenden Bezug zu dem Mitgliedstaat des angerufenen Gerichts aufweist, wie beispielsweise die Staatsangehörigkeit einer der Parteien.

(17) In einer zusätzlichen Zuständigkeitsvorschrift sollte vorgesehen werden, dass – außer unter besonderen Umständen – ein Verfahren zur Änderung einer bestehenden Unterhaltsentscheidung oder zur Herbeiführung einer neuen Entscheidung von der verpflichteten Person nur in dem Staat eingeleitet werden kann, in dem die berechtigte Person zu dem Zeitpunkt, zu dem die Entscheidung ergangen ist, ihren gewöhnlichen Aufenthalt hatte und in dem sie weiterhin ihren gewöhnlichen Aufenthalt hat. Um eine gute Verknüpfung zwischen dem Haager Übereinkommen von 2007 und dieser Verordnung zu gewährleisten, sollte diese Bestimmung auch für Entscheidungen eines Drittstaats, der Vertragspartei jenes Übereinkommens ist, gelten, sofern das Übereinkommen zwischen dem betreffenden Staat und der Gemeinschaft in Kraft ist, und in dem betreffenden Staat und in der Gemeinschaft die gleichen Unterhaltpflichten abdeckt.

(18) Für die Zwecke der Anwendung dieser Verordnung sollte vorgesehen werden, dass der Begriff „Staatsangehörigkeit" in Irland durch den Begriff „Wohnsitz" ersetzt wird; gleiches gilt für das Vereinigte Königreich, sofern diese Verordnung in diesem Mitgliedstaat nach Artikel 4 des Protokolls über die Position des Vereinigten Königreichs und Irlands, das dem Vertrag über die Europäische Union und dem Vertrag zur Gründung der Europäischen Gemeinschaft beigefügt ist, anwendbar ist.

(19) Im Hinblick auf eine größere Rechtssicherheit, Vorhersehbarkeit und Eigenständigkeit der Vertragsparteien sollte diese Verordnung es den Parteien ermöglichen, den Gerichtsstand anhand bestimmter Anknüpfungspunkte einvernehmlich zu bestimmen. Um den Schutz der schwächeren Partei zu gewährleisten, sollte eine solche Wahl des Gerichtsstands bei Unterhaltspflichten gegenüber einem Kind, das das 18. Lebensjahr noch nicht vollendet hat, ausgeschlossen sein.

(20) In dieser Verordnung sollte vorgesehen werden, dass für die Mitgliedstaaten, die durch das Haager Protokoll von 2007 gebunden sind, die in jenem Protokoll enthaltenen Bestimmungen über Kollisionsnormen gelten. Hierzu sollte eine Bestimmung aufgenommen werden, die auf das genannte Protokoll verweist. Die Gemeinschaft wird das Haager Protokoll von 2007 rechtzeitig abschließen, um die Anwendung dieser Verordnung zu ermöglichen. Um der Möglichkeit Rechnung zu tragen, dass das Haager Protokoll von 2007 nicht für alle Mitgliedstaaten gilt, sollte hinsichtlich der Anerkennung, der Vollstreckbarkeit und der Vollstreckung von Entscheidungen zwischen den Mitgliedstaaten, die durch das Haager Protokoll von 2007 gebunden sind und jenen, die es nicht sind, unterschieden werden.

(21) Es sollte im Rahmen dieser Verordnung präzisiert werden, dass diese Kollisionsnormen nur das auf die Unterhaltspflichten anzuwendende Recht bestimmen; sie bestimmen nicht, nach welchem Recht festgestellt wird, ob ein Familienverhältnis besteht, das Unterhaltspflichten begründet. Die Feststellung eines Familienverhältnisses unterliegt weiterhin dem einzelstaatlichen Recht der Mitgliedstaaten, einschließlich ihrer Vorschriften des internationalen Privatrechts.

(22) Um die rasche und wirksame Durchsetzung einer Unterhaltsforderung zu gewährleisten und missbräuchlichen Rechtsmitteln vorzubeugen, sollten in einem Mitgliedstaat ergangene Unterhaltsentscheidungen grundsätzlich vorläufig vollstreckbar sein. Daher sollte in dieser Verordnung vorgesehen werden, dass das Ursprungsgericht die Entscheidung für vorläufig vollstreckbar erklären können sollte, und zwar auch dann, wenn das einzelstaatliche Recht die Vollstreckbarkeit von Rechts wegen nicht vorsieht und auch wenn nach einzelstaatlichem Recht ein Rechtsbehelf gegen die Entscheidung eingelegt wurde oder noch eingelegt werden könnte.

(23) Um die mit den Verfahren gemäß dieser Verordnung verbundenen Kosten zu begrenzen, wäre es zweckdienlich, so umfassend wie möglich auf die modernen Kommunikationstechnologien zurückzugreifen, insbesondere bei der Anhörung der Parteien.

(24) Die durch die Anwendung der Kollisionsnormen gebotenen Garantien sollten es rechtfertigen, dass Entscheidungen in Unterhaltssachen, die in einem durch das Haager Protokoll von 2007 gebundenen Mitgliedstaat ergangen sind, ohne weiteres Verfahren und ohne jegliche inhaltliche Prüfung im Vollstreckungsmitgliedstaat in den anderen Mitgliedstaaten anerkannt werden und vollstreckbar sind.

(25) Alleiniger Zweck der Anerkennung einer Unterhaltsentscheidung in einem Mitgliedstaat ist es, die Durchsetzung der in der Entscheidung festgelegten Unterhaltsforderung zu ermögli-

1667

Anh III   Erwägungsgründe zu den kommentierten EU-Verordnungen

chen. Sie bewirkt nicht, dass dieser Mitgliedstaat das Familien-, Verwandtschafts-, eherechtliche oder auf Schwägerschaft beruhende Verhältnis anerkennt, auf der die Unterhaltspflichten, die Anlass zu der Entscheidung gegeben haben, gründen.

(26) Für Entscheidungen, die in einem nicht durch das Haager Protokoll von 2007 gebundenen Mitgliedstaat ergangen sind, sollte in dieser Verordnung ein Verfahren zur Anerkennung und Vollstreckbarerklärung vorgesehen werden. Dieses Verfahren sollte sich an das Verfahren und die Gründe für die Verweigerung der Anerkennung anlehnen, die in der Verordnung (EG) Nr. 44/2001 vorgesehen sind. Zur Beschleunigung des Verfahrens und damit die berechtigte Person ihre Forderung rasch durchsetzen kann, sollte vorgesehen werden, dass die Entscheidung des angerufenen Gerichts außer unter außergewöhnlichen Umständen innerhalb bestimmter Fristen ergehen muss.

(27) Ferner sollten die Formalitäten für die Vollstreckung, die Kosten zulasten des Unterhaltsberechtigten verursachen, so weit wie möglich reduziert werden. Hierzu sollte in dieser Verordnung vorgesehen werden, dass der Unterhaltsberechtigte nicht verpflichtet ist, über eine Postanschrift oder einen bevollmächtigten Vertreter im Vollstreckungsmitgliedstaat zu verfügen, ohne damit im Übrigen die interne Organisation der Mitgliedstaaten im Bereich der Vollstreckungsverfahren zu beeinträchtigen.

(28) Zur Begrenzung der mit den Vollstreckungsverfahren verbundenen Kosten sollte keine Übersetzung verlangt werden, außer wenn die Vollstreckung angefochten wird, und unbeschadet der Vorschriften für die Zustellung der Schriftstücke.

(29) Um die Achtung der Grundsätze eines fairen Verfahrens zu gewährleisten, sollte in dieser Verordnung vorgesehen werden, dass ein Antragsgegner, der nicht vor dem Ursprungsgericht eines durch das Haager Protokoll von 2007 gebundenen Mitgliedstaats erschienen ist, in der Phase der Vollstreckung der gegen ihn ergangenen Entscheidung die erneute Prüfung dieser Entscheidung beantragen kann. Der Antragsgegner sollte diese erneute Prüfung allerdings innerhalb einer bestimmten Frist beantragen, die spätestens ab dem Tag laufen sollte, an dem in der Phase des Vollstreckungsverfahrens seine Vermögensgegenstände zum ersten Mal ganz oder teilweise seiner Verfügung entzogen wurden. Dieses Recht auf erneute Prüfung sollte ein außerordentliches Rechtsbehelf darstellen, das dem Antragsgegner, der sich in dem Verfahren nicht eingelassen hat, gewährt wird, und das nicht die Anwendung anderer außerordentlicher Rechtsbehelfe berührt, die nach dem Recht des Ursprungsmitgliedstaats bestehen, sofern diese Rechtsbehelfe nicht mit dem Recht auf erneute Prüfung nach dieser Verordnung unvereinbar sind.

(30) Um die Vollstreckung einer Entscheidung eines durch das Haager Protokoll von 2007 gebundenen Mitgliedstaats in einem anderen Mitgliedstaat zu beschleunigen, sollten die Gründe für eine Verweigerung oder Aussetzung der Vollstreckung, die die verpflichtete Person aufgrund des grenzüberschreitenden Charakters der Unterhaltspflicht geltend machen könnte, begrenzt werden. Diese Begrenzung sollte nicht die nach einzelstaatlichem Recht vorgesehenen Gründe für die Verweigerung oder Aussetzung beeinträchtigen, die mit den in dieser Verordnung angeführten Gründen nicht unvereinbar sind, wie beispielsweise die Begleichung der Forderung durch die verpflichtete Person zum Zeitpunkt der Vollstreckung oder die Unpfändbarkeit bestimmter Güter.

(31) Um die grenzüberschreitende Durchsetzung von Unterhaltsforderungen zu erleichtern, sollte ein System der Zusammenarbeit zwischen den von den Mitgliedstaaten benannten Zentralen Behörden eingerichtet werden. Diese Behörden sollten die berechtigten und die verpflichteten Personen darin unterstützen, ihre Rechte in einem anderen Mitgliedstaat geltend zu machen, indem sie die Anerkennung, Vollstreckbarerklärung und Vollstreckung bestehender Entscheidungen, die Änderung solcher Entscheidungen oder die Herbeiführung einer Entscheidung beantragen. Sie sollten ferner erforderlichenfalls Informationen austauschen, um die verpflichteten und die berechtigten Personen ausfindig zu machen und soweit erforderlich deren Einkünfte und Vermögen festzustellen. Sie sollten schließlich zusammenarbeiten und allgemeine Informationen austauschen sowie die Zusammenarbeit zwischen den zuständigen Behörden ihres Mitgliedstaats fördern.

(32) Eine nach dieser Verordnung benannte Zentrale Behörde sollte ihre eigenen Kosten tragen, abgesehen von speziell festgelegten Ausnahmen, und jeden Antragsteller unterstützen, der seinen Aufenthalt in ihrem Mitgliedstaat hat. Das Kriterium für das Recht einer Person auf Unterstützung durch eine Zentrale Behörde sollte weniger streng sein als das Anknüpfungskriterium des „gewöhnlichen Aufenthalts", das sonst in dieser Verordnung verwendet wird. Das Kriterium des „Aufenthalts" sollte jedoch die bloße Anwesenheit ausschließen.

1668

EuUntVO   **Anh III**

(33) Damit sie die unterhaltsberechtigten und -verpflichteten Personen umfassend unterstützen und die grenzüberschreitende Durchsetzung von Unterhaltsforderungen optimal fördern können, sollten die Zentralen Behörden gewisse personenbezogene Daten einholen können. Diese Verordnung sollte daher die Mitgliedstaaten verpflichten sicherzustellen, dass ihre Zentralen Behörden Zugang zu solchen Angaben bei den öffentlichen Behörden oder Stellen, die im Rahmen ihrer üblichen Tätigkeiten über die betreffenden Angaben verfügen, erhalten. Es sollte jedoch jedem Mitgliedstaat überlassen bleiben, die Modalitäten für diesen Zugang festzulegen. So sollte ein Mitgliedstaat befugt sein, die öffentlichen Behörden oder Verwaltungen zu bezeichnen, die gehalten sind, der Zentralen Behörde die Angaben im Einklang mit dieser Verordnung zur Verfügung zu stellen, gegebenenfalls einschließlich der bereits im Rahmen anderer Regelungen über den Zugang zu Informationen benannten öffentlichen Behörden oder Verwaltungen. Bezeichnet ein Mitgliedstaat öffentliche Behörden oder Verwaltungen, sollte er sicherstellen, dass seine Zentrale Behörde in der Lage ist, Zugang zu den gemäß dieser Verordnung erforderlichen Angaben, die im Besitz jener Behörden oder Verwaltungen sind, zu erhalten. Die Mitgliedstaaten sollten ferner befugt sein, ihrer Zentralen Behörde den Zugang zu den erforderlichen Angaben bei jeder anderen juristischen Person zu ermöglichen, die diese besitzt und für deren Verarbeitung verantwortlich ist.

(34) Im Rahmen des Zugangs zu personenbezogenen Daten sowie deren Verwendung und Weiterleitung ist es angebracht, die Anforderungen der Richtlinie 95/46/EG des Europäischen Parlaments und des Rates vom 24. Oktober 1995 zum Schutz natürlicher Personen bei der Verarbeitung personenbezogener Daten und zum freien Datenverkehr, wie sie in das einzelstaatliche Recht der Mitgliedstaaten umgesetzt ist, zu beachten.

(35) Es ist angebracht, die spezifischen Bedingungen für den Zugang zu personenbezogenen Daten, deren Verwendung und Weiterleitung für die Anwendung dieser Verordnung festzulegen. In diesem Zusammenhang wurde die Stellungnahme des Europäischen Datenschutzbeauftragten berücksichtigt. Die Benachrichtigung der von der Datenerhebung betroffenen Person sollte im Einklang mit dem einzelstaatlichen Recht erfolgen. Es sollte jedoch die Möglichkeit vorgesehen werden, diese Benachrichtigung zu verzögern, um zu verhindern, dass die verpflichtete Person ihre Vermögensgegenstände transferiert und so die Durchsetzung der Unterhaltsforderung gefährdet.

(36) Angesichts der Verfahrenskosten sollte eine sehr günstige Regelung der Prozesskostenhilfe vorgesehen werden, nämlich die uneingeschränkte Übernahme der Kosten in Verbindung mit Verfahren betreffend Unterhaltspflichten gegenüber Kindern, die das 21. Lebensjahr nicht vollendet haben, die über die Zentralen Behörden eingeleitet wurden. Folglich sollten die aufgrund der Richtlinie 2003/8/EG bestehenden Vorschriften über die Prozesskostenhilfe in der Europäischen Union durch spezifische Vorschriften ergänzt werden, mit denen ein besonderes System der Prozesskostenhilfe in Unterhaltssachen geschaffen wird. Dabei sollte die zuständige Behörde des ersuchten Mitgliedstaats befugt sein, in Ausnahmefällen die Kosten bei einem unterlegenen Antragsteller, der eine unentgeltliche Prozesskostenhilfe bezieht, beizutreiben, sofern seine finanziellen Verhältnisse dies zulassen. Dies wäre insbesondere bei einer vermögenden Person, die wider Treu und Glauben gehandelt hat, der Fall.

(37) Darüber hinaus sollte für andere als die im vorstehenden Erwägungsgrund genannten Unterhaltspflichten allen Parteien die gleiche Behandlung hinsichtlich der Prozesskostenhilfe bei der Vollstreckung einer Entscheidung in einem anderen Mitgliedstaat garantiert werden. So sollten die Bestimmungen dieser Verordnung über die Weitergewährung der Prozesskostenhilfe so ausgelegt werden, dass sie eine solche Hilfe auch einer Partei gewähren, die beim Verfahren zur Herbeiführung oder Änderung einer Entscheidung im Ursprungsmitgliedstaat keine Prozesskostenhilfe erhalten hat, die aber später im selben Mitgliedstaat im Rahmen eines Antrags auf Vollstreckung der Entscheidung in den Genuss der Prozesskostenhilfe gekommen ist. Gleichermaßen sollte eine Partei, die berechtigterweise ein unentgeltliches Verfahren vor einer der in Anhang X aufgeführten Verwaltungsbehörden in Anspruch genommen hat, im Vollstreckungsmitgliedstaat in den Genuss der günstigsten Prozesskostenhilfe oder umfassendsten Kosten- und Gebührenbefreiung kommen, sofern sie nachweisen kann, dass sie diese Vergünstigungen auch im Ursprungsmitgliedstaat erhalten hätte.

(38) Um die Kosten für die Übersetzung von Beweisunterlagen zu reduzieren, sollte das angerufene Gericht unbeschadet der Verteidigungsrechte und der für die Zustellung der Schriftstücke geltenden Vorschriften die Übersetzung dieser Unterlagen nur verlangen, wenn sie tatsächlich notwendig ist.

1669

Anh III   Erwägungsgründe zu den kommentierten EU-Verordnungen

(39) Um die Anwendung dieser Verordnung zu erleichtern, sollte eine Verpflichtung für die Mitgliedstaaten vorgesehen werden, der Kommission die Namen und Kontaktdaten ihrer Zentralen Behörden sowie sonstige Informationen mitzuteilen. Diese Informationen sollten Praktikern und der Öffentlichkeit durch eine Veröffentlichung im Amtsblatt der Europäischen Union oder durch Ermöglichung des elektronischen Zugangs über das mit der Entscheidung 2001/470/EG eingerichtete Europäische Justizielle Netz für Zivil- und Handelssachen bereitgestellt werden. Darüber hinaus sollte die Verwendung der in dieser Verordnung vorgesehenen Formblätter die Kommunikation zwischen den Zentralen Behörden erleichtern und beschleunigen und die elektronische Vorlage von Ersuchen ermöglichen.

(40) Die Beziehung zwischen dieser Verordnung und den bilateralen Abkommen oder multilateralen Übereinkünften in Unterhaltssachen, denen die Mitgliedstaaten angehören, sollte geregelt werden. Dabei sollte vorgesehen werden, dass die Mitgliedstaaten, die Vertragspartei des Übereinkommens vom 23. März 1962 zwischen Schweden, Dänemark, Finnland, Island und Norwegen über die Geltendmachung von Unterhaltsansprüchen sind, dieses Übereinkommen weiterhin anwenden können, da es günstigere Bestimmungen über die Anerkennung und die Vollstreckung enthält als diese Verordnung. Was künftige bilaterale Abkommen in Unterhaltssachen mit Drittstaaten betrifft, sollten die Verfahren und Bedingungen, unter denen die Mitgliedstaaten ermächtigt wären, in ihrem eigenen Namen solche Abkommen auszuhandeln und zu schließen, im Rahmen der Erörterung eines von der Kommission vorzulegenden Vorschlags zu diesem Thema festgelegt werden.

(41) Die Berechnung der in dieser Verordnung vorgesehenen Fristen und Termine sollte nach Maßgabe der Verordnung (EWG, Euratom) Nr. 1182/71 des Rates vom 3. Juni 1971 zur Festlegung der Regeln für die Fristen, Daten und Termine erfolgen.

(42) Die zur Durchführung dieser Verordnung erforderlichen Maßnahmen sollten nach Maßgabe des Beschlusses 1999/468/EG des Rates vom 28. Juni 1999 zur Festlegung der Modalitäten für die Ausübung der der Kommission übertragenen Durchführungsbefugnisse erlassen werden.

(43) Insbesondere sollte die Kommission die Befugnis erhalten, alle Änderungen der in dieser Verordnung vorgesehenen Formblätter nach dem in Artikels 3 des Beschlusses 1999/468/EG genannten Beratungsverfahren des zu erlassen. Für die Erstellung der Liste der Verwaltungsbehörden, die in den Anwendungsbereich dieser Verordnung fallen, sowie der Liste der zuständigen Behörden für die Bescheinigung von Prozesskostenhilfe sollte die Kommission die Befugnis erhalten, das Verwaltungsverfahren nach Artikel 4 jenes Beschlusses anzuwenden.

(44) Diese Verordnung sollte die Verordnung (EG) Nr. 44/2001 ändern, indem sie deren auf Unterhaltssachen anwendbare Bestimmungen ersetzt. Vorbehaltlich der Übergangsbestimmungen dieser Verordnung sollten die Mitgliedstaaten bei Unterhaltssachen, ab dem Zeitpunkt der Anwendbarkeit dieser Verordnung die Bestimmungen dieser Verordnung über die Zuständigkeit, die Anerkennung, die Vollstreckbarkeit und die Vollstreckung von Entscheidungen und über die Prozesskostenhilfe anstelle der entsprechenden Bestimmungen der Verordnung (EG) Nr. 44/2001 anwenden.

(45) Da die Ziele dieser Verordnung, nämlich die Schaffung eines Instrumentariums zur effektiven Durchsetzung von Unterhaltsforderungen in grenzüberschreitenden Situationen und somit zur Erleichterung der Freizügigkeit der Personen innerhalb der Europäischen Union, auf Ebene der Mitgliedstaaten nicht hinreichend verwirklicht und daher aufgrund des Umfangs und der Wirkungen dieser Verordnung besser auf Gemeinschaftsebene erreicht werden können, kann die Gemeinschaft im Einklang mit dem in Artikel 5 des Vertrags niedergelegten Subsidiaritätsprinzip tätig werden. Entsprechend dem in demselben Artikel genannten Grundsatz der Verhältnismäßigkeit geht diese Verordnung nicht über das für die Erreichung dieser Ziele erforderliche Maß hinaus.

(46) Gemäß Artikel 3 des dem Vertrag über die Europäische Union und dem Vertrag zur Gründung der Europäischen Gemeinschaft beigefügten Protokolls über die Position des Vereinigten Königreichs und Irlands hat Irland mitgeteilt, dass es sich an der Annahme und Anwendung dieser Verordnung beteiligen möchte.

(47) Gemäß den Artikeln 1 und 2 des dem Vertrag über die Europäische Union und dem Vertrag zur Gründung der Europäischen Gemeinschaft beigefügten Protokolls über die Position des Vereinigten Königreichs und Irlands beteiligt sich das Vereinigte Königreich nicht an der Annahme dieser Verordnung, und ist weder durch diese gebunden noch zu ihrer Anwendung verpflichtet. Dies berührt jedoch nicht die Möglichkeit für das Vereinigte Königreich, gemäß Artikel 4 des genannten Protokolls nach der Annahme dieser Verordnung mitzuteilen, dass es die Verordnung anzunehmen wünscht.

1670

EuGüVO   **Anh IV**

(48) Gemäß den Artikeln 1 und 2 des dem Vertrag über die Europäische Union und dem Vertrag zur Gründung der Europäischen Gemeinschaft beigefügten Protokolls über die Position Dänemarks beteiligt sich Dänemark nicht an der Annahme dieser Verordnung und ist weder durch diese gebunden noch zu ihrer Anwendung verpflichtet, unbeschadet der Möglichkeit für Dänemark, den Inhalt der an der Verordnung (EG) Nr. 44/2001 vorgenommenen Änderungen gemäß Artikel 3 des Abkommens vom 19. Oktober 2005 zwischen der Europäischen Gemeinschaft und dem Königreich Dänemark über die gerichtliche Zuständigkeit und die Anerkennung und Vollstreckung von Entscheidungen in Zivil- und Handelssachen anzuwenden.

IV.

1090. Verordnung (EU) 2016/1103 des Rates zur Durchführung einer Verstärkten Zusammenarbeit im Bereich der Zuständigkeit, desanzuwendenden Rechts und der Anerkennung und Vollstreckung von Entscheidungen in Fragen des ehelichen Güterstands (EuGüVO)

Vom 24. Juni 2016 (ABl EU 2016 L183, 1)

(1) Die Union hat sich zum Ziel gesetzt, einen Raum der Freiheit, der Sicherheit und des Rechts, in dem der freie Personenverkehr gewährleistet ist, zu erhalten und weiterzuentwickeln. Zum schrittweisen Aufbau eines solchen Raums hat die Union im Bereich der justiziellen Zusammenarbeit in Zivilsachen, die einen grenzüberschreitenden Bezug aufweisen, Maßnahmen zu erlassen, insbesondere wenn dies für das reibungslose Funktionieren des Binnenmarkts erforderlich ist.

(2) Nach Artikel 81 Absatz 2 Buchstabe c des Vertrags über die Arbeitsweise der Europäischen Union (AEUV) können zu solchen Maßnahmen unter anderem Maßnahmen gehören, die die Vereinbarkeit der in den Mitgliedstaaten geltenden Kollisionsnormen und Vorschriften zur Vermeidung von Kompetenzkonflikten sicherstellen sollen.

(3) Auf seiner Tagung vom 15./16. Oktober 1999 in Tampere hatte der Europäische Rat den Grundsatz der gegenseitigen Anerkennung von Urteilen und anderen Entscheidungen von Justizbehörden als Eckstein der justiziellen Zusammenarbeit in Zivilsachen unterstützt und den Rat und die Kommission ersucht, ein Maßnahmenprogramm zur Umsetzung dieses Grundsatzes anzunehmen.

(4) Am 30. November 2000 wurde daraufhin ein für die Kommission und den Rat gleichermaßen geltendes Maßnahmenprogramm zur Umsetzung des Grundsatzes der gegenseitigen Anerkennung gerichtlicher Entscheidungen in Zivil- und Handelssachen angenommen. Dieses Programm weist Maßnahmen zur Harmonisierung der Kollisionsnormen als Maßnahmen aus, die die gegenseitige Anerkennung gerichtlicher Entscheidungen erleichtern können, und stellt die Ausarbeitung eines Rechtsinstruments zu Fragen des ehelichen Güterstands in Aussicht.

(5) Am 4./5. November 2004 nahm der Europäische Rat auf seiner Tagung in Brüssel ein neues Programm mit dem Titel „Haager Programm zur Stärkung von Freiheit, Sicherheit und Recht in der Europäischen Union" an. Darin ersuchte der Rat die Kommission um Vorlage eines Grünbuchs über die Regelung des Kollisionsrechts im Bereich des ehelichen Güterstands, einschließlich der Frage der Zuständigkeit und der gegenseitigen Anerkennung. Dem Programm zufolge sollte auch ein Rechtsakt in diesem Bereich erlassen werden.

(6) Am 17. Juli 2006 nahm die Kommission daraufhin ein Grünbuch zu den Kollisionsnormen im Güterrecht sowie zur gerichtlichen Zuständigkeit und der gegenseitigen Anerkennung an. Auf der Grundlage dieses Grünbuchs fand eine umfassende Konsultation zu den Problemen statt, die sich im europäischen Kontext bei der güterrechtlichen Auseinandersetzung für Paare stellen, sowie zu den rechtlichen Lösungsmöglichkeiten.

(7) Auf seiner Tagung vom 10./11. Dezember 2009 in Brüssel nahm der Rat ein neues mehrjähriges Programm mit dem Titel „Das Stockholmer Programm – Ein offenes und sicheres Europa im Dienste und zum Schutz der Bürger" an. Darin hielt der Europäische Rat fest, dass der Grundsatz der gegenseitigen Anerkennung auf Bereiche ausgeweitet werden sollte, die bisher noch nicht erfasst sind, aber den Alltag der Bürger wesentlich prägen, z. B. das Ehegüterrecht, wobei gleichzeitig die Rechtssysteme einschließlich der öffentlichen Ordnung (*ordre public*) und die nationalen Traditionen der Mitgliedstaaten in diesem Bereich zu berücksichtigen sind.

(8) In ihrem „Bericht über die Unionsbürgerschaft 2010 – Weniger Hindernisse für die Ausübung von Unionsbürgerrechten" vom 27. Oktober 2010 kündigte die Kommission die

1671

Anh IV　　　　　　　　Erwägungsgründe zu den kommentierten EU-Verordnungen

Vorlage eines Legislativvorschlags an, der Hindernisse für die Freizügigkeit und insbesondere die Schwierigkeiten überwinden soll, mit denen Paare bei der Verwaltung ihres Vermögens oder bei dessen Teilung konfrontiert sind.

(9) Am 16 März 2011 nahm die Kommission einen Vorschlag für eine Verordnung des Rates über die Zuständigkeit, das anzuwendende Recht, die Anerkennung und die Vollstreckung von Entscheidungen im Bereich des Ehegüterrechts und einen Vorschlag für eine Verordnung des Rates über die Zuständigkeit, das anzuwendende Recht, die Anerkennung und die Vollstreckung von Entscheidungen im Bereich des Güterrechts eingetragener Partnerschaften an.

(10) Auf seiner Tagung vom 3. Dezember 2015 stellte der Rat fest, dass in Bezug auf die beiden Verordnungsvorschläge zu den ehelichen Güterständen und den Güterständen eingetragener Partnerschaften keine Einstimmigkeit erzielt werden konnte und innerhalb eines vertretbaren Zeitraums die mit einer Zusammenarbeit in diesem Bereich angestrebten Ziele von der Union in ihrer Gesamtheit nicht verwirklicht werden können.

(11) Zwischen Dezember 2015 und Februar 2016 richteten Belgien, Bulgarien, die Tschechische Republik, Deutschland, Griechenland, Spanien, Frankreich, Kroatien, Italien, Luxemburg, Malta, die Niederlande, Österreich, Portugal, Slowenien, Finnland und Schweden Anträge an die Kommission, in denen sie ihren Wunsch bekundeten, untereinander eine Verstärkte Zusammenarbeit im Bereich der Güterstände internationaler Paare, insbesondere im Bereich der Zuständigkeit, des anzuwendenden Rechts, der Anerkennung und Vollstreckung von Entscheidungen in Fragen der ehelichen Güterstände und der Güterstände eingetragener Partnerschaften, begründen zu wollen, und die Kommission um Vorlage eines entsprechenden Vorschlags an den Rat baten. Zypern hat mit Schreiben an die Kommission im März 2016 seinen Wunsch zum Ausdruck gebracht, an dieser Verstärkten Zusammenarbeit teilzunehmen; Zypern hat diesen Wunsch später während der Arbeiten des Rates bestätigt.

(12) Am 9. Juni 2016 erließ der Rat den Beschluss (EU) 2016/954 über die Ermächtigung zu dieser Verstärkten Zusammenarbeit.

(13) Gemäß Artikel 328 Absatz 1 AEUV steht eine Verstärkte Zusammenarbeit bei ihrer Begründung allen Mitgliedstaaten offen, sofern sie die in dem hierzu ermächtigenden Beschluss gegebenenfalls festgelegten Teilnahmevoraussetzungen erfüllen. Dies gilt auch zu jedem anderen Zeitpunkt, sofern sie neben den genannten Voraussetzungen auch die in diesem Rahmen bereits erlassenen Rechtsakte beachten. Die Kommission und die an einer Verstärkten Zusammenarbeit teilnehmenden Mitgliedstaaten sollten dafür sorgen, dass die Teilnahme möglichst vieler Mitgliedstaaten gefördert wird. Diese Verordnung sollte nur in den Mitgliedstaaten in allen ihren Teilen verbindlich sein und unmittelbar gelten, die kraft des Beschlusses (EU) 2016/954 oder kraft eines gemäß Artikel 331 Absatz 1 Unterabsatz 2 oder 3 AEUV erlassenen Beschlusses an der Verstärkten Zusammenarbeit im Bereich der Gerichtszuständigkeit, des anzuwendenden Rechts und der Anerkennung und Vollstreckung von Entscheidungen in Fragen der Güterstände internationaler Paare (eheliche Güterstände und Güterstände eingetragener Partnerschaften) teilnehmen.

(14) Diese Verordnung sollte gemäß Artikel 81 AEUV auf eheliche Güterstände mit grenzüberschreitendem Bezug Anwendung finden.

(15) Damit für verheiratete Paare Rechtssicherheit in Bezug auf ihr Vermögen und ein gewisses Maß an Vorhersehbarkeit in Bezug auf das anzuwendende Recht gegeben ist, sollten alle Regelungen, welche auf die ehelichen Güterstände anzuwenden sind, in einem einzigen Rechtsinstrument erfasst werden.

(16) Um diese Ziele zu erreichen, sollten in dieser Verordnung die Bestimmungen über die Gerichtszuständigkeit, das anzuwendende Recht, die Anerkennung – oder gegebenenfalls die Annahme –, die Vollstreckbarkeit und die Vollstreckung von Entscheidungen, öffentlichen Urkunden und gerichtlichen Vergleichen zusammengefasst werden.

(17) Der Begriff „Ehe", der sich nach dem nationalen Recht der Mitgliedstaaten bestimmt, wird in dieser Verordnung nicht definiert.

(18) Der Anwendungsbereich dieser Verordnung sollte sich auf alle zivilrechtlichen Aspekte der ehelichen Güterstände erstrecken und sowohl die Verwaltung des Vermögens der Ehegatten im Alltag betreffen als auch die güterrechtliche Auseinandersetzung, insbesondere infolge der Trennung des Paares oder des Todes eines Ehegatten. Für die Zwecke dieser Verordnung sollte der Begriff „ehelicher Güterstand" autonom ausgelegt werden und er sollte nicht nur Regelungen umfassen, von denen die Ehegatten nicht abweichen dürfen, sondern auch fakultative Regelungen, die sie nach Maßgabe des anzuwendenden Rechts vereinbaren können, sowie die Auffangregelungen des anzuwendenden Rechts. Dieser Begriff schließt nicht nur vermögens-

1672

EuGüVO   **Anh IV**

rechtliche Regelungen ein, die bestimmte einzelstaatliche Rechtsordnungen speziell und ausschließlich für die Ehe vorsehen, sondern auch sämtliche vermögensrechtlichen Verhältnisse, die zwischen den Ehegatten und in ihren Beziehungen gegenüber Dritten direkt infolge der Ehe oder der Auflösung des Eheverhältnisses gelten.

(19) Aus Gründen der Klarheit sollte eine Reihe von Fragen, die als mit dem ehelichen Güterstand zusammenhängend betrachtet werden könnten, ausdrücklich vom Anwendungsbereich dieser Verordnung ausgenommen werden.

(20) Dementsprechend sollte diese Verordnung nicht für Fragen der allgemeinen Rechts-, Geschäfts- und Handlungsfähigkeit der Ehegatten gelten; dieser Ausschluss sollte sich jedoch nicht auf die spezifischen Befugnisse und Rechte eines oder beider Ehegatten – weder im Verhältnis untereinander noch gegenüber Dritten – im Zusammenhang mit dem Vermögen erstrecken, da diese Befugnisse und Rechte in den Anwendungsbereich der Verordnung fallen sollten.

(21) Diese Verordnung sollte nicht für andere Vorfragen wie das Bestehen, die Gültigkeit oder die Anerkennung einer Ehe gelten, die weiterhin dem nationalen Recht der Mitgliedstaaten, einschließlich ihrer Vorschriften des Internationalen Privatrechts, unterliegen.

(22) Die Unterhaltspflichten im Verhältnis der Ehegatten untereinander sind Gegenstand der Verordnung (EG) Nr. 4/2009 des Rates und sollten daher vom Anwendungsbereich der vorliegenden Verordnung ausgenommen werden; das gilt auch für Fragen der Rechtsnachfolge nach dem Tod eines Ehegatten, da diese in der Verordnung (EU) Nr. 650/2012 des Europäischen Parlaments und des Rates geregelt sind.

(23) Fragen im Zusammenhang mit der Berechtigung, Ansprüche gleich welcher Art auf Alters- oder Erwerbsunfähigkeitsrente, die während der Ehe erworben wurden und die während der Ehe zu keinem Renteneinkommen geführt haben, zwischen den Ehegatten zu übertragen oder anzupassen, sollten vom Anwendungsbereich dieser Verordnung ausgenommen werden, wobei die in den Mitgliedstaaten bestehenden spezifischen Systeme zu berücksichtigen sind. Allerdings sollte diese Ausnahme eng ausgelegt werden. Somit sollte diese Verordnung insbesondere die Frage der Kategorisierung von Rentenansprüchen, der während der Ehe an einen der Ehegatten bereits ausgezahlten Beträge und des eventuell zu gewährenden Ausgleichs bei mit gemeinsamem Vermögen finanzierten Rentenversicherungen regeln.

(24) Diese Verordnung sollte die sich aus dem ehelichen Güterstand ergebende Begründung oder Übertragung eines Rechts an beweglichen oder unbeweglichen Vermögensgegenständen nach Maßgabe des auf den ehelichen Güterstand anzuwendenden Rechts ermöglichen. Sie sollte jedoch nicht die abschließende Anzahl (*Numerus clausus*) der dinglichen Rechte berühren, die das nationale Recht einiger Mitgliedstaaten kennt. Ein Mitgliedstaat sollte nicht verpflichtet sein, ein dingliches Recht an einer in diesem Mitgliedstaat belegenen Sache anzuerkennen, wenn sein Recht dieses dingliche Recht nicht kennt.

(25) Damit die Ehegatten jedoch die Rechte, die durch den ehelichen Güterstand begründet worden oder auf sie übergegangen sind, in einem anderen Mitgliedstaat ausüben können, sollte diese Verordnung die Anpassung eines unbekannten dinglichen Rechts an das in der Rechtsordnung dieses anderen Mitgliedstaats am ehesten vergleichbare Recht vorsehen. Bei dieser Anpassung sollten die mit dem besagten dinglichen Recht verfolgten Ziele und Interessen und die mit ihm verbundenen Wirkungen berücksichtigt werden. Für die Zwecke der Bestimmung des am ehesten vergleichbaren dinglichen Rechts können die Behörden oder zuständigen Personen des Staates, dessen Recht auf den ehelichen Güterstand Anwendung findet, kontaktiert werden, um weitere Auskünfte zu der Art und den Wirkungen des betreffenden Rechts einzuholen. In diesem Zusammenhang könnten die bestehenden Netze im Bereich der justiziellen Zusammenarbeit in Zivil- und Handelssachen sowie die anderen verfügbaren Mittel, die die Erkenntnis ausländischen Rechts erleichtern, genutzt werden.

(26) Die in dieser Verordnung ausdrücklich vorgesehene Anpassung unbekannter dinglicher Rechte sollte andere Formen der Anpassung im Zusammenhang mit der Anwendung dieser Verordnung nicht ausschließen.

(27) Die Voraussetzungen für die Eintragung von Rechten an beweglichen oder unbeweglichen Vermögensgegenständen in ein Register sollten vom Anwendungsbereich dieser Verordnung ausgenommen werden. Somit sollte das Recht des Mitgliedstaats, in dem das Register geführt wird (für unbewegliches Vermögen das Recht der belegenen Sache (*lex rei sitae*)), bestimmen, unter welchen gesetzlichen Voraussetzungen und wie die Eintragung vorzunehmen ist und welche Behörden wie etwa Grundbuchämter oder Notare dafür zuständig sind zu prüfen, dass alle Eintragungsvoraussetzungen erfüllt sind und die vorgelegten oder erstellten Unterlagen

Anh IV   Erwägungsgründe zu den kommentierten EU-Verordnungen

vollständig sind beziehungsweise die erforderlichen Angaben enthalten. Insbesondere können die Behörden prüfen, ob es sich bei dem Recht eines Ehegatten an dem Vermögensgegenstand, der in dem für die Eintragung vorgelegten Schriftstück erwähnt ist, um ein Recht handelt, das als solches in dem Register eingetragen ist oder nach dem Recht des Mitgliedstaats, in dem das Register geführt wird, anderweitig nachgewiesen wird. Um eine doppelte Erstellung von Schriftstücken zu vermeiden, sollten die Eintragungsbehörden diejenigen von den zuständigen Behörden in einem anderen Mitgliedstaat erstellten Schriftstücke annehmen, deren Verkehr in dieser Verordnung vorgesehen ist. Dies sollte die an der Eintragung beteiligten Behörden nicht daran hindern, von der Person, die die Eintragung beantragt, diejenigen zusätzlichen Angaben oder die Vorlage derjenigen zusätzlichen Schriftstücke zu verlangen, die nach dem Recht des Mitgliedstaats, in dem das Register geführt wird, erforderlich sind, wie beispielsweise Angaben oder Schriftstücke betreffend die Zahlung von Steuern. Die zuständige Behörde kann die Person, die die Eintragung beantragt, darauf hinweisen, wie die fehlenden Angaben oder Schriftstücke beigebracht werden können.

(28) Die Wirkungen der Eintragung eines Rechts in ein Register sollten ebenfalls vom Anwendungsbereich dieser Verordnung ausgenommen werden. Daher sollte das Recht des Mitgliedstaats, in dem das Register geführt
wird, dafür maßgebend sein, ob beispielsweise die Eintragung deklaratorische oder konstitutive Wirkung hat. Wenn also zum Beispiel der Erwerb eines Rechts an einer unbeweglichen Sache nach dem Recht des Mitgliedstaats, in dem das Register geführt wird, die Eintragung in ein Register erfordert, damit die Wirkung *erga omnes* von Registern sichergestellt wird oder Rechtsgeschäfte geschützt werden, sollte der Zeitpunkt des Erwerbs dem Recht dieses Mitgliedstaats unterliegen.

(29) Diese Verordnung sollte den verschiedenen Systemen zur Regelung des ehelichen Güterstands Rechnung tragen, die in den Mitgliedstaaten angewandt werden. Für die Zwecke dieser Verordnung sollte der Begriff „Gericht" daher weit gefasst werden, so dass nicht nur Gerichte im engeren Sinne, die gerichtliche Funktionen ausüben, erfasst werden, sondern beispielsweise in einigen Mitgliedstaaten auch Notare, die in bestimmten Fragen des ehelichen Güterstands gerichtliche Funktionen ausüben, sowie Notare und Angehörige von Rechtsberufen, die in einigen Mitgliedstaaten bei der Regelung eines ehelichen Güterstands aufgrund einer Befugnisübertragung durch ein Gericht gerichtliche Funktionen ausüben. Alle Gerichte im Sinne dieser Verordnung sollten durch die in dieser Verordnung festgelegten Zuständigkeitsregeln gebunden sein. Der Begriff ‚Gericht" sollte hingegen nicht die nichtgerichtlichen Behörden eines Mitgliedstaats erfassen, die, wie in den meisten Mitgliedstaaten die Notariate, nach nationalem Recht befugt sind, sich mit Fragen des ehelichen Güterstands zu befassen, wenn sie, wie es in der Regel der Fall ist, keine gerichtlichen Funktionen ausüben.

(30) Diese Verordnung sollte es allen Notaren, die für Fragen des ehelichen Güterstands in den Mitgliedstaaten zuständig sind, ermöglichen, diese Zuständigkeit auszuüben. Ob die Notare in einem Mitgliedstaat durch die Zuständigkeitsregeln dieser Verordnung gebunden sind, sollte davon abhängen, ob sie unter den Begriff „Gericht" im Sinne dieser Verordnung fallen.

(31) Die in den Mitgliedstaaten von Notaren in Fragen des ehelichen Güterstands errichteten Urkunden sollten nach Maßgabe dieser Verordnung verkehren. Üben Notare gerichtliche Funktionen aus, so sollten sie durch die Zuständigkeitsregeln dieser Verordnung gebunden sein, und die von ihnen erlassenen Entscheidungen sollten nach den Bestimmungen dieser Verordnung über die Anerkennung, Vollstreckbarkeit und Vollstreckung von Entscheidungen verkehren. Üben Notare keine gerichtlichen Funktionen aus, so sollten sie nicht durch diese Zuständigkeitsregeln gebunden sein, und die von ihnen errichteten öffentlichen Urkunden sollten nach den Bestimmungen dieser Verordnung über öffentliche Urkunden verkehren.

(32) Um der zunehmenden Mobilität von Paaren während ihres Ehelebens Rechnung zu tragen und eine geordnete Rechtspflege zu erleichtern, sollten die Zuständigkeitsvorschriften in dieser Verordnung den Bürgern die Möglichkeit geben, miteinander zusammenhängende Verfahren vor den Gerichten desselben Mitgliedstaats verhandeln zu lassen. Hierzu sollte mit der Verordnung angestrebt werden, die Zuständigkeit für den ehelichen Güterstand in dem Mitgliedstaat zu bündeln, dessen Gerichte berufen sind, über die Rechtsnachfolge von Todes wegen nach einem Ehegatten gemäß der Verordnung (EU) Nr. 650/2012 oder die Ehescheidung, die Trennung ohne Auflösung des Ehebands oder die Ungültigerklärung einer Ehe gemäß der Verordnung (EG) Nr. 2201/2003 des Rates zu befinden.

(33) In der vorliegenden Verordnung sollte vorgesehen werden, dass in den Fällen, in denen ein Verfahren über die Rechtsnachfolge von Todes wegen nach einem Ehegatten bei einem

1674

EuGüVO   **Anh IV**

gemäß der Verordnung (EU) Nr. 650/2012 angerufenen Gericht eines Mitgliedstaats anhängig ist, die Gerichte dieses Mitgliedstaats auch für Entscheidungen über Fragen des ehelichen Güterstands zuständig sind, die mit dem Nachlass im Zusammenhang stehen.

(34) Ebenso sollten Fragen des ehelichen Güterstands, die sich im Zusammenhang mit einem Verfahren ergeben, das bei einem mit einer Ehescheidung, einer Trennung ohne Auflösung des Ehebands oder der Ungültigerklärung einer Ehe gemäß der Verordnung (EG) Nr. 2201/2003 befassten Gericht eines Mitgliedstaats anhängig ist, in die Zuständigkeit der Gerichte dieses Mitgliedstaats fallen, es sei denn, die Zuständigkeit für Entscheidungen betreffend Ehescheidung, Trennung ohne Auflösung des Ehebands oder Ungültigerklärung der Ehe darf nur auf spezielle Zuständigkeitsregeln gestützt werden. In solchen Fällen sollte eine Bündelung der Zuständigkeit der Zustimmung der Ehegatten bedürfen.

(35) Stehen Fragen des ehelichen Güterstands nicht im Zusammenhang mit einem bei einem Gericht eines Mitgliedstaats anhängigen Verfahren über die Rechtsnachfolge von Todes wegen nach einem Ehegatten oder über Ehescheidung, Trennung ohne Auflösung des Ehebands oder Ungültigerklärung der Ehe, so sollte in dieser Verordnung eine Rangfolge der Anknüpfungspunkte vorgesehen werden, anhand deren die Zuständigkeit bestimmt wird, wobei erster Anknüpfungspunkt der gewöhnliche Aufenthalt der Ehegatten zum Zeitpunkt der Anrufung des Gerichts sein sollte. Diese Anknüpfungspunkte sollen die zunehmende Mobilität der Bürger widerspiegeln und eine wirkliche Verbindung zwischen den Ehegatten und dem Mitgliedstaat, in dem die Zuständigkeit ausgeübt wird, gewährleisten.

(36) Im Interesse einer größeren Rechtssicherheit, einer besseren Vorhersehbarkeit des anzuwendenden Rechts und einer größeren Entscheidungsfreiheit der Parteien sollte es diese Verordnung den Parteien unter bestimmten Voraussetzungen ermöglichen, eine Gerichtsstandsvereinbarung zugunsten der Gerichte des Mitgliedstaats, dessen Recht anzuwenden ist, oder der Gerichte des Mitgliedstaats, in dem die Ehe geschlossen wurde, zu schließen.

(37) Für die Zwecke dieser Verordnung und zur Erfassung aller möglichen Sachverhalte sollte der Mitgliedstaat der Eheschließung der Mitgliedstaat sein, vor dessen Behörden die Ehe geschlossen wurde.

(38) Die Gerichte eines Mitgliedstaats können feststellen, dass nach ihrem Internationalen Privatrecht die betreffende Ehe für die Zwecke eines Verfahrens betreffend den ehelichen Güterstand nicht anerkannt werden kann. In solchen Fällen kann es ausnahmsweise erforderlich sein, die durch diese Verordnung begründete Zuständigkeit abzulehnen. Die Gerichte sollten rasch handeln, und die betroffene Partei sollte die Möglichkeit haben, die Rechtssache in jedem anderen Mitgliedstaat, dessen gerichtliche Zuständigkeit aufgrund eines Anknüpfungspunkts begründet ist, anhängig zu machen, wobei es nicht auf die Rangfolge der Zuständigkeitskriterien ankommt und zugleich die Parteiautonomie zu wahren ist. Jedes nach einer Unzuständigkeitserklärung angerufene Gericht, das nicht ein Gericht des Mitgliedstaats ist, in dem die Ehe geschlossen wurde, darf sich unter denselben Bedingungen ebenfalls ausnahmsweise für unzuständig erklären. Eine Kombination der verschiedenen Zuständigkeitsregeln sollte jedoch gewährleisten, dass die Parteien jede Möglichkeit haben, ein Gericht eines Mitgliedstaats anzurufen, das sich zu dem Zweck, ihrem ehelichen Güterstand Wirkung zu verleihen, für zuständig erklärt.

(39) Diese Verordnung sollte die Parteien nicht daran hindern, den Rechtsstreit außergerichtlich, beispielsweise vor einem Notar, in einem Mitgliedstaat ihrer Wahl einvernehmlich zu regeln, wenn das nach dem Recht dieses Mitgliedstaats möglich ist. Das sollte auch dann der Fall sein, wenn das auf den ehelichen Güterstand anzuwendende Recht nicht das Recht dieses Mitgliedstaats ist.

(40) Um zu gewährleisten, dass die Gerichte aller Mitgliedstaaten ihre Zuständigkeit in Fragen des ehelichen Güterstands auf derselben Grundlage ausüben können, sollten die Gründe, aus denen diese subsidiäre Zuständigkeit ausgeübt werden kann, in dieser Verordnung abschließend geregelt werden.

Um insbesondere Fällen von Rechtsverweigerung begegnen zu können, sollte in dieser Verordnung auch eine Notzuständigkeit (*forum necessitatis*) vorgesehen werden, wonach ein Gericht eines Mitgliedstaats in besonderen Ausnahmefällen über einen ehelichen Güterstand entscheiden kann, der einen engen Bezug zu einem Drittstaat aufweist. Ein solcher Ausnahmefall könnte gegeben sein, wenn sich ein Verfahren in dem betreffenden Drittstaat als unmöglich erweist, beispielsweise wegen eines Bürgerkriegs, oder wenn von einem Ehegatten vernünftigerweise nicht erwartet werden kann, dass er ein Verfahren in diesem Staat einleitet oder führt. Die Zuständigkeit, die auf *forum necessitatis* gründet, sollte jedoch nur ausgeübt werden, wenn die Sache eine ausreichende Verbindung zu dem Mitgliedstaat des angerufenen Gerichts aufweist.

1675

Anh IV Erwägungsgründe zu den kommentierten EU-Verordnungen

(42) Im Interesse einer geordneten Rechtspflege sollte vermieden werden, dass in den Mitgliedstaaten Entscheidungen ergehen, die miteinander unvereinbar sind. Hierzu sollte die Verordnung allgemeine Verfahrensvorschriften nach dem Vorbild anderer Rechtsinstrumente der Union im Bereich der justiziellen Zusammenarbeit in Zivilsachen vorsehen. Eine dieser Verfahrensvorschriften ist die Regel zur Rechtshängigkeit, die zum Tragen kommt, wenn dieselbe Güterrechtssache bei Gerichten in verschiedenen Mitgliedstaaten anhängig gemacht wird. Diese Regel bestimmt, welches Gericht sich weiterhin mit der Güterrechtssache zu befassen hat.

(43) Damit die Bürger die Vorteile des Binnenmarkts ohne Einbußen bei der Rechtssicherheit nutzen können, sollte diese Verordnung den Ehegatten im Voraus Klarheit über das in ihrem Fall anzuwendende Ehegüterrecht verschaffen. Es sollten daher harmonisierte Kollisionsnormen eingeführt werden, um einander widersprechende Ergebnisse zu vermeiden. Die allgemeine Kollisionsnorm sollte sicherstellen, dass der eheliche Güterstand einem im Voraus bestimmbaren Recht unterliegt, zu dem eine enge Verbindung besteht. Aus Gründen der Rechtssicherheit und um eine Aufspaltung des ehelichen Güterstands zu vermeiden, sollte das anzuwendende Recht den ehelichen Güterstand insgesamt, d. h. das gesamte zum Güterstand gehörende Vermögen, erfassen, unabhängig von der Art der Vermögenswerte und unabhängig davon, ob diese in einem anderen Mitgliedstaat oder in einem Drittstaat belegen sind.

(44) Das nach dieser Verordnung bestimmte Recht sollte auch dann Anwendung finden, wenn es nicht das Recht eines Mitgliedstaats ist.

(45) Um Ehegatten die Verwaltung ihres Vermögens zu erleichtern, sollten ihnen diese Verordnung erlauben, unter den Rechtsordnungen, zu denen sie aufgrund ihres gewöhnlichen Aufenthalts oder ihrer Staatsangehörigkeit eine enge Verbindung haben, unabhängig von der Art oder Belegenheit des Vermögens das auf ihren ehelichen Güterstand anzuwendende Recht zu wählen. Diese Wahl kann jederzeit vor der Ehe, zum Zeitpunkt der Eheschließung oder während der Ehe erfolgen.

(46) Im Interesse der Sicherheit des Rechtsverkehrs und um zu verhindern, dass sich das auf den ehelichen Güterstand anzuwendende Recht ändert, ohne dass die Ehegatten davon unterrichtet werden, sollte ein Wechsel des auf den ehelichen Güterstand anzuwendenden Rechts nur nach einem entsprechenden ausdrücklichen Antrag der Parteien möglich sein. Dieser von den Ehegatten beschlossene Wechsel sollte nicht rückwirkend gelten, es sei denn, sie haben das ausdrücklich vereinbart. Auf keinen Fall dürfen dadurch die Rechte Dritter verletzt werden.

(47) Es sollten Regeln zur materiellen Wirksamkeit und zur Formgültigkeit der Vereinbarung über die Rechtswahl festgelegt werden, die es den Ehegatten erleichtern, ihre Rechtswahl in voller Sachkenntnis zu treffen, und die gewährleisten, dass die einvernehmliche Rechtswahl der Ehegatten im Interesse der Rechtssicherheit sowie eines besseren Rechtsschutzes respektiert wird. Was die Formgültigkeit anbelangt, sollten bestimmte Schutzvorkehrungen getroffen werden, um sicherzustellen, dass sich die Ehegatten der Tragweite ihrer Rechtswahl bewusst sind. Die Vereinbarung über die Rechtswahl sollte zumindest der Schriftform bedürfen und von beiden Parteien mit Datum und Unterschrift versehen werden müssen. Sieht das Recht des Mitgliedstaats, in dem beide Ehegatten zum Zeitpunkt der Rechtswahl ihren gewöhnlichen Aufenthalt haben, zusätzliche Formvorschriften vor, so sollten diese eingehalten werden. Haben die Ehegatten zum Zeitpunkt der Rechtswahl ihren gewöhnlichen Aufenthalt in verschiedenen Mitgliedstaaten, in denen unterschiedliche Formvorschriften vorgesehen sind, so sollte es ausreichen, dass die Formvorschriften eines dieser Mitgliedstaaten eingehalten werden. Hat zum Zeitpunkt der Rechtswahl nur einer der Ehegatten seinen gewöhnlichen Aufenthalt in einem Mitgliedstaat, in dem zusätzliche Formvorschriften vorgesehen sind, so sollten diese Formvorschriften eingehalten werden.

(48) Eine Vereinbarung über den ehelichen Güterstand ist eine Art der Verfügung über das Vermögen, die in den Mitgliedstaaten nicht in gleichem Maße zulässig ist und anerkannt wird. Um die Anerkennung von auf der Grundlage einer Vereinbarung über den ehelichen Güterstand erworbenen Güterstandsrechten in den Mitgliedstaaten zu erleichtern, sollten Vorschriften über die Formgültigkeit von Vereinbarungen über den ehelichen Güterstand festgelegt werden. Die Vereinbarung sollte zumindest der Schriftform bedürfen und datiert und von beiden Ehegatten unterzeichnet werden. Die Vereinbarung sollte jedoch auch zusätzliche Anforderungen an die Formgültigkeit erfüllen, die in dem auf den ehelichen Güterstand anzuwendenden Recht, das nach dieser Verordnung bestimmt wurde, und in dem Recht des Mitgliedstaats, in dem die Ehegatten ihren gewöhnlichen Aufenthalt haben, vorgesehen sind. In dieser Verordnung sollte ferner festgelegt werden, nach welchem Recht sich die materielle Wirksamkeit einer solchen Vereinbarung richtet.

1676

EuGüVO   **Anh IV**

(49) Wird keine Rechtswahl getroffen, so sollte diese Verordnung im Interesse der Rechtssicherheit und Vorhersehbarkeit des anzuwendenden Rechts unter Berücksichtigung der tatsächlichen Lebensumstände der Ehegatten die Einführung harmonisierter Kollisionsnormen vorsehen, die sich auf eine Rangfolge der Anknüpfungspunkte stützen, anhand deren sich das auf das gesamte Vermögen der Ehegatten anzuwendende Recht bestimmen lässt. So sollte der erste gemeinsame gewöhnliche Aufenthalt der Ehegatten kurz nach der Eheschließung erster Anknüpfungspunkt noch vor der gemeinsamen Staatsangehörigkeit der Ehegatten zum Zeitpunkt der Eheschließung sein. Ist keiner dieser Anknüpfungspunkte gegeben oder liegen Fälle vor, in denen bei Fehlen eines ersten gemeinsamen gewöhnlichen Aufenthalts die Ehegatten zum Zeitpunkt der Eheschließung jeweils eine doppelte gemeinsame Staatsangehörigkeit haben, sollte drittens an das Recht des Staates angeknüpft werden, zu dem die Ehegatten die engste Verbindung haben. Bei Anwendung des letztgenannten Kriteriums sollten alle Umstände berücksichtigt werden, und es sollte klargestellt werden, dass für diese Verbindung der Zeitpunkt der Eheschließung maßgebend ist.

(50) Wird in dieser Verordnung auf die Staatsangehörigkeit als Anknüpfungspunkt verwiesen, so handelt es sich bei der Frage nach der Behandlung einer Person mit mehrfacher Staatsangehörigkeit um eine Vorfrage, die nicht in den Anwendungsbereich dieser Verordnung fällt; sie sollte sich weiterhin nach nationalem Recht, einschließlich der anwendbaren Übereinkommen, richten, wobei die allgemeinen Grundsätze der Union uneingeschränkt einzuhalten sind. Diese Behandlung sollte keine Auswirkung auf die Gültigkeit einer Rechtswahl haben, die nach dieser Verordnung getroffen wurde.

(51) In Bezug auf die Bestimmung des auf den ehelichen Güterstand anzuwendenden Rechts sollte das Gericht eines Mitgliedstaats bei fehlender Rechtswahl und fehlender Vereinbarung über den ehelichen Güterstand auf Antrag eines Ehegatten in Ausnahmefällen – wenn die Ehegatten sich im Staat ihres gewöhnlichen Aufenthalts für einen langen Zeitraum niedergelassen haben – feststellen können, dass das Recht dieses Staates angewandt werden kann, sofern die Ehegatten auf dieses Recht vertraut haben. Auf keinen Fall dürfen dadurch die Rechte Dritter verletzt werden.

(52) Das zur Anwendung auf den ehelichen Güterstand berufene Recht sollte diesen Güterstand angefangen bei der Einteilung des Vermögens eines oder beider Ehegatten in verschiedene Kategorien während der Ehe und nach ihrer Auflösung bis hin zur Vermögensauseinandersetzung regeln. Es sollte auch die Wirkungen des ehelichen Güterstands auf ein Rechtsverhältnis zwischen einem Ehegatten und Dritten einschließen. Allerdings darf das auf den ehelichen Güterstand zur Regelung solcher Wirkungen anzuwendende Recht einem Dritten von einem Ehegatten nur dann entgegengehalten werden, wenn das Rechtsverhältnis zwischen diesem Ehegatten und dem Dritten zu einem Zeitpunkt entstanden ist, zu dem der Dritte Kenntnis von diesem Recht hatte oder hätte haben müssen.

(53) Aus Gründen des öffentlichen Interesses wie der Wahrung der politischen, sozialen oder wirtschaftlichen Ordnung eines Mitgliedstaats sollte es gerechtfertigt sein, dass die Gerichte und andere zuständige Behörden der Mitgliedstaaten die Möglichkeit erhalten, in Ausnahmefällen auf der Grundlage von Eingriffsnormen Ausnahmeregelungen anzuwenden. Dementsprechend sollte der Begriff „Eingriffsnormen" Normen von zwingender Natur wie zum Beispiel die Normen zum Schutz der Familienwohnung umfassen. Diese Ausnahme von der Anwendung des auf den ehelichen Güterstand anzuwendenden Rechts ist jedoch eng auszulegen, damit sie der allgemeinen Zielsetzung dieser Verordnung nicht zuwiderläuft.

(54) Aus Gründen des öffentlichen Interesses sollte außerdem den Gerichten und anderen mit Fragen des ehelichen Güterstands befassten zuständigen Behörden in den Mitgliedstaaten in Ausnahmefällen die Möglichkeit gegeben werden, Bestimmungen eines ausländischen Rechts nicht zu berücksichtigen, wenn deren Anwendung in einem bestimmten Fall mit der öffentlichen Ordnung (ordre public) des betreffenden Mitgliedstaats offensichtlich unvereinbar wäre. Die Gerichte oder andere zuständige Behörden sollten allerdings nicht aus Gründen der öffentlichen Ordnung (ordre public) die Anwendung des Rechts eines anderen Mitgliedstaats ausschließen oder die Anerkennung – oder gegebenenfalls die Annahme –oder die Vollstreckung einer Entscheidung, einer öffentlichen Urkunde oder eines gerichtlichen Vergleichs aus einem anderen Mitgliedstaat versagen dürfen, wenn das gegen die Charta der Grundrechte der Europäischen Union (im Folgenden: „Charta"), insbesondere gegen Artikel 21 über den Grundsatz der Nichtdiskriminierung, verstoßen würde.

(55) Da es Staaten gibt, in denen die in dieser Verordnung behandelten Fragen durch zwei oder mehr Rechtssysteme oder Regelwerke geregelt werden, sollte festgelegt werden, inwieweit diese Verordnung in den verschiedenen Gebietseinheiten dieser Staaten Anwendung findet.

1677

Anh IV Erwägungsgründe zu den kommentierten EU-Verordnungen

(56) Diese Verordnung sollte in Anbetracht ihrer allgemeinen Zielsetzung, nämlich der gegenseitigen Anerkennung der in den Mitgliedstaaten ergangenen Entscheidungen in Fragen des ehelichen Güterstands, Vorschriften für die Anerkennung, Vollstreckbarkeit und Vollstreckung von Entscheidungen nach dem Vorbild anderer Rechtsinstrumente der Union im Bereich der justiziellen Zusammenarbeit in Zivilsachen vorsehen.

(57) Um den verschiedenen Systemen zur Regelung von Fragen des ehelichen Güterstands in den Mitgliedstaaten Rechnung zu tragen, sollte diese Verordnung die Annahme und Vollstreckbarkeit den ehelichen Güterstand betreffender öffentlicher Urkunden in sämtlichen Mitgliedstaaten gewährleisten.

(58) Öffentliche Urkunden sollten in einem anderen Mitgliedstaat die gleiche formelle Beweiskraft wie im Ursprungsmitgliedstaat oder die damit am ehesten vergleichbare Wirkung entfalten. Die formelle Beweiskraft einer öffentlichen Urkunde in einem anderen Mitgliedstaat oder die damit am ehesten vergleichbare Wirkung sollte durch Bezugnahme auf Art und Umfang der formellen Beweiskraft der öffentlichen Urkunde im Ursprungsmitgliedstaat bestimmt werden. Somit richtet sich die formelle Beweiskraft einer öffentlichen Urkunde in einem anderen Mitgliedstaat nach dem Recht des Ursprungsmitgliedstaats.

(59) Die „Authentizität" einer öffentlichen Urkunde sollte ein autonomer Begriff sein, der Aspekte wie die Echtheit der Urkunde, die Formerfordernisse für die Urkunde, die Befugnisse der Behörde, die die Urkunde errichtet, und das Verfahren, nach dem die Urkunde errichtet wird, erfassen sollte. Der Begriff sollte ferner die von der betreffenden Behörde in der öffentlichen Urkunde beurkundeten Vorgänge erfassen, wie z.B. die Tatsache, dass die genannten Parteien an dem genannten Tag vor dieser Behörde erschienen sind und die genannten Erklärungen abgegeben haben. Eine Partei, die Einwände in Bezug auf die Authentizität einer öffentlichen Urkunde erheben möchte, sollte dies bei dem zuständigen Gericht im Ursprungsmitgliedstaat der öffentlichen Urkunde nach dem Recht dieses Mitgliedstaats tun.

(60) Die Formulierung „die in einer öffentlichen Urkunde beurkundeten Rechtsgeschäfte oder Rechtsverhältnisse" sollte als Bezugnahme auf den in der öffentlichen Urkunde niedergelegten materiellen Inhalt verstanden werden. Eine Partei, die Einwände in Bezug auf die in einer öffentlichen Urkunde beurkundeten Rechtsgeschäfte oder Rechtsverhältnisse erheben möchte, sollte dies bei den nach dieser Verordnung zuständigen Gerichten tun, die nach dem auf den ehelichen Güterstand anzuwendenden Recht über die Einwände entscheiden sollten.

(61) Wird eine Frage in Bezug auf die in einer öffentlichen Urkunde beurkundeten Rechtsgeschäfte oder Rechtsverhältnisse als Vorfrage in einem Verfahren bei einem Gericht eines Mitgliedstaats vorgebracht, so sollte dieses Gericht für die Entscheidung über diese Vorfrage zuständig sein.

(62) Eine öffentliche Urkunde, gegen die Einwände erhoben wurden, sollte in einem anderen Mitgliedstaat als dem Ursprungsmitgliedstaat keine formelle Beweiskraft entfalten, solange die Einwände anhängig sind. Betreffen die Einwände nur einen spezifischen Umstand mit Bezug auf die in einer öffentlichen Urkunde beurkundeten Rechtsgeschäfte oder Rechtsverhältnisse, so sollte die öffentliche Urkunde in Bezug auf den angefochtenen Umstand keine Beweiskraft in einem anderen Mitgliedstaat als dem Ursprungsmitgliedstaat entfalten, solange die Einwände anhängig sind. Eine öffentliche Urkunde, die aufgrund eines Einwands für ungültig erklärt wird, sollte keine Beweiskraft mehr entfalten.

(63) Wenn einer Behörde im Rahmen der Anwendung dieser Verordnung zwei nicht miteinander zu vereinbarende öffentliche Urkunden vorgelegt werden, sollte sie die Frage, welcher Urkunde gegebenenfalls Vorrang einzuräumen ist, unter Berücksichtigung der Umstände des jeweiligen Falls beurteilen. Geht aus diesen Umständen nicht eindeutig hervor, welche Urkunde gegebenenfalls Vorrang haben sollte, so sollte diese Frage von den nach dieser Verordnung zuständigen Gerichten oder, wenn die Frage als Vorfrage im Laufe eines Verfahrens vorgebracht wird, von dem mit diesem Verfahren befassten Gericht geklärt werden. Im Falle einer Unvereinbarkeit zwischen einer öffentlichen Urkunde und einer Entscheidung sollten die Gründe für die Nichtanerkennung von Entscheidungen nach dieser Verordnung berücksichtigt werden.

(64) Die Anerkennung und Vollstreckung einer Entscheidung über den ehelichen Güterstand nach Maßgabe dieser Verordnung sollte in keiner Weise die Anerkennung der Ehe implizieren, die dem ehelichen Güterstand, der Anlass zu der Entscheidung gegeben hat, zugrunde liegt.

(65) Das Verhältnis zwischen dieser Verordnung und den bilateralen oder multilateralen Übereinkünften, denen die Mitgliedstaaten angehören, sollte bestimmt werden.

(66) Diese Verordnung sollte die Mitgliedstaaten, die Vertragsparteien des Übereinkommens vom 6. Februar 1931 zwischen Dänemark, Finnland, Island, Norwegen und Schweden mit

1678

EuGüVO   **Anh IV**

Bestimmungen des Internationalen Privatrechts über Eheschließung, Adoption und Vormundschaft in der Fassung von 2006, des Übereinkommens vom 19. November 1934 zwischen Dänemark, Finnland, Island, Norwegen und Schweden mit Bestimmungen des Internationalen Privatrechts über Rechtsnachfolge von Todes wegen, Testamente und Nachlassverwaltung in der Fassung von 2012 und des Übereinkommens vom 11. Oktober 1977 zwischen Dänemark, Finnland, Island, Norwegen und Schweden über die Anerkennung und Vollstreckung von Entscheidungen in Zivilsachen sind, nicht daran hindern, weiterhin spezifische Bestimmungen jener Übereinkommen anzuwenden, soweit diese vereinfachte und zügigere Verfahren für die Anerkennung und Vollstreckung von Entscheidungen in Fragen des ehelichen Güterstands vorsehen.

(67) Um die Anwendung dieser Verordnung zu erleichtern, sollten die Mitgliedstaaten verpflichtet werden, über das mit der Entscheidung 2001/ 470/EG des Rates eingerichtete Europäische Justizielle Netz für Zivil- und Handelssachen bestimmte Angaben über ihre den ehelichen Güterstand betreffenden Vorschriften und Verfahren zu machen. Damit sämtliche Informationen, die für die praktische Anwendung dieser Verordnung von Bedeutung sind, rechtzeitig im Amtsblatt der Europäischen Union veröffentlicht werden können, sollten die Mitgliedstaaten der Kommission auch diese Informationen vor dem Beginn der Anwendung der Verordnung mitteilen.

(68) Um die Anwendung dieser Verordnung zu erleichtern und um die Nutzung moderner Kommunikationstechnologien zu ermöglichen, sollten Standardformulare für die Bescheinigungen, die im Zusammenhang mit einem Antrag auf Vollstreckbarerklärung einer Entscheidung, einer öffentlichen Urkunde oder eines gerichtlichen Vergleichs vorzulegen sind, vorgeschrieben werden.

(69) Die Berechnung der in dieser Verordnung vorgesehenen Fristen und Termine sollte nach Maßgabe der Verordnung (EWG, Euratom) Nr. 1182/71 des Rates erfolgen.

(70) Um einheitliche Bedingungen für die Durchführung dieser Verordnung gewährleisten zu können, sollten der Kommission in Bezug auf die Erstellung und spätere Änderung der Bescheinigungen und Formblätter, welche die Vollstreckbarerklärung von Entscheidungen, gerichtlichen Vergleichen und öffentlichen Urkunden betreffen, Durchführungsbefugnisse übertragen werden. Diese Befugnisse sollten nach Maßgabe der Verordnung (EU) Nr. 182/2011 des Europäischen Parlaments und des Rates ausgeübt werden.

(71) Für den Erlass von Durchführungsrechtsakten zur Erstellung und späteren Änderung der in dieser Verordnung vorgesehenen Bescheinigungen und Formulare sollte das Beratungsverfahren herangezogen werden.

(72) Die Ziele dieser Verordnung, nämlich die Freizügigkeit innerhalb der Union und die Möglichkeit für Ehegatten, ihre vermögensrechtlichen Beziehungen untereinander sowie gegenüber Dritten während ihres Ehelebens und zum Zeitpunkt der Auseinandersetzung ihres Vermögens zu regeln, sowie bessere Vorhersehbarkeit des anzuwendenden Rechts und eine größere Rechtssicherheit, können von den Mitgliedstaaten nicht ausreichend verwirklicht werden, und sind vielmehr wegen des Umfangs und der Wirkungen dieser Verordnung besser auf Unionsebene – gegebenenfalls im Wege einer Verstärkten Zusammenarbeit der Mitgliedstaaten – zu verwirklichen. Im Einklang mit dem in Artikel 5 des Vertrags über die Europäische Union niedergelegten Subsidiaritätsprinzip kann die Union tätig werden. Entsprechend dem in demselben Artikel genannten Grundsatz der Verhältnismäßigkeit geht diese Verordnung nicht über das für die Verwirklichung dieser Ziele erforderliche Maß hinaus.

(73) Diese Verordnung steht im Einklang mit den Grundrechten und Grundsätzen, die mit der Charta anerkannt wurden, namentlich die Artikel 7, 9, 17, 21 und 47, die das Recht auf Achtung des Privat- und Familienlebens, das nach nationalem Recht geschützte Recht, eine Ehe einzugehen und eine Familie zu gründen, das Eigentumsrecht, den Grundsatz der Nichtdiskriminierung sowie das Recht auf einen wirksamen Rechtsbehelf und ein faires Verfahren betreffen. Bei der Anwendung dieser Verordnung sollten die Gerichte und anderen zuständigen Behörden der Mitgliedstaaten diese Rechte und Grundsätze achten.

1679

Anh V   Erwägungsgründe zu den kommentierten EU-Verordnungen

V.

1100. Verordnung (EU) 2016/1104 des Rates zur Durchführung der Verstärkten Zusammenarbeit im Bereich der Zuständigkeit, des anzuwendenden Rechts und der Anerkennung und Vollstreckung von Entscheidungen in Fragen güterrechtlicher Wirkungen eingetragener Partnerschaften

Vom 24. Juni 2016 (ABl EU 2016 L 183, 30.)

(1) Die Union hat sich zum Ziel gesetzt, einen Raum der Freiheit, der Sicherheit und des Rechts, in dem der freie Personenverkehr gewährleistet ist, zu erhalten und weiterzuentwickeln. Zum schrittweisen Aufbau eines solchen Raums hat die Union im Bereich der justiziellen Zusammenarbeit in Zivilsachen, die einen grenzüberschreitenden Bezug aufweisen, Maßnahmen zu erlassen, insbesondere wenn dies für das reibungslose Funktionieren des Binnenmarkts erforderlich ist.

(2) Nach Artikel 81 Absatz 2 Buchstabe c des Vertrags über die Arbeitsweise der Europäischen Union (AEUV) können zu solchen Maßnahmen unter anderem Maßnahmen gehören, die die Vereinbarkeit der in den Mitgliedstaaten geltenden Kollisionsnormen und Vorschriften zur Vermeidung von Kompetenzkonflikten sicherstellen sollen.

(3) Auf seiner Tagung vom 15./16. Oktober 1999 in Tampere hatte der Europäische Rat den Grundsatz der gegenseitigen Anerkennung von Urteilen und anderen Entscheidungen von Justizbehörden als Eckstein der justiziellen Zusammenarbeit in Zivilsachen unterstützt und den Rat und die Kommission ersucht, ein Maßnahmenprogramm zur Umsetzung dieses Grundsatzes anzunehmen.

(4) Am 30. November 2000 wurde daraufhin ein für die Kommission und den Rat gleichermaßen geltendes Maßnahmenprogramm zur Umsetzung des Grundsatzes der gegenseitigen Anerkennung gerichtlicher Entscheidungen in Zivil- und Handelssachen angenommen. Dieses Programm weist Maßnahmen zur Harmonisierung der Kollisionsnormen als Maßnahmen aus, die die gegenseitige Anerkennung gerichtlicher Entscheidungen erleichtern können, und stellt die Ausarbeitung eines Rechtsinstruments zu den ehelichen Güterständen und den güterrechtlichen Wirkungen der Trennung von nicht verheirateten Paaren in Aussicht.

(5) Am 4. und 5. November 2004 nahm der Europäische Rat auf seiner Tagung in Brüssel ein neues Programm mit dem Titel „Haager Programm zur Stärkung von Freiheit, Sicherheit und Recht in der Europäischen Union" an. Darin ersuchte der Rat die Kommission um Vorlage eines Grünbuchs über das Kollisionsrecht im Bereich des ehelichen Güterstands, einschließlich der Frage der Zuständigkeit und der gegenseitigen Anerkennung. Dem Programm zufolge sollte auch ein Rechtsakt in diesem Bereich erlassen werden.

(6) Am 17. Juli 2006 nahm die Kommission daraufhin ein Grünbuch zu den Kollisionsnormen im Güterrecht sowie zur gerichtlichen Zuständigkeit und der gegenseitigen Anerkennung an. Auf der Grundlage dieses Grünbuchs fand eine umfassende Konsultation zu den Problemen statt, die sich im europäischen Kontext bei der güterrechtlichen Auseinandersetzung für Paare stellen, sowie zu den rechtlichen Lösungsmöglichkeiten. Im Grünbuch wurden auch sämtliche Fragen des Internationalen Privatrechts behandelt, die sich Paaren stellen, die in einer anderen Form der Lebensgemeinschaft als der Ehe, unter anderem in einer eingetragenen Partnerschaft, zusammenleben und die speziell für diese Paare von Belang sind.

(7) Auf seiner Tagung vom 10. und 11. Dezember 2009 in Brüssel nahm der Rat ein neues mehrjähriges Programm mit dem Titel „Das Stockholmer Programm – Ein offenes und sicheres Europa im Dienste und zum Schutz der Bürger" an. Darin hielt der Europäische Rat fest, dass der Grundsatz der gegenseitigen Anerkennung auf Bereiche ausgeweitet werden sollte, die bisher noch nicht erfasst sind, aber den Alltag der Bürger wesentlich prägen, z.B. güterrechtliche Wirkungen einer Trennung, wobei gleichzeitig die Rechtssysteme einschließlich der öffentlichen Ordnung (*ordre public*) und die nationalen Traditionen der Mitgliedstaaten in diesem Bereich zu berücksichtigen sind.

(8) In ihrem „Bericht über die Unionsbürgerschaft 2010 – Weniger Hindernisse für die Ausübung von Unionsbürgerrechten" vom 27. Oktober 2010 kündigte die Kommission die Vorlage eines Legislativvorschlags an, der Hindernisse für die Freizügigkeit und insbesondere die Schwierigkeiten überwinden soll, mit denen Paare bei der Verwaltung ihres Vermögens oder bei dessen Teilung konfrontiert sind.

1680

EuPartVO **Anh V**

(9) Am 16. März 2011 nahm die Kommission einen Vorschlag für eine Verordnung des Rates über die Zuständigkeit, das anzuwendende Recht, die Anerkennung und die Vollstreckung von Entscheidungen im Bereich des Ehegüterrechts und einen Vorschlag für eine Verordnung des Rates über die Zuständigkeit, das anzuwendende Recht, die Anerkennung und die Vollstreckung von Entscheidungen im Bereich des Güterrechts eingetragener Partnerschaften an.

(10)Auf seiner Tagung vom 3. Dezember 2015 stellte der Rat fest, dass in Bezug auf die beiden Verordnungsvorschläge zu den ehelichen Güterständen und den Güterständen eingetragener Partnerschaften keine Einstimmigkeit erzielt werden konnte und innerhalb eines vertretbaren Zeitraums die mit einer Zusammenarbeit in diesem Bereich angestrebten Ziele von der Union in ihrer Gesamtheit nicht verwirklicht werden können.

(11) Zwischen Dezember 2015 und Februar 2016 richteten Belgien, Bulgarien, die Tschechische Republik, Deutschland, Griechenland" Spanien, Frankreich, Kroatien, Italien, Luxemburg, Malta, die Niederlande, Österreich, Portugal, Slowenien, Finnland und Schweden Anträge an die Kommission, in denen sie ihren Wunsch bekundeten, untereinander eine Verstärkte Zusammenarbeit im Bereich der Güterstände internationaler Paare, insbesondere im Bereich der Zuständigkeit, des anzuwendenden Rechts, der Anerkennung und Vollstreckung von Entscheidungen in Fragen der ehelichen Güterstände und der Güterstände eingetragener Partnerschaften, begründen zu wollen, und die Kommission um Vorlage eines entsprechenden Vorschlags an den Rat baten. Zypern hat mit Schreiben an die Kommission im März 2016 seinen Wunsch zum Ausdruck gebracht, an dieser Verstärkten Zusammenarbeit teilzunehmen; Zypern hat diesen Wunsch später während der Arbeiten des Rates bestätigt.

(12) Am 9. Juni 2016 erließ der Rat den Beschluss (EU) 2016/954 über die Ermächtigung zu dieser Verstärkten Zusammenarbeit.

(13) Gemäß Artikel 328 Absatz 1 AEUV steht eine Verstärkte Zusammenarbeit bei ihrer Begründung allen Mitgliedstaaten offen, sofern sie die in dem hierzu ermächtigenden Beschluss gegebenenfalls festgelegten Teilnahmevoraussetzungen erfüllen. Dies gilt auch zu jedem anderen Zeitpunkt, sofern sie neben den genannten Voraussetzungen auch die in diesem Rahmen bereits erlassenen Rechtsakte beachten. Die Kommission und die an einer Verstärkten Zusammenarbeit teilnehmenden Mitgliedstaaten sollten dafür sorgen, dass die Teilnahme möglichst vieler Mitgliedstaaten gefördert wird. Diese Verordnung sollte nur in den Mitgliedstaaten in allen ihren Teilen verbindlich sein und unmittelbar gelten, die kraft des Beschlusses (EU) 2016/954 oder kraft eines gemäß Artikel 331 Absatz 1 Unterabsatz 2 oder 3 AEUV erlassenen Beschlusses an der Verstärkten Zusammenarbeit im Bereich der Gerichtszuständigkeit, des anzuwendenden Rechts und der Anerkennung und Vollstreckung von Entscheidungen in Fragen der Güterstände internationaler Paare (eheliche Güterstände und Güterstände eingetragener Partnerschaften) teilnehmen.

(14) Diese Verordnung sollte gemäß Artikel 81 AEUV auf die güterrechtlichen Wirkungen eingetragener Partnerschaften mit grenzüberschreitendem Bezug Anwendung finden.

(15) Damit für nicht verheiratete Paare Rechtssicherheit in Bezug auf ihr Vermögen und ein gewisses Maß an Vorhersehbarkeit in Bezug auf das anzuwendende Recht gegeben ist, sollten alle Regelungen, welche auf die güterrechtlichen Wirkungen eingetragener Partnerschaften anzuwenden sind, in einem einzigen Rechtsinstrument erfasst werden.

(16) Nichteheliche Lebensgemeinschaften sind im Recht der Mitgliedstaaten unterschiedlich ausgestaltet, wobei zwischen Paaren, deren Lebensgemeinschaft bei einer Behörde als Partnerschaft eingetragen ist, und einer nicht eingetragenen Lebensgemeinschaft unterschieden werden sollte. Auch wenn nicht eingetragene Lebensgemeinschaften in manchen Mitgliedstaaten gesetzlich geregelt sind, sollten sie von eingetragenen Partnerschaften unterschieden werden, die einen offiziellen Charakter aufweisen, der es ermöglicht, sie in einem Rechtsakt der Union zu regeln, der ihren Besonderheiten Rechnung trägt. Es gilt, im Interesse eines reibungslosen Funktionierens des Binnenmarkts die Hindernisse für die Freizügigkeit von Personen, die in einer eingetragenen Partnerschaft leben, zu beseitigen; hierzu zählen insbesondere die Schwierigkeiten, mit denen diese Paare bei der Verwaltung ihres Vermögens oder bei dessen Teilung konfrontiert sind. Um diese Ziele zu erreichen, sollten in dieser Verordnung Bestimmungen über die Gerichtszuständigkeit, das anzuwendende Recht, die Anerkennung – oder gegebenenfalls die Annahme –, die Vollstreckbarkeit und die Vollstreckung von Entscheidungen, öffentlichen Urkunden und gerichtlichen Vergleichen zusammengefasst werden.

(17) Diese Verordnung sollte Fragen regeln, die sich im Zusammenhang mit den güterrechtlichen Wirkungen eingetragener Partnerschaften ergeben. Der Begriff „eingetragene Partnerschaft" sollte nur für die Zwecke dieser Verordnung definiert werden. Der tatsächliche Inhalt

1681

Anh V   Erwägungsgründe zu den kommentierten EU-Verordnungen

dieses Begriffskonzepts sollte sich weiter nach dem nationalen Recht der Mitgliedstaaten bestimmen. Diese Verordnung sollte einen Mitgliedstaat, dessen Recht das Institut der eingetragenen Partnerschaft nicht regelt, nicht dazu verpflichten, dieses Rechtsinstitut in sein nationales Recht einzuführen.

(18) Der Anwendungsbereich dieser Verordnung sollte sich auf alle zivilrechtlichen Aspekte der Güterstände eingetragener Partnerschaften erstrecken und sowohl die Verwaltung des Vermögens der Partner im Alltag betreffen als auch die güterrechtliche Auseinandersetzung infolge der Trennung des Paares oder des Todes eines Partners.

(19) Diese Verordnung sollte nicht für Bereiche des Zivilrechts gelten, die nicht die güterrechtlichen Wirkungen eingetragener Partnerschaften betreffen. Aus Gründen der Klarheit sollte eine Reihe von Fragen, die als mit den güterrechtlichen Wirkungen eingetragener Partnerschaften zusammenhängend betrachtet werden können, ausdrücklich vom Anwendungsbereich dieser Verordnung ausgenommen werden.

(20) Dementsprechend sollte diese Verordnung nicht für Fragen der allgemeinen Rechts-, Geschäfts- und Handlungsfähigkeit der Partner gelten, wobei sich dieser Ausschluss jedoch nicht auf die spezifischen Befugnisse und Rechte eines oder beider Partner – weder im Verhältnis untereinander noch gegenüber Dritten – im Zusammenhang mit dem Vermögen erstrecken, da diese Befugnisse und Rechte in den Anwendungsbereich der Verordnung fallen sollten.

(21) Diese Verordnung sollte nicht für andere Vorfragen wie das Bestehen, die Gültigkeit oder die Anerkennung einer eingetragenen Partnerschaft gelten, die dem nationalen Recht der Mitgliedstaaten, einschließlich ihrer Vorschriften des Internationalen Privatrechts, unterliegen.

(22) Die Unterhaltspflichten im Verhältnis der Partner untereinander sind Gegenstand der Verordnung (EG) Nr. 4/2009 des Rates und sollten daher vom Anwendungsbereich dieser Verordnung ausgenommen werden; dies gilt auch für Fragen der Rechtsnachfolge nach dem Tod eines Partners, da diese in der Verordnung (EU) Nr. 650/2012 des Europäischen Parlaments und des Rates vom 4. Juli 2012 geregelt sind.

(23) Fragen im Zusammenhang mit der Berechtigung, Ansprüche gleich welcher Art auf Alters- oder Erwerbsunfähigkeitsrente, die während der eingetragenen Partnerschaft erworben wurden und die während der eingetragenen Partnerschaft zu keinem Renteneinkommen geführt haben, zwischen den Partnern zu übertragen oder anzupassen, sollten vom Anwendungsbereich dieser Verordnung ausgenommen werden, wobei die in den Mitgliedstaaten bestehenden spezifischen Systeme zu berücksichtigen sind. Allerdings sollte diese Ausnahme eng ausgelegt werden. Somit sollte diese Verordnung insbesondere die Frage der Kategorisierung von Rentenansprüchen, der während der eingetragenen Partnerschaft an einen der Partner bereits ausgezahlten Beträge und des eventuell zu gewährenden Ausgleichs bei mit gemeinsamem Vermögen finanzierten Rentenversicherungen regeln.

(24) Diese Verordnung sollte die sich aus den güterrechtlichen Wirkungen einer eingetragenen Partnerschaft ergebende Begründung oder Übertragung eines Rechts an beweglichen oder unbeweglichen Vermögensgegenständen nach Maßgabe des auf diese güterrechtlichen Wirkungen anzuwendenden Rechts ermöglichen. Sie sollte jedoch nicht die abschließende Anzahl (*Numerus clausus*) der dinglichen Rechte berühren, die das nationale Recht einiger Mitgliedstaaten kennt. Ein Mitgliedstaat sollte nicht verpflichtet sein, ein dingliches Recht an einer in diesem Mitgliedstaat belegenen Sache anzuerkennen, wenn sein Recht dieses dingliche Recht nicht kennt.

(25) Damit die Partner jedoch die Rechte, die durch die güterrechtlichen Wirkungen der eingetragenen Partnerschaft begründet worden oder auf sie übergegangen sind, in einem anderen Mitgliedstaat ausüben können, sollte diese Verordnung die Anpassung eines unbekannten dinglichen Rechts an das in der Rechtsordnung dieses anderen Mitgliedstaats am ehesten vergleichbare Recht vorsehen. Bei dieser Anpassung sollten die mit dem besagten dinglichen Recht verfolgten Ziele und Interessen und die mit ihm verbundenen Wirkungen berücksichtigt werden. Für die Zwecke der Bestimmung des am ehesten vergleichbaren innerstaatlichen Rechts können die Behörden oder zuständigen Personen des Staates, dessen Recht auf die güterrechtlichen Wirkungen der eingetragenen Partnerschaft Anwendung findet, kontaktiert werden, um weitere Auskünfte zu der Art und den Wirkungen des betreffenden Rechts einzuholen. In diesem Zusammenhang könnten die bestehenden Netze im Bereich der justiziellen Zusammenarbeit in Zivil- und Handelssachen sowie die anderen verfügbaren Mittel, die die Erkenntnis ausländischen Rechts erleichtern, genutzt werden.

(26) Die in dieser Verordnung ausdrücklich vorgesehene Anpassung unbekannter dinglicher Rechte sollte andere Formen der Anpassung im Zusammenhang mit der Anwendung dieser Verordnung nicht ausschließen.

1682

EuPartVO   **Anh V**

(27) Die Voraussetzungen für die Eintragung von Rechten an beweglichen oder unbeweglichen Vermögensgegenständen in ein Register sollten vom Anwendungsbereich dieser Verordnung ausgenommen werden. Somit sollte das Recht des Mitgliedstaats, in dem das Register geführt wird (für unbewegliches Vermögen das Recht der belegenen Sache (*lex rei sitae*)), bestimmen, unter welchen gesetzlichen Voraussetzungen und wie die Eintragung vorzunehmen ist und welche Behörden wie etwa Grundbuchämter oder Notare dafür zuständig sind zu prüfen, dass alle Eintragungsvoraussetzungen erfüllt sind und die vorgelegten oder erstellten Unterlagen vollständig sind beziehungsweise die erforderlichen Angaben enthalten. Insbesondere können die Behörden prüfen, ob es sich bei dem Recht eines Partners an dem Vermögensgegenstand, der in dem für die Eintragung vorgelegten Schriftstück erwähnt ist, um ein Recht handelt, das als solches in dem Register eingetragen ist oder nach dem Recht des Mitgliedstaats, in dem das Register geführt wird, anderweitig nachgewiesen wird. Um eine doppelte Erstellung von Schriftstücken zu vermeiden, sollten die Eintragungsbehörden diejenigen von den zuständigen Behörden in einem anderen Mitgliedstaat erstellten Schriftstücke annehmen, deren Verkehr nach dieser Verordnung vorgesehen ist. Dies sollte die an der Eintragung beteiligten Behörden nicht daran hindern, von der Person, die die Eintragung beantragt, diejenigen zusätzlichen Angaben oder die Vorlage derjenigen zusätzlichen Schriftstücke zu verlangen, die nach dem Recht des Mitgliedstaats, in dem das Register geführt wird, erforderlich sind, wie beispielsweise Angaben oder Schriftstücke betreffend die Zahlung von Steuern. Die zuständige Behörde kann die Person, die die Eintragung beantragt, darauf hinweisen, wie die fehlenden Angaben oder Schriftstücke beigebracht werden können.

(28) Die Wirkungen der Eintragung eines Rechts in ein Register sollten ebenfalls vom Anwendungsbereich dieser Verordnung ausgenommen werden. Daher sollte das Recht des Mitgliedstaats, in dem das Register geführt wird, dafür maßgebend sein, ob beispielsweise die Eintragung deklaratorische oder konstitutive Wirkung hat. Wenn also zum Beispiel der Erwerb eines Rechts an einer unbeweglichen Sache nach dem Recht des Mitgliedstaats, in dem das Register geführt wird, die Eintragung in ein Register erfordert, damit die Wirkung *erga omnes* von Registern sichergestellt wird oder Rechtsgeschäfte geschützt werden, sollte der Zeitpunkt des Erwerbs dem Recht dieses Mitgliedstaats unterliegen.

(29) Diese Verordnung sollte den verschiedenen Systemen zur Regelung der Güterstände eingetragener Partnerschaften Rechnung tragen, die in den Mitgliedstaaten angewandt werden. Für die Zwecke dieser Verordnung sollte der Begriff „Gericht" daher weit gefasst werden, so dass nicht nur Gerichte im engeren Sinne, die gerichtliche Funktionen ausüben, erfasst werden, sondern beispielsweise in einigen Mitgliedstaaten auch Notare, die in bestimmten Fragen der güterrechtlichen Wirkungen eingetragener Partnerschaften gerichtliche Funktionen ausüben, sowie Notare und Angehörige von Rechtsberufen, die in einigen Mitgliedstaaten bei der Regelung dieser Wirkungen einer eingetragenen Partnerschaft aufgrund einer Befugnisübertragung durch ein Gericht gerichtliche Funktionen ausüben. Alle Gerichte im Sinne dieser Verordnung sollten durch die in dieser Verordnung festgelegten Zuständigkeitsregeln gebunden sein. Der Begriff „Gericht" sollte hingegen nicht die nichtgerichtlichen Behörden eines Mitgliedstaats erfassen, die, wie in den meisten Mitgliedstaaten die Notariate, nach nationalem Recht befugt sind, sich mit Fragen güterrechtlicher Wirkungen eingetragener Partnerschaften zu befassen, wenn sie, wie es in der Regel der Fall ist, keine gerichtlichen Funktionen ausüben.

(30) Diese Verordnung sollte es allen Notaren, die für Fragen der vermögensrechtlichen Wirkungen eingetragener Partnerschaften in den Mitgliedstaaten zuständig sind, ermöglichen, diese Zuständigkeit auszuüben. Ob die Notare in einem Mitgliedstaat durch die Zuständigkeitsregeln dieser Verordnung gebunden sind, sollte davon abhängen, ob sie unter den Begriff ‚Gericht' im Sinne dieser Verordnung fallen.

(31) Die in den Mitgliedstaaten von Notaren in Fragen der vermögensrechtlichen Wirkungen eingetragener Partnerschaften errichteten Urkunden sollten nach Maßgabe dieser Verordnung verkehren. Üben Notare gerichtliche Funktionen aus, so sollten sie durch die Zuständigkeitsregeln dieser Verordnung gebunden sein, und die von ihnen erlassenen Entscheidungen sollten nach den Bestimmungen dieser Verordnung über die Anerkennung, Vollstreckbarkeit und Vollstreckung von Entscheidungen verkehren. Üben Notare keine gerichtlichen Funktionen aus, so sind sie nicht durch diese Zuständigkeitsregeln gebunden sein, und die von ihnen errichteten öffentlichen Urkunden sollten nach den Bestimmungen dieser Verordnung über öffentliche Urkunden verkehren.

(32) Um der zunehmenden Mobilität von Paaren Rechnung zu tragen und eine geordnete Rechtspflege zu erleichtern, sollten die Zuständigkeitsvorschriften in dieser Verordnung den

1683

Anh V   Erwägungsgründe zu den kommentierten EU-Verordnungen

Bürgern die Möglichkeit geben, miteinander zusammenhängende Verfahren vor den Gerichten desselben Mitgliedstaats verhandeln zu lassen. Hierzu sollte mit der Verordnung angestrebt werden, die Zuständigkeit für die güterrechtlichen Wirkungen eingetragener Partnerschaften in dem Mitgliedstaat zu bündeln, dessen Gerichte berufen sind, über die Rechtsnachfolge von Todes wegen nach einem Partner gemäß der Verordnung (EU) Nr. 650/2012 oder die Auflösung oder Ungültigerklärung einer eingetragenen Partnerschaft zu befinden.

(33) In der vorliegenden Verordnung sollte vorgesehen werden, dass in Fällen, in denen ein Verfahren über die Rechtsnachfolge von Todes wegen nach einem Partner bei einem gemäß der Verordnung (EU) Nr. 650/2012 angerufenen Gericht eines Mitgliedstaats anhängig ist, die Gerichte dieses Mitgliedstaats auch für Entscheidungen über Fragen der vermögensrechtlichen Wirkungen eingetragener Partnerschaften zuständig sind, die mit dem Nachlass im Zusammenhang stehen.

(34) Ebenso sollten Fragen der vermögensrechtlichen Wirkungen eingetragener Partnerschaften, die sich im Zusammenhang mit einem Verfahren ergeben, das bei einem mit einem Antrag auf Auflösung oder Ungültigerklärung einer eingetragenen Partnerschaft befassten Gericht eines Mitgliedstaats anhängig ist, in die Zuständigkeit der Gerichte dieses Mitgliedstaats fallen, sofern die Partner dies vereinbaren.

(35) Stehen Fragen der vermögensrechtlichen Wirkungen eingetragener Partnerschaften nicht im Zusammenhang mit einem bei einem Gericht eines Mitgliedstaats anhängigen Verfahren über die Rechtsnachfolge von Todes wegen nach einem Partner oder über die Auflösung oder Ungültigerklärung einer eingetragenen Partnerschaft, so sollte in dieser Verordnung eine Rangfolge der Anknüpfungspunkte vorgesehen werden, anhand deren die Zuständigkeit bestimmt wird, wobei erster Anknüpfungspunkt der gemeinsame gewöhnliche Aufenthalt der Partner zum Zeitpunkt der Anrufung des Gerichts sein sollte. Die letzte Stufe in der Rangfolge der Anknüpfungspunkte für die Zuständigkeit sollte auf den Mitgliedstaat verweisen, nach dessen Recht die obligatorische Eintragung zur Begründung der Partnerschaft vorgenommen wurde. Diese Anknüpfungspunkte sollen die zunehmende Mobilität der Bürger widerspiegeln und eine wirkliche Verbindung zwischen den Partnern und dem Mitgliedstaat, in dem die Zuständigkeit ausgeübt wird, gewährleisten.

(36) Da nicht alle Mitgliedstaaten das Institut der eingetragenen Partnerschaft kennen, sollten sich die Gerichte eines Mitgliedstaats, dessen Recht dieses Institut nicht kennt, sich möglicherweise im Rahmen dieser Verordnung ausnahmsweise für unzuständig erklären können. In diesen Fällen sollen die Gerichte rasch handeln Die betroffene Partei sollte die Möglichkeit haben, die Rechtssache in einem anderen Mitgliedstaat, dessen gerichtliche Zuständigkeit aufgrund eines Anknüpfungspunkts begründet ist, anhängig zu machen, wobei es nicht auf die Rangfolge der Zuständigkeitskriterien ankommt und zugleich die Parteiautonomie zu wahren ist. Jedes nach einer Unzuständigkeitserklärung angerufene Gericht, das nicht ein Gericht des Mitgliedstaates ist, in dem die eingetragene Partnerschaft begründet wurde, und das aufgrund einer Gerichtsstandsvereinbarung oder aufgrund rügeloser Einlassung zuständig ist, darf sich unter denselben Bedingungen ebenfalls ausnahmsweise für unzuständig erklären. Für den Fall, dass kein Gericht aufgrund der übrigen Bestimmungen dieser Verordnung zuständig ist, sollte eine subsidiäre Zuständigkeit eingeführt werden, um der Gefahr einer Rechtsverweigerung vorzubeugen.

(37) Im Interesse einer größeren Rechtssicherheit, einer besseren Vorhersehbarkeit des anzuwendenden Rechts und einer größeren Entscheidungsfreiheit der Parteien sollte es diese Verordnung den Parteien unter bestimmten Voraussetzungen ermöglichen, eine Gerichtsstandsvereinbarung zugunsten der Gerichte des Mitgliedstaats, dessen Recht anzuwenden ist, oder der Gerichte des Mitgliedstaats, in dem die Partnerschaft eingegangen wurde, zu schließen.

(38) Diese Verordnung sollte die Parteien nicht daran hindern, den Rechtsstreit außergerichtlich, beispielsweise vor einem Notar, in einem Mitgliedstaat ihrer Wahl einvernehmlich zu regeln, wenn das nach dem Recht dieses Mitgliedstaats möglich ist. Das sollte auch dann der Fall sein, wenn das auf die güterrechtlichen Wirkungen der eingetragenen Partnerschaft anzuwendende Recht nicht das Recht dieses Mitgliedstaats ist.

(39) Um zu gewährleisten, dass die Gerichte aller Mitgliedstaaten ihre Zuständigkeit in Fragen güterrechtlicher Wirkungen eingetragener Partnerschaften auf derselben Grundlage ausüben können, sollte die Gründe, aus denen diese subsidiäre Zuständigkeit ausgeübt werden kann, in dieser Verordnung abschließend geregelt werden.

(40) Um insbesondere Fällen von Rechtsverweigerung begegnen zu können, sollte in dieser Verordnung auch eine Notzuständigkeit (*forum necessitatis*) vorgesehen werden, wonach ein Gericht eines Mitgliedstaats in besonderen Ausnahmefällen über die güterrechtlichen Wirkungen

1684

EuPartVO **Anh V**

einer eingetragenen Partnerschaft entscheiden kann, die einen engen Bezug zu einem Drittstaat aufweist. Ein solcher Ausnahmefall könnte gegeben sein, wenn sich ein Verfahren in dem betreffenden Drittstaat als unmöglich erweist, beispielsweise wegen eines Bürgerkriegs, oder wenn von einem Partner vernünftigerweise nicht erwartet werden kann, dass er ein Verfahren in diesem Staat einleitet oder führt. Die Zuständigkeit, die auf *forum necessitatis* gründet, sollte jedoch nur ausgeübt werden, wenn die Sache eine ausreichende Verbindung zu dem Mitgliedstaat des angerufenen Gerichts aufweist.

(41) Im Interesse einer geordneten Rechtspflege sollte vermieden werden, dass in den Mitgliedstaaten Entscheidungen ergehen, die miteinander unvereinbar sind. Hierzu sollte diese Verordnung allgemeine Verfahrensvorschriften nach dem Vorbild anderer Rechtsinstrumente der Union im Bereich der justiziellen Zusammenarbeit in Zivilsachen vorsehen. Eine dieser Verfahrensvorschriften ist die Regel zur Rechtshängigkeit, die zum Tragen kommt, wenn dieselbe Güterrechtssache bei Gerichten in verschiedenen Mitgliedstaaten anhängig gemacht wird. Diese Regel bestimmt, welches Gericht sich weiterhin mit der Sache zu befassen hat.

(42) Damit die Bürger die Vorteile des Binnenmarkts ohne Einbußen bei der Rechtssicherheit nutzen können, sollte diese Verordnung den Partnern im Voraus Klarheit über das in ihrem Fall auf die güterrechtlichen Wirkungen ihrer eingetragenen Partnerschaft anzuwendende Recht verschaffen. Es sollten daher harmonisierte Kollisionsnormen eingeführt werden, um einander widersprechende Ergebnisse zu vermeiden. Die allgemeine Kollisionsnorm sollte sicherstellen, dass die güterrechtlichen Wirkungen einer eingetragenen Partnerschaft einem im Voraus bestimmbaren Recht unterliegen, zu dem eine enge Verbindung besteht. Aus Gründen der Rechtssicherheit und um eine Aufspaltung der güterrechtlichen Wirkungen zu vermeiden, sollte das anzuwendende Recht die güterrechtlichen Wirkungen der eingetragenen Partnerschaft insgesamt, d. h. das gesamte den güterrechtlichen Wirkungen der eingetragenen Partnerschaft unterliegende Vermögen, erfassen, unabhängig von der Art der Vermögenswerte und unabhängig davon, ob diese in einem anderen Mitgliedstaat oder in einem Drittstaat belegen sind.

(43) Das nach dieser Verordnung bestimmte Recht sollte auch dann Anwendung finden, wenn es nicht das Recht eines Mitgliedstaats ist.

(44) Um eingetragenen Partnern die Verwaltung ihres Vermögens zu erleichtern, sollte ihnen diese Verordnung erlauben, unter den Rechtsordnungen, zu denen sie beispielsweise aufgrund ihres gewöhnlichen Aufenthalts oder ihrer Staatsangehörigkeit eine enge Verbindung haben, unabhängig von der Art oder Belegenheit des Vermögens das auf die güterrechtlichen Wirkungen ihrer eingetragenen Partnerschaft anzuwendende Recht zu wählen. Damit die Wahl der Rechtsordnung jedoch nicht wirkungslos ist und für die Partner dadurch ein rechtsfreier Raum entstünde, sollte die Rechtswahl auf ein Recht begrenzt werden, das an eingetragene Partnerschaften güterrechtliche Wirkungen knüpft. Diese Wahl kann jederzeit vor der Eintragung der Partnerschaft, zum Zeitpunkt der Eintragung der Partnerschaft oder auch während des Bestehens der eingetragenen Partnerschaft erfolgen.

(45) Im Interesse der Sicherheit des Rechtsverkehrs und um zu verhindern, dass sich das auf die güterrechtlichen Wirkungen einer eingetragenen Partnerschaft anzuwendende Recht ändert, ohne dass die Partner darüber unterrichtet werden, sollte ein Wechsel des auf die güterrechtlichen Wirkungen der eingetragenen Partnerschaft anzuwendenden Rechts nur nach einem entsprechenden ausdrücklichen Antrag der Parteien möglich sein. Dieser von den Partnern beschlossene Wechsel sollte nicht rückwirkend gelten können, es sei denn, sie haben das ausdrücklich vereinbart. Auf keinen Fall dürfen dadurch die Rechte Dritter verletzt werden.

(46) Es sollten Regeln zur materiellen Wirksamkeit und zur Formgültigkeit einer Vereinbarung über die Rechtswahl festgelegt werden, die es den Partnern erleichtern, ihre Rechtswahl in voller Sachkenntnis zu treffen, und die gewährleisten, dass die einvernehmliche Rechtswahl der Partner im Interesse der Rechtssicherheit sowie eines besseren Rechtsschutzes respektiert wird. Was die Formgültigkeit anbelangt, sollten bestimmte Schutzvorkehrungen getroffen werden, um sicherzustellen, dass sich die Partner der Tragweite ihrer Rechtswahl bewusst sind. Die Vereinbarung über die Rechtswahl sollte zumindest der Schriftform bedürfen und von beiden Parteien mit Datum und Unterschrift versehen werden müssen. Sieht das Recht des Mitgliedstaats, in dem beide Partner zum Zeitpunkt der Rechtswahl ihren gewöhnlichen Aufenthalt haben, zusätzliche Formvorschriften vor, so sollten diese eingehalten werden. Solche zusätzlichen Formvorschriften könnten beispielsweise in einem Mitgliedstaat bestehen, in dem die Rechtswahl Bestandteil der Vereinbarung über die güterrechtlichen Wirkungen einer eingetragenen Partnerschaft ist. Haben die Partner zum Zeitpunkt der Rechtswahl ihren gewöhnlichen Aufenthalt in verschiedenen Mitgliedstaaten, in denen unterschiedliche Formvorschriften vorgese-

1685

Anh V Erwägungsgründe zu den kommentierten EU-Verordnungen

hen sind, so sollte es ausreichen, dass die Formvorschriften eines dieser Mitgliedstaaten eingehalten werden. Hat zum Zeitpunkt der Rechtswahl nur einer der Partner seinen gewöhnlichen Aufenthalt in einem Mitgliedstaat, in dem zusätzliche Formvorschriften vorgesehen sind, so sollten diese Formvorschriften eingehalten werden.

(47) Eine Vereinbarung über die güterrechtlichen Wirkungen einer eingetragenen Partnerschaft ist eine Art der Verfügung über das Vermögen der Partner, die in den Mitgliedstaaten nicht in gleichem Maße zulässig ist und anerkannt wird. Um die Anerkennung von auf der Grundlage einer Vereinbarung über die güterrechtlichen Wirkungen einer eingetragenen Partnerschaft erworbenen Güterstandsrechten in den Mitgliedstaaten zu erleichtern, sollten Vorschriften über die Formgültigkeit von Vereinbarungen über die güterrechtlichen Wirkungen einer Partnerschaft festgelegt werden. Die Vereinbarung sollte zumindest der Schriftform bedürfen und datiert und von beiden Parteien unterzeichnet werden. Die Vereinbarung sollte jedoch auch zusätzliche Anforderungen an die Formgültigkeit erfüllen, die in dem auf die güterrechtlichen Wirkungen der eingetragenen Partnerschaft anzuwendenden Recht, das nach dieser Verordnung bestimmt wurde, und in dem Recht des Mitgliedstaats, in dem die Partner ihren gewöhnlichen Aufenthalt haben, vorgesehen sind. In dieser Verordnung sollte ferner festgelegt werden, nach welchem Recht sich die materielle Wirksamkeit einer solchen Vereinbarung richtet.

(48) Wird keine Rechtswahl getroffen, so sollte diese Verordnung im Hinblick auf die Vereinbarkeit von Rechtssicherheit und Vorhersehbarkeit des anzuwendenden Rechts mit den tatsächlichen Lebensumständen des Paares vorsehen, dass auf die güterrechtlichen Wirkungen einer eingetragenen Partnerschaft das Recht des Staates anzuwenden ist, nach dessen Recht die verbindliche Eintragung zur Begründung der Partnerschaft vorgenommen wurde.

(49) Wird in dieser Verordnung auf die Staatsangehörigkeit als Anknüpfungspunkt verwiesen, so handelt es sich bei der Frage nach der Behandlung einer Person mit mehrfacher Staatsangehörigkeit um eine Vorfrage, die nicht in den Anwendungsbereich dieser Verordnung fällt; sie sollte sich weiterhin nach nationalem Recht, einschließlich der anwendbaren Übereinkommen, richten, wobei die allgemeinen Grundsätze der Union uneingeschränkt einzuhalten sind. Diese Behandlung sollte keine Auswirkung auf die Gültigkeit einer Rechtswahl haben, die nach dieser Verordnung getroffen wurde.

(50) In Bezug auf die Bestimmung des auf die güterrechtlichen Wirkungen einer eingetragenen Partnerschaft anzuwendenden Rechts sollte das Gericht eines Mitgliedstaats bei fehlender Rechtswahl und fehlender Vereinbarung über die güterrechtlichen Wirkungen der eingetragenen Partnerschaft auf Antrag eines Partners in Ausnahmefällen und auf Antrag eines Partners, wenn die Partner sich im Staat ihres gewöhnlichen Aufenthalts für einen langen Zeitraum niedergelassen haben, feststellen können, dass das Recht dieses Staates angewandt werden kann, sofern die Partner auf dieses Recht vertraut haben. Auf keinen Fall dürfen dadurch die Rechte Dritter verletzt werden.

(51) Das zur Anwendung auf die güterrechtlichen Wirkungen einer eingetragenen Partnerschaft berufene Recht sollte diese Wirkungen, angefangen bei der Einteilung des Vermögens eines oder beider Partner in verschiedene Kategorien während der eingetragenen Partnerschaft und nach ihrer Auflösung bis hin zur Vermögensauseinandersetzung, regeln. Es sollte auch die Auswirkungen der güterrechtlichen Wirkungen der eingetragenen Partnerschaft auf ein Rechtsverhältnis zwischen einem Partner und Dritten einschließen. Allerdings darf das auf die güterrechtlichen Wirkungen eingetragener Partnerschaften zur Regelung solcher Wirkungen anzuwendende Recht einem Dritten von einem Partner nur dann entgegengehalten werden, wenn das Rechtsverhältnis zwischen diesem Partner und dem Dritten zu einem Zeitpunkt entstanden ist, zu dem der Dritte Kenntnis von diesem Recht hatte oder hätte haben müssen.

(52) Aus Gründen des öffentlichen Interesses wie der Wahrung der politischen, sozialen oder wirtschaftlichen Ordnung eines Mitgliedstaats sollte es gerechtfertigt sein, dass die Gerichte und andere zuständige Behörden der Mitgliedstaaten die Möglichkeit erhalten, in Ausnahmefällen auf der Grundlage von Eingriffsnormen Ausnahmeregelungen anzuwenden. Dementsprechend sollte der Begriff „Eingriffsnormen" Normen von zwingender Natur wie zum Beispiel die Normen zum Schutz der Familienwohnung umfassen. Diese Ausnahme von der Anwendung des auf die güterrechtlichen Wirkungen einer eingetragenen Partnerschaft anzuwendenden Rechts ist jedoch eng auszulegen, damit sie der allgemeinen Zielsetzung dieser Verordnung nicht zuwiderläuft.

(53) Aus Gründen des öffentlichen Interesses sollte außerdem den Gerichten und anderen mit Fragen der güterrechtlichen Wirkungen eingetragener Partnerschaften befassten zuständigen Behörden in den Mitgliedstaaten in Ausnahmefällen die Möglichkeit gegeben werden, Bestim-

EuPartVO   **Anh V**

mungen eines ausländischen Rechts nicht zu berücksichtigen, wenn deren Anwendung in einem bestimmten Fall mit der öffentlichen Ordnung (*ordre public*) des betreffenden Mitgliedstaats offensichtlich unvereinbar wäre. Die Gerichte oder andere zuständige Behörden sollten allerdings nicht aus Gründen der öffentlichen Ordnung (*ordre public*) die Anwendung des Rechts eines anderen Mitgliedstaats ausschließen oder die Anerkennung – oder gegebenenfalls die Annahme – oder die Vollstreckung einer Entscheidung, einer öffentlichen Urkunde oder eines gerichtlichen Vergleichs aus einem anderen Mitgliedstaat versagen dürfen, wenn dies gegen die Charta der Grundrechte der Europäischen Union (im folgenden: „Charta"), insbesondere gegen Artikel 21 über den Grundsatz der Nichtdiskriminierung, verstoßen würde.

(54) Da es Staaten gibt, in denen die in dieser Verordnung behandelten Fragen durch zwei oder mehr Rechtssysteme oder Regelwerke geregelt werden, sollte festgelegt werden, inwieweit diese Verordnung in den verschiedenen Gebietseinheiten dieser Staaten Anwendung findet.

(55) Diese Verordnung sollte in Anbetracht ihrer allgemeinen Zielsetzung, nämlich der gegenseitigen Anerkennung der in den Mitgliedstaaten ergangenen Entscheidungen in Fragen der güterrechtlichen Wirkungen eingetragener Partnerschaften, Vorschriften für die Anerkennung, Vollstreckbarkeit und Vollstreckung von Entscheidungen nach dem Vorbild anderer Rechtsinstrumente der Union im Bereich der justiziellen Zusammenarbeit in Zivilsachen vorsehen.

(56) Um den verschiedenen Systemen zur Regelung von Fragen der güterrechtlichen Wirkungen eingetragener Partnerschaften in den Mitgliedstaaten Rechnung zu tragen, sollte diese Verordnung die Annahme und Vollstreckbarkeit diese Wirkungen eingetragener Partnerschaften betreffender öffentlicher Urkunden in sämtlichen Mitgliedstaaten gewährleisten.

(57) Öffentliche Urkunden sollten in einem anderen Mitgliedstaat die gleiche formelle Beweiskraft wie im Ursprungsmitgliedstaat oder die damit am ehesten vergleichbare Wirkung entfalten. Die formelle Beweiskraft einer öffentlichen Urkunde in einem anderen Mitgliedstaat oder die damit am ehesten vergleichbare Wirkung sollte durch Bezugnahme auf Art und Umfang der formellen Beweiskraft der öffentlichen Urkunde im Ursprungsmitgliedstaat bestimmt werden. Somit richtet sich die formelle Beweiskraft einer öffentlichen Urkunde in einem anderen Mitgliedstaat nach dem Recht des Ursprungsmitgliedstaats.

(58) Die „Authentizität" einer öffentlichen Urkunde sollte ein autonomer Begriff sein, der Aspekte wie die Echtheit der Urkunde, die Formerfordernisse für die Urkunde, die Befugnisse der Behörde, die die Urkunde errichtet, und das Verfahren, nach dem die Urkunde errichtet wird, erfassen sollte. Der Begriff sollte ferner die von der betreffenden Behörde in der öffentlichen Urkunde beurkundeten Vorgänge erfassen, wie z. B. die Tatsache, dass die genannten Parteien an dem genannten Tag vor dieser Behörde erschienen sind und die genannten Erklärungen abgegeben haben. Eine Partei, die Einwände in Bezug auf die Authentizität einer öffentlichen Urkunde erheben möchte, sollte dies bei dem zuständigen Gericht im Ursprungsmitgliedstaat der öffentlichen Urkunde nach dem Recht dieses Mitgliedstaats tun.

(59) Die Formulierung „die in einer öffentlichen Urkunde beurkundeten Rechtsgeschäfte oder Rechtsverhältnisse" sollte als Bezugnahme auf den in der öffentlichen Urkunde niedergelegten materiellen Inhalt verstanden werden. Eine Partei, die Einwände in Bezug auf die in einer öffentlichen Urkunde beurkundeten Rechtsgeschäfte oder Rechtsverhältnisse erheben möchte, sollte dies bei den nach dieser Verordnung zuständigen Gerichten tun, die nach dem auf die güterrechtlichen Wirkungen der eingetragenen Partnerschaft anzuwendenden Recht über die Einwände entscheiden sollten.

(60) Wird eine Frage in Bezug auf die in einer öffentlichen Urkunde beurkundeten Rechtsgeschäfte oder Rechtsverhältnisse als Vorfrage in einem Verfahren bei einem Gericht eines Mitgliedstaats vorgebracht, so sollte dieses Gericht für die Entscheidung über diese Vorfrage zuständig sein.

(61) Eine öffentliche Urkunde, gegen die Einwände erhoben wurden, sollte in einem anderen Mitgliedstaat als dem Ursprungsmitgliedstaat keine formelle Beweiskraft entfalten, solange die Einwände anhängig sind. Betreffen die Einwände nur einen spezifischen Umstand mit Bezug auf die in einer öffentlichen Urkunde beurkundeten Rechtsgeschäfte oder Rechtsverhältnisse, so sollte die öffentliche Urkunde in Bezug auf den angefochtenen Umstand keine Beweiskraft in einem anderen Mitgliedstaat als dem Ursprungsmitgliedstaat entfalten, solange die Einwände anhängig sind. Eine öffentliche Urkunde, die aufgrund eines Einwands für ungültig erklärt wird, sollte keine Beweiskraft mehr entfalten.

(62) Wenn einer Behörde im Rahmen der Anwendung dieser Verordnung zwei nicht miteinander zu vereinbarende öffentliche Urkunden vorgelegt werden, sollte sie die Frage, welcher Urkunde gegebenenfalls Vorrang einzuräumen ist, unter Berücksichtigung der Umstände des

1687

Anh V
Erwägungsgründe zu den kommentierten EU-Verordnungen

jeweiligen Falls beurteilen. Geht aus diesen Umständen nicht eindeutig hervor, welche Urkunde gegebenenfalls Vorrang haben sollte, so sollte diese Frage von den nach dieser Verordnung zuständigen Gerichten oder, wenn die Frage als Vorfrage im Laufe eines Verfahrens vorgebracht wird, von dem mit diesem Verfahren befassten Gericht geklärt werden. Im Falle einer Unvereinbarkeit zwischen einer öffentlichen Urkunde und einer Entscheidung sollten die Gründe für die Nichtanerkennung von Entscheidungen nach dieser Verordnung berücksichtigt werden.

(63) Die Anerkennung und Vollstreckung einer Entscheidung über die güterrechtlichen Wirkungen einer eingetragenen Partnerschaft nach Maßgabe dieser Verordnung sollte in keiner Weise die Anerkennung der eingetragenen Partnerschaft implizieren, die Anlass zu der Entscheidung gegeben hat.

(64) Das Verhältnis zwischen dieser Verordnung und den bilateralen oder multilateralen Übereinkünften über die vermögensrechtlichen Wirkungen eingetragener Partnerschaften, denen die Mitgliedstaaten angehören, sollte bestimmt werden.

(65) Um die Anwendung dieser Verordnung zu erleichtern, sollten die Mitgliedstaaten verpflichtet werden, über das mit der Entscheidung 2001/470/EG des Rates eingerichtete Europäische Justizielle Netz für Zivil- und Handelssachen bestimmte Angaben über ihre, die güterrechtlichen Wirkungen eingetragener Partnerschaften betreffenden Vorschriften und Verfahren zu machen. Damit sämtliche Informationen, die für die praktische Anwendung dieser Verordnung von Bedeutung sind, rechtzeitig im Amtsblatt der Europäischen Union veröffentlicht werden können, sollten die Mitgliedstaaten der Kommission auch diese Informationen vor dem Beginn der Anwendung der Verordnung mitteilen.

(66) Um die Anwendung dieser Verordnung zu erleichtern und um die Nutzung moderner Kommunikationstechnologien zu ermöglichen, sollten Standardformulare für die Bescheinigungen, die im Zusammenhang mit einem Antrag auf Vollstreckbarerklärung einer Entscheidung, einer öffentlichen Urkunde oder eines gerichtlichen Vergleichs vorzulegen sind, vorgeschrieben werden.

(67) Die Berechnung der in dieser Verordnung vorgesehenen Fristen und Termine sollte nach Maßgabe der Verordnung (EWG, Euratom) Nr. 1182/71 des Rates erfolgen.

(68) Um einheitliche Bedingungen für die Durchführung dieser Verordnung gewährleisten zu können, sollten der Kommission in Bezug auf die Erstellung und spätere Änderung der Bescheinigungen und Formblätter, welche die Vollstreckbarerklärung von Entscheidungen, gerichtlichen Vergleichen und öffentlichen Urkunden betreffen, Durchführungsbefugnisse übertragen werden. Diese Befugnisse sollten nach Maßgabe der Verordnung (EU) Nr. 182/2011 des Europäischen Parlaments und des Rates ausgeübt werden.

(69) Für den Erlass von Durchführungsrechtsakten zur Erstellung und späteren Änderung der in dieser Verordnung vorgesehenen Bescheinigungen und Formulare sollte das Beratungsverfahren herangezogen werden.

(70) Die Ziele dieser Verordnung, nämlich die Freizügigkeit innerhalb der Union und die Möglichkeit für Partner, ihre vermögensrechtlichen Beziehungen untereinander sowie gegenüber Dritten während ihres Zusammenlebens sowie zum Zeitpunkt der Auseinandersetzung ihres Vermögens zu regeln, sowie bessere Vorhersehbarkeit des anzuwendenden Rechts und eine größere Rechtssicherheit können von den Mitgliedstaaten nicht ausreichend verwirklicht werden, und sind vielmehr wegen des Umfangs und der Wirkungen dieser Verordnung besser auf Unionsebene – gegebenenfalls im Wege einer Verstärkten Zusammenarbeit der Mitgliedstaaten – zu verwirklichen. Im Einklang mit dem in Artikel 5 des Vertrags über die Europäische Union niedergelegten Subsidiaritätsprinzip kann die Union tätig werden. Entsprechend dem in demselben Artikel genannten Verhältnismäßigkeitsprinzip geht diese Verordnung nicht über das für die Erreichung dieser Ziele erforderliche Maß hinaus.

(71) Diese Verordnung steht im Einklang mit den Grundrechten und Grundsätzen, die mit der Charta anerkannt wurden, namentlich die Artikel 7, 9, 17, 21 und 47, die das Recht auf Achtung des Privat- und Familienlebens, das nach nationalem Recht geschützte Recht, eine Familie zu gründen, das Eigentumsrecht, den Grundsatz der Nichtdiskriminierung sowie das Recht auf einen wirksamen Rechtsbehelf und ein faires Verfahren betreffen. Bei der Anwendung dieser Verordnung sollten die Gerichte und anderen zuständigen Behörden der Mitgliedstaaten diese Rechte und Grundsätze achten.

1688

EuSchutzMVO   Anh VI

VI.

2010. Verordnung (EU) Nr 606/2013 des Europäischen Parlaments und des Rates über die gegenseitige Anerkennung von Schutzmaßnahmen in Zivilsachen (EUSchutzMVO)

Vom 12. Juni 2013 (ABl. EU L 181, 4)

(1) Die Union hat es sich zum Ziel gesetzt, einen Raum der Freiheit, der Sicherheit und des Rechts aufrechtzuerhalten und weiterzuentwickeln, in dem der freie Personenverkehr gewährleistet ist und der Zugang zum Recht, insbesondere durch den Grundsatz der gegenseitigen Anerkennung gerichtlicher und außergerichtlicher Entscheidungen in Zivilsachen, erleichtert wird. Zum schrittweisen Aufbau eines solchen Raums muss die Union Maßnahmen im Bereich der justiziellen Zusammenarbeit in Zivilsachen mit grenzüberschreitendem Bezug erlassen, insbesondere wenn dies für das reibungslose Funktionieren des Binnenmarkts erforderlich ist.

(2) Artikel 81 Absatz 1 des Vertrags über die Arbeitsweise der Europäischen Union (AEUV) sieht vor, dass die justizielle Zusammenarbeit in Zivilsachen mit grenzüberschreitendem Bezug auf dem Grundsatz der gegenseitigen Anerkennung gerichtlicher und außergerichtlicher Entscheidungen beruhen muss.

(3) In einem gemeinsamen Rechtsraum ohne Binnengrenzen sind Bestimmungen, die eine zügige und einfache Anerkennung und gegebenenfalls Vollstreckung von in einem Mitgliedstaat angeordneten Schutzmaßnahmen in einem anderen Mitgliedstaat sicherstellen, unerlässlich damit gewährleistet ist, dass der einer natürlichen Person in einem Mitgliedstaat gewährte Schutz in jedem anderen Mitgliedstaat, in den diese Person reist oder umzieht, aufrechterhalten und fortgesetzt wird. Es muss sichergestellt werden, dass die legitime Wahrnehmung des Rechts der Unionsbürger, sich gemäß Artikel 3 Absatz 2 des Vertrags über die Europäische Union (EUV) und gemäß Artikel 21 AEUV im Hoheitsgebiet der Mitgliedstaaten frei zu bewegen und aufzuhalten, für die Unionsbürger nicht zum Verlust dieses Schutzes führt.

(4) Das gegenseitige Vertrauen in die Rechtspflege in der Union sowie das Ziel, einen zügigeren und kostengünstigeren Umlauf von Schutzmaßnahmen innerhalb der Union zu gewährleisten, rechtfertigen den Grundsatz, wonach in einem Mitgliedstaat angeordnete Schutzmaßnahmen in allen anderen Mitgliedstaaten anerkannt werden, ohne dass es hierzu besonderer Verfahren bedarf. Eine in einem Mitgliedstaat angeordnete Schutzmaßnahme („Ursprungsmitgliedstaat") sollte daher so behandelt werden, als wäre sie in dem Mitgliedstaat angeordnet worden, in dem um Anerkennung ersucht wird („ersuchter Mitgliedstaat").

(5) Um das Ziel des freien Verkehrs von Schutzmaßnahmen zu erreichen, ist es erforderlich und angemessen, dass die Vorschriften über die Anerkennung und gegebenenfalls Vollstreckung von Schutzmaßnahmen im Wege eines Unionsrechtsakts festgelegt werden, der verbindlich und unmittelbar anwendbar ist.

(6) Diese Verordnung sollte für Schutzmaßnahmen gelten, die angeordnet werden, um eine Person zu schützen, wenn es ernsthafte Gründe zu der Annahme gibt, dass das Leben dieser Person, ihre körperliche oder psychische Unversehrtheit, ihre persönliche Freiheit, ihre Sicherheit oder ihre sexuelle Integrität in Gefahr ist, beispielsweise zur Verhütung jeder Form von geschlechtsbezogener Gewalt oder Gewalt in engen Beziehungen wie körperliche Gewalt, Belästigung, sexuelle Übergriffe, Stalking, Einschüchterung oder andere Formen der indirekten Nötigung. Es ist hervorzuheben, dass diese Verordnung für alle Opfer gilt, und zwar unabhängig davon, ob sie Opfer von geschlechtsbezogener Gewalt sind oder nicht.

(7) Mit der Richtlinie 2012/29/EU des Europäischen Parlaments und des Rates vom 25. Oktober 2012 über Mindeststandards für die Rechte, die Unterstützung und den Schutz von Opfern von Straftaten wird sichergestellt, dass Opfer von Straftaten angemessene Informationen und Unterstützung erhalten.

(8) Diese Verordnung ergänzt die Richtlinie 2012/29/EU. Die Tatsache, dass eine Person Gegenstand einer in Zivilsachen angeordneten Schutzmaßnahme ist, schließt nicht zwingend aus, dass diese Person als „Opfer" im Sinne der genannten Richtlinie gilt.

(9) Der Anwendungsbereich dieser Verordnung fällt unter die justizielle Zusammenarbeit in Zivilsachen im Sinne des Artikels 81 AEUV. Diese Verordnung gilt nur für Schutzmaßnahmen, die in Zivilsachen angeordnet werden Schutzmaßnahmen, die in Strafsachen angeordnet werden

1689

Anh VI   Erwägungsgründe zu den kommentierten EU-Verordnungen

sind von der Richtlinie 2011/99/EU des Europäischen Parlaments und des Rates vom 13. Dezember 2011 über die Europäische Schutzanordnung erfasst.

(10) Der Begriff Zivilsachen sollte im Einklang mit den Grundsätzen des Unionsrechts autonom ausgelegt werden. Für die Beurteilung des zivilrechtlichen Charakters einer Schutzmaßnahme sollte nicht entscheidend sein, ob eine zivil-, verwaltungs- oder strafrechtliche Behörde die Schutzmaßnahme anordnet.

(11) Diese Verordnung sollte das Funktionieren der Verordnung (EG) Nr. 2201/2003 des Rates vom 27. November 2003 über die Zuständigkeit und die Anerkennung und Vollstreckung von Entscheidungen in Ehesachen und in Verfahren betreffend die elterliche Verantwortung (im Folgenden „Brüssel-IIa-Verordnung") nicht beeinträchtigen. Entscheidungen, die gemäß der Brüssel-IIa-Verordnung ergehen, sollten weiterhin gemäß jener Verordnung anerkannt und vollstreckt werden.

(12) Die vorliegende Verordnung trägt den unterschiedlichen Rechtstraditionen der Mitgliedstaaten Rechnung und berührt nicht die nationalen Systeme für die Anordnung von Schutzmaßnahmen Diese Verordnung verpflichtet die Mitgliedstaaten weder dazu, ihre nationalen Systeme dahin gehend zu ändern, dass Schutzmaßnahmen in Zivilsachen angeordnet werden können, noch dazu, für die Zwecke der Anwendung dieser Verordnung Schutzmaßnahmen in Zivilsachen einzuführen.

(13) Um den unterschiedlichen Arten von Behörden, die in den Mitgliedstaaten Schutzmaßnahmen in Zivilsachen anordnen, Rechnung zu tragen, sollte diese Verordnung – anders als in anderen Bereichen der justiziellen Zusammenarbeit – für Entscheidungen sowohl von Gerichten als auch von Verwaltungsbehörden gelten, sofern Letztere Garantien insbesondere hinsichtlich ihrer Unparteilichkeit und des Rechts der Parteien auf gerichtliche Nachprüfung bieten. In keinem Fall sollten die Polizeibehörden als Ausstellungsbehörden im Sinne dieser Verordnung gelten.

(14) Gemäß dem Grundsatz der gegenseitigen Anerkennung sollten Schutzmaßnahmen, die in dem Ursprungsmitgliedstaat in Zivilsachen angeordnet werden, in dem ersuchten Mitgliedstaat als Schutzmaßnahmen in Zivilsachen im Sinne dieser Verordnung anerkannt werden.

(15) Gemäß dem Grundsatz der gegenseitigen Anerkennung entspricht die Anerkennung der Gültigkeitsdauer der Schutzmaßnahme. Unter Berücksichtigung der Vielfalt der Schutzmaßnahmen nach dem Recht der Mitgliedstaaten, insbesondere ihre Dauer betreffend, und der Tatsache, dass diese Verordnung typischerweise in dringenden Fällen angewandt werden wird, sollte die Wirkung der Anerkennung nach dieser Verordnung jedoch ausnahmsweise auf einen Zeitraum von 12 Monaten ab der Ausstellung der in dieser Verordnung vorgesehenen Bescheinigung beschränkt sein, unabhängig davon, ob die Schutzmaßnahme (sei sie nun vorläufig, befristet oder unbefristet) eine längere Gültigkeitsdauer hat.

(16) In Fällen, in denen die Dauer einer Schutzmaßnahme länger als 12 Monate ist, sollte die Beschränkung der Wirkung der Anerkennung nach dieser Verordnung nicht das Recht der geschützten Person berühren, die Schutzmaßnahme gemäß jedwedem anderen hierfür zur Verfügung stehenden Rechtsakt der Union geltend zu machen oder eine nationale Schutzmaßnahme im ersuchten Mitgliedstaat zu beantragen.

(17) Die Befristung der Wirkung der Anerkennung hat aufgrund der Besonderheit des Gegenstands dieser Verordnung Ausnahmecharakter und sollte nicht als Präzedenzfall für andere Instrumente in Zivil- und Handelssachen herangezogen werden.

(18) Diese Verordnung sollte ausschließlich die Anerkennung der im Rahmen einer Schutzmaßnahme auferlegten Verpflichtung behandeln. Sie sollte nicht die Verfahren zur Durchführung oder Vollstreckung der Schutzmaßnahme regeln und auch keine potenziellen Sanktionen umfassen, die verhängt werden könnten, wenn im ersuchten Mitgliedstaat gegen die im Rahmen der Schutzmaßnahme angeordnete Verpflichtung verstoßen wird. Diese Angelegenheiten bleiben dem Recht dieses Mitgliedstaats überlassen. Im Einklang mit den allgemeinen Grundsätzen des Unionsrechts und insbesondere dem Grundsatz der gegenseitigen Anerkennung müssen die Mitgliedstaaten jedoch sicherstellen, dass nach dieser Verordnung anerkannte Schutzmaßnahmen im ersuchten Mitgliedstaat wirksam werden können.

(19) Durch diese Verordnung erfasste Schutzmaßnahmen sollten einer geschützten Person Schutz an ihrem Wohnort oder Arbeitsort oder an jedem anderen Ort bieten, den diese Person regelmäßig aufsucht, wie z.B. dem Wohnort enger Verwandter oder der von ihrem Kind besuchten Schule oder Bildungseinrichtung. Unabhängig davon, ob der fragliche Ort oder die Ausdehnung der Fläche, der/die durch die Schutzmaßnahme erfasst wird, in der Schutzmaßnahme durch eine oder mehrere konkrete Anschriften oder durch Bezugnahme auf ein be-

1690

EuSchutzMVO   **Anh VI**

stimmtes abgegrenztes Gebiet beschrieben ist, der (denen) sich die gefährdende Person nicht nähern darf bzw. das sie nicht betreten darf (oder eine Kombination aus diesen beiden Kriterien), bezieht sich die Anerkennung der mit der Schutzmaßnahme angeordneten Verpflichtung auf den Zweck, den dieser Ort für die geschützte Person hat, und nicht auf die konkrete Anschrift.

(20) Daher, und sofern der Charakter und die wesentlichen Elemente der Schutzmaßnahme beibehalten werden, sollte die zuständige Behörde des ersuchten Mitgliedstaats befugt sein, die faktischen Elemente der Schutzmaßnahme anzupassen, wenn diese Anpassung erforderlich ist, damit die Anerkennung der Schutzmaßnahme im ersuchten Mitgliedstaat praktisch wirksam wird. Zu den faktischen Elementen gehören die Anschrift, der Ort im Allgemeinen oder der Mindestabstand, den die gefährdende Person zur geschützten Person, zur Anschrift oder zum Ort im Allgemeinen halten muss. Die Art und der zivilrechtliche Charakter der Schutzmaßnahme dürfen durch eine solche Anpassung jedoch nicht berührt werden.

(21) Um jede mögliche Anpassung einer Schutzmaßnahme zu erleichtern, sollte die Bescheinigung angeben, ob die in der Schutzmaßnahme angegebene Anschrift den Wohnort, den Arbeitsort oder einen Ort, den die geschützte Person regelmäßig aufsucht, darstellt. Außerdem sollte in der Bescheinigung gegebenenfalls das abgegrenzte Gebiet (ungefährer Radius um die konkrete Anschrift) angegeben werden, das für die der gefährdenden Person im Rahmen der Schutzmaßnahme auferlegte Verpflichtung gilt.

(22) Um den freien Verkehr von Schutzmaßnahmen in der Union zu erleichtern, sollten mit dieser Verordnung ein einheitliches Muster für eine entsprechende Bescheinigung festgelegt und ein mehrsprachiges Standardformular für diesen Zweck bereitgestellt werden. Die Ausstellungsbehörde sollte die Bescheinigung auf Ersuchen der geschützten Person ausstellen.

(23) Das mehrsprachige Standardformular der Bescheinigung sollte so wenige Freitextfelder wie möglich enthalten, so dass die Übersetzung oder Transkription in den meisten Fällen durch Verwendung des Standardformulars in der jeweiligen Sprache kostenfrei für die geschützte Person erfolgen kann. Kosten für eine Übersetzung, die über den Text des mehrsprachigen Standardformulars hinaus erforderlich ist, sind nach dem Recht des Ursprungsmitgliedstaats zuzuweisen.

(24) Enthält eine Bescheinigung freien Text, so sollte die zuständige Behörde des ersuchten Mitgliedstaats darüber entscheiden, ob eine Übersetzung oder Transkription erforderlich ist. Dies sollte die geschützte Person oder die Ausstellungsbehörde im Ursprungsmitgliedstaat nicht daran hindern, aus eigener Initiative für eine Übersetzung oder Transkription zu sorgen.

(25) Um sicherzustellen, dass die Verteidigungsrechte der gefährdenden Person auch in Fällen gewahrt werden, in denen eine Schutzmaßnahme bei Nichteinlassung auf das Verfahren oder im Rahmen eines Verfahrens angeordnet wurde, in dem die vorherige Unterrichtung der gefährdenden Person nicht vorgesehen ist (*Ex-parte*-Verfahren), sollte die Bescheinigung nur dann ausgestellt werden können, wenn diese Person Gelegenheit dazu hatte, Vorkehrungen für ihre Verteidigung gegen die Schutzmaßnahme zu treffen. Zur Verhinderung einer Umgehung und in Anbetracht der typischen Dringlichkeit der Fälle, in denen Schutzmaßnahmen notwendig sind, sollte es jedoch nicht erforderlich sein, dass die Frist für die Geltendmachung dieser Verteidigungsrechte abgelaufen ist, bevor eine Bescheinigung ausgestellt werden kann Die Bescheinigung sollte ausgestellt werden, sobald die Schutzmaßnahme im Ursprungsmitgliedstaat vollstreckbar ist.

(26) Da in Bezug auf die Verfahren Einfachheit und Schnelligkeit angestrebt werden, sieht diese Verordnung einfache und zügige Methoden vor, um der gefährdenden Person die Verfahrensschritte zur Kenntnis zu bringen. Diese spezifischen Methoden der Unterrichtung sollten jedoch aufgrund der Besonderheit des Gegenstands dieser Verordnung nur für deren Zwecke gelten; sie sollten nicht als Präzedenzfall für andere Instrumente in Zivil- und Handelssachen gelten und sie sollten die Verpflichtungen eines Mitgliedstaats betreffend die Zustellung gerichtlicher und außergerichtlicher Schriftstücke in Zivilsachen im Ausland, die sich aus einem bilateralen oder multilateralen Übereinkommen zwischen diesem Mitgliedstaat und einem Drittstaat ergeben, nicht berühren.

(27) Wenn die Bescheinigung der gefährdenden Person zur Kenntnis gebracht wird und auch bei jeglicher Anpassung der faktischen Elemente einer Schutzmaßnahme im ersuchten Mitgliedstaat, sollte das Interesse der geschützten Person an einer Geheimhaltung ihres Aufenthaltsorts und anderer Kontaktdaten gebührend berücksichtigt werden. Solche Angaben sollten der gefährdenden Person nicht mitgeteilt werden, es sei denn, eine solche Mitteilung ist für die Einhaltung oder die Vollstreckung der Schutzmaßnahme erforderlich.

(28) Gegen die Ausstellung der Bescheinigung sollte kein Rechtsbehelf eingelegt werden können.

1691

Anh VI

Erwägungsgründe zu den kommentierten EU-Verordnungen

(29) Die Bescheinigung sollte berichtigt werden, wenn sie aufgrund eines offensichtlichen Fehlers oder offensichtlicher Ungenauigkeiten – wie einem Tippfehler oder einem Fehler bei der Transkription oder der Abschrift – die Schutzmaßnahme nicht korrekt wiedergibt, beziehungsweise aufgehoben werden, wenn sie eindeutig zu Unrecht erteilt wurde, beispielsweise wenn sie für eine Maßnahme verwendet wurde, die nicht in den Anwendungsbereich dieser Verordnung fällt, oder wenn sie unter Verstoß gegen die Anforderungen an ihre Ausstellung ausgestellt wurde.

(30) Die ausstellende Behörde im Ursprungsmitgliedstaat sollte der geschützten Person auf Ersuchen dabei behilflich sein, Informationen über die Behörden des ersuchten Mitgliedstaats zu erhalten, bei denen die Schutzmaßnahme geltend zu machen oder die Vollstreckung der Schutzmaßnahme zu beantragen ist.

(31) Eine geordnete Rechtspflege erfordert es, dass in zwei Mitgliedstaaten keine miteinander unvereinbaren Entscheidungen ergehen sollten. Deshalb sollte diese Verordnung in Fällen der Unvereinbarkeit mit einer im ersuchten Mitgliedstaat ergangenen oder anerkannten Entscheidung die Möglichkeit der Versagung der Anerkennung oder Vollstreckung der Schutzmaßnahme vorsehen.

(32) Aus Gründen des öffentlichen Interesses kann unter außergewöhnlichen Umständen eine Verweigerung durch das Gericht des ersuchten Mitgliedstaats, die Schutzmaßnahme anzuerkennen oder zu vollstrecken, gerechtfertigt sein, wenn deren Anwendung mit der öffentlichen Ordnung (*ordre public*) dieses Mitgliedstaats offensichtlich unvereinbar wäre. Jedoch sollte das Gericht den Vorbehalt der öffentlichen Ordnung dann nicht zur Verweigerung der Anerkennung oder Vollstreckung einer Schutzmaßnahme anwenden dürfen, wenn dies gegen die Charta der Grundrechte der Europäischen Union und insbesondere gegen ihren Artikel 21 verstoßen würde.

(33) Wird die Schutzmaßnahme im Ursprungsmitgliedstaat aufgehoben oder wird die Bescheinigung dort aufgehoben, so sollte auch die zuständige Stelle im ersuchten Mitgliedstaat nach Vorlage der entsprechenden Bescheinigung die Wirkung der Anerkennung und gegebenenfalls die Vollstreckung der Schutzmaßnahme aussetzen oder aufheben.

(34) Eine geschützte Person sollte in anderen Mitgliedstaaten wirksamen Zugang zum Recht haben. Zur Gewährleistung eines solchen wirksamen Zugangs in von dieser Verordnung erfassten Verfahren ist nach Maßgabe der Richtlinie 2003/8/EG des Rates vom 27. Januar 2003 zur Verbesserung des Zugangs zum Recht bei Streitsachen mit grenzüberschreitendem Bezugdurch Festlegung gemeinsamer Mindestvorschriften für die Prozesskostenhilfe in derartigen Streitsachen Prozesskostenhilfe zu gewähren.

(35) Um die Anwendung dieser Verordnung zu erleichtern, sollten die Mitgliedstaaten verpflichtet werden, im Rahmen des mit der Entscheidung 2001/470/EG des Rates° eingerichteten Europäischen Justiziellen Netzes für Zivil- und Handelssachen bestimmte Informationen zu ihren nationalen Vorschriften und Verfahren betreffend Schutzmaßnahmen in Zivilsachen bereitzustellen. Die von den Mitgliedstaaten bereitgestellten Informationen sollten über das europäische E-Justiz-Portal zugänglich sein.

(36) Zur Gewährleistung einheitlicher Bedingungen für die Durchführung dieser Verordnung sollten der Kommission Durchführungsbefugnisse im Hinblick auf die Erstellung und spätere Änderung der in dieser Verordnung vorgesehenen Formulare übertragen werden. Diese Befugnisse sollten im Einklang mit der Verordnung (EU) Nr. 182/2011 des Europäischen Parlaments und des Rates vom 16. Februar 2011 zur Festlegung der allgemeinen Regeln und Grundsätze, nach denen die Mitgliedstaaten die Wahrnehmung der Durchführungsbefugnisse durch die Kommission kontrollieren» ausgeübt werden.

(37) Für den Erlass von Durchführungsrechtsakten zur Erstellung und späteren Änderung der in dieser Verordnung vorgesehenen Formulare sollte das Prüfverfahren angewandt werden.

(38) Diese Verordnung steht im Einklang mit den Grundrechten und Grundsätzen, die mit der Charta der Grundrechte der Europäischen Union anerkannt wurden. Sie sucht insbesondere die Verteidigungsrechte und das Recht auf ein faires Verfahren gemäß Artikeln 47 und 48 der Charta zu wahren. Ihre Anwendung sollte unter Beachtung dieser Rechte und Grundsätze erfolgen.

(39) Da das Ziel der Verordnung, nämlich die Schaffung von Regeln für einen einfachen und zügigen Mechanismus zur Anerkennung von in einem Mitgliedstaat angeordneten Schutzmaßnahmen in Zivilsachen, auf Ebene der Mitgliedstaaten nicht ausreichend verwirklicht werden kann und daher besser auf Unionsebene zu verwirklichen ist, kann die Union im Einklang mit dem in Artikel 5 EUV niedergelegten Subsidiaritätsprinzip tätig werden. Entsprechend dem in

EuSchutzMVO   **Anh VI**

demselben Artikel genannten Grundsatz der Verhältnismäßigkeit geht diese Verordnung nicht über das zur Erreichung dieses Ziels erforderliche Maß hinaus.

(40) Gemäß Artikel 3 des dem EUV und dem AEUV beigefügten Protokolls (Nr. 21) über die Position des Vereinigten Königreichs und Irlands hinsichtlich des Raums der Freiheit, der Sicherheit und des Rechts habendiese Mitgliedstaaten mitgeteilt, dass sie sich an der Annahme und Anwendung dieser Verordnung beteiligen möchten.

(41) Gemäß den Artikeln 1 und 2 des dem EUV und dem AEUV beigefügten Protokolls (Nr. 22) über die Position Dänemarks beteiligt sich Dänemark nicht an der Annahme dieser Verordnung und ist weder durch diese gebunden noch zu ihrer Anwendung verpflichtet.

(42) Der Europäische Datenschutzbeauftragte hat am 17. Oktober 2011, gestützt auf Artikel 41 Absatz 2 der Verordnung (EG) Nr. 45/2001 des Europäischen Parlaments und des Rates vom 18. Dezember 2000 zum Schutz natürlicher Personen bei der Verarbeitung personenbezogener Daten durch die Organe und Einrichtungen der Gemeinschaft und zum freien Datenverkehr, eine Stellungnahme abgegeben.

Register

A. Chronologisches Verzeichnis der kommentierten EU-Verordnungen, Staatsverträge und deutschen Gesetze

(Die fetten Zahlen bezeichnen die Textnummern)

1. EU-Recht

Verordnung (EG) Nr. 2201/2003 über die Zuständigkeit und die Anerkennung und Vollstreckung von Entscheidungen in Ehesachen und in Verfahren betreffend die elterliche Verantwortung und zur Aufhebung der Verordnung (EG) Nr. 1347/2000 **(EuEheVO, Brüssel IIa-VO)** v. 27.11.2003 — **010, 080, 420, 470, 660, 750, 780**

Verordnung (EG) Nr. 4/2009 über die Zuständigkeit, das anwendbare Recht, die Anerkennung und Vollstreckung von Entscheidungen und die Zusammenarbeit in Unterhaltssachen **(EuUntVO)** v. 18.12.2008 — **160, 210, 270, 640, 940, 1100**

Verordnung (EU) Nr. 1259/2010 zur Durchführung einer Verstärkten Zusammenarbeit im Bereich des auf die Ehescheidung und Trennung ohne Auflösung des Ehebandes anzuwendenden Rechts **(Rom III-VO)** v. 20.12.2010 — **040, 1090**

Verordnung (EU) Nr. 606/2013 über die gegenseitige Anerkennung von Schutzmaßnahmen in Zivilsachen **(EuSchutzMVO)** v. 12.6.2013 — **880, 1130**

Verordnung (EU) 2016/1103 zur Durchführung einer Verstärkten Zusammenarbeit im Bereich der Zuständigkeit, des anzuwendenden Rechts und der Anerkennung und Vollstreckung von Entscheidungen in Fragen des ehelichen Güterstands **(EuGüVO)** v. 24.6.2016 — **70, 100, 620, 1110**

Verordnung (EU) 2016/1104 zur Durchführung der Verstärkten Zusammenarbeit im Bereich der Zuständigkeit, des anzuwendenden Rechts und der Anerkennung und Vollstreckung von Entscheidungen in Fragen güterrechtlicher Wirkungen eingetragener Partnerschaften **(EuPartVO)** v. 24.6.2016 — **490, 510, 840, 1130**

2. Multilaterale Staatsverträge

New Yorker UN-Übereinkommen über die Geltendmachung von Unterhaltsansprüchen im Ausland **(UN-UntGÜ)** v. 20.6.1956 — **960**

Haager Übereinkommen über das auf Unterhaltsverpflichtungen gegenüber Kindern anzuwendende Recht **(HKUntÜ)** v. 24.10.1956 — **240**

Haager Übereinkommen über die Anerkennung und Vollstreckung von Entscheidungen auf dem Gebiet der Unterhaltspflicht gegenüber Kindern **(HKUntVÜ)** v.15.4.1958 — **680**

Römisches CIEC-Übereinkommen über die Erweiterung der Zuständigkeit der Behörden, vor denen nichteheliche Kinder anerkannt werden können v. 14.9.1961 — **430**

Haager Übereinkommen über die Zuständigkeit der Behörden und das anzuwendende Recht auf dem Gebiet des Schutzes von Minderjährigen **(MSA)** v. 5.10.1961 — **350, 390, 760**

Brüsseler CIEC-Übereinkommen über die Feststellung der mütterlichen Abstammung nichtehelicher Kinder vom 12.9.1962 — **440**

Haager Übereinkommen über das auf Unterhaltspflichten anzuwendende Recht **(HUntÜ)** v.2.10.1973 — **230**

Haager Übereinkommen über die Anerkennung und Vollstreckung von Unterhaltsentscheidungen **(HUntVÜ)** v. 2.10.1973 — **670**

1695

A. Verzeichnis kommentierter Texte (chronol.)

Luxemburger Europäisches Übereinkommen über die Anerkennung und Vollstreckung von Entscheidungen über das Sorgerecht für Kinder und die Wiederherstellung des Sorgerechts **(EuSorgeRÜ)** v. 20.5.1980   **750, 1010**

Haager Übereinkommen über die zivilrechtlichen Aspekte internationaler Kindesentführung **(HKÜ)** v. 25.10.1980   **1000**

Übereinkommen über den Schutz von Kindern und die Zusammenarbeit auf dem Gebiet der internationalen Adoption **(HAdoptÜ)** v. 29.5.1993   **800, 1030**

Haager Übereinkommen über die Zuständigkeit, das anzuwendende Recht, die Anerkennung, Vollstreckung und Zusammenarbeit auf dem Gebiet der elterlichen Verantwortung und der Maßnahmen zum Schutz von Kindern **(KSÜ)** v. 19.10.1996   **340, 380, 740, 990**

Haager Übereinkommen über den internationalen Schutz von Erwachsenen **(ErwSÜ)** v. 13.1.2000   **530, 550, 910, 1060**

Luganer Übereinkommen über die gerichtliche Zuständigkeit und die Anerkennung und Vollstreckung von Entscheidungen in Zivil- und Handelssachen **(LugÜ 2007)** v. 30.10.2007   **170, 650**

Haager Protokoll über das auf Unterhaltspflichten anzuwendende Recht **(HUP)** v. 23.11.2007   **220**

Haager Übereinkommen über die internationale Geltendmachung der Unterhaltsansprüche von Kindern und anderen Familienangehörigen **(HUÜ 2007)** v. 23.11.2007   **180, 660, 950**

3. Bilaterale Staatsverträge

Deutsch-iranisches Niederlassungsabkommen v. 17.2.1929   **050, 110, 250, 400**

Deutsch-schweizerisches Abkommen über die gegenseitige Anerkennung und Vollstreckung von gerichtlichen Entscheidungen und Schiedssprüchen v. 2.11.1929   **580**

Deutsch-tunesischer Anerkennungs- und Vollstreckungsvertrag v. 19.7.1966   **590, 700**

Deutsch-israelischer Vertrag über die gegenseitige Anerkennung und Vollstreckung von Entscheidungen in Zivil- und Handelssachen v. 20.7.1977   **690**

Abkommen zwischen der Bundesrepublik Deutschland und der Französischen Republik über den Güterstand der Wahl-Zugewinngemeinschaft v. 4.2.2010   **120**

4. Deutsche Gesetze

Gesetz über den ehelichen Güterstand von Vertriebenen und Flüchtlingen **(VFGüterstG)** v. 4.8.1969   **140**

Einführungsgesetz zum Bürgerlichen Gesetzbuche **(EGBGB)** idF v. 21.9.1994   **060, 130, 150, 260, 300, 320, 410, 450, 480, 520, 560**

Gesetz zur Ausführung des Haager Übereinkommens vom 29. Mai 1993 über den Schutz von Kindern und die Zusammenarbeit auf dem Gebiet der internationalen Adoption (Adoptionsübereinkommen-Ausführungsgesetz – **AdÜbAG)** v. 5.11.2001   **810, 1040**

Gesetz über Wirkungen der Annahme als Kind nach ausländischem Recht (Adoptionswirkungsgesetz – **AdWirkG)** v. 5.11.2001   **820**

Gesetz über die Vermittlung der Annahme als Kind und über das Verbot der Vermittlung von Ersatzmüttern (Adoptionsvermittlungsgesetz – **AdVermiG)** idF v. 22.12.2001   **1050**

Internationales Familienrechtsverfahrensgesetz **(IntFamRVG)** v. 26.1.2005   **020, 360, 600, 770, 1020**

Zivilprozessordnung **(ZPO)** idF v. 5.12.2005   **090**

1696

A. Verzeichnis kommentierter Texte (chronol.)

Gesetz zur Ausführung des Haager Übereinkommens vom 13. Januar 2000 über den internationalen Schutz von Erwachsenen (Erwachsenenschutzübereinkommens-Ausführungsgesetz – **ErwSÜAG**) v. 17.3.2007	**920, 1070**
Gesetz über das Verfahren in Familiensachen und in den Angelegenheiten der freiwilligen Gerichtsbarkeit **(FamFG)** v. 17.12.2008	**030, 080, 200, 290, 310, 370, 420, 470, 500, 540, 610, 630, 720, 780, 790, 830, 850, 860, 870, 900, 930**
Auslandsunterhaltsgesetz **(AUG)** v. 23.5.2011	**190, 280, 710, 970**
Gesetz zum Europäischen Gewaltschutzverfahren (EU-Gewaltschutzverfahrensgesetz – **EUGewSchVG**) v. 5.12.2014	**890**

B. Sachverzeichnis[1]

Großbuchstaben bezeichnen die Abschnitte des Kommentars,
Zahlen die Randnummern darin.

Abfindung
- Statutenwechsel **C** 576
- als Unterhalt **C** 36, 528
- für den Unterhaltsverzicht **C** 686

Abgabe
- bei Zuständigkeitskonzentration **N** 533
- s. a. Verweisung

Abschiebung A 61

Abschriften A 143; **F** 270

Abstammung
- Anerkennung ausländischer Entscheidungen **O** 1 ff.
- Anfechtung **G** 91 ff.
- anwendbares Recht **G** 21 ff.
- Anwendungsausschluss
  - der EuEheVO **F** 49
  - des KSÜ **F** 402
- ausländische Rechtshängigkeit **G** 18
- autonomes Kollisionsrecht **G** 41 ff.
- autonomes Zivilverfahrensrecht **G** 3 ff.
- Begriff **G** 41 ff.
- CIEC-Übereinkommen **G** 23 ff.
- deutsch-iranisches Niederlassungsübereinkommen **G** 39 f.
- Duldung von Untersuchungen **G** 19
- exkorporal aufbewahrter Embryo **G** 10, 83
- Feststellung **G** 85
- heimliches Gutachten **O** 21
- hinkendes Rechtsverhältnis **O** 19
- internationale Zuständigkeit **G** 1 ff.
- Inzidentprüfung **M** 847
- keine Kindschaftssache **F** 574
- Legitimation **G** 79
- Leihmutterschaft s. dort
- Maßnahmen der Zentralen Behörde **T** 24
- Mehrstaater **G** 14, 49
- Mutterschaft s. dort
- natürliche **G** 41
- Ordre-public-Vorbehalt **G** 84 ff.; **O** 18 ff.
- Perpetuatio Fori **G** 17
- Prioritätsprinzip **G** 57 ff.
- Staatenloser **G** 49
- Staatsverträge **G** 2
- Statut **F** 726
- Unterhaltsanspruch **G** 1
- Vaterschaft **G** 11 ff.; **O** 20
- Vaterschaftsanerkennung s. dort
- Verbindung mit Unterhaltssache **C** 429
- Vollstreckung ausländischer Entscheidungen **O** 1 ff.
- Vorfrage i. R. d. Anerkennung des Unterhaltsanspruchs **M** 170
- Wirkungen **G** 77
- Zustimmungserklärung **G** 103 ff.

Abstammungsvermutung G 84

Abstammungswahrheit G 59

Abtretung
- Parteiidentität **C** 271
- der Unterhaltsberechtigung **C** 68, 107; **M** 44

Abzahlungskaufvertrag B 651

Adoption
- ähnliche Rechtsinstitute **H** 28
- durch Alleinstehende **H** 29 f., 49 ff.
- Altersgrenze **P** 27
- Anerkennung **P** 1 ff., 28 ff., 98 ff.
- Anerkennungsfähigkeit **H** 14
- Anerkennungshindernisse **P** 112 ff.
- Anerkennungswirkungen **P** 37 ff.
- Anerkennungszuständigkeit **P** 97
- Anhörung **P** 94
- Annehmende **P** 25
- Antragstellung **V** 31
- anwendbares Recht **H** 21 ff.
- Anwendungsausschluss
  - der EuEheVO **F** 50
  - des KSÜ **F** 403; **H** 2, 22
- Arten **H** 60
- Aufhebung **H** 87 ff.
- Aus- und Einreise des Kindes **V** 38
- Ausführungsgesetz von 2001 (AdÜbAG) **V** 46
- im Ausland **H** 78
- durch Ausländer **H** 79
- ausländische Rechtshängigkeit **H** 20
- ausländische Stelle **P** 105
- ausländisches Recht **H** 10
- autonomes Kollisionsrecht **H** 25 ff.
- autonomes Verfahrensrecht **H** 3
- Beendigung des Rechtsverhältnisses zu den leiblichen Eltern **P** 39
- Begriff **H** 6 ff., 26
- Bereitschaftserklärung **V** 36
- Bericht der Zentralen Behörde **V** 32 f.
- Bescheinigung **H** 72
- Dekretadoption **H** 27; **P** 62, 66
- Delegation **V** 43 ff.
- durch Ehegatten **H** 29 f., 33 ff.
- Eignung **P** 130
- durch eingetragene Lebenspartner **H** 11, 29 f., 44 ff.
- Einzeladoption einer verheirateten Person **H** 34, 37
- elterliche Sorge **H** 76
- Entscheidung **P** 101 ff.
- erbrechtliche Wirkungen **H** 80 ff.
- Ergänzungspfleger **P** 94
- EU-Recht **H** 1
- gerichtliche Genehmigung **H** 65, 100
- gewöhnlicher Aufenthalt **H** 13 f.
- durch gleichgeschlechtliche Ehepartner **H** 33
- grenzüberschreitende **P** 8
- Günstigkeitsprinzip **P** 96, 98 ff.
- HAdoptÜ **H** 2, 22

---

[1] Erstellt von Dr. jur. Julia Eppler, Regensburg.

B. Sachverzeichnis

Großbuchstaben = Abschnitte des Kommentars

- heimatstaatliche Vorschriften **P** 49
- Kafala s. dort
- Kind **H** 8, 26
- Kinderlosigkeit **H** 54
- Kindeswohl **P** 81, 130
- Kindeswohlprüfung **H** 53
- Kindeswohlschranke **H** 103 ff.
- kollisionsrechtliche Anknüpfung **H** 33 ff.
- Kontaktverbot **P** 50
- durch den Lebenspartner **I** 114
- Mindestalter **H** 54
- Mindestbedingungen **V** 12, 23
- Name **H** 74
- Nichtanerkennung **P** 34 ff.
- Ordre-public-Vorbehalt **H** 53 f.; **P** 32 f., 128 ff.
- Perpetuatio Fori **H** 19
- Pflegekindschaft s. dort
- rechtskräftige Entscheidung **P** 107
- Registrierung **P** 104
- Renvoi **H** 42
- Rückübertragung der elterlichen Sorge **H** 9
- Sachentscheidung **P** 106
- Sarparasti **H** 28
- Schutzmaßnahmen **V** 40 ff.
- schwache **H** 28, 31, 60; **P** 7
- Staatsangehörigkeit **H** 12, 77 ff.
- Staatsverträge **H** 2, 22
- starke **P** 7
- Statut **F** 726
- Statutenwechsel **H** 41
- Stiefkindadoption **H** 11
- Subsidiaritätsgrundsatz **V** 20
- Sukzessivadoption **H** 44
- Übersetzungen **P** 51
- Umwandlung **P** 44 ff.
- Umwandlungsausspruch **P** 77 ff.
- Unterhalt **H** 75
- Unterhaltsanspruch **C** 45, 549
- unvereinbare Entscheidungen **P** 124 ff.
- Verbot **H** 55, 57, 59
- Verbringung des Kindes **V** 39
- Verfahren **V** 31 ff.
- Vermittlung **P** 15
- Vermittlung über die Grenze **V** 12
- Vermittlungsstellen der Jugendämter **V** 43
- Vertragsadoption **H** 27, 53; **P** 62, 67
- Volladoption **H** 60; **P** 7, 39
- Volljähriger **H** 8, 26
- Vollstreckung **P** 1 ff.
- Voraussetzungen **H** 59 ff.; **V** 23 ff.
- Vorfragen **H** 41, 66 ff.
- Wiederholung **P** 59, 77
- Wirkungen **H** 70 ff.
- Wirkungsgleichstellung **P** 40
- Zentrale Behörden **V** 26 f.
- Zusammenarbeit der Behörden **V** 1 ff.
- Zusammenführung **V** 34 ff.
- Zustandekommen **H** 61 f.
- Zuständigkeit
  - amtswegige Prüfung **H** 18
  - internationale **H** 1 ff.
  - örtliche **H** 15 ff.
- Zustimmungen **P** 82 f.
- Zustimmungserfordernisse **H** 63 ff., 93 ff.
- Zustimmungserklärung **H** 32, 93 ff.

Adoptionsgesetz von 1976 H 23

Adoptionsübereinkommen (Haager) von 1993
  H 2; **P** 2, 5 ff.
- Anwendungsbereich **P** 7 ff., 23 ff.; **V** 6 ff.
- Ausführungsgesetz von 2001 (AdÜbAG) **V** 3, 16
- Auslegung **P** 17; **V** 14
- Inhalt **P** 14 ff.; **V** 11 ff.
- Mehrrechtsstaat **P** 52 ff., 57
- Präambel **V** 19
- Umsetzung **P** 18 ff.
- Verhältnis zu anderen Rechtsinstrumenten **P** 55
- Vertragsstaaten **P** 6
- zeitliche Anwendung **P** 13, 56
- Ziele **P** 14 ff., 22; **V** 11 ff., 19 f.
- Zusammenarbeit der Behörden **V** 2, 4 ff.

Adoptionsübereinkommens-Ausführungs-
  gesetz (AdÜbAG) P 19, 58

Adoptionsvermittlungsgesetz (AdVermiG)
  P 21; **V** 3, 18, 47

Adoptionswirkungsgesetz (AdWirkG) P 20, 42,
  59 f.; **V** 3, 17
- Anwendungsbereich **P** 61 ff.

allgemeiner Gerichtsstand
- i. S. d. LugÜ 2007 **C** 356 ff.
- für Unterhaltssachen **C** 89 ff.
- der ZPO **B** 268

Altersversorgung D 93

Amtsermittlungsgrundsatz
- Begriff **C** 251
- i. R. d. EuGüVO **L** 53
- des FamFG **N** 535
- lex fori **A** 148

Amtssprache U 26

Amtsvormund U 92

amtswegige Prüfung
- Begriff **F** 275

Änderung
- von Anträgen **K** 268
- Klageänderung **M** 179
- von Schutzmaßnahmen **F** 530
- Unterhaltsabänderung s. dort

Anerkennung
- automatische **K** 36
- Begriff **K** 38 f.; **M** 138; **N** 54 f.
- Betreuungssachen **S** 1 ff.
- Bündelung der Verfahren **K** 176
- von Ehesachen **K** 1 ff.
  - amtswegige **K** 59
  - nach der EuEheVO **K** 8 ff.
  - nach dem FamFG **K** 189 ff.
  - Inzidentanerkennung **K** 58 ff.
  - Ipso iure-Anerkennung **K** 40 ff.
  - bei klageabweisender Entscheidung **K** 203
  - Rechtskrafterfordernis **K** 202
  - keine sachliche Nachprüfung **K** 111 f., 290
  - Schuldspruch **K** 189
  - im selbständigen Verfahren **K** 44 ff., 194 ff.
- einstweiliger Maßnahmen **A** 218 ff.; **F** 335 ff.
- nach dem ErwSÜ **S** 12 ff.
- i. S. d. EuGüVO **K** 35 f.
- von Folgesachen **K** 32, 189
- von Gewaltschutzmaßnahmen **R** 27, 80 f., 141 ff.
- Grundrechtsverbürgung **L** 77
- güterrechtlicher Entscheidungen
  - nach der EuGüVO **L** 13 f.
  - nach der EuPartVO **Q** 30
  - nach dem FamFG **L** 12, 177 ff.

Zahlen = Randnummern

B. Sachverzeichnis

– Inzidentanerkennung s. dort
– Ipso iure-Anerkennung s. dort
– von Kostenentscheidungen **N** 312 ff.
– Kumulationstheorie **N** 624
– der lebenspartnerschaftlichen Aufhebungsent-
  scheidung **K** 199
– der Mutterschaft **G** 36
– Posterioritätsprinzip **N** 107, 110
– Prioritätsprinzip s. dort
– der Privatscheidung **K** 204 ff., 211, 291 ff.
– von Prozessurteilen **N** 614
  – nach dem LugÜ 2007 **M** 399
– révision au fond **L** 81
– Sachentscheidungserfordernis **M** 840; **N** 614
– der Säumnisentscheidung **K** 121 ff.
– Schuldspruch **K** 32
– sorgerechtlicher Entscheidungen **N** 1 ff., 51 ff.
  – von Amts wegen **N** 73
  – Änderung der Umstände **N** 119
  – bei Antragsabweisung **N** 36
  – im einstweiligen Rechtsschutz **F** 335 ff.
  – nach dem EuSorgeRÜ **N** 428 ff.
  – nach dem FamFG **N** 606 ff.
  – Gegenseitigkeit **N** 499
  – Günstigkeitsprinzip **N** 606, 609 f.
  – Inzidentanerkennung **N** 72 ff.
  – Ipso iure-Anerkennung **N** 56, 356 ff., 617
  – nach dem KSÜ **N** 356 ff.
  – nach dem MSA **N** 355
  – örtliche Zuständigkeit **N** 525 ff.
  – Prüfungsreihenfolge **N** 430 ff.
  – bei Rechtsanwendungsfehlern **N** 116
  – Rechtsfolgen **N** 623 ff.
  – Rechtskrafterfordernis **N** 36, 615
  – keine sachliche Nachprüfung **N** 117 f., 656
  – im selbständigen Verfahren **N** 72 ff.
  – Verhältnis zum Eheurteil **N** 627
– Spiegelbildprinzip **M** 531
– Teilanerkennung nach dem HUÜ 2007 **M** 535 f.
– Übergangsbestimmungen
  – der EuEheVO **M** 150 ff.; **N** 333 ff.
  – des KSÜ **N** 398
– der Unterbringung **N** 112, 374
– von Unterhaltstiteln
  – Annexentscheidung **M** 61
  – nach der EuUntVO **M** 48 ff.
  – nach dem FamFG **M** 835 ff.
  – nach dem HUntVÜ 1973 **M** 13, 624 ff.,
    639 ff.
  – HUP-Bindung des Erststaats **M** 53 ff., 135 ff.
  – nach dem HUÜ 2007 **C** 415; **M** 472 ff., 520 ff.
  – Inzidentanerkennung **M** 153 f.
  – nach dem LugÜ 2007 **M** 403 ff., 408 f.
  – Prüfungsreihenfolge **M** 16 ff.
  – Rechtsänderung im Zweitstaat **M** 854
  – Rechtsfolgen **M** 843 ff.
  – Verfahrensarten **M** 53 ff.
  – Zeitpunkt **M** 850
  – Zuständigkeit **M** 741 ff.
– des Unterhaltsvergleichs **M** 328
– Urkundenvorlage s. dort
– Vaterschaftsanerkennung s. dort
– des Versorgungsausgleichs **R** 10 ff.
– Vervollständigungsantrag **C** 452
– eines Vollstreckungsbescheids **C** 458
– Wirkungserstreckung s. dort

– Zuständigkeit des Erststaats s. Anerkennungs-
  zuständigkeit
– Zuständigkeitskonzentration **K** 183 ff.
– Zuständigkeitsüberprüfung **L** 78 ff.
– als Zwischenfeststellungsentscheidung **K** 61;
  N 75

Anerkennungs- und Vollstreckungsabkommen
– Ausführungsgesetz **M** 708
– in Ehesachen **K** 139 ff.
– zu Ehewohnung und Hausrat **R** 29 f.
– im Bereich der elterlichen Verantwortung **N** 323,
  332
– zum Güterrecht **L** 6 ff.
– mit Israel **M** 696 ff.
– mit der Schweiz **K** 158 ff.; **R** 6
– mit der Tunesischen Republik **K** 169 ff.;
  M 699 ff.
– zum Unterhaltsrecht **M** 14, 371 f., 694 ff.
– Verhältnis
  – zur EuEheVO **A** 222 ff.
  – zur EuGüVO **L** 166 f.
  – zur EuUntVO **M** 364 ff.
– zum Versorgungsausgleich **R** 5, 8

**Anerkennungs- und Vollstreckungsausfüh-
rungsgesetz (AVAG) M** 707 f., 714
– Anwendung auf Mahnbescheide **C** 455

Anerkennungsfeststellung, selbständige
– Amtsermittlung **K** 227
– Antragsberechtigung **K** 223 f.
– Antragserfordernis **K** 221 f.
– Antragshäufung **M** 152
– Ausführungsregelungen
  – des AUG **M** 798
  – des IntFamRVG **N** 584 f.
– Bestandskraft **K** 235
– Bindungswirkung **K** 233
– in Ehesachen **K** 44 ff., 194 ff.
– einseitiges **L** 43
– i. R. d. EuGüVO **L** 38 ff.
– fakultative **K** 212 f., 217, 243 ff.; **N** 618 ff.
– Kosten **K** 251
– nach dem KSÜ **N** 375 ff.
– durch die Landesjustizverwaltung **K** 196, 214 ff.
– Ordre-public-Vorbehalt **L** 55 ff.
– rechtliches Gehör **K** 226
– rechtliches Interesse **K** 51, 245; **L** 38
– Rechtsbehelfe **L** 44; **M** 148
– Rechtskraft **K** 236
– Rückwirkung **K** 234
– zu sorgerechtlichen Entscheidungen **N** 57 ff.
– Überprüfungsantrag **K** 229 ff.
– zu Unterhaltspflichten **M** 141 ff.
– Verfahrensaussetzung **K** 113 ff., 214 ff.; **M** 204 ff.;
  N 120 ff.
– Verfahrensgrundsätze **K** 214 ff.
– Verhältnis
  – zu anderen Anträgen **L** 46 ff.; **M** 150 ff.
  – zur Vollstreckbarerklärung **M** 151
– Verwirkung **K** 225
– Wirkungen **K** 233 ff., 250
– Wirkungserstreckung s. dort
– Zuständigkeit **K** 218 ff.
  – örtliche **K** 180 ff.; **N** 525
  – zwingende **K** 214 ff.

Anerkennungsprognose A 258; **F** 294
Anerkennungstheorie F 664

1701

B. Sachverzeichnis

Großbuchstaben = Abschnitte des Kommentars

Anerkennungsversagungsgründe
– Amtsermittlungsgrundsatz **L** 53
– amtswegige Prüfung **L** 53
  – i. R. d. EuEheVO **K** 65; **N** 79
  – i. R. d. EuUntVO **M** 158, 176
  – nach dem FamFG **M** 848
  – nach dem KSÜ **N** 387
– Änderung der Umstände **N** 389
– Ausnahmecharakter **L** 51
– Betreuungssachen **S** 15 ff., 81 ff.
– betrügerische Machenschaften **M** 539, 648
– Beweislast **L** 54
  – i. R. d. EuEheVO **N** 81
  – i. R. d. EuUntVO **M** 159
  – nach dem FamFG **M** 849; **N** 629
– in Ehesachen
  – nach der EuEheVO **K** 62 ff.
  – nach dem FamFG **K** 254 ff.
– der EuGüVO **L** 50 ff.
– nach dem EuSorgeRÜ **N** 459 ff.
– der EuUntVO **M** 155 ff.
– des FamFG **M** 848 ff.; **N** 628 ff.
– früherer Anhängigkeit **M** 540, 649
– früherer Rechtshängigkeit **K** 282; **M** 872
– fehlender Gegenseitigkeit **K** 289; **M** 876 ff.; **N** 655
– Gehörsverletzung
  – i. R. d. FamFG **K** 266 ff.; **M** 863; **N** 639 f.
  – i. R. d. KSÜ **N** 367 ff.
– des HUntVÜ 1973 **M** 645 ff.
– des HUÜ 2007 **M** 537 ff.
– Kindeswohl **N** 86
– des KSÜ **N** 359 ff.
– des LugÜ 2007 **M** 403 ff.
– Nichteinlassung s. dort
– Ordre-public-Vorbehalt s. dort
– Prüfung der erstgerichtlichen Zuständigkeit **L** 50
– sorgerechtlicher Entscheidungen **N** 76 ff.
– Spiegelbildprinzip s. dort
– strengeres zweitstaatliches Scheidungsrecht **A** 601 f.; **K** 109 f.
– bei Unterlassen von Rechtsbehelfen **K** 276
– Unvereinbarkeit s. dort
– Zeitpunkt **N** 630

Anerkennungszuständigkeit
– keine ausschließliche **K** 193
– für Betreuungssachen **S** 16 ff.
– doppelrelevante Tatsache **K** 259
– Einzelfälle **K** 261 ff.
– in Güterrechtssachen **L** 176
– nach dem HUntVÜ 1973 **M** 653 f.
– nach dem KSÜ **N** 361 f.
– des Mehrrechtsstaats **K** 262; **M** 853; **N** 636
– Nachprüfung
  – i. R. d. EuEheVO **K** 105 ff.; **N** 113 f.
  – i. R. d. EuUntVO **M** 155
  – i. R. d. FamFG **K** 257 ff.; **M** 851 ff.; **N** 631 ff.
  – i. R. d. KSÜ **N** 378 f.
– Perpetuatio Fori **N** 634
– Rechtsänderung im Zweitstaat **K** 260
– Spiegelbildprinzip s. dort
– für Unterhaltssachen **M** 851 ff.
– für den Versorgungsausgleich **R** 9, 13 ff.
– maßgebender Zeitpunkt **K** 260; **M** 854

Anfechtung
– der Abstammung **G** 91 ff.
– der Ehe **A** 627

Angehörige
– gesetzliche Vertretungsmacht **J** 36

Anhänge
– zur EuEheVO **A** 236

Anhängigkeit
– bei einstweiliger Anordnung **A** 146
– der Güterrechtssache **B** 213
– i. S. d. HUÜ 2007 **M** 541
– weitergehende Antragstellung **A** 202
– s. a. Rechtshängigkeit

Anhörung s. Kindesanhörung; rechtliches Gehör

Animus Manendi F 425

Annahme als Kind H 8

Annahmeverweigerung K 273

Annexentscheidung
– Anerkennung **M** 61, 654

Annexzuständigkeit
– der EuPartVO **I** 46 ff.
– des LugÜ 2007 **C** 377
– für Unterhaltssachen **C** 111 ff.

Anrufbeantworter C 165

Antrag
– Erweiterung **F** 298; **K** 268
– unzulässiger **A** 50

Antrittszuständigkeit A 85, 130, 266

Anwalt
– Korrespondenzanwalt s. dort
– Vergütung **K** 133; **N** 313

Anwaltsvergleich
– kein gerichtlicher Vergleich **C** 62; **M** 39
– öffentliche Urkunde **B** 39
– Privaturkunde **L** 25
– Urkundscharakter **C** 63; **M** 40, 448
– Vollstreckbarkeit **N** 288 ff.

Anwaltszwang
– bei Vollstreckbarerklärung
  – nach dem KSÜ **N** 386
  – sorgerechtlicher Entscheidungen **N** 177, 545
  – von Unterhaltstiteln **M** 754, 777

Anwendbares Recht s. autonomes Kollisionsrecht; internationales Privatrecht

Anwendungsvorrang A 239
– der EuEheVO **A** 241 ff.
  – auf dem Gebiet der elterlichen Verantwortung **F** 1, 344 f.
– der EuUntVO **C** 1

Anwesenheitszuständigkeit
– der EuEheVO **F** 221 ff.
– des KSÜ **F** 435 ff.
– Perpetuatio Fori **F** 226, 438
– Verhältnis zur Gerichtsstandsvereinbarung **F** 225

Apostille K 138; **M** 348; **N** 320

Arbeitslosigkeit
– des Unterhaltspflichtigen **M** 869

Arbeitsvertrag
– Verbot **B** 657

ärgeres Recht A 601 f.; **K** 109 f.

Arrestbefehl
– in Kindschaftssachen **F** 321
– zur Sicherung von Unterhaltstiteln **M** 77, 294
– Vervollständigung zur Auslandsverwendung **C** 453

ärztliche Untersuchung
– als öffentliche Maßnahme **F** 409

Asylberechtigte
– deutsch-iranisches Niederlassungsabkommen **B** 396

Zahlen = Randnummern

B. Sachverzeichnis

– Heimatzuständigkeit **F** 586
– internationale Zuständigkeit **A** 263
– Rechtswahlmöglichkeit nach der Rom III-VO **A** 378
Asylbewerber
– gewöhnlicher Aufenthalt **A** 62, 269; **B** 85; **F** 100
Asylrecht
– Anwendungsausschluss des KSÜ **F** 411
Aufenthalt
– nicht feststellbarer **F** 222 ff.
– gewöhnlicher Aufenthalt s. dort
– schlichter s. Anwesenheitszuständigkeit
– Verschleierung **U** 182
– vorübergehender **F** 504
Aufenthaltsbestimmungsrecht
– Sorgerechtsbestandteil
  – i. R. d. EuEheVO **F** 42, 64
  – i. R. d. HKÜ **U** 141
  – i. R. d. KSÜ **F** 391
– Verletzung **U** 94, 97
Aufenthaltserlaubnis A 619; **B** 85
Aufenthaltsermittlung T 18; **W** 18, 42 f.
Aufenthaltsrecht
– Rückverweisung **B** 447
Aufenthaltszuständigkeit
– in Ehesachen **A** 55 ff.
– des ErwSÜ **J** 57 ff.
– der EuEheVO **F** 79, 82 ff.
– der EuGüVO **B** 81 ff.
– des FamFG **A** 268 ff.; **F** 589
– des KSÜ **F** 416 ff.
– Perpetuatio Fori **F** 102
Aufgebot A 613
Aufhebung
– Eheaufhebung s. dort
– der eingetragenen Lebenspartnerschaft **I** 103 ff., 227 ff.
– der Gerichtsstandsvereinbarung **C** 176
– der Rechtswahl **C** 647
– der Sicherungsmaßnahmen **M** 78
Aufrechnung
– Prozessaufrechnung s. dort
AUG s. Auslandsunterhaltsgesetz (AUG)
Ausfertigung
– der Eheentscheidung **K** 119
– der sorgerechtlichen Entscheidung **N** 214, 279
– des Unterhaltstitels **M** 101
– s. a. Bescheinigung; Urkundenvorlage
Ausgleich s. Schadensersatz
Auskünfte
– des Unterhaltspflichtigen **C** 730 f.
– der Zentralen Behörde **U** 42; **W** 15
Auskunftsanspruch
– EuUntVO **C** 95
– Güterrechtsstatut **B** 368, 523
Ausländer, heimatloser
– internationale Zuständigkeit **A** 263
Auslandsunterhaltsgesetz (AUG) C 33; **M** 713 ff.
– Anhörung **M** 801
– Anwendung des FamFG **C** 425; **M** 713 f.
– Anwendungsbereich **C** 420 ff.; **M** 704 ff.
– Anwendungsvorrang von Staatsverträgen und EU-Recht **C** 424, 427; **M** 712 f.
– Begriffsbestimmungen **C** 426; **M** 715 ff.
– Beschränkung der Vollstreckung **M** 807

– Beschwerdefrist **M** 802
– Durchführung völkerrechtlicher Verträge **M** 800 ff.
– Gegenseitigkeit **C** 423; **M** 709 ff., 815 f., 883
– internationale Zusammenarbeit **T** 99 ff.
– Präklusion **M** 804 ff.
– Prozesskostenhilfe **C** 838 ff.
– Übergangsbestimmungen **M** 829
– Übersetzungskosten **C** 460
– Verhältnis zum HKUntVÜ 1958 **M** 707
– Zuständigkeit **C** 427 ff.
  – örtliche **C** 198, 430 ff.
– Zuständigkeitskonzentration **C** 436 ff.; **M** 742
Auslandsvermittlungsstellen V 43
ausschließliche Zuständigkeit
– in Ehesachen **A** 109 ff.
– i. R. d. FamFG **K** 193
– in Unterhaltssachen **M** 834
ausschließlicher Gerichtsstand
– des LugÜ 2007 **C** 382 ff.
– für Unterhaltssachen **C** 347
Aussetzung A 142; **B** 200
– des Anerkennungsverfahrens **L** 82 ff.
– bei doppelter Rechtshängigkeit
  – der Ehesache **A** 177, 187, 189
  – der Sorgerechtsangelegenheit **F** 289 ff.
  – der Unterhaltsangelegenheit **C** 269, 284 ff.
– des EuEheVO-Anerkennungsverfahrens **K** 113 ff.; **N** 120 ff.
– des EuEheVO-Vollstreckbarerklärungsverfahrens **N** 205 ff.
– wegen Nichteinlassung s. dort
– wegen Sachzusammenhangs **C** 290 ff., 396
– des unterhaltsrechtlichen Anerkennungsverfahrens **M** 204 ff.
– des unterhaltsrechtlichen Vollstreckbarerklärungs-verfahrens **M** 287 ff.
– der Unterhaltsvollstreckung **M** 98, 108 ff., 127 ff., 729
Ausweichklausel
– des ErwSÜ **J** 179 ff., 237
autonomes Kollisionsrecht A 12
– in Betreuungssachen **F** 728 ff.
– des EGBGB s. dort
– in Ehesachen **A** 286
  – bis Geltung der Rom III-VO **A** 583
  – seit Geltung der Rom III-VO **A** 545 ff.
– in Güterrechtsangelegenheiten **B** 282, 408 ff.
– in Pflegschaftssachen **F** 728 ff.
– der Scheidungsfolgen **A** 551 ff.
– in Sorgerechtsangelegenheiten **F** 599, 716 ff.
– Verhältnis
  – zum HUP **C** 480, 488
  – zum KSÜ **F** 620 ff.
– in Vormundschaftssachen **F** 728 ff.
– s. a. internationales Privatrecht
autonomes Zivilverfahrensrecht s. Auslands-unterhaltsgesetz (AUG); FamFG; IntFamRVG
AVAG s. Anerkennungs- und Vollstreckungsausfüh-rungsgesetz (AVAG)

Bagatellverordnung (EG) 861/2007 (EuGFVO) C 7, 320; **M** 9
– Anwendung in Güterrechtssachen **L** 2
– Verhältnis zur EuUntVO **M** 361
Barunterhaltspflicht, gemeinsame M 164

B. Sachverzeichnis

Großbuchstaben = Abschnitte des Kommentars

Bedarf C 714
Bedürftigkeit C 522, 707
– fehlende **C** 602
Beglaubigung
– öffentliche **M** 449
– keine öffentliche Urkunde **C** 64; **M** 41; **N** 286
begrenztes Realsplitting
– Steuererstattung **C** 39
Behörde
– Bestimmung **J** 144
– i. S. d. EuEheVO **F** 57
– i. S. d. EuSorgeRÜ **N** 419
– als Gericht **N** 34
– i. S. d. KSÜ **F** 416
– Zentrale Behörde s. dort
– Zusammenarbeit der Behörden s. dort
– s. a. Verwaltungsbehörde; Verwaltungsverfahren
Beibringungsgrundsatz
– in Güterrechtsverfahren **L** 53
– im Unterhaltsverfahren **C** 251
Beistandschaft F 646
– nach schweizerischem Recht **J** 27
Belästigung R 58
Belegenheitsstatut s. lex rei sitae
Beratungshilfe U 265
Berichtigung einer Bescheinigung N 267 f., 602
Beruf
– Mitarbeit des Ehegatten **C** 543
Berufsunfähigkeitsversorgung D 93
Bescheinigung
– Abänderung **N** 275 f.
– Ausstellung
  – nach dem AUG **C** 448 ff.
  – nach dem IntFamRVG **N** 601 ff.
– Berichtigung **N** 267 f., 602
– über das Eheurteil **K** 129 ff.
– über die elterliche Verantwortung **F** 531 ff.;
  N 225 ff.
– nach dem ErwSÜ **J** 138 ff.
– über die Kindesrückgabe **N** 257 ff.
– Legalisation **N** 280
– Nachreichung **N** 145
– Übersetzung **N** 281 ff.
– über das Umgangsrecht **N** 237 ff.
– Unanfechtbarkeit **N** 269 ff.
– Vorlage **K** 120; **N** 215, 278 ff.
– Wirksamkeit **N** 277
– s. a. Ausfertigung; Urkundenvorlage
Beschleunigungsgebot U 152
– der EuEheVO **F** 163 ff.
– des EuSorgeRÜ **N** 492
– des HKÜ **U** 89, 166 ff.
– des HUÜ 2007 **M** 564
– des IntFamRVG **U** 324 f.
– im Unterbringungsverfahren **N** 163
– der Zentralen Behörde **T** 67
Beschränkung der Vollstreckung M 729
Beschwerde
– Anwaltszwang **M** 777; **N** 177
– gegen die Rückgabeanordnung **U** 153, 331 ff.
– sofortige Beschwerde gem. § 793 ZPO **M** 112
– Überprüfung der Zuständigkeit **A** 45, 254
– gegen die Vollstreckbarerklärung
  – der sorgerechtlichen Entscheidung **N** 174,
    558 ff.
– des Unterhaltstitels **M** 252 ff., 766 ff.

besonderer Gerichtsstand
– in Unterhaltssachen **C** 365 ff.
Bestimmtheit
– des ausländischen Titels **M** 893; **N** 146, 304
– mangelnde **M** 735 ff.
– des Unterhaltstitels **M** 225 ff., 319
Besuchsrecht s. Umgangsrecht
Betretungsverbot R 73
Betreuung
– Abgabe des Verfahrens **S** 57 f.
– Anerkennung
  – ausländischer Entscheidungen **S** 1 ff.
  – drittstaatlicher Entscheidungen **S** 76
  – i. R. d. ErwSÜ **S** 12 ff.
– Anerkennungsversagungsgründe **S** 15 ff., 81 ff.
– Anerkennungszuständigkeit **S** 16 ff.
– anwendbares Recht **J** 162 f., 267 ff., 271 ff.
– autonomes Kollisionsrecht **J** 162 f., 267 ff., 271 ff.
– Bescheinigungen **S** 75
– deutsch-iranisches Niederlassungsübereinkommen
  von 1929 **J** 161
– Einführung **J** 267
– Einwilligungsvorbehalt **J** 267
– Entmündigung **S** 22
– Erwachsenenschutzübereinkommen (Haager) von
  2000 (ErwSÜ) s. dort
– erwachsenenwohlbedrohende Information **W** 32
– Fürsorgebedürfnis **S** 53
– gesetzliche Vertretung **J** 267
– gewöhnlicher Aufenthalt **J** 269 f.
– gütliche Einigung **W** 19
– Informationsersuchen **W** 20 ff.
– internationale Zuständigkeit **J** 1 ff.
  – nach autonomen Verfahrensrecht **J** 149 ff.
  – nach dem ErwSÜ **J** 4 ff.
– Konsultationsverfahren **W** 28 f.
– Ordre-public-Vorbehalt **S** 22
– rechtliches Gehör **S** 19 ff.
– Schutzmaßnahme i. S. d. ErwSÜ **J** 175
– schwere Gefahr **W** 31
– Staatsverträge **J** 2, 4 ff., 160, 164 ff.
  – Vorrang **J** 147
– Unterbringung **W** 23 ff.
– Vollstreckbarerklärung **S** 36 ff., 88
– Vollstreckung ausländischer Entscheidungen
  S 1 ff., 46 f.
– Zusammenarbeit der Behörden **W** 1 ff.
– Zuständigkeit **S** 50 ff.
Betreuungsgesetz von 1990 J 267
Betreuungsverfügung J 193
Betrug
– Prozessbetrug **M** 165
betrügerische Machenschaften M 539, 648
Bevollmächtigter s. Prozessvollmacht; Zustellung
Beweisantrag, übergangener K 286
Beweisaufnahme
– Haager Übereinkommen von 1970 **M** 613
**Beweisaufnahmeverordnung (EG) 1206/2001
  M** 613
Beweisbeschluss
– Anerkennungsfähigkeit **M** 399
Beweislast
– für Anerkennungshindernisse
  – i. R. d. EuEheVO **N** 81
  – i. R. d. EuUntVO **M** 159
  – nach dem FamFG **M** 849; **N** 629

Zahlen = Randnummern

B. Sachverzeichnis

– Gerichtsstandsvereinbarung **B** 118
– für HKÜ-Ablehnungsgründe **U** 184, 195
– für einen Ordre-public-Verstoß **A** 484
– für die rechtzeitige Zustellung **M** 89
Beweisunterlagen
– Übersetzung im Unterhaltsverfahren **C** 315;
  M 350
Bigamie s. Mehrehe
Botschaft
– Eheschließung **A** 617
– Privatscheidung **A** 571
Brautgabe s. Morgengabe
Bruchteilseigentum B 364
Brüssel I s. EuGVÜ; EuGVVO
Brüssel II s. Eheverordnung (EG) 1347/2000 (Ehe-
  VO 2000)
Brüssel IIa s. Eheverordnung (EG) 2201/2003
  (EuEheVO)
Bündelung der Verfahren
– des IntFamRVG **K** 176
– s. a. Zuständigkeitskonzentration
Bundesamt für Justiz N 341; **U** 9, 304
– Bestimmung **U** 38
– Informierung über die Rückgabeablehnung
  U 328
– Übersetzungserfordernisse **U** 305 ff.
Bürge B 650
Bürgerkrieg s. Kriegsgebiet; Notzuständigkeit
Bürgermeister
– als Trauungsperson **A** 613

Charta der EU-Grundrechte A 472
**CIEC-Übereinkommen über die Anerkennung
  von Entscheidungen in Ehesachen von 1967
  K** 145
**CIEC-Übereinkommen über die Erweiterung
  der Zuständigkeit der Behörden, vor denen
  nichteheliche Kinder anerkannt werden können G** 25 ff.
**CIEC-Übereinkommen über die Feststellung
  der mütterlichen Abstammung nichtehelicher Kinder G** 30 ff.
clean break C 52, 528; **M** 52
Common law-Ehe A 612
Co-Mutterschaft G 42, 81
convention double N 361

Dänemark
– Geltung der EuEheVO **A** 14, 42
– kein Gleichstellungsgebot **A** 131
Darlegungslast s. Beweislast
Darlehensvertrag B 549
Daseinsmittelpunkt s. gewöhnlicher Aufenthalt
Datenschutz
– bei der Aufenthaltsermittlung **U** 312; **W** 43
– i. R. d. ErwSÜ **J** 141 f.
– nach dem KSÜ **F** 534
Datenschutzrichtlinie C 321; **M** 362
Dekretadoption H 27; **P** 62
– Anerkennung **P** 101
– Anerkennungsfähigkeit **P** 66
– Aufhebung **H** 88
– Zustandekommen **H** 61
Delegation
– i. R. d. HAdoptÜ **V** 43 ff.
Delibation K 149

Deliktsstatut C 523
Départements A 15; **C** 27; **N** 21
Derogation C 129 ff.; s. a. Gerichtsstandsvereinbarung
derselbe Anspruch s. Streitgegenstandsidentität
**deutsch-iranisches Niederlassungsabkommen
  von 1929 A** 533 ff.; **C** 809 ff.; **F** 708 ff.
– Abstammungssache **G** 39 f.
– Adoptionssachen **H** 24
– allgemeine Ehewirkungen **B** 604 f.
– Anwendung
  – auf Asylberechtigte **B** 396; **C** 814
  – auf Ehewohnungs- und Haushaltssachen **E** 27
  – auf Flüchtlinge **B** 396; **C** 814
  – auf das Güterrecht **B** 281, 394 ff.
  – auf Unterhaltssachen **C** 811 ff.
  – auf den Versorgungsausgleich **D** 26, 69
– Anwendungsbereich **A** 536 ff.; **F** 710 ff.
– Anwendungsvorrang **F** 598, 601 f., 708
  – gegenüber dem HUP **C** 479, 488, 496, 778,
    809
  – gegenüber dem MSA **F** 704, 707
  – gegenüber der Rom III-VO **A** 285, 297, 529,
    534
– Betreuungssachen **J** 161
– Ehegültigkeit **A** 328
– elterliche Verantwortung **A** 337
– Heimatrecht **F** 714
– Mehrstaater **C** 813
– Ordre-public-Vorbehalt **A** 541 ff.; **B** 402; **C** 816;
  F 715
– Rechtswahl **B** 400
– Sachnormverweisung **A** 539 f.; **B** 398; **C** 815
– Spaltung des Kollisionsrechts **B** 401; **F** 682; **J** 238
– Verhältnis zum ErwSÜ **J** 259
**deutsch-israelischer Anerkennungs- und Voll-
  streckungsvertrag von 1977 M** 696 ff.
– Ausführungsgesetz **M** 708
– keine güterrechtliche Anwendung **L** 9
**deutsch-schweizerisches Anerkennungs- und
  Vollstreckungsabkommen von 1929 K** 158 ff.
– Anerkennungshindernisse **K** 163 ff.
– Anerkennungszuständigkeit **K** 161
– Anwendung **K** 160
  – auf den Versorgungsausgleich **R** 6
– Günstigkeitsprinzip **K** 157, 159
– Inkrafttreten **K** 158
– Ordre-public-Vorbehalt **K** 164
– Prüfung der erststaatlichen Zuständigkeit **K** 167
– vermögensrechtliche Nebenentscheidungen
  K 162
**deutsch-tunesischer Anerkennungs- und Voll-
  streckungsvertrag von 1966 K** 169 ff.;
  M 699 ff.
– Ausführungsgesetz **M** 708
– keine güterrechtliche Anwendung **L** 10
dieselbe Partei s. Parteiidentität
dingliches Recht B 536 f.
– Anwendung der EuGüVO **B** 33, 303
– unbekanntes **B** 378 f.
Diskriminierungsverbot
– der Charta der EU-Grundrechte **A** 472
– Geschlechtszugehörigkeit **A** 454 ff., 473
– Grundrechtsverbürgung **K** 288
– des HUÜ 2007 **M** 588
DNA-Analyse G 20; **T** 24

1705

B. Sachverzeichnis

Großbuchstaben = Abschnitte des Kommentars

Dolmetscher des Kindes F 206
domicile A 88
– Begriff **A** 97
– i. R. d. EuUntVO **C** 71; **M** 47
– gemeinsames **A** 95
– i. R. d. HUP **C** 695 f.
Doppelabkommen N 361
Doppelehe s. Mehrehe
Doppelfunktionalität
– der örtlichen Zuständigkeit **B** 267; **C** 465; **E** 17
doppelrelevante Tatsache C 72, 252; **K** 259; **M** 853; **N** 633
Doppelstaater s. Mehrstaater
doppelte Rechtshängigkeit A 135, 169 ff., 256 ff.
– der Adoptionssache **H** 20
– Anspruchsidentität **A** 179 ff.; **C** 274 ff.
– Antragsabweisung **A** 192 ff.; **C** 287; **F** 310 ff.
– Antragsrücknahme **F** 309
– Antragsvorlage **F** 314 f.
– Anwendungsvorrang der EuEheVO **A** 256
– Aussetzung **C** 269, 284 f.; **F** 307 ff.
– Pflichtverstoß **F** 318
– des Verfahrens **A** 187 ff.
– autonomes Zivilverfahrensrecht **A** 256 ff.
– der Ehesache **A** 169 ff.
– durch ein Eilverfahren **C** 281; **F** 515
– Erledigung eines Verfahrens **A** 176
– bei erweitertem Gegenantrag **F** 315
– als FamFG-Anerkennungshindernis **K** 282; **M** 872
– Folgesachen **A** 260
– Fortsetzung des Verfahrens **A** 191, 199; **F** 316 f.
– der Güterrechtssache **B** 180
– i. R. d. LugÜ 2007 **C** 394 f., 411
– Parteienidentität **A** 178; **C** 270 ff.
– Prioritätsprinzip s. dort
– Privatscheidung **A** 186
– Prozesskostenhilfeantrag **A** 185
– Rechtsfolgen **A** 187 ff.
– Rechtskraftwirkung **A** 199
– der Sorgerechtsangelegenheit **F** 261, 289 ff., 510 ff.
– bei Teilidentität **C** 280
– bei überlanger Verfahrensdauer **C** 286
– der Unterhaltssache **C** 238, 265 ff.
– Vorlage **A** 196 ff.
– zeitliche Geltung
– der EuEheVO **F** 363
– der EuUntVO **C** 336
– Zeitpunkt **C** 273
– Zeitverschiebung **A** 175
– Zuständigkeitsverzicht **F** 521
– Zwischenentscheidung **A** 194; **C** 288; **F** 312
– s. a. Rechtshängigkeit
Doppelvollstreckung M 215
Dringlichkeit
– i. S. d. EuEheVO **A** 211; **F** 328 ff.
Dringlichkeitszuständigkeit
– des ErwSÜ **J** 110 ff.
– des KSÜ **F** 487 ff.
Dritter
– gutgläubiger **F** 674 ff.
– rechtliches Gehör **N** 101 f.
Drittstaat
– Anwendung der Rom III-VO **A** 348
– Gerichtsstandsvereinbarung **C** 136

– Rechtshängigkeit der Scheidung **A** 172
– Rechtswahlmöglichkeit **A** 370
– Unzumutbarkeit der Rechtsdurchsetzung **C** 202
Drogenkonsum U 59; **W** 31
Drohung
– bei Eheschließung **A** 592
dynamisierter Unterhalt C 733 f.
– Bestimmtheit **M** 229
– Unterhaltsstatut **C** 734
– Vollstreckung im Ausland **C** 451

Echtheitsvermutung K 138; **N** 320; s. a. Legalisation
EFTA-Staaten C 339
EGBGB
– Eheaufhebung **A** 584
– Ehescheidung **A** 583
– Eheschließung **A** 586 ff.
– Ehewohnung **E** 28
– Eltern-Kind-Verhältnis **F** 717 ff.
– Gewaltschutzsachen **E** 28
– Güterrechtsstatut **B** 282, 409
– Hausrat **E** 28
– Lebenspartnerschaftssachen **I** 128
– Unterhaltsprivatrecht **C** 817 ff.
– Versorgungsausgleich **D** 29 ff.
Ehe
– i. S. d. EuEheVO **A** 31 ff.
– i. S. d. EuPartVO **I** 15
– i. S. d. EuUntVO **C** 42 ff.
– Feststellungsantrag **A** 35
– gesetzliche Vertretungsmacht **J** 36
– gleichgeschlechtliche Ehe s. dort
– Herstellungsklage **A** 36
– hinkende Ehe s. dort
– Mehrehe s. dort
– Nichtigerklärung der Ehe s. dort
– i. S. d. Rom III-VO **A** 313 ff.
– Umwandlung **A** 30
– Zerrüttung **A** 309
Ehe für alle I 103a
– Anwendung der Rom III-VO **A** 317
– Einführung **A** 253
– s. a. gleichgeschlechtliche Ehe
Eheanfechtung A 627
Eheaufhebung
– Aktivlegitimation **A** 630
– Antragsfristbestimmung **A** 631
– autonome Anknüpfung **A** 584 ff.
– Ehebeseitigungsstatut **A** 600, 626 ff.
– bezüglich der Kinder **A** 634
– als Ehesache **A** 251
– innerstaatliche Voraussetzungen **A** 619
– namensrechtliche Folgen **A** 633
– unterhaltsrechtliche Folgen **A** 633
– vermögensrechtliche Wirkungen **A** 632
ehebedingte Zuwendung B 550 ff.
Ehebeseitigungsstatut A 600
– Aktivlegitimation **A** 630
– Anwendungsbereich **A** 626 ff.
Ehefähigkeitszeugnis A 613, 618
Ehegattenerbrecht B 547
Ehegattenerbteil B 300
Ehegatteninnengesellschaft B 554

Zahlen = Randnummern

B. Sachverzeichnis

Ehegattenunterhalt
- Anwendung
  - der EuUntVO **C** 42 ff.
  - des HUP **C** 542 ff.
  - des HUÜ 2007 **M** 492 f.
- eheliche Lebensverhältnisse **C** 722
- Gerichtsstandsvereinbarung **C** 141 ff.
- kollisionsrechtliche Prüfungsreihenfolge **C** 509 ff.
- Unvereinbarkeit mit dem Scheidungsurteil **M** 868
- Verbindung mit Kindesunterhalt **M** 494
- s. a. Trennungsunterhalt; Unterhalt

Ehegültigkeit
- anzuwendendes Recht **A** 328 f.
- nach mitgliedstaatlichem Recht **A** 500 ff.
- s. a. Nichtehe; Nichtigerklärung der Ehe

Ehegüterrecht s. Güterrechtssache

Ehehindernis
- ärgeres Recht **A** 601 f.
- Befreiung **A** 600
- Geschlechtszugehörigkeit **A** 597
- Kollisionsrecht **A** 504
- Mehrehe **A** 593
- nachträglicher Wegfall **A** 629
- Rechtsfolgen **A** 627
- Religionszugehörigkeit **A** 598; **K** 288
- Schwägerschaft **A** 605
- Unbeachtlichkeit **A** 603 ff.
- Verwandtschaft **A** 596, 605
- Zweiseitigkeit **A** 588

Ehekonsenserklärung A 618

eheliche Beziehung
- i. S. d. EuUntVO **C** 43 f.

eheliche Lebensverhältnisse C 722

eheliche Wohnung
- Verfügungsbeschränkung **B** 653

Ehemangel
- autonome Anknüpfung **A** 585 ff.
- Heilung **A** 587, 600
- Rechtsfolgen **A** 600 ff.

Ehemündigkeit A 590 f., 627

Ehenichtigkeit s. Nichtehe; Nichtigerklärung der Ehe

Ehesache
- Anerkennung **K** 1 ff.
  - nach der EuEheVO **K** 8 ff., 36 ff.
  - nach dem FamFG **K** 189 ff., 237 ff.
- Anknüpfungsleiter **A** 282
- Eheaufhebung s. dort
- i. S. d. EuEheVO **K** 15
- i. S. d. EuGüVO **B** 69, 71
- i. S. d. FamFG **A** 250 ff.
- internationale Zuständigkeit **A** 1 ff.
- Nichtigerklärung der Ehe s. dort
- Scheidung s. dort

Ehescheidung s. Scheidung

Eheschließung
- Anwesenheitserfordernis **A** 614, 618
- im Ausland **A** 611 ff.
- Eintragung **A** 618
- unter falschem Namen **A** 614
- Formerfordernisse **A** 609 ff.
- Formverstoß **A** 615
- Heilung von Formmängeln **A** 620
- vor einer heimatstaatlich ermächtigten Person **A** 623 ff.
- Heiratserlaubnis **A** 613

- hinkende Ehe s. dort
- im Inland **A** 617 ff.
- kirchliche Trauung s. dort
- vor einem Konsularbeamten **A** 616 f.
- Ort **B** 416, 618
- Registrierungserfordernis **A** 613
- Willensmängel **A** 592
- zivile **A** 613

Eheschließungsfreiheit
- Ordre-public-Vorbehalt **K** 288
- Schutz **A** 603 ff.

Eheschließungsstatut
- Anwendungsbereich **A** 590 ff.
- materielle Voraussetzungen **A** 586 ff.
- des Mehrstaaters **A** 586
- Unwandelbarkeit **A** 587
- Wahl **B** 417

Eheverbot s. Ehehindernis

Eheverordnung (EG) 1347/2000 (EheVO 2000)
- Außerkrafttreten **A** 235
- Entstehungsgeschichte **A** 9
- Sorgerechtszuständigkeit **F** 1

Eheverordnung (EG) 2201/2003 (EuEheVO)
- Abstammungssachen **G** 1
- anerkennungsrechtliches Verhältnis
  - zu anderen Rechtsinstrumenten **N** 322 ff.
  - zum KSÜ **N** 330 f., 349
  - zum MSA **N** 326 f., 513
- selbständiges Anerkennungsverfahren **K** 44 ff.
- Anhänge **A** 236
- Anwendung **A** 20 ff.
  - in Ehesachen **A** 12 ff., 26 ff.; **K** 8 ff.
  - auf Ehewohnung und Hausrat **E** 3 f.; **R** 25
  - i. R. d. elterlichen Verantwortung **F** 15 ff.; **N** 19 ff.
  - auf das Güterrecht **B** 3; **L** 3
  - auf kirchengerichtliche Verfahren **A** 25
  - in Lebenspartnerschaftssachen **I** 1
  - auf den Versorgungsausgleich **R** 2
- Anwendungsvorrang **A** 1, 241 ff.; **F** 1, 4
  - in Anerkennungsangelegenheiten **K** 189
  - vor autonomem Zuständigkeitsrecht **A** 1
- Anwesenheitszuständigkeit **F** 221 ff.
- Aufenthaltszuständigkeit
  - in Ehesachen **A** 55 ff.
  - für die elterliche Verantwortung **F** 82 ff.
- Ausführungsgesetz **N** 31, 518
- ausgeschlossene Streitigkeiten **F** 48 ff.
- Auslegung **A** 18 f.; **F** 24 ff.
- Begriffsbestimmungen **A** 40 ff.; **F** 57 ff.; **K** 17 ff.; **N** 34 ff.
- Drittstaater **A** 13
- Ehebegriff **A** 31 ff.
- einstweilige Maßnahme **A** 203 ff.; **F** 319 ff.
- Entführungszuständigkeit **F** 129 ff.
- Feststellungsantrag **A** 35
- forum non conveniens **A** 51
- Gerichtsstandsvereinbarung **F** 194 ff.
- Herstellungsklage **A** 36
- Inkrafttreten **A** 10
- Kostenfestsetzung **K** 132 ff.
- Listen der Gerichte und Rechtsbehelfe **A** 233
- Modifizierung des HKÜ-Rückführungsverfahrens **F** 155 ff.
- öffentliche Urkunde **F** 362
- öffentlich-rechtliche Maßnahme **A** 21

1707

B. Sachverzeichnis

Großbuchstaben = Abschnitte des Kommentars

– Perpetuatio Fori s. dort
– Privatscheidung **A** 22 ff.
– Rechtshängigkeit **A** 49; **F** 259 ff.
– Reformvorschlag **A** 44, 109; **F** 27; **N** 32
  – zur Perpetuatio Fori **F** 106
  – zum Rückführungsverfahren **F** 157, 193a ff.
– Restzuständigkeit **F** 229 ff.
– Scheidungsfolgen **A** 37 f.
– Schlussbestimmungen **A** 231 ff.
– Statusverfahren **A** 37 f.
– Übergangsbestimmungen **A** 226 ff.; **F** 360 ff.
  – im Bereich der Anerkennung und Vollstreckung
    K 150 ff.; **N** 333 ff.
– Umgangsrechtsabänderungszuständigkeit **F** 111 ff.
– Verhältnis
  – zu anderen Rechtsinstrumenten **A** 17, 221 ff.;
    F 344 ff.; **N** 24 ff.
  – zu bilateralen Anerkennungs- und Vollstre-
    ckungsabkommen **N** 332
  – zur EuGüVO **B** 67 ff.
  – zur EuSchutzMVO **R** 70
  – zum EuSorgeRÜ **N** 4, 7, 27, 328, 351, 410
  – zum FamFG **F** 568 ff., 588; **K** 189 ff.
  – zum HKÜ **F** 5, 23, 351; **N** 9, 28, 329; **U** 74
  – zum KSÜ **F** 4, 20 f., 352 ff., 375 ff., 614 ff.;
    N 3, 6, 25
  – zum MSA **F** 4, 22, 348 ff., 555; **N** 5, 8, 26
  – zur nordischen Zusammenarbeit **F** 346
  – zur Rom III-VO **A** 279, 343 f.
– Verschuldensausspruch **A** 26
– Verweizung **A** 50; **F** 233 ff.
– Vollstreckungsverfahren **N** 298 ff.
– zeitliche Geltung **A** 16, 226 ff.; **F** 18, 360 ff.;
  K 11 f.; **N** 22
  – in Anerkennungsangelegenheiten **A** 230; **F** 364
– Ziele **A** 11; **F** 14
– Zivilsache **A** 20; **F** 28 ff.
– Zulässigkeitsprüfung **A** 153 ff.
– Zusammenarbeit der Behörden **U** 3 ff.
– Zuständigkeit
  – in Ehesachen **A** 1 ff.
  – für die elterliche Verantwortung **F** 1 f., 78 ff.
Ehevertrag
– Form **B** 344 ff.
– Güterrechtsstatut **B** 526 ff.
– Wirksamkeit **B** 370
Ehewirkungen, allgemeine B 598 ff.
– Verbot von Verträgen **B** 657
**Ehewirkungsabkommen (Haager) von 1905
B** 274 ff., 603
Ehewirkungsstatut
– Abgrenzung zum Güterrechtsstatut **B** 557
– Anwendungsbereich **B** 641 ff.
– des EGBGB **B** 409
– Rechtsgeschäfte mit Dritten **B** 647
– Rechtswahl **B** 622 ff.
– Verkehrsschutz **B** 665 ff.
Ehewohnung
– Nutzungsbefugnis **B** 313
– Schutz **B** 383
Ehewohnungssache
– Anerkennung **K** 32; **R** 23 ff.
– Anerkennungszuständigkeit **R** 33
– Anwendung
  – der EuEheVO **A** 38; **R** 25
  – des EuGüVO **R** 28

– der EuGVVO **R** 24
– der EuUntVO **R** 26
– der EuVTVO **R** 24
– des FamFG **R** 31 f.
– anzuwendendes Recht **A** 334 f.; **E** 21 ff.
– autonomes Kollisionsrecht **A** 552; **E** 29 ff.
– Begriff **E** 12
– Belegenheit **E** 37 ff.
– bei Ehetrennung **E** 32
– bei eingetragener Lebenspartnerschaft **I** 100
– einstweilige Maßnahme **A** 210
– endgültige Zuweisung **E** 33 f.
– Güterrecht **B** 37
– internationale Zuständigkeit **E** 1 ff.
– isolierte **E** 17 f.
– der Lebenspartner **I** 115
– persönlicher Anwendungsbereich **E** 35 f.
– unterhaltsrechtliche Qualifikation **C** 532 ff.;
  E 39
– im Verbund **E** 15 f.
– Vollstreckung **R** 23 ff.
Ehezeit D 76
Eigengut B 364
Eigentum
– Herausgabe **A** 558
– Recht des Lageorts **B** 534
Eigentumsvermutung
– anzuwendendes Recht **A** 332
– i. R. e. Lebenspartnerschaft **I** 252
Eigentumswohnung B 312
Eilrechtsschutz s. einstweilige Maßnahme
Eilzuständigkeit
– des ErwSÜ **J** 110 ff.
– des KSÜ **F** 487 ff.
– s. a. Dringlichkeitszuständigkeit
**Einführungsgesetz zum Bürgerlichen Gesetz-
buch** s. EGBGB
eingetragene Lebenspartnerschaft s. Lebenspart-
nerschaft, eingetragene
Einkommen
– Ermittlungen der Zentralen Behörde **T** 19
Einlassung B 147; s. Nichteinlassung; rügelose
  Einlassung
Einlassungsfrist K 272 f.; **M** 182
Einleben des Kindes F 142; **U** 180 ff.
Einrede
– der engeren Verbindung zur Ehe **C** 605 ff.
– keiner Unterhaltspflicht **C** 620 ff.
Einspruch
– gegen den Säumnisbeschluss **C** 446
einstweilige Maßnahme
– amtswegie **N** 536
– Anerkennung
  – in Ehesachen **A** 218 ff.
  – nach der EuEheVO **F** 335 ff.; **K** 26 ff.; **N** 39 ff.
  – nach dem EuSorgeRÜ **N** 420
  – nach dem FamFG **M** 842
  – nach dem HUntVÜ 1973 **M** 642 ff.
– Anfechtbarkeit **N** 537
– Anhängigkeit der Scheidung **A** 146
– Außerkrafttreten **A** 216 f.; **F** 334, 496 ff., 529
– Begriff **B** 237
– doppelte Rechtshängigkeit **A** 185; **C** 281;
  F 515
– Dringlichkeit **A** 211; **F** 328 f.
– Dringlichkeitszuständigkeit des KSÜ **F** 487 ff.

Zahlen = Randnummern

B. Sachverzeichnis

- in Ehesachen
  - nach der EuEheVO **A** 203 ff.
  - nach dem FamFG **A** 238
- Einlassung **K** 274
- zur elterlichen Verantwortung
  - Abgrenzung **F** 489
  - nach der EuEheVO **F** 319 ff.
  - nach dem FamFG **F** 567
  - nach dem IntFamRVG **F** 565 f.
  - nach dem KSÜ **F** 487 ff.
- als Entscheidung
  - i. S. d. EuEheVO **N** 39 ff.
  - i. S. d. LugÜ 2007 **M** 401
- i. R. d. EuPartVO **I** 87
- in Güterrechtsangelegenheiten **B** 236 ff.
- durch das Hauptsachegericht **A** 213 ff., 220; **F** 336
- Hauptsachezusammenhang **F** 323 f.
- Inlandsbeziehung **F** 332
- bei Kindesentführung **F** 329, 452; **U** 321 f.
- i. R. d. LugÜ 2007 **C** 398 f.
- reale Verknüpfung **A** 212; **C** 308
- Streitgegenstandsidentität **F** 303 ff.; **N** 643
- territoriale Wirkung **F** 337
- in Unterhaltssachen **C** 12, 299 ff., 417
  - nach dem FamFG **C** 463
  - zur Sicherung des Titels **M** 290 ff., 297 ff.
- Vereinbarkeit von Entscheidungen **K** 279; **M** 868
- Verfahrensgegenstand **B** 220
- Vervollständigung zur Auslandsverwendung **C** 453
- Vollstreckbarkeit **N** 137
- Vollstreckung
  - in Ehesachen **A** 218 ff.
  - nach der EuEheVO **F** 335 ff.; **N** 39 ff.
  - nach dem EuSorgeRÜ **N** 420
- Vollzug durch Auslandszustellung **M** 213; **N** 133
- Zuständigkeit **F** 6, 12
- s. a. vorläufiger Rechtsschutz
Eintragung der Eheschließung A 618
Einwanderungsrecht
- Anwendungsausschluss des KSÜ **F** 411
Einwilligungsvorbehalt
- Maßnahme i. S. d. ErwSÜ **J** 27
Einzeladoption H 34, 37
Einzelstatut B 421
elektronische Form
- der Rechtswahl **A** 408; **C** 645
elektronische Übermittlung
- einer Gerichtsstandsvereinbarung **B** 125; **C** 164 f.
elterliche Verantwortung F 32 ff.
- amtswegige Verfahrenseinleitung **F** 272
- Anerkennung **N** 1 ff.
  - nach der EuEheVO **N** 19 ff., 51 ff.
  - nach dem EuSorgeRÜ **N** 428 ff.
  - nach dem FamFG **N** 617
  - nach dem KSÜ **N** 356 ff.
- Anerkennungsversagungsgründe **N** 76 ff.
- Annexzuständigkeit **C** 122 ff.
- Antragsberechtigung **N** 142
- anwendbares Recht **F** 3, 15
- Anwendungsausschluss der Rom III-VO **A** 337
- Anwesenheitszuständigkeit
  - der EuEheVO **F** 81, 221 ff.
  - des KSÜ **F** 435 ff.
- Aufenthaltsbestimmungsrecht s. dort

- nach Aufenthaltswechsel des Kindes **F** 654 ff.
- Aufenthaltszuständigkeit
  - nach der EuEheVO **F** 79, 82 ff.
  - nach dem KSÜ **F** 82 ff.
- Ausübung **F** 655
- autonome Anknüpfung nach dem EGBGB **F** 716 ff.
- Bescheinigung s. dort
- bilaterale Abkommen **N** 10, 323
- doppelte Rechtshängigkeit **F** 510 ff.
- Eingriffe **F** 664 ff.
- einstweilige Anordnung
  - Abgrenzung **F** 489
  - nach der EuEheVO **F** 319 ff.
  - nach dem FamFG **F** 567
  - nach dem IntFamRVG **F** 565 f.
  - nach dem KSÜ **F** 487 ff.
- Entziehung **F** 36
- Erlöschen kraft Gesetzes **F** 644
- i. S. d. EuEheVO **F** 33, 60 ff.; **N** 45 f.
- faktische Lebensgemeinschaft **F** 42
- Fortgeltung bisheriger Schutzmaßnahmen **F** 524 ff., 633 ff.
- Gerichtsstandsvereinbarung **F** 194 ff.
- kraft Gesetzes **F** 638 ff., 717
- gleichgeschlechtliche Ehepartner **F** 42
- Hilfszuständigkeit **F** 81
- Kollisionsrecht **F** 595 ff.
- kollisionsrechtliche Anknüpfung **F** 647 ff.
- i. S. d. KSÜ **F** 384 f.
- von Lebenspartnern **I** 7, 112 f.
- für mehrere Kinder **F** 84
- des nicht verheirateten Vaters **F** 657
- Personensorge s. dort
- Restzuständigkeit **F** 2, 6, 11, 81, 229 ff.
- Scheidungsverbundzuständigkeit **F** 80, 476a ff.
- Schutzmaßnahme s. dort
- Sorgerecht s. dort
- Sorgerechtserklärung s. dort
- Staatsverträge **F** 365 ff.
- Statutenwechsel **F** 642, 723 ff.
- Streitgegenstandsidentität **F** 299 ff.
- Träger **N** 46
- Übertragung **F** 36
- Umgangsrecht s. dort
- universelle Anknüpfung des KSÜ **F** 680 ff.
- Unterstützungsantrag bei der Zentralen Behörde **U** 25
- unvereinbare Entscheidungen **N** 103 ff.
- kraft Vereinbarung **F** 651 f.
- Verfahrenseinleitung **F** 259 ff.
- Vergleich **N** 288
- Vermögenssorge s. dort
- Vollstreckbarerklärung
  - nach der EuEheVO **N** 126 ff.
  - nach dem KSÜ **N** 381 ff.
- Vollstreckung **N** 1 ff.
  - nach der EuEheVO **N** 19 ff., 298 ff.
  - durch Ordnungsmittel **N** 593 ff.
- Zusammenarbeit der Behörden **U** 14
- Zuständigkeit **F** 1 ff.
  - amtswegige Prüfung **F** 274 ff.
  - nach der EuEheVO **F** 78 ff.
  - Prüfungsreihenfolge **F** 7 ff.
- Zuweisung **F** 36
Eltern-Kind-Beziehung M 490 f.

1709

B. Sachverzeichnis

Großbuchstaben = Abschnitte des Kommentars

Eltern-Kind-Verhältnis
– Wirkungen **F** 717 ff.
Elternvereinbarung s. Vereinbarung; Vergleich
E-Mail
– Gerichtsstandsvereinbarung **C** 164
Embryo
– exkorporal aufbewahrter **G** 10, 83
EMRK A 472; **K** 283; **M** 873; **N** 88 ff.
Entführung s. Kindesentführung
Entmündigung
– Abkommen von 1905 **J** 258
– Maßnahme i. S. d. ErwSÜ **J** 27, 35
– Ordre-public-Verstoß **S** 22
Entschädigungsanspruch
– bei Schuldscheidung **A** 555 f.
– s. a. Schadensersatz
Entscheidung
– Anerkennungsentscheidung **N** 43
– antragsabweisende **K** 29
– Ausfertigung s. dort
– elterliche Verantwortung **N** 36
– i. S. d. EuEheVO **A** 43; **F** 59; **K** 17 ff.; **N** 36 ff.
– i. S. d. EuGüVO **B** 41; **L** 27 f.
– i. S. d. EuUntVO **C** 61; **M** 38, 49 ff.
– i. S. d. FamFG **K** 201 ff.; **M** 837 ff.; **N** 611 ff.
– i. S. d. HUntVÜ 1973 **M** 635
– kollidierender Prozessvergleich **L** 69
– i. S. d. LugÜ 2007 **M** 398 ff.
– Rechtskrafterfordernis **K** 24
Erbbaurecht B 477
Erbe
– als Unterhaltsschuldner **C** 728
Erbengemeinschaft B 478
Erbrechtsverordnung (EU) 650/2012 (EuErbVO) A 339; **F** 54, 407
– Abgrenzung zum Güterrechtsstatut **B** 6, 273, 300
– Anwendung
– auf eingetragene Lebenspartner **Q** 7
– auf das Güterrecht **L** 5
– in Unterhaltsangelegenheiten **C** 9; **M** 11
– Ehegattenerbteil **B** 300
– Tod des Unterhaltsverpflichteten **C** 473
– Verhältnis zum HUP **C** 497
– zuständigkeitsrechtliche Abgrenzung zur EuGüVO **B** 62 ff.
Erbschaft
– Anwendungsausschluss
– der EuEheVO **A** 39; **F** 54
– des KSÜ **F** 407
– Rom III-VO **A** 339
Erbstatut
– Abgrenzung zum Güterrechtsstatut **B** 545 ff.
Erfüllungseinwand M 113, 281, 776
Ergänzungsbetreuung
– Maßnahme i. S. d. ErwSÜ **J** 30
Ergänzungspfleger
– Adoptionssache **P** 94
Erinnerung s. Vollstreckungserinnerung
Erledigung L 102
– eines konkurrierenden Verfahrens **A** 176
– des Rückgabebeschwerdeverfahrens **U** 334
Errungenschaftsgemeinschaft B 303, 590
Ersatzzuständigkeit
– der EuGüVO **B** 156 ff.
– i. R. d. EuPartVO **I** 72 ff.

Ersatzzustellung K 270
Erstattungsstatut C 740
Erstfragen s. Vorfragen
Erststaat s. Ursprungsmitgliedstaat
Erwachsene
– Schutzbedürftigkeit i. S. d. HUÜ 2007 **M** 512
Erwachsenenschutz
– Maßnahmen der Zentralen Behörde **W** 40 ff.
– s. a. Betreuung
Erwachsenenschutzübereinkommen (Haager) von 2000 (ErwSÜ) C 679; **J** 4 ff.
– anwendbares Recht **J** 173 ff.
– Anwendungsbereich **J** 6 ff., 13 ff., 166 ff.; **S** 6 ff., 11; **W** 6 ff.
– Aufenthaltszuständigkeit **J** 57 ff.
– Ausführungsgesetz **W** 10
– Auslegung **J** 11; **S** 9; **W** 9
– Ausweichklausel **J** 179 ff., 237
– Bescheinigung **J** 138 ff.
– Bestimmung der Behörden **J** 144
– Betreuungssachen **J** 160
– Datenschutz **J** 141 f.
– deutsches Ausführungsgesetz **J** 12, 148, 172; **S** 10
– Eilzuständigkeit **J** 110 ff.
– Eingriffsnormen **J** 241 ff.
– Entstehungsgeschichte **J** 4
– Ersetzung des Haager Entmündigungsabkommens **J** 258
– Gleichlaufgrundsatz **J** 176 ff.
– Heimatzuständigkeit **J** 78 ff.
– Legalisation **J** 143
– Mehrrechtsstaat **J** 248 ff.
– Mitteilungen an die Zentrale Behörde **J** 146, 266
– Negativkatalog **J** 38 ff.
– Öffnungsklausel **J** 261
– Ordre-public-Vorbehalt **J** 246
– Perpetuatio Fori **J** 68
– Rechtswahl **J** 252
– Sachnormverweisung **J** 239 f.
– Schutz des Rechtsverkehrs **J** 219 ff.
– Schutzmaßnahme **J** 24 ff., 175
– Verhältnis
– zu anderen Rechtsinstrumenten **J** 171, 259 ff.
– zum autonomen Verfahrensrecht **J** 51 ff.
– zum deutsch-iranischen Niederlassungsabkommen **J** 259
– Verkehrsschutz **J** 219 ff.
– Vermögensbelegenheitszuständigkeit **J** 104 ff.
– Vertragsstaaten **J** 5, 165; **S** 5; **W** 5
– zeitliche Geltung **J** 10, 145, 170, 264 f.; **S** 8, 49; **W** 8
– Ziele **J** 18 f.
– Zuständigkeitsübertragung **J** 87 ff.
Erwachsenenschutzübereinkommens-Ausführungsgesetz (ErwSÜAG) von 2007 S 50 ff.; **W** 10
Erwachsener
– Begriff **J** 153
– i. S. d. ErwSÜ **J** 20 ff.
– gesetzliche Vertretung **J** 31
Erweiterung
– des Antrags **F** 298; **K** 268
Erwerbsunfähigkeitsversorgung D 93
ErwSÜ s. Erwachsenenschutzübereinkommen (Haager) von 2000 (ErwSÜ)

1710

Zahlen = Randnummern

B. Sachverzeichnis

Erziehung
– JGG-Maßregel **F** 574
– als öffentliche Maßnahme **F** 409
Erziehungseinrichtung F 46
EÜAK N 95
EuBvKpfVO L 2
EuEheVO s. Eheverordnung (EG) 2201/2003
(EuEheVO)
EuErbVO s. Erbrechtsverordnung (EU) 650/2012
(EuErbVO)
EU-Gewaltschutzverfahrensgesetz –
EUGewSchVG) R 138 ff.
EuGFVO s. Bagatellverordnung (EG) 861/2007
(EuGFVO)
EuGüVO s. Güterrechtsverordnung (EU) 2016/
1103 (EuGüVO)
EuGVÜ
– Ausführungsgesetz **M** 707
EuGVVO
– Anwendung
– auf Abstammungssachen **G** 1
– auf Ehewohnung und Hausrat **E** 1; **R** 24
– auf Gewaltschutzsachen **E** 2; **R** 49
– auf das Güterrecht **B** 1; **L** 1
– auf Lebenspartnerschaftssachen **I** 3
– auf Unterhaltsangelegenheiten **C** 3 f.; **M** 4
– auf den Versorgungsausgleich **R** 1
– Vergleich mit der EuUntVO **C** 75 ff.
– Verhältnis
– zur EuUntVO **C** 3 f., 29, 317; **M** 353 ff.
– zum LugÜ **C** 409 ff.; **M** 459
– zeitliche Geltung **C** 3 f., 19
EuGVVO (a. F.)
– Parallelabkommen mit Dänemark **C** 421
EuMVVO s. Mahnverfahren (Europäisches)
EuPartVO s. Güterrechtsverordnung (EU)
Nr. 2016/1104 (EuPartVO)
Europäischer Vollstreckungstitel s. Vollstre-
ckungstitelverordnung (EG) 805/2004
(EuVTVO)
Europäisches Kinderrechteübereinkommen
von 1996 (EÜAK) N 95
Europäisches Mahnverfahren s. Mahnverfahren
(Europäisches)
EuSchutzMVO s. Schutzmaßnahmen-Anerken-
nungsVO (EuSchutzMVO)
EuSorgeRÜ s. Sorgerechtsübereinkommen von
1980 (EuSorgeRÜ)
EuUntVO s. Unterhaltsverordnung (EG) 4/2009
(EuUntVO)
EuVTVO s. Vollstreckungstitelverordnung (EG)
Nr. 805/2004 (EuVTVO)
EuZVO s. Zustellungsverordnung (EG) 1393/2007
(EuZVO)
EuZVO 2000 A 161; **F** 287
Eventualleistungsantrag M 884
Exequatur
– Begriff **M** 716
– s. a. Anerkennung; Vollstreckbarerklärung
exkorporal aufbewahrter Embryo G 10, 83
exorbitanter Gerichtsstand
– i. R. d. LugÜ 2007 **C** 361

faires Verfahren
– verfahrensrechtlicher Ordre-public-Vorbehalt
L 60

faktische Lebensgemeinschaft s. nichteheliche
(faktische) Lebensgemeinschaft
FamFG
– Amtsermittlungsgrundsatz **N** 535
– Anerkennung von Eheurteilen **K** 189 ff.
– Anerkennungshindernisse **M** 848 ff.
– Anhörungspflicht **N** 535
– Anwendung
– auf die Anerkennung von Lebenspartnerschafts-
sachen **Q** 62 ff.
– auf Ehewohnung und Hausrat **R** 31 f.
– in Unterhaltssachen **C** 425
– auf den Versorgungsausgleich **R** 7 f.
– Aufenthaltszuständigkeit **F** 589
– ausländische Rechtshängigkeit **A** 256 ff.
– einstweiliger Rechtsschutz **A** 238; **C** 463
– Fürsorgezuständigkeit **F** 590
– Gegenseitigkeit **M** 876 ff.
– Günstigkeitsprinzip **M** 835
– Heimatzuständigkeit **F** 585 ff.
– inzidente Vollstreckbarkeitsprüfung **N** 660
– Nachprüfung
– der Anerkennungszuständigkeit **M** 851 ff.
– in der Sache **M** 880
– Ordre-public-Vorbehalt **M** 873 ff.; **N** 649 ff.
– Perpetuatio Fori **A** 255; **F** 581
– Restzuständigkeit in Ehesachen **A** 125
– Verbundzuständigkeit **C** 428 f.; **F** 577
– Verhältnis
– zu anderen Rechtsinstrumenten **A** 239 ff.;
M 830 ff.
– zum AUG **M** 713 f.
– zur EuEheVO **F** 568 ff., 588; **K** 189 ff.
– zur EuGüVO **B** 257
– zur EuUntVO **C** 461, 464
– zum IntFamRVG **K** 192
– zum LugÜ 2007 **C** 462, 464
– Vollstreckbarkeit ausländischer Entscheidungen
M 881 ff.
– Zuständigkeit, internationale **F** 6
– keine ausschließliche **K** 193
– in Ehesachen **A** 5 ff., 248 ff.
– für Kindschaftssachen **F** 573 ff.
– in Unterhaltsangelegenheiten **C** 419, 461 ff.
– für Vormundschaftssachen **F** 591 f.
Familienangehörige
– gesetzliche Vertretungsmacht **J** 36
Familienstreitsache
– Verbürgung der Gegenseitigkeit **K** 289
Familienverhältnis
– i. S. d. EuUntVO **C** 42, 47 f.
Ferienwohnung E 37 f.
Festplatte C 165
Feststellungsantrag
– Anwendung
– der EuEheVO **A** 35
– der EuGüVO **B** 49
– der EuUntVO **C** 93
– nationalen Rechts **A** 244
– der Rom III-VO **A** 302
– Ehesache **A** 252
– Priorität **C** 278
– entgegenstehende Rechtshängigkeit **A** 182
– Rechtsschutzinteresse **B** 217
– unterhaltsrechtlicher Gerichtsstand **C** 109
– als Unterhaltssache **C** 40

1711

B. Sachverzeichnis

Großbuchstaben = Abschnitte des Kommentars

– nach der ZPO **M** 150
– gegen eine Zwangsvollstreckung **N** 152
FGG-Verfahren N 535
fiktive Zustellung s. öffentliche Zustellung
fiktives Einkommen
– Ordre-public-Vorbehalt **M** 164
Finanzbehörden
– Ländergruppeneinteilung **C** 717
Finnland s. nordische Zusammenarbeit
Flüchtling A 437 ff.
– Abstammungssache **G** 49
– Begriff **J** 74
– deutsch-iranisches Niederlassungsabkommen **B** 396; **F** 713
– gewöhnlicher Aufenthalt **A** 87; **J** 75 ff.
– Güterstand **B** 581 ff.
– Heimatstaat des Ehegatten **B** 90
– internationale Zuständigkeit **A** 263
– Rechtswahlmöglichkeit **A** 378
– Schutzmaßnahmen nach dem ErwSÜ **J** 72 ff.
– Sowjetzonenflüchtling **B** 585
– Staatsangehörigkeitszuständigkeit **A** 94
– VFGüterstandsG **B** 581 ff.
Flüchtlingskind
– Anwesenheitszuständigkeit **F** 221 ff.
– der EuEheVO **F** 227 f.
– des KSÜ **F** 435 ff.
– Heimatzuständigkeit **F** 586
Folgesache
– der Lebenspartnerschaftssache **I** 109 ff.
– Scheidungsfolgen s. dort
Forderung
– gegen einen Drittschuldner **M** 213
– geringfügige s. Bagatellverordnung (EG) 861/2007 (EuGFVO)
– Pfändungsschutz **M** 109
– unbestrittene s. Vollstreckungstitelverordnung (EG) 805/2004 (EuVTVO)
– Vorpfändung **M** 77
Form s. elektronische Form; Schriftform
Formblatt
– Änderungen **A** 234
– nach Anh I der EuUntVO **M** 721 ff.
Fortgeltung von Schutzmaßnahmen
– bei Aufenthaltswechsel **F** 633 ff.
– bei Zuständigkeitswegfall **F** 524 ff.
forum actoris A 77, 87
forum non conveniens F 233, 457
Freigabeerklärung M 791
Freiheitsentziehung
– Maßnahme i. S. d. ErwSÜ **J** 32
– Unterbringung **F** 46; **U** 16 ff.; **W** 46
freiwillige Gerichtsbarkeit s. FamFG; FGG-Verfahren
freiwillige Kindesrückgabe U 165, 190
Freizügigkeitsverstoß A 472
fremde Sprache
– Verteidigungsmöglichkeit **M** 182
Fremdwährungstitel L 103
– Mahnbescheid **C** 459
– Umrechnung in Euro **M** 894
– Vollstreckbarerklärung **M** 233
Friedensrichter A 613
Fristen
– Antragsfrist des EuSorgeRÜ **N** 452
– Beschwerdefrist

– des AUG **M** 802
– im HKÜ-Rückgabeverfahren **U** 167
– des HUntVÜ 1973 **M** 812
– des HUÜ 2007 **M** 808
– nach dem LugÜ 1988 **M** 814
– bei Vollstreckbarerklärung von Unterhaltstiteln **M** 769 ff.
– Einlassungsfrist s. dort
– Jahresfrist der EuEheVO **F** 141; **U** 189
– Jahresfrist des HKÜ **U** 172 ff.
– Jahresfrist des KSÜ **F** 141
– Ladung s. dort
– Nachprüfungsfrist **M** 94
– Rechtsbeschwerdefrist **N** 203
– Unterbrechung **M** 97
– Unterhaltsklagefristen **C** 739
– Widerspruchsfrist im Mahnverfahren **C** 459
Fürsorge
– Bedürfnis **S** 53
– gerichtliche **J** 28
– Zuständigkeit **F** 590

Gebräuche F 631
Gebühren s. Kosten
Geburtseintrag G 34 f., 65
– Personenstandsänderung **G** 80
Gefahr im Verzug M 71
gefährdende Person R 78
– Information **R** 102 ff.
Gefährdung des Kindeswohls s. Kindeswohlgefährdung
Gegenantrag
– in Ehesachen **A** 98 ff.
Gegenseitigkeitsverbürgung
– als Anerkennungshindernis **K** 289; **N** 655
– i. R. d. AUG-Verfahrens **C** 423; **M** 815 f., 883
– als Ausnahme vom Rechtskrafterfordernis **M** 891
– i. R. d. FamFG **M** 876 ff.
Gehör s. rechtliches Gehör
Geistesstörung A 592
Genehmigung
– der Kindesverbringung **F** 74, 139, 446
– von Rechtsgeschäften **F** 45
Genugtuungsanspruch A 555
– nach türkischem ZGB **C** 526
Gericht
– i. S. d. EuEheVO **A** 41; **F** 57; **N** 34
– i. S. d. EuGüVO **B** 44; **L** 31 ff.
– i. S. d. EuPartVO **I** 42, 160
– i. S. d. EuSorgeRÜ **N** 419
– i. S. d. EuUntVO **C** 70; **M** 46
– i. S. d. FamFG **M** 838
– funktioneller Begriff **C** 404
– kirchliche Entscheidung s. dort
– i. S. d. KSÜ **F** 416
– i. S. d. LugÜ 2007 **C** 404; **M** 402
– i. S. d. Rom III-VO **A** 347
– Scheidungsmonopol **A** 562 ff.
gerichtliche Fürsorge J 28
gerichtlicher Vergleich
– i. S. d. EuGüVO **B** 42; **L** 29
– i. S. d. EuUntVO **M** 39, 326
– kollidierende Entscheidung **L** 69
– als öffentliche Urkunde **N** 288
– Unvereinbarkeit mit einem Unterhaltstitel **M** 124
– Vollstreckbarkeit **L** 95, 164; **M** 454; **N** 140

1712

Zahlen = Randnummern

B. Sachverzeichnis

- zeitliche Geltung
  - der EuUntVO **C** 335
  - des LugÜ 2007 **C** 407
- s. a. Prozessvergleich; Vergleich

Gerichtskosten
- Rechnung **N** 313
- des Vollstreckbarerklärungsverfahrens **M** 306
- Vollstreckung nach der EuGVVO **K** 133

Gerichtsstand
- allgemeiner Gerichtsstand s. dort
- ausschließlicher Gerichtsstand s. dort
- exorbitanter **C** 361
- des gewöhnlichen Aufenthalts **C** 100 ff.
- Haager Gerichtsstandsübereinkommen von 2005 **C** 134
- der Unterhaltsfeststellungsklage **C** 109
- Widerklagegerichtsstand s. dort
- der Zwangsvollstreckung **C** 383
- s. a. Zuständigkeit, örtliche

Gerichtsstandsvereinbarung
- Änderung **B** 135; **C** 176
- durch Anerkennung der Zuständigkeit **F** 201 ff., 482
- Aufhebung **B** 135; **C** 176
- Auslandsbezug **C** 132 f.
- Ausschließlichkeit **C** 169 f.
- Autonomie **B** 114 ff.; **C** 153
- bestimmte Streitigkeit **B** 127
- bestimmte Unterhaltsstreitigkeit **C** 166
- Bestimmtheit **C** 147 f., 389
- Beweislast **B** 118; **C** 157
- Bindung des Gerichts **B** 132; **C** 171 ff.
- bei Bindung des Kindes an den Mitgliedstaat **F** 214 ff.
- Dauer der Zuständigkeit **F** 208 ff.
- bei doppelter Staatsangehörigkeit **C** 140
- Drittstaat **C** 136
- bei Drittstaatsaufenthalt des Kindes **F** 207, 220
- in Ehesachen **A** 44, 46
- elektronische Übermittlung **B** 125; **C** 164 f.
- nach der EuGüVO **B** 53, 91 ff.
- i. S. d. EuPartVO **I** 49 f., 53 ff.
- Form **B** 118 ff.; **I** 64
- Formgültigkeit **C** 157 ff.
- in getrennten Schriftstücken **C** 162
- halbe Schriftlichkeit **C** 158
- i. R. d. HUÜ 2007 **M** 527
- Inhalt **C** 129 ff.
- isolierte Derogation **C** 130
- im Kindesentführungsfall **F** 134
- in einer Kindesunterhaltssache **C** 167
- Kindeswohl **F** 195, 205 f., 216 f., 483
- konkludente **C** 163
- nach dem LugÜ 2007 **C** 134, 177 ff., 385 ff.
- für einen Mahnantrag **C** 459
- Missbrauchskontrolle **B** 128; **C** 168
- mündliche **C** 158
- nationale Verbote **B** 95
- über die örtliche Zuständigkeit **C** 135, 145 f.
- Rechtsnatur **C** 128
- Reichweite **C** 172
- reziproke **C** 148
- für das sorgerechtliche Verfahren **F** 194 ff.
  - bei Anhängigkeit einer Ehesache **F** 197 ff.
  - im isolierten Verfahren **F** 212 ff.
- Sprache **B** 124

- Sprachrisiko **C** 163
- über die Unterhaltsabänderung **C** 209 f., 229
- in Unterhaltssachen **C** 78, 126 ff., 151 ff.
- Unterschrift **C** 161
- Verbote **C** 131
- Verhältnis zu Staatsverträgen **B** 98
- Vermutung **B** 118; **C** 157
- Vertreter **B** 116
- Vorrang **F** 196
  - vor der Auffangzuständigkeit **F** 225
- Widerruf **F** 225
- Wirksamkeit **B** 117
- Wirkungen **B** 129 ff.; **C** 169 ff.; **I** 65 f.
- zeitliche Geltung des LugÜ 2007 **C** 406
- Zeitpunkt **B** 110; **C** 149 f.
- nach der ZPO **B** 270
- zugunsten einer Partei **C** 170
- Zustandekommen **B** 112
- s. a. rügelose Einlassung

geringfügige Forderung s. Bagatellverordnung (EG) 861/2007 (EuGFVO)
Gesamtgläubigerausgleich B 556
Gesamtgut B 364
Gesamthandseigentum B 364
Gesamthandsgemeinschaft B 303
Gesamtschuldnerausgleich B 555
Gesamtstatut B 418

Geschäftsfähigkeit
- Anwendung der EuPartVO **I** 141
- beim Ehevertrag **B** 531
- Ehewirkung **B** 648
- für eine Rechtswahl **A** 396
- als Vorfrage **C** 637

Geschäftsrecht
- Personalstatut der Verlobten **A** 611 ff.

Geschlechtsneutralität
- gleichberechtigungswidrige Anknüpfung **B** 456

Geschwister
- Trennung bei Rückführung **U** 222
Geschwisterunterhalt C 45, 750

Gesellschaft
- Anteilsbeteiligung **B** 478
- Sitz **C** 403
Gesellschaftsstatut B 540

Gesetz
- Auslandsunterhaltsgesetz (AUG) s. dort
- EGBGB s. dort
- über den ehelichen Güterstand von Vertriebenen und Flüchtlingen **B** 581 ff.
- FamFG s. dort
- IntFamRVG s. dort

Gestaltungsentscheidung
- über das Sorgerecht **N** 382
- über die Vollstreckbarerklärung **N** 659

Gestaltungswirkung
- der Anerkennung **M** 844
Gesundheitsfürsorge F 409

Getrenntleben
- Anwendung der EuEheVO **A** 36
- s. a. Trennung ohne Auflösung des Ehebandes; Trennungsunterhalt; Trennungszeit

Gewaltschutz
- Anerkennung und Vollstreckung **R** 47 ff., 141 ff.
- Anerkennungszuständigkeit **R** 140
- anwendbares Recht **E** 21 ff.

1713

B. Sachverzeichnis

Großbuchstaben = Abschnitte des Kommentars

– Anwendung
  – der EuEheVO **A** 38
  – der EuGVVO **R** 49
– Begriff **E** 19
– einstweilige Maßnahme **A** 209
– EU-Gewaltschutzverfahrensgesetz (EUGewSchVG) **R** 138 ff.
– Schutzmaßnahmen-AnerkennungsVO (EuSchutzMVO) s. dort
– bei Stalking **R** 58
– Zuständigkeit **E** 1 ff.
Gewaltschutzgesetz von 2001 E 29 ff.
Gewaltverhältnis, gesetzliches F 639
Gewerbe
– Mitarbeit des Ehegatten **C** 543
gewöhnlicher Aufenthalt
– alternierender **U** 135 f.
– des Antragsgegners **B** 88
– Asylbewerber **A** 62, 269
– während des Auslandsstudiums **C** 102, 562
– Ausweichklausel des KSÜ **F** 632
– bedingter Bleibewille **U** 134
– Begriff **A** 55 ff., 422 ff.
– des Betreuten **J** 269 f.
– Dauer **F** 92 f.
– Drittstaater **A** 63
– der Ehegatten **A** 55 ff.; **B** 86
  – im Inland **A** 268 ff.
– i. S. d. ErwSÜ **J** 61 ff.
– i. S. d. EuEheVO **A** 47; **F** 87 ff.
– i. S. d. EuGüVO **B** 81 ff.
– i. S. d. EuUntVO **C** 101 ff.
– fehlender **A** 64; **F** 109
– Flüchtling **J** 75 ff.
– gemeinsamer **A** 65 f.
– Getrenntleben **B** 86
– illegaler **A** 62
– im Internat **C** 102
– Kinder von Asylbewerbern **F** 100
– in Kindesentführungsfällen **F** 98 ff., 135 ff., 425; **U** 125 ff.
– Kleinkind **F** 93
– i. S. d. KSÜ **F** 420 ff.
– letzter gemeinsamer **A** 68 f., 426; **B** 87
– i. S. d. LugÜ 2007 **C** 375
– mehrfacher **A** 63, 423; **F** 97, 426
– im Mehrrechtsstaat **A** 67, 510 ff.; **F** 427
– nach nationalem Recht **A** 268
– Rechtmäßigkeit **B** 85; **F** 98 ff.
– des Scheidungsantragsgegners **A** 70 ff.
– des Scheidungsantragstellers **A** 77 ff.
– eines staatenlosen Ehegatten **A** 272 f.
– Umzug **A** 58
– unfreiwilliger **A** 61
– des Unterhaltsberechtigten **C** 106 ff.
– maßgebender Zeitpunkt **A** 425
Gleichberechtigung s. Diskriminierungsverbot
gleichgeschlechtliche Ehe A 500 ff.; **I** 96, 267 ff.
– Adoption **H** 33
– Anerkennung ausländischer Entscheidungen **Q** 63
– Anwendung
  – der EuEheVO **A** 32 f.
  – der EuGüVO **L** 16
  – der EuPartVO **I** 16, 34, 132, 151; **Q** 20
  – der EuUntVO **C** 44, 49
  – der Rom III-VO **A** 32, 314 ff.

– Auflösung **I** 278 ff.
– autonomes Kollisionsrecht **I** 201
– Ehe für alle **A** 253
– Ehe i. S. d. FamFG **A** 253
– Ehewohnung **E** 35
– Eingehung **I** 273
– elterliche Verantwortung **F** 41
– EuGüVO **B** 69, 71
– güterrechtliche Wirkung **B** 411
– Mehrfachregistrierung **I** 282
– Ordre-public-Vorbehalt **A** 474, 485
– Qualifikation **I** 269 ff.
– Rechtsvergleichung **I** 267 f.
– Scheidungszuständigkeit **A** 124 f.
– Wirkungen **I** 274 ff.
– s. a. Lebenspartnerschaft, eingetragene
Gleichlaufprinzip F 606, 624 ff.
– Abgrenzung von universeller Anknüpfung **F** 681
– Ausweichklausel **F** 629 ff.
– des ErwSÜ **J** 176 ff.
– des MSA **F** 705
Gleichstellungsgrundsatz
– bei Vollstreckung von Unterhalt **M** 315
Grundbuch
– Eigentumsvermutung **B** 565
Grundrechte
– der EU **A** 472
– Ordre-public-Vorbehalt **A** 469, 482; **K** 283, 288; **M** 873; **N** 89
– Versagung der Anerkennung **L** 77
Grundschuld B 477
Günstigkeitsprinzip K 191; **M** 386
– des EuSorgeRÜ **N** 501 f.
– des FamFG **M** 832, 835; **N** 606, 609 f.
– Gütersachen **L** 11
– des HKÜ **U** 279
– des HUntVÜ 1973 **M** 679
– des HUÜ 2007 **M** 617, 620
– des KSÜ **F** 539
– i. R. d. Unterhaltskollisionsrechts **C** 580
– von Vorfragen **C** 539
Gutachten
– i. R. d. beschleunigten Verfahrens **U** 168, 183, 212
– heimliches **O** 21
Güterrechtsabkommen (Haager) von 1978 B 277 ff.
Güterrechtsregister B 124
– Schutz **B** 568, 571 ff.
Güterrechtssache
– Abgrenzung von Unterhaltssachen **B** 557 ff.; **C** 50 ff.
– allgemeiner Gerichtsstand **B** 268
– amtswegige Verfahrenseinleitung **B** 185
– Anerkennung **K** 32
  – nach der EuGüVO **L** 34 ff.
  – nach dem FamFG **L** 12, 177 ff.
  – Günstigkeitsprinzip **L** 11
– Anerkennungs- und Vollstreckungsabkommen **L** 6 ff.
– Anerkennungszuständigkeit **L** 176
– Annexzuständigkeit **I** 46 ff.
– anwendbares Recht **B** 272 ff., 321 ff., 363 ff.
– Anwendung
  – des deutsch-iranischen Niederlassungsabkommens **B** 281, 394 ff.

1714

Zahlen = Randnummern

B. Sachverzeichnis

– der EuGFVO **L** 2
– der EuGVVO **L** 1
– der EuMVVO **L** 2
– von EU-Recht **B** 1 ff.
– der EuUntVO **C** 50 ff.; **L** 3
– der EuVTVO **L** 2
– Anwendungsausschluss
– der EuEheVO **A** 38; **L** 3
– der EuErbVO **L** 5
– des LugÜ 2007 **B** 7; **C** 355, 368; **I** 7
– Anwendungsvorrang
– der EuGüVO **L** 4
– Aufenthaltszuständigkeit **B** 81 ff.
– automatische Vergemeinschaftung **B** 108
– autonomes Kollisionsrecht **A** 551; **B** 408 ff.
– autonomes Zivilverfahrensrecht **B** 257 ff.; **I** 92 ff.
– Begriff **B** 262 ff.; **I** 36
– Beibringungsgrundsatz **L** 53
– Beschränkung des Verfahrens **B** 174 ff.
– deutsch-französisches Abkommen von 2010 **B** 403 ff.
– Ehegattenerbteil **B** 300
– einstweilige Anordnung **A** 208; **I** 87
– Ersatzzuständigkeit **B** 156 ff.; **I** 72 ff.
– Feststellungsklage **B** 49
– Gerichtsstandsvereinbarung **A** 46; **B** 53, 91 ff.; **I** 49 f., 53 f.
– Gesamtverweisung **B** 445
– internationale Zuständigkeit **B** 47, 55 ff.
 – nach dem FamFG **B** 257 ff.
– intertemporales Recht **B** 497 ff.
– Inzidentanerkennung **L** 49
– Ipso-iure-Anerkennung **L** 37
– isolierte **B** 267; **L** 182
– lebenspartnerschaftliche **I** 35 f., 118 ff.
– Legalisation **I** 88
– Nebengüterrecht **B** 295
– Notzuständigkeit **B** 164 ff.; **I** 78 f.
– Ordre-public-Vorbehalt **B** 385
– Rechtshängigkeit **B** 178 ff.; **I** 82, 85
– Rechtswahl **B** 324 ff.
– Renvoi **B** 445 ff.
– Rom III-VO **A** 333 ff.
– Scheidungsverbund **B** 266
– Staatsangehörigkeitszuständigkeit **B** 89 ff.
– Staatsverträge **B** 274 ff., 391 f., 394 ff.; **L** 6 ff.
– subsidiäre Zuständigkeit **I** 76 f.
– Trennungsvereinbarung **I** 155
– Unvereinbarkeit im Zweitstaat **L** 68 ff.
– Unzuständigkeitserklärung **I** 70 f.
– Verfahrensbeschränkung **I** 81
– Vollstreckbarkeit ausländischer Entscheidungen **L** 188
– Vollstreckung **L** 88 ff.
– Vorfragen **B** 297
– Widerklage **I** 80
– Zugewinnausgleich s. dort
– Zulässigkeitsprüfung **I** 84
– Zuständigkeit, internationale **B** 1 ff.
 – nach der EuPartVO **I** 1 ff., 43 ff.
 – nach dem FamFG **B** 8 ff.
– Zuständigkeit, örtliche **I** 31
– Zuständigkeitsprüfung **I** 83
Güterrechtsspaltung
– Wirkung **B** 430

Güterrechtsstatut
– Abgrenzung
 – zum Belegenheitsstatut **B** 533 ff.
 – zum Ehewirkungs- und Unterhaltsstatut **B** 557 ff.
 – zum Erbrecht **B** 545 ff.
 – zum Vertragsstatut **B** 549 ff.
– Abrgenzung
 – zum Gesellschaftsstatut **B** 540
– allgemeine Ehewirkungen **B** 363
– Anknüpfungsleiter **B** 350 ff.
– Anwendungsbereich **B** 516 ff.
– Drittschutz **B** 562 ff.
– Einheitlichkeit **B** 309, 410, 418
– lex rei sitae s. dort
– Mehrrechtsstaaten **B** 387 ff.
– Qualifikationsverweisung **B** 426, 454
– Rechtswahl **B** 324 ff., 459 ff.; **C** 668 ff.
– Spaltung **B** 452
– Unwandelbarkeit **B** 293, 431
– Verfügungsbeschränkung **B** 563
– Verhältnis zum Sachenrechtsstatut **B** 379
– Vorrang von Eingriffsnormen **B** 383 ff.
Güterrechtsverordnung (EU) Nr. 2016/1103 (EuGüVO) A 551; **B** 4 f., 9 ff.
– Anwendung **B** 13 ff., 25 ff., 285, 294 ff.; **L** 15 ff.
 – auf Ehewohnung und Hausrat **E** 6 f., 22 f.; **R** 28
 – in Unterhaltssachen **C** 8; **M** 10
 – auf den Versorgungsausgleich **D** 3, 22; **R** 3
– Anwendungsvorrang **L** 4, 174
– Auslegung **B** 22 f.
– Begriffsbestimmungen **B** 36 f.; **L** 24 ff.
– deutsches Ausführungsgesetz **B** 24; **L** 22
– Entstehungsgeschichte **B** 9 ff.
– gleichgeschlechtliche Ehe **B** 69, 71, 411
– Grundprinzipien **B** 293
– volle Harmonisierung **A** 3
– Informationen für die Öffentlichkeit **B** 251
– Nichtrückwirkung **B** 252; **L** 170 ff.
– Schlussbestimmungen **L** 165 ff.
– subsidiäre Zuständigkeit **B** 160 ff.
– Übergangsbestimmungen **B** 252 ff.; **L** 170 ff.
– universelle Geltung **B** 288, 322
– Verhältnis
 – zu anderen Rechtsinstrumenten **B** 21, 291 ff.; **L** 20, 166 ff.
 – zur EuEheVO **B** 67 ff.
 – zur EuErbVO **B** 61 ff., 299 f.
 – zur EuPartVO **L** 16 f.
 – zum FamFG **B** 257
 – zu Staatsverträgen **B** 248 ff., 391 f.
– Widerklage **B** 173
– zeitliche Anwendung **B** 393; **L** 19
– Ziele **B** 12, 284; **L** 14
– Zulässigkeitsprüfung **B** 196 ff.
– Zuständigkeit
 – internationale **B** 47, 55 ff.
 – örtliche **B** 35
 – Rangverhältnis **B** 51, 76
 – Verbund **B** 52
– Zuständigkeitsprüfung **B** 190 ff.
Güterrechtsverordnung (EU) Nr. 2016/1104 (EuPartVO) I 5; **Q** 17 ff.
– Anerkennung **Q** 30 ff.
– Anerkennungsversagungsgründe **Q** 31

1715

B. Sachverzeichnis

Großbuchstaben = Abschnitte des Kommentars

– Annexzuständigkeit **I** 46 ff.
– Anwendung **I** 14 ff., 27 ff., 131 ff.; **Q** 19 ff.
  – ausgeschlossene Regelungsgegenstände **I** 140 ff.
  – sachliche **I** 139
– Anwendungsvorrang **I** 124; **Q** 5
– Ausführungsgesetz **I** 26
– Auslegung **I** 24 f.
– Begriffsbestimmungen **I** 32 ff., 149 ff.
– Bescheinigungen **Q** 58
– deutsches Ausführungsgesetz **Q** 26
– Ehebegriff **I** 15
– Entstehungsgeschichte **B** 10; **I** 11 f.
– gleichgeschlechtliche Ehepartner **Q** 20
– Grundprinzipien **I** 138
– Informationen für die Öffentlichkeit **I** 90
– Schlussbestimmungen **I** 88 ff.
– Übergangsbestimmungen **I** 91; **Q** 59
– universelle Geltung **I** 133, 163
– Unterhaltsangelegenheiten **C** 8
– Verhältnis
  – zu anderen Rechtsinstrumenten **I** 23, 99 ff.,
    136; **Q** 24, 56 f.
  – zu bestehenden Übereinkommen **I** 89
  – zur EuGüVO **L** 16 f.
– zeitliche Geltung **I** 22; **Q** 5, 23
– Ziele **I** 13, 130; **Q** 18
Güterstand
– Auflösung **B** 368
– Drittwirkung **B** 369, 372 ff.
– ehelicher **B** 36 f., 294, 310
– Ehevertrag **B** 344
– gesetzlicher **B** 519 ff.
– Publizität **B** 376
– Registrierung **B** 376
– Vereinbarung **I** 154 f.
– Versteinerungstheorie **B** 435 ff.
– von Vertriebenen und Flüchtlingen **B** 581 ff.
– Wahlgüterstände **B** 526 ff.
– Zugewinnausgleich s. dort
Gütertrennung B 548
Gutgläubigkeit
– gegenüber dem gesetzlichen Vertreter **F** 674 ff.
– Verkehrsschutz des ErwSÜ **J** 228 ff.

Haager Ehegüterrechtsabkommen von 1978
B 277 ff.
Haager Ehewirkungsabkommen von 1905
B 274 ff.
Haager Entmündigungsabkommen von 1905
J 258
Haager Gerichtsstandsübereinkommen von
2005 C 134
Haager Kinderschutzübereinkommen von
1996 (KSÜ) F 366 ff.
– Abgabe des Verfahrens **F** 457 ff.
– Adoptionssachen **H** 2
– allgemeine Bestimmungen **F** 531 ff.
– Anerkennung **N** 356 ff.
– anerkennungsrechtliches Verhältnis
  – zu anderen Rechtsinstrumenten **N** 396 f.
  – zur EuEheVO **N** 330 f., 349
  – zum MSA **N** 394 f., 514
– Anerkennungszuständigkeit **N** 361 f.
– Anwendung **F** 370 ff., 382 ff., 606 ff.; **N** 345 ff.
  – in Lebenspartnerschaftssachen **I** 9, 127
– Anwendungsausschlüsse **F** 400 ff.

– Anwesenheitszuständigkeit **F** 435 ff.
– Aufenthaltszuständigkeit **F** 416 ff.
– Ausführungsbestimmungen **F** 381, 623; **N** 518
– Auslegung **F** 380
– Bescheinigung **F** 531 ff.
– Betreuungssachen **J** 160
– convention double **N** 361
– Datenschutz **F** 534
– deutsches Ausführungsgesetz **N** 354
– Dringlichkeit **F** 487 ff.
– Entführungszuständigkeit **F** 442 ff.
– Entstehungsgeschichte **F** 604; **N** 343
– Fortgeltung bisheriger Schutzmaßnahmen
  F 524 ff., 633 ff.
– gewöhnlicher Aufenthalt **F** 420 ff.
– Gleichlaufprinzip **F** 606, 624 ff.
– Günstigkeitsprinzip **F** 539
– Inkrafttreten **F** 605
– interlokale Anwendung **F** 692 ff.
– Kollisionsrecht **F** 596, 604 ff., 624 ff.
– kollisionsrechtliches Verhältnis
  – zu anderen Rechtsinstrumenten **F** 613 ff.
  – zum MSA **F** 597, 702
– Ordre-public-Vorbehalt **F** 687 ff.; **N** 370
– Perpetuatio Fori **F** 428 ff.
– Präambel **F** 366
– Ratifizierung durch die EU-Mitgliedstaaten
  F 369
– Renvoi **F** 683 ff.
– Scheidungsanhängigkeit **F** 476a ff.
– Schutzmaßnahme **F** 386 ff.
– Sprachenregelung **F** 551
– Übergangsbestimmungen **N** 398
– Übernahmeersuchen **F** 474 ff.
– unvereinbare Entscheidungen **N** 371 ff.
– Verhältnis
  – zu anderen Rechtsinstrumenten **F** 374 ff.,
    542 ff.; **N** 348 ff.
  – zum autonomen Verfahrensrecht **N** 353
  – zum deutsch-iranischen Niederlassungsabkom-
    men **F** 598, 601 f.
  – zur EuEheVO **F** 4, 20 f., 352 ff., 375 ff.; **N** 3, 6,
    25
  – zum EuSorgeRÜ **N** 396, 411
  – zum FamFG **F** 571, 588
  – zu früheren Übereinkünften **F** 542 f.
  – zum HKÜ **F** 379, 538 f.; **N** 352, 393; **U** 75,
    278
  – zu künftigen Vereinbarungen **F** 544 ff.
  – zum MSA **F** 378, 540 f., 556
– Vertragsstaaten **F** 367 ff., 605; **N** 344
– Vertraulichkeit **F** 535
– Vollstreckbarerklärungsverfahren **N** 381 ff.
– Vorbehalte **F** 509, 552 f.
– zeitliche Geltung **F** 373, 549 f., 612; **N** 347
– Ziele **F** 366, 382 f., 604; **N** 343
– Zusammenarbeit der Behörden **U** 29 ff.
– Zuständigkeit, internationale **F** 412 ff.
Haager Kindesentführungsübereinkommen
von 1980 (HKÜ) s. Kindesentführungsüberein-
kommen (Haager) von 1980
Haager Minderjährigenschutzabkommen von
1961 (MSA) N 511 ff.
– anerkennungsrechtliches Verhältnis
  – zu anderen Rechtsinstrumenten **N** 513 ff.
  – zur EuEheVO **N** 326 f., 350, 513

1716

Zahlen = Randnummern

B. Sachverzeichnis

– zum EuSorgeRÜ **N** 516
– zum KSÜ **N** 394 f., 514
– Anwendung in Lebenspartnerschaftssachen **I** 9, 127
– Gleichlaufgrundsatz **F** 705
– Kollisionsrecht **F** 597, 702 ff.
– räumliche Erstreckung **F** 560
– Verhältnis
   – zu anderen Rechtsinstrumenten **F** 555 ff., 702 ff., 707
   – zum deutsch-iranischen Niederlassungsabkommen **F** 598, 601 f.
   – zur EuEheVO **F** 4, 22, 348 ff., 555; **N** 5, 8, 26
   – zum EuSorgeRÜ **N** 413
   – zum FamFG **F** 571, 588
   – zum HKÜ **F** 557; **N** 515; **U** 76, 277
   – zum KSÜ **F** 378, 540 f., 556, 597, 617, 702
– Vertragsstaaten **F** 554; **N** 512
– Vorbehalt des Scheidungsgerichts **F** 559a
– Zuständigkeit, internationale **F** 554 ff.
Haager Übereinkommen über das auf Unterhaltspflichten anzuwendende Recht von 1973 s. Unterhaltsübereinkommen, Haager (HUntÜ 1973)
Haager Übereinkommen über das auf Unterhaltsverpflichtungen gegenüber Kindern anzuwendende Recht von 1956 s. Kindesunterhaltsübereinkommen, Haager (HKUntÜ 1956)
Haager Übereinkommen über den internationalen Schutz von Erwachsenen (ErwSÜ) von 2000 s. Erwachsenenschutzübereinkommen, Haager von 2000 (ErwSÜ)
Haager Übereinkommen über den Schutz von Kindern und die Zusammenarbeit auf dem Gebiet der internationalen Adoption von 1993 (HAdoptÜ) s. Adoptionsübereinkommen (Haager) von 1993
Haager Übereinkommen über die Anerkennung und Vollstreckung von Entscheidungen auf dem Gebiet der Unterhaltspflicht gegenüber Kindern von 1958 s. Kindesunterhaltsanerkennungs- und Vollstreckungsübereinkommen, Haager (HKUntVÜ 1958)
Haager Übereinkommen über die Anerkennung und Vollstreckung von Unterhaltsentscheidungen s. Unterhaltsanerkennungs- und Vollstreckungsübereinkommen, Haager (HUntVÜ 1973)
Haager Übereinkommen über die Anerkennung von Ehescheidungen und der Trennung von Tisch und Bett vom 1970 K 145
Haager Übereinkommen über die Beweisaufnahme im Ausland in Zivil- und Handelssachen M 613
Haager Übereinkommen über die internationale Geltendmachung der Unterhaltsansprüche von Kindern und anderen Familienangehörigen von 2007 s. Unterhaltsübereinkommen, Haager (HUÜ 2007)
Haager Übereinkommen über die Rückführung Minderjähriger von 1970 U 78
Haager Unterhaltsprotokoll von 2007 s. Unterhaltsprotokoll (Haager) von 2007 (HUP)
Haager Zivilprozessübereinkommen von 1954 (HZPÜ) K 270; **M** 613

Haager Zustellungsübereinkommen von 1965 s. Zustellungsübereinkommen (Haager) von 1965 (HZÜ)
hadana F 688
HAdoptÜ s. Adoptionsübereinkommen (Haager) von 1993
Handlungsfähigkeit
– Anwendung der EuPartVO **I** 141
– anzuwendendes Recht **A** 327
– Maßnahme i. S. d. ErwSÜ **J** 27
– für eine Rechtswahl **A** 396
Handschuhehe A 614
Handy C 164 f.
Hauptsachegericht
– Eilmaßnahme **A** 213 ff., 220; **F** 336
Haushaltsgegenstände B 313
– Verfügungsbeschränkung **B** 653
Haushaltssache
– Anerkennung **K** 32; **R** 23 ff.
– Anerkennungszuständigkeit **R** 33
– anwendbares Recht **A** 334 f.; **E** 21 ff.
– Anwendung
   – der EuEheVO **R** 25
   – der EuGüVO **R** 28
   – der EuGVVO **R** 24
   – der EuUntVO **R** 26
   – der EuVTVO **R** 24
   – des FamFG **R** 31 f.
– autonomes Kollisionsrecht **A** 552 f.
– Begriff **E** 13
– Belegenheit **E** 37 ff.
– bei Ehetrennung **E** 32
– bei eingetragener Lebenspartnerschaft **I** 100
– einstweilige Maßnahme **A** 210
– endgültige Zuweisung **E** 33 f.
– isolierte **E** 17 f.
– unterhaltsrechtliche Qualifikation **C** 532 ff.; **E** 39
– im Verbund **E** 15 f.
– Vollstreckung **R** 23 ff.
– Zuständigkeit, internationale **E** 1 ff., 11 ff.
Haushaltstätigkeit C 542
Heiliger Stuhl A 25; **K** 149 ff.
Heilung von Zustellungsmängeln K 91, 271
heimatloser Ausländer A 263
Heimatstaat
– Sitten und Gebräuche **F** 631
Heimatzuständigkeit
– Antrittszuständigkeit **A** 266
– autonome Anknüpfung **F** 585 ff.
– des ErwSÜ **J** 78 ff.
– nach dem FamFG **A** 261 f.
– des MSA **F** 558 f.
– Verhältnis zur EuEheVO **A** 267
– Zeitpunkt des Staatsangehörigkeit **A** 265 f.
– s. a. Staatsangehörigkeitszuständigkeit
Heiratserlaubnis A 613
Herausgabe
– Eigentum des Ehegatten **A** 558
– Güterrechtssatut **B** 368
– Güterrechtsstatut **B** 523
– Kindesherausgabe s. dort
Herstellungsklage A 36
heterosexuelle Partnerschaft, eingetragene
– als Lebenspartnerschaft
   – i. S. d. EGBGB **I** 206 ff.
   – i. S. d. FamFG **I** 97

1717

B. Sachverzeichnis

Großbuchstaben = Abschnitte des Kommentars

Hilfszuständigkeit
– der EuEheVO s. Anwesenheitszuständigkeit
hinkende Ehe K 99
– Auslandsehe **A** 617
– Inlandsehe **A** 622
– kollisionsrechtliche Qualifikation **C** 544
– Rom III-VO **A** 306
Hinterlegung s. Sicherheitsleistung
HKÜ s. Kindesentführungsübereinkommen
  (Haager) von 1980
HKUntÜ 1956 s. Kindesunterhaltsübereinkom-
  men, Haager (HKUntÜ 1956)
HKUntVÜ 1958 s. Kindesunterhaltsanerkennungs-
  und Vollstreckungsübereinkommen, Haager
  (HKUntVÜ 1958)
Hoheitsgebiet s. Territorien der EU-Mitgliedstaa-
  ten
höhere Gewalt M 90
homosexuelle Ehe s. gleichgeschlechtliche Ehe
homosexuelle Partnerschaft s. Lebenspartner-
  schaft, eingetragene
HUntÜ 1973 s. Unterhaltsübereinkommen, Haager
  (HUntÜ 1973)
HUntVÜ 1973 s. Unterhaltsanerkennungs- und
  Vollstreckungsübereinkommen, Haager (HUntVÜ
  1973)
HUP s. Unterhaltsprotokoll (Haager) von 2007
  (HUP)
HUÜ 2007 s. Unterhaltsübereinkommen, Haager
  (HUÜ 2007)
Hypothek B 477
HZPÜ s. Haager Zivilprozessübereinkommen von
  1954 (HZPÜ)
HZÜ s. Zustellungsübereinkommen (Haager) von
  1965 (HZÜ)

Identität s. Parteiidentität; Streitgegenstandsidenti-
  tät
Imam-Ehe A 612
Immobilie s. lex rei sitae; unbewegliches Vermögen
Impfpflicht F 409
indexierter Unterhalt s. dynamisierter Unterhalt
Informationsersuchen
– der Behörden **U** 52 f.
– Kindeswohl bedrohendes **U** 60
Informationspflichten
– der Mitgliedstaaten **C** 331 f.
Inlandsform
– der Eheschließung **A** 617 ff.
Inobhutnahme F 29, 46, 396
Insolvenz M 111
Integration A 58
Integrationseinwand
– der EuEheVO **F** 140 ff.
– des HKÜ **U** 180 ff.
– des KSÜ **F** 447
interlokales Privatrecht B 387 ff.
internationales Familienrechtsverfahrensgesetz
  s. IntFamRVG
internationales Privatrecht
– Adoptionssachen **H** 21 ff.
– autonomes Kollisionsrecht s. dort
– in Ehesachen **A** 277 ff.
– betreffend Ehewohnung und Hausrat **E** 21 ff.
– betreffend die elterliche Verantwortung **F** 3, 595 ff.

– EuGüVO **B** 321 ff.
– in Gewaltschutzsachen **E** 21 ff.
– gleichberechtigungswidrige Anknüpfung **B** 456
– im Güterrecht **B** 272 ff.
– in Lebenspartnerschaftssachen **I** 122 ff.
– Rom III-VO s. dort
– türkisches **B** 428
– im Unterhaltsrecht **C** 472 ff.
– auf dem Gebiet des Versorgungsausgleichs **D** 21 ff.
interpersonales Privatrecht A 519; **B** 389
Interzessionsverbot B 598, 652, 669
IntFamRVG F 561 ff.; **N** 519 ff.
– Anwendungsbereich **A** 237; **F** 561
– als Ausführungsgesetz **F** 623; **N** 518
– Beschleunigungsgebot **U** 324 f.
– Titel **K** 179; **N** 522
– Verhältnis zum FamFG **F** 572
Inzidentanerkennung
– i. R. d. EuEheVO **K** 58 ff.
– i. R. d. EuGüVO **L** 49
– Rechtskraft **K** 60; **M** 154
– des Unterhaltstitels **M** 153 f.
– als Zwischenfeststellungsentscheidung **K** 61
IPR s. autonomes Kollisionsrecht; internationales
  Privatrecht
Ipso iure-Anerkennung
– i. R. d. EuEheVO **K** 40 ff.
– i. R. d. EuGüVO **L** 37
– nach dem FamFG **K** 237 ff.; **M** 836 ff.
– nach dem KSÜ **N** 356 ff.
– von sorgerechtlichen Entscheidungen **N** 56, 617
iranische Staatsangehörigkeit s. deutsch-iranisches Niederlassungsabkommen von 1929
Irland
– domicile **A** 48
– Geltung der EuEheVO **A** 14
Irrtum
– bei der Eheschließung **A** 592
– über die gesetzliche Vertretungsmacht **F** 675
– bei der Rechtswahl **A** 394
islamisches Kindschaftsrecht F 688 ff.
islamisches Scheidungsrecht A 454 ff.
– Verstoßung s. dort

Jahresfrist
– der EuEheVO **F** 141; **U** 189
– des HKÜ **U** 172 ff.
– des KSÜ **F** 447 f.
JGG s. Jugendgerichtsgesetz (JGG)
jüdisches Scheidungsrecht A 456
– Scheidungsbrief **A** 568
Jugendamt
– Antragsberechtigung **N** 142
– Beistandschaft **F** 646
– Mitwirkung **U** 314
– öffentliche Urkunde **M** 448
– als Sorgerechtsinhaber **U** 92
– Unterhaltsregress s. dort
– Unterhaltsvereinbarung s. dort
– Vermittlungsstellen **V** 43
Jugendgerichtsgesetz (JGG)
– Maßregel **F** 574
juristische Person
– Sitz **C** 403
– Unterhaltsberechtigung **C** 69; **M** 45
Justizgewährungsanspruch C 197

Zahlen = Randnummern

B. Sachverzeichnis

Kafala F 39, 397
– internationale Zuständigkeit **H** 10
– Schutzmaßnahme **H** 28
– s. a. Pflegekindschaft
Kaufvertrag B 549
– Verbot **B** 657
Kenntnisnahme M 183; s. a. Zustellung
Kernpunkttheorie B 215; **C** 274 ff.; **F** 298;
   M 119
Ketubbah–Vereinbarung A 560; **C** 531
Kind
– autonome Anknüpfung **F** 727
– i. S. d. EuEheVO **F** 75 ff.; **N** 50
– i. S. d. EuSorgeRÜ **N** 417 f.
– aus fehlerhafter Ehe **A** 634
– Geschwister s. dort
– i. S. d. HKÜ **U** 72, 138
– i. S. d. HUP **C** 621
– i. S. d. KSÜ **F** 384 f.
– nichteheliches **A** 634
– unentgeltliche Prozesskostenhilfe **C** 830 ff., 841 f.
– unmittelbarer Zwang **N** 598
– Unterbringung **F** 46
– Vertretung s. dort
Kinderehe A 635 ff.
– Aufhebung **A** 638
– Aufhebungszuständigkeit **A** 276
– Gesetz zur Bekämpfung von Kinderehen **A** 591
– s. a. Ehemündigkeit
Kindergeldanrechnung C 726
Kinderrechte G 23; **N** 95
Kinderschutzübereinkommen s. Haager Kinder-
   schutzübereinkommen von 1996 (KSÜ); Haager
   Minderjährigenschutzabkommen von 1961
   (MSA)
Kindesanhörung
– als Anerkennungsvoraussetzung **N** 95 ff., 364 f.
– bei weiter Anreise **F** 206
– Dolmetscher **F** 206
– Dringlichkeitsausnahme **N** 98, 366
– i. R. d. EuSorgeRÜ **N** 493 ff.
– im Klauselerteilungsverfahren **N** 544
– im Rückgabeverfahren **F** 160 ff.; **N** 258 f.
– zum Umgangsrecht **N** 240 f.
Kindesentführung
– Aufenthaltsermittlung **U** 311 f.
– Beginn **U** 123
– keine Bindung an zufluchtsstaatliche Entscheidungen **F** 148, 450
– einstweilige Herausgabeanordnung **U** 152
– einstweiliger Rechtsschutz **F** 329, 452
– Gerichtsstandsvereinbarung **F** 134
– gewöhnlicher Aufenthalt **F** 98 ff., 135 ff., 425,
   443
– Haager Rückführungsübereinkommen von 1970
   U 78
– Integrationseinwand
   – der EuEheVO **F** 140 ff.
   – des HKÜ **U** 180 ff.
   – des KSÜ **F** 447 f.
– Jahresfrist
   – der EuEheVO **F** 141; **U** 189
   – des HKÜ **U** 172 ff.
   – des KSÜ **F** 447 f.
– nichtehelichen Kindes **F** 71
– in einen Nichtvertragsstaat des KSÜ **F** 444

– Passivität des Sorgeberechtigten **F** 144 f.
– Reformvorschlag zur EuEheVO **F** 157, 193a ff.
– Rückentführung **U** 137, 211
– Rückgabe **U** 148 ff.
   – Ablehnungsgründe **U** 192 ff., 249 f.
   – Betreuungslage **U** 220
   – freiwillige **U** 165, 190
   – Gefahrensituationen **U** 214 ff.
   – Kontaktverbot bei Gewaltgefahr **F** 169
   – in ein Kriegsgebiet **U** 216
   – Menschenrechtsverstoß **U** 249 f.
   – bei Misshandlungsgefahr **U** 215
   – bei möglichem Strafverfahren **U** 219
   – Suizidgefahr **U** 216
   – Trennung **U** 217 ff.
   – Unzumutbarkeit **U** 221
   – keine Vorwegnahme der Sorgerechtsentschei-
      dung **U** 209 ff.
   – Widerstand des Kindes **U** 223 ff.
– Rückgabeanordnung
   – amtswegige Vollstreckung **N** 600
   – bei Änderung der Umstände **N** 275, 306;
      U 191
   – des bisherigen Aufenthaltsmitgliedstaats
      F 181 f., 190; **U** 189
   – automatische Vollstreckbarkeit **F** 182; **N** 127,
      229 ff., 250 ff.
   – Bescheinigung s. dort
   – Formblatt **N** 262
   – Inhalt **U** 186 f.
   – innerstaatliche Vollstreckung **U** 154 f.
   – Ordre-public-Vorbehalt **N** 254
   – Prüfungsreihenfolge **U** 80 ff.
   – Rechtskrafterfordernis **N** 252
   – Sachentscheidungsverbot **U** 237 ff.
   – Sicherheitsleistung **U** 259
   – Übermittlung zwischen Behörden **U** 328
   – unvereinbare Entscheidungen **N** 308 f.
   – Urkundenvorlage **N** 278 ff.
   – Wirksamkeit **U** 329 ff.
– Rückgabeantrag **U** 156 ff.
   – in anderen Vertragsstaaten **U** 273
   – Berechtigung **U** 159
   – Einreichung beim AG **U** 339
   – Formulare **U** 160
   – Inhalt **U** 160 f.
   – offenkundige Unbegründetheit **U** 271
   – Übersetzung **U** 306
   – Weitergabe **U** 163 f.
– Rückgabeverfahren **F** 160 ff.
   – Anhörungspflichten **F** 160 ff.; **N** 258 ff.
   – Ausführungsbestimmungen **F** 193
   – Beschleunigungsgebot **F** 163 ff.; **U** 89, 152,
      166 ff.
   – Beschwerdefrist **U** 167
   – Beweislast **U** 184, 195
   – vor deutschen Gerichten **U** 150 ff.
   – Einleitung durch Zentrale Behörden **U** 310
   – einstweilige Anordnungen **U** 321 f.
   – Entscheidung **U** 170 ff.
   – Erledigung **U** 334
   – Ermessen **U** 185, 197
   – EuEheVO-Regelungen **F** 160 ff.
   – Gewährleistung des Umgangsrechts **U** 326
   – Günstigkeitsprinzip **U** 279
   – Integrationseinwand **U** 180 ff.

1719

B. Sachverzeichnis

Großbuchstaben = Abschnitte des Kommentars

– Kosten **U** 162, 266 ff.
– Kostenbefreiung **U** 340
– Legalisation **U** 260
– Mitwirkung der Beteiligten **U** 327
– örtliche Zuständigkeit **N** 523, 527 ff.; **U** 151
– Prozesskostenhilfe **N** 315; **U** 265
– Rechtsbehelfe **U** 153
– keine Rechtsbeschwerde **U** 167, 335
– Rechtsmittel **U** 331 ff.
– Spracherfordernisse **U** 261 ff.
– Streitgegenstandsidentität **F** 302
– Vollmacht **U** 272
– Vorkehrungen **F** 166 ff.
– Zuständigkeit **U** 315 ff.
– tatsächliche Sorgerechtsausübung
  – i. S. d. EuEheVO **F** 72 f.
  – i. S. d. HKÜ **U** 115 ff., 199
– Verbringensbegriff **U** 100
– Verfahren nach Rückgabeablehnung **F** 172 ff.
– Verhältnis zwischen KSÜ und EuEheVO **F** 152
– Verschleierung des Aufenthalts **U** 182
– Weiterentführung **U** 137, 188
– Widerrechtlichkeit
  – anwendbares Recht **U** 110 ff.
  – Beginn **U** 123
  – Ermittlung des ausländischen Rechts **U** 228 ff.
  – i. S. d. EuEheVO **F** 66 ff.; **N** 48 f.
  – i. S. d. EuSorgeRÜ **N** 422 ff.
  – i. S. d. HKÜ **U** 90 ff., 103
  – i. S. d. KSÜ **F** 449, 618
  – nachträgliche **N** 427, 486 ff.; **U** 105
  – Zeitpunkt **U** 104 ff.
– Widerrechtlichkeitsbescheinigung **U** 114, 232 ff., 337 f.
– Wiederherstellung des Sorgeverhältnisses nach dem EuSorgeRÜ **N** 403 ff., 448 ff.
– Zurückhaltensbegriff **U** 101
– Zuständigkeit **U** 315 ff.
– Zuständigkeitsfortdauer
  – der EuEheVO **N** 129 ff.
  – des KSÜ **F** 442 ff.
– Zuständigkeitsverhältnis des HKÜ
  – zur EuEheVO **F** 130 f., 153 f.; **N** 253 f.
  – zum KSÜ **F** 346 f.
– Zustimmung **F** 74, 139, 446; **U** 107 ff., 201 ff.
Kindesentführungsübereinkommen (Haager) von 1980 U 65 ff.
– Altersgrenze **U** 138
  – i. V. z. EuEheVO **F** 131
  – i. V. z. KSÜ **F** 456
– Anwendungsbereich **U** 68 ff., 84 ff.
– Ausführungsgesetz **N** 518; **U** 79
– Beitritt **U** 283 f.
– Entstehungsgeschichte **U** 65 ff.
– mehrrechtsstaatliche Anwendung **U** 274 ff., 281
– Rechtshilfeabkommen **U** 65
– territoriale Erstreckung **U** 285 ff.
– Umgangsrecht **U** 251 ff.
– Verhältnis
  – zu anderen Rechtsinstrumenten **U** 74 ff., 277 ff.
  – zur EuEheVO **F** 5, 23, 153, 351, 359; **N** 9, 28, 329; **U** 74
  – zum EuSorgeRÜ **N** 412, 502; **U** 77, 323
  – zum KSÜ **F** 379, 538 f., 618; **N** 352, 393; **U** 75, 278
  – zum MSA **F** 557, 703; **N** 515; **U** 76, 277

– Vertragsstaaten **U** 68 ff.
– vertragsstaatliche Sondervereinbarungen **U** 282
– zeitliche Geltung **U** 73, 280 f.
– Ziele **U** 84 ff.
– Zweck **U** 65 ff.
Kindesherausgabe
– amtswegige Vollstreckung **N** 600
– Änderung der Umstände **N** 195, 389
– Anerkennung und Vollstreckung nach dem EuSorgeRÜ **N** 420
– Anspruchsidentität **F** 300, 516
– i. S. d. BGB **F** 42
– Kindschaftssache i. S. d. FamFG **F** 574
– örtliche Zuständigkeit **N** 155
– Vollstreckbarkeit **N** 134
– vollstreckungsfähige Anordnung **N** 381, 659
– Vollstreckungsklausel **N** 586 f.
Kindesunterhalt
– Anwendung des HUÜ 2007 **M** 490 f.
– Ausschluss **C** 167
– Beschränkung **M** 496
– kollisionsrechtliche Prüfungsreihenfolge **C** 515 ff.
– Lebensstandard der Eltern **C** 721
– Nichtgewährung **C** 805
– Parteiidentität **C** 271
– unentgeltliche juristische Unterstützung **T** 88 ff.
– Verbindung mit Ehegattenunterhalt **M** 494
– Vertretungsbefugnis **C** 735 ff.
– s. a. Ehegattenunterhalt; Unterhalt
Kindesunterhaltsanerkennungs- und Vollstreckungsübereinkommen, Haager (HKUntVÜ 1958) M 13, 686 ff.
– Ausführungsgesetz **M** 692, 707
– Auslegung **M** 691
– Ersetzung
  – durch das HUntVÜ 1973 **M** 628, 689
  – durch das HUÜ 2007 **M** 479, 688
– Verhältnis
  – zu anderen Rechtsinstrumenten **M** 687 ff.
  – zum autonomen Recht **M** 690
  – zur EuUntVO **M** 368, 687
– Vertragsstaaten **M** 686
Kindesunterhaltsübereinkommen, Haager (HKUntÜ 1956) C 795 ff.
– adoptierte Kinder **C** 808
– Anwendungsbereich **C** 477, 796 f.
– Aufenthaltsanknüpfung **C** 800 f.
– lex fori **C** 802 ff.
– Ordre-public-Vorbehalt **C** 806
– Verhältnis
  – zu anderen Rechtsinstrumenten **C** 798 f.
  – zum HUntÜ 1973 **C** 789, 798
  – zum HUP **C** 477, 488, 496, 773 ff., 799
  – zu Nichtvertragsstaaten **C** 807
– Vertragsstaaten **C** 795
Kindesvermögen
– Anspruchsidentität **F** 517
– lex rei sitae **F** 631
– Verwaltung **F** 47, 399
– vorläufiger Rechtsschutz **F** 504
– Zuständigkeitsvorbehalt **F** 509
Kindeswohlgefährdung
– Benachrichtigungspflicht der KSÜ-Behörden **U** 59
– i. S. d. BGB **F** 42

1720

Zahlen = Randnummern

B. Sachverzeichnis

– Ordre-public-Vorbehalt **N** 86
– schwerwiegende **U** 193, 207 ff.
Kindschaftssache
– Begriff **F** 574 f.
– internationale Zusammenarbeit **U** 1 ff.
– isolierte **F** 578 ff.
– Scheidungsverbundzuständigkeit **F** 577
Kindschaftsstatut
– Wandelbarkeit **F** 723 ff.
kirchliche Entscheidung
– Anerkennung **K** 23
– Anwendung der EuEheVO **A** 25
– Konkordatsverträge **K** 149 ff.
– Scheidungsmonopol deutscher Gerichte
  A 562 f.
kirchliche Scheidung
– Wirkung **A** 569
kirchliche Trauung A 613
– Grundrechtsschutz **A** 619
– hinkende Auslandsehe **A** 617
Klageänderung
– Nichteinlassung **M** 179
Klagefristen
– für den Unterhalt **C** 739
Klagehäufung N 210 f.
Klauselerteilung s. Vollstreckungsklausel
Kollisionsrecht s. autonomes Kollisionsrecht; internationales Privatrecht
Konkordatsverträge K 149 ff.
Konkretisierung
– der ausländischen Entscheidung **M** 893
Konnexität s. Sachzusammenhang
Konsulat
– anerkennungsfähige Entscheidung **K** 240
– Eheschließung **A** 616 f.
– Privatscheidung **A** 571
Konsultationsverfahren
– Verstoß **S** 28
Konsultatiosverfahren W 28 f.
– Widerspruch **W** 45 ff.
Kontaktverbot
– i. S. d. EuSchutzMVO **R** 74
Kontenpfändung
– Verordnung (EU) Nr. 655/2014 **L** 2
kontradiktorisches Verfahren
– des HUÜ 2007 **M** 565
**Konvention zum Schutz der Menschenrechte
  und Grundfreiheiten** s. EMRK
Korrespondenzanwalt K 133; **N** 313
Kosten
– der eheerhaltenden Entscheidung **K** 132
– kein Eintreibungsvorrang **M** 324
– Erstattungsanspruch der Behörde **M** 351
– nach der EuEheVO **N** 312 ff.
– des HKÜ-Verfahrens **U** 266 ff.
– i. R. d. HUÜ 2007 **M** 600 ff.
– des Klauselerteilungsverfahrens **M** 235, 758
– Übersetzungskosten s. dort
– der Zentralen Behörde **U** 27; **W** 33 f.
Kostenentscheidung
– Vollstreckbarerklärung **N** 136, 140, 381
– Vollstreckungsgegenklage **N** 591 f.
Kostenfestsetzung
– Anerkennung **K** 25, 132 ff.
– Anerkennungsfähigkeit **N** 37
– Begriff **N** 313

– Vollstreckung **K** 132 ff.
– nach dem LugÜ 2007 **M** 399
Kostenvorschuss A 143; **F** 270
Krankheit
– des Kindes **U** 59
Kriegsgebiet
– Kindesrückführung **U** 216
– Notzuständigkeit s. dort
Kroatien
– Geltung
  – der EuEheVO **A** 14
  – der EuZVO **A** 162
KSÜ s. Haager Kinderschutzübereinkommen von
  1996 (KSÜ)
Kumulationstheorie N 624

Ladung
– Frist **K** 272 f.; **M** 182
– Ordnungsmäßigkeit **K** 86
Lageort s. lex rei sitae
Lebensgemeinschaft s. nichteheliche (faktische)
  Lebensgemeinschaft
Lebenshaltungskostenindex M 227
Lebensmittelpunkt s. gewöhnlicher Aufenthalt
Lebenspartnerschaft, eingetragene
– Abstammung **I** 250
– Adoption **H** 29 f., 44 ff., 56; **I** 251
– allgemeine Wirkungen **I** 220 ff., 252
– Anerkennung **I** 142
– Anerkennung güterrechtlicher Entscheidungen
  Q 30 ff., 62 ff.
– Anerkennungs- und Vollstreckungsabkommen
  Q 56
– Anerkennungshindernis der Gegenseitigkeit
  K 289; **M** 878
– anwendbare Verfahrensvorschriften **I** 92 ff.
– anwendbares Recht **I** 122 ff.
– Anwendung
  – des autonomen Zivilverfahrensrechts **I** 10, 128
  – der EuEheVO **A** 34
  – der EuPartVO **I** 14 ff., 27 ff.
  – von EU-Recht **I** 1 ff.; **Q** 1 ff.
  – der EuUntVO **C** 44, 49
  – des FamFG **Q** 62 ff.
  – des KSÜ **I** 9, 127
  – des MSA **I** 9, 127
  – der Rom III-VO **A** 315 ff.
  – von Staatsverträgen **I** 9, 126
– Aufhebung **I** 103 ff., 227 ff.
  – Anerkennung und Vollstreckung **K** 199; **Q** 1
  – Zuständigkeit **I** 1 ff.
– autonomes Kollisionsrecht **I** 128
– Begriff **I** 149 ff.
– Begründung **I** 217 ff.
– Begründung vor einer deutschen Stelle **I** 108
– Ehewohnung **E** 35; **I** 36, 100
– Eigentumsvermutung **I** 252
– elterliche Sorge **I** 100, 249
– elterliche Verantwortung **I** 7, 112 f.; **Q** 6, 11
– Erbrecht **I** 8, 125; **Q** 7
– erbrechtliche Anknüpfung **I** 236 ff.
– i. S. d. EuPartVO **I** 32 ff.
– Feststellung **I** 103 ff.
– Folgesachen **I** 109 ff.
– gesetzliche Vertretungsmacht **J** 36
– zwischen Gleichgeschlechtlichen **I** 203

1721

B. Sachverzeichnis

Großbuchstaben = Abschnitte des Kommentars

– Gültigkeit **I** 142
– Güterrecht **I** 3 ff.; **Q** 3 ff., 15
– güterrechtliche Wirkungen **I** 35 f., 118 ff., 152 f., 222 ff., 253 f.
– Güterrechtsverordnung (EU) Nr. 2016/1104 (EuPartVO) s. dort
– Güterstandsvereinbarung **I** 154 f.
– Haushaltssache **I** 100
– Hausrat **I** 248
– zwischen Heterosexuellen **I** 97, 206 ff.
– internationale Zuständigkeit **I** 1 ff.
– Kappungsgrenze **I** 257 ff.
– kollisionsrechtliche Einrede **I** 609
– Mehrfachregistrierung **I** 255 f.
– Mehrstaater **I** 106
– namensrechtliche Wirkungen **I** 220, 245 ff.
– Perpetuatio Fori **I** 111
– Registrierungsstatut **I** 149, 202, 213 ff.
– Schlüsselgewalt **I** 220, 252
– Stiefkindadoption **H** 11
– Umwandlung
  – einer Ehe **A** 30
  – in eine Ehe **I** 201
– Unterhalt
  – Anerkennung und Vollstreckung **Q** 2
  – Anspruch **C** 545 ff.; **I** 117
  – Zuständigkeit **I** 2, 100
– Unterhaltsstatut **I** 220, 233 ff.
– Verbund **C** 428; **I** 110
– Verkehrsschutz **I** 252 ff.
– Versorgungsausgleich **I** 116, 199, 243 f.
– Wohnungszuweisung **I** 248
– Zuständigkeitsanknüpfungen **I** 104 ff.
– s. a. gleichgeschlechtliche Ehe
Lebenspartnerschaftssache
– andere **I** 121 ff.
– anzuwendendes Recht **I** 161 ff.
– autonomes Kollisionsrecht **I** 199 ff.
– Begriff **I** 92 ff.
– isolierte **I** 110
– Rechtswahl **I** 165 ff.
– Staatsverträge **I** 126
Lebensversicherung
– Übertragung von Anteilen **M** 164
Legalisation
– der Bescheinigung **N** 280
– i. R. d. ErwSÜ **J** 143
– i. R. d. EuEheVO **K** 138; **N** 320 f.
– i. R. d. EuGüVO **L** 165
– i. R. d. EuPartVO **I** 88
– i. S. d. EuSorgeRÜ **N** 496
– i. R. d. EuUntVO **C** 313 f.; **M** 347 ff.
– im HKÜ-Verfahren **U** 260
– i. R. d. HUÜ 2007 **M** 598
– nach dem KSÜ **F** 536
– i. R. d. LugÜ 2007 **M** 445
– einer Privaturkunde **M** 349
– einer Prozessvollmacht **M** 349
Legitimation
– der Abstammung **G** 79
Leihmutterschaft G 35, 82
– ausländisches Standesamt **O** 8
– freiwillige Herausgabe des Kindes **O** 27
– Gerichtsstaat **O** 8
– gewöhnlicher Aufenthalt des Kindes **G** 45
– Kindeswohl **O** 26

– Ordre-public-Vorbehalt **G** 87; **O** 22 ff.
– Rechte **O** 27
Leistungsantrag
– Antragshäufung mit Feststellungsantrag **M** 152
– Priorität des Feststellungsantrags **C** 278
– statt Vollstreckbarerklärung **M** 884
Leistungsfähigkeit C 522
– Änderung **M** 869
– fehlende **C** 602
– Unterhaltsstatut **C** 707, 719
Leistungsverfügung C 303
– Anerkennung und Vollstreckung **N** 41
– Anerkennungsfähigkeit **K** 28
– Schranken **C** 303, 309 ff.
lex fori
– Rechtswahlmöglichkeit **A** 380 ff.
lex rei sitae B 364, 476 ff.; **F** 631
– Rückverweisung **B** 452
– subsidiäre Zuständigkeit **B** 163
Liste der Gerichte und Rechtsbehelfe A 233
Lohnindex M 227
Lohnpfändung M 589
Luganer Übereinkommen von 1988
– Anerkennungs- und Vollstreckungsregelungen **M** 800 ff.
– Beschwerdefrist **M** 814
– Durchführungsgesetz **C** 422; **M** 706
Luganer Übereinkommen von 2007 M 387 ff.
– Anwendung **C** 340 ff., 354 f.; **M** 388 ff.
  – auf das Güterrecht **C** 355, 368
  – auf Unterhaltssachen **C** 355
  – auf den Versorgungsausgleich **R** 4
– Ausführungsgesetz **M** 394, 705
– Auslegung **C** 344 f.
– doppelte Rechtshängigkeit **C** 394 f., 411
– Drittstaatsbeklagte **C** 362 ff.
– einstweilige Maßnahmen **C** 398 f.
– Gerichtsbegriff **C** 404
– Gerichtsstand
  – allgemeiner **C** 356 ff.
  – ausschließlicher **C** 382 ff.
  – besonderer **C** 365 ff.
  – exorbitanter **C** 361
  – des Sachzusammenhangs **C** 379 ff.
– Gerichtsstandsvereinbarung **C** 134, 177 ff., 385 ff.
– gewöhnlicher Aufenthalt **C** 375
– Inkrafttreten **C** 413
– Inländerbehandlung **C** 364
– Perpetuatio Fori **C** 358
– Rechtshängigkeit **C** 397
– rügelose Einlassung **C** 390
– Übergangsbestimmungen **C** 405 ff.; **M** 455 ff.
– verbundene Verfahren **C** 396
– Verhältnis
  – zu anderen Rechtsinstrumenten **C** 343, 409 ff.; **M** 391 ff., 459 ff., 471
  – zum autonomen Zuständigkeitsrecht **C** 360, 418
  – zur EuGVVO **M** 459
  – zur EuUntVO **C** 10, 326 ff., 409 ff.; **M** 12, 369, 391, 459
  – zum FamFG **C** 462, 464; **M** 830
  – zum HUntVÜ 1973 **M** 626
  – zum HUÜ 2007 **C** 412; **M** 392, 478
– Vertragsstaaten **C** 339; **M** 387
– Vorbehalt der Schweiz **M** 406

1722

Zahlen = Randnummern

B. Sachverzeichnis

– Vorlage zum EuGH **C** 345
– Wohnsitz **C** 400 ff.
– zeitliche Geltung **C** 342, 405 ff.; **M** 390, 455 ff.
– Zuständigkeit **C** 346 ff.
– amtswegige Prüfung **C** 353, 391
– Annexzuständigkeit **C** 377
– für Unterhaltssachen **C** 339 ff.
Luxemburger Europäisches Sorgerechtsübereinkommen von 1980 s. Sorgerechtsübereinkommen von 1980 (EuSorgeRÜ)

Mahnantrag
– Gerichtsstandsvereinbarung **C** 459
Mahnbescheid
– Auslandszustellung **C** 455 ff.
– Nichteinlassung **M** 179
– verfahrenseinleitendes Schriftstück **B** 184, 201; **C** 242, 260
– Währung **C** 459
– Widerspruchsfrist **C** 459
Mahnverfahren (Europäisches)
– Anwendung
– in Güterrechtssachen **L** 2
– in Unterhaltssachen **C** 6; **M** 7 f.
– ausschließliche Zuständigkeit **C** 441
– Titelfreizügigkeit **C** 458
– Verhältnis zur EuUntVO **C** 319; **M** 359 f.
– Vollstreckungsbescheid **C** 458
– Zustellung **C** 458
Mahr s. Morgengabe
Mailbox C 165
Malta
– Einführung der Ehescheidung **A** 52, 307, 499
Maßnahme s. medizinische Maßnahme; Schutzmaßnahme
Maßregel F 574
Mediation
– zur freiwilligen Kindesrückgabe **U** 165
– Hinwirken der Zentralen Behörde **T** 20
– Vergleich **B** 42; **C** 62; **M** 39
medizinische Maßnahme J 27
– Eingriffsnormen **J** 243
– keine Schutzmaßnahme **J** 27
Mehir B 664
Mehrehe A 31, 313
– ärgeres Recht **A** 601
– aufgelöste Vorehe **A** 595, 605, 629
– Aufhebung **A** 261
– als Ehehindernis **A** 588, 593 ff.
– Kollisionsrecht **A** 504
– Unterhaltsanspruch **C** 750
Mehrfachregistrierung I 255 f., 282
Mehrfachvollstreckung M 215
Mehrparteiengerichtsstand
– des LugÜ 2007 **C** 380
Mehrrechtsstaat
– Anerkennungszuständigkeit **K** 262; **M** 853; **N** 636
– i. R. d. ErwSÜ **J** 248 ff.
– i. R. d. EuEheVO **A** 232
– i. R. d. EuSorgeRÜ **N** 508 f.
– gemeinsame Staatsangehörigkeit der Ehegatten **A** 432; **K** 210
– gewöhnlicher Aufenthalt
– der Ehegatten **A** 67, 510 ff.
– des Kindes **F** 427

– i. R. d. HKÜ **U** 274 ff., 281
– i. R. d. HUntVÜ 1973 **M** 683 f.
– i. R. d. HUP **C** 764 ff.
– interlokales Privatrecht **B** 387 f.
– interpersonales Privatrecht **B** 389
– i. R. d. KSÜ **F** 692 ff.
– personale Rechtsspaltung **A** 518 ff.
– Rechtswahlmöglichkeit der Ehegatten **A** 371, 379
– Scheidungs- und Trennungsstatut **A** 505 ff.
– Unterhaltsstatut **C** 598
– Zentrale Behörde **U** 40
Mehrstaater
– Auslandsscheidung **K** 209
– effektive Staatsangehörigkeit **A** 86, 262; **F** 585
– Eheschließungsstatut **A** 586
– gemeinsame Staatsangehörigkeit **A** 93; **B** 90
– Gerichtsstandsvereinbarung **C** 140
– Gleichstellung von EU-Ausländern **A** 132
– Heimatzuständigkeit
– für Ehesachen **A** 86, 112, 262
– für Sorgerechtssachen **F** 585
– Rechtswahl **A** 375 ff.; **C** 665
– i. R. d. Rom III-VO **A** 433 ff.
– Unterhaltsstatut **C** 597
– Vorfrage **B** 353
Mehrwertsteuersatz
– Vollstreckbarerklärung **N** 314
Menschenrechtskonvention s. EMRK
Menschenwürde M 167
Minderjährige s. Kind
Minderjährigenschutzabkommen s. Haager Minderjährigenschutzabkommen von 1961 (MSA)
mirror orders F 168
Missachtung des Gerichts L 62; **M** 171
Mitgliedstaat
– Begriff **A** 42
– i. S. d. EuEheVO **F** 58; **N** 35
– Hoheitsgebiet **A** 15; **C** 27
Mitsorgerechtsverletzung U 95 ff.
Mitteilung
– des verfahrenseinleitenden Dokuments **K** 268 ff.
– s. a. Zustellung
Mitteilungspflichten der Mitgliedstaaten
– nach der EuUntVO **C** 331 f.
– nach der Rom III-VO **A** 522
– über die Zentrale Behörde **N** 340 f.
Mitwirkung
– des Jugendamts **U** 314
Mobiltelefon C 164 f.
Monogamie A 31
Morgengabe
– als Eheschließungsvoraussetzung **A** 599
– Ehewirkungsstatut **B** 557
– Güterrecht **B** 37
– kollisionsrechtliche Anknüpfung **B** 559 ff.
– Qualifikation **B** 660 ff.
– als Rechtswahl **B** 465
– unterhaltsrechtliche Qualifikation **C** 38, 523, 529 ff.
MSA s. Haager Minderjährigenschutzabkommen von 1961 (MSA)
Mündel des Gerichts s. ward of court
Mutterschaft G 11 f.
– Anerkennung **G** 36
– CIEC-Übereinkommen **G** 30 ff.

1723

B. Sachverzeichnis

Großbuchstaben = Abschnitte des Kommentars

– Co-Mutterschaft **G** 42, 81
– Feststellung **G** 12
– Geburtseintrag **G** 34 f.
– genetische **O** 8
– konkurrierende **G** 70
– Leihmutterschaft s. dort
– Vermutung **G** 35

Nachprüfungsrecht i. S. d. EuUntVO C 442 ff.;
M 79 ff.
– Antrag **M** 93
– Entscheidung **M** 729
– Frist **M** 94
– Inlandsfall **M** 80
– Rechtsbehelfe **M** 99
– Rechtsfolgen **M** 95 ff., 127
– Verhältnis zu nationalen Rechtshelfen **M** 81
– Zuständigkeit **M** 727
Näherungsverbot R 75
Namensführung
– Anwendungsausschluss
  – der EuEheVO **F** 51
  – des KSÜ **F** 404
– nach Ehebeseitigung **A** 633
– der geschiedenen Ehegatten **A** 38, 331
nationales Recht s. autonomes Kollisionsrecht; au-
tonomes Zivilverfahrensrecht
Nebenentscheidung
– Vollstreckung nach dem LugÜ 2007 **M** 399
Nebengüterrecht B 295
negative Feststellungsklage
– des Unterhaltspflichtigen **M** 236, 884
**New Yorker UN-Übereinkommen über die
Geltendmachung von Unterhaltsansprüchen
im Ausland (UN-UntGÜ)**
– Durchführungsgesetz **C** 422; **M** 706
– internationale Zusammenarbeit **T** 92 ff.
– Mahnverfahren **C** 457
– Verhältnis
  – zu anderen Rechtsinstrumenten **T** 94 f.
  – zur EuUntVO **C** 329; **M** 370
  – zum HUÜ 2007 **M** 612
– Vertragsstaaten **T** 92 f.
**New Yorker UN-Übereinkommen über die
Rechte des Kindes von 1989 G** 23
Nichtanerkennungsgründe s. Anerkennungsver-
sagungsgründe
Nichtehe
– Aktivlegitimation **A** 630
– autonome Anknüpfung **A** 585
– nach deutschem Recht **A** 619
– Ehebegriff **C** 544
– Ehebeseitigungsstatut **A** 627 f.
– als eheliche Beziehung **C** 43
**nichteheliche (faktische) Lebensgemeinschaft
I** 283 ff.
– Adoption **H** 56
– Anwendung
  – der EuEheVO **A** 34
  – der EuPartVO **I** 18, 34, 132, 151
  – der EuUntVO **C** 49
  – der Rom III-VO **A** 318
– autonomes Zivilverfahrensrecht **I** 98
– Ehewohnung **E** 36
– elterliche Verantwortung **F** 42
– kollisionsrechtliche Einrede **C** 609

– Qualifikation **I** 212, 285 ff.
– Unterhaltsanspruch **C** 750
– Unterhaltsstatut **C** 548, 553
– Vorfragen **I** 290
nichteheliches Kind
– automatisches Sorgerecht **F** 71
– Straßburger Europäisches Übereinkommen **G** 23
– Unterhaltsanspruch **C** 549
– Vorfrage **G** 78
Nichteinlassung B 198
– als Anerkennungshindernis
  – der EuUntVO **M** 175 ff.
  – des FamFG **K** 274 f.
– außerordentlicher Rechtsbehelf **C** 442 ff.
– Aussetzung
  – der EuEheVO-Sache **A** 157 ff.; **F** 283
  – der EuUntVO-Sache **C** 255 ff.
  – der LugÜ 2007-Unterhaltssache **C** 393
– Begriff **A** 155 f.; **C** 257 f.; **M** 177
– in ein einseitiges Verfahren **M** 175
– EuZVO-Vorrang **A** 163
– HZÜ-Vorrang **A** 164 ff.
– bei Säumnis **K** 81; **L** 65 f.; **N** 100
– in das unterhaltsrechtliche Verfahren **M** 83 ff.
– durch Vertreterbestellung **K** 274
– s. a. rügelose Einlassung
Nichtigerklärung der Ehe
– Aktivlegitimation **A** 630
– Anerkennung **K** 8, 36 ff.
– Anerkennungsversagungsgründe **K** 62 ff.
– Antragsfristbestimmung **A** 631
– Anwendung der EuEheVO **A** 12, 28 f.
– Anwendungsausschluss der Rom III-VO **A** 28,
302, 330
– autonome Anknüpfung **A** 585
– Bescheinigung **K** 129 ff.
– Ehebeseitigungsstatut **A** 626 ff., 634
– Ehesache **A** 251
– konkurrierende Ehesache **A** 178 ff.
– namensrechtliche Folgen **A** 633
– Ordre-public-Vorbehalt **K** 68 ff.
– Rechtshängigkeit **A** 169 ff.
– strengeres Recht **A** 601; **K** 109 f.
– unterhaltsrechtliche Folgen **A** 633; **C** 544
– Unvereinbarkeit im Zweitstaat **K** 94 f.
– Verfahrenseinleitung nach dem Tod **A** 29
– vermögensrechtliche Wirkungen **A** 632
– s. a. Scheidung; Trennung ohne Auflösung des
Ehebandes
**Nichtigerklärung der Unterhaltsentscheidung
M** 96 f.
Niederlassungsabkommen s. deutsch-iranisches
Niederlassungsabkommen von 1929
Nießbrauch B 524; **F** 718
nordische Zusammenarbeit A 224; **F** 346;
K 143 f.; **N** 324 f.
Notar
– Anwendung der Rom III-VO **A** 347
– Entscheidung durch **N** 612
– gerichtliche Funktion **B** 45; **L** 33
– Vollstreckbarerklärung durch **M** 744
notarielle Beurkundung
– der Rechtswahlvereinbarung **A** 405, 577
Notzuständigkeit
– Anerkennungszuständigkeit **K** 265
– Ermessen **C** 205

1724

Zahlen = Randnummern

B. Sachverzeichnis

– der EuGüVO **B** 164 ff.
– i. R. d. EuPartVO **I** 78 f.
– der EuUntVO **C** 79, 197 ff.
– Krieg **C** 197, 202
– örtliche Zuständigkeit **C** 433 ff.

objektive Klagehäufung N 210 f.
Obsorgedekret F 390
offenbare Unrichtigkeit N 267
öffentliche Aufgaben wahrnehmende Einrichtung M 45, 338 ff., 591
– anwendbares Unterhaltsrecht **C** 697 ff.
– Begriff **M** 339
öffentliche Maßnahme s. Verwaltungsbehörde; Verwaltungsverfahren
öffentliche Ordnung s. Ordre-public-Vorbehalt
öffentliche Urkunde
– Abänderung **M** 332
– Anerkennung
– – nach der EuUntVO **M** 328
– – nach dem FamFG **M** 839
– Anerkennungsfähigkeit **N** 38
– Annahme **L** 155
– Authentizität **L** 157
– Begriff **M** 327; **N** 285 ff.
– Beweiskraft **C** 64; **L** 156; **M** 41; **N** 286
– Errichtung **N** 289
– i. S. d. EuGüVO **B** 39
– i. S. d. EuUntVO **C** 63 ff.; **M** 40 ff.
– Legalisation s. dort
– i. S. d. LugÜ 2007 **M** 446 ff.
– Privaturkunde s. dort
– unmittelbare Vollstreckbarkeit **M** 59
– Unvereinbarkeit **L** 160; **M** 124
– Verfahrenssperre **C** 222
– Vergleich s. dort
– Vollstreckbarkeit **L** 95, 161 ff.; **N** 140, 290, 293 ff.
– Vollstreckung **M** 333 ff.
– zeitliche Geltung
– – der EuEheVO **A** 228; **F** 362
– – der EuUntVO **C** 335
– – des LugÜ 2007 **C** 407
öffentliche Zustellung K 89; **M** 186
Öffentlichkeit
– Informationen **C** 331 f.
Öffnungsklausel
– des ErwSÜ **J** 261
– der EuEheVO **F** 326
– des KSÜ **F** 544 ff.
Operation
– Zustimmung **F** 409
Opt-in-Möglichkeit N 21
orders F 168
Ordnungsmittel
– nach dem IntFamRVG **N** 593 ff.
– Zuständigkeit **N** 599
Ordre-public-Vorbehalt
– Abgrenzungen **A** 473 ff.
– Abstammungssachen **O** 18 ff.
– Adoption **P** 32 f., 128 ff.
– anerkennungsrechtlicher **A** 476
– Anerkennungsversagung
– – der Ehescheidung **K** 283 ff.
– – der sorgerechtlichen Entscheidung **N** 82 ff.
– Begriff **A** 467; **C** 743

– Betreuungssachen **S** 22
– Beweislast **A** 484
– des deutsch-iranischen Niederlassungsabkommens **A** 541 ff.; **B** 402; **C** 816; **F** 715
– EMRK s. dort
– des ErwSÜ **J** 246
– i. R. d. EuGüVO **B** 385; **L** 55 ff.
– europäischer Einfluss **A** 470 ff.
– der EuUntVO **M** 160 ff.
– des FamFG **M** 873 ff.; **N** 649 ff.
– Funktion **A** 468
– Gehörsverletzung **N** 89 f.
– geringstmöglicher Eingriff **A** 495
– bei Geschlechterdiskriminierung **A** 473
– Grundrechte s. dort
– i. R. d. HKUntÜ 1956 **C** 806
– i. R. d. HUP **C** 742 ff.
– des HUÜ 2007 **M** 538, 554
– bei Kindesrückgabe **F** 189; **N** 254
– bei Kindeswohlbeeinträchtigung **N** 86
– i. R. d. KSÜ **F** 687 ff.; **N** 370
– Leihmutterschaft **O** 22 f.
– materiellrechtlicher **K** 71 f., 288; **L** 58; **M** 163 ff.; **N** 85 ff.
– nationaler **A** 469
– bei Privatscheidungen **K** 295
– bei Rechtsanwendungsfehlern **M** 173
– Rechtsfolge eines Verstoßes **A** 494 ff.
– einer Rechtskrafterstreckungsregelung **M** 172
– Relativität **A** 481
– i. R. d. Rom III-VO **A** 467 ff.
– bei einem Scheidungsverbot **A** 473, 486
– beim Unterhaltsverzicht **C** 710
– verfahrensrechtlicher **K** 73 ff., 285 ff.; **L** 59 ff.; **M** 166 ff.; **N** 88 ff., 365
– Versorgungsausgleich **D** 69
– i. R. d. Vollstreckungsgegenklage **M** 113
– Wandelbarkeit **A** 483
– maßgebender Zeitpunkt **A** 483; **M** 873
– i. R. d. Zuständigkeitsüberprüfung **L** 80
Organisation der regionalen Wirtschaftsintegration M 616, 622
Ortsform
– der Eheschließung **A** 611 ff.

PACS I 97
Parteiidentität B 211; **F** 306; **L** 70; **M** 121
– konkurrierende Ehesache **A** 178
– Teilidentität **C** 272
– im Unterhaltsverfahren **C** 270 ff.
Partnerschaft s. Lebenspartnerschaft, eingetragene
Patientenverfügung J 193
Perpetuatio Fori
– Abstammungssache **G** 17
– Adoptionssache **H** 19
– bei Anerkennungszuständigkeit **N** 634
– bei Anwesenheitszuständigkeit **F** 226, 438
– in Ehesachen **A** 54, 255
– i. R. d. ErwSÜ **J** 68
– i. R. d. EuEheVO **F** 75 ff.
– i. R. d. EuEheVO-Reformvorschlags **F** 106
– i. R. d. EuGüVO **B** 48
– i. R. d. EuUntVO **C** 96 ff.
– i. R. d. FamFG **F** 581
– i. R. d. KSÜ **F** 428 ff.
– in Lebenspartnerschaftssachen **I** 105, 111

1725

B. Sachverzeichnis

Großbuchstaben = Abschnitte des Kommentars

– i. R. d. LugÜ 2007 **C** 358
– Verhältnis zwischen KSÜ und EuEheVO **F** 355
Personalstatut
– des EGBGB **B** 413 ff.
personenbezogene Daten W 43
Personensorge
– i. S. d. EuEheVO **F** 42
– i. S. d. EuSorgeRÜ **N** 421
– i. S. d. HKÜ **U** 140
– i. S. d. KSÜ **F** 392
– s. a. elterliche Verantwortung; Sorgerecht
Personenstandsbuch
– Beischreibung **K** 24, 43
Pfändbarkeit
– einer Forderung **M** 111
Pfändung
– Forderung gegen Drittschuldner **M** 213
– Versteigerung **M** 303
– Vorpfändung **M** 77
Pfändungsschutz
– gegen die Unterhaltsvollstreckung **M** 109
Pflegefamilie F 213; **U** 24
Pflegekindschaft
– autonomes Kollisionsrecht **H** 28
– Unterhaltsanspruch **C** 549
– Zuständigkeit **H** 10
– s. a. Kafala
Pflegschaft
– Änderung **F** 731
– Anwendung
  – der EuEheVO **F** 44
  – des KSÜ **F** 394
– autonomes Kollisionsrecht **F** 728 ff.; **J** 271 ff.
– Beendigung **F** 731
– Entstehung **F** 731
– Genehmigungserfordernisse **F** 736
– Haftung **F** 735
– Kindschaftssache i. S. d. FamFG **F** 574
– Maßnahme i. S. d. ErwSÜ **J** 29
– als Unterbringungssache **J** 152
PKH s. Prozesskostenhilfe
Polygamie s. Mehrehe
Posterioritätsprinzip N 107, 110
postmortale Vollmacht J 21
Postweg K 270
Präklusion K 804 ff., 894
Priester A 613, 624
Prioritätsprinzip B 208
– Anerkennung
  – i. R. d. EuEheVO **K** 102 ff.
  – nach der EuGüVO **L** 75
  – i. R. d. EuUntVO **M** 202
  – i. R. d. FamFG **K** 281; **M** 871; **N** 646
– bei doppelter Rechtshängigkeit
  – i. R. d. EuEheVO **A** 174; **F** 291 ff.
  – i. R. d. EuUntVO **C** 267
  – i. R. d. KSÜ **F** 510
Privatscheidung
– Anerkennung **A** 462; **K** 17 ff., 291 ff.
– Anerkennungsfeststellungsverfahren **K** 204 f., 211
– Anwendung der Rom III-VO **A** 319 ff., 420, 525
– Anwendungsausschluss der EuEheVO **A** 22 ff.
– im Ausland **A** 573 f.
– doppelte Rechtshängigkeit **A** 260
– Einrede der engeren Verbindung zur Ehe **C** 612
– Entscheidungsbegriff **A** 43

– inländische **A** 571
– konkurrierende Ehesache **A** 186
– in einem Konsulat **A** 571
– Ordre-public-Vorbehalt **A** 489; **K** 295
– Rechtswahlzeitpunkt **A** 386
– Scheidungsmonopol deutscher Gerichte **A** 566 ff.
– Teilakte im Inland **A** 572
– Wirkung **A** 569 f.
Privaturkunde
– Anwaltsvergleich **L** 25
– Anwaltszwang **N** 288
– Begriff **M** 40
– Legalisation **C** 313; **M** 349
Privatvergleich M 367
Prorogation s. Gerichtsstandsvereinbarung; rüge-
lose Einlassung
Prozessaufrechnung B 213
– Anhängigkeit **C** 273
– Gerichtsstand **C** 77
– Rechtshängigkeit **C** 273
– Zuständigkeit nach dem LugÜ 2007 **C** 359
Prozessbetrug M 165
Prozesskostenhilfe
– Antrag
  – als Einlassung **K** 274
  – notwendige Angaben **A** 143
  – als Verfahrenseinleitung **A** 140; **C** 242; **F** 264,
    270
– Bewilligungsvoraussetzungen **C** 839
– Einschaltung der Zentralen Behörde **T** 17, 60
– bei einstweiligem Rechtsschutz **A** 206
– Erstattungsanspruch der Behörde **M** 351
– für ein HKÜ-Verfahren **U** 265
– für eine juristische Person **C** 69
– juristische Unterstützung i. S. d. HUÜ 2007
  M 508
– konkurrierende Ehesache **A** 185
– Kostenerstattung **C** 316
– Meistbegünstigung **C** 834 ff.
– Sicherheitsleistung **C** 828
– Streitgegenstandsidentität **F** 302; **N** 643
– unentgeltliche **C** 830 ff., 841 f.
– für Unterhaltssachen **C** 820 ff.
– Unvereinbarkeit **K** 98, 279; **M** 868
– verfahrenseinleitendes Schriftstück **B** 184
– Verhältnis zur Hauptsacheentscheidung **M** 868
– im Zweitstaat **C** 843; **K** 135 ff.; **M** 436 ff.;
  N 315 ff.
Prozesskostenhilferichtlinie C 321, 821;
  M 362
Prozesskostenvorschuss C 542, 727
– Einzahlung **A** 143
– als Rechtshängigkeitsvoraussetzung **F** 270
Prozessstandschaft C 107, 271, 735
Prozessurteil
– Anerkennungsfähigkeit **M** 399; **N** 614
Prozessvergleich s. gerichtlicher Vergleich
Prozessvertrag C 128
Prozessvollmacht
– Legalisation **C** 313; **K** 138; **M** 349; **N** 321

Qualifikationsverweisung B 426, 454

reale Verknüpfung C 308
Realsplitting C 39
Rechnungslegungsanspruch B 368, 523

Zahlen = Randnummern

B. Sachverzeichnis

rechtliches Gehör
- Anerkennungshindernis
  - des FamFG **K** 266 ff.; **M** 863; **N** 639 f.
  - nach dem KSÜ **N** 367 ff.
- Betreuungssachen **S** 19 ff.
- Dritter **N** 101 f.
- im familiengerichtlichen Verfahren **N** 535
- i. R. d. HUÜ 2007 **M** 544 ff.
- Kindesanhörung s. dort
- im Klauselerteilungsverfahren **N** 544
- Rüge als unzulässige Rechtsausübung **N** 639
- bei Säumnis **K** 80 ff.; **N** 99 f.
- bei Verfahrenseinleitung **A** 153; **C** 255
- verfahrensrechtlicher Ordre-public-Vorbehalt **K** 75, 286; **L** 60; **M** 167; **N** 89 f.
- zur Vollstreckbarerklärung
  - der sorgerechtlichen Entscheidung **N** 160 ff.
  - des Unterhaltstitels **M** 249
Rechtsanwalt s. Anwalt
Rechtsbeschwerde
- Notfrist **N** 203
- Prüfungsumfang **M** 270; **N** 204
- gegen die Rückgabeanordnung **U** 167, 335
- Überprüfung der Zuständigkeit **A** 45
- im Vollstreckbarerklärungsverfahren
  - zur sorgerechtlichen Entscheidung **N** 200 ff., 575 ff.
  - zum Unterhaltstitel **M** 268 ff., 781 ff.
- Zuständigkeitsprüfung **A** 254; **F** 276
Rechtsfähigkeit A 327; **I** 141
rechtsgeschäftliche Scheidung s. Privatscheidung; Verstoßung
Rechtshängigkeit
- bei amtswegiger Verfahrenseinleitung **F** 272
- antragstellerseitige Obliegenheiten **C** 244 ff.; **F** 268 ff.
- der aufzurechnenden Forderung **C** 273
- Aussetzung des Verfahrens **A** 177
- doppelte Rechtshängigkeit s. dort
- der Ehesache **A** 133 ff., 169 ff.
- der Güterrechtssache **B** 178 ff., 206 ff.; **I** 82, 85
- des Hauptsacheverfahrens **B** 246 ff.
- Identität des Anspruchs **A** 178 ff.
- i. S. d. LugÜ 2007 **C** 397
- durch Mahnbescheid **C** 242
- maßgeblicher Zeitpunkt **B** 181 ff.
- Nachholung **C** 247; **F** 271
- Nachreichung der Übersetzung **A** 144; **B** 189
- Obliegenheiten des Antragstellers **A** 141 ff.
- Parteiidentität **B** 211
- Prioritätsprinzip **A** 174; **B** 208
- durch Prozesskostenhilfeantrag **A** 140, 143; **C** 242
- Rechtsfolge **B** 210
- Rechtskrafterstreckung **B** 211
- Rückwirkungsfiktion **A** 134; **B** 179
- der Sorgerechtsangelegenheit **F** 259 ff., 582 f.
- der Unterhaltssache **C** 235 ff.
- Verfahrensaussetzung **A** 142; **B** 187
- durch verfahrenseinleitendes Schriftstück **A** 136 ff.; **F** 263
- bei vorgeschaltetem Versöhnungsverfahren **A** 145, 184
- zeitliche Geltung
  - der EuEheVO **A** 229
  - der EuUntVO **C** 336
  - des LugÜ 2007 **C** 408

- Zeitpunkt **A** 53; **C** 239 ff.; **F** 263 ff.
- Zeitverschiebung **F** 264
- s. a. Anhängigkeit; verfahrenseinleitendes Schriftstück; Zustellung
Rechtshilfeabkommen U 65
Rechtshilfeersuchen U 53 ff.
Rechtskraft
- als Anerkennungsvoraussetzung **K** 202; **M** 841
- einer Inzidententscheidung **M** 154
- der Rückgabeablehnung **N** 252
- als Vollstreckungsvoraussetzung **M** 891
- Wechsel des Unterhaltsstatuts **C** 575
- einer Zwischenfeststellungsentscheidung **M** 154
Rechtskrafterstreckung B 211
Rechtsmittel
- der Beschwerde s. dort
- der Rechtsbeschwerde s. dort
- Überprüfung der Zuständigkeit **A** 45
Rechtsnachfolge
- in einen Unterhaltstitel **M** 724
- im Vollstreckbarerklärungsverfahren **N** 141
- Vollstreckbarkeit nach erststaatlichem Recht **M** 755 f.
Rechtswahl
- Änderung **A** 384 ff.; **B** 496; **C** 647
- durch Asylberechtigte **A** 378
- Aufhebung **C** 647
- ausdrückliche **A** 366; **B** 463
- ausländisches Recht **B** 485 ff.
- durch beiderseitige Prozessführung **C** 638
- Beschränkung **A** 361 ff.
- Bestimmtheit **C** 639 ff.
- durch Bezugnahme **C** 638
- Billigkeitskontrolle **C** 689 ff.
- Dissens **A** 393
- Ehewirkungsstatut **B** 622 ff.
- Einigung **A** 391 ff.
- elektronische Form **A** 408; **C** 645
- i. R. d. ErwSÜ **J** 252
- i. R. d. EuPartVO **I** 165 ff.
- durch Flüchtlinge **A** 378
- Form **A** 396, 402 ff.; **B** 338 ff., 463, 488; **C** 644 ff.
- Geltungstag der EuGüVO **B** 393
- gerichtliche Kontrolle **B** 331
- durch Gerichtsstandsvereinbarung **C** 638, 640
- Geschäftsfähigkeit **A** 396
- gesetzliches Verbot **A** 394
- Güterrechtsstatut **B** 324 ff., 459 ff.
- Handlungsfähigkeit **A** 396
- nach dem HUP **C** 502, 628 ff.
- keine **A** 415 ff.
- konkludente **C** 638
- der lex fori **A** 380 ff.
- bei Mehrstaatigkeit der Ehegatten **A** 375 ff.
- Mitteilungspflichten der Mitgliedstaaten **A** 522
- durch Morgengabe-Vereinbarung **B** 465
- nachträgliche **A** 522, 578 ff.
- notarielle Beurkundung **A** 577
- Publizität **B** 495
- Renvoi **B** 482 ff.
- nach der Rom III-VO **A** 281 f., 352 ff., 575 ff.
- rückwirkende **B** 328, 334 f.
- in voller Sachkenntnis **A** 359 f.
- Scheidungs- bzw. Trennungsstatut **A** 392 ff.
- Schranken **C** 677 ff.

1727

B. Sachverzeichnis

Großbuchstaben = Abschnitte des Kommentars

- schutzbedürftige Personen **C** 678 ff.
- Schweigen eines Ehegatten **A** 393, 397 ff.
- Sittenverstoß **A** 394
- staatenloser Ehegatten **A** 378
- Stellvertretung **A** 396
- stillschweigende **A** 366; **B** 326
- Teilrechtswahl **J** 208
- für ein Unterhaltsabänderungsverfahren **C** 634
- für den Unterhaltsverzicht **C** 683 ff.
- Unterschriftenerfordernis **C** 645
- Vorfragen **C** 637
- der Vorsorgevollmacht **J** 200 ff.
- Wahlmöglichkeiten der Ehegatten **A** 369 ff.
- Willensmängel **A** 394
- Wirksamkeit **A** 391 ff.; **C** 643
- Wirkung **B** 333 ff., 491 ff.
- zeitliche Geltung **A** 526 f.
- Zeitpunkt **A** 364 f., 382 ff., 384 ff.; **B** 332, 341, 466; **C** 642
- Zulässigkeit **A** 395
- Zweck **A** 355 ff.
Registereintragung B 34, 305
registrierte Lebenspartnerschaft s. Lebenspartnerschaft, eingetragene
Registrierung
- des ehelichen Güterstandes **B** 376
Registrierungsstatut I 149, 202, 213 ff.
Regress s. Unterhaltsregress
Reisepass F 37
Religionsfreiheit K 288
Religionszugehörigkeit
- als Ehehindernis **A** 598; **K** 288
- personale Rechtsspaltung **A** 518; **F** 699 f.
Renvoi
- Adoptionsstatut **H** 42
- Ausschluss **B** 456
- bewegliche Anknüpfung **B** 453
- des ErwSÜ **J** 239 f.
- i. R. d. EuGüVO **B** 386
- i. R. d. KSÜ **F** 683 ff.
- partieller **B** 424 ff.
- Rechtswahl **B** 482 ff.
- i. R. d. Rom III-VO **A** 346, 463 ff.
- versteckter **B** 455
Retorsionsnorm N 499
révision au fond K 112, 290; **L** 81; **M** 880; **N** 168
Richter
- Ablehnung als Einlassung **K** 274
- Begriff **A** 41
- i. S. d. EuEheVO **F** 57; **N** 34
- s. a. Gericht
Richtigkeitsvermutung J 139
Richtlinie s. Datenschutzrichtlinie; Prozesskostenhilferichtlinie
Rinau-Entscheidung F 182
Rom III-VO A 12
- Anknüpfungsregeln **A** 421 ff.
- Anwendungsbereich **A** 292 ff., 302 ff.
- Anwendungsvorrang **A** 547 ff.
- keine Auffangklausel **A** 283
- ausgeschlossene Regelungsgegenstände **A** 326 ff.
- Auslegung **A** 298 ff.
- Begriffsbestimmungen **A** 345 ff.
- deutsches Anpassungsgesetz **A** 301
- diskriminierendes Scheidungsrecht **A** 454 ff.

- Doppelstaater **A** 433 ff.
- bei Eheaufhebung **A** 585
- Ehebegriff **A** 313 ff.
- Ehescheidungsbegriff **A** 306 ff.
- Entstehungsgeschichte **A** 287 ff.
- Flüchtlinge **A** 437 ff.
- Formvorschriften nach nationalem Recht **A** 409 ff.
- Gericht **A** 347
- gewöhnlicher Aufenthalt der Ehegatten **A** 421 ff.
- gleichgeschlechtliche Ehe **A** 32
- Inkrafttreten **A** 277, 532
- Lebenspartnerschaftssache **I** 122
- lex fori **A** 439 f.
- Mehrrechtsstaat **A** 432, 505 ff.
- Mehrstaater **A** 433 ff.
- Mitteilungspflichten der Mitgliedstaaten **A** 522
- objektive Anknüpfung **A** 415 ff.
- Ordre-public-Vorbehalt **A** 467 ff.
- Primäranknüpfung **A** 416
- Privatscheidung **A** 319 ff., 420
- Rechtswahl der Parteien **A** 281 f., 352 ff.
- Renvoi **A** 346, 463 ff.
- Revisionsklausel **A** 531
- Sachnormverweisung **A** 284
- scheidungsfeindliches Recht **A** 449 ff., 499
- Staatenlose **A** 437 ff.
- Staatsangehörigkeit der Ehegatten **A** 429 ff.
- teilnehmende Mitgliedstaaten **A** 345 f.
- Übergangsbestimmungen **A** 523 ff.
- universelle Anwendung **A** 348 ff.
- Verfahrensregelungen **A** 341 f.
- Verhältnis
  - zu anderen Rechtsinstrumenten **A** 297
  - zum autonomen Kollisionsrecht **A** 286
  - zu bestehenden Übereinkommen **A** 528 ff.
  - zum deutsch-iranischen Niederlassungsabkommen **A** 285, 297, 529
  - zur EuEheVO **A** 279, 343 f.
- Vorfragen **A** 340
- zeitlicher Anwendungsbereich **A** 523 f.
- Ziele **A** 292 ff.
Rückkehraufforderung A 309
Rückverweisung s. Renvoi
Rückwirkung
- i. R. d. EuUntVO **C** 333
- i. R. d. LugÜ 2007 **C** 405
- Nichtrückwirkungsgrundsatz der EuGüVO **L** 170 ff.
- der Rechtswahl **B** 328, 334 f.
rügelose Einlassung
- Begriff **B** 142; **C** 184 ff.
- Belehrung **C** 192
- in Ehesachen **A** 46, 147
- i. R. d. EuPartVO **I** 67 f.
- Form und Inhalt der Rüge **C** 189
- trotz Gerichtsstandsvereinbarung **C** 171
- in Güterrechtssachen **B** 54, 130, 136 ff.
- hilfsweise Sacheinlassung **C** 190
- i. S. d. LugÜ 2007 **C** 390
- Rechtsnatur **C** 181
- bei Säumnis des Beklagten **C** 191
- des Umgangsberechtigten **F** 126 f.
- in die Unterhaltssache **C** 180 ff.
- Wirkung **C** 183
- Zeitpunkt **C** 187 f.

1728

Zahlen = Randnummern

B. Sachverzeichnis

– keine Zuständigkeitsanerkennung **F** 483
– kein Zustimmungscharakter **A** 74
– s. a. Gerichtsstandsvereinbarung

Sachenrecht B 534 ff.
Sachenrechtsstatut B 379
Sachnormverweisung
– des ErwSÜ **J** 239 f.
– im HUP **C** 741
– Renvoi s. dort
– der Rom III-VO **A** 284
Sachverständigengutachten s. Gutachten
Sachwalterschaft J 27
Sachzusammenhang C 290 ff., 396
– Aussetzung des späteren Verfahrens **C** 296 f.
– Definition **C** 293 f.
– i. R. d. LugÜ 2007 **C** 379 ff.
– Unzuständigkeitserklärung **C** 298
safe harbour orders F 168
Sarparasti H 28
Säumnis
– Einspruch **C** 446
– Einverständnis des Gegners **N** 218
– Gehörsverletzung **K** 80 ff.; **N** 99 f.
– Nichteinlassung des Gegners **K** 81; **L** 65 ff.;
  N 100, 216
– Urteilsanerkennung
  – nach der EuUntVO **K** 121 ff.
  – nach dem HUntVÜ 1973 **M** 652
– Urteilsvervollständigung **C** 452
– Wiedereinsetzung **C** 446
– betreffend der Zuständigkeitstatsachen **C** 252
– Zustellungsnachweis **N** 217
Schadensersatz
– bei Schuldscheidung **A** 335, 555
– wegen Tötung des Unterhaltsverpflichteten
  C 527
– wegen ungerechtfertigter Vollstreckung **M** 826 f.;
  N 590
Scheidebrief A 568
Scheidung
– Anerkennung **K** 1 ff.
  – nach der EuEheVO **K** 8 ff., 36 ff.
  – nach dem FamFG **K** 189 ff.
– Anerkennungsversagungsgründe
  – der EuEheVO **K** 62 ff.
  – des FamFG **K** 254 ff.
– Anknüpfungsleiter **A** 282
– Antrag
  – unzulässiger **A** 151
  – auf Vorrat **A** 202
– Antragsteller **A** 78
– anwendbares Recht **A** 12, 277 ff., 415 ff.
– Anwendung der EuEheVO **A** 12, 26 ff.
– Aufenthaltszuständigkeiten **A** 55 ff.
– autonomes Kollisionsrecht **A** 545 ff.
– Bescheinigung **K** 129 ff.
– drittstaatliche Entscheidungen **K** 34
– als Ehesache **A** 251
– Einführung in Malta **A** 52, 307, 499
– einstweilige Anordnung **A** 146
– einverständliche **A** 309
– Gegenantrag **A** 98 ff.
– gemeinsamer Antrag **A** 73 ff., 110
– durch ein Gericht **A** 562 ff.
– Gerichtsstandsvereinbarung **A** 44, 46

– gleichgeschlechtlicher Ehe **A** 124 f.
– Güterrecht s. dort
– Haager Übereinkommen über die Anerkennung
  von Ehescheidungen und der Trennung von Tisch
  und Bett vom 1970 **K** 145
– Identität des Streitgegenstands **A** 259
– konkurrierende Ehesache **A** 178 ff.
– Mehrrechtsstaat **A** 232
– Monopol deutscher Gerichte **A** 562 ff.
– neue Ehe im Inland **K** 42
– Ordre-public-Vorbehalt **K** 68 ff.
– Privatscheidung s. dort
– Prüfung der erststaatlichen Zuständigkeit **K** 105 ff.
– rechtsgeschäftliche **A** 562
– Rechtshängigkeit **A** 169 ff.
– Rechtswahl **C** 674 ff.
– Rückkehraufforderung **A** 309
– Schuldscheidung s. dort
– Staatsangehörigkeitszuständigkeit **A** 91 ff.
– strengeres zweitstaatliches Scheidungsrecht
  A 601 f.; **K** 109 f.
– Sühneversuch **A** 309
– Trennungsfristen **A** 487
– Verbot **A** 449 ff., 473, 486
– Vereinbarkeit im Anerkennungsstaat **K** 94 ff.,
  279
– Verfahrensregelungen **A** 341 f.
– Verhältnis zum Unterhaltsurteil **M** 846 f.
– verschiedenartige Anträge **A** 76
– Verschulden **A** 309
– durch eine Verwaltungsbehörde **K** 287
– keine Verweisung **A** 151
– Voraussetzungen **A** 309
– Vorfragen **A** 340
– vorgeschaltetes Versöhnungsverfahren **A** 145
– Wirksamkeit **A** 329
– Wirkungen **A** 310 ff.
– als Zivilsache **A** 20
– Zuständigkeit, internationale **A** 1 ff.
  – nach der EuEheVO **A** 44 ff.
  – nach dem FamFG **A** 5 ff., 248 ff.
  – Restzuständigkeit **A** 123 ff.
– Zustimmung **A** 74 f.
– s. a. Nichtigerklärung der Ehe; Trennung ohne
  Auflösung des Ehebandes
scheidungsfeindliches Recht
– eines Mitgliedstaates **A** 499
– Ordre-public-Vorbehalt **A** 474, 497
Scheidungsfolgen
– Anerkennung **K** 32, 198
– keine Anwendung der EuEheVO **A** 38
– autonomes Kollisionsrecht **A** 302, 551 ff.
– vermögensrechtliche **A** 551 ff.
Scheidungsverbund
– Anerkennungszuständigkeit **L** 181
– mit der Ehewohnungssache **E** 15 f.
– elterliche Verantwortung **F** 80, 476a
– i. R. d. EuEheVO **A** 38
– i. R. d. FamFG **C** 428; **F** 576 f.
– mit der Güterrechtssache **B** 52, 265 f.
– mit der Haushaltssache **E** 15 f.
– mit der Kindschaftssache **F** 476a
– i. R. d. KSÜ **F** 476a
– MSA-Vorbehalt **F** 559a
– mit der Unterhaltssache **C** 428
– mit dem Versorgungsausgleich **D** 11 ff.; **R** 14

1729

B. Sachverzeichnis

Großbuchstaben = Abschnitte des Kommentars

Schenkung
- Anwendung
  - der EuGüVO **B** 26, 295
  - der EuPartVO **I** 141
- Ehewirkungsstatut **B** 649
- Vertragsstatut **B** 549
- Widerruf **A** 335, 557

Schlichtung
- Hinwirken der Zentralen Behörde **T** 20

Schlüsselgewalt B 312, 366
- anzuwendendes Recht **A** 333
- Drittschutz **B** 666
- Ehewirkungsstatut **B** 645 f.
- i. R. e. Lebenspartnerschaft **I** 220, 252

Schriftform
- Begriff **A** 406
- der Gerichtsstandsvereinbarung **C** 158 ff.
- halbe Schriftlichkeit **C** 158
- der Rechtswahl **A** 405 ff.

Schuldanerkenntnis
- Anwendung der EuMVVO **M** 7
- über die Unterhaltspflicht **C** 551

Schuldscheidung
- Anerkennung des Schuldspruchs **K** 198
- Schadensersatz **A** 335
- Tenorierung des Schuldspruchs **A** 312
- Unterhaltsanspruch **M** 163
- Unterhaltsminderung **C** 749
- s. a. Verschuldensprinzip

Schuldspruch
- Anerkennung **K** 32

Schulwesen F 409

Schutzbedürftigkeit
- i. S. d. HUÜ 2007 **M** 512

Schutzmaßnahme
- Abänderungsrecht **F** 530
- Durchführung in einem anderen Staat **J** 185 ff.
- Einschreiten nach dem ErwSÜ **J** 34
- i. S. d. ErwSÜ **J** 24 ff., 175
- i. S. d. EuSchutzMVO **R** 68, 71 ff.
- Fortgeltung **F** 524 ff., 633 ff.
- Kindschaftsstatut des EGBGB **F** 719
- kollisionsrechtliche Anknüpfung **F** 664 ff.
- kollisionsrechtliche Wirkung **F** 636 f.
- i. S. d. KSÜ **F** 389 ff.
- medizinische Maßnahme **J** 27
- für mehrere Kinder **F** 418
- vorläufige **J** 120 ff.

Schutzmaßnahmen-AnerkennungsVO (EuSchutzMVO) E 8, 24; **R** 27, 55 ff.
- Anerkennung und Vollstreckung **R** 80 ff.
- Anwendungsbereich **R** 58 ff., 66 ff.
- Begriffsbestimmungen **R** 71 ff.
- Bescheinigung **R** 92 ff.
- deutsches Ausführungsgesetz **R** 64
- einstweilige Maßnahmen **A** 209
- ex parte-Verfahren **R** 104
- Verhältnis zur EuEheVO **R** 70
- zeitliche Geltung **R** 62

Schutzstatut J 244 f.

Schwägerschaft
- als Ehehindernis **A** 605
- i. S. d. EuUntVO **C** 42, 46

Schweden
- Sonderregelungen **A** 224
- s. a. nordische Zusammenarbeit

Schweigen
- zur Rechtswahl **A** 393, 397 ff.

Schweiz s. deutsch-schweizerisches Anerkennungs- und Vollstreckungsabkommen von 1929

Sekte U 59; **W** 31

sexuelle Übergriffe R 58

Sicherheitsleistung
- wegen Auslandsbezugs **M** 439; **N** 318 f.
- Aussetzung des Verfahrens **N** 207
- Diskriminierungsverbot **L** 153
- für HKÜ-Verfahrenskosten **U** 259
- Höhe **M** 374
- nach dem LugÜ 2007 **M** 430 ff.
- durch den Schuldner **M** 789 ff.
- Unterhaltssache **M** 310 ff.
- für die Unterhaltsverfahrenskosten **C** 828
- Vollstreckbarkeit nach erststaatlichem Recht **M** 755

Sicherungsmaßnahmen C 303; **M** 70 ff., 290 ff.
- Aufhebung **M** 78
- i. R. d. EuGüVO **L** 149 ff.
- Prüfung der Beschränkung **M** 788

Sicherungsvollstreckung
- der ZPO **M** 76, 295

Sitten und Gebräuche
- des Heimatrechts **F** 631

Sittenverstoß
- bei Rechtswahl **A** 394

Sitz
- der Behörde **C** 108
- der juristischen Person **C** 403

Skandinavien s. nordische Zusammenarbeit

SMS C 164

sofortige Wirksamkeit
- i. R. d. FamFG **M** 643
- der Rückgabeanordnung **U** 330, 336
- s. a. vorläufige Vollstreckbarkeit; Wirksamkeit

Sonderbedarf C 727

Sondergut B 364

Sorgerecht
- Adoption **H** 76
- alleiniges **U** 93 f.
- Anerkennung **N** 1 ff., 51 ff.
  - nach dem EuSorgeRÜ **N** 428 ff.
  - nach dem FamFG **N** 606 ff.
  - nach dem KSÜ **N** 356 ff.
- Anerkennungsfeststellungsverfahren **N** 57 ff.
- Aufenthaltsbestimmungsrecht s. dort
- Ausfertigung der Entscheidung **N** 214, 279
- autonomes Kollisionsrecht **F** 599, 716 ff.
- doppelte Rechtshängigkeit **F** 261, 289 ff., 510 ff.
- i. S. d. EuEheVO **F** 41 f., 63 ff.; **N** 47
- i. S. d. EuSorgeRÜ **N** 420 f.
- Gerichtsstandsvereinbarung **F** 194 ff.
- i. S. d. HKÜ **U** 90, 139 ff.
- Inhaber i. S. d. HKÜ **U** 92
- Ipso iure-Anerkennung s. dort
- Kindschaftssache i. S. d. FamFG **F** 574
- i. S. d. KSÜ **F** 392
- Mitsorgerechtsverletzung **U** 95 ff.
- Nichteinlassung **F** 281 ff.
- Personensorge
  - i. S. d. EuEheVO **F** 41
  - i. S. d. EuSorgeRÜ **N** 421
  - i. S. d. HKÜ **U** 140
  - i. S. d. KSÜ **F** 392

Zahlen = Randnummern

B. Sachverzeichnis

– Rechtshängigkeit **F** 259 ff., 582 f.
– Rückübertragung **H** 9
– Statutenwechsel **F** 723 ff.
– Streitgegenstandsidentität **F** 289, 297 ff.
– tatsächliche Ausübung
  – i. S. d. EuEheVO **F** 72 f.
  – i. S. d. HKÜ **U** 115 ff., 200
– unvereinbare Entscheidungen **N** 641 ff.
– Verletzung **U** 91 ff.
– Vermögenssorge **F** 718; **N** 421
– Verweisung s. dort
– Vollstreckung nach dem EuSorgeRÜ **N** 428 ff.
– kein vollstreckungsfähiger Inhalt **N** 134, 381, 659
– s. a. elterliche Verantwortung
Sorgerechtserklärung
– Statutenwechsel **F** 643, 658, 724
– Zeitpunkt **F** 653
Sorgerechtsübereinkommen von 1980 (EuSorgeRÜ) N 399 ff.
– Anerkennung
  – von Sorgerechtsentscheidungen **N** 428 ff.
  – von Umgangsrechtsentscheidungen **N** 483 ff.
  – Versagungsgründe **N** 459 ff.
– Antrag an die Zentrale Behörde **U** 292 f.
– Antragsfrist **N** 452
– Anwendungsbereich **N** 403 ff.
– Aufgaben der Zentralen Behörde **U** 291
– Ausführungsgesetz **N** 416, 518
– Aussetzung des Verfahrens **N** 482
– Begriffsbestimmungen **N** 417 ff.
– beschleunigtes Verfahren **N** 492
– Ergänzung durch das Straßburger Umgangsüber-einkommen **N** 414
– Gegenseitigkeit **N** 499
– Günstigkeitsprinzip **N** 501 f.
– Inkrafttreten **N** 506
– Kindesanhörung **N** 493 ff.
– Legalisation **N** 496
– Mehrrechtsstaat **N** 508 f.
– Ordre-public-Vorbehalt **N** 475
– örtliche Zuständigkeit **N** 523 ff.
– praktische Bedeutung **N** 415
– révision au fond **N** 471
– Spracherfordernisse **U** 299 ff.
– Urkundenvorlage **N** 490 f.
– Verhältnis
  – zu anderen Rechtsinstrumenten **N** 410 ff., 503 f.
  – zur EuEheVO **N** 4, 7, 27, 328, 351, 410
  – zum HKÜ **N** 412, 502; **U** 77, 323
  – zum KSÜ **N** 411
  – zum MSA **N** 413, 516
– Vertragsstaaten **N** 400 ff.
– vertragsstaatliche Hoheitsgebiete **N** 507
– Vollstreckung
  – von Sorgerechtsentscheidungen **N** 428 ff.
  – von Umgangsrechtsentscheidungen **N** 483 ff.
– Vorbehalte **N** 458, 472, 497 ff., 546
– zeitliche Geltung **N** 409
– Zentrale Behörde **U** 289 ff.
– Ziel **N** 399
– Zusammenarbeit der Behörden **U** 288 ff.
SorgeRÜbkAG N 518
soziale Integration A 58
soziale Sicherheit B 31

Sozialleistungen A 619
Sozialversicherungsrecht F 408
Spätaussiedler
– Begriff **B** 586 f.
– Ehesache **A** 263
– Heimatzuständigkeit **F** 586
– i. R. d. Rom III-VO **A** 437
Spiegelbildprinzip K 257; **M** 531, 851; **N** 631; s. a. Anerkennungszuständigkeit
Sprache
– Amtssprache **U** 26
– i. R. d. EuSorgeRÜ **U** 299 ff.
– Gerichtsstandsvereinbarung **B** 124
– im HKÜ-Rückführungsverfahren **U** 261 ff.
– i. R. d. KSÜ **F** 551
– Verteidigungsmöglichkeit **M** 182
Sprungrechtsbeschwerde M 783
Staatenlose
– Ehesache **A** 263
– forum actoris **A** 87
– gewöhnlicher Inlandsaufenthalt **A** 272 f.
– Heimatstaat des Ehegatten **B** 90
– Rechtswahlmöglichkeit **A** 378
– i. R. d. Rom III-VO **A** 437 ff.
– Staatsangehörigkeitszuständigkeit **A** 94
Staatensukzession B 432
Staatsangehörigkeit
– domicile s. dort
– effektive **A** 262; **F** 585
– frühere gemeinsame **A** 431
– gemeinsame **A** 91
– Heimatzuständigkeit s. dort
– iranische s. deutsch–iranisches Niederlassungs-abkommen von 1929
– mehrfache gemeinsame **B** 355
– Mehrstaater s. dort
– Rechtswahlmöglichkeit **A** 374 ff.
– Zeitraum **A** 265 f.
Staatsangehörigkeitszuständigkeit
– in Ehesachen **A** 91 ff.
– in Güterrechtssachen **B** 89 ff.
– s. a. Heimatzuständigkeit
Stalking R 58; s. a. Gewaltschutz
Stammeszugehörigkeit A 518
Standesbeamter A 347, 613, 617
Statusdeutsche
– Ehesache **A** 263
– Heimatzuständigkeit **F** 586
Statusverfahren A 37; **C** 111 ff.
Statutenwechsel
– der elterlichen Verantwortung **F** 642, 723 ff.
– nach Rechtskraft **C** 575
– des Unterhaltsstatuts **C** 573 ff.
– während des Unterhaltsverfahrens **C** 578
Stellvertretung s. Vertretung
Stempelabgaben L 154; **M** 306, 440
Stichwortvertrag B 528
Stiefkind
– Unterhalt **C** 46, 549
Stiefkindadoption
– Ordre-public-Vorbehalt **O** 28
– Zuständigkeitsanknüpfung **H** 11
Strafverfahren
– Anwendungsausschluss
  – der EuEheVO **F** 31, 55
  – des KSÜ **F** 410

1731

B. Sachverzeichnis

Großbuchstaben = Abschnitte des Kommentars

– wegen Kindesentführung **U** 219
– Kindschaftssache i. S. d. FamFG **F** 574
Straßburger Europäisches Übereinkommen über die Adoption von Kindern von 1967 H 23
Straßburger Europäisches Übereinkommen über die Ausübung von Kinderrechten G 23
Straßburger Europäisches Übereinkommen über die Rechtsstellung nichtehelicher Kinder G 23
Straßburger Umgangsübereinkommen von 2003 G 23; **N** 414
Streitgegenstandsidentität B 214 ff.; **K** 278 ff.; **N** 642
– der Abänderungsentscheidung **N** 644
– des einstweiligen Rechtsschutzes **F** 303 ff.
– i. S. d. EuUntVO **C** 274 ff.
– Kernpunkttheorie s. dort
– konkurrierende Ehesache **A** 179 ff.
– nachträgliche Antragserweiterung **F** 298
– Scheidungsgrund **A** 259
– der Sorgerechtsangelegenheit **F** 289, 297 ff.
– Teilidentität **C** 280
– von unterhaltsrechtlichen Entscheidungen **M** 119, 867
– verfahrenseinleitendes Schriftstück **F** 298
Stufenklage B 218; **C** 95, 97
Sühneversuch A 309
Suizidgefahr U 216
Sukzessivadoption H 44

Talaq s. Verstoßung
tatsächliche Sorgerechtsausübung
– i. S. d. EuEheVO **F** 72 f.
– i. S. d. HKÜ **U** 115 ff., 200
Täuschung
– bei Eheschließung **A** 592
– Ordre-public-Vorbehalt **M** 165
– über die Rechtswahl **A** 394
Teilanerkennung
– i. R. d. HUÜ 2007 **M** 535 f.
Teilidentität B 219
– der Parteien **C** 272
– des Streitgegenstands **C** 280
Teilrechtsordnung s. Mehrrechtsstaat
Teilvollstreckung
– i. S. d. EuEheVO **N** 210 ff.
– i. R. d. EuGüVO **L** 150 f.
– nach dem HUntVÜ 1973 **M** 656
Teilvollstreckungsklausel M 304 f., 761; s. a. Vollstreckungsklausel
Territorien der EU-Mitgliedstaaten A 15; **C** 27; **N** 21
Textform
– der Rechtswahl **A** 408
Therapie
– freiheitsentziehende Maßnahme **F** 46
Titelfreizügigkeit
– der EuMVVO **C** 458
Tod
– eines Elternteils **F** 644
– des herausgabeberechtigten Elternteils **N** 389
– Unterhaltspflicht **C** 709
Torpedoklagen C 278
Tötung C 527
tracing rule B 427

transmortale Vollmacht J 195
Trennung ohne Auflösung des Ehebandes
– Anerkennung **K** 8, 15, 36 ff.
– Anerkennungsfeststellung nach dem FamFG **K** 197
– Anerkennungshindernisse **K** 62 ff.
– Anwendung der EuEheVO **A** 12, 27
– Bescheinigung **K** 129 ff.
– durch ein Gericht **A** 562
– Gerichtsstandsvereinbarung **A** 44, 46
– konkurrierende Ehesache **A** 178 ff.
– Ordre-public-Vorbehalt **K** 68 ff.
– Prüfung der erststaatlichen Zuständigkeit **K** 105 ff.
– Rechtshängigkeit **A** 169 ff.
– strengeres zweitstaatliches Recht **A** 601 f.; **K** 109 f.
– Umwandlung in eine Ehescheidung **A** 104 ff., 441 ff.
– Unvereinbarkeit im Zweitstaat **K** 94 ff.
– Verfahrensregelungen **A** 341 f.
– Voraussetzungen **A** 309
– Vorfragen **A** 340
– Wirkungen **A** 310 ff.
– s. a. Nichtigerklärung einer Ehe; Scheidung
Trennungsunterhalt
– Annexzuständigkeit **C** 115, 377
– Anwendung des HUP **C** 542
– Streitgegenstandsidentität **C** 277
– zwischenzeitliche Scheidung **M** 281
– s. a. Ehegattenunterhalt; Unterhalt
Trennungsvereinbarung
– der eingetragenen Partnerschaft **I** 155
Trennungszeit
– Getrenntleben **A** 36, 50
– gewöhnlicher Aufenthalt **B** 86
– Ordre-public-Vorbehalt **A** 487
Trusts
– Anwendungsausschluss
– der EuEheVO **A** 39; **F** 54
– des KSÜ **F** 407
– der Rom III-VO **A** 339
Tunesische Republik s. deutsch-tunesischer Anerkennungs- und Vollstreckungsvertrag von 1966

Übereinkommen zwischen den skandinavischen Staaten von 1931 F 346; **N** 324 f.
Übergangsbestimmungen
– des AUG **M** 829
– der EuEheVO **F** 360 ff.
– der EuPartVO **Q** 59
– der EuUntVO **C** 333 ff.; **M** 373 ff.
– des HUntVÜ 1973 **M** 680
– des HUP **C** 782 ff.
– des HUÜ 2007 **M** 619 ff.
– des LugÜ 2007 **C** 405 ff.
– der Rom III-VO **A** 523 ff.
Übersetzung
– beglaubigte **N** 223
– der Bescheinigung **N** 281 ff.
– gegenüber dem Bundesamt für Justiz **U** 305 f.
– von HUÜ 2007-Anträgen **M** 607 f.
– Nachreichung **A** 144; **B** 189
– von unterhaltsrechtlichen Beweisunterlagen **C** 315; **M** 350
– des Unterhaltstitels **M** 106 f.

1732

Zahlen = Randnummern

B. Sachverzeichnis

– des verfahrenseinleitenden Schriftstücks **K** 89
– vorzulegender Urkunden **K** 127 f.
Übersetzungskosten C 460; **K** 188; **M** 828; **N** 605; **U** 307 f.
Überweisung M 590
Umgangsrecht
– Abänderung **N** 276
– Abänderungszuständigkeit der EuEheVO **F** 111 ff.
– anderer Personen **N** 231
– Anerkennung nach dem EuSorgeRÜ **N** 403 ff., 483 ff.
– Anspruchsidentität **F** 516
– anzuwendendes Recht **U** 257
– Ausschluss im früheren Aufenthaltsstaat **F** 169
– außergerichtliche Vereinbarung **F** 121
– Bescheinigung **N** 237 ff.
– Bestimmtheitserfordernis **N** 304
– Dreimonatsfrist **F** 122
– i. S. d. EuEheVO **F** 43, 63 ff., 113; **N** 47
– Formblatt **N** 242 f.
– Gewährleistung
– durch das HKÜ **U** 251 ff., 258
– während des Rückgabeverfahrens **U** 326
– i. S. d. HKÜ **U** 143
– internationale Zuständigkeit **F** 1 ff.; **U** 256
– Kindschaftssache i. S. d. FamFG **F** 574
– Konkretisierung **N** 147
– i. S. d. KSÜ **F** 393
– des Lebenspartners **I** 7, 112 f.
– Modalitäten **N** 305, 310 f.
– örtliche Zuständigkeit **N** 523
– Prozesskostenhilfe **N** 315
– rechtliches Gehör **N** 238 ff.
– rügelose Einlassung **F** 126 f.
– Straßburger Umgangsübereinkommen von 2003 **N** 414
– Streitgegenstandsidentität **F** 301
– unmittelbare Vollstreckbarkeit **N** 127, 230 ff., 299
– unvereinbare Entscheidungen **N** 308 f.
– Urkundenvorlage **N** 278 ff.
– Verletzung **U** 99
– Verweisung **F** 128
– Vollstreckung
– nach dem EuSorgeRÜ **N** 403 ff., 483 ff.
– vollstreckungsfähiger Inhalt **N** 134, 381, 659
– Wiederherstellung des Sorgeverhältnisses **N** 455 ff.
Umsatzsteuer N 314
Umwandlung
– einer Adoption **P** 44 ff., 77 ff.
– einer Ehe **A** 30
– einer eingetragenen Lebenspartnerschaft **I** 201
Umzug A 58, 427; **B** 84
unbestrittene Forderung s. Vollstreckungstitelverordnung (EG) 805/2004 (EuVTVO)
unbewegliches Vermögen
– Begriff **B** 476 ff.
– lex rei sitae s. dort
– Zuständigkeit des Belegenheitsstaats **B** 163
undertakings F 168; **U** 213
Ungleichbehandlung s. Diskriminierungsverbot
ungültige Ehe s. Nichtehe
Ungültigerklärung der Ehe s. Nichtigerklärung der Ehe
UN-Kinderrechtekonvention N 95
unmittelbarer Zwang N 597 f.

Unscheidbarkeit s. scheidungsfeindliches Recht
Unterbringung F 46
– Anerkennung **N** 112
– Anerkennungsversagungsgründe **N** 374
– anschließende Adoption **H** 2
– Anwendung
– der EuEheVO **F** 29
– des KSÜ **F** 396
– Beschleunigungsgebot **N** 163
– eines Erwachsenen **W** 23 ff.
– freiheitsentziehende **J** 158; **W** 46
– Genehmigung des Familiengerichts **U** 346 f.
– internationale Zuständigkeit **J** 151
– des Kindes **U** 48 ff.
– Kindschaftssache i. S. d. FamFG **F** 574
– Konsultationsverfahren **U** 343
– Maßnahme i. S. d. ErwSÜ **J** 32
– in einer Pflegefamilie **U** 24
– Pflegschaft für Erwachsene **J** 152
– Verstoß gegen das Konsultationsverfahrens **S** 28
– Vollstreckbarerklärung **N** 128
– Wirksamkeit **N** 199, 554
– Zusammenarbeit der Behörden **U** 16 ff.
– Zustimmung
– des ersuchten KSÜ-Vertragsstaats **U** 50
– des ersuchten Mitgliedstaats **U** 19 ff.
– Zuständigkeit **U** 342
Unterhalt
– durch Abfindung **C** 35, 280, 528
– Abgrenzung
– zum Ehescheidungsstatut **C** 523
– zum Güterrecht **C** 50 ff.
– zum Schadensersatz **C** 54 f., 525 ff.
– Abstammung als anerkennungsrechtliche Vorfrage **M** 170
– Adoptivkind **H** 75
– Altersgrenze **C** 603
– Anerkennung
– der Annexentscheidung **M** 61, 654
– nach der EuUntVO **M** 48
– nach dem FamFG **M** 836 ff.
– Feststellungsverfahren **M** 141 ff.
– nach dem HUntVÜ 1973 **M** 13, 624 ff., 639 ff.
– HUP-Bindung des Erststaats **M** 53 ff.
– ohne HUP-Bindung des Erststaats **M** 135 ff.
– nach dem HUÜ 2007 **C** 415; **M** 472 ff.
– Inzidentanerkennung **M** 153 f.
– nach dem LugÜ 2007 **M** 403 ff.
– Prüfungsreihenfolge **M** 16 ff.
– Rechtsänderung im Zweitstaat **M** 854
– Rechtsfolgen **M** 843 ff.
– Rechtskrafterfordernis **M** 841
– keine sachliche Nachprüfung **M** 321 f.
– Verfahrensarten **M** 53 ff.
– Verhältnis zur Ehesache **K** 32; **M** 846 f.
– Versagungsgründe **M** 155 ff.
– Zuständigkeit **M** 741 ff.
– Zuständigkeit des Erststaats **M** 155, 851 ff.
– Anknüpfungszeitpunkt **C** 573 ff.
– Annexzuständigkeit **C** 111 ff.
– Anrechnung von Sozialleistungen **C** 726
– Anspruchsvoraussetzungen **C** 705 ff.
– Antragstellung über die Zentrale Behörde **T** 43 ff., 82 ff.
– anwendbares Recht
– autonomes **C** 817 ff.

B. Sachverzeichnis

Großbuchstaben = Abschnitte des Kommentars

– europäisches **C** 486 f.
– nach dem HUntÜ 1973 **C** 788 ff.
– nach dem HUP **C** 489 ff.
– Prüfungsreihenfolge **C** 481 ff., 508 ff., 566 ff.
– staatsvertragliches **C** 488
– Anwendung
  – des Auslandsunterhaltsgesetzes (AUG) s. dort
  – bilateraler Anerkennungs- und Vollstreckungs-
    abkommen **M** 14
  – des deutsch-iranischen Niederlassungsabkom-
    mens **C** 811 ff.
  – der EuErbVO **C** 9, 473; **M** 11
  – der EuGFVO **C** 7; **M** 9
  – der EuGüVO **C** 8; **M** 10
  – der EuGVVO **C** 3 f.; **M** 4
  – der EuMVVO **C** 6; **M** 7 f.
  – der EuPartVO **C** 8
  – der EuUntVO **M** 2
  – der EuVTVO **C** 487; **M** 5 f.
  – des FamFG **C** 425
  – des HUÜ 2007 **M** 489 ff.
  – des LugÜ 2007 **C** 355; **M** 12
– Anwendungsausschluss
  – der EuEheVO **A** 38; **F** 53
  – des KSÜ **F** 406
  – der Rom III-VO **A** 338
– Aufgaben der Zentralen Behörde **T** 10 ff.
– Aufrechnung **C** 77
– Ausfertigung des Titels **M** 101
– Auskunftsanspruch **C** 730 f.
– außerordentlicher Rechtsbehelf **M** 79 ff.
– Barunterhaltspflicht **M** 164
– Bedarf **C** 714
– Bedürftigkeit s. dort
– Begriff **C** 34 ff.; **M** 717
– Beibringungsgrundsatz **C** 251
– Berechnung **C** 714 ff., 759 ff.
– Berechnungsgrundlagen **C** 733 f.
– Berechtigte/r
  – Begriff **C** 107 ff.; **M** 44 f.
  – gewöhnlicher Aufenthalt **C** 106 ff.
  – juristische Person **M** 45
  – natürliche Person **C** 68 f., 108
  – öffentliche Aufgaben wahrnehmende Einrich-
    tung **M** 45, 338 ff., 592
– Bescheinigung **C** 448 ff.
– clean break s. dort
– Dauer **C** 708
– durch dingliche Sicherheit **C** 52
– dynamisierter **C** 451, 734
– aus eheähnlichen Beziehungen **C** 545 ff.
– nach Ehebeseitigung **A** 633; **C** 544
– Ehegattenunterhalt s. dort
– durch Eigentumsübertragung **C** 52
– als Einmalzahlung **C** 727
– Einrede
  – der engeren Verbindung zur Ehe **C** 605 ff.
  – keiner Pflichtigkeit **C** 620 ff.
– einstweilige Maßnahmen
  – nach der EuEheVO **A** 208
  – i. S. d. LugÜ 2007 **C** 398 f.
  – Verweis auf nationales Recht **C** 12, 299 ff.,
    417 ff.
– Eintreibung **T** 22
– Eltern-Kind-Beziehung **M** 490 f.
– durch Entschädigung **A** 556

– erhöhter Bedarf **M** 869
– Erlöschen des Anspruchs **C** 709
– Ersatzanknüpfungen **C** 579 ff.
– Formblätter **T** 57
– Geltendmachung in anderen Verfahren **M** 313 f.
– Gerichtsstandsvereinbarung **C** 78, 126 ff.
– Grundsatzanknüpfung **C** 557
– Günstigkeitsprinzip **C** 580
– Haushaltstätigkeit **C** 542
– durch Hausrat **C** 532 ff.
– Hilfsanknüpfung **C** 572
– i. S. d. HUÜ 2007 **M** 483
– Indexierung **C** 733 f.
– individuelle Ermittlung **C** 716 ff.
– internationale Zusammenarbeit **T** 1 ff.
– Ketubbah-Vereinbarung **A** 560; **C** 531
– Kindergeldanrechnung **C** 726
– Kindesunterhalt s. dort
– Klagearten **C** 40
– Klagefristen **C** 739
– Kollisionsrecht **C** 472 ff.
– Konkretisierung des Titels **M** 735 ff.
– kein Kosteneintreibungsvorrang **M** 324
– Kumulationstheorie **M** 48
– als Lebenspartnerschaftssache **I** 117
– Leistungsart **C** 727
– Leistungsfähigkeit s. dort
– Leistungsverfügung s. dort
– Mahnverfahren (Europäisches) s. dort
– bei Mehrehe **C** 750
– Morgengabe s. dort
– Nachprüfungsantrag bei Nichteinlassung **C** 442 ff.
– Nachprüfungsrecht i. S. d. EuUntVO s. dort
– negative Feststellungsklage **M** 236
– für die nicht verheiratete Mutter **C** 550
– Nichtigerklärung der Entscheidung **M** 96
– Ordre-public-Vorbehalt **C** 742 ff., 747, 761;
  M 163 ff.
– örtliche Zuständigkeit **C** 89, 467 ff.
– Pauschalbetrag **C** 51, 763
– pauschale Herabsetzung **C** 718
– Pfändbarkeit **M** 111
– Pflichtige/r
  – Arbeitslosigkeit **M** 869
  – Begriff **M** 44 f.
  – Erbe **C** 728
  – Insolvenz **M** 111
  – Rechtswahlmöglichkeit **C** 636
  – Tötung **C** 527
– Prozesskostenhilfe **C** 820 ff.
– Prozesskostenvorschuss s. dort
– Prozessstandschaft **C** 107, 271, 735
– Qualifikation **C** 522 ff.
– Rangverhältnis **C** 729
– Rechtshängigkeit **C** 235 ff.
  – doppelte **C** 238, 265 ff.
  – des Hauptsacheverfahrens **C** 312
– Rechtsnachfolge **M** 724
– Rechtswahl **C** 583, 628 ff.
– Rechtswahl, vorsorgliche **C** 648 ff.
– als Rente **C** 525, 727
– Rückforderung **C** 55
– Rückstände
  – Verjährung **M** 116
  – Vorlage **M** 103
– rückwirkender **C** 732; **M** 164

Zahlen = Randnummern

B. Sachverzeichnis

– schlüssige Behauptung **C** 72
– bei Schuldscheidung **C** 749; **M** 163
– Sicherungsmaßnahmen s. dort
– Sonderbedarf **C** 727
– keine statusrechtlichen Auswirkungen **M** 132 ff.
– Statutenwechsel **C** 573 ff.
– Streitgegenstandsidentität **C** 274 ff.
– Titel i. S. d. AUG **M** 716
– Trennungsunterhalt s. dort
– Übersetzung
  – der Beweisunterlagen **C** 315
  – des Titels **M** 106 f.
– Überweisung **M** 590
– Umfang **C** 713 ff.
– Unvereinbarkeit von Entscheidungen **M** 118 ff.
– Verbund
  – mit einer Abstammungssache **C** 429
  – mit einer Ehe- oder Lebenspartnerschaftssache **C** 428
– Verfahren
  – nach autonomem Recht **C** 12
  – nach dem FamFG **C** 425
– Verfahrensaussetzung wegen Sachzusammenhangs **C** 290 ff.
– Verjährung **C** 738; **M** 116
  – von Zahlungsrückständen **M** 587
– in Form von Vermögenswerten **C** 763
– Vertretungsbefugnis **C** 735 ff.
– Vervollständigung des Titels **C** 452 f.
– Verwandtenunterhalt s. dort
– keine Verweisungsmöglichkeit **C** 254
– Verwirkung **C** 604
– Vollstreckung
  – Aussetzung **M** 98, 108 ff., 127, 729 ff.
  – Bestimmtheitserfordernis **M** 225 ff., 319, 735
  – Erfüllungseinwand **M** 113
  – nach der EuUntVO **M** 315 ff.
  – Gleichstellungsgrundsatz **M** 315
  – nach dem HUntVÜ 1973 **M** 13, 624 ff.
  – HUP-Bindung des Mitgliedstaats **M** 65 ff., 100 ff.
  – ohne HUP-Bindung des Mitgliedstaats **M** 135 ff.
  – nach dem HUÜ 2007 **C** 415; **M** 472 ff., 583 ff.
  – Rechtsbehelfe **M** 109 ff., 115 ff.
  – unmittelbare **M** 58 ff.
  – Verfahrensarten **M** 53 ff.
  – Verzicht auf eine Klausel **M** 718 ff.
  – vorläufige **M** 307 ff.
  – Zustellungen an den Gläubiger **M** 320
  – Zustellungserfordernis **M** 231
– Vorfragen **C** 538 ff.
– Wahlrecht des Gläubigers **M** 214 f.
– Währung **C** 723, 751
– Waisenrente **C** 726
– Warenkorbvergleich **C** 716
– Widerklagegerichtsstand s. dort
– durch Wohnungszuweisung **C** 532 ff.
– Zessionar **C** 107; **M** 44
– Zuständigkeit **C** 1 ff.
  – amtswegige Prüfung **C** 248 ff., 391
  – AUG-Regelungen **C** 427 ff.
  – keine ausschließliche **M** 834
  – nach autonomem Recht **C** 417 ff.
  – in Drittstaatsfällen **C** 462
  – nach der EuUntVO **C** 72 ff.

– nach dem FamFG **C** 461 ff.
– nach dem LugÜ 2007 **C** 339 ff.
– Prüfungsreihenfolge **C** 13 ff., 346 ff.
– Staatsverträge **C** 338 ff.
– Zuständigkeitskonzentration **C** 90 f., 436 ff.
– zweistufiges Verfahren **M** 582
Unterhaltsabänderung
– nach Anerkennung **C** 211, 233
– des anzuerkennenden Titels **M** 836
– Einstellung der Vollstreckung **M** 823 ff.
– erststaatliche Zulässigkeit **C** 213, 231
– i. R. d. EuUntVO **C** 80, 94
– Gerichtsstandsvereinbarung **C** 210, 229
– i. R. d. HUntVÜ 1973 **M** 636
– infolge des HUP-Inkrafttretens **C** 216
– inhaltliche **M** 114
– i. R. d. LugÜ 2007 **C** 369
– Ordre-public-Vorbehalt **C** 751
– Rechtswahl **C** 634
– Statutenwechsel **C** 219, 785
– Streitgegenstandsidentität **C** 276
– Umfang **C** 218
– Verbot **C** 212; **M** 165
– Vereinbarkeit der Entscheidungen **M** 126, 869
– Verfahren **C** 215
– Verfahrenssperre **C** 206 ff., 234, 416
– i. R. d. Vollstreckbarerklärungsverfahrens **M** 884
– als Vollstreckungseinwand **M** 281
– Voraussetzungen **C** 214 ff., 725
– zeitliche Grenzen **C** 215
– Zuständigkeit **C** 209 f.
Unterhaltsanerkennungs- und Vollstreckungs-übereinkommen, Haager (HUntVÜ 1973) **M** 13, 624 ff.
– Anerkennungsversagungsgründe **M** 645 ff.
– Anerkennungsvoraussetzungen **M** 640 ff.
– Anwendung **M** 632 ff.
  – auf öffentliche Urkunden **M** 681
  – auf Privatvergleiche **M** 367
– Ausführungsgesetz **C** 422; **M** 631, 706
– Auslegung **M** 630
– Aussetzung des Beschwerdeverfahrens **M** 813
– Beschwerdefrist **M** 812
– Ersetzung
  – des HKUntVÜ 1958 **M** 628, 689
  – durch das HUÜ 2007 **M** 479
– Gegenseitigkeit **M** 810
– Mehrrechtsstaat **M** 683 f.
– Schlussbestimmungen **M** 685
– Verhältnis
  – zu anderen Rechtsinstrumenten **M** 625 ff.
  – zum autonomen Recht **M** 629
  – zur EuUntVO **M** 365 ff., 393, 625
  – zum FamFG **M** 830
  – zum HUÜ 2007 **M** 611, 627
  – zum LugÜ 2007 **M** 626
– Vertragsstaaten **C** 456; **M** 624, 809
– Vorbehalte **M** 682
– zeitliche Geltung **M** 680
Unterhaltsprotokoll (Haager) von 2007 (HUP) **C** 489 ff.
– Anknüpfungszeitpunkt **C** 573 ff.
– Anwendung **A** 338; **C** 490 ff., 521 ff., 764 ff.
  – auf Ehewohnungs- und Haushaltssachen **E** 25 f.
  – in Lebenspartnerschaftssachen **I** 123
– Auslegung **C** 498 ff., 780

1735

B. Sachverzeichnis

Großbuchstaben = Abschnitte des Kommentars

– begünstigter Personenkreis **C** 579 ff.
– Beitritt der EU **C** 765, 786
– domicile **C** 695 f.
– Einrede keiner Unterhaltspflicht **C** 620 ff.
– Entstehungsgeschichte **C** 20, 489
– Ersatzanknüpfungen **C** 579 ff.
– Ersetzung des HUntÜ 1973 **C** 476, 501 ff., 774, 790 f.
– Grundsatzanknüpfung **C** 558 ff.
– Günstigkeitsprinzip **C** 580
– Inkrafttreten **C** 474, 787
– kollisionsrechtliche Prüfungsreihenfolge **C** 508 ff.
– Ordre-public-Vorbehalt **C** 742 ff.
– räumliche Anwendung **C** 487, 491 ff.
– Rechtswahl **C** 502, 583, 628 ff.
– Sachnormverweisung **C** 741
– als sekundäres Unionsrecht **C** 475
– Statutenwechsel **C** 573 ff.
– Übergangsbestimmungen **C** 782 ff.
– universelle Wirkung **C** 474, 493, 499
– Unterhaltsbegriff **C** 522 ff.
– Unterhaltsprivatrecht **C** 474 f.
– Verhältnis
    – zu anderen Rechtsinstrumenten **C** 496 f.
    – zum autonomen Kollisionsrecht **C** 480, 488, 817 ff.
    – zum deutsch-iranischen Niederlassungsabkommen **C** 427, 488, 496, 778, 809
    – zum HKUntÜ 1956 **C** 477, 488, 496, 773 ff., 799
    – zum HUntÜ 1973 **C** 496
    – zum HUÜ 2007 **C** 478
– Verweis der EuUntVO **C** 486 f.
– Vorlagerecht **C** 500
– vorrangige Sonderanknüpfung **A** 551
– zeitliche Geltung **C** 494 f.
Unterhaltsregress C 58 f.
– anwendbares Recht **C** 697 ff.
– Anwendung
    – des HUP **C** 554
    – des LugÜ 2007 **C** 355
– Anzeigepflichten **C** 702
– Erstattungsstatut **C** 740
– einer Privatperson **C** 701
– Rechtswahl **C** 636
– Sitz der Behörde **C** 108
– Zuständigkeit nach dem LugÜ 2007 **C** 373
Unterhaltssache M 52
Unterhaltsstatut B 557 ff.; **C** 729
Unterhaltsübereinkommen, Haager (HUntÜ 1973) C 788 ff.
– Ersetzung durch das HUP **C** 476, 774, 790 f.
– Modernisierung **C** 472
– Verhältnis
    – zu anderen Rechtsinstrumenten **C** 789 ff.
    – zur EuErbVO **C** 497
    – zum HKUntÜ 1956 **C** 789, 798
    – zum HUP **C** 496
    – zu Nichtvertragsstaaten **C** 789
– Vertragsstaaten **C** 788
– Vorbehalte und Erklärungen **C** 792 ff.
Unterhaltsübereinkommen, Haager (HUÜ 2007) C 415 ff.; **M** 472 ff.
– alternatives Anerkennungs- und Vollstreckungsverfahren **M** 565

– Anerkennungsantrag **M** 570
– Anerkennungsversagungsgründe **M** 537 ff.
– Anwendungsbereich **M** 489 ff.
– Anwesenheit des Kindes **M** 573
– Ausführungsgesetz **C** 422; **M** 481, 706
– Auslegung **M** 618
– Begriffsbestimmungen **M** 506 ff.
– Beschränkung auf Unterhaltpflichten **M** 516
– Beschwerdefrist **M** 808
– Datenschutz **M** 595
– Entscheidung einer Behörde **M** 513 ff.
– Entstehungsgeschichte **M** 20
– Erklärungen der Vertragsstaaten **M** 569
– Ersetzung von HKUntVÜ 1958 und HUntVÜ 1973 **M** 13, 479, 688
– Fälligkeit vor Inkrafttreten **M** 612
– Feststellungen des Erstgerichts **M** 571
– Günstigkeitsprinzip **M** 617, 620
– Inkrafttreten **C** 414, 478
– internationale Zusammenarbeit **T** 77 ff.
– kontradiktorisches Verfahren **M** 565
– Kosten **M** 600 ff.
– Mehrrechtsstaaten **M** 610 ff.
– Nachprüfungsverbot **M** 572
– Nichtdiskriminierung **M** 588
– Ordre-public-Vorbehalt **M** 538, 554
– Organisation der regionalen Wirtschaftsintegration **M** 616, 622
– provisorische Entscheidung **M** 582
– rechtliches Gehör **M** 544 ff.
– Rechtsbehelfe **M** 555 ff.
– Schriftstücke **M** 567 f.
– sprachliche Erfordernisse **M** 604 ff.
– Übergangsbestimmungen **M** 619 ff.
– Übersetzungen **M** 607 f.
– Verfahrenssperre **C** 416
– Verhältnis
    – zu anderen Rechtsinstrumenten **M** 477 ff.
    – zum Beweisaufnahmeübereinkommen (Haager) **M** 613
    – zur EuBVO **M** 613
    – zur EuUntVO **C** 330, 415; **M** 364, 477
    – zur EuZVO **M** 613
    – zum FamFG **M** 830
    – zum HUntVÜ 1973 **C** 412; **M** 611, 627
    – zum HUP **C** 478
    – zum HZÜ **M** 613
    – zum LugÜ 2007 **M** 392, 478
    – zum New Yorker UN-Übk **C** 329; **M** 612
    – zu Übereinkommen **M** 614 ff.
– Vertragsstaaten **M** 473
– Vertraulichkeit **M** 595
– Vollstreckung **M** 583 ff.
– Vollstreckungsmaßnahmen **M** 589
– Vorbehalte **M** 623
– Ziel **M** 472, 482 ff.
– zweistufiges Verfahren **M** 582
Unterhaltsvereinbarung
– Anerkennungsfähigkeit nach dem FamFG **M** 839
– Anwendung
    – der EuMVVO **M** 7
    – der EuUntVO **C** 56 f.
    – des HUP **C** 551 ff.
– mit einer Behörde **M** 42
– i. S. d. HUÜ 2007 **M** 511, 518, 574 ff.

Zahlen = Randnummern

B. Sachverzeichnis

– als öffentliche Urkunde **C** 65
– Unterhaltsstatut **C** 724
– s. a. Vereinbarung
Unterhaltsvergleich
– Abänderung **C** 208 ff.; **M** 332
– Anerkennung und Vollstreckung nach der
  EuUntVO **M** 325 ff.
– Anerkennungsfähigkeit nach dem FamFG
  M 839
– Ipso iure-Anerkennung **M** 140
– unmittelbare Vollstreckbarkeit **M** 59
– s. a. Vergleich
**Unterhaltsverordnung (EG) Nr. 4/2009
(EuUntVO) C** 19 ff.
– allgemeiner Gerichtsstand **C** 89 ff.
– Änderungen gegenüber der EuGVVO **C** 73 ff.
– Anerkennungsfeststellungsverfahren **M** 141 ff.
– Annexzuständigkeit **C** 111 ff.
– anwendbares Recht **C** 472, 486 f.
– Anwendung **C** 22 ff., 34 ff.; **M** 28 ff.
  – auf Ehewohnung und Hausrat **E** 5; **R** 26
  – auf das Güterrecht **B** 3; **C** 50 ff.; **L** 3
  – auf Lebenspartnerschaftssachen **I** 2
  – auf den Versorgungsausgleich **R** 2
– Anwendungsvorrang **C** 1; **M** 2
– Auffangzuständigkeit **C** 79, 193 ff.
– Ausführungsgesetz **M** 34, 705
– Auslandsberührung **C** 99
– Auslegung **C** 30 ff.
– Begriffsbestimmungen **M** 37 ff.
– einstweiliger Rechtsschutz **C** 299 ff.
– Entstehungsgeschichte **C** 19 f.
– Formblatt nach Anh I **M** 721 ff.
– Gerichtsstandsvereinbarung **A** 46; **C** 78,
  126 ff.
– volle Harmonisierung **A** 3; **C** 2
– HUP-Bindung des Mitgliedstaats **M** 3, 53 ff.
– Information der Öffentlichkeit **C** 331
– Ipso iure-Anerkennung ohne HUP-Bindung
  M 139 f.
– Legalisation **M** 347 ff.
– Nachprüfungsrecht i. S. d. EuUntVO s. dort
– Notzuständigkeit **C** 79, 197 ff.
– Ordre-public-Vorbehalt **M** 160 ff.
– Perpetuatio Fori **C** 96 ff.
– Prozesskostenhilfe **C** 823 ff.
– Rechtshängigkeit **C** 235 ff.
– Restzuständigkeit **C** 75
– Streitgegenstandsbegriff **C** 274 ff.
– Übergangsbestimmungen **C** 333 ff.; **M** 373 ff.
– Übersetzung von Beweisunterlagen **M** 350
– Unterhaltsbegriff **C** 36
– Verfahrenssperre **C** 206 ff.
– Verhältnis
  – zu anderen Rechtsinstrumenten **C** 29, 317 ff.;
    M 32, 309 ff.
  – zu Anerkennungs- und Vollstreckungsabkom-
    men **M** 364 ff.
  – zu autonomem Zuständigkeitsrecht **C** 417
  – zur DatenschutzRL **C** 321
  – zur EuGFVO **C** 320; **M** 361
  – zur EuGVVO **C** 3 f., 317; **M** 353 ff.
  – zur EuMVVO **C** 319; **M** 359 f.
  – zur EuVTVO **C** 3 f., 318; **M** 5, 211, 356 ff.
  – zum FamFG **C** 461, 464; **M** 212, 830
  – zum Haager GerichtsstandsÜ **C** 134

– zum HKUntVÜ 1958 **M** 368, 687
– zum HUntVÜ 1973 **M** 365 ff., 625
– zum HUÜ 2007 **C** 415; **M** 364, 477
– zum LugÜ 2007 **C** 326 ff., 409 ff.; **M** 12, 369,
  391, 459
– zum New Yorker UN-Übk **C** 329; **M** 370
– zur ProzesskostenhilfeRL **C** 321
– zu Richtlinien **M** 362
– zu Staatsverträgen **C** 10 f.
– Vorrang
  – der EuZVO **C** 256, 263
  – des HZÜ **C** 256, 264
– Wahlgerichtsstände **C** 92
– zeitliche Geltung **C** 3, 28; **M** 31
– Ziele **C** 21; **M** 27
– Zuständigkeit
  – örtliche **C** 427, 430 ff.
  – universelle Regelungen **C** 72
Unterhaltsverzicht C 710 ff.
– keine Ersatzanknüpfung **C** 604
– gegen Kapitalabfindung **C** 686
– Ordre-public-Vorbehalt **C** 752
– Rechtswahlausschluss **C** 683 ff.
– Statutenwechsel **C** 577
– Streitgegenstandsidentität **C** 276
Unterrichtungspflichten
– der Zentralen Behörde **T** 66
Unterzeichnung
– Beglaubigung s. dort
– der Gerichtsstandsvereinbarung **C** 161
Unvereinbarkeit
– einer antragsabweisenden Entscheidung **K** 99
– Begriff **L** 71 f.; **M** 119
– von Ehesachen **K** 94 ff., 277 ff.
– einer einstweiligen Anordnung **M** 868
– i. R. d. FamFG **K** 277 ff.; **M** 866 ff.
– von Güterrechtssachen **L** 68 ff.
– i. R. d. HUntVÜ 1973 **M** 650
– i. R. d. HUÜ 2007 **M** 542 f.
– Parteiidentität s. dort
– Prioritätsprinzip s. dort
– einer Prozesskostenhilfe **M** 868
– der Rückgabeentscheidungen **N** 308 f.
– sorgerechtlicher Entscheidungen **N** 103 ff.,
  371 ff., 641 ff.
– der Unterhaltsabänderung **M** 126, 869
– unterhaltsrechtlicher Entscheidungen **M** 118 ff.,
  192 ff., 867 ff.
Unwandelbarkeit s. Wandelbarkeit
Urkunde
– Anerkennungsfähigkeit **N** 613
– Ausfertigung **K** 119
– Beweiskraft **L** 25
– i. S. d. EuGüVO **L** 24
– Legalisation s. dort
– öffentliche Urkunde s. dort
Urkundenvorlage
– für die Anerkennung **K** 119 ff.; **N** 214 ff.
– fehlende **N** 219 ff.
– Nachfristsetzung **N** 220
– s. a. Ausfertigung; Bescheinigung
Ursprungsmitgliedstaat
– Begriff **K** 35
– i. S. d. EuGüVO **B** 43; **L** 30
– i. S. d. EuUntVO **C** 66
USB-Stick C 165

1737

B. Sachverzeichnis

Großbuchstaben = Abschnitte des Kommentars

Vaterschaft
- biologische **G** 13
- Ordre-public-Vorbehalt **O** 20
- wahre **G** 60

Vaterschaftsanerkennung G 25 ff.
- nach dem CIEC-Übereinkommen **G** 23 ff.
- statusändernde **G** 68 f.

Vaterschaftsurteil M 847, 875

Vaterschaftsvermutung G 58; **T** 24; s. a. Abstammungsvermutung

Verbotsgesetz
- i. R. d. Rechtswahl **A** 394

Verbringen
- Beginn **U** 123
- Begriff **U** 100
- s. a. Kindesentführung

Verbund
- mit einer Lebenspartnerschaftssache **C** 428; **I** 110
- Scheidungsverbund s. dort

Vereinbarung
- Anerkennungsfähigkeit nach dem FamFG **N** 613
- unter Druck **K** 287
- über die elterliche Verantwortung **F** 651 ff.
- Gerichtsstandsvereinbarung s. dort
- als öffentliche Urkunde **N** 287
- Sorgerechtserklärung s. dort
- Unterhaltsvereinbarung s. dort
- Vollstreckbarkeit nach der EuEheVO **N** 38, 140, 284 ff.
- s. a. Vergleich

Vereinigtes Königreich
- domicile **A** 48
- Geltung der EuEheVO **A** 14

Verfahrensbegrenzung C 206 ff.

verfahrenseinleitendes Schriftstück B 184 ff., 201; **M** 86 ff., 178 f.; **N** 100
- Antragserweiterung bzw. -änderung **K** 268
- Begriff **A** 139, 158; **C** 243, 260; **F** 266, 284; **K** 82
- fehlerhafte Mitteilung **K** 268 ff.
- gleichwertiges Schriftstück **A** 158
- Mahnbescheid **C** 260
- Nichteinlassung s. dort
- rechtzeitiges **A** 159
- Übergangsbestimmungen der EuEheVO **K** 151
- Übersetzung **K** 89
- s. a. Rechtshängigkeit; Zustellung

Verfahrenskostenhilfe s. Prozesskostenhilfe

Verfahrenskostenvorschuss s. Prozesskostenvorschuss

Verfahrensverbindung B 235

Verfügungsbefugnis B 365

Verfügungsbeschränkung B 538, 563
- ausländisches Güterrecht **B** 567
- Ehewirkungsstatut **B** 653 ff.

Verfügungsverbot B 367

Vergleich
- Anerkennungsfähigkeit **N** 613
- Anwaltsvergleich s. dort
- Anwendung des HUÜ 2007 **M** 514
- i. S. d. EuUntVO **C** 62
- gerichtlicher Vergleich s. dort
- i. S. d. HUntVÜ 1973 **M** 634 f.
- Mediationsvergleich **C** 62; **M** 39
- Privatvergleich **M** 367
- Unterhaltsvergleich s. dort
- s. a. gerichtlicher Vergleich; Prozessvergleich

Verjährung
- Unterbrechung der Frist **M** 97
- von Unterhaltsansprüchen **C** 738
- von Unterhaltsrückständen **M** 116, 587
- Vollstreckungsverjährung **M** 115, 726 ff.
- s. a. Verwirkung

Verkehrsschutz B 665 ff.; **F** 667 ff.; **J** 219 ff.

Verlobte A 586 ff.

Vermögen s. Güterrechtssache; Kindesvermögen

Vermögensauseinandersetzung B 368, 523

Vermögensbelegenheit J 104 ff.

Vermögenseinheitsprinzip B 424

Vermögensgerichtsstand B 269

Vermögenssorge F 718

Vermögensverwaltung J 33

Vermutung
- der Gerichtsstandsvereinbarung **C** 157
- Richtigkeitsvermutung **J** 139

Verordnung
- (EG) 4/2009 s. Unterhaltsverordnung (EG) 4/ 2009 (EuUntVO)
- (EG) 44/2001 s. EuGVVO
- (EG) 805/2004 s. Vollstreckungstitelverordnung (EG) 805/2004 (EuVTVO)
- (EG) 861/2007 s. Bagatellverordnung (EG) 861/ 2007 (EuGFVO)
- (EG) 1182/71 **M** 261
- (EG) 1206/2001 s. Beweisaufnahmeverordnung (EG) 1206/2001
- (EG) 1347/2000 s. Eheverordnung (EG) Nr. 1347/2000 (EheVO 2000)
- (EG) 1348/2000 s. EuZVO 2000
- (EG) 1393/2007 s. Zustellungsverordnung (EG) 1393/2007 (EuZVO)
- (EG) 1896/2006 s. Mahnverfahren (Europäisches)
- (EG) 2201/2003 s. Eheverordnung (EG) 2201/ 2003 (EuEheVO)
- (EU) 650/2012 s. Erbrechtsverordnung (EU) 650/2012 (EuErbVO)
- (EU) 655/2014 **L** 2
- (EU) 1259/2010 s. Rom III-VO
- (EU) 2016/1103 s. Güterrechtsverordnung (EU) 2016/1103 (EuGüVO)

Versäumnis s. Säumnis

Verschleierung
- des Kindesaufenthalts **U** 182

Verschuldensausspruch A 26

Verschuldensprinzip A 309, 488; s. a. Schuldscheidung

Versöhnungsverfahren
- Rechtshängigkeitssperre **A** 184
- verfahrensrechtliche Einordnung **A** 342
- vorgeschaltetes **A** 145

Versorgungsausgleich
- amtswegige Durchführung **D** 59, 71
- Anerkennung **K** 32; **R** 10 ff.
- Anerkennungs- und Vollstreckungsabkommen **R** 5, 8
- Anerkennungshindernisse **R** 12 ff.
- Anerkennungszuständigkeit **R** 9, 13 ff.
- auf Antrag **D** 68 ff.
- anwendbares Recht **A** 552; **D** 21 ff.
- Anwendung
  - des deutsch-iranischen Niederlassungsabkommens **A** 544; **D** 26, 69
  - der EuEheVO **A** 38; **D** 2; **R** 2

1738

Zahlen = Randnummern

B. Sachverzeichnis

– der EuGüVO **B** 32, 302; **D** 3, 22; **R** 3
– der EuGVVO **D** 1; **R** 1
– der EuUntVO **C** 53; **D** 2; **R** 2
– der EuVTVO **R** 1
– des FamFG **R** 7 f.
– der Rom III-VO **A** 336
– von Staatsverträgen **R** 4 ff.
– ausländische Anwartschaften **D** 89 ff.
– nach ausländischem Recht **D** 88
– Ausschluss durch Vertrag **D** 60 ff., 87
– Billigkeit **D** 80 ff.
– nach Ehebeseitigung **A** 632
– für die Ehedauer **D** 75 ff.
– Ehewirkungsstatut **B** 640
– Güterrechtsstatut **B** 525
– Härteklausel **D** 80
– im isolierten Verfahren **D** 15 ff.; **R** 15
– zwischen Lebenspartnern **I** 116, 243 f.
– nachträgliche Durchführung **D** 43
– Ordre-public-Vorbehalt **D** 69
– Renvoi **D** 45 ff.
– Scheidungsstatut **D** 31 ff.
– im Scheidungsverbund **D** 11 ff.; **R** 14
– Verwirkungseinwand **D** 86
– Vollstreckbarerklärung **R** 22
– Wiederheirat **D** 85
– Zuständigkeit
– keine ausschließliche **R** 9
– internationale **D** 1 ff.
Versorgungsausgleichsgesetz von 2009 D 9
Versteigerung M 303, 792
Versteinerungstheorie B 435 f.
Verstoßung A 454, 566
– einseitige **A** 543
– Einverständnis der Ehefrau **K** 295
– Ordre-public-Vorbehalt **A** 490 ff.; **K** 295
– Scheidungsmonopol deutscher Gerichte **A** 562 ff.
– Talaq **A** 542 f.
– Wirksamkeit **K** 204
Verstrickung M 791
Verteidigung
– fremde Sprache **M** 182
– Nichteinlassung s. dort
Vertragsadoption H 27
– Anerkennung **H** 90 ff.; **P** 101
– Ordre-public-Vorbehalt **H** 53
– Statutenwechsel **H** 41
– Zustandekommen **H** 61
Vertragsstatut B 549 ff.
Vertraulichkeit F 535; s. a. Datenschutz
Vertretung
– anwendbares Recht **F** 645
– Anwendung
– des ErwSÜ **J** 31, 48
– der EuEheVO **F** 45
– des KSÜ **F** 395
– Anwesenheit bei Vertragsschluss **F** 672
– autonome Anknüpfung **F** 718
– Bescheinigung **F** 678; **J** 232
– Betreuer **J** 267
– von Ehegatten **J** 36
– bei der Eheschließung **A** 614
– keine Einlassung durch Bestellung **K** 274
– von Familienangehörigen **J** 36
– von Lebenspartnern **J** 36

– mangelnde Vertretungsmacht **F** 669
– Prozessvollmacht **N** 321
– bei der Rechtswahl **A** 396
– Verkehrsschutz **F** 667 ff.
– Vorfrage **C** 637
Vertriebene/r
– Begriff **B** 583
– Ehesache **A** 263
– Güterstand **B** 581 ff.
– Heimatzuständigkeit **F** 586
– VFGüterstandsG **B** 581 ff.
Vervollständigung inländischer Entscheidung C 452 f.
Verwaltungsbehörde
– Anwendung der Rom III-VO **A** 347
– i. S. d. EuUntVO **C** 70
– als Gericht
– i. S. d. EuEheVO **F** 57
– i. S. d. EuUntVO **M** 46
– i. S. d. LugÜ 2007 **C** 404
– i. S. d. HUÜ 2007 **M** 517
– i. S. d. KSÜ **F** 416
– Scheidungsausspruch **K** 287
– Unterhaltsregress s. dort
– Unterhaltsvereinbarung **M** 42
Verwaltungsverfahren
– Anwendung der EuEheVO **A** 41
– als Zivilsache **A** 20 f.; **F** 30
Verwandtenunterhalt
– Anwendung des HUP **C** 549
– Ordre-public-Vorbehalt **C** 750
– in der Seitenlinie und zwischen Verschwägerten **M** 811
Verwandtschaft
– als Ehehindernis **A** 596, 605
– i. S. d. EuUntVO **C** 42, 45
Verweisung
– Ablehnung **F** 255, 472
– Ausführungsbestimmungen **F** 561
– Aussetzung des Sorgerechtsverfahrens **F** 463
– Begriff **F** 235
– Ersuchen **F** 237 f., 462, 474 ff.
– i. R. d. EuEheVO **A** 151
– Fristsetzung **F** 464, 563
– grenzüberschreitende **B** 195
– Kindeswohl **F** 251 f., 470
– Rechtsbehelfe **F** 256 ff., 473, 564
– Rechtshängigkeit **A** 138
– der Sorgerechtsangelegenheit **F** 233 ff., 457 ff.
– der umgangsrechtlichen Angelegenheit **F** 128
– der Unterhaltsangelegenheit **C** 253 f.
– Voraussetzungen **F** 241 ff.
– Zuständigkeitserklärung **F** 254, 471
– s. a. Abgabe
Verwirkung
– europäischer Rechtsbehelf **M** 115
– des Unterhaltsanspruchs **C** 604
– s. a. Verjährung
Verzicht
– Unterhaltsverzicht s. dort
– Vervollständigung der Entscheidung **C** 452
VFGüterstandsG B 581 ff.
Vindikationslegat B 304
Volksrente D 94
Volladoption P 7, 39
Volljährigerklärung F 52, 405

1739

B. Sachverzeichnis

Großbuchstaben = Abschnitte des Kommentars

Volljährigkeit
- autonome Anknüpfung **F** 727
- des herauszugebenden Kindes **N** 389

Vollmacht
- postmortale **J** 21
- Prozessvollmacht s. dort
- transmortale **J** 195
- Vorsorgevollmacht s. dort
- Zentrale Behörde **T** 30 f.

Vollstreckbarerklärung
- nach der EuPartVO **Q** 36, 41 ff.
- güterrechtlicher Entscheidungen **L** 92 ff., 188
  - Aufhebung **L** 139 ff.
  - nach der EuGüVO **L** 88 ff.
  - Hinterlegung **L** 153
  - Mitteilung **L** 119 f.
  - keine Prüfung von Anerkennungshindernissen **L** 117
  - Rechtsbehelf **L** 121 ff.
  - Rechtsnachfolger **L** 96
  - Sicherheitsleistung **L** 153
  - Sicherungsmaßnahmen **L** 149 ff.
  - Stempelabgaben **L** 154
  - Teilvollstreckbarkeit **L** 150 f.
  - Verfahren **L** 111 ff.
- von Kostenentscheidungen **N** 312 ff.
- der sorgerechtlichen Entscheidung **N** 126 ff., 381 ff.
  - Anhörung **N** 160 ff.
  - Antrag **N** 141
  - Antragsberechtigung **N** 142
  - Anwaltszwang **N** 386
  - anwendbares Recht **N** 157
  - Aufhebung oder Änderung **N** 588 f.
  - Aussetzung **N** 205 ff.
  - Beschleunigungsgebot **N** 162
  - Beschwerde **N** 558 ff.
  - Bestimmtheit **N** 146, 304 f.
  - Entbehrlichkeit nach dem FamFG **N** 660
  - Entscheidung **N** 150
  - Entscheidung über den Rechtsbehelf **N** 198 f.
  - Erledigung **N** 149
  - formale Mängel **N** 196
  - Inhalt **N** 169
  - inhaltliche Ergänzungen und Änderungen **N** 147, 195
  - materiell-rechtliche Einwendungen **N** 190 ff.
  - Mitteilung **N** 171 ff.
  - negative Feststellungsklage **N** 152
  - Prüfung der Versagungsgründe **N** 149, 164 ff., 190
  - Rechtsbehelf **N** 174 ff.
  - Rechtsbeschwerde **N** 201, 575 ff.
  - Rechtskrafterfordernis **N** 143
  - Rechtsnachfolger **N** 141
  - keine sachliche Nachprüfung **N** 168, 390
  - Schutzschrift des Verpflichteten **N** 160
  - Sonderregelung für das Vereinigte Königreich **N** 153
  - Teilvollstreckung **N** 210 ff.
  - Urkunden, fehlende **N** 219 ff.
  - Urkundenvorlage **N** 145, 159, 214 ff.
  - Voraussetzungen **N** 138 ff.
  - Wahldomizil **N** 158
  - Wirksamkeit **N** 170, 553 f.
- Zuständigkeit **N** 154 ff.
- Zustellungserfordernis **N** 144
- der Sorgerechtsvereinbarung **N** 291 f.
- einer Unterbringung **N** 199
- von Unterhaltstiteln
  - Abänderungsgründe **M** 284
  - Anhörung des Schuldners **M** 249
  - bei Anspruchsübergang **M** 281
  - Aufhebung **M** 271 f.
  - Aussetzung des Rechtsbehelfsverfahrens **M** 287 ff.
  - einstweiliger Rechtsschutz **M** 293 ff.
  - Erfüllungseinwand **M** 281
  - nach der EuUntVO **M** 208 ff.
  - nach dem FamFG **M** 881 ff.
  - formale Mängel **M** 277
  - Gebühren **M** 306, 440
  - nach dem HUntVÜ 1973 **M** 658 ff.
  - inhaltliche Ergänzungen und Änderungen **M** 230
  - Klauselerteilungsverfahren **M** 746
  - nach dem LugÜ 2007 **M** 417 ff.
  - materiell-rechtliche Einwendungen **M** 278 ff.
  - Mitteilung **M** 250 f.
  - durch Notare **M** 744
  - Rechtsbehelfe **M** 252 ff.
  - Rechtsbehelfsfristen **M** 261 ff.
  - Rechtsbeschwerde **M** 268 ff.
  - Rechtskrafterfordernis **M** 224
  - Verfahren **M** 232 f., 242 ff.
  - Versagungsgründe **M** 248, 271 ff.
  - Voraussetzungen **M** 216 ff.
  - vorzulegende Schriftstücke **M** 242 ff.
  - Wahlrecht des Gläubigers **M** 214 f.
  - Zuständigkeit **M** 237 f., 741 ff.
  - Zustellungserfordernis **M** 231
- des Versorgungsausgleichs **R** 22
- s. a. Anerkennung; Vollstreckungsklausel

Vollstreckung
- Anerkennungs- und Vollstreckungsabkommen s. dort
- Aussetzung **M** 729
- Betreuungssachen **S** 1 ff.
- Einstellung **C** 443 f.; **M** 730 ff., 790 f.
- einstweiliger Maßnahmen
  - in Ehesachen **A** 218 ff.
  - betreffend die elterliche Verantwortung **F** 335 ff.
- fortlaufende **T** 21
- Fremdwährungstitel **L** 103; **M** 233
- nach dem HUÜ 2007 **M** 520 ff., 583 ff.
- von Kindesrückgabe und Umgang **N** 230 ff.
- Maßnahmen **N** 589
- der öffentlichen Urkunde **M** 333 ff.
- Prozessvollmacht **N** 321
- Schadensersatz **N** 590
- sorgerechtlicher Entscheidungen **N** 1 ff.
  - nach der EuEheVO **N** 298 ff.
  - nach der EuSorgeRÜ **N** 428 ff.
  - nach dem KSÜ **N** 391 f.
  - örtliche Zuständigkeit **N** 523 ff.
- Übergangsbestimmungen
  - der EuEheVO **A** 230; **F** 364; **K** 150 ff.; **N** 333 ff.
  - des KSÜ **N** 398

Zahlen = Randnummern

B. Sachverzeichnis

– von Unterhaltstiteln
  – Anhörung **M** 801
  – AUG-Durchführungsregelungen **M** 817 ff.
  – europäische Rechtsbehelfe **M** 115 ff., 726 ff.
  – nach der EuUntVO **M** 48 ff.
  – Fortsetzung **M** 793 ff.
  – nach dem HUntVÜ 1973 **M** 13
  – nach dem HUÜ 2007 **C** 415; **M** 472 ff.
  – nach dem LugÜ 2007 **M** 411 ff.
  – nationale Rechtsbehelfe **M** 109 ff.
  – Verfahrensarten **M** 53 ff.
– des Unterhaltsvergleichs **M** 333 ff.
– des Vollstreckungsbescheids **C** 458
– ZPO-Beschwerde **M** 112
Vollstreckungsbescheid C 458
Vollstreckungserinnerung C 449; **M** 112, 302
Vollstreckungsgegenklage N 192
– Exequaturverfahren **M** 818
– gegen Kostenentscheidungen **N** 591 f.
– materielle Einwendungen **M** 113
– keine Unterhaltsabänderung **C** 224
– Zuständigkeit **M** 822
Vollstreckungsklausel C 449 f.; **M** 760 ff.
– Abweisung **M** 759, 765
– Antrag **L** 47
– Anwaltszwang **M** 754, 777; **N** 545
– Bekanntgabe **M** 763 ff.; **N** 550 ff.
– Beschwerde **M** 766 ff.
– Beschwerdeentscheidung **M** 778 ff.
– Beschwerdefrist **M** 769 ff.
– Beschwerdeverfahren **M** 777
– einseitiges Verfahren **M** 208; **N** 544
– Entbehrlichkeit nach dem AUG **M** 718 ff.
– Erteilung **M** 757
– Erteilungsantrag **M** 151, 746 ff.
– Erteilungsbeschluss **M** 234
– Erteilungsverfahren **M** 754; **N** 126, 538 ff.
– Erteilungsvoraussetzungen **M** 746 ff.; **N** 547 ff.
– Inhalt **N** 555
– für die Kindesherausgabeanordnung **N** 586 f.
– Kosten **M** 235, 758; **N** 548
– Kostenerstattung **L** 105; **N** 151
– mündliche Verhandlung **M** 754
– Rechtsbeschwerde **M** 781 ff.
– Sprache **N** 547
– Teilvollstreckungsklausel **M** 304 f., 761; **N** 556
– des Unterhaltstitels **C** 454
– Verzicht
  – nach dem AUG **M** 718 ff.
  – bei Kindesrückgabe und Umgang **N** 299
– Vorlage von Dokumenten **M** 750
– Zustellung **M** 763
– Zustellungsbevollmächtigter **M** 751 ff.; **N** 542 f.
Vollstreckungsmitgliedstaat
– Begriff **C** 66; **K** 35
– i. S. d. EuGüVO **B** 43; **L** 30
Vollstreckungstitelverordnung (EG) 805/2004 (EuVTVO)
– Anwendung
  – auf Ehewohnung und Hausrat **R** 24
  – auf das Güterrecht **B** 2; **L** 2
  – im Unterhaltsrecht **C** 487
  – auf den Versorgungsausgleich **R** 1
– Verhältnis zur EuUntVO **C** 5, 29, 318; **M** 5, 211, 356 ff.
Vollstreckungsverjährung M 115, 726 ff.

Vorabentscheidungsverfahren
– über die EuEheVO **A** 19; **F** 26
– über die EuUntVO **C** 32
– über das HUP **C** 500
– i. R. d. LugÜ 2007 **C** 345
Vorbehaltsgut B 364
Vorehe s. Mehrehe
Vorfragen
– i. R. d. Güterrechts **B** 297
– einer Rechtswahlvereinbarung **C** 637
– unterhaltskollisionsrechtliche **C** 538 ff.
– Zuständigkeitsprüfung **A** 150
Vorkehrungen F 166 ff.; **U** 213
vorläufige Schutzmaßnahme J 120 ff.
vorläufige Vollstreckbarkeit
– der sorgerechtlichen Entscheidung **N** 143
– der Unterhaltsentscheidung **M** 307 ff.
– s. a. sofortige Wirksamkeit
vorläufiger Rechtsschutz F 320
– Anerkennung nach dem HUntVÜ 1973 **M** 642 ff.
– Außerkrafttreten **F** 507 f., 529
– doppelte Rechtshängigkeit **F** 515
– bei Kindesentführung **F** 501
– nach dem KSÜ **F** 499 ff.
– territoriale Beschränkung **F** 505
– s. a. einstweilige Maßnahme
Vormerkung B 565
Vormundschaft
– Änderung **F** 731
– anwendbares Recht **F** 646
– Anwendung
  – der EuEheVO **F** 44
  – des KSÜ **F** 394
– autonomes Kollisionsrecht **F** 728 ff.; **J** 271 ff.
– Beendigung **F** 731
– Entstehung **F** 731
– Genehmigungserfordernisse **F** 736
– Haftung **F** 735
– Kindschaftssache i. S. d. FamFG **F** 574
– konkurrierende Zuständigkeit **F** 591 f.
– Maßnahme i. S. d. ErwSÜ **J** 29
Vorpfändung M 77, 294
Vorsorgeunterhalt C 542
Vorsorgevollmacht J 190 ff.
– Änderung **J** 215 ff.
– anwendbares Recht **J** 175
– Aufhebung **J** 215 ff.
– Gebrauchsort **J** 213 f.
– Rechtswahl **J** 200 ff.
– Statut **J** 209 ff.
– Statutenwechsel **J** 199
– transmortale **J** 195
– zeitliche Anwendung des ErwSÜ **J** 265

Wahldomizil M 415; **N** 158
Wahlgerichtsstand C 92
Wahlgüterstand B 526 ff.
Währung
– des Mahnbescheids **C** 459
– Ordre-public-Vorbehalt **C** 751
– des Unterhaltsanspruchs **C** 723
Waisenrente
– Anrechnung **C** 726
Wandelbarkeit
– des Güterrechtsstatuts **B** 293
– des Kindschaftsstatuts **F** 723 ff.

1741

B. Sachverzeichnis

Großbuchstaben = Abschnitte des Kommentars

Wanderleben F 223
ward of court F 167; **U** 92
Warenkorbvergleich C 716
Weiterentführung U 137, 188, 315
Weiterverweisung s. Renvoi
Widerklage
– i. R. d. EuGüVO **B** 173
– i. R. d. EuPartVO **I** 80
Widerklagegerichtsstand A 98; **C** 76
– des LugÜ 2007 **C** 359, 381
Widerrechtlichkeit F 618
Widerrechtlichkeitsbescheinigung U 232 ff., 337 f.
Widerruf
– von Schenkungen **A** 335, 557
Widerspruch
– im Konsultationsverfahren **W** 45 ff.
Widerstand des Kindes U 223 ff.
Wiedereinsetzung in den vorigen Stand C 446; **M** 190; **N** 179 ff.
Wiederheirat A 311; **D** 85
Wiederherstellung des Sorgeverhältnisses
s. Sorgerechtsübereinkommen von 1980 (EuSorgeRÜ)
Willkürverbot K 75; **L** 61; **M** 168; **N** 90
Wirksamkeit N 170, 553 f.
– der Bescheinigung **N** 278 ff.
– der Ehescheidung **A** 329
– der Rechtswahl **A** 391 ff.; **C** 643
– der Rückgabeanordnung **U** 329 ff.
– der Unterbringung **N** 199, 554
– s. a. sofortige Wirksamkeit; vorläufige Vollstreckbarkeit
Wirkungserstreckung K 252; **L** 35; **M** 843 ff.; **N** 54 f., 623; s. a. Anerkennung
Witwenrente
– bei hinkender Auslandsehe **A** 619
Wohnsitz
– Abgrenzung von gewöhnlichen Aufenthalt **F** 95
– i. S. d. LugÜ 2007 **C** 400 ff.
– mehrfacher **C** 401
– in der Schweiz **C** 402
Wohnsitzrecht
– Rückverweisung **B** 447 f.
Wohnung
– Ehewohnung s. dort
– Eigentumswohnung **B** 312, 477
– Zuweisung **R** 76

Zahlungsbefehl C 399
Zeitverschiebung A 175; **B** 183
Zentrale Behörde
– Ablehnung der Bearbeitung **T** 68 ff.
– Adoptionssachen **V** 26 f.
– Amtssprache **U** 26
– Antragsablehnung **U** 313
– Antragstellungen **T** 43 ff., 82 ff.
– Antragsvorbereitung **T** 33
– Aufenthaltsermittlung **T** 18
– Aufgaben **V** 28 f.
– – nach dem ErwSÜ **W** 16 ff.
– – nach der EuEheVO **U** 13
– – nach dem EuSorgeRÜ **U** 294 ff.
– – nach der EuUntVO **T** 10 ff.
– – nach dem HKÜ **U** 146 f.

– nach dem HUÜ 2007 **T** 78 ff.
– nach dem KSÜ **U** 43 ff.
– Aufgabenerfüllung **U** 309 ff.
– Befugnisse **U** 46 f.
– Beschleunigungsgebot **T** 67
– Bestimmung **T** 8 f.; **U** 38 f., 144 f., 289
– von Bundes- und Mehrrechtsstaaten **U** 40
– Bundesamt für Justiz **N** 341; **U** 9, 304
– von Bundesstaaten **U** 145
– Delegation **V** 43 ff.
– direkter Verkehr **U** 11
– Einkommensermittlung **T** 19
– Formblätter **T** 57
– fortlaufende Vollstreckung **T** 21
– Gerichtsvorbehalt **T** 29
– Informationsaustausch **V** 30
– Informierung über die Rückgabeablehnung **U** 328
– Kosten **T** 38 ff., 81; **U** 27, 61 ff.; **W** 33 f.
– – des Rückführungsverfahrens **U** 162, 266 ff.
– mehrere **U** 10
– Mitteilungen **J** 146; **N** 340 f.
– Mitwirkung des Jugendamts **U** 314
– Rechtsauskünfte **U** 42
– Rechtshilfeersuchen **U** 53 ff.
– Rückgabeverfahrenseinleitung **U** 310
– Schlichtung **T** 20
– Übersetzungen **W** 37 ff.
– Übersetzungserfordernisse **U** 305 ff.
– Unterrichtungspflichten **T** 66
– Vollmacht **T** 30 f.
– Zusammenarbeit **T** 7
– Zusammenkünfte **U** 28
– Zusatzvereinbarungen **W** 35
– s. a. Zusammenarbeit der Behörden
Zerrüttung A 309
Zession s. Abtretung
Zinsen
– Bestimmtheit **M** 226 ff.
– Vollstreckbarerklärung **N** 314
Zivilehe A 617
Zivilprozessübereinkommen (Haager) von 1954 (HZPÜ) K 270; **M** 270
Zivilsache A 20 f.; **F** 28 ff.
Ziviltrauung A 613, 620
Zugangsvereitelung s. Annahmeverweigerung
Zugewinnausgleich B 525
– autonomes Kollisionsrecht **A** 551
– einstweilige Anordnung **A** 208
– s. a. Güterrecht
Zulässigkeitsprüfung
– Antragsabweisung **A** 50
– i. R. d. EuEheVO **A** 153 ff.
Zurückhalten
– Beginn **U** 123
– Begriff **U** 101
– s. a. Kindesentführung
Zusammenarbeit der Behörden
– in Adoptionssachen **V** 1 ff.
– Arbeitsweise **U** 25 ff.
– in Betreuungssachen **W** 1 ff.
– i. R. d. elterlichen Verantwortung **U** 14
– i. R. d. EuEheVO **U** 3 ff.
– bei Gefahr für das Kind **U** 59
– Informationsersuchen **U** 51 f.
– i. R. d. KSÜ **U** 29 ff.

Zahlen = Randnummern

– Rechtshilfeersuchen **U** 53 ff.
– bei Unterbringung eines Kindes **U** 16 ff., 48 ff.
– Zusatzvereinbarungen **U** 64
– s. a. Zentrale Behörde
Zusammenarbeit, internationale
– nach dem AUG **T** 99 ff.
– nach dem HUÜ 2007 **T** 77 ff.
– in Kindschaftssachen **U** 1 ff.
– in Unterhaltssachen **T** 1 ff.
– nach dem UN-UntGÜ **T** 92 ff.
Zuständigkeit, internationale
– Abstammungssachen **G** 1 ff.
– Adoptionssachen **H** 1 ff.
– amtswegige Prüfung
  – i. R. d. Adoptionssache **H** 18
  – nach der EuEheVO **A** 45, 147 ff.; **F** 83, 274 ff.
  – nach dem FamFG **A** 254
  – in Unterhaltsangelegenheiten **C** 248 ff., 391
– Antrittszuständigkeit **A** 85
– Anwesenheitszuständigkeit s. dort
– Aufenthaltszuständigkeit s. dort
– Betreuungssachen **J** 1 ff.
– in Ehesachen **A** 1 ff., 44 ff.
  – Anknüpfungskriterien **A** 47 ff.
  – Aufenthaltsanknüpfung **A** 55 ff.
  – ausschließliche **A** 109 ff.
  – nach autonomem Recht **A** 5 ff., 152, 248 ff.
  – nach der EuEheVO **A** 1 ff., 9 ff., 45 ff.
  – nach dem FamFG **A** 248 ff.
  – begrenzter Parteiwille **A** 46
  – Perpetuatio Fori **A** 255
  – Prüfungszeitpunkt **A** 254
  – Rangverhältnis **A** 49 f.
  – Restzuständigkeit **A** 123 ff.
  – durch Staatsvertrag **A** 4
  – Übergangsvorschriften **A** 226 f.
  – Wahlrecht **A** 49
  – maßgeblicher Zeitpunkt **A** 45, 49, 53
– betreffend die elterliche Verantwortung **F** 1 ff.
  – nach autonomem Zivilverfahrensrecht **F** 6
  – im einstweiligen Rechtsschutz **F** 6, 12
  – nach der EuEheVO **F** 13 ff., 78 ff.
  – nach dem KSÜ **F** 412 ff.
  – nach dem MSA **F** 554 ff.
  – Prüfungsreihenfolge **F** 7 ff.
– Fürsorgezuständigkeit **F** 590
– gemeinsamer Scheidungsantrag **A** 73 ff., 110
– Gleichstellung von EU-Ausländern **A** 128 ff.
– für Güterrechtssachen **B** 1 ff., 47, 55 ff.
– Heimatzuständigkeit s. dort
– Kindesvermögensvorbehalt **F** 509
– Lebenspartnerschaftssachen **I** 1 ff.
– Perpetuatio Fori s. dort
– Rechtsmittelinstanz **A** 150
– Scheidungsverbund s. dort
– Übertragung i. R. d. ErwSÜ **J** 87 ff.
– betreffend das Umgangsrecht **F** 1 ff.
– in Unterhaltsangelegenheiten **C** 1 ff., 12, 417 ff.
  – für die Anerkennung und Vollstreckung **M** 741 ff.
  – für vollstreckungsrechtliche Rechtsbehelfe **M** 726 ff.
– unzulässiger Antrag **A** 50
– Unzuständigkeitserklärung **I** 70 f.
– für den Versorgungsausgleich **D** 1 ff.
– Verweisung s. dort

Zuständigkeit, örtliche A 45
– Adoptionssachen **H** 15 ff.
– Doppelfunktionalität s. dort
– i. R. d. EuGüVO **B** 35
– nach der EuPartVO **I** 31
– nach der EuUntVO **C** 89, 427, 430 ff.
– durch Gerichtsstandsvereinbarung **C** 135, 145 f.
– für das HKÜ-Rückführungsverfahren **N** 527 ff.; **U** 151
– nach dem IntFamRVG **N** 523 ff.
– für die Notzuständigkeit **C** 433 ff.
– für Unterhaltssachen **C** 467 ff.
– für die Vollstreckbarerklärung
  – i. R. d. elterlichen Verantwortung **N** 523 ff.
  – von Unterhaltstiteln **M** 237 ff.
Zuständigkeitserklärung F 254, 471; **J** 101
Zuständigkeitskonzentration
– Abgabe/Rückgabe der Kindschaftssache **N** 533 f.
– des AUG **C** 90 f., 436 ff.; **M** 742
– des IntFamRVG **K** 183 ff.; **N** 156, 527 ff.
– für Rückführungsverfahren **U** 317 ff.
– s. a. Bündelung der Verfahren
Zuständigkeitsrüge B 144 ff.; **C** 189; s. a. rügelose Einlassung
Zustelladresse
– Nennung **A** 143; **F** 270
– Verschweigen **K** 273
Zustellung K 83 ff.; **N** 100
– Annahmeverweigerung **K** 273
– an den Antragsgegner **A** 136; **F** 263
– Bevollmächtigter **A** 143; **F** 270; **M** 751 ff.; **N** 158, 542 f.
– Darlegungs- und Beweislast **M** 89
– Einlassung **K** 274
– Erleichterung **T** 26
– eines Europäischen Zahlungsbefehls **C** 458
– Feststellung **A** 153 ff.
– Heilung **A** 168; **K** 91, 271; **M** 188
– während eines Krankenhausaufenthalts **K** 85
– des Mahnbescheids **C** 455 ff.
– Nachweis **K** 122; **N** 217
– öffentliche **K** 85, 89, 270
– ordnungsgemäße **K** 86 ff., 270; **M** 87, 180 ff.
– durch die Post **K** 270
– Rechtmäßigkeit **M** 180 ff.
– Rechtsbehelf **M** 189 ff.
– Rechtzeitigkeit **K** 84 f.; **M** 88
– unmittelbare **K** 270
– an den Unterhaltsgläubiger **M** 320
– s. a. Nichteinlassung; Rechtshängigkeit; verfahrenseinleitendes Schriftstück
Zustellungsübereinkommen (Haager) von 1965 (HZÜ)
– Anwendungsbereich **A** 165 f.
– Heilung des Zustellungsmangels **A** 168
– Subsidiarität **K** 90
– keine unmittelbare Zustellung **K** 270
– Verhältnis zum HUÜ 2007 **M** 613
– Vorrang
  – in Ehesachen **A** 154, 164 ff.
  – in Güterrechtssachen **B** 205
  – in Sorgerechtsangelegenheiten **F** 288
  – in Unterhaltssachen **C** 256, 264
Zustellungsverordnung (EG) 1393/2007 (EuZVO)
– keine fiktive Zustellungsform **K** 89

B. Sachverzeichnis

Großbuchstaben = Abschnitte des Kommentars

- Geltungsbereich **A** 162
- Verhältnis zum HUÜ 2007 **M** 613
- Vorrang
  - in Ehesachen **A** 154, 161 ff.; **K** 88
  - in Güterrechtssachen **B** 204
  - in Sorgerechtsangelegenheiten **F** 287
  - in Unterhaltssachen **C** 256, 263
- s. a. EuZVO 2000

Zustimmung
- Adoption **H** 32, 63 ff.
- s. a. Genehmigung

Zuwendung s. ehebedingte Zuwendung

Zwangsgeld
- nach dem LugÜ 2007 **M** 435

Zwangsvollstreckung s. Vollstreckung

zweistufiges Verfahren M 582

Zweitstaat s. Vollstreckungsmitgliedstaat

Zwischenentscheidung
- Anerkennungsfähigkeit nach dem LugÜ 2007 **M** 400
- bei doppelter Rechtshängigkeit **A** 194

Zwischenfeststellungsentscheidung
- über die Anerkennung **K** 61; **N** 75
- Rechtskraft **M** 154